# 수근대사전

# 수근대사전

일본기원 지음 · 유재수 옮김
감수 정연우 · 박성현

집사재

# 머리말

《수근대사전》은 많은 분들의 관심과 도움으로 완성한 대사전 시리즈의 완결편입니다. 이로써 《정석대사전》과 《포석대사전》에 이은 자그마한 바둑기술의 박물관이라 할 수 있는 3부작이 완성되었습니다. 일본기원은 이 성대한 결실에 감사할 따름입니다.

이 책은 일본과 중국의 기서에 기록되어 전해진 저명한 수읽기를 시작으로 1603년~1867년과 1989년 이후의 다양한 맥까지 아낌없이 담고 있습니다. 명국으로 불리는 실전보 속에는 약동감이 넘치는 맥들이 많이 숨어 있습니다. 특히 돌이 격렬하게 부딪히는 대국의 중반에서는 때때로 아무나 쉽게 생각할 수 없는 묘수와 호수가 등장하기도 합니다. 정석은 맥 모양의 짜임으로 이뤄져 그 자체가 맥의 집합체라고 할 수 있습니다. 이처럼 모든 대국의 주역은 바로 수읽기입니다.

수많은 기사의 지혜와 경험을 바탕으로 누구나 이 책을 보면 바로 활용할 수 있게끔 해설은 최대한 이해하기 쉽게 적었습니다. 늘 곁에 두고 보는 책이 되었으면 좋겠습니다.

재단법인 일본기원

## 일러두기

1. 2,477개의 수읽기 장면과 프로가 실전에서 둔 161개의 수읽기, 총 2,638개의 수읽기를 실었다.
2. 본문의 배열은 오십음도에 맞춰 용어별로 정리하였고 실전의 수읽기는 따로 정리하였다.
3. 해설도는 원도의 오른쪽에 나열하여 수읽기의 사용법과 그에 따른 결과를 바로 찾을 수 있게 하였다.
4. 원도, 정해도 등의 위치는 일정하므로 오른쪽의 정해도를 가리면 문제집으로 활용할 수 있다. 단, 실전의 수읽기는 하나의 그림에 하나의 수읽기를 실었기 때문에 감상을 목적으로 한다.
5. 원도에는 왼쪽 위에 일련번호를 붙여 권말 색인에서 길잡이로 쓸 수 있게 하였다. 또한 정해도는 解, 실패도는 失, 변화도는 変, 참고도는 参의 약기호를 사용하였다.
6. 색인에는 본문의 원도를 모두 종합하여 전술별로 분류해 두었다. 목차와 본문은 용어별, 색인은 전술별로 원하는 수읽기를 쉽게 찾을 수 있다.
7. 색인의 원도에 흑번과 백번을 밝혀두어 문제집으로 활용할 수 있도록 하였다. 해답은 본문에서 같은 일련번호를 보면 된다.

# 목차

# 단수치기

상대의 돌을 단수로 되게 하는 형. 다음 수로 돌을 집어 내겠다는 엄한 수이다.
단수는 돌을 잡기 위한 수단이지만 단수를 이용하여 상대를 압박하는 것도 가능하다. 단수가 되어 있는 돌을 버리고 반대로 되단수를 치는 수가 포함되어 있다.
흑1의 단수치기에 백 2점은 도망칠 수 없다.

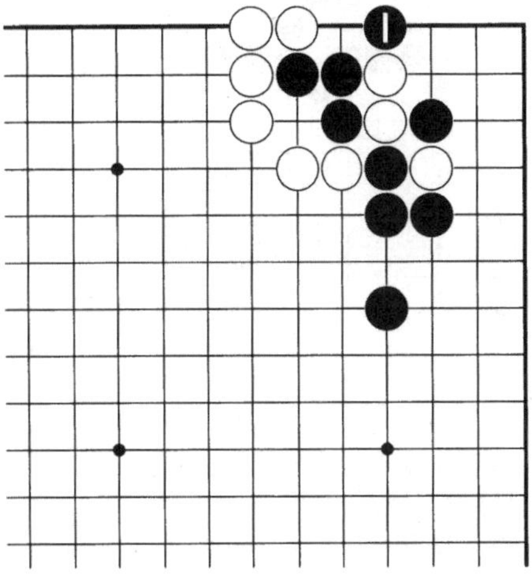

단수치기

제1형 흑번

(1)

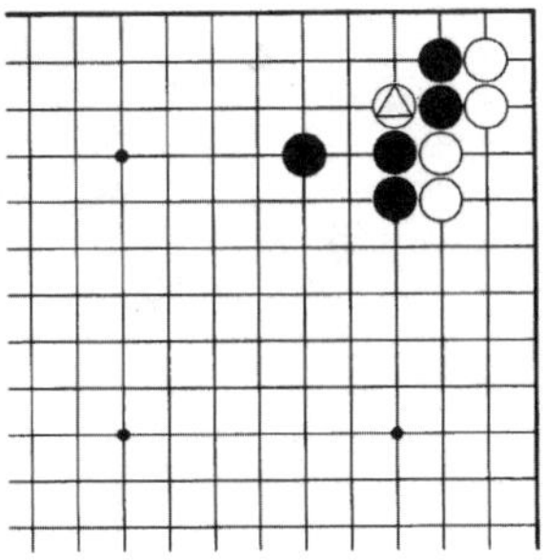

解

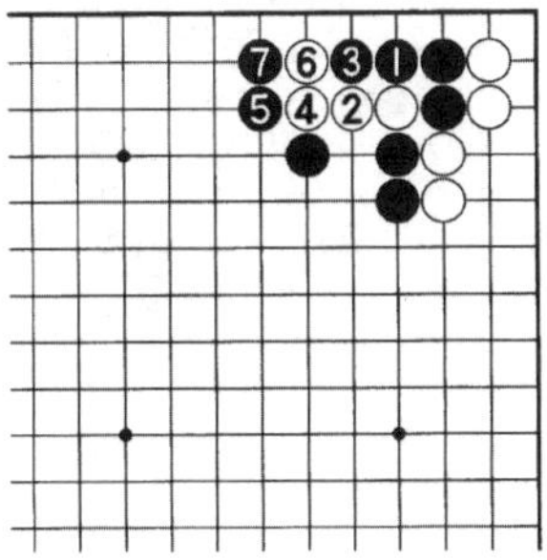

失

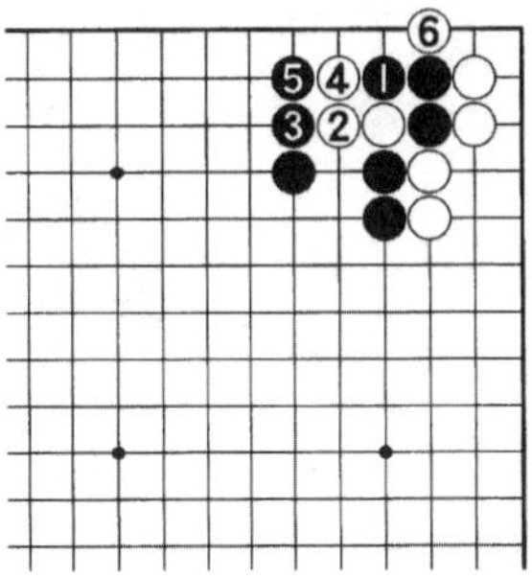

### 백을 잡다

우상귀, 백△이 흑을 끊고 있다. 흑의 입장에서 흑 2점을 잡히면 큰 손해이므로 반대로 백을 잡아야 한다.

### 빈축

흑1로 단수로 나감. 백2가 도망가려 하지만 흑3으로 아래에서 막는 것이 중요하다. 흑5로 백을 상변으로 몰아 빈축이 된다.

### 무책

흑3의 막는 수는 백4로 흑 3점을 잡아 실패한다.

제2형 흑번

(2)

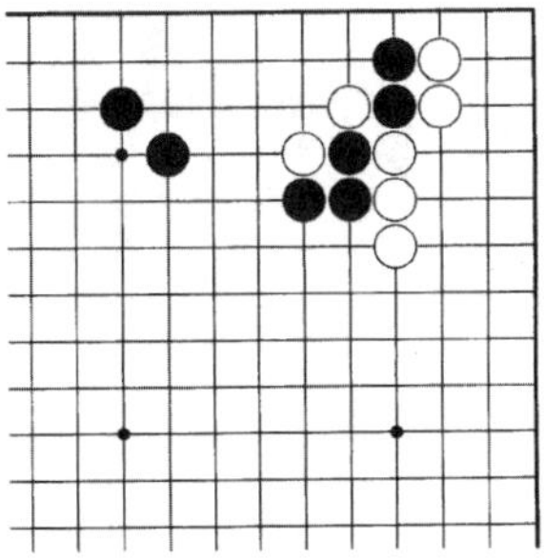

解

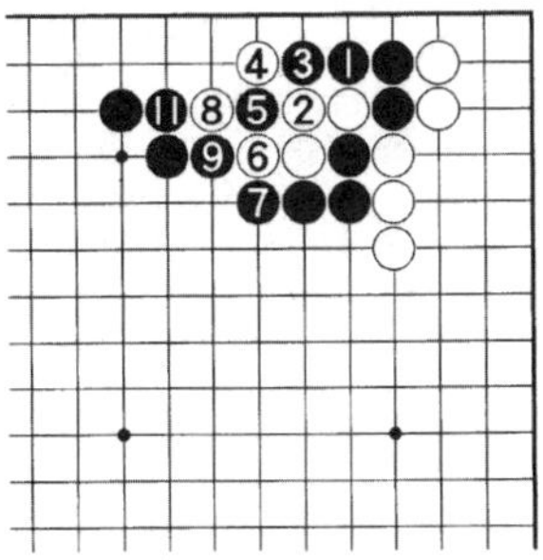

変

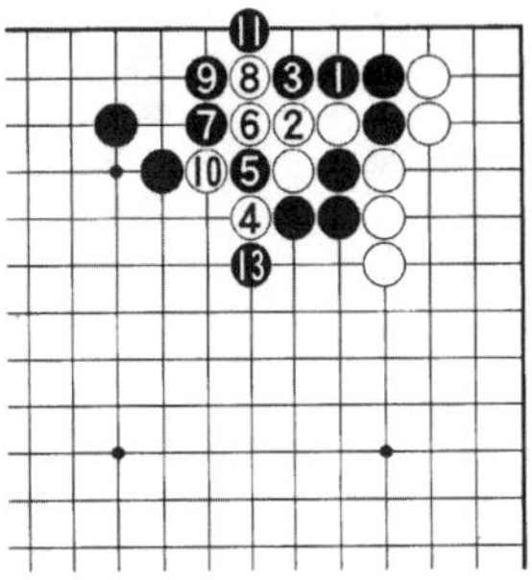

### 공격하여 잡음

상변의 전투. 백이 저항하여도 자충을 응징하는 것으로 공격하여 잡는다.

### 흑 승

흑1로 단수치고 백2를 흑3으로 버틴다. 백4로 막아 보려 하지만 흑5로 끊고 흑7과 9로 조여 흑이 성공한다. ※⑩→❺

### 축

백4가 젖히려는 것을 흑5로 끊는다. 흑7로 좌측을 막아 백을 상변으로 몰아간다. 백10은 흑11로 조이고 흑13으로 공격하여 백이 축에 걸리도록 한다. ※⑫→❺

제3형 흑번

(3)

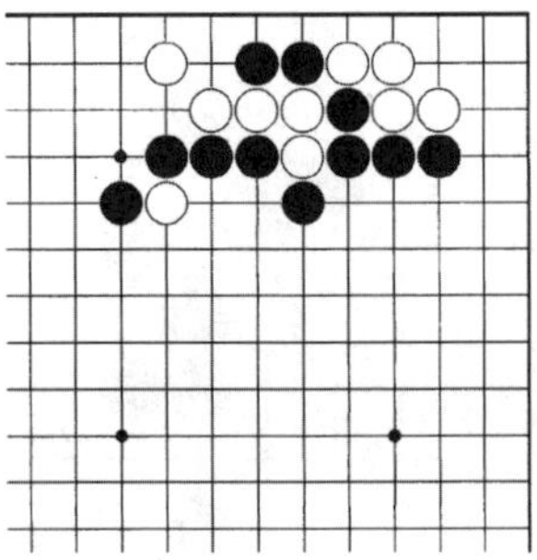

解

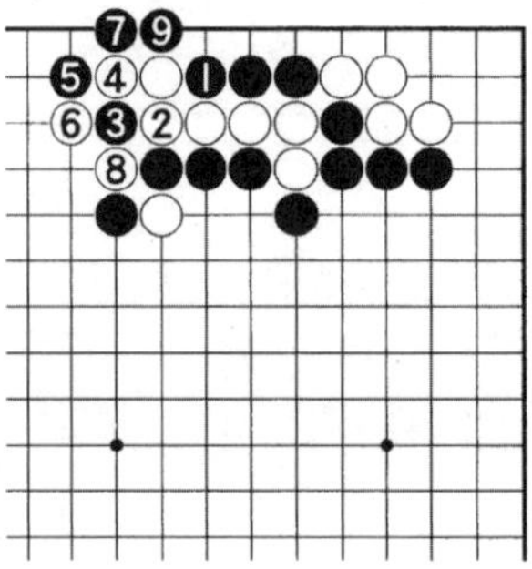

失

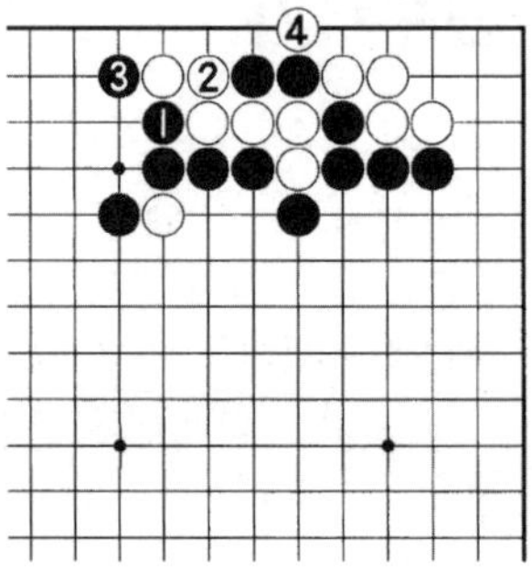

## 뒷맛

상변의 흑 2점에는 치명적인 뒷맛이 남아 있다. 중앙의 흑이 강화되었으므로 백은 상변에서 손을 뺄 수가 없다. 이때 흑의 공격 방법은 무엇인가?

## 축

흑1로 단수치고 백2의 이음을 흑3과 5로 공격하여 백을 잡는다. 백6으로 끊으면 흑7과 9로 회돌이를 이용하여 축에 걸리도록 한다.

## 백 안심

흑1로 단수치기로는 기회를 잃어버림.
흑3에 백4로 대응하면 상변이 잡혀 선수를 잡아도 백이 안심할 수 있게 된다.

제4형 흑번

(4)

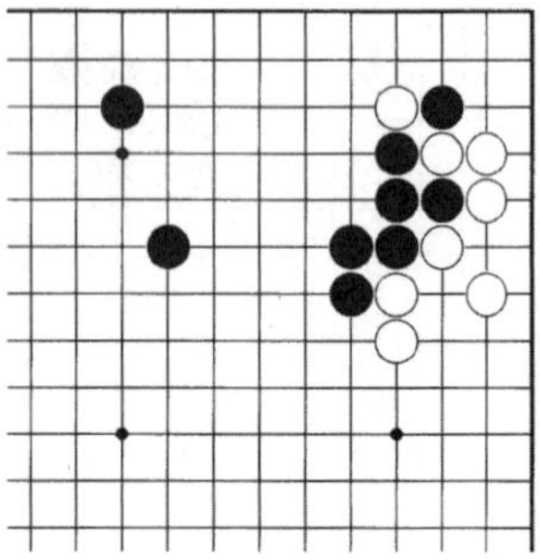

解

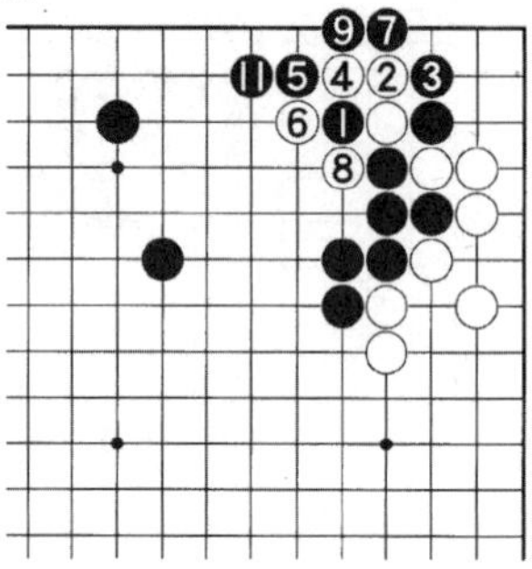

失

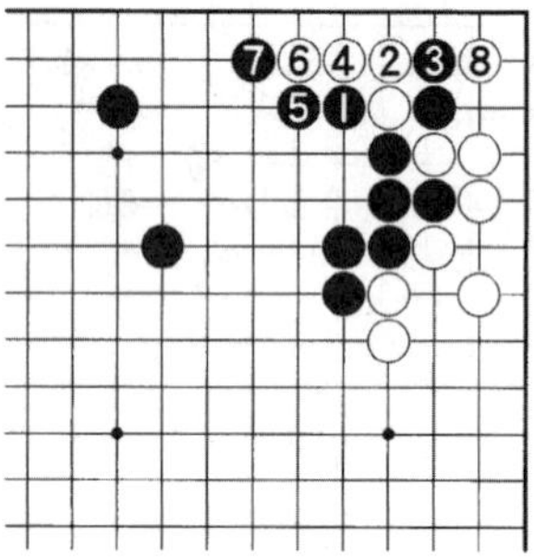

## 반격

우상변의 전투. 흑 1점을 끊은 백 1점은 귀를 취하려 하지만 반대로 흑이 백을 잡을 수 있게 된다.

## 포위하다

흑1로 단수치고 흑3으로 공격한다. 백4로 도망가려고 해도 흑5부터 9까지 조이고 흑11이 상변으로 넘어가면 백을 포위한다.
※❶→⑩

## 역전

흑5의 뻗는 수는 백의 수가 늘어나 실패한다. 백6과 흑7 이후 백8로 붙여서 백이 역전 승리. 흑3으로 4는 백3. 모두 흑이 손해를 보고 있다.

단수치기

제1형 흑번

(5)

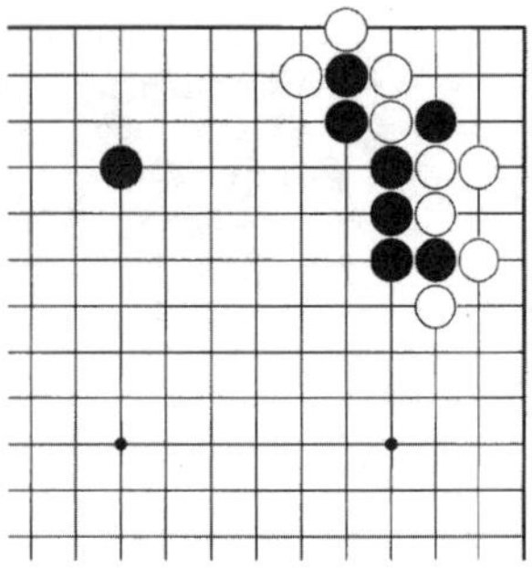

解

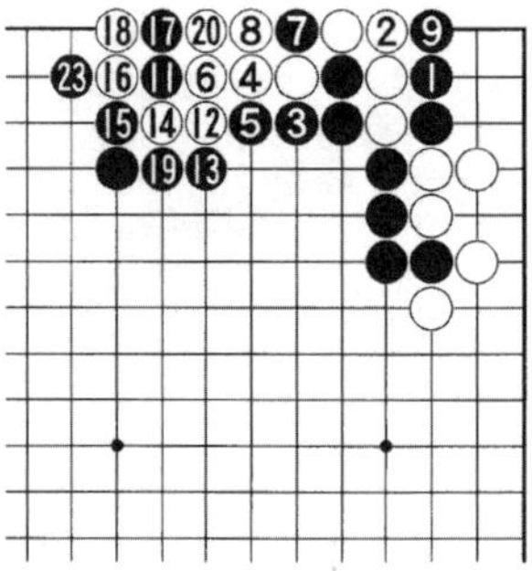

失

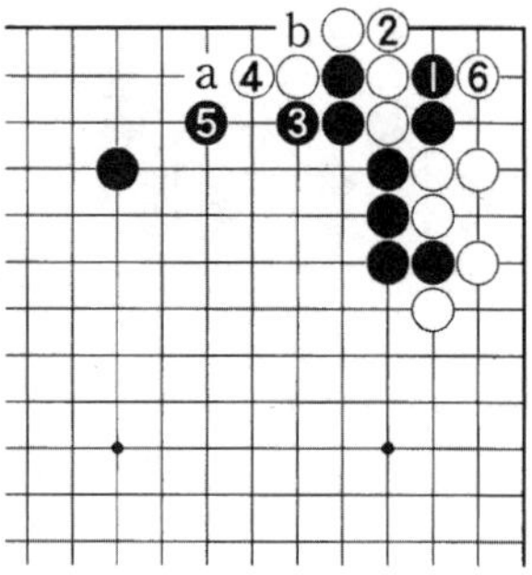

## 23수 수읽기

상변의 수싸움 문제.
귀의 한 점은 백 2점을 쫓고, 백이 저항하면 23수 수읽기로 백을 잡는다.

## 흑 성공

흑1로 단수치고 흑3과 5로 쫓아 상변 백의 공배를 메운다. 흑11의 붙이는 수가 견고. 흑23까지 흑의 승리.
※⑩→❼, ㉑→⓫, ㉒→⓱

## 흑 실패

백4 이후 흑5의 씌움은 일상적으로 쓰이는 맥이지만 이 경우, 백6의 공격으로 흑이 실패한다. 그러므로 흑 5는 안 된다.

제2형 백번

(6)

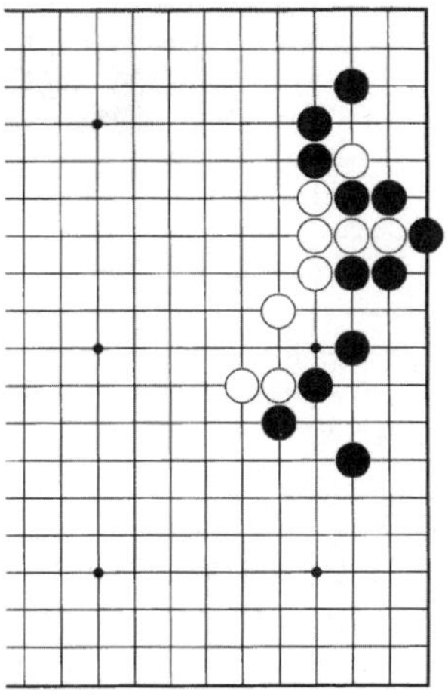

解

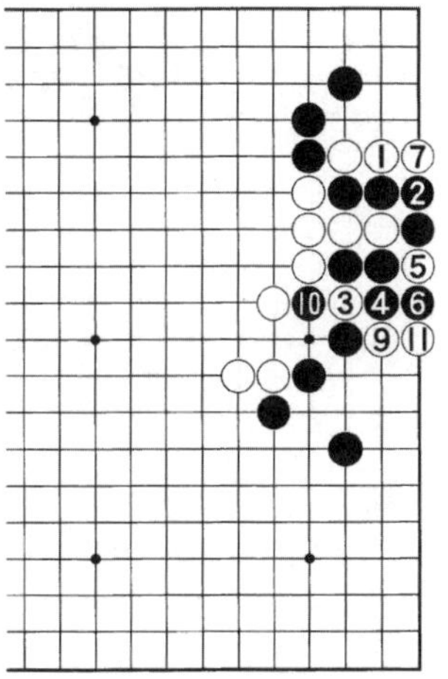

変

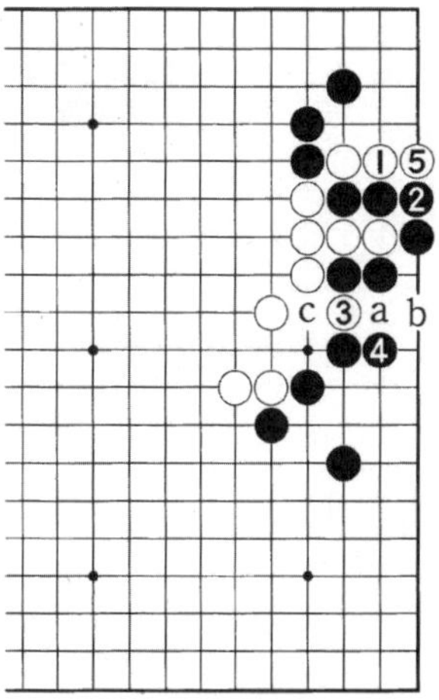

## 수순

우변의 싸움.
우상귀의 백 1점은 흑 2점을 촉촉수로 잡을 수 있다. 하지만 단순히 단수로 공격하는 것은 실패한다. 수순의 연구가 필요하다.

## 촉촉수

백1로 단수치고 흑2로 이어 흑 4점을 촉촉수로 몰아서 성공한다. 백3으로 젖혀 끼운 뒤 흑4로 받고 백5로 먹여치는 것이 수순이다. 이후 백11까지 촉촉수로 잡게 된다.

※❽→⑤

## 4점 잡기

흑4로 받으면 백5로 단수쳐서 흑 4점을 잡는다. 백5로 a에 놓으면 흑b, 백5, 흑c로 2점이 잡혀서 약간의 손해를 볼 수 있다. 백3으로 5의 단수를 먼저 치고자 하면 실패한다.

제3형 흑번

(7)

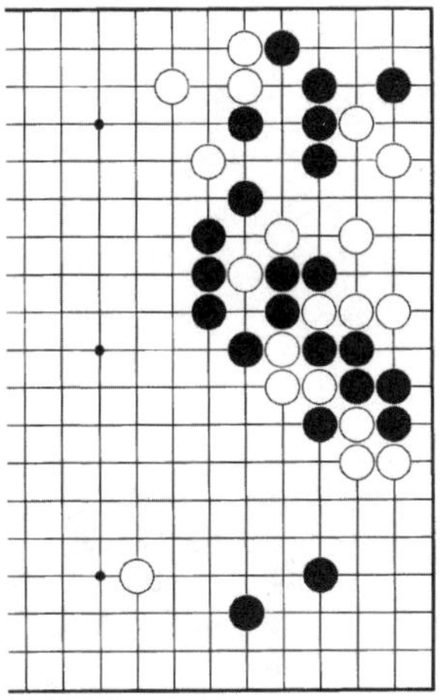

解

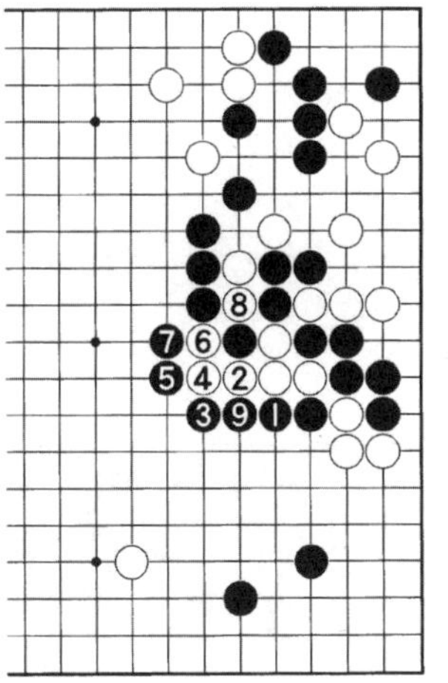

変

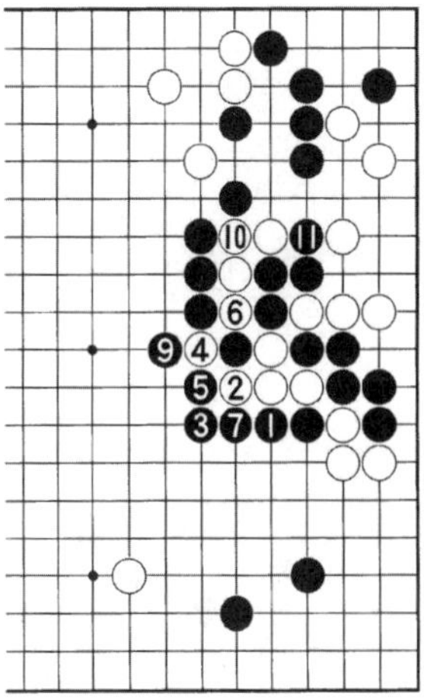

## 살리다

우변의 싸움.
백에게 포위된 우변의 흑 5점은 중앙의 백 3점을 잡아 살릴 수 있다. 흑은 축으로 불리하다. 수도 두 수로 공격하여야 한다.

## 촉촉수

흑1로 단수치고 백을 몰아간다. 백2로 도망 가면 흑3으로 씌우고 백4, 흑5로 흑돌 쪽으로 방향을 전환시킨다. 백6의 단수에는 흑7로 1점을 버려도 좋다. 흑9로 촉촉수이다.

## 축 수순

백4로 먼저 단수를 치는 변화이다. 흑5로 끊고 흑7로 단수를 쳐 백 4점을 조인다. 백8로 이으면 흑9와 11로 중앙의 흑 3점을 활용하여 축에 걸리도록 한다.

※⑧→⑥의 아래

(8)

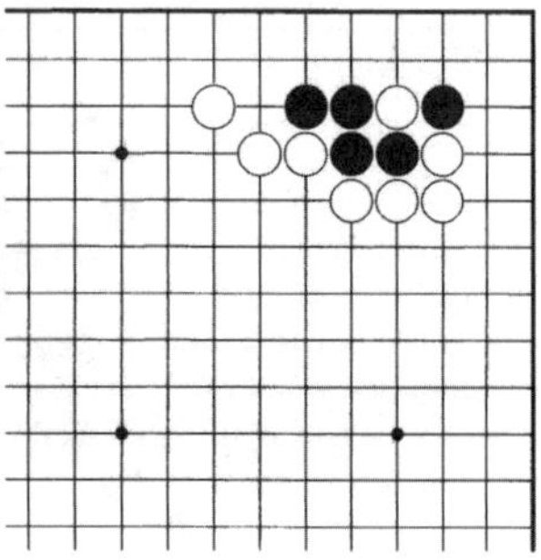

解

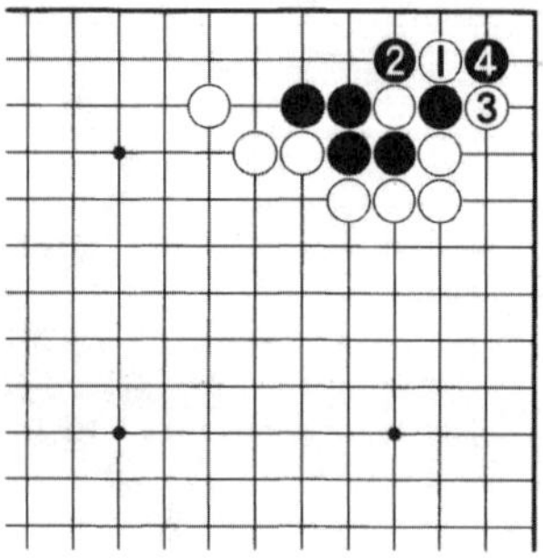

変

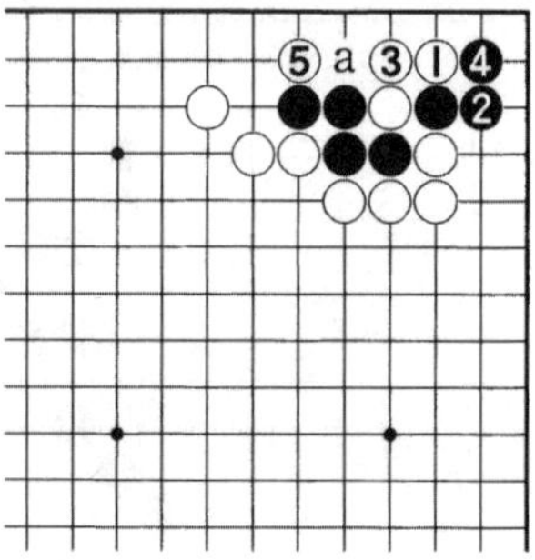

제1형 백번

## 결점

생사의 문제.
흑은 백 1점을 취하고 있어 눈을 만들기 쉽지만 하나의 결점이 있다. 흑을 쉽게 살아가게 할 수 없다.

## 패

백1의 단수가 흑의 눈을 빼앗는 맥이다. 흑은 2로 백 1점을 잡을 수밖에 없다. 백은 3으로 단수를 치지만 흑4로 끊어 패가 된다.
※⑤(패를 딴다)→❷의 아래

## 흑 패배

흑2로 뻗어서 저항하는 것은 백3으로 이어서 무리. 흑4는 백5로 받아 흑이 수상전에서 패배하여 무조건 죽는다. 흑4로 a도 백4로 실패한다.

(9)

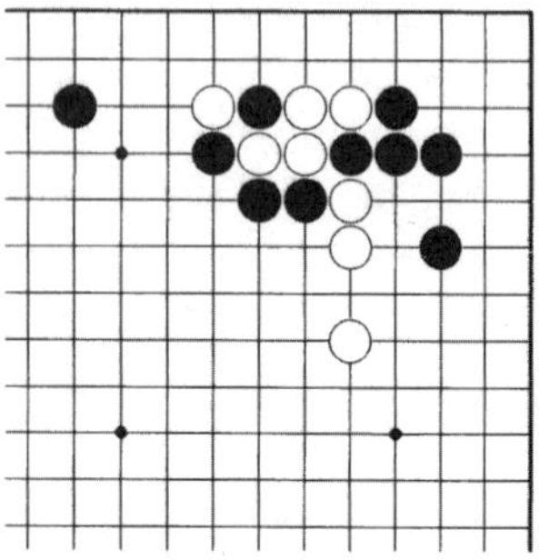

解

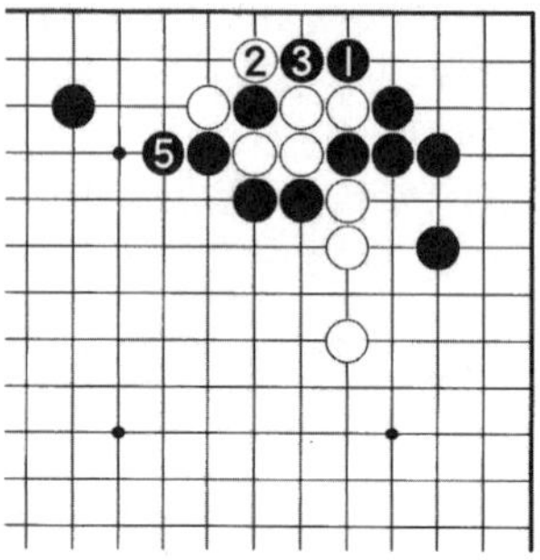

失

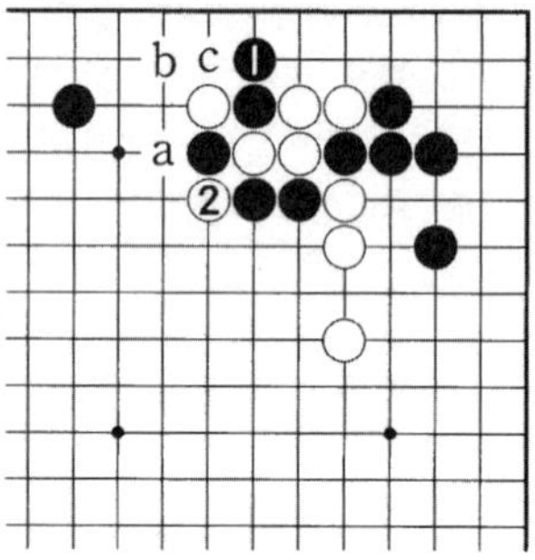

제2형 흑번

## 강력한 공격

상변의 전투
흑 1점이 단수에 몰렸다. 중앙의 모양에도 약점이 있어 백을 공격할 수 없는 것처럼 보이지만 강력한 공격이 있다.

## 백 전멸

흑1의 단수는 평범한 수로 보이지만 최강수. 백은 백2로 따낼 수밖에 없는 상황이기 때문에 흑3으로 단수를 치고 흑5로 뻗으면 백이 전멸한다. ※④→②의 아래

## 뻗음은 실패

흑1로 뻗으면 백2로 끊어 실패한다. 흑1로 a 자리로 뻗어도 백1로 따내어 산다. 계속된 흑b의 공격은 백c로 받아서 산다.

(10)

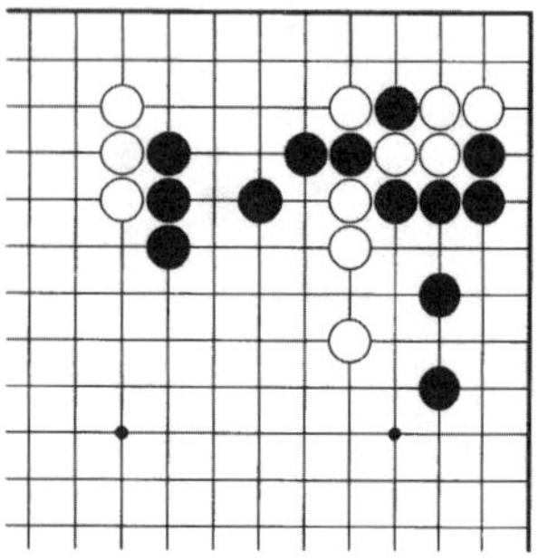

解

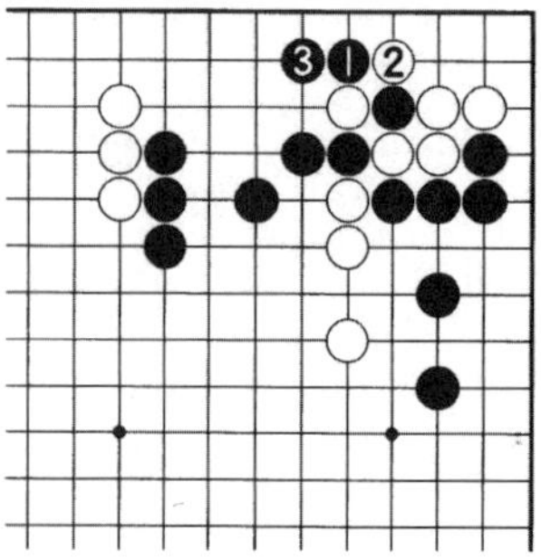

変

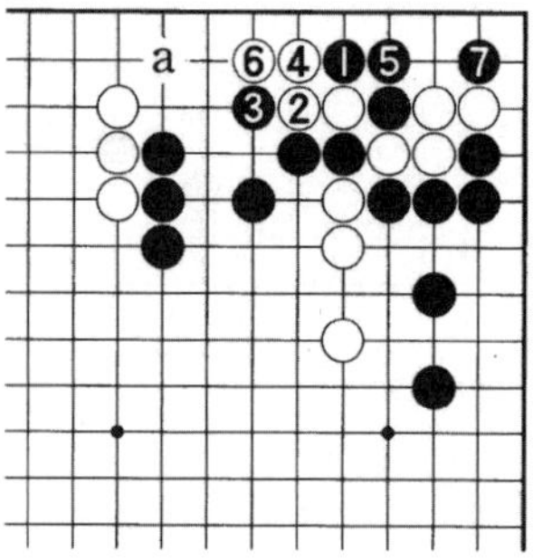

제3형 흑번

## 불완전

우상귀의 백은 흑 1점을 잡고 있어도 불완전한 모습. 이후 흑은 어떻게 공격해야 할 것인가?

## 백 죽음

흑1의 단수가 견고. 백2로 따내는 것은 곧 흑3으로 늘어 효과가 없다. 귀의 백집이 좁아 백은 그대로 죽는다.

## 수가 남다

백2로 탈출하려는 것은 흑3으로 단수치고 흑5로 잇는 수순이 교묘하다. 백6 이후 흑7로 귀를 잡는다. 상변에는 흑a의 수가 남아 있다.

(11)

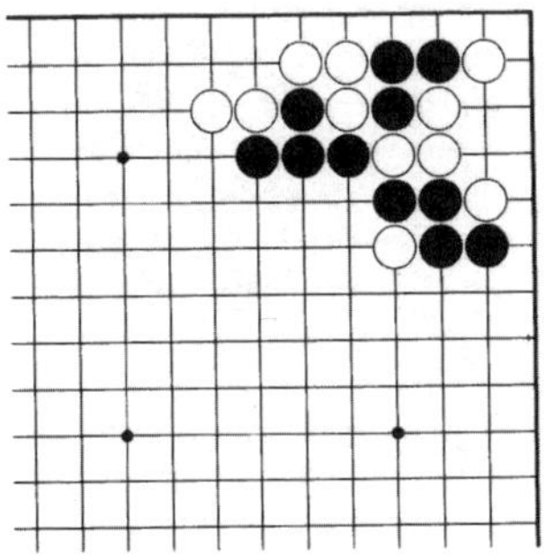

## 제4형 흑번

### 움직여 나가다
귀 수상전 문제
우상은 변의 정석의 변화로 이 모양은 흑 3점을 움직여 나가는 것이 가능하다.

解

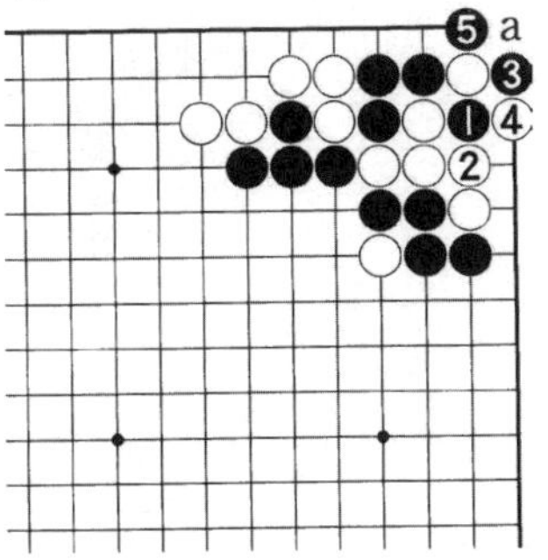

### 2단 패
흑1의 끊음으로부터 백2, 흑3의 단수가 맥이다. 백4로 돌을 따내고 흑5로 패를 준비한다. 백a 이후 흑은 2단패가 된다.

变

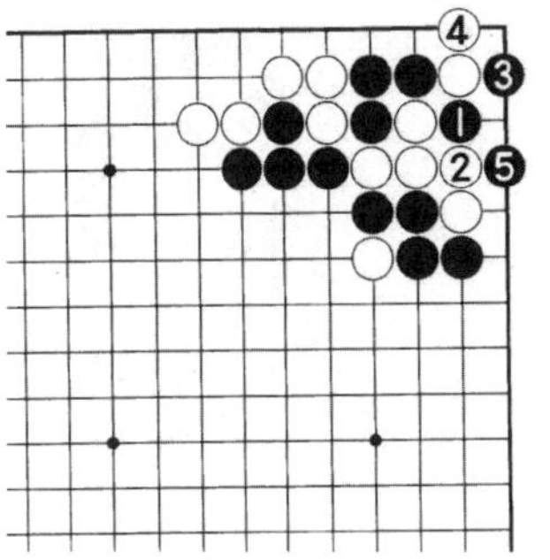

### 단패
흑3이 단수를 치자 백이 4로 내려서는 변화. 흑5로 젖혀 간단히 패가 된다. 이런 모양을 단패라고 하는데 정해도는 백이 다소 유리한 이단패이다.

(12)

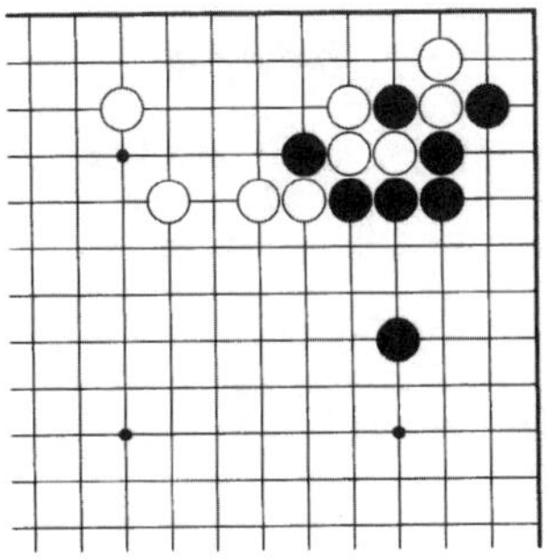

## 제5형 흑번

### 깨뜨리다
상변의 전투
백진에 남아 있는 흑 2점을 움직여서 활용하여 우상의 백 진형을 깨뜨릴 수 있다. 백의 자충이 약점이다.

解

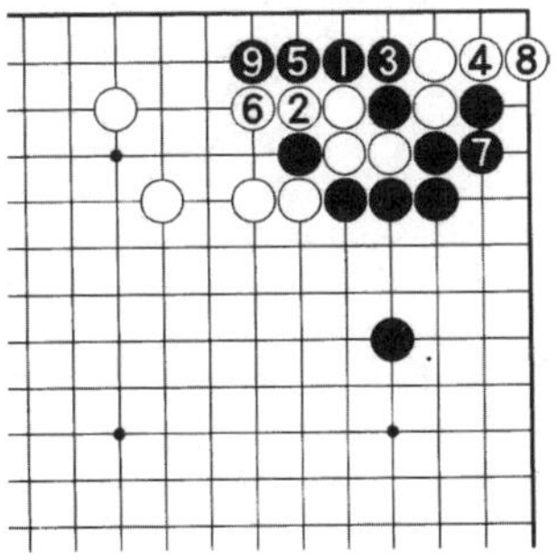

### 흑 승
흑1로 단수를 쳐 백 3점을 몬다. 백2로 도망 가면 흑3으로 연결하고 귀의 백 2점을 공격한다. 백4는 흑5로 상변의 흑의 수가 늘어 흑9까지 흑의 승.

变

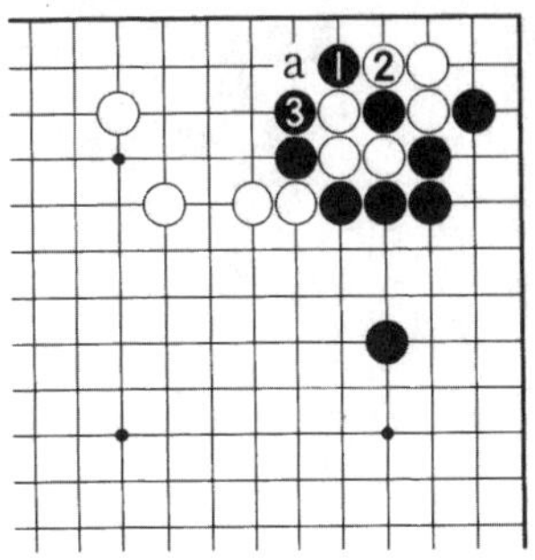

### 조여 붙이기
백2로 흑 1점을 따내는 변화이다. 흑3으로 단수를 치면 백은 바깥부터 조여 붙이는 모양. 상변에서의 수상전은 백이 3점을 연결해도 흑a로 백이 패배한다.

(13)

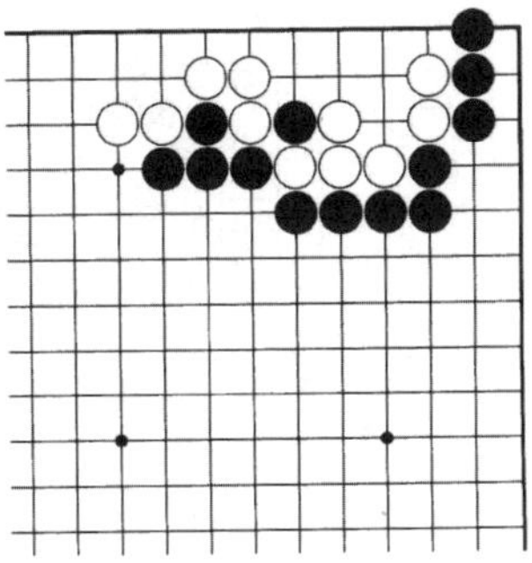

## 제6형 흑번

### 자충
상변의 백집을 어떻게 끝내야 할까. 백은 흑 1점을 잡고 있지만 자충이 되기 쉬운 모양이다.

解

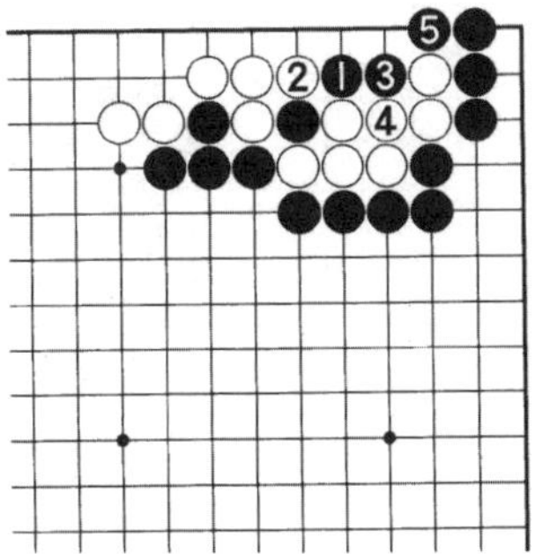

### 조임
흑1의 단수는 모양의 급소이다. 백2로 4의 연결은 흑5로 포도송이가 된 백을 조여 가는 것이 가능. 백2에는 흑3, 5의 조임수.

失

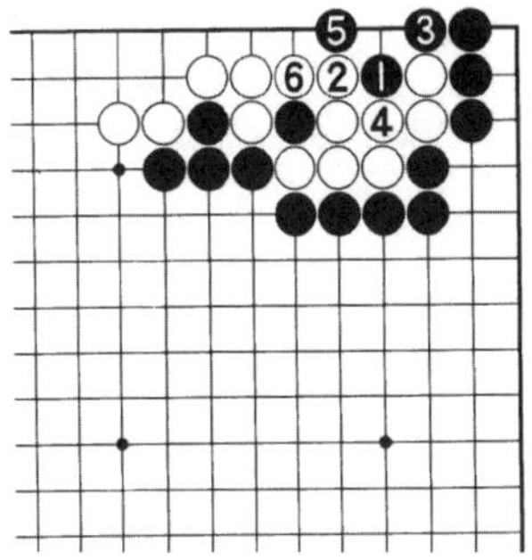

### 흑 싱거운 처리
흑1의 붙임은 백2로 받아 실패한다. 백2가 자충을 방지하는 급소이므로 흑을 3과 5의 끝내기에 백6으로 이어져 집으로 손해를 본다. 패도 남는다.

제7형 흑번

(14)

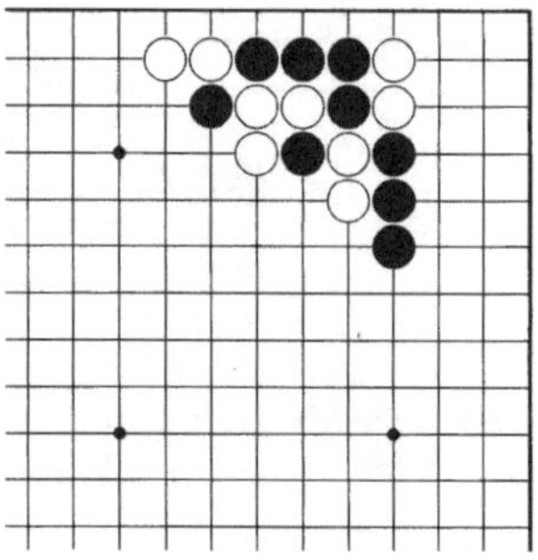

## 최선

상변의 수싸움
흑 4점을 살리기 위해서는 중앙의 백을 공격하여야 한다. 최선의 수읽기는?

解

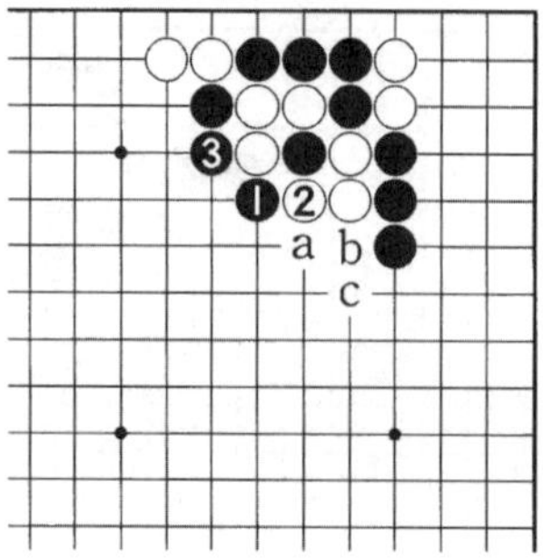


## 백 전멸

흑1의 단수가 좋은 맥이다. 백2가 따내면 흑은 흑3으로 단수를 친 뒤 조여나가는 것이 가능. 백 3점을 이으면 흑a로 전멸한다. 흑1에 2는 백b, 흑c도 유력하다.

変

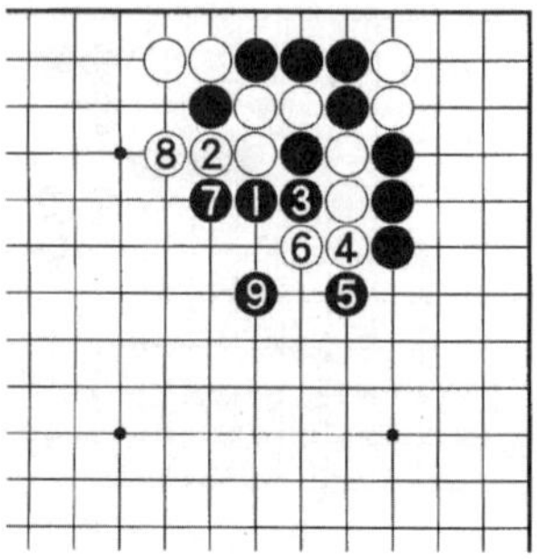

## 4점 잡기

백2로 나가려는 것은 흑3으로 이어서 백 2점이 단수가 된다. 백4는 흑5로 단수를 치고 중앙에서 7의 단수를 이용해 흑9의 장문으로 4점을 잡는다.

단수치기 잡기

제1형 흑번

(15)

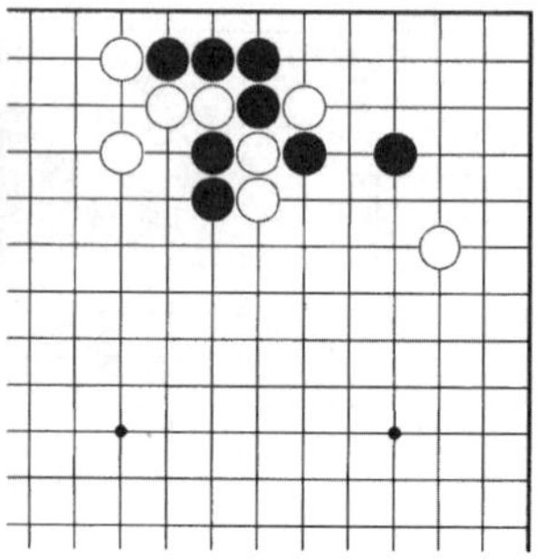

## 요석

상변의 문제
흑을 끊고 있는 백 2점은 요석이다. 흑이 이 요석을 잡으면 우상은 집과 강한 두터움을 갖게 된다.

解

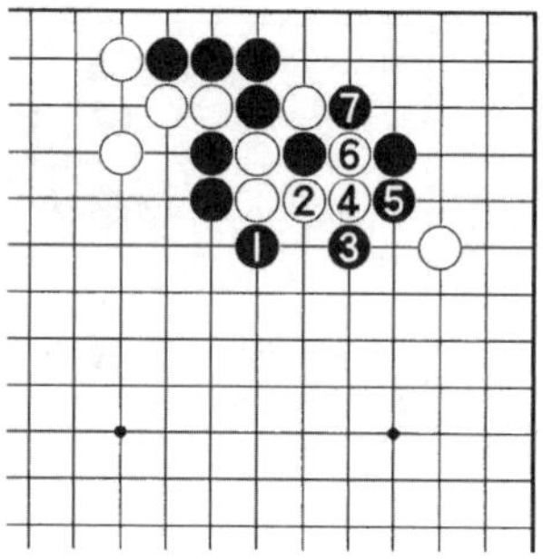

## 백 망함

흑1로 단수치고 3으로 씌워 조이는 것이 맥이다. 백4와 6으로 흑 1점을 잡으면 흑7의 젖는수가 백의 공배를 채우는 좋은 수가 되어 백이 망한다.

変

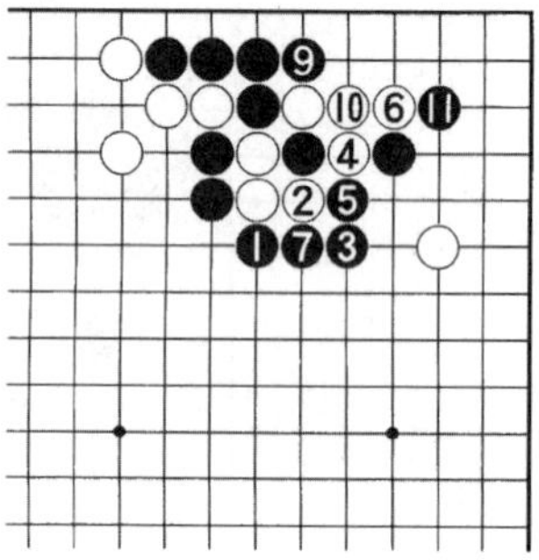

## 포도송이

백4로 따내면 흑5로 결정하여 백을 자충시킨다. 백6이 젖히면 흑7과 9로 단수를 하여 백은 포도송이가 된다. 흑11로 백은 망한다.

※⑧→④의 왼쪽

제2형 흑번

(16)

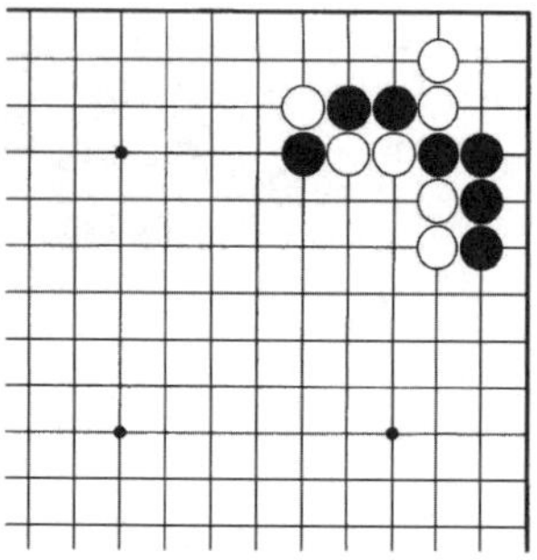

## 작은 눈사태 정석

작은 눈사태 정석의 변화이다. 백이 축으로 불리한 경우. 백이 이 모양처럼 두면 곧바로 망하게 된다.

解

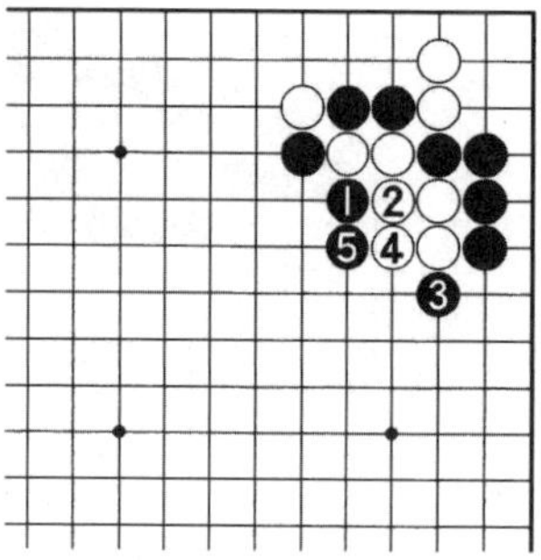

## 축

흑1로 단수를 치면 백2와 흑3으로 백은 축에 걸린다. 흑5로 몰아 잡으면 우상의 백은 전멸한다.

変

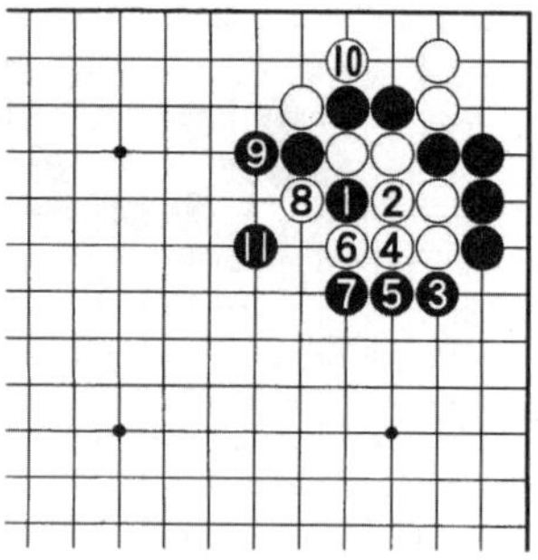

## 적당하다

축으로 백이 유리하면 흑은 5의 방향부터 단수치고 상변의 2점을 버린 뒤, 흑11로 중앙을 봉쇄하면 백의 실리와 흑의 두터움으로 적당히 갈린다.

(17)

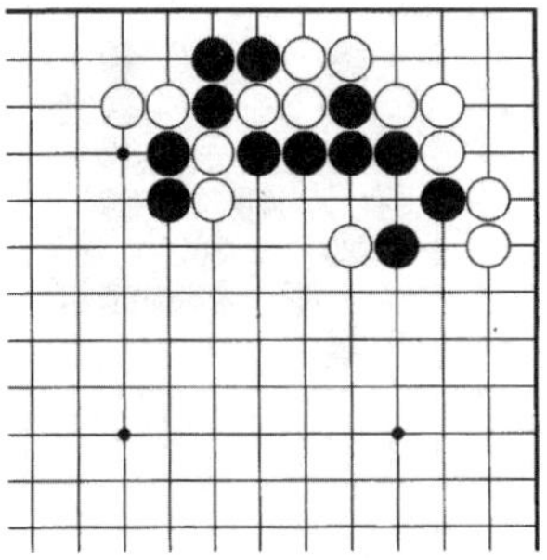

제3형 흑번

## 2점 잡기

상변의 수상전
흑은 3점을 살리기 위하여 중앙의 백 2점을 몰아 잡고 싶다.

解

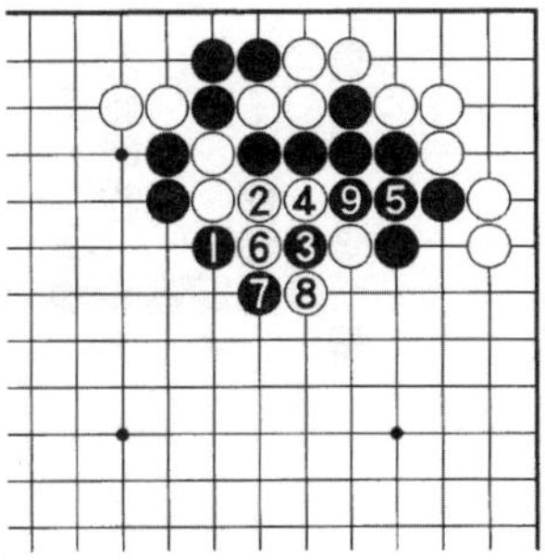

## 축

흑1로 단수치고 흑3으로 씌워 백을 포도송이로 만든다. 백4로 빠져나오려 하면 흑5로 잇는 것이 좋은 수이다. 백6은 흑7부터 9까지 단수를 쳐 우변의 축에 걸리게 한다.

失

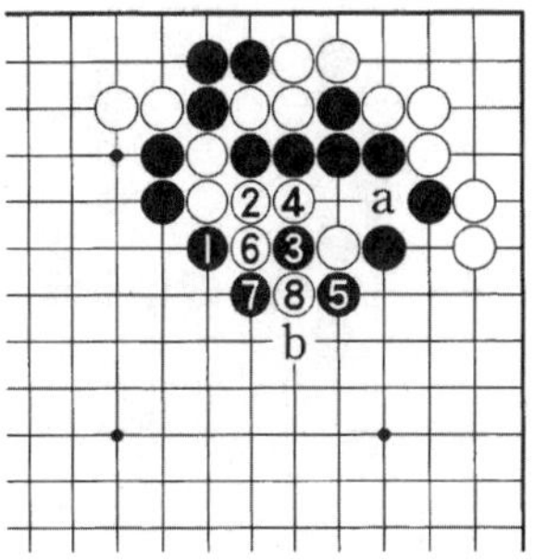

## 부수다

흑5로 단수를 치는 것은 매우 나쁜 선택이다. 백6으로 나오면 흑7로 막을 수밖에 없기 때문에 백8로 포위망이 부셔져버린다. 흑b에는 백a.

(18)

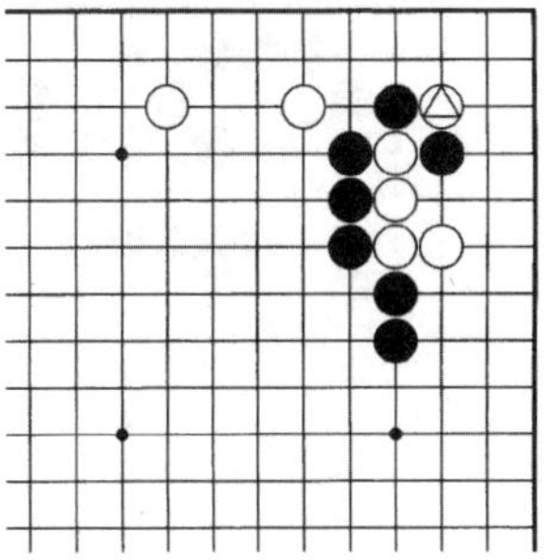

제4형 흑번

## 4점 잡기

◬이 끊고 있어 우상의 백이 버티는 것처럼 보이지만 백 4점을 잡을 수 있다.

解

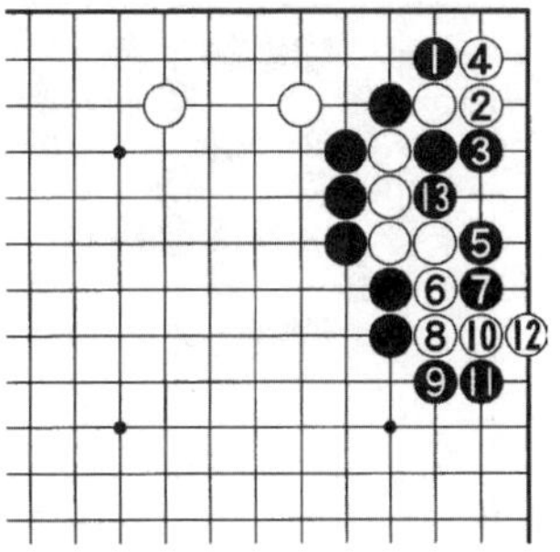

## 빈축

흑1로 단수치고 3으로 귀의 백을 공격하여 중앙의 백 4점을 노린다. 백4로 귀를 살리는 수밖에 없기 때문에 흑5부터 13까지 빈축의 모양이 된다.

変

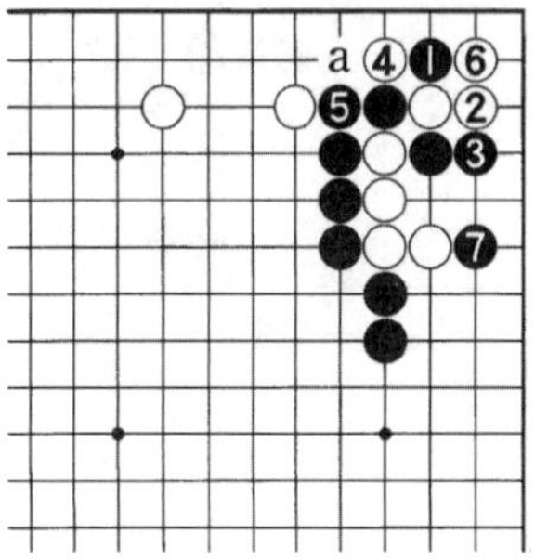

## 흑 충분

백4와 6으로 귀를 잡고 흑7 이후 백a로 건너면 겨우 살게 된다. 흑은 백 4점을 잡아서 충분하다. 흑3으로 6은 백5로 흑이 무리.

(19)

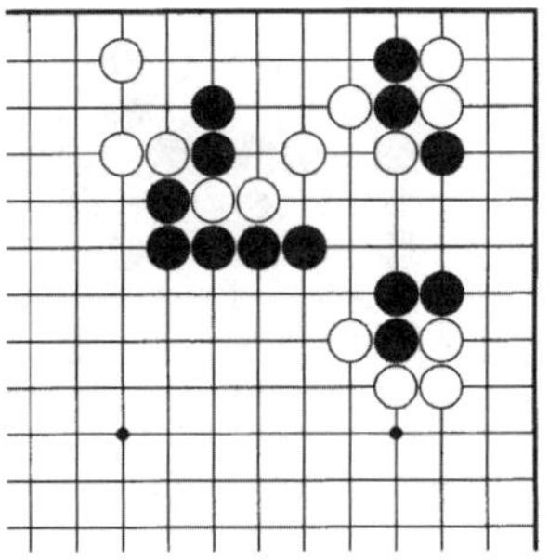

제5형 흑번

## 약점

귀의 흑 2점과 상변의 흑 2점은 모두 잡혀있는 모양 같지만 두 곳을 연계시키면 살릴 수 있다.

解

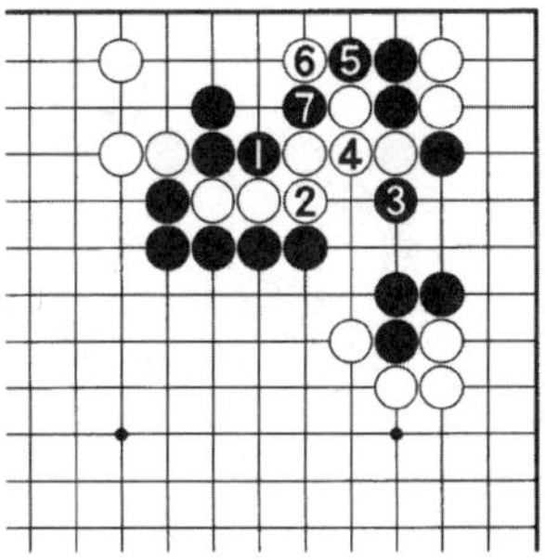

## 촉촉수

흑1의 단수가 제1탄, 백2가 이으면 흑3이 제2탄이다. 여기서 백4로 이으면 흑5로 귀의 흑을 움직여 나와 가운데 백이 전멸한다. 흑7로 촉촉수이다.

変

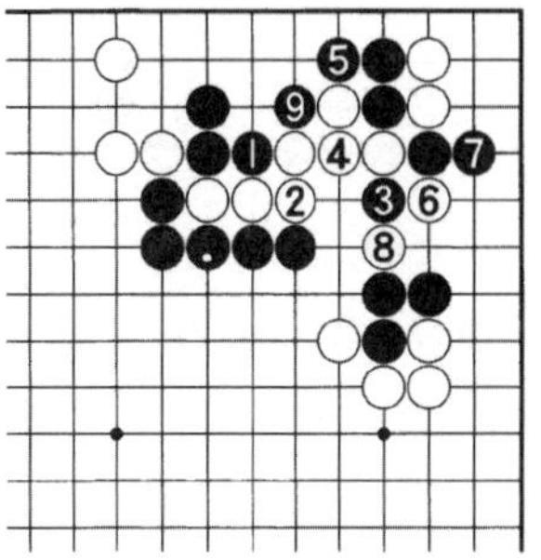

## 전멸

백6과 8로 우변을 두어도 흑9로 단수를 치면 백은 살릴 수 없다. 백2로 5, 아니면 백4로 9, 백은 한쪽 만 살릴 수 있다.

(20)

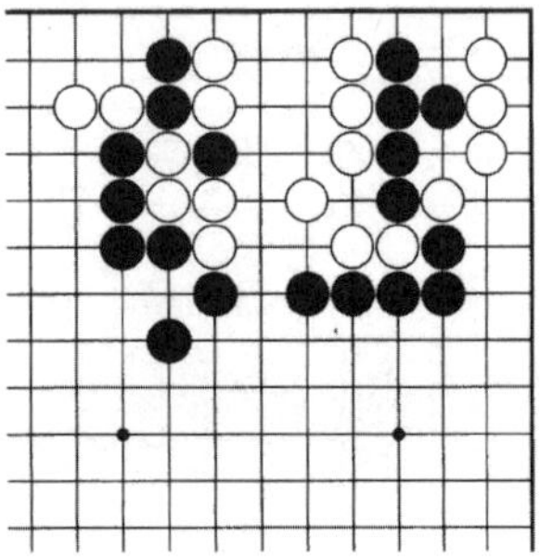

解

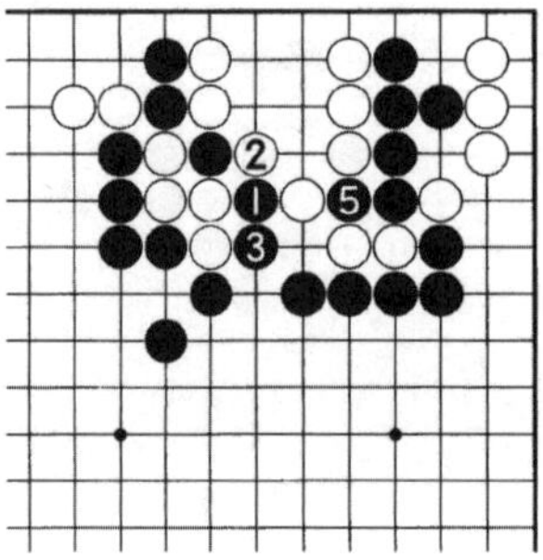

变

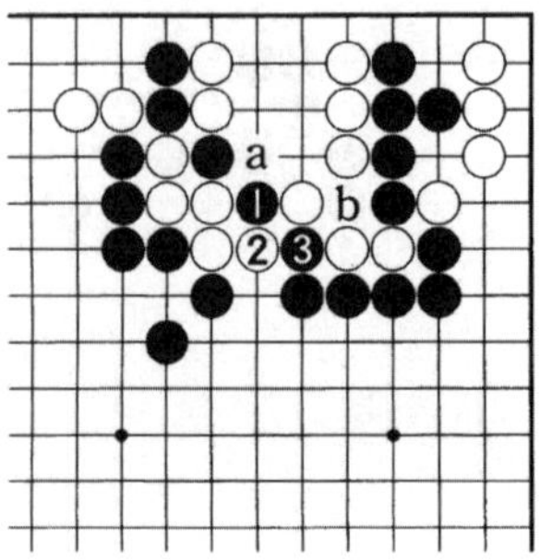

제6형 흑번

### 불완전

귀부터 상변에 걸쳐 큰 백의 집처럼 보이지만 이대로는 완전하지 않다. 흑은 어떻게 백집을 깨야 할 것인가?

### 백 큰 손해

흑1로 단수를 치면 백 4점은 살릴 수 없다. 백2로 흑 1점을 잡고 4로 이으면 흑5로 우상의 흑이 살아나서 백은 큰 손해가 난다.

※④→②의 왼쪽

### 양단수

흑1의 단수에 백2로 저항하면 흑3이 양단수가 된다. 흑1로 a로 뻗으면 백3. 또 b의 단수치기는 모두 백3으로 막을 수 있어 수가 먹히지 않는다.

(21)

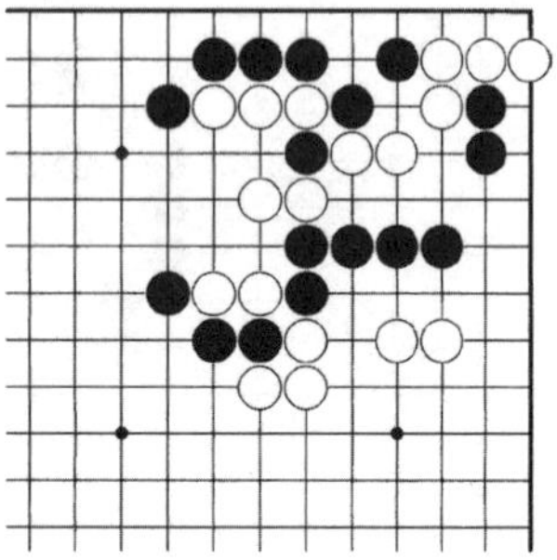

解

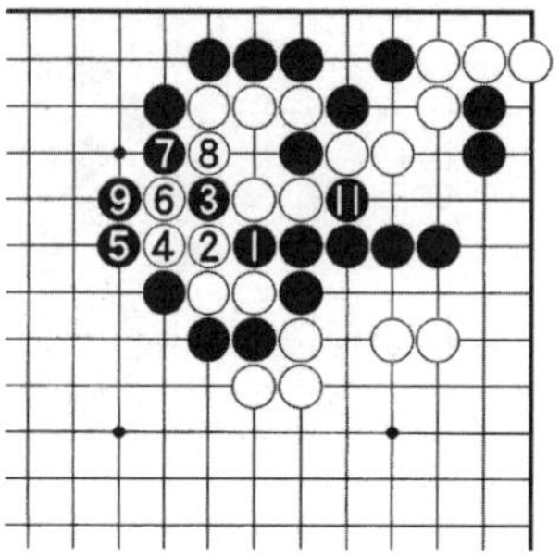

变

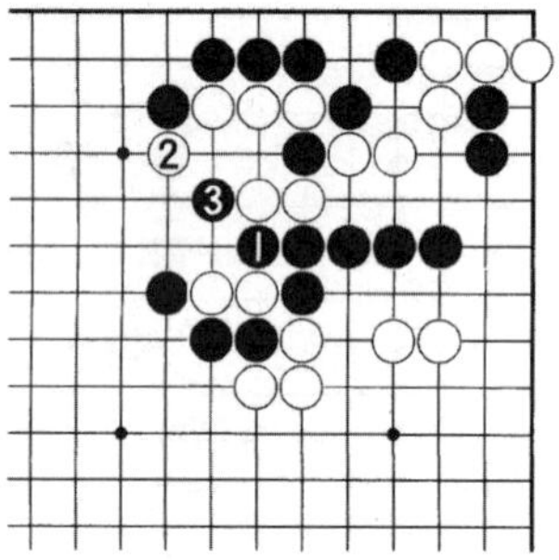

제7형 흑번

### 버팀

우변의 흑을 어떻게 살릴 것인가? 의외로 우변의 집은 작아서 자체로는 살 수 없어 바깥의 백을 잡아야 한다.

### 환격

흑1부터 3까지 단수치고 백 2점을 공격한다. 백이 2와 4로 저항하면 흑5부터 11로 환격의 모양. 흑7을 9에 두는 것은 백7로 실패한다. 백8로 9는 흑8. ※⑩→❸

### 선수로 제압

백 2점은 도망가지 못한다. 백2로 상변을 먼저 두면 흑3으로 젖혀 상대돌 끊기를 노린다. 백을 끊는 노림과 동시에 백 2점을 잡아 일석이조가 된다.

(22)

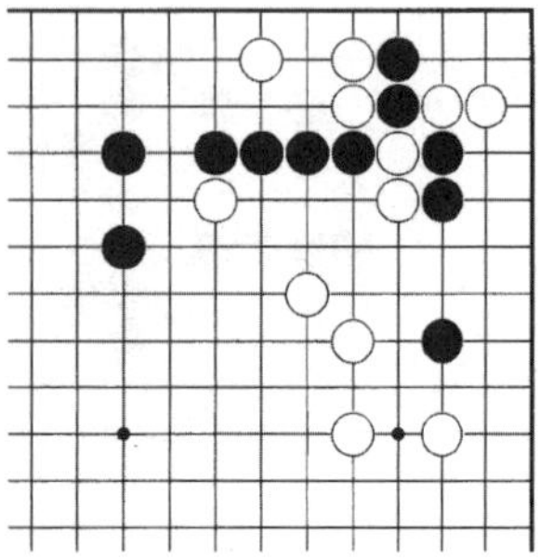

解

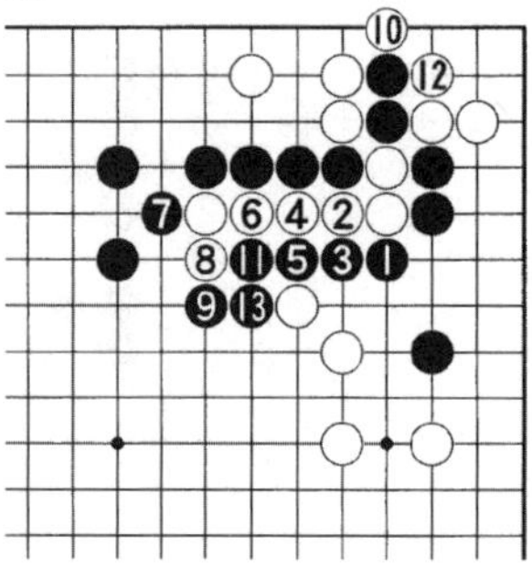

失

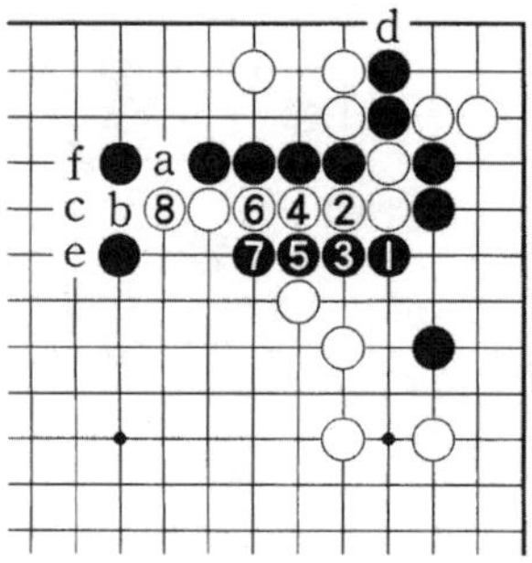

제8형 흑번

### 사석

상변의 수싸움

흑은 귀, 우변, 상변과 3분되어 있지만 귀의 2점을 사석으로 이용하여 바깥의 백을 조여붙이면 강한 돌로 변한다.

### 흑 성공

흑1로 단수치고 흑7과 9로 몰아 조인다. 백은 백10과 12로 상변의 흑 2점을 잡고 중앙을 살려도 흑은 우변부터 상변까지 강해지므로 성공한다.

### 약점이 남다

흑7로 나오려는 것은 백이 8로 늘어서 실패한다. 흑a로 이어도 백b, 흑c 이후 백d에 돌을 두면 e와 f, 두 곳에 약점이 남아서 좋지 않다.

제9형 흑번

(23)

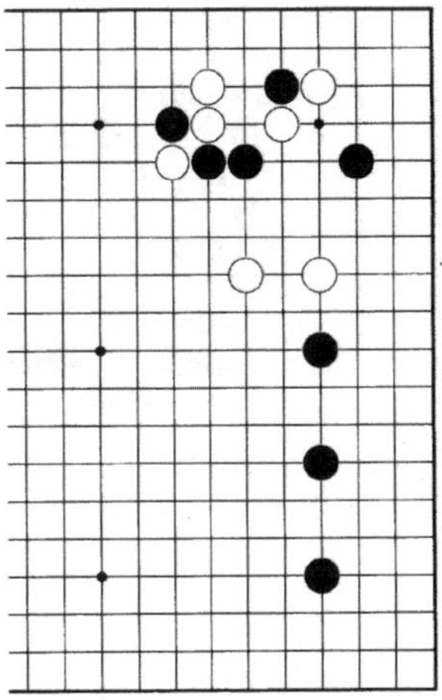

## 보강

두 칸 높은 협공정석의 변화이다. 우상귀의 백이 무리하게 반발을 한 곳. 흑은 전투를 위하여 귀를 보강해야 한다.

解

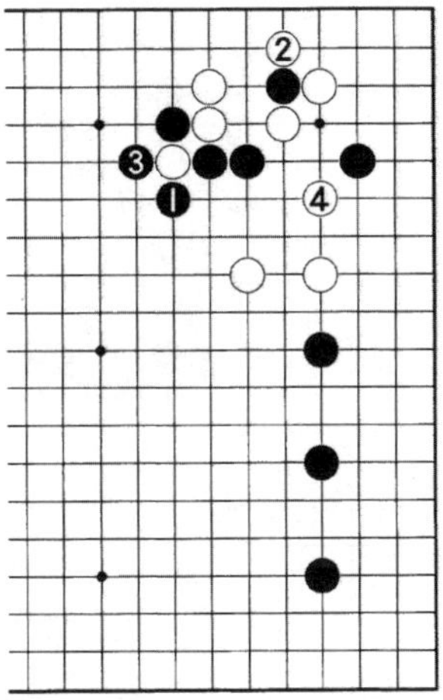

## 빵때림

흑1의 단수가 급소이다. 백2로 귀를 견고히 하면 흑3의 빵때림으로 상변에 강력한 세력을 형성한다. 백4로 귀를 봉쇄해도 흑 1점은 쉽게 살 수 있는 뒷맛이 남는다.

变

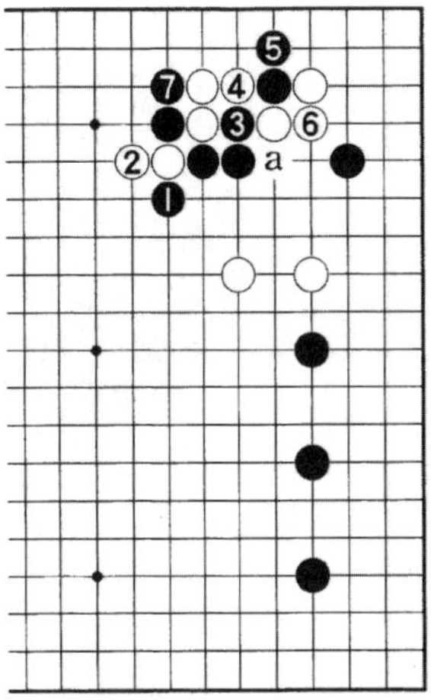

## 백 망함

백2로 도망치려 해도 흑3과 5의 강수가 효과적이다. 흑7까지 백은 망한다. 흑1과 백2의 교환이 없다면 백6으로 a의 저항이 있어 흑이 괴롭다.

제10형 흑번

(24)

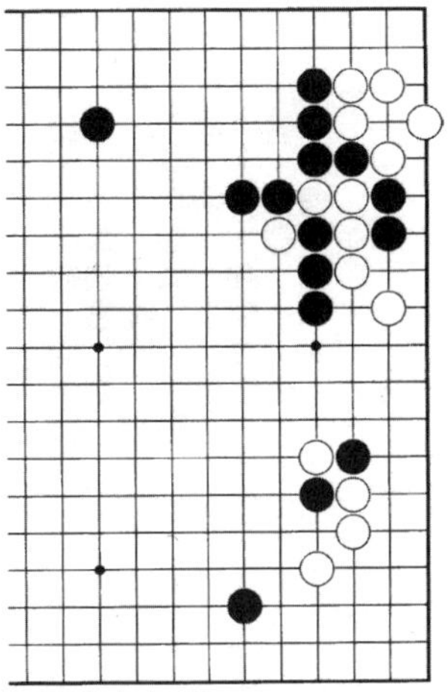

## 깨다

우상은 화점 정석의 변화이다. 우변의 백에는 흑에 의한 활용이 남아있기 때문에 흑은 우하의 전투에 활용하여 우변의 백집을 깨뜨린다.

解

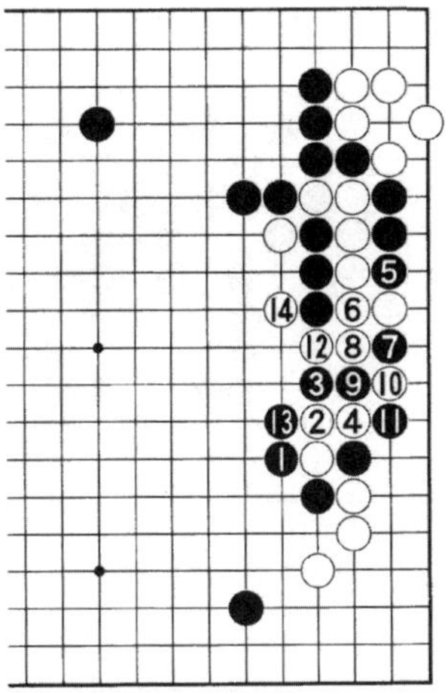

## 바꿔치기

흑1로 단수를 친 것이 강수가 된다. 백2가 뻗으면 흑3으로 코붙여 백의 움직임을 좌우로 묶는다. 백4에는 흑5로 우상부터 움직이기 시작해 흑13으로 우하의 백 3점을 잡아 바꿔치기만 해도 흑은 충분하다.

变

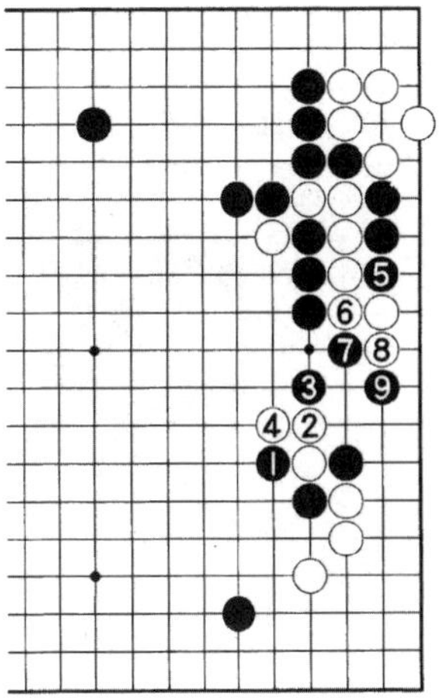

## 백 큰 손해

백4처럼 중앙으로 나가면 큰 손해를 본다. 흑5와 7로 변의 흑 2점이 살아나면 우변의 백이 반대로 잡힌다. 흑1의 단수에 백7로 우상을 지키는 것은 흑2의 빵때림으로 이어져 흑이 좋다.

(25)

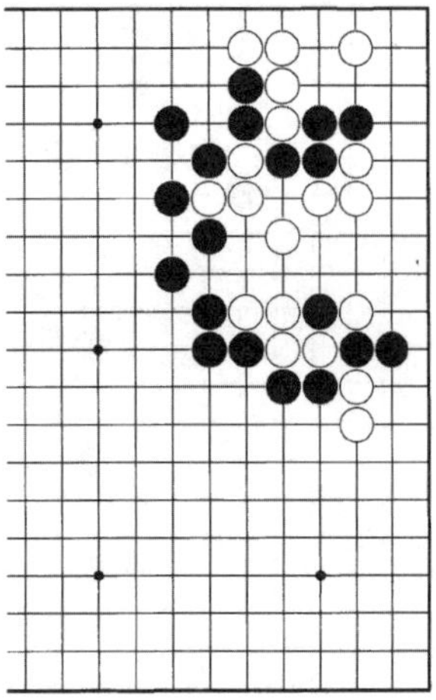

解

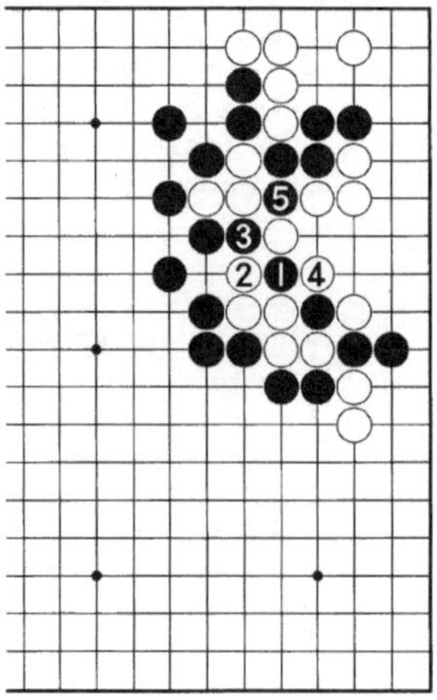

失

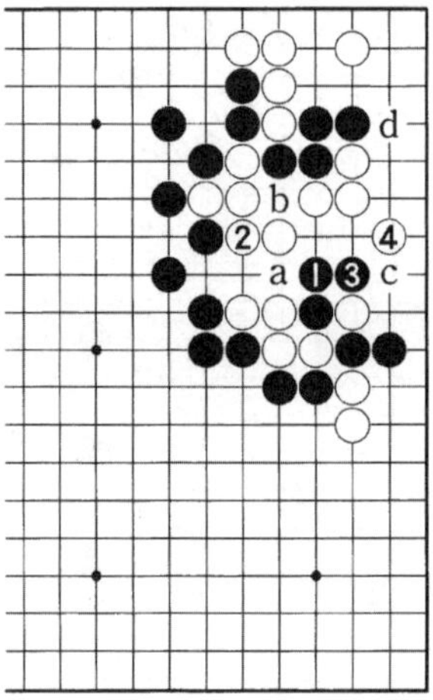

제11형 흑번

## 실마리

우상과 우변의 흑은 따로 보면 죽은 돌이지만 두 곳을 관련시키면 수가 성립한다. 흑은 어디에서 실마리를 잡을 것인가?

## 양단수

흑1의 단수가 좋은 수이다. 백2로 도망치려 해도 흑3이 끊어내면서 양단수가 된다. 백2로 4는 흑2로 단수를 치고 4점 잡기와 5의 축촉수로 양쪽을 노린다.

## 흑 삶이 없다

흑1로 뻗어도 백a면 흑b로 수가 된다. 백2의 이음이 좋은 수로 흑3으로 백 1점을 잡아도 백4로 공격할 수 있어서 흑은 살 수 없다. 이후 흑c에는 백d.

(26)

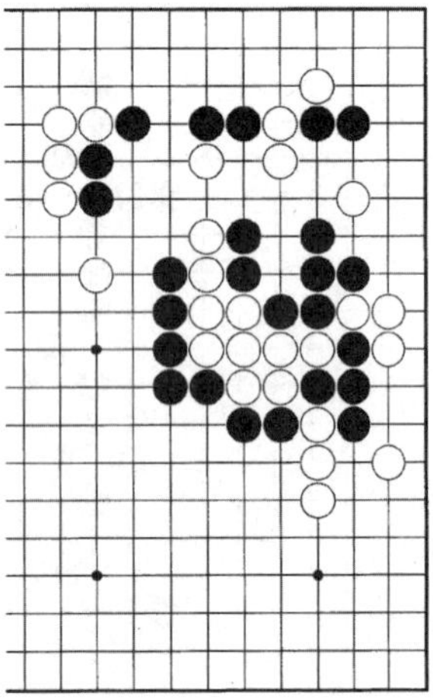

解

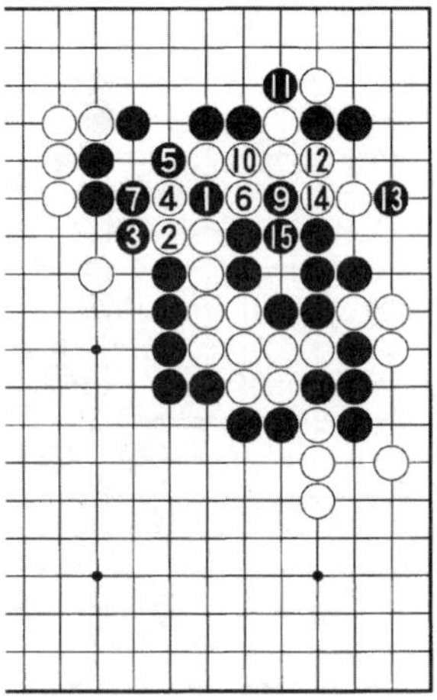

失

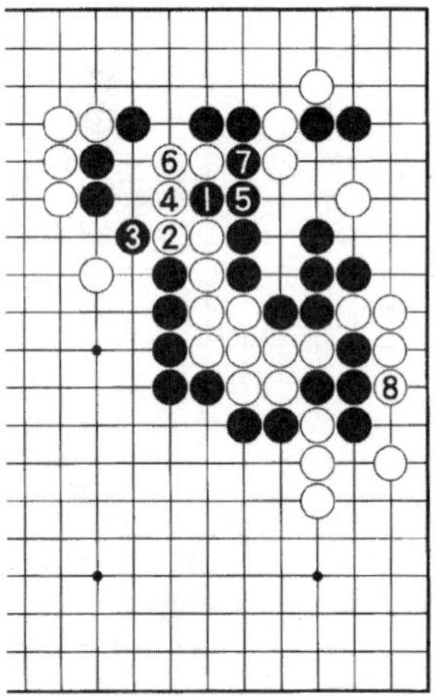

제12형 흑번

## 함정

중앙의 수싸움

백의 대마는 우변의 흑 4점을 잡아서 살아 있는 것처럼 보이지만 자충의 함정이 있어 흑에게 잡힌다.

## 흑 승

흑1로 단수치고 백2 이후 흑3과 5로 백의 공배를 채워 몰아낸다. 백8로 이으면 포도송이가 되어 흑9부터 15까지 흑 승이다.

※⑧→❶

## 악수

백4의 단수에 대하여 흑5로 이은 것은 악수이다. 백이 백6으로 버티면 백의 수가 늘어난다. 흑7로 이어 중앙의 흑을 살려도 백은 8로 우변의 흑을 잡고 살릴 수 있다.

(27)

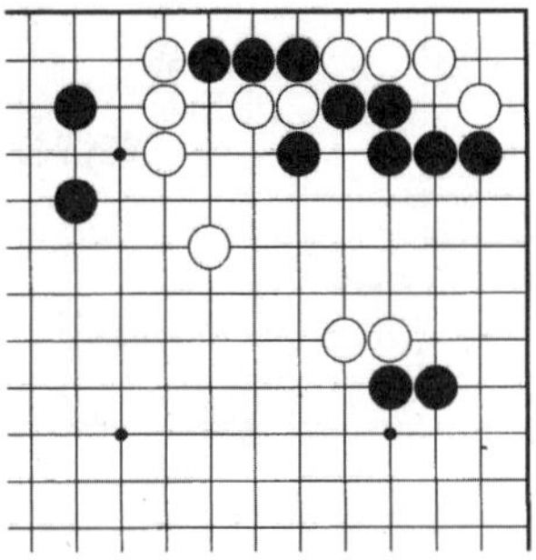

解

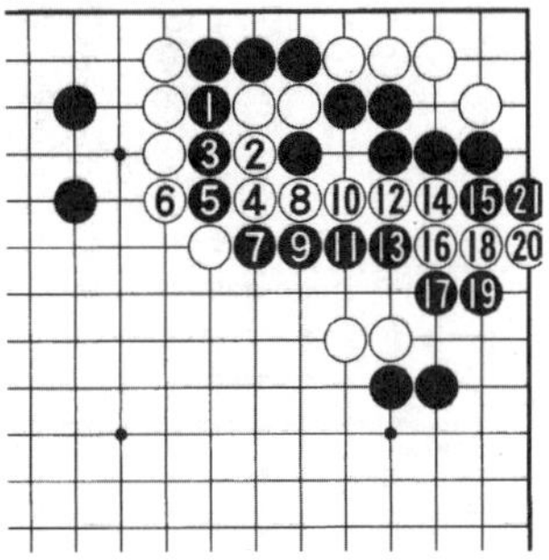

変

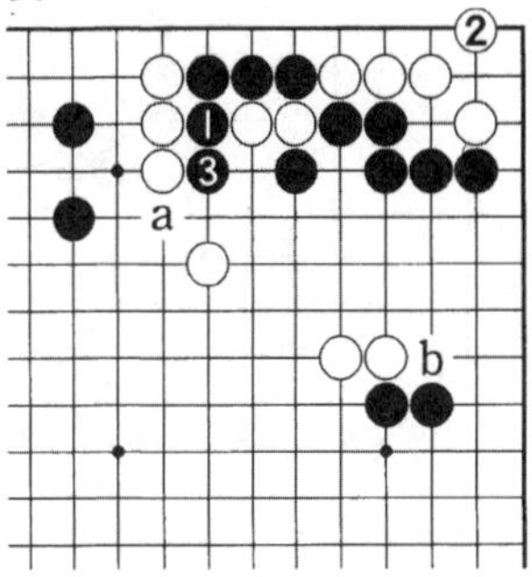



**제13형 흑번**

### 살리다
상변의 흑 3점을 살리고 싶다. 바깥의 백 2점을 몰아서 마지막은 빈축으로 씌우는 것이 된다.

### 흑 승
흑1부터 백6까지 외길이다. 흑7로 끊고 11부터 21까지 몰아가면 흑 승이 된다. 백6으로 7이면 흑6으로 도망가서 귀의 백이 아직 못살아 있다.

### 양 노림
흑1의 단수에 백이 2점을 도망가면 손해가 크다. 거기서 백2면 흑3. a와 b를 맞보기로 백을 공격하여 흑이 유리하다.

(28)

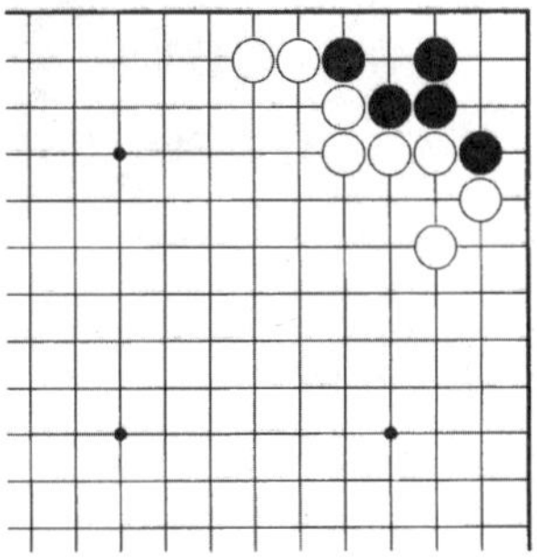

解

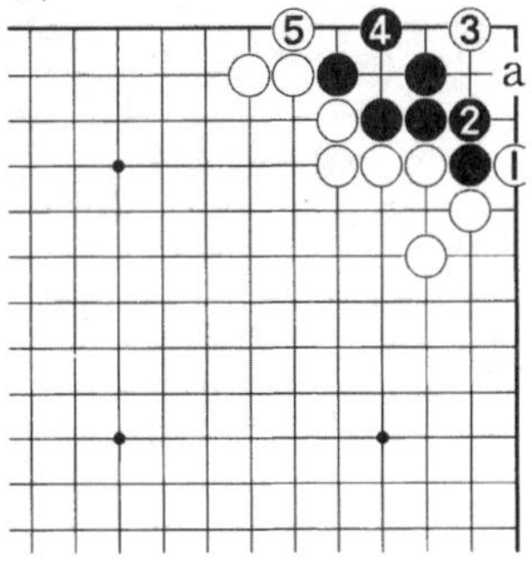



失

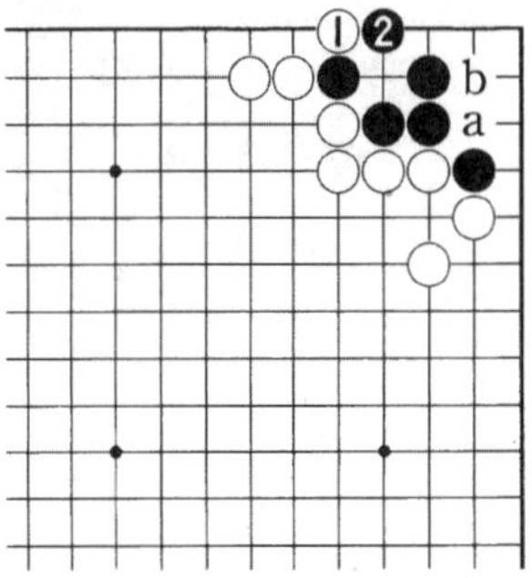



**제14형 백번**

### 급소
사활의 문제. 우변과 상변의 어느 쪽부터 공격할지가 분기점이 된다. 흑집을 좁혀 치중하여 숨통을 끊어보자.

### 흑 죽음
백1의 단수는 흑집을 좁게 하는 맥이다. 백3의 치중이 눈의 급소로 흑4에는 백5로 뻗어 흑의 눈을 없앤다. 흑2로 4는 백a.

### 패는 실패
백1로 젖히면 흑2로 받아 패가 된다. 백1로 a의 끊음은 흑b로 단수를 쳐 흑이 무난히 산다.

(29)

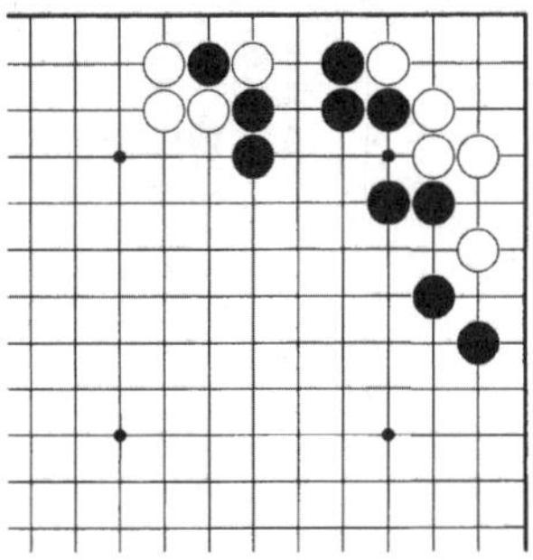

解

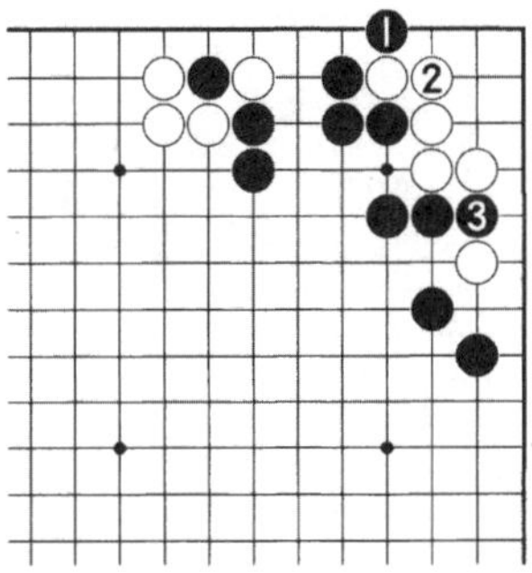

失

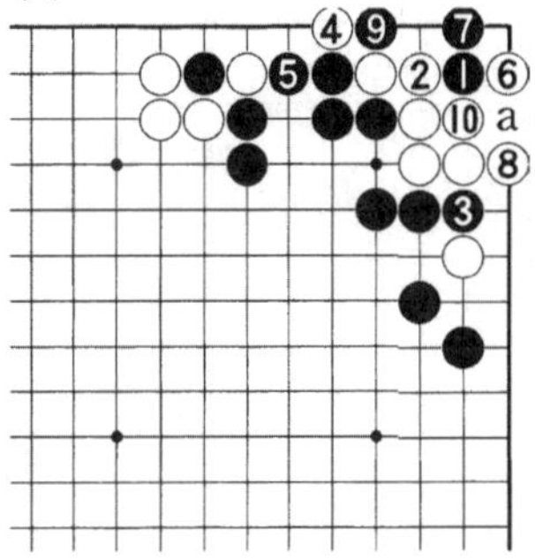



**제15형 흑번**

### 궁도
사활의 문제. 백 집을 조여 살 수 있는 공간을 없애면 잡을 수 있다.

### 좁은 집
흑1의 단수는 백2로 받는 수를 강요하여 백의 집을 좁게 만든다. 백2로 이은 뒤 흑3으로 뚫으면 귀의 백은 살 길이 없는 좁은 공간이 된다.

### 백 삶
흑1의 치중 이후 3으로 뚫고 나오면 백4의 젖힘으로 귀에 탄력이 생긴다. 백6의 붙힘, 흑7이면 백10까지로 살 수 있다. 흑 7로 a는 백이 7로 패가 된다.

제16형 흑번

(30)

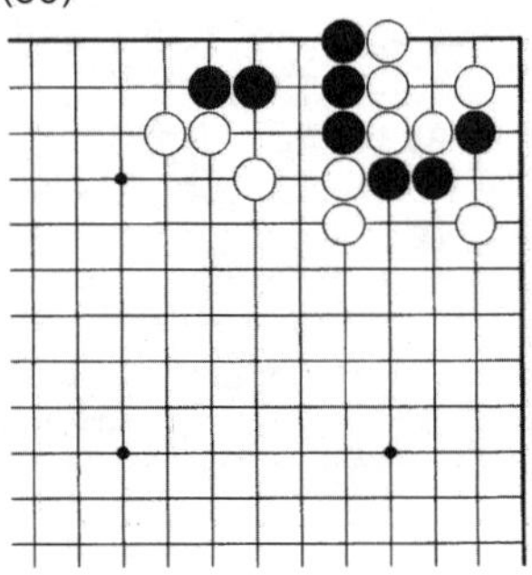

## 비상수단

우상의 전투

귀의 백을 공격해서 잡지 않으면 상변의 흑이 잡힌다. 흑은 비상수단으로 공격할 수밖에 없다.

解

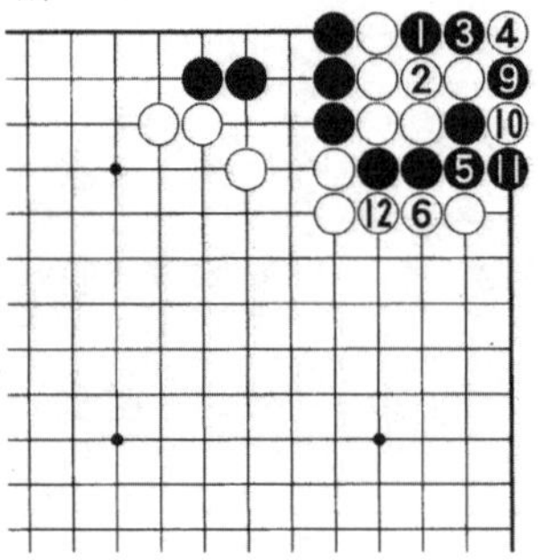

## 패

흑1부터 3으로 이어지는 공격의 맥이 좋다. 흑7과 9로 먹여쳐서 백의 자충을 추궁하면 패가 된다.

※❼→❸(먹여치기), ⑧→❶(따내기), ⓭→❾(패)

失

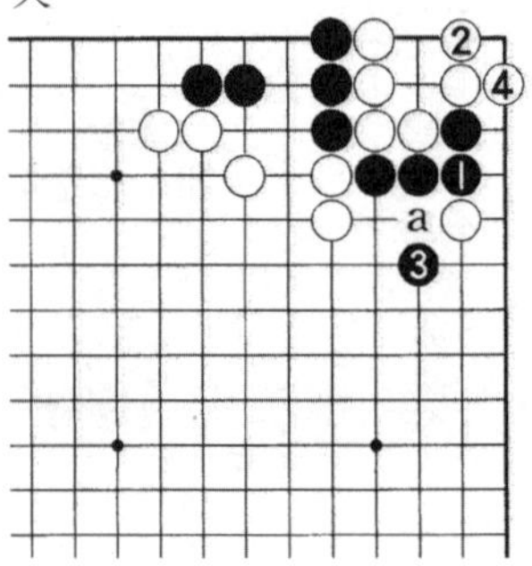

## 백 삶

흑1로 잇는 것은 백2로 지켜서 실패한다. 흑3으로 4를 공격하는 것은 백a로 유가무가가 된다. 흑3이면 백4로 살아 상변의 흑은 자연사한다.

제17형 흑번

(31)

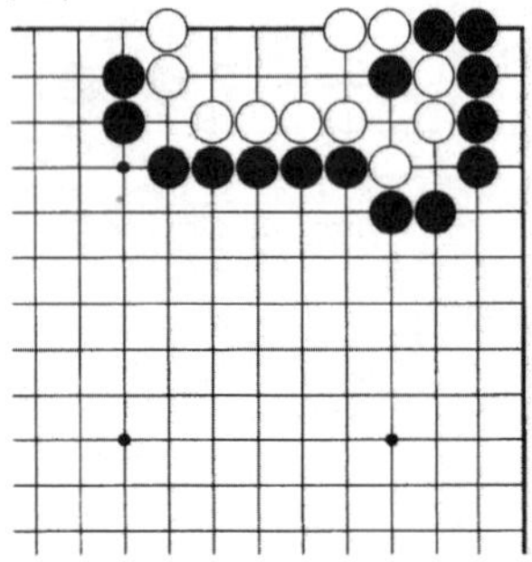

## 치명타

사활문제

상변의 백은 흑 1점을 잡고 넓은 집이 된다. 흑은 치중하여 수를 늘려서 백집을 한눈으로 집약시키지 않으면 안 된다.

解

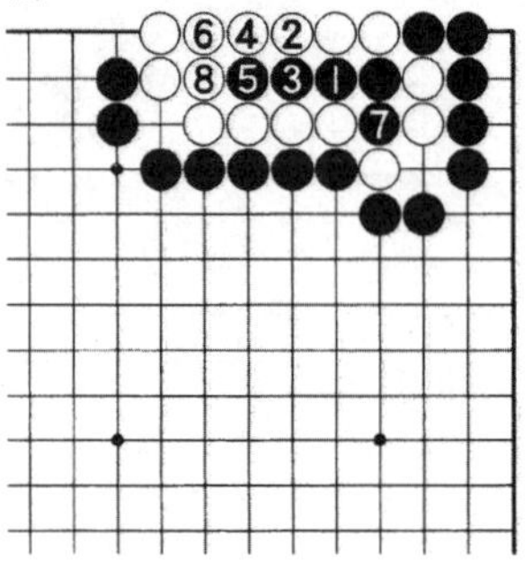

## 백 죽음

흑1으로 백을 몰고 흑7로 5점을 버린다. 흑9의 치중과 11로 먹여치면 백은 죽는다.

※❾→❸(치중), ⑩→❶, ⓫→❼(먹여치기)

失

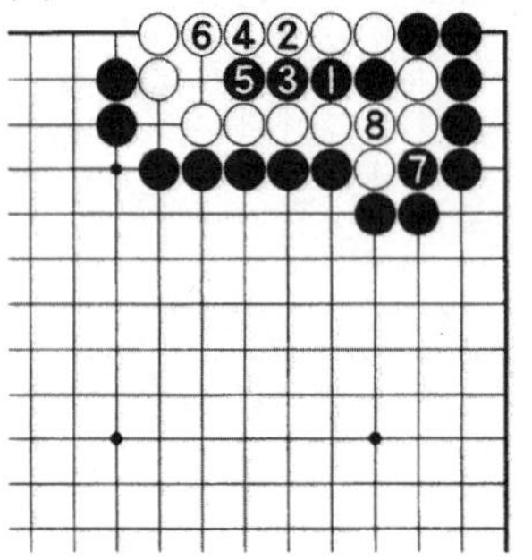

## 백 삶

백6까지 외길 수순은 좋으나 흑7의 단수는 실패한다. 흑은 4점을 잡혀 백은 직사궁으로 살 수 있다.

단수치기 조이기

제1형 흑번

(32)

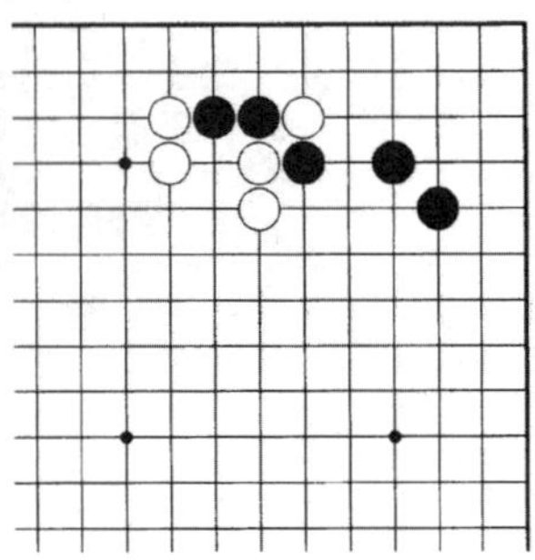

## 반발

귀의 수싸움

흑 2점을 끊고 있는 백 1점을 어떻게 공격할 것인가. 바깥을 견고히 하려는 백의 노림수에 반발하고 싶다.

解

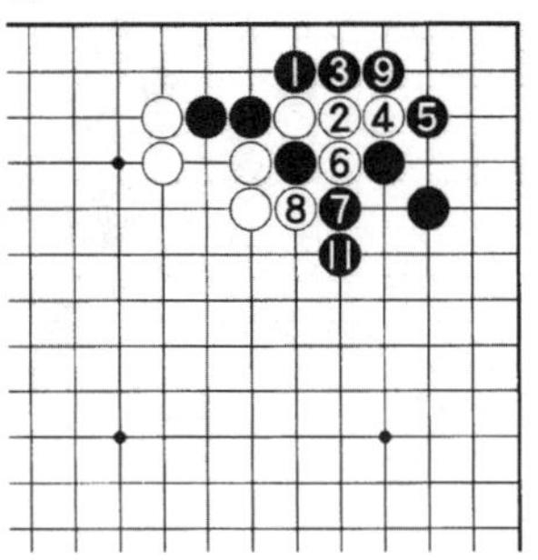

## 흑 좋은 모양

흑1의 단수부터 가져간다. 백2와 4로 상변으로 도망가고 흑5로 방향을 바꾼다. 흑9로 단수 치고 11로 흑의 모양이 좋다.

※⑩→⑥의 왼쪽

失

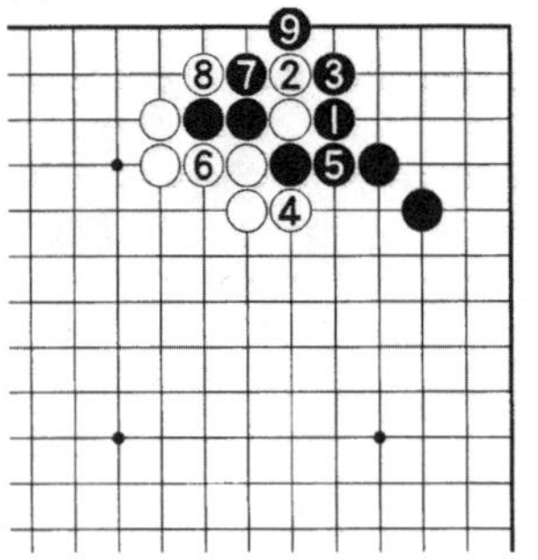

## 흑 불만

흑1의 단수는 백2로 2점을 버리게 된다. 흑3부터 9까지 활용되어진 모양으로 귀의 흑집이 중복된 모양이다. 백의 세력이 강해 흑이 불만이다.

(33)

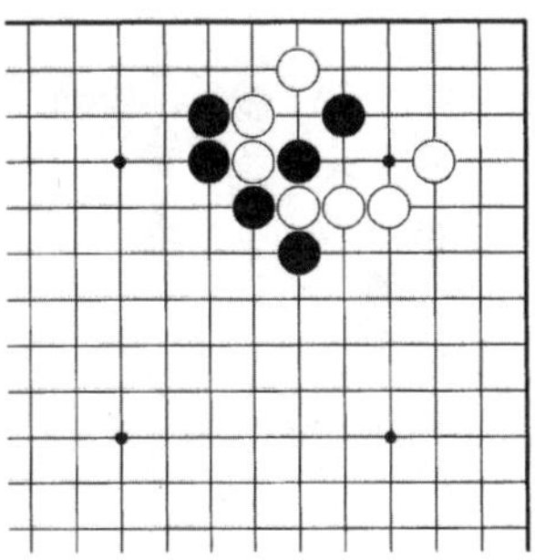

解

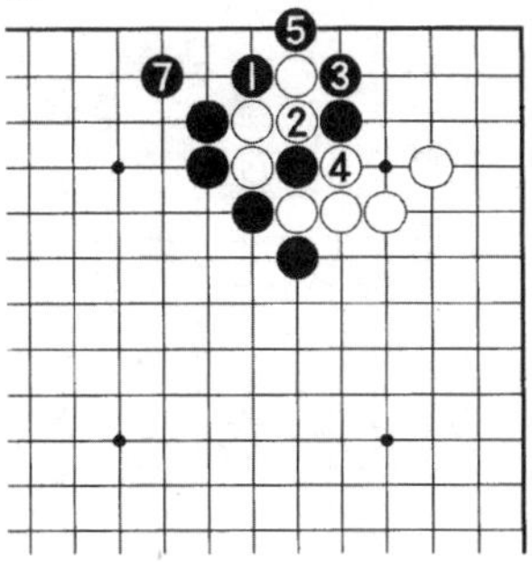

変

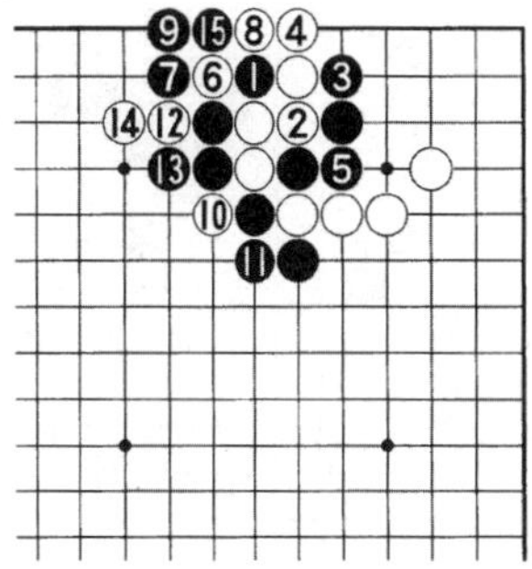

제2형 흑번

## 뒷맛

상변의 수싸움

백집에 뒷맛이 남아 있는데 귀의 흑 2점을 이대로 버리면 백집이 커진다. 상변의 백에게 반격해 흑 2점을 살아 나오는 방법은 없을까?

## 흑 좋은 모양

흑1로 단수 치고 3이 막는 것이 냉엄한 수. 백4로 흑 1점을 잡고 흑5로 조여서 상변을 넘어가면 흑7까지 좋은 모양이 된다.

※⑥→④의 왼쪽

## 패

백4로 내려서서 저항하는 것은 무리. 흑5로 이어 바깥에서 수상전을 펼친다. 백8 이후 흑9로 뻗는 것이 강수이다. 흑15로 단수 치면 만패불청의 패가 된다.

(34)

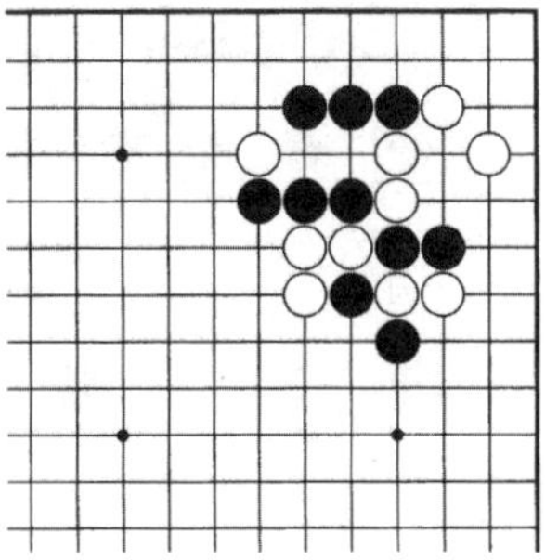

解

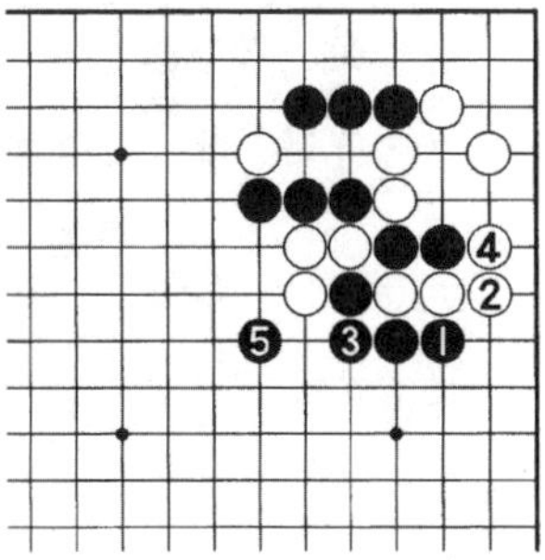

変

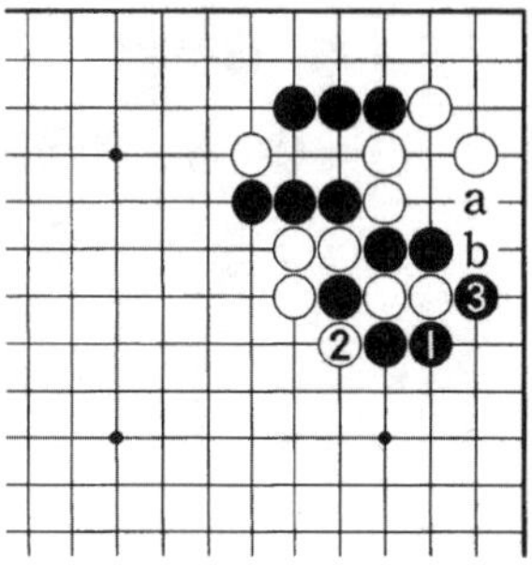

제3형 흑번

## 정형

두 칸 높은 협공 정석의 변화.

우변에 있는 흑의 모양을 결정하기 위해서 단수가 된 흑 1점이 도움을 준다.

## 조이기

흑1의 단수가 좋은 수순이다. 백2로 뻗으면 흑3으로 이어 흑1을 크게 활용한다. 백4는 어쩔 수 없고 흑5로 씌워 봉쇄한다.

## 백 고전

백2로 따낸 것은 흑3으로 단수 쳐서 우변의 흑 2점이 살아난다.

백이 2점을 이으면 흑a. 흑1로 2에 잇는 것은 백b로 흑의 양쪽을 활용할 수 없게 한다.

(35)

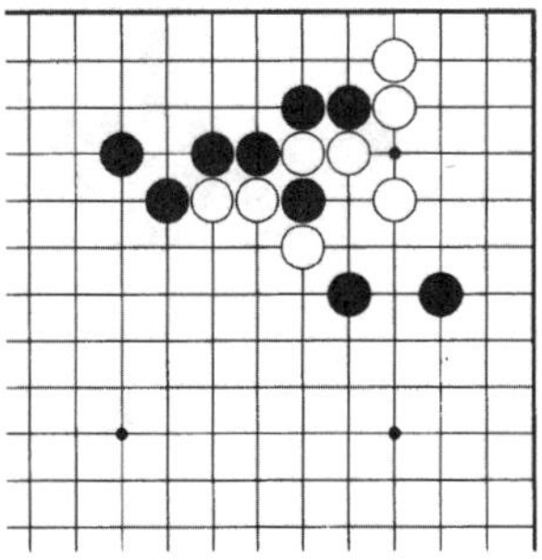

解

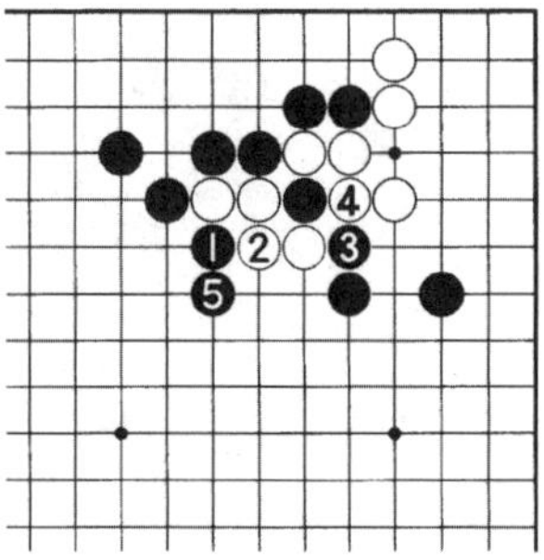

変

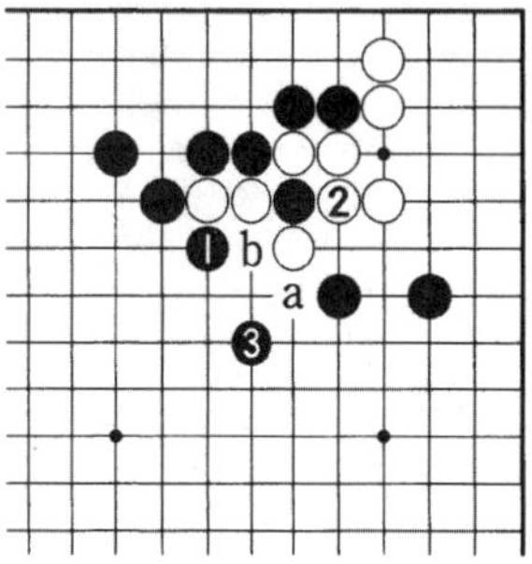

제4형 흑번

## 결정하다

중앙으로 백의 진출을 어떻게 막을 것인가? 흑은 백을 귀에서 봉쇄하기 위하여 백의 자충을 노린다.

## 자충

흑1의 단수가 좋은 수. 백2의 이음은 흑3으로 나와 백집을 옥집으로 만들고 5로 는다. 백은 자충으로 중앙으로 나갈 수 없다.

## 봉쇄

백2로 돌을 따내는 것은 흑3의 날일자로 백의 진출을 막는다. 백2로 a에 두면 중앙으로 나갈 수는 있지만 흑b가 2점을 따내어 백이 불리해진다.

제5형 흑번

(36)

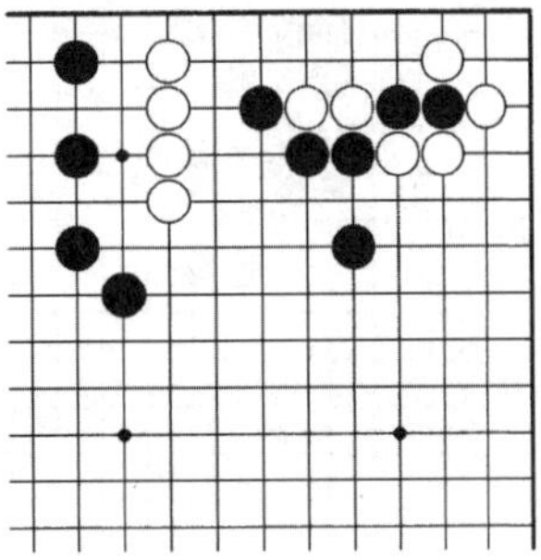

## 활력

백에게 잡혀 있는 우상귀의 흑 2점은 아직 활력이 남아 있다. 상변의 백 4점을 공격하려 할 때 어떤 도움을 줄 수 있을까?

解

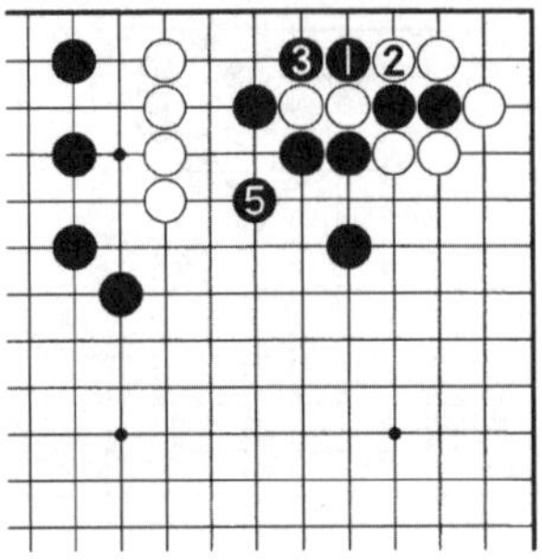

## 성공

흑1의 단수가 좋은 수. 백2로 따내면 흑3으로 단수 쳐서 흑이 선수로 상변의 백이 건너지 못하게 막는다. 흑5로 중앙을 지켜 흑이 성공한다.

※④→②의 아래

变

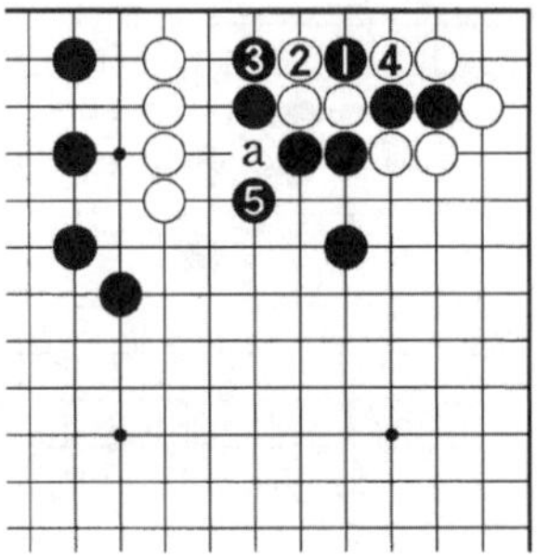

## 건넘 막기

백2로 나가려는 것을 흑도 흑3으로 막아 단수 친다. 백4에는 흑5로 앞의 도형과 같이 백이 건너지 못하게 막는다. 흑1로 3은 백a로 흑이 실패한다.

제6형 흑번

(37)

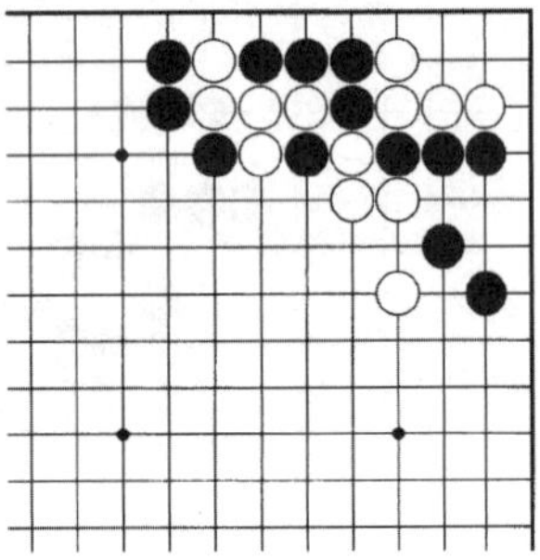

## 조건이 붙다

상변의 흑 4점을 살리는 문제.

그냥 도망가는 것이 아니라 수읽기에 의하여 중앙 백에 손해를 주어야 한다.

解

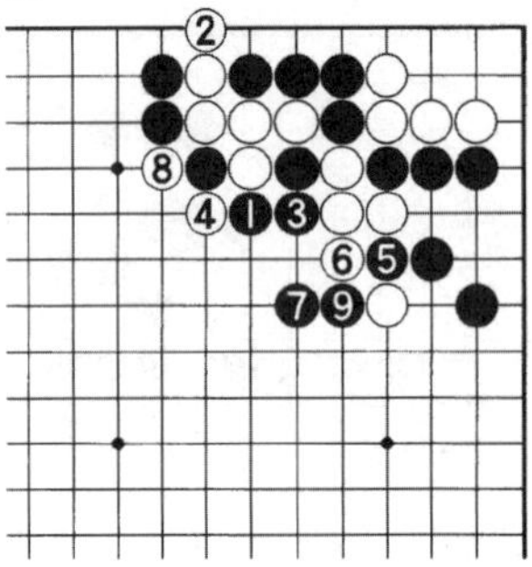

## 흑 성공

흑1로 백 5점을 막아 단수 친다. 백이 2라면 흑3으로 잇고 흑5와 7의 좋은 수순으로 흑이 성공한다. 백2로 3은 흑2로 조여서 흑이 좋다.

失

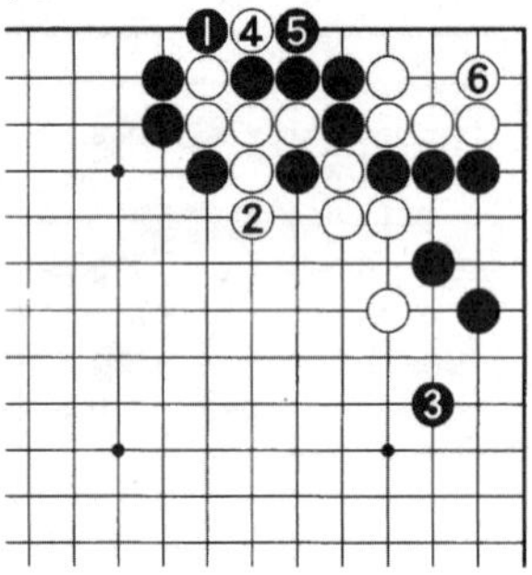

## 백 유리

흑1로 건너가면 백2로 늘어서 실패한다. 흑은 3으로 우변을 지켜야 하므로 백6으로 귀를 살리면 약한 돌이 없어서 백이 유리한 전투.

제7형 흑번

(38)

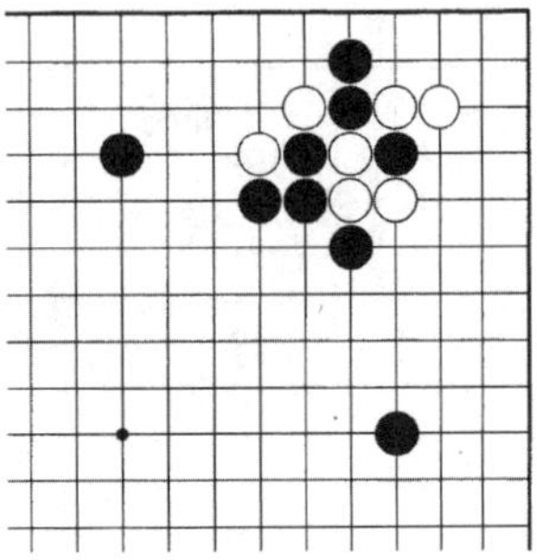

## 기회

우상의 전투

화점의 정석부터 생긴 변화로 백은 무리한 싸움을 하고 있다. 흑이 유리하게 이끌 수 있는 기회.

解

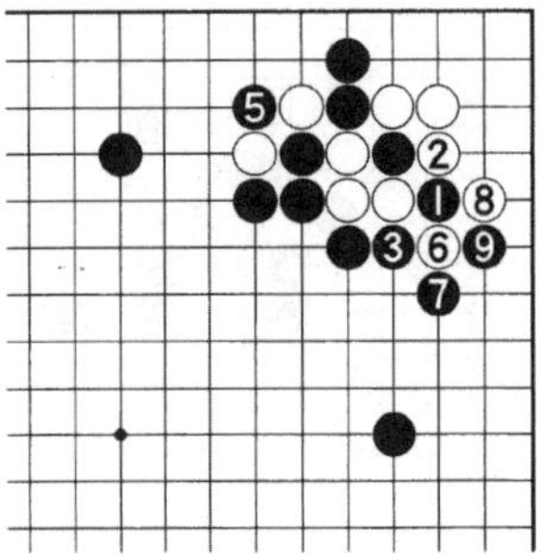

## 흑 좋은 모양

흑1로 단수를 쳐 백 3점을 몰고 백2에는 흑3으로 단수 쳐 포도송이로 만든다. 흑5로 상변에 손을 돌리고 우변은 7과 9.

※④→②의 왼쪽

变

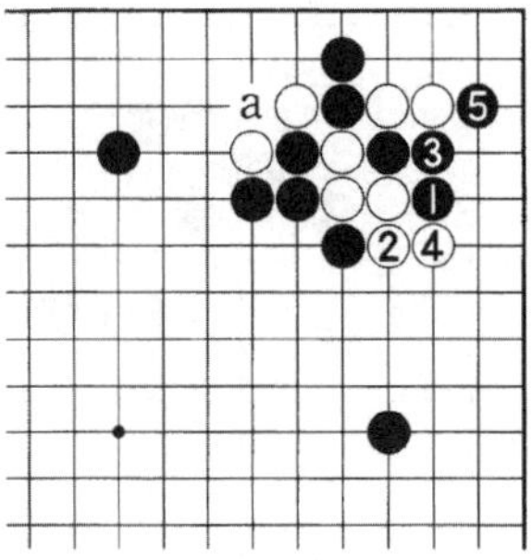

## 백 불리

백이 2로 도망가면 흑3으로 이어 귀의 백을 공격한다. 흑5까지 a를 생략하여 상변이 흑집이 되고 바깥의 백은 눈이 없어 매우 불리한 전투가 된다.

(39)

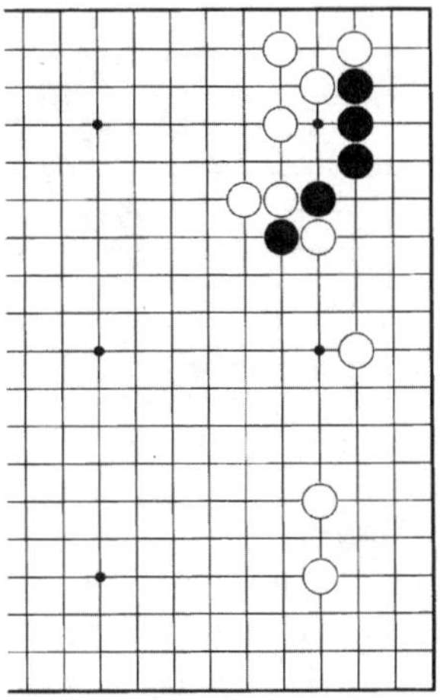

解

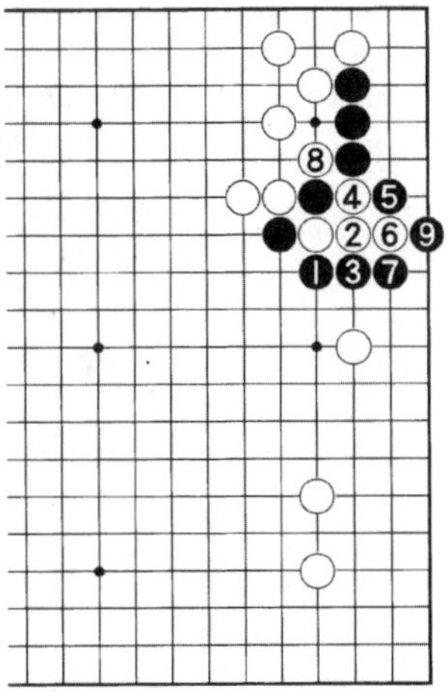


変

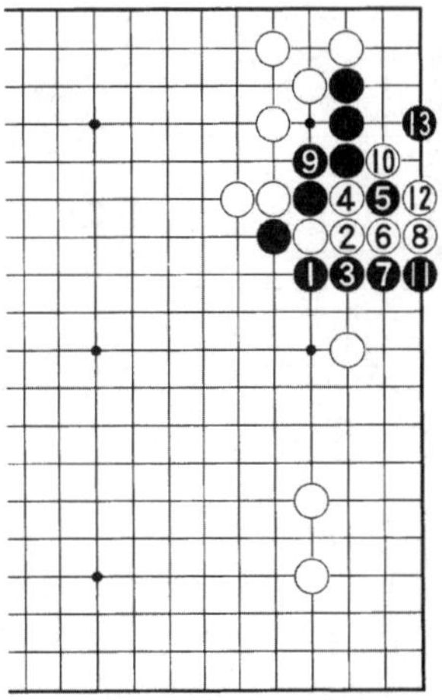


**제8형 흑번**

## 역경

우상의 수상전

흑을 끊고 있는 백은 우하부터 우변에 강한 세력을 가지고 있다. 흑은 백 1점을 공격해 역경을 탈출한다.

## 중앙 진출

흑1로 백 1점을 단수치는 공격이 좋은 수다. 백2와 4 이후 흑5의 단수치기는 좋은 사석 작전이다. 흑7 이후 흑9로 조여 우상의 흑이 전부 연결되어 흑은 중앙으로 진출할 수 있다.

## 흑 승

백8의 저항에는 흑9로 이으면 좋고, 백10으로 흑 1점을 잡아도 흑13까지 수상전으로 흑이 이긴다. 백4로 5의 입구자도 흑4, 백6, 흑7로 좋다. 또한 백4로 6은 흑7로 막으면 간단히 흑의 승리.

(40)

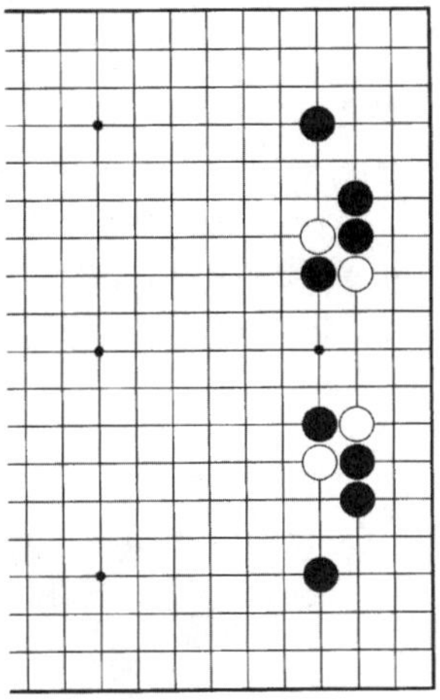

解

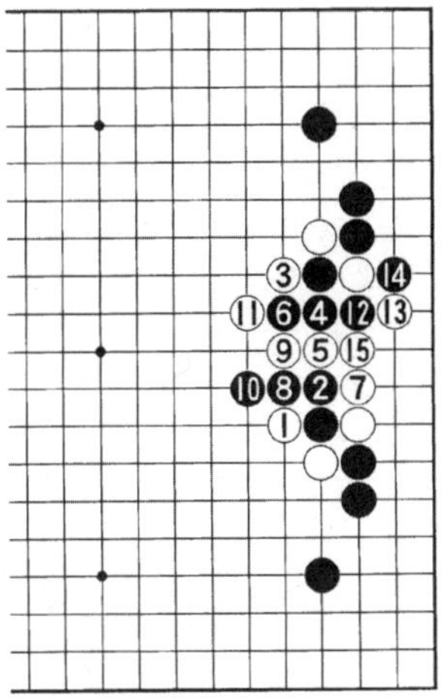


変

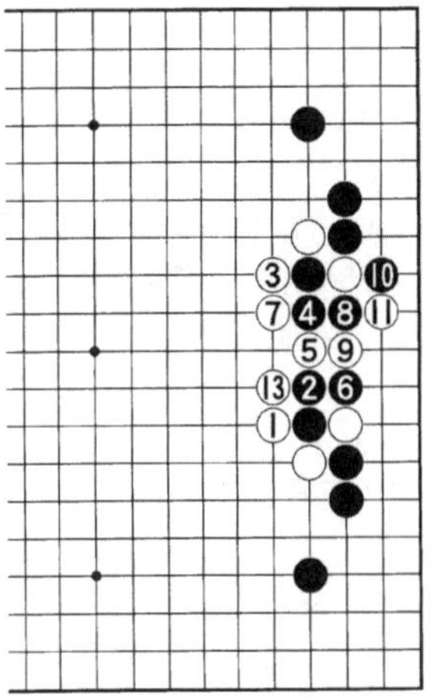


**제9형 백번**

## 중앙에 묘수

접바둑에 나올 것 같은 모양이다. 백은 뿔뿔이 흩어져 있는 우변을 묘수로 빈틈없이 통합한다. 위아래가 같은 모양이기 때문에 중앙에 묘수가 있다.

## 조이기

백은 1과 3으로 단수치고 흑은 빵때림을 피해 2와 4로 도망간다. 백5가 묘수이다. 흑이 6으로 도망가면 백7부터 9까지 아래의 2점을 몰고 백10 이후 백11, 13으로 조이면 우변과 중앙이 연결된다.

## 백의 두터움

흑6으로 아래로 도망가는 변화이다. 백7로 중앙부터 변의 흑의 돌을 몰아 9로 나가는 모양을 만든다. 백13까지 위아래의 백이 연결되어 두터워진다. 백1로 2의 단수는 평범한 수이다.

※⓬→❿의 왼쪽

제1형 흑번

(41)

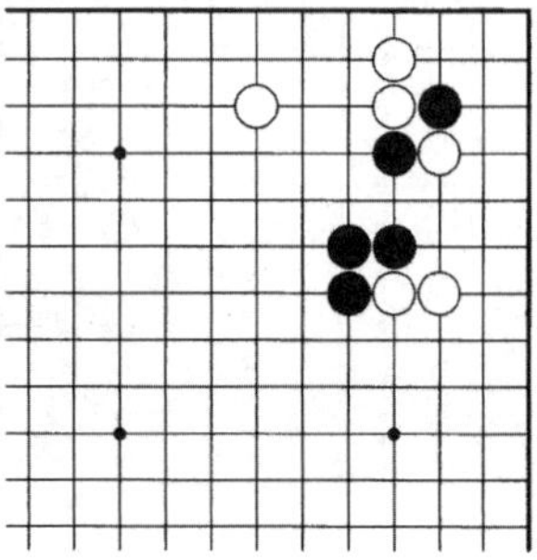

解

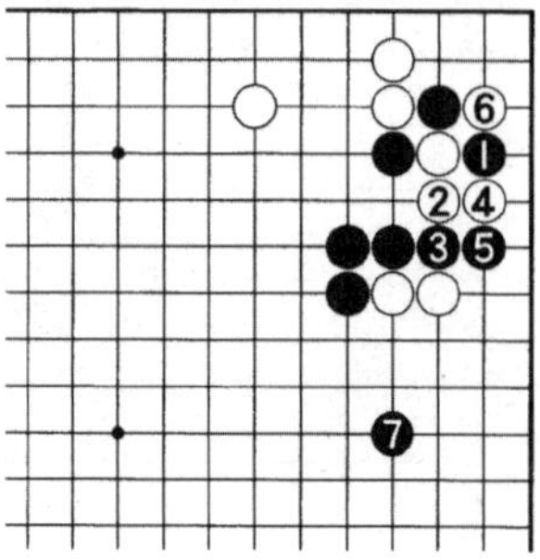

变

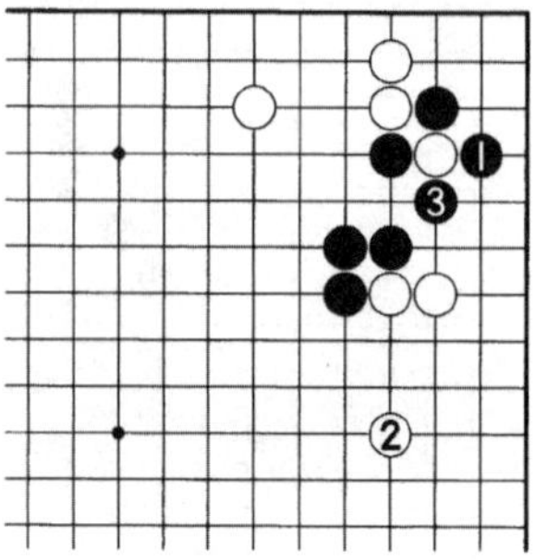

### 도움

백에게 끊겨져 있는 귀의 흑 1점은 살 수 없지만 바깥의 흑을 모양을 정리할 때는 도움이 된다.

### 상태

흑1의 단수로부터 가져가는 모양이다. 백2로 느는 것에는 흑3과 5로 나가는 것이 좋다. 백6 이후 흑7로 우변은 흑이 우세하다.

### 대성공

백2로 우변을 받으면 흑3의 빵때림으로 흑이 큰 성공을 거둔다. 흑1로 3쪽으로부터 단수치는 것은 평범한 수이다. 백이 1로 늘 수 있어 우변 백 2점에 영향이 없다.

제2형 흑번

(42)

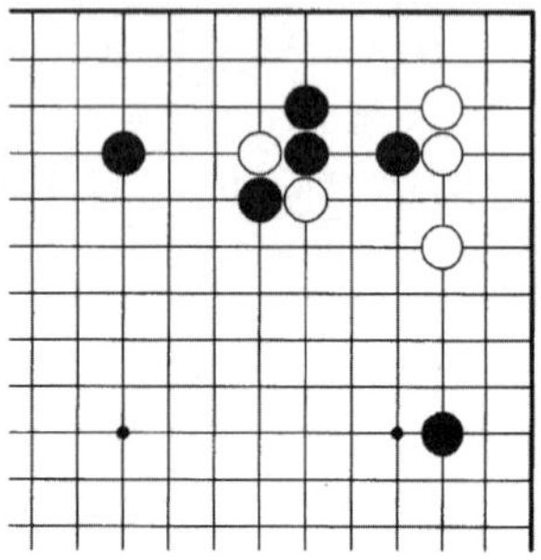

解

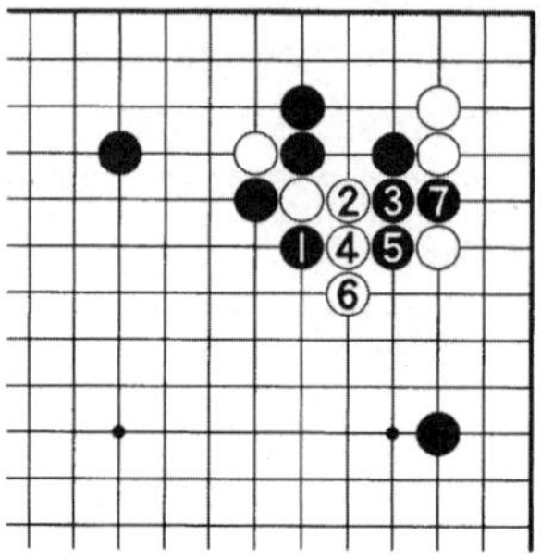

失

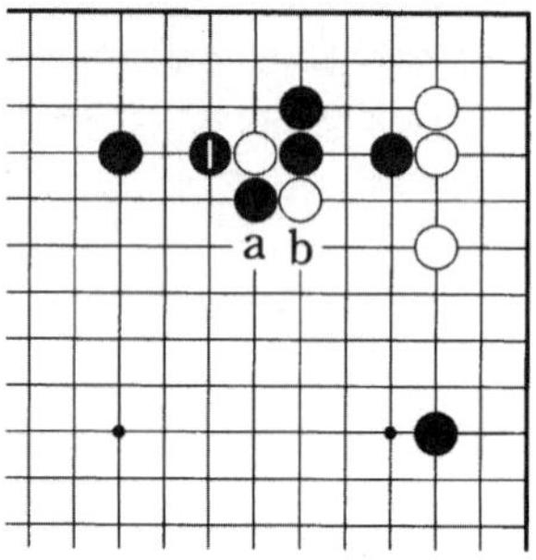

### 공격하다

상변의 전투

백 1점을 잡아 상변을 견고히 하는 것은 쉽다. 더 크게 백을 공격하는 방법은 없을까?

### 흑 성공

흑1로 단수를 쳐 중앙의 백 1점을 잡으러 간다. 백2로 도망가면 흑3과 5로 이어나가 귀의 백이 약해진다. 흑7까지 흑이 큰 성공을 거둔다.

### 불충분

흑1의 단수는 충분하지 않다. 백이 a로 단수를 활용하면 주변의 싸움이 불리해진다. 나중에 흑b로 단수를 쳐도 백이 도망가지 않는다.

제3형 흑번

(43)

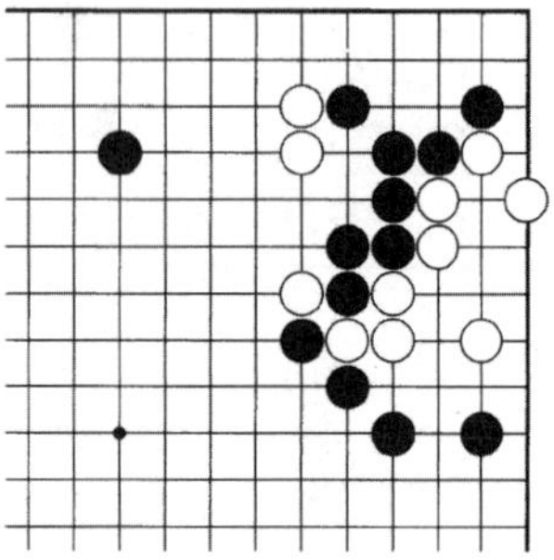

解

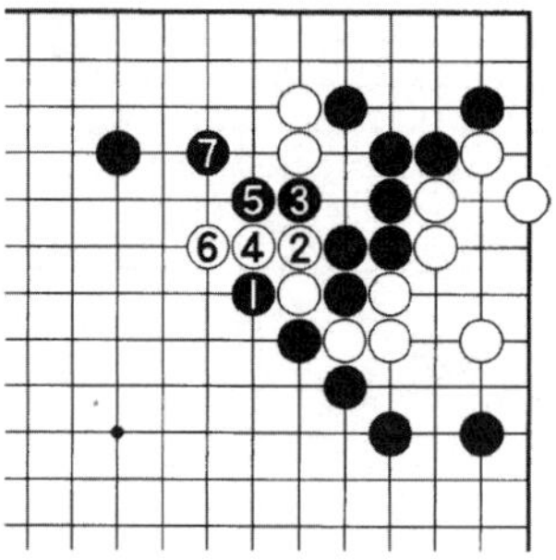

失

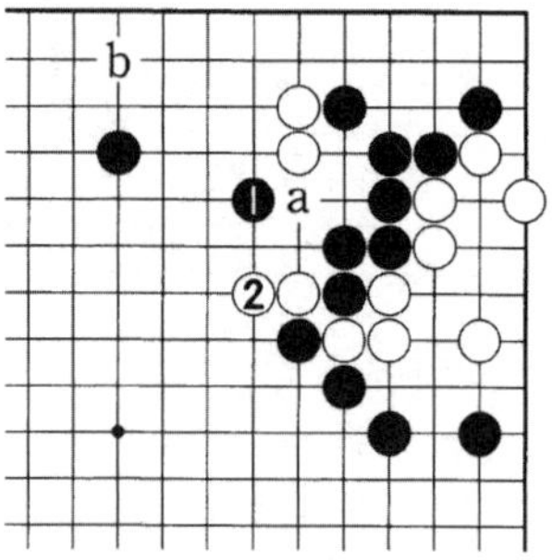

### 반격

우상은 접바둑에 있는 정석의 변화이다. 귀의 흑은 봉쇄되는 노림수를 받고 있지만 바깥의 백의 엷음을 나무라서 반격할 수 있다.

### 포위

흑1의 단수가 좋은 맥이다. 백2로 도망가면 흑3과 5를 이용해 상변의 백을 편안하게 포위할 수 있다. 흑7까지 상변은 흑집이 된다.

### 엷은 모양

흑1의 날일자는 다음의 2로 둘러싸서 1점을 잡을 노림수이지만 백2로 끊어져 흑이 엷은 모양이 된다. 이후 흑a로 두어도 백b 등이 있다.

제4형 흑번

(44)

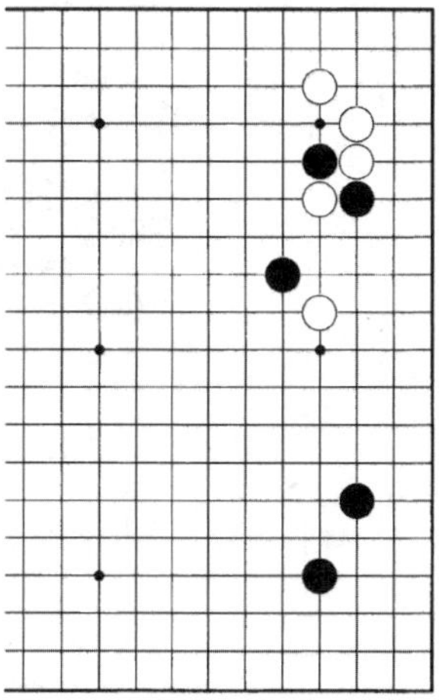

## 타개

우상의 흑을 어떻게 타개 할 것 인가가 문제. 흑을 끊고 있는 백 한점을 공격하면 흑은 편안하게 바깥의 모양을 정리하는 것이 가능하다.

解

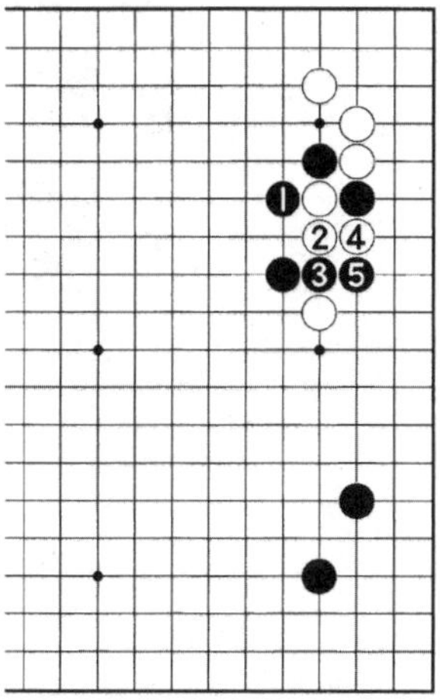

## 관통

흑1의 단수가 좋다. 백은 빵때림을 피해 2로 느는 정도이지만 흑은 흑3으로 이어나가 아래의 백 한점을 우상과 끊을수 있는 모양을 만든다. 흑5까지 관통하면 큰 성공을 거둔다.

失

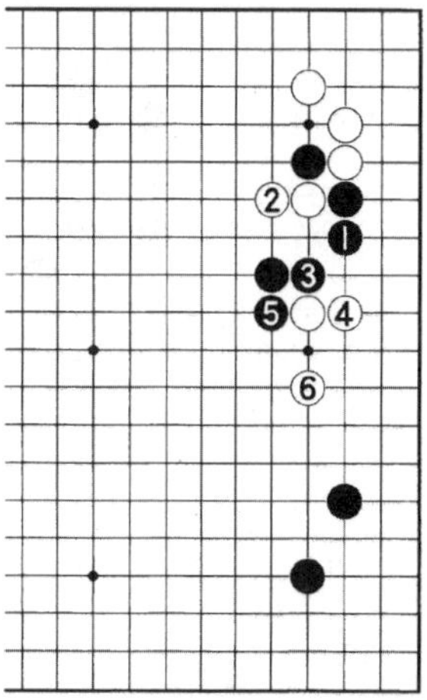

## 완착

흑1로 늘어 1점을 살리는 것은 느슨하다. 백이 2로 늘어 귀를 견고히 하고 흑3의 연결에 백4로 늘어서 흑의 근거를 빼앗는 형태가 된다. 백6까지 우변에 흑집을 만들기 어려워진다.

제5형 흑번

(45)

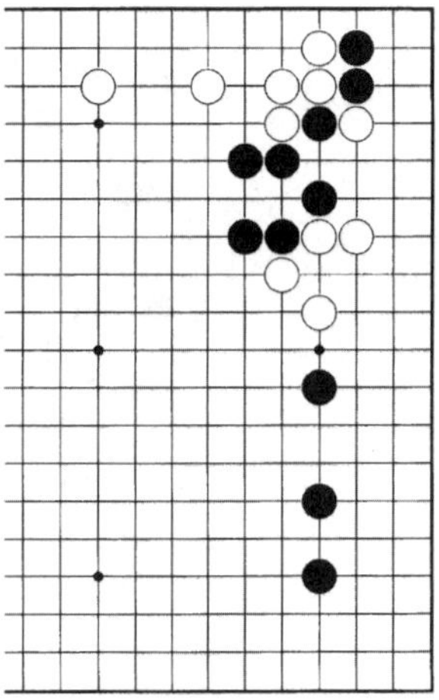

## 사석

귀의 흑 2점을 살리고 싶지만 백도 간단하게 허용하지 않는다. 다만 흑이 강화되어 우변의 백을 공격하는 모양이 되면 귀는 사석으로 활용할 수 있다.

解

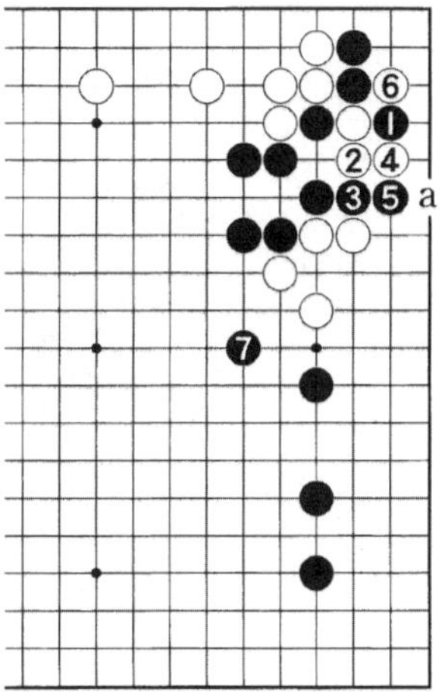

## 흑이 좋은 모양

흑1의 단수가 좋은 수이다. 백이 2로 늘면 흑3으로 뚫고나가는 형태. 백6으로 귀가 잡혀도 흑a로 내려서는 것이 선수여서 우상의 흑이 강해진다. 흑7로 우변의 백을 공격하여 유리한 싸움이 된다.

变

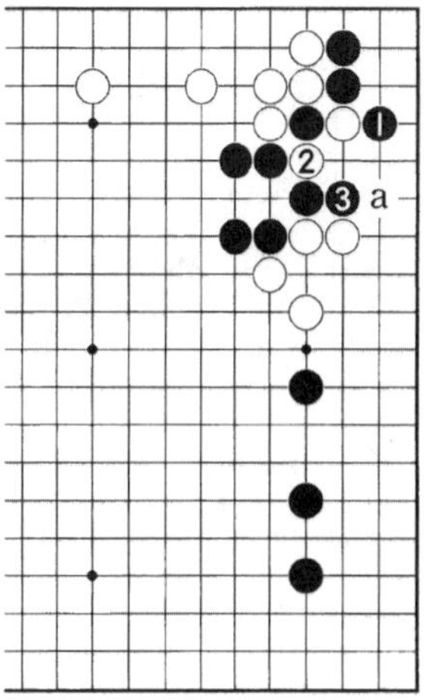

## 건넘

백2로 따내면 흑3으로 나가 우변을 건넌다. 백은 더 이상 우상의 흑을 추궁할 수 없게 된다. 흑1로 3은 백1. 흑은 수를 만들 수가 없다.

제6형 흑번

(46)

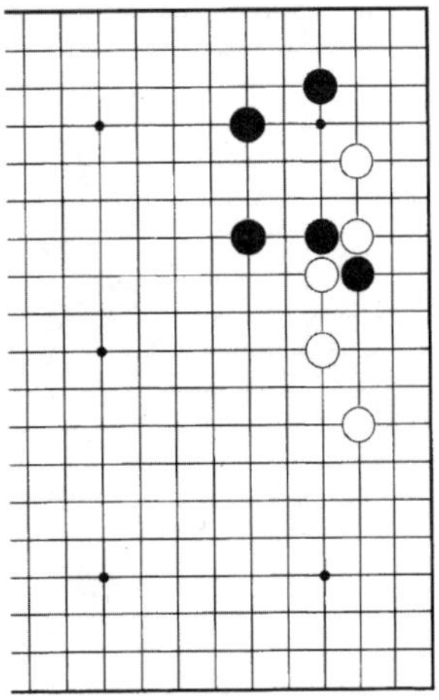

## 반격

우상의 흑이 강하고, 우변은 흑이 강하다. 우변을 맞끊고 있어서 타개하여야 한다. 백의 우상의 한점을 잡으면 흑은 만족할 수 있다.

解

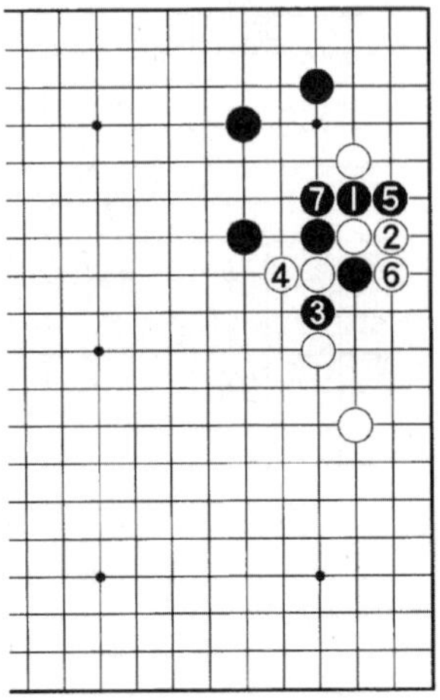

## 귀를 잡다

흑1과 3의 단수를 활용해 백의 모양을 무겁게 한다. 백4 이후 흑5로 눌러 백6으로 받으면 흑7로 잇는다. 이때 귀는 20집 이상의 집이 된다.

变

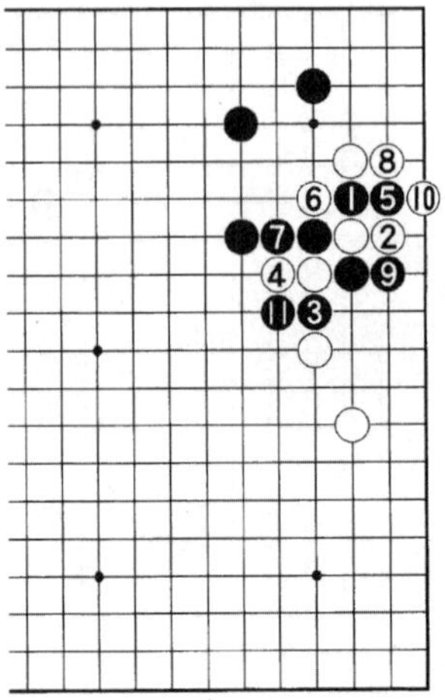

## 흑 유리

백6과 8로 반발하면 흑7로 이어 모양을 두텁게 하고, 흑은 9의 단수를 활용해 우변을 부순다. 흑11로 백 2점을 축으로 잡아 우변의 백집을 부수면 흑이 유리하다.

제7형 흑번

(47)

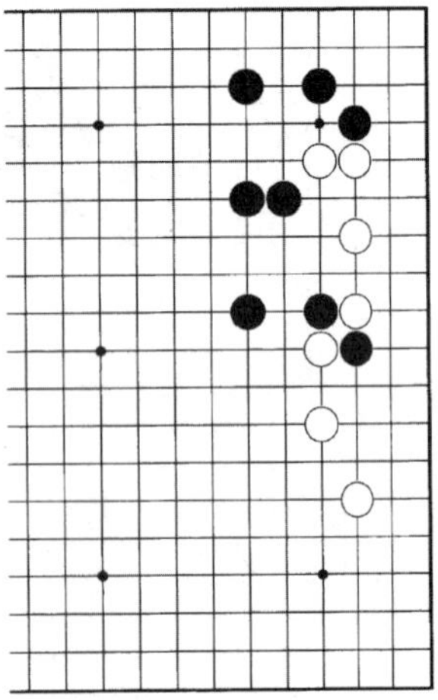

## 분단

백은 맞끊기로 수습하려 하지만 우상은 버릴 수 없다. 흑은 우변의 백집을 부수고 위 아래를 끊으면 성공이다.

解

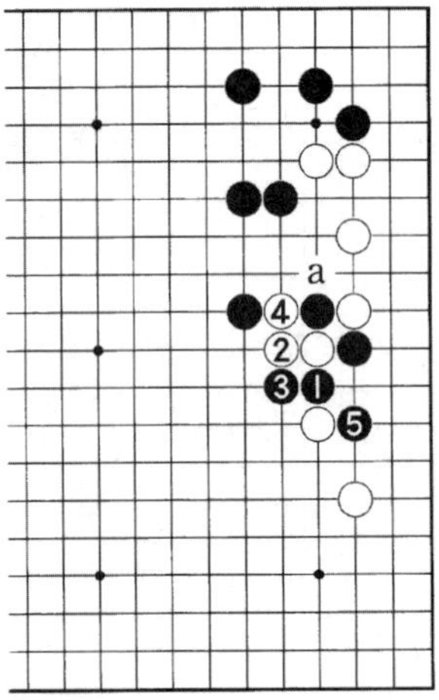


## 흑 성공

흑1로 단수치고 3으로 나가는 맥이 좋다. 백은 4로 흑 1점을 잡는 정도. 흑5로 젖혀 우하의 백 2점을 분단한다. 그리고 백은 흑a를 막아도 다시 한 수를 놓아 지켜야 한다.

变

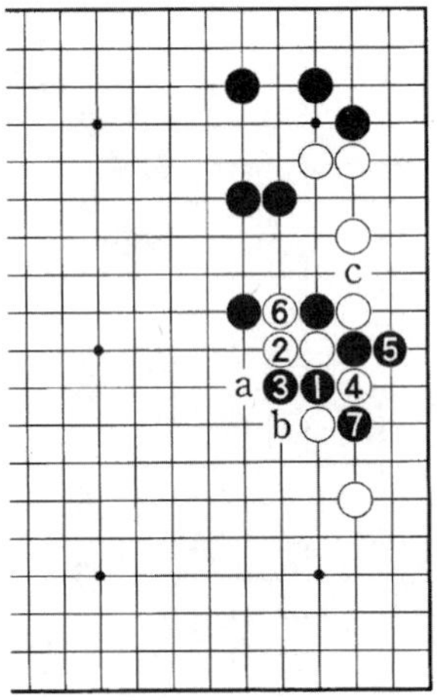


## 백 실패

백4로 끊으면 흑5로 받는다. 이 때, 백은 6으로 지켜야하므로 흑7까지. 백4의 끊는 수는 악수가 될지도 모른다. 백6으로 a는 흑6, 백b, 흑c로 뚫려서 우상은 그대로 흑집이 된다.

제8형 흑번

(48)

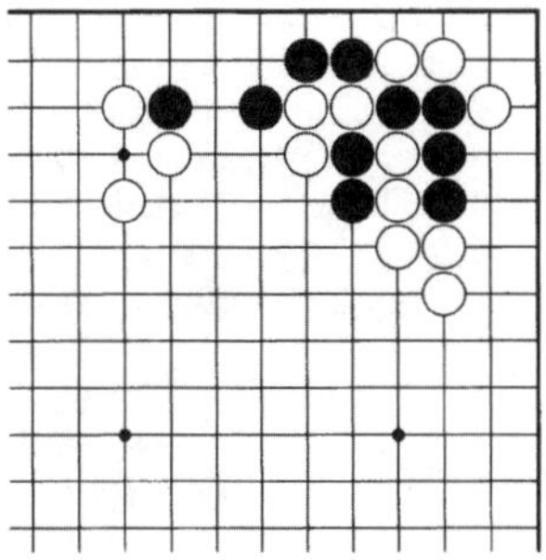

## 살리다

상변의 흑은 삼등분되어 전체를 살릴 수 없다. 일부를 버리고 일부를 살려 백집을 부숴야 한다.

解

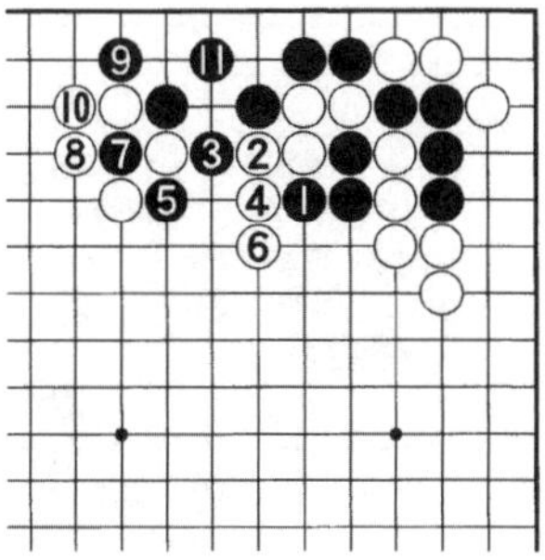

## 편안한 삶

흑1로 단수치고 백 3점을 이용하여 흑3과 5의 상태를 만든다. 이때 백이 6으로 중앙을 살리면 흑7의 빵때림부터 11까지 상변에서 편안하게 살 수 있다.

失

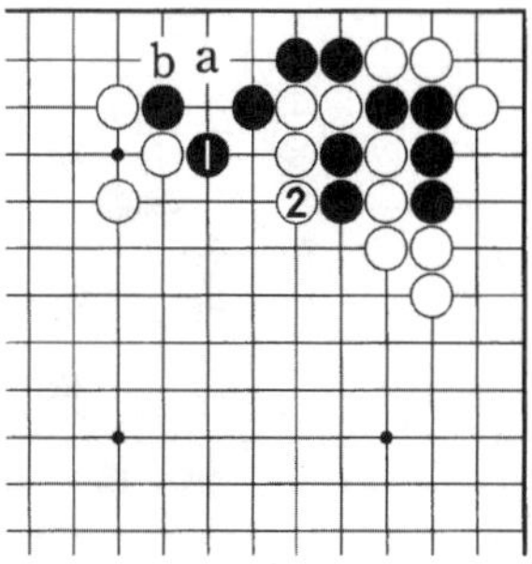


## 흑 불만

흑1로 막는 것은 활용이 빈약하고 백2로 단수를 당하여 상태가 안 좋다. 이후 흑 a로 받아도 백b로 눈이 없는 모양이다.

제9형 흑번

(49)

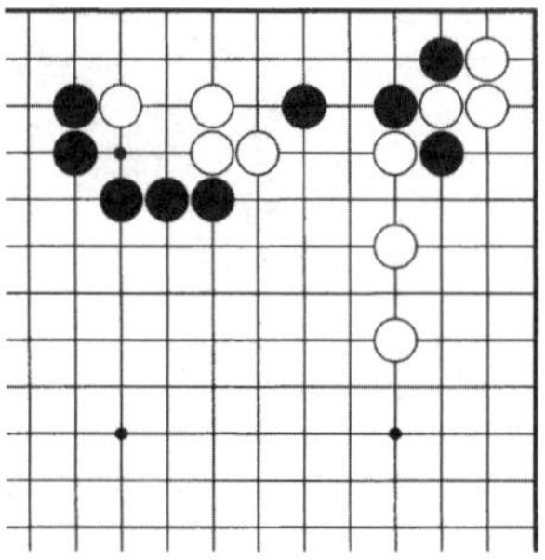

## 활용

우상의 흑 4점은 보기에 각각 끊어져 보이지만 백에 대하여 활용 할 수 있다. 상변의 백을 어떻게 공격할 것인가?

解

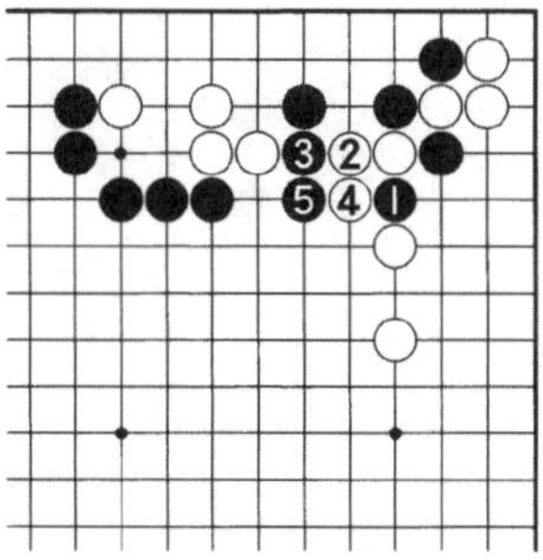

## 관통

흑1로 단수를 쳐 백2가 늘기를 유도해 흑3으로 나가는 상태가 좋다. 백4로 받을 정도이므로 흑5로 관통하여 상변의 백 4점을 잡는다.

失

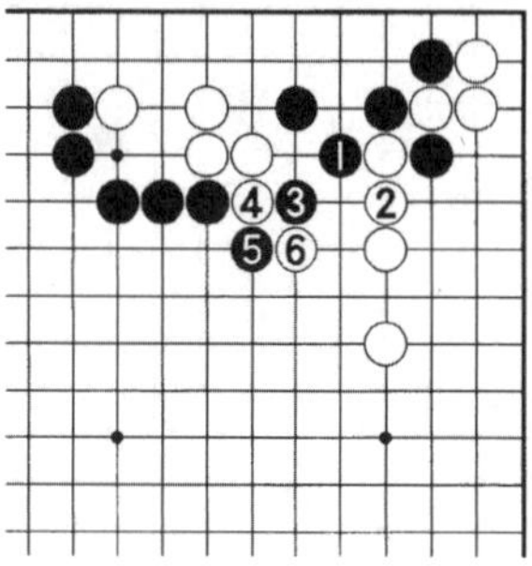

## 난해

흑1이 친 단수는 백2로 이으면 뒤가 없는 모양이 된다. 흑3으로 입구자하여도 백4와 6으로 끊어져 어렵다. 백을 공격하여 잡아도 충분하지 않다.

제10형 흑번

(50)

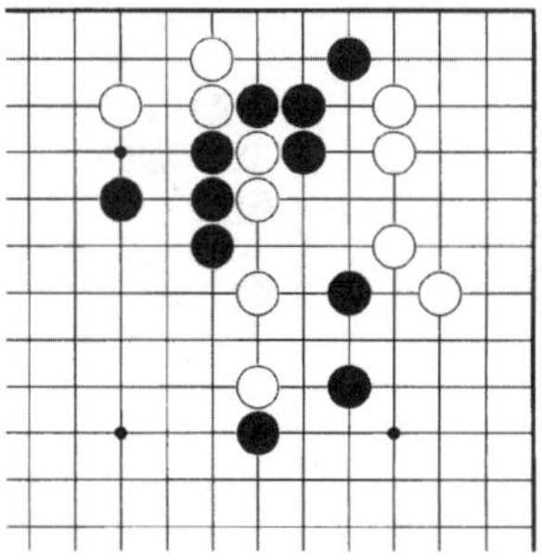

## 모두 잡다

상변의 흑을 끊고 있는 백 2점을 공격한다. 이때 백이 도망가면 중앙의 세력을 이용해 모두 잡을 수 있다.

解

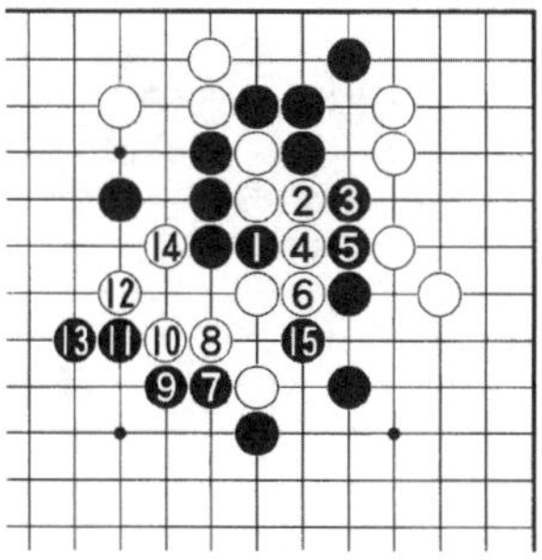

## 흑 성공

흑1은 3과 5로 몰아 백의 공배를 채우고 있다. 백6 이후, 흑은 7과 9로 크게 포위하여 흑15까지 백 요석 6점을 잡는다.

変

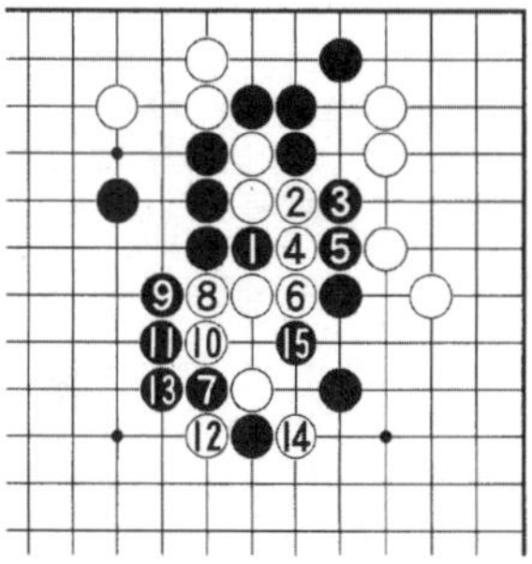

## 촉촉수

백8, 10의 변화는 14로 단수쳐서 도망가려고 하지만 흑15로 본체의 8점이 촉촉수에 걸린다. 흑1로 2의 단수는 백1로 이어 흑이 실패한다.

단수치기

눌러막기

제11형 흑번

(51)

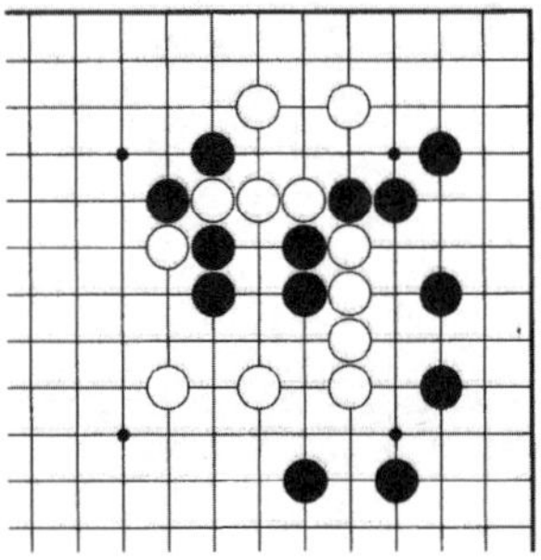

### 행마

중앙의 전투

흑 4점과 백 6점으로는 백이 이기는 모양이지만, 상변의 흑에게는 강한 아군이 있다.

解

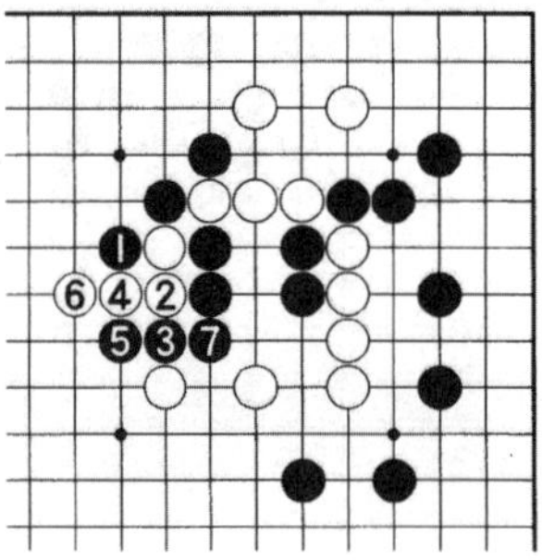

### 흑 유리

흑1로 단수치는 것이 강한 방법이다. 백2가 도망가려하면 흑3과 5로 단수를 쳐서 나가는 것이 좋다. 흑7로 이어 중앙의 백과 세력관계가 역전된다.

失

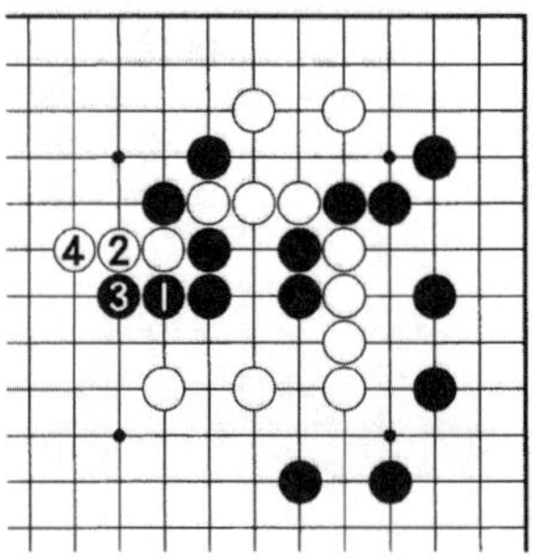

### 흑 불리

흑1이 친 단수는 백이 2로 늘어 뒤가 알 수 없게 된다. 흑3은 뒷수레밀기 모양으로 백을 편하게 한다. 중앙의 백에게도 영향이 없어 흑에 불리하다.

제1형 흑번

(52)

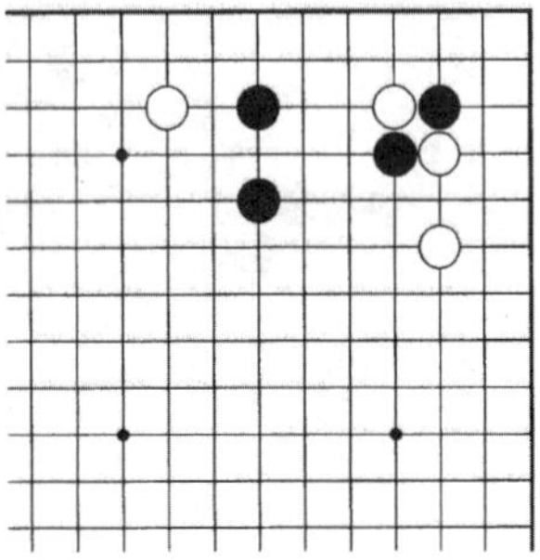

### 최선

우상귀는 화점 정석의 변화이다. 백이 맞끊으면 흑은 최강의 수로 받아 왼쪽 1간 뛰기를 할용하고 싶다.

解

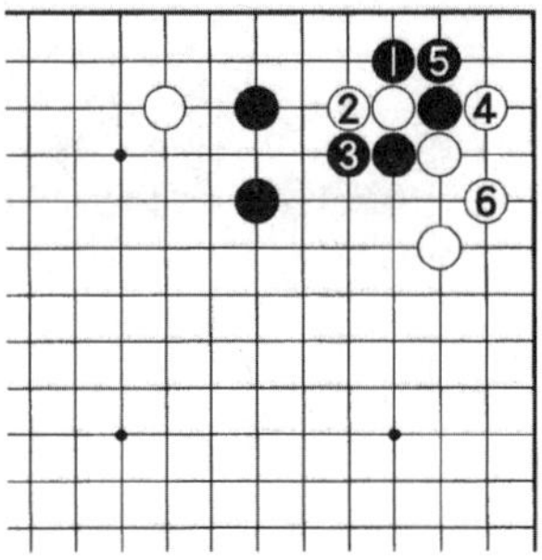

### 선수

흑1로 단수치는 것이 좋은 수다. 흑3으로 백 2점을 궁지로 몰면 백은 4와 6으로 받을 수밖에 없다. 흑은 선수로 귀를 견고히 한다. 백4로 5는 흑4. 바깥의 백이 약해진다.

失

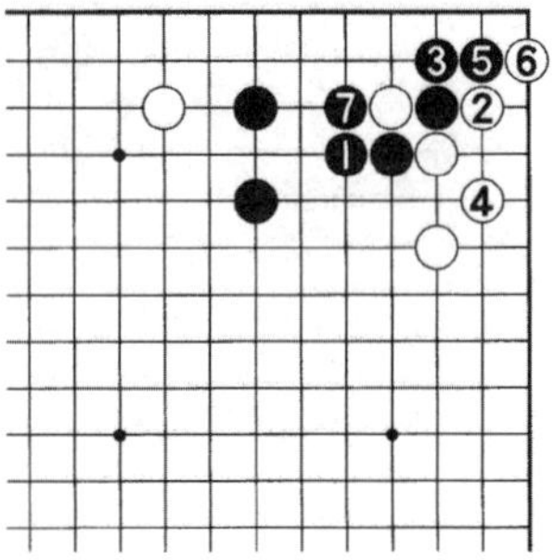

### 중복

흑1의 늘기는 완착이다. 백2로 단수를 치면 1점을 버려야한다. 백4와 6으로 모양을 만들고 흑7이 받으면 후수이다. 흑의 모양이 중복된다.

제2형 흑번

(53)

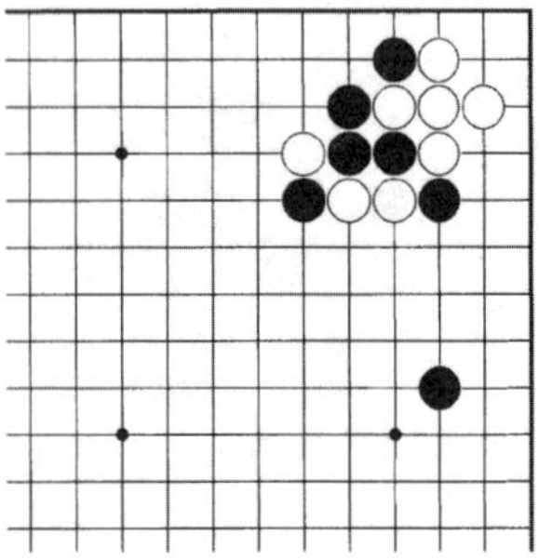

### 안정

끊어져 있는 백 한점 또는 중앙의 2점 중 어느 한쪽을 잡아야 흑은 안정이 된다.

解

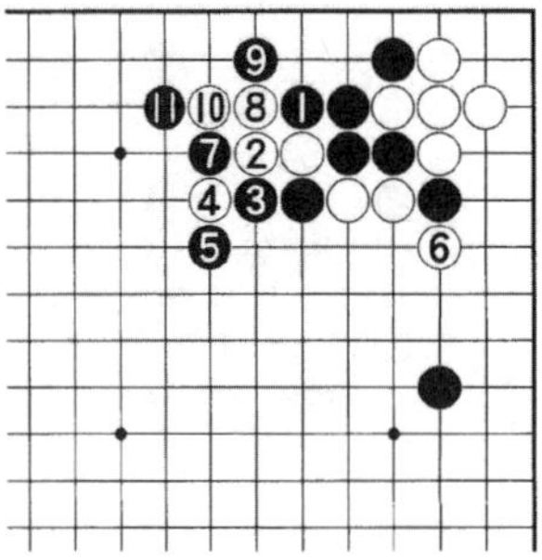

### 축

흑1로 단수치고 백2가 도망가면 흑3으로 밀어 양축을 노린다. 백4부터 6까지 중앙의 백 2점을 지키면 흑 7부터 11까지 조여 위쪽이 축이 된다.

変

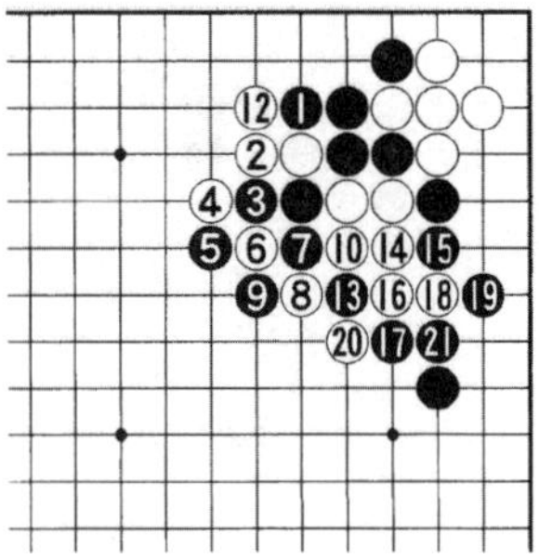

### 회돌이축

백6과 8은 조여붙이는 맥으로 흑을 포도송이로 하여 12로 상변을 지키는 변화이다. 흑13부터 21까지 우변이 회돌이가 된다.

※⓫→⑥

제3형 백번

(54)

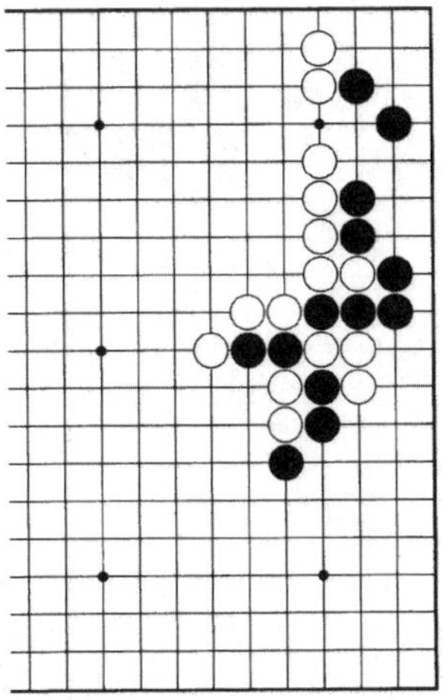

解

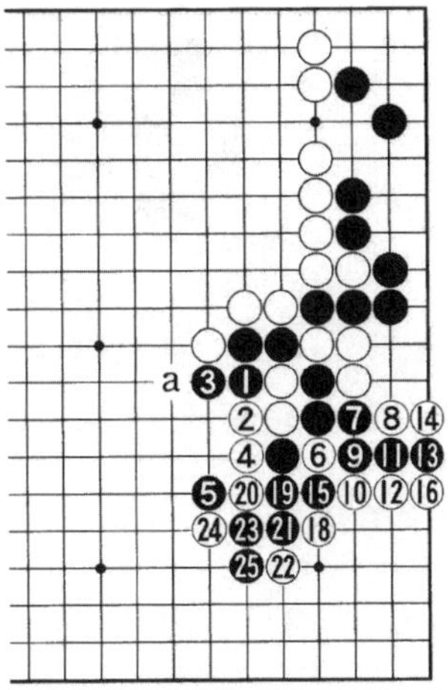

変

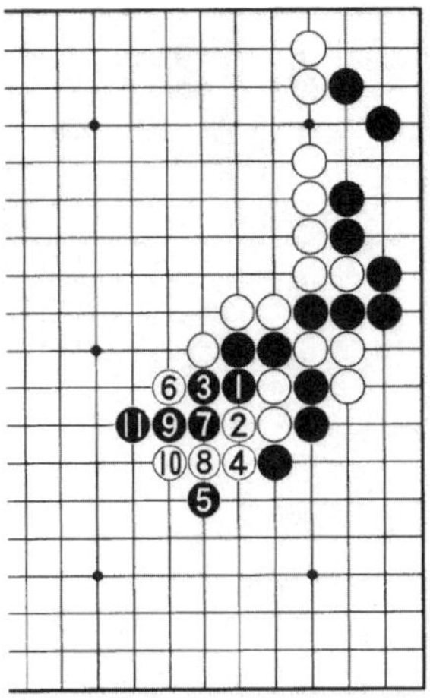

## 묘수

얼핏 봤을 때는 흑이 양쪽이 걸려서 안돼 보이지만 흑에겐 묘수가 숨어 있다. 일단 첫 수는 당연한데 그 이후 진행이 문제이다.

## 진신두

흑5가 양쪽 축을 동시에 겸비하는 묘수 '진신두'이다. 백은 6으로 축으로 몰아도 이후 25까지 a 자리를 단수칠 수 없어서 백이 안 된다.

## 대동소이

백6으로 단수쳐도 5자리가 축머리 작용을 하여 백이 안 된다. 정해도랑 대동소이.

제4형 흑번

(55)

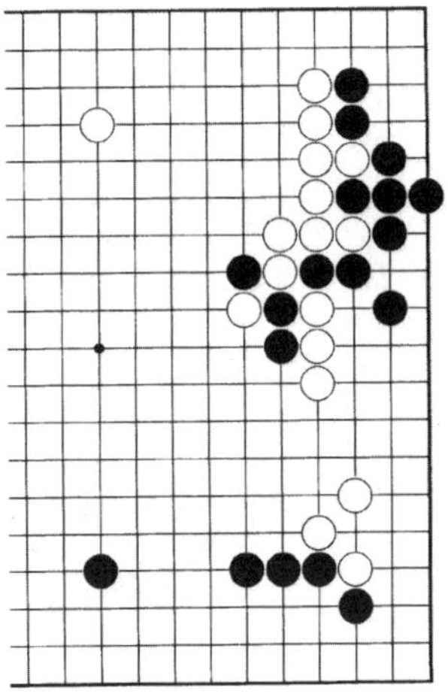

解

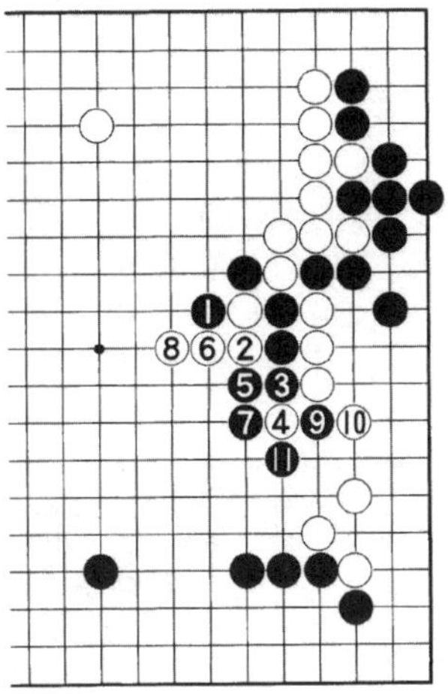

失

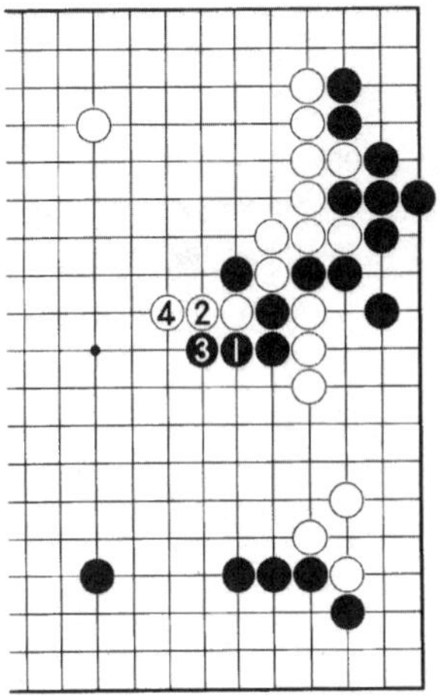

## 반격

우상은 화점 정석의 변화이다. 상변에 모양을 만들어 중앙 흑을 공격하면서 커지고 있는 백에 대하여 흑은 공격을 하여야 한다.

## 흑 유리

흑1로 단수치는 수가 좋다. 백2로 도망가면 백 2점이 무거워진다. 흑3으로 뻗어나가 우변과 중앙을 엮으면 9, 11로 백 한 점을 잡아서 좋다. 백10으로 11자리를 두면 흑10.

## 속맥

흑1의 단수는 평범하여 안된다. 백2로 늘어 흑3은 뒷수레밀기 모양이 된다. 백4로 늘어 상병의 모양이 커지게 되고 우변의 백도 흑의 공격에 실마리를 주지 않는다.

(56)

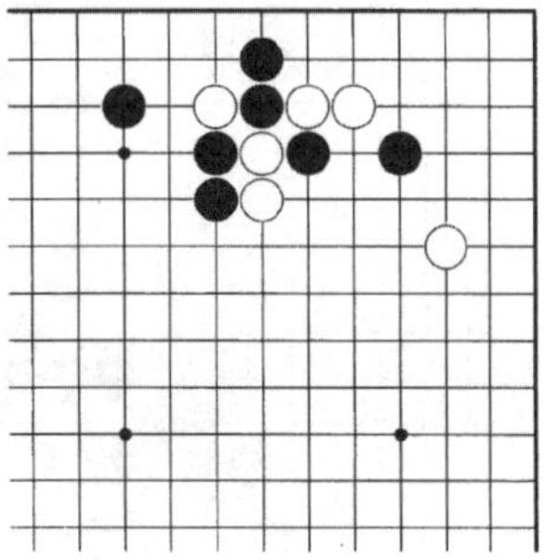

解

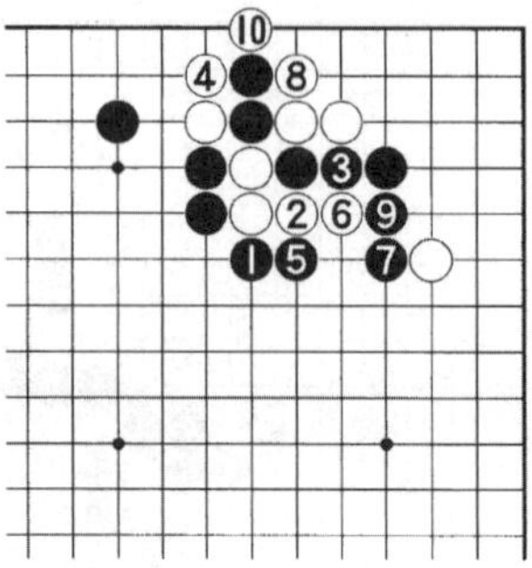

失

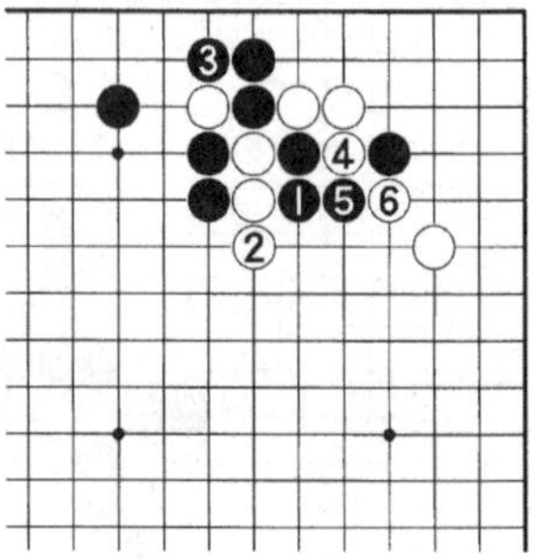

제1형 흑번

### 정리하다.

상변의 전투.
화점 정석에서 파생된 변화이다. 백의 끊음이 강력하여 흑이 뿔뿔이 흩어지고 말았다. 흑을 정리하여야 한다.

### 조임의 맥

흑1로 단수쳐서 백2로 도망가게 한 후 흑3의 잇는 수가 좋은 수다. 백4로 잡으면 흑5부터 11까지 조여서 중앙이 견고해 진다.
※⓫→⑩의 2칸 아래(먹여치기)

### 속맥

흑1로 단수를 결정한 뒤, 3으로 잡은 것은 평범하다. 백이 4와 6으로 끊으면 흑은 귀를 빼앗기게 된다. 흑1로 4의 이음은 백3. 흑2는 정답으로 전 도형으로 돌아간다.

(57)

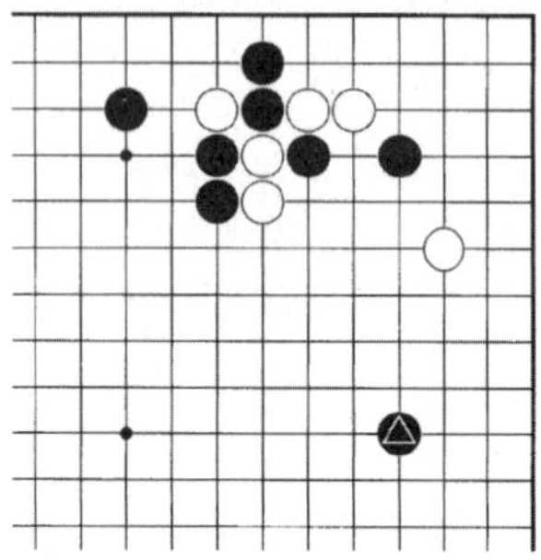

解

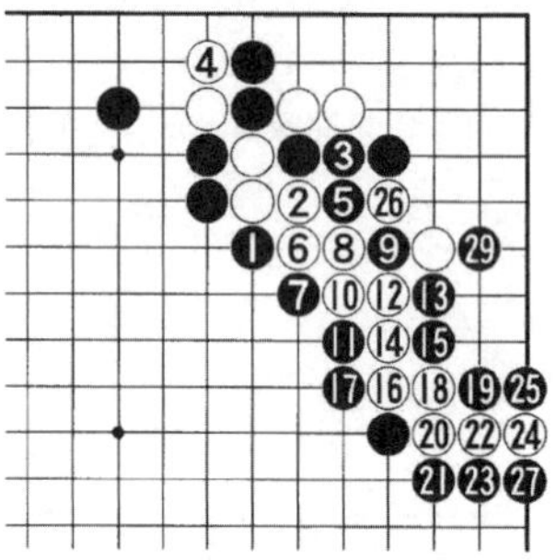

失

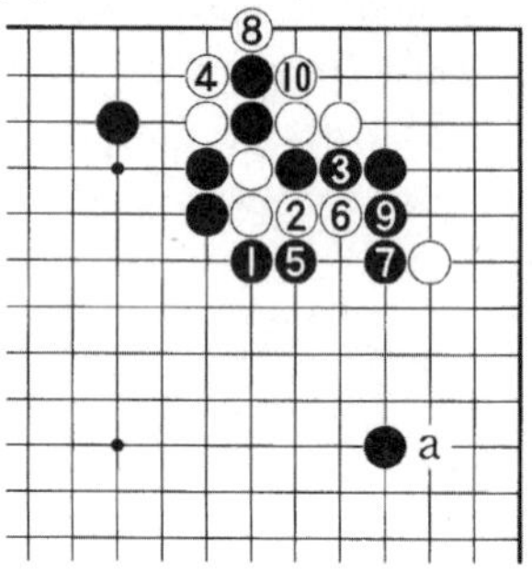


제2형 흑번

### 큰 기술

상변의 전투
백의 상변으로의 작업은 무리로 흑은 우변의 ▲ 1점을 활용하여 큰 기술을 사용할 수 있다.

### 축

흑1, 3의 공격이 일반적인 모양.
백4로 상변의 흑 2점을 공격하면 흑5부터 29까지 회돌이로 백을 축으로 잡는다. ※㉘→❾

### 축의 방향

백4 이후 흑5와 7로 씌워 조이는 것은 우변의 흑이 a에 있을 경우 백이 10으로 따내어 상변에서 편안하게 산다.

(58)

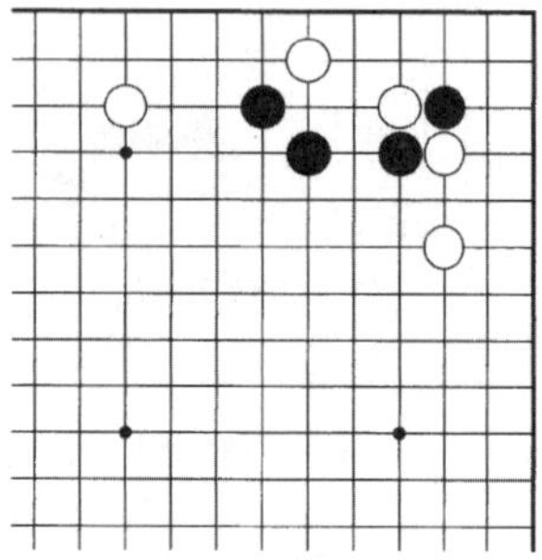

解

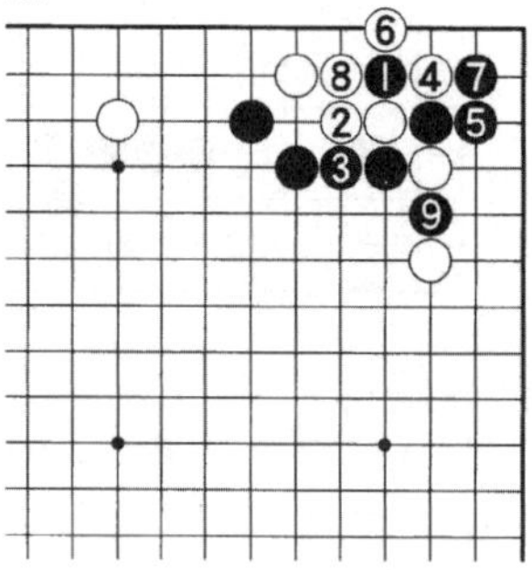

変

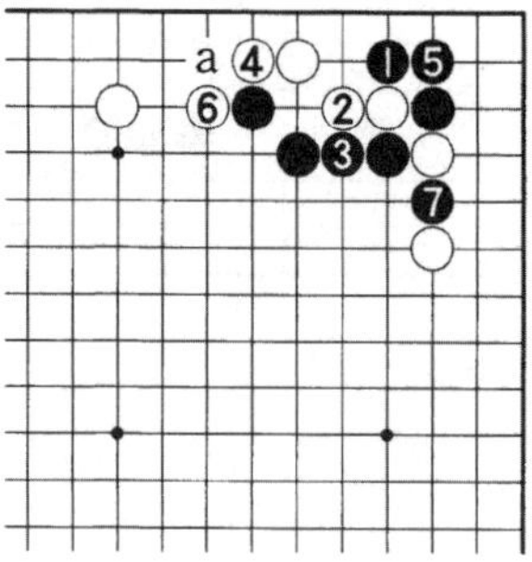


제3형 흑번

### 연결하다

화점 정석의 변화이다.
귀의 흑 1점이 끊어져 흑은 곤란해지지만 백의 엷음을 이용해 전체를 연결할 수 있다.

### 최선

흑1로 단수를 친 뒤, 백2에 흑3으로 잇는 것이 최선의 수이다. 백4와 6으로 흑 1점을 잡아도 흑이 7로 단수를 쳐 9로 백 1점을 잡아 안정된다.

### 맞보기

백이 4로 상변을 건너면 흑5로 잇는 것이 냉정하게 받는 수이다. a와 7이 맞보는 것으로 이것도 흑은 전체가 연결된다.

(59)

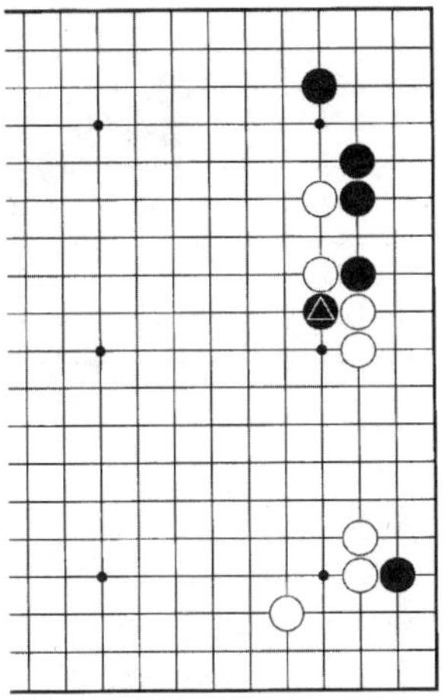

解

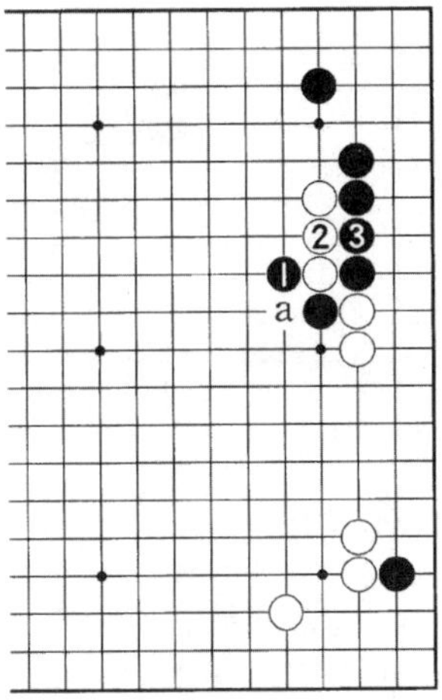

失

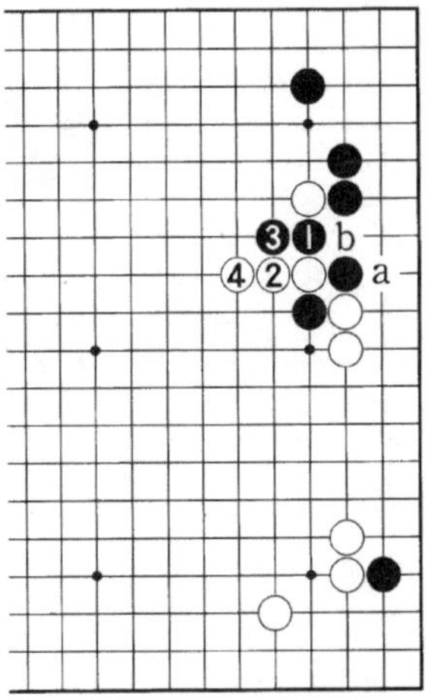

제4형 흑번

### 공격

우상에서의 모양을 어떻게 정해야 할까.

흑은 백을 절단하고 있는 ▲의 1점을 살리고 백을 공격하고 싶다. 축은 흑이 불리하다.

### 무거운 모양

흑1로 단수를 쳐 백이 2로 이으면 흑3으로 잇는 것이 좋은 맥이다. 백2로 이은 모양이 무거워 흑이 싸우게 된다. 흑1로 3은 백이 1로 늘거나 a로 축을 하여도 흑이 불만이다.

### 속맥

흑1로 단수, 백2에 흑3으로 나가는 것은 평범하다. 백이 4로 늘어 흑 1점을 크게 잡게 된다. 우변의 백의 모양이 집으로 변한다. 백a와 흑b의 단수도 흑이 괴롭다.

(60)

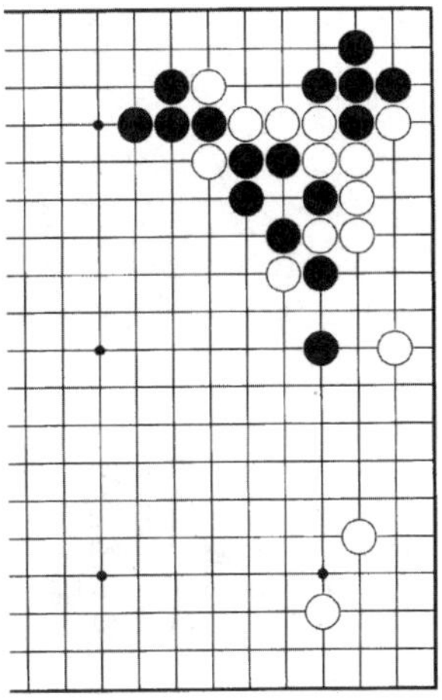

解

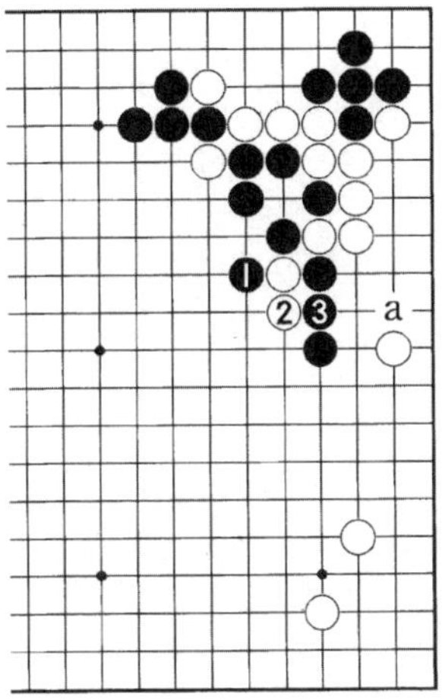

变

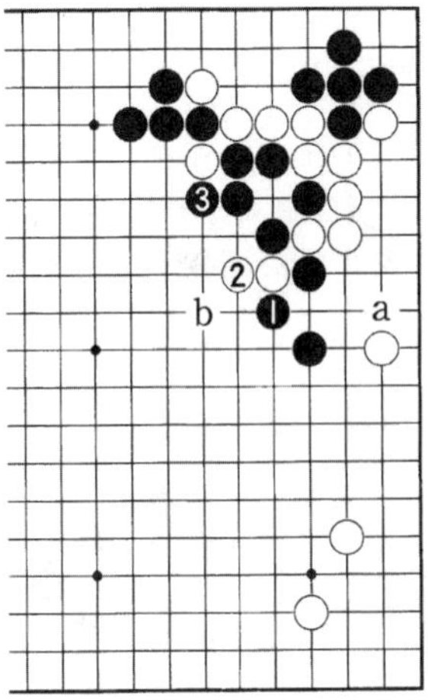

제5형 흑번

### 강경

우상의 전투

흑은 백에게 두 군데가 끊겼지만 중앙을 버텨서 우상의 백을 강하게 공격한다.

### 호조

흑1의 단수가 맥이다. 백이 2로 늘면 흑3으로 잇는 것이 좋다. 이후 흑은 중앙의 백 2점의 공격과 우변의 a로 붙여 우상의 백이 건너지 못하게 방해하는 수를 맞보기로 한다.

### 속수

흑1의 단수는 평범한 수이다.

백2와 흑3으로 흑은 우변을 살리지만 a의 노림이 없다. 백은 b로 도망갈 수 있어 우변의 흑 3점이 되려 크게 공격당할 수 있다.

제6형 흑번

(61)

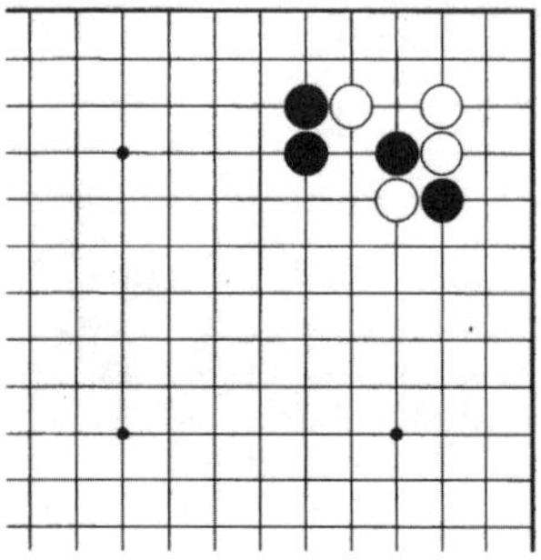

## 분리

외목 정석의 변화이다.
흑은 중앙과 귀의 백을 분리시켜 유리한 싸움을 할 수 있다.

解

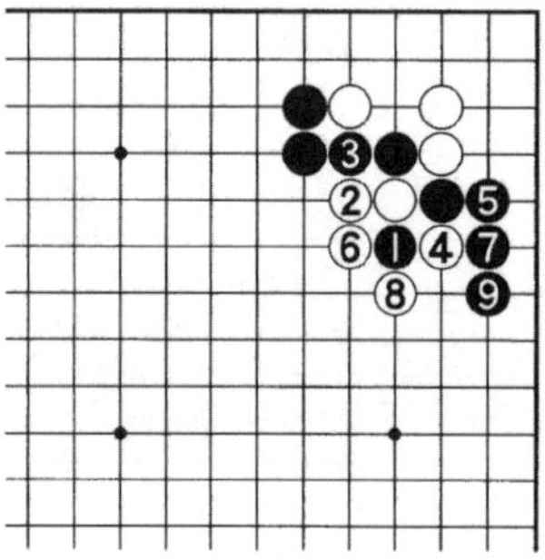

## 백 고전

흑1로 단수치고 백이 2로 도망가게 한 뒤, 흑3으로 잇는 것이 좋다. 백이 4로 끊고 6에 둘 때, 흑9로 우변을 구출하여 백이 고전한다.

失

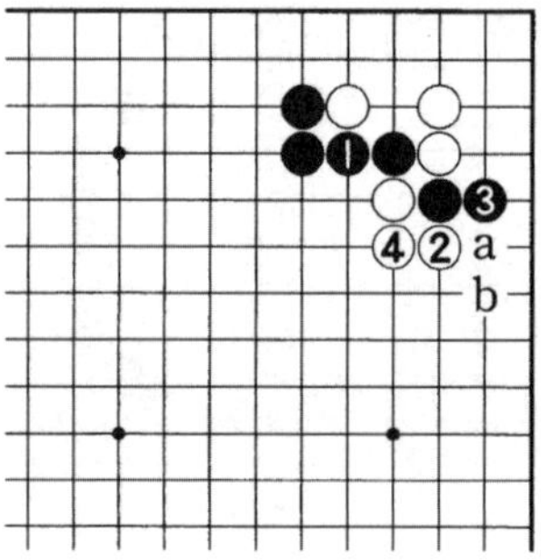

## 완착

단순히 흑1로 잇는 것은 완착이다. 백은 2부터 4까지 이어 우변의 흑을 공격할 수 있다. 흑a는 백b로 막으면 흑 2점이 잡힌다.

제7형 흑번

(62)

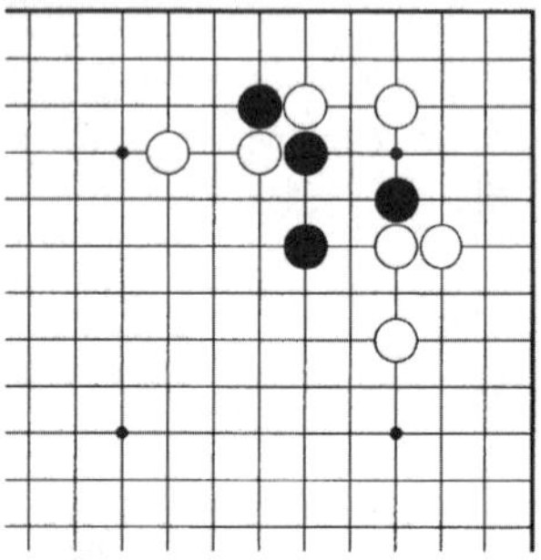

## 기회

귀로부터 상변에 백은 수습을 위해 맞끊었다. 흑은 백의 엷음을 이용하여 중앙의 모양을 견고히 할 수 있다.

解

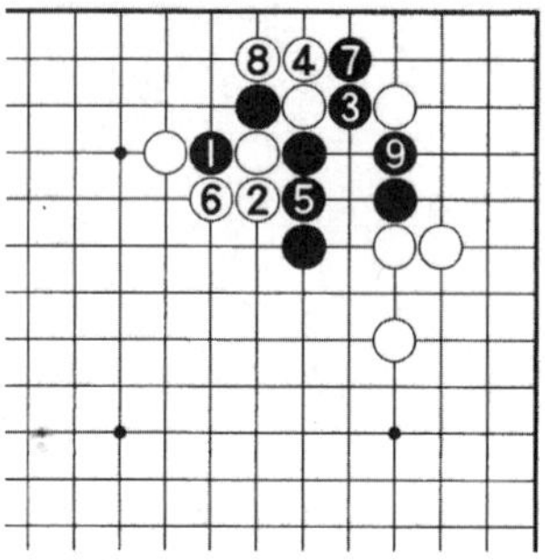

## 귀는 흑집

흑1과 3으로 단수를 친 뒤 흑5로 잇는 것이 맥이다. 백6으로 중앙을 막으면 흑7로 귀를 막아 백8과 흑9로 귀를 흑집으로 한다.

変

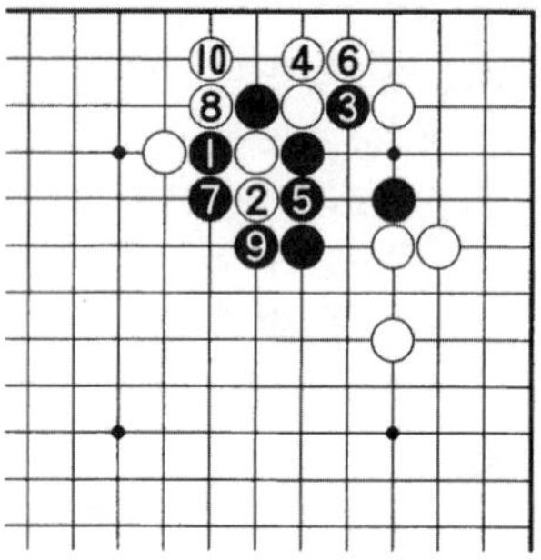

## 두텁다

백6으로 상변을 건너면 흑7로 단수를 치고 백 2점을 축으로 잡는다. 백이 8과 10으로 상변을 넘어도 연결만 될 뿐이다. 흑은 중앙이 두텁다.

제8형 흑번

(63)

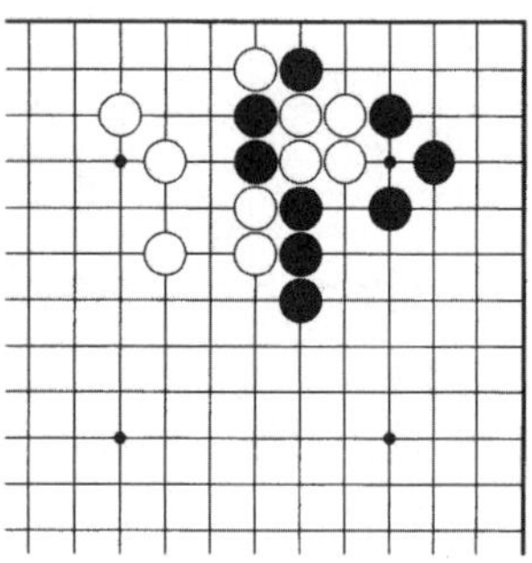

## 수중

상변 수상전 문제.
상변의 백 1점을 잡고 백 4점을 모조리 흑의 수중에 넣는다.

解

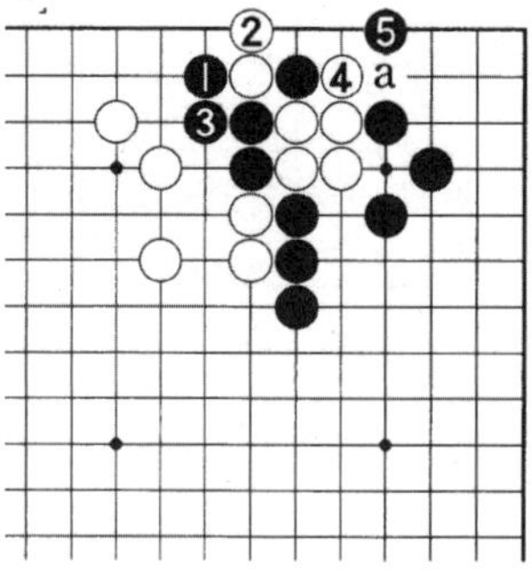

## 1수 빠름

흑1로 단수치고 백2로 내려서면 흑3으로 이어 백을 공격하여 잡는 것이 중요하다. 백4는 흑5. 다음은 어떻게 두어도 흑이 수상전을 이긴다. 흑5로 a 자리로 막는 것은 백6으로 5자리에 젖혀서 패가 된다.

失

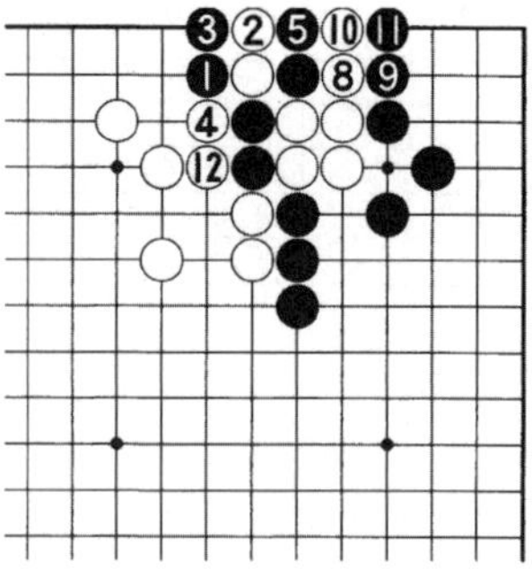

## 실패

흑3의 공격은 백4와 6으로 조여 실패한다. 흑7은 8로 도망갈 수밖에 없어 백12로 흑이 도리어 잡힌다.
※⑥→❶의 오른쪽, ❼→②(따내기)

(64)

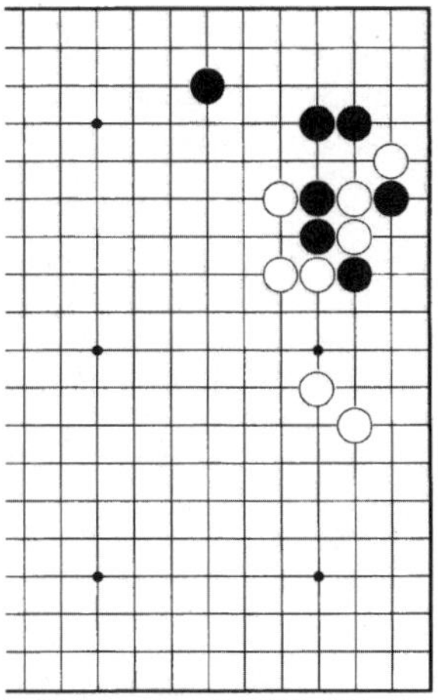

解

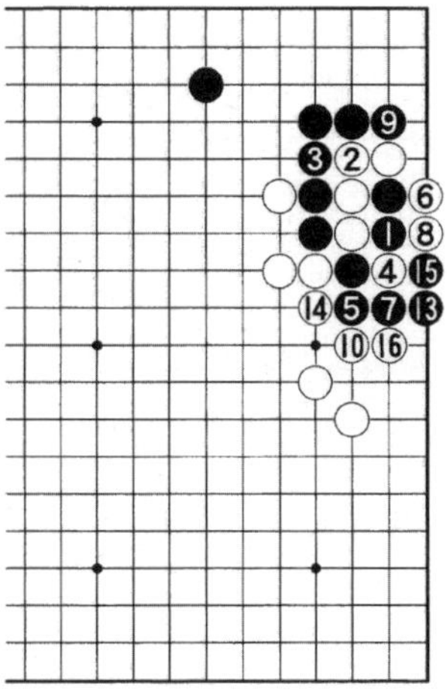

失

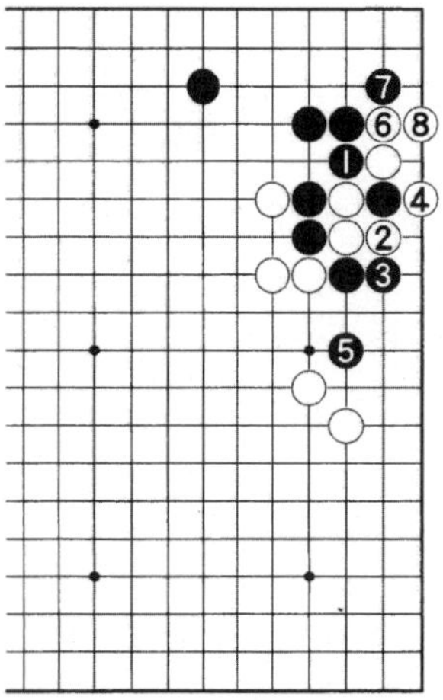

제9형 흑번

## 가다듬다

우변의 전투.

우하의 백이 강하기 때문에 흑을 살리려면 우상의 백을 공격해서 잡는 수밖에 없다. 약점이 많은 모양을 어떻게 가다듬어야 하는 것으로 시작한다.

## 패

흑1로 단수치고 백2는 흑3으로 잇는 것이 좋은 수순이다. 백은 4로 끊고 흑 2점을 잡지만 흑7의 단수로 바깥부터 백을 모아서 공격한다. 이후 흑15의 단수로 패가 된다.

※⓫→❶(먹여치기), ⑫→❶의 위(따내기), ⓱→❶(패)

## 눈이 되지 않는다

흑1로 끊는 것은 백2로 잡혀 실패한다. 흑3과 5로 우변에 두어도 수가 늘어날 뿐 집이 되지는 않는다. 백6과 8로 우상을 살리면 흑 3점은 백의 수중으로 들어간다.

(65)

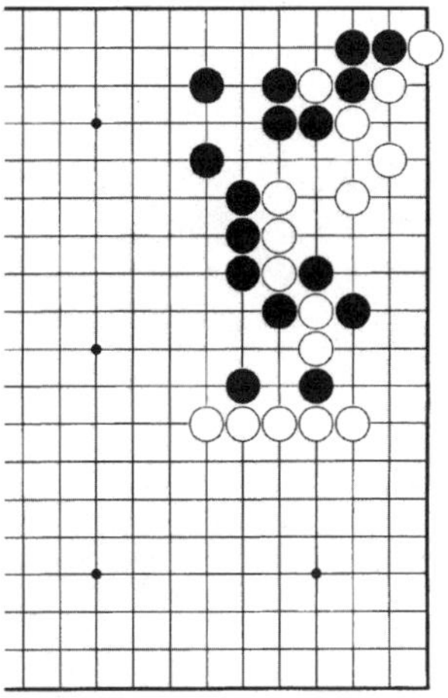

解

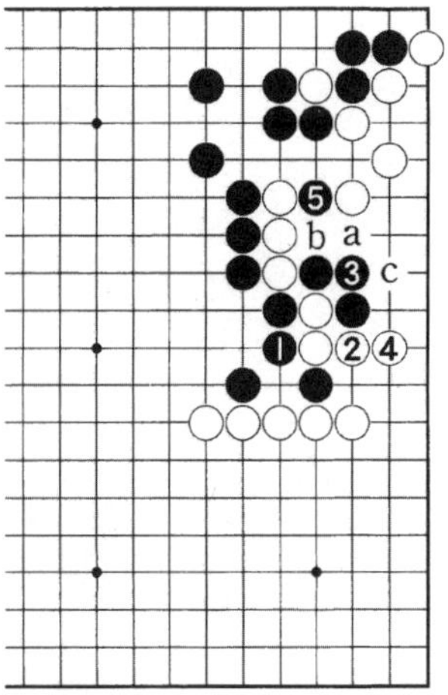

失

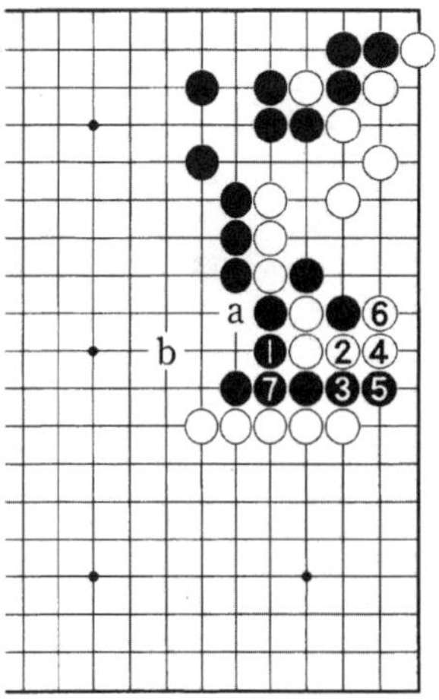

제10형 흑번

## 깨다

우변의 백집을 부수는 문제.

단순히 부수는 것은 쉽지만 백을 잡아서 부숴야 한다. 백이 끝까지 저항하면 우상이 전멸할 수 있다.

## 3점 잡기

흑1로 단수치고 백2로 도망가면 흑3으로 잇는 것이 강수이다. 백은 4로 3점을 살려야한다. 흑이 5로 끼우면 백 3점은 촉촉수의 모양이 된다. 백은 a, 흑b, 백c로 넘는다.

## 효과가 적다

흑3과 5로 나가면 백6으로 우변이 백집이 된다. 흑은 백집을 부수었어도 만족스럽지 못하다. 흑1로 2쪽부터 단수를 치는 것은 백1, 흑7, 백a로 흑은 3으로 끊김과 b의 봉쇄로 맞보기를 당한다.

(66)

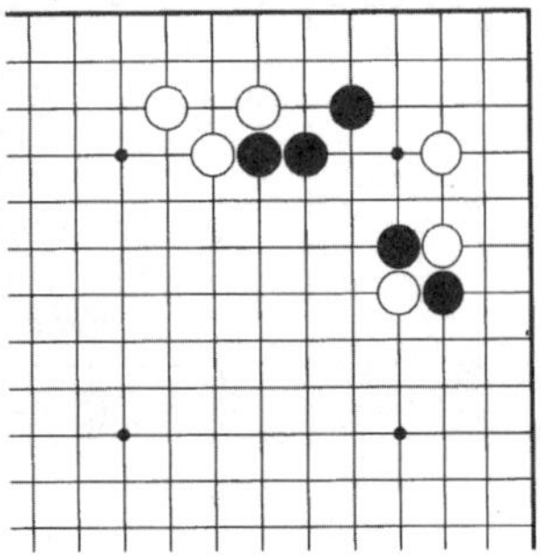

제1형 흑번

### 맞끊음

한 칸 협공 정석의 변화이다.
우변의 백이 맞끊어져 있는 상태에서 흑은 어떻게 공격을 계속해야할 것인가?

解

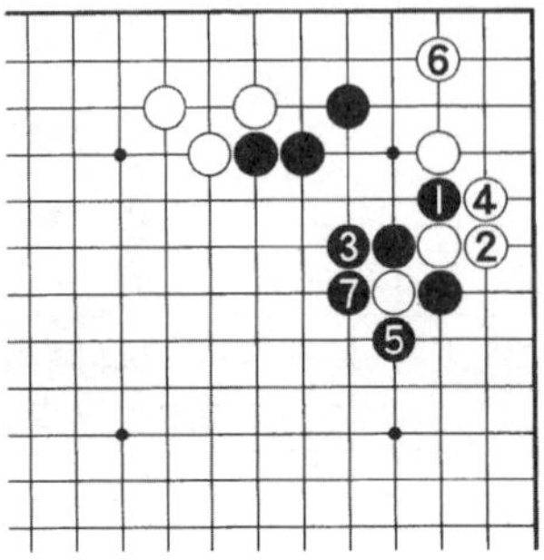

### 축

흑1의 단수치기를 이용하여 백2 이후 흑3으로 느는 것이 맥이다. 백4로 귀를 넘으면 흑5와 7로 백 1점을 축으로 잡아 바깥을 두텁게 한다.

变

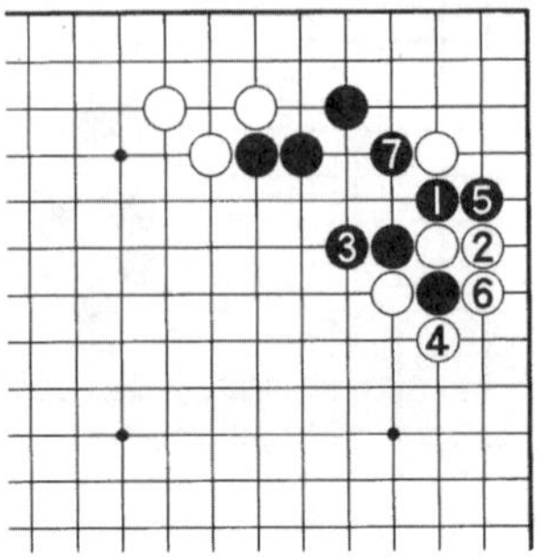

### 흑 유리

백4로 바깥의 백을 살리는 변화이다. 흑5로 막아 귀의 백을 분리한다. 흑7로 귀가 기분 좋은 흑집이 되어 불만이 없다.

(67)

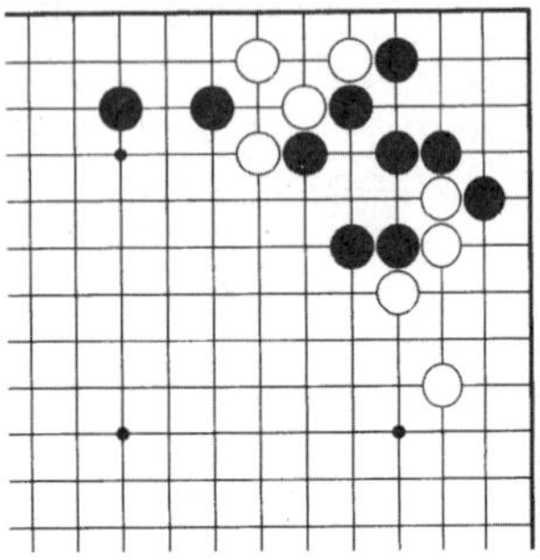

제2형 백번

### 흑의 약점

상변의 백을 살리고 싶다.
그냥 탈출만 하는 것은 공격목표가 될 뿐이다. 탈출하는 것에도 연구가 필요하다. 흑의 약점을 노려야 한다.

解

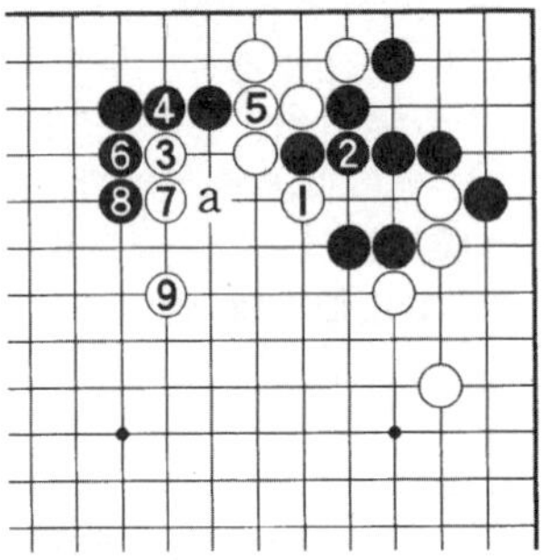

### 급소

백1로 단수치고 3의 노림수가 급소의 맥이다. 흑4로 받으면 백5로 이어 9까지 편안히 도망칠 수 있다. 백3으로 5는 흑a. 흑a로 백이 괴롭다

变

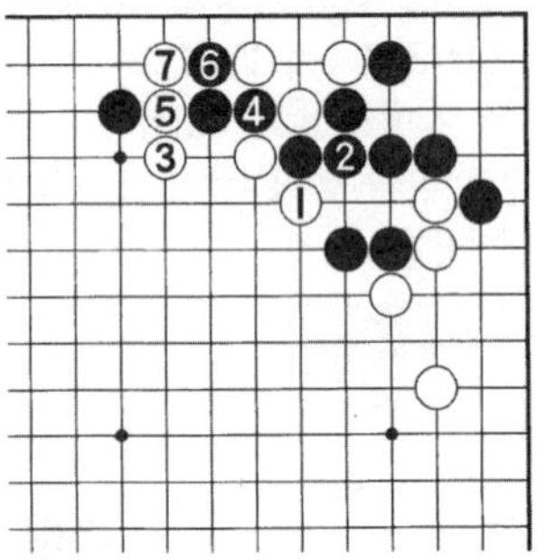

### 백 유리

흑4가 끊으면 백5로 나간다. 우상의 백 3점은 잡히더라도 백7로 뚫을 수 있어 좋다. 상변이 두터워지면 백이 유리해 진다.

(68)

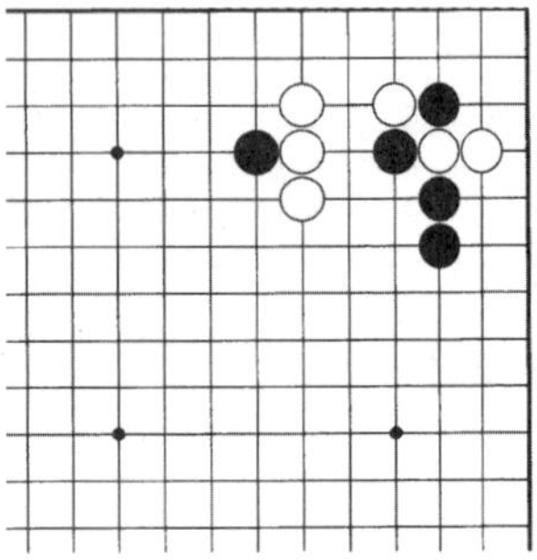

제3형 흑번

### 수순

흑은 귀의 백 2점을 잡을 수 없지만 귀의 흑 1점을 살리는 것은 가능하다. 다만 그 전에 놓는 수가 중요하다.

解

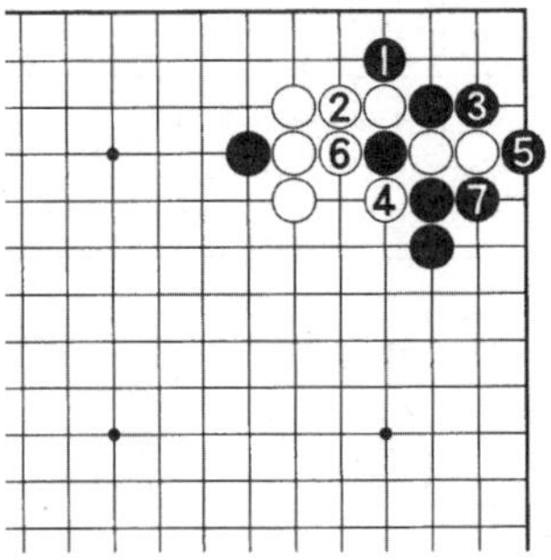

### 활용

흑1로 단수치고 3으로 막는 수순이 좋다. 백은 4로 흑 1점을 잡지만 흑5와 7로 넘어가 살린다. 흑1과 백2의 교환은 굉장한 움직임이다.

失

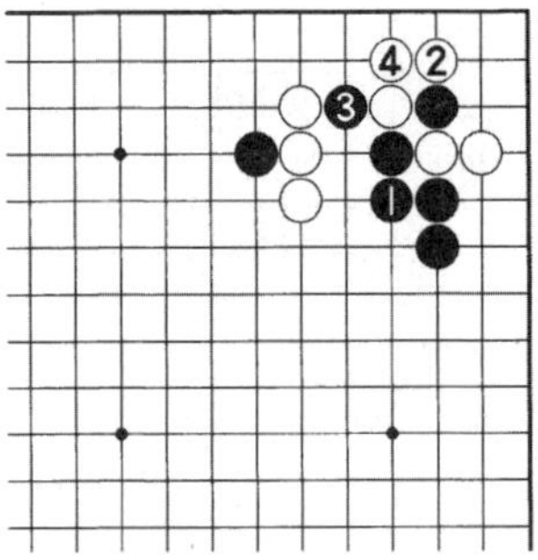

### 후련한 모양

흑1로 중앙의 흑 1점을 살리는 것은 좋지 않다. 백2로 귀의 1점을 잡혀 흑3으로 단수를 쳐도 백4로 이으면 백집을 부수지 못한다.

## 제4형 흑번

(69)

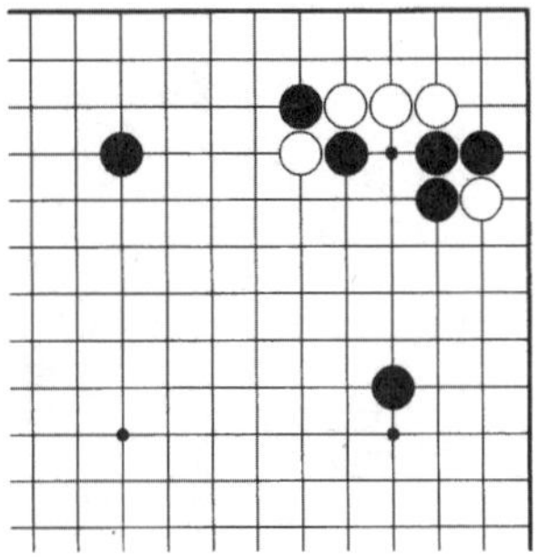

### 사석

우상귀의 백을 공격하는 문제. 중앙의 흑 1점은 버려도 좋으나 상변의 1점은 버릴 수 없다.

解

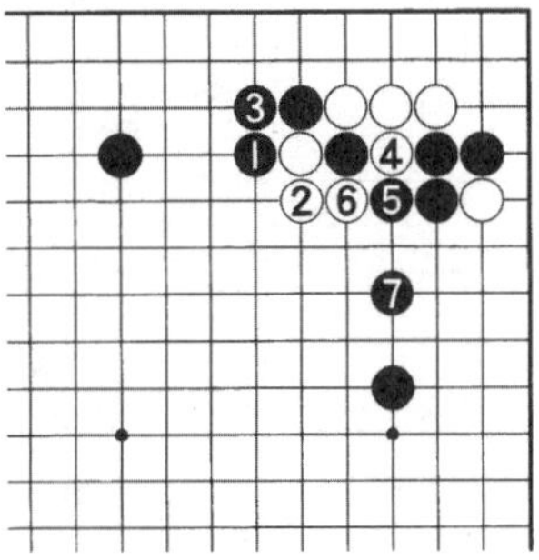

### 눈 없음

흑1로 단수를 친 뒤 3으로 잇는 맥이 좋다. 백4로 나오면 흑5로 막고 7로 우변을 견고히 하여 백의 눈을 만들지 못하게 하여 공격한다.

失

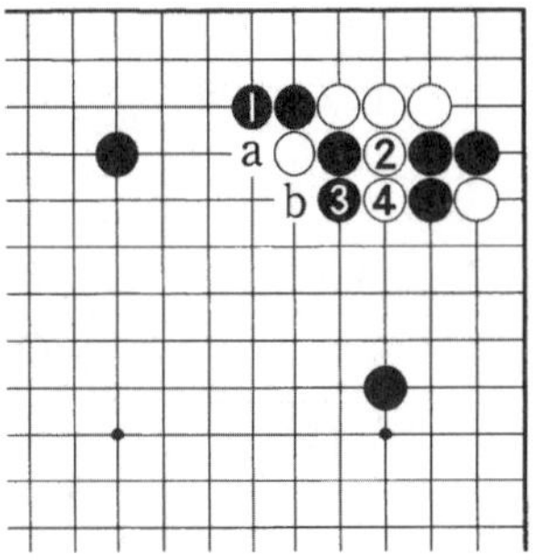

### 백 활발

흑1과 3은 무리다. 백4로 나갈 수 있어 공격이 먹히지 않는다. 흑3으로 4는 백3으로 따내고 흑a와 백b의 교환이 없으므로 흑이 공격하기 어려워진다.

## 제5형 흑번

(70)

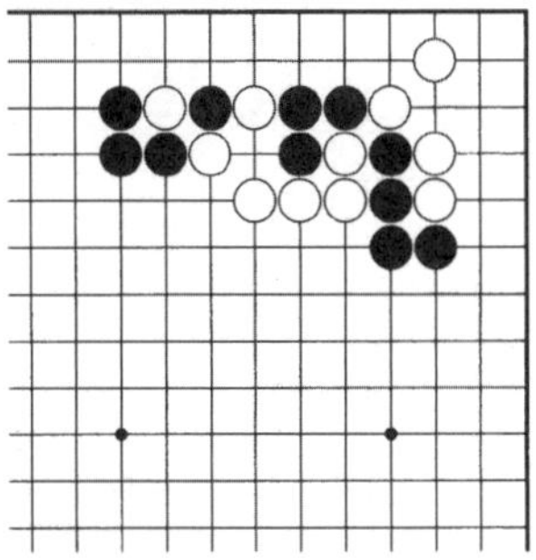

### 위기탈출

상변의 흑 1점이 단수를 당해 우상의 흑 3점이 위기에 빠졌다. 이곳을 벗어나기 위한 방법을 연구 하여야 한다.

解

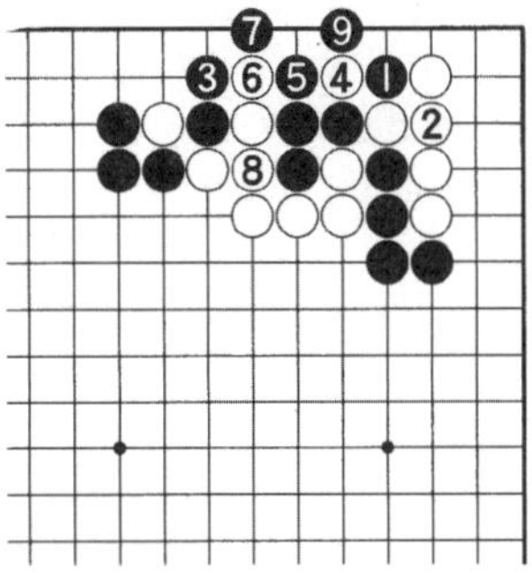

### 건넘

흑1의 단수치는 것을 중요하게 활용한다. 백2로 이은 후 흑3으로 뻗어서 상변으로 넘어갈수 있다. 백4와 6으로 공격해도 흑9로 수습할 수 있다.

失

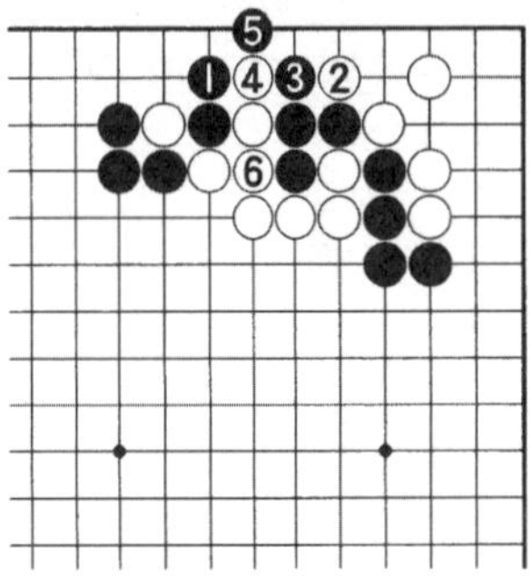

### 촉촉수

흑1로 뻗으면 백2가 좋은 젖힘 수이다. 흑은 3점을 살릴 수밖에 없다. 흑3은 백5, 6으로 촉촉수이며, 흑3으로 4는 백3으로 환격에 걸린다.

## 제6형 흑번

(71)

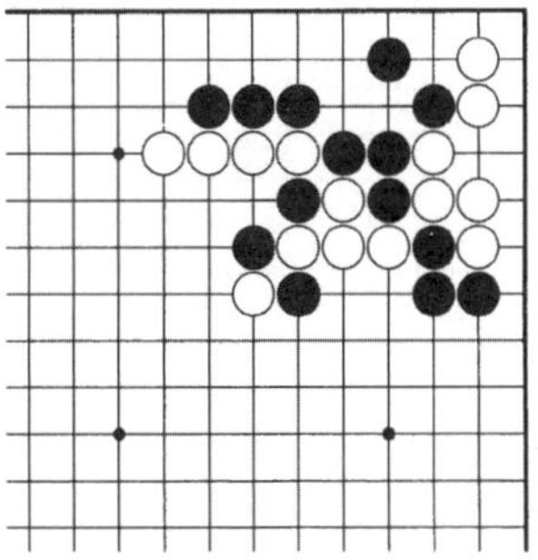

### 발전

한 칸 높은 걸침 정석의 변화이다. 귀부터 중앙으로 발전하는 대형 정석으로 다음 수가 포인트가 된다.

解

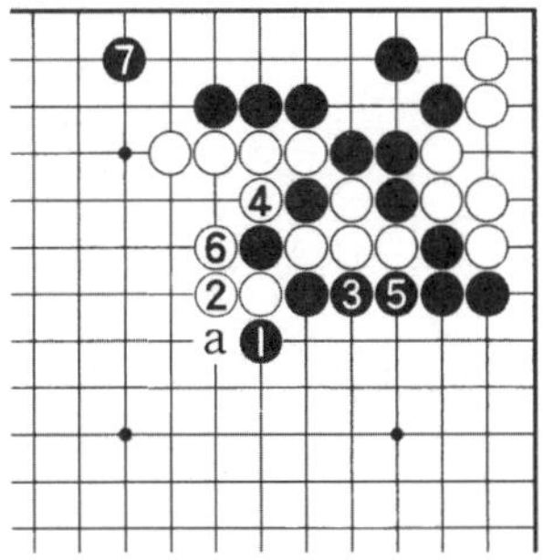

### 좋은 수순

흑1로 단수치고 백2로 늘면 교환 후 흑3과 5로 활용하는 것이 좋은 수순이다. 흑7로 미끄러져 호각이 갈린다. 흑1로 먼저 3, 5는 흑1에 백a.

失

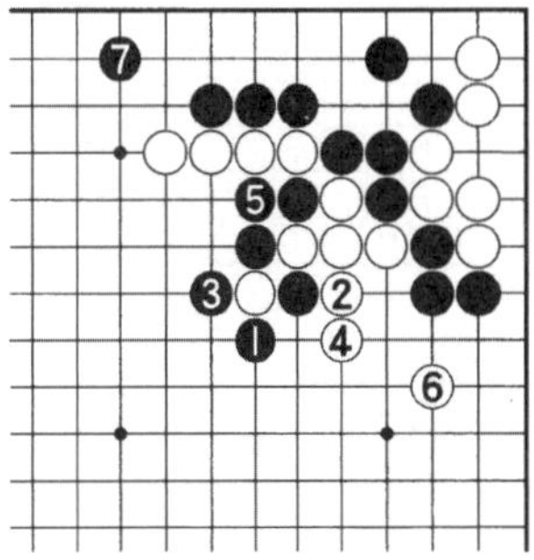

### 흑 만족

백2로 반발하면 우변으로 나갈 수는 있으나 흑3의 빵때림으로 흑이 두터워진다. 흑은 7까지 우변의 3점을 버리고도 만족스럽게 갈린다.

(72)

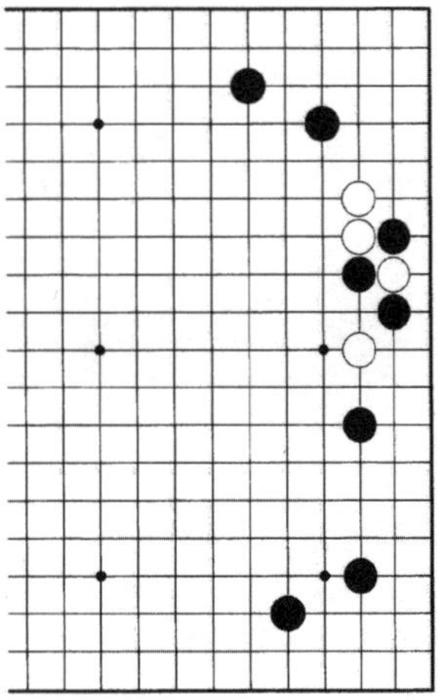

解

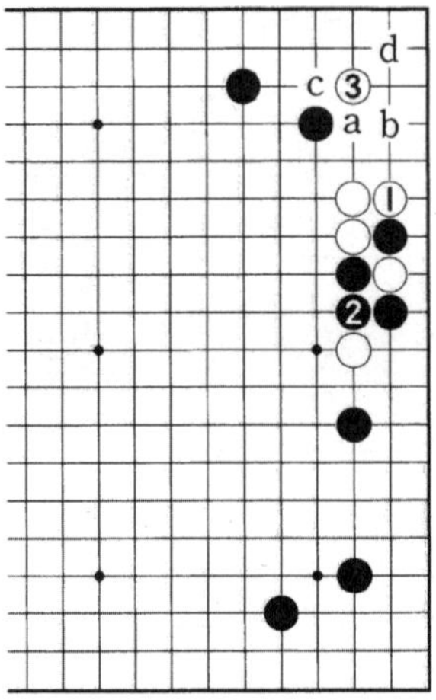

变

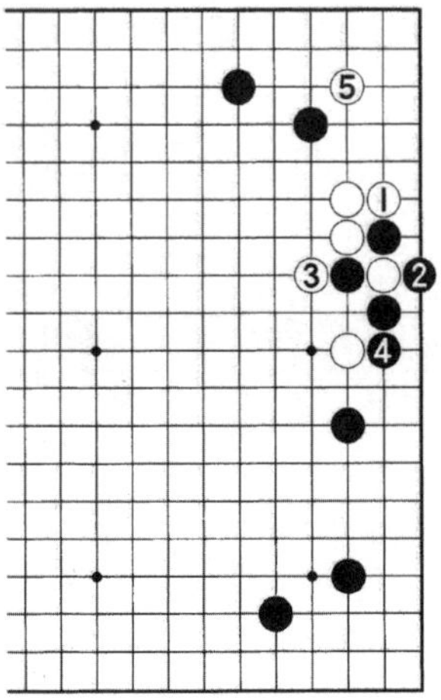

제7형 백번

## 수습

화점 정석의 변화이다. 우변의 백은 흑의 침입을 수습해야한다. 우하의 강한 흑으로 가고 싶지 않다면 다음 수순은?

## 삼삼침입

백1의 단수가 좋은 수이다. 흑2의 다음에 백3으로 우상귀의 3, 3에 들어가 수습한다. 이 후에는 백a, 흑b, 백c, 흑d. 흑2로 a쪽을 지키는 것은 백2로 백이 유리하다.

## 흑2는 욕심

흑2로 따낸 것은 백3으로 막힌다. 흑4를 활용하면 우변부터 중앙으로의 발전이 막히는 모양이 된다. 백5로 3·3에 들어가 전 도형보다 백의 효율이 높아진다.

(73)

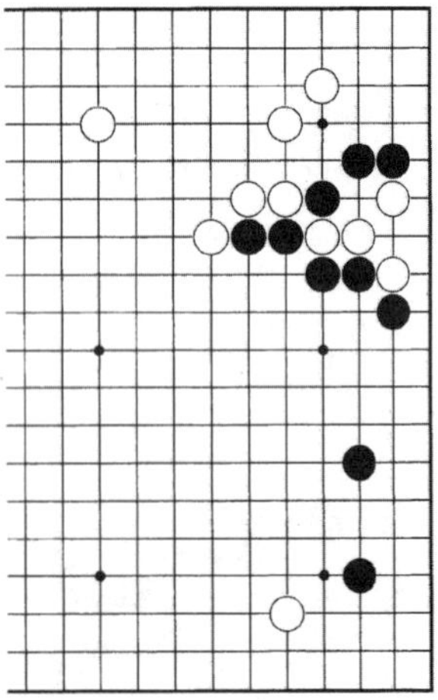

解

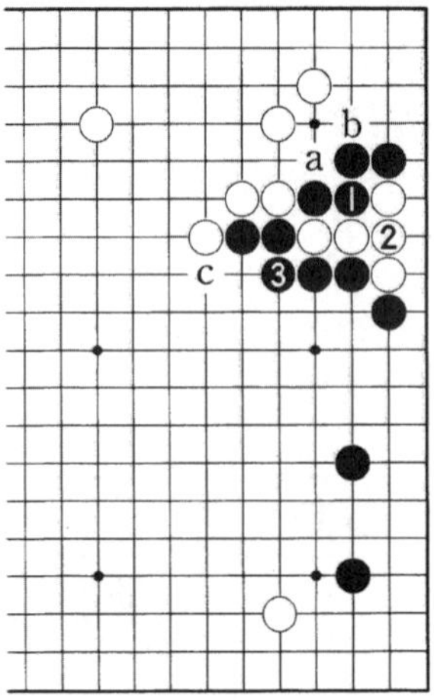

失

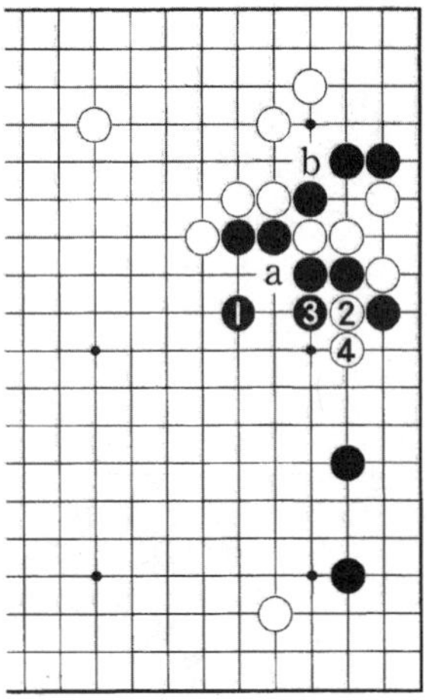

제8형 흑번

## 최선

우상의 전투.
백의 4점을 잡기 위하여 흑은 바깥의 약점을 지켜야한다. 받는 수는 여러 가지가 있으나 최선은 하나 뿐이다.

## 단수

흑1로 단수치면 백은 2로 이을 수밖에 없다. 백a, 흑1, 백b로 활용하기 전에 두는 것이 최선이다. 백2 이후 흑3으로 바깥을 지키면 백c의 느는 수도 선수로 듣지 않아 상변의 백이 엷다.

## 백 부활

흑1이 뛰는 것은 수비하기 위함이지만 백2로 끊음으로써 흑이 곤란해진다. 백은 4로 도망가 4점이 살아난다. 흑1로 a는 백b의 활용이 남아 만족스럽지 못하다.

(74)

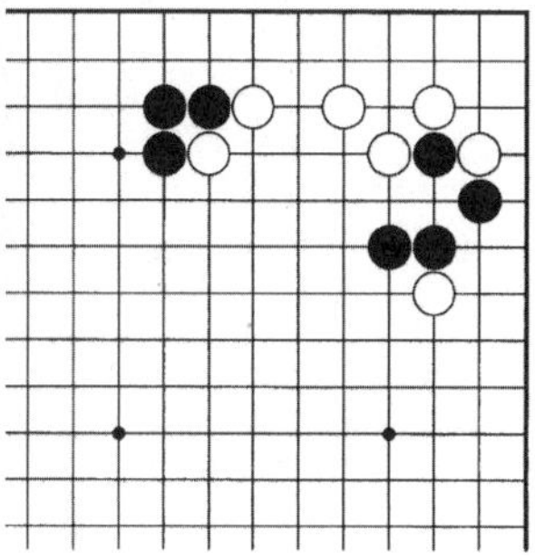

解

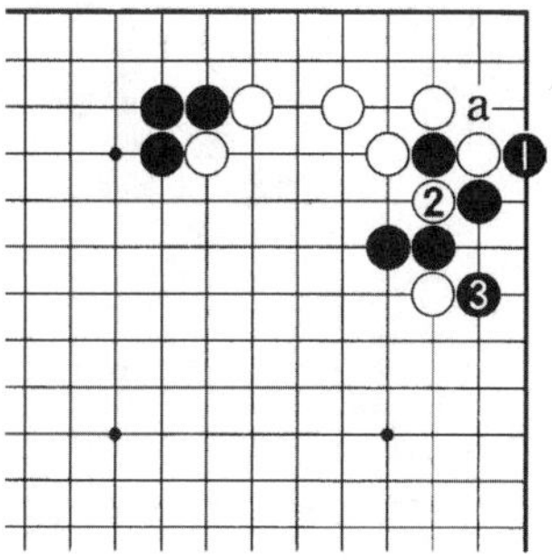

変

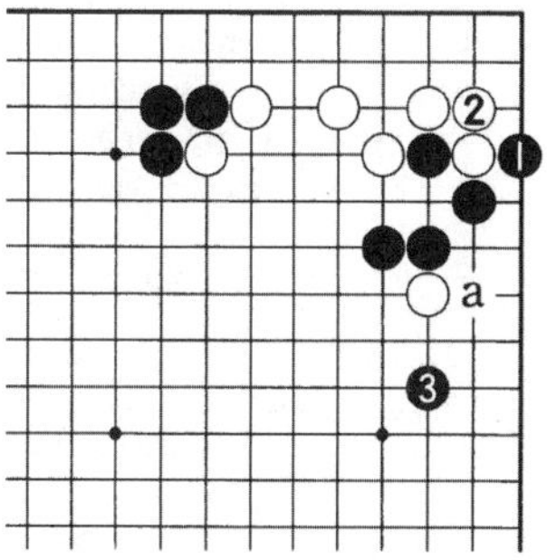

제1형 흑번

### 공작

2칸 협공 정석의 모양이다.
흑은 우변을 견고히 하기 전에 귀의 백에게 공작을 하고자한다.

### 적절

흑1의 단수가 교묘한 맥이다. 백2로 흑 1점을 잡으면 흑3으로 젖히기 좋다. 이후 흑a의 큰 끝내기가 남는다.

### 흑 호조

백2로 이으면 활용되어 괴롭다. 그때 흑3으로 지키는 것이 좋은 수가 된다. 백a로 느는수가 듣지 않는 모양이 되어 흑이 강하다.

(75)

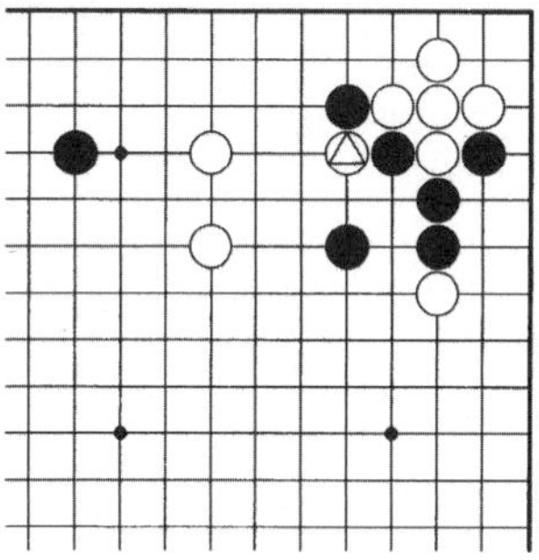

解

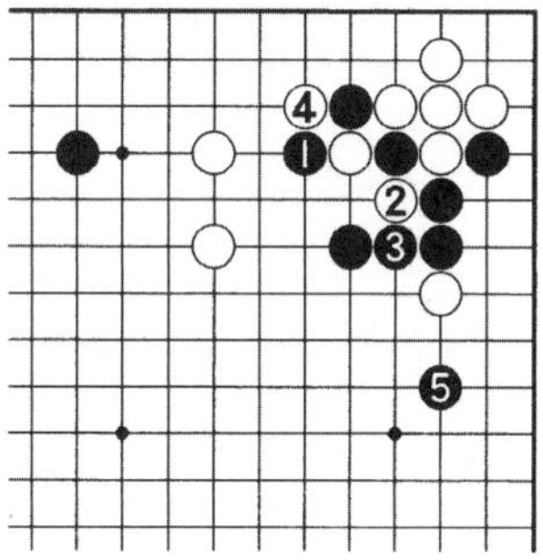

変

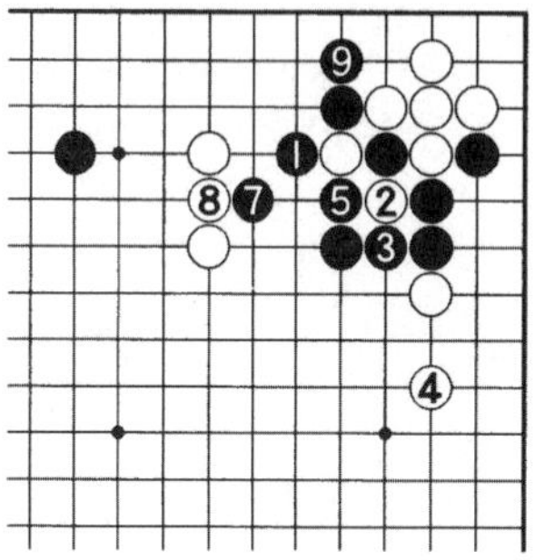

제2형 흑번

### 완결

우상은 2칸 협공 정석의 변화이다. 상변의 ◬가 끊으면 흑은 어떻게 받아야 정석을 완결할 수 있는가?

### 정형

흑1로 되단수 친다. 백2에는 흑3으로 우변의 모양을 정리하는 형태가 좋다. 백4로 끊으면 흑5로 우변을 견고히 하여 일단락 된다.

### 백 무리

백4를 우변에 두는 것은 무리이다. 흑5로 단수치고 7과 9로 상변을 깨면 주위의 백이 반대로 엷어진다.
※⑥→②의 위

(76)

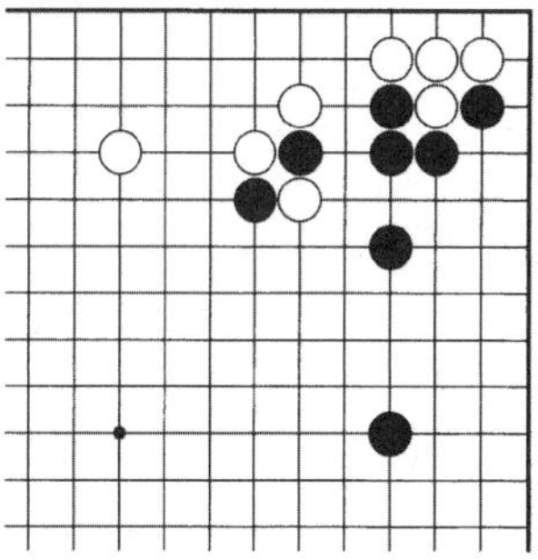

解

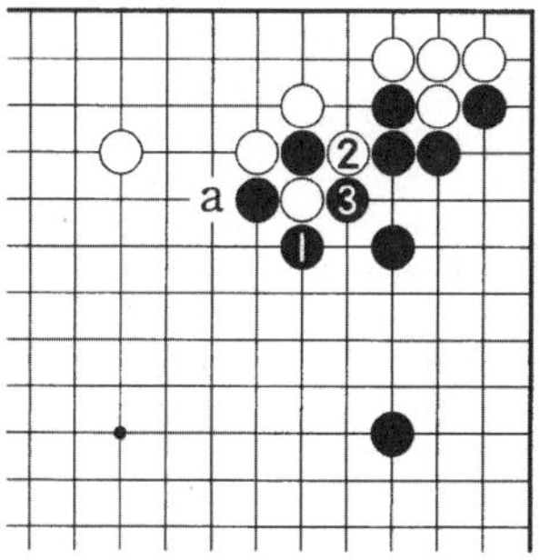

失

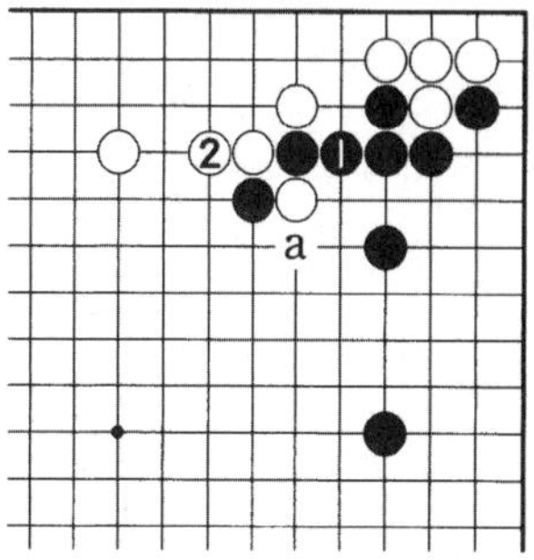

제3형 흑번

### 선택

우상의 모양을 결정해야 한다. 단수를 당한 흑 1점을 살릴 것인가, 버릴 것인가?

### 사석

흑1로 되단수 쳐서 1점을 버리는 수가 좋은 맥점이다. 백2로 잡으면 흑3으로 단수를 쳐 모양을 정리된다. 백이 패를 이으면 흑a로 두터워진다.

### 발이 늦다

흑1로 잇는 것은 발이 늦다. 백이 2로 늘어 귀부터 상변으로 넘어가 있다. 흑a로 잡아도 백은 상변에서 손을 뺄 수 있다.

**제4형 흑번**

(77)

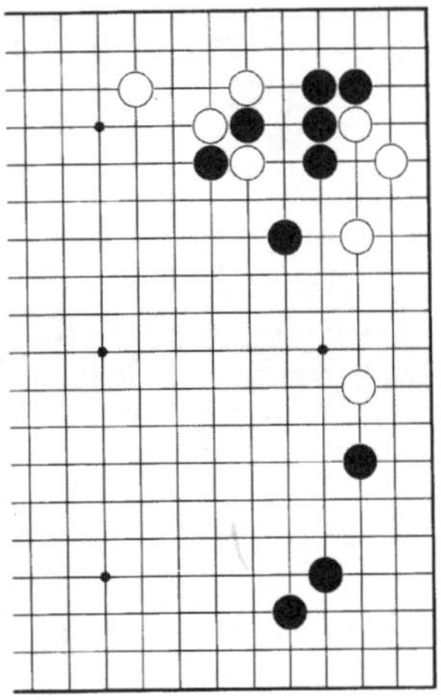

### 정형

우상귀의 흑은 백에게 근거를 빼앗겼으나 중앙으로 진출하면 백에게 공격 받을 걱정이 없다. 중앙을 어떻게 정리 할 것 인가 가 문제이다.

解

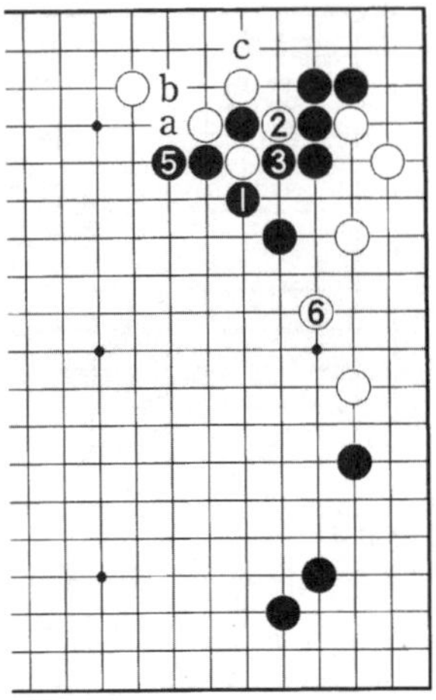

### 되단수

단수당한 1점을 버리고 흑1로 되단수치는 것이 맥이다. 백2 이후 흑3으로 단수치고 5로 늘어서 중앙의 모양을 좋게 한다. 그 이후 흑a, 백b, 흑c의 공격이 남는다.

※④→②의 왼쪽

失

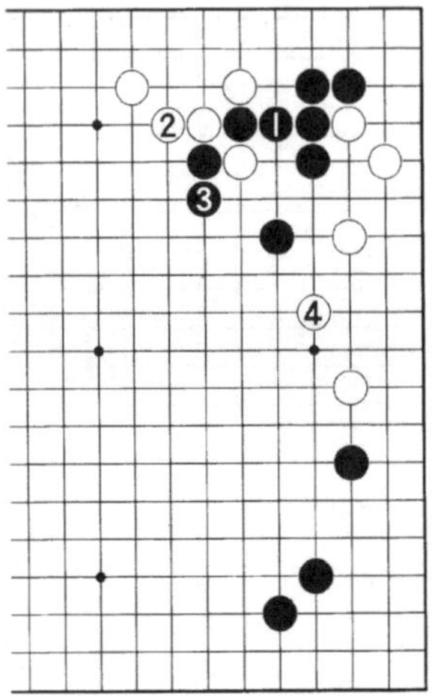

### 무거운 모양

흑1로 잇는 것은 무거운 모양이다. 백2로 늘어서 백 한점을 버리는 것이 가능하다. 흑3으로 잡아도 백4로 우변을 지켜서 흑이 불만이다.

**제5형 흑번**

(78)

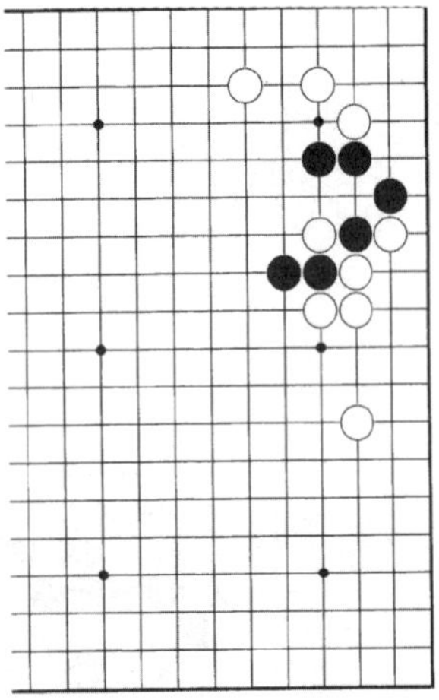

### 정형

우상에 있는 흑의 모양을 정비하는 문제.

우상귀와 우변의 백이 단단히 견고해져 있다. 백으로부터 공격받지 않도록 흑은 모양을 정비하여야한다.

解

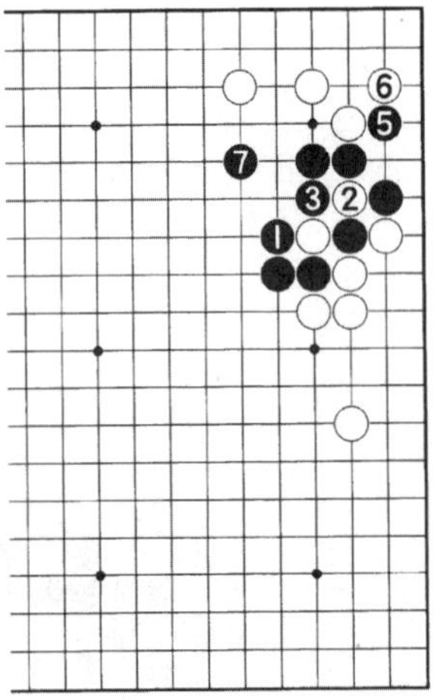

### 사석

흑1로 단수치고 단수당한 1점을 사석으로 만든다. 흑3으로 단수, 5로 젖힘을 활용하여 7로 뛰어 모양을 견고하게 만든다. 눈을 만들기 쉬워져 있다.

※④→②의 아래

失

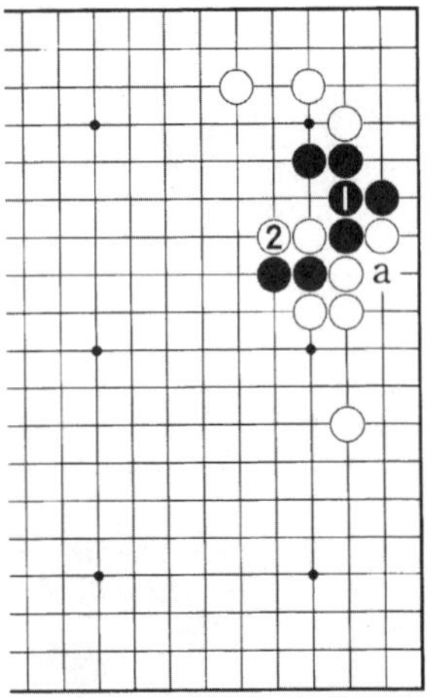

### 무거운 모양

흑1로 잇는 것은 무거운 모양이다. 백2로 늘어 나오면 흑은 안형이 없는 돌이 2개가 생긴다. 중앙의 흑 두점을 버리게 되면 흑은 대실패다.

단수치기 내려서기

제1형 흑번

(79)

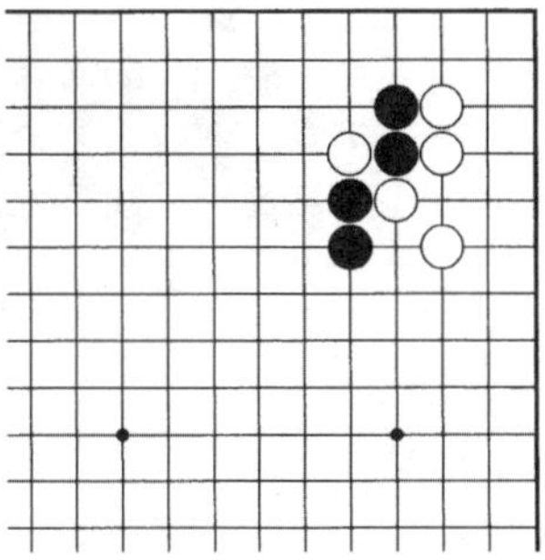

解

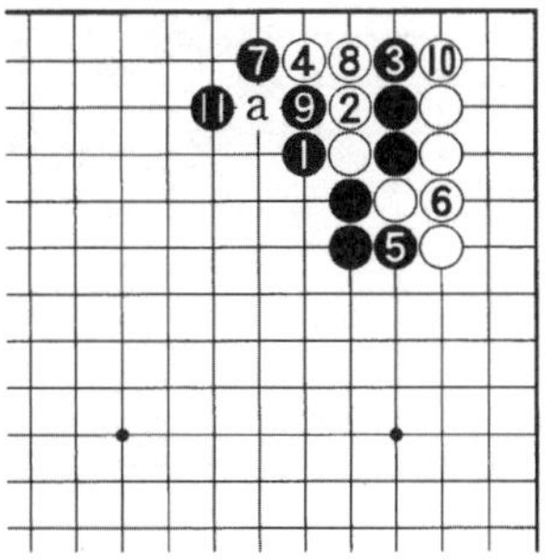

失

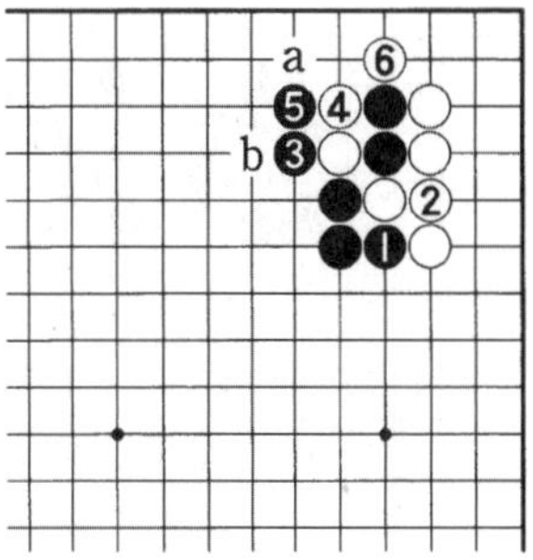

### 귀보다 중앙

우상은 화점의 정석이다. 백은 2점을 냉엄하게 절단하고 들어왔다. 흑은 귀보다도 중앙의 2점을 중요히 여겨야 한다.

### 사석작전

흑1로 단수를 쳐 귀의 2점은 버리게 되지만 백2 이후 3의 내려서는 수가 맥이다. 백4의 입구자에는 흑5부터 11까지 바깥을 견고히 지킨다. 백4로 9자리는 흑a로 젖힌다.

### 흑 불만

흑1로 단수를 치고 3과 5로 버리는 수는 안이하다. 백a가 남아 있어 선수를 잡아도 정해도보다 탄력이 없다. 흑1로 4는 백3으로 도망갈 수 있어 흑5로 두어도, 백b로 흑이 불만이다.

제2형 흑번

(80)

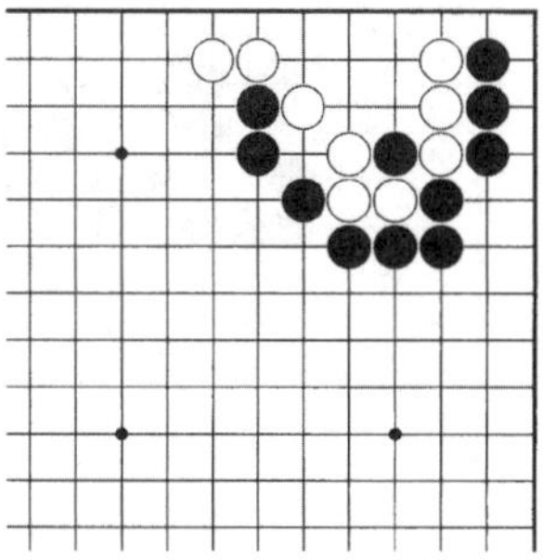

解

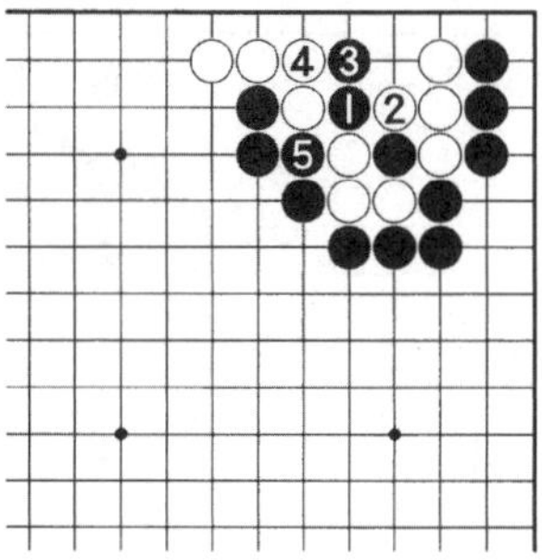

失

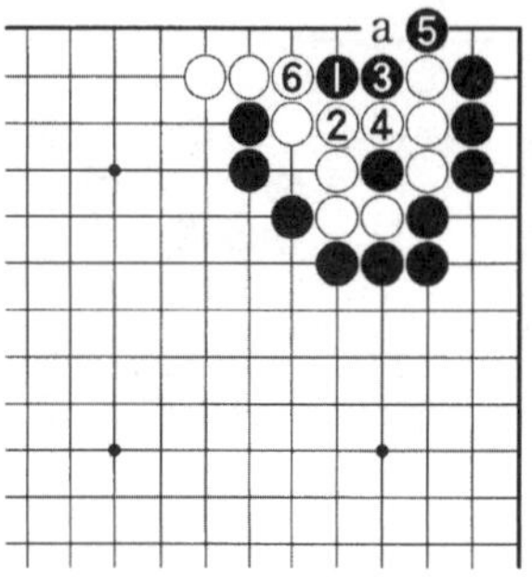

### 일부를 잡다

상변의 전투.
흑 1점을 잡고 있는 백의 모양이 약하다. 흑은 백의 자충을 노리고 일부를 잡고자 한다.

### 3점 잡기

흑1이 단수치고 3의 내려서는 수가 백의 자충을 노리는 냉엄한 좋은 맥이다. 백4가 잇고 흑5로 단수치면 백은 3점을 살릴 수 없다.

### 치중은 실패

흑1의 치중은 백2로 이어 백의 수가 늘어나 실패한다. 흑5로 건너면 백6으로 이어 안형이 생긴다. 흑은 작은 끝내기일 뿐이다. 흑5로 6은 백a.

단수치기 따냄(끊음)

제1형 흑번

(81)

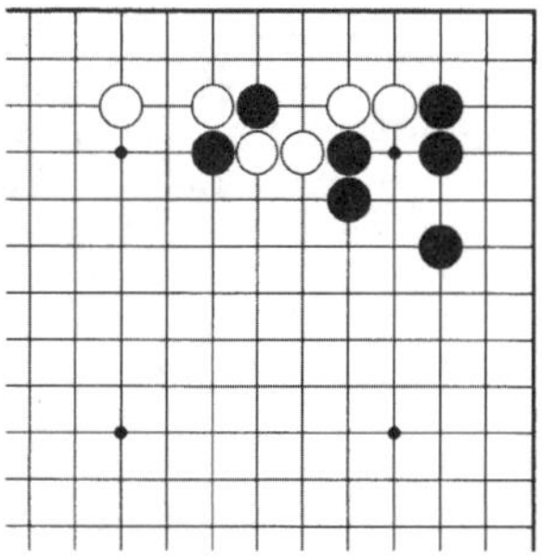

解

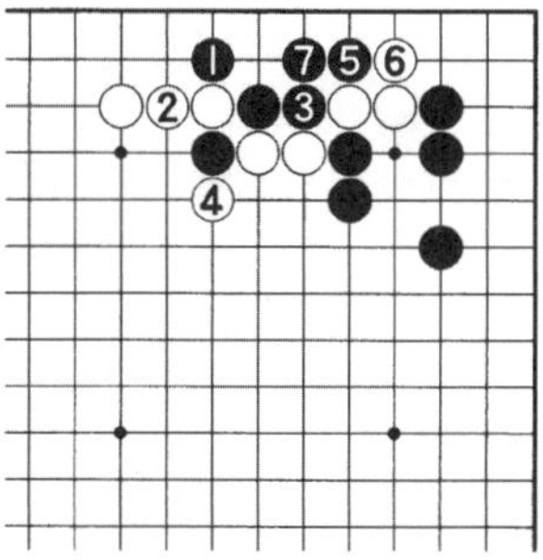

失

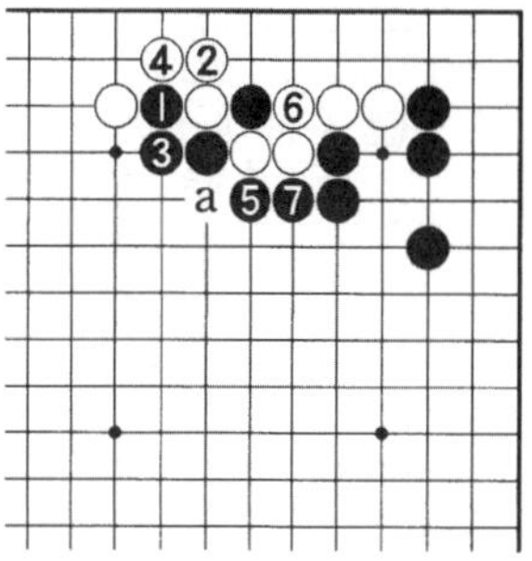

### 강수

상변에는 백돌이 많아 흑 2점을 끊으면 집이 될 것 같지만 흑에게는 강력한 수단이 있어 반대로 백이 잡히고 만다.

### 흑 승

흑1로 단수를 치고 3으로 끊으면 귀의 백 2점은 살릴 수 없다. 백 4를 중앙에 두어야하므로 흑5와 7로 귀를 공격해 흑이 우세해진다.

### 불충분

흑1로 단수치고 3으로 잇는 것은 대단히 평범한 수로 백4로 건너면 수가 없다. 흑5와 7로 중앙을 두텁게 해도 후수이며 a를 끊는 수도 남아 있어 흑은 충분하지 않다.

제2형 흑번

(82)

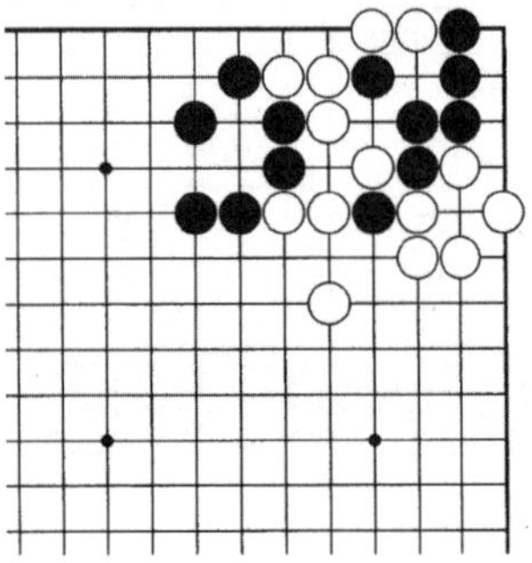

解

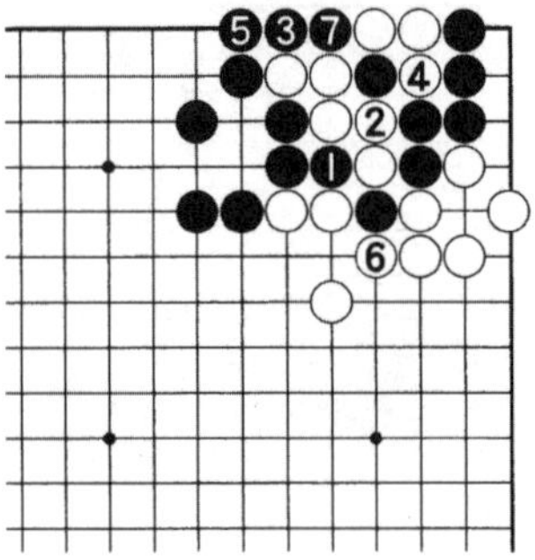

変

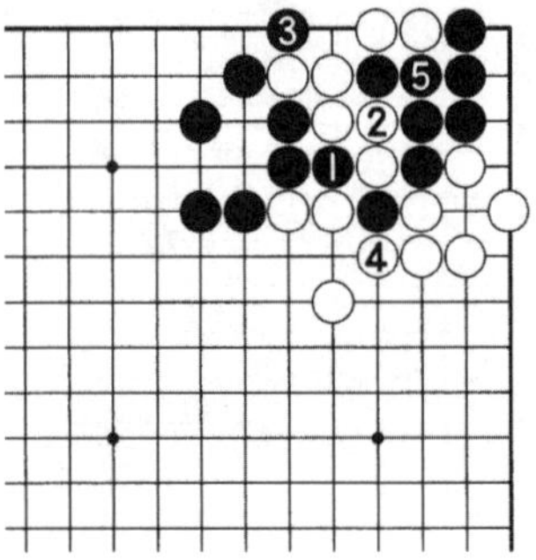

## 연결

귀의 흑은 눈이 없지만 상변의 백을 공격하여 연결할 수 있다. 백의 자충을 추궁해야한다.

## 촉촉수

흑1로 단수치고 백2가 이으면 흑3으로 공격하는 것이 맥이다. 백4로 흑 1점을 잡아도 흑5와 7로 공격하면 촉촉수가 된다.

## 2점 잡기

흑3의 공격에 백4로 중앙의 1점을 따내는 것은 흑5로 단수치면 백 2점이 촉촉수가 된다. 흑3이 중요한 수순으로 3으로 5의 단수는 백3으로 실패한다.

단수치기

패

(83)

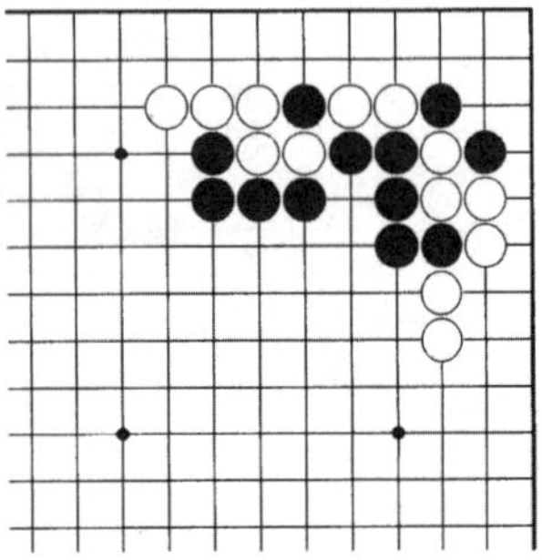

解

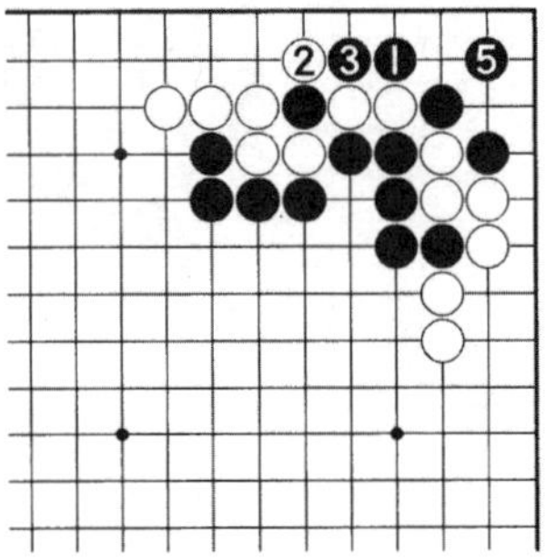

失

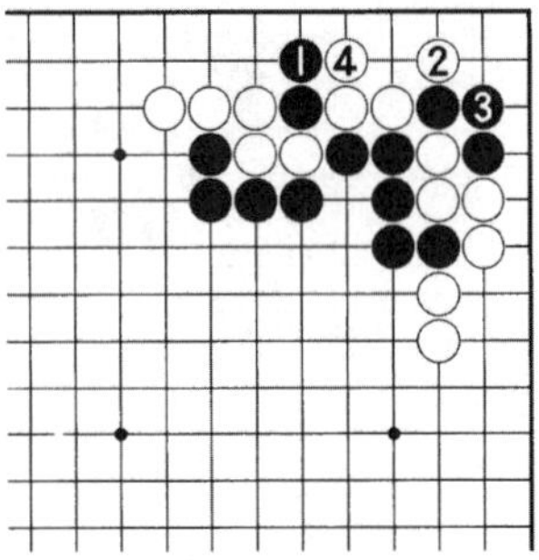

제1형 흑번

## 나쁜 모양

귀의 사활 문제이다.
흑 2점은 불안한 모양이지만 상변의 백이 자충의 좋지 않은 모양이므로 집을 넓히는 것이 가능하다.

## 수를 내다

흑1로 단수치는 수가 맥이다. 백은 2로 따낼 수밖에 없다. 흑3으로 단수치면 귀의 집이 늘어나면 흑5로 호구를 쳐서 살 수 있다.
※④→②의 아래

## 흑 삶이 없다

흑1로 뻗어보지만 실패한다. 백2로 단수치면 흑3, 백4로 상변의 흑 2점을 잡아 살 수 있는 집이 없게 된다.

(84)

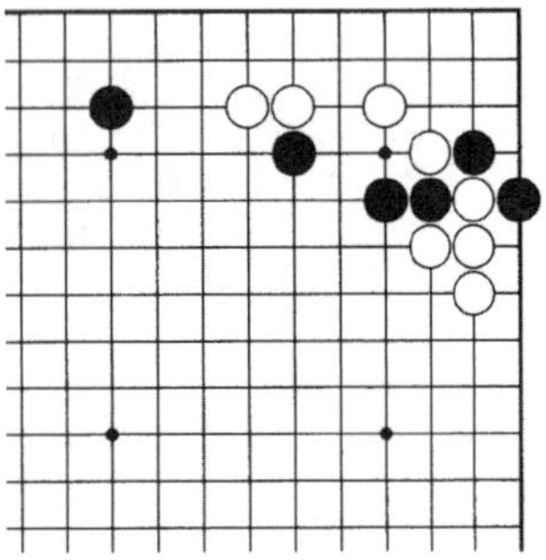

解

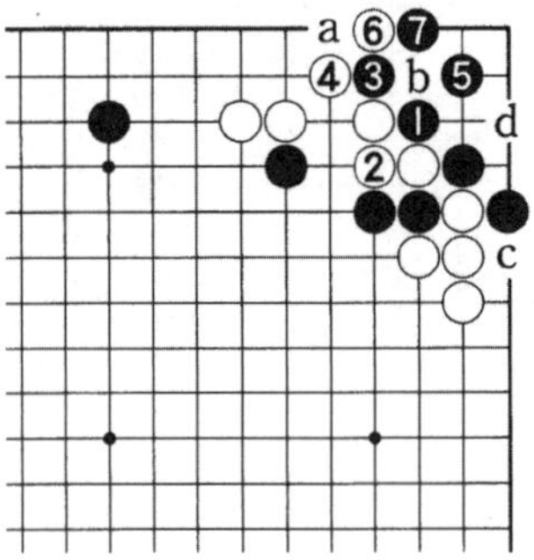


変

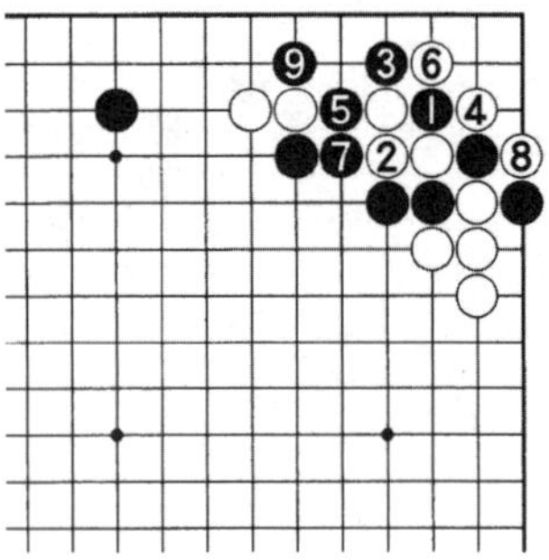

제2형 흑번

## 수작업

우상귀의 흑 2점을 움직여 백집에 수를 만든다. 패로 만들면 성공이다.

## 패

흑1로 단수치고 백2에 흑3으로 젖히는 수가 냉정한 수이다. 백4로 막지만 흑5로 호구하여 패가 된다. 이후 백a에도 흑b, 백c, 흑d로 패가 된다.

## 백집을 부수다

백4로 끊으면 흑5로 단수를 쳐서 상변의 백집을 부순다. 흑7로 이으면 백 3점이 단수가 되고 상변의 백 2점이 끊어지게 된다.

(85)

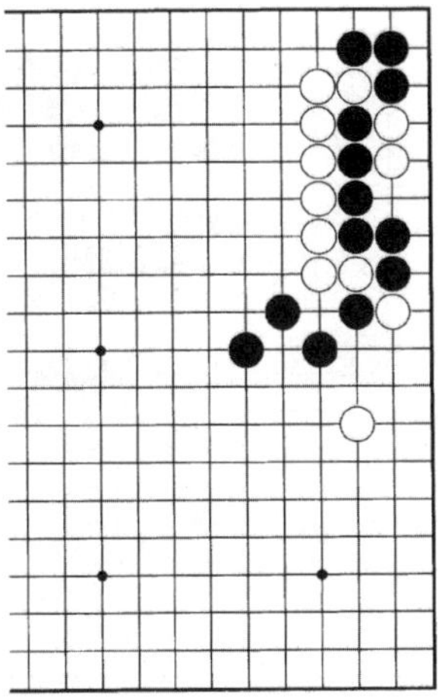

解

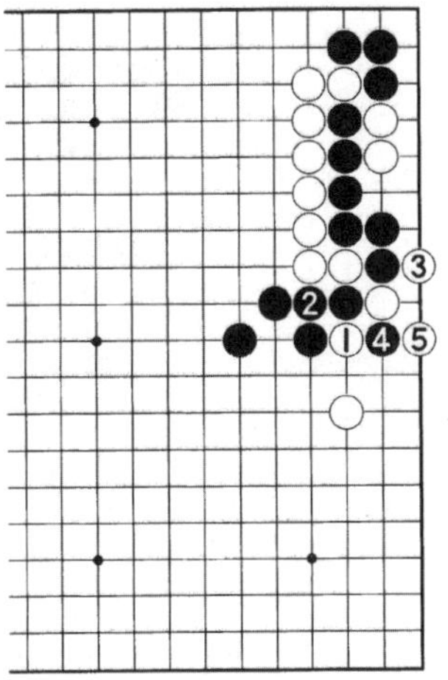

変

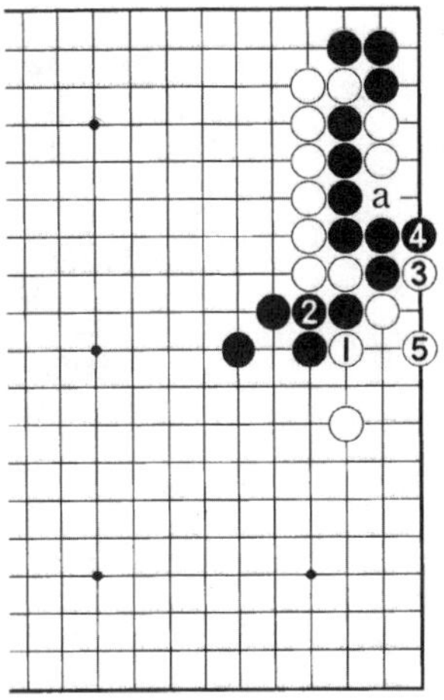

제3형 백번

## 연결하다

우변의 전투.

우상의 백은 대마로 우변의 백 2점과 이으면 굉장히 두터워진다. 이를 절단하고 있는 흑을 공격하여 잡을 방법은 무엇인가.

## 패

백1로 단수를 치는 것만으로도 우변 백에는 탄력이 생긴다. 백 3으로 젖힘이 냉정한 노림수. 흑은 4로 끊을 수밖에 없어 수상전은 이길 수 없다. 백5로 단수를 치면 패가 된다.

## 백 불리

흑4로 막으면 백이 5로 받아 패를 피할 수 없어 더욱 불리하다. 흑이 패의 위험을 피하려면 2로 이은수로 a에 두어야 하지만 백2로 따내면 백이 두터워 진다.

(86)

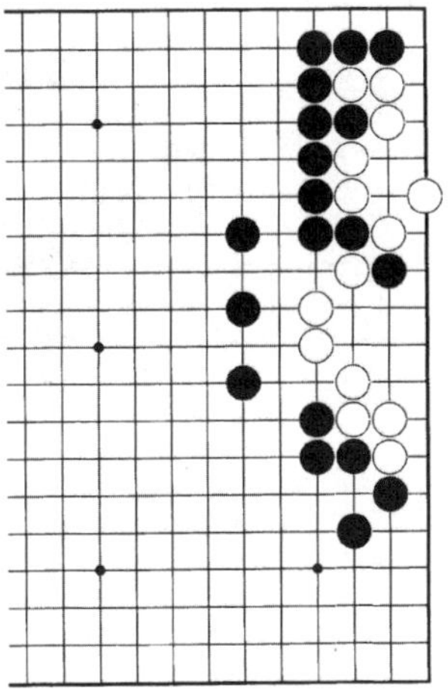

解

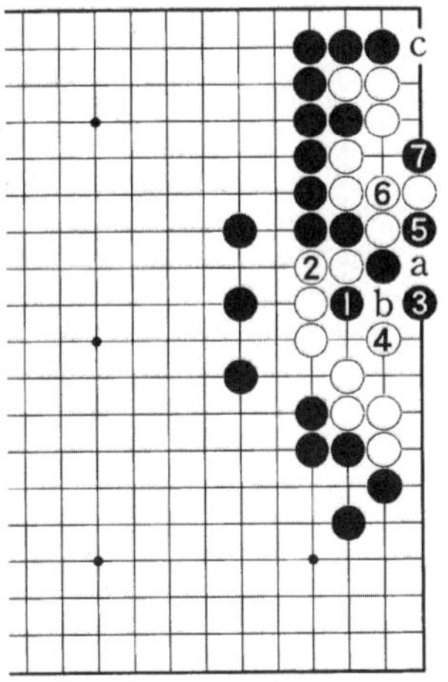

変

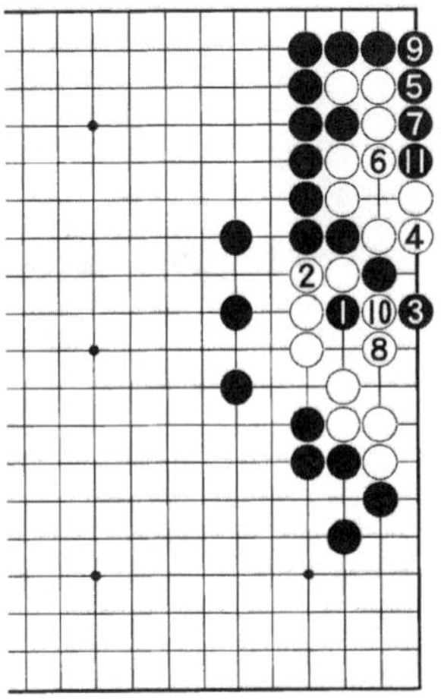

제4형 흑번

## 수작업

우변의 백집에 남아있는 흑 1점을 움직여서 수를 만드는 문제.

수가 적은 우상의 백을 공격하여 패가 되면 성공이다.

## 단패

흑1로 단수친 후 흑3의 입구자가 맥이다. 백4로 공격해오면 흑5로 먹여쳐서 단패가 된다.

## 촉촉수

백4로 귀 쪽으로 받는 변화이다. 흑5로 젖히고 백6과 흑7로 공격하면 백은 자충 때문에 백6 이하로 6점을 살릴 수 없게 된다. 흑11로 촉촉수가 된다.

(87)

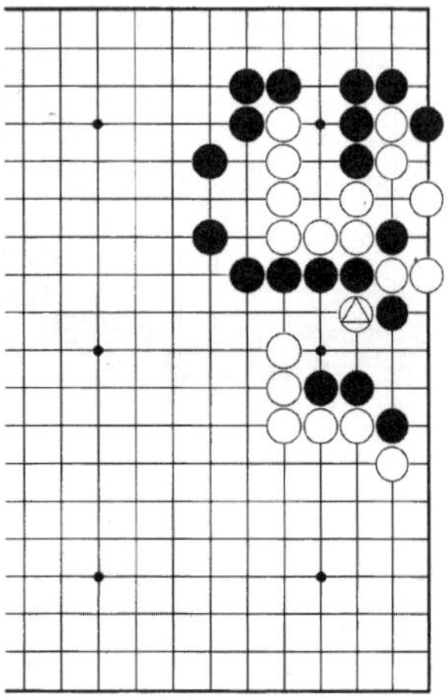

解

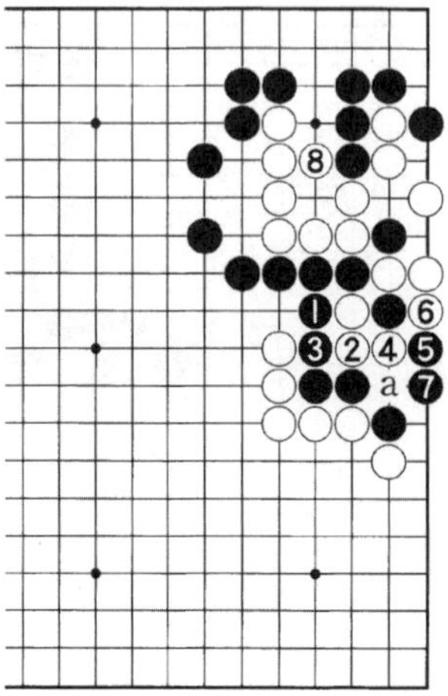

变

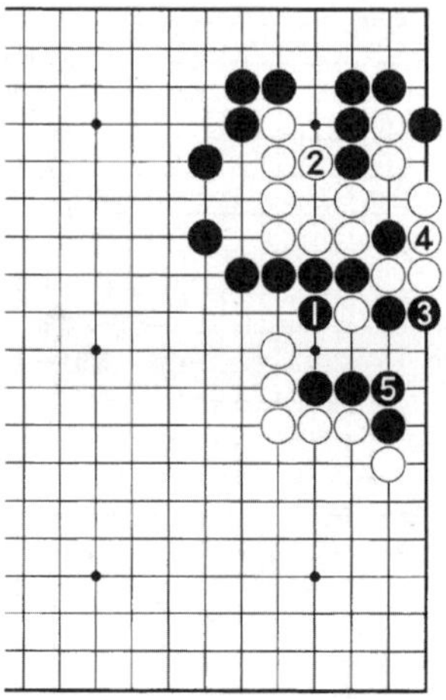

제1형 흑번

### 일석이조

우변의 전투.
흑은 끊어져 있는 △ 한 점을 어떻게 공격 할 것인가? 흑은 중앙과 우상을 연결시키기 보다는 백을 잡아 우변에 집을 만들어야 한다.

### 촉촉수

흑1로 단수쳐서 공격한다. 백2로 나가면 흑3, 백4 이후 흑5로 백을 옥집으로 만들어 조이는 수가 좋다. 흑7 이후, 백은 8로 살아야하므로 흑a를 이용하면 백 3점은 촉촉수로 잡을 수 있다.

### 조금 열세

흑1로 단수를 치면 백2로 살지만 흑은 3과 5로 우변에 집을 만들 수 있어 좋다.

(88)

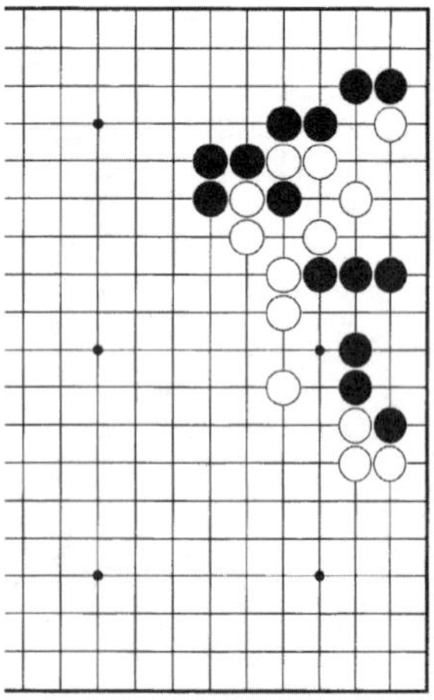

解

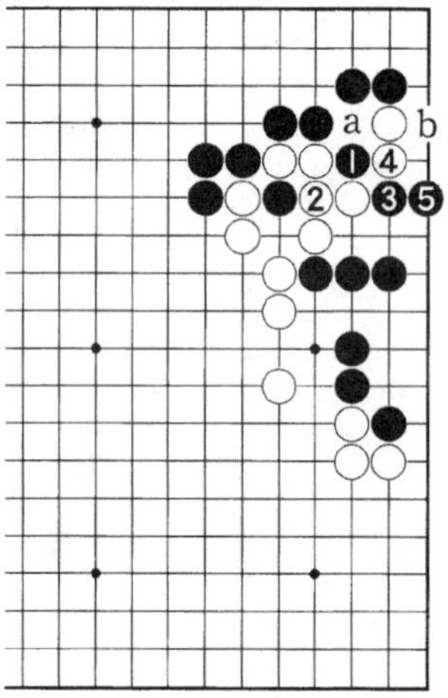

变

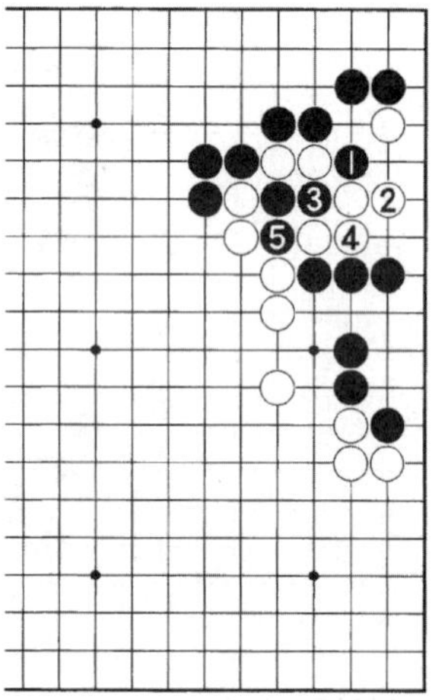

제2형 흑번

### 간단

우변의 흑이 사는 것은 간단하다. 우상의 백의 약점을 추궁하고 우변을 건너가는 모양을 만들면 사는 것 보다 더욱 좋다.

### 건넘

흑1로 단수치고 백2, 흑3과 5로 우변을 건너는 모양이 된다. 백a라면 흑b. 단, 백a에 흑은 손을 빼도 좋지만 여기서 백이 손을 빼면 흑은 흑a로 백 2점을 잡을 수 있는 권리를 갖는다.

### 백 망함

흑1의 단수에 백2의 저항은 흑3으로 백 2점이 잡혀 4와 5의 끊는 수가 맞보기가 되어 백이 망한다. 또 백2로 4는 흑3, 백5 이후 흑2로 젖혀 우변을 건너 갈수 있다.

**제3형 흑번**

(89)

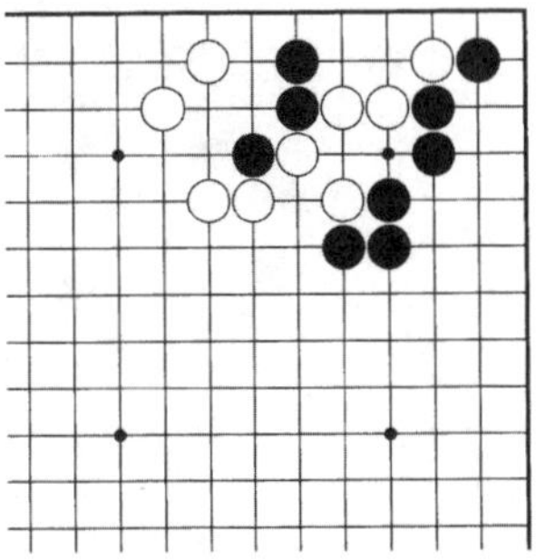

## 올바른 수

상변의 흑 3점과 우상의 흑을 연결하고 싶다. 여러 가지의 우상으로 연결방법이 있겠지만 올바른수는 하나이다.

解

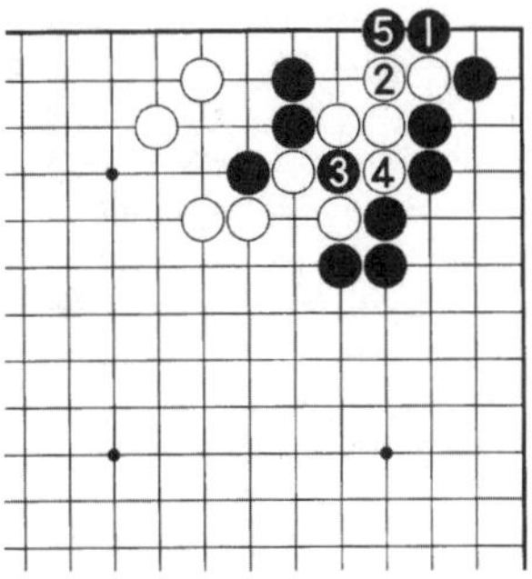

## 촉촉수

흑1로 단수치고 백2로 잇도록 강요하면 백은 포도송이가 된다. 흑3으로 먹여쳐서 선수로 넘어갈 수 있다.

変

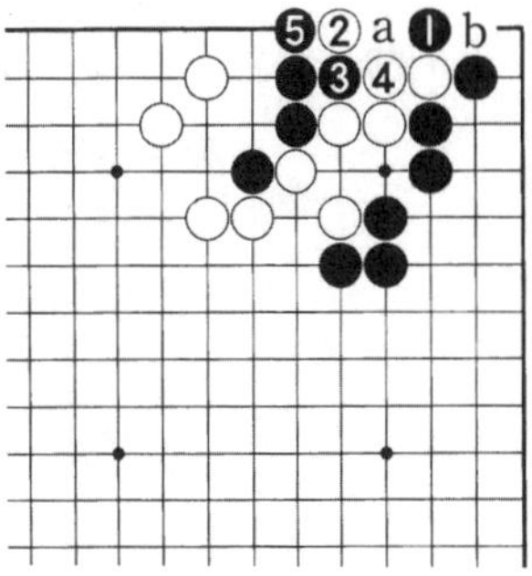

## 촉촉수

백2로 뛰면 흑3과 5로 촉촉수가 된다. 흑1로 a의 날일자는 백2, 흑3, 백4, 흑5, 백b로 실패한다.

**제4형 흑번**

(90)

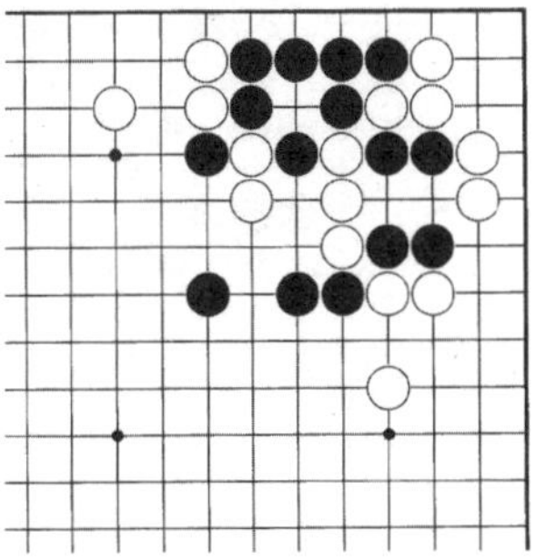

## 불완전

우변에 있는 흑의 수는 2수이다. 중앙의 백은 두 수 이상으로 예상될 수 있지만 연결이 완전하지 않다. 상변의 흑을 어떻게 살릴 수 있을까?

解

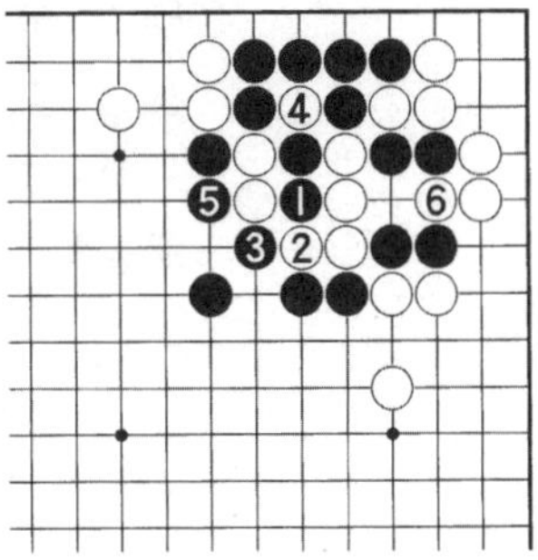

## 살리다

흑1로 나오고 2점을 단수치는 흑3이 좋은 수이다. 흑5로 막으면 백6으로 우변을 잡아도 흑7로 상변을 살릴 수 있다.

※❼→④의 아래(따냄)

失

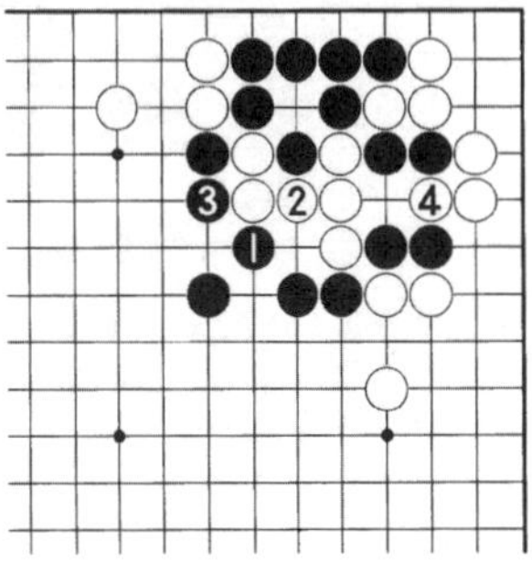

## 우상은 백집

흑1의 입구자 붙임은 백2로 연결하여 실패하고 흑3으로 바깥을 막아도 백4로 흑이 패배한다. 우상귀가 그대로 백집이 된다.

**제5형 흑번**

(91)

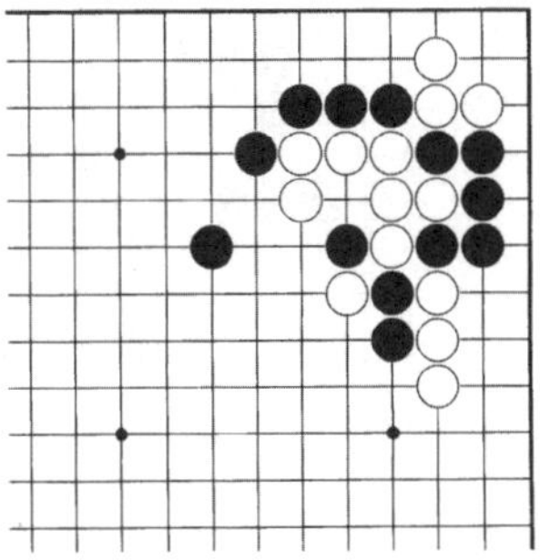

## 사석

중앙 전투.

우변의 흑을 살려 탈출하기 위하여 중앙의 백을 잡아야한다. 사석으로 조이는 모양을 만들어야 한다.

解

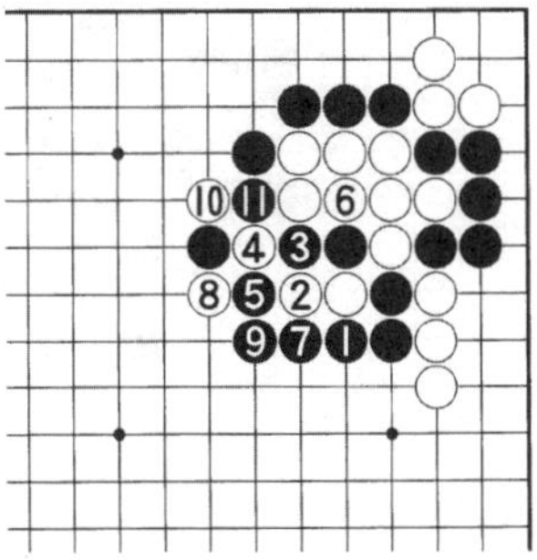

## 환격

흑1의 단수가 강경한 수이며 백2 이후 흑3으로 나와 두점을 버린다. 흑5와 7로 조이고 흑11로 환격이 된다.

失

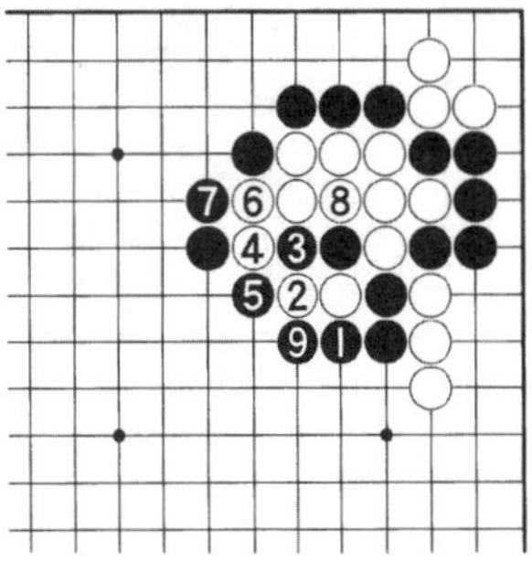

## 백 전멸

백6으로 중앙에 눈을 만드는 변화이다. 흑7로 단수를 치고 9로 봉쇄하여 백이 전멸한다. 상변과 중앙, 어디를 끊어도 백은 이길 수 없다.

(92)

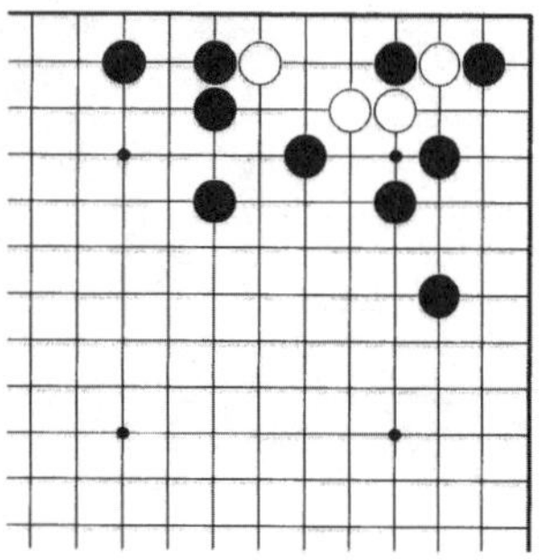

解

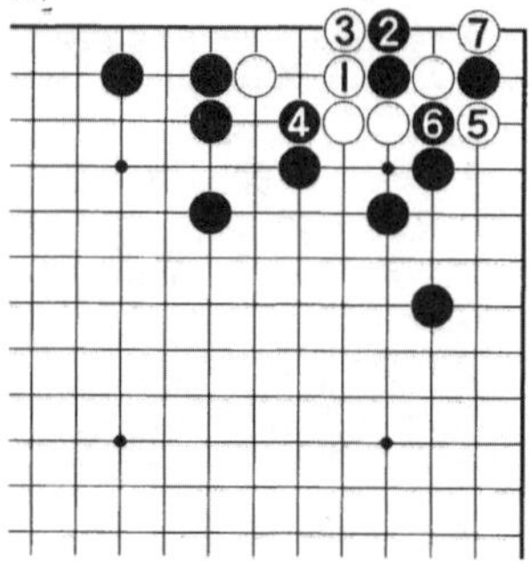

失

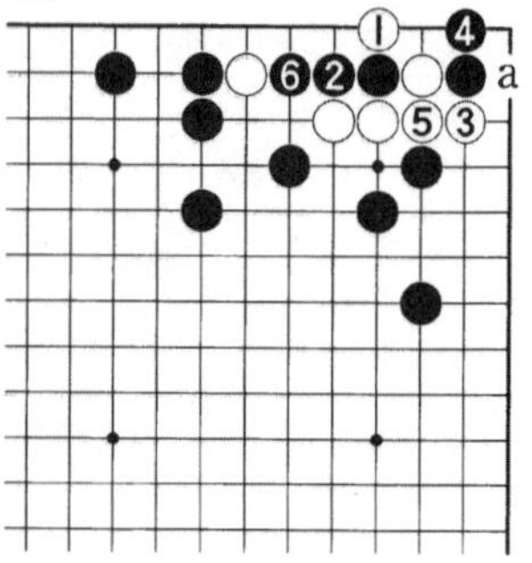

제1형 백번

### 잡는 방법

사활문제

흑 1점을 잡으면 쉽게 살 수 있을 것 같으나 잡는 방법이 좋지 않으면 치중으로 죽을 가능성이 있다.

### 백 삶

백1의 단수로 흑 한점을 공격하고 흑2는 백3으로 두 점을 잡아서 좋다. 흑4로 좌측 눈을 잡으면 백5부터 7까지 귀의 흑1점도 잡을 수 있다.

### 백 죽음

백1의 단수에 흑2로 도망간다. 백3에 흑4로 뻗으면 흑6까지 백이 죽는다.

(93)

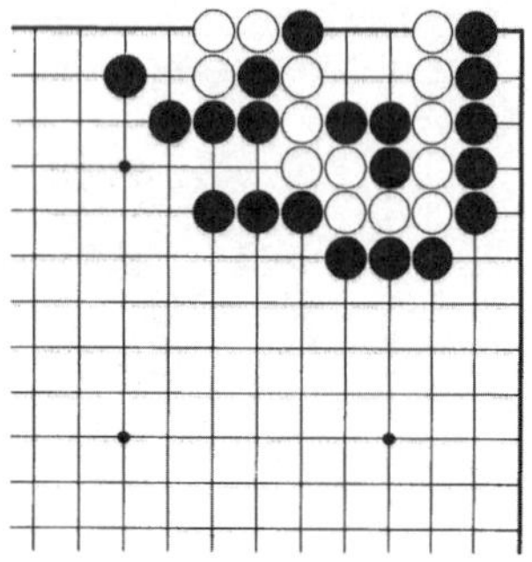

解

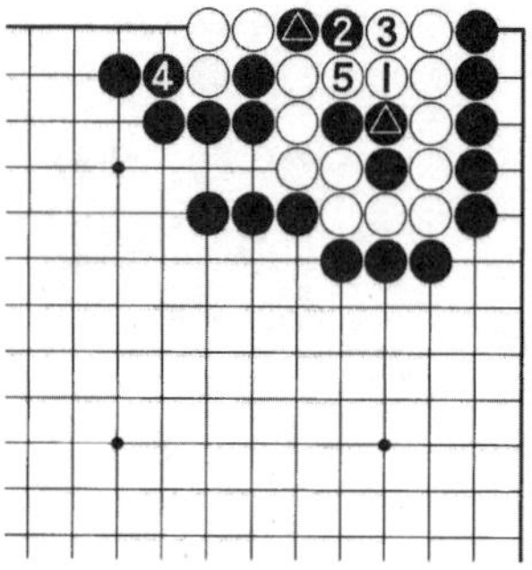

失

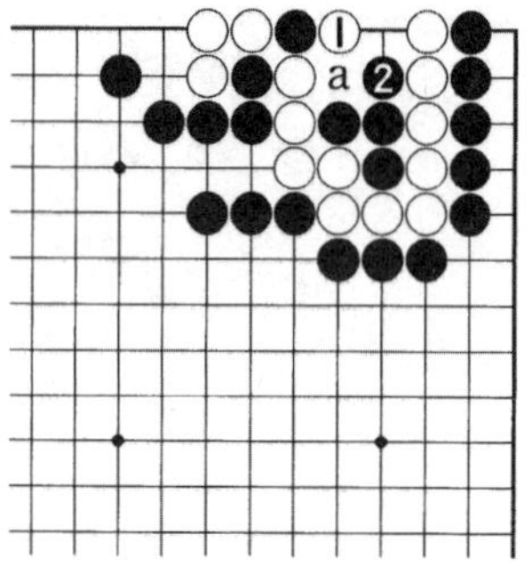

제2형 백번

### 무조건

백이 무조건 살수 있다고 생각하지 않겠지만 훌륭한 맥점이 생각지도 못한 곳에 숨어 있다.

### 우형의 묘수

백1과 흑2는 필연이다. 백3이 우형의 묘수로 말할 수 있을 정도의 좋은 수이다. 백5 이후, 두 곳의 ▲에 눈을 만드는 맛보기가 된다.

### 단순

평범하게 백1로 따내는 것은 흑2로 무조건 죽는다. 또 백1 대신 a는 흑1. 이 또한 간단히 죽는다.

(94)

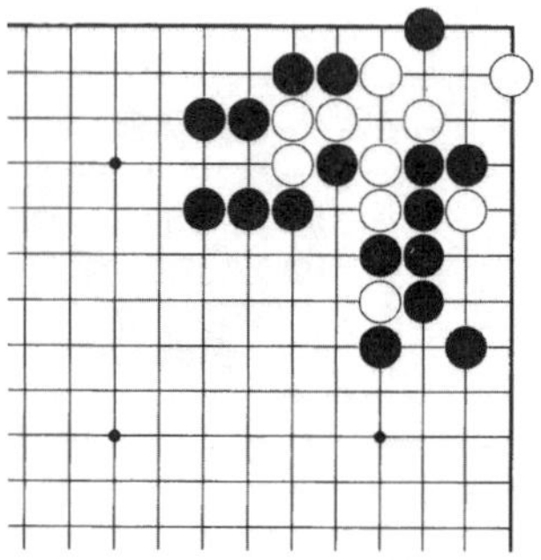

解

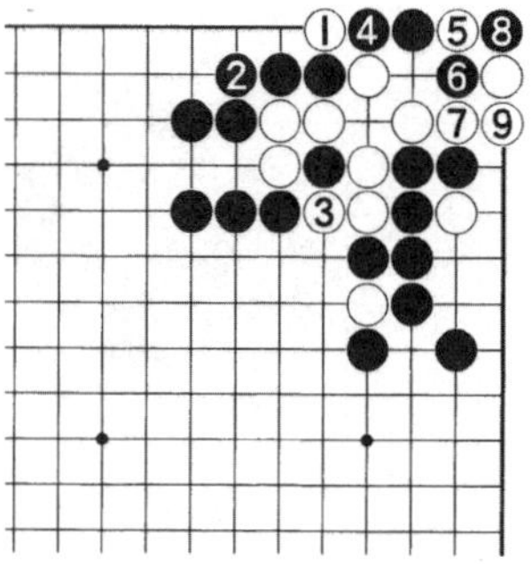

变

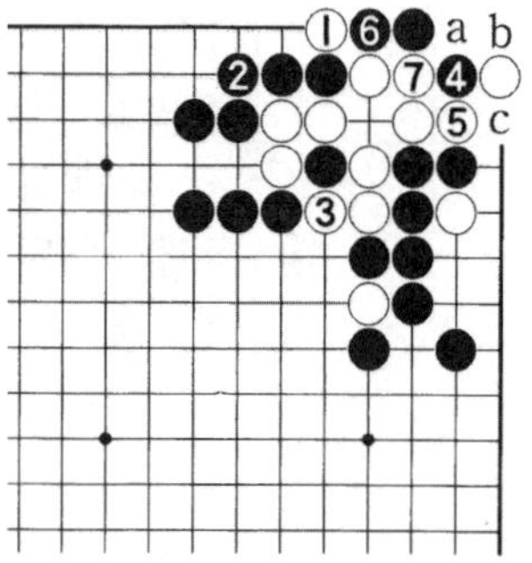

제3형 백번

### 귀의 눈

사활 문제.

귀에서 선수로 한집을 만들고 싶다. 흑 한 점을 잡지 않고도 귀에는 한 집을 만들 여유가 있다.

### 백 삶

백1로 젖히면 3으로 중앙에 집을 만들고 귀는 흑의 수를 기다린다. 흑6의 되단수는 백7부터 9로 이어서 귀의 흑 두점은 촉촉수가 된다.

### 백 삶

흑4와 6의 변화도 백7로 단수를 칠 수 있어 흑4의 1점이 떨어진다. 백3으로 a는 흑4, 백5, 흑b, 백c. 흑3으로 패가 난다.

단수치기
사활(죽음)
제1형 흑번

(95)

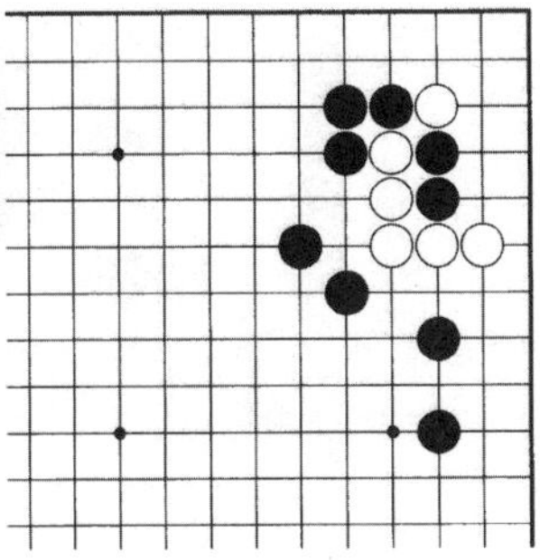

## 응용의 발휘

실전에서도 응용이 가능한 맥.
말하고 나면 아무것도 아닐 수도 있겠지만.....

解

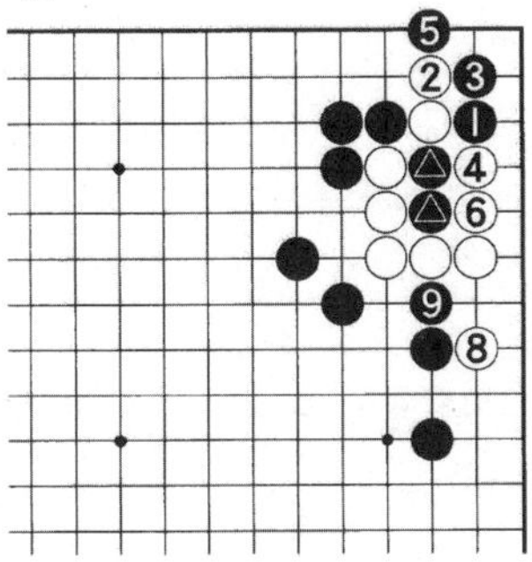

## 옥집

▲2점은 누가 두어도 잡을 수 있다. 흑1과 3이 묘수이며 이곳을 옥집으로 할 수 있다.

※❼→위▲

失

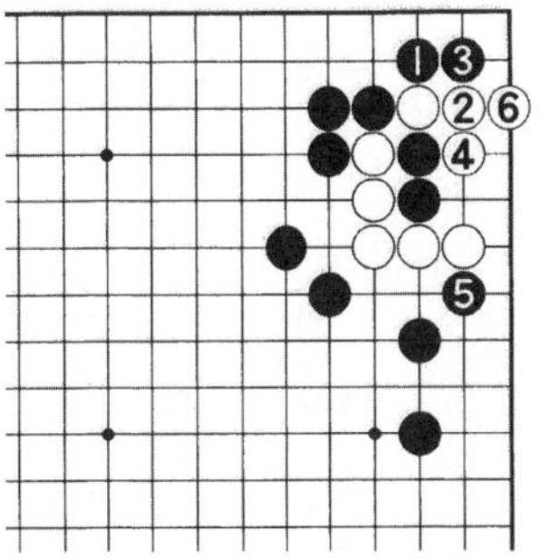

## 무심코

실전에서는 무심코 이쪽부터 단수 칠 것 같다. 그러나 이 장면에서는 백이 6까지 잘난체 하면서 살 수 있게 된다.

단수치기
끝내기
제1형 흑번

(96)

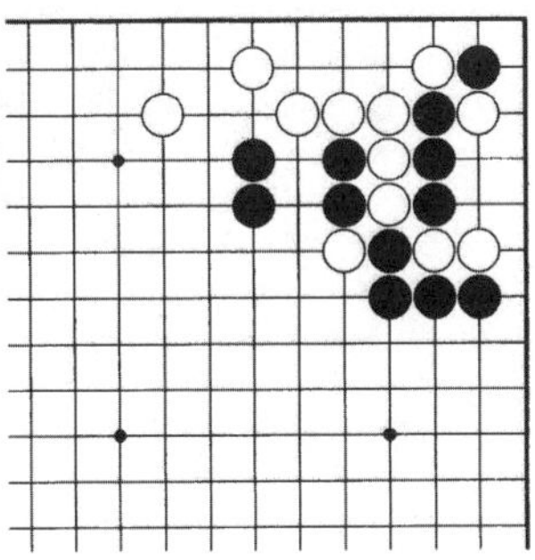

## 타협

흑 3점을 살리는 것은 쉽다. 흑은 귀를 집으로 만들고 싶지만 패로 타협하는 방법밖에 없다.

解

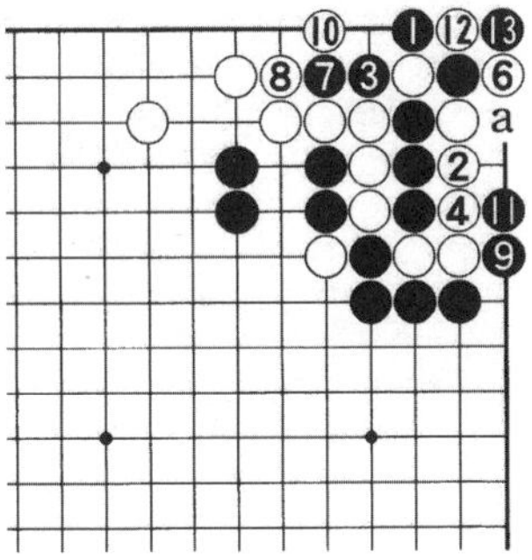

## 패

흑1의 단수가 좋은 수이다. 백2와 4로 조이고 8로 막아 흑13까지 패가 된다. 흑1로 2는 백6, 흑a, 백12로 2단패가 된다.

※❺→❶의 아래

变

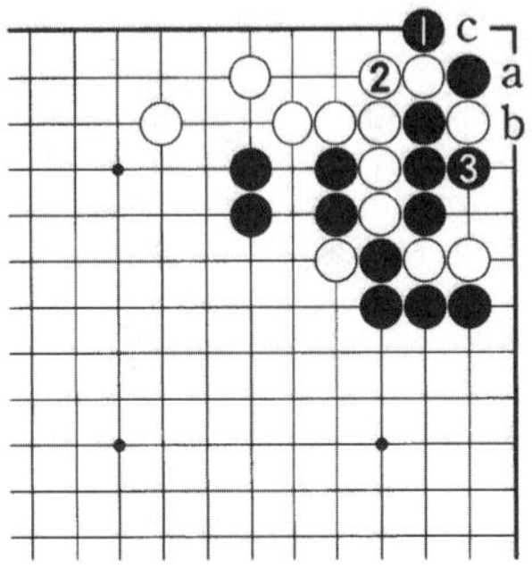

## 활용당하다.

백2로 이으면 활용 당한다. 흑3으로 단수를 치면 귀가 그대로 흑집이 된다. 흑1로 2는 백1 이후 흑3, 백a, 흑b, 백c에 이단패가 된다.

제2형 흑번

(97)

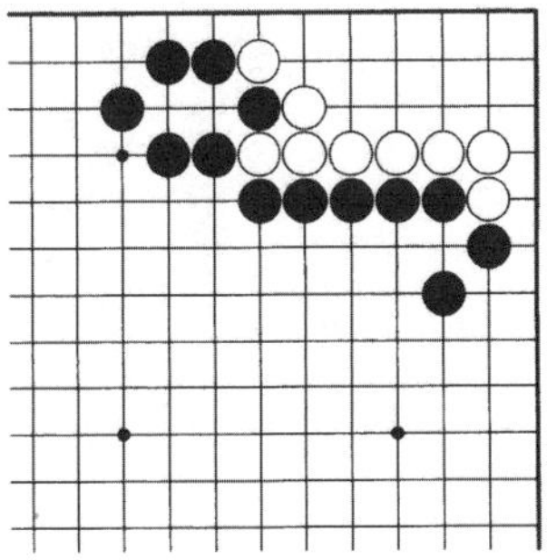

## 바깥이 강하다

끝내기 문제.
우상귀의 백집을 어떻게 끝내기 할까? 바깥의 흑이 강한 상태에서 하여야 한다.

解

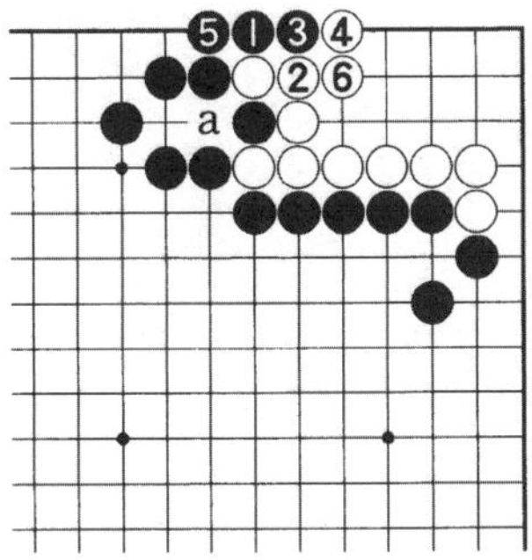

## 1집이상의 득

흑1의 단수가 좋은 타이밍.
백2로 이으면 흑3과 5의 끝내기로 백집은 14집이 된다. 흑1로 a는 백2로 백은 17집. 흑은 선수로 1집 이상 이득을 본다.

变

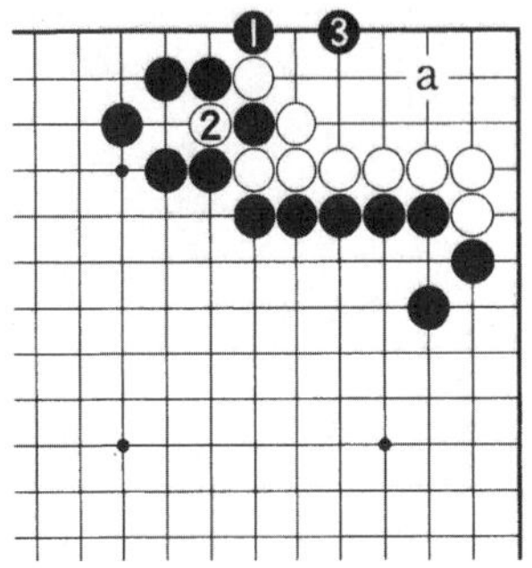

## 절반이하

백2로 반발하는 변화이다. 흑3이 침입하면 백은 응수가 곤란하다. 백a로 지키고자 하면 백집이 절반이하로 줄어든다.

# 찝음

단수치기는 상대의 돌을 단수에 걸리게 하는 모양이고, 찝는 수는 상대의 돌에 탁하고 붙여가는 모양으로 다음에 단수를 하는 형태를 만든다.
찝는 돌 하나가 잡히더라도 상대를 자충으로 하고 있기 때문에 다양한 수단이 생기는 경우가 많다. 흑1의 찝는 수에 백이 전멸하는 모양이다. 흑1은 백을 자충시키는 급소다.

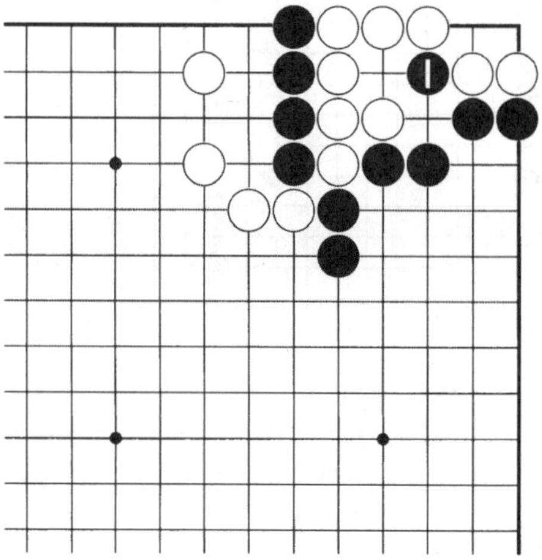

찝다
정석변화
상형·모양

(98)

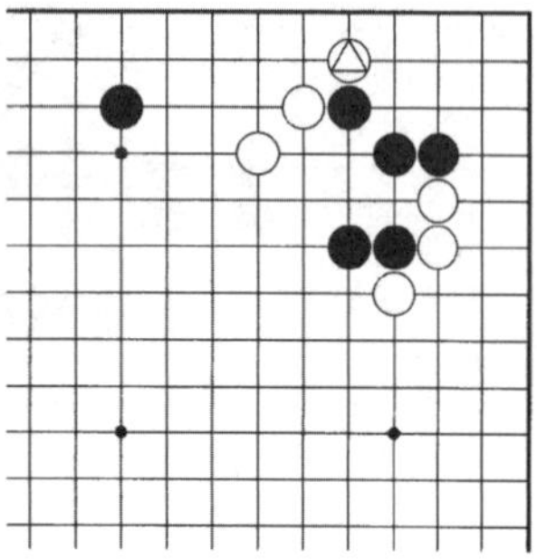

제1형 흑번

## 붙여뻗기정석

화점의 정석이다.
흑이 우변에 붙인 후 백은 흑의 근거를 노려 ◬로 젖혔다. 흑의 다음 수는 어디에 두어야 할까?

解

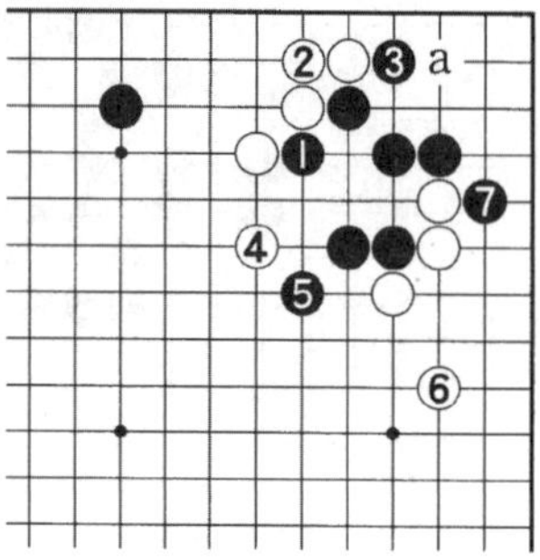

## 접바둑정석

흑1로 찝어 중앙이 끊기는 것을 막고 상변에 있는 백의 모양에 약점을 만든다. 백2로 받고 흑3으로 귀를 지킨다. 흑7은 백a를 막는 견고하게 두는 수.

失

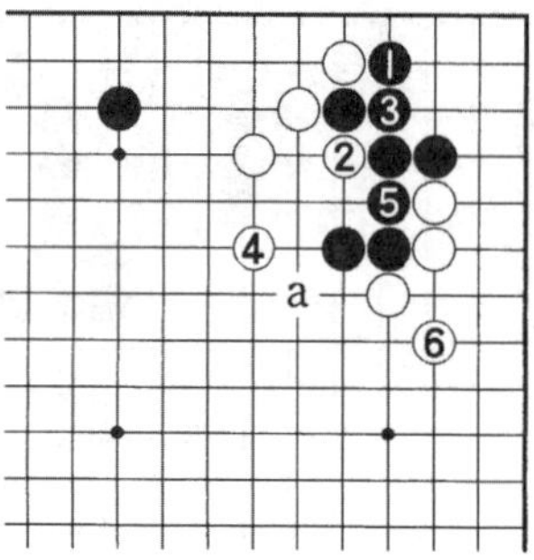

## 백 유리

흑1로 누르면 백2로 단수 칠 수 있어 중앙에 약점이 남는다. 백은 4로 뛰어 흑5가 받도록 유도하고 백까지 흑a가 없는 만큼 백이 유리하게 갈린다.

(99)

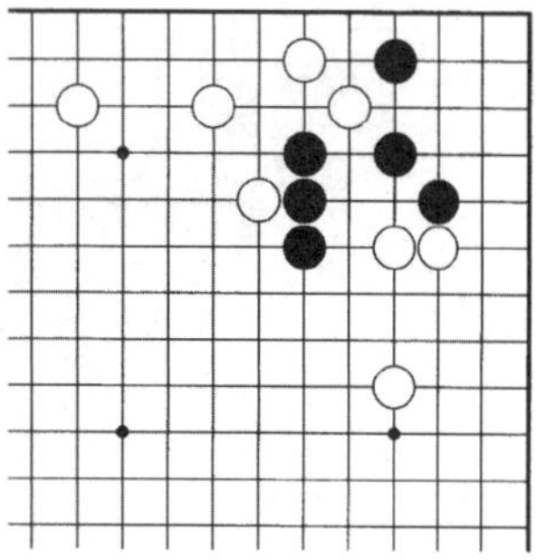

제2형 흑번

## 받는 방법

우상은 화점 정석의 변화이다. 백의 들여다보는 수는 귀를 노리고 있기 때문에 흑은 받는 수를 연구 하여야 한다.

解

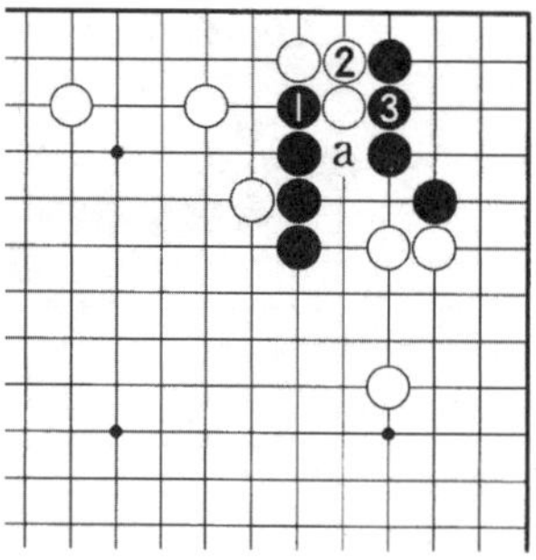

## 반발

백이 들여다보면 흑1로 찝어 반발한다. 백2와 흑3이 되면 상변의 백 3점이 무거워져 흑a로 활용 할 수 있다. 귀의 흑에게 불안은 없다.

変

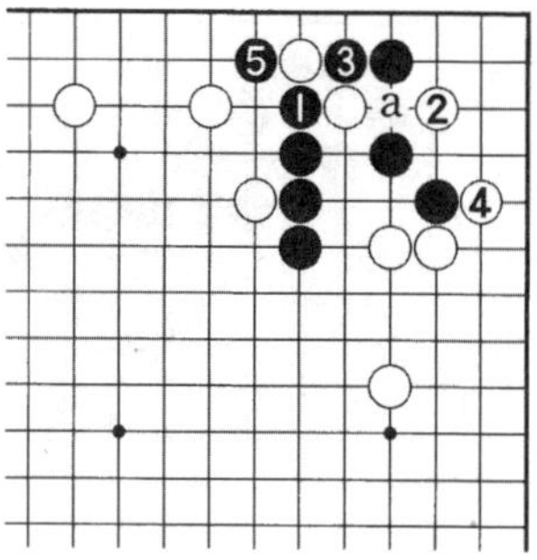

## 바꿔치기

백2로 들여다보면 흑3으로 끊는 것이 정수이다. 백4는 흑5로 귀를 버리고 상변의 백 2점과 바꿔치기로 정리되며 충분하다. 흑1로 a 자리는 백4 자리. 젖혀서 곤란하다.

제3형 흑번

(100)

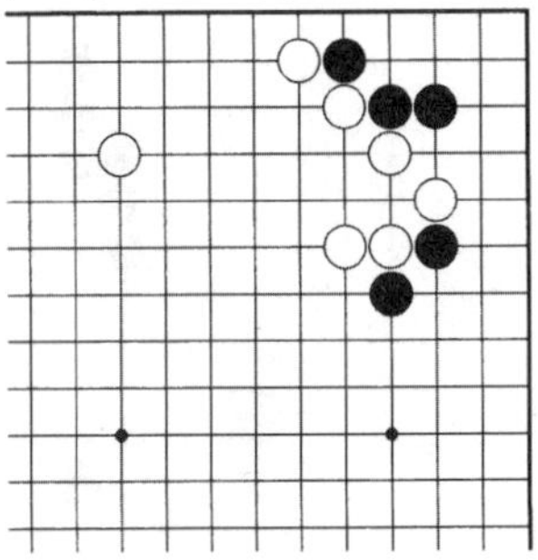

## 결점

화점 정석의 변화이다.

삼삼에 들어간 흑을 냉엄하게 봉쇄하고자한다. 맛이 나쁜 백의 결점을 추궁해보자.

解

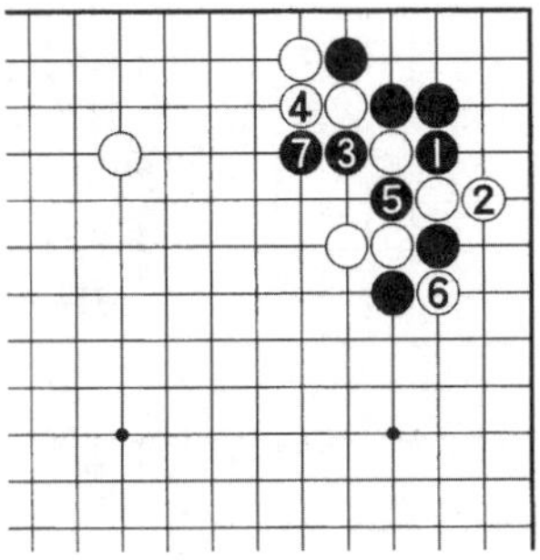

## 양단수

흑1이 젖으면 백의 모양이 무너진다. 백이 2로 뻗어 흑이 건너지 못하게 막으면 흑3이 양단수가 된다. 흑5와 7로 중앙에 나가면 백의 모양이 없어진다.

変

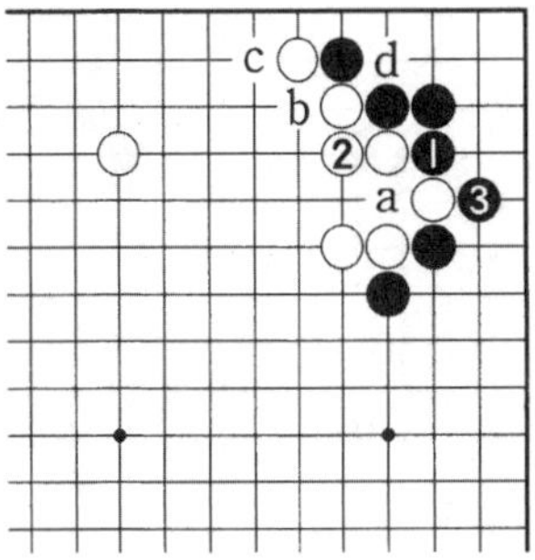


## 건넘

백이 2로 이으면 흑3으로 단수치고 우변을 건넌다. 백2로 a는 흑b, 백2, 흑c로 잡고 백d로 끊는 수가 없어졌다.

제4형 흑번

(101)

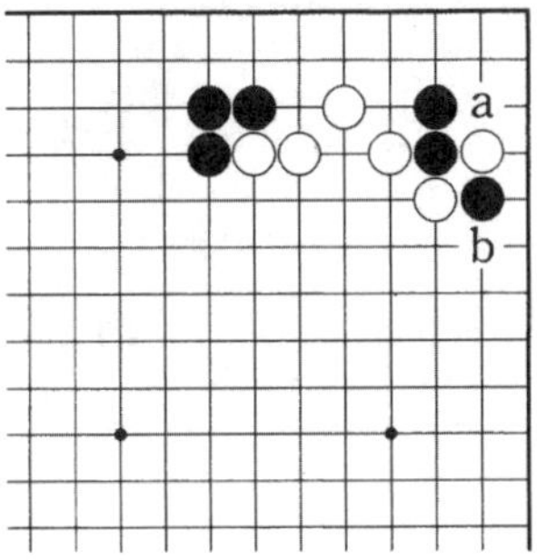


## 초점

백으로 a 와 b의 단수의 봉쇄는 맛보기로 흑이 곤란하게 보이는 모양이다. 맥점을 활용하여 양쪽을 수습하는 것이 가능하다.

解

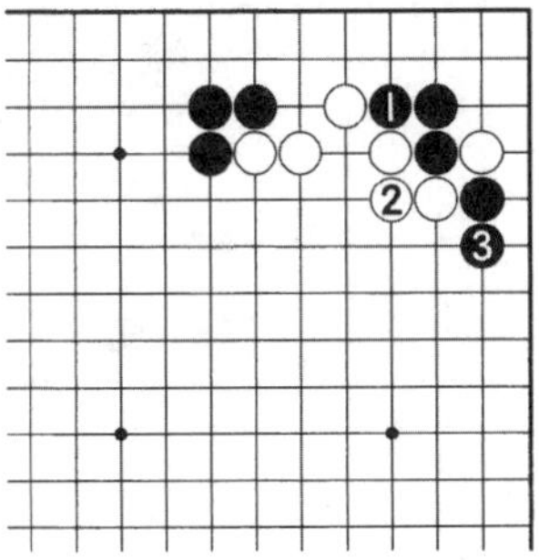

## 공수역전

흑1의 젖는 수가 좋다. 백이 양단수를 피해 2로 이으면 흑3으로 늘어 우변에 머리를 내밀어 중앙의 백을 공격한다.

変

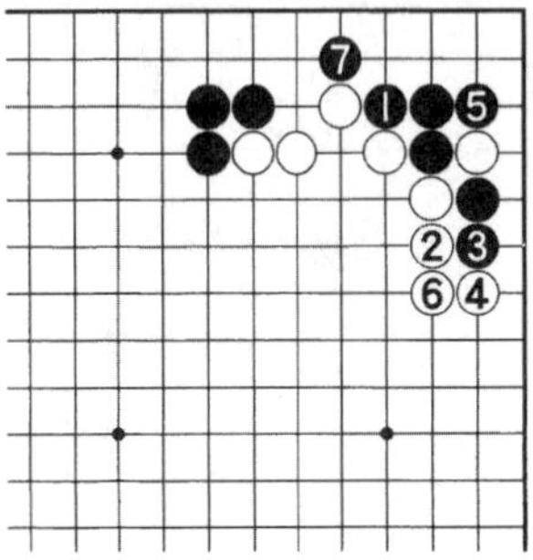

## 상변은 흑집

백2로 뻗으면 흑3으로 밀어 활용하고 흑5로 귀를 견고히 한다. 다음 6의 끊는 것이 좋은 수. 백6이면 흑7로 건너서 상변은 흑집이 된다.

제5형 흑번

(102)

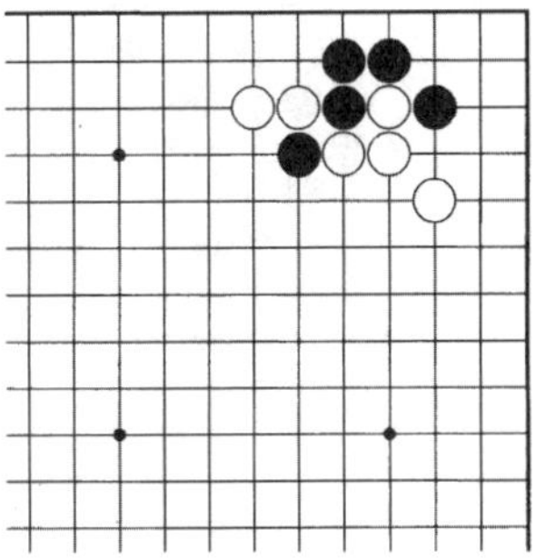

## 변화정석

외목정석의 변화이다.

흑은 귀가 완전하지 않다. 중앙의 흑 1점과 귀를 동시에 살려야 한다.

解

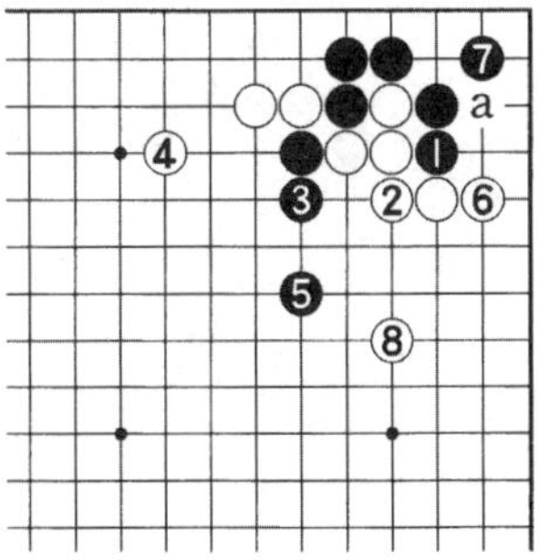


## 호각

흑1로 젖어 백a로 붙이는 것을 방지하고 백2가 끊을 것을 본다. 백이 2로 이으면 흑이 3으로 늘어 백을 공격한다. 백4부터 8까지는 호각이다.

変

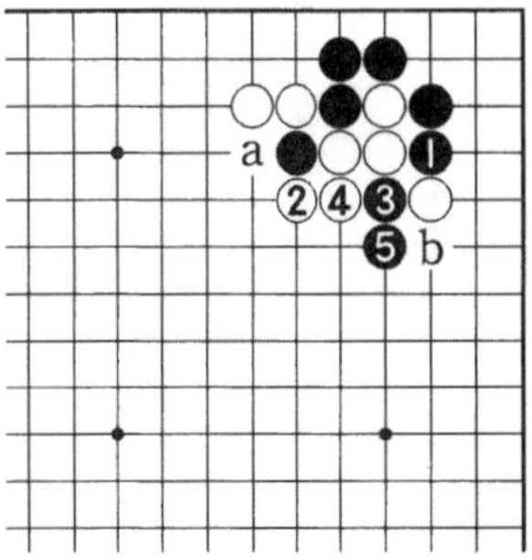


## 흑 충분

백2로 축에 걸리는 변화이다. 흑3으로 끊고 백4에 흑5로 우변의 백을 공격하면 흑은 충분하다. 백4로 a는 흑4, 백이 잇고, 흑b.

(103)

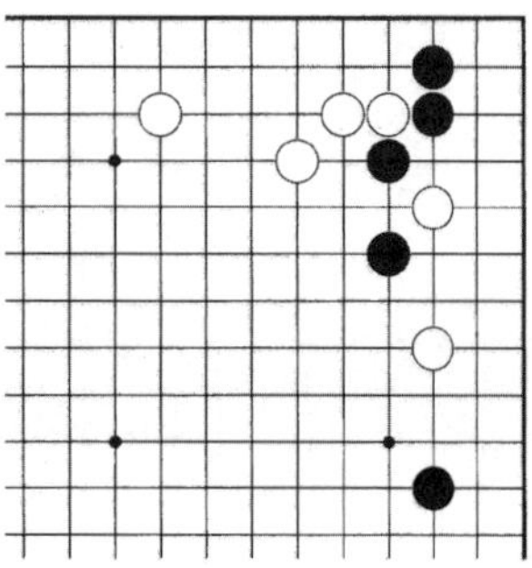

解

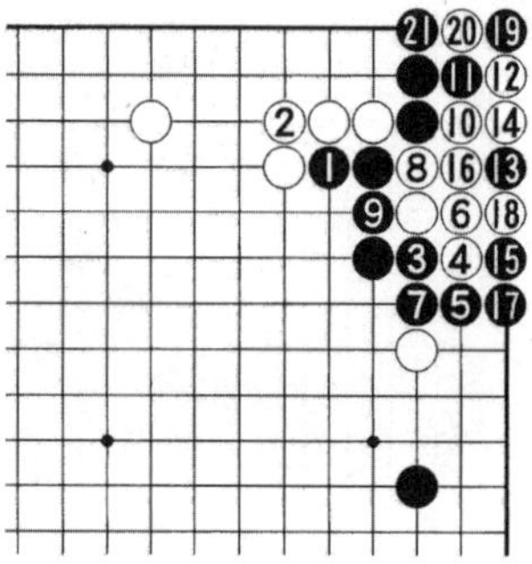

失

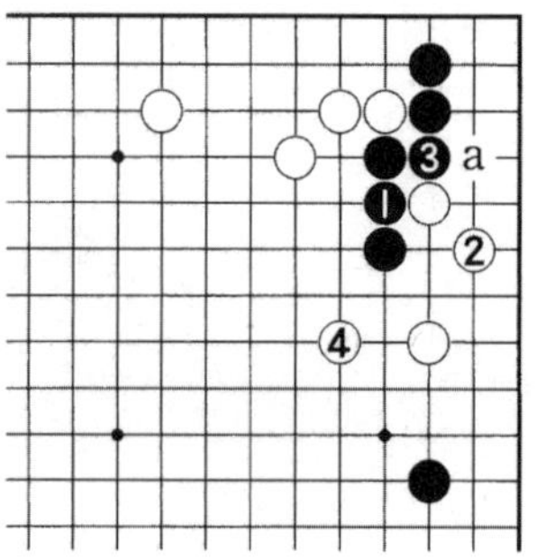

제6형 흑번

## 반발

우상의 전투.
백은 흑의 근거 노리고 들여다보았다. 평범하게 받으면 흑이 불리하다. 어떻게 반발하여야 하는가?

## 패

흑1의 찝음이 좋다. 백이 2로 받게 하면 흑3, 5로 우변을 막는다. 백10부터 수상전. 흑21까지 흑이 유리한 패가 된다.

## 흑 불리

흑1로 이으면 백2, 흑3이 활용되어 우변의 백이 강해진다. 백이 4로 뛰면 우상의 백a의 공격이 남아 흑이 불리하다.

찝다

(104)

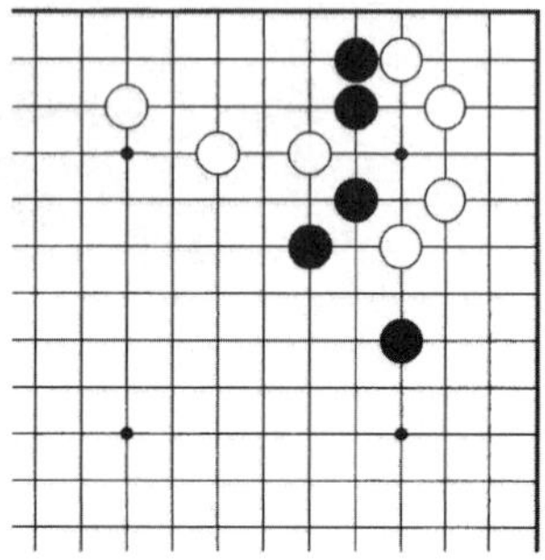

解

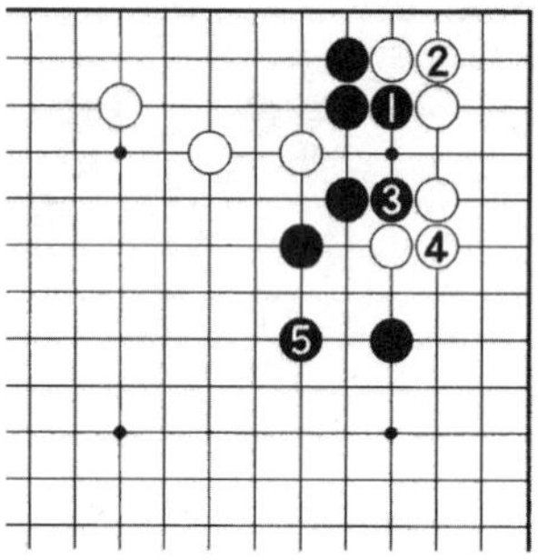

变

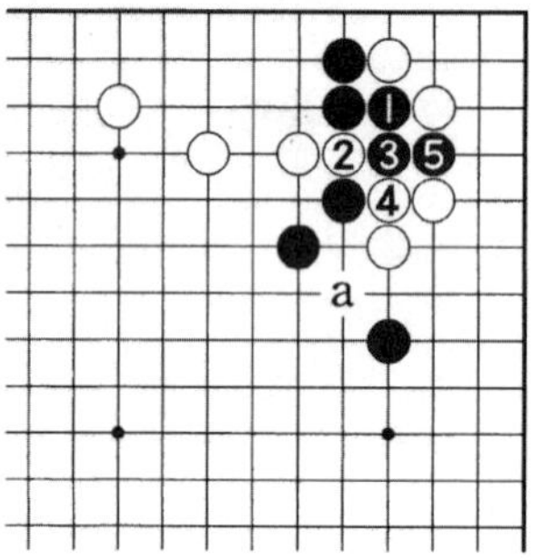

제1형 흑번

## 양자택일

우상의 전투.
백이 모양을 결정하고자 들여다보았다. 흑은 2가지 방법으로 받을 수 있다. 둘 중 어느 방법이 좋을까?

## 흑 선수

흑1으로 찝고 3으로 쌍립하여 받으면 흑이 선수를 잡는다. 우상귀의 백은 살아 있는 돌이지만 2와 4로 견고해져도 흑이 선수를 뽑아 5를 두기에 나쁘지 않다.

## 큰 실리

백2와 4로 바깥을 끊으면 흑5로 나가 귀의 백이 살 수 없는 모양. 흑의 실리가 크다. 흑1로 2는 후수가 되어 백a로 흑이 어려운 전투가 된다.

(105)

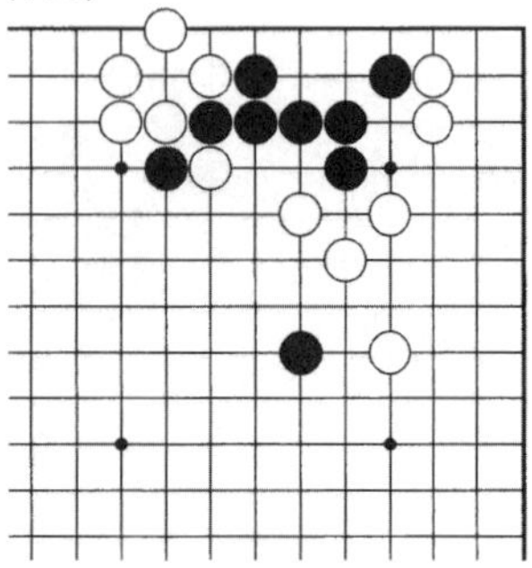

解

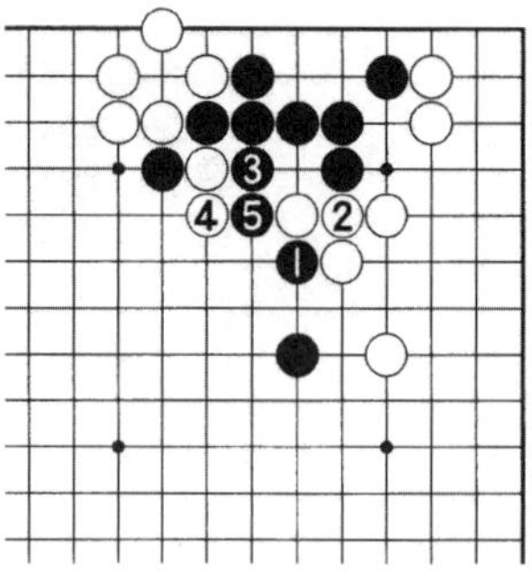

变

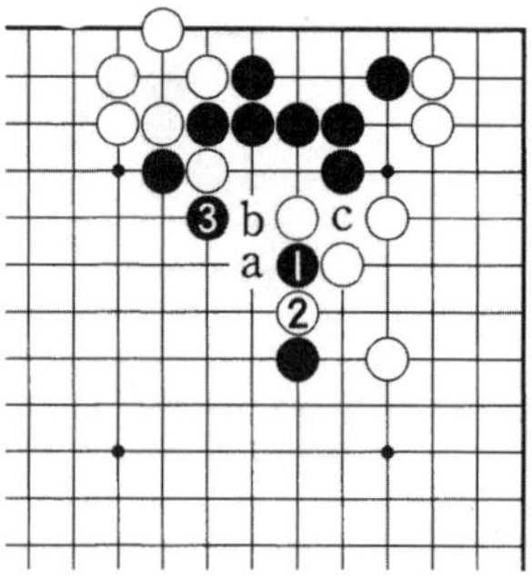

제2형 흑번

## 바깥부터

상변의 흑을 수습해야한다. 중앙에서 바깥으로 나가고자 해도 잘 되지 않는다. 바깥에서부터 두려면 급소는 어디일까? 흑의 묘수가 있다.

## 활용

흑1로 찝는 것이 백이 받게 하는 묘수이다. 백2로 이으면 흑1이 활용되어 흑3, 5의 탈출해서 나가는 것이 성공한다.

## 흑 성공

백2나 백a가 친 단수는 흑3으로 받아 백 1점은 도망갈 수 없다. 백2로 b 방향을 지키면 흑c로 끊고 중앙과 우상귀가 맛보기로 백이 돌파된다.

찝다 타개

(106)

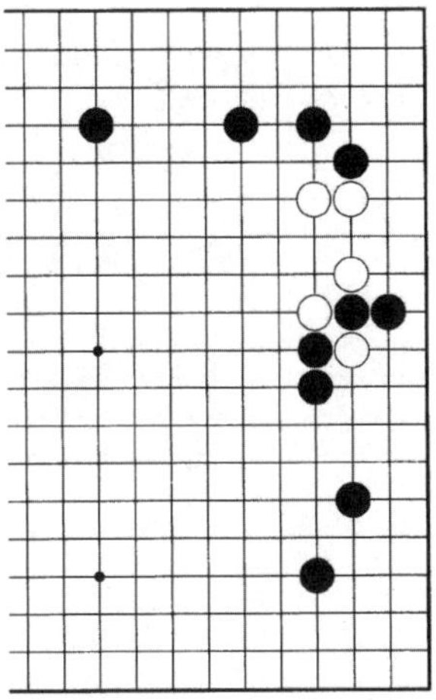

解

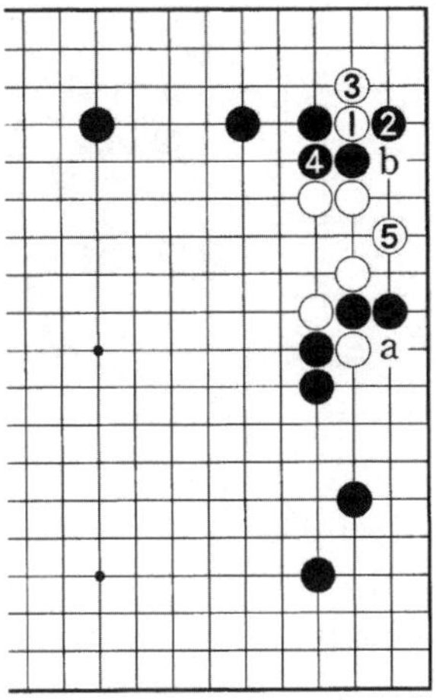

变

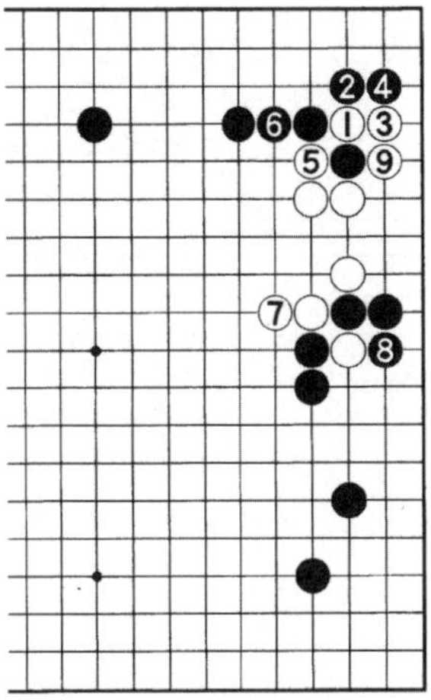

제1형 백번

### 활용

우상의 전투.
흑은 변에 위치한 백을 공격하여 근거를 빼앗으려고 한다. 흑 두점을 잡을 수는 없지만 백은 다양하게 활용 할 수 있다. 쉽게 안 되는 형태.

### 흑 삶

백1로 찝는 것이 좋다. 흑이 2와 4로 받아 백 2점을 잡은 것 같으나 백은 5를 준비하고 있다. 이후 a와 b를 맛보기로 하여 우변의 백은 편안하게 살 수 있다.

### 활용

흑2와 4로 귀부터 받는다. 백5, 흑6을 활용하여 안형을 만들어야하므로 백7로 뻗으면 우변의 모양을 결정하기 좋다. 흑8에 백9로 흑의 공격을 방어한다.

(107)

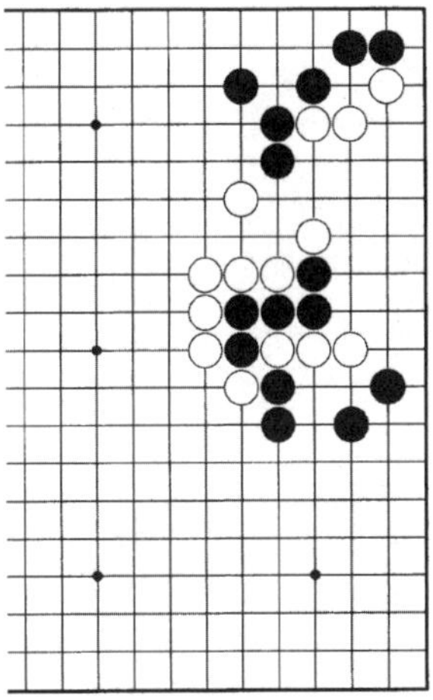

解

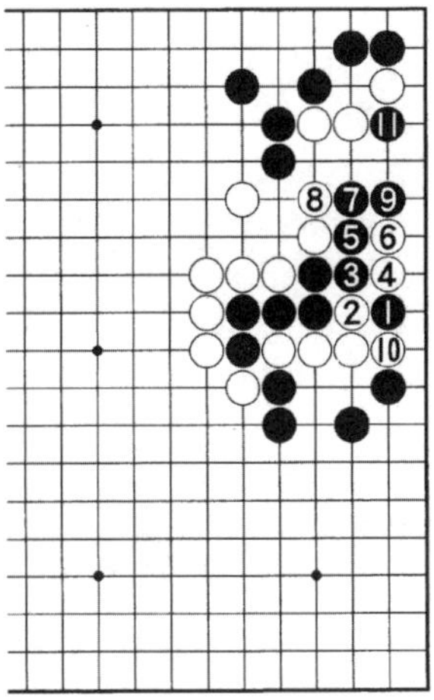

失

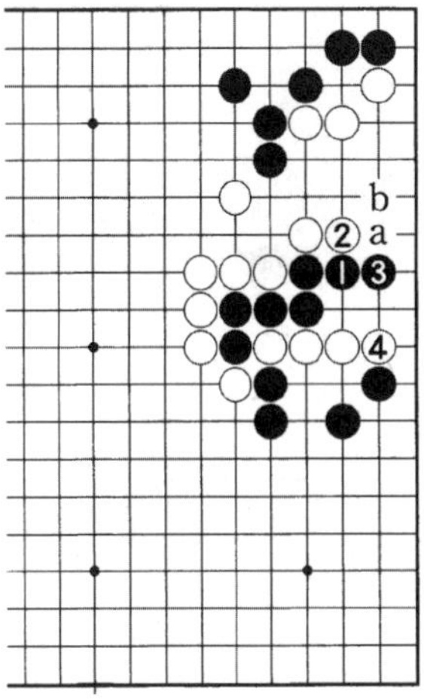

제2형 흑번

### 대모험

우변의 수상전 문제.
흑 5점을 움직여서 백 3점을 잡으려면 큰 모험을 해야 한다. 수순은 길어지지만 외길로 11수가 눈에 띄는 맥.

### 기사회생

흑1로 뛰는 것이 서막이다. 백2부터 8까지 몰아 씌우면 흑9와 백10까지 외길이 된다. 이후 흑11로 찝는 수가 기사회생의 수 이다. 자충으로 흑 9점이 살고 우변은 흑집이 된다.

### 흑 잡히다

흑1로 꼬부리면 백2가 몰아 실패한다. 흑이 3으로 늘어도 백이 4로 건너지 못하게 방해하고 우하 백 4점의 수가 늘어 흑이 수상전에서 진다. 흑a는 백b. 정해도 백8으로는 9 정도 이므로 흑8로 연결한다.

(108)

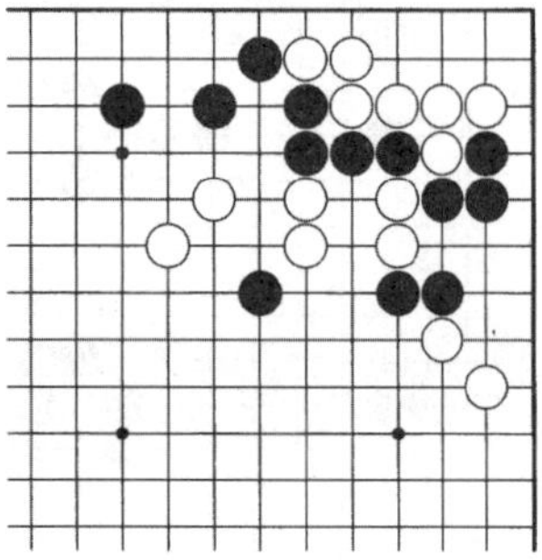

제3형 흑번

## 수습

백은 오른쪽의 흑 3점을 잡는 것과 중앙의 봉쇄를 맞보기로 하고 있다. 흑은 양쪽을 동시에 수습해야 한다.

解

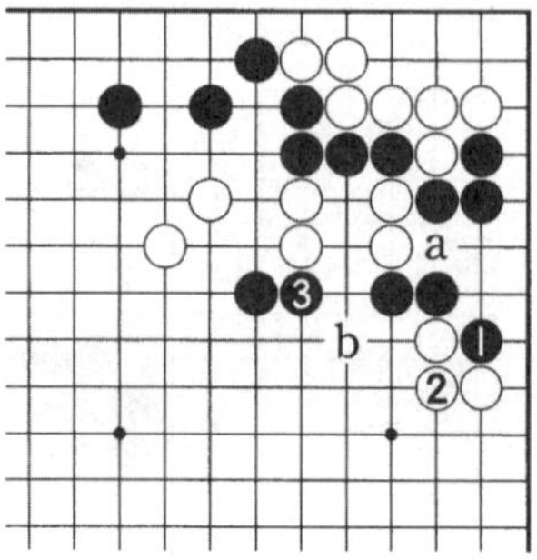

## 일석이조

흑1로 백 2점을 찝으면 백a와 b의 양쪽을 수습할 수 있다. 백2면 흑3. 흑1로 a는 백b로 씌워 우측은 살릴 수 없다.

变

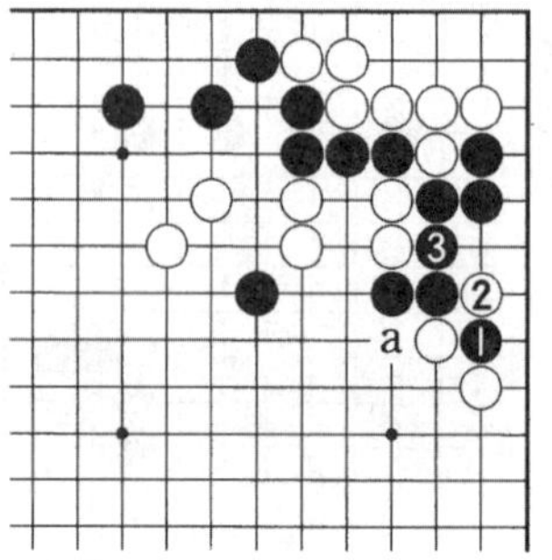

## 흑 탈출

백2로 잡으면 흑3으로 이어 백을 단수치는 수가 생긴다. 흑a가 활용되고 있으므로 백은 흑을 봉쇄할 수 없다.

찝다 부수기

(109)

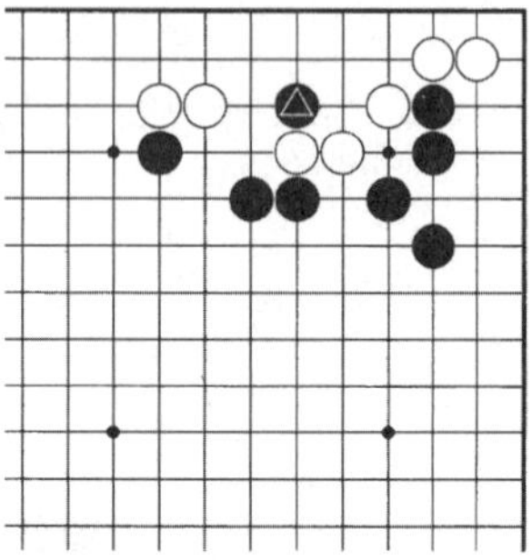

제1형 흑번

## 부수다

상변의 백집은 약점이 많아 완전하지 않다. 흑은 ▲ 1점을 움직여서 백집을 부술 수 있다.

解

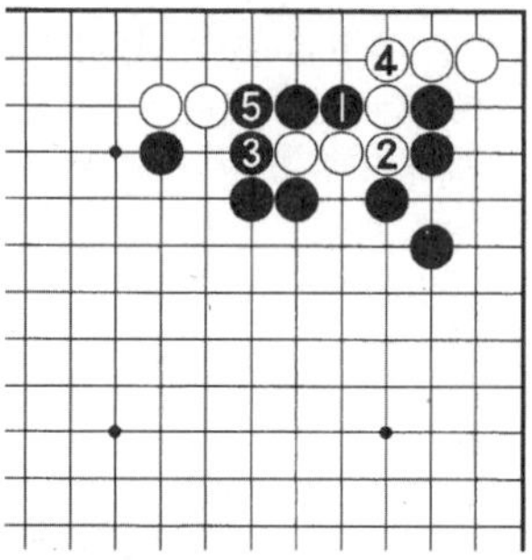

## 부활

흑1로 찝은 것은 백의 응수를 물어보는 맥이다. 백2로 이으면 흑3으로 막아 흑 2점이 살아난다. 백이 4로 이으면 흑5로 백집을 부수고 귀의 백은 후수로 산다.

变

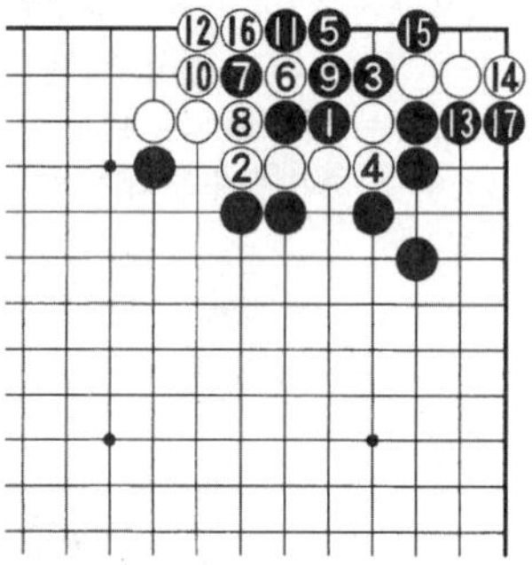

## 꽃놀이 패

백2로 버티는 것은 위험하다. 흑3과 5로 상변에 자리를 잡으면 귀의 백과 수상전에 들어간다. 흑17 까지 흑의 꽃놀이패가 된다.

(110)

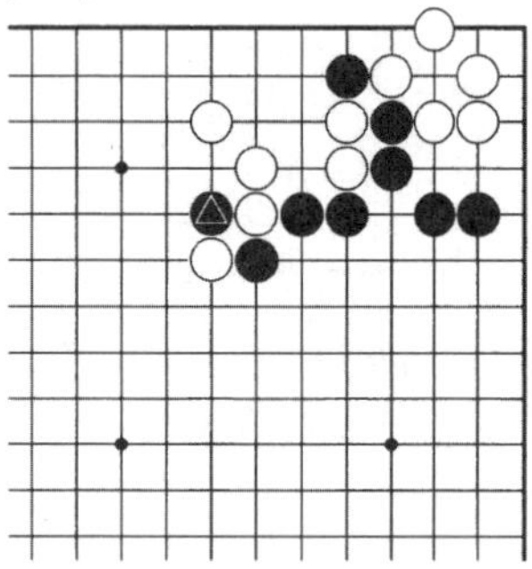

제2형 흑번

## 찬스

백에게 끊긴 ▲ 1점은 상변의 백을 자충으로 하고 있다. 상변을 부술 기회이다.

解

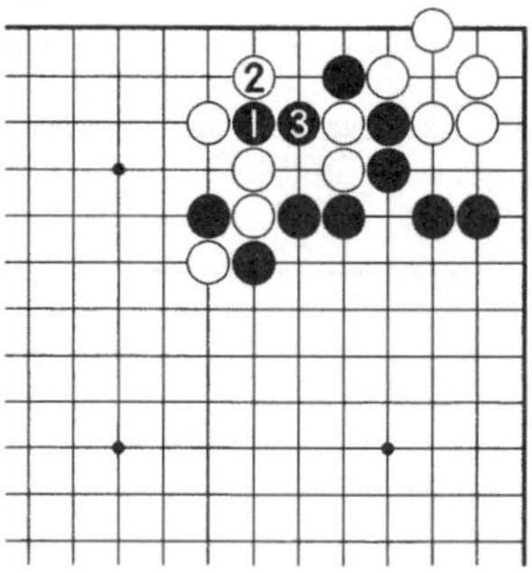

## 2점 잡기

흑1이 예리하다. 직접 단수를 치지 않고 상대방이 도망갈 길을 제한하고 있다. 백2에는 흑3으로 백 2점을 잡는다.

变

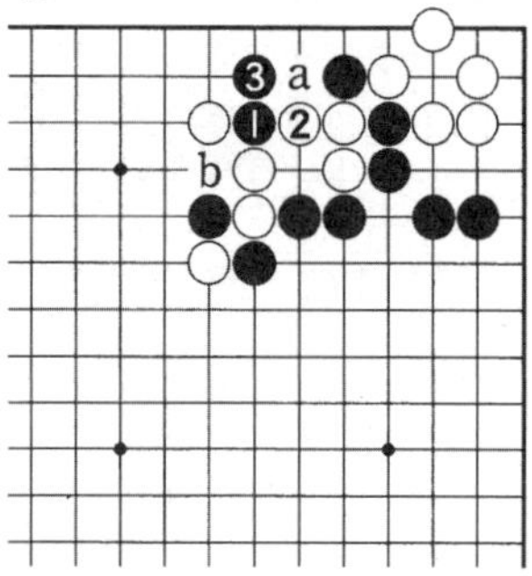

## 촉촉수

백2로 단수를 쳐도 흑3으로 좌우의 백 하나가 잡힌다. 백2로 a는 흑b로 왼쪽의 2점이 촉촉수에 걸린다. 흑1 이외에는 성공하지 않는다.

(111)

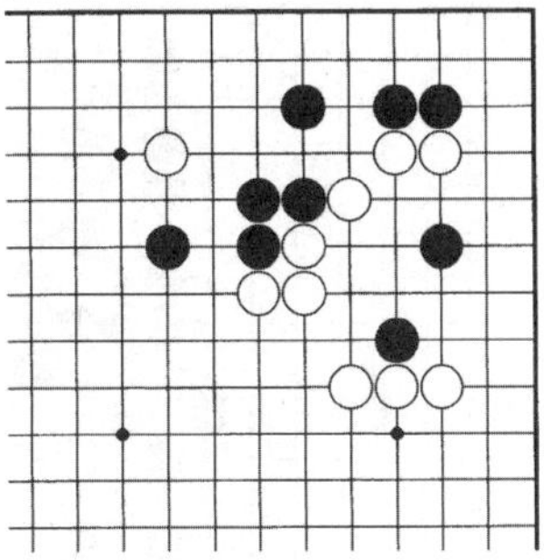

解

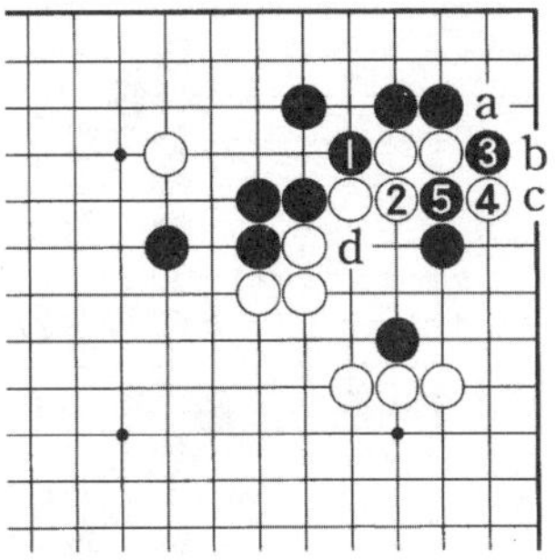

变

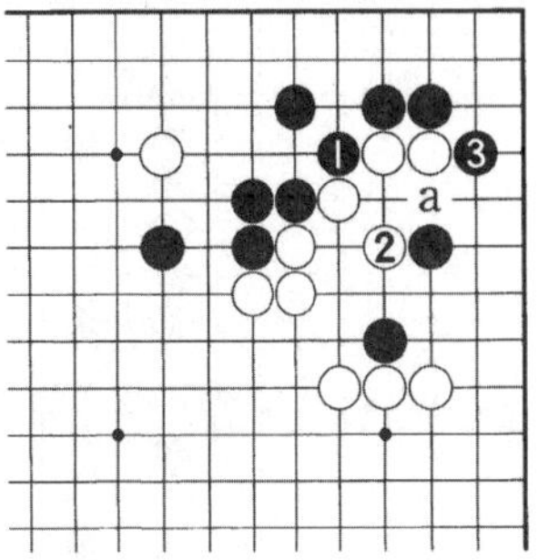

제3형 흑번

## 허술하다

백은 우변을 커다랗게 포위하고 있지만 귀가 허술하다. 흑이 성공하려면 우변과 귀의 흑을 연결해야 한다.

## 조이기

흑1로 젖는 수가 맥이다. 백이 2로 이으면 흑 3으로 젖히고 백4를 흑5로 끊는다. 이후 백a는 흑b, 백c, 흑d로 귀삼수로 조이면 흑의 승리.

## 건너다

백2의 호구이음은 흑3으로 젖혀 건널 수 있다. 백2로 a도 흑2로 수상전을 이긴다. 흑1로 단순히 3으로 젖히는 것은 백1의 빈삼각으로 실패한다.

(112)

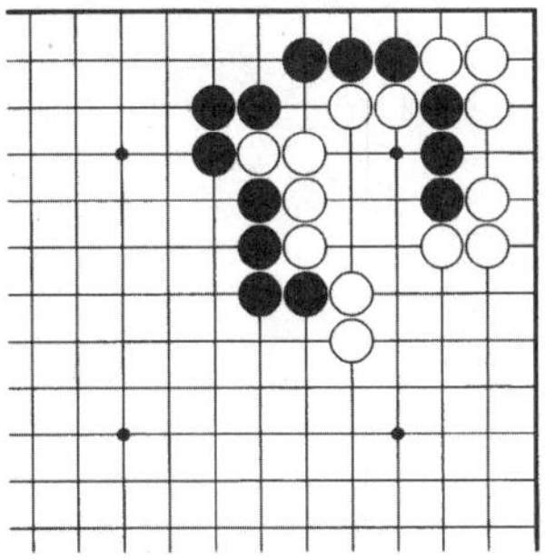

解

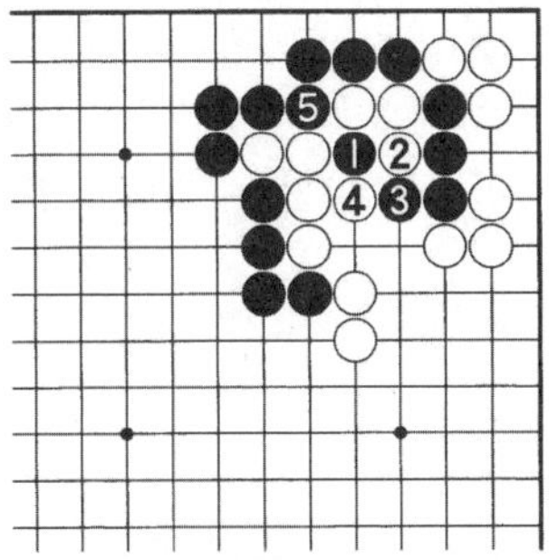

变

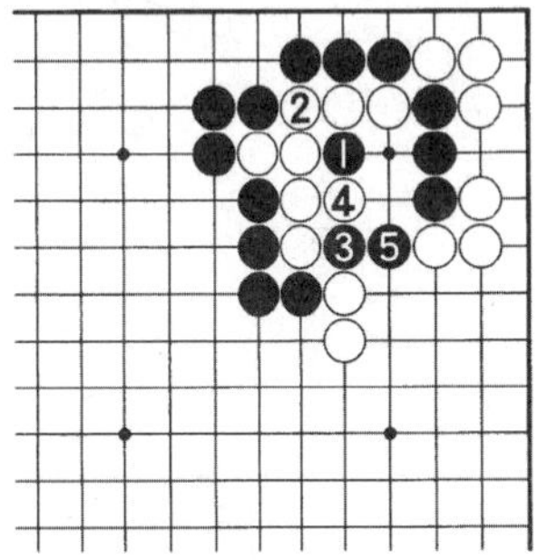

제4형 흑번

## 살리다

백의 수중에 떨어진 흑 3점을 살리고 싶다. 흑을 끊은 백의 자충을 추궁해야 한다.

## 촉촉수

흑1이 젖는 모양으로 붙여 백이 자충이 된다. 백2와 4로 1점을 잡아도 흑5로 단수치면 백 3점이 촉촉수에 걸린다.

## 뿌리 끊기

백이 2로 이으면 흑3으로 백의 뿌리를 끊는다. 백4는 흑5. 자충된 백은 꼼짝 못한다. 백4로 5는 흑4의 이음.

(113)

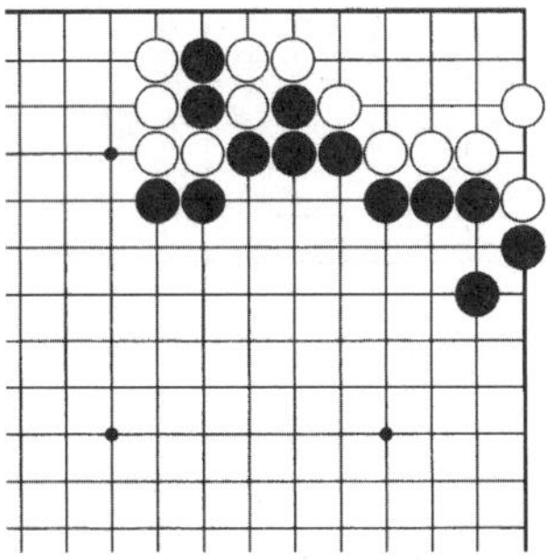

解

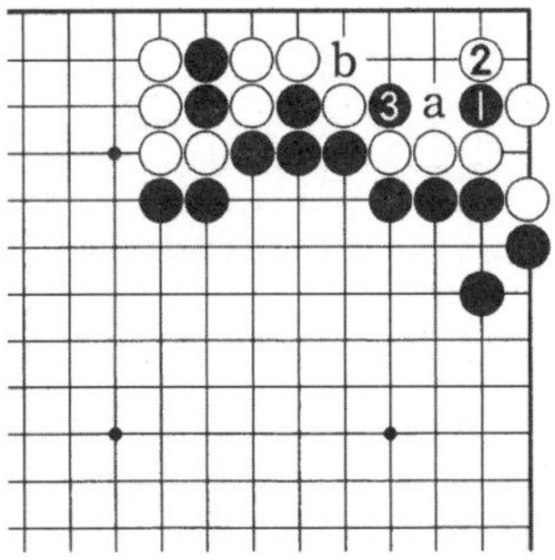

变

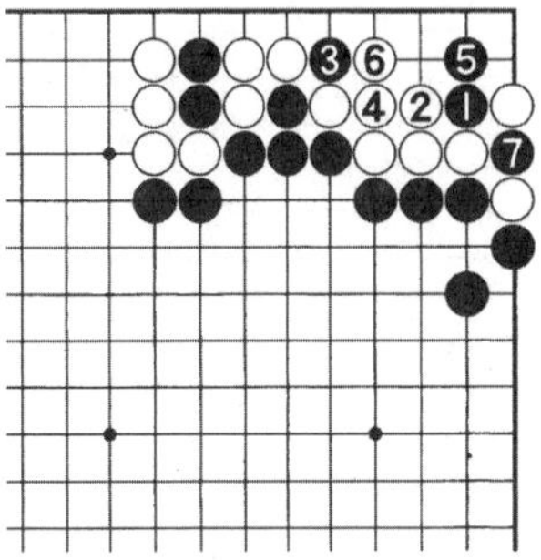

제5형 흑번

## 줄이다

우상귀는 좌측의 2점을 잡은 것은 별도로 10집 이상 확정된 것 같지만 흑의 맥점의 묘수로 크게 줄어든다.

## 깨지다

흑1로 젖는 모양의 붙이는 수가 묘수이다. 백2로 단수치면 흑3으로 끊어 집을 부숴진다. 흑은 a, b가 맞보기 이다.

## 패

백2의 방향에서 받는 것은 흑3으로 끊는다. 백4는 흑이 5로 늘고 백6 대신 흑7로 이으면 흑6으로 귀가 전멸한다. 흑7의 패로 귀에는 집이 없다.

제6형 흑번

(114)

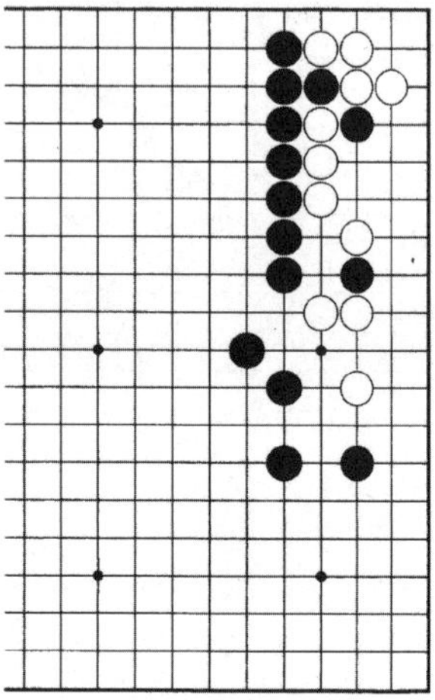

### 수작업

우변의 백집에서 수를 내는 문제. 백 3점을 자충을 추궁하여 3점을 잡을지 백이 저항하면 우변을 부수고 우변의 백 3점을 잡는다.

解

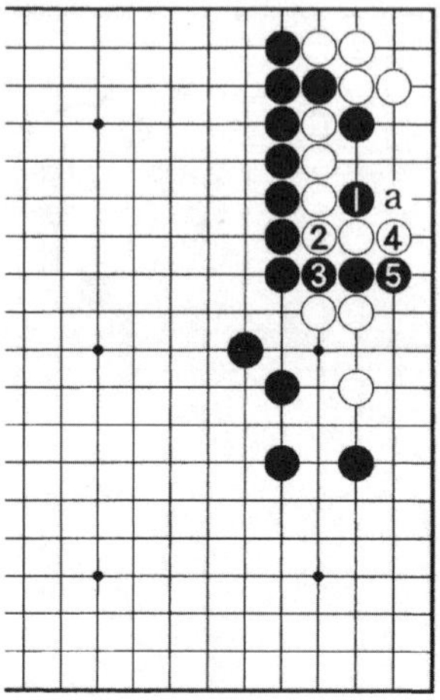

### 부수다

흑1은 백 3점에 찝어 가는 모양. 백2로 이어 저항하면 흑3으로 잇고 백4는 흑5로 우변을 부순다. 이후 흑a의 끝내기도 남아 흑집의 늘어난 부분을 빼고도 백집은 마이너스이다.

変

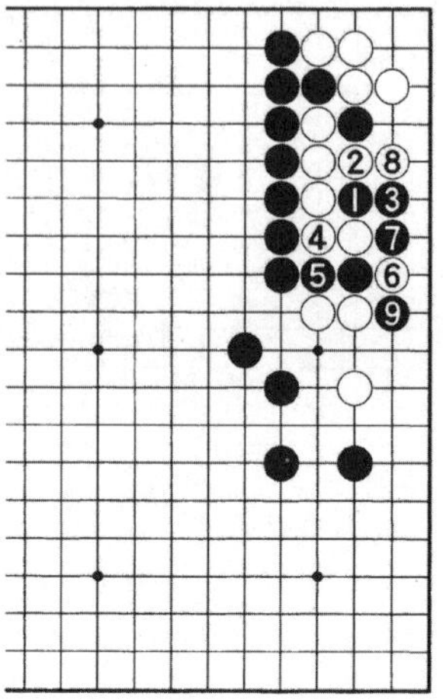

### 백 무리

백2의 단수는 흑3으로 뻗으면 된다. 흑5 이후 백6로 무리하게 막고 있으므로 흑7, 9로 우변을 그대로 빼앗을 수 있다. 백은 2로 3에 두어 흑2, 백4, 흑5, 백7, 흑6으로 3점을 버리는 정도이다.

제7형 흑번

(115)

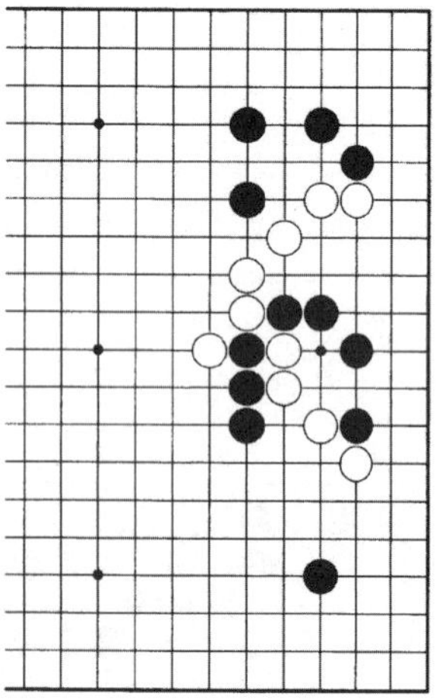

### 반격

우변의 문제.
흑 4점이 공격당했다. 백의 노림은 흑을 잡는 게 아니라 공격하면서 바깥을 견고히 하고자한다. 흑은 반격으로 전환하고 싶다.

解

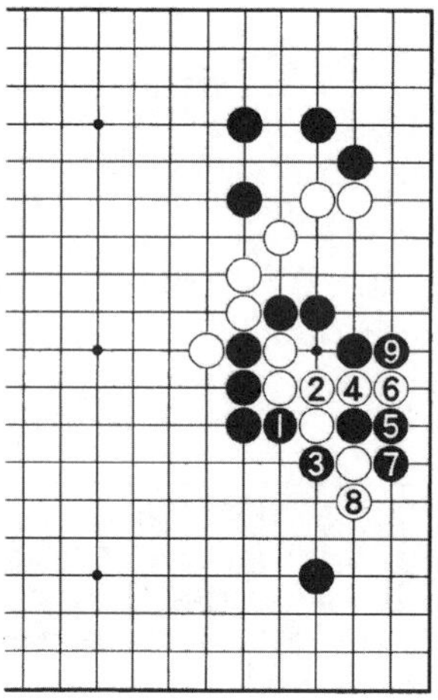

### 백 괴멸

흑1로 찝는 것은 요석인 백 2점을 공격한다. 백2로 이으면 흑3으로 막아 자충시킨다. 백4, 6으로 나가도 흑7로 백의 수는 2수가 된다. 흑9로 백은 망한다.

変

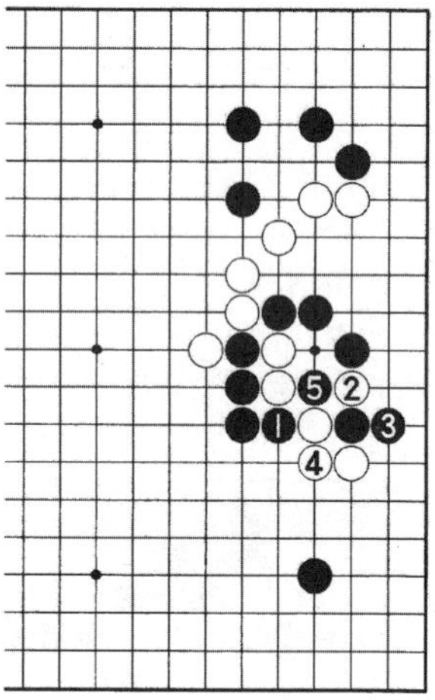

### 백 고전

백이 요석인 2점을 살리지 않고 백2로 흑 1점을 단수치면 흑3으로 나가 4와 5가 맞보기가 된다. 백4는 흑5로 우변의 백 3점을 잡고 흑이 강력해지고 백은 크게 고전한다.

(116)

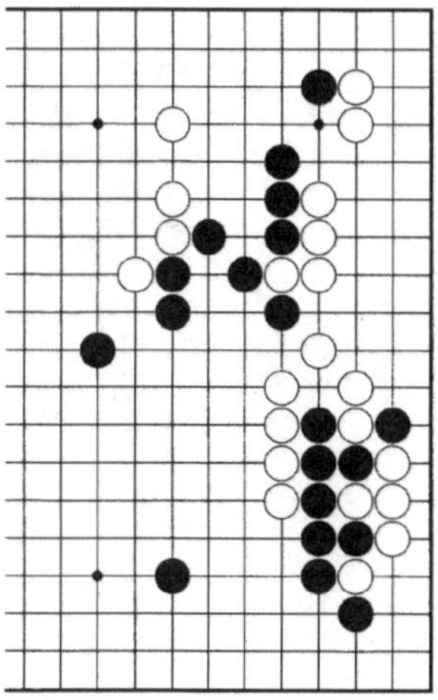

解

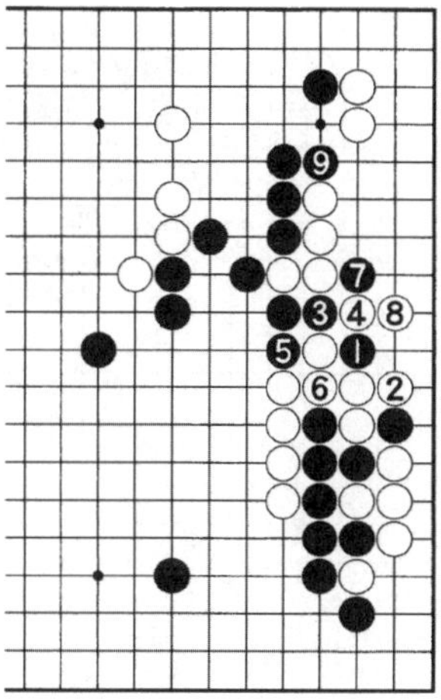

变

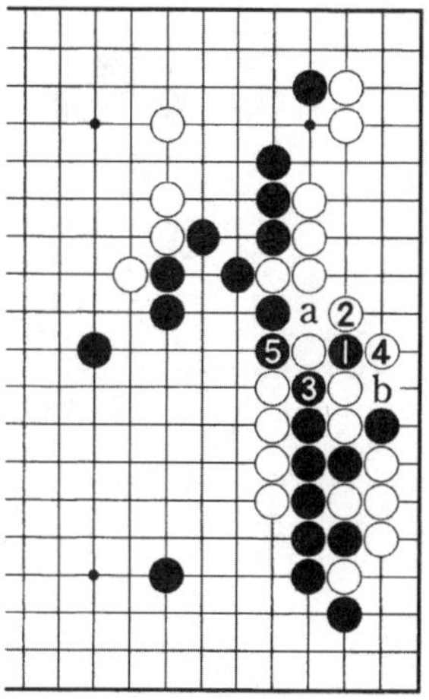

제8형 흑번

## 구멍

우변의 백은 흑 1점을 잡아 큰 집이 된 것 같지만 그 안에는 구멍이 있다. 흑은 묘수로 중앙의 백 4점의 절단과 우변 집을 부수는 양쪽을 노려야 한다.

## 자충

흑1의 찝는 수가 묘수이다. 백2로 받으면 흑3부터 백8까지 외길로 활용된다. 우상의 백 4점이 자충이 되어 흑9로 우상의 백집이 깨진다.

## 중앙의 흑집

백2로 단수치면 흑3이 선수로 활용된다. 흑5로 중앙의 백 4점을 끊으면 중앙은 큰 흑집이 된다. 백2 대신 흑3으로 이으면 흑2, 백a, 흑b로 우하의 백 5점과의 수상전에서 패배한다.

(117)

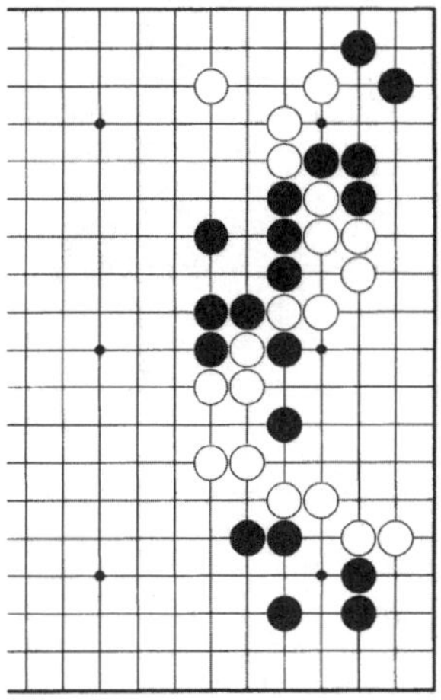

解

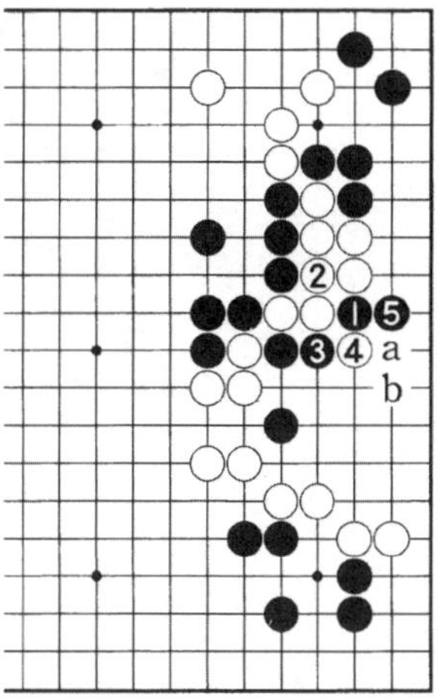

变

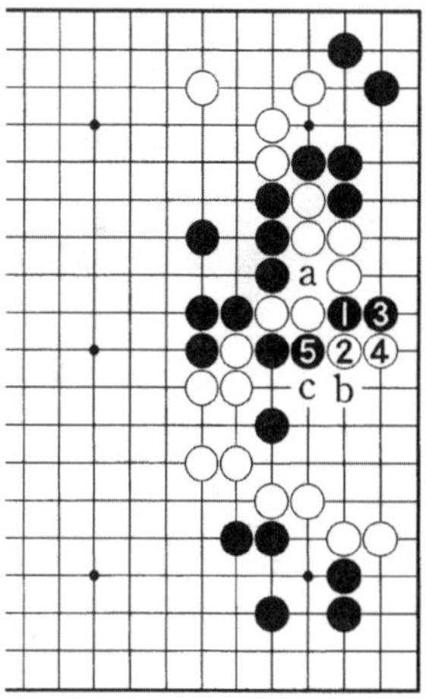

제9형 흑번

## 부수기

우변의 백집에 수를 내는 문제. 바깥부터 끝내는 것은 안된다. 백집의 중앙에 있는 흑 2점을 움직여 포위망의 한쪽을 부숴보자.

## 백 잡힘

흑1로 찝으면 백의 모양이 한꺼번에 무너진다. 백2로 이으면 흑3으로 막아 백 7점이 자충이 된다. 백4에 흑5로 백이 잡힌다. 백4로 5는 흑4, 백a, 흑b.

## 백무리

백2로 단수는 흑3.
다음 5와 a의 끊는 것이 맛보기가 되어 우상의 백4 점은 살 수 없다. 백4로 누루는 것은 무리로 흑5로 대패. 흑1로 5는 백2, 흑b, 백c로 흑이 실패한다.

(118)

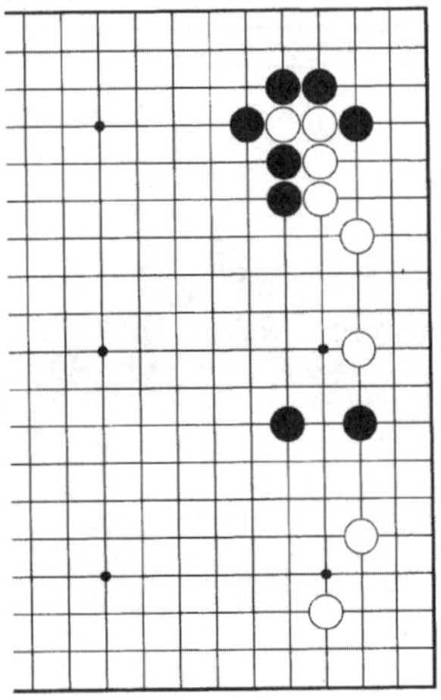

解

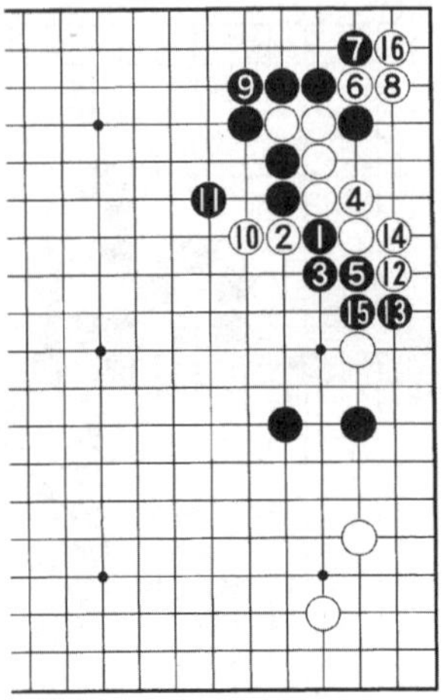

変

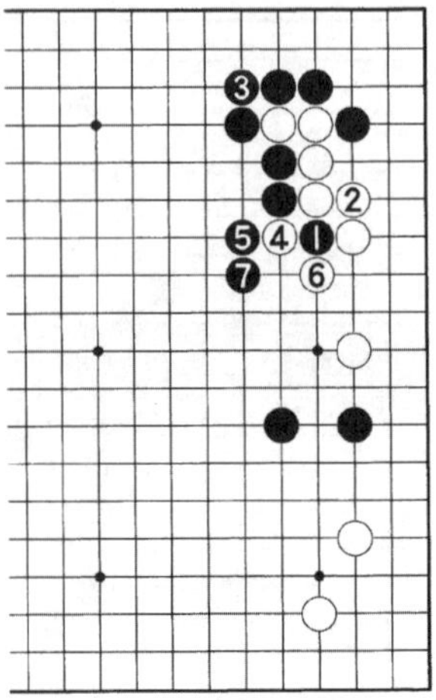

제1형 흑번

### 보강

우상귀의 흑은 약점이 많다. 어떻게 보강 할 것인지 문제.
소극적으로 지킬 것인가, 백의 결함에 도전해 변화를 추구할 것인가.

### 백 불리

흑1의 찝는 수가 강렬한 맥. 백2로 끊어 흑의 약점을 늘리고 백4로 이으면 흑5로 막아 우변을 부수어서 좋다. 백16까지 우상귀가 봉쇄당해 불리해진다.

### 흑 충분

백2로 단순히 잇는 것은 활용당한다. 흑3으로 상변을 지키고 백4로 끊으면 흑5와 7로 1점을 버려 충분하다. 바깥의 세력이 강하다. 백2로 6의 단수도 흑을 튼튼하게 하는 악수이다. 흑1로 4는 느슨한 모양이다.

(119)

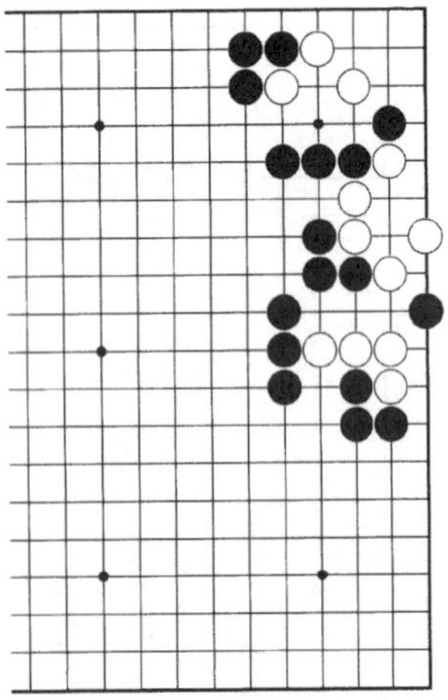

解

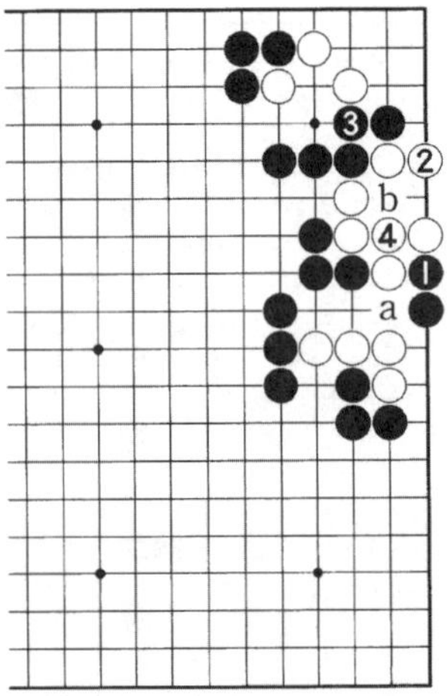

失

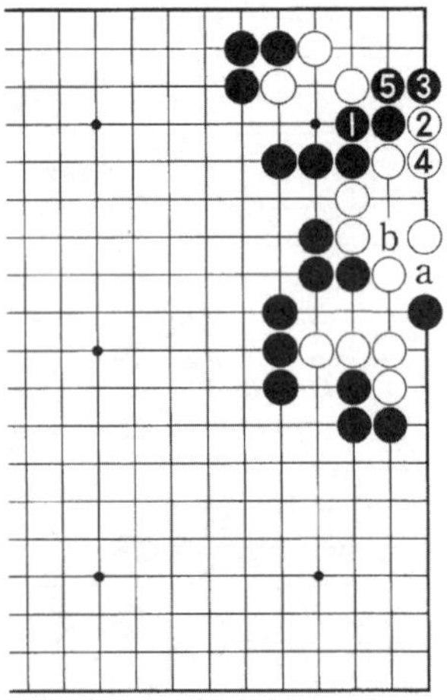

제2형 흑번

### 집안의 돌

우변의 전투.
우상귀는 흑집이다. 흑은 선수를 차지하고자 한다. 백집의 중앙에 있는 흑 1점이 활약할 차례다.

### 흑 선수

흑1의 찝는 수가 맥. 백2로 뻗으면 흑3으로 이어 다음에 a가 남는다. 백2로 4는 흑2. 흑은 백4까지 선수로 귀의 백을 잡는다. 백2로 a에 받으면 흑b로 끊어 백 1점이 잡힌다.

### 흑 후수

흑1로 이으면 백2, 4로 젖혀이음을 활용하여 불만이다. 흑5로 이어 후수가 된다. 백은 손을 빼, 이후 흑a면 b로 이어 살 수 있다.

(120)

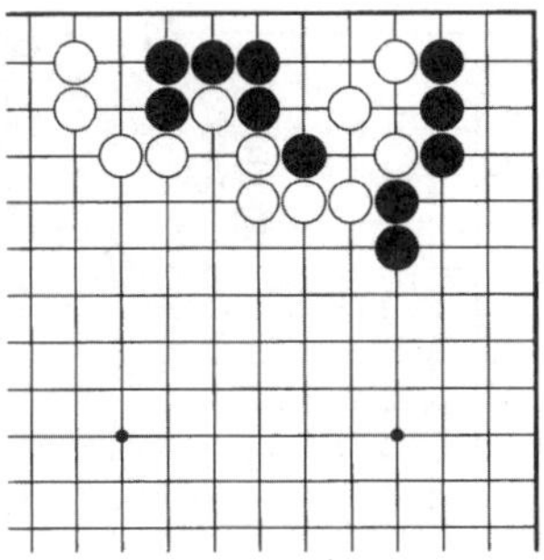

解

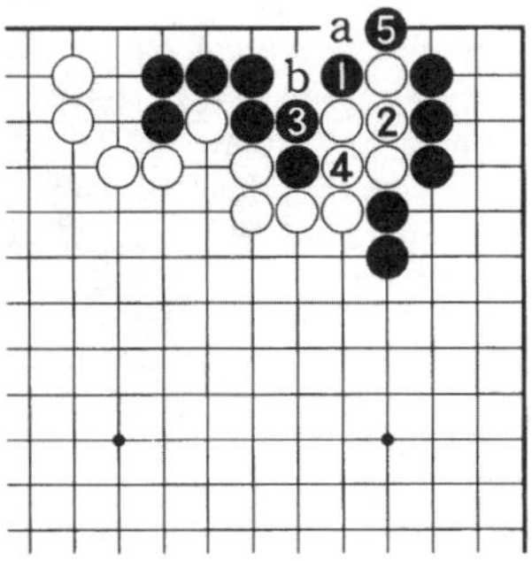

変

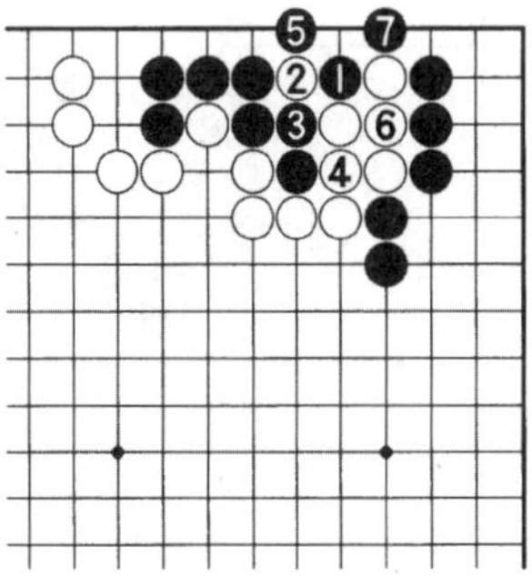

제1형 흑번

### 연결

상변의 흑 5점을 살리는 문제.
패라면 간단하지만 무조건 귀와 상변을 연결하는 묘수가 필요하다.

### 건넘

흑1의 찝는 수가 급소이다. 백2로 이으면 3으로 이어 백4와 흑5로 건너게 된다. 백2로 a는 흑2, 백b, 흑4로 흑이 수상전을 이긴다.

### 맛보기

백2로 단수는 흑3으로 이어 5를 잡는 것과 4의 끊는 것의 맛보기가 된다. 흑1로 6에 찝는 것은 백3으로 받아서 실패한다.

(121)

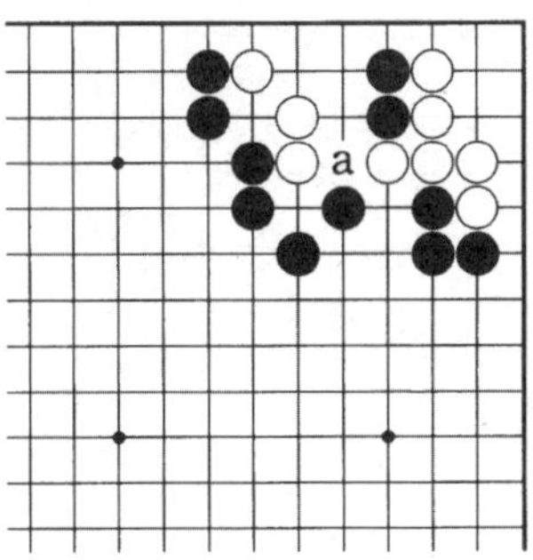

解

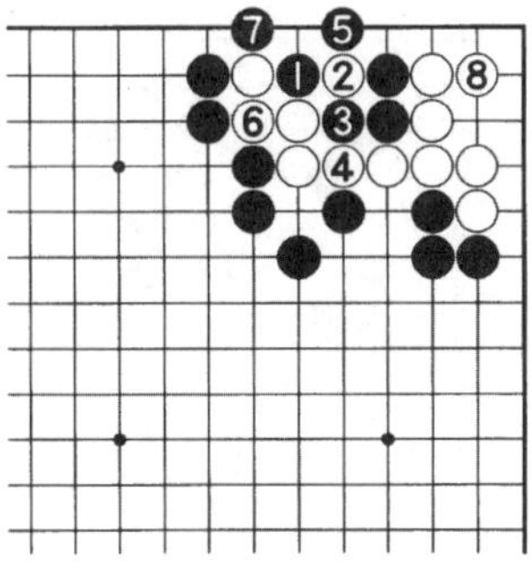

変

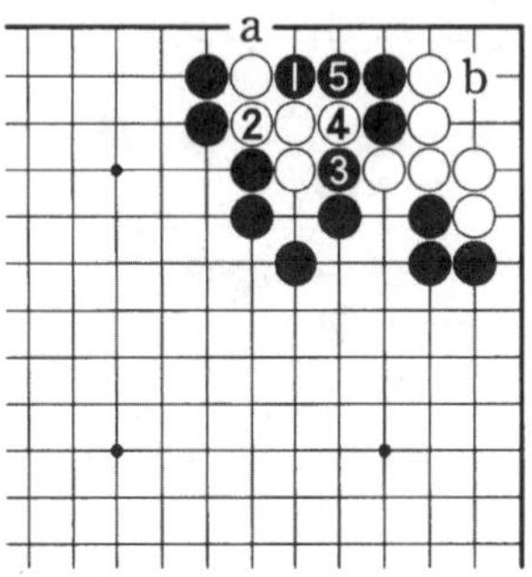

제2형 흑번

### 탈출

상변의 전투.
흑 2점은 백의 포위를 뚫고 탈출이 가능하다. 흑a로 나가는 수상전으로는 어떻게 하던지 흑이 이길 수 없다.

### 건넘

흑1의 찝는 수가 좋은 수이다. 백2로 잡으면 흑3으로 단수를 쳐 백이 4로 잇는 것을 본다. 흑5, 7로 상변을 건너면 귀의 백은 후수로 산다.

### 백 무리

백2로 이으면 흑3으로 나가지 못한다. 백4, 흑5로 백은 수상전에서 패한다. 백2로는 3, 흑5, 백2, 흑a 이후 백b가 무사.

(122)

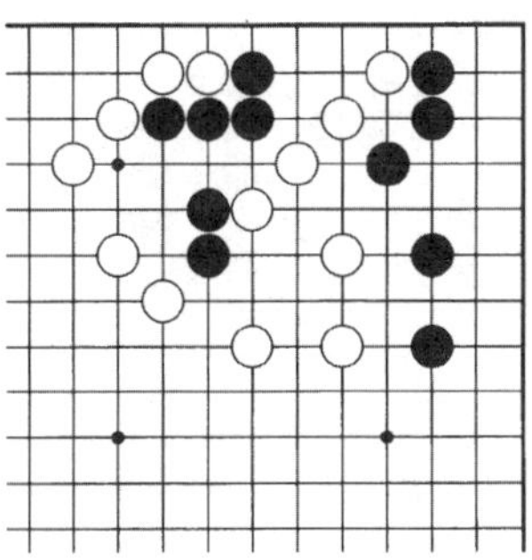

解

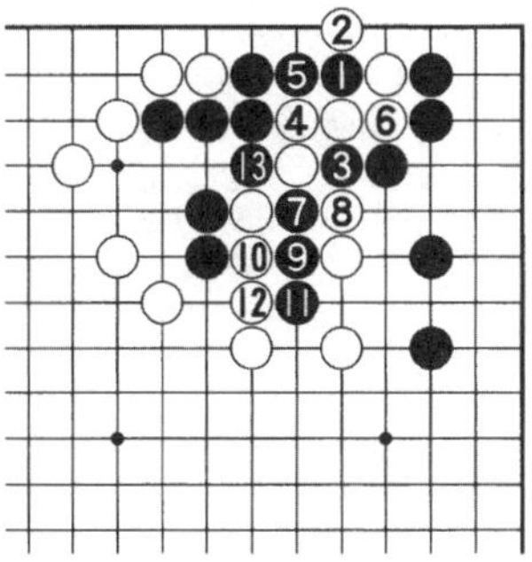

変

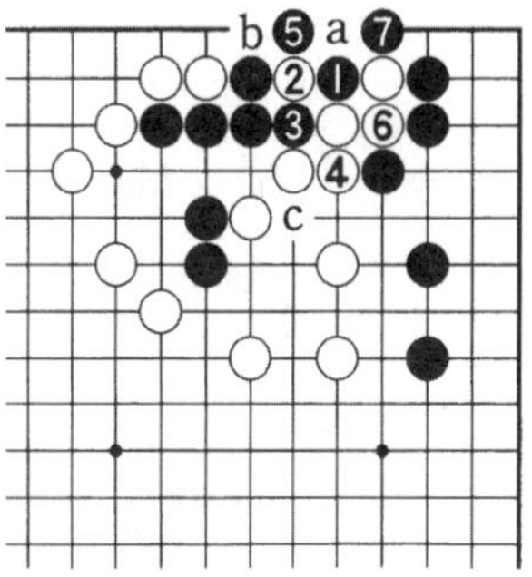

제3형 흑번

### 마지막 의지

상변의 흑 6점을 살리는 문제.
흑의 마지막 의지는 우상의 흑으로의 연결하는 것이다. 어디부터 손을 써야 할까?

### 흑 승

흑1로 찝는 것이 제1탄의 좋은 수이다. 백2로 젖히면 흑3, 5로 수순을 활용한 뒤 7로 찝는 것이 제2탄이다. 백이 8로 저항해도 흑 13까지는 흑 승이 된다.

### 건넘

백2가 잡으면 흑3으로 끊어 좋다. 백4로 a는 흑4로 끊어 b와 c가 맛보게 된다. 흑5로 백 1점을 따내서 7까지 건널 수 있다.

(123)

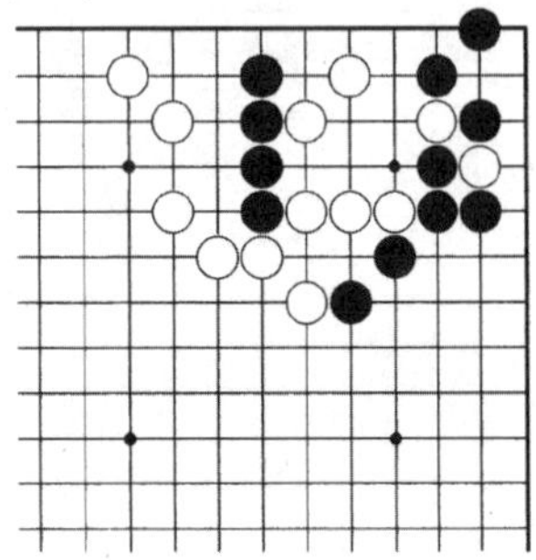

解

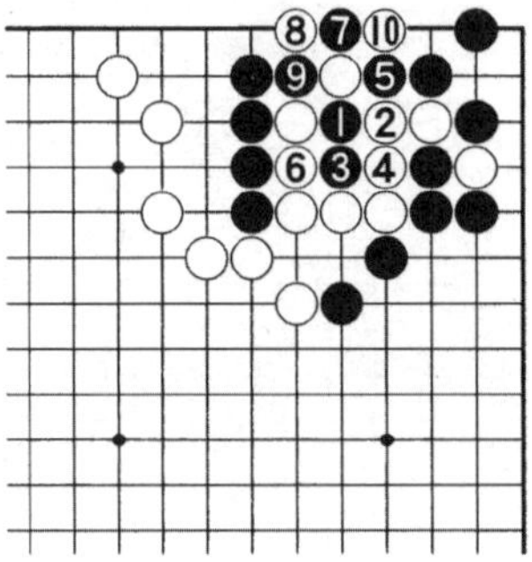

失

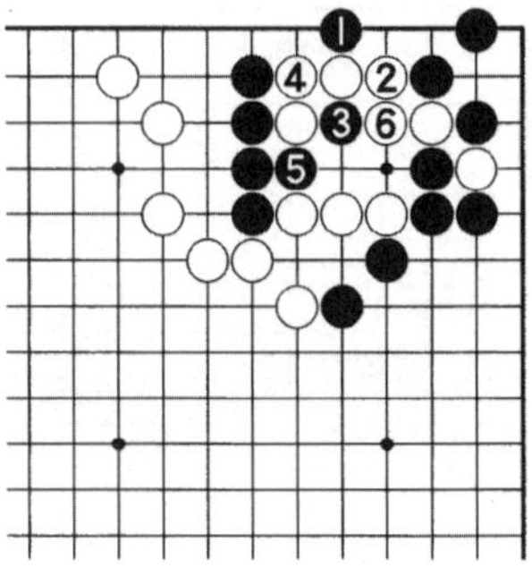

**제4형 흑번**

### 활력
백의 수중에 떨어진 흑 4점. 그러나 아직 활력이 남아있다. 우측으로 연결하는 맥을 찾아야 한다.

### 급소
흑1, 여기가 이 모양의 급소이다. 백2가 최강으로 받는 수 이지만 흑3으로 2점을 버리는 것이 훌륭하다. 이하 흑11까지 보기 좋게 연결할 수 있다. ※⓫→❶(먹여치기)

### 흑 실패
제1선의 붙임도 맥이지만 이 경우에는 백2가 좋은 수이다. 흑3으로 붙여도 이하 백6까지 흑 실패.

(124)

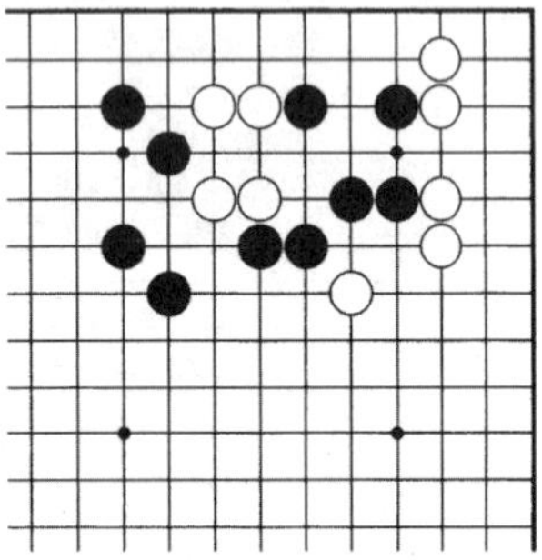

解

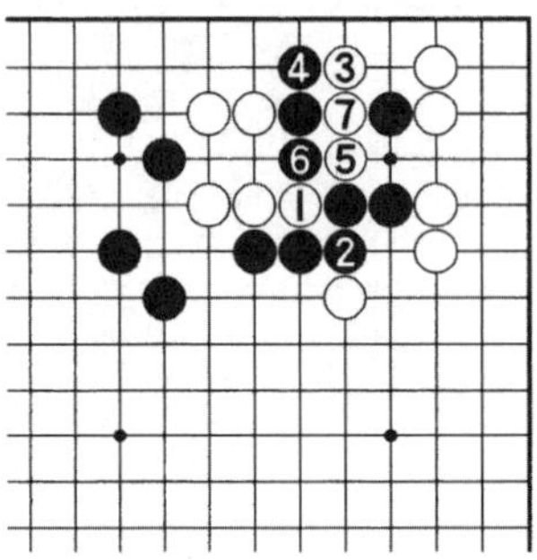

変

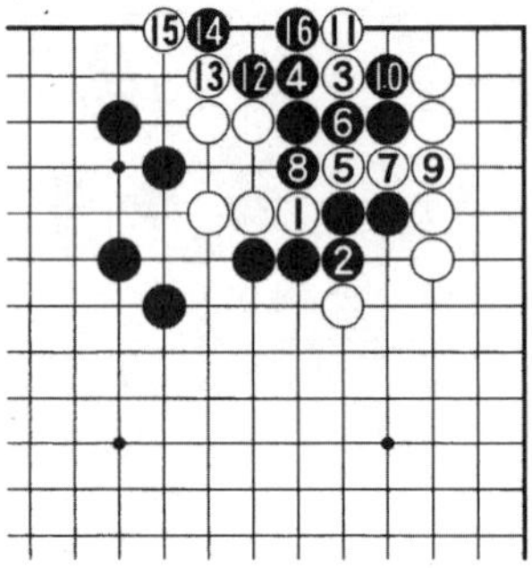

**제5형 백번**

### 약점
상변의 흑은 백 4점을 잡을 만큼 강하지 않다. 상변에 있는 흑의 약점을 노리면 백 4점을 살릴 수 있다.

### 3점 잡기
백1로 찝고 3으로 엿보는 수순이 교묘하다. 흑4는 무리한 수로 백5부터 7로 두어 반대로 잡힌다. 흑4로 7은 백4로 건넌다.

### 늘어진 패
흑6으로 잇는 변화이다. 흑8로 끊어 상변에서 수상전을 노리지만 11이 좋은 수로 흑은 14로 젖히는 수밖에 없어 16까지 백이 유리한 늘어진 패가 된다.

(125)

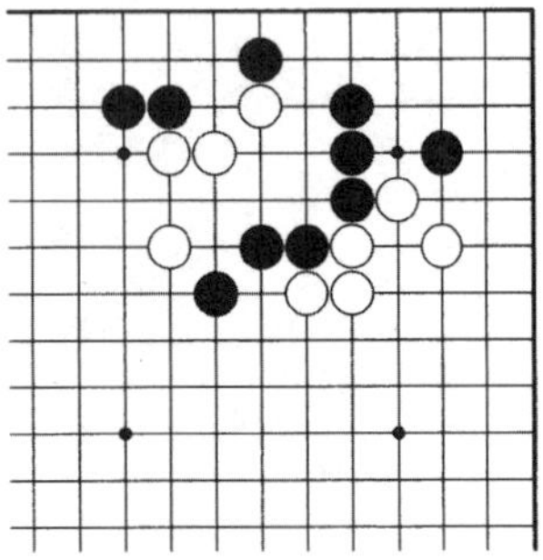

解

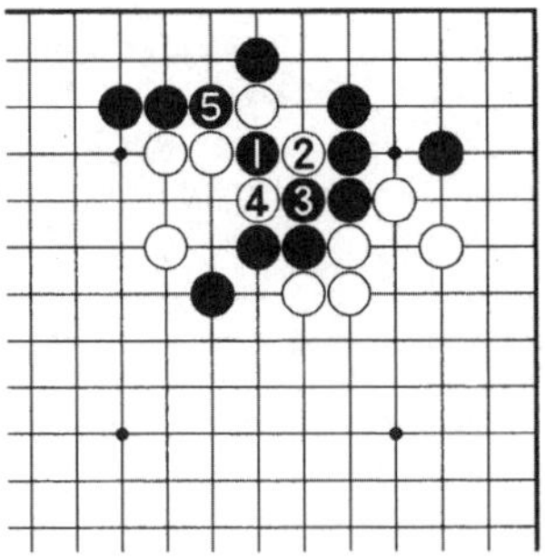

変

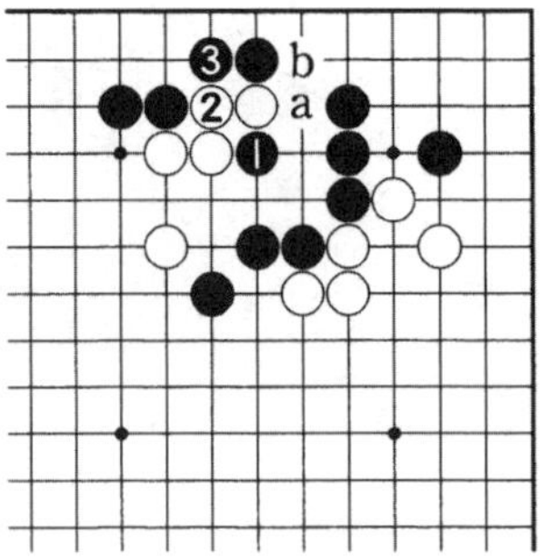

**제6형 흑번**

### 정착
우상귀와 상변 그리고 중앙의 3곳을 한꺼번에 연결하고 싶다. 다양한 수가 있지만 정답은 하나다.

### 연결되다
흑1의 찝는 수가 맥이다. 흑1로 찝고 백2로 단수치면 흑3으로 좋은 곳으로 이어 백4로 잡는 사이에 흑5로 흑 전체가 연결된다. 흑 1점은 사석이다.

### 건넘
백2로 이으면 흑3으로 건넌다. 백a는 흑b. 흑1로 2자리에 두어 상변부터 찝으면 백1로 이어 중앙과 상변이 맛보기가 된다.

## 제1형 흑번

(126)

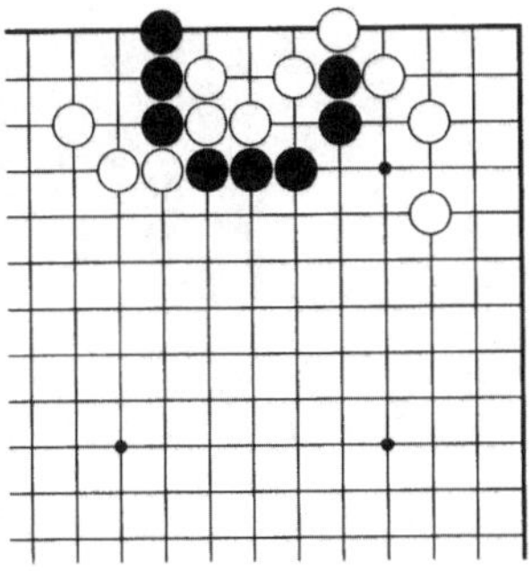

解

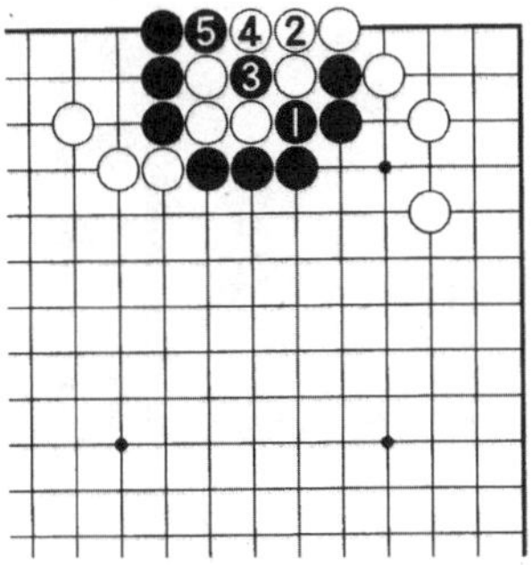

失

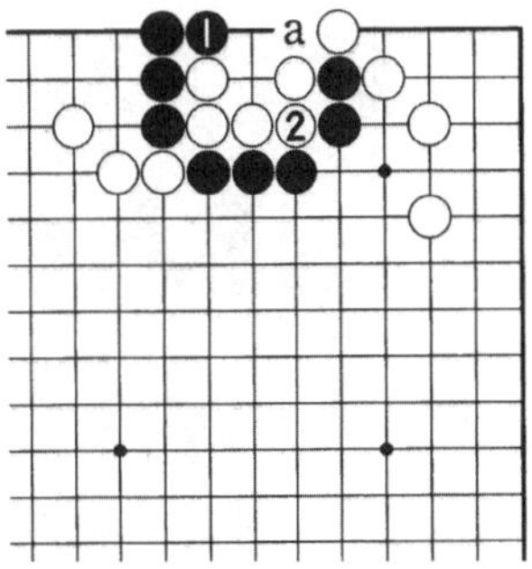

### 수중

상변의 흑 3점은 백의 수중에 떨어져 있으나 백의 모양이 미비하다. 이를 추궁하면 도리어 백을 잡을 수 있다.

### 촉촉수

흑1로 바깥부터 찝는 수가 맥으로 최선이다. 생각하기 어려운 좋은 수. 이 후 백은 어떻게 두더라도 촉촉수에 걸린다. 백2는 흑3. 백2로 3은 흑2.

### 안쪽공격

흑1로 안쪽부터 공격하는 것은 좋지 않다. 백2로 버티면 촉촉수를 막을 수 있다. 백2로는 a로 이어도 좋다. 흑이 안쪽에서 공격하는 수는 전부 실패한다.

## 제2형 흑번

(127)

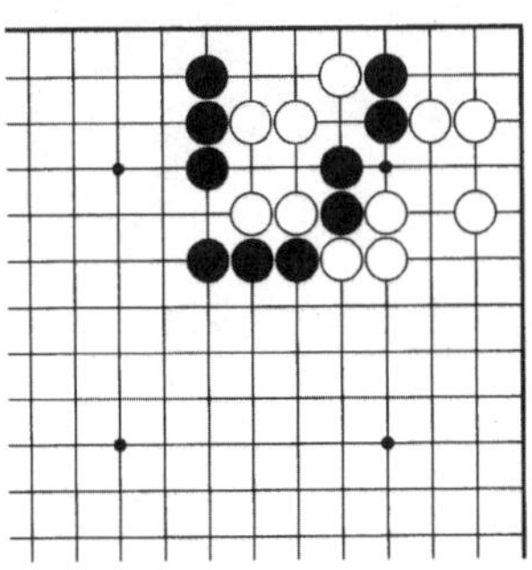

解

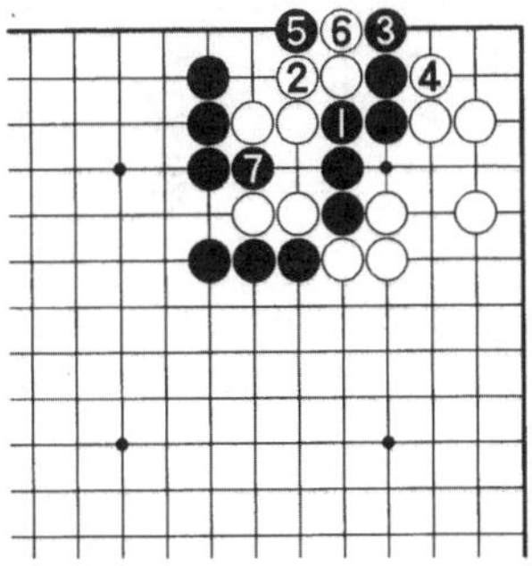

変

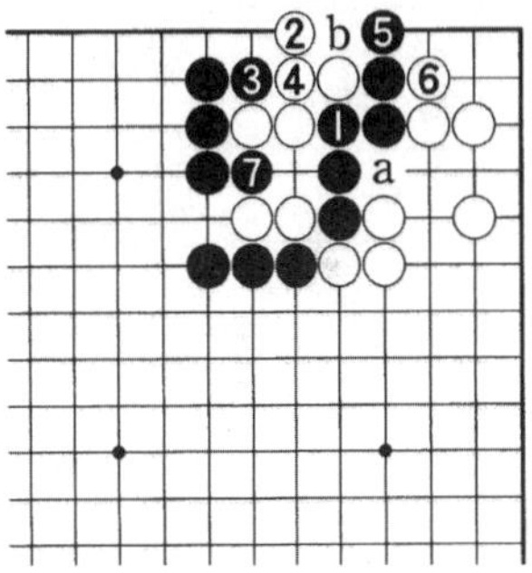

### 결정적인 수

상변의 수상전.
쌍방의 수가 명확하지 않기 때문에 모양을 결정하는 것부터 시작해야 한다. 첫 수가 결정적인 수이다.

### 급소

흑1로 찝는 것은 수를 늘리는 급소이다. 흑1이 찝고 백2로 이으면 흑3으로 뻗는 수도 맥으로 수순은 5수이다. 백4 이후 흑5가 좋은 수로 7로 수상전에서 1수 승이 된다.

### 흑 승

백2의 호구이음은 흑3으로 나가고 흑5로 뻗는 것이 좋다. 백6이후 흑7로 바깥부터 공격하여 흑의 승이다. 흑1로 3은 백1, 흑a, 백b로.

## 제3형 흑번

(128)

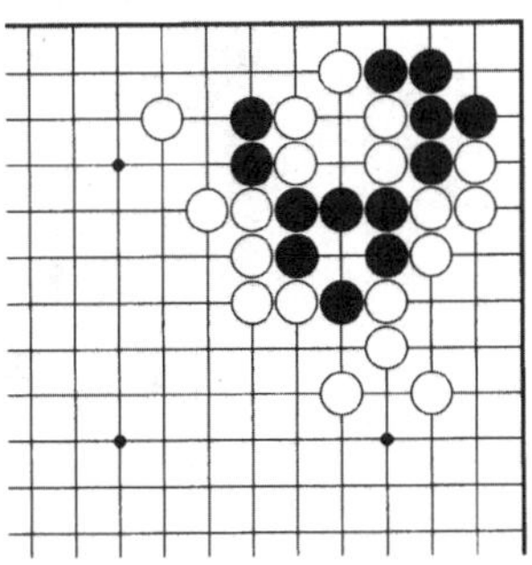

解

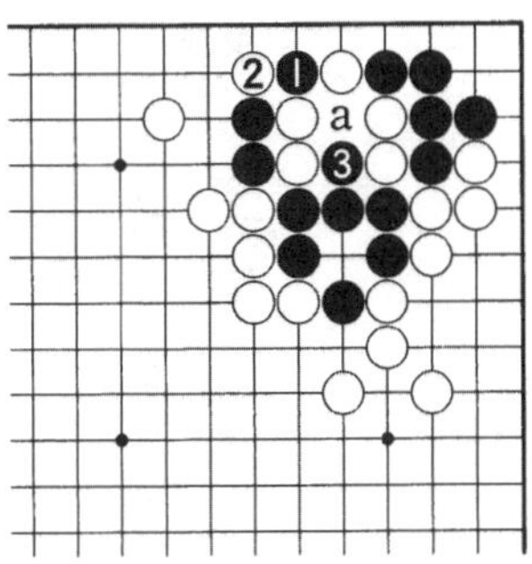

変

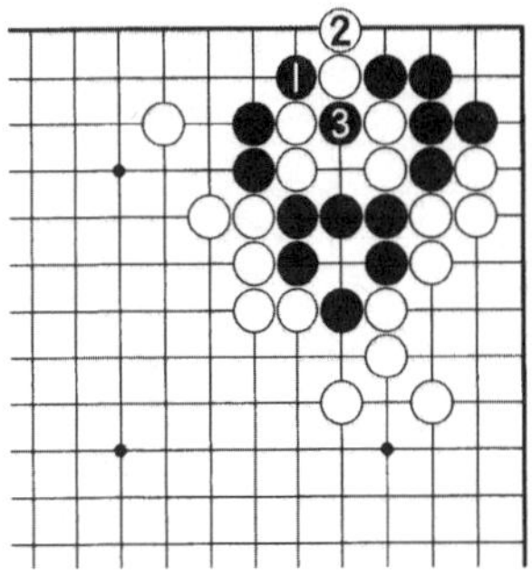

### 1수

중앙의 흑 6점과 상변의 수상전이다. 흑이 수는 2수로 둘 곳은 상변뿐이지만 1수로 해결한다. 왼쪽의 흑 2점을 이용한다.

### 2점 잡기

흑1로 찝으면 백이 어떻게 하여도 자충이 된다. 백2로 끊는 것은 흑3으로 단수 쳐서 백 2점을 잡는다. 3으로는 a에 먹여쳐도 좋다.

### 환격

백2가 뻗으면 흑3으로 먹여친다. 환격이 되면 백이 큰 손해가 난다. 백2로 3에 이어도 흑2. 흑1의 수 이외에는 실패하게 된다.

제4형 흑번

(129)

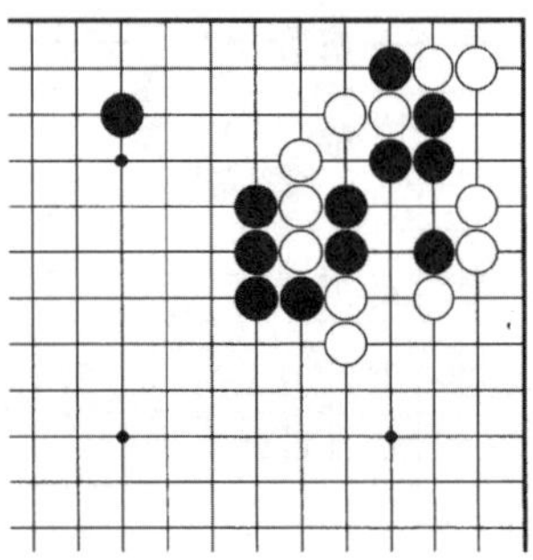

## 생환

우상의 전투.
백에게 포위되어 있는 흑 6점은 백을 반격하여 백을 잡고 생환하는 것이 가능하다.

解

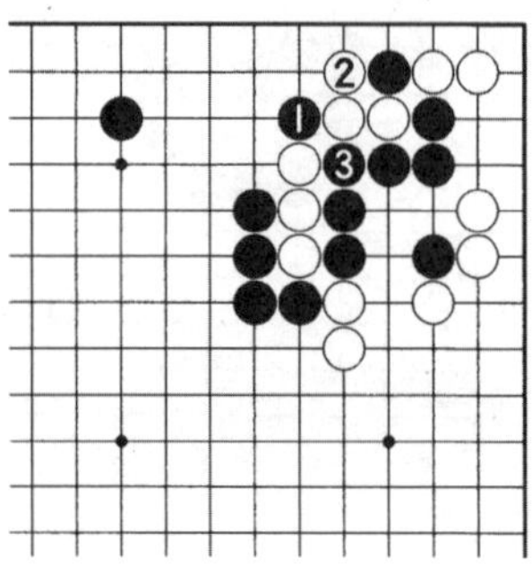

## 축

흑1로 젖으면 백은 자충이 되어 중앙의 백 3점을 살릴 수 없다. 백2로 흑 1점을 잡으면 얌전하여, 흑3으로 끊어 백 3점은 축의 모양이 된다.

变

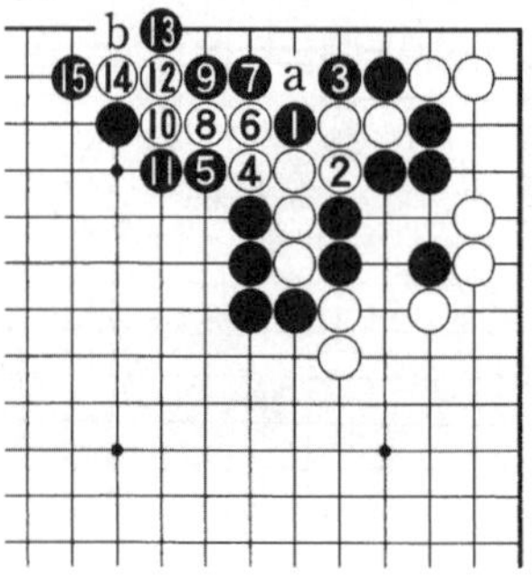

## 백 무리

백2로 이어 저항하는 것은 무리이다. 흑3으로 단수쳐서 백 6점은 흑 5, 7, 9로 몰면 축에 걸린다. 흑 15 이후 백a는 흑b.

제5형 백번

(130)

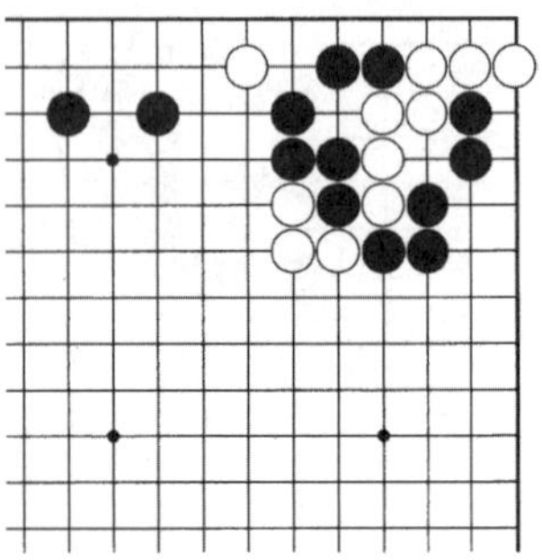

## 공격해 잡다

우상귀의 백을 살리는 문제.
백은 상변의 1점을 움직여서 흑을 자충 모양으로 만들어 잡는다.

解

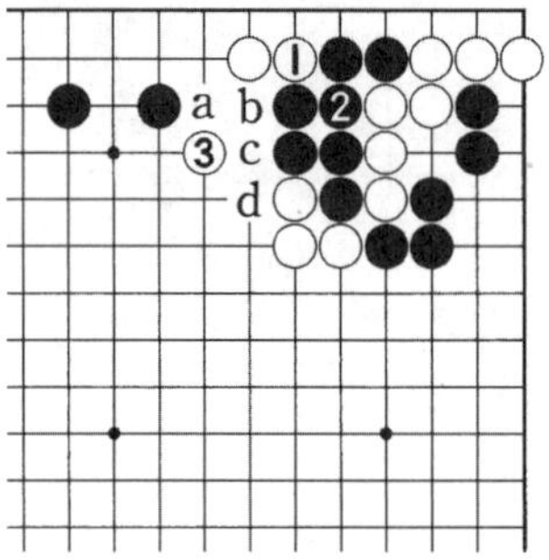

## 백 승

백1의 젖는 수가 대단히 중요한 수순이다. 백1로 젖고 흑2로 이으면 백3으로 날일자하여 흑을 봉쇄하면 백은 수상전에서 승리한다. 이후 흑a, 백b, 흑c, 백d.

失

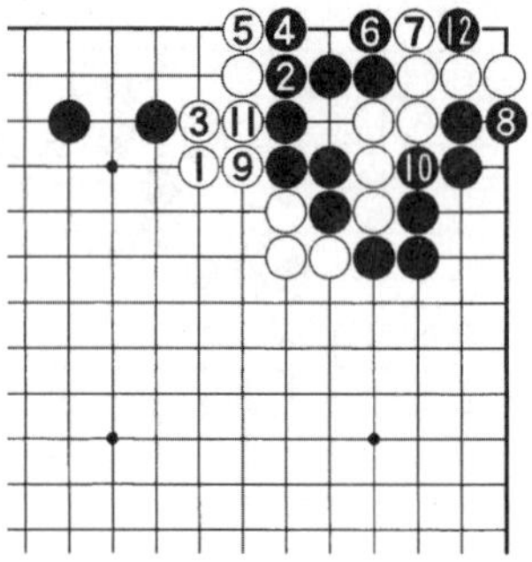

## 빅

단순히 백1로 날일자하는 것은 흑2의 빈삼각 자리가 급소가 된다. 백3 이후 12까지 빅이 된다. 백은 잡을 수 있는 돌을 살려준 꼴.

제6형 흑번

(131)

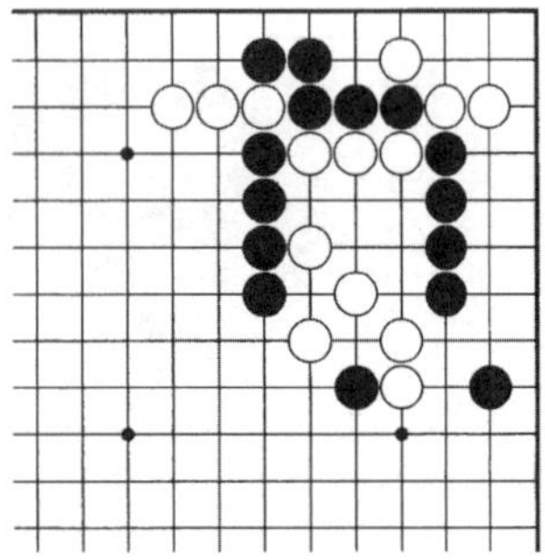

## 생환

상변의 흑 5점을 살리는 문제.
중앙에 있는 백의 약점을 노려 백3점을 잡는 수밖에 없다.

解

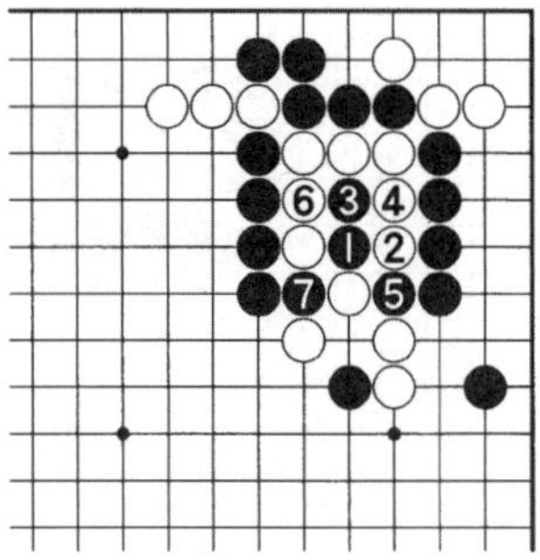

## 환격

흑1로 젖는 수는 백의 모양에 약점을 만드는 맥이다. 백2에 흑3으로 2점으로 만들고 흑5로 끊어서 사석으로 만든다. 흑7로 젖으면 환격의 모양이 된다.

失

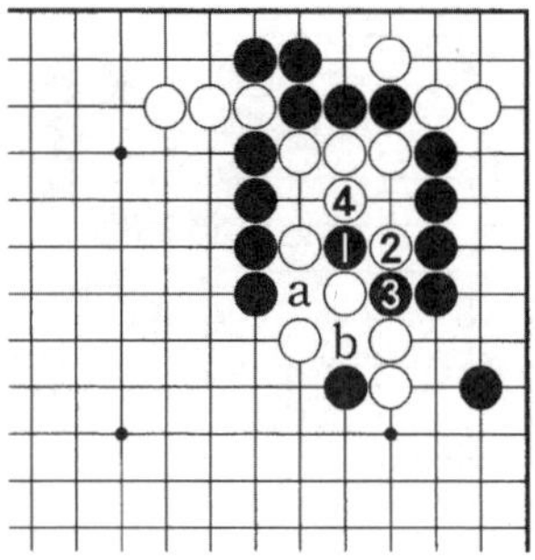

## 흑 실패

백2의 단수에 흑3으로 끊는 것은 실패한다. 백4로 따내면 백의 공배가 많다. 흑a는 백b로 이어 아무런 일도 생기지 않는다.

(132)

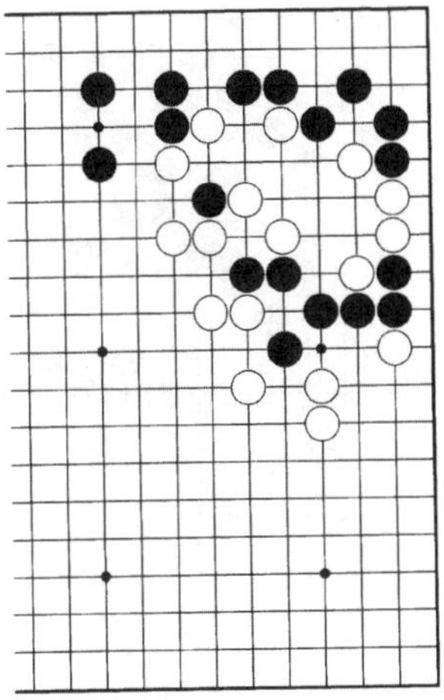

解

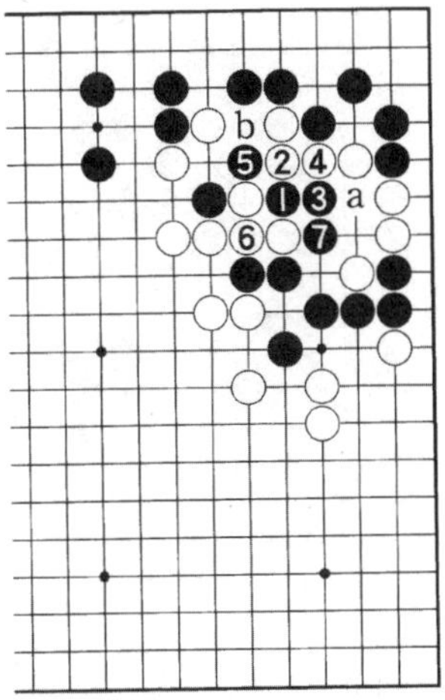

変

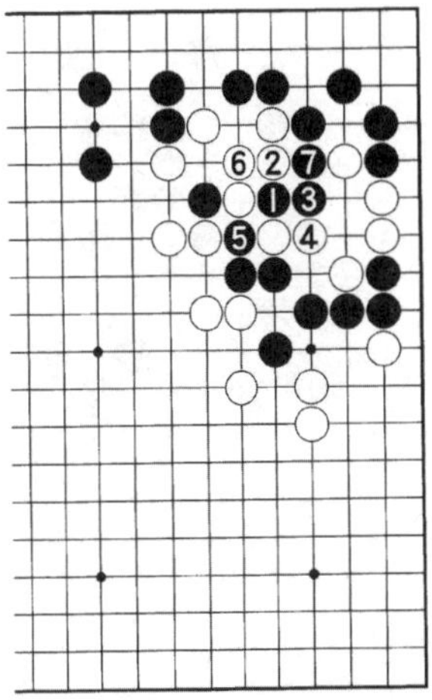

제7형 흑번

### 백을 잡다

우변 흑을 수습하는 문제.
흑은 우변에서 살 수 없는 모양으로 흑은 우상의 백의 얇음을 추궁하여 백돌을 잡고 탈출해야한다.

### 결정적인 수

흑1의 찝는 수가 결정적인 수이다. 흑1로 찝으면 백2, 4로 연결하는 형태가 되어도 흑5로 끊어 단수가 된다. 흑7로 2점을 살리면 a와 b의 끊는 것이 맞보기가 된다.

### 6점 잡기

백2 이후 백4로 아래쪽부터 연결하려고 하면 흑5로 끊는다. 백6에 흑은 7로 이어 우변의 백 6점을 잡는다. 한편 백2로 5에 이으면 백4로 막아 그만이다.

(133)

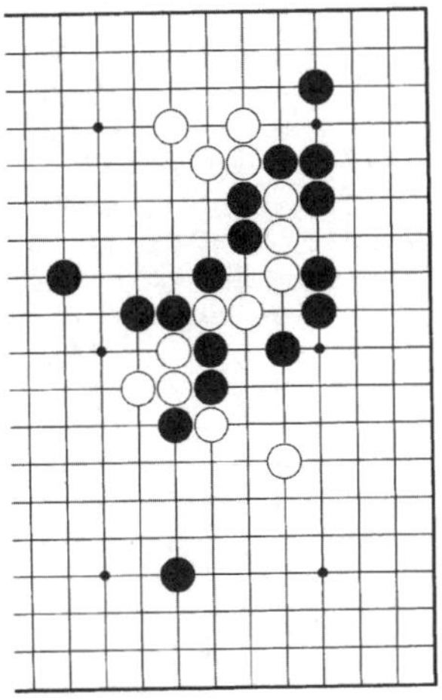

解

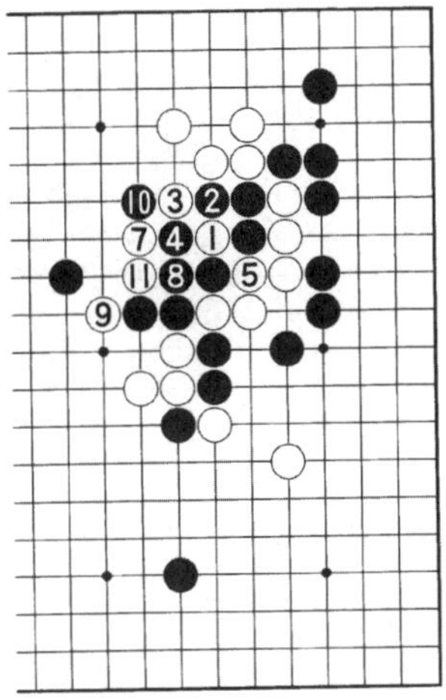

変

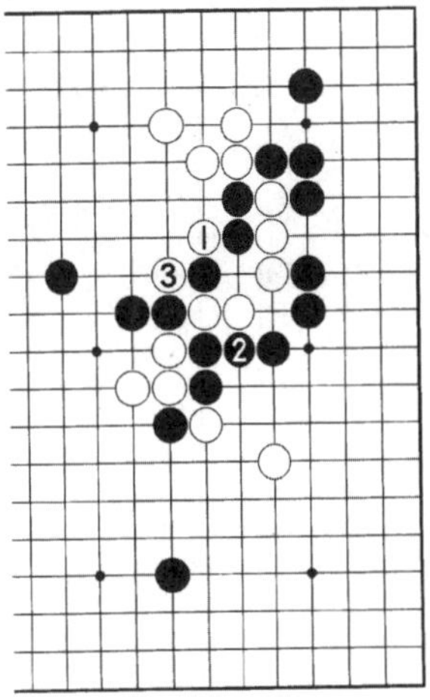

제8형 백번

### 수습

노리는 것은 흑의 엷음으로 백은 흑을 자충시켜 공격하여 잡는 것이 가능하다.

### 대성공

백1로 찝는 수가 급소로 흑을 자충시킬 수 있다. 흑은 2로 단수쳐서 나갈 수 밖에 없으므로 백3으로 막고 흑8까지 흑은 포도송이가 된다. 백9부터 11로 단수치면 축에 걸린다.
※❻→①

### 최선

흑은 2자리로 잇고 살려주는 게 최선으로 중앙의 약점을 지키고 백은 요석을 잡고 생환한다.

제9형 흑번

(134)

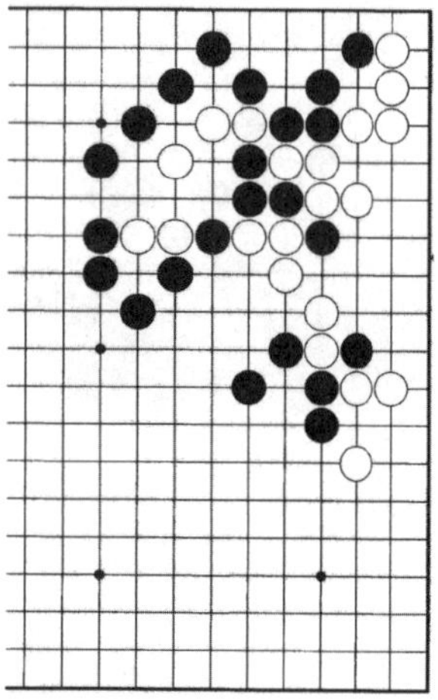

## 아슬아슬

중앙의 전투가 아슬아슬하다. 백 5점은 흑 3점을 잡아 수습했지만 우변에 있는 백의 맛이 나쁘다. 상변의 백 5점을 잡던지 우변의 백집을 깨뜨리면 흑의 성공이다.

解

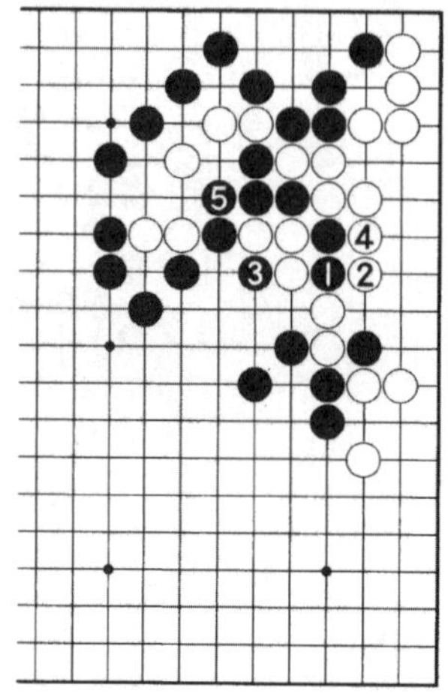

## 3점 부활

흑1로 2점을 사석으로 만들어 찝는 맥이 좋다. 백2로 잡지만 흑3의 단수를 활용하여 중앙의 약점을 선수로 지키고 흑5로 3점을 부활시킨다. 상변은 그대로 흑의 집이 된다.

変

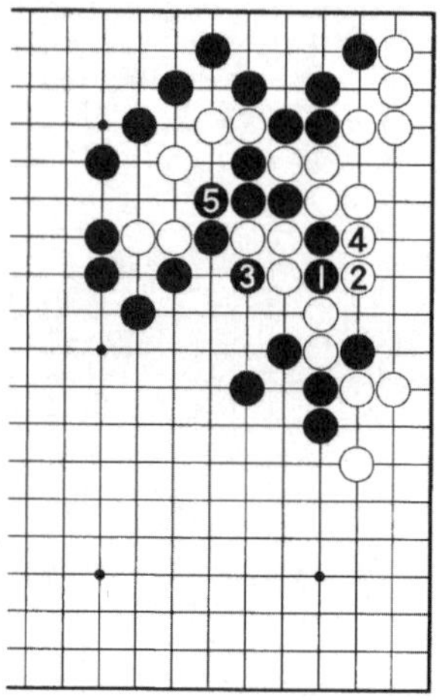

## 백 잡힘

백2로 이으면 흑3. 백4로 끊어도 흑5, 7로 두 곳의 백을 잡는다. 백2에 3으로 중앙의 흑 3점을 잡으면 흑2로 끊어 양단수가 된다. 흑은 상변을 잡히더라도 우변의 백 2점을 잡아 충분하다.

제10형 흑번

(135)

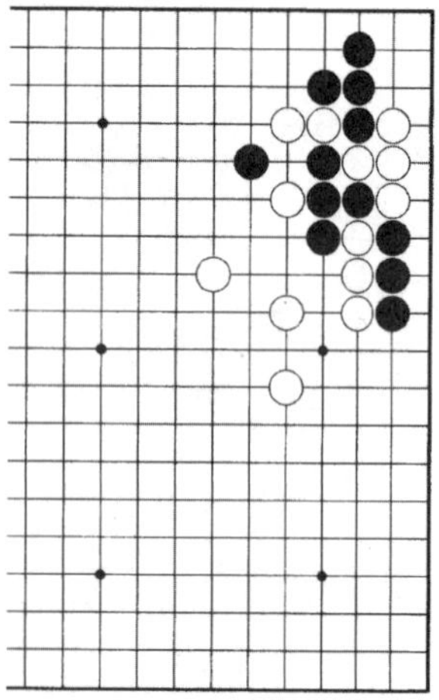

## 접전

우상에서 격렬한 접전이 계속된다. 흑은 우변의 3점과 중앙의 4점을 살리지 않으면 귀의 백을 잡을수 없다.

解

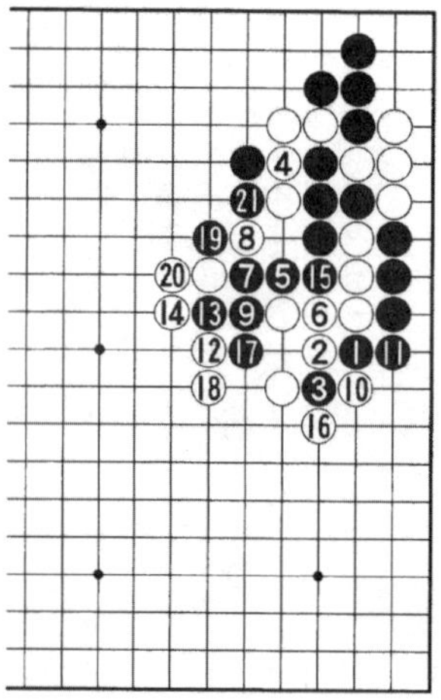

## 탈출

흑1로 젖히고 백2로 막으면 흑3으로 찝는 것이 강수이다. 백4부터 중앙의 흑을 공격하면 흑5로 입구자로 붙이고 7로 도망간다. 백이 8에 두면 흑9부터 21까지 아슬아슬하게 탈출한다.

変

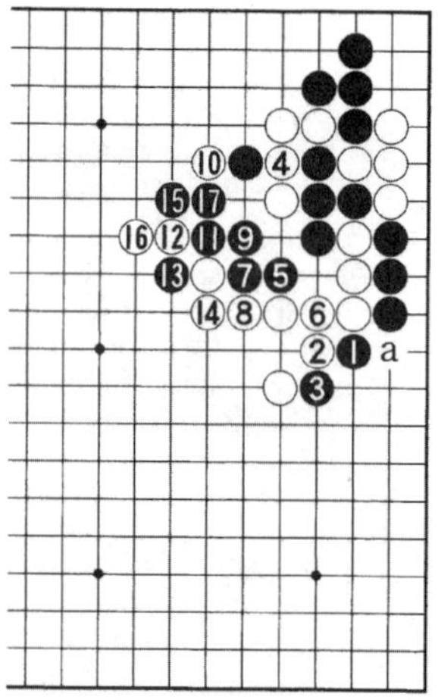

## 흑 성공

흑3의 찝는 수로 흑은 a로 끊는 것을 막고 있으므로 백은 중앙을 노릴 수밖에 없다. 흑7 이후 백8로 막아 흑을 상변으로 모는 변화는 흑9부터 17까지 중앙으로 머리를 내밀 수 있게 된다.

잡다 따냄

제11형 흑번

(136)

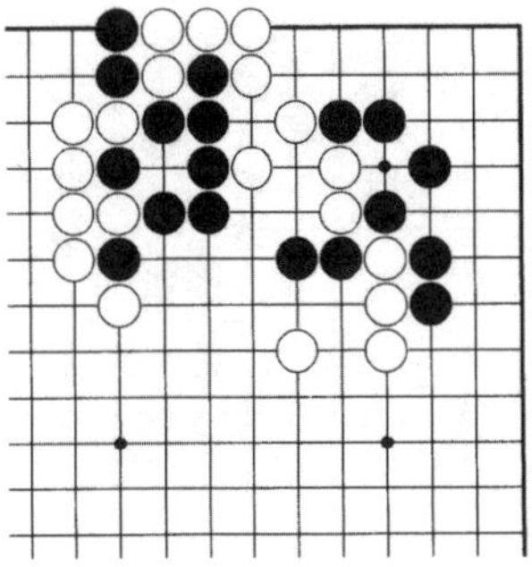

## 결점

상변의 전투.
흑은 상변의 백의 약점을 추궁하여 백을 잡아 중앙의 흑을 귀에연결하고 싶다.

解

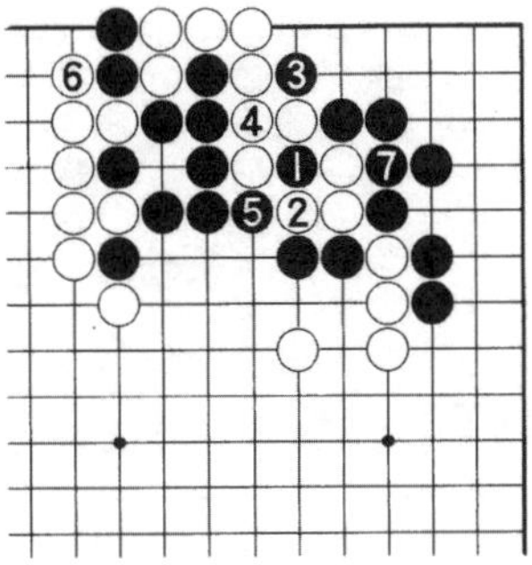

## 3점 잡기

흑1로 먹여치고 흑3으로 찝는 것이 좋은 맥이다. 흑3으로 5는 백3으로 실패한다. 백4로 이으면 흑5로 중앙의 백 3점을 잡는다.

变

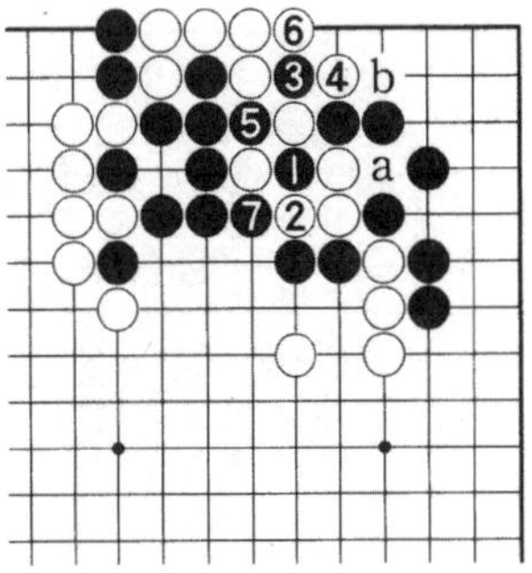

## 촉촉수

백4로 잡는 변화이다. 흑5로 끊으면 백6과 흑7로 중앙의 백 3점은 살릴 수 없다. 이후 백1에 이으면 흑a, 백3, 흑b.

제12형 흑번

(137)

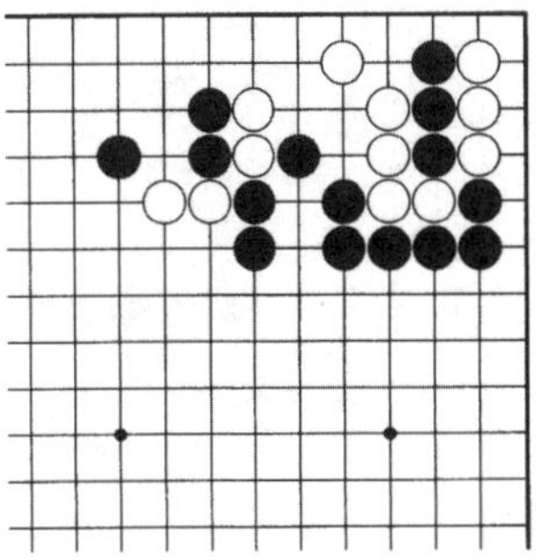

## 2점 잡기

흑의 노림수는 흑을 끊고 있는 상변의 백 2점을 잡는 것이다.
귀의 흑 3점을 움직이지 않으면 실패한다.

解

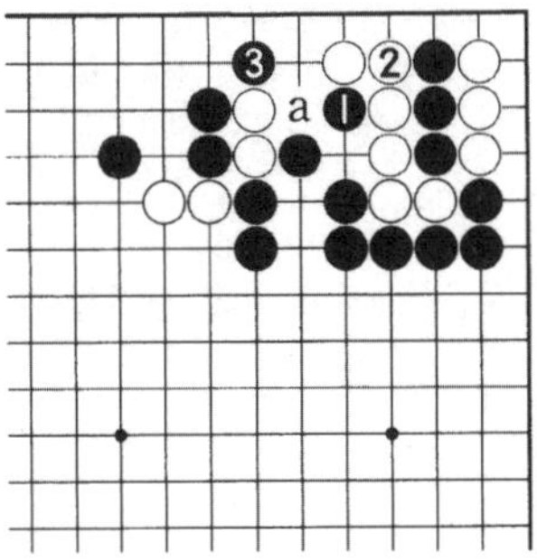

## 양 노림

흑1의 찝는 수가 좋은 수이다. 흑1로 찝고 백2로 잇는 정도지만 흑3으로 백 2점을 잡을 수 있다. 백2로 a에 단수를 치면 흑2로 환격한다.

变

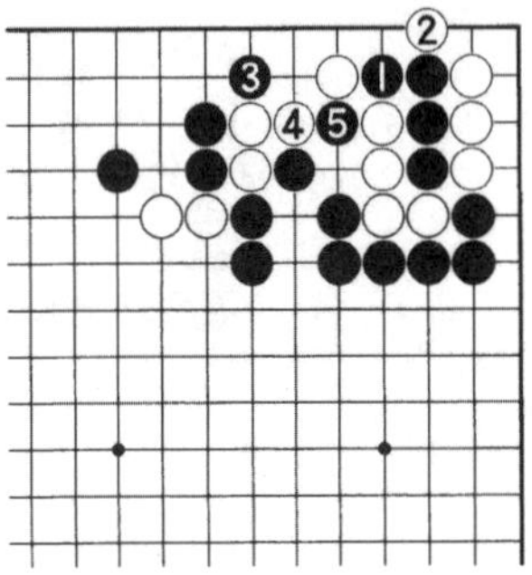

## 양단수

흑1로 이 방향을 찝어도 이하 흑5로 수가 된다. 백2를 5에 이으면 흑4로 단수친다. 그러나 흑3까지 정해도와 비교하면 흑은 조금 손해다.

제1형 흑번

(138)

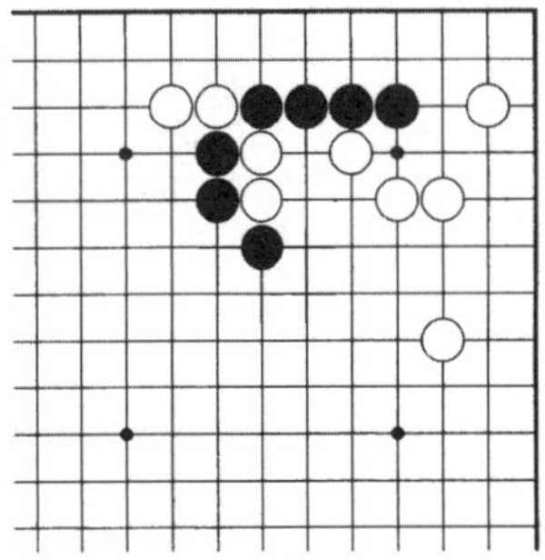

## 모두 해결

상변의 전투.
흑 4점은 다소 불편한 모양이지만 끊고 있는 중앙의 백 2점을 잡으면 모든 것이 해결된다.

解

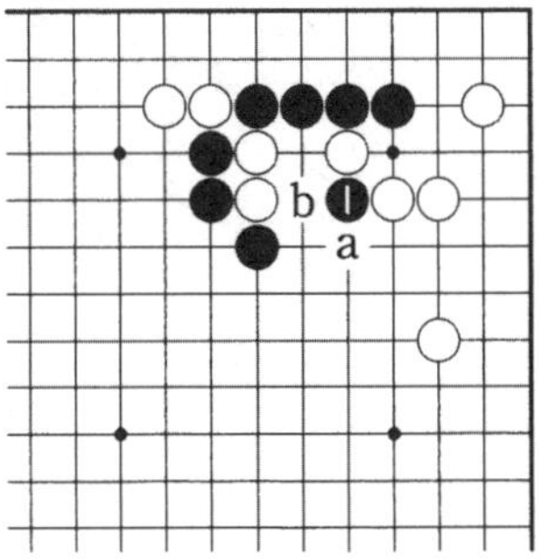

## 2점 잡기

흑1의 붙임은 백의 모양에 붙어 찝는 맥이다. 흑을 절단하고 있는 백의 요석 2점은 도망갈 수 없다. 이후 백a는 흑b, 백b는 흑a.

失

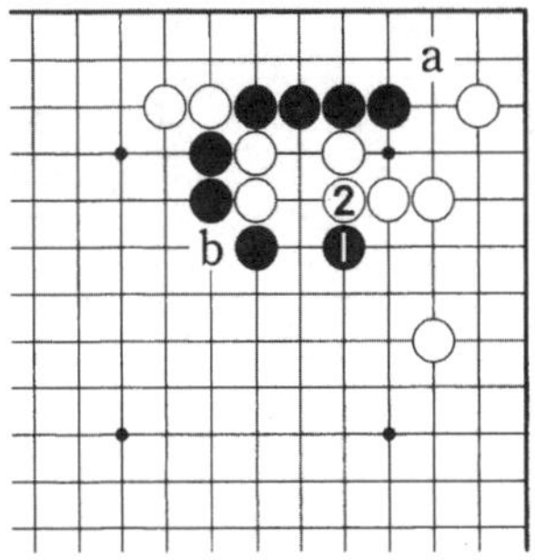

## 흑 실패

흑1의 들여다보기는 백2로 실패한다. 이후 흑a로 살더라도 백b로 중앙이 다친다. 2의 자리가 급소이다.

제2형 흑번

(139)

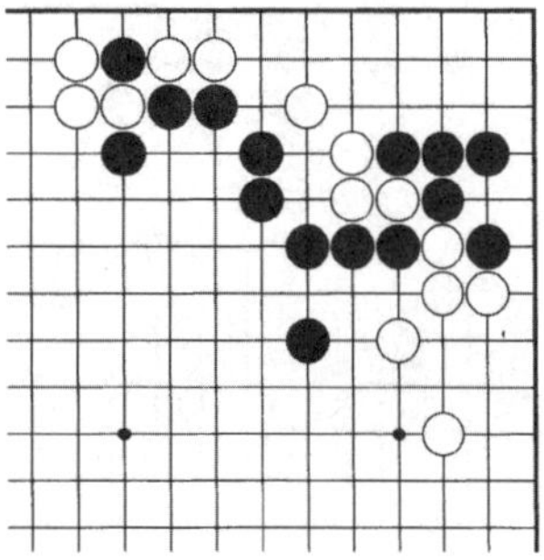

## 중앙을 잡다

우상귀의 흑의 눈이 확실하지 않다. 사는 데 문제는 없지만 중앙의 백돌을 잡는 수는 없을까?

解

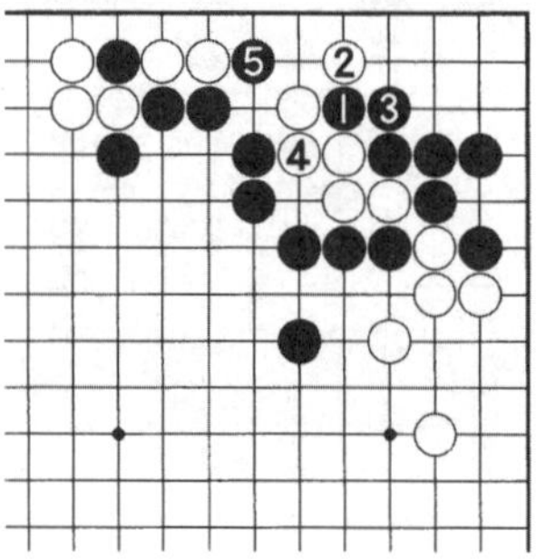

## 백 전멸

흑1의 찝는 수가 맥이다. 흑1로 찝으면 백2로 단수로 활용 당해도 흑3으로 이어서 백에 두 개의 약점이 생긴다. 백4는 흑5. 우상은 그대로 흑집이 된다.

变

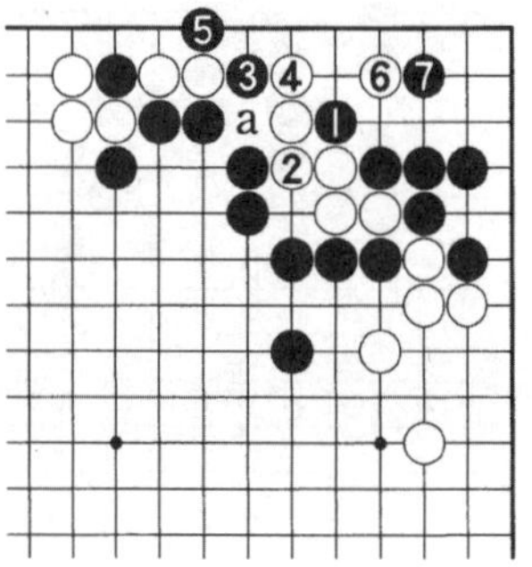

## 흑 승

백2로 이으면 흑3, 이후 백4로 저항하려 하지만 흑5로 건너가는 것을 막아 7까지 백이 무리이다. 흑1로 3은 백a로 손해를 먼저 본다.

제3형 흑번

(140)

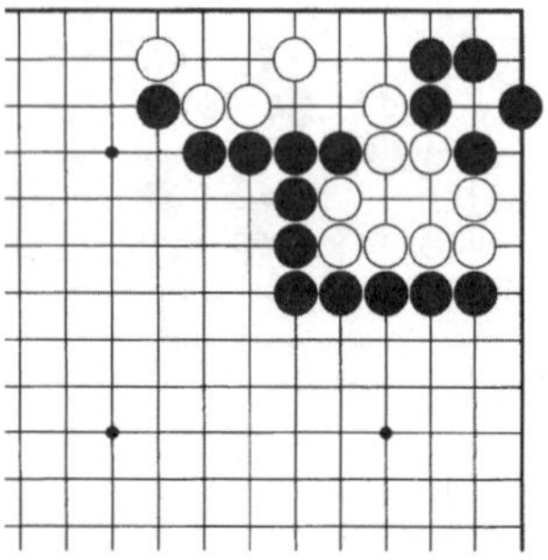

## 묘수

우측의 백과 상변의 백을 분리시켜 우측의 백 9점을 잡는 것이 가능하다. 첫수는 감탄이 절로 나오는 묘수이다.

解

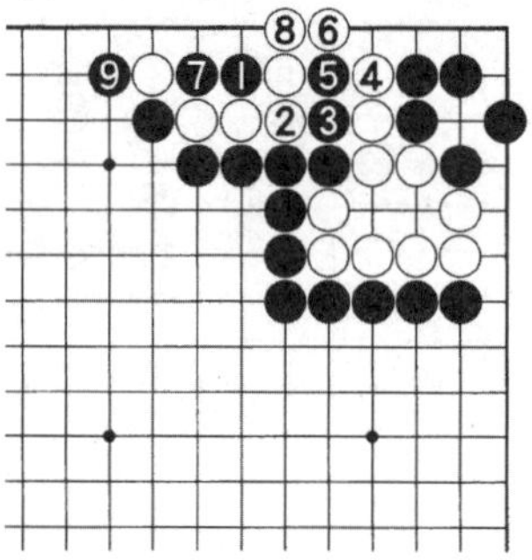

## 전멸

흑1로 찝어 백의 응수를 보는 것이 절묘한 수이다. 백이 2로 잇더라도 흑3으로 들어간다. 백4와 6으로 저항하는 것은 무리이므로 흑9까지 전멸한다.

变

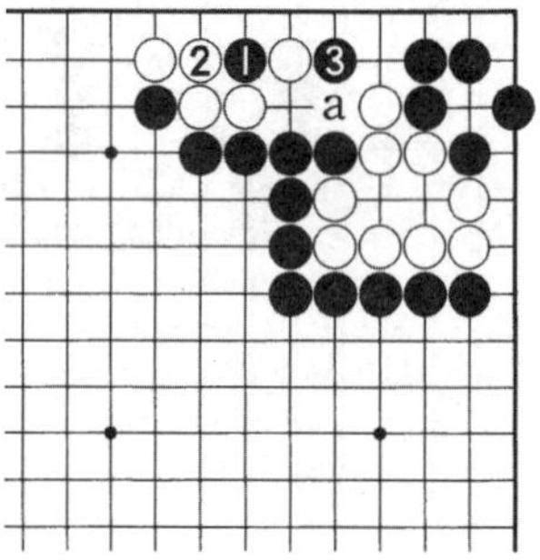

## 9점 잡기

백2로 이으면 흑3으로 붙여 백 9점을 살릴 수 없다. 백2로 3, 흑은 2. 흑1로 3을 먼저 두면 백a로 백 9점은 살 수 있다.

찝다

사활(삶)

(141)

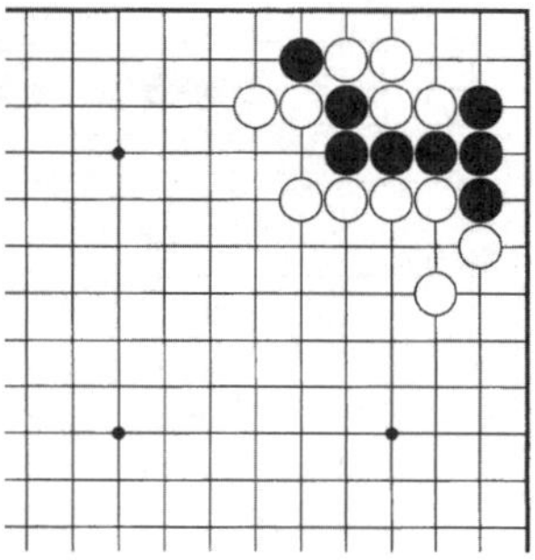

제1형 흑번

## 의지

사활 문제.

흑은 불안한 모양이다. 집을 넓히려고 해도 귀의 좁은 범위만 있다. 의지는 백 4점의 자충이지만...

解

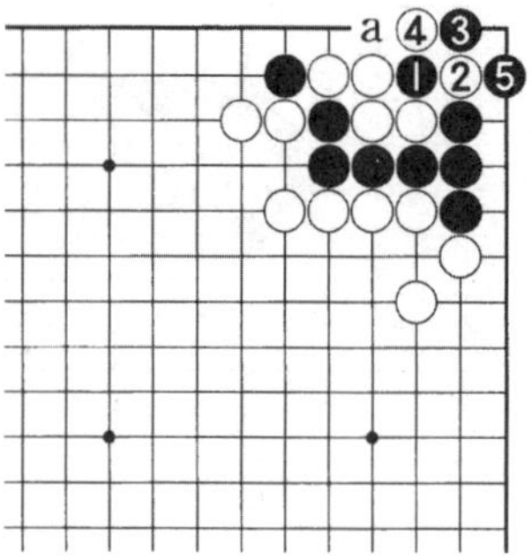

## 패

흑1의 찝는 수가 좋은 맥이다. 흑1로 찝고 백2로 끊으면 흑3으로 젖혀 귀에 탄력이 생긴다. 백4, 흑5로 패. 백4로 5는 흑a로.

失

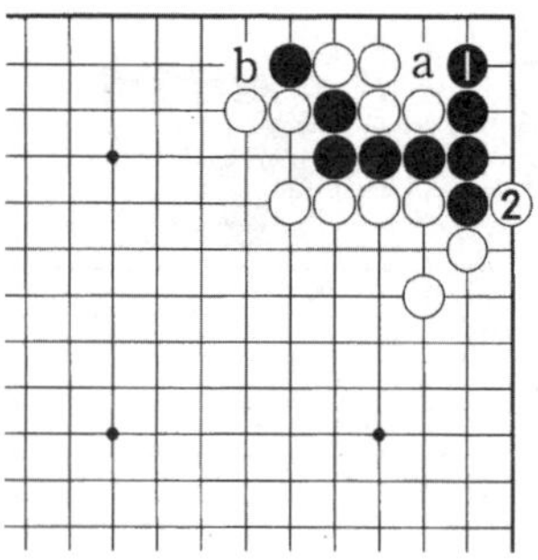

## 흑 죽음

흑1이 뻗기에는 집이 좁다. 백2로 흑의 집을 좁혀서 그만이다. 흑a는 백b로 받으면 그만이다.

(142)

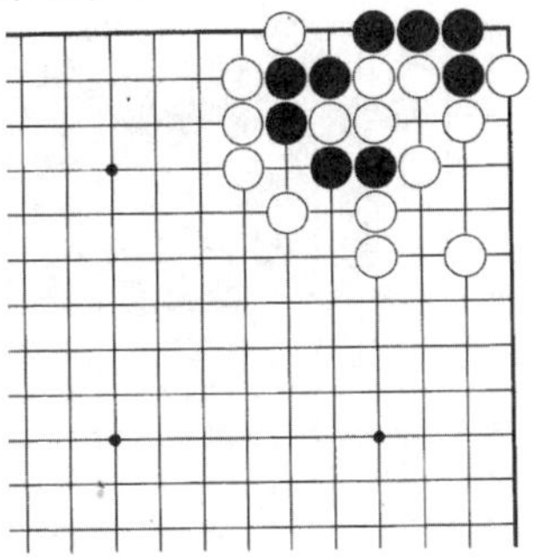

제2형 흑번

## 예방

사활 문제.
백 4점을 잡으면 곡사궁이 되지만 그 이후 문제가 남는다. 백에게 후절수를 주고 싶지 않다. 예방수순이 필요하다.

解

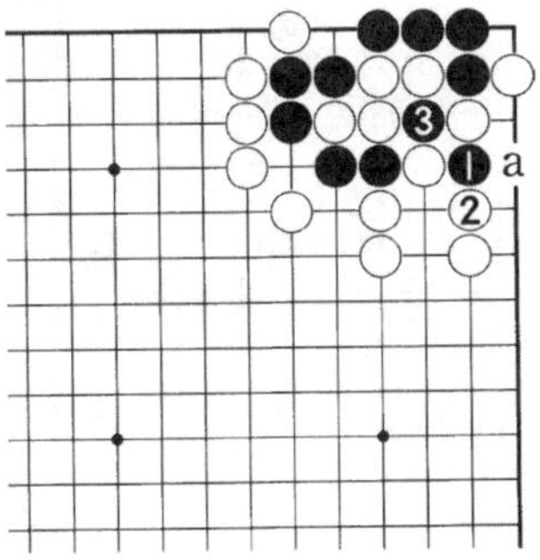

## 흑 삶

흑1의 찝는 수가 맥이다. 흑1로 찝으면 백2로 받게 되고 흑3으로 백 4점을 잡으면 백은 a로 받을 수밖에 없다. 흑은 3의 왼쪽에 눈을 만들어서 살 수 있다.

失

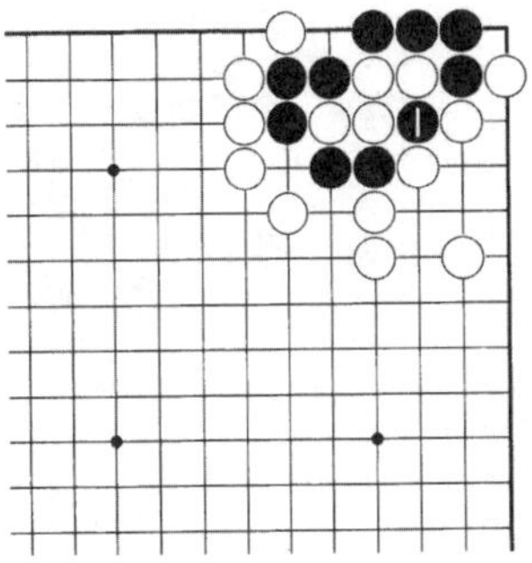

## 패는 실패

흑1로 4점을 잡기에는 준비가 부족하다. 백은 후절수의 2로 끊고 단수를 치면 흑은 그 위를 막아서 패가 난다.

※②→❶의 좌측, ❸→❶의 좌상

(143)

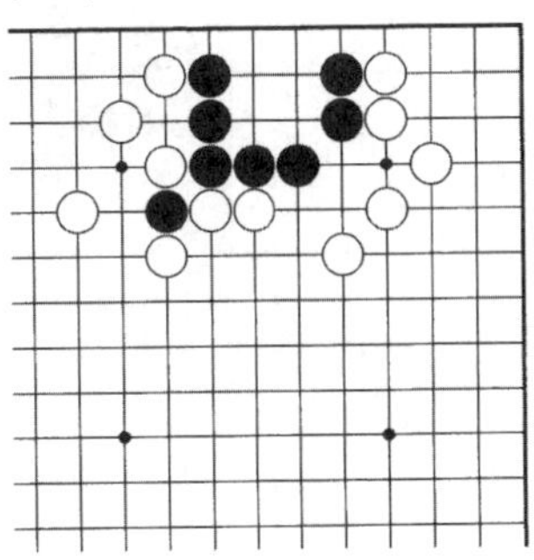

제3형 흑번

## 활용

사활 문제.
상변에서의 흑집으로는 살기 어렵다. 바깥의 백의 엷음을 활용한다면 살 수 있는 길이 생긴다.

解

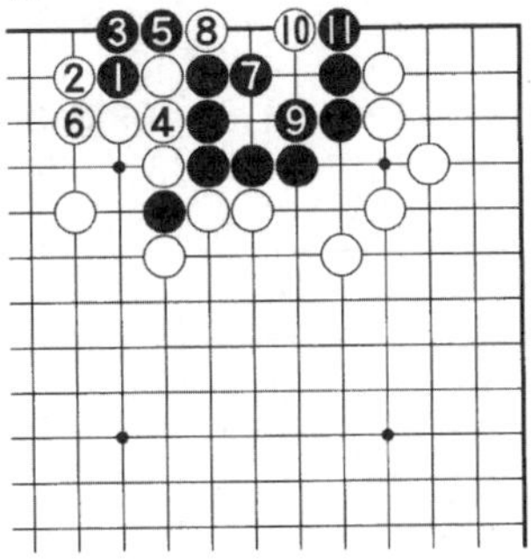

## 흑 삶

흑1을 끼워 붙여 사석으로 만든다. 백2부터 6까지 활용하면 흑7로 구부려서 한눈을 만들고 흑11까지 1선에도 한눈을 만들면 살 수 있다.

変

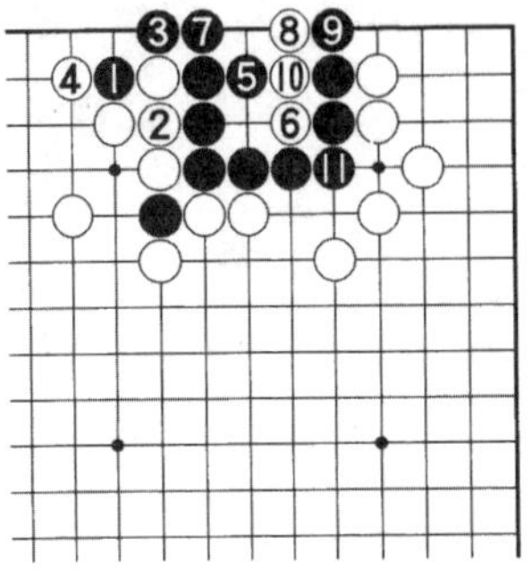

## 빅

백2면 흑3. 3의 곳에 젖혀서 활용하면 흑5로 무사하다. 백6으로 치중하여도 흑7부터 11까지로 빅이 된다.

(144)

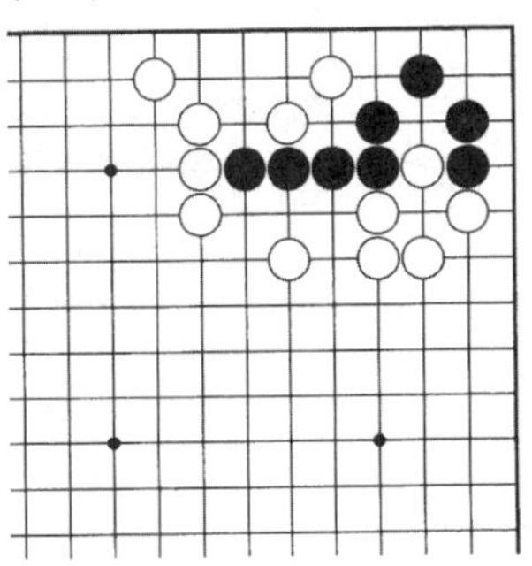

제4형 흑번

## 사석

사활 문제.
귀만으로는 흑집이 좁다. 상변에 있는 백이 엷으므로 흑은 사석으로 백을 활용을 도모한다.

解

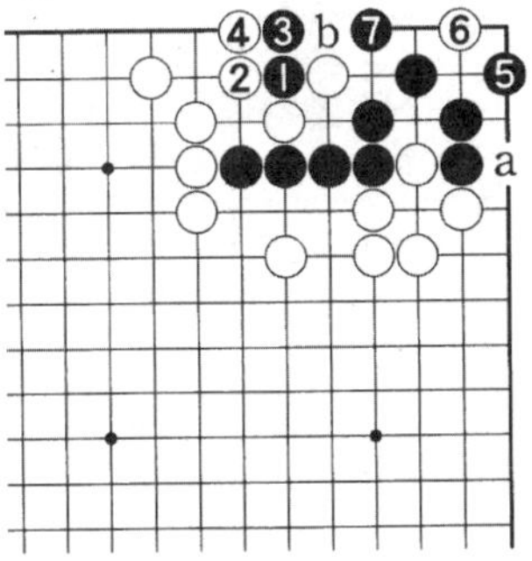

## 맞보기

흑1의 찝는 수가 맥이다. 흑1로 찝어 백2와 4가 공격하면 흑5의 호구가 좋은 수이다. 백6에 흑7을 활용하면 a와 b가 맞보기가 된다.

変

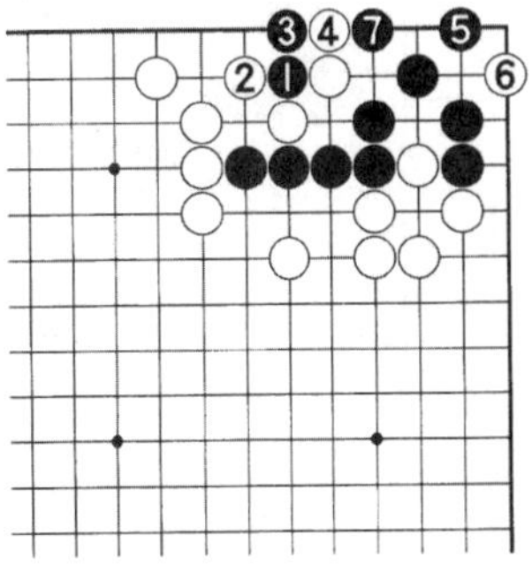

## 흑 삶

백4로 흑 2점을 잡는 변화이다. 흑5의 호구가 좋은 수로 백6의 치중에 흑은 7로 입구자로 붙여서 상변에도 한집이 난다.

찝다 사활(죽음)

제5형 백번

(145)

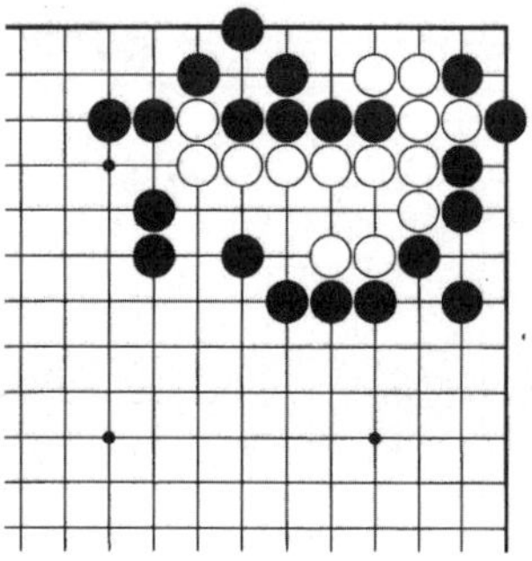

## 결점

사활 문제.
백의 대마는 한눈이다. 백은 귀와 상변에 있는 흑의 결점을 노려 상변에 눈을 만들어야한다.

解

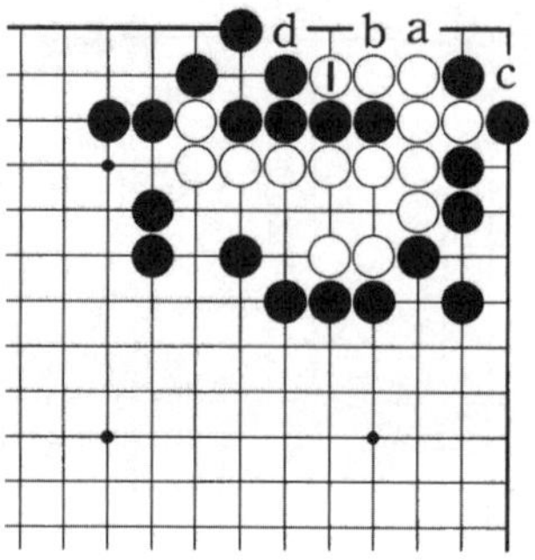

## 패

백1로 치받는 수가 맥이다. 흑에게 수를 넘긴 후 수를 만든다. 흑a는 백b로 패가 된다. 흑a로 c나 d로 손을 쓰면 무조건 백이 살 수 있다.

失

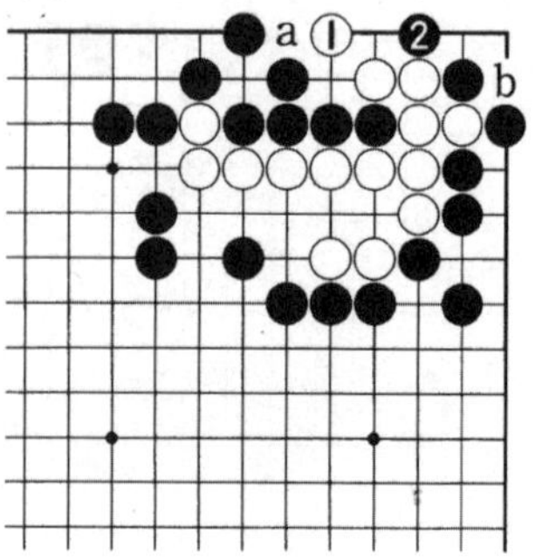

## 흑 죽음

백1의 입구자는 흑a를 기대하고 있지만 흑2로 젖히면 백이 살 수 없다. 백1로 2는 흑b로 지켜 상변이 눈이 되지 않는다.

제1형 백번

(146)

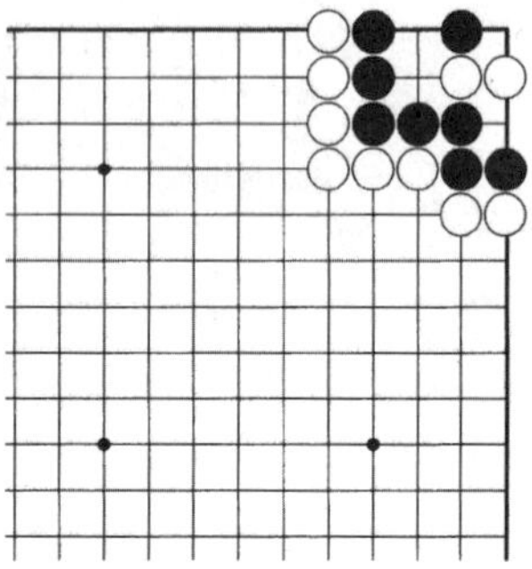

## 3개의 모양

사활 문제.
죽을까? 패? 빅? 백이 어떻게 두느냐에 따라 3개의 모양이 생긴다.

解

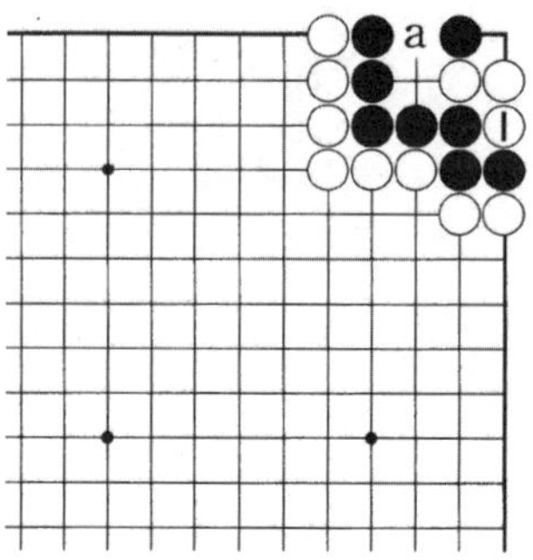

## 백 죽음

백1로 찝는 수가 맥이다. 흑은 자충으로 받을 수 있는 수가 없다. 흑a로 이어도 흑은 그대로 죽는다.

失

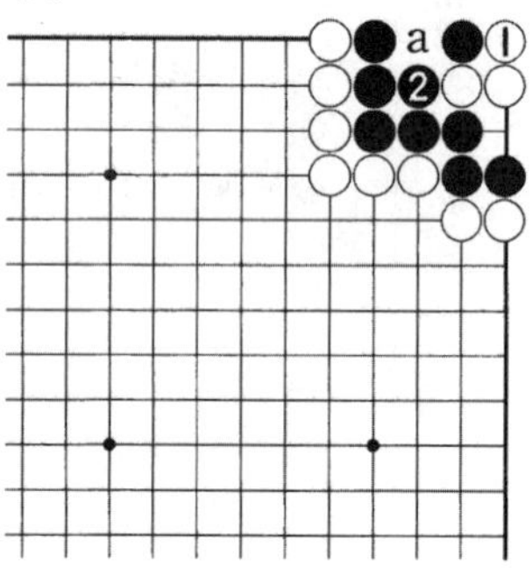

## 패

백1의 단수에는 흑2의 패로 버팀이 생긴다. 백1을 2에 두어 세점으로 만들면 흑a로 이어 빅이 된다.

제2형 흑번

(147)

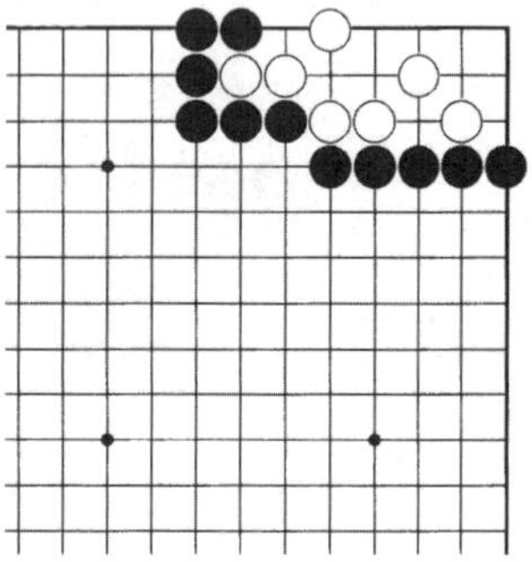

## 작용

사활의 문제.
우변 1선에 뻗은 것은 귀의 백 눈을 빼앗을 수 있는 작용이 생긴다. 또, 상변의 흑은 백을 옥집으로 할 수 있다.

解

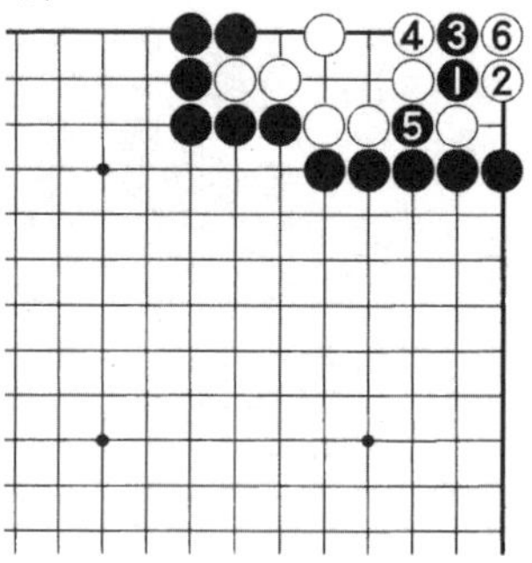

## 백 죽음

흑1의 찝는 수가 맥이다. 흑1로 찝으면 백은 2와 4로 흑 2점을 잡아도 흑5가 끊은 뒤 흑7로 먹여쳐서 귀는 옥집이 된다.

※❼→❶

変

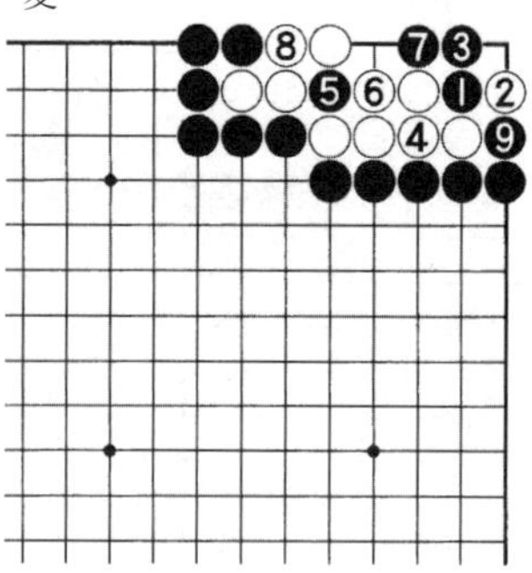

## 역시 죽음

백2, 4로 잡으면 귀는 완전한 집이 되지만 백은 자충이 된다. 흑5로 먹여치는 것이 좋은 수이다. 흑7로 치중하여 8과 9의 맛보기가 된다.

제3형 흑번

(148)

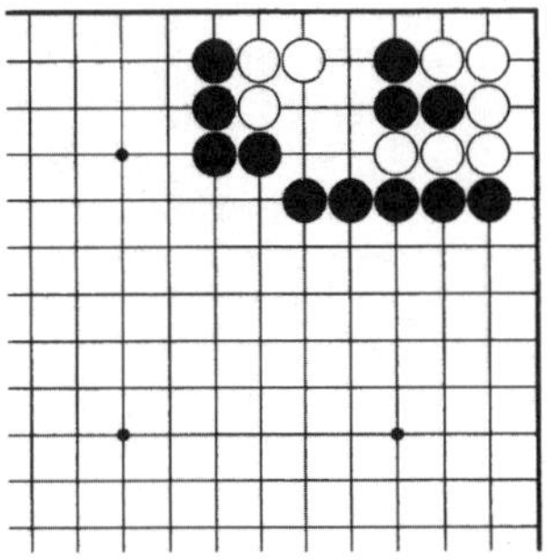

## 살리다

귀의 백은 흑이 3점을 살리면 죽는다. 흑은 좌상의 백 3점과 수상전에 승리하거나 상변을 건너면 좋다.

解

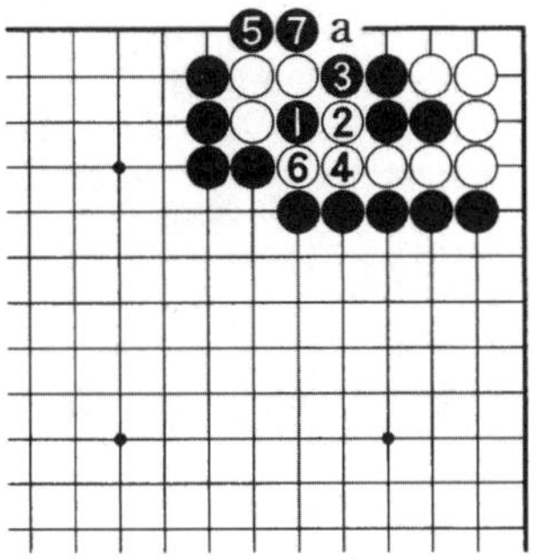

## 백 전멸

흑1의 젖는 수는 백의 공배를 채우는 맥이다. 백이 2로 끼우면 흑3으로 끊고 5와 7로 건넌다. 이후 백1로 이으면 흑a로 백이 전멸한다.

変

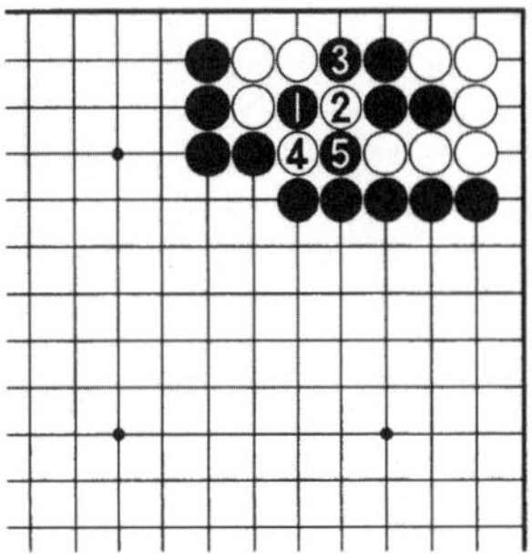

## 2점 잡기

백4로 1점을 잡는 것은 흑5의 단수로 거기까지. 백2로 3에 치받는 것은 흑2로 이어서 끝. 흑1로 5는 백2로 흑은 수상전에 패한다.

제4형 흑번

(149)

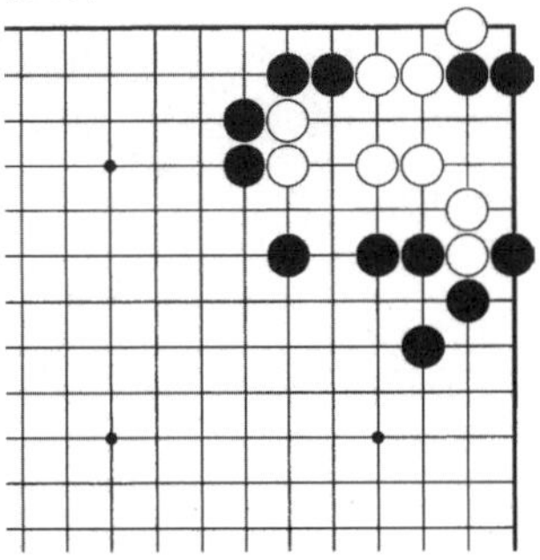

## 치중수

사활의 문제.

귀의 흑에게 치중을 해야 한다. 백이 최대한 힘을 내면 매화육궁이 된다.

解

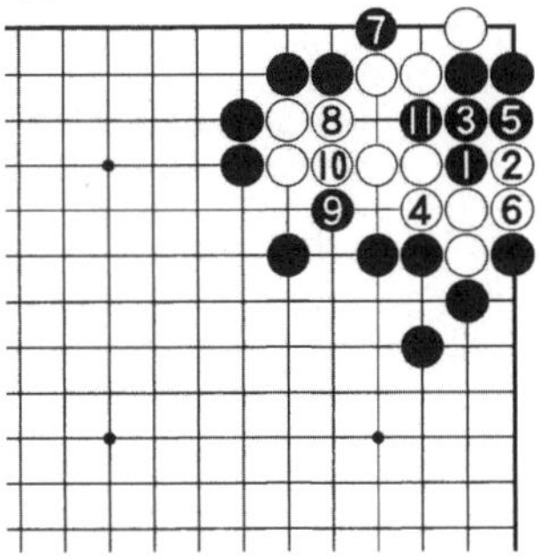

## 매화육궁

흑1의 젖는 수가 날카롭다. 흑1로 3은 백2로 실패한다. 흑5로 막아 오궁도화의 모양으로 백8과 10으로 집을 넓혀도 흑11까지 매화육궁이 된다.

変

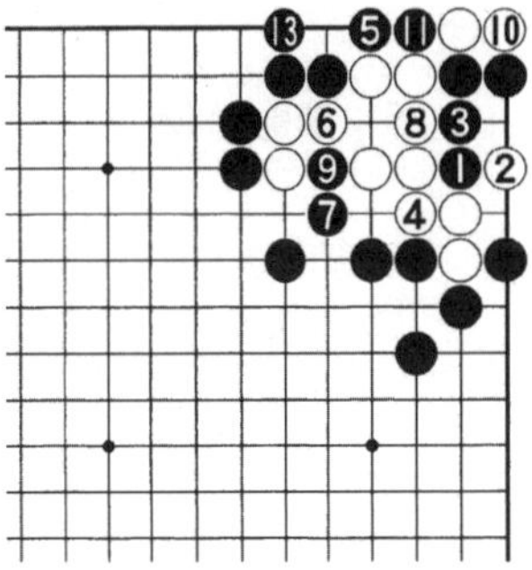

## 백 죽음

흑5로 상변의 눈을 빼앗는 변화이다. 백6, 8로 귀의 흑을 공격하면 흑은 9로 중앙의 눈을 부수고 흑13이 장생을 막는 좋은수이다.

※⑫→⓫의 오른쪽

제5형 백번

(150)

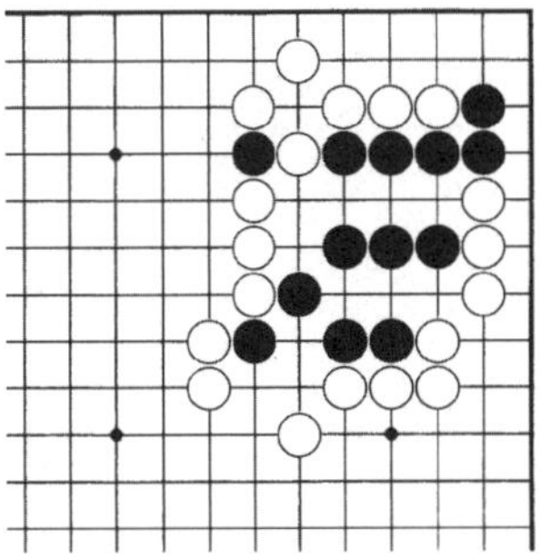

## 후수 한 눈

사활의 문제.

흑은 눈이 많아 보이지만 빈틈이 있을 것 같다. 귀의 후수가 한 눈이라면 흑은 살 수 없다.

解

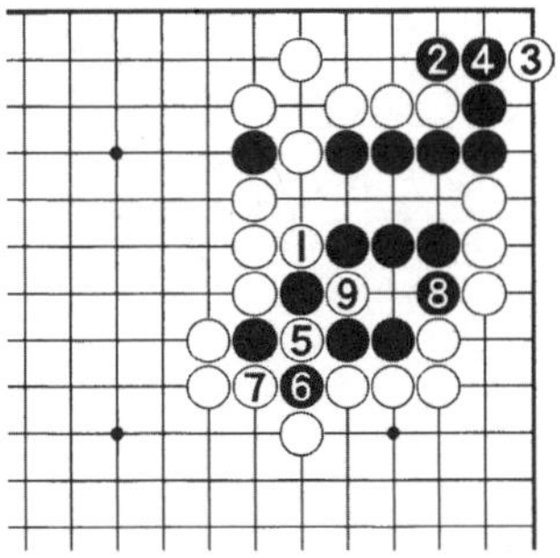

## 흑 전멸

백1의 젖는 수는 중앙에 있는 흑의 눈을 없애는 맥이다. 백1로 젖으면 흑이 2로 젖혀도 백3의 치중으로 귀는 후수한눈이 된다. 백5부터 9까지 백은 전멸한다.

失

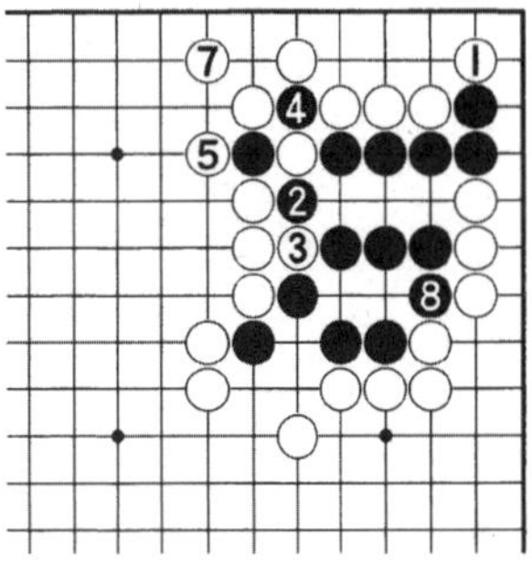

## 흑 삶

백1로 귀에 있는 흑의 눈을 빼앗는 것은 실패한다. 흑2로 단수를 쳐 패가 난다. 백5와 7로 패를 물리면 흑8까지 살 수 있다.

※❻→④의 아래

제1형 흑번

(151)

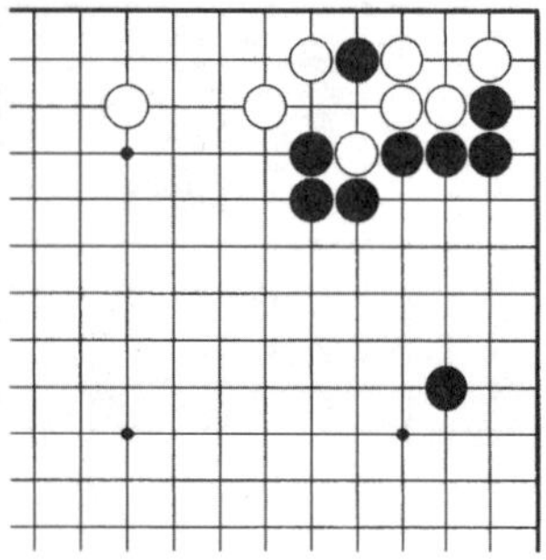

## 분리

귀와 상변의 백을 분리하는 문제. 2선에 있는 흑 1점을 움직여서 좌우를 갈라 귀와 상변 한쪽을 공격한다.

解

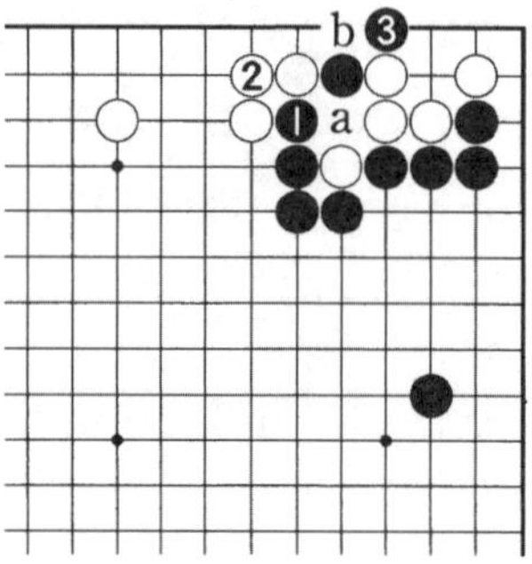

## 귀를 차지하다

흑1의 찝는 수가 급소. 흑1로 찝고 백2로 상변을 지키려하면 흑3으로 젖혀 백의 a와 b를 동시에 막는다.

变

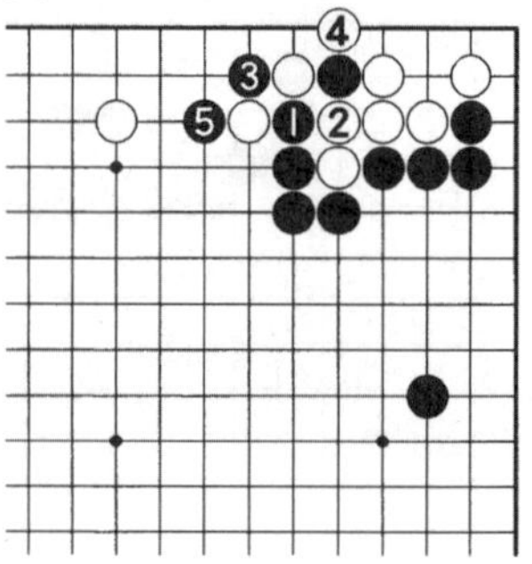

## 축

백2로 이어 흑 1점을 잡는 변화이다. 흑3으로 끊고 5로 백 1점을 축으로 잡으면 상변의 백 1점은 고립된다. 흑1로 2는 백4로 건너서 실패한다.

제2형 흑번

(152)

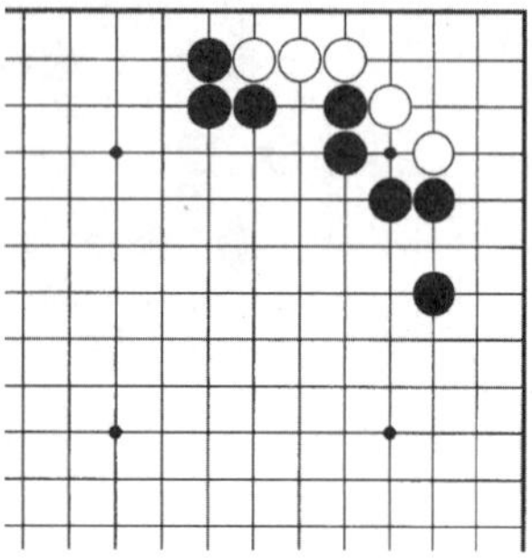

## 두 눈

끝내기 문제.
좌상귀의 백집은 흑이 선수로 하여 두눈의 집으로 줄일 수 있다.

解

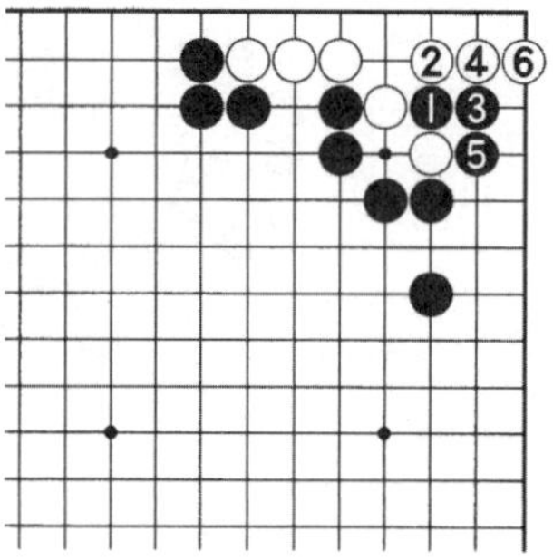

## 선수

흑1의 찝음이 예리하다. 흑1로 찝음에 백2, 4로 받으면 흑5로 건너가 백6까지 흑은 선수를 활용한다. 우변의 흑이 4집 증가하였다.

变

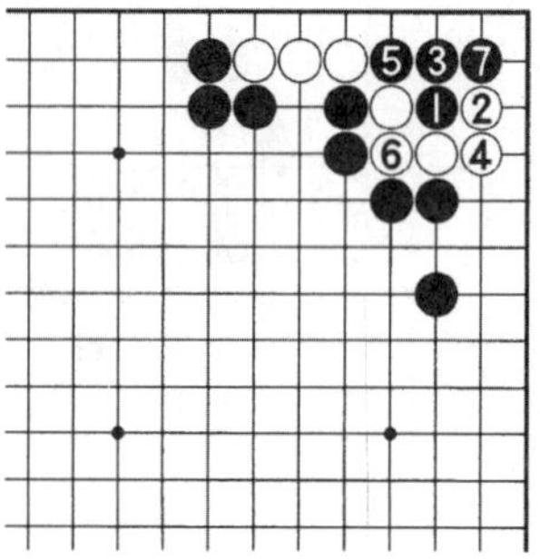

## 전멸

백2의 단수는 흑3으로 뻗어 막힌다. 백4로 이어도 흑5, 7로 귀의 백이 전멸한다. 백4로 5는 흑4, 백6, 흑7.

제3형 흑번

(153)

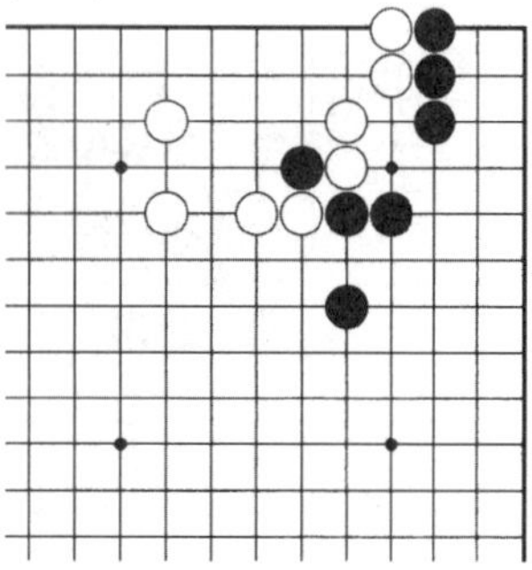

## 1집

끝내기 문제.
흑 1점을 잡고 있는 백은 흑의 끝내기에 따라 1집 차이가 생긴다.

解

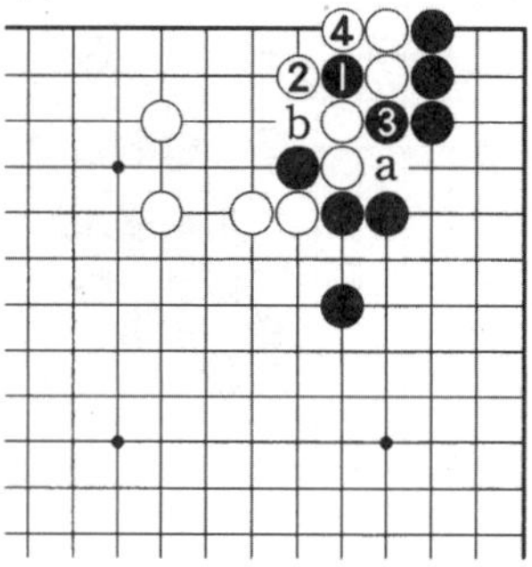

## 급소

흑1의 찝는 수가 급소. 흑1로 찝고 백2로 단수치면 흑3으로 끊는다. 흑a, 백b가 흑의 권리. 흑1로 3, 백1로 되어 비교하면 1집 차이가 난다.

变

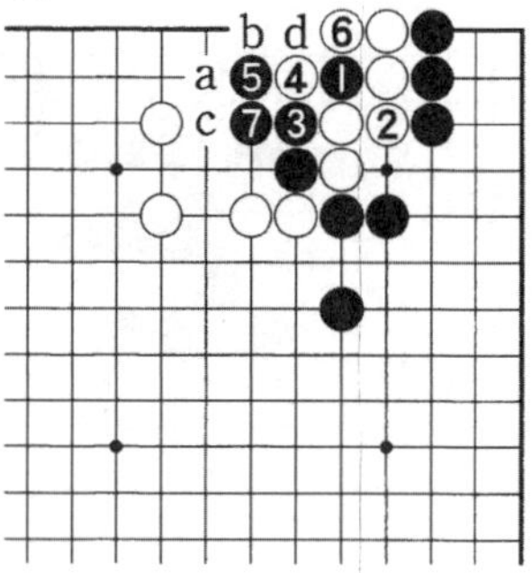

## 꽃놀이패

백2로 잇는 것은 위험하다. 흑3부터 7까지 수를 늘려서 수상전에 된다. 백a, 흑b, 백c, 흑d로 흑이 유리한 꽃놀이패다.

(154)

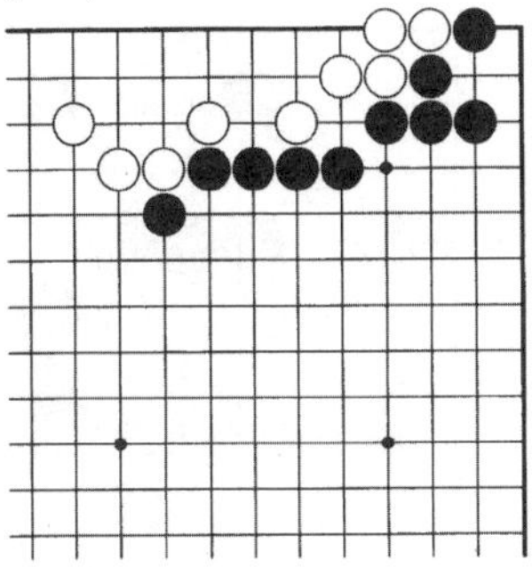

解

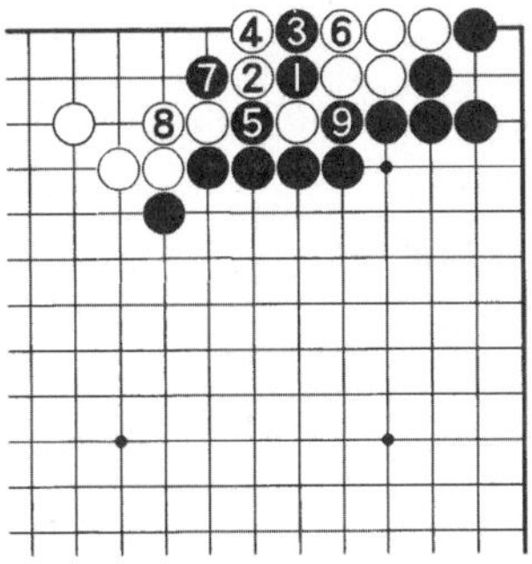

失

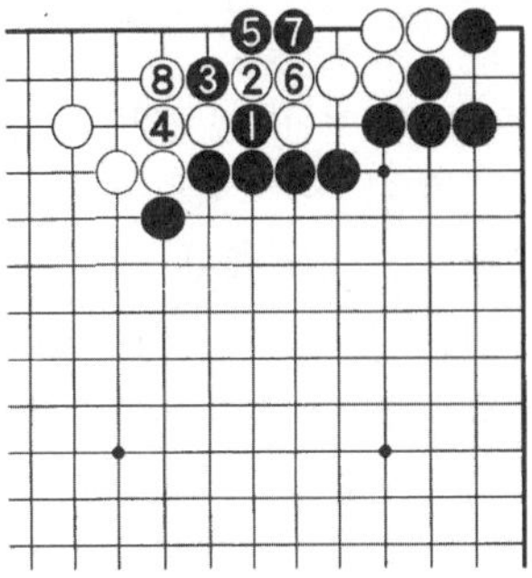

제4형 흑번

## 깨다

상변의 백집을 끝내기 보다는 백집을 부수어야 한다. 우상의 백 4점을 잡는 방법이 좋을 것 같다.

## 촉촉수

흑1로 찝어서 백 4점의 공배를 채운다. 백2, 4로 단수를 쳐도 흑5로 끊어 백6 이후 흑7, 9로 촉촉수가 된다.

## 흑 경솔

흑1이 들어가는 것은 경솔로 실패한다. 백이 2로 받아 흑의 수가 되지 않는다. 흑3으로 끊어도 백4 이하 8까지 수상전은 백의 승리가 된다.

(155)

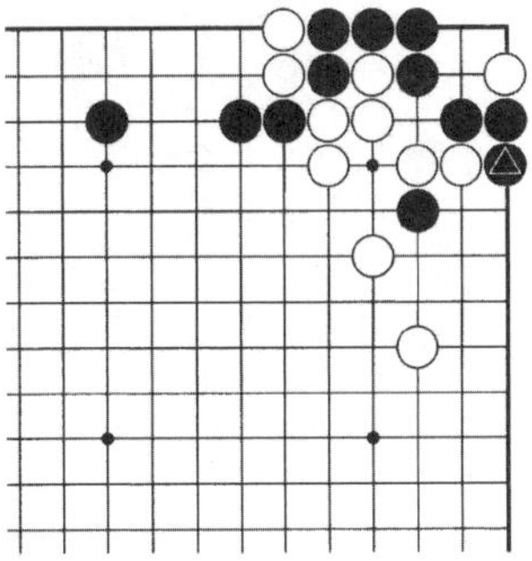

解

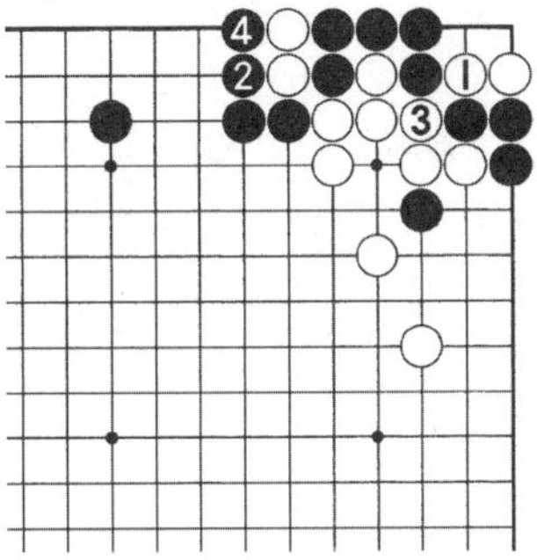

变

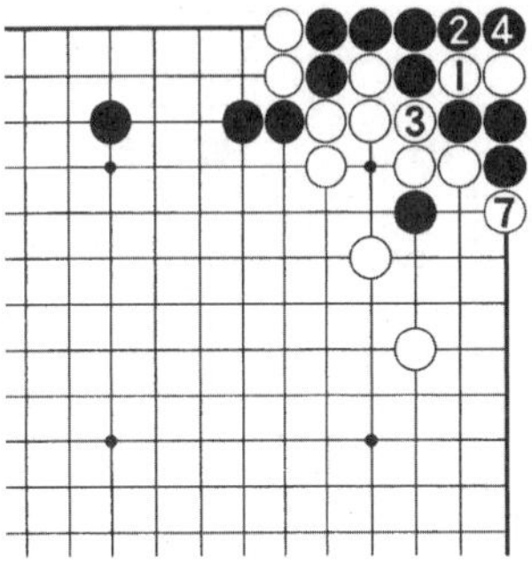

제5형 백번

## 반격

끝내기 문제.

귀부터 우변의 백집을 끝내기 하려 하는 ▲에 반격한다. 흑은 간신히 퇴각하게 될 것이다.

## 백 부활

백1의 찝는 수가 날카롭다. 백1로 찝으면 흑2는 돌아가서 2점을 잡아야 하므로 백3의 끊는 수가 선수. 귀의 백이 부활하여 백집이 크게 늘어난다.

## 귀가 전멸

흑2로 백 2점을 잡는 것은 백3의 끊는 수가 큰 일. 백7까지 귀의 백이 전멸한다. 백1로 7은 흑1로 실패한다.

※❺→①(단수치기), ❻→④의 아래(따냄)

(156)

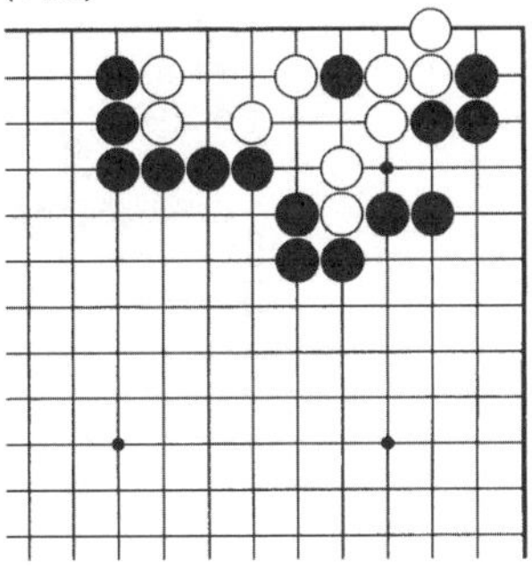

解

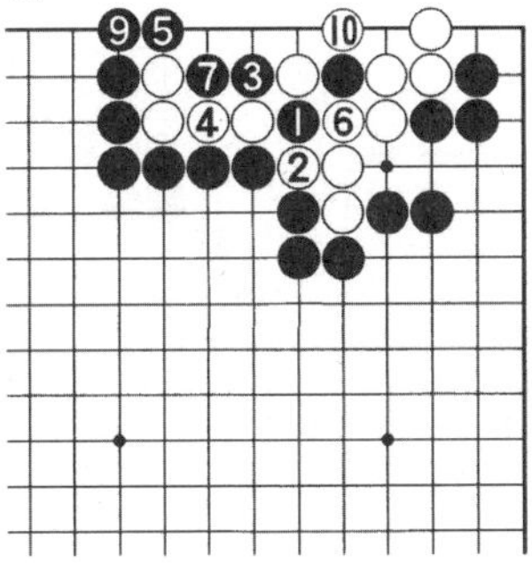

变

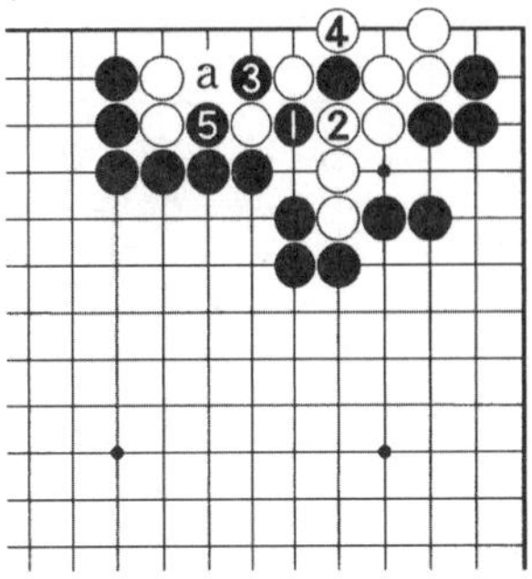

제6형 흑번

## 최선

끝내기 문제.

흑 1점을 잡은 백집은 흑의 끝내기 방법으로 1집 차이가 생긴다.

## 흑 선수

흑1로 찝는 수가 급소. 흑1로 찝고 백2로 단수치면 흑3으로 끊고 9까지 선수로 넘어간다.

※⑧→❶

## 3점 잡기

백2로 끊어도 흑3으로 맞끊는다. 백4 이후 흑5로 따내 흑집이 크다. 흑1로 5는 백a로 받지 않고 백4로 두어서 정해보다 조금 손해이다.

# 위붙임 · 머리(코)붙임

상대의 돌보다도 중앙, 천원에 가까운 쪽에 붙이는 수가 위붙임. 밑붙임과 대비되는 모양이다.
상대의 돌이 많고 그 돌의 앞쪽 끝에 붙여서 뻗는 것을 방해하는 모양이 코붙임 또는 머리붙임으로 효과적인 맥점이 되는 경우가 많다.
흑1은 백 2점 머리에 붙여서 수를 줄이는 맥. 이것으로 흑이 수상전에서 이기게 된다.

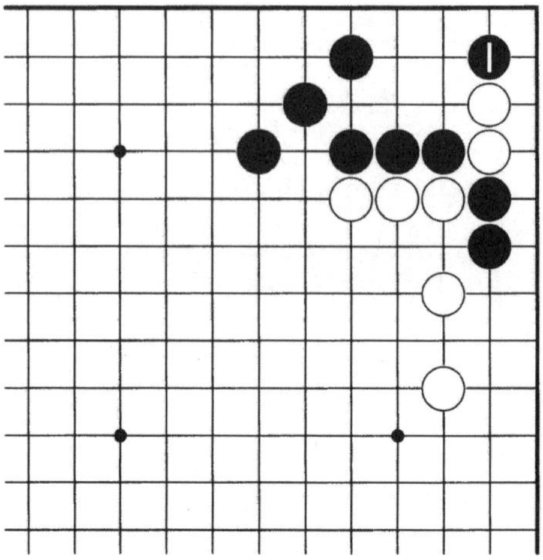

위붙임 정석 · 변화

제1형 흑번

(157)

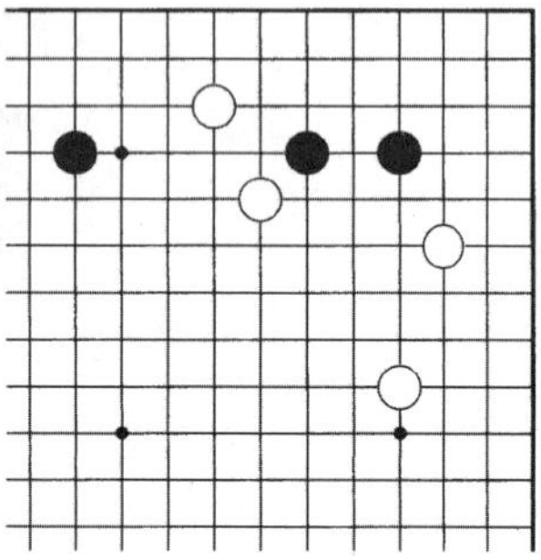

**반발**

접바둑의 정석이다.
우상 흑이 한칸 뛰면 백은 날일자로 씌워 봉쇄하려고 한다. 흑은 어떻게 반발해야 하는가?

解

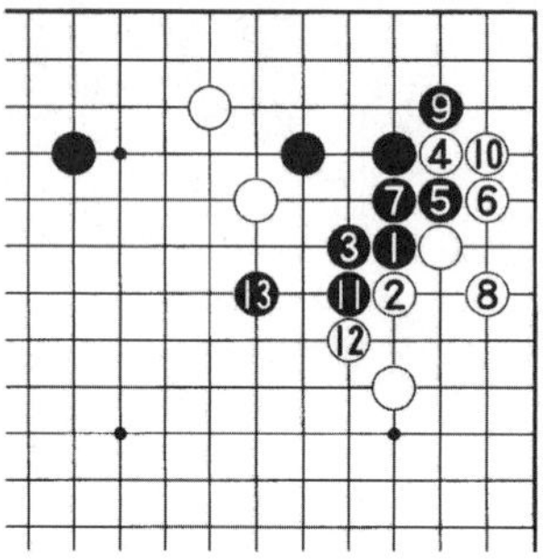

**중앙으로 나오다**

흑1, 3의 뛰어 붙이는 수가 알기 쉽게 두는 수. 백이 4부터 10까지 우변을 견고히 하면 흑11과 13으로 중앙에 나와 상변의 백 2점을 공격한다.

失

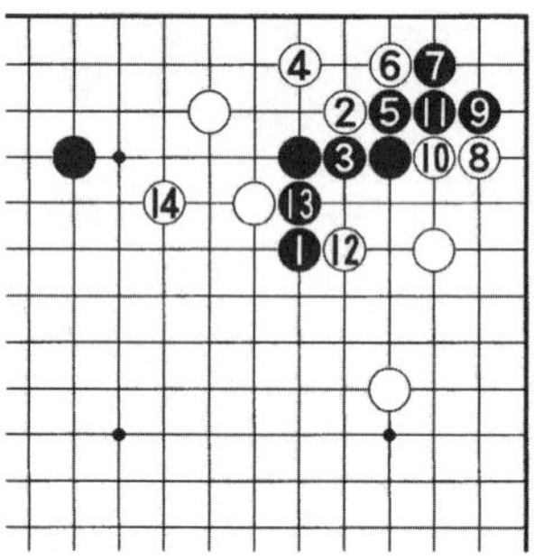

**흑 실패**

흑이 1로 한 칸 뛰는 것은 우변의 백이 강해 백2, 4로 상변을 견고히 할 수 있어 초점이 빗나간다. 백14까지 흑은 1눈으로 일방적으로 공격당한다.

제2형 흑번

(158)

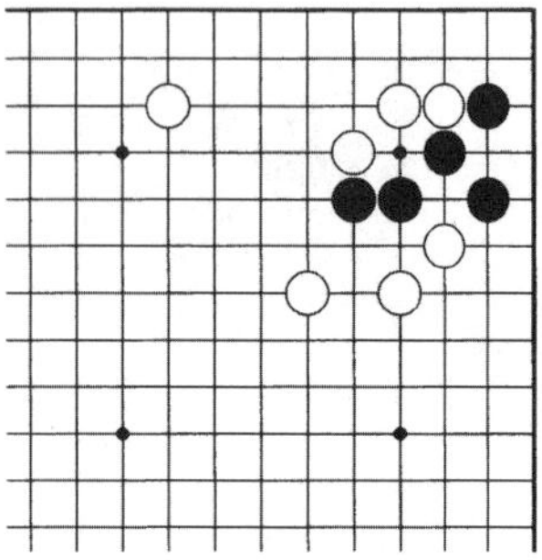

**활용한 모양**

고목정석에서 파생된 모양이다. 우변부터 공격당하고 있는 흑이 중앙으로 나가게 활용하는 모양을 만들고 싶다.

解

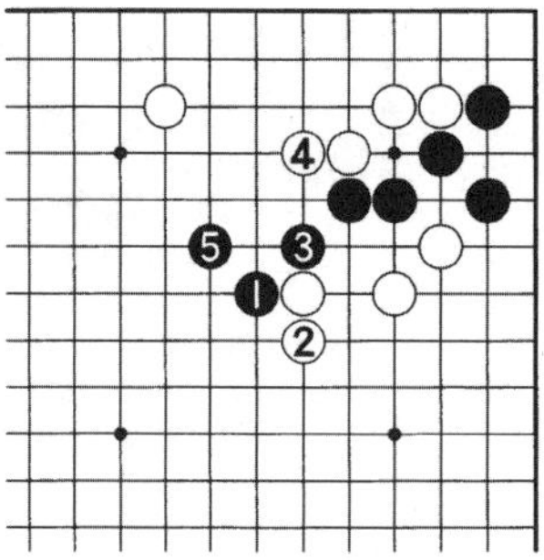

**흑1이 좋은 행마**

흑1로 붙이면 백은 2로 받는다. 흑3으로 막으면 중앙에 쉽게 진출할 수 있다. 백4, 5로 정석은 일단락된다.

変

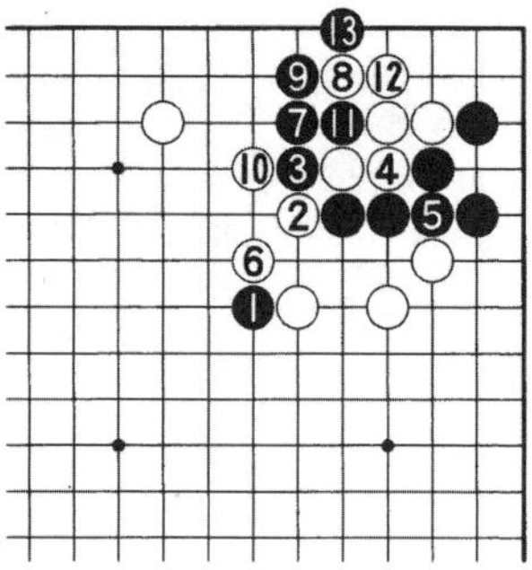

**2는 무리**

백이 2로 반발하면 흑3으로 끊어 상변의 백을 공격할 수 있다.
백6 이후 흑7로 뻗고 13까지 흑의 승리다.

(159)

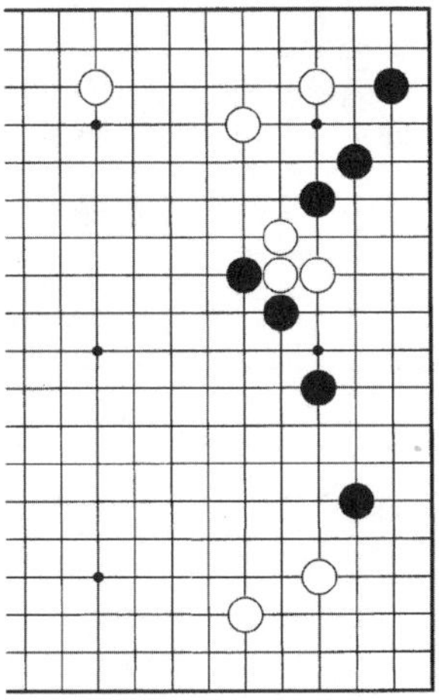

解

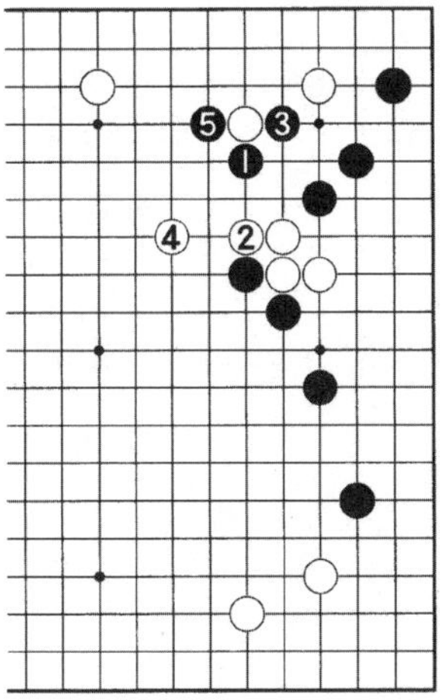

変

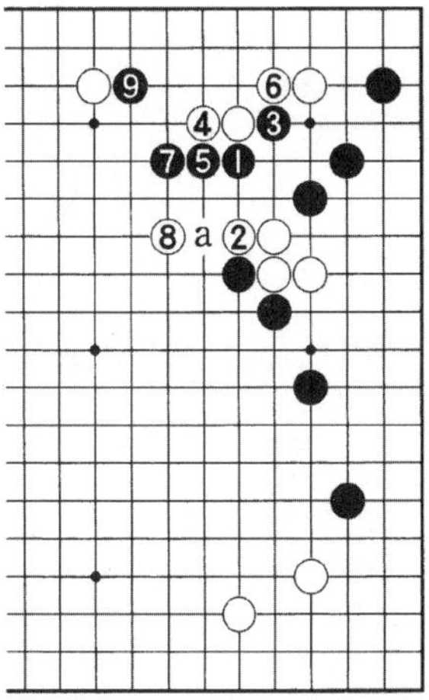

제3형 흑번

### 냉엄한 수

우상은 2칸 높은 협공 정석에서 파생된 모양으로 우변부터 백을 공격해 가고 싶다. 백 3점은 우형으로 무거운 모양이다. 흑은 이후 냉엄한 수를 준비 하고 있다.

### 기대다

흑1의 붙임은 상변 백에 기대면서 우변을 공격하고 있다. 백2로 도망가면 흑3. 백4로 중앙을 지키면 흑5로 단수쳐서 우상의 백 2점은 도망가기 어려운 모양이 된다.

### 흑 호조

백이 4로 상변을 받으면 흑5로 추격한다. 다음에 백이 6으로 받을 때 7로 뻗어 a의 막는 수와 9의 붙이는 수를 노린다. 흑 호조의 공격.

(160)

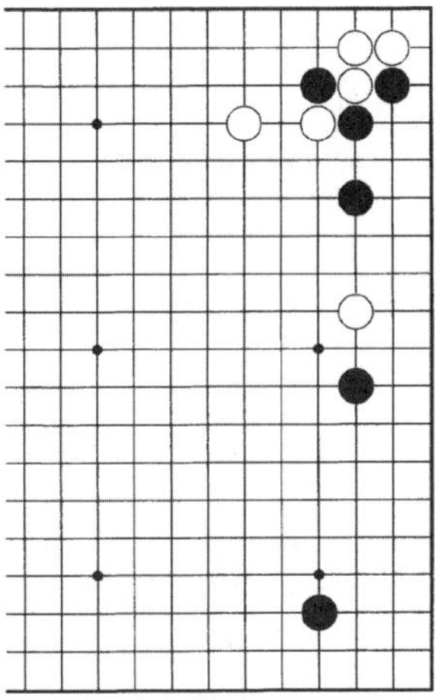

解

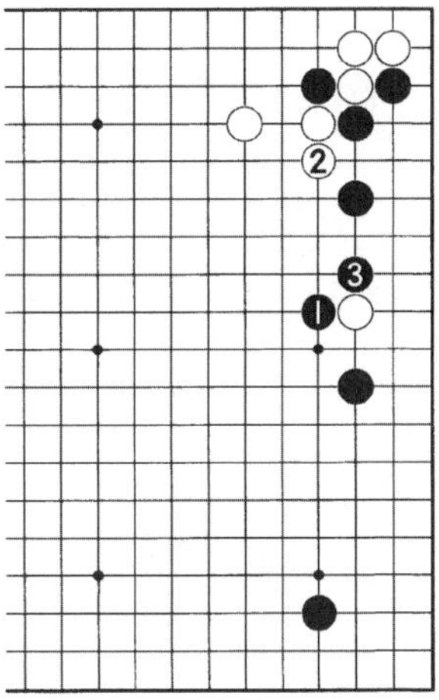

変

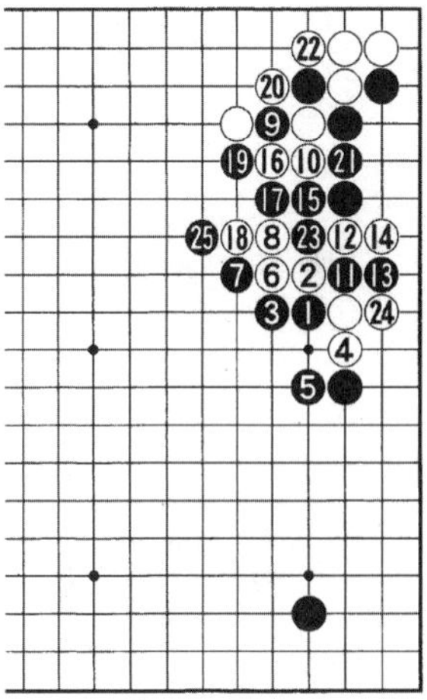

제4형 흑번

### 연관된 맥

우상귀의 싸움은 아직 결말이 나지 않았다. 전투는 이 곳뿐만이 아니라 우변과도 연관되므로 흑의 다음 수는 위아래와 연관된 맥이 된다.

### 흑 충분

흑1의 붙이는 수가 냉엄한 맥이다. 백2로 귀의 모양을 결정하면 온화하다. 흑3으로 막아 백 1점은 답답한 모양이다. 귀의 손해는 우변의 이득으로 충분히 찾아왔다.

### 백 둘 수 없음

백이 2로 저항하는 모양. 흑3부터 백8까지 격렬한 싸움이 이어지지만 여기에 흑9로 귀를 연관시켜서 백이 불리한 모양이 된다. 흑17로 나오면 백은 둘 수 있는 수가 없다.

(161)

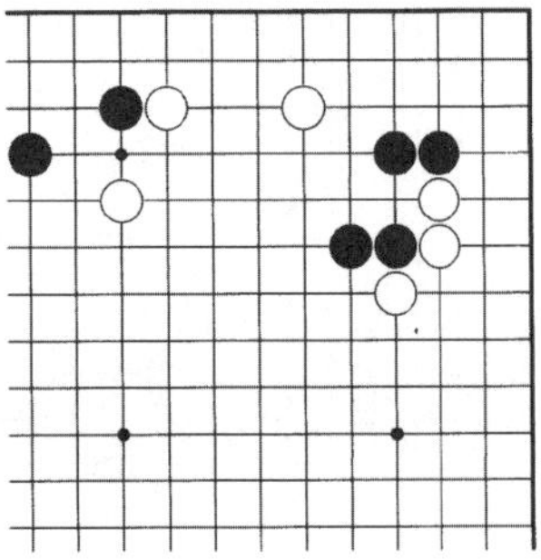

解

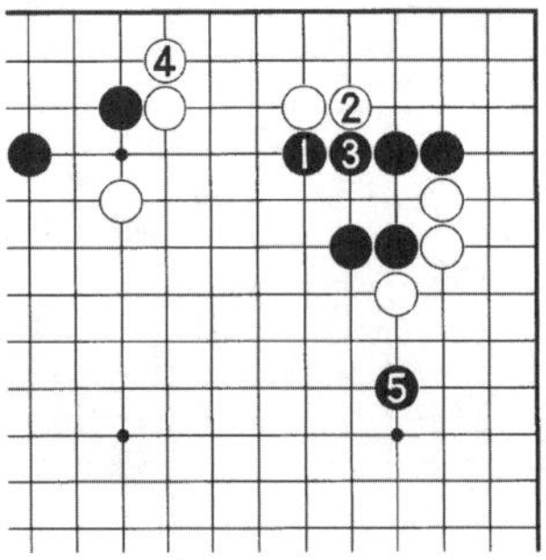

失

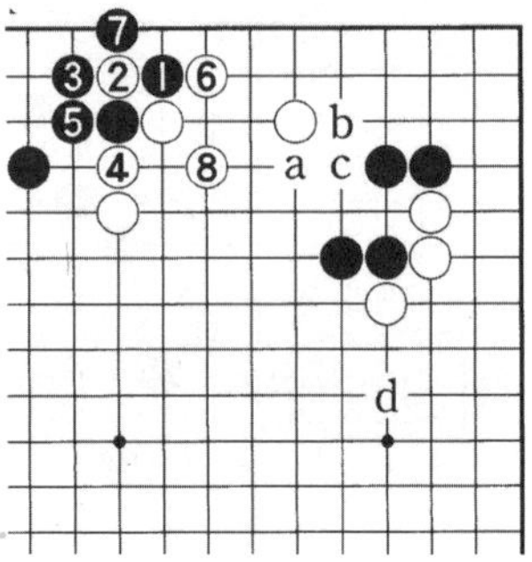

제5형 흑번

## 굳히다

상변의 백은 우상귀에 있는 흑을 노리고 있다. 흑은 우상을 견고히 하고 싶다. 어떻게 두어야 하는가?

## 선제공격

흑1로 붙이는 것은 일반적인 모양이다. 흑1로 붙이면 백2, 흑3을 활용하여 귀가 견고해진다. 백4에는 흑5로 선제공격한다.

## 백 정형

흑1은 상변을 지키는 정해진 모양이지만 백2부터 8까지 형을 정리한다. 흑이 a로 붙이면 백b, 흑c 이후 손을 빼게 된다. 흑d에 둘 수 없게 된다.

머리붙임 뚫기

(162)

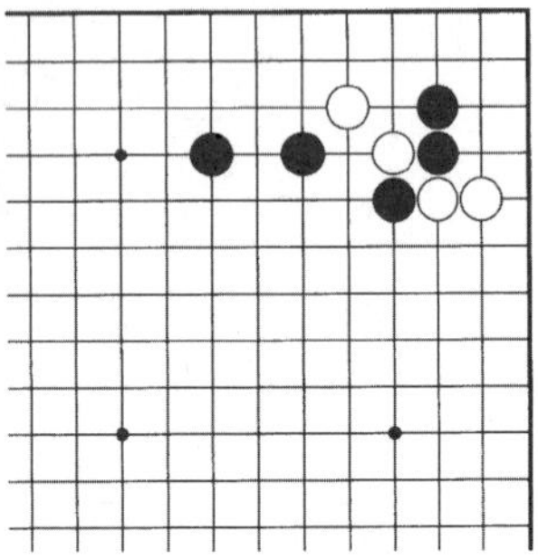

解

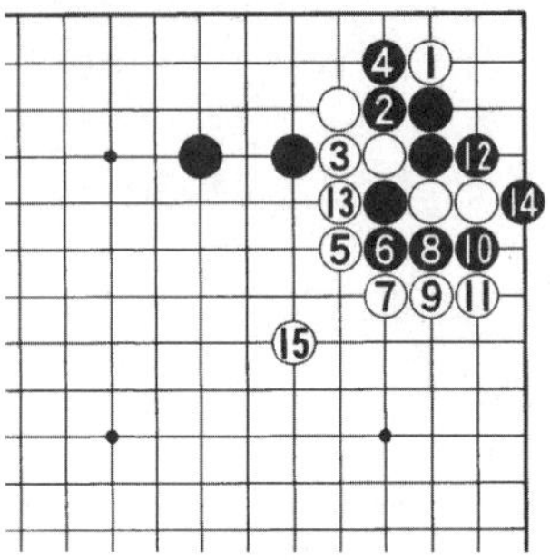

変

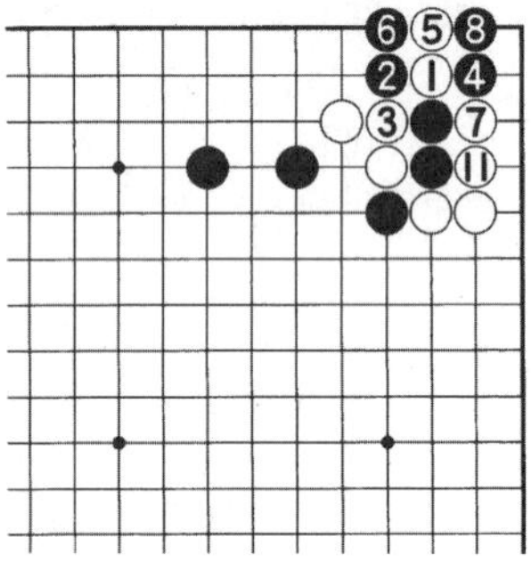

제1형 백번

## 수습

2칸 높은 협공 정석의 모양.
백은 귀의 흑 2점을 공격하여 상변 2점을 수습하지 않으면 안 된다. 수읽기가 요구 되어 진다.

## 바깥을 바르다.

백1로 머리붙이는 수가 맥이다. 흑2, 4로 귀를 지키면 백도 바깥이 강해져 백5로 씌울 수 있게 된다. 백15까지 밖을 싸바르면 정석이 끝난다.

## 조임

흑2와 4로 1점을 잡으면 백5로 조이는 모양이 된다. 백11까지 흑 2점을 잡고 전체를 연결시킨다.
※❾→①/❿→⑤(따냄)

(163)

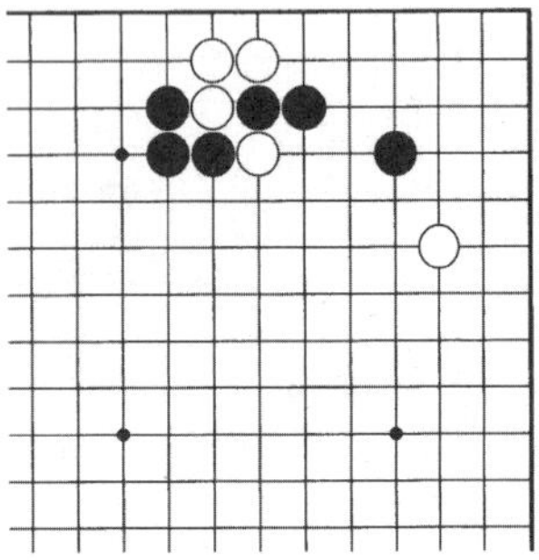

解

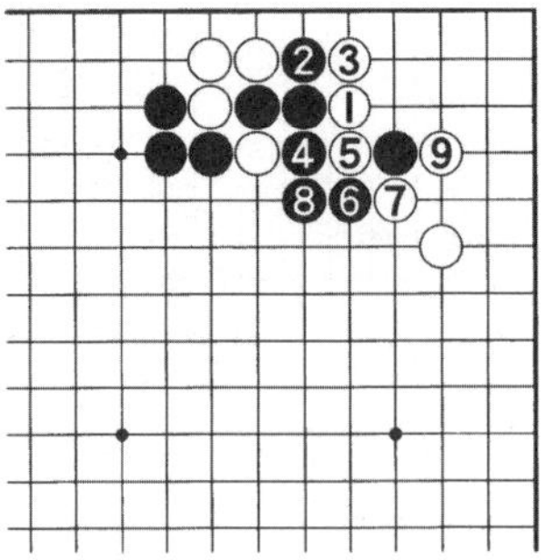

変

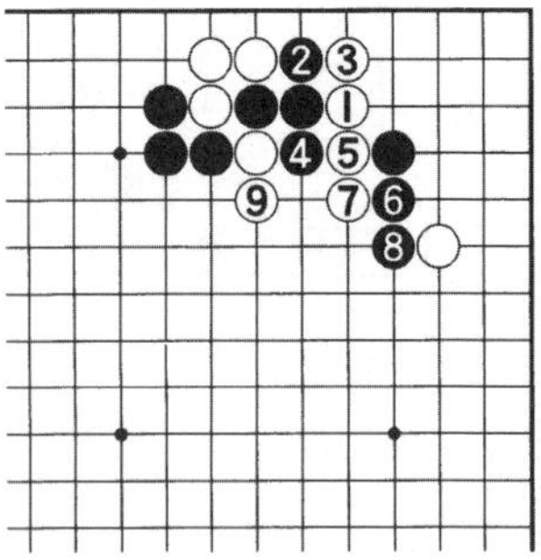

제2형 백번

## 맛

백 3점을 잡고 있는 상변의 흑은 대단히 맛이 좋지 않은 모양이다. 백3점은 살릴 수 없지만 어디서부터 흑의 엷음을 추궁하여야 할까?

## 귀를 잡다

백1로 머리 붙이는 수가 냉엄하다. 흑2로 나가면 백3으로 막는다. 흑은 4로 나올 수밖에 없으므로 백이 5부터 9까지 귀를 차지한다.

## 흑 무리

흑6으로 귀를 탈출하려는 것은 무리이다. 백7로 나가면 흑8 이후 백9로 늘어 상변의 흑 4점을 잡아 버리게 된다.

**제1형 백번**

(164)

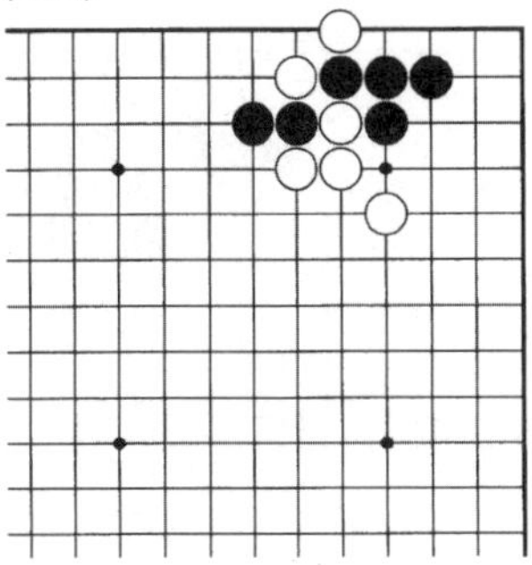

解

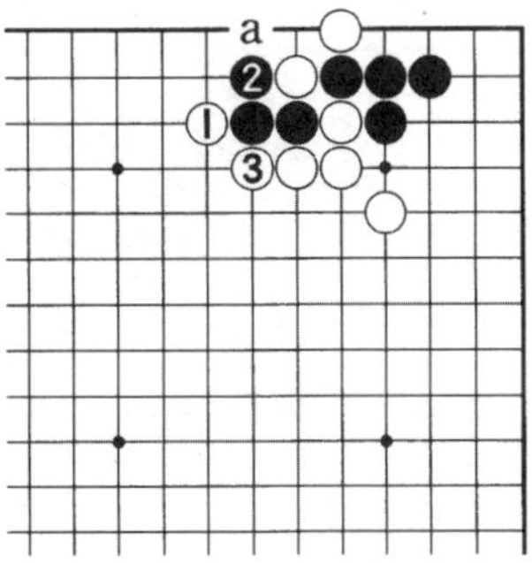

失

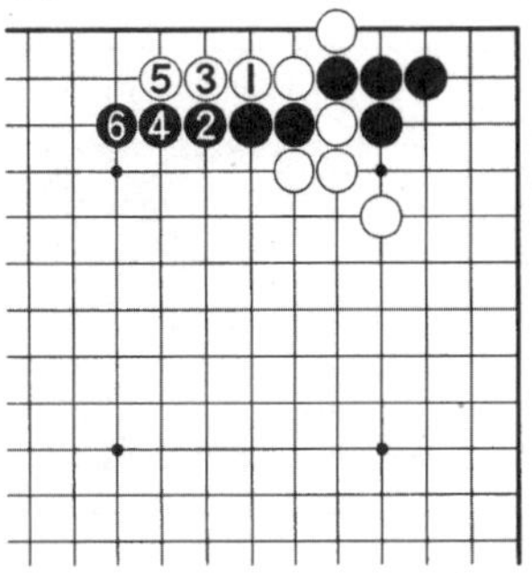

### 결정하다

상변의 백 2점을 활용하여 중앙의 백의 모양을 결정하려고 한다. 흑의 자충을 추궁하는 맥이 유효하다.

### 코붙임

백1은 흑 2점이 나오는 코에 붙이는 코붙임의 맥이다. 흑은 2에 두는 수밖에 없다. 백3으로 막은 뒤 a의 패가 다음의 노리는 수가 된다.

### 백 무리

백1로 미는 것은 무리이다. 백3, 5로 2선을 기어도 살 수 없다. 귀에서의 수상전도 이길 수 없다. 흑은 중앙이 두터워져 편안한 싸움이 된다.

**제2형 흑번**

(165)

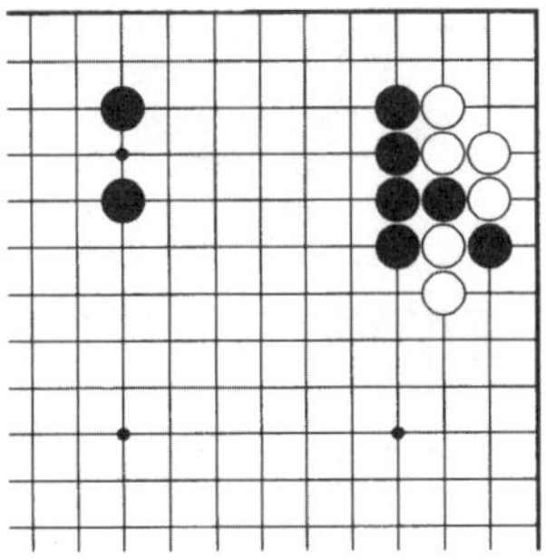

解

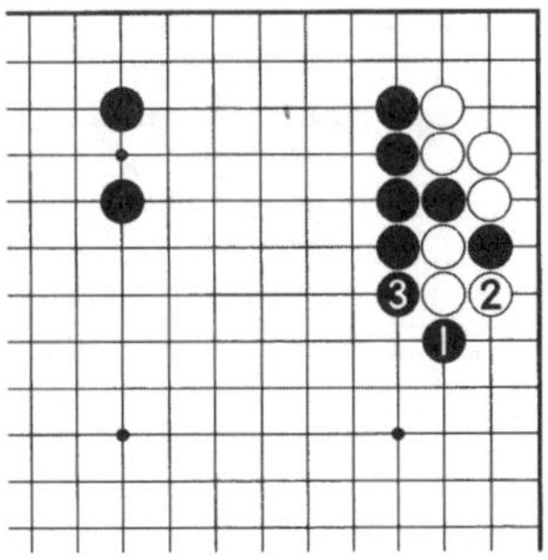

変

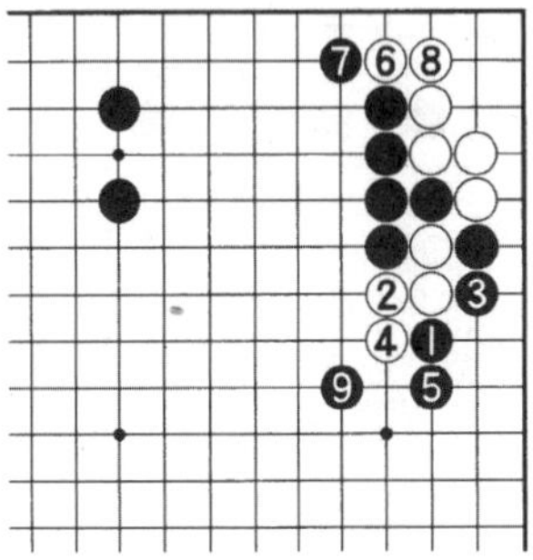

### 추진

상변에 있는 흑의 모양을 중앙에 발전시키기 위해 우변의 백에게 맥을 구사하고 싶다. 어떻게 추진하여야 하는가.

### 중앙이 넓어지다

흑1로 코붙이는 수가 냉엄한 수이다. 백2로 구부려 굴복하면 흑3으로 막아 중앙이 두터워 진다. 흑의 모양이 넓어져 있다.

### 백 실패

백이 2로 반발하면 흑3으로 건넌다. 귀는 흑이 6으로 두면 죽기 때문에 백은 8까지 받는 수밖에 없다. 흑9로 중앙의 백을 공격한다.

**제3형 흑번**

(166)

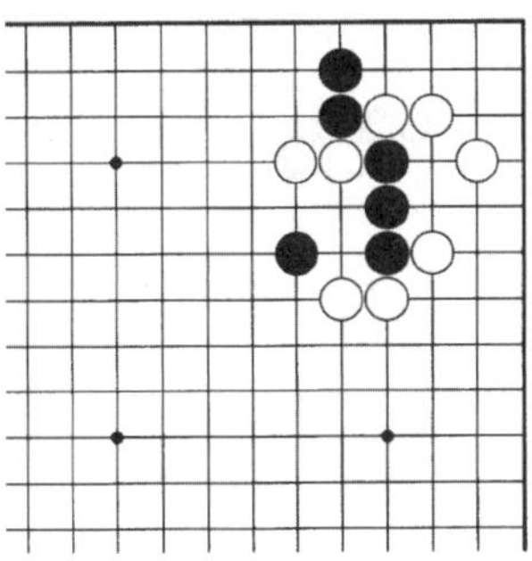

解

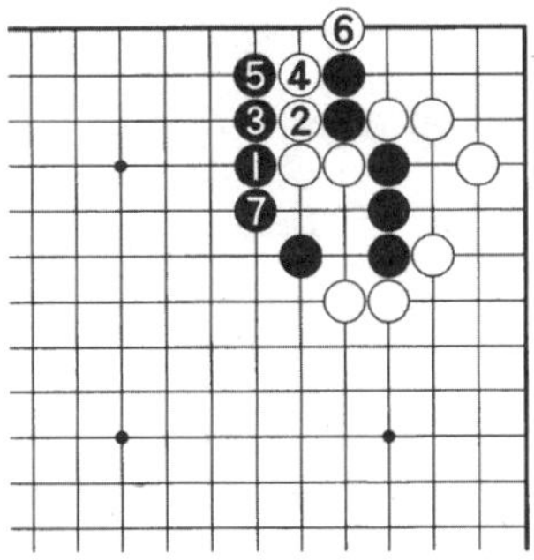

変

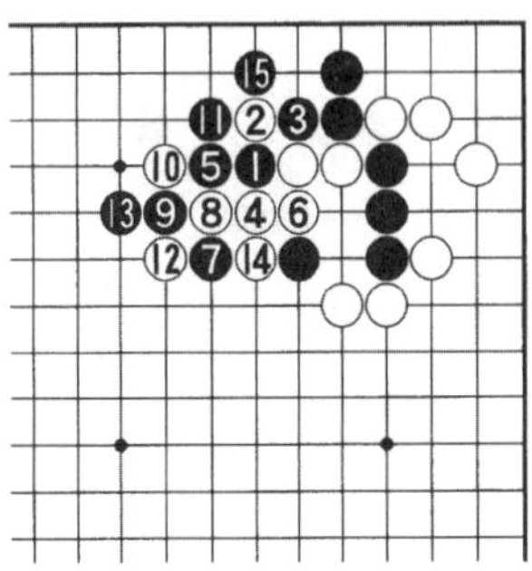

### 전도다난

상변의 흑은 백에게 분단되어 양쪽을 살리는 것은 어려움이 많다. 여기는 어떻게 수습하여야 하는가?

### 사석

흑1로 머리붙이는 수가 냉엄한 수이다. 백2로 구부리면 흑3과 5로 막고 2점을 버려 상변에 세력을 만든다. 흑은 7로 충분하다.

### 중앙을 버리다

백2로 젖히면 흑3으로 끊는다. 백4, 6으로 중앙을 살리면 흑7로 씌워 중앙의 흑을 버린 뒤 상변에 세력을 만든다. 흑15까지 수습하는 모양이다.

(167)

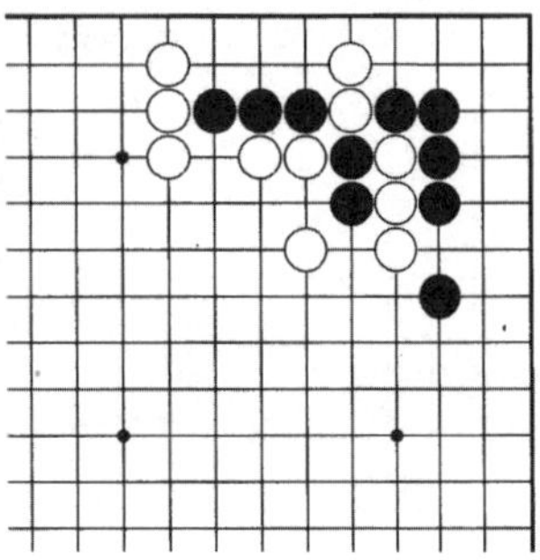

### 좌우동형

상변의 흑 3점을 이대로 잡히는 것은 아쉽다. 백의 자충을 추궁하여 우상으로 연결하는 것이 가능하다.

解

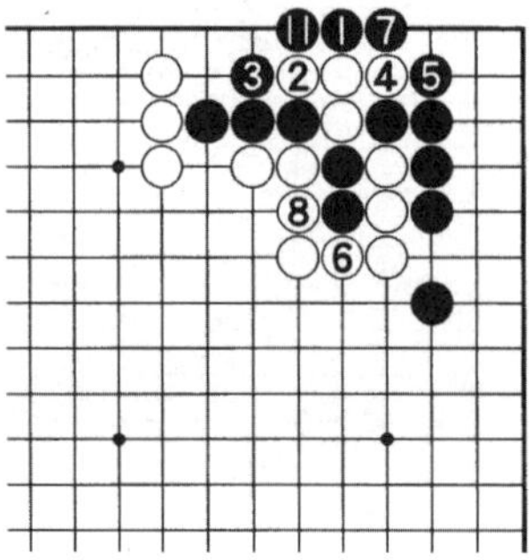

### 건넘

흑1로 머리붙이는 수가 맥이다. 백2, 4 이후 백6으로 따내면 흑은 11까지 건널 수 있다.

※흑9→⑧의 오른쪽 위, ⑩→⑥의 위(따냄)

変

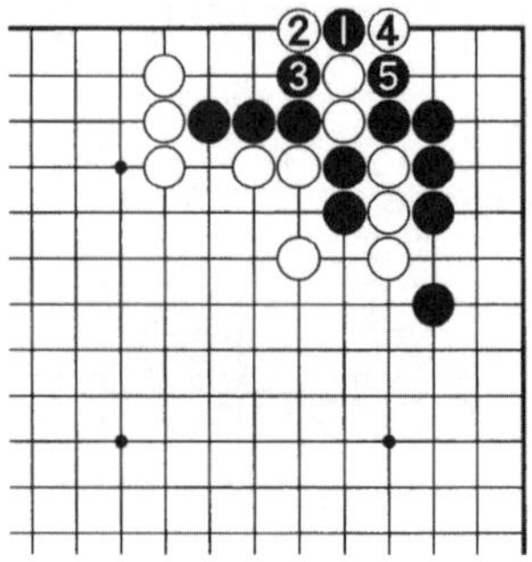

### 경솔

백2로 받는 것은 경솔한 짓이다. 흑3, 5로 단수치면 백이 잡힌다.



(168)

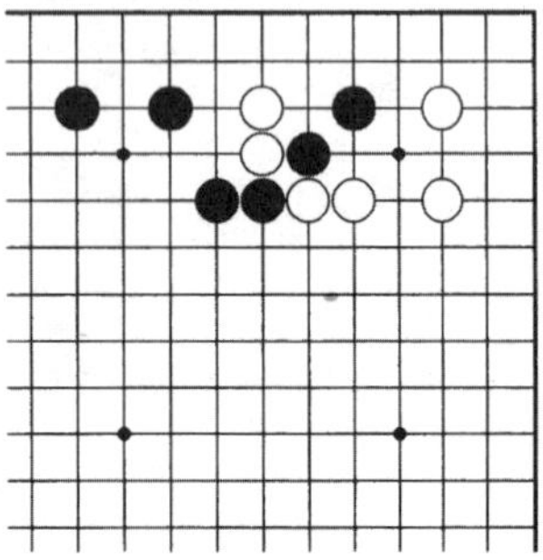

### 줄이다

우상의 흑 2점은 의지가 되지 않는 모양이지만 상변에 있는 백 2점의 자충을 추궁하여 백집을 줄일 수 있다.

解

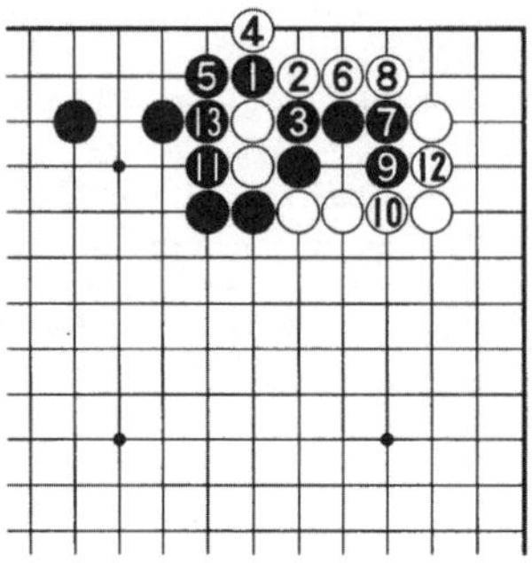

### 생환

흑1로 머리붙이는 수가 맥이다. 백2로 3은 흑2로 성공한다. 백2 이하로 상변에 두면 흑13까지 백 2점을 잡고 흑 2점을 생환시켜 백집이 줄어든다.

変

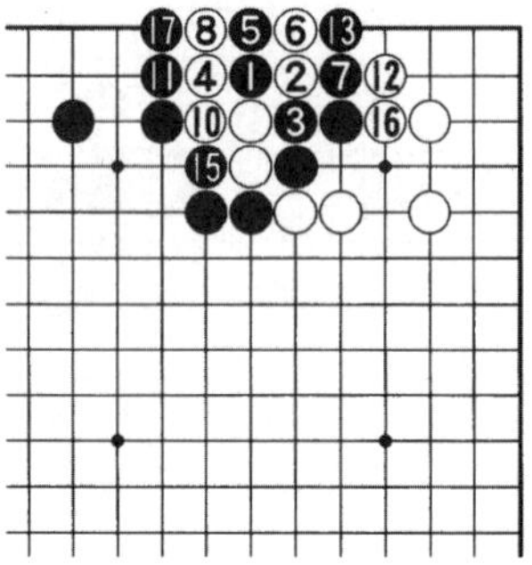

### 흑 승리

백4로 끊으면 흑5로 뻗어 수상전에 돌입한다. 흑7로 단수치고 9로 먹여치면 흑17까지 수상전에서 흑이 승리한다.

※흑9→흑1, ⑭→흑5(따냄)



(169)

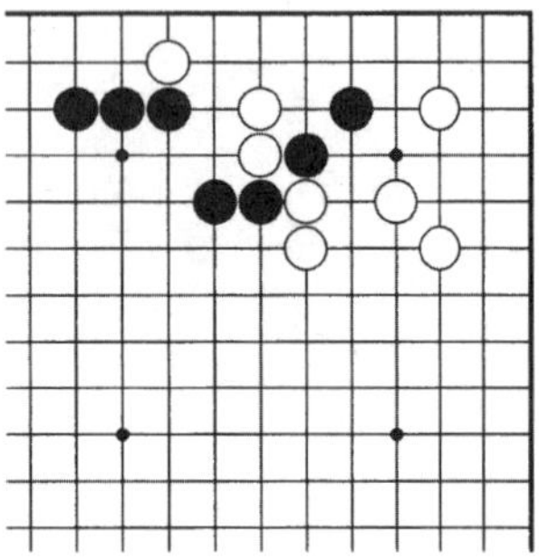

### 침입

우상귀에 끊어져 있는 흑 2점을 활용하여 한발 앞선 끝내기를 하고 싶다. 백 1점을 잡는 것만으로는 충분하지 않다.

解

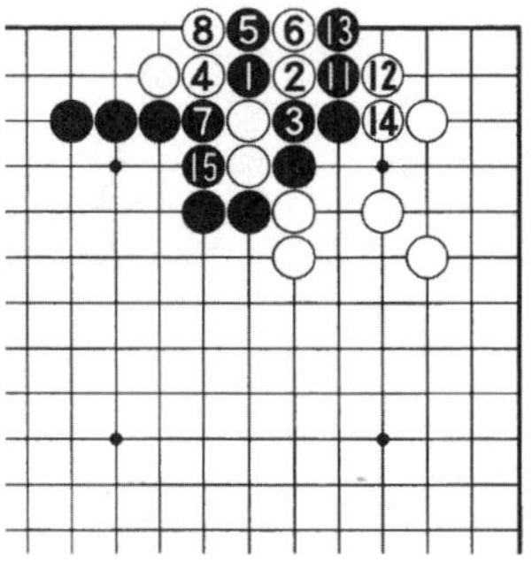

### 모두 잡기

흑1로 머리붙이고 수가 냉엄한 수이다. 백2로 젖혀 나가면 흑3부터 9까지 조인다. 백10이면 흑11로 백을 모두 잡을 수 있다.

※흑9→흑1/⑩→흑5(따냄)

変

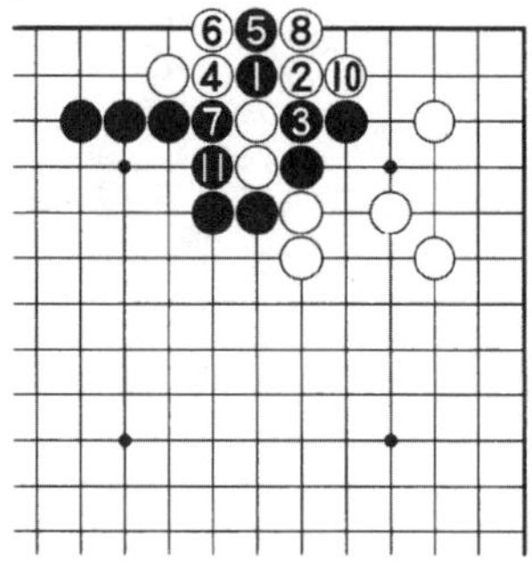

### 생환

백이 10에 두면 흑11로 백 2점을 잡고 흑 2점이 생환한다. 한편 백2로 3이면 흑은 2로 막아 충분하다.

※흑9→흑1

(170)

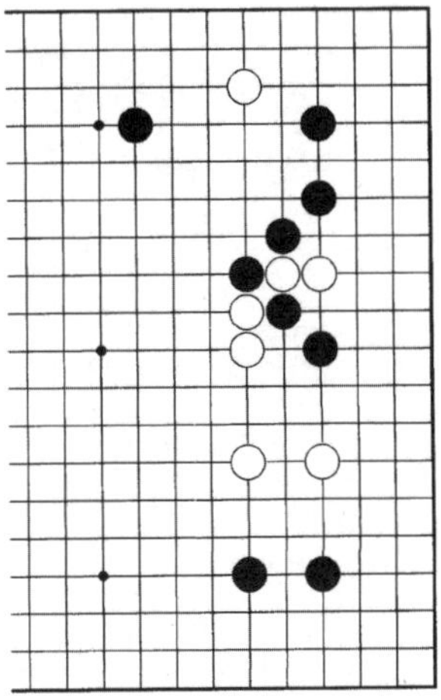

解

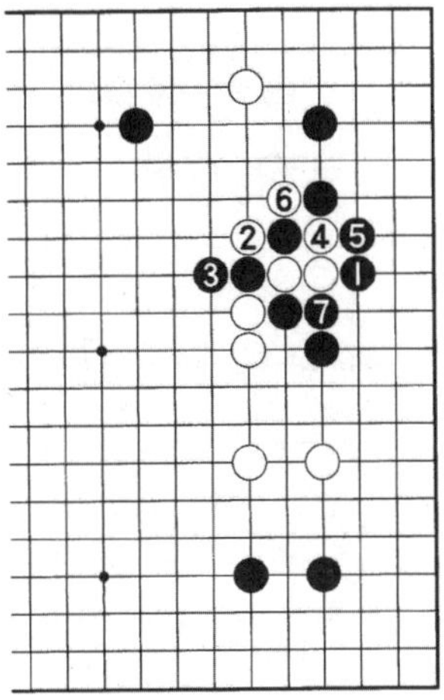

変

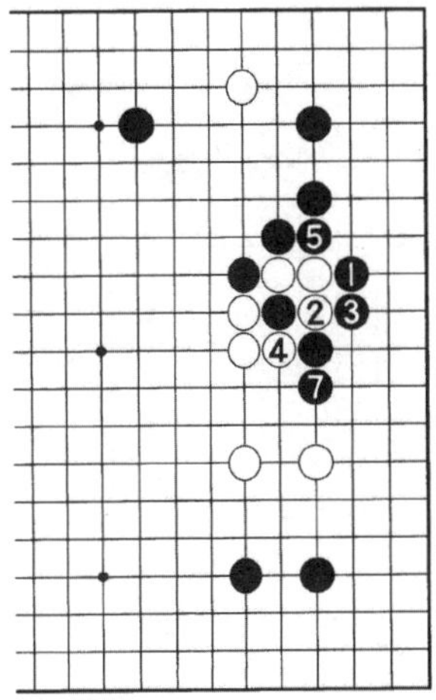

**제4형 흑번**

### 형의 맥

우변에서의 싸움은 흑이 우세하다. 절단된 백 2점을 공격하여 주위의 모양을 가다듬고 싶다. 굳이 백 2점을 잡을 필요는 없다.

### 포도송이

흑1로 머리붙이는 수가 좋은 수이다. 이것으로 백 2점은 자충의모양이 된다. 백이 2로 끊고 4로 단수치면 흑5, 7로 조여 우변을 건넌다. 중앙의 백은 포도송이가 되어 불만이다.

※❽→❹의 왼쪽

### 근거를 빼앗다

백2 방향을 단수쳐도 흑3으로 조이면 흑이 좋은 모양이 된다. 흑5 이후 백이 6으로 이어도 포도송이로 흑7로 늘어 우변 전체에 있는 백의 근거를 빼앗으며 공격한다.

※❻→❷의 왼쪽

(171)

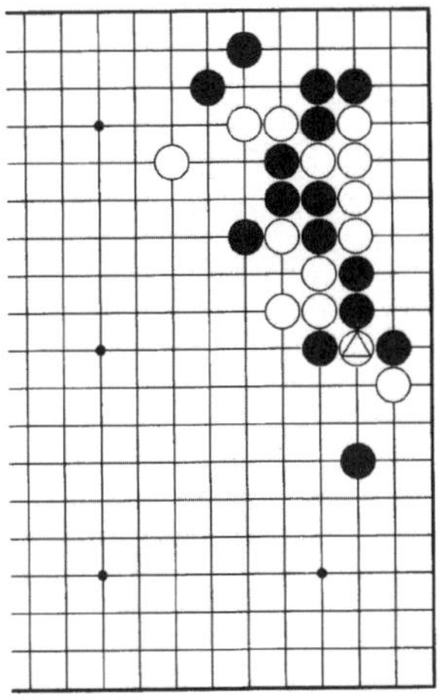

解

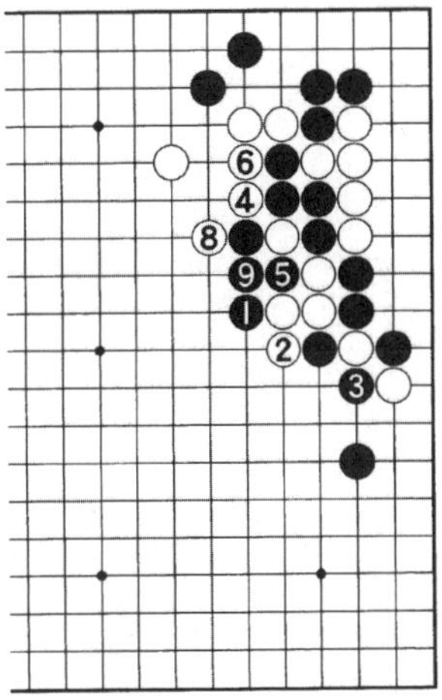

失

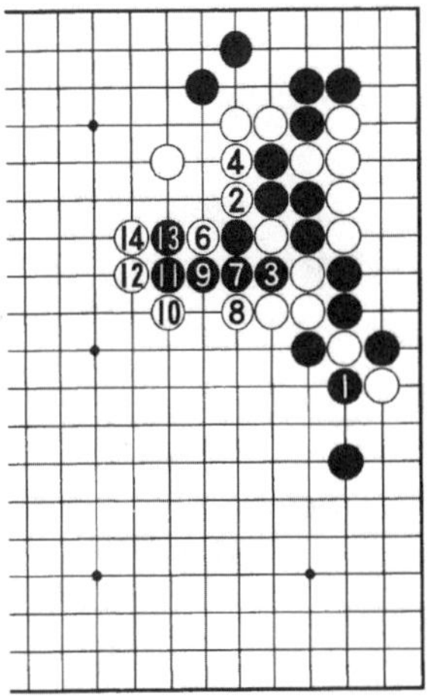

**제5형 흑번**

### 바깥의 약점

우변의 전투.

우상의 백 5점을 잡기 위해서 바깥 흑의 약점을 지켜야 한다.

우변의 △ 1점을 잡는 것으로 되면 좋겠지만….

### 수습

흑1로 붙이는 것을 활용하여 백2 이후 흑3으로 백 1점을 따내는 수순으로 수습한다. 중앙의 흑은 백4, 6으로 조이고 바로 공격당해도 잡히지 않는 모양이다. 흑9로 이어 우상의 백 5점을 잡는다.

※❼→❺의 위

### 망함

처음에 흑1로 따내는 것은 큰 실수이다. 백2부터 6까지 흑을 포도송이로 만든 뒤 8로 단수를 치고 10으로 씌우는 것이 성립하여 흑이 망한다. 흑11, 13으로 도망쳐도 실패한다.

※❺→❸의 위

붙임 수상전

제6형 흑번

(172)

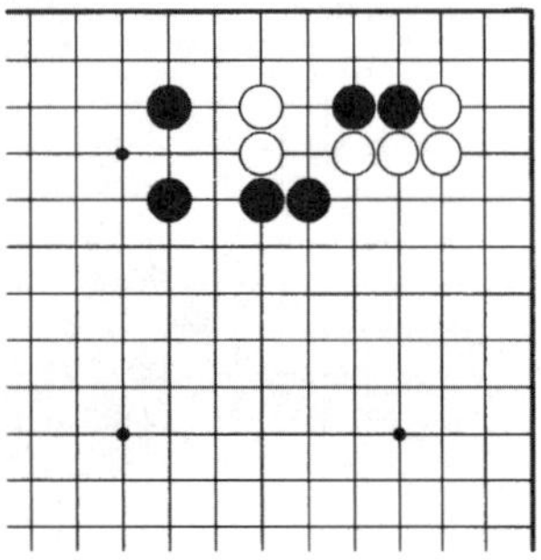

## 살다

우상귀의 흑 2점이 상변 좌측에 연결하는 것은 어려워 보이지만 산다고만 한다면 쉽다. 다음 한수가 급소가 된다.

解

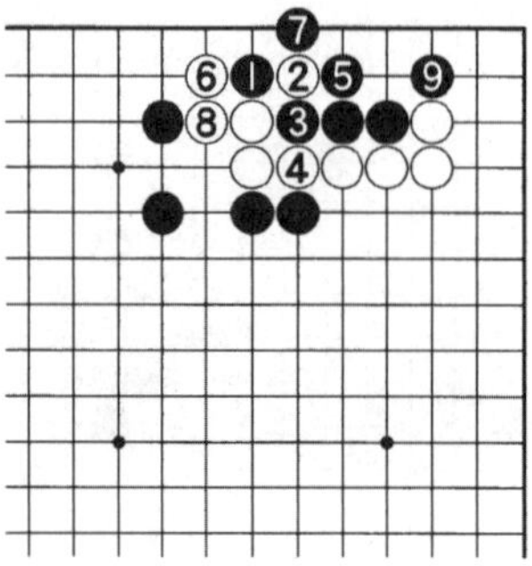

## 흑 삶

흑1로 붙이는 수가 맥이다. 백2로 젖히면 흑3으로 끊어 백4와 흑5를 맞보기로 한다. 백4로 좌우를 연결하면 흑은 5부터 9까지 살 수 있다.

失

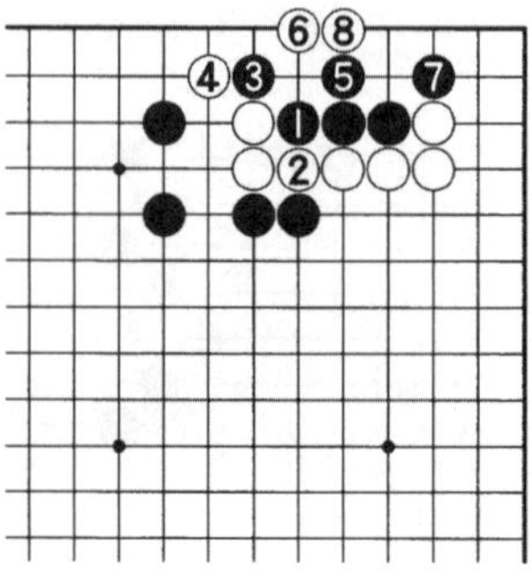

## 흑 죽음

흑1은 평범한 수이다. 백2, 흑3으로 상변에 두어도 살 수 없다. 흑5, 7로 저항하면 백8까지 치중수이다. 흑5로 6은 백5.

제1형 흑번

(173)

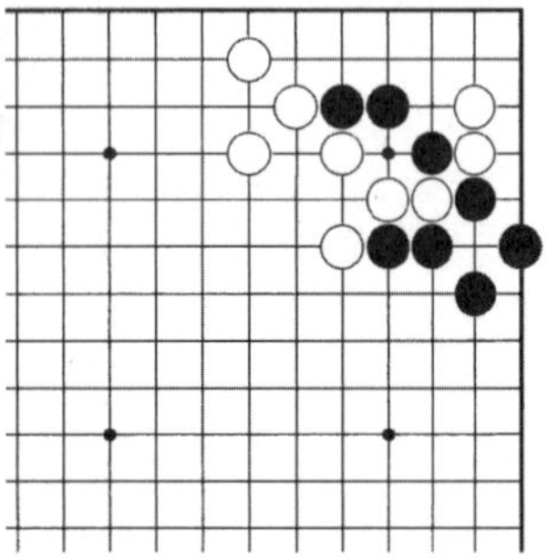

## 수상전

귀의 수상전 문제.

흑 3점이 생환하기 위해서는 귀의 2점을 공격해서 잡아야 한다.

解

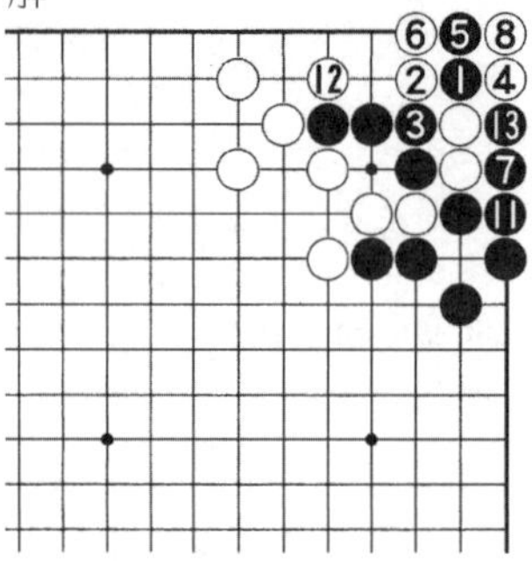

## 사석

흑1로 붙이는 수가 냉엄한 수이다. 백2에 흑3으로 끊는다. 흑1, 흑5 2점을 사석으로 하여 흑13까지 생환한다. 흑9로 먹여치는 것이 매우 중요하다. ※❾→❶, ⑩→❺(따냄)

失

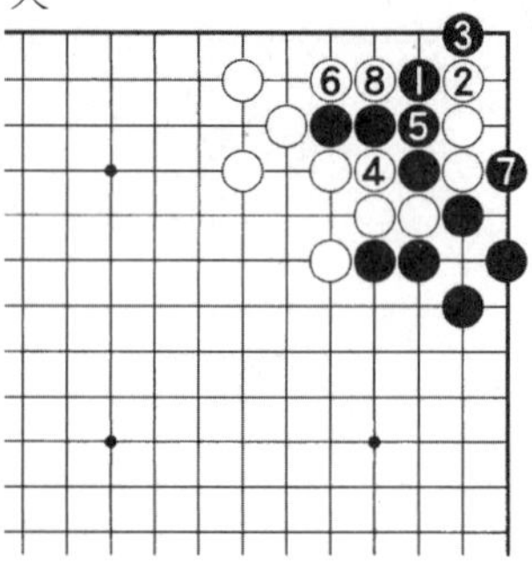

## 백 승

흑1로 입구자하면 백2로 막아 백의 수가 늘어난다. 흑3으로 젖혀도 백4부터 8로 공배를 메우게 되어 백 승이다.

제2형 백번

(174)

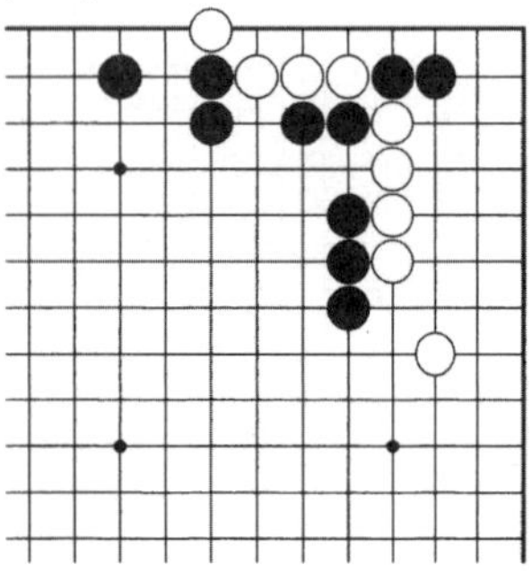

## 비상수단

우상귀의 흑 2점을 공격하여 상변의 백을 살린다. 백은 4수이기 때문에 비상수단이 필요하다.

解

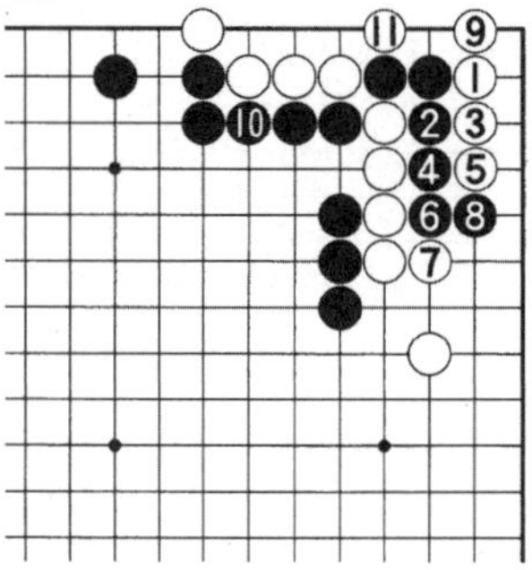

## 머리를 막는다

백1로 붙여 흑의 머리를 막는다. 흑이 2와 4로 도망치면 백3부터 7로 쫓고 9로 뻗는 수가 좋은 수이다. 백은 11까지 수상전에서 승리한다.

变

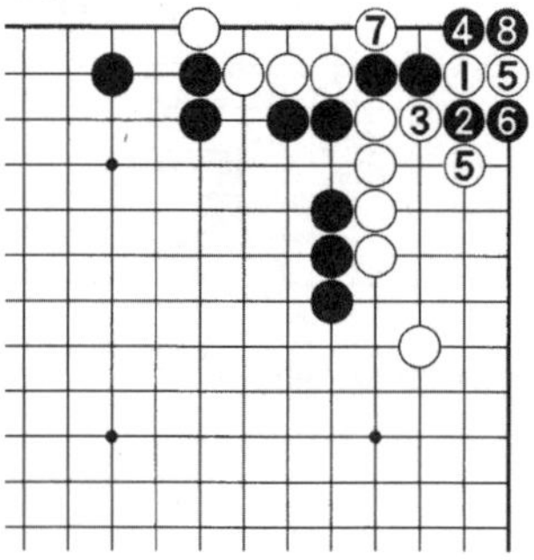

## 사석

흑2로 막으면 백3으로 끊고 사석으로 이용하면 귀삼수가 된다. 흑8 이후 백9로 먹여치면 백이 승리한다. ※⑨→①

제3형 흑번

(175)

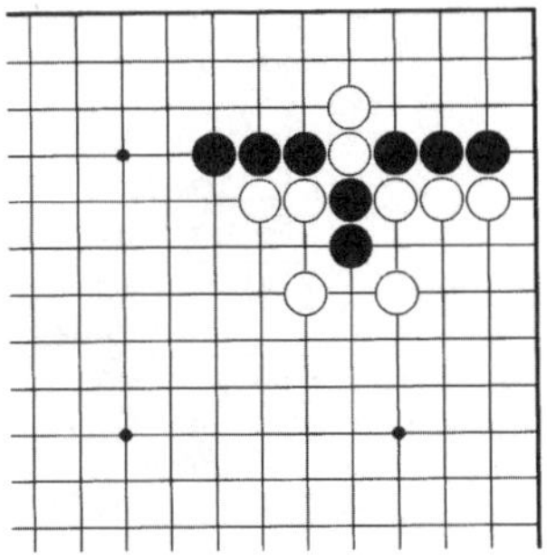

## 필살펀치

백은 중앙의 흑 2점을 잡아 상변을 좌우로 분단하고 있는 것 같지만 흑의 필살의 펀치로 역전한다. 반대로 백 2점이 잡힌다.

解

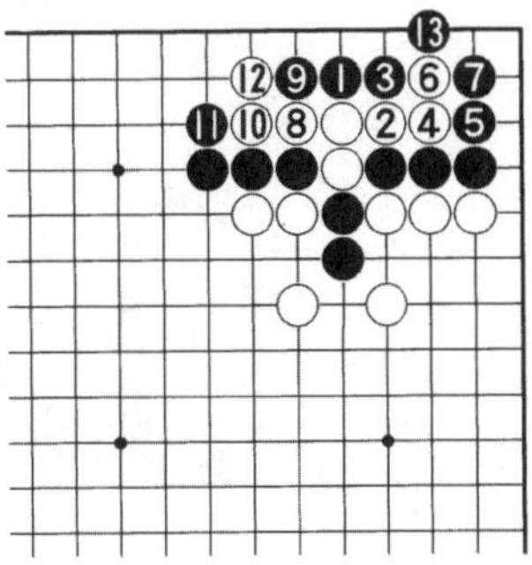

## 막다른 곳

흑1의 코붙임이 냉엄한 수이다. 백2, 4로 도망치더라도 흑7이면 우상은 막다른 곳이 된다. 왼쪽도 백12 이후 흑13으로 수는 2수뿐이다.

变

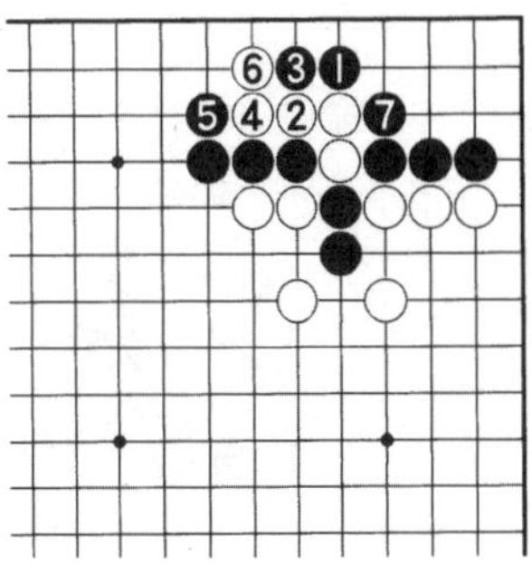

## 백 잡힘

백2부터 6까지 왼쪽으로 도망쳐도 흑7까지 실패한다. 흑1로 2, 또는 7로 공격하면 백이 1로 늘어 4수가 된다. 흑이 실패한다.

제4형 백번

(176)

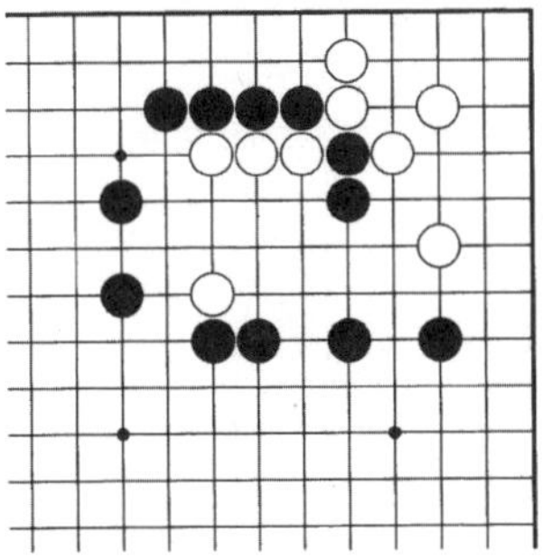

## 생환

중앙의 백 4점은 끊어져 있어 보이지만 차라리 흑이 불안하다. 흑 2점을 잡아 백을 생환시켜야 한다.

解

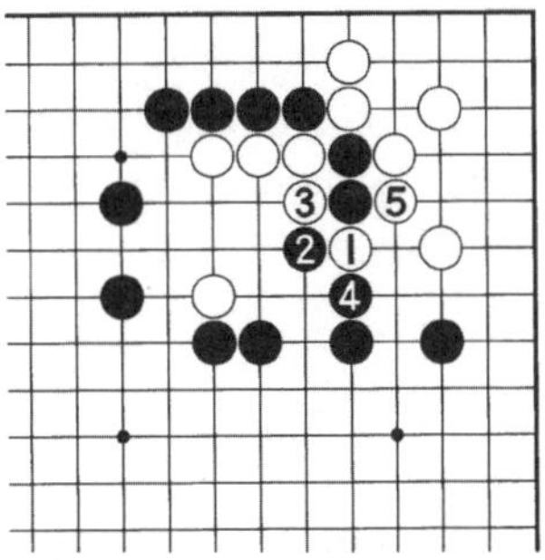

## 빵따냄

백1로 머리 붙여 흑의 자충을 추궁하는 냉엄한 수이다. 흑2면 백3, 5의 빵때림으로 간단히 생환한다.

变

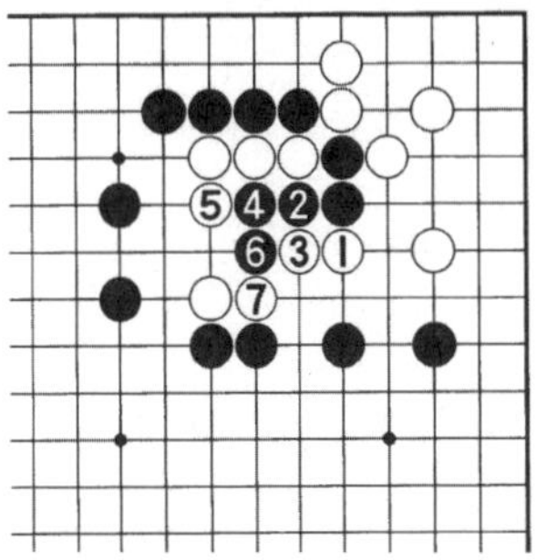

## 빈축

흑2로 도망치면 백3으로 한 번 밀고 5로 구부려 중앙의 백 1점 방향으로 몰아넣는다. 백7까지 빈축으로 흑이 망한다.

제5형 백번

(177)

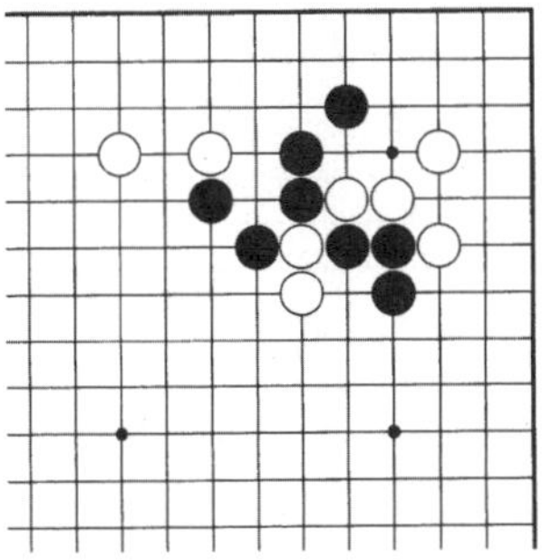

## 무리한 모양

2칸 높은 협공정석의 변화이다. 우변의 흑 3점은 백을 강하게 절단하고 있지만 조금 무리한 모양을 하고 있다.

解

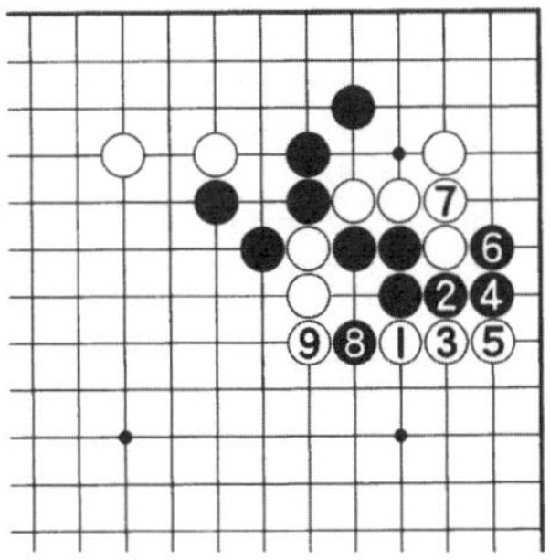

## 백 망함

백1로 코붙여 흑을 우변에 몰아넣는다. 백3으로 막으면 흑은 4로 받을 수밖에 없다. 백5부터 9까지 흑이 망한다.

变

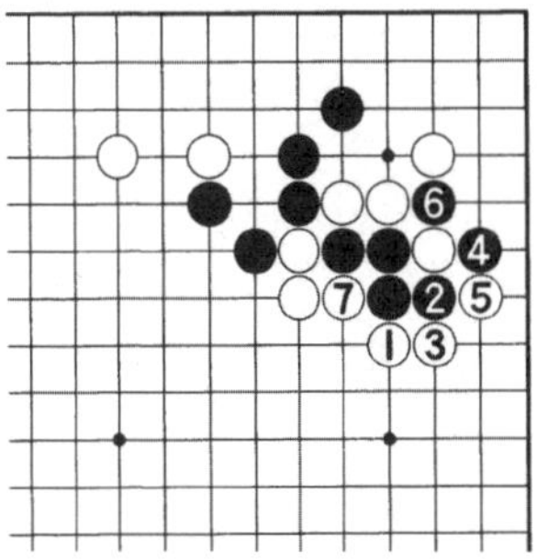

## 회돌이

흑4로 단수치면 백5로 끊어야 한다. 흑6, 백7로 회돌이가 된다. 흑의 도망간 돌들이 모두 잡힌다.

(178)

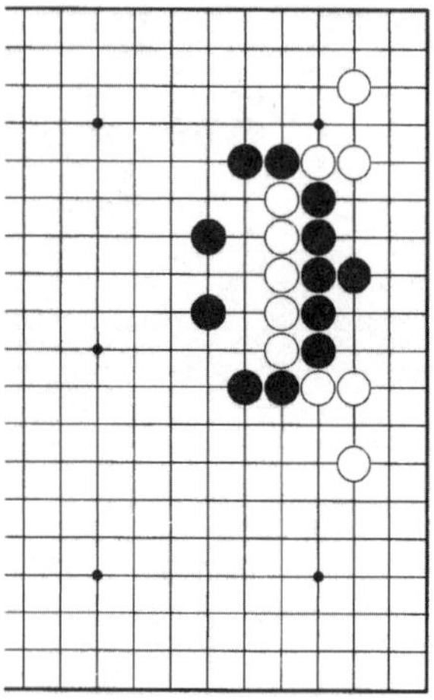

## 제6형 백번

### 결정

우변의 흑과 중앙의 백의 수상전이다. 백의 수는 5수. 우변의 흑을 4수로 몰아 붙이지 않으면 안된다. 급소의 일격과 그 후의 마무리는?

解

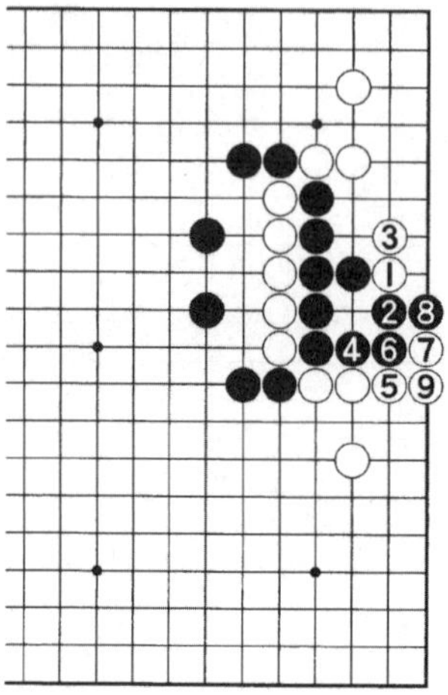

### 백 승

백1의 코붙임이 공배를 채우는 급소이다. 위아래가 같은 모양이기 때문에 흑2로 백3도 같다. 백3으로 밀고 흑4가 눈을 만들면 백5로 공격한다. 백9까지 흑은 4수로 백이 승리한다.

失

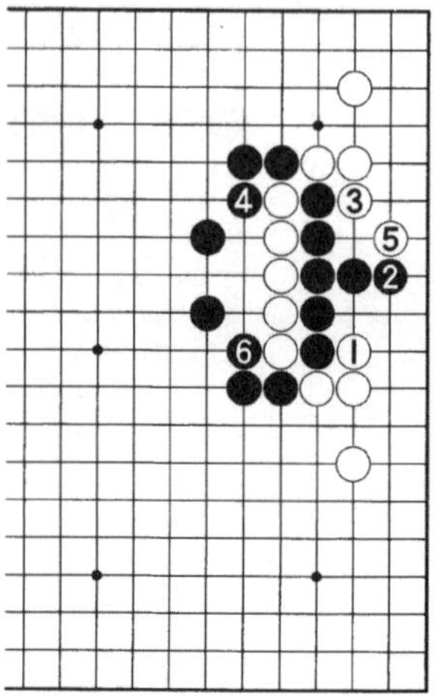

### 백 수부족

백1의 공격은 흑2로 수가 늘어나는 급소로 느는 곳을 두게 되어 백이 패배한다. 흑의 수는 6수로 이 후 어떻게 공격하여도 백의 패배다.

(179)

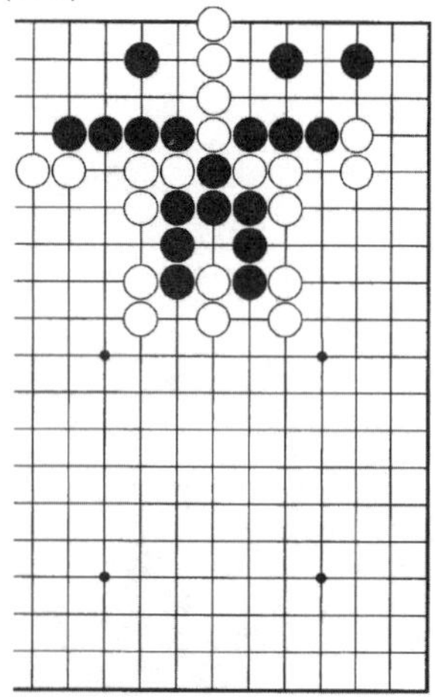

## 제7형 흑번

### 좌우대칭

잠깐 보면, 좌우대칭으로 중앙에 수가 있다. 이 흑 8점이 도망가기 위해서는 깊은 연구가 필요하다.

解

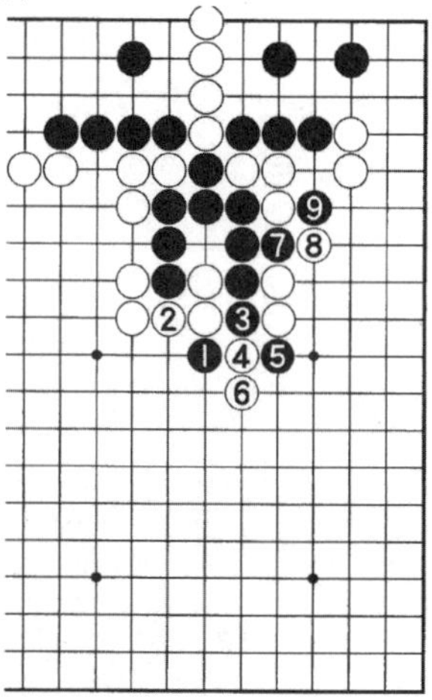

### 동형의 중앙

"좌우동형은 중앙이 급소이다"라는 격언이 있다. 흑1로 머리붙이는 수가 좋은 맥. 백2 이하 그림으로 보는 것처럼 훌륭하게 결정된다. 백2를 3에 두는 것도 같은 모양이다.

変

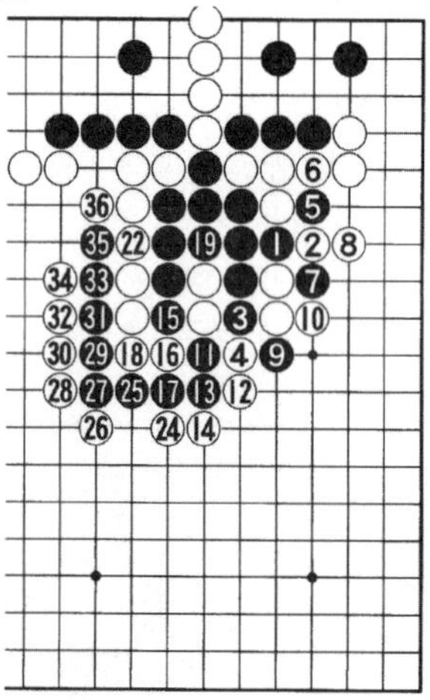

### 장문

흑1, 3을 먼저 두면 자신의 공배를 채울 위험이 있다. 중앙의 2점을 잡을 수 있으나 백26으로 씌워진다. 백36까지 수순은 길지만 외길수순이다.

※⑳→⓯의 오른쪽, ㉑→⓳의 아래(따냄), ㉓→⓯의 오른쪽

(180)

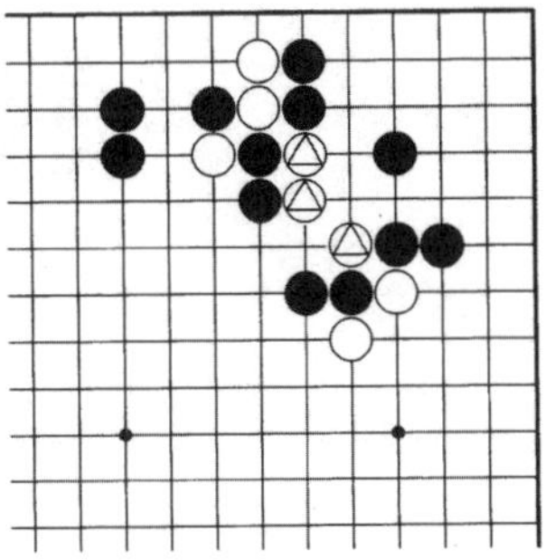

解

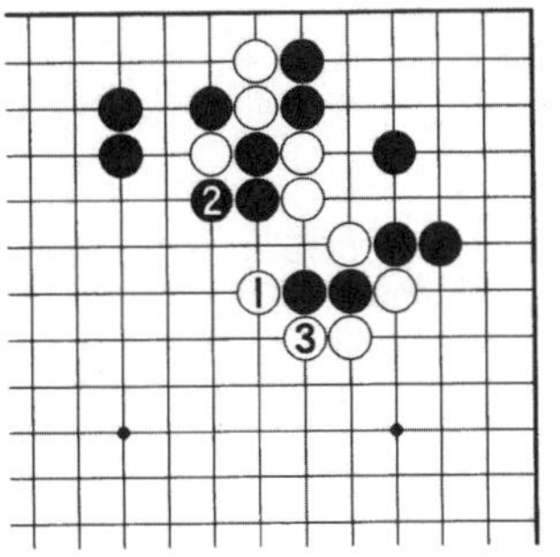

変

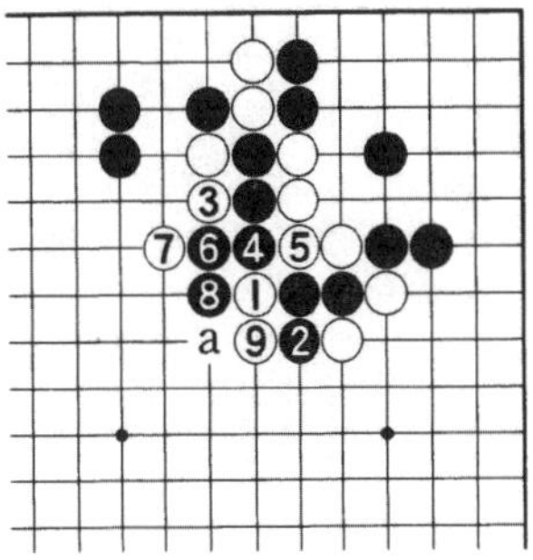

제1형 백번

### 강수
중앙의 전투.
우상의 ◬ 3점이 도망쳐도 주변의 흑을 강화 할 수 없다. 바깥의 흑을 잡는 강수는?

### 맥점
백1로 머리붙이는 수가 냉엄한 맥이다. 흑2로 상변의 2점을 살리면 백3으로 우변의 흑 2점을 잡는다.

### 축
흑2로 오른쪽을 도망가는 변화. 백3으로 단수치고 흑4, 백5로 흑을 양분시켜 몰아낸다. 흑6으로 도망가면 백7, 9로 a의 축이 된다.

(181)

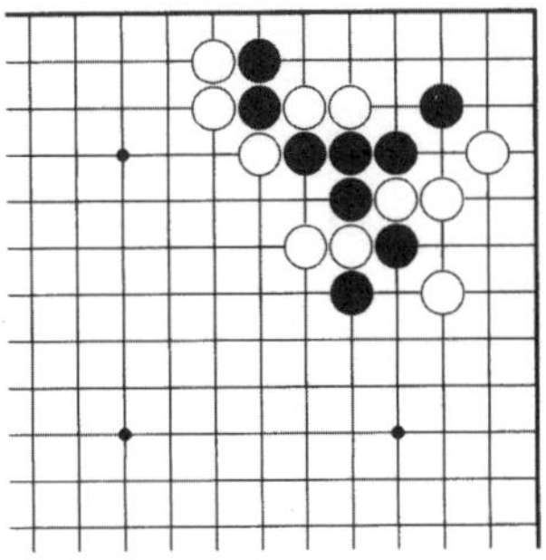

解

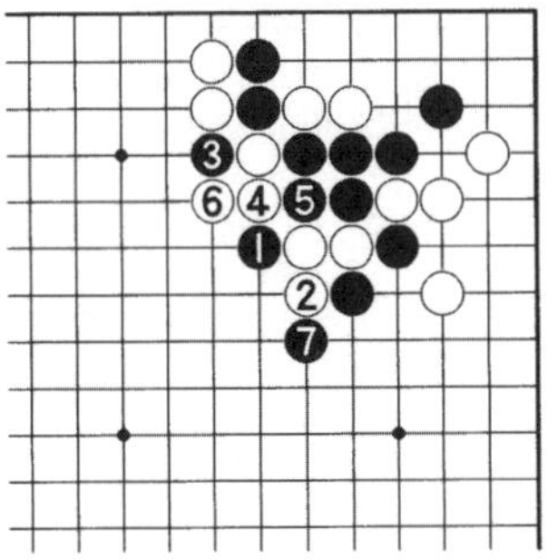

失

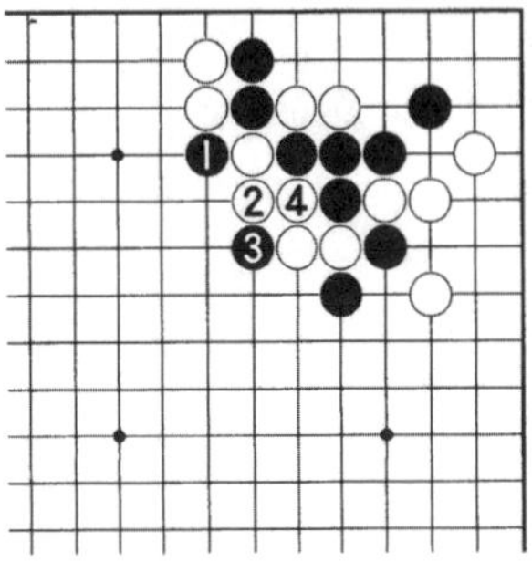

제2형 흑번

### 충격
귀의 흑은 중앙으로 탈출하여야 하지만 백에게 충격을 주면서 중앙으로 도망가는 방법이 필요하다.

### 축
흑1로 붙이는 수가 냉엄한 맥이 된다. 백2로 도망가면 흑3, 5로 단수쳐서 쫓고 흑7로 축으로 쫓는다.

### 속수
흑1로 끊는 수는 평범하다. 백2 이후 흑3으로 붙여도 수가 늦어지게 되어 백4로 이어 축이 성립되지 않는다.

(182)

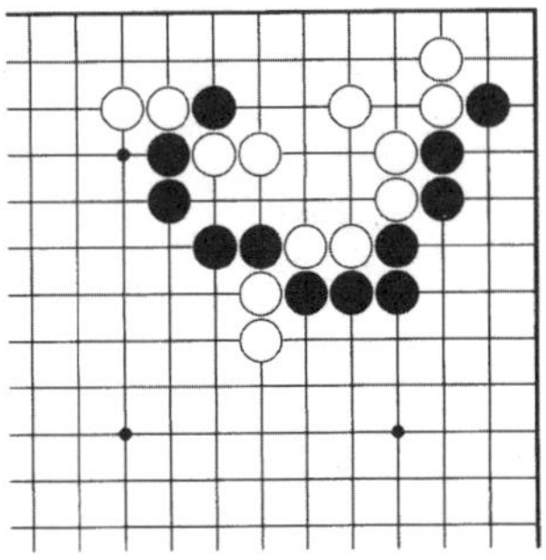

解

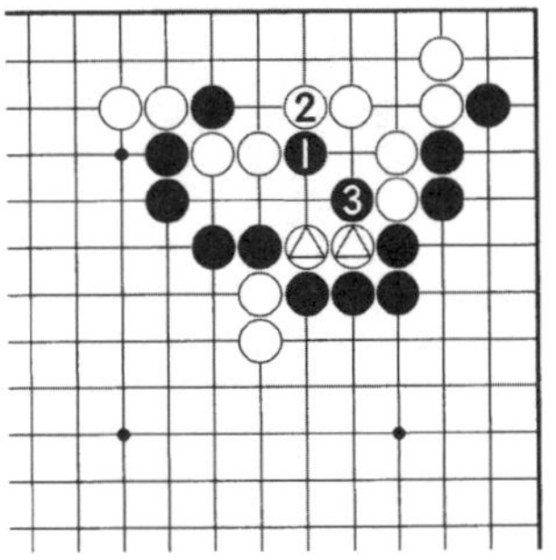

変

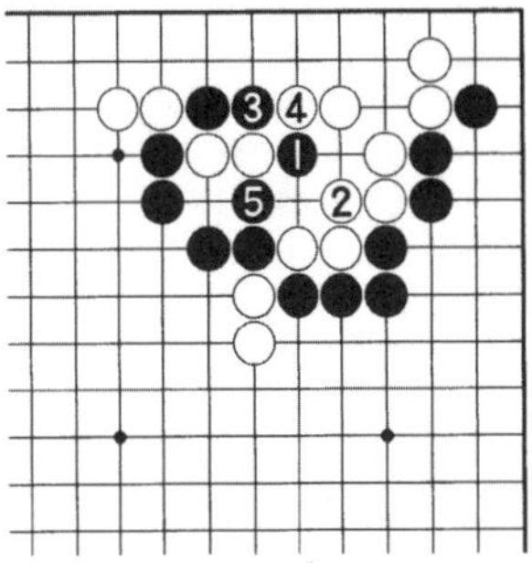

제3형 흑번

### 결점을 찌르다
백은 중앙을 절단하고 있으나 완전하지 않은 모양이다. 흑은 백의 결점을 꾸짖을 급소는 어디인가?

### 2점 잡기
흑1로 붙여 공배가 채워지는 중앙의 ◬ 2점을 공격한다. 백2로 상변을 받으면 흑3으로 2점을 잡는다.

### 위를 잡다
백2로 중앙을 살리면 흑3과 5로 상변의 백 2점을 공격해 잡는다. 흑은 상변을 양분하는 강력한 돌이 된다.

제4형 백번

(183)

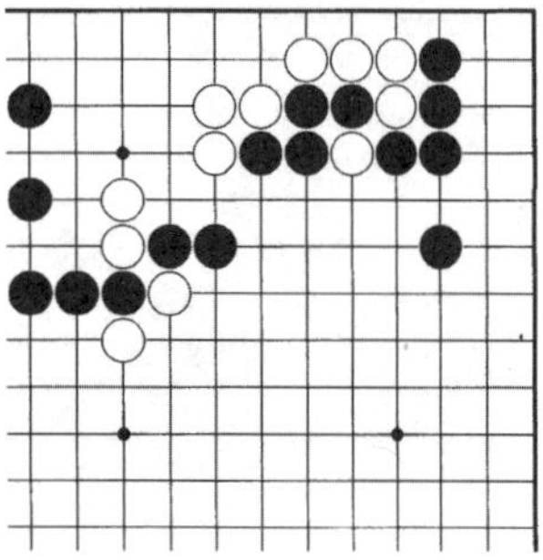

## 포위를 깨다

상변의 백은 아직 확실하게 살아 있지 않다. 이후 밖의 흑의 포위를 뚫으면 백은 상변에서 살 필요가 없어지게 된다.

解

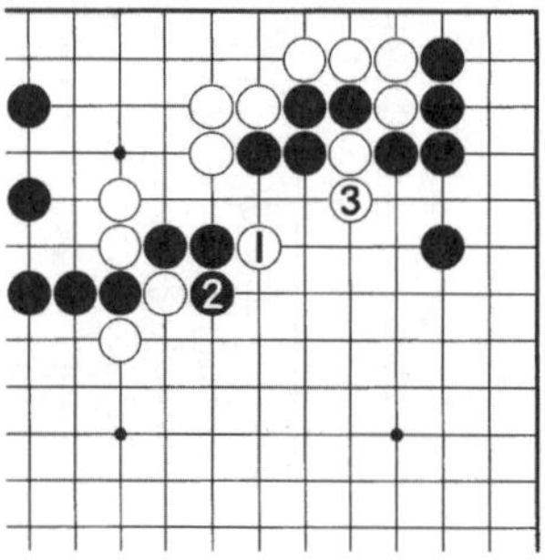

## 4점 잡기

백1로 머리붙이는 수가 흑의 공배를 채움을 추궁하는 맥이다. 흑2로 2점이 도망가더라도 백3으로 늘어 상변의 흑 4점을 살릴 수 없다.

変

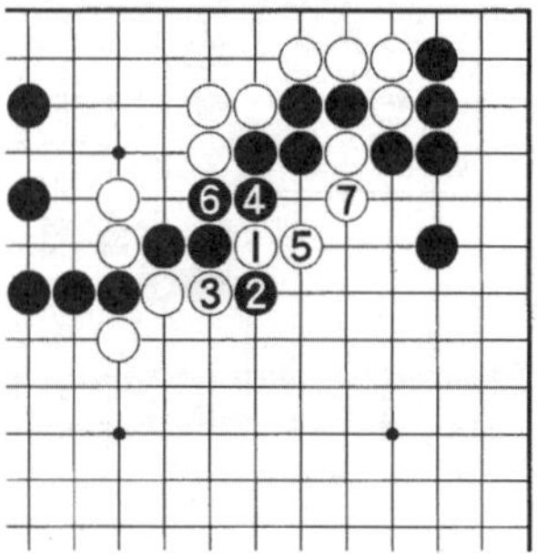

## 그대로

흑2로 막아서 저항하면 백3의 끊는 수가 엄하게 꾸짖는다. 흑이 4와 6으로 상변을 연결하더라도 백7이면 흑 8점을 그대로 잡을 수 있다.

제1형 흑번

(184)

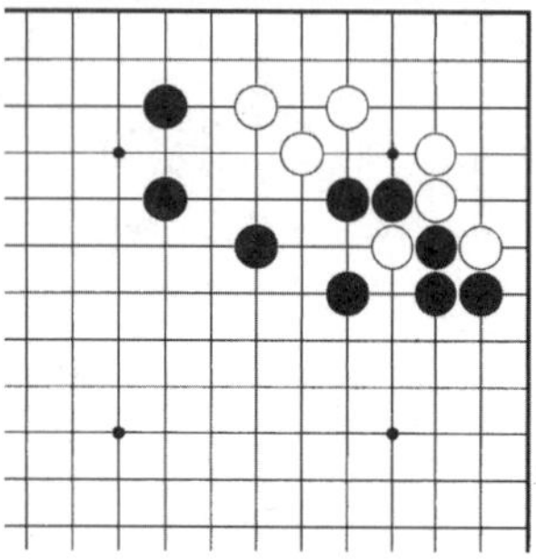

## 수가 있다

귀는 견고해 보이지만 아직도 수가 남아 있다. 백집을 부수기 위해서는 어디부터 손을 써야 하는가?

解

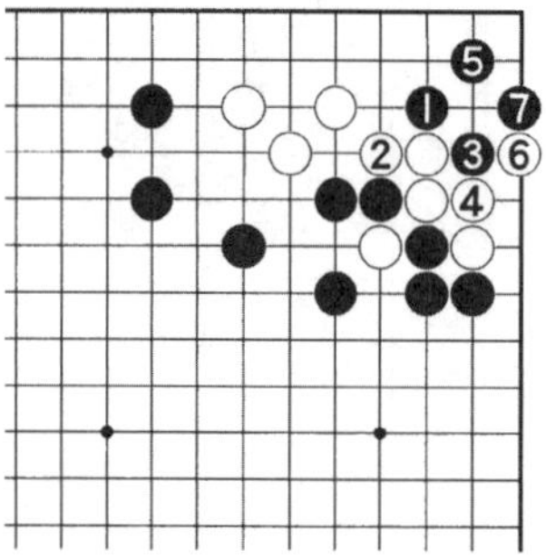

## 패

흑1로 붙이는 3·3이 급소이다. 백2로 연결하면 흑3과 5로 호구하여 탄력이 있는 모양이다. 흑7까지 패가 난다.

変

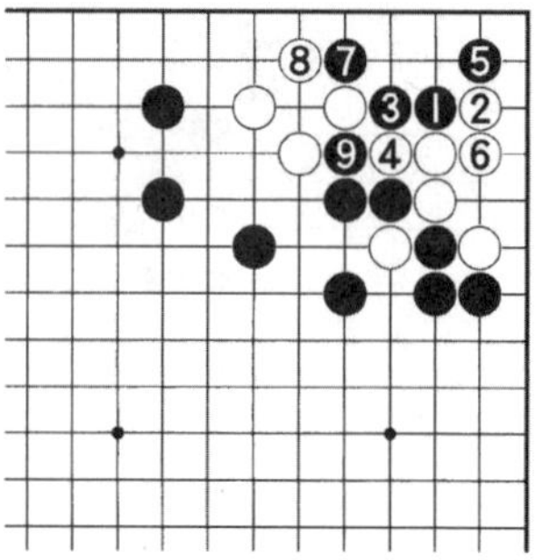

## 큰 패

백2로 젖히면 흑3, 5로 귀를 견고히 하고 백6 이후 흑7로 젖힌다. 백8로 9는 흑8로 늘어 살 수 있다. 백8이라면 흑9로 끊어 큰 패가 난다.

제2형 백번

(185)

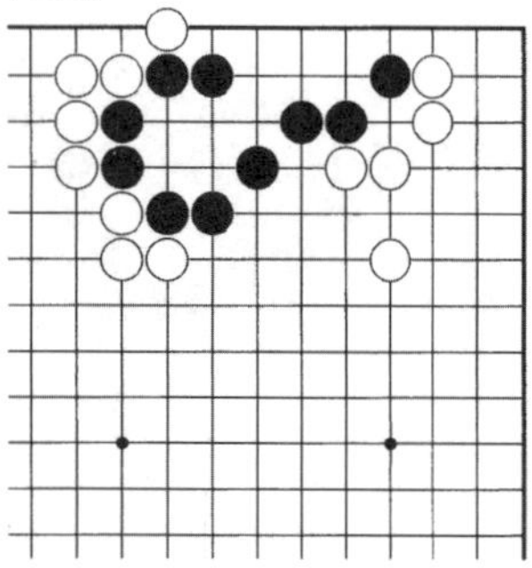

## 줄이다

상변의 흑집을 10집에 가까운 집으로 볼것인가 아니면 살아만 있지 억지로 살아 있는 모양으로 볼지는 백의 수단에 따라 달라진다.

解

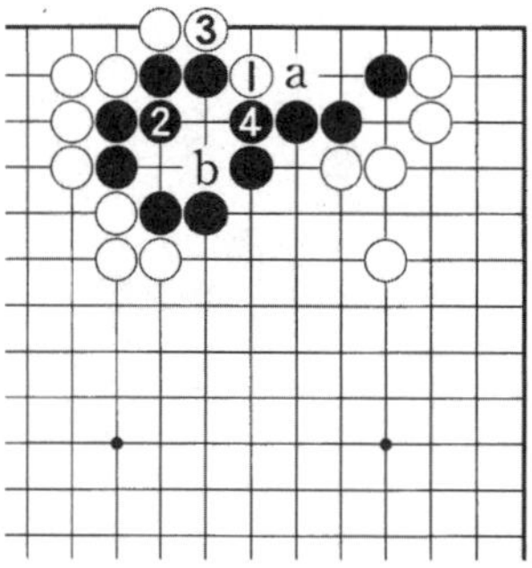

## 두 눈

백1로 코붙이는 수가 냉엄한 맥이다. 흑2, 4로 공배를 채움을 막으면 이후 중앙이 막히면 백a와 흑b의 두 눈으로 살 수 있다.

変

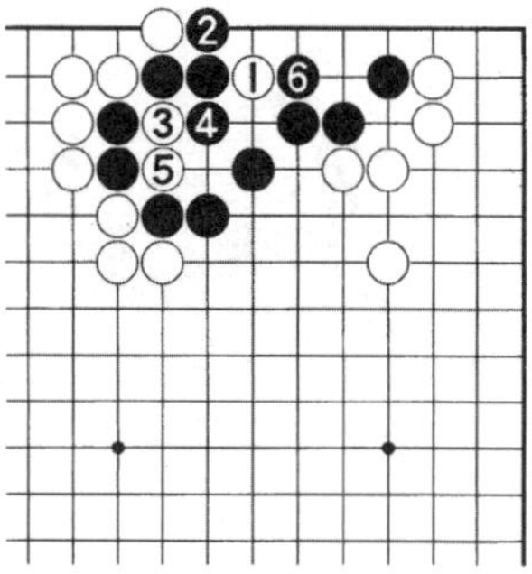

## 2점 잡기

흑2로 저항하면 백3으로 끊어 왼쪽의 흑 2점을 잡는다. 흑6으로 살아남은 흑집은 2점이 잡혀 2집 차이가 난다.

(186)

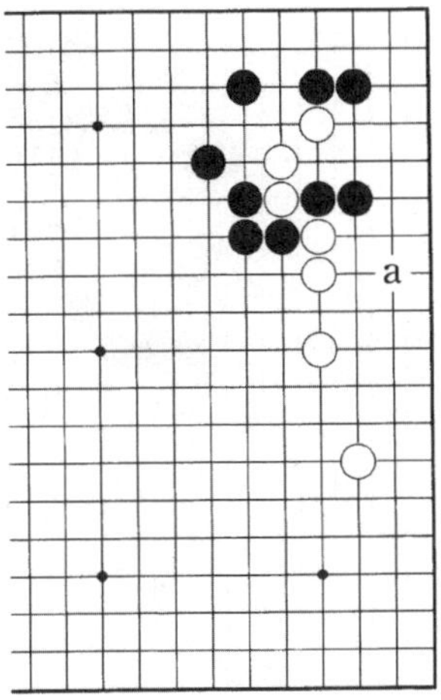


解

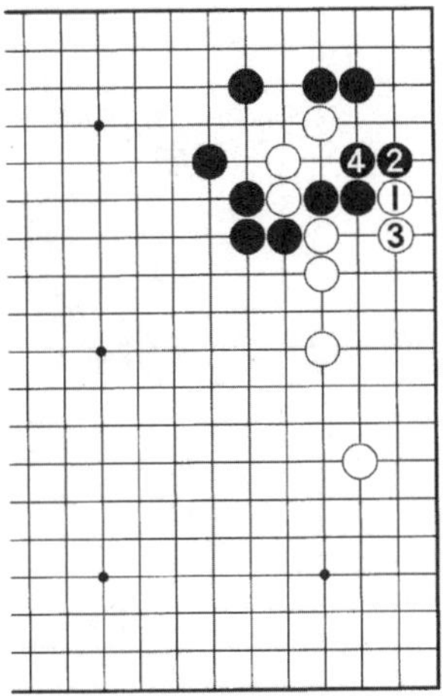

変

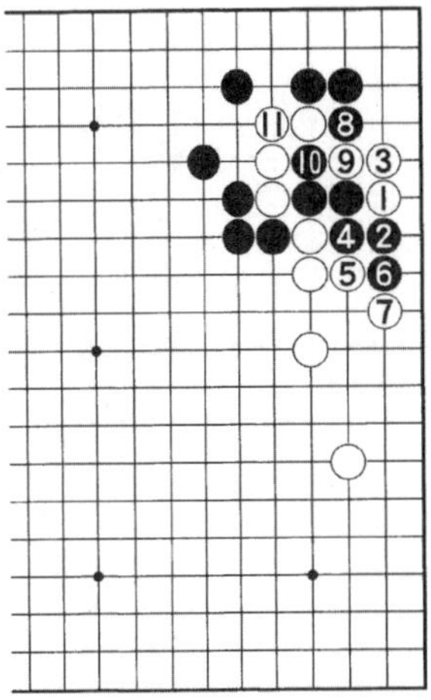

제3형 백번

### 약점

백 3점을 잡은 우상의 흑집이 매우 크다. 게다가 우변의 약점으로 흑a를 맞게 되면 백집이 작게 줄어든다. 백은 우변의 모양을 단단하게 정하고 싶다.

### 선수 활용

백1의 머리 붙임이 급소로 맥이다. 흑2로 막으면 백3으로 늘어 끊는 것을 노린다. 흑이 4로 받으면 백은 선수로 우변의 약점을 해소한다. 귀의 흑집도 줄어든다.

### 한 수 부족

흑2로 바깥부터 막아서 반발하면 백3으로 늘어서 위험하다. 흑4로 이으면 백5, 7로 막아 흑의 공배를 채운다. 흑8, 10으로 끊더라도 백11까지 흑이 한 수 부족하여 패배한다.

(187)

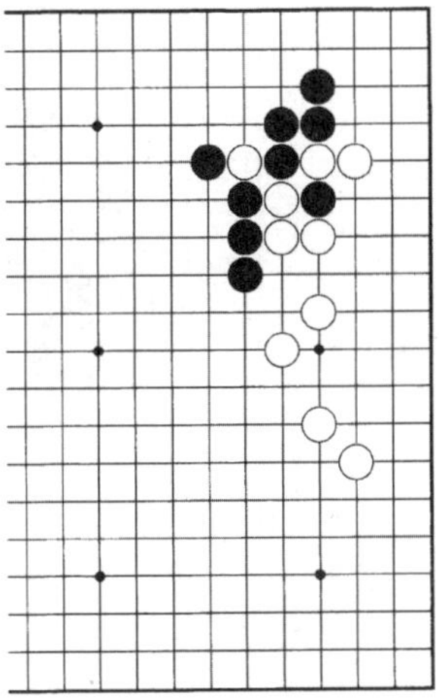

解

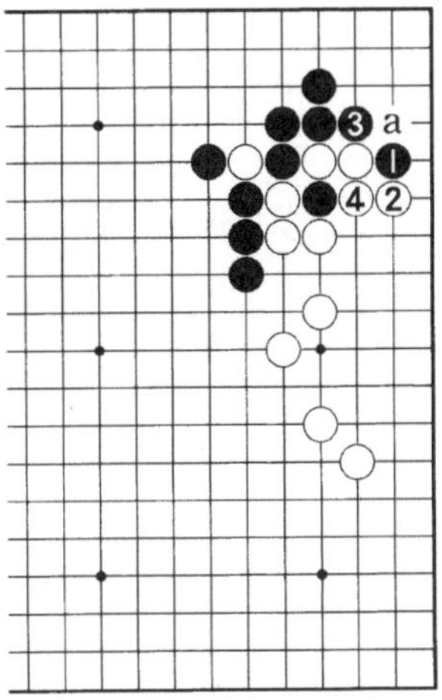


変

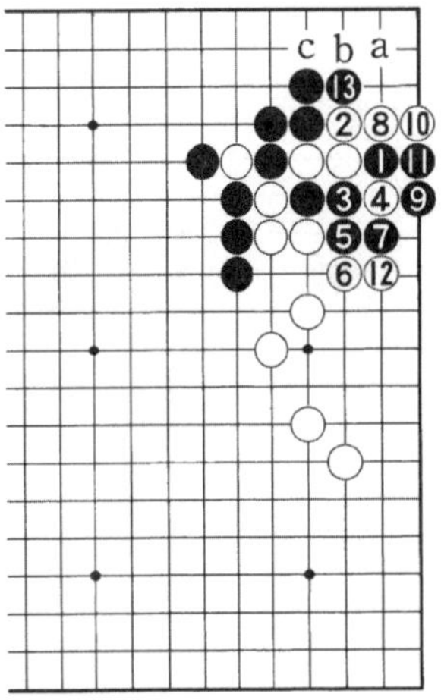


제4형 흑번

### 결정하다

우변의 백은 확정된 집이지만 귀에 문제가 있다. 흑이 우상의 모양을 빈틈없이 결정하면 우변의 백집과 우상의 흑집은 큰 차이가 없어지게 된다.

### 귀를 지키다

흑1의 머리붙임이 맥이다. 백2로 막으면 흑3으로 단수를 결정하여 귀의 흑집을 견고히 한다. 백2로 4라면 흑a로 우변의 백이 뒷문이 열린다. 백이 가일수하면 후수가 된다.

### 백 무리

백2의 저항이 문제이다. 그러나 흑3으로 도망치면 백이 무리하게 된다. 백4부터 12까지 공격하면 흑13으로 백이 잡힌다. 백12로 a는 흑b, 백13, 흑c로 이어 수상전에서 승리한다.

제5형 백번

(188)

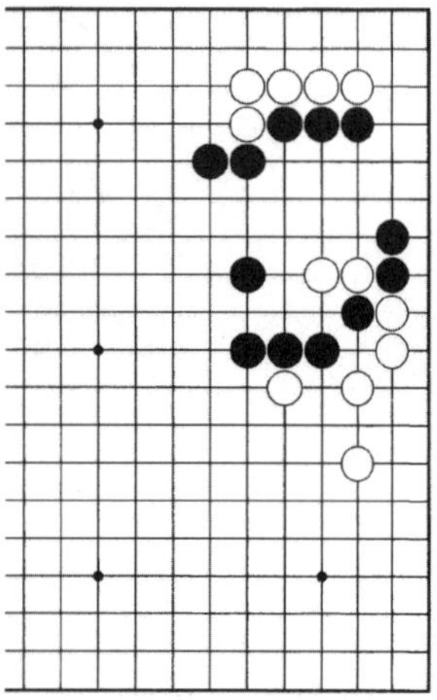

## 버리다

백 2점을 잡고 있는 우상의 흑집은 약간 맛이 좋지 않다. 백은 2점을 사석으로 이용하여 크게 흑집을 부수고 싶다.

解

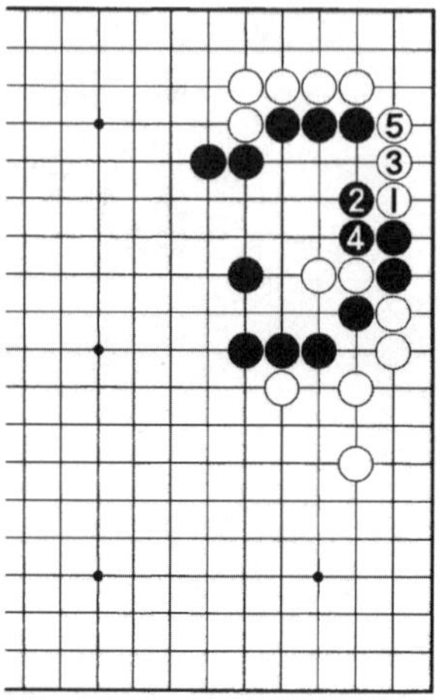

## 건넘

백1의 붙임은 흑 2점의 공격과 우상의 건넘을 맞보기가 된다. 흑2를 4로 받으면 백5로 건너고 흑2로 젖히면 백3으로 늘어 4로 끊는 것과 5가 건너는 양쪽을 노린다.

变

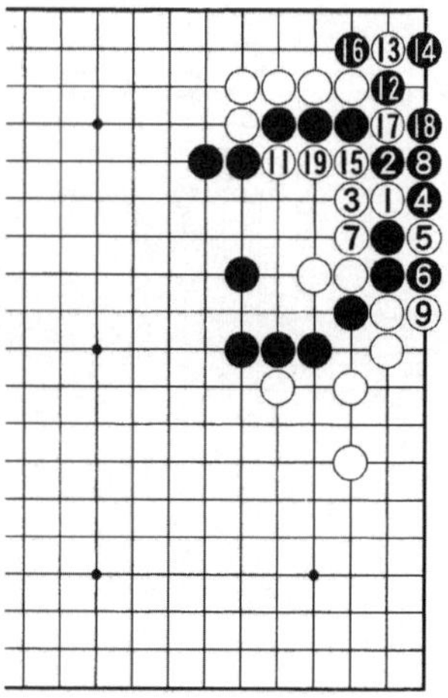

## 3점을 잡다

흑2로 껴붙임은 백이 건너는 것을 방해하는 노림수. 백3으로 늘어 흑4 이후 백5부터 9까지 흑의 공배를 채운다. 백11로 끊고 19로 단수치면 흑은 17에 이을 수 없다.

※⑩→⑤

제6형 백번

(189)

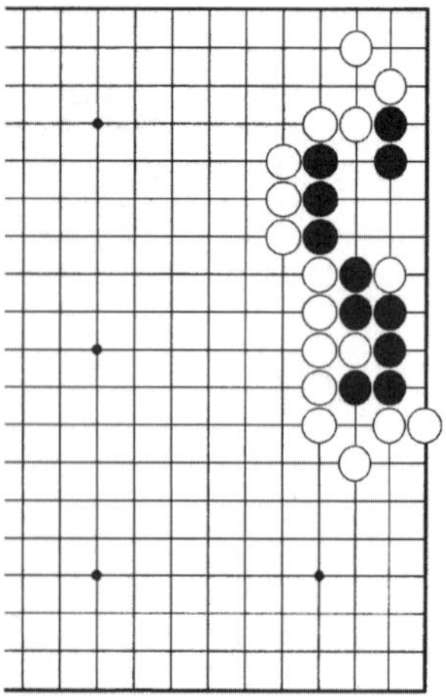

## 자충

흑집 안에 붙어 있는 백 1점은 활용 가치가 높다. 우상의 흑이 자충이므로 공격하는 것은 정해져있다.

解

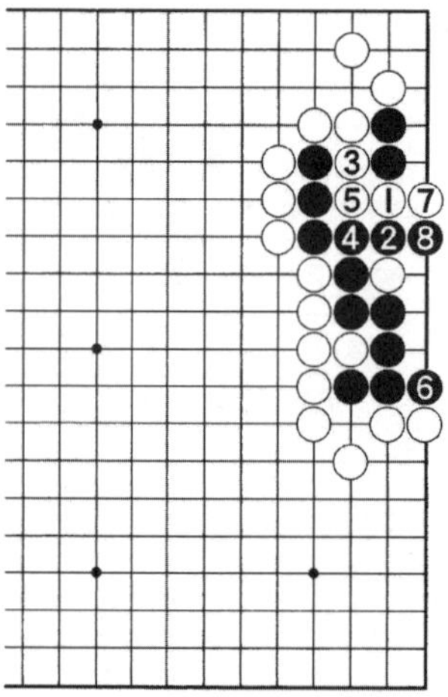

## 붙임의 급소

백1로 붙이는 수가 흑집을 깨는 급소이다. 흑은 2로 백 1점을 잡고 사는 정도이다. 백3, 흑4를 활용하여 우상의 흑 2점을 잡는다. 흑은 8까지 힘겹게 산다.

变

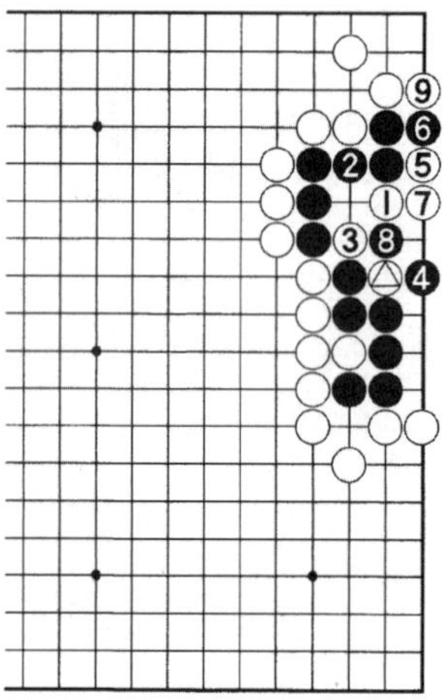

## 환격

흑2로 잇는 것은 어찌되었든 무리이다. 백3으로 끊고 △ 1점을 움직인다. 흑4의 공격에 백5부터 9까지 흑 7점은 환격이다.

## 치중

상대가 둘러 싸고 있는 가운데에 돌 한점을 던지는 모양.
치중은 돌이 접촉하지 않아도 바깥을 둘러싼 결함을 추궁하면 큰 효과를 거둘 수 있다.
특히 사활 문제에서는 눈을 없애는 맥이 되는 경우가 많다.
흑1의 치중으로 백은 눈이 없어지고 자충으로 수상전에서도 패배한다.

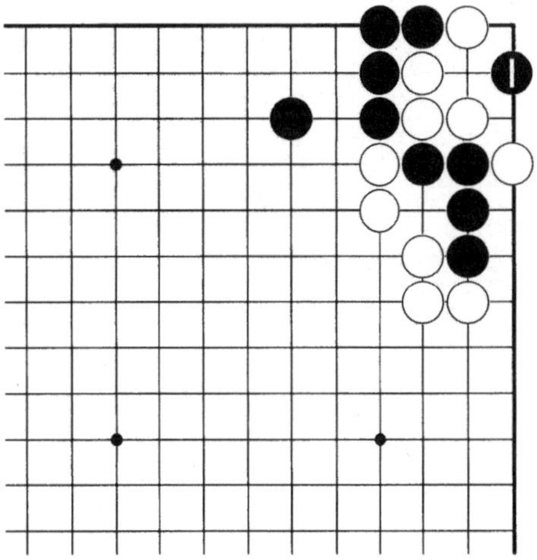

치중 정석변화 활용

제1형 흑번

(190)

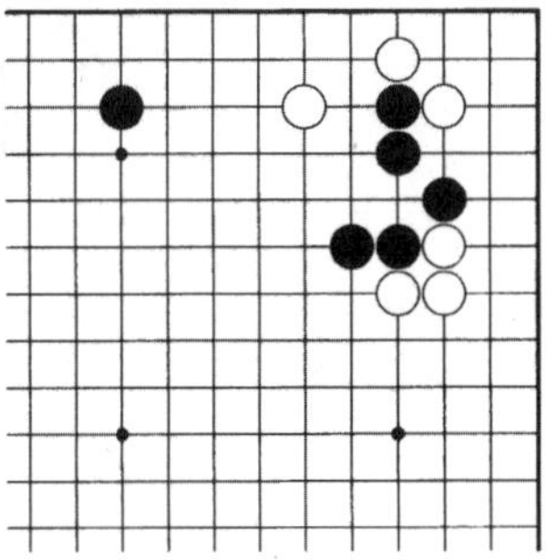

### 2개의 방법

화점 정석이다.
3·3에 들어간 백을 흑은 어떻게 받을 것인가? 국면에 따라 두 가지의 수를 생각할 수 있다.

解

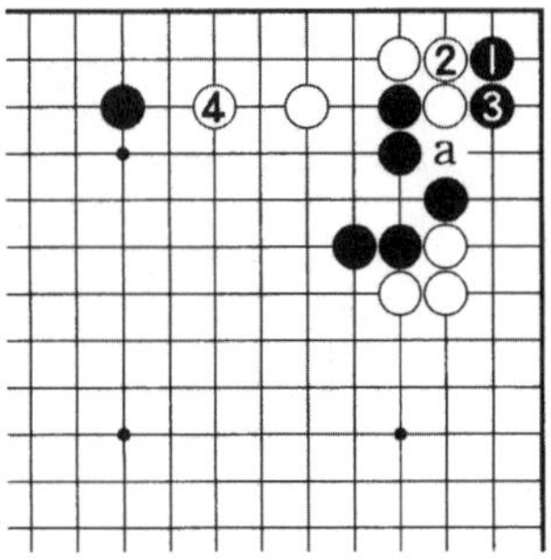

### 치중

흑1로 치중하는 수가 유력한 맥.백2로 이으면 흑3으로 우변을 건너 백의 근거를 빼앗는다. 우상은 흑a가 위험하지 않다.

参

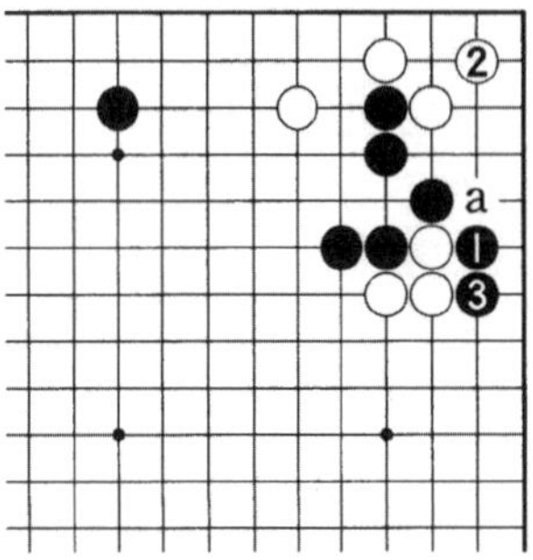

### 젖힘도 가능

흑1의 젖힘은 백a를 막을 수 있다. 백2로 귀를 지킬 수밖에 없다. 흑3으로 밀어 백 3점을 자충의 모양으로 공격하여 우상을 굳힌다.

제2형 흑번

(191)

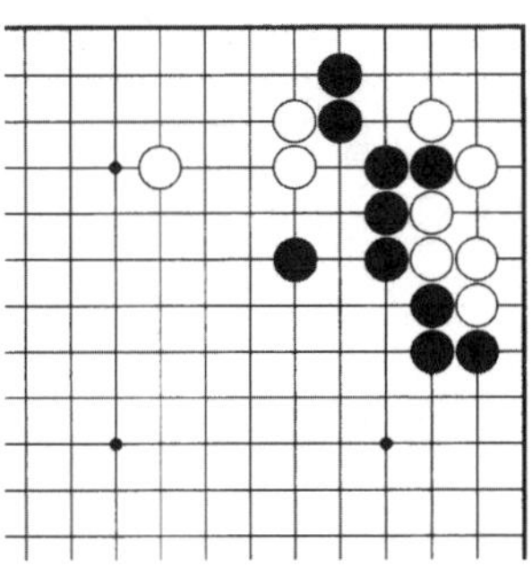

### 괴롭힘

화점 정석의 변화이다. 3·3부터 우변을 부수는 백을 괴롭혀 눈 두 개로 만드는 것이 가능하다.

解

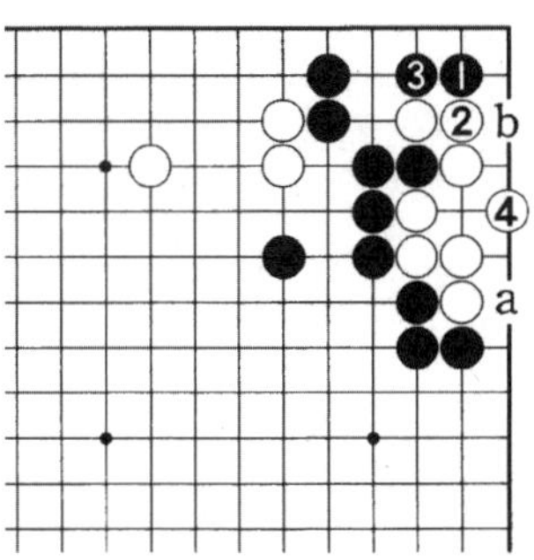

### 1이 급소

흑1의 들여다보는 수가 급소이다. 백2로 이으면 흑3으로 건너 백4로 눈을 만들게 한다. 이후 백은 2집으로 살 수밖에 없다.

変

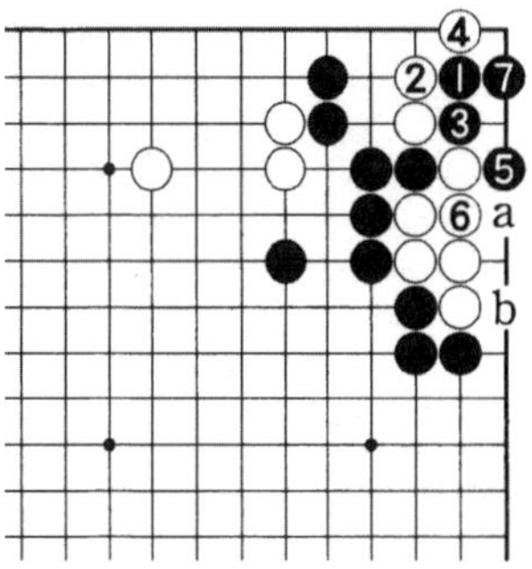

### 패

백2로 흑 1점을 잡으려는 것은 흑3으로 끊겨 위험하다. 백4로 a는 귀를 잡혀 손해다. 백4로 공격하여도 흑5, 7로 받고 백a와 흑b로 패가 난다.

(192)

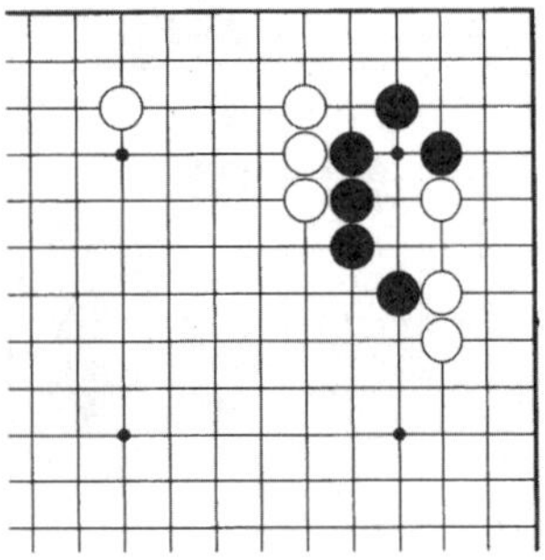

제3형 흑번

## 약점

우상은 외목 정석의 변화이다. 귀의 흑의 눈이 확실하지 않아 아직 정석이 진행중이다. 흑은 어떻게 귀를 결정 할 것인가?

解

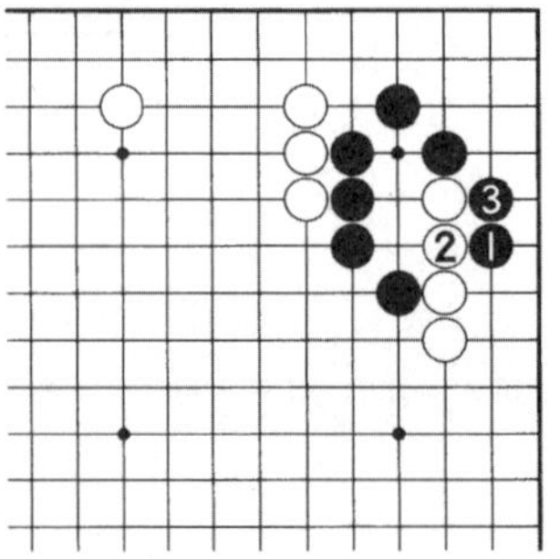

## 근거를 빼앗다

흑1의 치중하는 수가 맥이다. 백은 2로 이을 수밖에 없다. 흑3으로 건너 귀의 집을 단단히 확보하고 우변백 4점의 근거를 빼앗는다.

失

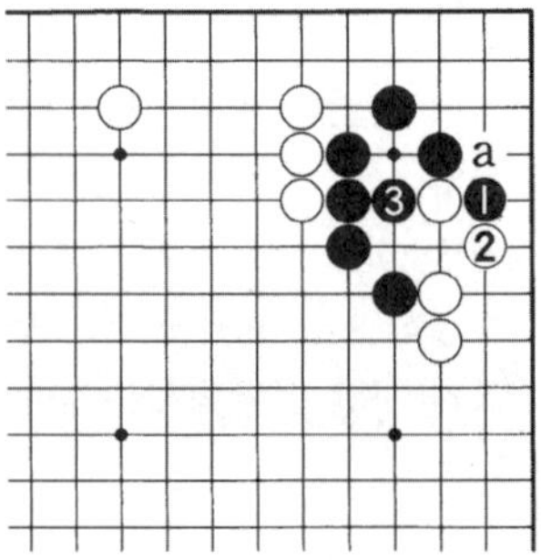

## 흑 불충분

흑1의 젖힘은 백2로 막을 수 있어 충분하지 않다. 흑a로 이으면 우변의 백은 정해도와 달리 편안하게 안정된다.

(193)

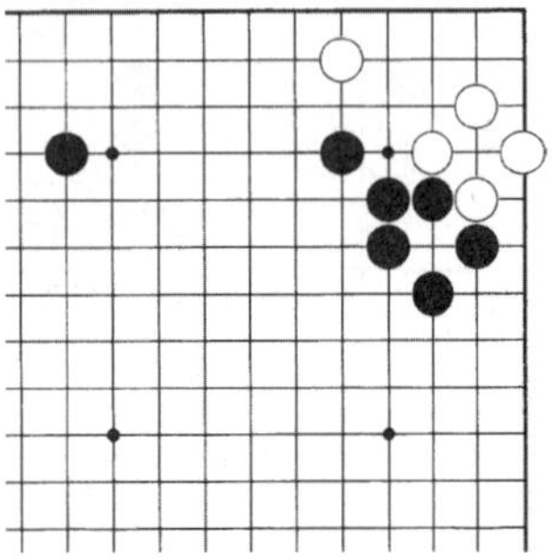

제4형 흑번

## 봉쇄

상변의 전투.

백은 귀로부터 상변으로 진출을 노리고 있다. 상변을 흑모양으로 한다. 봉쇄하는 맥은 어디인가?

解

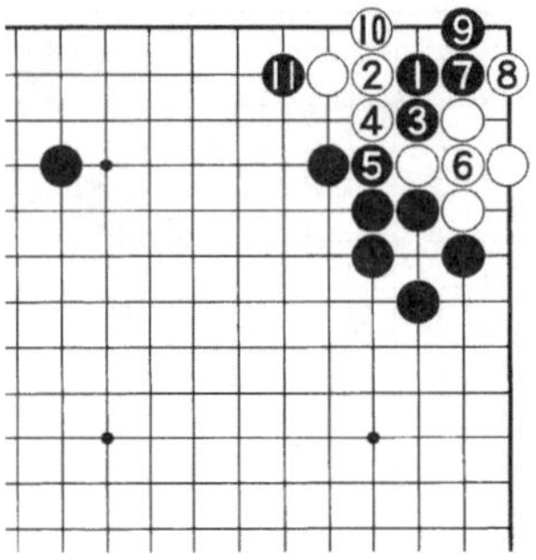

## 조여붙이기

흑1의 치중하는 수가 냉엄한 수이다. 백2, 4는 흑을 공격해서 잡는 강한 수이지만 흑5의 끊음을 활용하여 11로 붙여 바깥을 조여붙이면서 상변을 견고히 한다.

变

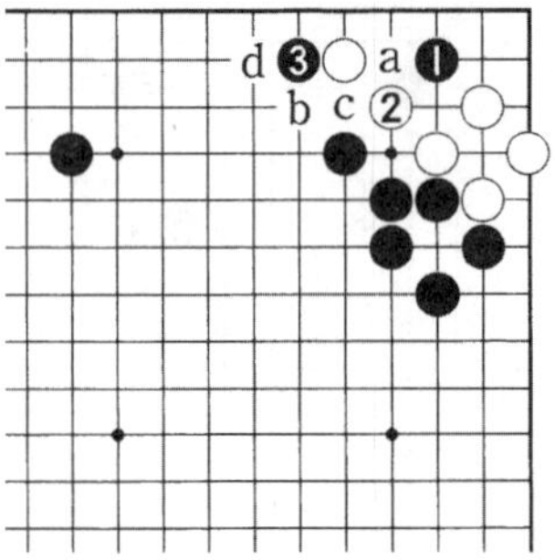

## 흑 충분

백2의 입구자에는 흑3으로 붙여서 상변으로 진출이 막혀있다. 백a, 흑b로 흑이 충분하다. 흑1로 3은 백b, 흑c, 백b가 있다.

(194)

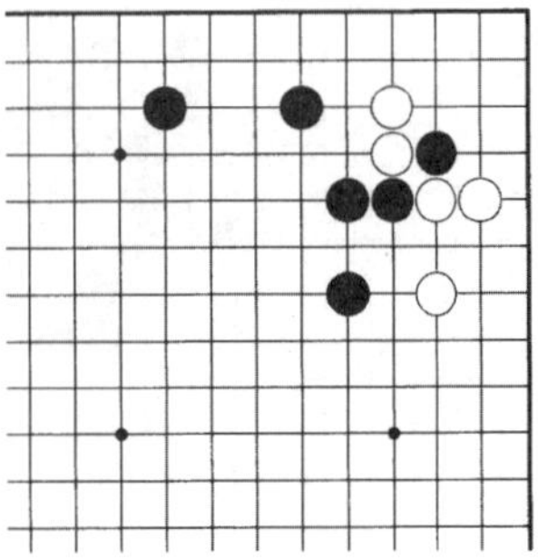

제5형 흑번

## 결정하다

우상의 전투.

흑은 1점을 움직여서 우상귀의 모양을 결정한다. 상변의 흑을 강력한 모양으로 하는 것이 가능하다.

解

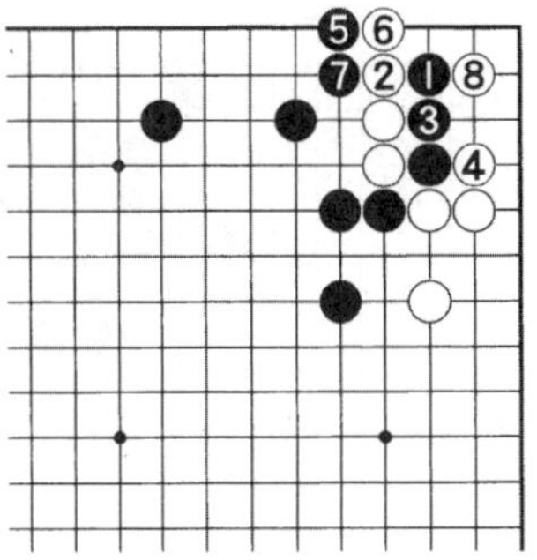

## 흑 두터움

흑1의 치중하는 수가 맥이다. 백2로 가로막으면 흑3으로 이어 흑의 수가 길어져 흑5, 7의 조여붙임이 활용된다. 흑의 바깥은 두텁다.

变

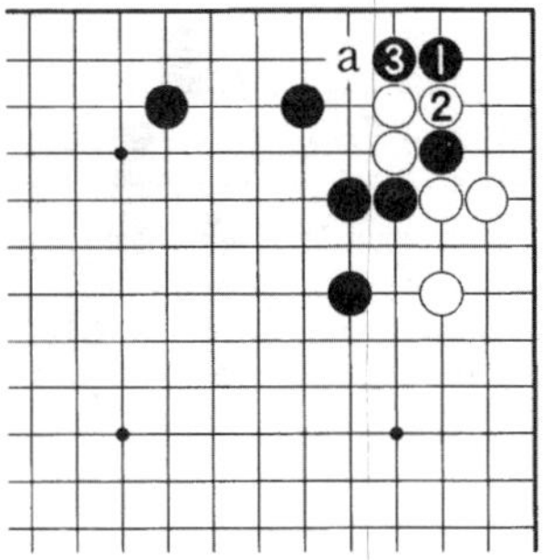

## 파고들다

백2의 수비는 흑3으로 건너서 백집으로 크게 파고 들어가는 것이 된다. 흑 1로 3의 붙임은 백1. 또 흑1로 a는 백3으로 모두 박력이 부족하다.

(195)

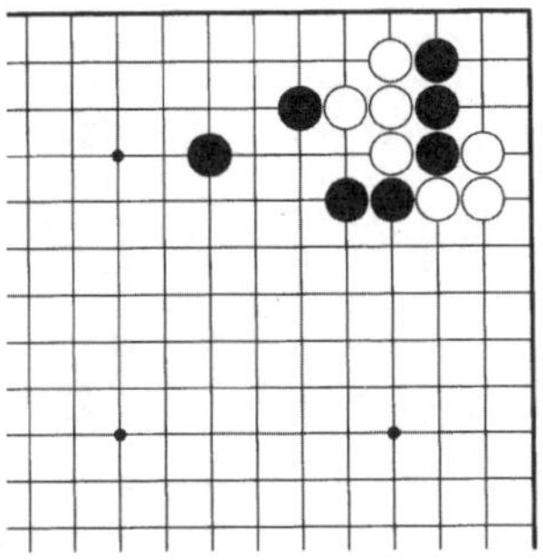

解

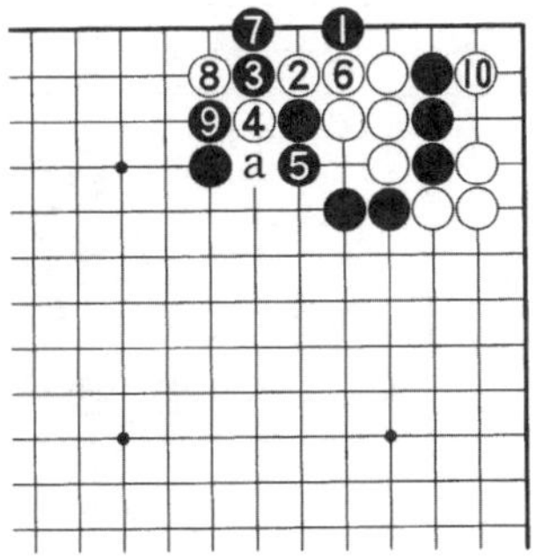

変

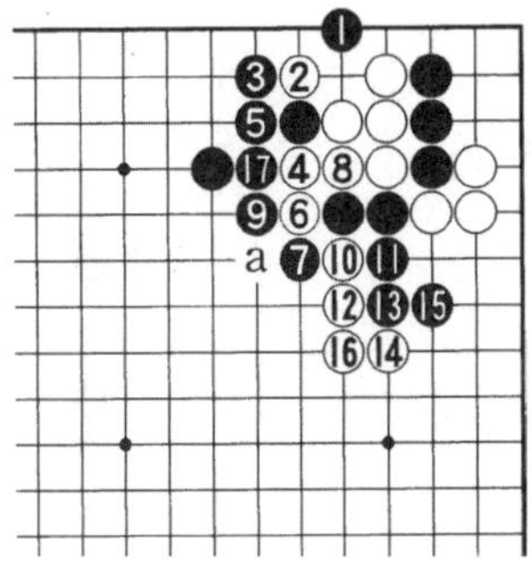

제6형 흑번

## 결정하다

우상은 2칸 높은 협공 정석의 변화. 흑은 귀의 3점을 버리고 바깥의 모양을 정한다. 축 유리라는 조건이 붙어있다.

## 흑 두터움

흑1로 치중하는 수가 냉엄하다. 백2의 젖힘을 유혹하여 흑3으로 막는다. 백4, 6에 흑7이 좋은수. 백10 이후 흑a로 따내는 것도 활용하여 흑이 두텁다.

## 백 망함

백은 축이 불리한데도 백4부터 단수로 바깥을 부수려고 하는 것은 흑9로 공배를 메울 수 있다. 흑17로 백이 망한다. 백a의 축은 흑이 유리하다.

(196)

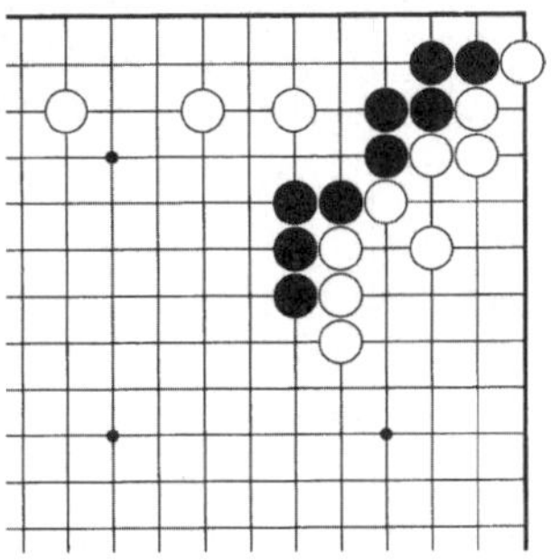

解

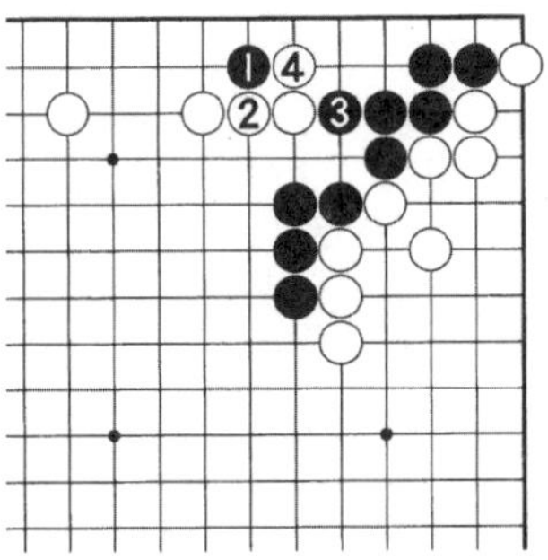

変

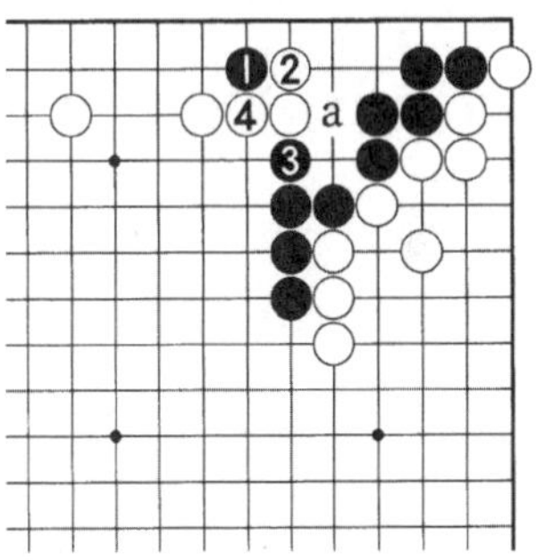

치중

지키기

제1형 흑번

## 보강

우상의 흑을 안정시키고 싶지만 먼저 백이 끊는 것을 막아야한다. 어떻게 약점을 보강 할 것인가?

## 선수

흑1로 치중하는 수가 맥이다. 백2로 중앙을 두면 흑3. 이후 흑4로 두면 사는 모양이기 때문에 백4로 근거를 빼앗지만 흑은 선수로 전체가 연결된다.

## 이것도 선수

백2의 방향은 흑3으로 호구이음이 된다. 다음에 흑이 4로 나올 수 있기 때문에 백4로 잇는다. 이것도 흑이 선수이다. 흑1로 3은 백a, 흑1로 a는 백3으로 실패한다.

(197)

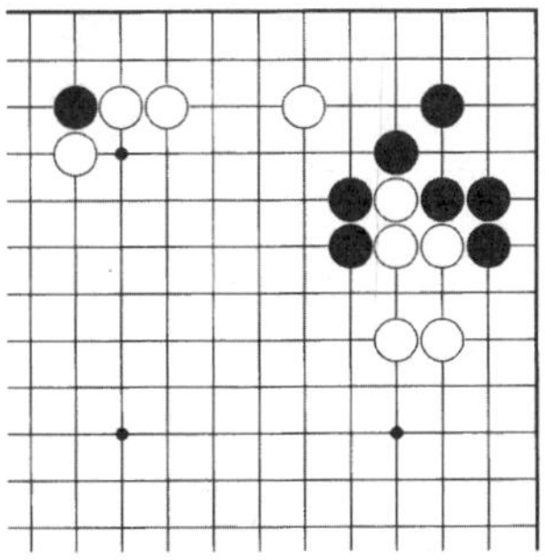

解

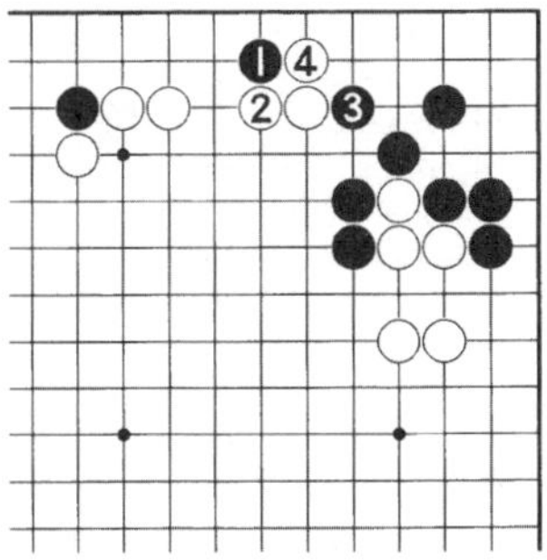

変

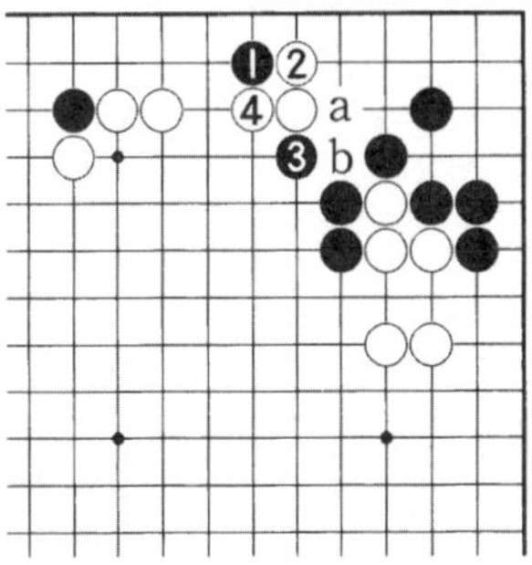

제2형 흑번

## 선수를 잡다

우상의 전투.

백은 중앙에 있는 흑 2점의 절단을 노린다. 흑은 이곳을 선수로 지키고 싶다.

## 흑 선수

흑1의 치중은 백이 받는 수를 보려는 맥으로 좋은 타이밍이다. 백2로 막는 것은 흑3으로 호구이음으로 귀를 지킨다. 백4로 받아서 흑이 선수.

## 백 후수

백2라면 흑3으로 호구로 잇고 이후 4로 나오는 수가 있어 백4로 후수가 된다. 흑1로 3은 백a, 흑b로 백이 선수를 잡는다. 또한 흑3으로 a는 백3.

치중
응수타진

(198)

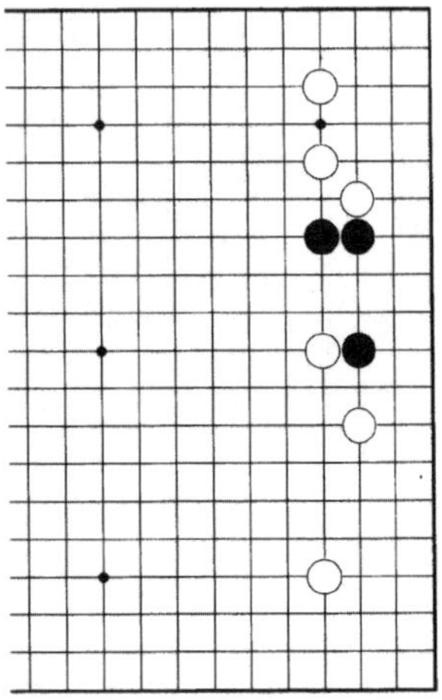

解

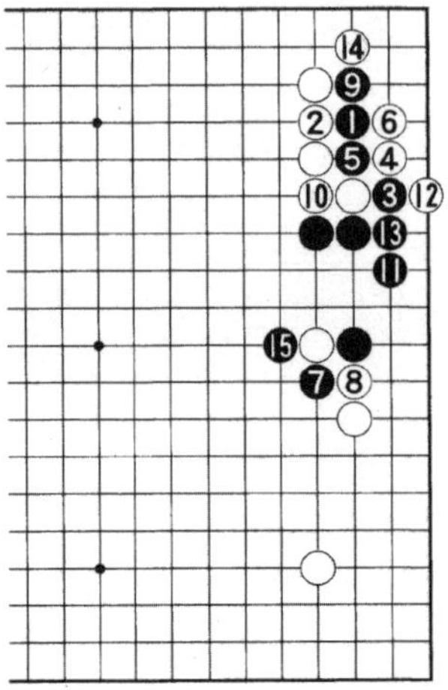

変

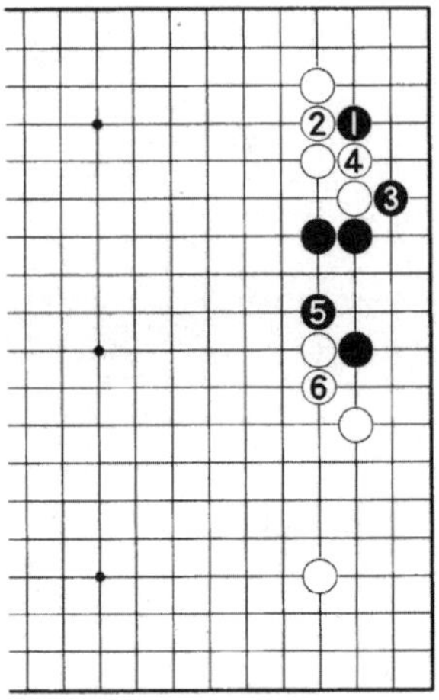

제1형 흑번

### 반발
우상부터 우변이 초점.
백은 우변의 흑 3점을 공격하여 우하 또는 우상의 집을 견고히 하려고 한다. 흑은 여기서 반발할 기회이다.

### 흑 성공
흑1로 치중은 백의 응수를 보려는 것이다. 백2부터 6까지 귀를 지키면 흑11로 호구이음이 활용되어진다. 흑7, 15의 강수가 성립한다. 백1점을 잡고 중앙으로 나가면 성공한다.

### 흑 충분
백4로 잘못하면 활용이 성공하여 우변의 근거가 견고해진다. 흑5로 젖혀 안정시키는 모양을 만들며 충분하다. 흑1로 5를 먼저 두면 백6, 흑1이면 백은 3으로 뻗을지도 모른다.

(199)

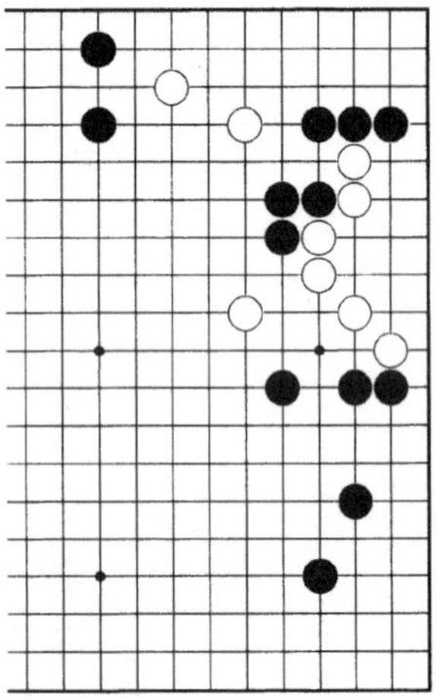

解

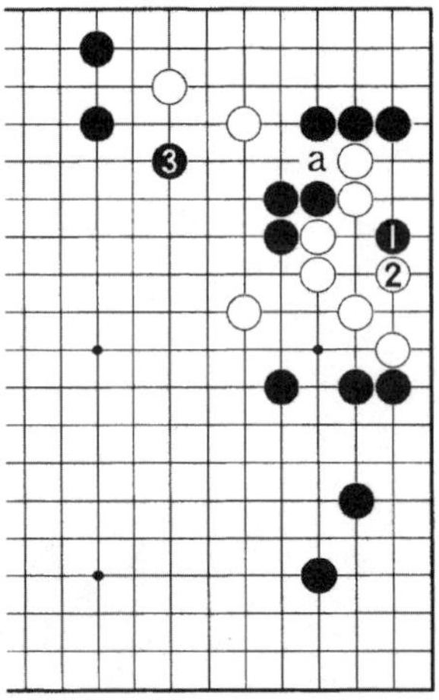


変

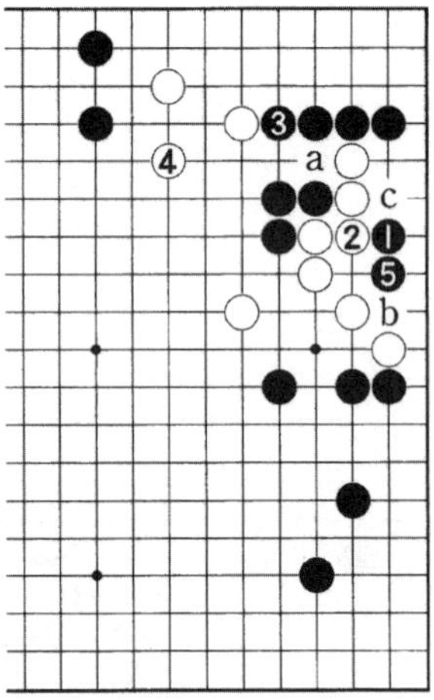


제2형 흑번

### 정형
상변과 우변의 백은 엷은 모양이지만 우상의 흑도 결함이 있어 바로는 공격하기 어렵다. 흑은 모양을 다듬으면서 백을 공격하도 싶다.

### 백 고전
흑1로 치중하는 수는 타이밍이 좋은 맥이다. 백2로 입구자 붙이면 백은 우변만으로 2눈을 만들어 살 수 있다. 그러나 흑a로 잇는 것이 활용되어 흑3의 공격이 냉엄해진다. 백이 고전한다.

### 우변이 목표
백2로 이으면 a로 끊을 수 있어 흑은 3으로 지키고 백4와 교환한다. 흑5로 늘면 우변의 백의 눈이 없다. 백b는 흑c로 우변이 흑의 공격목표가 된다.

(200)

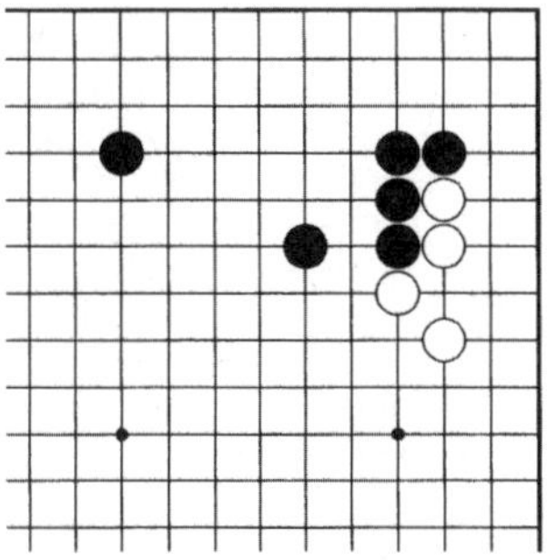

제3형 흑번

## 중복

우상의 백을 공격하는 문제.
백은 호구이음으로 빈틈없이 단단하지만 그만큼 중복되기 쉽다.

解

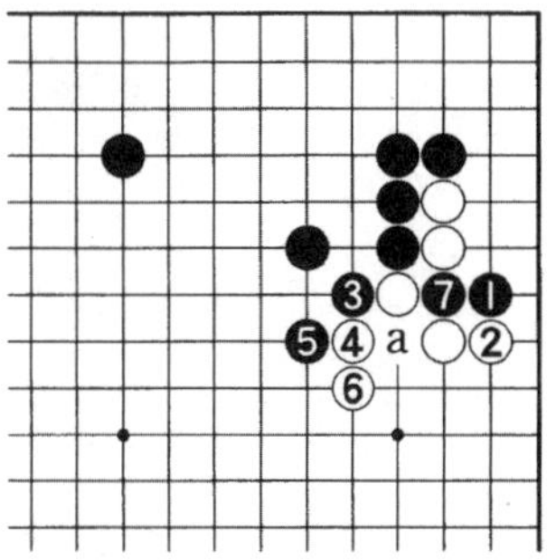

## 백 불리

흑1로 치중하여 백이 어떻게 받을지를 본다. 백2는 들여다보기에 대응하는 수. 흑3으로 부풀리고, 백a라면 흑의 활용한 모양. 백4, 6은 흑7로 백이 불리하다.

变

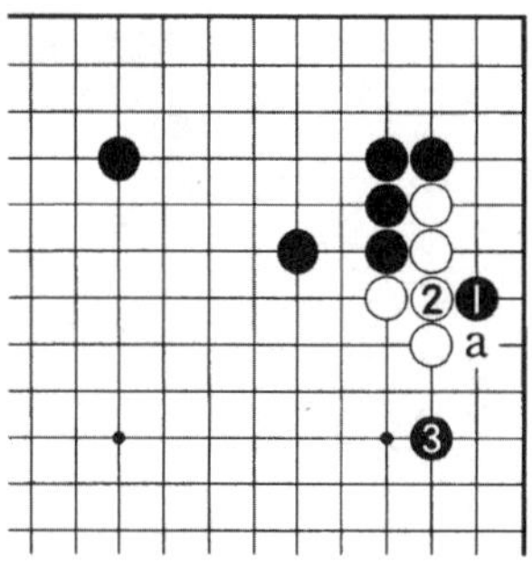

## 백 고립 모양

백2로 이어 온화하게 받는다. 백에 우형이 생겨 고립되면 흑3의 공격이 냉엄하다. 이후 흑a면 백은 근거마저 잃는다.

(201)

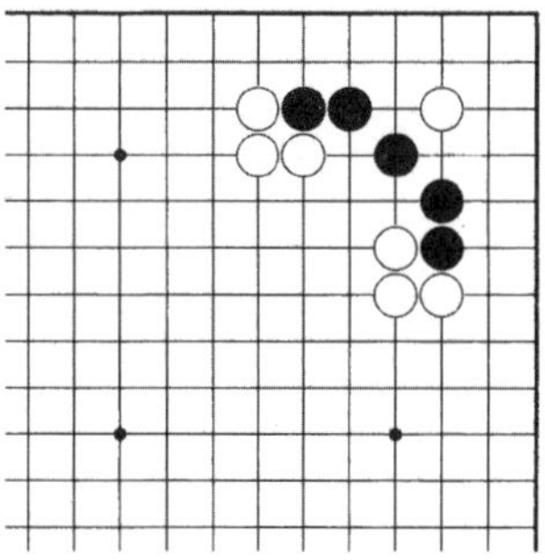

제1형 흑번

## 좌우동형

백의 3·3을 뺏겨 기분이 나쁜 모양이지만 흑은 일부를 버려서 귀를 견고하게 하는 것이 가능하다. 힌트는 동형, 중앙에 수가 있다.

解

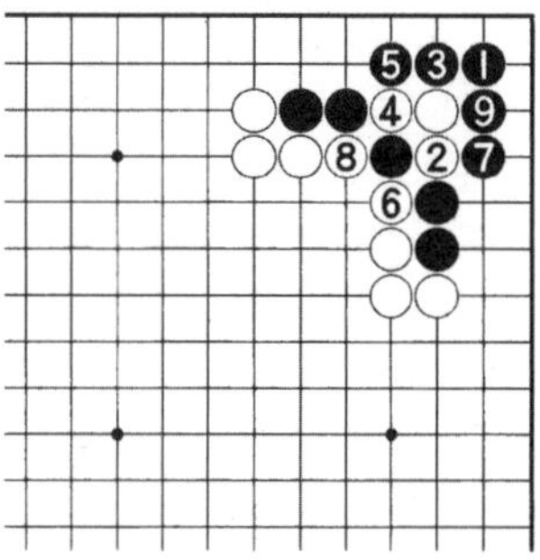

## 사석

흑1의 치중이 맥으로 동형의 중앙이다. 백이 2로 찝어 중앙을 끊으려 하면 흑3과 5로 받아 1점을 버리고 귀를 견고히 한다.

变

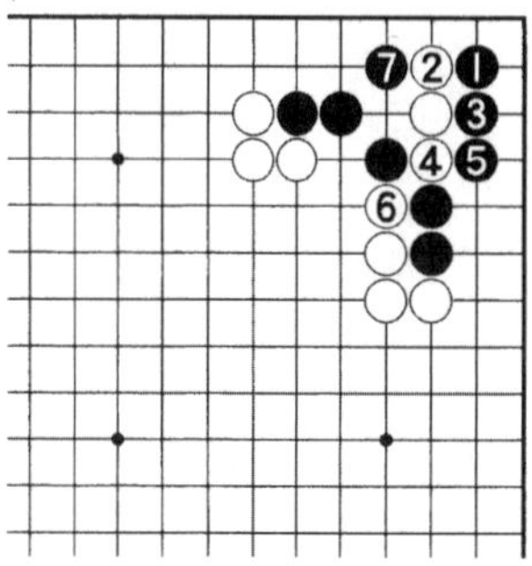

## 흑 승

백2로 막으면 흑3, 5로 건넌다. 백6으로 끊더라도 흑7로 입구자하면 흑이 수상전에서 승리한다. 백2로 3은 흑2로 같은 모양이다.

(202)

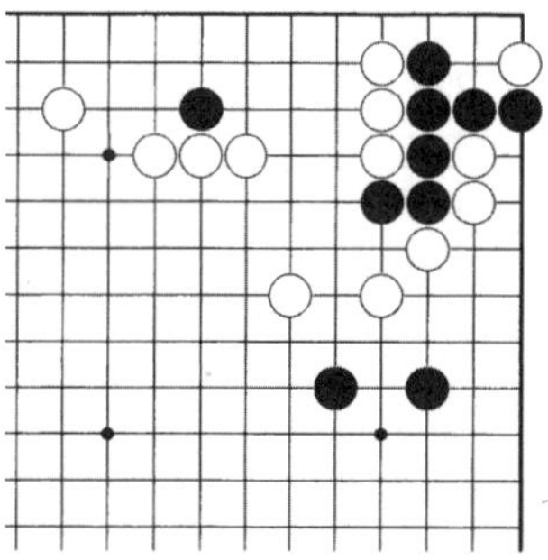

제2형 흑번

## 반격

우상의 전투.
귀의 흑은 두 눈이 없으나 상변에 수를 내어 우상이 엷음을 찌르면 유리한 전투가 된다.

解

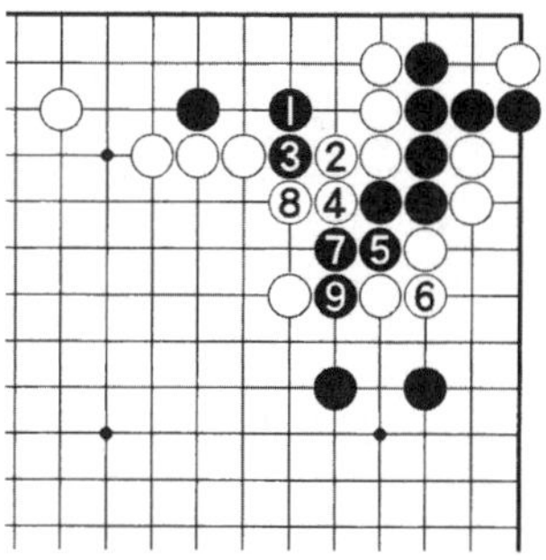

## 돌의 급소

흑1의 치중은 급소이다. 백 3점이 2로 꼬부려서 도망가면 흑3부터 7의 상태가 생긴다. 백8 이후 흑9로 뚫고 나가면 흑이 유리한 전투가 된다.

变

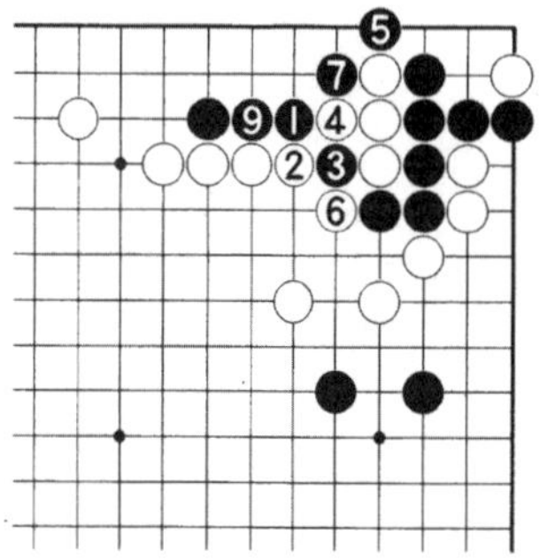

## 흑 삶

백2로 가로막으면 흑3으로 끼워 절단한다. 백4로 끊으면 흑5, 7로 조인다. 흑9로 이어서 크게 산다.
※⑧→❸

(203)

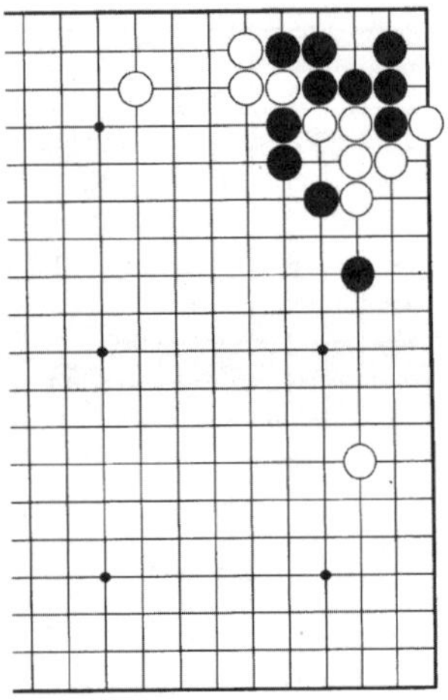

解

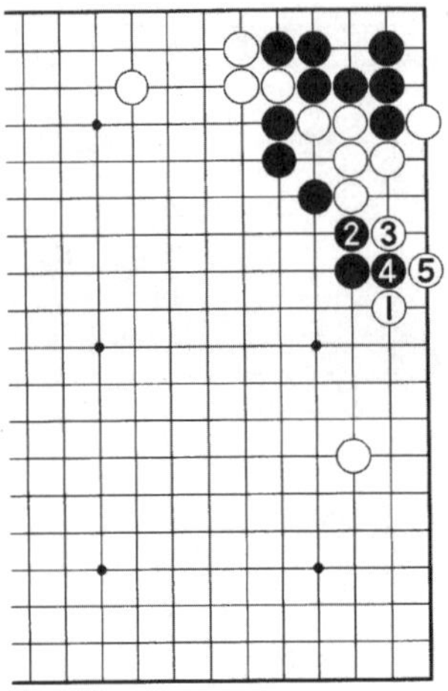

変

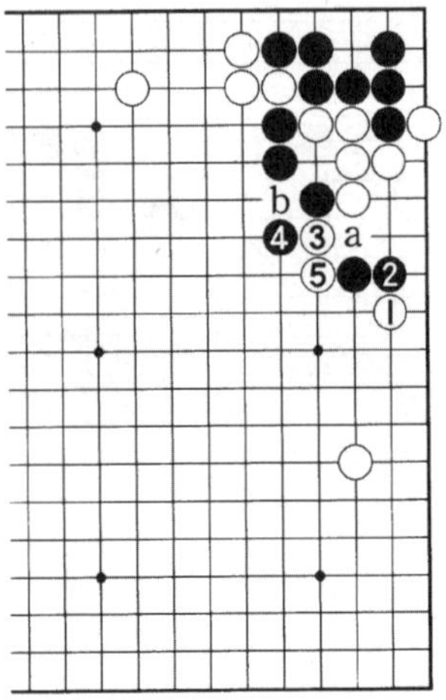

제3형 백번

## 비약

우변의 전투.

우상의 백은 우변에 탈출구를 막고 있는 것 같지만 좋은 수로 포위를 돌파할 수 있다. 첫수는 비약적인 발상이 중요하다.

## 건넘

백1의 수가 좋은 수이다. 우상의 백을 살리기 위해 백1을 바깥에서 활용하는 맥이 있다. 흑2로 치받으면 백3과 5로 건너 우하의 백에 연결되어 중앙의 흑을 공격하는 모양이 된다.

## 흑 불리

흑2로 가로막는 변화. 백3으로 젖혀서 흑이 받는 수가 없다. 흑4라면 백5. 흑a로 끊어지지 않아 백은 흑을 양분하여 중앙으로 도망하고 있다. 흑4로 a는 백b.

(204)

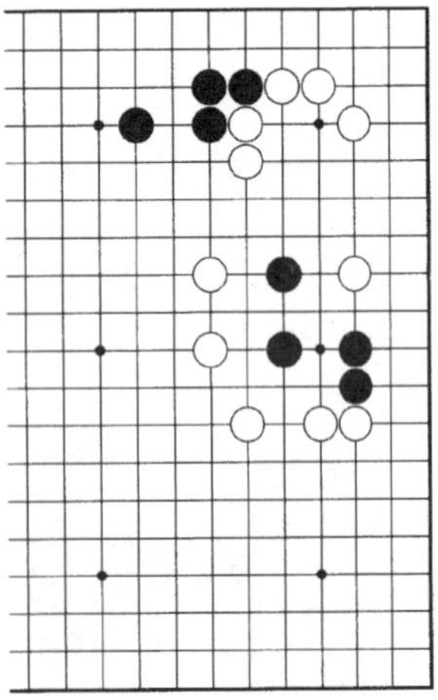

解

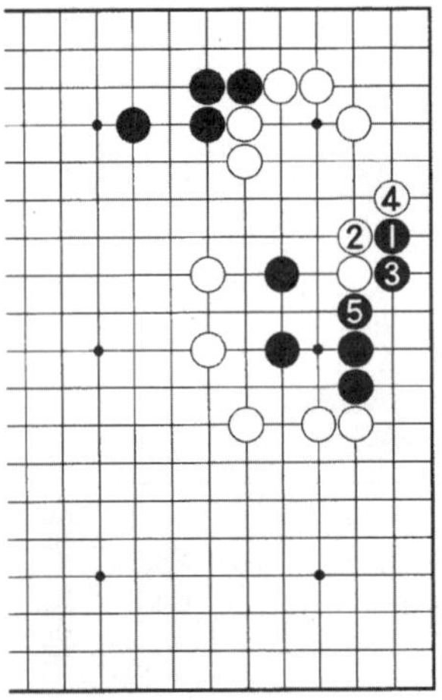

変

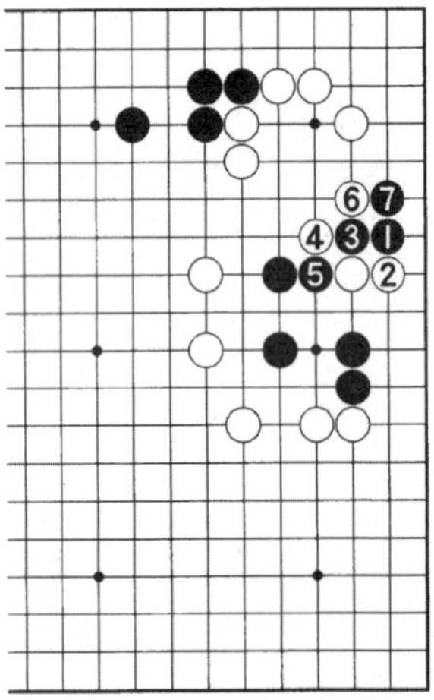

제4형 흑번

## 결정짓다

우변의 문제

흑 4점은 근거를 만들어야 살 수 있다. 벌림을 방해하고 있는 백 1점의 급소를 발견하여 모양을 결정한다.

## 흑 삶

흑1로 치중은 백의 받는 수를 볼 수 있다. 백이 2로 막으면 흑3으로 건너 우변의 집이 늘어난다. 백4에 흑5로 정리하여 우변과 중앙에 1눈씩 가능하다.

## 2점 잡기

백2로 가로막는 변화이다. 흑3과 5로 끊어 반대로 백을 공격한다. 백이 6으로 젖히더라도 흑7로 구부리면 백은 이후 수가 없다. 우변의 백 2점을 잡으면 흑이 살 수 있다.

(205)

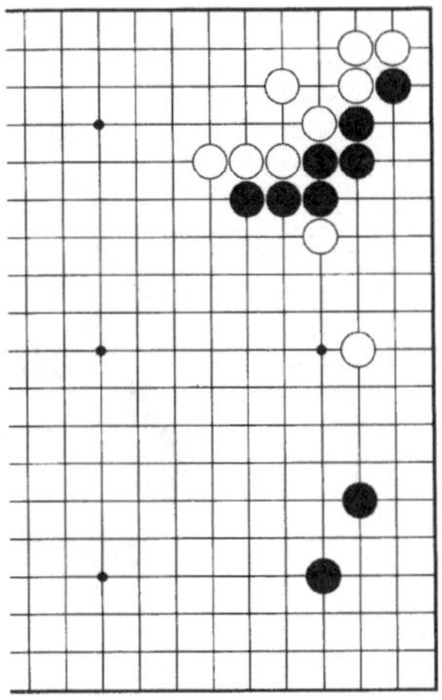

解

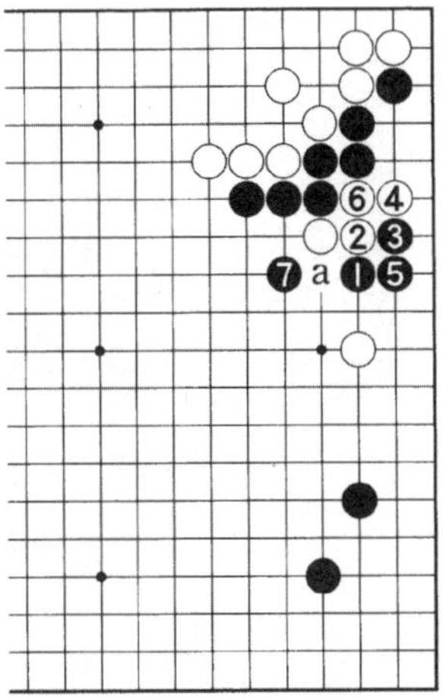


失

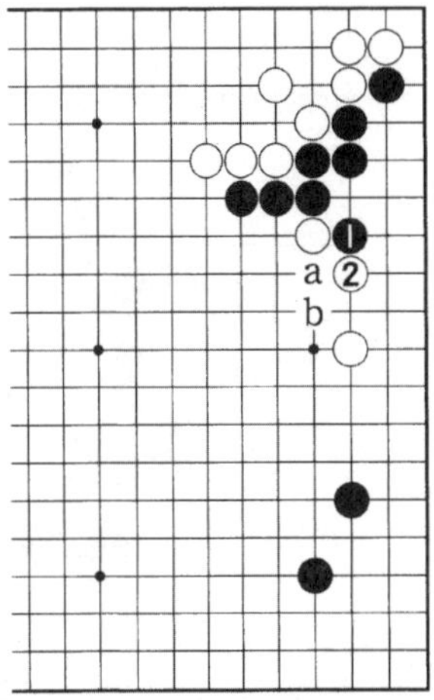


**제5형 흑번**

## 안정된 모양

우변의 전투.
우상에 있는 흑의 모양은 두텁지만 백에게 공격당할 수 있다. 백을 공격하여 정리하는 모양을 만들어 주지 않게 하여야한다.

## 백 무리

흑1의 입구로 붙이는 수가 냉엄한 맥이다. 백2로 막으면 흑3으로 젖혀 건넌다. 백4, 6은 무리이고 흑7로 씌우면 백 4점을 살릴 수 없다. 백4로 a는 흑5. 백의 모양이 무겁다.

## 흑 불충분

흑1로 젖히는 것은 소극적인 타개책이다. 백2로 막을 수 있어 우변 백에게 수습하는 모양을 주게 된다. 흑a는 백b로 탄력이 있는 모양이다. 백은 가볍다.

(206)

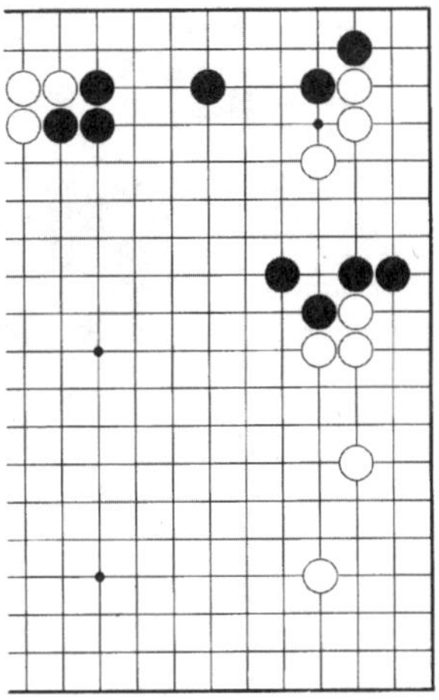

解

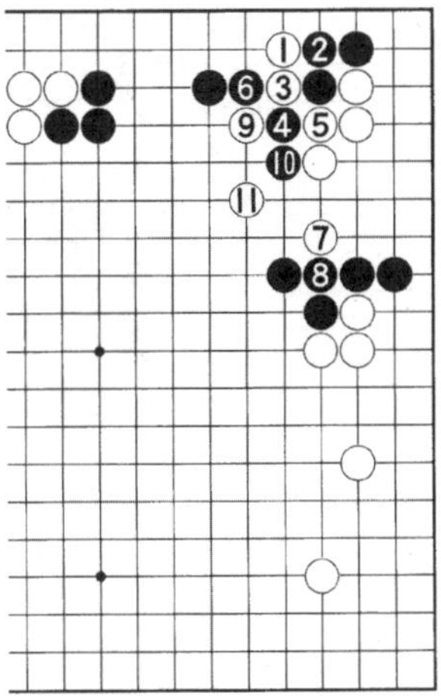


変

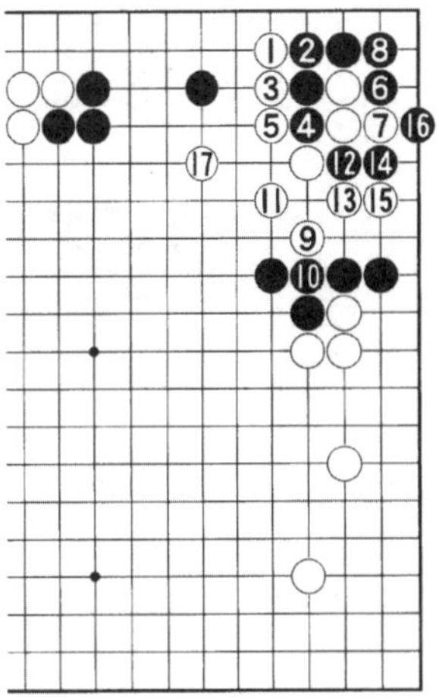


**제6형 백번**

## 위험한 상태

우상의 전투
귀의 백 3점은 우변 흑의 벽이 지키고 있어 위험한 상태이다. 귀에 있는 흑의 엷음을 노려 중앙으로 모양 좋게 도망 나오는 것이 가능하다.

## 백의 정형

흑1의 들여다보는 수가 근거의 요점이다. 흑2로 이으면 백3, 5로 끊어 귀의 흑을 공격한다. 흑6으로 끊어 백의 공배를 채우면 백7로 들여다보기를 활용하고 9와 11로 씌워 중앙으로 도망친다.

## 중앙으로 나가다

흑4, 6으로 귀에서 살려고 하는 변화. 백7을 활용하여 9와 11로 바깥을 연결하면 흑은 12로 끊을 수밖에 없다. 백은 3점을 버리고 17로 중앙에 나가 생사의 불안을 없앤다.

제7형 흑번

(207)

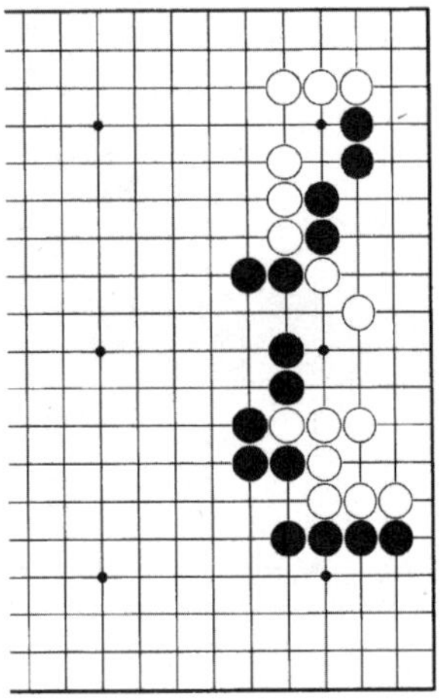

## 반격

우상의 흑 4점은 어떻게 살릴 수 있는지 문제.
백의 포위의 안에서 살기보다는 반대로 포위를 공격하고 싶다. 그것의 급소는?

解

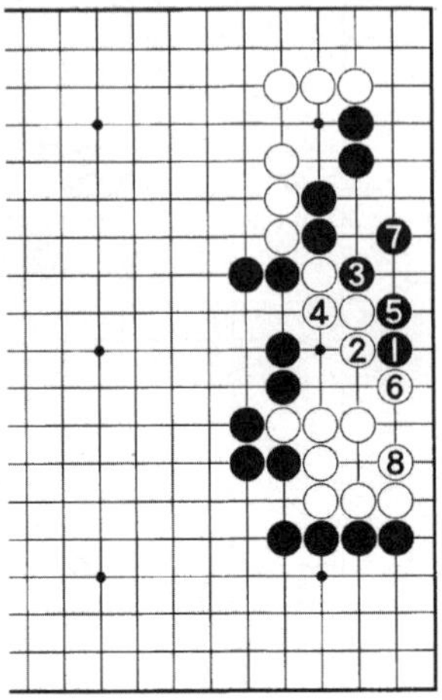

## 10집

흑1로 치중하는 수는 백이 어떻게 받는지 보는 맥이다. 백2로 받으면 흑3으로 단수치고 5로 건너서 흑집이 넓어진다. 흑7까지 10집을 만든다. 백4로 5는 흑4로 따낸다.

変

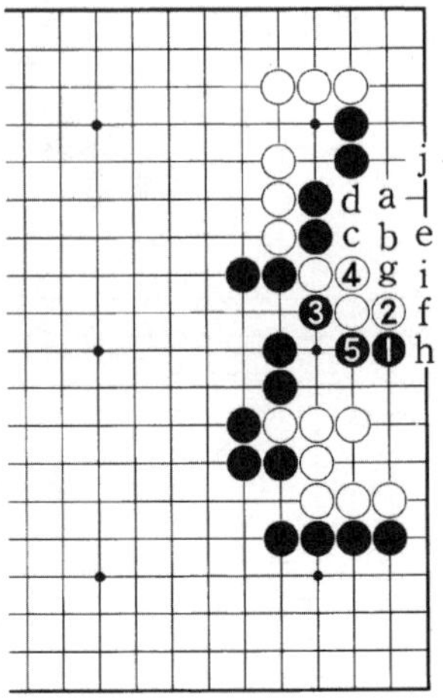

## 백 괴멸

백2는 흑이 건너지 못하게 방해하는 변화이다. 흑3으로 위로부터 단수치고 백4와 흑5로 백을 분단한다. 이후 백a는 흑b부터 흑j까지 수상전에서 백이 패한다. 백4로는 5로 연결되면 무사.

제8형 흑번

(208)

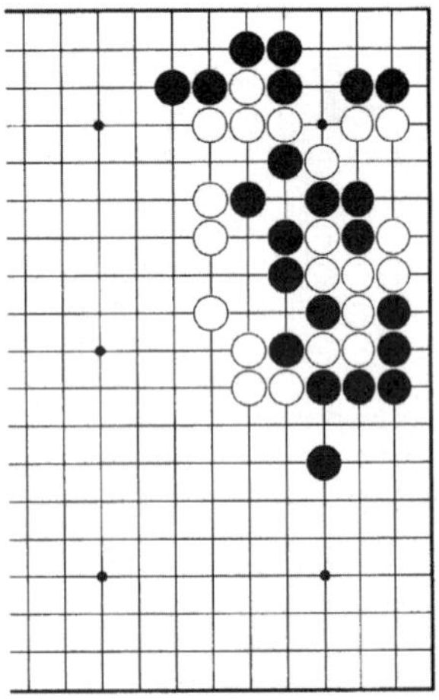

## 반격

우변의 전투.
흑 2점을 이어 우변의 백을 공격하여 잡고 싶지만 그것은 준비부족. 흑은 귀의 흑에 연결하는 것으로 좋다. 백이 무리하면 반격한다.

解

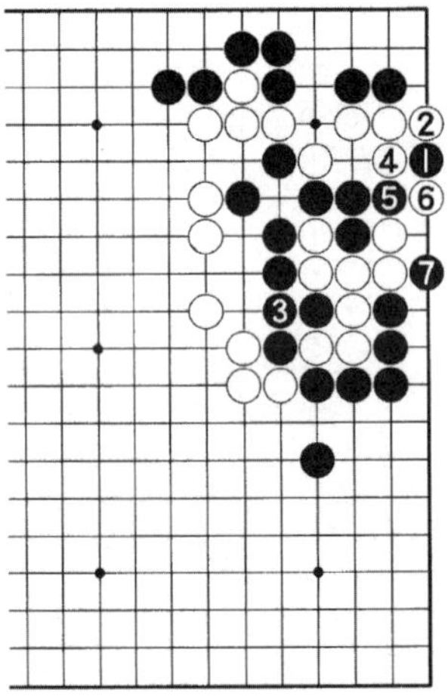

## 촉촉수

흑1의 치중이 맥이다. 백2로 막는 것과 교환한 뒤, 흑3으로 잇고 백4와 6으로 흑 1점을 잡아도 흑7로 촉촉수이다. 흑1로 3을 이으면 백5로 건너가 실패한다.

変

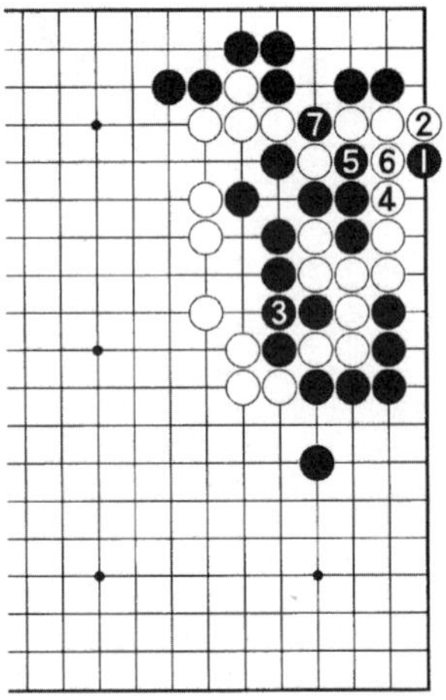

## 백 전멸

백4로 나가면 흑5로 백 1점을 단수쳐서 좋다. 백6으로 흑 1점을 잡으면 흑7로 백 1점을 잡아 귀에 연결하고 이로써 우변의 백은 전멸한다. 백2로는 3으로 흑 2점을 잡고 흑2를 허용한다.

(209)

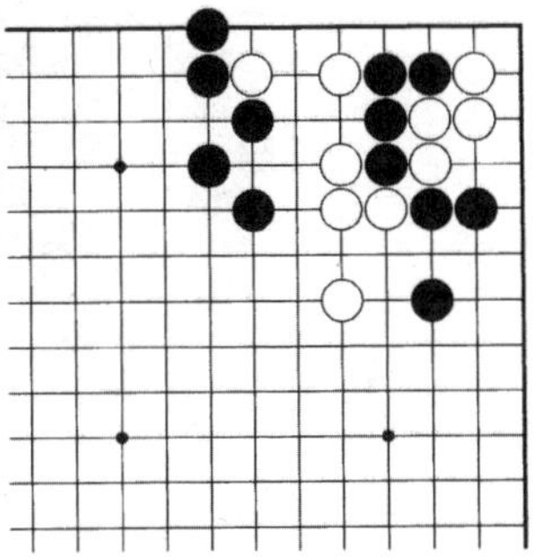

제1형 흑번

### 구조선

우상의 흑 4점은 도망치더라도 자충이 된다. 살릴 수 있는 다른 방법은 없을까?

解

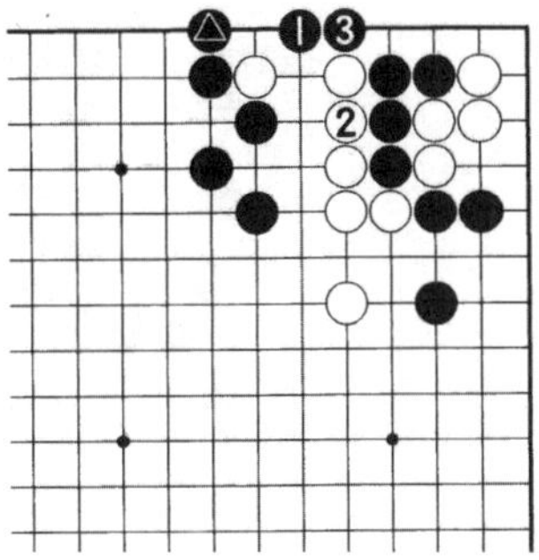

### 건넘

흑1로 치중하는 수가 좋은 수이다. 바깥부터 손을 뻗어 연결하도록 하는 것이다. 백2로 이으면 흑3으로 건너간다. 상변의 ▲이 활용되고 있다.

变

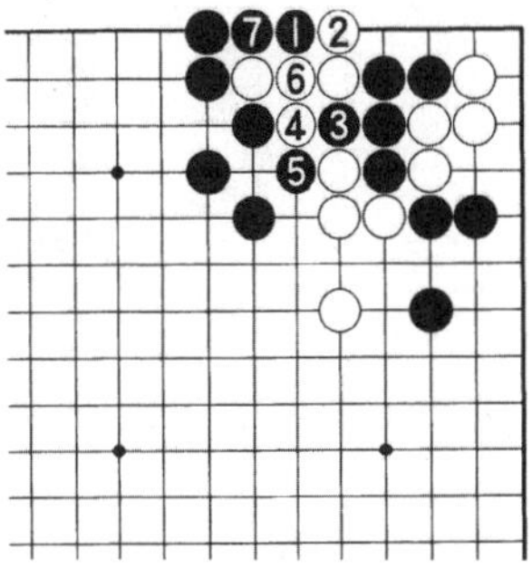

### 수상전 흑 승

백2로 막으면 흑3으로 나간다. 백4, 6으로 저항하여도 흑7로 한 수 승리한다. 흑1로 3이나 2는 실패한다.

(210)

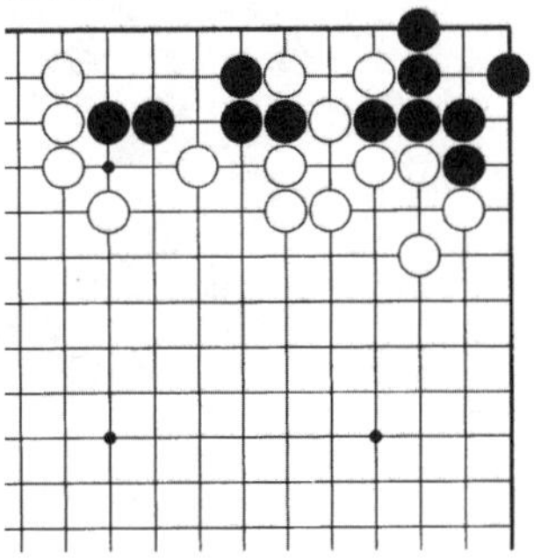

제2형 흑번

### 건넘

상변을 건너가는 문제.
흑 5점을 살아있는 귀의 흑과 연결하여 살리고 싶다. 패가 나면 실패한다.

解

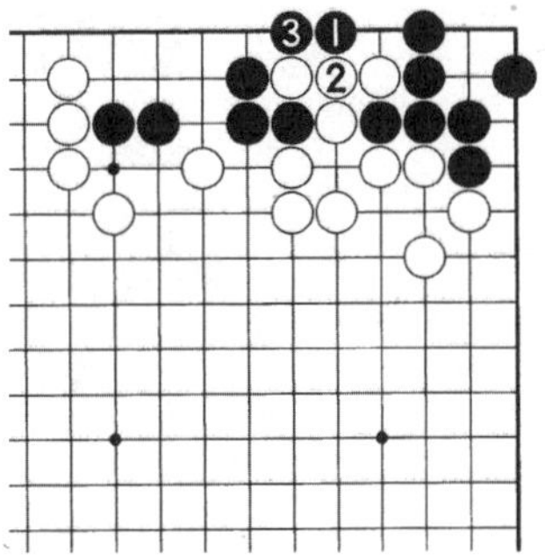

### 치중

흑1의 치중은 모양의 급소이다. 백2로 이으면 흑3으로 우상을 건넌다. 흑1로 3은 백1로 막아 패가 난다.

变

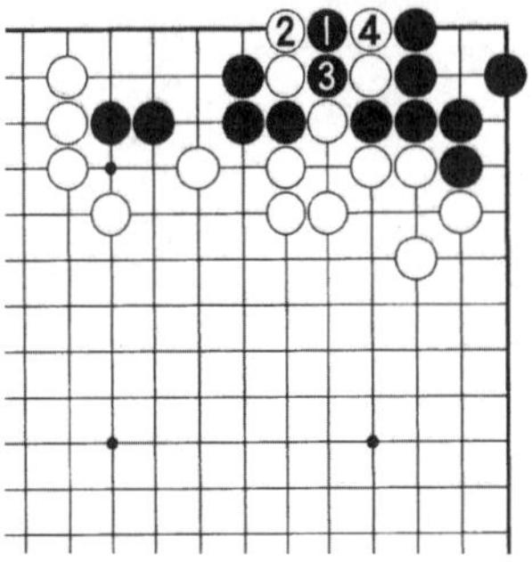

### 촉촉수

백2로 가로막으면 흑3으로 먹여쳐서 2점을 버리는 맥이 있다. 백4로 잡고 흑5로 먹여쳐 촉촉수의 모양이 된다.

※❺→❸

(211)

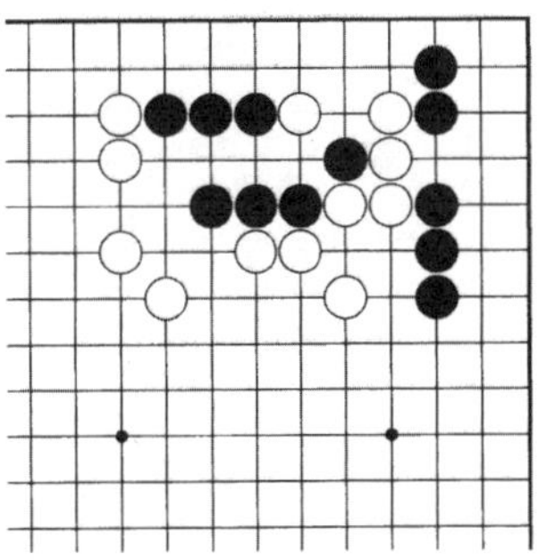

제3형 흑번

### 건넘

상변 건너가는 문제.
흑 7점이 전부 잡히면 큰일이고 살기만 하는 것도 불만이다.

解

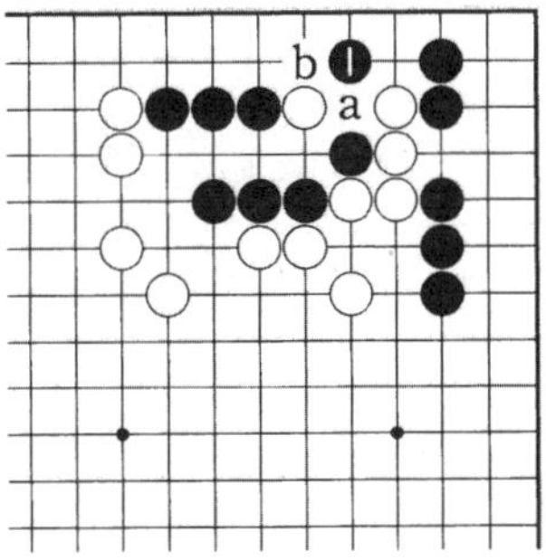


### 건너 뜀

흑1로 뛰면 그만이다. 백a는 흑b로 상변을 건너 귀에 있는 흑집이 늘어난다. 백b로 저항하면 흑a로 이어 백 2점이 잡힌다.

失

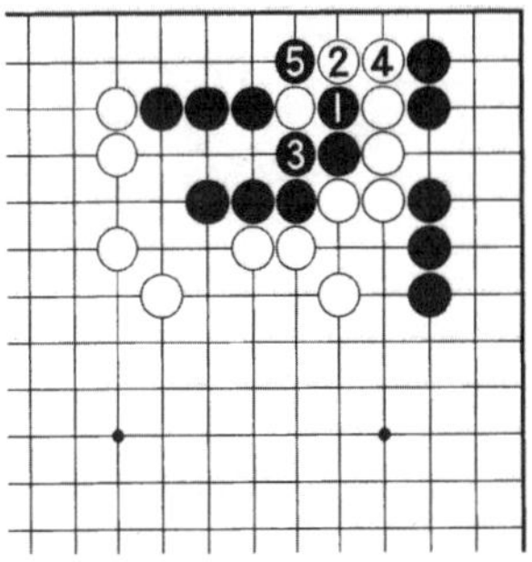

### 흑 불만

흑1로 나가면 백2와 4로 차단한다. 흑5로 백 1점을 따내 살게 되지만 귀의 흑이 약해져 흑에 불만이 생긴다.

제4형 백번

(212)

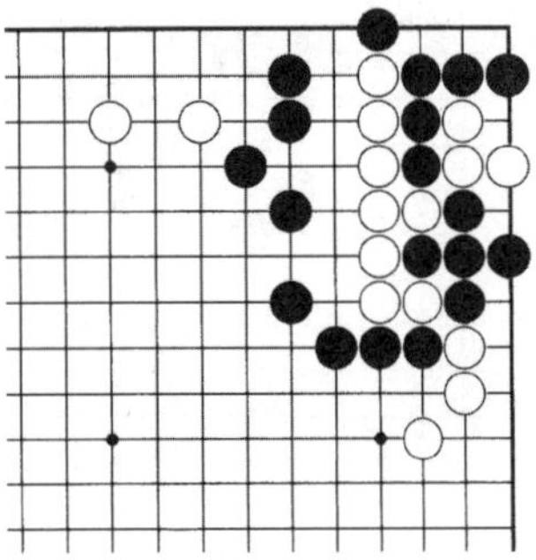

## 맥과 수순

우상의 모양은 백 3점이 잡혀 중앙의 8점이 고립되어 보이지만 귀의 흑을 공격하면 부활할 수 있다.

解

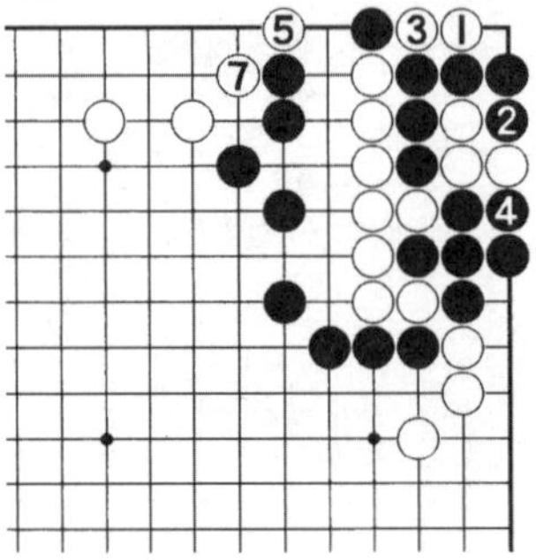

## 건넘

백1로 붙여 귀의 흑을 공격한다. 흑2로 백 3점을 잡는다. 백5가 묘수로 흑6으로 살리면 백7로 건넌다.

※❻→❷의 왼쪽 아래

变

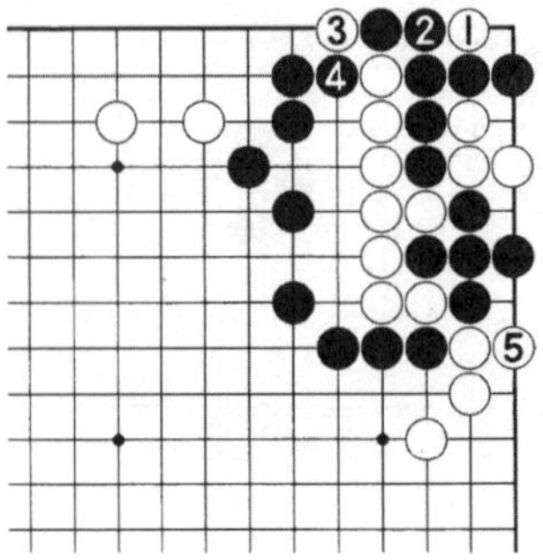

## 백 생환

흑2로 이으면 백3으로 막아 귀가 자충이다. 흑4로 끊으면 백5로 우변의 흑 5점을 공격하여 잡으면 생환할 수 있다.

제5형 흑번

(213)

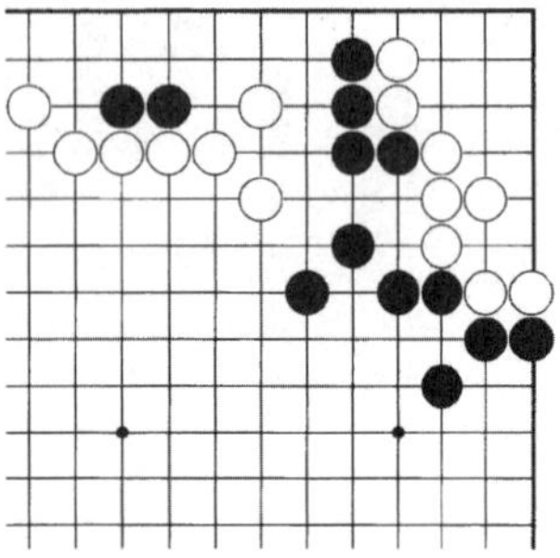

## 생환

상변의 전투

상변의 흑 2점은 살릴 수 없지만 귀의 백을 공격해서 우상의 흑이 강력해지면 생환이 가능하다.

解

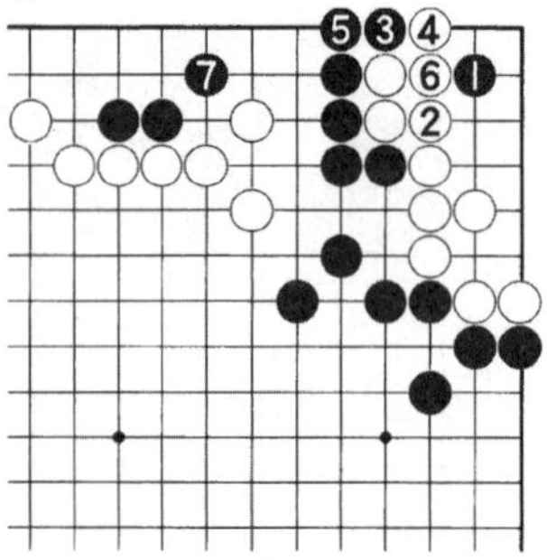

## 건넘

흑1의 치중은 상변의 뻗음을 활용한 맥이다. 백2로 이으면 흑3과 5로 젖혀 잇는 것은 손해이지만 흑7로 건너는 것이 있다.

变

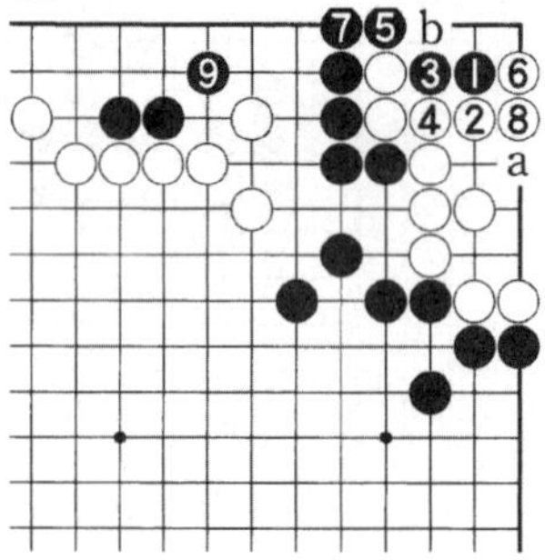

## 백은 손해

백2로 받는 것은 흑3부터 7까지 오히려 손해. 백8은 흑a를 방지하고 흑은 9로 건너간다. 흑1로 5는 백3, 흑b, 백1. 상변은 건너 갈수 없다.

치중

제1형 흑번

(214)

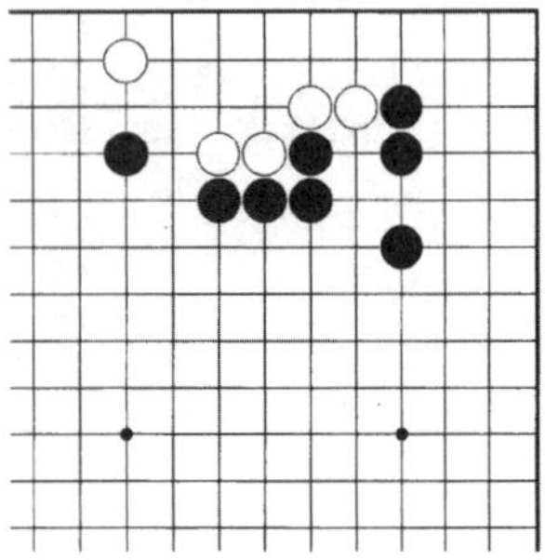

## 급소

상변은 붙여 뻗기 정석의 변화이다. 백의 모양을 무너뜨려 공격을 지속하되 외세를 강하게 하고 싶다. 첫 수가 급소이다.

解

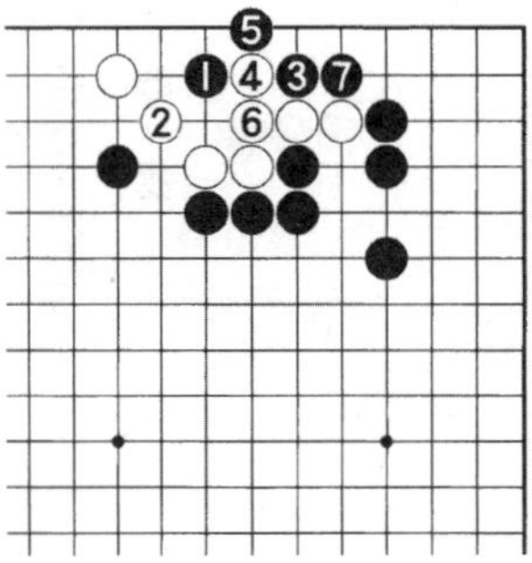

## 대성공

흑1의 치중은 백의 모양을 무너뜨리는 급소. 백2로 받으면 흑3으로 붙이고 7까지 백의 근거를 빼앗아 크게 성공한다. 백4로 7은 흑6으로 끊어 흑이 승리한다.

变

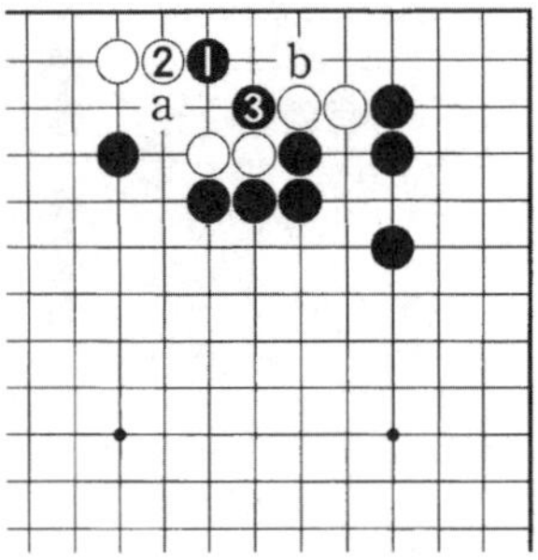

## 흑 충분

백2로 부딪쳐 자충하는 모양은 좋지 않다. 흑3으로 끊는 수가 생겨 백은 둘 수가 곤란하다. 다음은 백a 정도이므로 흑b로 백 2점이 잡힌다.

(215)

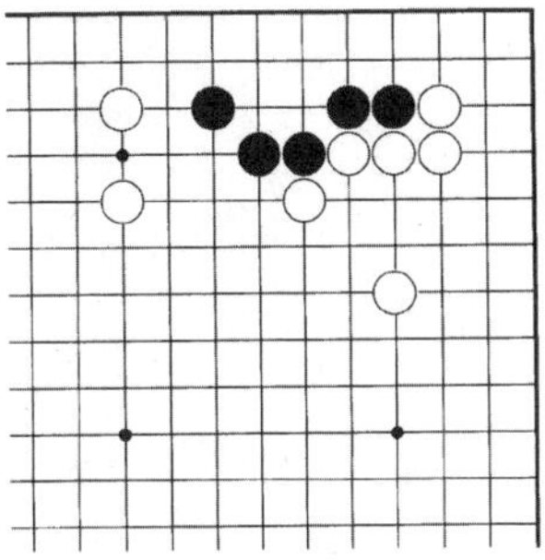

解

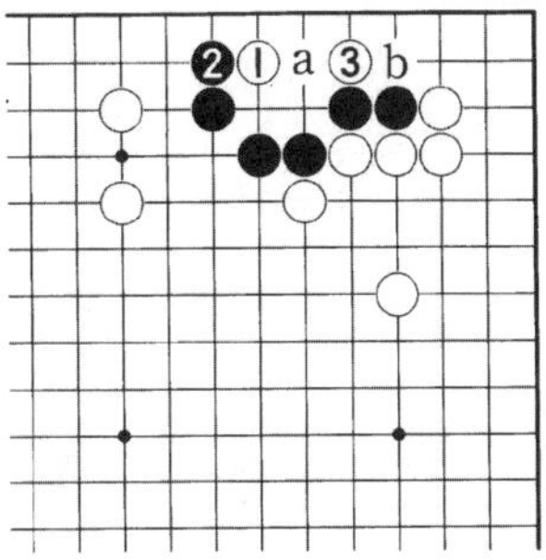


变

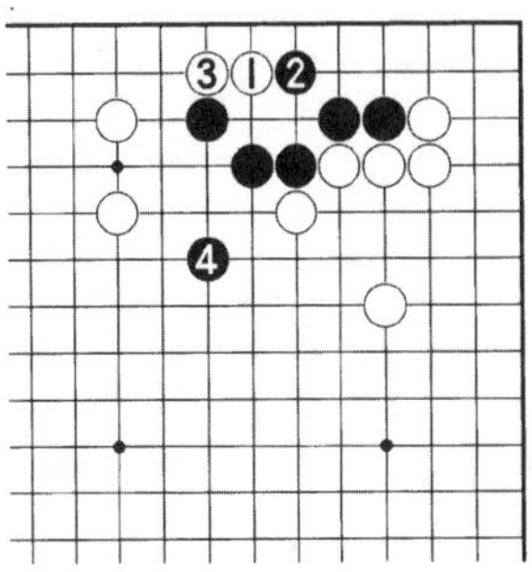


**제2형 백번**

## 약한 돌

단단하게 정리되어 있어보여도 상변의 흑은 자충을 노려볼만한 약한 돌이다. 백은 어떻게 공격하여야 하는가.

## 한 눈

백1로 치중하는 수가 노림수의 맥이다. 흑2로 백이 건너지 못하게 막으면 백3으로 붙여는 수가 좋은 수로 우상귀에 연결한다. 이후 흑a, 백b로 흑은 1눈의 미생.

## 건넘

흑2로 받으면 백3으로 돌아가는 정도이다. 귀는 후수 1눈의 모양. 가운데는 옥집이므로 중앙으로 탈출하여야 한다.

(216)

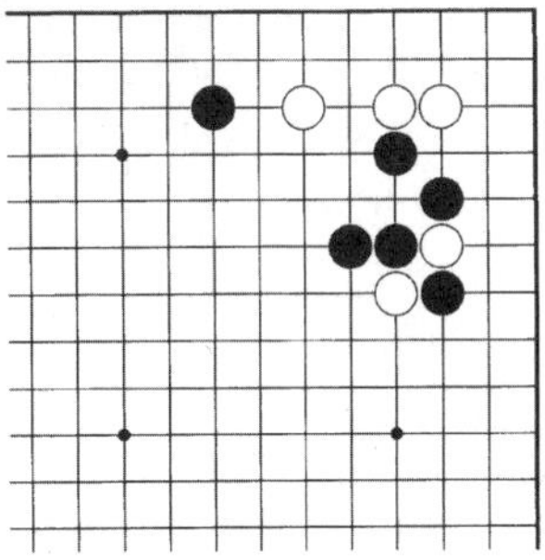

解

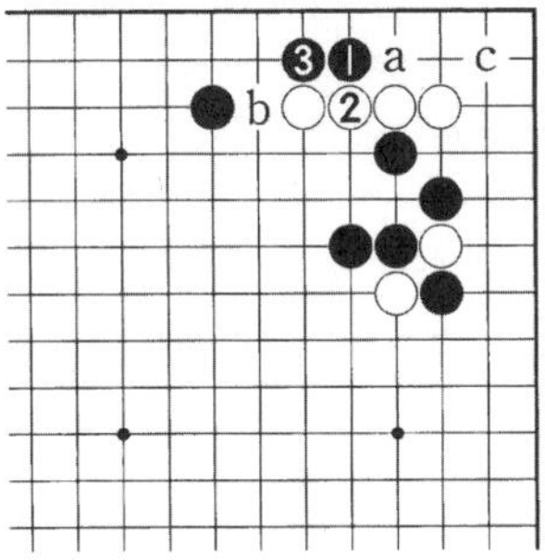


变

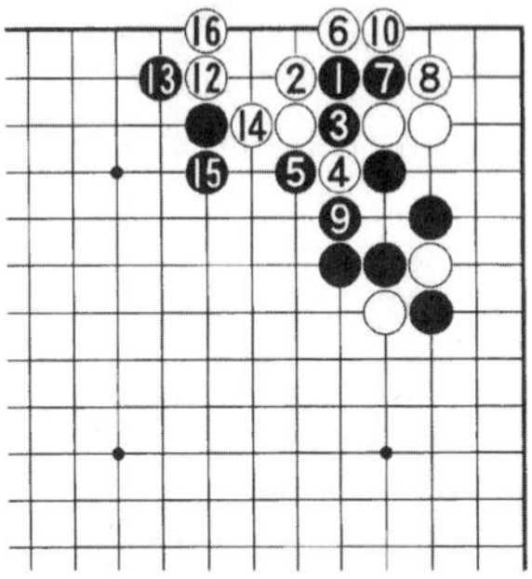


**제3형 흑번**

## 강공

상변의 전투.
화점 정석의 변화로 귀의 백을 공격하는 문제이다.
흑은 두터운 우변을 이용하여 강하게 공격하고 싶다.

## 괴롭다

흑1의 치중은 백의 근거를 빼앗는 급소이다. 백2로 이으면 흑3으로 건너고 우상의 백집이 줄어든다. 백a, 흑b, 백c의 삶이 괴롭다.

## 백 불리

백2로 가로막으면 흑3으로 나온 뒤 백10까지 조인다. 백16까지 바깥의 흑을 강하게 하여 백이 불리하다.
※⓫→④

(217)

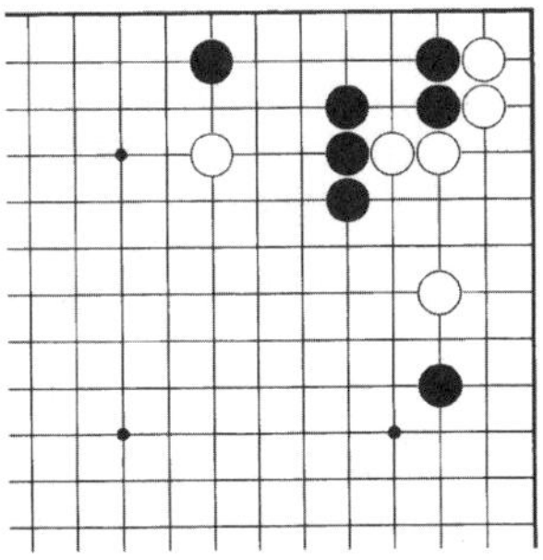

解

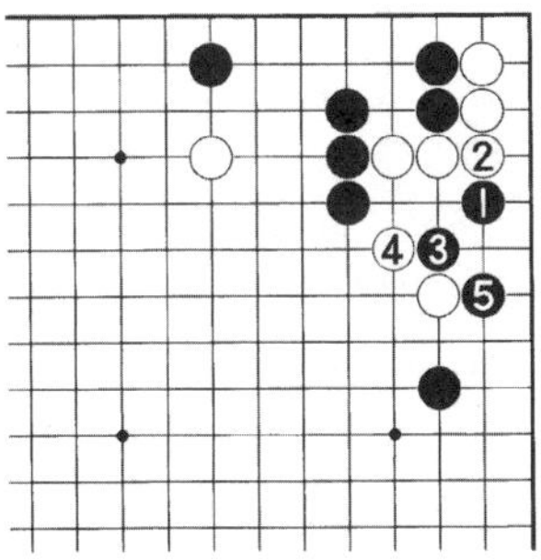


变

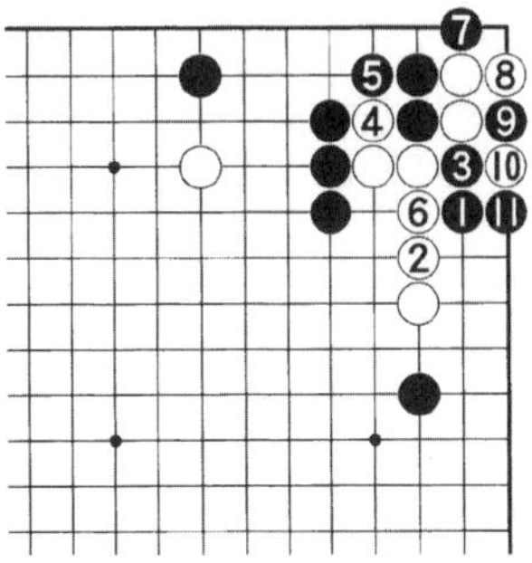


**제4형 흑번**

## 엷음

우상의 전투.
2칸 높은 협공정석의 변화로 우상 백의 엷음을 추궁하여 흑이 유리한 싸움으로 이끌고 싶다.

## 백 고전

흑1로 치중하여 둘여다 보는 수가 냉엄하다. 백이 2로 이으면 흑3으로 입구자 붙임 후 5로 젖혀 우변을 건너 백의 근거를 빼앗는다. 백은 굉장히 괴로운 싸움을 하여야한다.

## 패

백2로 늘어 흑이 건너지 못하게 막으면 흑3으로 끊는다. 백4와 6의 수순으로 흑을 자충시켜 귀의 수상전이 되지만 흑11까지 흑이 유리한 패가 난다.

## 제5형 흑번

(218)

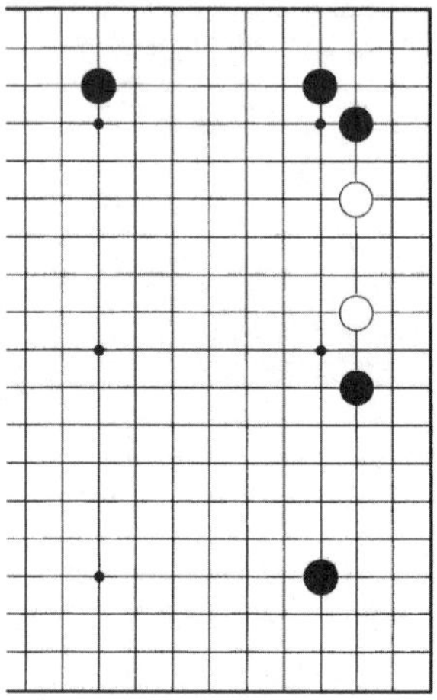

解

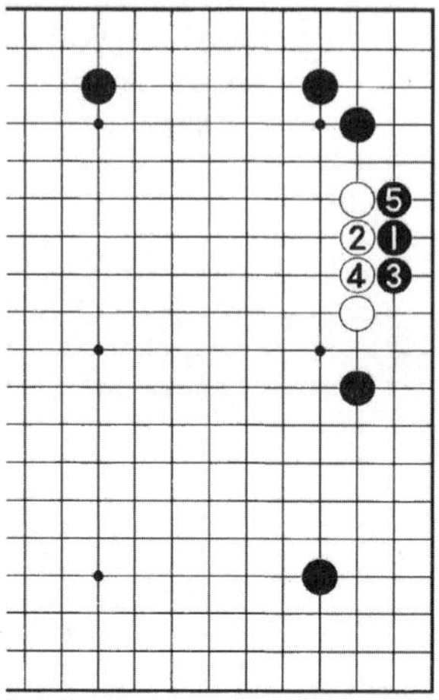

変

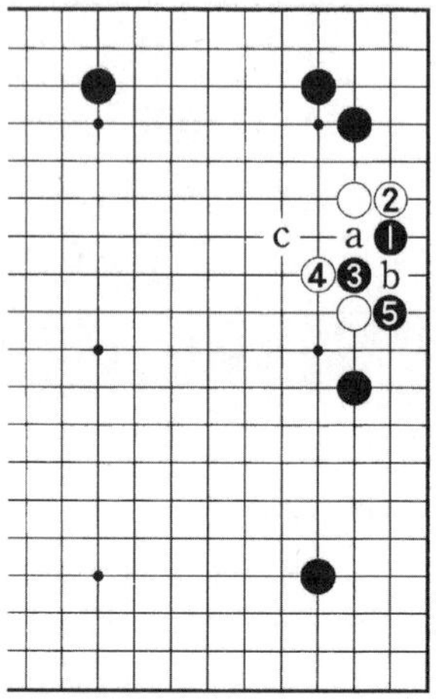


### 부주의

백은 2칸으로 벌려 안정되어보이지만 흑이 우상과 우하에 근거를 빼앗길 수 있어 주의해야 한다. 흑은 어떻게 공격하여야 하는가?

### 뜬 돌

흑1의 치중은 두칸 벌려져 있는 백을 공격하는 급소이다. 백2로 막으면 흑3으로 늘어 백집을 도려내고 위아래로 건너는 것을 본다. 백4, 흑5로 흑이 성공한다. 우상의 집이 커지고 백은 뜬 돌이 된다.

### 백 불리

백2로 가로막으면 흑3, 5로 우하를 건넌다. 완전히 근거를 잃고 중앙에 약점이 많은 모양이 된다. 백a, 흑b, 백c로 모양을 다듬어도 살아 날 때까지 어려움이 많다.

## 제6형 흑번

(219)

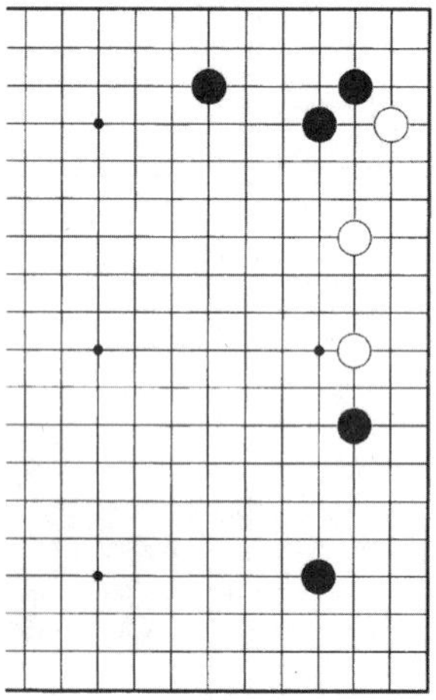

解

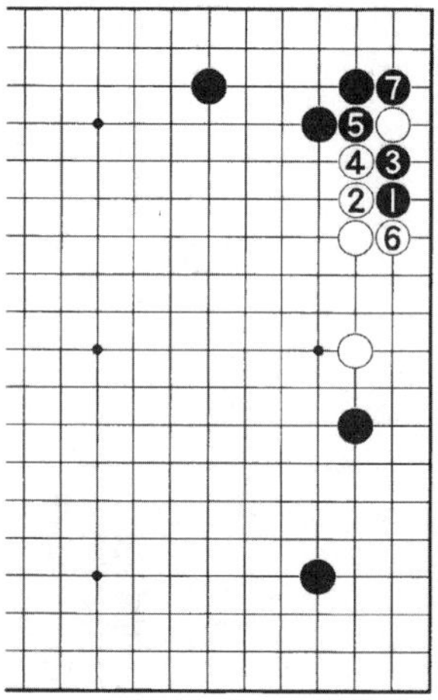

変

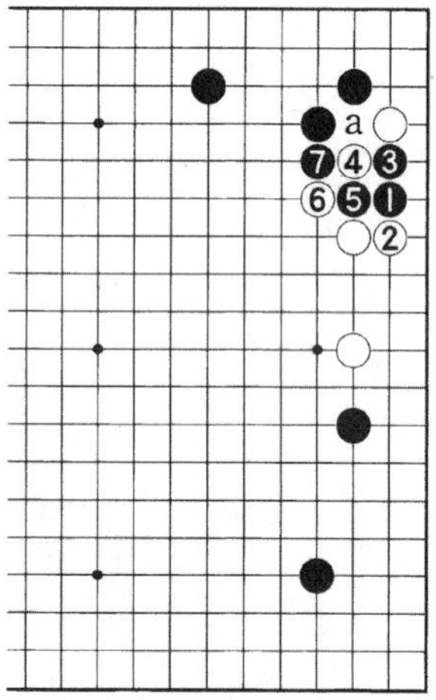


### 공격

우상의 백은 2칸 벌려 미끄러진 모양이지만 흑은 우상과 우변이 강하기 때문에 냉엄한 공격을 할 수 있다.

### 한 점 끊음

흑1의 치중은 백의 엷음을 추궁한다. 백2로 밀면 흑3으로 늦추고 백4, 흑5로 백 1점을 끊는다. 흑7까지 우상의 흑집이 커지고 백집은 좁아져 흑의 공격을 받는다.

### 흑 유리

백2로 막으면 흑3으로 치받는 수가 좋은 수. 백4로 젖히면 흑a도 좋지만 5와 7이 더욱 좋다. 흑3으로 5에 밀고 백6으로 두드려서 흑4로 받는 수는 모양이 좋지 않다.

(220)

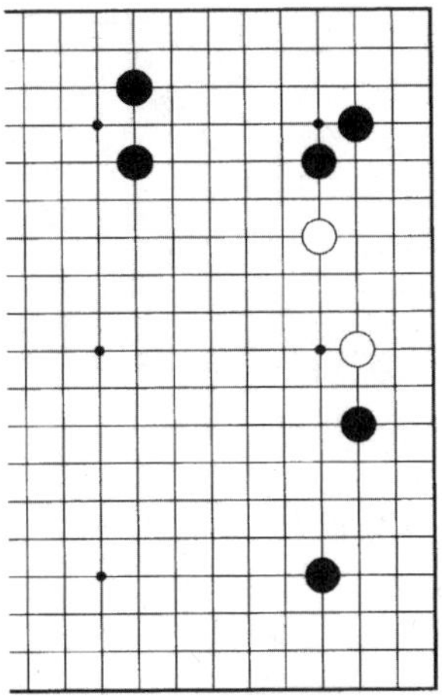

解

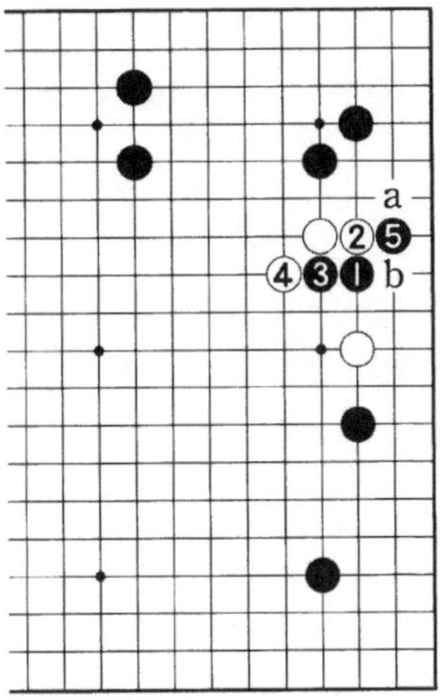


変

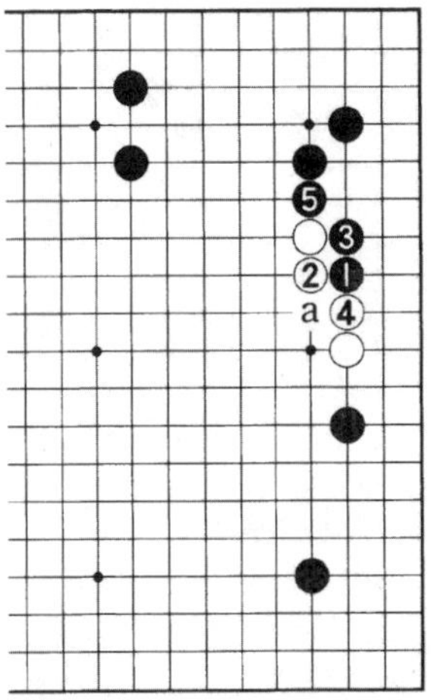


제7형 흑번

### 기회

우상은 중국류의 포석에서 파생된 변화이다. 흑은 우변의 백 2점의 엷음을 추궁하여 맹렬히 공격하고 싶다.

### 백 고전

백 모양의 급소에 흑1로 침입한 수가 냉엄하다. 백2로 막더라도 흑3으로 나와 백을 위아래로 분단할 수 있다. 흑5 이후 백a는 흑b. 백은 근거를 잃어 고전한다.

### 흑 성공

백2로 막으면 흑3으로 밀어 상변을 건넌다. 백4, 흑5로 정리되어 흑은 귀의 집이 커지고 견고해진다. 백은 눈이 없어지고 거기에다 a로 끊는 수도 남아있다.

(221)

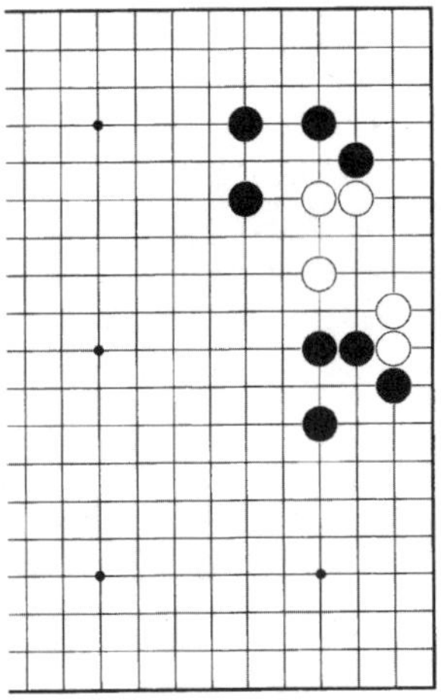

解

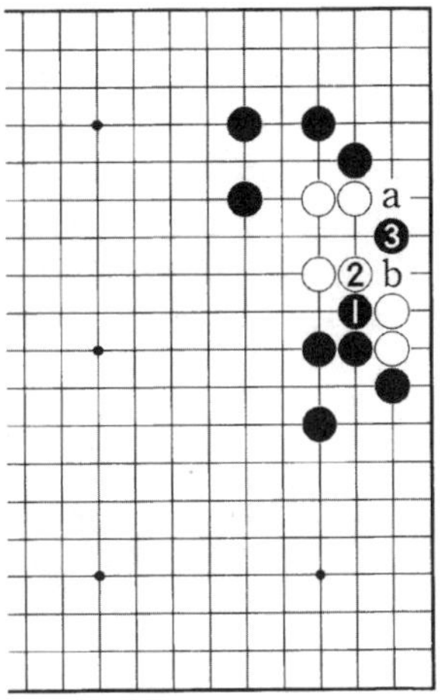


変

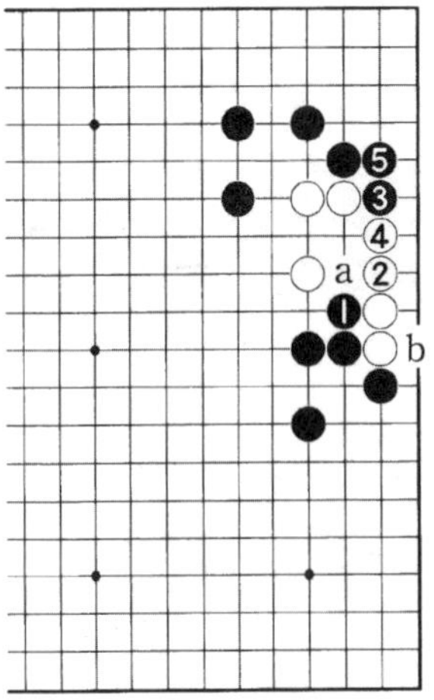


제8형 흑번

### 급소

우상은 화점의 정석이다.
백은 우변만으로 안정시키려고 하지만 흑의 거센 공격이 있다. 백의 눈을 빼앗는 급소는 어디인가?

### 눈의 급소

흑1로 나가는 수가 급소로 백의 받는 수를 본다. 백2라면 흑3이 눈의 급소로 a와 b를 맞보기로 하여 1수로 백의 근거를 빼앗는다. 중앙은 흑의 세력으로 백은 굉장히 괴롭다.

### 백 고전

백2로 받으면 집이 좁아진다. 흑3과 5로 젖혀 이으면 귀를 굳히면서 백을 공격할 수 있다. 이후 백a는 흑b로 백은 괴로운 전투를 하여야 한다.

(222)

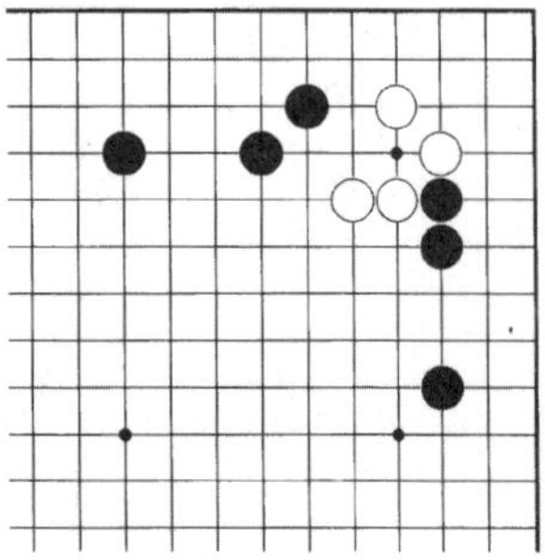

解

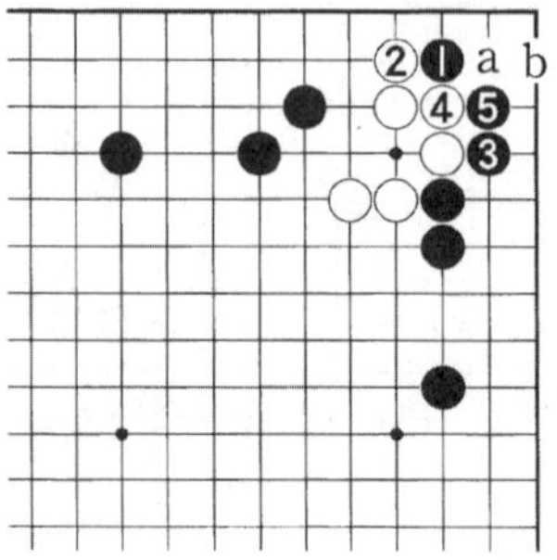


变

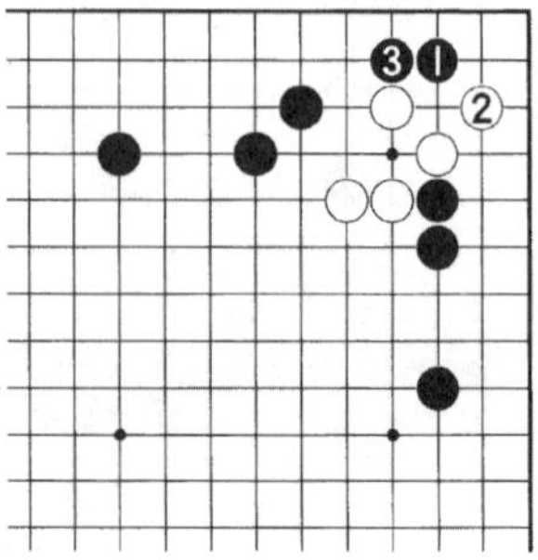

제9형 흑번

## 중대한 결점

귀를 견고히 하고있는 백의 모양에는 중대한 결점이 있다. 흑은 이를 이용하여 백의 근거를 빼앗을 수 있다.

## 도려냄

흑1의 치중은 백의 근거를 빼앗는 급소이다. 백2로 상변을 지키면 흑3으로 젖히고 백4, 흑5로 백집을 잠식해 들어간다. 백a는 흑b. 귀에 백은 눈이 하나밖에 없다.

## 백 불리

백2로 입구자는 흑3으로 건너 귀는 완전히 공배가 된다. 백은 1눈도 없는 모양으로 중앙으로 도망 가야한다. 정해도보다 불리하다.

(223)

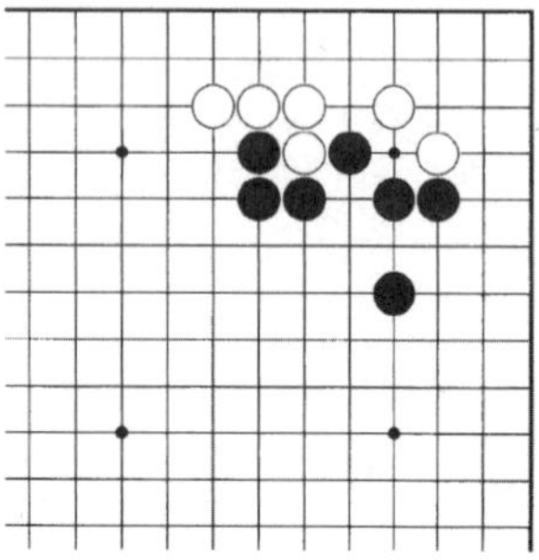

解

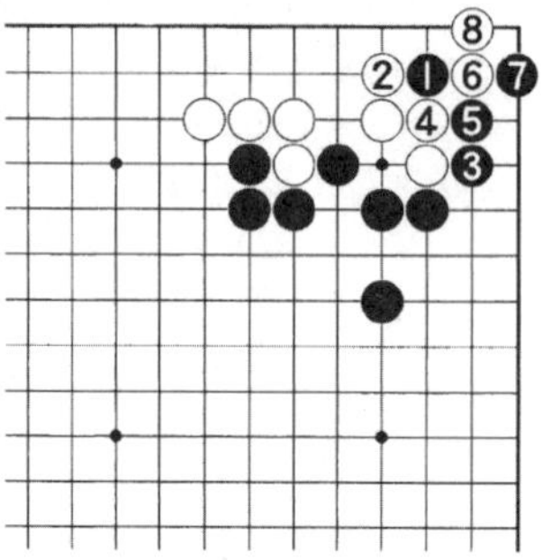

变

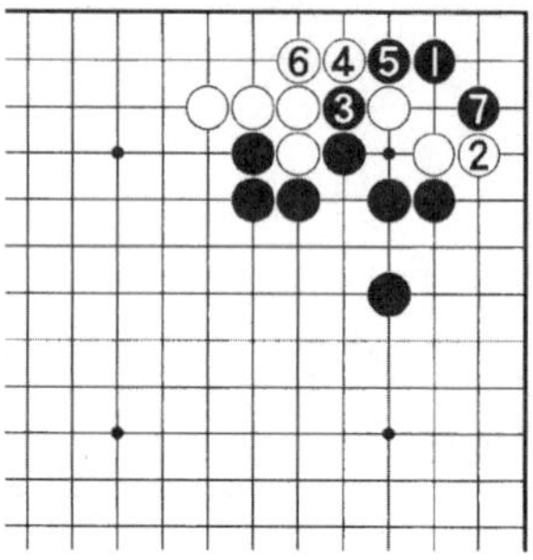

제10형 흑번

## 줄이다

귀부터 상변까지 정리되면 백집이 크다. 흑이 백집을 줄이고자 하면 어디부터 건드려야 하는가.

## 흑 성공

흑1로 치중하는 수가 냉엄하다. 백2로 받고 흑3으로 젖혀 귀의 백집이 작아진다. 백4부터 8까지 흑1의 사석을 활용하여 흑이 성공한다.

## 백 무리

백2로 오른쪽을 지키는 것은 무리이다. 흑3으로 나오면 백은 어렵다. 백4는 흑5와 7로 귀는 흑집이 된다. 백4로 5는 흑4로 뚫고 나가 백집을 부순다.

(224)

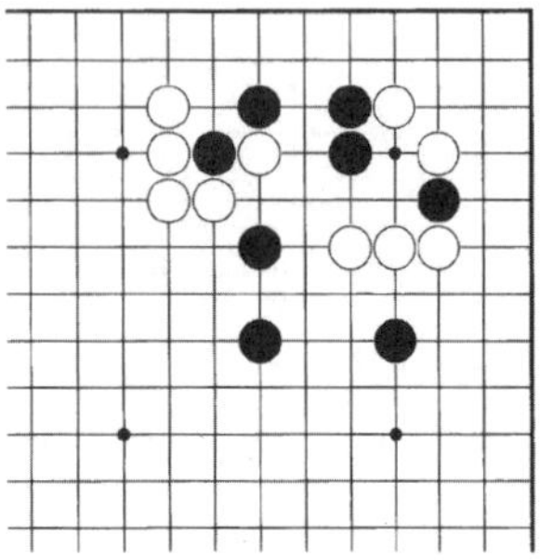

解

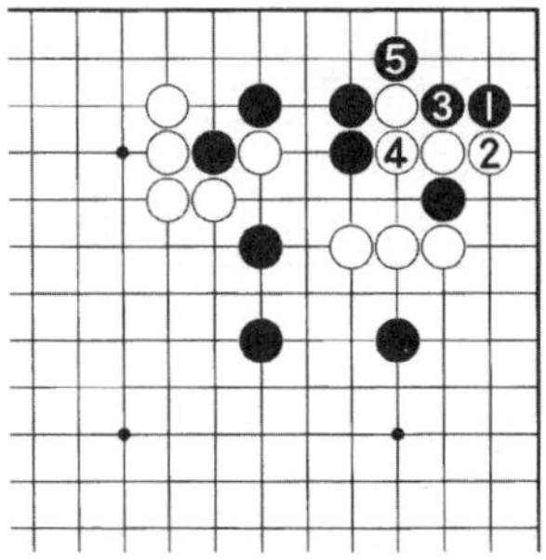

变

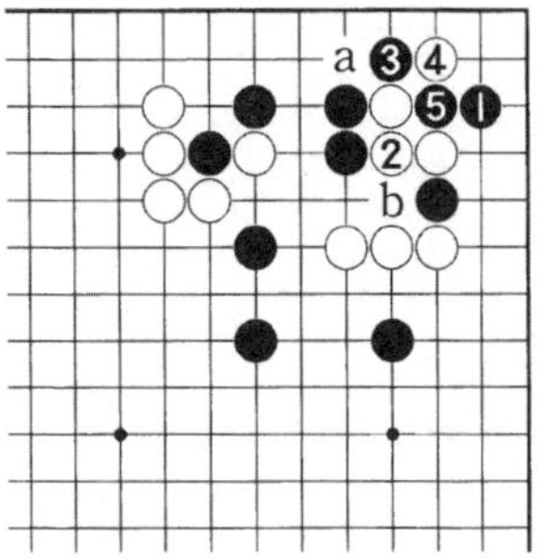


제11형 흑번

## 기회

상변의 흑을 안전하게 하기 위해 귀의 백을 공격하고 싶다. "공격은 최선의 수비"의 기회이다.

## 흑 유리

흑1의 치중은 상변 5의 젖힘과 우변 2의 건넘 양쪽을 노리는 급소이다. 백2라면 흑3으로 결정하고 5로 건너 백의 근거를 빼앗아 흑이 유리한 전투가 된다.

## 백 실패

백2의 빈삼각은 강경수단이나 흑3과 5로 공배를 채워서 실패한다. 백a는 흑b로 우변의 백 3점을 분리 시킨다.

제12형 흑번

(225)

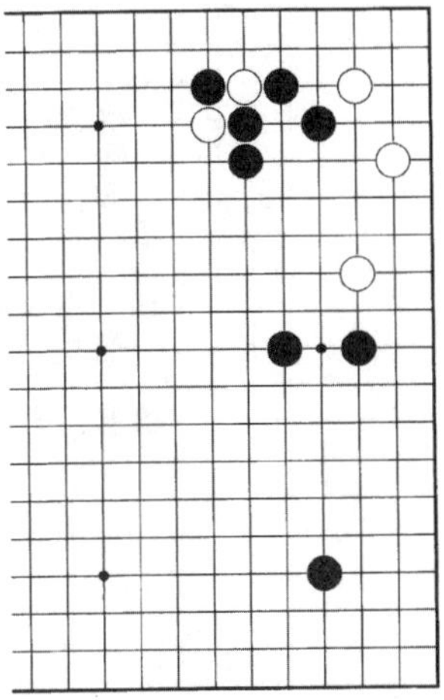

## 옆음

우상귀는 3·3침입의 정석으로 백은 귀부터 우변까지 전개되어 있다. 우상의 흑은 강력하고 우변의 세력도 포함해서 백의 옆음을 노릴 수 있다.

解

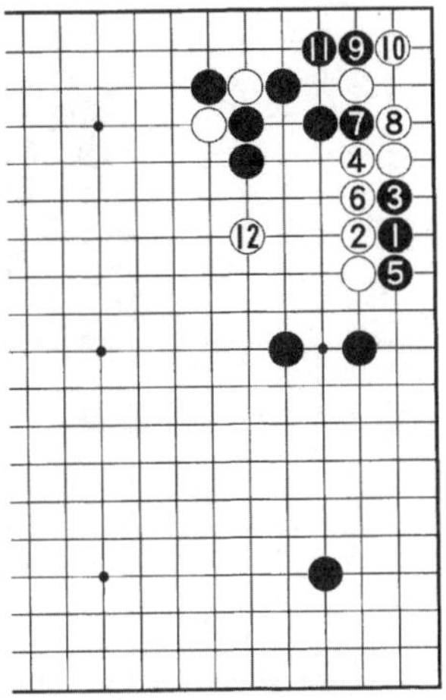

## 백 고전

흑1의 치중이 급소이다. 백2로 막아 귀로 연결할 수밖에 없다. 흑3으로 치받음을 활용하고 5로 돌아가서 귀의 백집이 좁아진다. 흑11까지 귀는 후수 1눈. 12로 중앙으로 나와도 백은 고전한다.

变

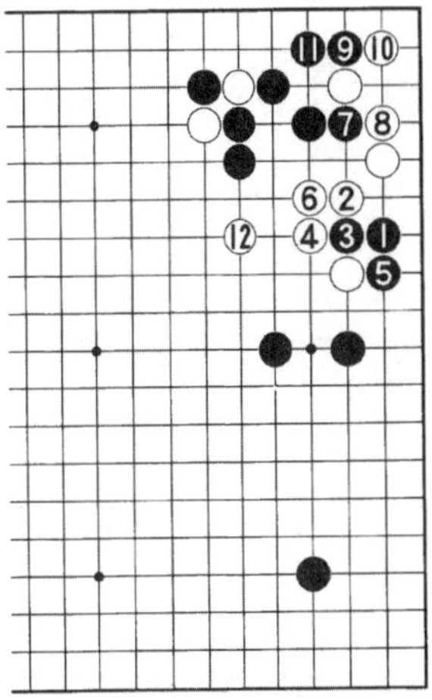

## 맨몸으로 도망치다

백2로 입구자는 흑3으로 나가 백의 모양에 약점을 만든다. 백6 이후 흑7부터 11까지 백의 근거를 빼앗으면 이것도 백은 12로 중앙에 맨몸으로 도망칠 수밖에 없다.

제13형 흑번

(226)

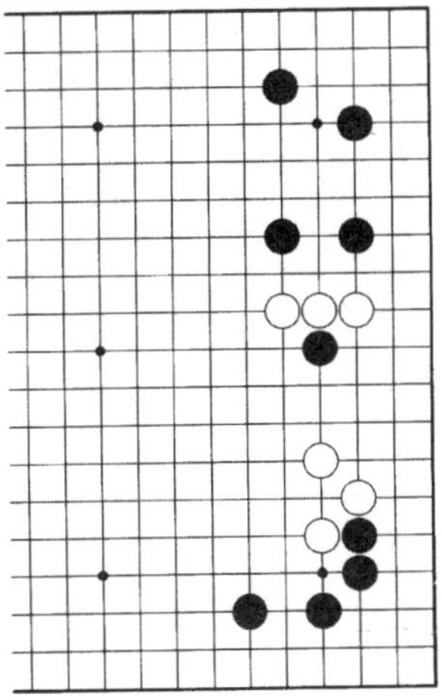

## 공격

우변의 문제.
우하는 한 칸 걸침 정석의 변화이다. 흑은 우변에 있는 백의 옆음을 노려 공격하는 패턴이 있다.

解

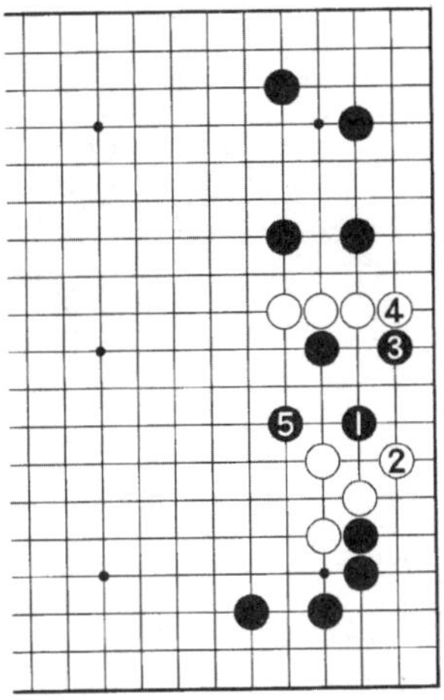

## 이등분

흑1로 침입하는 수가 급소. 백2로 흑이 건너는 것을 막으면 흑3, 5로 움직여 백을 위아래로 양분한다. 이 전투는 우상의 흑이 강할 경우 유력한 싸움으로 흑이 리드하게 된다.

变

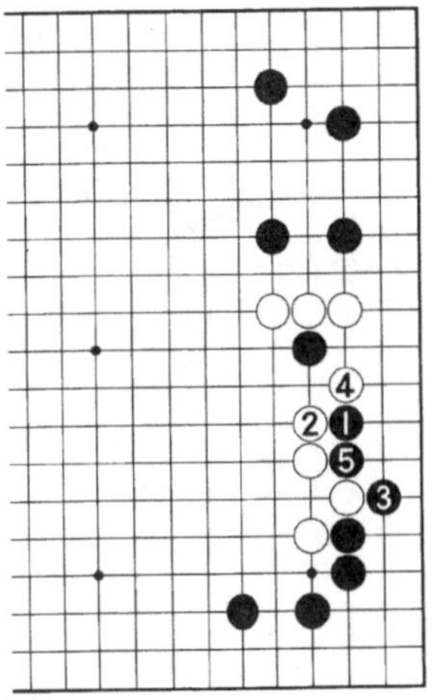

## 집의 손해

백2를 위부터 두면 지나치게 큰 손해를 볼 수 있다. 흑은 3으로 젖혀 우하의 흑집을 키우게 되고 백은 근거를 잃는 모양. 흑5까지 백은 상하를 연결만 하고 전체의 눈은 없다.

(227)

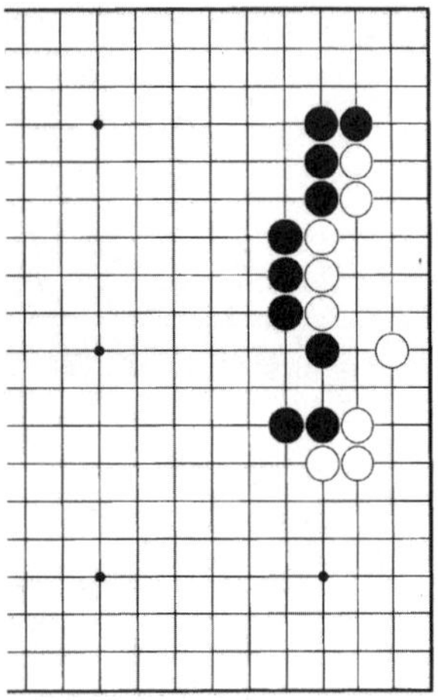

解

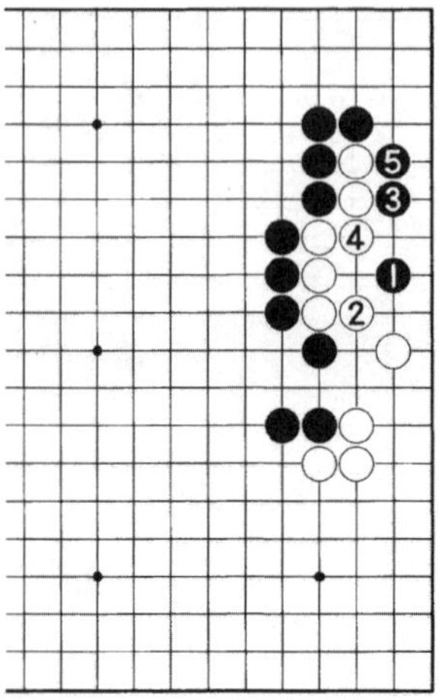

失

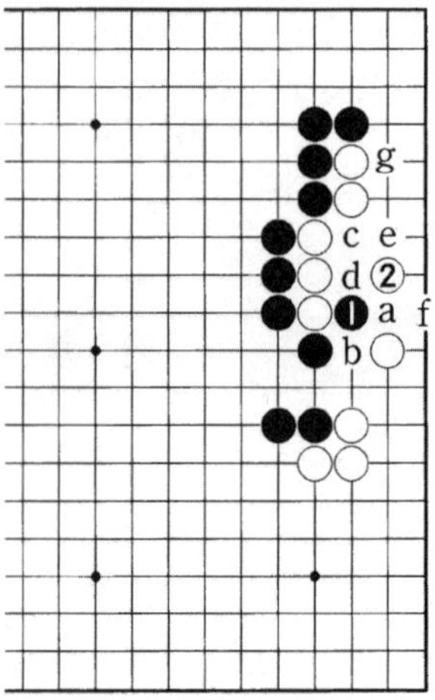

제14형 흑번

## 삭감

우변을 건너는 백은 모양이 엷어 집이 완전하지 않다. 흑은 어디부터 백집을 삭감하여 갈까?

## 도려냄

흑1의 치중하는 수가 급소. 백2는 4의 끊음을 막았으나 흑3 붙임, 백4, 흑5로 백집을 도려낼 수 있다. 백4로 5는 흑4로 끊어 백이 무리하게 된다.

## 흑 실패

흑1로 젖히면 백2로 받아 실패. 이후 흑a에 나가면 백b, 흑c, 백d, 흑e, 백f, 흑g로 흑 2점을 잡고 귀의 백 2점을 버린다. 흑a로 b에 이으면 백a로 건너 백이 충분하다.

(228)

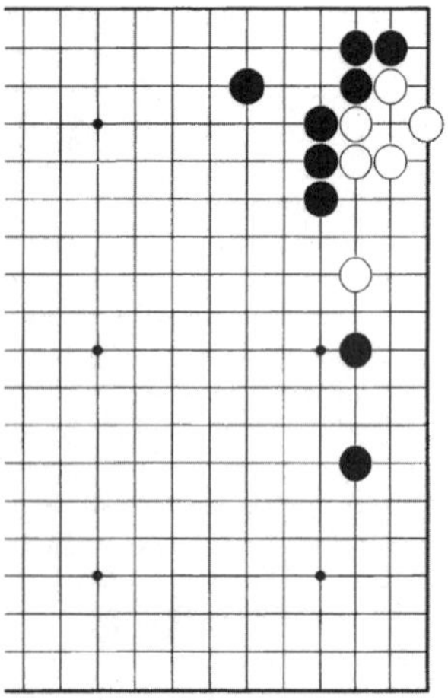

解

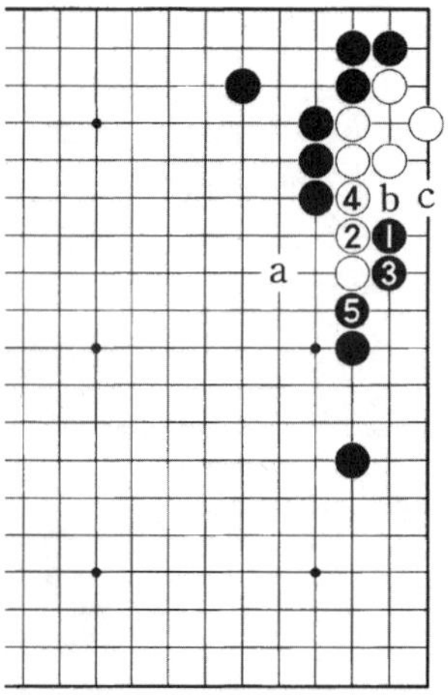

变

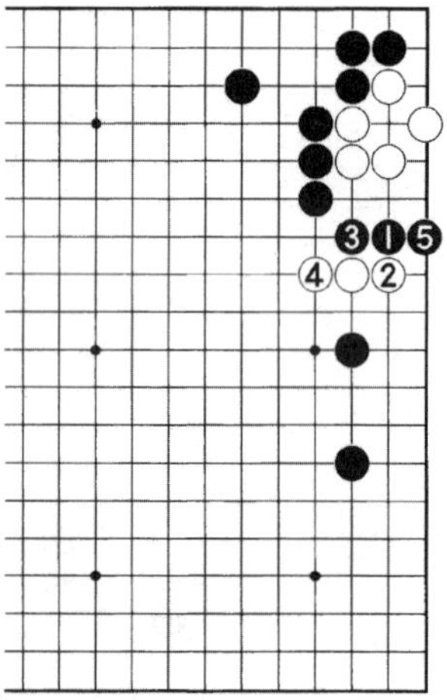

제15형 흑번

## 도려냄

우상의 문제.
백은 단단히 눈을 만들고 있으나 우변과의 연결이 엷다. 흑은 백의 근거를 도려내어 중앙으로 몰아내고 싶다.

## 백 고전

흑1의 치중 수는 상용의 맥이다. 백2, 4로 연결하면 흑5로 모양을 정리하면 백은 1눈이 된다. 백a로 중앙으로 도망쳐도 괴롭다. 백4로 b, 흑5, 백c로 사는 것은 흑4로 중앙이 분단된다.

## 백 괴멸

백2로 흑이 건너지 못하게 막으면 흑3으로 귀의 백을 분단한다. 백4 이후 흑5로 백의 명을 끊어 집을 늘리고 우변의 백3점은 완전히 뜬 돌이 된다. 백은 파멸상태.

(229)

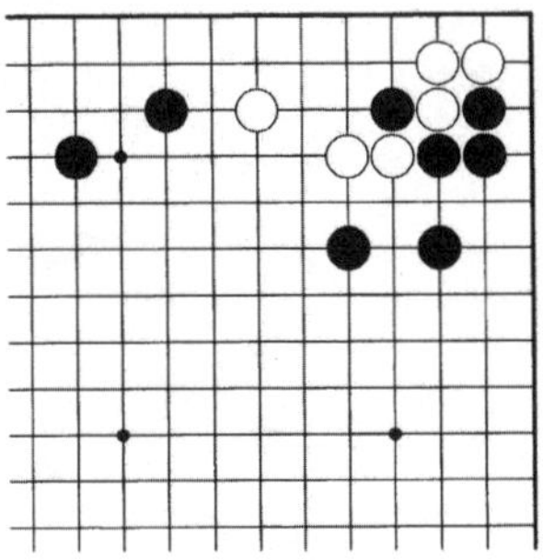

**제16형 흑번**

### 도려냄
상변의 전투.
귀의 백은 흑 1점을 잡고 안정되었으나 집으로는 불완전한 모양이다. 흑은 백집을 도려낼 수 있다.

解

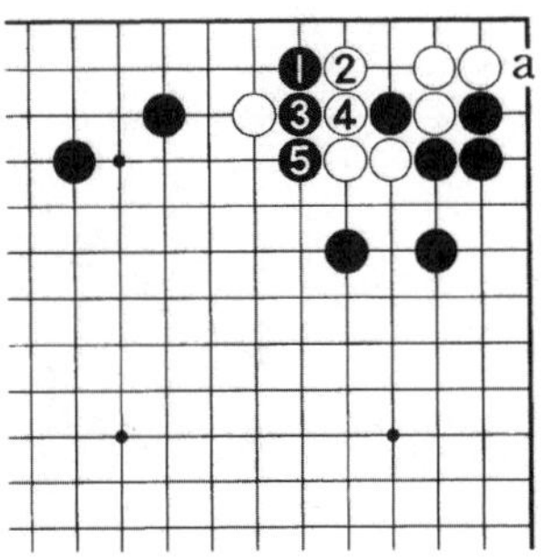

### 관통
흑1의 치중이 급소로 백이 어떻게 받을지 본다. 백2로 받으면 흑3, 5로 관통하여 상변의 백 1점을 분단한다. 거기에 흑a가 더욱 냉엄하다.

変

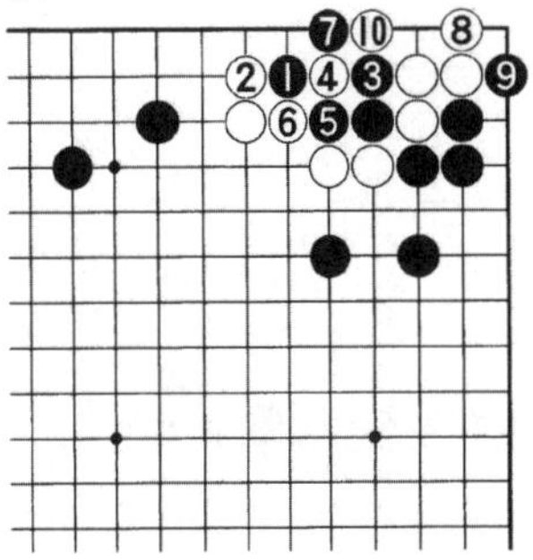

### 패
백2로 가로막으면 흑3으로 막아 귀의 수를 늘린다. 백4, 6으로 수를 메워도 백10까지 불리한 패가 난다.

(230)

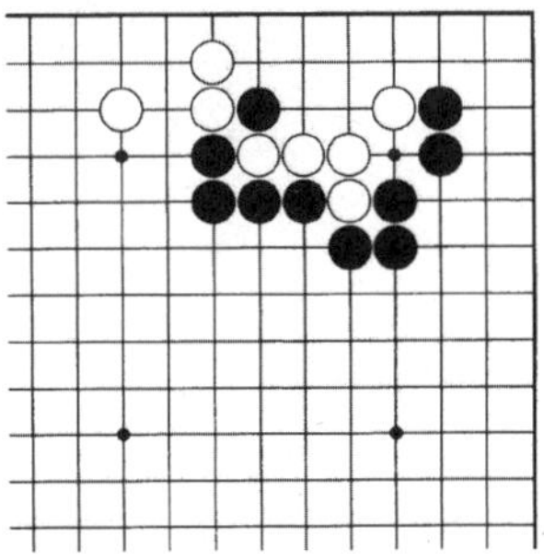

**제17형 흑번**

### 줄이다
상변의 전투.
흑 1점을 잡은 백집을 어디까지 줄여야할까. 백의 자충을 노리자.

解

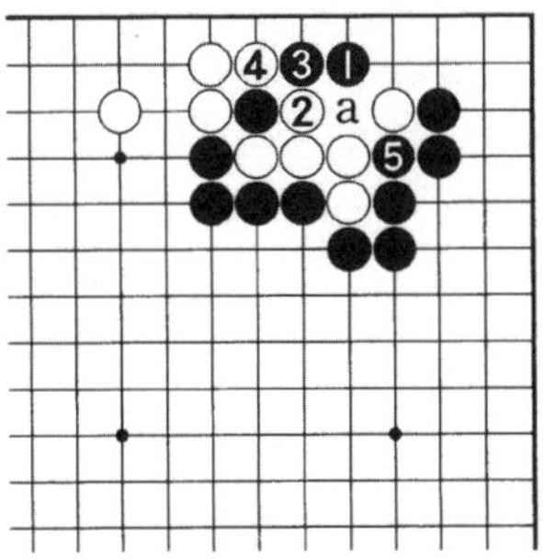

### 건넘
흑1의 치중이 백의 자충을 추궁하는 맥이다 백2, 4로 4점을 살리고 흑은 5로 젖어 상변을 건넌다. a는 흑의 권리가 된다.

変

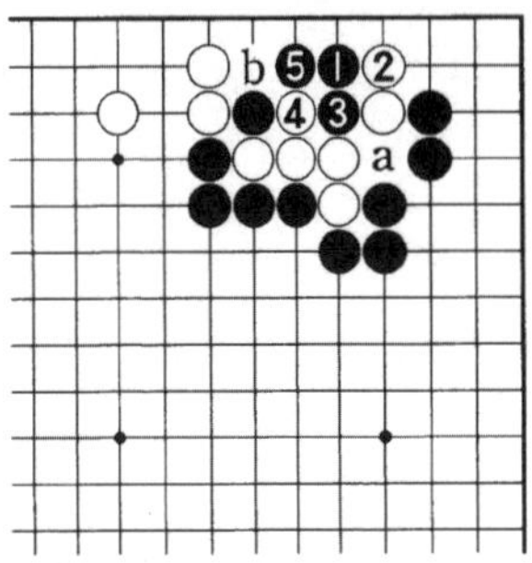

### 백 손해
백2로 저항하는 것은 무리다. 흑3으로 젖어 손해를 본다. 흑5 이후 백a는 흑b. 흑1로 2는 백1. 또 흑5의 입구자도 백1로 실패한다.

(231)

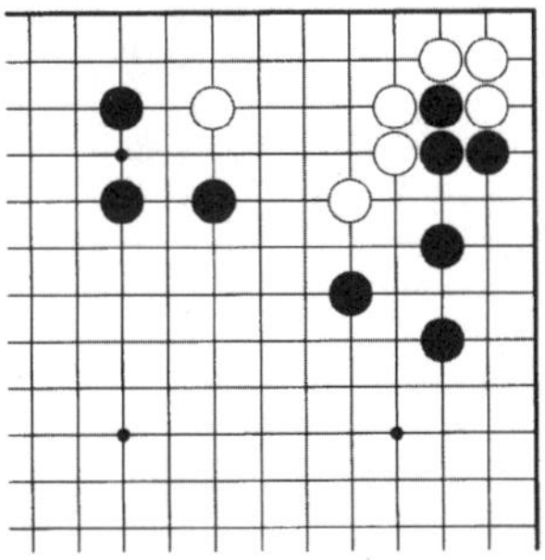

**제18형 흑번**

### 노림은 1점
상변의 전투.
우상의 백이 강하므로 흑이 노리는 것은 왼쪽의 백 1점이다. 백이 무리를 하면 우상에 장애가 된다.

解

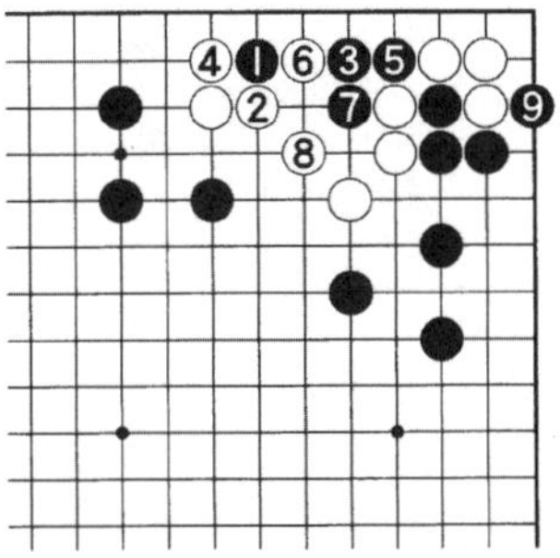

### 귀를 잡다
흑1의 치중으로 백 1점을 공격한다. 백2로 1점을 살리면 흑3으로 들여다 보는 수가 냉엄하다. 백4 이하의 저항은 무리이므로 흑9까지 귀가 잡힌다.

変

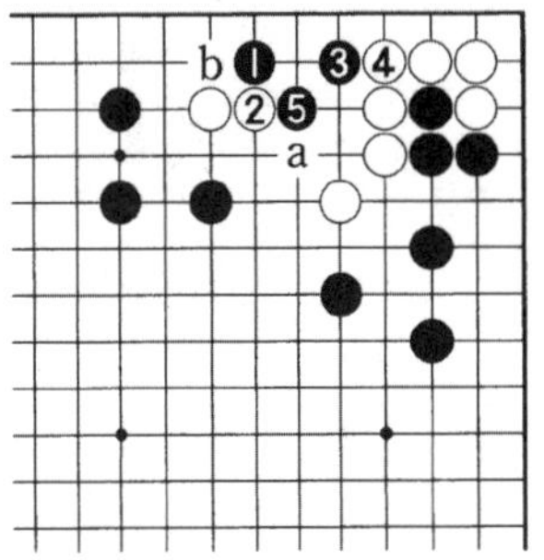

### 백집 없음
백4로 이으면 흑5. 백a라면 흑b로 건너 백은 상변의 집이 없어지게 된다. 백2는 5로 뛰어 온화하다. 흑2로 될 것이다.

## 제19형 흑번

(232)

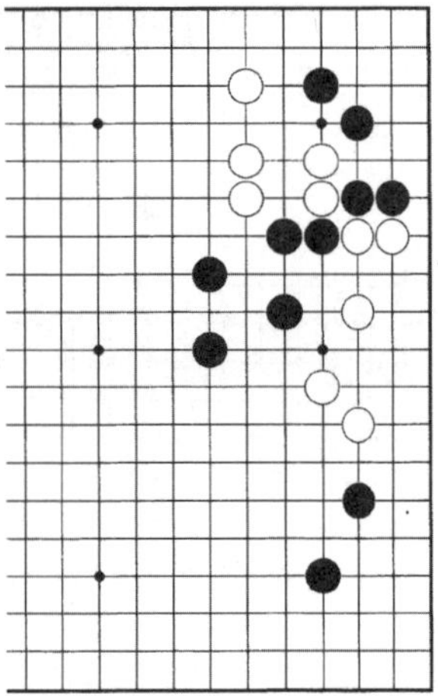

解

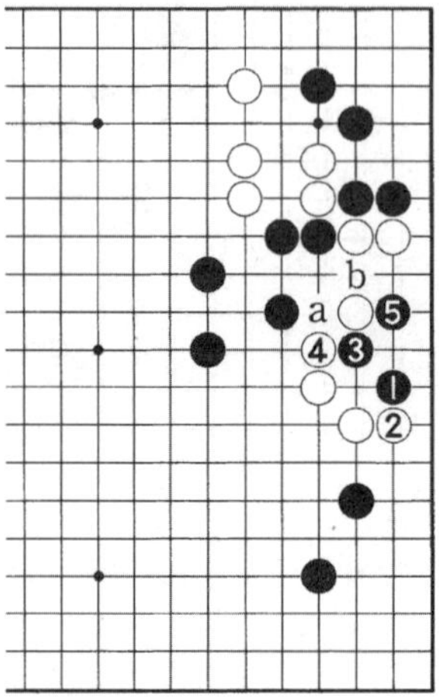


变

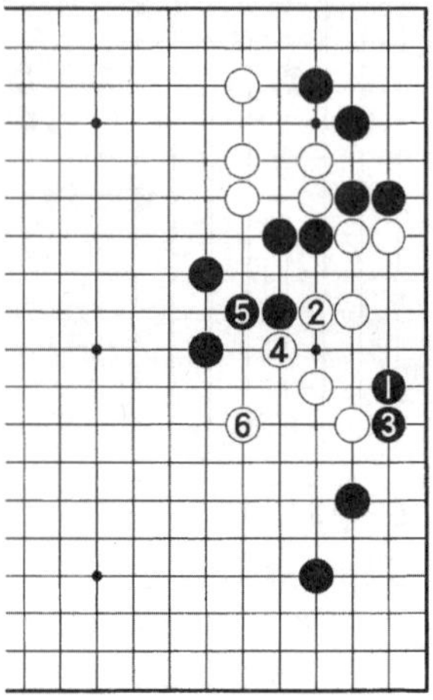

### 강수

우변의 전투.
빈틈없이 근거를 견고히 하였어도 우하, 중앙의 흑이 강력하여 백이 엷어져 있다. 흑은 강수로 백을 무너뜨리고 싶다.

### 백 망함

흑1의 치중이 급소이다. 백2로 막아 흑이 건너는 것을 막으면 백집 가운데로 움직여 a와 b로 끊는 것을 맛보기로 한다. 백은 근거가 없어진다. 우상의 2점을 잡혀 망하는 모양.

### 뜬 돌

백2로 받아 중앙에 연결되면 흑3으로 건너 백집을 도려낸다. 백4와 6으로 중앙으로 도망치면 백은 근거가 없는 모양이 된다.

## 제20형 흑번

(233)

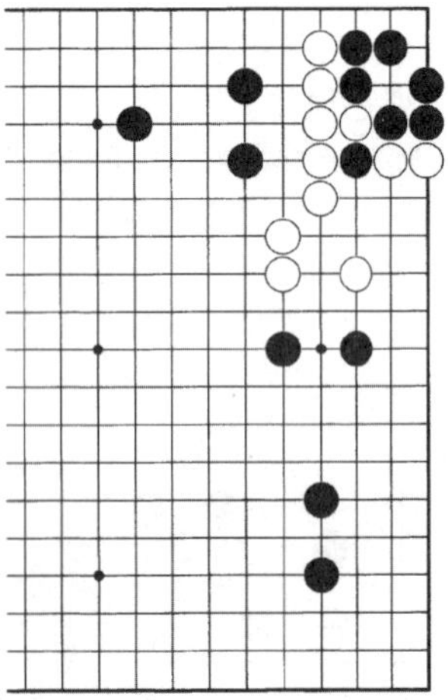

解

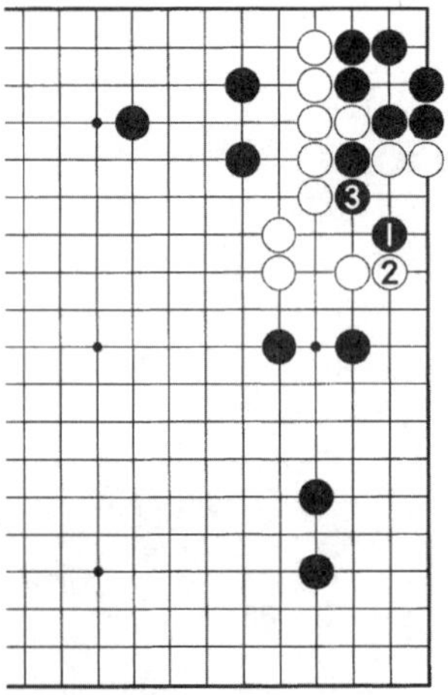

变

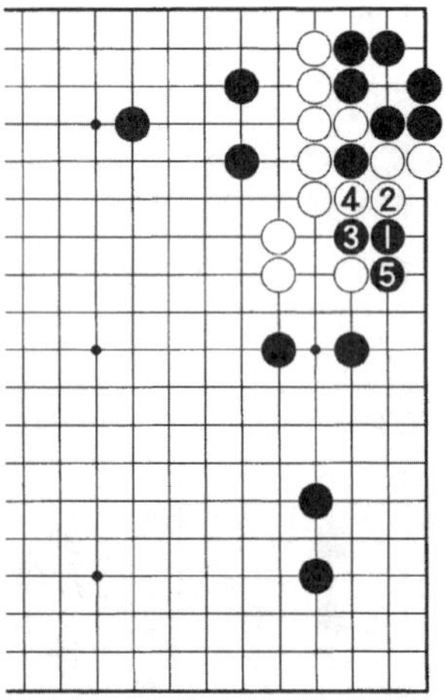

### 근거

우상의 전투.
백은 우변의 1점을 잡고 손쉽게 산 것 같으나 자충의 노림수로 근거가 없어진다.

### 2점 잡기

흑1의 치중이 급소이다. 백2로 흑이 건너지 못하게 막으면 흑3으로 도망쳐 우변의 백 2점을 잡는다. 우상에 있는 백 대마는 확실한 안형이 없어져 흑의 공격을 받는다.

### 한 눈

백2로 2점을 살리는 것은 흑3으로 나가서 활용하고 흑5로 건넌다. 이로써 백은 눈이 하나밖에 없는 모양이 된다. 흑은 우변의 집을 늘린다. 백2로 3은 흑2, 백4, 흑5.

## 제21형 흑번

(234)

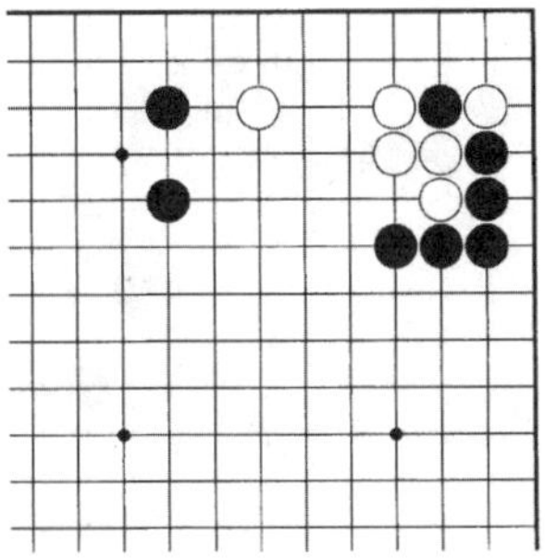

### 약점
상변의 전투.
화점 정석에서 파생된 변화이다. 흑 1점을 잡은 귀의 백과 상변의 벌림 사이에 약점이 있다.

解

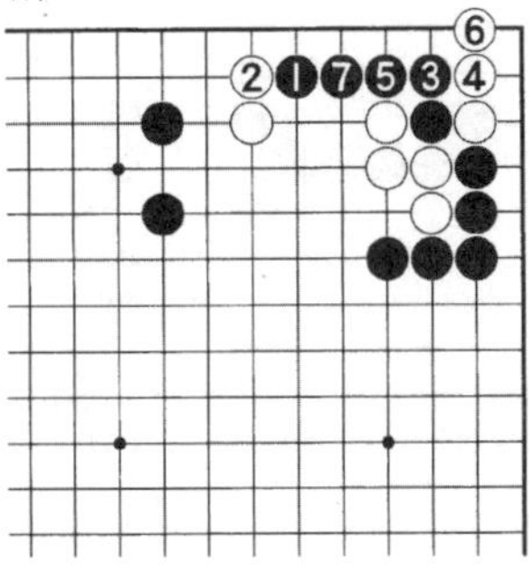

### 흑 승
흑1의 치중은 귀와 상변을 양 노림하는 급소이다. 백2로 상변에 두면 흑3으로 도망치고 백4와 6이라면 흑7까지 귀를 잡는다.

变

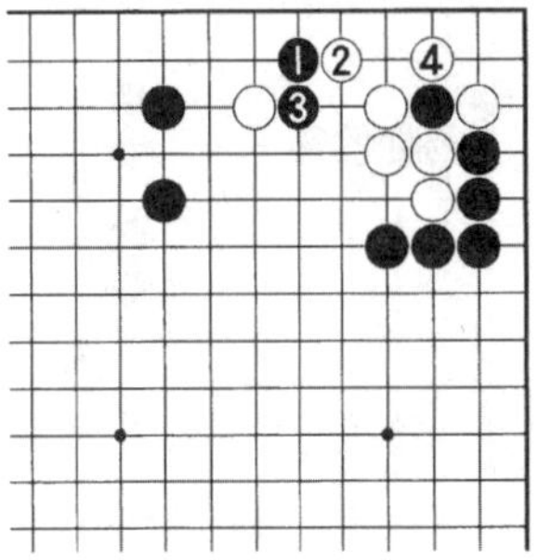

### 백 불리
백2는 귀를 지키는 방법이지만 좋지 않다. 흑3으로 나가 상변을 부수면 백4로 따내는 것은 후수이다. 백2로 4로 따내면 선수이다.

## 제22형 흑번

(235)

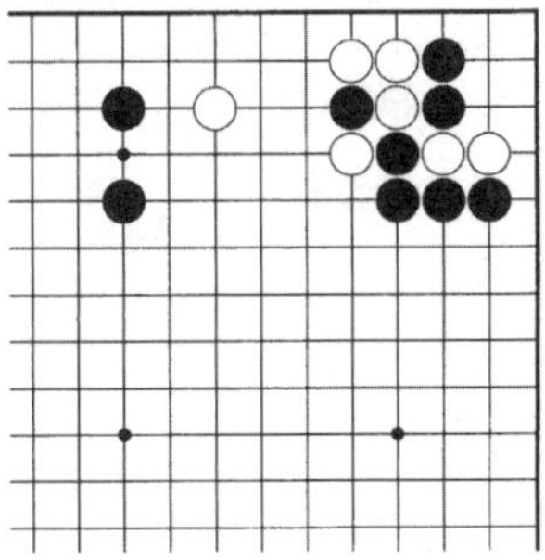

### 공격
상변의 문제.
흑 1점을 단수쳐서 상변을 처리한 것 같지만 흑은 근거를 빼앗고 맹렬히 공격할 수 있다.

解

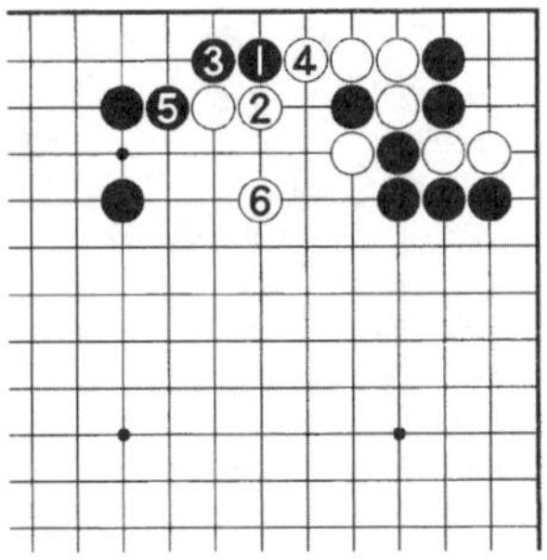

### 건넘
흑1의 치중이 백의 근거를 빼앗는 급소다. 백2로 위를 막으면 흑3으로 상변을 건넌다. 백집이 줄어들어 백6으로 지키더라도 아직 완전한 2눈은 없다.

变

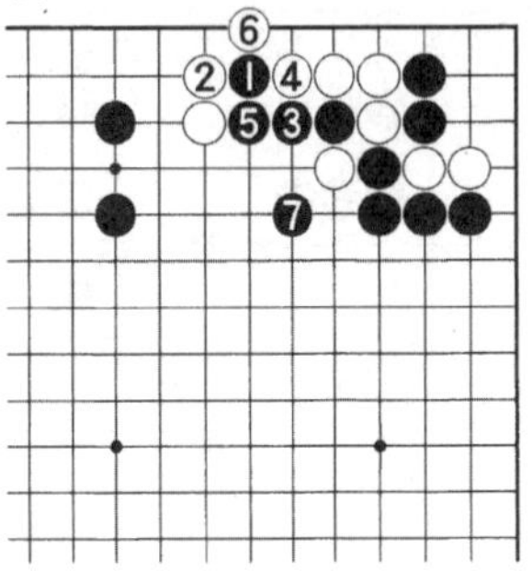

### 백 눈 없음
백2로 막으면 흑3으로 1점을 도망치게 해서 좋다. 백4, 6으로 상변을 건너고 흑7로 중앙을 굳히면 백의 눈은 완전히 없어진다.

## 제23형 흑번

(236)

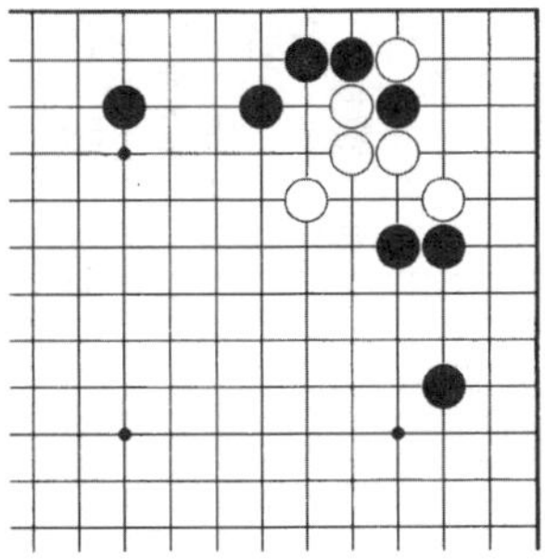

### 일격
귀의 전투.
흑 1점을 잡고 있는 백은 집을 기대하며 살아 있는 것처럼 보이지만 흑의 일격으로 순식간에 들뜰 수 있다.

解

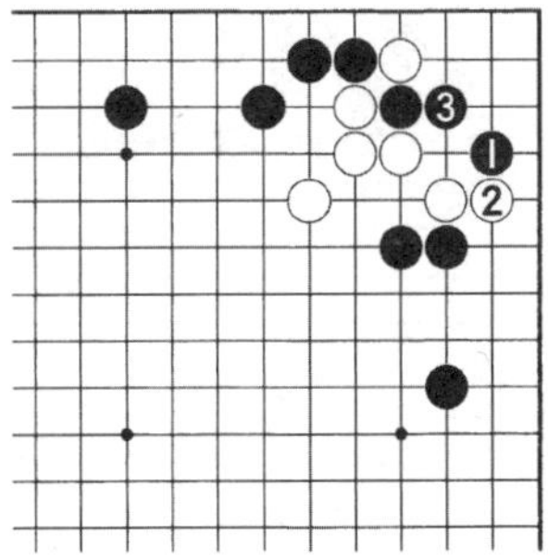

### 흑집
흑1의 치중으로 백은 집이 없어져 귀의 근거마저 잃게 된다. 백2로 막으면 흑3으로 늘어 백 1점을 잡고 귀는 흑집이 된다.

失

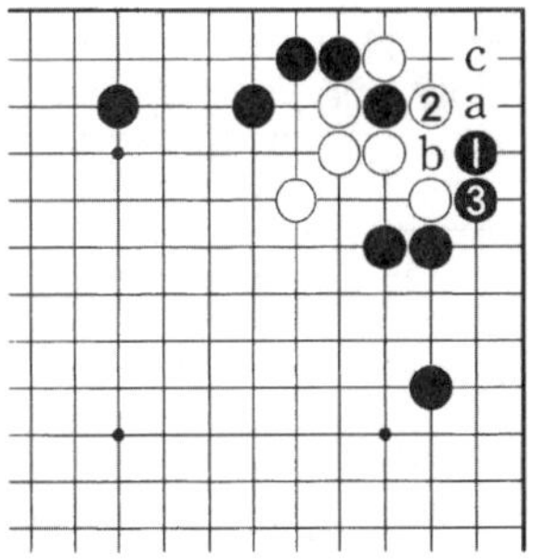

### 백은 한 눈
백2로 따내면 흑3으로 건넌다. 우변의 흑집이 늘어난다. 이후 백a로 막아도 흑b로 귀는 눈이 하나뿐이다. 백a로 b는 흑c.

**제24형 흑번**

(237)

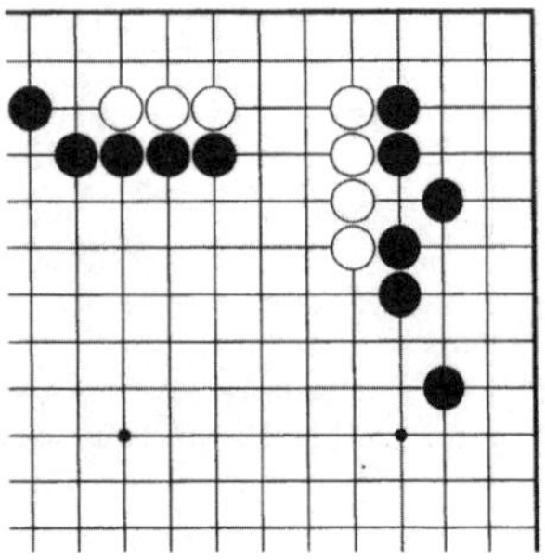

### 불안

상변부터 중앙으로 전개되어 있는 백은 좌우의 연결이 완전하지 않아 근거를 만드는데 불안한 모양이다. 어디서부터 수를 만들어야 하는가?

解

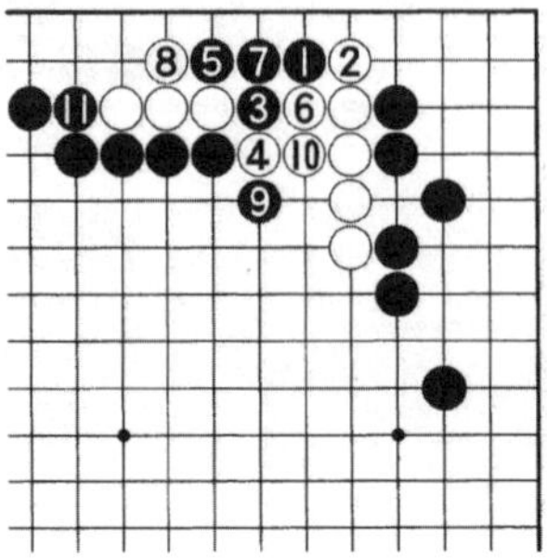

### 흑 유리

흑1이 냉엄한 맥이다. 백2로 막아 귀의 흑집을 부술 수 있다. 그러나 흑3으로 막아 백 3점이 잡히는 모양으로 흑11까지 흑이 유리하다.

変

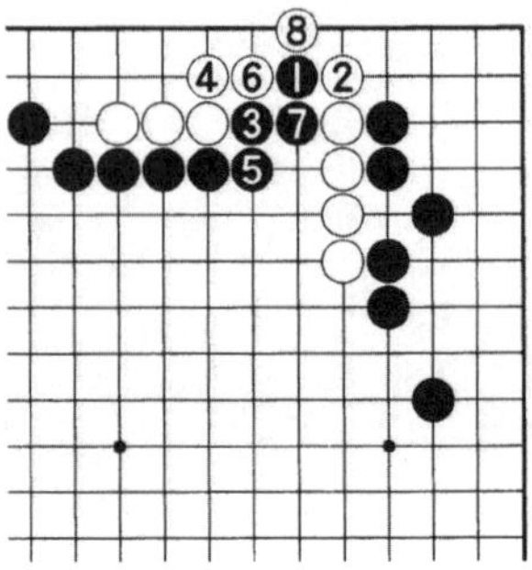

### 백 한눈

백4로 뻗는 것은 끈질기게 버티는 것. 흑5로 이으면 백6과 8로 건널 수밖에 없다. 흑은 백의 근거를 빼앗아 1눈으로 만든다.

**제25형 흑번**

(238)

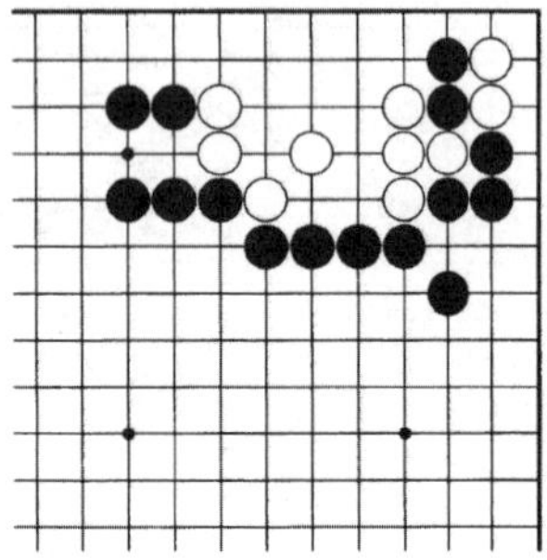

### 뒷문

우상의 전투.
백은 귀의 흑 2점을 잡고 상변에 집을 넓히고 있으나 약간 뒷문이 열려있는 모양이다. 흑은 어떻게 두어야 할까.

解

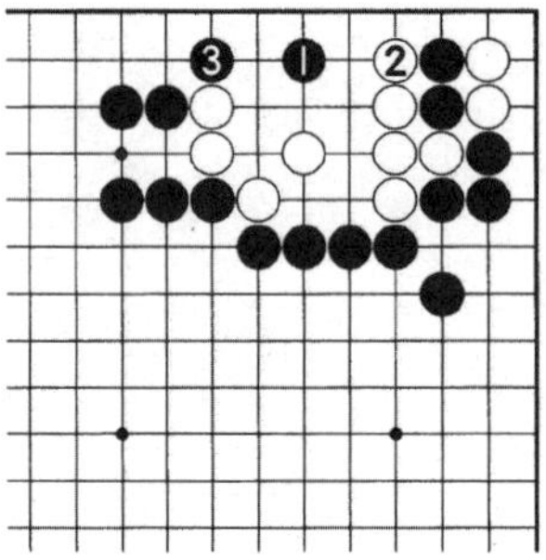

### 부수다

흑1의 치중하는 수가 냉엄한 맥이다. 백2로 귀의 흑 2점을 잡으면 흑3으로 왼쪽으로 건너서 백집을 크게 부순다.

変

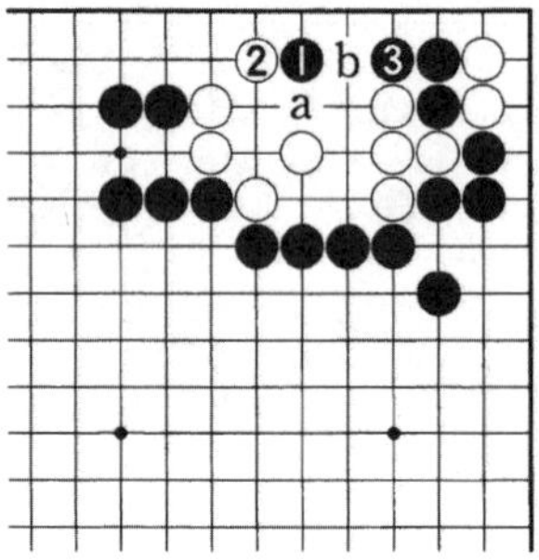

### 흑 승

백2의 저항은 흑3으로 귀를 탈출하여 귀의 백 2점을 반대로 잡는다. 연결하여 백 2점을 잡는다. 백a는 흑b로 이어서 수상전에서 승리한다.

**제26형 흑번**

(239)

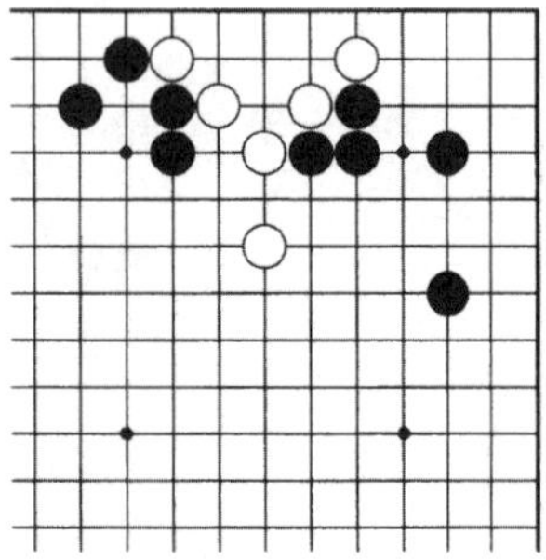

### 눈 없음

상변의 백을 공격하는 문제.
백은 중앙으로 나오고 있으나 근거가 확실하지 않다. 흑이 노리는 것은 백의 눈을 없애는 것이다.

解

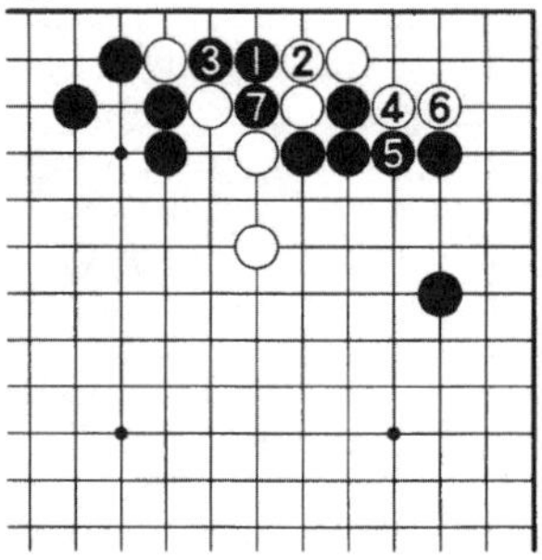

### 흑 성공

흑1의 치중이 눈의 급소이다. 백2, 흑3이후 백4와 6으로 귀에서 살지만 흑7로 가운데를 관통하면 성공한다.

変

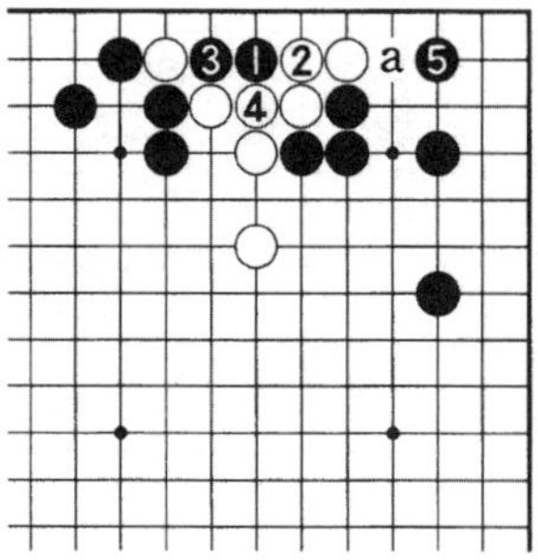

### 백 뜬돌

백4로 이으면 흑5로 귀를 견고히 한다. 백은 눈이 하나도 없는 뜬 돌이 된다. 흑1로 a의 막음은 백1의 급소를 맞아 공격하기 어려워진다.

제27형 흑번

(240)

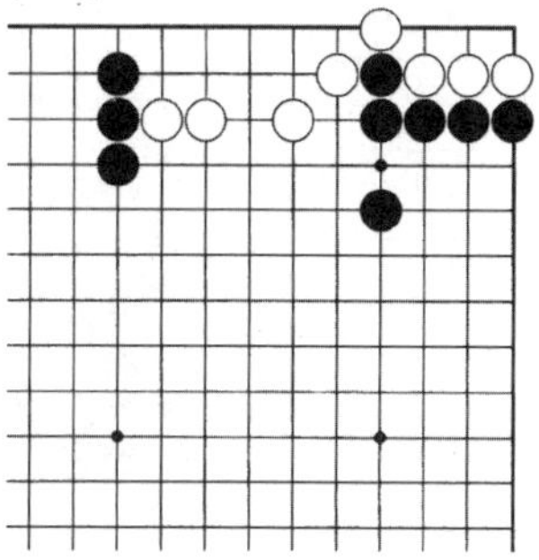

## 공격

상변의 전투.
귀와 상변 두 곳으로 분리되어 이대로 백이 사는 것 같지만 귀의 백이 자충이므로 흑의 공격을 받는다.

解

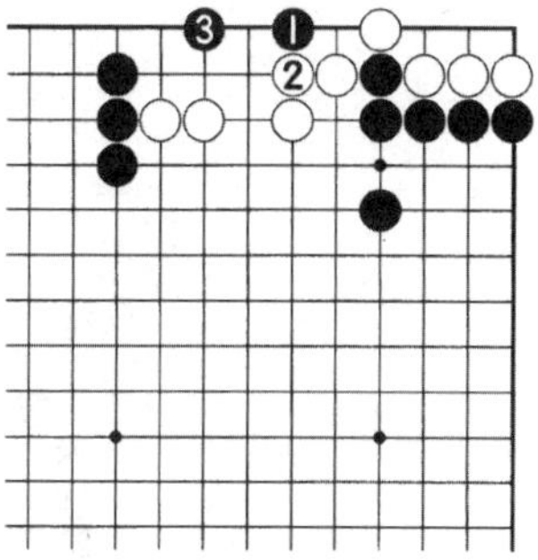

## 한 눈

흑1로 치중하는 수가 급소. 백2로 지키고 흑3이 건너는 것을 허용할 수밖에 없다. 상변의 백은 우상의 1눈으로 되어 흑의 공격을 받는다.

変

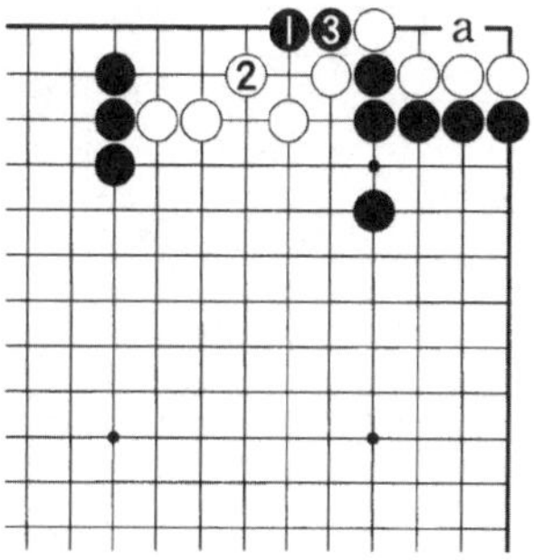

## 백 무리

백2로 흑이 건너지 못하게 하는 것은 무리이다. 흑3으로 끊으면 백은 a의 패로 받아 살리는 수밖에 없다.

치중

제1형 흑번

(241)

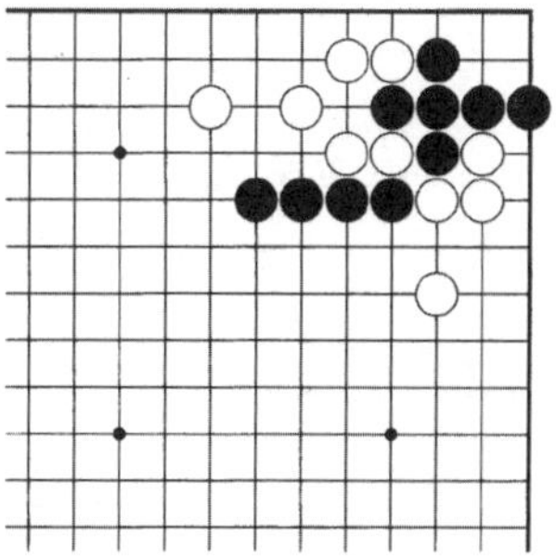

## 옭음

귀의 흑을 살리는 문제.
상변의 백의 모양은 옭어 흑 한 수로 약점이 생긴다.

解

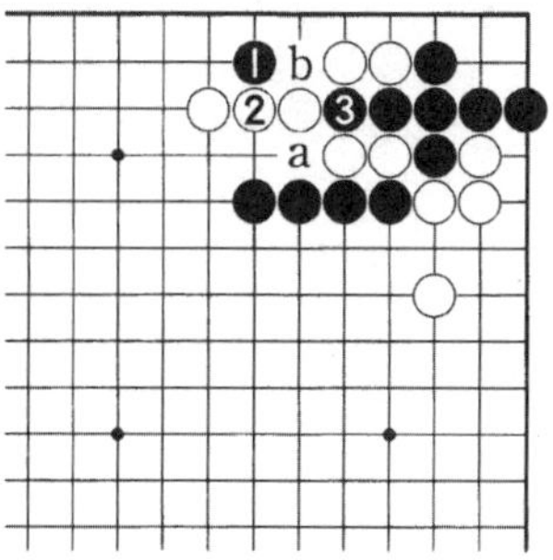

## 맞보기

흑1의 치중이 급소로 백이 어떻게 받을지 본다. 백2로 이으면 흑3으로 단수치고 a와 b를 맞보기로 한다. 어느 쪽에 두어도 귀의 흑은 살 수 있다.

変

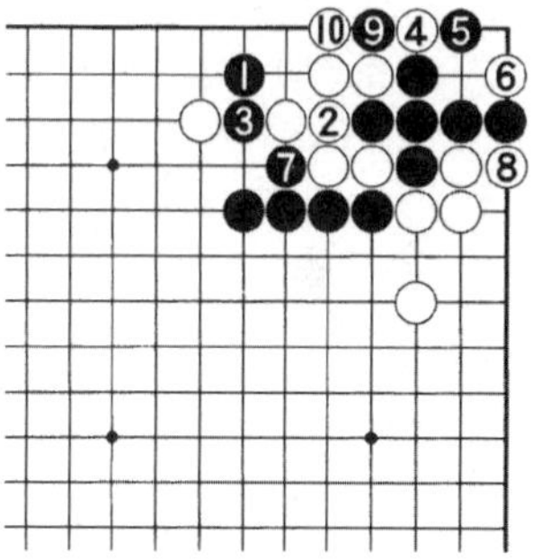

## 패

백2의 저항은 흑3으로 나와 백을 절단하고 귀와의 수상전에 돌입한다. 백4로 젖히고 10까지 백이 부담이 큰 패가 된다. 백은 패를 지면 우변의 있는 돌까지 공격당할 수 있다.

제2형 흑번

(242)

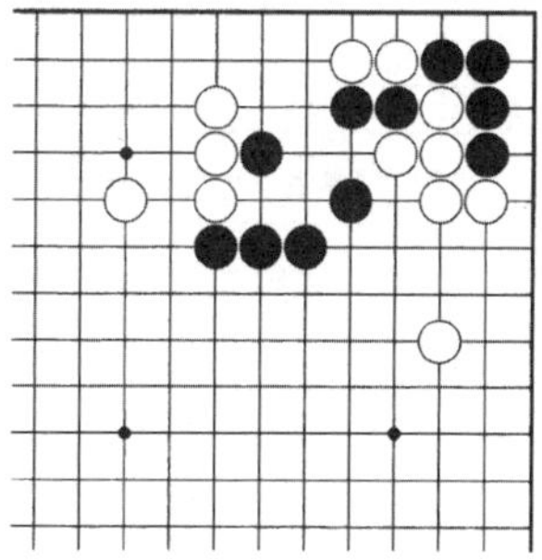

## 포위

귀의 흑을 절단하고 있는 백 2점을 어떻게 공격할 것인가? 바깥에 펴져 있는 흑이 백의 포위에 도움이 되는 장면이다.

解

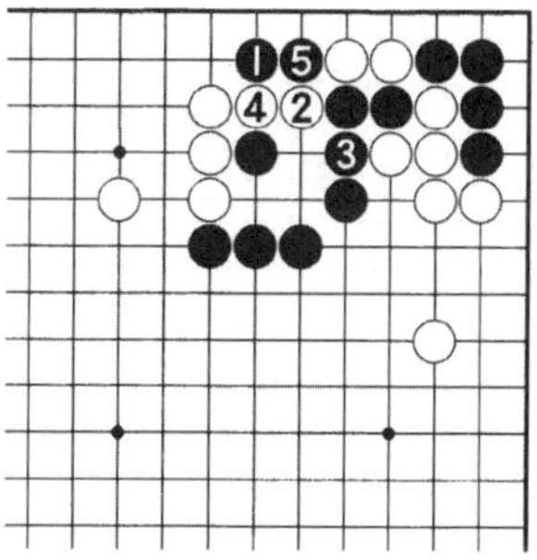

## 2점 잡기

흑1의 치중은 백 2점의 퇴로를 끊는 맥이다. 백2로 단수를 쳐도 흑3으로 잇고 백4, 흑5로 상변의 2점은 살릴 수 없다. 백2로 5는 흑4.

変

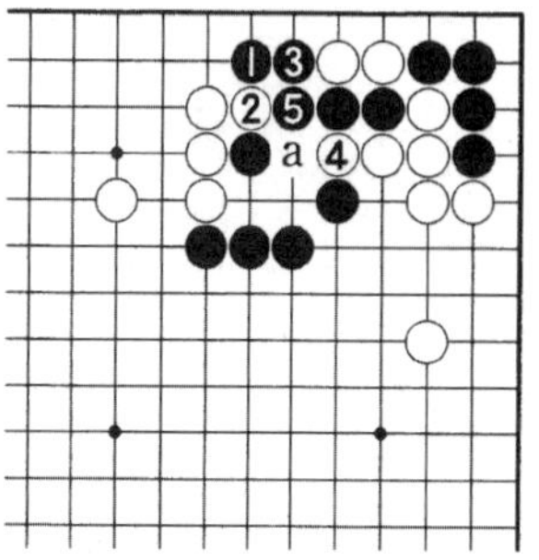

## 백 패배

백2의 수는 흑3으로 부딪힌다. 백4와 5로 이것도 백이 패배한다. 백이 a로 끊더라도 백이 후수로 상변과는 관계가 없어졌다.

(243)

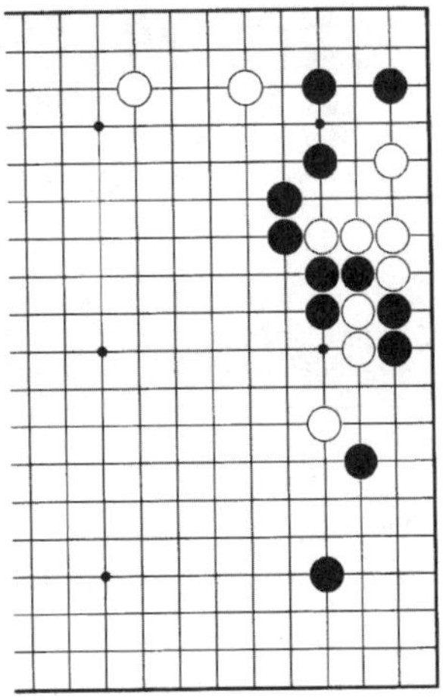

解

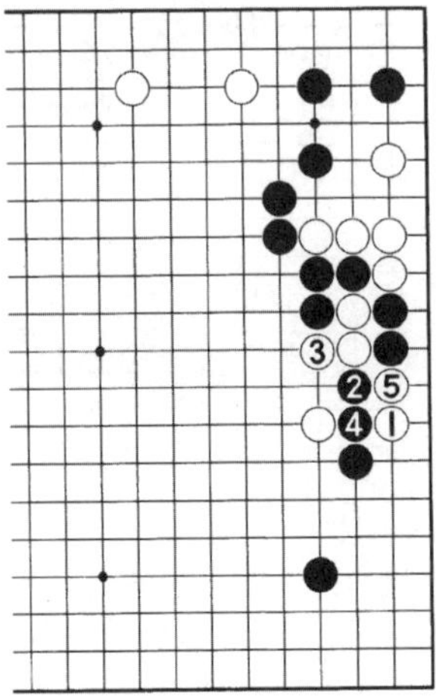

変

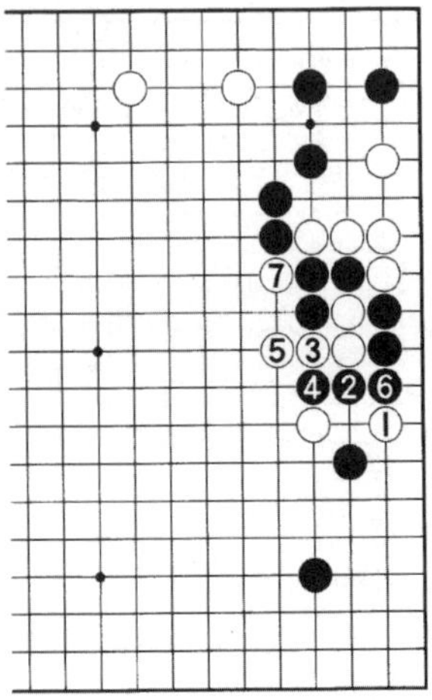

제3형 백번

### 기사회생

우변의 전투.
우변의 백은 눈이 없다. 흑은 우변의 2점을 살려 나가서 백을 끊고 있지만 연결은 아직 확실하지 않다. 백은 기사회생의 수가 있다.

### 2점 잡기

백1의 치중하는 수가 급소. 흑2로 단수친 뒤 4로 잇는 것은 백5로 끊어 흑 2점을 잡는다. 흑2를 5로 치받는 것은 백4로 이어 흑2로 나가도 백3으로 도망가서 좋다.

### 3점 잡기

흑2, 4의 단수를 활용하고 6으로 이으면 우변의 흑 2점을 살릴 수 있지만 백7로 중앙의 흑 3점이 잡힌다. 백1로 2는 흑6. 또 백1로 6으로 직접 공격하면 흑2, 백3, 흑1.

(244)

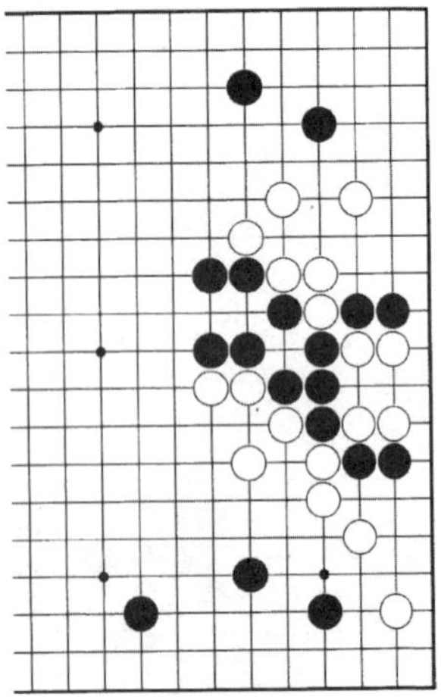

解

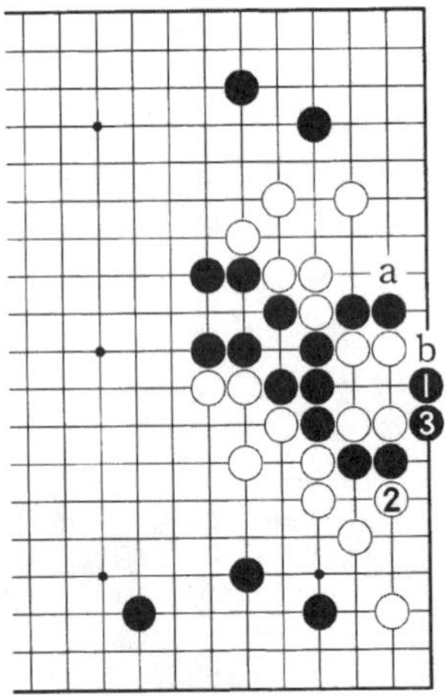


変

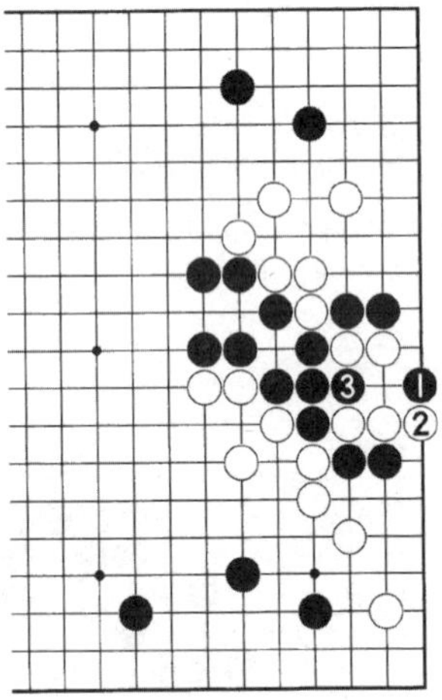

제4형 흑번

### 협력

우변의 전투.
백에 분단되어진 흑 4점은 상하 제각각의 모습이지만 백 4점을 공격하여 어딘가를 살려서 나가는 것은 가능하다.

### 동형의 중앙

흑1의 치중이 급소이다. 상하 동형으로 동형의 한 가운데가 된다. 백2로 입구자 붙이면 흑3으로 건너서 수상전에서 승리한다. 백2로 a라면 흑b.

### 백 죽음

백2로 가로막으면 3으로 찌르는 게 좋은 수로 백은 5점을 살릴 수가 없다.

제5형 흑번

(245)

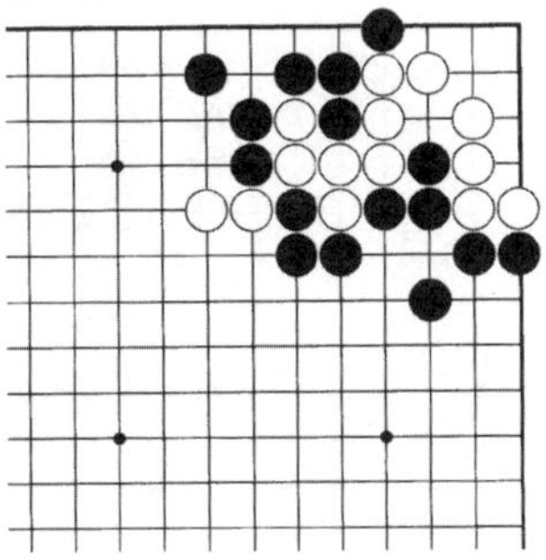

## 맥

얼핏 보기엔 살아 있는 모양 같지만 급소가 남아 있다.

解

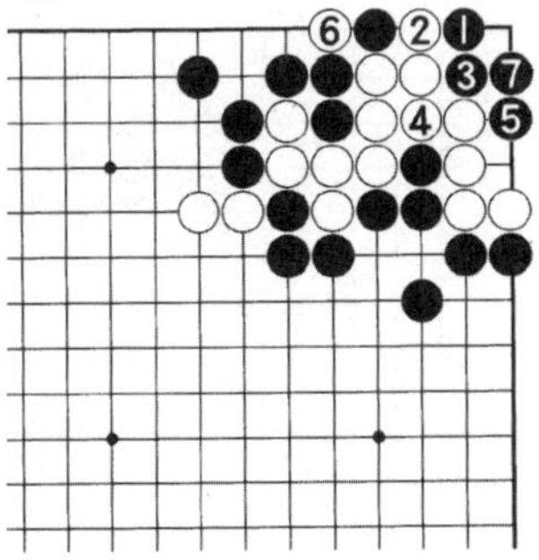

## 흑1이 맥점

흑1로 치중가는 수가 맥점으로 백2로 차단해도 7까지 유가무가 형태다.

変

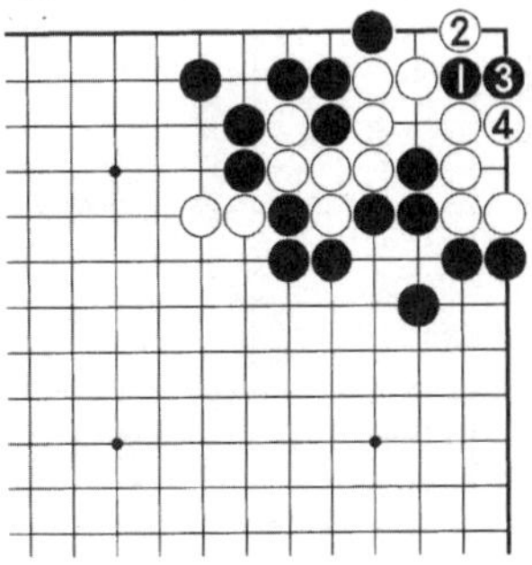

## 흑 실패

흑1은 백2로 단수쳐서 실패한다.

제6형 흑번

(246)

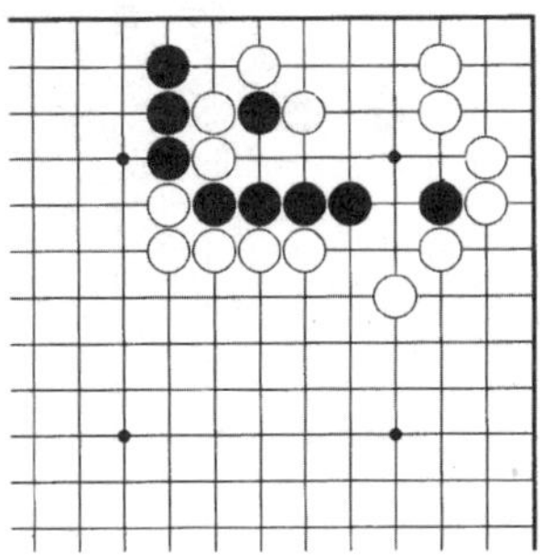

## 탈출

백에 포위되어 있는 흑 돌들은 상변 백의 엷음을 추궁하여 탈출하는 것이 가능하다.

解

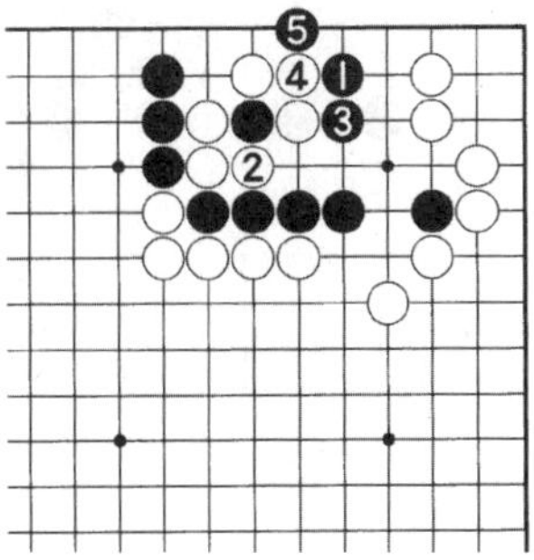

## 흑 승

흑1의 치중은 흑을 절단하고 있는 백 2점을 공격하는 급소이다. 백2로 따내면 흑3으로 좌우를 분단 한다. 백4, 흑5로 수상전에 흑이 승리한다.

変

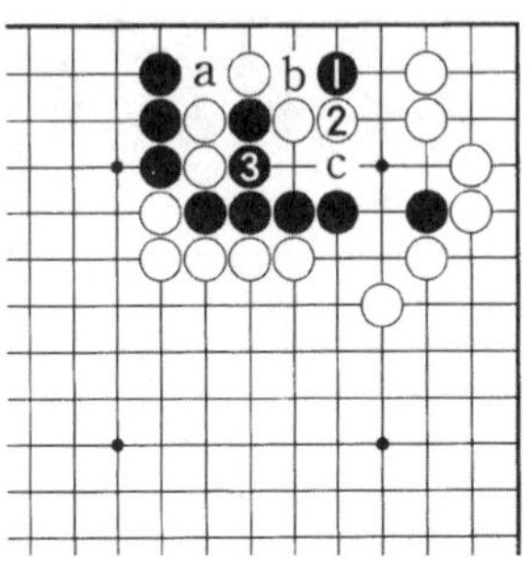

## 2점 잡기

백2로 나가면 흑3으로 단수치고 백2점을 잡는다. 백a는 흑b, 흑1로 3의 단수는 백a, 흑1, 백b, 흑2, 백c로 실패한다.

제7형 백번

(247)

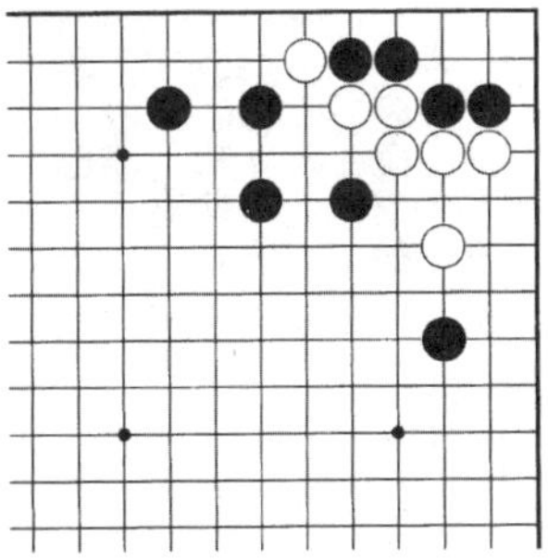

## 반격

백이 중앙으로 도망치는 것은 불리한 전투다. 귀의 흑에게 반격하여 우상에서 버티고 싶다.

解

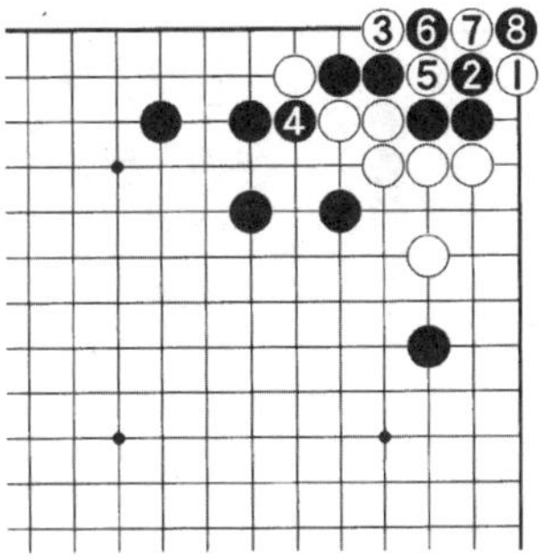

## 2·1

백1의 치중은 2·1의 급소이다. 흑2로 지키면 백3의 붙이는 것이 묘수로 흑을 자충시킨다. 흑4로 끊으면 백5, 7로 패가 난다.

変

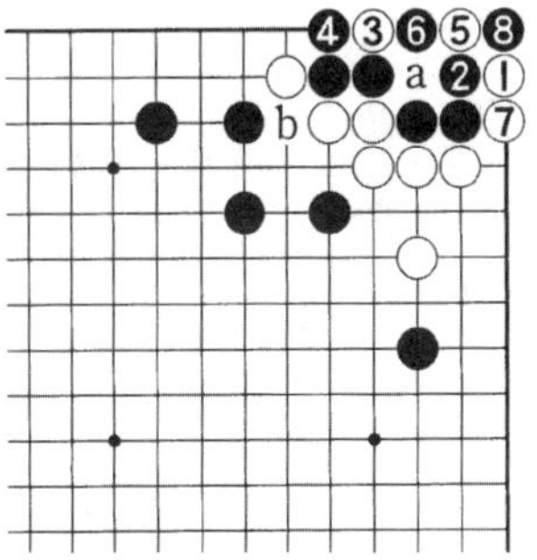

## 자충

흑4로 가로막는 변화이다. 백5로 젖혀 흑이 자충이 되고 백7로 패가 난다. 백3으로 5에 젖히면 흑a, 백b, 흑7로 백이 전멸한다.

치중
따냄

(248)

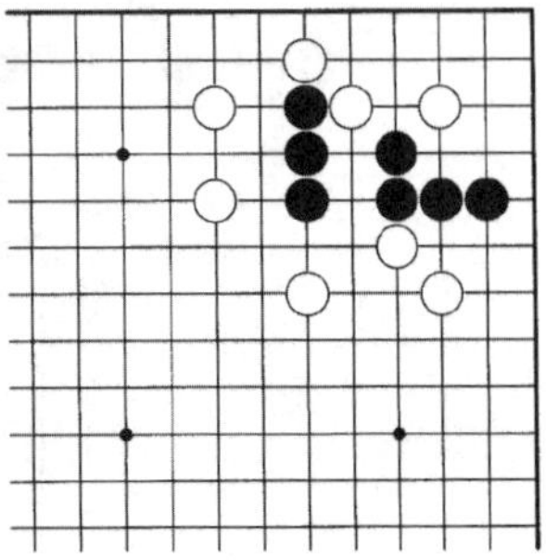

解

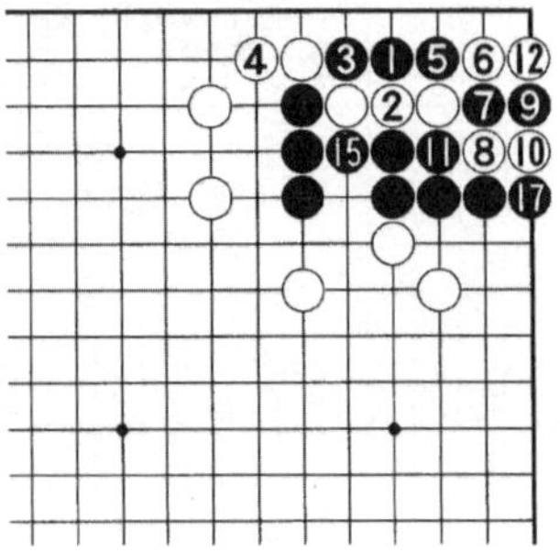

変

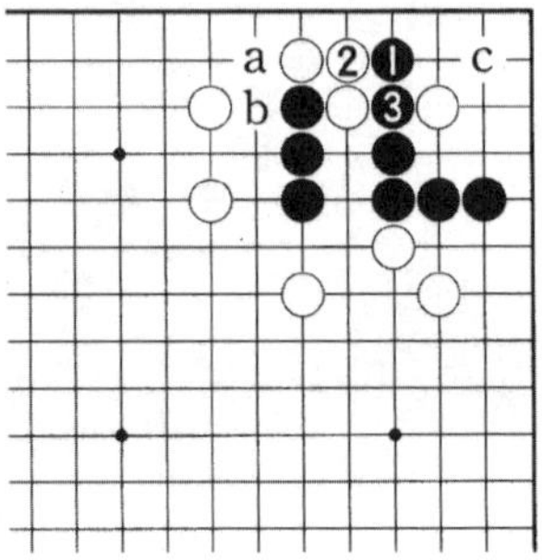

제1형 흑번

## 반격 수단

우상의 전투.
흑의 근거를 노리고 귀에 침입한 백에 반격한다. 귀의 1점을 잡으면 성공이지만.

## 흑 승

흑1의 치중이 맥이다. 백2로 이으면 흑3으로 끊고 5부터 귀삼수로 백을 잡는다.
※⓭→❼(먹여치기), ⑭→❾(따냄), ⑯→❼

## 흑 만족

백2로 이으면 흑도 3으로 이어 귀의 백 1점을 먹는다. 흑1로 a는 백2, 흑b, 백c로 살 수 있어 흑이 고전한다.

(249)

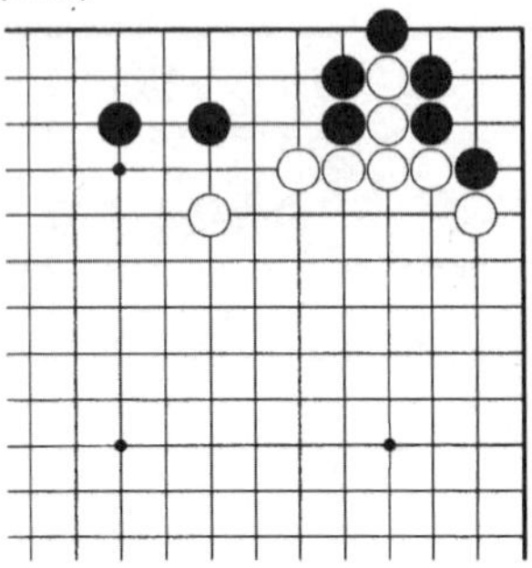

解

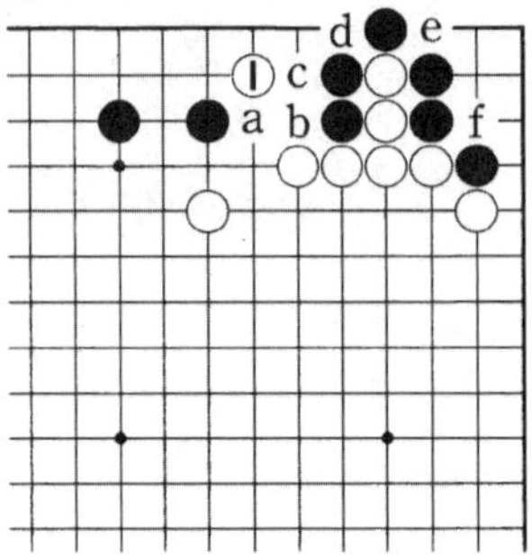

失

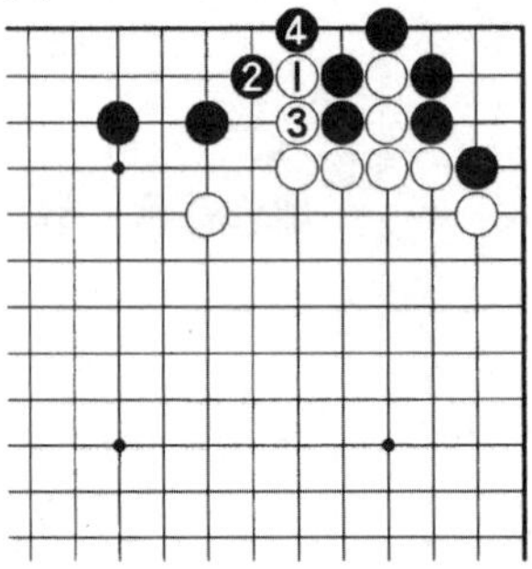

제2형 백번

## 건넘 막기

상변의 문제.
백이 상변의 흑의 건넘을 막으면 눈이 없는 귀의 흑이 그대로 백집의 가운데로 들어간다.

## 그만

백1로 뛰어들어 치중하면 그만이다. 흑a, 백b, 흑c로 끊으면 백d로 먹여치면 촉촉수가 성립한다. 흑e로 이으면 백f로 끊어서 좋다.

## 백 실패

백1로 붙이면 흑2로 입구자 붙여서 실패한다. 백3으로 단수를 쳐도 흑이 4로 건너서 흑 2점은 되따냄이 활용되는 모양이다.

(250)

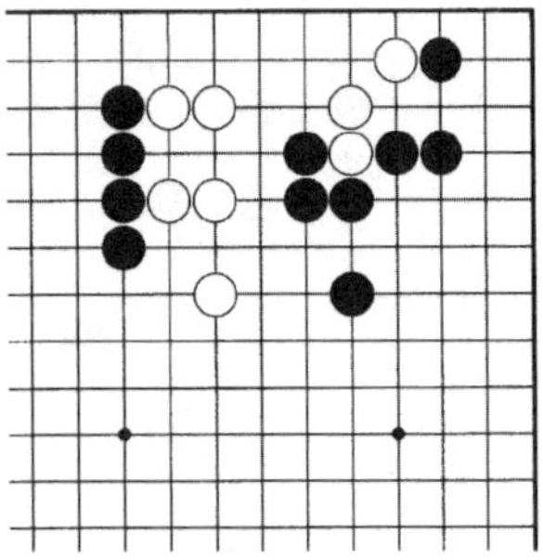

解

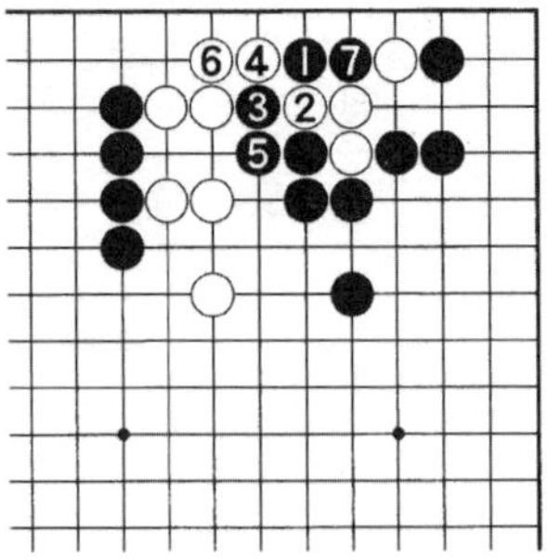

変

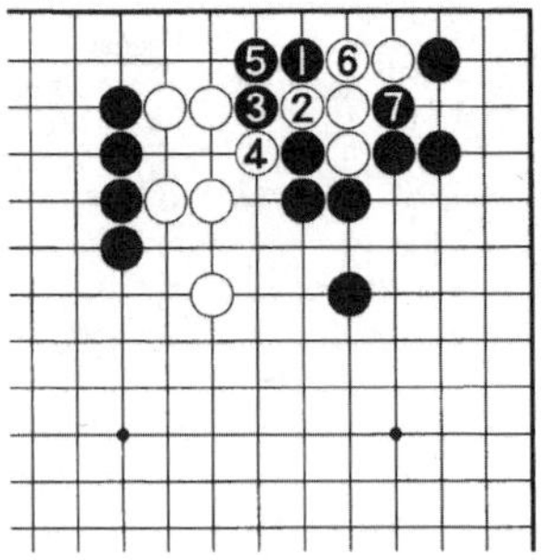

제3형 흑번

## 공격 목표

상변의 전투.
백을 좌우로 분단하면 중앙의 백은 알맞은 공격목표가 된다.

## 4점 잡기

흑1의 치중이 급소가 된다. 백2로 나오면 흑3으로 막아 백4, 흑5로 백은 두 곳에 약점이 생긴다. 백6은 흑7로 잡는다.

## 흑 승

백4부터 위로부터 단수치는 변화이다. 흑5로 이으면 수가 길다. 백6, 백7로 흑이 수 싸움에서 승리한다. 상변을 빼앗긴 백은 근거가 없다.

제4형 흑번

(251)

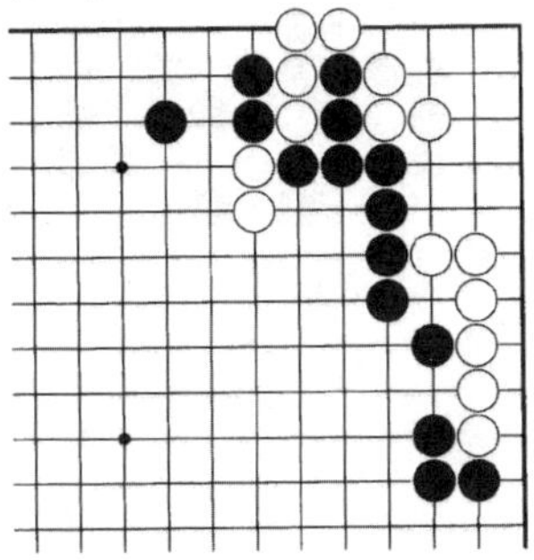

## 4점 잡기

우변의 백은 귀와 완전히 연결되어 있는지 아닌지. 자충이 되면 상변의 백 4점이 잡힌다.

解

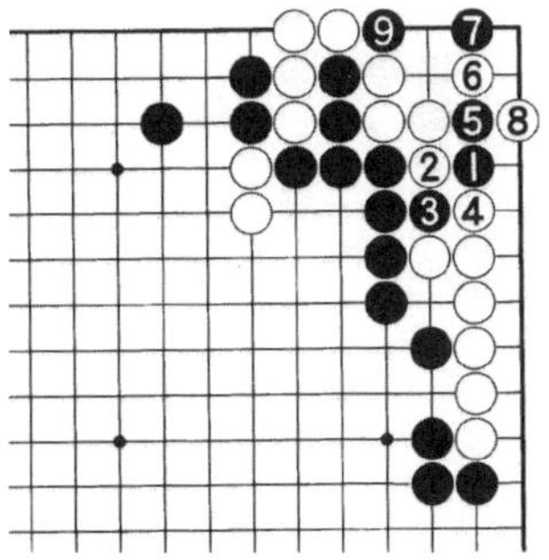

## 촉촉수

흑1로 치중하고 백4까지 필연적인 순서이다. 흑5로 뻗어 귀의 백을 공격한다. 흑7로 붙이는 것이 좋은 수로 백8이라면 흑9로 촉촉수에 걸린다.

変

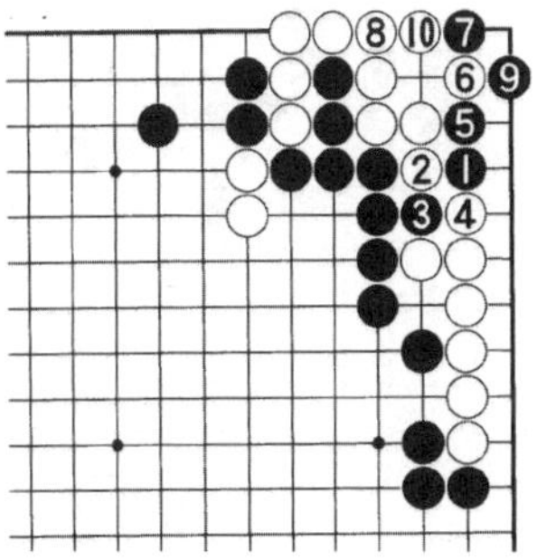

## 귀가 패

백8은 촉촉수를 막으려는 수이지만 흑9로 단수쳐서 큰일이다. 패이지만 백은 우상이 전멸할 수 있어 염려가 있다.

제5형 흑번

(252)

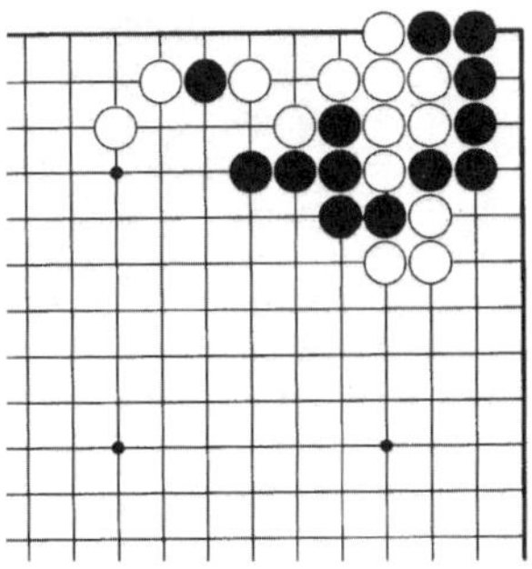

## 수순

귀부터 상변에 건너려 하는 백에게는 결함이 있다. 우상의 백을 공격하여 잡는 수순 문제이다.

解

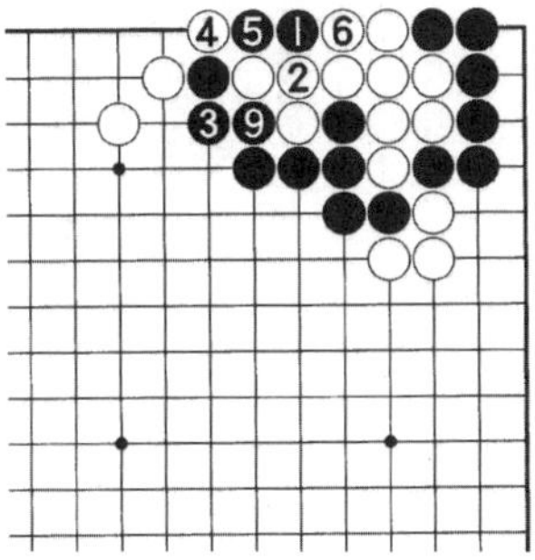

## 촉촉수

흑1의 치중이 좋은수이다. 백2로 이은 뒤 흑3으로 뻗는 것이 수순이다. 백4로 건너는 것은 흑5로 먹여쳐서 촉촉수에 걸린다.

※❼→❺, ⑧→❶(따냄)

失

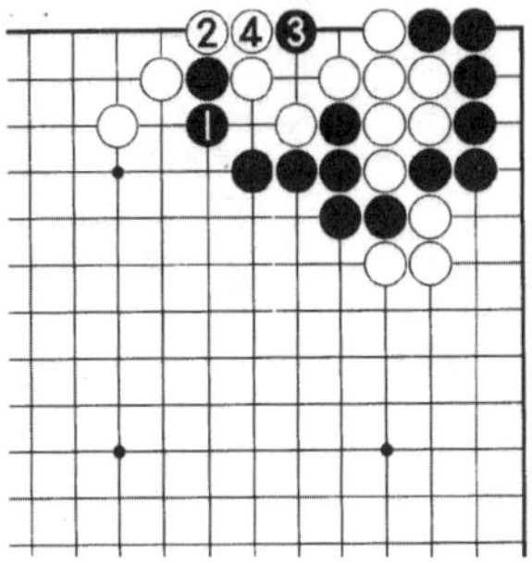

## 수순 전후

흑1로 뻗는 것을 먼저 두는 것은 수순전후로 실패한다. 흑3의 치중에 백은 4로 이어서 건너게 된다.

제6형 흑번

(253)

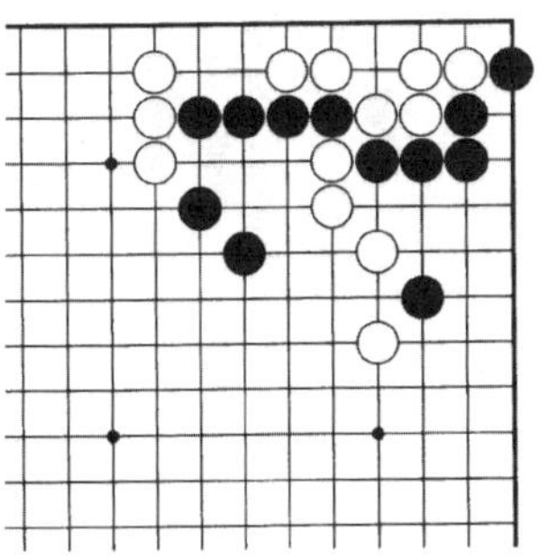

## 잡기

우상은 고목정석의 변화이다.
백에는 잘못된 수순이 있어 흑은 우상의 백을 잡는 것이 가능하다.

解

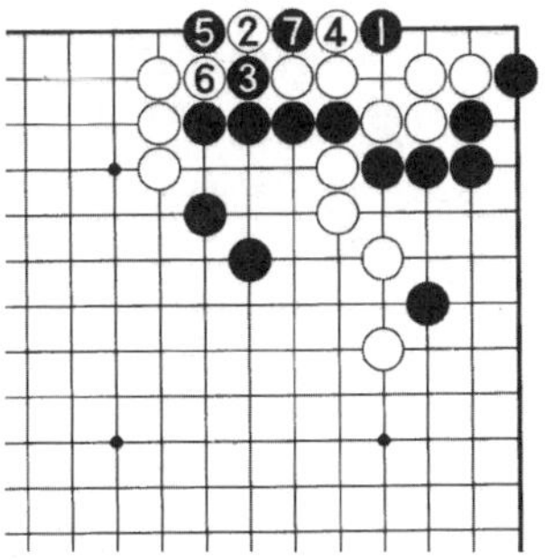

## 패가 최선

흑1의 치중이 눈의 급소이다. 백은 2가 최선이고 흑3~7까지 흑이 유리한 패가 된다.

変

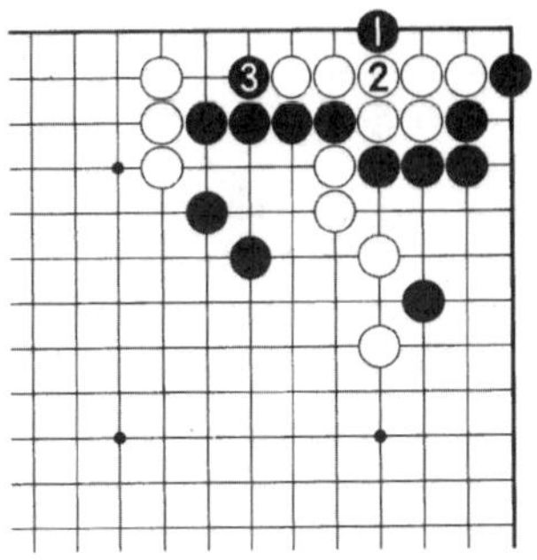

## 귀가 전멸

흑1의 치중은 눈의 급소이다. 동시에 백을 자충으로 만든다. 백2로 이으면 흑3으로 막아 귀가 전멸한다.

**제7형 흑번**

(254)

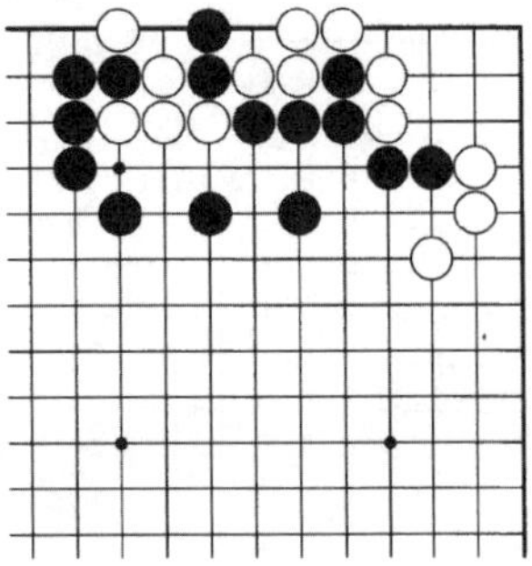

### 건넘 막기

우상귀 백의 건넘 막기 문제.
상변의 백은 눈이 하나기 때문에 우변에 연결되지 않으면 죽는다.

解

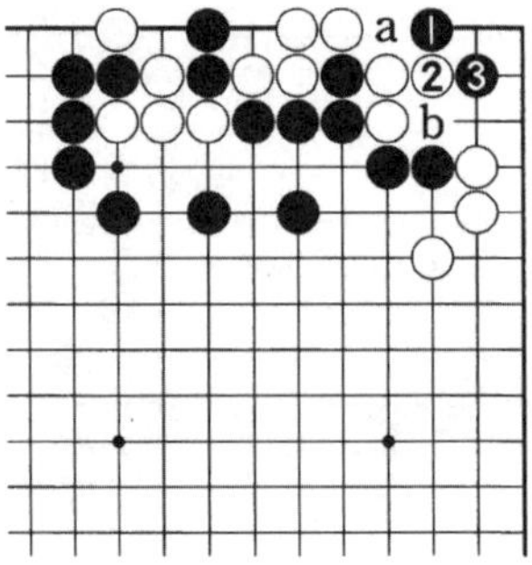

### 백 죽음

흑1로 치중하면 백은 자충이 되는 급소이다. 백2 이후 흑3으로 백은 수가 없어지게 된다. 백2로 a라면 흑b로 나간다.

失

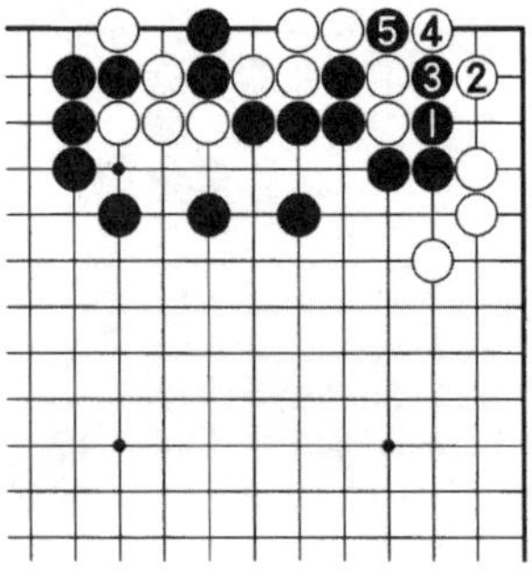

### 백 건넘

흑1로 나가면 백2로 받을 수 있어 실패한다. 흑3으로 2점을 단수쳐도 백6으로 되따내어 건너간다.
※⑥→❺의 아래(되따냄)

**제8형 흑번**

(255)

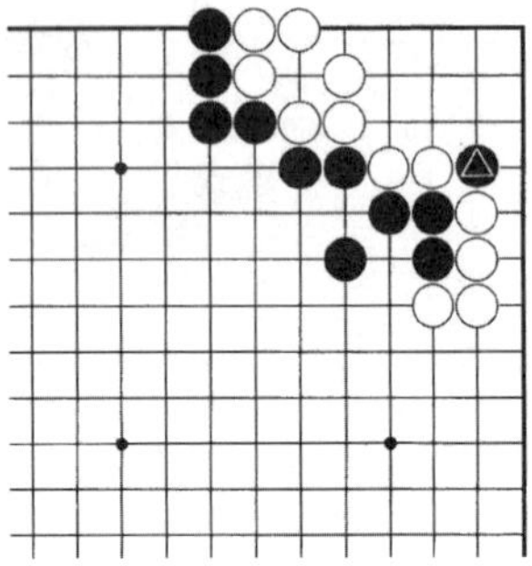

### 엷음

귀가 문제.
백은 상변에 빈틈없이 눈을 만들고 있지만 ▲ 1점의 끊김이 있어 자충의 모양이다. 제 1수가 급소.

解

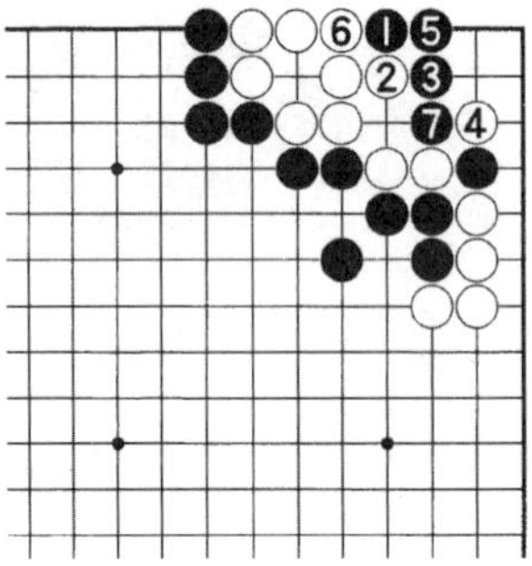

### 촉촉수

흑1로 치중하는 수가 엄정한 맥이다. 백2는 단수를 막지만 흑3으로 젖히고 5로 이으면 백은 대책이 없다. 흑7로 촉촉수의 모양.

変

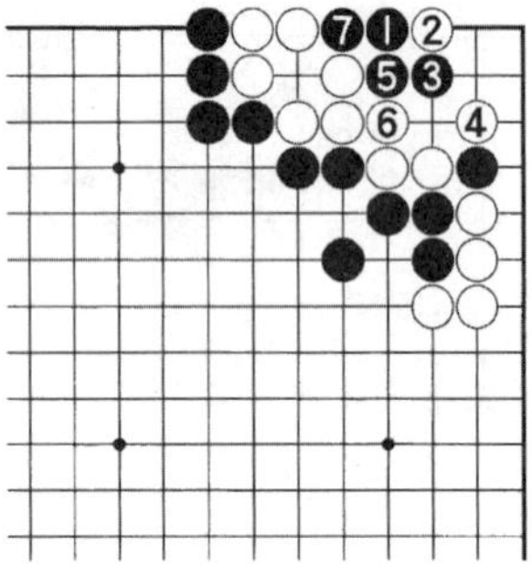

### 3점 잡기

백2로 붙이면 흑3으로 단수치고 백4에 이후 흑5, 7로 3점을 촉촉수로 한다. 백2로 3은 흑7로 그만이다.

**제9형 흑번**

(256)

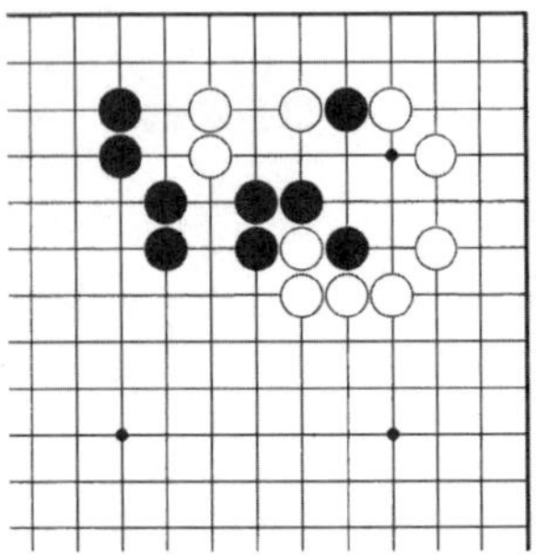

### 좋은 수순

상변의 문제.
상변에 연결된 백의 모양이 엷아 흑은 좋은 수순으로 백의 일부를 분단시키는 것이 가능하다.

解

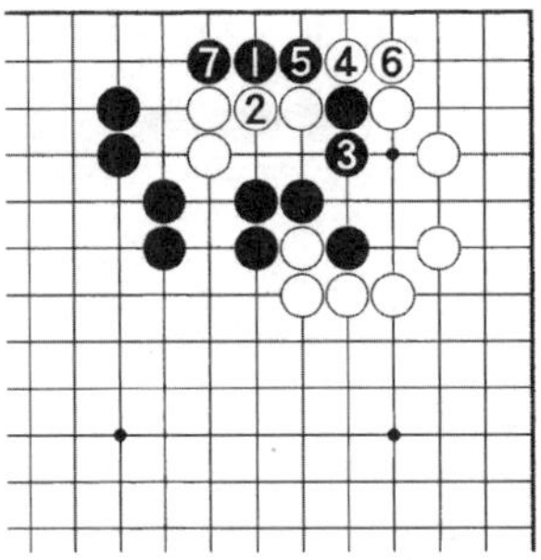

### 4점 잡기

흑1의 치중이 수순으로 백이 어떻게 둘지 본다. 백2라면 흑3, 5로 끊고 7로 건너 백 4점을 잡는다.

失

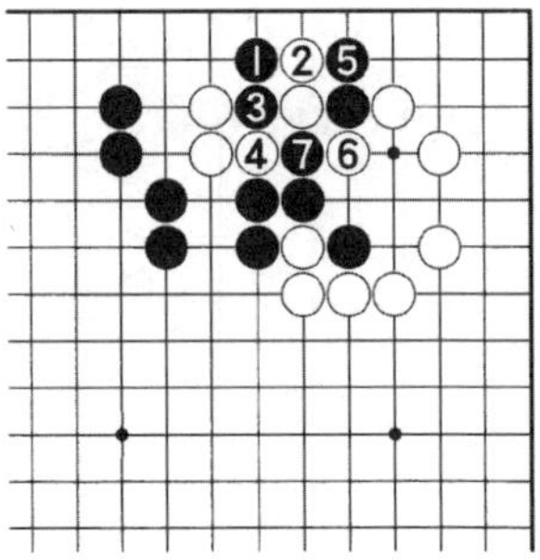

### 백 무리

백2는 흑3. 백4는 무리로 흑이 5로 뚫으면 곤란하다. 백6으로 7은 흑6. 백4로는 7로 막다른 곳, 흑4를 허용할 수밖에 없다.

(257)

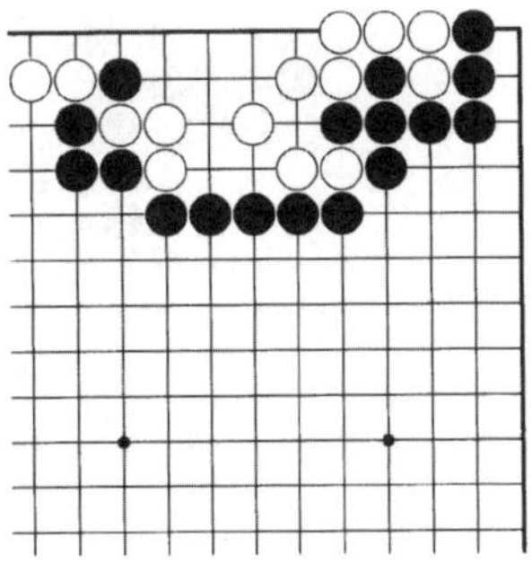

제10형 흑번

## 일격

흑 1점을 잡고 있는 상변은 백집처럼 보이지만 흑의 멋진 한 방이면 흑집으로 바뀌어 우상귀의 백을 잡을 수 있다.

解

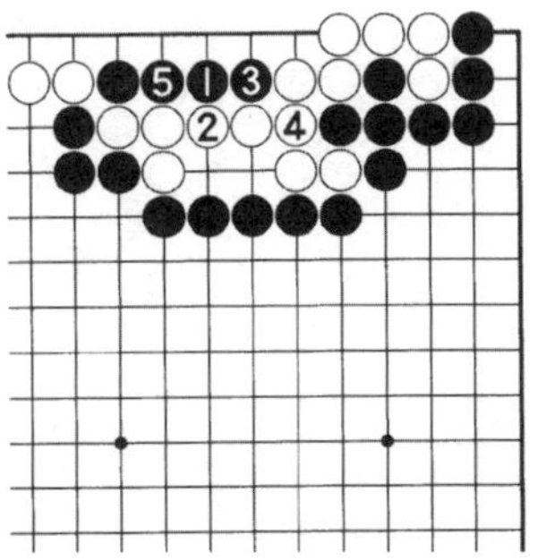

## 전멸

흑1의 치중이 냉엄한 맥이다. 백2로 이으면 흑3으로 자충을 강요한다. 백4는 무리로 흑5까지 백은 전멸한다. 백4는 5, 흑4로 될 것이다.

变

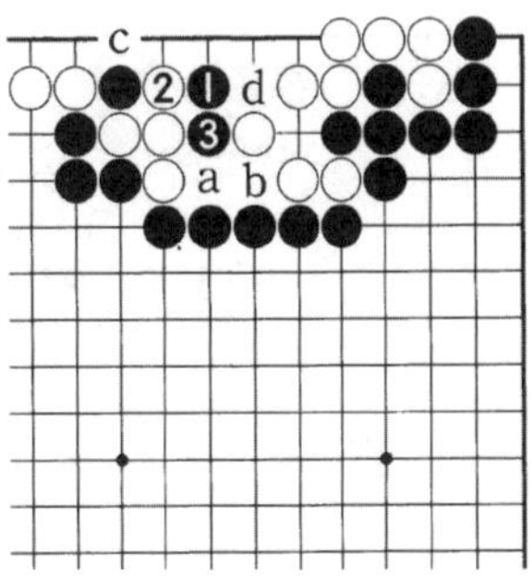

## 분단

백2로 받으면 흑3으로 뚫어 백을 분단한다. 백 a는 흑b, 백c, 흑d.
흑1의 급소로 상변은 백집에서 흑집으로 바뀌었다.

(258)

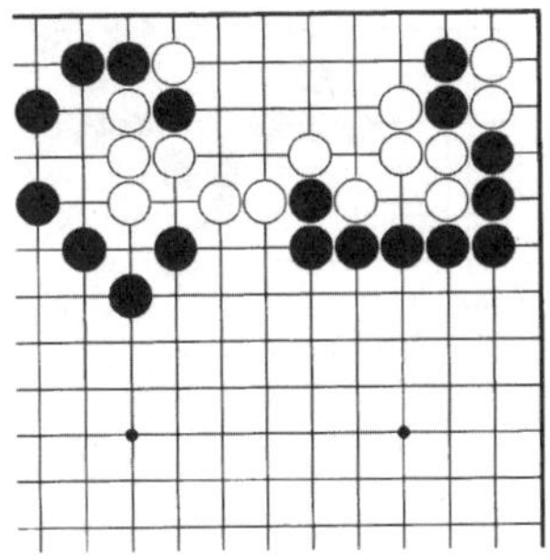

제11형 흑번

## 부활

상변의 전투.
백은 귀의 흑 2점과 상변의 흑 1점을 잡고 있으나 흑은 좌우를 연관시키는 수로 어느쪽 이든 부활 시키고 싶다.

解

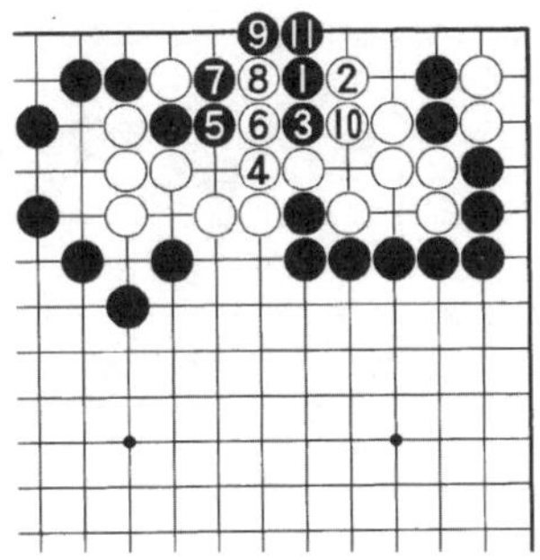

## 탈출

흑1의 치중은 좌우를 엿보는 맥이다. 백2로 오른쪽을 지키면 흑3으로 치받는다. 백4이하는 무리로 흑11로 이으면 탈출에 성공한다.

变

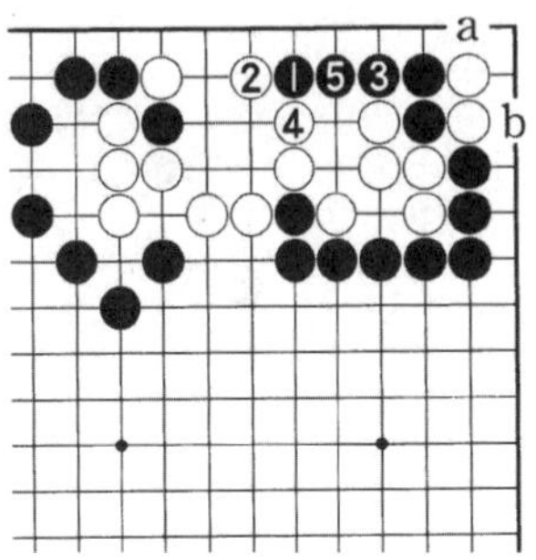

## 귀를 잡다

백2로 왼쪽을 지키는 변화. 흑3으로 귀의 흑 2점과 연결하여 백4, 흑5로 수를 늘린다. 백a는 흑b.

(259)

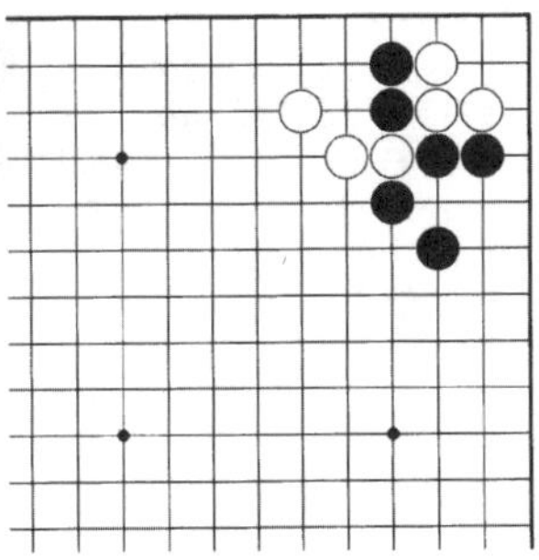

치중 수상전

제1형 흑번

## 채우다

귀의 수상전.
백은 귀에 눈이 있는 모양이지만 흑에 귀으 탄력을 빼앗기면 수가 부족하게 된다. 흑은 어디서부터 수를 채워야 하는가?

解

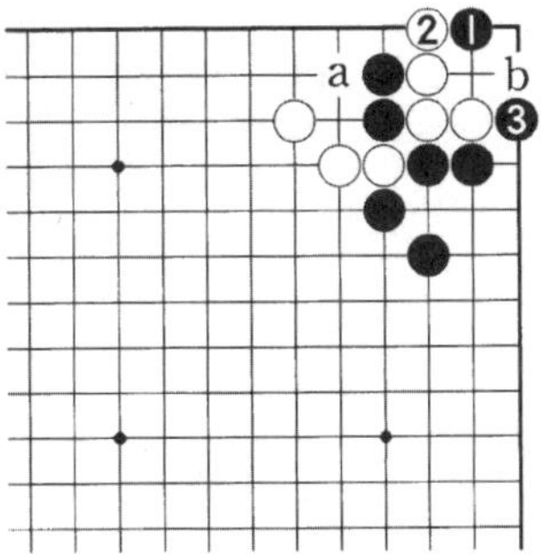

## 흑 승

흑1은 치중은 상용의 맥이다. 백2로 막으면 흑3으로 젖혀 백은 2수가 된다. 백2로 3은 흑2로 건너고, 백a, 흑b로 유가무가가 된다.

失

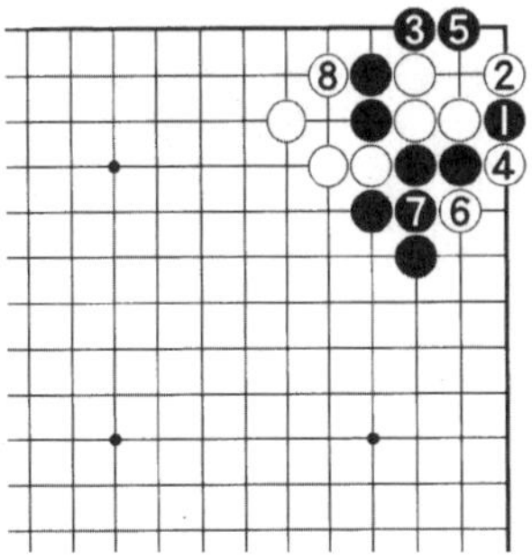

## 흑 실패

흑1로 바깥부터 공격하는 것은 백2로 실패한다. 흑3, 5로 귀에 들어가더라도 백6의 단수를 활용하여 백8로 붙이면 흑은 살수 없다.

(260)

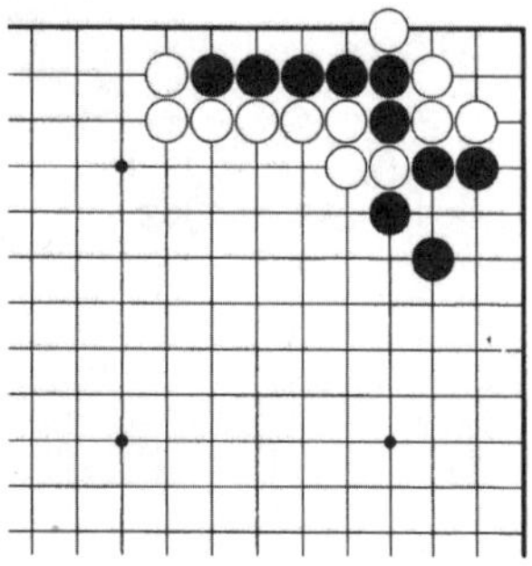

解

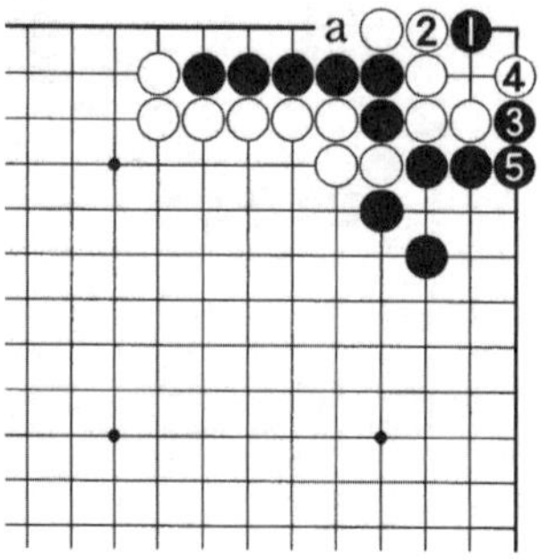

失

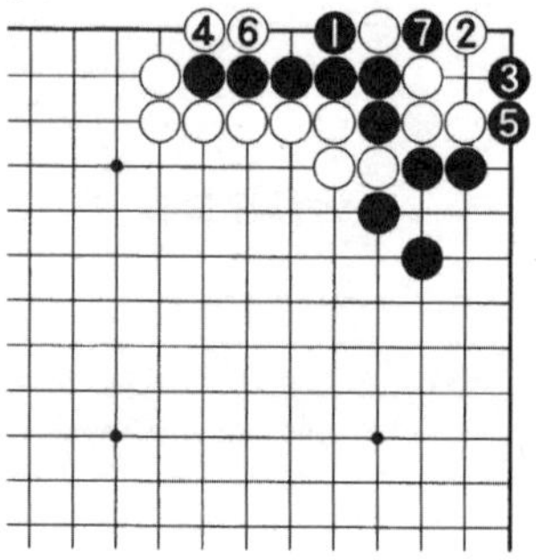

제2형 흑번

### 수수

수상전의 문제.
귀 백의 눈의 급소를 빼어 탄력을 제거하여 수를 2수로 줄인다.

### 흑 승

흑1의 치중은 상용의 이다. 백2로 이으면 흑3, 5로 젖혀 이어 흑의 승리한다. 흑3은 a로 막아도 좋다.

### 패는 실패

흑1로 먼저 막는 것은 백2로 귀를 받아 실패한다. 백의 모양에 탄력이 생겨 흑3, 백4로 패가 된다.

(261)

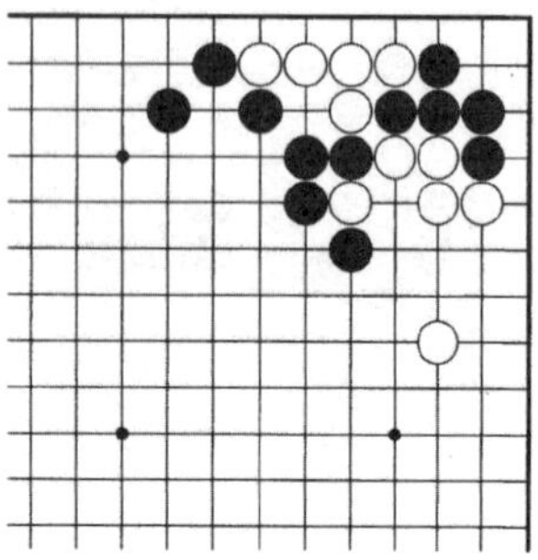

解

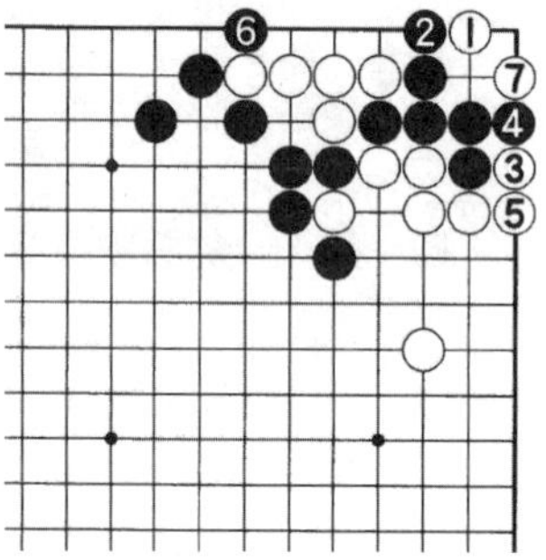

失

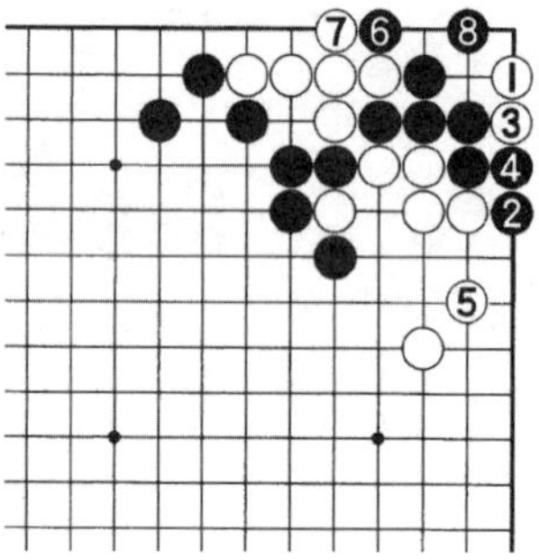

제3형 백번

### 급소

귀 상변의 수상전의 문제.
백의 수는 길어도 귀의 급소를 맞아 손해를 보면 그냥은 승리할 수 없게 된다.

### 백 승

백1의 치중은 급소로 2·1의 맥이다. 흑2로 막으면 백3과 5로 젖혀 잇는다. 흑6에 백7이면 백이 승리한다. 흑6으로 7은 백6.

### 패는 실패

백1의 치중도 2·1의 맥이지만 흑2로 젖혀놓고 6 · 8이 좋은 수로 단패가 된다.

(262)

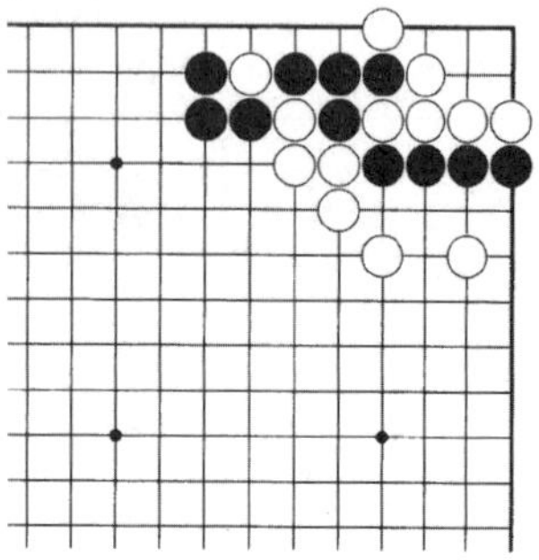

解

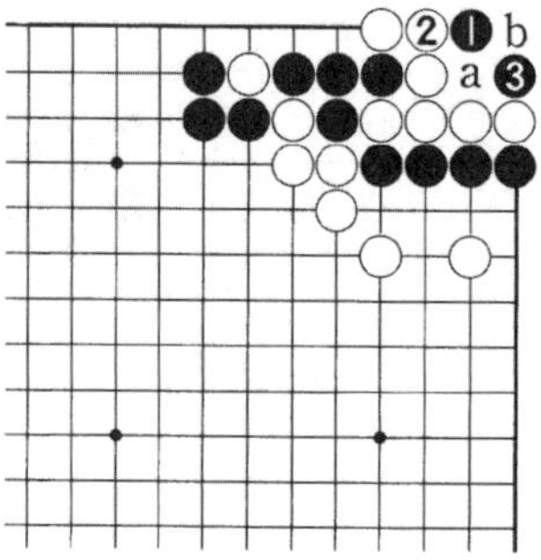

失

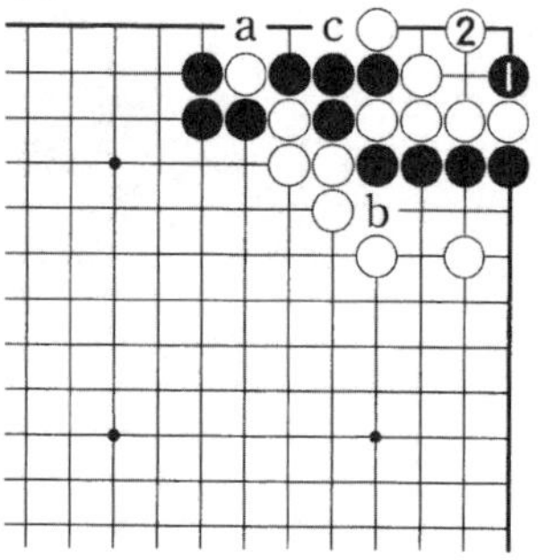

제4형 흑번

### 무조건

귀의 수상전 문제.
우변의 흑 4점은 4수이다. 귀의 백을 무조건 3수로 만들어 공격하여 잡고 싶다.

### 흑 승

흑1의 치중하는 수가 급소로 2·1의 맥이다. 백2로 이으면 흑3으로 귀가 유가무가의 모양이 된다. 백의 수는 3수가 되었다.
백2로 a는 흑b.

### 한 수 늘어진 패

흑1로 붙이면 백의 공배를 메우는 급소이지만 백2로 입구자로 탄력이 생기게 된다. 이후 흑a, 백b, 흑c로 한수 늘어진 패.

**제5형 흑번**

(263)

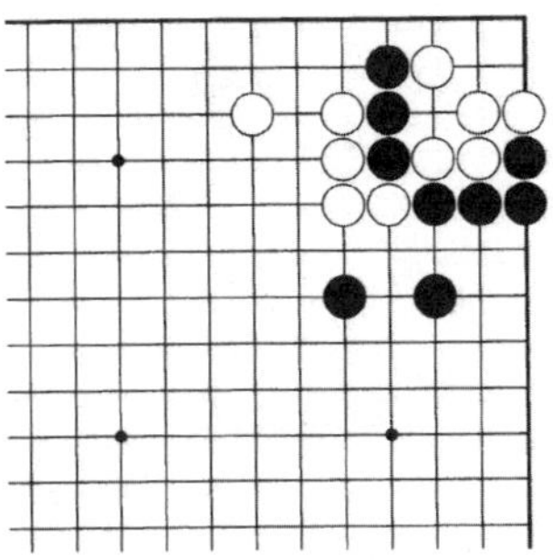

## 눈을 부수다

귀의 수상전.
귀에 집이 있어 평범한 공격으로는 유가무가가 된다. 눈을 없애는 수는?

解

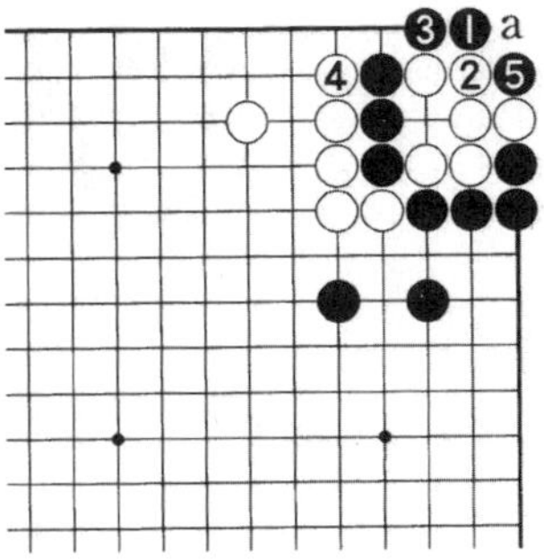

## 패

흑1로 치중하여 백의 수를 줄인다. 백2로 구부림은 최강의 저항이다. 흑3으로 건너면 백4로 공격한다. 흑5로 패가 난다. 흑5로 a는 빅이 되어 흑이 불만이다.

变

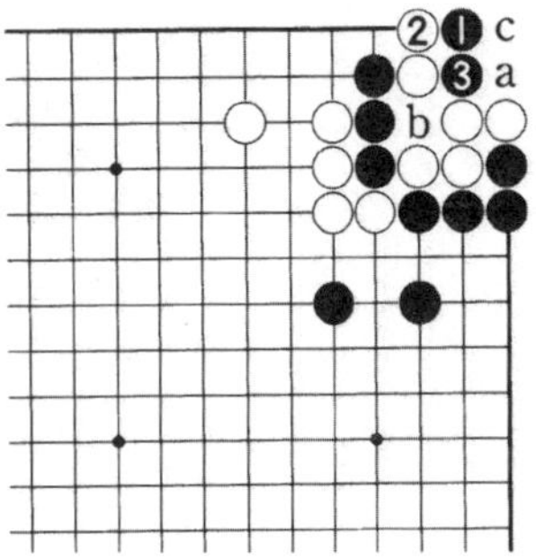

## 백 패배

백2로 막는 것은 자충되어 좋지 않다. 흑3으로 2점을 만들어 버리고 백a, 흑b, 백c, 흑3으로 흑이 승리한다. 흑1로 2는 백1로 실패한다.

**제6형 흑번**

(264)

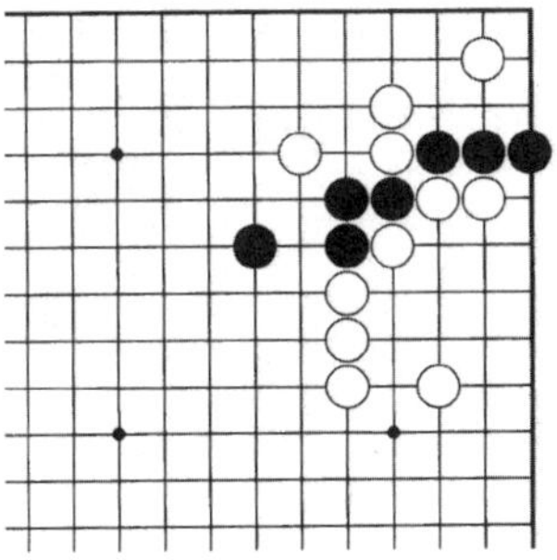

## 버팀을 막다

단순히 끊으려하면 간단하게 보이는 모양이지만, 버티고 있다. 백이 버팀을 막는 다음 한수는 무엇인가.

解

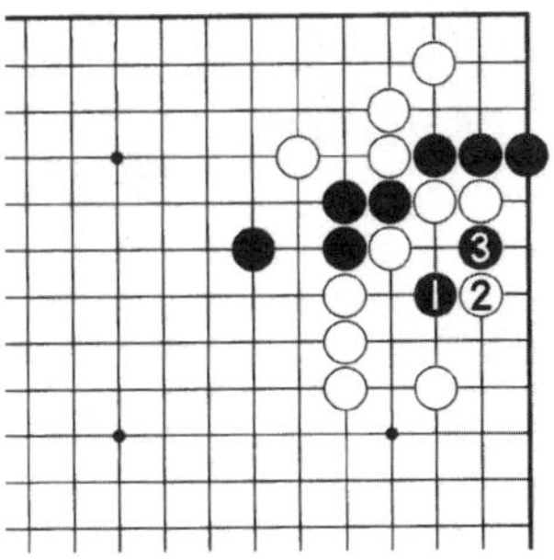

## 맛이 좋게

백을 맛이 좋게 잡으려면 흑을 1에 두는 수밖에 없다. 백2에는 흑3을 끼움이 좋은 수로 요석 백 2점을 잡을 수 있어 흑 3점은 생환이 가능하다.

失

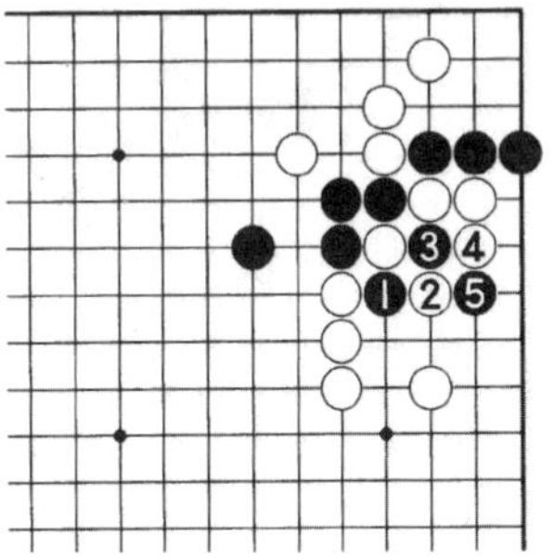

## 깜박해서

깜박해서 흑1로 끊으면 백2가 버틸 수 있는 좋은 수가 된다. 흑3은 백4로 패는 필연이다. 또 흑1로 3은 백4로 단수를 당한다.
※⑥→❸의 왼쪽(패)

**제7형 흑번**

(265)

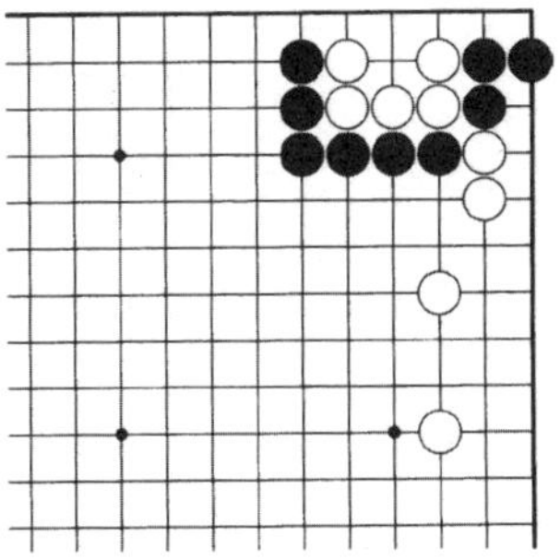

## 무조건

양쪽 모두 복잡한 모양을 하고 있으나 급소를 알면 흑이 수상전을 무조건 이길 수 있다.

解

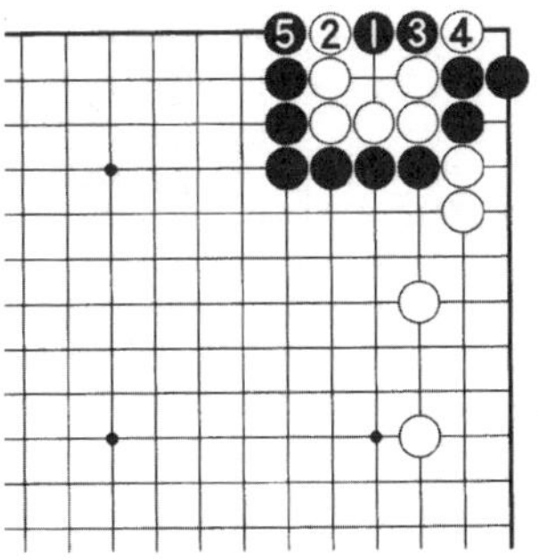

## 유일한 수

흑1이 백이 버티는 것을 막을 유일한 수로 무조건 흑이 승리한다. 흑1로 2나 3으로 젖히면 백1로 두어서 실패한다.

变

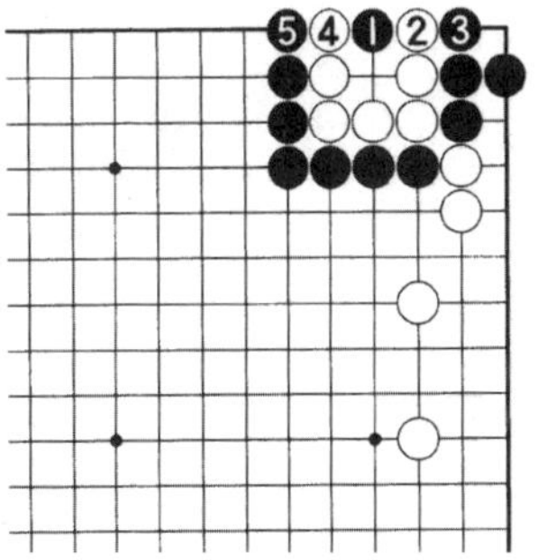

## 흑1이 급소

백2 방향으로 막아도 흑3으로 두어 괜찮다. 흑1이 급소인 것을 알았을 것이다.

(266)

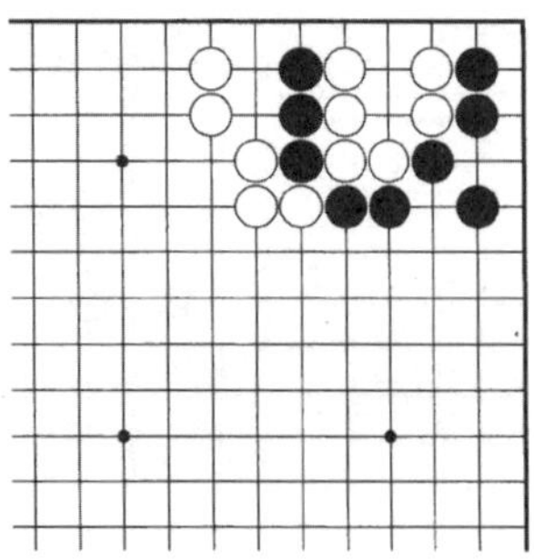

解

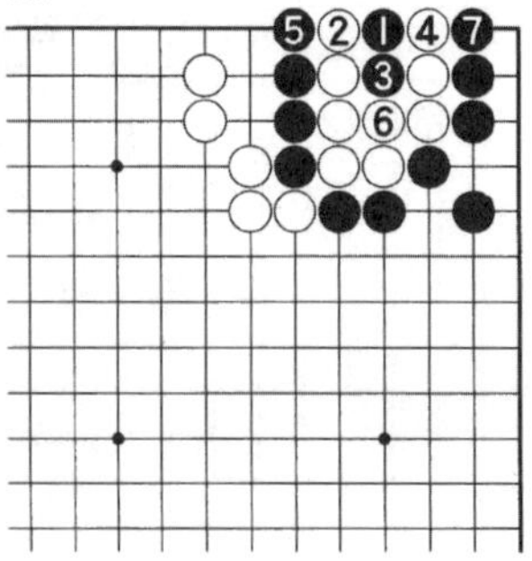

失

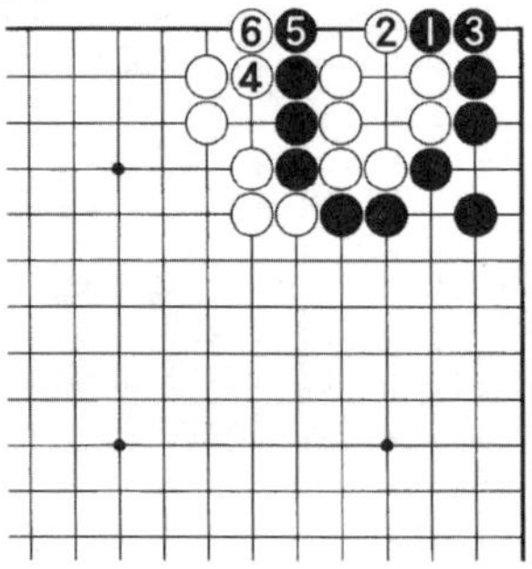

제8형 흑번

### 3수
백에 비해 흑은 3수밖에 되지 않는다. 하지만 맥을 이용하면 차이는 별 것도 아니다.

### 1수 승
흑1, 여기가 급소이다. 백2에는 흑3이 중요하고 백은 더 이상 버틸 수 없다. 흑7까지 흑의 한수 빠른 승리이다.

### 한 줄 차이
흑1, 3으로는 알기 쉬운 "유가무가". 한 줄의 차이로 이렇게 틀리는 것은 맥의 고마움을 잘 알게 해주는 문제이다.

(267)

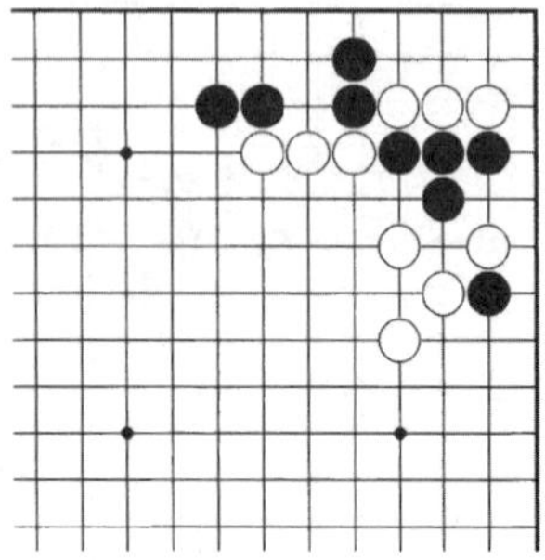

解

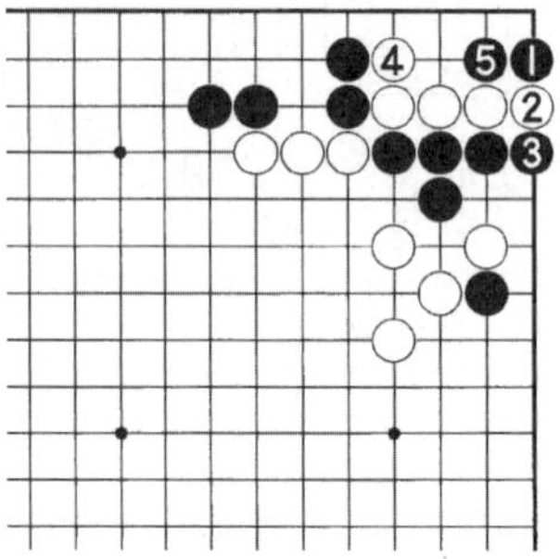

变

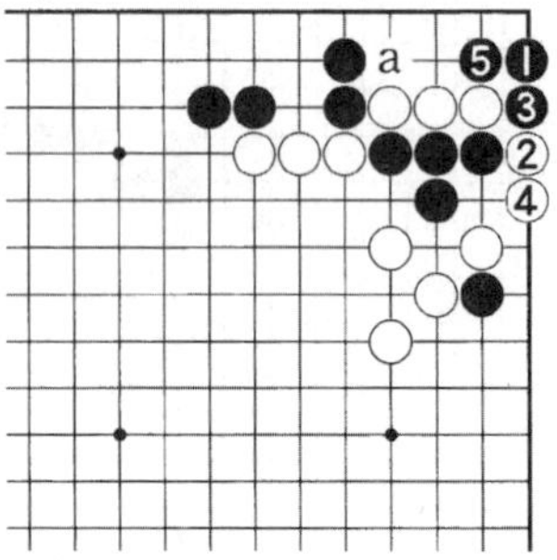


제9형 흑번

### 탄력
우상의 전투.
귀의 백과 우상의 흑은 각각 4수이다. 흑의 공격에서 급소를 틀리게 되면 귀의 탄력을 가진 백이 유리해진다.

### 흑 승
흑1의 치중은 2·1의 맥이다. 백의 탄력을 없앤다. 백2로 가로막으면 흑3으로 막아서 백은 3수가 된다. 백4는 흑5.

### 1수 승
백2로 젖히면 흑3으로 끊는다. 백4와 흑5로 흑이 1수 승리. 흑1로 a는 백2, 흑4, 백3. 또는 흑1로 3은 백1, 흑2, 백 a로 실패한다.

(268)

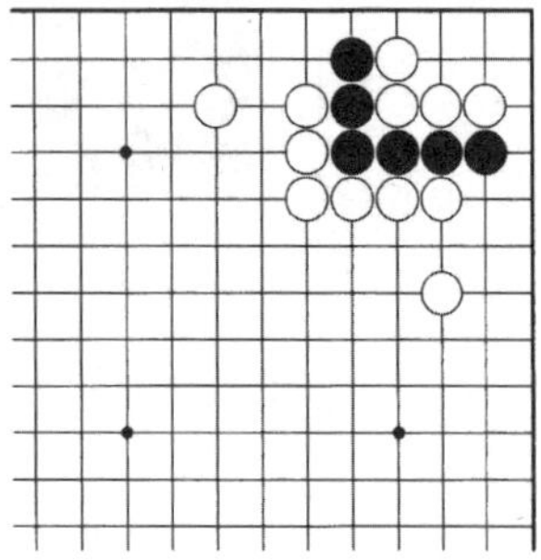

解

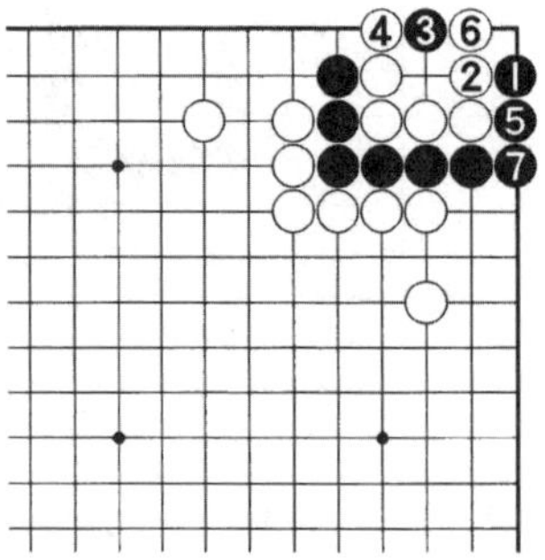

变

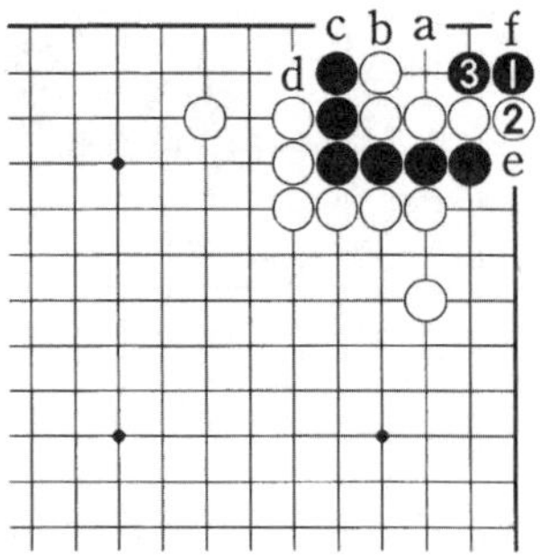


제10형 흑번

### 치중수
수상전의 문제.
귀의 백집을 공격하려면 안쪽부터 두어야 한다. 잘못 공격하면 반대로 흑이 잡힐 수 있다.

### 흑 승
흑1로 치중은 백의 자충의 맥이다. 백2로 받으면 흑3으로 안형의 급소에 두어 4와 5의 건넘을 맞보기로 한다. 흑7까지 수상전은 흑이 승리한다.

### 백 자충
백2로 흑이 건너지 못하게 막으면 흑3으로 밀어올려 백의 공배를 메운다. 흑1로 3은 백1, 흑a, 백b, 흑c, 백d, 흑e, 백2, 흑f로 패가 난다.

## 제11형 흑번

(269)

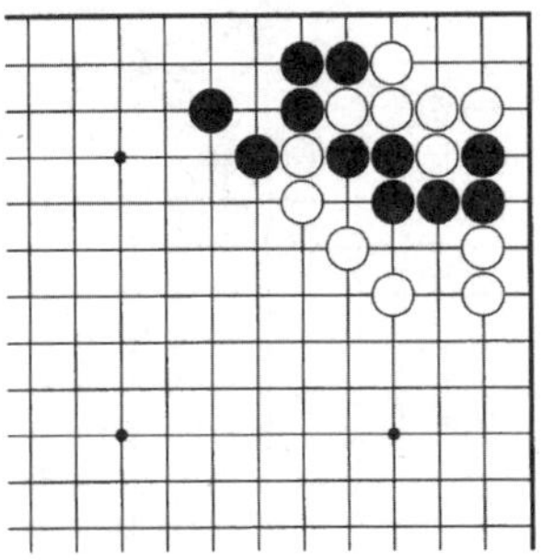

### 흑의 최선

귀의 수상전 문제.
흑 6점은 눈이 없는 돌이지만 바깥 공배가 많아 유리한 결과를 이끌어 낼 수 있다.

解

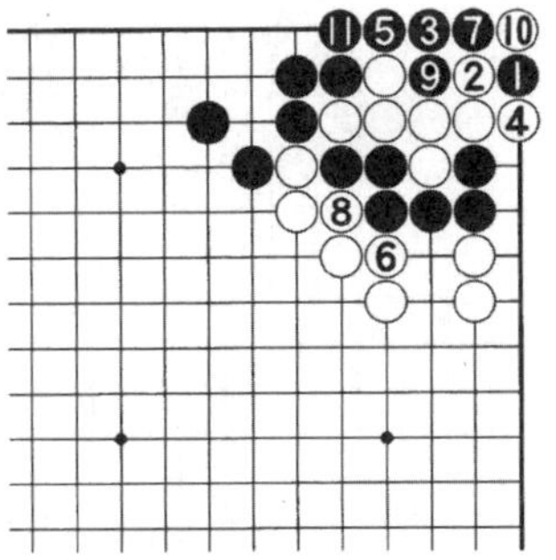

### 유리한 패

흑1의 치중은 백이 자충에 걸리게 하는 맥이다. 백2로 받으면 흑3으로 눈을 빼앗아 흑5까지 양쪽 모두 눈이 없는 모양이 된다. 흑11으로 흑이 유리한 패가 난다.

变

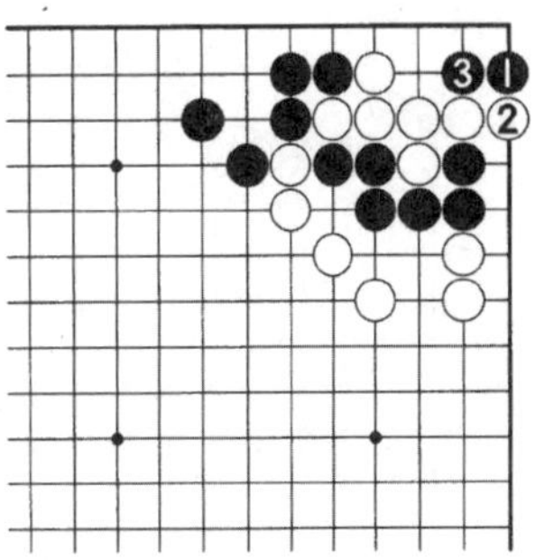

### 백 수부족

백2로 흑이 건너지 못하게 막는 것은 대악수이다. 흑3으로 백의 공배를 메워 백의 수를 3수로 줄인다. 수상전은 백이 패배한다.

## 제12형 흑번

(270)

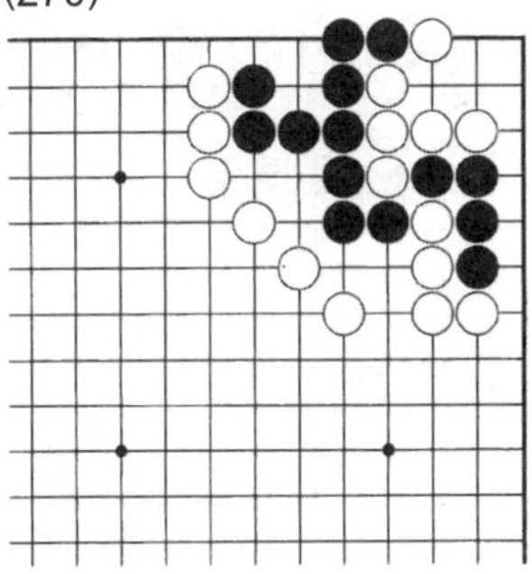

### 사석

우상의 전투.
상변의 흑을 살리기 위해 귀의 백을 공격하여야 한다. 우변 흑 4점을 사석으로 이용한다.

解

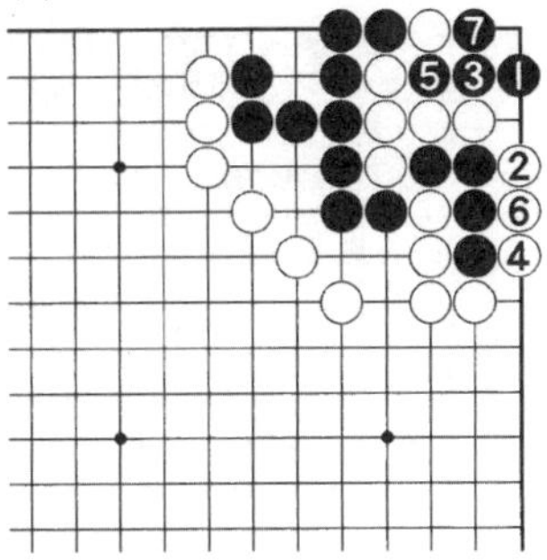

### 흑 삶

흑1의 치중은 2·1의 맥이다. 백2부터 7까지 백이 우변의 흑 4점을 잡으면 무난하다. 흑도 귀에 한 집을 만들어서 살 수 있다.

变

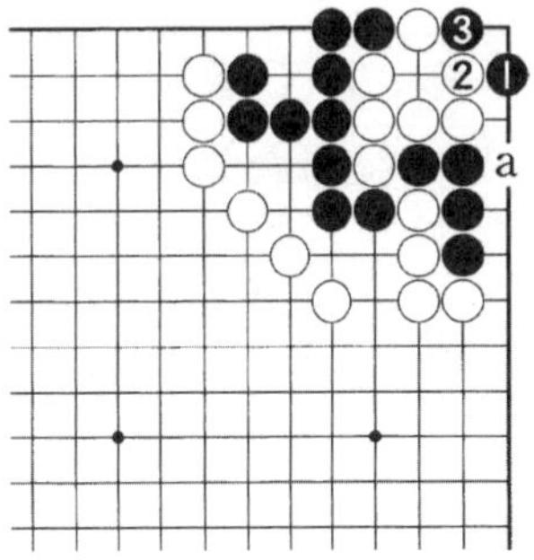

### 패

백2로 저항하면 흑3으로 먹여쳐 패가 난다. 흑1로 2는 백1, 흑3, 백a로 흑이 실패한다. 흑1로 3도 백1이 맥이 된다.

## 제13형 흑번

(271)

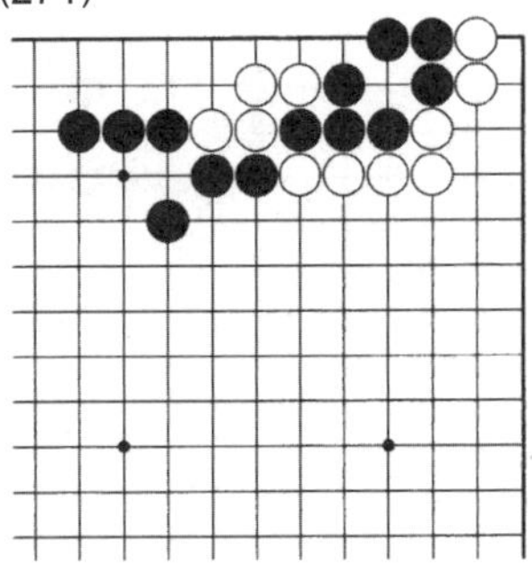

### 확실

상변의 수상전이 문제.
귀의 흑은 자충으로 백 4점을 잘못 공격하면 패가 날 위험이 있다.

解

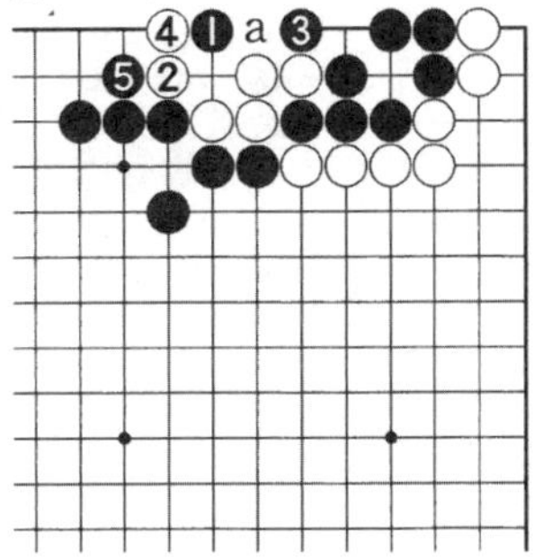

### 흑 승

흑1로 치중하는 것이 최선의 맥이다. 백2로 젖히고 흑3, 5로 공격하면 백은 다음 수가 없다. 흑3으로 5는 백a로 탄력이 생겨 안된다.

失

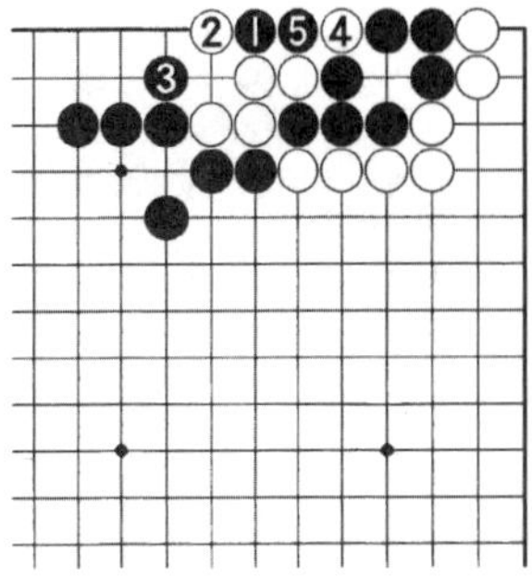

### 패는 실패

흑1로 붙이면 백2로 막아 실패한다. 흑3 이후 백4로 먹여치고 6의 단수로 패가 난다.
※⑥→❶

(272)

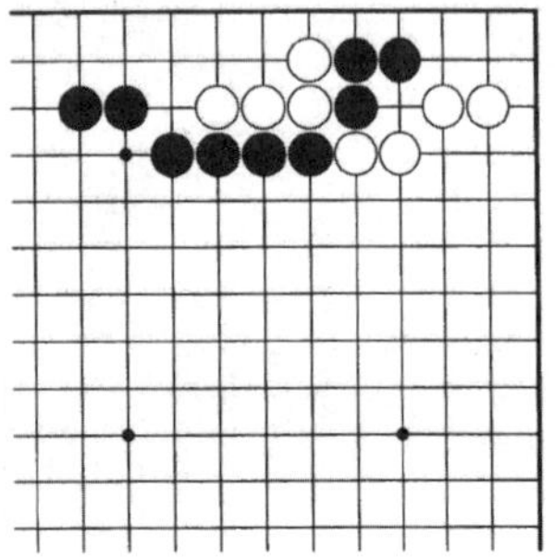

解

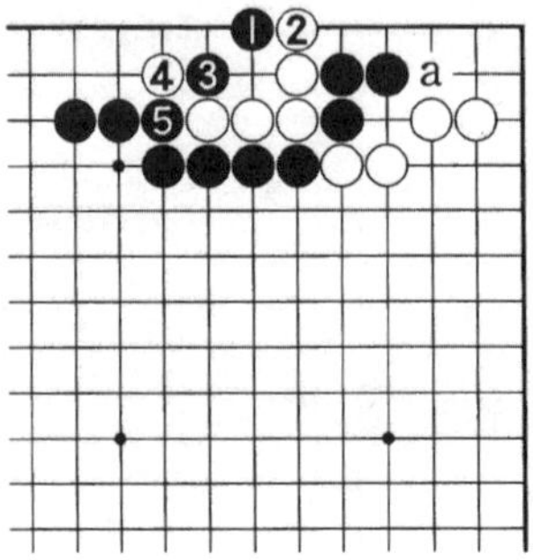

变

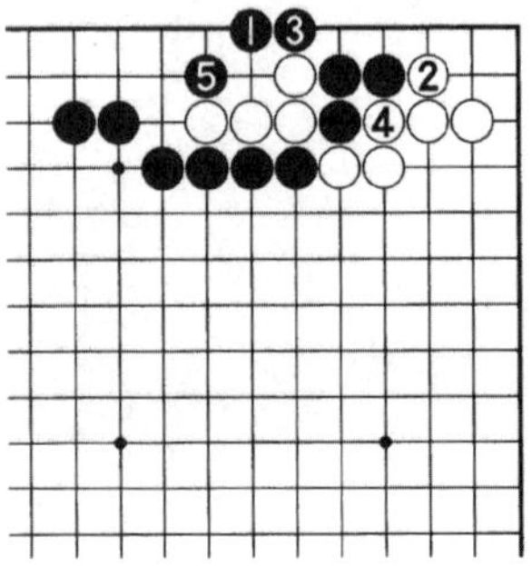

**제 14형 흑번**

## 수순

상변의 수상전 문제.
백이 눈을 만들기 쉬운 모양으로 눈을 빼앗아 가면서 수를 메워나가야 한다.

## 양자충

흑1의 치중은 백의 눈을 빼앗는 맥이다. 백2로 막으면 흑3으로 입구자 붙인 뒤 5로 끊어 백의 대응수가 없다. 백2로 3은 흑2, 백a, 흑4.

## 흑 승

백2로 막으면 흑3으로 건너서 좋다. 백4, 흑5로 가운데 백 4점이 자충에 걸려 흑을 공격할 수 없게 된다.

(273)

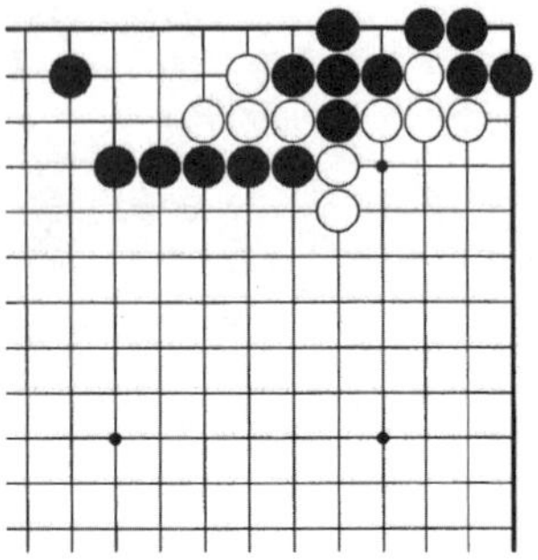

解

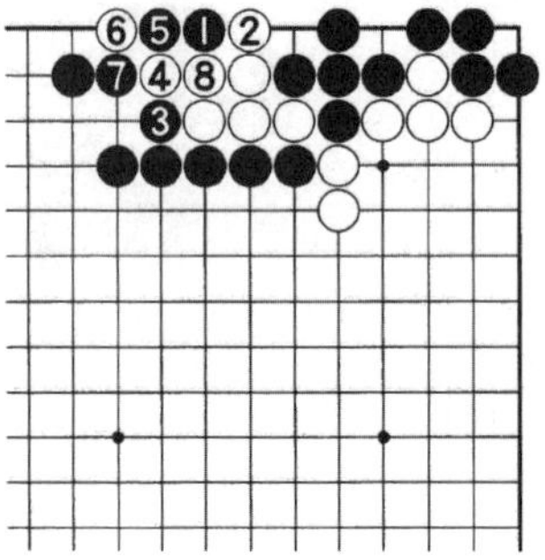

变

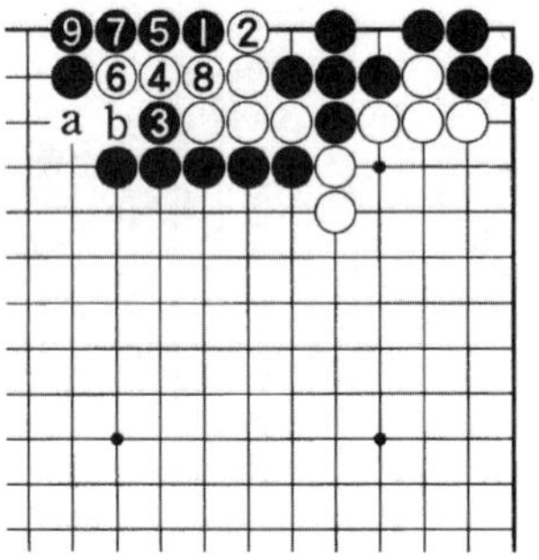

**제 15형 흑번**

## 무조건

상변의 수상전 문제.
백 4점을 무조건 잡기 위하여 급소를 차지해야만 한다.

## 유가무가

흑1의 치중이 백의 탄력을 없애는 맥이다. 백2로 막으면 5로 먹여쳐서 옥집을 만들어 공격한다. 9까지 유가무가가 된다.
※❾→❺

## 흑 승

백6으로 나가면 흑7로 건넌다. 백8로 a는 흑b로 백 2점이 촉촉수에 걸린다. 백8은 흑9로 흑의 승리가 된다. 흑1로 3은 백1로 패가 난다.

(274)

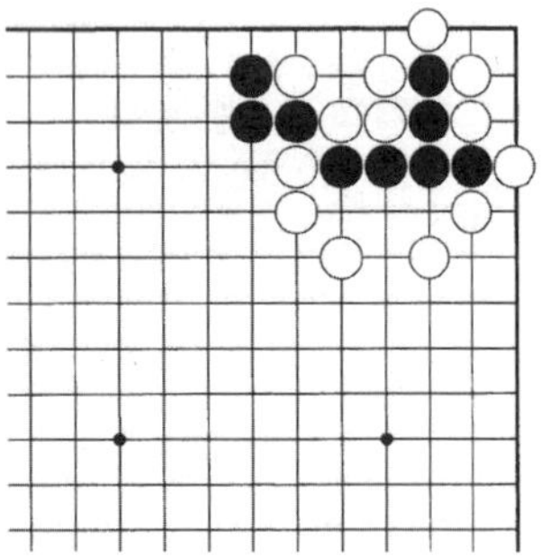

解

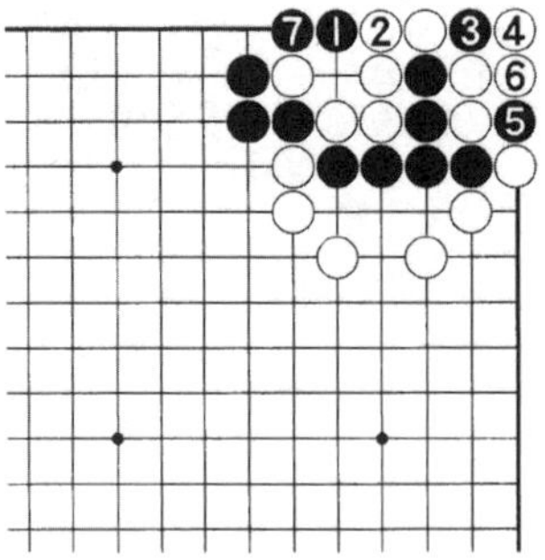

失

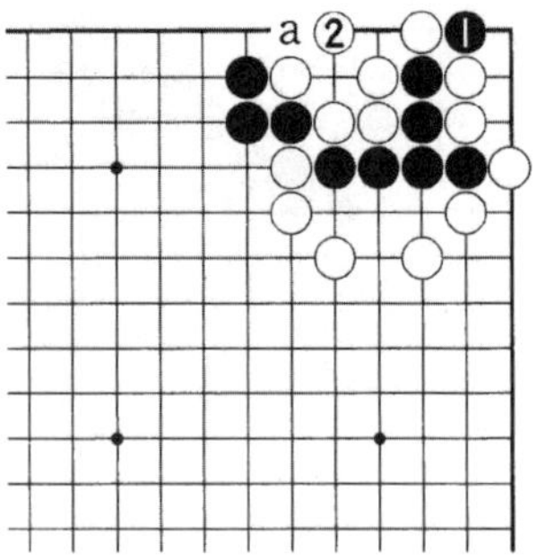

**제 16형 흑번**

## 공격하여 잡다

우상의 전투.
흑 6점을 살려 나가기 위해 상변의 백을 공격해서 잡아야 한다. 패가 나면 실패한다.

## 촉촉수

흑1의 치중이 백의 탄력을 없애는 맥이다. 백2로 이으면 흑3과 5의 먹여치기로 촉촉수의 모양이다. 흑7로 단수치면 상변의 백은 살릴 수 없다.

## 흑 실패

흑1로 먹여치기를 하는 것은 백2로 받아 패가 되어 실패한다. 흑1로 a에 단수치는 것은 백이 1자리에 두면 흑은 패도 못 만들고 그냥 죽는다.

제17형 흑번

(275)

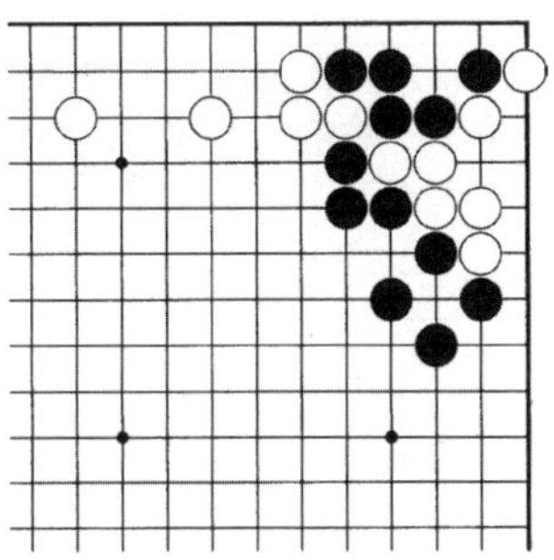

## 탄력

우상의 전투.
흑과 백은 같은 모양이다. 흑은 선수로 백의 탄력을 없애야 유리해하게 만들 수 있다.

解

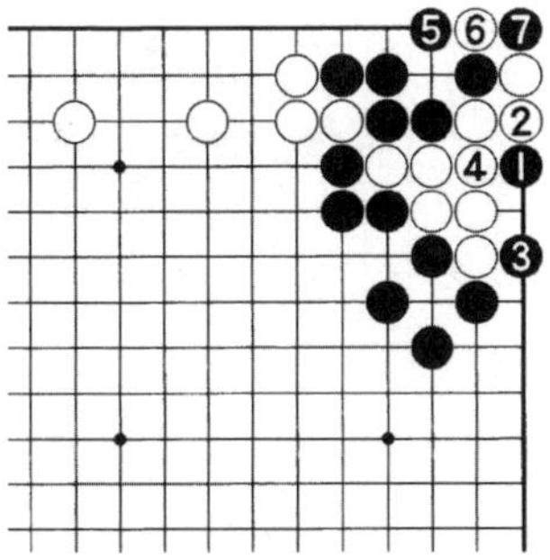

## 흑 유리

흑1의 치중은 백이 자충에 걸리게 하는 맥이다. 백2와 4로 받게 하여 흑5가 탄력이 있는 모양으로 흑7까지 유리한 패가 난다. 백2로 6은 흑4.

失

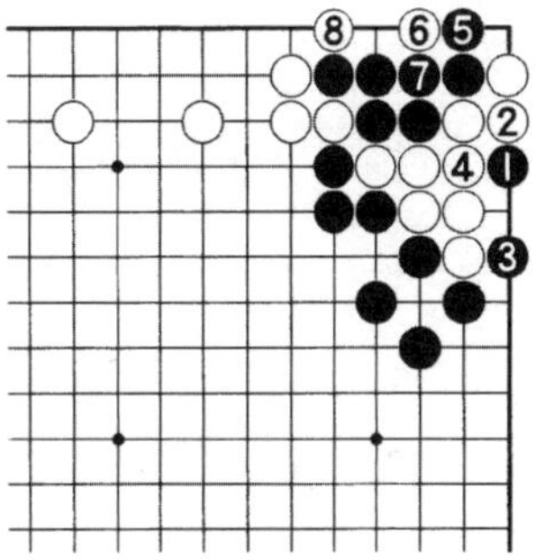

## 흑 실패

흑5로 뻗는 것은 패를 막을 수 있으나 백6과 8로 공격하여 우상은 빅이 된다. 흑은 빅보다도 패가 유리한 정해도가 좋다.

제18형 흑번

(276)

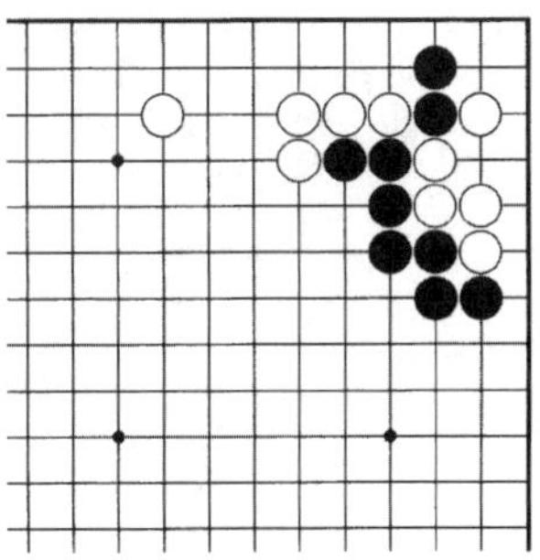

## 호각이상

우상의 수상전 문제.
흑 2점은 눈이 없는 모양이지만 귀의 특성을 살려서 우변의 백과 호각 이상으로 싸울 수 있다.

解

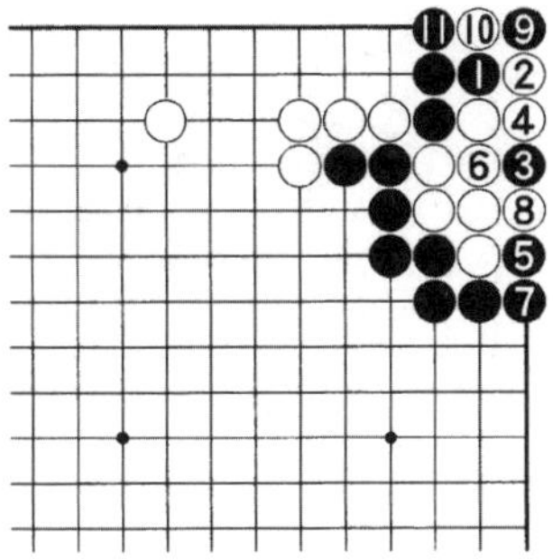

## 패

흑1로 꼬부리고 백2로 젖히면 흑3의 치중이 급소이다. 백4, 6으로 한 눈을 내더라도 흑9로 먹여치면 유리한 패가 된다.

変

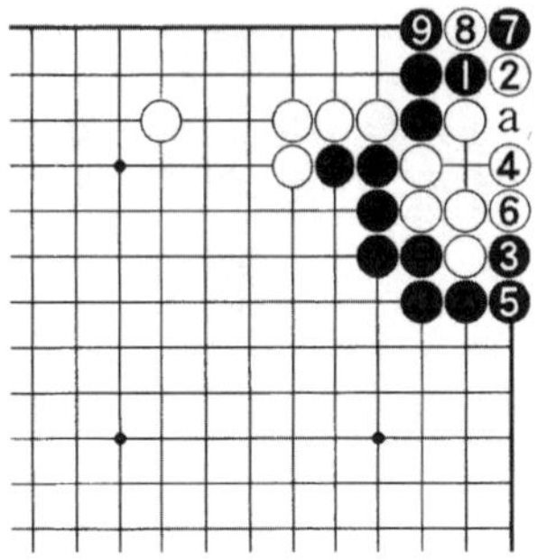

## 2단 패

흑3의 젖힘은 백4로 받아서 모양에 탄력이 생긴다. 흑7, 9로 패가 나지만 흑이 이기기 위해서는 7과 a의 이단패가 있어야 한다. 정해도보다 조금 불리하다.

제19형 흑번

(277)

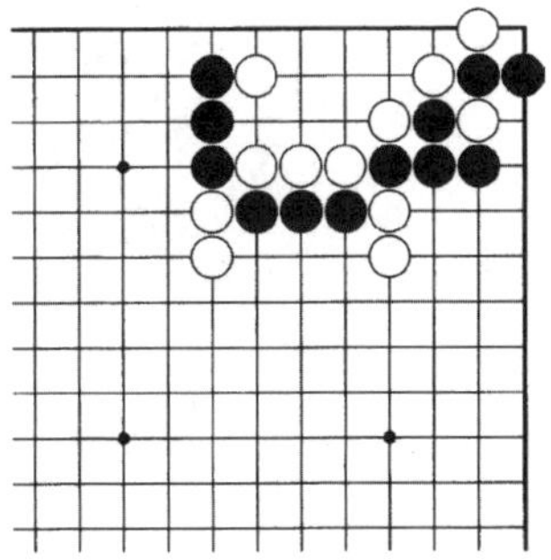

## 직접

수상전의 문제.
중앙의 흑 3점을 끊고 있는 백 3점의 공배를 직접 공격하지 않으면 안된다.

解

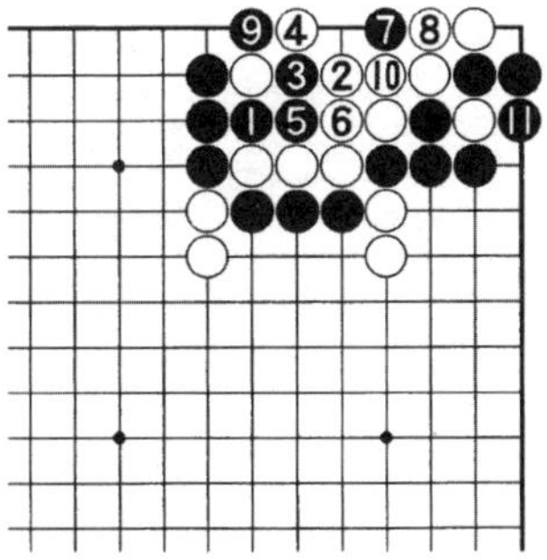

## 흑 승

흑1로 나가 백의 공배를 메운다. 백2의 호구부터 6으로 저항하면 흑7의 치중이 맥이다. 흑9 이후 11로 흑이 승리한다.

変

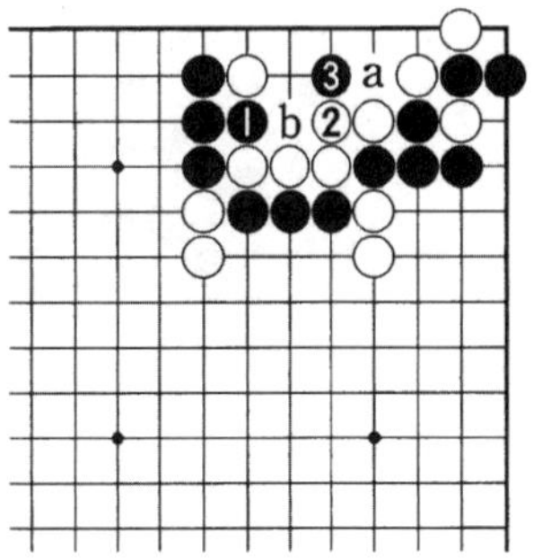

## 그만

백2로 이으면 흑3으로 붙이면 된다. 백a에 이으면 흑b로 공배를 메워 끝이 난다. 흑1로 2는 백b. 또 흑1로 b는 백2로 실패한다.

(278)

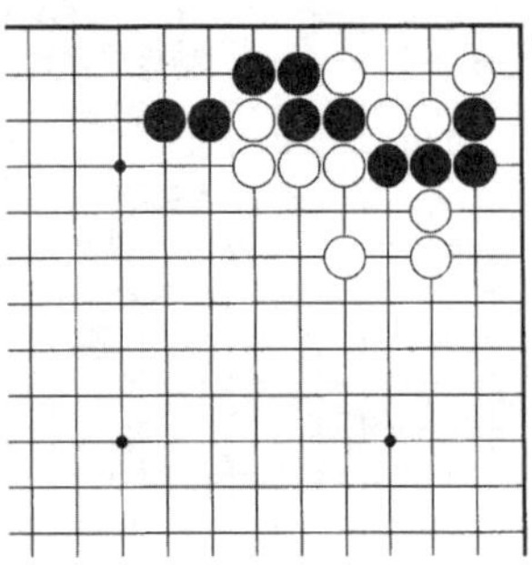

解

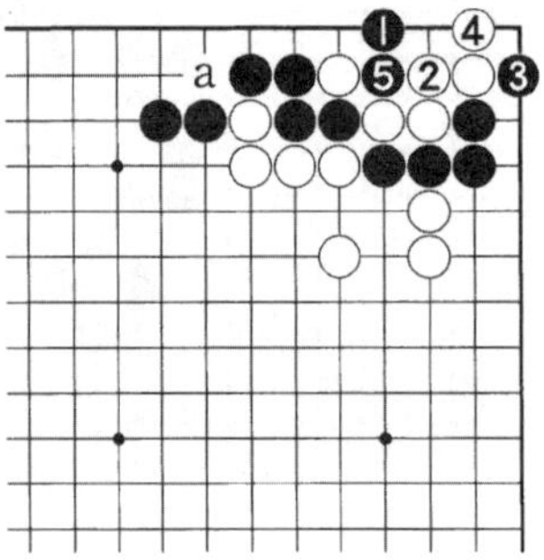

失

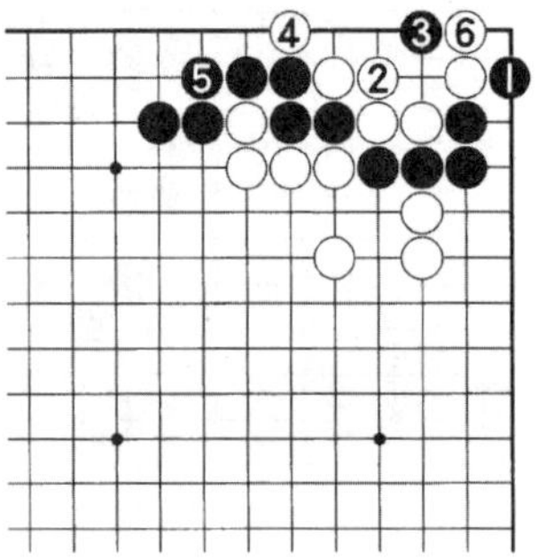

제20형 흑번

## 탄력

우상의 수상전.
귀의 백은 눈이 생기기 쉬운 모양이다. 흑은 백의 탄력을 없애면서 공격하여야 한다.

## 흑 승

흑1의 치중이 최선의 공격이다. 백2로 이으면 흑3으로 젖히고 백4, 흑5로 수상전은 흑이 승리한다. 백4로 a는 흑5.

## 백 승

흑1의 젖힘을 먼저 하면 백2로 이어 백의 모양에 탄력이 생긴다. 흑3이라면 백4와 6으로 수상전은 백이 승리한다. 흑3으로 6은 백3으로 패가 난다.

(279)

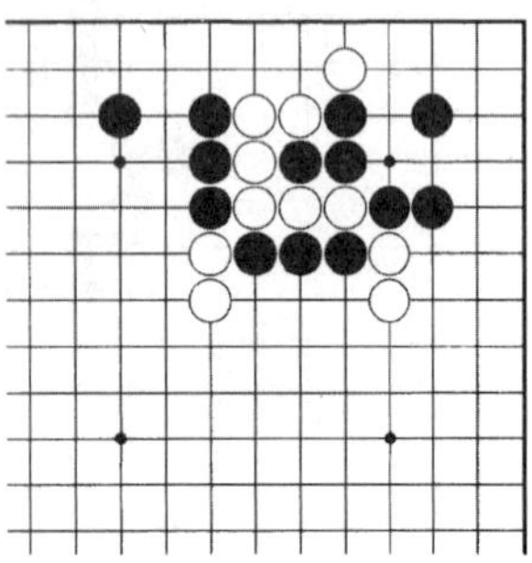

解

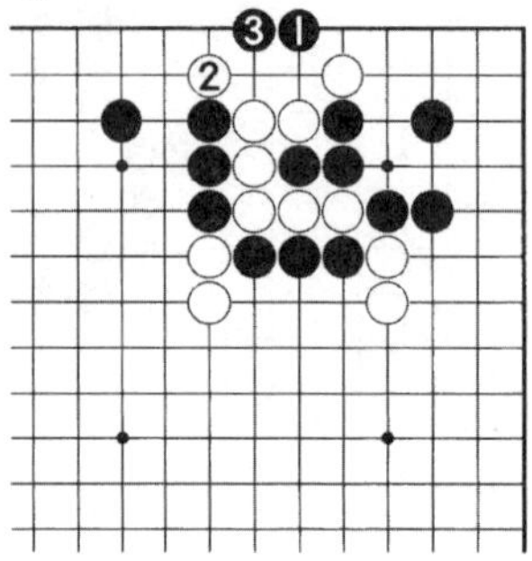

失

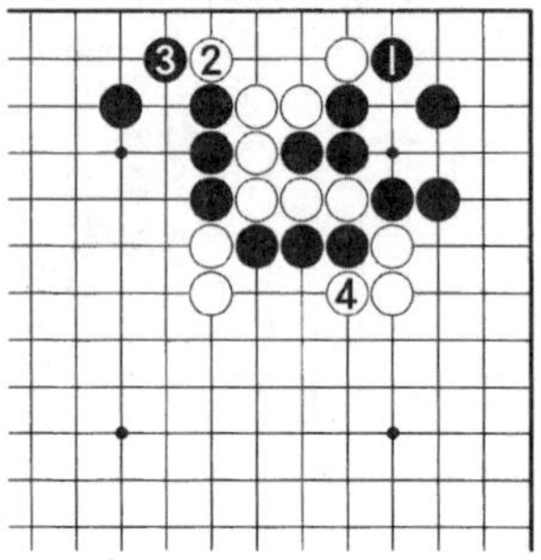

제21형 흑번

## 2수

상변의 수상전이 문제.
중앙의 흑은 호리병 모양으로 3수이다. 상변의 백을 2수로 만드는 묘수는 묘수가 있다.

## 매력

흑1의 치중은 상용의 맥이다. 백2로 젖히면 흑3으로 늘어 백의 수는 2수가 된다. "너구리의 배두두리기" 라고 말해지는 모양이다.

## 역전패

흑1로 젖히는 수는 백도 2로 젖힘을 당해 실패한다. 상변이 3수로 늘어 백4로 공격하면 흑의 역전패가 된다.

(280)

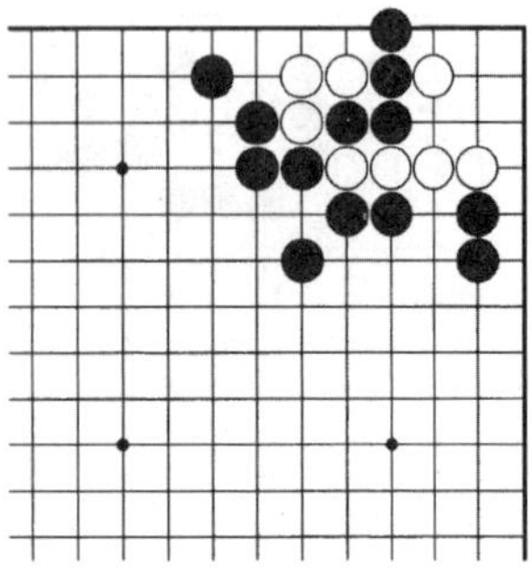

解

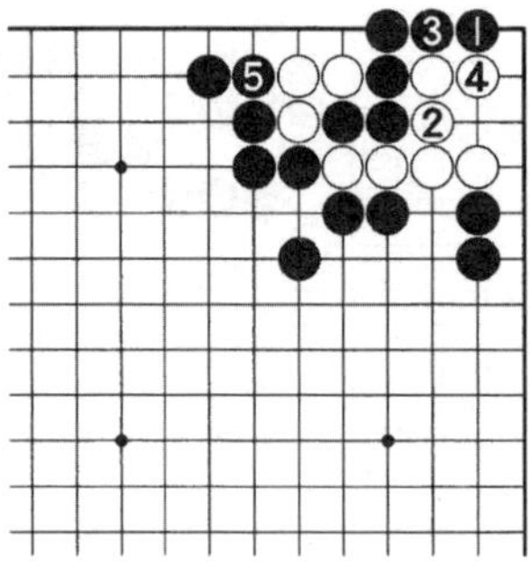

失

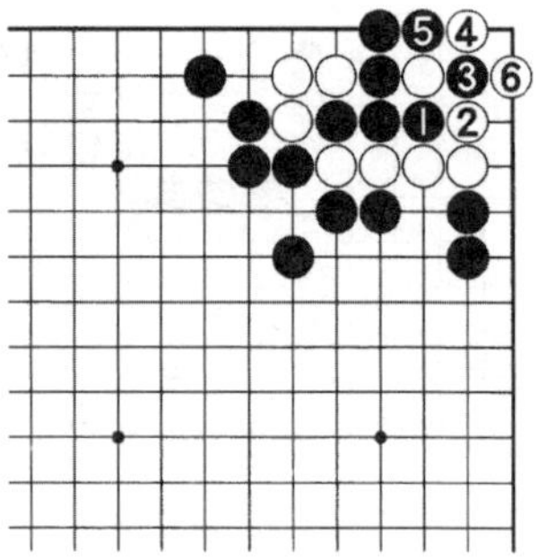

제22형 흑번

## 동행

상변의 백 3점과 흑 4점의 수상전은 흑의 승리이다. 이어서 귀의 백을 잡아 버리려고 한다.

## 백 전멸

흑1의 치중은 묘수다. 백2, 4의 공격에 흑5로 백 3점을 잡는다. 귀에 집이 없어지는 것은 물론 백이 전멸한다.

## 백의 반격

흑1, 3으로 백 1점을 잡는 것은 백4의 반격이 있어 실패한다. 백6이후 패를 지게 되면 귀는 전부 백집이 된다.

(281)

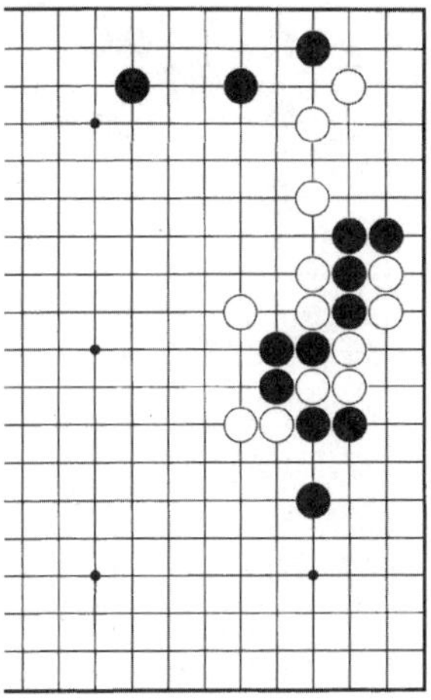

제23형 흑번

## 공격하여 이긴다.

우변 수상전의 문제이다.
중앙의 흑 3점은 3수밖에 없다. 우변의 백을 2수로 만들지 못하면 패배한다. 무조건 공격하여 승리하려면?

解

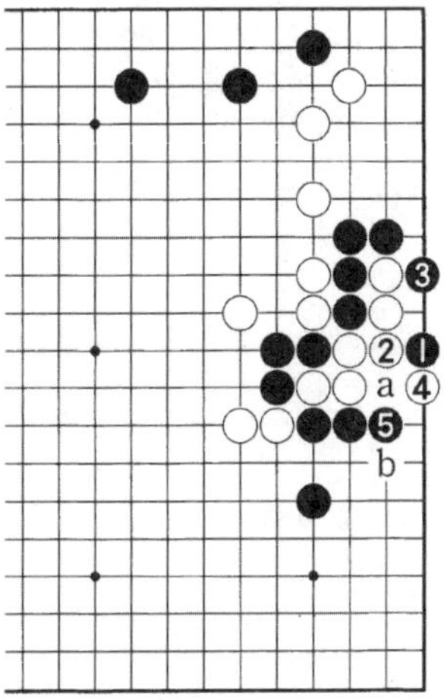

## 수순은 2수

흑1의 치중이 맥이다. 백2로 이으면 흑3으로 젖혀 백의 수가 2수로 줄어든다. 백4는 흑5. 백2를 5로 젖히면 흑2, 백a, 흑b로 백은 둘 수 있는 수가 없다.

变

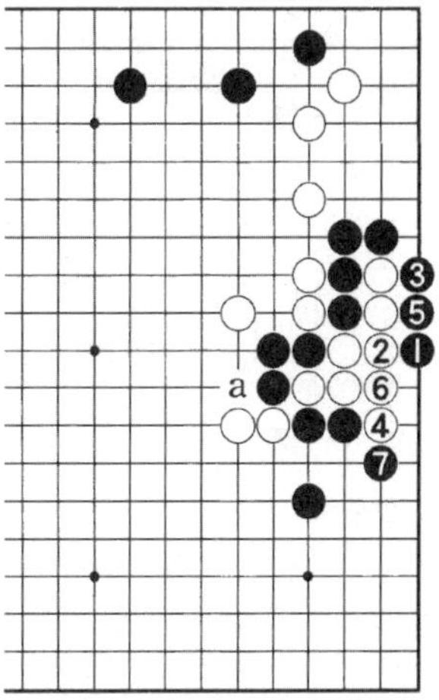

## 흑 승

백4로 젖히면 흑5로 단수를 활용하여 7로 막아 흑이 이긴다. 흑1로 3에 젖히면 백4로 젖혀 흑7, 백a로 흑이 진다.
또 흑1로 6은 백2, 흑1, 백4로 패가 난다.

치중
끊음

(282)

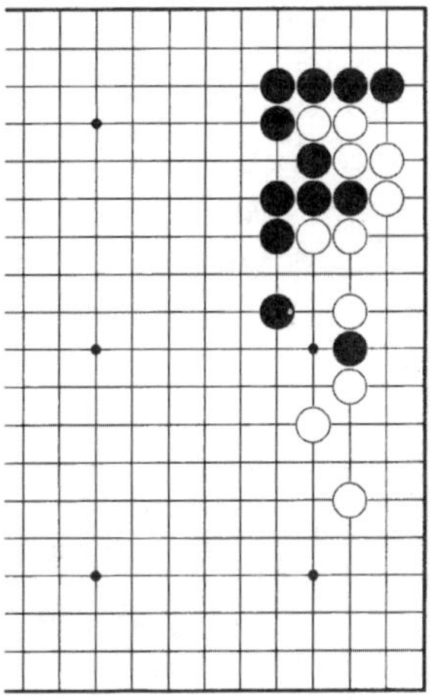

제1형 흑번

## 깨다

우상부터 우하로 연결되어 있는 백의 모양은 굉장히 맛이 나쁘다. 흑은 우변의 백집을 부술 수 있다.

解

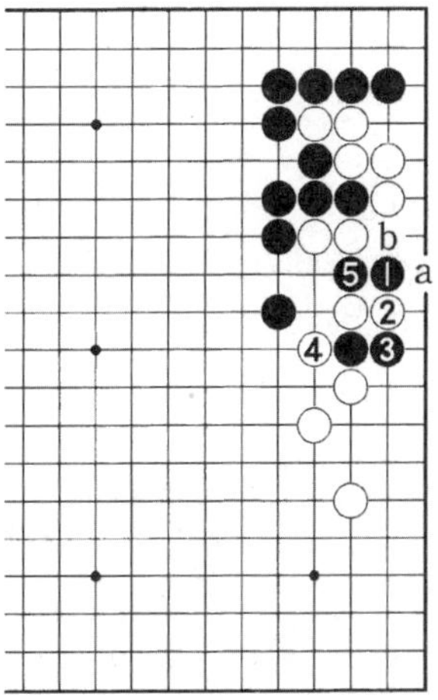

## 분단

흑1의 치중하는 수가 냉엄하다. 백2로 나와 우상을 지키면 흑도 3으로 나가 백을 분단한다. 백4라면 흑5. 흑 2점을 사석으로 활용한다. 백4는 a, 흑4, 백b로 살 수밖에 없다.

变

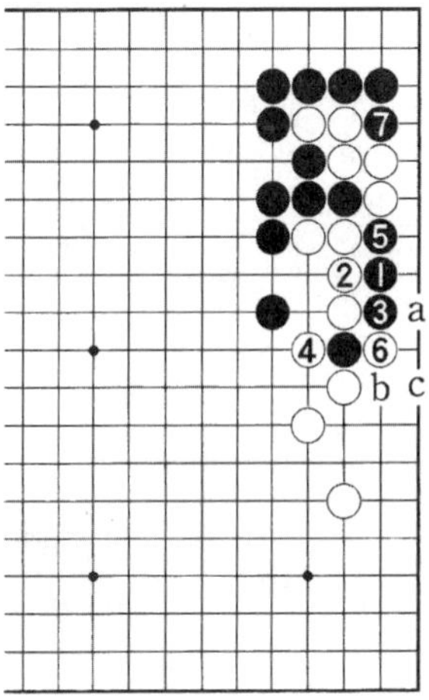

## 망하는 모양

백2로 이으면 흑3으로 건너 백이 망하는 모양이다. 백4로 위로부터 단수는 흑5로 끊어 우상에서의 싸움은 흑이 한 수 이긴다. 백4로 6은 흑4로 늘어 백a, 흑b, 백c이지만 흑이 편한 꽃놀이패다.

치중 공격

(283)

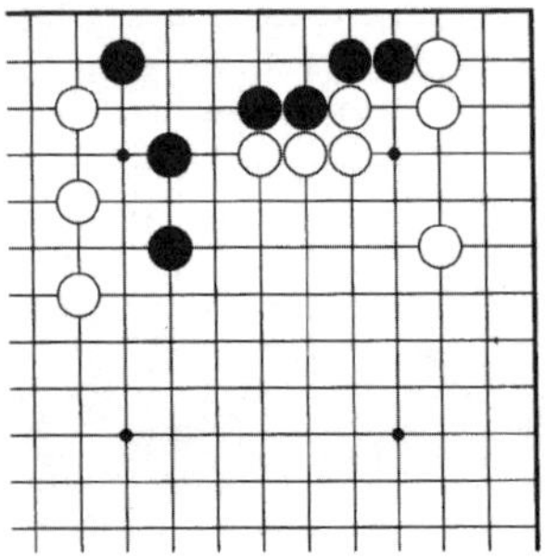

解

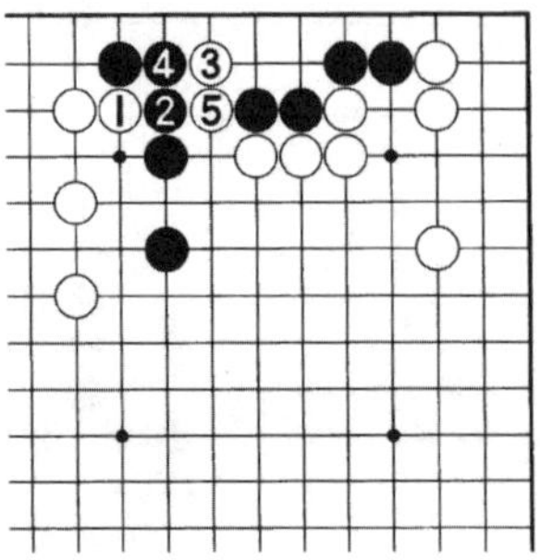

变

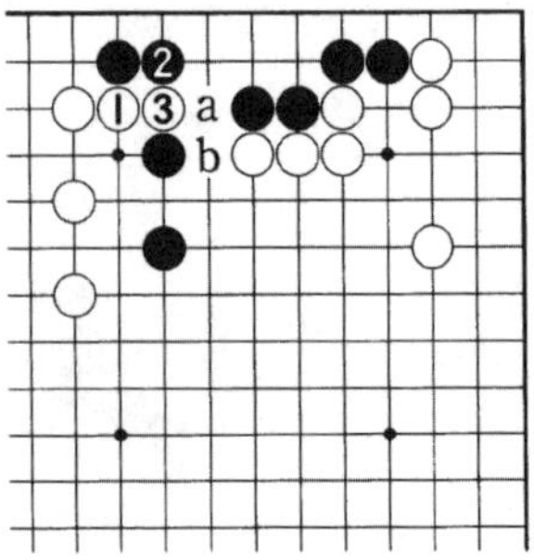

제2형 백번

### 분단

상변의 흑을 공격하는 문제.
중앙으로 진출한 모양이 엷어 좌우로 분단시키는 것이 백의 노림수이다.

### 근거 없음

백1로 나가는 것이 냉엄한 노림. 흑2로 이으면 백3으로 치중하여 흑은 한번에 근거가 없어지게 된다. 흑4는 백5. 흑4로 5는 백4.

### 2점 분단

흑2로 당기면 평온하지만 백3으로 나가 중앙의 흑 2점을 끊는다. 흑2로 a에 두어도 백3. b와 2가 양노림하는 모양이다.

(284)

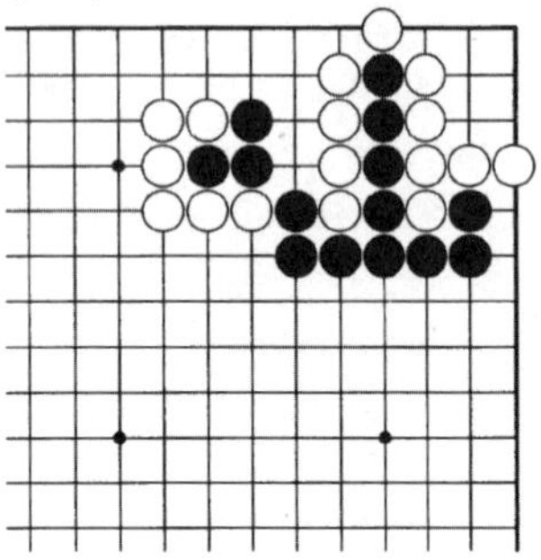

解

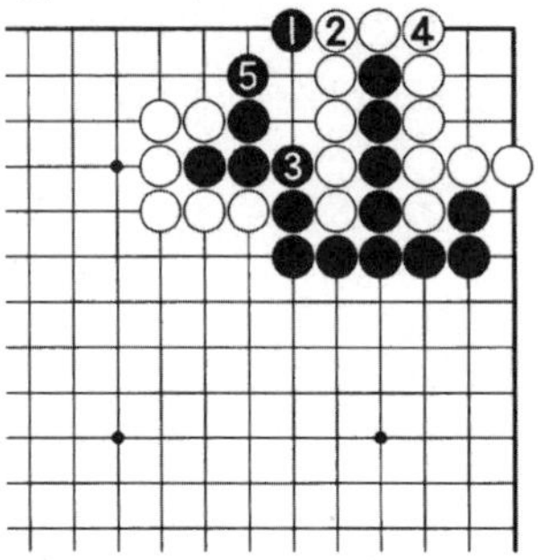

变

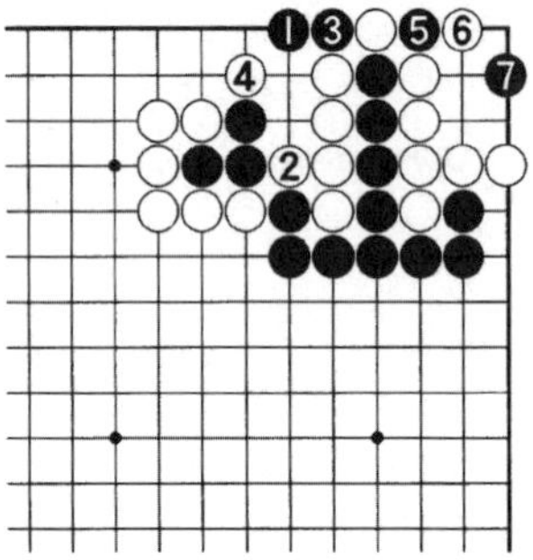

제3형 흑번

### 건넘 막기

상변 백이 건너가는 것을 막을 수 있다. 흑은 3점이 끊기는 것을 막으면서 백을 공격해야 한다.

### 성공

흑1의 치중이 좋은 수로 맥이 된다. 백2로 이으면 흑3으로 돌아와 흑이 성공한다. 백4로 귀를 살리면 흑5로 뻗는다.

### 패

백2로 끊으면 흑도 3으로 끊어 귀의 백이 위험하다. 백6이후 흑7로 치중하면 패가 난다.

(285)

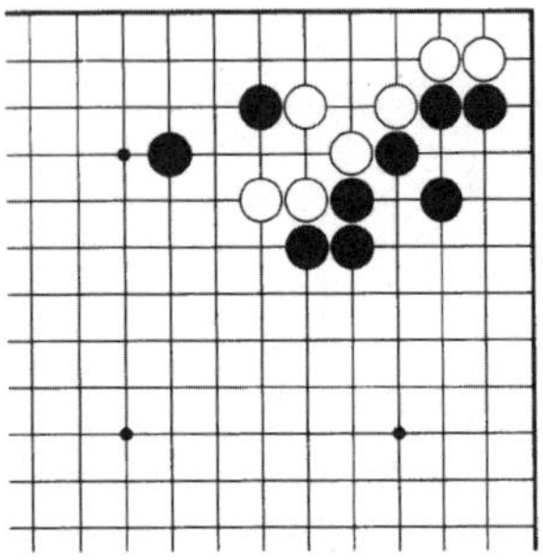

解

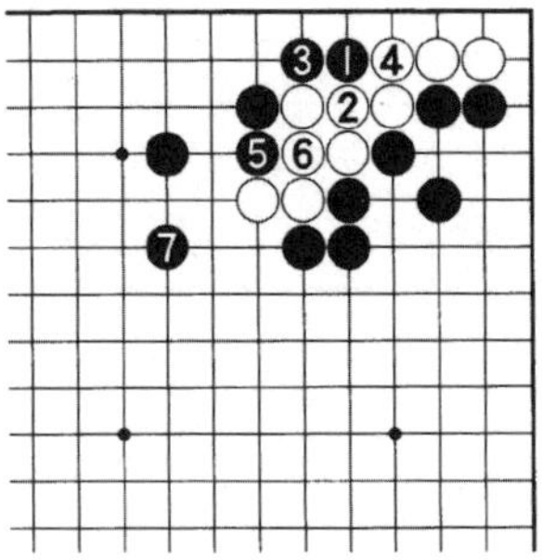

变

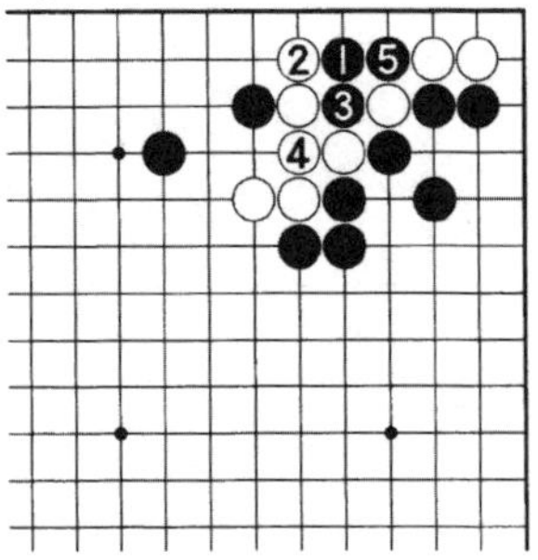

제1형 흑번

### 일격

우상의 백을 공격하는 문제.
급소 한 방으로 백은 근거를 잃고 전멸의 위기에 빠진다.

### 백 고전

흑1의 치중이 백의 눈을 빼앗는 급소이다. 백2로 이으면 흑3으로 건너 백집을 없앤다. 흑5, 7로 공격하면 백이 괴로운 전투가 된다.

### 백 눈 없음

백2로 막는 변화이다. 흑3으로 끊으면 양단수가 된다. 백4, 흑5로 귀의 백을 잡고 눈이 없는 백 6점에 공격을 계속한다.

(286)

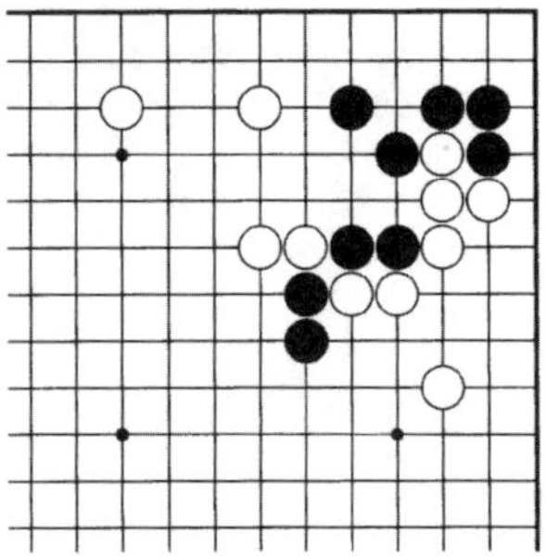

解

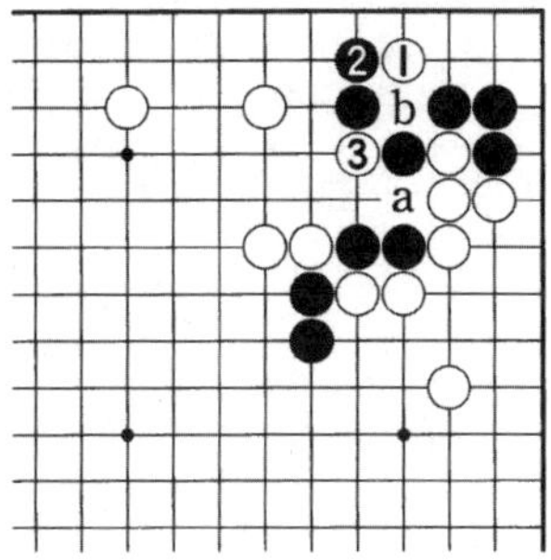

变

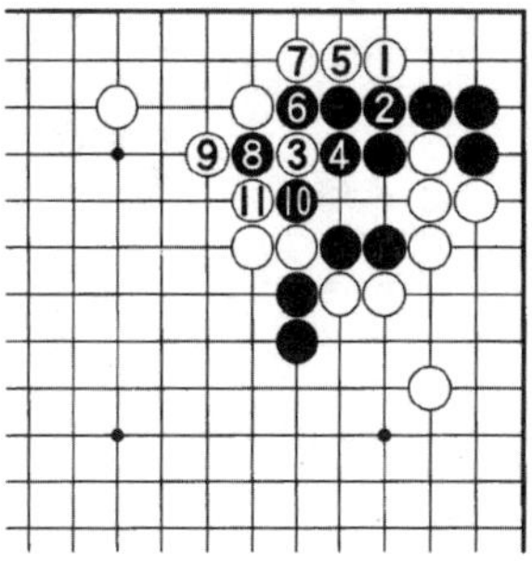

**제2형 백번**

## 부담

흑은 중앙을 절단하고 있지만 귀의 부담이 걸려있는 모양이다. 흑의 모양을 추궁하는 것은 어디서부터 돌을 가지고 가야 하는가?

## 2점 잡기

백1의 치중이 좋은 수이다. 흑2로 가로막으면 백3으로 찝는다. 이후 a와 b를 맞보기가 되어 중앙의 흑 2점은 살릴 수 없다.

## 큰 패

흑2로 이으면 백3을 활용하고 5로 밀어 근거를 빼앗는다. 백11까지 우상귀의 흑이 전멸할 수 있는 큰 패가 난다.

(287)

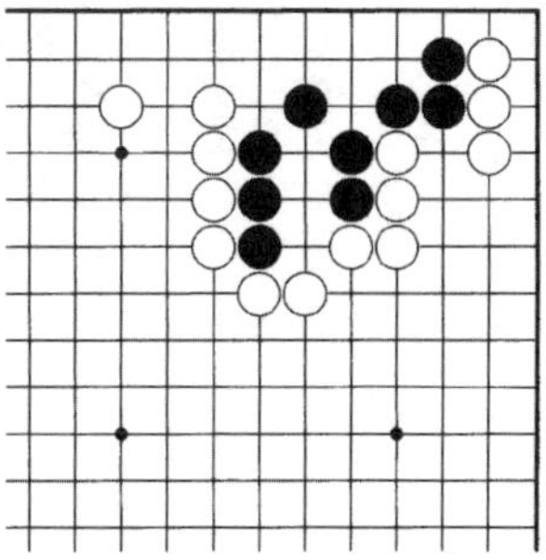

解

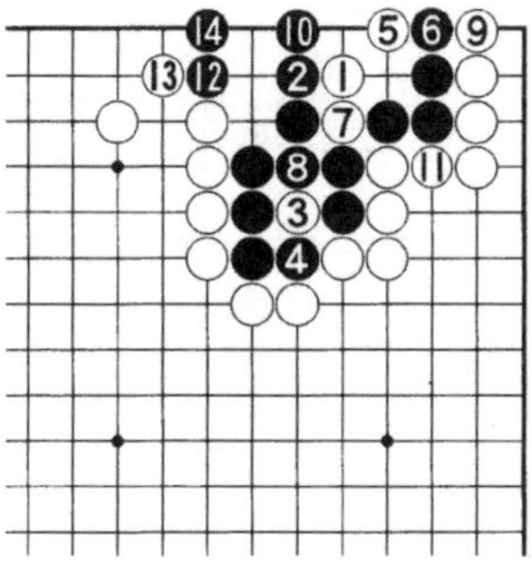

变

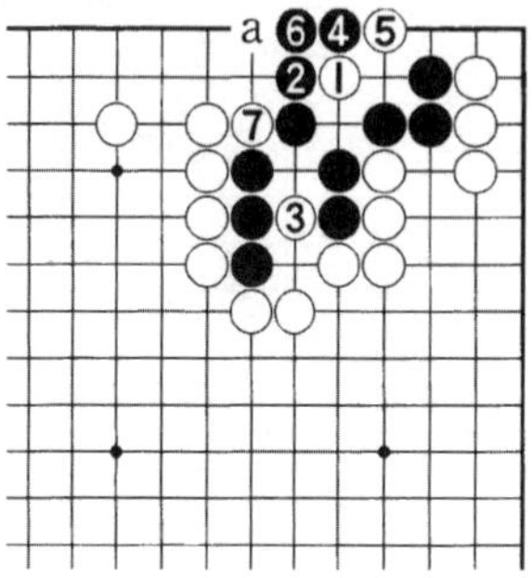

**제3형 백번**

## 괴롭힘

상변의 전투.

흑은 중앙과 상변에 1눈 씩 가지고 이지만 자충이기 때문에 백의 괴롭힘을 받는다.

## 4점 잡기

백1로 치중하여 귀 흑 3점의 절단을 노린다. 흑2로 상변을 건너지 못하게 막으면 백3으로 끼워 백11까지 우상의 흑을 선수로 잡는다.

## 백 잡힘 흑 잡힘

흑4로 젖힐 때 백5로 받으면 위험하다. 흑6이라면 백7로 흑이 전멸한다. 흑6으로 a에 받아도 패만 남는다.

(288)

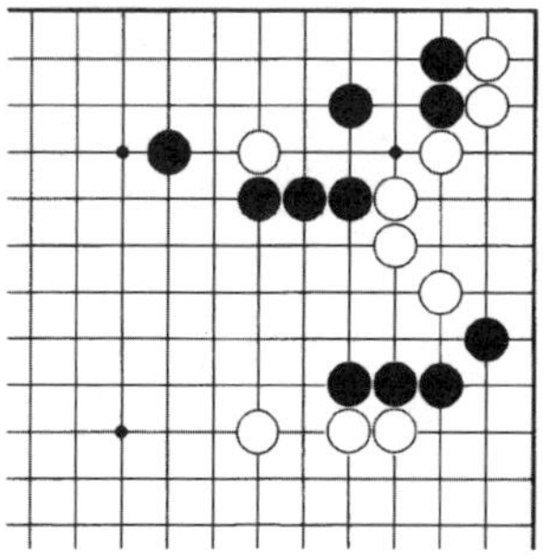

解

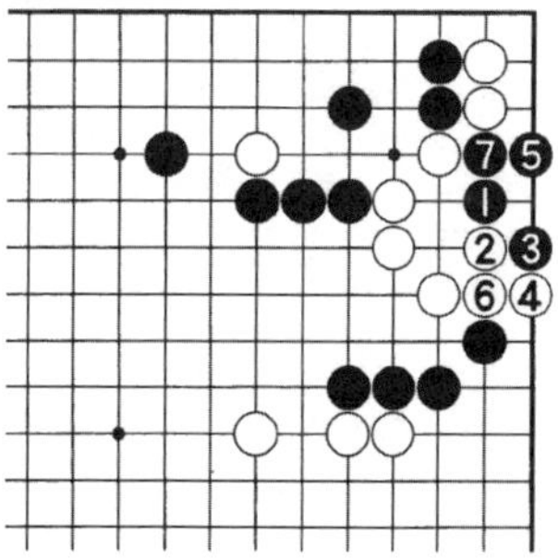

失

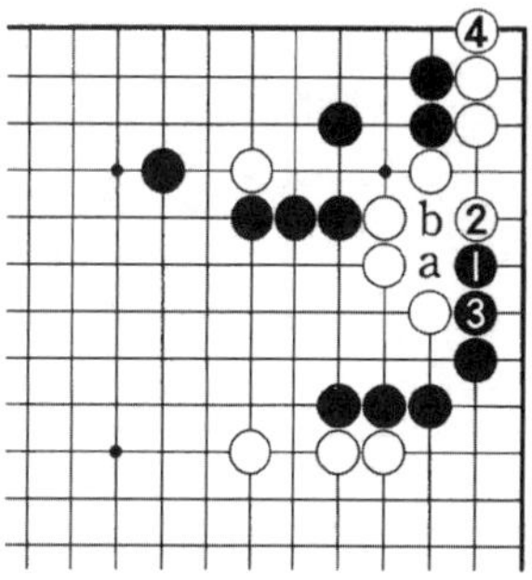

**제4형 흑번**

## 괴롭힘

백은 뒷문이 열려있어 얇은 모양을 하고 있다. 백의 근거를 압박하고 괴롭혀 안형을 조금이라도 뺏으면 성공이다.

## 패

흑1로 들여다 보는 수가 급소. 백2로 입구자 붙여 저항하면 흑3, 5의 패가 강하게 반발한다. 흑7까지 전체 백이 괴로운 모양이 된다. 백2로 7은 흑6.

## 백 삶

흑1로 뛰어드는 것은 돌파력이 부족하다. 백이 2로 받으면 흑3으로 이어 백4가 산다. 흑a에는 백b. 흑3으로 4는 백3으로 나와 살 수 있다.

치중

침범(따냄)

제5형 흑번

(289)

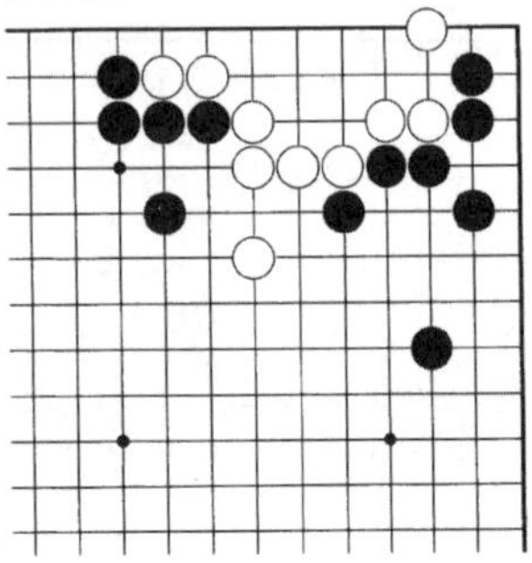

解

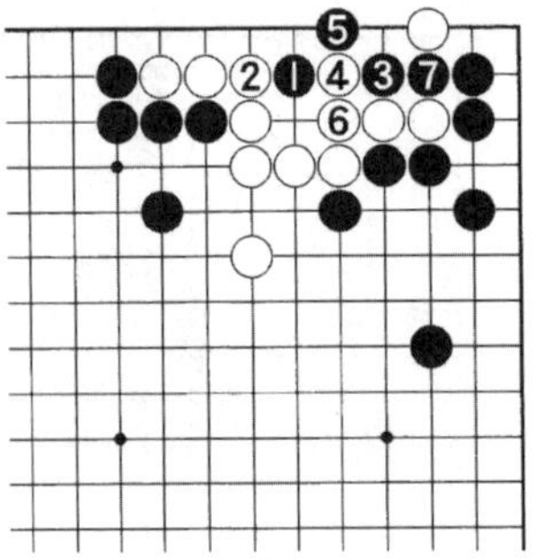

変

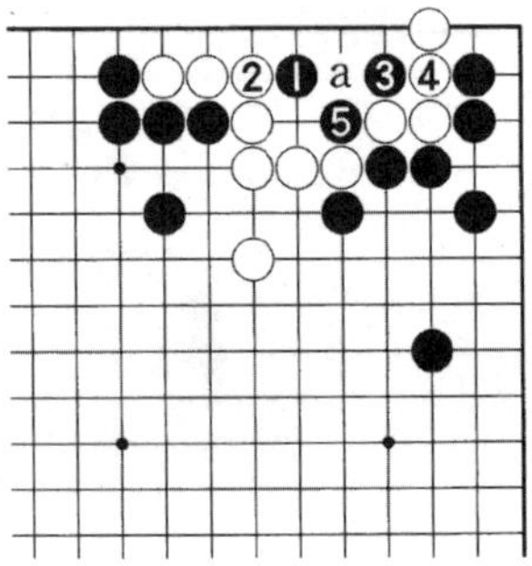

### 내부

상변의 전투.
백은 밖으로부터 공격에도 넓은 집이 있어 공격에 시달리지 않는다. 내부의 약점을 추궁할 수 없을까?

### 깨다

흑1의 치중으로 시작한다. 백2로 잇고 흑3으로 붙여 상변을 깨는 것이 가능하다. 흑7까지 백은 집이 없어지게 되었다.

### 4점 잡기

백4로 잇는 것은 무리이다. 흑5로 끊어 백 4점이 잡힌다. 흑1로 3의 붙임을 먼저 하면 백4, 흑1이후 백a로 변화된다.

제1형 흑번

(290)

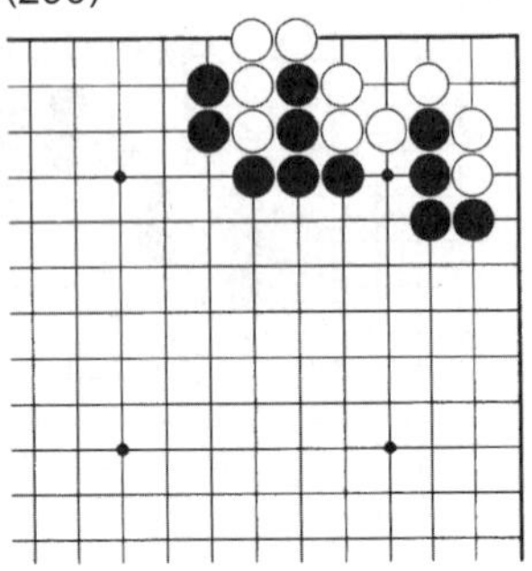

解

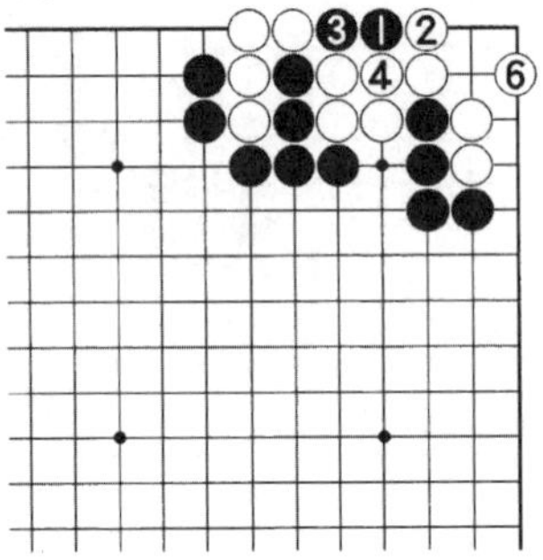

変

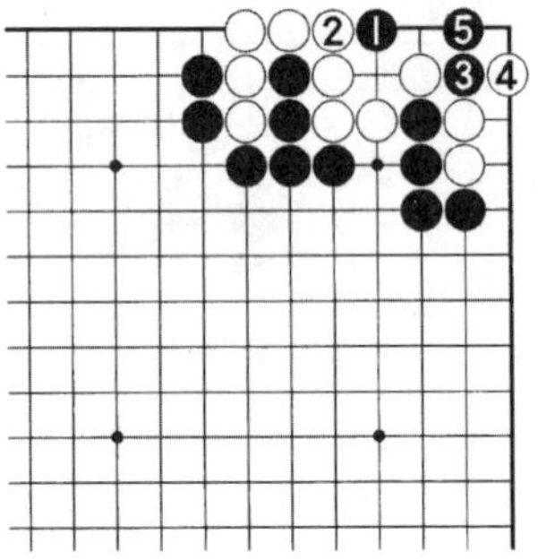

### 눈 2개

끝내기 문제.
흑의 매서운 공격을 받으면 귀의 백집은 눈 두 개가 될 정도로 괴롭힘을 당하고 상변의 백4점도 살릴 수 없다.

### 흑 성공

흑1의 치중이 급소이다. 백2로 귀를 지키면 흑3, 5로 먹여쳐 백은 눈 2개의 집이 된다. 흑은 백 4점 잡는 것을 을 남겨서 성공이다.

※❺→❸

### 백 전멸

백2로 상변에 눈을 만들면 흑3으로 끊어 귀의 백을 공격당하게 되어 큰일이다. 흑5로 백은 양자충이 되어 전멸한다.

제2형 흑번

(291)

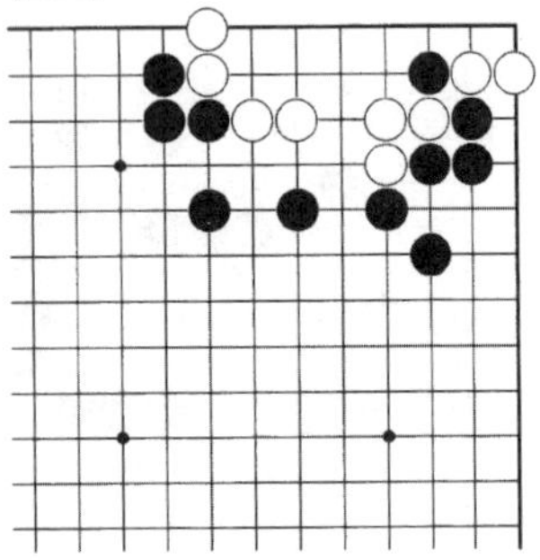

解

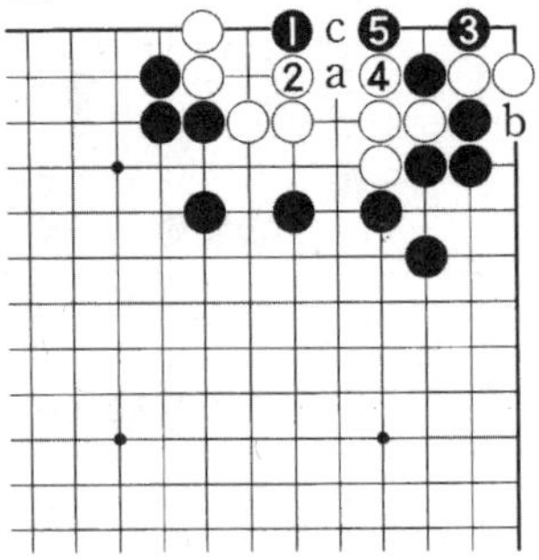

変

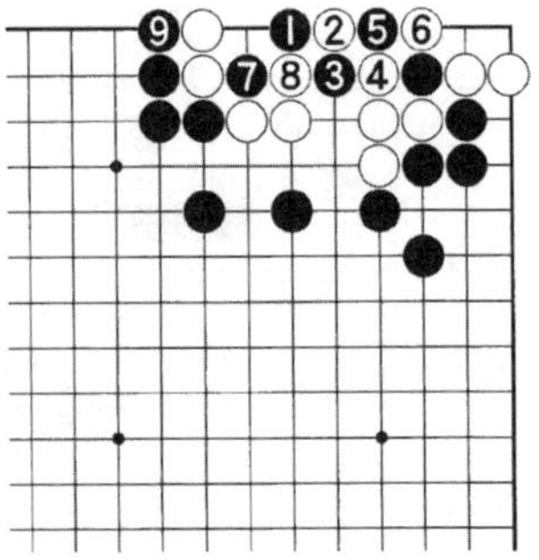

### 연관

끝내기 문제.
상변의 옆음과 귀의 흑 1점을 연관시켜 백집 안에서 수를 낸다. 패가 나면 성공이다.

### 패

흑1은 상변의 백 2점을 공격하는 맥이다. 백2로 2점을 살리면 흑3, 5로 탄력이 생겨 귀에 패가 난다. 백a, 흑b, 백c의 삶은 괴롭다.

### 흑 유리

백2로 붙이면 흑3과 5로 백 1점을 따내어 패가 난다. 흑7로 끊으면 상변의 백 2점을 선수로 잡기 때문에 정해도보다 더 유리하다.

제3형 흑번

(292)

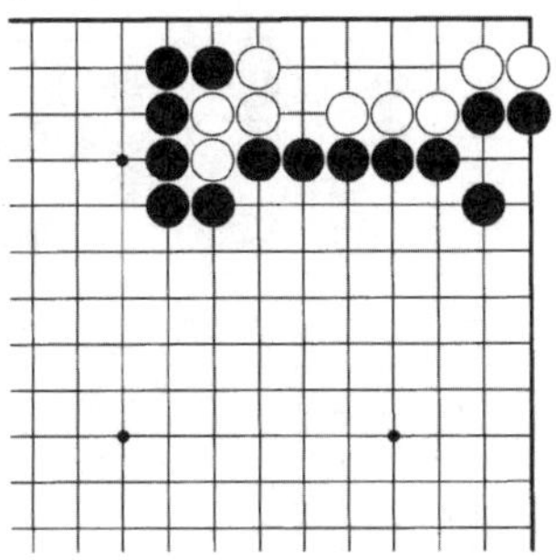

## 플러스

끝내기 문제.
밖에서부터 공격하면 6집의 백집이지만 자충을 추궁하면 흑은 일부를 잡아 꽤 플러스가 된다.

解

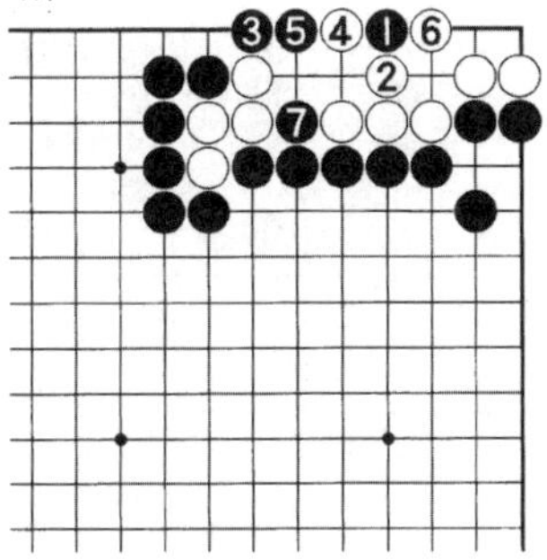

## 4점을 잡다

흑1이 예리한 맥이다. 백2로 호구 이어도 흑3으로 젖히면 상변의 눈을 빼앗을 수 있다. 백은 4와 6으로 흑 1점을 잡고 살며 흑7로 백 4점을 잡을 수 있다.

变

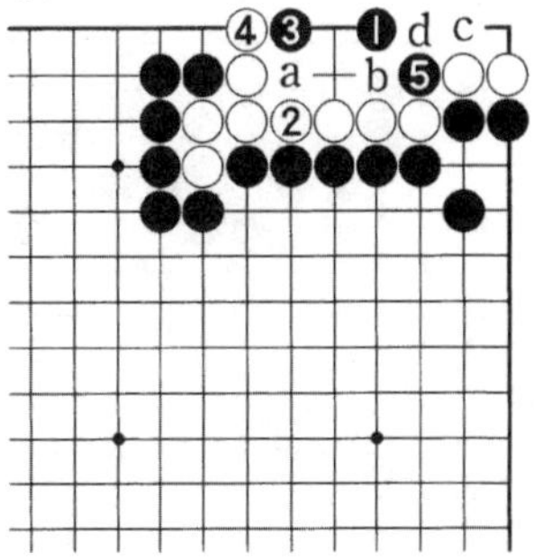

## 절단

백2로 잇더라도 흑3, 5로 끊으면 전멸한다. 백2로 a는 흑5, 백b, 흑c로 패가 난다. 백2로 d는 흑2로 나가 왼쪽의 백 4점이 잡는다.

제4형 흑번

(293)

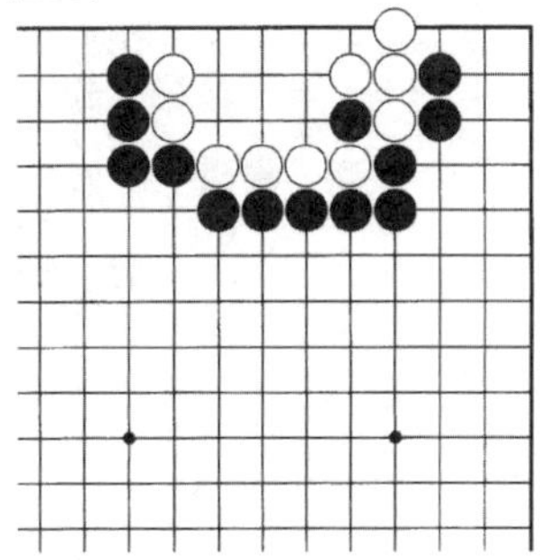

## 부수다

끝내기 문제.
상변의 백집은 흑 1점을 잡아 안형이 풍부하지만 자충의 약점이 있다. 흑은 어디로 백집에 침입하여야 할까?

解

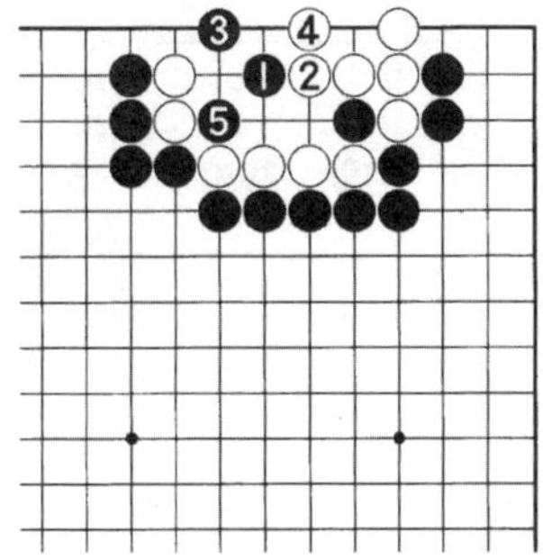

## 3점 잡기

흑1의 치중은 자충인 백 4점의 중앙이다. 백2로 흑 1점이 도망가지 못하게 막으면 흑3으로 상변을 공격한다. 백은 4로 살 수밖에 없다.

变

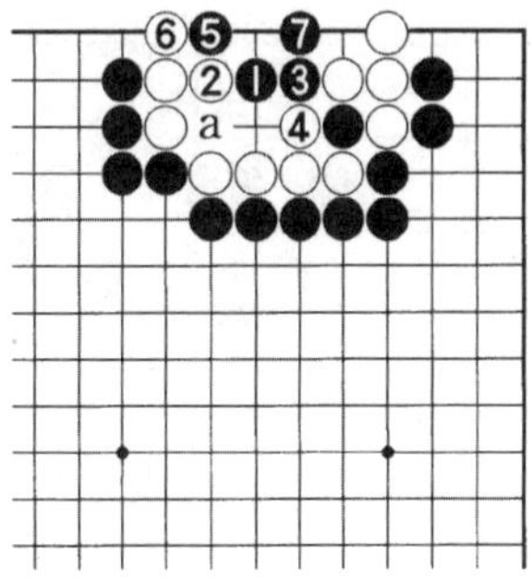

## 만년패

백2로 저항하면 흑3이 치받아 위험하다. 흑5, 7로 상변에 두어져 순순히 끝나지 않는다. 백이 a에 이으면 만년패가 된다.

제5형 흑번

(294)

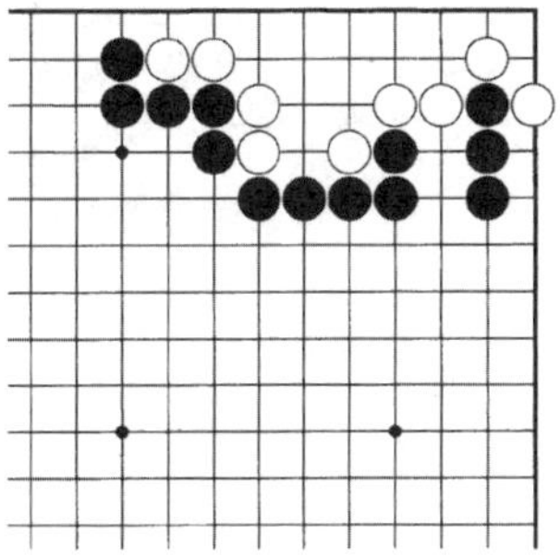

## 약점이 많다

상변의 백집을 어떻게 끝내기 할까? 백은 약점이 많아 강하게 저항하면 생사와 관련된 패가 날 수 있다.

解

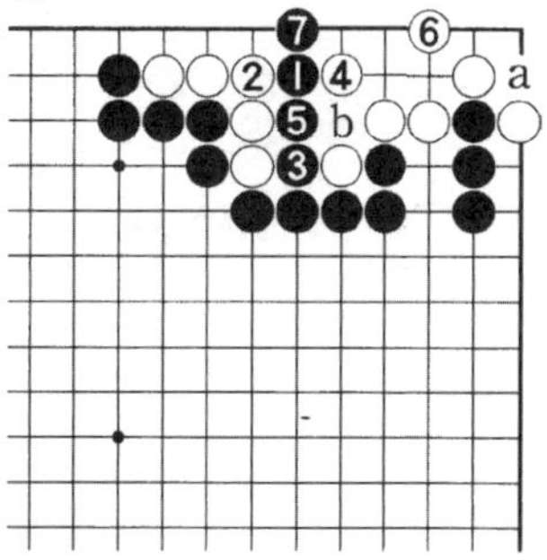

## 촉촉수

흑1의 치중이 날카로운 맥이다. 백2 이후 흑3과 5가 수순. 백6으로 살더라도 흑7이면 왼쪽의 백 5점이 잡힌다. 백6으로 7은 흑a로 죽는다. 백4로 5는 흑b.

变

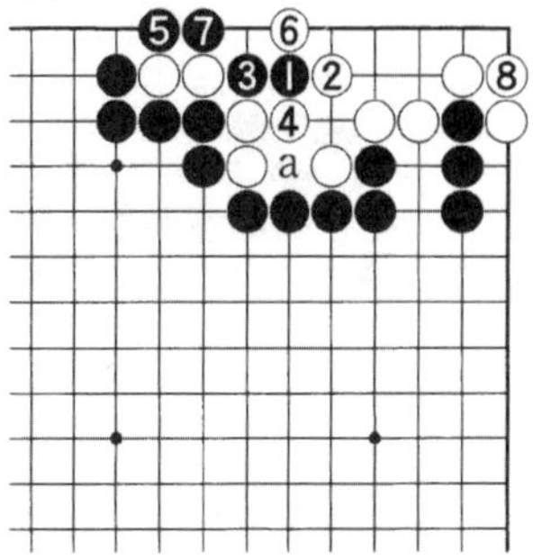

## 흑 충분

백2로 입구자 붙이는 것이 최선이다. 흑3으로 끊어 백 2점을 잡으면 충분하다. 흑1로 a에 들어가면 백1로 받아 실패한다.

(295)

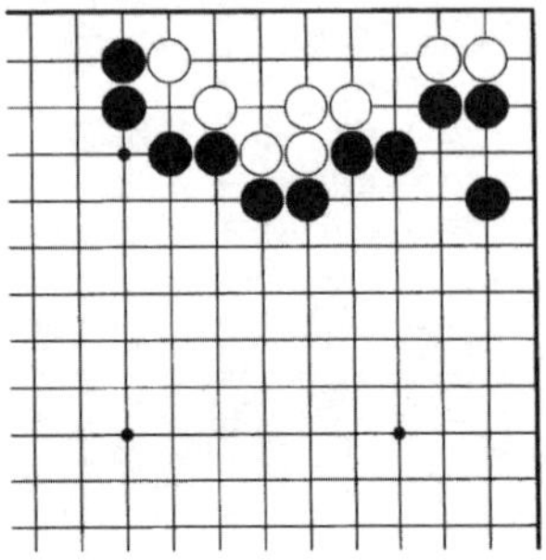

解

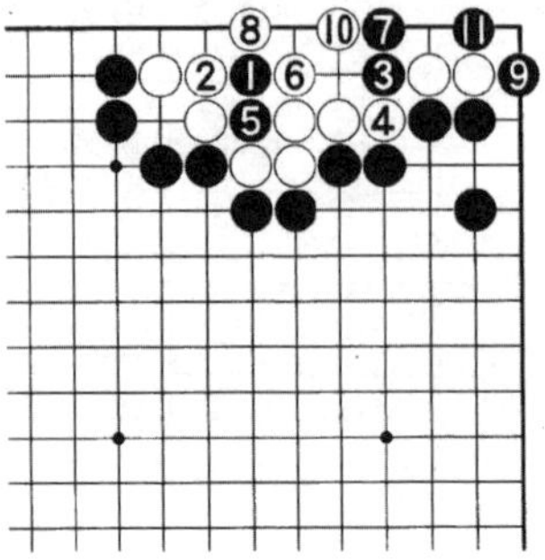

変

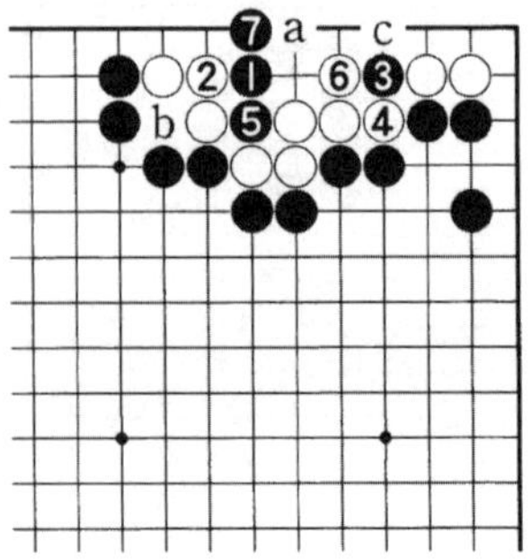

**제6형 흑번**

### 끝내기
상변의 백은 맛이 나쁜 모양으로 흑의 공격을 받으면 일부를 뺏기고 살아도 집은 최소가 된다.

### 2점 잡기
흑1은 안형의 급소이다. 백2로 이으면 우형이 된다. 흑은 3으로 젖히고 5로 끊어 백은 자충이 된다. 백6부터 흑11까지 귀는 흑집이 된다.

### 3점 잡기
백6으로 귀의 흑 1점을 단수치는 변화이다. 흑7로 뻗어 백은 받을수 있는 수가 없게 된다. 백a는 흑b. 백은 c로 따내어 귀에서 살 수밖에 없다.

(296)

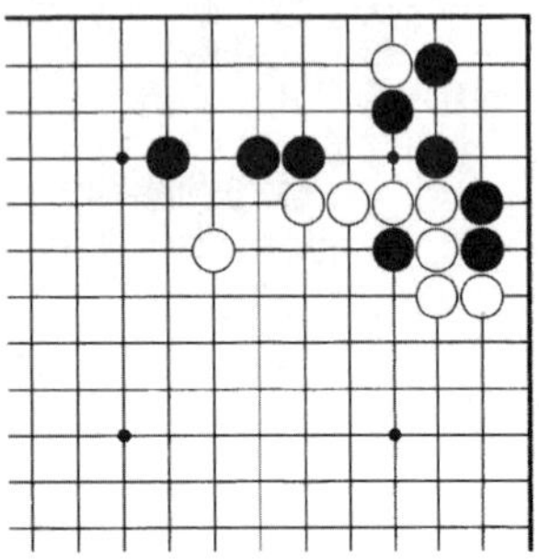

解

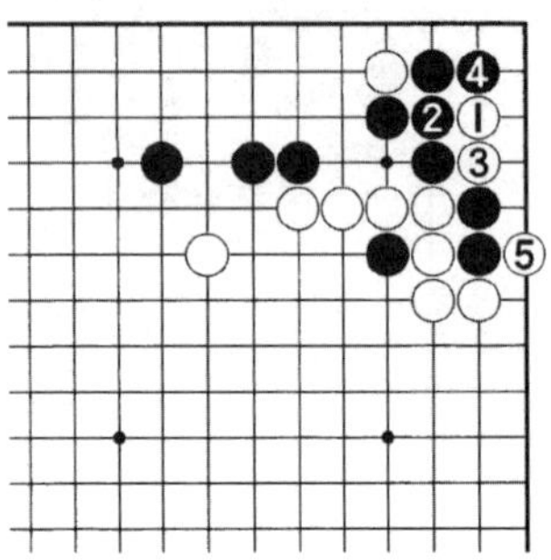

変

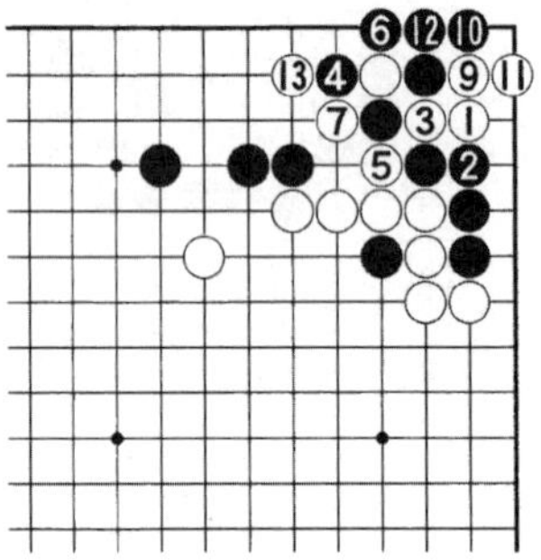

**제7형 백번**

### 부수기
우상의 문제.
귀의 흑집에 남겨진 백 1점은 지금부터 역할을 하는 대단한 돌이다. 백은 귀의 집을 어떻게 부술까?

### 2점 잡기
백1로 치중하여 들여다본다. 흑2로 위쪽을 이으면 백3으로 끊고 흑 2점을 잡아 귀의 흑집이 작아지게 된다.

### 흑 무리
흑2로 2점을 살리면 백3으로 끊는 수가 냉엄하다. 흑4, 6은 최강의 저항이지만 백13까지 수상전에서 흑이 패배한다. 흑4로 9는 백7.
※❽→❹의 오른쪽

(297)

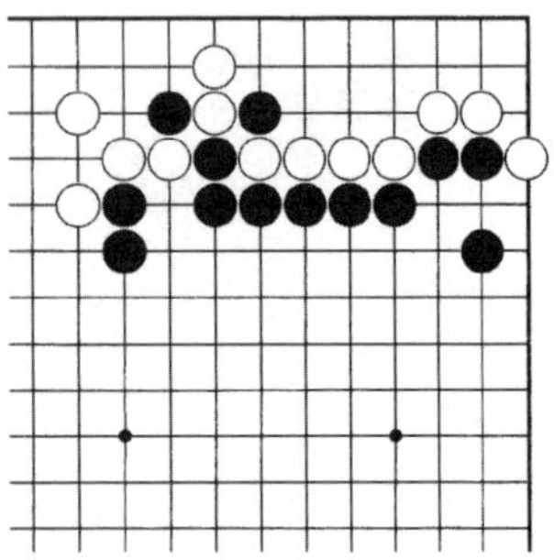

解

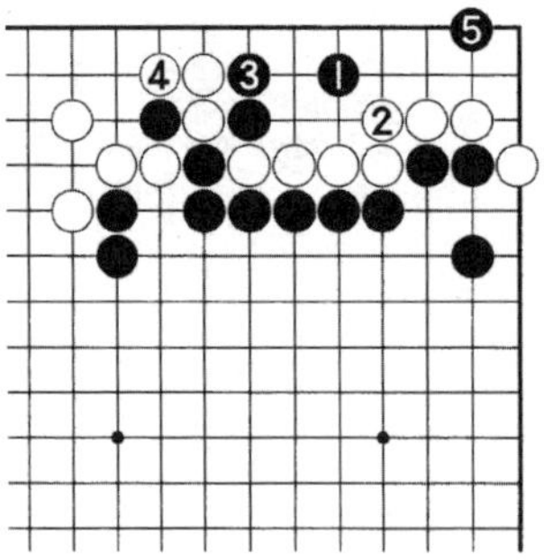

変

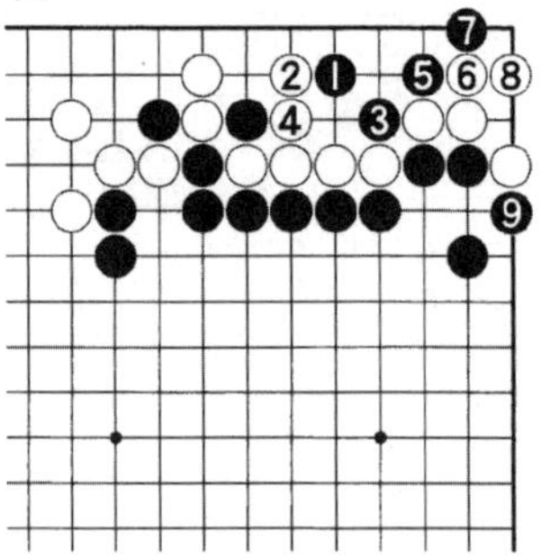

**제8형 흑번**

### 부수기
귀의 전투.
상변의 백은 공배가 꽉 차있다. 흑은 백을 끊고 있는 2점을 움직여서 백집을 초토화시키는 것이 가능하다.

### 급소
흑1의 치중이 백 4점의 급소이다. 백2로 이으면 흑3의 막기를 활용하여 5로 미끄러져 우상귀의 백의 눈을 없앤다. 귀는 그대로 지나갈 수 없다.

### 패
백2로 붙이면 흑3으로 끊는다. 백4로 1점을 잡고 흑5, 7로 귀의 백을 공격한다. 백8이라면 흑9로 흑이 유리한 패가 난다.

**제9형 흑번**

(298)

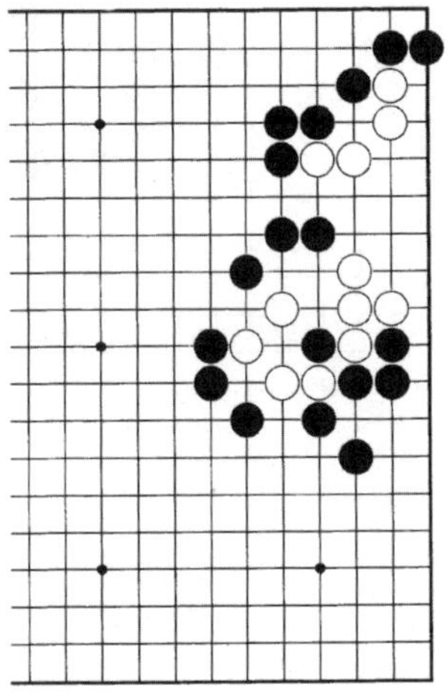

### 축소

끝내기 문제.
우변의 백은 흑 1점을 잡아 한 집이다. 우변도 위아래가 연결되어 여유롭게 사는 것처럼 보이지만 3집 약한 집으로 줄여지게 된다.

解

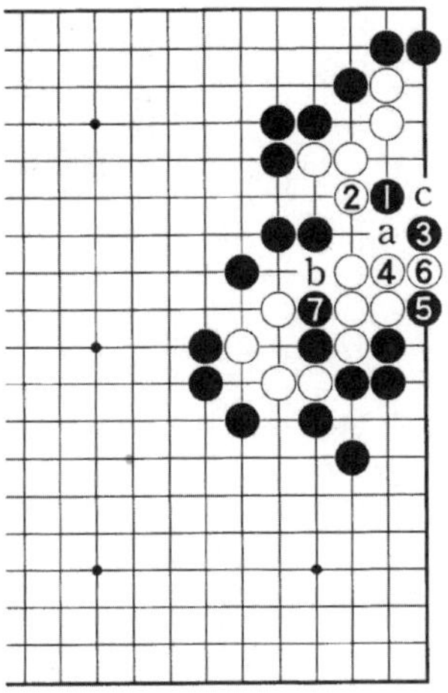

### 4점 잡기

흑1로 치중하여 공격한다. 백2로 막으면 흑3으로 입구자하여 백의 자충을 추궁하는 맥으로 백4라면 흑5부터 7. 이후 백a, 흑b, 백c로 중앙의 백 4점을 잡는다.

变

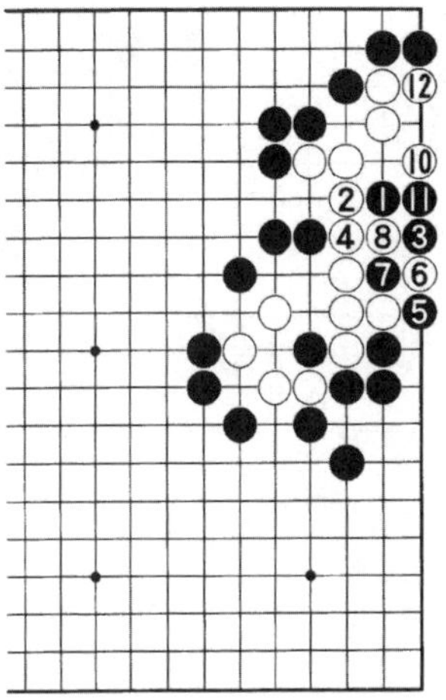

### 백 최선

백은 4로 잇는 수가 최선이다. 흑5로 건너 우변의 백집을 줄인다. 백은 6으로 1점을 버리고 모양을 정하여야 하고 백12까지 축소되어 2집으로 살게 된다.

※❾→⑥

**제10형 흑번**

(299)

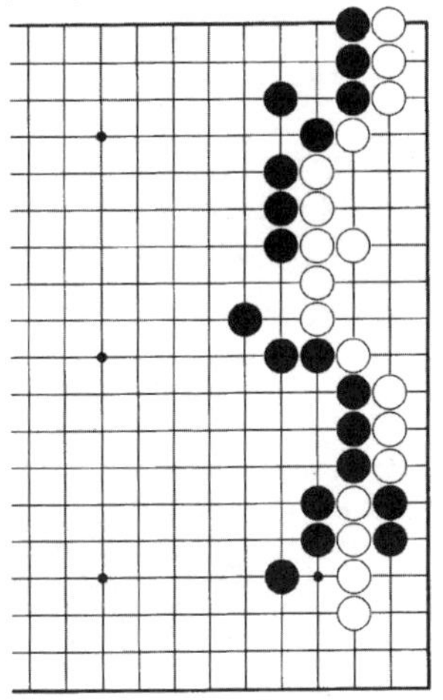

### 연관

우변의 문제.
우변의 위아래를 꿰뚫은 백집은 이대로 가면 40집이다. 흑은 우상과 우하에 있는 백의 약점을 연관시켜야 한다.

解

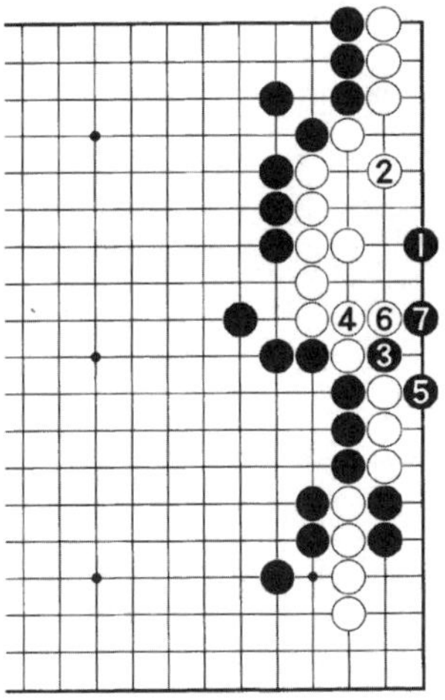

### 패

흑1의 치중은 위아래로 맞보기하는 좌우동형의 좋은 수이다. 백2로 우상에 두면 흑3으로 끊고 5로 젖혀 우변에 탄력이 생긴다. 백6으로 단수치면 흑7로 받아 패가 난다.

变

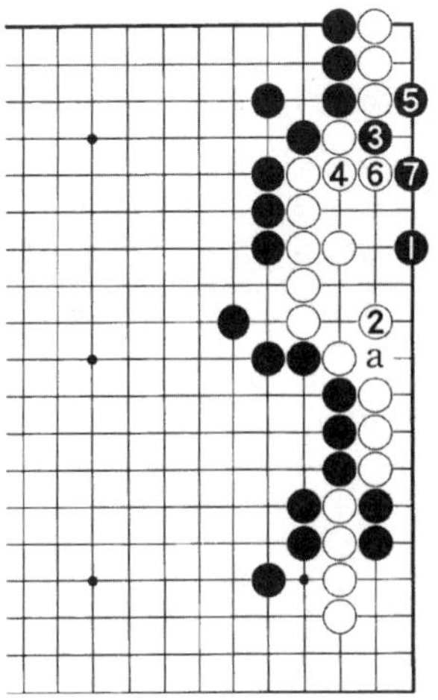

### 위아래관련

백2로 우하로 받으면 흑3으로 끊는다. 백4에 흑5로 젖혀 이것도 흑7까지 패가 난다. a와 3, 두 개의 약점은 흑1의 중앙으로 관련되어 있다.

(300)

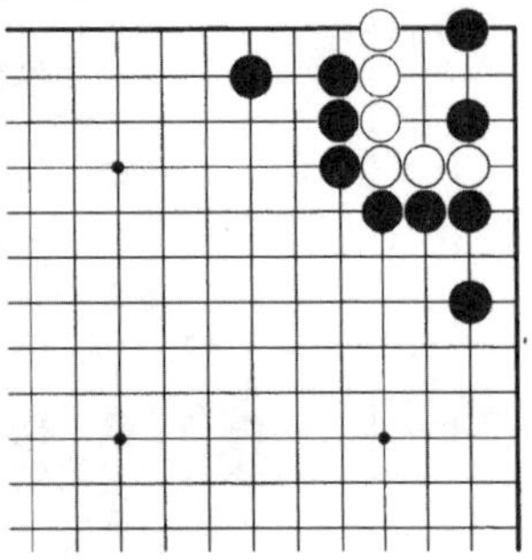

解

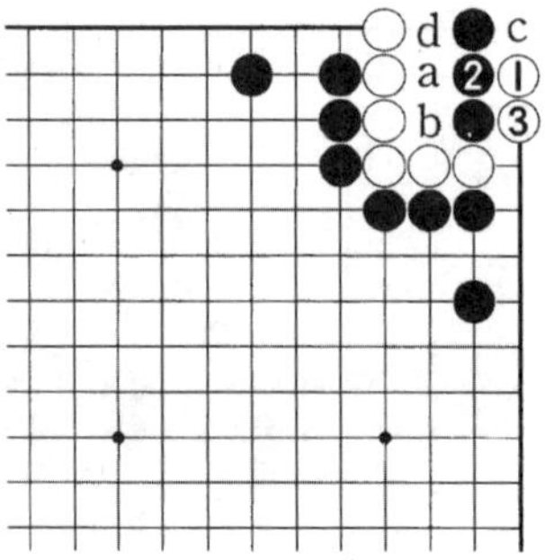

变

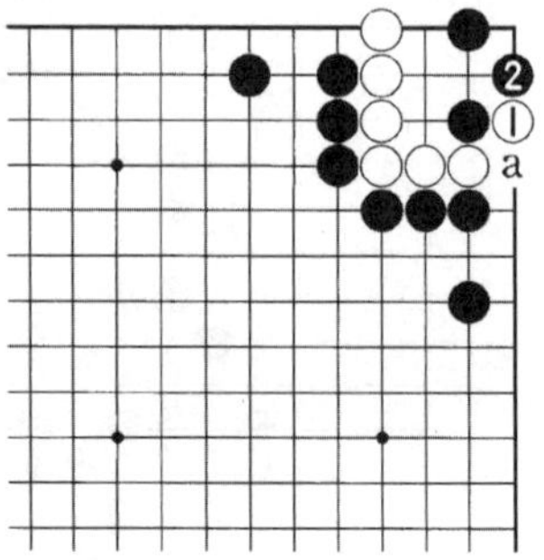

제1형 백번

### 건넘 방지

사활의 문제.
됫박형의 변형으로 백은 죽지 않는다. 흑 1점이 건너지 못하게 막으면서 치중수를 방어하자.

### 빅

백1의 치중이 좋은 맥으로 건넘과 치중수를 방어한다. 흑2에는 백3으로 빅이 된다. 흑2로 3은 백2로 나와 부호 순으로 백d로 산다.

### 4궁도

백1의 젖힘은 안이한 수이다. 흑2로 막아 그만이다. 백a로 이어도 4궁도로 백이 죽는다.

(301)

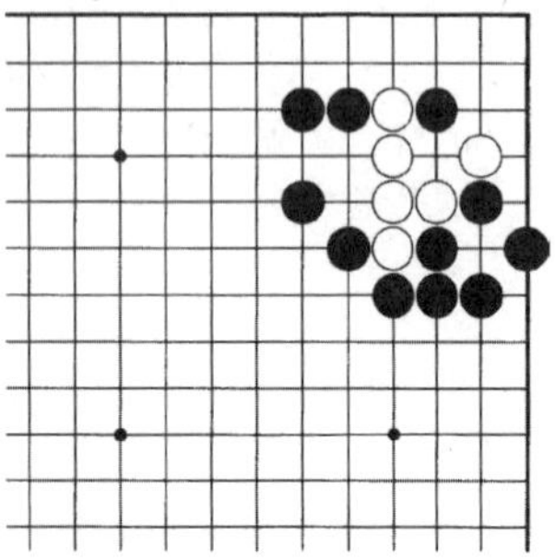

解

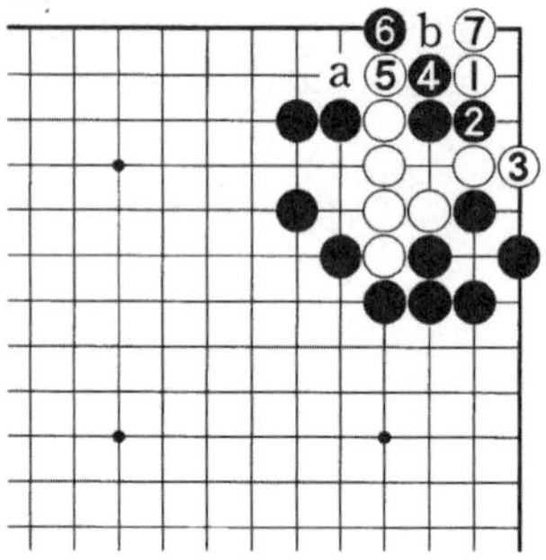

失

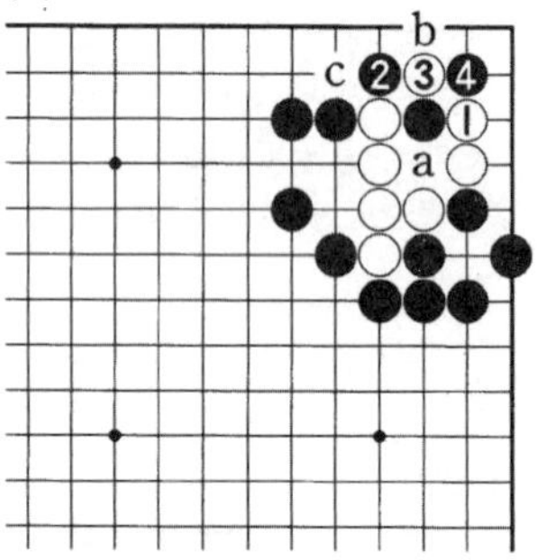

제2형 백번

### 제약

사활의 문제.
흑 한점을 잡지 못하면 살 수 없는 모양이다. 흑 두 곳의 도망가는 길을 한 수로 제압하고 싶다.

### 백 삶

백1의 씌움이 모양이다. 흑2로 나가면 백3, 흑4로 나가면 백5로 막는다. 흑6으로 젖히면 백7로 마무리한다. a와 b가 맞보기이다.

### 패

백1로 흑이 우변을 건너지 못하게 막으면 흑2의 젖힘부터 4로 끊어 귀에 문제가 생긴다. 백a, 흑b, 백c로 패를 할 수밖에 없는 모양이 된다.

(302)

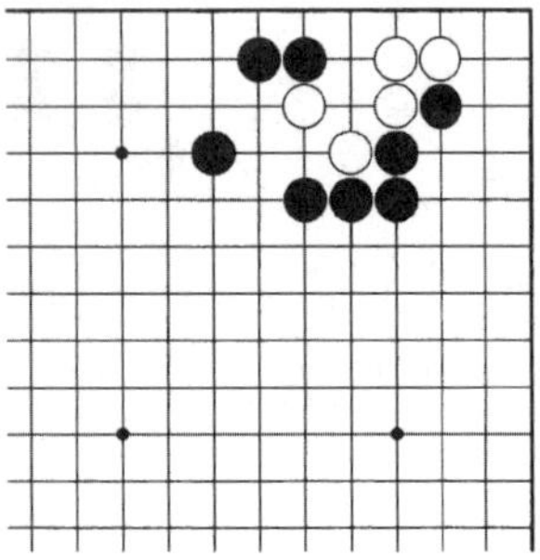

解

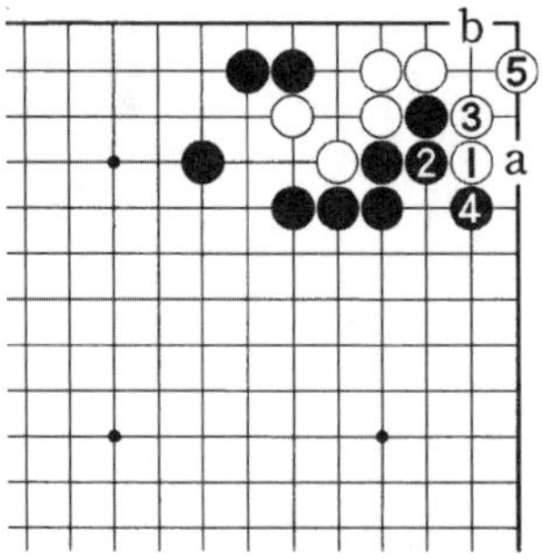

失

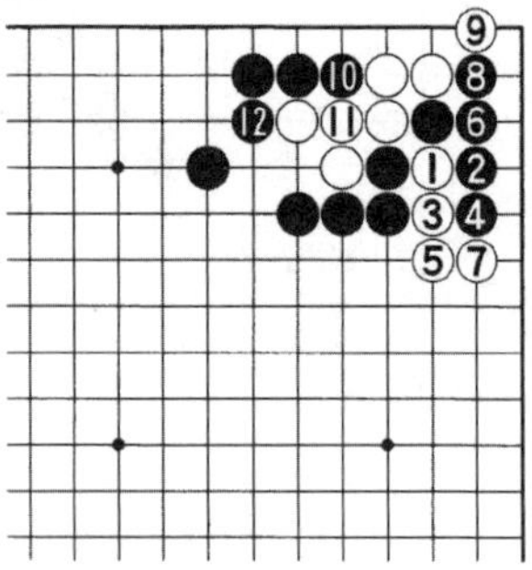

제3형 백번

### 넓은 집

귀의 사활문제.
귀의 흑 한 점을 잡는 것만으로는 살수가 없다. 1눈을 만드는 넓은 땅을 만들어야 한다.

### 백 삶

백1의 치중은 백 집을 넓혀주는 맥이다. 흑2로 이으면 백3으로 건너 살 수 있는 공간을 확보한다. 백5이후 흑a, 백b로 살 수 있다.

### 백 잡힘

백1로 끊으면 흑2의 반격으로 실패한다. 백3과, 5로 도망치더라도 흑6으로 이어 백7부터 흑12까지 백이 진다. 백1로 6은 흑2로 실패.

**제4형 백번**

(303)

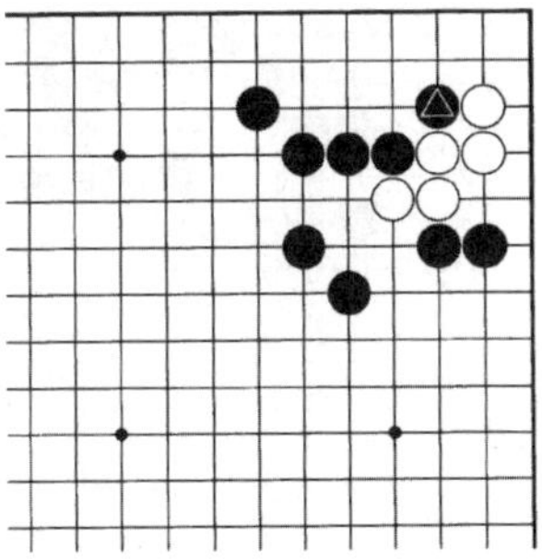

### 미끼

사활의 문제.
귀의 백을 살리려면 상변의 집을 넓혀야 한다. 흑▲ 1점은 미끼 같은 것이다. 현혹되지 않도록 주의해야 한다.

解

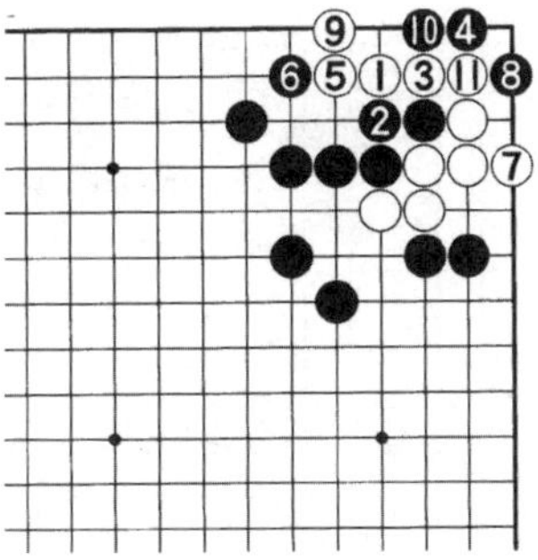

### 백 삶

백1의 치중은 백집을 넓히는 급소이다. 흑2로 이으면 백3으로 건너 귀의 집을 넓히고 백4의 치중수에는 백5부터 9로 넓혀서 살 수 있다.

失

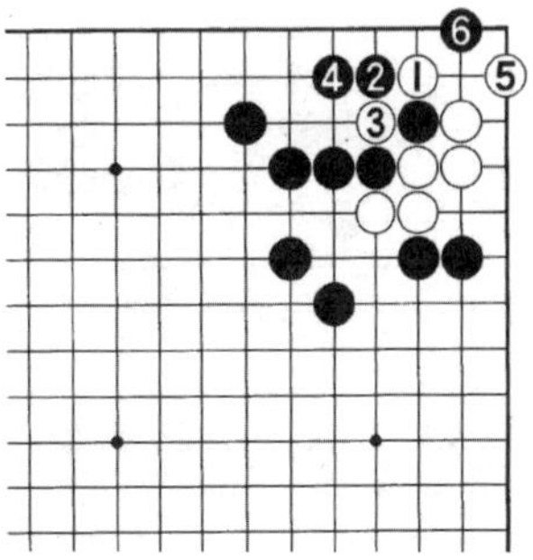

### 실패

백1로 단수를 치거나 3으로 끊으면 흑2로 저항하여 실패한다. 흑4이후 귀의 백집이 줄어 백5는 흑6으로 그만인 모양이다.

**제5형 흑번**

(304)

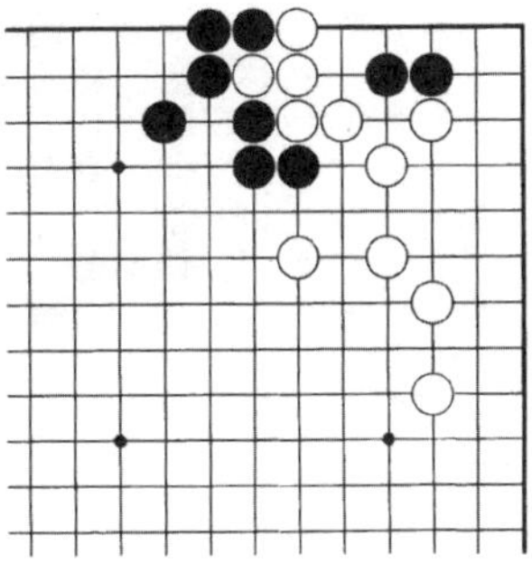

### 함정

귀의 사활문제.
흑 2점은 백의 약점을 노리고 집을 넓혀서 살 수 있다. 수순이 잘못되면 함정이 기다리고 있다.

解

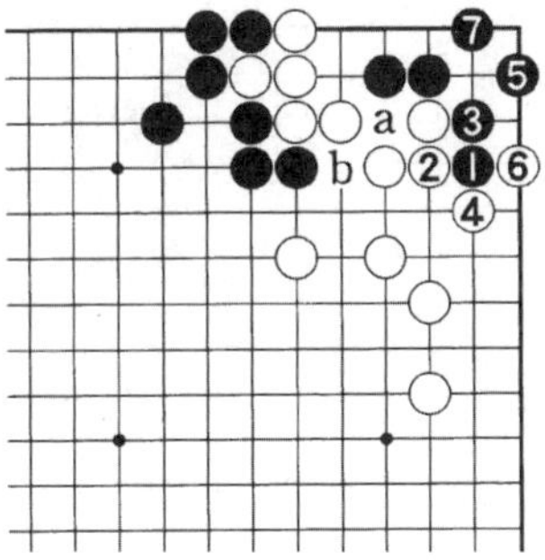

### 흑 삶

흑1의 치중으로 귀의 집이 넓어진다. 백2로 받아 흑3부터 7까지 산다. 백2로 3으로 나가면 흑a, 백b, 흑2로 끊어 백 2점을 잡고 살 수 있다.

失

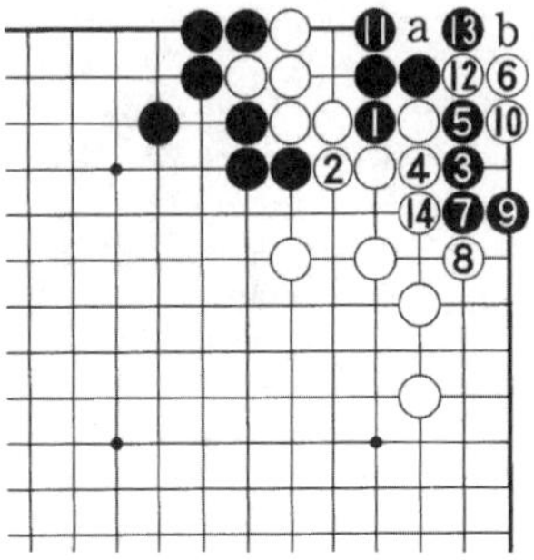

### 흑 죽음

흑1로 먼저 젖으면 흑5 이후 백6의 치중으로 죽는다. 흑1과 백2의 교환이 없으면 흑11로 12, 백11, 흑a, 백b, 흑2로 산다.

**제6형 흑번**

(305)

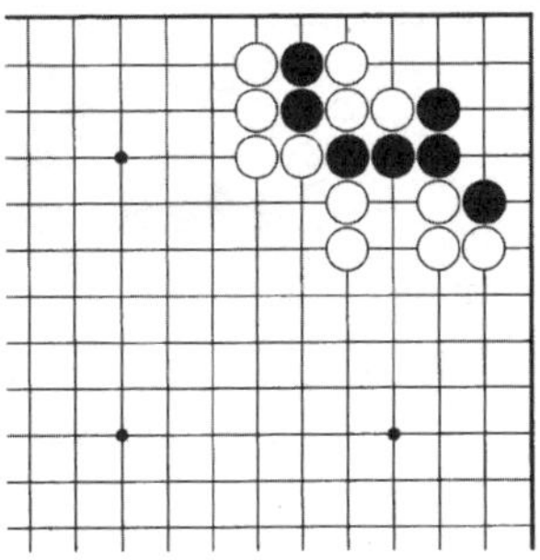

### 아군

사활의 문제.
귀만으로는 불안하지만 흑 2점을 잡은 백으로 활용하는 강한 아군이 있다. 그것을 어떻게 이용하여야 하는가.

解

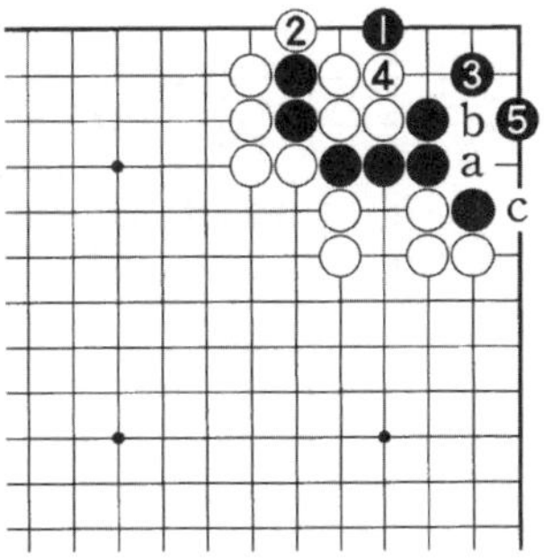

### 흑 삶

흑1로 치중하여 백이 어떻게 둘 것인지 본다. 백2로 2점을 따내면 흑3이 안형의 급소가 된다. 백4는 흑5. 백4로 a는 흑b, 백이 흑4.

失

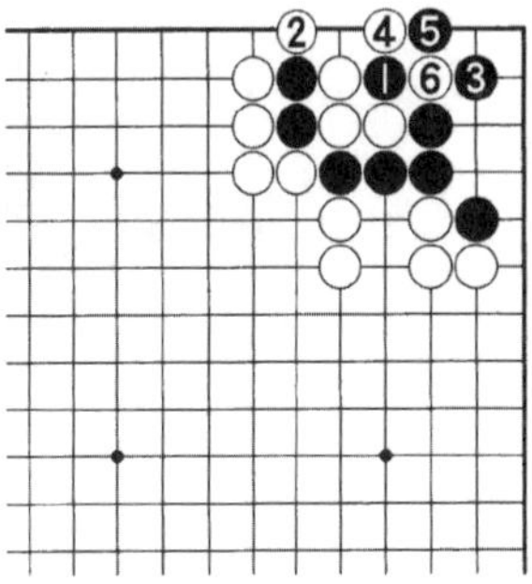

### 속맥으로 패

흑1의 단수는 속맥이므로 좋지 않다. 흑3 이후 백4로 젖혀 패가 난다. 1과 4, 한 줄의 차이가 명암을 가른다.

(306)

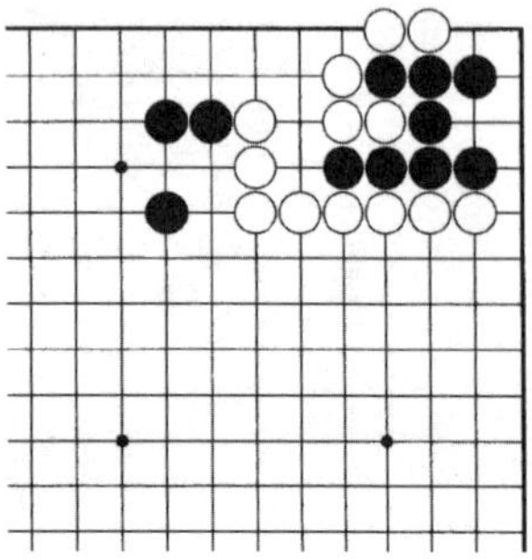

解

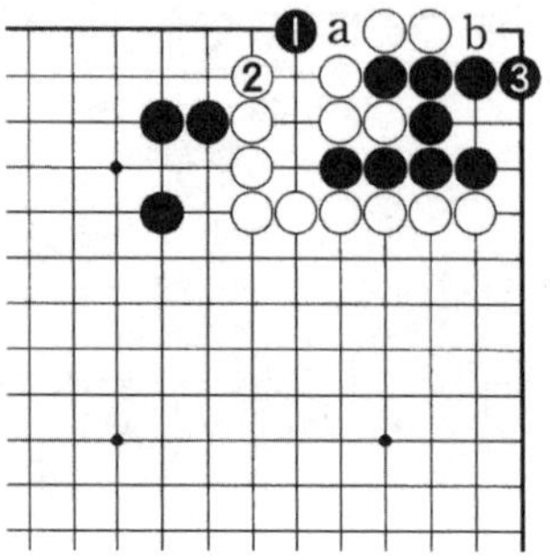

変

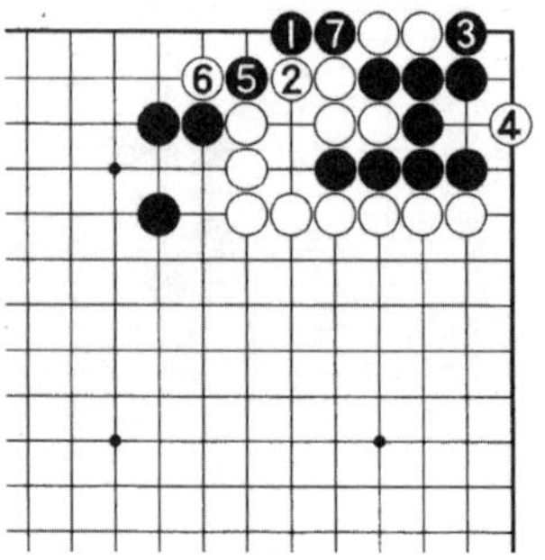

**제7형 흑번**

### 타겟

사활의 문제.
귀만으로는 어떻게 두어도 한 집이다. 상변의 백 2점을 목표로 하는 수밖에 없다.

### 맛보기

흑1로 치중하여 백이 어떻게 둘것인지 본다. 백a로 이으면 흑b가 선수이기 때문에 백2. 흑3으로 우측에 집을 만들고 a와 b를 맛보기 하면 살 수 있다.

### 흑 삶

백2로 받으면 흑3으로 막는다. 백4의 치중수에 흑5로 젖어 백을 자충시키면 흑7로 따내는 것이 선수가 되어 흑이 산다.

(307)

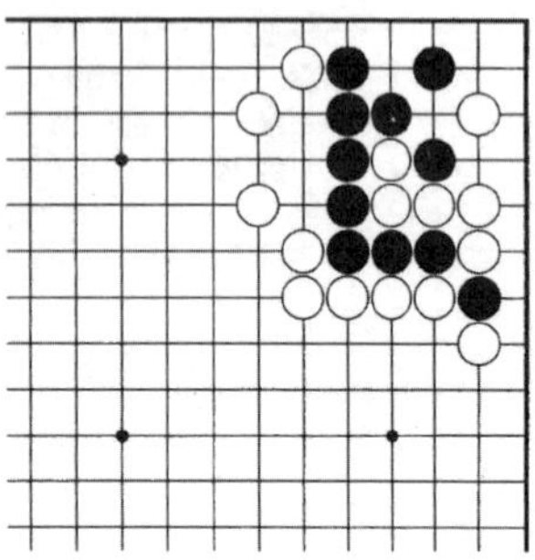

解

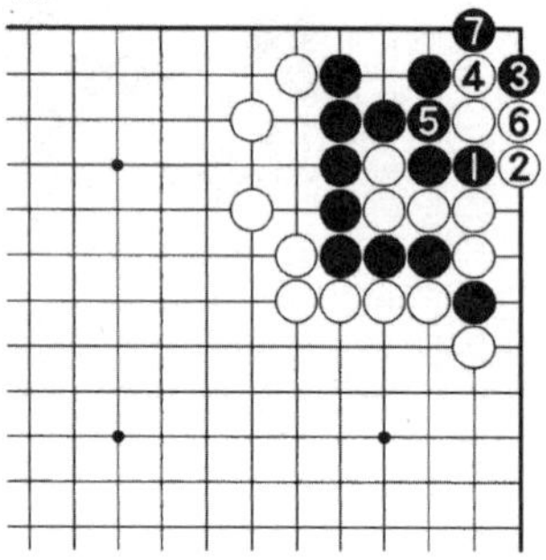

失

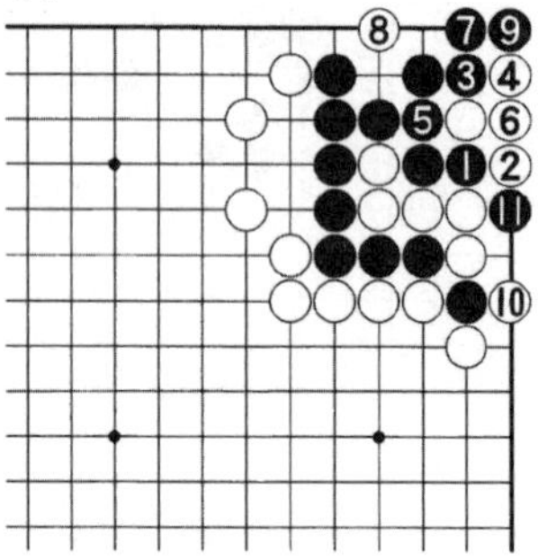

**제8형 흑번**

### 함정

사활의 문제.
귀의 집을 넓혀야 산다. 흑은 사석의 노림이지만 백도 사석의 함정의 가지고 있다.

### 패

흑1로 나와 3으로 치중이 맥이다. 백4로 나오면 흑5와 7로 패가 난다. 흑1로 3, 백4 이후 흑1로 나와도 백2로 같은 모양이 된다.

### 흑 죽음

흑3으로 막으면 느슨한 모양이어서 실패한다. 백4 이후 흑5부터 9로 백4점을 촉촉수로 걸어도 백12로 치중하면 전멸한다.
※⑫→⑥

(308)

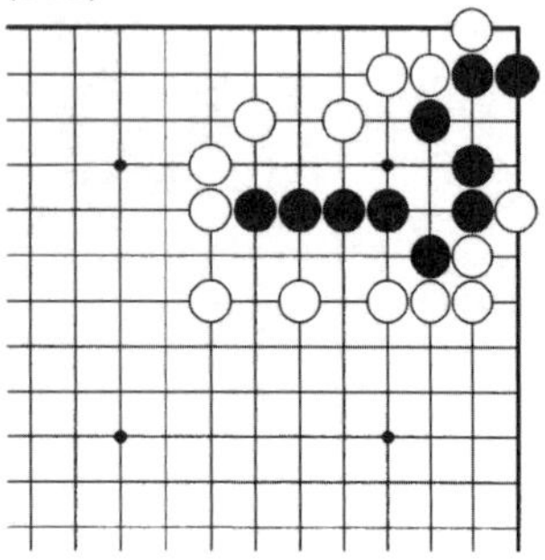

解

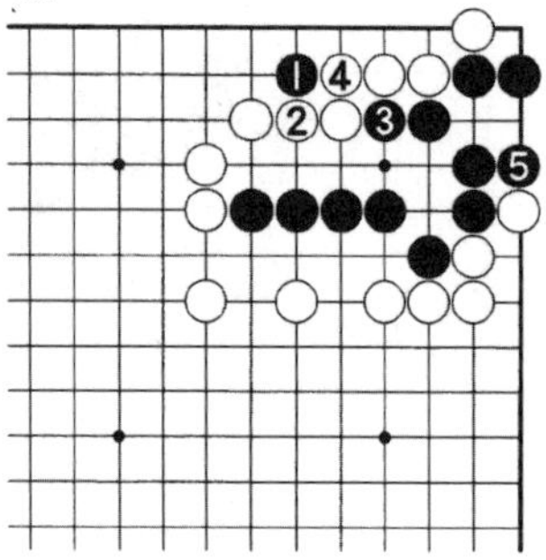

変

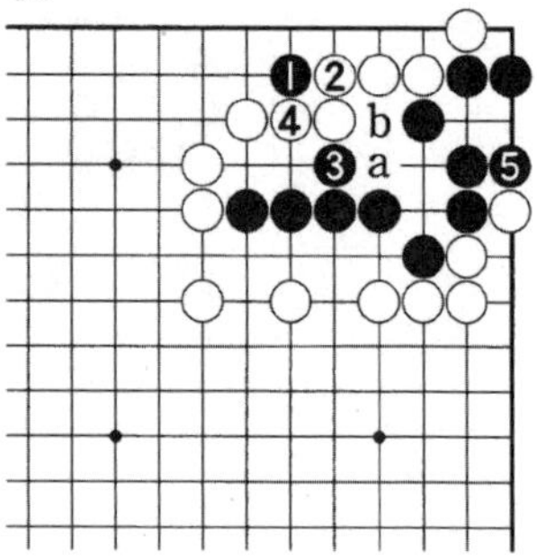

**제9형 흑번**

### 반쪽 눈

우상의 사활문제.
우상과 중앙으로 2개로 갈라진 집은 양쪽 다 반집이므로 흑은 선수로 가운데를 완전한 집으로 하여야 한다.

### 흑 삶

흑1의 치중은 백이 받는 수를 본 뒤, 중앙에 있는 흑의 모양을 결정하는 맥이다. 백2라면 흑3을 활용하여 가운데가 완전한 한 집이다. 흑5로 살 수 있다.

### 선수 한집

백2로 받으면 흑3으로 치받아 백a를 선수로 막는다. 흑1로 단순히 3은 백5. 또는 흑1로 b는 백3으로 역시 흑이 죽는다.

(309)

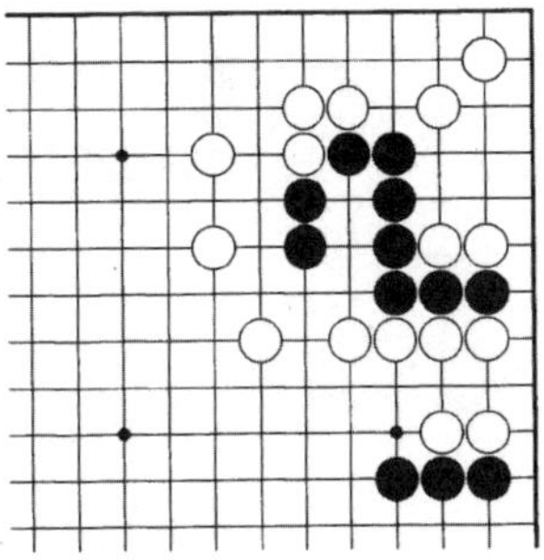

解

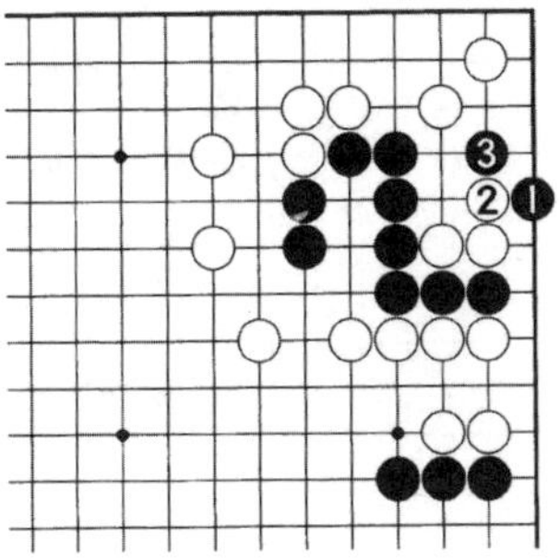

変

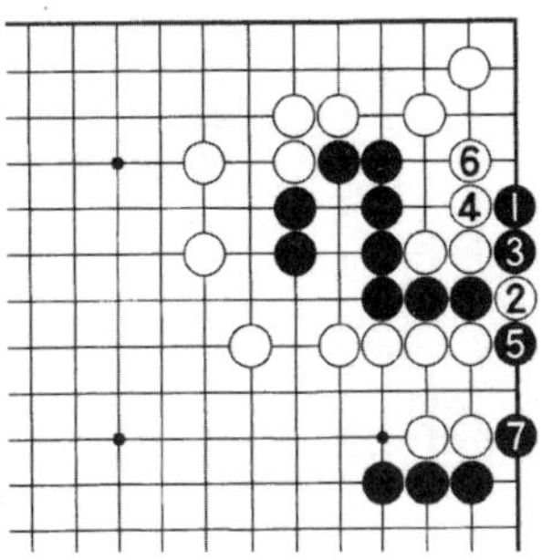

제10형 흑번

### 교묘

백집 안의 흑 9점은 현재 한 집밖에 없지만 교묘한 수가 숨어있어 살 수 있다.

### 흑 삶

흑1로 치중하는 것이 맥으로 이것으로 흑은 살 수 있다. 백2에는 흑3. 그러면 백 3점은 움직일 수 없어 흑이 산다.

### 흑 연결

백2로 건너면 흑3으로 끊는다. 백4는 절대이지만 흑5로 따내면 6과 7이 맞보기가 된다.

치중

사활(죽음)

(310)

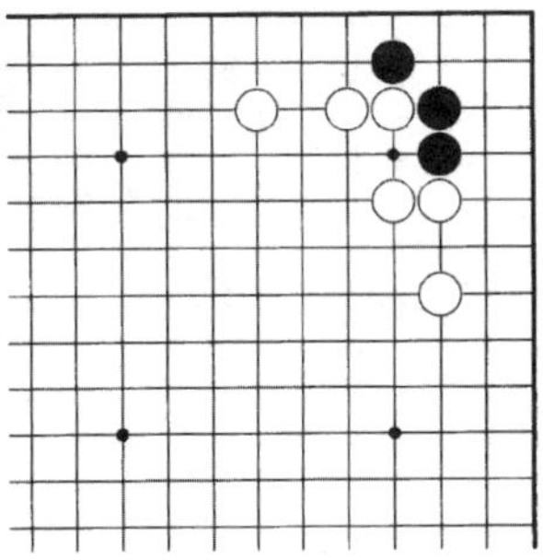

解

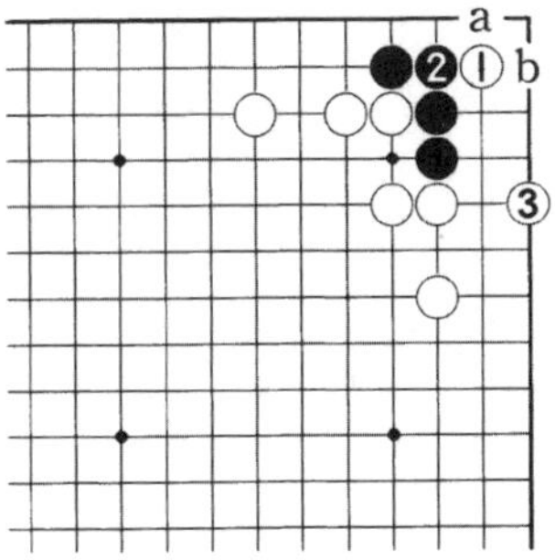

失

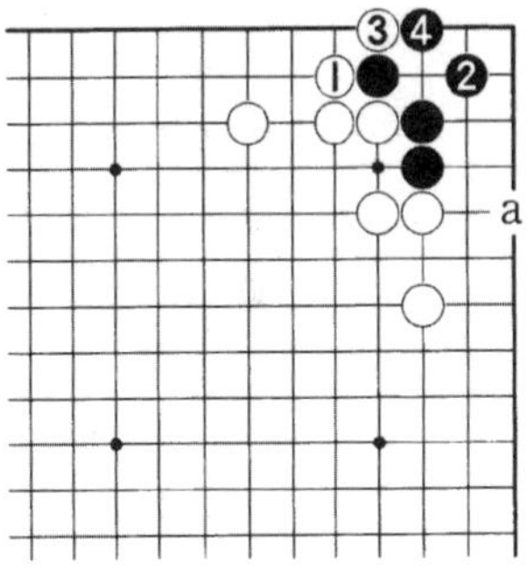

제1형 백번

### 두 가지 방안

사활의 문제.
흑의 급소를 빼앗아 탄력을 없애고 차분히 집을 줄여 잡는다. 2가지 방안의 맥이 있다.

### 흑 죽음

백1의 치중은 안형의 급소이다. 흑2로 받으면 백3으로 뛰어 흑집을 줄인다. 흑a는 백b. 흑a로 b는 백a로 흑이 죽는다.

### 패는 실패

백1로 바깥부터 공격하면 흑2의 호구로 모양에 탄력이 생긴다. 백3, 흑4로 패가 난다. 백1로 a에 뛰어도 흑2로 실패한다.

(311)

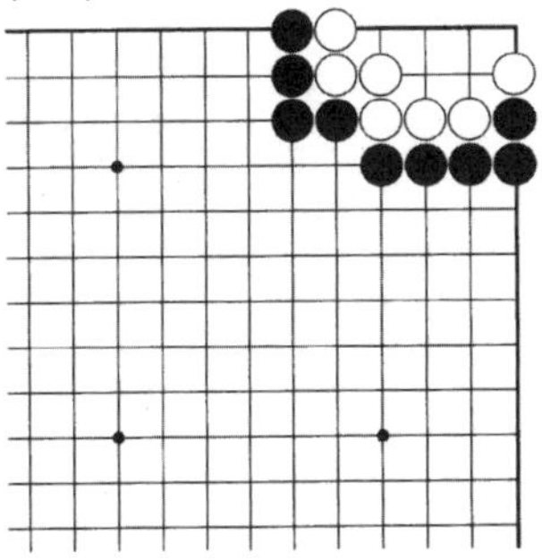

解

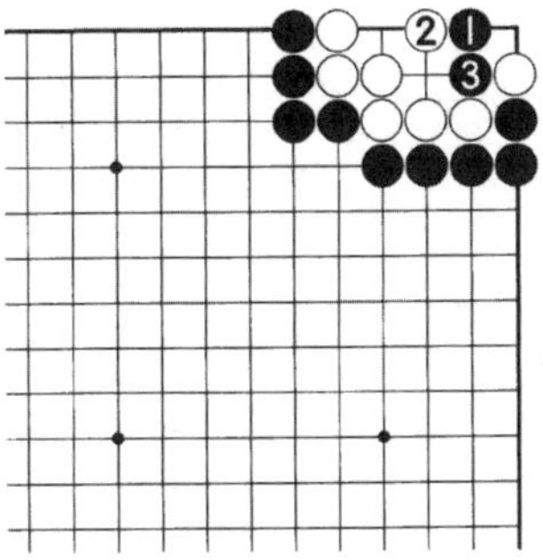

失

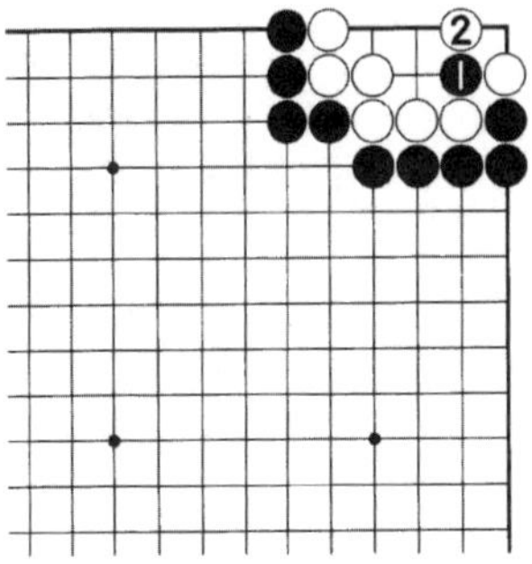

제2형 흑번

### 첫 수가 중요

둘 수 있는 장소는 6곳만 있다. 좁은 곳의 문제이지만 맥의 기본을 배우기 위해서는 안성맞춤이다. 첫 수가 중요.

### 양자충

흑1이 2·1의 급소이다. 백2에 흑3으로 응수하면 백은 다음 수가 없다. 흑1로 2는 물론 백1.

### 무책

흑1로 끊으면 무책이 된다. 백2의 패를 깜빡하였다. 무조건 패로 내어주면 그 차이는 너무 크다.

(312)

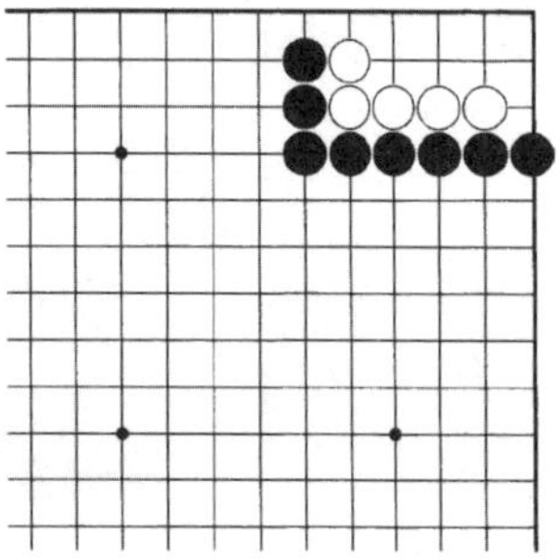

제3형 흑번

## 뻗음

사활의 문제.
귀의 백은 넓은 집이지만 우변의 흑이 뻗기를 활용하면 백의 자충을 추궁할 수 있다.

解

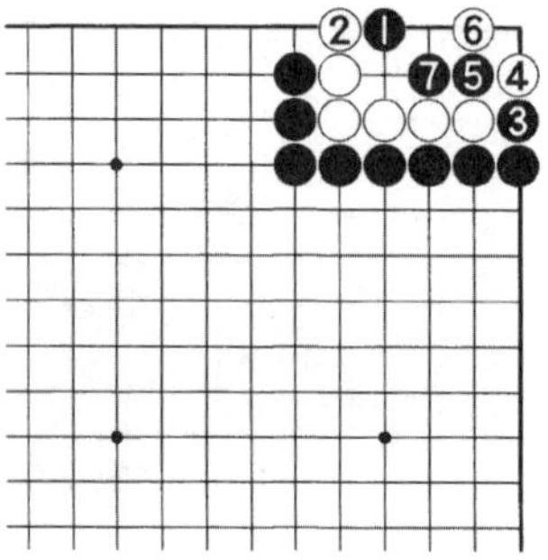

## 백 죽음

흑1로 치중하는 것이 수순으로 백2 이후 흑3과 5로 끊어서 좋다. 백6으로 패를 노려도 흑7로 나가면 백은 둘 수 있는 수가 없다.

失

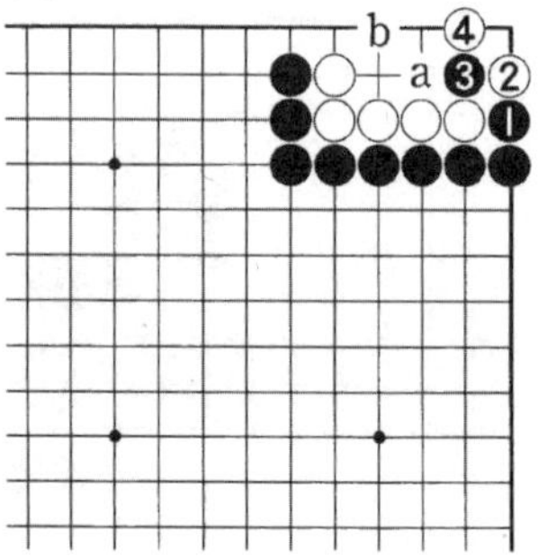

## 패는 실패

흑1과 3으로 나가서 끊는 것은 백4로 단수당해서 패가 난다. 흑1으로 a로 붙이면 백3, 흑b, 백4로 백이 산다. 흑b로 4는 백b로 빅이 된다.

(313)

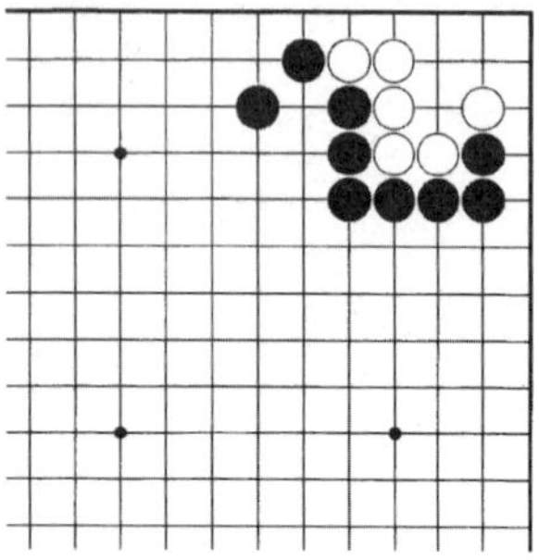

제4형 흑번

## 일격

사활의 문제.
귀의 백은 공배가 없는 모양이다. 집을 줄여야 할지 공배를 메울지 흑은 급소를 일격하여 결정한다.

解

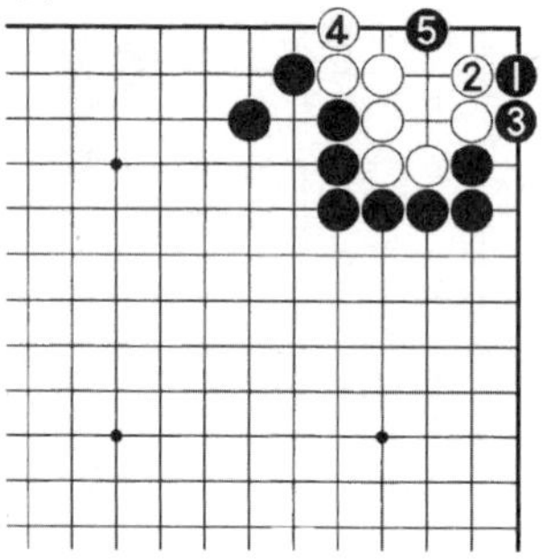

## 백 전멸

흑1의 치중하는 수가 냉엄한 맥이다. 백2로 귀로 받으면 흑3으로 건너가 백집이 줄어들고 흑5까지 백이 전멸한다.

変

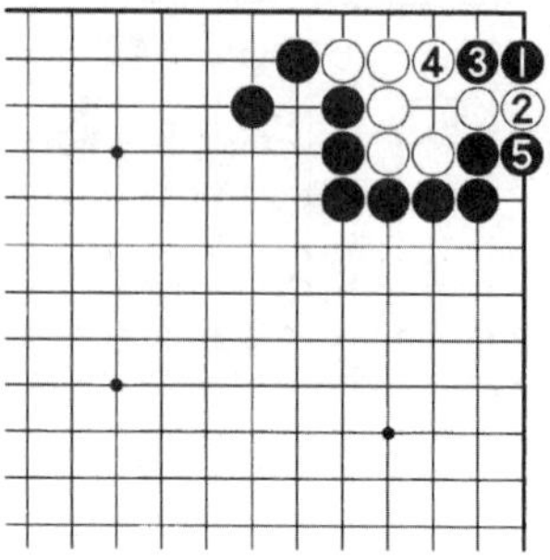

## 자충

백2로 흑이 건너지 못하게 막으면 흑3으로 밀어 백의 공배를 메우는 급소가 된다. 백4에 흑5로 백이 죽는다. 흑1로 3은 백1로 실패한다.

(314)

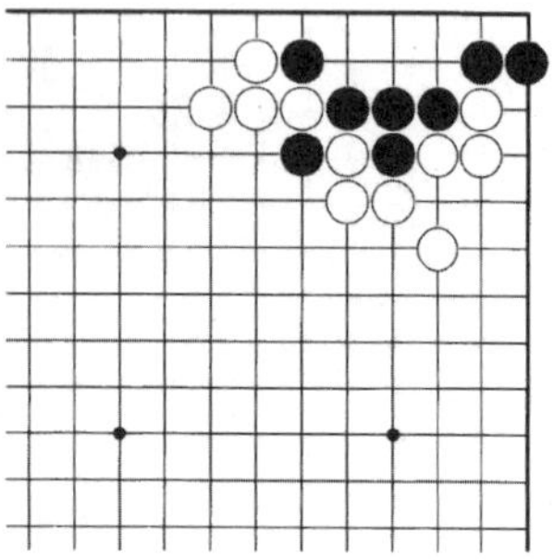

제5형 백번

## 쐐기

사활의 문제.
귀의 흑은 공배가 꽉 찬 모양이다. 흑을 공격하는 급소는 한곳이다. 집 가운데 쐐기를 박는 모양이다.

解

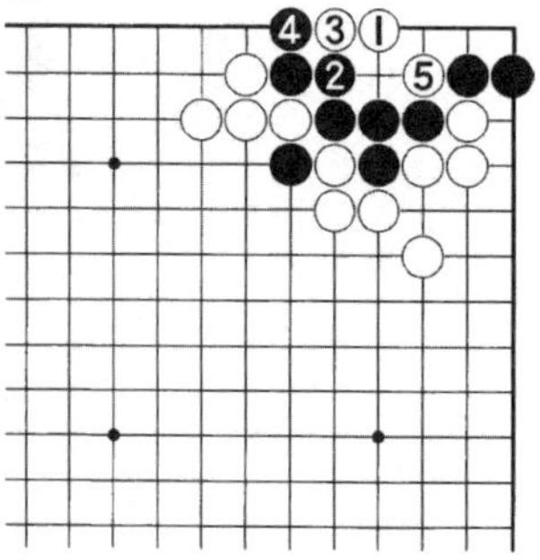

## 흑 승

백1의 치중이 공배가 없는 백 4점의 급소이다. 흑2로 이으면 백3으로 밀고 흑4는 백5로 끊어서 백이 승리한다.

変

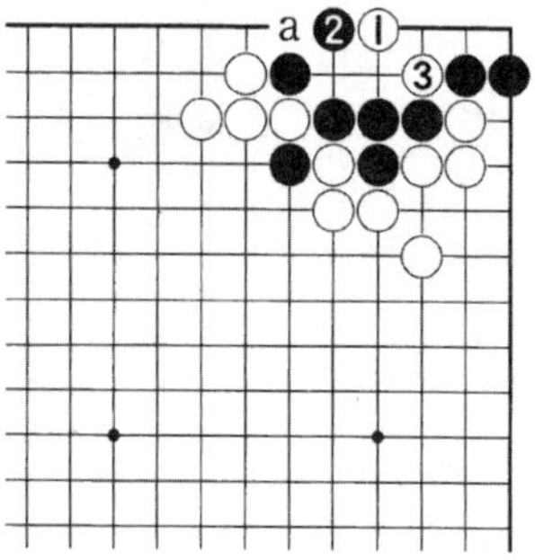

## 그만

흑2의 입구자 붙임은 흑3으로 끊으면 그만이다. 백1로 a의 단수는 백1로 뛰어서 산다. 백1이 양쪽 모두의 급소이다.

**제6형 흑번**

(315)

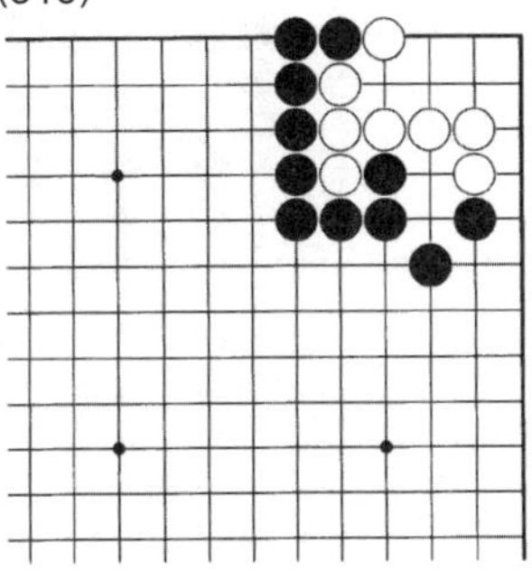

## 연구

사활의 문제.
귀의 백은 완전하지 않은 모양이지만 흑의 공격, 백의 응수는 각각 연구하여야 한다.

解

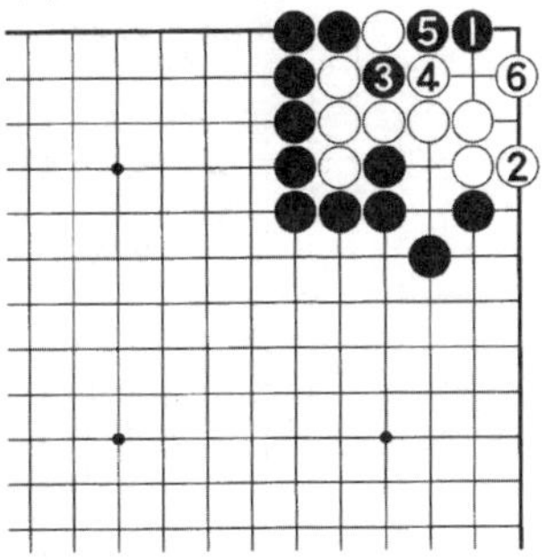

## 패

흑1의 치중은 안형의 급소로 2·1의 맥이다. 백2에 흑3으로 먹여친 뒤 5로 단수쳐서 패가 난다. 백6으로 3은 흑6.

※❼→❸(패 딴다)

変

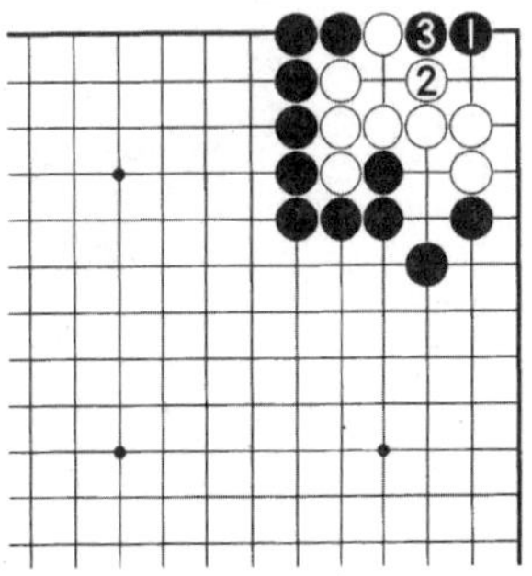

## 백 조금 손해

백2는 흑3으로 단수쳐서 패가 난다. 백은 패에 이길 경우 정해도의 경우가 득이 된다. 흑1로 3에 단수는 백1로 되단수 당하여 실패한다.

**제7형 백번**

(316)

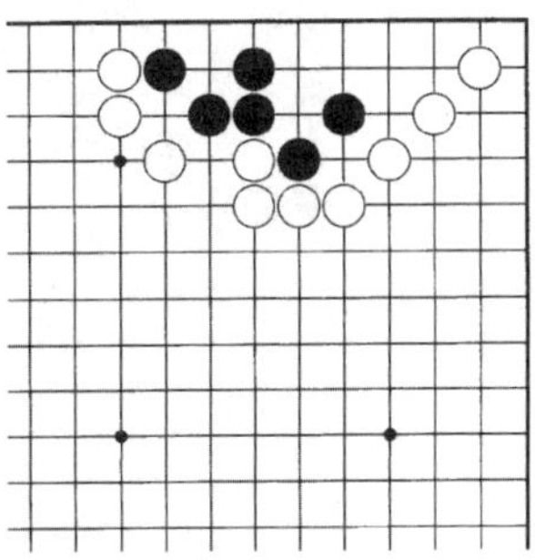

## 치중수

사활의 문제.
밖으로부터는 실패한다. 치중수를 노리고 거기에 흑의 자충을 추궁하여 집을 줄인다.

解

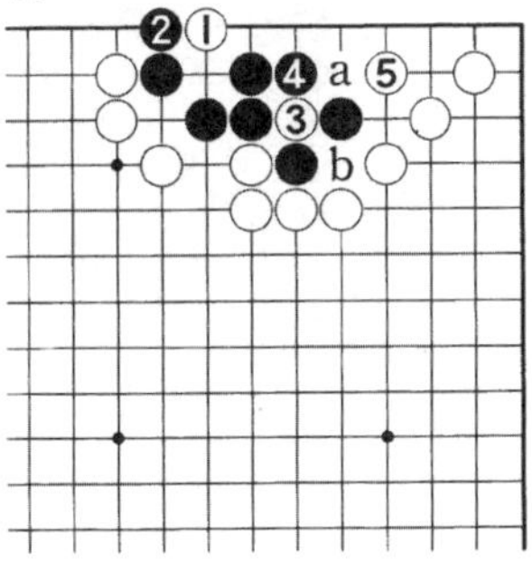

## 흑 죽음

백1로 치중하는 것이 중요한 수순이다. 흑이 2로 받아 백3으로 먹여치면 오른쪽 집을 부술 수 있다. 백5 이후 흑a는 백b.

失

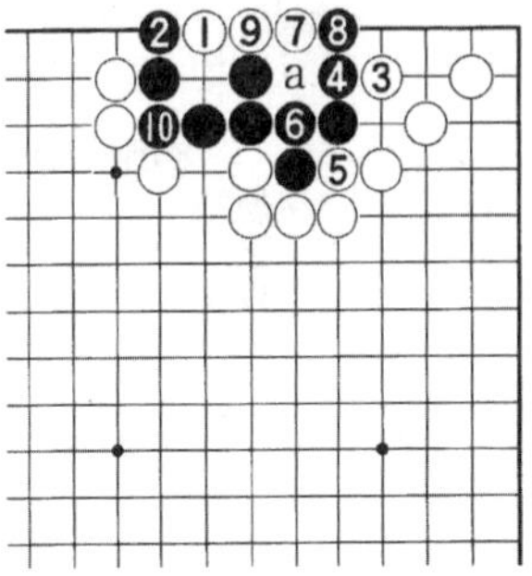

## 빅

백3, 5로 바깥부터 공격하면 9로 빅이 된다. 백1로 6, 흑a이후 백1은 흑3으로 살고 백5로 흑6의 먹여치기는 흑5로 살 수 있다.

**제8형 흑번**

(317)

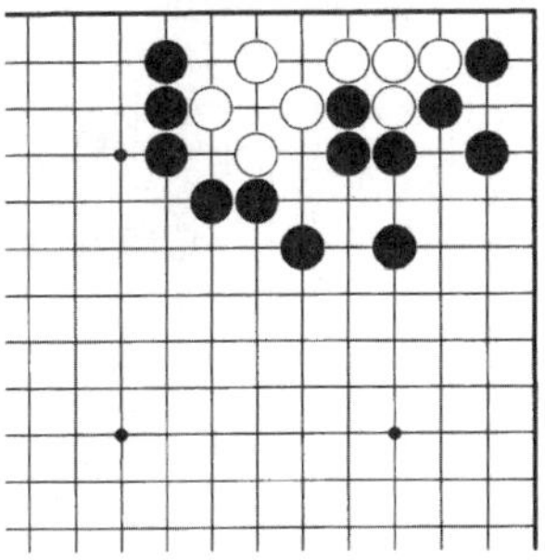

## 상변

사활의 문제.
백은 안형이 풍부한 모양으로 보이지만 왼쪽이 불완전하여 상변의 눈을 노리고 싶다.

解

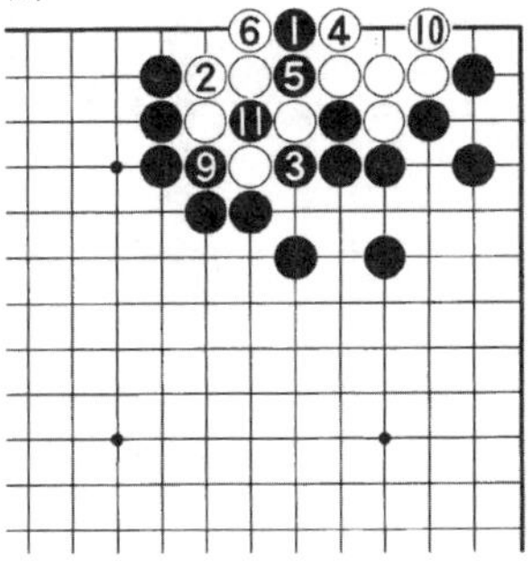

## 패

흑1이 치중이 안형의 급소이다. 백2가 건너는 것을 막으면 흑3으로 찝고 5와 7을 사석으로 하여 패를 낸다.

※❼→❺(먹여치기), ⑧→①(딴다)

変

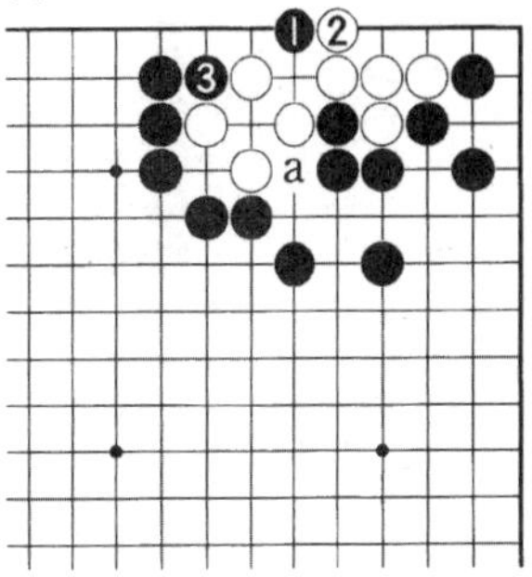

## 백 실패

백2로 받으면 흑3으로 상변을 찝어서 안된다. 같은 경우로 백2를 a에 두어도 흑3으로 무조건 죽는다.

**제9형 흑번**

(318)

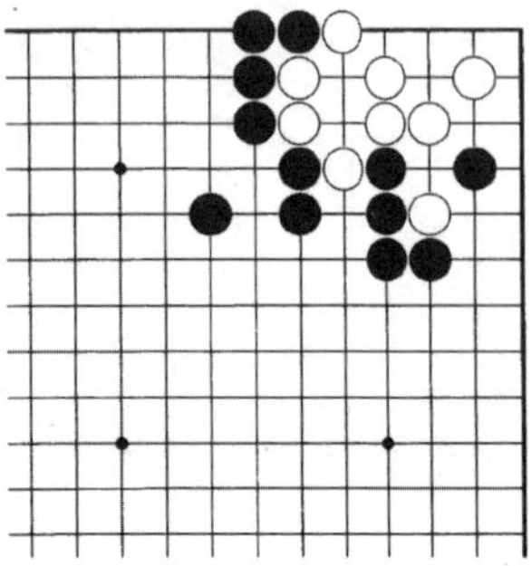

## 사석

사활의 문제.
백은 살기 쉬워 보이는 모양이다. 흑은 공격하고 사석으로 백의 집을 없애야 한다.

解

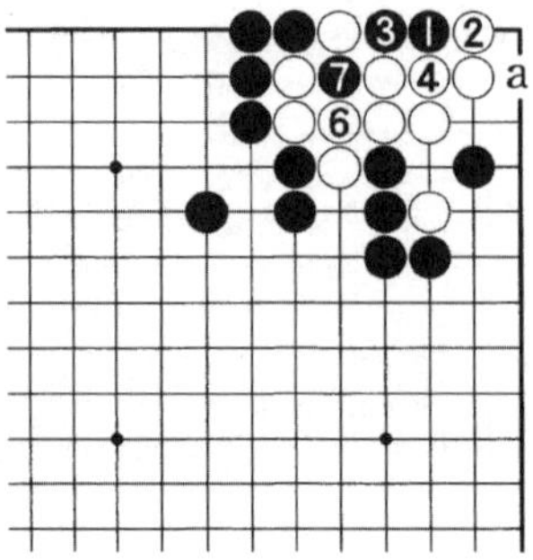


## 패

흑1의 치중하는 수가 냉엄한 맥이다. 백2로 막으면 흑3으로 단수쳐서 흑7까지 패가 난다. 백4로 7은 흑a.
※❺→❸

失

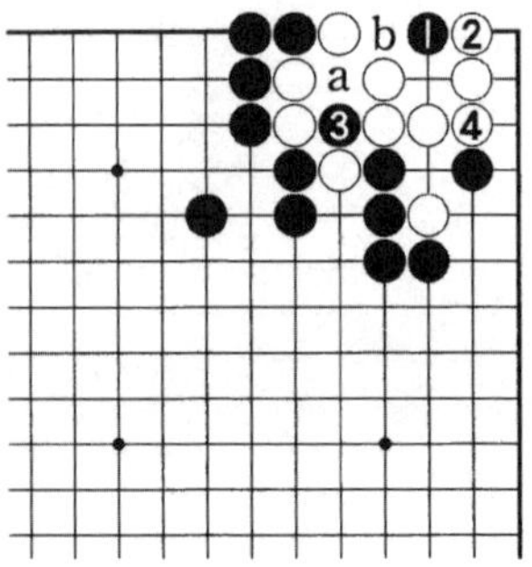


## 백 살다

흑3으로 먹여치면 백4로 귀를 지켜 실패한다. 흑은 a로 백 2점을 잡기만 한다. 백b로 산다.

**제10형 흑번**

(319)

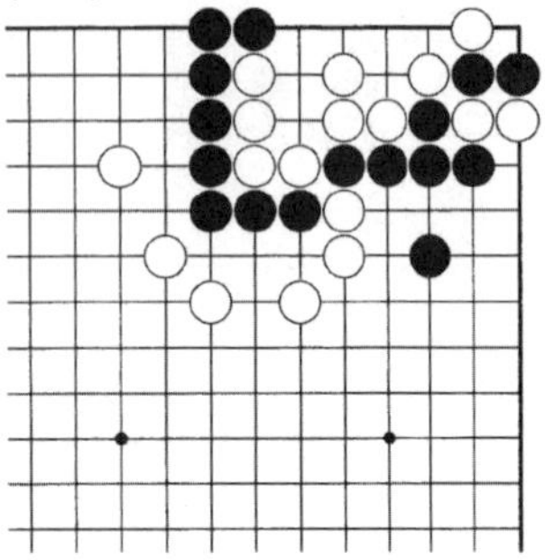

## 무조건

사활의 문제.
귀와 상변의 백은 집이 많이 있어 보이지만 자충의 약점이 있다. 흑은 무조건 백을 잡고 싶다.

解

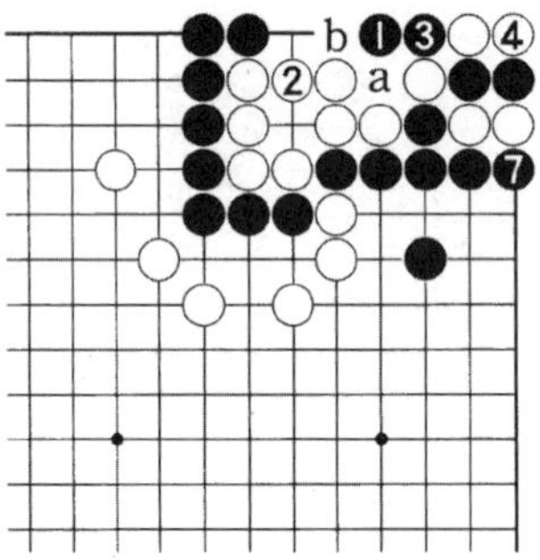


## 촉촉수

흑1의 치중하는 수가 냉엄한 맥이다. 백2로 이으면 흑3부터 7까지 촉촉수이다. 흑3으로 a는 백b.
※❺→❸의 오른쪽 아래, ⑥→④의 아래(따냄)

変

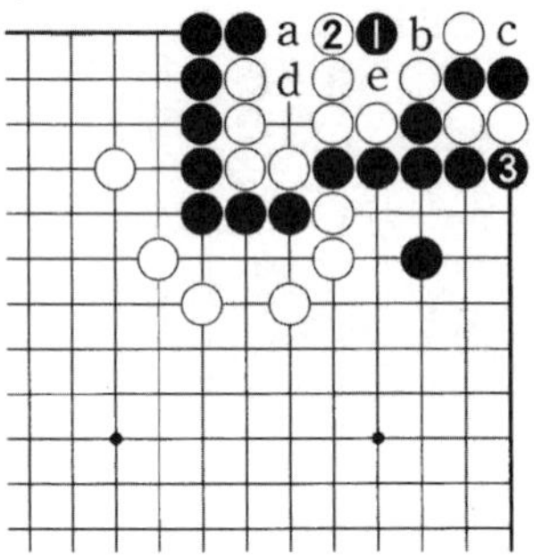


## 그만

백2로 막으면 흑3으로 잡아 그만이다. 백a는 흑b. 흑1이후 백c는 흑2, 백d, 흑e.

**제11형 흑번**

(320)

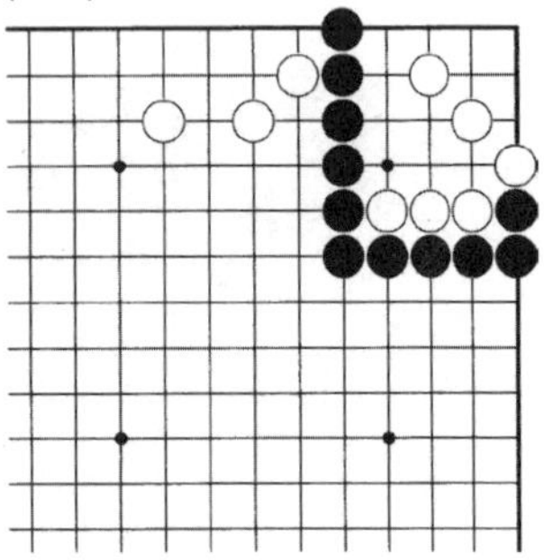

## 귀부터

사활의 문제.
백은 보기보다 탄력이 있는 모양이다. 무조건은 아니지만 흑에게는 노림의 맥이 숨어있다.

解

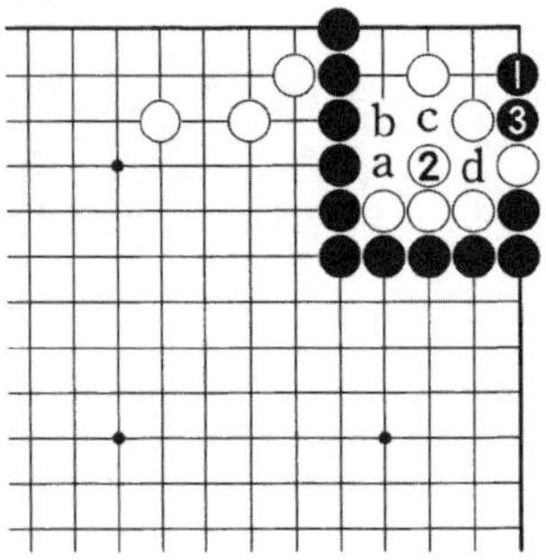


## 패

흑1의 치중이 날카로운 맥이다. 2·1의 급소이다. 백2로 눈을 만드는 정도이고 흑3으로 패가 된다. 백2로 a는 흑b, 백c, 흑d.

失

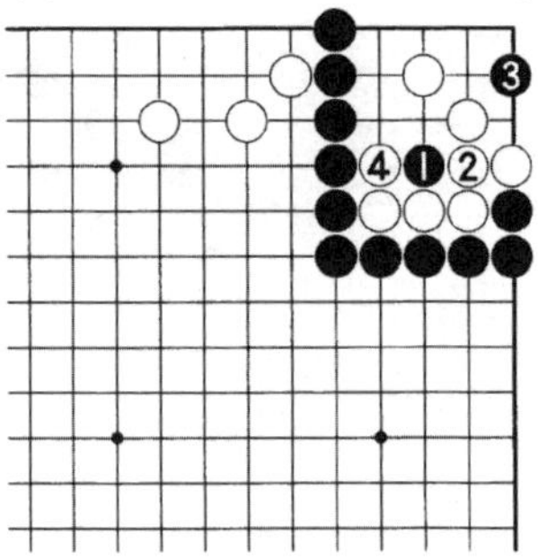


## 백 삶

흑1로 치중하면 백은 죽을 것 같이 보이지만 냉정하게 백2로 이어서 실패한다. 흑3은 백4로 백이 살 수 있다

제12형 흑번

(321)

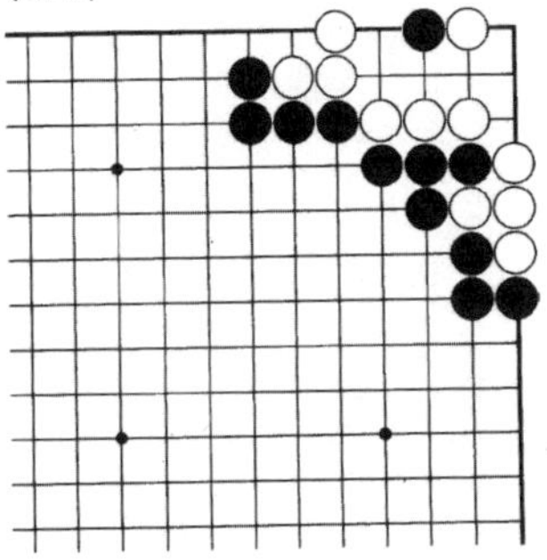

## 전체를 노리다.

우측의 백 4점을 잡는 것으로는 만족할 수 없다. 흑은 백 전체를 잡고 싶다.

解

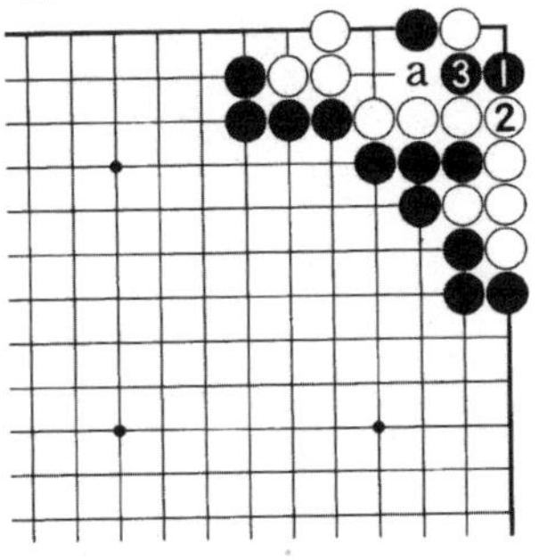

## 그만

흑1의 치중이 통렬하다. 백2에는 흑3으로 그만이다. 자충이 된 백은 a로 끊을 수 없다.

失

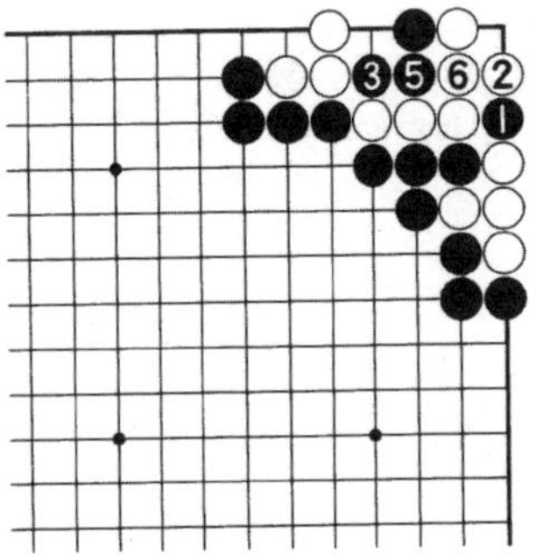

## 이길 수 없다

흑1과 3을 생각한 사람은 상당히 좋은 센스를 가지고 있다. 그러나 백이 4로 따내면 수상전에서는 이길 수 없다.

※④→❶의 아래(따냄)

제13형 흑번

(322)

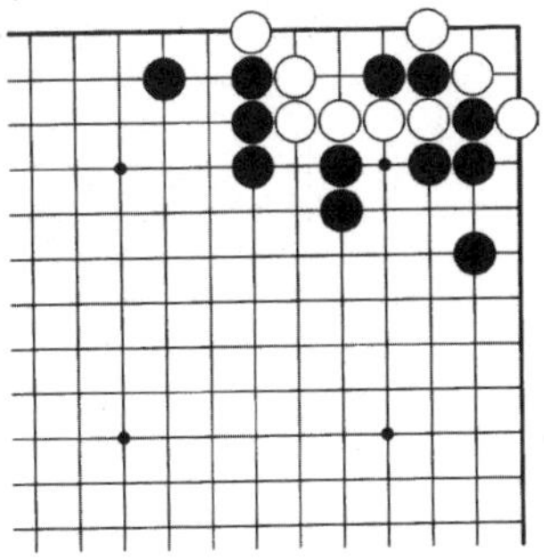

## 귀의 눈

사활의 문제.

흑 2점을 움직여도 귀의 백은 탄력이 있어 그냥은 죽지 않는 모양이다. 귀의 백의 집을 없애는 급소는 어디인가?

解

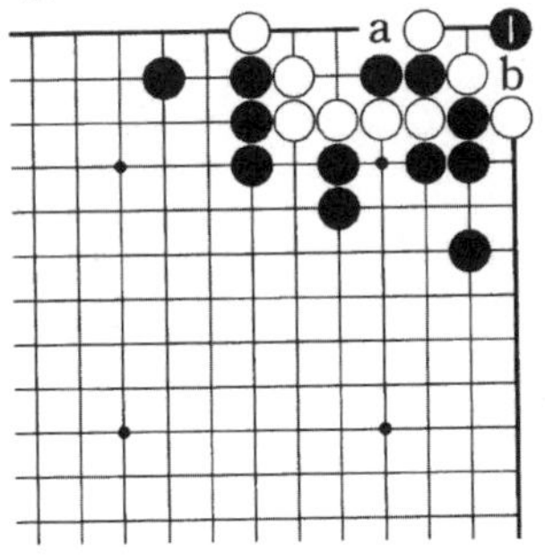

## 백 죽음

흑1로 치중하는 수가 백의 탄력을 없애는 맥이다. 이 한 수로 귀에 있는 백집은 없어진다. 백이 상변의 흑 2점을 잡아도 한 집밖에 없다. 백a는 흑b로 좋다.

失

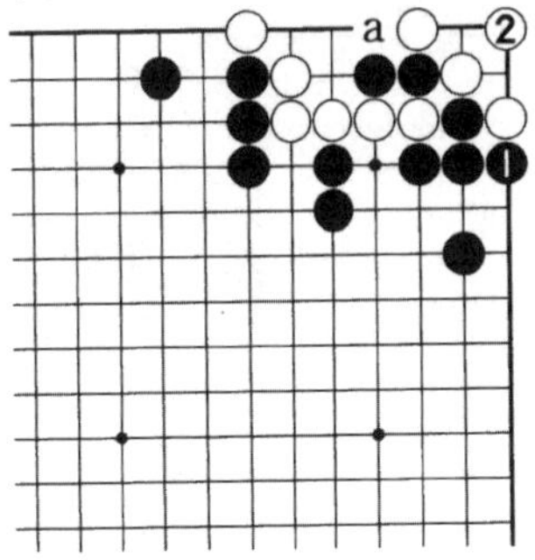

## 패는 실패

흑1로 막아 바깥부터 공격하는 것은 실패한다. 백2로 1·1에 웅크리면 귀에 탄력이 생겨 무조건 잡을 수 없다. 흑1로 a도 백2.

제14형 흑번

(323)

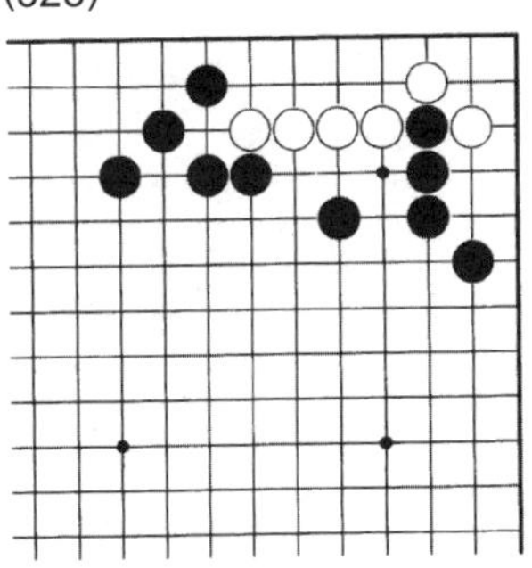

## 치중수

사활의 문제.

백집이 상당히 넓어 바깥에서 공격하는 것으로는 부족하다. 귀의 급소를 노려 치중수를 두어야한다.

解

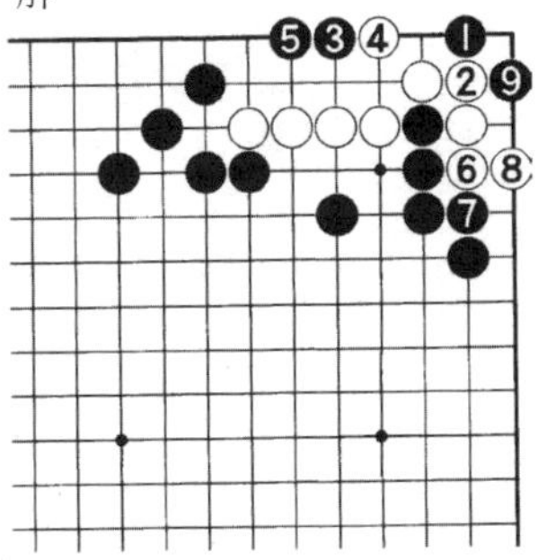

## 귀곡사

흑1의 치중이 안형의 급소이다. 2로 이으면 흑3부터 9까지 상변부터 백집을 줄여나간다. 귀곡사의 죽음이 된다.

変

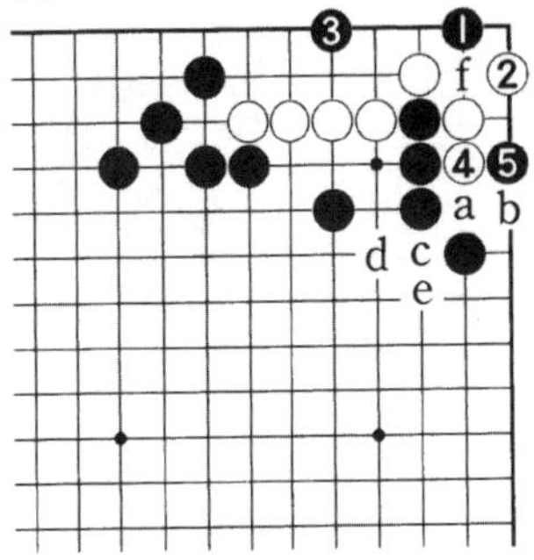

## 백 죽음

백2로 받으면 흑3으로 미끄러져서 좋다. 백4에는 흑5. 백a, 흑b로 활용하여 백c로 끊기를 노려도 흑d, 백e, 흑f가 있어 성립하지 않는다.

(324)

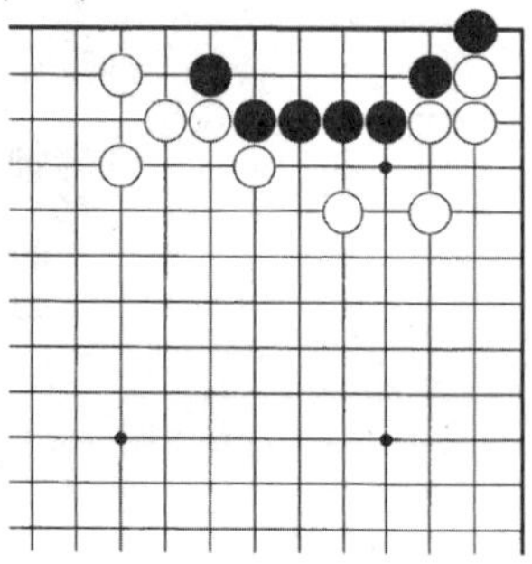

解

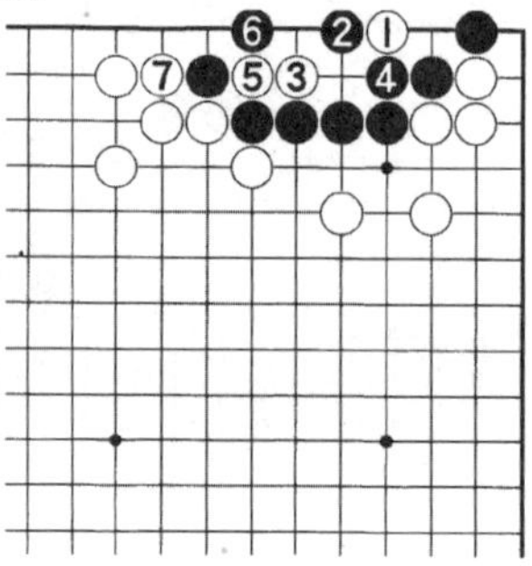


失

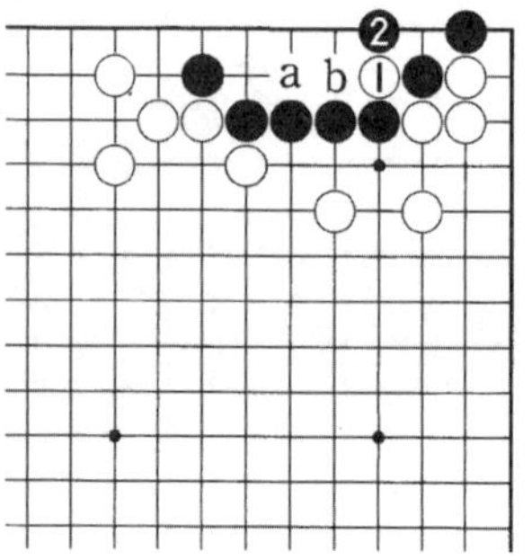


제15형 백번

## 무조건

사활의 문제.

흑은 불완전한 모양이다. 무조건 잡기 위해서는 연구가 필요하다. 흑의 패의 탄력을 없애고 싶다.

## 흑 죽음

백1의 치중이 흑의 패의 탄력을 없애는 맥이다. 흑2로 붙인 뒤 4로 흑 1점을 잡아 1집을 내더라도 백5와 7로 끊으면 흑이 죽는다.

## 패는 실패

백1로 끊으면 흑2로 젖혀 패가 난다. 백1로 a에 먼저 두면 흑b로 역시 불리하다.

(325)

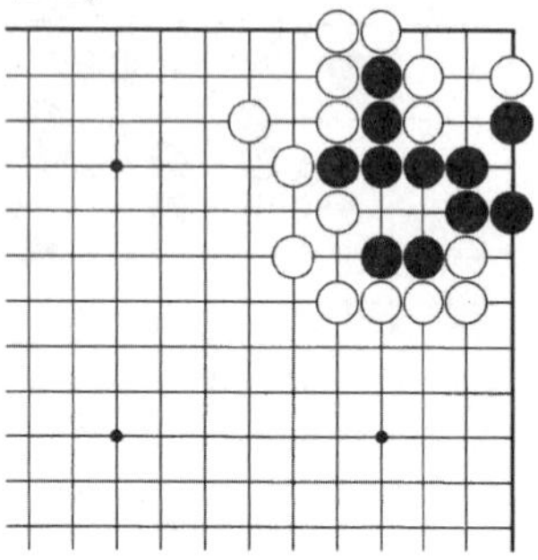

解

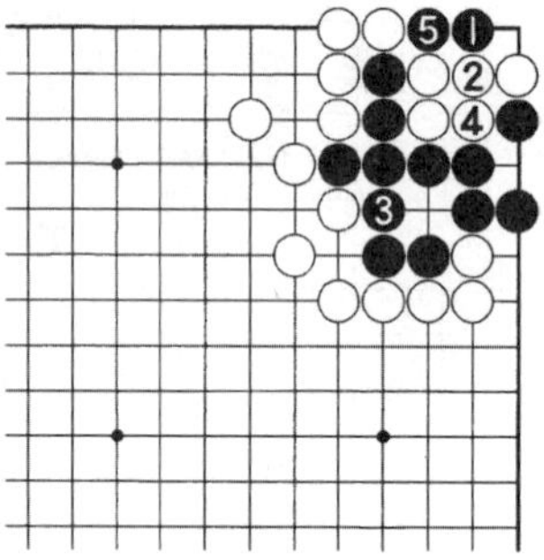


失

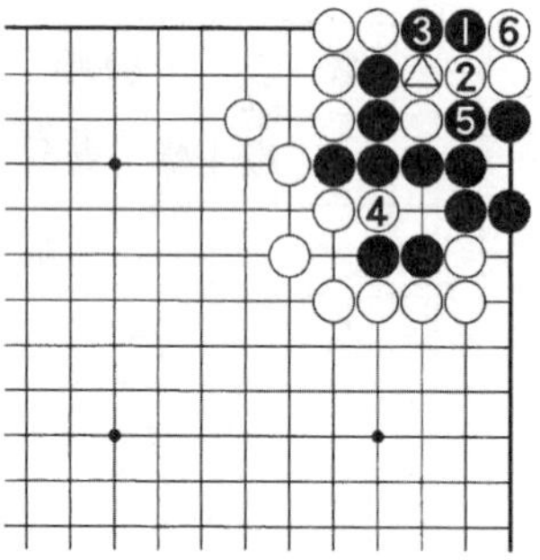


제16형 흑번

## 끈질김

백에게 포위당한 흑 11점은 죽은 것처럼 보이지만 의외로 끈질기다.

## 패

흑1로 치중하는 수가 맥이다.

백2는 절대이지만 흑3으로 집을 만드는 것이 냉정하다. 이후 백4는 흑5로 흑은 패를 낸다.

## 두 눈이 나지 않는다

흑3으로 먼저 끊으면 실패한다. 백4이후 흑9 이후 ◬로 끊는 수가 좋은 수로 흑이 죽는다.

※❼→❸, ⑧→❶(따냄), ❾→❸(따냄), ⑩→◬(끊기)

(326)

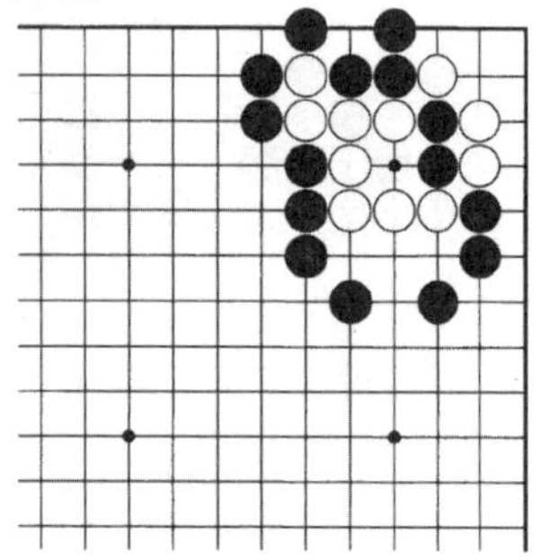

解

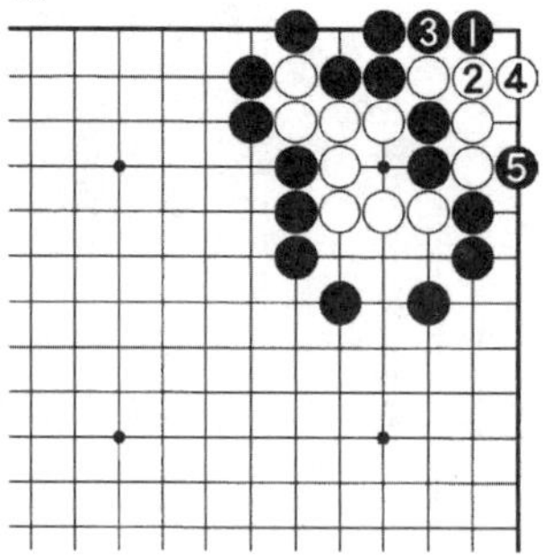


失

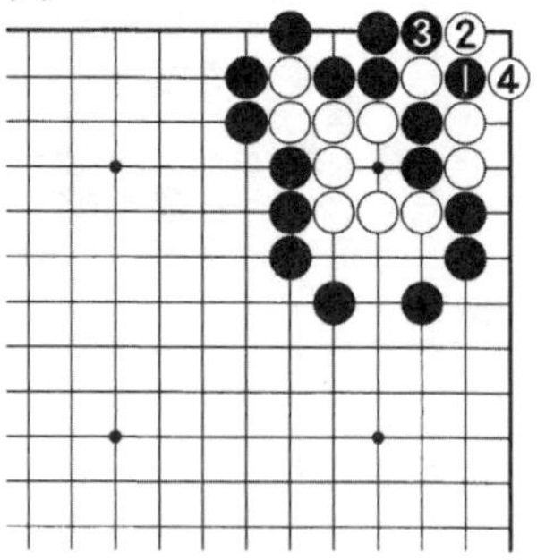


제17형 흑번

## 부수는 방법

사활의 문제.

귀의 백집을 부수면 흑 2점을 잡아도 백이 죽는다. 부수는 것에도 기술이 필요하다.

## 백 죽음

흑1의 치중이 백의 자충을 추궁하는 급소이다. 백은 2로 잇고 4로 뻗어도 흑5로 젖혀 백은 자충이 된다.

## 패

흑1로 끊으면 백2가 날카롭다. 흑3으로 백 1점을 잡아도 백4로 귀로 단수쳐서 패가 난다. 흑이 패를 지면 촉촉수로 된다.

(327)

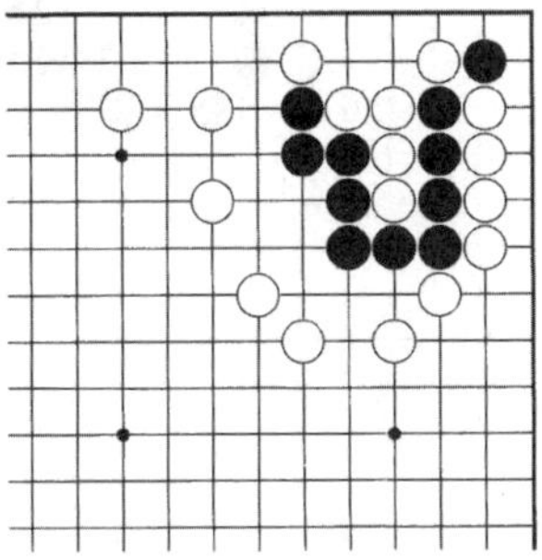

解

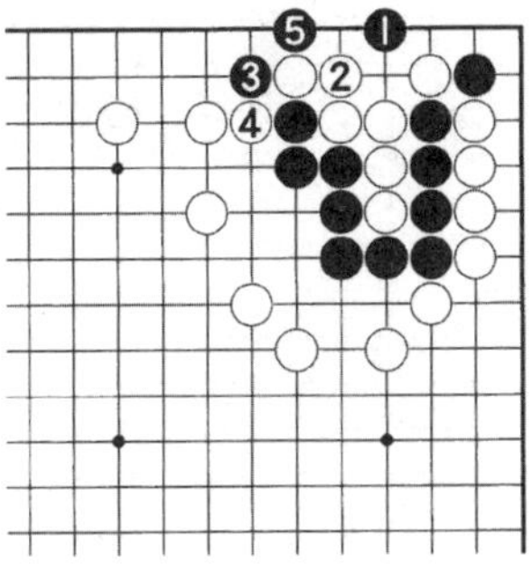

失

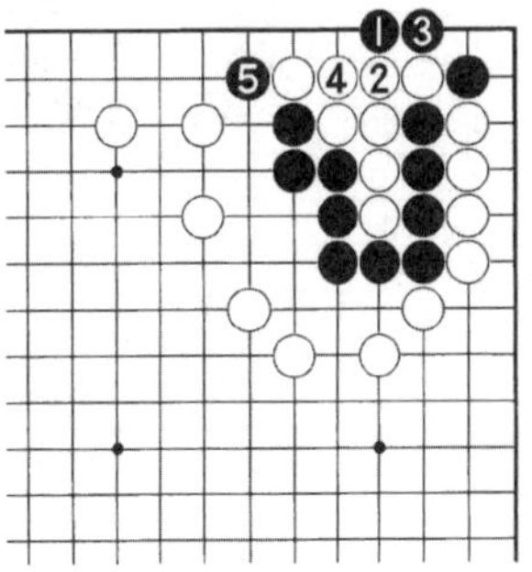

제18형 흑번

## 표적

사활의 문제.
우상의 흑은 집이 없는 모양이다. 살기 위해서는 상변의 백을 표적으로 삼아야 한다.

## 6점 잡기

흑1의 치중이 백의 자충을 추궁하는 좋은 수이다. 백2로 이으면 흑3으로 젖혀 백4로 끊더라도 흑5로 젖혀 백 6점을 잡는다.

## 흑 승

백2로 이으면 흑3과 5로 그만이다. 흑1로 2에 끊으면 백4, 흑3, 백5로 흑은 전멸한다. 또 흑1로 5도 백2로 이어 백 6점이 살 수 있다.

(328)

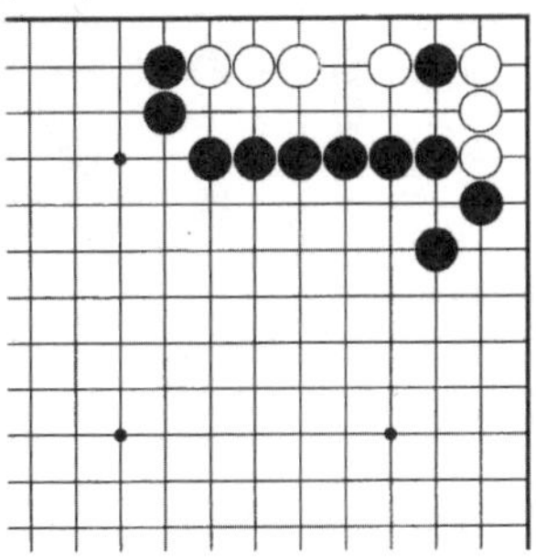

解

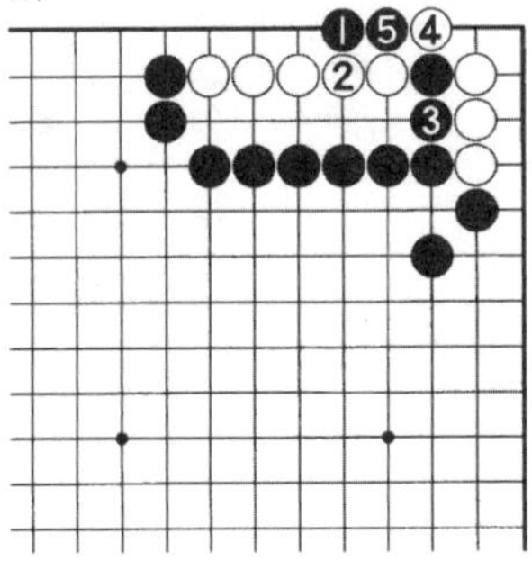

失

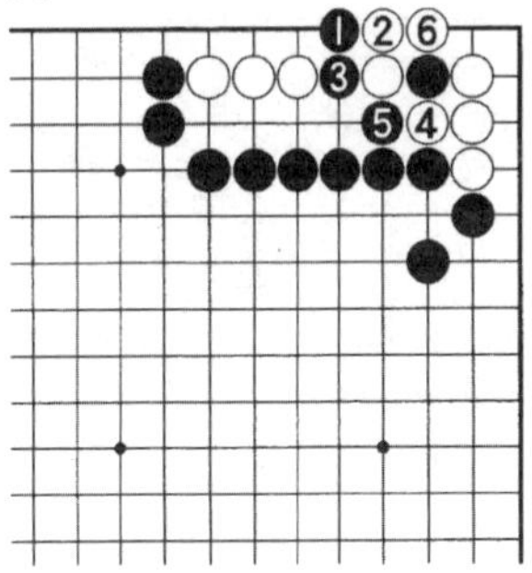

제19형 흑번

## 틈

백은 상변을 건너 귀와 상변에 각각 집을 만든 모양이지만 아직 완전하지 않다. 백의 틈은 어디에 있을까?

## 백 죽음

흑1의 치중은 날카로운 맥이다. 백2로 이으면 흑3으로 1점을 살리고 백4 이후 흑5로 끊어 상변을 옥집으로 하면 좋다.

## 3점 잡기

백2로 잇고 흑3으로 나오는 모양이다. 백은 4와 6으로 흑 1점을 잡고 사는 정도이다. 흑5까지 상변의 백 3점을 잡은 집이 크다.

(329)

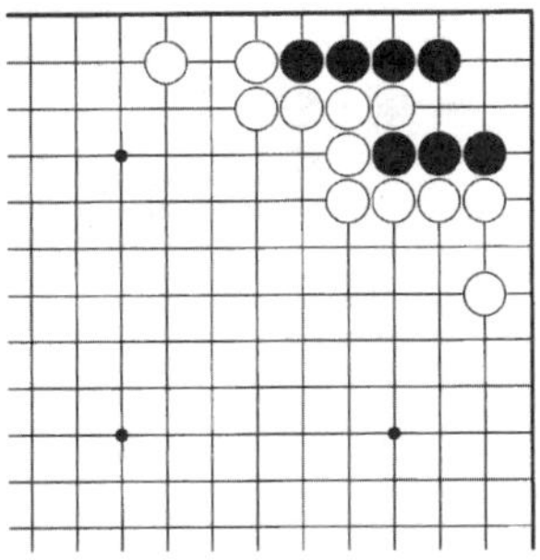

解

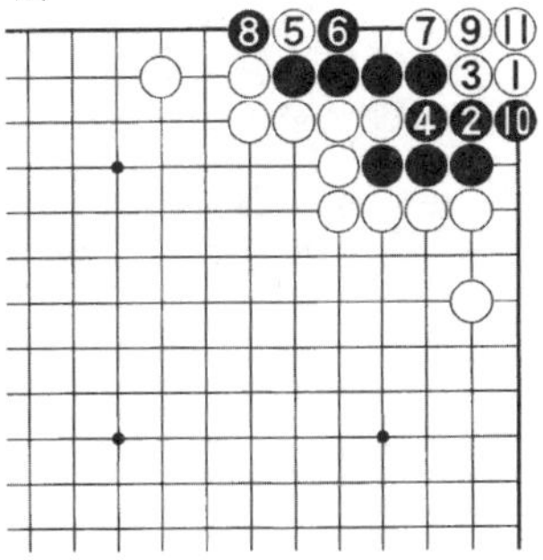

失

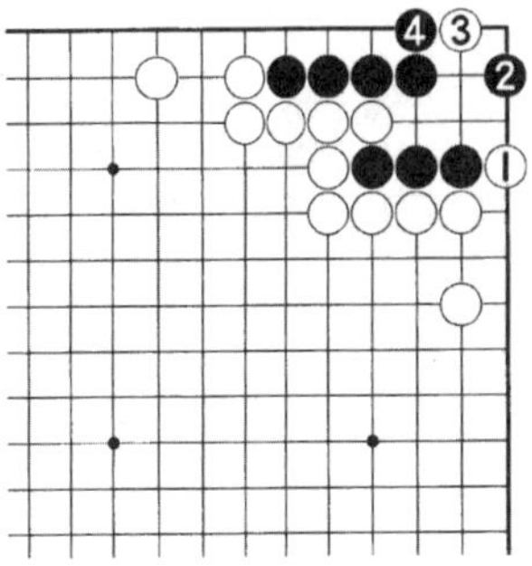

제20형 백번

## 우형

사활의 문제.
귀의 흑집이 넓다. 바깥부터 공격해도 소용이 없다면 치중수를 고려해 보아야한다.

## 흑 죽음

백1의 치중은 2·1의 급소이다. 흑2로 건너려는 돌을 막고 백3을 활용하면 5로 흑집을 줄일 수 있다. 백7부터 11까지 오궁도화이다.

## 흑 삶

백1로 젖히면 흑2로 받아 안된다. 백3, 흑4로 흑은 두 집이 된다. 2의 수 2·1는 공방의 초점이 된다.

(330)

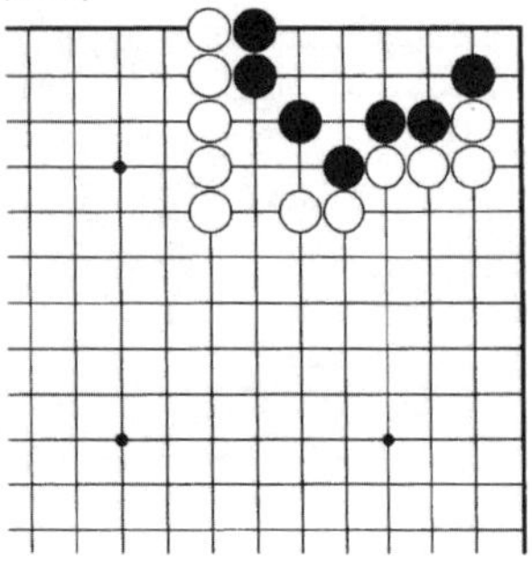

解

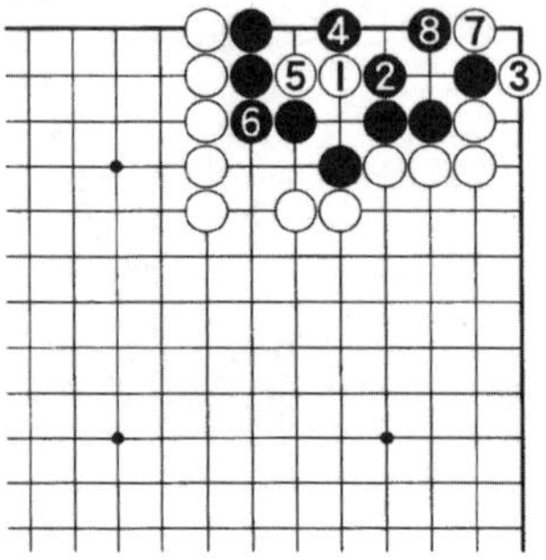

变

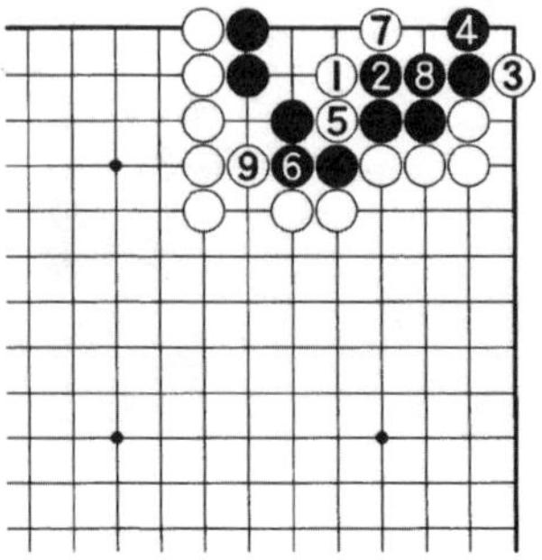

제21형 백번

## 모양을 부수다

사활의 문제.
귀로 젖히는 것도 있어 흑집이 넓게 보인다. 백은 흑의 모양을 무너뜨리면서 집을 좁혀가는 연구를 한다.

## 패

백1의 치중은 안형의 급소이다. 흑2로 막고 백3으로 젖혀 상변을 우형으로 만들면 흑4부터 8까지 패가 난다.

## 흑 전멸

흑4로 뻗어 상변의 집을 넓히려 하면 자충으로 실패한다. 백5, 7로 단수를 쳐서 흑의 모양을 무너뜨리고 백9로 흑은 대응 수가 없는 모양이다.

(331)

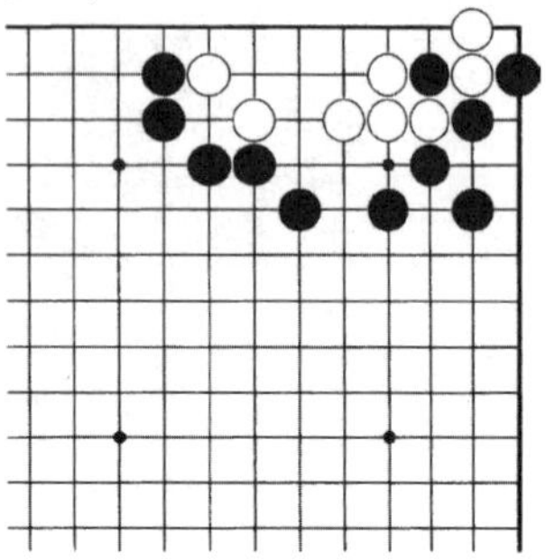

解

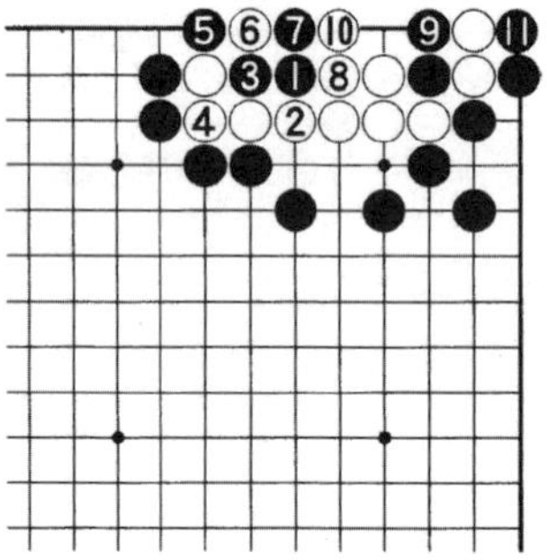

失

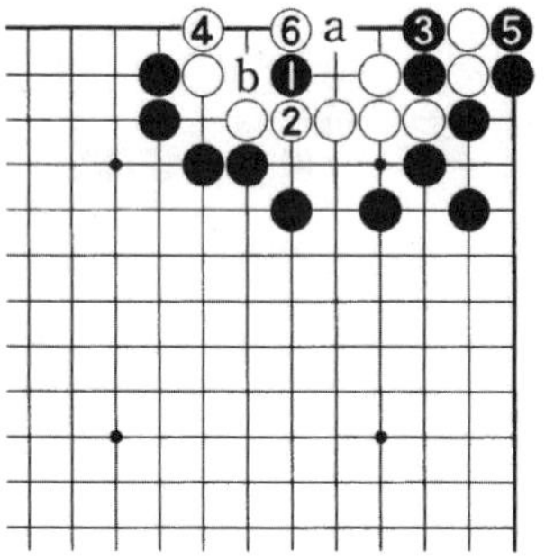

제22형 흑번

## 사석

사활의 문제.
귀의 흑을 잡고 있는 백은 안형이 풍부한 것처럼 보이지만 상변에 약점이 있다. 흑은 좋은 수순으로 사석을 이용하여 해결하고 싶다.

## 백 죽음

흑1로 치중하고 3과 5로 건너면 백이 죽는다. 백6부터 a까지 촉촉수를 노리면 흑9가 좋은 수로 왼쪽의 3점을 버려 3궁도가 된다.

## 패는 실패

흑3을 먼저 두면 백4로 상변의 집을 넓혀 실패한다. 백6으로 붙인 뒤 흑a, 백b로 패가 된다.

(332)

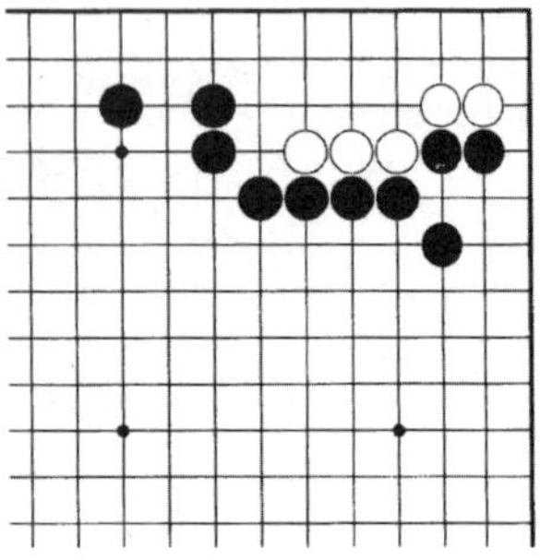

解

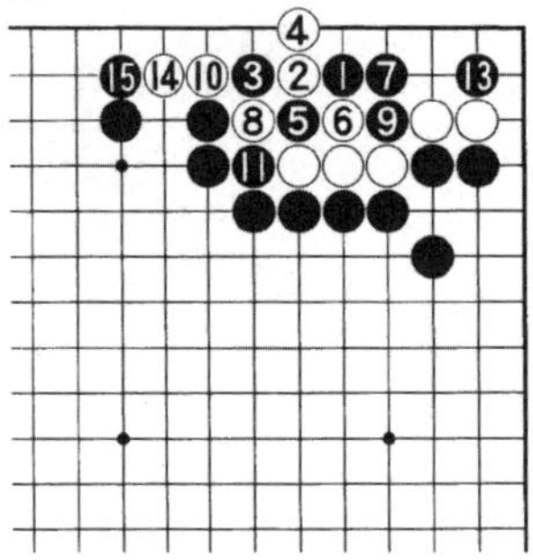

变

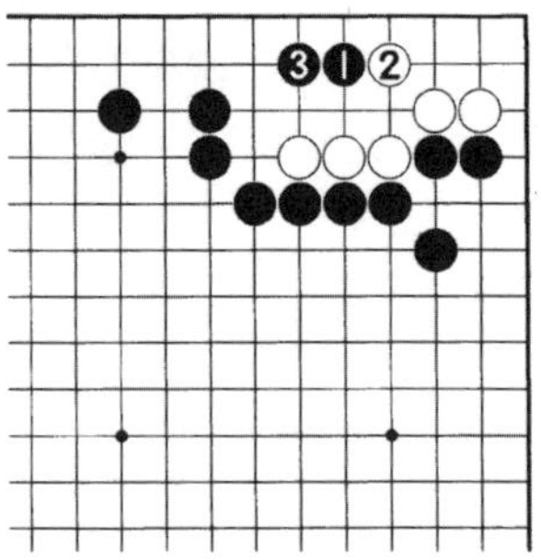

제23형 흑번

## 일격

사활의 문제.
귀의 백집은 흑으로부터 급소에 일격을 받으면 순식간에 집이 없어져 죽는다.

## 백 전멸

흑1로 치중하는 수가 냉엄하다. 백2로 이어 저항하면 흑3부터 7까지 눈을 없애는 맥이다. 흑9로 끊어 귀를 분단하면 백은 전멸한다.

※⑫→❺

## 그만

백2로 받으면 흑3으로 1점을 살려 그만이다. 귀의 백은 두 개의 눈을 만들 여유가 없다.

(333)

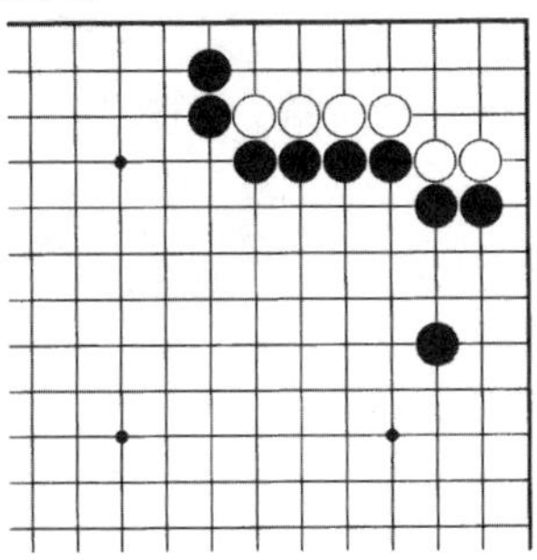

解

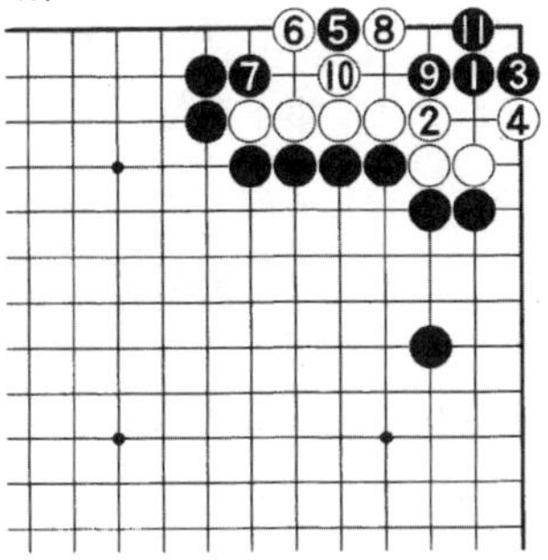

变

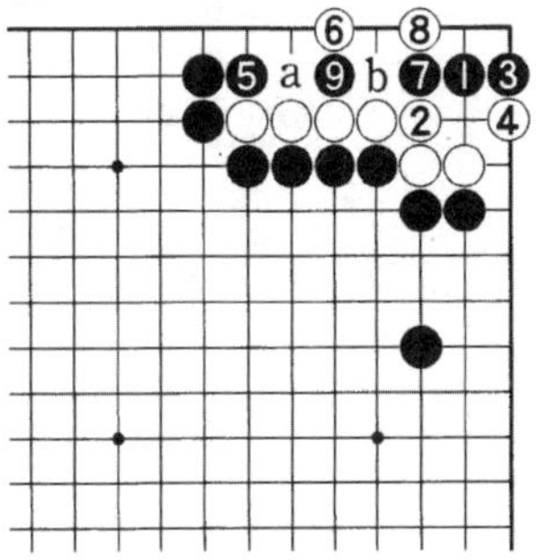

**제 24 형 흑번**

### 자충

사활의 문제.
백집은 넓지만 공배가 없어서 맛이 나쁜 모양이다. 흑은 치중수로 수상전을 노려서 백을 전멸시키고자 한다.

### 치중수

흑1은 공배가 없는 백을 추궁하는 급소이다. 백2로 이으면 흑3의 뻗음을 활용하여 치중한다. 흑5부터 11로 백이 죽는다.

### 흑 승

흑5로 단순하게 꼬부려도 좋다. 백6으로 집을 넓히면 흑7로 치중수를 늘리고 백8로 붙인다. 흑9가 묘수이다. 백a에는 흑b로 흑이 수상전을 이긴다.

(334)

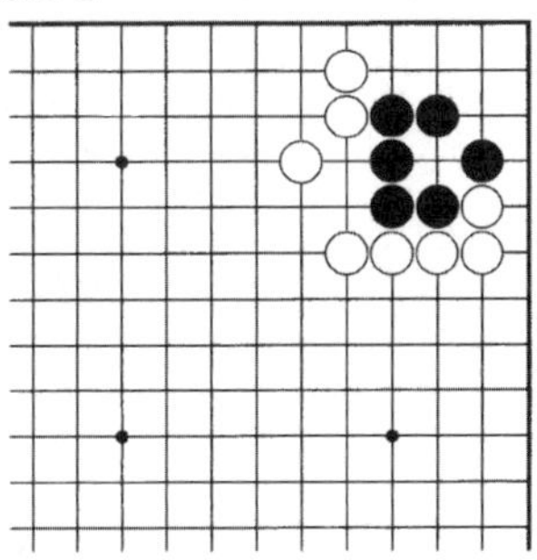

解

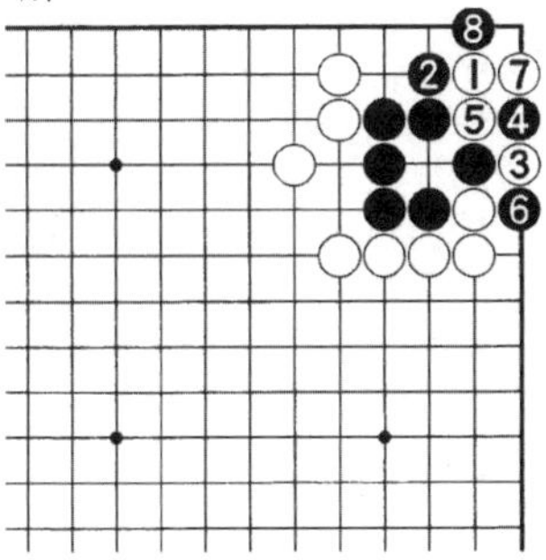

变

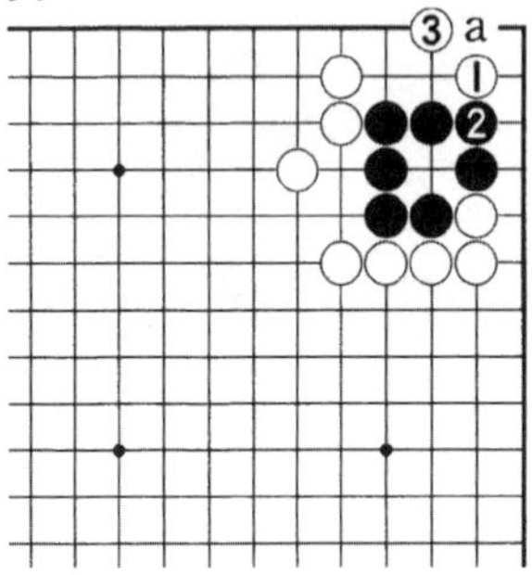

**제 25 형 백번**

### 중앙을 부수다

사활의 문제.
흑은 가운데에 1눈을 만들고 귀의 집도 넓어서 밖으로부터 공격에도 잘되지 않는다. 가운데 흑의 눈을 없애는 노림수는?

### 패

백1의 치중은 안형의 급소이다. 흑2로 백이 건너지 못하게 막으면 백3, 5로 촉촉수를 노려 가운데 눈을 부순다. 흑8로 패가 난다.
※⑨→③(따냄)

### 흑 죽음

흑2로 잇는 것은 백3으로 건너면 흑은 무조건 죽는다. 백1로 a에 미끄러짐은 잘못된 것으로 흑1로 입구자하면 살 수 있다.

(335)

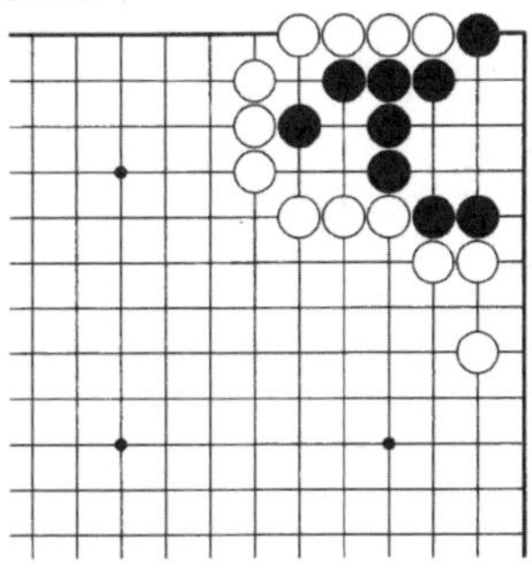

解

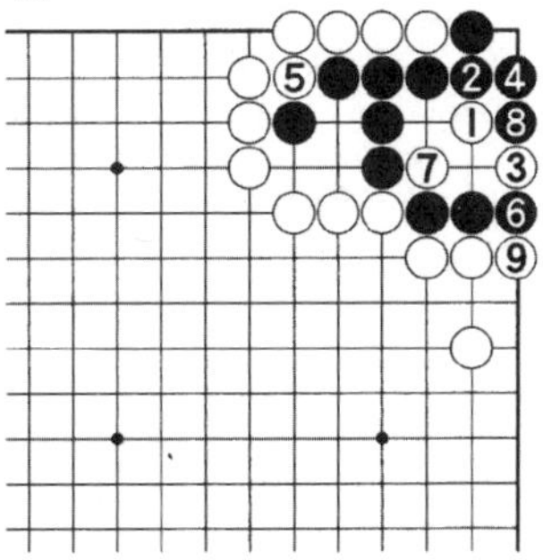

失

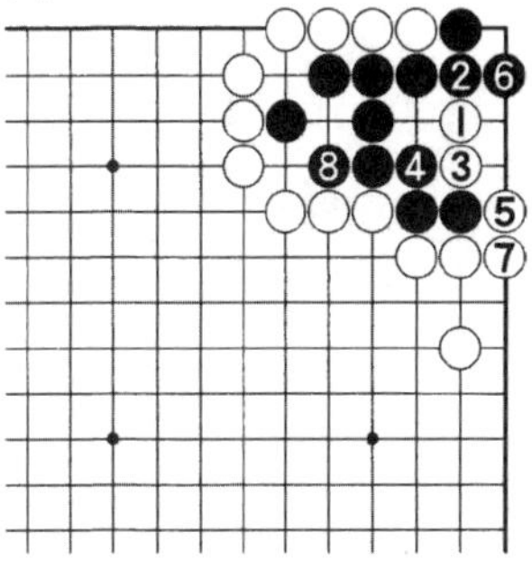

**제 26 형 백번**

### 귀의 눈

사활의 문제.
첫 수는 정해져있다. 귀를 한 집으로 만들면 왼쪽 눈을 부숴 흑을 잡는 것이 가능하다.

### 흑 죽음

백1의 치중이 안형의 급소이다. 흑2로 이으면 백3으로 입구자를 활용하고 백5로 집의 눈을 빼앗는다. 흑6은 백7, 9로 백의 승리이다.

### 흑 삶

백3의 치받는 수는 속맥이다. 흑4로 이으면 2점은 촉촉수에 걸리므로 백7로 건너는 것이 후수가 된다. 흑8로 백이 실패한다.

(336)

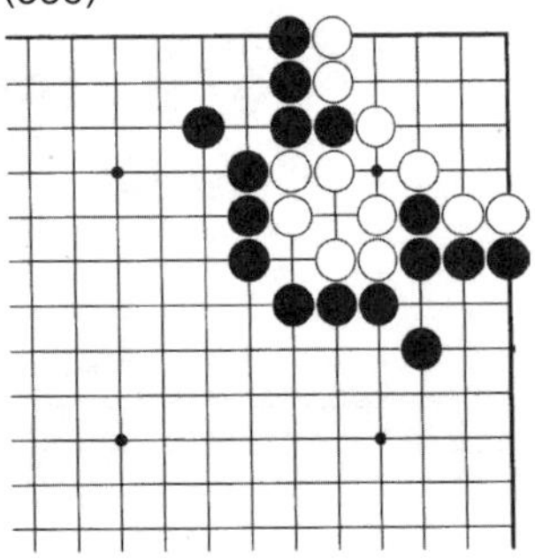

解

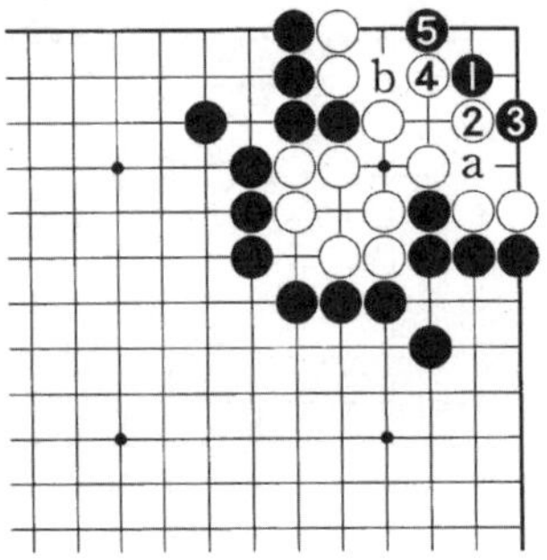

变

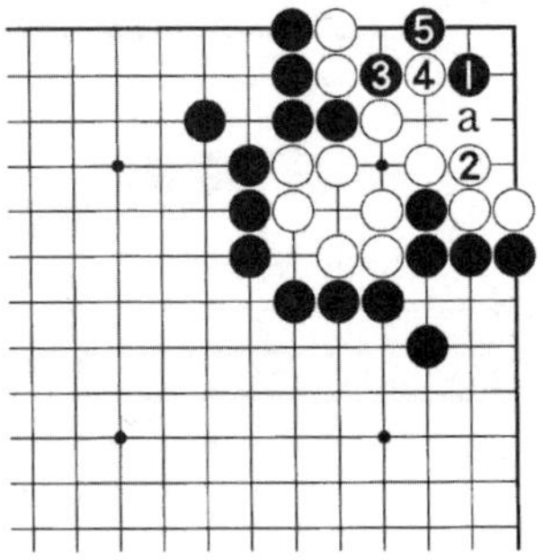

제27형 흑번

### 일격
사활의 문제
중앙에 한 눈, 귀에 큰 집을 갖고 있는 백이지만 귀는 자충의 나쁜 모양이다. 흑의 일격으로 집이 없어 질수도 있다.

### 백 전멸
흑1의 치중은 동형의 중앙이다. 일수로 백은 전멸한다. 백2, 4로 받아도 각각 a, b의 환격이 남아 귀에는 눈이 없다.

### 환격
백2로 이으면 흑3으로 끊는다. 백4에 흑5로 환격의 모양으로 귀로 연결하여 백의 눈을 없앤다. 흑1로 a는 백2, 흑4로 빅이다.

(337)

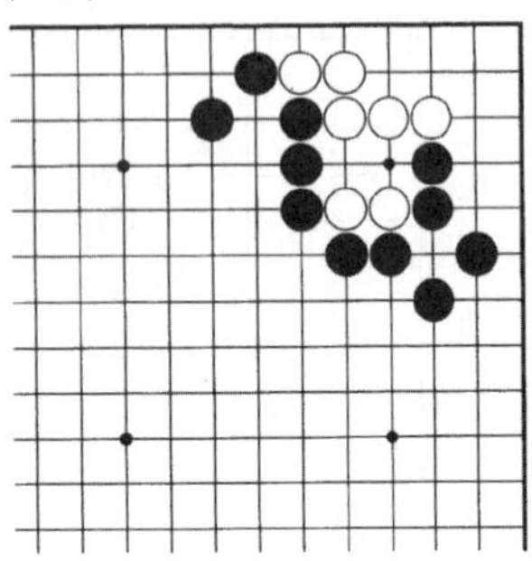

解

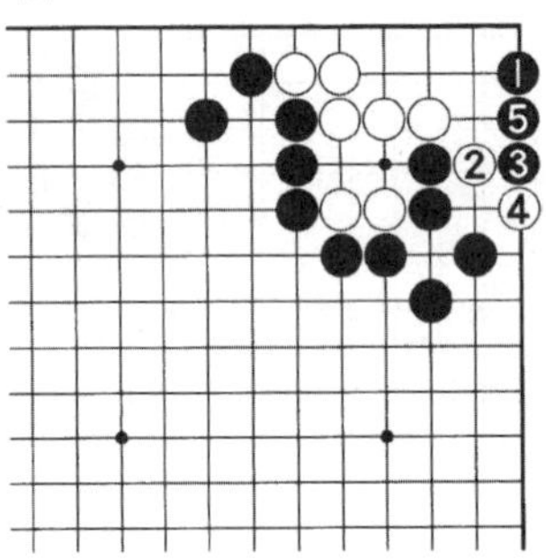

失

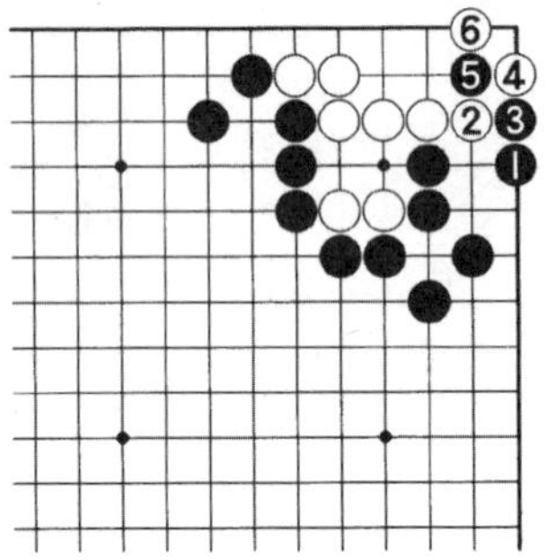

제28형 흑번

### 좁히다
사활의 문제.
백을 살지 못하는 상태로 만들려고 하면 착상의 전환을 하지 않으면 안 된다. 우변부터 백의 집을 줄여간다.

### 백 죽음
흑1로 우변을 미끄러지며 치중한다. 백2로 젖혀 분단을 노리더라도 흑3, 5로 받아 우변을 건넌다. 백은 집이 좁아져 살 수 없다.

### 패
흑1로 뛰면 백2로 받아 무조건 잡을 수 없다. 흑3, 5로 나가 끊으면 백6으로 패가 난다. 흑1로 3의 눈목자도 백4로 붙여 실패한다.

(338)

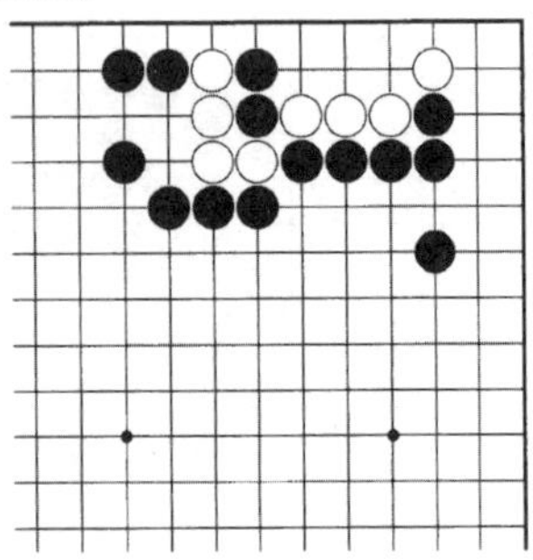

解

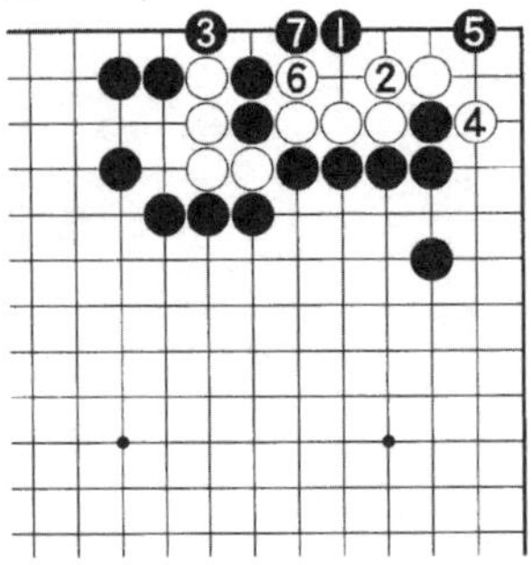

变

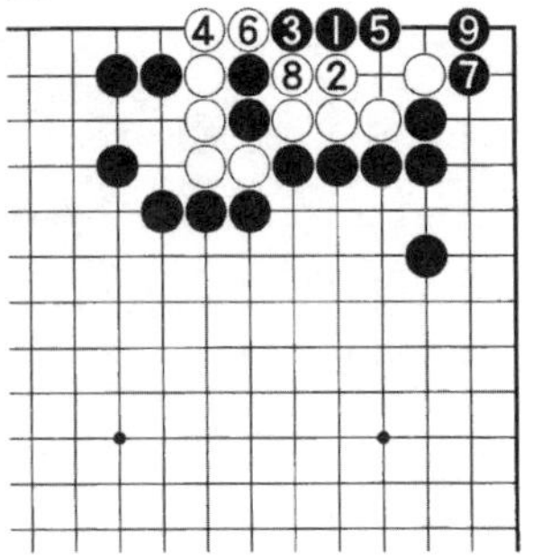

제29형 흑번

### 사석
백 4점을 잡아도 귀의 백을 살려주면 실패이다. 흑은 2점을 사석으로 이용하여 백을 전멸시키고 싶다.

### 백 전멸
흑1의 치중은 백 3점을 공격하는 급소이다. 백2로 이으면 흑3으로 건너 귀의 집을 좁힌다. 백4로 젖히더라도 흑5로 눈을 빼앗으면 백이 전멸한다.

### 백 죽음
백2는 호구로 잇는 모양이다. 흑3에 백4로 가운데의 흑을 공격하려 한다. 흑5로 늘고 2점을 버린 뒤 흑9로 건너면 백이 죽는다. 흑1로 7은 백5.

제30형 흑번

(339)

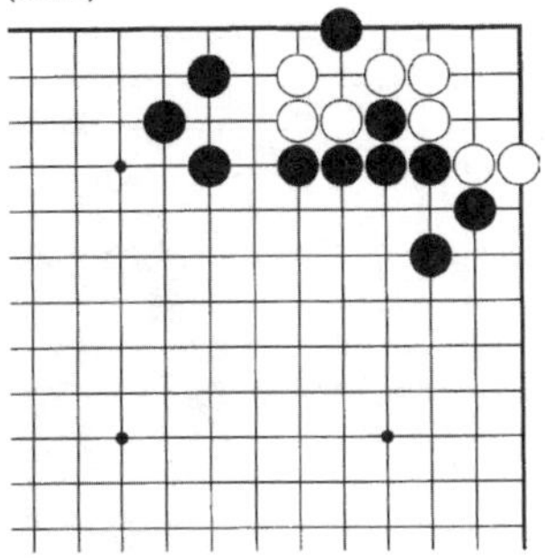

## 결정짓다

귀의 사활이 문제.
상변의 흑 1점을 살려 나가는 것만으로는 귀의 백집이 크고 죽지 않는 모양이다. 귀를 어떻게 결정지어야 할까?

解

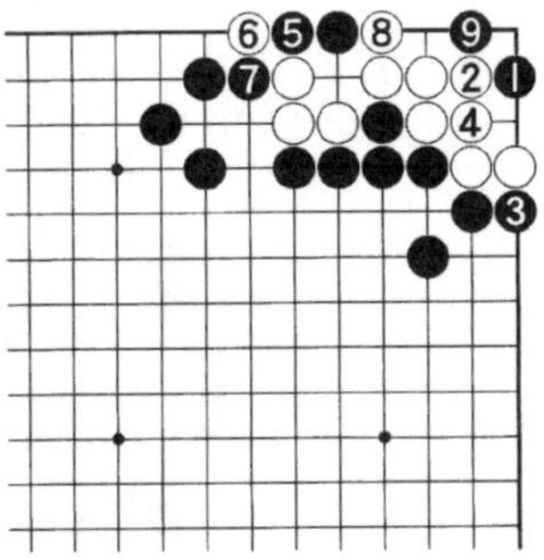

## 백 죽음

흑1의 치중은 2·1의 급소이다. 백2와 흑3으로 결정하여 귀를 1 눈으로 만든다. 흑5와 7로 상변도 옥집이 되며 흑9로 귀곡사의 모양이 된다.

変

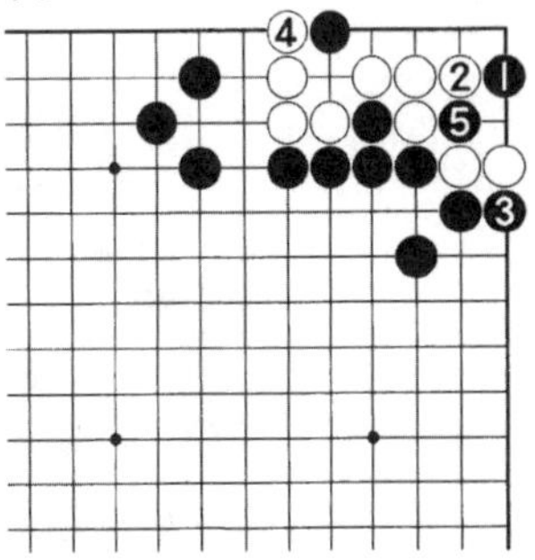

## 환격

백4로 상변의 흑 1점을 잡으면 흑5로 환격한다. 백 2점을 잡으면 귀의 백에 눈이 없다. 흑1로 4는 백1로 지켜 실패한다.

제31형 백번

(340)

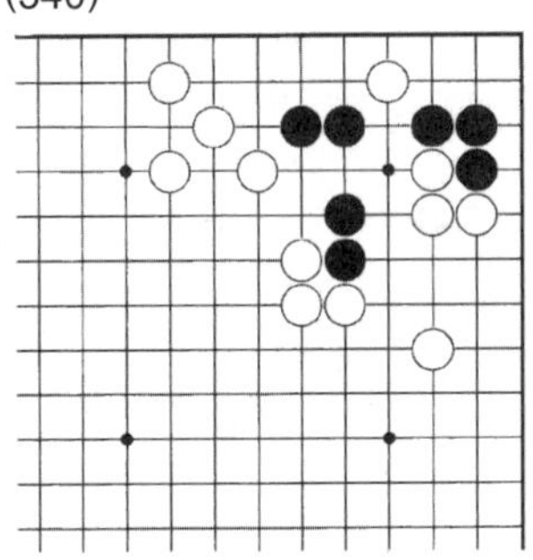

## 치중수

사활의 문제.
백은 귀의 흑과 수상전을 노리고 있다. 우상의 백 1점이 치중수가 된다.

解

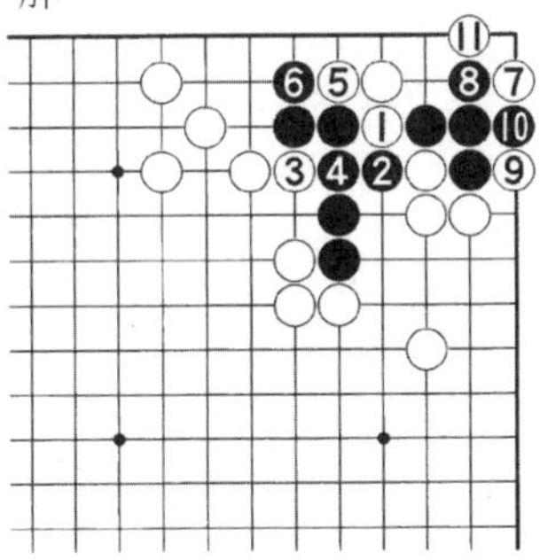

## 패

백1부터 흑6까지 활용한다. 백7이 냉엄한 공격의 맥으로 2·1의 급소이다. 백11까지 흑 전체의 생사와 연관되는 패가 난다.

変

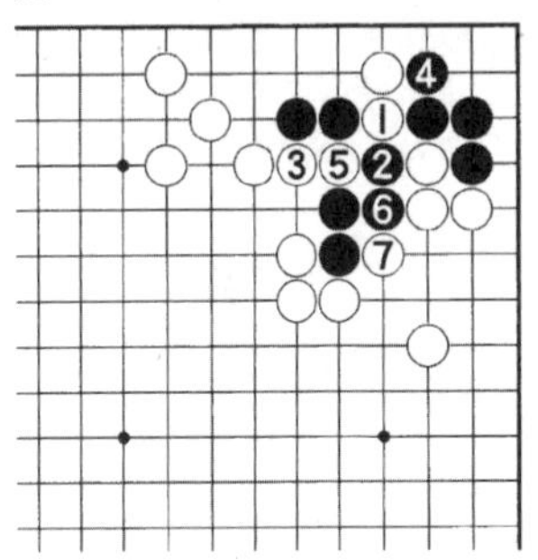

## 백 전멸

백3의 공격에 흑4로 받는다. 백5, 7로 가운데 흑 4점을 잡아서 흑은 전멸한다. 상변에는 흑의 눈이 되지 않는다.

제32형 백번

(341)

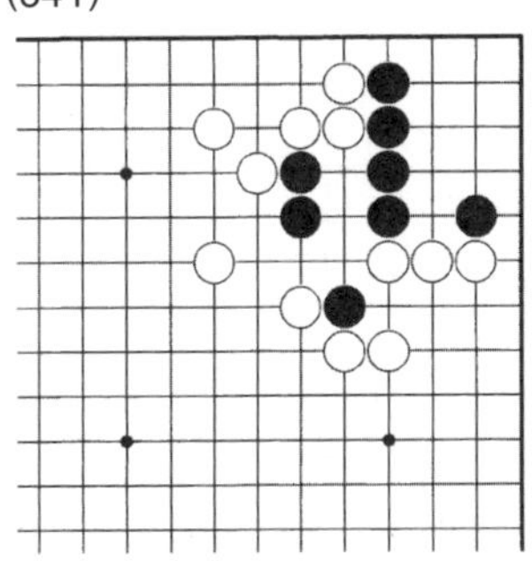

## 치중수

사활의 문제.
바깥에서 공격해 보았으나 백집이 너무 넓어 실패하였다. 귀를 1눈으로 하는 매화육궁이 가능한 변화도 있다.

解

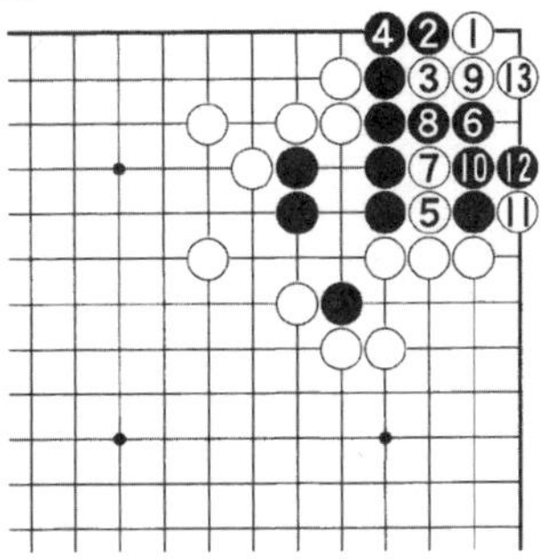

## 백 죽음

흑1의 치중은 2·1의 맥이다. 백2로 입구자 붙여 건너는 것을 막는다. 백3으로 단수치고 5, 7로 바깥에서 공격한 뒤 9로 이어 삿갓 4궁이 된다.

変

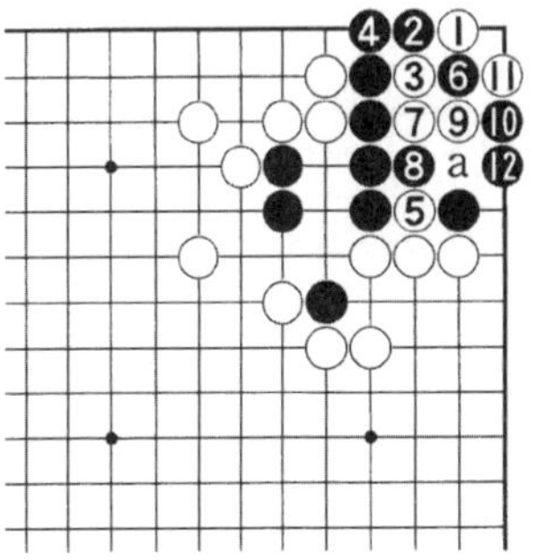

## 매화육궁

흑6으로 끊는 변화이다. 백7, 9로 도망 나오면 좋다. 흑10으로 공격해도 귀는 매화육궁으로 한 집 밖에 없다. ※⑬ →손빼(다음 흑a로 단수쳐도 6자리 이어서 매화육궁이 다.)

제 33 형 흑번

(342)

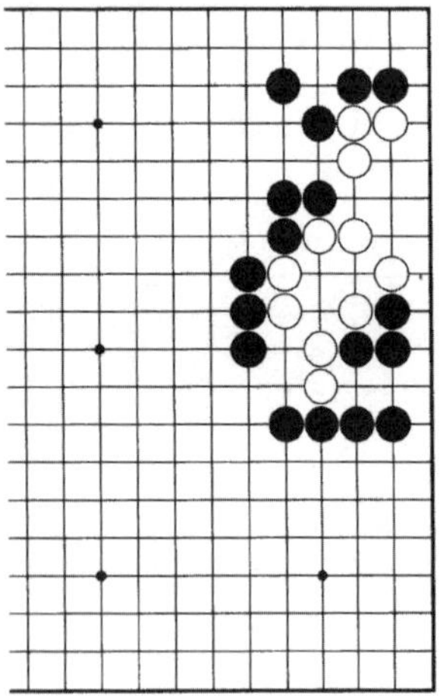

결함

사활의 문제.
백은 우변과 중앙에 각각 한집씩 내고 있으나 우변 집에 결함이 있어 전체의 안형이 수상하다.

解

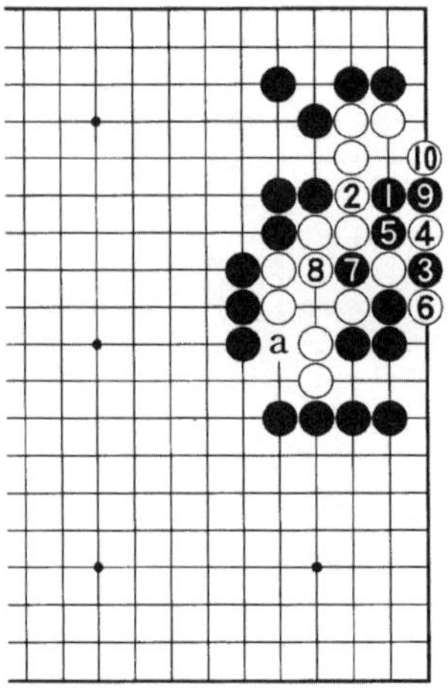

패

흑1의 치중이 안형의 급소이다. 백2 이후 흑3으로 젖혀 우형을 노린다. 백4로 저항하면 흑5로 끊고 7로 먹여치는 것이 좋은 수이다. 흑11까지 패. 백10으로 7에 이으면 흑a.
※ ⓫→❸

失

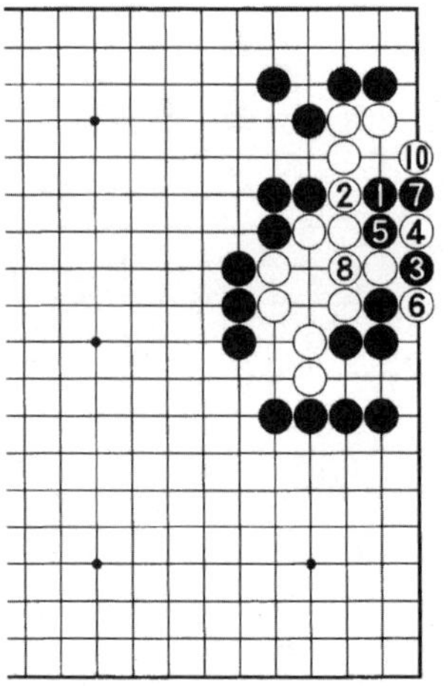

백 삶

흑7로 막으면 백8로 이어 실패한다. 백은 중앙에 한눈을 확보하고 흑9로 패를 따내도 백10으로 흑 3점을 촉촉수하여 살 수 있다.
※❾→❸

치중 침범

제 1 형 흑번

(343)

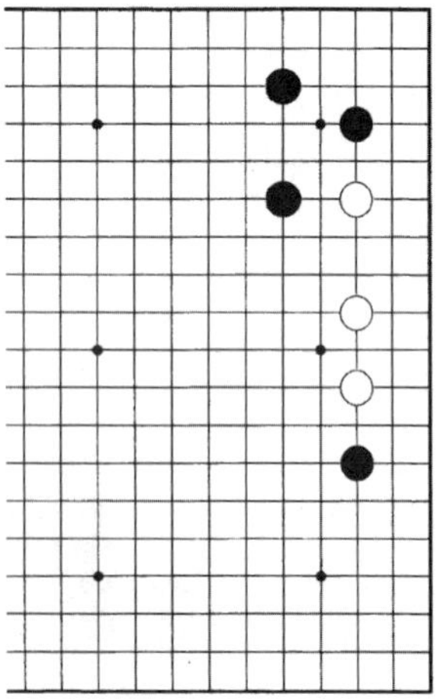

사석

백은 두 칸 벌림에 한 수를 추가하여 수습한 모양이기 때문에 흑은 바깥부터 백이 굳혀도 불만이 없다. 우변을 효과적으로 결정짓기 위해서는 사석을 이용해야 한다.

解

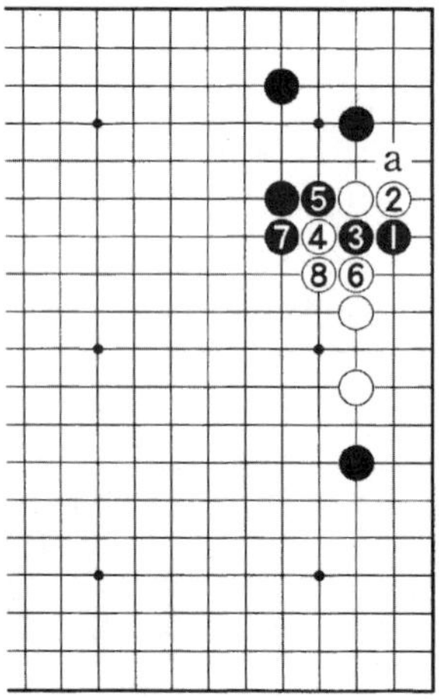

외세를 쌓다

흑1의 치중은 사석을 상용하는 맥이다. 백2로 막으면 흑3으로 나간 뒤 5로 끊어 바깥의 모양을 결정짓는다. 백6으로 공배를 메우고 흑7은 단수, a등을 활용하여 귀를 굳힌다.

変

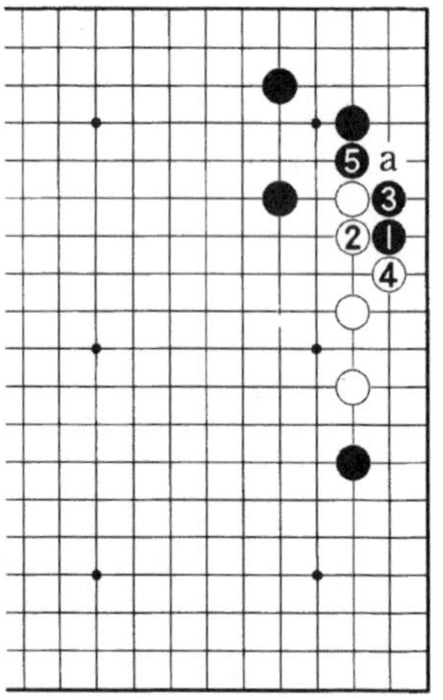

흑 성공

백2로 위쪽을 막으면 흑3으로 건너 귀의 집을 굳힌다. 백4, 흑5로 백집이 줄어들어 흑이 성공한다. 백4로 5는 흑a로 백은 다음 수가 없어 오히려 불리하다.

제2형 백번

(344)

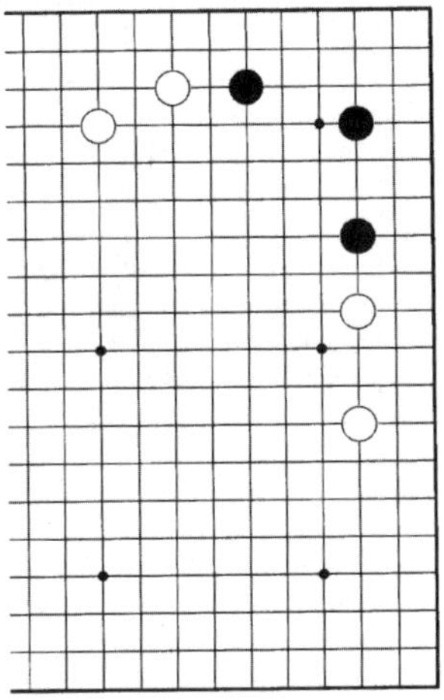

## 부수다

우상의 전투.
귀의 흑은 눈목자로 굳히고 우변으로 두 칸 벌려 튼튼하지만 변에 백의 세력이 있으므로 흑집을 부수는 것이 가능하다.

解

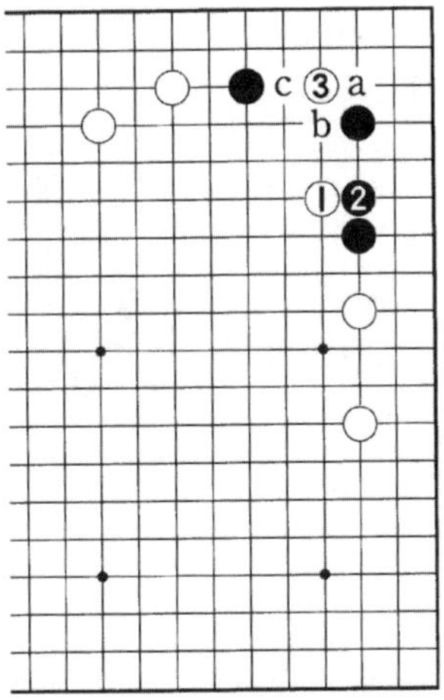


## 분단

백1로 어깨를 짚고 흑2를 활용하고 흑3의 치중이 맥이된다. 이후 흑a는 백b로 밀어 중앙으로 나가 상변의 흑 1점을 절단한다. 흑a로 b는 백c로 치받아 여유롭게 살 수 있다.

変

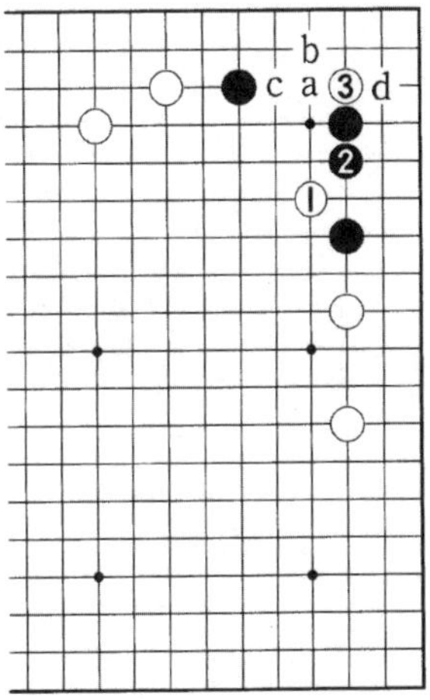


## 수상전

흑2로 늘리는 것은 백a의 치중을 막는 방법이다. 백3으로 붙이면 흑의 자충을 추궁하는 맥이 된다. 흑a는 백b로 젖혀 c와 d를 맞보기 한다.

제3형 흑번

(345)

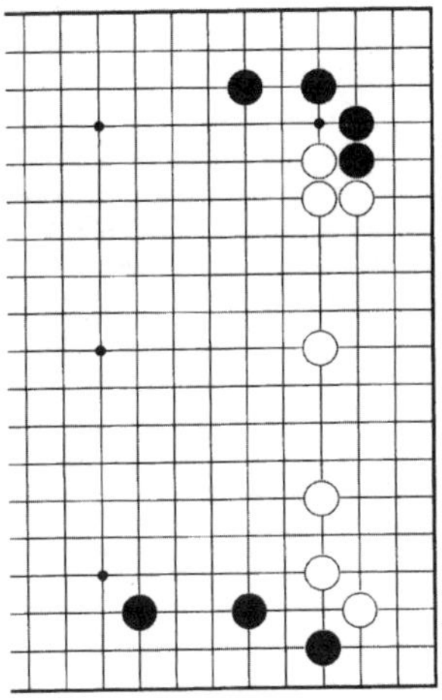

## 부수다

우변의 전투.
우하귀부터 우변의 백모양은 아직 확정 집이라고 하기 어려운 모양이다. 흑은 백집에 깊숙히 침입하여 집을 부수고 싶다.

解

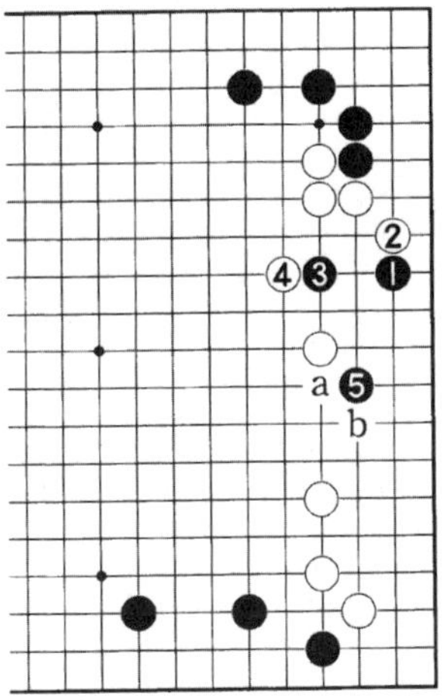


## 흑 삶

흑1의 치중은 백집을 부수는 상용의 맥이다. 백2로 흑이 건너는 것을 막으면 흑3의 뜀을 활용하여 5를 우변에 전개하여 근거를 만든다. 백a는 흑b로 공격해서 잡히는 불안은 없다.

変

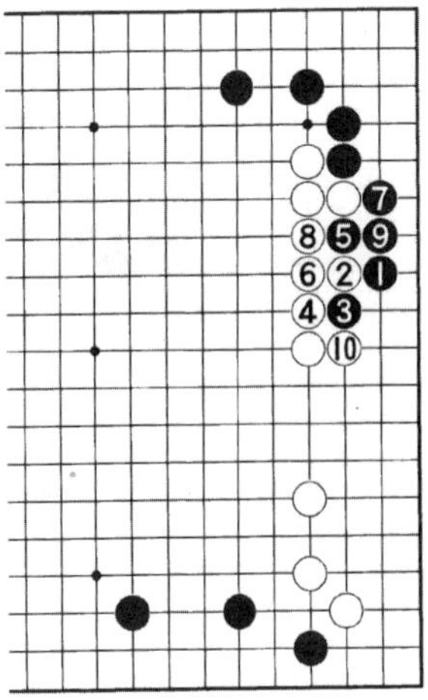

## 부수다

백2의 붙임은 중앙으로 탈출을 막는 냉엄한 수이다. 흑3, 5를 활용하면 7로 건넌다. 우상의 흑집을 넓히면서 백집을 없애서 성공이지만 백도 10으로 막아 두터워진다.

제4형 흑번

(346)

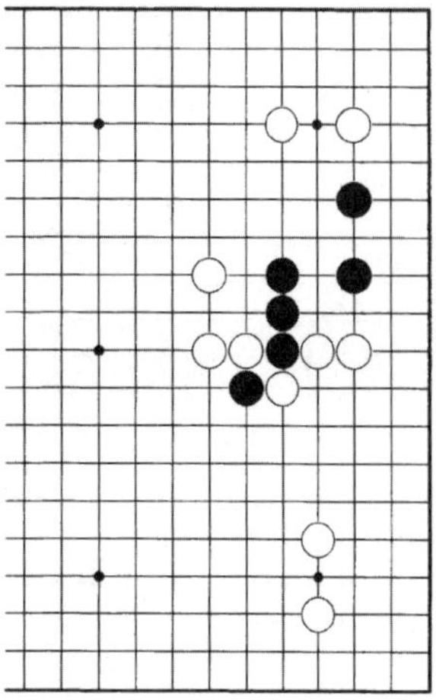

## 반격

우변의 전투.
우상의 흑이 백에 공격당하고 있는 모양이지만 흑은 우변에 있는 백의 약점을 추궁하여 반격하면 백집을 부수면서 살 수 있다.

解

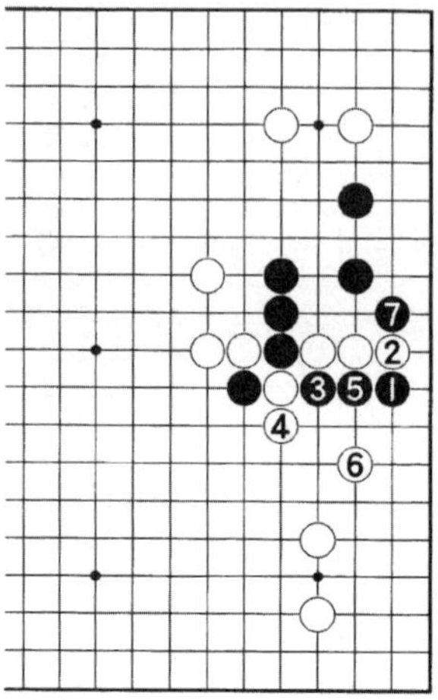

## 흑 승

흑1의 치중이 급소의 맥이된다. 백2로 흑이 건너지 못하게 막으면 흑3으로 끊고 5로 이어 좌변 수상전에 돌입한다. 백6으로 봉쇄에 흑7로 공격하여 흑이 이긴다.

变

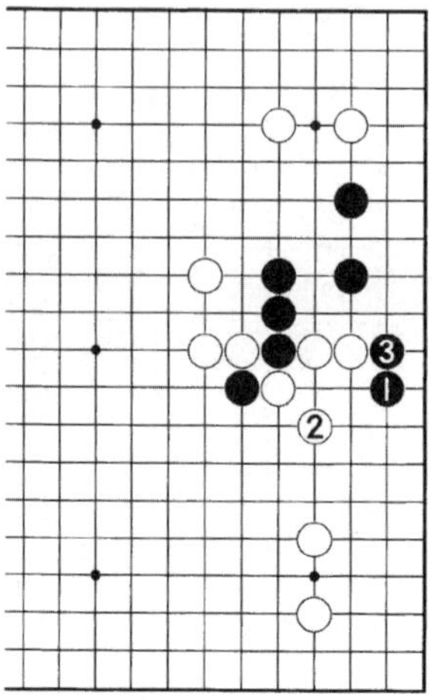

## 안정된 모양

백2로 중앙의 약점을 지키면 흑3으로 건넌 다음 우변의 흑집을 늘려 여유있게 정리한다. 흑1로 3에 붙이면 백1로 막아 흑이 충분하지 않다. 백집도 굳어진다.

제5형 흑번

(347)

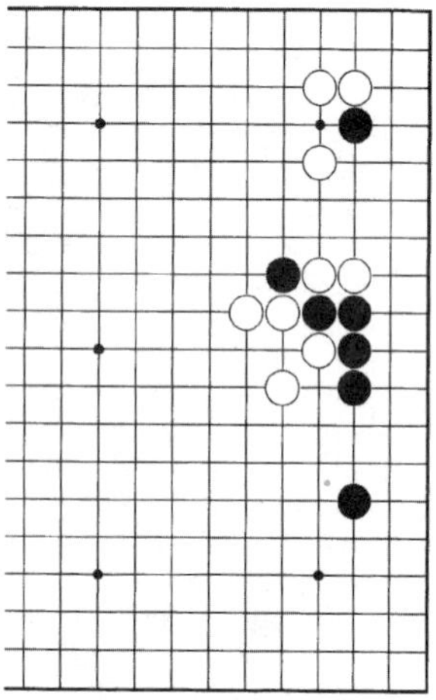

## 노림

우상의 전투.
백 모양의 가운데에 흩어져 있는 흑 2점은 우상의 백집을 부수는데 도움이 된다. 흑의 노림은 자충되어 있는 우변의 백 2점에 있다.

解

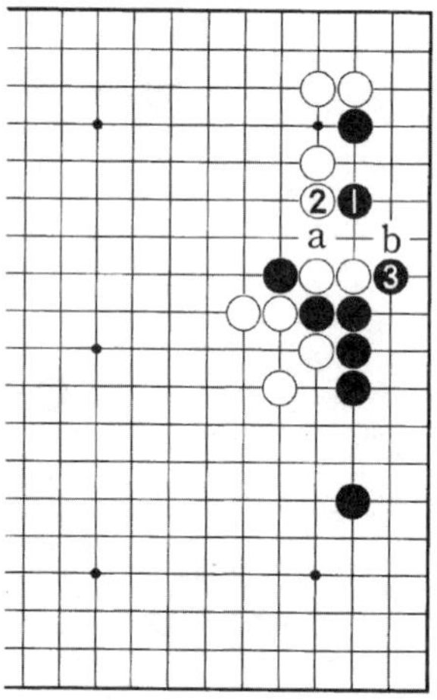


## 건넘

흑1의 치중이 우변 백 2점의 급소이다. 백2로 막으면 흑3으로 젖혀 백 2점을 자충이 되게 한다. 백a는 흑b로 건넌다. 백2로 a는 흑2로 뚫고 나가면 흑이 충분히 싸울 수 있다.

变

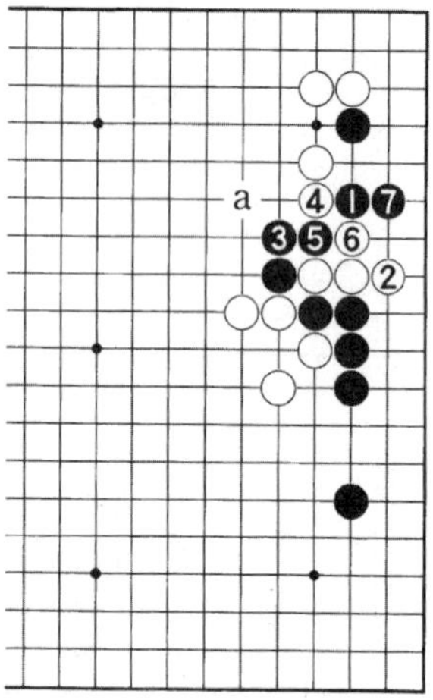


## 백 패배

백2로 뻗어서 흑이 건너지 못하게 막으면 흑3으로 봉쇄당해 무리가 된다. 백4, 6으로 끊어도 흑7까지 우변의 백은 3수로 백a로 씌워도 백이 진다.

(348)

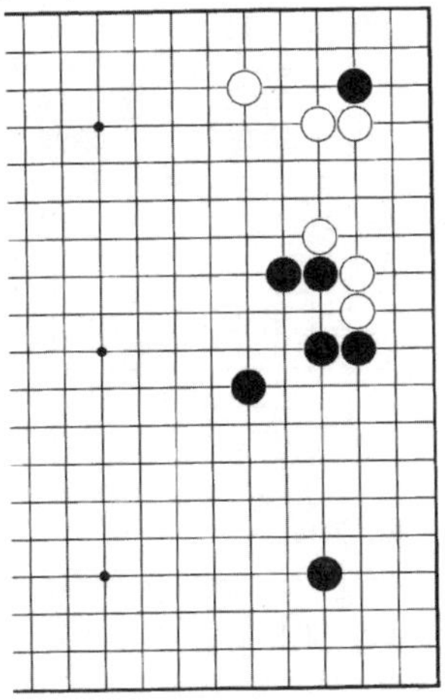

解

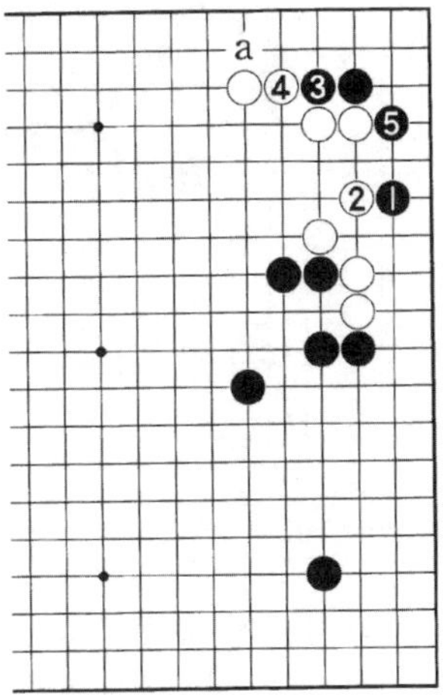


変

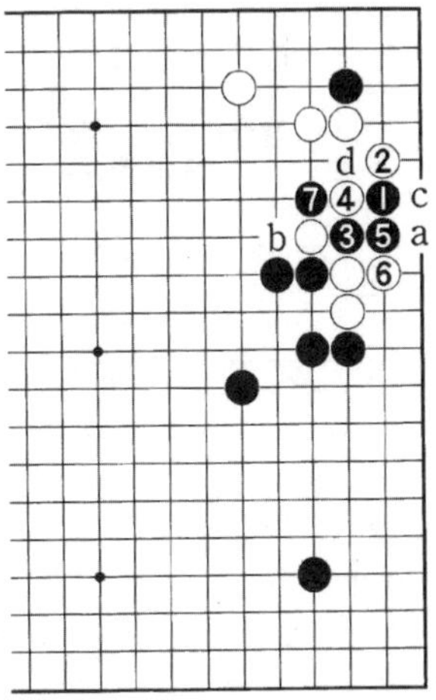


제6형 흑번

### 약점

우상의 전투.

3·3에 침입한 흑 1점을 바로 움직이면 패가 난다. 흑은 우변의 백 2점을 노려 무조건 백집을 깨고 싶다.

### 흑 삶

흑1의 치중은 귀와 변을 맞보기로 하는 맥이다. 백2로 우변을 받으면 흑3, 5로 젖혀 귀의 흑에게 탄력이 생겨 흑이 살 수 있다. 백4로 5에 두면 흑a로 붙여 귀의 흑은 여유롭게 산다.

### 백 불리

백2는 귀로 건너지 못하게 막는 모양이다. 흑3으로 끊으면 우변의 백 2점이 괴로워진다. 백4, 6으로 흑을 공격하더라도 흑7로 끊으면 양단수. 백a, 흑b, 백c로 조이면 흑d로 백이 불리하다.

(349)

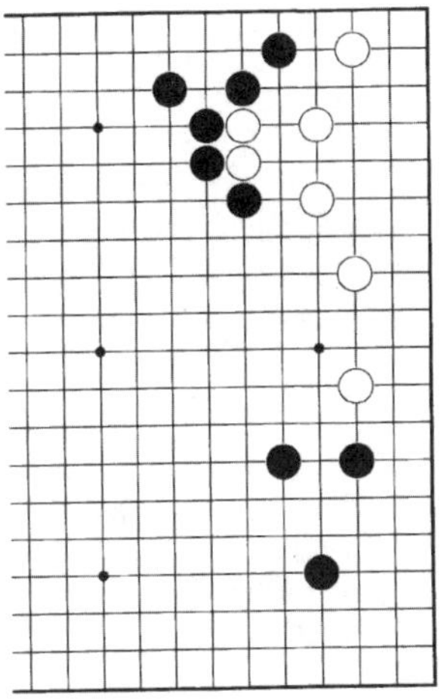

解

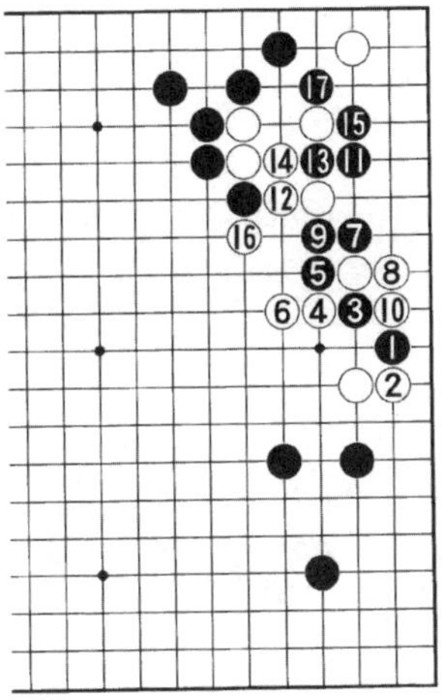

変

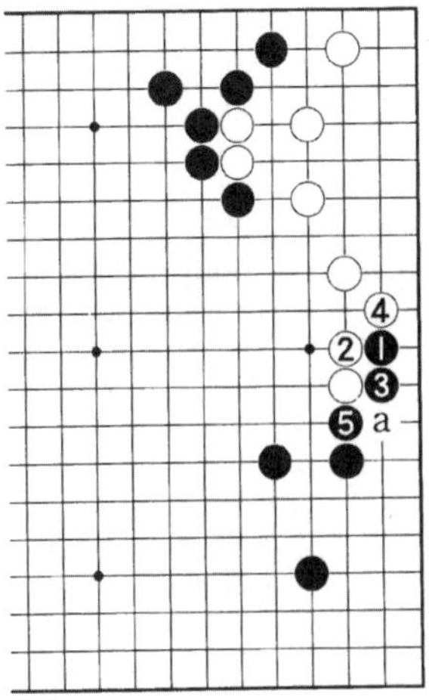


제7형 흑번

### 경계선

우변의 전투.

서로의 영역을 나누고 우변의 경계를 결정짓는 단계이다. 흑은 우변을 어디서부터 정하여야 할까?

### 백 큰 손해

흑1의 치중이 맥이다. 백2로 막아 흑 1점을 잡으려 하면 흑3, 5로 반격한다. 백6으로 늘어 흑 2점을 잡으면 흑은 7, 9로 우상을 부순다. 백10 이후 흑11부터 17로 백의 손해가 크다.

### 무난

흑1의 치중에는 하면 백2로 무난하게 응수하고 흑3, 백4로 막아 우상의 집을 굳힌다. 흑5로 지켜 우하의 집을 늘린다. 흑1로 a, 백3과는 큰 차이가 난다.

**제8형 흑번**

(350)

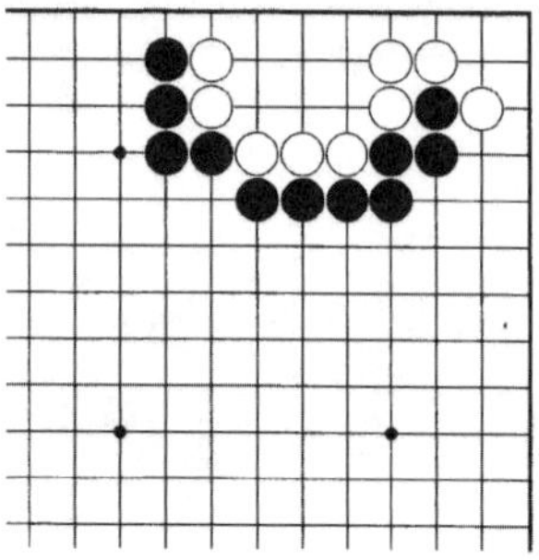

## 나쁜 모양

상변의 전투.
귀에서 상변으로 이어지는 백집이 정리되면 10집 이상이지만 백은 자충의 나쁜 모양이다. 흑의 한 방으로 집이 사라질 수 있다.

解

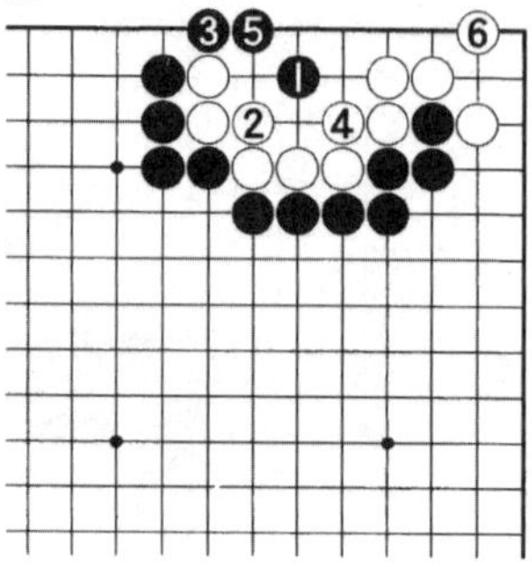

## 후수 삶

흑1은 자충을 노리는 추궁하는 맥이다. 백은 2와 4, 2곳의 약점을 지켜야 한다. 백2에 흑3으로 건너면 백6까지 후수로 산다.

変

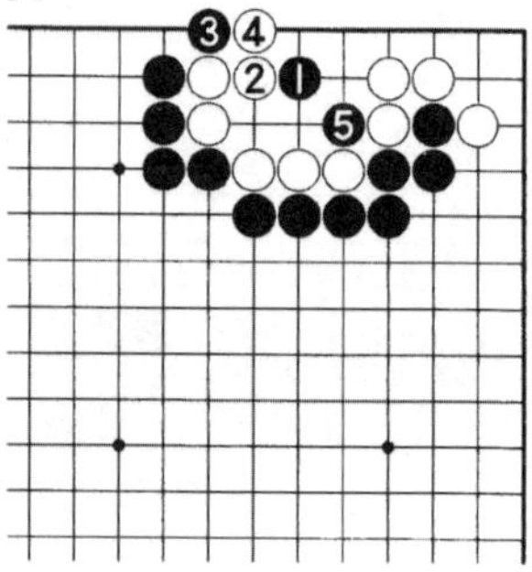

## 백 손해

백2로 저항하면 흑3으로 젖혀 좋지 않다. 백4는 흑5로 끊어 3점이 잡힌다. 백4로 5는 흑4로 백 3점이 단수 당한다.

**제9형 흑번**

(351)

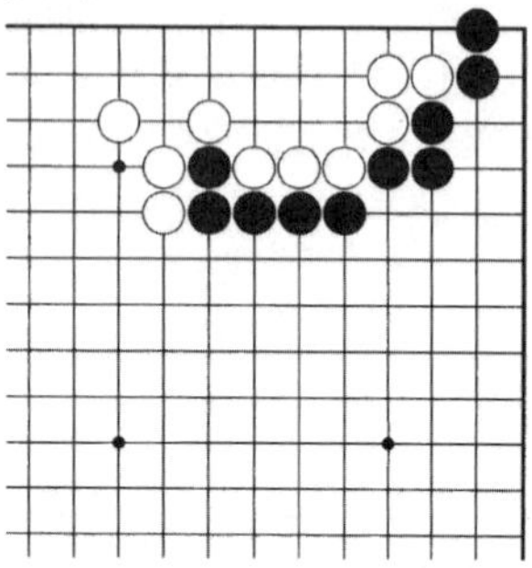

## 불완전

끝내기 문제.
상변의 백은 10집의 큰집을 포함하고 있는 모습이지만 완전하지 않다. 흑이 모양을 무너뜨리면 껍데기만 남는다.

解

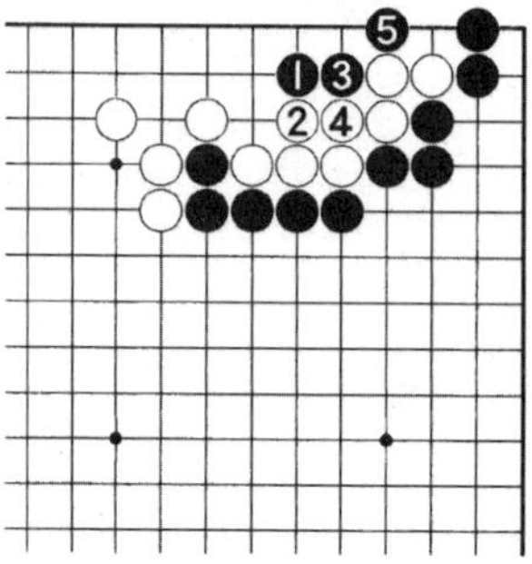

## 석점의 중앙

흑1의 치중은 자충인 백 3점의 중앙이 맥이다. 백2로 끊는 것을 막으면 흑3, 5로 건너서 상변의 백집이 없어진다.

変

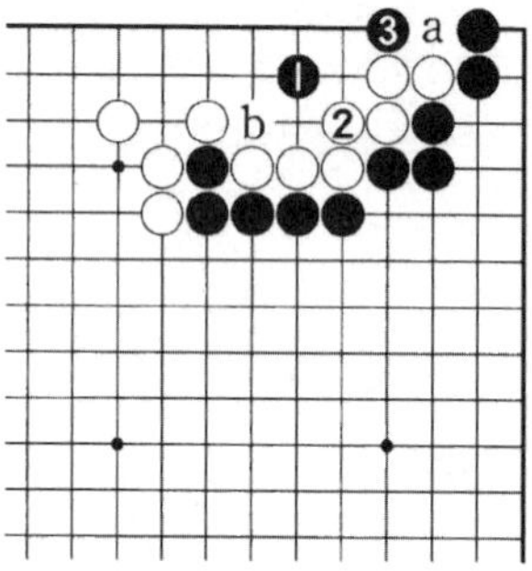

## 건넘

백2로 이으면 흑3으로 붙일 수 있어 좋다. 백a는 흑b로 끊어 우상의 백을 잡을 수 있다. 백은 b로 이어 흑a의 건넘을 허용할 수밖에 없다.

**제10형 흑번**

(352)

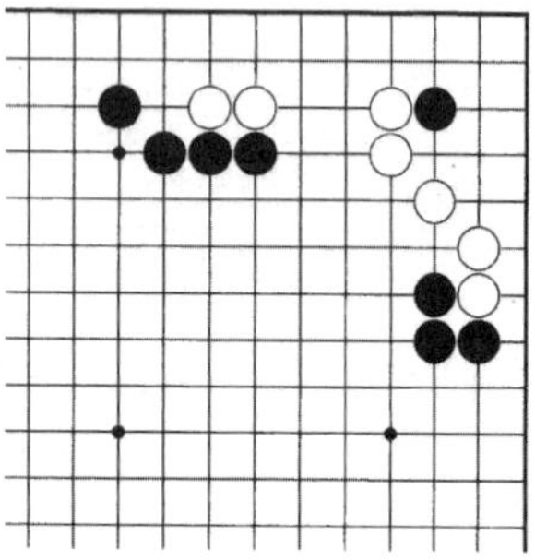

## 엷음

상변의 전투.
우상귀의 백은 흑 1점을 잡아 상변의 집을 넓히고 있지만 흑은 백의 엷음을 노려서 집을 깨뜨리려 한다.

解

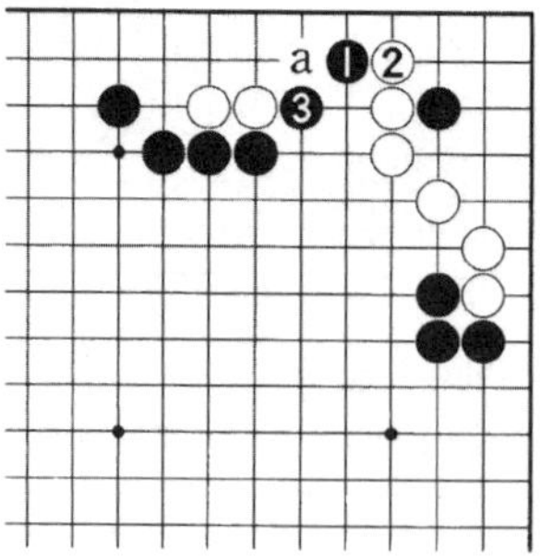

## 2점 잡기

흑1의 치중이 냉엄한 맥이다. 백2로 귀를 지키면 흑3으로 상변을 막아 백 2점을 잡는다. 백은 a로 반발할 수 없다.

変

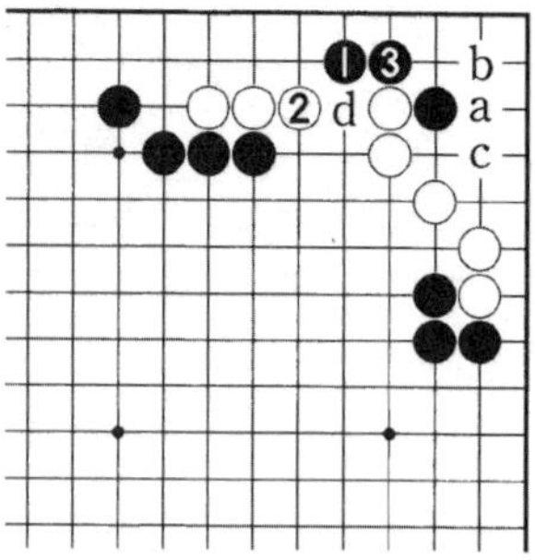

## 흑 삶

백2로 상변을 살리면 흑3으로 건넌다. 백a와 흑b, 백c의 공격에 흑d로 나가면 상변이 버티지 못한다. 흑은 귀에서 여유롭게 산다.

(353)

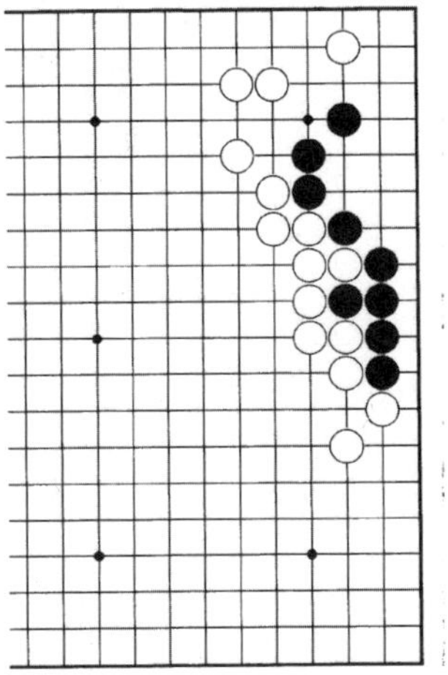

解

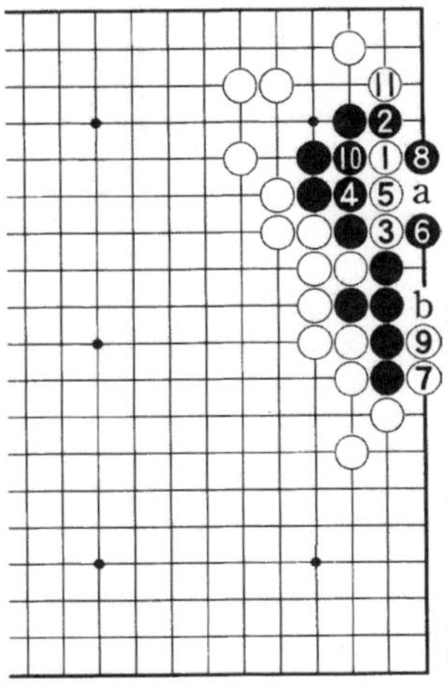

変

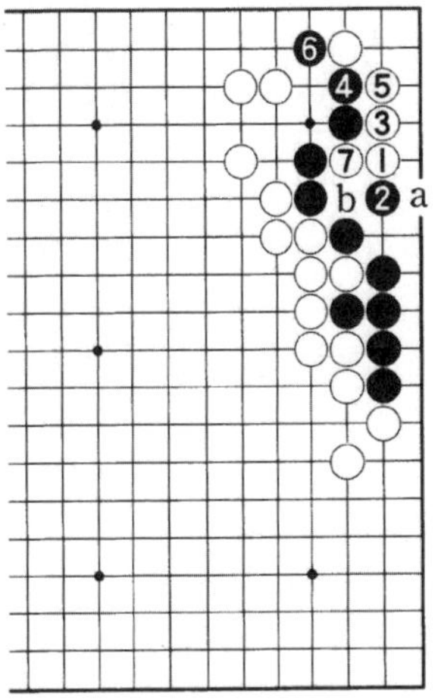

**제 11형 백번**

## 사석

끝내기 문제.
우변의 흑집은 바깥에서 공격하면 10집이 된다. 흑은 백집 안에 사석을 투자하여 조여붙이고 싶다.

## 후수 삶

백1의 치중이 급소이다. 흑2로 막아 저항할 수밖에 없다. 백3으로 끊고 5로 이어 수를 늘리고 3점을 활용하여 바깥을 조인다. 백11이후 흑a, 백b, 흑5로 후수로 산다.

## 흑 불리

흑2로 받는 것은 소극적이다. 백3으로 건너 귀의 집을 넓히고 흑a, 백7, 흑b를 활용하여 정해도보다 백이 좋다. 흑4, 6은 무리한 반격으로 백7까지 오히려 손해를 보게 된다.

(354)

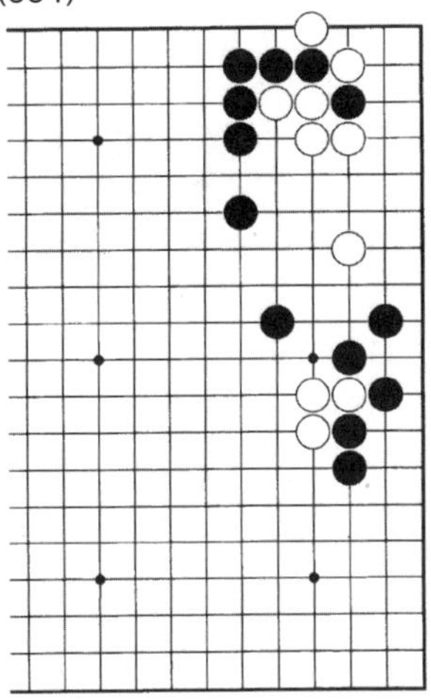

解

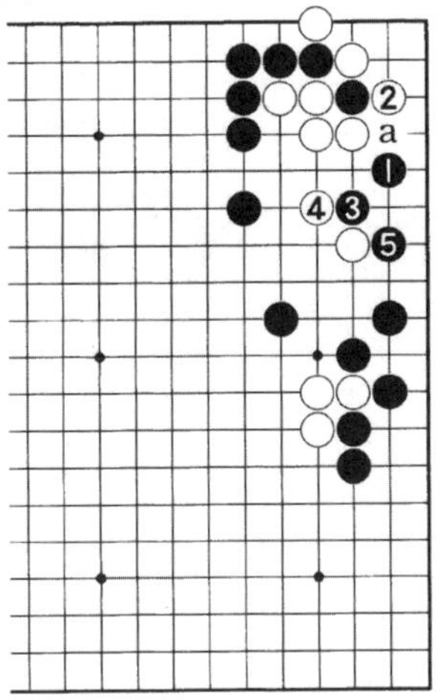

変

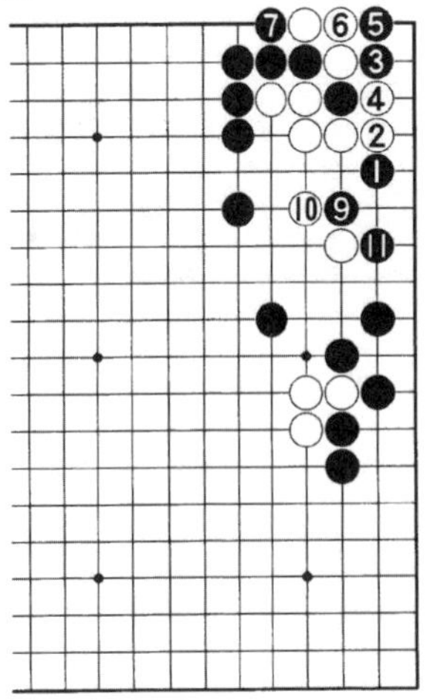

**제 12형 흑번**

## 강경수단

귀에서 우변으로 이어진 백집을 부수는 문제이다.
백에게 잡힌 흑 1점이 도망치는 것을 보고 흑은 강경수단을 준비한다.

## 선수로 부수다

흑1의 치중은 백의 약점을 맞보기하는 맥이다. 백2로 따내 귀를 지키면 흑3, 5로 우변으로 건너 백집을 크게 줄인다. 이후 백a로 살지 않으면 위험하므로 흑이 선수가 된다.

## 맛이 나쁘다

백2는 맛이 나쁘다. 흑3, 5로 귀를 활용하여 백8까지 귀는 한 집이다. 흑9, 11로 넘어가면 백은 전체가 위험에 빠진다. 또한 백2로 9의 건넘을 막으면 흑4로 실패한다.
※⑧→④의 왼쪽

제13형 흑번

(355)

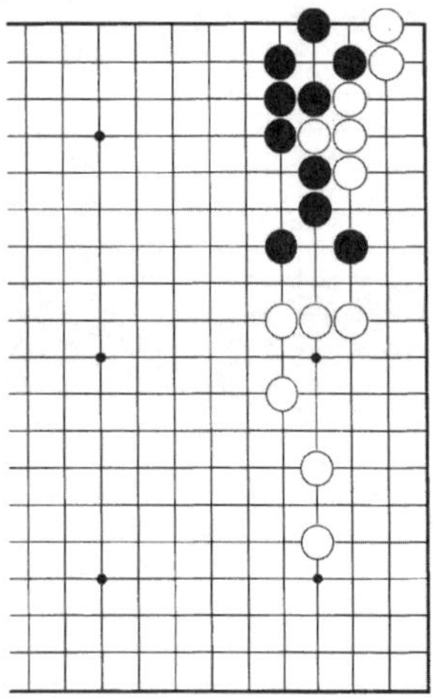

## 실마리

끝내기 문제.
흑의 목적은 우변의 백집을 부수는 것이다. 그러기 위해서는 우상귀의 백을 공격하여 우변을 부술 실마리를 만들어야 한다.

解

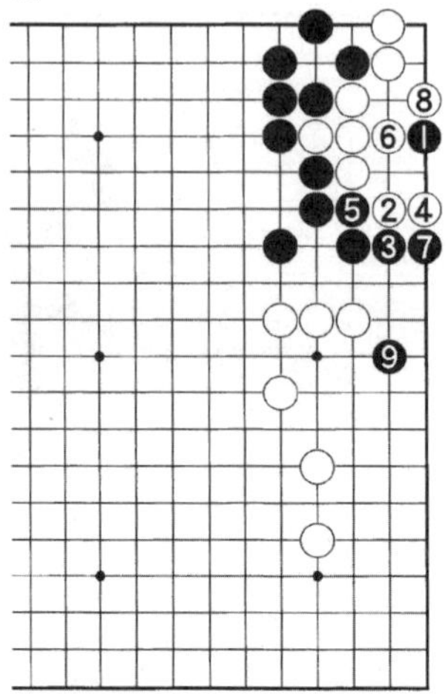

## 흑 성공

흑1의 치중은 귀의 백 4점을 자충으로 하는 급소이다. 백2로 입구자하여 잡지 않으면 귀가 전멸 당한다. 흑3부터 7로 밖을 결정짓고 우변에 실마리를 만들어 흑9로 부수면 성공한다.

変

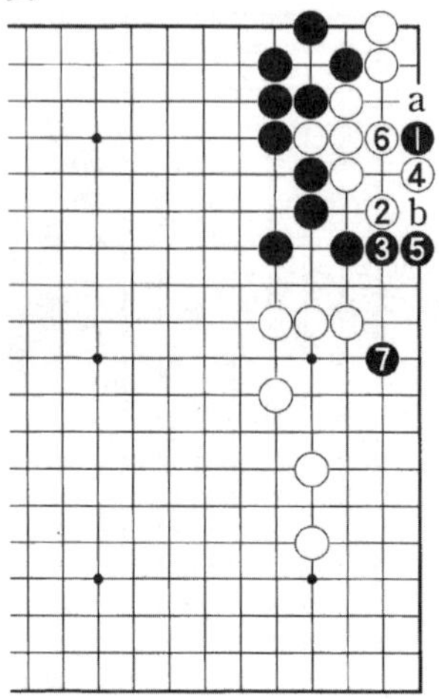

## 활용

백4로 입구자 붙여도 흑5로 뻗는 것이 선수이다. 흑7까지 우변을 부순다. 백2로 a의 입구자 붙임은 흑b로 살 수 없다. 흑1로 2는 백1. 우변을 부술 수 없다.

제14형 백번

(356)

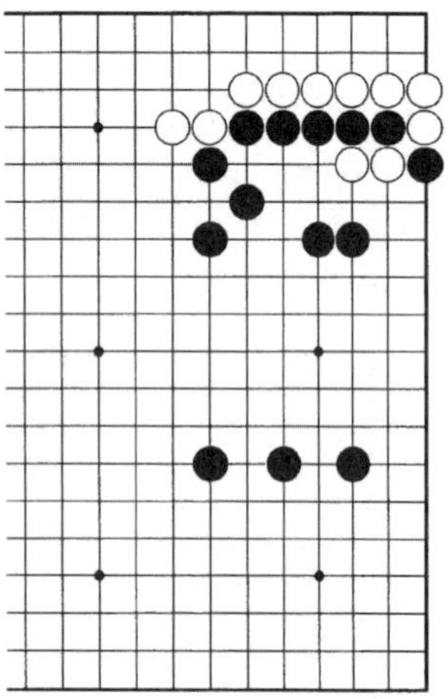

## 비약

끝내기 문제.
우변의 흑의 모양이 크다. 백은 이곳을 어떻게 끝내기 할까? 신경이 쓰이는 것은 흑의 뒷문이 열린 모양이다. 발상을 비약시켜보자.

解

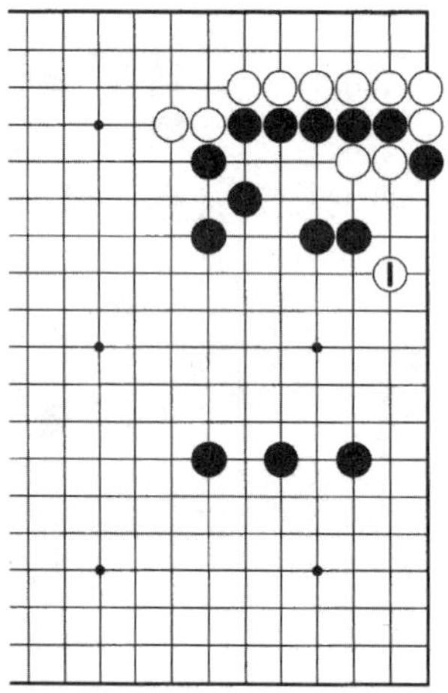

## 침입

흑1로 침입한다. 우상부터 우변으로 건너는 것은 흑 1점이 단수에 걸려 있기 때문에 성립한다. 이 백은 잡히지 않으나 흑집은 중앙 쪽으로만 작아지게 된다.

失

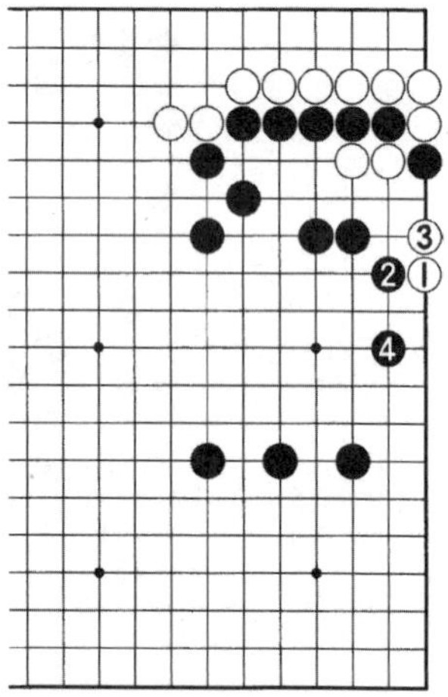

## 실패

백1의 미끄러지는 것은 극히 보통의 받는 수이다. 만약 백으로 단수되어 있는 흑 1점이 없으면 이라는 조건이 붙는다. 백2, 4로 받아 흑의 침입을 막으면 정해도와 10집 이상 차이가 난다.

(357)

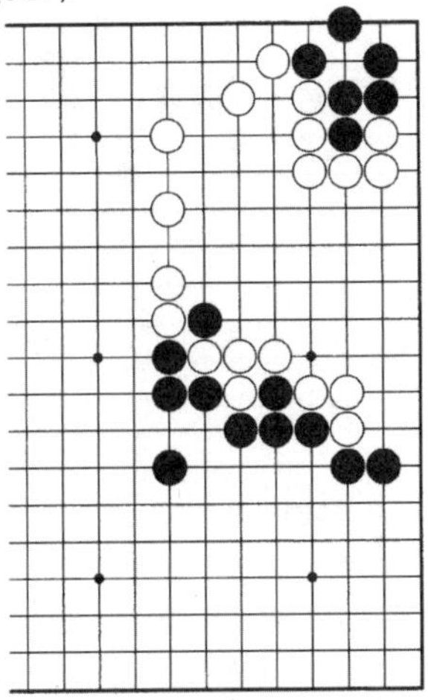

**제 15형 흑번**

## 합쳐서 한판

우변의 끝내기 문제.
백의 뒷문열림과 자충의 약점을 노린다. 흑의 두 노림이 효과적이다.

解

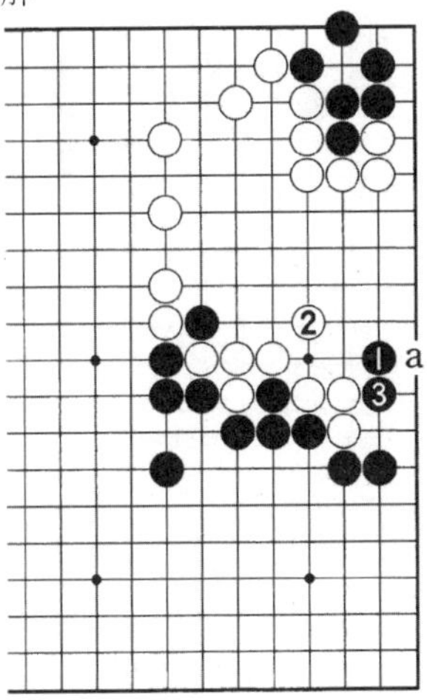

## 줄이다

흑1의 치중이 백의 약점을 노리는 맥이다. 백2로 지키면 흑3으로 건너가 백집을 크게 줄인다. 흑1로 a는 백1으로 침입을 막아서 흑이 만족스럽지 못하게 끝이 난다.

変

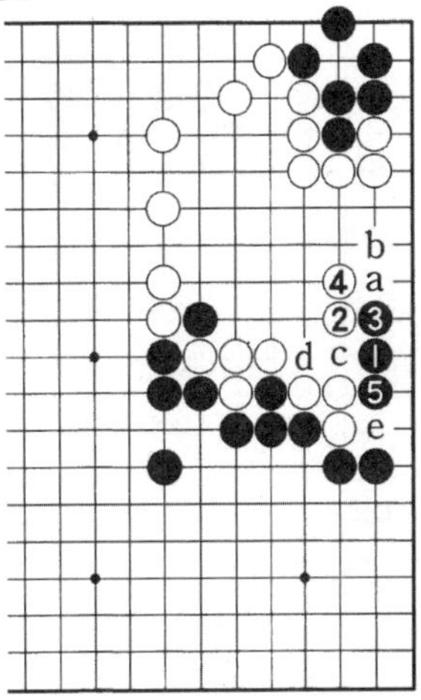

## 흑 충분

백2로 받으면 흑3으로 밀고 5로 돌아간다. 이후 흑a, 백b, 흑c, 백d, 흑e가 선수이다. 백2로 5에 가로막는 것은 흑d로 끊어 백이 무리이다.

(358)

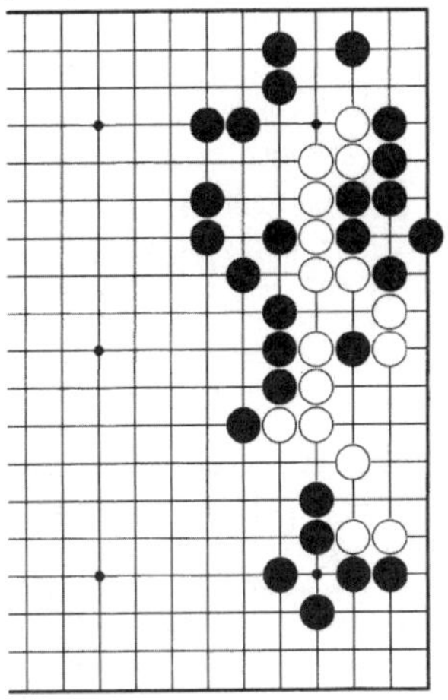

**제 16형 흑번**

## 끝내기 방법

끝내기 문제
우변의 백집을 어떻게 끝내기 할까? 한문에 백집은 10집으로 보이지만 흑의 끝내기 방법으로 8집으로 줄어든다.

解

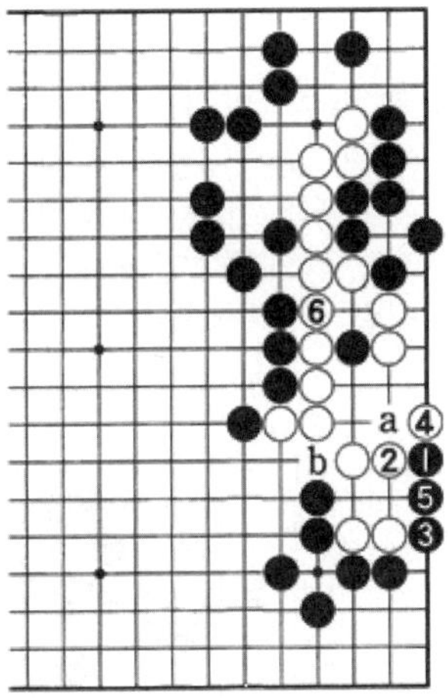

## 선수 끝내기

흑1의 치중이 맥이다. 백은 흑이 건너려는 것을 막을 수 없다. 백2로 받고 흑3으로 건넌 뒤, 흑a 끊김을 막기 위해 백6의 지키는 수가 필요하다. 흑b의 활용이 있어 백집은 8집이 된다.

変

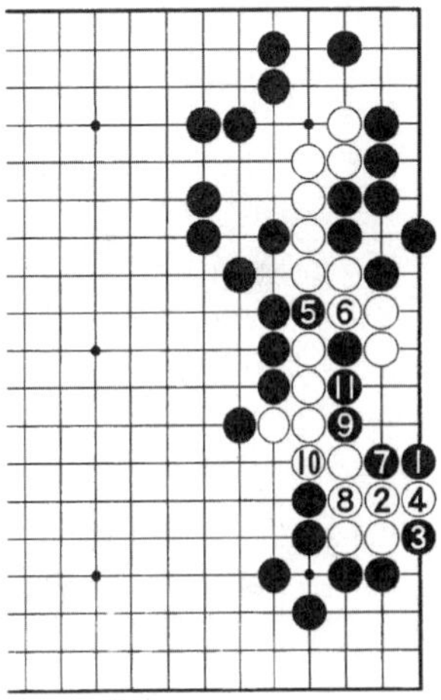

## 백 전멸

백2로 흑이 건너지 못하게 막으면 위험하다. 백4 이후 흑5부터 백의 자충을 노려 흑11로 백 11점이 단수가 된다. 우변의 백은 전멸한다. 흑1로 3은 백1이 좋은 수이다.

치중

끝내기(지키기)

(359)

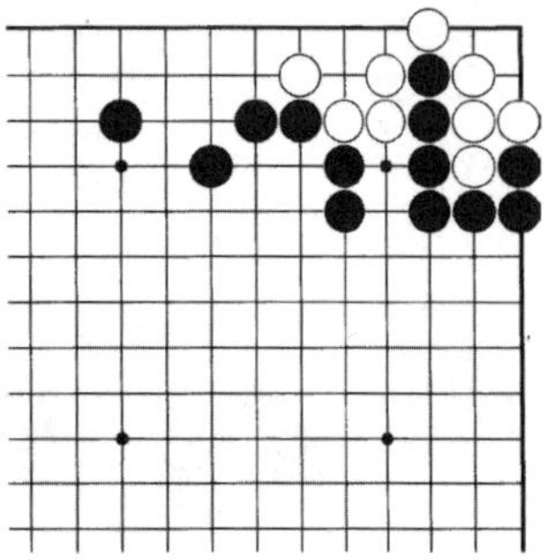

解

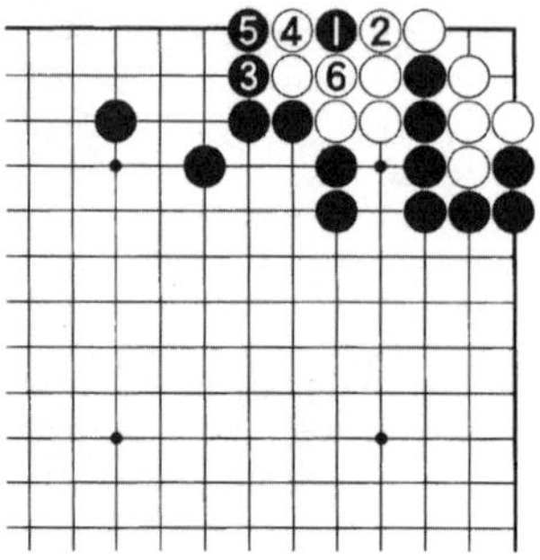

変

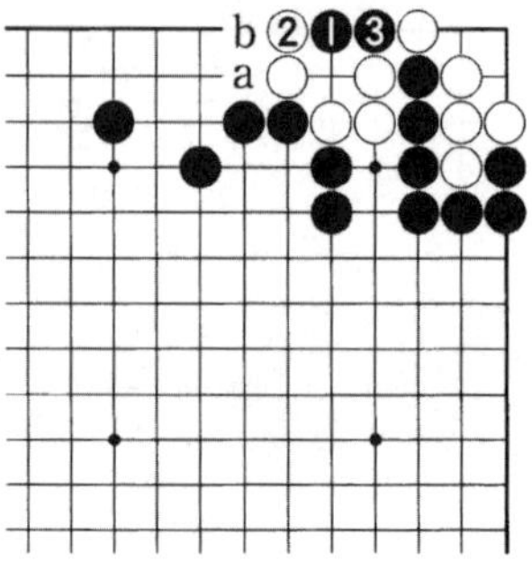

제1형 흑번

### 뒷문

끝내기 문제.
우상의 백은 살아 있지만 흑은 백의 눈을 위협하여 상변의 뒷문열림을 선수로 지키는 것이 가능할 것인가?

### 선수

흑1의 치중이 좋은 수순이다. 백2로 받게 하고 흑3으로 막아 백6까지 선수로 상변을 정리 할 수 있다.

### 백 무리

백2의 방법으로 받는 것은 무리이다. 흑3으로 끊어 상변은 옥집이 된다. 흑1로 a, 백2 이후 흑b로 막으면 선수가 되지 않는다.

(360)

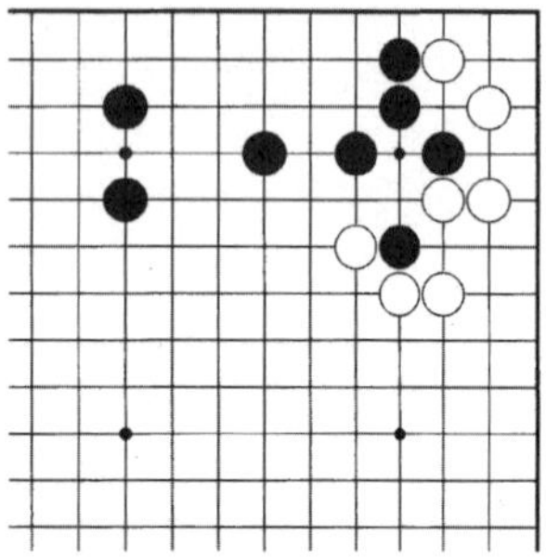

解

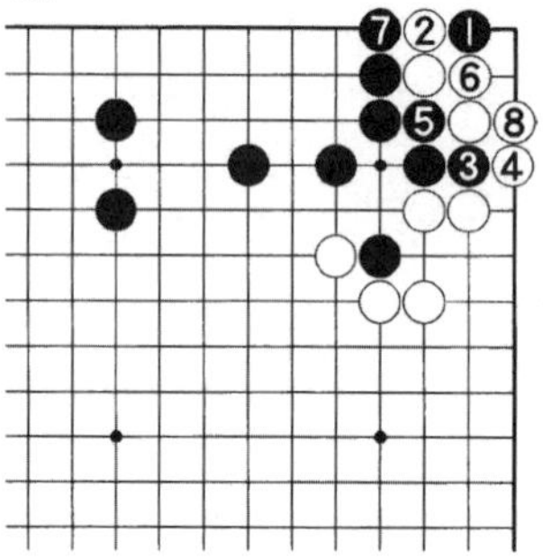

変

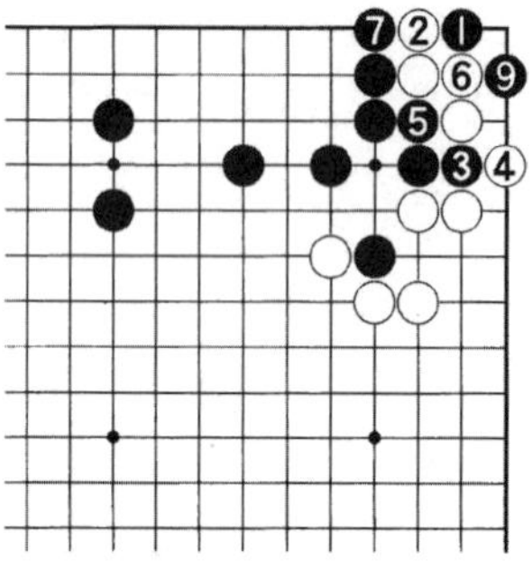

제2형 흑번

### 선수 잡기

끝내기가 문제.
상변의 흑집은 우상귀의 백이 젖혀 잇는 끝내기가 선수가 되는 모양이지만 흑은 반대로 선수로 젖혀 이음을 막을 수 있다.

### 흑 선수

흑1의 치중이 상용의 맥이다. 백2로 가로막으면 흑3, 5로 결정하고 백을 자충시킨다. 백8까지 흑은 선수로 백7을 방어 했다.

### 꽃놀이패

흑7 이후 백은 귀에서 손을 뺀 모양이다. 흑9로 단수쳐 백 4점의 촉촉수를 노린다. 흑의 꽃놀이패가 된다.

(361)

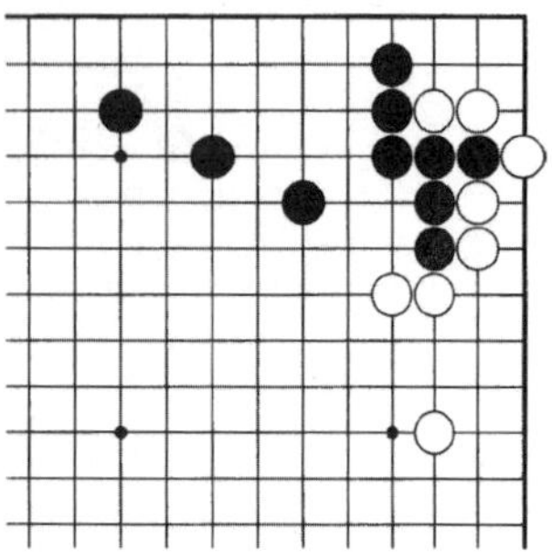

解

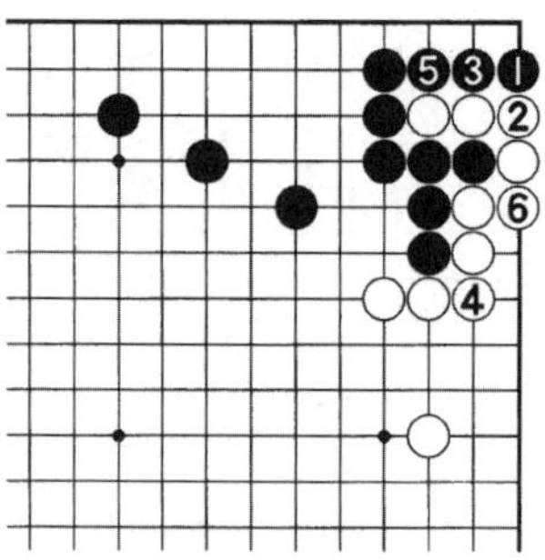

変

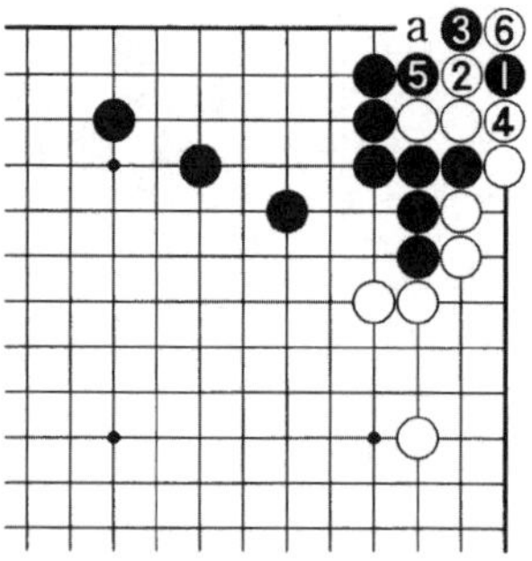

제3형 흑번

### 결정짓는 방법

끝내기 문제.
흑은 귀의 모양을 어떻게 결정지어야 하는가? 백 2점의 촉촉수를 노려서 선수를 잡아야 한다.

### 선수 끝내기

흑1의 치중은 2·1의 맥이다. 백2로 받게 하면 흑3, 5가 선수이다. 흑5는 백의 근거를 없애고 6의 먹여치기도 유력하다.

### 패

백2로 나가면 흑3으로 젖혀 패가 난다. 백4로 a는 흑5. 흑1로 5 또는 2의 끝내기는 백이 1로 두게 되어 2집 가까이 손해를 본다.

치중

끝내기(줄임)

제1형 백번

(362)

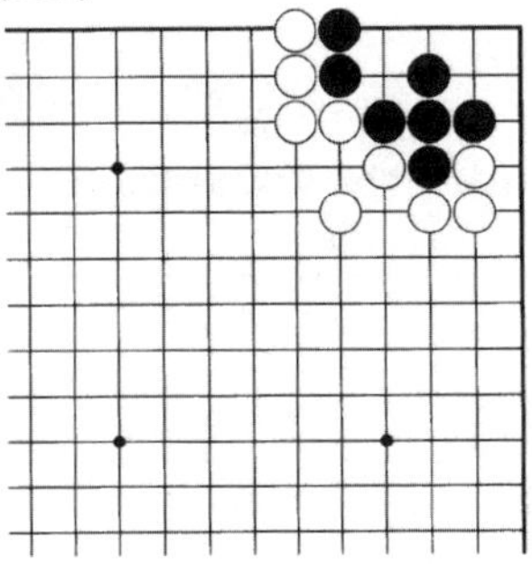

## O

끝내기 문제.
귀의 흑집은 흑이 두면 6집이 된다. 백이 두면 집 안에 수가 나서 흑 집은 0 집이 된다.

解

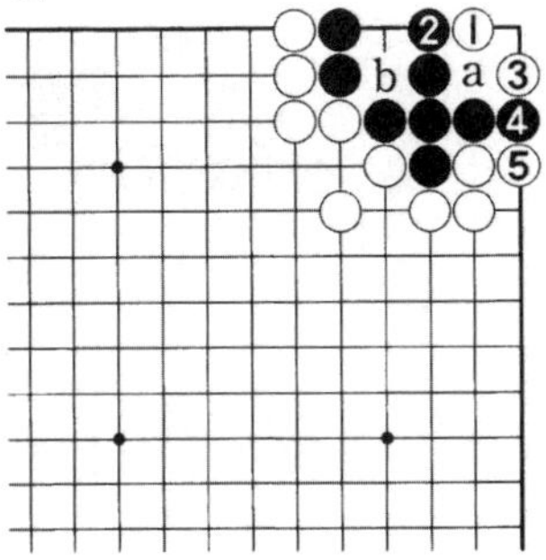

## 빅

백1의 치중은 2·1의 급소이다. 흑2로 눈을 만들면 백3, 5로 빅이 된다. 이후 흑a는 백b로 서로 2점을 잡아 백집은 0집이 된다.

失

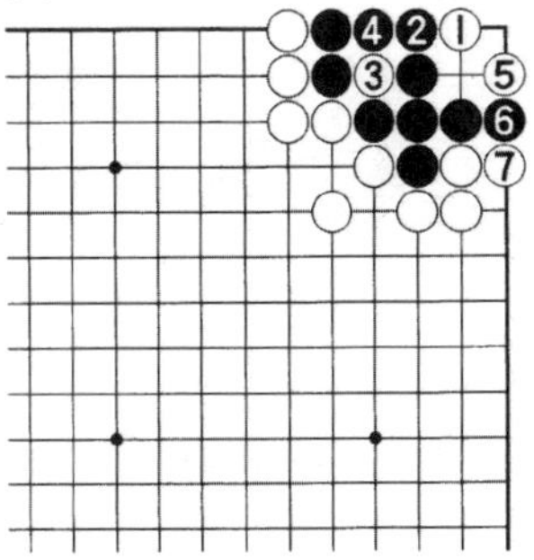

## 1집 손해

백3의 먹여치려는 것은 흑의 압박하는 수를 방어한다. 백7까지로 빅의 모양이지만 정해도와 비교하면 3으로 먹여치는 것이 필요 없다. 백이 1집 손해.

제2형 흑번

(363)

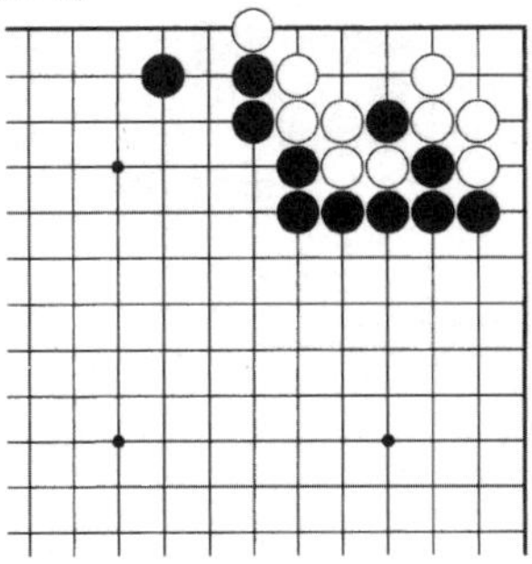

## 득

끝내기 문제.
상변의 흑을 어떻게 받아야 할까? 백이 잡고 있는 흑 1점을 움직여서 이득을 보고 싶다.

解

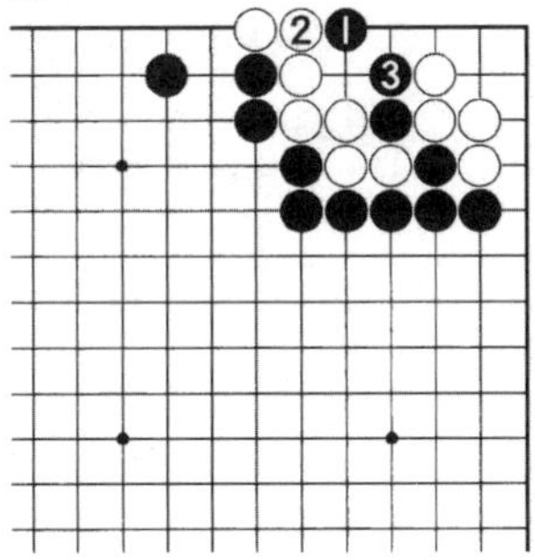

## 양자충

흑1의 치중이 백의 자충을 추궁하는 맥이다. 백2로 이으면 흑3으로 1점이 도망 나가 백이 받을 수 있는 수가 없게 된다.

变

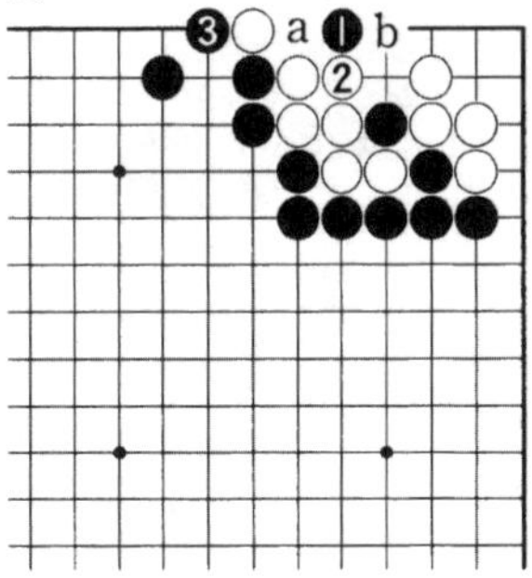

## 붙임 없음

백2의 빈삼각은 흑3으로 막아 백a에 이을 수 없는 모양이다. 백b로 받으면 흑은 선수를 잡는다. 다음에 a로 두어 후수 2집의 끝내기를 남긴다.

제3형 흑번

(364)

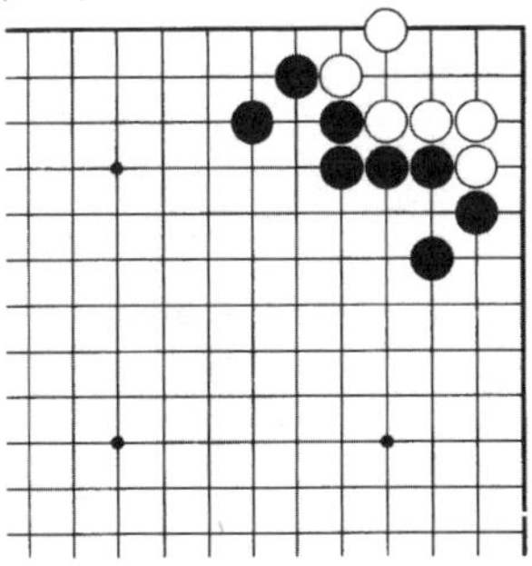

## 축소

끝내기 문제
귀의 백은 화점에 둔 흑의 3·3으로 침입해서 생긴 모양이다. 흑은 백집을 몇 집으로 축소시킬 수 있을까?

解

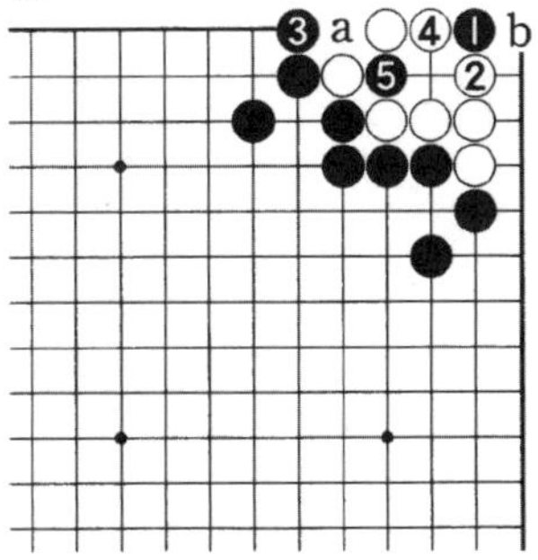

## 백 3집

흑1의 치중이 안형의 급소이다. 백2, 4로 살면 흑5로 먹여쳐서 백을 괴롭힌다. 이후 흑a, 백b로 계산하면 백은 3집이 된다.

变

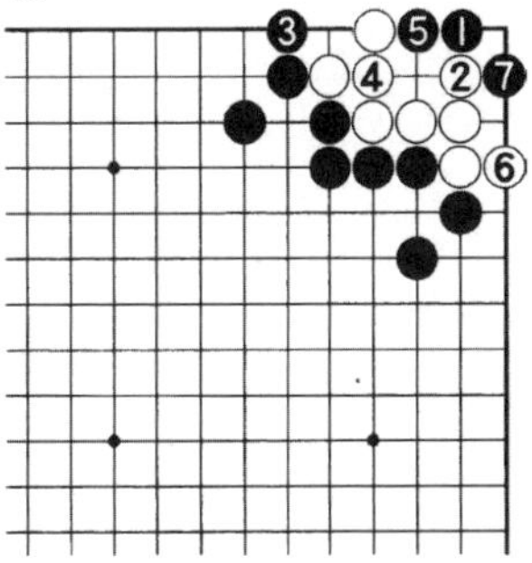

## 빅

백4로 이으면 흑5로 치중수를 증가시켜 흑7로 빅이 난다. 백집은 0집이 된다. 흑1로 3은 백1이 좋은 수이다. 흑 선수이지만 백집은 6집이 된다.

**제4형 흑번**

(365)

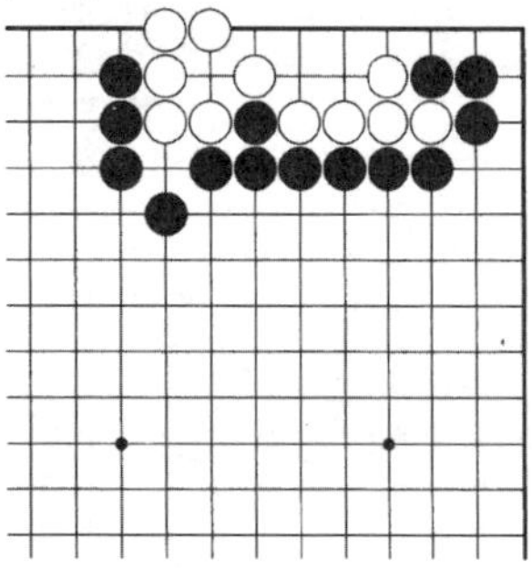

## 한 수

끝내기 문제.
백집을 어떻게 끝내기를 하여야 할까. 백 5점은 자충으로 흑의 일격에 모양이 무너진다.

解

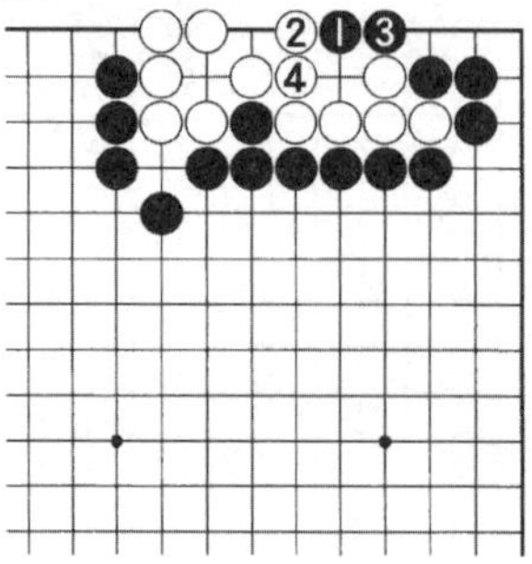

## 백 2집

흑1의 치중은 공배가 꽉 찬 백을 추궁하는 상용의 급소이다. 백2에는 흑3으로 건너는 수를 선수로 활용하여 백집은 2집이 된다.

变

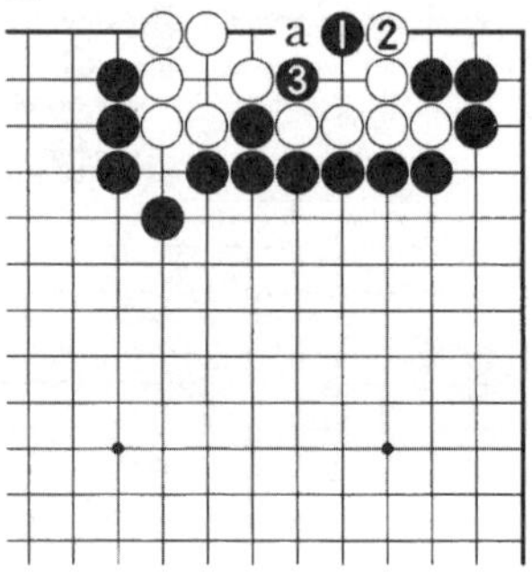

## 대사건

백2로 흑이 건너는 것 막으면 흑3으로 끊어 큰 사건이 된다. 백a로 먹여치면 흑이 유리한 꽃놀이패가 된다.

**제5형 흑번**

(366)

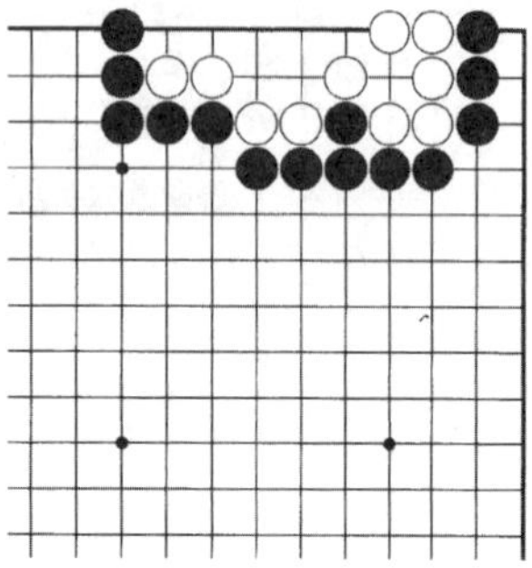

## 백집

끝내기 문제.
상변의 백집은 몇 집일까? 평범하게 바깥에서 끝내기를 하면 2집 손해가 된다.

解

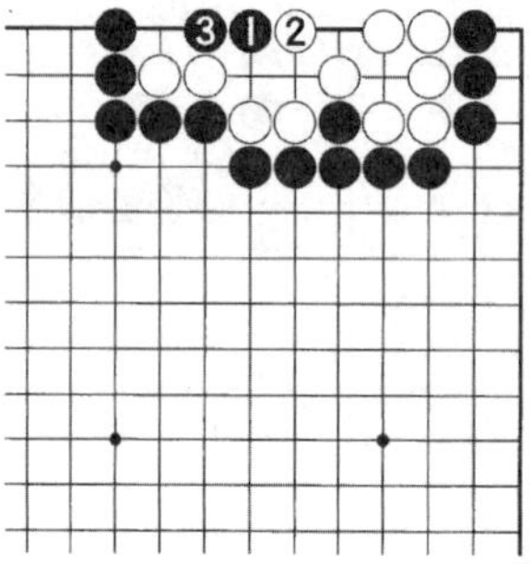

## 눈 2개

흑1의 치중이 백의 자충을 추궁하고 있다. 백2로 입구자 붙여 2집으로 산다. 흑3으로 건너면 백 2점을 잡는 것이 남아있다.

失

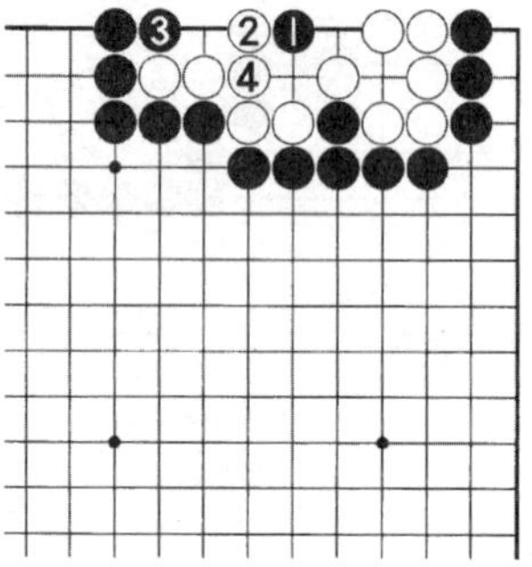

## 지나치게 두다

흑1의 치중은 과한 수이다. 백2로 입구자 붙이면 그대로 잡힌다. 흑3은 백4. 백집은 4집이다.

**제6형 흑번**

(367)

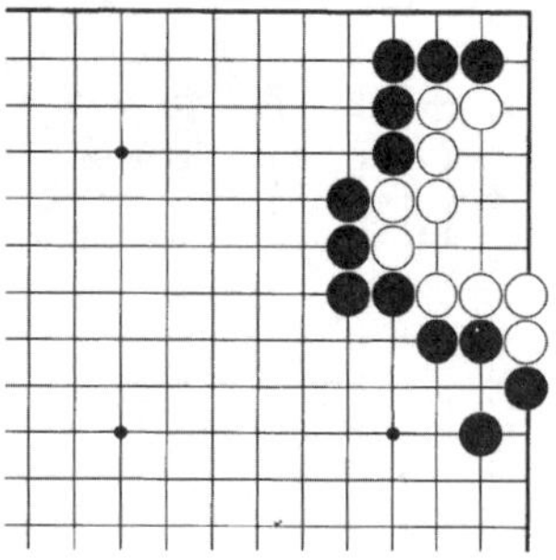

## 집 안

우변의 백집을 어떻게 끝내기 할까? 백의 자충을 추궁하여 집안에서 수를 찾아야 한다.

解

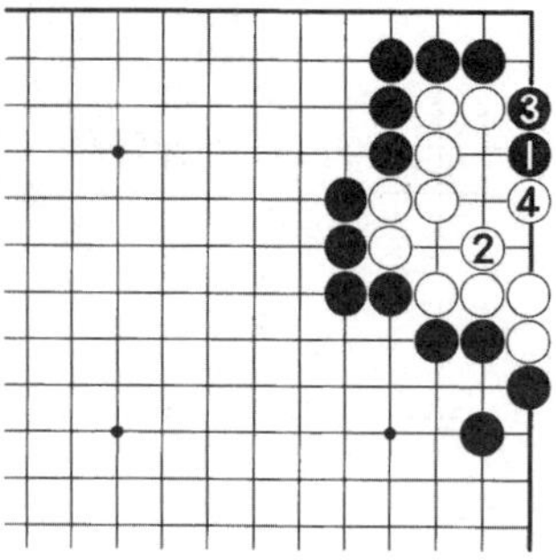

## 3집

흑1의 치중이 날카로운 맥이다. 흑1로 치중하면 백2로 눈을 내는 것이 무난하다. 흑3으로 건너면 백4로 집을 내서 3집으로 살 수 있다.

变

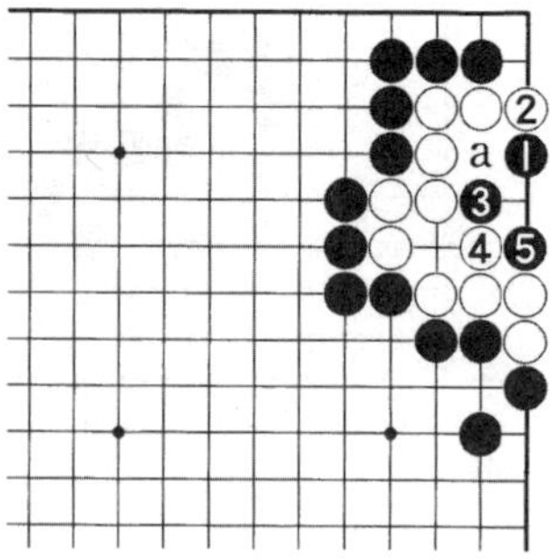

## 패

백2로 가로막는 것은 위험하다. 흑3이 입구자 붙이면 간단히 살수 없다. 백4는 흑5로 패가 난다. 백4로 a도 흑5이다.

제7형 흑번

(368)

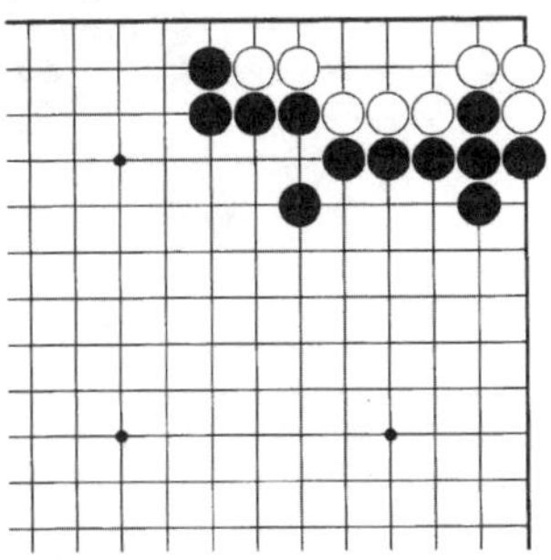

## 약점

끝내기 문제.
좁은 귀의 집이지만 공격 방법에 따라서 2집 차이가 생긴다. 흑은 백의 약점을 노려서 공격해야 한다.

解

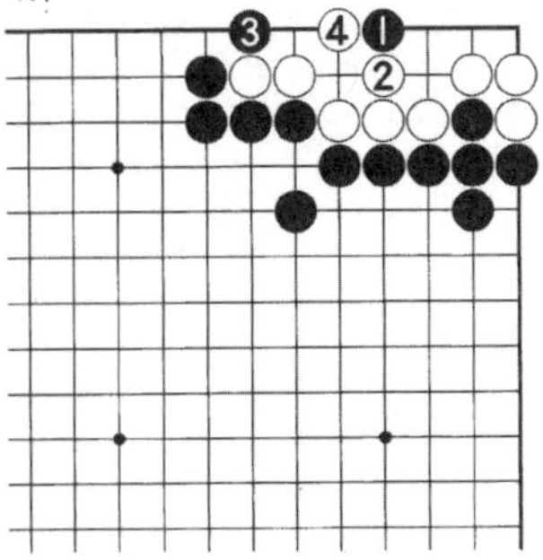

## 백 5집

흑1의 치중이 급소의 맥이다. 백2로 치받는 것이 최선이다. 흑3으로 젖히고 백4로 받아 상변은 5집의 집이 된다.

变

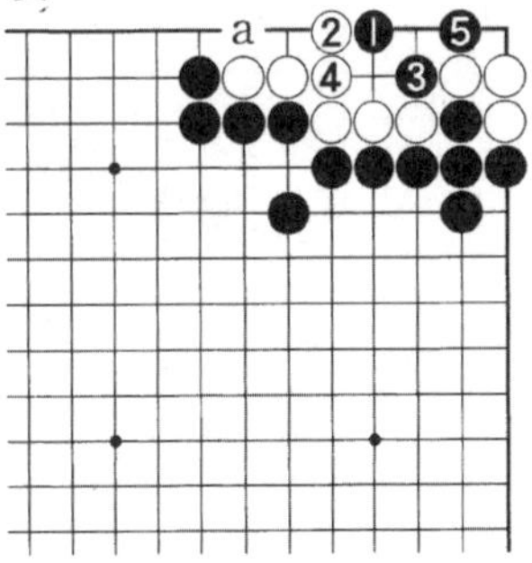

## 백의 악수

백2로 받는 것은 악수이다. 흑3으로 끊는 것을 선수로 받게되어 흑5로 백이 죽는다. 흑1로 a의 젖힘은 백4로 이어 백집은 7집이 된다.

제8형 흑번

(369)

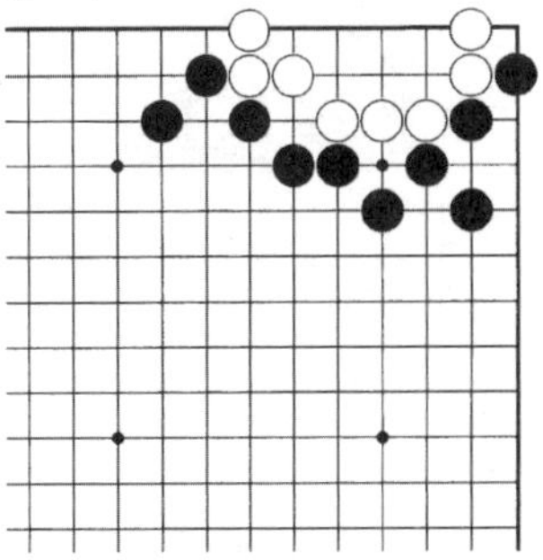

## 몇 집일까?

끝내기 문제.
귀의 백집은 몇 집으로 볼 수 있을까? 이대로 백이 가일수하면 6집이 된다.

解

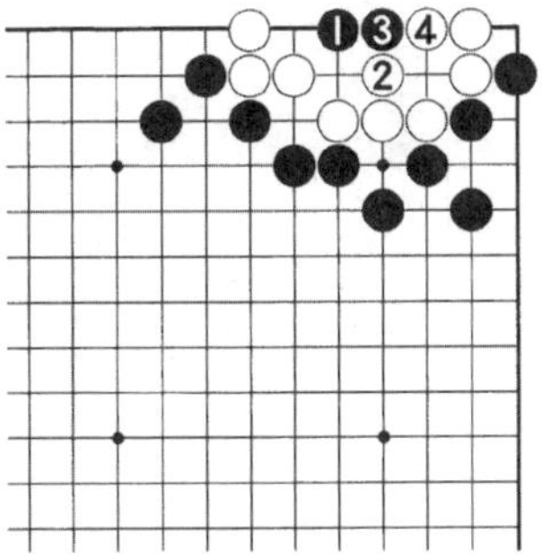

## 급소

흑1의 치중은 안형의 급소이다. 백2로 우상에 1집을 만들 수밖에 없다. 흑3, 백4로 백은 살 수 있지만 이후 2수를 더 두어야 5집이 된다.

变

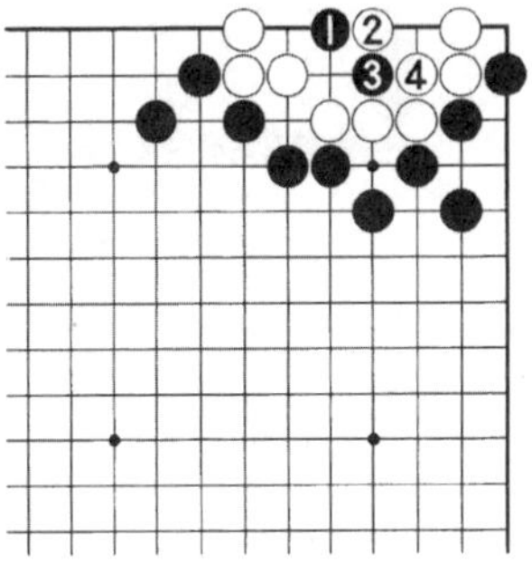

## 패

백2는 가일수를 생략하기 위해 받는 것이지만 위험하다. 흑3으로 단수치면 패가 난다. 흑1로 3도 유력하다. 백1, 흑4로 5집 반의 집.

제9형 흑번

(370)

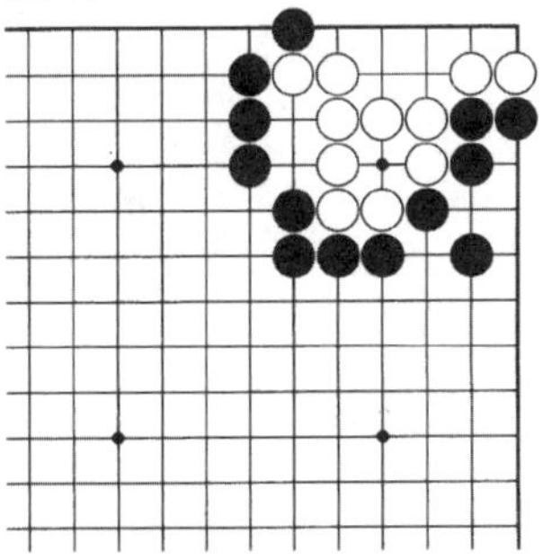

## 활용

끝내기 문제.
귀의 백집은 몇 집으로 볼까? 흑은 자충을 추궁하여 활용하는 좋은 수가 있다.

解

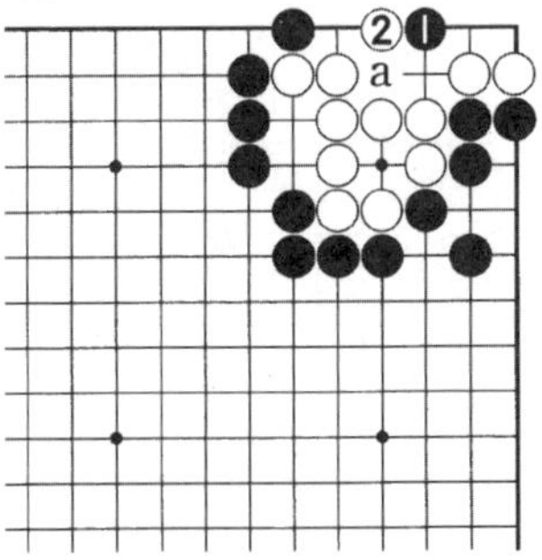

## 백 6집

흑1의 치중은 좋은 수로 백은 어떻게 받아도 6집이 된다. 백2 이후 a가 필요하다. 또는 2로 a도 최후에는 2로 받는 수가 있어야 한다.

失

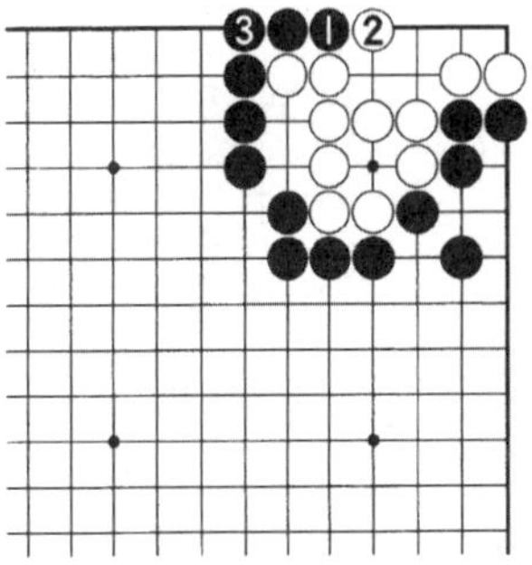

## 흑 후수

흑1, 3의 끝내기는 백이 손을 빼어도 6집이다. 흑은 후수가 된다. 흑1을 생략하면 백1로 막아 7집이 된다. 흑은 선수로 1집의 수를 놓친다.

(371)

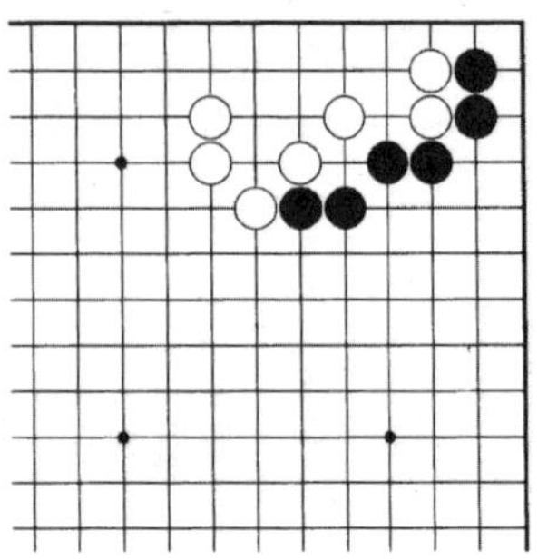

解

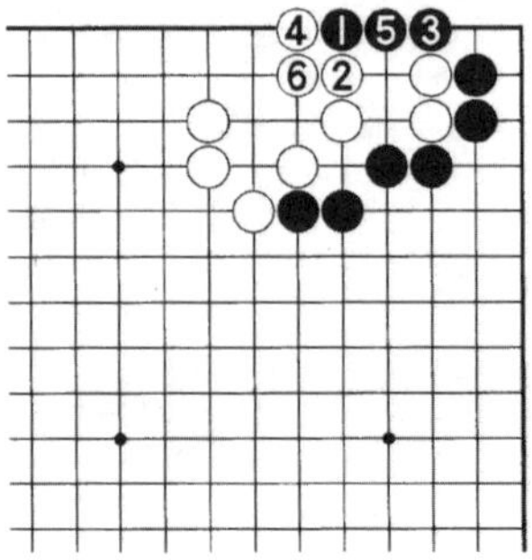


変

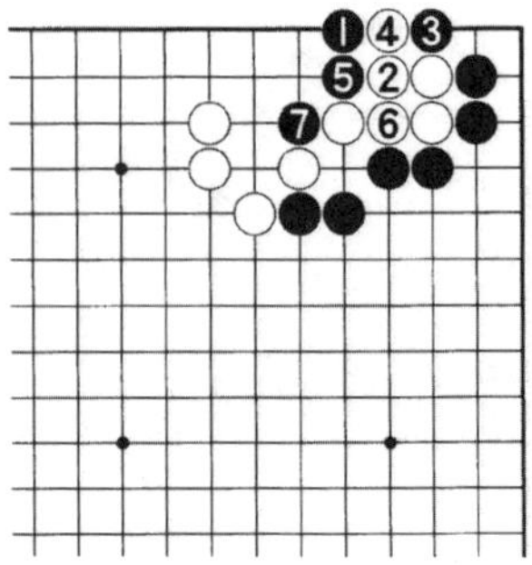


제10형 흑번

### 2집 이득
끝내기 문제.
상변의 백집을 귀에서 끝내기 한다. 2집 이득지만 쌓이면 큰 차이가 된다.

### 파고들다
흑1의 치중이 맥으로 백의 자충을 추궁하고 있다. 백은 2, 4로 물러나는 정도로 흑5로 연결하여 백집에 파고든다.

### 촉촉수
백2로 저항하면 흑3으로 젖힌다. 백4는 흑5, 7로 촉촉수이다. 백4는 5가 정수이다. 흑1로 3은 백1로 지켜서 정해도 보다 백은 2집 이득이다.

(372)

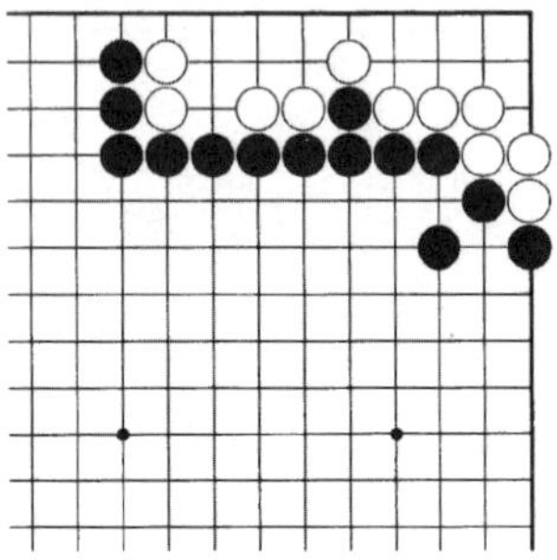

解

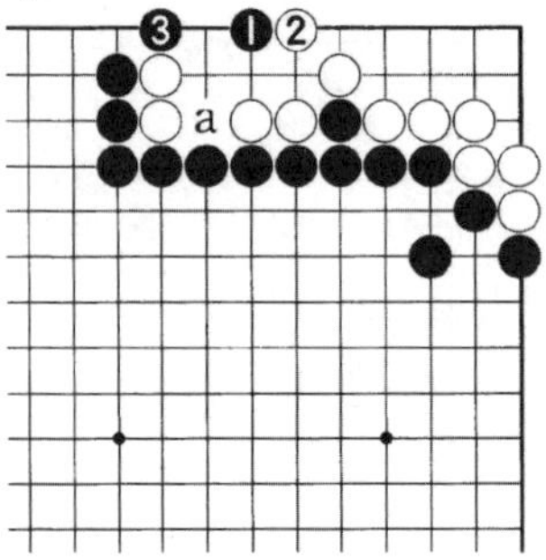


失

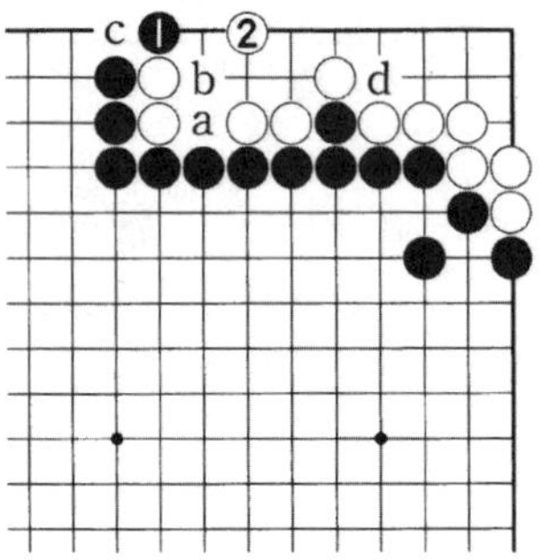


제11형 흑번

### 2집 차이
끝내기 문제.
귀에서 상변으로 이어지는 백집은 몇 집일까? 상변 흑의 끝내기로 2집 차이가 난다.

### 백 9집
흑1로 치중하여 끝낸다. 백은 2로 지키는 정도이다. 흑3으로 건너 백a를 후수로 받게 하면 귀는 9집이다.

### 2집 손해
흑1로 젖히면 백2로 받아 흑이 2집 손해를 본다. 백집은 이후 흑a, 백b, 흑c, 백d로 11집이다.

(373)

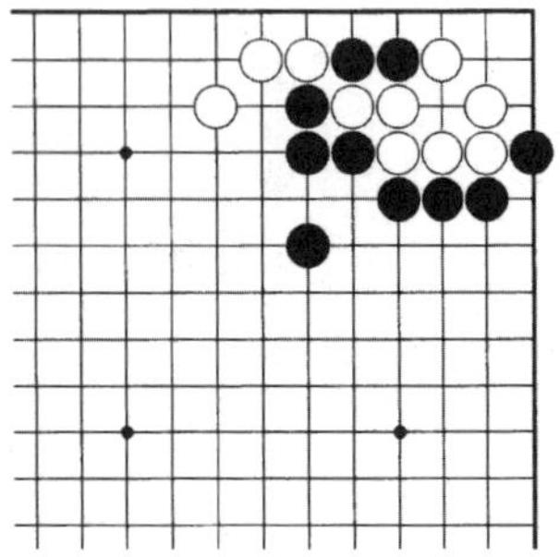

解

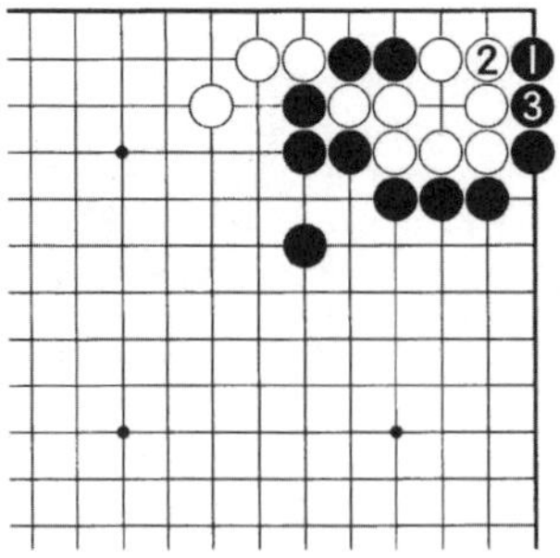


変

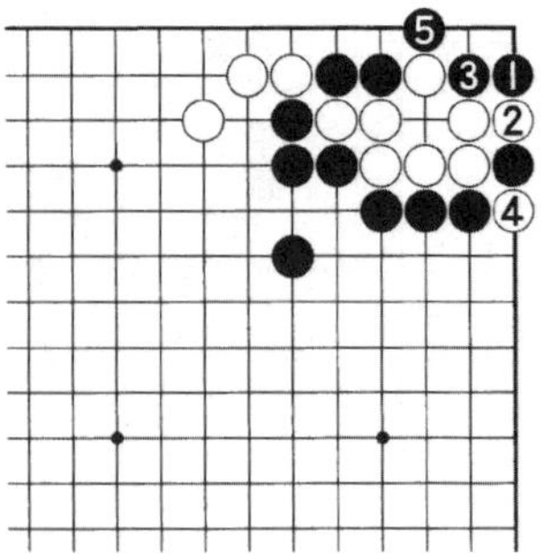


제12형 흑번

### 굴복시키다
귀의 백집을 어떻게 끝내기 할까? 상변의 흑 2점을 이용하면 백을 굴복시킬 수 있다.

### 4집 차이
흑1로 귀에 치중하는 것이 가능하다. 백2로 받으면 흑3으로 건넌다. 흑1로 두기 전에 백3으로 막는 것과 차이는 4집 이상이다.

### 백 무리
백2로 가로막는 것은 무리이다. 흑3으로 단수, 백4, 흑5로 패가 난다. 흑1로 2에 나가면 백1로 막아 후수1집의 끝내기이다.

(374)

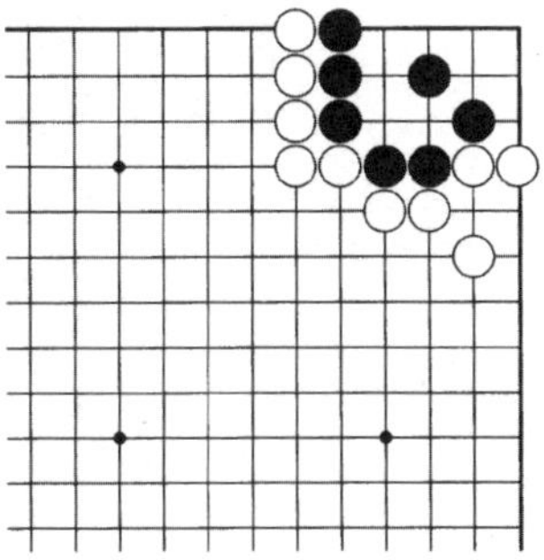

解

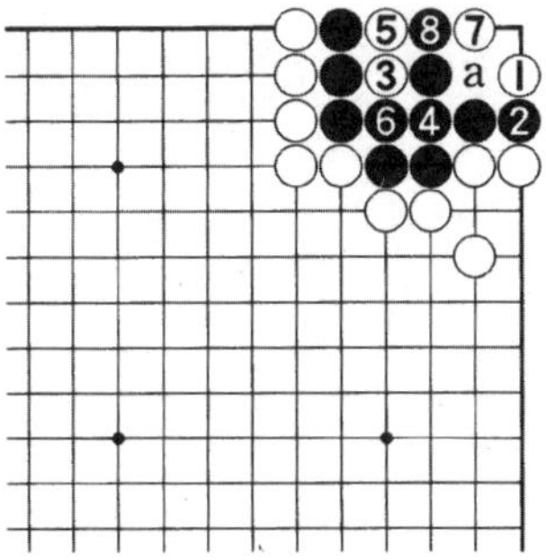


失

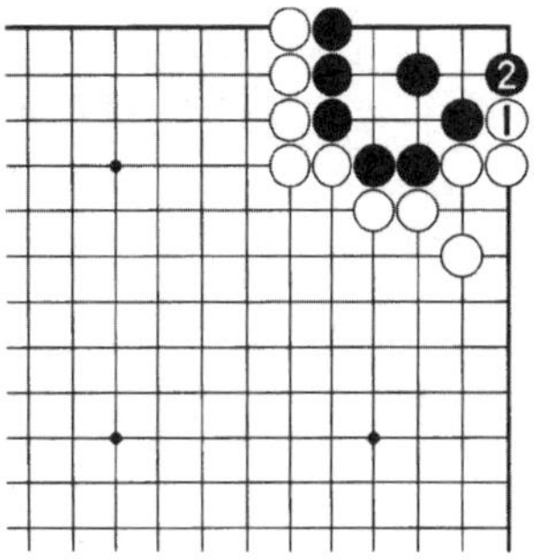

**제13형 백번**

## 몇 집

귀의 흑에 끝내기 하는 문제.
이 집을 몇집으로 셀 수 있을까?

## 3이 맥점

백1의 치중이 냉엄하다. 흑2로 가로막으면 백3부터 9로 흑집은 3집이다. 흑2로 a는 백2, 흑7로 흑집은 5집이지만 후수가 된다.

※⑨→③

## 경솔

백1로 나가는 것은 경솔하다. 흑2로 막아 귀는 8집이 된다. 후수이더라도 3집을 줄이는 끝내기를 놓치면 안 된다.

(375)

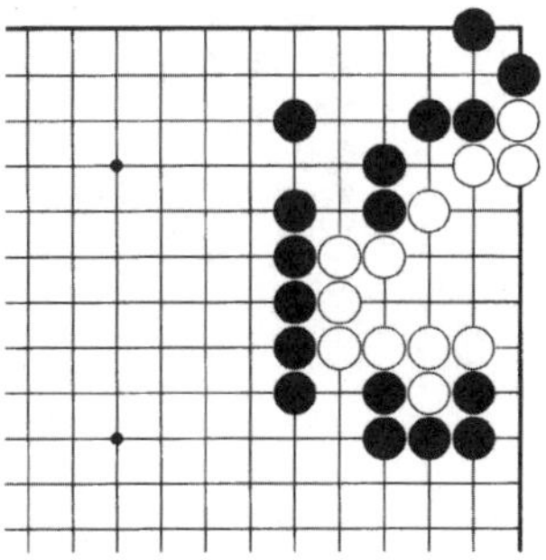

解

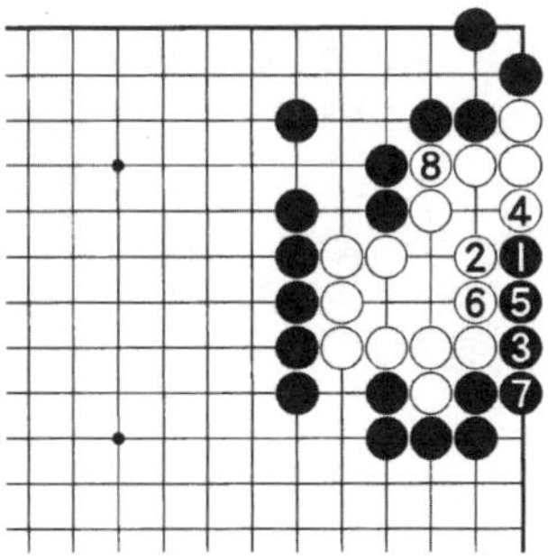

变

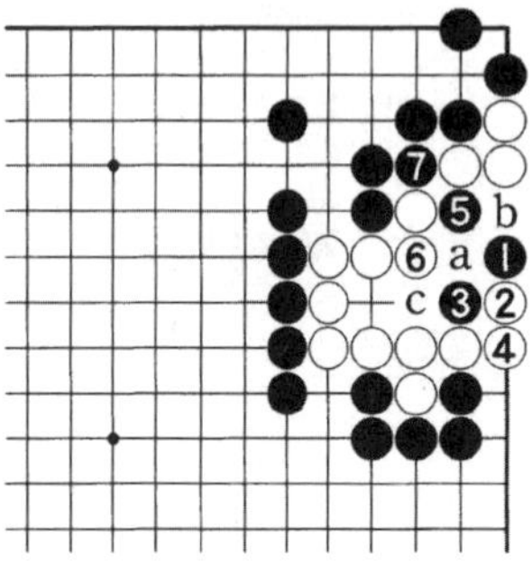


**제14형 흑번**

## 5집

끝내기 문제.
우변의 백집을 몇 집으로 만들까?
바깥에서 끝내기는 백 5집이 된다.

## 백 4집

흑1의 치중은 우상 백의 자충을 노리는 맥이다. 백2로 지키면 흑3으로 건너 백8까지 받게 한다. 백집은 4집으로 줄어든다.

## 3점 잡기

백2로 건너는 돌을 막으면 흑3으로 단수치고 5로 젖어 백 3점을 잡는다. 흑7이후 백a, 흑b에 백c로 살 수 밖에 없다.

(376)

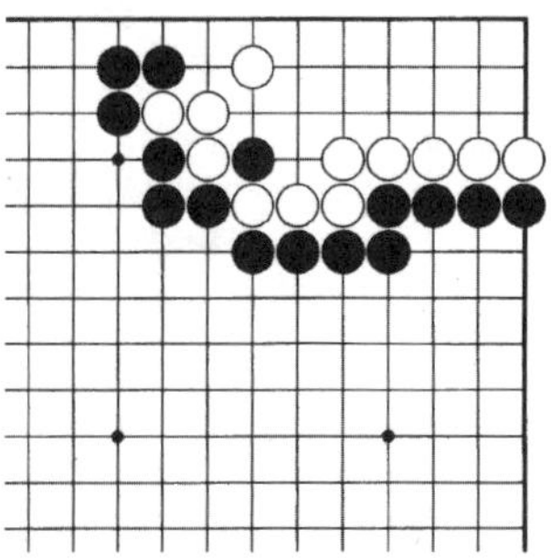

解

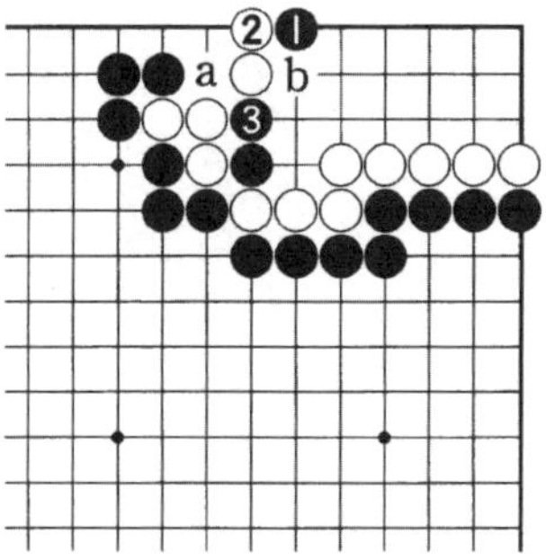


变

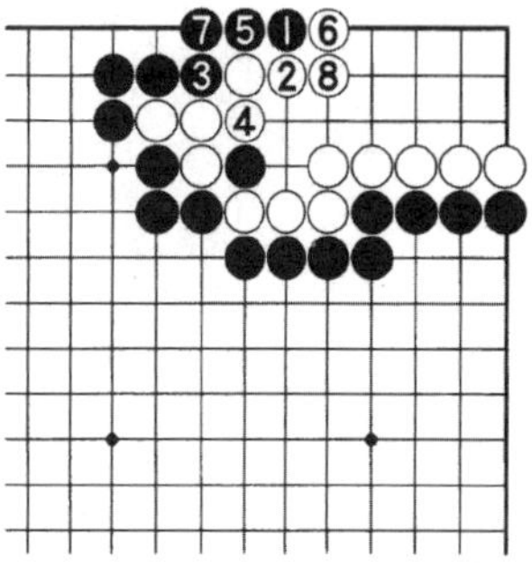

**제15형 흑번**

## 선택

끝내기 문제.
우상귀의 백집에 끝내기 하는 방법은 여러 가지가 있다. 백3점의 자충을 추궁해보자.

## 백 무리

흑1의 치중하는 수가 재미있다. 백2로 막으면 흑3으로 단수 쳐 백3점을 떨어진다. 백2로 a는 흑b로 두어 상변으로 건넌다.

## 17집

백2로 받을 수밖에 없다. 흑3으로 단수치고 5로 건너면 귀의 백집은 17집이 된다. 역시 흑1로 5도 백2로 받아 같은 끝내기가 된다.

(377)

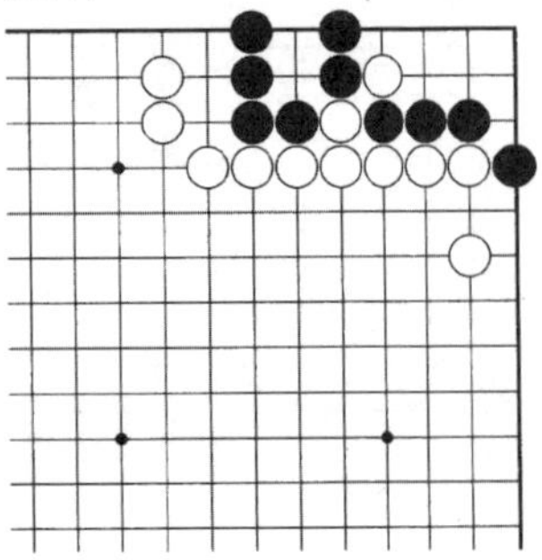

解

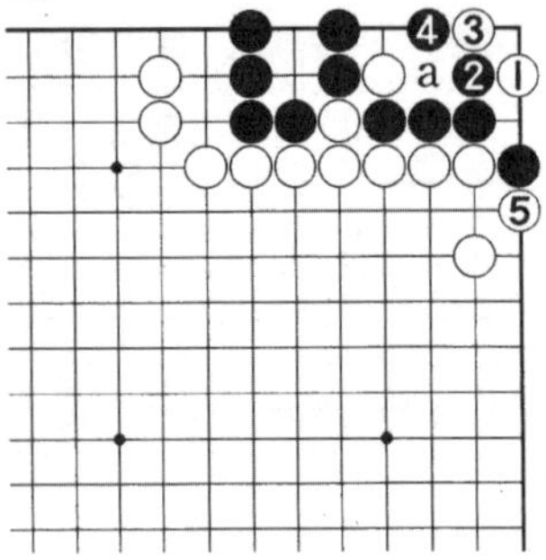

变

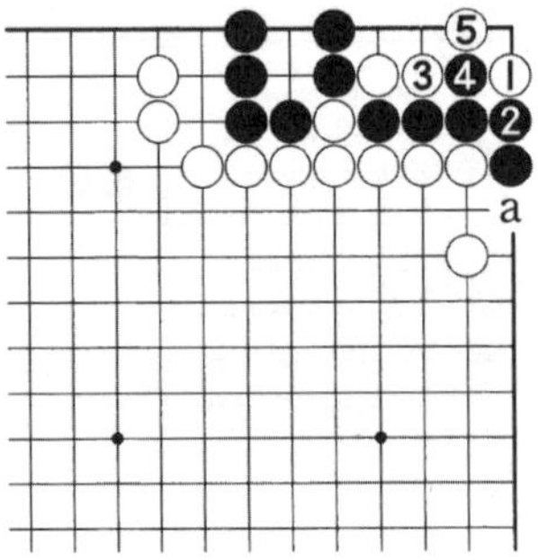

제16형 백번

## 부수다

끝내기 문제.
백 1점을 잡고 있는 귀의 흑집은 공배를 메우고 있어 맛이 나쁘다. 백은 어디서부터 집을 부숴야 할까.

## 패

백1의 치중은 2·1의 급소이다. 흑2로 막으면 백3으로 젖혀 흑을 자충시킨다. 흑4와 백5로 패가 난다. 흑4로 a는 백5로 귀를 살린다.

## 큰 일

흑2로 이으면 백3으로 공격받아 큰일이 난다. 백5까지 백이 유리한 꽃놀이패이다. 흑2로 3, 백2, 흑4, 백a가 무난한 진행이다.

(378)

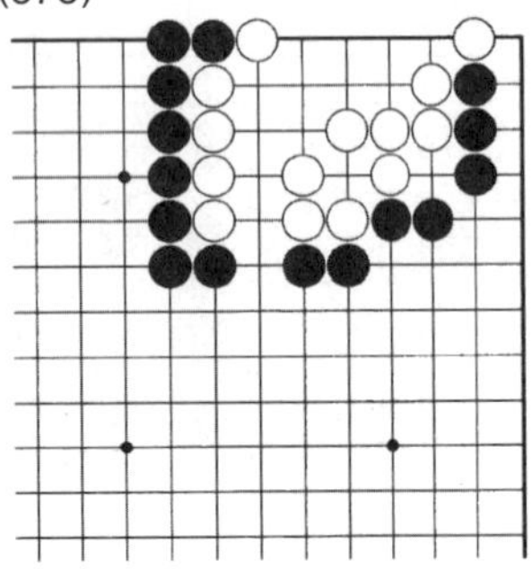

解

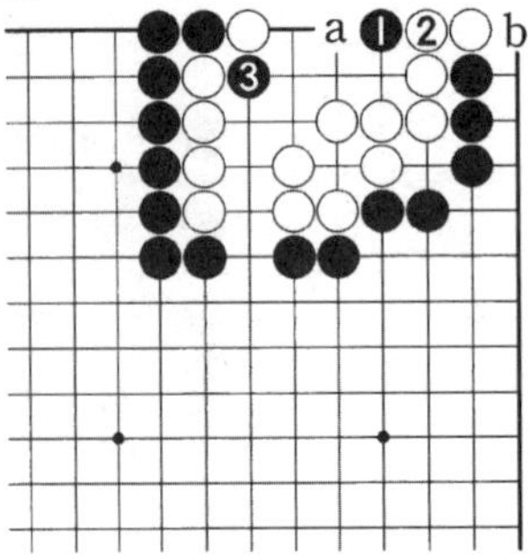

变

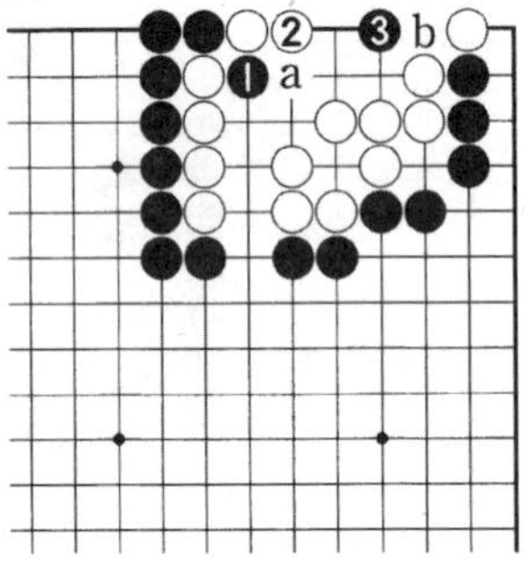

제17형 흑번

## 간접

끝내기 문제.
상변의 백은 끊는 맛이 있는 모양이다. 그러나 흑이 직접 끊어 집을 깨뜨리려 해도 잘 되지 않는다. 간접적인 방법은?

## 맥

흑1의 치중이 맥이 된다. 백2로 이으면 흑3으로 끊어 백 1점을 잡는다. 백2로 3에 지키고 흑2, 백a, 흑b로 진행 될 것이다.

## 동형

흑1로 끊으면 흑3으로 치중해도 똑같이 흑은 귀의 백 1점을 잡을 수 있다. 백은 a로 잡고 흑b를 허용할 수밖에 없다.

(379)

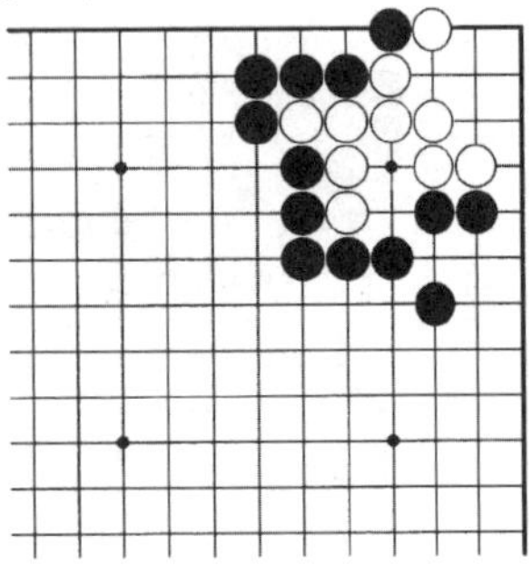

解

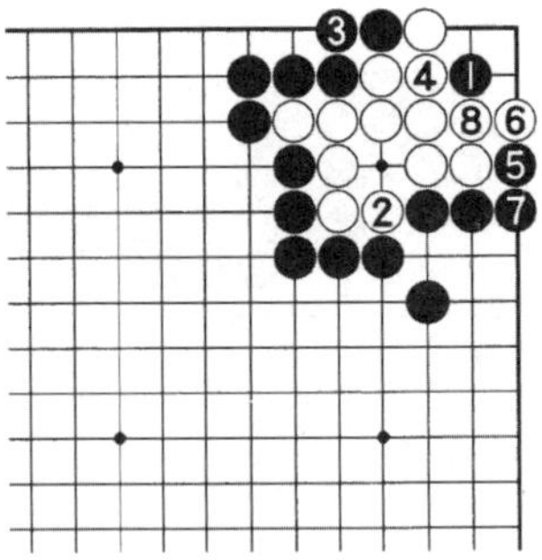

变

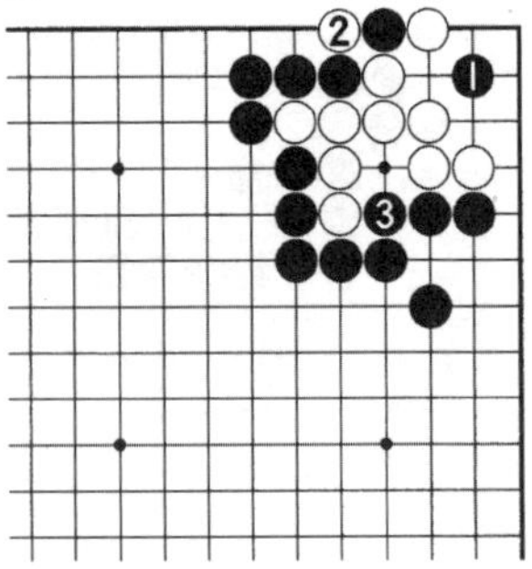

제18형 흑번

## 2집 이상

우상귀의 끝내기 문제.
단수당한 흑 1점을 살리면 2집 이상 손해를 본다.

## 백 6집

흑1로 치중이 맥이다. 백2로 집을 만들면 흑3으로 잇고 5와 7로 젖혀 이어 백집은 6집이 된다. 흑1로 3은 백1로 7이 백의 권리이므로 2집 반 차이가 난다.

## 백 즉사

흑1은 백의 눈을 없애는 급소이므로 백2로 따내는 것은 큰일이다. 흑3으로 중앙의 집을 부수면 바로 죽는다.

(380)

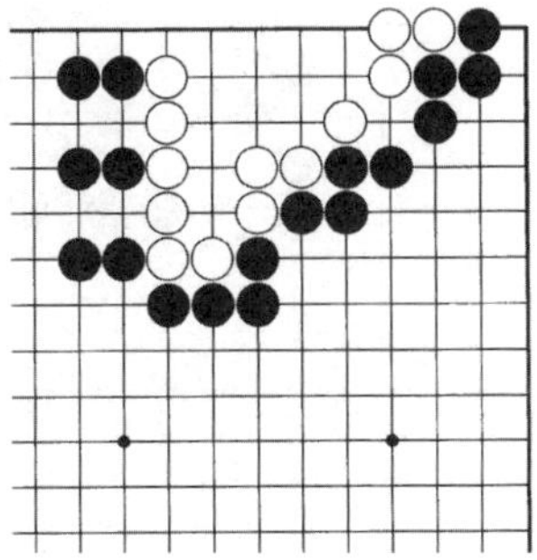

解

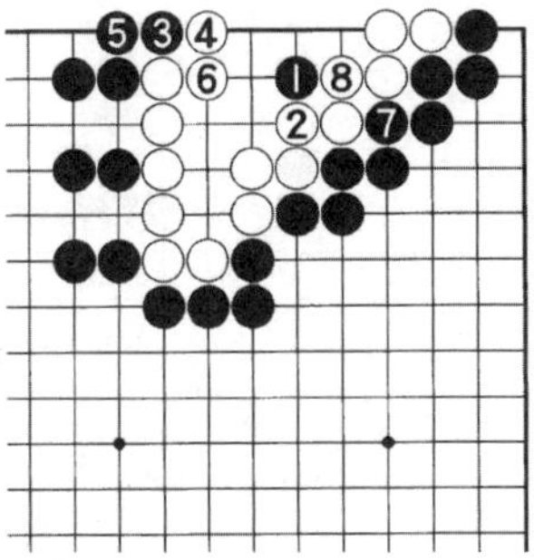

失

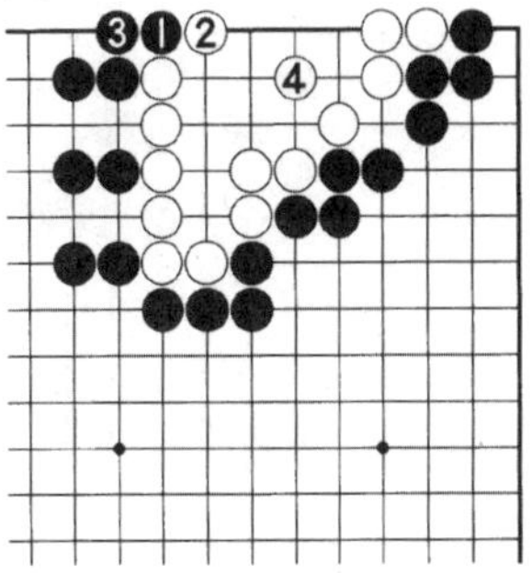

**제19형 흑번**

### 양쪽

끝내기 문제.
상변의 백집에는 흑이 선수로 끝내기가 활용되고 있다. 단, 좌우 양쪽의 끝내기를 고려하여야 한다.

### 백 10집

흑1의 치중을 활용하여 백2 이후 흑3, 5로 젖혀 잇는다. 백6으로 이으면 흑7의 찝음을 활용하여 백집은 10집이 된다. 흑은 선수이다.

### 백 11집

흑1과 3으로 젖혀 이으면 백4로 호구이어 좌우의 약점을 1수로 지킨다. 백집은 11집으로 흑이 1집 손해를 본다.

(381)

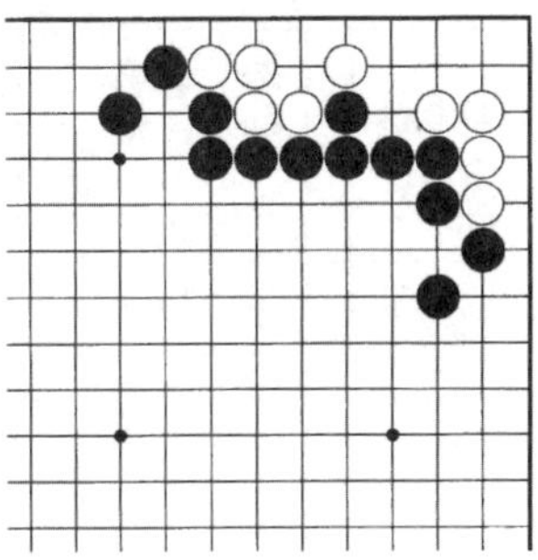

解

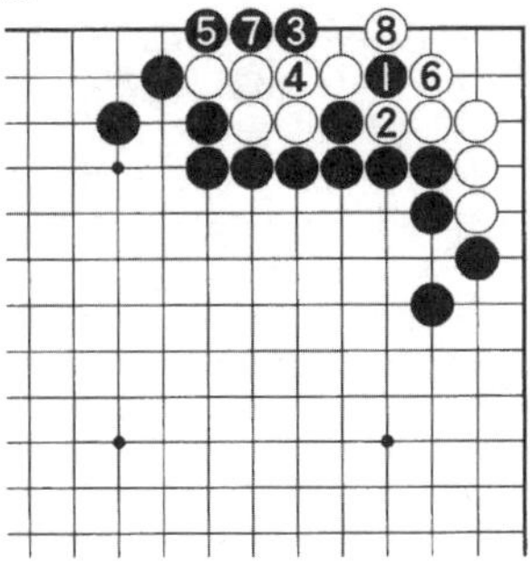

失

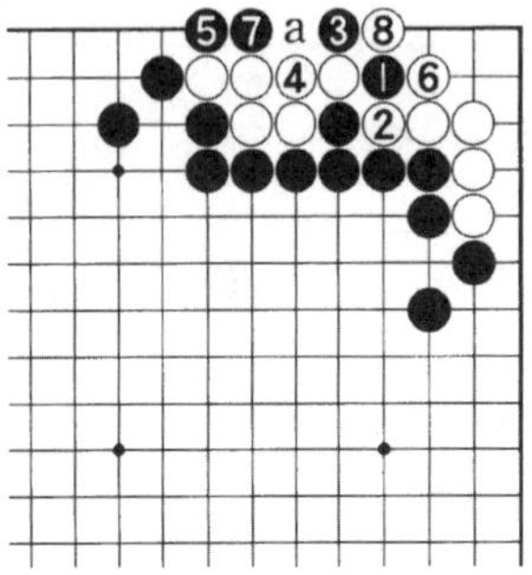

**제20형 흑번**

### 사석

우상귀의 백집을 몇 집으로 끝내기 할까? 사석을 움직인 공격으로 선수로 끝내야 한다.

### 백 9집

흑1로 젖혀 사석으로 만든다. 백2 이후 흑3으로 치중하여 백의 자충을 추궁한다. 흑5, 7로 상변에 있는 백집을 줄인다.

### 2집 손해

흑3으로 단수를 치면 백4로 이어 흑이 손해이다. 흑5, 7로 공격하더라도 백8로 흑3의 1점이 잡혀 2집이 손해이다. 흑1로 5는 백a로 백집은 11집이 된다.

(382)

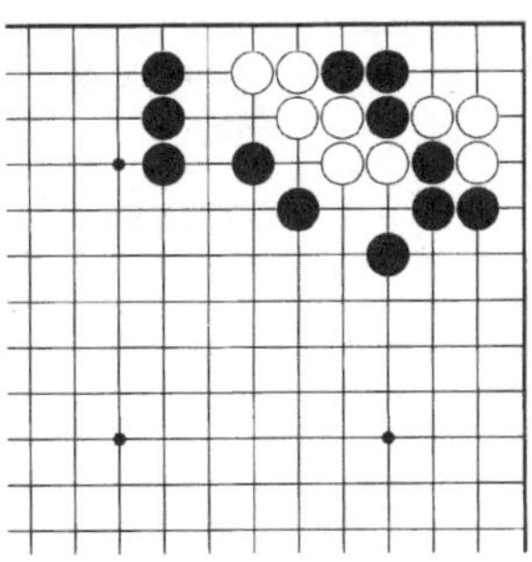

解

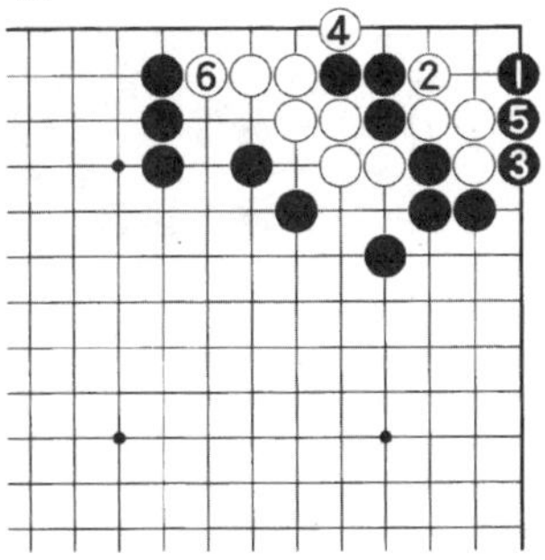

変

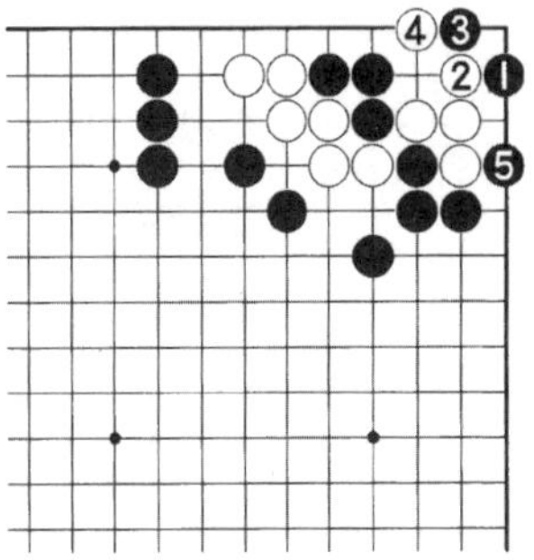

**제21형 흑번**

### 침입

흑 3점을 잡은 귀의 백집을 어떻게 끝내기 할까? 흑은 귀로 침입하는 맥이 있다.

### 흑 선수

흑1의 치중이 백의 자충을 노리는 탄력 있는 수이다. 백2로 지키면 흑3으로 젖혀 귀로 연결한다. 백6까지 흑은 후수로 살 수 있다.

### 패

백2로 막으면 흑3으로 젖혀 백은 자충에 걸린다. 흑5로 젖혀 패가 난다. 흑1로 5에 먼저 젖히면 백1로 실패한다.

## 제22형 흑번

(383)

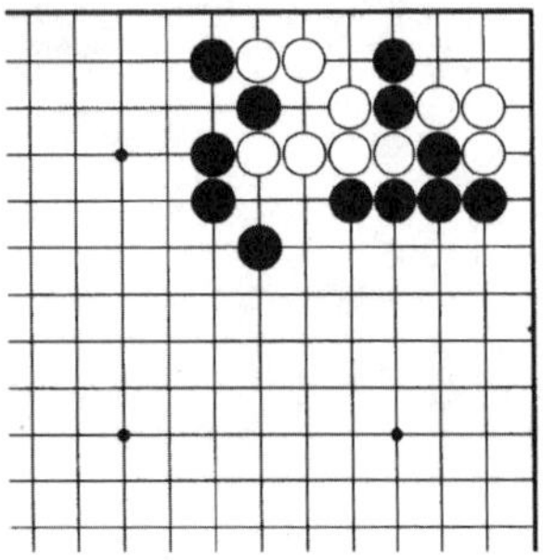

### 괴롭힘

끝내기 문제.
흑 2점을 잡고 있는 귀의 백집을 침범하면 백은 간신히 살아가는 모양이 된다.

解

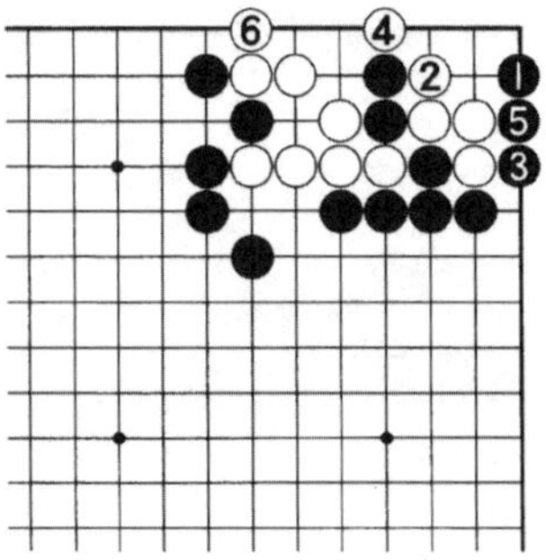

### 후수 삶

흑1의 치중은 2·1의 맥이다. 백2, 4로 흑 2점을 잡으면 흑5로 건너가 백집을 줄인다. 백6까지 후수로 살아야 한다.

变

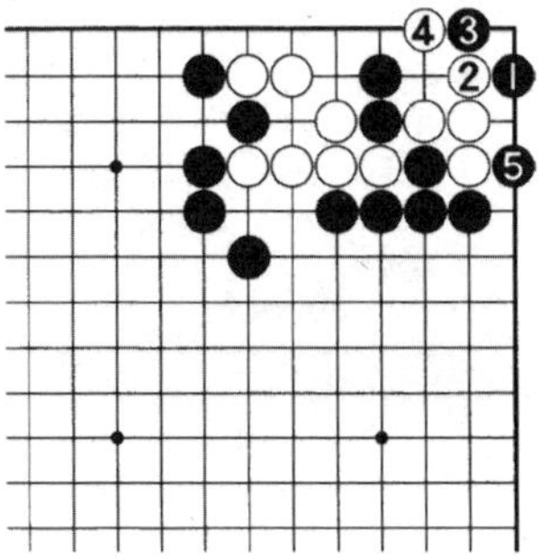

### 패

백2로 저항하면 흑3으로 젖혀 위험하다. 흑5까지 패의 모양이다. 흑이 패를 이기면 백이 전멸하게 된다.

## 제23형 흑번

(384)

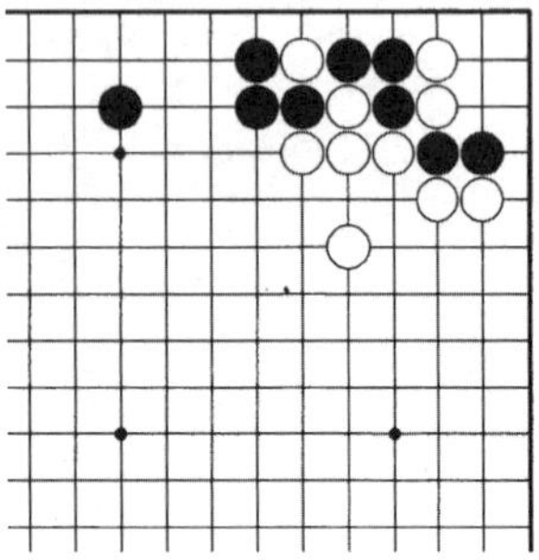

### 부수다

끝내기 문제.
흑 2점을 잡고 있는 귀의 집을 줄인다. 백이 강하게 저항하면 꽉 자충이므로 위험해진다.

解

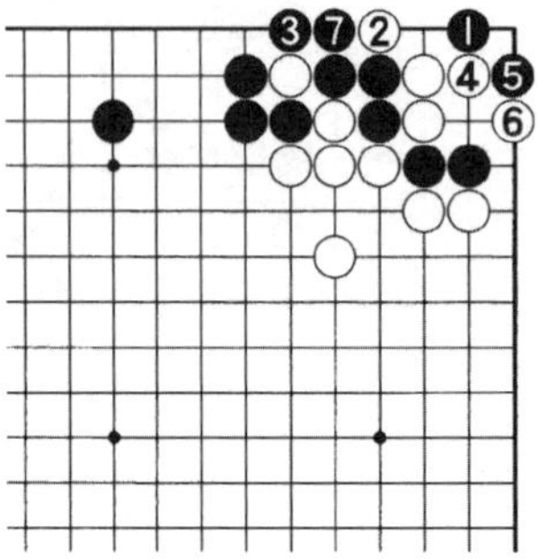

### 패

흑1의 치중은 2·1의 맥이다. 백2의 젖힘을 활용하여도 귀의 자충은 해소되지 않는다. 백4에는 흑5와 7로 패가 난다.

变

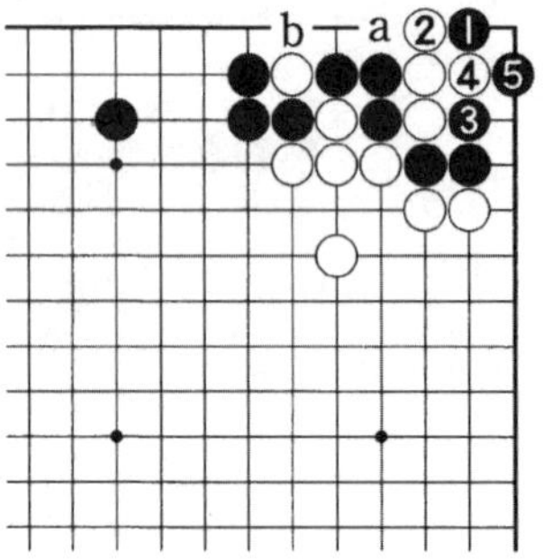

### 큰 패

백2로 막으면 흑3으로 꼬부려 큰 패가 난다. 흑1로 3에 먼저 두면 백a, 흑b, 백4, 흑1, 백5로 흑이 실패한다.

## 제24형 흑번

(385)

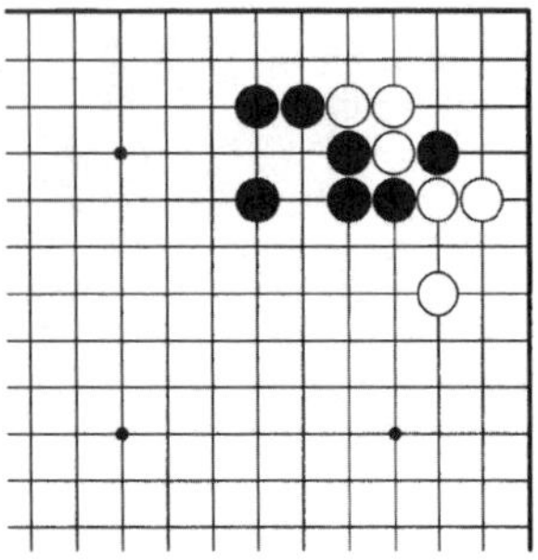

### 품안의 돌

끝내기 문제.
백은 품안의 흑 1점을 이용한다. 백의 자충의 나쁜 모양이므로 흑은 상변에서 크게 끝내기 할 수 있다.

解

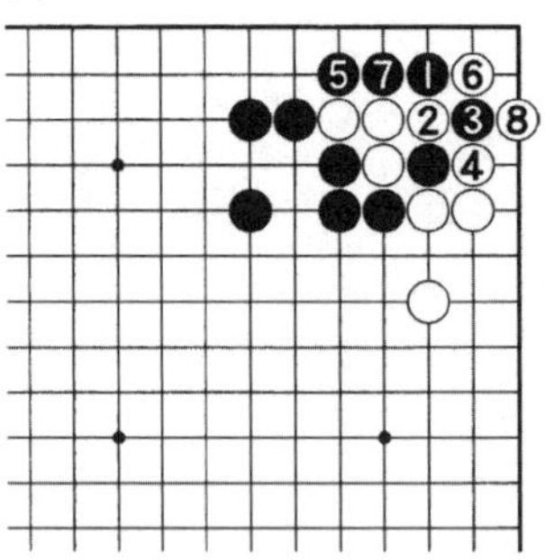

### 선수 끝내기

흑1의 치중은 백 3점을 노린 수이다. 백2로 나가면 흑3으로 막아 백은 자충의 모양. 백4, 6으로 잡으려고 하면 흑은 선수로 7까지 끝내기 한다.

变

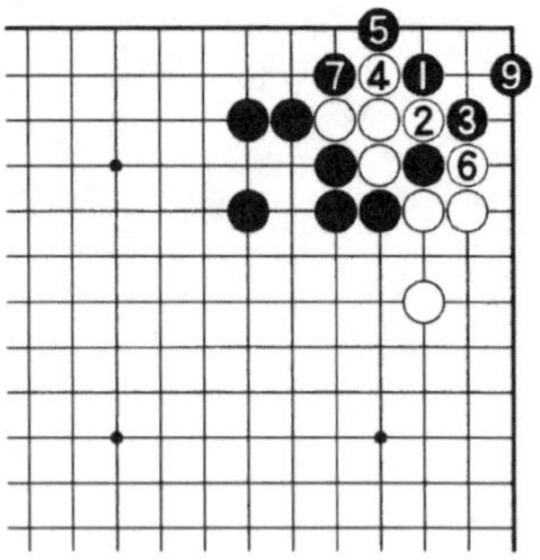

### 백 지독한 모양

백4로 나가면 흑5와 7로 조여 백은 귀의 근거를 잃게 된다. 흑9로 호구이음으로 우상 백 전체가 약해진다.

(386)

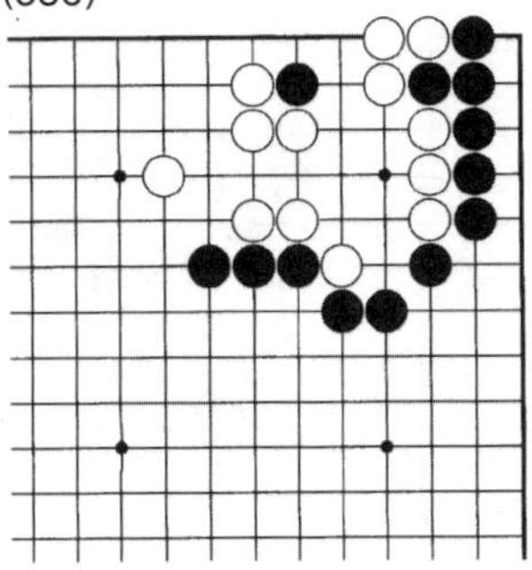

解

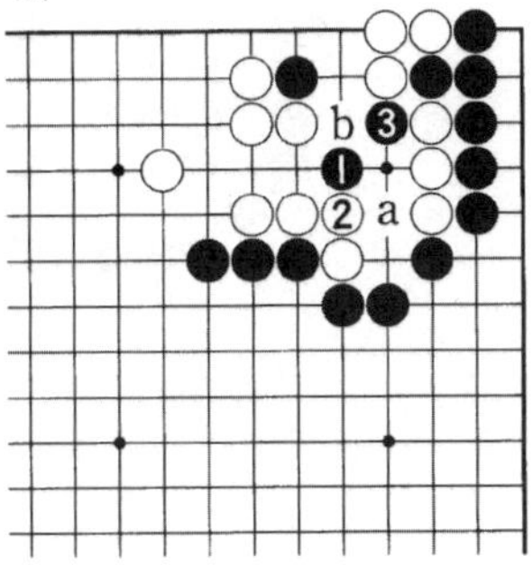

变

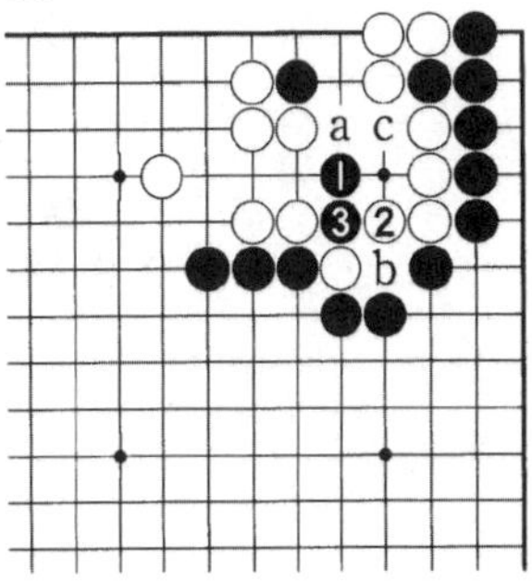

**제 25 형 흑번**

## 8집

끝내기 문제.
상변의 백은 자충의 모양이다. 흑 1점을 움직여서 흑은 8집의 끝내기를 할 수가 있다.

## 맥

흑1의 치중이 맥이다. 백2로 이으면 흑3으로 끊어 a자리와 b자리 잡는 것이 맞보기가 된다.

## 흑 유리

백2로 받으면 흑3으로 손해이다. 백a에는 흑b, 백c로 후수이다. 백a로 c는 흑a로 나가 정해도 보다 더 유리하다. 흑1은 a도 유력하다. 흑1로 2는 백1.

(387)

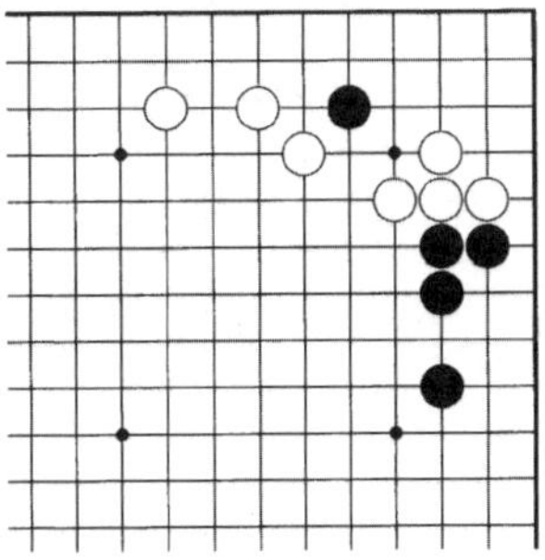

解

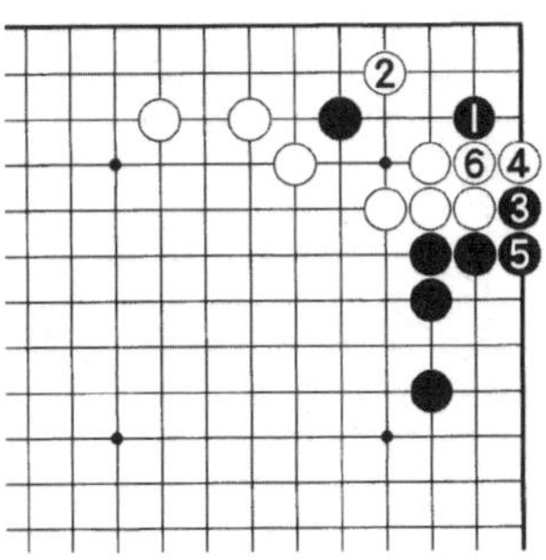

变

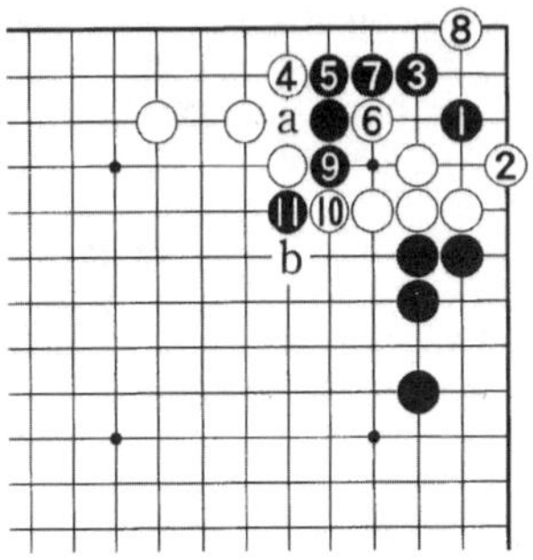

**제 26 형 흑번**

## 잡힌 돌.

끝내기 문제.
상변의 흑 1점은 완전히 죽은 돌이지만 아직 이용 가치는 남아있다. 우변에서의 끝내기를 노린다.

## 활용

흑1로 치중하여 아슬아슬하게 활용한다. 백2로 상변을 지키면 흑3과 5로 젖혀 잇는 것이 선수의 끝내기가 된다.

## 태도

백2로 흑1의 활용에 반발하면 흑3으로 태도를 바꾼다. 백4부터 8로 흑은 한 집을 내지만 흑9, 11로 끊으면 밖의 백이 버티지 못한다. 이후 백a는 흑b.

(388)

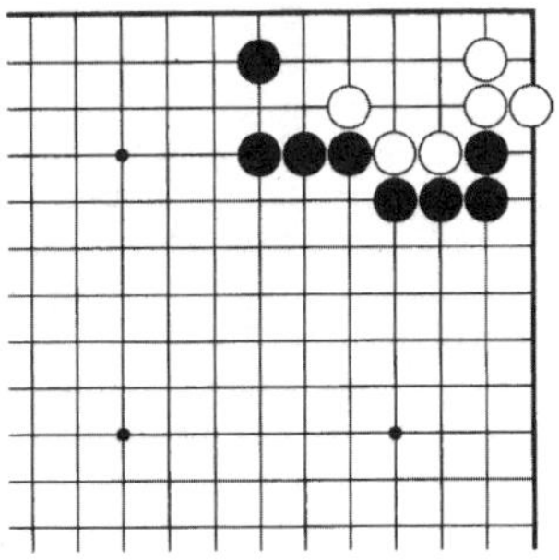

解

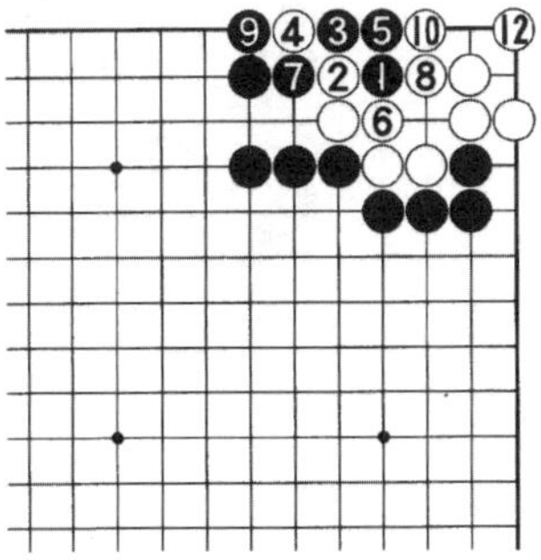

失

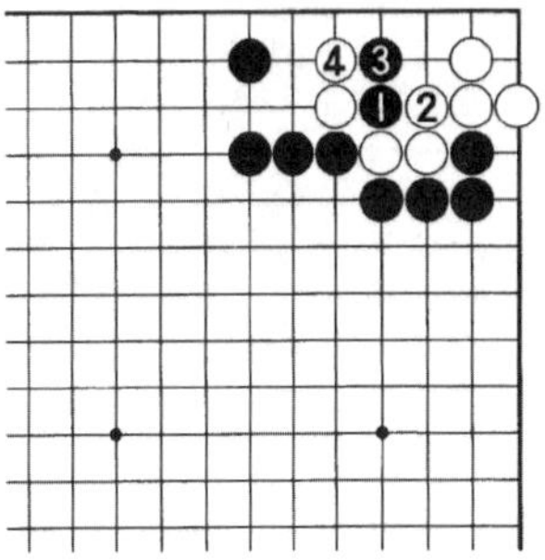

**제 27 형 흑번**

## 괴롭다

끝내기 문제.
백은 귀의 집이 넓어 죽지 않는 모양이지만 백을 최소의 집이 되게 괴롭힐 수 있다.

## 백 2집

흑1의 치중은 백의 자충을 추궁하는 급소이다. 백2로 막더라도 흑3과 5로 젖혀 이어 건너간다. 백집은 2집이다.

※⓫→④

## 백집 6집

흑1로 끊으면 백2와 4로 잡아 백집을 넓혀준다. 흑1로 4에 붙이더라도 백3으로 받으면 백집을 줄이지 못하고 실패한다.

제28형 흑번

(389)

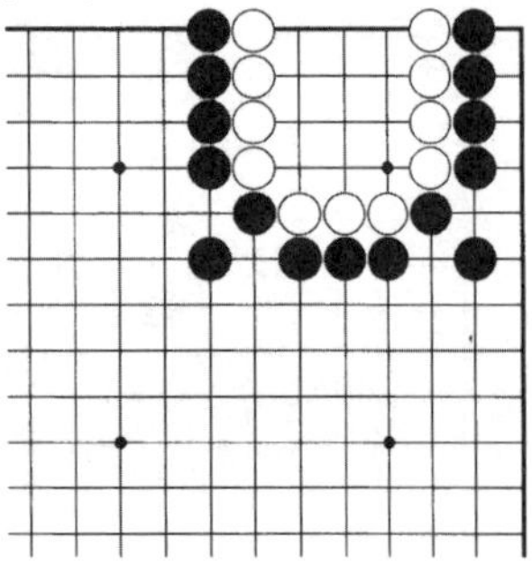

## 좌우동형

끝내기 문제.
상변의 백은 이대로라면 12집이다. 흑은 백집을 0집으로 만들어야 한다. 좌우동형의 중앙에 힌트가 있다.

解

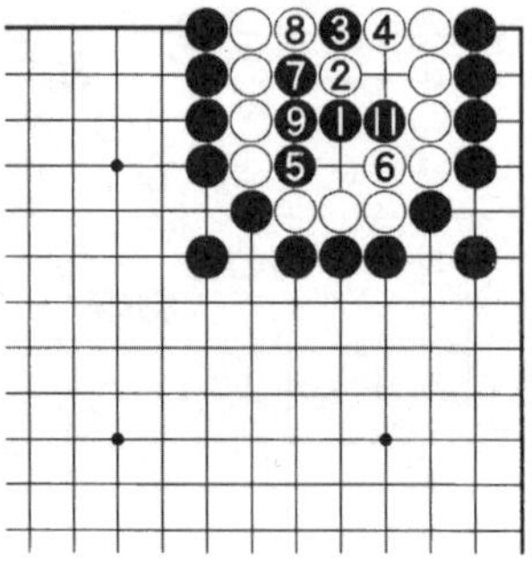

## 석점의 중앙

흑1은 3점 정중앙의 맥이다. 백2와 흑3도 좌우동형의 중앙이다. 백4부터 흑11까지 빅이 된다.
※⑩→❸

失

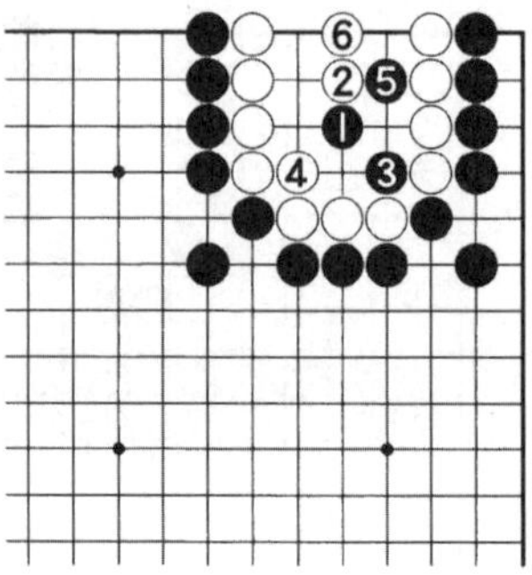

## 흑 실패

흑3으로 끊으면 수순이 좋지 않아 실패한다. 백4로 잇고 흑5의 공격에는 백6으로 뻗어 수습한다. 흑5로 6은 백5로 이어 흑3의 악수를 추궁한다.

제29형 흑번

(390)

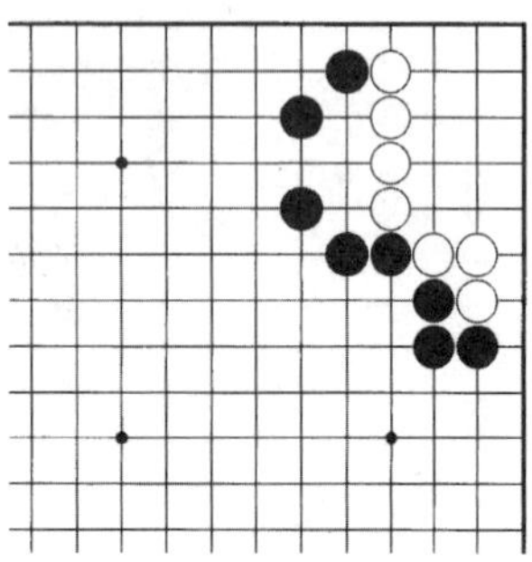

## 마무리 방법

끝내기 문제.
백집이 굳어 집 안에서 수를 낼 수 없을 것 같으나 끝내기에 이용할 수 있는 방법이 있다.

解

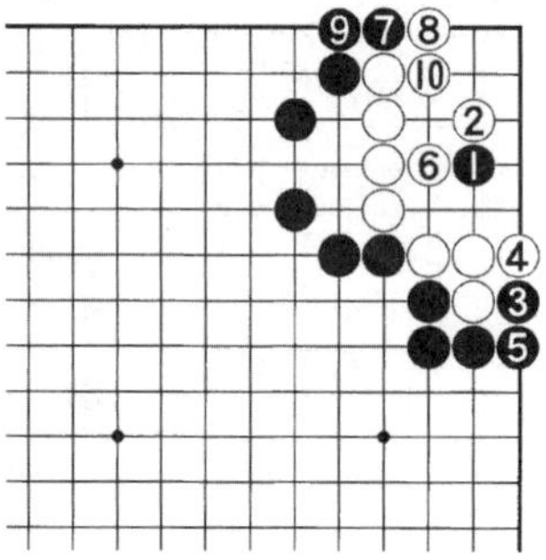

## 급소

흑1의 치중은 안형의 급소이다. 백2로 귀를 굳히면 흑3, 5로 젖혀 잇는 것이 선수이다. 백6 이후 흑으로 상변을 젖혀 잇는다.

変

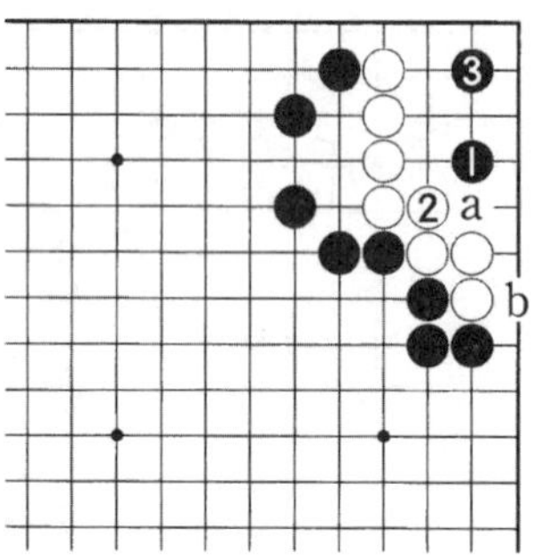

## 백 불리

백2로 받으면 흑3으로 태도를 바꿔 불리해진다. 더욱 백2로 흑3방향을 지키는 것은 흑2, 백a, 흑b로 우변을 건너 백이 손해를 본다.

제30형 흑번

(391)

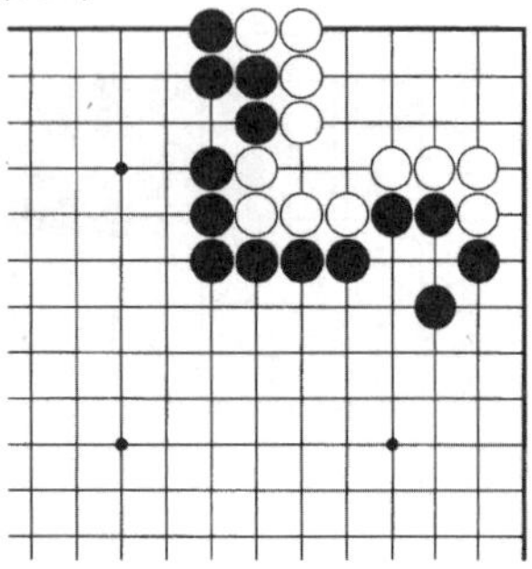

## 실마리

끝내기 문제.
흑은 백집을 활용하여 실마리를 찾고 싶다. 우변에서 선수로 젖혀 이음이 선수가 되면 성공이다.

解

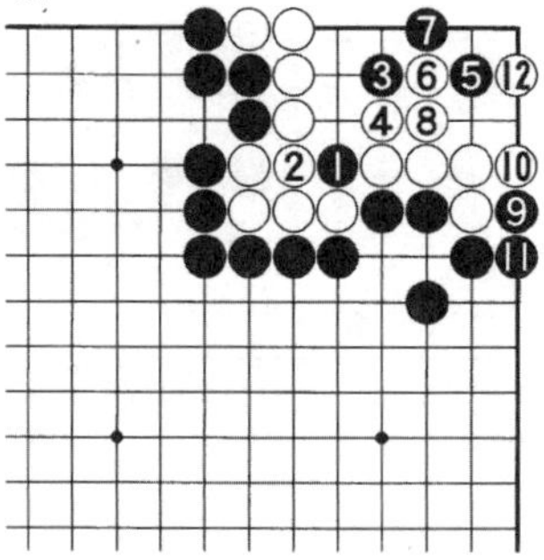

## 선수 활용

흑1로 끊고 백을 자충시킨 뒤 흑3의 치중이 급소이다. 백4부터 8로 받으면 흑9, 11로 젖혀 이어 선수로 활용한다.

失

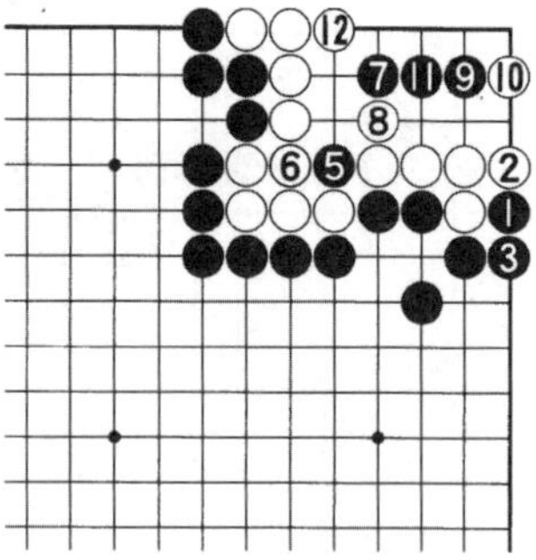

## 손 뺌

흑1과 3을 먼저 두면 백이 손을 뺀다. 흑5부터 9까지 귀에 두더라도 백10으로 붙이면 집이 없어 흑이 잡힌다.
※④ 손을 뺌

(392)

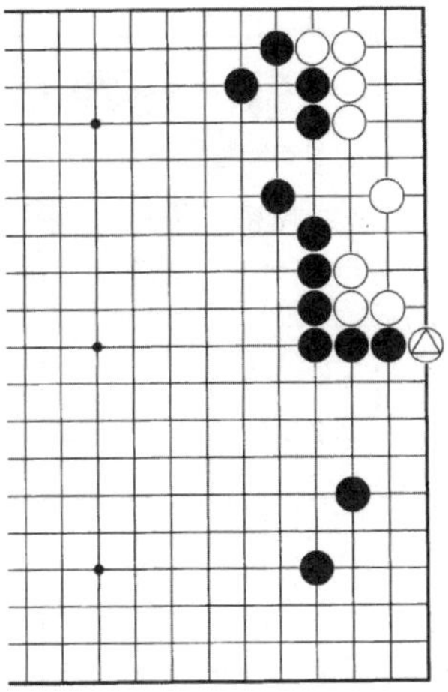

解

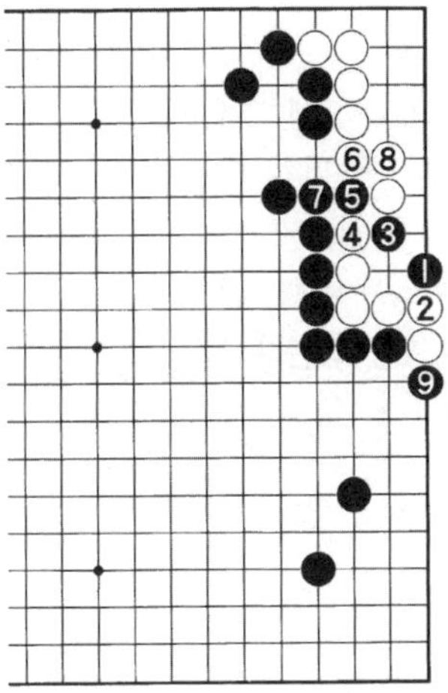

変

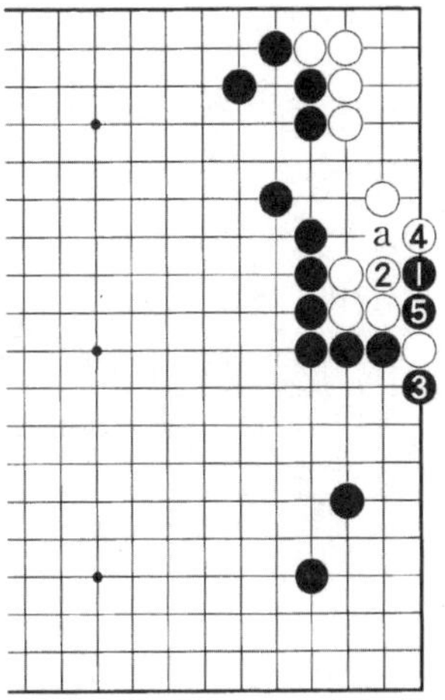

제31형 흑번

## 반격

끝내기 문제.
우변에서 백◎로 선수 끝내기를 하려고 한다. 백의 엷음을 노려 반격하면 백의 끝내기를 헛되게 할 수 있다.

## 맥

흑1의 치중이 맥이다. 여기부터 이어가는 수순이 좋다. 백2로 이으면 흑3, 5로 끊어 백 6점을 떨어뜨린다. 백8 이후 흑9로 단수 친다.

## 흑 성공

백2로 흑의 공배를 메우면 흑3으로 단수쳐서 백 1점을 잡는다. 백4로 5는 흑a로 조여 백을 잡는다. 흑5로 따내면 백의 선수 끝내기의 노림을 무산 시킬 수 있다.

(393)

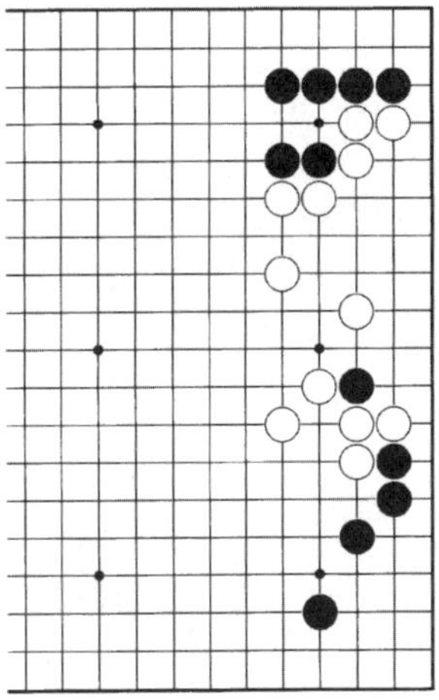

解

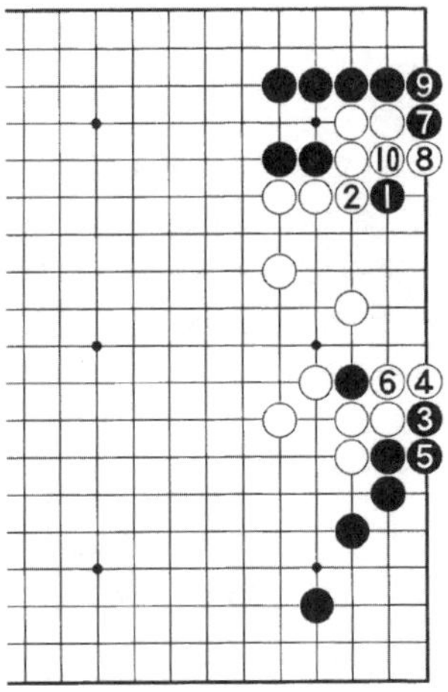

失

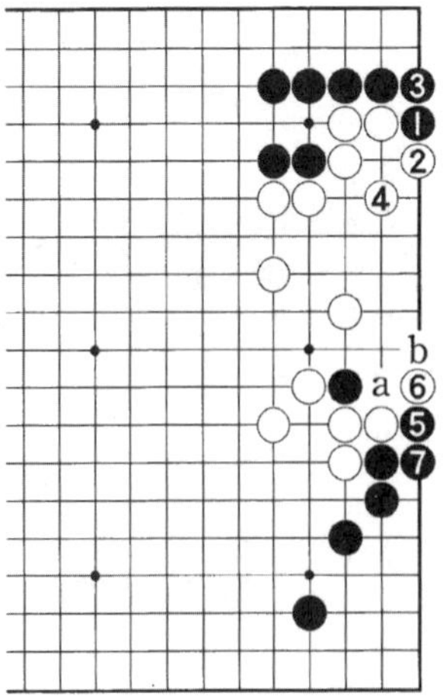

제32형 흑번

## 선수

우변의 백집을 어떻게 끝내기 해야 하는지 문제이다. 흑은 우하부터 젖혀 이음, 우상의 젖혀 이음 양쪽 모두를 선수로 처리하고 싶다.

## 수순

흑1로 치중하여 우상의 백을 활용하는 수순이 교묘하다. 백2로 이으면 흑은 3, 5로 젖혀 잇는다. 또 우상은 흑7, 9로 젖혀 이어 양쪽을 선수로 둔다.

## 한쪽은 후수

들여다보지 않은 채 흑1과 3으로 결정하는 변화이다. 백4로 받으면 흑5, 7이 선수가 되지 않는다. 흑a는 백 b. 또 흑1로 5는 백6, 흑7은 백4로 받는 것이 묘수이다.

# 막다

상대 돌의 진출을 막는 막기는 앞으로 진행하려는 찰나를 막는 방지하는 막기, 뒷문 열림을 막는 막기 등이 있다. 아군의 울타리에 이용되는 경우가 많이 생긴다. 더욱 맥으로서는 움직임은 상대 돌에 밀착되어 있기 때문에 공배를 메우는데 도움이 된다.
흑1이 바깥 공배를 메우는 막기이다. 백 4점은 움직일 수 없다.

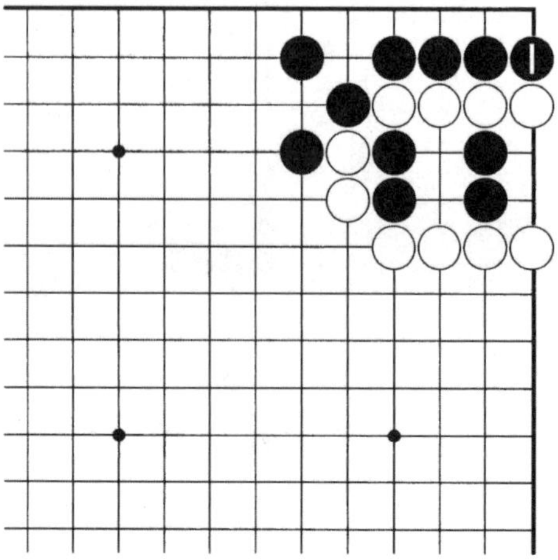




제1형 흑번

(394)

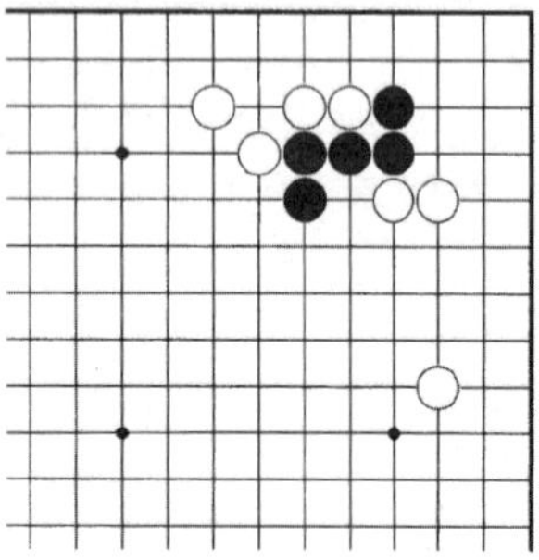

### 살다

우상의 변화.
화점 정석에서 생긴 변화이다. 흑은 귀에 근거를 만들어야한다. 귀쪽으로 살 수 있는 받는 수가 있다.

解

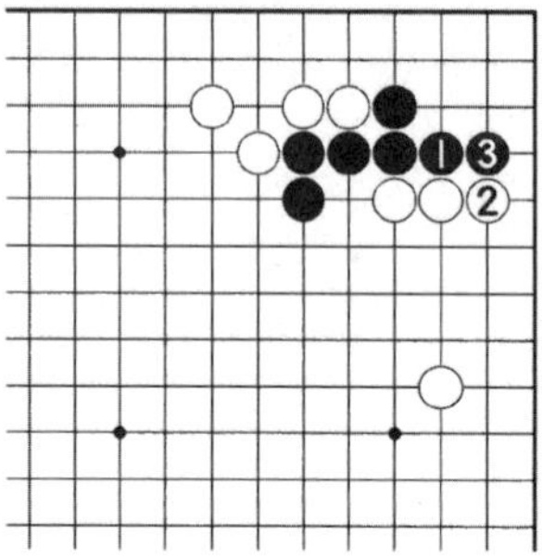


### 됫박형

흑1의 막는 수가 최선의 수가 된다. 집을 가득 넓히기 위해 흑1로 막는 수로 백2, 흑3으로 귀는 됫박형의 모양이 된다. 바깥에 있는 백의 공배가 찬다.

失

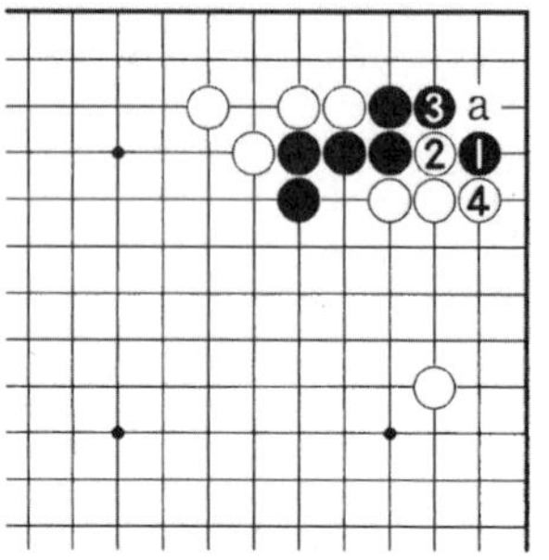


### 집이 좁다

흑1로 뛰는 것은 잘못 받은 수이다. 백2, 흑3으로 활용당하면 백4로 막아 집이 줄어든다. 흑a로 이어도 살아 있지 않다.

제2형 백번

(395)

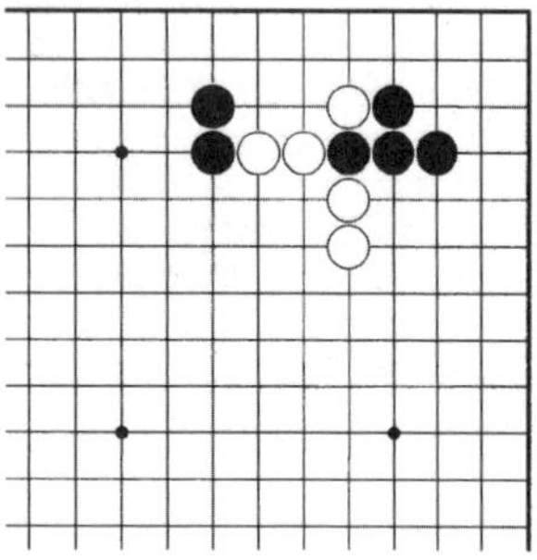

### 반격의 모양

상변의 전투.
2칸 높은 협공 정석의 변화이다. 흑의 공격에 대응하여 백은 근거를 만들어 상변의 흑에 공격하는 모양을 만들고 싶다.

解

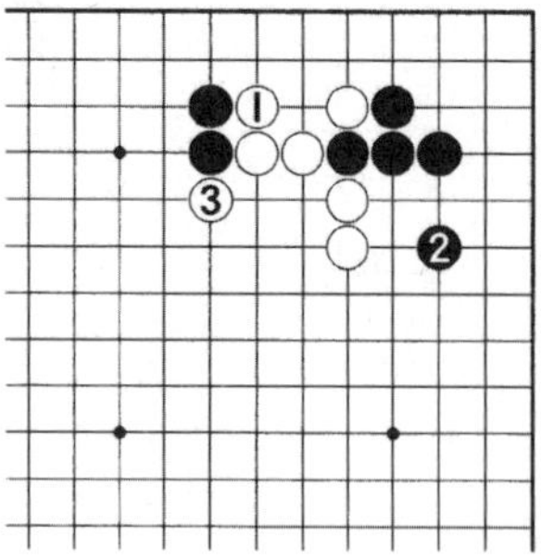


### 백 좋은 모양

백1로 막는 것이 좋은 수이다. 빈삼각의 우형 같지만 상변 흑 2점의 공배를 메워 다음의 백3으로 젖히는 수가 좋은 수이다. 백의 모양이다.

失

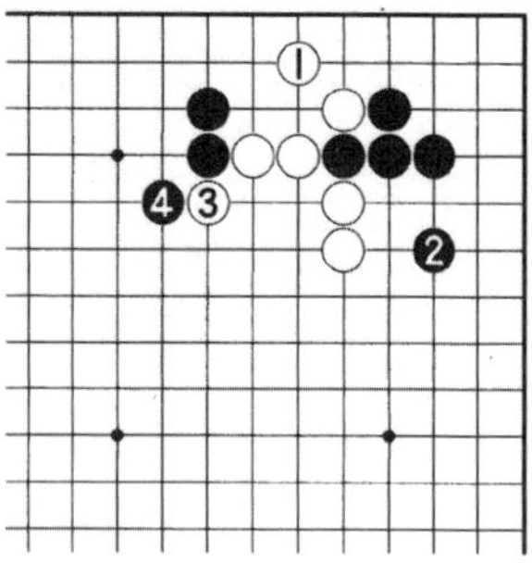


### 백 불만

백1로 호구 이으면 탄력은 많아도 흑으로의 박력은 부족하다. 일단 흑2로 귀를 지킨 뒤 상변의 흑을 공격하는 것처럼 하여도 백3은 흑4로 반발한다.

제3형 흑번

(396)

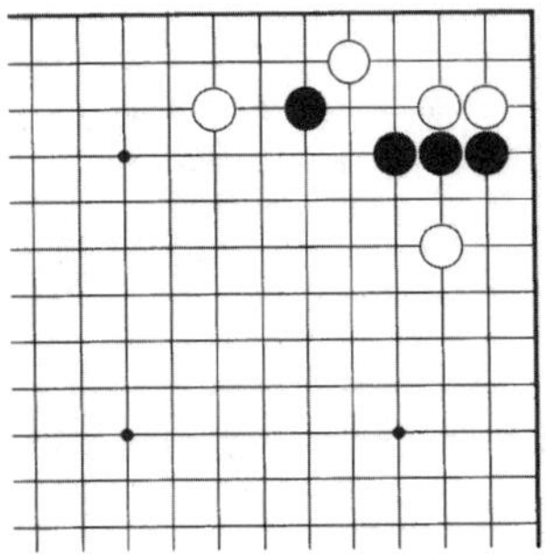

### 주의

우상의 전투.
3·3에 들어온 백을 공격하고 있다. 백을 귀에 가두고 바깥에 세력을 만들고 싶지만 주의가 필요하다.

解

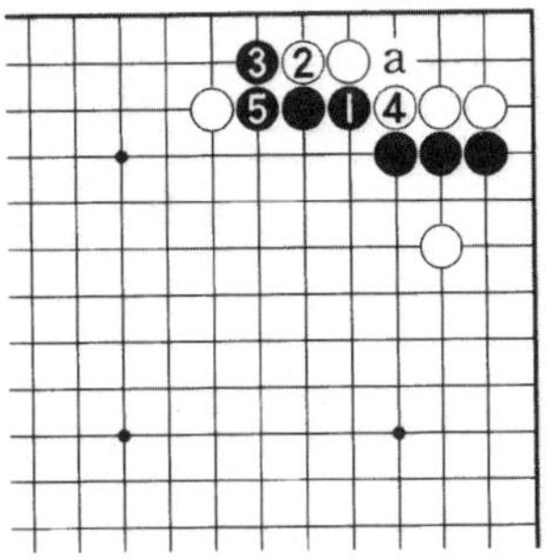

### 외세 강력

흑1로 밀어 백 1점을 막는 모양이다. 백2로 밀면 흑3으로 막고 다음에 a로 귀를 잡는 수가 냉엄하다. 백4, 흑5로 흑의 외세가 강력하다.

失

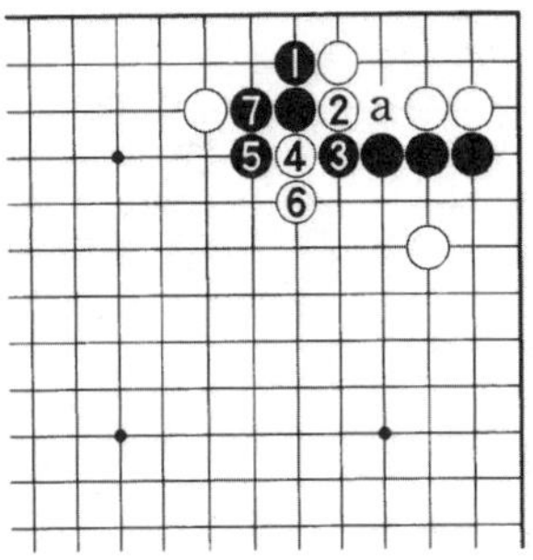

### 흑 고전

흑1로 막는 것은 과한 수이다. 백2, 4로 끊어 상변의 흑이 순식간에 위험해 진다. 흑7 이후 백a로 살면 흑이 괴로운 싸움이 이어진다.

제4형 흑번

(397)

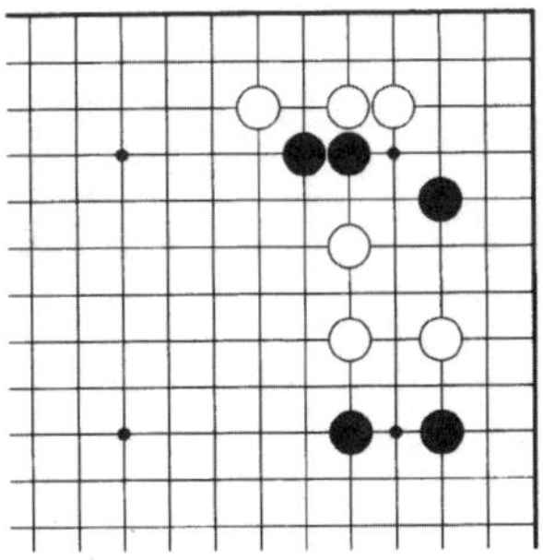

### 공격

우변의 백 3점은 우상귀의 흑을 공격하면서 모양을 정리하려 한다. 흑은 우변에서 협공을 이용하여 백을 공격하고 싶다.

解

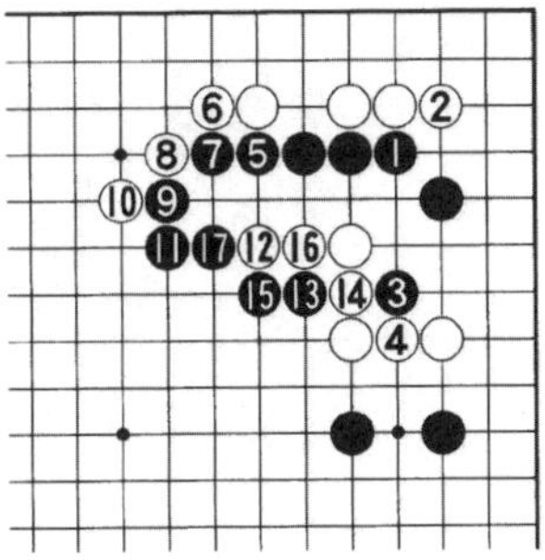

### 흑 좋은 모양

흑1로 막는 수가 두터운 수이다. 백2가 뻗기를 기다렸다가 흑3으로 들여다보는 수가 백의 모양을 부수는 맥이다. 흑17까지 백을 공격하면서 중앙에 머리를 내민다.

失

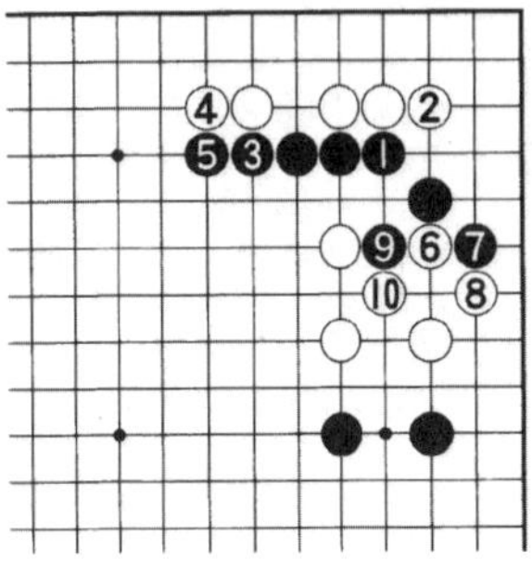

### 백 수습

흑이 들여다보는 수를 두지않고 단순하게 흑3과 5에 두는 것은 백6의 붙이는 수가 좋은 모양이다. 흑7, 9에는 백10으로 탄력이 있는 모양으로 백이 수습에 성공한다.

막다 전투

제1형 흑번

(398)

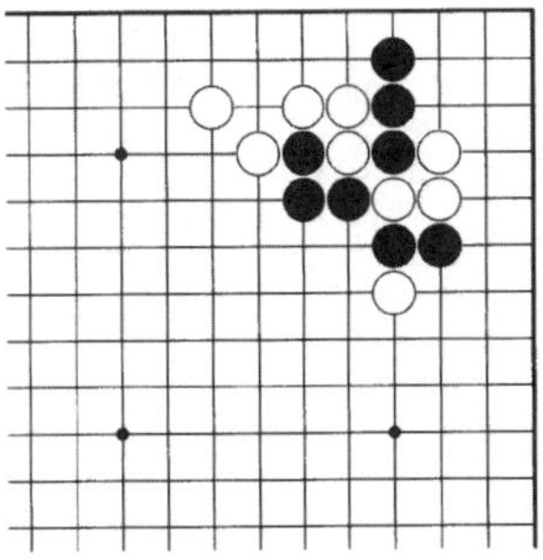

### 느슨하다

우상의 전투.
화점 정석의 변화이다. 흑은 우상의 백 3점을 느슨하지 않은 냉엄하게 공격하여 자신에게 유리한 모양을 만들어야 한다.

解

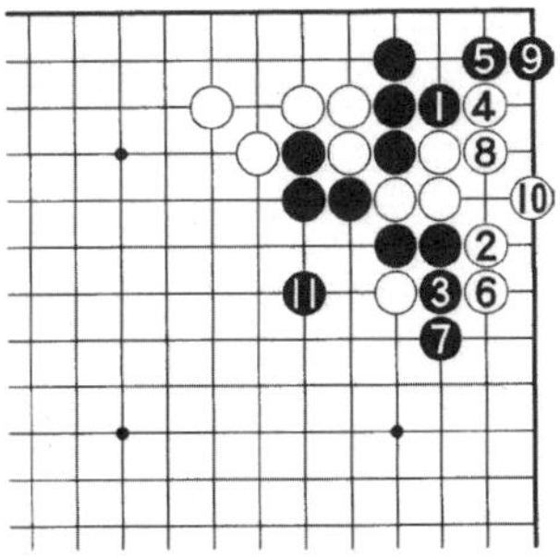

### 흑 유리

흑1의 막는 수가 최강의 수이다. 백 3점의 공배가 메워져 백은 2로 젖힘부터 10까지로 사는 정도가 된다. 흑11로 중앙을 두텁게 하여 흑이 유리하다.

失

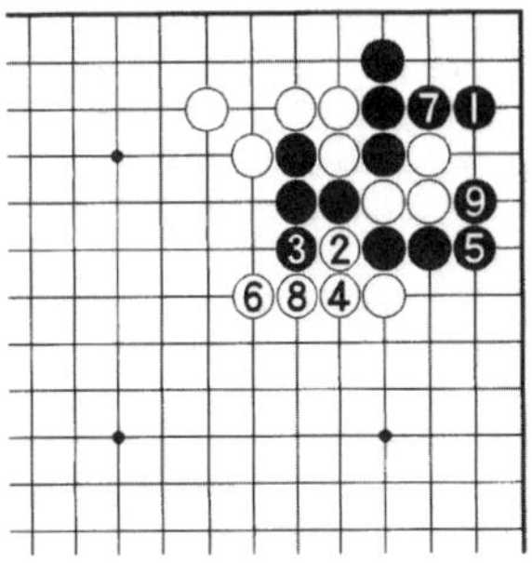

### 백 유리

흑1로 뛰었으나 느슨한 모양이다. 백2로 끊으면 밖의 흑을 공격하는 융통성이 생긴다. 백6으로 씌워 우변은 사석이 된다. 중앙의 백이 강대하여 백이 유리하다.

막다 조임

(399)

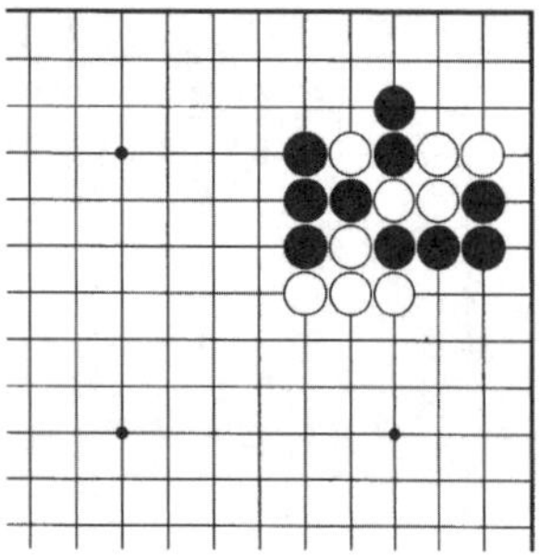

解

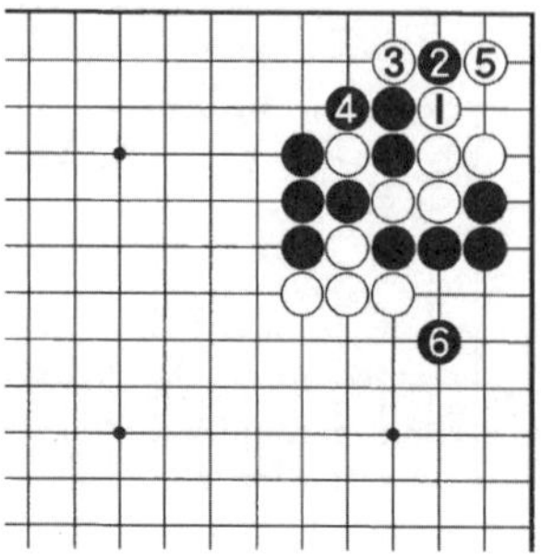

変

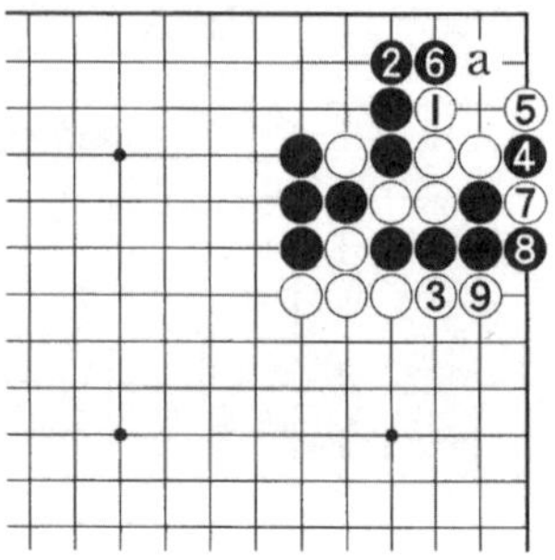

제2형 백번

### 살리다
귀의 전투.
백 4점을 살리기 위해서는 우변에 살 것인지. 아니면 우변의 흑 4점을 잡을 것인가 두가지 방법이 있다. 흑이 무리하면 우변에 패가 난다.

### 백 삶
백1로 막아 흑의 공배를 꽉 채우는 수밖에 없다. 흑2로 젖히는 것은 지키는 수이고 백3, 5로 살리고 흑6으로 대비한다.

### 패 또는 삶
흑2로 뻗는 것은 위험하다. 백3으로 막아 우변의 흑 4점을 공격하면 9까지 패가 난다. 백3으로 a에 둘 수도 있어 패 또는 조그만 삶이 된다.

(400)

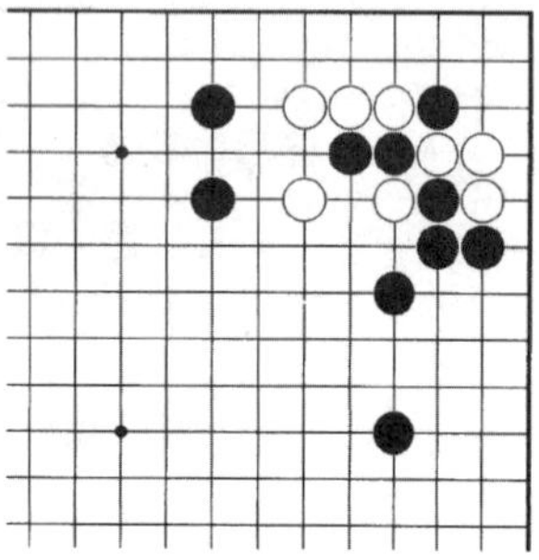

解

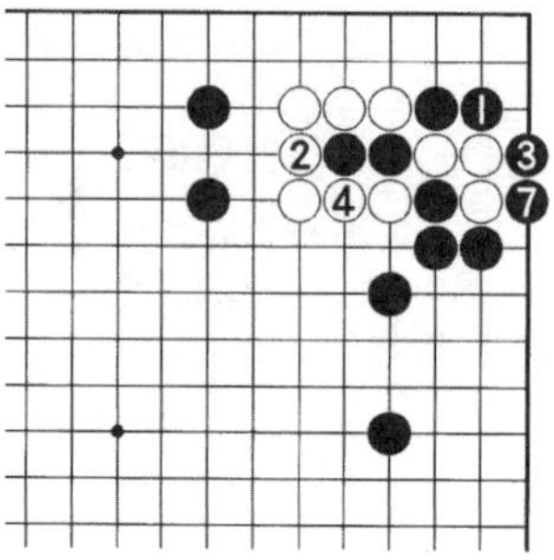

失

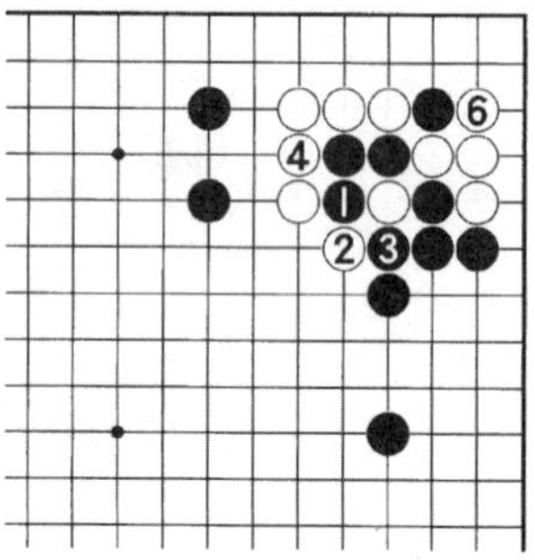

제1형 흑번

### 선택
우상의 전투.
흑 2점이 도망치는 게 좋은 결과로 이어질지 알 수 없다. 2점을 버리는 방법도 있다. 어떤 선택을 해야 하는 것이 좋은가?

### 조임
흑1로 막는다. 백2, 4로 흑 2점을 잡으면 흑5로 먹여쳐 옥집으로 조인다.
※❺→④의 오른쪽 위, ⑥→②의 오른쪽(따냄)

### 흑 최악
흑1로 중앙의 흑 2점이 도망칠 수 있도록 하는 것은 악수이다. 백2, 4로 조이면 흑은 포도송이가 된다. 이어 백6으로 귀를 지키면 흑은 최악의 모양을 갖는다. ※❺→❶의 오른쪽

(401)

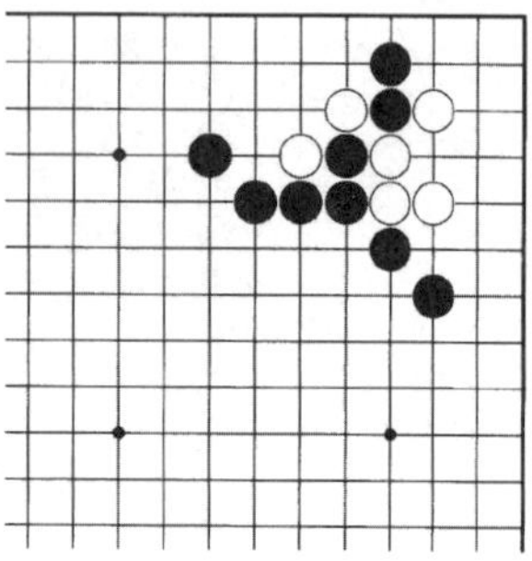

解

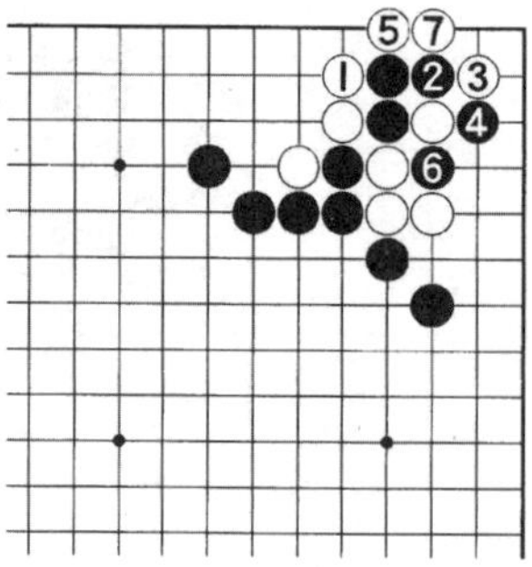

失

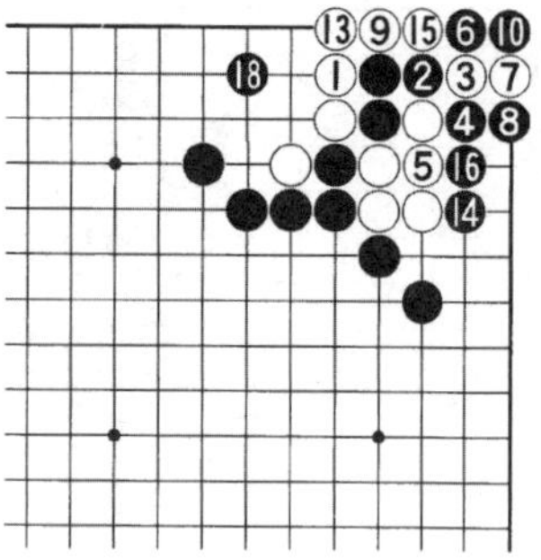

제2형 백번

### 최선
귀의 전투.
귀에서 살고자 하면 간단하다. 하지만 귀의 흑 2점을 잡고 사는 것이 아니라면 백이 불만이다.

### 젖힘
백1로 막아 흑 2점을 귀에서 몰아내면 좋다. 흑2로 꼬부리면 백3으로 젖히고 흑4에는 백5, 7로 조여 흑 3점을 잡는다.

### 백 전멸
백5로 이으면 실패한다. 흑6부터 10으로 귀의 백을 잡으면 백17까지 흑 3점을 잡아도 흑18로 전멸한다.
※⑪→③, ⓬→⑦(따냄), ⓱→③(따냄)

(402)

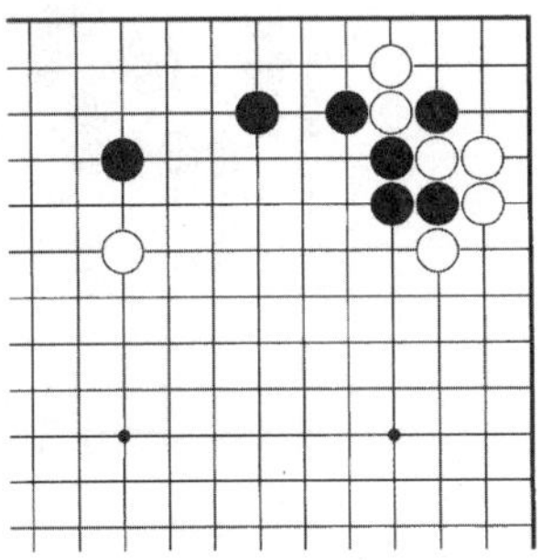

解

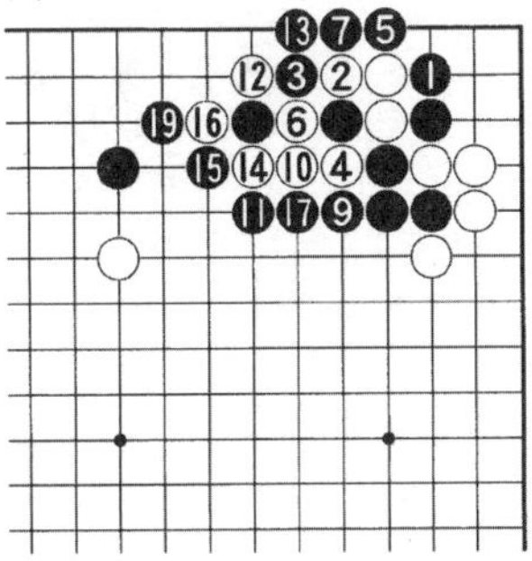

失

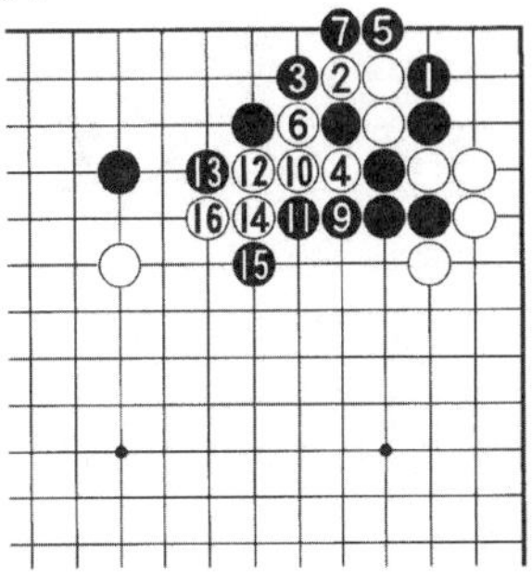

제3형 흑번

흑집

우상귀 전투.
화점 정석의 변화이다. 흑은 귀의 백 2점을 강하게 공격하여 상변을 모두 흑집으로 만들고 싶다.

흑 승

흑1, 3으로 백의 공배를 2수로 만들어 공격한다. 백4이후 흑5부터 19까지 백을 포도송이로 만들어 흑이 승리한다.
※⑧→②의 아래, ⑱→⑯의 오른쪽

악수

흑11로 단수치는 것은 큰 악수이다. 흑13, 15로 몰아도 축이 되지 않아 흑은 수습불능이 된다.
※⑧→④의 위

막다 침범

(403)

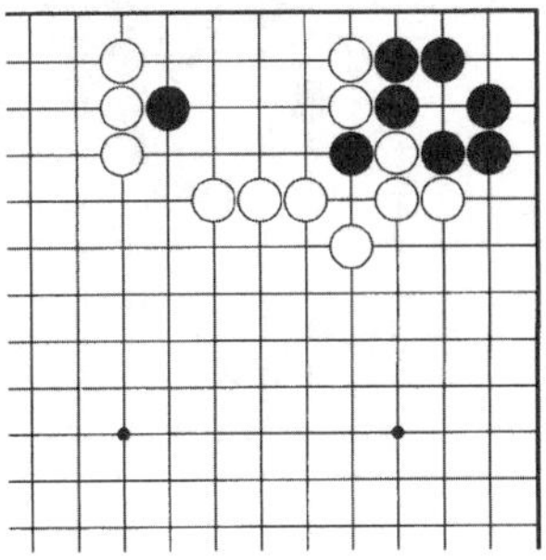

解

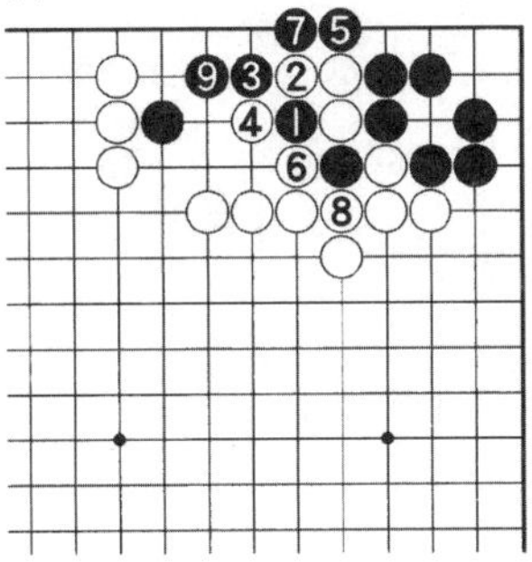

变

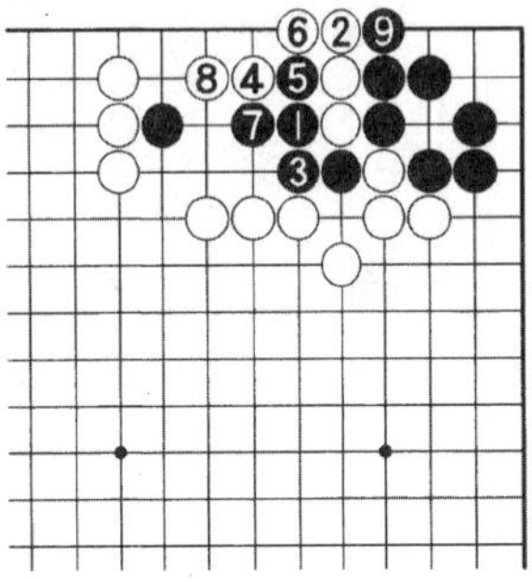

제1형 흑번

깨다

끝내기 문제.
상변의 백집을 부수는 것이 가능하다. 노림수는 자충의 백 2점이다. 백의 저항을 염두에 두어야 한다.

건넘

흑1, 3으로 막는 것이 냉엄하다. 백4로 끊고 가운데의 흑을 잡을 수밖에 없다. 흑은 5와 7로 상변을 건넌다.

백 무리

백2는 저항할 수 없다. 흑3으로 잇고 백4로 건너려고 하면 흑5, 7이 좋은 수가 된다. 흑9까지 백 4점은 촉촉수에 걸린다.

막다 살리기

(404)

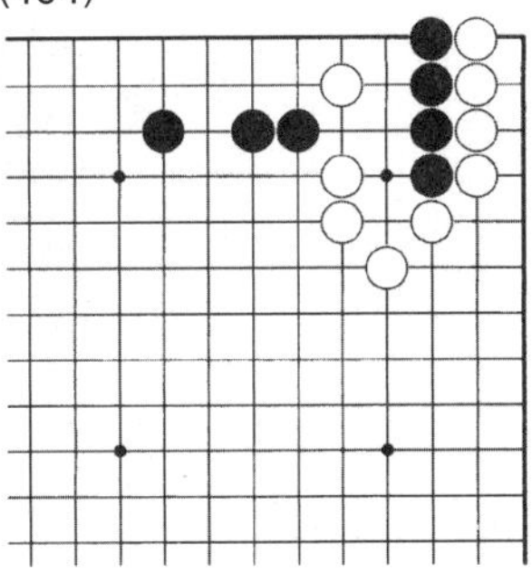

解

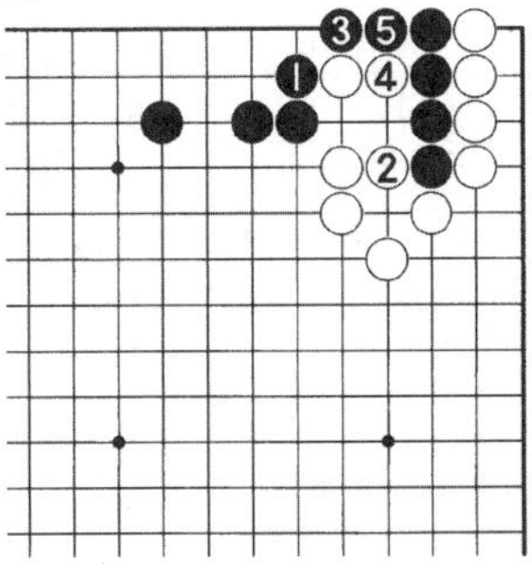

变

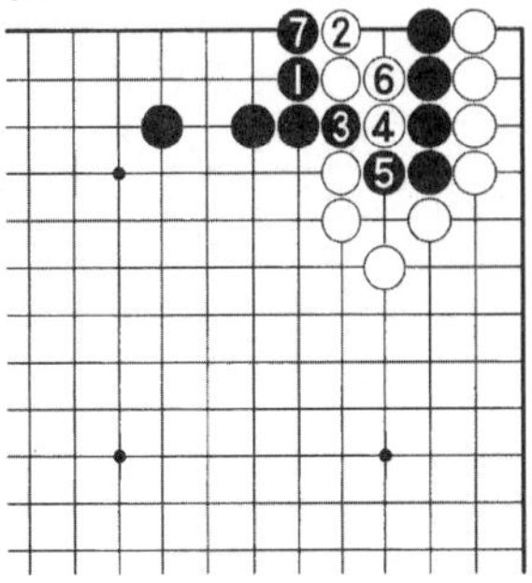

제1형 흑번

노림수

상변의 전투.
흑 4점을 살리려면 어떻게 해야 할까? 백의 약점이 눈에 띄지만 직접 접근하면 잘 진행되지 않는다. 간접적인 방법은?

건넘

흑1의 막는 수가 맥이다. 바깥에서 막아 백이 어떻게 둘지 본다. 백2면 흑3, 5로 건넌다. 백2로 4도 흑3이다.

흑 승

백2로 저항하면 이번엔 흑3으로 나가고 5로 단수쳐서 좋다. 흑7로 흑의 승리. 흑1로 3에 나가면 백4로 막아서 흑은 자충이 된다.

(405)

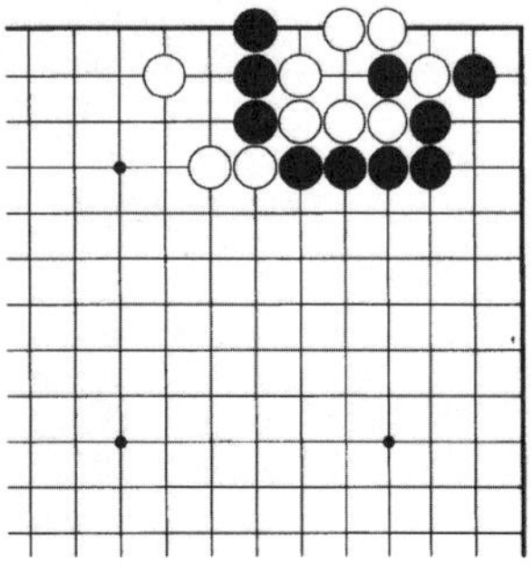

제1형 백번

## 본체

우상의 수상전 문제.
백 1점은 단수로 되어 있어도 본체와의 연관성이 적다.

解

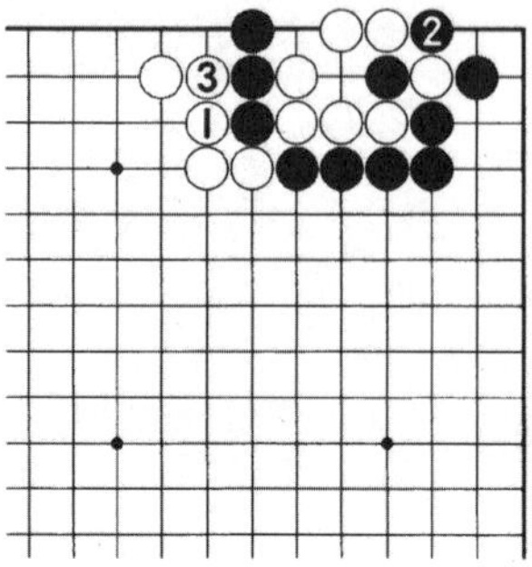

## 양자충

백1로 바깥으로 막아서 공배를 메워서 좋다. 흑2로 따내도 백3으로 공격하여 흑은 둘 수 있는 수가 없다.

失

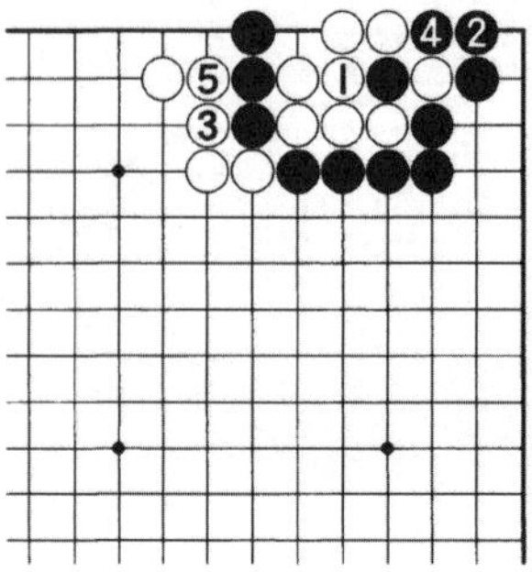

## 자충

백1로 흑 1점을 따내면 자충이 된다. 흑2, 4로 공격하여 흑6까지 패가 난다. 1의 자리는 안쪽 공배를 메우는 것이 된다.

(406)

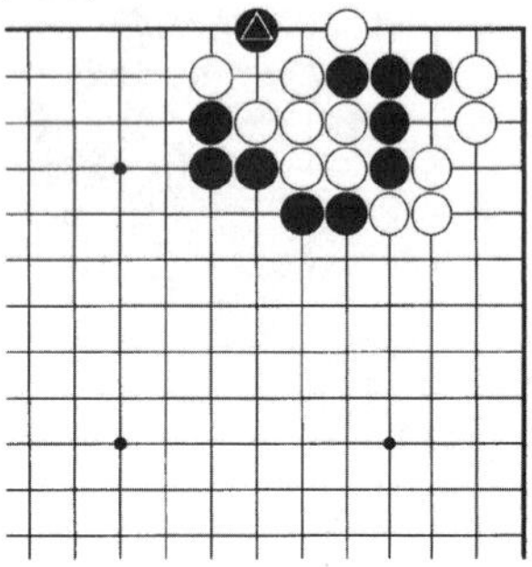

제2형 백번

## 수 늘림

상변의 문제.
귀의 흑 5점과 상변의 백이 수상전에 돌입하였다. 흑▲의 치중이 급소이다. 백은 수를 늘려야만 한다.

解

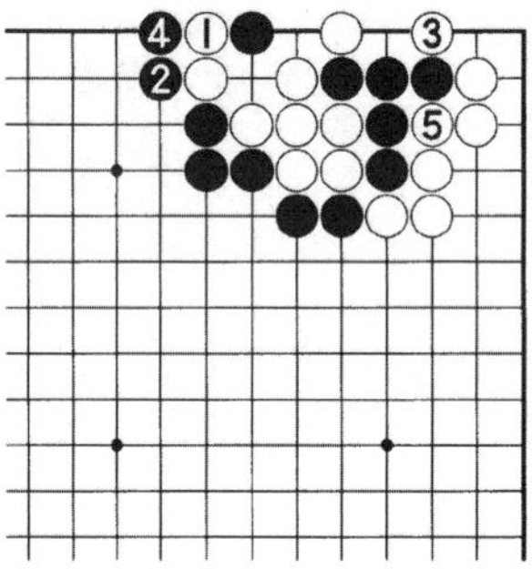

## 사석

백1로 막아두면 백의 수가 늘어난다. 흑2이후 백3으로 젖히면 백이 승리한다. 흑4로 단수치면 백 2점을 버리는 모양이다.

失

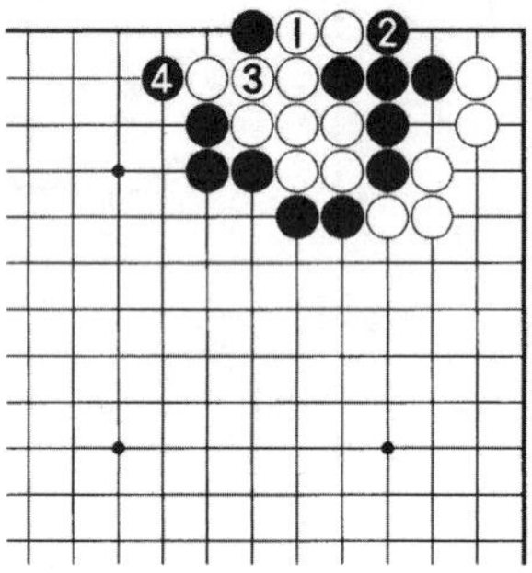

## 백 수부족

백1로 이으면 흑2로 단수 당해서 안된다. 백3, 흑4로 백이 진다. 백1로 3에 이어도 흑4로 실패한다.

(407)

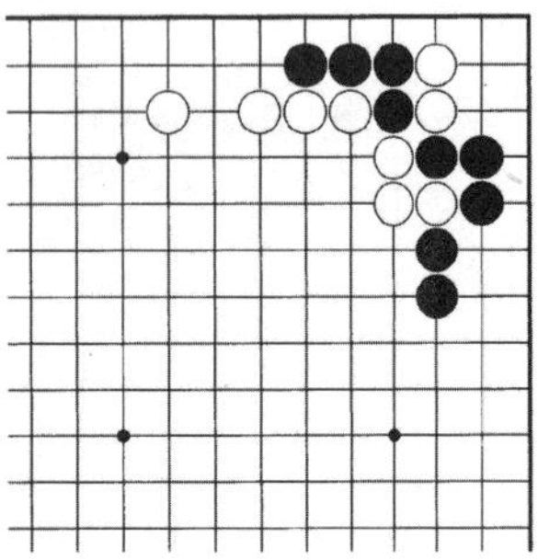

제3형 백번

## 아슬아슬

우상의 수상전 문제.
백 2점을 움직인다. 우변의 흑의 모양에 약점이 있어 아슬아슬하게 백이 승리한다.

解

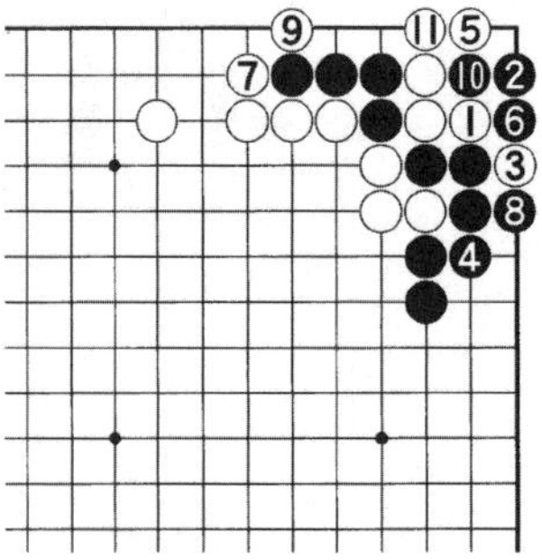

## 백 승

백1로 막을 수밖에 없다. 흑2는 수상전의 급소이지만 백3의 젖힘을 활용되어 백의 수가 늘어난다. 백5로 입구자하면 백이 이긴다.

変

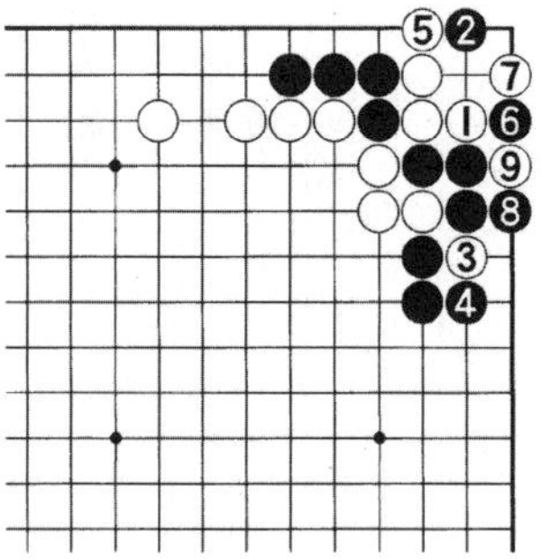

## 한 수 늘어진 패

흑2로 치중하는 변화이다. 백3으로 끊으면 9로 잡는 것을 선수로 활용하는 노림수이다. 백5이후 흑6, 8로 패로 버티어도 한 수 늦은 패이므로 흑이 불리하다.

(408)

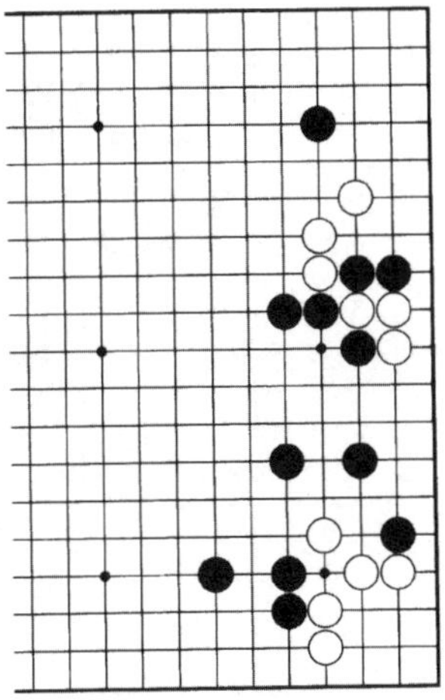

解

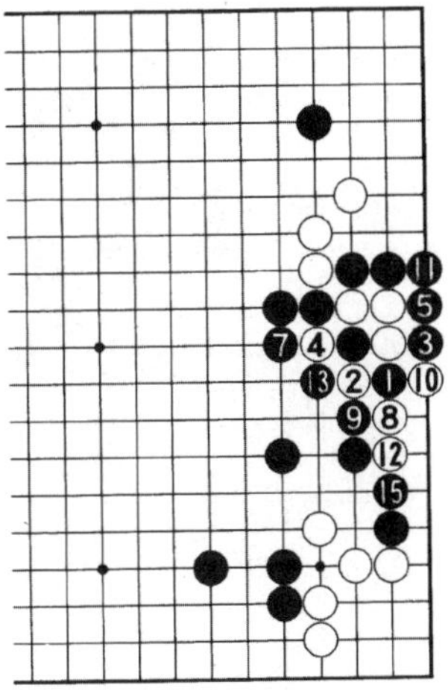

失

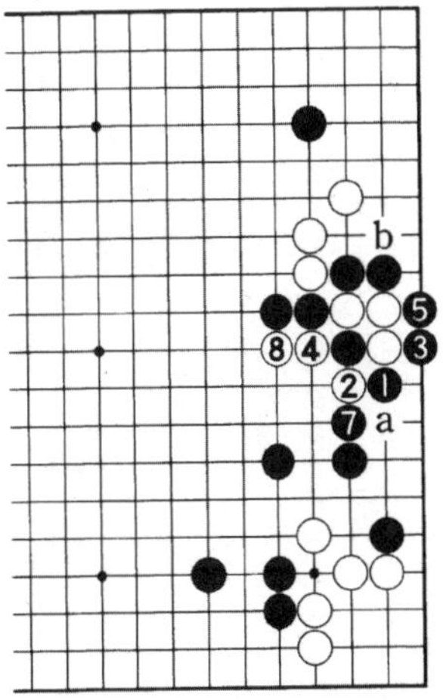


제4형 흑번

### 공격하여 잡다

우변의 문제.
백 3점이 우변으로 머리를 내밀면 흑 2점을 잡고 우변의 백이 살 수 있다. 백의 공배는 3수이다. 흑은 2수로 메워서 공격하여 잡을 수 있다.

### 백 괴멸

흑1로 막고 3, 5로 조여 백을 포도송이로 만든 뒤 흑7로 막아 괴멸시킨다. 백8로 단수치면 흑9, 11로 백의 수는 2수가 되어 흑15까지 흑 승이 된다.

※⑥→②의 위, ⑭→❶

### 흑 불충분

흑7로 두어 우변을 건너는 변화는 백8로 도망쳐 충분하지 않다. 흑1로 2에 뻗으면 백1, 흑a. 백b로 그만이다. 백은 우변의 흑 2점을 잡고 살 수 있다.

※⑥→②의 위

(409)

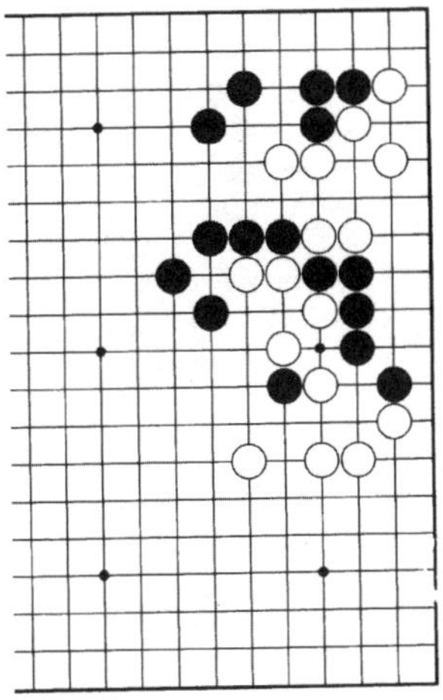

解

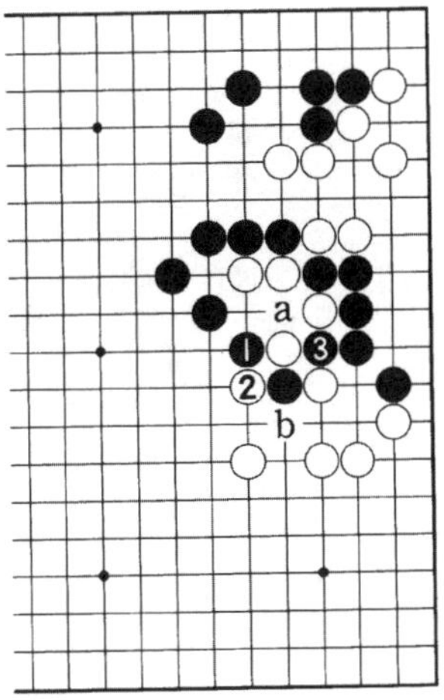


変

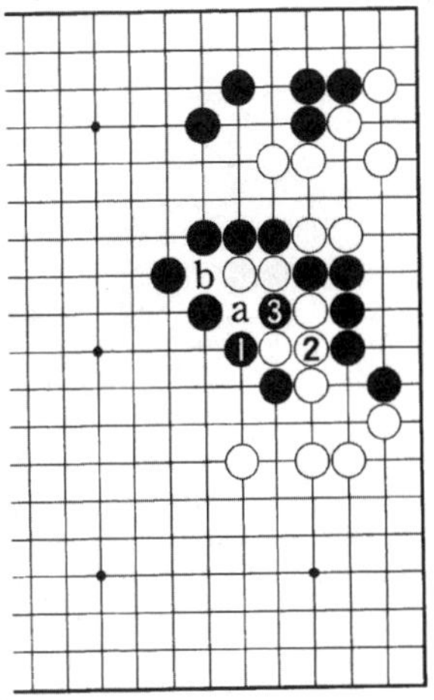


제5형 흑번

### 2점 잡기

우변의 문제.
우변의 흑은 살 수 없는 모양이다. 중앙으로 탈출 하여야 하지만 중앙의 백 2점을 잡는 것이 최선이다.

### 흑 승

흑1은 백의 탈출을 막는 맥이다. 백2로 끊으면 흑3. 이후 백a는 흑b로 늘어 수상전에서 승리한다. 백a로 b의 따냄은 흑도 a로 좋다.

### 촉촉수

백2로 잇는 변화이다. 흑3으로 먹여치면 촉촉수의 모양이 된다. 백a. 흑b로 단수치고 백은 3점을 이을 수가 없다. 흑1로 2의 끊음은 백1로 늘어 실패한다.

(410)

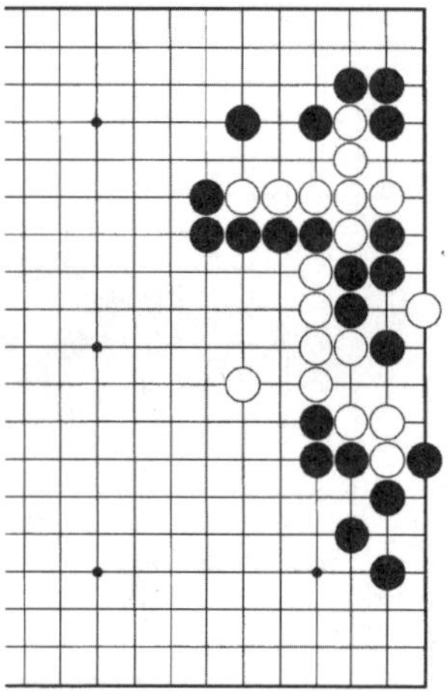

解

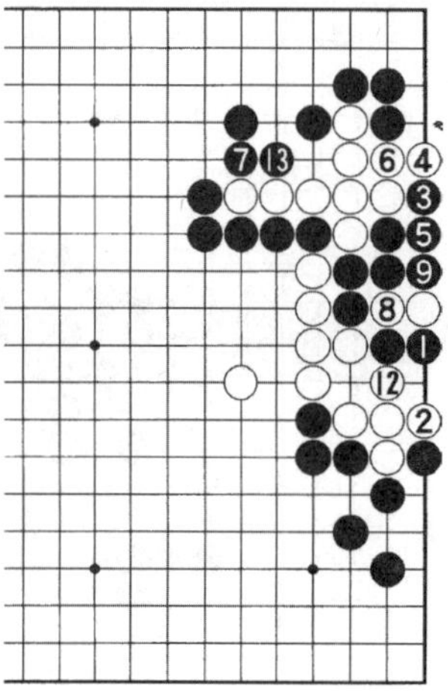

失

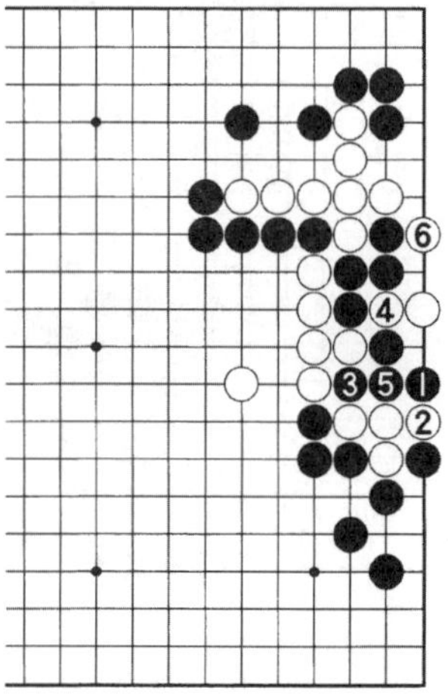

제6형 흑번

### 역전

우변의 전투.
안형을 빼앗기고 수도 부족한 흑이지만 백의 자충을 추궁하여 수상전을 역전시킬 수 있다. 흑은 우상의 백을 잡을 수 있다.

### 흑 승

흑1로 막는 수가 수를 늘리는 맥이다. 백은 2로 흑이 건너지 못하게 막으면 흑3, 5로 우상의 백을 공격하여 13까지 한 수 승이 된다. 백2로 12는 흑2.
※⑩→⑧, ⓫→❾의 아래

### 흑 실패

흑1의 입구자는 맥이 아니다. 백2로 막은 후 흑3으로 먹여치면 환격으로 백 4점을 잡을 수 있지만 백4, 6으로 본체의 흑 4점도 잡힌다.

(411)

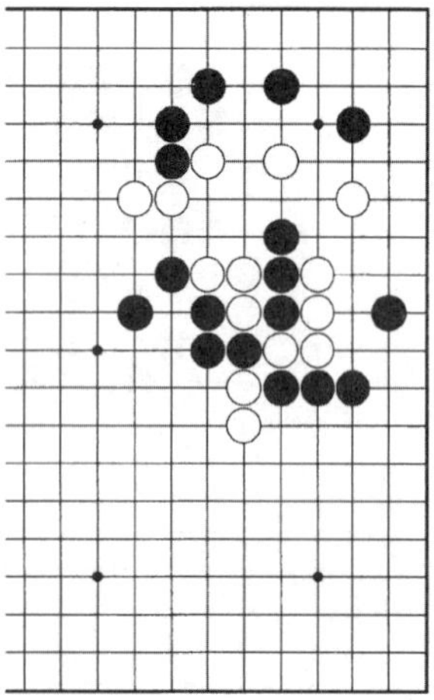

解

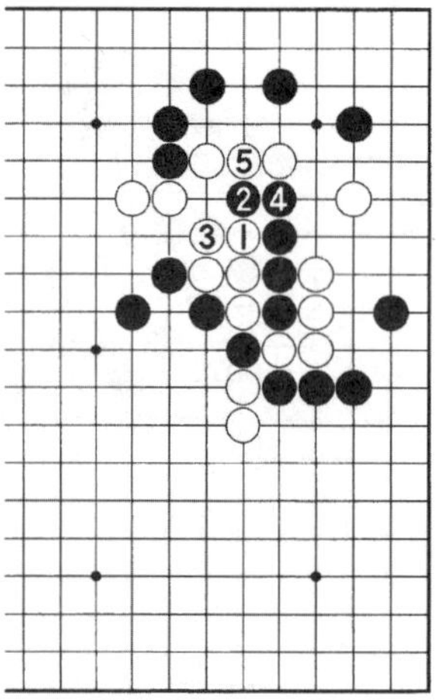

失

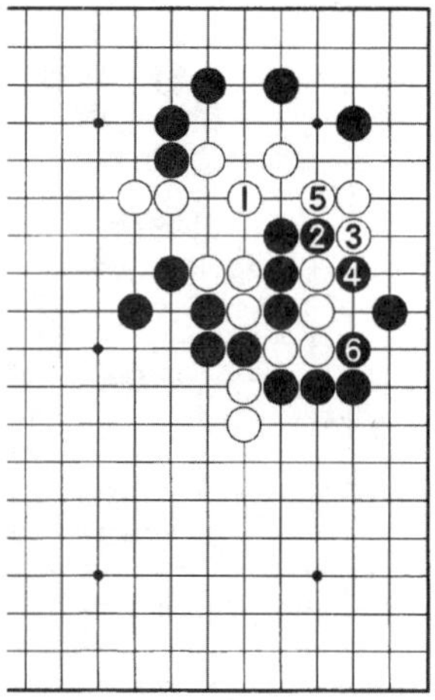

제7형 백번

### 강수

중앙의 전투
백 3점을 살리지 못하면 안된다. 그러나 지키는 것과 동시에 중앙의 흑 3점을 공격하여 잡는 수를 생각해 내어야 한다.

### 최강수

백1의 우형의 막음이 최강의 공격. 중앙의 흑 3점의 공배를 메우고 있다. 백2로 우형이 심해져도 백5로 이으면 중앙 흑의 공배는 늘지 않는다. 이대로 흑 5점을 잡을 수 있다.

### 흑 승

백1로 모양을 지킨다. 많은 경우에는 좋은 모양이지만 공격하는 흑의 공배를 메우지 않아 흑2, 4로 우변의 백 4점을 끊으면 반대로 흑이 승리한다.

제8형 흑번

(412)

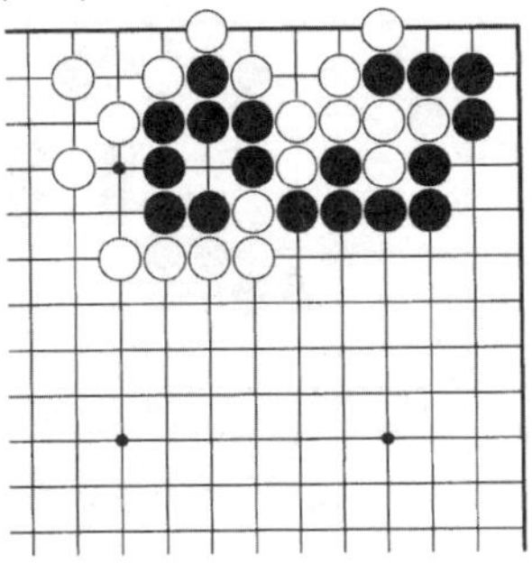

## 반격

상변의 문제.
백에게 둘러싸인 흑 8점은 상변의 백에 반격하여 생환하고 싶다.

解

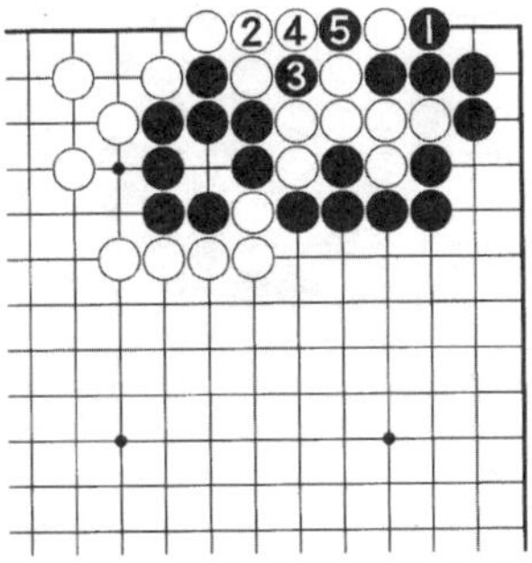

## 패

흑1로 막는 수가 좋은 수이다. 백2로 이으면 흑3으로 먹여쳐 패가 된다. 백2로 3은 흑2. 또는 백2로 4도 흑5로 패가 난다.

失

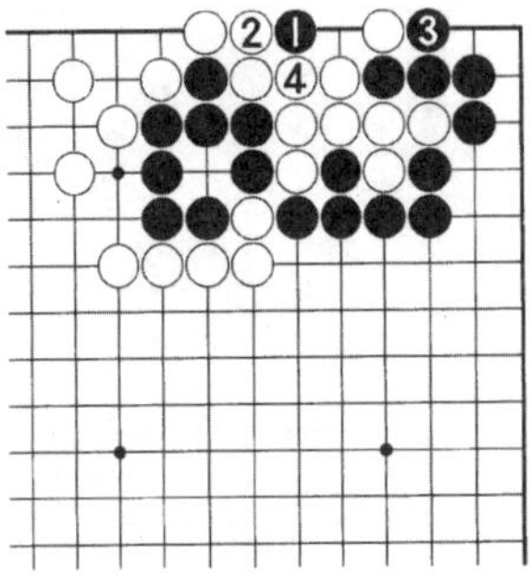

## 백을 굳혀주다

흑1로 백집의 가운데에서 공격하는 것은 백을 견고히 해줘서 실패한다. 백2로 이으면 흑3과 백4로 수가 되지 않는다.

막다 사석

제1형 백번

(413)

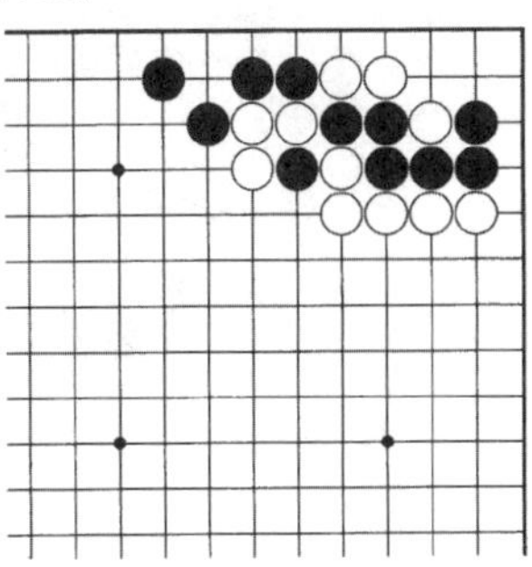

## 단수

우상의 전투.
백 1점이 단수이다. 단수와 들여다보기에는 잇는다고 정해서는 안된다. 유연한 발상이 필요하다.

解

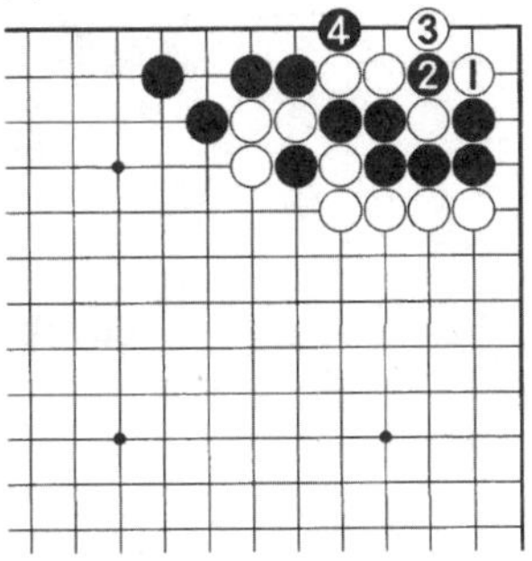

## 패

백1의 막음이 맥이다. 깜빡 놓치기 쉬운 좋은 수이다. 흑2로 백 1점을 따내면 백3으로 막아 패가 난다.
※⑤→❷의 아래(패)

失

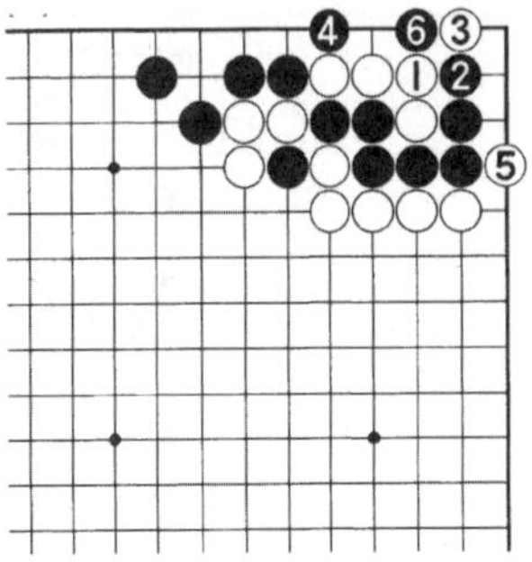

## 흑 승

백1로 이으면 흑2로 막아 실패한다. 백의 수는 3수, 흑은 4수이다. 흑6까지 흑이 승리한다.

제2형 흑번

(414)

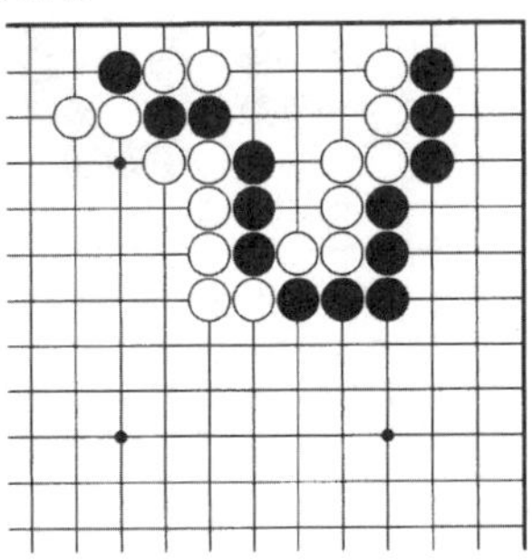

## 건넘방지

상변의 전투.
백에게 둘러싸인 흑 5점으로 우상의 백에 반격하여 백이 건너지 못하도록 막아야 한다.

解

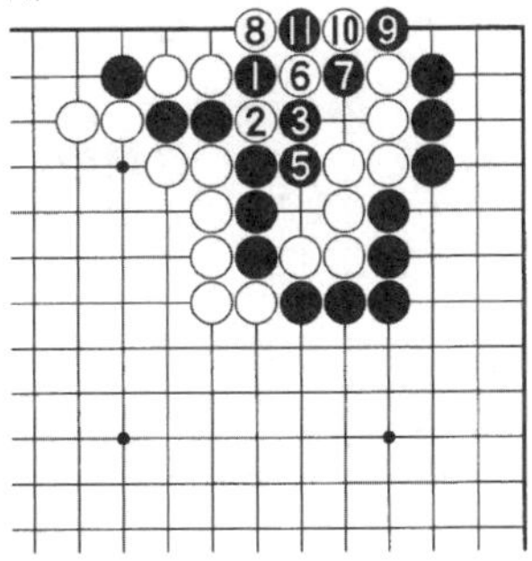

## 패

흑1로 막고 백2, 흑3으로 2점을 버려 오른쪽의 백을 공격한다. 백4로 잇고 흑5부터 9로 건너면 백10으로 패를 할 수밖에 없다.
※④→②의 왼쪽

失

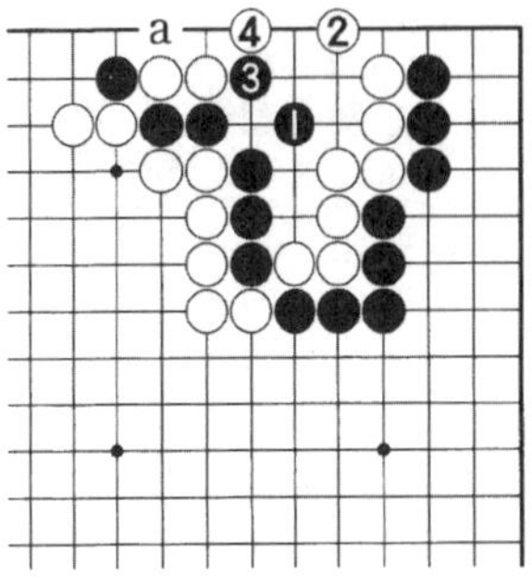


## 흑 실패

흑1로 입구자하면 백2로 상변을 건너가 실패한다. 흑3, 백4이후 흑 2점이 단수가 되어 흑a가 도움이 되지 않는다.

제3형 백번

(415)

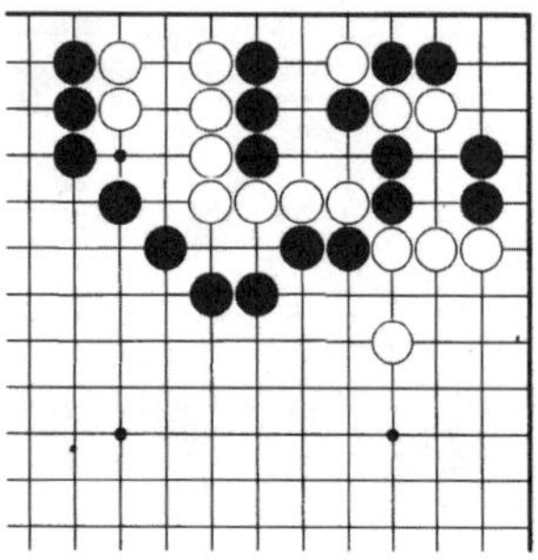

### 희생

상변의 전투.
백의 대마를 살기기 위해서는 우상을 희생하여야 한다. 제 1수가 절묘하다.

解

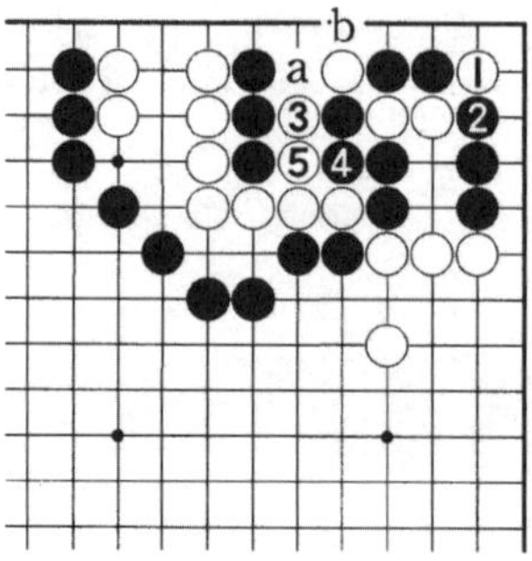

### 백 삶

백1로 막는 수가 절묘하다. 흑2로 백 2점을 잡으면 백3과 5로 상변의 흑 3점을 끊고 흑a에는 백b. 백1로 막는 것이 유효하다.

変

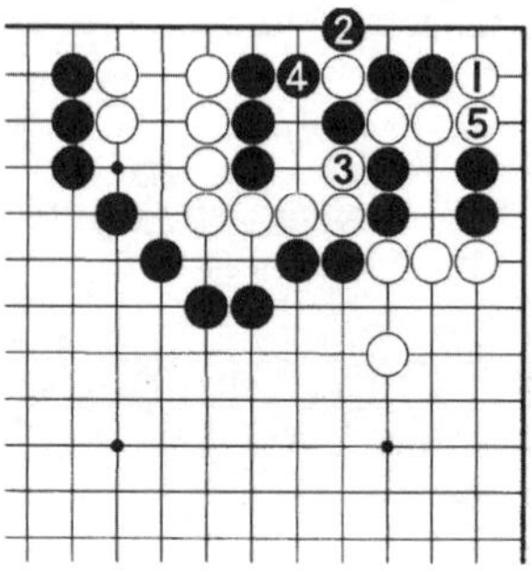

### 백 승

흑2로 아래부터 잡는 변화이다. 백3으로 끊고 흑4, 백5로 이으면 우변의 수상전은 백이 이긴다.

제4형 흑번

(416)

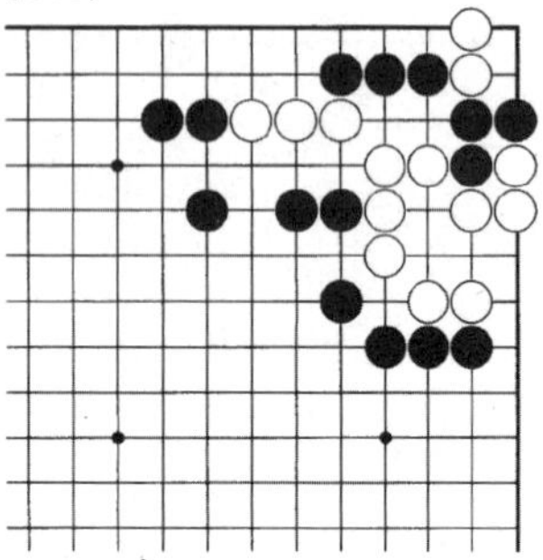

### 각생

귀의 전투.
우상귀의 흑을 살려야 한다. 바깥에 있는 백의 집도 완전하지 않아 서로 사는 모양이 된다.

解

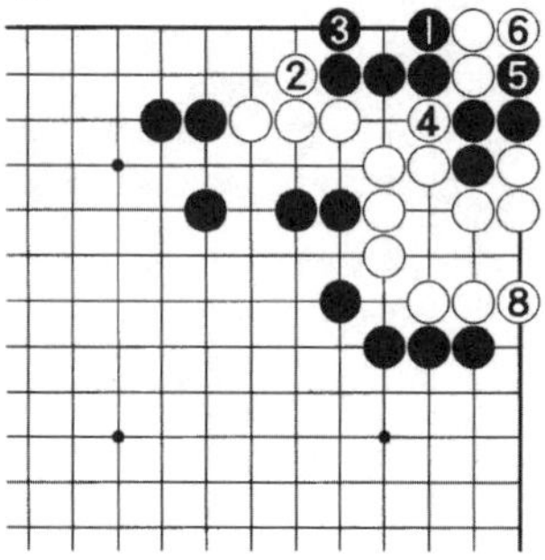

### 선수 삶

흑1로 막는 수가 좋은 수이다. 백2, 흑3으로 상변에 한 집을 만든다. 백4, 6으로 우상의 흑 4점을 잡더라도 흑7로 선수로 산다.

※❼→④의 오른쪽

失

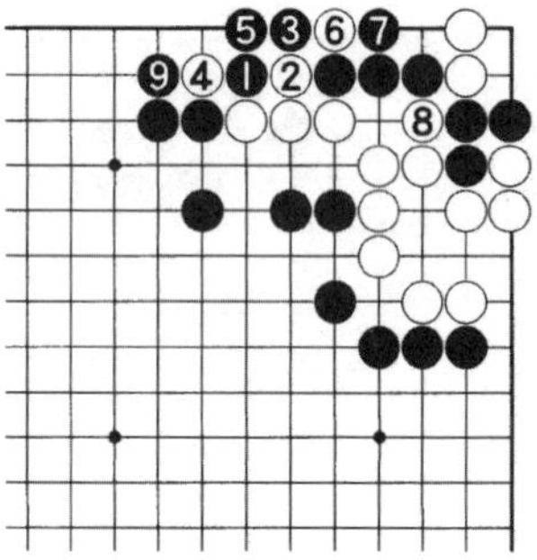

### 흑 큰 손해

흑1, 3으로 상변을 건넌다. 그러나 백은 4부터 8까지 공격하여 흑9로 받게 한 뒤, 귀의 흑 3점을 잡아 산다. 흑이 큰 손해를 보는 모양이다.

제5형 흑번

(417)

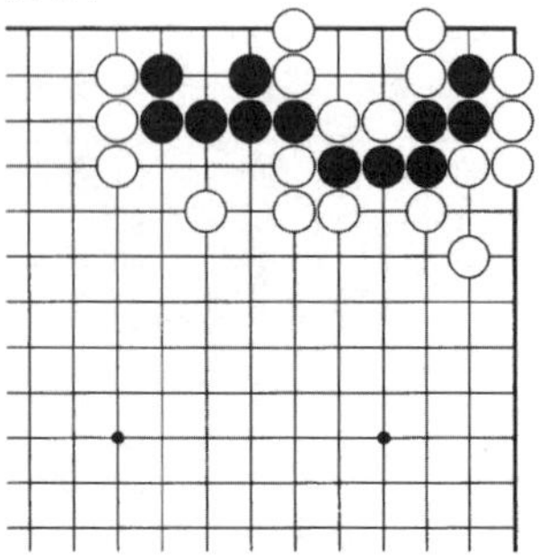

### 포인트

오른쪽의 흑 6점은 잡혀있지만 왼쪽의 흑 6점을 살리면 성공한다. 잡혀있는 6점을 버리는 방법이 포인트이다.

解

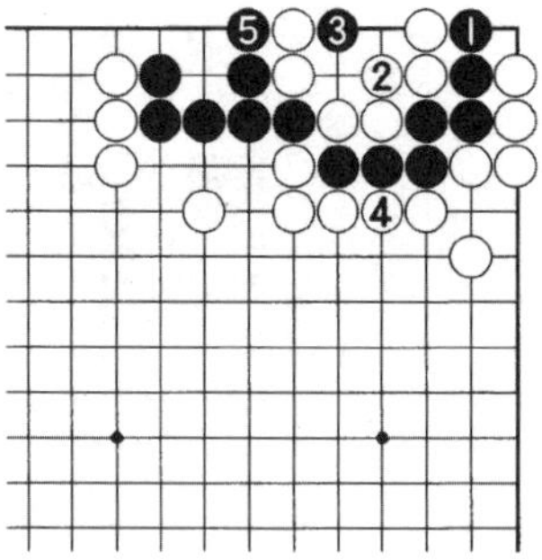

### 화려한 사석

뭐라고 할 수 없는 흑1이 절묘하다. 백2는 최강으로 받는 수이지만 흑3, 5로 백 2점을 잡는다.

変

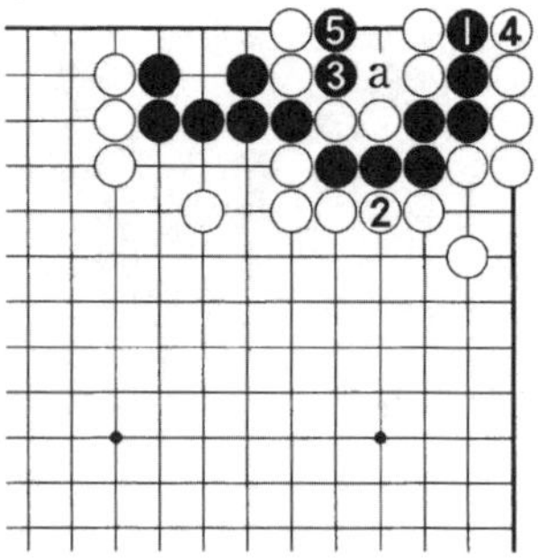

### 흑 삶

백2에는 흑3으로 백은 a에 이을 수 없다. 1·2에 묘수가 있는 것이다. 바둑에는 진정으로 재미가 있다.

(418)

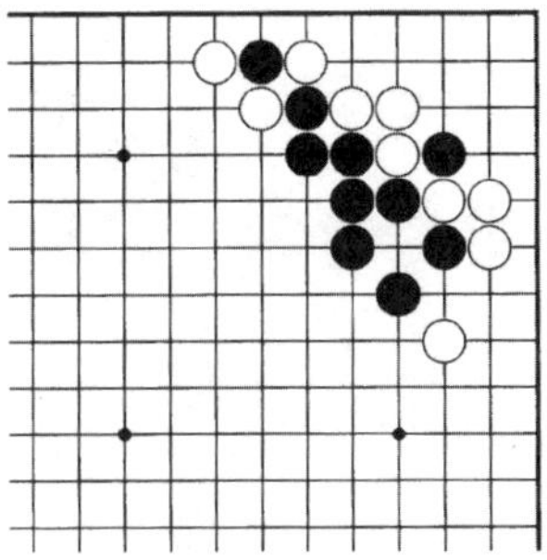

解

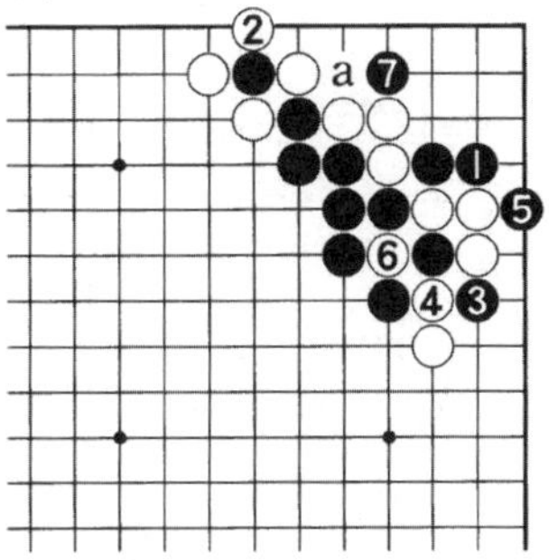

失

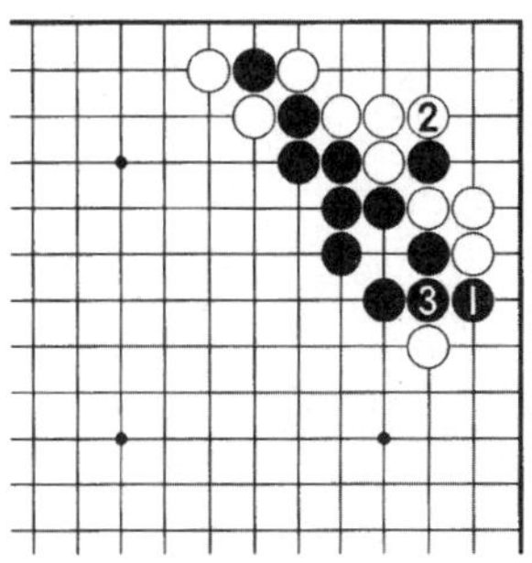

제6형 흑번

## 맛이 나쁘다

귀에 있는 백의 모양은 집처럼 보이지만 꽤 맛이 좋지 않다. 최대한 이익을 보려면 어떻게 두어야 하는가.

## 패

중앙에서 흑1로 막는 것이 좋은 수이다. 다음에 흑a의 축이 있기 때문에 백2는 당연하다. 이를 흑3으로 젖혀나가 패를 하는 것이 정해이다. 흑7이 팻감.

## 가치가 작다

흑1은 백2로 받으면 귀의 백집에 뒷맛이 사라진다. 흑3으로 이어 백 2점을 끊어도 가치가 작다.

(419)

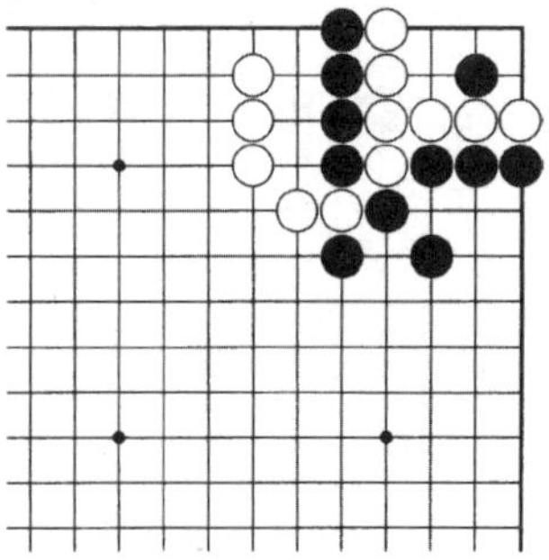

解

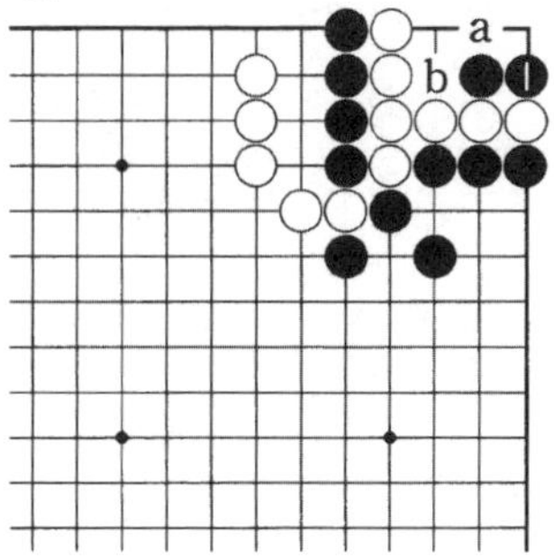

失

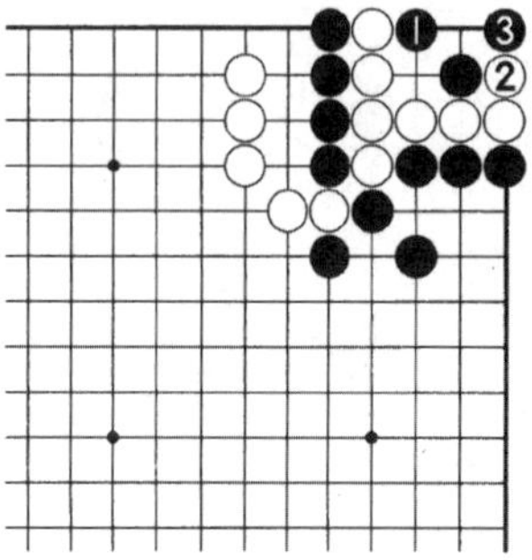

제7형 흑번

## 조심

변, 중앙으로의 백은 수상전 일 경우 꽤 수가 걸리지만 귀에서는 이야기가 다르다. 아무 데나 두어도 죽을 것 같지만 조심해야 된다.

## 급소

흑1이 당연히 급소가 된다. 이 1수로 백의 공배는 2수가 되어 흑이 수상전에서 이긴다.

## 패는 실패

흑1도 맥처럼 보이지만 백2로 꼬부리면 흑3으로 먹여칠 수밖에 없어 실패한다.

(420)

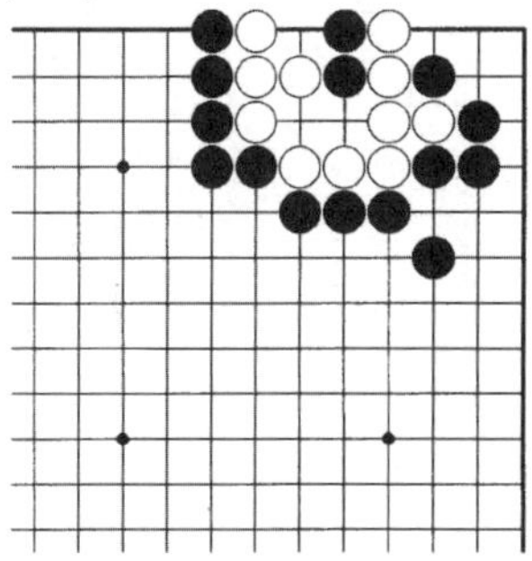

解

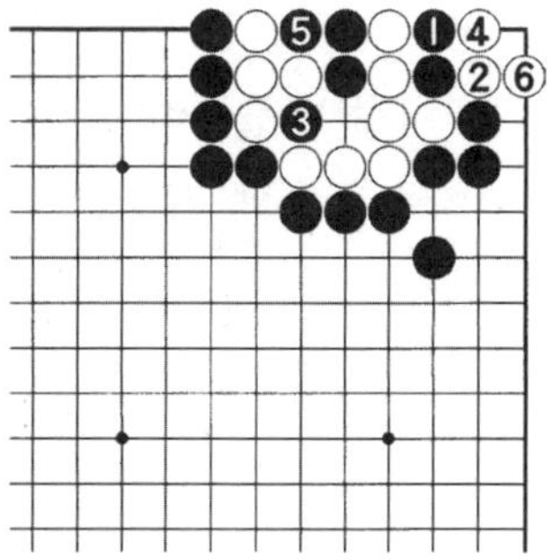

失

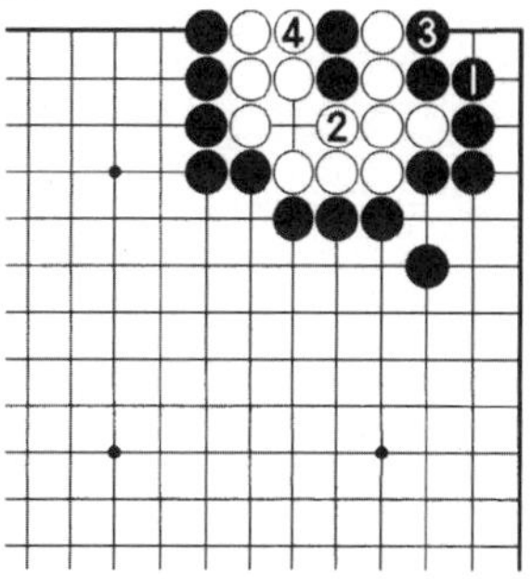

제8형 흑번

## 경천동지

끝내기 문제.
귀의 흑 1점을 잡는 것이 남아있어 상변의 백은 죽지 않는 모양이지만 백집이 흑집으로 바꾸는 경천동지의 착수 점은?

## 4점 잡기

흑1의 막는 수가 냉엄한 맥이다. 자살하려 하는 수 같지만 백이 환격 모양이기 때문에 백2로 잡을 수밖에 없다. 흑3부터 백6까지 흑이 이득을 본다.

## 3집 차이

흑1은 가장 평범한 수이다. 다음2의 치중수가 있기 때문에 백2, 4로 살게 된다. 정해도와는 3집 차이가 난다. 흑1로 2의 치중수는 백1로 실패한다.

# 밀다

상대의 돌에 첨가해서 자신의 돌을 늘려가는 밀기는 방어와 공격의 의미가 있다. "뒷수레 밀기"라고 하는 격언은 상대를 굳혀주기만 하는 밀기가 이적행위가 되는 것을 말한다. 밀기 이후에는 노림이 없으면 안된다.
흑 1로 민 수는 중앙을 굳혀서 상변과 우변 백쪽의 공격 양쪽을 노림으로 하고 있다.

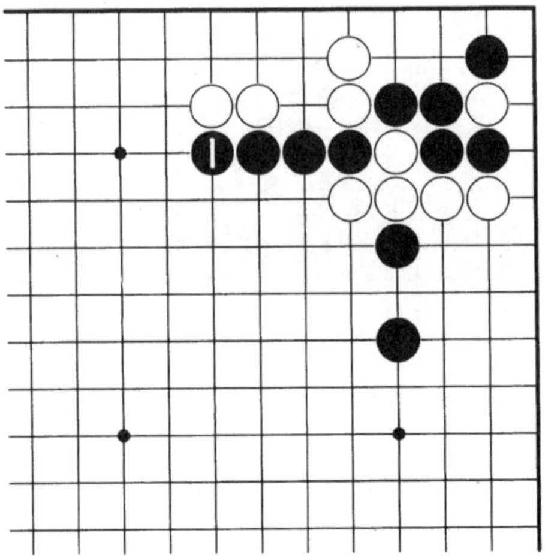

밀다 정석변화

(421)

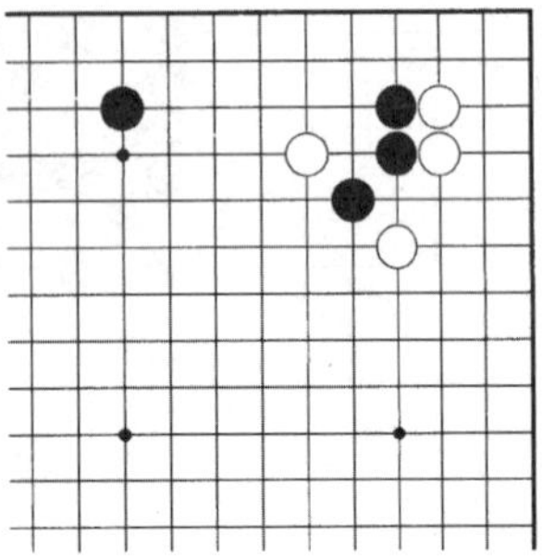

解

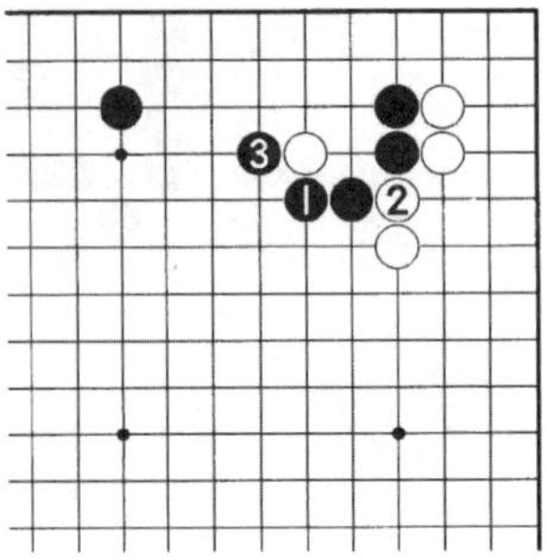

変

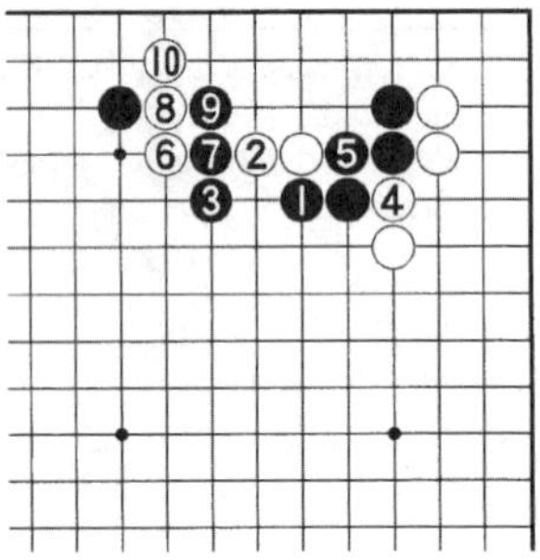

제1형 흑번

## 결정짓는 방법

귀는 화점 정석의 변화로 귀의 흑은 상변에 협공 받은 돌을 살려 모양을 확실하게 결정짓고 싶다.

## 세력권

흑1의 밀기는 백 1점을 공격하여 귀를 두텁게 만든다. 백2로 젖으면 흑3으로 밀어 백 1점을 막는다. 상변이 흑의 세력권이 된다.

## 2점 잡기

백2로 도망치는 모양이 무겁다. 흑3으로 씌우고 추격하여 백6으로 수습하려하면 흑7, 9로 2점을 잡아 두텁게 만든다. 흑은 불만이 없게 갈린다.

(422)

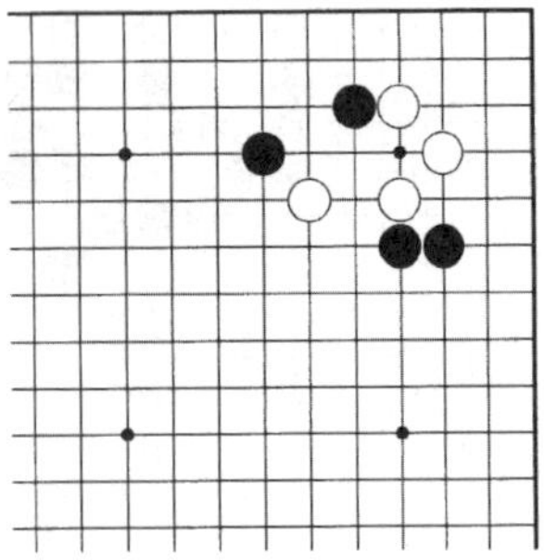

解

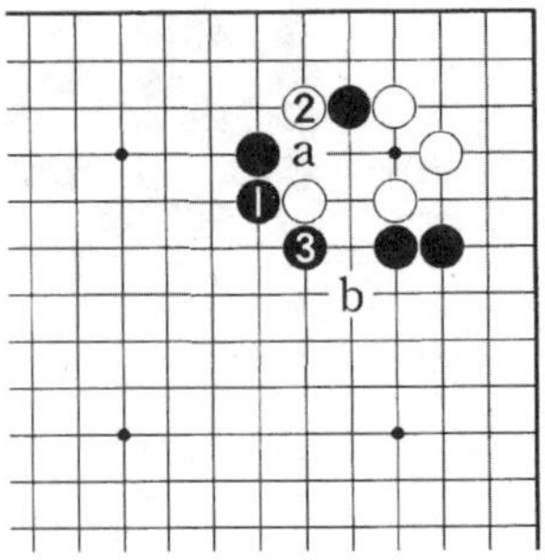


変

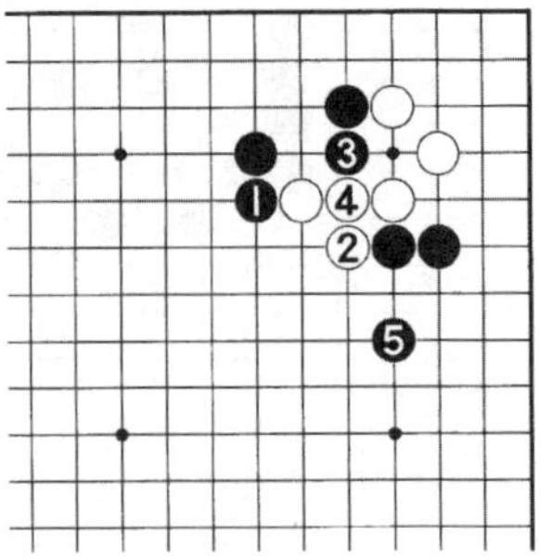

제2형 흑번

## 엷음

우상의 전투.
외목 정석으로 백이 귀를 굳히려 한다. 흑은 백의 엷음을 추궁하여 백의 모양을 무너뜨린다.

## 가두다

흑1의 미는 수가 급소이다. 백2로 귀를 굳히면 흑3으로 막아 백을 귀에 가둔 뒤, 바깥을 두텁게 한다. 백2로 a는 흑2로 백b는 엷다.

## 흑 충분

백2로 받으면 흑3으로 들여다보는 것을 활용하여 백4로 이으면 우형이 된다. 흑5로 뛰어 상변과 우변, 양쪽을 굳혀서 흑은 충분하다.

밀다 타개

제1형 흑번

(423)

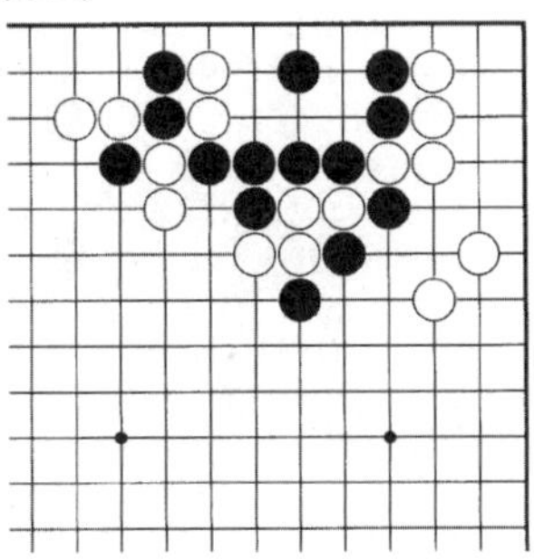

## 연관

상변의 전투.
축은 흑이 불리하여 백 4점을 잡을 수 없는 모양이지만 상변의 흑을 활용할 수 있으므로 이 두 개를 연관시킨다.

解

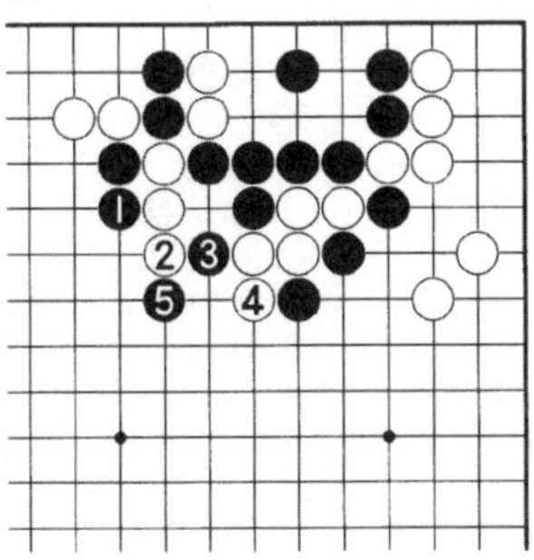

## 맞보기

흑1로 밀고 3으로 단수가 냉엄한 맥이다. 백4로 도망치면 흑5로 젖혀 좌측의 백 3점과 우측의 백 5점 잡는 것을 맞보기로 한다.

变

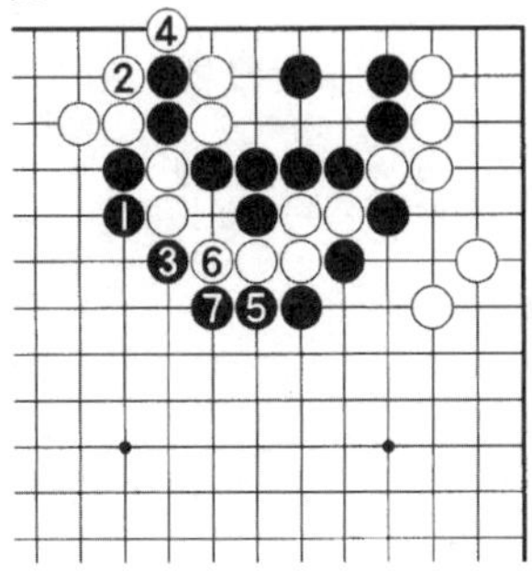

## 중앙을 잡다

백2로 상변의 2점을 잡는 것은 흑3으로 단수를 활용하여 좋다. 백4면 흑5와 7로 중앙의 백이 도망갈 수 없는 모양이다.

제2형 백번

(424)

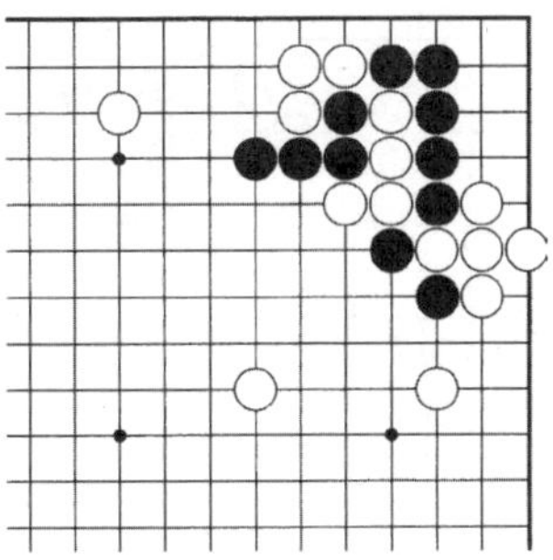

## 수습

상변의 전투.
백 4점은 축이 불리하여 손을 뺄 수 없다. 상변의 3점도 불안하다. 백은 한 수로 양방향을 수습하고 싶다.

解

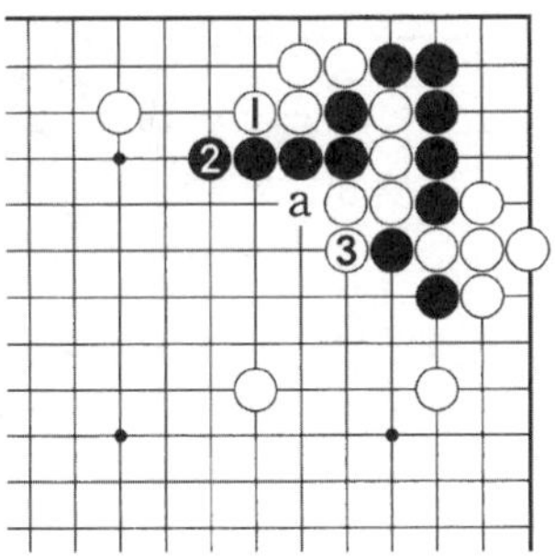

## 최강

백1의 흑 4점을 따라 미는 수가 최강의 수이다. 흑2로 받아 상변을 선수로 건넌다. 이후 백3으로 우변으로 손을 돌린다. 흑2로 3은 백a.

失

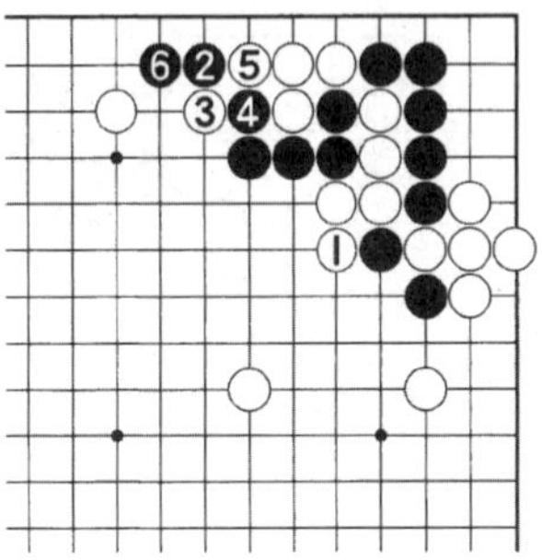

## 백 죽음

백1로 우변을 지키면 흑2로 상변을 공격하여 실패한다. 흑을 백3, 5로 끊어도 흑6으로 늘어 수상전은 백이 패한다.

제3형 흑번

(425)

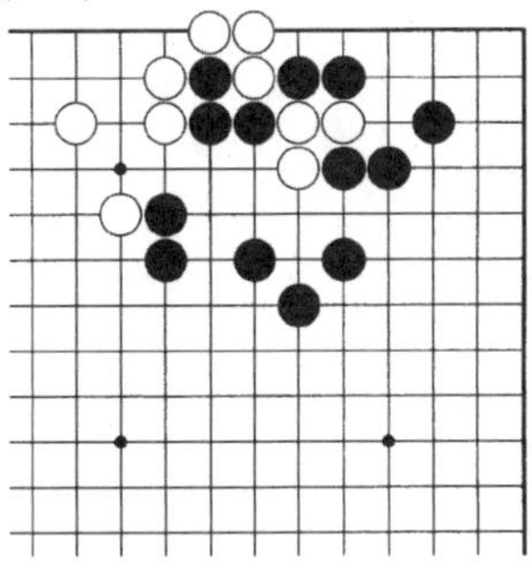

## 체면

상변의 전투.
흑 3점을 살려야한다. 또 상변의 흑 2점마저 약하다. 양쪽 모두를 살리기 위해서는 체면에 신경쓰지 않아야 한다.

解

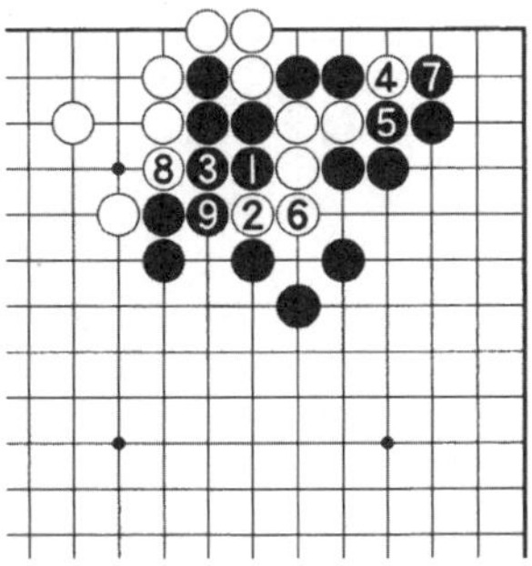

## 최강

흑1로 미는 것은 백의 공배를 채우는 최강의 수이다. 백2로 단수를 쳐도 흑3으로 연결되어 있다. 백4 이하의 저항도 흑9까지 불발된다.

失

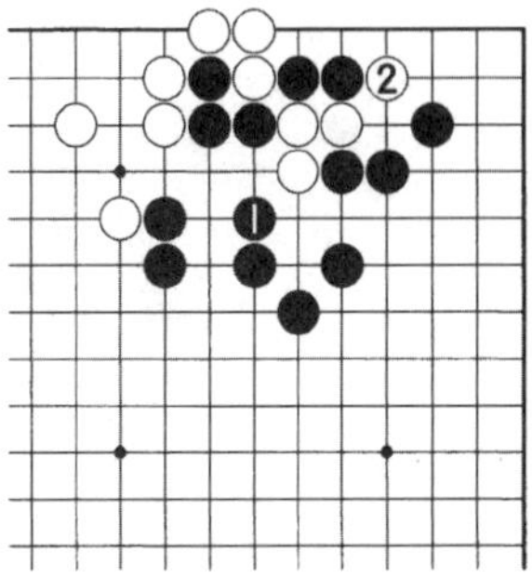

## 흑 실패

흑1로 쌍립한 모양은 좋지만 백의 공배를 메우지는 못했다. 백2로 젖혀 흑 2점을 잡으면 백 3점이 살아간다.

제4형 백번

(426)

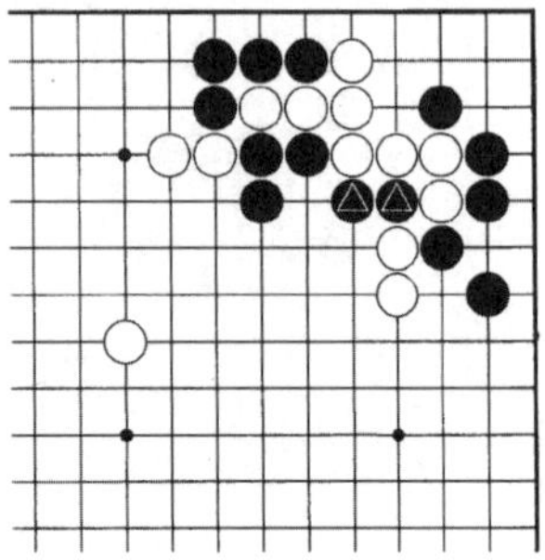

## 요석

상변의 전투.
우상귀의 백 8점을 살리기 위해 흑을 자충으로 하여 끊고 있는 흑의 요석 ◭◭ 2점을 잡는다.

解

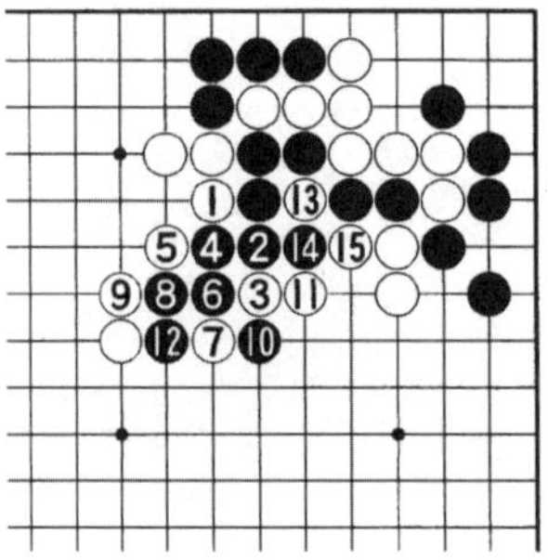

## 촉촉수

백1로 공배를 메워 흑을 밀어 올린다. 흑2로 늘면 백3부터 9로 결함 있는 축의 공격이지만 흑12 이후 백13, 15로 촉촉수이다.

失

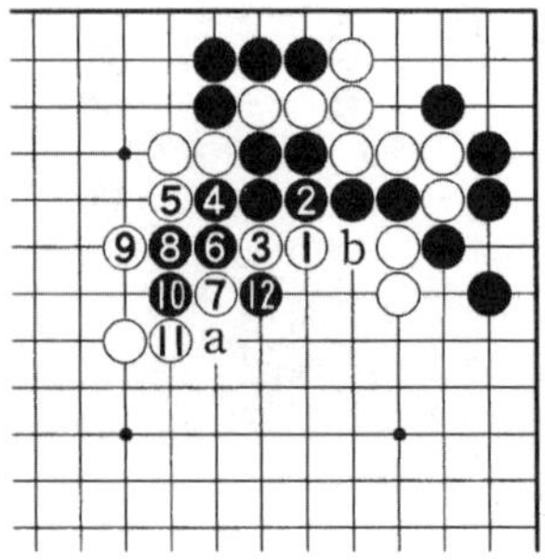

## 실패

백1로 들여다본 뒤 3과 5로 공격하면 흑12로 끊어 실패한다. 백a로 이으면 흑b로 나가는 것을 막지 못해 실패한다.

제5형 흑번

(427)

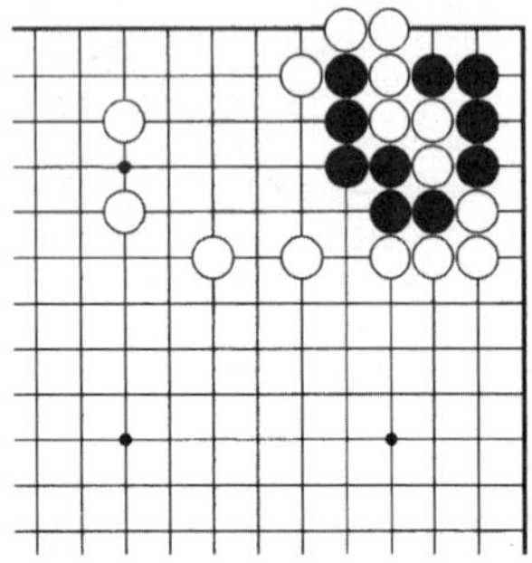

## 방해

상변의 전투.
흑을 둘로 나눈 6점의 백을 촉촉수로 걸고 싶다. 상변의 백을 건너지 못하게 막아야 한다.

解

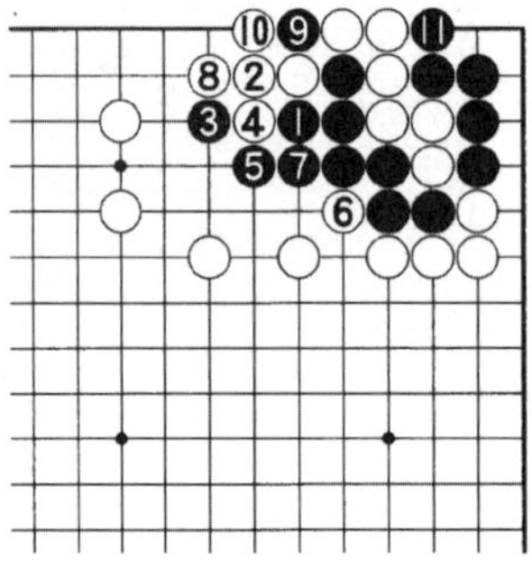

## 촉촉수

흑1로 미는 수가 백을 공격하는 급소이다. 백은 2로 늘 수밖에 없다. 흑3으로 씌우면 백이 촉촉수가 완성된다. 백6으로 8은 흑9, 백10, 흑11.

失

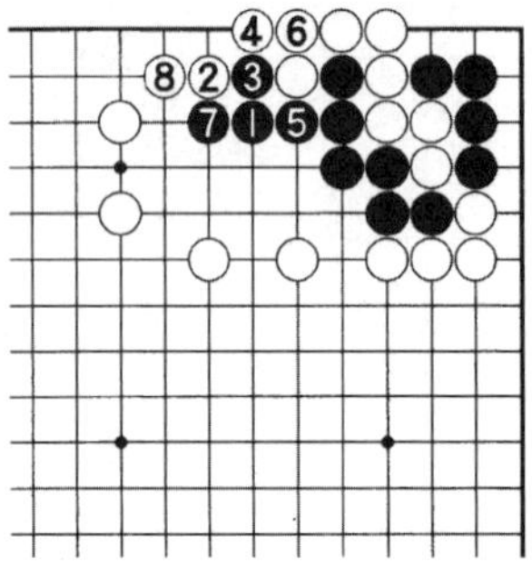

## 흑 전멸

흑1로 씌우면 백이 자충이 되지 않는다. 백2로 뛰면 흑3과 5로 공격하더라도 백6으로 이어 상변을 건넌다.

제6형 흑번

(428)

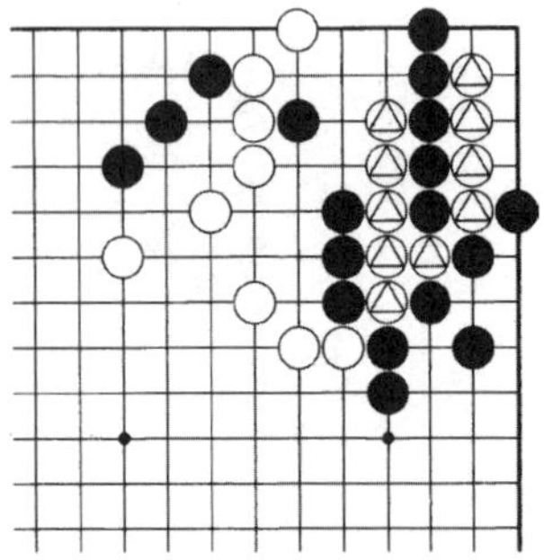

## 역습

백집 가운데의 흑 9점을 살리는 것이 가능하면 백◬ 10점을 잡을 수 있다.

解

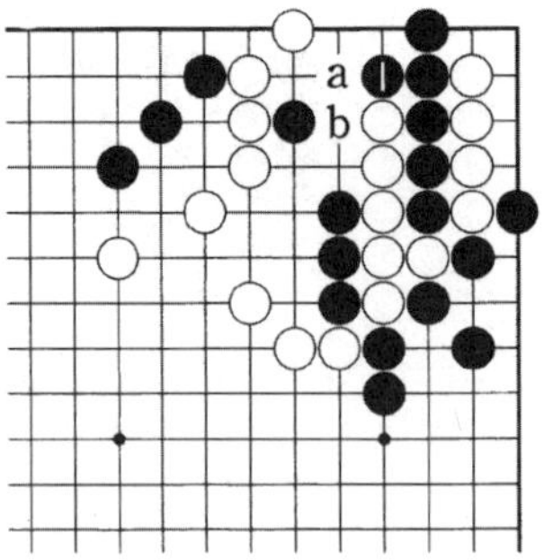

## 백 잡힘

흑1로 미는 수가 여기서는 급소이다. 백은 이 1수로 움직일 수 없다. 이후 백a라면 흑b.

失

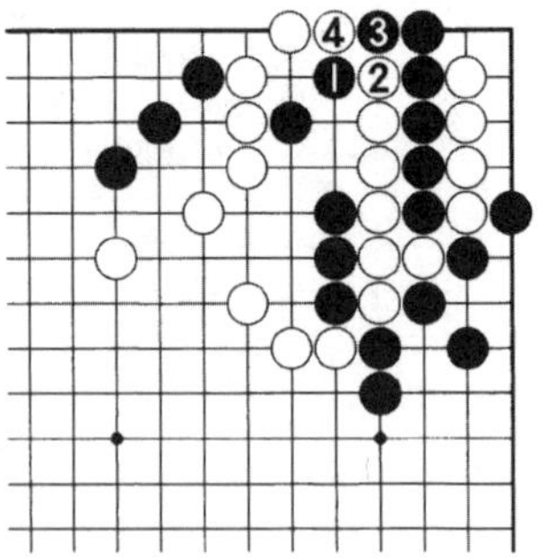

## 흑 잡힘

흑1의 뛰는 것이 맥처럼 보이지만 실패한다. 백2부터 4로 끊으면 반대로 흑이 잡힌다.

(429)

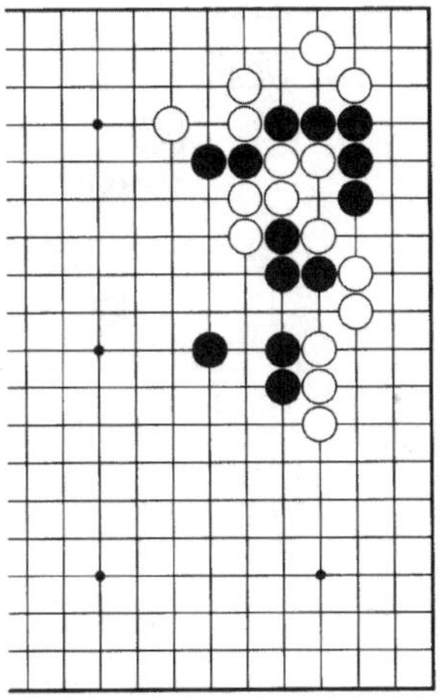

解

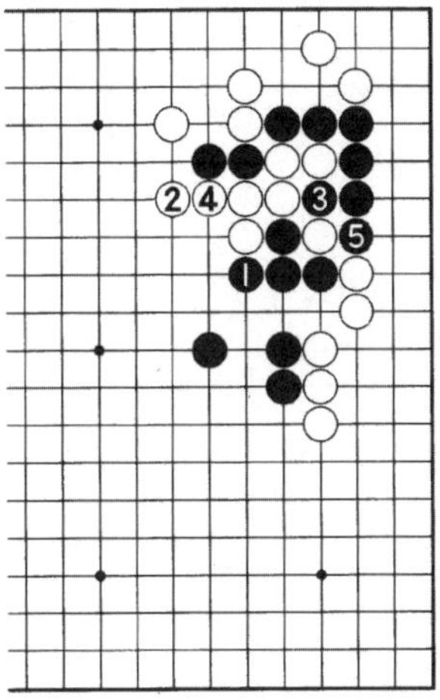

失

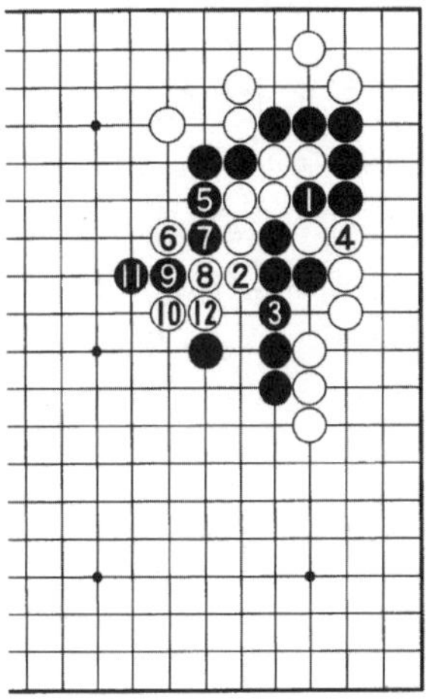

제7형 흑번

## 격언

우상의 전투.
귀의 흑 5점은 중앙으로 연결하여야만 살 수 있다. 흑은 자충의 백 5점을 노리지만 '조급하면 일을 망친다'는 격언을 지켜야 한다.

## 흑 생환

흑1로 미는 수가 안형의 급소이다. 흑은 3점을 강화하여 백 5점의 공배를 메운다. 백2로 받으면 흑3으로 끊는다. 백은 4로 막을 수밖에 없기 때문에 흑5로 1점을 따내어 우상을 살린다.

## 흑 실패

흑1로 단수를 치면 실패한다. 백2로 4에 잇고 흑2로 밀면 가운데 백 5점은 살릴 수 없지만 백은 2의 급소를 먼저 두게 되어 흑이 자충된다. 흑3은 백4로 우상이 살 수 없다.

밀다 뚫기

(430)

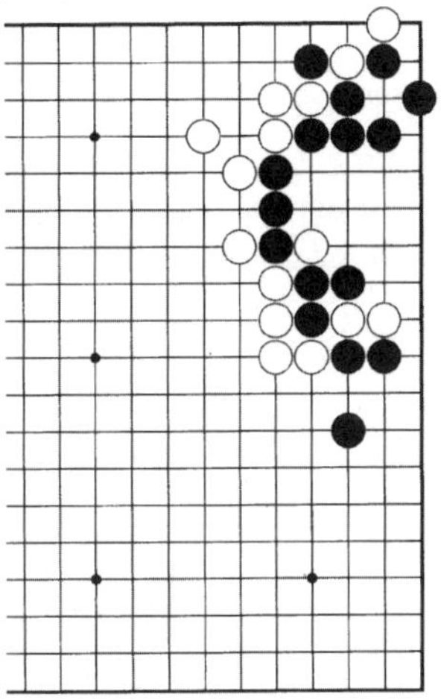

解

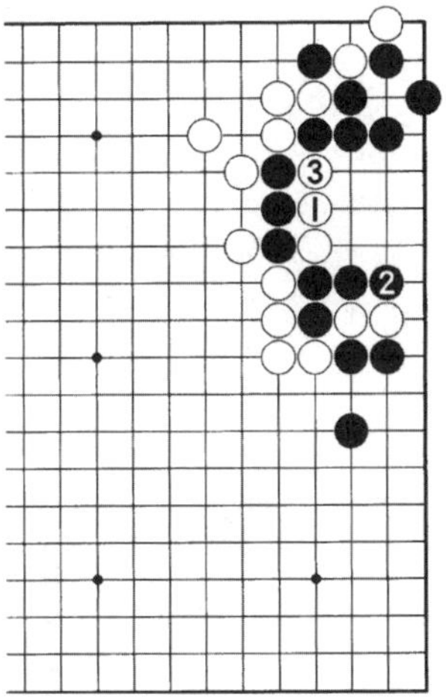

変

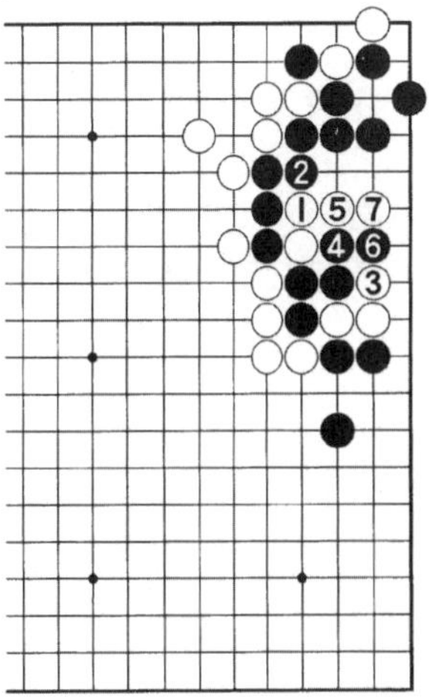

제1형 백번

## 흑집을 부수다

상변의 전투.
흑집 안에 갇혀 있는 백 3점을 연관시켜 흑집을 무너뜨리고 싶다. 첫 수를 알게 되면 이후는 간단하다.

## 3점 잡기

백1로 흑 3점에 딱 붙여 미는 맥이 좋다. 흑2로 우변을 지키면 백3으로 3점을 잡는다. 매우 단순하지만 흑도 이것이 최선의 받는 수이다.

## 흑 큰 손해

흑2로 저항하는 변화이다. 백3으로 단수치면 우변의 흑3점이 축에 걸린다. 백7로 흑집을 분단하여 우하의 흑은 근거가 없어지게 된다. 흑이 큰 손해를 본다.

# 씌우다

돌을 쫓거나 혹은 공격하는 경우 도망치는 길을 막는 씌움의 맥이 유력하게 되는 것이 있다.
씌우기는 상대의 돌을 덮어 씌워 그물을 치는 의미가 강하며 상대의 진로를 방해하면서 아군의 돌을 강하게 만드는 작전에서 유효하다.
상변 혹은 끊고 있는 백 2점은 흑1로 씌워서 잡혀버린다.

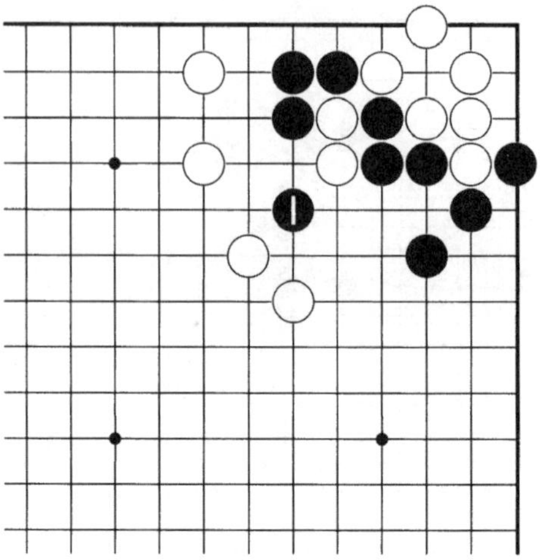

씌우다 정석·변화형

제1형 백번

(431)

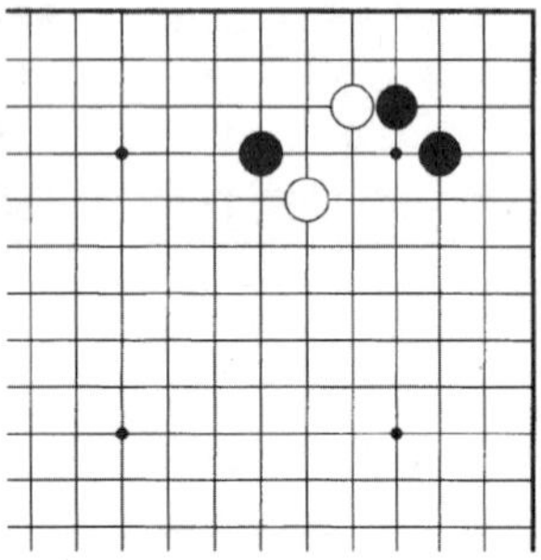

## 한 칸 높은 협공

한 칸 높은 협공의 정석이다.
흑은 귀를 굳혀 백의 근거를 빼앗는다. 백은 중앙을 어떻게 둬야할까.

解

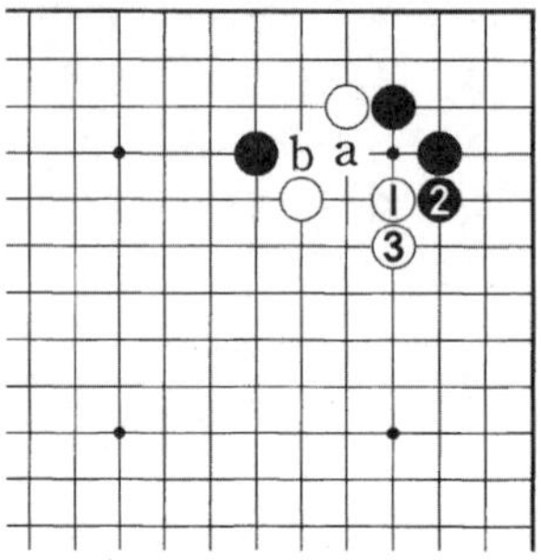


## 정석

백1로 씌우는 모양이 좋다. 흑a로 반발하더라도 백b로 받으면 흑은 다음 수가 없다. 백3으로 중앙을 두텁게 하는 것이 좋다.

失

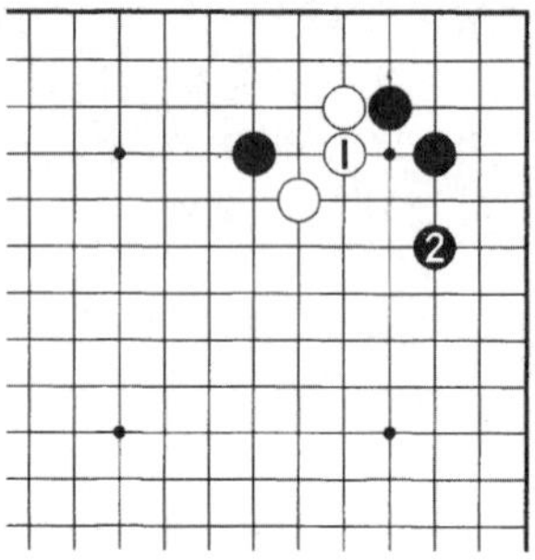

## 무겁다

백1로 뻗으면 활용 당한다. 흑2로 받아 백 3점의 모양이 무거워진다. 상변의 흑1점이 백을 공격하는 급소가 되는 모양이다.

제2형 백번

(432)

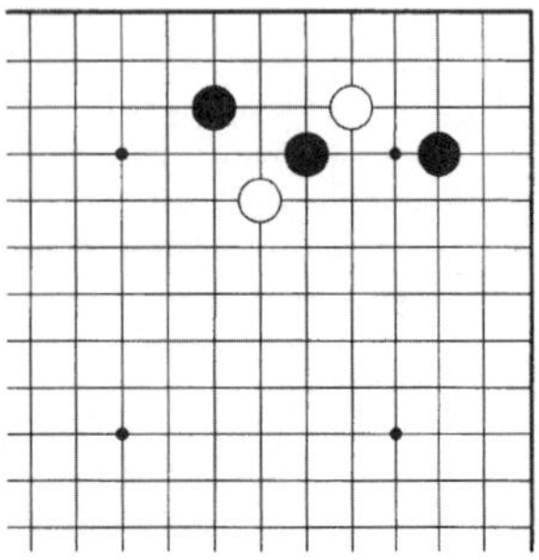

## 기대다

우상의 전투.
흑은 백 2점의 틈을 뚫는 분단을 노린다. 백은 귀의 흑에 기대어 타개하는 모양을 만들고 싶다.

解

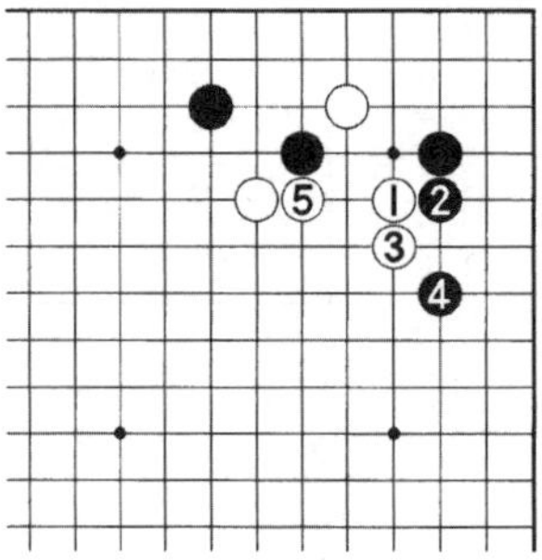

## 백 유리

백1로 씌우는 수가 맥이다. 흑2, 4로 받으면 백5로 막아 중앙을 튼튼하게 한다. 백이 유리한 모양이 된다.

变

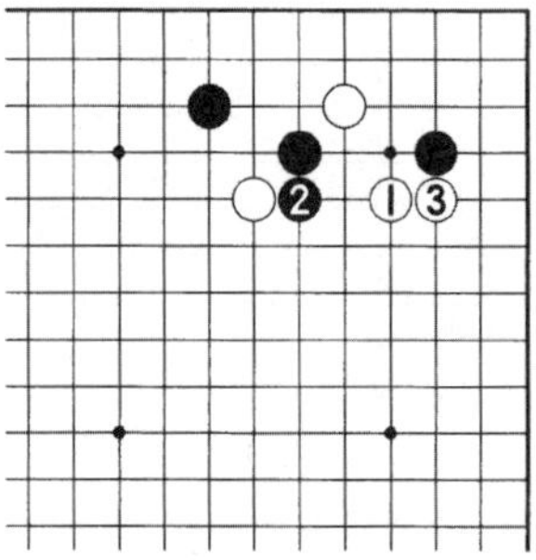

## 흑 실패

흑2로 가운데를 끊는 변화이다. 백3으로 귀를 막아 좋다. 흑이 귀를 살리고자하면 백의 외세가 강해져 흑의 공격이 실패한다.

제3형 백번

(433)

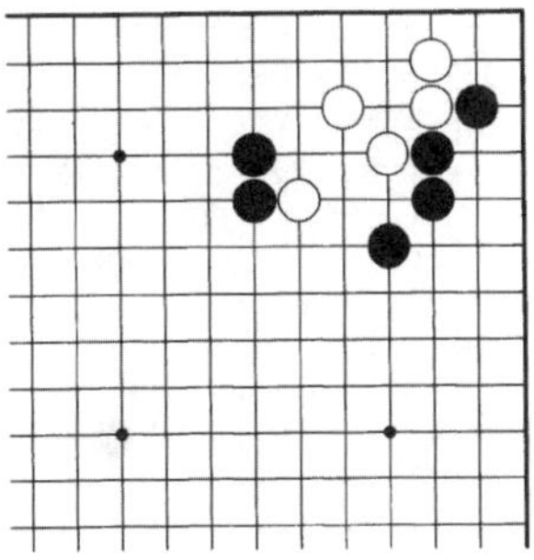

## 한 칸 높은 협공

한 칸 높은 협공 정석의 변화이다. 상변에서 경쟁하고 있는 흑에게 백은 어떻게 대응할 것인가?

解

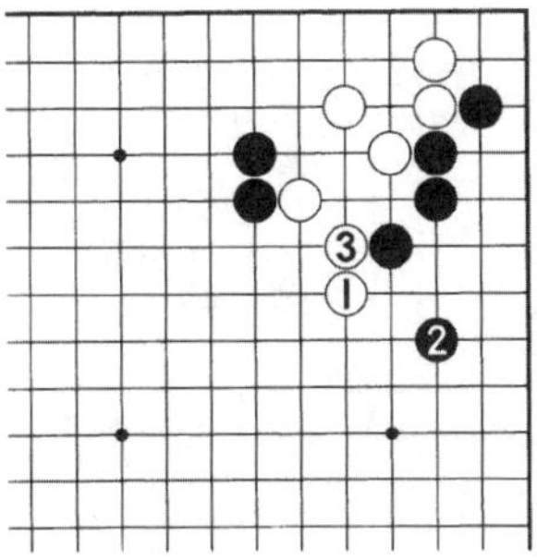

## 정석

백1로 날일자 씌움으로 중앙으로 진출하는 모양이다. 흑은 2로 받는 정도로 백3으로 모양을 정리하면 두터워진다. 상변의 흑 2점이 무거워진다.

失

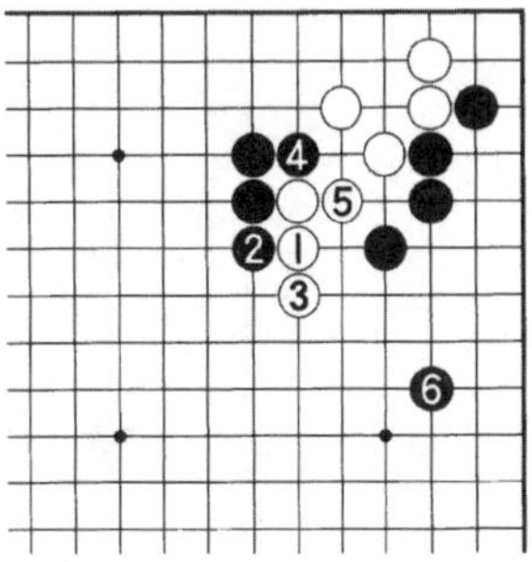

## 백 불리

백1로 뻗는 수는 틀린 맥이다. 흑2로 밀어 상변의 흑이 두텁게 된다. 백3 이후 흑4, 백5로 모양을 무너뜨리게 된다. 흑6까지 백이 불리하다.

제4형 백번

(434)

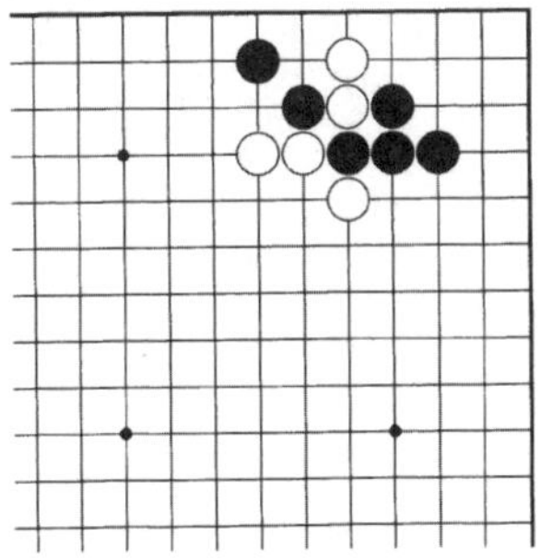

## 사석

흑 2점은 사석이다. 사석을 이용하여 상변의 모양을 어떻게 결정할까? 하는 것이 문제이다.

解

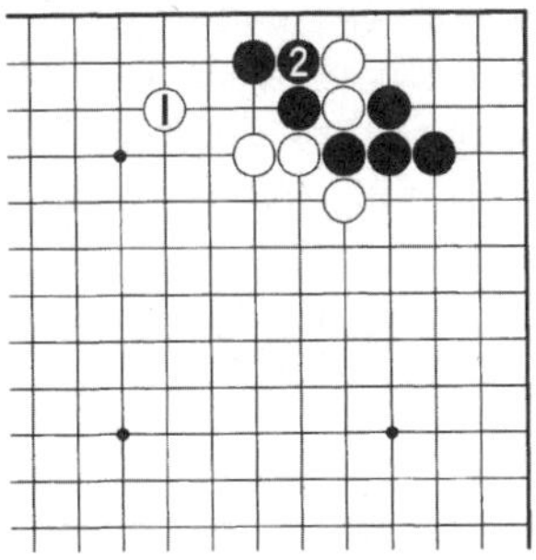

## 백 선수

백1로 날일자 씌움이 유력하다. 흑2로 백2점을 잡으면 그대로 손을 빼서 좋다. 선수로 중앙에 세력을 쌓게 된다.

失

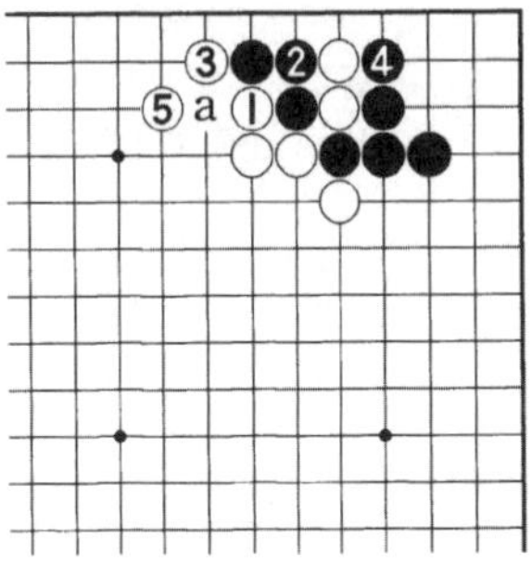

## 느슨한 수

백1, 3의 활용은 흑4로 받은 후 a의 약점이 신경 쓰인다. 흑에게 5로 들여다보는 공격을 당하는 불안도 있다. 백5로 지키면 흑이 후수가 된다.

제5형 흑번

(435)

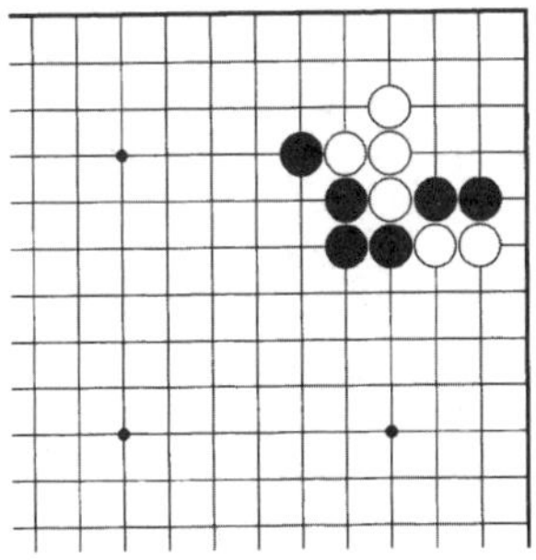

## 사석

우변 모양을 어떻게 결정지어야 하는가? 흑 2점의 사석을 잘 이용할 필요가 있다.

解

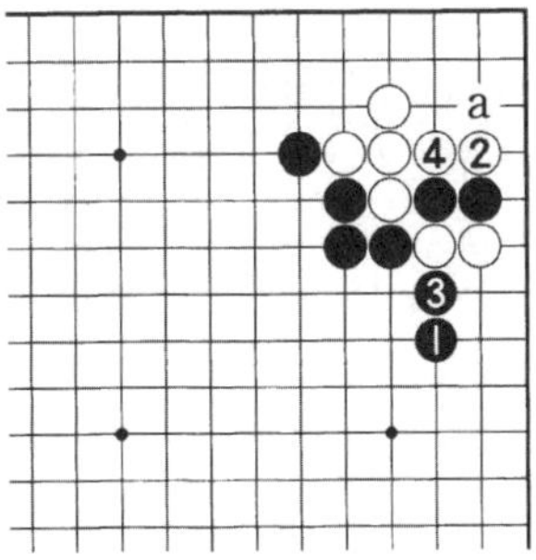

## 선수

흑1로 날일자 씌우는 것이 맥이다. 흑a를 막고자 백2로 붙으면 흑3을 선수로 치받는 수를 활용한다. 백4 이후 흑은 다른 큰쪽에 수를 둔다.

失

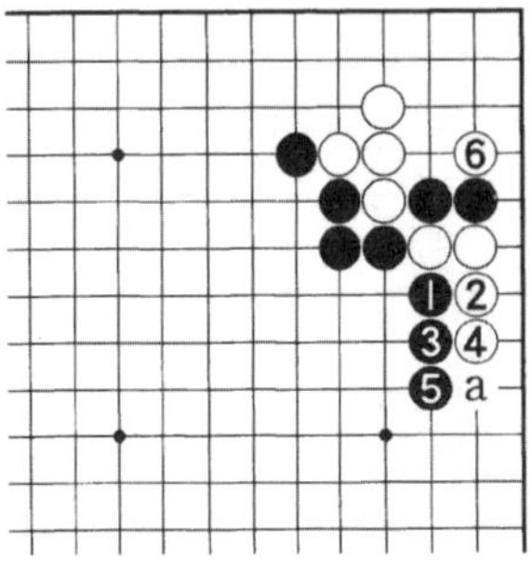

## 뒷문 열림

흑1, 3로 두는 것은 백4로 미는 수를 맞아서 우변의 뒷문이 열린 모양이다. 우변은 두텁지만 흑a로 막으면 후수가 된다.

(436)

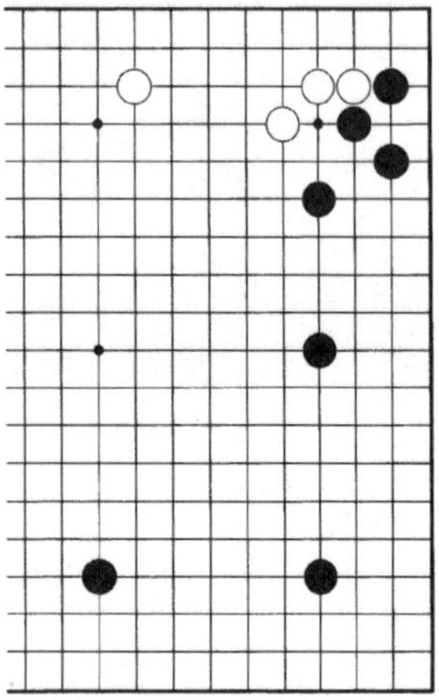

解

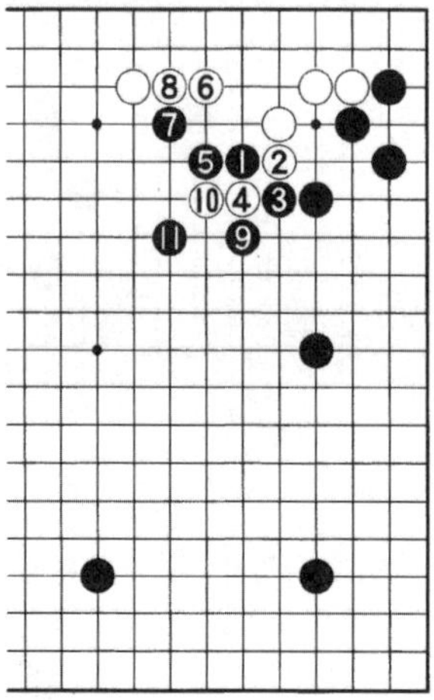

变

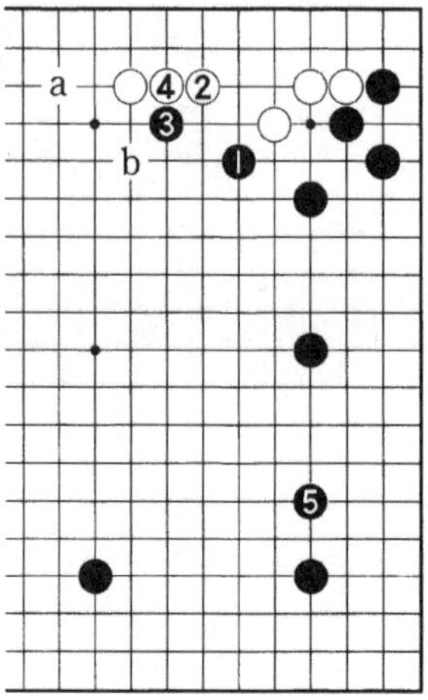

제6형 흑번

## 한 칸 높은 걸침

포석의 문제.
우상은 한 칸 높은 걸침 정석이다. 흑은 우변의 모양을 키우기 위해 우상귀 정석을 이용하고자 한다.

## 절호점

흑1로 씌우는 것이 절호점이다. 백2와 4로 반발하면 흑5로 늘어서 강하게 싸움을 시작한다. 백6으로 받으면 흑7로 들여다본 뒤 백8로 이으면 흑9과 11로 절단한 백을 잡는다.

## 흑의 세력

백2로 받으면 흑3으로 들여다보고 중앙의 세력을 키운다. 백4이후 흑5로 우하를 굳혀 흑의 모양이 장대하다. 흑1로 a 방향에서 백의 옆음을 노리는 것은 백b. 흑의 모양이 작아지게 된다.

(437)

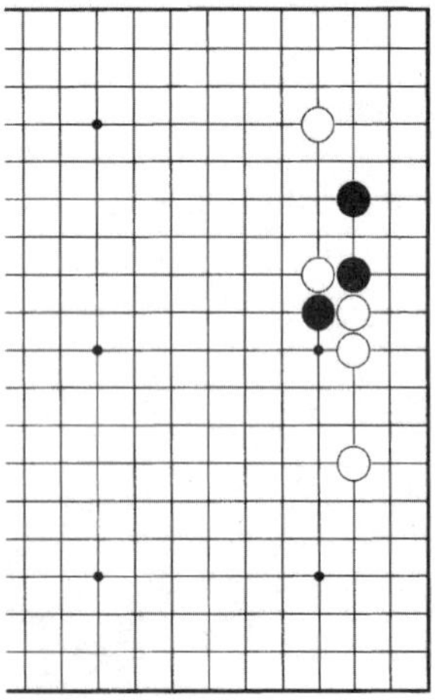

解

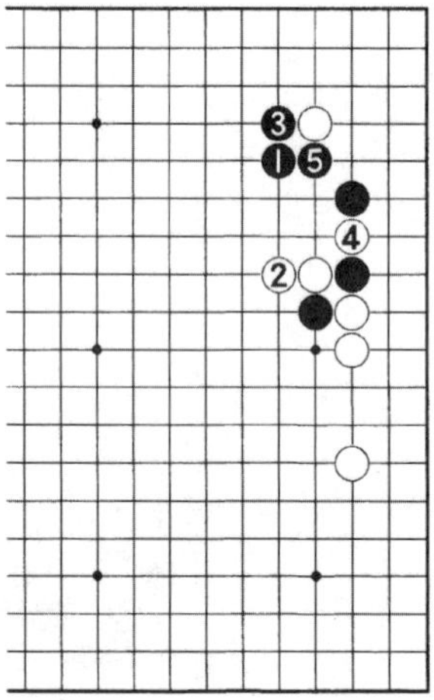

变

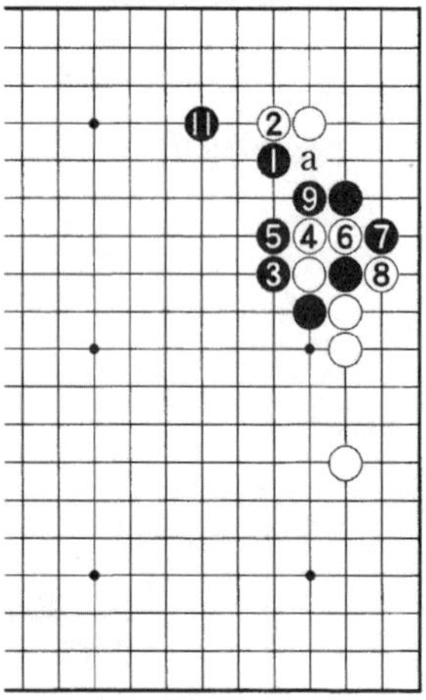

제7형 흑번

## 본능사

적은 본능사. '동쪽에서 소리를 내고 서쪽에서 적을 친다'는 말이 있다. 흑은 우변을 끊은 백 1점을 공격하고 싶다. 백을 공격하는 것은 어디서부터 두어야 할까?

## 호각

흑1로 씌우는 수가 좋은 수이다. 백2로 늘어 우변을 완전히 끊지만 흑3으로 화점의 백 1점을 틀어막아 불만 없는 모양이다. 백4와 흑5로 서로 잡을 수 있는 것을 잡아 호각이다.

## 흑 호조

백2로 받으면 흑3으로 공격한다. 백6으로 나가면 흑7, 9로 조여 바깥이 강해지면 11로 공격하여 좋은 상태이다. 백6으로 9는 흑a. 흑1의 활용이 듣고 있다.
※⑩→⑥의 아래

제8형 흑번

(438)

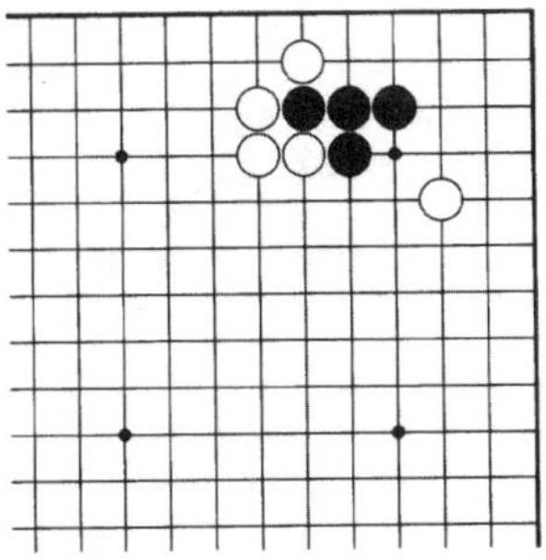

## 지키는 방법

우상의 전투.
대사정석의 변화로 백은 귀의 흑을 공격하면서 상변에 세력을 만든다. 이후 흑의 지키는 방법은?

解

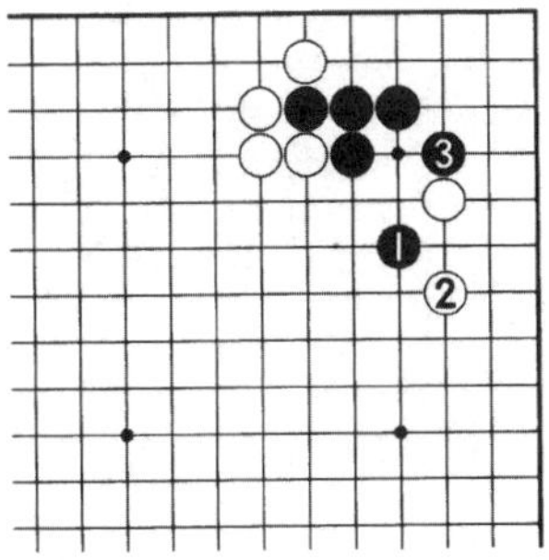

## 정석

흑1로 씌우는 모양이다. 백2로 받으면 백이 중앙을 봉쇄할 수 없게 된다. 흑3으로 입구자 붙여 귀를 굳히면 정석은 일단락된다.

失

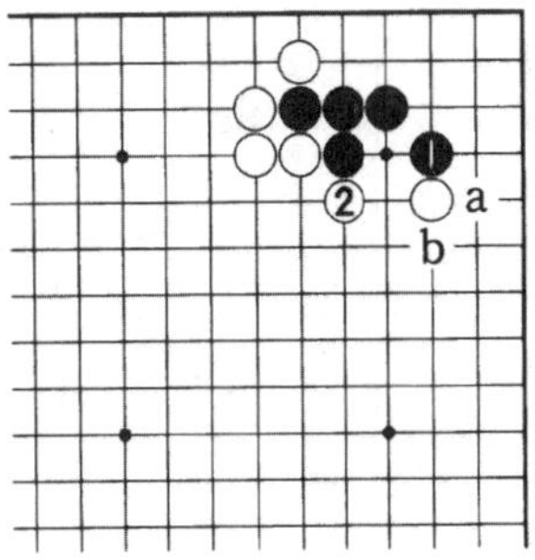

## 흑 소극적

흑1로 입구자 붙이는 것은 소극적으로 지키는 수로 좋지 않다. 백2로 막으면 흑이 귀에 갇힌다. 흑a는 백b로 바깥의 백이 강해진다.

제9형 흑번

(439)

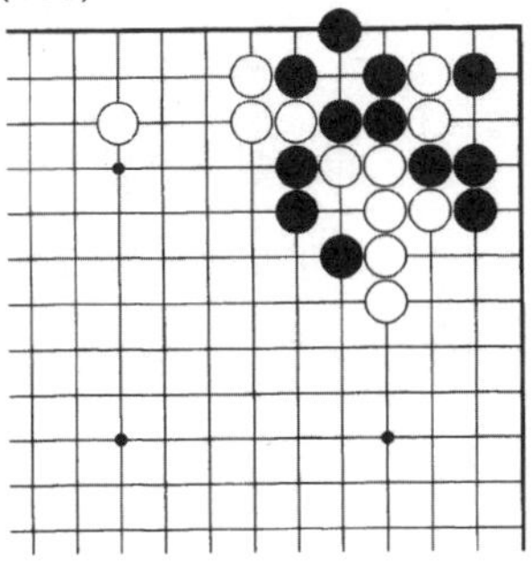

## 선제공격

우상은 눈사태 정석의 변화이다. 중앙의 흑 3점은 오른쪽 백 6점을 공격하여 강한 돌로 변하게 된다.

解

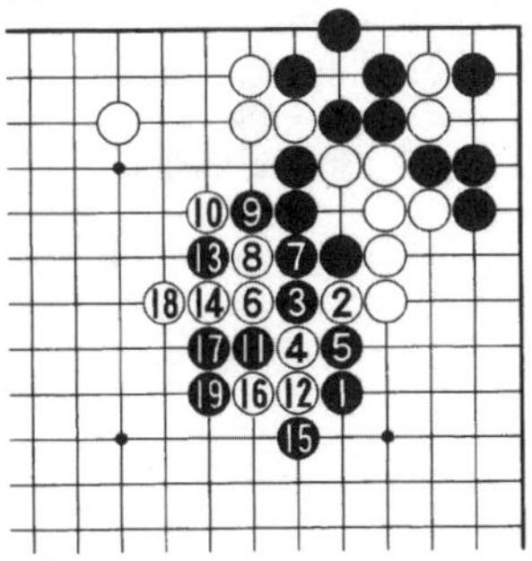

## 축

흑1로 씌우는 수가 좋다. 백2, 4로 반발하면 흑5로 끊겨서 백이 무리이다. 백6, 8로 공격하면 흑9로 나가고 19까지 축이 된다.

变

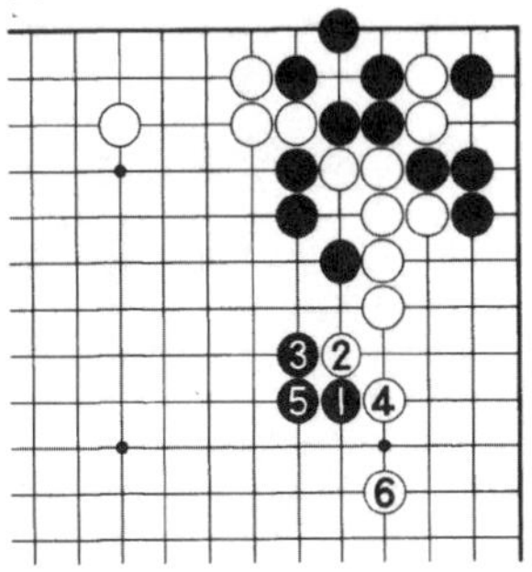

## 흑 성공

백은 2로 입구자 붙이고 4로 양보하여 우변을 수습하는 정도이다. 흑5로 이어 중앙을 두텁게 하면 흑의 공격은 성공이다.

제10형 흑번

(440)

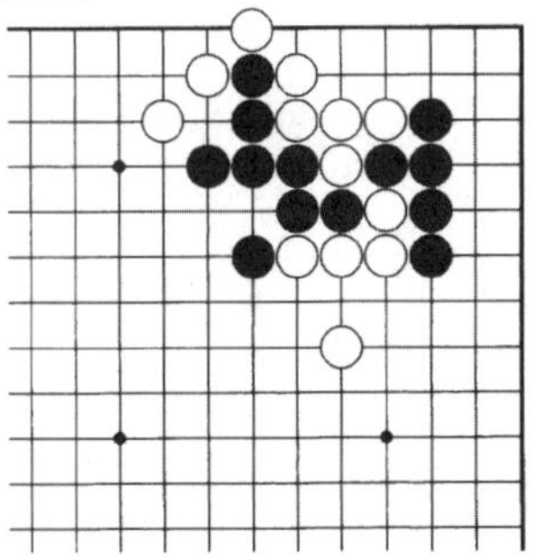

## 백의 약점

중앙의 흑을 강화하고 싶다.
상변에 있는 백의 약점을 노려서 중앙을 두텁게 만들면 성공이다.

解

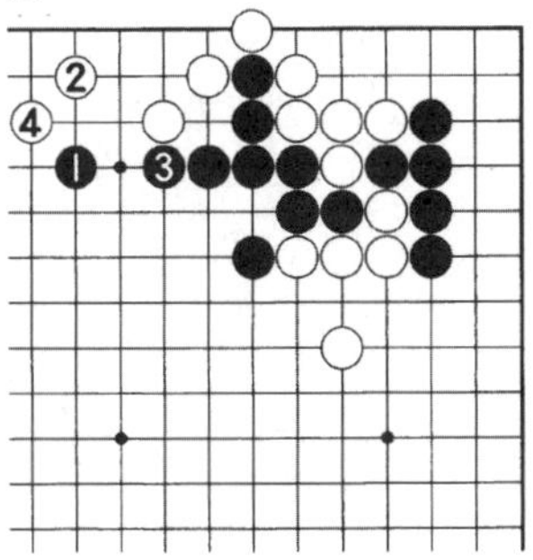

## 중앙이 두텁다

흑1의 씌우는 수가 냉엄하다. 상변의 백은 자충으로 백2로 낮게 받을 수밖에 없다. 흑3으로 중앙이 두터워지면 안형이 풍부해 강한 돌이 된다.

变

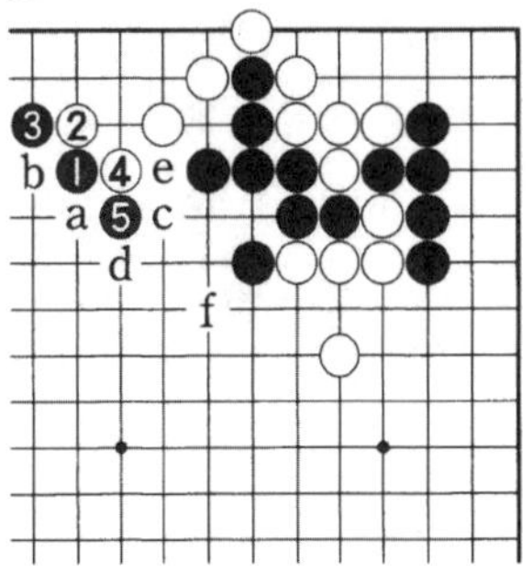

## 좋은 모양

백2로 붙이고 흑3으로 막으면 중앙의 모양이 좋아진다. 흑5이후 백a, 흑b, 백c, 흑d, 백e는 흑f로 봉쇄하여 상변의 백이 위험에 빠진다.

밀다 수습

(441)

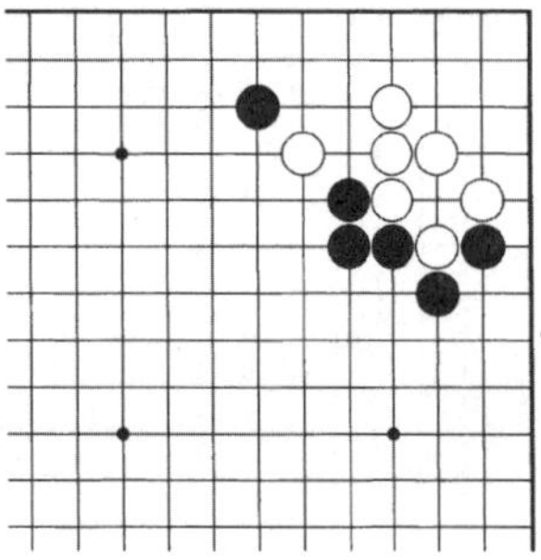

제1형 흑번

### 분단대책

귀에서 상변에 뛰어 나온 백 1점은 흑을 끊어서 공격하려고 한다. 흑은 어떻게 받아야 할까?

解

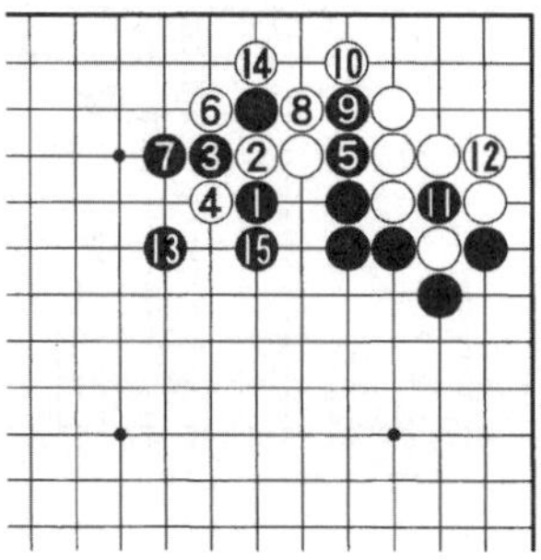

### 두텁다

흑1로 씌워 백의 출구를 막는다. 백2와 4로 끊으면 흑5부터 11로 귀를 활용하여 흑13, 15로 중앙을 지킨다. 흑이 두터워 충분하다.

失

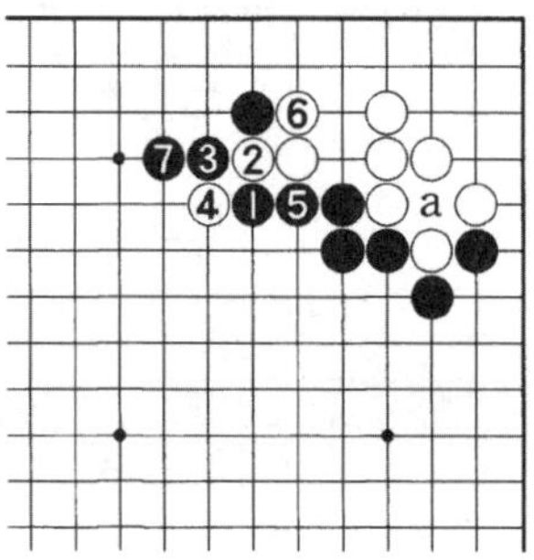

### 흑 불만

흑5로 이으면 백6으로 지켜서 백4로 끊는 수가 움직인 것이 된다. 우변 a의 따냄도 활용되지 않아 흑이 불만이다.

(442)

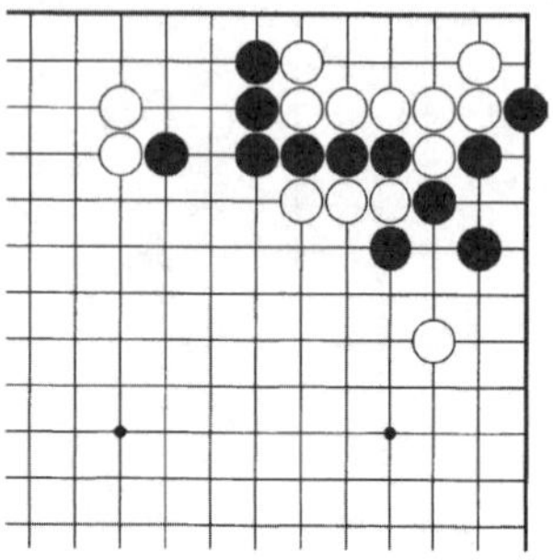

제2형 흑번

### 주변강화

중앙의 백 3점은 잡히지 않아도 몰아붙여 주변의 흑을 강화하고 싶다.

解

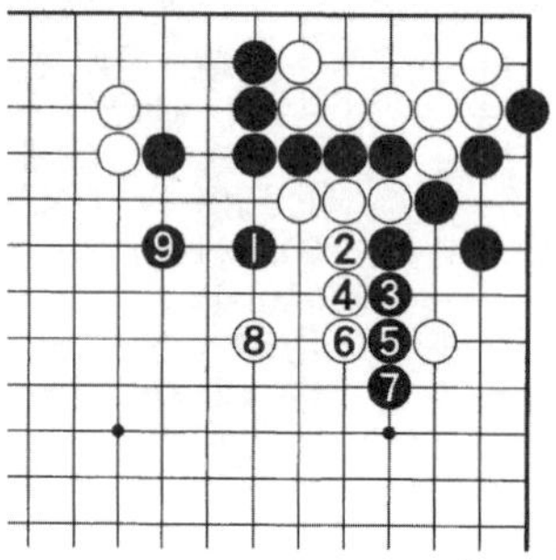

### 흑 순조

흑1로 씌워 백의 모양을 부수는 급소가 된다. 백2의 우형으로 도망칠 수밖에 없다. 흑3부터 7로 우변을 견고히 하면 9로 도망가서 순조롭다.

失

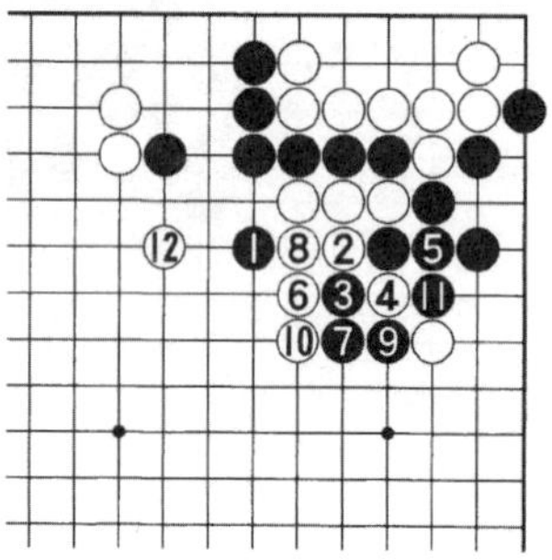

### 흑 고전

흑3으로 막으면 백4로 끊어 우변의 흑이 약해져 손해가 크다. 흑9, 11로 손을 돌려 백12로 고전한다.

밀다 타개

(443)

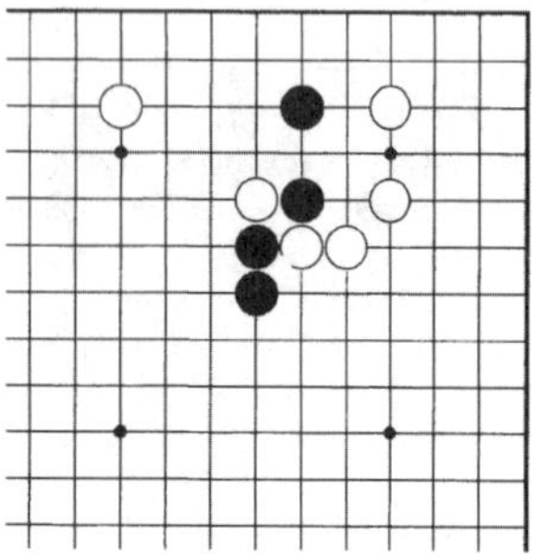

제1형 흑번

### 대책

상변에서 중앙에 나가고 있는 흑이 뚝 끊겨져 있는 모양이다. 흑은 백의 끊음을 악수로 바꾸는 대책을 준비하고 있다.

解

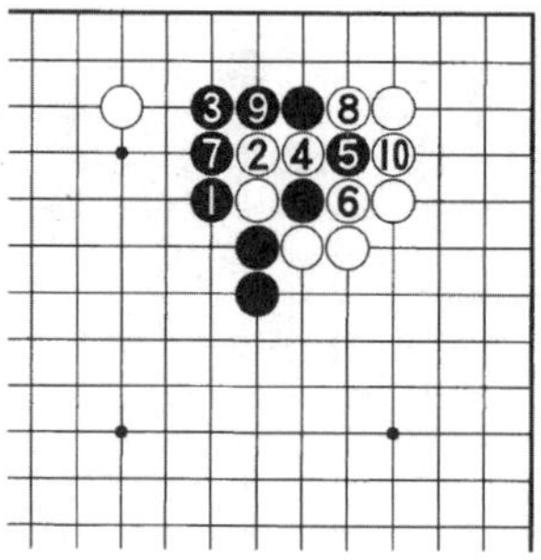

### 정형

흑1의 단수치고 백2로 도망치면 흑3의 씌움이 맥이다. 백4로 나가면 흑5부터 9로 조여 바깥의 모양을 정리한다. 상변의 백이 약하다.

変

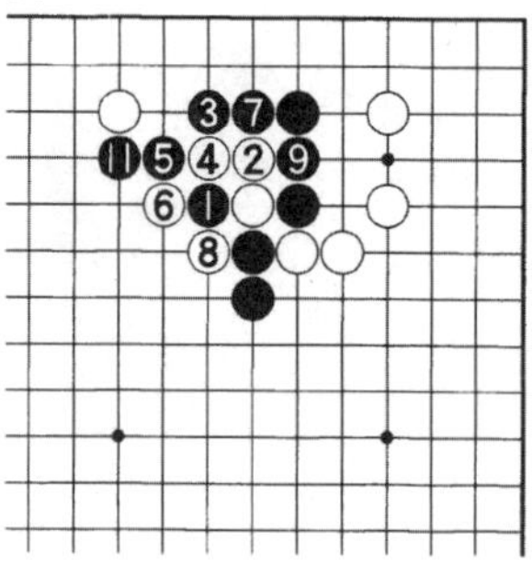

### 흑 유리

백4로 나가면 흑5로 막는다. 나가는 방향을 막아서 좋다. 백6 으로 끊으면 흑7, 9로 조이면 백이 포도송이가 된다. 흑11로 나가 흑이 유리한 싸움이 된다.

※⑩→❶

제2형 흑번

(444)

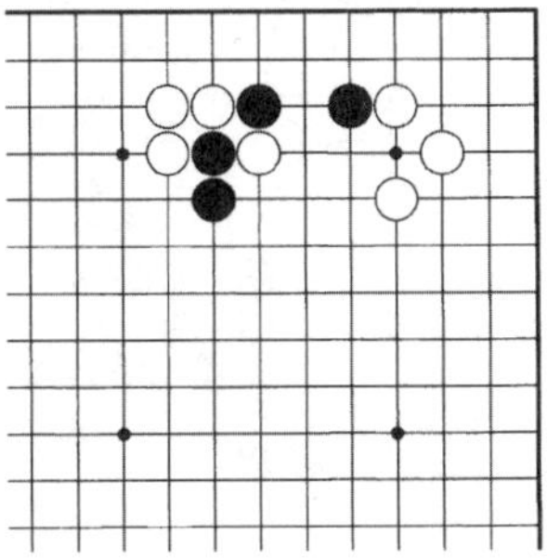

## 정형

상변의 전투.
흑 4점은 백에 분단되어 있으나 백 1점을 공격하여 바깥의 모양을 정리하고 싶다.

解

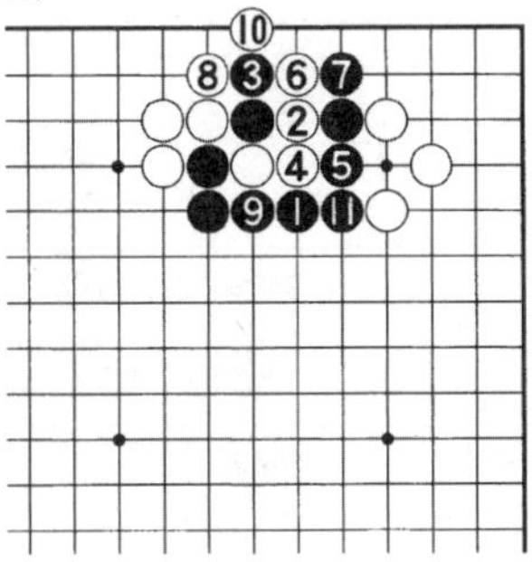

## 흑 좋은 모양

흑1로 씌움이 경쾌하고 교묘한 맥이다. 백2로 단수치고 4로 이어 1점을 살리려 하면 흑5, 7로 막아 상변의 흑 2점을 버린다. 흑은 11까지 좋은 모양이 된다.

変

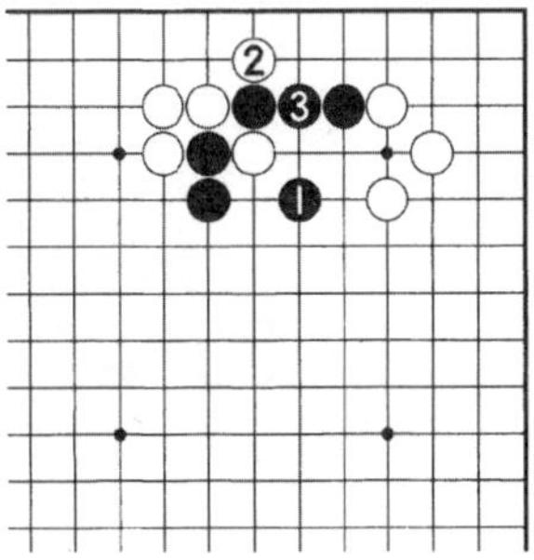

## 강한 돌

백2로 단수치면 흑3으로 잇는다. 흑은 백 1점을 잡고 한 집을 내었다. 상변도 집이 가능한 모양으로 강한 돌이 된다. 백의 공격은 두렵지 않다.

제3형 흑번

(445)

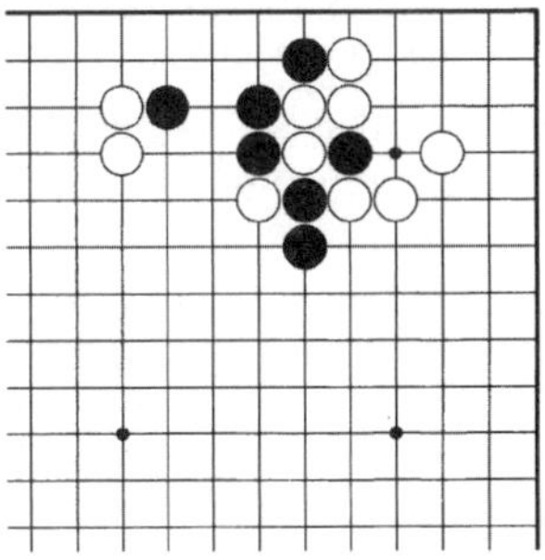

## 사석

흑을 끊은 백 1점을 축으로 잡을 수 없다면 흑은 사석을 이용하여 바깥 모양을 결정해야 한다.

解

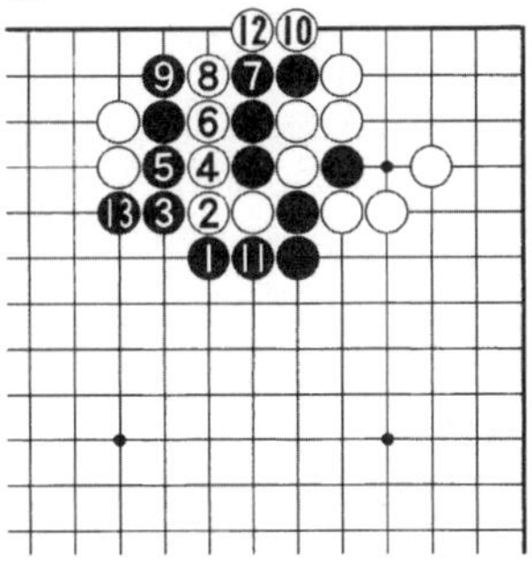

## 좋은 모양

흑1로 씌워 백을 공격한다. 백2로 도망치면 흑3, 5로 상변에 몰아넣고 흑7로 돌을 늘려서 9와 11로 버린다. 흑13까지 좋은 모양이다.

失

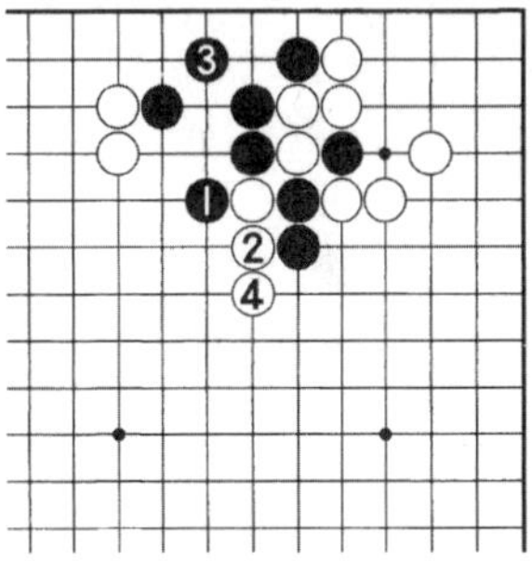

## 최악

흑1, 3으로 상변을 살리면 백4로 중앙의 2점을 잡혀 좋지 않다. 상변의 흑은 근거가 확실하지 않아 최악의 모양이다.

제4형 흑번

(446)

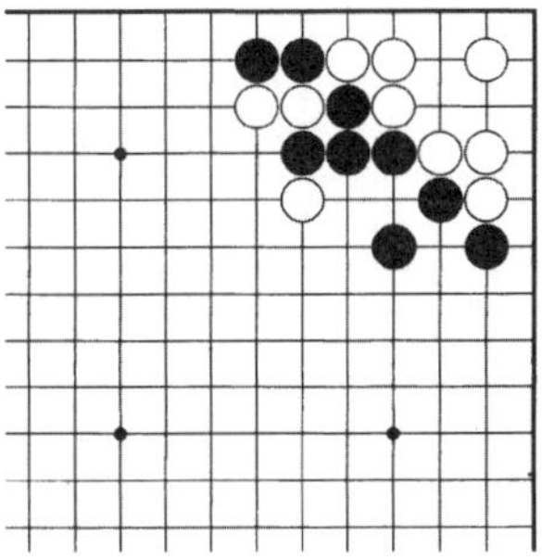

## 희생

귀의 백은 빈틈없이 단단한 모양이다. 흑은 다소의 희생을 치르더라도 바깥을 강하게 하여 백의 공격에 대비해야 한다.

解

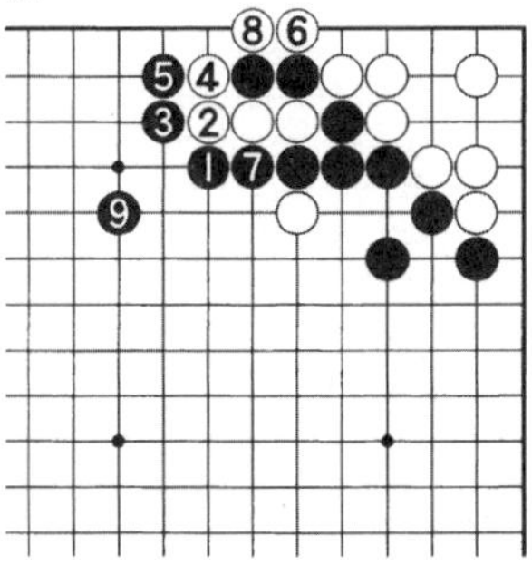

## 외세강력

흑1의 씌움은 상변의 흑 2점을 사석으로 하는 맥이다. 백2가 나가면 흑3으로 막고 5, 7을 활용한다. 흑9까지 외세가 강력해 졌다.

失

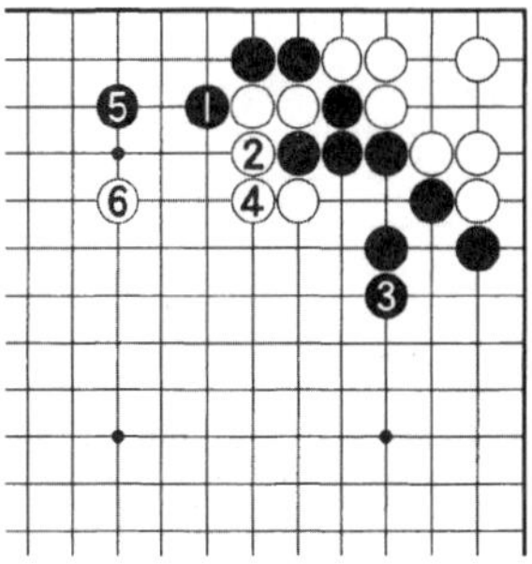

## 근거박약

흑1로 상변을 살리는 것은 흑이 두 개로 나누어져 약한 돌만 된다. 흑3, 5로 지킨 돌은 다 같이 의지박약으로 백에게 찬스를 주게 된다.

제5형 백번

(447)

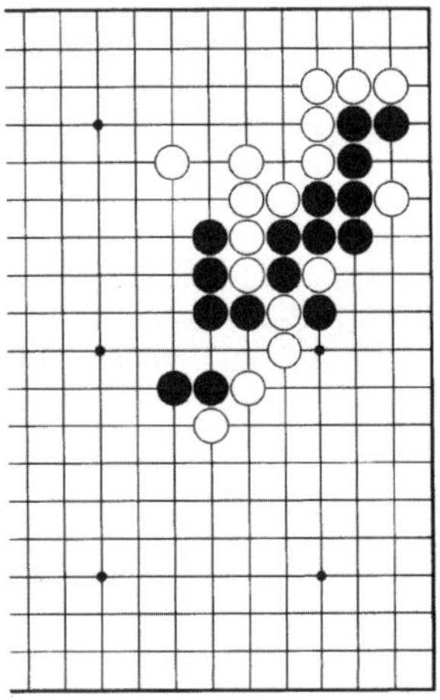

## 결정짓다

우변의 전투.
백은 우변의 흑을 공격하여 우하에 세력을 만들고 싶다. 흑에 공격을 어디서부터 수를 내야 할까?

解

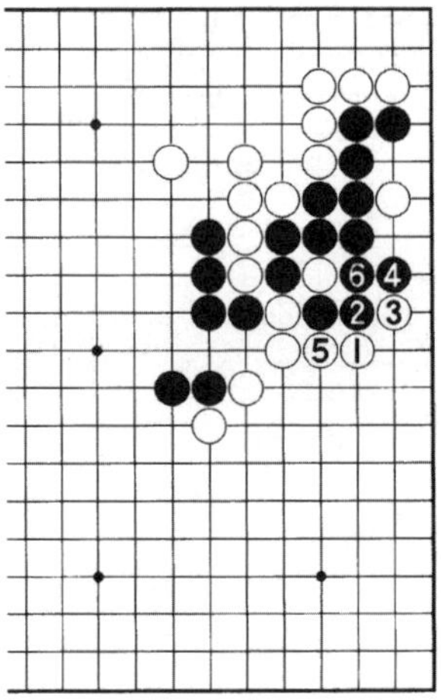

## 선수로 두터움

백1의 씌우는 수가 맥이다. 흑2로 막아서 백 점을 잡으면 백3으로 젖혀 흑을 자충시킨다. 5의 단수를 선수로 하여 우변의 백이 두텁게 된다. 흑2로 6은 백2로 옥집이 되어 흑이 더 불리하다.

失

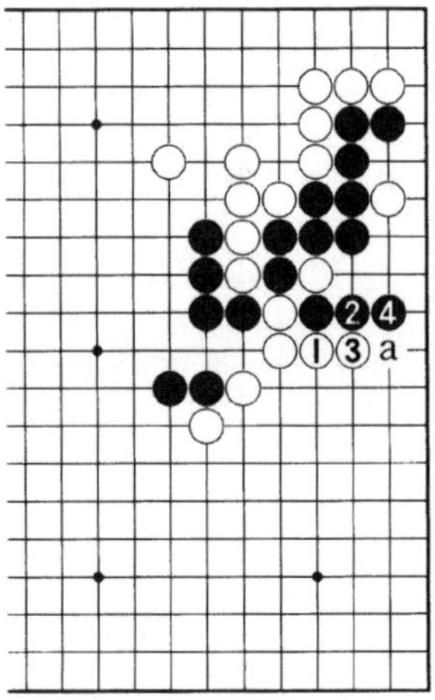


## 백 불만

백1의 단수는 흑2로 늘고 백3에는 흑4. 백은 뒷수레 밀기 형으로 흑이 한걸음 빨리 우변으로 나가 백의 뒷문을 연다. 백a로 막아도 흑이 살아 있어 백은 후수이다.

제6형 흑번

(448)

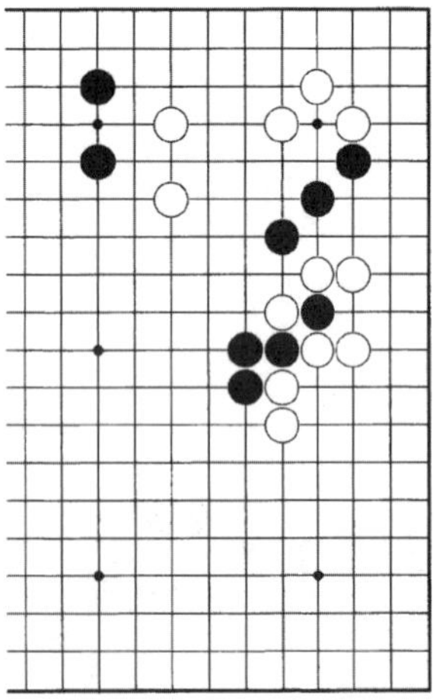

## 강화책

우상의 흑 3점을 중앙으로 탈출시키기 위해 중앙의 흑 3점을 움직여서 우상과 중앙을 연결하게 되면 흑은 강력한 돌이 된다.

解

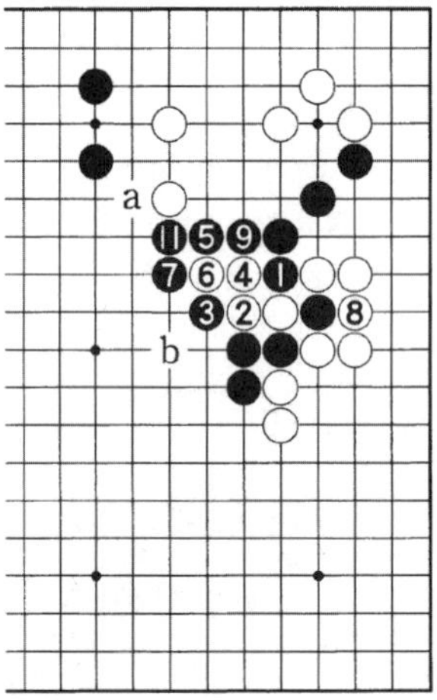


## 중앙이 두텁다

흑1로 끊고 흑3, 5로 씌우고 조여서 결정하면 중앙이 두터워진다. 백6으로 나가 흑의 모양에 약점을 만들어도 흑11까지 흑의 모양이 강력하다. 다음에 백a라면 흑b.

※⑩→⑧의 왼쪽

变

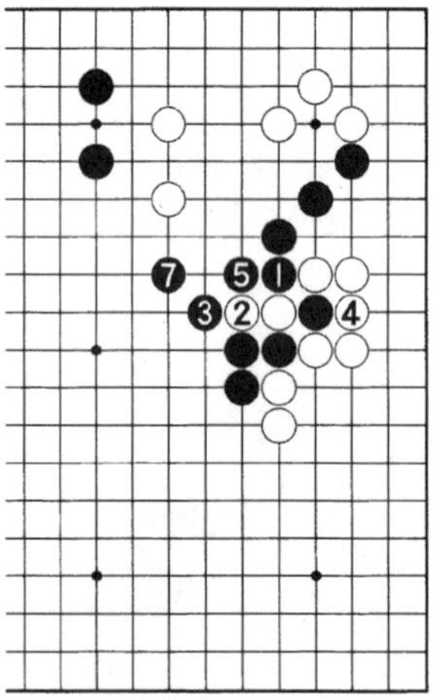

## 쉬운 탈출

흑3의 단수에 백5로 나가도 흑이 두터워 질뿐이므로 백4, 6으로 받을 지도 알 수 없다. 흑7로 쉽게 중앙으로 도망하고 게다가 중앙 흑 세력이 강한 것을 자랑한다.

※⑥→④의 왼쪽

(449)

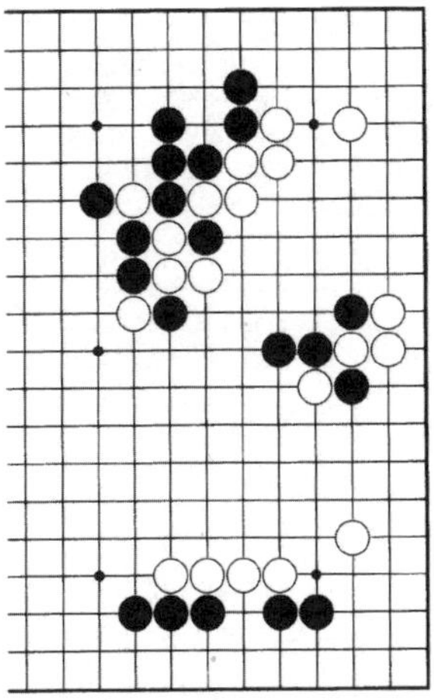

解

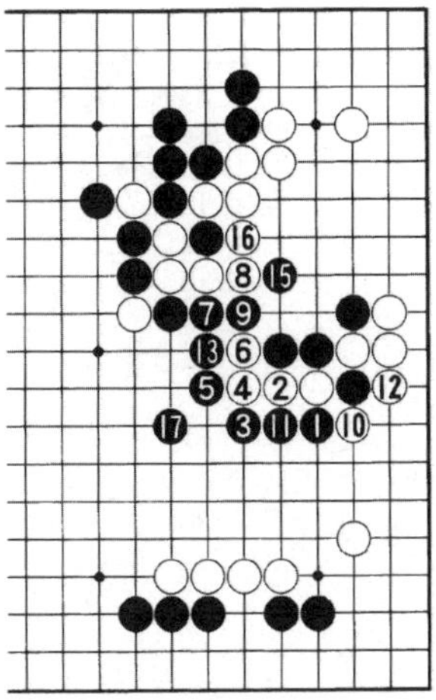

变

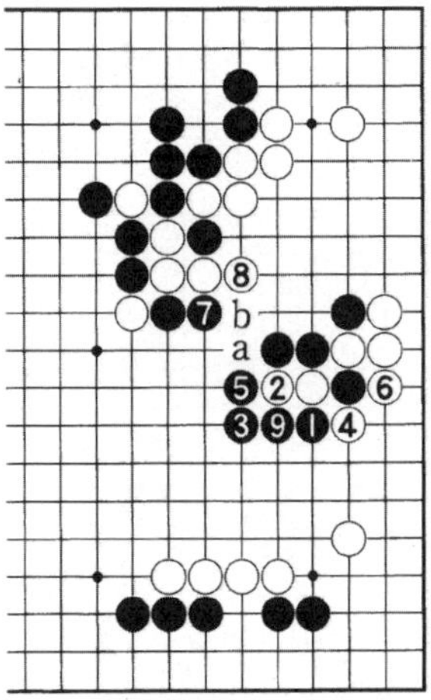

제7형 흑번

### 부수는 기점

우변의 백모양을 부수기 위해 산재되어 있는 흑을 움직인다. 기점은 우변. 백 1점을 공격하여 상황을 만들어 갈수 있을지 모른다.

### 대성공

흑1로 단수치고 백2로 도망간 돌에 흑3으로 씌우는 상태를 만든다. 백4, 6으로 저항하면 흑7, 9로 중앙을 결정짓고 11로 조여 바깥을 굳힌다. 흑17까지 큰 성공을 거둔다.

※⑭→⑫의 왼쪽

### 바깥이 강하다

백4로 따내는 것은 흐름을 주지 않고 흑5로 단수쳐서 결정하면 바깥의 흑이 강하게 된다. 흑은 a의 끊기를 막으려 9로 단수치고 백이 이으면 b로 지켜 정해도와 닮은 결과가 된다.

※⑩→④의 위

(450)

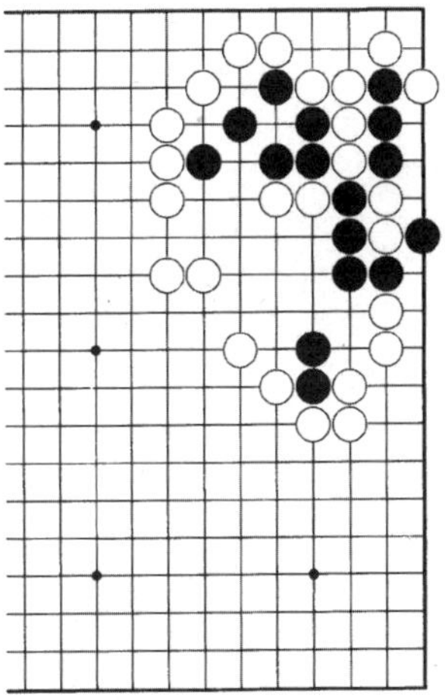

解

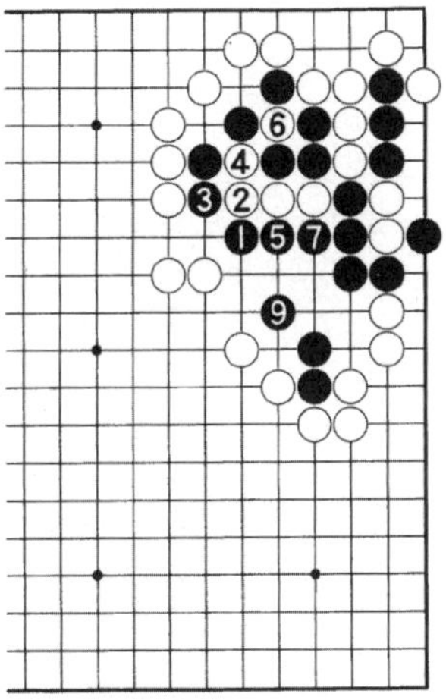

变

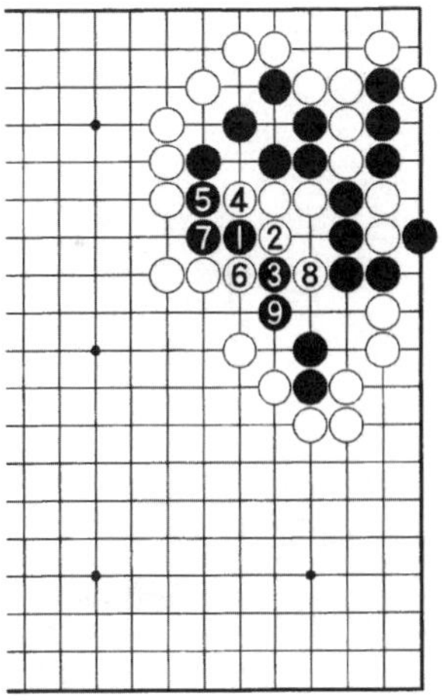

제8형 흑번

### 사석

이대로라면 흑 전체가 위험하다. 상변의 흑을 사석으로 하여 우변의 본진을 살려야 한다.

### 흑 삶

흑1로 씌워 중앙의 백을 조인다. 백2부터 6으로 흑 3점을 잡은 뒤 흑7을 선수 활용하면 흑9로 산다.

※⑧→⑥의 오른쪽 아래

### 백 잡힘

백2로 저항하면 흑3으로 막아 백은 자충이 된다. 백4 이후 흑5부터 9까지 응수하여 중앙의 백 5점을 전부 잡는다.

(451)

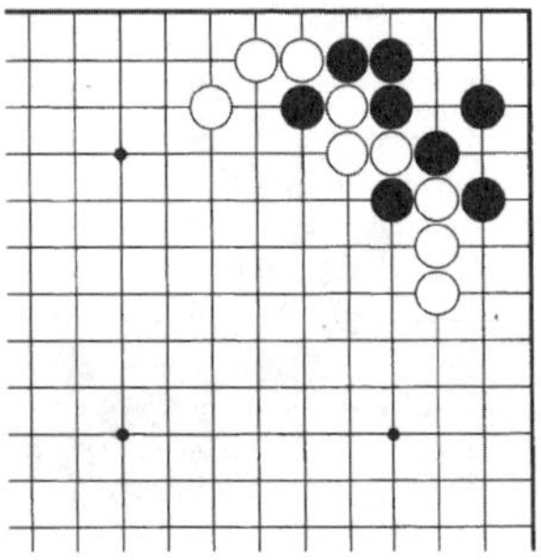

解

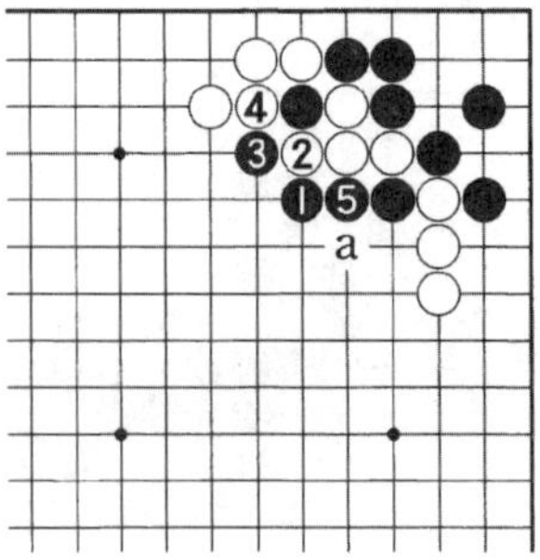

失

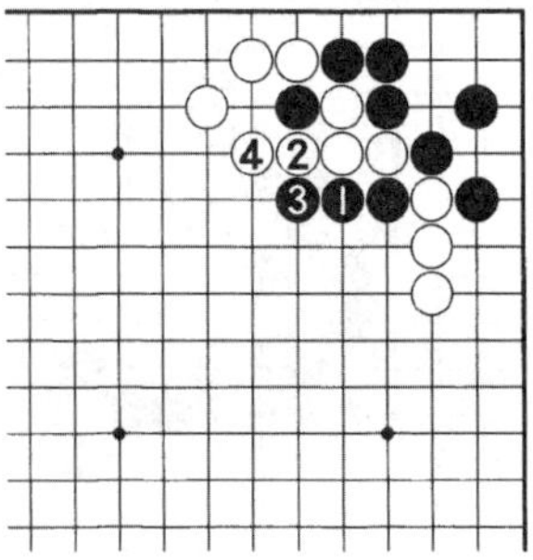

### 포도송이

중앙의 흑 2점은 활력이 남아 있다. 백 3점의 자충을 추궁하면 포도송이로 만들면 백의 두터움이 없어질지 모른다.

### 모양

흑1로 씌우는 수가 모양이다. 백2라면 흑3. 나간 방향을 막아 백을 조여 포도송이로 만든다. 흑은 백을 둘로 나누어서 강력하다. 백2로 5는 흑a.

### 속수

흑1의 단수는 속수로 백2, 4로 흑 1점을 잡은 모양으로 집을 만든다. 중앙의 흑 3점이 도망치더라도 좌우의 백이 강해 흑이 불리한 전투이다.



(452)

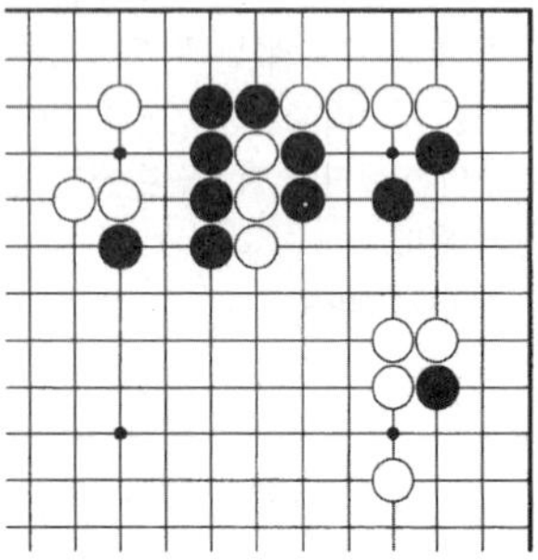

解

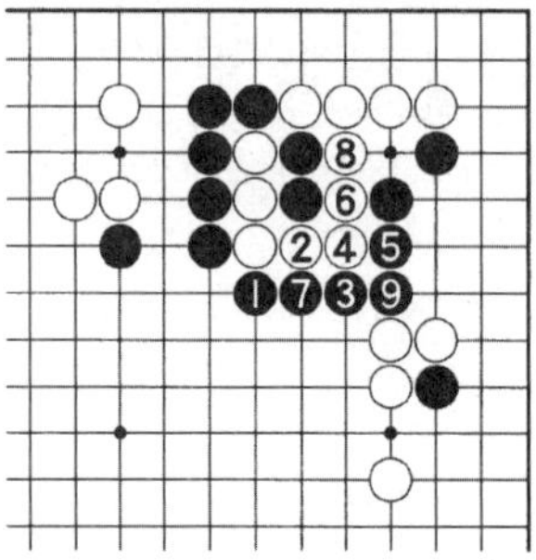

変

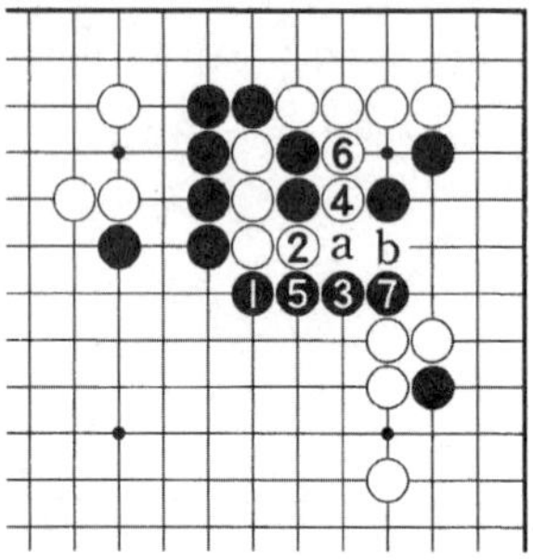

### 정형

상변에서 중앙으로 도망 나온 흑은 백 3점을 공격하고 우상의 흑을 움직여서 중앙의 모양을 정리하고 싶다.

### 흑 좋은 모양

흑1로 단수치고 3으로 씌우는 수가 좋은 수이다. 백4로 나가면 흑5로 머리를 막고 백6으로 흑 2점을 잡는다. 흑9까지 바깥이 좋은 모양이 되었다.

### 흑 좋다

백4로 단수쳐 흑 2점을 잡는 변화이다. 흑5, 7로 바깥을 굳히면 정해도와 닮은 결과이다. 백a, 흑b의 악수가 없는 것 뿐, 백이 약간 나은 정도.



(453)

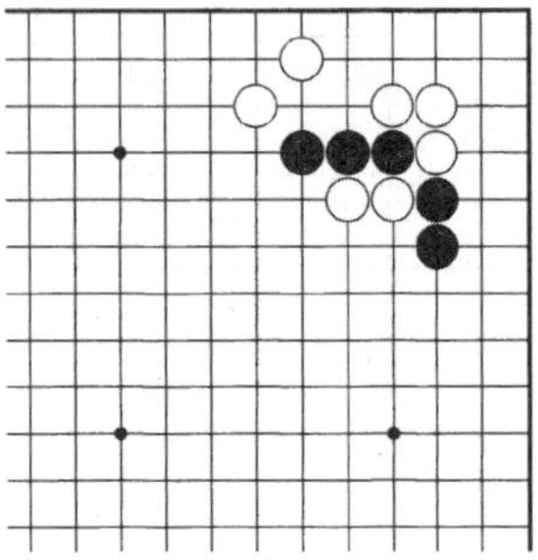

解

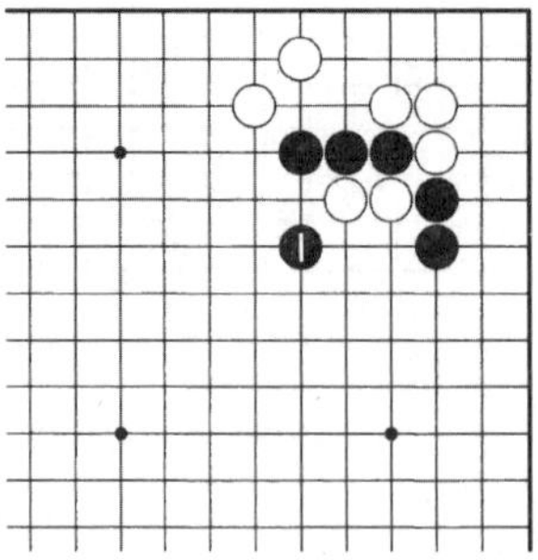

失

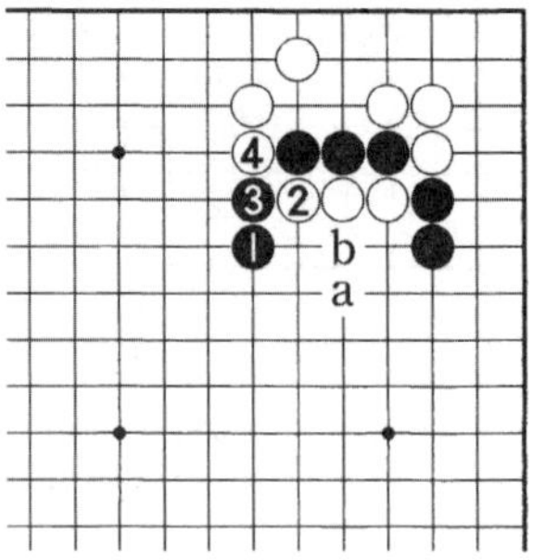

### 장문

도망가는 길을 좁게 만든다. 백 2점의 운명은?

### 장문

흑1로 씌우면 백 2점은 도망갈 수 없다. "빗장을 친다" 라는 것에서 장문이라는 말이 생겼다.

### 흑 잡힘

흑1의 날일자도 장문이지만 백2와 4로 나가끊으면 상변의 흑 3점이 잡힌다. 백2로 a는 흑b로 흑의 승리한다.

(454)

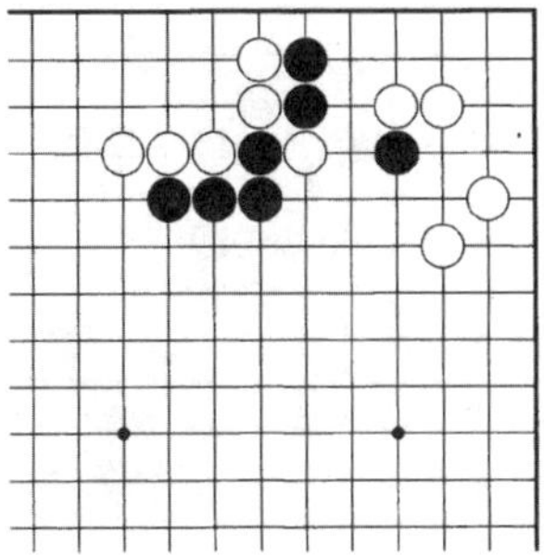

解

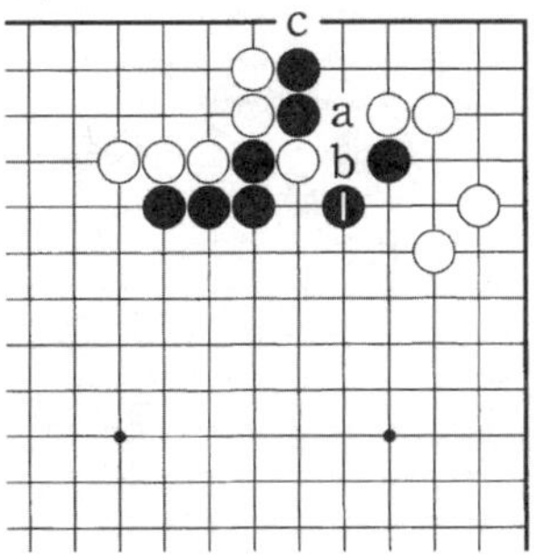

失

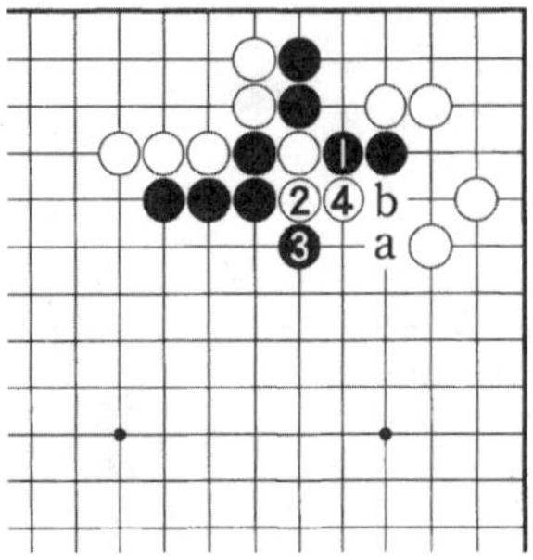

**제2형 흑번**

### 장문
돌을 잡는 모양은 "빵때림", "축"외에 도망가는 갈을 막는 "장문" 등이 있다.

### 중앙이 강력
흑1로 씌우면 백은 바깥으로 나갈 수 없다. 백a, 흑b, 백c로 상변은 건너더라도 흑은 중앙의 돌이 연결되어 강력하게 된다.

### 공중분해
흑1로 직접 단수쳐서 공격하면 잘 되지 않는다. 백2, 4로 도망쳐 축이 되지 않는다. 흑a에도 백b. 흑은 공중분해 된다.

(455)

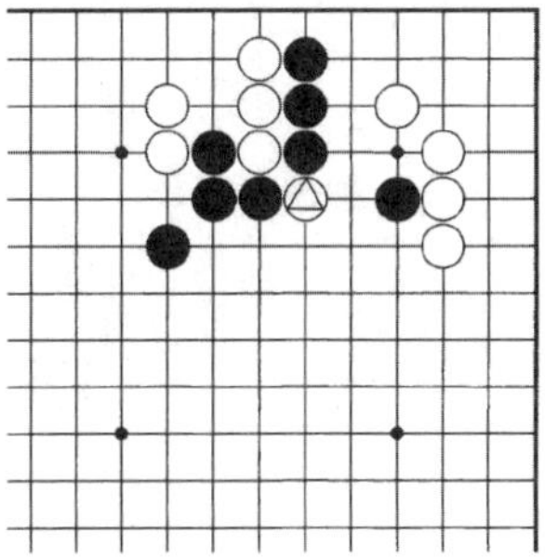

解

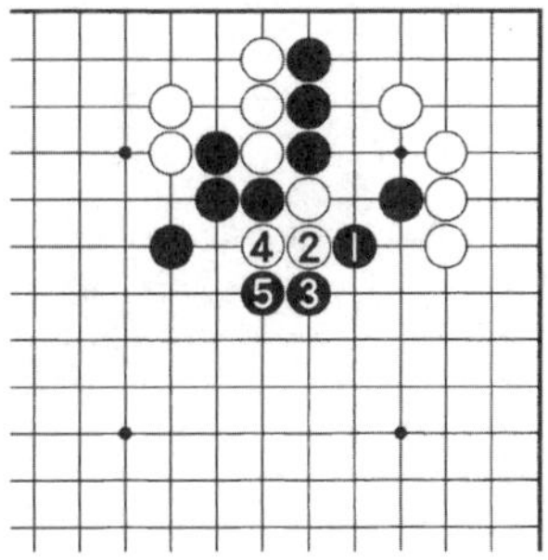

失

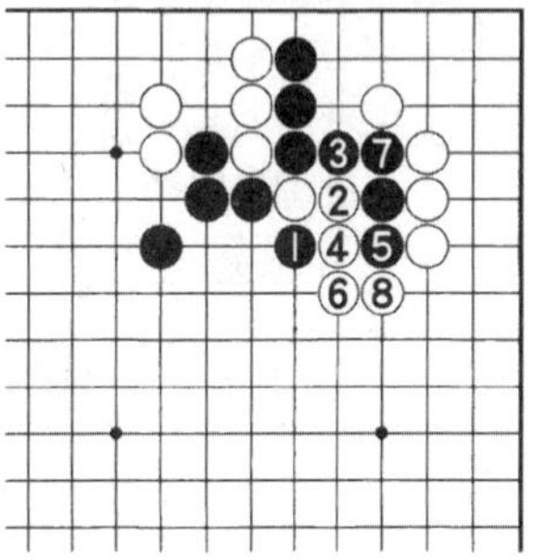

**제3형 흑번**

### 위기
상변을 이등분 하고 있는 백◬ 1점이 건재하면 백은 귀의 흑을 전부 잡는다. 흑은 어떻게 위기를 헤쳐 나갈 수 있을까?

### 전멸
흑1로 입구자 하면 백 1점을 씌운 모양이 된다. 백2로 도망치면 흑3, 5로 쫓아서 상변의 흑에 몰아 전부 잡는다.

### 흑 망함
흑1로 단수치면 백2로 도망쳐서 실패한다. 흑, 5로 공격하여도 백6으로 중앙에 나가버린다. 흑7과 백8로 귀가 살 수 없는 모양이다.

(456)

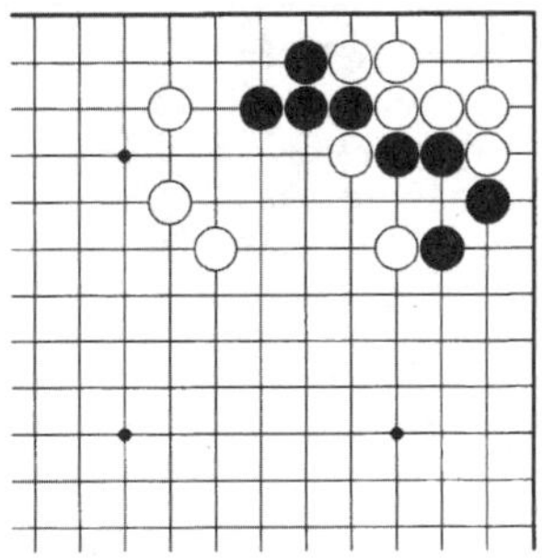

解

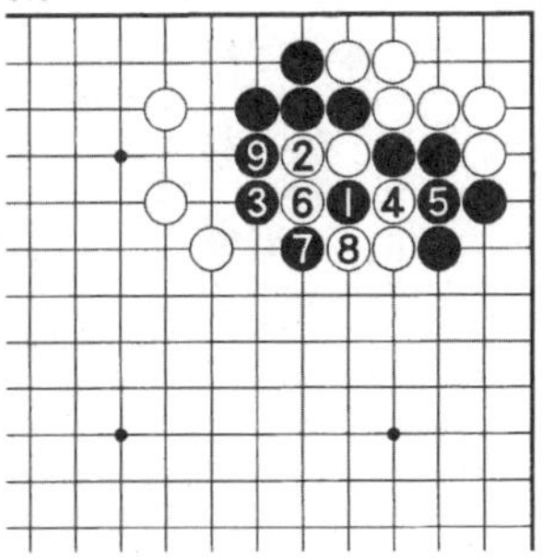

失

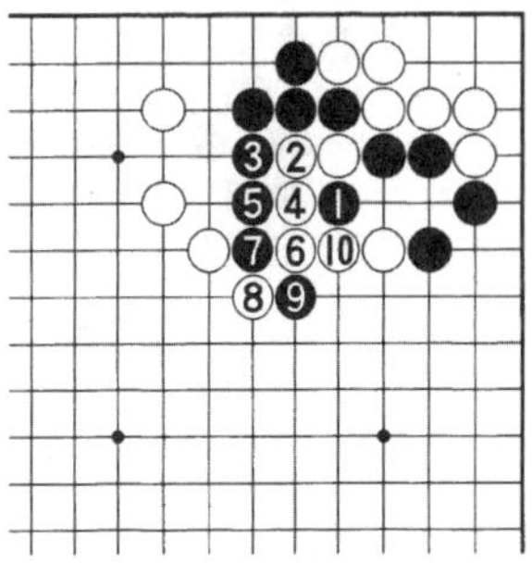

**제4형 흑번**

### 요석
우상의 전투.
흑을 둘로 나누고 있는 요석 백 1점을 잡지 못하면 흑의 어느 한쪽은 잡히게 된다.

### 3점 잡음
흑1로 단수치고 3으로 씌워 백 2점을 잡으면 좋다. 백4로 끊고 6과 8로 도망치려 하여도 흑9로 단수로 백 3점은 살아 날 수 없다.

### 흑 망한 모양
흑3의 단수는 속수로 잘 안된다. 백4, 6으로 도망치면 잡을 수 없다. 흑7로 나가면 백8의 반격이 매서워 백10까지 흑이 망한다.

(457)

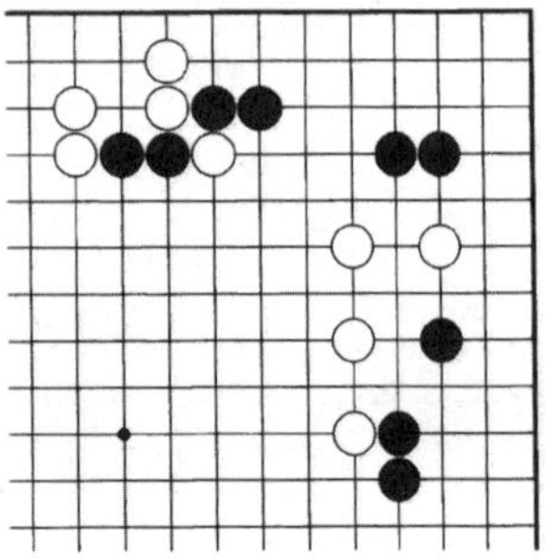

解

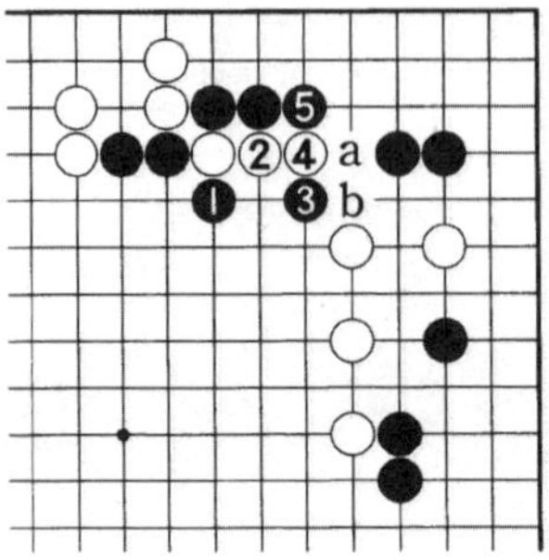

失

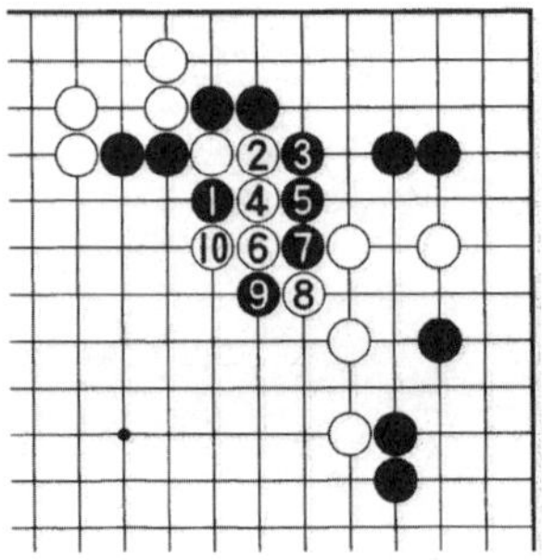

제5형 흑번

### 두터움

상변의 흑을 끊고 있는 백 1점을 잡으면 상변의 흑이 두터워진다.

### 빈축

흑1로 단수치고 백2로 도망 나가면 흑3으로 씌워서 백은 도망칠 수 없다. 백4에 흑5. 이후 백a, 흑b로 빈축의 모양이다..

### 흑 실패

흑3으로 단수치면 백4로 백을 잡을 수 없다. 흑5, 7로 나가더라도 백8로 막으면 상변과 중앙의 백이 두터워 10까지 흑이 실패한다.

(458)

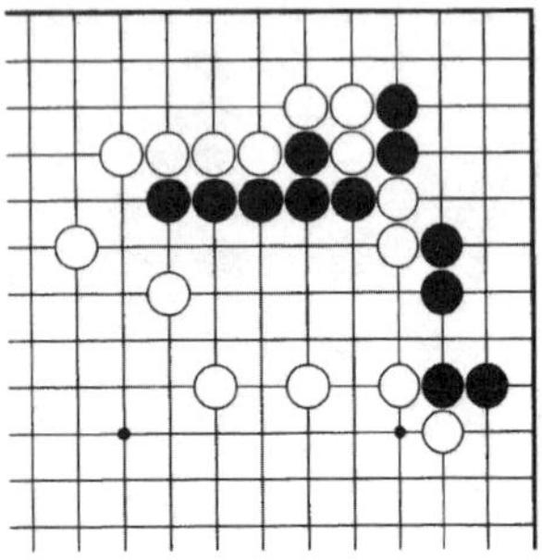

解

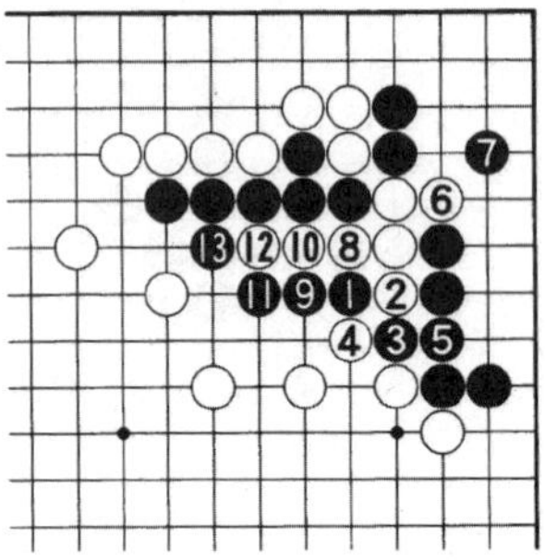

失

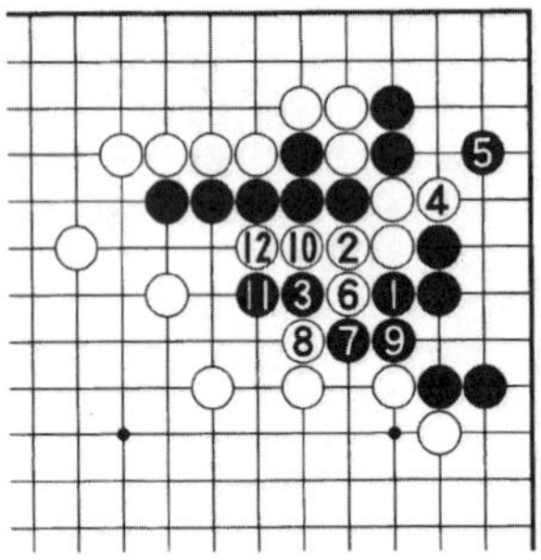

제6형 흑번

### 벽

우상의 백 2점을 어떻게 잡을까 가 문제. 상변의 흑이 강한 벽이 이어도 방심하면 자충이 된다.

### 흑 승

흑1로 씌워 백을 가둔다. 백2, 4로 중앙을 끊고 6으로 나가 수를 늘려도 흑13까지 수상전은 흑의 승리이다.

### 흑 불리

흑1로 한번 나가고 3으로 씌우는 것은 실패한다. 백4부터 8로 중앙을 끊고 10, 12로 나간다. 흑의 수는 2수로 몰아 넣었다.

(459)

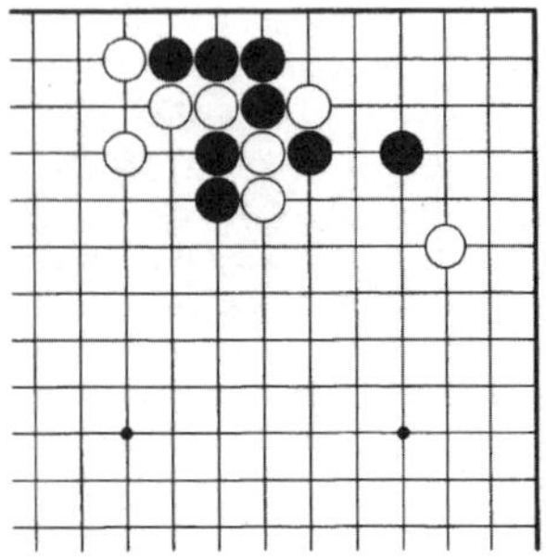

解

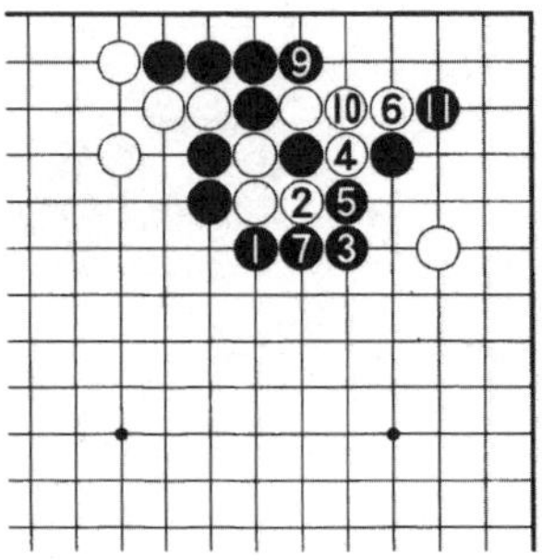

変

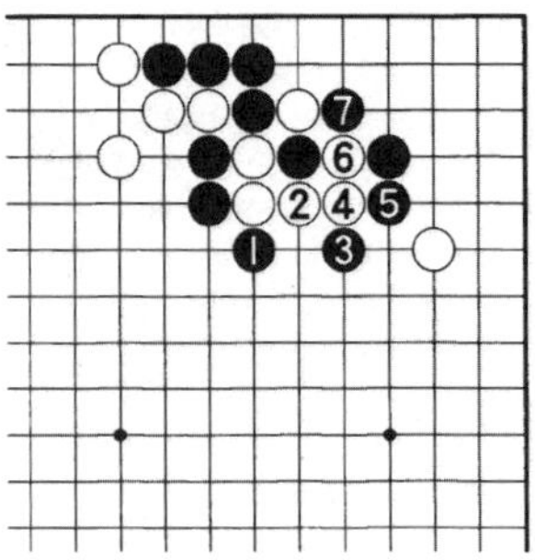

제7형 흑번

### 공격하여 잡다

귀의 흑을 살리는 것뿐이라면 문제가 없다. 흑을 끊고 있는 백 2점도 공격하여 잡고 싶다.

### 흑 승

흑1로 단수치면 백2로 흑 1점이 단수를 당하지만 흑3으로 씌우기가 강수이다. 백4 이후 흑5로 젖고 조여 흑11로 흑의 승리한다. 이 된다.
※⑧→④의 왼쪽

### 일석이조

백4로 나가도 흑5로 막아서 좋다. 백6으로 빵때리면 흑7로 젖는 수가 좋은 수이다. 백을 자충으로 만들어 바깥의 약점을 지키는 일석이조의 수가 된다.

**제8형 흑번**

(460)

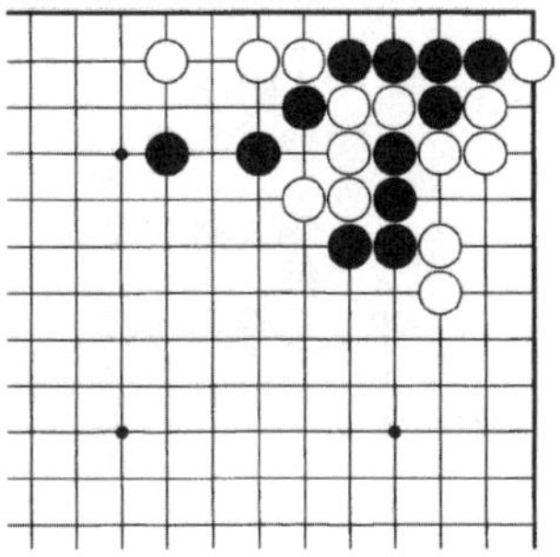

### 봉쇄

중앙의 백 5점은 자충이 되기 쉬운 모양이다. 세군데로 나누어진 흑은 백을 잡고 연결하고 싶다.

解

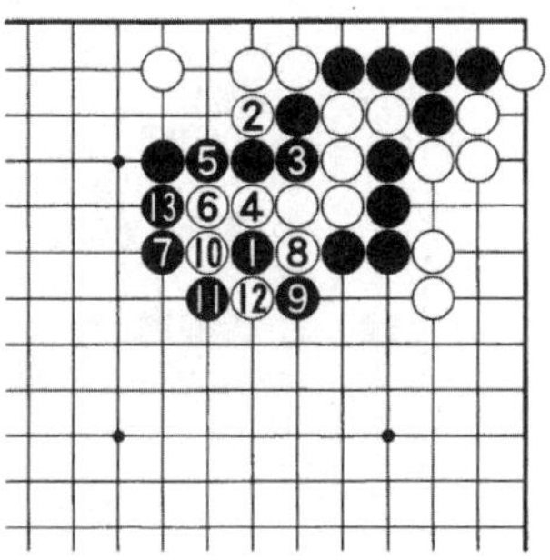

### 촉촉수

흑1로 씌운 수가 냉엄한 맥이다. 백2로 단수 4로 중앙에 나가려 하면 흑7로 씌워서 재 봉쇄한다. 백8부터의 저항은 흑13으로 촉촉수이다.

失

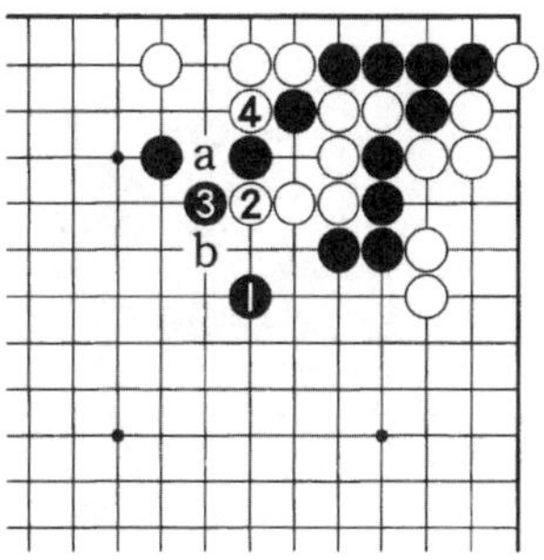

### 완착

흑1의 날일자는 완착이다. 백2로 미는 수가 좋은 수가 되어 흑3은 백4로 상변에 연결된다. 흑3으로 a는 백b로 도망친다.

**제9형 흑번**

(461)

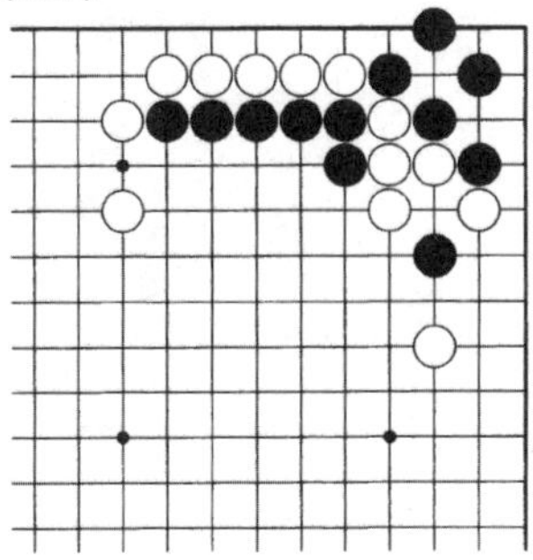

### 백의 탄력

상변의 흑을 살리려면 우상의 백을 잡는 것이 최선이다. 백에 탄력이 있어 보통수단으로는 잡을 수 없다.

解

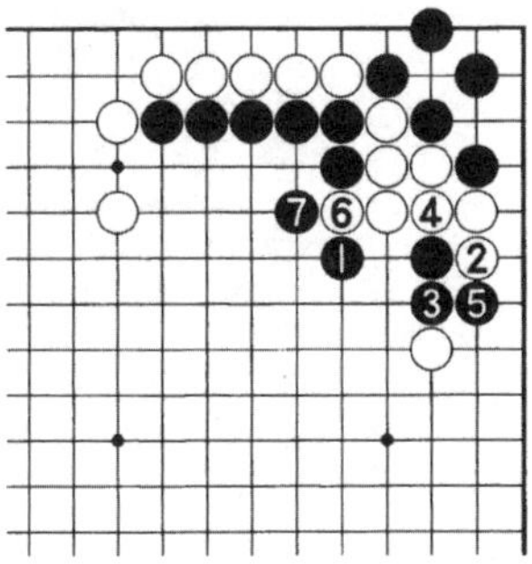

### 전멸

흑1로 씌우는 것이 중앙을 막는 맥이다. 백2로 밀면 흑3으로 치받아 4와 5가 맛보기가 된다. 흑7까지 우측의 백 8점은 자충으로 전멸한다.

変

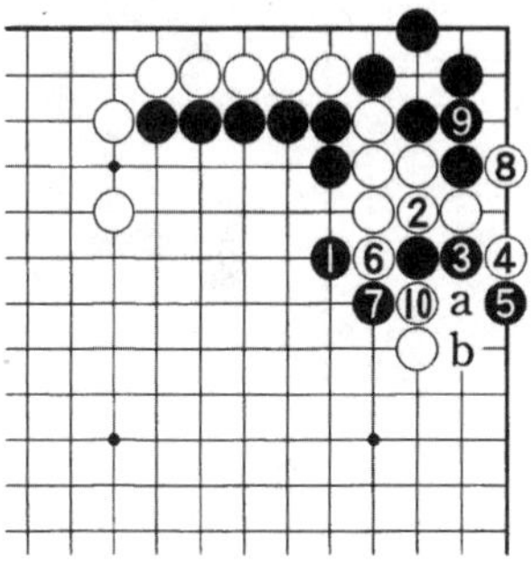

### 패

백2로 잇고 흑3 이후 백4로 젖히면 탄력이 있다. 백10까지 패가 난다. 흑3으로 10은 백a, 흑3, 백4, 흑b 이후 백6으로 나가 중앙이 깨진다.

**제10형 흑번**

(462)

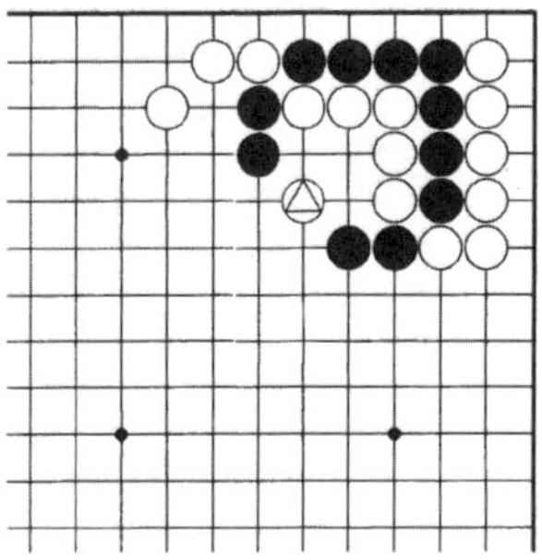

### 좌우동형

중앙의 백을 공격해서 잡아야 우상의 흑이 살 수 있다. 백 5점은 백△에 의지해 도망쳐 나온 모양이다. 좌우동형이다.

解

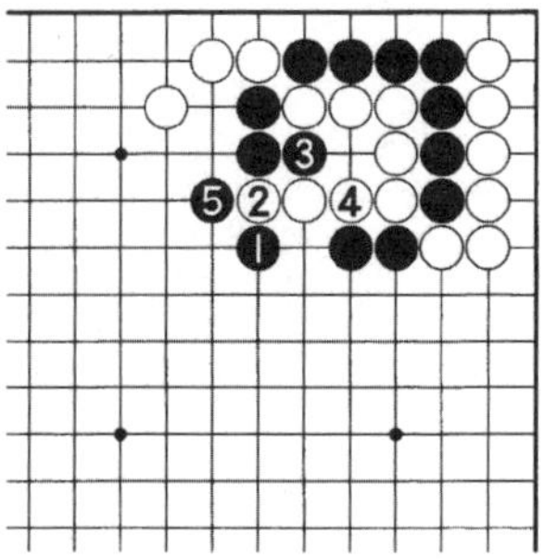

### 동형의 중앙

흑1은 좌우동형의 중앙을 씌운 수이다. 백이 2로 나가면 나간 방향으로 흑3을 밀어 백을 자충시킨다. 흑5까지 백 8점이 잡힌다.

変

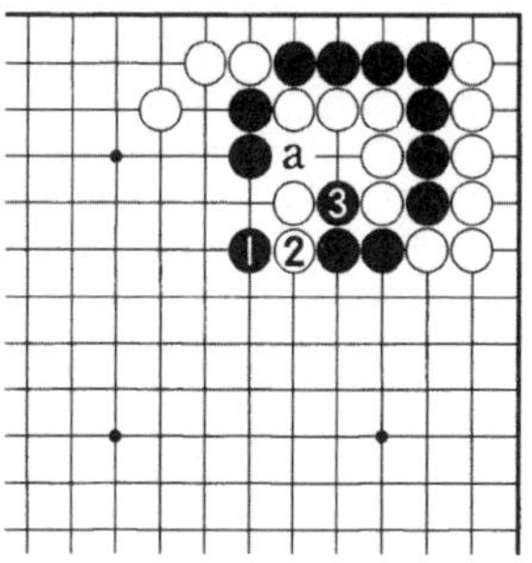

### 5점 잡기

백2 방향으로 나가면 흑3으로 백 5점을 살릴 수 없다. 흑3으로 a는 백3으로 이어 흑 2점을 자충시킨다. 흑은 백을 잡을 수 없다.

(463)

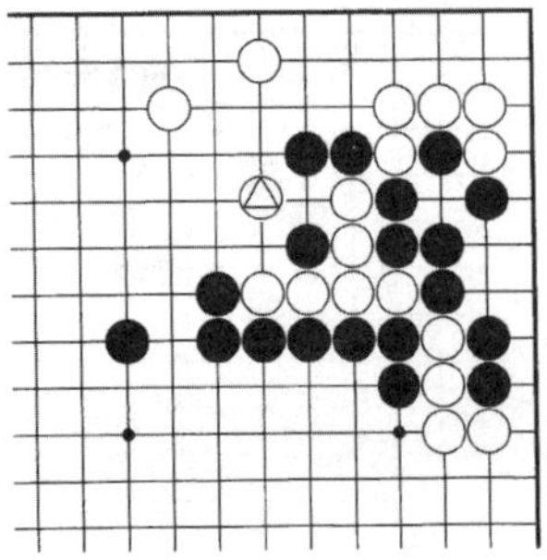

**제 11 형 흑번**

## 의지가 되는 한점

중앙의 백 6점은 백△에 의지해 상변으로 도망치고 있다. 과연 무사히 연결할 수 있을까?

解

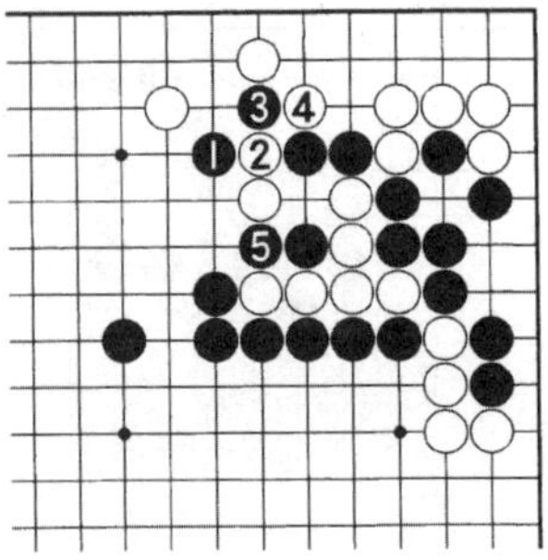

## 촉촉수

흑1로 씌워 백이 절망한다. 백2로 나가면 흑3을 백4로 끊지만 흑5로 단수쳐서 촉수의 모양이 다.

変

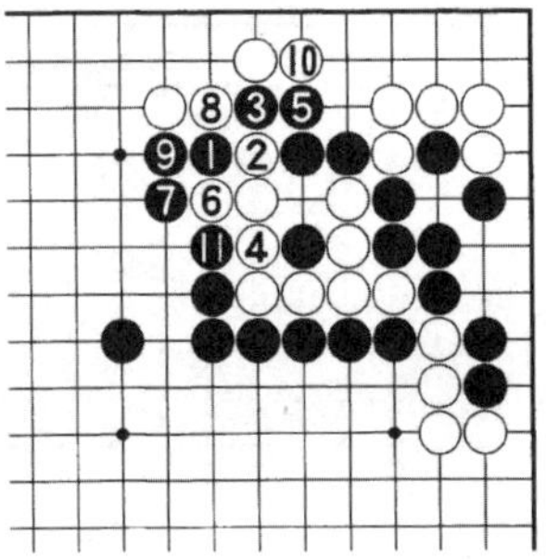

## 백 패배

백4로 이어도 흑5로 위를 지켜서 안된다. 흑의 수는 4수이다. 백6으로 나가면 흑7로 백의 수는 2수가 된다. 한 수 차이로 백이 패배한다.

(464)

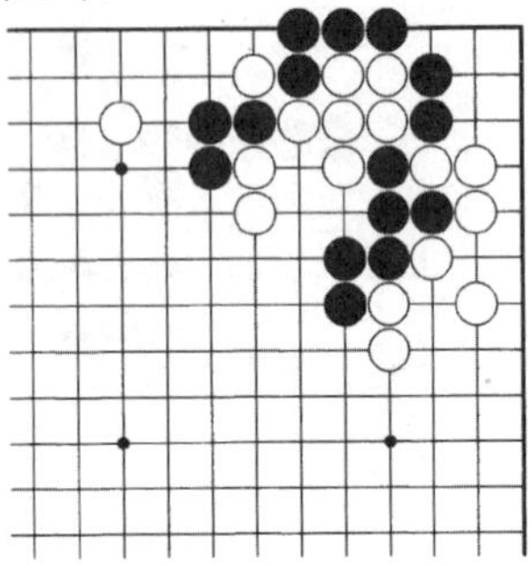

**제 12 형 흑번**

## 전부 잡는다

상변 백의 포도송이는 자충의 상징 같은 것으로 흑은 강공하여 전부 잡는 것이 가능하다.

解

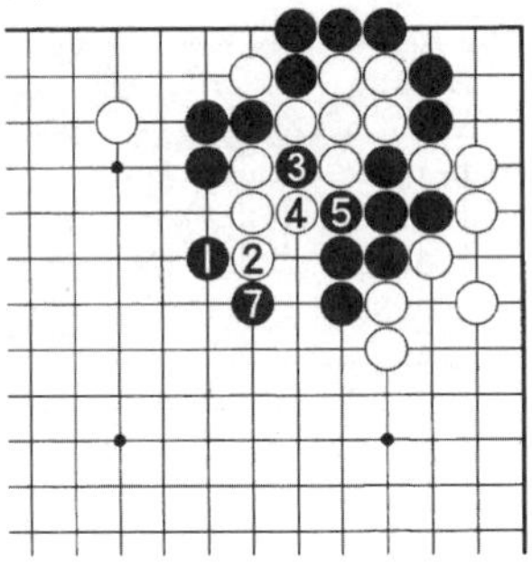

## 포도송이

흑1로 씌우는 것이 냉엄한 맥이다. 백2로 나가면 흑3으로 먹여친 뒤 5로 단수하여 포도송이를 키운다. 흑7로 백이 괴멸한다.

※⑥→❸

変

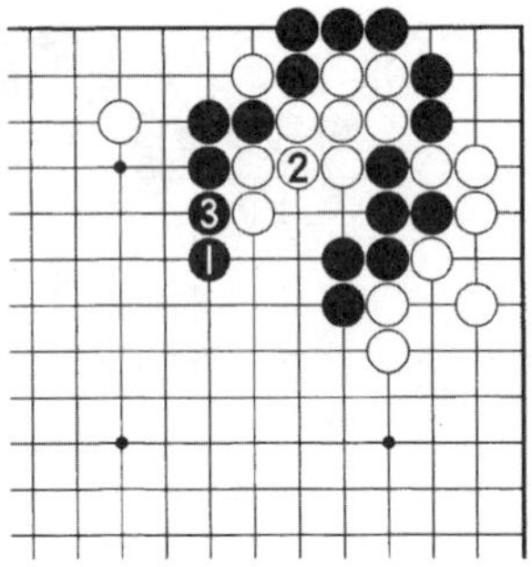

## 그만

백2로 이으면 흑3으로 이어 그만이다. 백의 공배는 3수, 상변의 흑은 백 1점을 잡고 연결되어 있다.

(465)

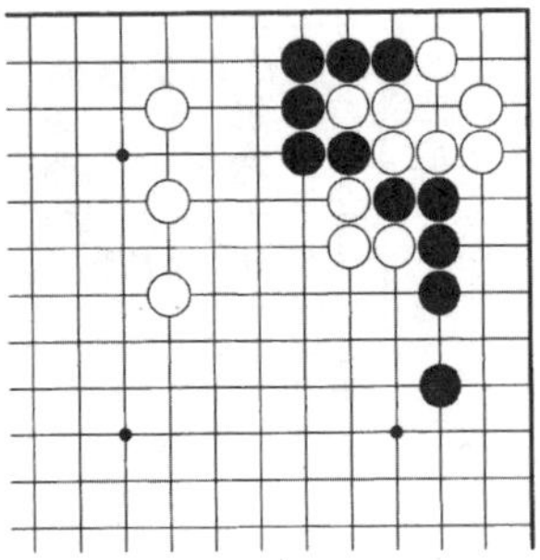

**제 13 형 흑번**

## 큰 그물

백 3점은 공배가 4곳이 비어 있음에도 상하의 흑이 강력해서 큰 그물을 펼칠 수가 없다.

解

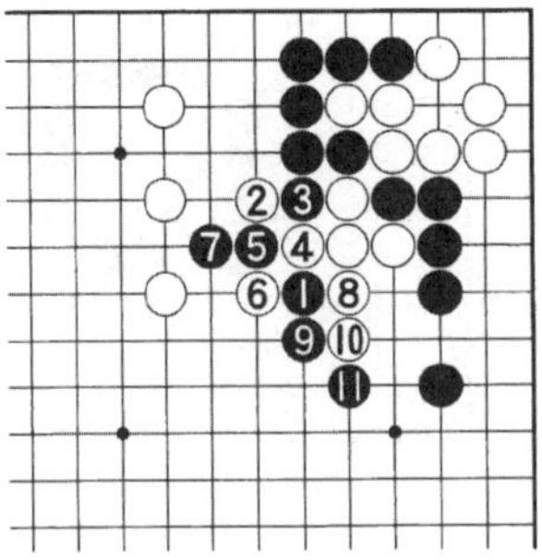

## 막다

흑1로 씌우는 것이 냉엄하다. 백2로 뛰고 4와 6으로 흑의 약점을 만들어 탈출을 시도하지만 흑7 부터 11로 출구가 막힌다.

変

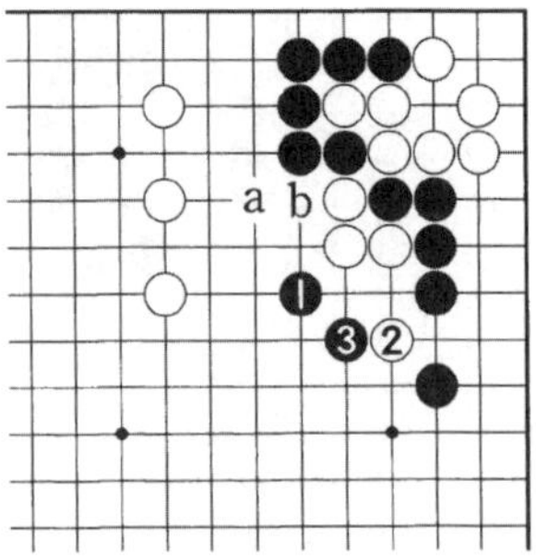


## 환격

백2로 오른쪽에 나가려 하면 흑3이 좋은 수이다. 이후 백a는 흑b로 강경하게 끊으면 백은 환격으로 잡힌다.

(466)

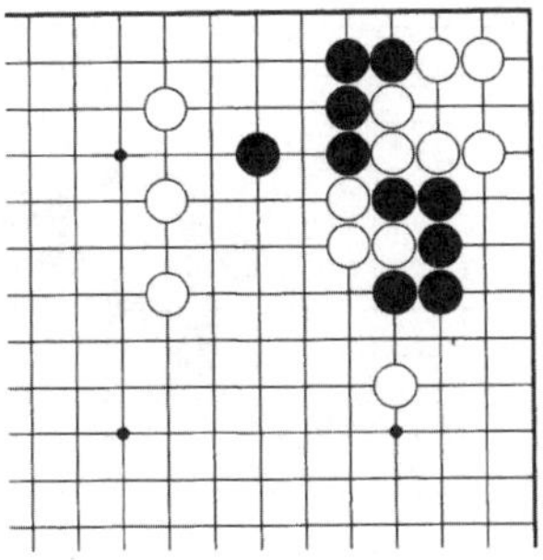

解

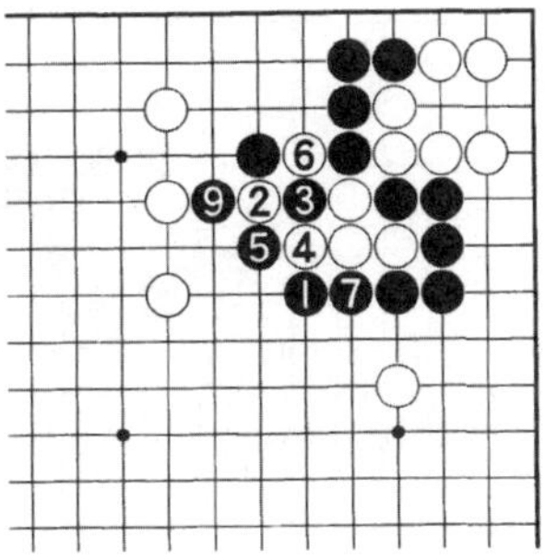

変

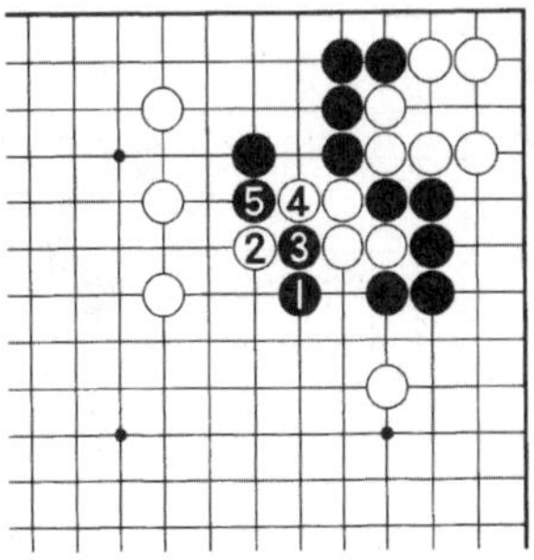

**제14형 흑번**

## 요석

요석 3점을 잡는 문제이다. 도망가는 방향을 막은 뒤에 상변으로 몰아 넣는다.

## 축

흑1로 씌우면 백이 도망갈 곳은 상변으로 한정된다. 백2로 붙이면 흑3부터 7로 조이면 9로 축의 모양이다.

※⑧→❸

## 그만

백2 방향으로 도망가면 흑3, 5로 끊어 그만이다. 흑1로 2방향을 공격하면 백1로 중앙으로 도망친다.

(467)

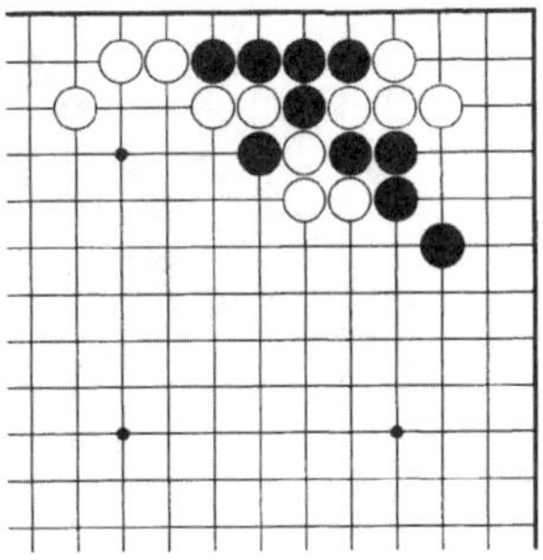

解

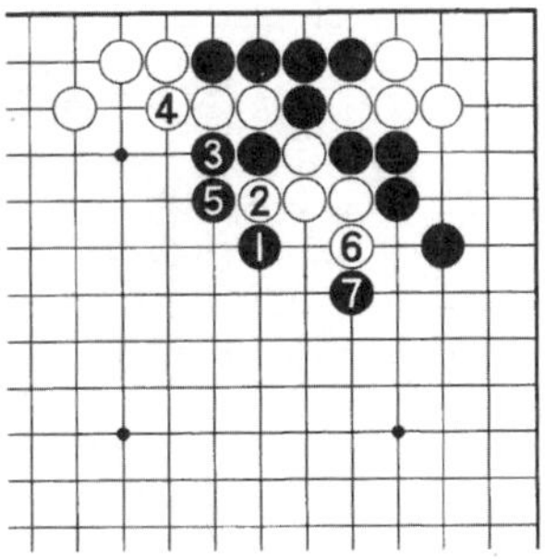

変

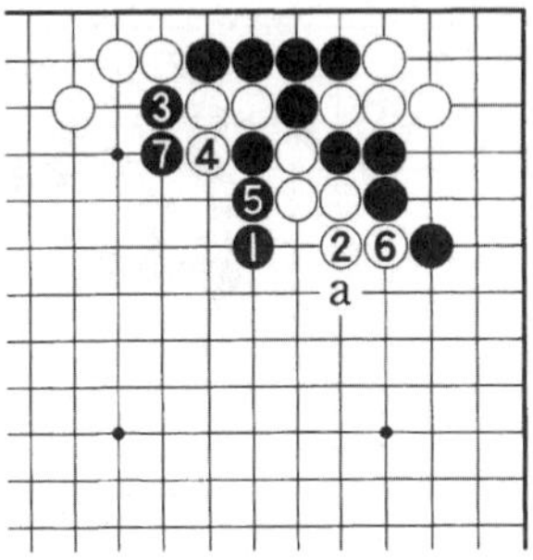

**제15형 흑번**

## 1수

상변의 흑과 귀의 백이 수상전은 흑이 패배한다. 흑은 중앙의 백을 잡아 수습하여야 하지만 두어야 하는 수는 하나밖에 없다.

## 5점 잡기

흑1로 씌워 백 3점과 2점의 공격을 양쪽으로 노린다. 백2로 나가면 흑3으로 단수치고 5로 막는다. 흑7로 머리 붙이면 백 5점을 잡는다.

## 3점 잡기

백2로 도망가면 흑a에 백6을 준비하고 있으나 흑3, 5로 이번엔 위의 백 2점을 공격한다. 백6이면 흑7로 3점을 잡는다.

(468)

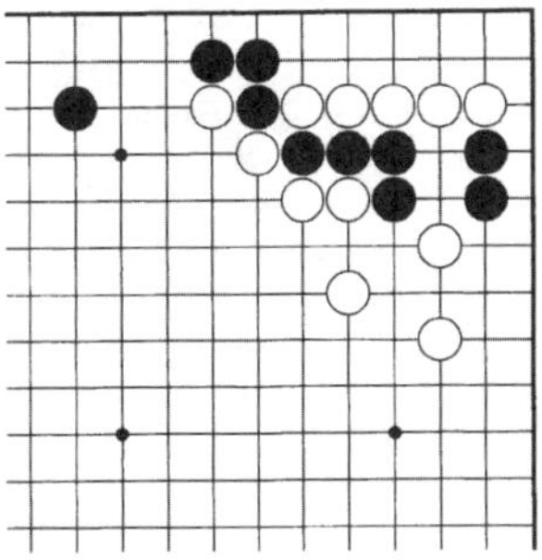

解

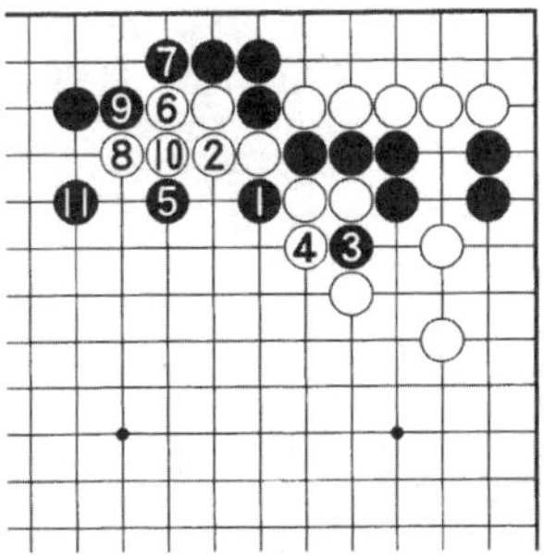

変

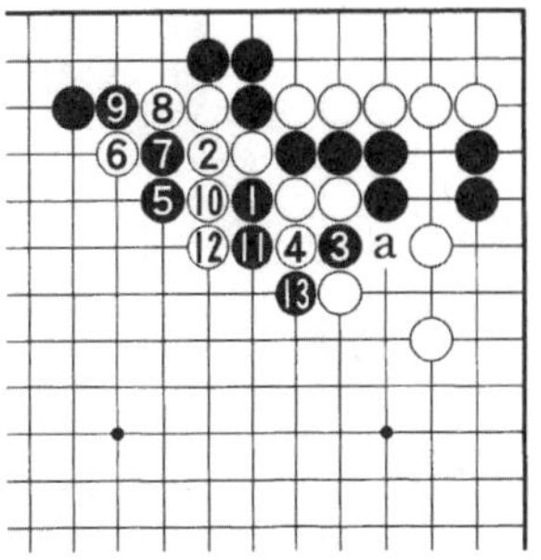

**제16형 흑번**

## 탈출

상변의 백이 엷어 우상의 흑이 탈출할 수 있다. 우상의 흑이 자충을 되지 않게 공격하여야 한다.

## 성공

흑1로 끊고 백2 이후 흑3으로 단수를 활용하여 5로 씌우는 수가 좋다. 백6, 8로 도망가더라도 흑9로 결정하고 11로 한 번 더 씌워서 흑이 성공한다.

## 3점 잡기

백6으로 뛰면 흑7과 9로 끊는다. 백10으로 나가면 흑11로 백 3점이 단수. 흑5로 11을 먼저 두면 백a로 흑이 실패한다.

밀다
따냄(날일자)

제1형 흑번

(469)

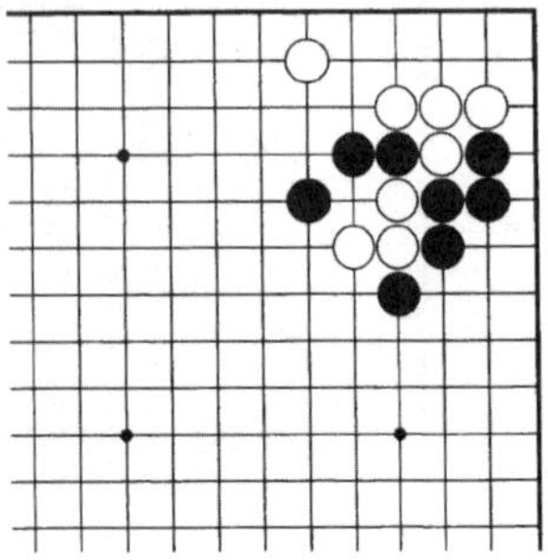

解

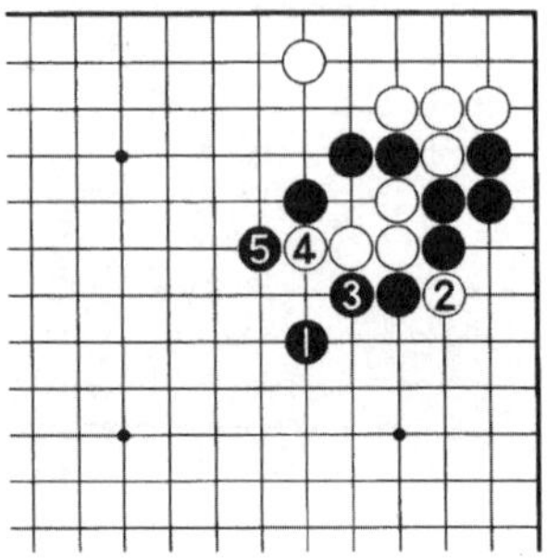

変

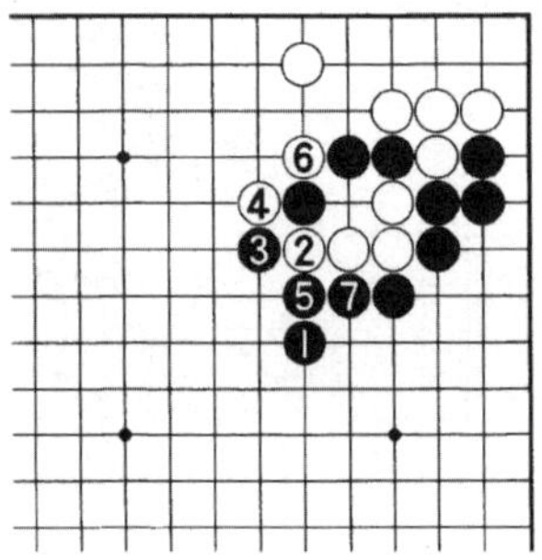

### 그물을 씌우다

중앙의 백 3점을 잡는 문제.
백에 어떻게 그물을 씌워야 가둘 수 있을까? 올바른 수는 한 수 뿐이다.

### 4점 잡기

흑1을 날일자로 씌우는 것이 좋은 수이다. 백2로 우변의 약점을 노려도 흑3, 5로 막는다. 백의 공배는 2수 밖에 없다.

### 환격

백2와 4로 중앙에 나가고자 하면 흑5로 응수한다. 백6의 단수에 흑도 7로 바깥부터 단수를 치면 백 4점은 환격의 모양이다.

제2형 백번

(470)

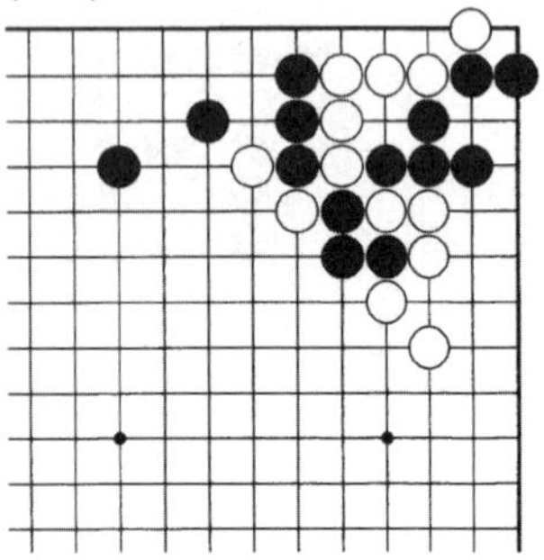

解

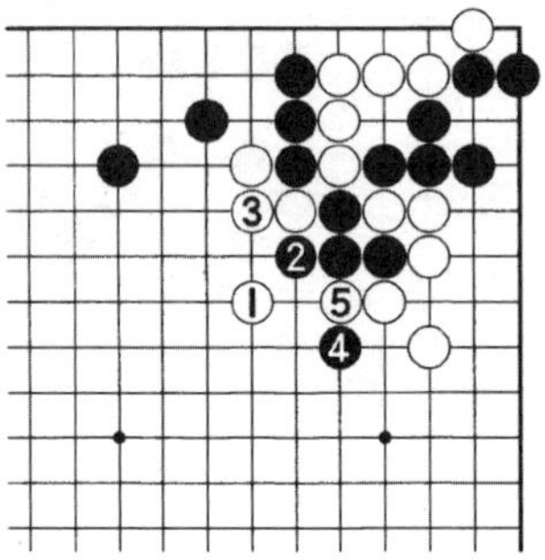

変

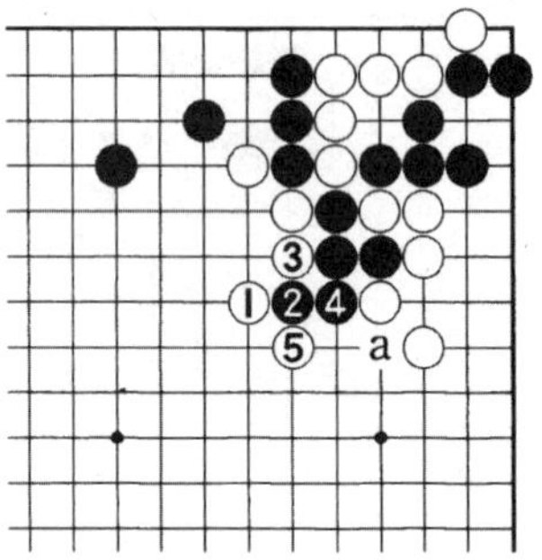

### 보호

중앙의 흑 3점을 잡으려면 상변 백의 약점을 보호하여야 한다.

### 장문

백1로 날일자 씌우는 수가 좋다. 흑2로 나가도 백3으로 이어 백1이 딱 맞게 장문 모양이 된다.

### 그만

흑2로 입구자 붙이면 백3으로 단수치면 좋다. 흑4에 백5로 그만이다. 백1로 3, 흑4 백5로 씌우면 흑a로 실패한다.

제3형 흑번

(471)

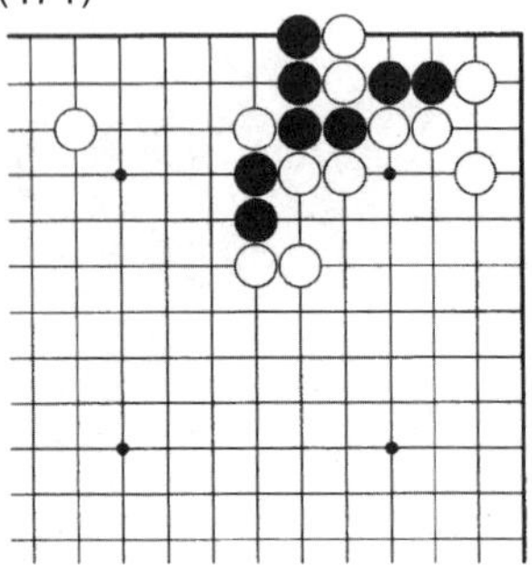

解

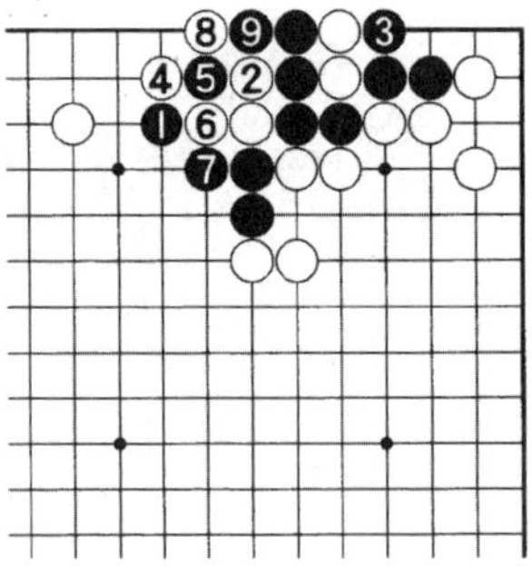

失

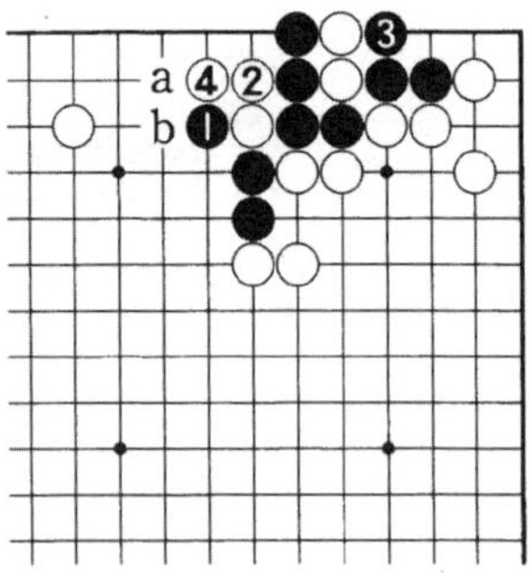

### 직접법

돌을 잡기 위한 단수는 직접적인 공격법이지만 실패할 확률이 적지 않다. 이 모양에서 백 1점을 잡는 직접법은?

### 촉촉수

흑1의 날일자는 백 1점의 도주로를 막는 간접적으로 돌을 잡는 방법이다. 백2, 4로 도망치면 흑5로 젖히고 9까지 촉촉수의 모양이다.

### 잡지 못함

흑1의 직접법은 백2로 도망쳐 흑4점이 단수가 된다. 백4로 구부리면 이후 흑a는 백b로 끊어 잡을 수 없다.

제4형 흑번

(472)

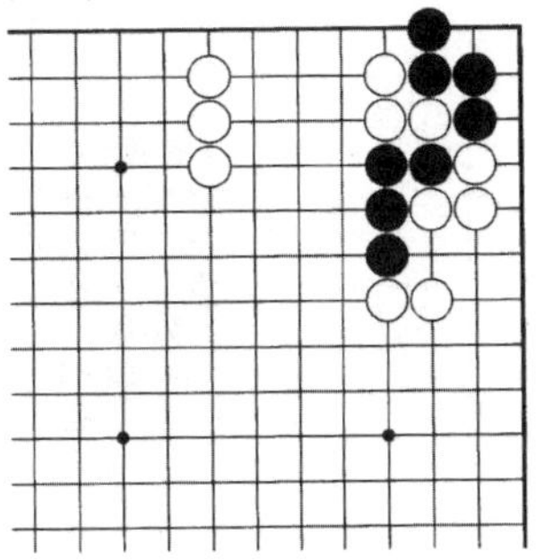

이용

우상귀의 백 3점을 어떻게 공격해야 할까? 귀 흑의 1선으로 뻗어져 있는 돌을 이용하자.

解

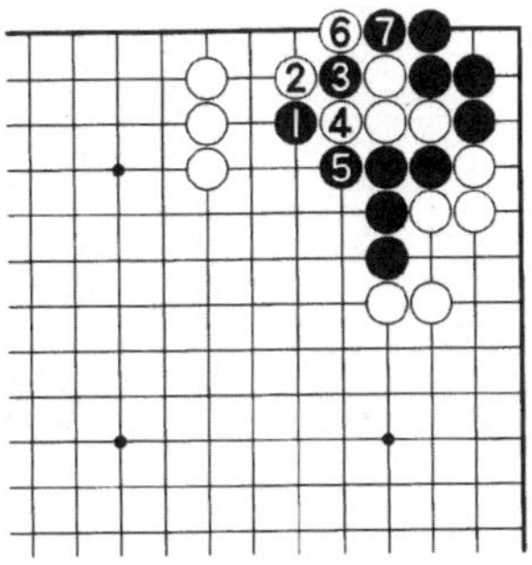

촉촉수

흑1로 날일자가 백의 출구를 막는 수이다. 백2로 붙이면 흑3으로 끼워 백을 자충으로 하는 맥이다. 흑7까지 백 4점은 촉촉수에 걸린다.

失

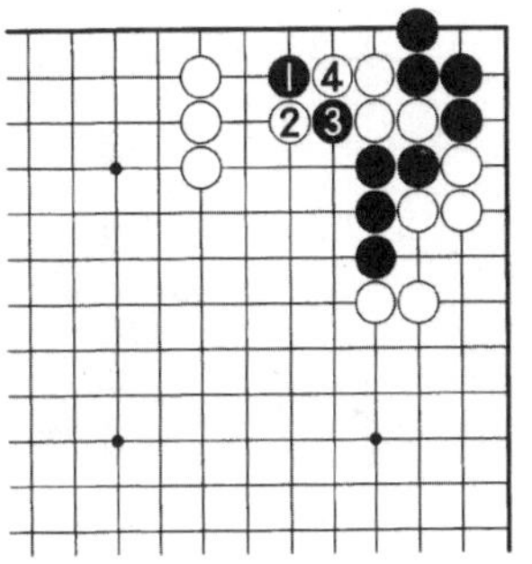

흑 실패

흑1도 백이 건너지 못하게 막지만 백2로 중앙에 붙여 건너기 힘들어진다. 백4로 끊으면 가운데가 넓어지고 상변으로 연결한다.

제5형 흑번

(473)

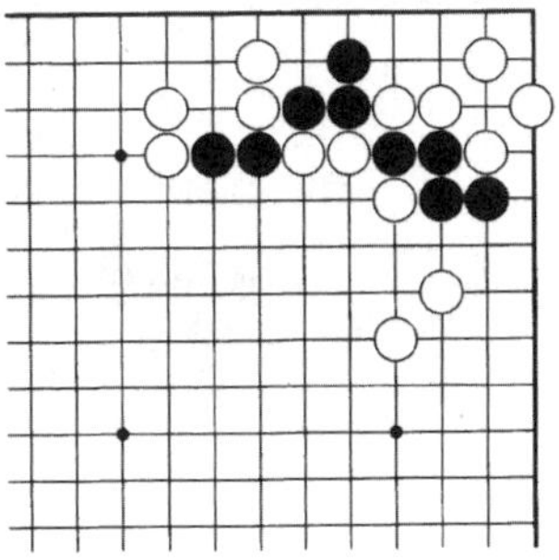

도주로

상변의 전투.
흑을 3곳으로 나누고 있는 백 2점이 자충의 모양이다. 흑은 백의 도주로를 막아 백을 잡고 싶다.

解

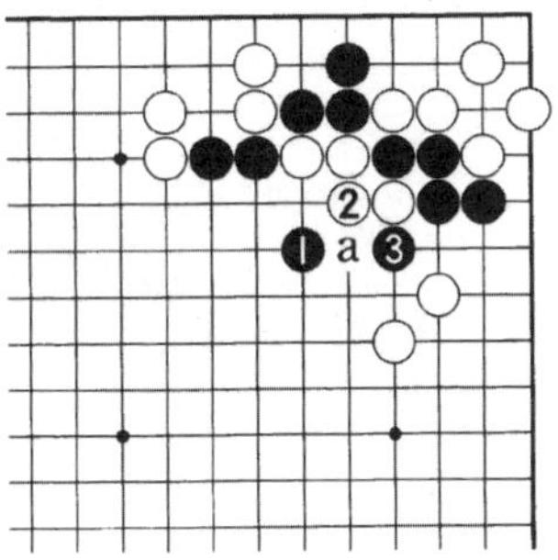

4점 잡기

흑1로 씌워 백 2점의 퇴로를 막는 맥이다. 백2로 이으면 흑3으로 젖혀 백 4점은 도망갈 수 없다. 백2로 a에 호구이음도 흑3으로 단수치면 된다.

失

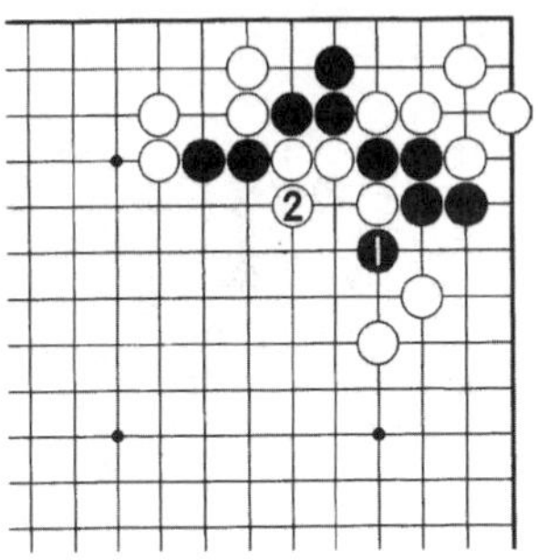

흑 잡힘

흑1로 먼저 젖히면 백2로 꼬부려 실패한다. 흑은 백을 포위하는 수가 없다. 또 상변 흑의 수도 3수로 흑이 반대로 잡힌다.

씌우다 따냄

제1형 흑번

(474)

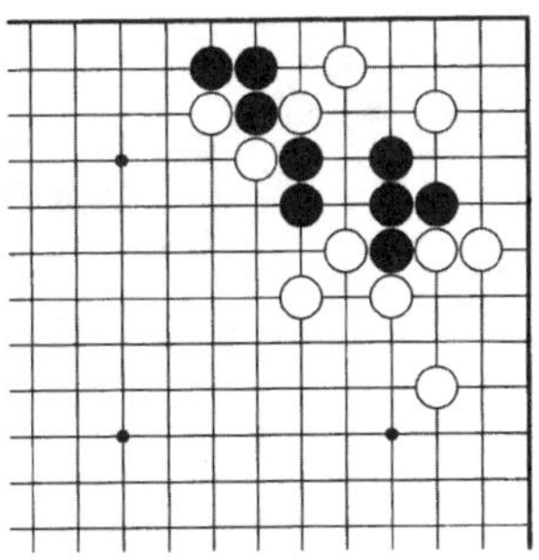

공격하여 잡다

상변의 전투.
우상은 붙여 뻗기 정석의 변화이다. 흑을 둘로 나누고 있는 상변의 백 2점을 잡아야 한다.

解

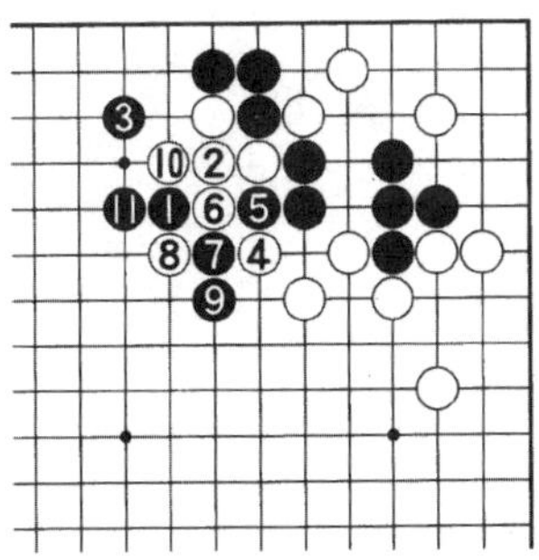

5점 잡기

흑1의 씌움이 냉엄한 포위의 맥이다. 백2로 이으면 흑3으로 날일자하여 잡으러 간다. 백4라면 흑5, 7로 끊고 흑11까지 백을 잡는다.

変

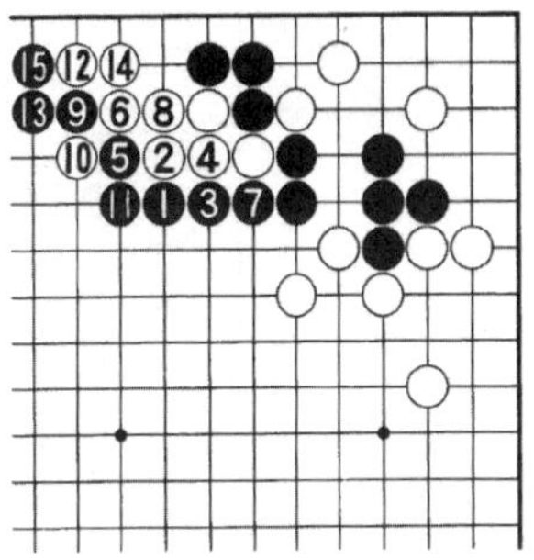

백 잡힘

백2로 호구이음에는 흑3으로 늘어 좋다. 백4로 요석인 백1점을 살리면 흑5, 7로 백은 무거운 모양이 된다. 흑9로 도망칠 수 없다.

(475)

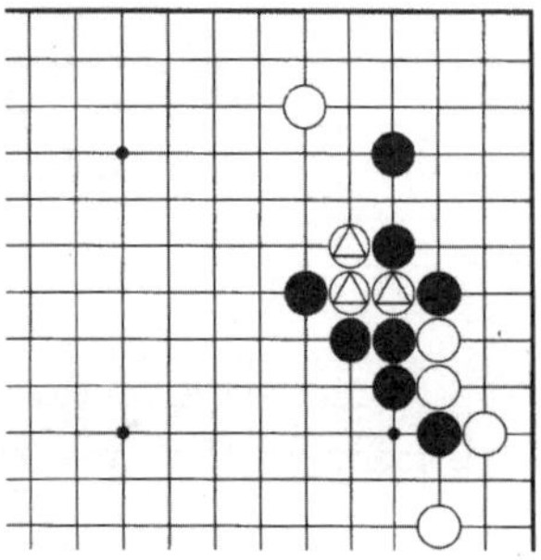

解

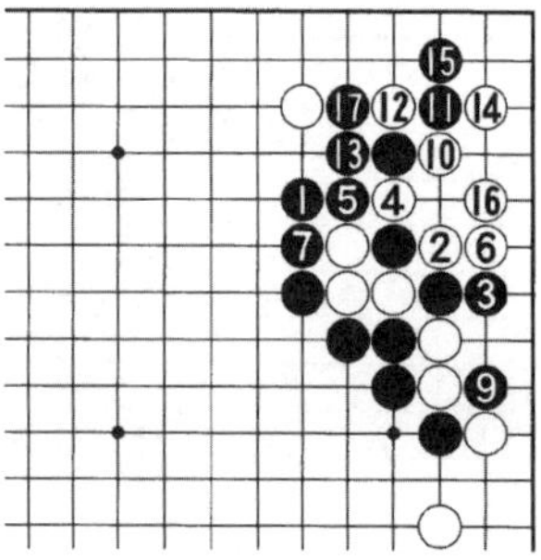

变

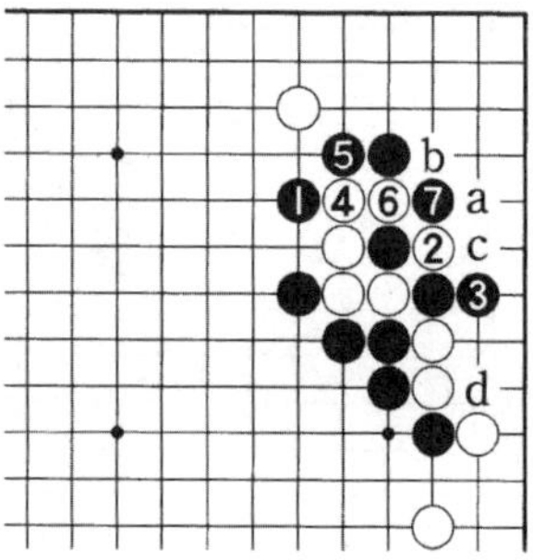

제2형 흑번

### 주변을 굳히다

도망치는 백◎ 3점을 공격하여 주변을 굳히고 싶다. 어설픈 공격은 반대로 흑이 산산조각날 수 있어 주의한다.

### 대성공

흑1로 씌우는 수가 맥이다. 백2, 4는 어쩔 수 없지만 흑5로 젖어 백의 자충인 모양이다. 백6부터 16까지 살아도 흑은 17까지 큰 성공을 거둔다. ※⑧→④의 아래

### 백 전멸

백4로 나가 공배를 채우면 우변의 백은 살릴 수 없다. 백6에 흑7로 백이 전멸한다. 이후 백a, 흑b, 백c로 저항하여도 흑d로 좋다.

(476)

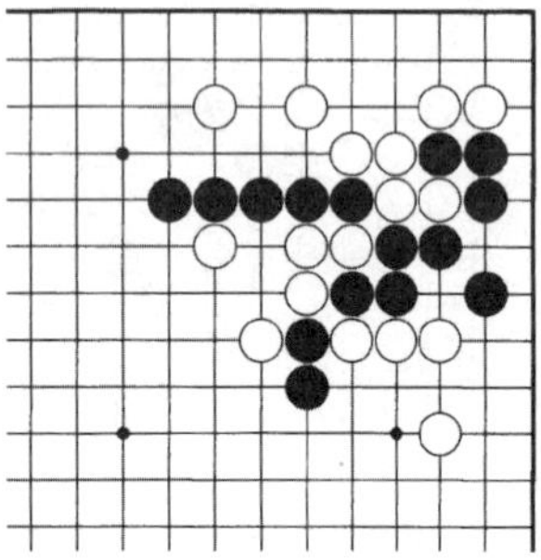

解

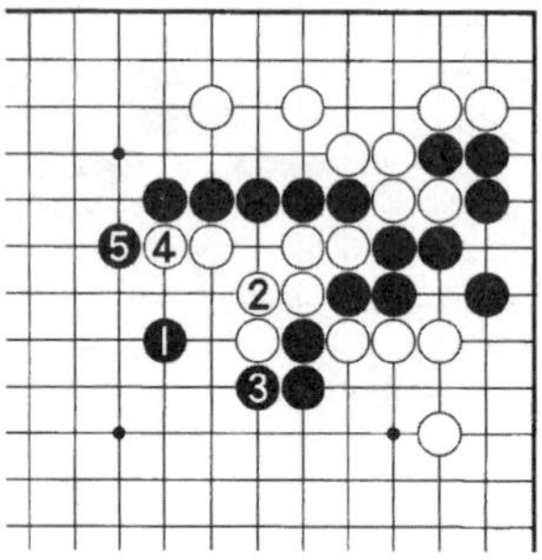

变

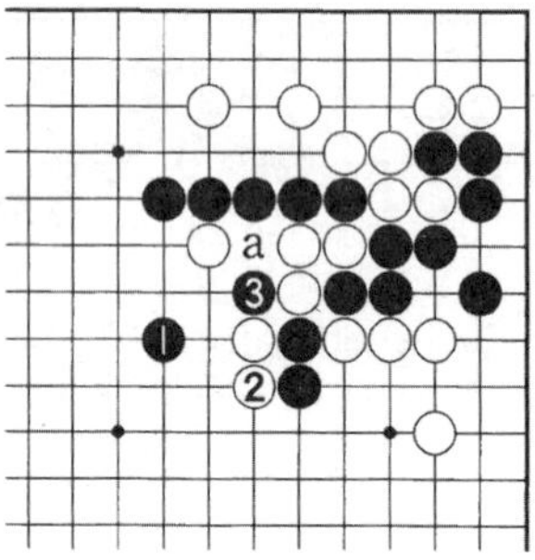

제3형 흑번

### 일격

중앙의 백 3점은 자충의 모양이다. 그러나 직접적인 공격은 잘 통하지 않는다.

### 모두 잡다

흑1로 씌우는 수가 급소이다. 백의 도주로를 1수로 막는다. 백2로 이으면 흑3으로 막고 백4, 흑5로 백을 모두 잡는다.

### 본체를 잡다

백2로 도망치면 흑3으로 본체의 백 3점을 잡는다. 흑1로 3에 끊으면 백a로 이으면 흑은 다음 공격이 없다.

(477)

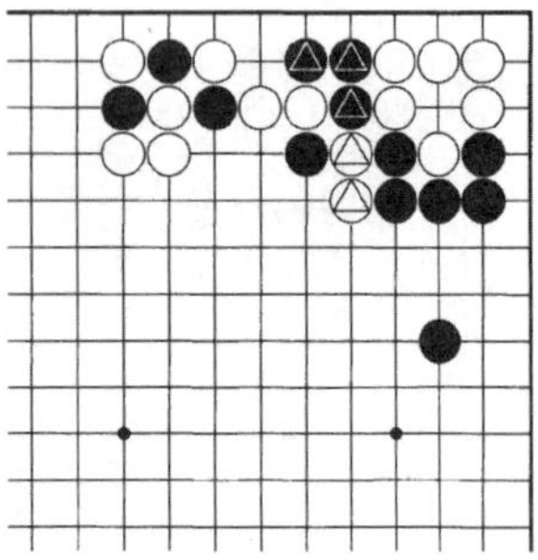

解

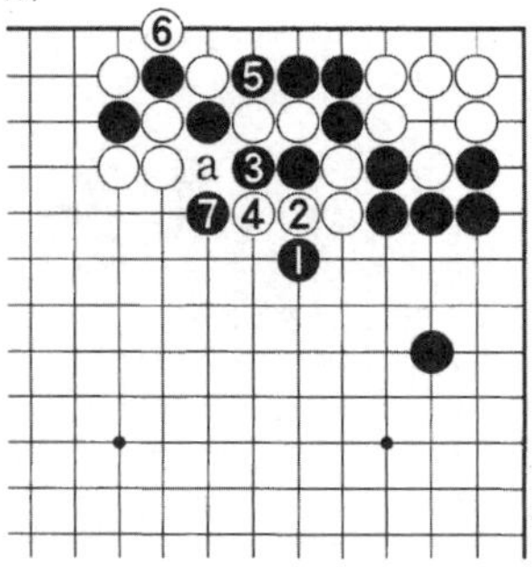

变

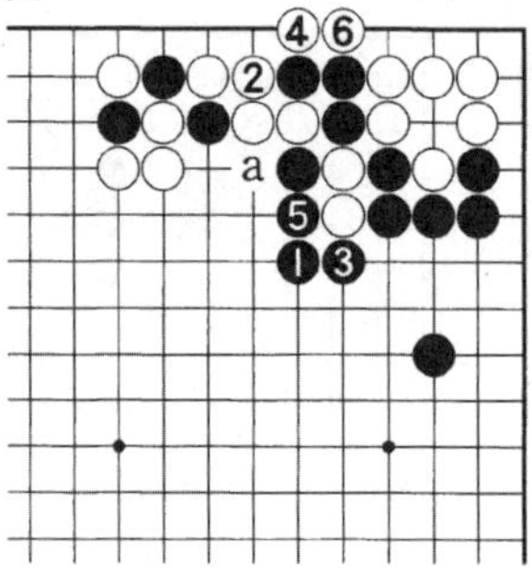

제4형 흑번

### 위를 살리다

상변의 흑▲ 3점을 살리고 싶다. 중앙의 백◎ 2점을 잡으면 해결 되지만 백이 저항하면 상변의 백을 잡을 수 있다.

### 우상을 잡다

흑1로 씌우는 수가 맥이다. 백2로 나가면 위의 백 2점이 단수가 된다. 백4로 a는 흑4. 백이 중앙을 살리면 흑5, 7로 중앙으로 나가면서 우상귀의 백을 잡는다.

### 무난하다

백2로 잇는 것이 무난하다. 흑3, 5로 백 2점을 잡고 백도 4, 6으로 상변을 연결하면 양쪽 모두 무사하게 된다. 흑1로 a, 백2, 흑1은 흑이 실패한다.

제5형 흑번

(478)

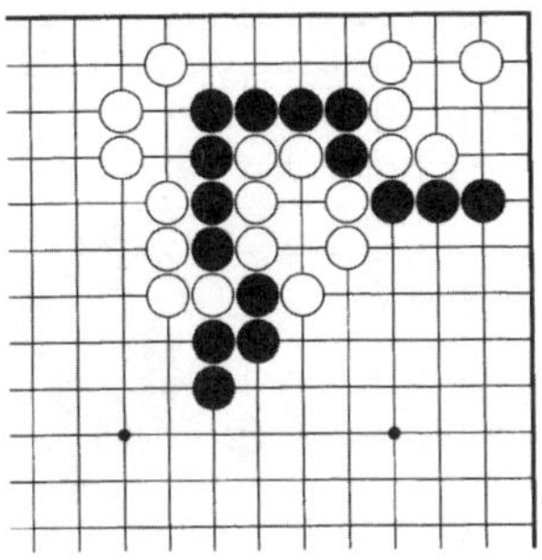

## 중앙을 잡다

중앙의 백을 공격하여 잡아 상변의 흑 8점을 살리고 싶다. 우변으로 나간 백의 자충을 노려서 봉쇄하여야 한다.

解

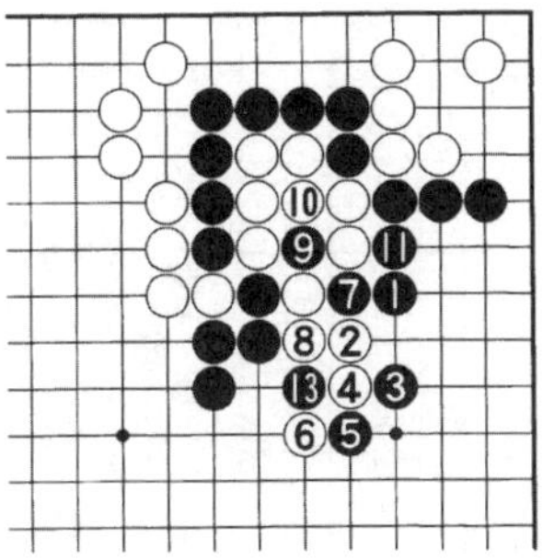

## 축

흑1로 씌우는 것이 1탄, 백2로 입구자로 나오면 흑3의 씌움이 2탄이다. 백6에 이후 흑7, 9로 상변을 조이면 흑13으로 축이 된다.

※⑫→❾

変

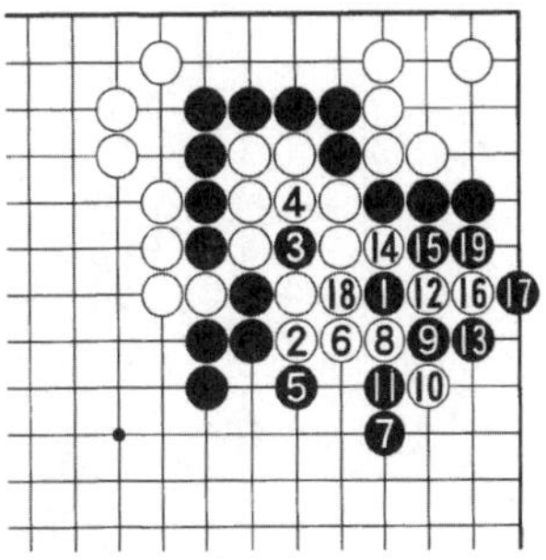

## 백 전멸

백2로 밀면 흑3을 활용하여 5로 젖혀서 좋다. 백6으로 구부리면 흑7로 봉쇄하여 흑9부터 강수로 백의 대마는 전멸한다.

제6형 흑번

(479)

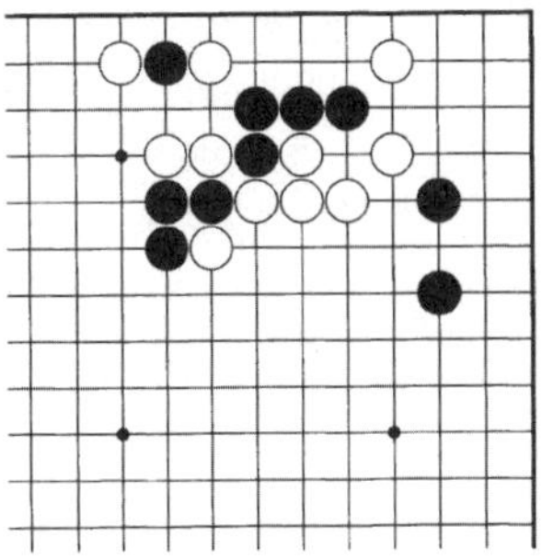

## 탈출

상변의 흑 4점을 탈출시키고 싶다. 우상귀에 있는 백의 약점을 추궁하여 중앙의 백을 공격하여 잡아야 되지만 상변에도 공작이 필요하다.

解

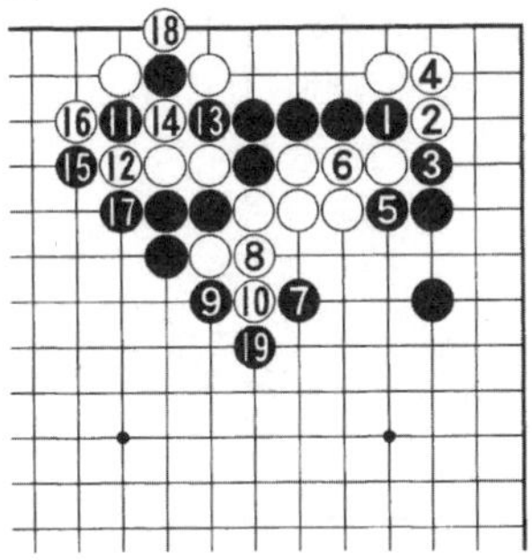

## 중앙을 잡다

흑1, 3으로 귀를 끊어 백6으로 받은 뒤 흑7, 9로 씌우는 것이 냉엄하다. 백10으로 나가면 흑11로 공작하여 축을 막고 19로 가운데를 잡는다.

失

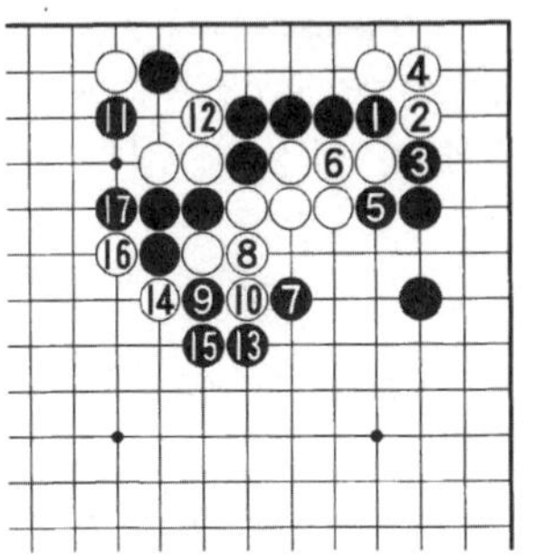

## 흑 승

백12로 이으면 흑 13이다. 백은 공배가 2수뿐이다. 흑9로 11에 먼저 두면 백12, 거기에 흑9는 상변의 수상전에서 흑이 진다.

제7형 백번

(480)

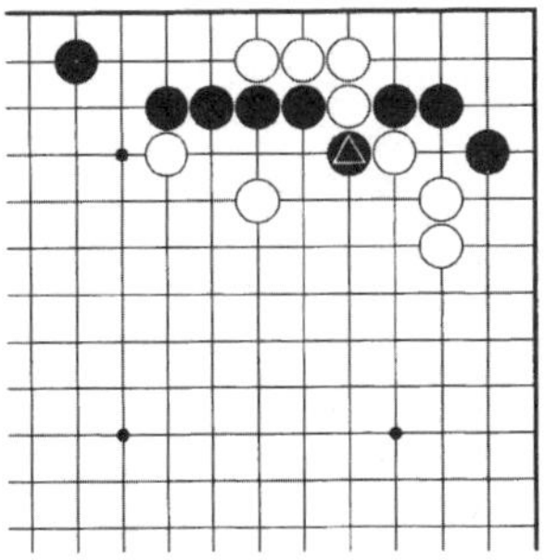

## 사전공작

백을 끊고 있는 중아의 흑▲ 1점이 요석이다. 이 흑을 우변으로 몰아넣어 잡으려면 사전공작이 필요하다.

解

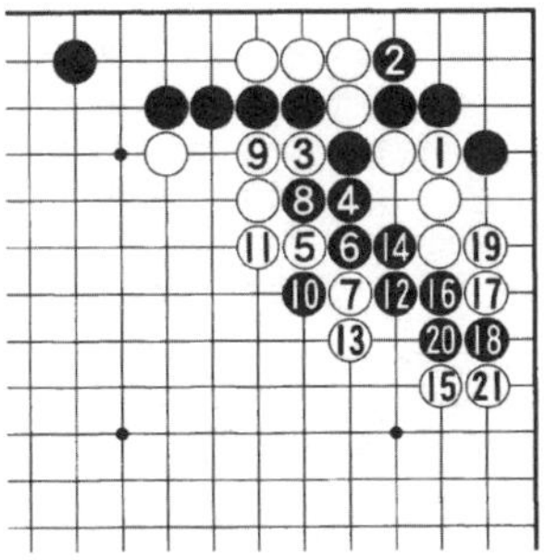

## 흑 괴멸

백1로 찝어 우변에 있는 백의 자충을 막아야 한다. 흑2 이후 백3, 5로 씌우고 흑14에 백15로 봉쇄하면 흑이 괴멸한다.

変

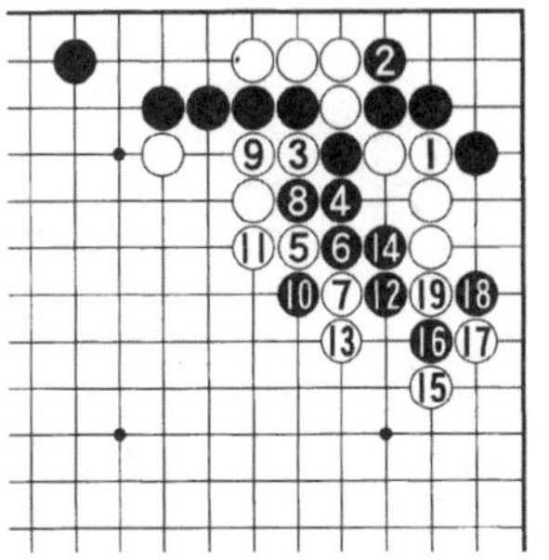

## 중요한 교환

흑16으로 입구자 붙이면 백17, 19로 응수한다. 백1과 흑2의 교환이 없으면 흑1로 단수를 당해 백이 실패한다.

(481)

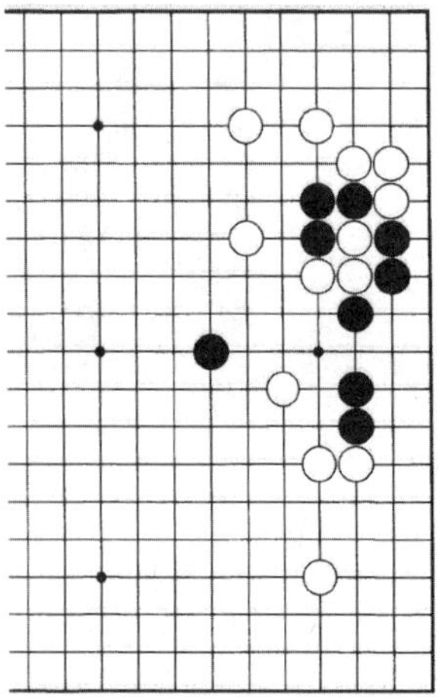

解

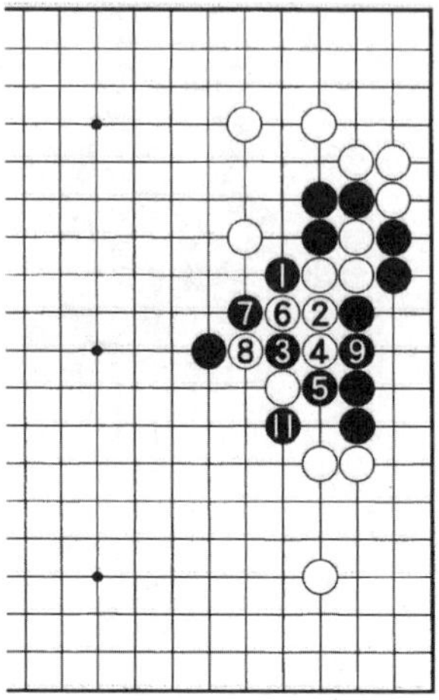

変

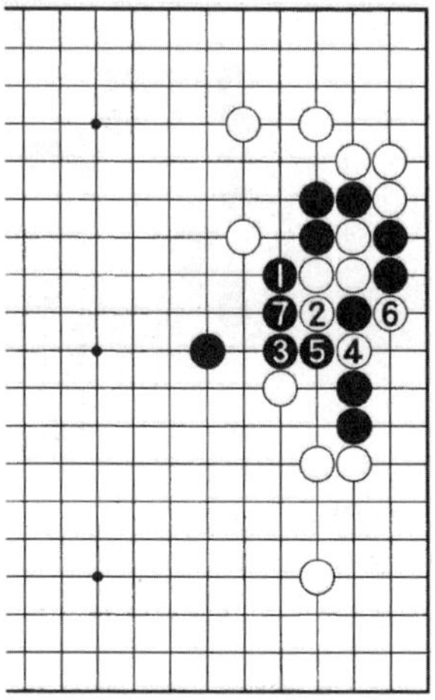

제8형 흑번

### 3점 잡기

우변의 전투.
백 3점을 공격해서 잡으면 흑은 우변과 중앙이 연결된다. 반대로 백 3점을 잡지 못하면 흑이 산산조각 난다.

### 축

흑1로 단수치고 3으로 씌운 수가 냉엄한 맥이다. 백4로 나가면 흑5, 7로 조여 백은 포도송이로 되고 흑11로 축이 된다.

※⑩→❸

### 촉촉수

백4로 우변에 단수를 치면 흑5로 끊는다. 백6, 흑7로 백 4점이 촉촉수에 걸린다. 흑3으로 4로 이으면 백7. 또 흑3으로 5로 단수쳐도 백7로 도망 나가 실패한다.

(482)

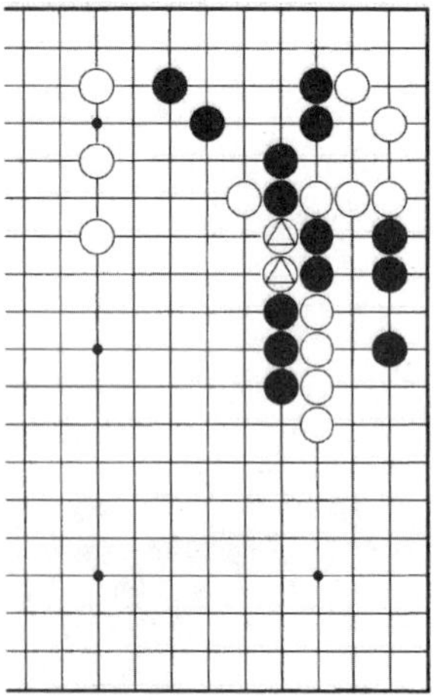

解

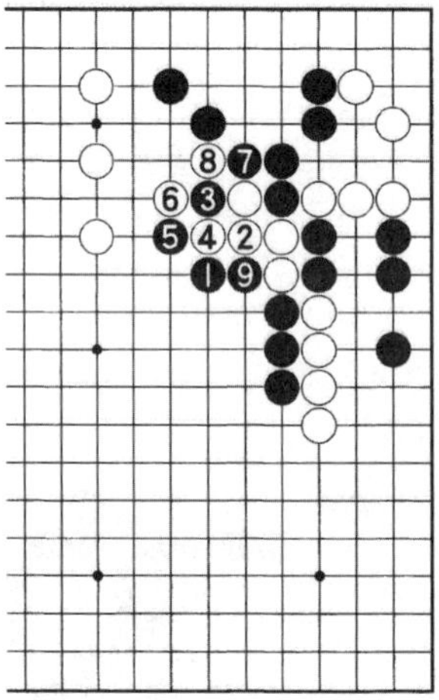

変

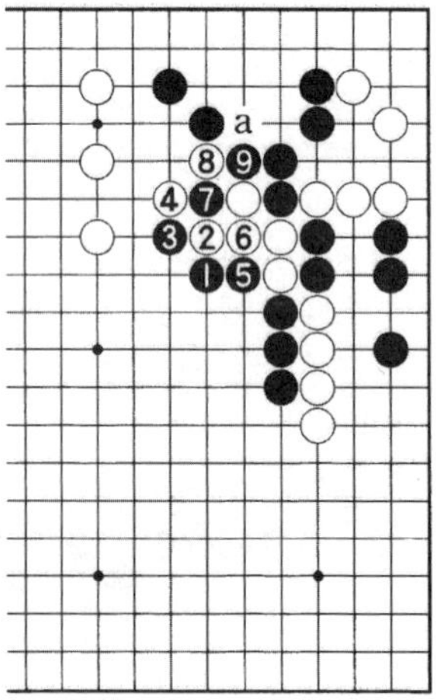

제9형 흑번

### 요석을 잡다

흑을 3곳으로 나누고 있는 백◬ 2점이 요석이다. 백 요석을 잡아 우변과 중앙을 편하게 만들고 싶다. 백에 직접 단수를 쳐서 공격하면 안된다.

### 자충

흑1로 씌움은 백의 모양을 무너뜨리는 급소의 맥이다. 백2로 이으면 흑3으로 붙여 백을 자충으로 한다. 백4, 6으로 단수치면 흑7, 9로 조여 백 5점을 잡는다.

### 촉촉수

백2로 호구이음은 흑3으로 젖혀 공격하는 모양이다. 백4로 되젖혀도 흑5로 단수치고 7로 먹여치면 정해도와 똑같은 자충의 모양이 된다. 백4로 9에 나가도 흑a로 공배만 메워진다.

(483)

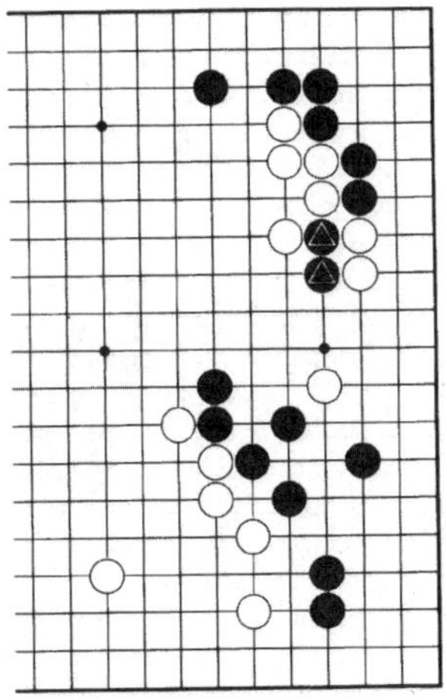

解

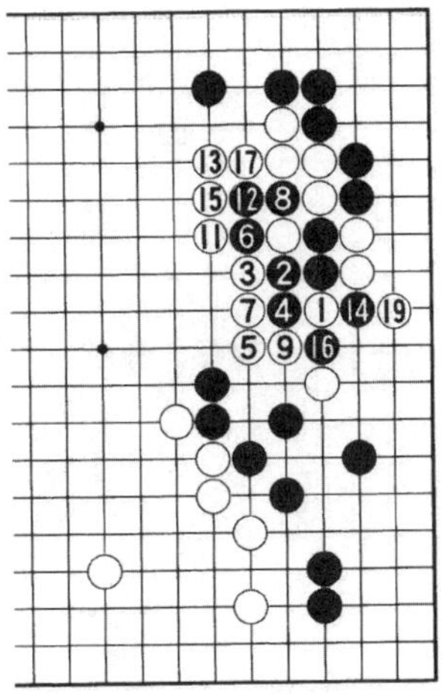

变

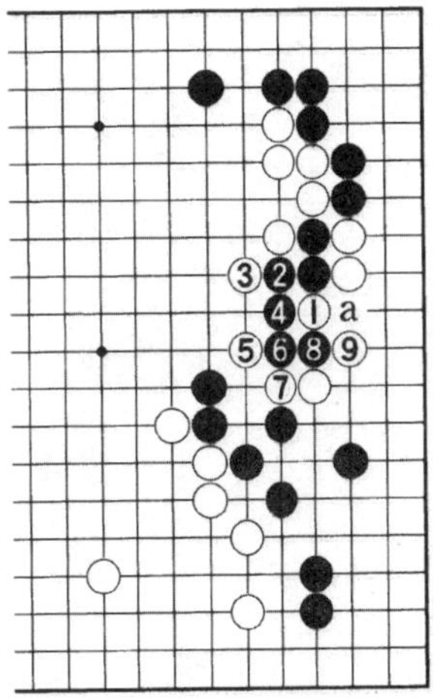

**제10형 백번**

## 회돌이축

우변의 흑◬ 2점을 공격을 어떻게 할 것인가 문제.
단순한 축으로는 불리하지만 백에는 회돌이축이라는 수가 있다.

## 장문

백1, 3으로 축으로 쫓고 흑4 이후 백5로 씌우는 수가 좋은 수이다. 흑6으로 출구를 찾으면 백7, 9로 조여 포도송이로 만들고 백13으로 씌워 흑을 가두면 백17까지 흑이 전멸한다.

※❿→❽의 아래, ⓲→①

## 촉촉수

흑6으로 오른쪽으로 도망가면 백7, 9로 촉촉수에 걸린다. 흑6으로 a도 백6으로 조여 축이 된다. 이 때, 백5로 씌우면 흑은 우변과 중앙 어느 쪽으로도 도망갈 수 없다.

(484)

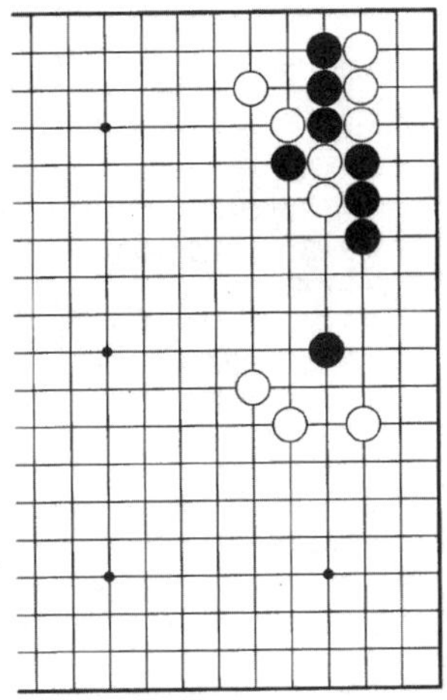

解

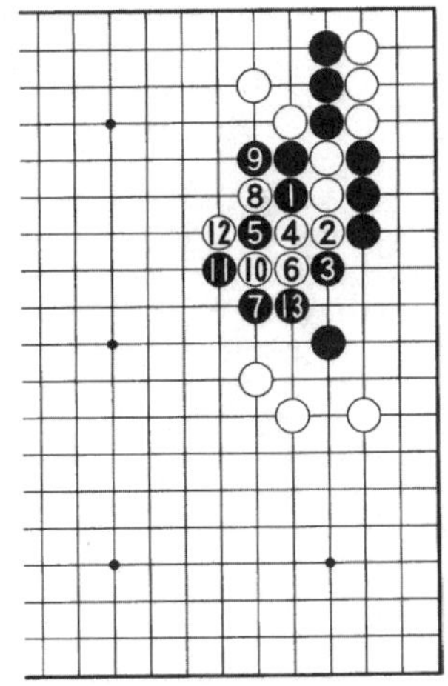

变

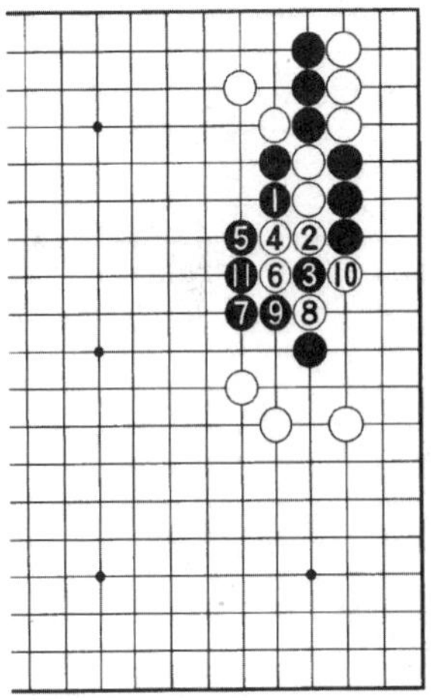

**제11형 흑번**

## 2점 잡기

우상의 전투.
흑을 끊고 있는 백 2점은 요석이다. 흑은 이 요석 2점을 공격해서 잡는 것이 가능하지만 단순한 축으로는 잡을 수 없다.

## 백 괴멸

흑1로 단수치면 백 2점은 도망칠 수 없다. 백2에는 흑3, 5 이후 7로 씌우는 수가 좋은 수이다. 백이 8로 끊고 10으로 단수쳐 나가도 흑11, 13으로 좌상으로 축의 방향을 바꾼다.

## 축

흑7로 씌우면 백8로 단수를 쳐도 우변에 나갈 수 없다. 흑9로 끊고 11로 조이면 우변으로 축이 된다. 흑7로 9의 단수는 백11로 실패한다.

(485)

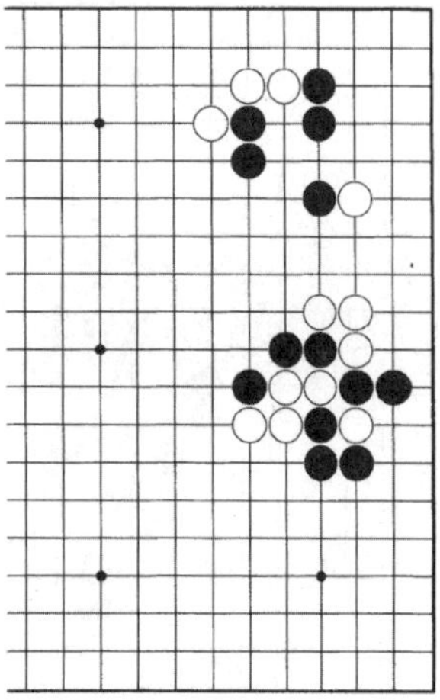

解

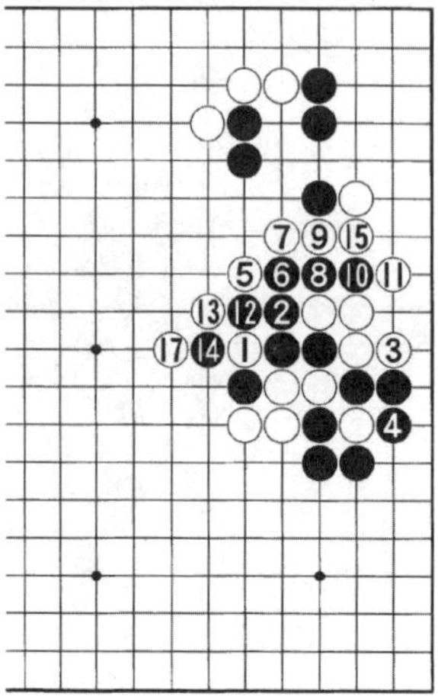

失

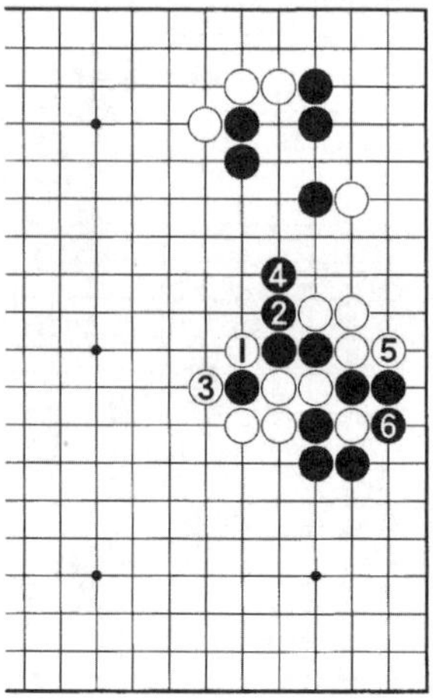

제12형 백번

### 중앙과 연결

우변과 중앙의 백을 어떻게 연결시킬 것 인가가 문제이다. 백은 중앙을 절단하고 있는 우변의 백 2점을 잡으면 문제는 해결된다.

### 회돌이축

백1로 끊고 3으로 막으면 흑은 각각 2점을 구할 수밖에 없다. 백5로 씌우는 것이 냉엄한 맥이 되어 흑6으로 도망쳐 나와도 백7부터 11로 몰아 늘어진 축이 성립된다.

※⓰→①

### 백 고전

백1 이후 백5로 막지 않으면 백은 중앙과 우변이 나뉜다. 백3으로 빵때림은 좋은 모양이지만 흑4로 살게 되어 우변의 백이 괴로운 모양이 된다.

(486)

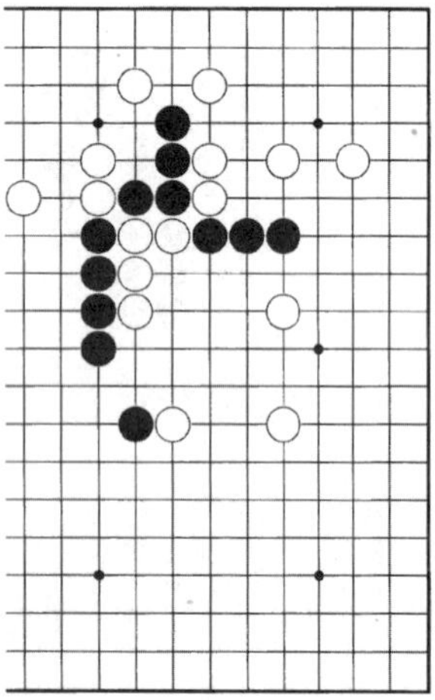

解

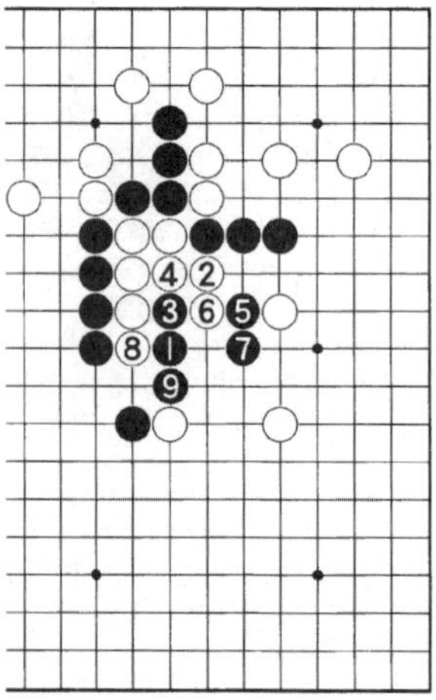

変

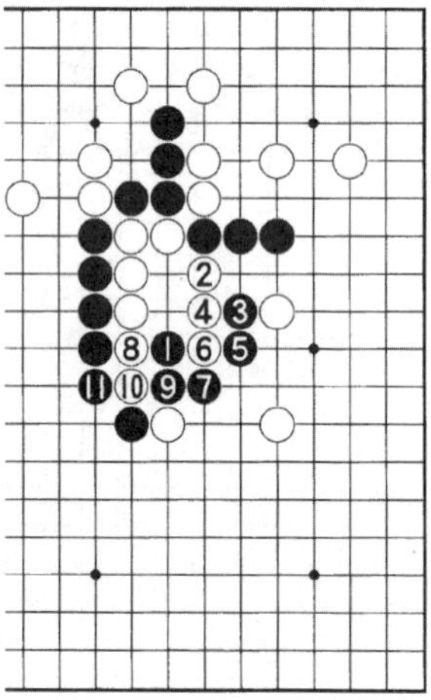

제13형 흑번

### 포위망

상변, 우변, 중앙 세 곳으로 분단된 흑이 중앙의 백 4점을 잡아 살고 싶다. 우변의 백과 연결되지 않도록 포위망을 만들어야 한다.

### 흑 성공

흑1로 씌워 백2로 젖히도록 유도한 뒤 3으로 찌르는 게 좋은 수순이다. 이후 흑9까지 백은 전멸한다.

### 6점 잡기

백6으로 나가는 수를 먼저 두면 8로 두는 변화이다. 흑9로 이으면 이것도 백이 도망갈 길이 없다. 백10, 흑11로 백 6점이 자충의 모양이다.

(487)

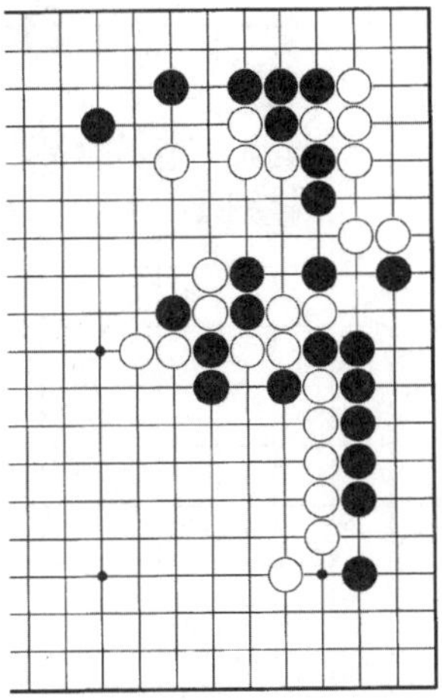

解

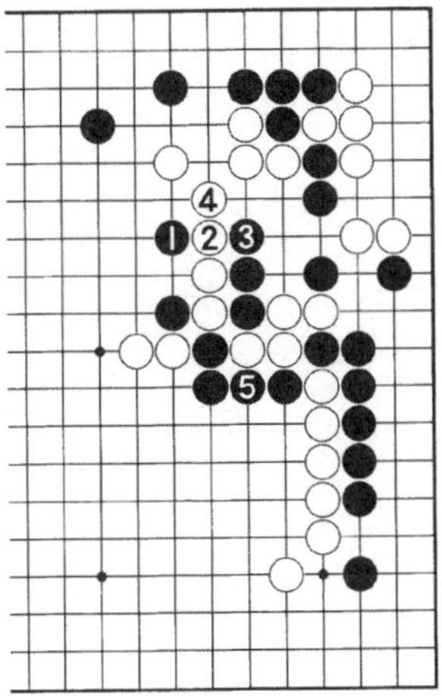

变

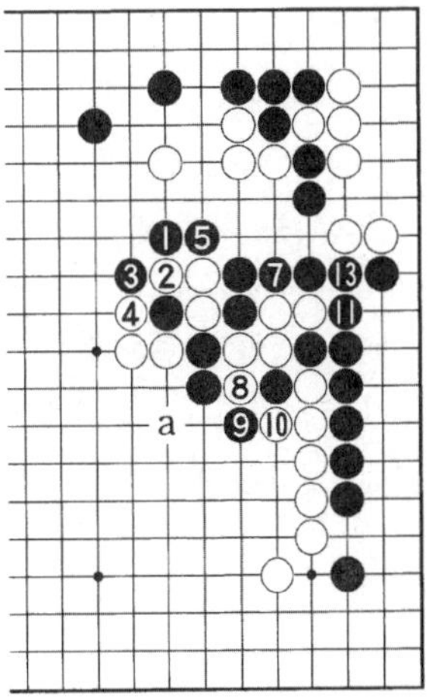

**제 14 형 흑번**

### 유리한 태세

중앙의 모양을 어떻게 결정 지을까 하는 문제. 흑은 모양이 나쁜 백을 추궁하고 돌을 최대한 활용하여 유리한 모양을 만들고 싶다.

### 중앙을 잡다

흑1로 씌우는 것이 최강, 최선의 맥이다. 백2로 도망나가면 흑3으로 밀어서 결정하고 5로 이어 중앙의 백 4점을 잡는다. 중앙의 흑 4점이 생환하여 하변의 백 모양이 없어졌다.

### 포도송이

백2로 도망치면 흑3과 5로 조여 포도송이를 만든다. 이후 흑7부터 11로 우하도 포도송이로 만들어 상변의 백을 잡고 중앙의 흑a를 노리면 흑의 성공이다.

※⑥→②의 아래, ⑫→⑧의 오른쪽

(488)

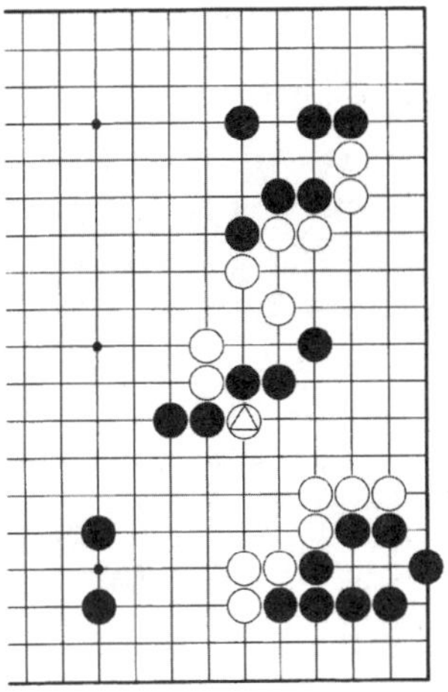

解

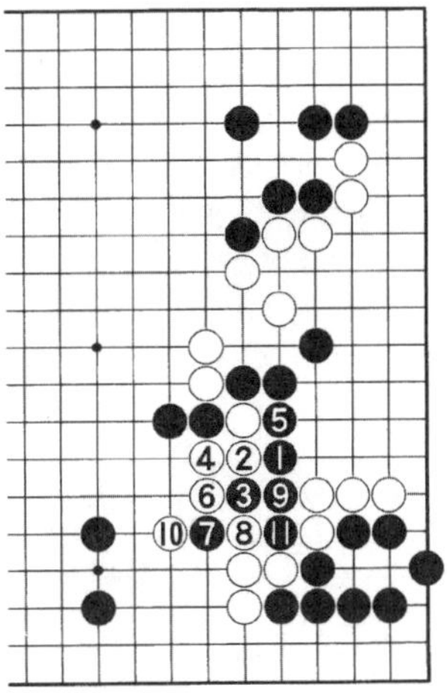

变

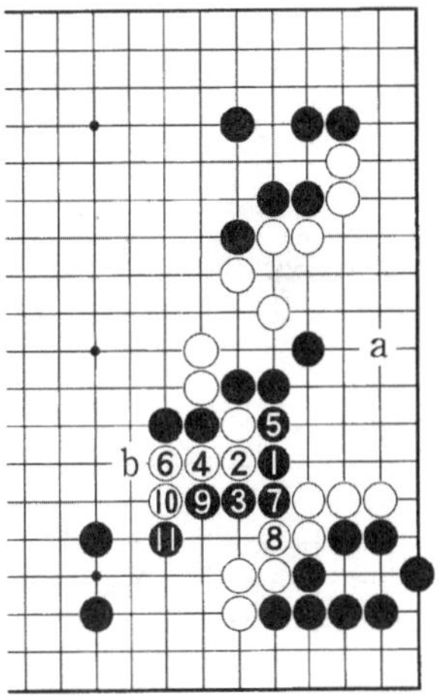

**제 15 형 흑번**

### 얽기

우변의 흑 3점을 끊은 백△ 1점은 축이나 장문으로는 잡을 수 없지만 우하에 있는 백의 엷음을 노리면 백집을 무너뜨릴 수 있다.

### 4점 잡기

흑1로 씌워 중앙의 백을 몰아세운다. 백2, 4는 이후 흑5로 이어 백 3점이 탈출을 기다리면 된다. 백6부터 10으로 중앙을 살리면 흑11로 끊어 우변의 백 4점을 잡는다.

### 백 무리

백6으로 미는 것은 흑7로 이어서 백이 무리이다. 백8로 지키면 흑9, 11로 중앙의 백을 공격하면서 우변과 하변을 연결한다. 백a는 흑b로 좋다.

# 호구

잇기 중에서 그냥 잇는 것과 함께 많이 두어지는 호구이음은 돌을 입구자하여 효과를 본다.
그냥 잇는 것이 좋은지 호구이음이 좋은지는 주변 상황에 따라 갈리기 때문에 선악을 가릴 수 없지만 안형을 만들기 쉬운 것은 호구로 잇는 모양이다.
흑1로 호구이음하여 유가무가.
흑이 이기는 것은 이 한 수밖에 없다.

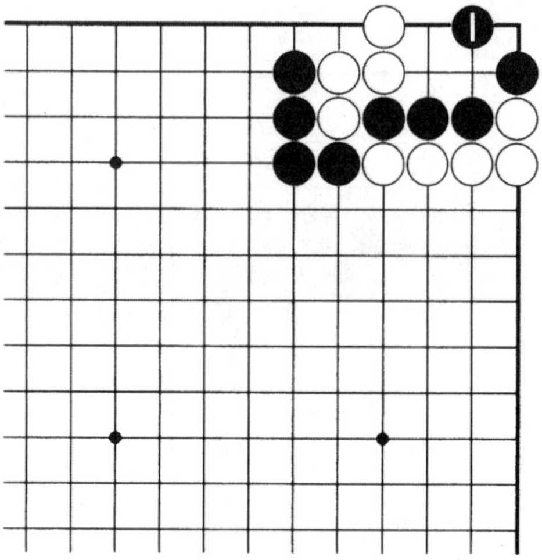


호구 정석·변화

제1형 흑번

(489)

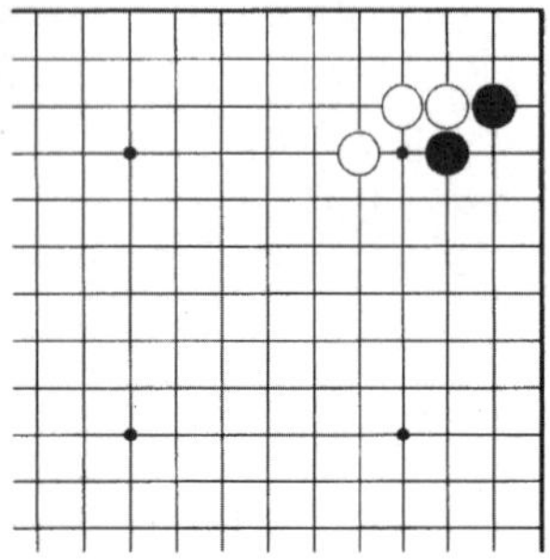

## 근거

우상은 고목정석이 진행중이다. 백은 3·3에 붙여 흑의 근거를 노리고 왔다. 흑은 어떤 형태로 근거를 만들까?

解

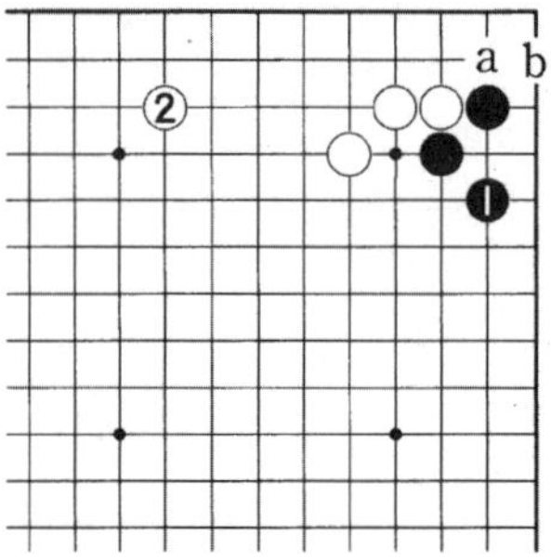


## 정석

흑1로 호구이음이 모양이다. 백a로 젖히면 흑b로 젖혀 저항하고 백은 2로 벌려 상변에 근거를 만들어 정석은 일단락된다.

失

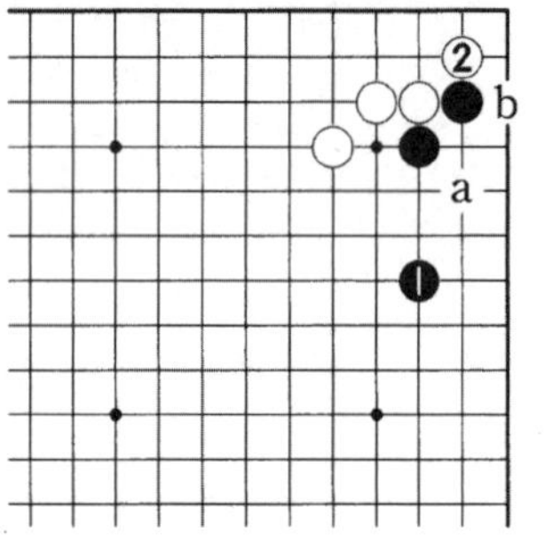


## 흑 불리

흑1로 벌리면 탄력이 없는 모양이다. 백의 막는 것이 근거의 요점으로 이곳으로 흑a는 백b로 활용된다. 백2 이후 백a의 노림이 무섭다.

제2형 흑번

(490)

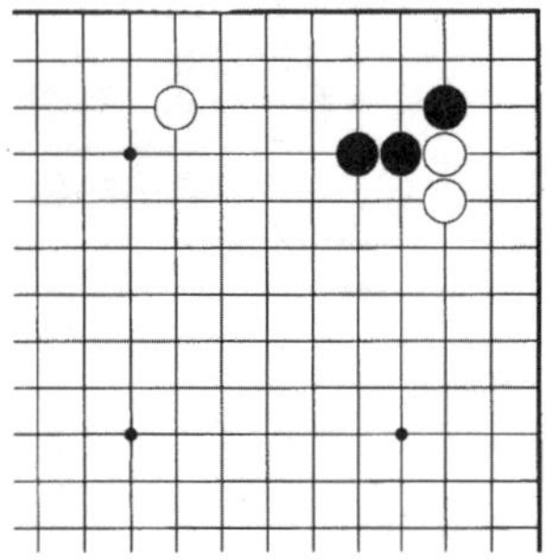

## 튼튼하게

한 칸 높은 걸침 정석의 변화이다. 우상귀의 흑을 빈틈없이 살아 놓으면 이후의 싸움에서 강하게 둘 수 있다.

解

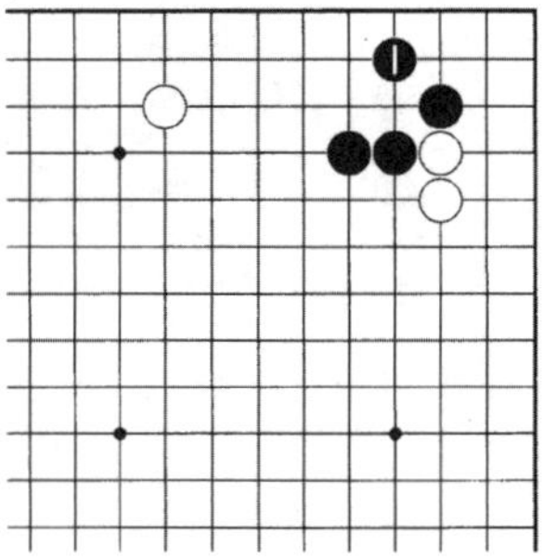


## 견실하게 받음

흑1의 호구이음이 견실하게 받는 수이다. 이후 주위의 백 세력이 증가하여도 흑은 귀와 중앙에 한 집씩 집을 만들어 살아 갈 수 있다.

失

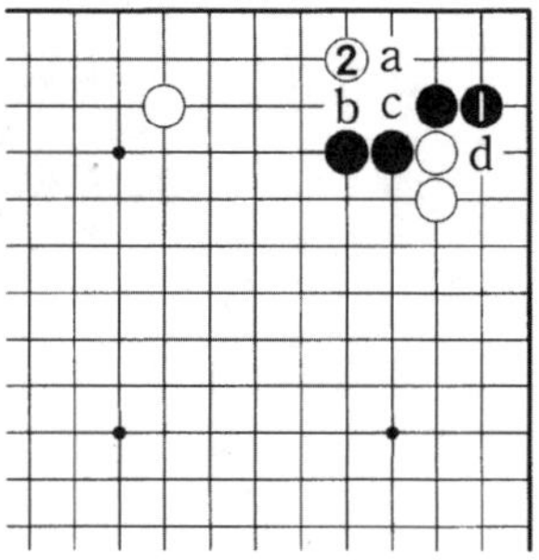


## 모양이 무너지다

흑1로 뻗어 집을 넓히는 것은 좋으나 백2로 급소를 들여다볼 수 있어 불안하다. 백의 세력이 늘면 흑a, 백b, 흑c, 백d로 귀는 한 집뿐이다.

## 제3형 흑번

(491)

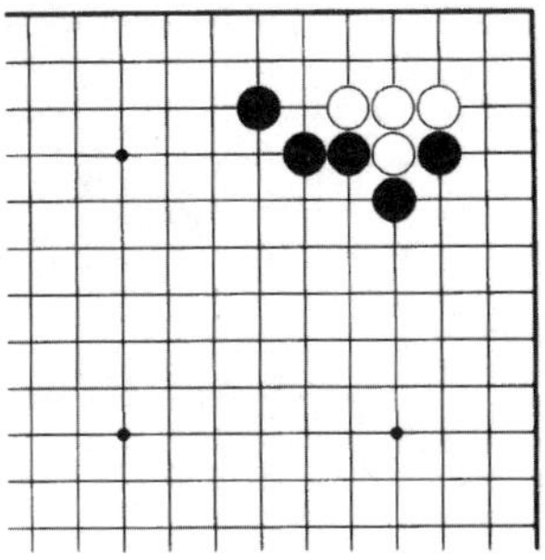

### 가두다

한 칸 협공 정석의 변화이다.
백이 협공으로 손을 빼는 바람에 흑은 백을 귀에 가두었다. 이후 흑은 어떤 모양으로 만들어야 할까?

解

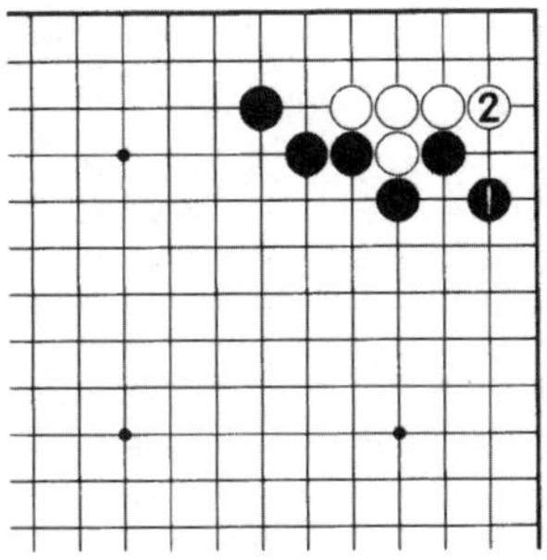

### 선행

흑1로 호구이음이 좋은 수이다. 다음에 흑2의 젖힘이 냉엄하기 때문에 백2로 지키는 정도이다. 흑은 큰 자리를 선행하게 된다.

变

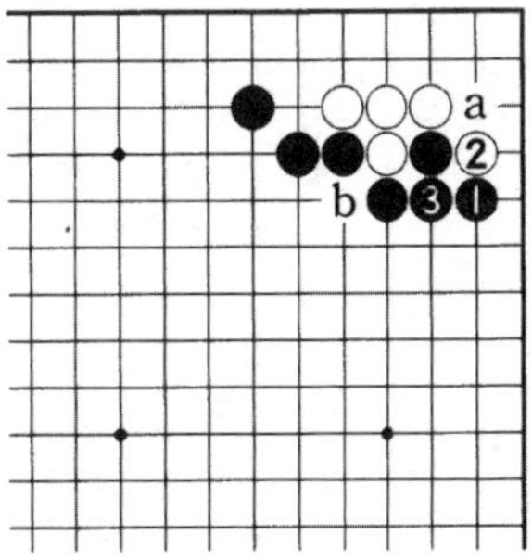


### 흑 충분

백2의 단수는 선수를 잡기 위해 두는 수이다. 흑3으로 이어 바깥이 두텁게 된다. 흑은 a로 끊기가 선수로 되어 백b의 끊음도 사라져 불만이 없다.

## 제4형 백번

(492)

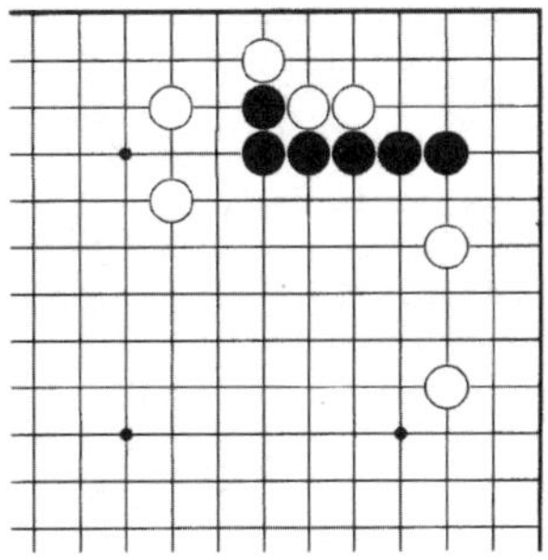

### 줄이기

화점 정석에서 생기는 변화이다. 백은 상변을 연결하여야 하지만 동시에 귀의 흑집도 줄이고 싶다.

解

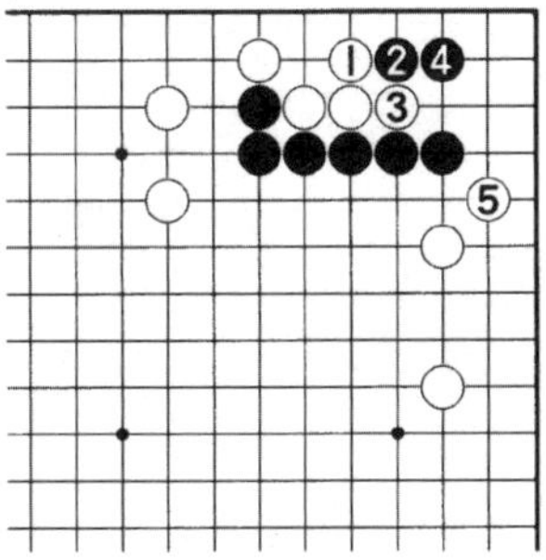

### 흑 위험

백1은 호구이음의 모양이다. 흑2로 붙이면 백3으로 나가서 흑의 집을 줄인다. 흑4는 백5로 공격하여 귀의 흑집은 좁고 위험을 안고 있다.

失

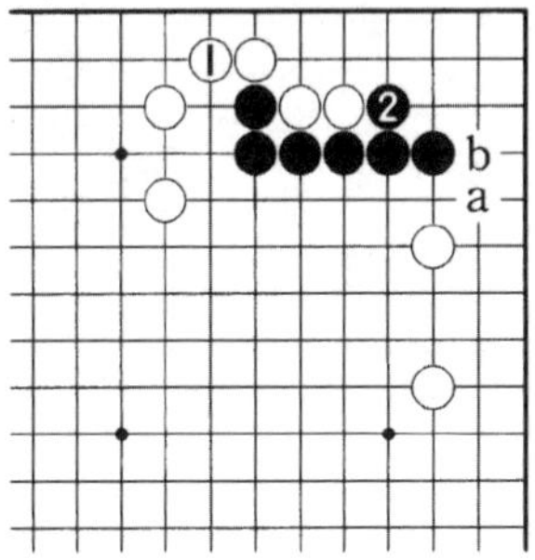


### 어긋나다

백1의 받는 수는 틀린 맥이다. 흑2로 막으면 흑집이 확실하게 굳는다. 백a는 흑b로 받아 귀만으로 사는 모양이다.

## 제5형 흑번

(493)

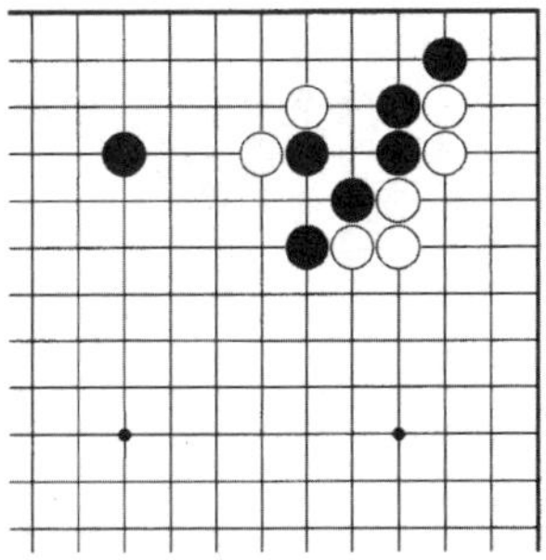

### 원점

우상은 화점 정석의 변화이다. 흑의 모양은 양측으로 공배가 메워져 있다. 위기가 되는 원점은 어디인가?

解

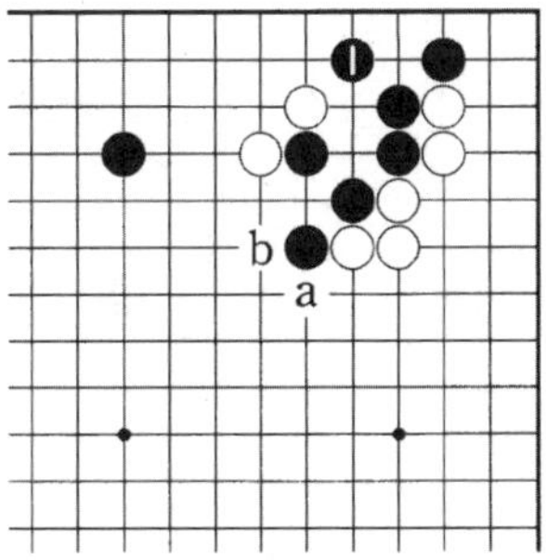


### 좋은 수

흑1의 호구이음이 좋은 수이다.
백의 노림수는 흑을 자충으로 하여 촉촉수에 걸리게 하고 싶다. 그러나 백a에 흑b로 노림이 사라진다.

失

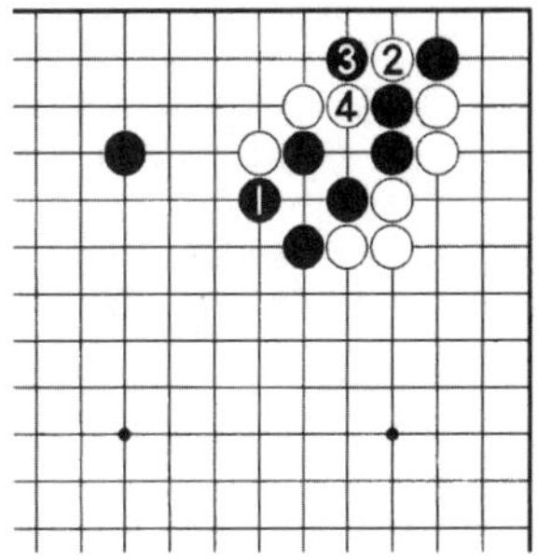

### 촉촉수

흑1은 악수이다. 백2로 끊으면 한 순간에 흑의 공배가 차 버린다. 흑3으로 단수쳐도 백4로 끊으면 촉촉수이다.

(494)

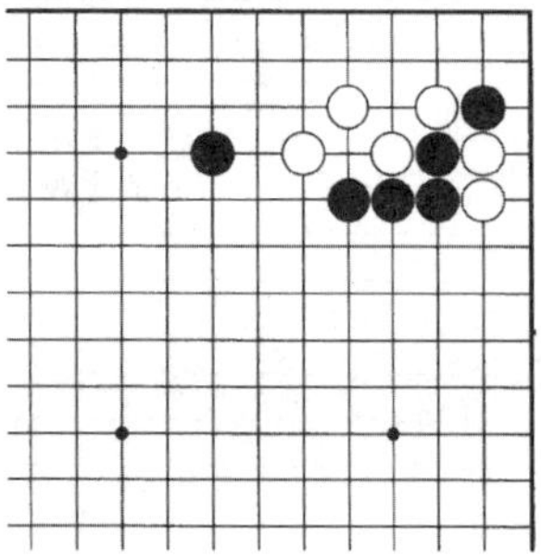

解

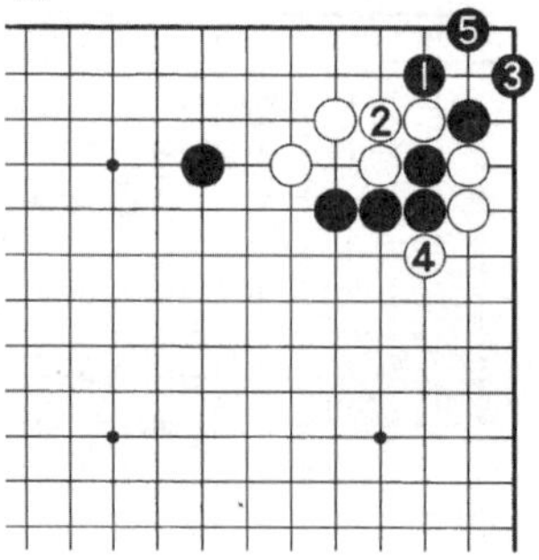

変

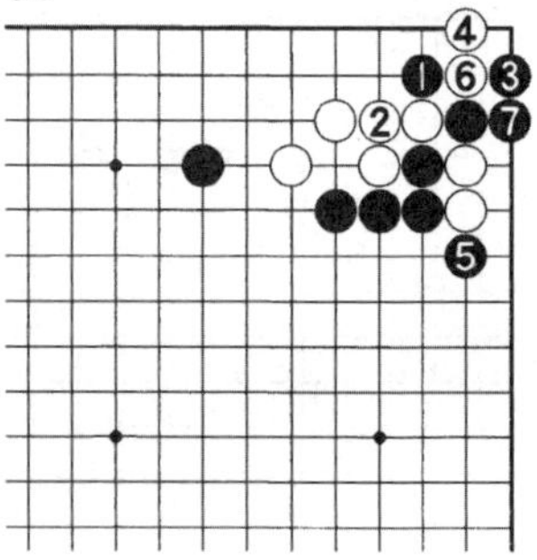

제6형 흑번

### 공격

두 칸 높은 협공 정석의 변화이다. 우변으로 밀고 나간 백 2점을 공격하여 유리하게 마무리하고 싶다.

### 백이 약하다

흑1로 단수치고 3으로 호구이음이 좋은 모양이다. 백4로 우변에서 도망치면 흑5로 살아 위아래의 백이 약해진다. 흑은 백을 양분한다.

### 양자충

백4로 귀에 두면 흑5로 막아 백 2점을 잡는다. 백6으로 끊어도 흑7로 이어 백은 양자충이 되어 대응 수가 없다.

(495)

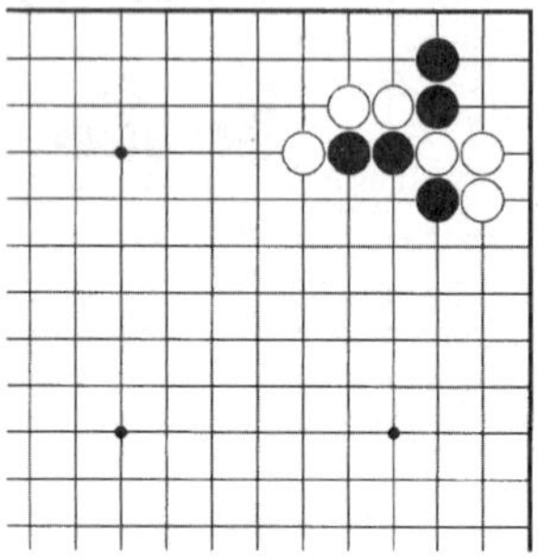

解

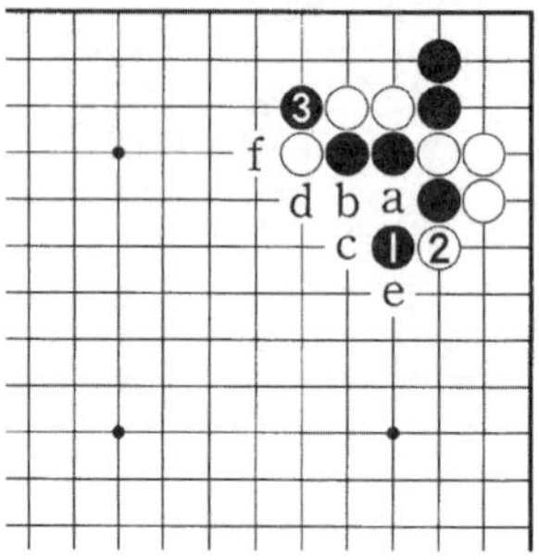

失

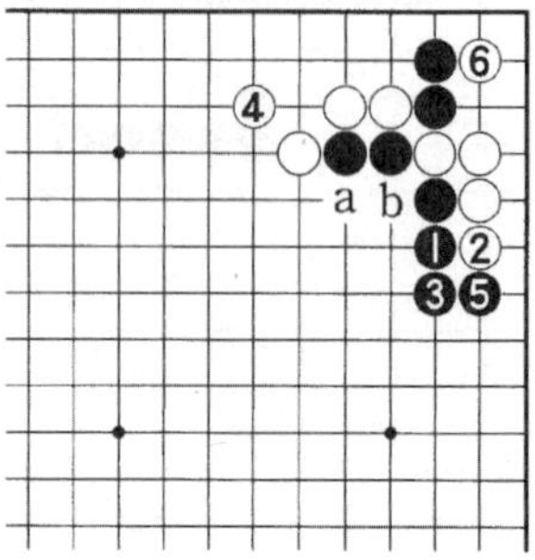

제7형 흑번

### 일석이조

우상은 눈사태 정석이다. 흑은 축을 막으면서 상변의 백에게 반격하는 일석이조의 수가 정석이다.

### 정석

흑1로 호구이음은 축을 막는 맥이다. 백2로 단수치면 흑3으로 끊어 상변의 백 2점을 잡는다. 이후 백a부터 흑f까지 정석이 마무리된다.

### 흑 손해

흑1로 늘면 백2로 밀어 백a, 흑b, 백3의 축이 불리할 때 흑3으로 받아야 한다. 백6까지 흑의 손해가 막대하다.

(496)

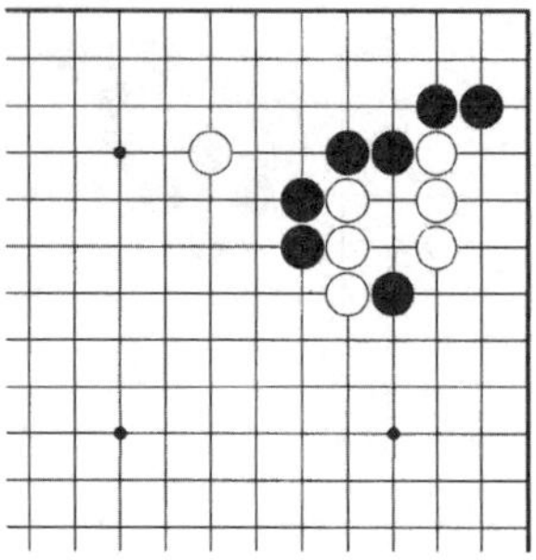

解

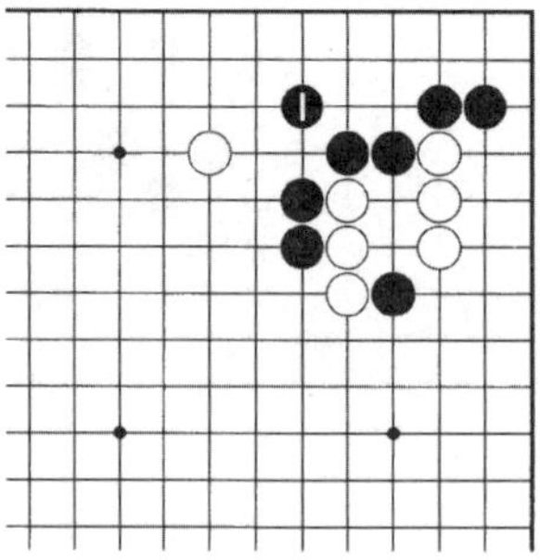

失

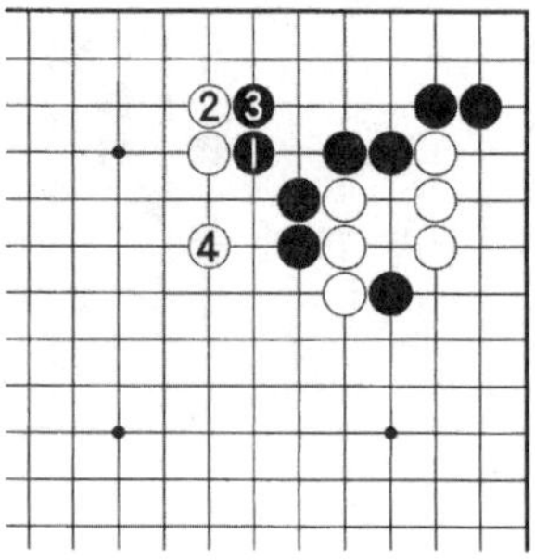

제8형 흑번

### 지킴

상변의 전투.
두 칸 높은 협공 정석의 변화로 흑이 한 수를 더 들여 귀를 지키면 강력한 모양이 된다.

### 좋은 모양

흑1로 호구이음이 좋은 모양이다. 귀의 집을 확실히 굳혀 상변 백 1점은 두터움과 가까워 약한 돌이 된다. 우변의 백도 완전하지 않다.

### 속맥

흑1의 호구이음은 속수이다. 백2로 뻗으면 흑3으로 지킬 수밖에 없다. 백4로 뛰면 상변의 백이 강해진다. 흑1로 3도 백2로 흑이 불리하다.

(497)

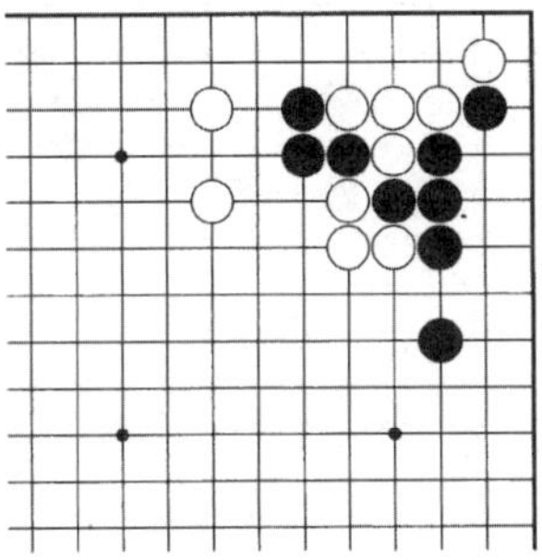

解

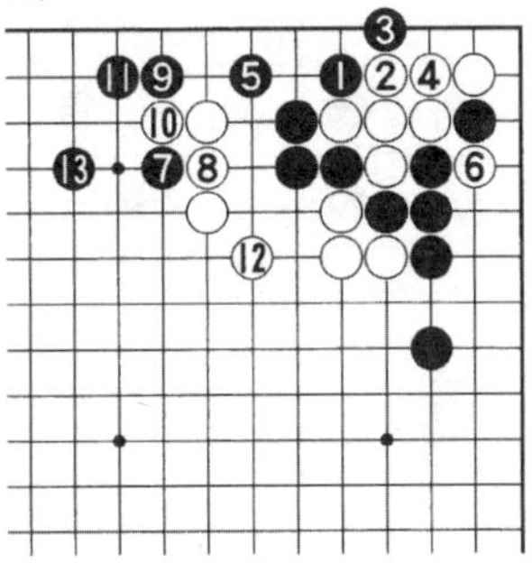

変

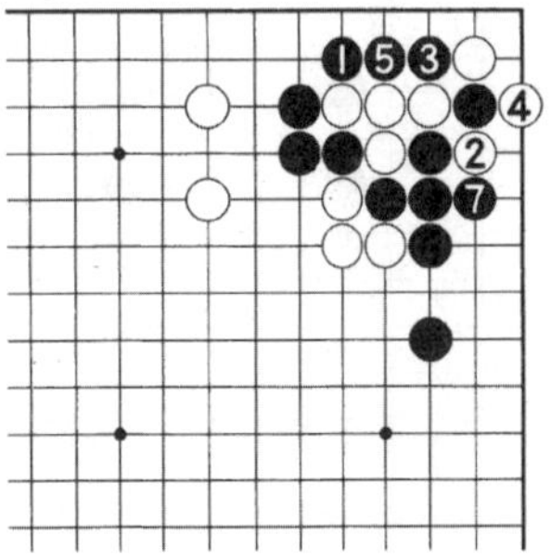

제9형 흑번

### 수습

대사정석의 변화이다. 백은 흑 3점을 크게 포위하고 있다. 흑은 귀의 백의 자충을 추궁하여 타개 할 수 있다.

### 탈출

흑1과 3을 활용하여 5로 호구이음 한다. 백6에는 흑7로 들여다보는 수순이 중요하며 9부터 13까지 상변으로 탈출한다.

### 백 죽음

백2로 끊는 것은 악수이다. 흑3, 5로 조이면 백집이 없어지고 7로 백이 죽는다. 바깥에 있는 흑과의 수상전에서도 수 차이가 커 패배한다.
※⑥→④의 왼쪽

## 호구 지키기

(498)

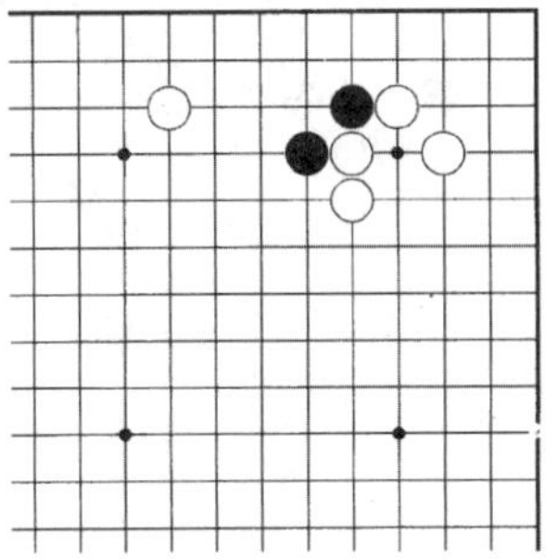

解

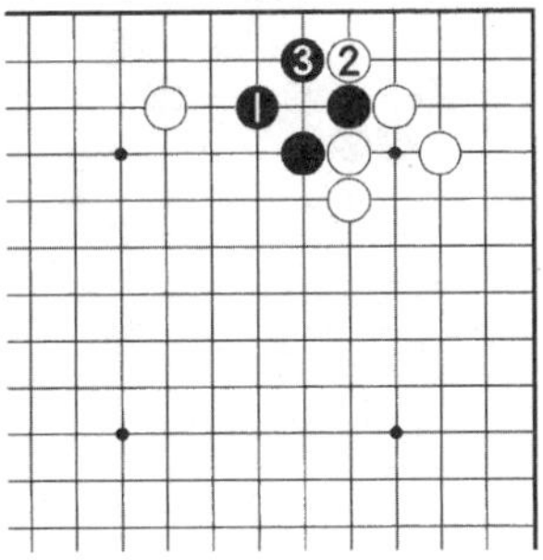

失

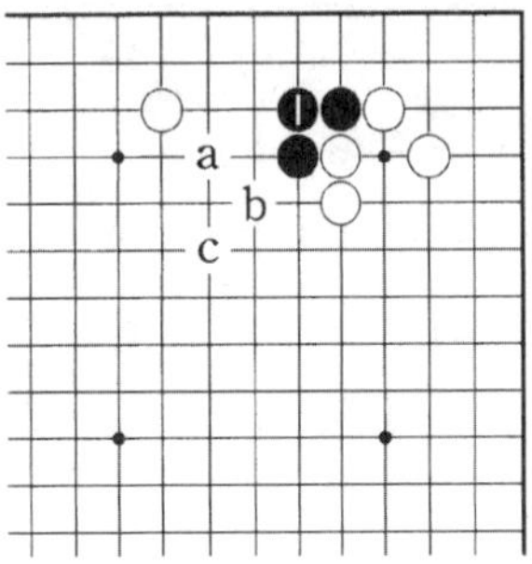


제1형 흑번

### 가볍게 두다

상변의 전투.
귀의 백이 강력하고 상변에도 세력이 있다. 흑 2점은 도망칠 수 있을 것 같지 않다. 가볍게 두는 방법은?

### 버팀

흑1의 호구이음이 가벼운 모양이다. 백2로 단수치면 흑3으로 패로 받고 버틴다. 백2를 손을 빼면 흑2으로 뻗어 안형이 풍부해진다.

### 흑 고전

흑1로 이으면 무거운 모양이 된다. 백a로 상변을 공격하면 흑은 움직이기 어려워진다. 흑b는 백c로 추격당해서 고전한다. 흑1로 a로 도망하면 백1이 크다.

(499)

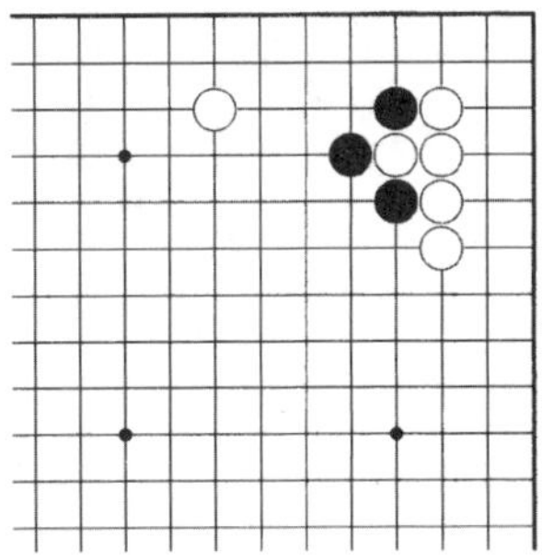

解

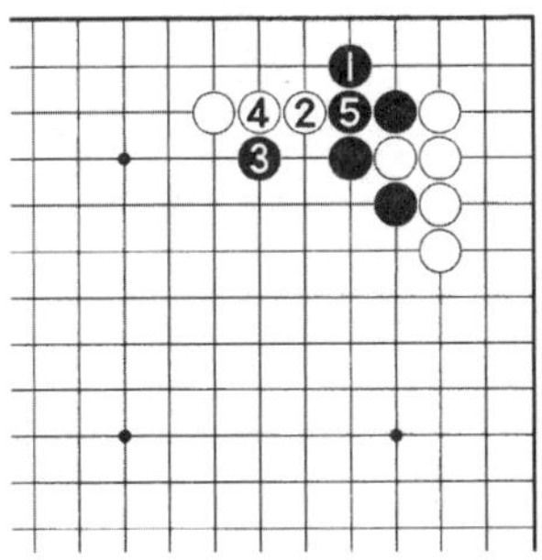

変

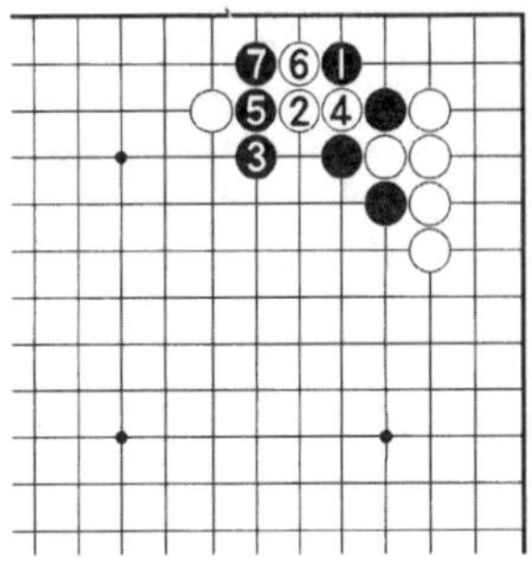

제2형 흑번

### 근거지

상변의 전투.
귀의 백은 강하다. 흑은 백에게 달라붙은 흑 3점을 움직여서 상변에 근거지를 만들고 싶다.

### 수습모양

흑1의 호구이음이 좋은 모양이다. 백2로 들여다보면 흑3으로 다시 들여다본 뒤 백4, 흑5로 수습한다. 상변과 귀의 백에게 반격할 수 있다.

### 사석

백4로 끊으면 흑5로 나가 상변의 백 1점을 분리시킨다. 흑7까지 흑의 모양이 강하다. 귀의 흑은 사석으로 활용하였다.

**제3형 백번**

(500)

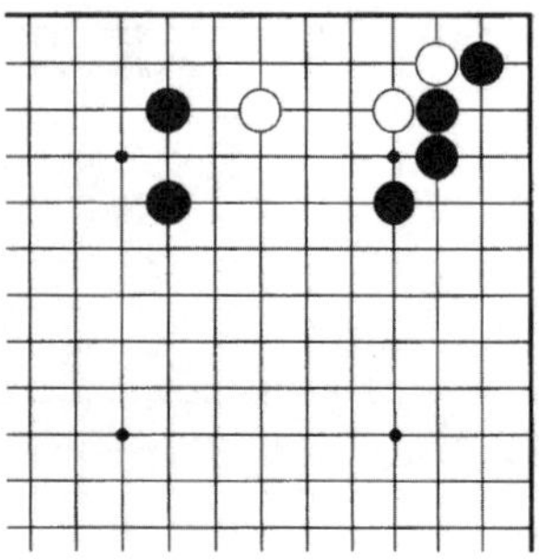

## 수습

상변의 전투.
흑의 세력이 강하여 백은 편안히 살 수 없다. 중앙 탈출을 포함한 수습 방법을 찾아야 한다.

解

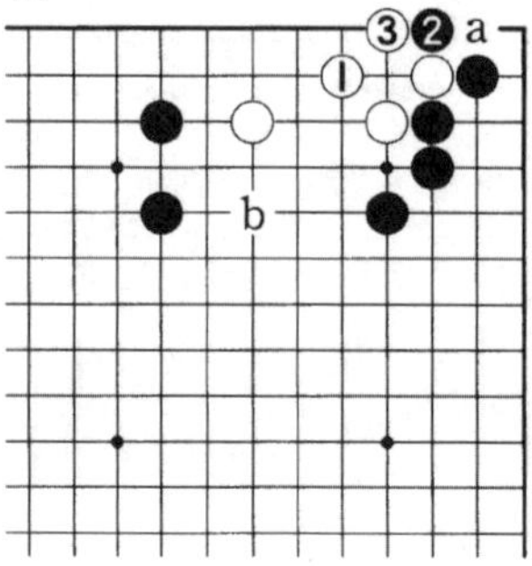

## 패

백1로 호구이음이 탄력이 생긴 모양이다. 흑2로 단수치면 백3으로 패로 받아 그냥은 죽지 않는다. 흑a라면 백b로 탈출하여 수습한다.

变

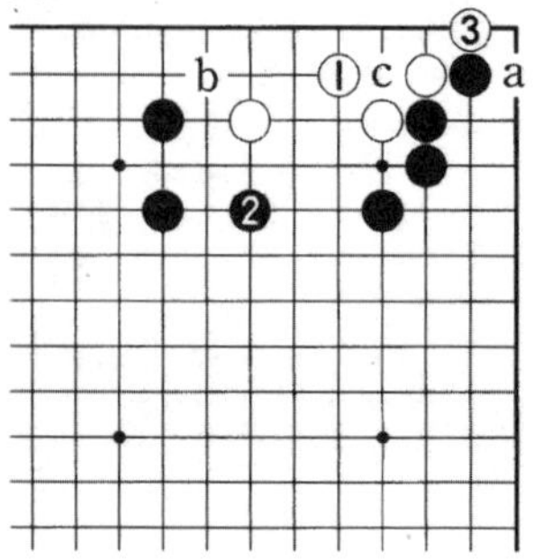

## 백 삶

흑2로 봉쇄하면 백3으로 젖혀 안형이 풍부해진다. 흑a로 받으면 백b로 살 수 있다. 백1로 c는 흑b로 불안하다.

**제4형 흑번**

(501)

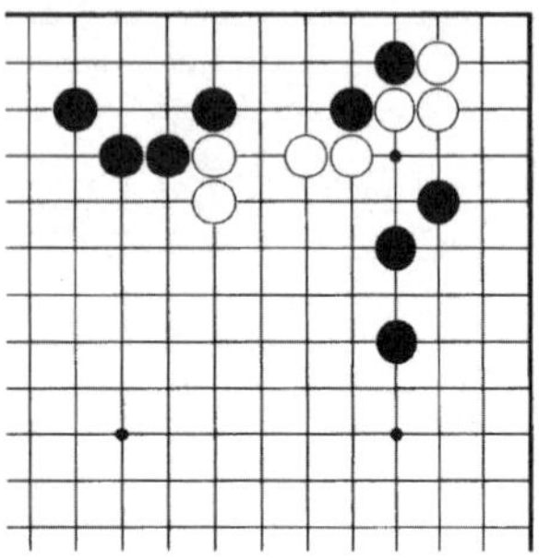

## 최선

상변의 전투.
우상귀의 흑을 공격하려면 흑 2점을 살려 나가야 하지만 어떤 모양이 최선일까?

解

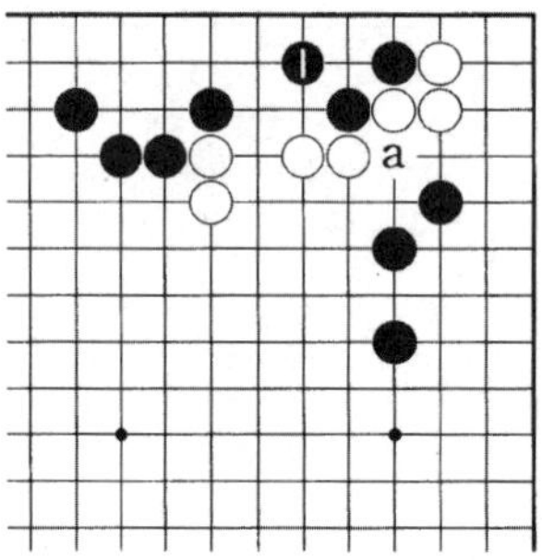

## 활용수

흑1로 호구이음이 활용되는 모양이다. 귀의 흑 1점을 살려 상변에 연결되어 있다. 백은 a로 끊기면 전체에 집이 없다.

失

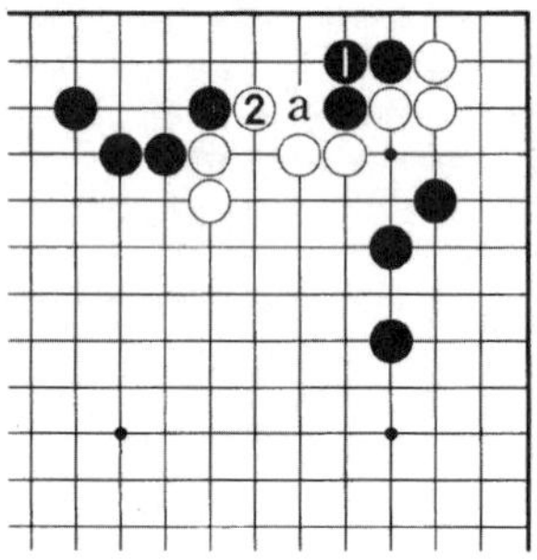

## 흑 무리

흑1로 잇는 것은 무리이다. 백2로 젖혀 건너지 못하게 막는다. 흑1로 a에 미는 것은 백1에 끊음이 남아 우상귀의 백은 살아있다.

**제5형 흑번**

(502)

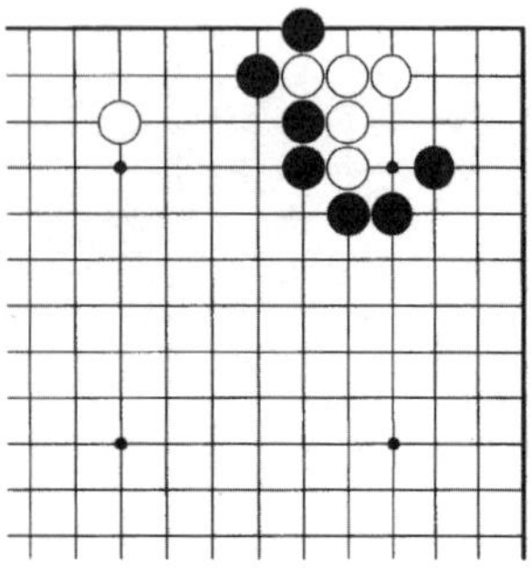

## 지키는 방법

우상의 문제.
흑은 약점이 많은 모양으로 약점을 지키는 방법은 여러 가지가 있다. 무엇이 최선일까?

解

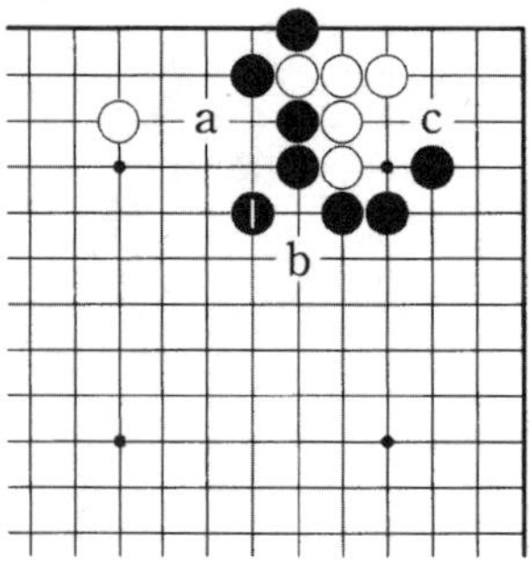

## 두텁다

흑1로 호구이음이 가장 견실하다. 백에게 a와 b로 들여다보더라도 전체가 연결되어있어 두텁다. 백c에는 흑은 손을 뺄 수 있다.

失

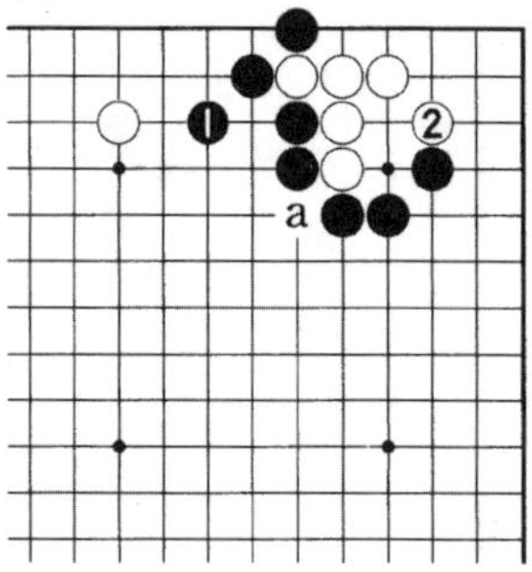

## 흑 후수

흑1로 호구이음은 상변의 백을 약하게 만든다. 그러나 a에 약점이 남아있으므로 백2 이후 흑a를 생략할 수는 없다. 흑은 후수이다.

(503)

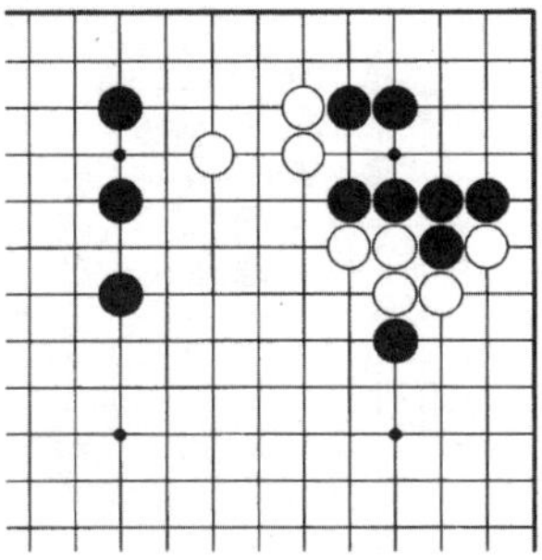

解

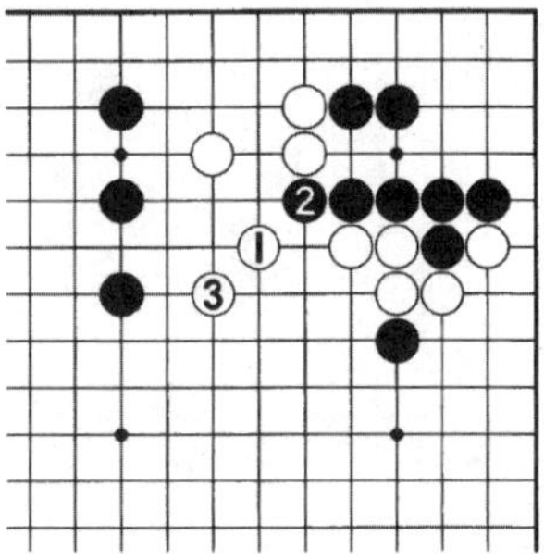

失

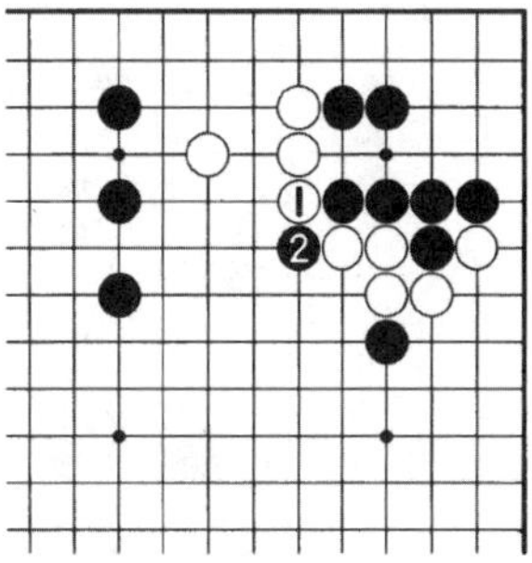

제6형 백번

### 강한 세력

우상의 백을 분리하기 위해 흑이 귀에서 뚫고나왔다. 백은 연결되면 강한 세력으로 변모한다.

### 나팔 이음

백1로 뛰면 흑2로 나온다. 백3으로 호구이음을 준비하고 있다. 격언에 "나팔이음" 이라는 모양이다.

### 분단되다

백1로 정직하게 막으면 안된다. 흑2로 끊으면 1점을 잡을 수 없기 때문에 상변이나 우변 중 어느 한쪽은 잡힐 것 같다.

(504)

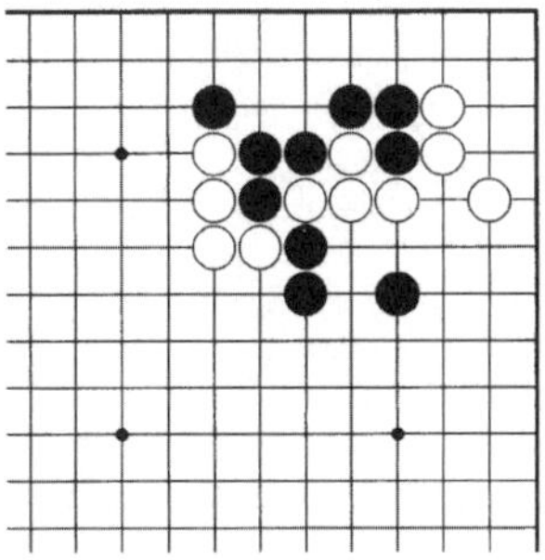

解

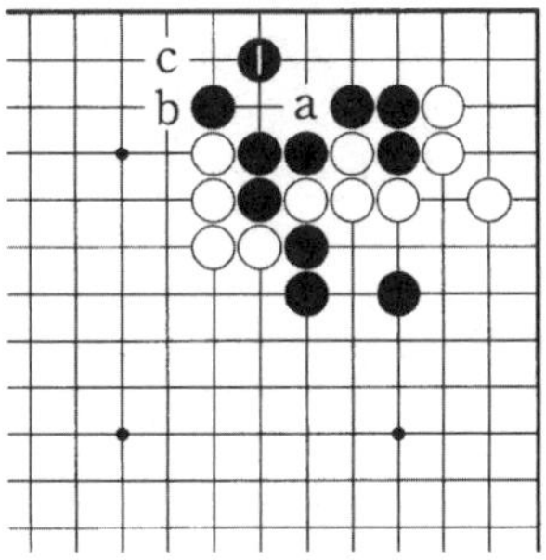

失

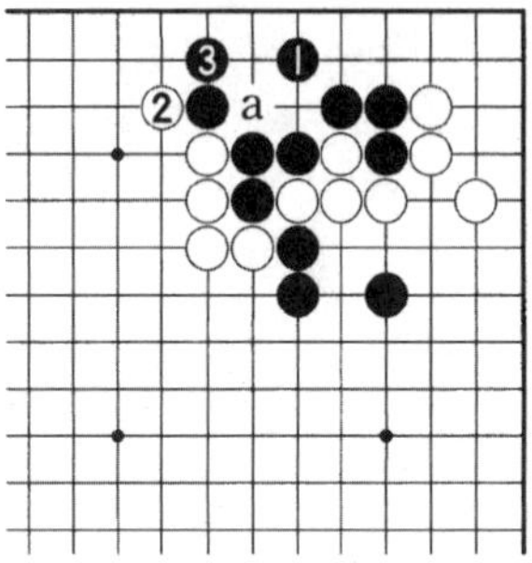

제7형 흑번

### 최강의 모양

상변의 전투.
흑은 자충에서 부자유한 모양이지만 약점을 방어하고 상변으로 진출하여 최강의 모양으로 살고 싶다.

### 탄력

흑1로 호구이음이 상용의 맥이다. 백a로 끊는 것을 막는다. 상변 백b로 막으면 흑c로 젖혀서 반발할 수 있는 탄력을 가지고 있다.

### 흑 불리

흑1의 호구이음은 잘못된 맥이다. 백2의 막음을 선수로 당해 상변 흑의 발전이 막힌다. 흑1로 a는 백2로 똑같이 흑이 불리하다.

(505)

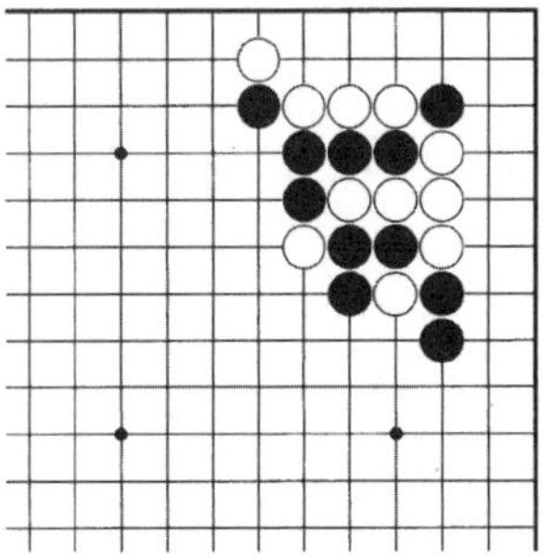

解

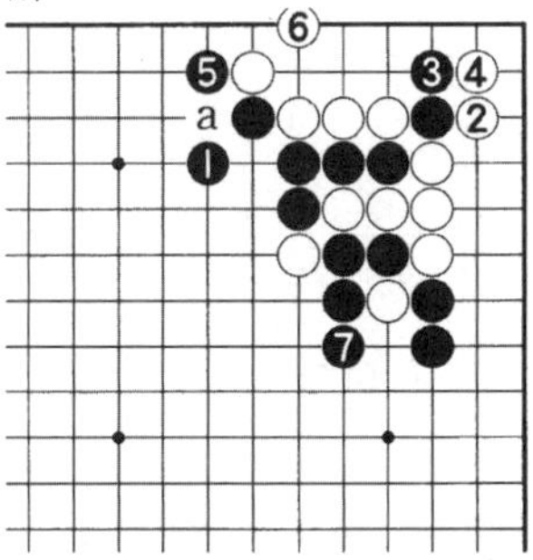

失

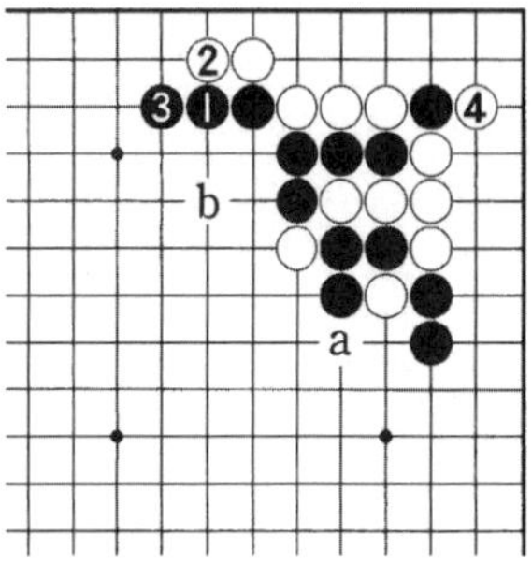

제8형 흑번

### 불안하다

우상의 전투.
흑은 축을 막아야 하는 불안한 모양이지만 귀의 백을 노려 강력한 세력으로 변해 간다.

### 외세

흑 1이 맥이다.
백2, 4로 귀를 지키면 흑5로는 선수가 되어 흑7로 외세를 강하게 한다. 백2로 a는 흑2로 귀를 잡는다.

### 흑 불리

흑1로 뻗으면 백2로 미는 것이 선수이므로 불리하다. 백4로 귀를 지킨 뒤, 흑a는 백b로 급소를 노려 흑의 모양을 무너뜨린다.

**제9형 백번**

(506)

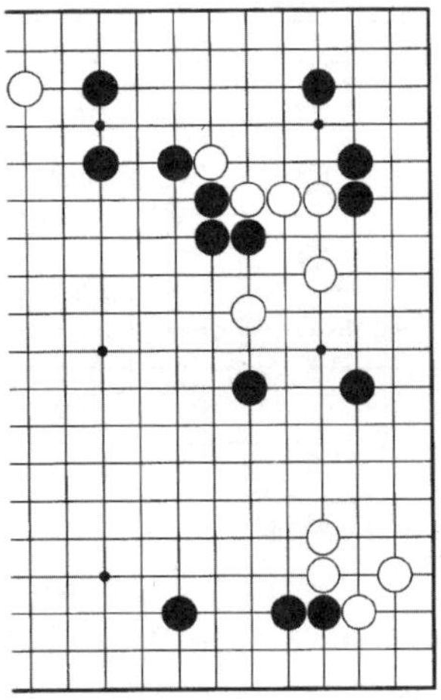

### 수습

우상의 전투.

흑의 세력권 안에 있는 백 6점을 어떻게 수습 할까? 상변의 흑집에 파고들어 선수로 집을 만드는 모양을 연구 하여야 한다.

解

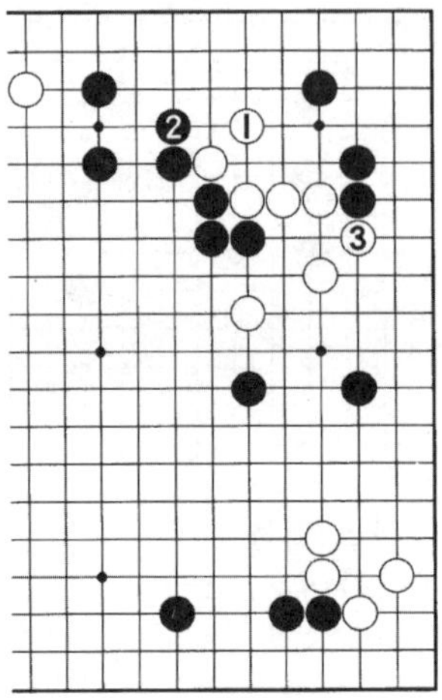


### 안형풍부

흑1로 호구이음 하는 모양이다. 백2로 뻗어서 받는 정도로 흑3으로 막는다. 흑2로 3에 두면 백2로 젖혀 흑의 모양을 무너뜨린다. 백은 상변에 집을 만들기 쉬워진다.

失

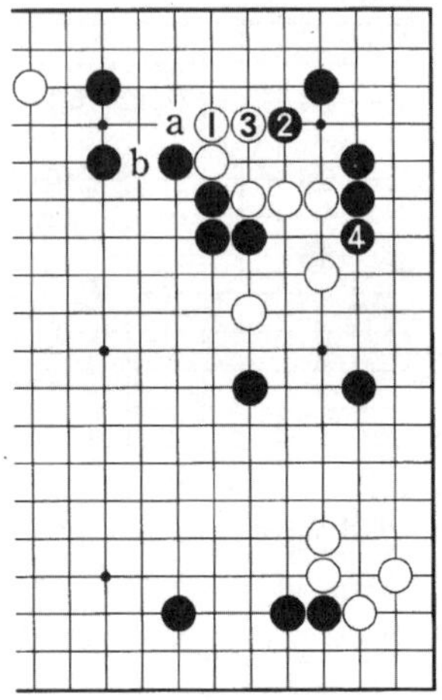


### 백 고전

백1로 뻗는 것은 틀린 맥이다. 흑2로 들여다보는 수가 좋아 백3으로 받아도 옥집이 된다. 흑4로 급소를 빼앗겨 백이 괴롭다. 백a는 흑b로 효율적이지 않다.

**제10형 흑번**

(507)

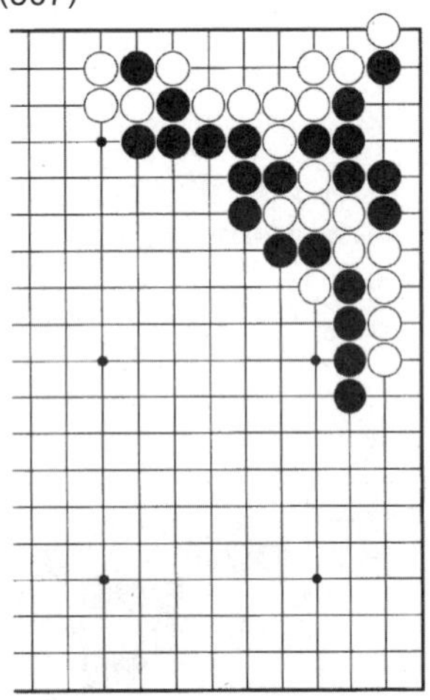

### 사는 방법

우상의 전투.

대사정석에서 생기는 변화로 우상귀의 흑을 살리고 우변의 백을 공격하여 중앙을 두텁게 만들고 싶다. 귀의 사는 방법은?

解

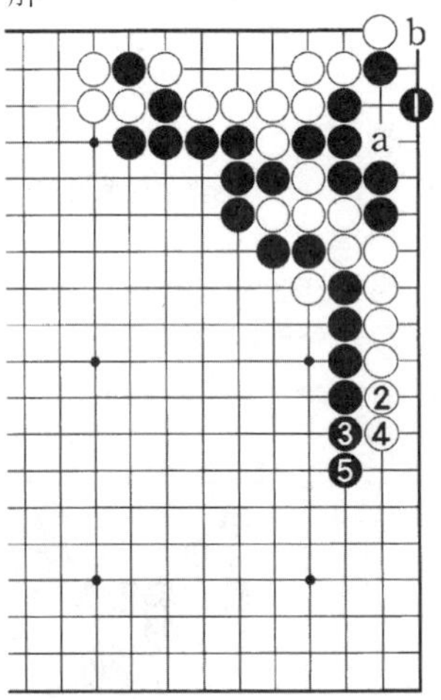


### 흑 두텁다

흑1의 호구이음이 탄력 있는 수이다. 백2, 4로 우변을 살리려하면 흑3, 5로 백을 2선으로 밀게 하여 중앙을 두텁게 한다. 귀는 백a에 흑b로 먹여쳐서 패가 난다.

失

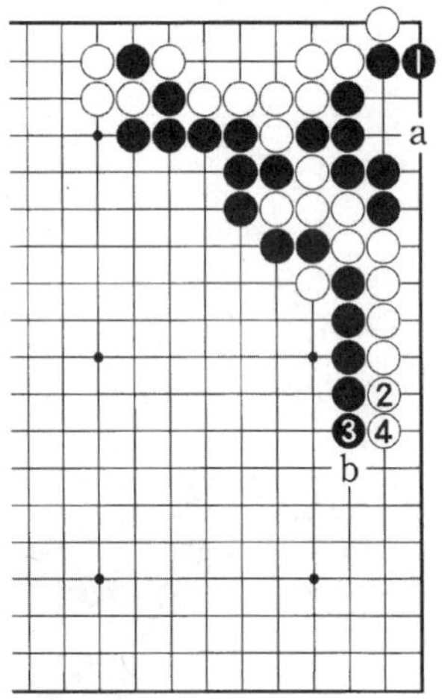


### 흑 불충분

흑1로 뻗으면 백2와 4로 밀어 곤란해진다. 귀는 백a로 치중하면 무조건 죽기 때문에 흑a로 지키는 것이 필요하다. 백b의 젖힘을 허용할 수밖에 없다. 우변의 흑이 자충으로 흑이 불만이다.

**제11형 흑번**

(508)

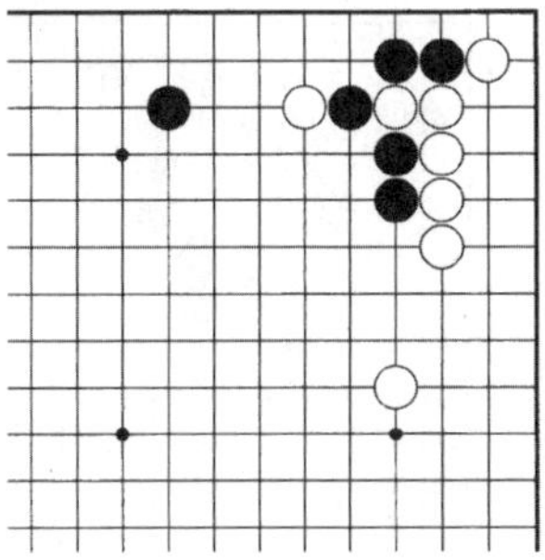

## 지킴

상변의 전투.

우변 백의 세력이 있어 백의 공격 태세를 준비하고 있다. 흑은 싸우기 보다 지키는 것에 전념해야 한다.

解

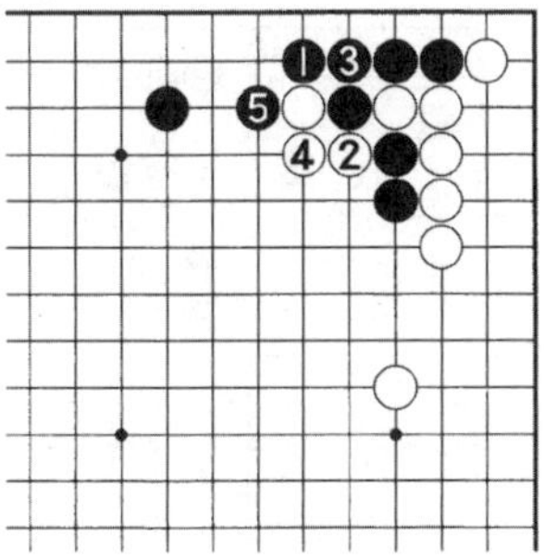

## 수습되다

흑1로 호구이음하는 수가 좋은 수이다. 백2, 흑3을 활용하더라도 중앙의 백 2점이 약하다. 백4로 이으면 흑5로 젖혀 백의 공배를 메우면서 상변을 수습한다.

失

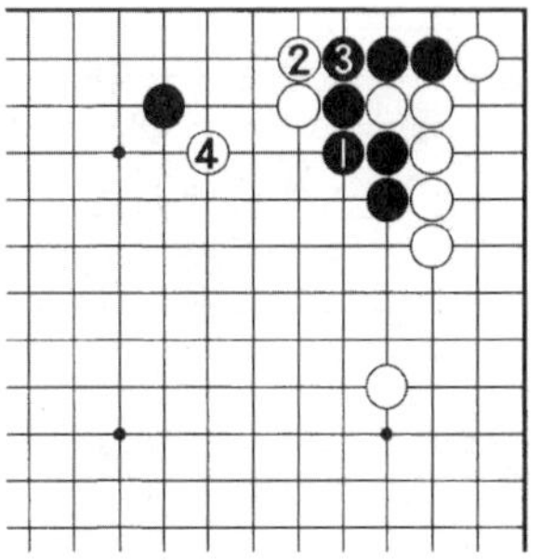

## 흑 무겁다

흑1로 잇는 것은 무거운 수이다. 백2 흑3을 활용하여 백4로 상변에 손을 돌리면 우상의 흑이 크게 공격 당한다.

**제12형 흑번**

(509)

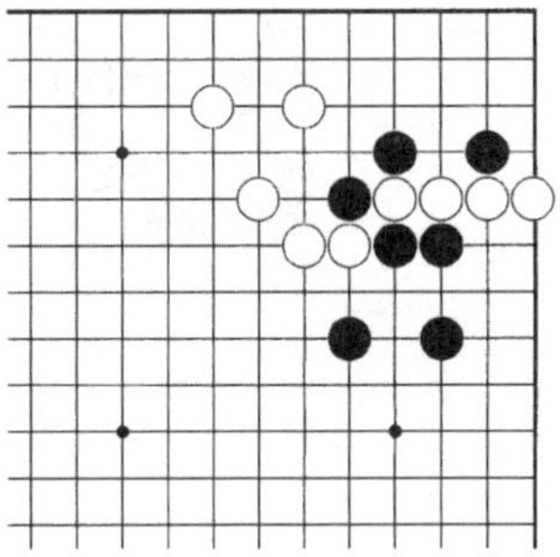

## 포위

귀의 전투.

우변의 백 4점을 공격하여 잡으려면 귀의 흑 3점으로 완전히 포위해야 한다.

解

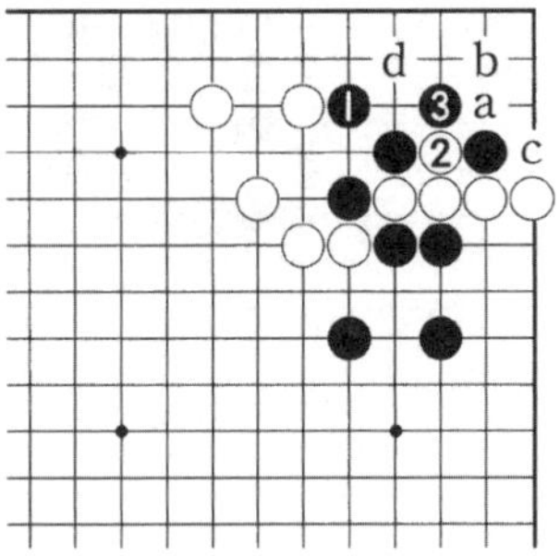

## 호구 연결

흑1의 호구 연결이 좋은 모양이다. 백2로 나가면 흑3으로 막아 백 5점을 잡는다. 이후 백a로 끊어도 흑b, 백c, 흑d로 살 수 있다.

失

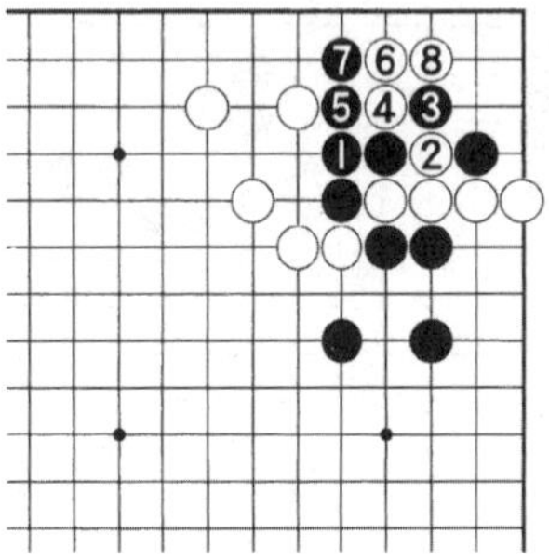

## 흑 전멸

흑1로 잇는 것은 백2로 나가면 2개의 약점이 생긴다. 백4, 흑5는 무리이다. 백6, 8까지 흑이 잡힌다. 흑5로 6은 백5로 3점이 잡힌다.

**호구 맞보기**

**제1형 흑번**

(510)

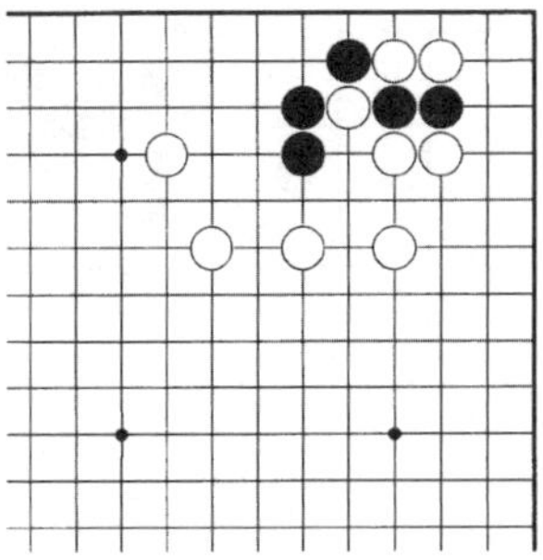

## 포위망

우상은 화점 정석의 변화이다.

백의 포위망은 귀에 약점이 있기 때문에 흑에게 격파되어 버린다.

解

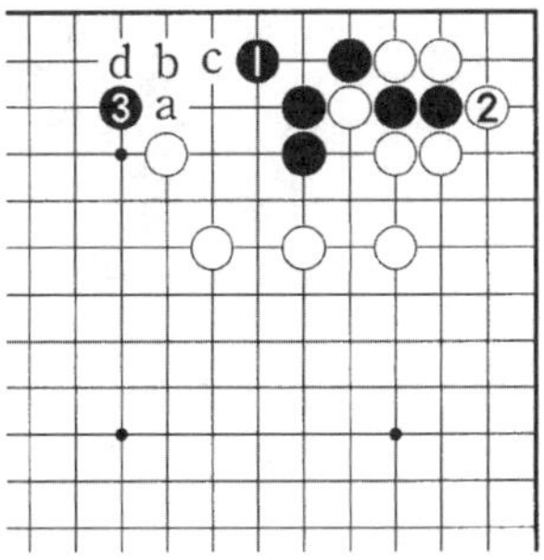

## 탈출

흑1의 호구이음은 맞보기의 맥이다. 백2로 2점을 따내어도 흑3으로 상변을 탈출한다. 백a, 흑b, 백c는 흑d로 건넌다.

変

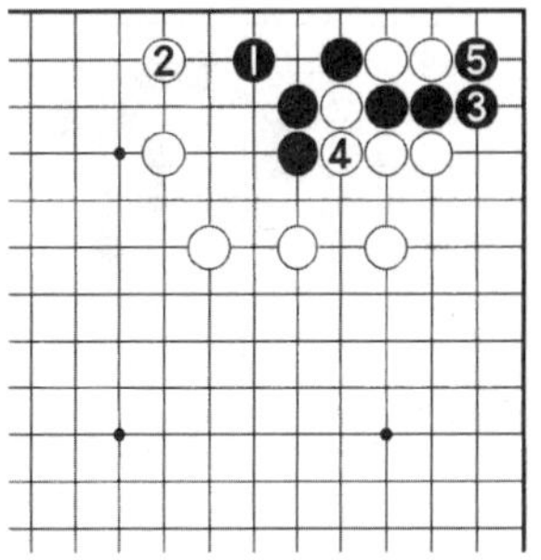

## 흑 삶

백2로 상변을 막으면 흑3으로 뻗는 것이 성립한다. 백4에는 흑5로 흑은 귀의 백 2점을 잡고 살아 백집이 흑집으로 바뀐다.

(511)

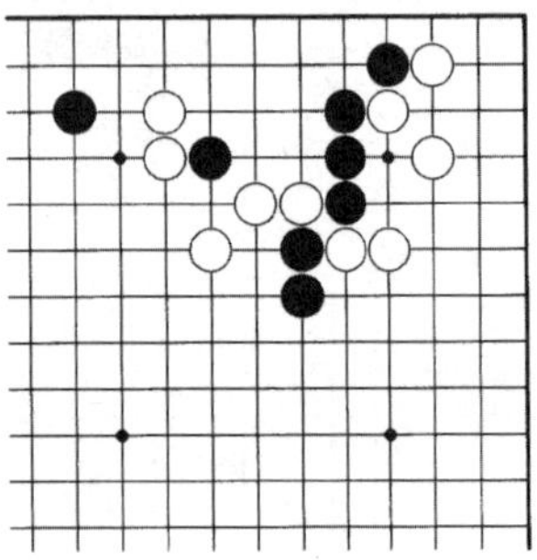

解

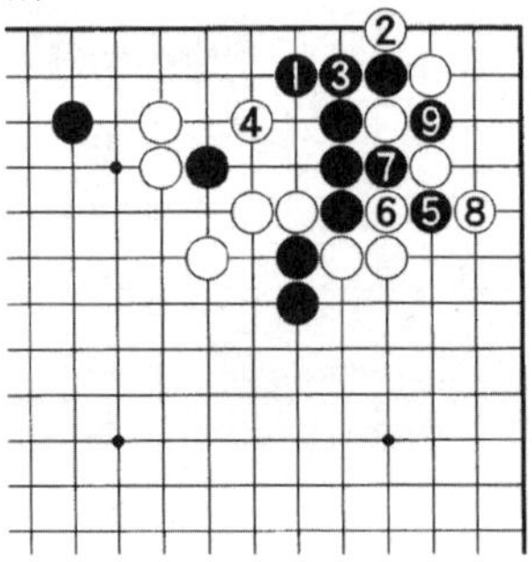

变

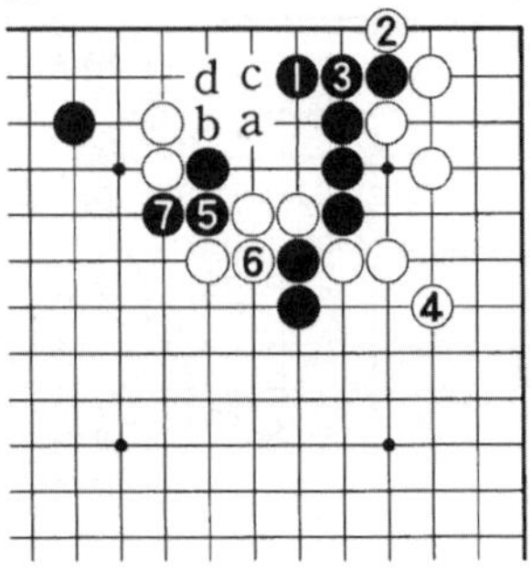

제2형 흑번

### 양쪽 노림

상변의 전투.
귀의 흑을 살리기 위하여 중앙으로 탈출할까? 귀의 백집을 부수고 살까? 양쪽을 노리는 수를 연구한다.

### 흑 삶

흑1의 호구이음이 중앙으로 활용되는 모양이다. 백2, 4로 중앙으로 탈출하지 못하게 막으면 흑5로 건너붙여 귀의 백을 공격한다. 흑9로 산다. 백8로 9는 흑8.

### 탈출가능

백4로 귀를 지키는 변화이다. 흑5의 젖기를 활용하여 7로 탈출한다. 이후 백a는 흑b, 백c는 흑d.

호구

수상전

(512)

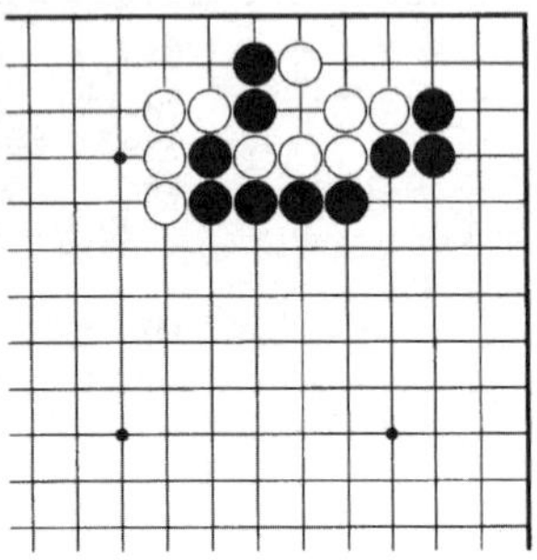

解

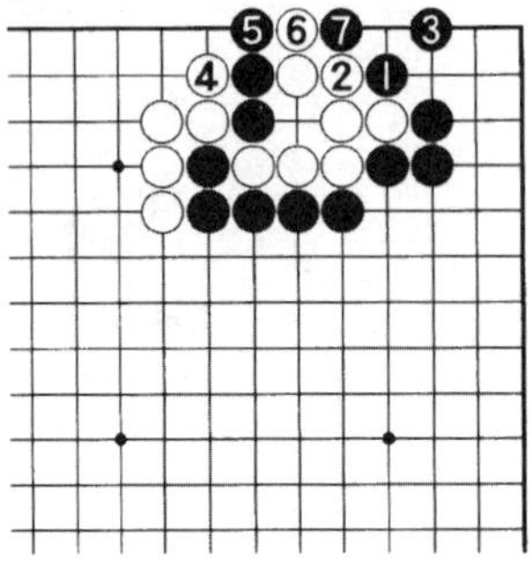

失

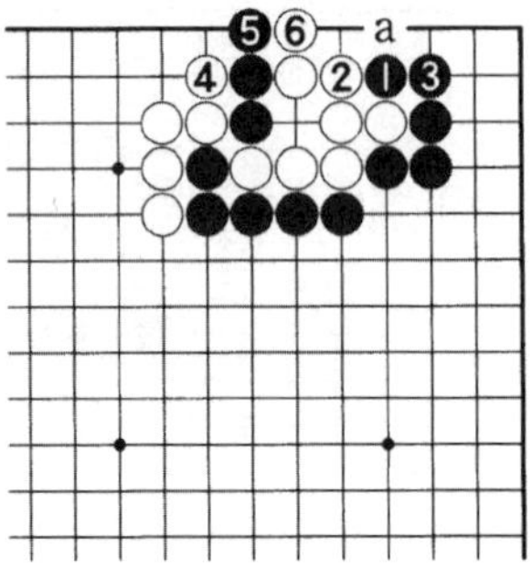

제1형 흑번

### 살아남

상변의 수상전 문제.
흑 2점을 공격하는 백은 자충으로 맛이 나쁘고 흑은 2점을 살려서 나가는 수가 있다.

### 패

흑1로 젖히고 3의 호구이음이 탄력이 있는 모양이다. 백4, 6으로 상변을 공격하면 흑7로 먹여쳐서 패가 난다. 백6으로 7은 빅.

### 수 없음

흑1, 3으로 젖혀 이으면 백4, 6으로 공격당해서 실패이다. 흑에게는 수가 없다. 흑3으로 a에 내려도 백3으로 끊어 흑은 실패한다.

(513)

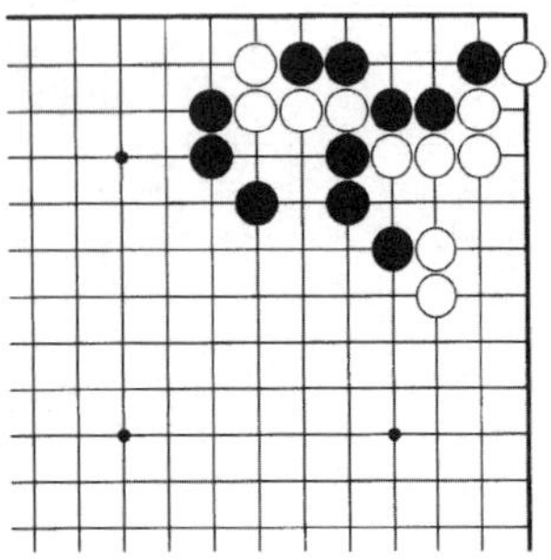

解

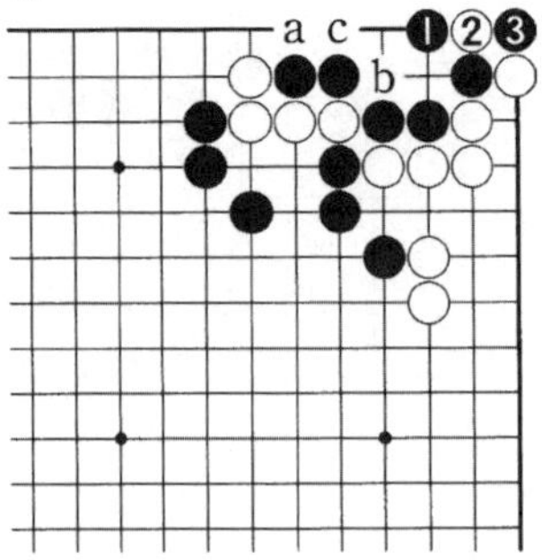

失

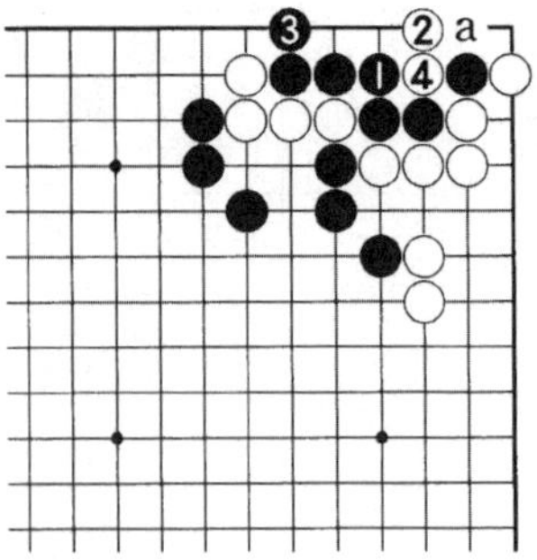

제2형 흑번

### 탄력

상변의 수상전 문제.
흑은 자충이지만 귀의 탄력을 살려 패로 끌고 가면 성공이다.

### 패

흑1로 호구이음이 탄력 있는 수이다. 백2로 먹여쳐서 패가 난다. 백2로 a, 흑b. 백c로 공격해도 패가 난다.

### 흑 잡힘

흑1로 이으면 백2로 치중하여 실패한다. 흑3, 백4로 귀가 공격당해 흑은 3수밖에 되지 않는다. 흑3으로 a도 백3으로 흑이 패배한다.

호구
살다

제1형 백번

(514)

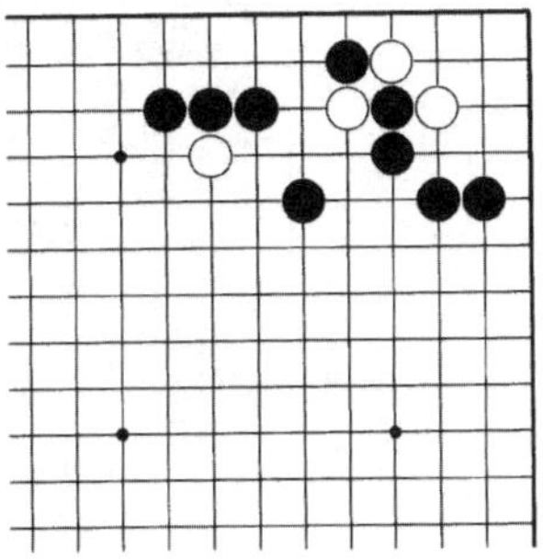

## 뒷맛

귀의 전투.
우상의 백은 흑의 포위 안에 있다. 이대로 가만히 죽을 수는 없다. 흑 집에 뒷맛이 남아 있다.

解

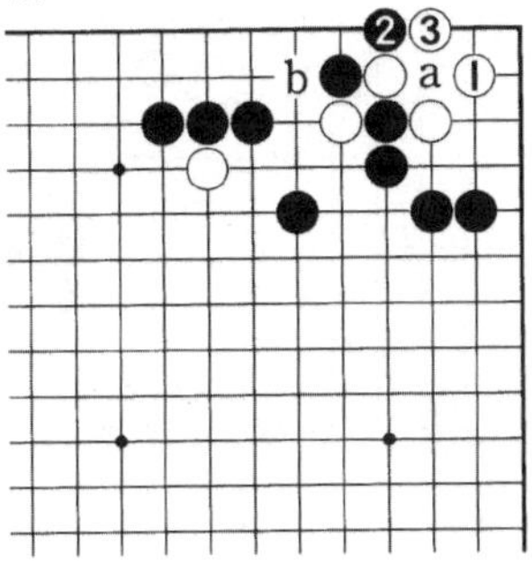

## 패

백1로 호구이음이 탄력이 있는 모양이다. 흑2로 단수치면 백3으로 패를 낸다. 백3으로 a에 이으면 흑 b로 무조건 죽는다.

变

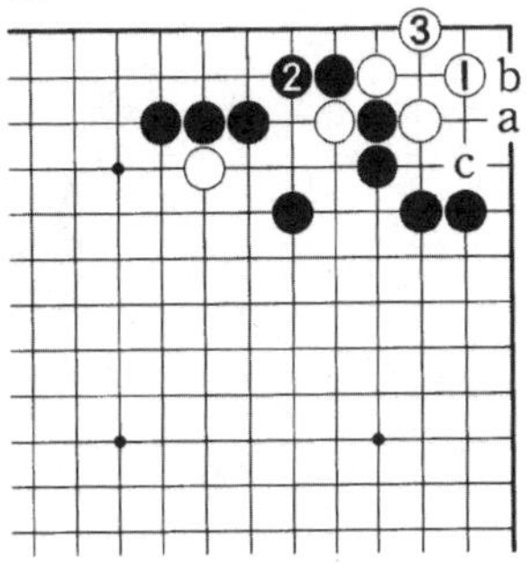

## 백 삶

흑2로 당기면 백3으로 집을 내어 산다. 흑a는 백b. 백3으로 c에 두어 집을 넓히면 패가 남는다.

제2형 흑번

(515)

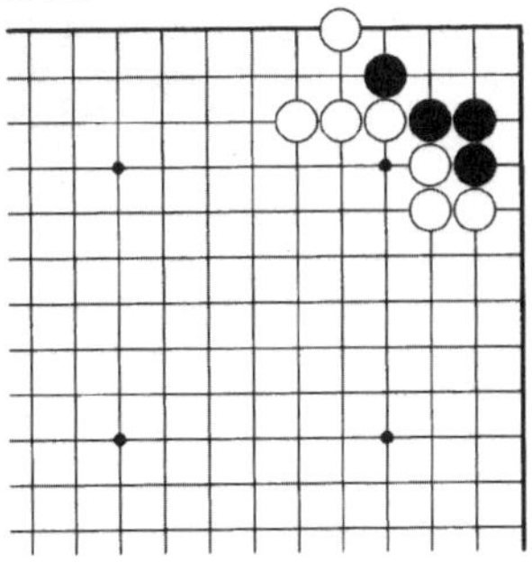

## 무조건

사활의 문제.
귀의 흑이 괴로운 모양이지만 백의 공격을 타개하여 무조건 살 수 있다.

解

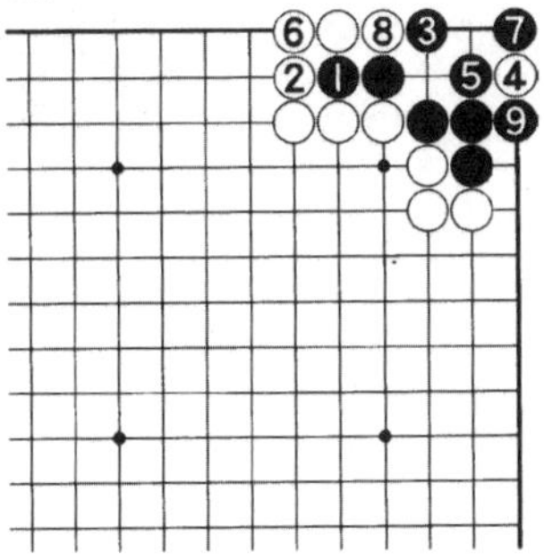

## 흑 삶

흑1로 나가 3으로 호구이음 하는 것이 좋은 수순이다. 백4로 치중하여 패를 노리지만 흑5로 막고 7로 먹여쳐서 산다.

失

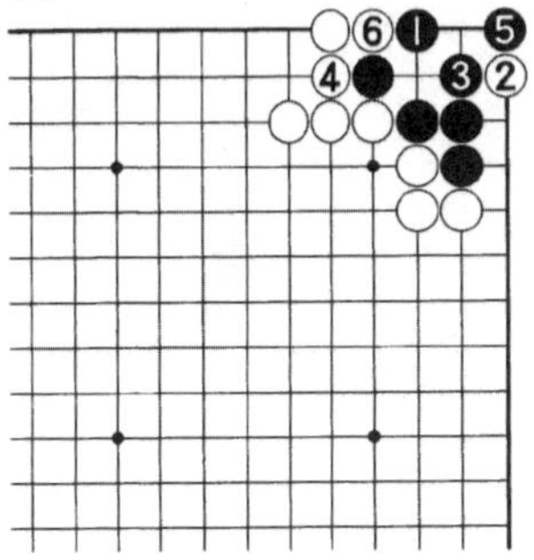

## 패는 실패

흑1, 3은 백4로 이으면 흑은 2점을 되돌리는 것이 듣지 않는 모양이다. 백6으로 패가 난다. 흑3으로 4에 나가면 백3으로 뻗어 시기를 놓친다.

제3형 흑번

(516)

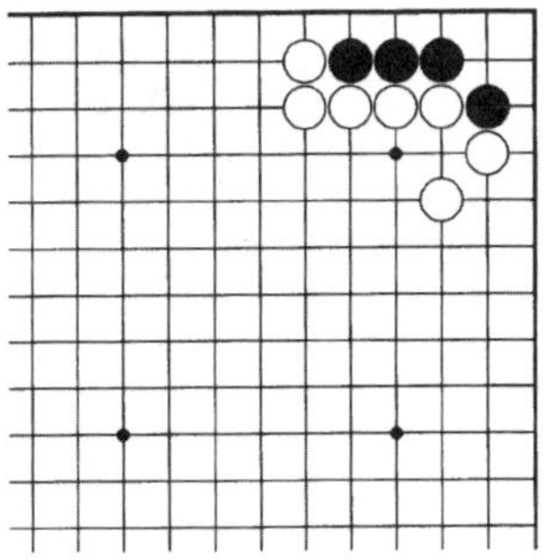

## 모양으로 기억한다

이것은 귀의 사활의 기본적인 문제이다. 이런 것은 모양을 기억해 두는 것도 한가지 방법이다.

解

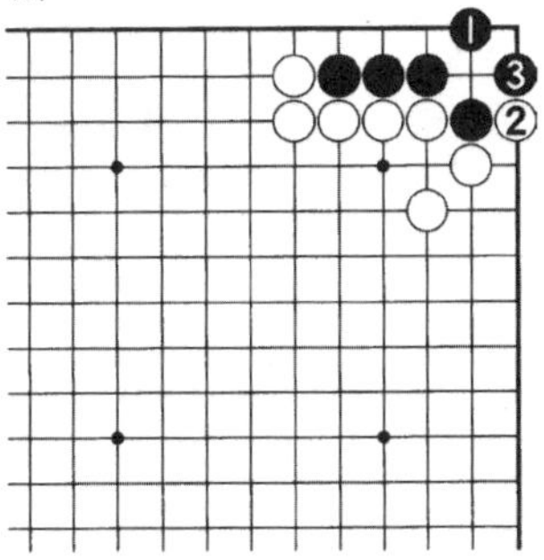

## 2·1

귀의 급소는 2·1 라고 잘 이야기 된다. 이것도 흑1로 2·1에 두는 수가 좋은 수이다. 백은 2로 단수치고 패를 내는 것이 최선의 수이다.

失

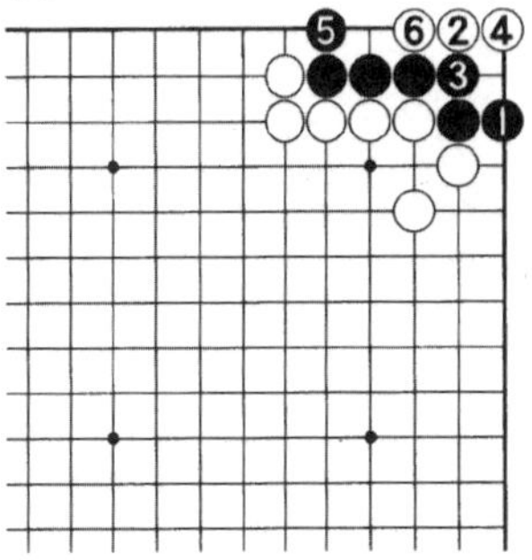

## 귀곡사

궁도를 넓히는 흑1에 백2로 치중한다. 이하 백6까지 빅처럼 보이지만 잘 보면 귀곡사로 흑이 죽는 모양이다.

(517)

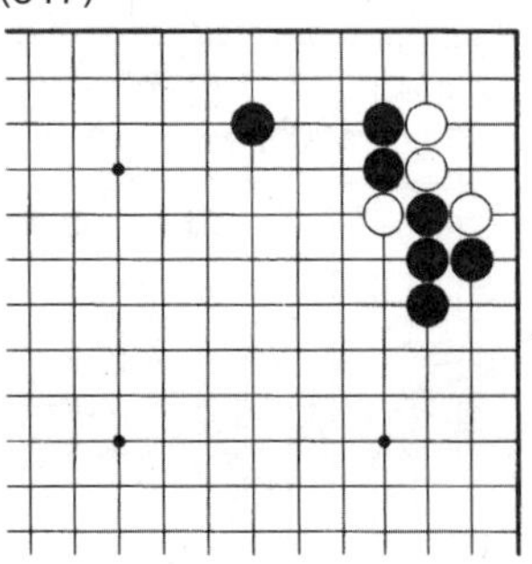

**제4형 백번**

### 수읽기가 중요

실전에서도 종종 발견되는 모양이다. 여기서 틀리면 바로 바둑이 끝난다. 수를 잘 읽는 것이 중요하다.

解

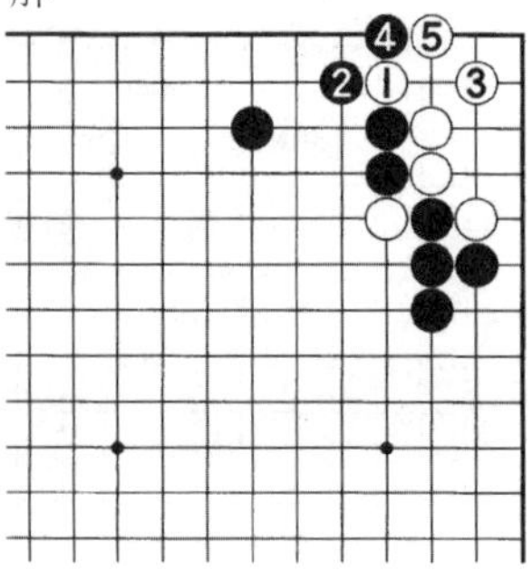

### 탄력

백1, 흑2는 당연하지만 다음의 백3이 끈끈하고 탄력이 풍부한 좋은 수이다. 흑4에는 백5로 패를 내서 위기를 모면한다.

失

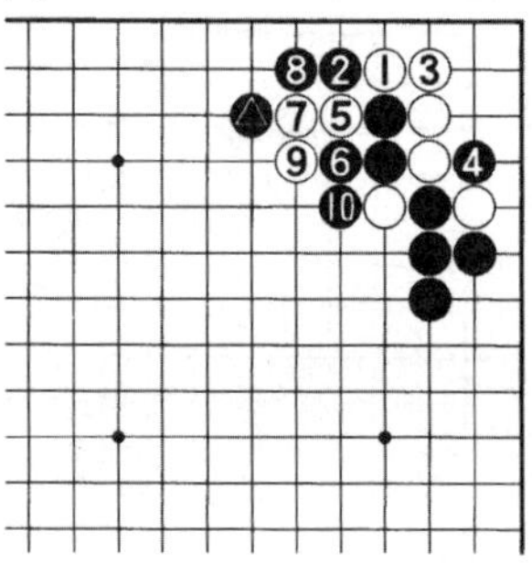

### 백이 무리

흑▲가 준비되어 있는 장면에서 백3으로 이으면 흑4가 성립한다. 백5로 끊어도 흑▲가 급소 자리에 있어 잘 듣지 않는다.

(518)

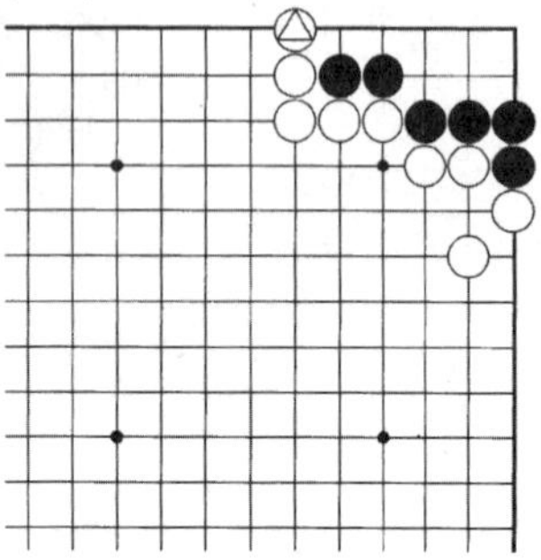

**제5형 흑번**

### 절체절명

공배가 메워져 그 결과 백◎의 뻗음까지 있어 괴로운 흑의 모양이다. ◎을 움직이지 않도록 하는 것이 포인트이다.

解

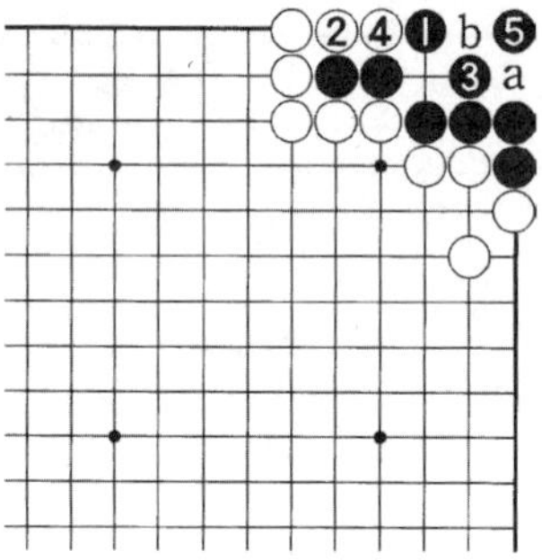

### 이것밖에 없다

살기 위해서는 흑1밖에 없다. 백2, 4는 흑3, 5가 중요하다. 또한 백2로 3은 흑a, 백b를 교환 한 뒤 흑2로 손을 돌리는 것이 수순이다.

失

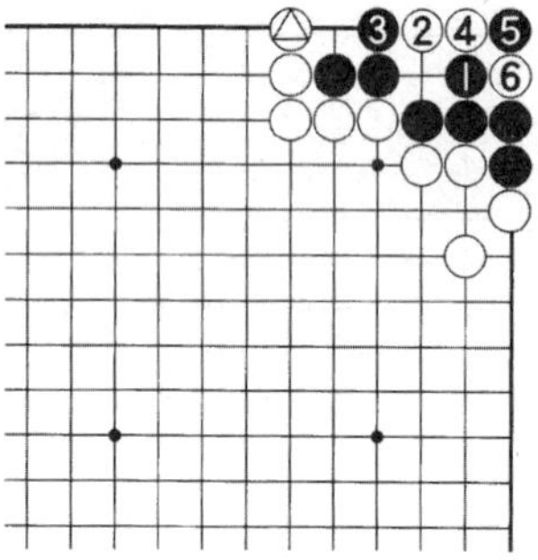

### 패는 실패

흑1은 백2로 치중하면 백◎가 활용된다. 흑3은 다른 수가 없고 백4에는 흑5로 먹여쳐 패를 하는 것 외에 방법이 없다.

(519)

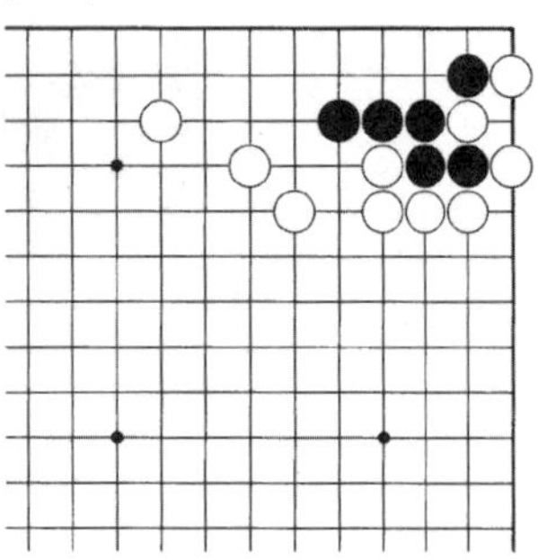

**제6형 흑번**

### 무조건

우상의 흑은 어떻게 될까?
패의 모양으로 보이지만 흑은 무조건 살 수 있다.

解

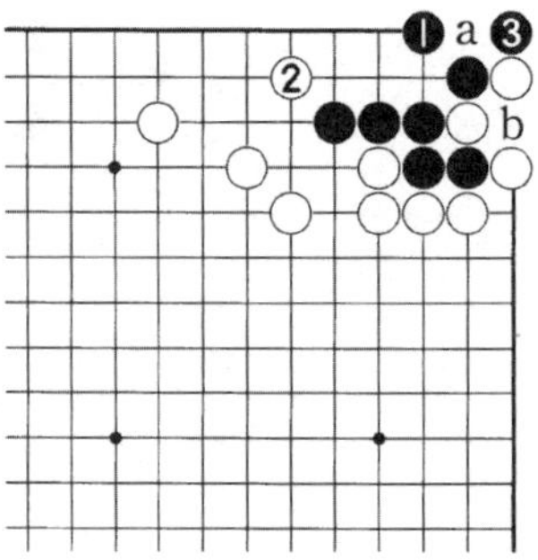

### 양패

흑1로 호구이음이 맥이다. 백2로 왼쪽의 집을 빼앗으면 흑3으로 먹여쳐서 양패가 된다. 백a는 흑b로 흑이 산다.

失

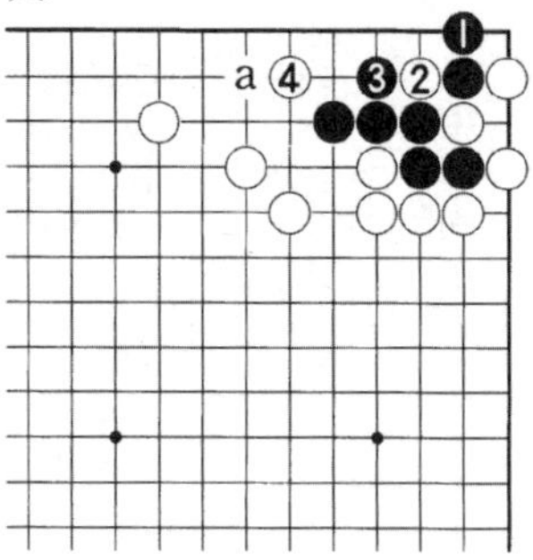

### 패

흑1로 뻗으면 백2로 끊어 귀의 공배가 메워져 흑3, 백4로 그냥은 살 수 없다. 흑1로 a도 백2로 끊어 위험하다.

(520)

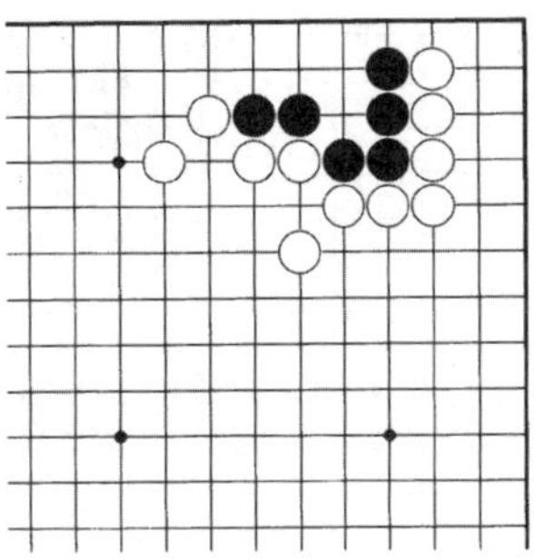

제7형 흑번

## 수를 낸다

사활의 문제.
흑은 집이 좁은데다가 공배가 꽉 차기까지 하여 몹시 괴로운 모양이다. 수를 내면 성공한다.

解

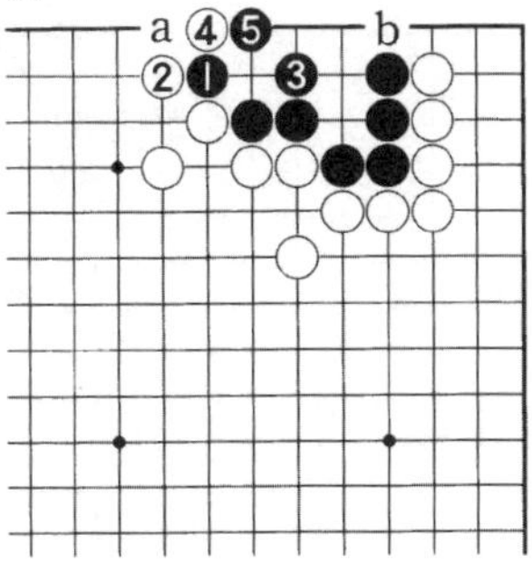

## 패

흑1로 젖히고 3으로 호구 잇는다. 백4로 단수치고 흑5로 막아 패가 난다. 이후 백a는 흑b로 버틴다.

失

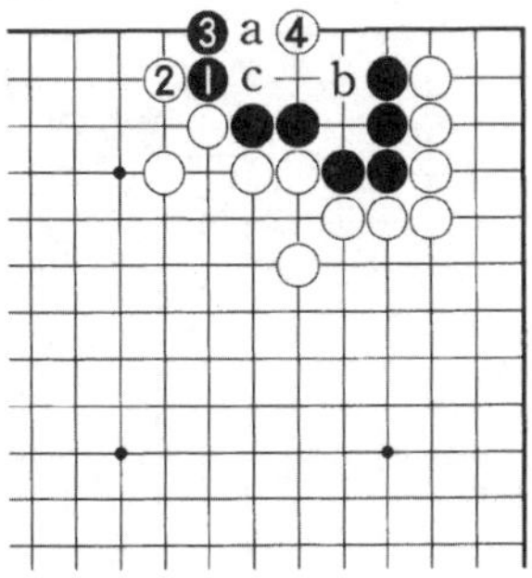

## 흑 죽음

흑3으로 뻗으면 백4의 치중이 공격의 맥이 된다. 흑3으로 a는 백b. 또 흑1로 c에 두어도 백b로 붙여 죽는다.

(521)

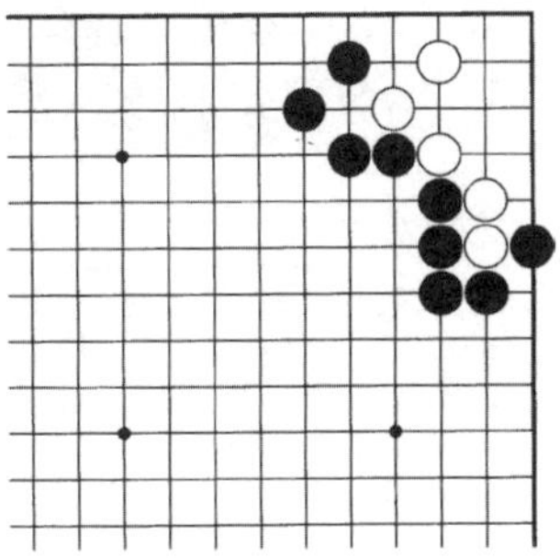

제8형 백번

## 방지하다

사활의 문제.
백은 간단히 집을 낼 것 같으면서도 옥집이 나기 쉬운 모양이다. 흑의 공격을 저지하는 수는?

解

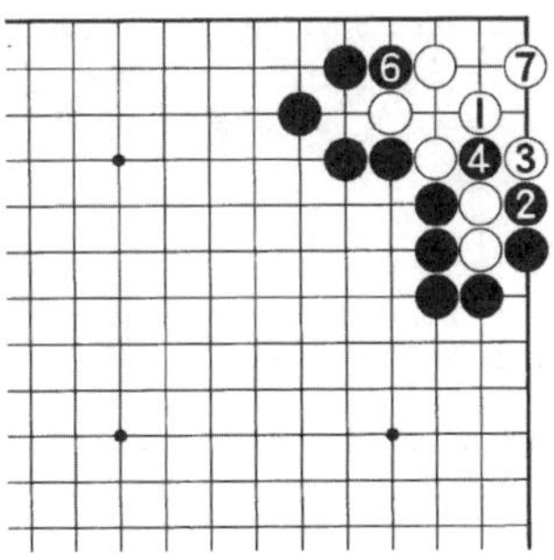

## 백 삶

백1은 안형의 급소이다. 흑2로 단수치면 3으로 막고 5로 되따낸 뒤, 7까지 입구자하면 살 수 있다.
※⑤→❹

失

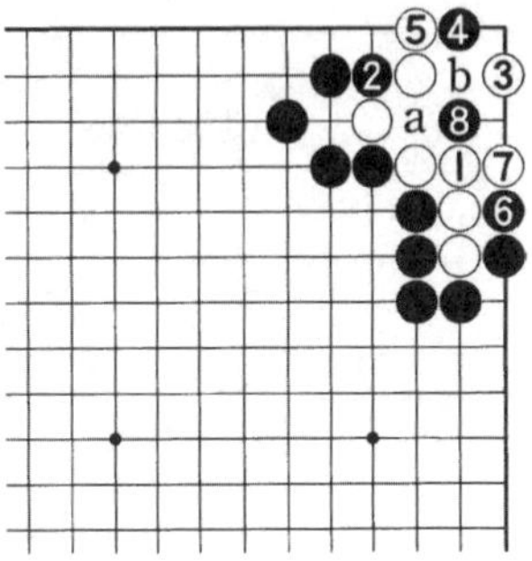

## 백 죽음

백1로 이으면 흑2로 집이 좁아져서 실패한다. 백3에는 흑4의 치중수부터 6, 8로 공격한다. 다음에 a와 b가 맞보기.

(522)

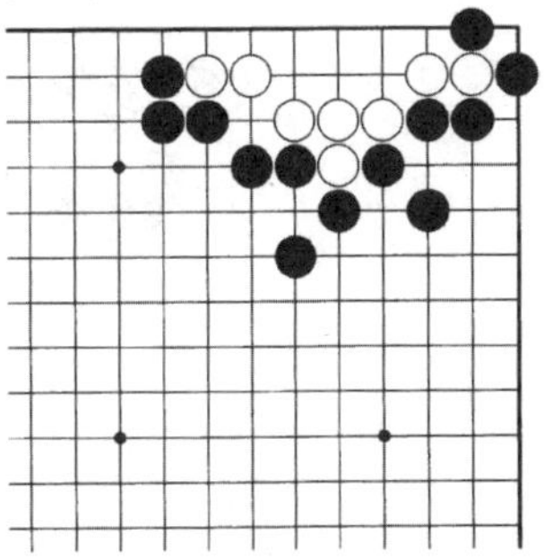

제9형 백번

## 사석

사활의 문제.
귀의 백 2점이 잡힐 것 같아 신경이 쓰인다. 백 2점을 사석으로 활용하면 좋다.

解

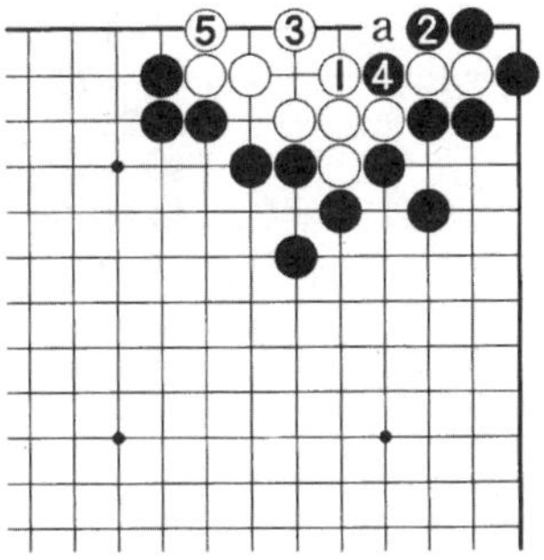

## 호구

백1의 호구 모양이 좋은 수이다. 흑2로 단수치면 백3으로 집을 내고 5까지 산다. 흑4로 5는 백4로 살아 있다.

変

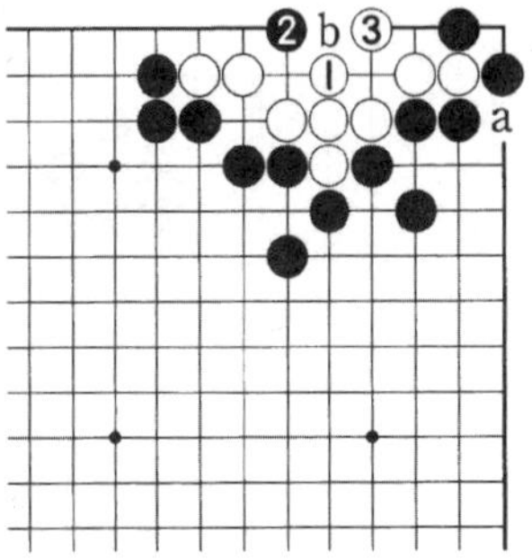

## 흑 삶

흑2로 치중하고 백3으로 집을 만들면 그만이다. 흑a는 백b로 좋다. 백1 이외의 수는 흑을 1에 두게 하여 실패한다.

(523)

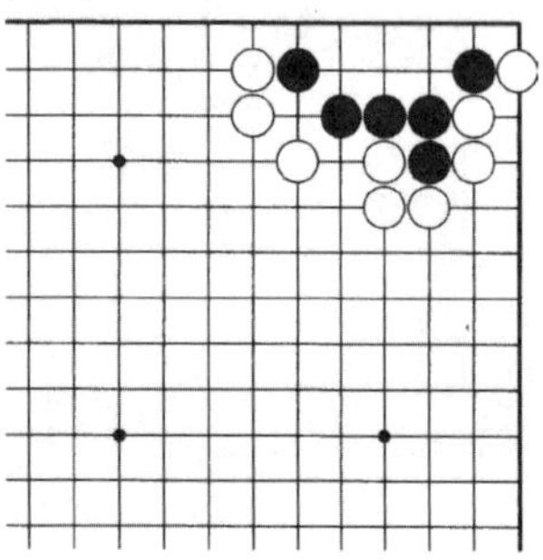

解

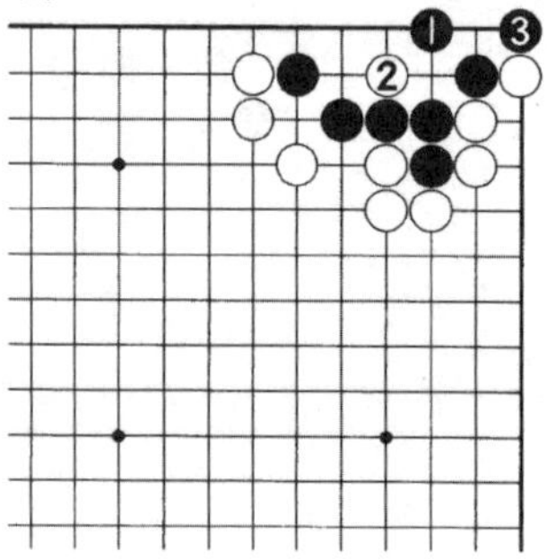

失

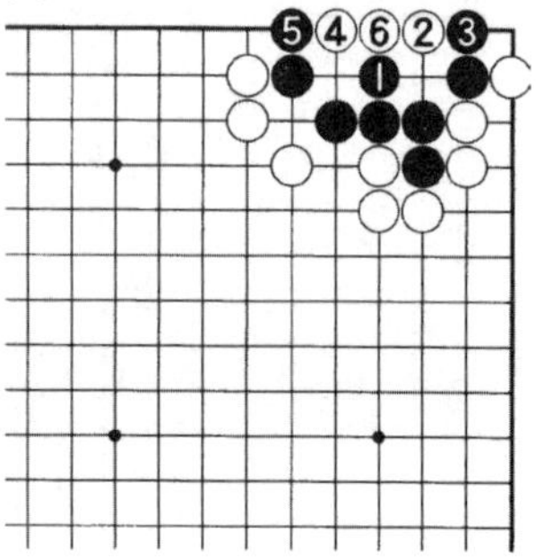

제10형 흑번

### 맥의 힘

2집 만드는 것은 명확하게 공간이 부족하다. 이럴수록 맥의 힘을 이용해보자.

### 먹여치기

흑1로 호구이음이 좋은 수이다. 계속해서 흑3의 먹여치기를 발견, 백은 잇는 것이 불가능하고 패가 난다.

### 흑 죽음

흑1은 백3으로 단수치면 패를 내려하였으나 백2로 실패한다. 백6까지 흑이 죽는다.

(524)

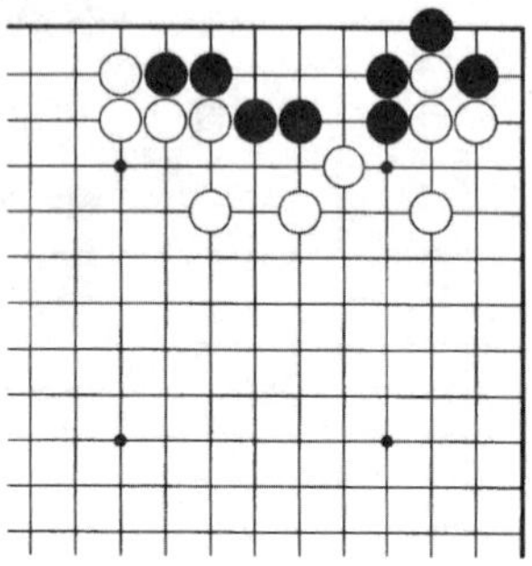

解

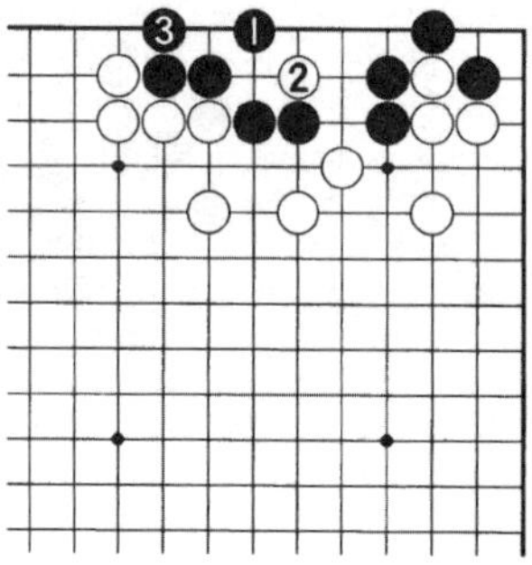

失

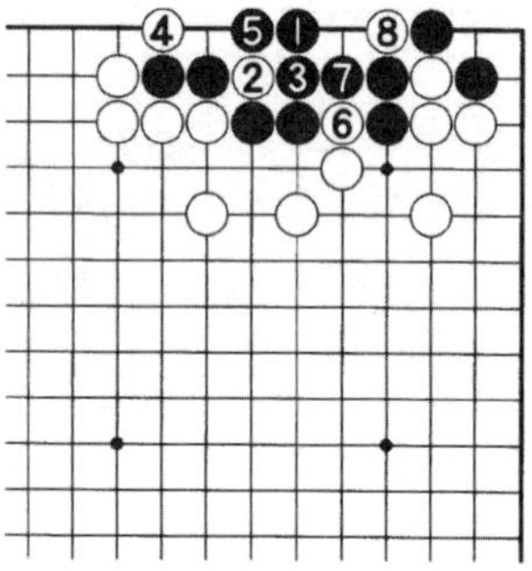

제11형 흑번

### 망설이지 말고

망설이지 않고 대답할 수 있다면 높은 수준이라 할 수 있다. 헤매면 헤맨 만큼 깊이 빠진다.

### 맞보기

2와 3을 맞보기로 하는 수로 흑1이 좋은 수이다. 그 이외의 흑은 모두 죽는다. 실전에서 간과할 수 있는 모양이므로 세심한 주의가 필요하다.

### 간단

흑1은 일견 급소로 보인다. 백2 부터 8까지의 긴 수순으로 간단히 죽는다. 흑1로 3은 백5가 역시 좋은 수이다.

(525)

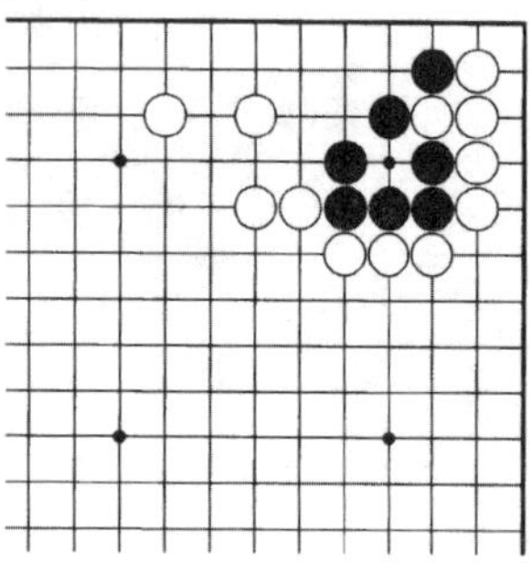

解

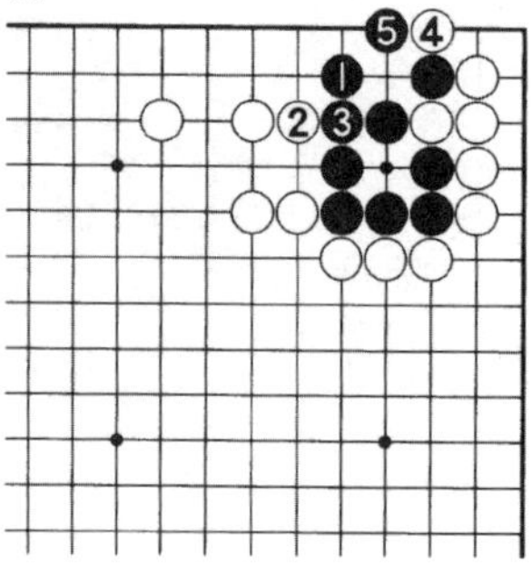

失

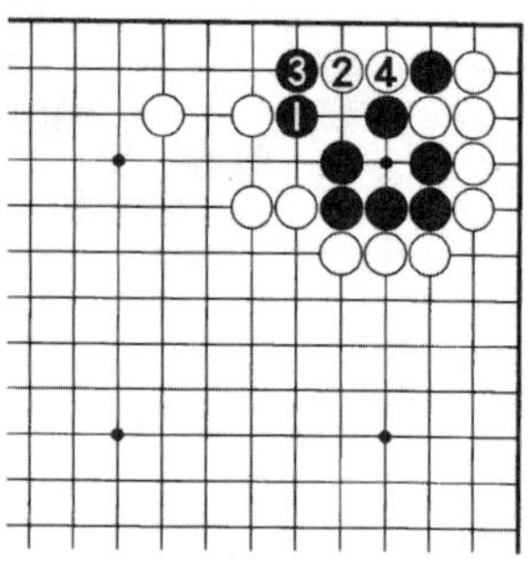

제12형 흑번

### 하나의 일

주변 백에서 수단을 구할 수는 없을까? 없다면 어떻게든 스스로 처리해야 한다. 패를 만들면 성공한다.

### 급소

안형의 급소는 흑1이다. 백2, 4이면 흑5까지 패가 난다. 백2를 4에 두면 흑2로 무조건 살 수 있다.

### 의미 없음

같은 호구이음에도 이것은 의미가 없다. 백2가 급소이므로 흑은 죽음을 피할 수 없다.

제13형 흑번

(526)

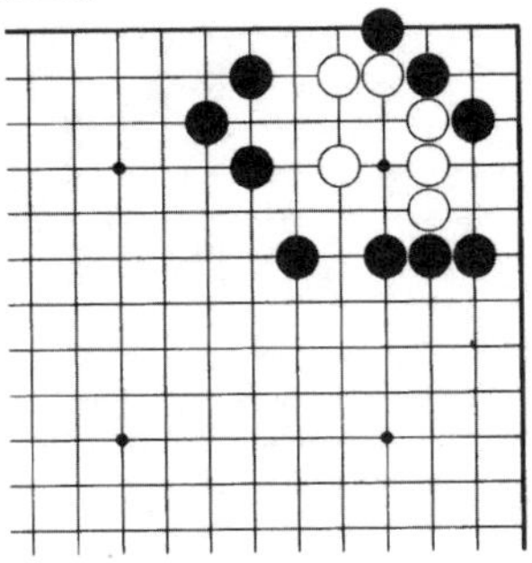

### 귀의 생사

사활의 문제.
귀의 흑을 살릴까, 우변으로 건너갈까. 우변으로 건너가면 최소한 백을 괴롭힐 수는 있다.

解

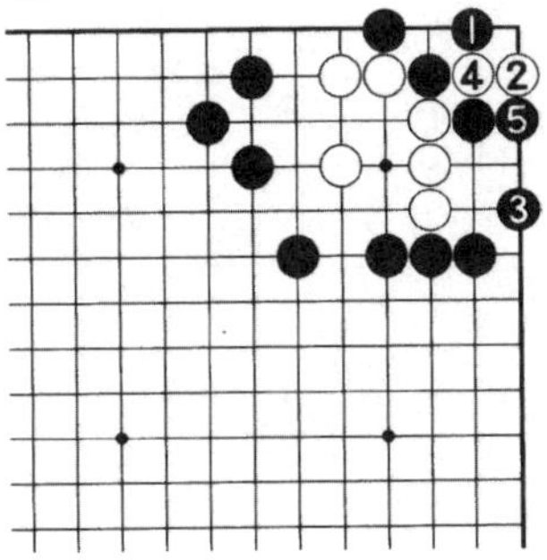

### 패

흑1의 호구이음이 급소이다. 백2로 치중해서 눈을 빼더라도 흑3으로 입구자하여 건널 수 있다. 백은 4로 끊어 패를 낼 수밖에 없다.

失

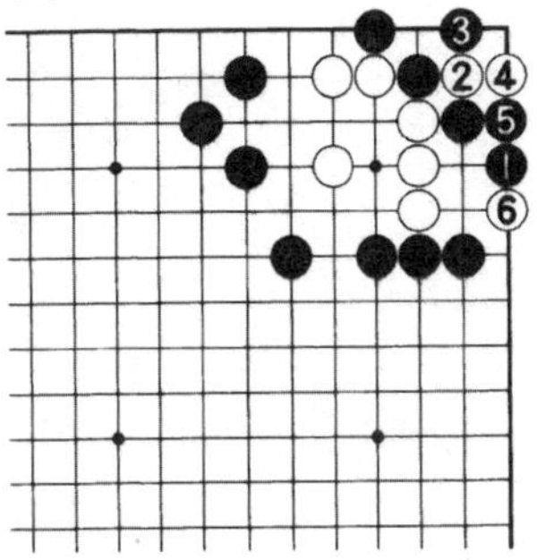

### 틀린 맥

흑1로 입구자하는 것은 틀린 맥이다. 백이 2로 끊고 흑3, 백4로 뻗으면 백6까지 패와는 상관없이 귀의 흑이 잡힌다.



제1형 흑번

(527)

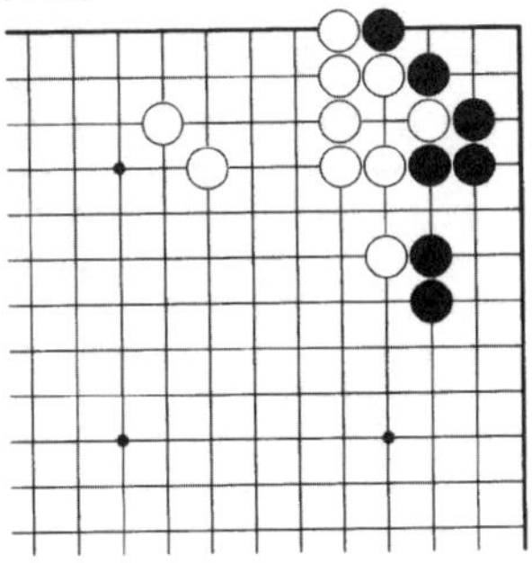

### 지킴

우상귀의 끝내기 문제.
흑은 팻감이 불리하다. 어떻게 귀를 지켜야할까.

解

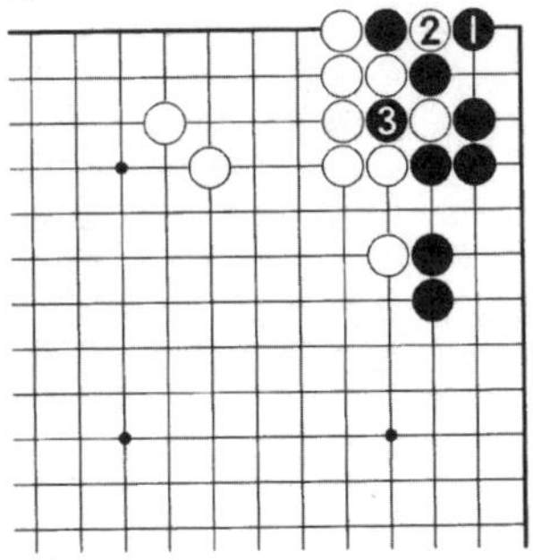

### 양패

흑1로 호구이음이 맥이다. 백2로 따내고 단수가 되지만 흑3으로 다시 패를 때리면 양패의 탄력으로 귀를 지킬 수 있다.

失

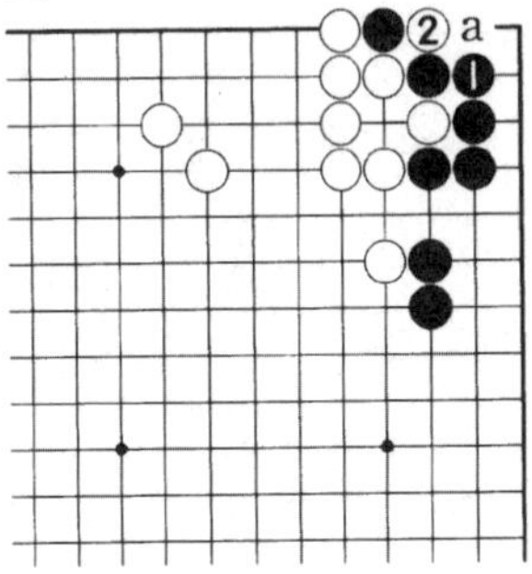

### 1집 이상 손해

흑1로 이으면 백2로 때린다. 흑a로 막으면 정해도보다 1집 이상 손해를 본다.

제2형 흑번

(528)

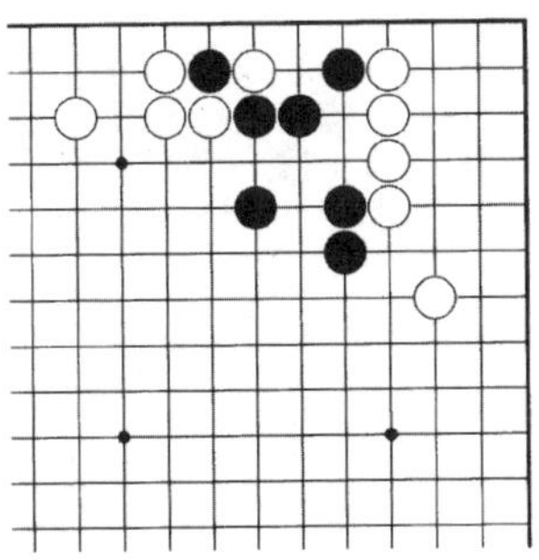

### 안형

상변의 전투.
흑은 중앙으로 도망쳤지만 우상의 백집을 끝내기하여 백이 받는 수에 따라서 안형을 만드는데 이용하고 싶다.

解

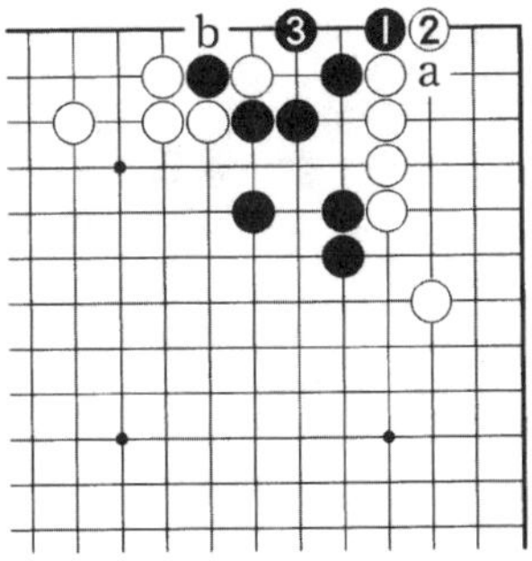

### 일석이조

흑1로 젖히고 백2로 막으면 흑3으로 호구치는 수가 좋다. 흑은 a의 끊음과 b로 흑 1점을 살리는 일석2조의 노림이 있다.

失

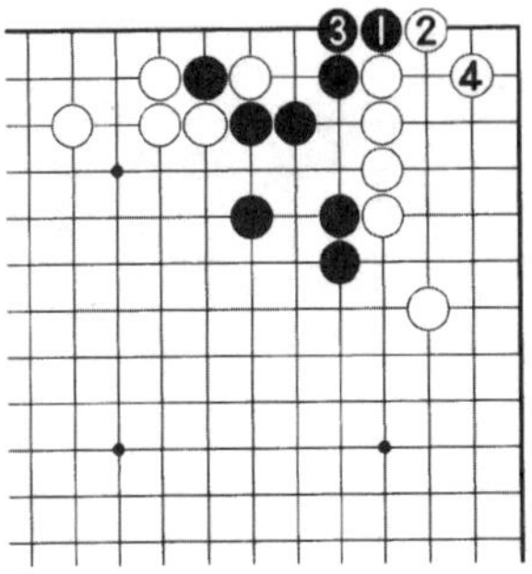

### 경솔

흑1, 3의 젖혀 이음은 경솔한 수로 백4로 받아 그만이다. 상변 흑 1점은 살릴 수 없다. 흑은 1집도 없어 중앙으로 도망가야 한다.

**제3형 흑번**

(529)

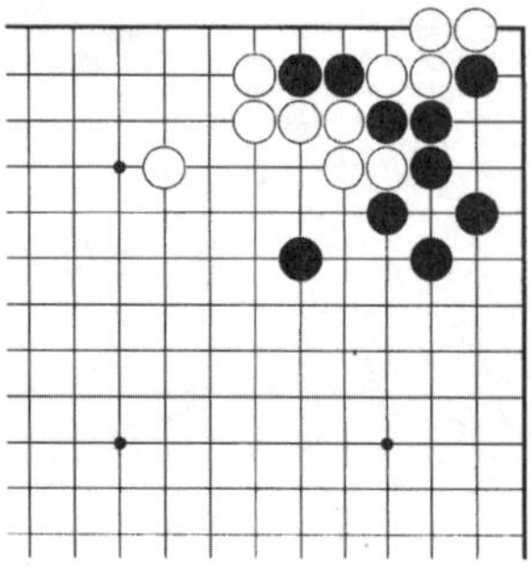

## 선수
끝내기 문제.
우상의 흑 1점을 어떻게 살려야 할까? 흑은 선수를 잡고 싶다.

解

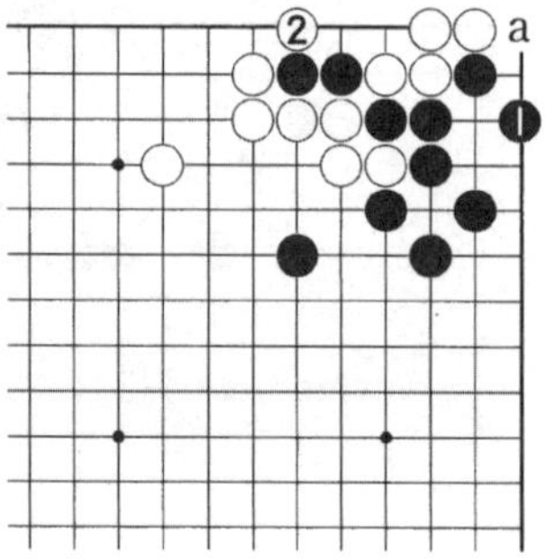

## 패 노림
흑1로 호구 잇는 수가 좋은 수이다. 우변의 흑이 튼튼하기 때문에 흑a로 먹여치면 꽃놀이패를 걸 수 있다. 백2로 지키려하면 흑이 선수를 잡는다.

失

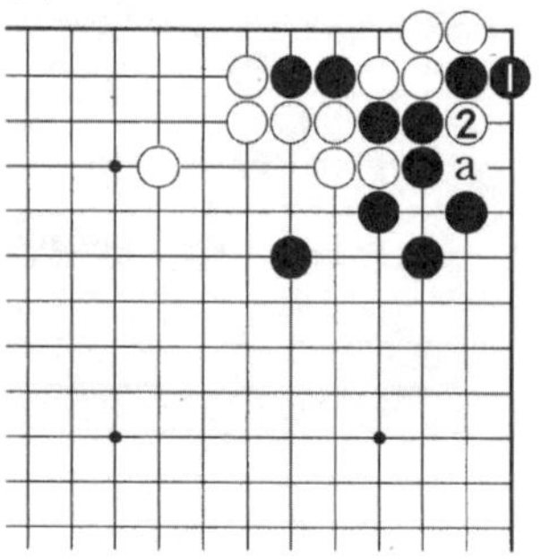

## 흑 완착
흑1로 뻗으면 완착이 된다. 백2로 끊어 흑a로 받으면 백은 상변을 선수로 구할 수 있다.

**제4형 흑번**

(530)

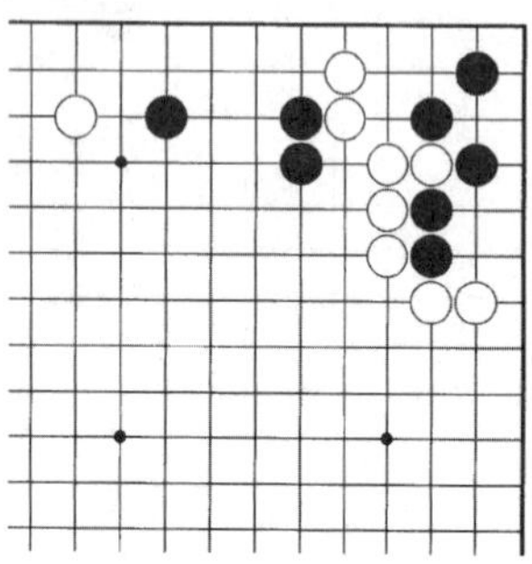

## 살리는 방법
우상의 전투.
흑 2점을 살리면 백 모양에 약점이 생긴다. 동시에 귀의 흑집을 최대한 넓히는 방법은?

解

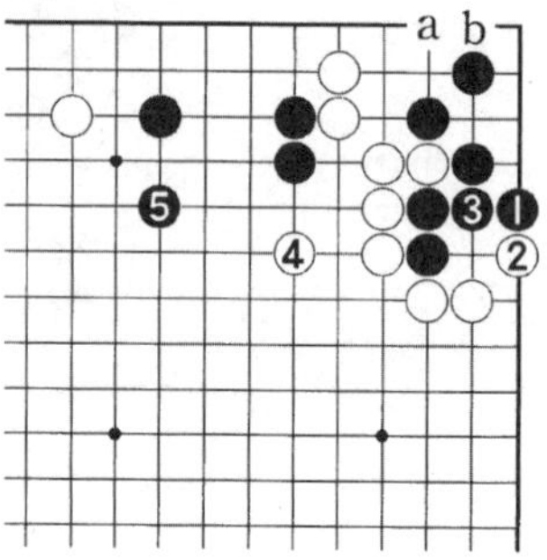

## 5집의 땅
흑1로 호구이음이 집을 최대로 넓힌다. 백2에 흑3으로 이으면 이후 백a, 흑b를 당해도 흑은 5집으로 죽지 않는다.

失

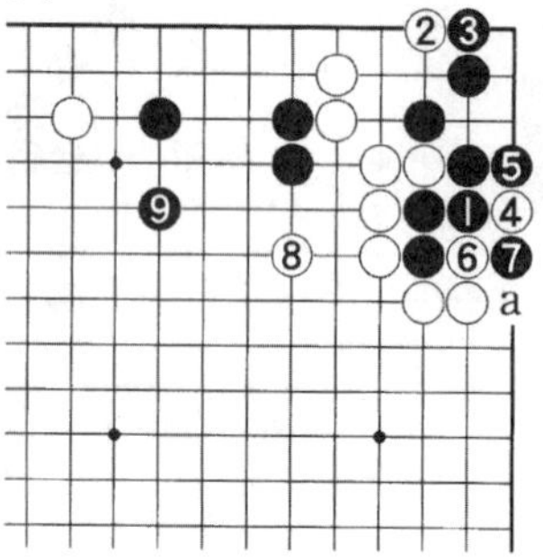

## 조금 손해
흑1로 이으면 1집 이상 손해가 난다. 백4로 붙여 6까지 흑이 1점을 따내어도 백a에 흑4로 이을 수 없어서 4집이 약하다.

**제5형 흑번**

(531)

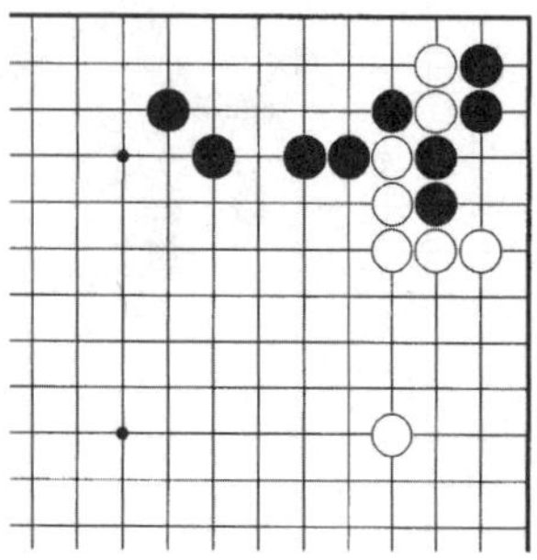

## 최선
우상귀의 끝내기 문데.
백 2점을 잡고 조임 당하면 불리하다. 흑이 집을 최대한 넓히는 수는?

解

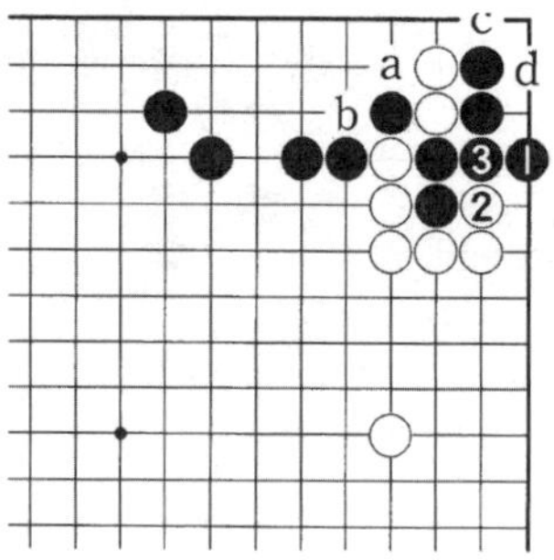

## 유가무가
흑1로 호구이어 집을 최대한 넓히는 맥이다. 백2, 흑3 이후 백a, 흑b, 백c로 귀를 공격해도 흑d로 받아 유가무가가 된다.

失

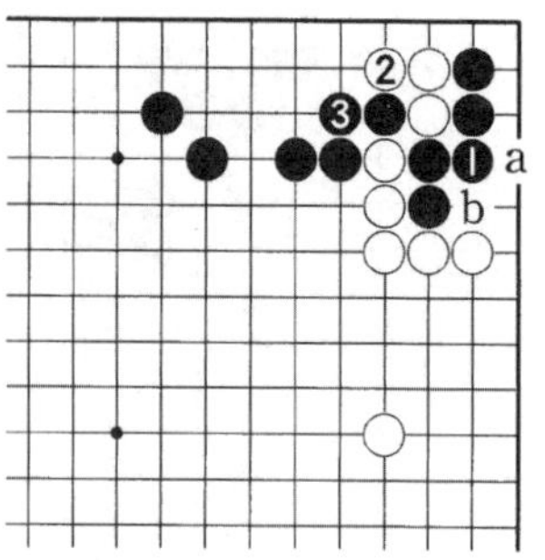

## 4집 이상 차이
흑1로 이으면 백2, 흑3 이후 백a로 붙이면 귀에 집이 줄어든다. 그 다음 백b로 두게 되면 정해도와는 4집 이상 흑집이 줄어든다.

(532)

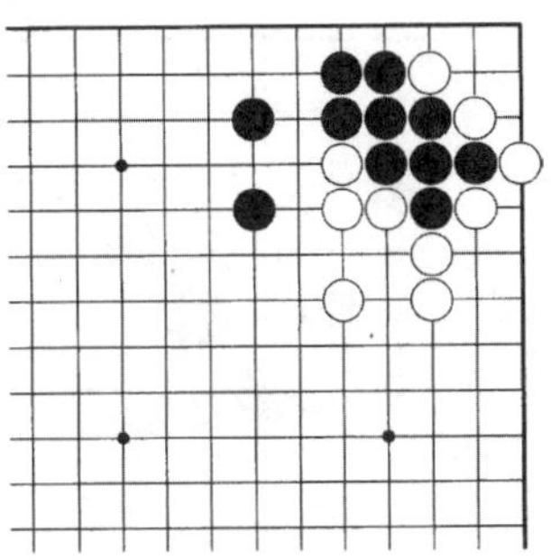

解

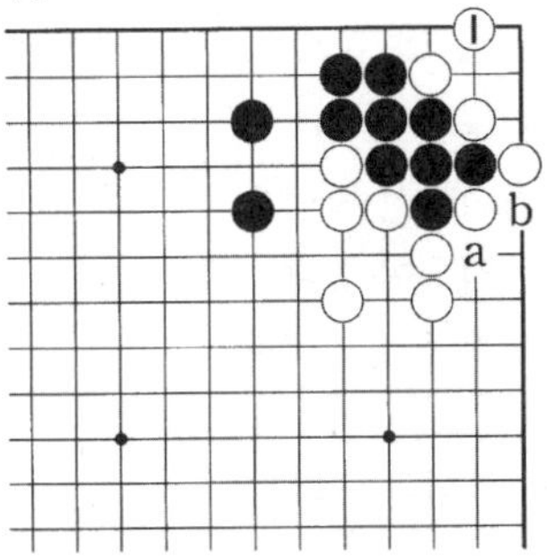


失

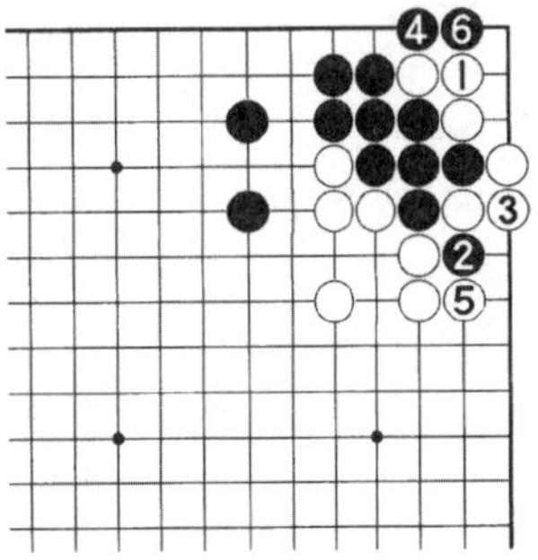

**제6형 백번**

## 득이 되는 수

끝내기 문제.
귀에 백이 가일수하여 집을 만들려고 한다. 이을 방법은 많으나 가장 이득이 되는 수는 단 하나뿐이다.

## 2집 이상

백1의 호구이음이 좋은 수이다. 흑a로 끊으면 백b로 이어 촉촉수가 되지 않는다. 귀에서 2집 이상의 백집을 낸다.

## 백 0집

백1로 이으면 흑2, 백3으로 활용하고 흑4로 젖혀 귀를 끝내기 한다. 흑6으로 밀고 들어가는 것이 선수이므로 귀의 백집은 0집이 된다.

(533)

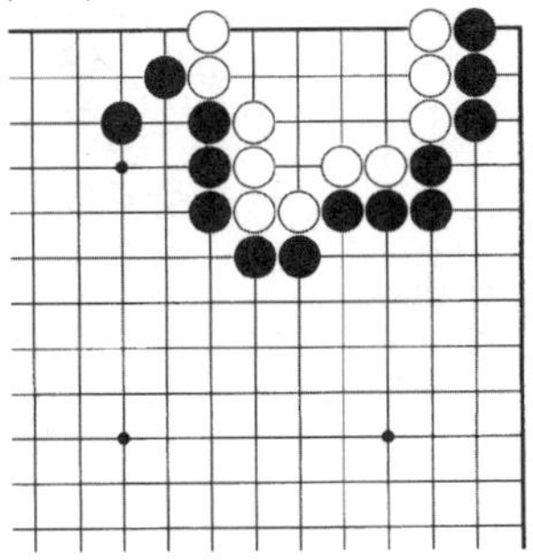

解

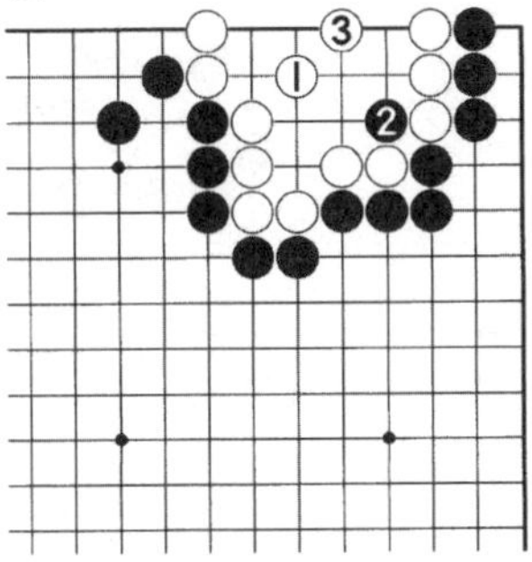

失

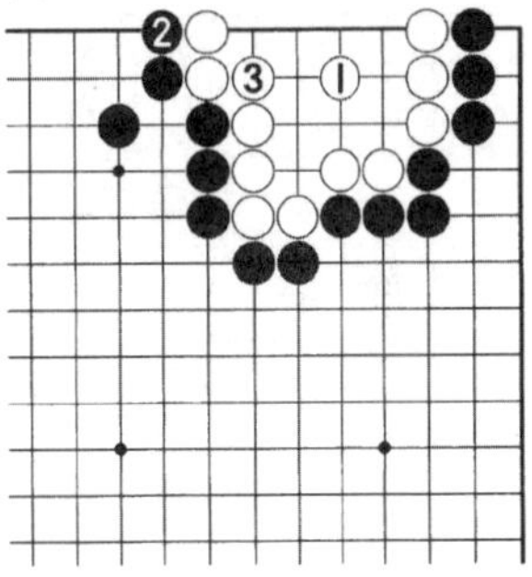

**제7형 백번**

## 가일수

상변의 백집에 어떻게 가일수 할까? 우상에는 확실한 약점이 있고 바로 지켜야 하지만 최선의 수는?

## 수 없음

백1로 호구 잇는 수가 좋은 수이다. 흑2로 끊으면 백3으로 수습하는 수를 준비하였다. 흑은 자충에 걸려 수가 없다.

## 2집 손해

백1로 지키면 2집 손해가 난다. 흑2, 백3으로 백은 집 안에 두 수를 들여야 한다. 흑2의 막음을 선수로 두면 흑은 1집이 늘어난다.

(534)

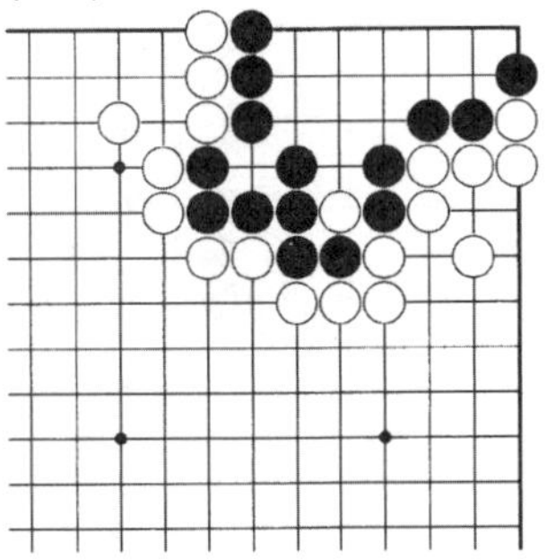

解

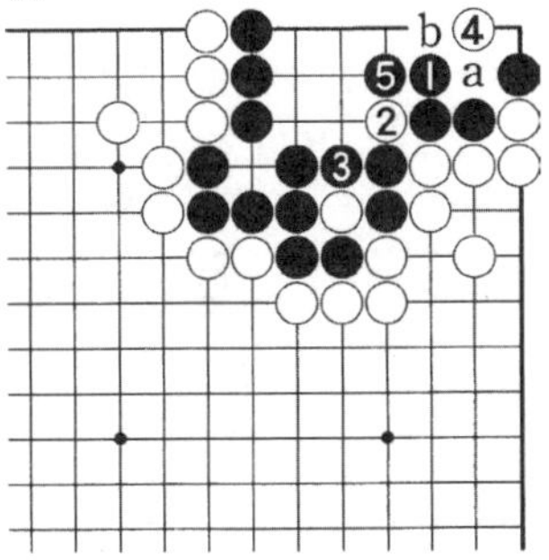


失

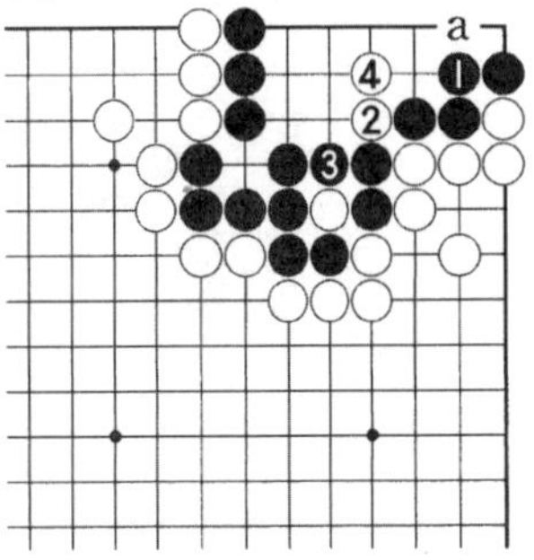


**제8형 흑번**

## 최선

흑집에 가일수하는 문제.
귀에 끊김이 남아 있다. 흑은 어떤 모양이 최선의 지키는 수가 될까?

## 환격

흑1로 호구 잇는 것이 최선이다. 백2로 끊고 4로 치중하여 귀를 공격해도 흑5로 받으면 그만이다. 백a는 흑b로 환격에 걸린다.

## 수상전 패

흑1로 이으면 귀에 탄력이 없어지고 실패한다. 백2, 4로 끊으면 수상전은 흑이 불리하다. 흑1로 2, 백1, 흑a의 패도 불리하다.

# 마늘모 육박

상대의 돌로부터 입구자 되는 자리에 두는 수.
마늘모 육박은 젖힘이나 막기처럼 직접적인 방법은 아니지만 상대 돌의 선봉을 억제하는 작용이 있다.
백1이 마늘모 육박. 우변 건넘과 상변 흑 1점을 살리는 양쪽을 노림으로 하고 있다.
백에게 1의 자리를 두게 하는 것과의 차이가 크다

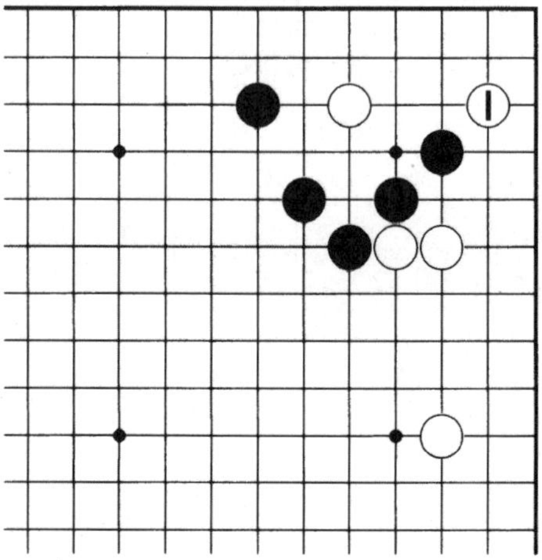




(535)

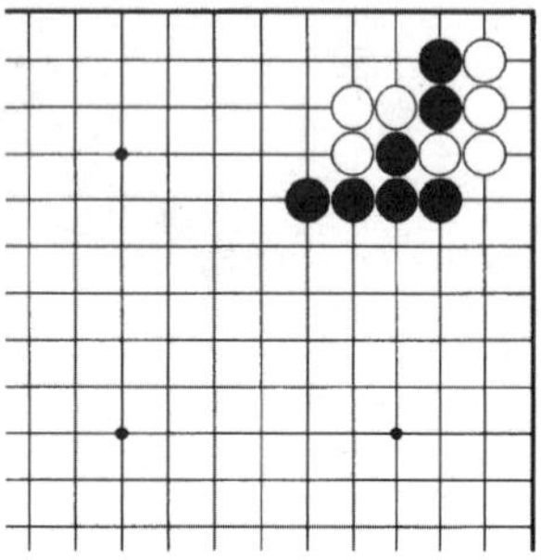

## 사석

우상의 전투.
흑은 잡혀있는 귀의 흑 2점을 사석으로 이용하여 상변의 모양을 결정짓고 싶다.

解

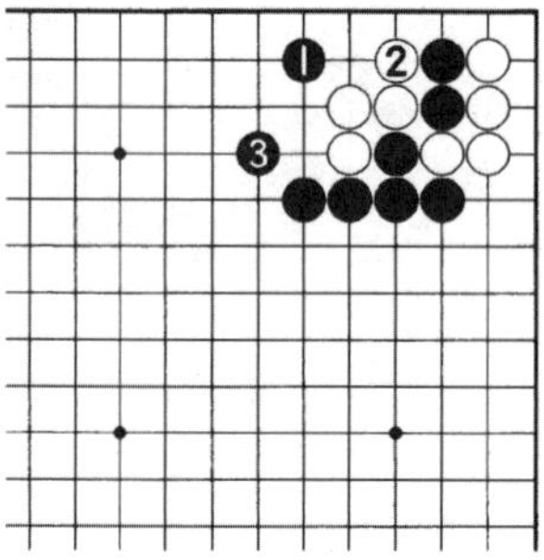


## 흑 성공

흑1의 마늘모 육박이 냉엄한 맥이다. 백은 자충으로 상변에 나갈 수 없다. 백2로 단수치고 흑3으로 입구자하여 흑의 봉쇄가 성공이다.

失

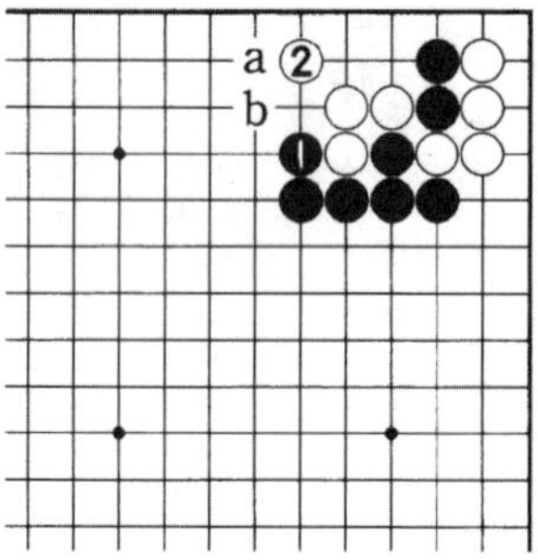


## 흑 불충분

흑1로 구부림은 백의 공배를 메우고 있지만 백2로 입구자하면 모양을 결정지을 수 없다. 흑a는 백b를 노린다.



(536)

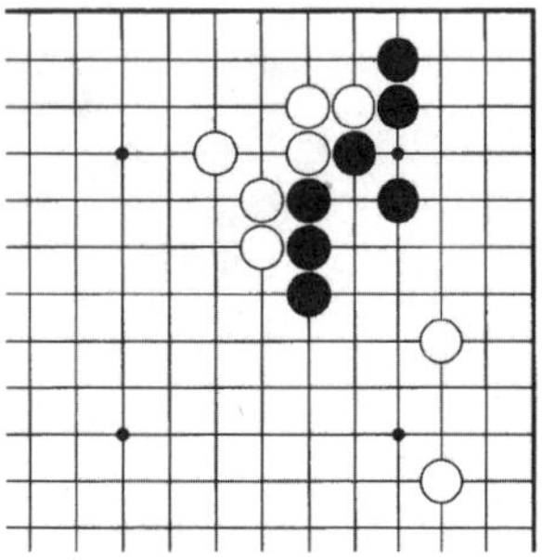

## 막다

우변의 전투.
우상귀의 흑은 백이 근거를 노리고 있는 모양이다. 흑은 효율적인 수로 백의 노림을 방어해야 한다.

解

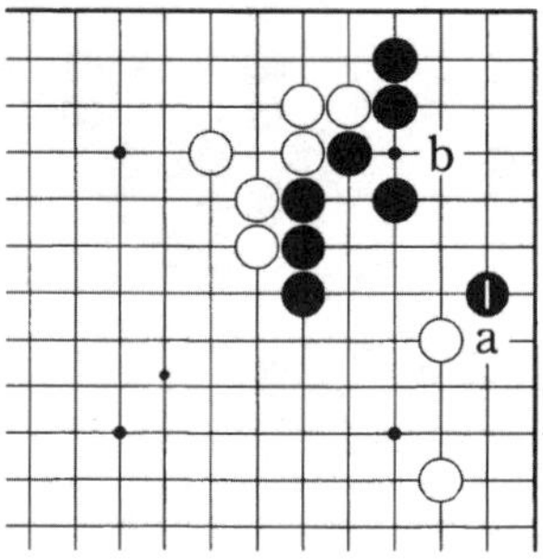


## 활용

흑1의 마늘모 육박은 상용의 맥이다. 백a에 받는 수를 활용하여 백b의 노림을 없앨 수 있다. 백이 손을 빼면 흑a가 냉엄하다.

失

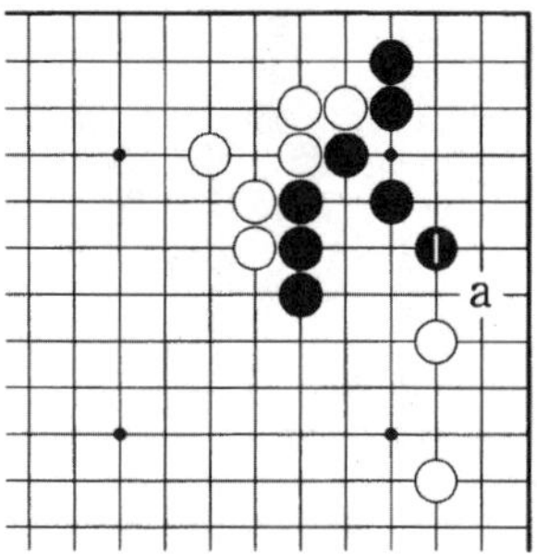


## 완착

흑1의 입구자는 완착이다. 백이 손을 빼도 흑은 쓸만한 수가 없다. 이후 흑a로 입구자는 흑의 모양이 느슨하다.

(537)

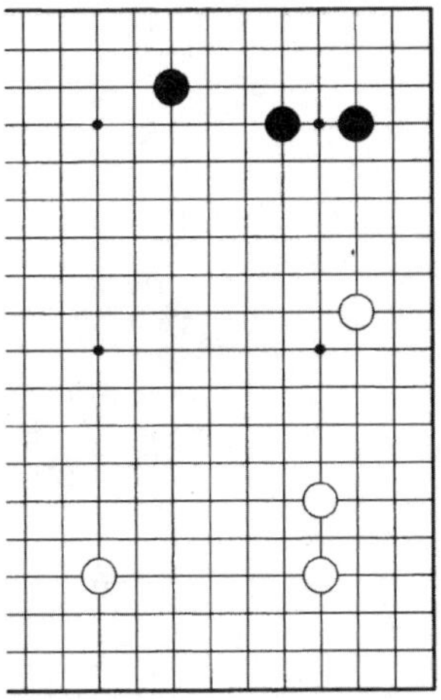

解

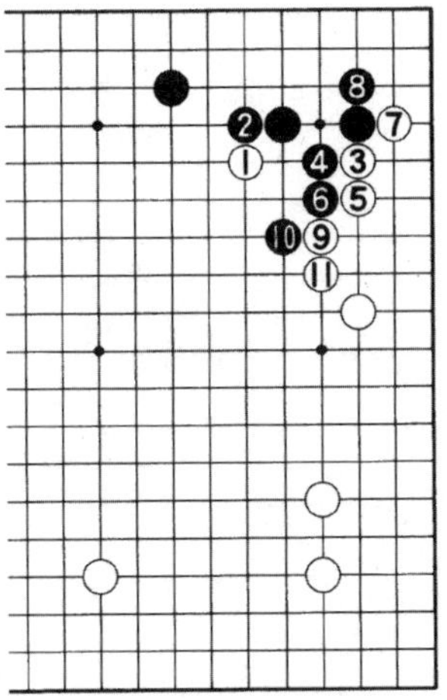

変

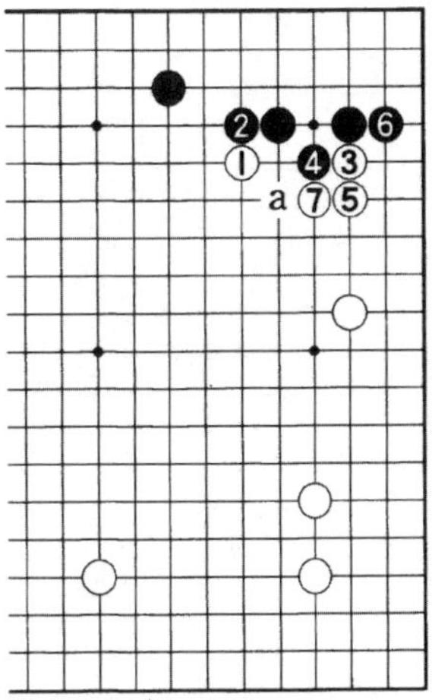


제3형 백번

### 결정짓다

우상의 흑이 비교적 견고한 모양이다. 백은 우변의 규모를 넓히고 싶어 우상의 흑을 활용하는 수를 두어 적극적으로 모양을 결정하고 싶다.

### 우변이 굳어진다

백1로 어깨를 짚음은 상변의 흑의 이목을 가볍게 집중 시킨다.백3의 붙임이 맥이 된다. 흑4, 백5 이후 흑6으로 밀면 백7부터 11까지 우변을 굳힐 수 있다.

### 백 충분

흑6은 귀를 굳힌 뒤, 우변의 백집을 향해 2선에서 내린 수이다. 백7로 구부리면 1이 움직여 흑a로 반발하기 어렵다. 백이 충분한 포석이다.

(538)

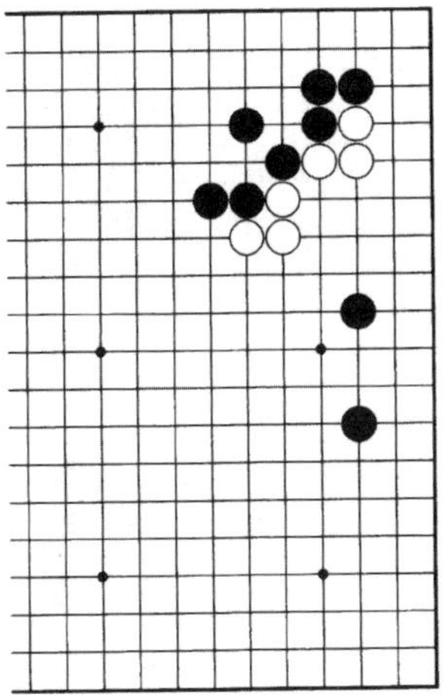

解

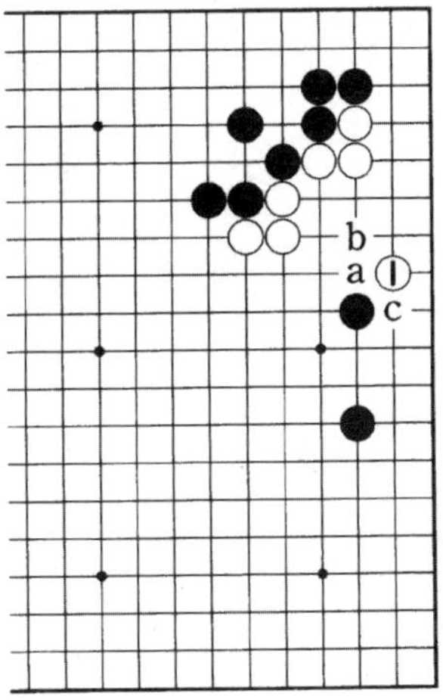


失

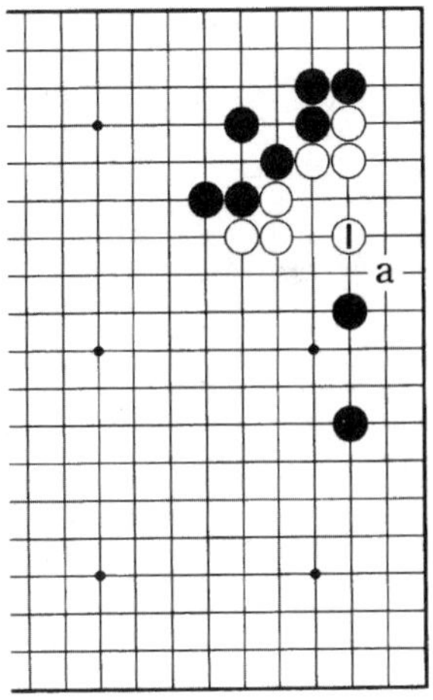


제4형 백번

### 반격

우변의 문제.
우상의 백은 근거가 확실하지 않다. 눈 뜨고 당할 수는 없으므로 최대한 빨리 근거를 만들어야 한다. 그러나 흑에 반격을 잊지 말아야 한다.

### 근거

백1의 마늘모 육박이 역할에 가장 효과 많은 수이다. 흑a는 백b로 막으면 모양이 좋아지고 다음에 백c로 밀면 흑을 공격할 수 있다. 흑c로 막으면 손을 뺄 수 있다.

### 완착

백1은 수비하는 일반적인 모양이다. 확실히 집을 만들 수 있으나 흑으로 영향이 부족하다. 흑은 손을 뺄 수 있고 경우에 따라 흑a를 노리는 것이 유력하다.

(539)

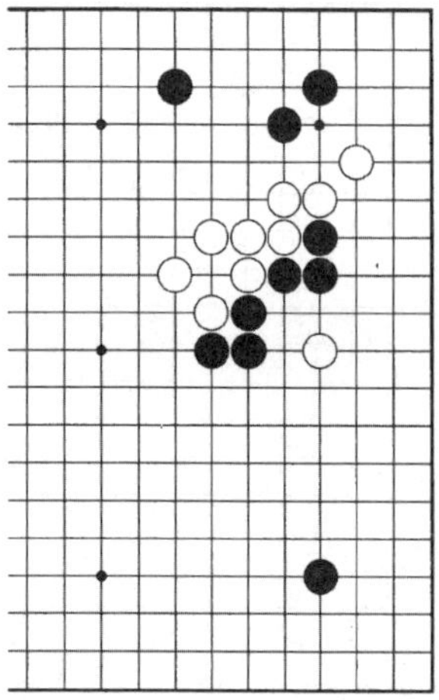

解

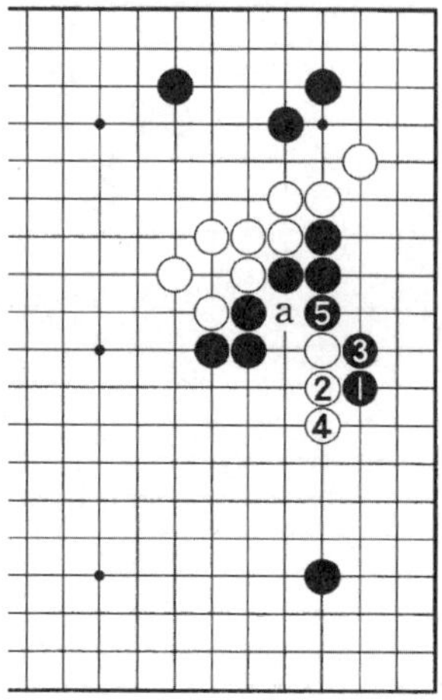

変

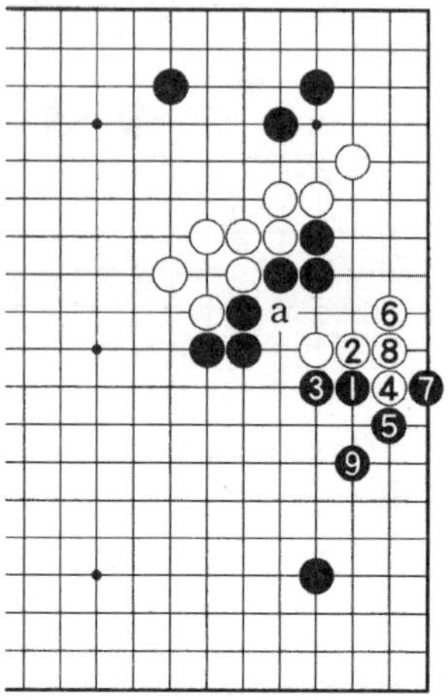

제5형 흑번

## 반격

우변의 전투.
백 1점이 흑의 급소를 들여다보는 모양이다. 백은 흑의 모양을 무너뜨리고 공격을 노리고 있다. 흑은 반격하면서 모양을 정리하여야 한다.

## 백 고전

흑1의 마늘모 육박이 맥이다. 백의 응수를 보고 a의 약점을 지킨다. 백2로 중앙을 막으면 흑3으로 밀고 백4는 흑5로 약점을 지키고 근거를 만든다. 백3점이 뜬 돌이므로 고전한다.

## 흑 충분

백2로 우변에 나가면 흑3으로 막는다. 백4, 6은 a의 약점을 노리고 우변의 수를 늘리나 흑9로 호구이어서 바깥을 굳힌다. 백a로 끊어 3점을 잡는 수는 작다.

(540)

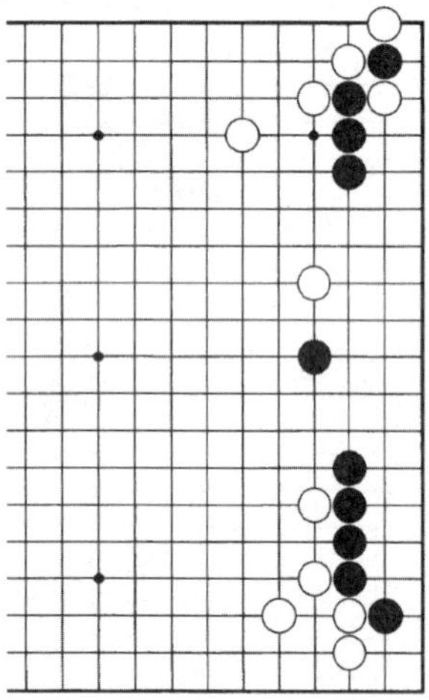

解

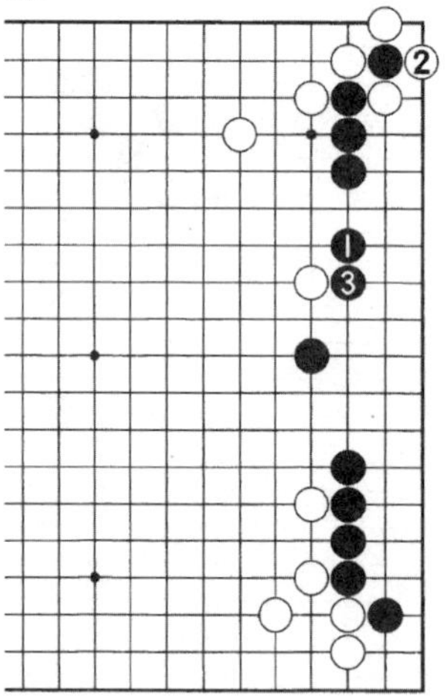

変

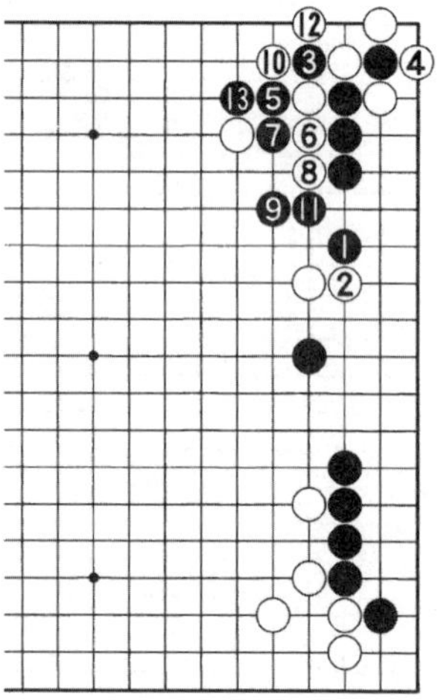

제6형 흑번

## 수습

우상의 흑은 백에게 귀의 근거를 빼앗겼다. 단지 백에도 약점이 생겨 흑은 수습에 이용 할 수 있다. 어떻게 수를 둘 것인가?

## 건넘

흑1의 마늘모 육박이 냉정하다. 백2로 귀를 따내 상변의 약점을 해소하면 흑3으로 건넌다. 양쪽 모두 무사하여 불만이 없는 모양이다.

## 흑 성공

백2로 흑이 건너지 못하게 방해한다. 흑3으로 끊어 상변에 있는 백의 엷음을 추궁한다. 흑9로 씌워 조이면 13까지 상변의 백집을 깨뜨려서 흑이 성공한다.

마늘모 육박 진출

제7형 백번

(541)

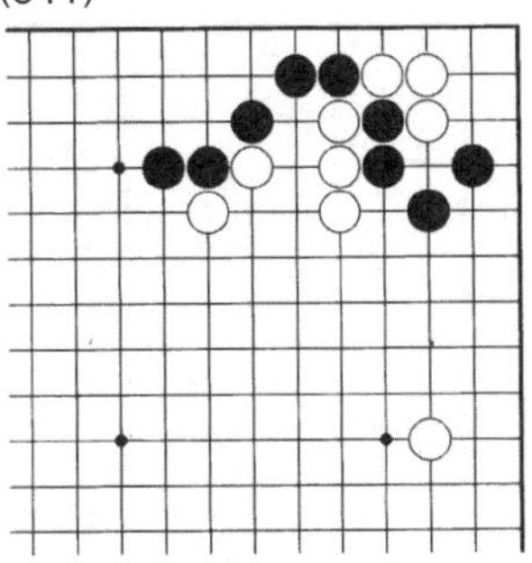

## 공세를 취하다

귀의 3점은 살릴 수 없지만 우변의 흑을 공격하여 귀에 가두려할 때 큰 도움이 된다.

解

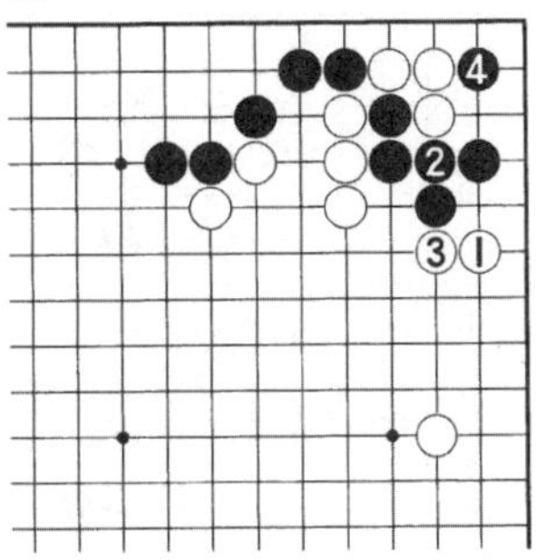

## 선수로 봉쇄

백1로 마늘모 육박의 치중이 모양을 결정짓는다. 흑2로 이으면 백3으로 밀어 흑이 우변에 진출하지 못하도록 선수로 막는다. 흑2로 3은 백2로 흑이 불리하다.

変

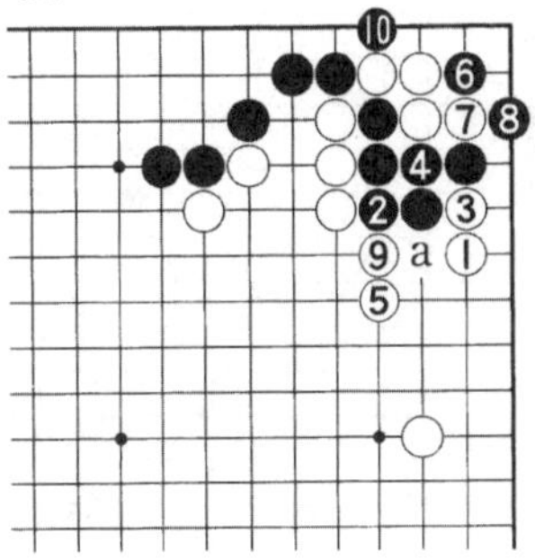

## 백 두텁다

흑2의 빈삼각은 절단을 막고 있지만 백3, 5로 우변으로 진출을 막을 수 있다. 백9로 a를 선수 활용하여 흑이 두터운 모양이다.

제1형 백번

(542)

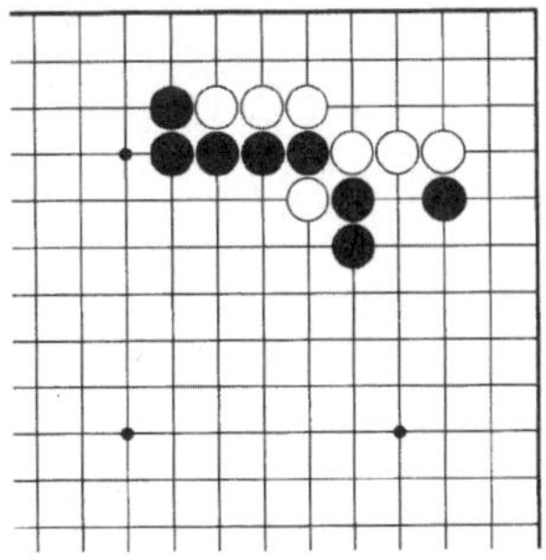

## 뒷문

우상의 전투.

흑은 뒷문이 열려있는 모양으로 중앙에 절단된 백 1점을 움직이기 위하여 백은 우변에 진출하고 싶다.

解

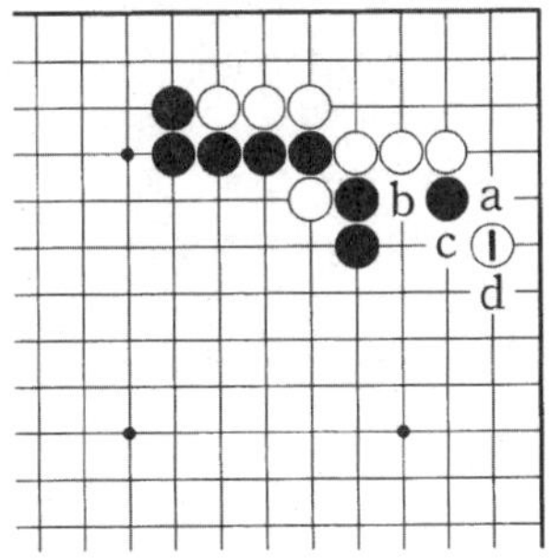

## 우변 진출

백1의 마늘모 육박이 우변으로 진출하는 맥이다. 흑a나오면 백b로 흑의 응수가 곤란해진다. 흑c는 백a로 건너 흑d로 두기 어렵다.

失

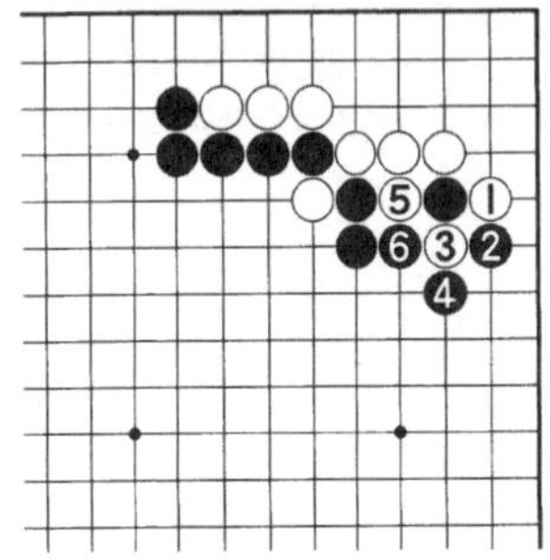

## 흑 좋은 모양

백1로 젖히면 흑2로 막는 수가 좋다. 백3으로 끊고 흑4, 6으로 패로 받으면 우변 진출이 막힌다. 흑의 모양이 좋다.

제2형 흑번

(543)

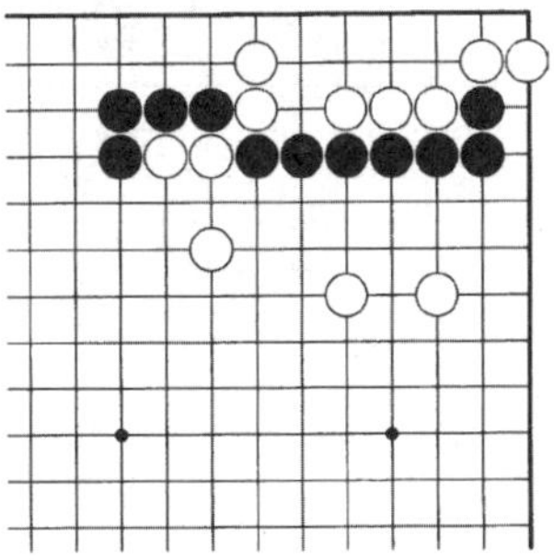

## 포위망

우상의 흑 7점이 포위되어 이대로는 살 수 없다. 바깥의 백이 엷은 모양으로 탈출이 없으면 살아야 한다.

解

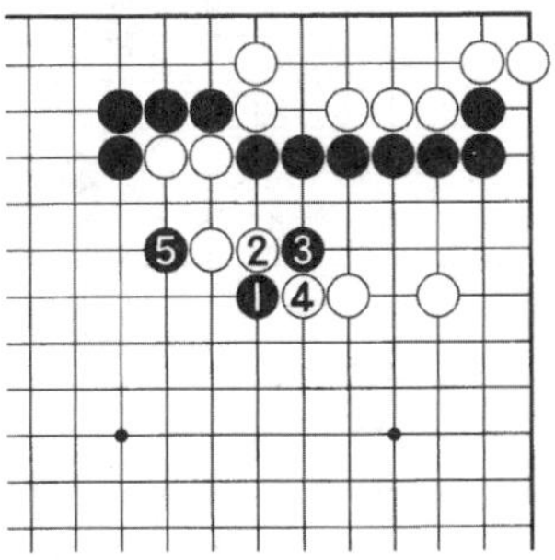

## 선수 절단

흑1로 백의 엷음을 찌른다. 백2에는 흑3, 백을 선수로 절단하면 중앙의 백이 자충에 걸린다. 흑5로 붙여 백 2점을 잡고 탈출한다.

変

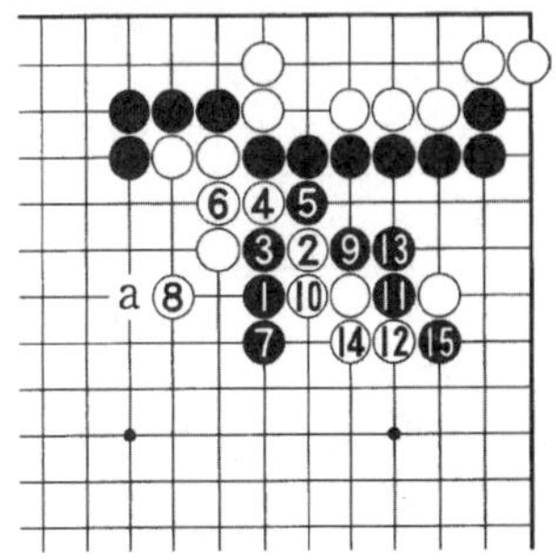

## 좌우 맞보기

백2로 입구자하여 끈질기게 저항한다. 흑3, 5로 끊고 7로 늘어 좌우를 맞보기로 한다. 백8로 12면 흑a. 백8이면 흑9 부터 15로 살 수 있다.

제1형 백번

(544)

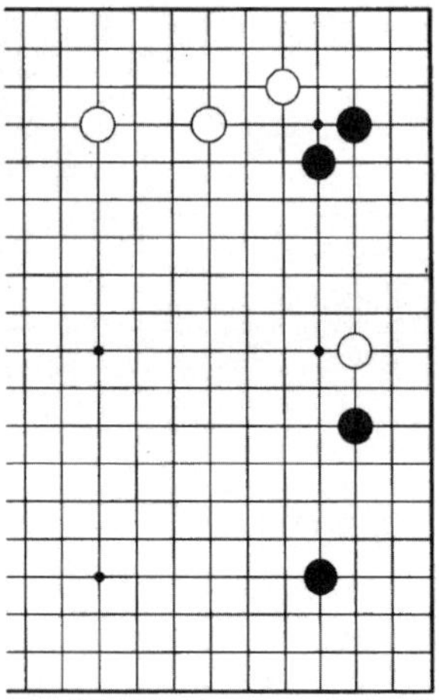

解

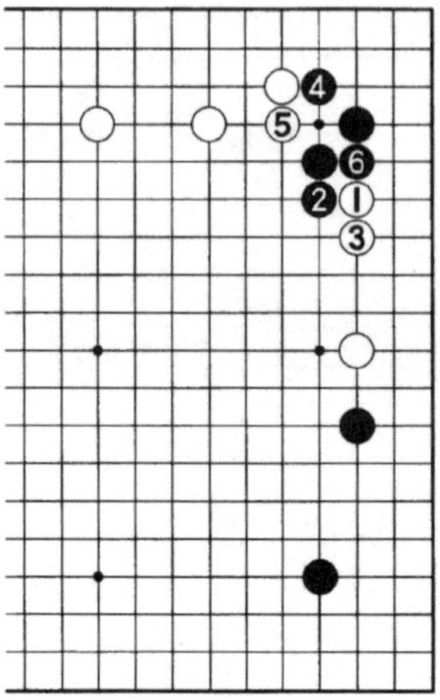

失

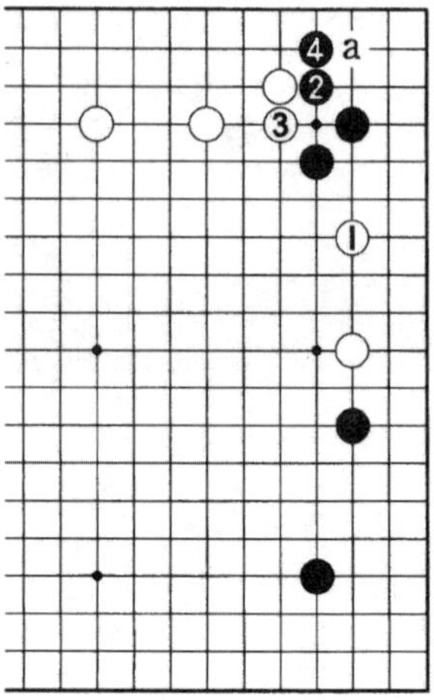

### 근거를 만들다

백 1점은 우변을 갈라친 모양이다. 흑은 다음 수로 근거를 만들어야 하는데 이왕이면 우상귀의 백을 공격이 포함되어 있으면 좋겠다.

### 선수로 근거

백1의 마늘모 육박이 급소. 우상흑의 근거를 노리고 있다. 흑은 2부터 6까지 방어를 견고히 하는 정도. 백은 우변에 선수로 근거를 만든다. 상변의 백이 강하고 흑의 중앙의 두터움의 영향이 약해진다.

### 귀는 흑집

백1로 두 칸을 벌리는 것은 평범하다. 이후 a의 노림이 강해지므로 흑2와 4로 근거를 만들어 정해도 보다는 귀의 근거가 확실하다.

제2형 흑번

(545)

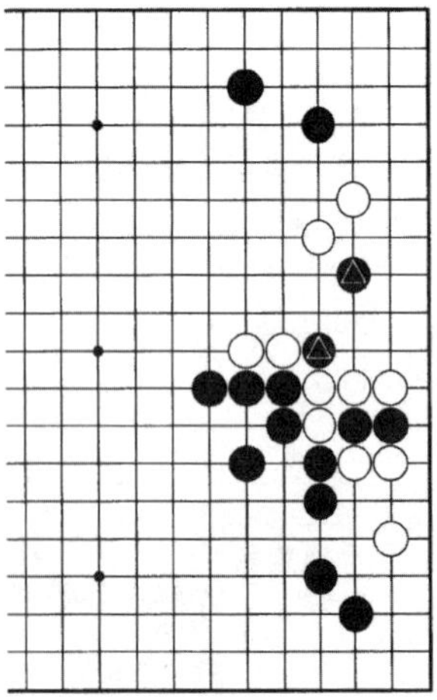

解

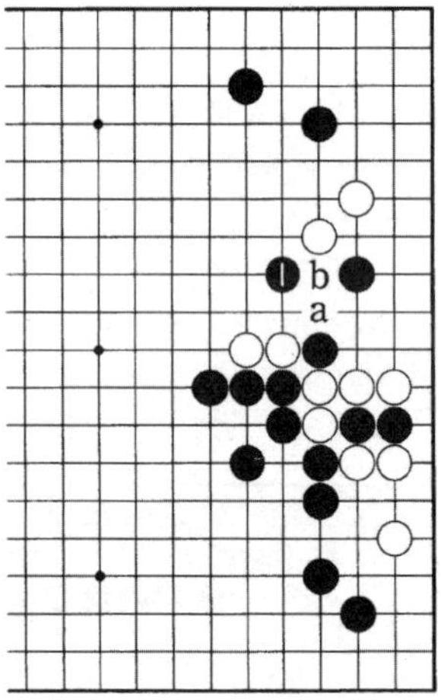

失

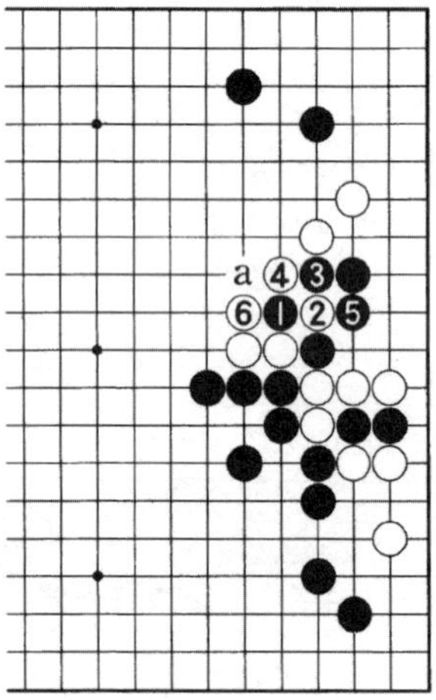

### 돌파

우변의 흑▲ 2점이 깔끔하게 잡히면 백집은 20집을 넘긴다. 흑은 이 백집을 돌파할 수를 찾아야 한다.

### 부수다

흑1의 마늘모 육박이 교묘한 맥이다. 우변의 흑 2점중 백은 1점 밖에 잡을 수 없다. 이것은 흑이 백집을 뚫은 셈이다. 백a는 흑b, 백b는 흑a이다.

### 패

흑1로 젖힘은 맥이 좋지 않다. 백2로 끊고 흑3에 백4, 6까지 봉쇄된다. 흑a로 끊으면 패가 나지만 패를 지면 우변은 거대한 백집이 확정된다.

# 끊음

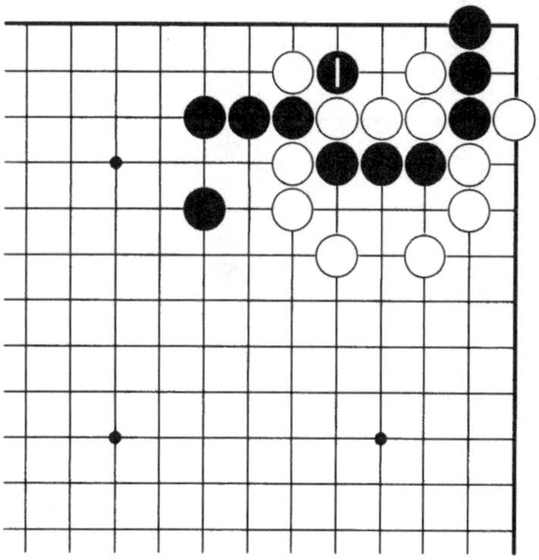

돌의 연결을 끊는 직접적인 방법이 끊기.
아군의 돌이 많을 때 끊으면 상대 돌이 약해지며 단독으로 끊으면 반대로 공격당할 위험이 있다. 하지만 끊은 돌이 잡힌다고 해도 상대 돌에게 약점이 남아서 사석으로 이용할 경우가 많다.
흑1은 사석으로 끊기. 백의 수를 메워 백이 잡힌다. 백이 1의 점에 잇는 것과 차이가 있다.



제1형 백번

(546)

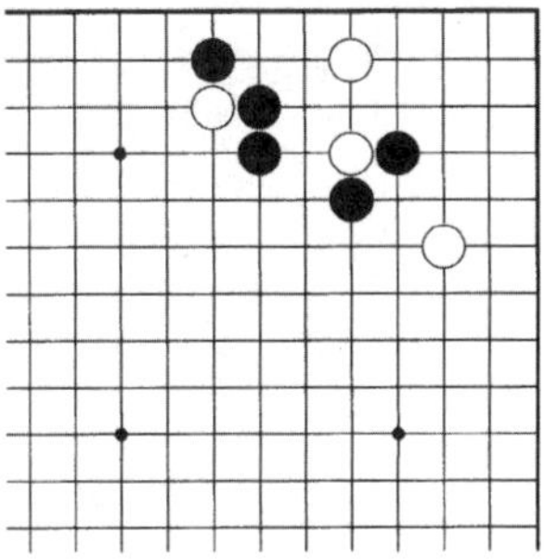

## 눈목자 정석

화점에서 눈목자로 굳힌 정석의 변화이다. 귀의 백 2점을 수습하여야 한다.

解

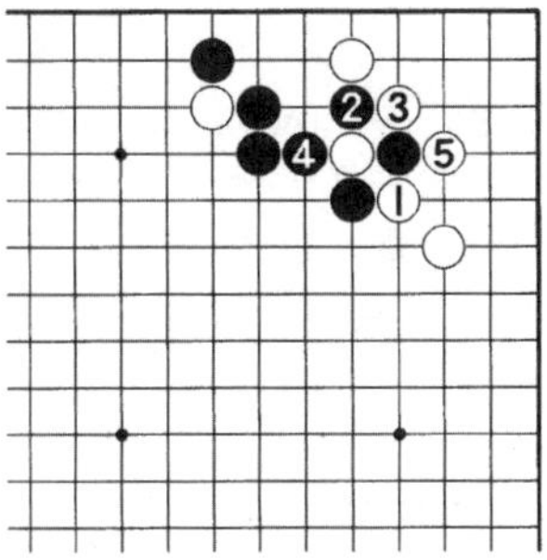

## 조임

백1로 끊으면 흑은 응수하기 곤란해진다. 흑2로 단수치면 백3으로 맞끊고 흑4, 백5로 조인다. 귀가 백집으로 바뀐다.

失

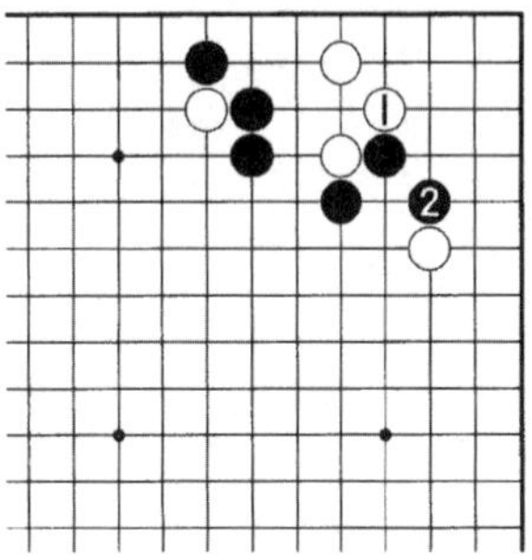

## 백 불리

백1로 1점을 살리려하면 흑2로 호구친다. 귀와 우변을 분리시키면 백이 귀에 살아도 흑의 세력이 강해져 백이 불리한 모양이 된다.

제2형 흑번

(547)

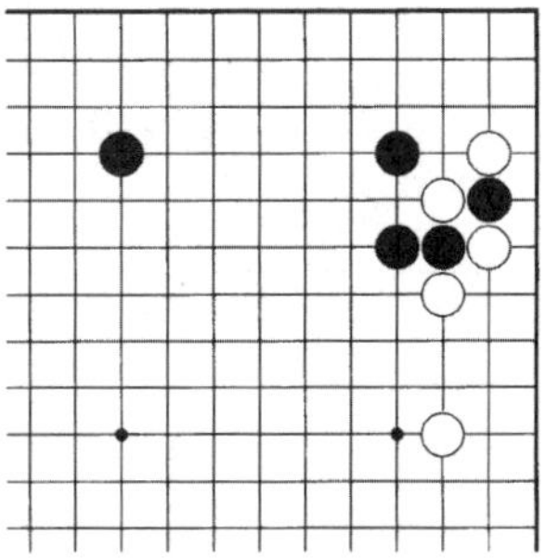

## 돌을 버리다

우상의 모양을 정하는 문제.
화점 정석에서 파생된 변화이다. 흑은 백에게 잡힌 1점을 사석으로 바깥을 굳히고 싶다.

解

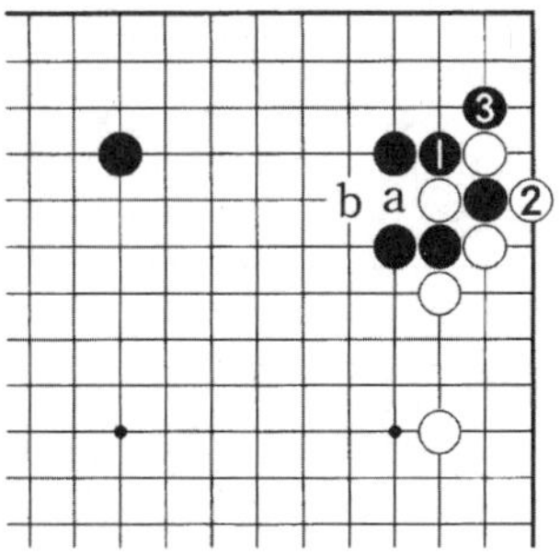


## 두텁다

흑1로 끊고 백2, 흑3의 수순이다. 귀의 흑집을 굳히면 이후 흑a로 잇는 수가 두텁다. 백이 a로 나가면 흑b로 상변이 두터워진다.

失

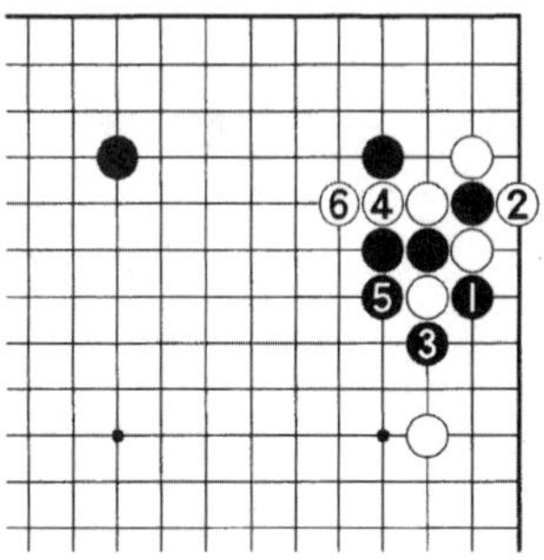

## 백 유리

흑1, 3으로 백을 축으로 잡는 변화이다. 백4로 나간다. 흑5에는 백6으로 뚫고 나가 귀의 흑집이 약해지면 백이 유리하다.

(548)

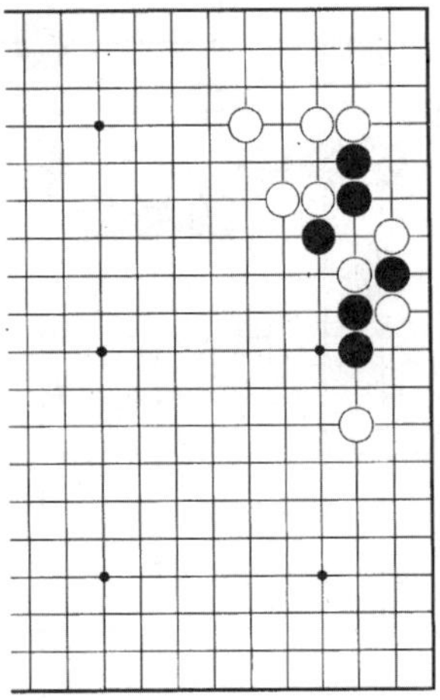

解

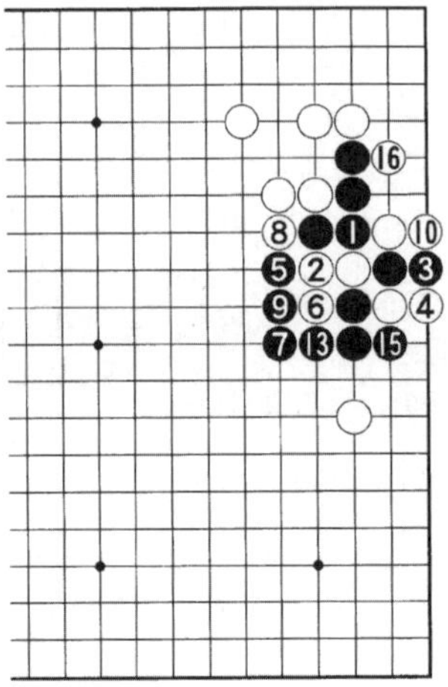

失

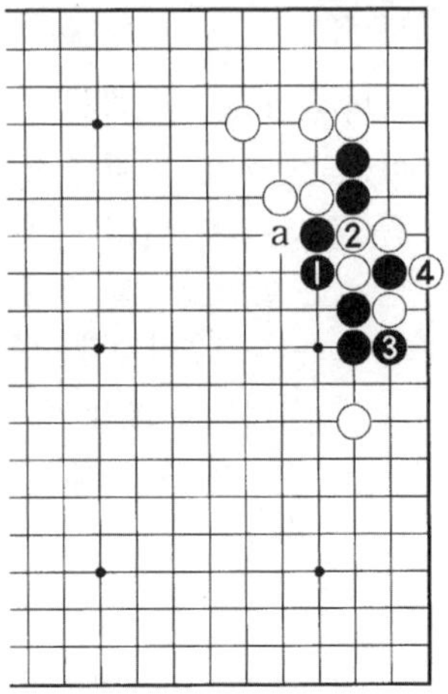

제3형 흑번

## 사석

우변의 전투.

붙여 뻗기 정석에서 생기는 모양이다. 백이 흑의 근거를 빼앗으려 하고 있다. 흑은 사석을 이용하여 두터움을 쌓으면 성공이다.

## 끊고 뻗기

흑1로 끊고 백2에 흑3으로 뻗는수가 맥이다. 백4로 잡으면 흑5, 7로 씌운다. 백8이후 4점을 버리고 흑9부터 15로 바깥을 굳혀서 충분하다.

※ ⓫→❸의 왼쪽, ⑫→❸(따냄), ⑭→❸의 왼쪽

## 흑 뜬돌

흑1의 단수는 백2로 이어 실패한다. 흑3, 백4의 모양으로는 바깥의 흑이 백에게 공격당하는 뜬 돌이다. 흑1로 2. 백1에 이후 흑a로 4점을 살리는 것도 흑이 불리하다.

(549)

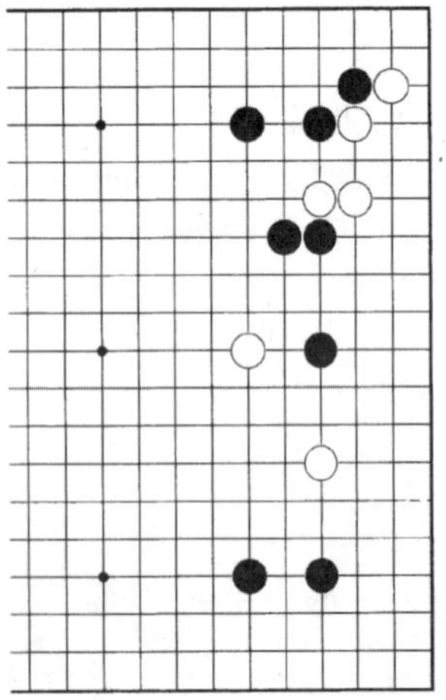

解

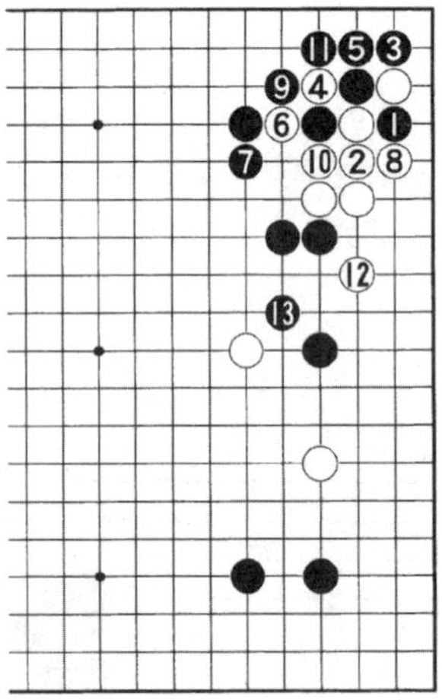

失

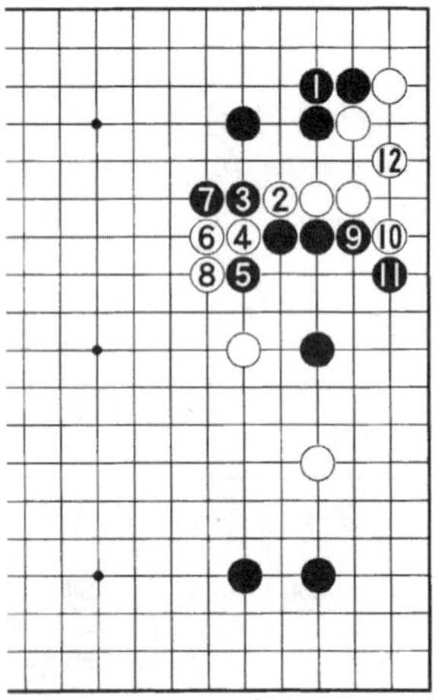

제4형 흑번

## 공격

우변은 접바둑의 포석에서 생기는 모양이다. 우상의 백으로 공격이 문제. 수습하러 온 백을 어떻게 공격할까?

## 흑 유리

흑1로 끊는 수가 냉엄하다. 백2로 이은 모양이 무겁다. 흑3으로 귀의 백을 잡는다. 백4, 6으로 흑 1점을 잡아도 흑7로 백을 우변에 가둬 흑13까지 외세를 굳건해져 흑이 편한 싸움이다.

## 백 유리

흑1로 잇는 수는 소극적인 대응수다. 백2로 밀어 중앙을 끊으면 반격한다. 흑3으로 막으면 백4로 끊고 8까지 우변의 흑을 봉쇄한다. 흑9에는 백12로 수습하여 백이 편한 싸움이 된다.

(550)

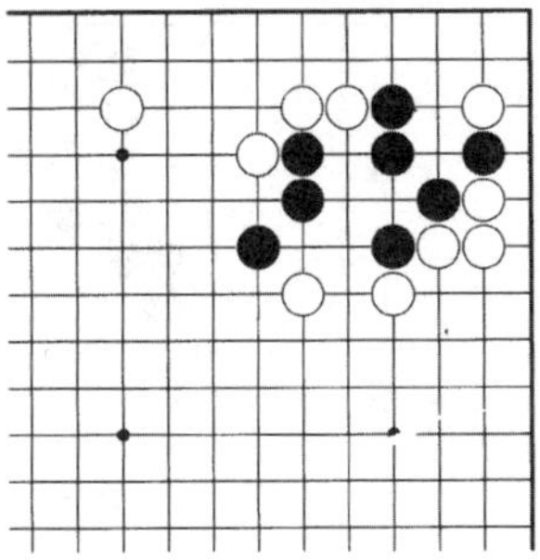

解

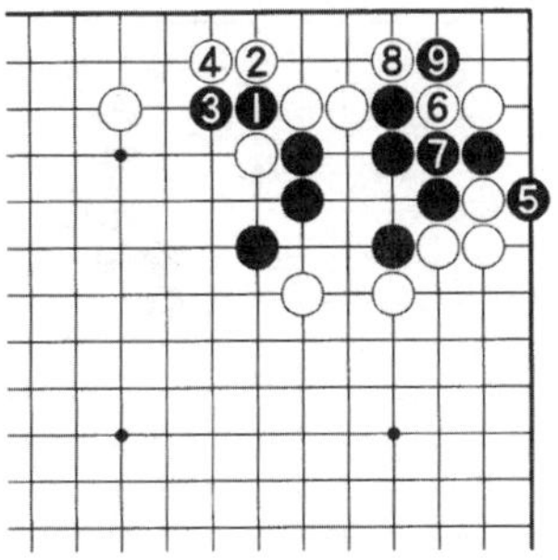

失

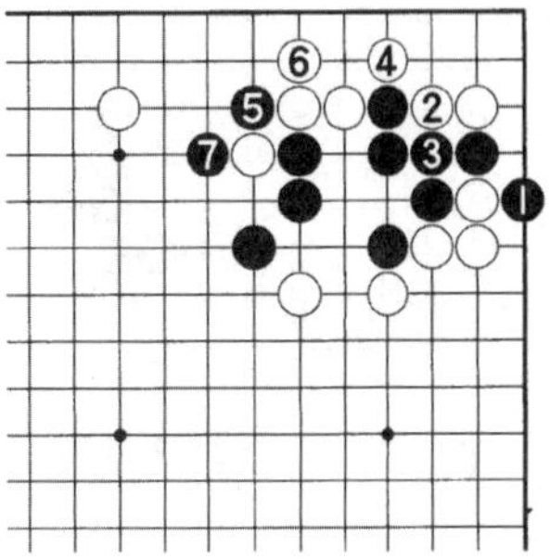

제5형 흑번

## 수습

화점 정석에서 파생된 모양이다. 흑은 근거가 노림을 당해 위험하지만 백의 약점을 추궁해 위기를 수습하고 싶다.

## 백 실패

흑1로 끊어 상변의 백을 공격하고 백4 이후 흑5로 백이 우변을 건너지 못하게 막는다. 백6, 8로 상변을 건너는 모양은 약점이 많아 흑9로 백은 실패한다.

## 불충분

흑1, 3으로 귀에 두면 백4로 상변을 건넌다. 흑5로 끊으면 백6으로 받아 상변을 부수었어도 흑은 충분하지 않다.

(551)

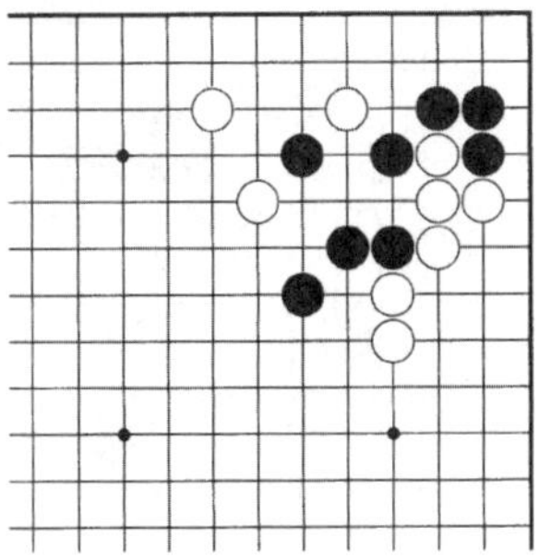

解

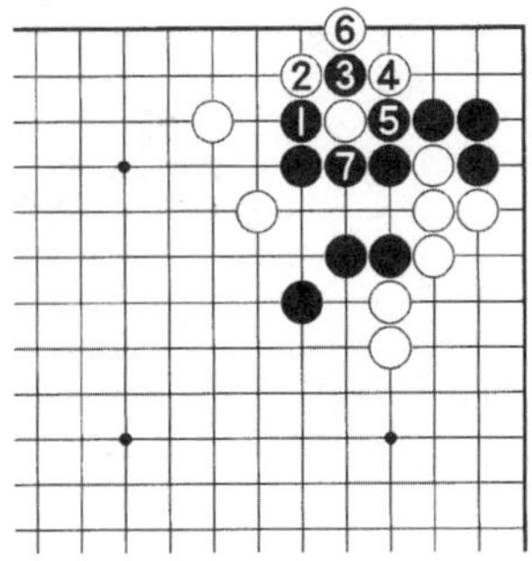

失

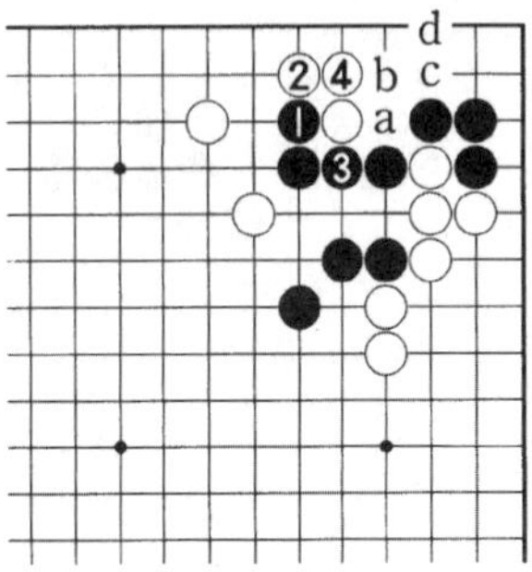

제6형 흑번

## 화점정석

화점 정석의 변화이다.
흑의 약점을 노린 백의 들여다보기에 어떻게 받으면 집을 만들기 쉬울까?

## 선수

흑1로 나가 백2로 젖히면 흑3으로 끊는수가 맥이다. 백4 이후 흑5, 7로 모양을 정한다. 백이 3에 이으면 흑은 선수로 약점을 지킨 셈이다.

## 후수

흑3으로 이으면 백도 4로 이어 흑a를 생략할 수 없다. 흑a 이후 백b, 흑c가 되어도 귀는 d의 뻗음이 활용되지 않아 1집 뿐이다.

(552)

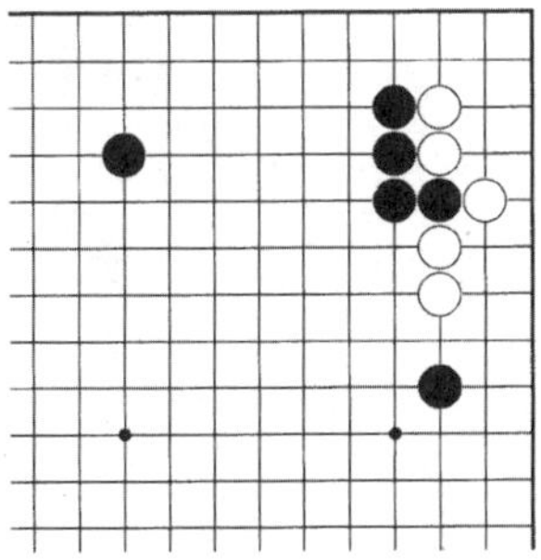

解

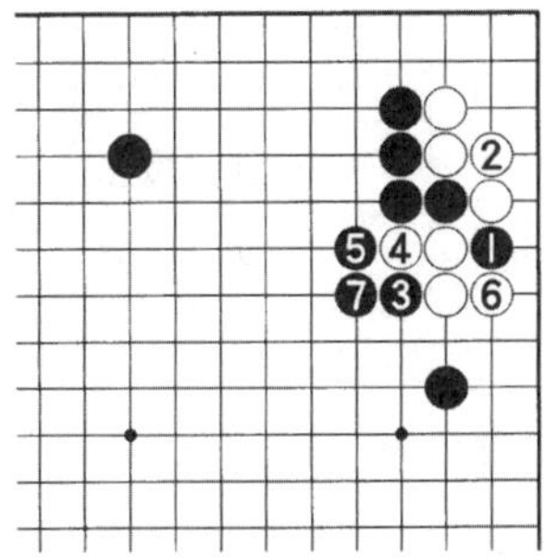

変

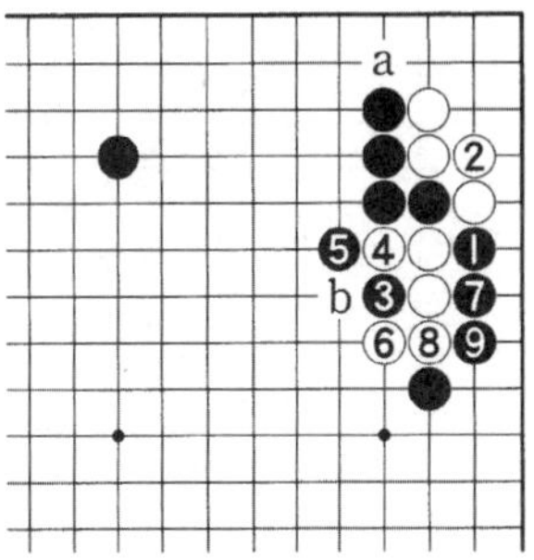

제7형 흑번

## 큰 모양

화점 정석의 변화이다.
우상의 모양을 정하여 백을 우변에 봉쇄하고 상변의 흑의 모양을 키우고 싶다.

## 봉쇄

흑1로 끊어 백을 자충으로 한다. 흑3으로 붙여 백4로 나가도 흑5로 가둘 수 있어 상변에 큰 모양이 생긴다. 백2로 6은 흑2로 귀를 잡는다.

## 백 무리

백6으로 무리하게 반발하는 것은 무리이다. 흑7, 9로 우변을 건너가 흑a로 귀의 백이 죽는다. 중앙의 백도 흑b로 이으면 희망이 없는 모습이다.

제8형 흑번

(553)

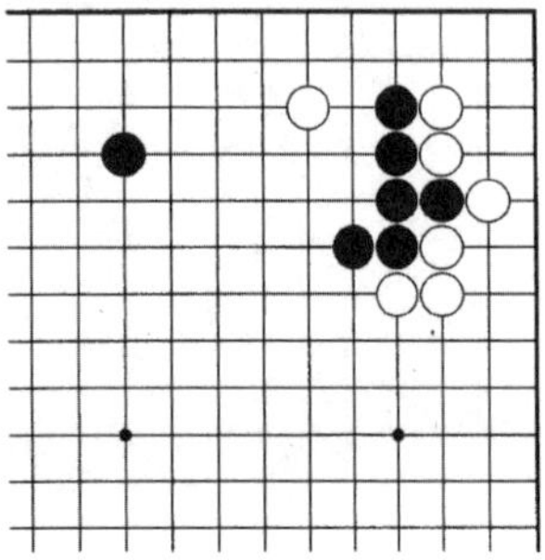

## 화점정석

우상은 화점 정석의 변화이다. 백의 약점을 추궁하여 바깥의 흑의 모양을 강화하고 싶다.

解

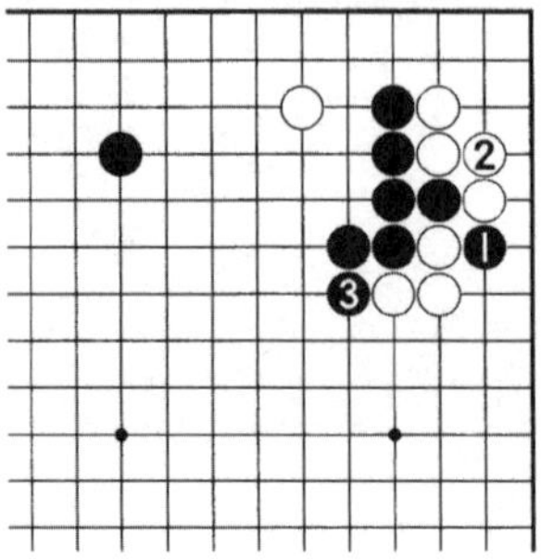

## 자충

흑1로 끊는 수순이 좋다. 백은 귀를 지켜서 2로 잇는 정도이다. 흑3으로 구부리면 우변의 백이 자충이 되어 다음 수가 곤란하다.

失

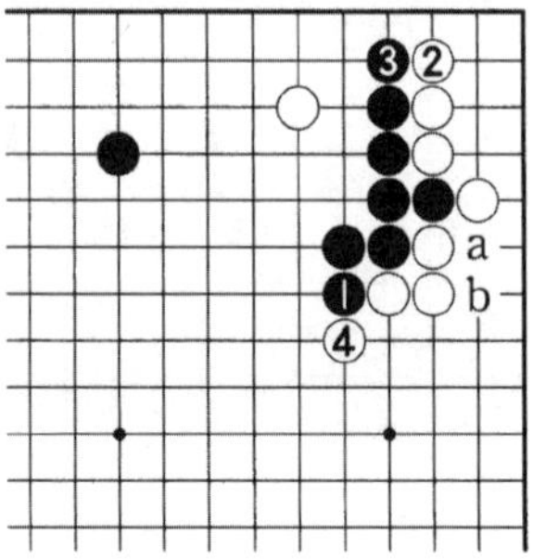

## 수순전후

흑1로 구부림은 수순이 거꾸로 되었다. 백은 2에 뻗어 활용하고 4로 젖혀 저항한다. 흑a로 끊으면 백b로 이어 아무런 수가 나지 않는다.

제9형 흑번

(554)

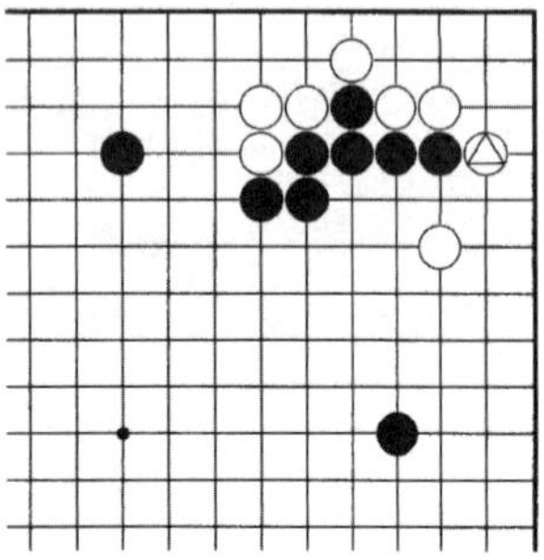

## 약점이 많다

우상귀의 백집을 굳히기 위해 백△로 젖혔다. 백은 약점이 많은 모양이 되었다.

解

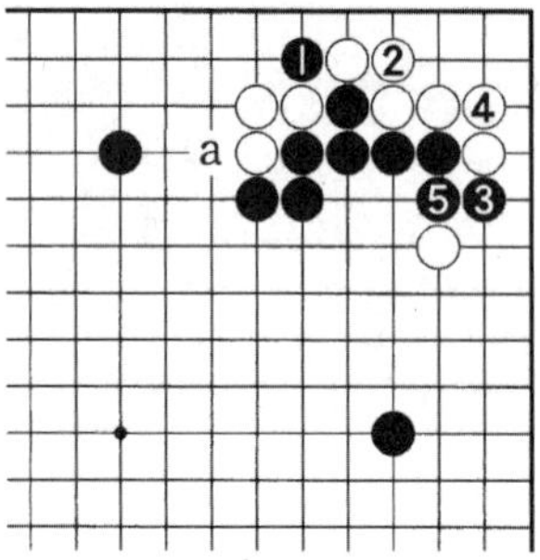

## 수순

흑1로 끊는 수가 맥으로 백의 모양을 무너뜨린다. 백2로 잇고 흑3, 5로 받으면 상변에 있는 백의 공배가 꽉 찬다. 흑a의 수가 냉엄하다.

失

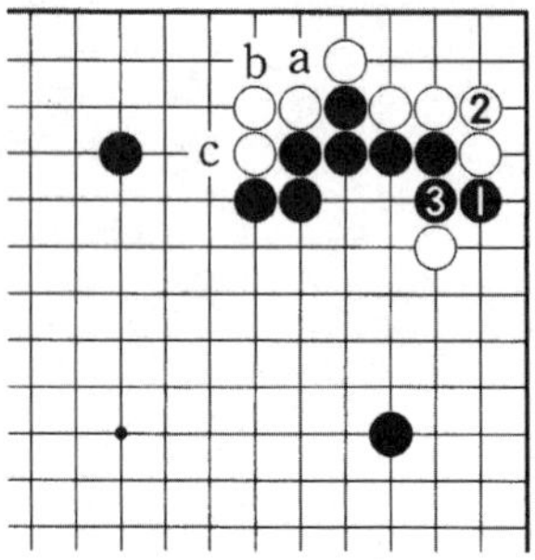

## 효과없음

흑1, 3으로 받은 뒤 흑a로 끊으면 백b로 잡아 효과가 없다. 흑c로 젖혀도 백은 손을 빼는데 다음에 노림이 없다.

제10형 흑번

(555)

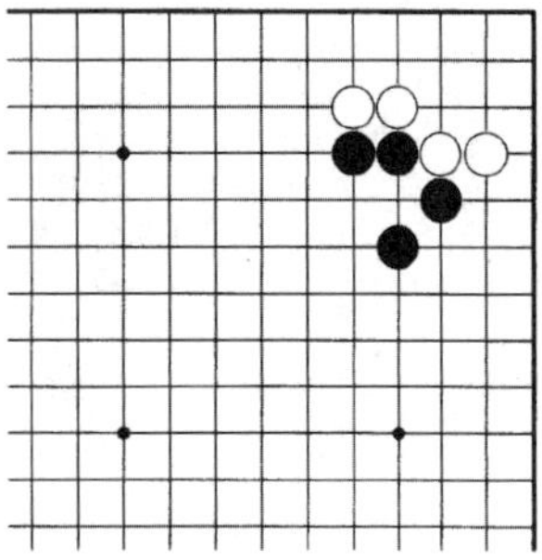

## 중요한 수순

고목 정석의 변화이다.

백은 귀를 잡고 흑은 외세를 얻은 것으로 나뉘어 있지만 여기에 중요한 수가 숨어있다.

解

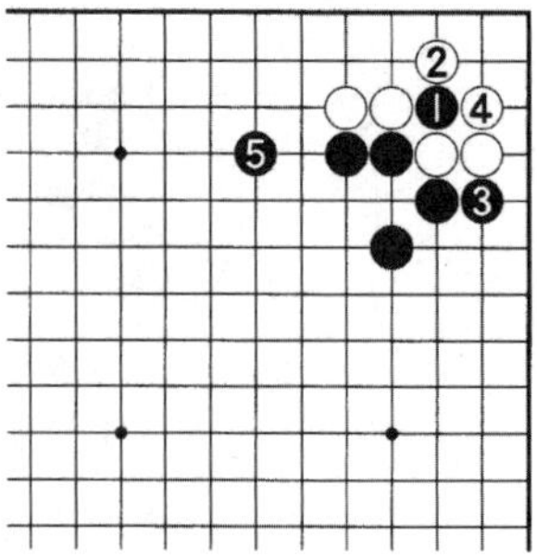

## 응수를 보다

흑1로 끊어 백의 응수 방법을 보아야 한다. 백2로 단수치면 흑3으로 막아 우변을 강화하고 흑5로 뛰어 우변 중심의 세력이 된다.

変

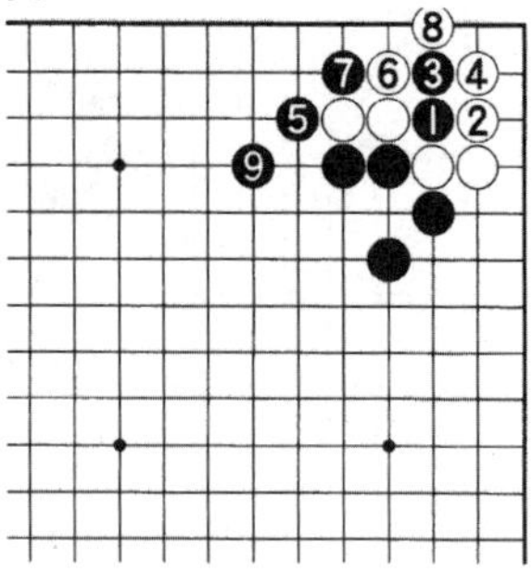

## 정석

백2, 4로 흑 2점을 잡은 모양은 우변에 있는 흑의 모양에 뒷문이 열린다. 흑5 부터 9로 상변을 결정지어 중앙에서 상변을 두텁게 만드는 정석이다.

(556)

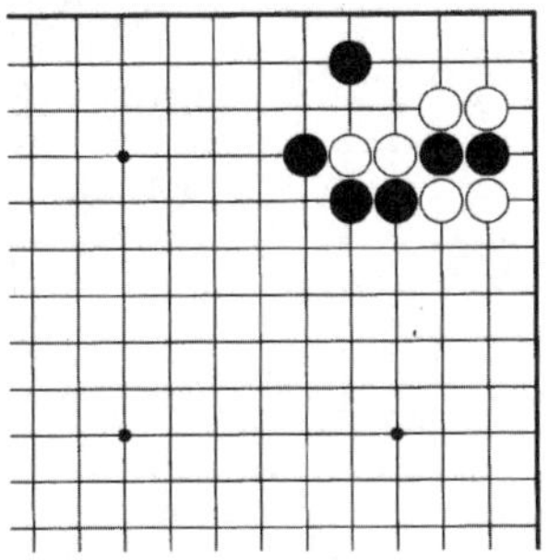

解

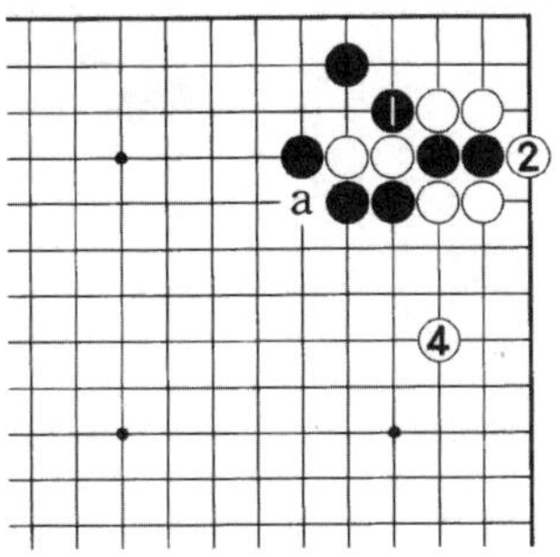

失

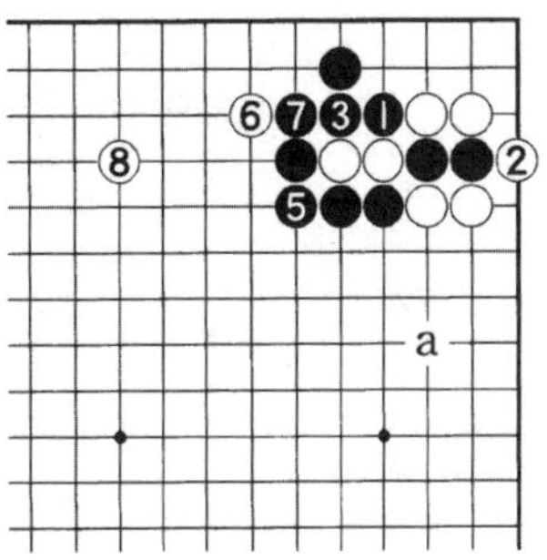

**제 11형 흑번**

## 결정짓다

한 칸 높은 걸침의 정석에서 생기는 모양이다. 백은 흑 2점을 잡아 우변으로 진출하는 모양이다. 흑은 상변을 결정지어야 한다.

## 정석

흑1로 끊어 모양을 결정짓는다. 백2로 따내면 흑3으로 먹여쳐서 백집을 뺏으면서 a의 약점을 지킨다.

※❸→❶의 오른쪽 아래(먹여치기)

## 흑 불리

흑3으로 단수는 백4로 2점을 이어서 좋지 않다. 귀의 백은 확실하게 살아있으므로 백a를 생략하고 6과 8로 공격이 좋은 흐름이다.

※④→❶의 오른쪽 아래

(557)

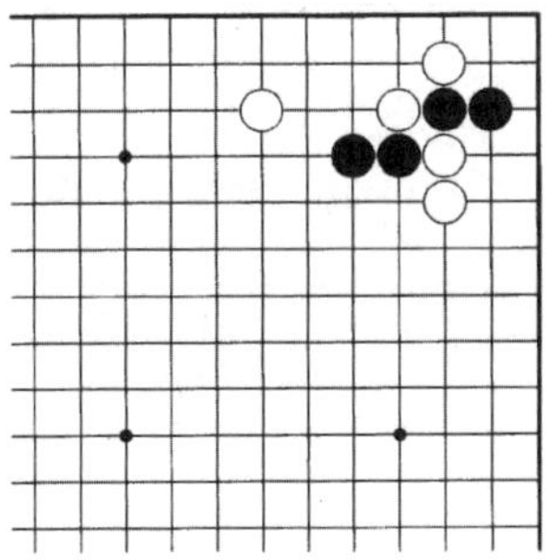

解

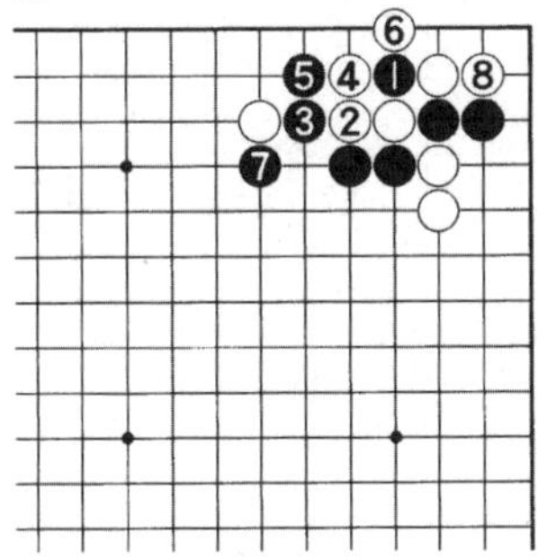

失

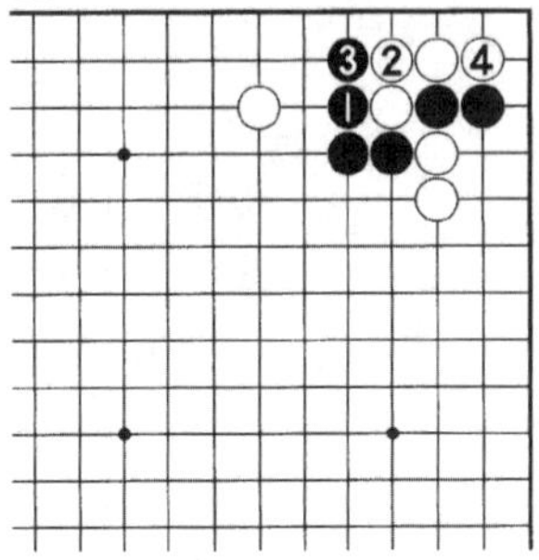

**제 12형 흑번**

## 수습

한 칸 높은 걸침 정석의 변화이다. 백은 귀의 흑 2점을 강경하게 공격하고 있지만 무리이다. 흑은 어떻게 수습할까?

## 흑 좋은 모양

흑1로 끊는 수가 맥이 된다. 백은 2로 도망치면 흑3, 5로 상변을 깨뜨리고 흑7까지 좋은 모양이다. 백8은 흑8에 대비하여 후수로 지킨 수이다.

## 흑 불리

흑1의 단수는 속수로 좋지 않다. 백2로 잇고 흑3으로 막아 흑이 선수를 잡지만 상변의 흑 4점이 백에게 협공당하는 모양이다. 흑이 불리하다.

(558)

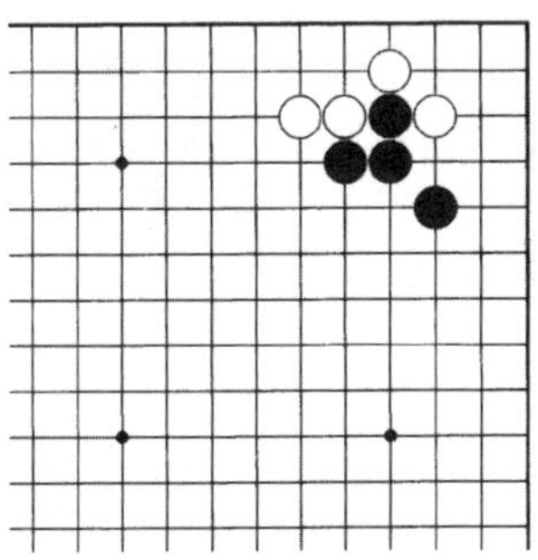

解

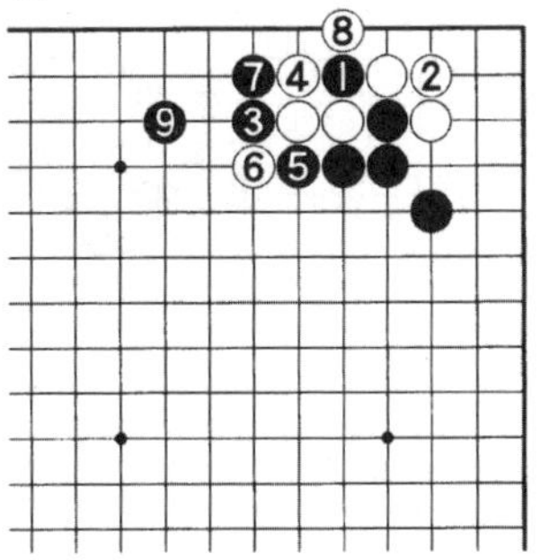

失

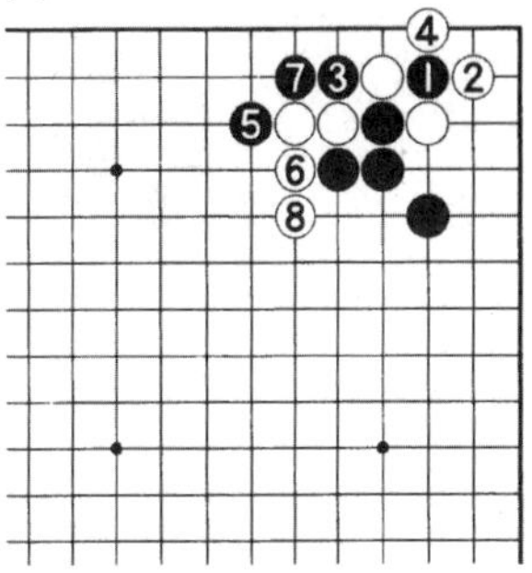

**제 13형 흑번**

## 정형

상변의 전투.

우상은 외목 정석의 변화이다. 흑은 바깥의 모양을 정리하기 위하여 백의 약점을 어떻게 추궁하여야 하나?

## 올바른 끊음

흑1로 끊는 수가 좋다. 백2로 4는 흑2로 끊어 귀를 잡으면 흑은 충분하다. 백2로 이으면 흑3으로 붙여 귀에 가둔다. 흑9까지 흑이 유리하다.

## 백 유리

흑1로 끊으면 백2, 4로 귀를 살린다. 흑5로 붙이면 백6, 8로 저항하여 바깥의 흑을 양분한다. 흑의 모양이 약해 백이 유리한 싸움이 된다.

(559)

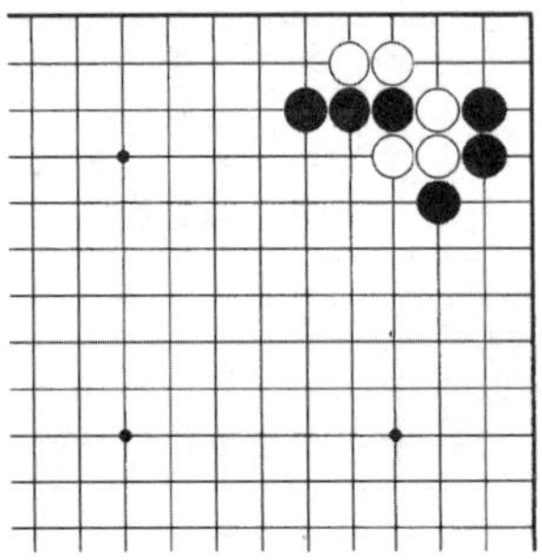

解

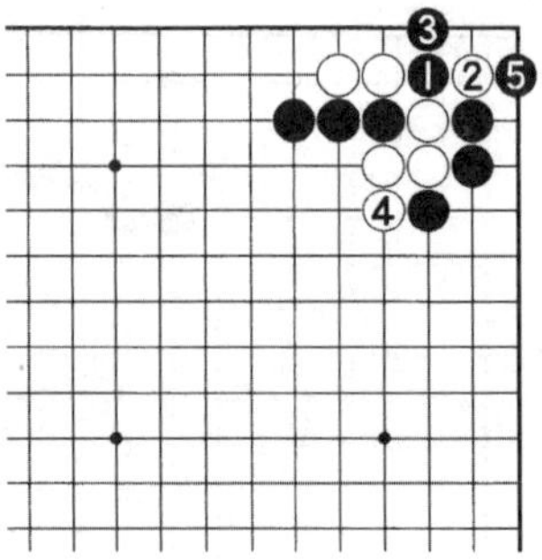

変

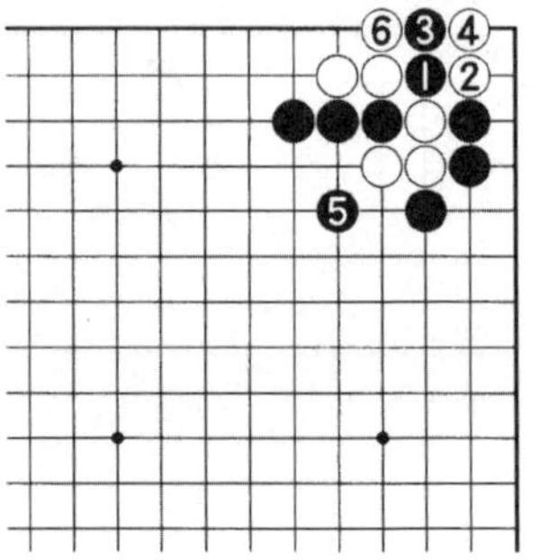

제 14 형 흑번

### 포위

날일자로 굳힌 집을 부수러 온 백을 공격한다. 백은 포위망을 뚫고 도망치는 것처럼 보인다.

### 귀를 잡다

흑1로 끊는 수가 냉엄하다. 백2로 끊으면 흑3은 백을 옥집으로 만든다. 백4이면 흑5로 귀를 잡으면 중앙의 백이 약해진다.

### 봉쇄

백4로 흑 2점을 잡으면 흑5로 씌워 귀에 가둔다. 흑7로 먹여쳐 백은 확실한 집이 없다.

※❼→❶

(560)

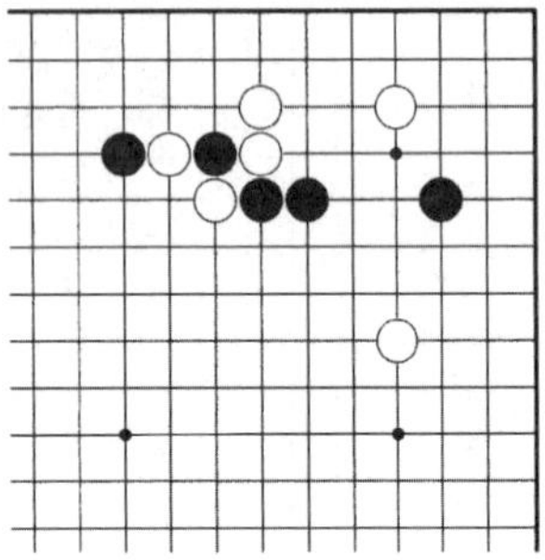

解

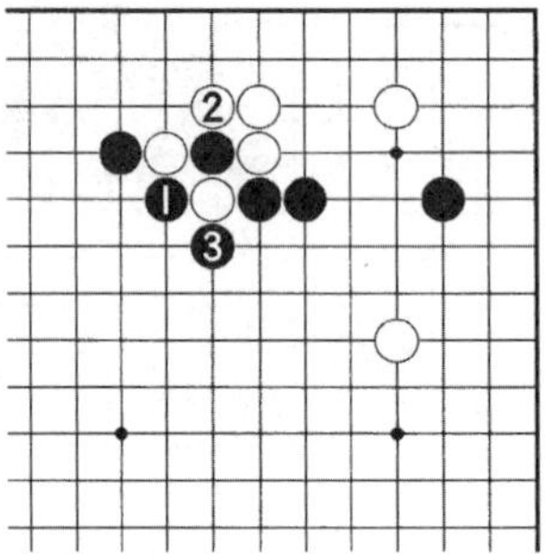

変

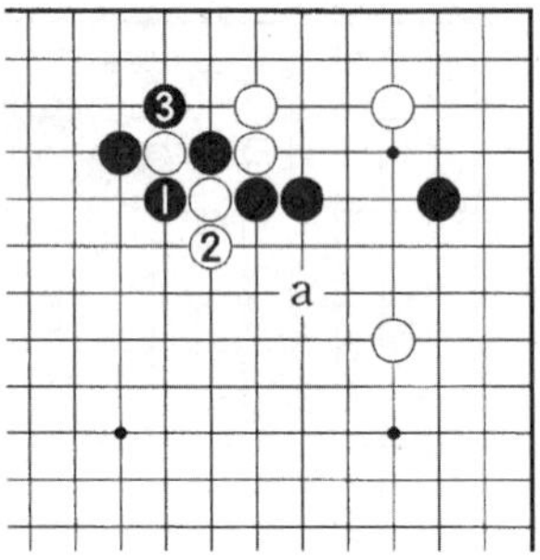

제 15 형 흑번

### 사석

두 칸 높은 협공 정석의 변화이다. 상변의 흑을 어떻게 결정할까? 흑 1점은 사석으로 이용한다.

### 중앙의 두터움

흑1로 끊는 수가 맥이 된다. 백2로 따내면 흑3으로 막아 중앙이 두터워진다. 우변의 백에게 압력을 가할 수 있다.

### 빵때림

백2로 뻗으면 흑3의 빵때림으로 상변의 흑이 강력해진다. 백a로 우상귀의 흑을 봉쇄하여도 귀의 백이 약하므로 흑이 싸우는 모양이다.

(561)

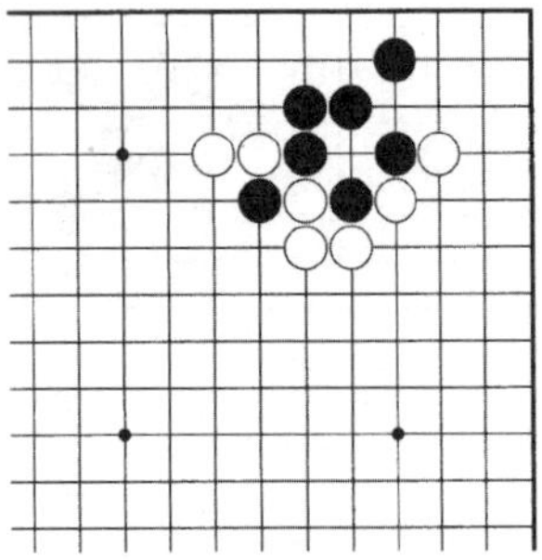

解

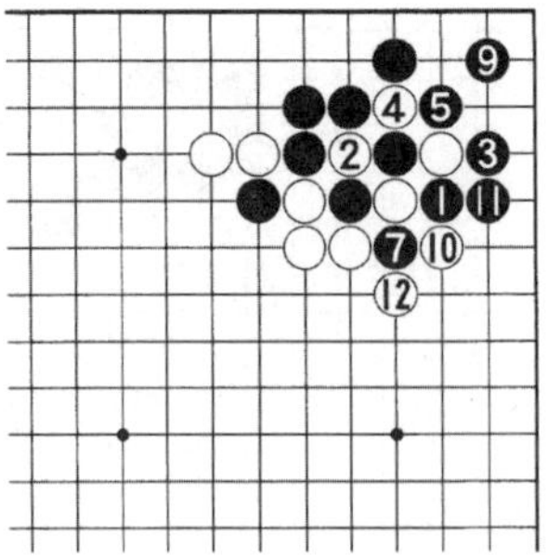

変

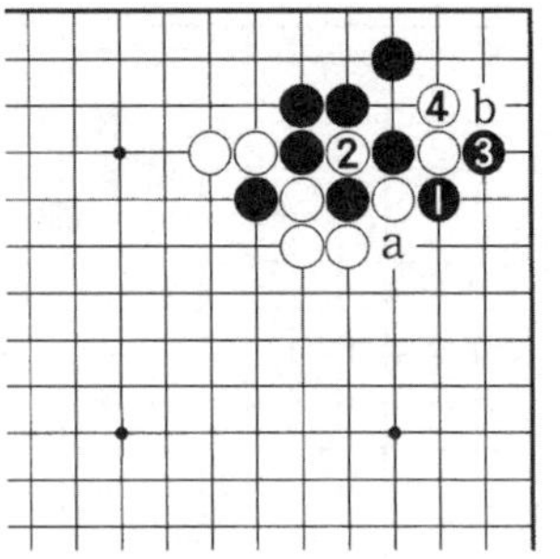

제 16 형 흑번

### 포도송이

소목에 날일자로 걸친 정석의 변화이다. 단수 당한 흑 1점을 이으면 포도송이가 되어버린다.

### 정석

흑1로 끊어 반발한다. 백2에 흑3부터 7로 단수쳐 백을 포도송이로 만들고 흑9로 지킨다. 백12로 일단락 된다.

※⑥→④의 아래, ⑧→②의 아래

### 흑 충분

백4로 저항하면 흑5로 패를 따내어 천지대패가 난다. 백은 a로 양보할 수밖에 없어 흑b로 귀를 잡으면 충분하다.

※❺→②의 아래

(562)

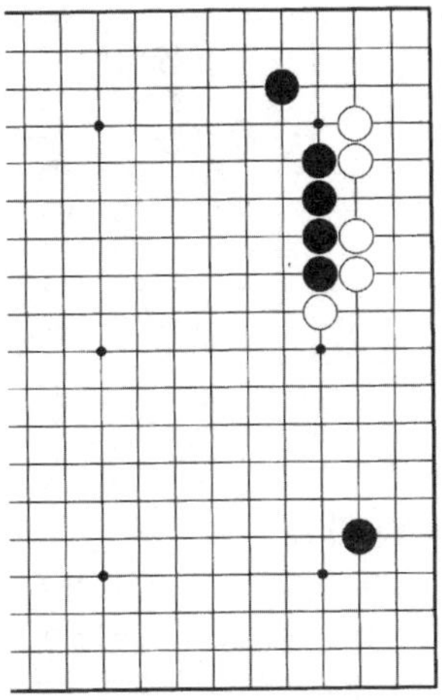

解

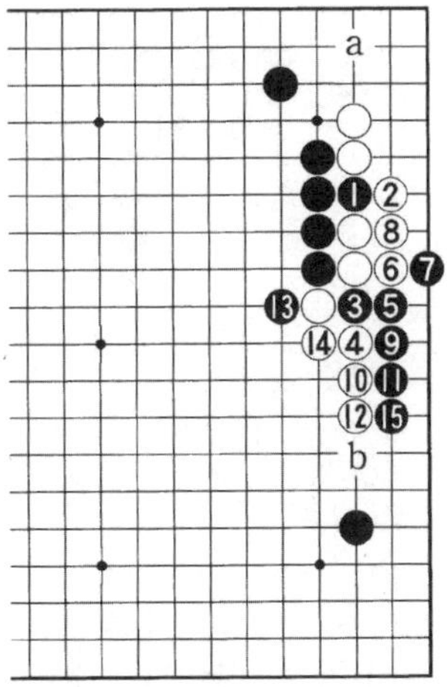

失

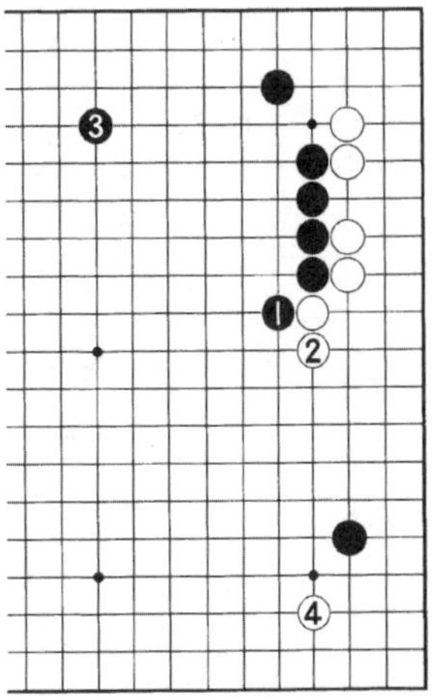

제 17형 흑번

## 강수

우상은 외목 정석이다. 흑의 압박에 백이 저항하고 있다. 우하에 흑의 원군이 있다면 흑은 강수를 두어 싸우는 것이 가능하다.

## 흑 성공

흑1부터 3으로 끊는 수가 냉엄하다. 백4, 6으로 공격하면 흑9로 2선으로 기어도 15로 우하귀의 흑과 연결하여 성공. 백은 귀와 중앙이 약해 수습하기 힘들다. 백 a엔 흑b.

## 흑 불충분

흑1의 젖힘은 보통의 수이다. 백2로 뻗어 우변에 머리를 내밀며 우하귀의 흑을 압박한다. 흑3이면 백4. 백은 상변의 흑 모양에 충분히 대항할 수 있다.

(563)

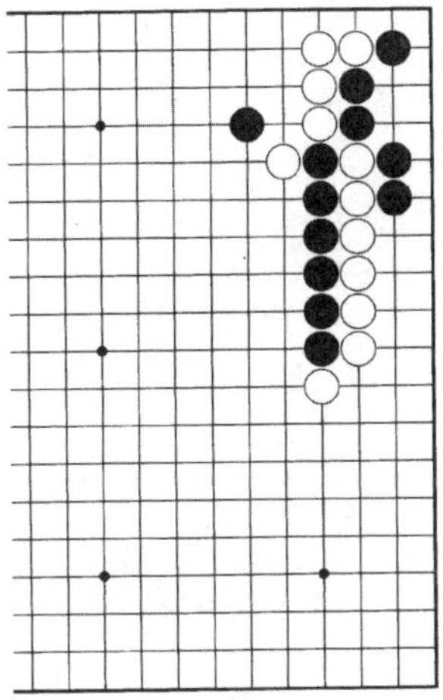

解

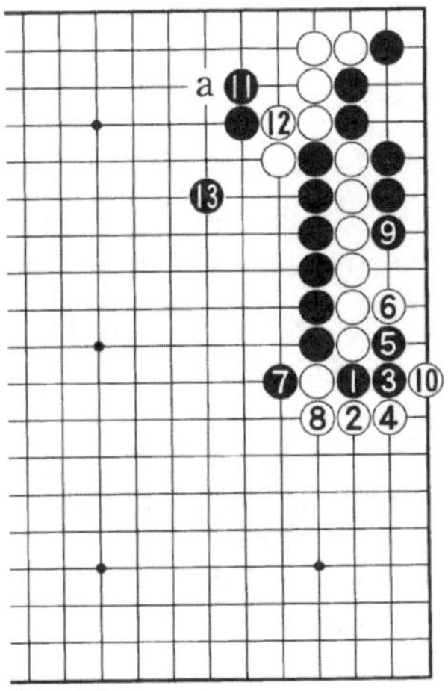

失

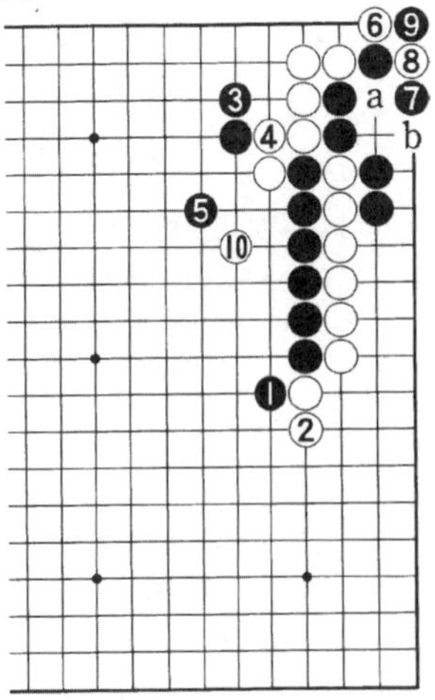

제 18형 흑번

## 찬스

고목 정석의 변화이다. 우상에서 벌어진 격렬한 전투 중에 백이 악수를 두었다. 흑은 상변의 백을 공격할 기회이지만 어디부터 돌을 두어 갈까?

## 우상을 잡다

흑1로 음이 냉엄하다. 백2부터 6으로 흑 3점을 잡고 흑은 7, 9를 활용하여 중앙과 귀를 강화한다. 흑11로 상변의 백을 잡으면 백12로 이어도 흑13으로 도망칠 수 없다. 흑11로 12는 백a.

## 귀가 죽음

흑1로 젖히면 백2로 받아 실패한다. 흑3, 5로 공격하여도 귀의 흑은 살 수 없다. 백6으로 젖혀 흑7이 패로 버티면 백10이 팻감이다. 흑7로 a는 백b.

(564)

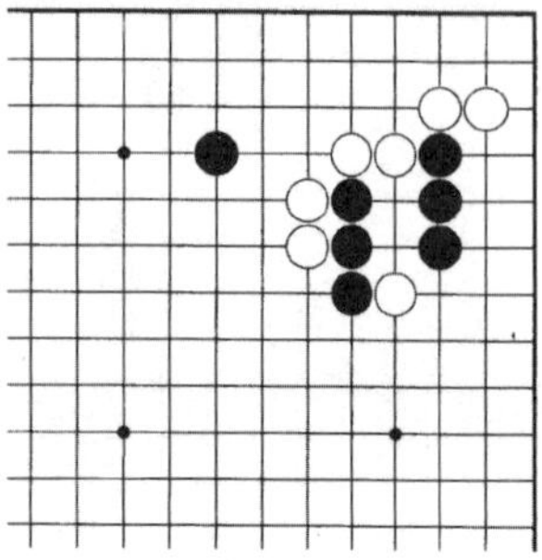

解

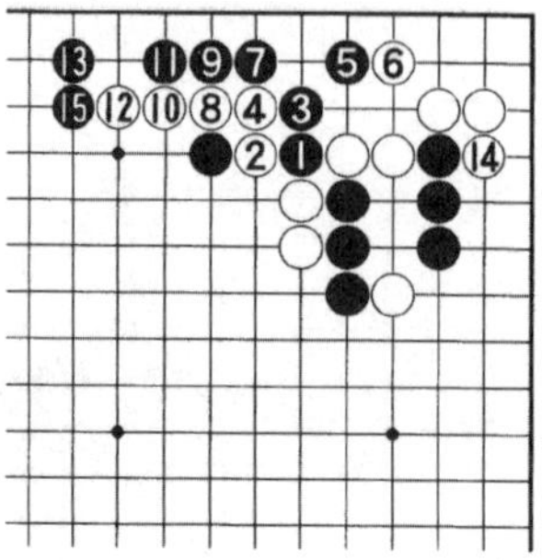

変

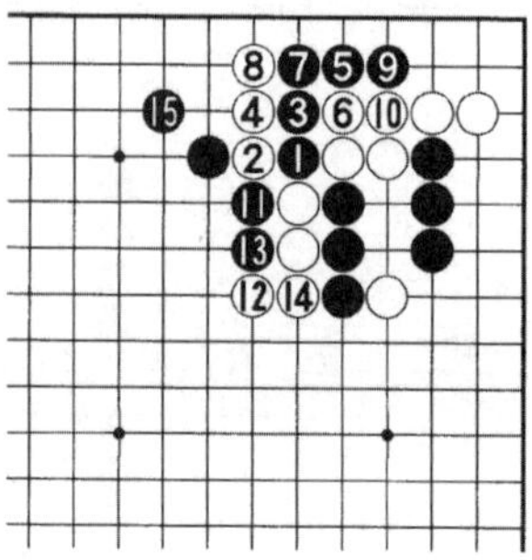

제19형 흑번

## 약점

두 칸 높은 걸침 정석의 변화이다. 축이 유리하다면 백의 무리를 추궁할 수 있다.

## 흑 유리

흑1로 끊는 수가 냉엄하다. 백2, 4로 공격하면 흑5가 좋은 수이다. 백6이라면 흑7부터 13까지 상변에 진출하고 백14로 살면 흑15로 밀어 유리해진다.

## 백 망함

백6, 8로 공격하면 흑9로 뻗어 수를 늘린다. 흑11로 끊어 바깥의 백을 공격하고 백12로 축을 막으면 흑15로 상변의 백 3점을 잡는다.

(565)

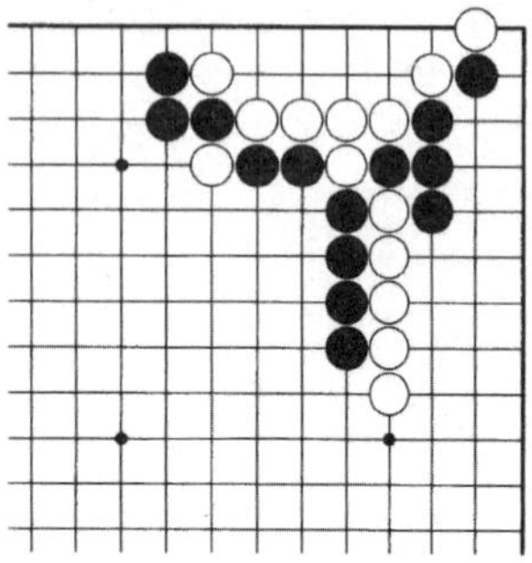

解

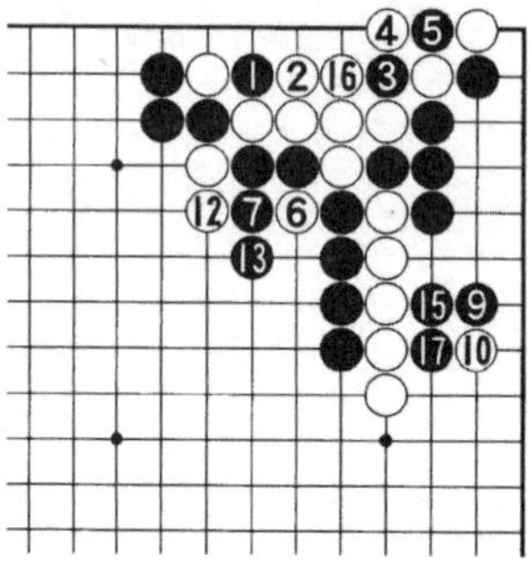

失

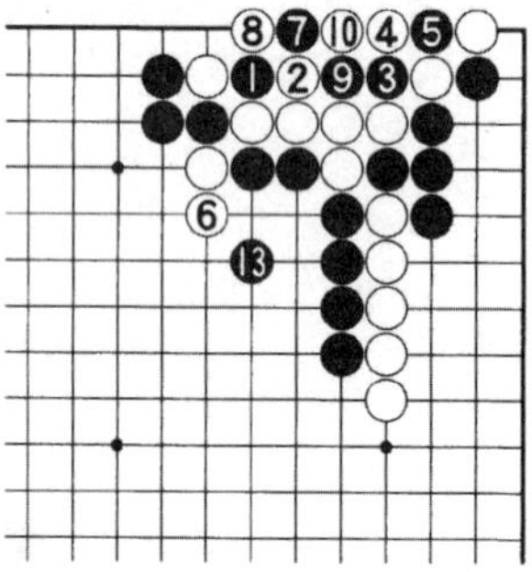

제20형 흑번

## 수순

우상의 전투.

대사정석의 변화로 난해한 수순을 하나라도 삐끗하면 호각으로 갈리지 않는다. 우상의 패를 시작하기 전에 어떤 수를 두어야 하는가?

## 각생

흑1로 끊는 수가 날카로운 맥이다. 백2로 받게 한 뒤, 흑3으로 패를 시작하면 17까지 각생이 된다.

※⑧→❸의 오른쪽(패), ⓫→❺, ⑭→❸의 오른쪽(패)

## 백 망함

백6으로 팻감을 쓰는 것은 실착이다. 흑7로 단수치고 9를 사석으로 이용하면 흑은 패를 선수로 해소할 수 있다. 13으로 백이 망한다.

※⓫→❼(따냄), ⑫→⑩(따냄)

(566)

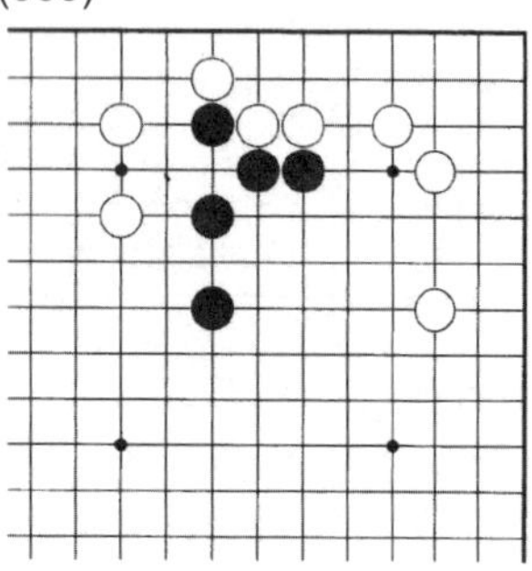

解

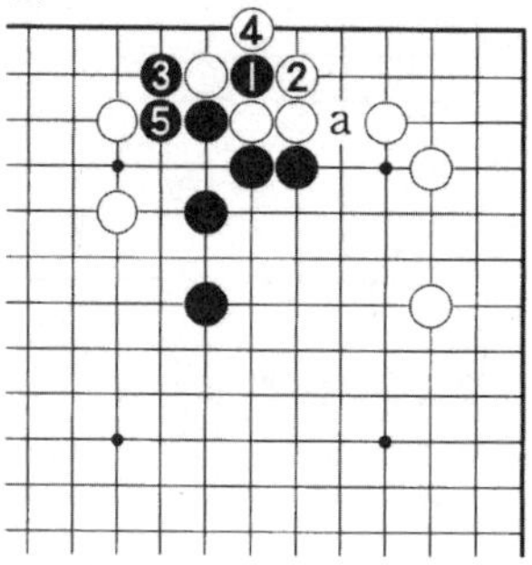

失

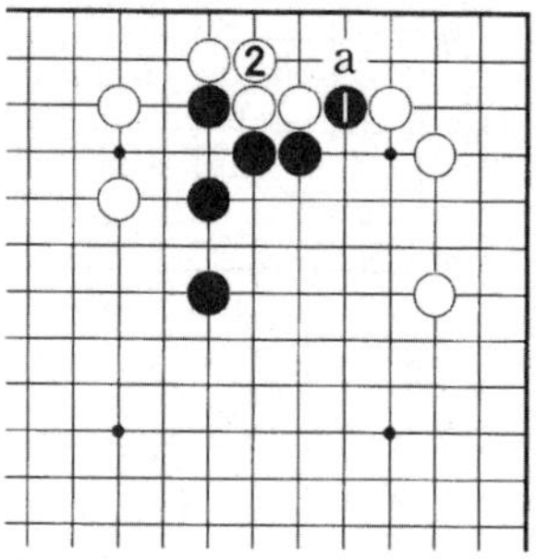

끊음 맞보기

제1형 흑번

## 허술한 자세

귀에서 좌상에 걸쳐져 있는 백의 모양은 아직 임시 모습이다. 어디가 백의 결함일까?

## 끊음

흑1로 끊는 수가 날카로운 맥이다. 이것으로 백 좌우에 약점이 한 개씩 확실해 진다. 백2는 흑3, 5로 무너뜨리고 백2로 5에는 흑a.

## 흑 실패

흑1의 젖혀 끼움은 백a라면 흑2로 응수하려는 수이지만 백2를 먼저 둬서 실패한다. 귀의 백이 튼튼하기 때문에 흑a로 둘 수 없다.

(567)

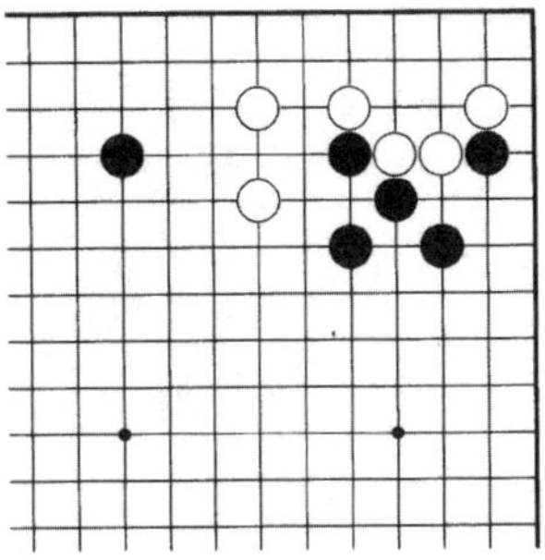

解

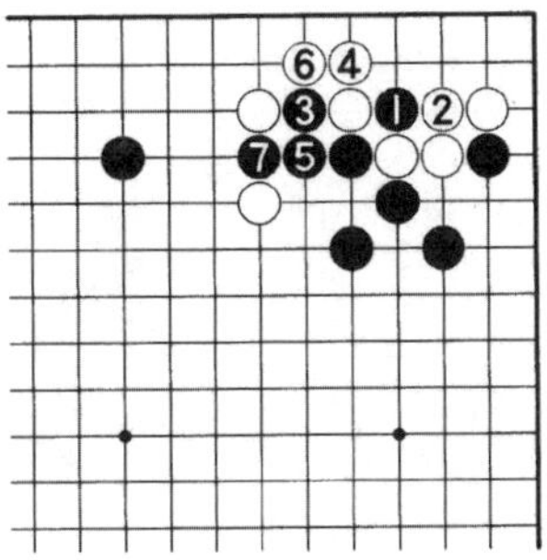

变

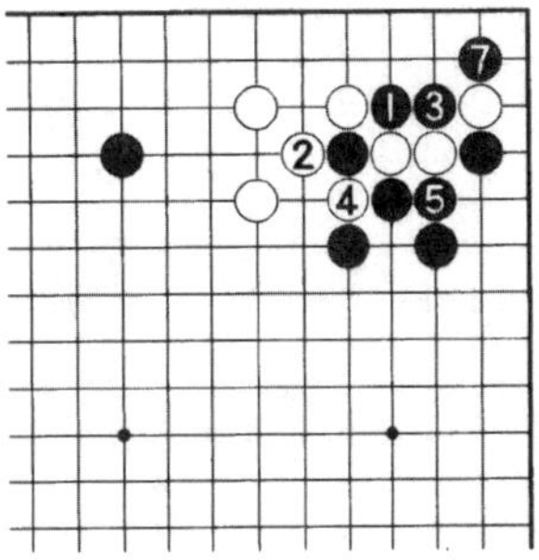

제2형 흑번

### 옆음
상변의 모양을 정하는 문제.
흑은 백의 엷음을 추궁하여 귀의 집을 무너뜨리거나 중앙의 백 1점을 절단하고 싶다.

### 중앙을 분단
흑1로 끊는 수가 날카로운 맥이다. 백2로 귀를 지키면 흑3, 5를 활용하고 백6으로 건너가면 흑7로 중앙의 백 1점을 분단한다. 흑은 중앙이 두텁다.

### 귀는 흑집
백2로 상변을 지키는 변화이다. 흑3으로 끊어 백 2점을 단수친다. 백4에 흑5로 조이고 흑7로 잡으면 귀는 흑집으로 바뀐다.

(568)

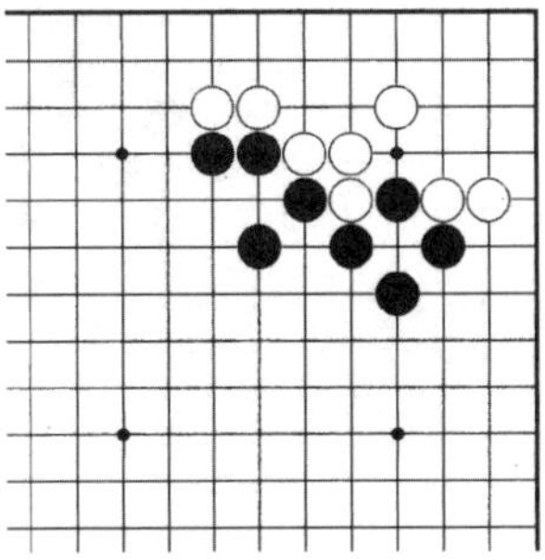

解

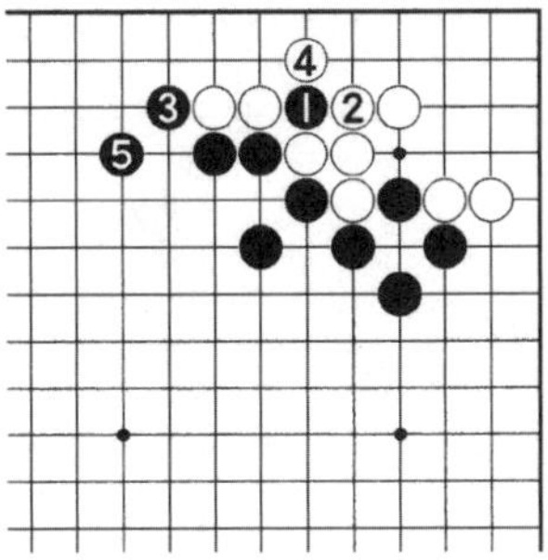

变

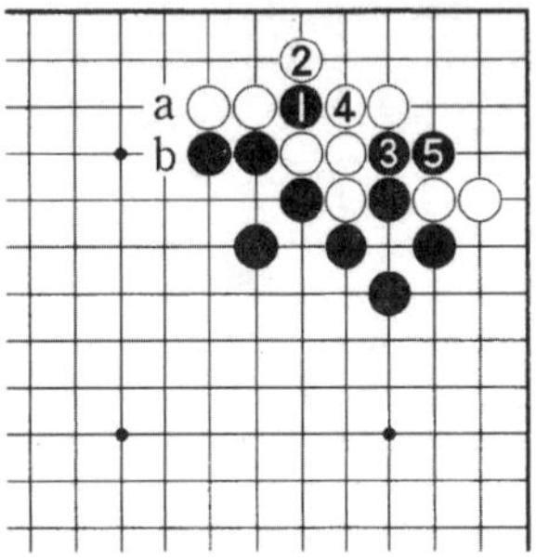


제3형 흑번

### 상변을 저지하다
귀에서 상변으로 이어진 백집이 커질 것 같다. 상변을 막는 수는 없을까?

### 타이밍
흑1의 끊는 타이밍이 좋다. 백2로 받으면 흑3의 막음이 냉엄한 수이다. 백4에 흑5로 상변으로 진출을 막아 흑의 세력이 생긴다.

### 귀를 부수다
백2로 둘러싸면 껴안으면 흑a에 백b로 반격 할 수 있다. 하지만 흑3, 5로 나가 귀를 부수면 백집이 크게 줄어든다.

(569)

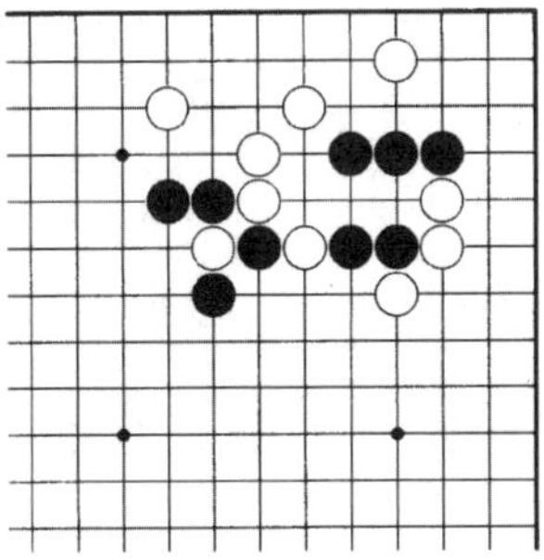

解

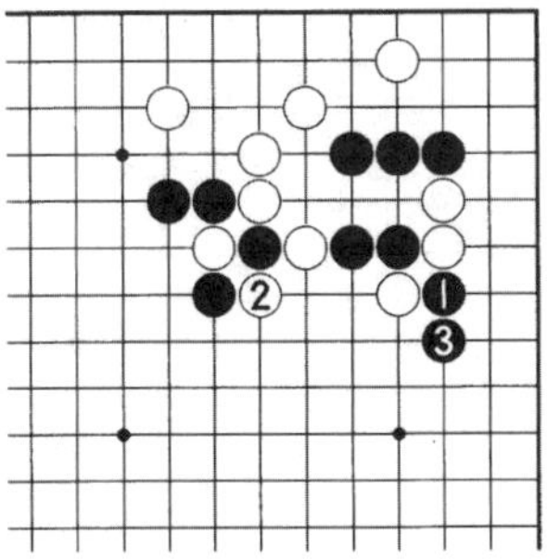

变

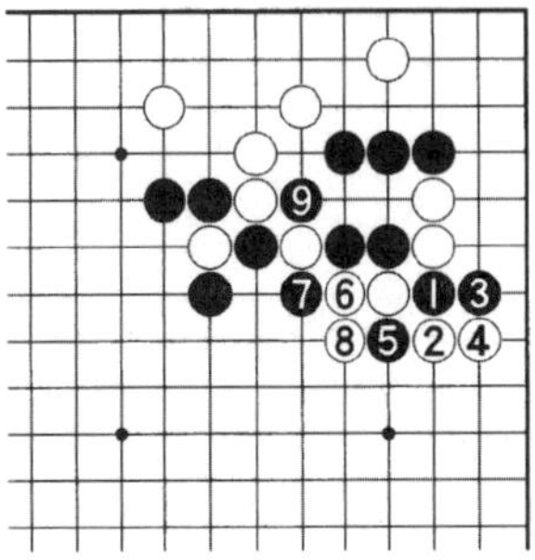

제4형 흑번

### 묘수
얼핏 봐서는 흑이 곤란해 보이지만 묘수가 숨어 있다.

### 타이밍
흑1로 끊는 수가 냉엄하다. 백2로 중앙을 굳히면 흑3으로 뻗어 백 2점을 잡는다. 백의 세력은 강대해도 우변의 흑집이 커 불안하지 않다.

### 흑 만족
백2, 4로 두면 흑이 잡히지만 흑의 노림수는 5로 끊고 7로 양단수를 치는 것이다. 흑9로 중앙의 백을 빵때림 하여 만족한다.

(570)

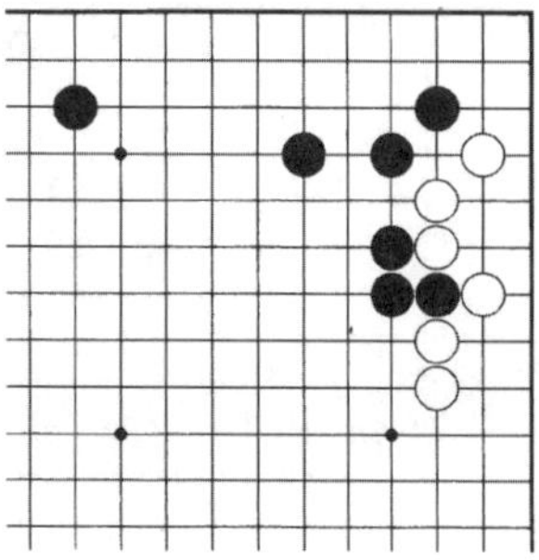

解

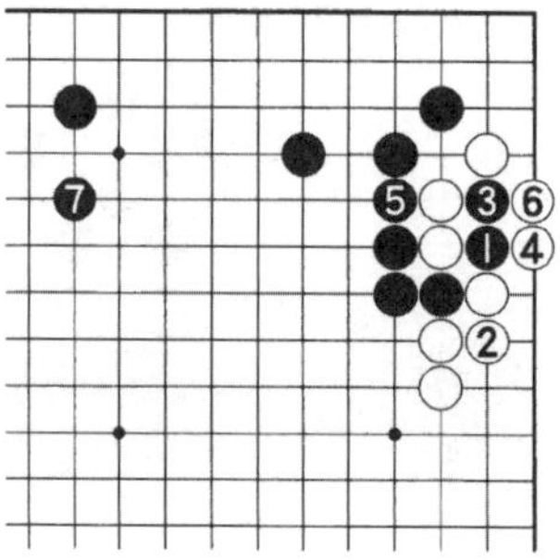

变

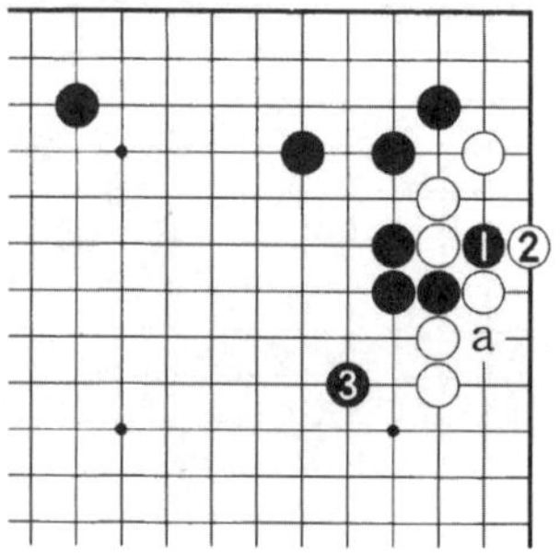

**제1형 흑번**

### 정형

우변의 전투.
우상의 흑은 약점이 남아있다. 백의 결함을 추궁하면서 모양을 정리하고 넓히고 싶다.

### 선수

흑1로 끊으면 백의 약점이 확실하게 드러난다. 백2의 아래를 붙이면 흑3으로 젖고 흑5의 이음이 활용되어 흑이 선수로 두텁게 된다.

### 중앙으로 나가다

백2로 껴안으면 흑3으로 날일자하여 중앙으로 나간 모양이 좋다. 흑a의 끊음이 선수이므로 우변의 백 2점은 공배가 차는 것이 두렵다.

(571)

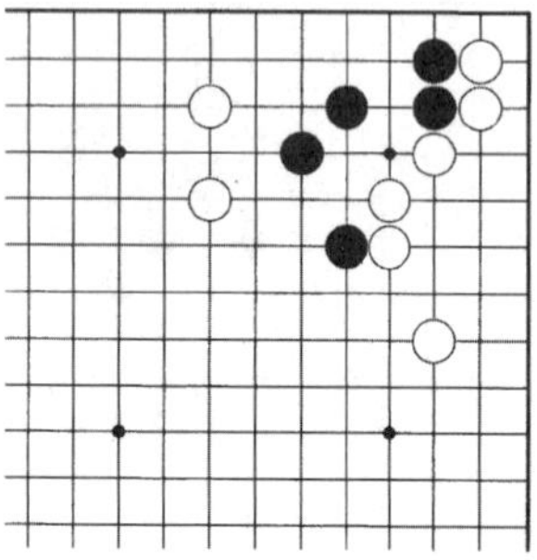

解

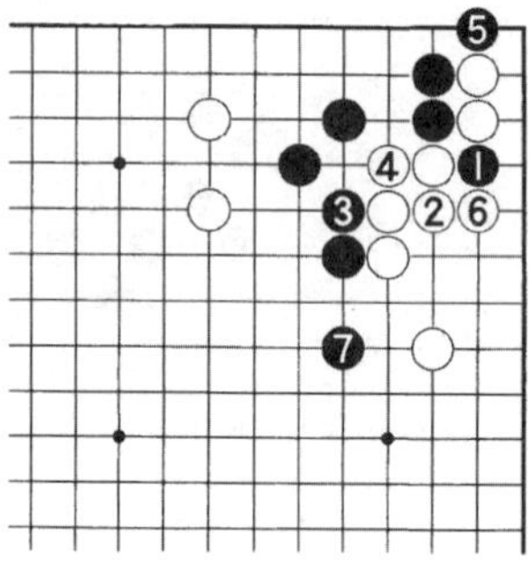

变

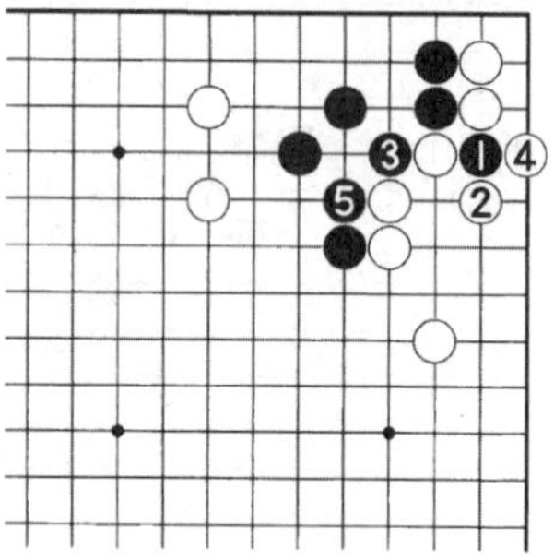

**제2형 흑번**

### 정형

우상의 모양을 만드는 문제.
귀에서 중앙으로 도망치는 흑의 모양을 정리하고 싶다.

### 가벼운 탈출

흑1로 끊는 수가 맥으로 백의 응수를 본다. 백2로 저항하면 흑3으로 막아 연결한다. 흑5를 활용하고 7로 뛰면 모양이 가볍다.

### 안형 풍부

백2로 잡으면 흑3의 단수치기가 선수이다. 흑5로 막아 안형이 풍부하다. 흑은 상변만으로도 여유롭게 살 수 있다.

(572)

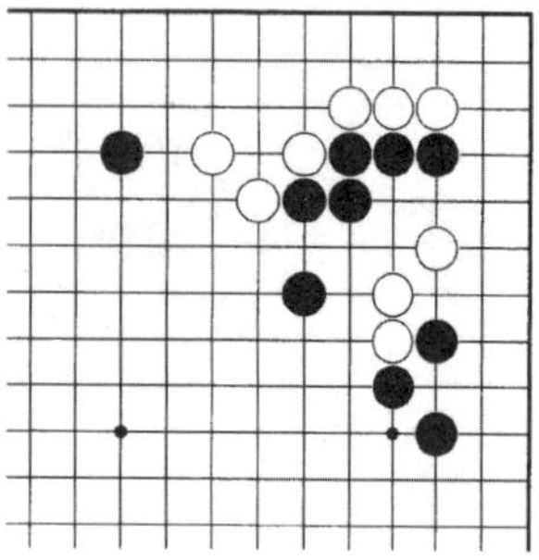

解

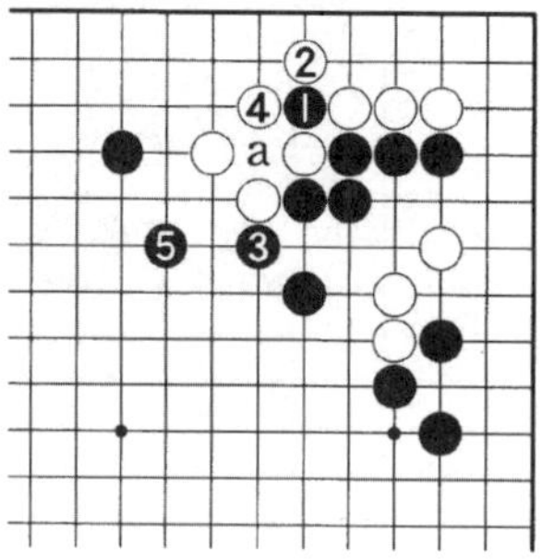

变

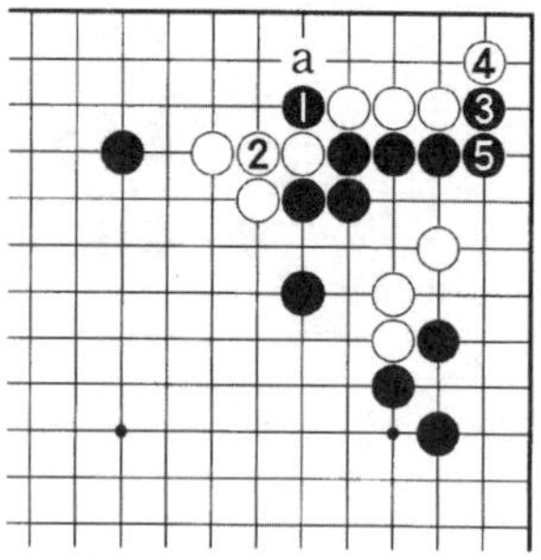

**제3형 흑번**

### 크게 잡다

우변의 백 3점을 잡는 것은 간단하다. 흑은 우상을 강화하여 백을 크게 잡고 싶다.

### 좋은 모양

흑1로 끊고 백의 응수를 본다. 백2는 흑a와 백4로 흑을 우형으로 만들려고 하는 수이다. 흑3이 좋은 수로 백4에 흑5로 좋은 모양이 된다.

### 흑 성공

백2로 이으면 흑3을 귀에 둔다. 흑5로 이으면 흑a가 성립하기 때문에 백은 귀에 한 수를 더 들여야 한다. 흑1의 활용이 성공한다.

제4형 흑번

(573)

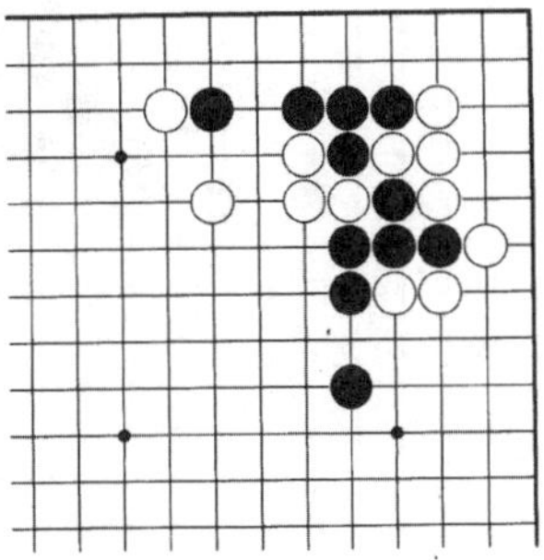

중앙의 노림

상변의 흑5점이 강해지면 중앙의 백에게 반격할 수 있다. 상변을 강화하기 위해 귀의 백을 노려야 한다.

解

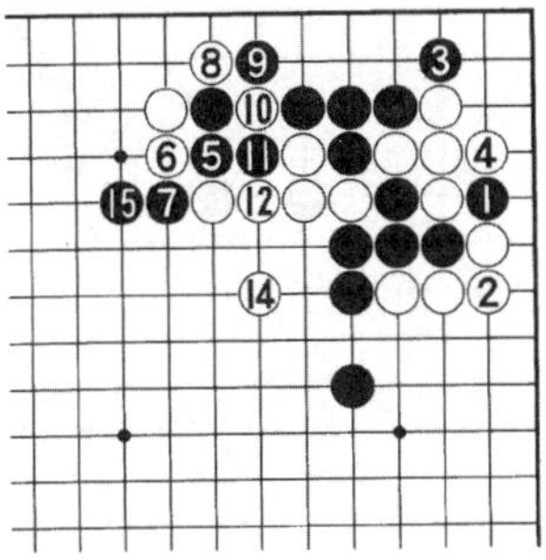

흑 유리

흑1로 끊는 수가 냉엄하다. 백2로 우변을 지키면 흑3의 젖힘을 활용해서 상변의 흑은 살아있는 강한 돌이다. 흑5, 7로 끊고 15까지 유리한 싸움이 된다. ※⓭→⑩

变

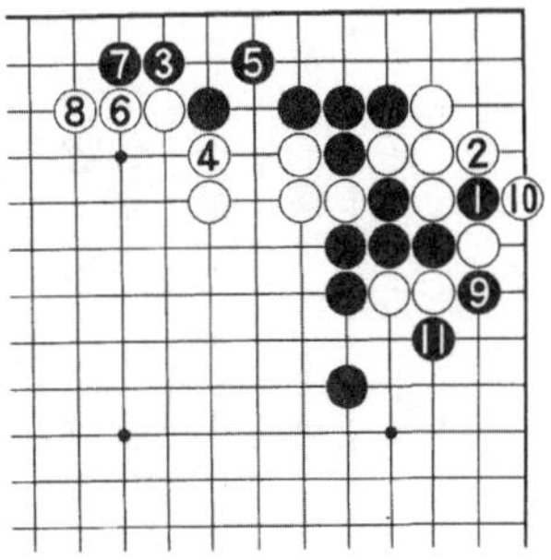

흑 좋다

흑1에 백2로 잡아 흑4를 대비한다. 흑3, 5로 지키면 백8 이후 흑9, 11로 우변의 백 2점을 잡아 역시 흑이 좋게 갈린다.

끊음 활용

제1형 흑번

(574)

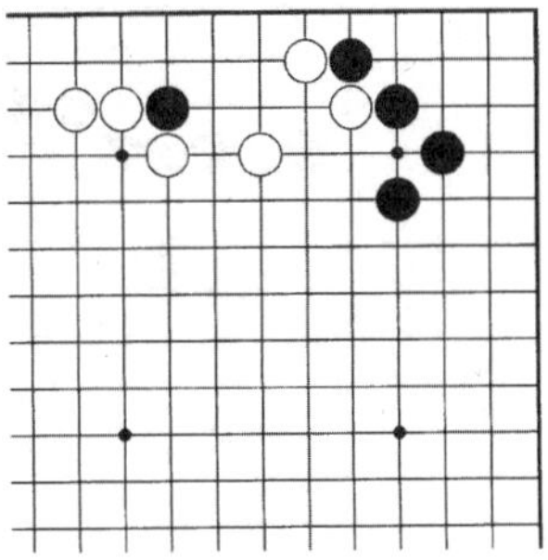

중복 모양

귀의 모양을 정하는 문제.
상변의 백이 견고하여 흑은 백을 중복시켜야 한다.

解

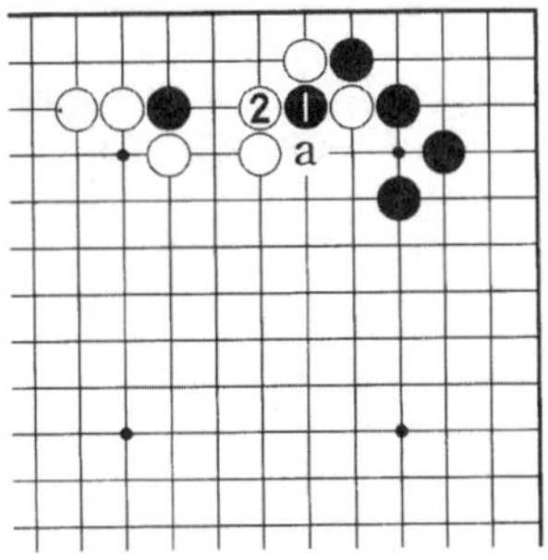

손 뺌

흑1으로 끊고 백2로 받게 한 뒤 손을 뺀다. 백a로 따내도 상변의 모양이 중복된다. 흑은 다시 손을 빼도 좋다.

失

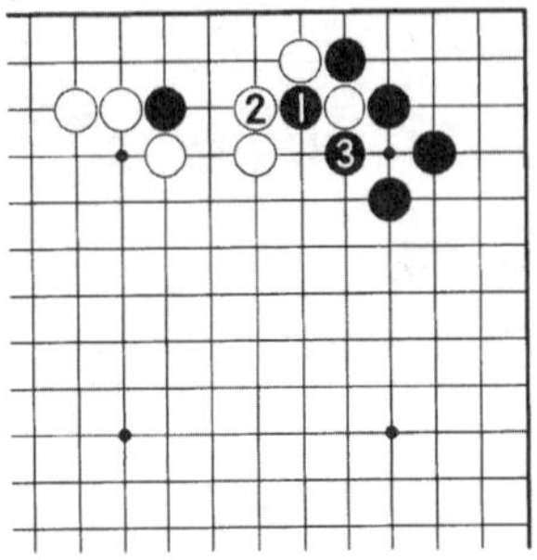

후수 끝내기

백2 이후 흑3으로 잡아도 상변의 백에는 영향이 없다. 백이 손을 뺀다. 흑은 후수로 작은 끝내기를 두는 것이 된다.

제2형 흑번

(575)

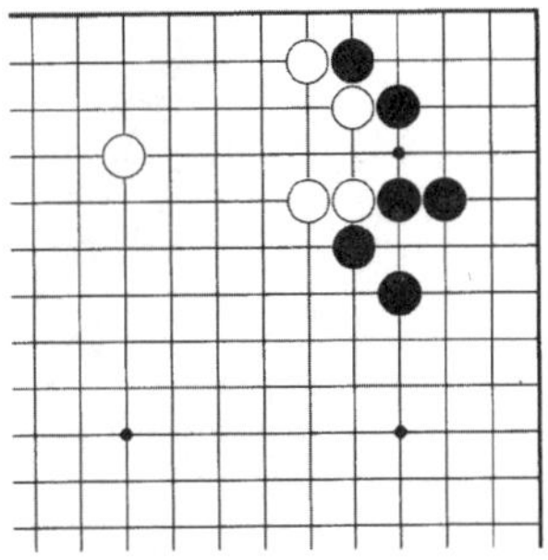

수순

우상의 모양을 어떻게 정할까?
백에 귀를 부숴지게 되면 안된다.
흑은 지키기 전의 수순을 고민한다.

解

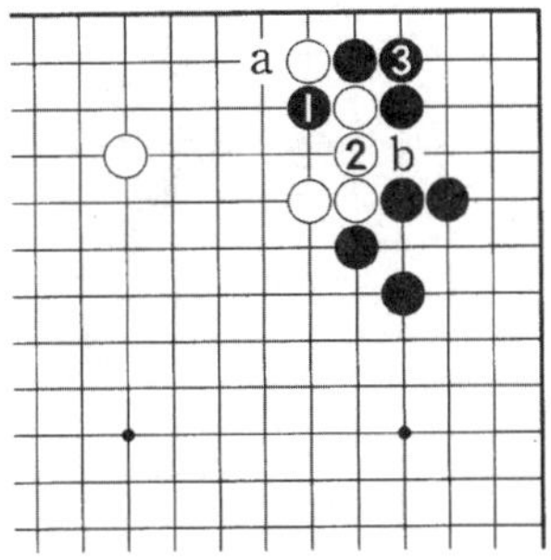

수순

흑1의 끊는 수가 좋은 수순이다. 지금이라도 백2로 이을 수밖에 없다. 흑3으로 이으면 a가 남는다. 3으로 a는 백b로 흑이 무리.

失

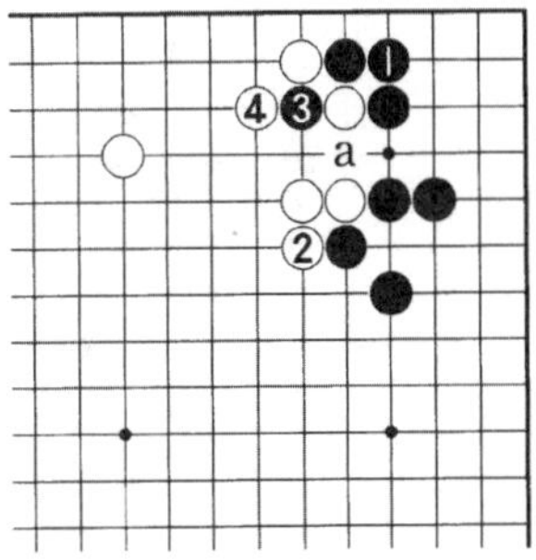

활용 당함

흑1로 이으면 활용 당한다. 백2로 상변을 지키는 것을 생략하고 2로 중앙의 요점으로 돌린다. 흑3은 백4. 4로 a에는 이을 수 없다.

제3형 흑번

(576)

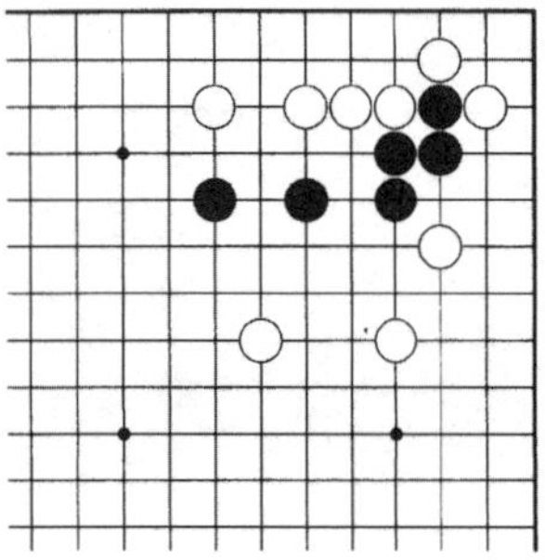

解

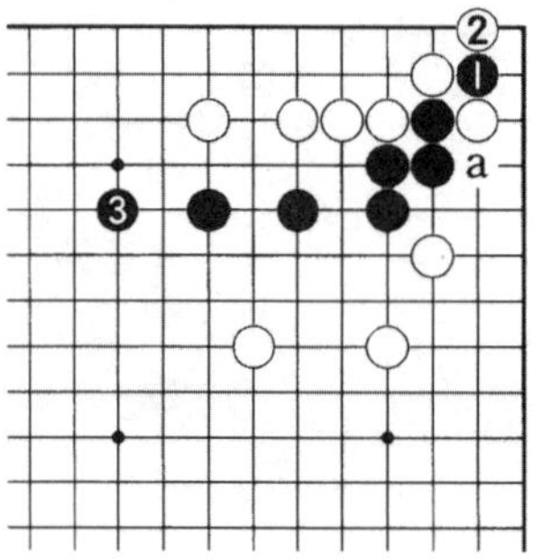

変

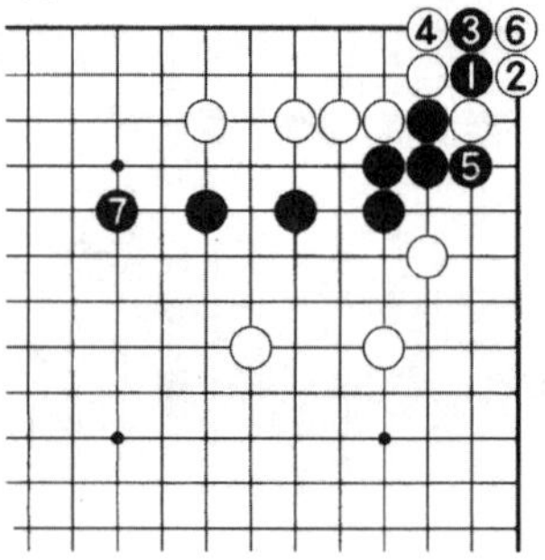

### 손을 쓰다

우상의 흑은 살기 위해서는 상변으로 도망칠 수밖에 없지만 그 전에 두어야 할 수가 있다.

### 건넘 방지

흑1로 끊는 것은 백의 응수를 보는 좋은 수순이다. 백2로 받으면 백a로 건너는 것이 없어졌기 때문에 흑3으로 도망치고 우변의 백을 노린다.

### 활용

백2의 방향으로 잡으면 흑3, 5를 활용하고 7로 뛴다. 흑3을 손을 빼면 백5로 건널 수 있다. 백4를 두지 않으면 흑5.

제4형 백번

(577)

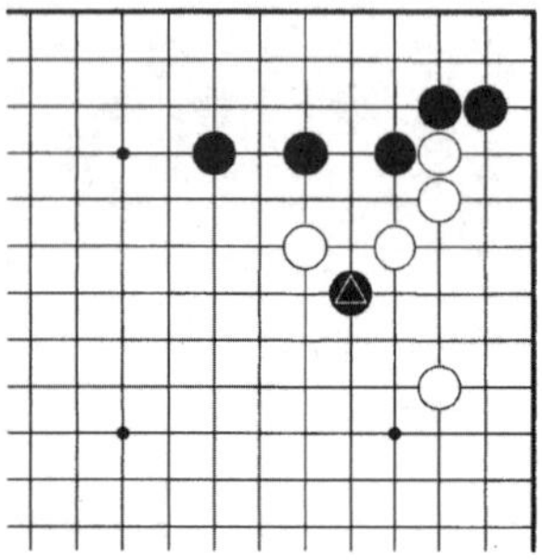

解

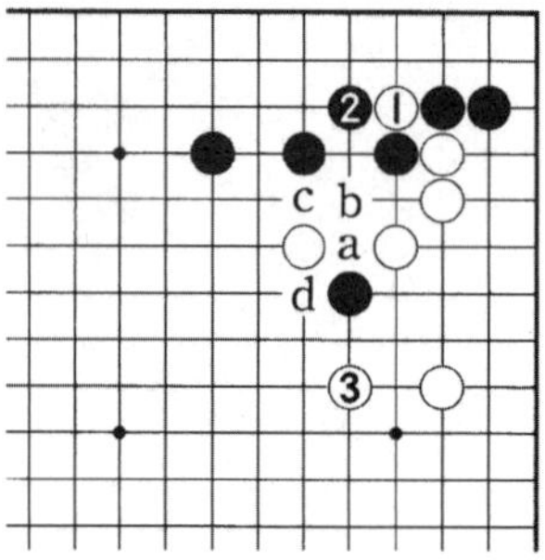

変

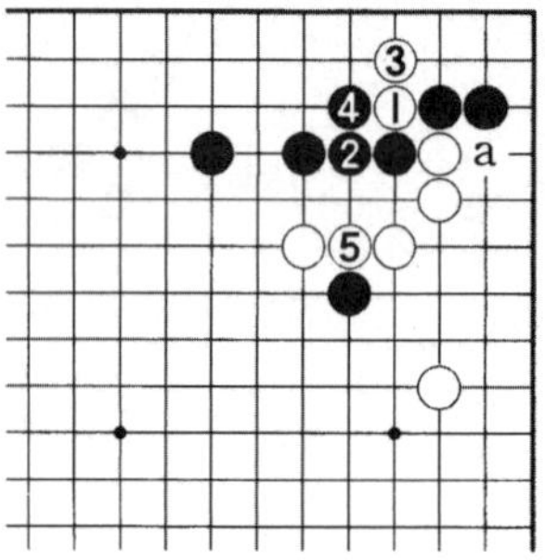

### 타이밍

화점 정석의 변화.
우변의 백에 들여다 보고 있는 흑▲1점에 백은 어떻게 받을까? 가 문제.

### 활용

백1로 끊고 흑의 응수를 본다. 흑2로 받으면 활용한다. 백3으로 우변을 지켜서 좋다. 흑a, 백b, 흑c로 끊으면 백d로 흑 무리.

### 활용

흑2로 이으면 백3으로 뻗어 귀의 흑을 약하게 만든다. 흑4 이후 백a의 막음을 활용하여 우변의 백이 강해지고 백5로 이어 싸운다.

제5형 백번

(578)

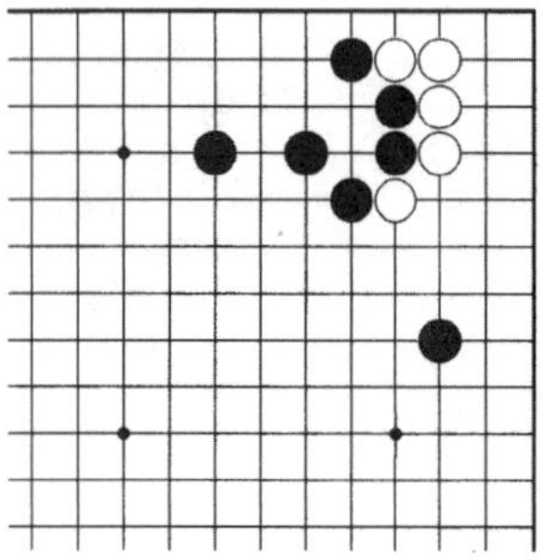

解

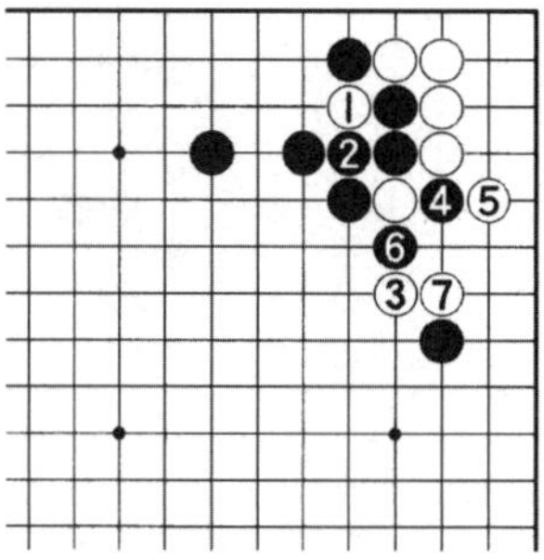

変

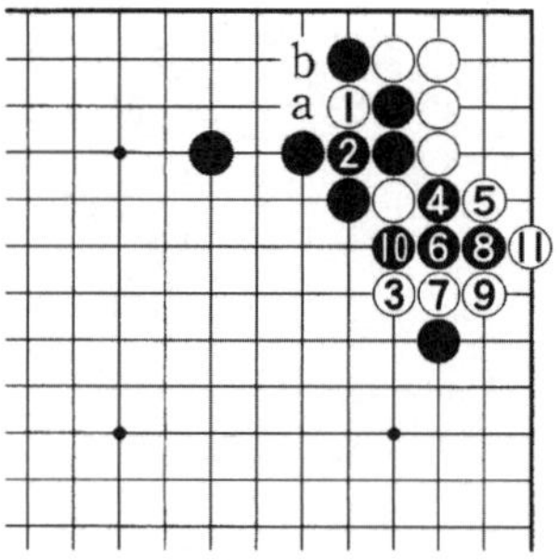

### 활용

귀의 백을 우변으로 진출시키고 싶지만 그것을 위하여 희생을 치러야 한다. 그전에 활용하는 것이

### 우변 진출

백1로 끊어 상변에 맛을 남기고 흑2 이후 백3으로 뛰어 중앙 진출을 노린다. 흑4로 끊으면 1점을 버리고 5와 7로 우변을 굳힌다.

### 백 충분

흑6으로 나가면 백7, 9로 막고 11로 건넌다. 우변의 백이 강해 충분하다. 백1은 a나 b에 맛을 남겨 활용한다.

(579)

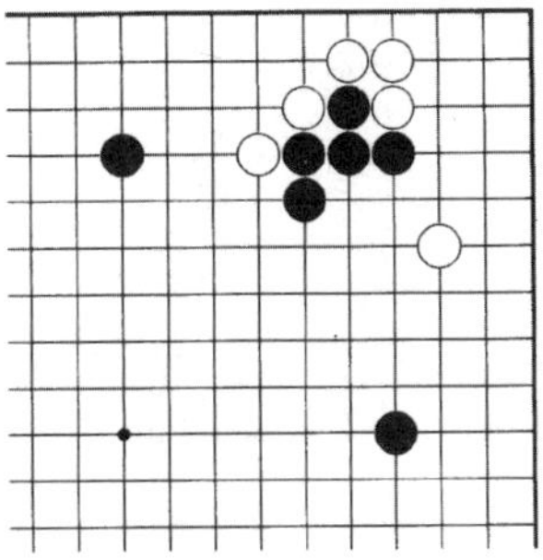

解

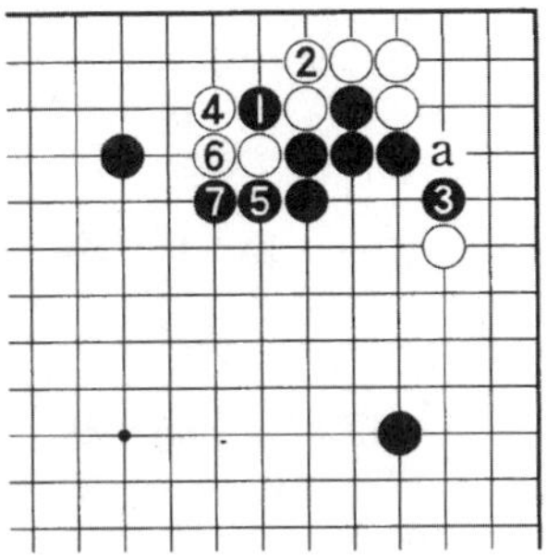

失

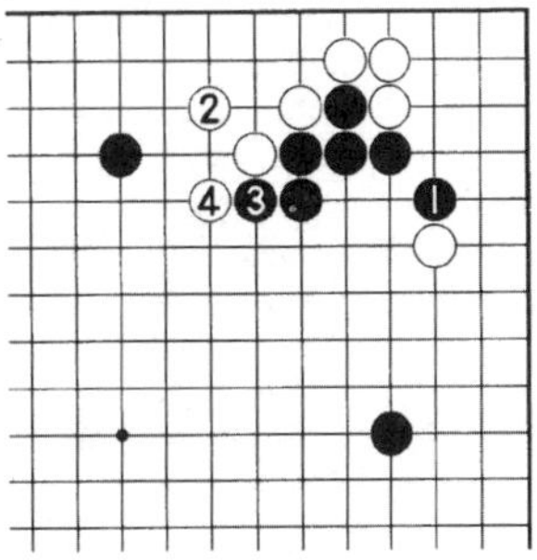

**제6형 흑번**

### 2개의 세력

우상에 있는 흑의 모양을 결정짓고자 한다. 상변과 우변의 세력을 함께 이용하는 모양으로 만들어보자.

### 활용

흑1로 끊어 활용하면 백의 중앙 진출을 막을 수 있다. 흑3으로 입구자 붙여 백a를 막고 백4라면 흑5와 7로 중앙을 두텁게 한다.

### 흑 실패

흑1로 백이 건너지 못하게 막으면 백2로 상변을 지켜 실패한다. 흑3과 백4로 중앙에 진출한다.

(580)

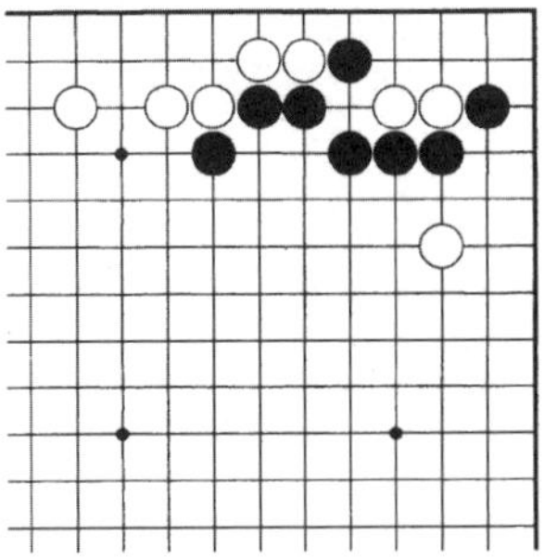

解

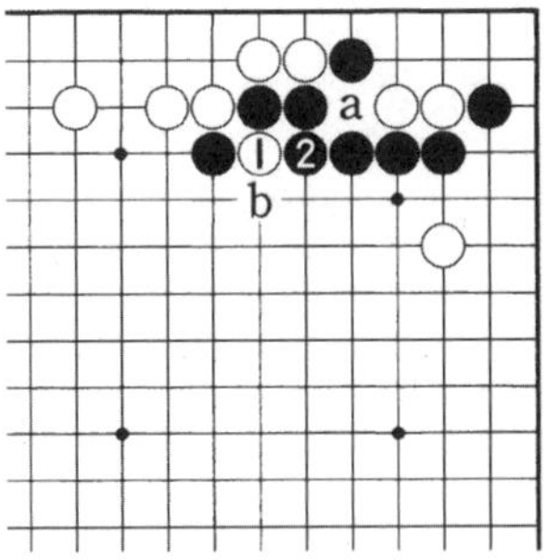

失

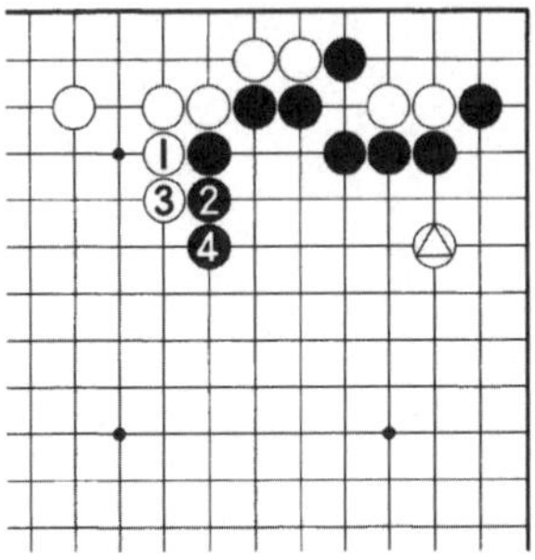

**제7형 백번**

### 타이밍

이대로라면 백은 재미없는 국면을 맞이해야 한다. 백 2점이 잡혀 있지만 쓸 수 있는 수는 다 끌어다 써 보자.

### 만족

백1로 끊으면 a의 끊음이 있어 흑2는 어쩔 수 없다. 백b로 도망치는 맛도 남아 만족스럽다.

### 백 실패

단순히 백1로 구부리면 흑2와 4로 한발 앞서 나간다. 백◬에게도 악영향을 미친다.

(581)

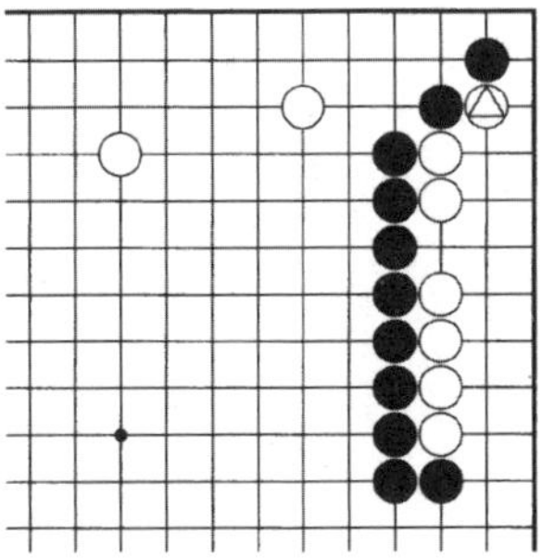

解

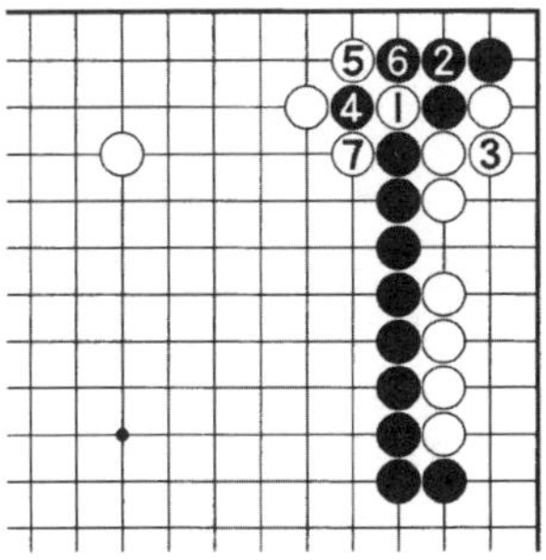

失

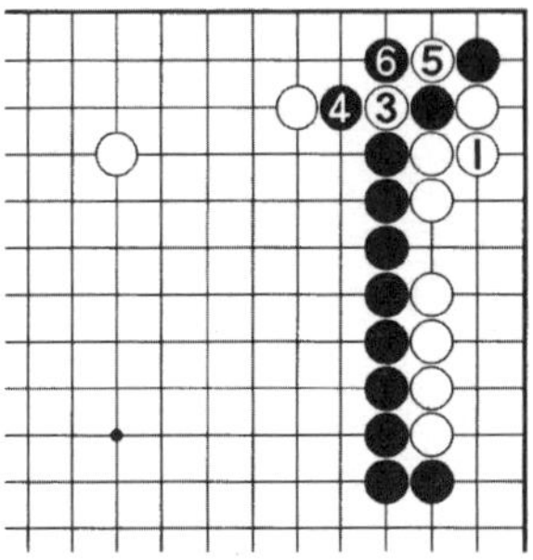

**제8형 백번**

### 반격의 모양

백◬를 잡히면 우변과 상변의 백이 약해진다. 흑은 ◬을 지키기 이전에 반격할 모양부터 만들고 싶다.

### 백 선수

백1로 하나 끊어두고 3으로 지키는 것이 맥이다. 흑은 4로 잡을 수밖에 없고 백5, 7로 활용하여 선수로 상변을 강화할 수 있다.

### 흑 손 뺌

백1로 잇는 것은 후수이다. 흑은 손을 빼서 다른 큰 자리에 손을 돌린다. 백3으로 끊으면 흑4와 6으로 백이 중복되어진 모습이다.

※❷ 손을 뺌

(582)

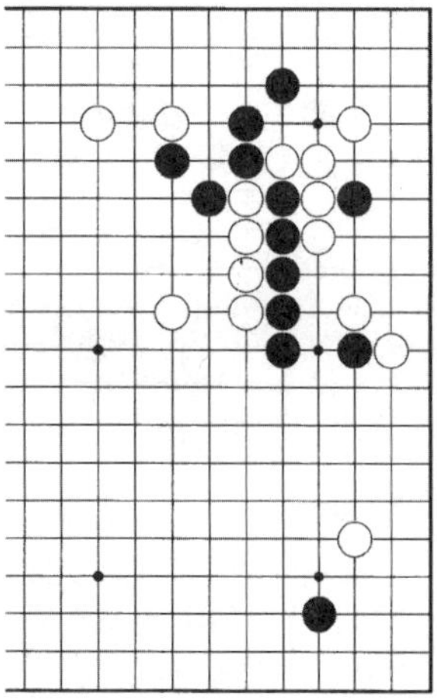

解

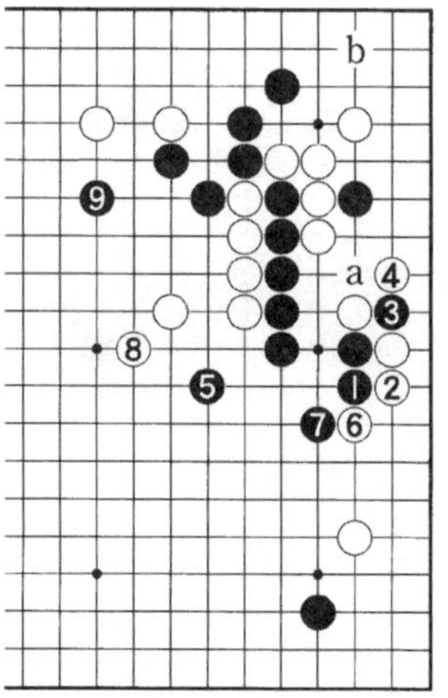

変

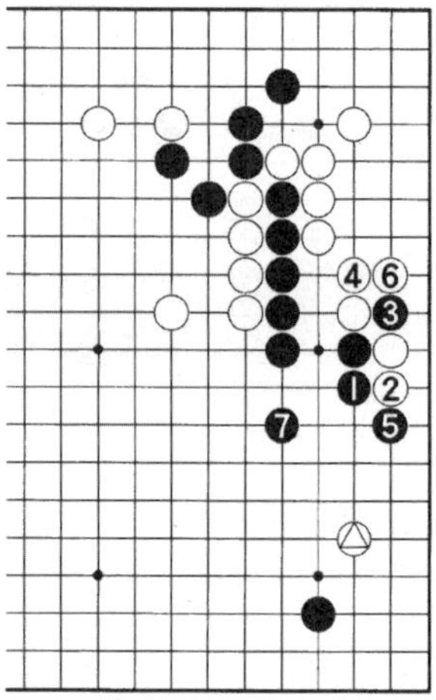

제9형 흑번

## 주문

대수롭지 않은 응수타진의 맥이다. 흑의 첫 수와 백의 두 번째 수는 필연이지만 흑의 세 번째 수에 주문이 숨어있다.

## 응수타진

흑1과 백2 후 흑3으로 하나를 끊어서 두는 수가 멋진 응수 타진이다. 백4라면 흑9까지 냉정하게 자세를 잡아 이후 a에 끊는 맛과 b로 미끄러지는 수가 크다.

## 활용하다

흑3에 백4로 응수하면 흑5를 선수로 활용한다. 흑7까지 진행되면 백 △ 1점이 목표가 된다. 실전에서는 백4보다는 6이 승리할지도 모른다.

(583)

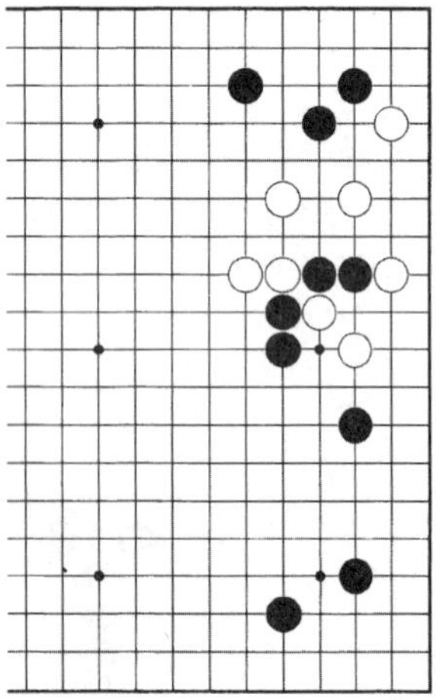

解

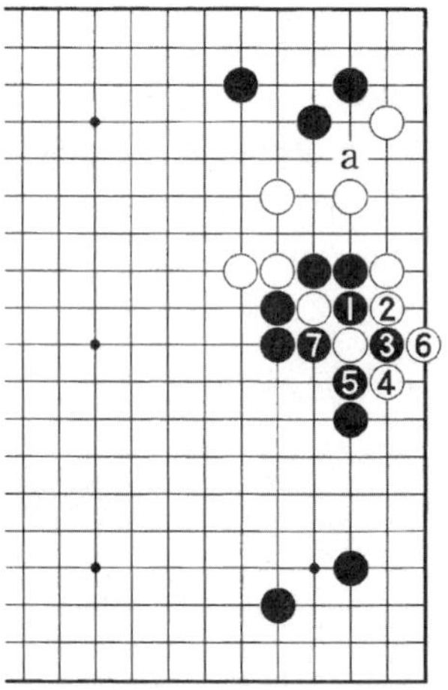

失

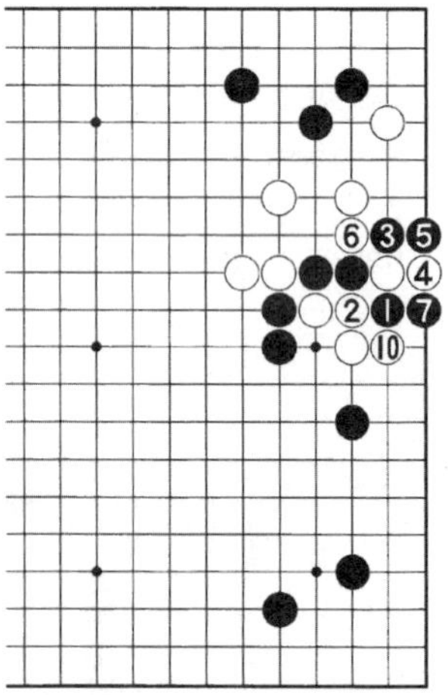

제10형 흑번

## 최강

우변의 전투.
백은 흑 2점을 공격하고 있다. 흑은 최대한 저항하여 백을 엷은 모양으로 만들고 싶다. 단, 이후 공격할 수단이 남아야 한다.

## 백 엷음

흑1로 단수치고 백2에 흑3으로 끊는 수가 좋다. 백4로 흑 1점을 잡으면 흑7로 따낸 뒤 3으로 패를 따내는 것이 좋다. 백이 3에 이으면 흑a가 있어 백은 엷은 모양이다.

## 흑 패배

흑1로 막으면 백2로 끊는다. 흑3 부터 7로 백 2점을 잡아도 백8로 먹여쳐 백 3점을 잡을 수 없다. 흑9는 백10으로 수상전은 흑의 패배.
※⑧→❸의 아래/❾→④(따냄)

(584)

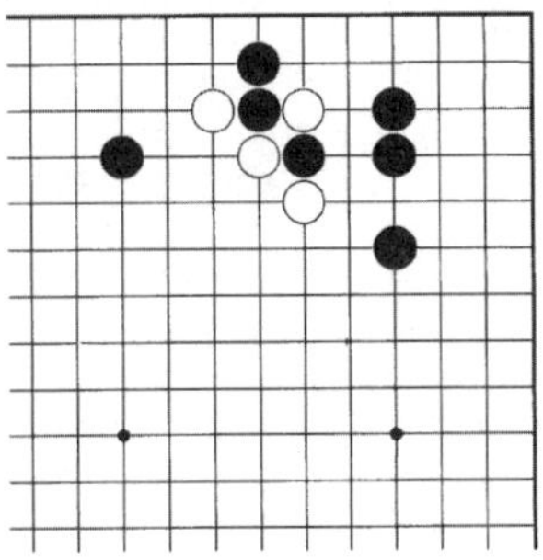

**제11형 흑번**

### 최선의 수

상변의 전투.
흑 1점이 단수 당하였다. 이 상황에서 흑이 둘 수 있는 가장 좋은 수를 생각해보자.

解

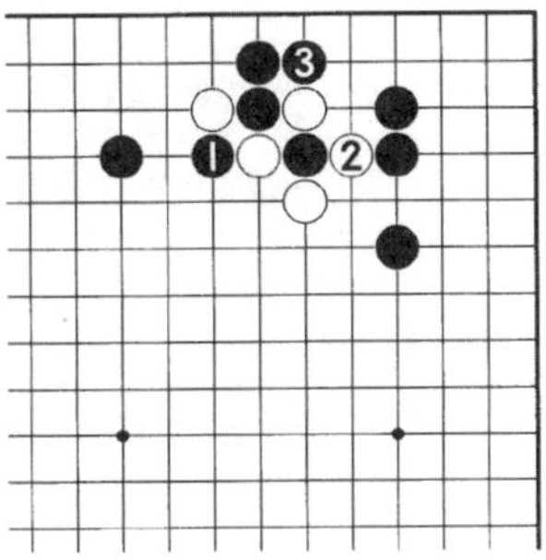

### 수순

흑1로 끊는 수가 수순이다. 백2로 흑 1점을 빵때림 하였으나 이 백은 우상의 벽에 부딪힌다. 흑3으로 상변은 흑집이 된다.

失

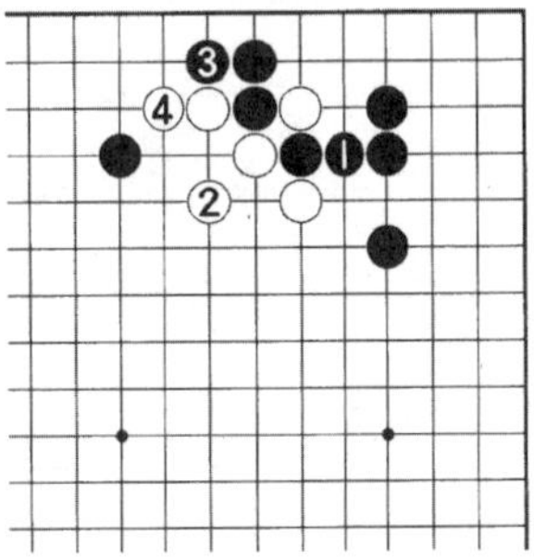

### 흑 불리

흑1로 잇는 것은 작다. 백2로 호구이어 바깥이 굳어지면 흑3, 백4로 상변에 진출하여 상변의 흑 1점이 약해져 흑이 불리하다.

(585)

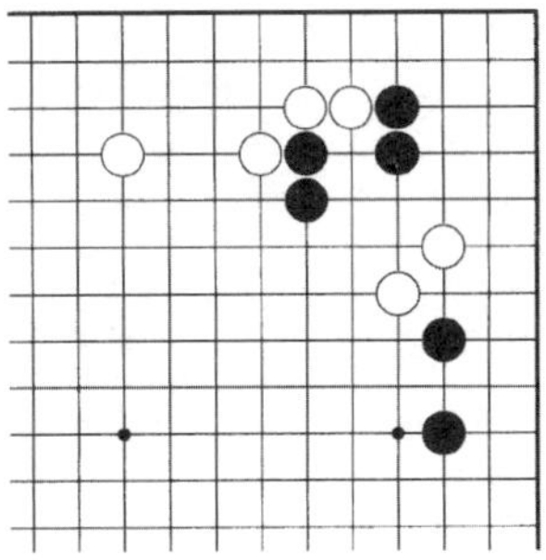

**제12형 흑번**

### 사전공작

우변의 백 2점이 약하다. 상변의 흑이 두터워지면 백을 공격하여 잡을 수 있다. 그 전에 미리 사전공작을 해둘 필요가 있다.

解

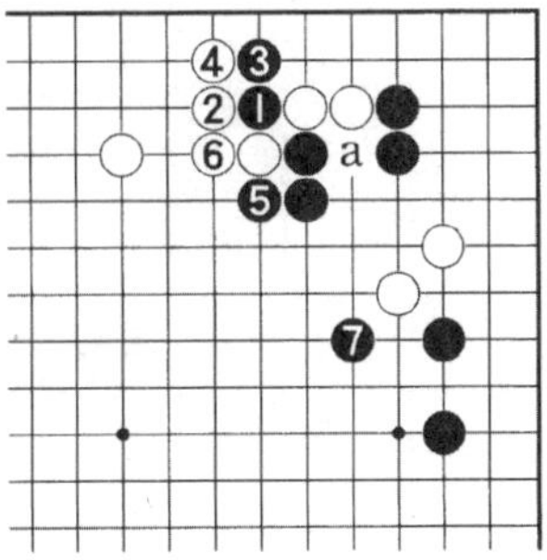

### 흑 성공

흑1로 끊는 것은 사석의 맥이다. 백2, 4로 잡으면 흑5의 단수를 선수하여 a도 지키고 있다. 흑7로 씌우면 백 2점은 살릴 수 없다.

失

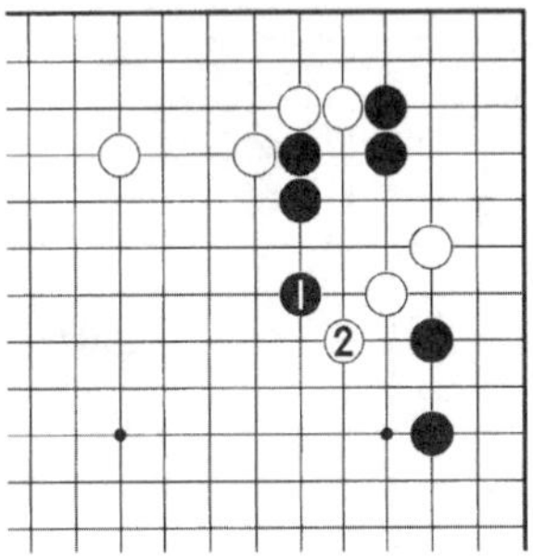

### 흑 불만

흑1로 공격하면 백2로 도망쳐 실패한다. 흑은 중앙에 세력을 늘려도 상변의 백에 영향이 없기 때문에 백은 구사일생 한다.

(586)

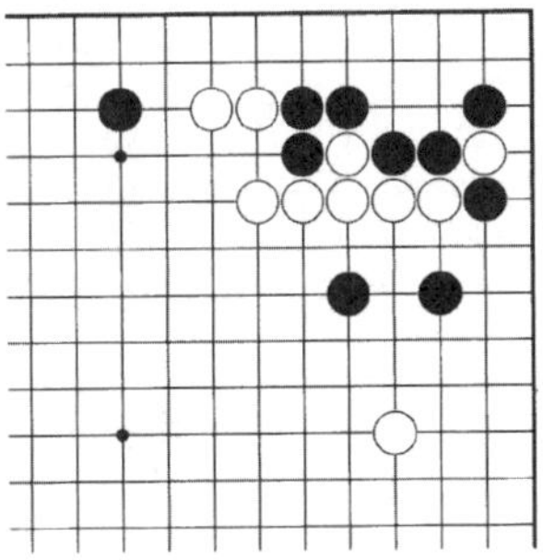

**제13형 백번**

### 수순

우상에 있는 백의 모양을 결정하는 문제. 둘 수는 이미 정해져 있지만 그 전에 두어둬야 할 수는 없을까?

解

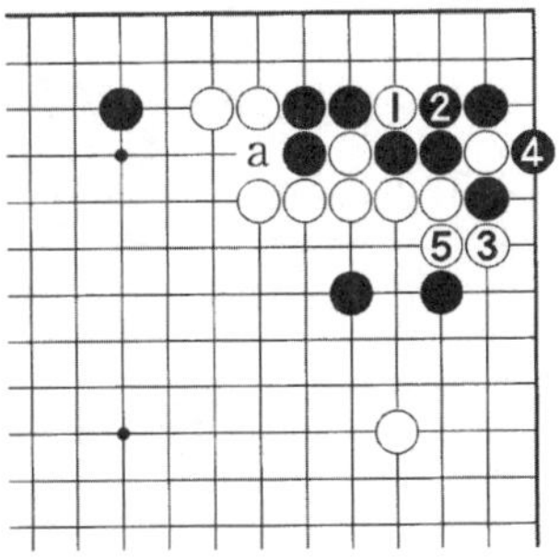

### 타이밍

백1로 끊는 수가 타이밍 좋은 활용이다. 흑2로 받게 한 뒤 백3, 5로 우변을 결정지으면 흑a로 끊는 맛이 사라진다.

失

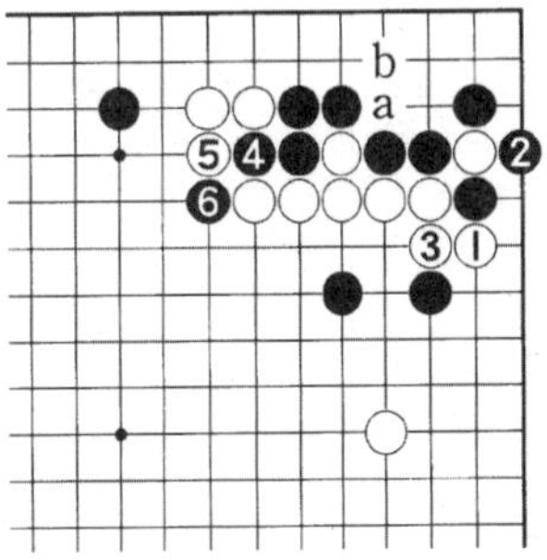

### 절단

백1, 3을 먼저 두면 흑4, 6이 성립하여 상변의 백 3점이 공격당한다. 백a로 끊어도 흑b로 받아 한 발 늦는다.

제14형 흑번

(587)

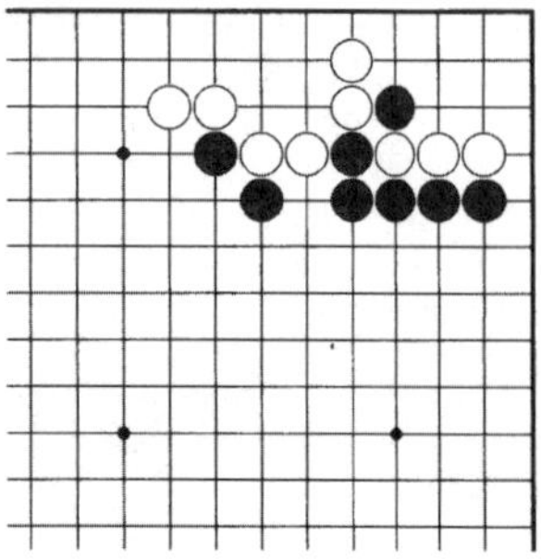

## 정리하는 기술

우상에 있는 흑의 모양을 정리하고 싶다. 흑은 선수로 약점을 보완하기 위하여 백의 결점을 공격한다.

解

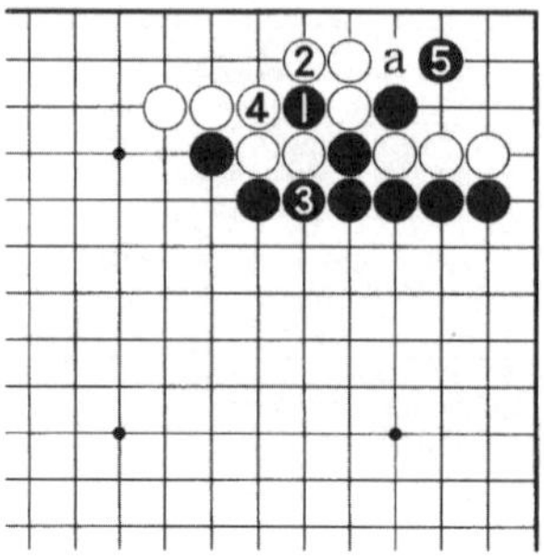

## 선수 활용

흑1로 끊는 수가 좋은 수순이다. 백2로 받으면 흑3으로 선수하고 5로 크게 끝내기 할 수 있다. 백2로 4는 흑a로 귀는 흑의 집이 된다.

失

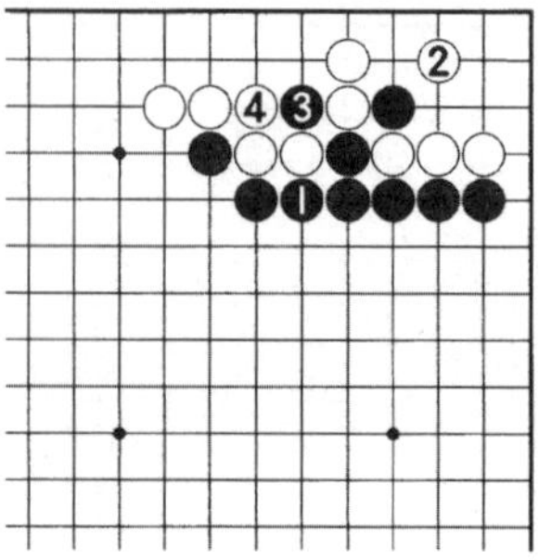

## 무책

흑1로 이으면 백2로 귀를 지켜 깔끔하다. 흑3으로 끊으면 백4로 받아 아무런 수가 나지 않는다.

제15형 흑번

(588)

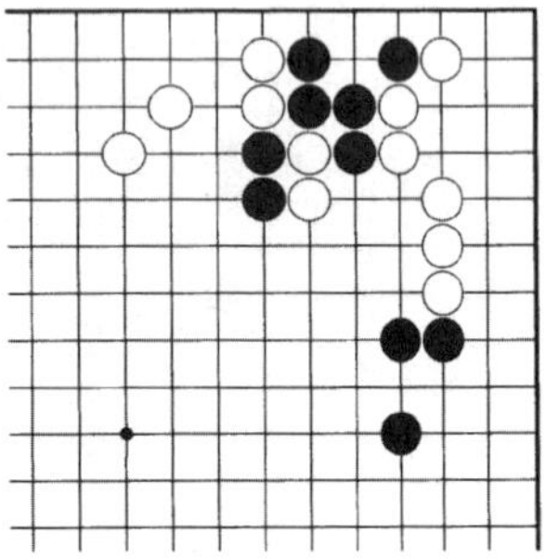

## 사전의 수

상변의 흑 5점이 탈출하는 것이라면 간단하다. 그 전에 해두어야 할 것이 없을까?

解

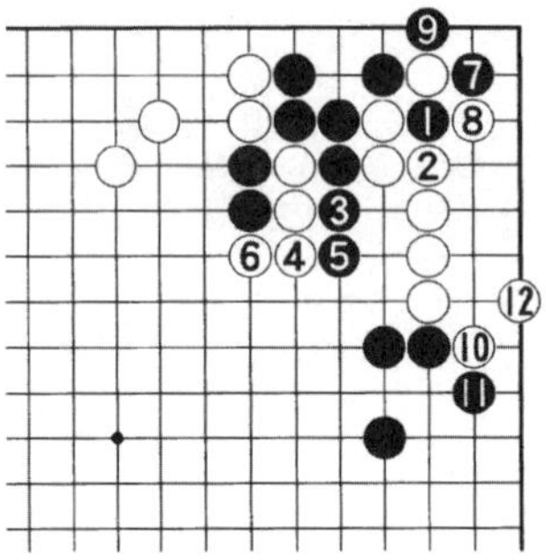

## 타이밍

흑1로 끊는 수가 타이밍 좋은 맥이다. 백은 2로 받을 수밖에 없다. 흑3, 5로 도망친 후 귀에 흑7, 9로 괴롭히는 수단이 남았다.

变

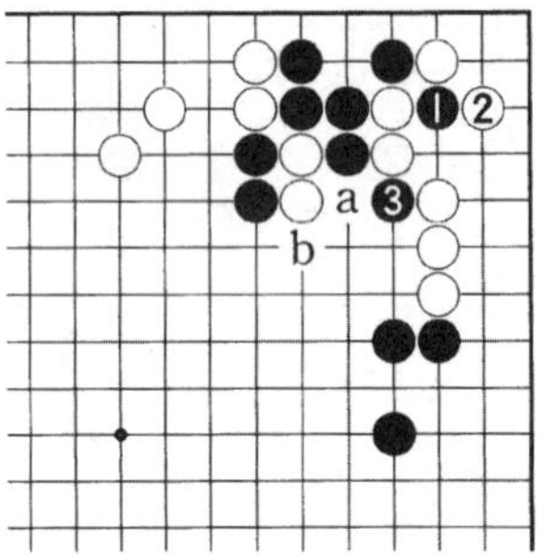

## 맞보기

백2로 받으면 흑3으로 단수쳐 중앙과 귀의 2점을 잡는 것을 맞보기 한다. 흑1로 a는 백b. 이후 흑1에 두면 백2로 잡아서 한 발 늦는다.

끊음 타개

제1형 백번

(589)

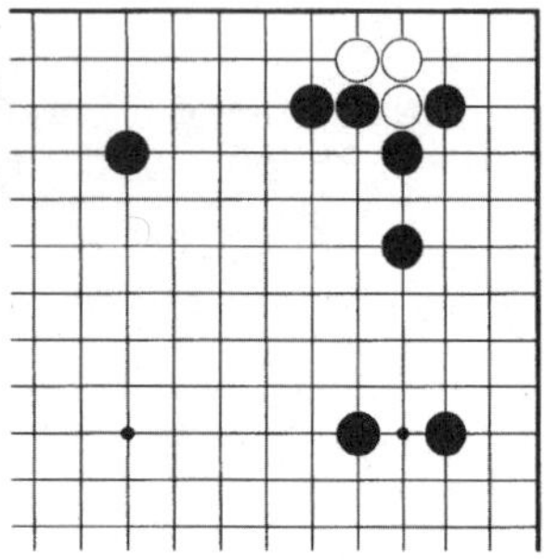

## 많은 약점

화점에서 한 칸 뛰어서 생긴 모양이다. 흑은 백을 강경하게 공격하고 있어도 약점이 많아 진심으로 공격할 수 없다.

解

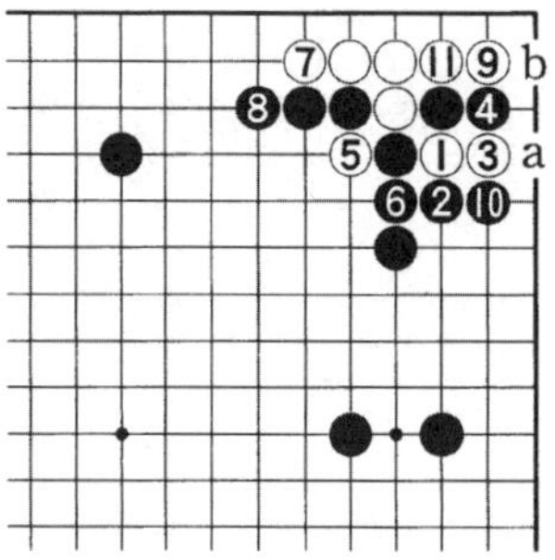

## 백 삶

백1의 끊는 수가 귀의 흑을 공격하는 맥이다. 흑2, 4로 받으면 백5로 끊고 7로 민다. 9와 11로 집을 넓혀 살 수 있다. 흑a에는 백b.

变

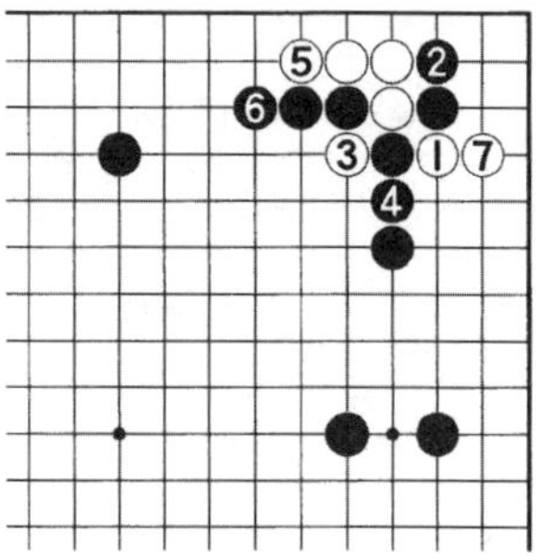

## 백 승

흑2로 상변의 백 3점을 공격하면 백3으로 끊고 5로 밀어서 수를 늘린 뒤, 흑6에는 백7로 내려 수상전은 백의 승리이다.

**제2형 흑번**

(590)

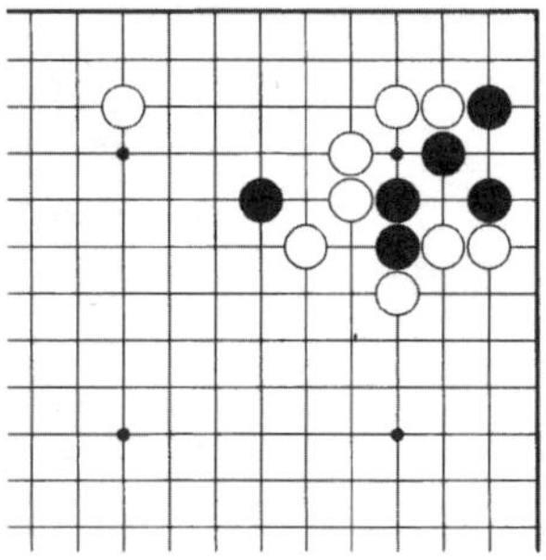

## 진출

우상귀의 흑을 바깥으로 진출시키고 싶지만 흑은 자충이 되기 쉽다. 백의 엷음을 추궁하지 못하면 봉쇄된다.

解

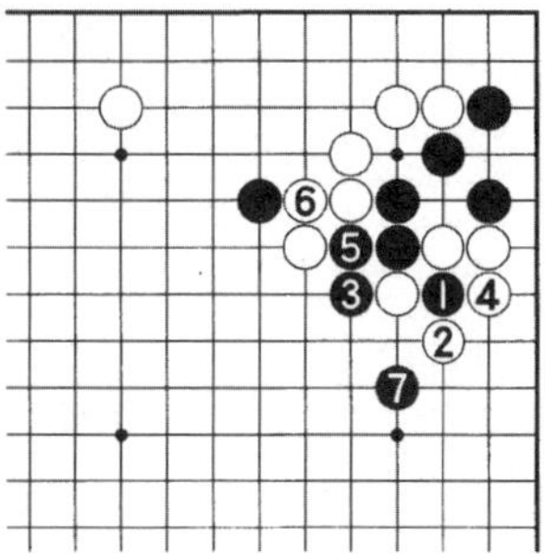

## 탈출

흑1로 끊는 타이밍이 좋은 맥이다. 백2로 받으면 흑3, 5로 중앙으로 나가 흑7로 공격한다. 백2로 5는 흑4로 막으면 그만이다.

失

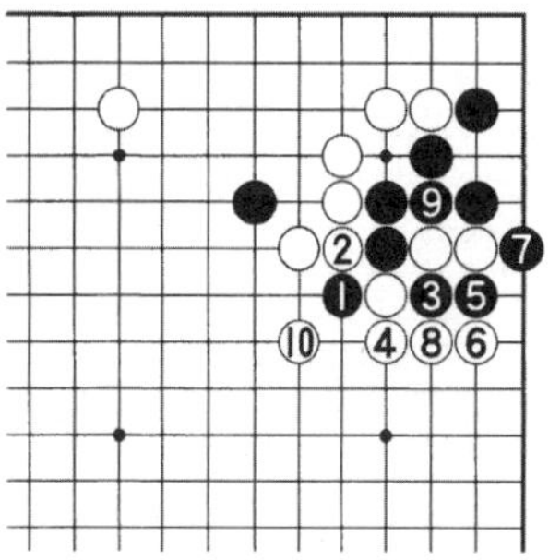

## 백 외세

흑1로 젖혀나가면 백2로 끊는다. 흑3, 5 이후 백6으로 조여붙여 10까지 자세를 갖춰서 강력한 세력을 만든다. 백4로는 9도 유력하다. 실리를 얻는다.

**제3형 흑번**

(591)

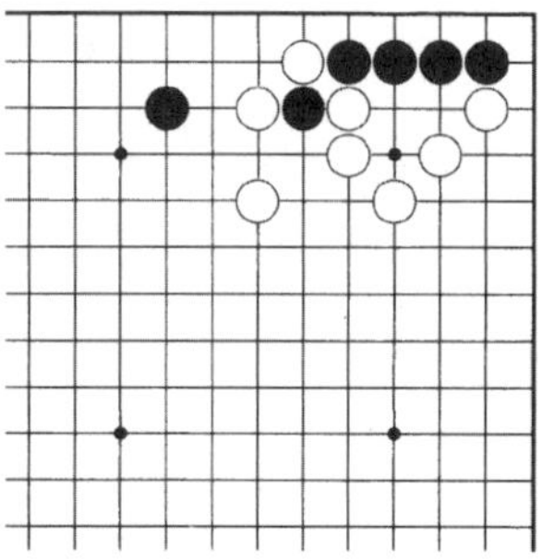

## 활로

귀의 사활문제.
귀에서는 집이 좁아 살 수 없다. 상변의 흑과 연결하면 살 길이 생긴다.

解

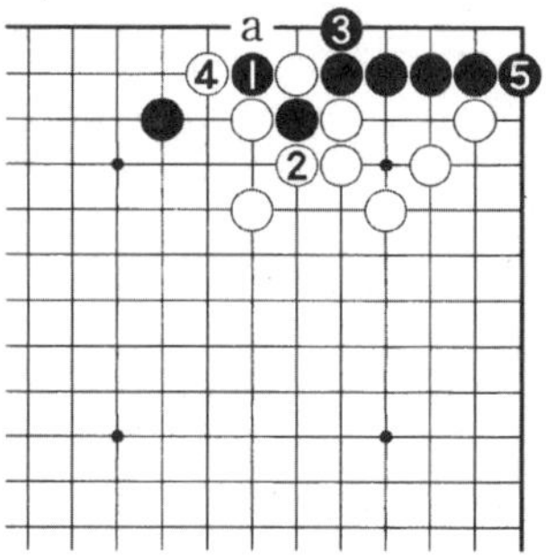

## 흑 삶

흑1로 끊는 수가 맥이다. 백2로 잡으면 흑3으로 뻗어서 다음에 흑a의 건넘을 엿본다. 백4는 흑5로 직사궁으로 산다.

失

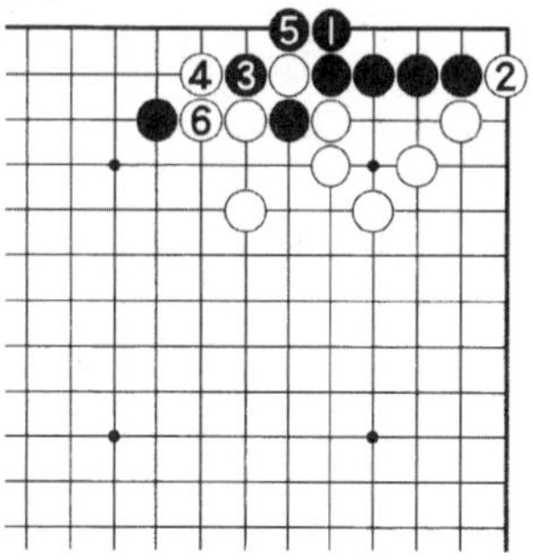

## 흑 죽음

흑1로 단순히 뻗는 것은 백2로 귀의 눈을 빼앗아 위험하다. 흑3의 끊음에 백4로 바깥에서 단수하고 흑1점은 버려 좋다. 백6까지 흑이 죽는다.

**제4형 백번**

(592)

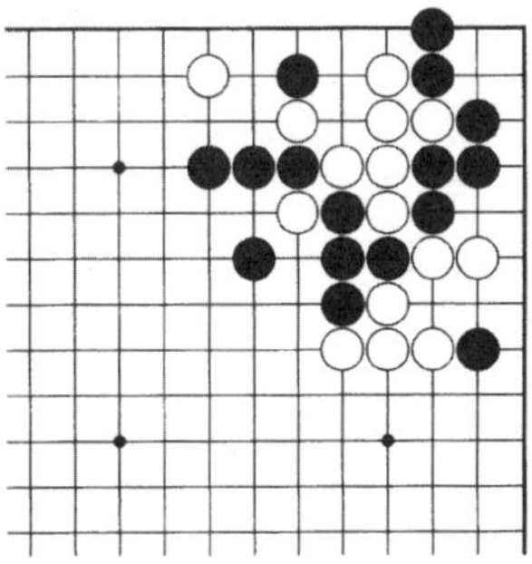

## 귀를 이용

상변의 전투.
흑은 공배가 꽉 찬 백을 노리고 있다. 흑 1점의 움직임을 제한하기 위해서는 귀의 흑을 이용해야 한다.

解

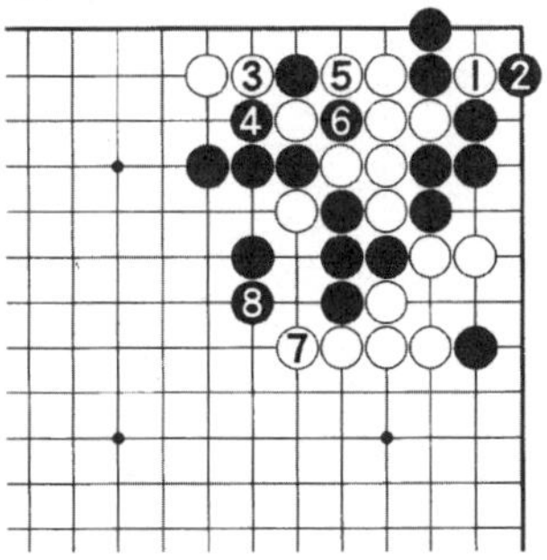

## 패

백1의 끊음이 자충을 막는 좋은 수순의 시작이다. 흑2로 받으면 백3으로 치받고 흑4와 백5의 패가 된다.
※⑨→❻의 왼쪽

變

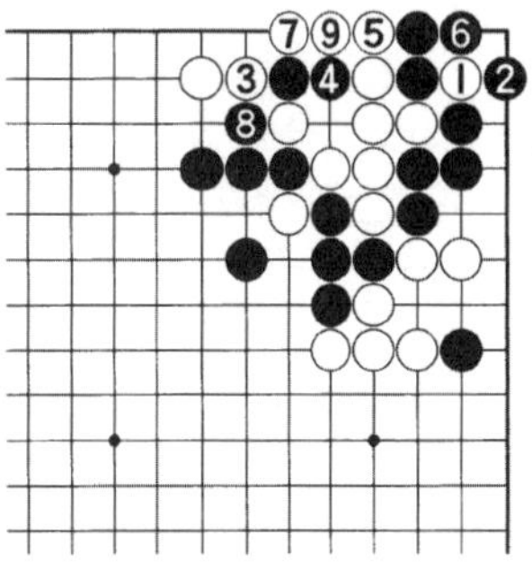

## 흑 삶

흑4로 늘어 백의 자충을 노리는 변화이다. 백5의 단수를 활용하여 흑6이후 백7, 9로 흑 2점을 환격으로 한다.

(593)

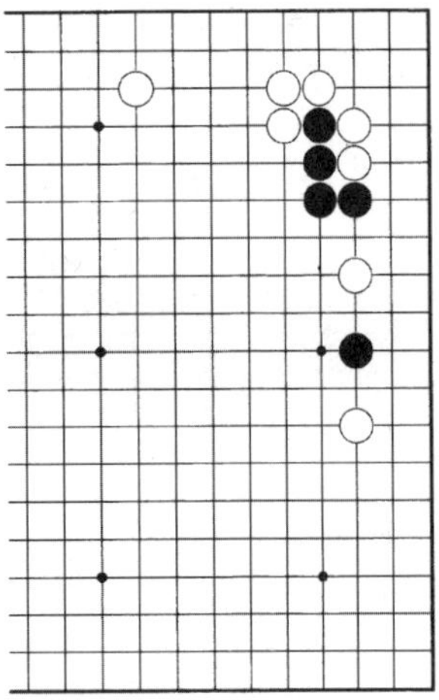

解

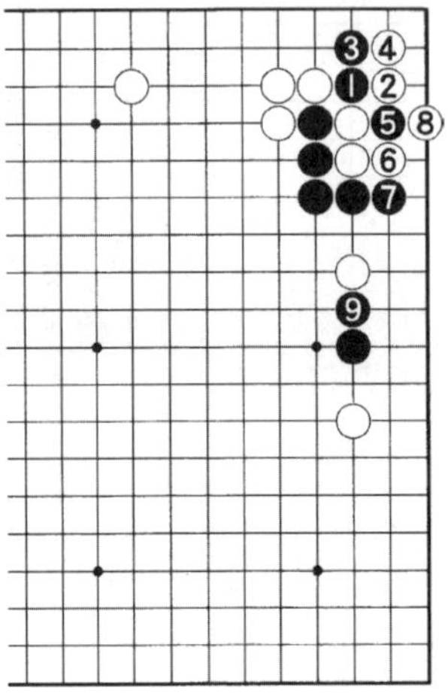

失

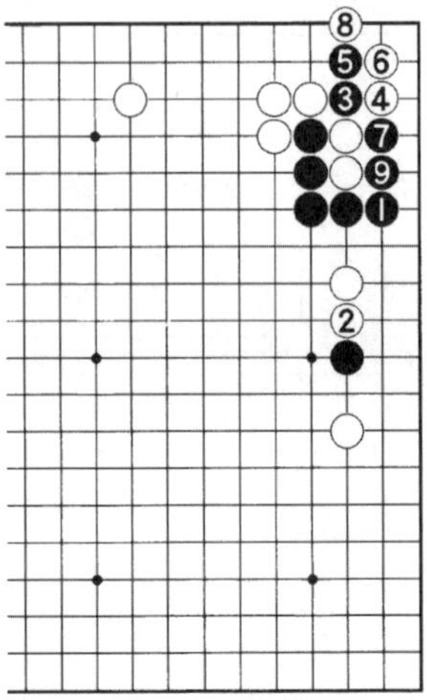

제1형 흑번

## 준비

우변에 있는 흑의 진영에 침입한 백 1점을 공격하기 위하여 우상의 흑 4점을 강화할 수 있을까? 준비 공작이 중요하다.

## 활용

흑1로 끊는 수는 귀의 백을 공격한다. 백이 손을 빼서 흑3으로 잡히면 큰일이다. 백2, 4로 공격해서 잡으면 흑5, 7을 활용할 수 있다. 9로 치받아 건너면 우변은 수습된 모양이다.

## 흑 불리

흑1로 뻗으면 백2로 저항해서 실패한다. 흑3으로 끊어 백 2점을 잡으려 해도 늦는다. 흑9이후 백10으로 옥집이 되어서 흑은 우변의 근거를 잃었다.

※⑩→❸의 아래

(594)

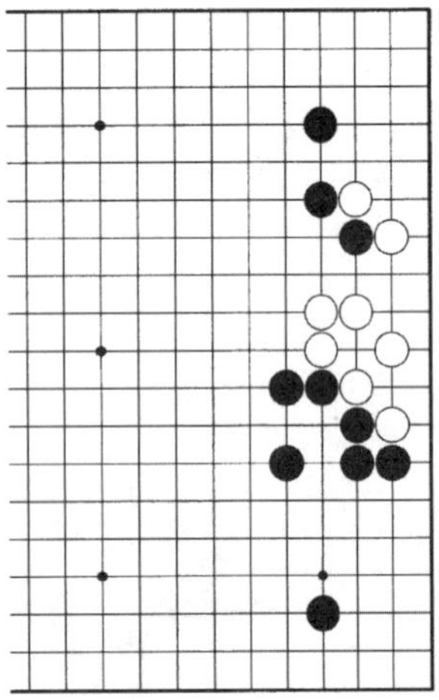

解

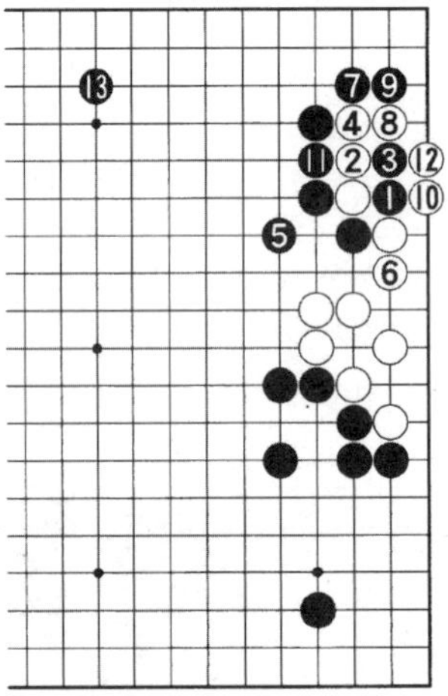

変

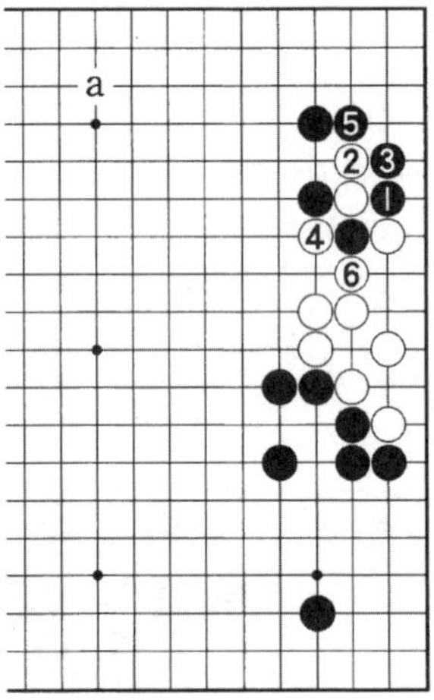


제2형 흑번

## 활용

우상의 전투.

백은 우변을 지키기 위해 우상의 흑에게 수단을 구하고 있다. 백의 모양을 무겁게 하여 귀를 튼튼하게 굳힐 기회다.

## 흑 두터움

흑1로 끊어 사석으로 이용해 바깥을 굳힌다. 흑3으로 밀고 백4로 저항하면 흑5로 호구이음을 활용한다. 백6이후 흑7부터 11까지 바깥을 굳히고 13이 세력을 배경으로 한 좋은 벌림.

## 흑 충분

백4로 끊는 변화이다. 흑5로 단수쳐 백을 조이는 모양이 된다. 백6이후 흑a로 벌려 충분하다. 흑1로 4에 이으면 백1. 흑1로 2에 단수쳐도 백1로 이어 귀가 굳어지지 않는다.

제3형 흑번

(595)

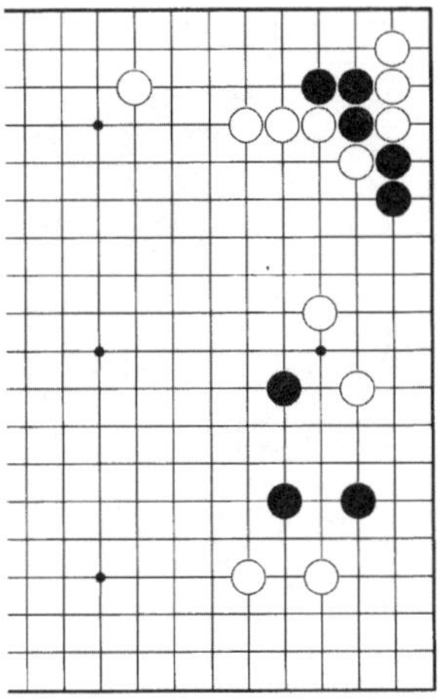

## 정형

우변의 전투.
우상의 흑 5점은 백에게 절단되어 있으나 아직 이용할 수 있다. 흑은 백의 약점을 추궁하여 우상을 정리하고 우변의 백 2점을 공격한다.

解

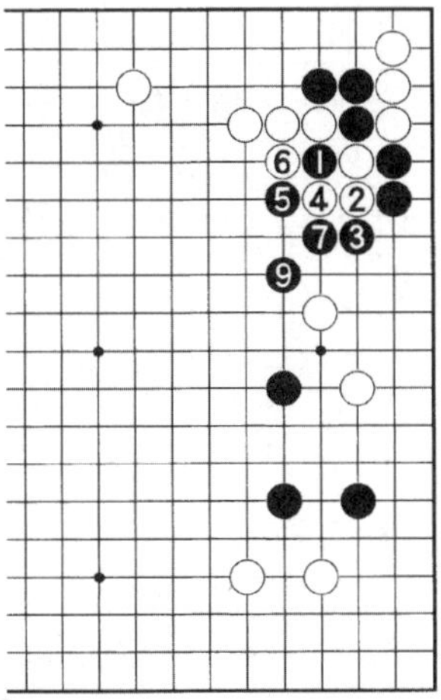

## 흑 호조

흑1로 끊고 백2로 도망치면 공격하는 모양이다. 흑3, 5가 냉엄한 맥으로 백8까지 포도송이 모양은 어쩔 수 없다. 흑9로 우변의 백을 공격해서 흑이 호조이다.

※⑧→❶

变

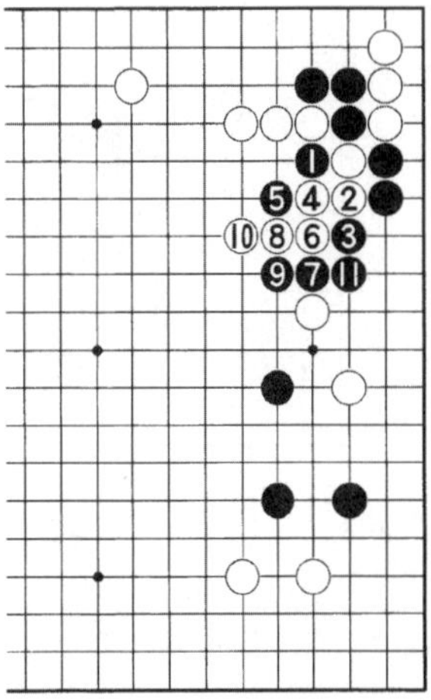

## 흑 충분

흑5로 단수 칠 때 백6으로 저항하는 것은 악수이다. 흑7과 9로 나가는 흐름이 생겨서 우변의 백이 고사된다. 이후 백10에는 흑11. 우상의 흑은 사석으로서 충분히 이용했다.

제4형 백번

(596)

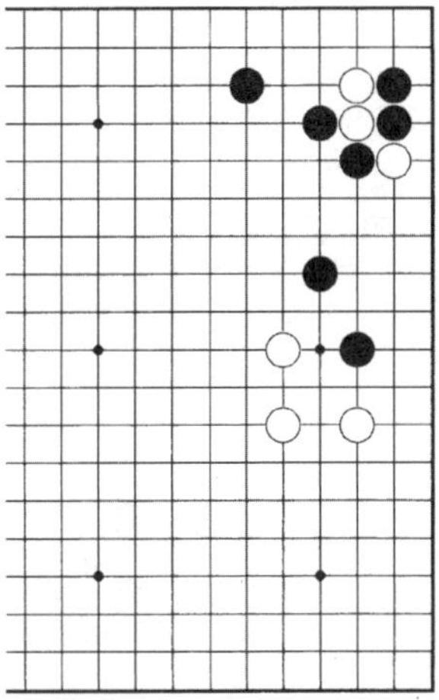

## 약점

우상귀의 백집을 부순 흑이 둘로 나뉘었다. 백은 귀나 우변을 흑의 받는 방법에 따라 흑집을 크게 도려낼 수 있다.

解

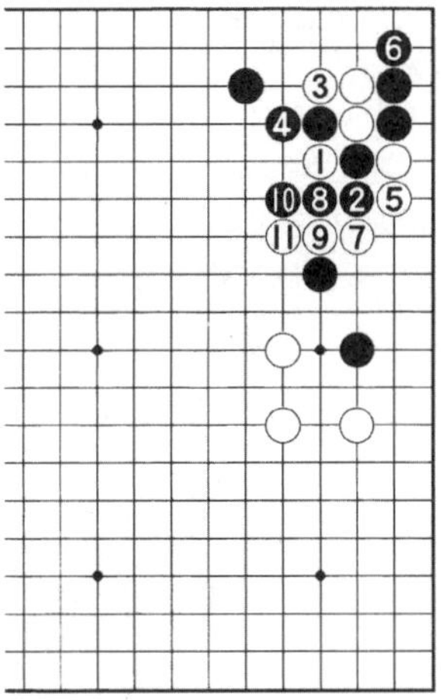

## 백 성공

백1로 끊어 흑에 약점을 만들고 3으로 단수쳐서 흑의 응수를 본다. 흑4로 나가면 백5. 흑6으로 뻗으면 백7부터 11로 우변을 부숴 대성공이다. 흑6으로 7은 백6으로 귀의 흑 2점을 잡고 산다.

变

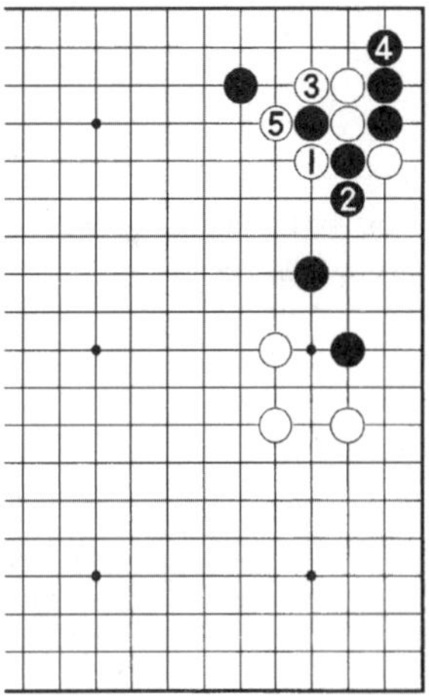

## 백 만족

백3으로 단수 쳤을 때 흑은 저항할 수 없다. 흑4로 귀를 지키는 것이 무난하지만 백5로 따낸다. 흑집 안에서 떵떵거리며 살 수 있다.

## 제1형 흑번

(597)

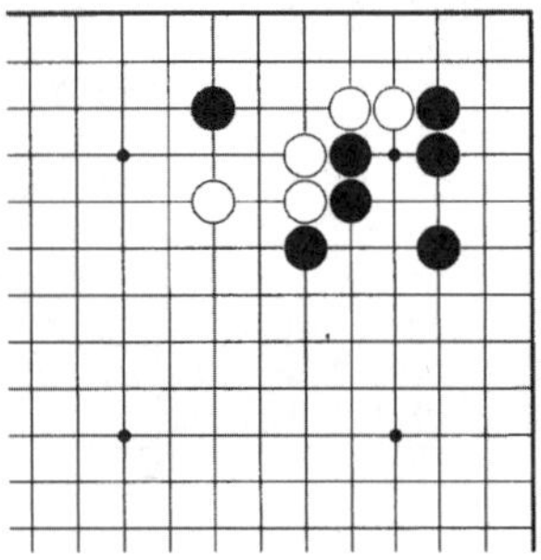

解

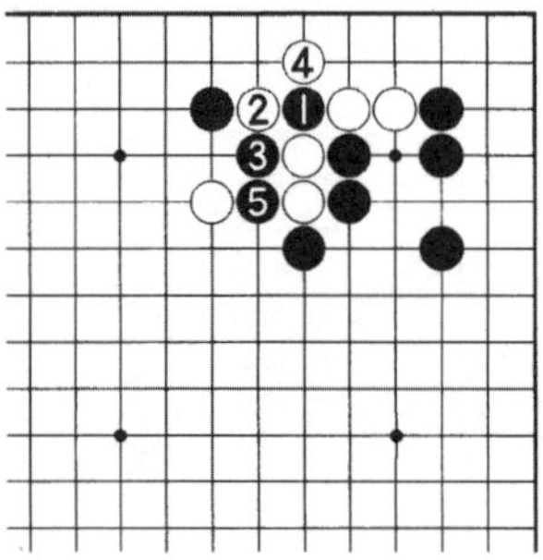

失

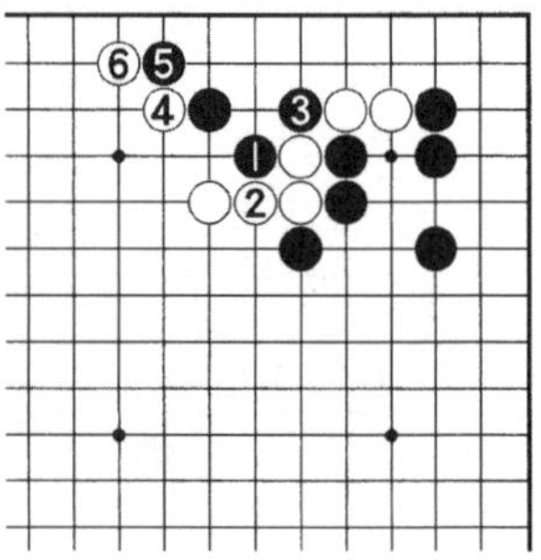

### 약점
붙여뻗기 정석의 변화이다.
백 모양이 연결되어 보이지만 끊기는 약점이 있다.

### 흑 만족
흑1은 백의 옆음을 추궁하는 냉엄한 수이다. 백2로 단수치면 흑3으로 끊어 양단수 모양이다. 백4에 흑5로 중앙을 끊으면 바깥이 두터워진다.

### 흑 불만
흑1로 입구자 붙여도 중앙을 끊을 수 있지만 귀를 버릴 수 있어서 충분하지 않다. 백은 2로 이어 귀를 버리고 4와 6을 활용하여 바깥을 굳힌다.

## 제2형 흑번

(598)

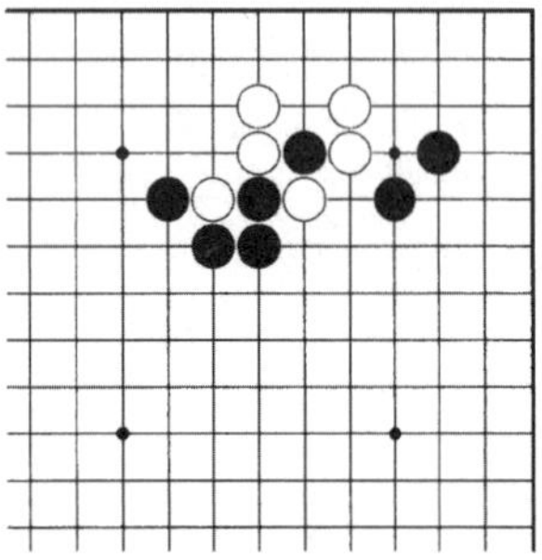

解

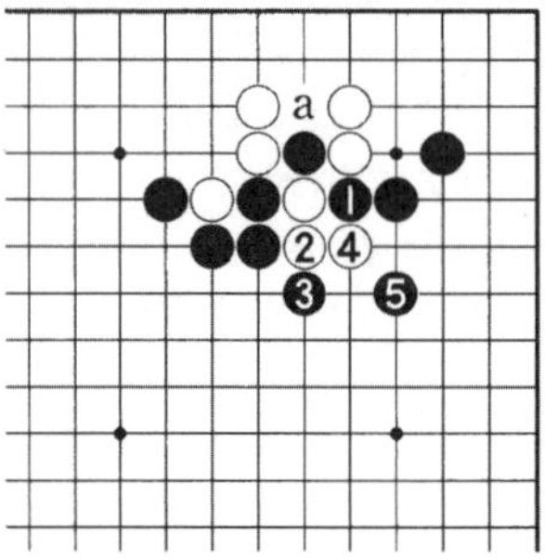

失

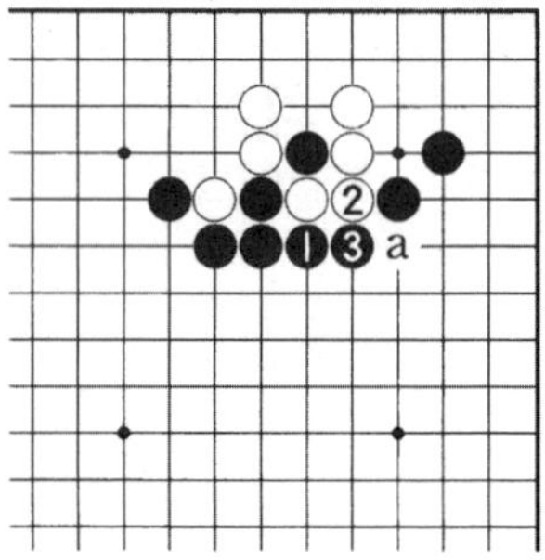

### 중앙 봉쇄
소목에서 입구자한 정석의 변화이다. 우상의 흑을 어떤 모양으로 결정지어야 할까?

### 흑 두터움
흑1로 끊고 백2 이후 흑3, 5로 씌워 조여서 결정한다. 상변의 백은 옥집으로 흑은 두텁다. 백2로 a는 흑2로 막아서 좋다.

### 속수
흑1로 단수치는 것은 속수이다. 백2와 흑3으로 가두기는 했으나 상변의 백은 집이 있는 모양이다. 흑은 a에 약점이 남아있다.

## 제3형 흑번

(599)

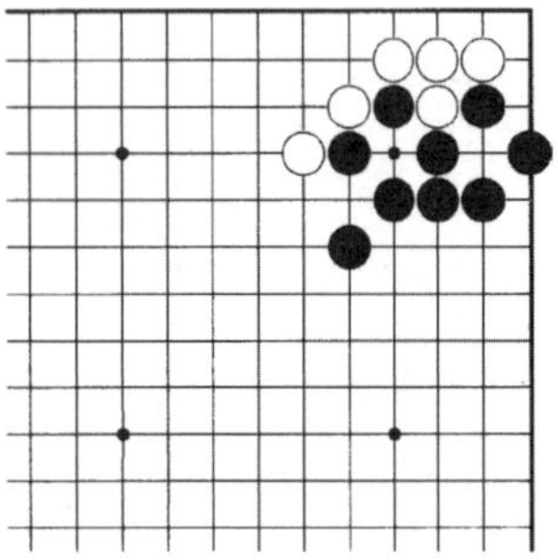

解

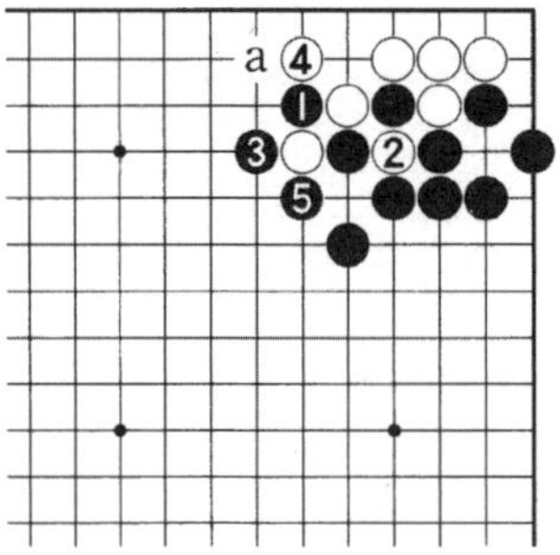

变

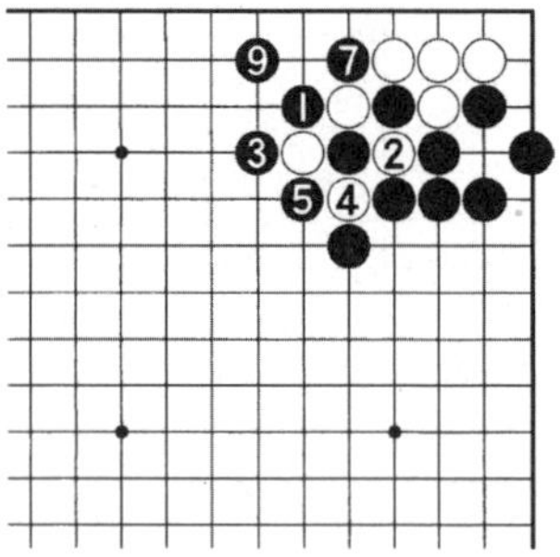

### 압박
귀에서 중앙에 머리를 내민 백은 모양에 약점이 있다. 흑은 상변의 백을 압박하고 싶다.

### 빵때림
흑1로 끊고 백2로 패를 따내면 흑3으로 되단수치는 맥이 효과적이다. 백4로 단수칠 때 흑5로 빵때림 하면 다음의 흑a가 좋다.

### 백 죽음
백4로 따내면 흑5로 단수친다. 백6과 8로 이으면 포도송이 모양이 된다. 흑9로 호구치면 백은 집이 없어 죽게 된다.
※⑥→④의 위, ⑧→②의 위

## 제4형 흑번

(600)

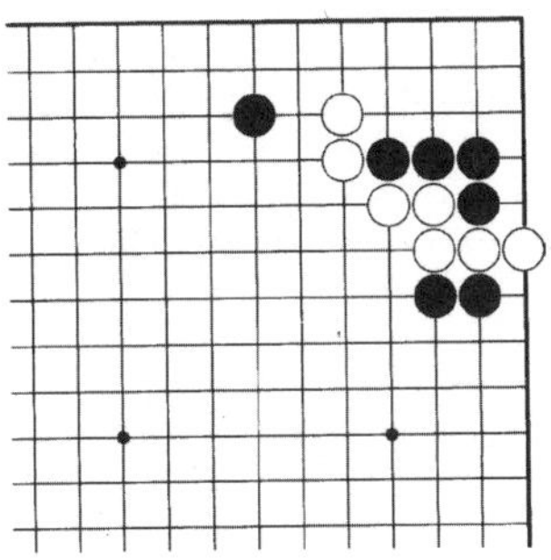

### 외세

우상귀의 흑 4점을 살리는 것은 쉬우나 살리는 것 보다 유리한 모양을 만들 수 있을까?

解

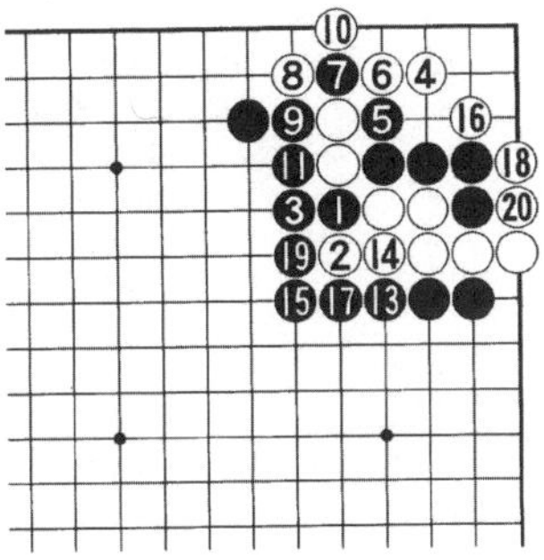

### 흑 만족

흑1로 끊는 것은 바깥의 백을 공격하는 수이다. 백2로 단수쳐서 수를 늘리고 4로 귀의 흑을 잡지만 흑은 5부터 19로 바깥을 굳혀서 단연 유리하다. ※⑫→❼

失

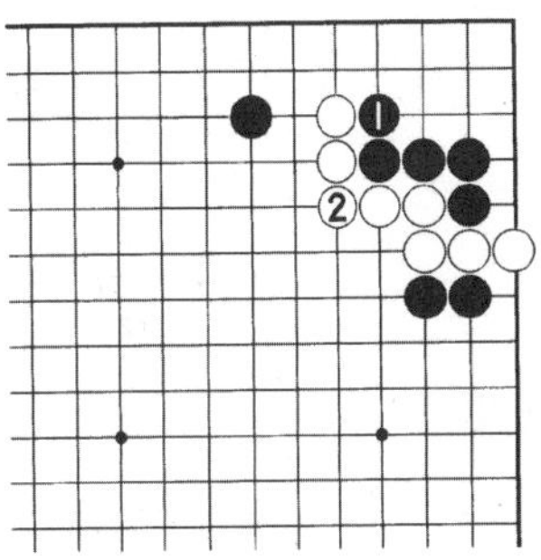

### 흑 불리

흑1로 귀를 살면 백2. 중앙의 백이 강해 우변과 상변의 흑이 약하다. 이후에는 흑이 불리한 싸움이 된다.

## 제5형 흑번

(601)

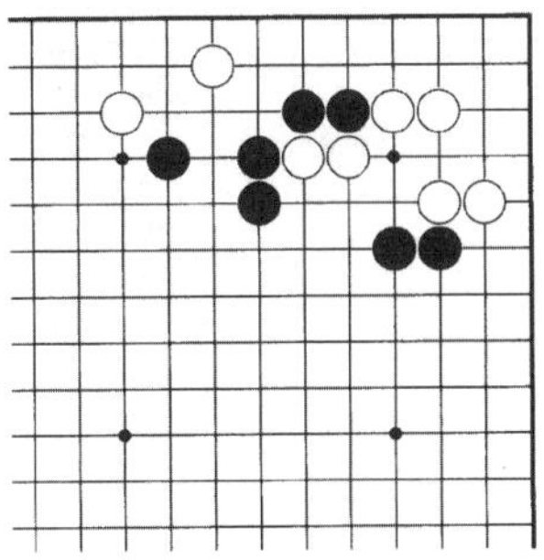

### 타이밍

백이 상변에 있는 흑의 근거를 공격하고 있다. 흑은 약점을 지키기 전에 반격하고 싶다. 반격할 타이밍이 중요하다.

解

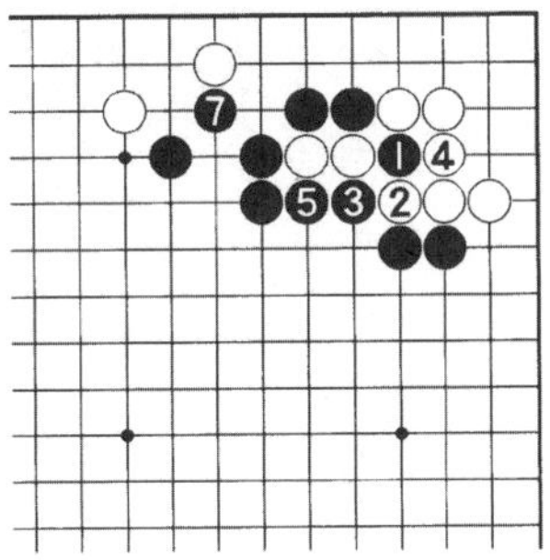

### 흑 두터움

흑1로 끊어 중앙의 백 2점을 공격한다. 백2에는 흑3, 5로 조여 중앙이 강해지며 흑7로 받으면 약한 돌은 없어진다.

※⑥→❶

失

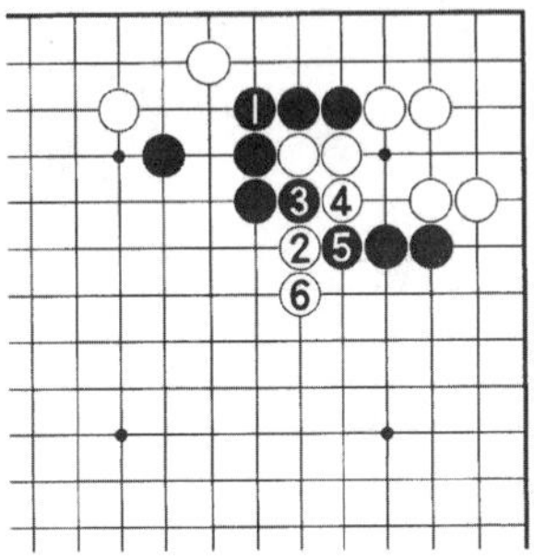

### 흑 고전

흑1로 잇는 것은 활용 당한다. 백2로 중앙으로 뛰어 나가면 백6까지 우변과 상변의 흑이 분단된다. 흑의 괴로운 싸움이 된다.

## 제6형 흑번

(602)

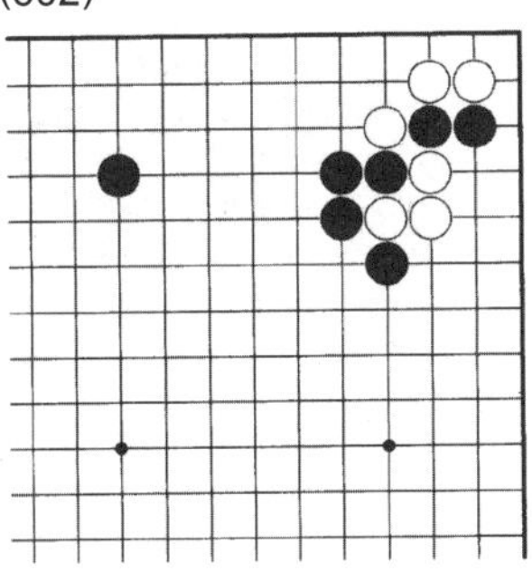

### 외세

우상의 흑의 모양을 어떻게 결정할까? 귀의 백집이 얼마든지 늘어나더라도 바깥을 굳히는 것이 좋다.

解

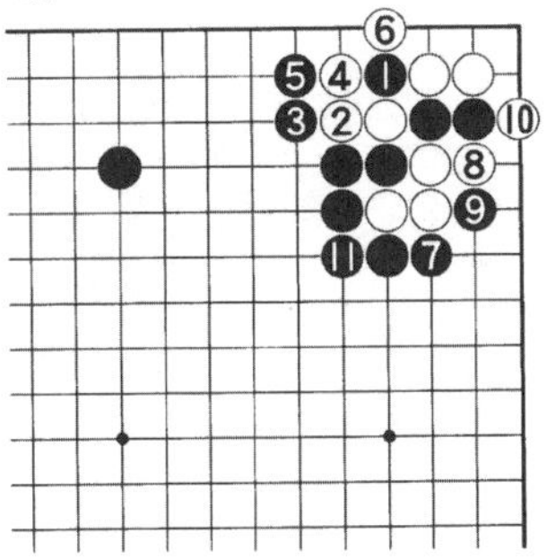

### 흑 두터움

흑1로 끊는 것이 사석의 맥이다. 흑3, 5로 상변을 결정짓고 흑7로 우변을 활용한다. 흑11로 이어 흑은 강력한 외세를 쌓는다. 흑은 상변에 모양이 있다.

失

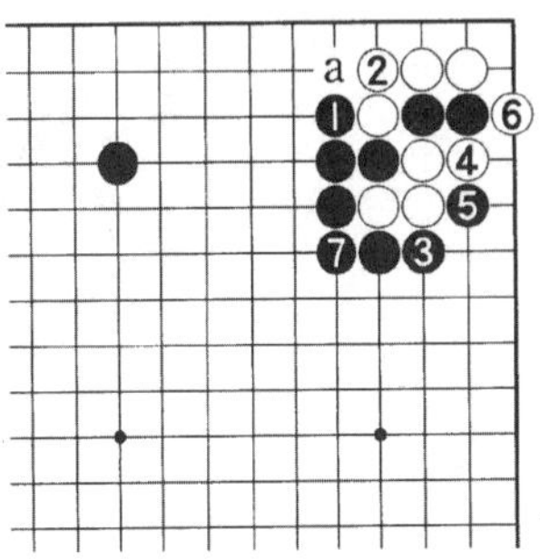

### 뒷문

흑1로 단수치는 것이 선수라도 충분하지 않다. 흑3부터 7까지 만들어진 외세는 상변에 뒷문이 열려있다. 흑a가 없으면 진짜 집이라고 할 수 없다.

(603)

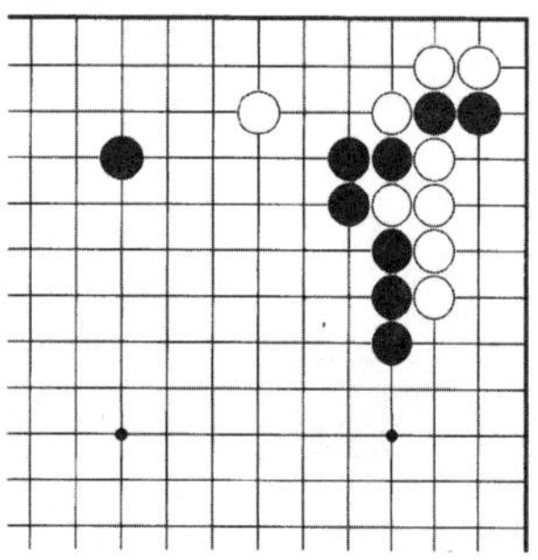

解

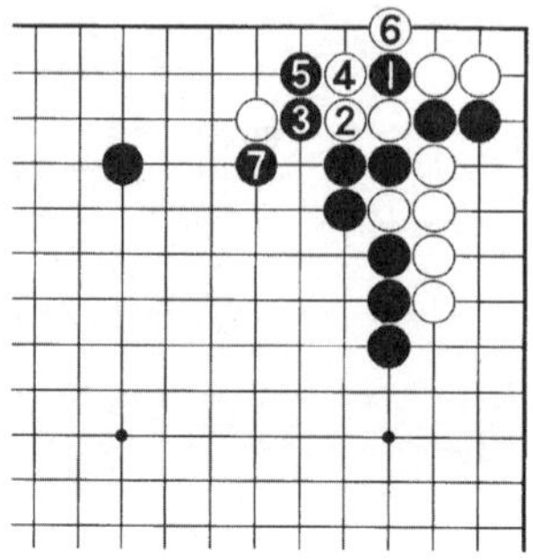

失

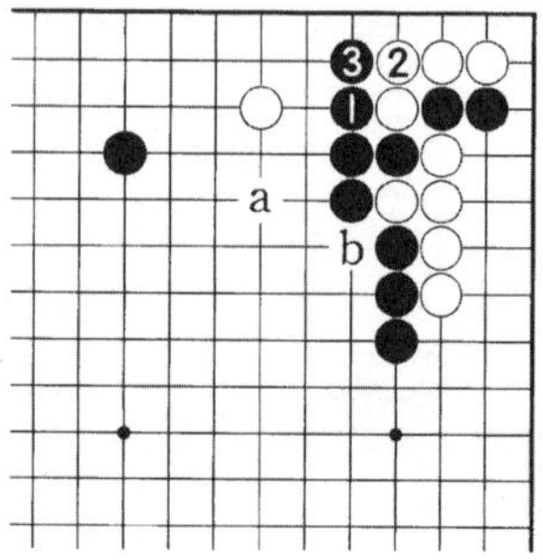

제7형 흑번

## 결정하다

상변의 전투.
우상귀의 흑 2점을 이용하여 상변에 모양을 만들면 성공이다. 흑은 어디부터 모양을 결정지어야 할까?

## 흑 좋은 모양

흑1로 끊는 것은 백2를 유도 한 뒤 흑3, 5로 뚫고 나가는 맥이다. 백6 이후 흑7로 호구쳐 상변의 백 1점은 움직일 수 없는 모양이다. 흑의 모양이 좋다.

## 흑 불리

흑1, 3으로 막는 것은 백 1점에게 활력을 남겨주기 때문에 두텁다고 할 수 없다. 백a로 움직여 나가면 b의 약점이 노려져서 상변이 없어진다.

(604)

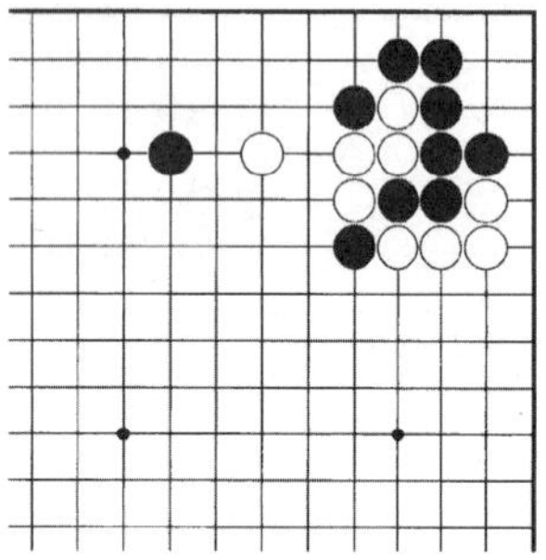

解

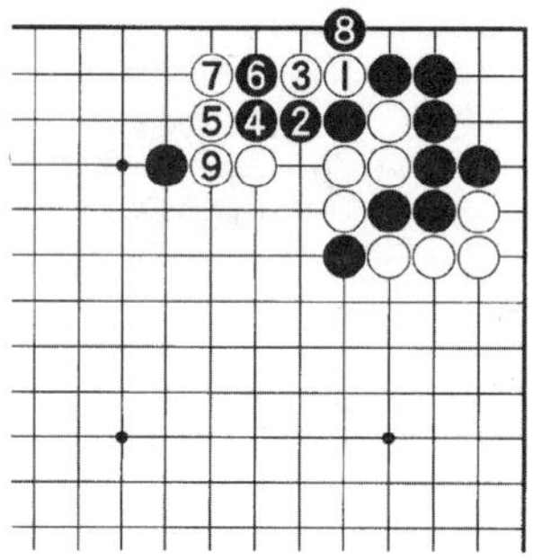

失

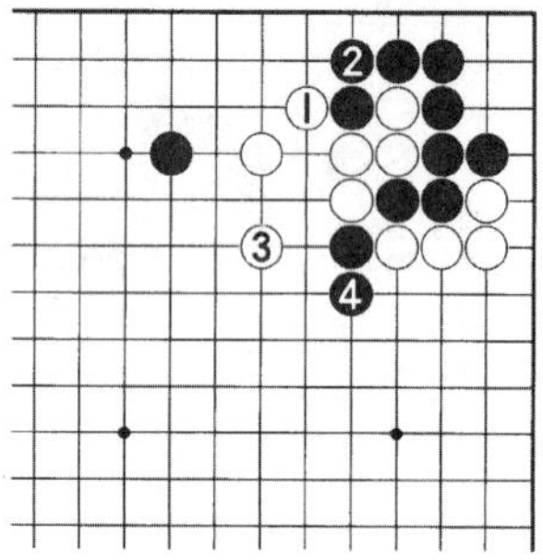

제8형 백번

## 지킴

상변의 백의 모양을 결정하는 문제이다 귀의 흑을 공격하기보다 상변의 백을 지키는 것에 전념해야 한다.

## 벽

백1로 끊고 흑2 이후 백은 2점으로 하여 백3, 5로 공격한다. 흑8로 2점을 잡아도, 백9로 이어 바깥의 백은 강력한 벽으로 변한다.

## 백 고전

백1과 3으로 지키는 것은 애매한 수단이다. 흑2로 이어 귀가 확실히 살면 흑4로 뻗어 우변과 상변의 백이 괴로운 전투가 된다.

(605)

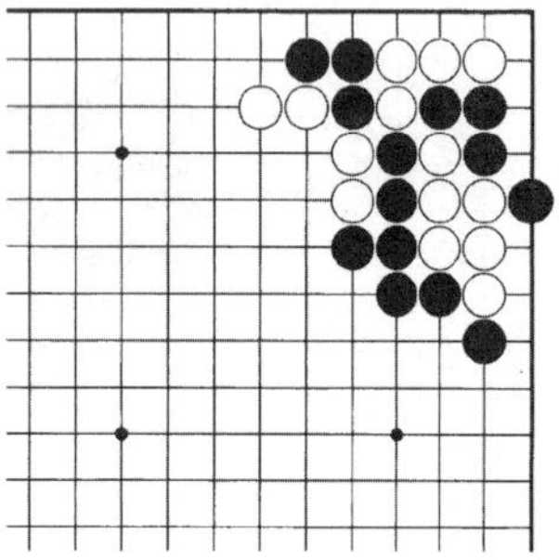

解

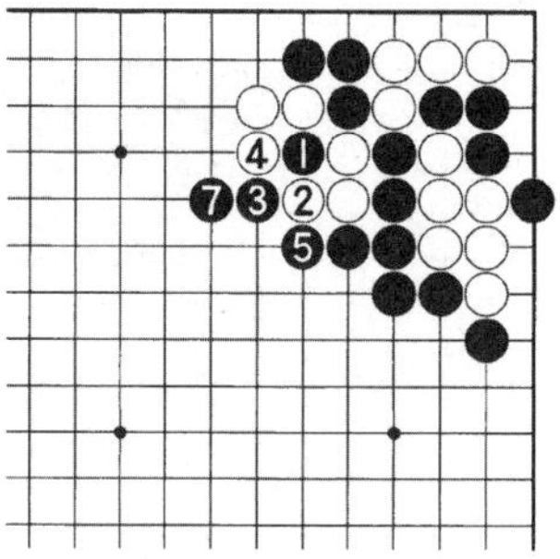

変

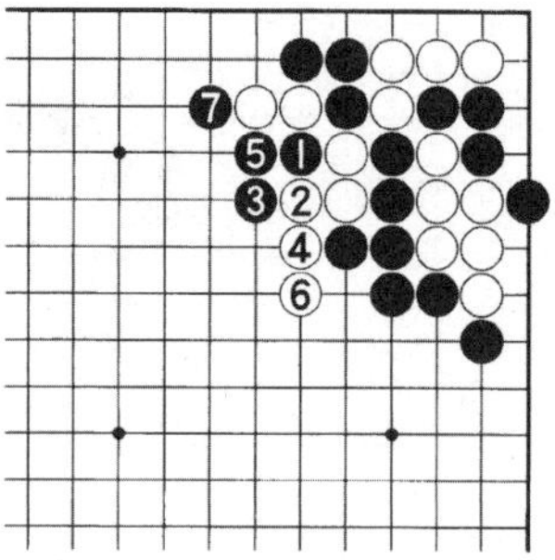

제9형 흑번

## 정형

귀를 잡은 백이 바깥의 흑을 공격하고 있다. 상변의 백 4점을 공격하여 흑은 중앙의 모양을 결정하고 싶다.

## 중앙을 강화

흑1로 끊고 백2로 도망치면 흑3. 백4로 따내면 흑5로 결정지어 백은 포도송이가 되고 7로 중앙을 강화한다. 흑 3점은 사석이다.

※⑥→❶

## 싸우다

백4로 도망쳐 나오면 흑5로 이어 7로 2점 잡기와 6의 축이 맞보기가 된다. 7로 상변을 잡으면 흑은 싸울 수 있다.

끊음
방어

(606)

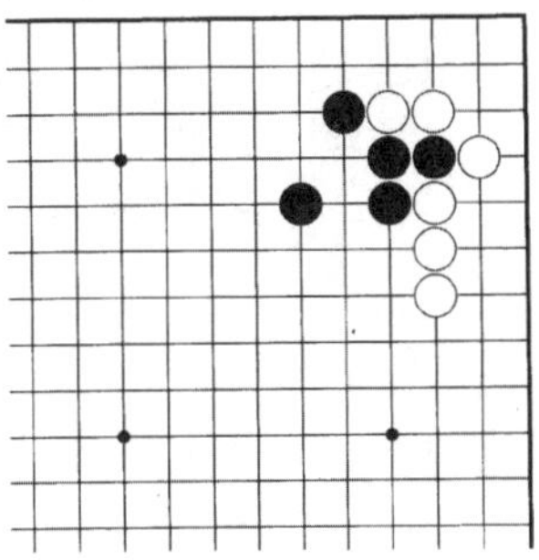

解

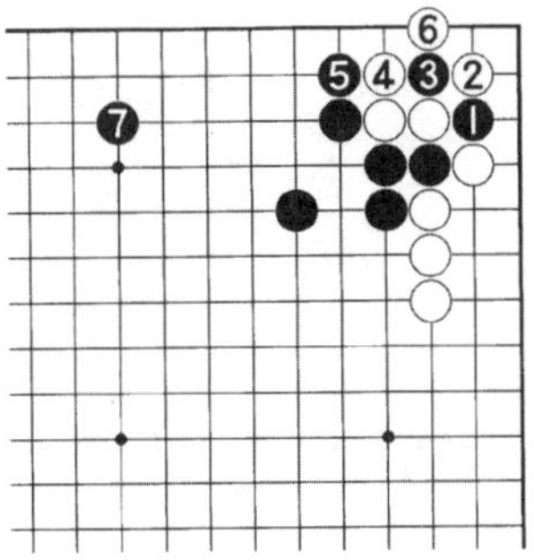


変

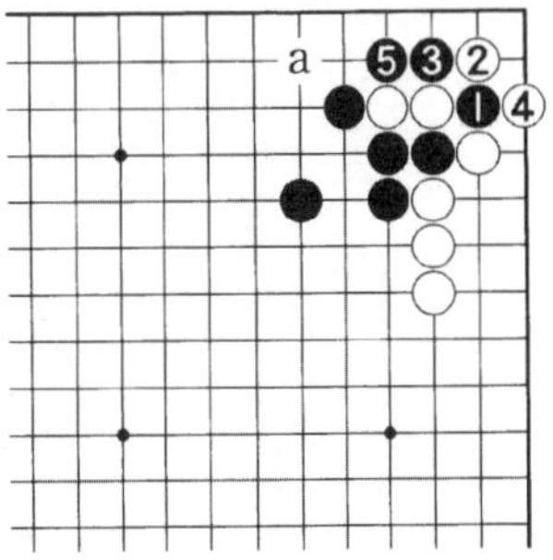


제1형 흑번

### 결정짓다

우상의 전투.
백이 실리를 얻고 흑은 상변에 전개하여 백에게 대항하고자 한다. 하지만 그 전에 귀를 결정지어야 한다.

### 뒷문 해소

흑1로 끊는 것은 날카로운 맥이다. 백2에는 흑3으로 끊어 귀의 모양을 결정한다. 흑5의 막음이 선수가 되면 상변의 뒷문이 해소되어서 흑7로 충분하다.

### 흑 만족

흑3의 끊음에 백4로 1점을 따내는 것은 흑5의 단수가 선수이다. 백집이 줄어들고 두텁게 잘 처리되었다.
※⑥→❶

(607)

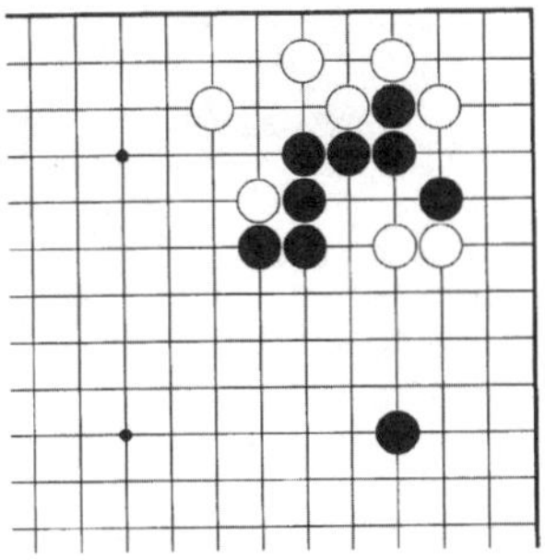

解

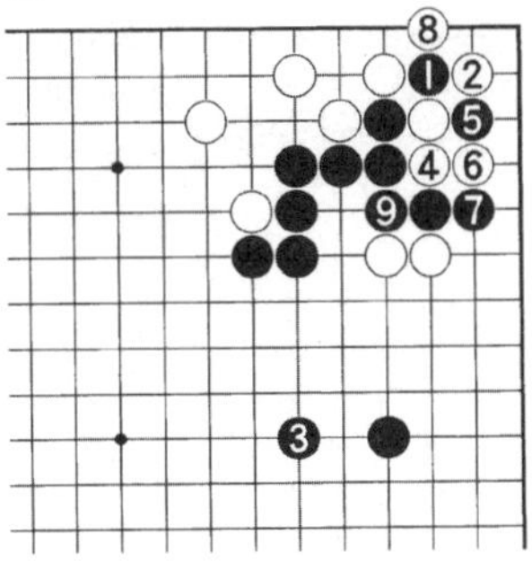

失

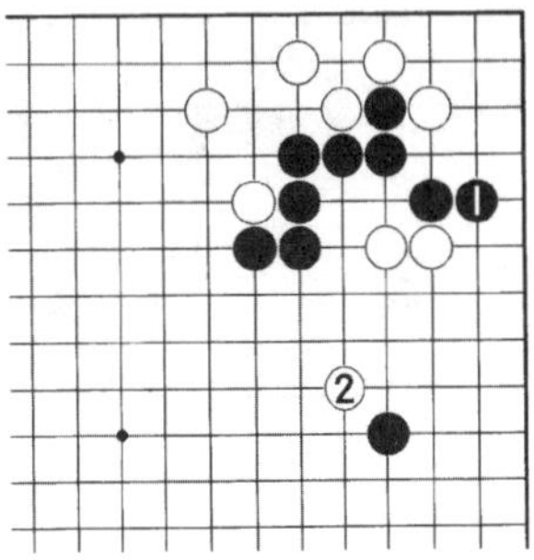

제2형 흑번

### 테크닉

우변의 백 2점을 공격하려면 귀로 건너가는 수단을 막아야 한다. 건넘을 막는 테크닉은?

### 흑 호조

흑1로 끊는 수가 좋은 맥이다. 백2와 교환한 것만으로 흑5와 7로 백의 건넘을 막는다.

### 완착

흑1로 뻗는 수는 완착이다. 흑은 한 수 늦었기 때문에 백2로 우변에 선행해서 백을 공격할 수 없다.

끊음
건넘

(608)

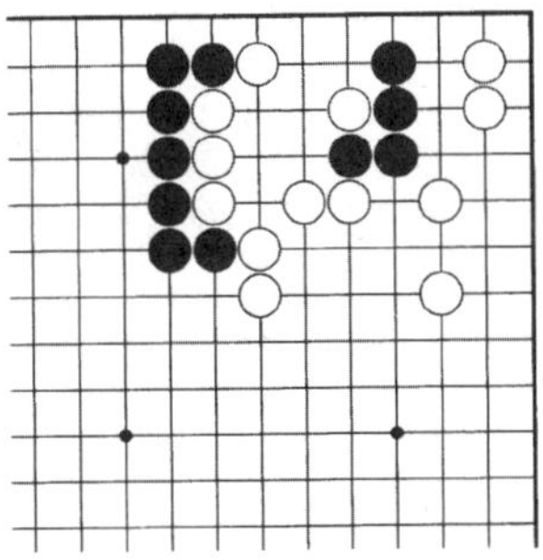

解

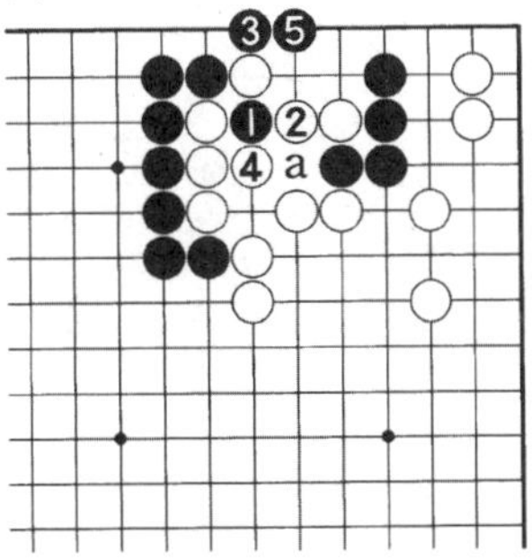


変

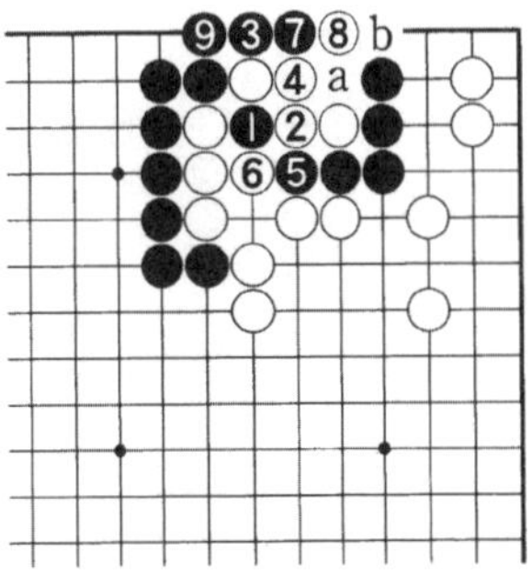


제1형 흑번

### 탈출구

우상귀의 흑 4점이 백에게 둘러싸여 있다. 상변에 탈출구가 있을지도 모른다. 수는 어디부터 두어야 할까?

### 회심의 맥

흑1로 끊는 수가 회심의 맥이다.백2로 단수 칠 수밖에 없는데 흑 3으로 단수에 백4, 흑5로 건너간다. 흑3으로 4는 백a로 실패한다.

### 촉촉수

흑3의 단수에 백4로 잇는 변화이다. 흑5로 하나 밀어두고 흑7, 9를 결정짓는다. 백a에 이으면 흑b로 촉촉수이다.

**제2형 백번**

(609)

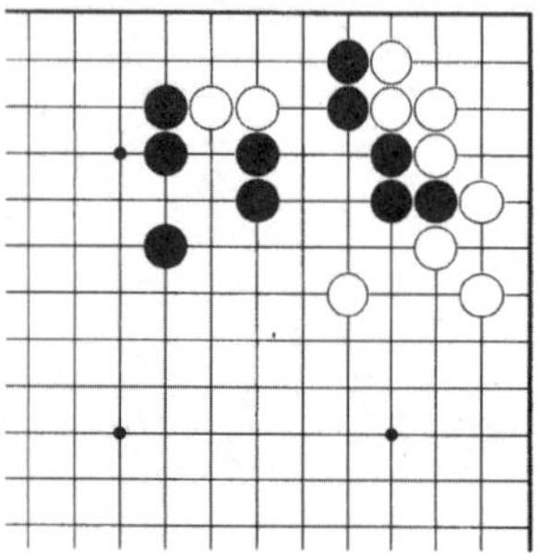

## 상변의 수

우상의 흑의 자충을 추궁하여 흑 3점을 잡고자 한다. 흑이 저항하면 상변에 수가 난다.

解

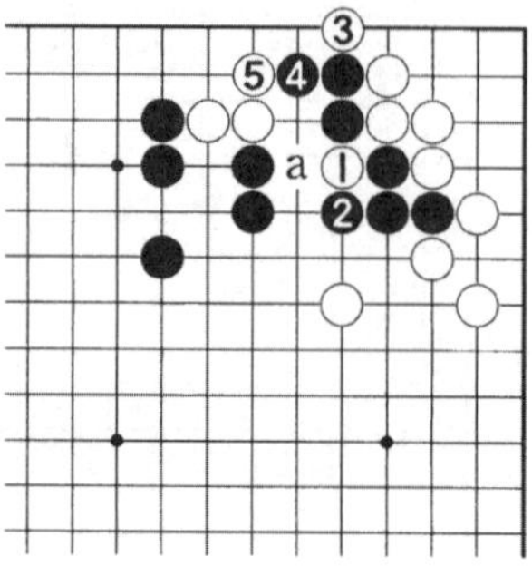

## 건넘

백1로 끊으면 흑 3점이 괴로운 모양이다. 흑2로 두면 백 1점은 잡히지만 백3으로 젖힌 수가 좋다. 백a의 도망가는 것이 있기 때문에 백5로 건너는 모양이다.

変

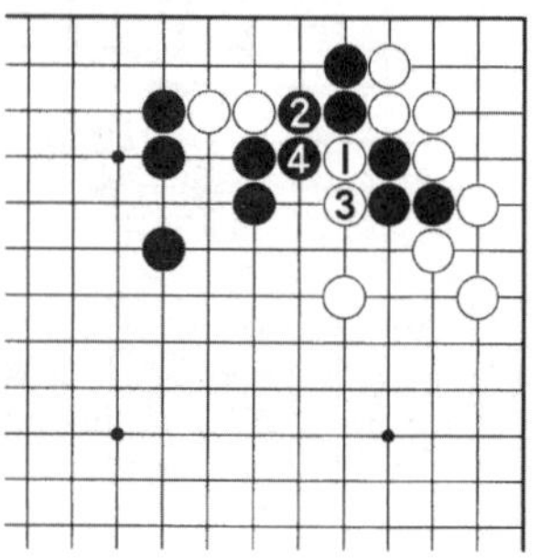

## 3점 잡기

흑2로 3은 상변에 수가 나서 흑의 집이 줄어든다. 흑2로 백 2점을 잡고 백3으로 중앙의 흑 3점을 잡는 것이 선수이다. 흑은 4로 후수로 지켜야 한다.

**제3형 흑번**

(610)

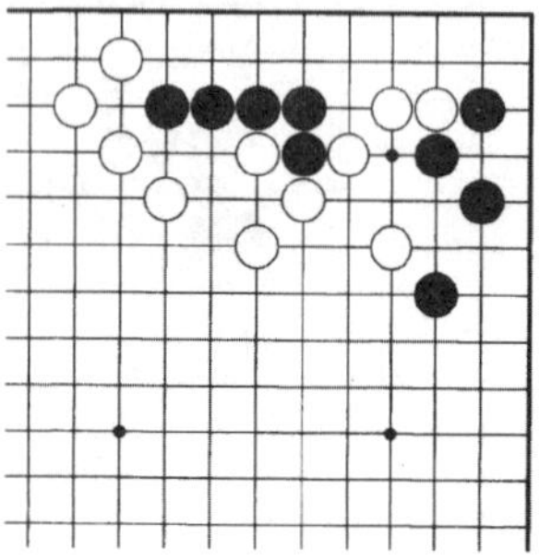

## 의지할 곳

상변에 흑 5점이 고립되었다. 집을 만들기에는 너무 좁다. 탈출하기 위해서는 백의 자충을 유도하는 수밖에 없다.

解

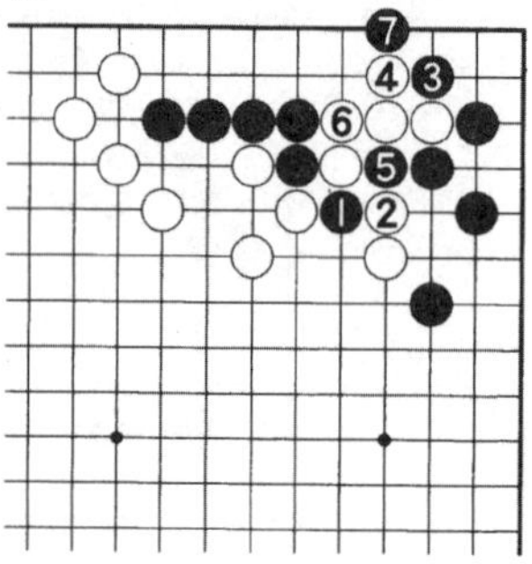

## 건넘

흑1로 끊는 수가 날카로운 맥이다. 백2로 단수친 뒤, 흑3으로 젖혀 백은 응수하기 곤란해진다. 백4라면 흑5로 끊고 7로 조여 건너간다.

失

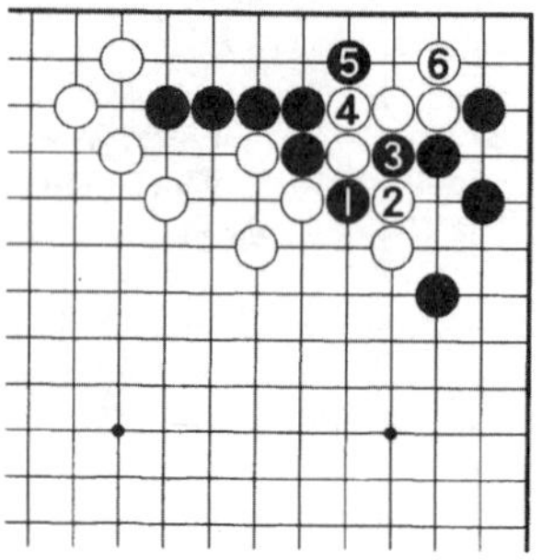

## 실패

흑3으로 먼저 단수치는 것은 실패한다. 흑5로 젖힐 때 백6으로 공배를 늘려서 저항한다. 흑5로 6도 백5로 뻗어 실패한다.

**제4형 흑번**

(611)

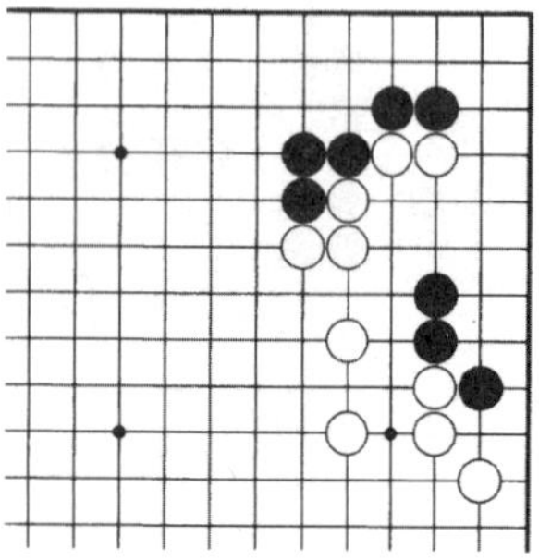

## 의지

우변 백의 포위망 안에 흑 3점이 남겨졌다. 3점을 살리기 위해서는 백의 약점을 노려야 한다.

解

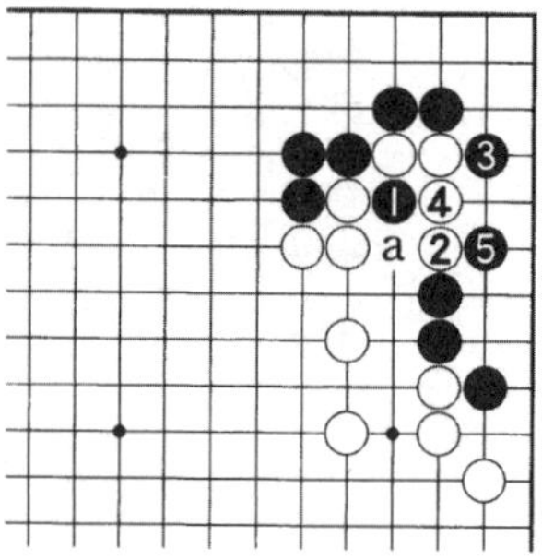

## 건넘

흑1로 끊는 수가 좋은 맥이다. 백2의 붙임은 흑4이면 백a로 단수를 노린 수지만 흑3으로 단수, 흑5로 젖혀 건너간다. 백4로 5는 흑a.

変

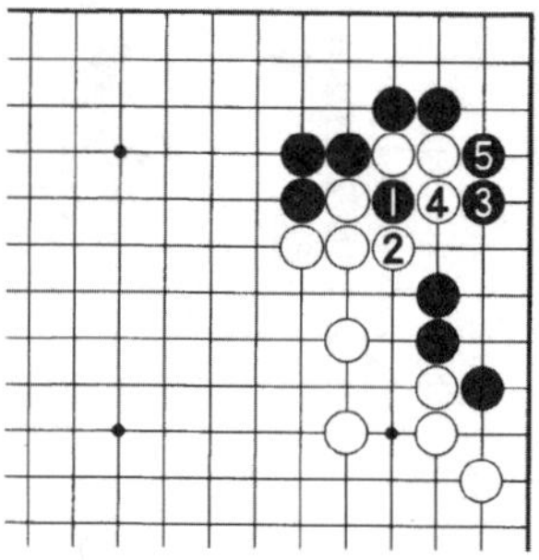

## 맞보기

백2로 단수치면 흑3으로 날일자하여 4로 이음과 5로 건너가는 수를 맞보기로 한다. 흑1로 3은 백5, 흑1, 백4로 수상전에서 흑이 진다.

제5형 흑번

(612)

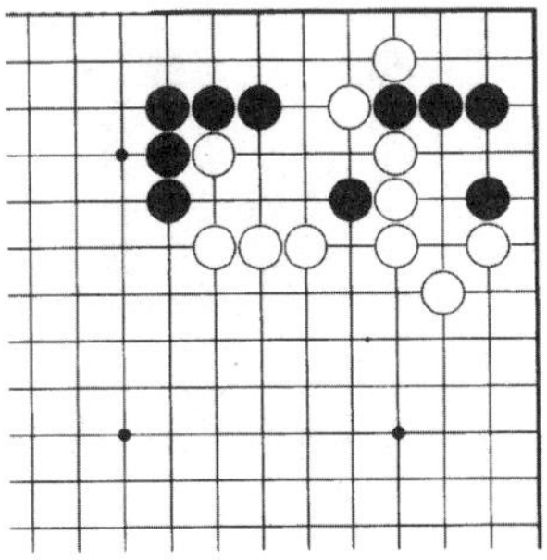

## 분단
중앙의 흑 1점이 대활약하여 귀의 백을 분단시킨다. 백이 저항하면 손해가 커질 뿐이다.

解

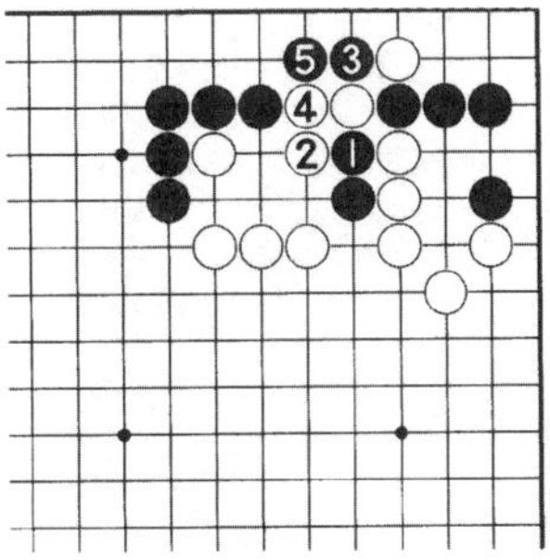


## 건넘
흑1로 끊는 수순이 좋다. 백은 2로 젖혀 2점을 잡으러 가는 정도이다. 흑3, 5로 상변으로 건너가서 귀를 살린다.

変

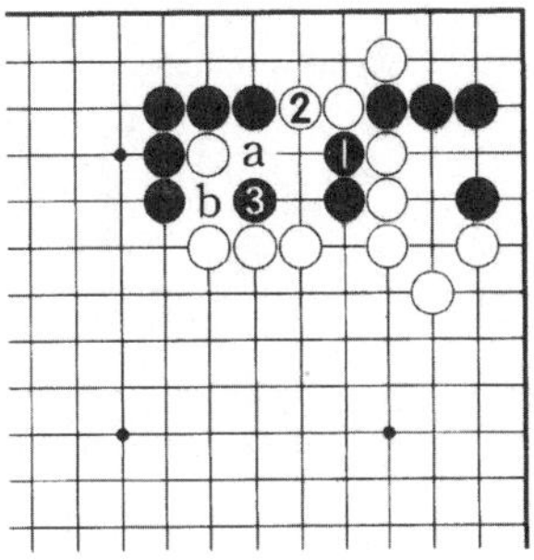


## 백 잡힘
백2는 흑의 건넘을 막는 수지만 흑3이 묘수로 중앙의 흑 2점을 살려 상변의 백3점이 봉쇄된다. 이후 흑a에는 백b.

제6형 흑번

(613)

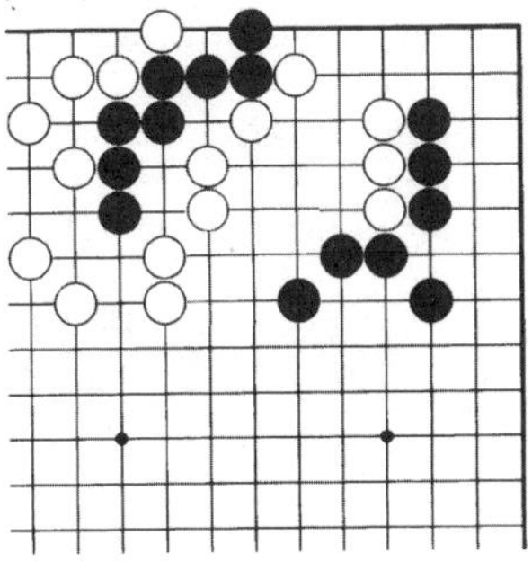

## 연결
상변만으로는 아무런 수가 나지 않는 흑이지만 우상귀의 연결하면 어떻게든 될 것 같다.

解

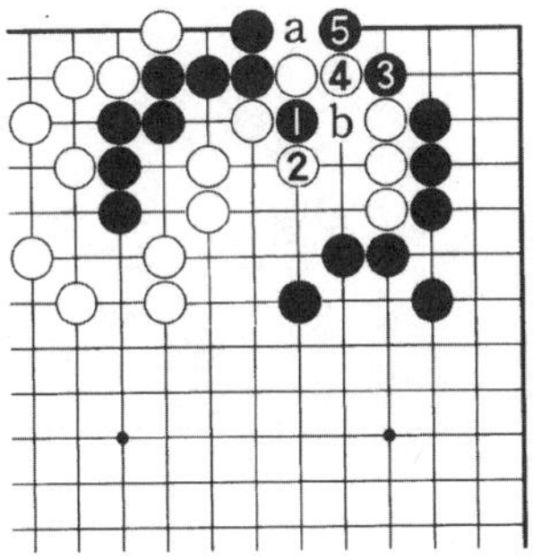


## 건넘
흑1로 끊어 상변의 백 1점을 자충으로 하는 것이 가능하다. 백2로 품으면 흑3과 5로 건너는 묘수이다. 백4로 a는 흑b.

失

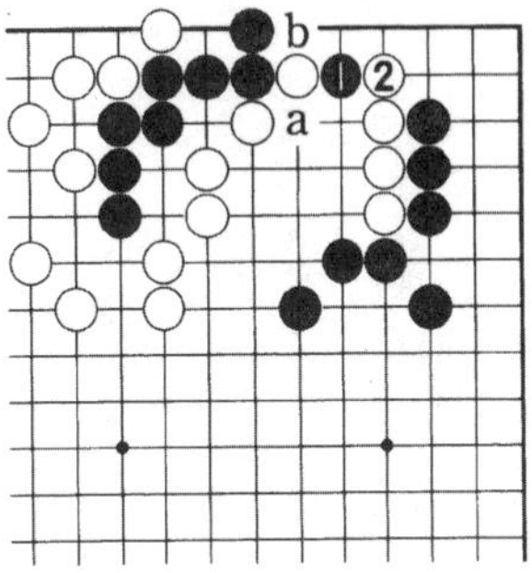


## 실패
흑1로 껴붙이는 수는 백2로 불발된다. 본체인 흑이 귀와 연결할 수 없다. 백2로 a에 이어도 흑2, 백b로 흑이 안 된다.

끊음 이어가다

(614)

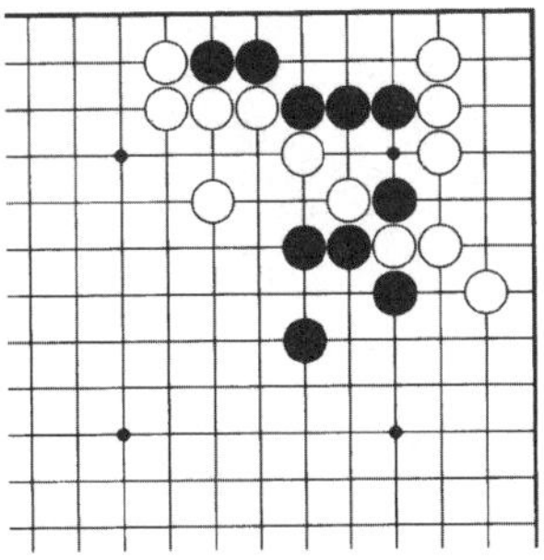

## 백 잡힘
상변의 흑은 중앙으로 연결하는 것이 가능하다. 흑을 끊고 있는 백을 잡으면 좋지만…

解

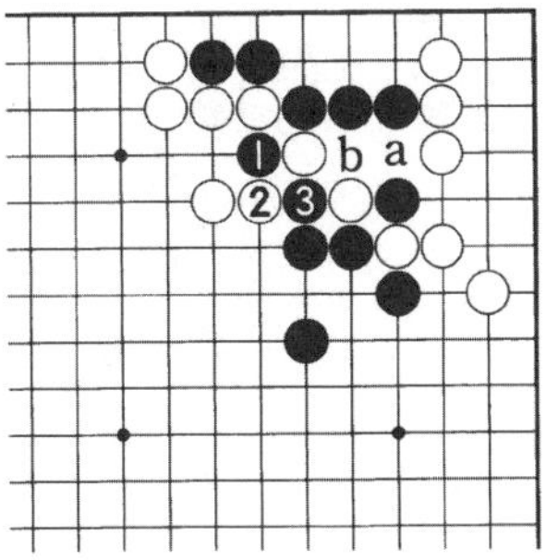


## 촉촉수
흑1로 끊는 수가 좋은 맥이다. 백2로 단수치면 흑3으로 끊어 중앙의 1점이 촉촉수가 된다.

失

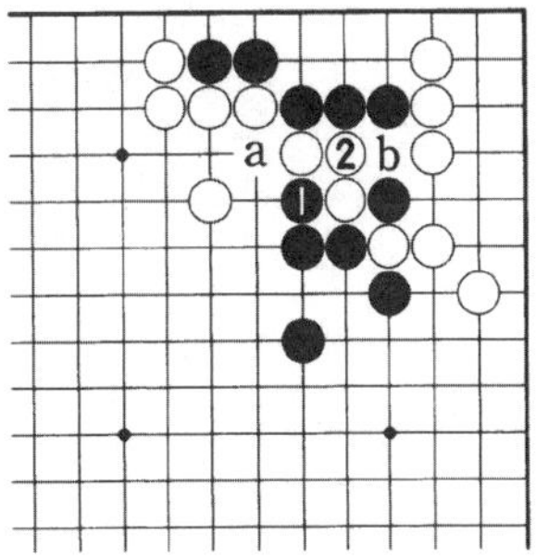


## 속맥
흑1로 직접 단수치면 속맥으로 안 된다. 백2로 이어 a와 b가 맞보기로 되어있다.

제1형 흑번

제2형 백번

(615)

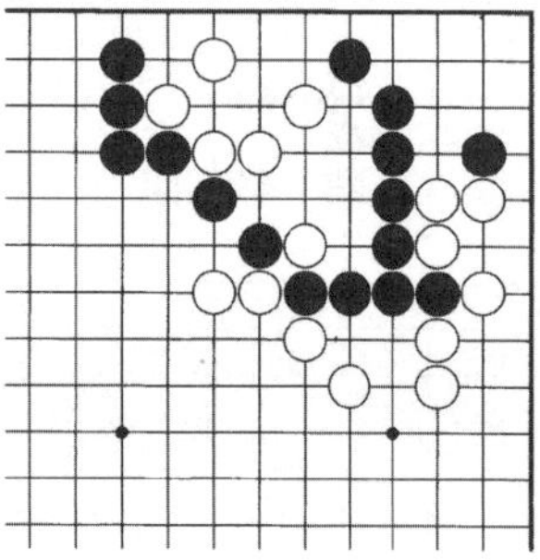

## 연결

흑에게 절단되면 상변의 흑 5점은 집이 없다. 백은 중앙의 흑을 잡아 연결할 수밖에 없다.

解

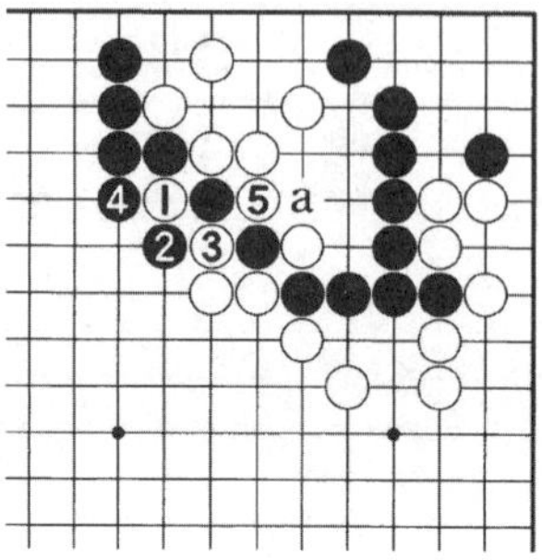


## 사석

백로 끊는 수가 맥으로 흑 2점의 공배를 꽉 차게 만든다. 흑2라면 백3. 흑2로 a는 백5. 백은 한점을 버려 요석인 백을 잡았다.

失

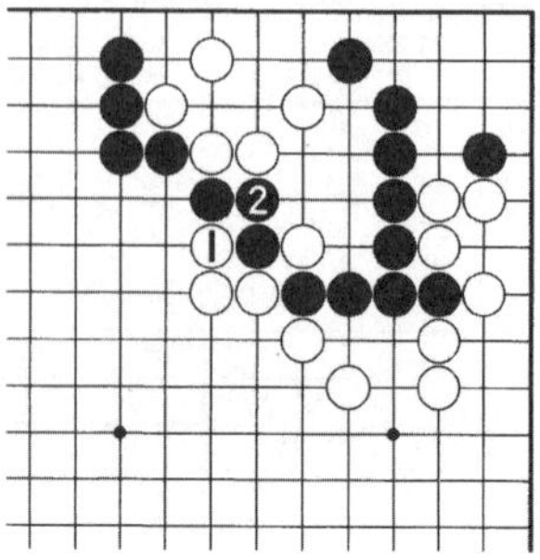


## 대악수

백1로 단수치는 것은 대악수이다. 흑2로 이어 흑을 잡을 수 없는 모양이다. 백1로 2도 흑1. 상변이 전부 흑집이 된다.

제3형 흑번

(616)

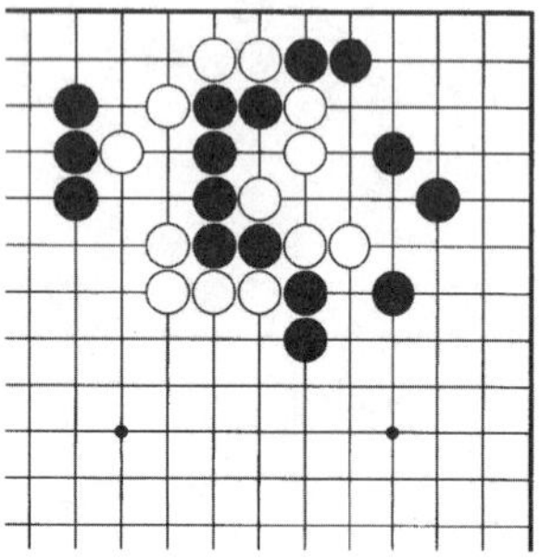

## 제 1수

상변의 백에게 둘러싸인 흑 6점을 살리면 백 전체가 괴멸상태가 된다. 흑의 제1수로 결정된다.

解

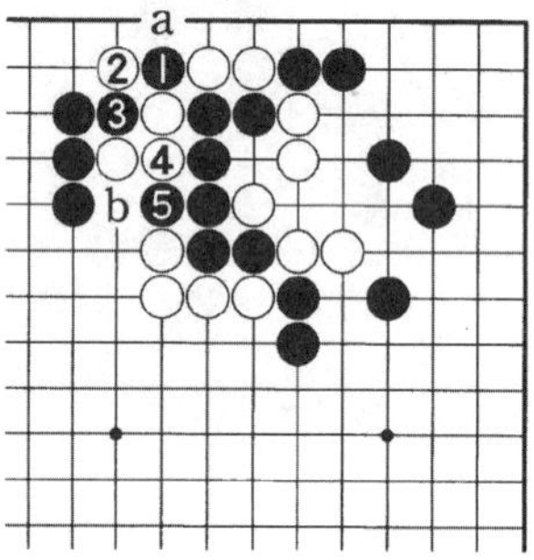


## 탈출

흑1로 끊는 수가 날카로운 맥이다. 백2로 품으면 흑3으로 끊고 5로 단수쳐 탈출한다. 백4로 a에 따내면 흑b. 우상의 백이 전멸한다.

変

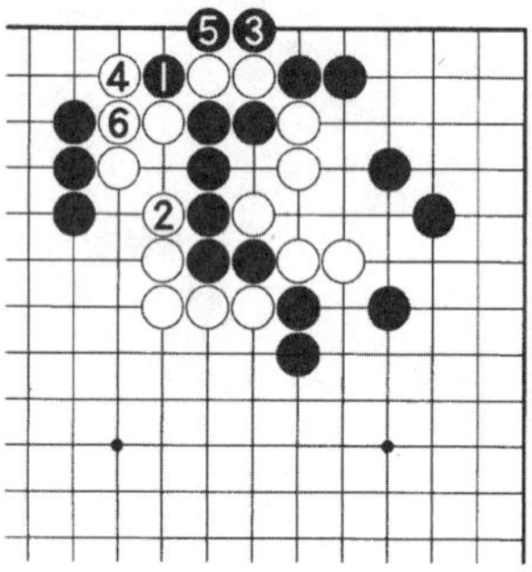


## 흑 성공

백2로 중앙을 연결하는 변화이다. 흑3, 5로 백 2점을 잡고 백은 6으로 상변을 연결해 피해를 감소시켰지만 흑은 선수로 백을 잡고 중앙을 살리게 된 셈.

제4형 흑번

(617)

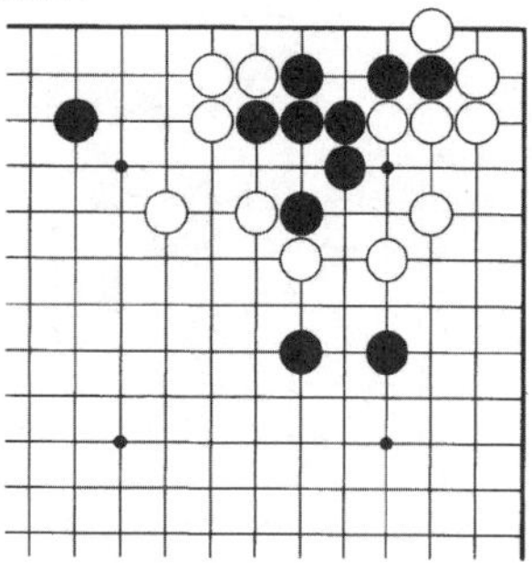

## 힘주다

우상의 흑은 집이 없지만 지금이면 백의 두터움을 노려 탈출 또는 사는 것이 가능하다.

解

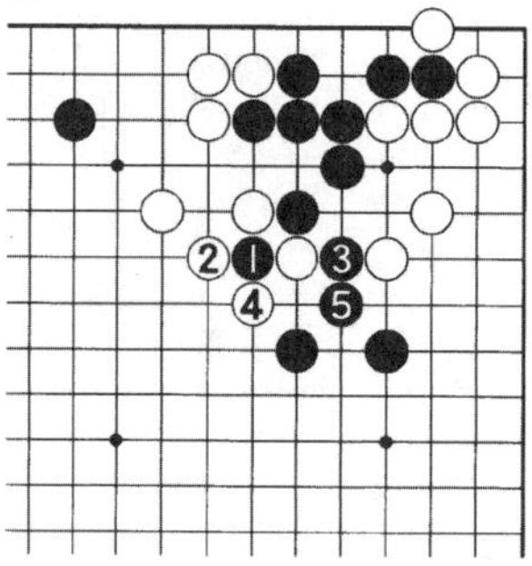


## 사석

흑1로 끊어 백의 엷음이 확실하게 드러낸다.

백2로 단수치면 흑3, 5로 1점을 버려서 쉽게 탈출한다. 흑1로 3은 약간 손해.

変

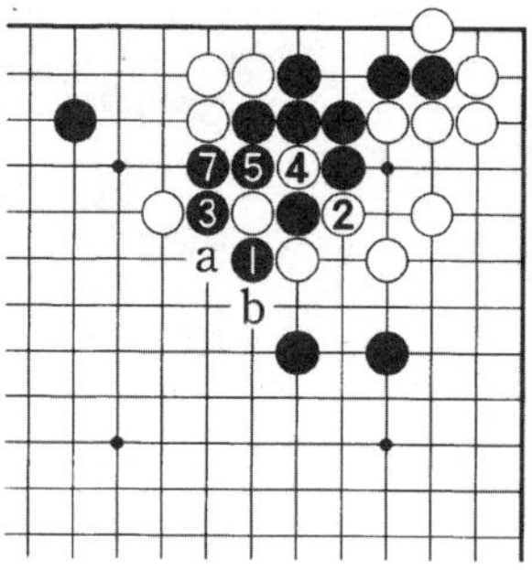


## 탈출

백2로 단수치면 흑3으로 되단수 치고 백4, 흑5로 결정지어 흑7로 탈출한다. 백4로 a는 흑5. 이후 백b로 단수쳐도 흑은 살 수 있다.

※⑥→④의 아래

(618)

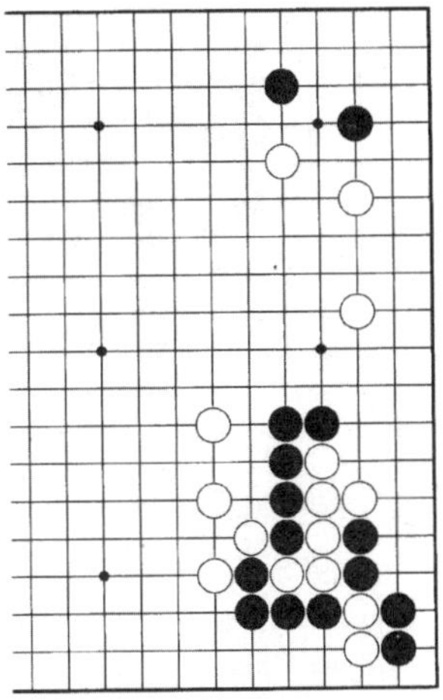

解

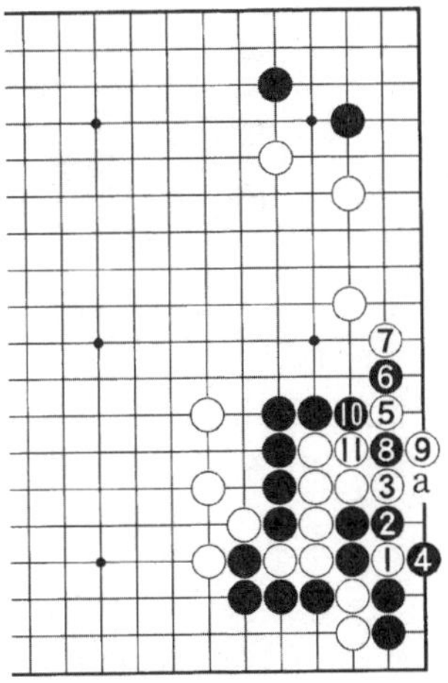

失

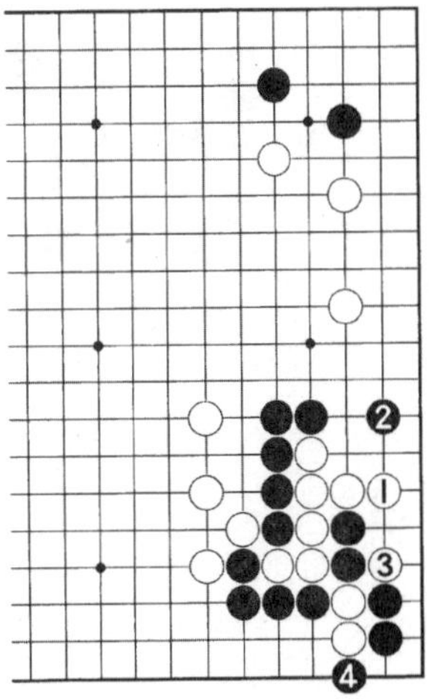

**제5형 백번**

## 공수역전

우하의 백 6점을 살리는 문제이다. 여기를 도망치면 중앙의 흑 5점은 뜬 돌이 되어 백의 공격을 받아 공수가 역전된다.

## 백 건넘

백1로 끊고 흑2, 백3을 활용한다. 흑4까지는 방법이 없지만 백5로 뛰어 우변에서 건너간다. 흑6에 흑7로 입구자 붙이는 수가 맥이다. 흑a로 패를 하는 것은 흑도 상당한 모험.

## 백 실패

백1의 뻗음도 흑 2점을 잡는 것을 엿본 수지만 선수는 안 된다. 흑2로 백의 건넘을 막고 백3으로 끊으면 흑4로 젖혀 2점을 버린다. 백은 2점을 잡아도 집이 없는 모양이다.

(619)

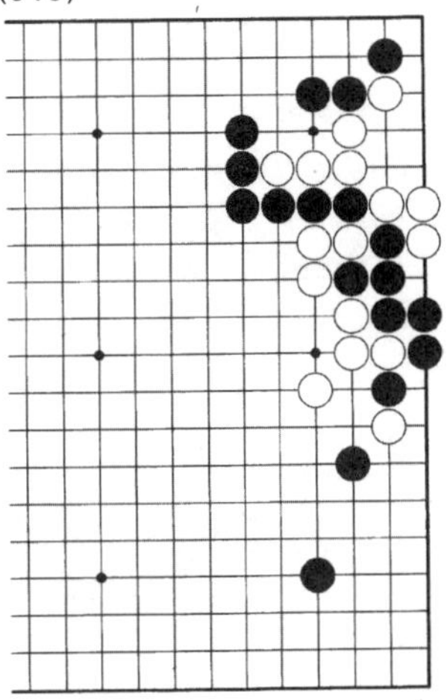

解

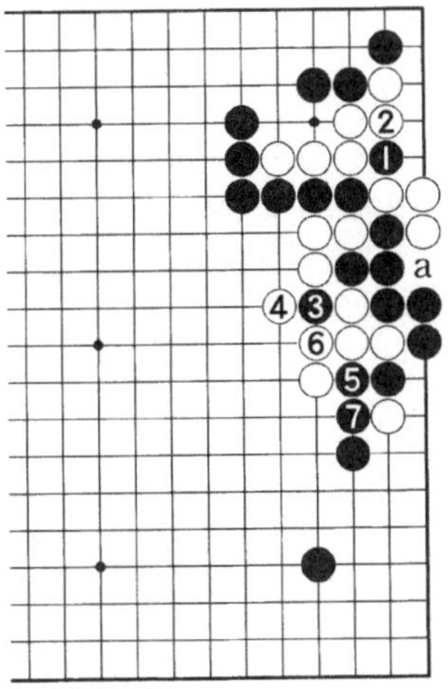

失

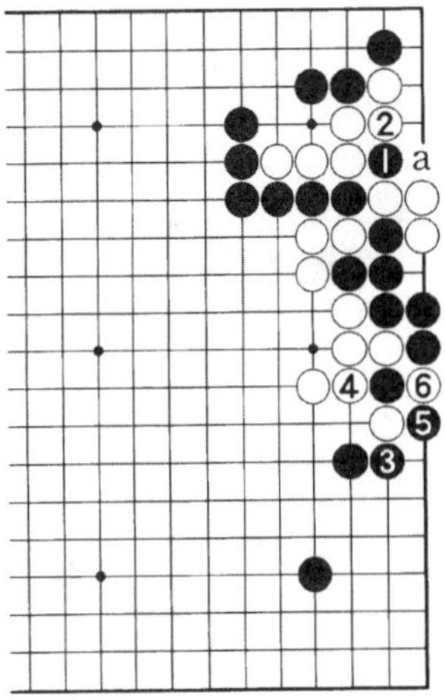

**제6형 흑번**

## 풍전등화

우변의 흑은 상방과 하방의 양쪽에서 공격받아 바람 앞의 등불과도 같은 신세가 되었다. 흑은 공배가 거의 없지만 백의 자충을 추궁하면 살려 나가는 것이 가능하다.

## 끊음 2곳

흑1로 끊는 수가 중요. 백2와 교환하면 백a의 축축수를 막은 셈이다. 다음에 흑3이 급소이다. 백을 끊어 약점을 만들고 백4로 잡으면 흑5로 단수쳐서 탈출한다.

## 패

백2에 흑3으로 막는 것은 무리. 백4로 a라면 우변으로 건너갈 수 있지만 백4로 단수쳐서 흑5로 패를 할 수밖에 없다.

(620)

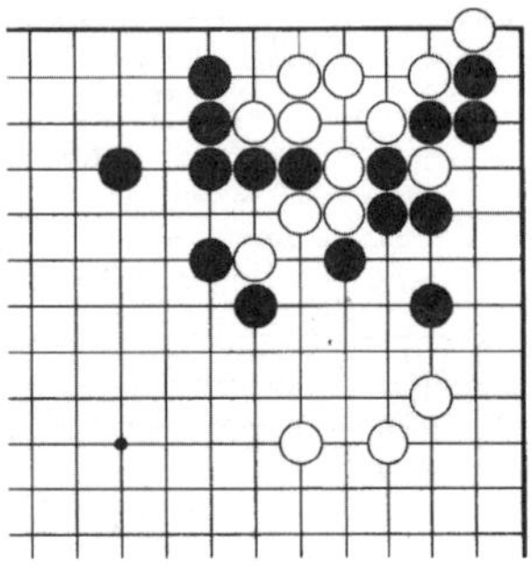

解

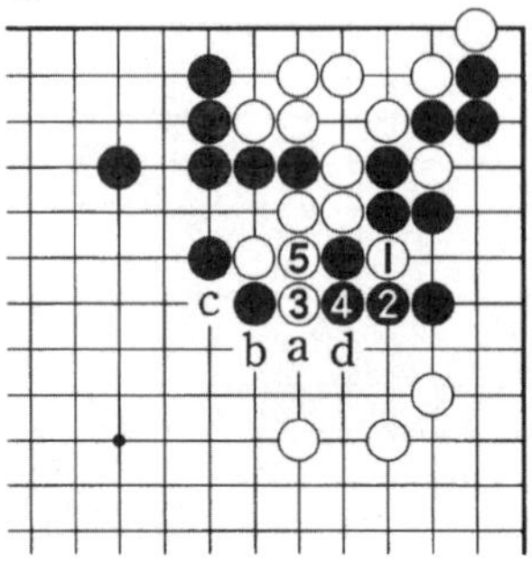

変

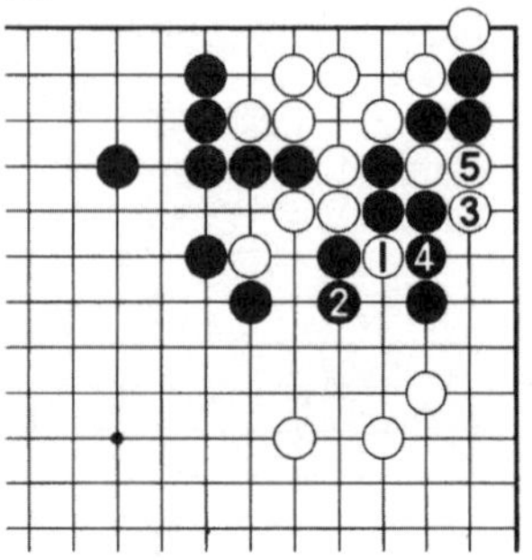

제7형 백번

### 급소
집이 없는 상변의 백을 중앙으로 탈출 시키고 싶다. 중앙과 우상의 흑이 안고 있는 약점을 추궁하는 급소는?

### 급소
백1로 끊는 수가 급소의 맥이다. 흑2로 품으면 백3으로 젖히고 나와서 중앙과 연결한다. 5이후 흑a는 백b, 흑c, 백d.

### 흑 무리
흑2로 뻗어 백을 봉쇄하는 것은 무리이다. 백3으로 젖혀 귀에 있는 흑의 모양이 무너져버린다.
흑4는 백5로 3점을 잡고. 흑4로 5는 백4.

(621)

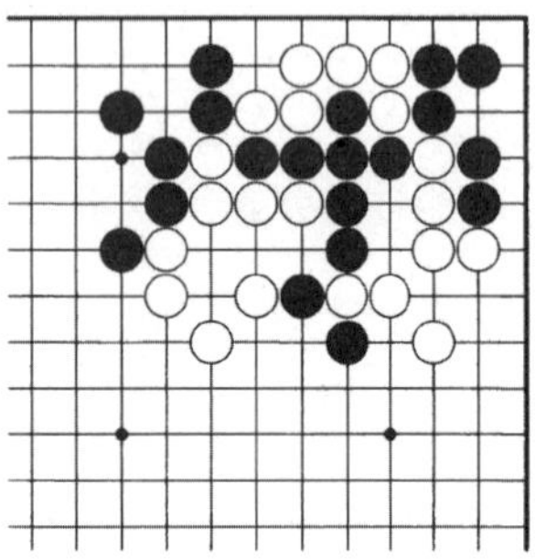

解

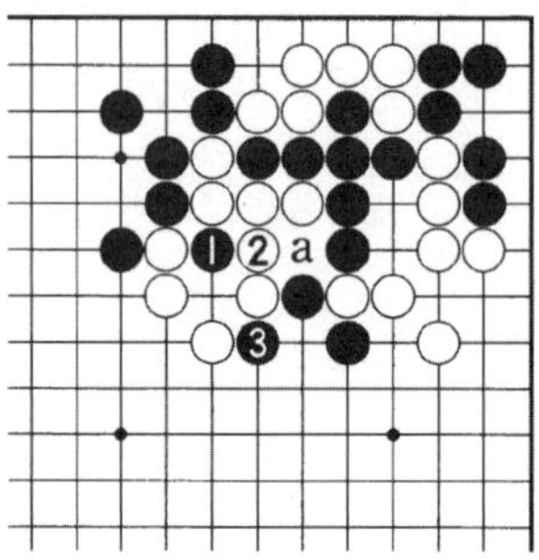

失

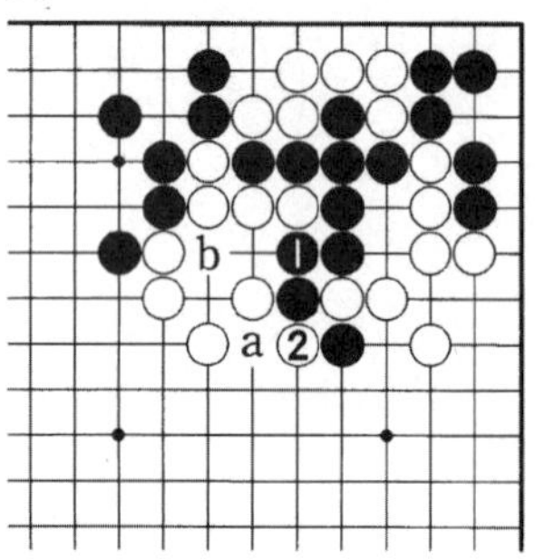

제8형 흑번

### 가다듬다
중앙의 흑 7점을 살리면 상변의 백을 잡을 수 있다. 약점을 지키면서 흑 7점을 살리는 방법을 찾아보자.

### 자충
흑1로 끊는 수가 좋다. 백2로 4점을 살려도 수상전도 흑이 한 수 늦다. 상변의 백은 흑3으로 젖어 자충. 백은 a에 둘 수 없다.

### 1수 부족
흑1로 이으면 백2로 실패한다. 흑1로 a는 백1로 끊는 수가 단수 모양으로 흑b는 수 늦음. 상변의 백과 수상전도 흑이 1수 부족 패배이다.



(622)

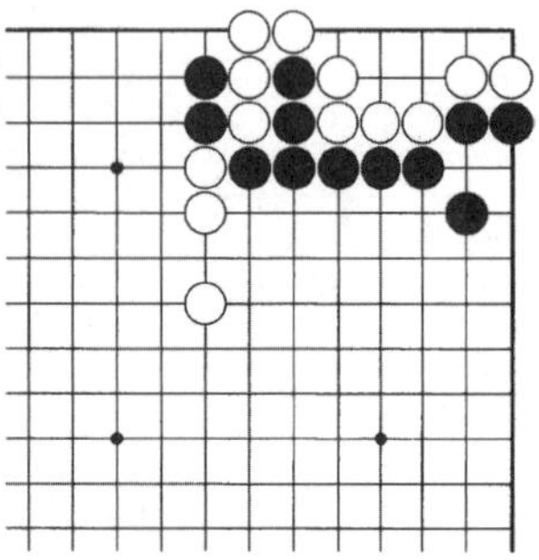

解

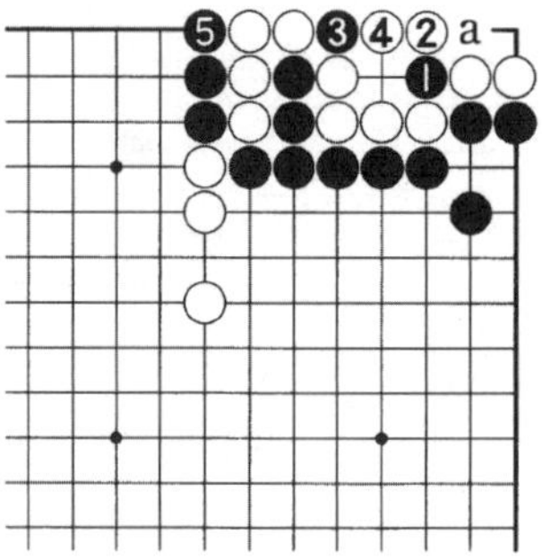

失

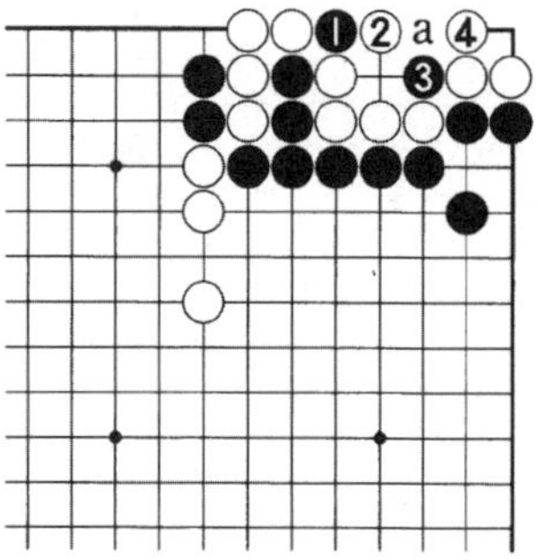

제1형 흑번

### 나쁜 모양
흑을 끊고 있는 귀의 백은 자충의 나쁜 모양이다. 흑은 상변의 백 4점을 잡고 싶다.

### 촉촉수
흑1로 끊는 수가 냉엄하다. 백2로 품은 뒤 흑3, 5로 백 4점을 촉촉수로 잡는다. 백이 3에 이으면 흑a로 환격이다.

### 흑 불발
흑1로 먹여치는 것을 먼저 하면 흑3으로 끊으면 백4로 실패한다. 또 흑1로 2는 안형의 급소지만 백a로 입구자붙여 불발이 된다.

(623)

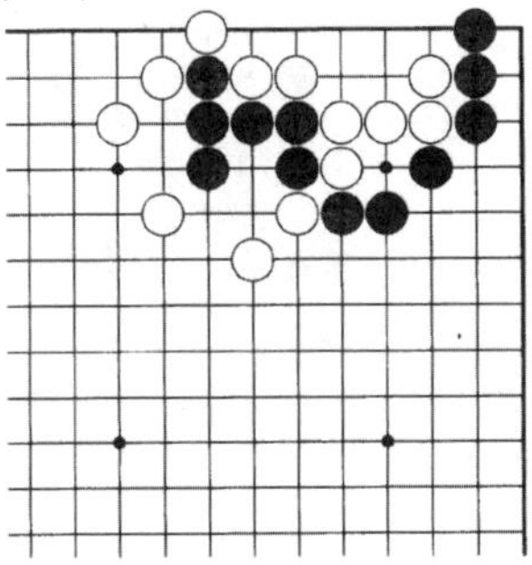

解

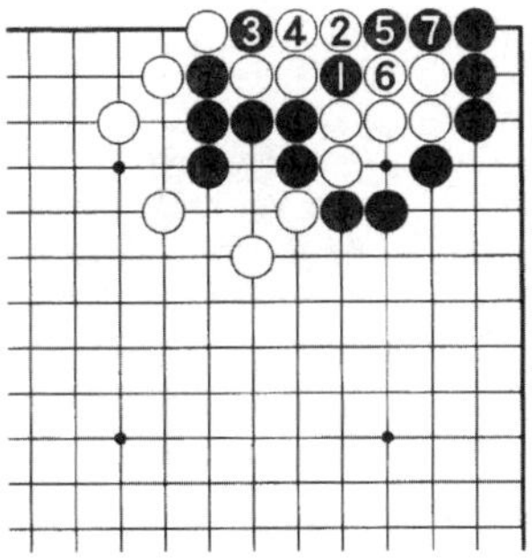

失

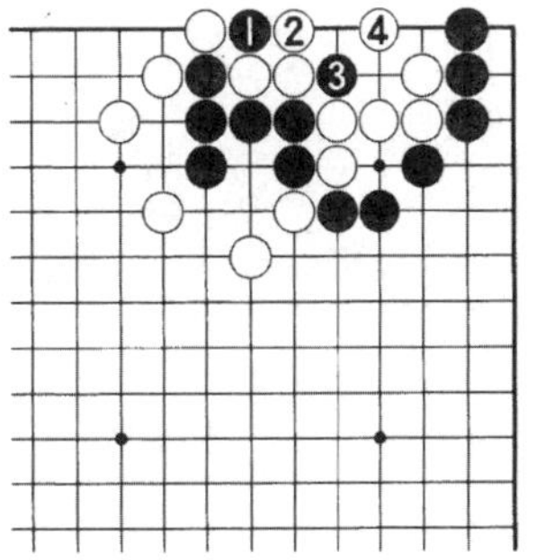

제2형 흑번

### 반격

상변의 전투.
백에게 포위당해 있는 흑 6점은 상변의 백에게 반격하여 백을 잡고 탈출하여야 한다.

### 촉촉수

흑1의 끊는 수가 급소의 맥이다. 백2로 잡으면 흑3으로 먹여쳐서 5, 7로 촉촉수가 된다.

### 흑 실패

흑 1의 먹여치기를 먼저하면 좋지 않다. 흑3으로 끊으면 백4의 좋은 수가 있어 촉촉수가 되지 않는다. 흑3으로 4는 백3

(624)

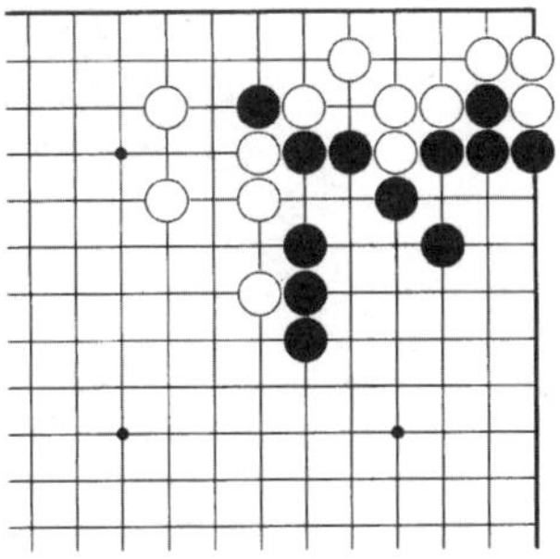

解

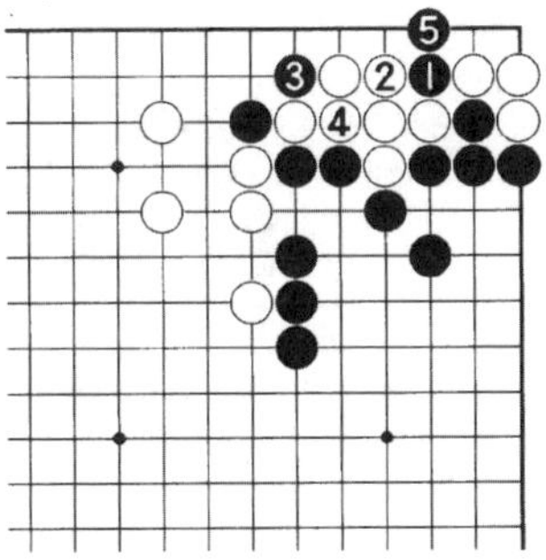

変

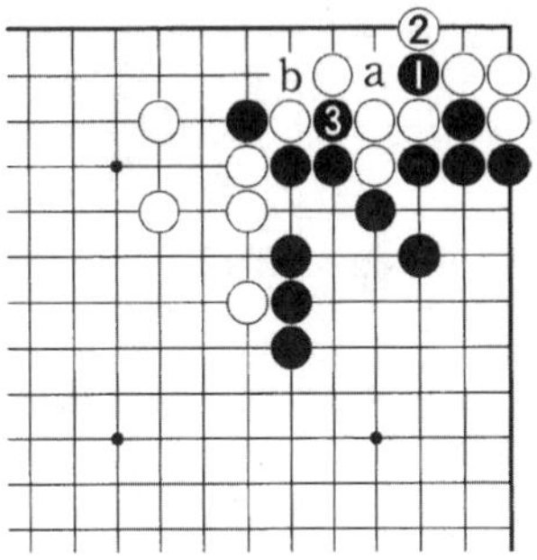

제3형 흑번

### 사건

백을 분단시키고 있는 흑 1점을움직여서 귀의 백의 자충을 추궁하면 사건이 일어난다.

### 양 자충

흑1로 끊어서 백의 대응을 보는 수이다. 백2로 잡으면 흑3으로 단수쳐서 백의 공배를 메우고 흑5로 뻗어 대응 수가 없다.

### 양 단수

백2로 잡으면 흑3으로 양단수이다. 백a는 흑b로 상변의 백집이 부서져 대 손해가 된다.

(625)

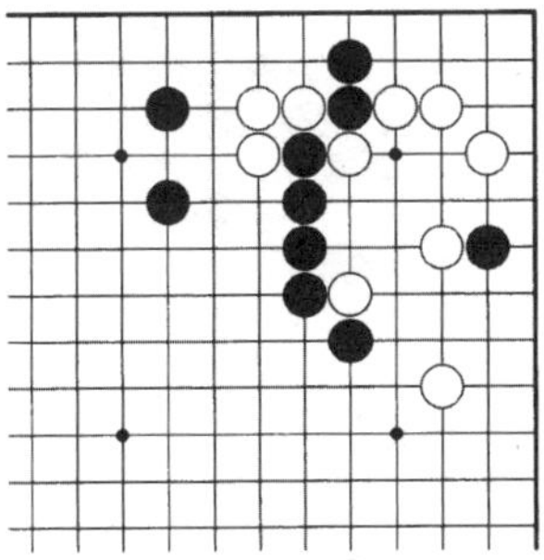

解

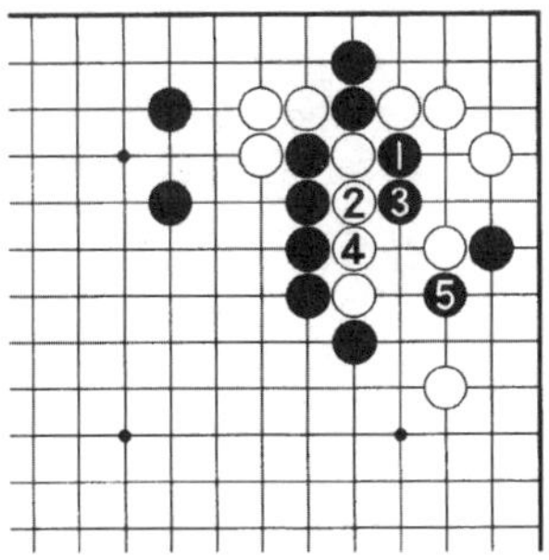

失

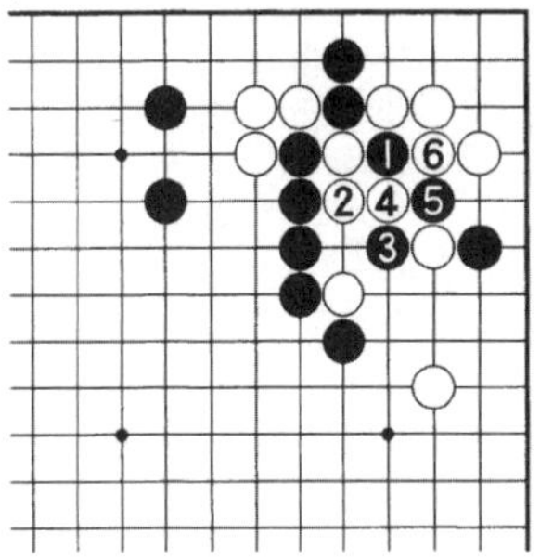

제4형 흑번

### 그물

상변의 흑 2점을 끊고 있는 백 1점을 잡는 문제. 축으로 잡을 수는 없지만 그물로 몰아 넣을 수는 있다.

### 출구

흑1, 3으로 쫓을 수밖에 없다. 백4로 이으면 흑5로 백 1점을 젖혀서 백 4점의 출구를 막고 그물 안으로 넣는다.

### 그만

흑3으로 씌우면 백4로 잡혀서 그만이다. 흑3으로 5도 백 4. 흑을 끊고 있는 요석이 도망쳐서 안 된다.

(626)

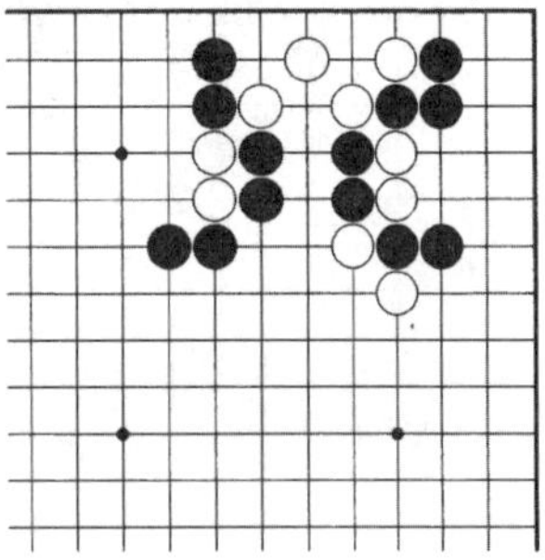

解

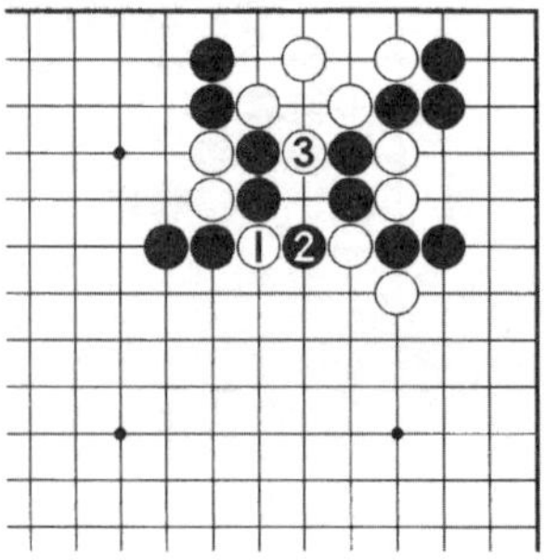

失

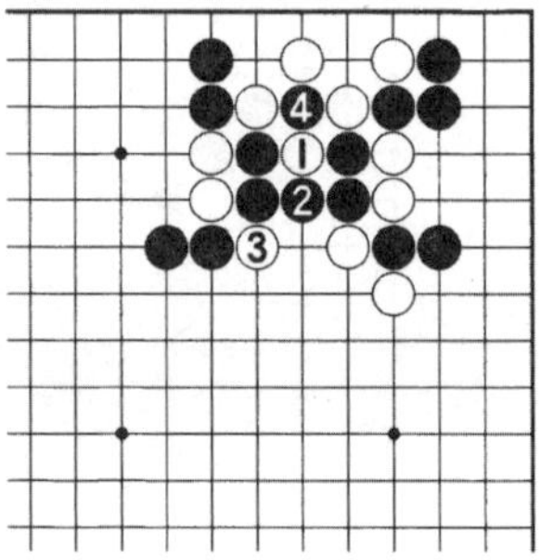

제5형 백번

### 산산조각

상변의 백은 사분오열이라고 할수 있을 만큼 산산조각이 났다. 백은 끊고 있는 요석을 잡아야 한다.

### 요석

백1로 끊으면 흑은 저항할 수단이 없다. 흑2로 양단수이지만 백3으로 흑도 양단수이다. 좌우 쪽 모두 요석이다.

### 패

백1, 3은 흑을 몽땅 잡으려는 수지만 흑4로 따내서 패가 난다. 이 패를 지면 우상은 전부 백집이 되어 버린다.

(627)

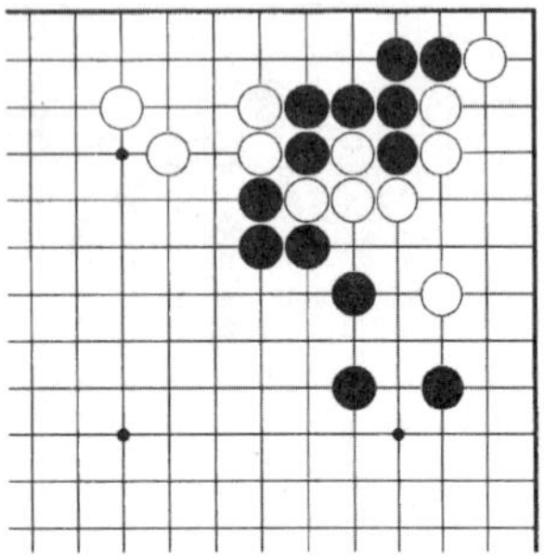

解

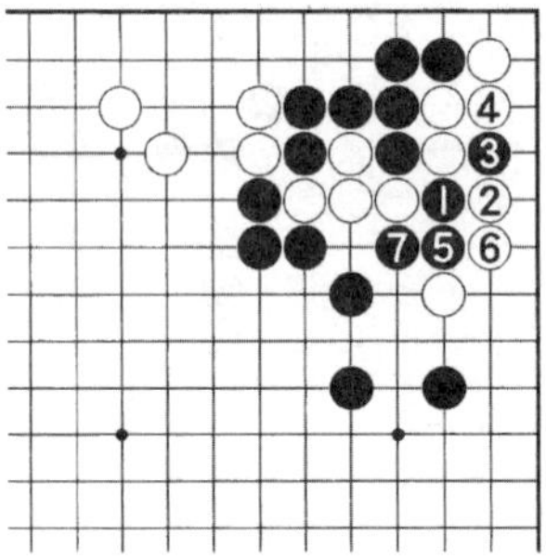

変

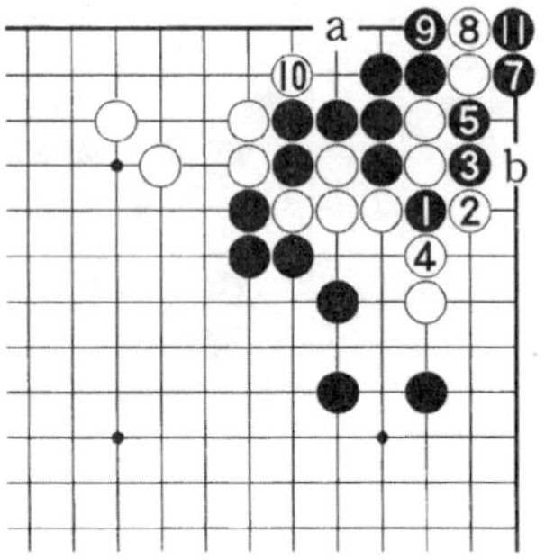

제6형 흑번

### 약점을 노리다

귀의 전투.
상변의 집을 넓혀도 흑은 살 수 없다. 귀에 있는 백의 약점을 노려야 한다.

### 4점 잡힘

흑1로 끊는 수가 날카로운 맥이다. 백2로 단수치면 축이지만 흑3으로 끊어 축을 막는다. 백4라면 흑5와 7로 중앙의 백을 잡고 연결한다.

### 흑 삶

백4로 따내면 흑5로 끊어 귀를 조이고 7부터 11까지 백 2점을 잡고 a와 b를 맞봐서 살 수 있다.
※⑥→❶

(628)

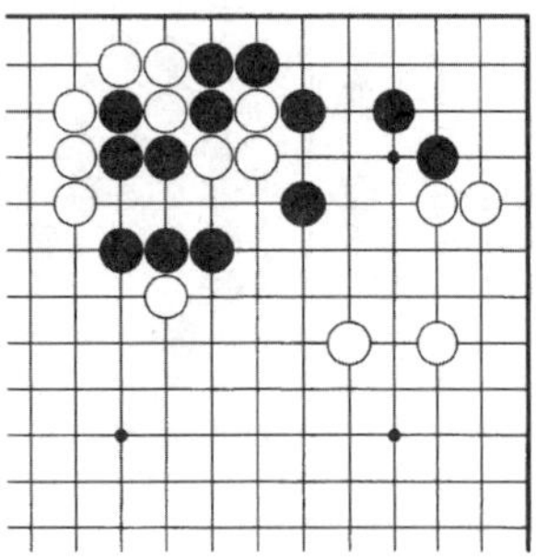

解

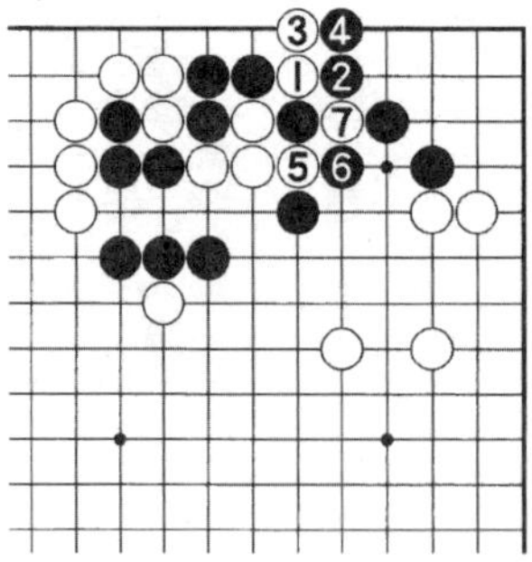

失

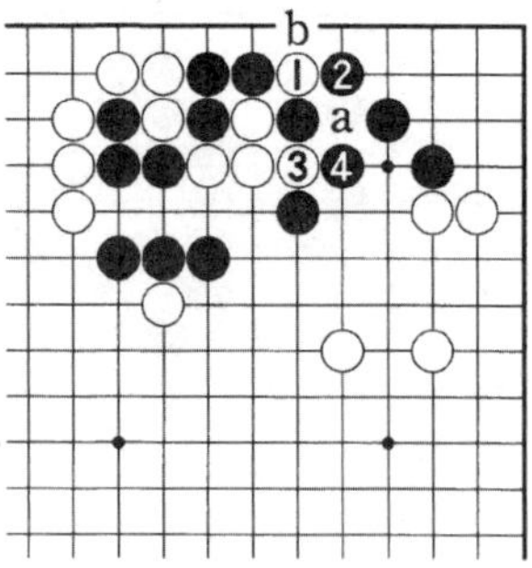

제7형 백번

### 수순

포위당한 상변의 백 3점을 살리려면 수순을 연구해야 한다.

### 패

백1로 먼저 끊을 곳이다. 흑2로 단수치면 백3으로 강하게 저항한다. 흑4 이후 백5로 나가 7로 패가 난다.

### 백 실패

백3으로 나가면 흑4로 막아서 실패한다. 백a에는 흑b로 촉촉수가 기다리고 있다. 백1로 3도 흑4, 백1, 흑2로 안 된다.

(629)

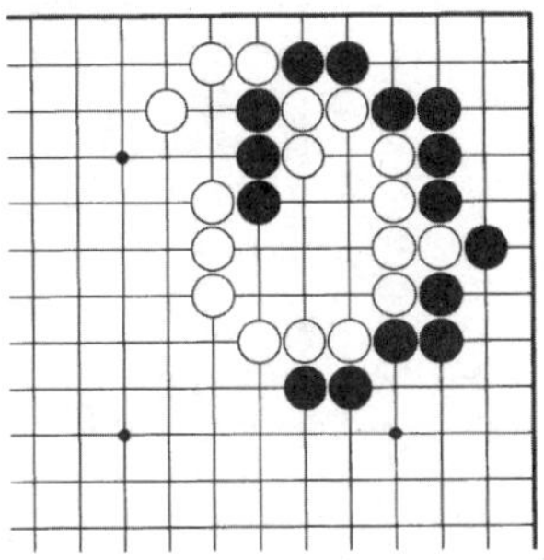

解

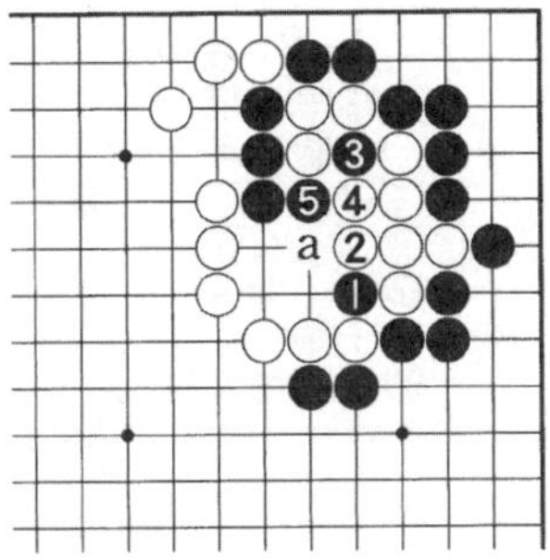

失

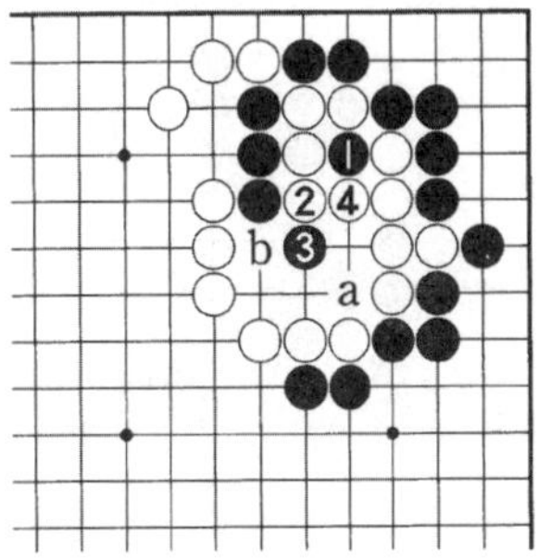

제8형 흑번

### 연구

흑 3점을 포위하고 있는 백의 공배가 꽉 차있다. 그냥은 넘어갈 수 없다. 흑도 수를 읽을 필요가 있다.

### 촉촉수

흑1로 끊는 수가 좋은 맥이다. 백2로 단수치면 흑3으로 먹여치고 5로 단수쳐 촉촉수이다.
백2로 5는 흑a, 백2, 흑3.

### 수순전후

흑1을 먼저 두면 백2로 도망쳐서 실패한다. 백4이후 흑a로 끊어도 백b로 흑이 양자충에 걸린다.
흑3으로 a는 백3으로 뻗는다.

(630)

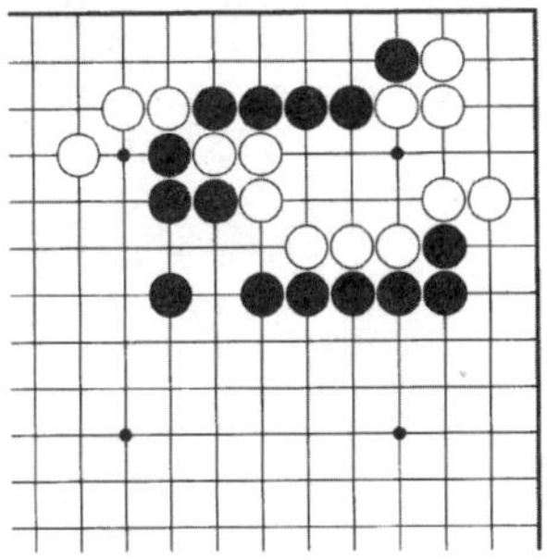

解

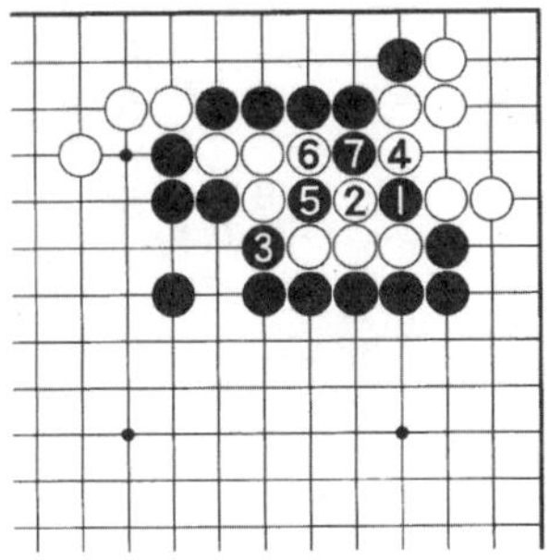

変

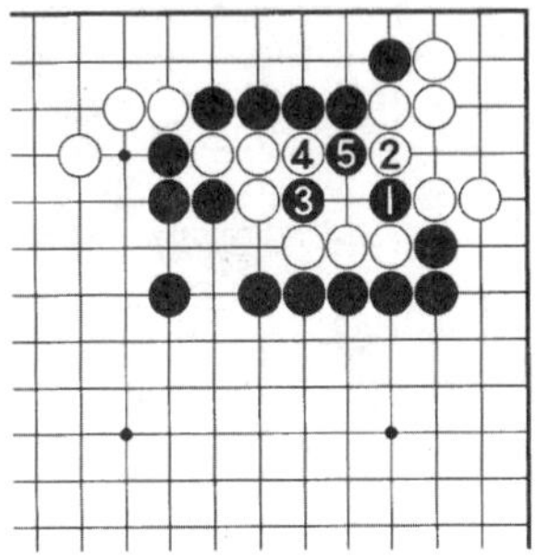

제9형 흑번

### 촉촉수

흑은 중앙의 백을 잡고 상변의 흑을 살리는 문제. 연결되어 있는 것처럼 보이는 백이 촉촉수에 걸린다.

### 절묘

흑1로 끊는 수가 절묘한 맥이다. 백은 다음에 둘 수가 없다. 백2라면 흑3으로 찝고 7까지 촉촉수이다.
백2로 7은 흑6.

### 찝음

백2로 단수치면 흑3으로 찝는 수가 묘수이다. 백4라면 흑5로 나가 정해도와 같이 촉촉수이다.
백4로 5에 두면 흑4.

(631)

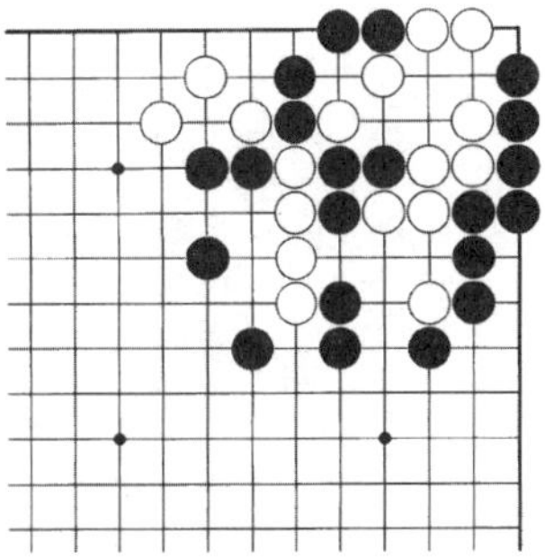

解

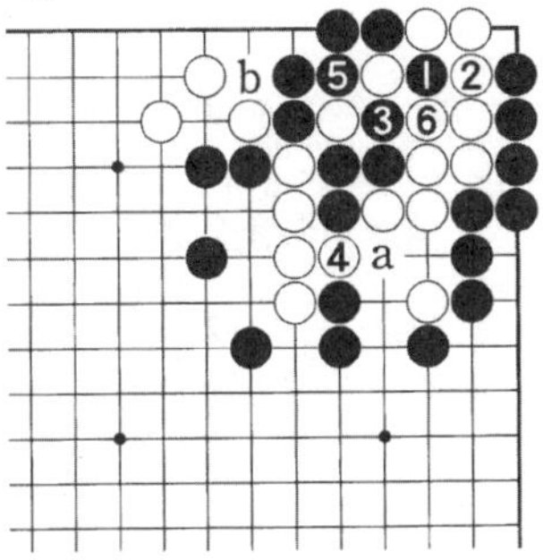

失

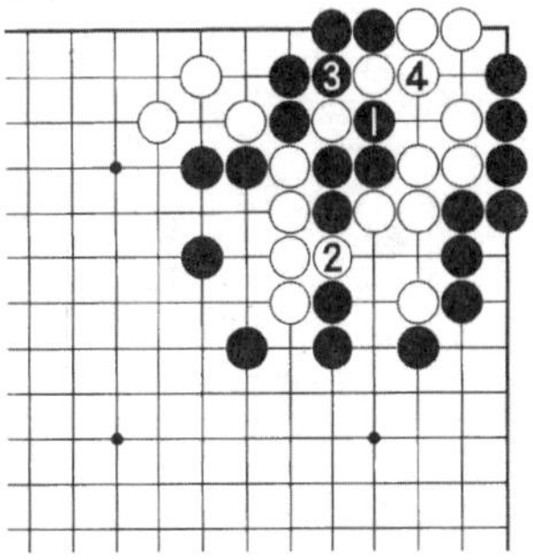

제10형 흑번

### 약간 복잡

백에게 잡혀 포위되어있는 흑 4점이 초점이다. 반대로 백을 잡거나, 살게 되면 그것이 정해이지만 약간 복잡하다.

### 맞보기

흑1이 맥의 끊는 수이다. 흑을 잡으러 간다면 백2, 4이지만 냉정하게 흑5부터 7로 이어서 a로 잡는 것과 b로 집을 내는 것을 맞보기로 한다.
※❼→❶의 왼쪽

### 이길 수 없다

흑1은 연구가 부족하다. 백2에 흑3은 백4로 이어 수상전에서 흑은 이길 수 없다. 흑3으로 4에 두면 상변은 건너가지만 중앙은 뚫려버리고 만다.

(632)

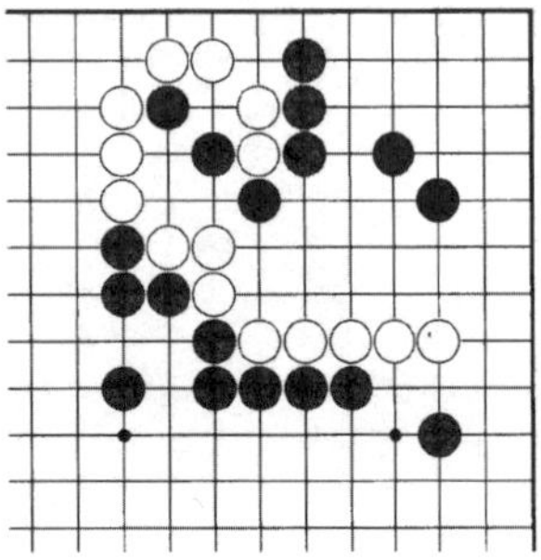

解

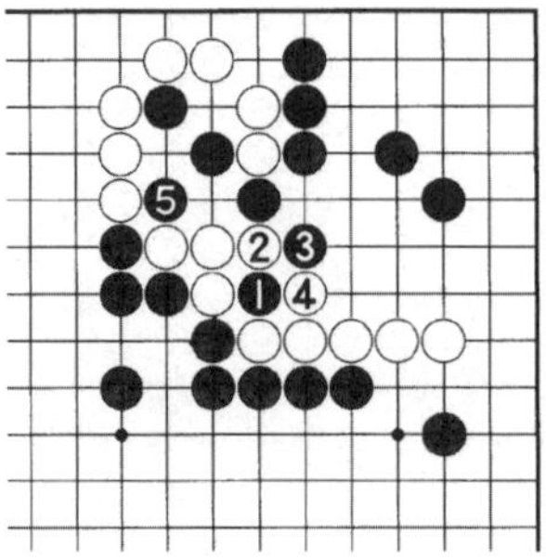

失

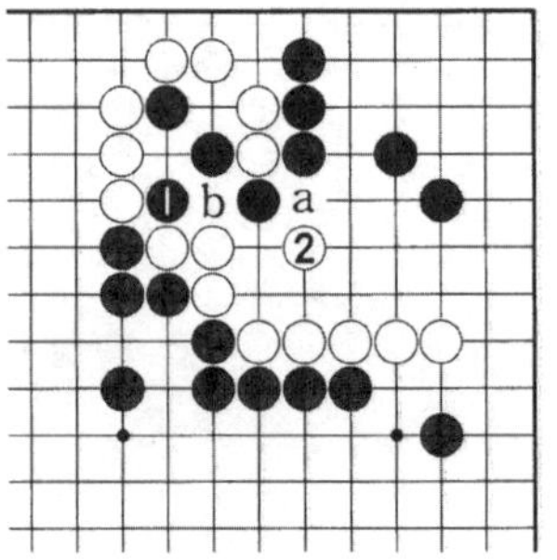

제11형 흑번

### 위기

우변에 진출한 백 5점은 우상과의 연결이 확실하지 않다. 백이 큰 위기에 빠졌다.

### 고립

흑1로 직접 끊는 수가 최강. 백2로 나가면 흑3으로 막아 중앙의 흑의 약점을 호구이음 한 모양이다. 백4에는 흑5로 우변이 고립된다.

### 백 연결

흑1로 끊으면 백2로 뛰어 지키기 좋은 모양이 되어서 흑이 실패한다. 백 3점의 자충을 해소해서 백은 a와 b를 맞보기로 해서 연결한다.

(633)

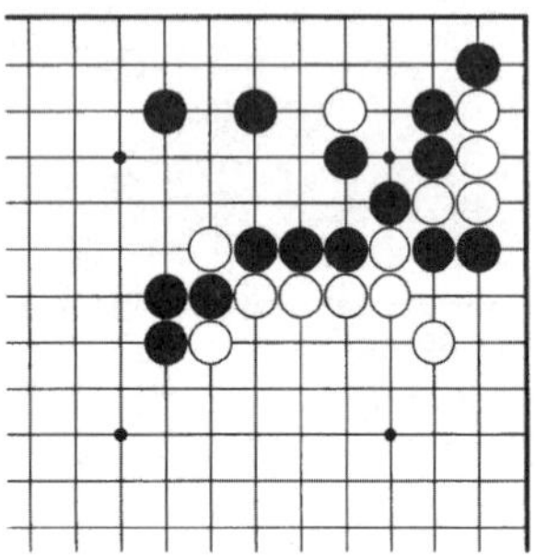

解

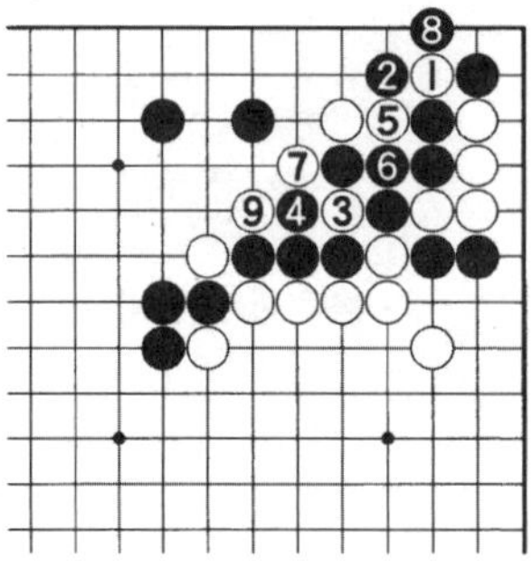

变

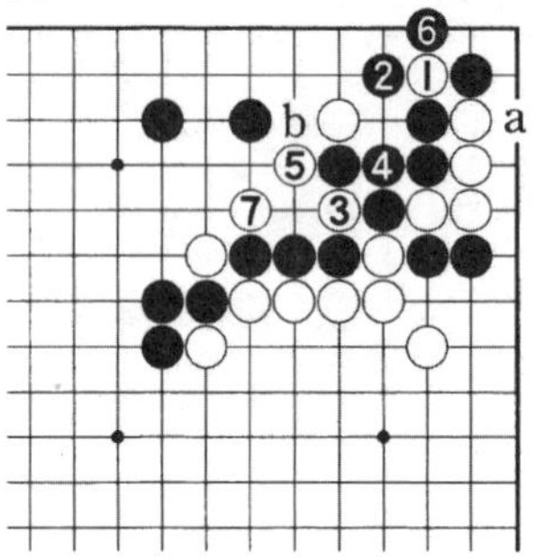

제12형 백번

### 바깥을 잡다

우상귀의 백 4점은 흑 2점을 잡고 살지만 왼쪽의 흑을 잡는 편이 훨씬 유리하다.

### 촉촉수

백1로 끊어 흑을 자충으로 유도하는 급소이다. 흑2로 단수칠 때 백3이 촉촉수를 만든다. 백9까지 외길이다.

### 환격

흑4로 이으면 백5로 단수치고 7로 환격한다. 이후 흑a라면 백b로 상변을 부수고 상변의 흑집이 없어지게 된다.

(634)

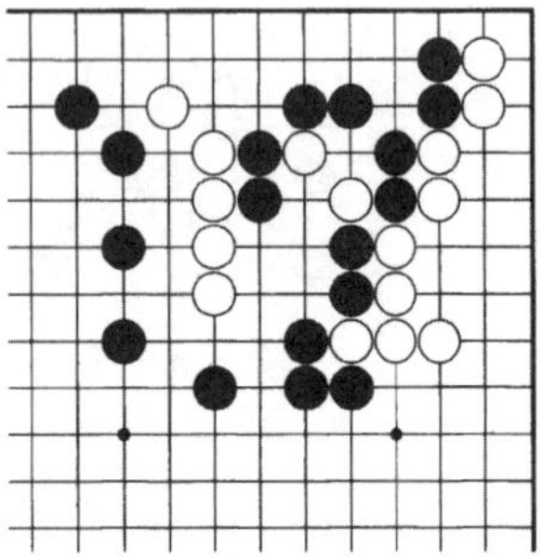

解

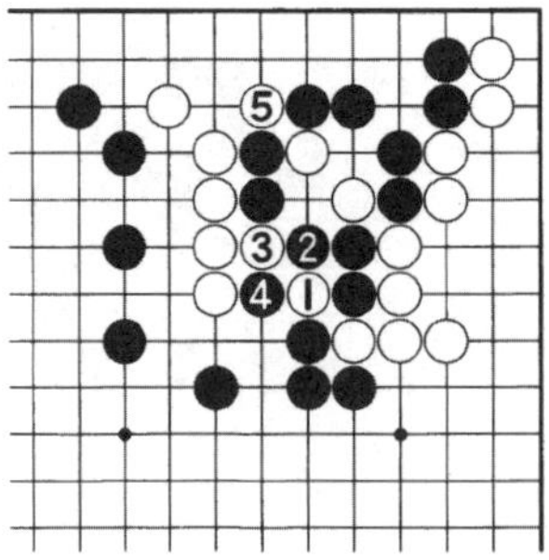

失

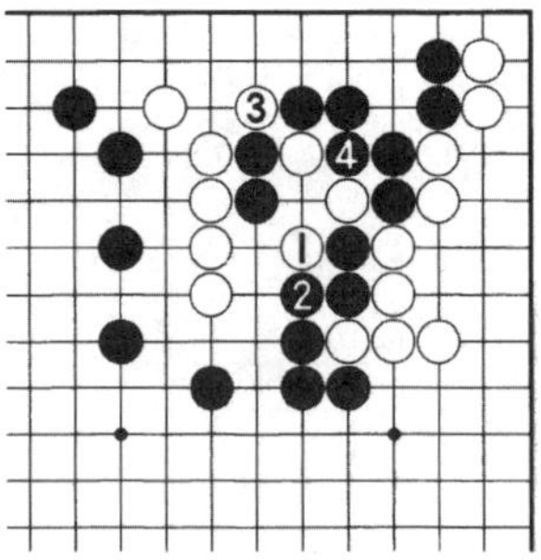

제13형 백번

### 열쇠

상변의 백 5점은 안형이 없는 모양이다. 우상의 흑의 자충이 백의 탈출의 열쇠가 된다.

### 촉촉수

백1로 끊어 흑 2점을 단수친다. 흑2로 도망치면 백3으로 단수, 흑4, 백5로 흑 3점이 촉촉수에 걸린다.

### 백 실패

백1로 단수치는 것은 실패한다. 흑2 이후 백3으로 끊어도 흑4로 귀에서 단수쳐서 백이 촉촉수가 걸린다.

제 14 형 흑번

(635)

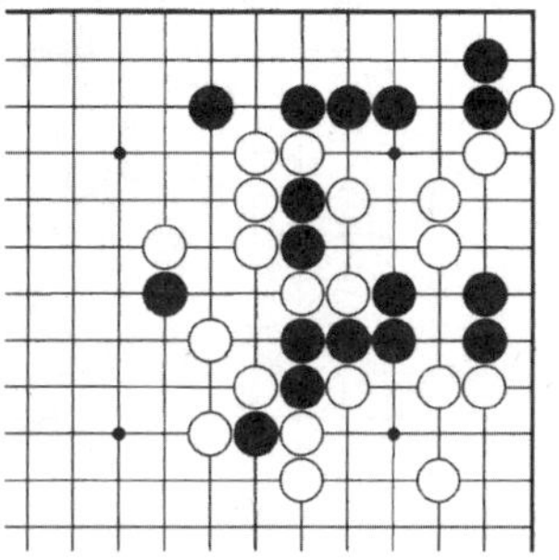

## 생환

우변의 흑을 생환 시키는 문제. 백이 강하게 반발하면 우상귀의 백을 잡을 수 있다.

解

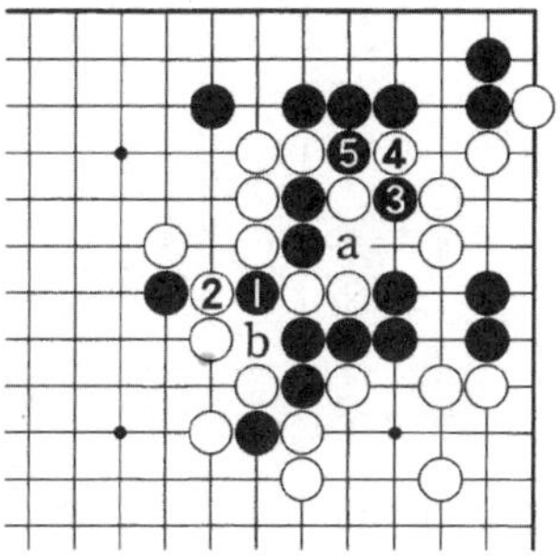

## 우변을 잡다

흑1로 끊어 백 2점을 단수친다. 백2로 a는 흑b로 중앙으로 도망친다. 백2로 저항하면 흑3의 끼움이 좋은 수이다. 흑5까지 우변의 백을 잡는다.

失

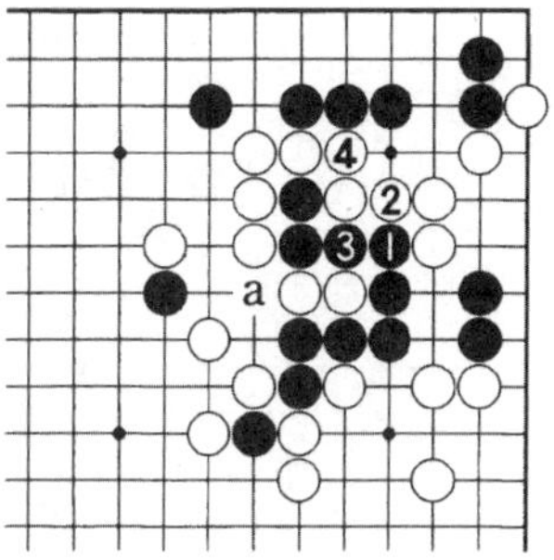

## 속수

흑1로 나가는 것은 속수이다. 백2, 4로 흑이 하라는 대로 받아주면 다음 수가 없다.
흑a로 2점을 따도 한 집뿐.

제 15 형 백번

(636)

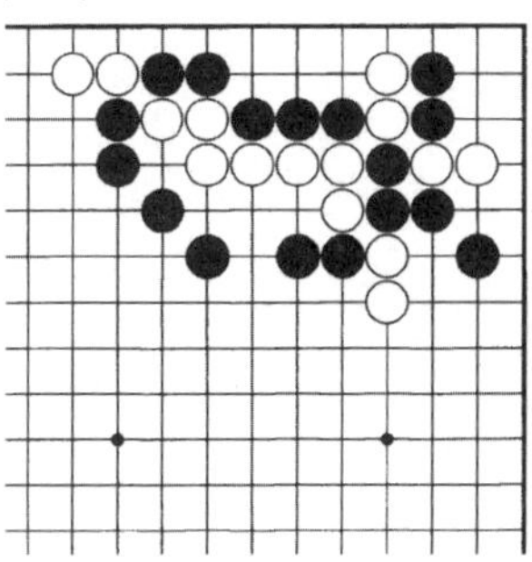

## 사분오열

상변의 백은 사분오열된 모양이다. 중앙의 백 7점을 살리려면 상변의 흑을 노려야 한다.

解

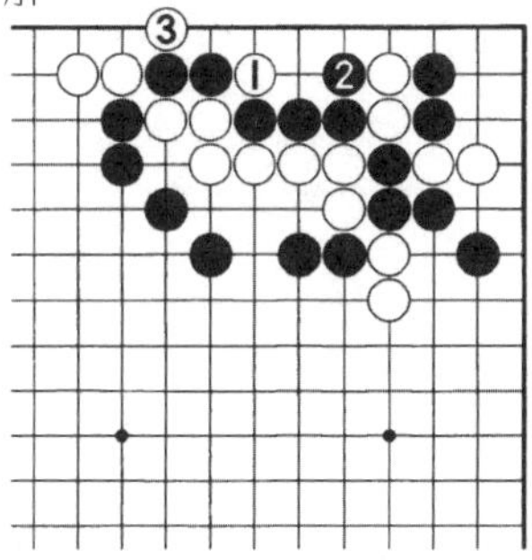

## 생환

백1로 끊어 흑의 자충을 유도한다. 흑2로 잡으면 귀는 안전하지만 백은 3으로 흑 2점을 잡아 7점을 되살린다.

変

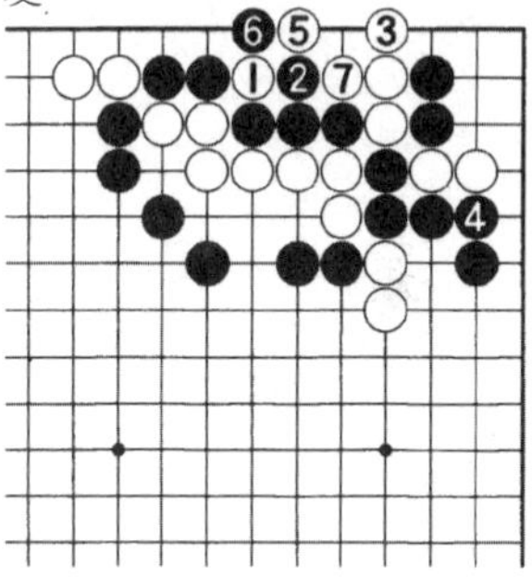

## 패

흑2로 백 1점을 잡으면 백3으로 뻗어 수를 늘린다. 흑4로 우변을 지키면 백5, 7로 패가 난다. 흑4로 7은 백6. 흑 2점을 잡는다.

제 16 형 백번

(637)

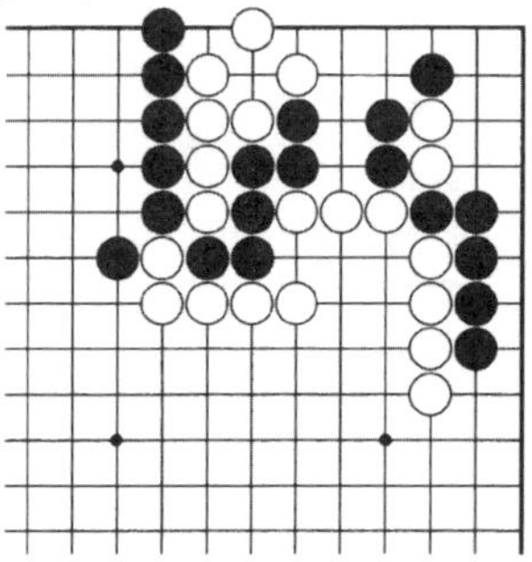

## 대이변

상변의 백은 살 수 없는 모양이다. 그러나 귀의 백을 이용하면 대이변을 일으킬 수 있다.

解

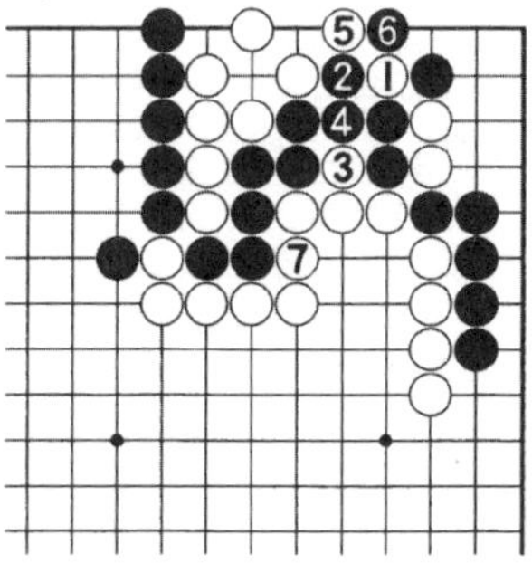

## 큰 패

백1로 끊어 귀에서 수를 낸다. 흑2, 4로 저항하면 백5와 7로 촉촉수를 노리는 큰 패를 낸다. 백이 편한 꽃놀이패를 쥔다.

変

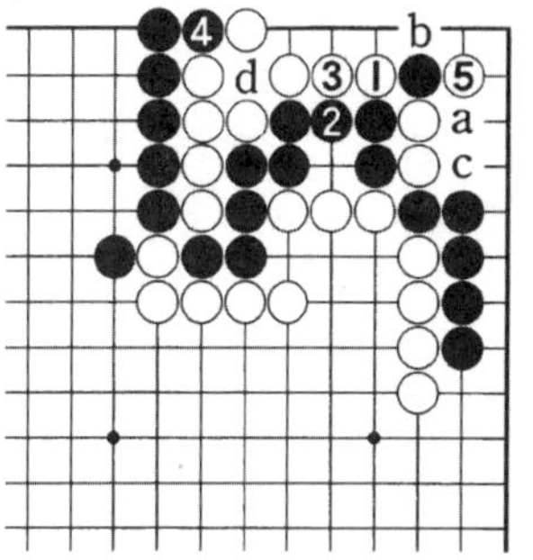

## 백 삶

흑2로 이으면 백도 3으로 이어 다음에 4와 5로 사는 것을 맛보기로 한다. 흑a, 백b, 흑c, 백d로 이어 살 수 있다.

**제17형 흑번**

(638)

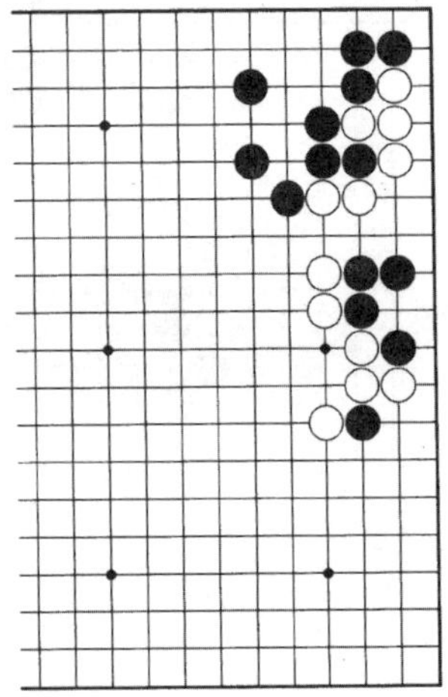

### 절단

우변의 수상전이 문제.
우변의 흑 4점은 우상귀의 백을 끊어서 공격해 잡아야 살 수 있다. 백의 수를 메우는 연구가 없으면 반대로 잡혀 버린다.

解

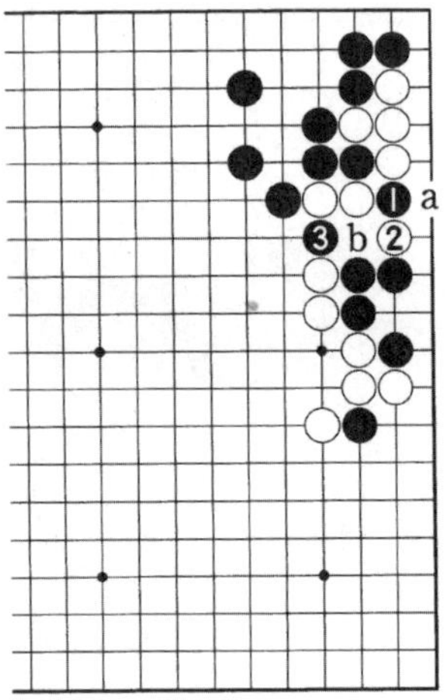

### 백 죽음

흑1로 끊는 것이 맥이다. 백2로 잡으면 흑3으로 단수쳐 선수로 중앙을 끊는다. 백a로 따내면 흑b로 단수쳐 백은 한집밖에 없다 백2로 3에 이으면 흑2로 이어 흑이 승리한다.

失

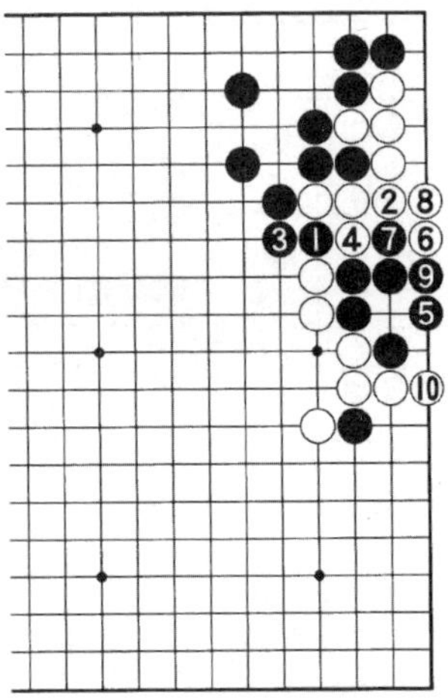

### 백 삶

먼저 흑1로 끼우면 백2로 이어 실패한다. 흑3으로 4는 백3. 우변 흑의 수는 같다. 흑5로 집을 만들어도 백6부터 10의 공격으로 백의 한 수 승.

**제18형 흑번**

(639)

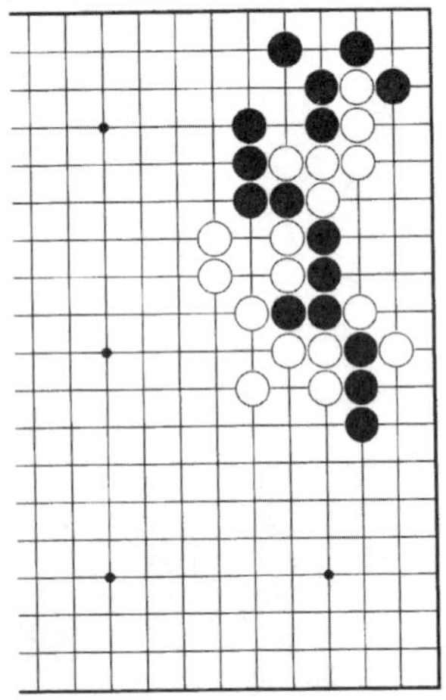

### 수습

우변의 전투.
백에게 끊긴 흑 4점을 수습하는 문제. 우상의 백 6점을 잡아 연결하면 대성공이지만 패가 나면 실패한다.

解

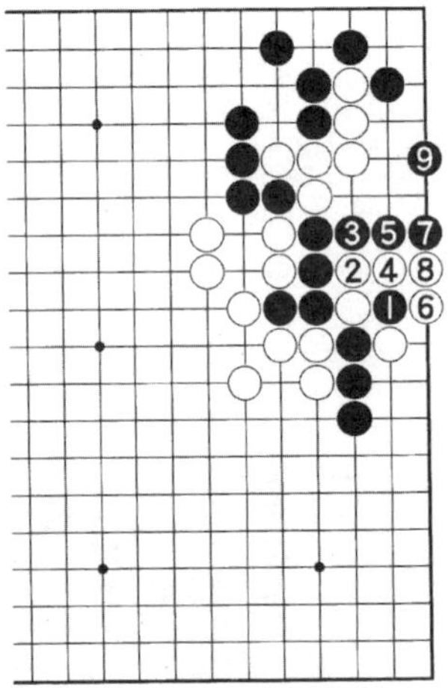

### 건넘

흑1이 수습하는 맥이다. 백2로 도망 나가면 흑3, 5를 활용하여 흑 1점을 버리고 위쪽을 굳힌다. 흑9로 뛰어 귀로 건너가면 우상의 백 6점이 고스란히 잡힌다.

失

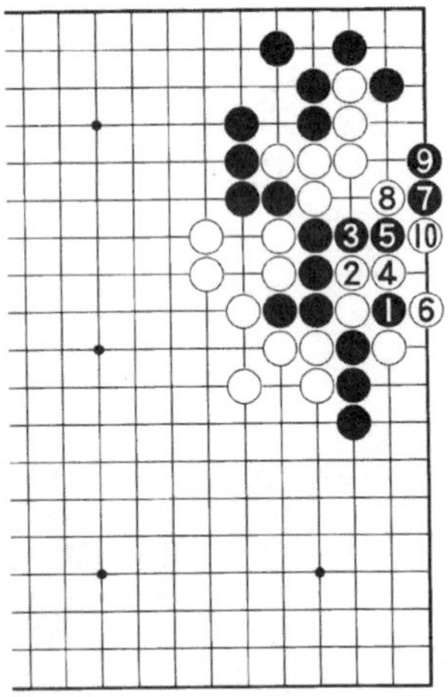

### 패

흑7로 입구자변화이다. 이것도 귀에 건너가는 모양이지만 백8의 마늘모 붙임으로 패를 노리게 되어 좋지 않다. 흑9는 백10으로 패가 난다. 흑9로 10에 이으면 백9로 수상전은 흑이 패배한다.

(640)

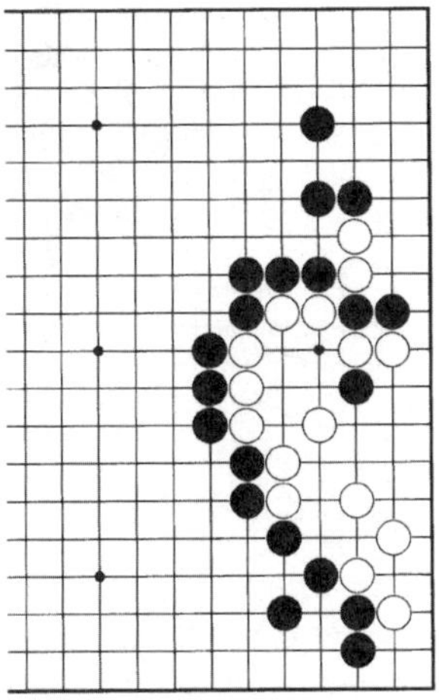

解

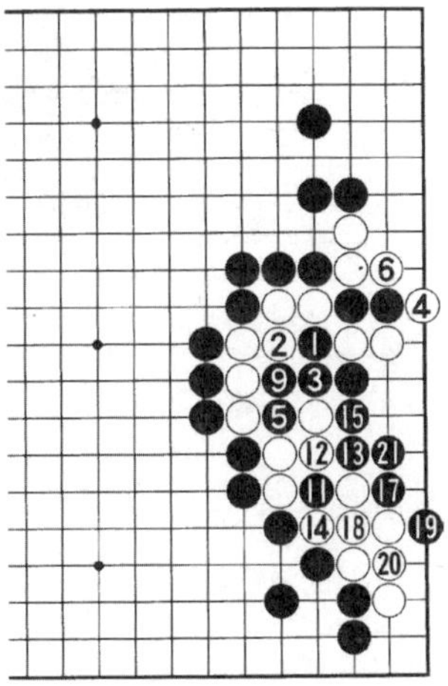

变

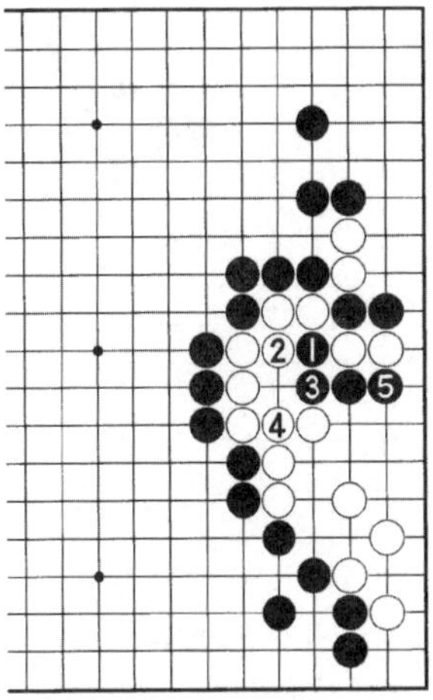

제19형 흑번

## 훌륭함

노리는 것은 자충. 이렇게 말하면 알 수 있다. 첫 수는 알기 쉽지만 문제는 그 다음부터이다. 마지막까지 확실하게 읽어낸다면 훌륭하다.

## 흑 승

흑1, 3은 당연. 그리고 이하 백10까지 진행되었을 때 흑11을 발견했을지 아닐지. 결국 21까지 수상전은 흑이 승리한다.

※❼→⑥의 왼쪽 아래, ⑧→⑥의 아래(따냄), ⑩→❶의 오른쪽 위, ⑯→⓫

## 저항의 여지가 없음

실전이라면 이런 진행이 될 것 같다. 하지만 흑5로 백 2점을 제압해서 명백히 흑이 좋다. 백에는 저항할 여지가 없다. 더욱 흑1로 3은 백1로 수가 나지 않는다.

(641)

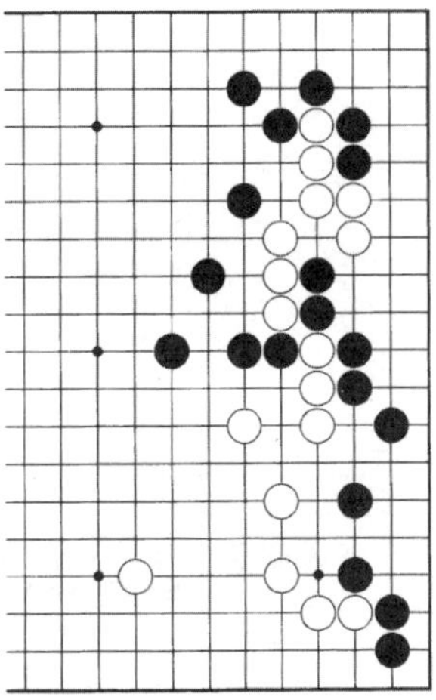

解

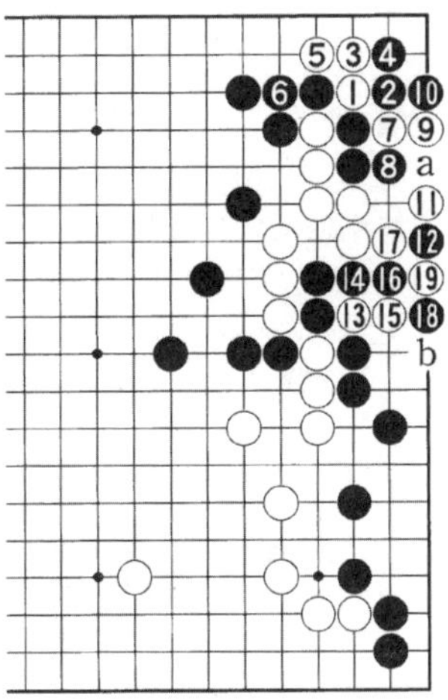

变

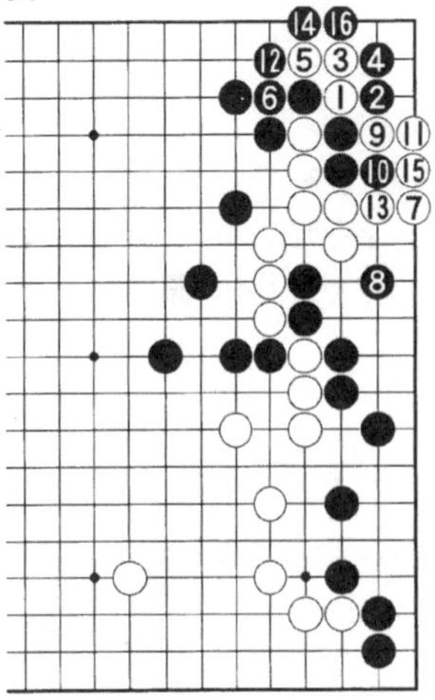

제20형 백번

## 생명줄

우상의 백 8점은 흑에 포위되어 있으나 귀가 우변의 한쪽을 무너뜨리고 생환할 수 있다. 우상과 중앙을 연관시키는 맥이 생명줄이다.

## 패

백1로 귀를 끊으면 흑은 2, 4로 잡을 수밖에 없다. 백7, 9부터 흑12까지 활용한다. 백13부터는 중앙의 2점을 활용하여 위아래를 연결시키고 백19로 잡아 a와 b를 맞보기로 한다.

## 실패

백7로 먼저 뛰면 흑8로 아래쪽을 지켜서 실패한다.

백9로 끊고 15까지 백 3점을 잡아도 한 집뿐이다. 7의 한 수가 놀고 있다.

(642)

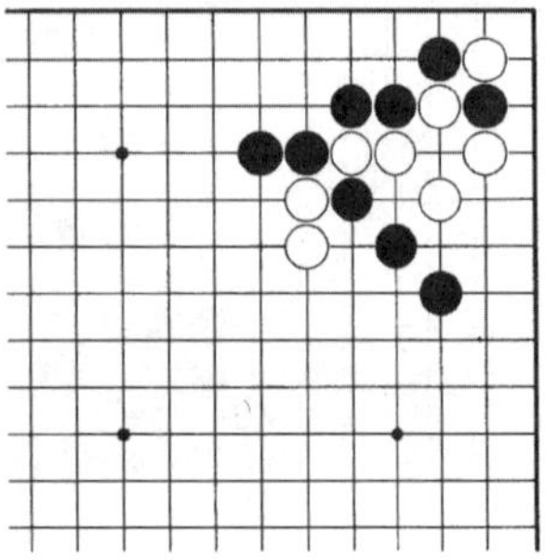

解

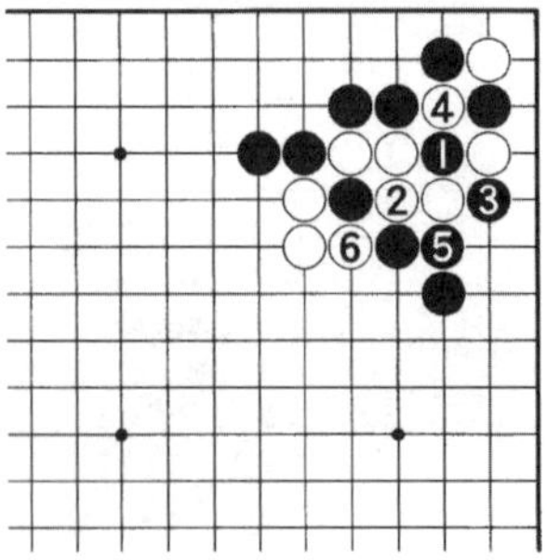

失

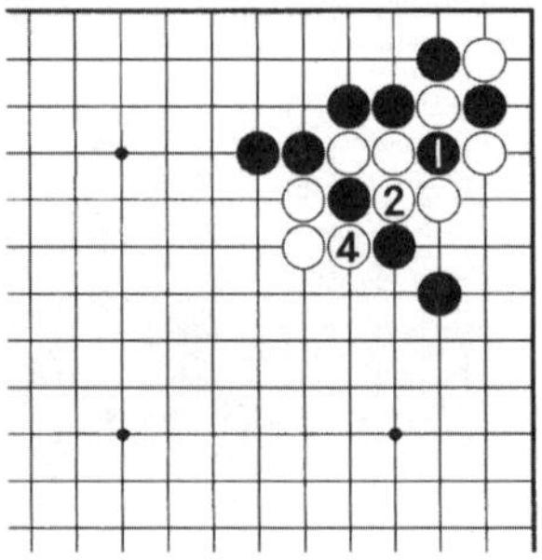

제1형 흑번

### 추격

우상의 백은 패로 수습하려한다. 팻감이 유리하다면 흑은 어떻게 백을 추격해야 할까?

### 포도송이

흑1에 백2로 이으면 흑3으로 끊는 것부터 5가 냉엄한 공격이다. 흑7 이후 백이 4점을 이으면 포도송이 모양이 된다. ※❼→❶

### 흑 불리

백2 이후 흑3으로 잇는 것은 공격이 약하다. 우변의 흑 2점이 백에게 분단해 반대로 백에게 공격당한다. ※❸→❶의 위

(643)

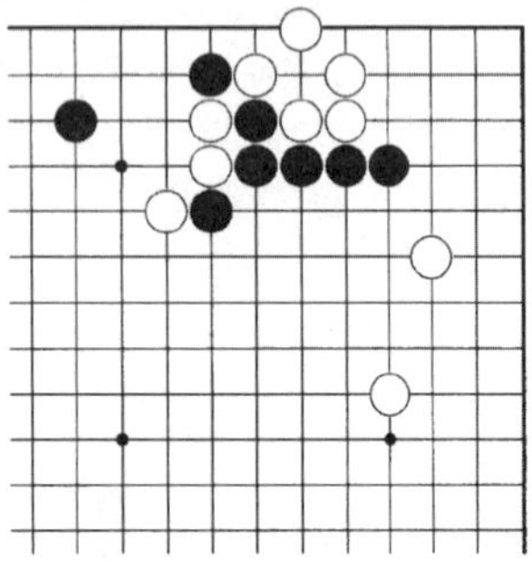

解

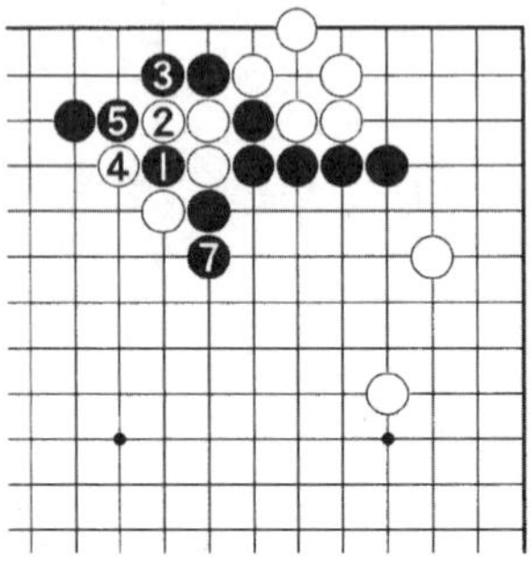

失

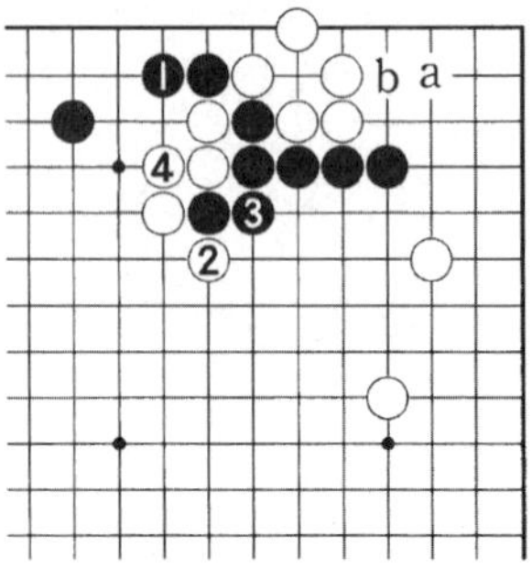


제2형 흑번

### 반격

상변을 파괴한 백이 우상의 흑을 공격하려 한다. 흑에게도 유력한 반격 수단이 있다.

### 흑 유리

흑1로 끊고 백2, 흑3으로 공격이 냉엄하다. 백4, 흑5로 백은 포도송이가 된다. 흑7로 뻗어 우상을 강화하면 흑이 유리한 싸움이 된다. ※⑥→❶

### 모양이 무너지다

흑1로 밀어 백을 분단하면 백2로 두들겨 흑의 모양이 무너져 흑의 공격이 어려워진다. 더욱 귀는 흑a에 백b로 치받아 살 수 있는 모양이다.

(644)

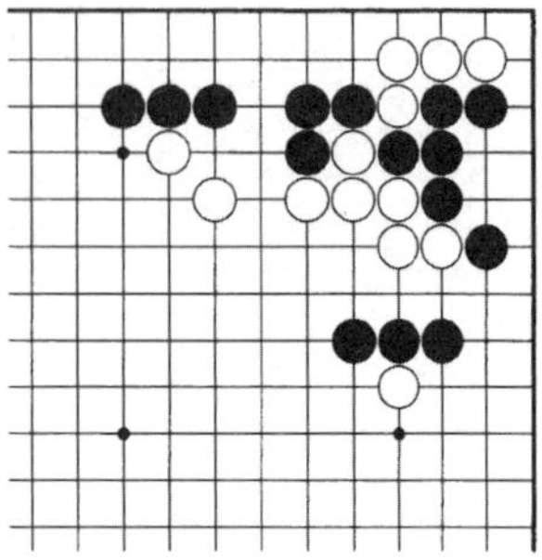

解

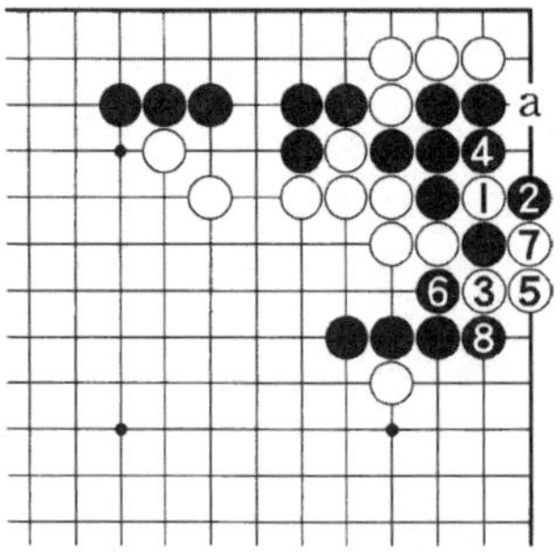


変

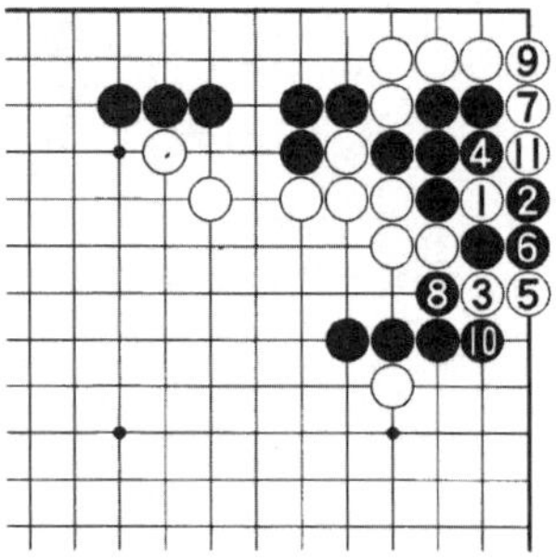

제3형 백번

### 연결

우상의 전투.
귀의 백을 살리는 것만으로는 충분하지 않다. 우상의 흑을 잡아 전체를 연결하는 연구가 필요하다.

### 패

백1로 끊는 수가 맥으로 흑의 공배를 메운다. 흑2로 잡으면 백5로 패가 난다. 백5로 6자리를 이으면 흑a로 실패한다. ※⑨→①(패)

### 촉촉수

흑6은 패를 방해하는 수이지만 백7로 눈을 빼앗겨 흑이 실패한다. 흑8, 10으로 백 2점을 잡아도 백11로 요석인 흑 6점이 촉촉수로 된다.

제1형 흑번

(645)

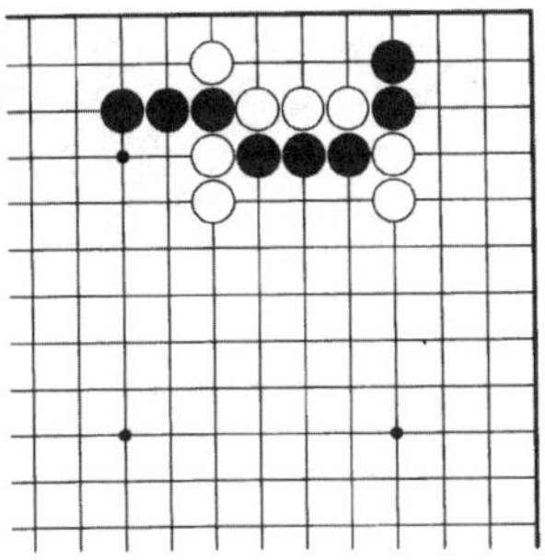

解

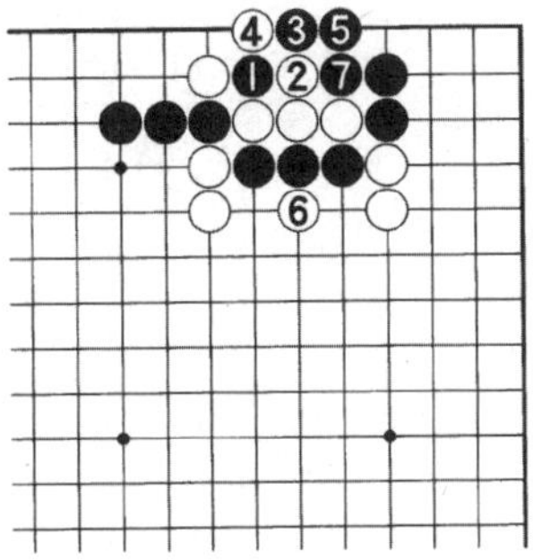

失

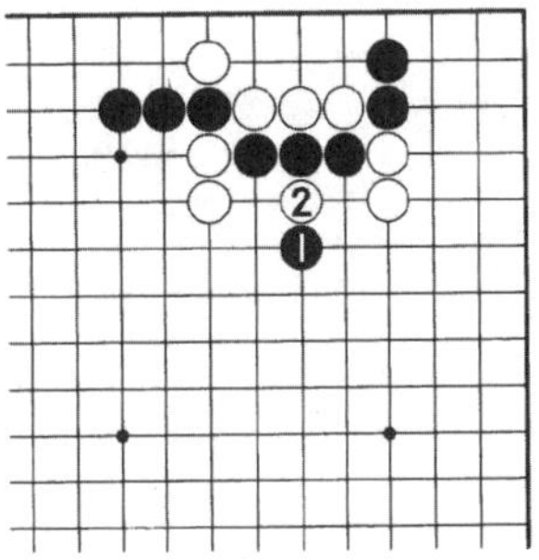

### 호리병
중앙의 흑 3점은 호리병 모양으로 도망칠 수 없는 돌이다. 상변의 백을 어떻게 공격하여 이길 수 있을까?

### 포도송이
흑1로 끊어 백의 공배를 메운다. 백2로 단수를 칠 수밖에 없고 흑3, 5로 상변부터 두어 백을 포도송이로 만든다. 흑7로 1수 이긴다.

### 흑 자멸
흑1로 탈출을 시도하면 백2로 끼워서 자멸한다. 흑은 자신이 공배를 메워 상변의 수상전도 패배한다.

제2형 백번

(646)

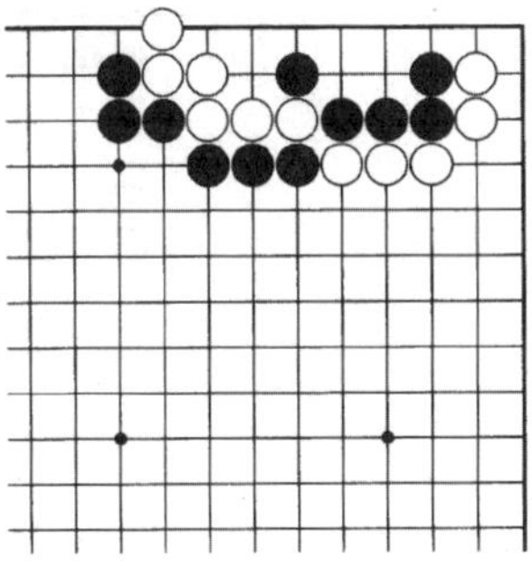

解

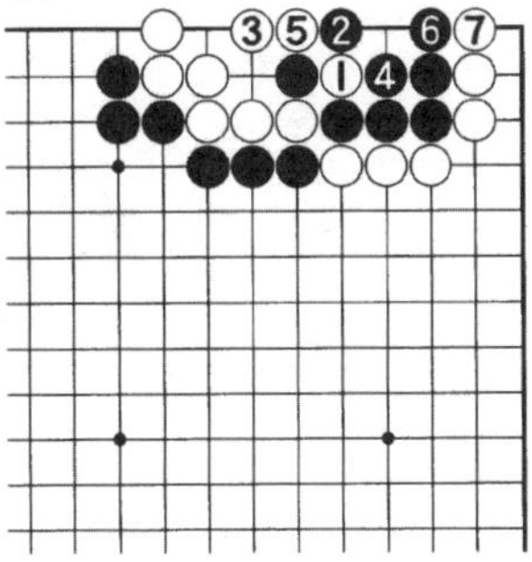

失

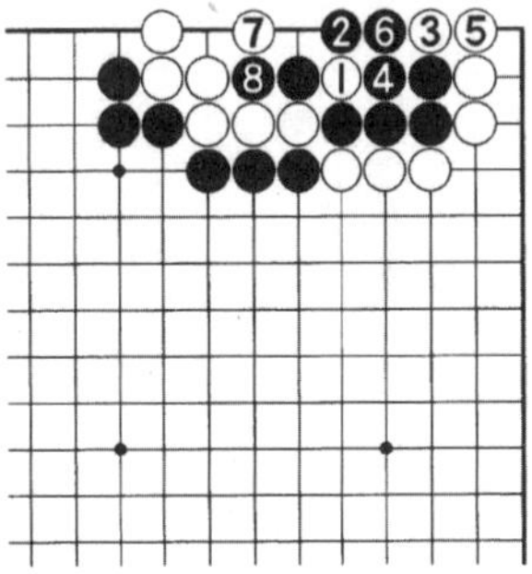

### 불리한 조건
상변의 수상전 문제.
백은 집이 없는 모양으로 조건은 불리하므로 빅을 만들면 성공이다.

### 빅
백1로 끊는 것은 흑의 자충을 유도하는 맥이다. 흑2로 껴안고 백3의 마늘모가 좋은 수가 된다. 흑4, 6으로 한 집을 내고 흑7로 막아 빅이 되는 모양이다.

### 유가무가
백3으로 단수치면 흑4로 따내서 실패한다. 백5와 흑6으로 공배를 메워도 백7에는 흑8로 두어 유가무가가 된다.

제3형 백번

(647)

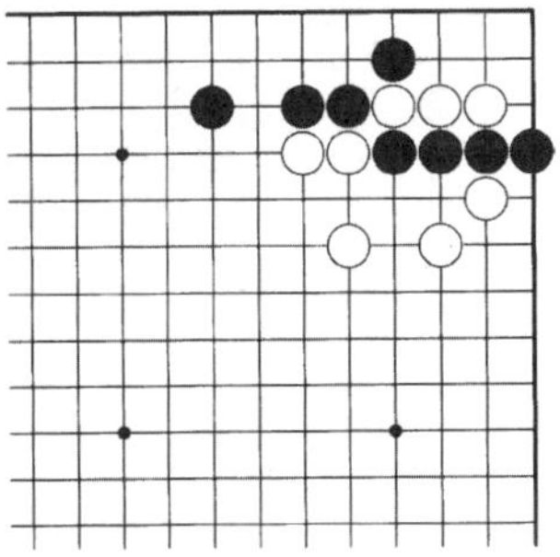

解

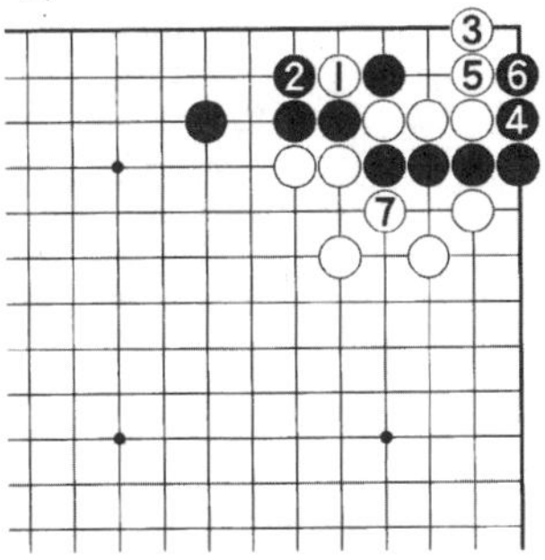

失

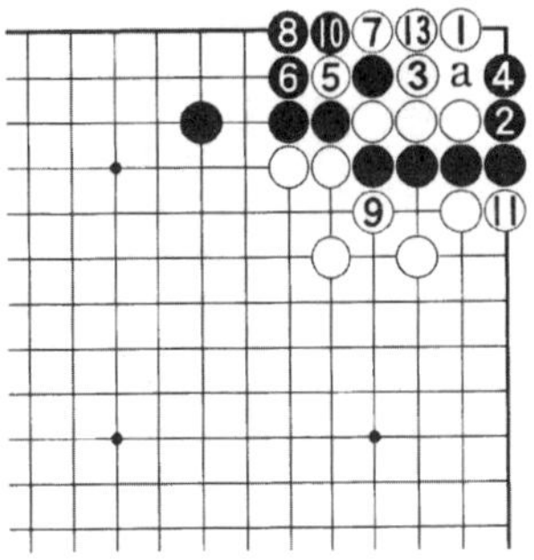

### 특성
우상귀의 수상전이 문제.
백은 흑의 공배를 직접 공격해도 잘 안 된다. 귀의 특성을 살려서 수를 늘려야 한다.

### 양자충
백1의 끊기는 흑을 자충으로 하는 맥이다. 흑2 이후 3의 뛰는 수는 2·1의 급소이다. 흑4, 6으로 공격해도 백7로 흑은 양자충이 된다.

### 패 또는 빅
백1로 뛰면 흑2로 공격하여 실패한다. 흑4로 귀에 두면 백13까지 패 또는 빅이 된다. 백3으로 a는 흑4, 백5, 흑 13.
※⓬→⑤의 오른쪽(패)

(648)

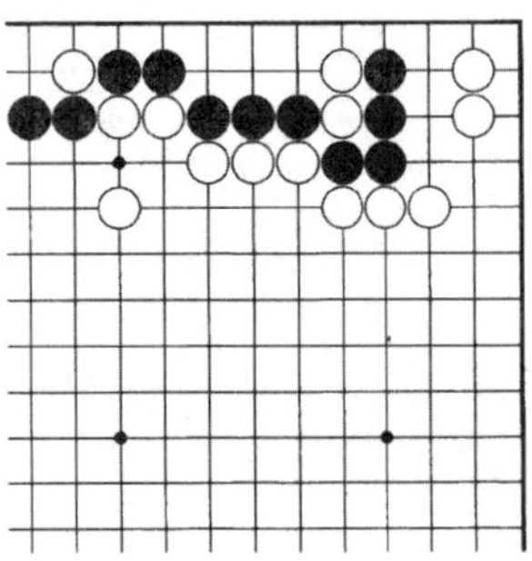

解

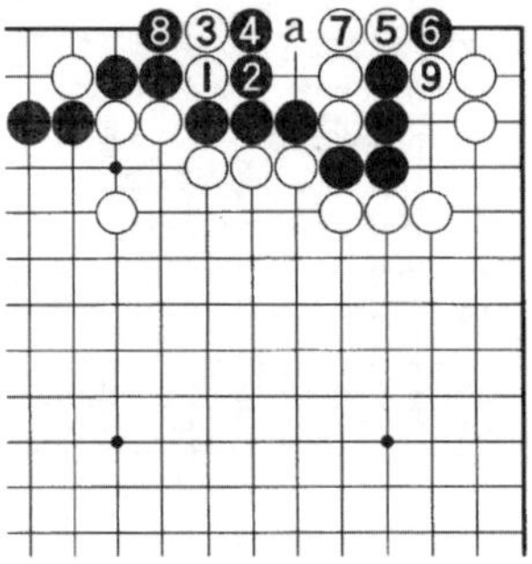

失

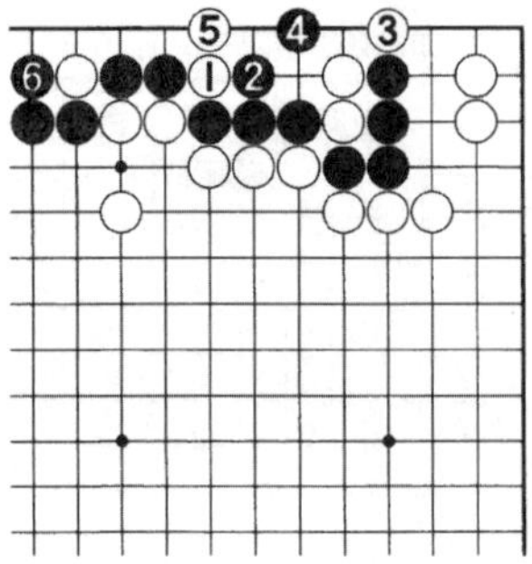

제4형 백번

### 수상전
우상의 흑은 4수이며 백 2점은 2수이다. 그러나 이런 수상전에도 백이 이길 수 있다.

### 승리
백1로 끊고 흑2, 백3으로 2점으로 버리는 맥을 활용한다. 흑4 이후 백5, 7로 젖혀 이어 흑a로 둘 수 없는 모양이다. 백9까지 수상전에서 승리한다.

### 수순전후
백3으로 먼저 젖히면 흑4의 마늘모가 묘수로 백이 실패한다. 백5는 흑6. 백은 흑 4점을 단수칠 수 없다.

(649)

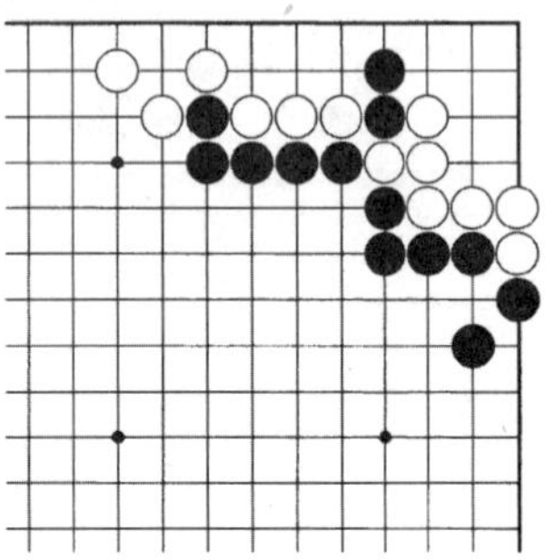

解

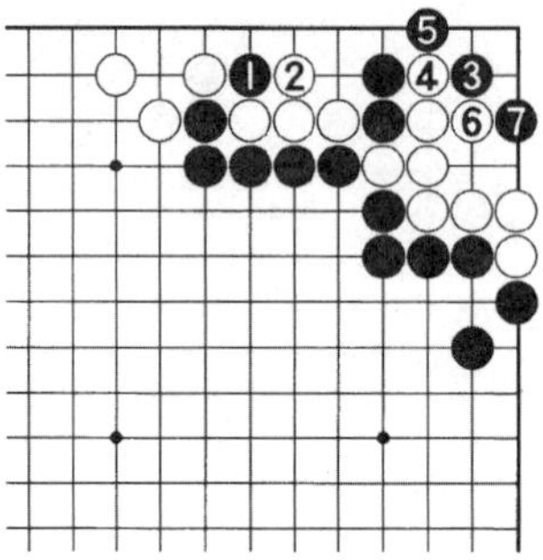

変

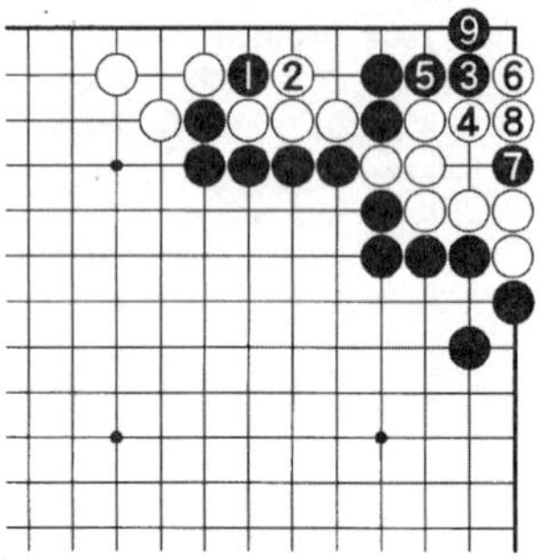

제5형 흑번

### 사전공작
수상전 문제.
귀의 흑 2점은 곧바로 공격하여도 촉촉수에 당한다. 상변에 사전공작을 하여야 한다.

### 흑 승
흑1로 끊는 것은 백을 자충으로 유도하는 맥이다. 백2로 받게 한 뒤 흑3으로 귀에 뛰어들어 7까지 귀를 잡는다.

### 흑 승
백4로 받으면 흑5로 잇는 것이 좋은 수이다. 백6 이후 흑7, 9로 수상전은 흑이 승리한다. 흑5로 8에 젖히면 백6으로 먹여쳐 패가 된다.

(650)

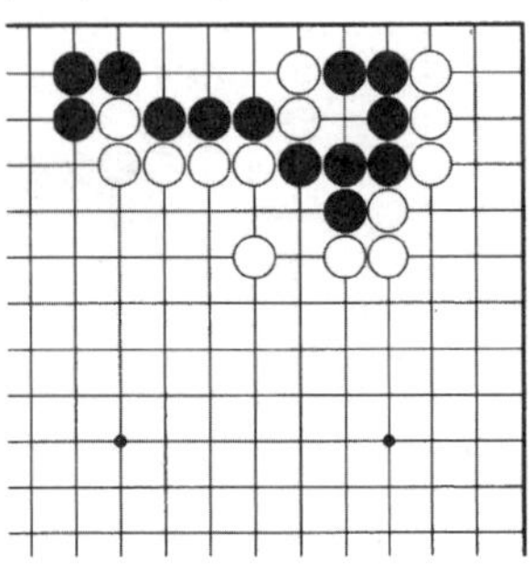

解

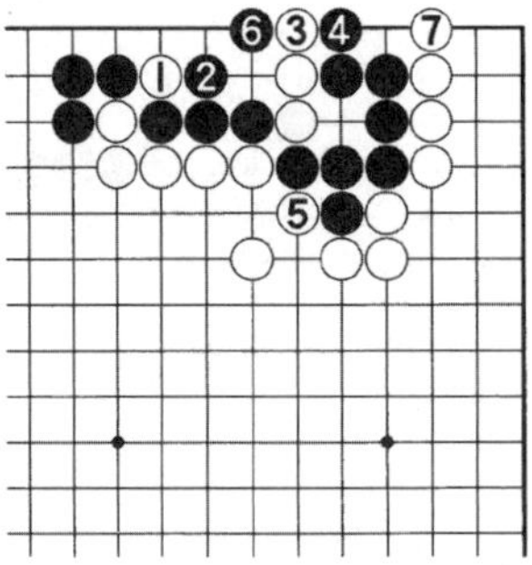

失

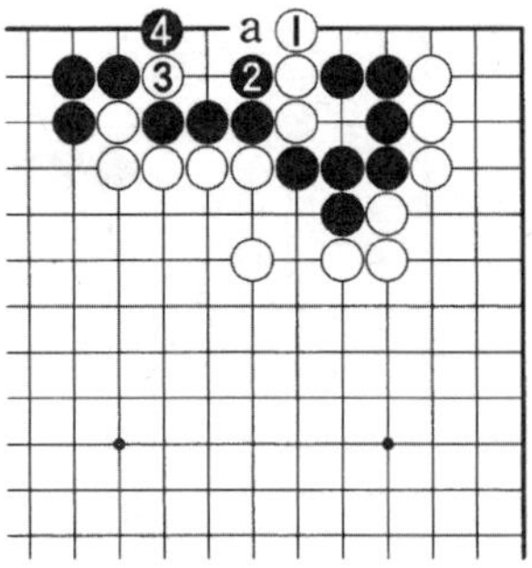

제6형 백번

### 수상전
상변의 백 2점을 수상전으로 부활시키는 문제. 백은 수를 늘리기 위해 흑의 자충을 이용한다.

### 양자충
백1로 끊는 수가 중요한 수순. 흑2로 받으면 흑의 공배가 메워진다. 백3으로 뻗고 5로 공격해서 흑은 양자충에 걸려 백7로 백이 승리한다.

### 수가 늦음
백1을 먼저 두면 흑2로 공격 당해서 안 된다. 백3의 끊는 수는 한 발 늦은 것이다. 흑4로 아래쪽에서 잡으면 흑a로 백을 공격할 수 있다.

**제7형 흑번**

(651)

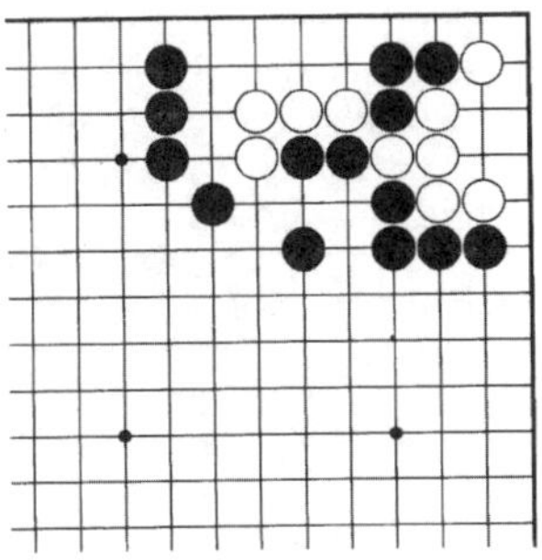

## 약점

귀의 흑 3점과 상변의 백 4점의 전투는 흑이 불리하다. 흑은 귀의 백에 주문을 넣어서 상변에 연결 한다.

解

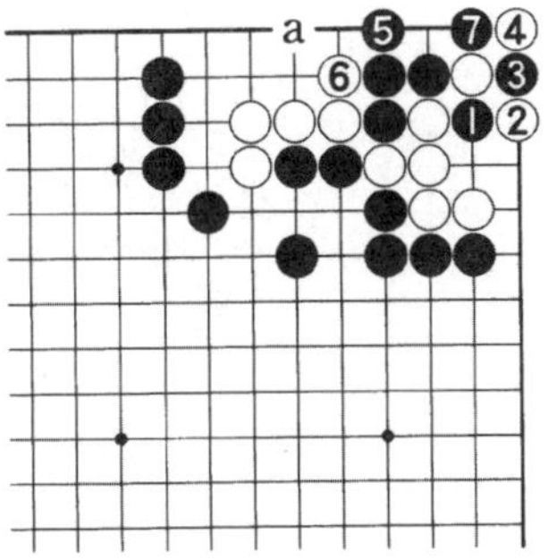

## 패

흑1의 끊는 수가 맥이다. 백2로 단수치면 흑3으로 먹여친다. 백4 이후 흑5로 늘어 a로 건너는 것을 본다. 백6이면 흑7로 먹여쳐서 패가 난다.

失

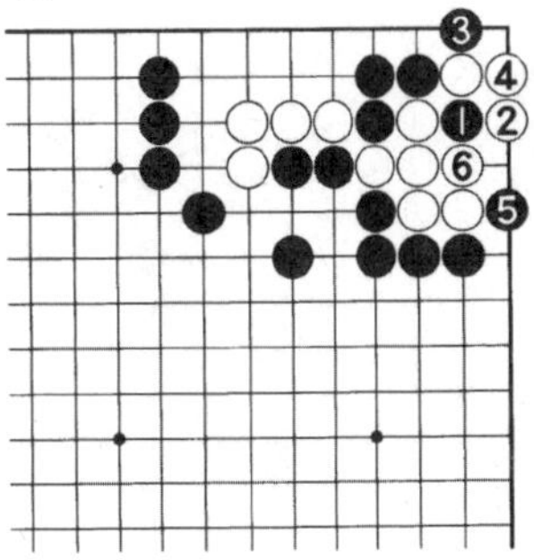

## 유가무가

흑3의 단수는 백4로 이어 그만이다. 백5로 귀에 집을 만들면 유가무가로 귀의 흑은 백을 공격 할 수 없다.

**제8형 흑번**

(652)

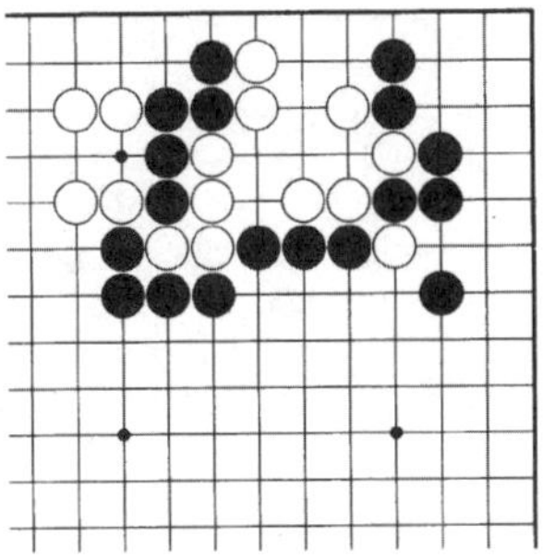

## 사석

상변의 수상전 문제.
흑은 3수밖에 없더라도 사석을 이용하면 승리 할 수 있다.

解

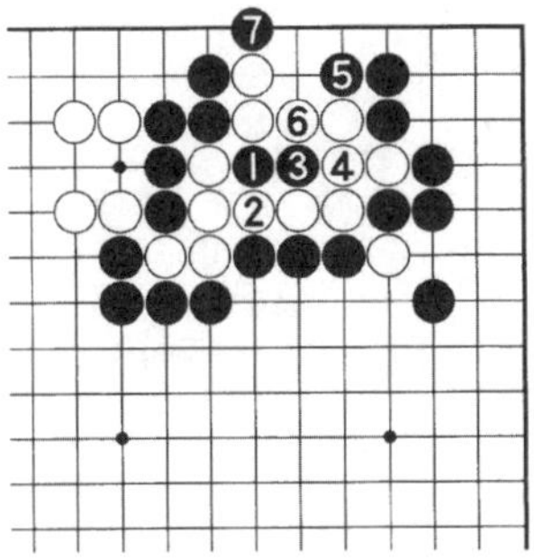

## 끊음

흑1로 끊는 수밖에 없다. 백2로 이으면 흑3으로 2점을 버리고 5로 단수를 활용한다. 흑7로 젖혀 수상전에서 흑이 승리한다.

失

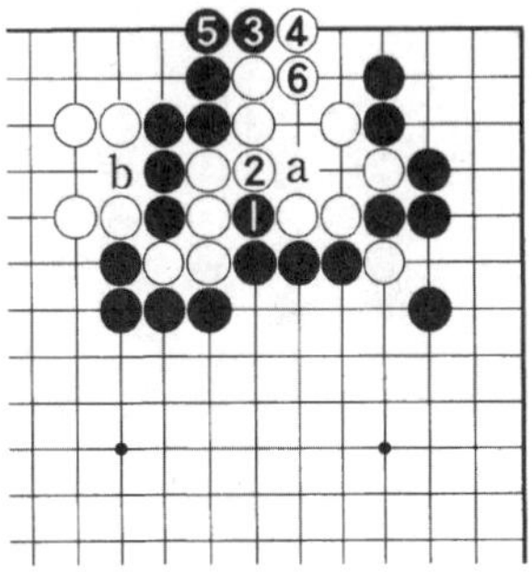

## 흑 잡힘

흑1로 나가버리는 것은 백2로 이어 실패한다. 백의 수는 4수가 되어 흑3, 5로 두어도 백6으로 받아서 그만이다. 흑a에는 백b.

**제9형 흑번**

(653)

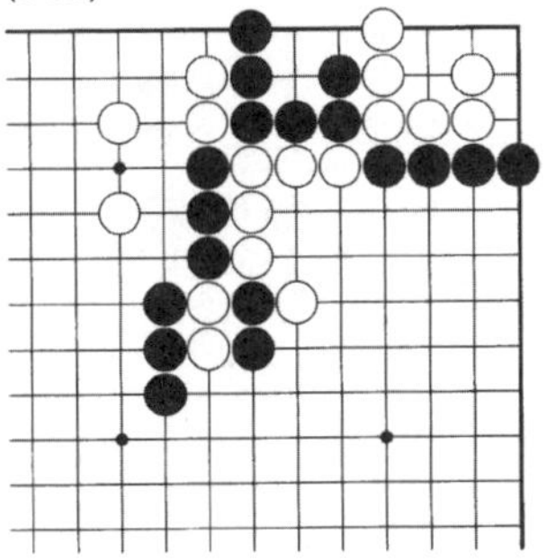

## 중앙을 잡다

상변의 흑은 집이 없다. 닮은 모양이지만 귀의 백은 살아있다. 흑은 중앙의 백의 5점을 공격하여 잡아야 한다.

解

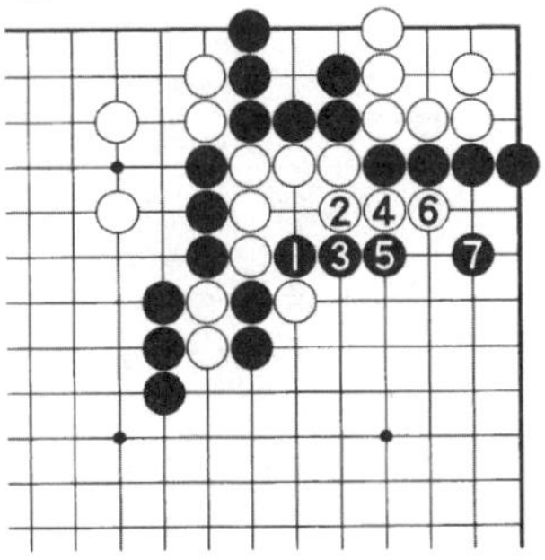

## 1수 승리

흑1로 끊는 것이 상용의 맥이다. 백2로 공배를 늘려도 흑3, 5로 뒤쫓아 흑7로 씌우면 백의 수는 3수가 된다. 흑이 한 수 차이로 이긴다.

変

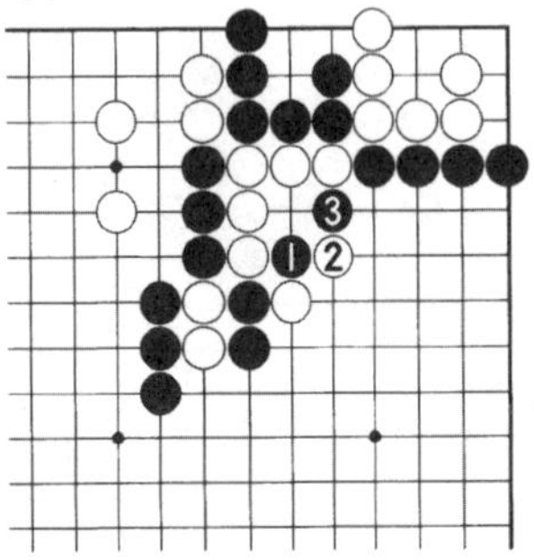

## 환격

백2로 단수치면 흑3으로 환격. 흑1로 2 또는 3 같은 수에는 백1로 이어 수가 늘어나 실패한다.

(654)

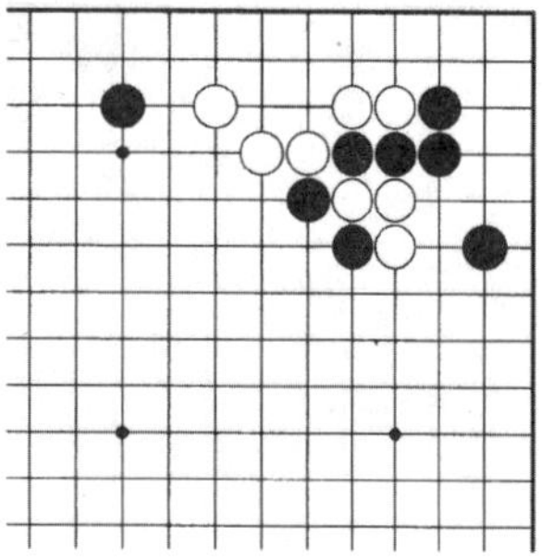

解

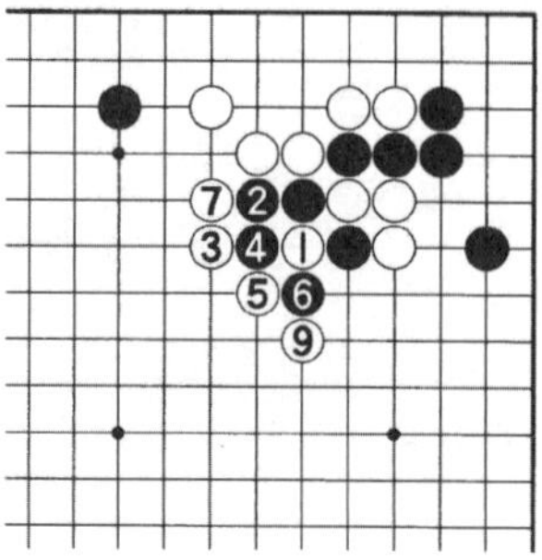

失

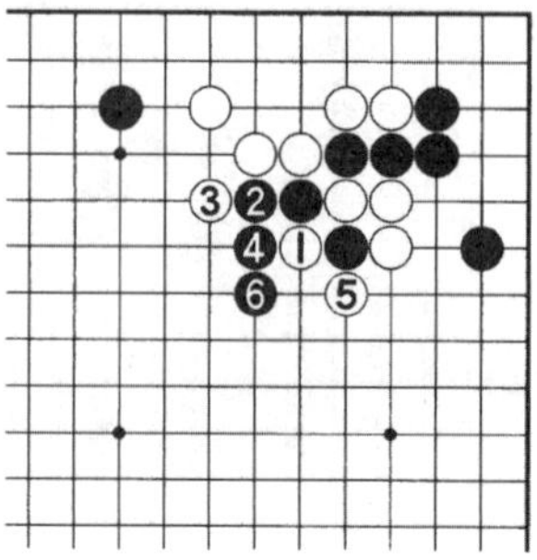

제1형 백번

### 요석

백을 끊고 있는 흑 2점은 어떻게 될까? 요석인 흑 1점을 잡으면 흑은 큰 성공을 거둔다.

### 축

백1로 끊고 흑2로 도망치면 흑3으로 씌우는 수가 냉엄한 공격의 맥이다. 흑4로 나가면 백5로 막고 7, 9로 축이 된다.

※❽→①

### 박력부족

백3의 단수는 박력이 부족하여 실패한다. 흑4로 도망쳐 축이 되지 않는다. 백5, 흑6으로 흑은 우변의 백을 노리는 강한 돌이 된다.

(655)

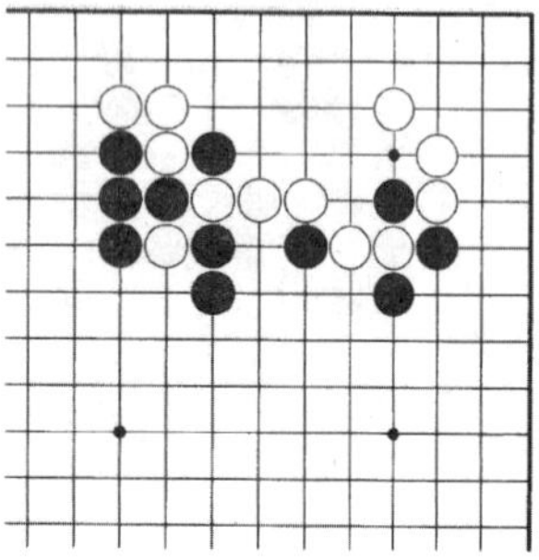

解

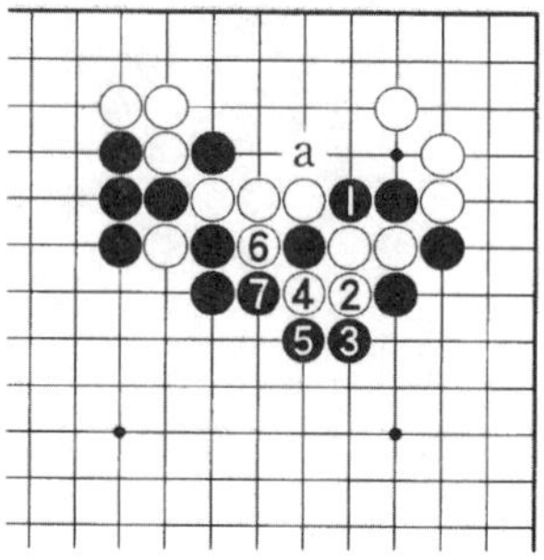

失

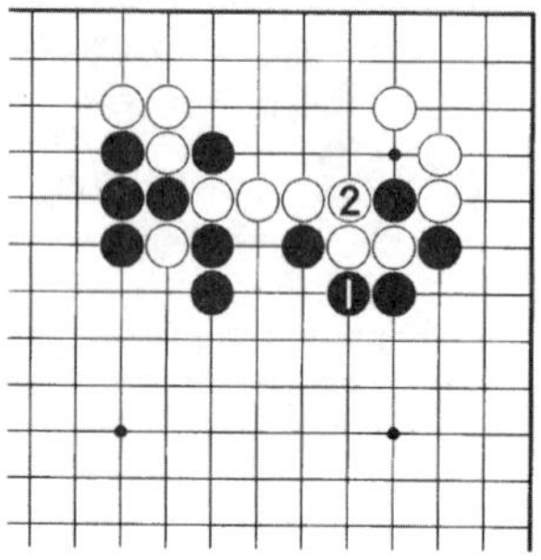

제2형 흑번

### 지워서 잡는다

중앙의 흑의 모양을 결정하는 문제. 백안에 있는 2점을 움직여서 백집의 일부를 지워서 잡는 것이 가능하다.

### 2점 잡기

흑1로 끊어 백 2점은 도망칠 수 없는 모양이다. 백2라면 흑3, 5로 몰아넣고 흑7 이후 흑a로 전멸을 본다. 백6으로 7은 흑6.

### 흑 불리

흑1의 단수는 간신히 찾아온 기회를 날려버린다. 백2로 이어 그만이다. 상변의 백집은 크게 굳지만 중앙의 흑은 약점이 많고 엷다.

(656)

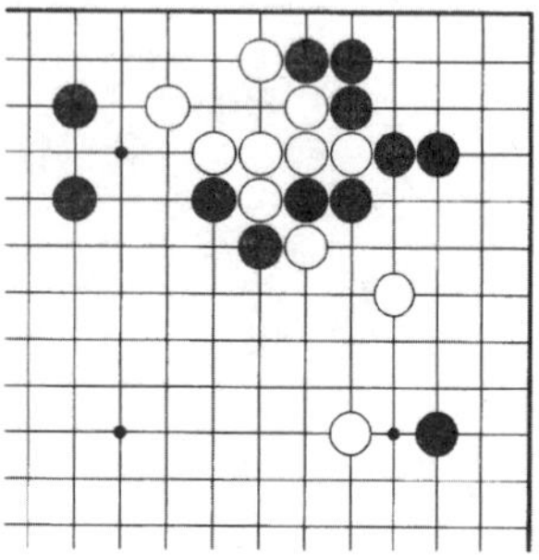

解

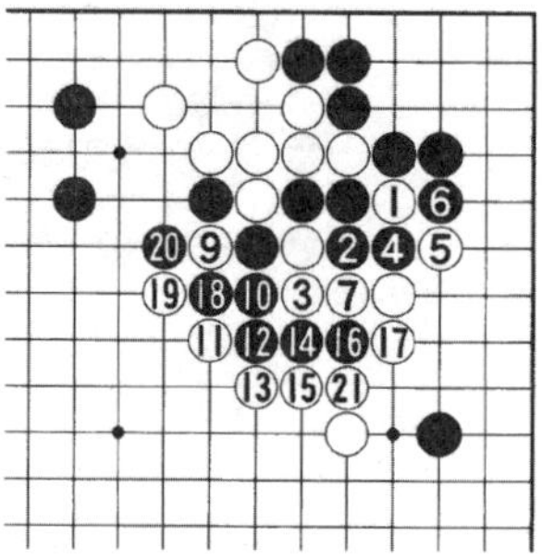

变

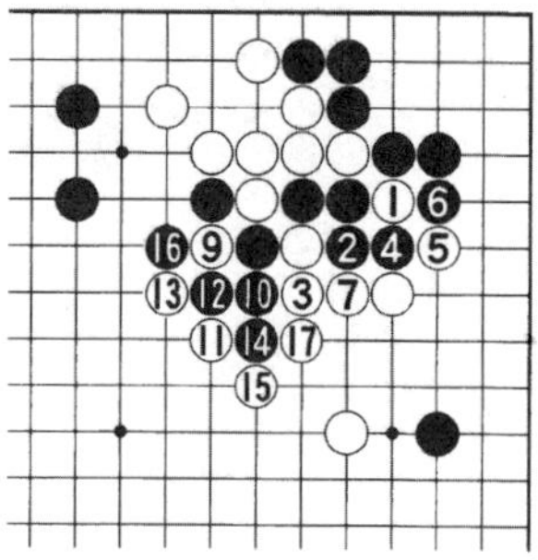

제3형 백번

### 흑을 잡다

우상의 백을 공격하고 있는 흑은 맛이 나쁜 모양이다. 백은 좌우 어느 한쪽의 흑을 잡을 수 있을까?

### 6점 잡기

백1로 끊어 흑 2점을 공격하여 흑8까지 조인다. 백9로 왼쪽을 공격하고 흑10으로 도망치면 백11부터 21까지 흑 6점이 떨어진다.

※❽→①

### 축

흑12로 바로 나가도 백13으로 막는 것은 변하지 않는다. 흑14, 백15로 축의 모양이다. 백17으로 흑의 요석은 살 수 없다.

※❽→①

**제4형 흑번**

(657)

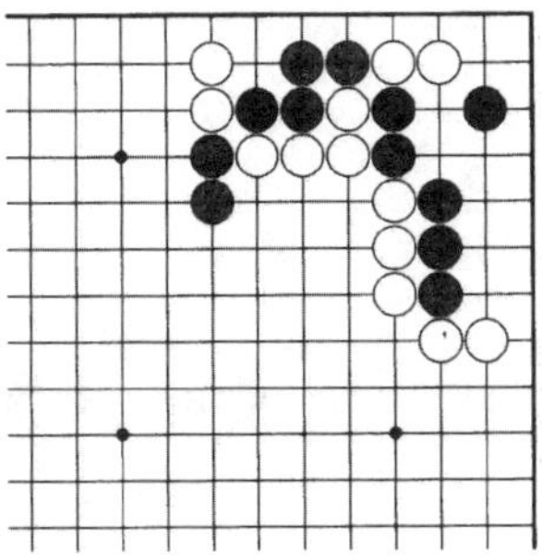

### 외길

중앙의 백을 잡고 상변의 흑 4점을 살리는 문제.
수는 30수도 걸리지만 외길이라 어렵지 않다.

解

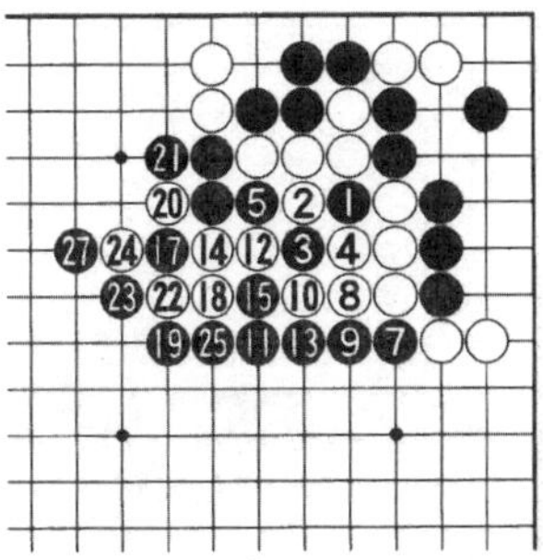

### 축

흑1로 끊고 3, 5로 조이고 흑11로 씌우는 수가 급소이다. 거기에 흑19도 씌워 백20부터 흑27로 축이 된다.

※⑥→❶, ⑯→❸, ㉖→⓱

失

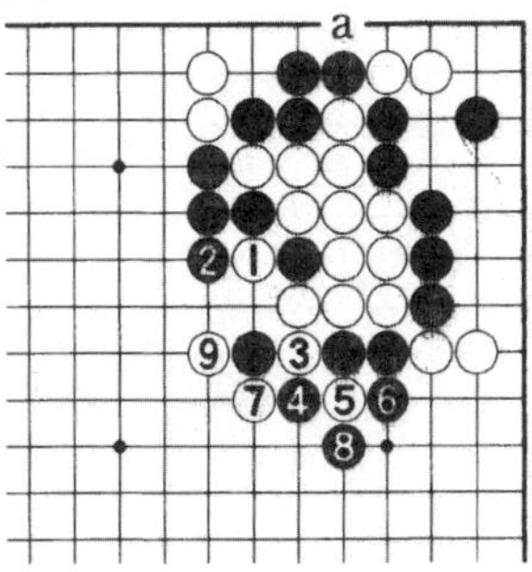

### 실패

흑1로 따내고 백2로 받으면 백의 공배가 비어 실패한다. 백3은 a도 좋지만 3부터 9로 밖으로 나가는 것도 가능하다.

**제5형 백번**

(658)

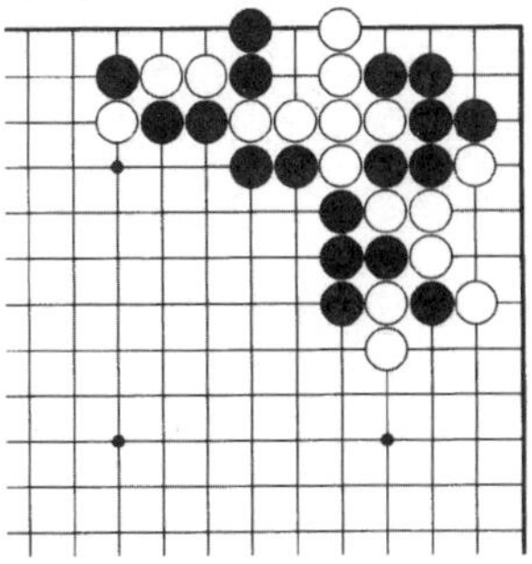

### 구출

상변으로 한정된 수상전은 흑이 유리하다. 백은 중앙에 있는 백의 약점을 추궁하여 상변의 7점을 구출하고 싶다.

解

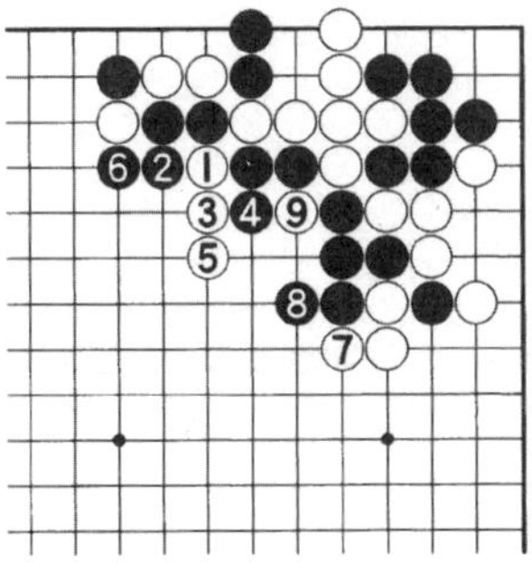

### 양쪽 노림

백1과 3으로 끊어 백6의 축과 9의 공격을 양 노림 한다. 흑4는 축을 막은 수지만 백7, 9로 중앙의 흑 3점은 살릴 수 없다.

失

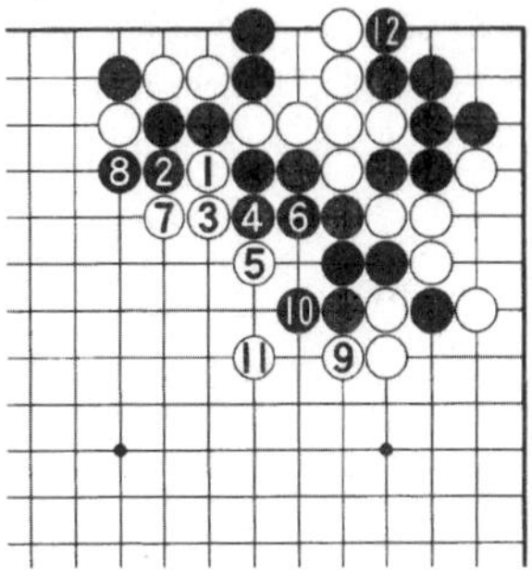

### 백 한 수 부족

백5로 단수치면 흑을 우형으로 만들지만 수가 늘어나서 실패한다. 백11 이후 흑12로 백이 한 수 부족하다.

**제6형 흑번**

(659)

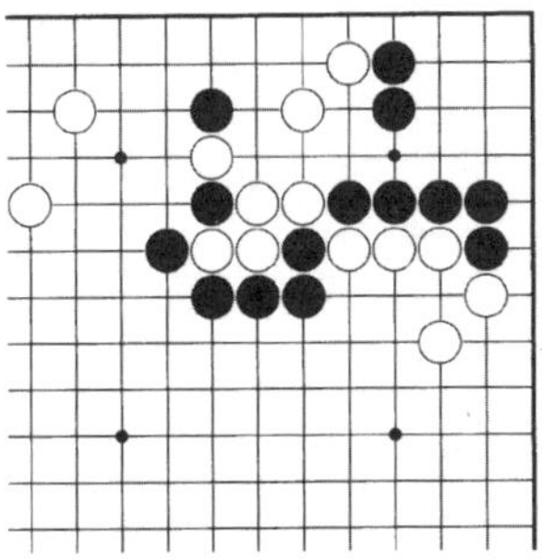

### 상변을 살리다

흑 1점이 단수 당했다. 하지만 흑이 살리고 싶은 것은 상변의 1점이다. 어디부터 시작하여야 할까?

解

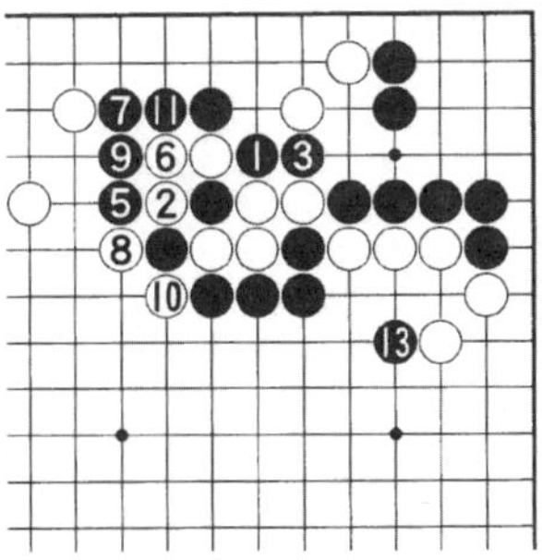

### 조이다

흑1로 끊고 3으로 조임부터 11까지는 외길이다. 흑은 선수로 상변의 백 2점을 잡고 중앙의 흑은 13으로 붙여 수습한다.

※④→②의 오른쪽, ⑫→⑩의 위

変

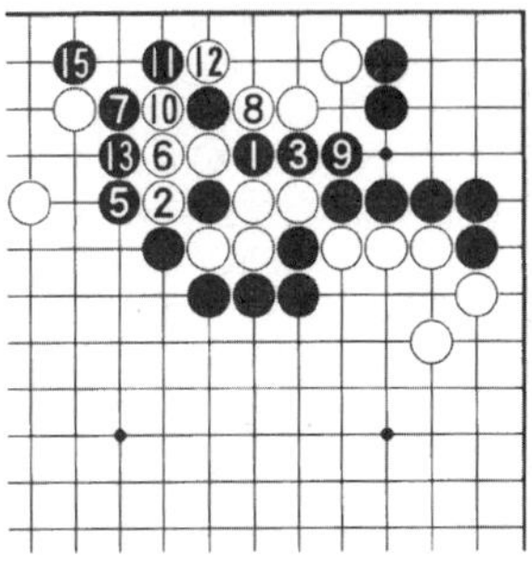

### 백 망함

흑7로 씌우면 백8, 10으로 상변으로 나가면 흑11부터 조인다. 흑15까지 백은 괴멸한다.

※④→②의 오른쪽, ⑭→⑫의 아래

제7형 흑번

(660)

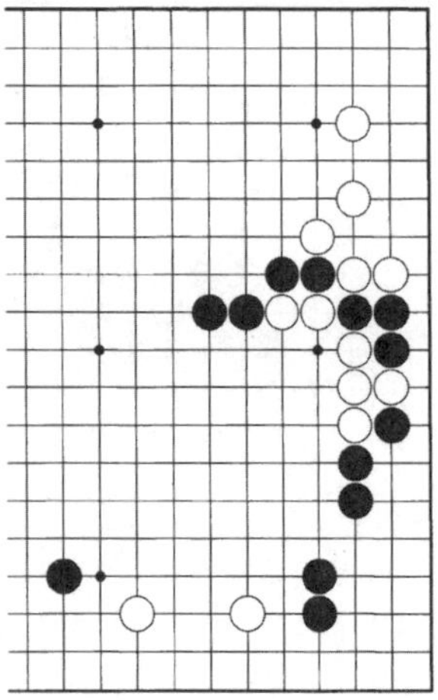

응급처치

우변의 전투.
흑 3점은 2수이다. 흑이 바깥의 백을 공격해서 잡고 흑 3점을 구하려면 응급처치로 축밖에 없다.

解

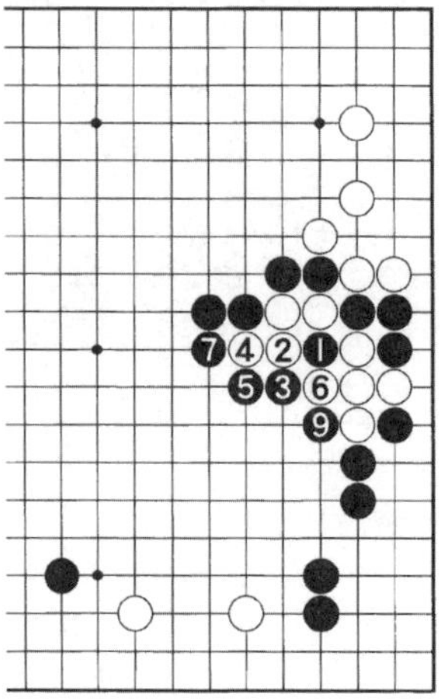

백 잡힘

흑1로 끊고 3의 단수가 냉엄한 맥이 된다. 백4로 도망쳐도 흑5로 쫓아 축 모양이다. 백은 6으로 따낼 수밖에 없다. 흑7의 단수로 우변의 백이 전멸한다.

※⑧→❶

失

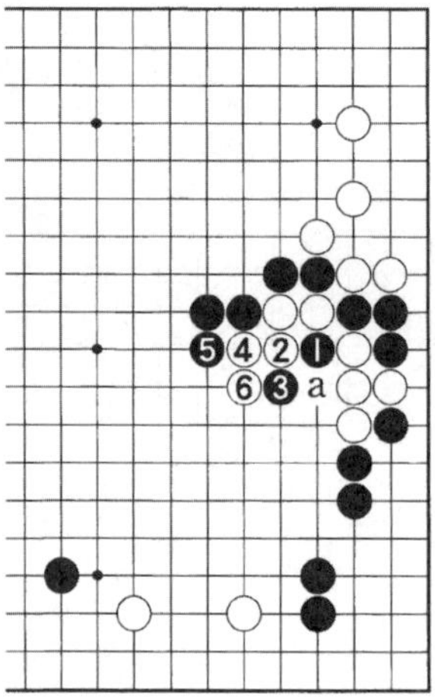

방향이 틀리다

흑1, 3은 좋으나 흑5의 단수는 큰일이다. 백6으로 도망치고 이후 백a로 따내면 흑3의 1점이 단수 당한다. 흑1로 2는 백1로 그만이다.

제8형 흑번

(661)

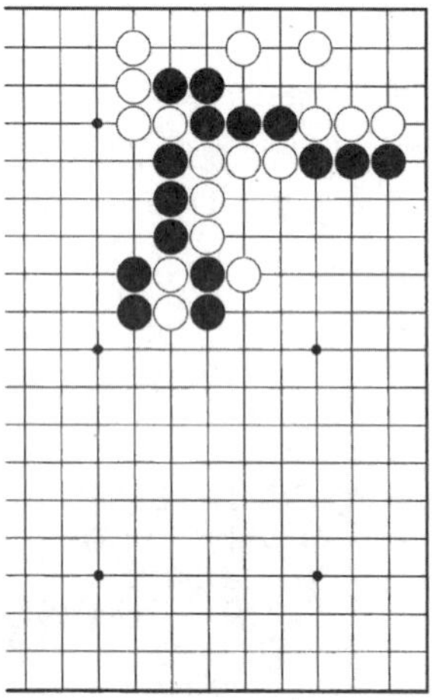

세 번의 씩움

흑을 분단하고 있는 백을 공격하여 상변의 흑 5점을 살리고 싶다. 수는 20수을 넘는 긴 수상전이지만 급소는 세 번의 씩움이다.

解

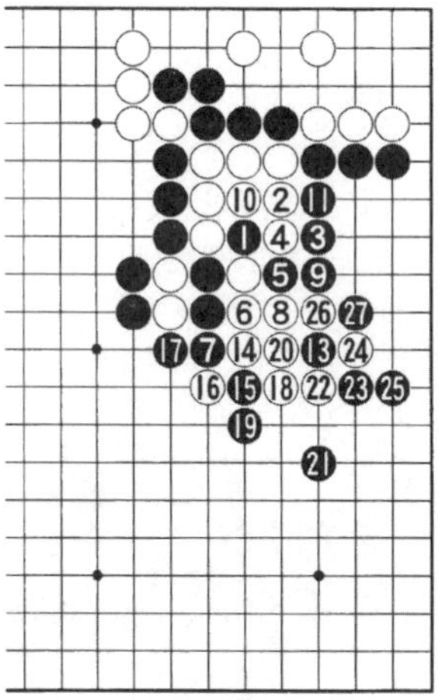

활로 3개

흑1로 끊을 수밖에 없다. 백2로 환격을 막고 흑3의 씩움이 제1의 급소. 백12로 이으면 흑13으로 씩우고 거기에 21로 입구자 씩움으로 최후의 일격을 가한다. 27까지 백의 수는 3수이다.

※⑫→❶

變

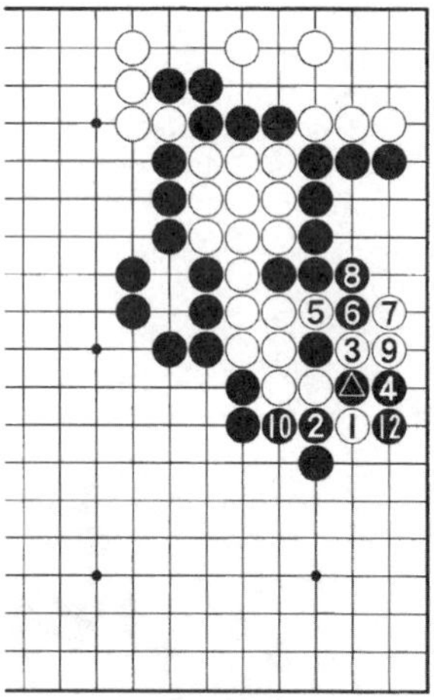

백 망함

흑▲의 젖힘에 백1로 젖혀 저항한다. 흑2로 끊어 가운데의 백이 자충된다. 백5에는 흑6으로 찝어 정해도와 똑같이 백의 수는 3수밖에 되지 않는다.

제9형 흑번

(662)

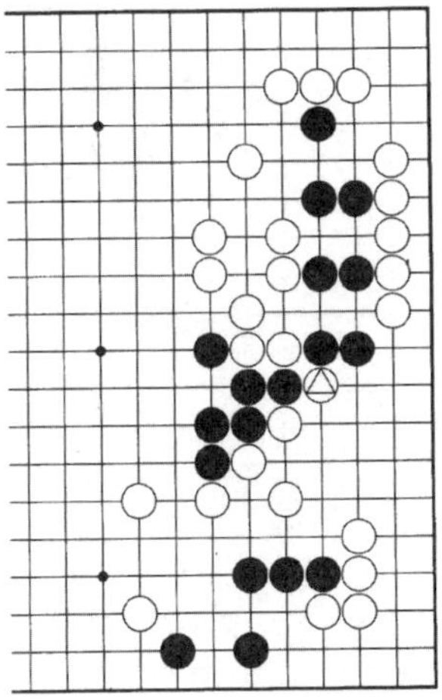

## 요석

우변의 전투.
우변과 중앙의 흑을 끊고 있는 백△ 1점이 요석이다. 흑이 요석을 공격하여 백이 도망치면 회돌이축으로 잡을 수 있다.

解

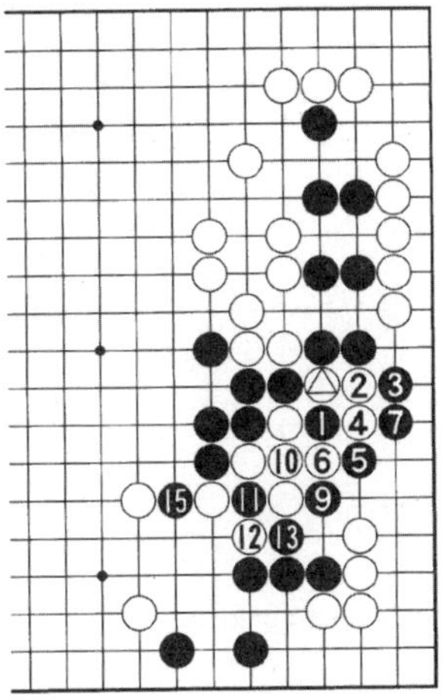

## 백 잡힘

흑1로 끊으면 백△ 1점은 살릴 수 없다. 백2로 도망치면 흑3, 5로 단수쳐서 백 3점을 몰아붙인다. 백6부터는 포도송이 모양으로 흑11로 먹여치고 15까지 축.

※⑧→❶, ⑭→⓫

变

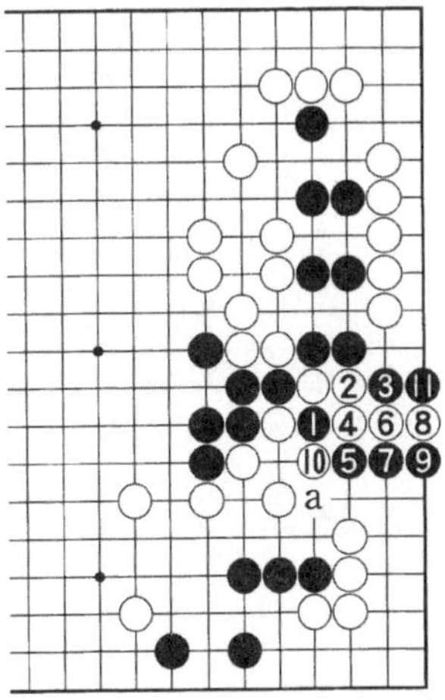

## 축

백6으로 우변으로 나가는 것도 안 좋다. 흑7, 9로 공배를 꽉 메우고 흑11로 단수쳐서 백이 1의 자리에 이으면 정해도와 같다. 흑a부터 시작하는 축이 성립한다.

끊음 따냄

제1형 흑번

(663)

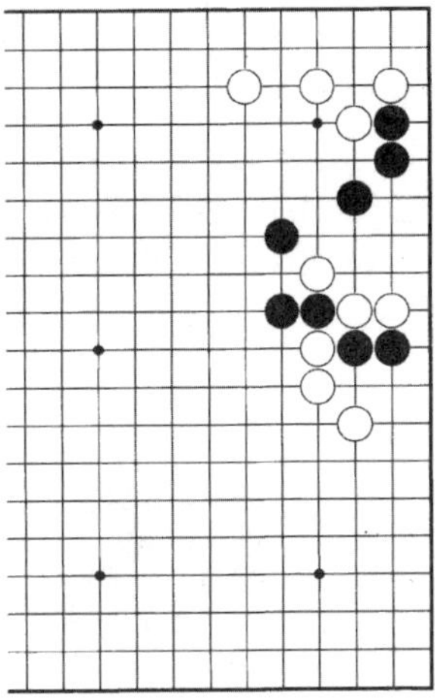

## 안정되다

우상의 흑을 안정된 모양으로 만들고 싶다. 상변의 백은 강력하고 우변도 흑 2점을 잡으면 강해진다. 흑이 중앙으로 도망가는 것은 희망이 없는 모양이 된다.

解

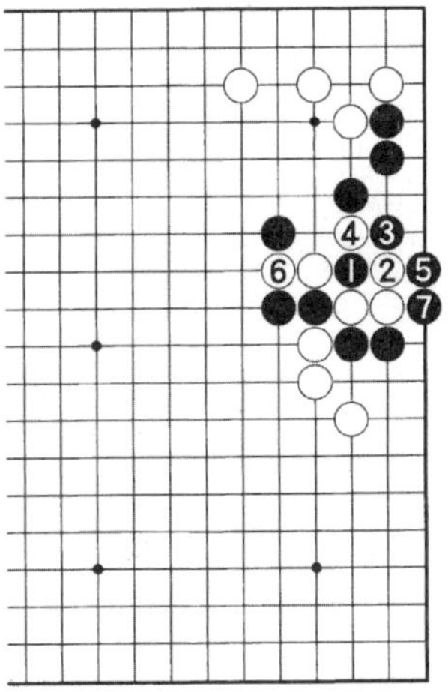

## 3점 잡기

흑1로 끊는 수가 맥이다. 백2로 단수치면 흑3으로 막아 1점을 버리고 5로 공격하면 백은 자충으로 3점을 살릴 수 없는 모양이다. 흑7로 단수치면 흑이 강한 돌로 바뀐다.

失

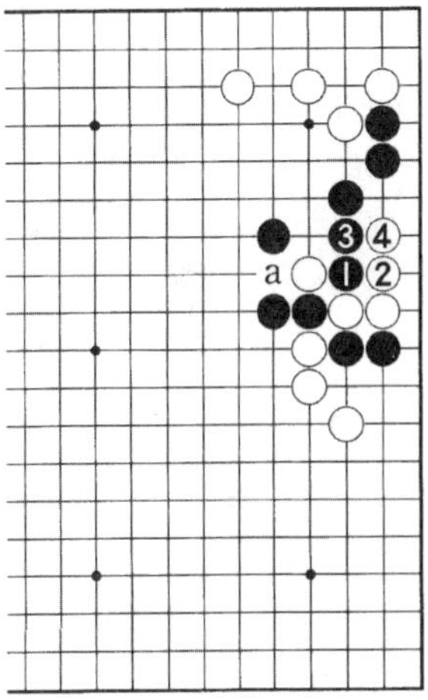

## 실패

흑3으로 잇는 것은 백4로 밀면 우변의 수가 늘어나 흑 2점이 잡히는 모양이 된다. 위쪽의 흑은 한 집뿐인 뜬 돌이다. 흑1로 a는 백4로 두어 한 집도 없어 방어가 되지 않는다.

(664)

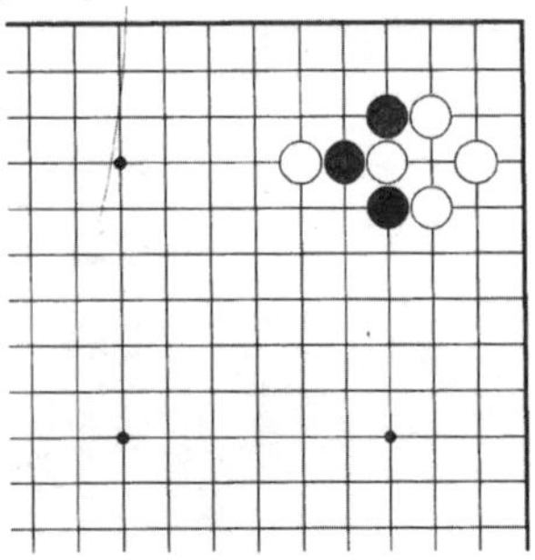

解

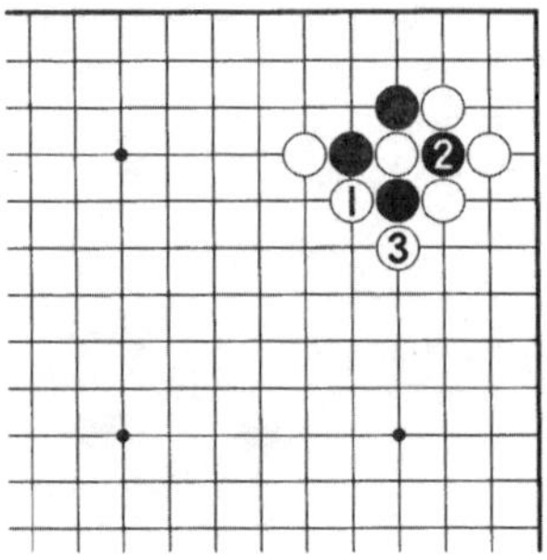

失

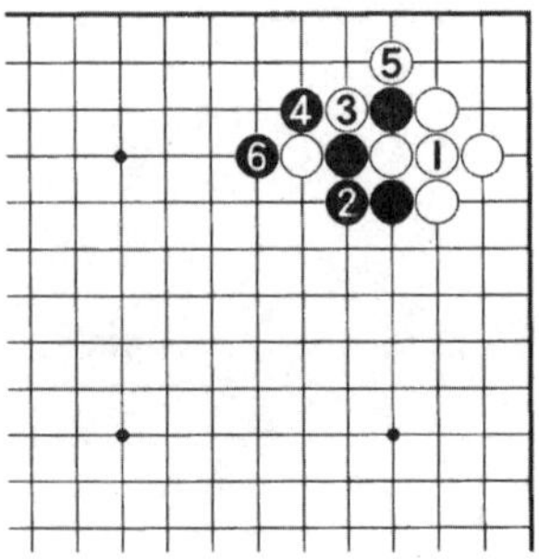

제2형 백번

## 결정짓다

모양을 결정하는 문제.
귀의 백은 흑에 단수를 맞아 패의 모양이지만 패처럼 보이지만 정말로 패가 될까? 안될까?

## 단수

백1로 바깥을 끊어 흑을 단수쳐서 좋다. 흑2로 따내면 백3으로 단수. 백이 포도송이 모양으로 이으면 축으로 몰려 전멸한다.

## 활용당하다

백1로 이으면 활용 당한다. 흑2로 바깥을 이어 모양이 되고 백3으로 끊으면 흑4, 6으로 백 1점을 축으로 잡아 두터워진다.

(665)

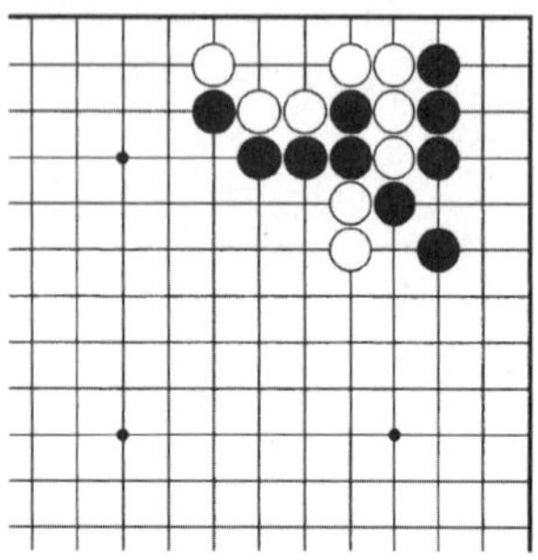

解

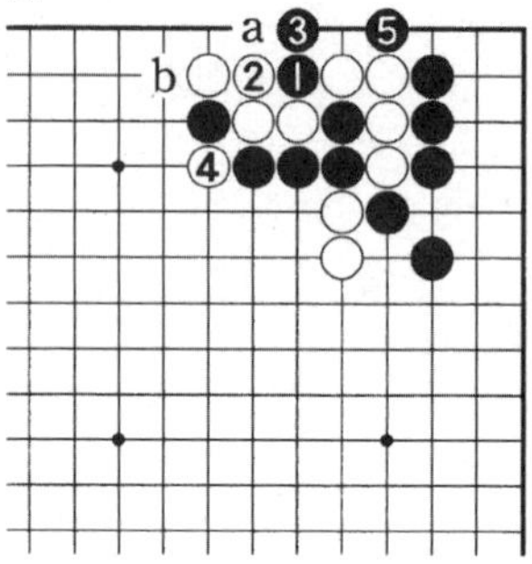

失

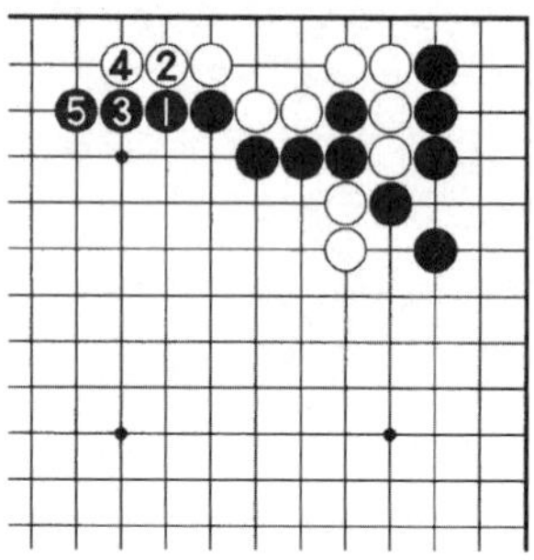

제3형 흑번

## 선제공격

중앙의 흑과 상변의 백 중 어느 쪽이 더 급할까? 선제공격을 하면 상대보다 유리해질 수 있다.

## 4점 잡기

흑1, 3의 선제공격이 냉엄하다. 백4로 중앙에 두면 흑5로 4점을 잡아서 성공이다. 백4로 a면, 흑b로 상변의 백은 전멸한다.

## 완착

흑1로 뻗는 것은 대 완착이다. 백2로 밀어서 상변이 살아간다. 흑3, 백4로 백은 선수로 살 수 있다. 중앙의 흑이 엷어서 백에게 공격 당할 수도 있다.

(666)

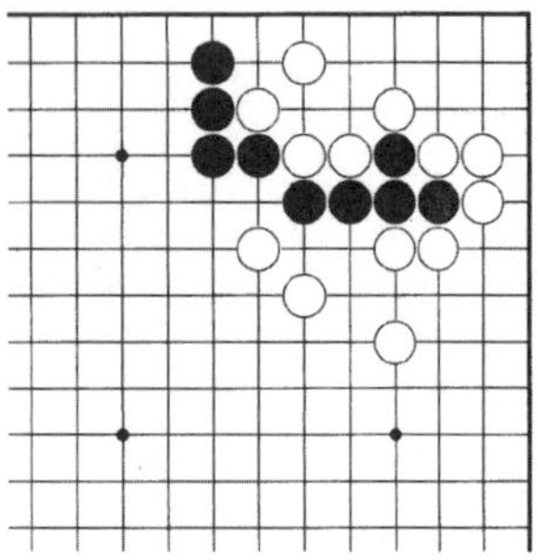

解

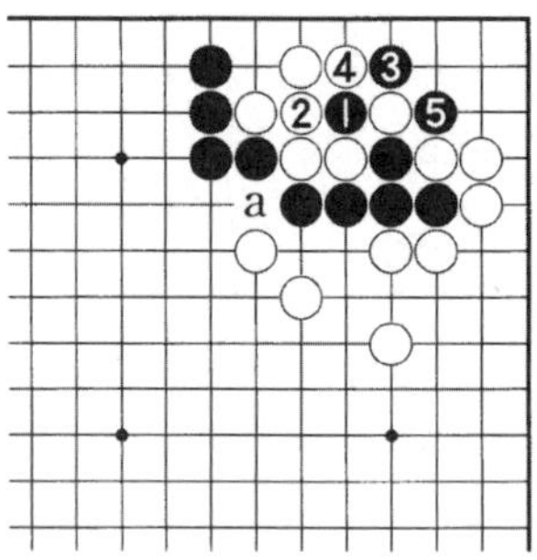

変

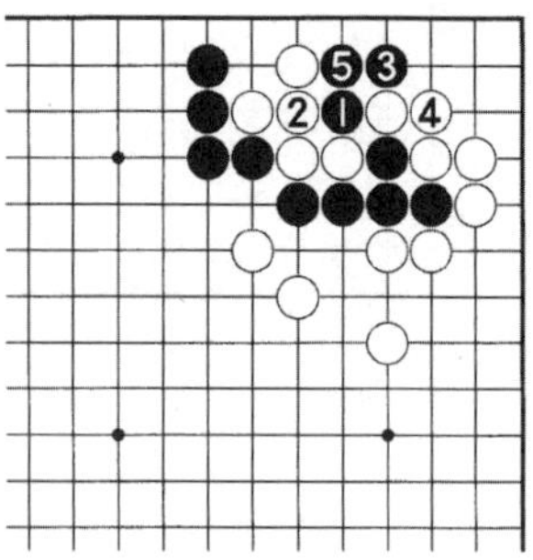

제4형 흑번

## 효과적

흑 5점을 살리는 것은 이으면 되지만 상변의 백을 잡으면 더 효과적으로 돌을 이용하는 것이 된다.

## 선수

흑1로 끊고 3으로 단수치는 맥이 냉엄하다. 백4로 따내면 흑5로 단수쳐서 패가 난다. 백이 1에 이으면 흑a로 잇는 수가 선수이다.

## 백 실패

백4로 잇는 것은 백의 실패다. 흑5로 이어 상변의 백은 2수밖에 없다. 흑은 중앙을 잇지 않고 백을 잡는다.

(667)

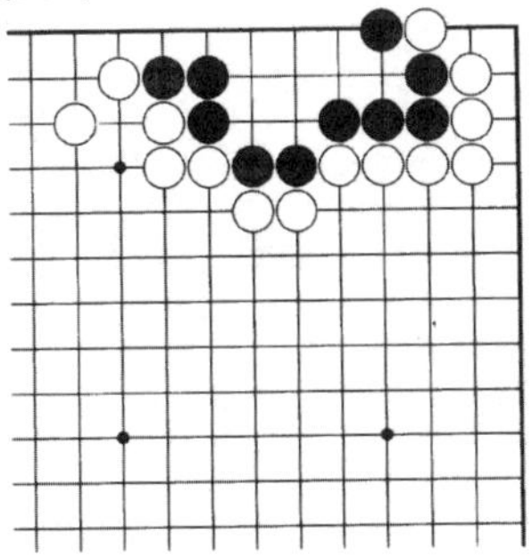

**제5형 백번**

## 공격

상변의 흑을 어떻게 공격해야 할까? 흑을 전멸시킬 수는 없지만 저항하면 생사에 관계된다.

解

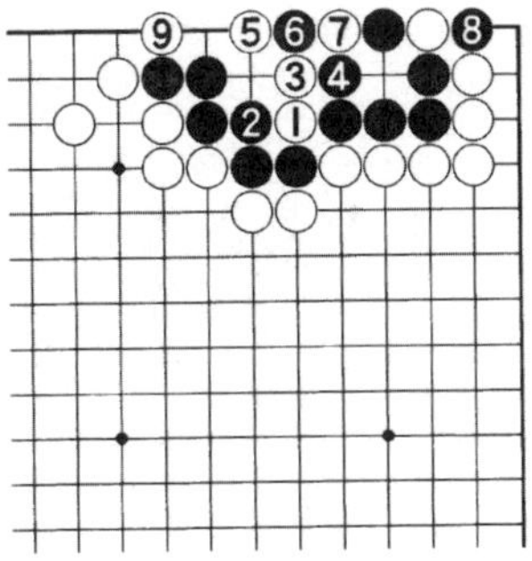

## 패

백1로 끊으면 흑은 응수하기 곤란하다. 흑2는 백3으로 뻗고 흑4로 집을 만든 뒤 백5의 입구자가 좋은 수이다. 흑10까지 패가 난다.

※❿→❻(패)

失

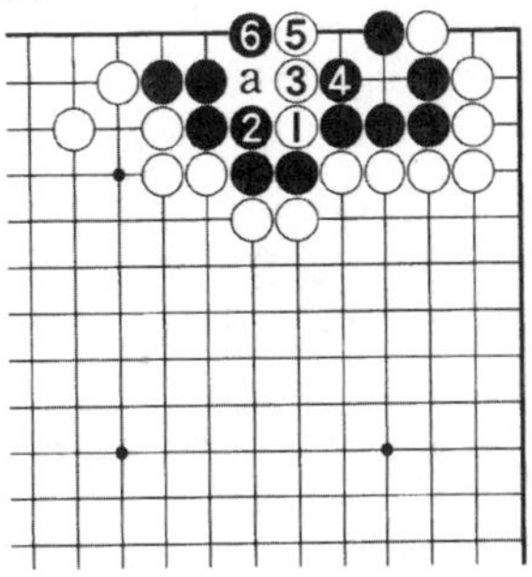

## 백 실패

백5의 뻗음은 실착. 흑6으로 입구자 붙여 백이 죽는다. 흑2로 3, 백2, 흑a까지 2점을 버리면 백은 충분하다.

(668)

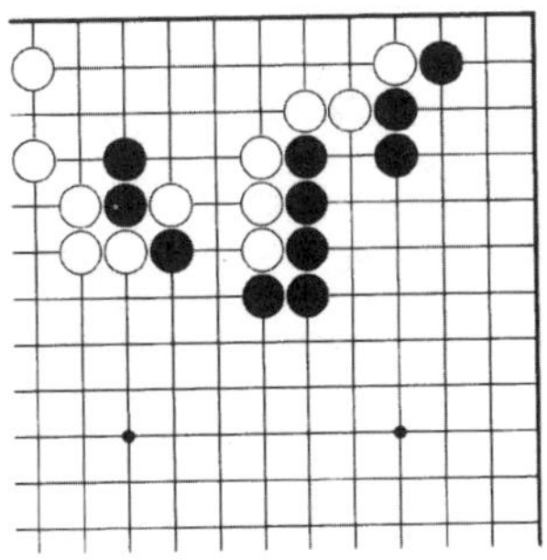

**제6형 흑번**

## 상변을 부수다

상변의 백집에 수를 내는 문제. 우상의 백 3점을 살리고자 하면 상변이 무너진다.

解

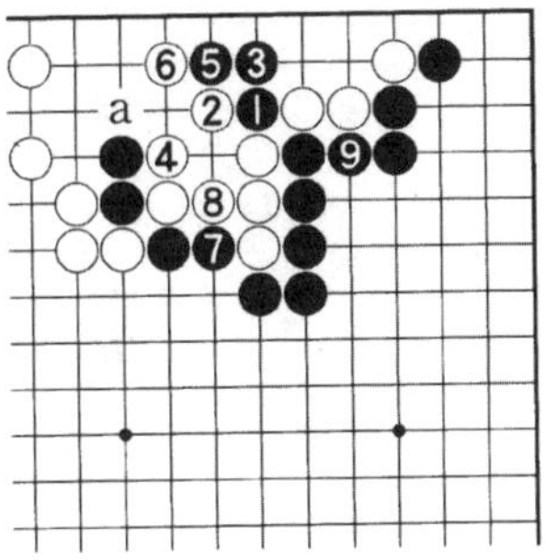

## 맥점

흑1로 끊는 수가 냉엄하다. 백2로 단수치고 4로 중앙을 지키면 흑5부터 9로 백 3점을 잡는다. 다음에 a가 남아서 흑의 선수이다.

変

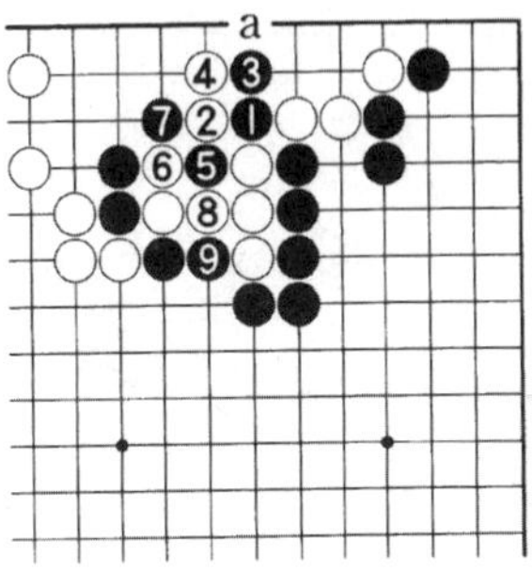

## 백 망함

백4로 막으면 흑5로 끊는 게 좋은 수다. 백6으로 나가면 흑7, 9로 축 축수의 모양이다. 백6으로 a는 흑8.

(669)

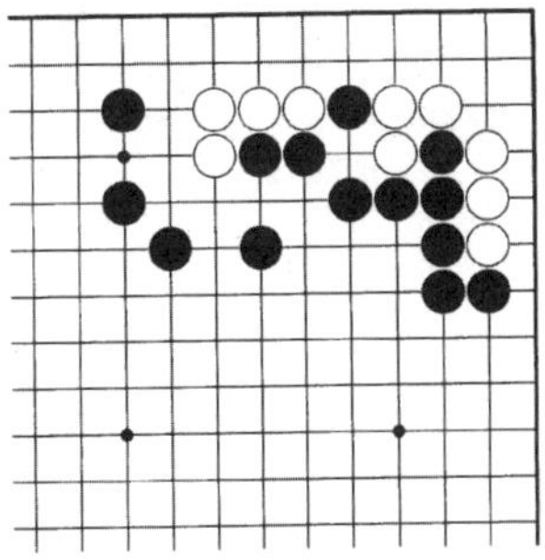

**제7형 흑번**

## 맛이 나쁘다

끊긴 모양은 공배가 메워져서 맛이 나쁘다. 흑은 귀에서 어떻게 수를 내야 할까?

解

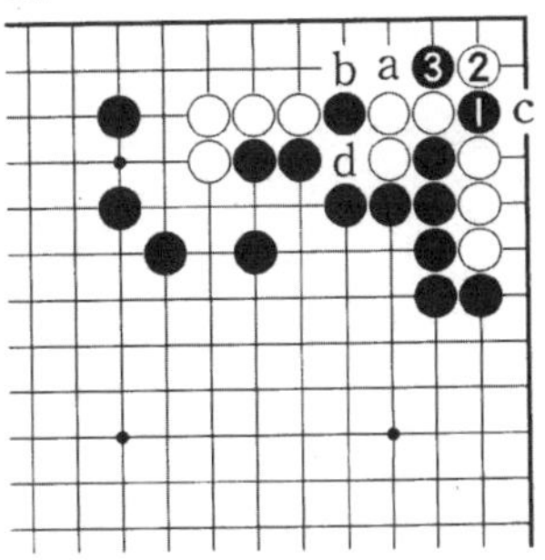

## 분단

흑1로 끊어서 백은 자충이 된다. 백2, 흑3으로 대응 수가 없는 모양이다. 백a는 흑b로 나가 상변을 분단한다. 백b는 흑a, 백c, 흑d.

変

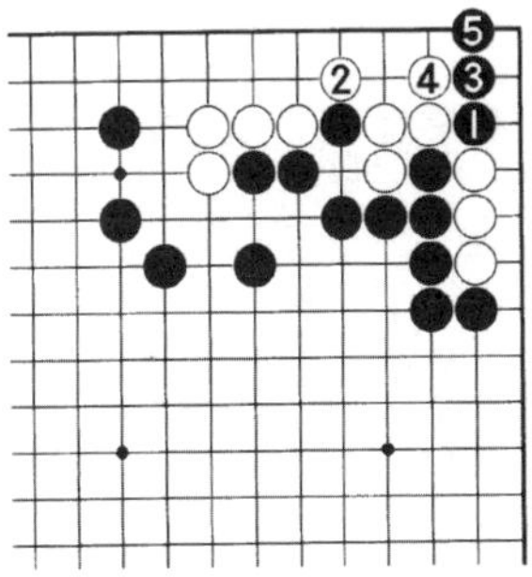

## 귀는 흑집

백2로 받으면 흑3으로 늘어서 우변의 백3점이 살수 없다. 흑5로 뻗어 수상전은 흑이 승리한다. 귀는 흑집이 되었다.

(670)

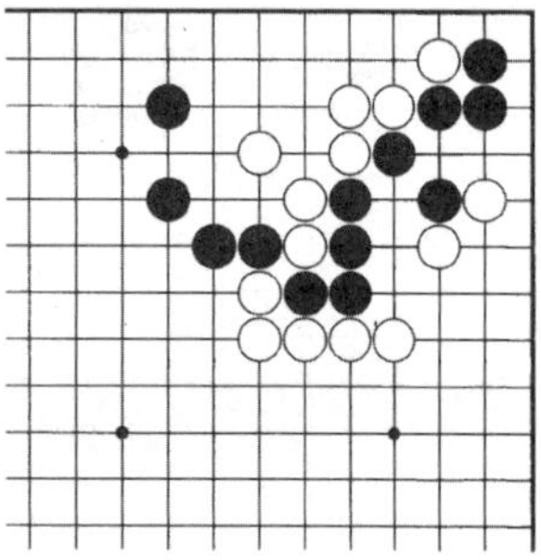

解

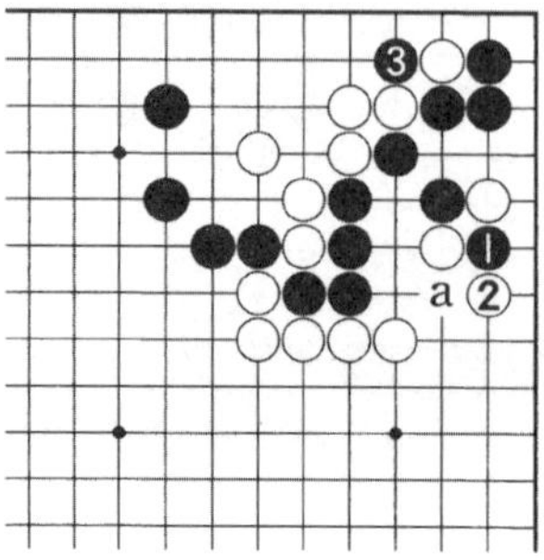

失

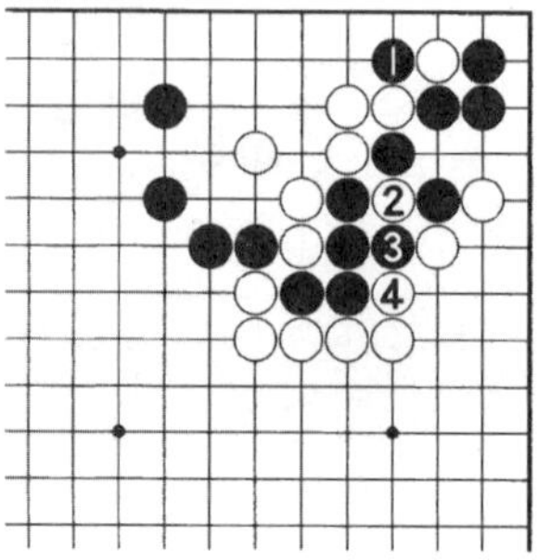

**제8형 흑번**

## 대책 마련

우상귀의 전투가 치열하다. 백을 공격하려고 해도 중앙의 흑이 촉촉수에 걸려 불발된다. 흑의 대책은?

## 맥점

흑1로 끊는 수가 수습의 맥이다. 백2로 받으면 흑3으로 귀의 1점을 잡고 살고 백을 집이 없게 만든다. 백2로 3은 흑a.

## 촉촉수

흑1로 끊으면 백2로 먹여치고 4로 단수쳐 중앙의 흑이 촉촉수에 걸린다. 흑은 살기만 했지 크게 손해를 본 모양이다.

(671)

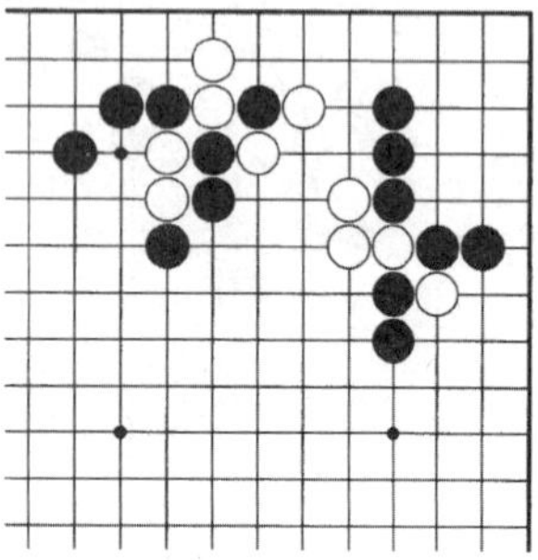

解

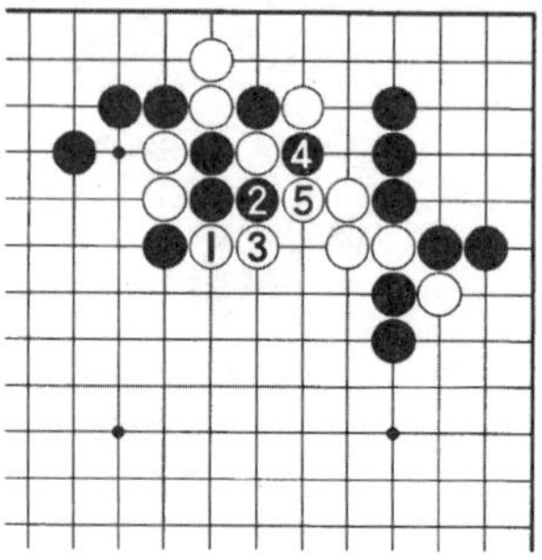

失

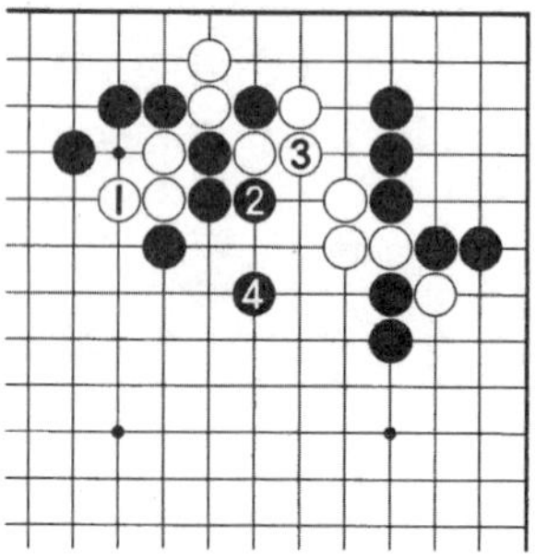

**제9형 백번**

## 반격

상변의 백 2점은 흑을 끊고 있는 요석이지만 그냥 도망치는 것은 모양이 무겁다. 반격하는 수는 없을까?

## 2점 잡기

백1로 끊을 기회. 이 수로 흑 2점은 살릴 수 없다. 흑2, 백3으로 추격해서 흑4로 백1점을 따내도 백5로 단수쳐서 도망칠 수 없는 모양이다.

## 백 실패

백1로 도망치면 흑2로 단수쳐서 기회가 없어진다. 흑4로 모양을 정리하면서 상변의 백을 공격하고 중앙의 백 3점도 위험하다.

(672)

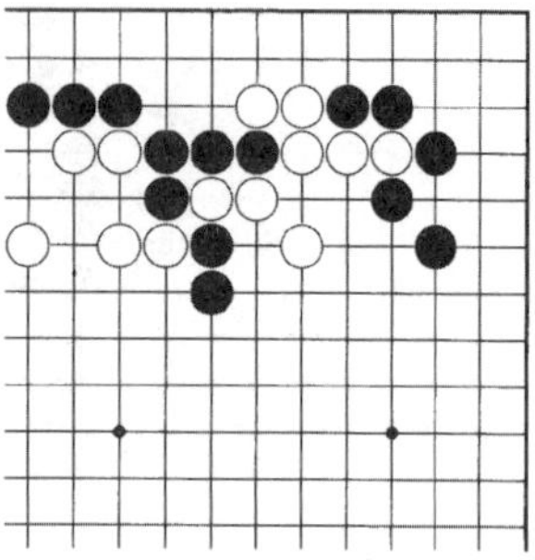

解

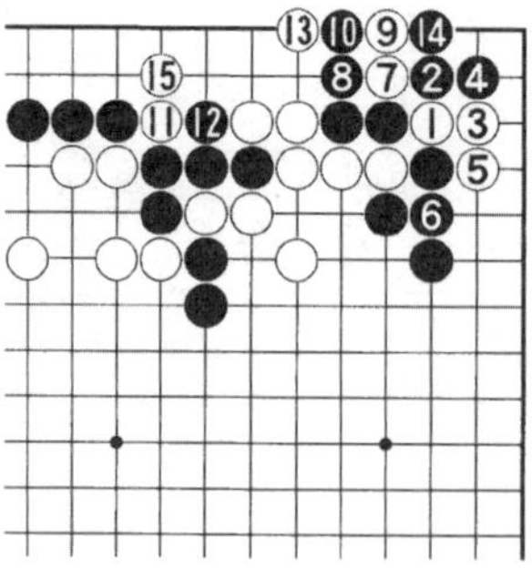

変

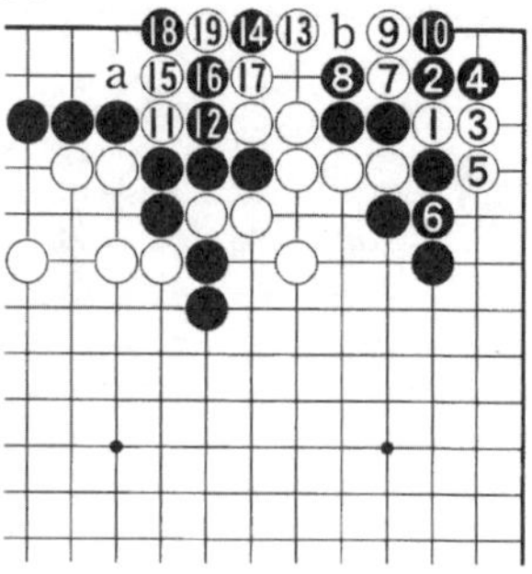

**제10형 백번**

## 약점

귀와 상변의 약점은 따로 떨어져 있는 것 같지만 백은 두 곳을 연결시켜서 한쪽의 흑을 잡아야 한다.

## 2점 잡기

백1로 끊는 수가 1탄. 흑2, 4로 공격당하면 백9까지 활용하고 11로 상변으로 돌아간다. 최후 백15로 뻗어 흑 5점을 잡는다.

## 큰 패

흑10으로 잡는 변화이다. 백13으로 뛰고 흑14로 붙여 상변 백이 건너지 못하게 막으면 백17, 19로 큰 패가 난다. 흑a로 패를 양보하면 백b로 귀를 잡는다.

(673)

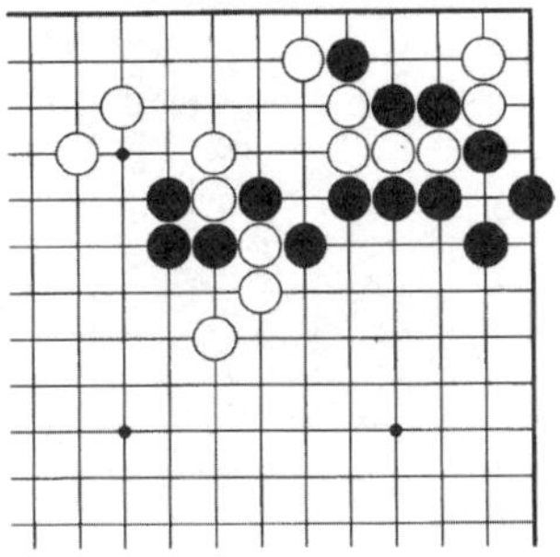

解

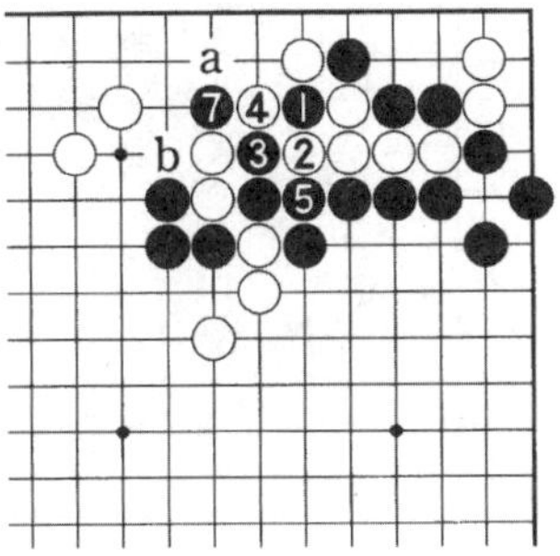

失

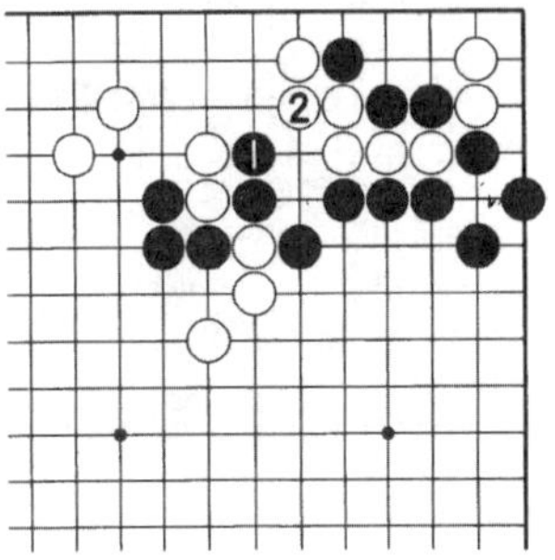

제 11 형 흑번

## 연결의 맥

우상과 상변을 따로따로 생각하면 대단한 수는 없다. 좌우를 연결시키는 수순이 중요하다.

## 2점 잡기

흑1로 끊고 백6까지 백을 조인 뒤 흑7로 끊으면 양쪽을 노리는 모양이 된다. 백a, 흑b로 백 2점을 잡으면 중앙의 백은 폐석이 된다.

※⑥→❶

## 흑 불만

흑1로 나가면 백2로 잇는 수가 좋다. 흑은 다음 수가 없다. 중앙의 백 3점이 건재하여 상변의 흑이 공격당하고 있다.

(674)

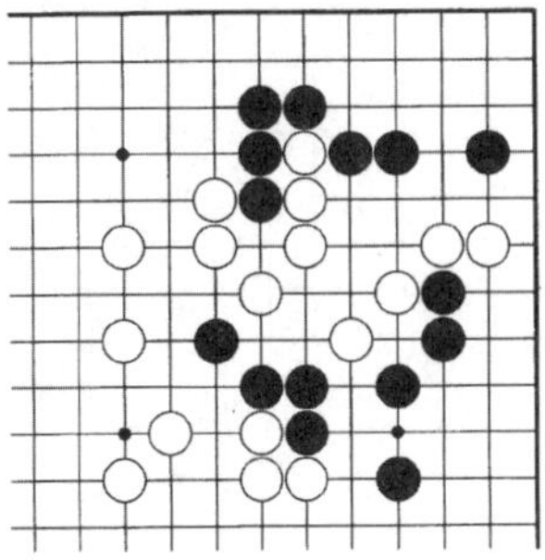

解

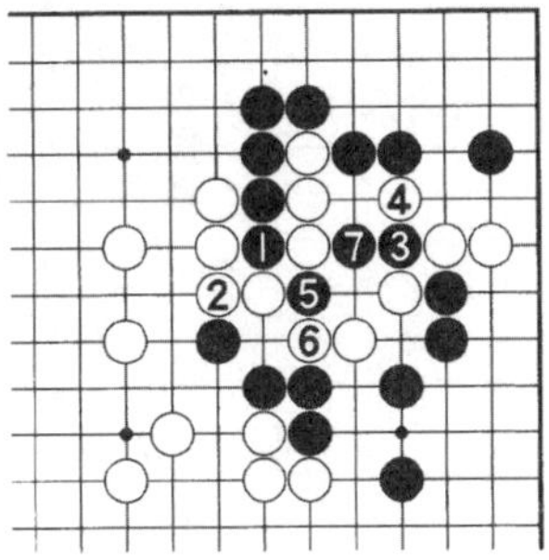

失

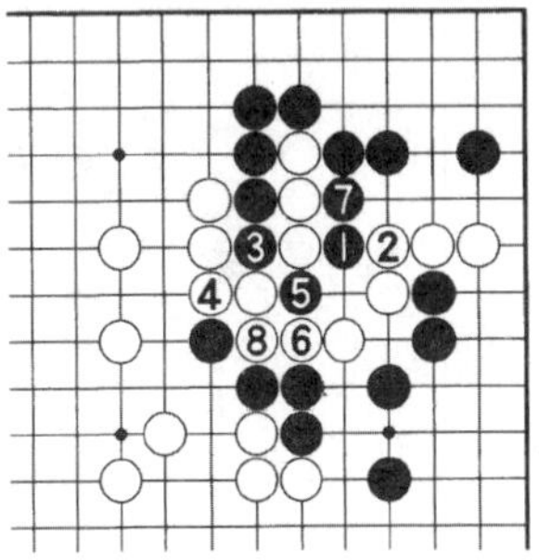

제 12 형 흑번

## 우변을 잡다

중앙으로 도망친 백의 모양이 엷다. 흑은 우변의 백 2점 정도는 잡을 수 있을 것 같다.

## 절단

흑1, 백2는 활용이다. 흑3으로 끊는 수가 냉엄한 노림으로 백4로 단수치면 흑5가 들어 백의 공배를 메운다. 흑7로 우변을 끊는다.

## 흑 불만

흑1의 붙임은 2의 자리로 끊기를 노린 수이다. 백2로 잇고, 흑3, 5로 공격해도 흑은 상변의 3점만 잡았다. 백8까지 흑은 불 만족이다.

(675)

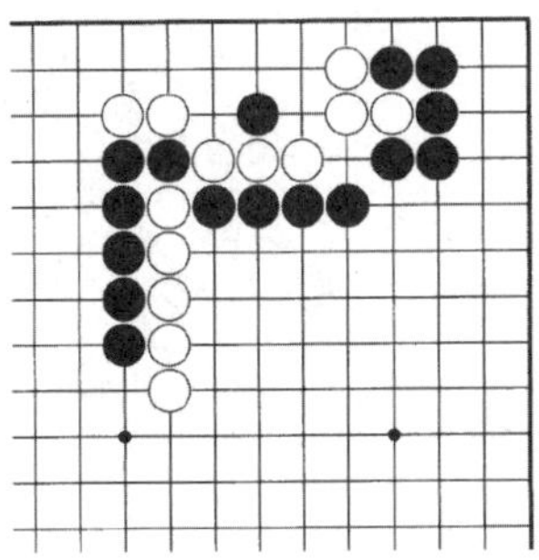

解

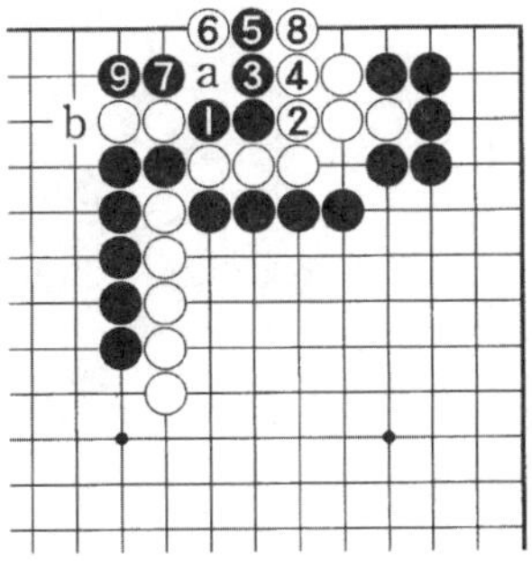

変

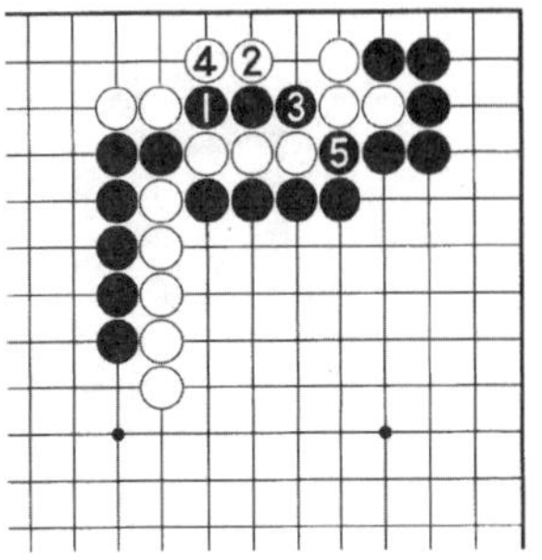

제 13 형 흑번

## 원점

상변의 백을 어떻게 공격해야 하는가? 싸움의 원점은 돌을 끊음 부터. 단, 그 다음 수를 읽어 두어야 한다.

## 백 전멸

흑1이 최강이다. 백2로 구부리면 수상전이 된다. 흑3, 5가 좋은 수이다. 백6, 8로 흑 4점을 잡아도 흑9로 단수치면 백a, 흑b로 백은 전멸한다.

## 흑 만족

백2로 붙이면 흑3으로 단수쳐 백4, 흑5로 요석인 백 3점을 잡으면 흑은 충분하다. 흑3으로 4라면 백3으로 백은 수상전에서 승리한다.

(676)

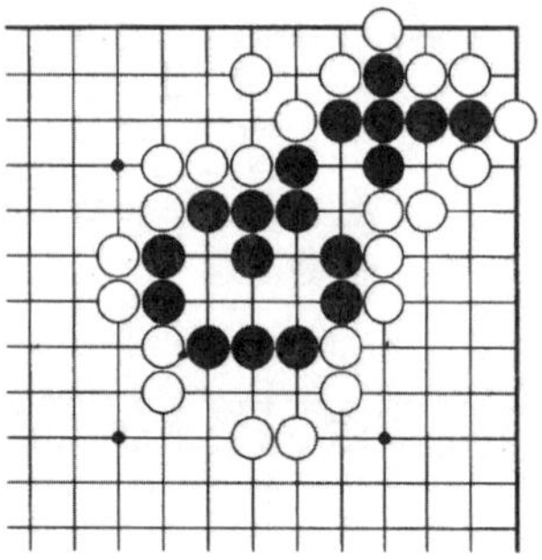

解

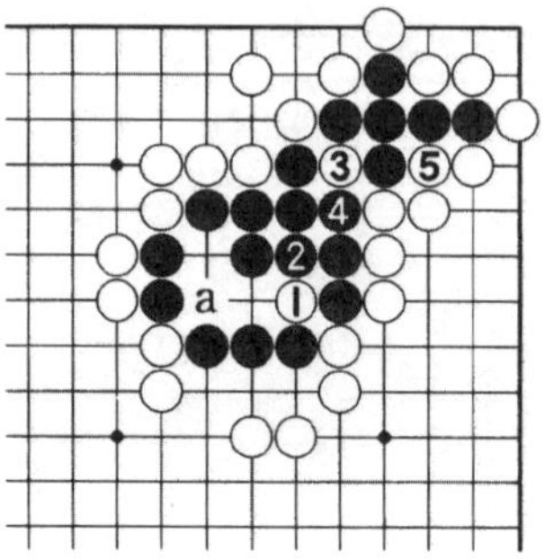

失

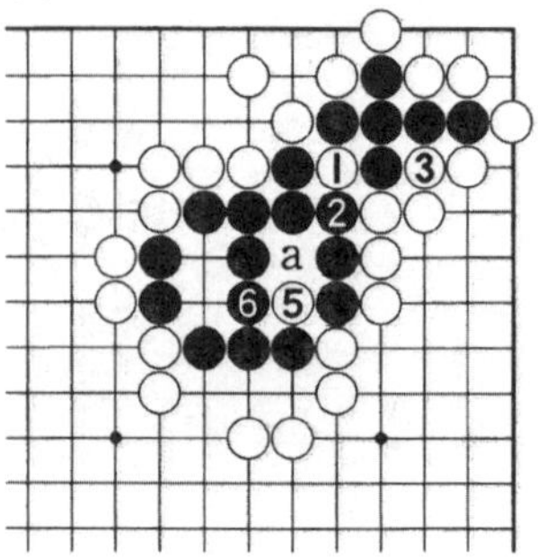

**제14형 백번**

### 노림

흑은 확실하게 집을 만들어 사활의 문제는 없어 보이지만 우상의 흑 6점을 잡을 수 있다.

### 촉촉수

백1의 끊는 수가 좋은 수순이다. 흑2는 백a의 치중수를 방어하기 위한 수로 방법이 없다. 흑3, 5로 촉촉수를 걸면 흑은 3에 이을 수 없다.

### 실패

백1, 3을 먼저 결정지으면 실패한다. 백5로 두면 이번엔 흑6으로 받는다. 백1로 2, 흑1. 백5도 흑a로 산다.

※❹→①

(677)

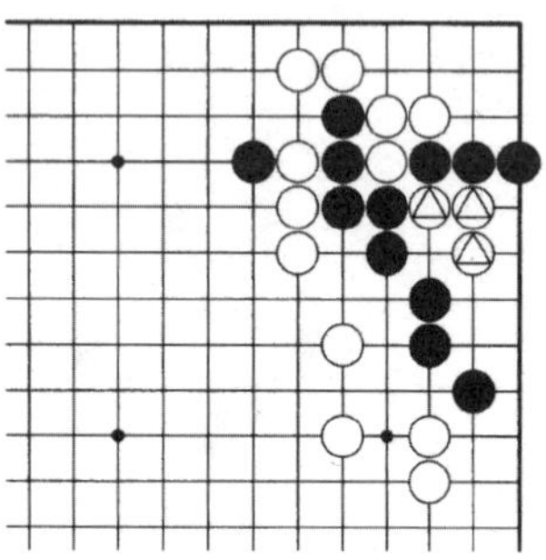

解

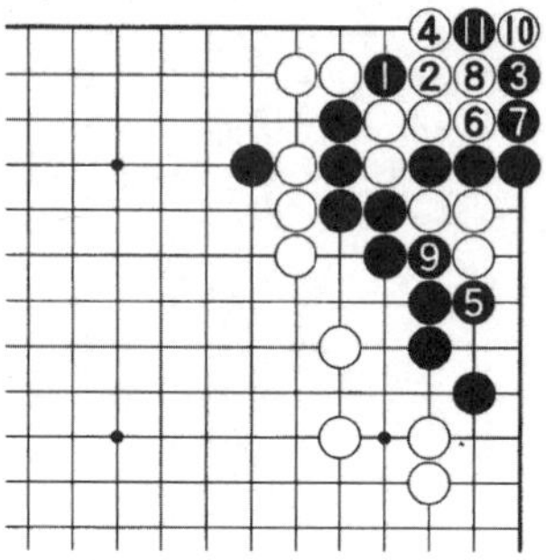

変

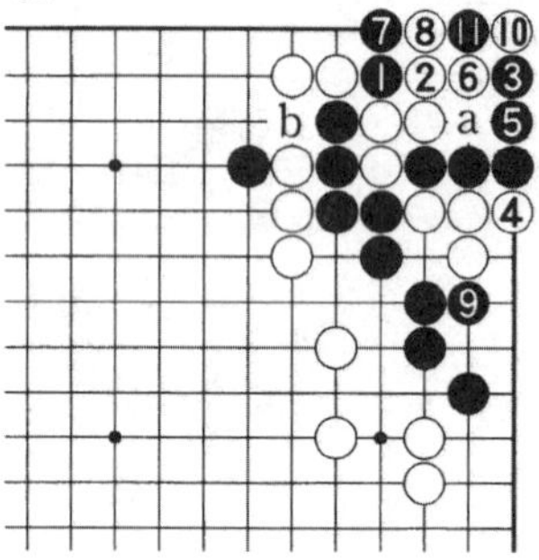

**제15형 흑번**

### 수상전

우변에서 수상전.

흑은 백◎ 3점을 잡지 못하면 전체가 죽어 버린다. 4수 대 3수로 흑이 불리한 모양이지만..

### 패

흑1로 끊는 것이 백 3점의 자충을 노리는 맥이다. 흑3에 백4로 대비하면 흑의 수가 늘어 이하 11의 패까지 외길이다.

### 역시 패

흑3에 백4로 공배를 메우면 흑5로 잇는 수가 좋다. 흑7로 내려 서 백을 자충으로 하여 역시 11까지 패가 난다. 백8로 a는 흑b.

(678)

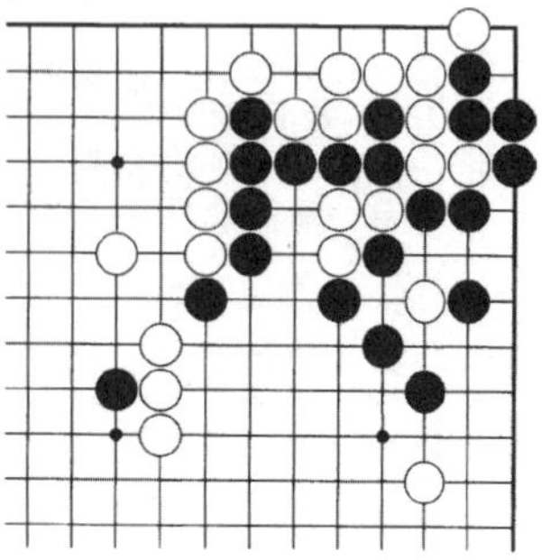

解

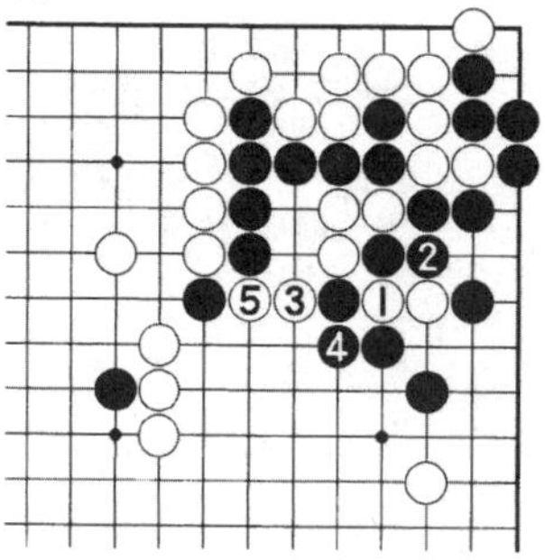

変

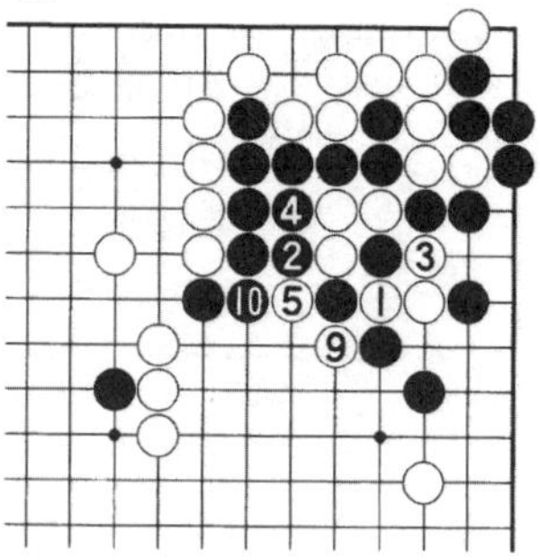

**제16형 백번**

### 노림

우상의 전투.

흑은 백 3점을 잡고 있지만 백은 이 3점을 사석으로 이용하여 우상에 있는 흑의 대마를 노리고 있다.

### 맥점

백1의 끊는 수가 냉엄한 맥이다. 흑2로 이으면 백3으로 단수치고 흑4, 백5로 중앙의 흑 8점을 잡는다.

### 흑 천지대패

흑2, 4는 백5로 끊고 이하 백9까지 단수쳐서 패가 난다.

※❻→③의 왼쪽(따냄), ⑦→❷의 오른쪽(먹여치기), ❽→❹의 오른쪽(따냄), ⑪→❷의 오른쪽(패)

(679)

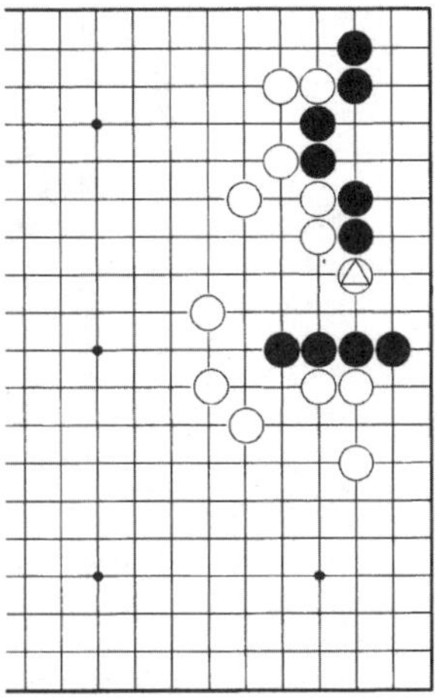

解

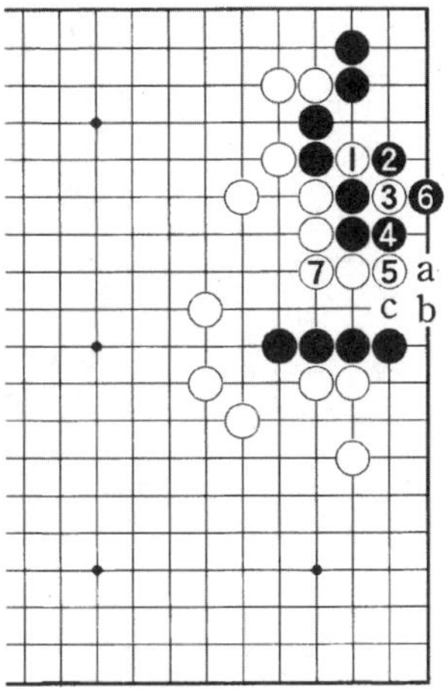


失

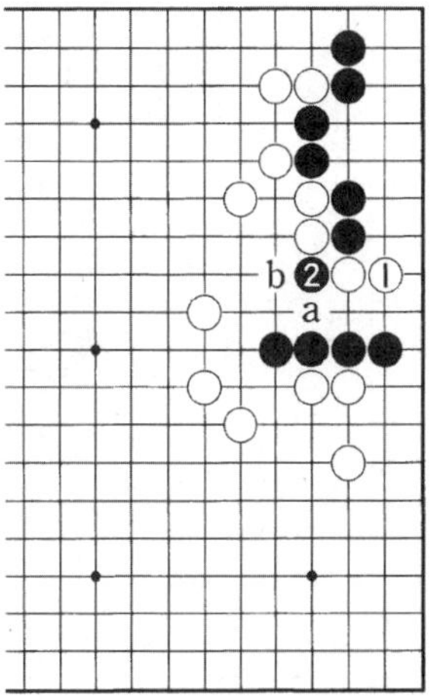


제 17 형 백번

## 건넘 방지

우변의 전투.
아래의 백 4점을 건너지 못하게 막을 수 있을까? 백◎ 1점에 끊어지는 약점이 있어 평범하게 건넘을 막으면 실패한다.

## 맥점

백1로 끊는 수가 맥이다. 흑2로 잡으면 백3으로 끊는다. 흑4, 6으로 받게 한 뒤, 백7로 이어 백이 건너지 못하게 막는다. 이후 흑a, 백b, 흑c는 천지대패이다.

## 백 실패

백1로 뻗으면 흑2로 끊어 그만이다. 백a로 저항해도 흑b로 나가면 우변의 손해를 키울 뿐이다. 백1로 2는 흑1로 건너간다.

(680)

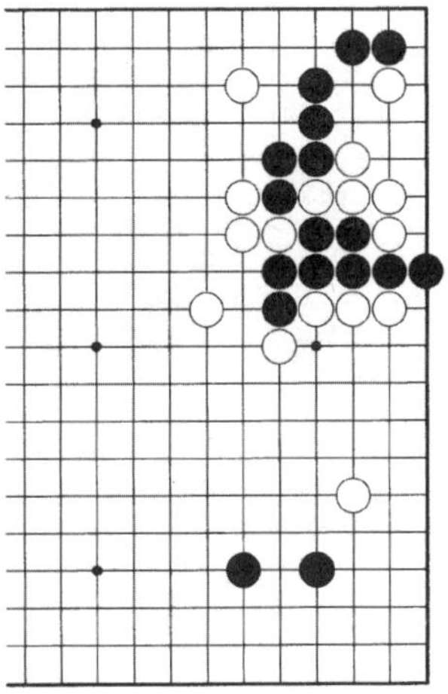

解

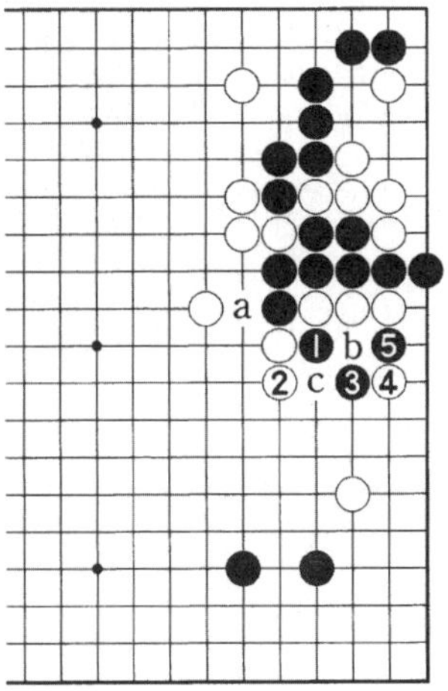


失

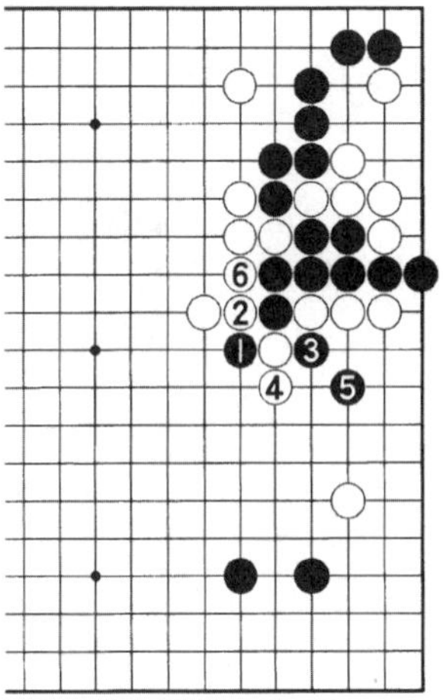


제 18 형 흑번

## 탈출

우변의 수상전 문제.
백에게 포위당한 흑 8점을 살리고 싶다. 우상귀에 있는 백과의 수상전은 불리하다. 중앙의 탈출을 노리거나 우변의 백 3점을 노려야한다.

## 맥점

흑1의 끊는 수가 맥이다.
백2로 a에 두어 공배를 메운다. 흑b로 백 3점을 공격하여 수상전에서 이긴다. 백2라면 흑3으로 입구자하여 3점을 가둔다. 백4에는 흑5. 백4로 b는 흑c로 잇는다.

## 흑 실패

흑1로 젖혀 나오는 것은 실패한다. 백2로 끊어 흑의 공배를 메우면 흑3, 5로 봉쇄하더라도 백의 수는 3수이다. 백6까지 수상전에서 흑이 진다.

(681)

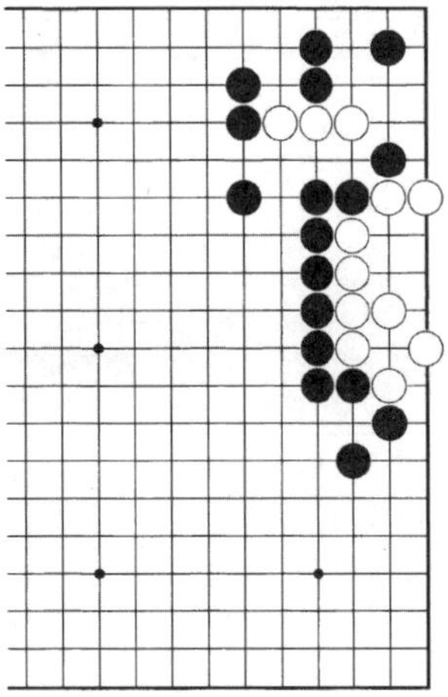

解

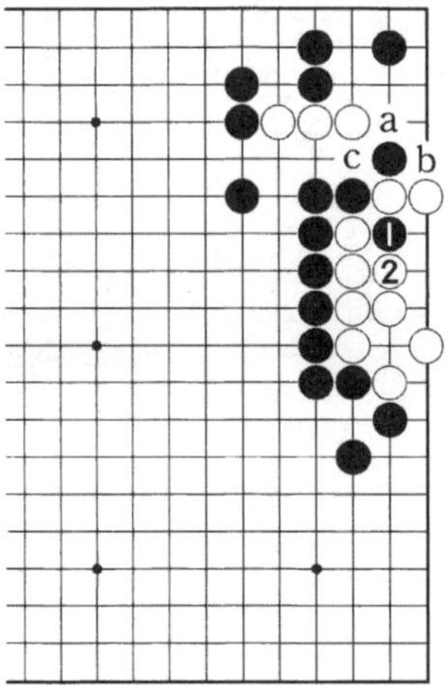

変

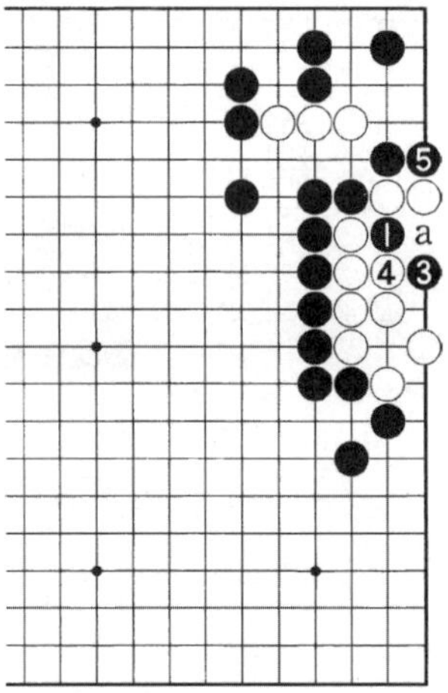

제19형 흑번

### 선수 정리

우상의 전투.
귀의 백 3점은 이대로는 우변과 연결할 수 없다. 흑은 선수로 백의 연결을 끊고 싶다.

### 선수

흑1로 끊는 수가 맥이다. 백2로 받으면 흑이 손을 빼더라도 백 3점을 잡을 수 있다. 이후, 백a는 흑b로 단수가 선수이다. 백c로 끊고 흑a로 밀어서 흑 1점은 귀와 연결한다.

### 백 죽음

흑1로 끊으면 백은 손을 뺄 수 없다. 흑3의 입구자가 좋은 수로 백4, 흑5로 백 2점을 환격으로 잡아 백이 죽는다. 흑3으로 a는 백3.
※②(손뺌)

(682)

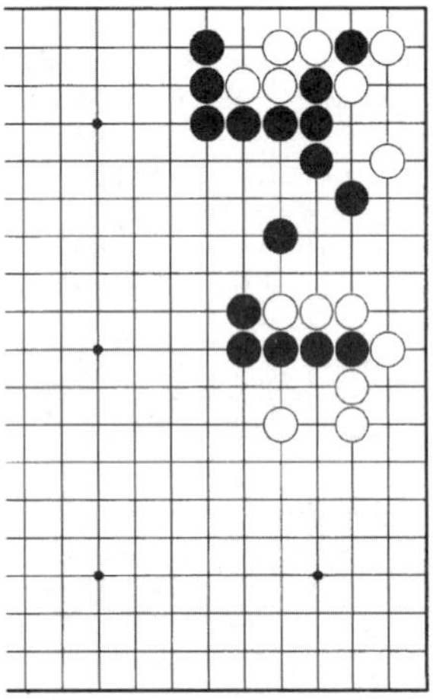

解

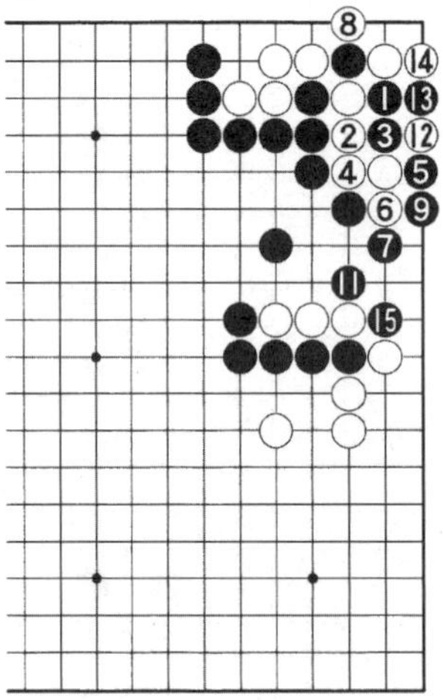

変

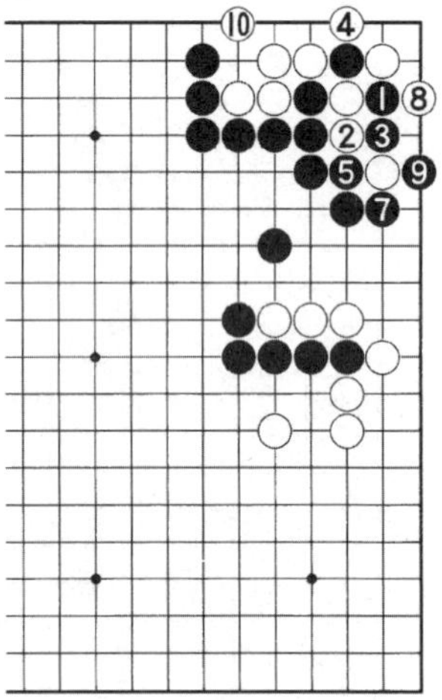

제20형 흑번

### 상하 연관

우상귀와 우변의 백은 연결 없이 각각 수습한 것 같지만 흑이 귀를 집 2개를 가지고 있으면 우변의 백이 영향을 받는다.

### 흑 성공

흑1로 끊는 수가 냉엄하게 괴롭히는 노림수이다. 백2, 4로 연결하면 흑5부터 9로 조이고 흑11이후 백12, 14로 귀를 잡을 수밖에 없다. 흑15로 우변을 끊어 성공이다.
※⑩→⑧의 아래

### 백 괴로운 삶

백4로 따내는 것이 무난하여 우변과 관계없다. 흑5로 단수치고 7로 백 1점을 잡아서 백집이 줄어든다. 백8, 10으로 후수로 사는 것은 괴로운 모양이다.
※⑥→④의 아래

제1형 흑번

(683)

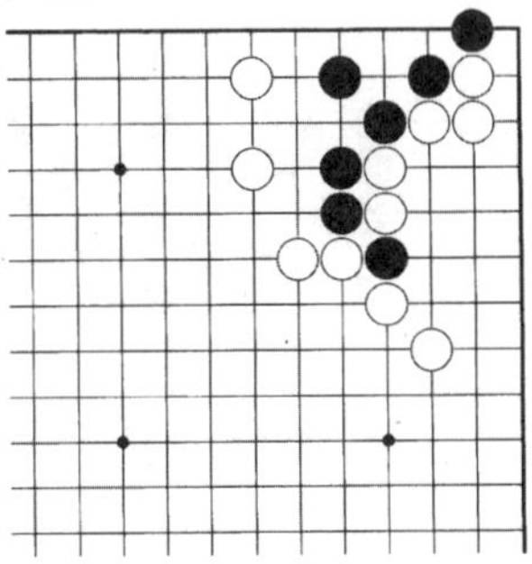

### 반격

귀의 사활문제.
흑이 살려면 귀의 백에게 반격하여야 한다. 백 3점을 어떻게 공격해야 하는가?

解

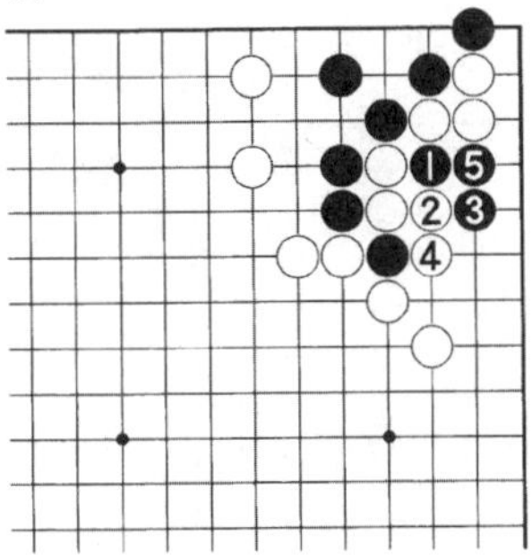

### 흑 성공

흑1로 끊는 수가 맥으로 백2로 나가면 흑3으로 젖혀서 백의 모양을 무너뜨린다. 백4는 흑5로 이어 흑의 승리. 백4로 5는 흑4로 조여서 백이 잡힌다.

失

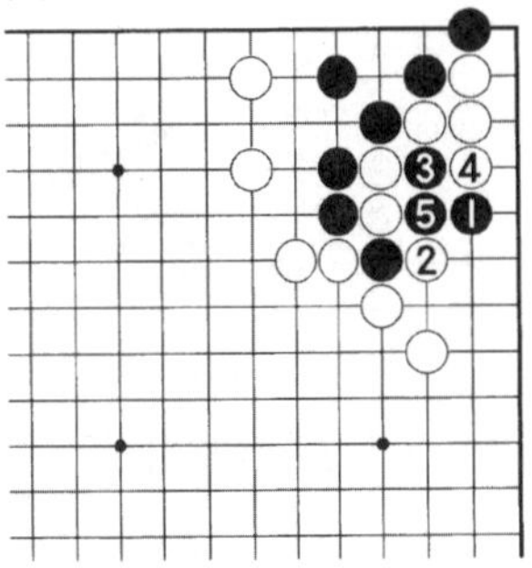

### 흑 실패

흑1의 치중은 백2로 따내서 실패한다. 흑3으로 끊어도 백4로 단수치고 6으로 이어 수상전은 흑이 진다.
※⑥→②의 왼쪽

제2형 흑번

(684)

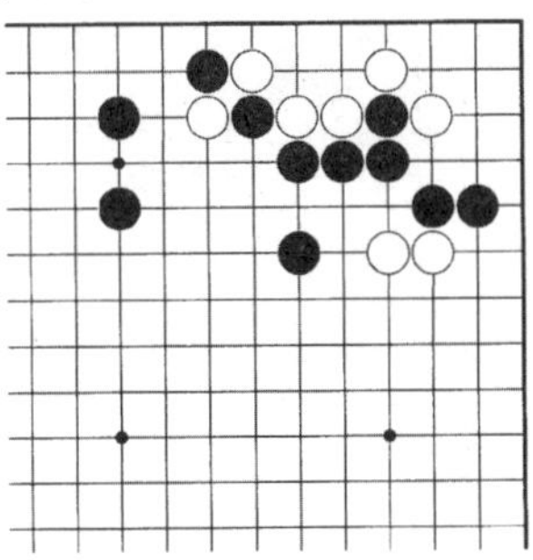

### 반발

들여다 보면 잇고, 단수에 잇는 것이 일반적인 생각이지만 때로는 저항 하는 것이 효력이 있다.

解

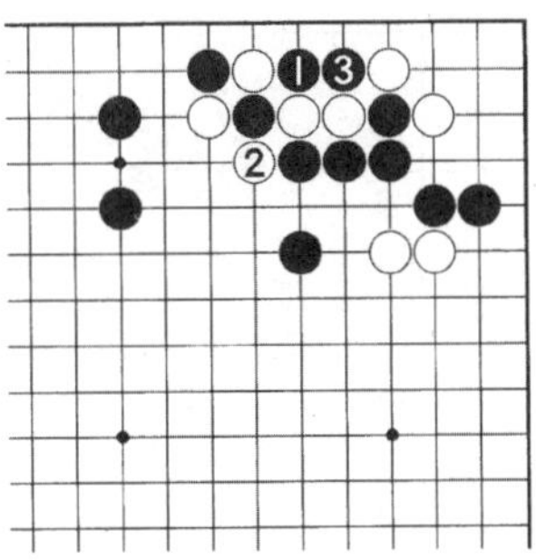

### 실리가 크다

흑1로 끊는 수가 좋은 수다. 백2로 흑 1점을 빵때림해도 흑3으로 귀를 잡아 실리가 크다. 상변의 백은 아직 집이 없는 모양이다.

变

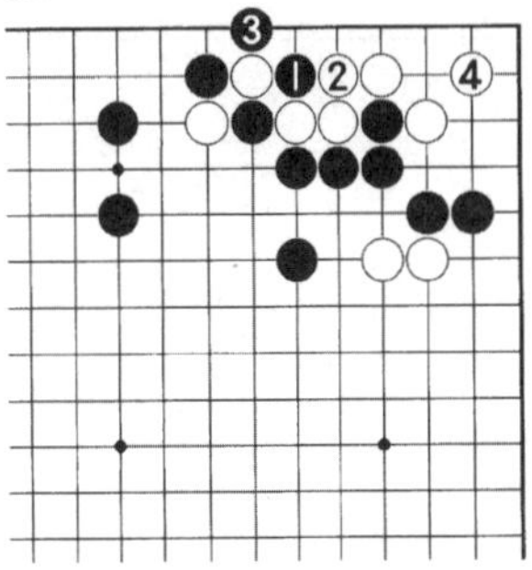

### 백 망함

백2로 이으면 흑3으로 빵때림으로 백 1점은 헛수가 된다. 백4로 후수로 살아야 한다. 흑은 상변을 확정지로 만든다.

제3형 흑번

(685)

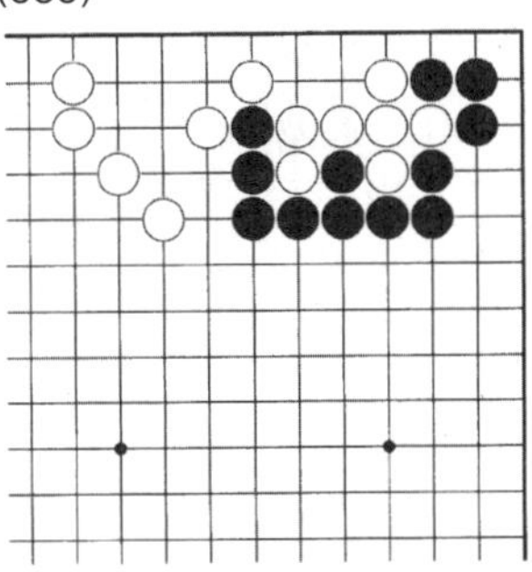

### 불완전

우상귀의 백은 상변에 건너간 모양이지만 불완전 하다. 흑은 패로 끌고 갈 수 있다.

解

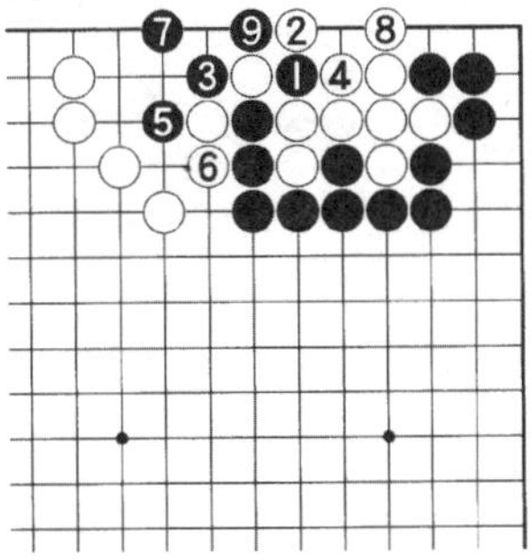

### 패

흑1로 끊는 수는 백을 공배가 꽉 차게 만들고 이후 3으로 끊는 수를 만드는 일석이조의 수이다. 백4 이후 흑5, 7로 패 모양을 만든다.

变

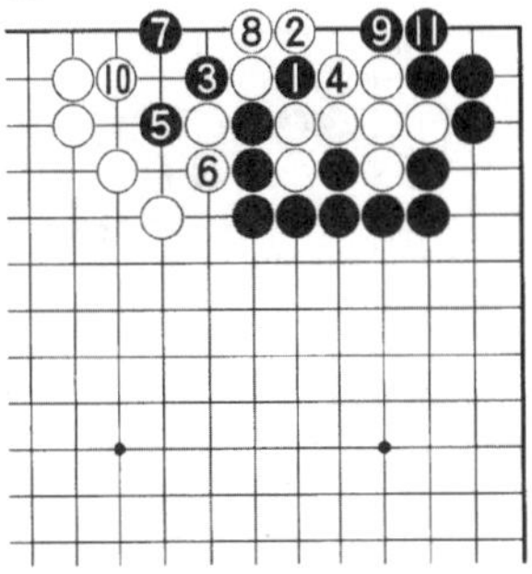

### 촉촉수

백8로 이으면 흑9로 공격하면 된다. 백10으로 상변의 흑 3점이 잡히지만 오른쪽의 백 8점이 촉촉수에 걸린다. 흑1로 3은 백1로 흑이 실패한다.

(686)

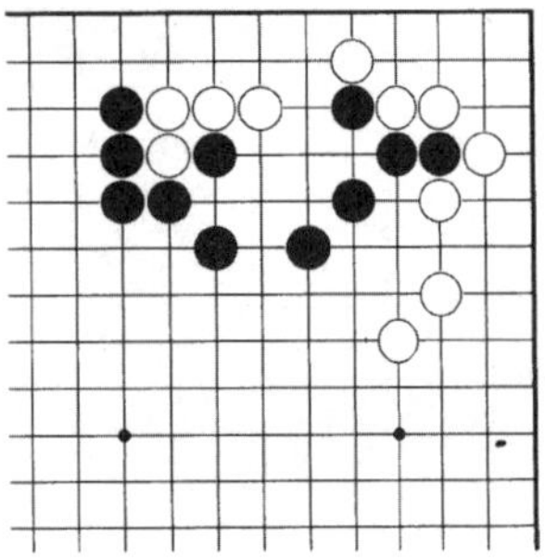

제4형 흑번

### 약점

백의 모양이 엷다. 흑은 백의 약점을 추궁하여 백이 건너지 못하게 막을 수 있다. 첫 수가 중요하다.

解

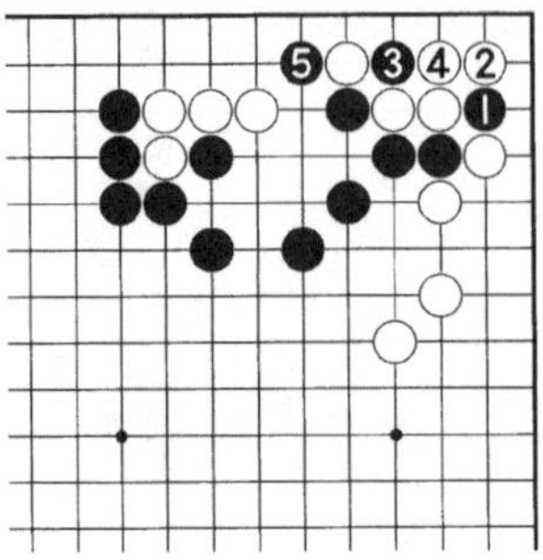

### 흑 성공

흑1로 끊고 백2로 잡으면 흑3에 활용이 생긴다. 흑5로 상변의 백 4점을 잡는데 성공한다.

失

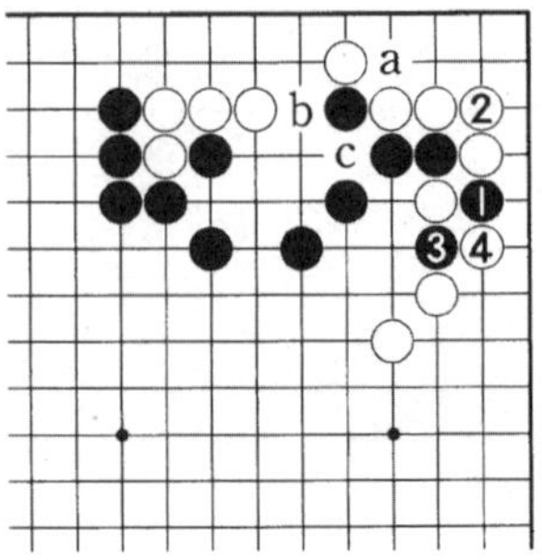

### 백 정수

흑1로 끊고 백2로 이으면 상변은 무사하다. 흑3에는 백4로 피해는 크지 않다. 흑1로 a는 백b. 백c가 선수이므로 흑이 실패한다.

(687)

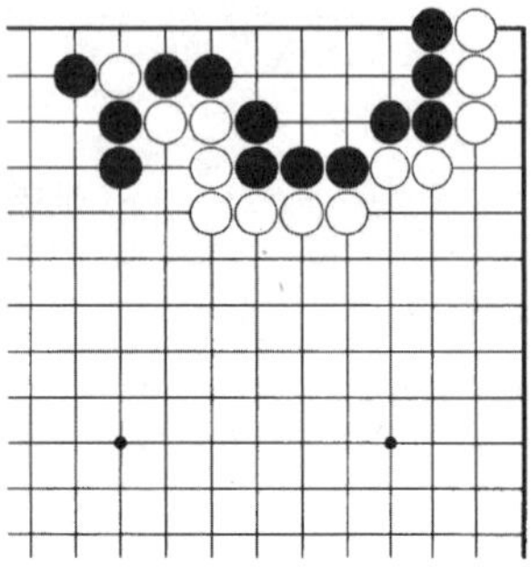

제5형 백번

### 수

상변의 전투.
백집에 공배가 꽉 차서 수가 날 것 같다. 어디서부터 손을 대는 것이 좋을까?

解

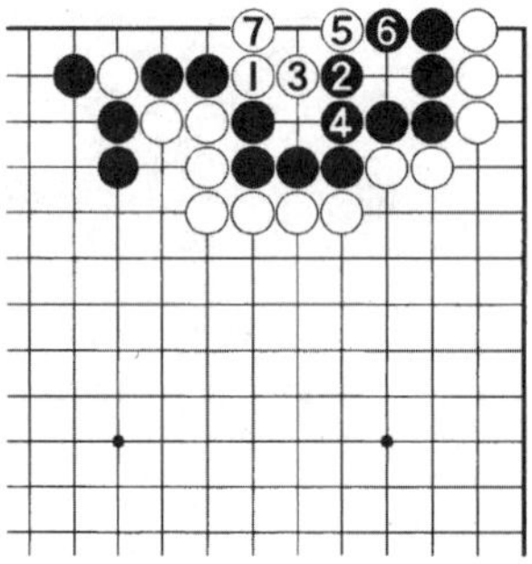

### 빅 또는 패

흑1로 끊는 수가 냉엄하다. 좋다. 백2로 호구쳐서 집을 만들어도 흑3으로 선수하고 5와 7로 자세를 잡아서 패를 만든다. 백6으로 7은 흑6으로 빅이 된다.

变

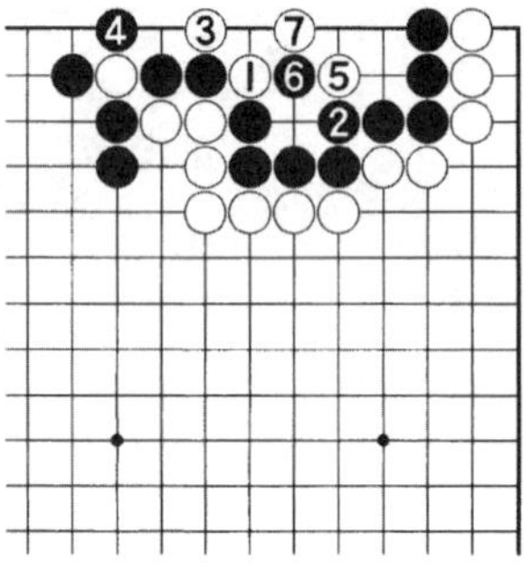

### 패

백2로 이으면 흑3으로 단수치고 5로 붙여 패가 난다. 흑1로 2는 백5로 아무 수도 안 난다.

(688)

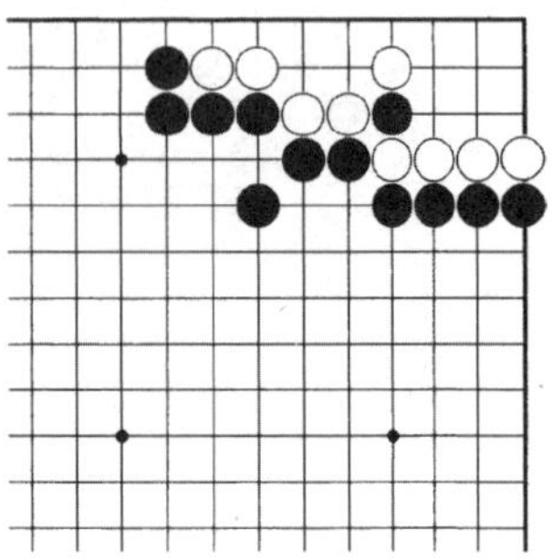

제6형 흑번

### 끝내기

귀의 백집을 어떻게 끝내기 할까? 바깥에서 공격보다 약점이 많은 내부를 깎아서 무너뜨리는 방법을 찾아보자.

解

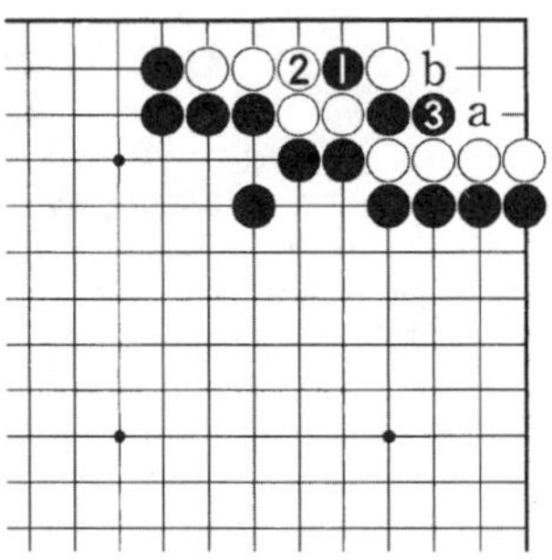

### 흑 성공

흑1로 끊는 수가 냉엄하다. 백2로 이으면 흑3으로 1점을 나가 귀의 백 4점은 살릴 수 없다. 백a는 흑b. 백은 b로 두는 정도이다.

变

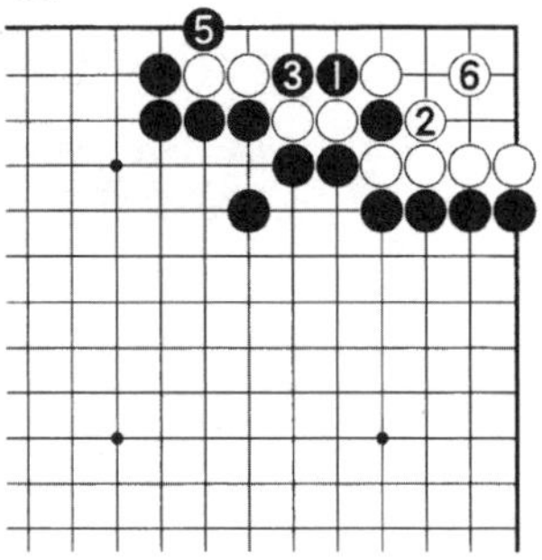

### 흑 만족

백2로 받으면 후수가 된다. 흑3으로 끊고 5로 상변의 백 2점을 잡는다. 백6으로 살기까지 증감하고 나면 백집은 3집이다.

※②의 왼쪽→④

(689)

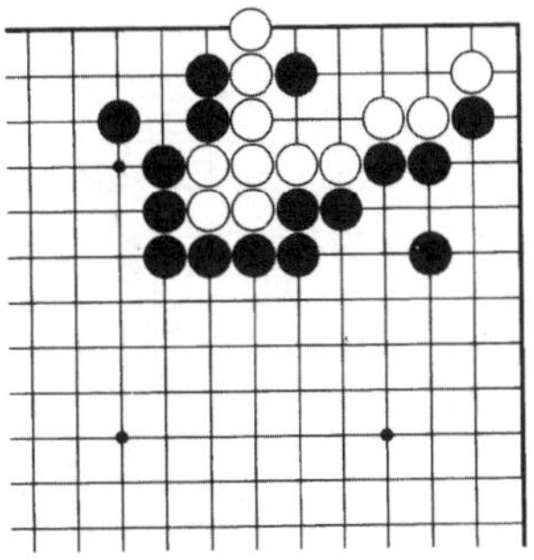

解

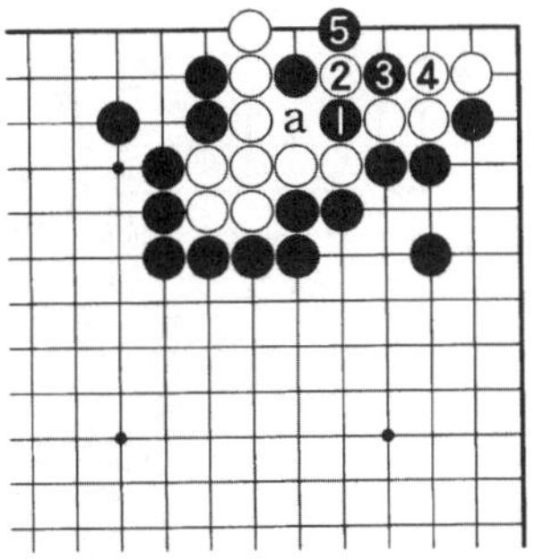

变

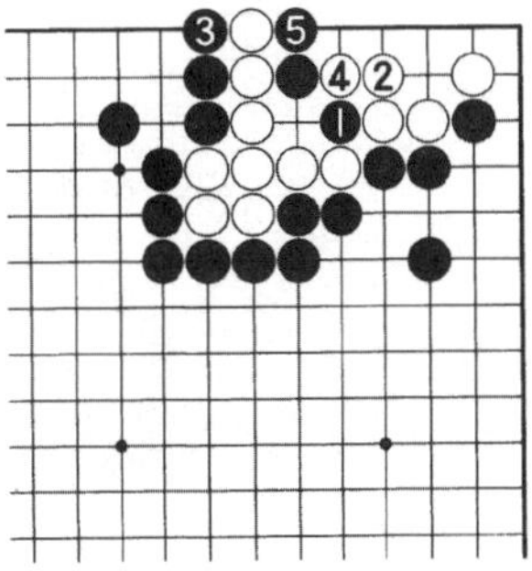

**제7형 흑번**

### 결함

왼쪽의 백 9점은 큰 덩어리로 집을 형성하고 있다. 그러나 큰 결함이 있다.

### 흑 성공

흑1로 끊는 수는 백의 자충을 추궁하는 냉엄한 수이다. 백2로 단수치면 흑3으로 맞끊어 백a는 흑4로 백이 전멸한다. 흑5까지 상변은 흑집이 된다.

### 환격

백2가 무난한 응수이다. 흑3, 백 9점을 환격으로 잡는다. 귀의 백은 이대로 살았다는 점이 정해도와의 차이이다.

(690)

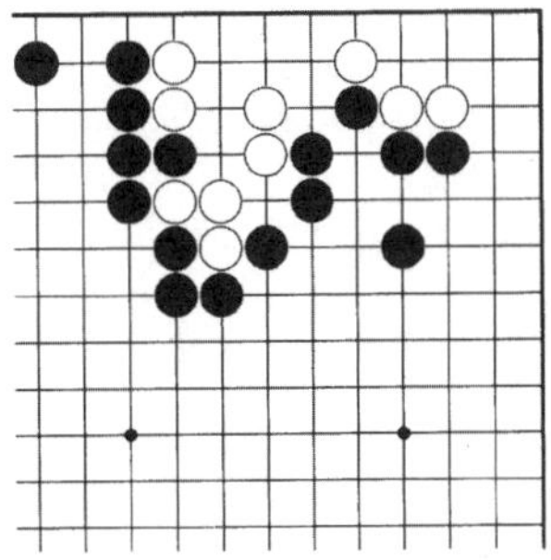

解

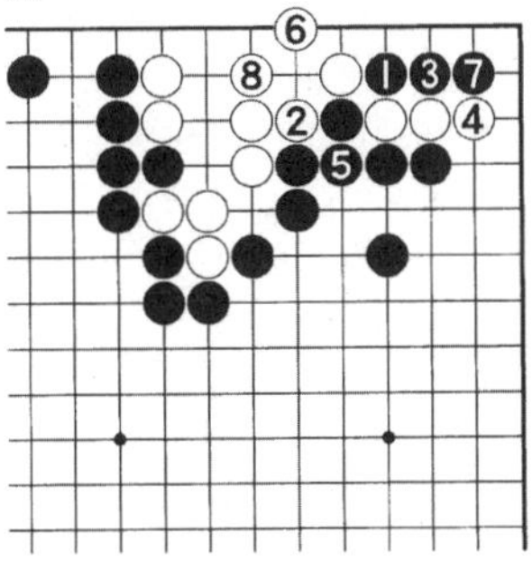

变

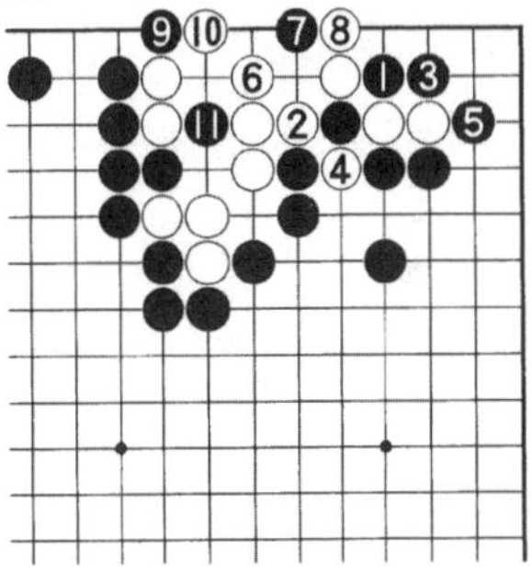

**제8형 흑번**

### 결함

어떻게 봐도 백은 좌우가 건너가 있는 모양이지만 백에겐 결함이 있다.

### 흑 성공

흑1로 끊고 백2에는 흑3이 강수이다. 백4로 뻗고 흑5와 7로 둘 사이에 백8로 상변의 백을 살리는 정도이다. 흑은 귀를 선수로 잡았다.

### 백 죽음

백4로 따내면 흑5로 건너가서 상변 전체의 백에 집이 없다. 백6에는 흑7로 치중해서 11. 백6으로 8은 흑9. 어떻게든 백이 죽는다.

(691)

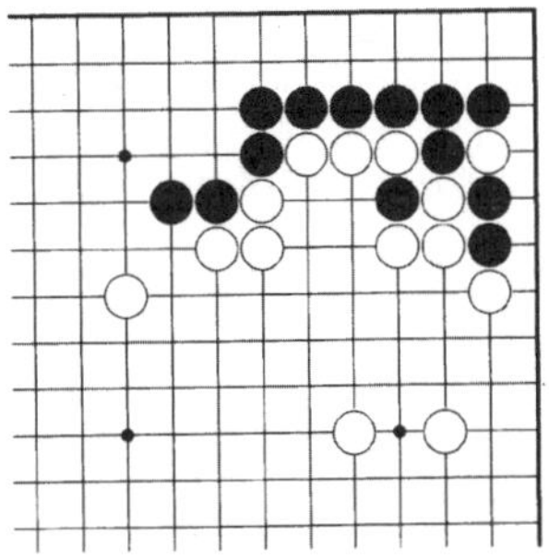

解

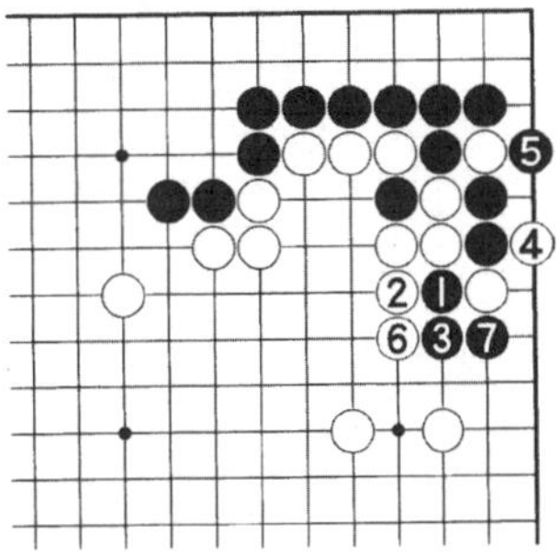

变

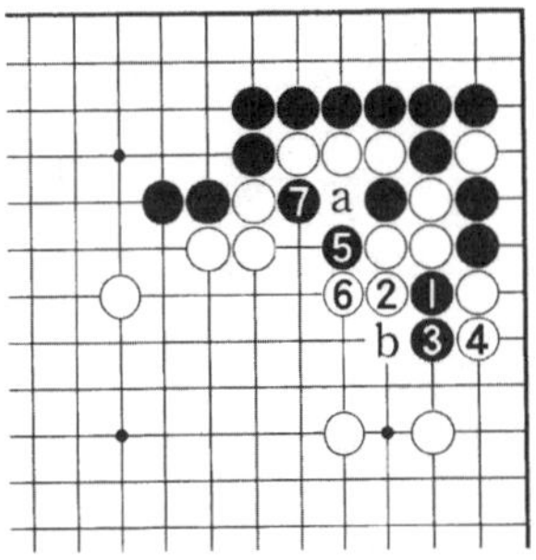

**제9형 흑번**

### 맛이 나쁘다

우변의 전투.
백은 흑 1점을 잡아 확정지를 만들고 있지만 자충으로 맛이 나쁘다. 흑은 어디에서 부터 수를 내야 할까?

### 흑 성공

흑1로 직접 끊는 수가 좋다. 백2, 6으로 받으면 흑7로 백 1점을 잡아서 우변의 백집을 크게 줄인다.

### 환격

백2와 4로 저항하면 흑5로 젖히는 수가 백의 자충을 추궁하는 맥으로 백6이라면 흑7로 환격. 백6으로 a는 흑b.

(692)

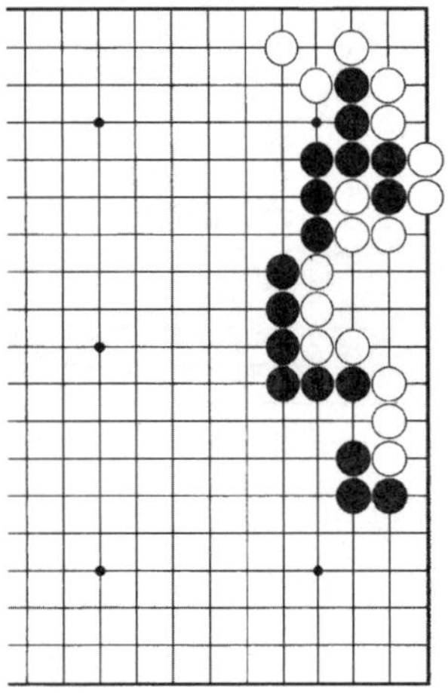

解

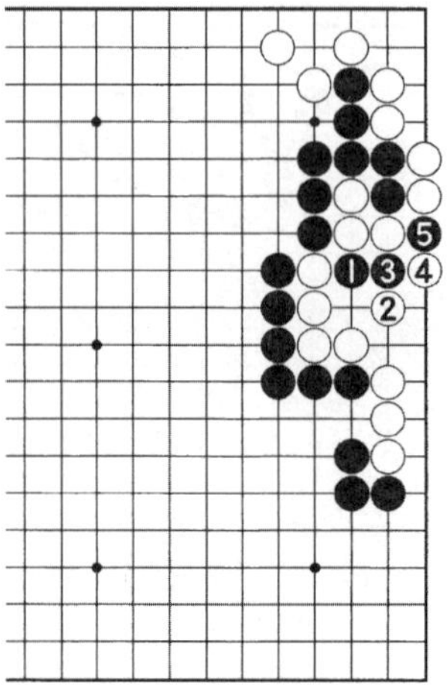

变

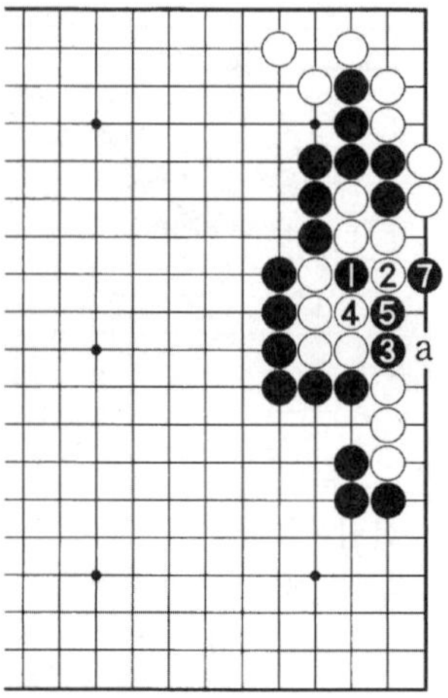

제10형 흑번

### 약점

우변에서 귀로 연결되어 있는 백은 약점이 많은 모양이다. 백은 일부가 무너지면 산사태가 일어난다. 그러나 큰 피해를 받는 것은 막을 수 있다.

### 흑 성공

흑1로 끊어 백집의 한쪽이 무너진다. 백은 2로 지키는 정도이다. 흑3으로 단수치면 백4로 막고, 흑5로 3점을 따낸다. 백은 5의 1점을 되 따내서 위아래로 건넌다.

※⑥→❺의 왼쪽(따냄)

### 백 망함

백2의 단수는 흑3으로 4점을 단수를 쳐서 백4로 따내면 흑5, 7로 망한다. 백4로 5, 흑4, 백a로 두면 우변을 건너가지만 일부는 축축수에 걸린다.

※⑥→❶

(693)

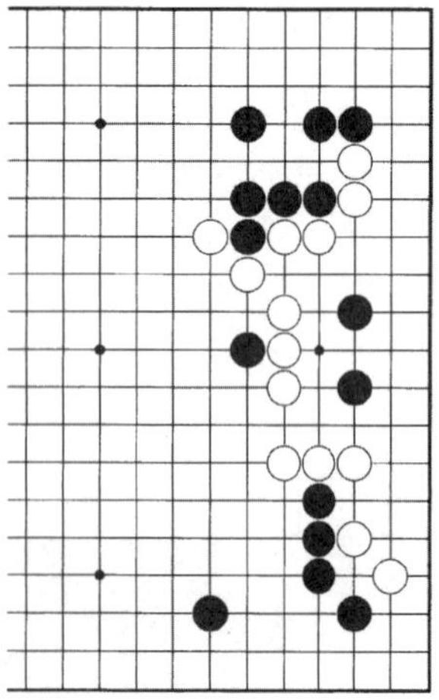

解

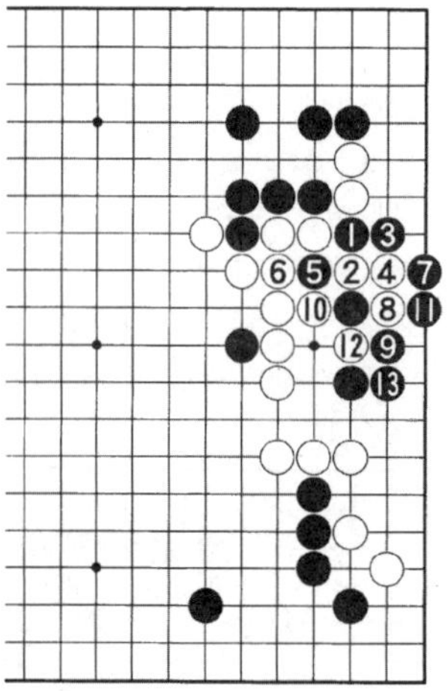

失

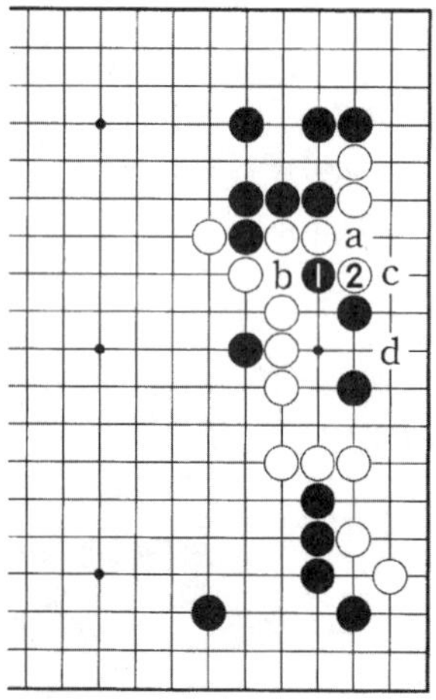

제11형 흑번

### 연결

우변의 흑 2점에 활력이 남아있다. 집을 넓혀서 살기 보다는 귀의 백의 약점을 추궁하여 중앙의 흑이 귀에 연결하면 알기 쉽다.

### 맥점

흑1로 끊는 수가 냉엄한 노림수.백2, 4로 흑 2점을 잡은 모양이지만 흑5로 끊는 수가 들어 7, 9로 건너면 부활한다. 흑13으로 이으면 귀 백 2점과의 수상전에서 흑이 승리한다.

### 흑 실패

흑1로 입구자 붙이면 a와 b의 약점을 양쪽으로 노리지만 백2로 젖는 수, 또는 a로 잘 안된다. 이후 흑c, 백a, 흑d로 우변에서 살아도 충분하지 않다. 백의 두터움이 낫다.

(694)

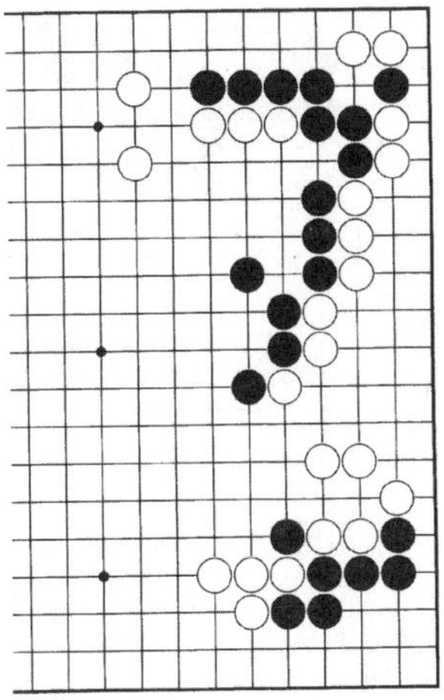

解

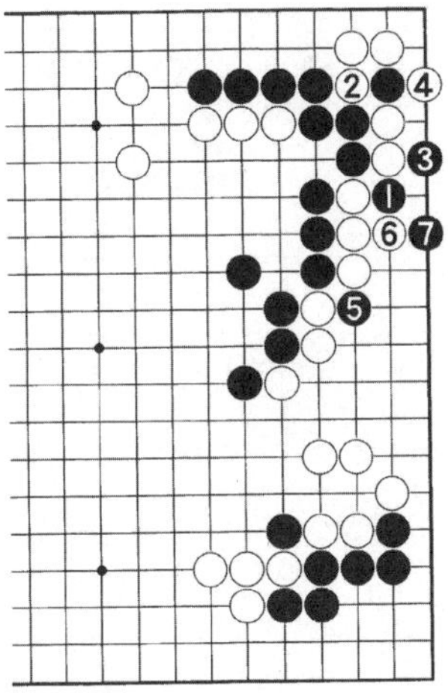


変

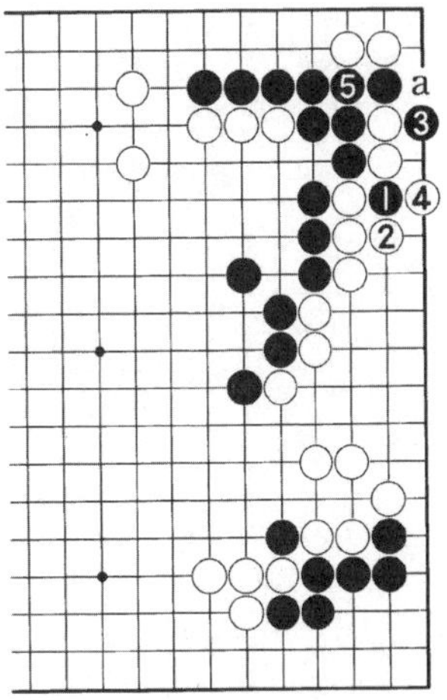


**제12형 흑번**

## 뒷맛

우상의 전투.
언뜻 보면 우변의 백이 모두 연결된 모양 같지만 뒷맛이 남아 있다.

## 패

흑1로 끊는 타이밍이 좋다. 백2로 1점을 잡고 건너가는 모양이지만 흑3으로 단수치고 5로 끊어 우변에 문제가 발생한다. 7까지 패가 난다.

## 흑 만족

백2로 잡으면 흑3의 단수를 활용한다. 흑5로 이어 귀의 백 2점을 잡은 모양으로 흑은 여유롭게 산다. 흑1로 5에 이으면 백a로 건너가서 귀에서 우변에 이어진 백집이 크다.

(695)

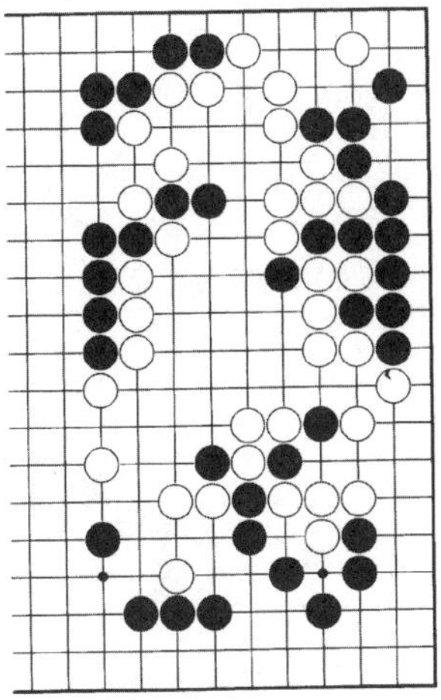

解

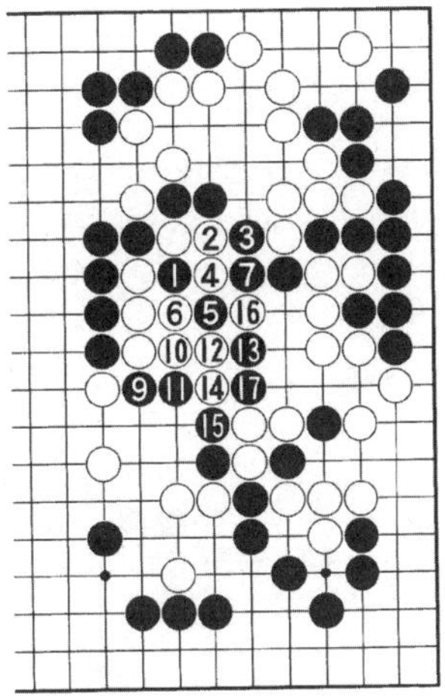


変

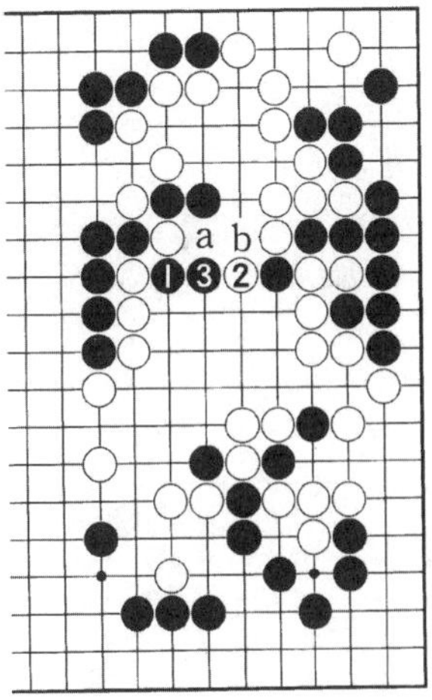


**제13형 흑번**

## 옆음

중앙의 백집 안에 산재한 흑 6점이 슬슬 중요한 역할을 할 때가 왔다. 제일 먼저 중앙에 있는 백의 옆음을 추궁하자.

## 촉촉수

흑1로 끊고 백2로 도망치면 흑3, 5로 조인다. 흑9로 포도송이를 만들어 쫓고 15로 백은 자충. 17의 촉촉수로 결정한다.

※⑧→❶

## 만족

흑1로 끊어 백이 a는 정해도의 흑b로 단수쳐서 전멸한다. 백이 위험을 감지하면 2로 지키는 정도이다. 흑3으로 백집의 한쪽을 부수어 만족한다.

제 14형 흑번

(696)

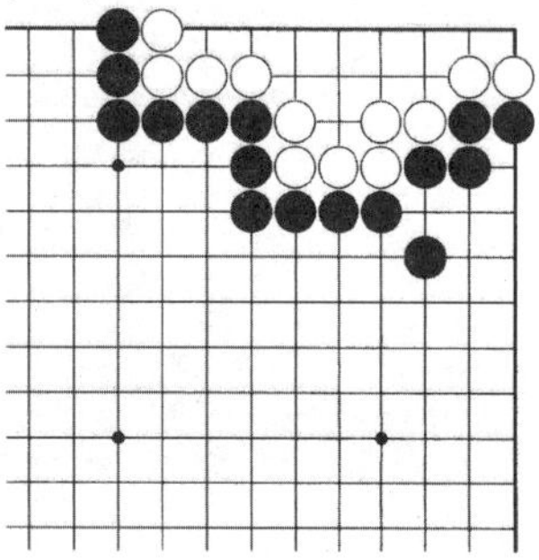

끝내기

이대로 끝내면 귀의 백집은 13집이다. 그러나 공배가 꽉 차 무사히 끝나지 않을 모양이다.

解

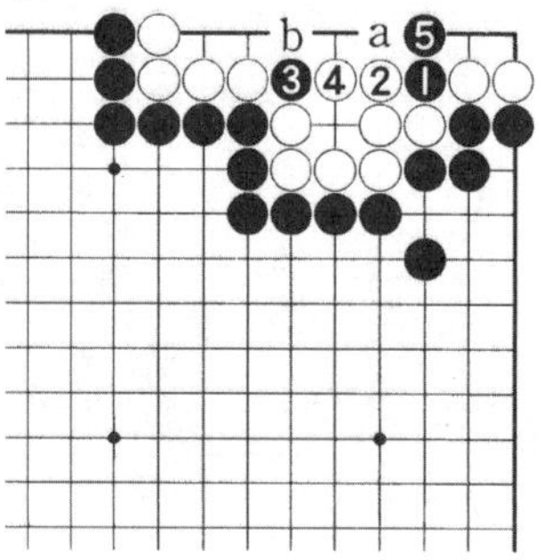

맥점

흑1, 3으로 끊는 수가 좋다. 백2로 5는 흑4의 치중이 있다. 백2, 4로 받고 흑5로 뻗으면 귀의 백 2점은 살릴 수 없다. 백a는 흑b.

変

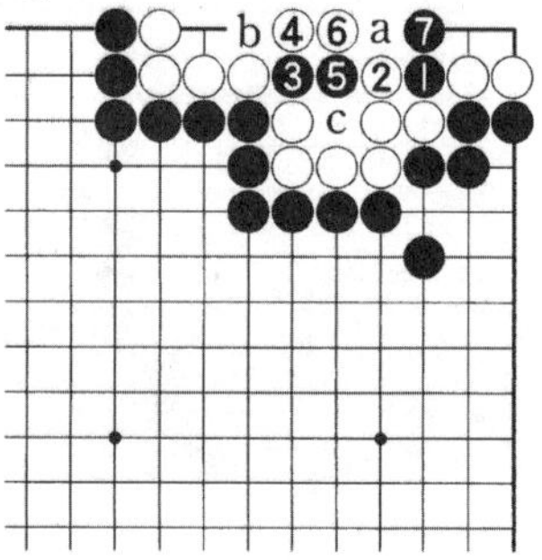

백 자충

백4로 단수치면 흑5로 도망간 뒤 백6 이후 흑7로 귀의 백을 잡는다. 백a는 흑b로 백이 자충이다.

제 15형 백번

(697)

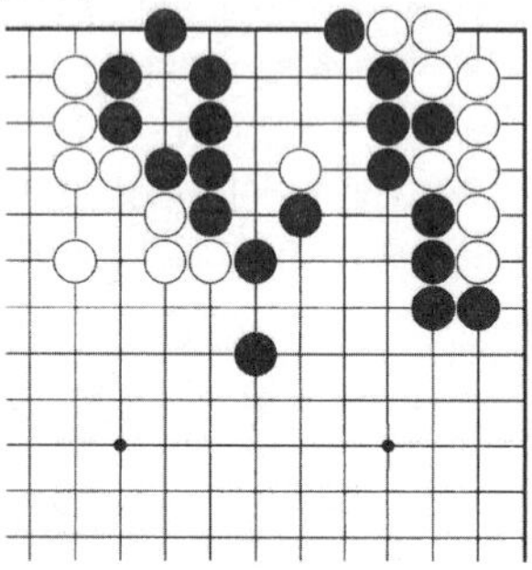

손 뺌

끝내기 문제.
상변의 약점에 상관없이 손을 뺐다. 이대로 흑집으로 만들어도 괜찮은 걸까?

解

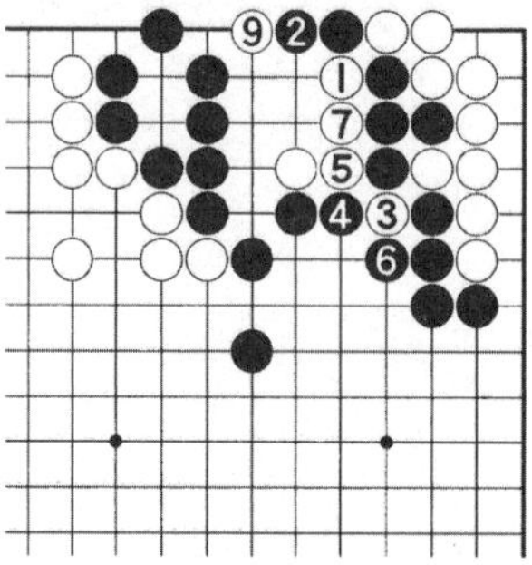

백 성공

백1로 끊어 흑집을 깨뜨릴 수 있다. 흑2 이후 백3으로 끊는 수가 맥이다. 흑4, 6으로 받고 백9까지 2점을 잡는다.

※❽→③

失

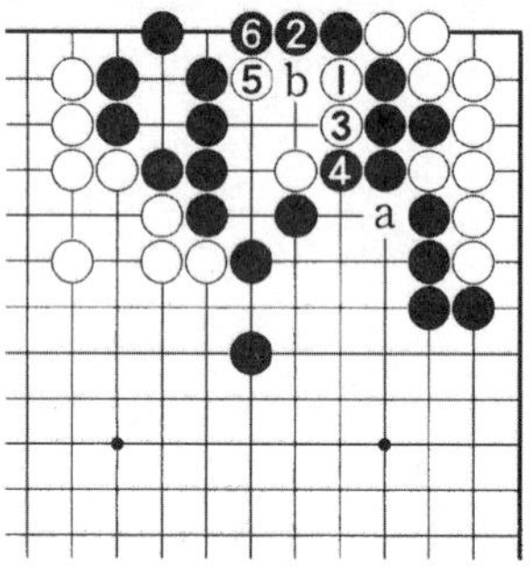

백 실패

백3은 다음에 a로 끊는 것을 노린 수이지만 흑4로 젖어 실패한다. 백5에는 흑6으로 건너간다. 백5로 6에 단수쳐도 흑b.

끊음 침범

제 1형 흑번

(698)

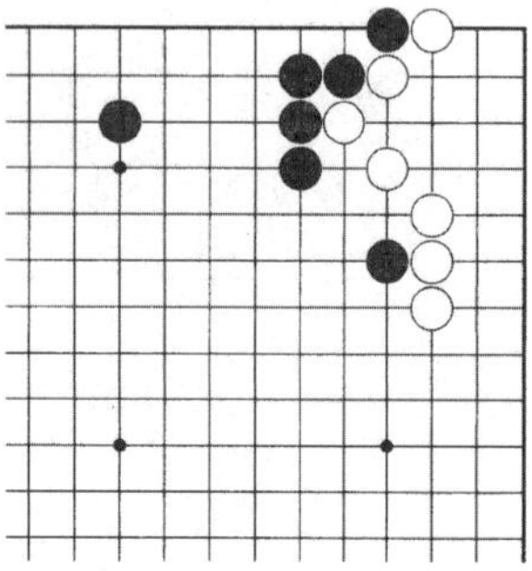

패맛

귀의 백은 이대로 집이 되면 20집 가까이 된다. 백집 안에서 폭파하는 수를 내야 한다.

解

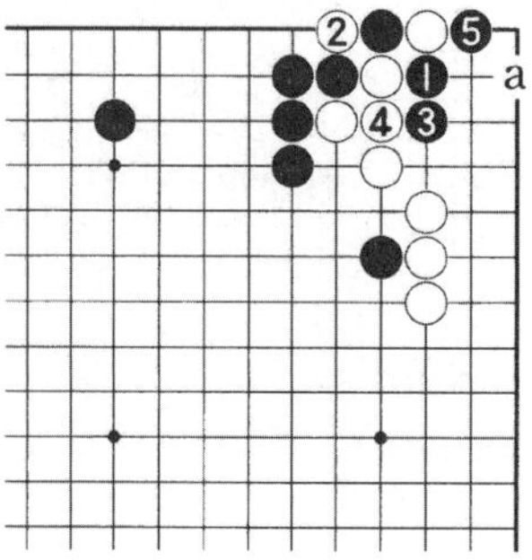

삶 또는 패

흑1로 끊는 수가 냉엄한 노림수이다. 백2로 따내고 흑3으로 늘어서 활용한 뒤 5로 막아 패가 난다. 백이 패를 양보하면 a로 살 수 있다.

変

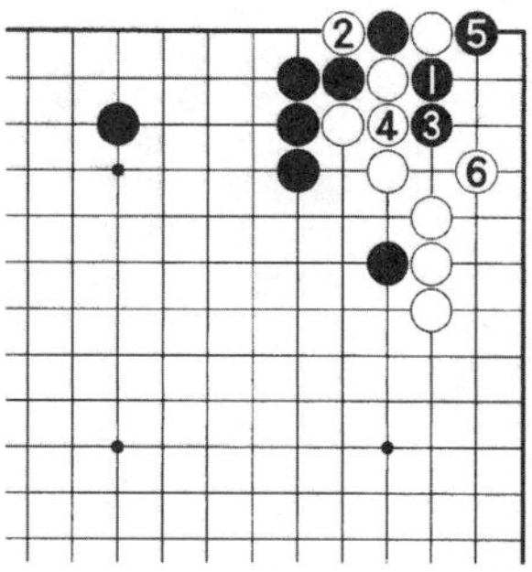

꽃놀이 패

흑5로 막고 백6으로 공격하면 흑7로 상변의 패를 따낸다. 흑1로 2, 백1로 잇는 모양에 비하면 꽃놀이패이다. ※❼→②의 오른쪽

제2형 흑번

(699)

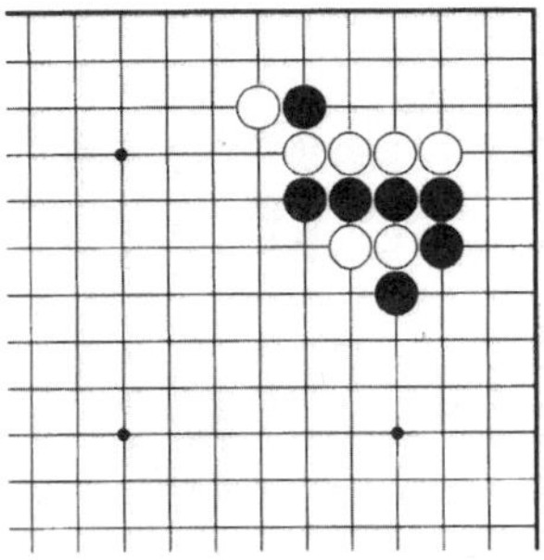

## 활용

화점 정석의 변화이다. 백은 상변의 흑 1점을 잡은 모양이지만 흑 1점은 이후에 크게 활용을 할 수 있다.

解

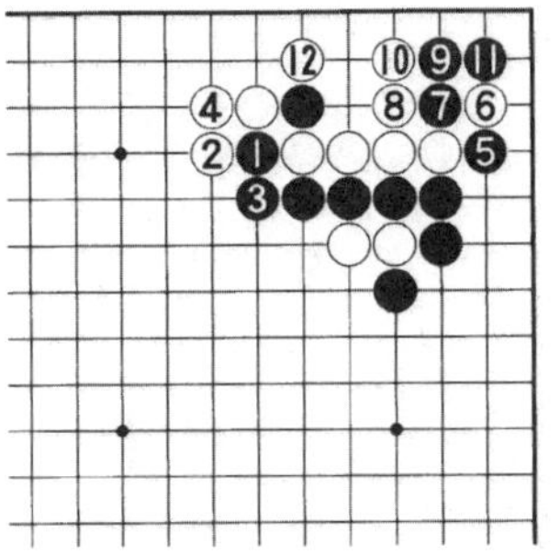

## 강렬

흑1로 끊는 수가 강렬하다. 상변을 양분하여 백을 자충으로 하였다. 백2, 4로 상변을 지키면 흑5, 7로 귀는 백 12까지 작아지게 된다.

变

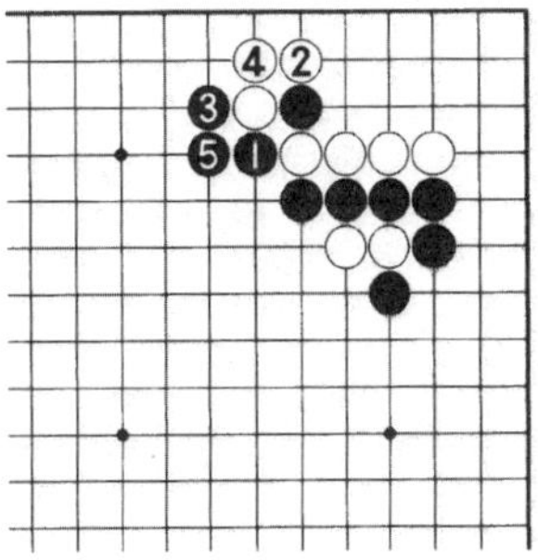

## 흑 두터움

백2로 귀를 지키면 흑3, 5로 상변에서 활용하게 된다. 백은 귀에 갇히게 되고 흑의 세력은 우변에서 상변으로 넓어진다.

제3형 흑번

(700)

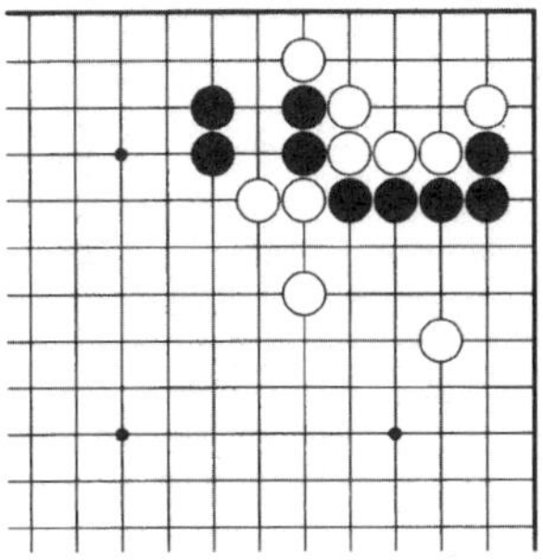

## 맥점

귀의 백집이 넓은 것 같지만 흑의 맥 한 방으로 안형이 위험해질 정도로 집이 좁아지며 우변의 흑까지 살린다.

解

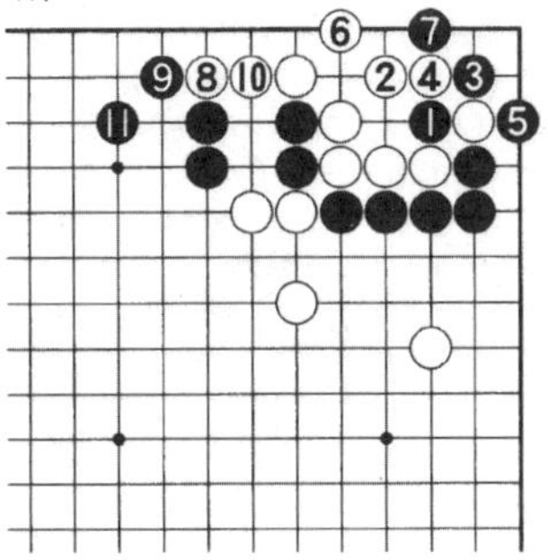

## 강렬

흑1의 끊는 수가 강렬한 맥이다. 백2로 받는 정도인데 흑3으로 1점을 잡아 우변을 살리고 백은 상변에서 간신히 산다.

※❶→⑥

变

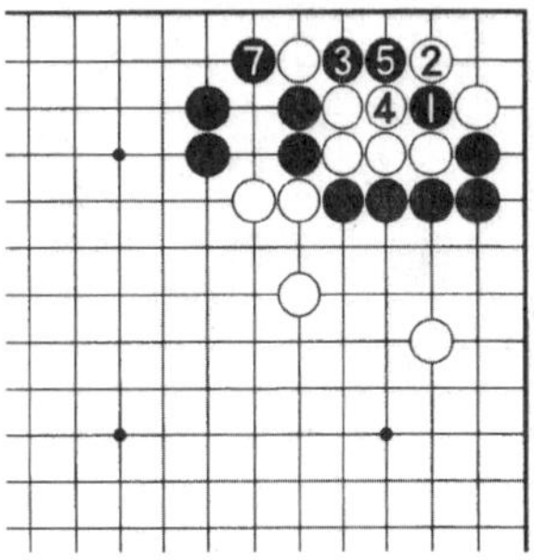

## 백 전멸

백2로 흑 1점을 잡으면 흑3과 5로 포도송이가 된다. 7까지 귀의 백은 전멸한다.

※⑥→❶

제4형 흑번

(701)

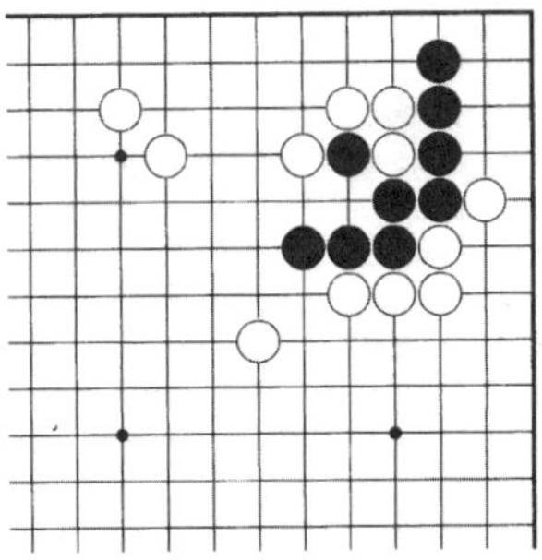

## 약점

흑이 손을 빼는 순간 생사가 위태로워진다. 흑은 상변의 백집에 파고들어 크게 살고 싶다.

解

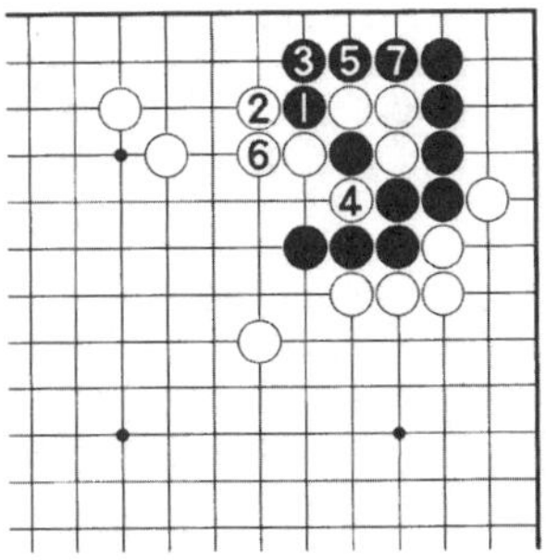

## 조임

흑1로 끊는 수가 냉엄한 맥이다. 백2로 단수쳐도 흑3으로 도망치면 백에 약점이 많다. 백4 이후 흑5, 7로 조여 백집이 사라진다.

变

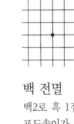

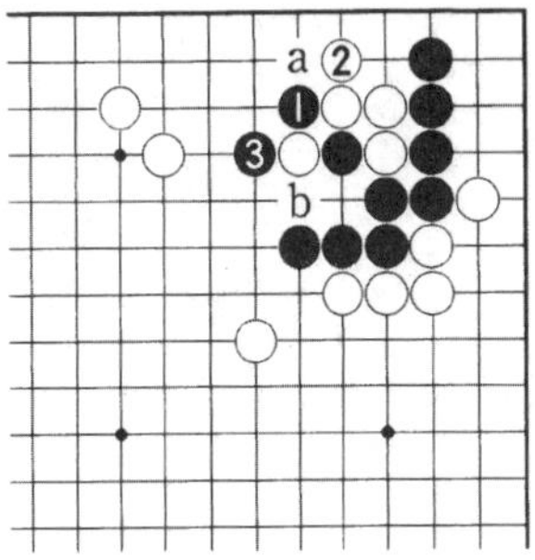

## 백 불리

백2로 저항하면 불리해진다. 흑3으로 단수치고 백a와 흑b로 충분하다. 흑3으로 a에 막아서 백 4점을 잡을 수도 있다.

제5형 백번

(702)

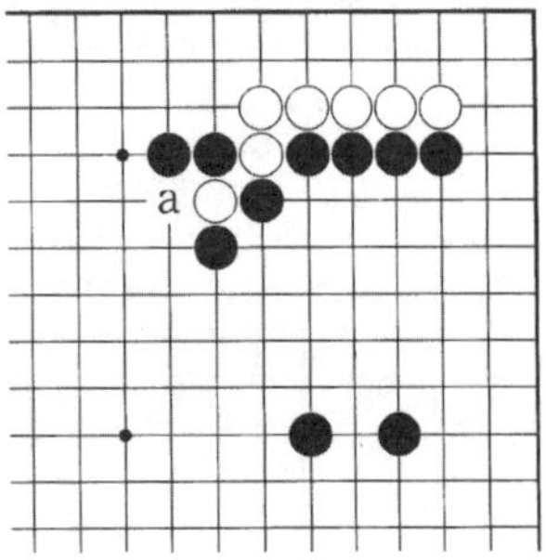

### 활용
백 1점을 축으로 잡아 우변에 흑 의 모양이 생겼다. 그러나 흑a가 빠져 있기 때문에 백이 수를 낼 수 있다.

解

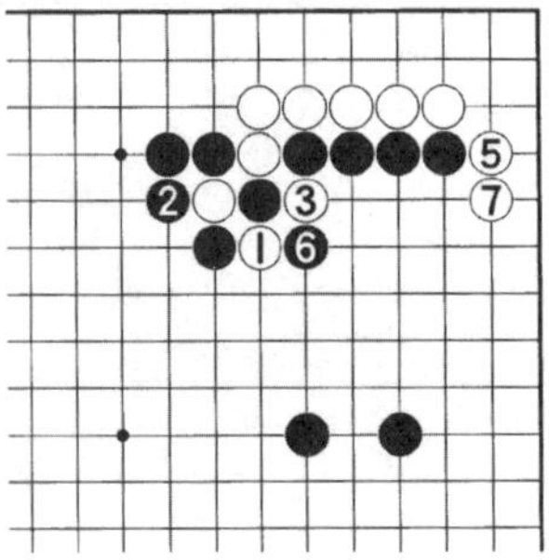

### 맥
백1로 끊는 수가 냉엄한 맥이다. 흑2로 3은 백2. 백3 이후 5로 젖혀 우상의 흑이 자충이다. 백7로 부수어 성공이다.

※❹→❷의 오른쪽

変

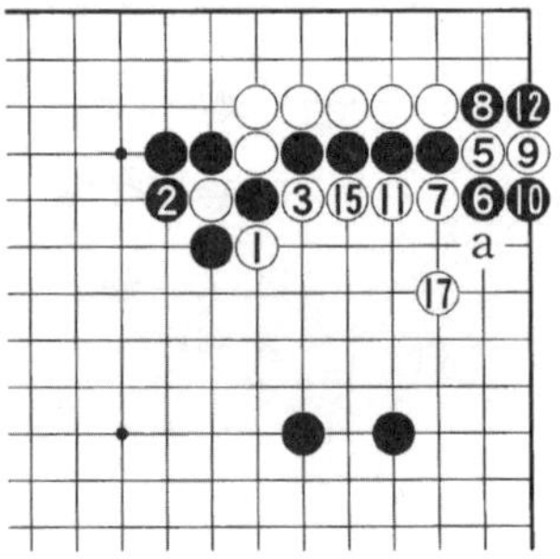

### 흑 무리
흑6으로 막으면 백7로 끊겨서 무리이다. 백7부터 17까지 침범하게 된다. 흑8로 15는 백a.

※❹→❷의 오른쪽, ⑬→⑤, ⓮→⑨(따냄), ⓰→⑤

제6형 흑번

(703)

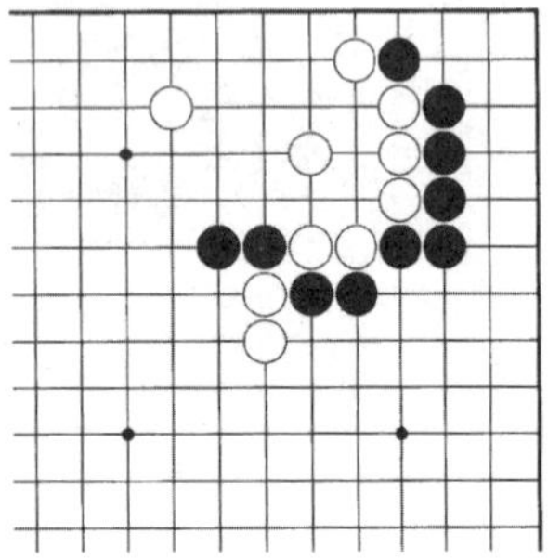

### 불완전
상변의 흑 1점이 잡히려고 한다. 잡히기 전에 백의 불완전한 모양을 먼저 찌를 수는 없을까?

解

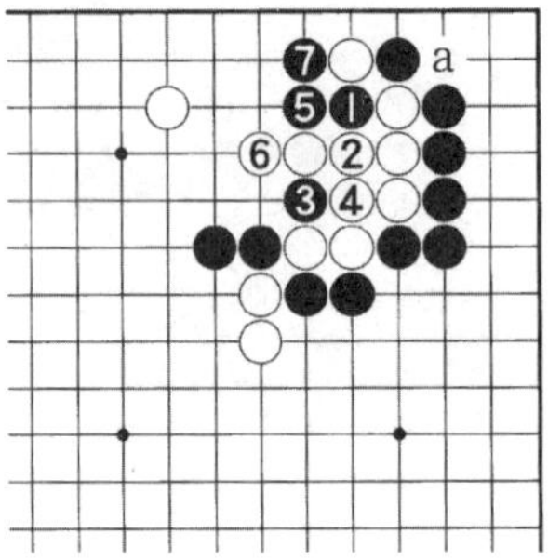

### 맥점
흑1로 끊는 수가 냉엄한 수이다. 흑3의 촉촉수가 있으므로 백은 2부터 6으로 받을 수밖에 없다. 흑은 a를 생략하고 7까지 큰 성과를 올렸다.

失

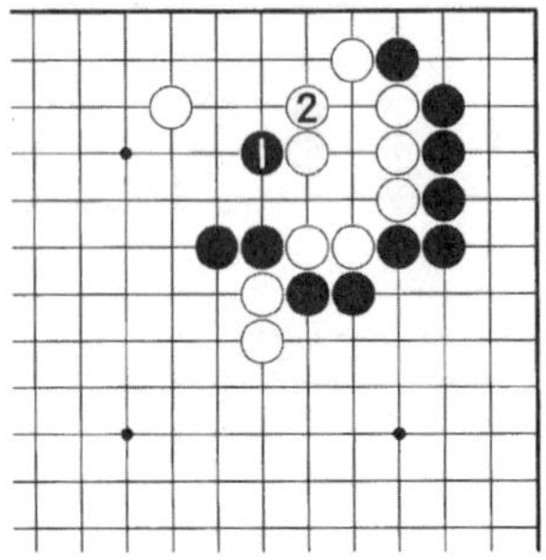

### 속수
사전에 무언가 두는 것은 좋지만 흑1로 붙이면 맛이 없어진다. 백2로 받아 백집을 굳히게 된다.

제7형 백번

(704)

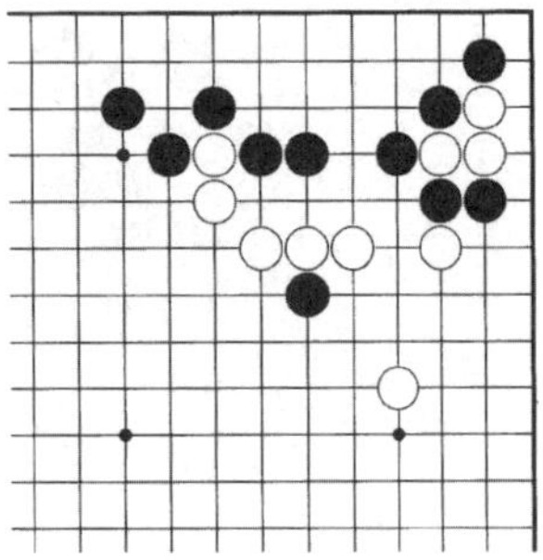

### 노림
공배가 꽉 찬 백 3점을 움직여 나간다. 귀 흑의 약점을 추궁하여 상변을 초토화시키면 성공이다.

解

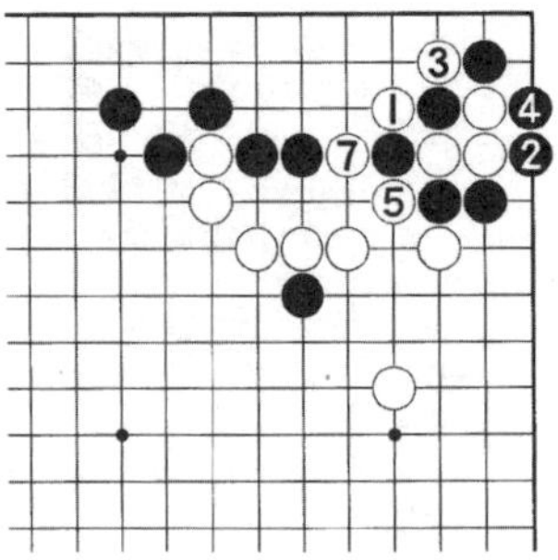

### 관통
백1로 끊는 것부터 가지고 간다. 흑2, 4로 조여오면 백5, 7로 3점을 버리고 상변을 깨뜨릴 수 있다.

※❻→③의 아래(따냄)

失

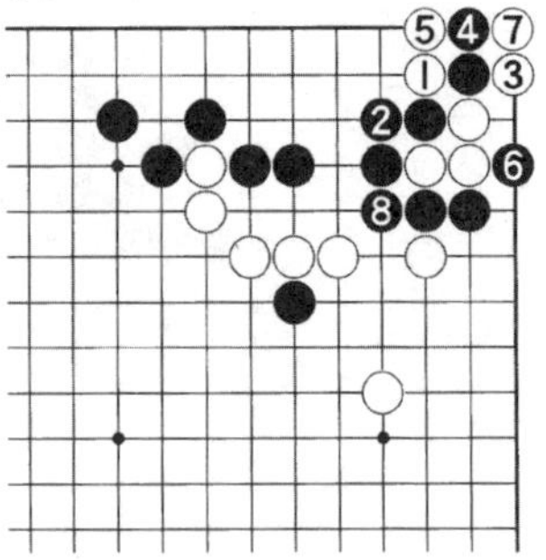

### 백 실패
백1로 끊으면 흑2로 백이 실패한다. 백3부터 7까지 백은 흑 2점을 잡더라도 흑8로 연결하면 귀의 백의 집은 1집뿐이다.

(705)

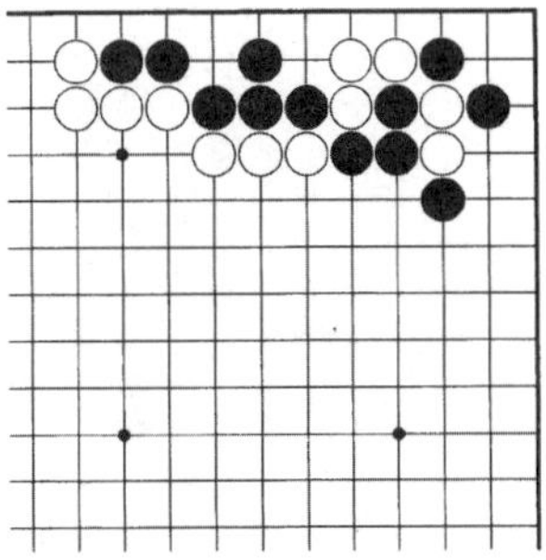

解

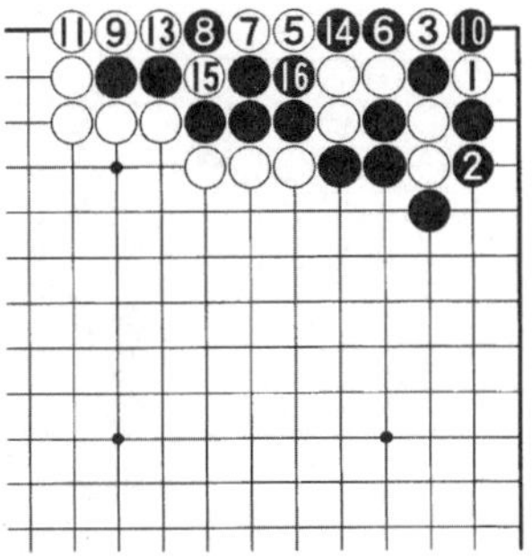

変

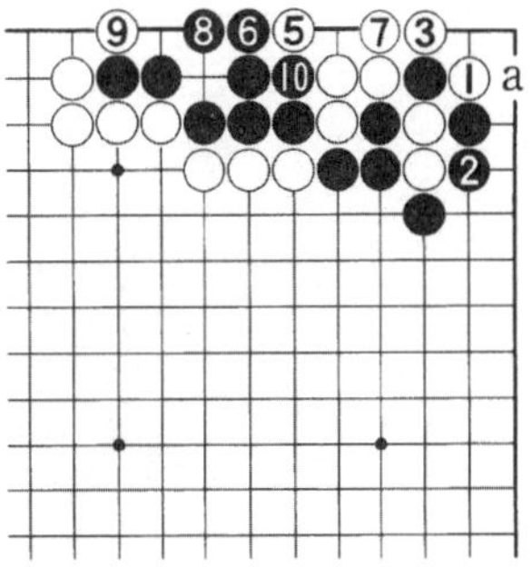

제8형 백번

## 노림

상변의 전투.
백은 잡혀있는 귀의 5점을 이용하여 상변의 흑을 공격하여 흑집을 줄일 수 있다.

## 백 만족

백1로 끊고 3의 단수를 선수로 활용한다. 백5부터 흑을 공격하여 백15까지 상변의 흑 3점을 잡는다.
※❹→①의 왼쪽 아래, ⓬→③

## 한 수 늘어진 패

흑6의 막음은 백7로 잇는다. 흑8부터 10으로 되어 한수 늘어진 패가 난다. 흑8로 a에 두면 백8로 빅이 된다.

(706)

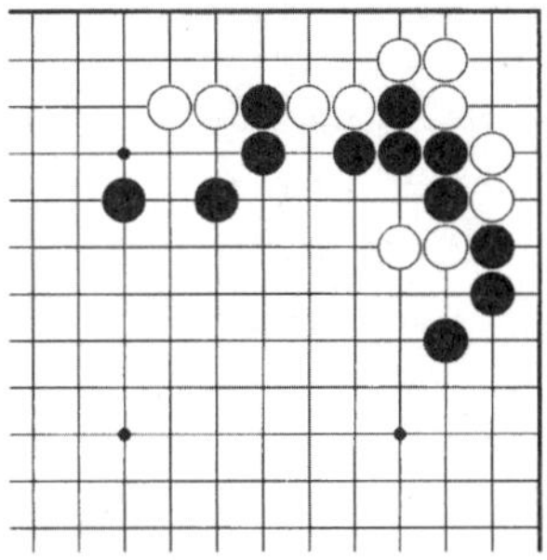

解

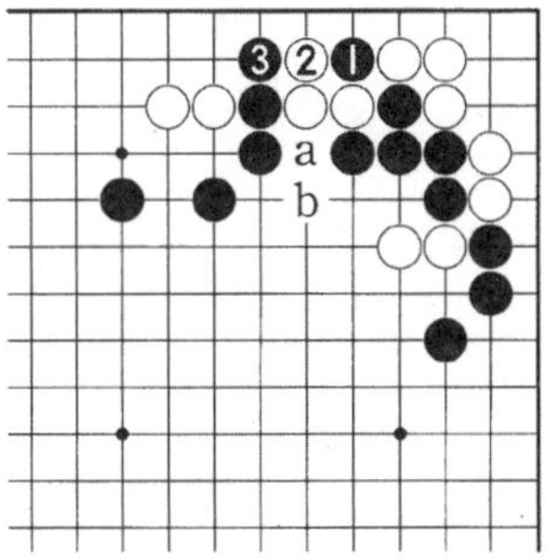

失

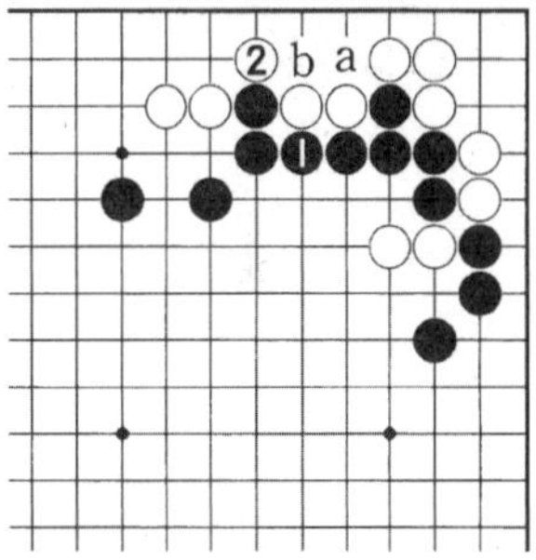

제9형 흑번

## 일석이조

흑은 중앙, 백은 상변으로 둘다 약점이 남아있다. 중앙을 지키면서 백의 약점을 추구하는 일석이조의 수는?

## 자충

흑1로 끊는 수가 효과적인 맥이다. 백2로 지키고 흑3으로 나가면 백은 자충이 된다. 백a에는 흑b로 막는 것이 가능하다.

## 흑 실패

흑1로 이으면 백2로 건너면 그만이다. 흑a는 백b로 흑은 한 발이 늦는다. 상변은 흑b와 백a를 활용하더라도 다음 수가 없다.

(707)

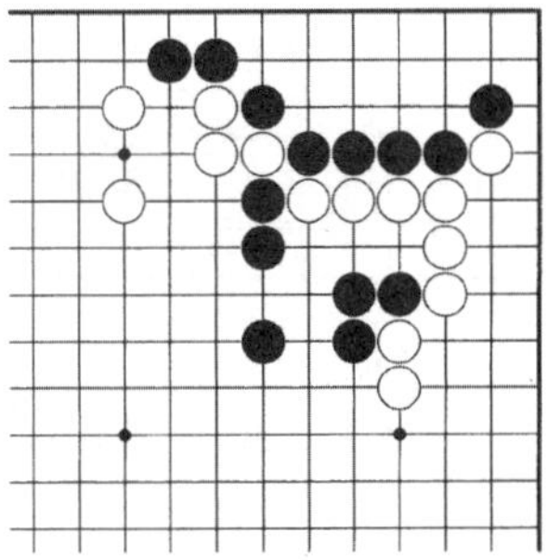

解

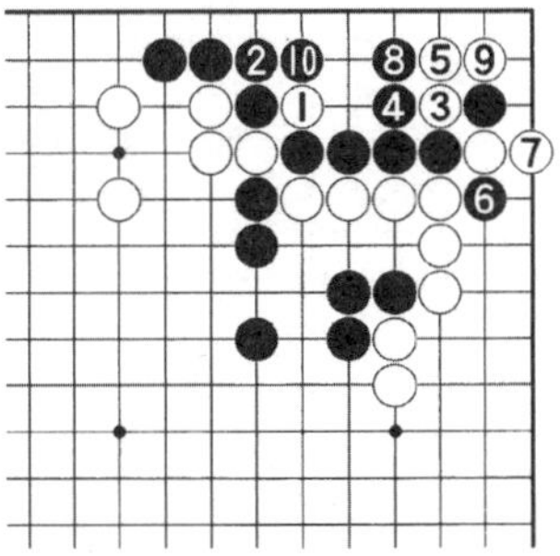

変

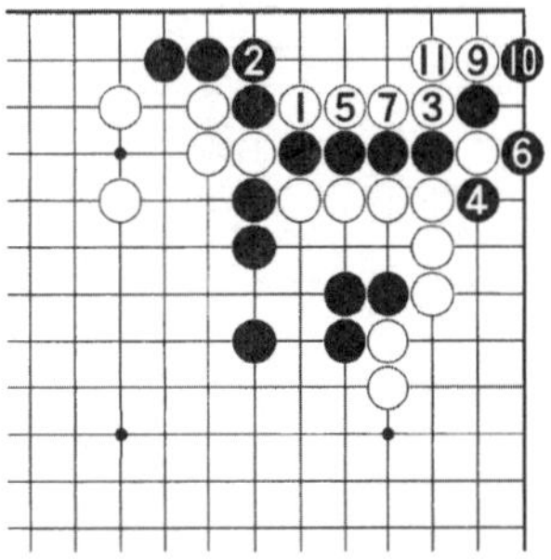

제10형 백번

## 최강수

우상귀의 흑집을 깨뜨린다. 흑의 자충을 추궁하는 최강의 수는?

## 맥점

백1과 흑2를 교환한 뒤, 백3의 끊음이 냉엄하다. 흑4로 단수치면 백5로 늘고 8의 조임을 노린다. 흑10까지 양보하면 귀는 백집이 된다.

## 흑 망함

흑4로 반발하면 백5부터 조여 흑을 전부 잡으러 간다. 백11로 이어 귀와 상변의 백과의 수상전은 백이 승리한다.
※❽→❻의 왼쪽

(708)

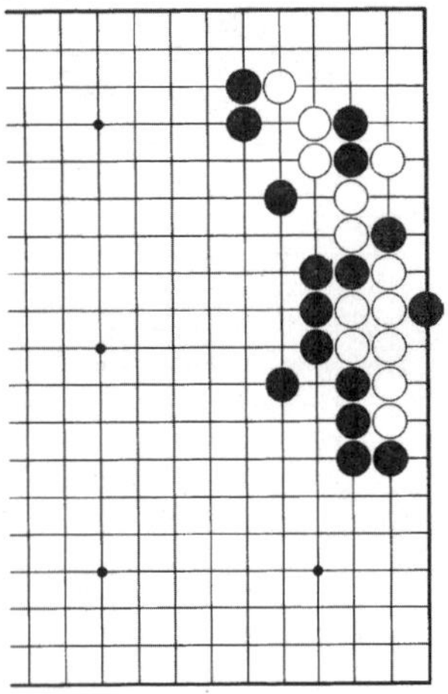

解

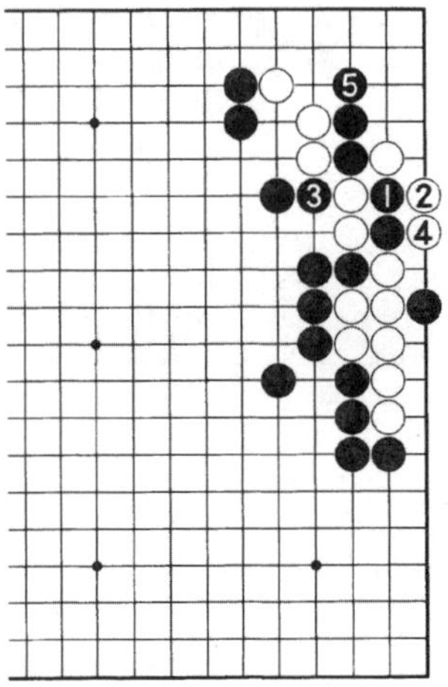

变

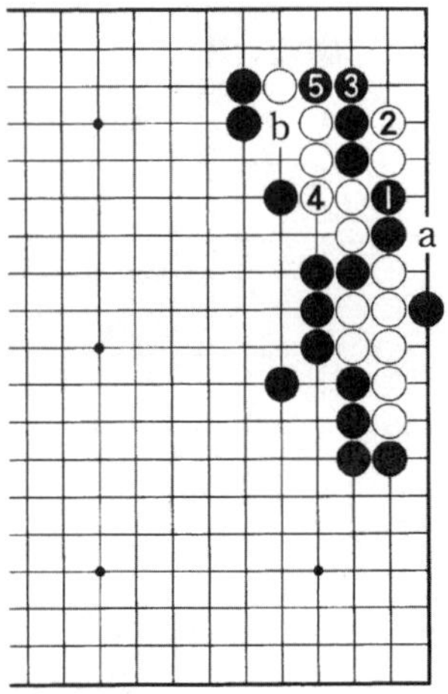

제11형 흑번

## 귀의 수

우상귀의 전투.
흑 2점을 살리고 귀의 백집을 얼마나 무너뜨릴 수 있을까?

## 흑 성공

흑1로 끊는 수가 맥이다. 백2로 단수치면 흑3으로 끊는 수가 선수가 된다. 흑5로 나가서 3점을 잡으면 귀는 큰 흑집이 된다.

## 흑 만족

백2로 단수치면 흑3 이후 백4로 이어 2점을 살리는 모양이다. 흑5로 찝어 귀를 건너간다. 흑1로 3, 백4, 흑5는 다음에 흑1로 끊어도 백은 a로 잡기 때문에 흑의 b의 활용방식이 틀리게 된다.

(709)

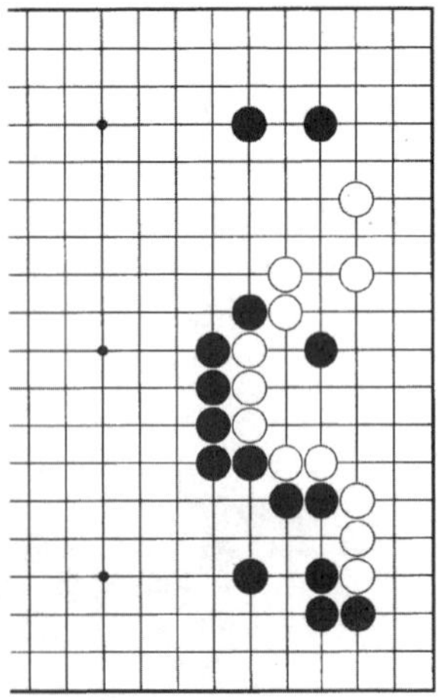

解

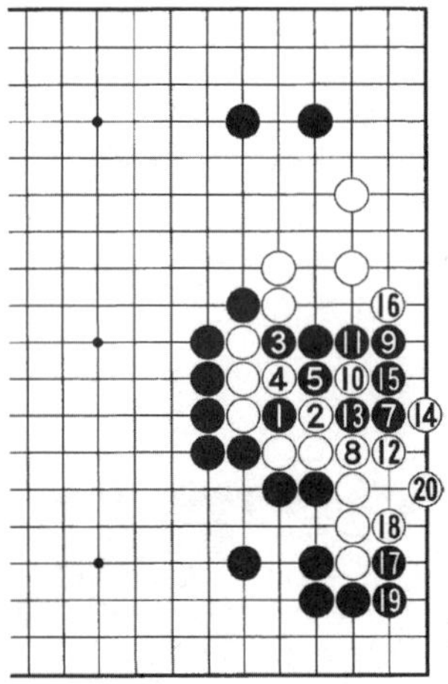

失

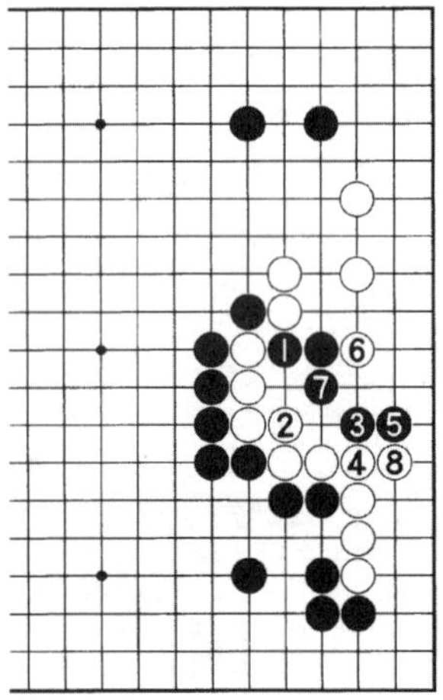

제12형 흑번

## 약점

우변의 백집이 크다. 얼핏 보기엔 집처럼 보이지만 백에게는 큰 약점이 있다.

## 맥점

흑1로 끊는 수가 냄엄하다. 흑3, 5로 조이면 백6으로 이으면 흑7부터 백20까지 빅 또는 흑이 유리한 패가 된다. 백2로 3은 흑8, 백2, 흑13으로 우하의 백을 잡는다.

※⑥→❶

## 흑 실패

흑1로 끊으면 백2로 이어 불발된다. 흑3, 5로 우하의 백을 공격하더라도 백6의 붙임을 활용해 흑의 모양이 무너지고 백8로 유가무가가 된다. 흑이 실패한다.

제1형 흑번

(710)

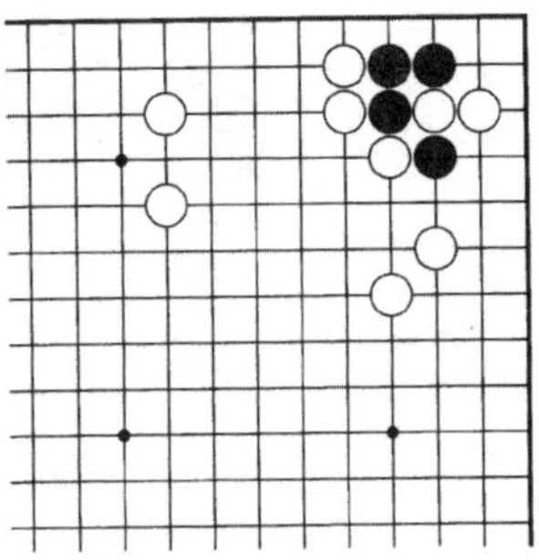

解

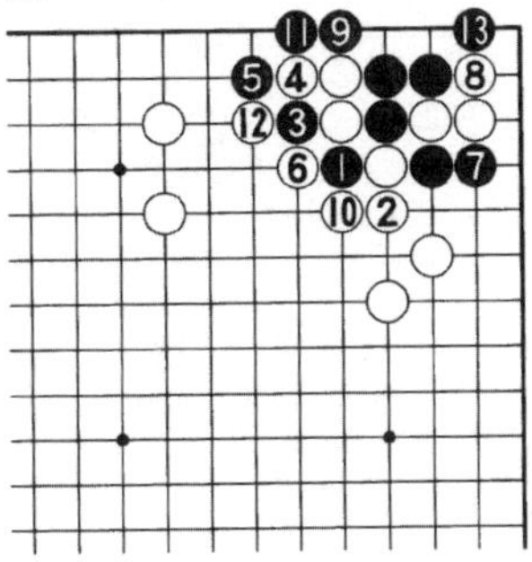

失

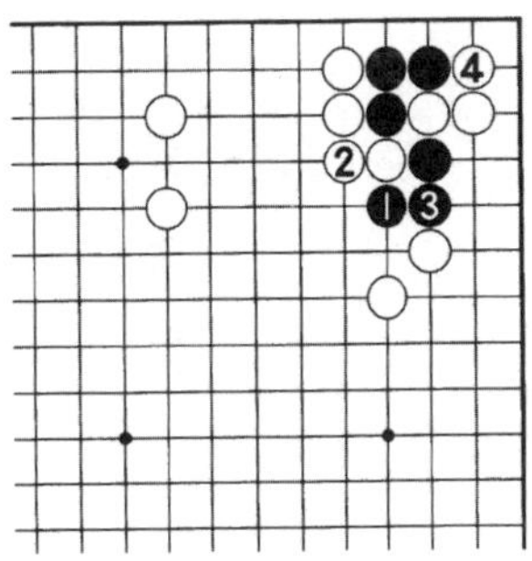

### 귀의 수

귀의 흑은 백의 엄중하게 포위 되어 있다. 밖으로 나가도 성공할 가능성이 없다. 귀만으로 사는 것은 백을 잡아야 한다.

### 돌려치기

흑1로 끊고 3, 5가 비상수단이다. 백6 이후 흑7로 귀의 백을 공격하고 9와 11을 활용하여 상변에 수를 늘리면 흑13으로 백 3점을 잡는다.

### 흑 실패

흑1과 3으로 우변에 머리를 내밀어도 백4로 귀를 잡혀 실패한다. 바깥의 백이 강해 흑은 도망칠 수 없는 모양이다.

제2형 흑번

(711)

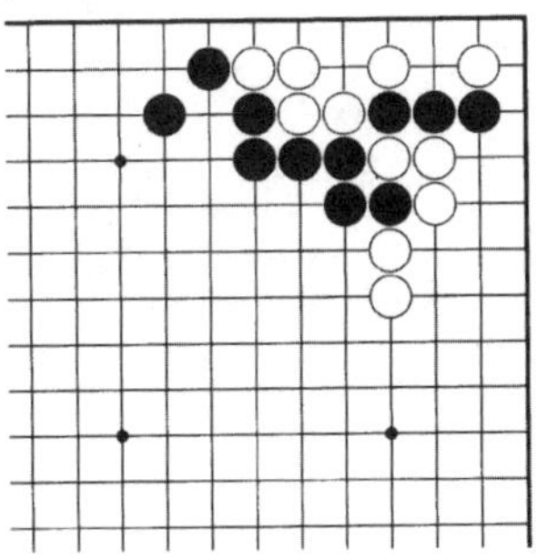

解

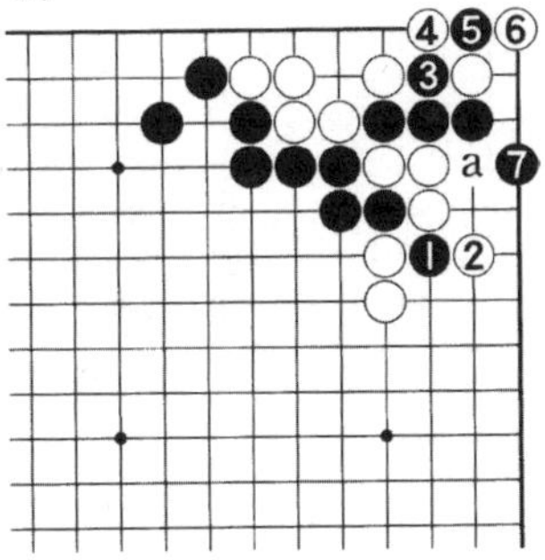

失

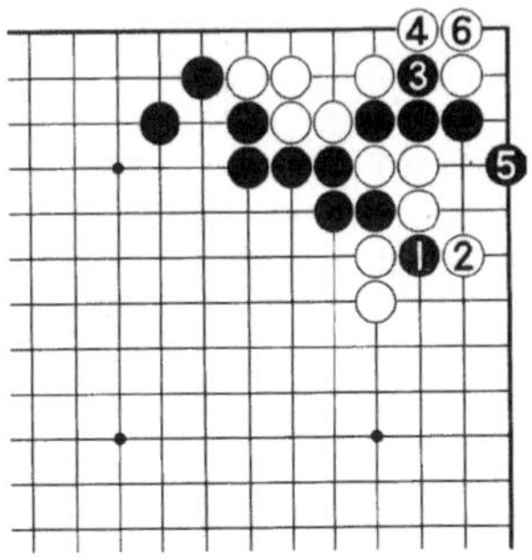

### 뒷맛

귀의 흑은 거의 공배가 차있는 상태로 상변의 백을 공격하면 자충이 된다. 패를 만들면 충분하다.

### 패

흑1로 끊어 백 3점의 공배를 메운 모양이다. 백2 이후 a에 막을 수가 없다. 흑3부터 7로 변의 탄력을 살려 패를 만든다.

### 흑 실패

흑5로 단순히 입구자하면 백6으로 이어 유가무가가 되어 흑이 패배한다. 흑1로 3은 백4. 자충이 되어 흑1로 끊는 것이 안된다.

제3형 흑번

(712)

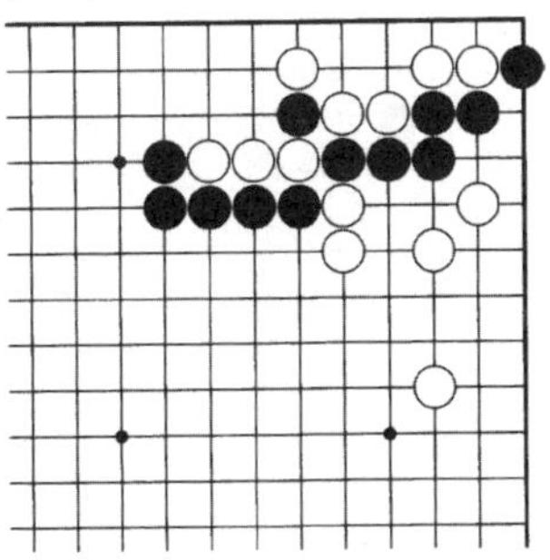

解

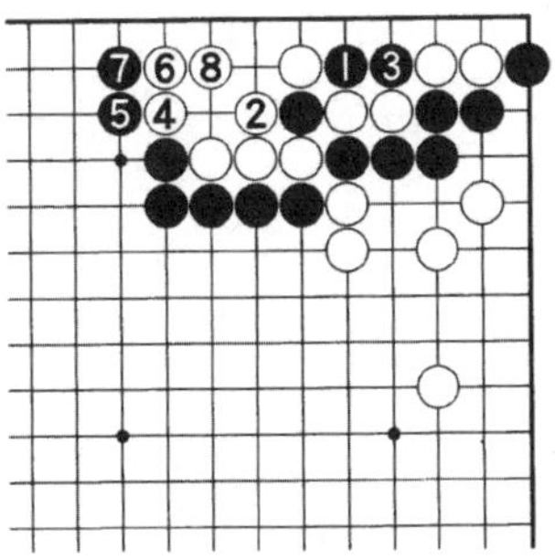

変

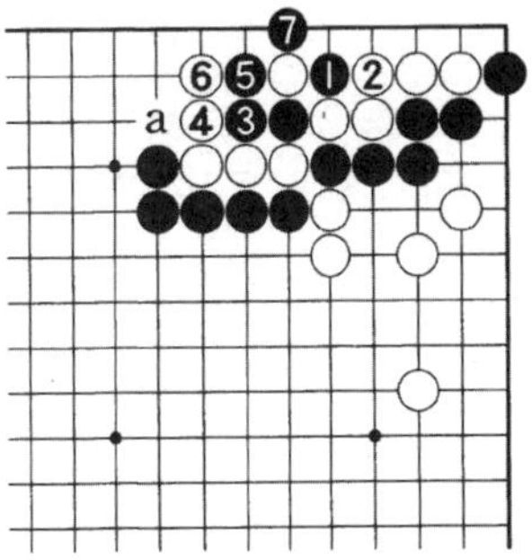

### 귀의 수

귀의 백은 흑 1점을 확실하게 잡고 있어도 진짜가 아니다. 흑은 우상의 흑을 되살리는 수는?

### 맥점

흑1로 끊는 수가 냉엄하다. 백2로 따내면 흑3으로 단수쳐서 귀의 백 2점을 잡는다. 백4부터 8까지 괴로운 삶이다.

### 백 무리

백2로 이으면 흑3으로 나가 중앙의 백 3점을 공격한다. 백4, 6은 무리이다. 흑7로 손해가 크다. 흑1로 5는 백3으로 귀의 수상전은 흑이 불리하다.

(713)

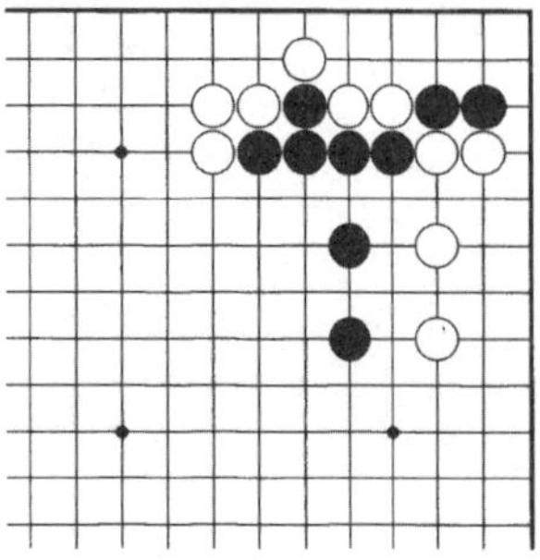

解

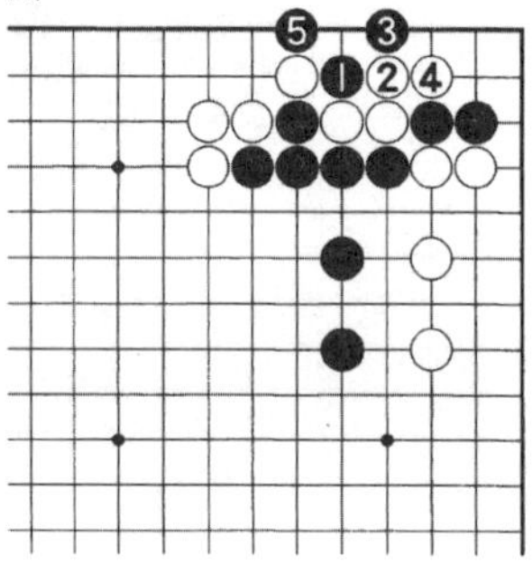

变

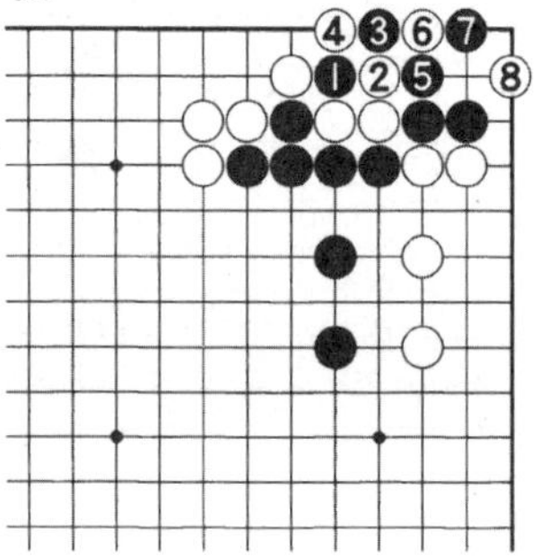

제4형 흑번

### 뒷맛

귀의 흑 2점에 내준 땅은 극단적으로 좁다. 그러나 이런 곳에서도 수가 난다.

### 패

흑1로 끊고 3으로 젖히는 수는 자살 같은 수이지만 각각 탄력 을 갖고 있다. 백4로 받으면 흑5 로 단수쳐서 패가 난다.

### 이것도 패

백4로 따내면 흑5로 단수쳐서 백6으로 3의 1점도 잡게 한다. 흑7로 막아 패가 난다. 백8로 3에 이으면 흑8로 살 수 있다.

(714)

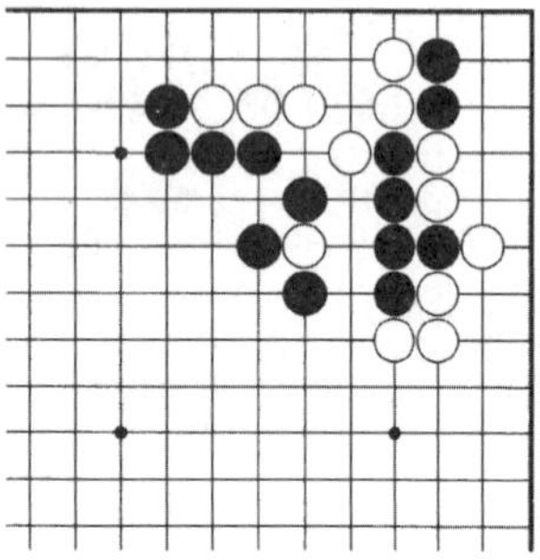

解

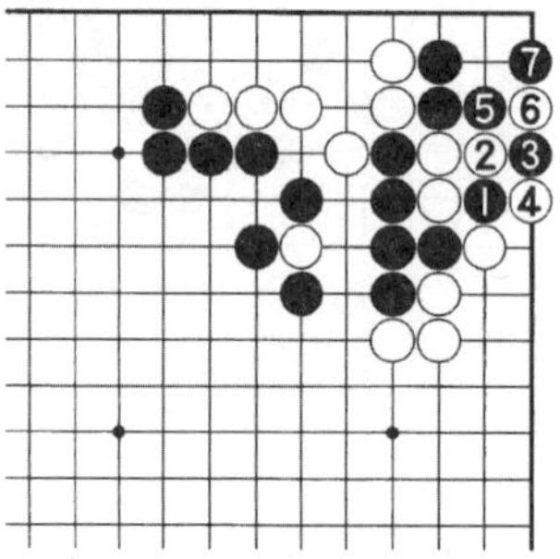

变

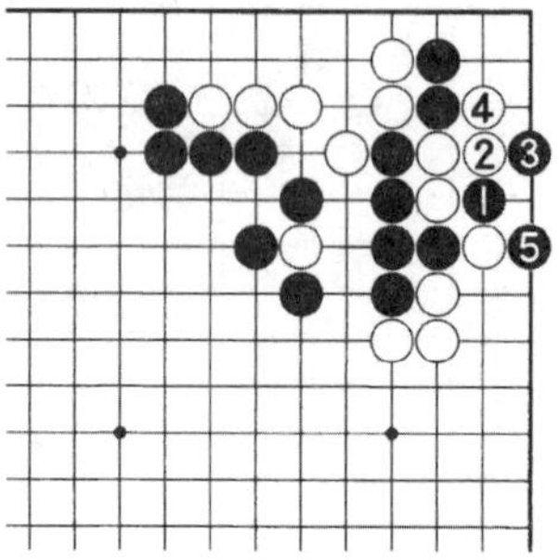

제5형 흑번

### 활력

좁은 귀에 갇혀있는 흑 2점에는 아직 활력이 남아 있다. 이 2점이 살면 상변의 백이 괴로워진다.

### 패

흑1로 끊고 백2 이후 흑3으로 단수치는 것이 맥이다. 백4로 따내면 흑5, 7로 바깥부터 결정짓고 패가 난다. 이 흑이 살면 상변의 백은 가일수가 필요하다.

### 패

백4로 도망치면 흑5로 단수쳐 우변을 무너뜨리는 패가 난다. 흑1로 2에 젖히면 백1로 이어 죽는다. 흑3으로 4도 백3으로 그만이다.

(715)

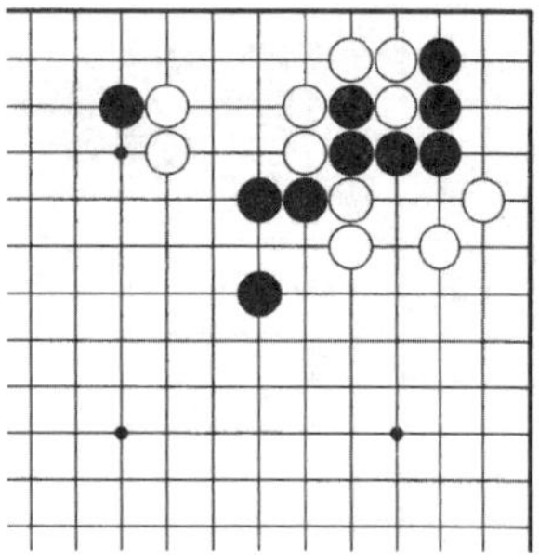

解

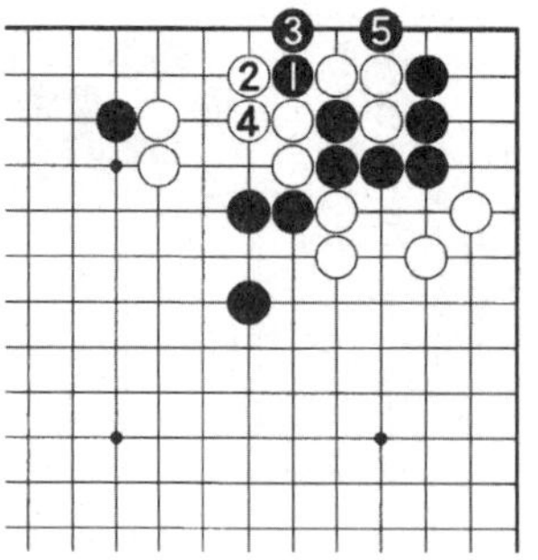

失

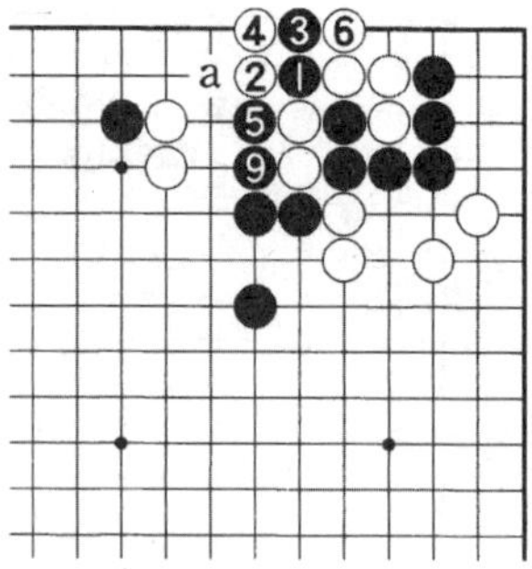

제6형 흑번

### 반격

귀의 흑을 공격하려던 백의 모양에 약점이 있다. 흑은 어디부터 백에게 반격할까?

### 맥점

흑1로 끊는 수가 냉엄하다. 백2로 단수치면 흑3으로 뻗어서 중앙을 노리고, 백4로 이으면 흑5로 백 3점을 잡는다.

### 조임

백4로 저항하면 흑5로 조인다. 흑9로 단수쳐서 백이 이으면 흑a로 전멸한다. 백a에는 흑1로 따내서 중앙을 연결한다.

※❼→❶, ⑧→❸(따냄)

(716)

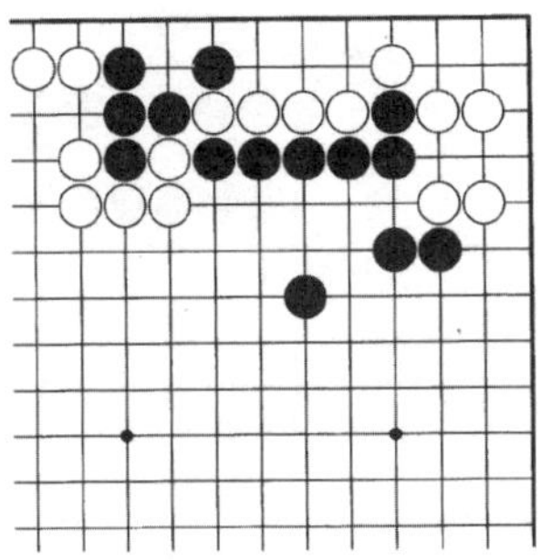

解

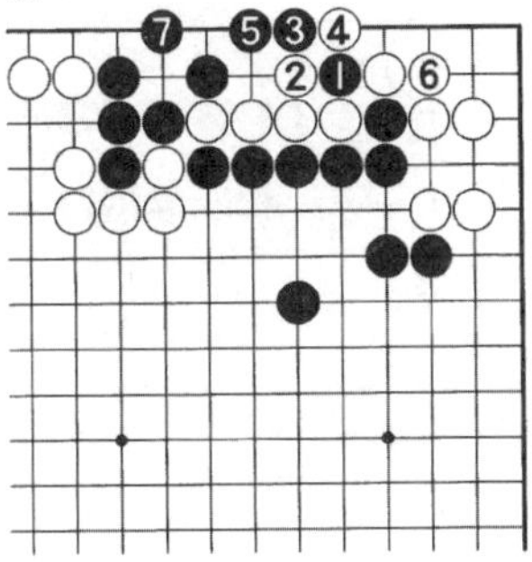

失

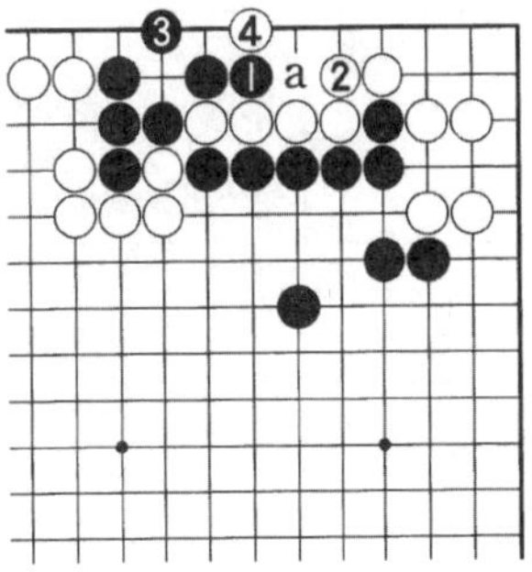

제7형 흑번

### 흑선 활

흑은 상변의 좁은 포위망 안에서 살려고 한다. 백의 약점을 추궁하면 간단하다.

### 맥

흑1로 끊는 수가 상용의 맥이다. 백2로 단수치고 흑3, 5로 돌려쳐서 촉촉수를 노린다. 백6으로 잇고 흑7로 두 집을 내서 산다.

### 흑 실패

흑1로 밀면 백2로 이어 실패한다. 흑3으로 집을 내도 백4로 붙여서 상변에 옥집이 생긴다.
백2로 a는 흑4 뻗음이 선수여서 흑이 부활한다.

끊음

사활(삶)

(717)

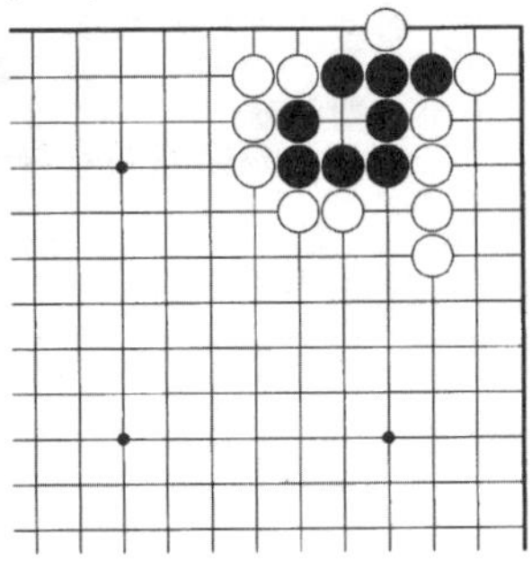

解

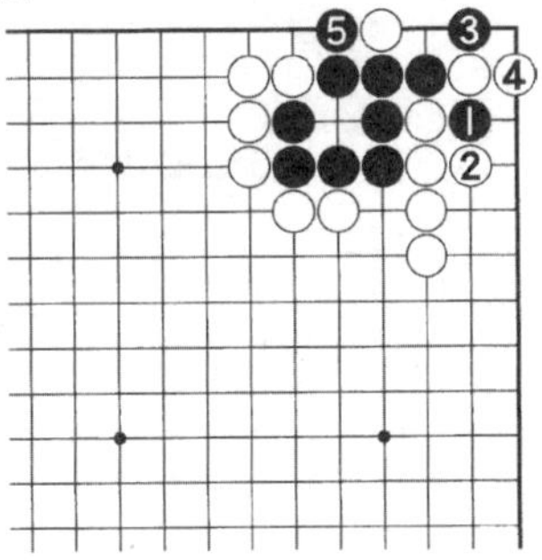

失

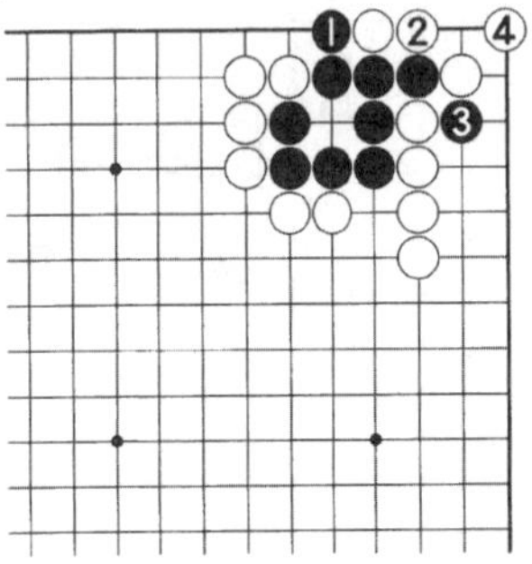

제1형 흑번

### 흑선 활

실전에서는 여기서 흑을 포기하는 사람이 있을지도 모른다. 그러나 이 장면은 흑이 무조건 살 수 있다.

### 훌륭한 삶

흑1로 하나 끊어두어 백의 응수를 본다. 백2에는 흑3을 활용하고 흑5. 이렇게 멋지게 살아나게 되면 흑은 만족이다.

### 조바심이 과하다

흑1, 백2를 교환하는 것은 너무 서두른 것이다. 여기서 흑3으로 끊어도 백4가 좋은 수로 다음 수가 없다.

(718)

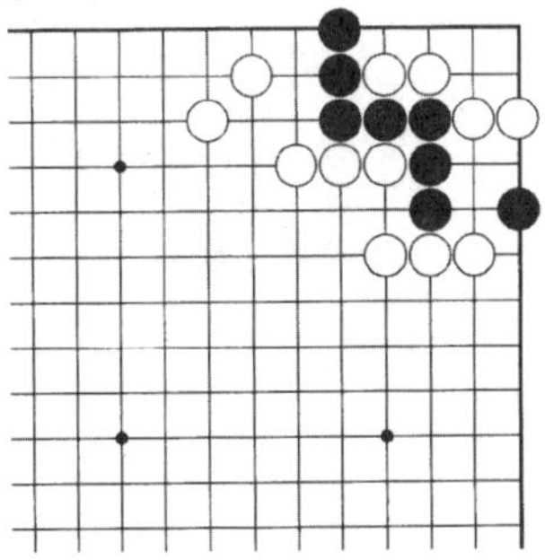

解

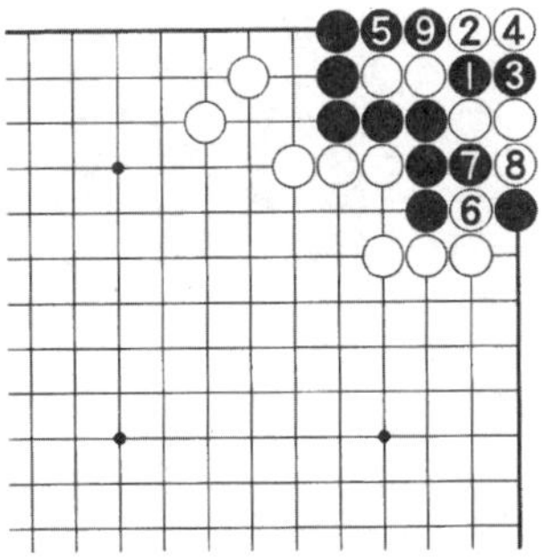

失

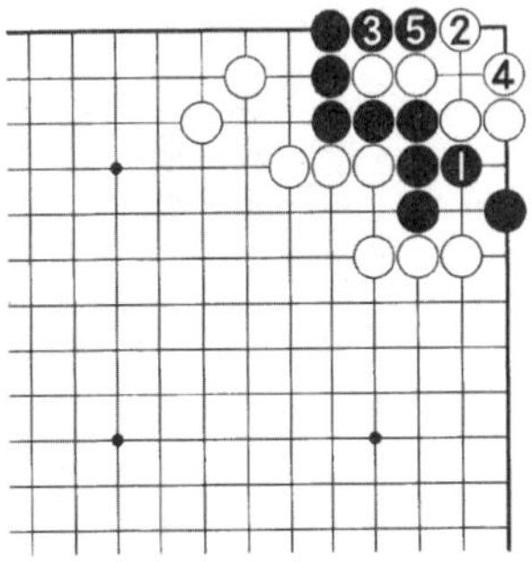

제2형 흑번

### 수순

귀의 백을 잡아도 한 집밖에 나지 않을 수도 있으니 조심해서 수읽기 하는 것이 중요하다.

### 흑 삶

흑1, 3으로 사석을 이용하는 것이 포인트이다. 백6, 8의 끊음을 무시하고 흑9로 단수치는 것이 냉정하고 백의 4점을 따낼 수 있다.

### 매화육궁

흑1로 잡더라도 백2, 4가 좋은 수로 여기서는 흑 1집밖에 낼 수 없다. 최후에는 매화육궁이 된다.

(719)

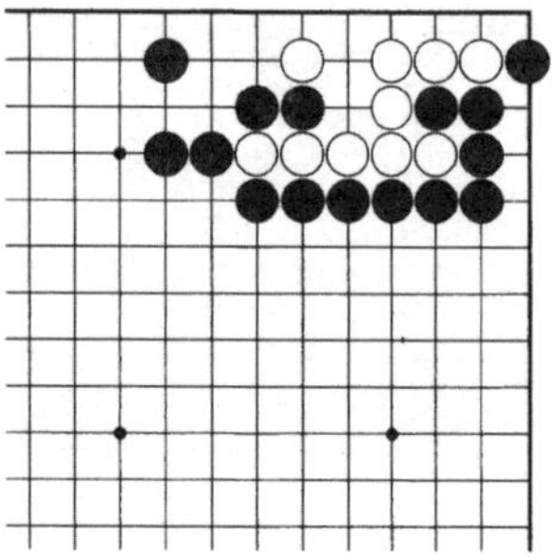

解

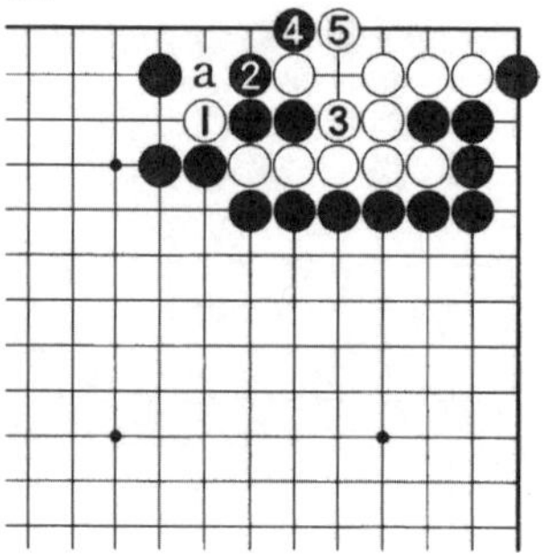

失

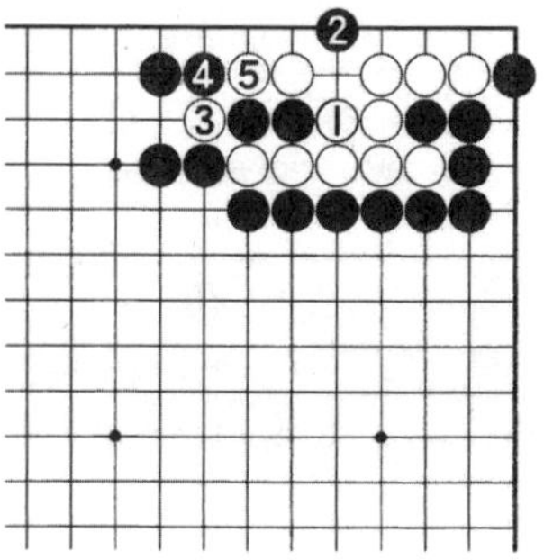

제3형 백번

### 공간

백은 두 집을 만들 공간이 없는 것처럼 보인다. 패로 끌고 가는 것이 정답이다.

### 패

백1로 끊어 살 길을 찾을 수밖에 없다. 흑2가 최강으로, 이하 백5까지 패가 난다. 흑2로 a는 백5로 살 수 있다.

### 백 실패

단순히 백1에는 흑2가 급소이다. 다음에 백3으로 끊으면 흑은 2점을 버려 백이 죽는다.

※❻→③의 오른쪽

(720)

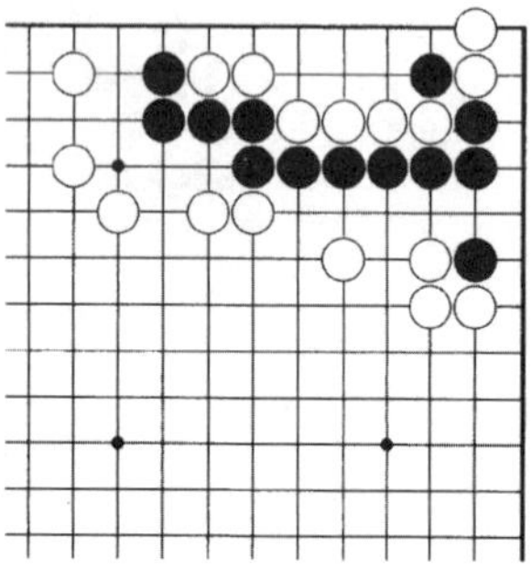

解

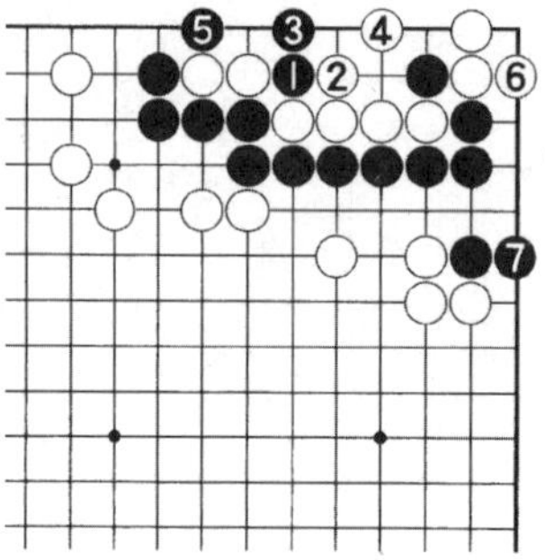

変

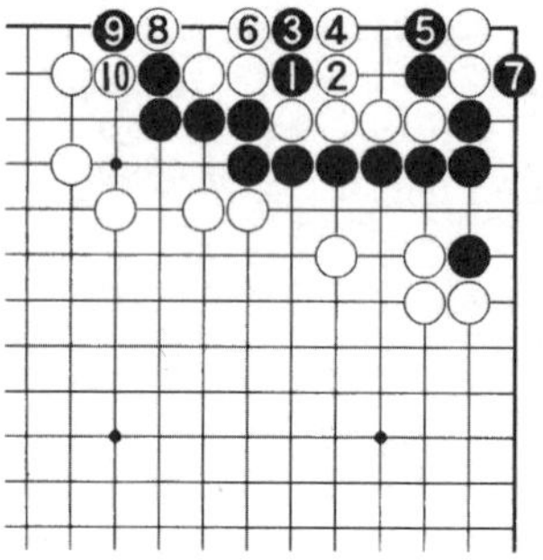

제4형 흑번

### 자충

우상의 사활문제.

흑의 대마에는 집이 없는 모양이다. 단서는 귀의 백에게 공격이다. 백의 일부를 선수로 잡아야 한다.

### 각생

흑1로 끊는 수가 냉엄하다. 백2로 단수치면 흑3으로 뻗은 뒤 사석으로 이용한다. 백4, 6으로 귀를 살리는 정도. 흑7까지 각자 산다.

### 백 무리

백4로 2점을 잡는 것은 무리이다. 흑5로 막아 백은 둘수 있는 수가 없고 귀의 백을 반대로 잡혀 버린다. 흑7로 살고 상변의 백은 패의 모양이다.

(721)

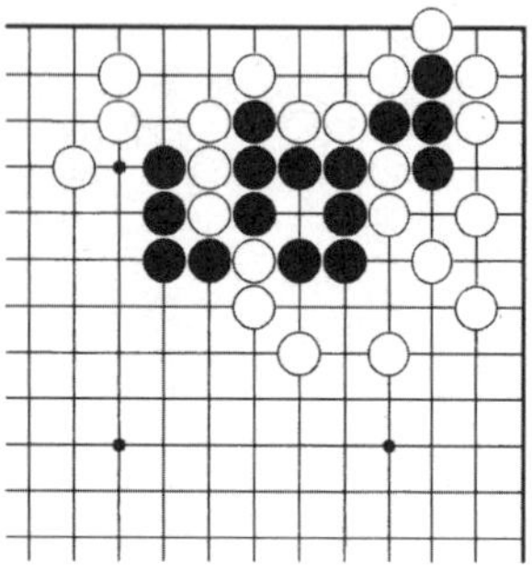

解

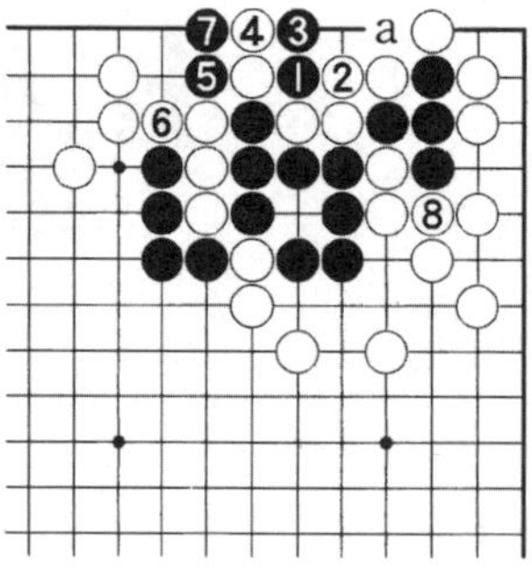

失

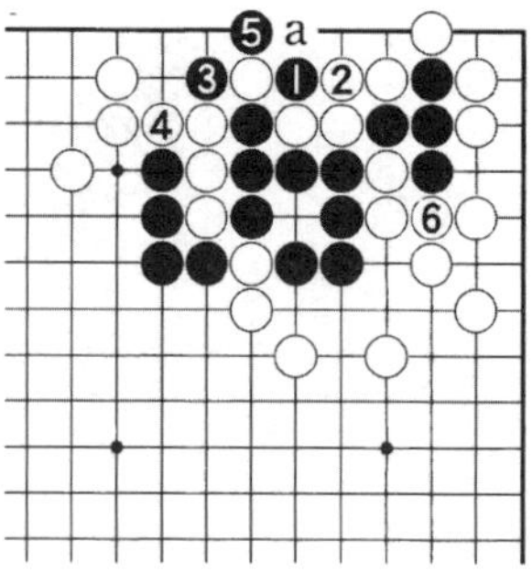

제5형 흑번

### 흑선 활

상변의 전투.

세 군데로 나뉜 흑이 백의 약점을 추궁하면 중앙의 흑을 살릴 수 있다. 상변을 깨뜨리기만 하면 실패한다.

### 흑 삶

흑1로 끊는 수가 좋다. 백2로 이으면 흑3으로 뻗는다. 백4로 단수치면 흑5, 7로 2점을 따내고 산다. 흑은 a와 9를 맞보기로 살 수 있다.

※❾→④의 아래

### 흑 실패

흑1, 백2에 흑3으로 끊으면 실패한다. 흑5로 따도 집이 되지 않는다. 흑3으로는 4의 방향부터 단수를 엿보는 a가 유효했다.

(722)

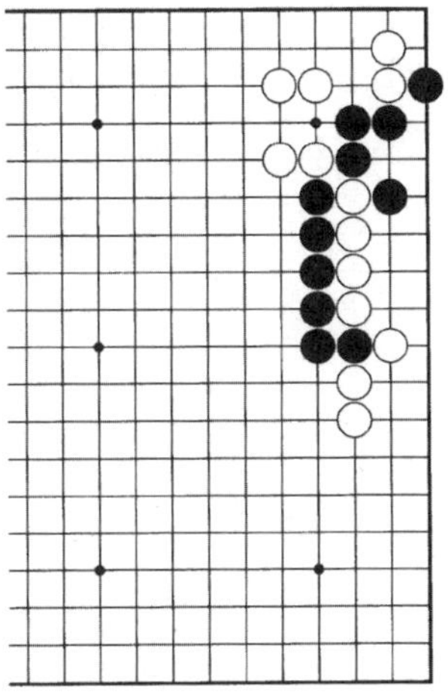

解

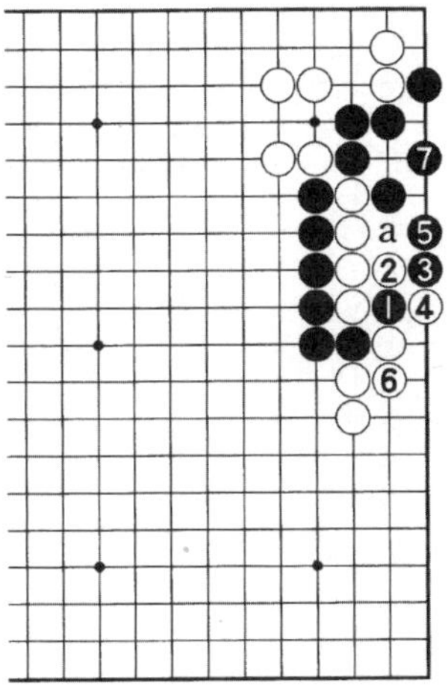

失

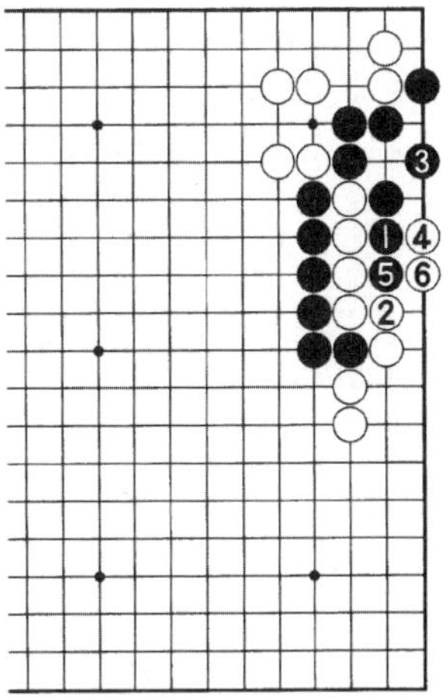

제6형 흑번

### 백의 약점

사활의 문제.
우상의 흑 5점은 거의 땅이 없어 쉬도 깔딱거리는 모양이지만 우변에 있는 백의 약점을 추궁하면 집을 만들 수 있다.

### 흑 삶

흑1로 끊는 수가 맥이다. 백2로 잡을 수밖에 없다. 흑3, 5로 조여 a의 촉촉수와 7로 사는 것을 맞본다. 흑3으로 5는 백3으로 받아 2집 손해를 본다.

### 흑 실패

흑1로 밀면 백2로 받아 실패한다. 흑3으로 집을 내도 백4로 붙여 우변은 옥집이 된다. 백2로 5에 받으면 흑4의 뻗음이 선수여서 흑은 산다.

(723)

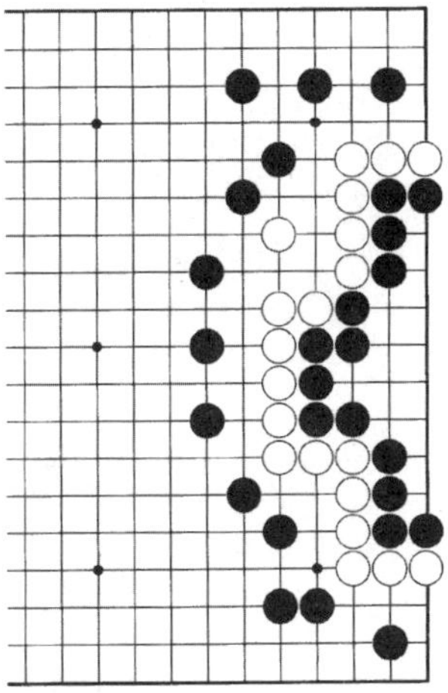

解

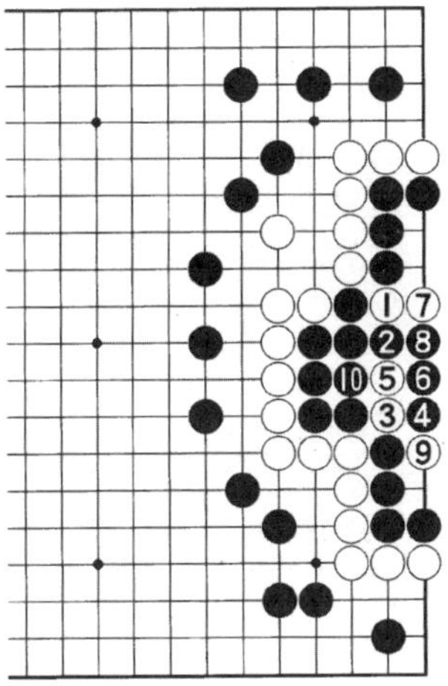

変

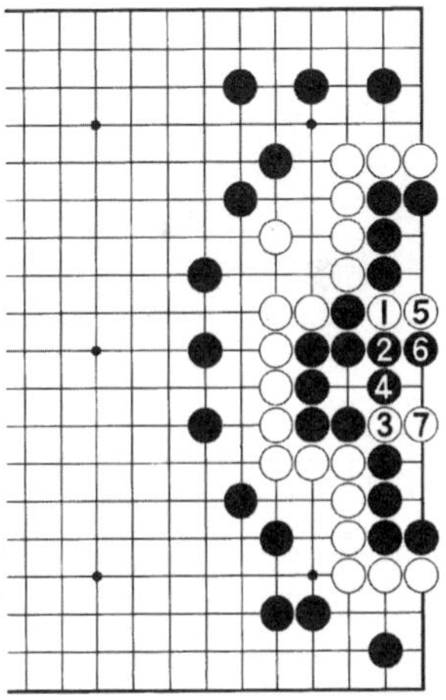

제7형 백번

### 대마의 삶

사활의 문제.
백의 대마는 한 집밖에 없는 모양이지만 우변의 흑의 자충을 노려 흑의 일부를 잡아야 산다.

### 백 삶

백1로 끊는 수가 맥이다. 흑2로 단수치면 백3으로 끊어 흑을 자충으로 만든다. 흑4부터 8로 공격하면 백9로 먹여쳐서 환격 모양이다. 우하의 흑4점을 버릴 수밖에 없다.
※⑪→③의 아래

### 수순의 묘

흑4로 단수치는 변화이다. 백5로 뻗고 흑6에는 백7로 아래쪽으로 뻗어서 흑은 양자충. 백은 우하의 4점을 잡고 산다. 흑2로 5는 백4로 들여다본다.

(724)

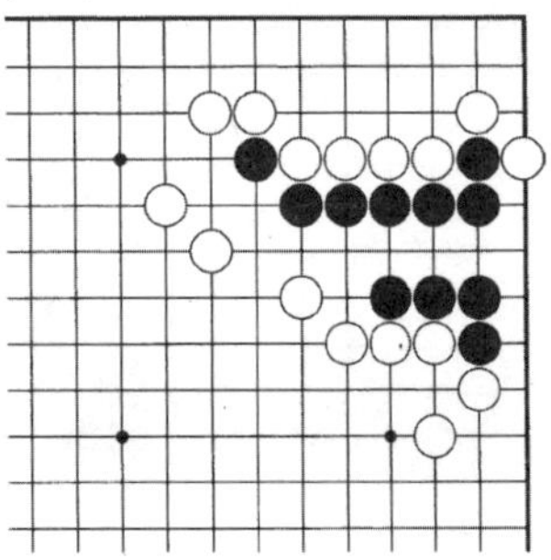

解

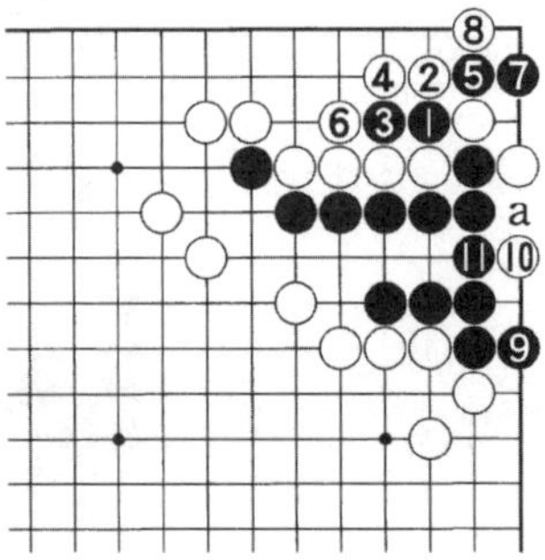

变

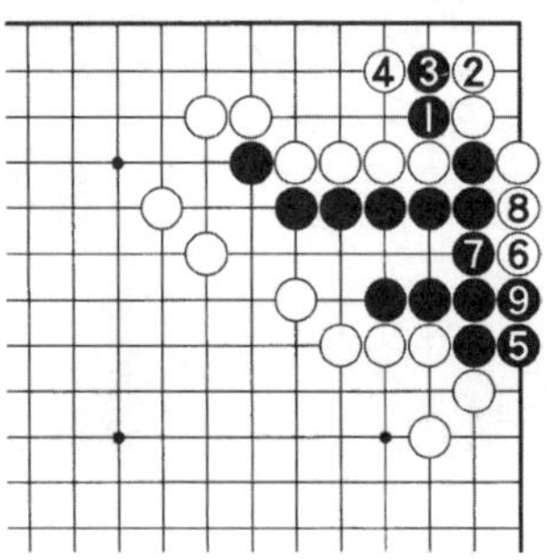

제8형 흑번

### 맥의 묘

실전에서는 여기서 포기하는 사람이 있을 것이다. 맥의 묘미를 충분히 맛볼 수 있는 문제이다.

### 흑 삶

실마리를 구하기 위해서는 흑1로 끊어두어야 한다. 백8까지 공작을 해두고 흑9로 뻗는다. 결국, 백은 a에 이을 수가 없어서 흑이 산다.

### 5가 좋은 수

흑1로 끊는 것에 백2로 뻗는 것은 흑3, 백4를 교환하고 5로 뻗는 수순이 중요하다. 백6으로 치중해도 흑9까지 팽팽하다.

(725)

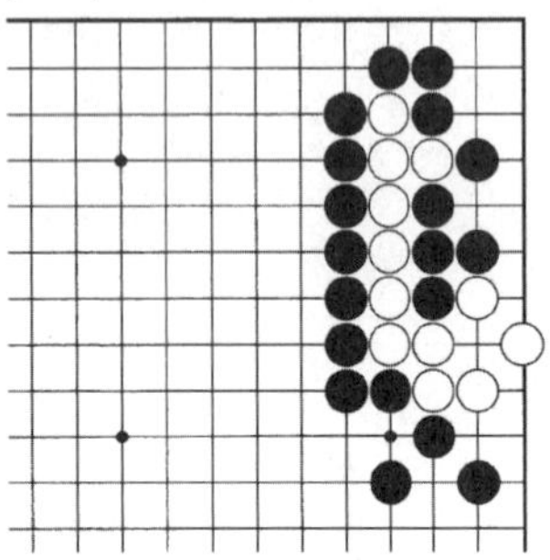

解

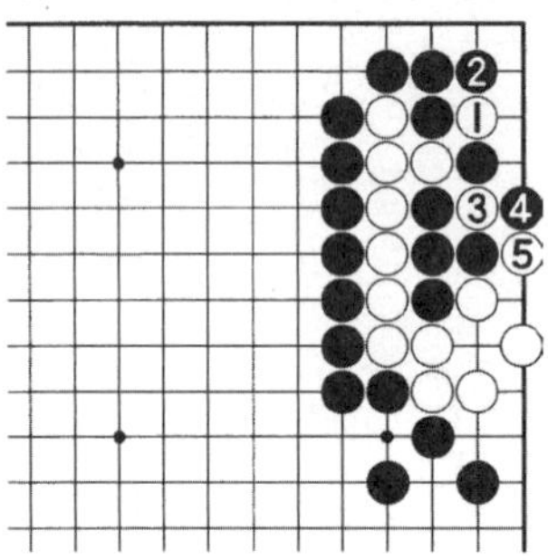

变

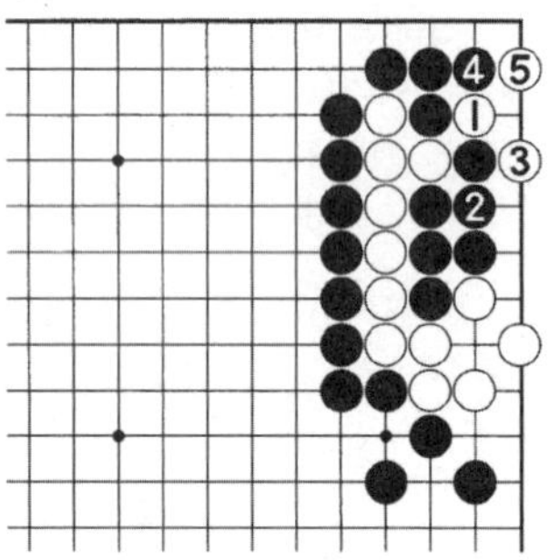

제9형 백번

### 수순

수읽기에 자신이 있다면 알아차릴 문제이다. 그러나 수순이 상당히 어렵다.

### 패

먼저 먹여치는 사람이 상당히 많을 것 같다. 정답은 백1의 끊음. 그러면 백3이 절대적이다. 먼저 먹여치면 흑5로 수가 없다.

### 이것도 패

백이 끊음에 흑2로 이으면, 백3이 중요한 수이다. 백5까지 역시 패가 난다. 수읽기에 통달한 사람이라면 상식일 것이다.

(726)

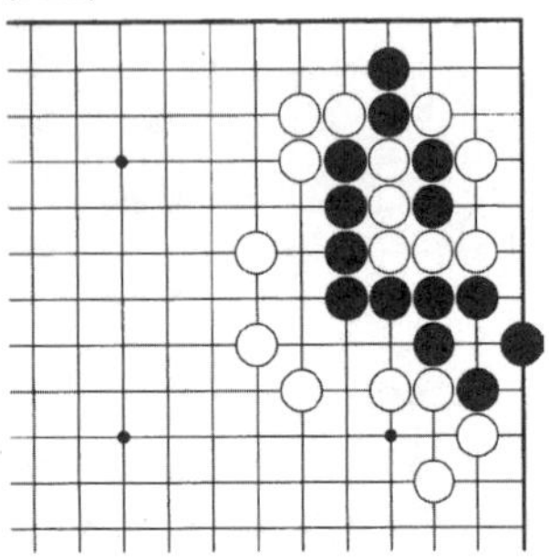

解

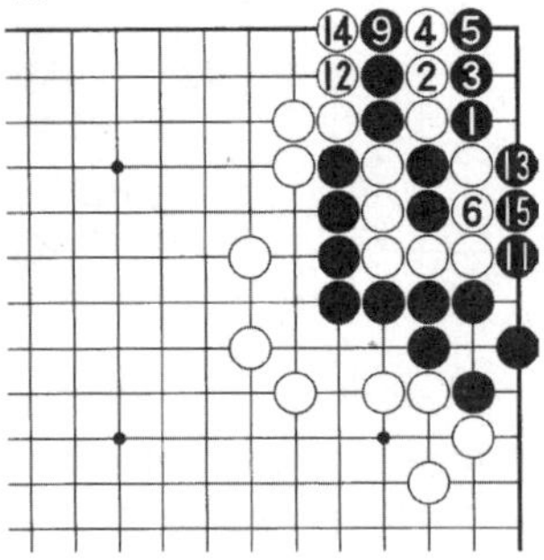

变

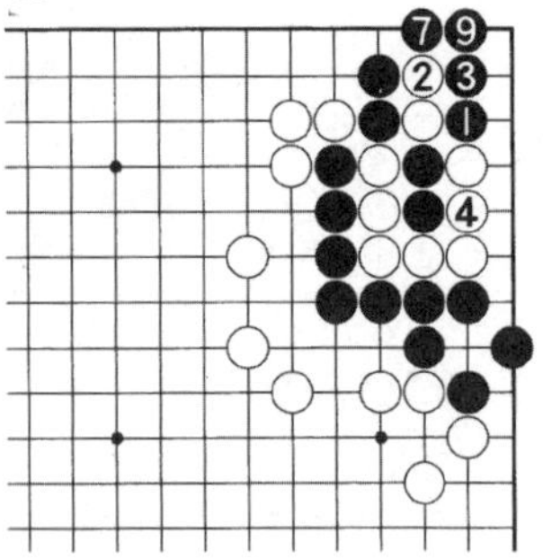

제10형 흑번

### 최후의 길

보이는 대로 흑은 한 집밖에 없고 남은 길은 귀의 백에게 있다. 어떤 수를 내야 할까? 멋진 맥이 숨어있다.

### 흑 성공

흑1부터 백을 조여 자충으로 하는 수순이 통쾌하다. 흑15까지 흑은 멋지게 산다. ※❼→❶의 왼쪽 아래(먹여치기, ⑧→⑥의 왼쪽(따냄), ⑩→⑥의 왼쪽 위

### 수상전 승

흑3에 백4로 따내서 수상전을 노리는 흑9가 좋은 수이다. 유가무가로 흑이 이긴다. ※❺→❶의 왼쪽 아래,(먹여치기), ⑥→④의 왼쪽(따냄), ⑧→④의 왼쪽

제 11형 백번

(727)

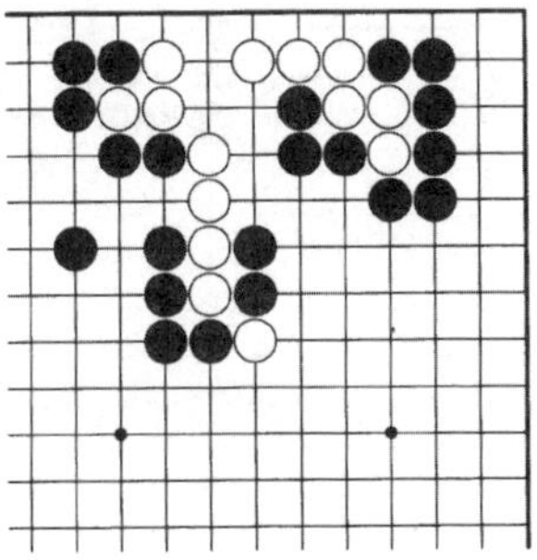

## 생명줄

상변만으로 살고자 해도 땅의 절대량이 부족하다. 바깥의 흑을 활용하는 것이 생명줄이다.

解

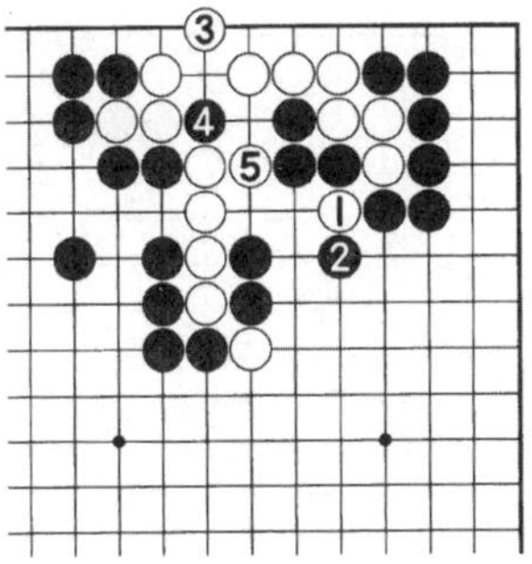

## 삶

백1로 끊는 것이 기민한 활용이다. 흑2로 받으면 백3으로 집을 만든다. 흑4로 조이기를 노리면 백5로 치받아서 산다.

变

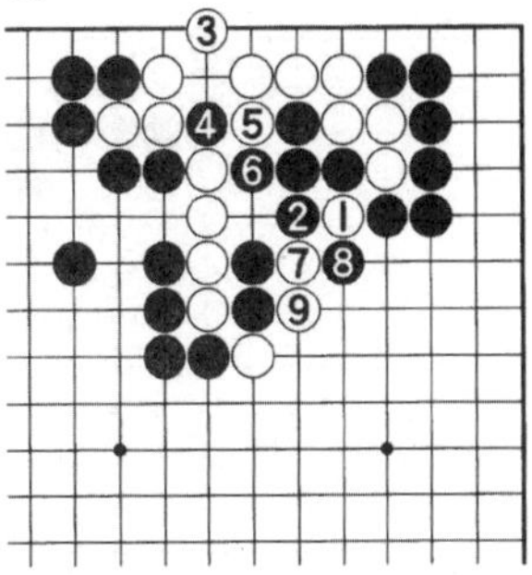

## 촉촉수

흑2로 받아도 백3으로 두면 된다. 흑4, 6으로 옥집을 노리면 백7로 단수치고 9로 나가 흑 2점을 단수쳐서 촉촉수로 잡는다.

제 12형 흑번

(728)

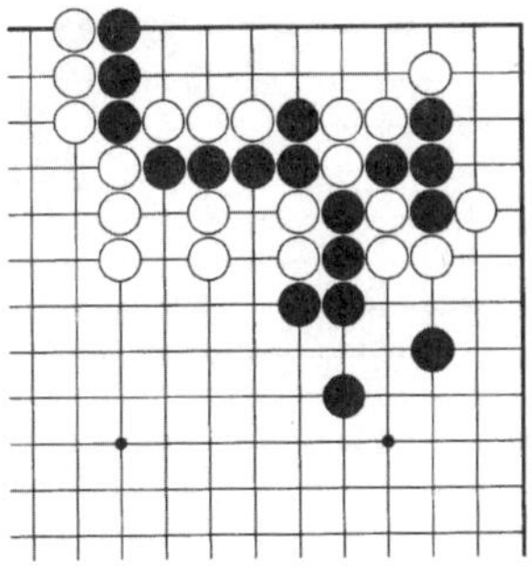

## 부활

상변만의 모양으로는 흑은 죽어 있다. 우상의 흑 3점을 움직여서 자충의 백 3점을 공격하면 부활한다.

解

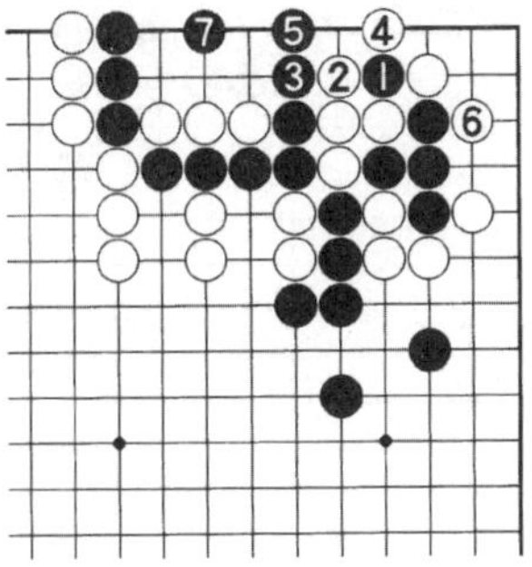

## 흑 삶

흑1, 3, 5로 백 3점을 맹렬히 공격한다. 백6으로 귀를 지키면 흑7로 뛰어서 좌우를 연결하여 백 3점을 잡고 산다.

失

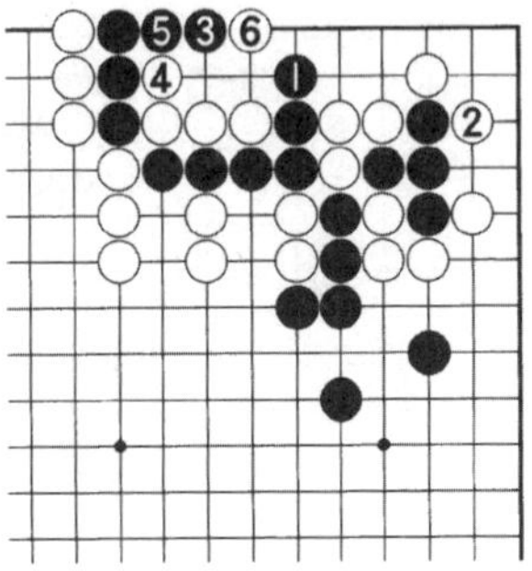

## 전멸

흑1로 뻗으면 백2로 잡아서 불발이다. 흑3으로 뛰어도 백4, 6으로 왼쪽의 흑도 잡혀서 흑은 전멸한다.

끊음

후절수(살다)

제 1형 흑번

(729)

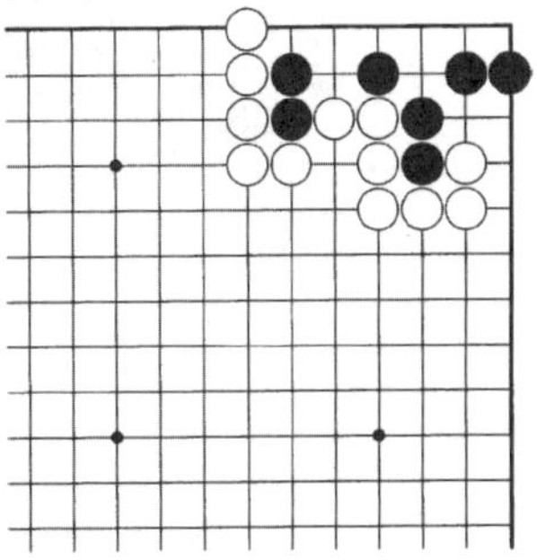

## 양자택일

귀의 사활이 문제.
귀가 살기 위해서는 집을 넓혀야 할까? 안형의 급소를 노려야 할까? 신중한 선택이 필요하다.

解

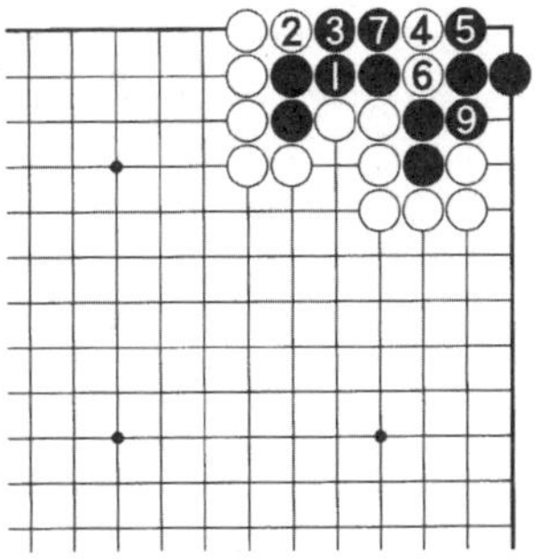

## 후절수

흑1로 잇고 백2, 흑3으로 집을 넓힌다. 백4의 치중부터 6의 먹여치기에 흑5부터 11까지 2점을 잡고 살 수 있다. ※⑧→⑥(먹여치기), ⑩→④(따냄), ⓫→❼의 아래(끊기)

失

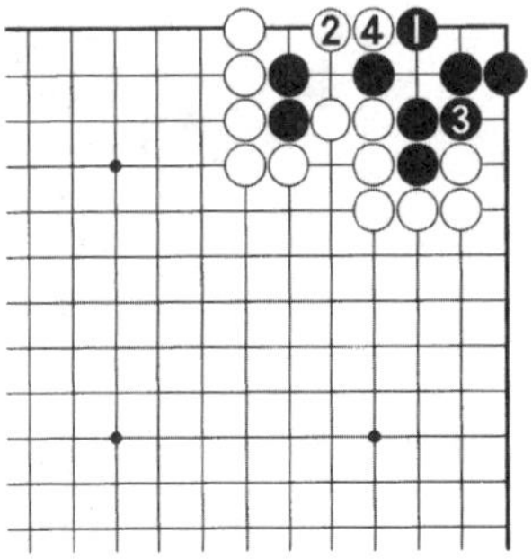

## 흑 죽음

흑1로 집을 만들려고 하면 백2로 치중해서 살 수 없다. 흑3이라면 백4. 흑3으로 4에 두면 백3으로 가운데는 집이 되지 않는다.

(730)

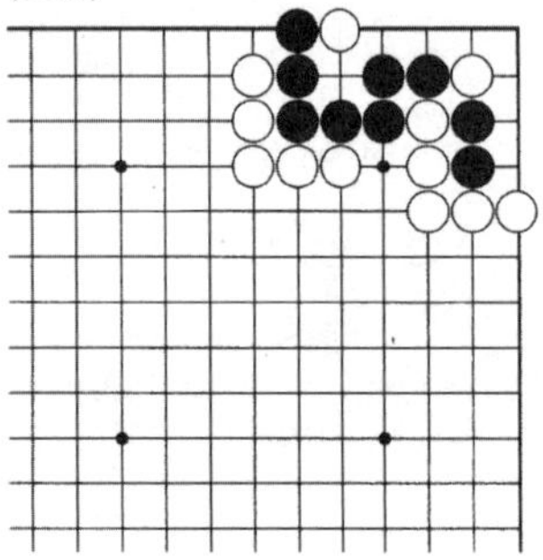

제2형 흑번

## 사석

사활 문제.
우상의 흑은 귀의 백 1점을 잡으면 살수 있지만 백의 사석에 신경을 써서 흑이 반대로 사석의 맥을 둔다.

解

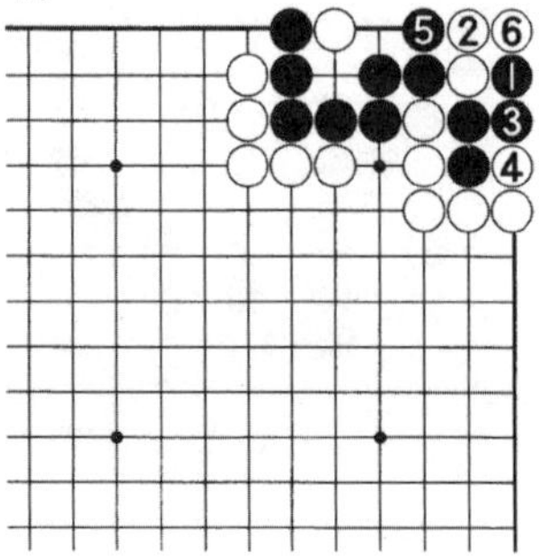

## 흑 삶

흑1로 단수치고 백2 이후 흑3으로 잇는 것이 후절수의 상용의 맥이다. 백4로 4점을 잡아도 흑5와 7로 끊으면 백을 잡아 살 수 있다.
※❼→❸의 왼쪽(끊기)

失

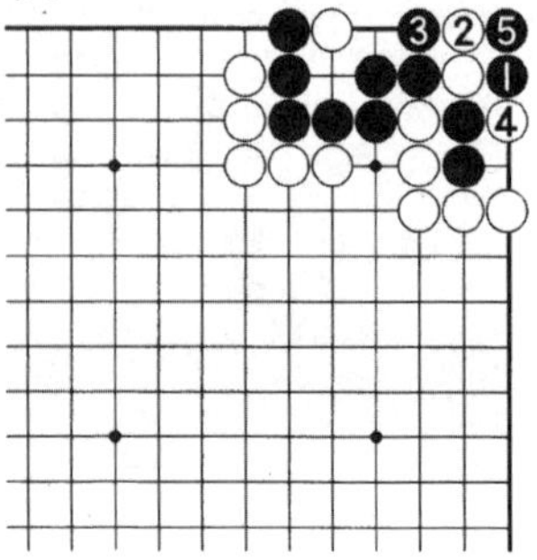

## 흑 죽음

흑1, 3으로 백 2점을 잡는 것은 실패한다. 백4로 먹여치면 환격의 모양이 되어 백6으로 따서 귀의 흑은 집이 없다.
※⑥→❶의 왼쪽

(731)

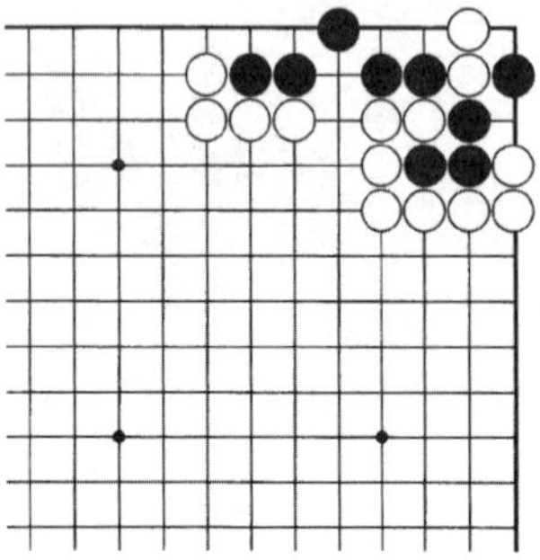

제3형 흑번

## 흑선 삶

귀의 사활 문제.
언뜻 죽어 있는 돌처럼 보이는 흑 대마를 살려보자.

解

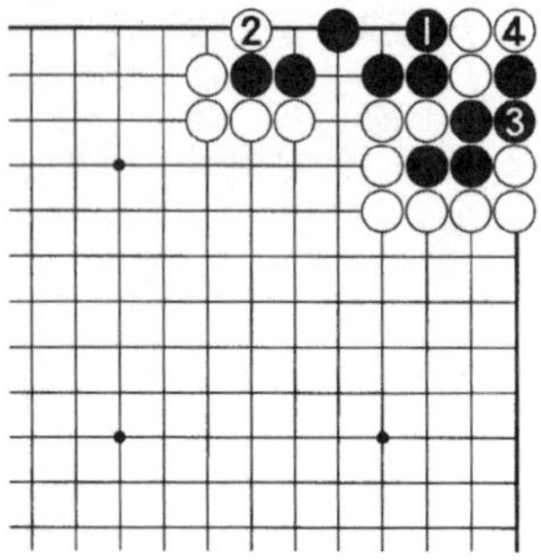

## 흑 삶

흑1로 단수쳐서 한 집을 만들고 귀와 상변의 집을 맞보기로 한다. 백2라면 흑3으로 5점을 만들어 버리고 흑5로 후절수로 산다.
※❺→❸의 왼쪽(끊기)

失

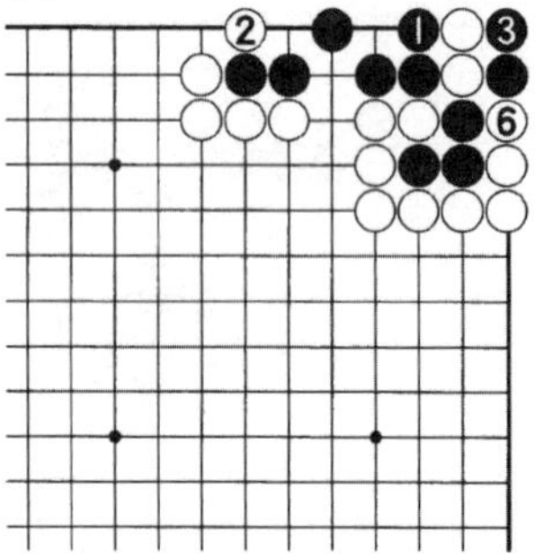

## 흑 죽음

흑3으로 2점 잡는 것은 실패한다. 백4로 먹여치고 흑5에는 백6으로 단수쳐 귀는 집이 없다.
※④→❶의 오른쪽 아래, ❺→❶의 오른쪽(따냄)

(732)

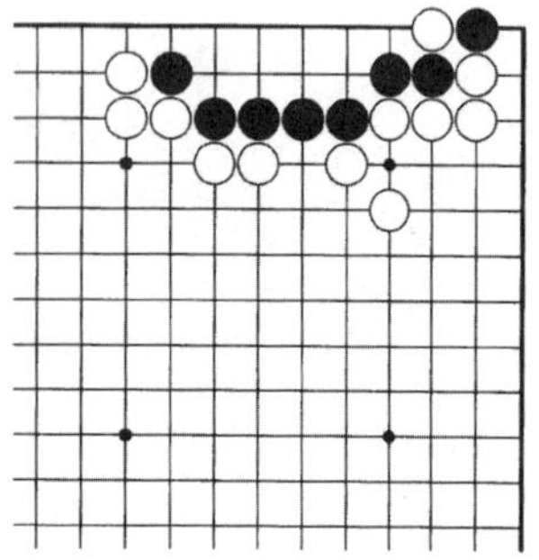

제4형 흑번

## 위기 탈출

상변의 사활 문제.
귀의 흑 2점을 살리는 것 보다 잡은 후의 모양을 생각 하여야 한다.

解

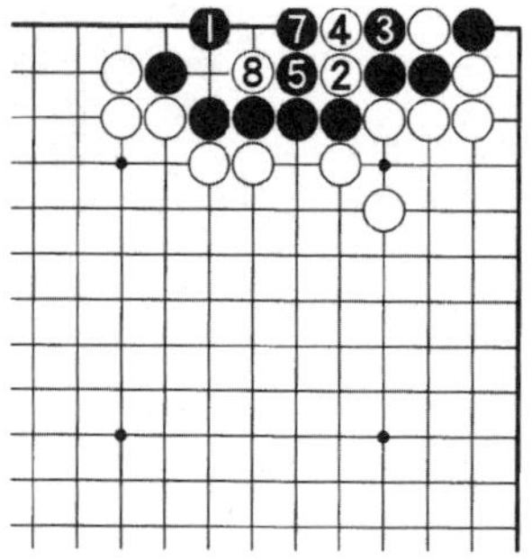

## 흑 삶

흑1로 상변의 집을 넓힌다. 백2로 2점을 잡아도 흑3으로 따내는 수가 좋은 수이다. 이후 흑9까지 끊으면 살 수 있다. ※⑥→❸의 오른쪽(따냄), ❾→②의 오른쪽(끊기)

失

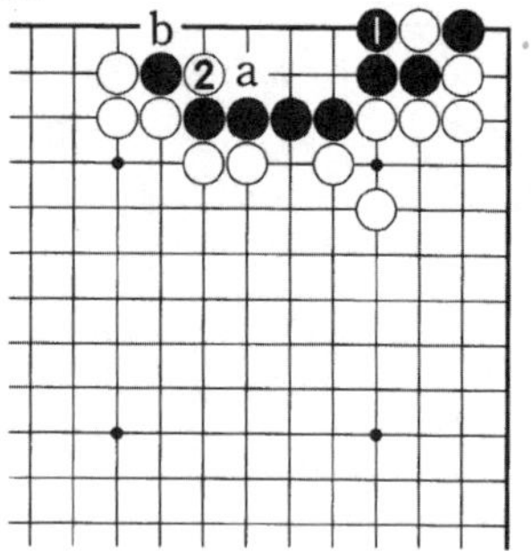


## 흑 죽음

흑1로 백1점을 따내 2점을 구하는 것은 실패한다. 백2로 상변의 흑 1점이 잡혀 흑a에는 백b. 흑에게는 살 공간이 없다.

제5형 흑번

(733)

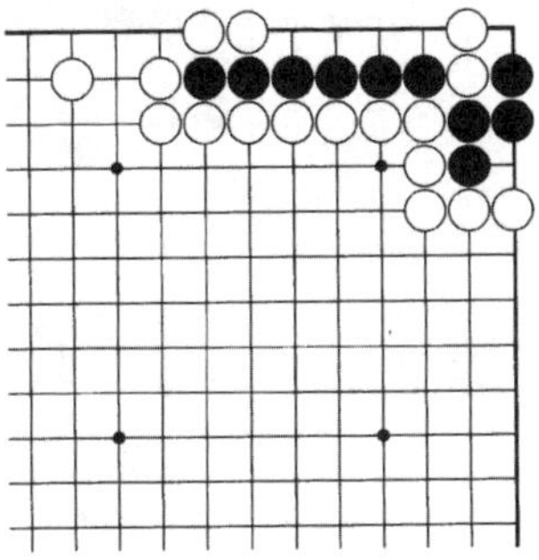

## 버리다

귀의 사활문제.
상변은 자충의 모양으로 흑은 직접 귀의 백 2점을 잡지 못한다. 흑 4점을 잡히는 테크닉이 필요하다.

解

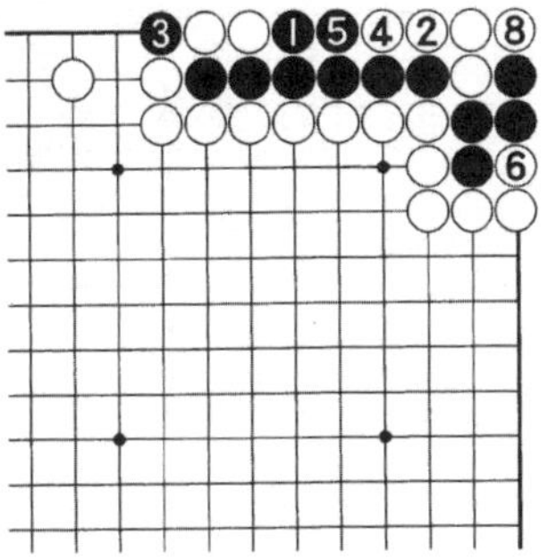

## 흑 삶

흑1로 막아 집을 넓힌다. 백4, 6은 한 집으로 하는 노림수. 흑7로 상변에 집을 만들고 9로 끊으면 흑은 살 수 있다. ※❼→❸의 오른쪽, ❾→⑥의 왼쪽 위(끊기)

失

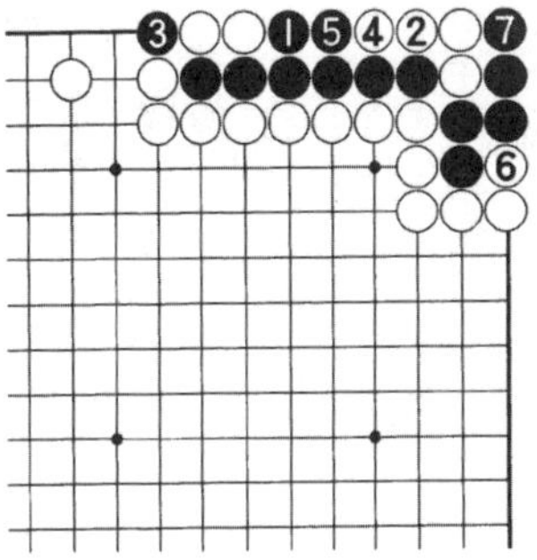

## 흑 사

백6의 단수에 흑7로 백 4점을 잡는 것은 악수이다. 백8로 치중하고 환격을 노려 귀는 후수 1집 밖에 없다.
※⑧→②

제6형 흑번

(734)

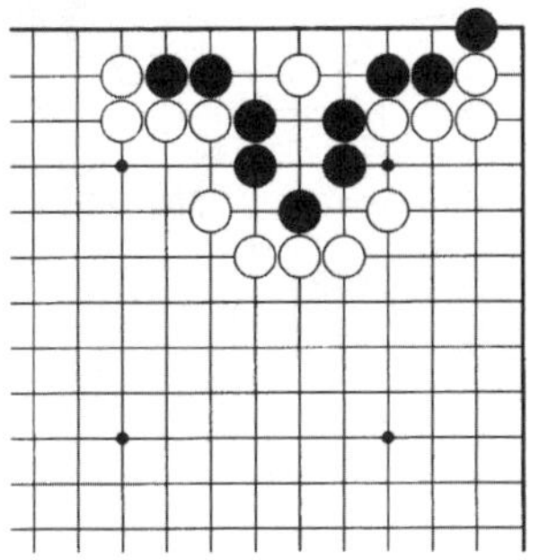

## 흑의 최선

상변의 사활 문제.
백으로 치중수는 좌우의 끊음을 맛보기로 하고 있다. 흑은 잡힌 후의 활용 가능한 방법을 버리면 살 수 있다.

解

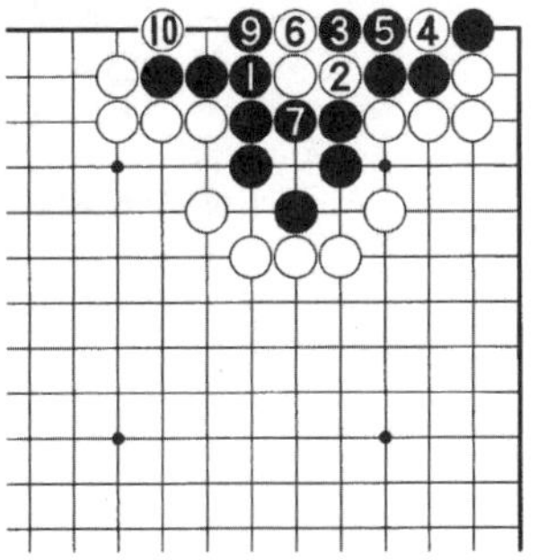

## 후절수

흑1로 잇고 흑3의 공격이 맥이다. 백4부터 6으로 흑 4점을 잡아도 흑9로 후절수를 보면 살 수 있다.
※⑧→④(따냄), ⓫→❺의 아래

变

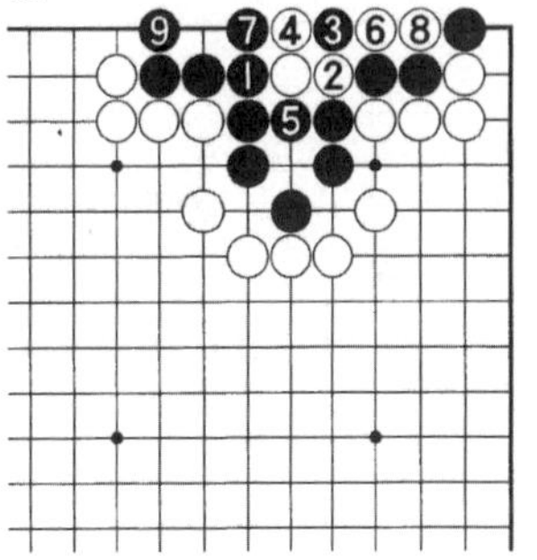

## 흑 삶

흑3으로 젖히면 백4로 막는 변화이다. 흑5, 7의 단수가 선수가 되어 흑9까지 살 수 있다. 정해도의 집의 크기는 변하지 않았다.

제7형 흑번

(735)

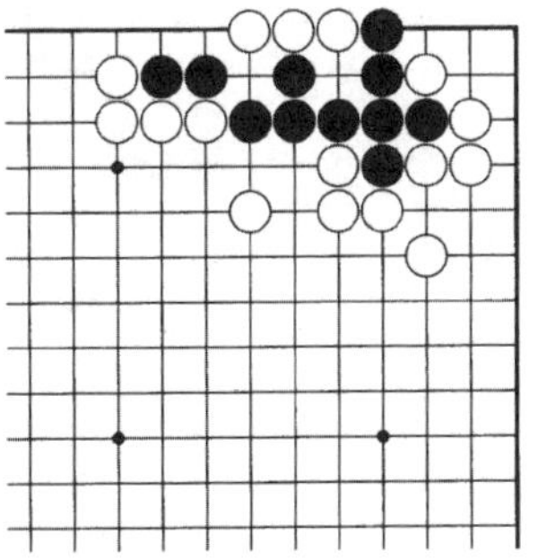

## 버림 돌

흑의 사활이 문제.
상변의 흑은 백 3점의 치중수로 빈사 상태이다. 이후 백과 흑이 돌을 버리고 13수가 걸려서 해결한다.

解

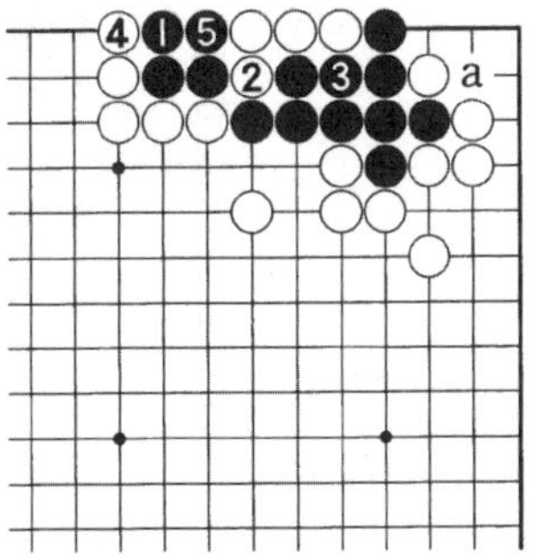

## 꼬부림

흑1로 구부려 집을 넓힌다. 백2로 a에 이으면 흑도 2에 이어 빅. 백2와 4로 흑 3점을 공격하면 흑은 5로 백 4점을 따게 된다.

続

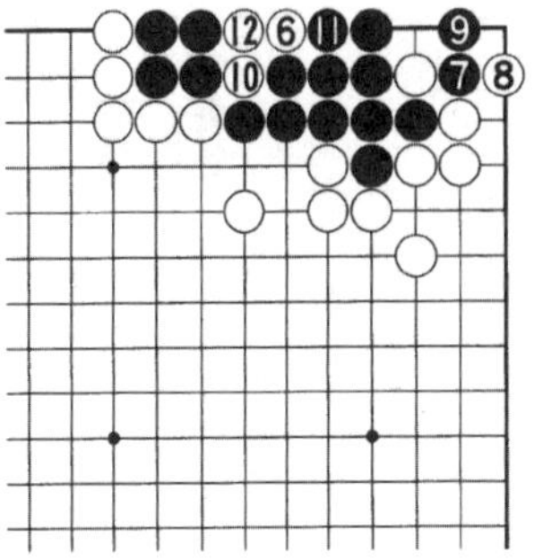

## 흑 삶

백6의 치중은 10으로 먹여쳐서 환격을 노린다. 흑은 7, 9로 귀에 한 눈을 만들고 백10으로 끊기를 기다린다. 백12에는 흑13으로 살 수 있다.
※⓭→⑩의 왼쪽(끊기)

제1형 흑번

(736)

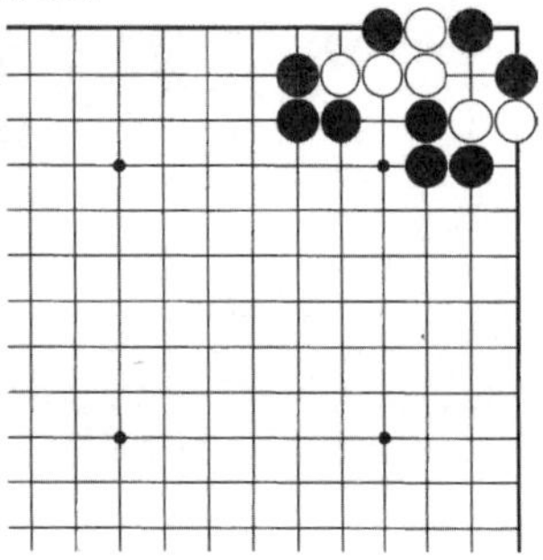

解

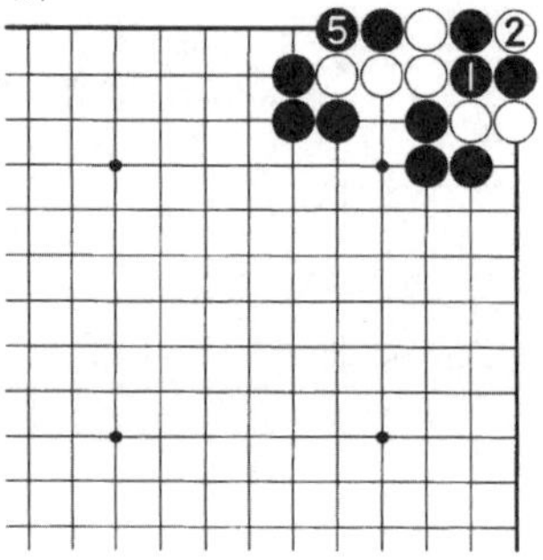

失

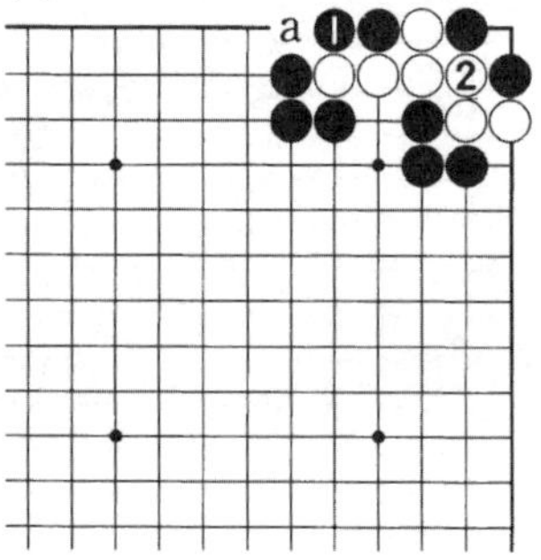


### 결점

귀의 사활이 문제.
언뜻 보면 백이 살아 있는 것처럼 보이지만 백에겐 치명적 결점이 있다.

### 백 죽음

흑1로 중간부터 공배를 메워 3점으로 만들어 버리는 맥이 냉엄하다. 흑3으로 치중하여 촉촉수와 5를 양쪽으로 노린다.
※❸→❶(끊기), ④→❶의 위

### 흑 실패

흑1은 상변을 옥집으로 만드는 맥이지만 백은 a로 따낼 필요가 없다. 백2로 이으면 귀는 착수금지의 모양이 된다.

제2형 흑번

(737)

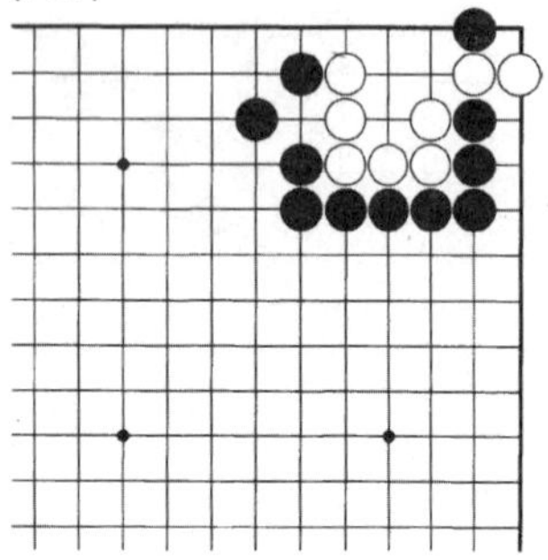

解

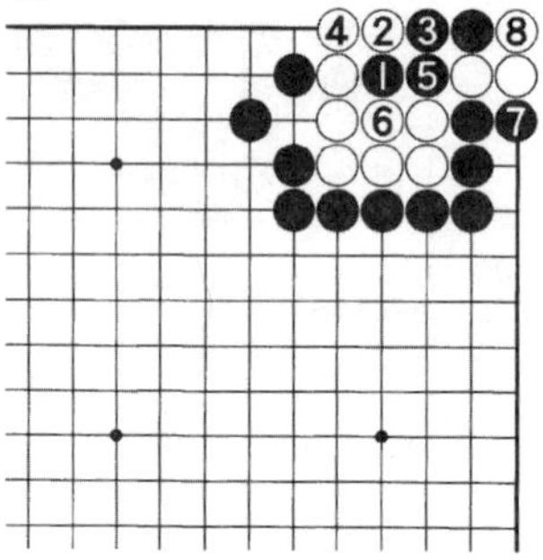

失

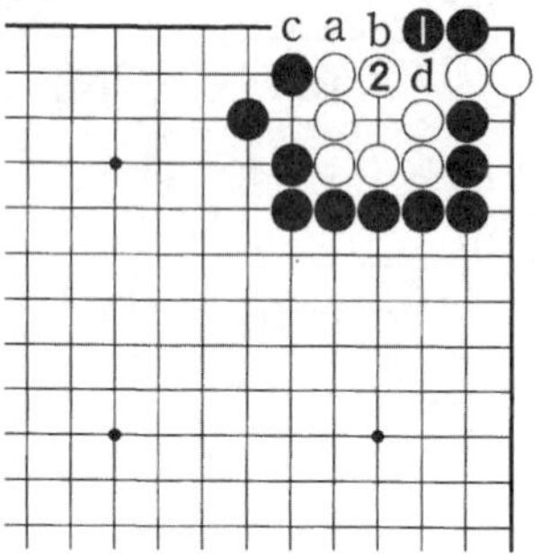


### 치중수

귀의 사활이 문제.
흑 1점을 잡고 있는 백집이 넓다. 흑은 백 안형의 급소를 노린다. 치중수를 노린다.

### 백 죽음

흑1이 백 안형의 급소이다. 백2, 4로 젖혀 이어 흑이 건너지 못하게 막으면 흑5로 이어 사석을 만든다. 흑9까지 후절수로 백이 죽는다.
※❾→❺(끊기)

### 백 삶

흑1로 늘면 백2로 집을 내어 살 수 있다. 흑1로 a에 젖혀도 백b로 받으면 흑2, 백c, 흑1, 백d로 패가 된다. 잡기 쉬운 것을 패로 만들면 실패한다.

제3형 흑번

(738)

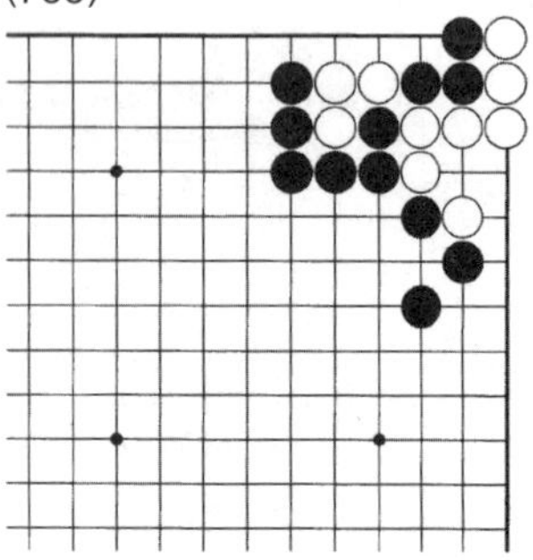

解

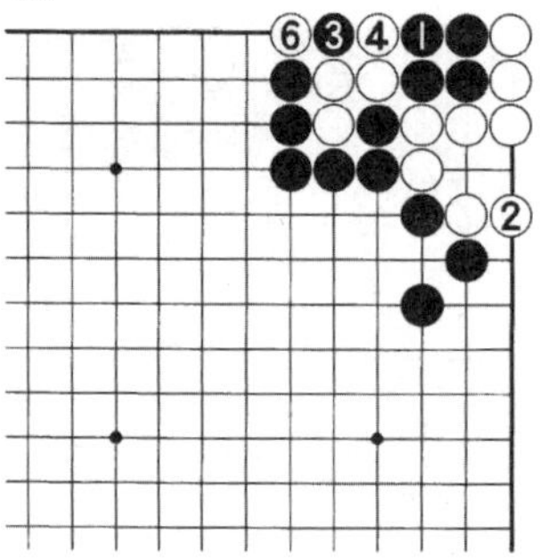

失

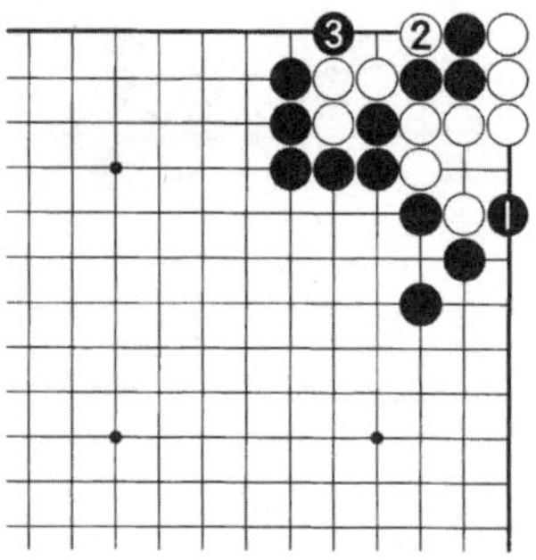

### 후수 1집 만들기

사활 문제.
귀의 백은 흑 3점을 잡고 사는 것처럼 보이지만 돌을 잡아도 후수 1집의 모양이 되어 바로 죽음을 마주한다.

### 백 죽음

흑1로 4점으로 키워 버리는 맥이 좋다. 백2로 집을 만든 뒤, 흑3으로 단수치고 5로 후절수로 끊으면 백 4점을 잡는다. ※❺→❶의 아래(끊기), ❼→❶(단수치기)

### 백 삶

흑1로 오른쪽 집을 부수면 백2로 3점을 따내서 실패한다. 백4로 3집의 가운데에 집을 가지고 살아있다.
※④→②의 오른쪽 아래

**제4형 백번**

(739)

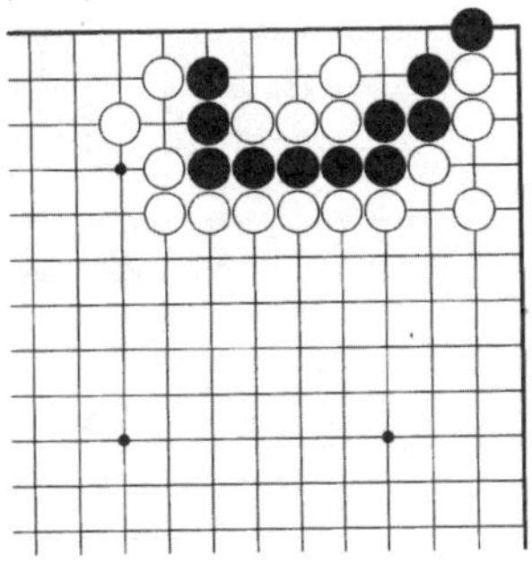

### 수중의 백

상변의 전투.

흑의 수중에 떨어진 백 4점을 이용하자. 또는 수상전으로 바깥의 흑을 잡을 수 있다.

解

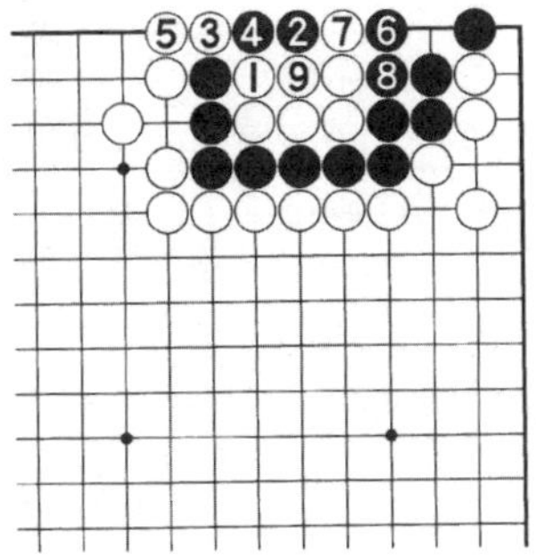

### 흑 전멸

백1부터 백 8점을 환격으로 버리고 백13 후절수로 끊는다.

※❿→❹(먹여치기), ⑪→❷(따냄), ⓬→❹(따냄), ⑬→①(끊기), ⓮→❷(붙어뻗기), ⑮→⑨(단수치기)

变

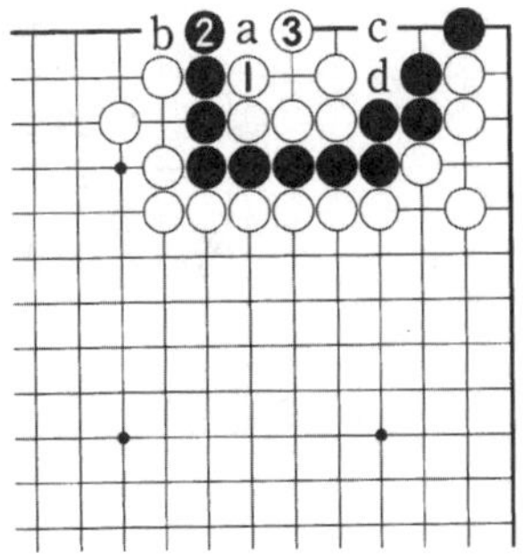

### 유가무가

흑2로 뻗으면 백3으로 집을 갖는 것이 수를 늘리는 맥이다. 이후, 흑이 백을 잡으려고 해도 유가무가가 된다. 흑a, 백b, 흑c, 백d.

**제5형 흑번**

(740)

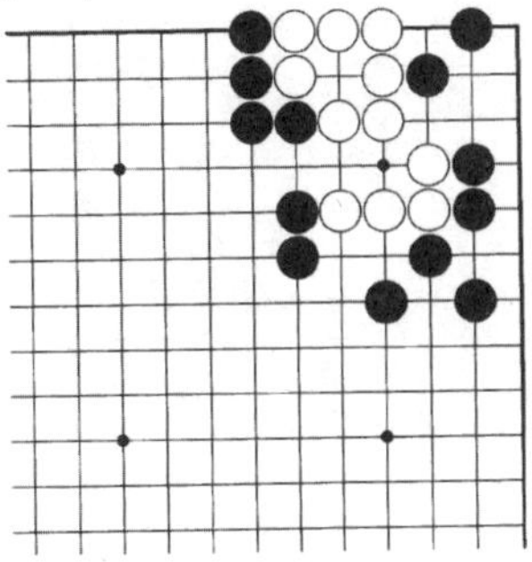

### 흑선 패

사활 문제.

백을 잡기위한 흑의 첫 수는 정해져 있다. 이후 귀를 어떻게 처리하느냐가 초점이다.

解

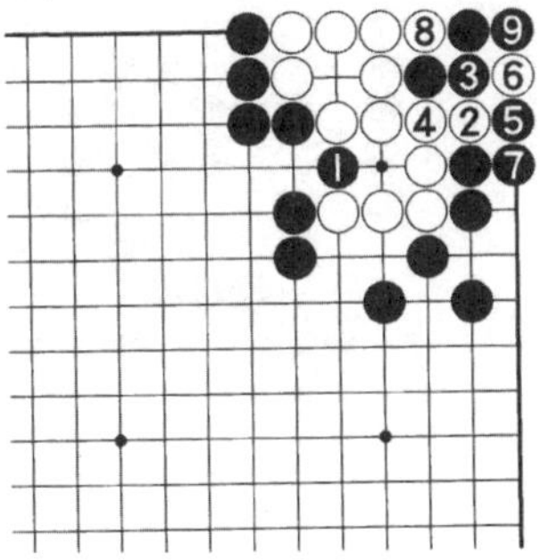

### 패

흑1로 중앙의 집을 부순다. 백2 부터 6까지 촉촉수의 모양이 되지만 흑11로 끊어 패가 난다.

※⑩→⑥(따냄), ⓫→❸(단수치기), ⑫→❸의 위

失

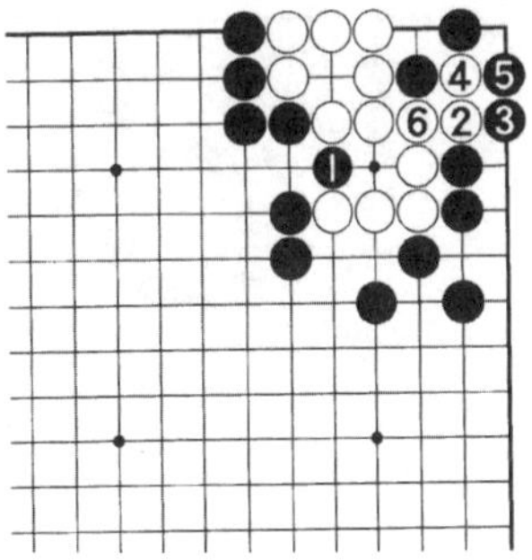

### 백 삶

백2로 젖히면 흑3으로 받는 것은 백4, 6으로 흑 1점이 촉촉수로 잡혀 실패한다. 흑1로 6으로 귀를 지키는 것은 문제가 되지 않는다.

**제6형 흑번**

(741)

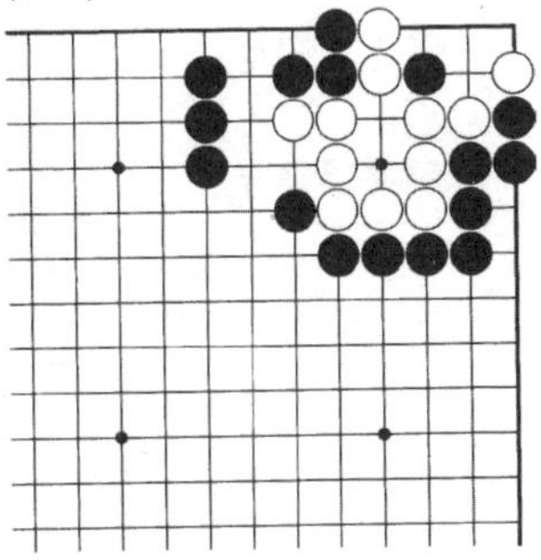

### 후수 1집

귀의 사활 문제.

3점을 잡는 것이 남아있어 백은 안형이 안형이 풍부해 보이지만 중앙과 귀는 합쳐서 후수 1집뿐이다.

解

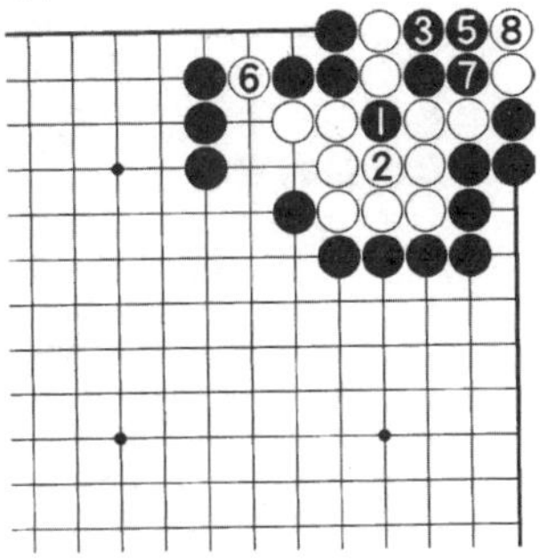

### 백 전멸

흑1로 먹여쳐서 중앙의 집을 부수고 7까지 귀에 백의 집은 없다. 9까지 상변은 1집뿐. 흑11로 백은 전멸한다.

※④→❶, ❾→❼(끊기)

失

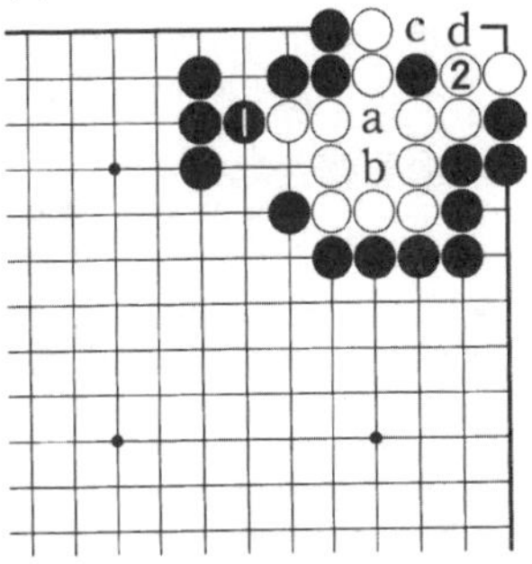

### 백 삶

흑1로 상변의 3점을 살리면 백2로 이어 산다. 흑1로 a, 백b, 흑c로 중앙 집을 없앤 다음 흑1은 백d로 살 수 있다. d의 자리가 급소이다.

**제7형 흑번**

(742)

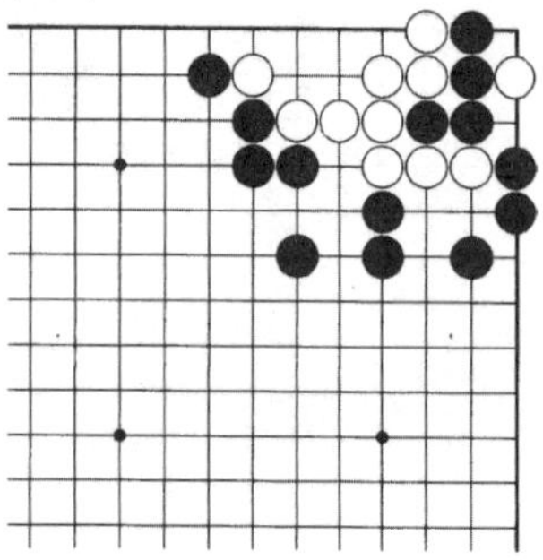

## 미끼

귀의 사활 문제.
흑 4점이 환격으로 잡힐 위기에 처했으나 백을 전멸시키기 위한 어항속의 미끼이다.

解

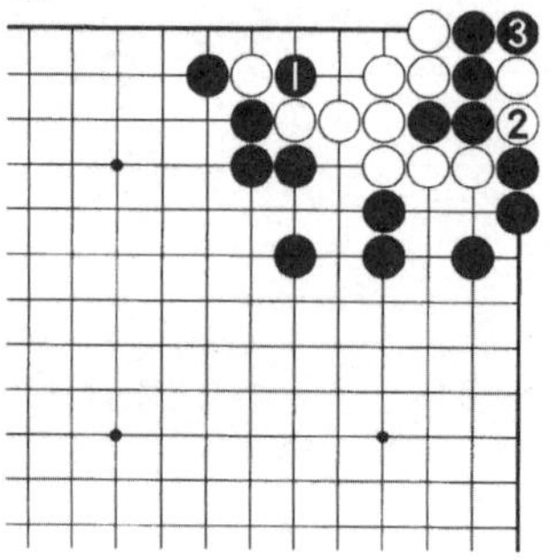

## 백 죽음

흑1로 끊어 상변의 백을 후수 한 집으로 만든다. 백2부터 6으로 따내도 흑7로 끊으면 백이 죽는다. ※④→②(먹여치기), ❺→②의 위(따냄), ⑥→②(따냄), ❼→②의 왼쪽(끊기)

失

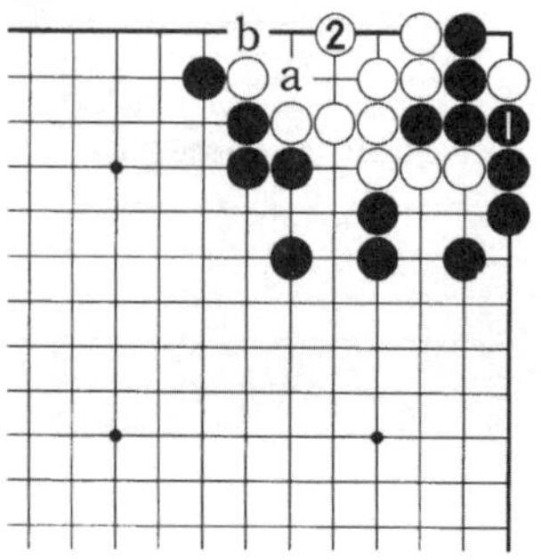

## 백 삶

흑1로 잇는 수는 끝내기에 지나지 않는다. 백2로 상변의 안형의 급소에 두어 백은 2집이다. 흑a는 백b.

**제8형 흑번**

(743)

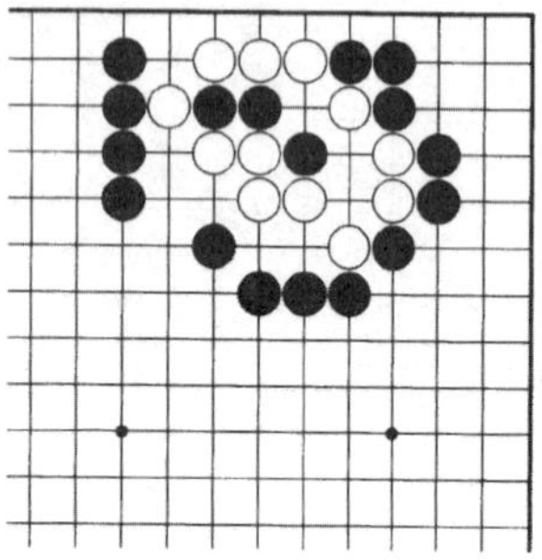

## 약점

사활 문제.
흑 3점이 잡혀있다. 백을 1집으로 만들기 위해서는 치중수를 모아서 백집에 약점을 만들어야 한다.

解

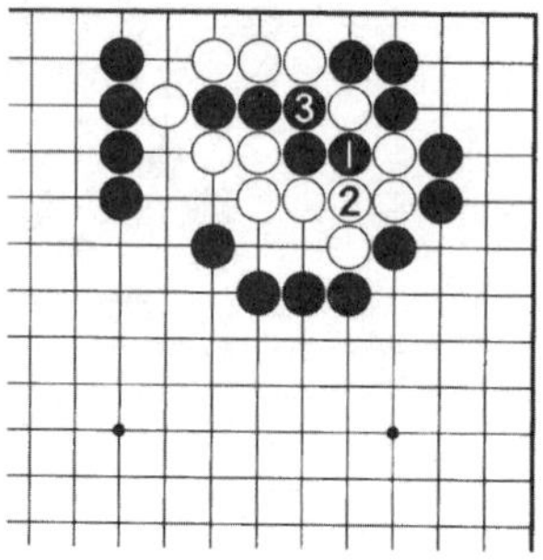

## 패

흑1로 끊고 백2 이후 흑3으로 백 1점을 따내서 환격의 모양이다. 흑5로 후절수로 끊어 패가 난다.
※④→❶의 위(따냄), ❺→❸(끊기), ⑥→❸의 아래(단수치기)

失

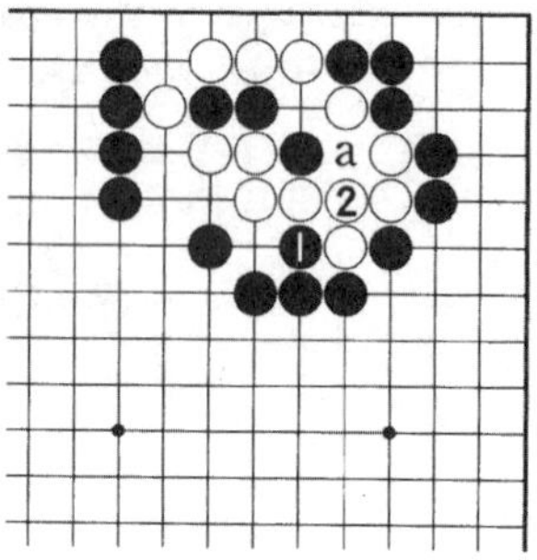

## 백 삶

흑1에는 백2. 흑1로 2로 먹여쳐도 백a로 그만이다. 이 모양은 치중수로 되어 있는 흑을 모아 후절수를 노리는 수밖에 둘 수 있는 수가 없다.

**제9형 흑번**

(744)

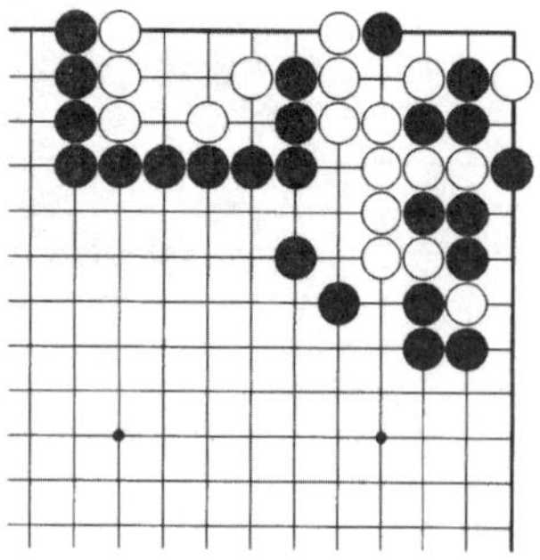

## 흑선백사

우상의 사활 문제.
귀의 흑은 촉촉수를 막고 환격 이 후 수를 만든다. 백은 1집만 나게 된다.

解

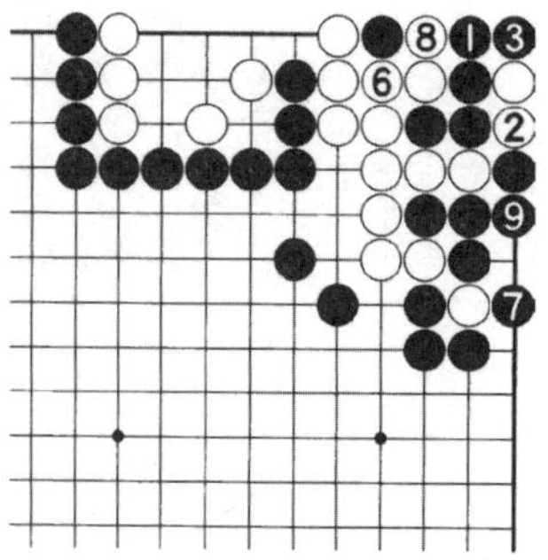

## 환격

흑1로 뻗는 수가 후절수를 만드는 맥이다. 백2부터 10까지 환격으로 흑의 6점을 따내지만…
※④→②(먹여치기), ❺→❸의 아래(따냄), ⑩→②(따냄)

変

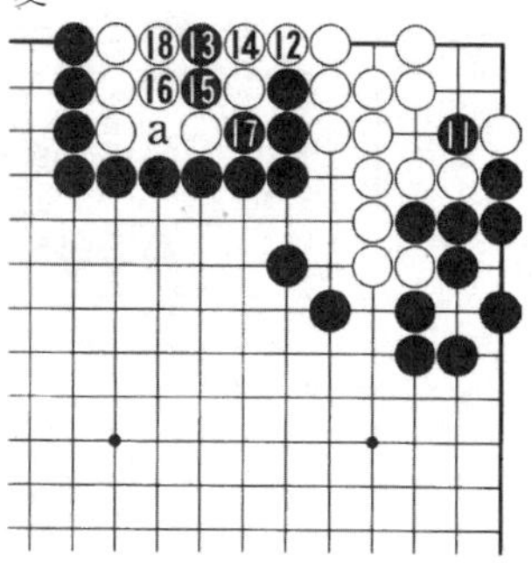

## 백 전멸

흑11로 끊으면 귀에 집이 나지 않는다. 백12로 건너면 흑13, 17이 좋은 수로 백은 전멸한다. 흑13, 15로 a는 후절수로 실패한다.
※⓳→⓯(따냄)

제1형 흑번

(745)

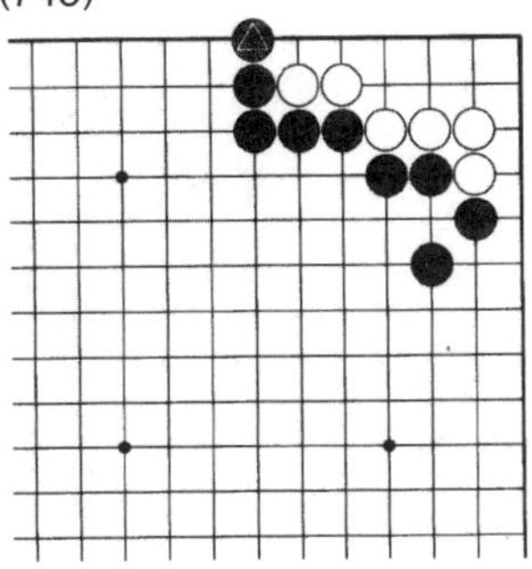

## 숨통을 끊다

3·3에 침입한 정석 이후 잘 등장하는 모양이다. 흑▲이 있으므로 백은 가일수 하여야 한다. 흑은 백을 어떻게 잡아야 하는가.

解

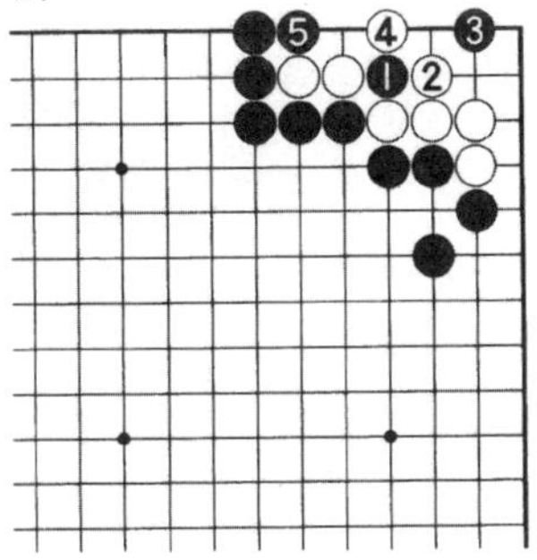

## 백 죽음

유명한 모양으로 알고 있는 분들이 많을 것이다. 흑1로 끊고 3으로 치중하는 수가 좋은 맥이다. 백4로 따내면 흑5로 백이 죽는다.

失

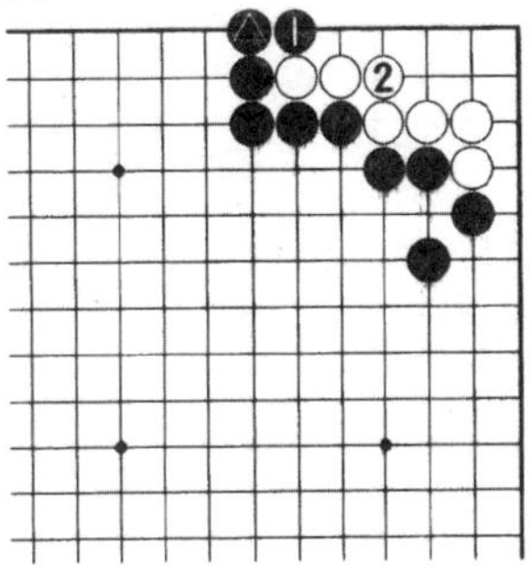

## 백 삶

흑1이면 흑▲이 의미가 없다. 백2로 이으면 백은 살아 있다.

제2형 흑번

(746)

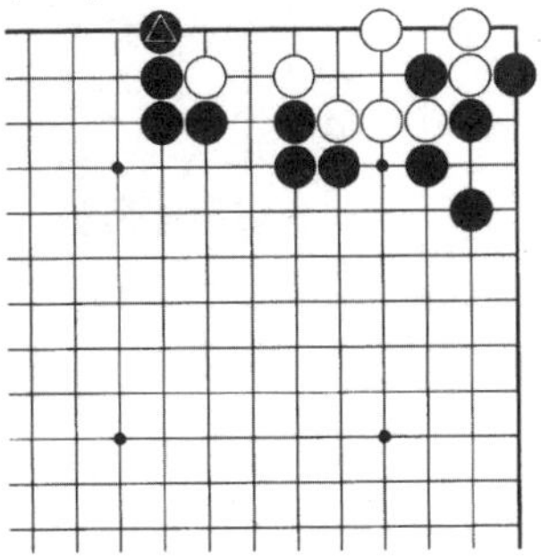

## 뻗음

요소요소에 백돌이 있기 때문에 간단히 죽지 않는다. 힌트는 흑▲의 뻗음을 이용한다.

解

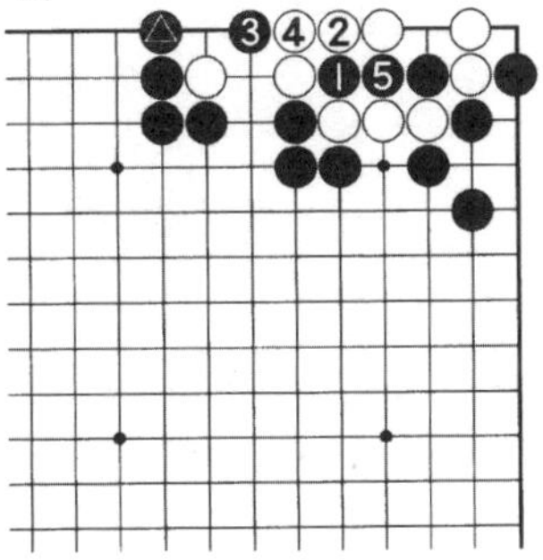

## 백 죽음

우선 흑1로 끊지 않으면 진행되지 않는다. 백2에는 흑3이 좋은 수이다. 흑▲의 뻗음이 힘을 발휘 하고 있다.

变

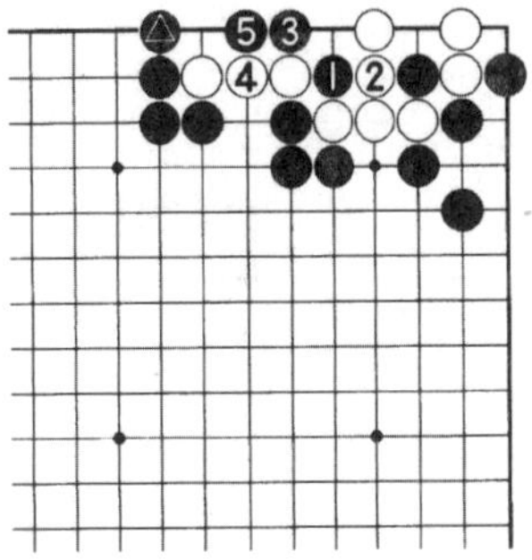

## 3이 좋은 수

백2로 저항하면 흑3으로 아래에서 돌려치는 수가 좋다. 백4에는 흑5로 넘어갈 수 있다. 흑▲가 여기서도 충분히 활약한다.

제3형 흑번

(747)

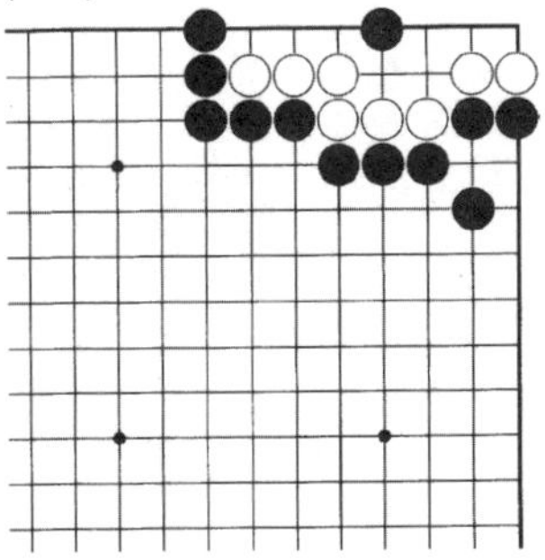

## 난동

사활 문제.
백은 공배가 꽉 차서 맛이 나쁘다. 그러나 백을 전멸시키고자 한다면 사석을 이용해 거칠게 힘을 쓸 필요가 있다.

解

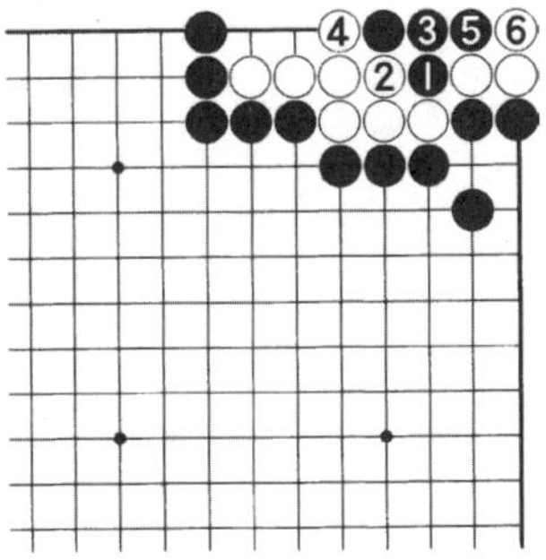

## 사석의 맥

흑1로 끊고 백2, 4로 공격하면 흑5로 4점으로 키워 죽이는 맥이 냉엄하다. 백6에는 흑7로 치중하여 백이 죽는다.

※❼→❸(치중)

失

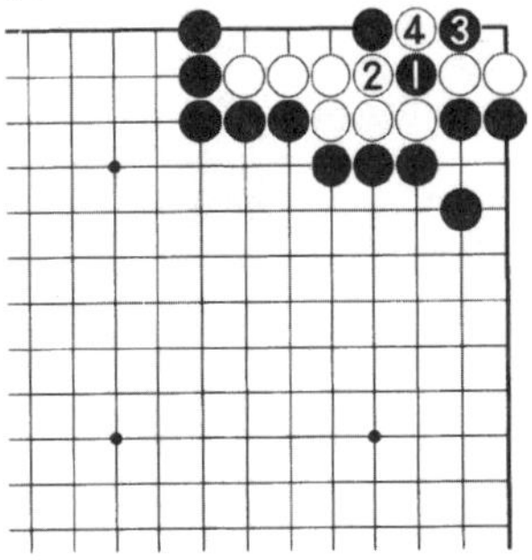

## 패는 실패

흑3으로 젖히면 패가 난다. 패는 실패한다. 또 흑1로 3은 백1, 흑4로 후수 빅이다.

**제4형 흑번**

(748)

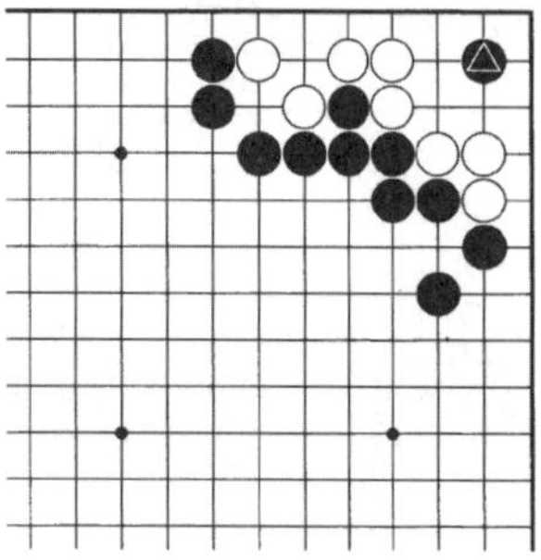

### 수순

흑◭ 1점이 무사히 생환하면 자동으로 백이 죽는다. 흑1, 3, 5의 콤비네이션이 결정타가 된다.

解

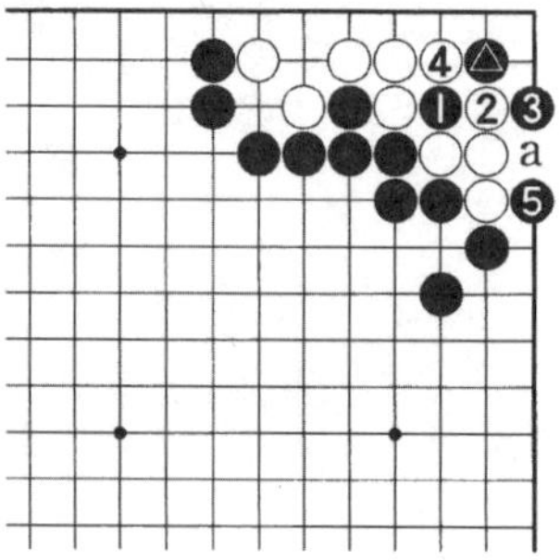

### 백 죽음

귀에는 다양한 맥이 숨겨져 있지만 여기에서는 흑1, 3이 좋은 수순으로 백은 저항할 수 없다. 흑a의 단수가 활용되어서 흑◭를 살리게 된다.

失

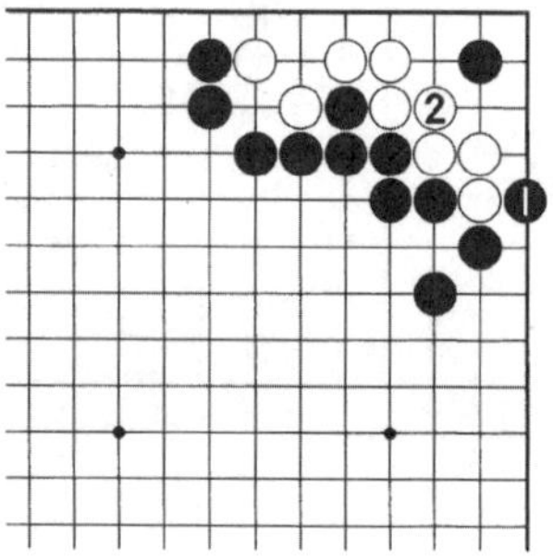

### 흑 실패

흑1은 맛을 없앤 수이다. 백2로 이으면 다음 수가 없다. 귀의 사활에는 세심한 주의가 필요하다.

**제5형 흑번**

(749)

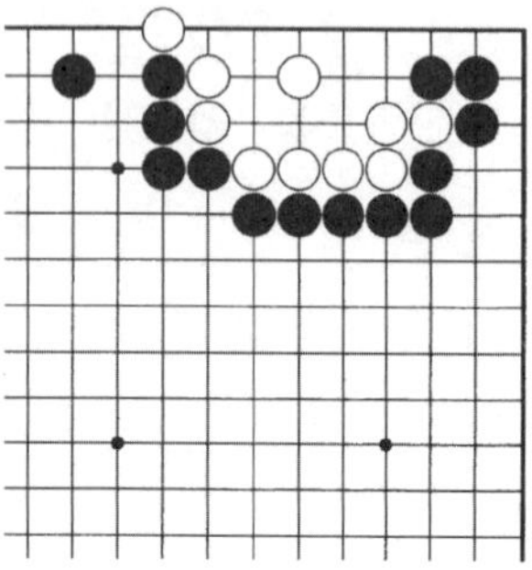

### 좋은 수순

백집이 넓어 여유롭게 사는 것처럼 보이지만 흑의 좋은 수순으로 집이 없어지게 된다.

解

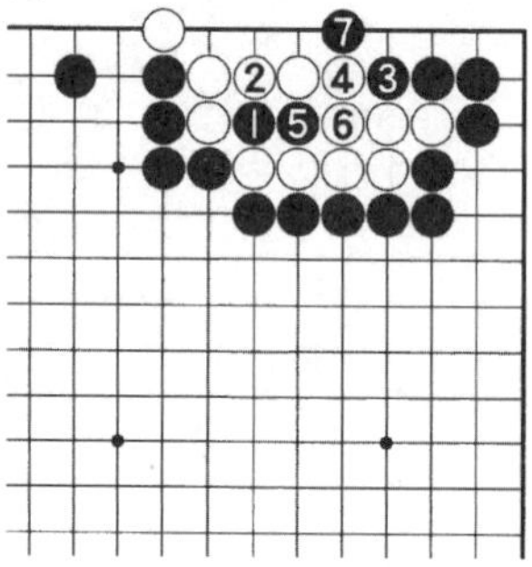

### 백 죽음

흑1로 끊어 백집을 부수고 공배를 메운다. 백2로 5는 흑4로 붙인다. 백2라면 흑3, 5로 중앙은 한 집이 되고 흑7로 백이 죽는다.

失

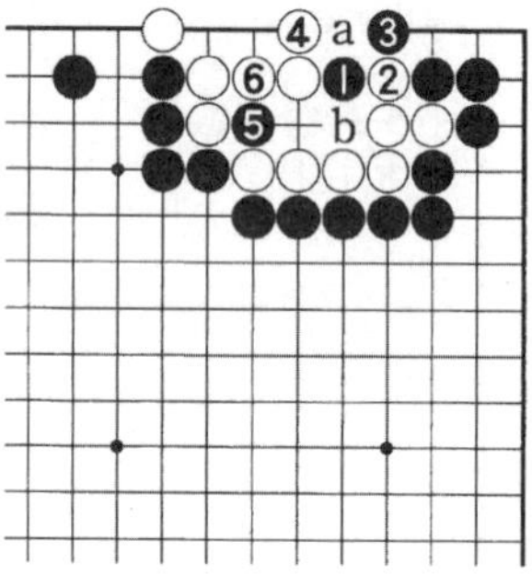

### 틀린 수순

흑1로 붙이면 수순 착오로 자충에 걸린다. 백2, 4로 받으면 집을 넓힐 수 있다. 흑5로 끊어도 백6. 흑5로 a는 백b.

**제6형 백번**

(750)

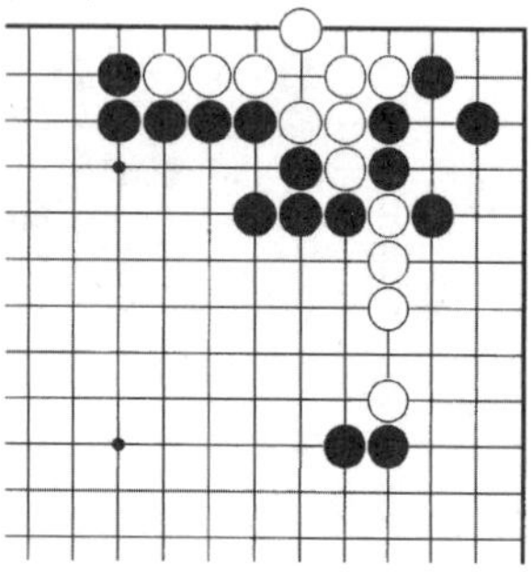

### 찌르다

우상구의 흑의 사활 문제.
우변의 백은 귀에 대하여 두터운 모양이다. 흑의 결함을 찔러야 한다.

解

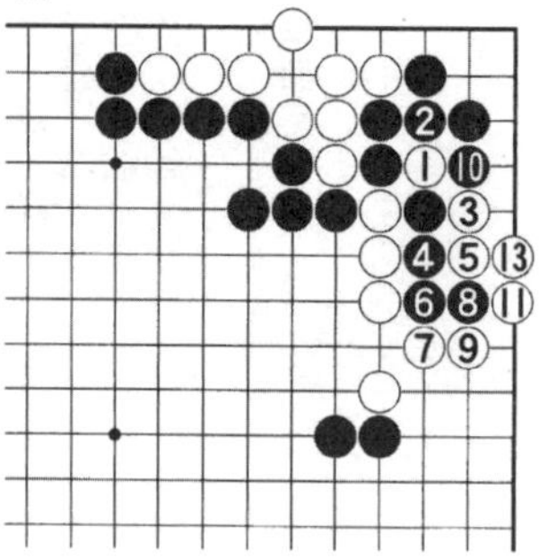

### 흑 죽음

백1로 끊고 3으로 돌려 쳐서 1을 옥집으로 만든다. 백5 부터 9까지 조이고 백13으로 이으면 귀의 흑은 죽는다.

※⓬→①

失

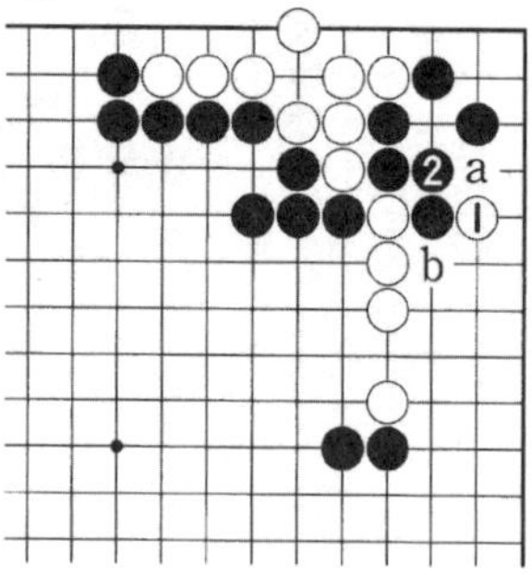

### 흑 삶

백1로 붙이는 것도 급소가 되나 흑2로 살린다. 백a로 젖어 옥집을 만들려하여도 흑b로 나가면 실패한다.

(751)

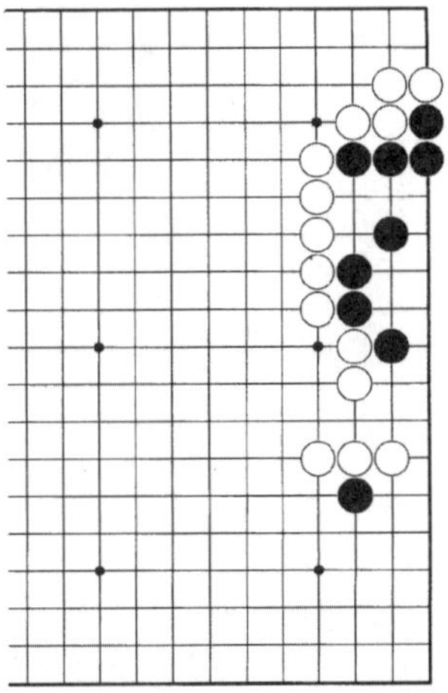

解

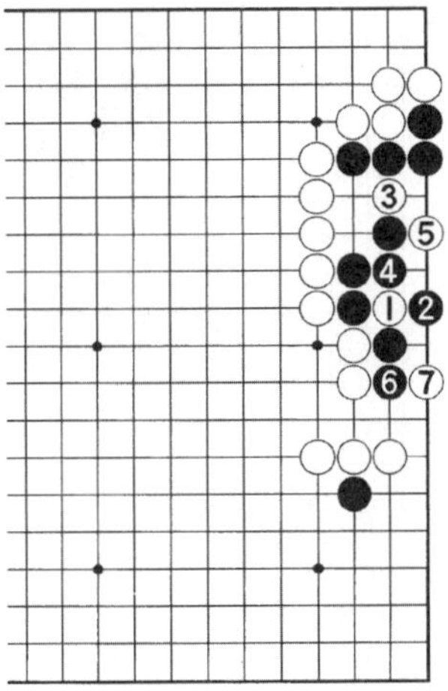

变

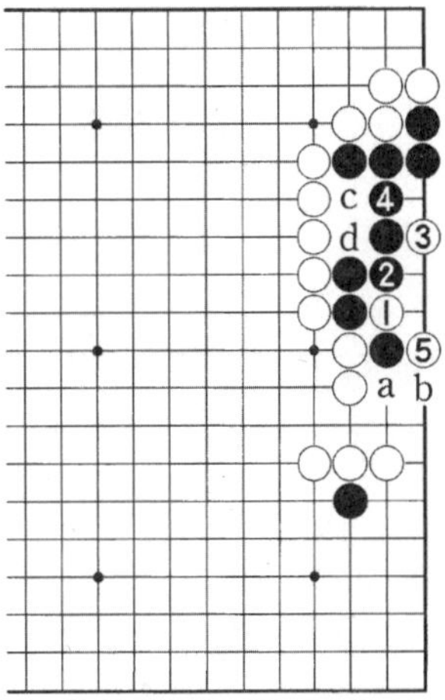

제7형 백번

## 자충

우변의 사활 문제.

흑집이 5집이나 있어 단순히 바깥에서 공격하는 것은 잘되지 않는다. 흑의 자충을 추궁하는 급소를 찾아야 한다.

## 흑 전멸

백1의 끊는 수가 예리한 맥이다. 흑2로 잡으면 백3으로 끼워 위쪽의 눈을 없앤다. 흑4는 백5로 흑 4점을 환격으로 잡고 아래쪽의 집은 7로 붙여 없앤다.

## 3이 좋은 수

흑2로 잡는 변화. 백3으로 치중하여 흑4의 끼움을 노린다. 흑4로 이으면 백5로 돌려쳐서 우변을 옥집으로 만든다. 흑a라면 백b. 흑4로 c는 백d로 흑의 후수는 변하지 않는다.

끝음 끝내기

(752)

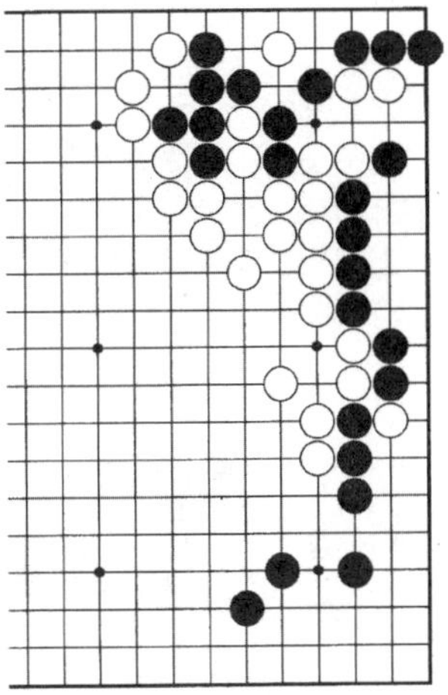

解

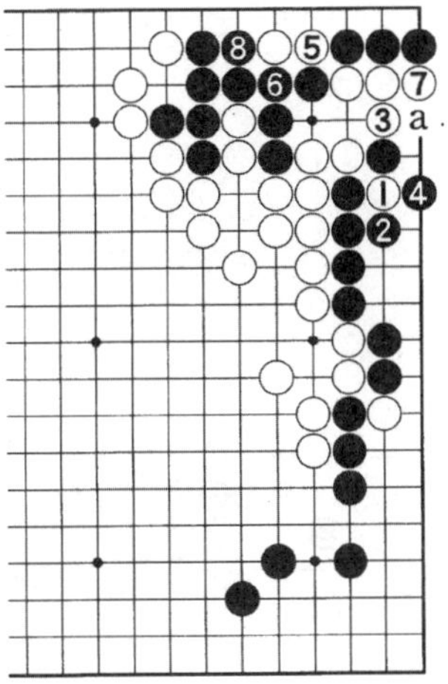

变

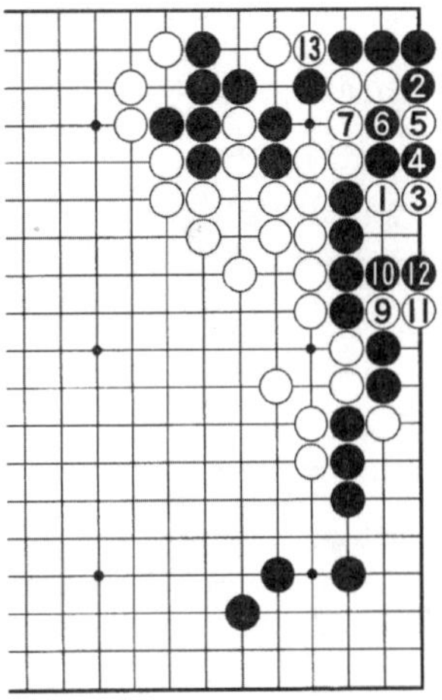

제1형 백번

## 맛이 나쁘다

우상의 끝내기 문제.

우변에서 상변으로 건너간 흑은 맛이 나쁜 모양이다. 백은 흑이 건너지 못하게 막아 흑집을 줄일 수 있다. 흑이 저항할수록 피해가 커진다.

## 맥

백1로 끊어 흑모양의 맛이 나빠진다. 흑2로 단수치면 백3이 선수이다. 백5의 끊는 수를 활용하고 7로 막아서 흑이 건너는 것을 선수로 막는다. 백1로 3은 흑a.

## 흑 무리

흑2로 건너가는 변화는 백3으로 뻗는 수가 맥이다. 흑4로 받는 것은 백5부터 13까지 자충되어 상변의 흑이 살 수 없다. 흑4로 5는 백9, 흑10, 백12로 우변의 패가 난다.

※❽→⑤

제2형 흑번

(753)

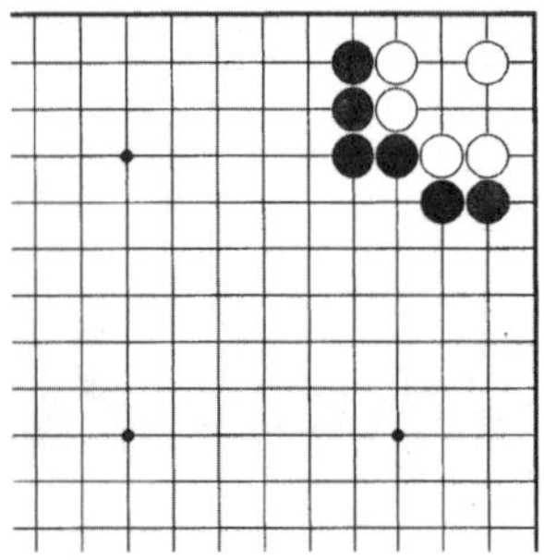

## 타이밍

귀의 백에 끝내기하는 문제.
백으로 젖혀 잇는 끝내기가 선수지만 백만의 선수로 갖는 권리라고 할 수는 없다.

解

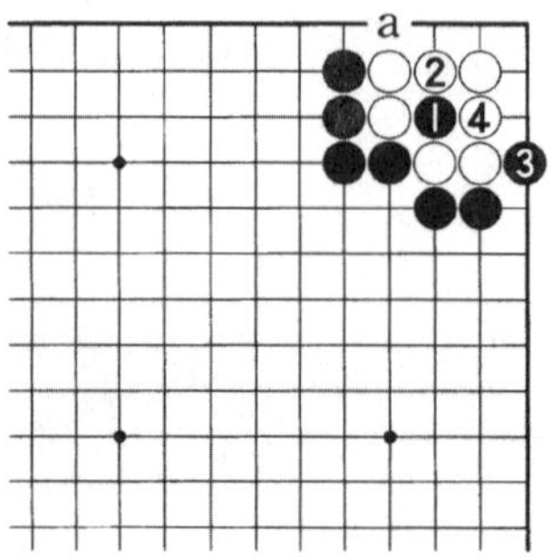

## 흑의 권리

흑1로 끊는 수가 맥이 된다. 백2로 위쪽을 지키면 흑3의 젖힘이 선수로 흑의 권리이다. 백2로 4는 흑a의 활용이 있다.

失

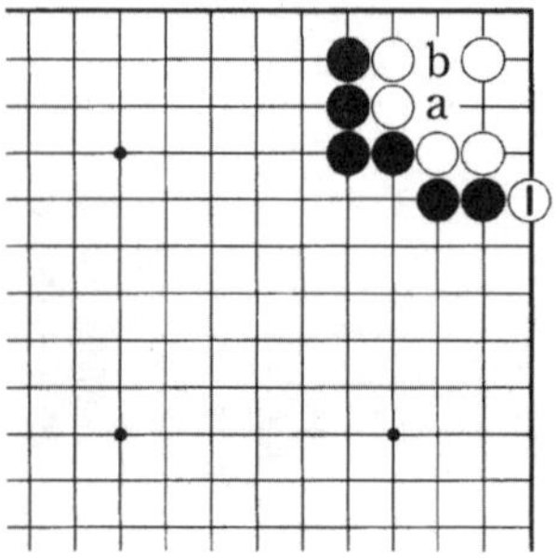

## 백의 권리

흑이 손을 빼서 백1의 젖힘을 두게 하면 상변의 젖힘도 백의 권리가 된다. 백1이후 흑a로 끊어도 백b로 받아 한 발 늦는다.

제3형 흑번

(754)

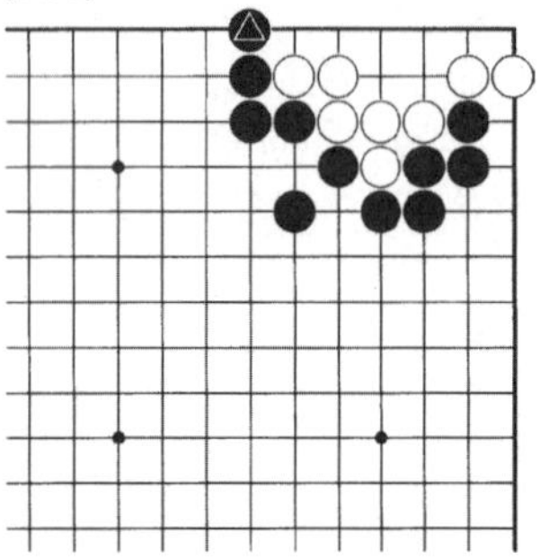

## 끝내기

귀의 끝내기 문제.
뻗어 있는 돌을 이용해 흑의 최선의 끝내기를 찾자.

解

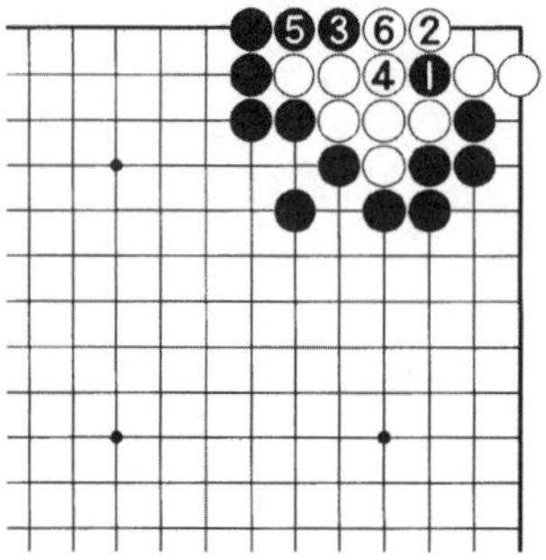

## 흑 성공

흑1로 끊어 백의 자충을 유도하는 맥이다. 백2로 잡으면 흑3으로 붙여 백집에 파고든다. 백6까지 4집으로 줄어든다.

失

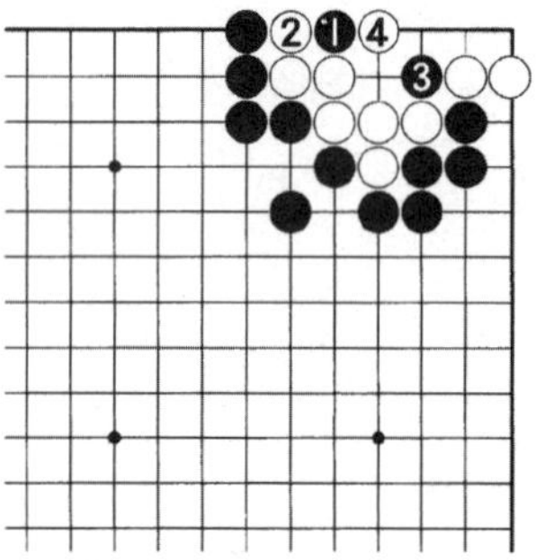

## 흑 실패

흑1로 붙이는 수는 준비가 부족하다. 백2로 잡히고 만다. 백4까지 백집은 7집으로 흑1로 2에 두는 6집보다 많다.

제4형 흑번

(755)

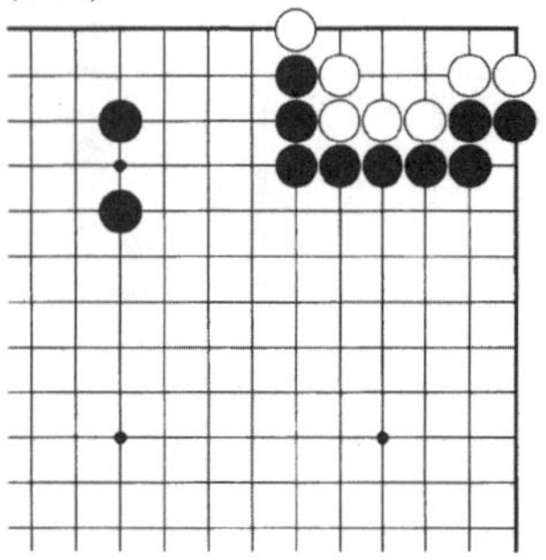

## 수순

끝내기 문제.
우상귀의 백집은 몇 집일까? 흑은 상변을 받아야 하지만 그전에 두어야 할 수순이 있다.

解

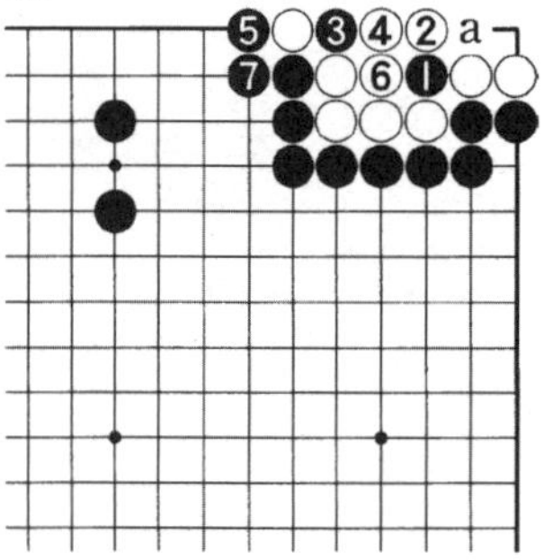

## 끊음

흑1로 끊고 백2이후 흑3으로 먹여치는 수순이 좋다. 흑3 이후 흑5로 두면 백은 6으로 받을 수밖에 없다. 백6으로 3에 두면 흑a.

失

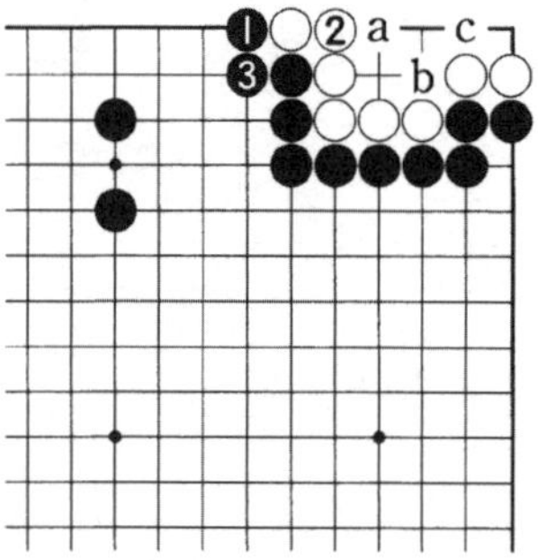

## 흑 실패

흑1로 막으면 귀의 백집은 6집이 된다. 정해도와 1집 이상 차이가 난다. 역시 흑1로 2, 백a 이후 흑b는 백c로 헛수이다.

(756)

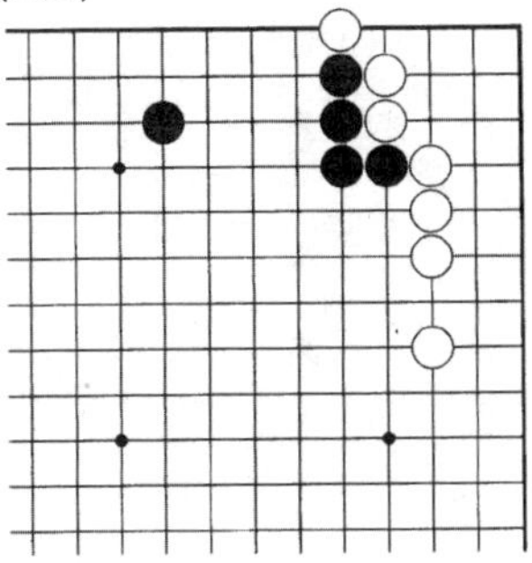

解

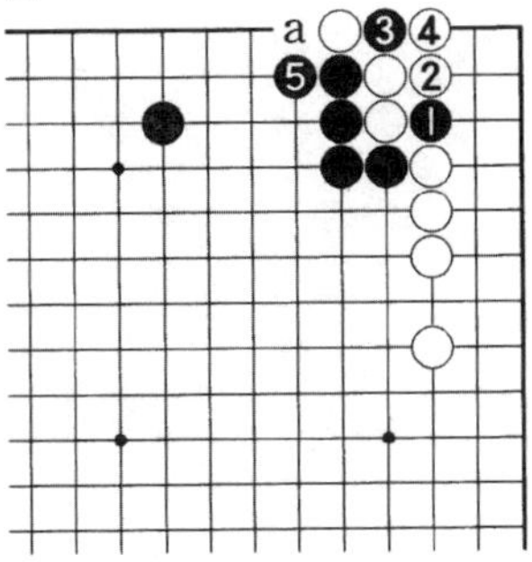

失

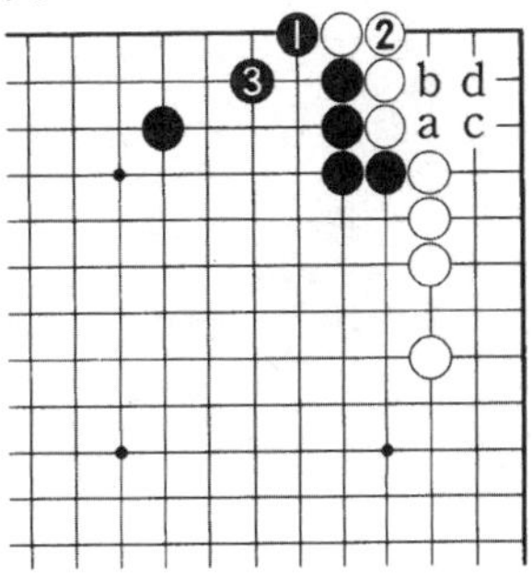

제5형 흑번

## 효과적

우상의 끝내기를 어떻게 할까? 백이 귀에서 젖혔다. 막는 것이보통이지만 어떻게 응수하는 것이 더 효과적일까?

## 좋은 수순

흑1로 끊는 수순이 좋다. 백2로 단수친 뒤 흑3으로 먹여쳐 귀의 백 공배가 꽉 차도록 만든다. 흑5로 받아 백은 a에 둘 수 없는 모양이다.

## 약 1집 손해

흑1로 막으면 백2, 흑3 뒤에 백은 귀에 가일수하지 않아도 된다. 흑a에는 백b, 흑c 백d. 정해도보다 약 1집 손해를 본다.

(757)

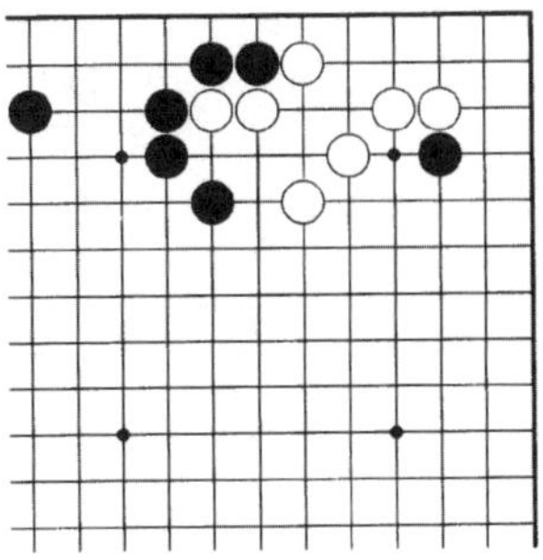

解

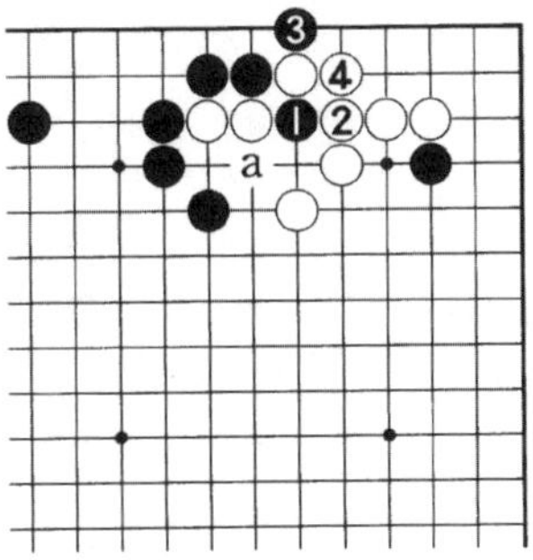

失

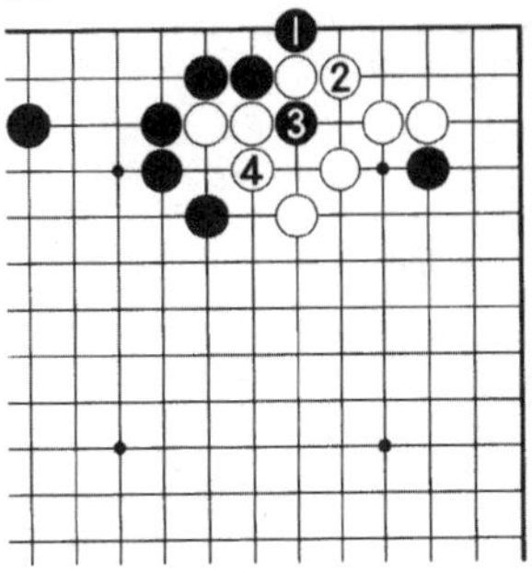

제6형 흑번

## 양쪽 이용

상변의 끝내기를 어떻게 할까? 변과 중앙 양쪽에 도움이 되는 수를 찾아보자.

## 수순

흑1로 끊는 수가 좋은 수이다. 백2로 받는 정도이고 흑3으로 단수를 활용하여 중앙도 a로 조이면 두터워진다.

## 흑 실패

흑1로 먼저 젖히면 백2. 흑3으로 뒤에 끊으면 백4로 1점이 잡힌다. 흑3으로 4는 백3. 흑의 모양이 약간 엷다.

(758)

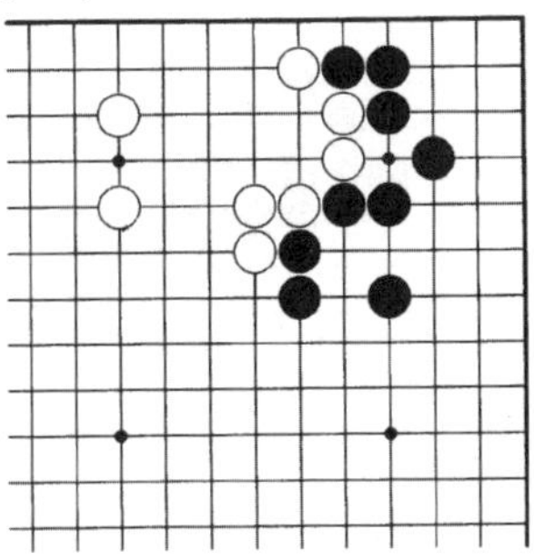

解

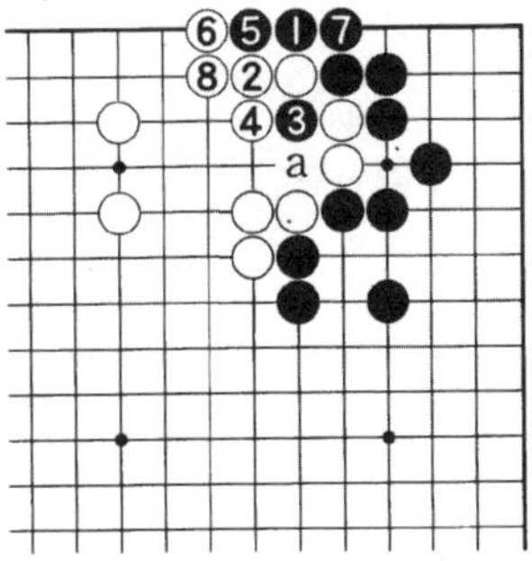

変

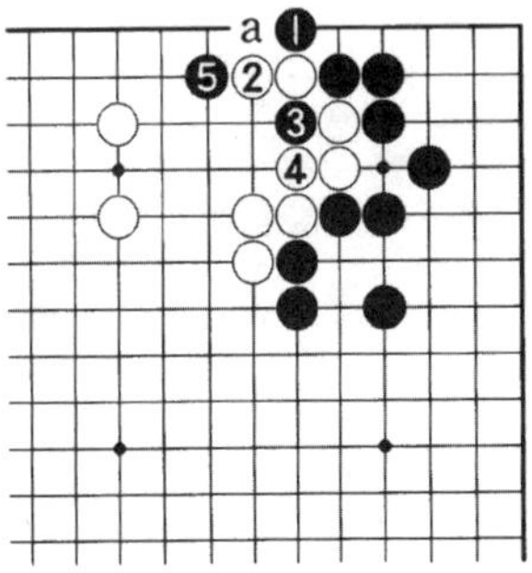

제7형 흑번

## 1집 득

끝내기 문제.
평범한 끝내기에 맥의 더하면 바로 1집 이득을 볼 수 있다.

## 수순

흑1, 백2는 상식. 흑3이 맥으로 백4와 교환하면 뒤에 백a가 필요해진다. 흑3으로 5, 백6의 수순은 흑3으로 끊으면 백a로 받아 1집 손해를 본다.

## 백 무리

흑3으로 끊으면 백4로 받는 것은 흑5로 붙여 큰일이 일어난다. 백a로 막을 수 없어 백집은 5집보다도 더 줄어든다.

(759)

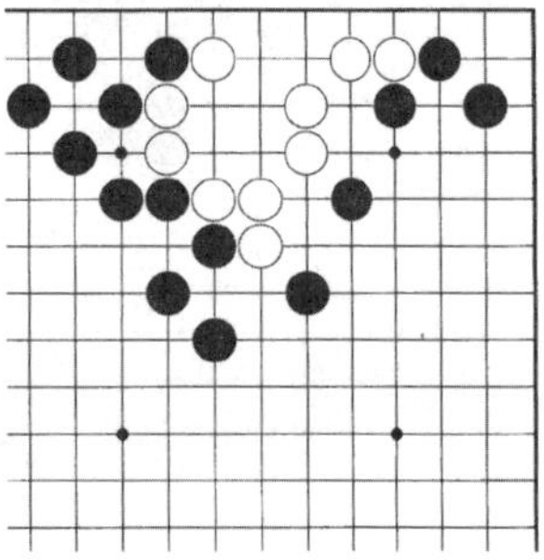

解

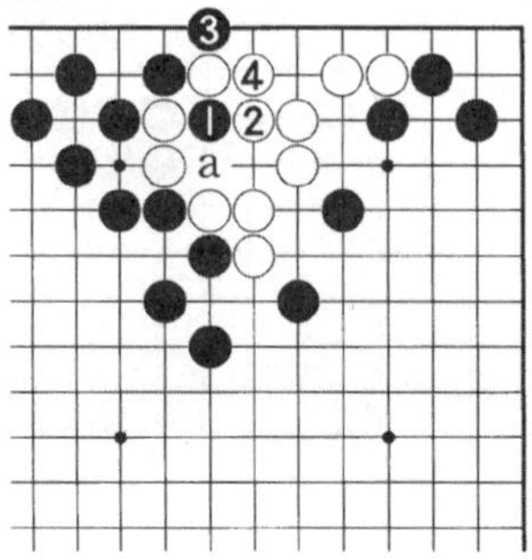

失

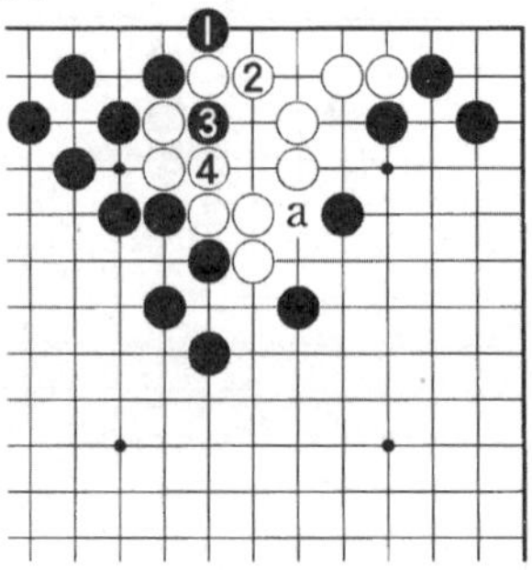

제8형 흑번

## 최선

상변의 백에 끝내기 하는 문제. '패는 유리하다.'라는 조건으로 1집 이득을 볼 수 있다.

## 수순

흑1로 끊는 수가 상용의 맥이다. 백2로 받게 한 뒤, 흑3으로 단수치는 수순이 좋다. 백2로 a는 흑4로 전체의 사활이 문제가 된다.

## 1집 득

흑1로 젖히면 백2로 받는다. 이후 흑3으로 끊어도 백4의 방향으로 잇는다. 거기에 백a로 두면 정해도보다 1집 많다.

(760)

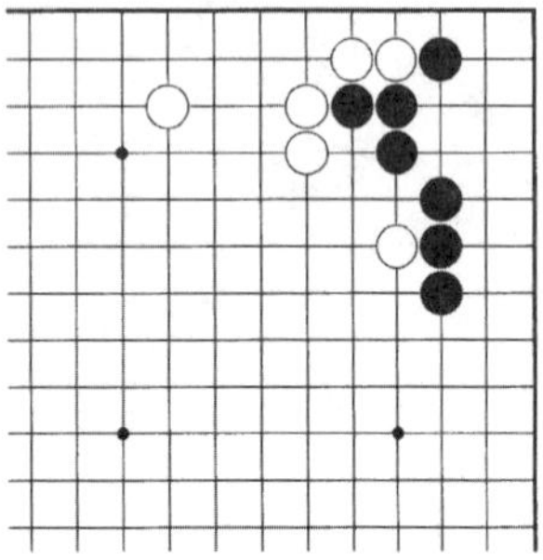

解

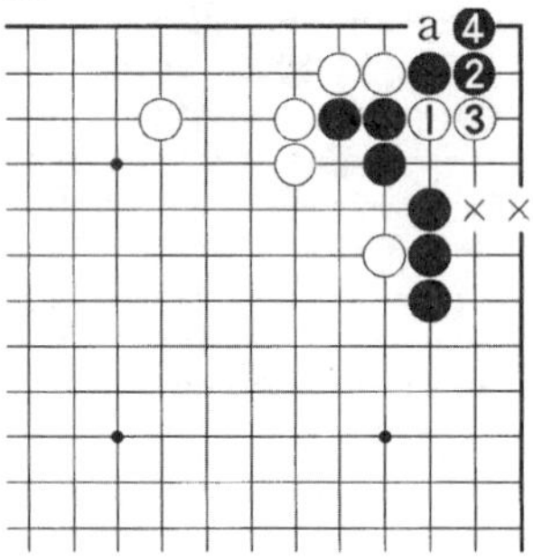

失

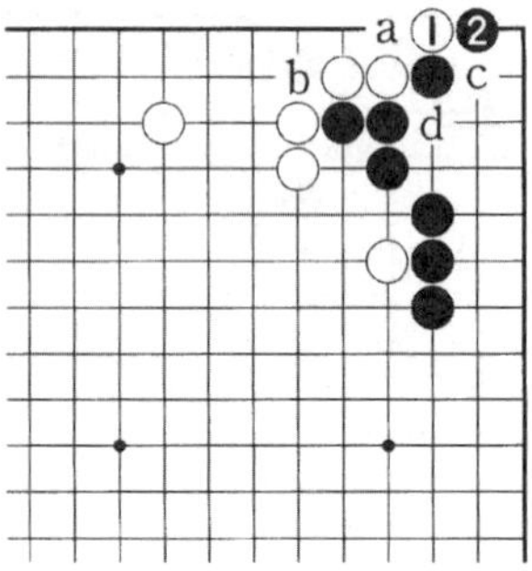

제9형 백번

## 티끌모아

우상귀의 끝내기 문제. 티끌을 모으면 태산이 된다. 백은 어떻게 끝내기 하여야 할까? 패는 흑이 유리하다.

## 1집 득

백1의 끊는 수가 좋은 맥이다. 흑2로 뻗고 4로 귀를 지켜 ×안쪽은 8집이 된다. 흑2로 3은 백a, 흑2와 백4로 흑집은 6집이 된다.

## 백 1집 이상 손해

백1로 젖히면 흑2로 막는다. 백 a로 이을 수 없으므로 백b와 흑a가 된다. 흑집은 9집 이상이다. 더욱 흑2 이후 백c는 흑a, 백d, 흑b로 큰 패가 난다. 지금 상황은 패는 흑이 유리하다 했으므로 백 실패.

(761)

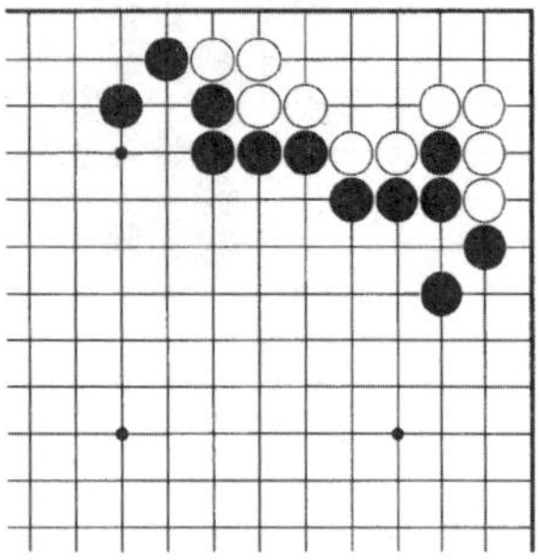

解

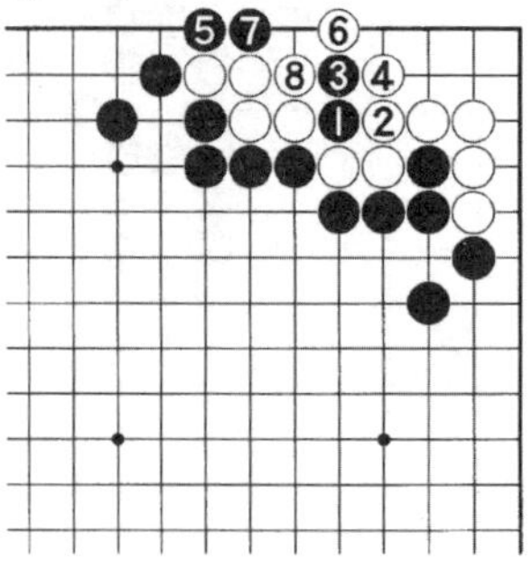

失

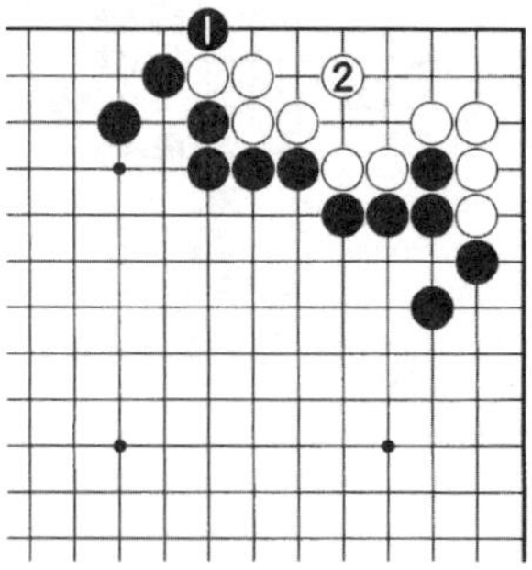

제10형 흑번

## 2집 차이

우상의 백집에 끝내기 하는 문제. 백집은 15집인가? 13집인가? 2집의 차이가 생기는 이유를 알고 싶다.

## 사석 활용

흑1로 끊고 3으로 뻗어 이 2점을 버린다. 백4부터 8로 2점을 잡게 해서 13집이 된다.

## 흑 속수

흑1로 젖히면 백2로 받을 수밖에 없다. 이것으로 끝내기는 끝났는데 백집은 15집이 된다. 사석의 효과를 다시 한 번 일깨워 준다.

(762)

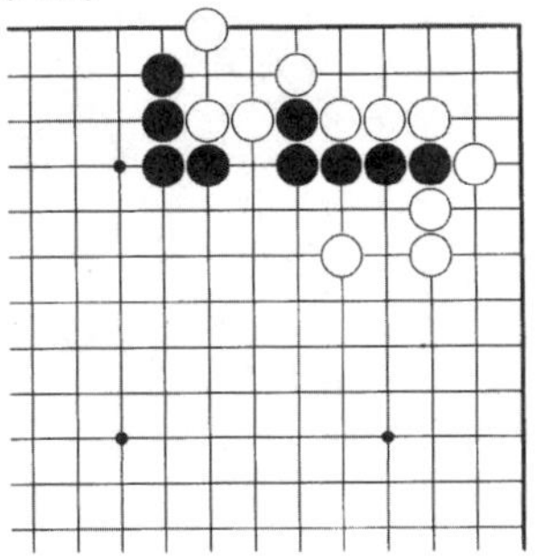

解

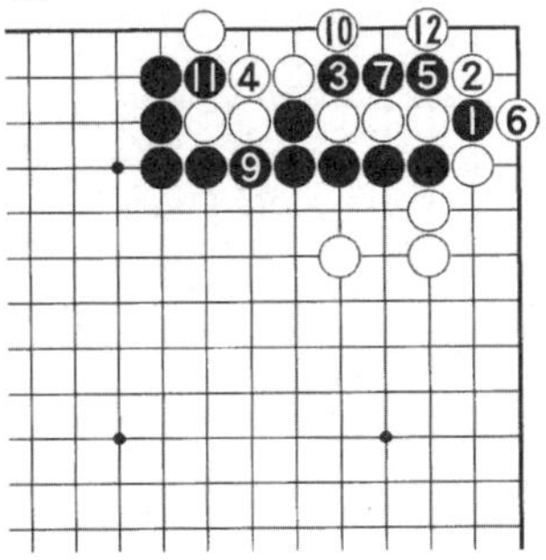

失

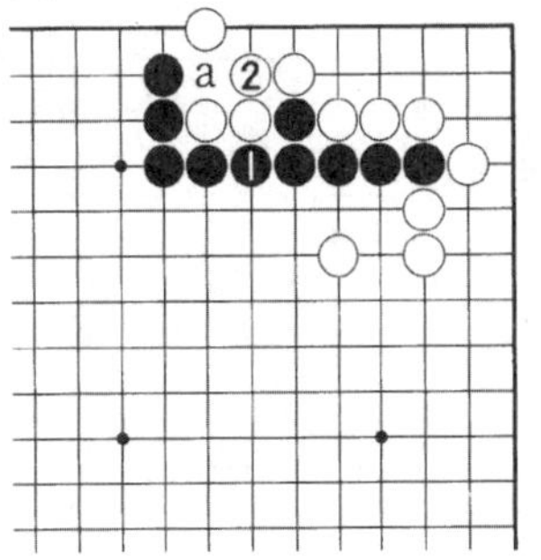

제11형 흑번

### 효과적 지킴

흑은 중앙의 약점을 지켜야 하지만 동시에 귀의 백집에 끝내기를 하고 싶다.

### 활용

흑1로 끊어 백의 모양에 약점을 만들고 흑3, 5로 조여 수상전 모양으로 만든다. 백12까지 선수로 활용한다.

※⑧→❶

### 흑 속수

흑1로 이으면 백2로 받는다. 그러나 흑a는 후수이다. 백a에 이으면 귀의 집은 정해도보다 4집 이상 많다.

(763)

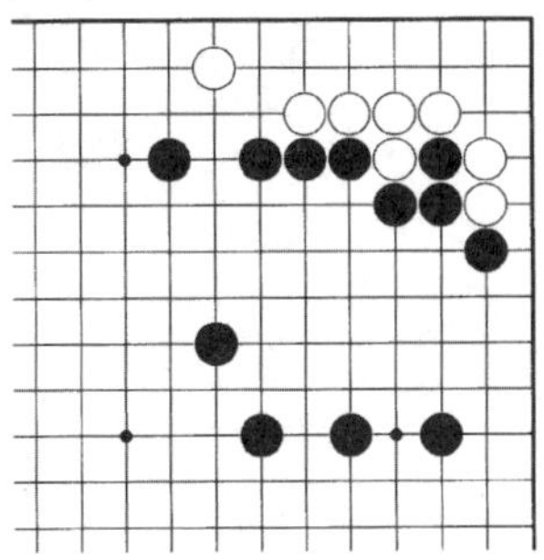

解

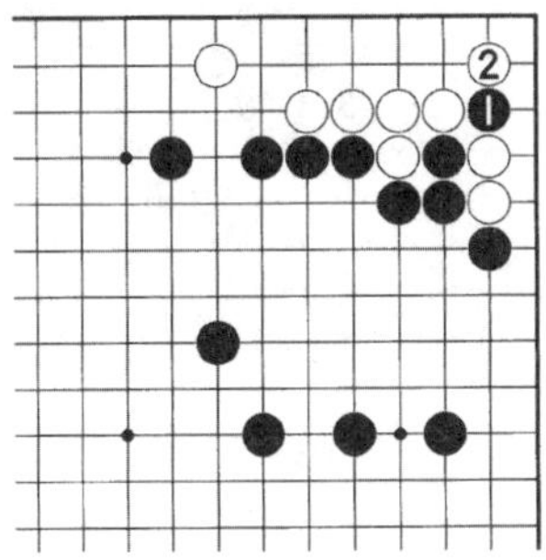

失

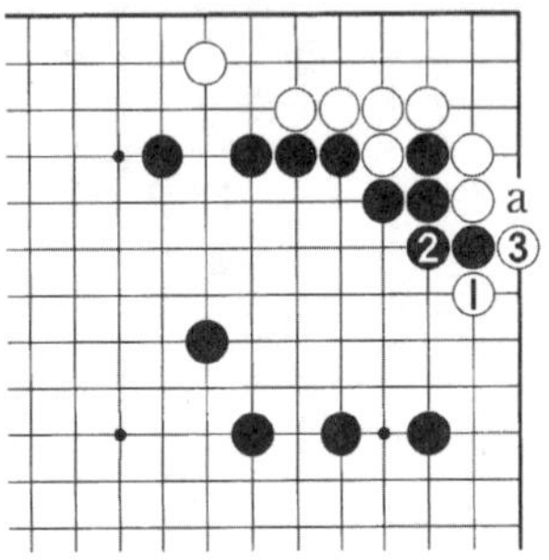

제12형 흑번

### 지키는 방법

우변의 끝내기를 어떻게 할까?
이대로 흑이 손을 빼면 집이 큰 폭으로 줄어든다.

### 예리한 끊음

흑1로 끊는 수가 날카로운 맥이다. 백이 손을 빼면 흑2로 뻗는 수로 귀의 백집이 없어진다. 백2라면 흑은 손을 뺄 수 있어 좋다.

### 대폭 감소

흑이 우상에서 끊지 않고 손을 빼면 백1로 껴 붙이는 수가 큰 끝내기이다. 흑a가 선수가 아니므로 흑2, 백3으로 흑집은 10집 이상 줄어든다.

(764)

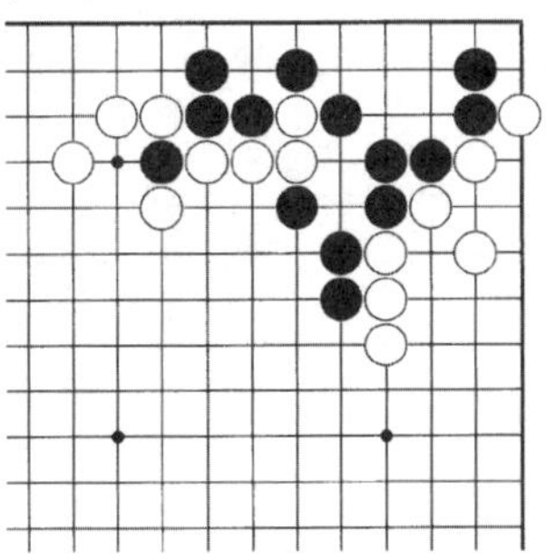

解

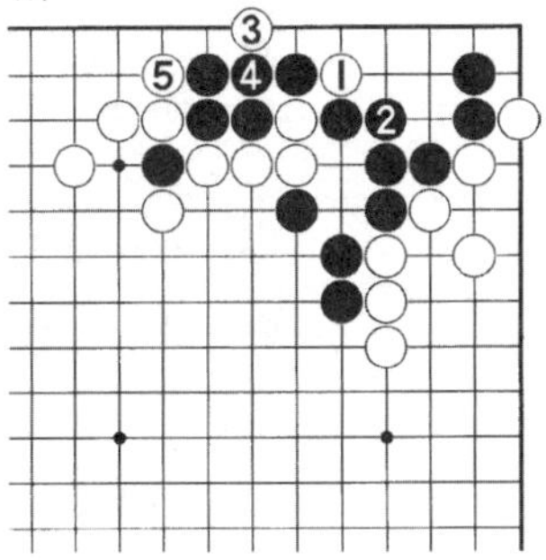

失

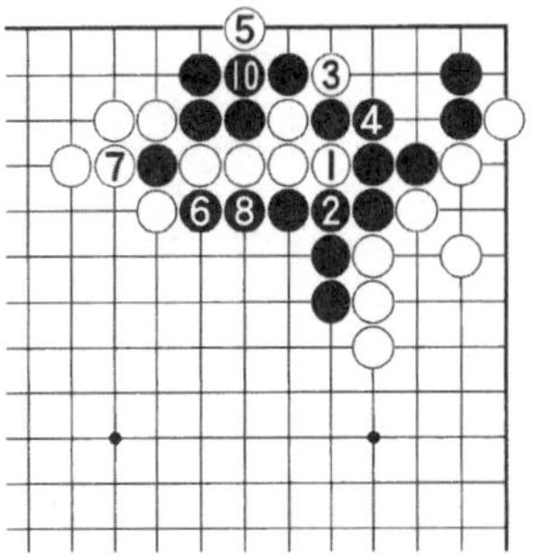

제13형 백번

### 결정짓는 방법

상변의 모양을 결정하는 문제.
흑집을 끝내기하여 백이 포도송이로 조임을 당하지 않도록 하자.

### 끝내기의 맥

백1로 끊는 수가 맥이다. 흑2로 받게 한 뒤 백3이 끝내기의 맥으로 흑4, 백5로 3의 한점을 살린 모양이다.

### 백 잘못된 수순

백1은 선수이다. 백3, 5로 두어 정해도와 똑같은 끝내기 이지만 백이 자충으로 흑6, 8로 조여지게 되어 상변의 집이 없다.

※⑨→⑦의 오른쪽

제1형 흑번

(765)

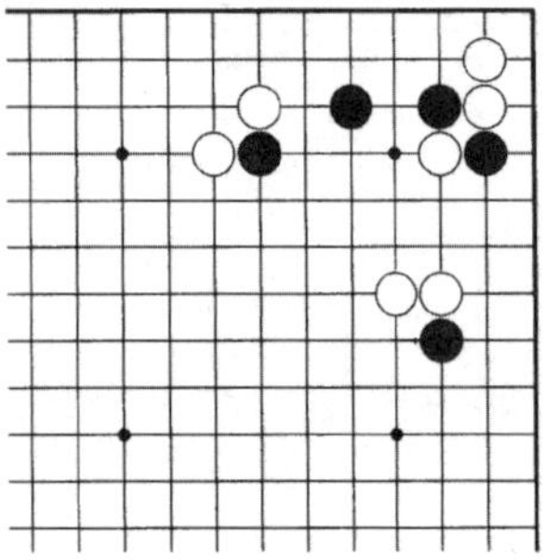

## 수습

귀와 상변에 흩어져 있는 흑을 연결시켜서 모양을 수습하고 싶다.

解

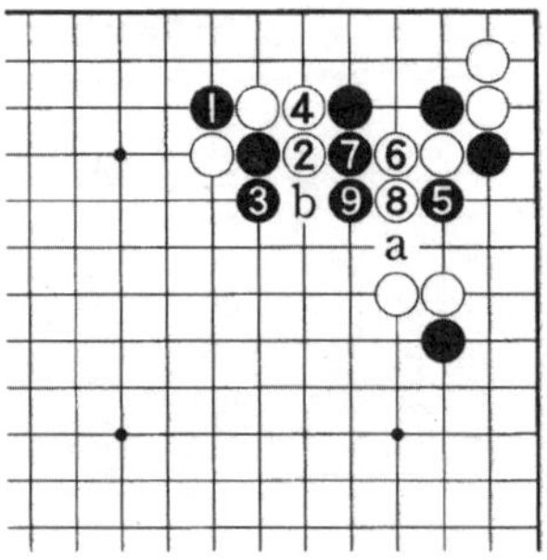

## 흑 유리

흑1로 끊어 백이 어떻게 두는지 본다. 백2, 4로 오른쪽을 굳혀도 흑5부터 9로 붙여 나와서 좌우의 백이 분열된다. 백a, 흑b로 흑이 유리한 모양이다.

失

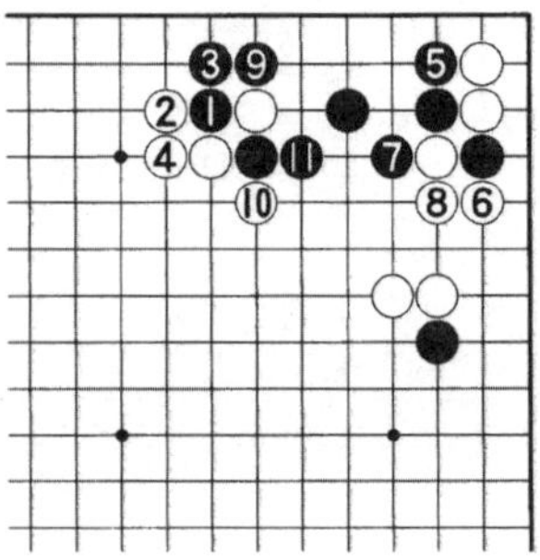

## 흑 만족

백2, 4로 바깥을 굳히는 변화이다. 흑5로 막아 상변에 근거를 만든다. 백6 이후 흑7, 9로 백 1점을 잡고 약 10집을 내어 살 수 있다.

제2형 백번

(766)

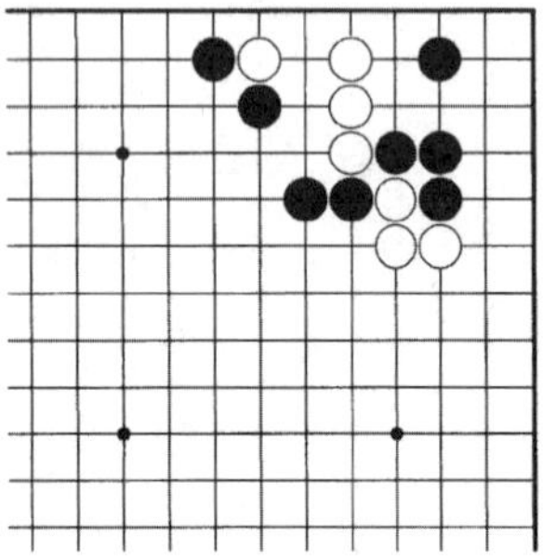

## 반격

상변의 백 4점을 흑이 맹렬히 공격하고 있지만 백에게도 반격의 여지가 남아있다.

解

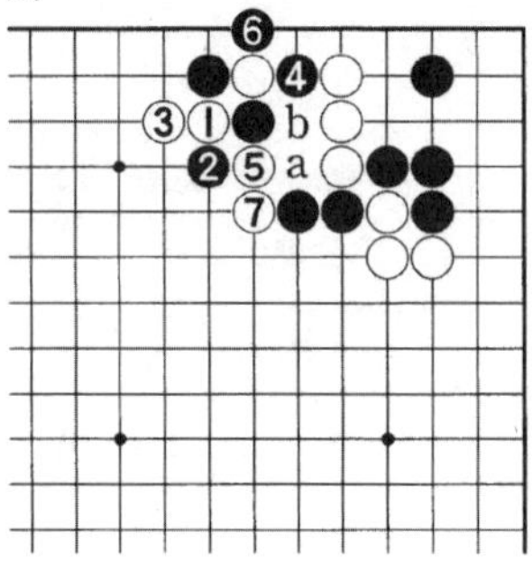

## 탈출

백1로 끊는 수가 수습의 맥이다. 흑2로 단수치고 4로 백을 끊으려고 하면 백5, 7로 탈출한다. 이후 흑a에는 백b로 큰 패가 난다.

失

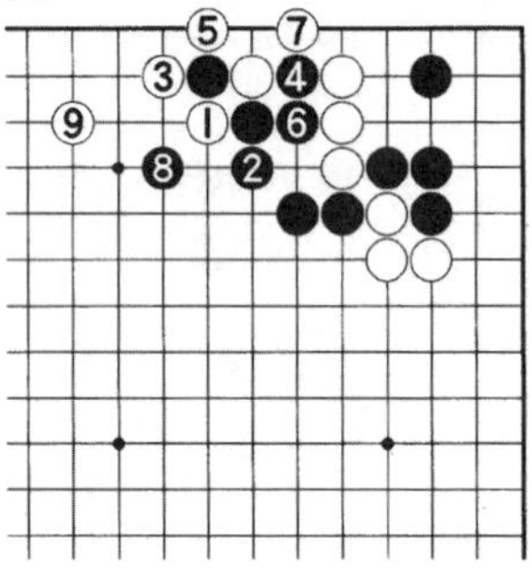

## 안정된 모양

흑2로 당기면 백3, 5로 흑 1점을 잡아 상변에 근거가 생긴다. 백7로 건너고 흑8로 공격해도 백9로 수습된 모양이다.

제3형 흑번

(767)

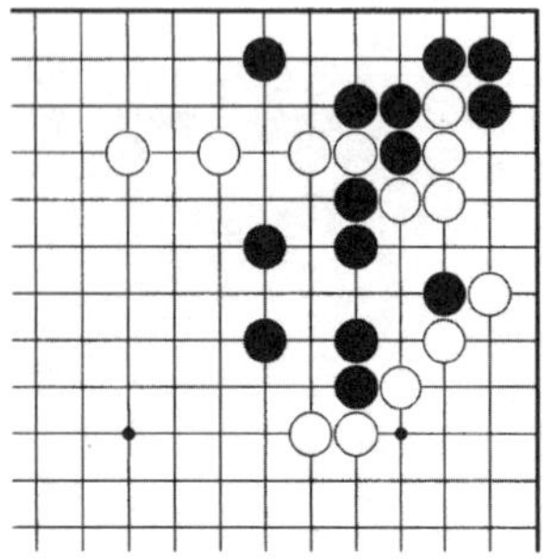

## 목표

우상의 전투.
우상의 백 4점이 흑의 공격 목표이다. 백이 4점을 살리려고 하면 우변에 흑의 세력이 생긴다.

解

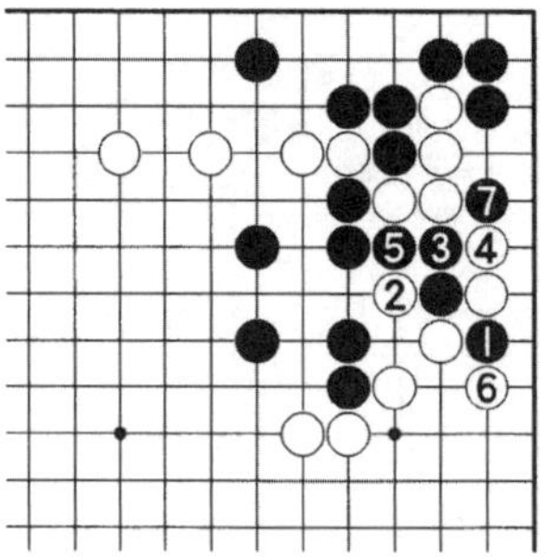

## 맥

흑1로 맞끊는 수가 맥이다. 백2로 단수치면 흑3으로 나갈 수 있다. 백4, 6으로 우변을 지키면 흑7로 4점을 잡는다.

失

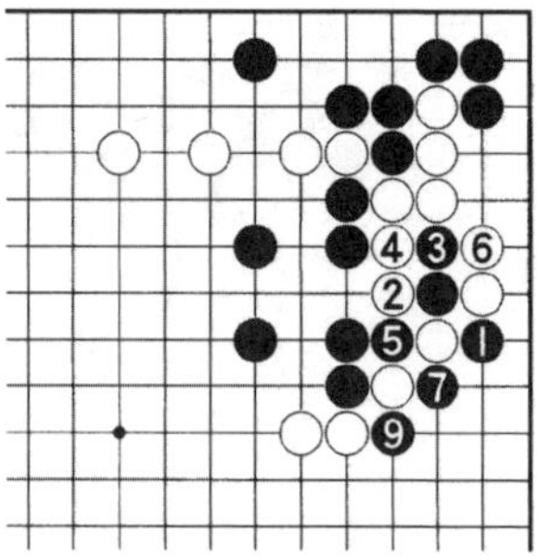

## 백 망함

백4로 단수쳐서 저항하는 변화이다. 흑5로 끊고 흑7, 9로 우변의 백 1점을 빵때림하여 우변이 흑의 세력으로 바뀐다.

※⑧→②의 오른쪽

## 빈삼각

"빈삼각은 우형"이라고 말하고 있지만 굳이 빈삼각으로 두는 수를 말한다.
빈삼각은 우형으로 변하는 것을 말하지만 모양은 효과적이지 않아도 경우에 따라서는 강력한 수로 변한다. 때문에 '빈삼각을 둘 줄 알아야 고수가 될 수 있다.'고도 말한다.
흑1이 빈삼각이다. 귀의 백은 자충으로 전멸한다.

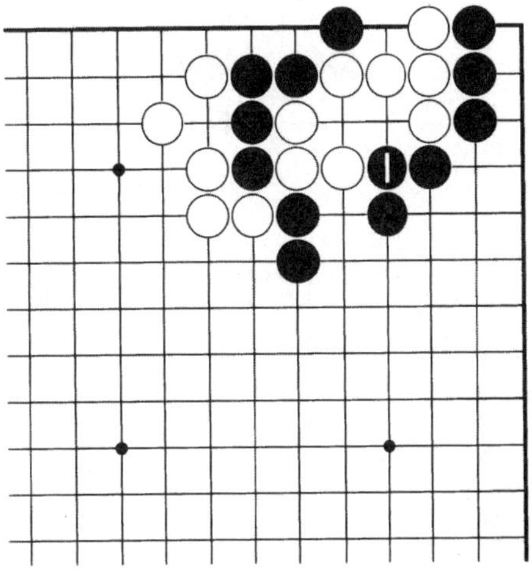




(768)

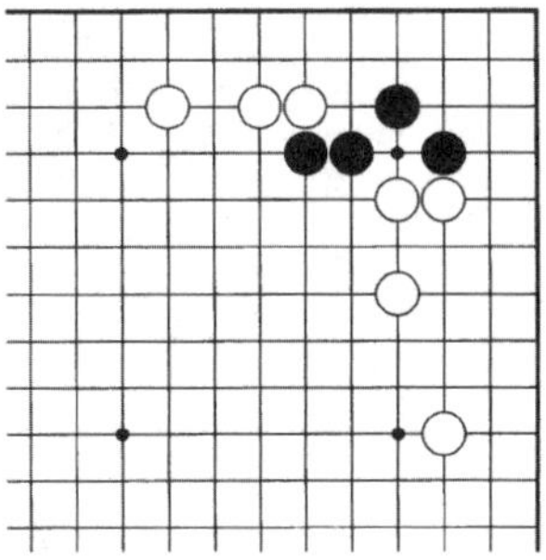

제1형 흑번

### 수습하는 모양

우상의 전투.
우상귀의 모양이 엷은데다 중앙의 연결도 확실하지 않다. 흑은 최선의 모양으로 수습하고 싶다.

解

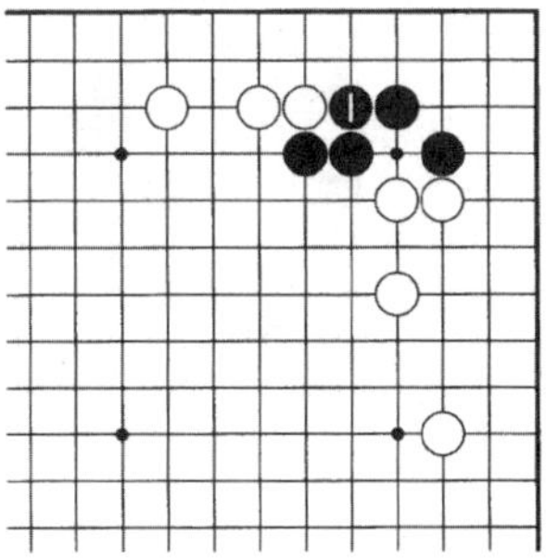


### 급소

흑1의 빈삼각이 효과적인 모양이다. 이 1수로 귀를 굳히면서 중앙에 진출할 수 있다. 또 백에게 봉쇄를 당해도 귀만으로 살아 있다.

失

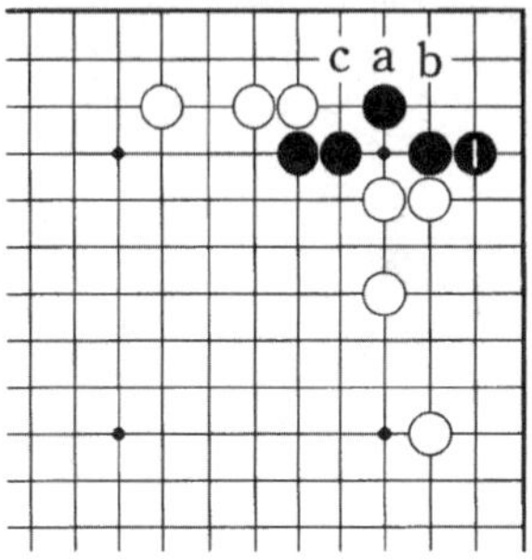


### 미생

흑1로 뻗는 수는 귀를 지키기 보다는 우변의 백을 노리는 것이 크다. 백a, 흑b, 백c로 귀가 아직 못 살아 있다.

(769)

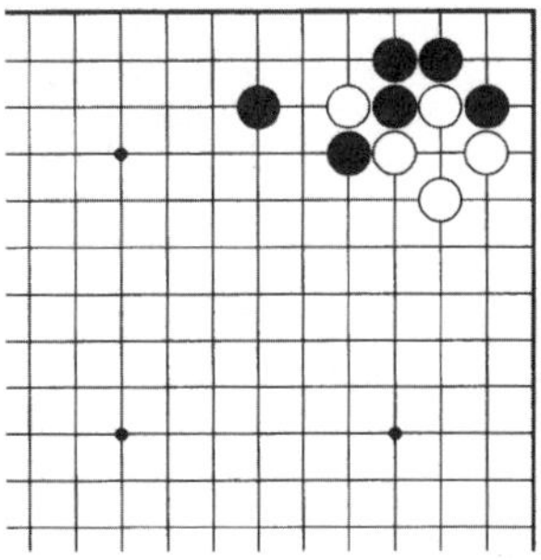

제2형 백번

### 수습하는 모양

우상의 전투.
귀의 패는 백이 먼저 시작하기 어렵다. 백은 우변을 지켜 수습하기 위하여 어떤 모양을 선택 할까?

解

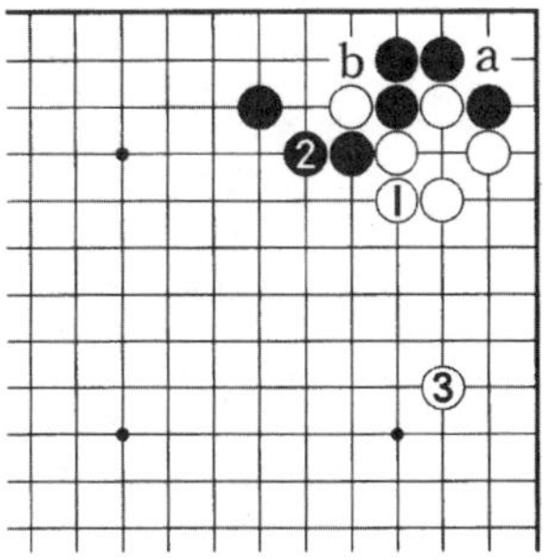


### 지킴의 모양

백1의 빈삼각이 우변을 지키는 모양이다. 흑2로 받으면 백3으로 벌려 a를 노린다. 백이 패를 이기면 b로 잡는 것도 남는다.

失

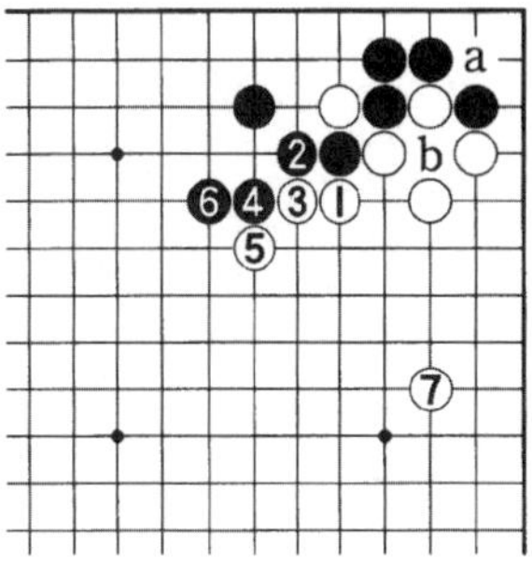


### 백 엷음

백1의 단수는 속수로 흑2로 상변을 지킨 뒤 백이 a로 끊으면 흑b로 잡혀 백의 부담이 커진다. 백3부터 7로 굳혀도 엷은 모양이다.

제3형 백번

(770)

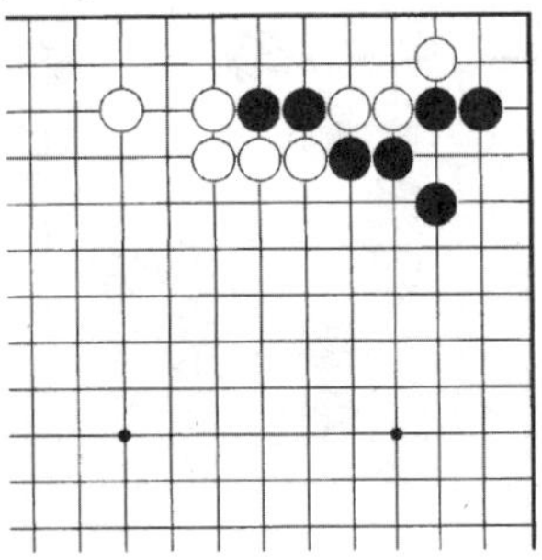

### 수상전

흑과 백의 수상전.
백돌이 많아서 잘 안돼 보이지만 흑에겐 묘수가 숨어 있다.

解

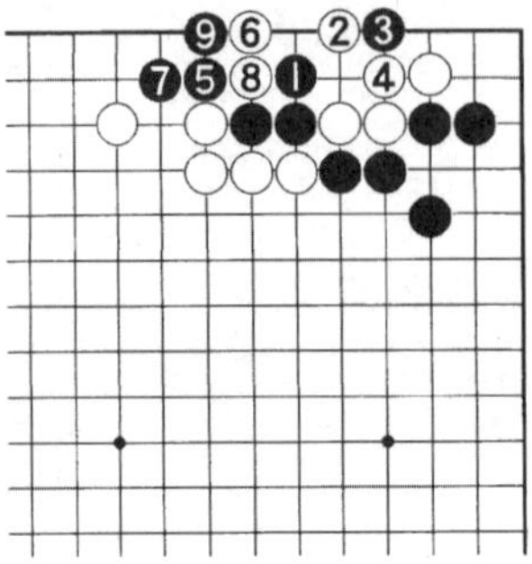

### 맥점

흑1 자리 늘고 3의 붙이는 수가 좋은 수이다. 흑9까지 촉촉수로 백이 안 된다.

失

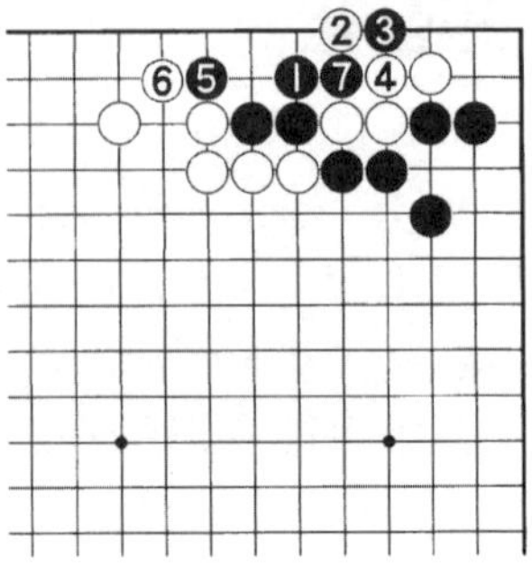

### 흑 승

백2로 받는 수는 흑3으로 선수하고 5로 젖히면 수상전에서 흑이 이긴다.

## 빈삼각 공격

제1형 흑번

(771)

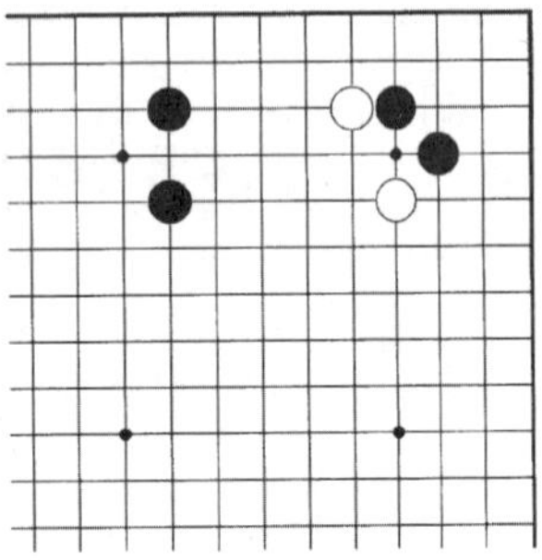

### 반격

우상의 백에 흑은 어떻게 대응하여야 하는가? 상변의 흑의 세력이 강력한 것을 생각하여야 한다.

解

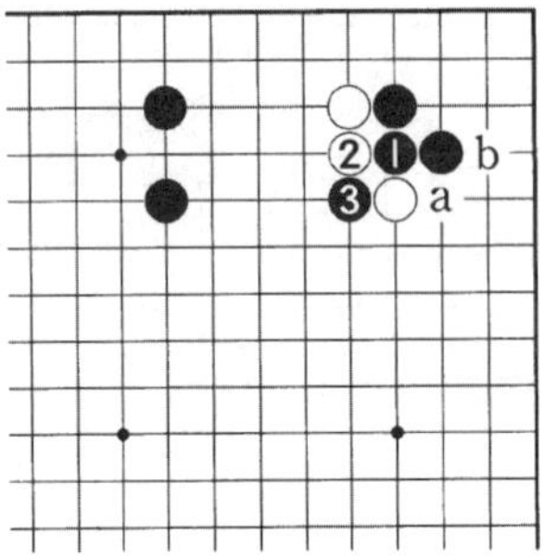

### 백 고전

흑1로 빈삼각하면 우형이 되지만 백2, 흑3의 절단이 강력하다. 상변의 백 2점은 무거운 모양으로 백이 고전한다. 이후 백a는 흑b로 좋다.

失

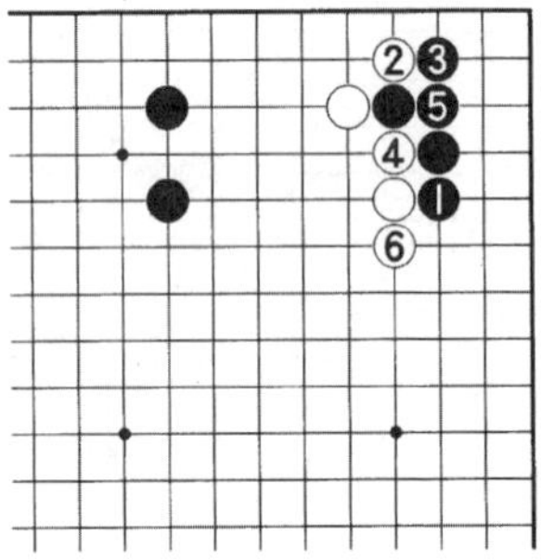

### 흑 완착

흑1로 받으면 모처럼의 기회를 날리게 된다. 백2, 4로 모양을 결정짓고 6으로 뻗어 상변을 살린다. 상변의 흑의 세력이 효과적이지 않다.

제2형 백번

(772)

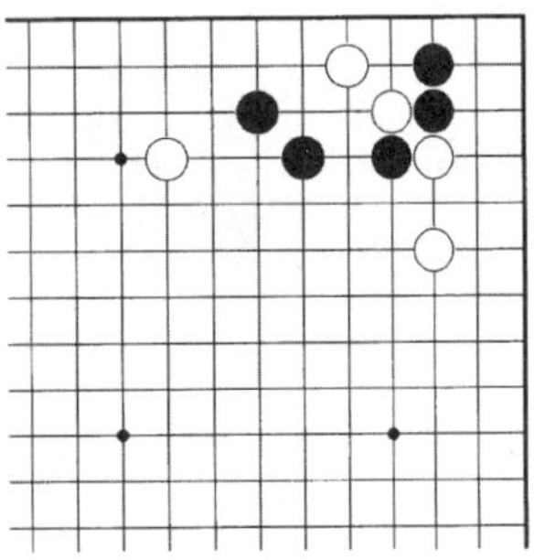

### 최강수

귀의 전투.
흑을 끊고 있는 상변과 우변의 양쪽의 백을 살리고 중앙의 흑을 크게 공격할 수 있다.

解

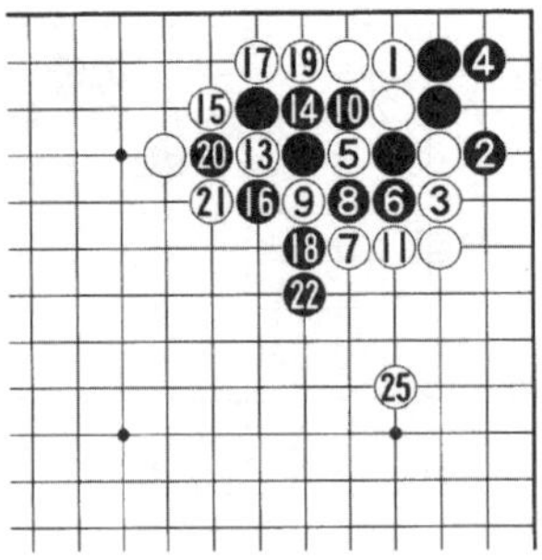

### 백 유리

백1의 빈삼각이 강수이다. 흑2, 4로 살면 백5부터 중앙을 공격하여 25까지 포도송이로 만들어 공격한다.
※⓬→⑤, ㉓→⑬(따냄), ㉔→⑨

变

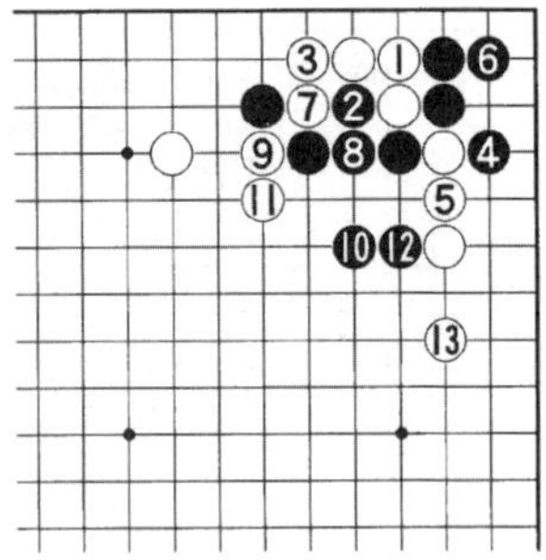

### 백 충분

흑2의 저항은 백3으로 뻗어서 좋다. 흑6이후 백7로 단수치고 9로 끊어 13까지 상변은 백집이 된다. 이것도 백이 충분하다.

(773)

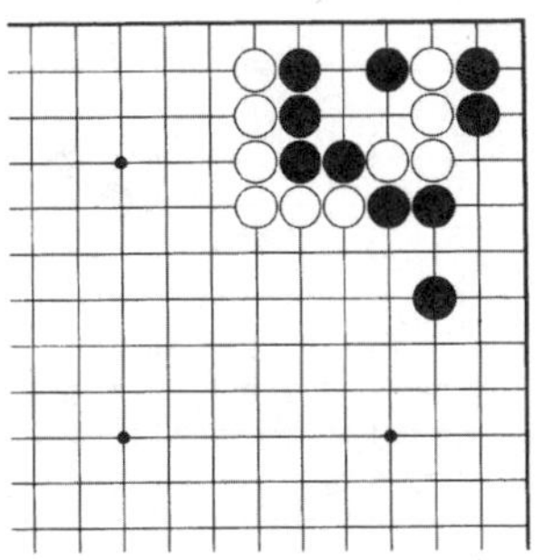

解

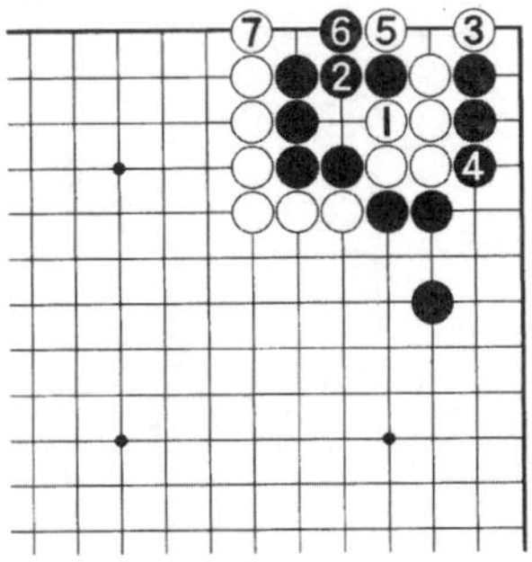

失

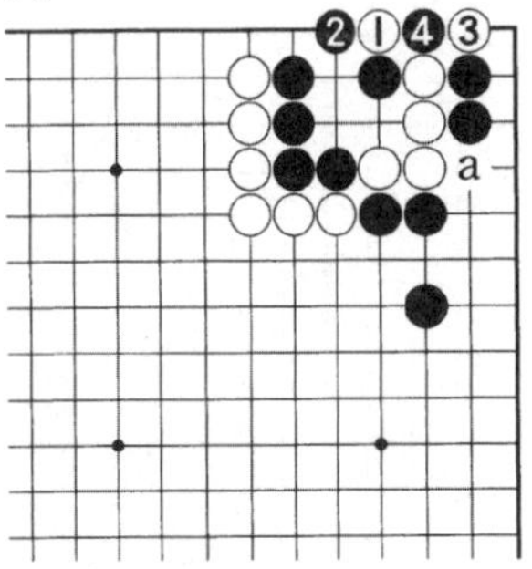

제3형 백번

### 급소

수상전 문제.
백이 불리한 모양이다. 백은 흑이 집을 만들지 못하게 모양을 무너뜨려서 어떻게든 수를 내고 싶다.

### 패

백1의 우형의 수로 백의 모양을 무너뜨리고 3으로 젖혀 수를 늘린다. 흑4로 막을 때 백5로 젖혀 패가 난다.

### 조금 손해

백1로 젖히면 조금 손해를 본다. 흑2로 바로 막고 백3, 흑4로 패가 나지만 흑에게는 a와 같은 팻감이 많다.

(774)

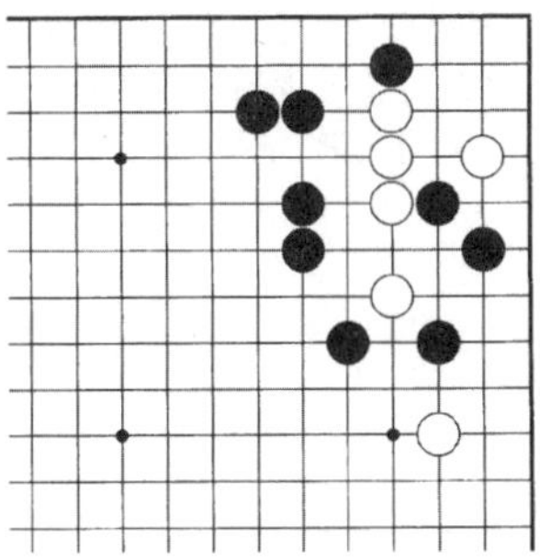

解

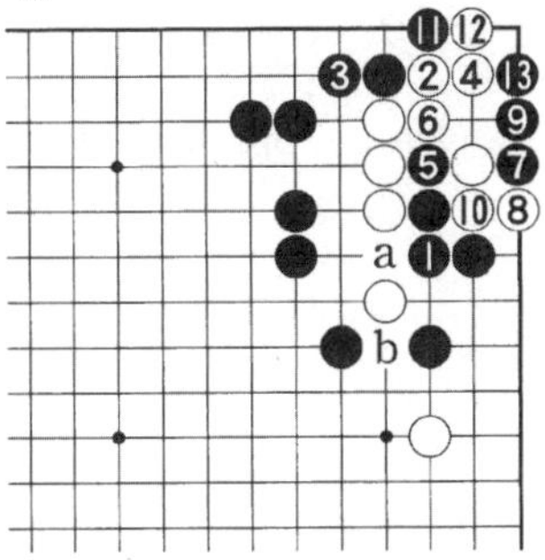

変

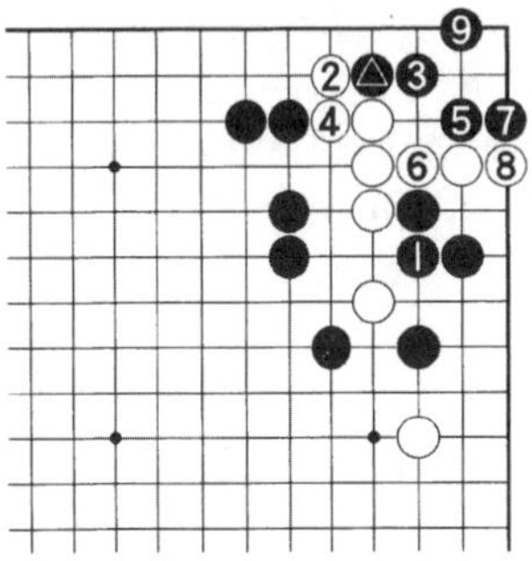

제4형 흑번

### 급소

약간 넓어서 포인트를 찾는 것이 어려울지도 모른다. 우선은 백의 퇴로를 끊고 천천히 요리하면 간단하다.

### 맛보기

a와 b를 맞보기로 하는 흑1의 빈삼각이 중요한 수가 된다. 이것을 발견하면 이후는 간단하다. 도중 흑7이 포인트이지만 흑1까지 외길 수순. 백은 무조건 죽는다.

### 어차피 죽음

백2로 흑▲를 잡으려는 것은 무리이다. 흑3, 5, 7이 절대 선수로 귀에서 산다. 흑이 살면 백의 죽음은 명백하다.

(775)

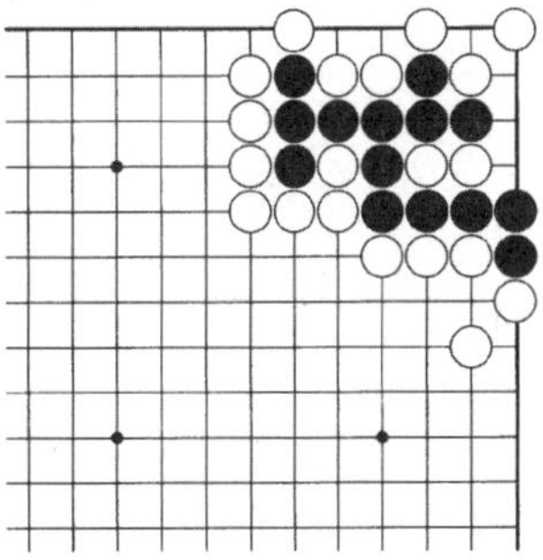

解

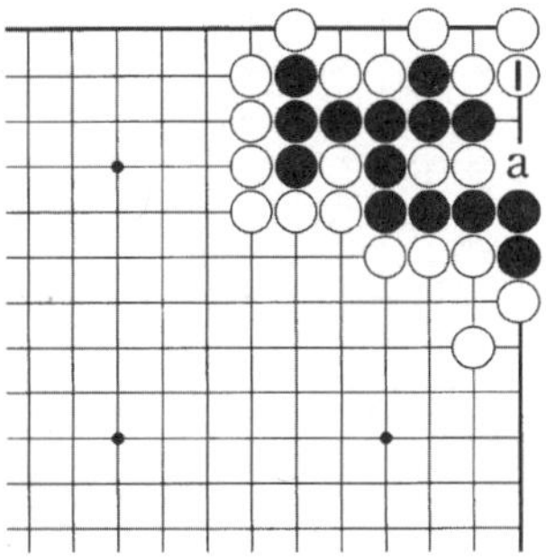

失

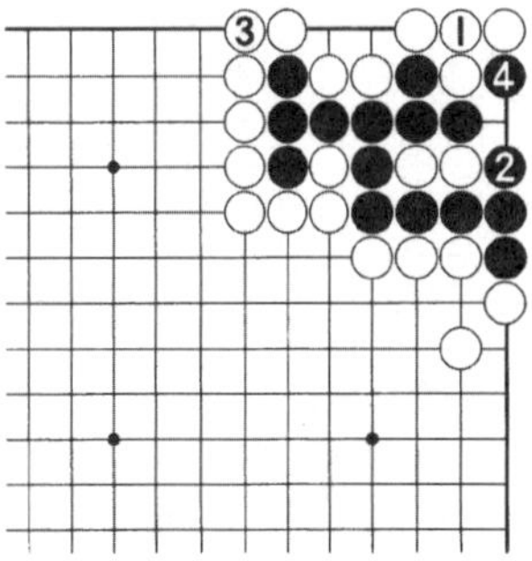

제5형 백번

### 필살기

사활 문제.
상변으로 건너간 백은 촉촉수에 걸리기 쉬운 모양이다. 그러나 백에게는 흑의 자충을 추궁하는 필살기가 있다.

### 흑 죽음

백1의 빈삼각의 수가 좋다. 흑은 자충 때문에 촉촉수로 몰 수 없다. 흑a로 2점을 따내도 백이 먹여치면 저항할 수 없다.

### 패

백1 또는 3에 잇는 것으로 촉촉수를 막을 수 없다. 흑2로 백 2점을 따내고 4로 집어넣어 패가 난다.

(776)

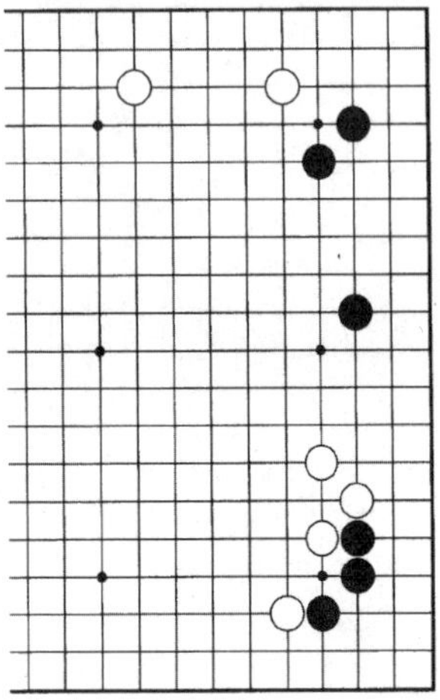

解

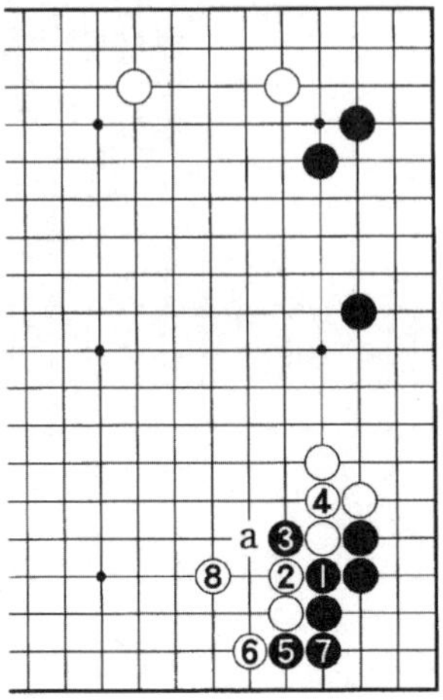

失

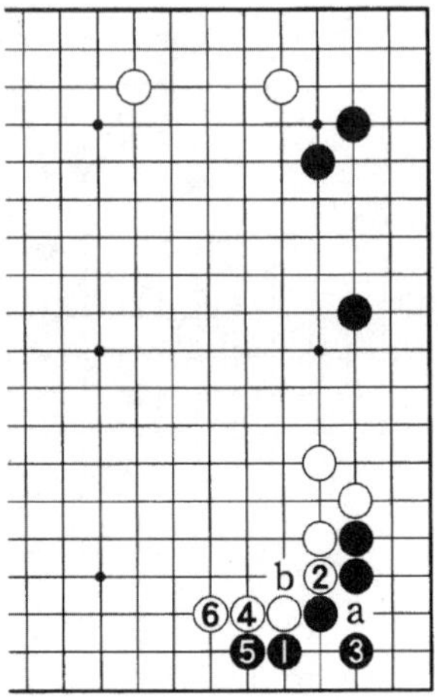

**제6형 흑번**

## 귀의공방

우하의 전투.
한 칸 높은 걸침 정석의 변화이다. 흑은 우변에서 백을 협공하고, 백은 귀의 흑에게 반격하고 있다. 여기서 귀를 어떻게 받아야 하는가?

## 정석

흑1의 빈삼각에 3으로 끊고 5, 7로 젖혀 잇는다. 백8로 지킨 후 흑a의 노림이 남아 백은 맛이 나쁜 모양이지만 흑을 귀에 봉쇄했다는 것으로 만족한다.

## 백 두터움

흑1로 아래에서 젖히면 백2로 바깥부터 결정하여 약간 불리하다. 백4, 6으로 늘어 두터운 모양이다. 흑3으로 4는 백a, 흑b, 백3으로 귀를 잡고 백의 실리가 크다.

(777)

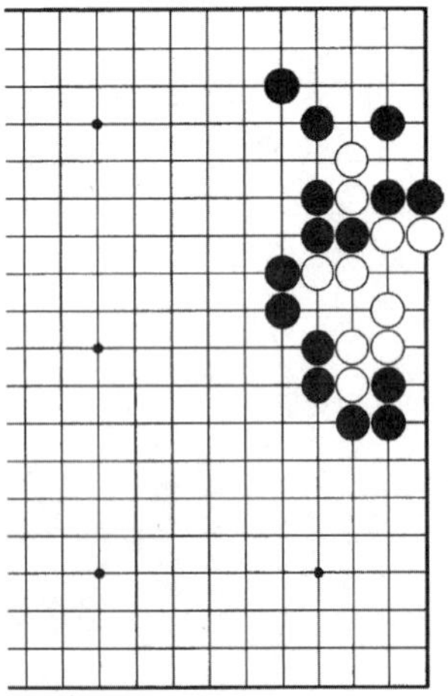

解

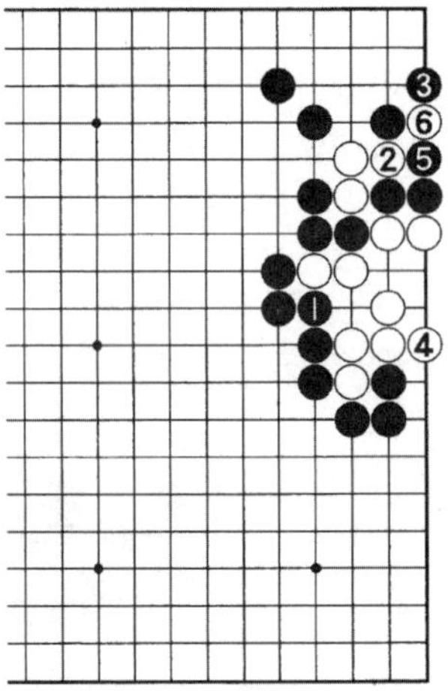

失

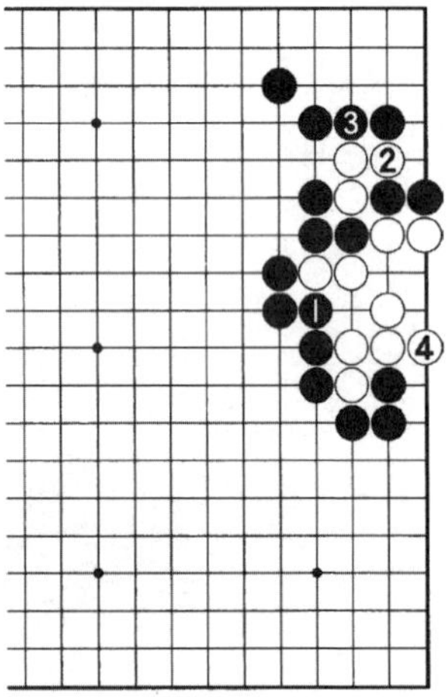

**제7형 흑번**

## 수상하다

'우상의 흑 2점을 어떻게 할 것 인가?' 가 초점이다. 백이 2점을 잡아도 집이 불완전하면 백 전체가 수상해 진다.

## 백 전멸

흑1로 빈삼각하여 아래의 백집을 없애면 위쪽의 백은 후수 1집이 된다. 백2로 단수를 치더라도 흑3으로 입구자하는 수가 좋아 이곳도 후수 한집. 백4이면 흑5, 7로 백이 옥집이 된다.

※❺→❼(따냄)

## 흑 실수

흑3으로 이으면 백이 우상에 선수로 1집을 만든다. 백4로 두어 백이 살고 흑1이 실패가 된다. 이렇다면 흑1으로 2에 받는 방법이 낫다.

## 날일자 · 눈목자

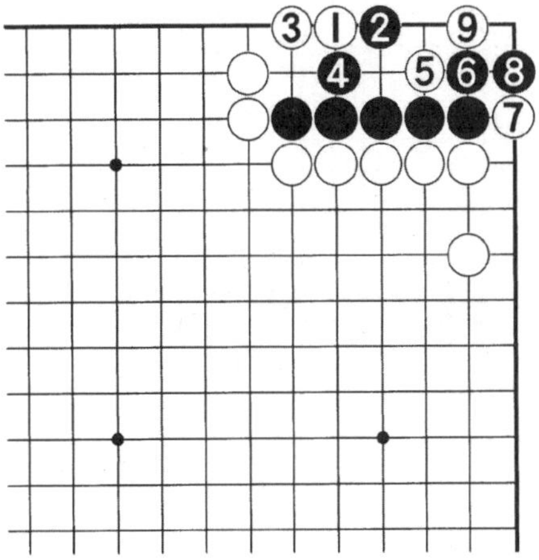

한칸 뜀처럼 돌을 연결하는 동시에 발전을 도모하는 모양를 말한다.
특히 변에서는 날일자(日字), 눈목자(目字)가 많이 쓰인다. 또 맥으로 하여 굳히기, 걸치기, 행마 등에 사용하며 날일자 붙임과 날일자 씌움 등으로 공격하거나 방어하는 모양이 있다.
백1은 날일자가 좋은 수. 백9까지 귀의 흑은 그대로 죽는다.

날일자 지키기

(778)

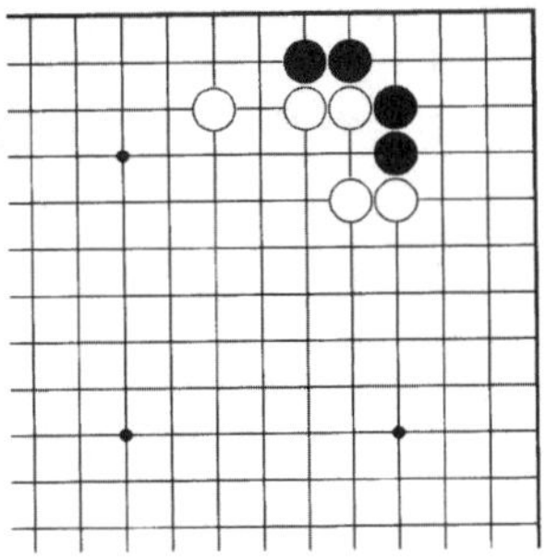

解

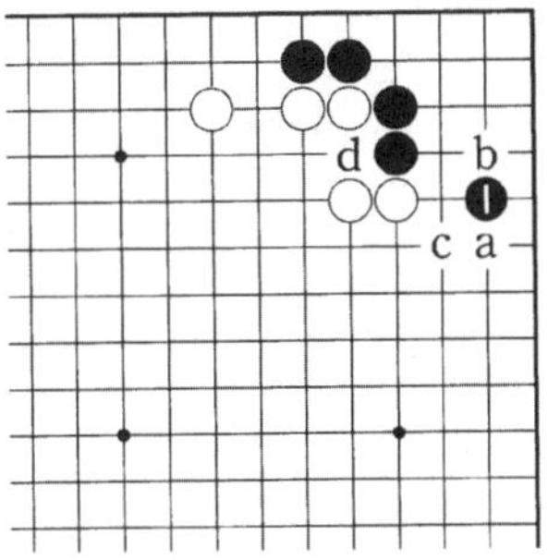

失

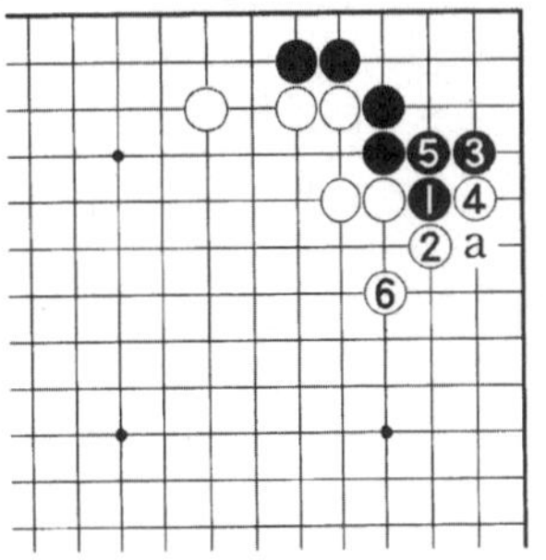

제1형 흑번

### 지키는 방법

우상의 전투.
고목 정석의 변화로 백은 흑을 귀에 가두면서 외세를 키우려고 한다. 백을 굳히지 못하게 막으면서 귀를 지키는 방법을 찾아야 한다.

### 흑 좋은 모양

흑1로 날일자가 맥이다. 백a로 붙이면 흑b로 밀어 모양 좋게 귀를 굳힌 뒤 흑c로 젖히거나 d로 나가는 것을 노린다.

### 흑 불만

흑1로 젖히면 백2로 막는다. 흑3으로 백4는 백a로 흑이 안좋은 모양이다. 흑3이라면 백4, 6으로 바깥을 굳혀서 백의 외세가 강력하다.

(779)

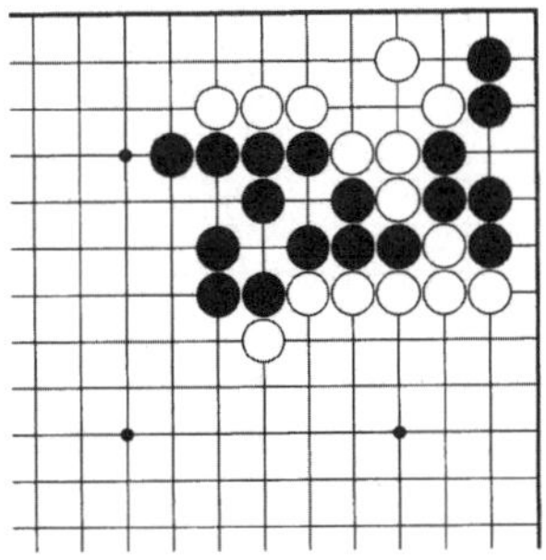

解

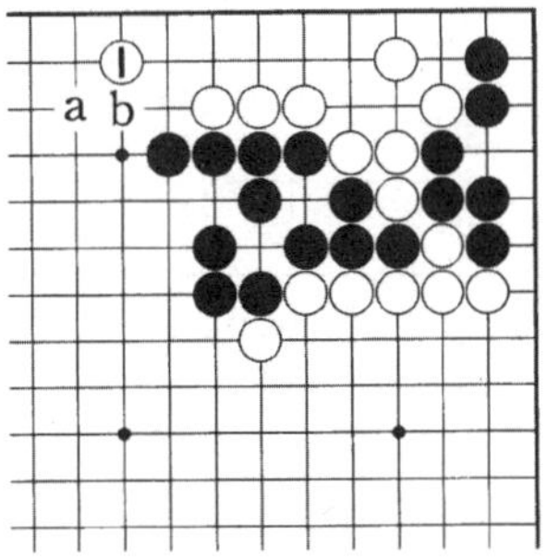

失

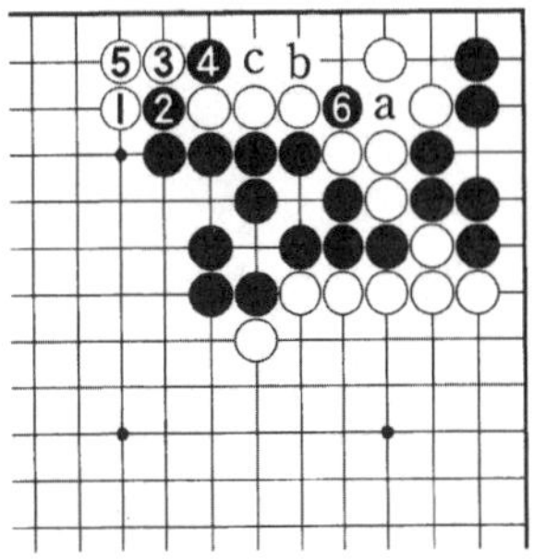

제2형 백번

### 수습하는 방법

한 칸 높은 걸침 정석의 변화로 백은 중앙의 흑을 공격하여 우변에 세력을 만든다. 상변의 백을 수습할 차례이다. 어떻게 수습할까?

### 날일자

백1로 날일자하여 흑에게 흐름을 주지 않는 수이다. 흑a로 씌우면 상변 백이 살아 있기 때문에 백b로 나가 끊어 전투가 시작된다.

### 백 실패

백1로 뛰면 맛이 나쁜 모양이다. 흑2, 4로 끊으면 백5로 왼쪽을 지키면 흑6으로 끊어서 귀가 살 수 없다. 백a라면 흑b, c로 조여 수상전에서 백이 패배한다.

(780)

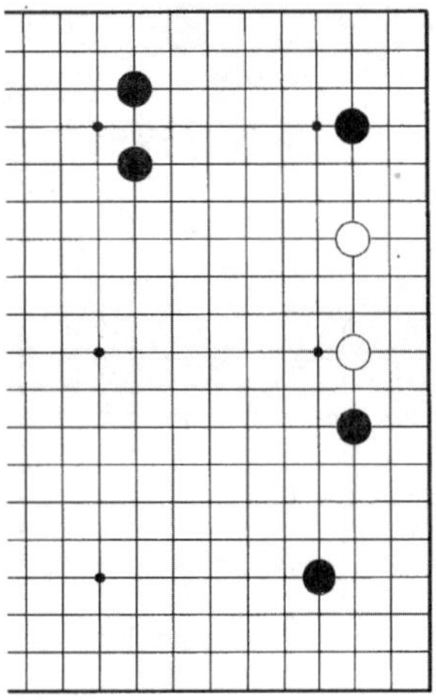

解

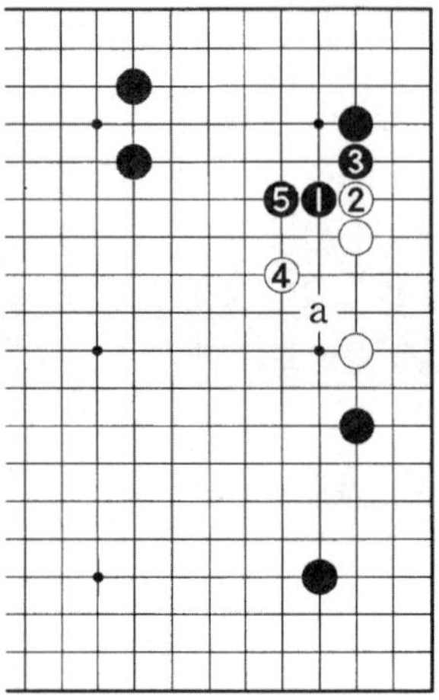


失

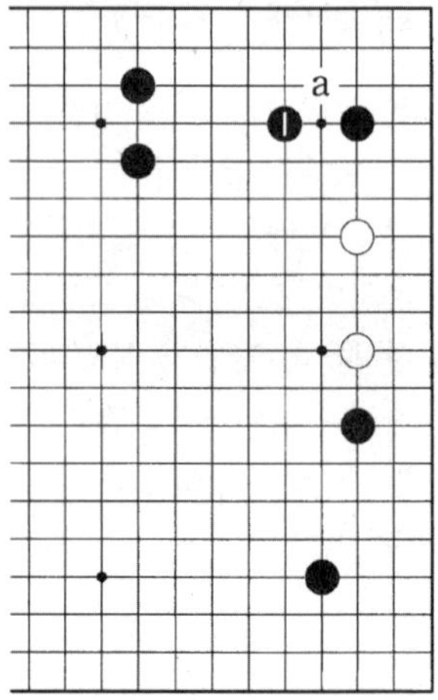


제3형 흑번

## 실마리

우상의 전투.
백이 우변을 수습하여 상변의 흑이 엷다. 상변의 흑이 한 칸 뛰어서 모양을 최대한 넓히기 위하여 우변의 백에게 실마리를 찾는다.

## 모양

흑1의 날일자가 최대로 넓힌 수이다. 백2는 흑3, 백4는 흑5로 상변의 흑 모양을 굳히고 우변의 백에게는 흑a의 노림수가 남는다. 상변에 있는 흑의 한 칸 뜀이 좋은 모양이 되어있다.

## 흑 소극적

흑1로 한 칸 굳히는 것도 좋은 수지만 우변의 백에게 압박이 없기 때문에 백은 손을 뺄 수 있다. 상변 흑집에는 백a 등으로 침범하는 것이 남아있다.

(781)

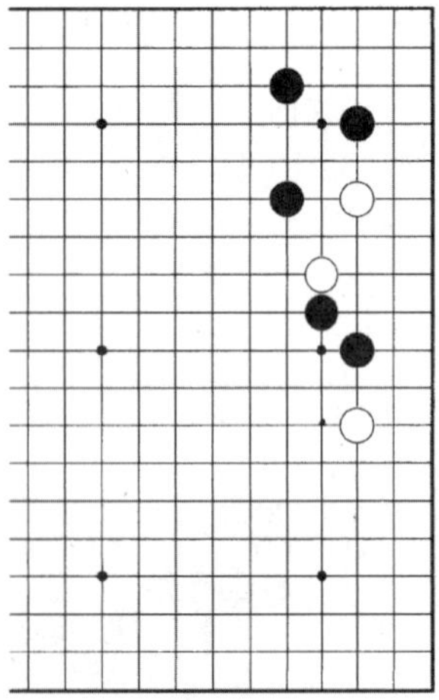

解

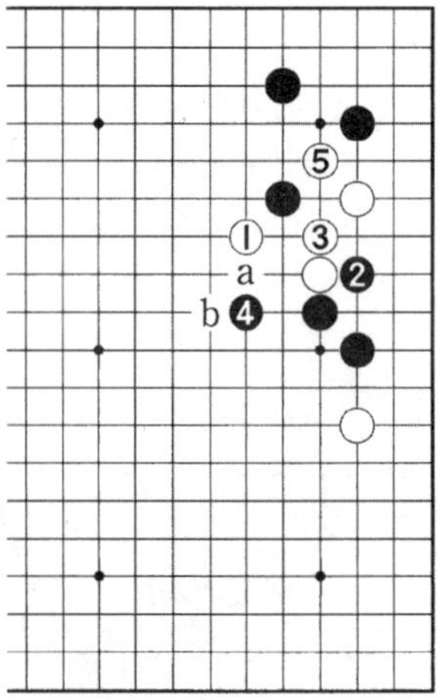


変

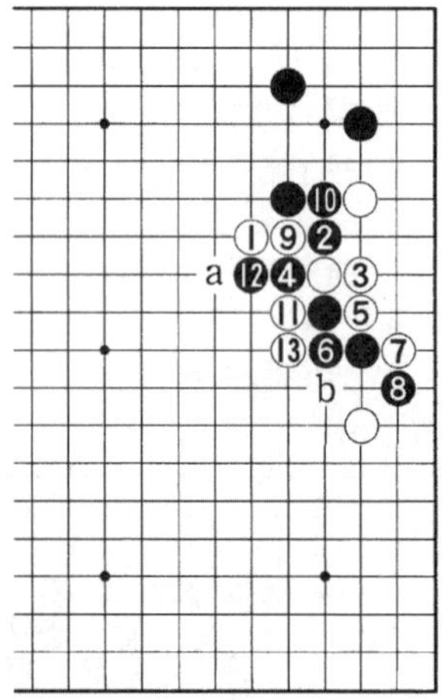


제4형 백번

## 도망치는 방법

우상의 전투.
백 2점이 흑에게 심하게 공격당하고 있다. 백은 공격을 피해 중앙으로 도망치면서도 이후 편하게 싸울 수 있는 모양을 만들고 싶다.

## 백 좋은 모양

백1의 날일자가 모양이다. 흑2로 젖히면 백3으로 연결하여 중앙에 뛴 모양이 좋다. 흑4의 공격에 백5로 반격한다. 백5로 a, 흑b로 되는 것보다 좋은 모양이다.

## 흑 무리

흑2로 입구자 붙인 수는 강력하게 끊으려는 수이다. 백3으로 4는 흑3으로 백이 무리. 백3부터 7로 젖혀 우변에 건너면 흑의 공격을 받아낸 셈이 된다. 흑8은 무리. 백9부터 13으로 a, b가 맛보기가 된다.

(782)

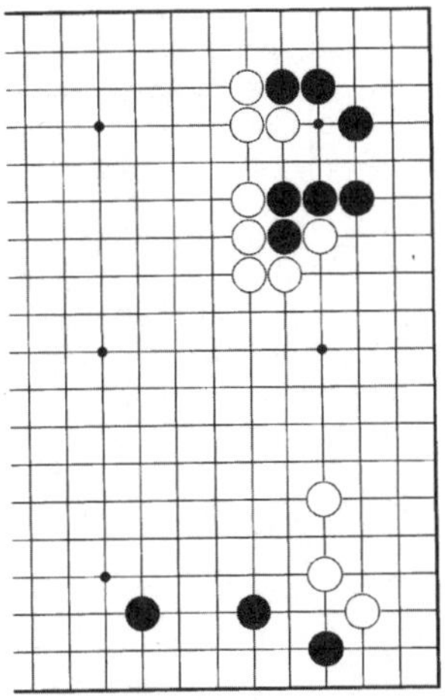

解

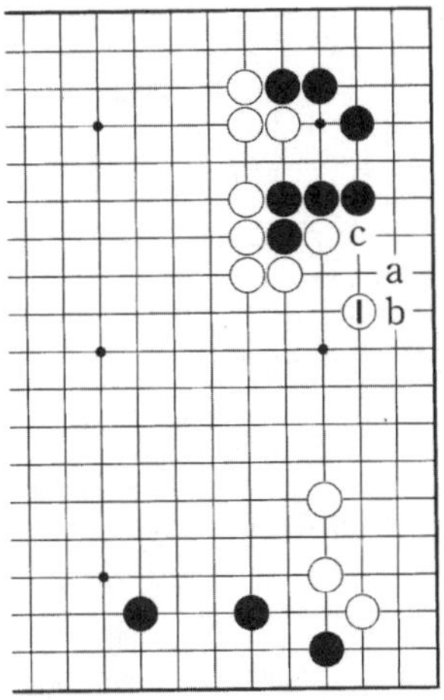


変

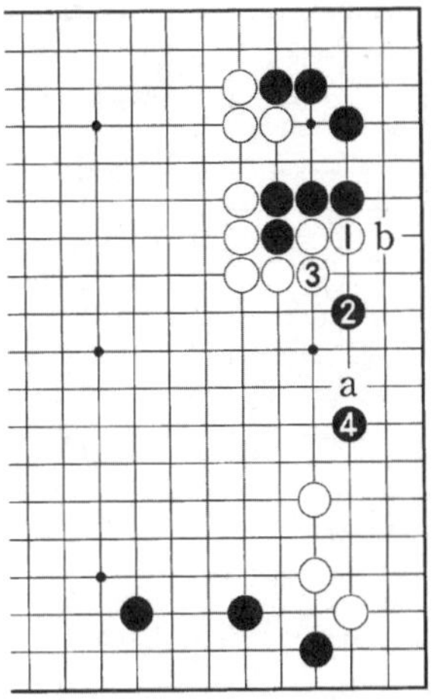


제5형 백번

## 굳히는 방법

우변의 전투.
우변으로 흑의 진출을 막으면 백은 우변에서 중앙으로 모양을 키울 수 있다. 우변을 어떻게 굳혀야 할까?

## 좋은 모양

백1의 날일자가 좋은 모양이다. 흑a로 미끄러지면 백b로 막아 우변의 백집이 굳어진다. 백1이후 백c로 막을 수 있다면 우변이 확실해진다.

## 속맥

백1로 막는 것은 속맥이다. 백2점이 자충이 된 탓에 흑2로 급소를 당하여 모양이 무너져버린다. 백3이라면 흑4로 벌려 편하게 수습한 모양이다. 백3으로 a로 다가오면 흑b로 젖혀 건너간다.

(783)

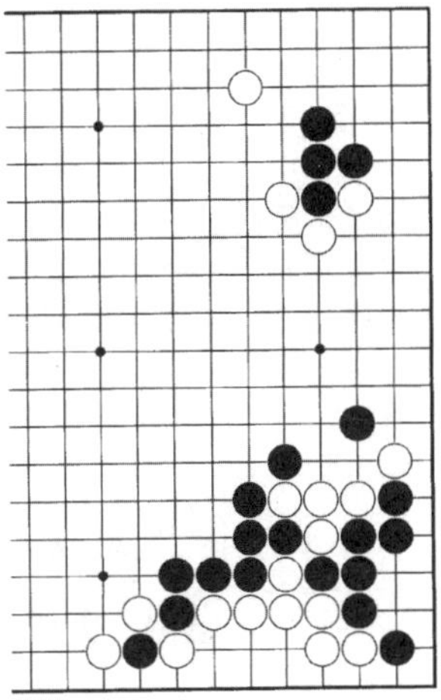

解

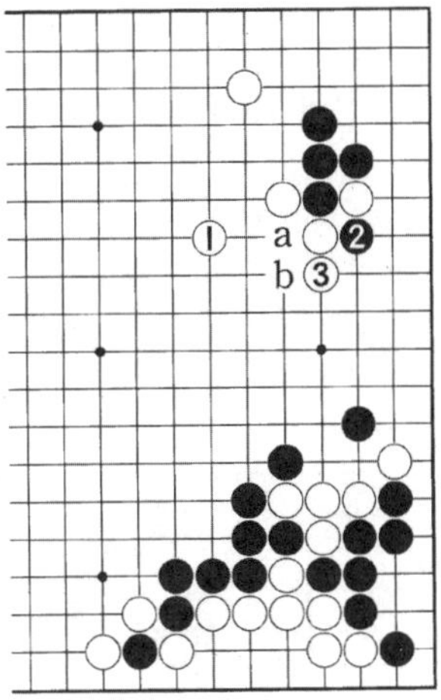


失

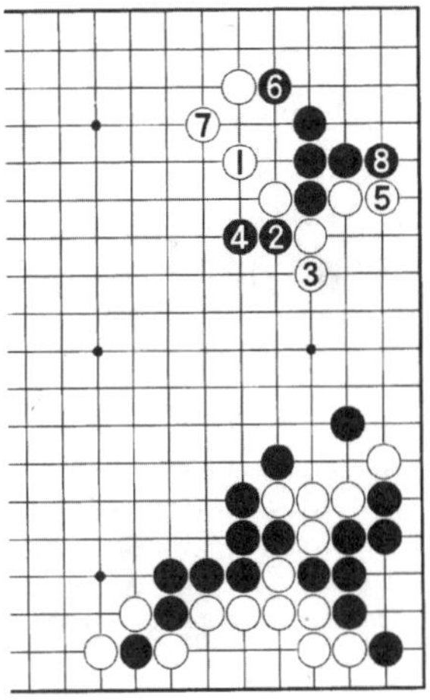


제6형 백번

## 연관

우상의 전투.
우상은 붙여막기 정석의 변화로 이후의 수순은 우하와 연관지어 생각해야 한다.

## 가벼운 모양

백1의 날일자가 가벼운 응수의 방법이다. 흑2로 끊으면 백3으로 늘어 바깥 모양을 정리한다. 흑2로 a에 끊으면 백b로 단수쳐서 축이 된다.

## 백 고전

백1의 입구자는 흑2로 끊어 우하가 강력한 흑이 효과적인 모양이다. 백3, 5로 우변을 살려도 흑8까지 귀를 굳히면 상변의 백도 약해져서 백이 괴롭다.

(784)

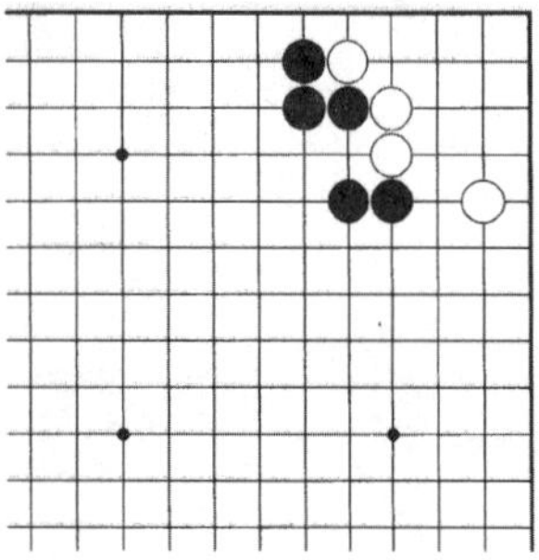

解

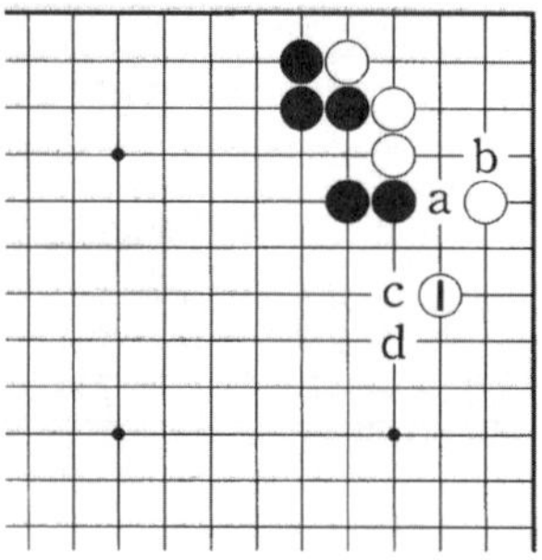

失

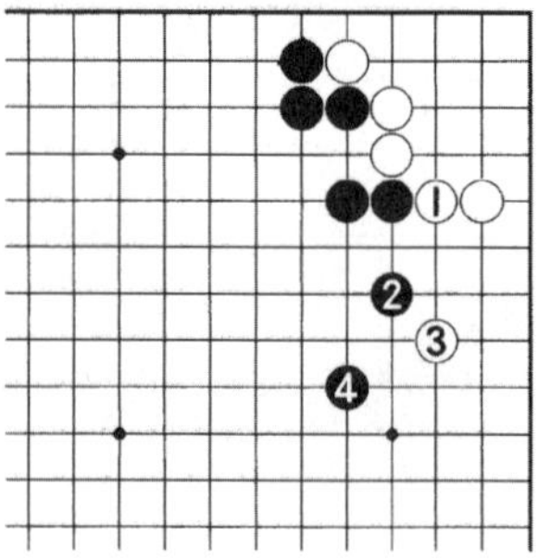

**제1형 백번**

### 탄력
우상의 전투.
귀에서 우변으로 진출하기 위해서는 어떤 모양이 좋을까? 낮게 받은 후의 탄력을 활용하고 싶다.

### 좋은 행마
백1의 날일자가 좋은 수이다. 흑a는 백b로 늘어 백의 연결이 불안하지 않다. 이후 흑c로 붙이면 백d로 젖혀서 힘을 낸다.

### 백 불충분
백1은 견고한 응수이다. 중앙의 절단을 노린다. 그러나 흑2, 4로 발 빠르게 중앙에 두게 되면 백의 위치가 낮아 중앙을 노리기 힘들다.

(785)

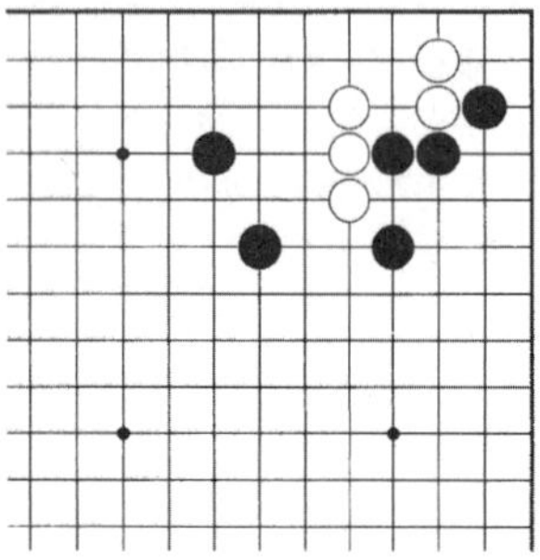

解

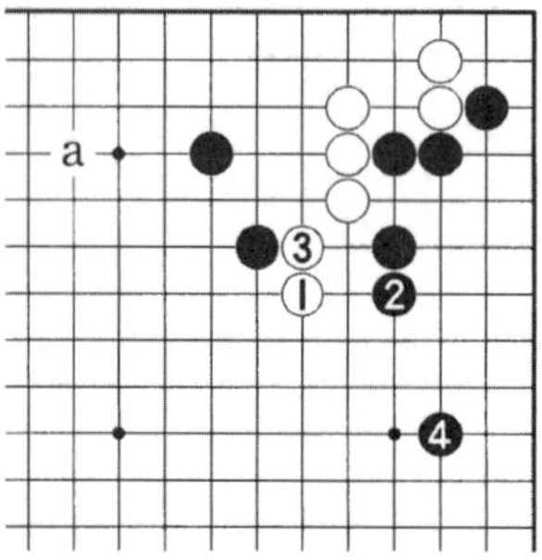

失

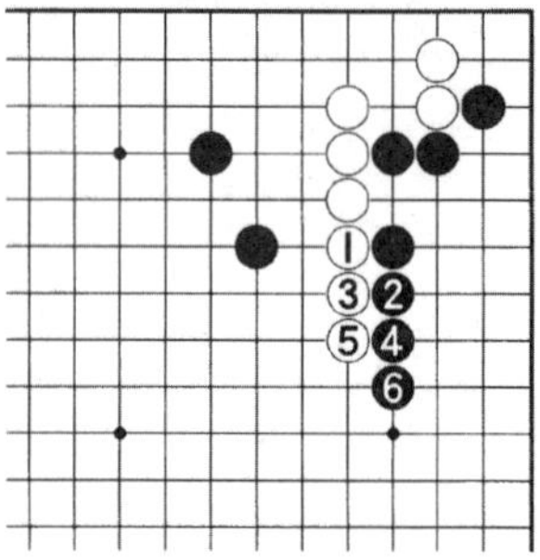

**제2형 백번**

### 행마
우상의 전투.
두 칸 높은 협공 정석의 변화이다. 중앙으로 나오는 행마를 묻는다.

### 날일자 행마
백1의 날일자가 좋은 수이다. 흑은 2로 늘어 모양을 정리하면 백3으로 돌아온다. 흑4까지 정석으로 백의 모양이 두터워지고 a의 반격이 냉엄하다.

### 속맥
백1로 미는 것은 속수이다. 수레의 뒤에서 미는 모양이다. 흑2부터 6까지 느는 것만으로도 집을 굳힌다. 반면, 백은 두터움과 효과가 충분하지 않다.

(786)

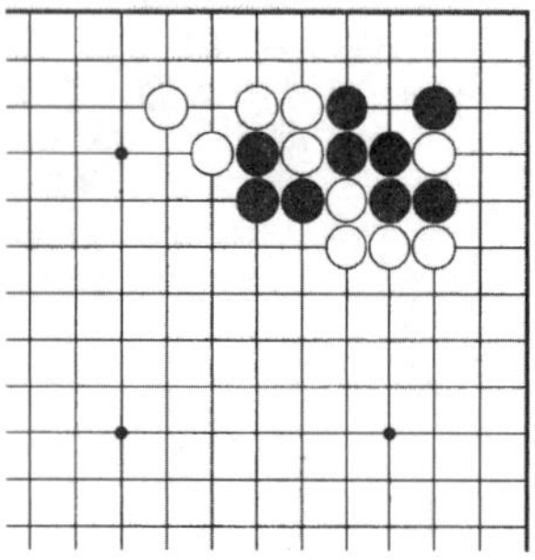

解

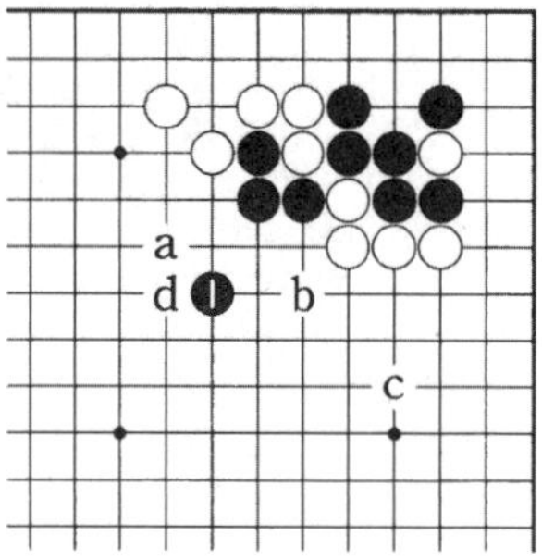

失

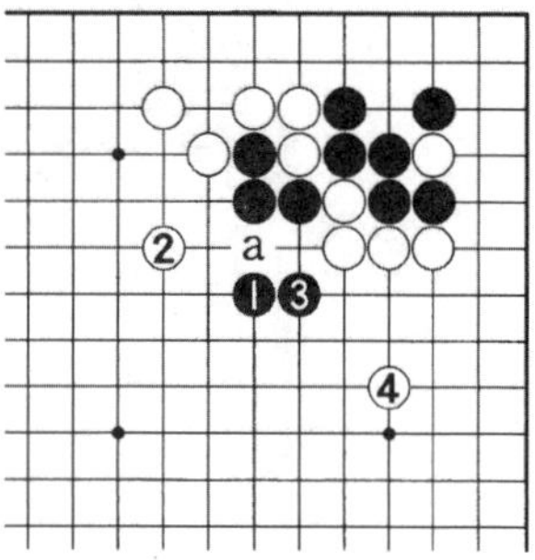

**제3형 흑번**

### 요석
상변의 전투.
흑 3점은 백을 분리하고 있는 요석이다. 중앙으로 발빠르게 도망쳐서 우변과 상변의 백의 공격을 노리고 싶다.

### 흑 좋은 행마
흑1의 날일자가 지키는 모양이다. 백a로 상변에서 공격하면 흑b의 좋은 모양으로 굳힌다. 백c, 흑d로 편한 싸움이다.

### 무거운 모양
흑1로 한 칸 뛰면 백2에 다음 수가 곤란해진다. 흑3을 생략하면 백a가 강렬하다. 흑3은 너무 튼튼하고 효과가 빈약하다.

(787)

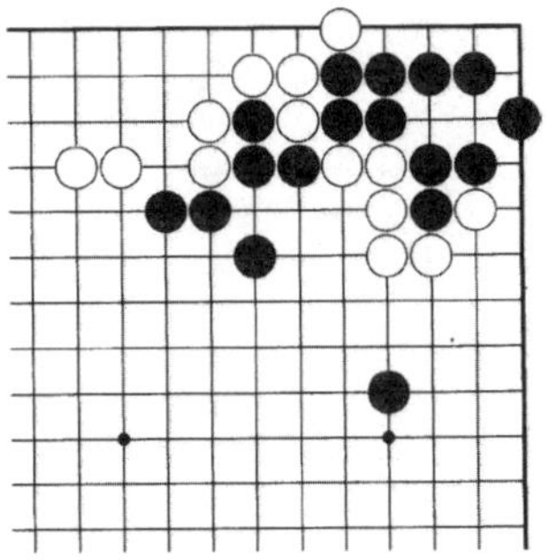

解

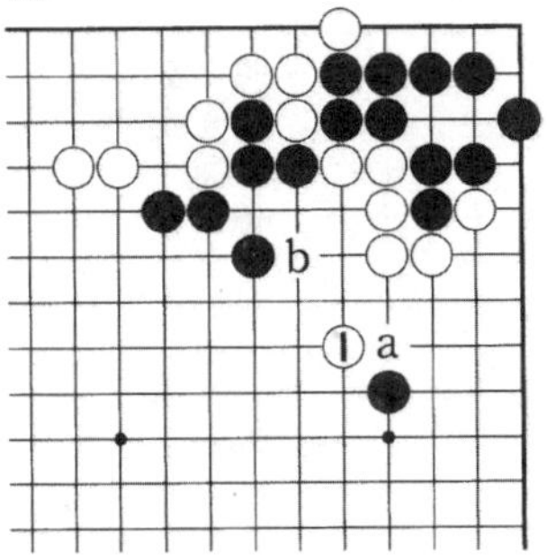

失

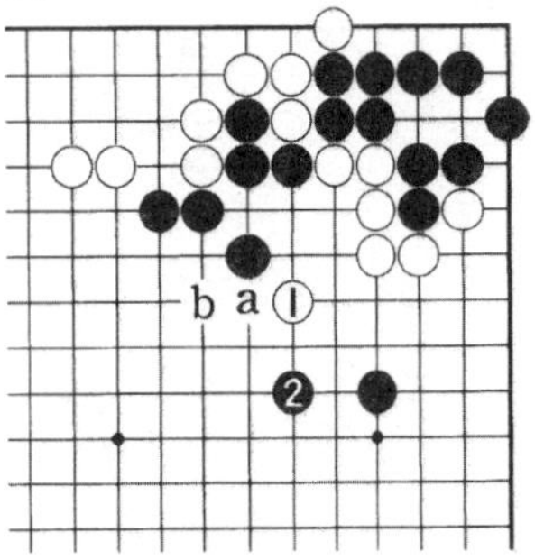

제4형 백번

### 반격

우변의 전투.
우상은 한 칸 높은 걸침 정석의 변화이다. 우상의 백을 중앙으로 탈출시키고 중앙의 흑에 반격을 노려야 한다.

### 백 좋은 행마

백1로 날일자하면 중앙으로 뛰어나갈 수 있다. 흑a로 근거를 노리면 백b로 붙이는 수가 좋다. 흑의 집을 잡고 중앙으로 나가는 흐름이다.

### 맥 어긋남

백1의 날일자는 틀린 맥이다. 흑2로 뛰어 우변을 강화하면서 백을 쫓을 수 있다. 백a는 흑b로 중앙의 흑도 모양이 정리된다.

## 날일자 연결

(788)

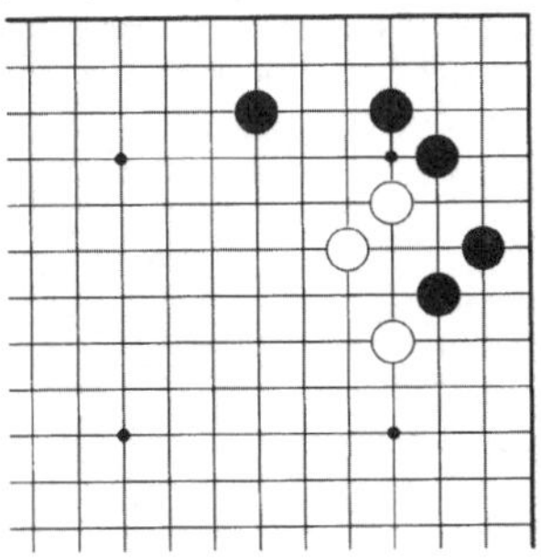

解

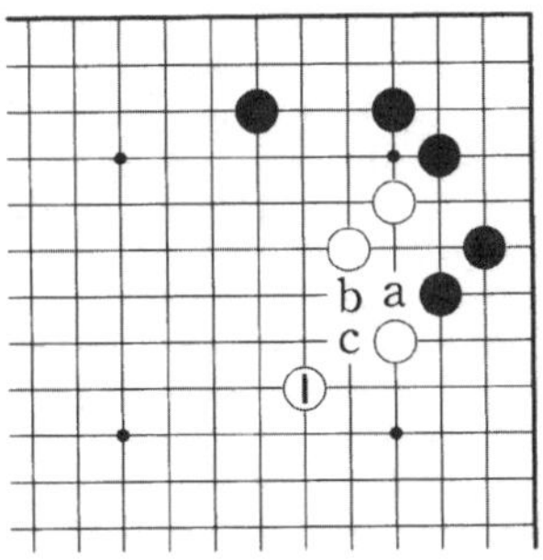

失

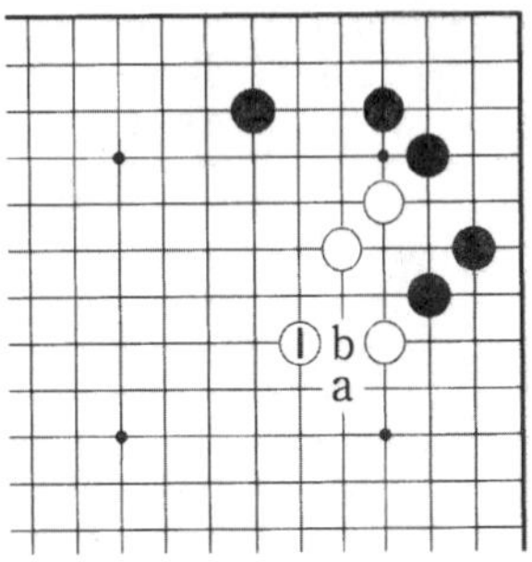

제1형 백번

### 모양 만들기

한 칸 높은 걸침 정석의 변화이다. 백은 돌의 수가 적어 싸우기 힘든 모양이다. 흑에게 공격당하지 않는 모양을 만들어야 한다.

### 가벼운 모양

백1의 날일자가 가볍다. 흑a, 백b, 흑c의 끊음은 장문으로 흑이 무리다. 흑은 백을 급하게 공격 할 수 없다.

### 조금 무겁다

백1의 뜀은 조금 무겁다. 흑a, 백b로 들여다 보기를 활용당한 것만으로도 흑에게 공격의 실마리를 주게 된다.

(789)

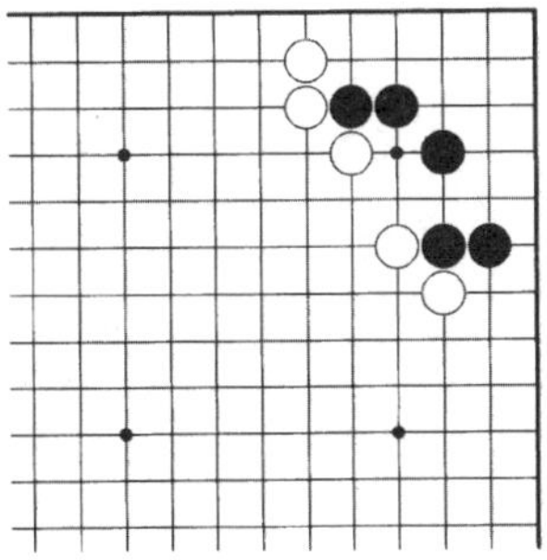

解

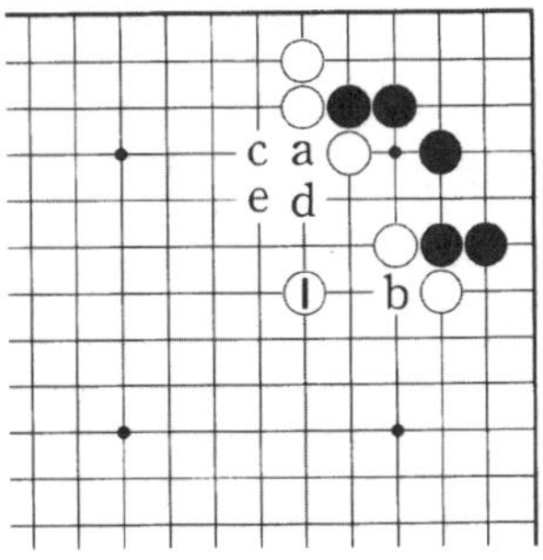

失

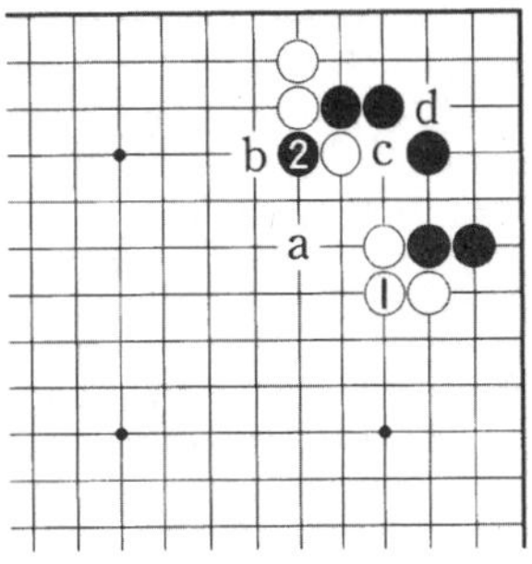

제2형 백번

### 일석이조

우상의 전투.
고목 정석의 변화이다. 흑은 외세를 늘리기 위하여 두 곳의 약점을 한 수로 지키는 일석이조의 수를 두고 싶다.

### 일석이조

백1의 날일자한 모양이 좋다. 백은 한 수로 a, b 양쪽을 지킨다. 흑a라면 백c, 흑d, 백e로 바깥이 강해진다.

### 절단

백1로 이으면 무거운 모양이 된다. 흑2로 끊어 백은 상변과 우변 두 개가 약한 돌이 되었다. 백a는 흑b, 백c, 흑d로 백이 고전한다.

(790)

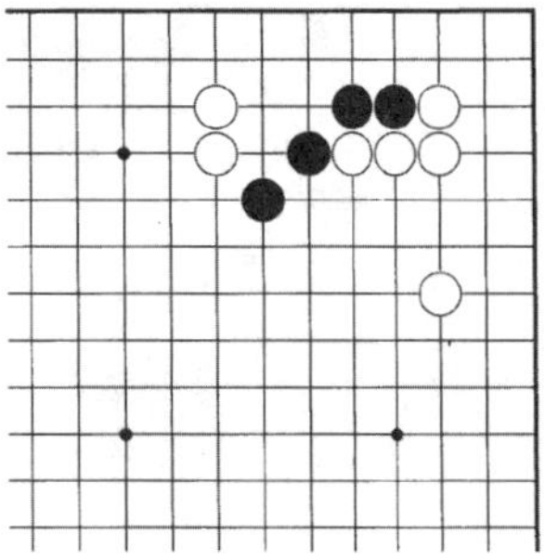

**제3형 흑번**

### 받는 방법

상변의 전투.
백이 끊으면 흑 4점을 수습하는 것은 어려워 진다. 연결은 절대적이지만 어떻게 연결할 것인지가 중요하다.

解

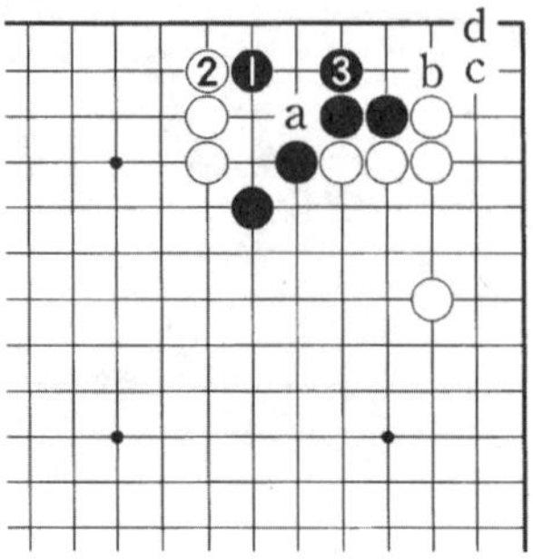


### 날일자 지킴

흑1로 날일자하여 지키는 모양이다. 백2로 막고 a로 끊기를 보면 흑3으로 구부릴 준비를 한다. 흑b, 백c, 흑d로 선수 한 집이 강하다.

失

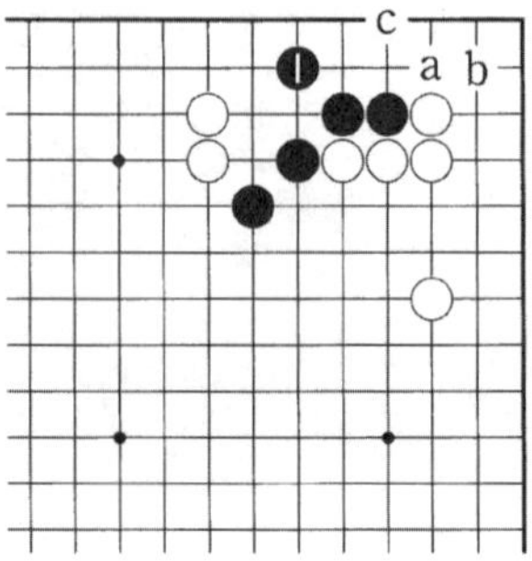


### 비효율적

흑1은 정직하게 받는 방법이지만 움직임이 나쁘다. 흑a, 백b, 흑c로 후수 한집을 얻은 흑은 더욱 심하게 공격당한다.

(791)

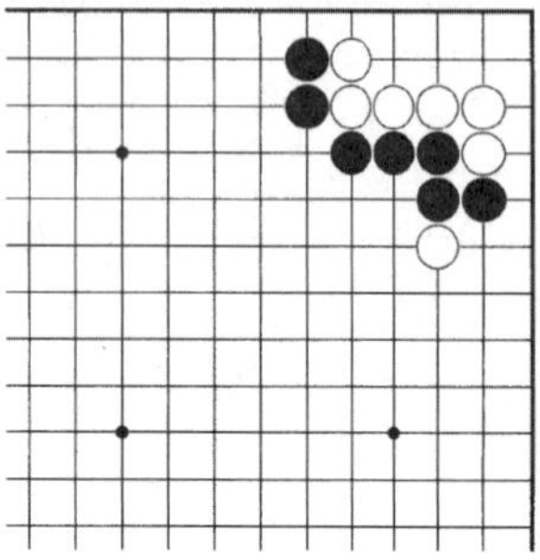

**제4형 흑번**

### 지키는 방법

우상은 화점 정석의 변화이다. '흑의 약점을 어떻게 지킬 것인가?' 가 문제. 잇는 방법도 다양한 모양이 있다.

解

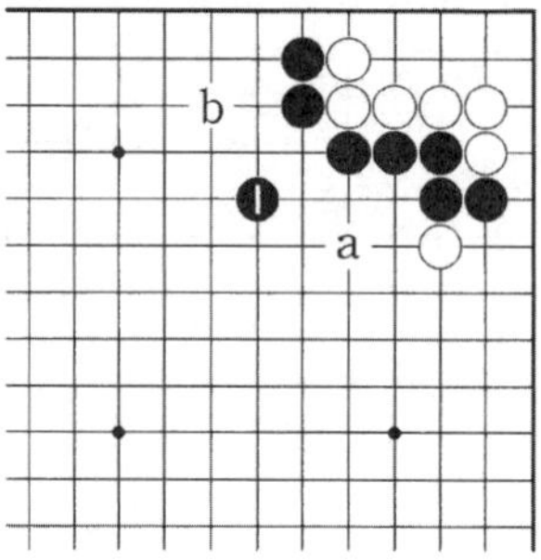


### 효율

흑1로 날일자하는 것이 가장 효율적이다. 상변과 우변에 모양을 키우기도 쉬울뿐더러 백a 또는 b로 측면을 노려도 흑을 끊을 수 없다.

失

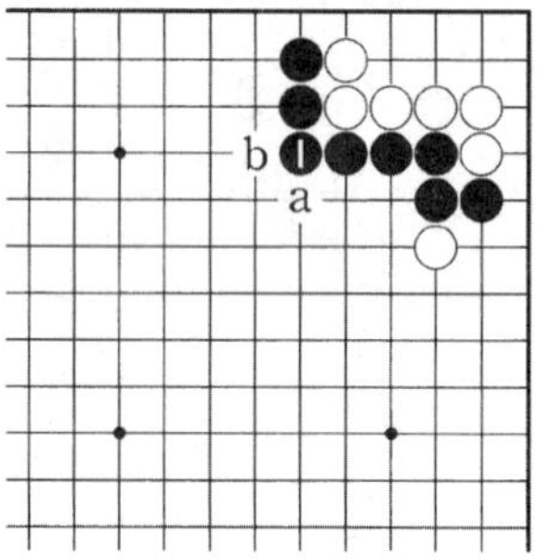


### 흑 둔탁함

흑1로 잇는 것은 너무 견고해서 움직임이 충분하지 못하다. 흑1로 a 또는 b의 호구이음은 a라면 백b, b라면 백a로 들여다보는 것을 활용당하여 흑이 불만이다.

(792)

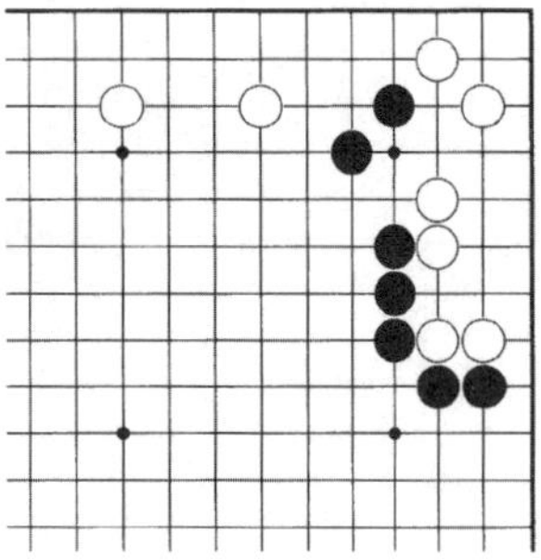

**제5형 흑번**

### 지키는 방법

우상은 세 칸 협공 정석의 변화이다. 흑은 귀의 백을 봉쇄하고 있지만 약점을 지키고 바깥이 두터움을 더해야 한다. 지키는 방법은?

解

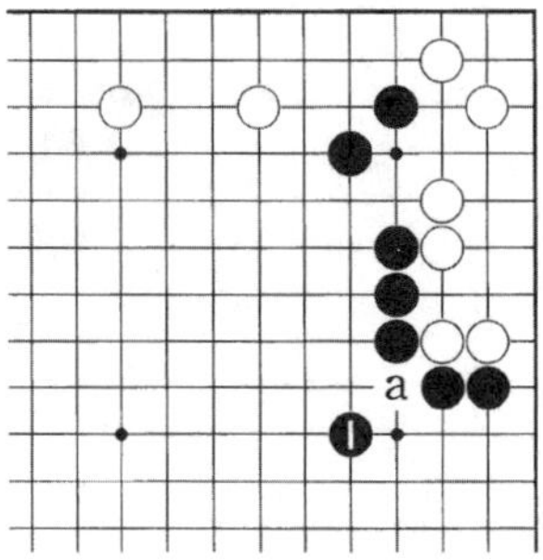


### 일석이조

흑1로 날일자 이음이 모양이다. 백이 a로 끊어도 축으로 잡힌다. 흑1은 약점을 지키면서 중앙으로 발전할 수도 있는 일석이조의 수이다.

失

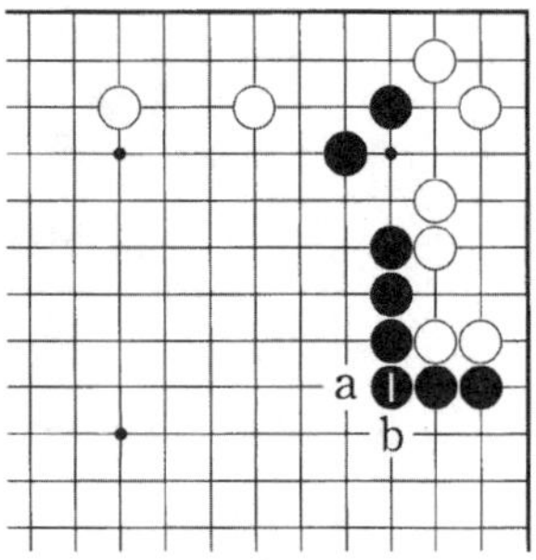


### 느리다

흑1로 잇는 것은 견실하지만 발이 조금 둔하다. 흑1로 a또는 b에 호구 잇는 것도 조금 불만이다. 흑의 모양이 중복된다.

(793)

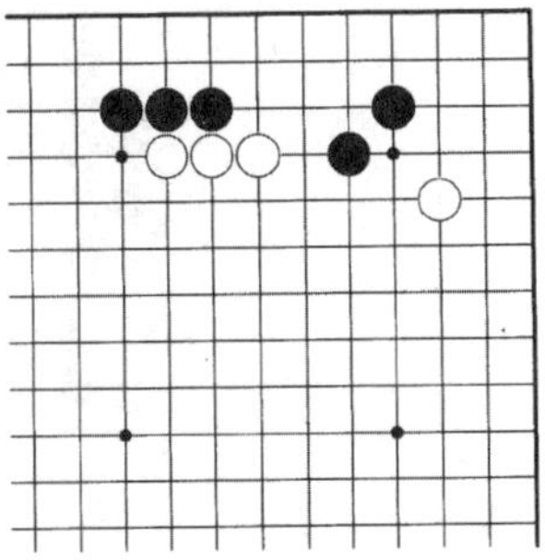

解

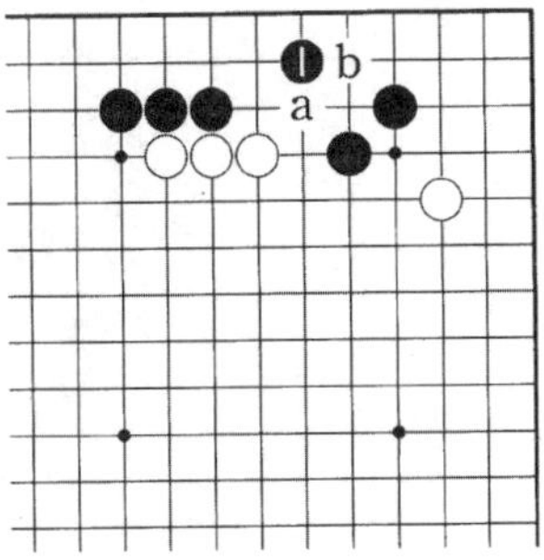

失

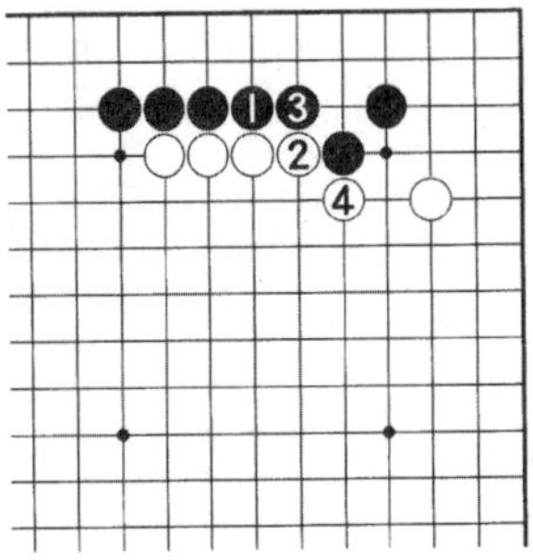

**제1형 흑번**

### 세력

상변의 문제.
중앙에서 흑을 압박하는 백의 노림은 중앙에 백의 세력을 만드는 것이다. 흑은 여기서 어떻게 받아야 하나?

### 분리

흑1의 날일자가 좋은 수이다. 백a로 입구자 붙이면 흑b로 늘어 변의 흑과 우상의 흑을 연결한다.

### 백 성공

흑1로 밀면 백2를 선수 활용하고 흑3, 백4의 좋은 모양이 되게한다. 백은 흑집을 뛰어넘는 강력한 두터움을 만든다.

(794)

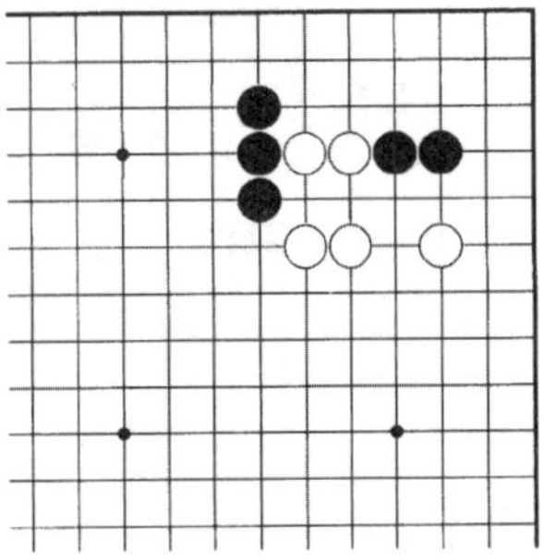

解

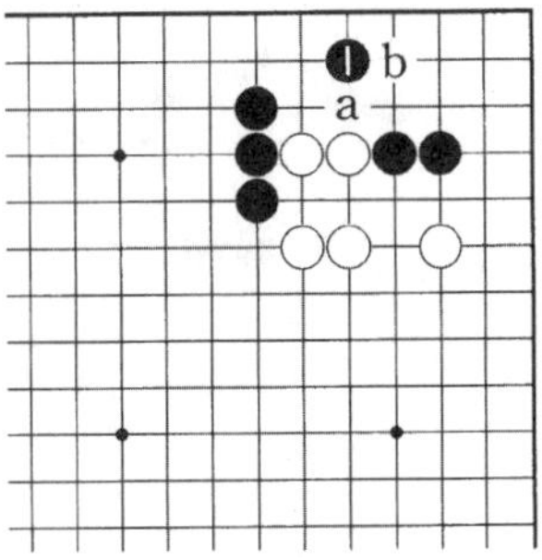

失

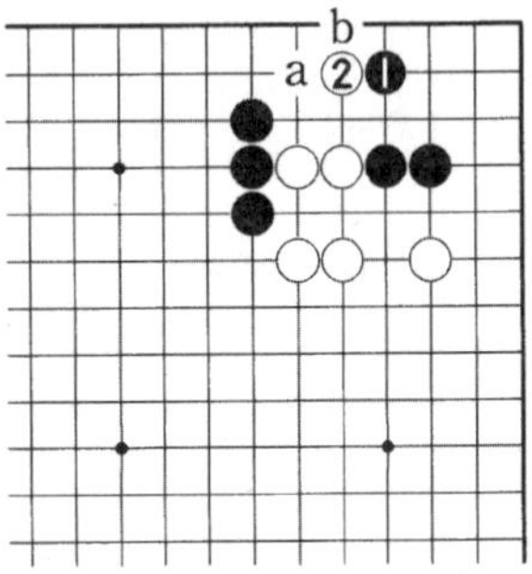

**제2형 흑번**

### 연결하는 방법

귀의 문제.
화점에서의 눈목자 벌림 되어 있는 모양이다. 백이 상변을 침범하고 있는 모양이다. 흑은 귀와 상변을 연결 시켜야 한다.

### 맥

흑1로 날일자하는 것이 건너는 맥이다. 백a에 치받으면 흑b로 늘어 확실하게 연결되어 있다.

### 틀린 맥

흑1의 뜀은 틀린 맥이다. 백2로 붙여 흑의 건넘을 막으면 귀와 상변이 분리된다. 흑a는 백b로 뻗는다.

(795)

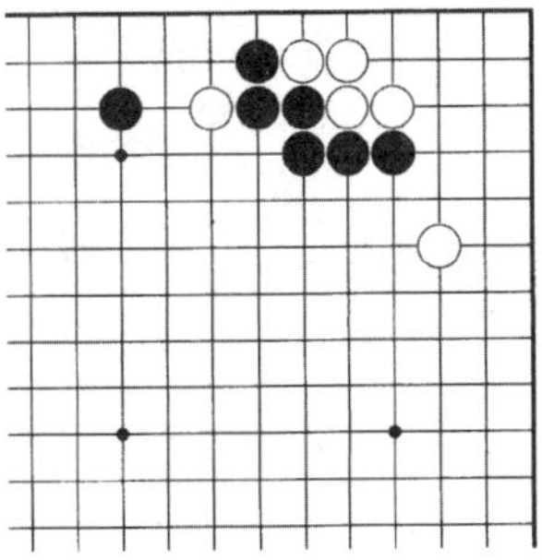

解

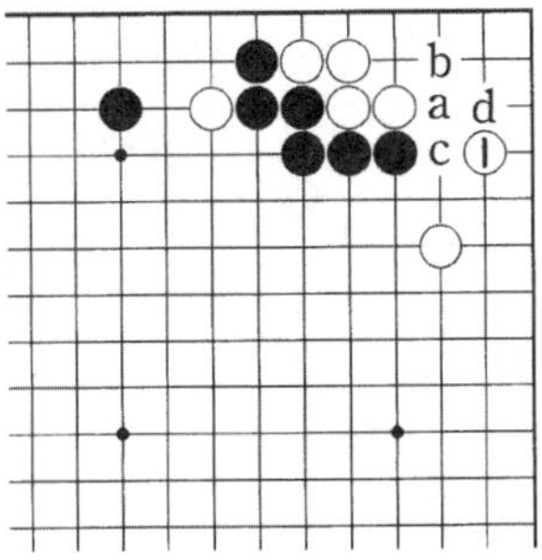

失

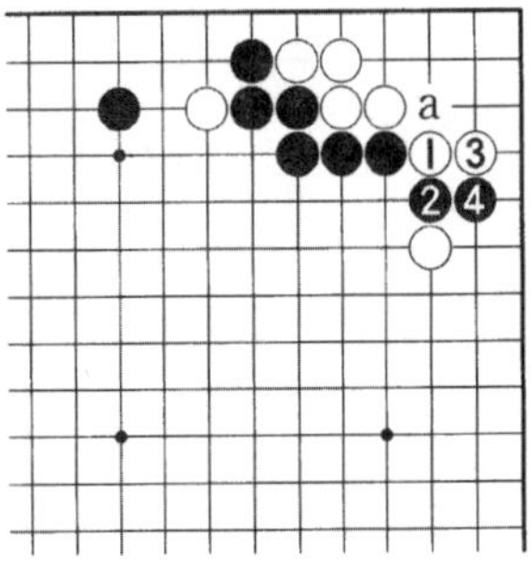

**제3형 백번**

### 연결하는 방법

우상의 전투.
화점 정석에서 생기는 변화로 귀를 침범한 백을 우변과 연결하는 것이 가능한가?

### 건넘

백1의 날일자가 건너는 맥이다. 흑a의 젖힘에는 백b로 받는다. 흑c, 백d로 좋다. 흑c로 d에 나가는 것은 백c로 끊어서 흑 무리.

### 연결 실패

백1로 젖히면 흑2로 반격하여 실패한다. 백3과 흑4로 뚫려 귀에 갇히게 된다. 백3으로 4는 흑a로 귀가 흑집이 된다.

(796)

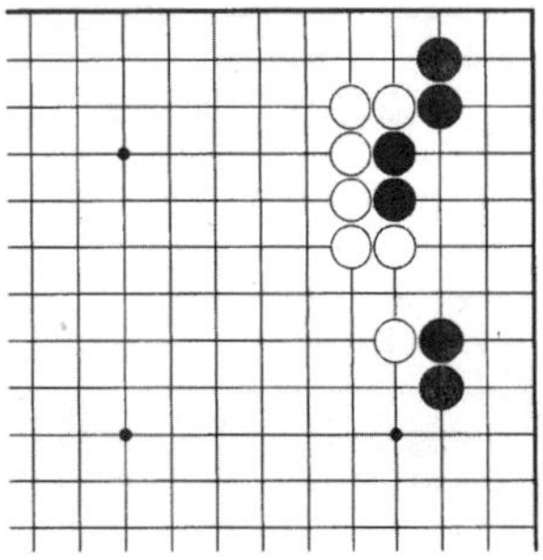

解

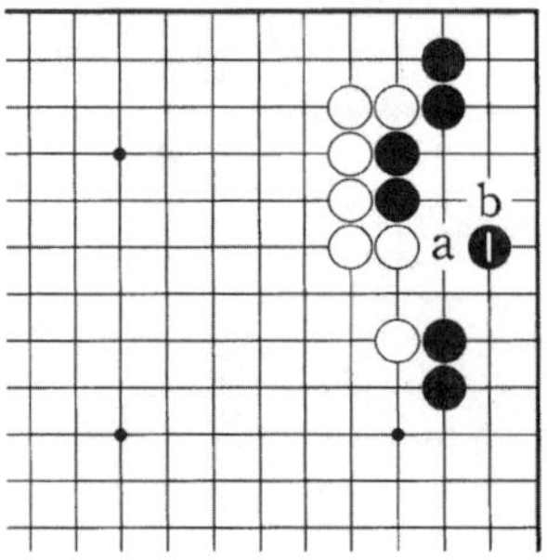


失

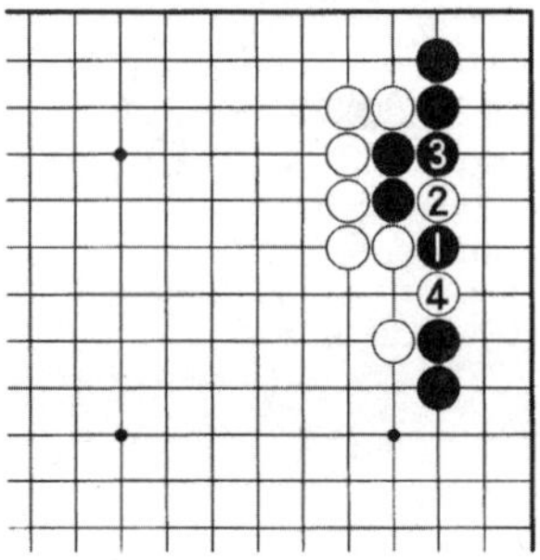


제4형 흑번

## 연결하다

우변의 문제.
우상귀와 우변의 흑을 한 수로 연결시키고 싶다. 흑 2점의 자충에 주의해야 한다.

## 줄타기

흑1의 날일자가 건너는 맥이다. 줄타기 모양이지만 귀와 우변을 연결하고 있다. 백a는 흑b. 백은 따로 둘 수단이 없다.

## 관통

흑1의 젖힘은 속수로 실패한다. 백2의 끊음을 활용하고 흑3, 백4로 1점을 단수쳐서 뚫린다.

(797)

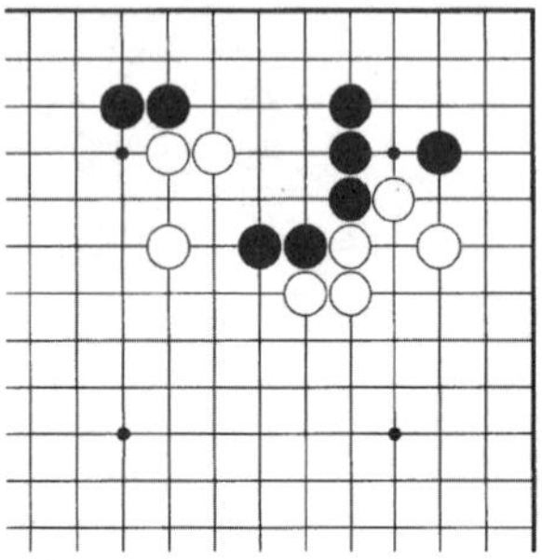

解

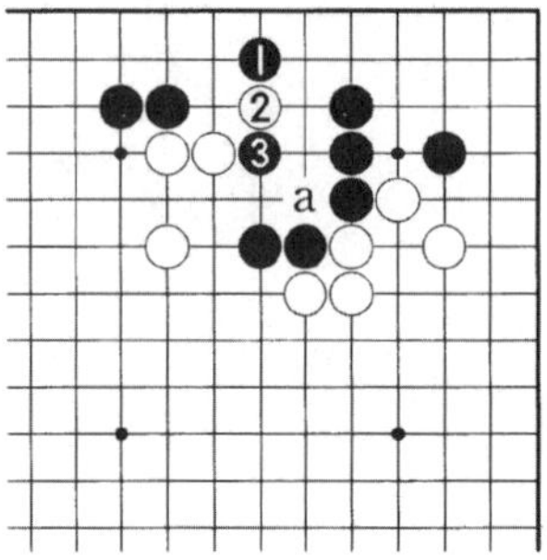


失

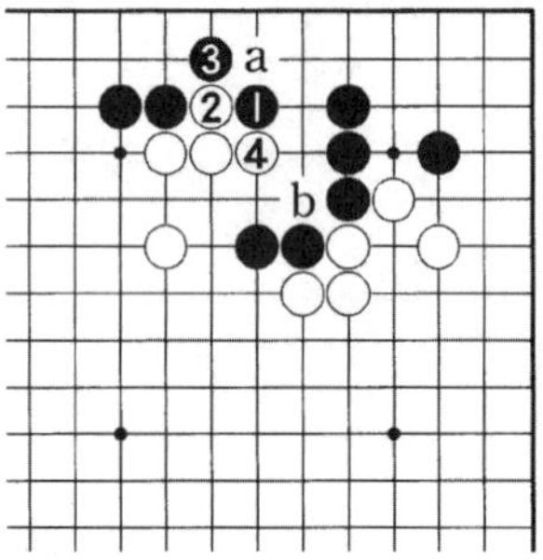


제5형 흑번

## 수습

상변의 전투.
상변의 백은 흑집을 깨뜨리려 노리고 있지만 흑은 중앙과 상변을 모두 연결하여 백을 약한 돌로 만들고 싶다.

## 맥

흑1의 날일자가 건너는 맥이다. 백2로 입구자 붙임은 a로 끊기를 노린 수지만 흑3으로 젖는 수가 좋아 흑은 완벽하게 연결된다.

## 엷어지다

흑1의 뜀은 중앙이 엷어져서 좋지 않다. 백2, 4로 공격하여 a, b로 끊음을 맛본다. 흑은 한 수로 양쪽을 수습할 수 없는 모양이다.

(798)

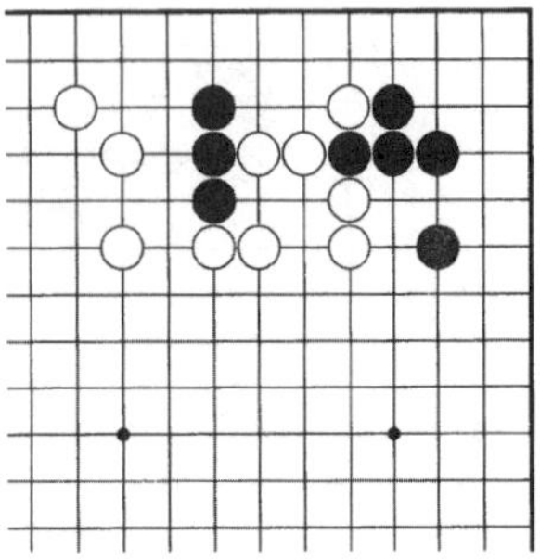

解

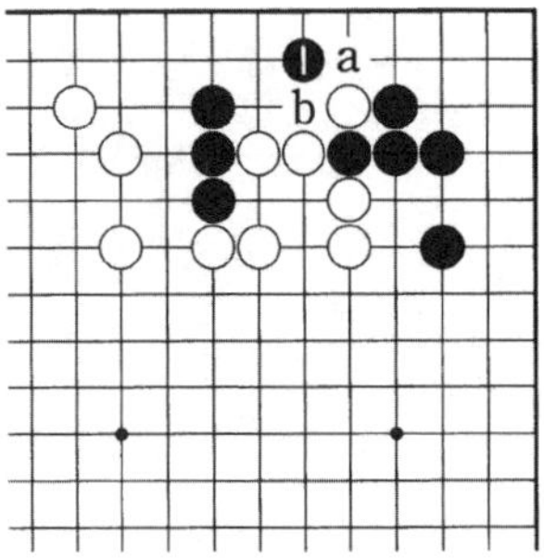


失

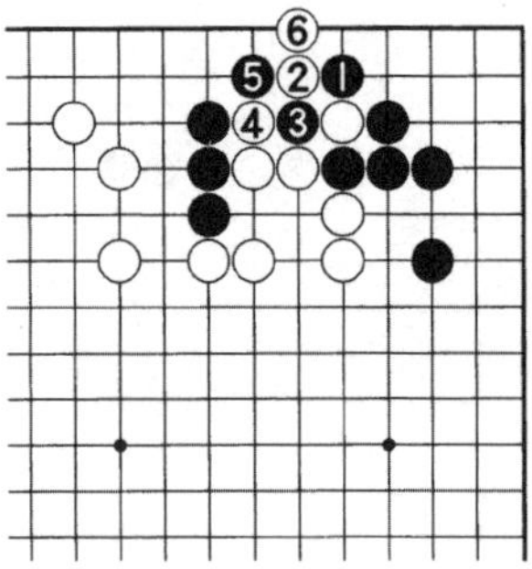


제6형 흑번

## 맥은 하나

귀와 상변이 분리된 것처럼 보여도 흑에게는 건너가는 방법이 있다. 맥은 하나뿐이며 패가 나면 실패한다.

## 건넘

흑1의 날일자가 맥이다. 이후 a와 b가 맛보기 이다. 백은 b로 이어 흑은 a로 넘어 가는 수밖에 없다.

## 패는 실패

흑1로 단수치면 백2의 저항을 받는다. 2의 자리가 급소이며 흑은 3, 5로 패를 할 수밖에 없다. 백6은 흑6을 막는 강수이다.

(799)

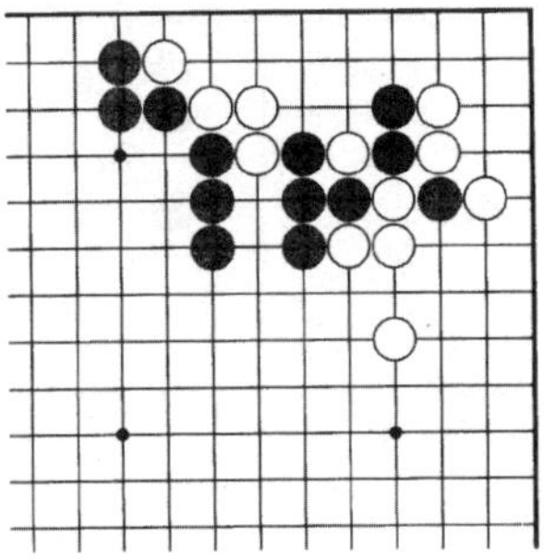

解

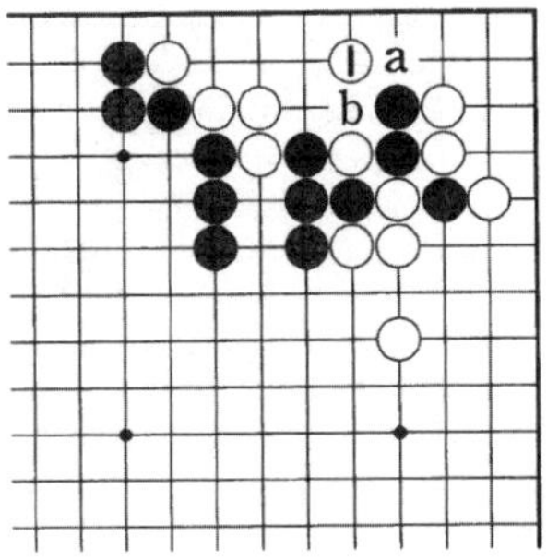

失

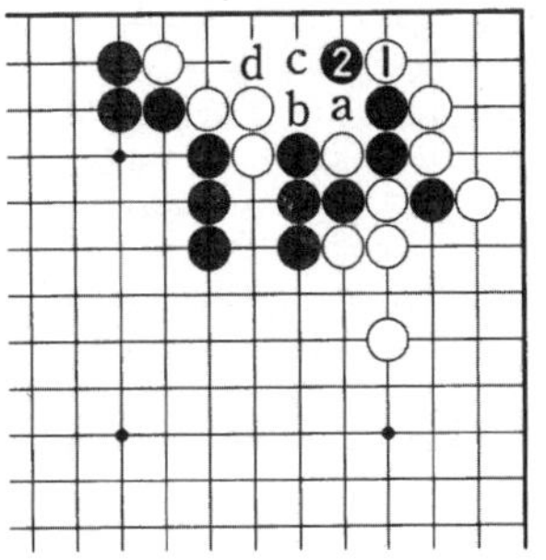

제7형 백번

### 살리다

상변의 전투.
백은 상변의 4점을 살려 우상귀와 연결하고 싶다. 우상귀의 흑 2점을 잡는 것만으로는 충분하지 않다.

### 건넘

백1의 날일자가 맥이다. 흑a는 백b로 이어서 흑 3점을 잡는다. 흑a로 b로 백 1점을 잡는 것은 백a로 건넌다.

### 분단

백1의 단수는 흑2로 막아 실패한다. 백a로 흑 2점을 잡으면 흑b. 이후 백c는 흑d로 끊어 왼쪽의 백 4점이 잡힌다.

(800)

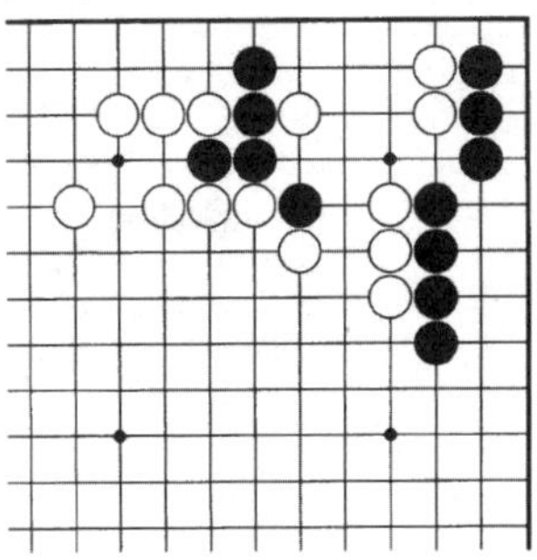

解

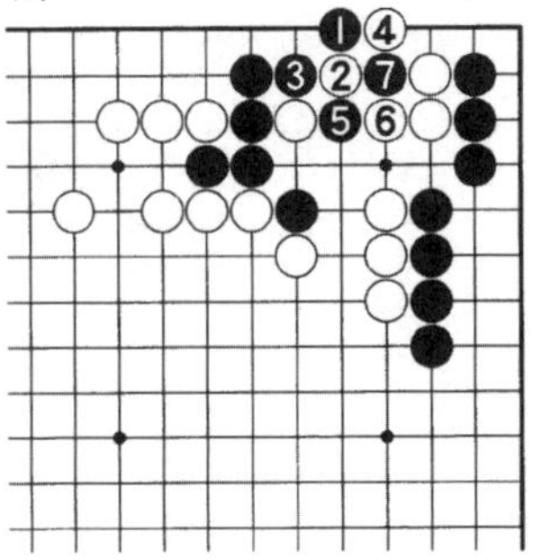

变

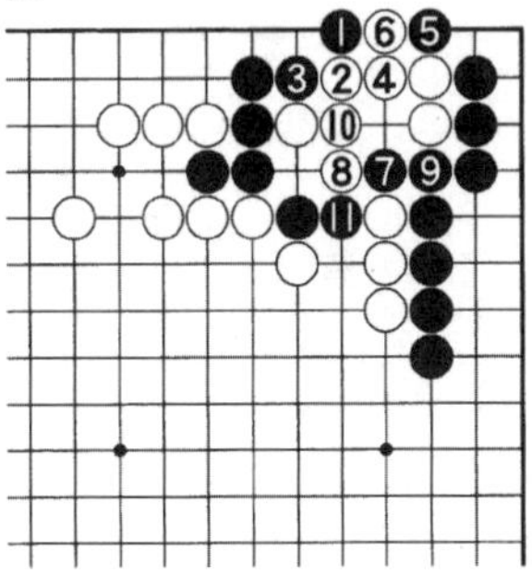

제8형 흑번

### 연결하다

상변의 전투.
흑 5점은 고립되어 있으나 우상귀에 있는 백의 엷음을 노리면 연결할 수 있다. 백이 저항했을 때 어떻게 응수하여야 하는가?

### 패

흑1의 날일자는 건넘과 백의 끊음 양쪽을 노리는 맥이다. 백2, 4로 건넘을 막으면 흑5로 끊어 백은 6으로 패를 할 수밖에 없다.

### 백 망함

백4로 이으면 자충에 걸리기 때문에 좋지 않다. 흑5의 젖힘으로 선수하고 7부터 11로 끊어 상변의 백은 전멸한다.

날일자 봉쇄

(801)

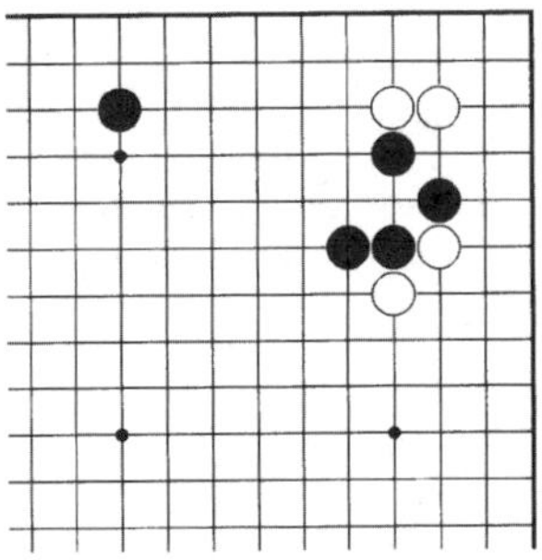

解

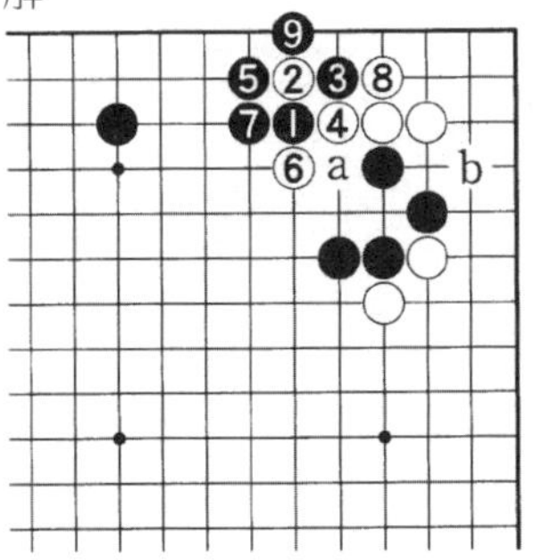

变

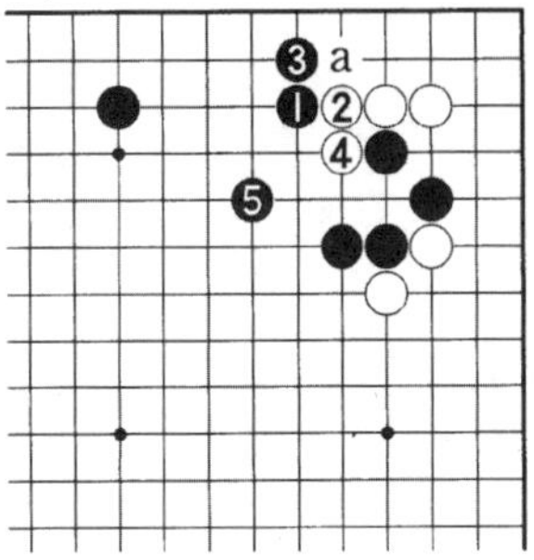

제1형 흑번

### 공격하는 방법

상변의 전투.
3·3에서 상변으로 진출하여 살려고 하는 백을 어떻게 공격하여야 하는가?

### 흐름을 주지 않다

흑1의 날일자는 백에게 흐름을 주지 않는 맥이다. 백2로 붙이면 흑3으로 젖혀 9까지 상변을 굳히고 백의 집을 빼앗는다. 백a는 흑b로 고전한다.

### 봉쇄

백2로 치받으면 흑3의 뻗음이 냉엄한 공격이다. 백4, 흑5로 봉쇄하여 백은 귀에서 작게 살아야 한다. 흑1로 2는 백a로 여유 있는 모양이다.

제2형 흑번

(802)

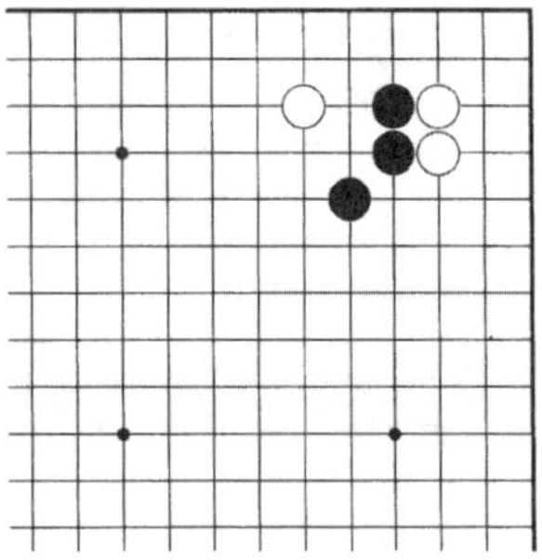

## 막는다

화점 정석의 변화이다. 3·3에 들어온 백의 우변 진출을 어떻게 막아야 하는가? 중앙의 입구자를 이용해야 한다.

解

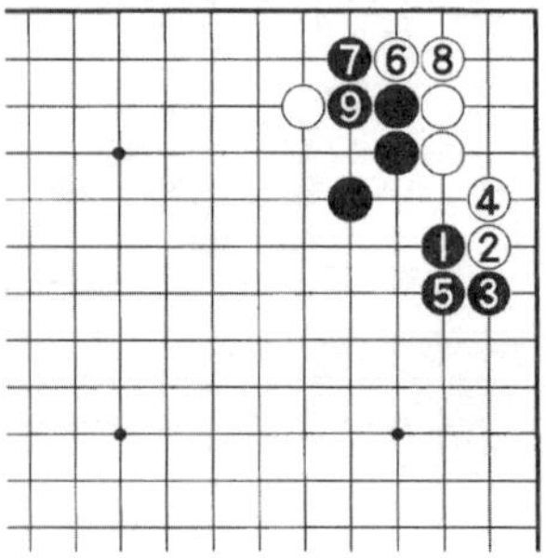

## 흑 두텁다

흑1의 날일자는 백에게 흐름을 주지 않는 맥이다. 백2의 붙임에 흑3과 5로 우변을 굳히고 상변은 9까지 받아서 외세가 강력해진다.

失

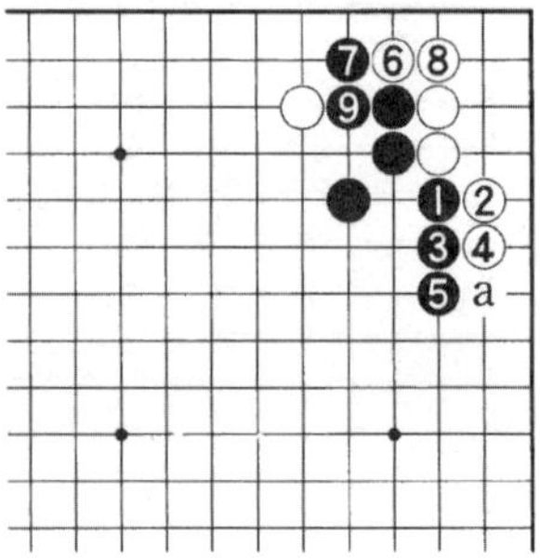


## 뒷문

흑1로 막으면 백2로 젖히는 흐름이 좋아 진다. 흑5 이후 상변에 젖혀 이음을 당하게 되어 우변에 뒷문이 열린다. 흑1은 정해도처럼 a에 있는 쪽이 좋다.

날일자

급소 공격

제1형 흑번

(803)

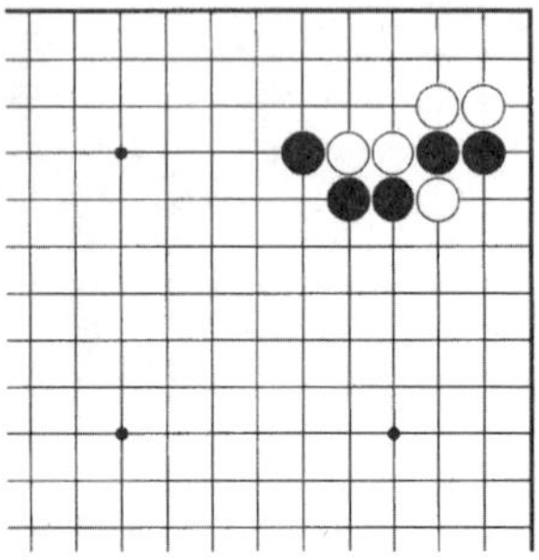

## 행마

한 칸 높은 걸침 정석의 변화이다. 흑은 우변의 2점을 공격하고 있는 모양이지만 여기는 사석을 이용하여야 한다.

解

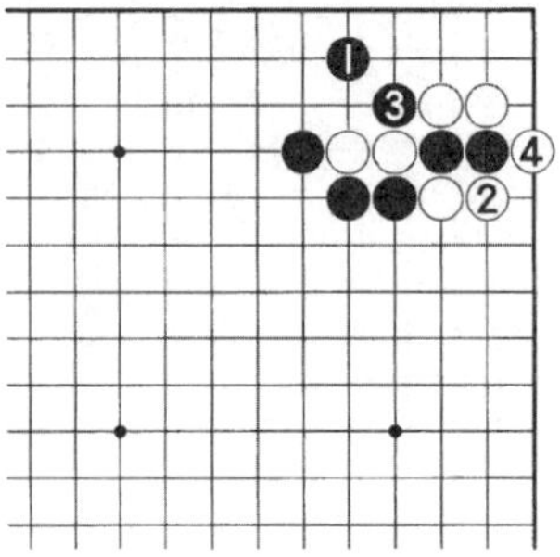

## 급소

흑1로 날일자가 급소이다. 백은 2로 2점을 잡는 정도이고 흑3부터 5로 따내서 상변이 두터워 진다.

※❺→❸의 오른쪽 아래(먹여치기)

变

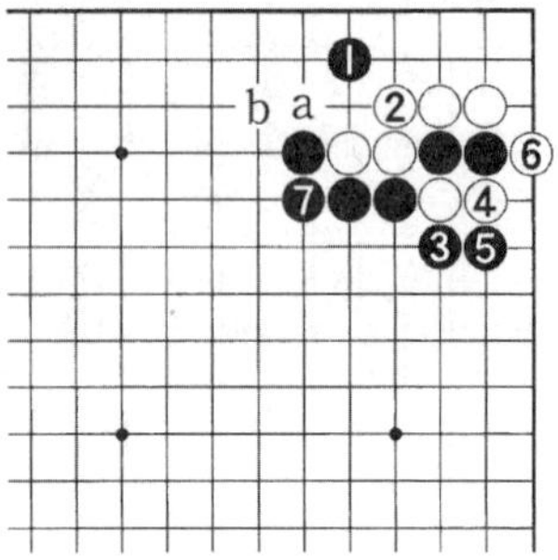


## 흑 두터움

백2로 잇는 수가 선수로 듣는다. 흑3과 5로 결정하고 7로 이어 흑의 두터움이 강력해진다. 백a에는 흑b로 1점은 사석이다.

제2형 흑번

(804)

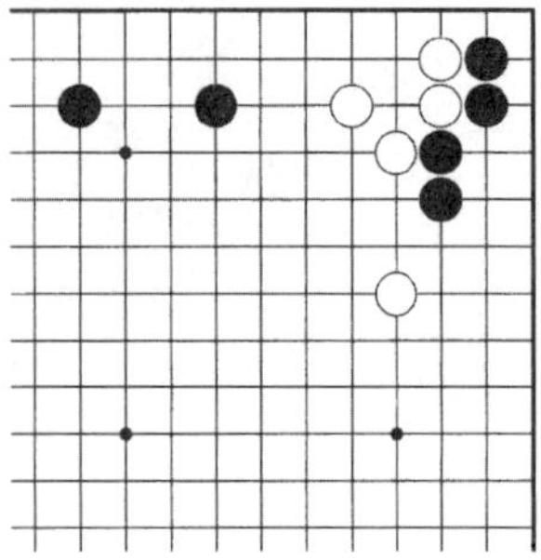

## 고압

우상의 전투.

두 칸 협공 정석의 변화이다. 흑은 귀에 압력을 가하는 백에게 어떻게 응수해야 하는가?

解

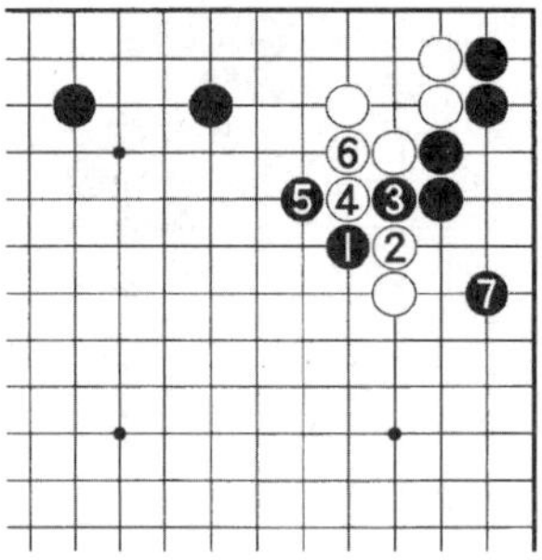

## 백 고전

흑1의 날일자가 냉엄한 수이다. 백2, 4로 끊으면 흑5, 7. 백은 귀가 살지 못 한 모양이고 중앙의 백 2점이 뜬 돌이어서 고전한다.

失

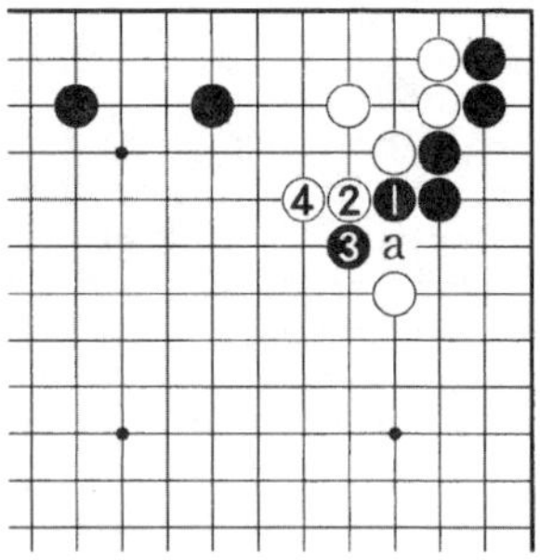


## 백 좋은 모양

흑1의 날일자부터 3으로 젖히는 변화. 백a로 끊으면 정해도와 같지만 백은 4로 늘어 상변의 모양이 좋다. 백a의 끊는 수는 다음의 노림수가 된다.

**제3형 흑번**

(805)

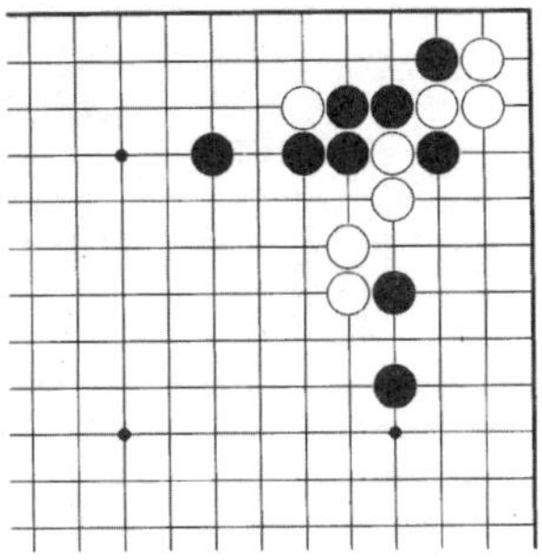

## 근거

우상의 전투.
소목에 눈목자로 걸친 정석에서 생기는 모양으로 흑은 우상의 백의 근거를 빼앗아 공격하고 싶다.

解

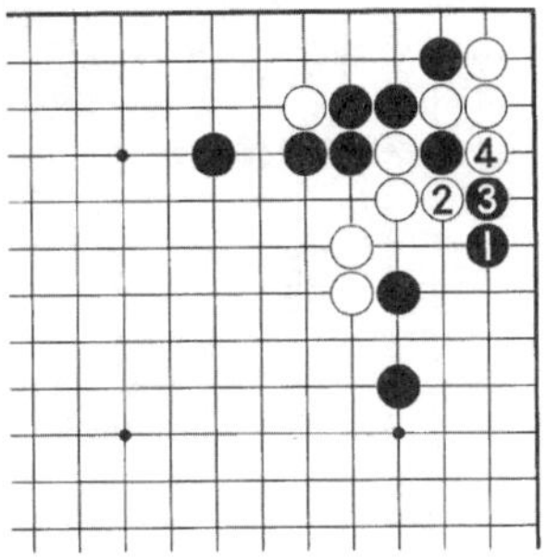

## 맥점

흑1의 날일자가 맥이다. 백은 2로 흑 1점을 잡는 정도이다. 흑3, 백4를 활용하면 백은 옥집이 되어 우상 전체가 약하게 된다.

变

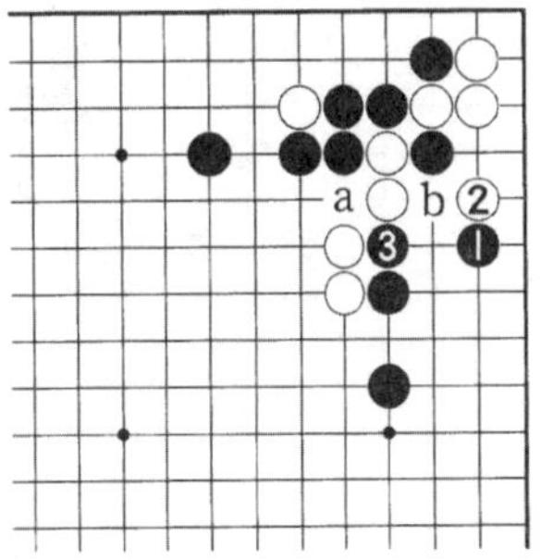


## 분단

백2로 붙이는 것은 틀린 맥이다. 흑3의 젖는 수가 활용되기 때문에 흑은 a와 b 양쪽을 노려서 중앙을 분단시킬 수 있다.

**제4형 흑번**

(806)

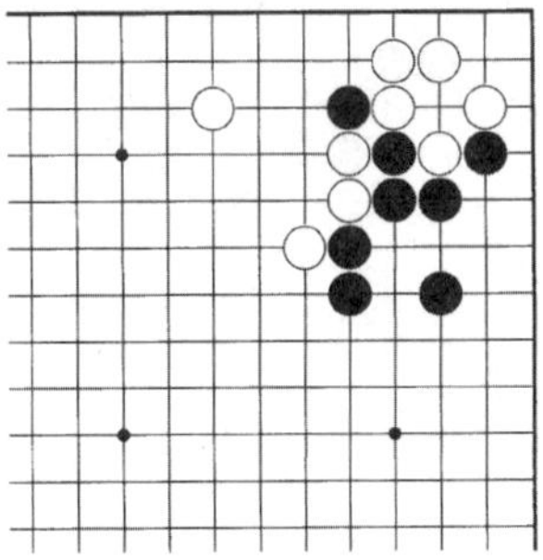

## 부수다

상변의 전투.
백의 세력 안에 있는 흑 1점은 백을 자충으로 하고 있다. 흑은 백 2점을 공격하여 상변을 깨뜨리고 싶다.

解

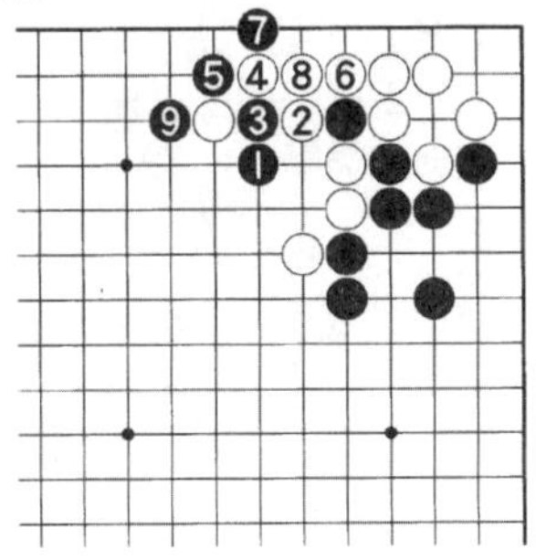

## 급소

흑1의 날일자가 공배가 꽉 찬 백 2점을 공격하는 급소이다. 백2로 잡고 상변을 지키면 흑3부터 9 로 백 1점을 잡고 상변을 부순다.

变

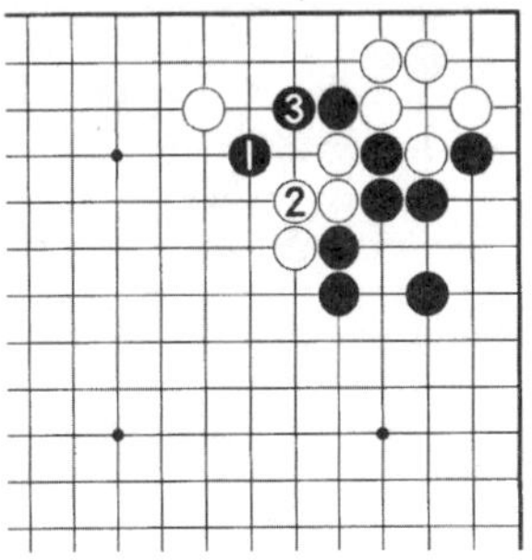

## 백 고전

백2로 중앙을 이으면 흑3으로 늘어 싸운다. 중앙의 백 4점이 뜬 돌이어서 상변의 집을 부순 흑 쪽이 강하다. 백이 고전한다.

**제5형 흑번**

(807)

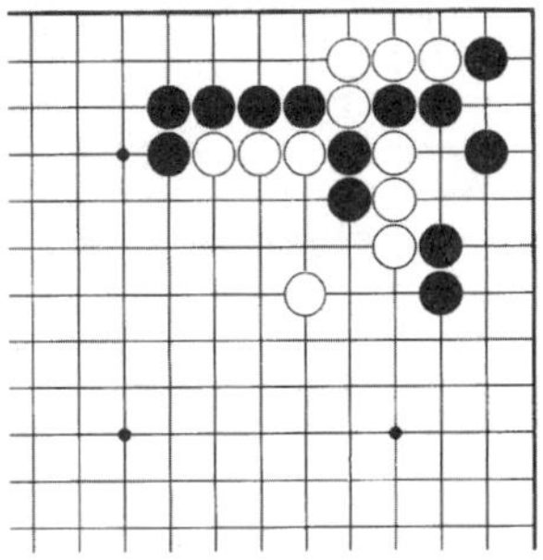

## 탈출

중앙의 전투.
흑 2점이 탈출하면 상변의 백은 3개로 쪼개져서 우상은 그대로 흑집으로 변한다. 어떻게 살려 나올 수 있을까?

解

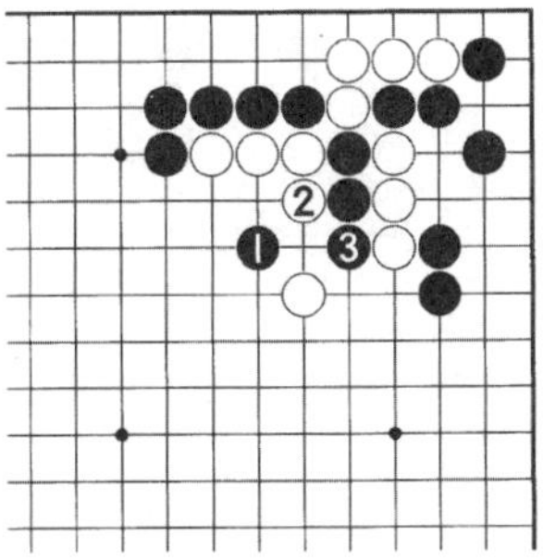

## 백 수습불능

흑1의 날일자는 백 3점의 자충을 추궁하는 급소이다. 백은 2로 나갈 수밖에 없기 때문에 흑3으로 나가면 잡히지 않는다. 백은 수습할 수 없다.

失

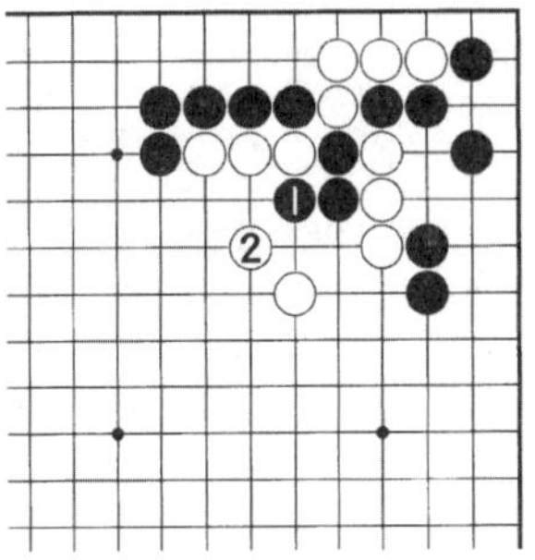

## 악수

흑1로 구부리는 것은 악수이다. 백2로 뛰는 수가 좋은 수로 흑 3점이 갇힌다. 백은 흑 요석을 잡고 전체를 살릴 수 있다.

(808)

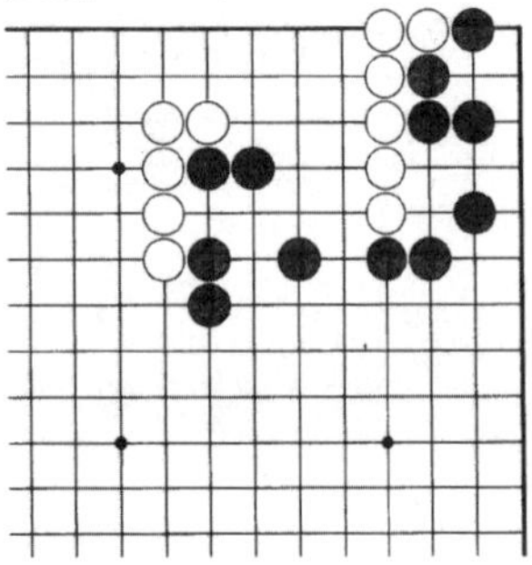

제6형 흑번

### 최강수

상변의 전투.
백 6점이 건너지 못하게 막으면 우상귀는 그대로 흑집이 된다. 최강의 수는 어디인가?

解

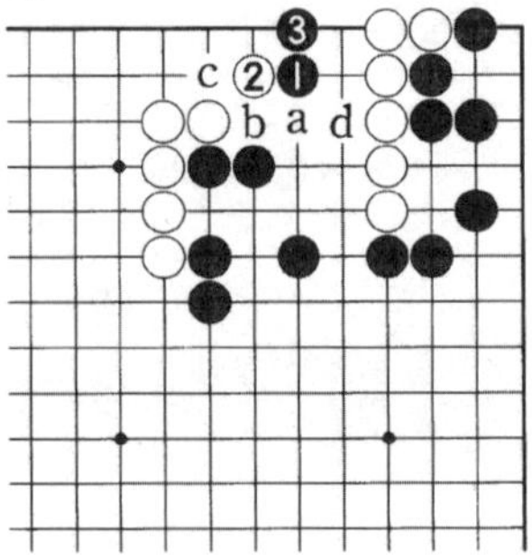

### 분단 성공

흑1의 날일자가 최강의 수이다. 백2가 입구자 붙이면 흑3으로 뻗어 끊는다. 백a는 흑b, 백c, 흑d로 축이 된다.

失

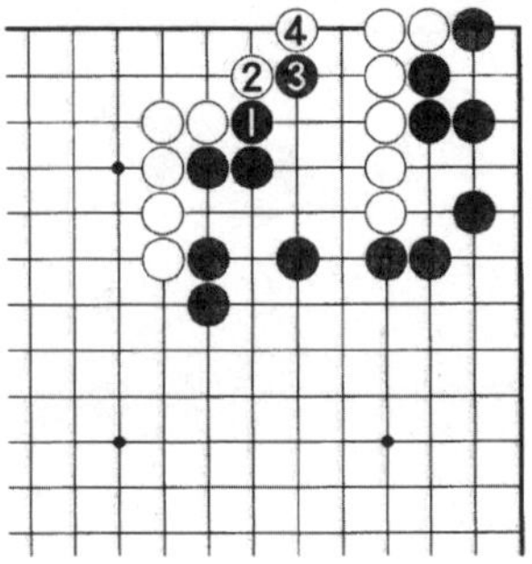

### 흑 실패

흑1은 두텁긴 하지만 막기에는 조금 부족하다. 백은 2로 젖히고 흑3에 백4로 우상의 뻗음을 이용하여 넘고 있다.

(809)

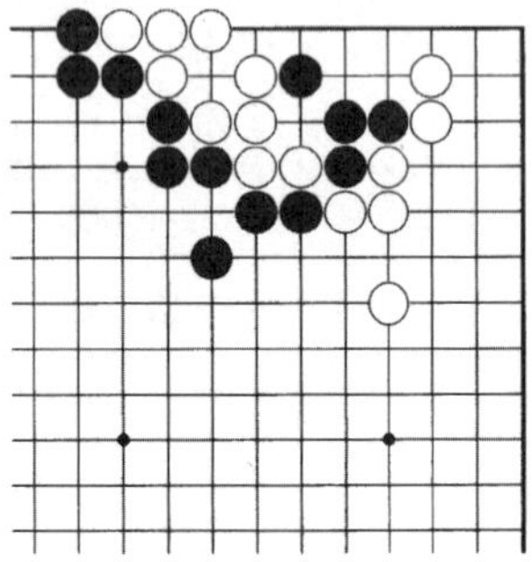

제1형 백번

### 탄력

상변의 수상전.
자충에 걸릴 위험 때문에 백은 촉촉수의 위험이 크다. 흑의 움직임을 막는 최선의 수는 무엇인가.

解

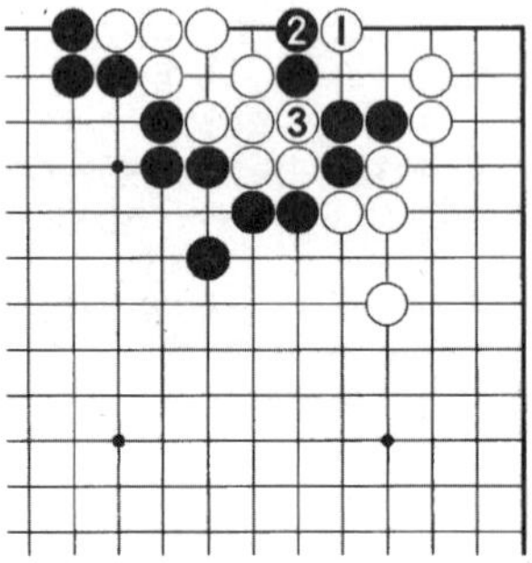

### 유가무가

백1의 날일자가 흑의 탄력을 없애는 맥이다. 흑2로 막으면 백3으로 찝는다. 흑이 자충되어 유가무가로 백이 이긴다.

失

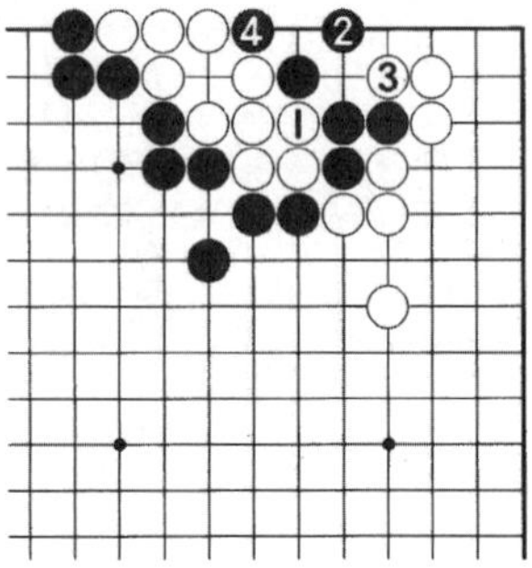

### 패

백1의 찝음은 실패한다. 흑2로 호구쳐서 탄력있는 모양이 된다. 백3에 흑4로 집어넣어 패가 난다.

(810)

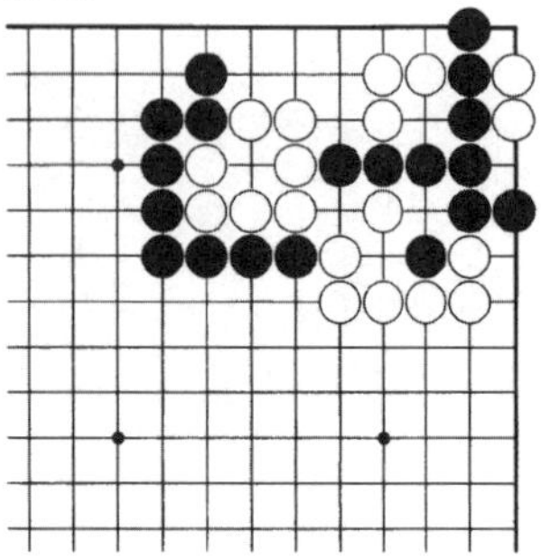

제2형 흑번

### 수습

우상의 흑을 어떻게 수습할까?
백은 중앙으로의 연결과 상변의 안형 만들기를 맛보기로 하고 있다. 흑은 선수로 집을 없애야 한다.

解

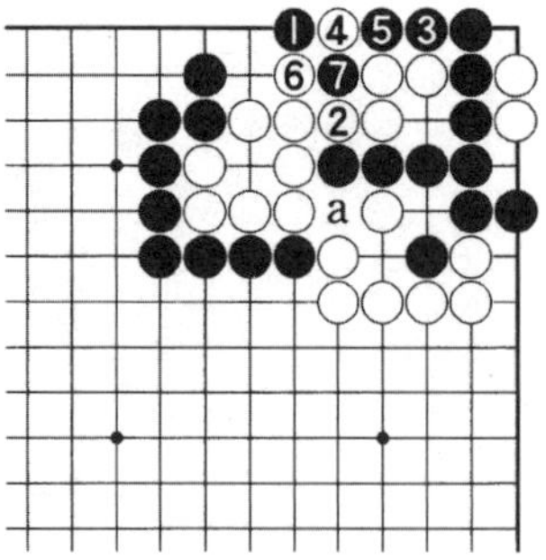

### 패

흑1의 날일자가 수습하는 맥이다. 백2는 흑이 건너지 못하게 막으면서 흑a에 대비해 집을 내려고 하는 수이지만 흑3부터 5로 집을 없애고 7까지 패가 난다.

失

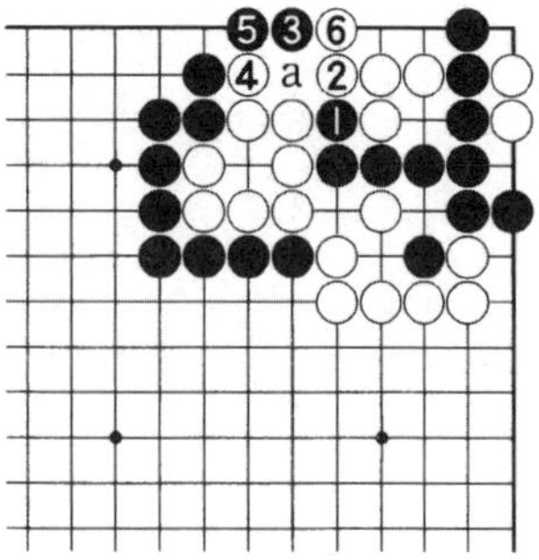

### 귀가 전멸

흑1로 나가 3으로 날일자하면 실패한다. 백4, 6로 받아 흑a로 끊기는 것을 막으면서 상변에 한 눈을 만드는 여유까지 있다. 귀의 흑이 전멸한다.

제3형 백번

(811)

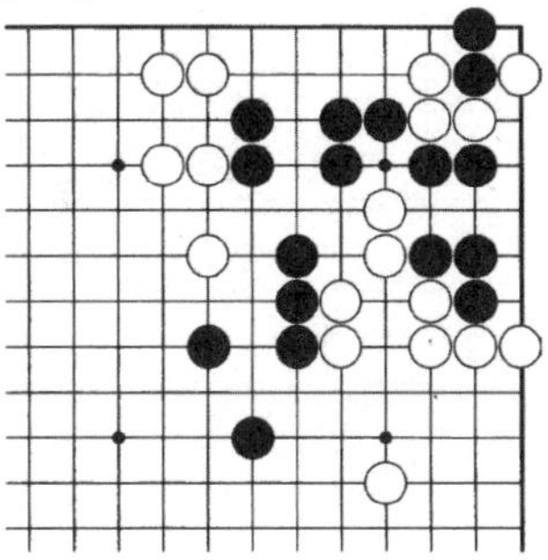

## 저항

우상의 전투.
백은 귀의 백을 상변에 연결하고 싶다. 흑이 무리하게 저항하면 우변의 흑을 공격하여 수상전에서 이겨야 한다.

解

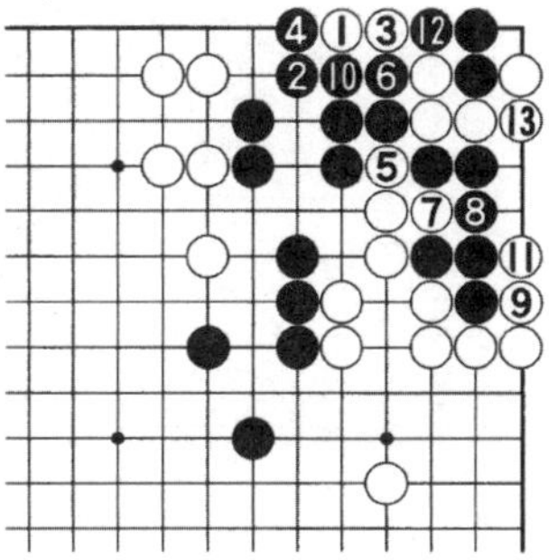

## 백 승

백1의 날일자부터 흑4까지 활용하는 수순이 좋다. 백5로 끊어 백1, 3의 2점을 버리고 13까지 양자충으로 흑을 잡는다.

失

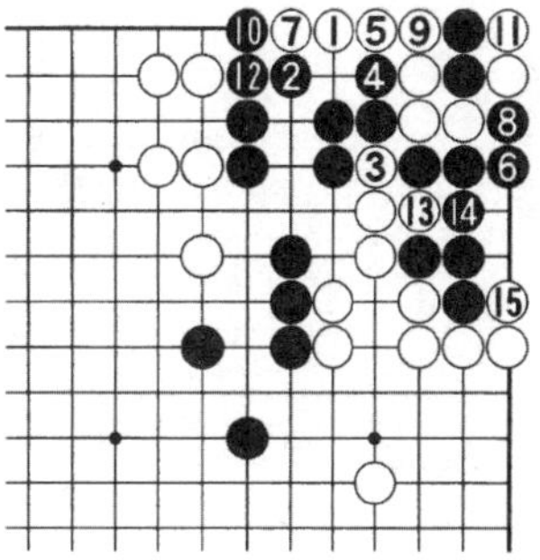

## 백 전멸

백1만 활용하면 흑4, 6으로 반격 당해 실패한다. 백7로 상변을 건너려고 해도 흑8 부터 16까지 백이 전멸한다.

※⓰→⑪의 왼쪽(먹여치기)

제4형 백번

(812)

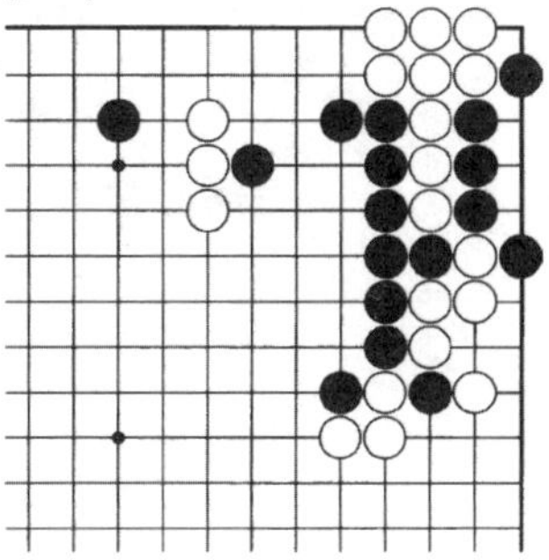

## 괴롭다

두 칸 협공 정석의 변화이다. 우상에 있는 백은 공배가 꽉 차서 괴로운 모양이다. 백은 수를 늘려 귀의 흑을 잡아야 한다.

解

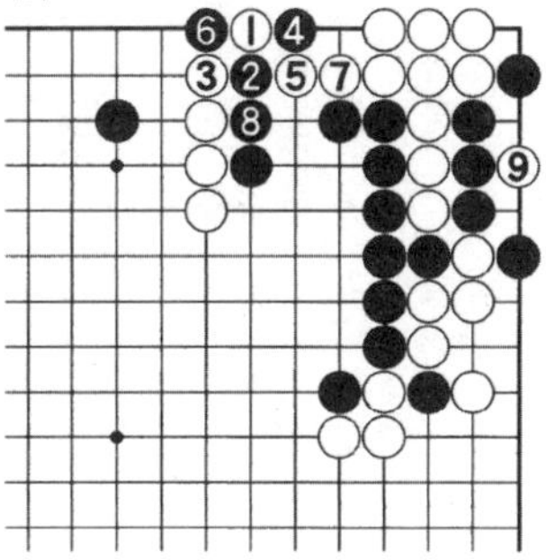

## 백 승

백1로 미끄러져 건넘을 노리면서 백의 수를 늘린다. 흑2부터 8로 건너가는 것을 막으면 백9로 수상전은 백이 승리한다.

失

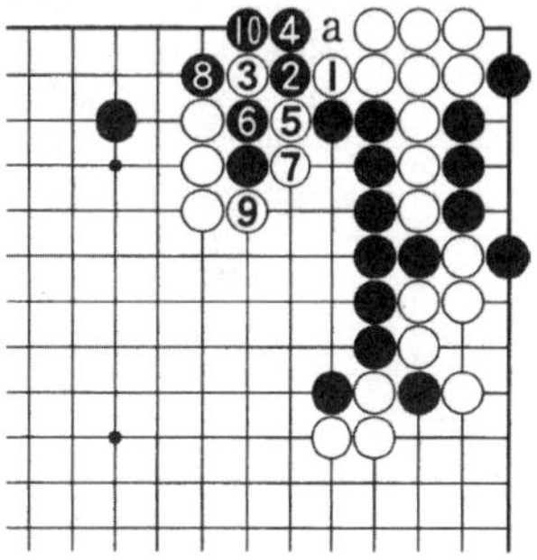

## 백 실패

백1, 3으로는 건널 수 없다. 흑6의 사석 이용이 묘수로 10까지 백이 잡힌다. 또 백1로 2도 흑1, 백a, 흑3으로 백은 실패한다.

날일자 사활(삶)

제1형 백번

(813)

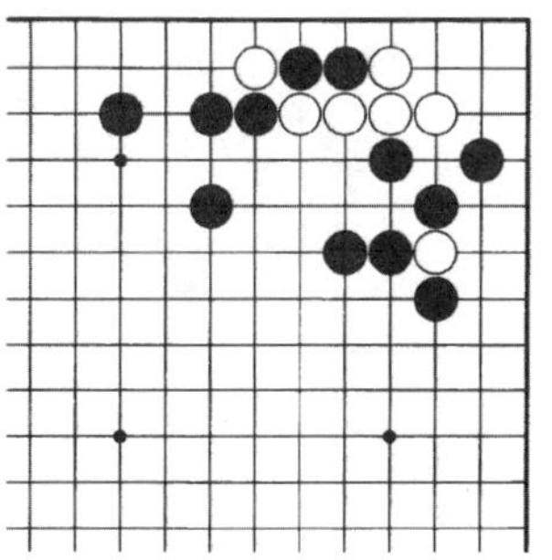

## 최소의 집

사활 문제.
귀의 집을 지켜도 좁다. 흑 2점을 잡아도 살 수 있을지 없을지. 그러나 최소한의 집이라면…

解

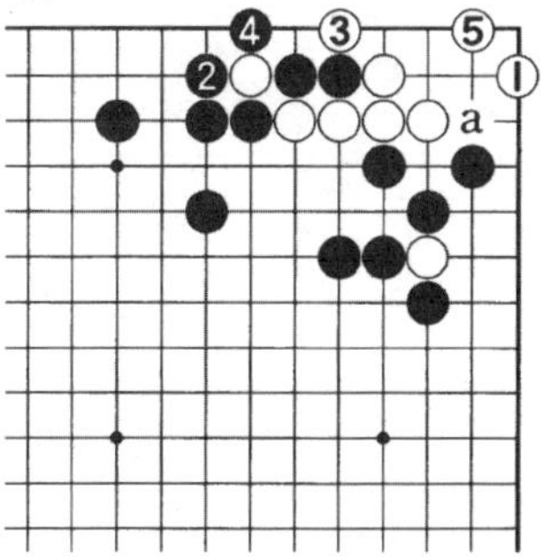

## 백 삶

백1의 날일자는 2·1의 맥이다. 흑2로 1점을 잡으면 백3, 5로 귀에서 집을 내고 산다. 백1로 a는 흑2로 백집이 좁아서 살 수 없다.

失

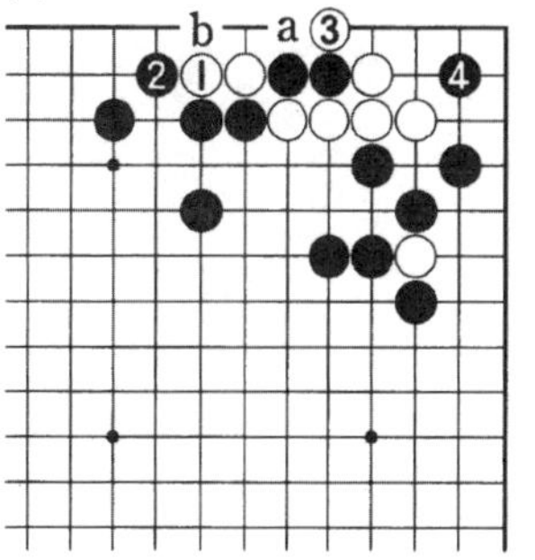

## 백 죽음

백1과 3으로 흑 2점을 잡는 것은 흑4로 침범해서 실패한다. 백a는 흑b로 한 집밖에 없다.

날일자

사활(죽음)

(814)

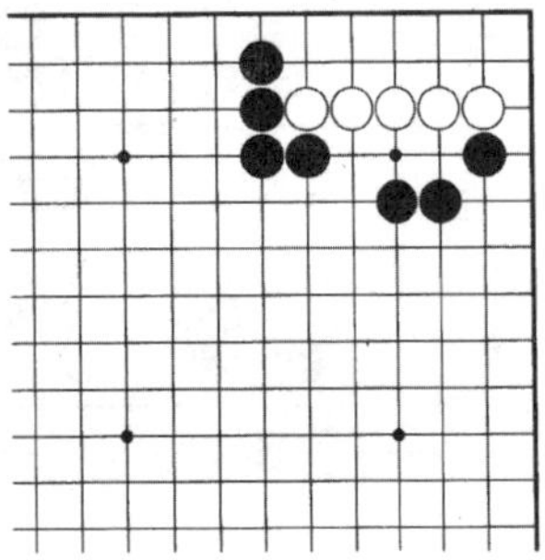

제1형 흑번

## 뒷문

사활 문제.

귀의 백을 공격하려면 뒷문이 열린 집을 좁게 만들 수밖에 없다.

解

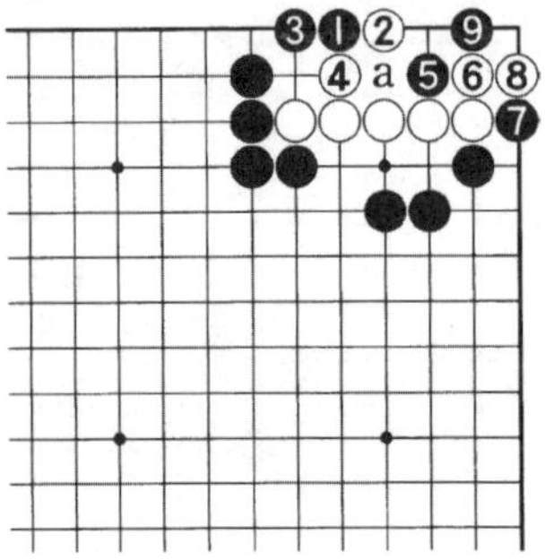

## 백 죽음

흑1의 날일자가 최강의 공격이다. 백2, 4로 집을 넓힌 뒤 흑5로 치중이 좋다. 백6에는 흑7, 9. 백4로 9는 흑8, 백7, 흑a.

失

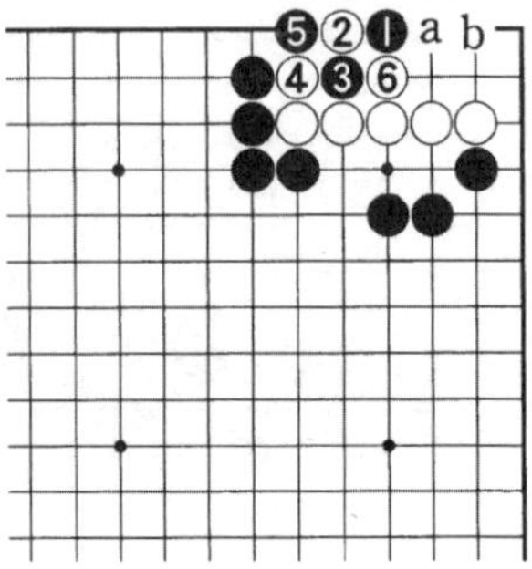

## 흑 실패

흑1의 눈목자는 백2로 건너붙이고 4, 6으로 단수쳐서 실패한다. 이후 흑b는 백2로 패가 난다. 흑2로 이으면 백a로 단수쳐 산다.

(815)

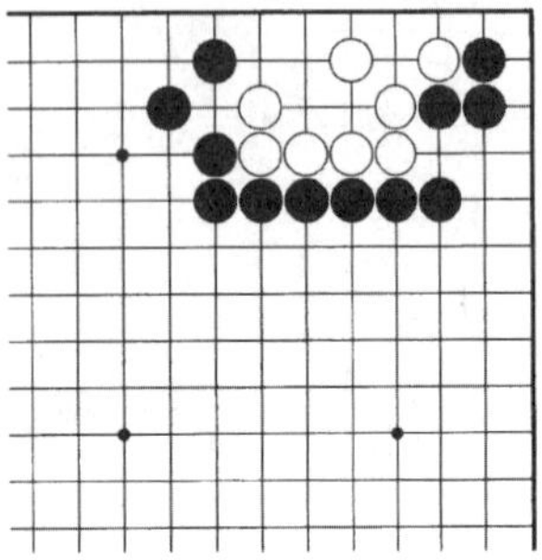

제2형 흑번

## 수순

사활 문제.

상변에 있는 백의 집을 부수고 싶다. 백은 패로 버틸 준비가 되어 있으므로 공격할 수순에 대한 연구가 필요하다.

解

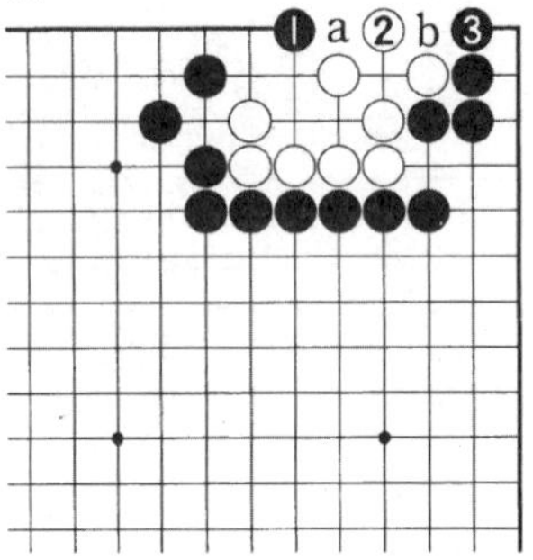

## 백 죽음

흑1의 날일자가 좋은 수로 급소의 맥이다. 백2로 집을 만들어도 흑3으로 뻗어서 옥집이 된다. a, b가 맛보기로 되어있다. 백2로 3은 흑2.

失

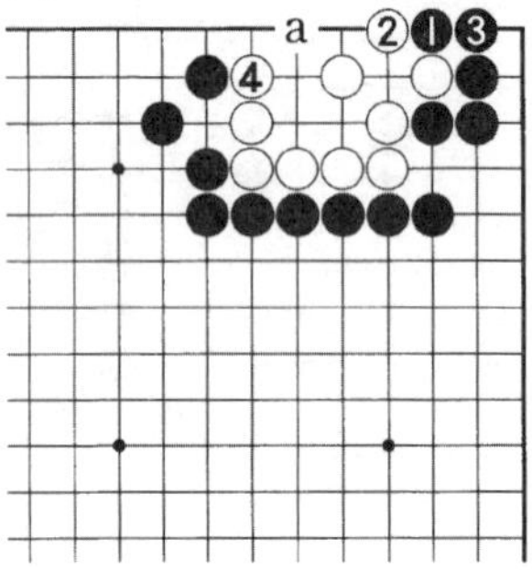

## 패는 실패

흑1의 단수는 백2로 패로 버텨서 실패한다. 흑3으로 이으면 백4로 집을 넓힌다. 흑3으로 a는 백3으로 따내서 산다.

(816)

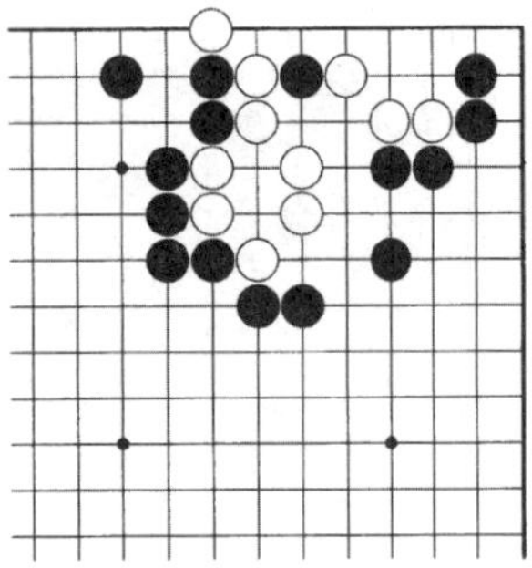

제3형 흑번

## 불완전

사활 문제.

상변에 있는 흑 1점을 잡고 중앙에 후수 한집이 나는 모양이지만 완전한 삶이라고는 할 수는 없다.

解

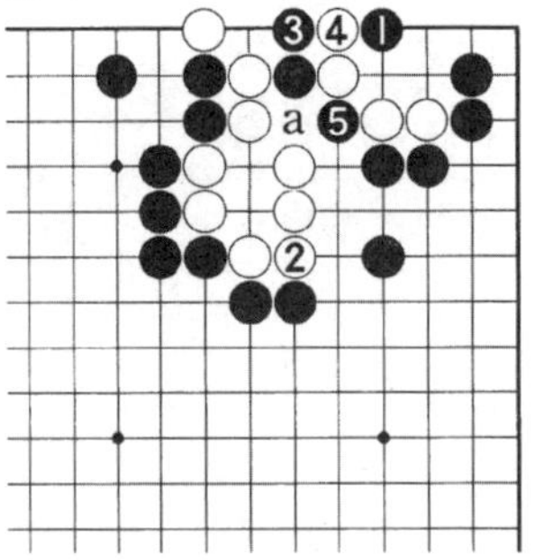

## 백 죽음

흑1의 날일자가 맥이다. 백2로 중앙에 집을 내면 흑3으로 상변에는 집이 없다. 백4는 흑5. 백4로 a는 흑4. 흑3으로 4는 백3으로 실패한다.

失

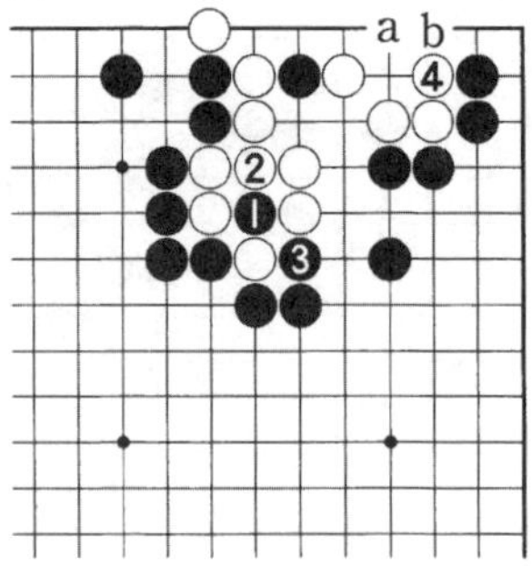

## 백 살다

흑1, 3으로 중앙 집을 부수면 백4로 집을 넓힌다. 흑a라면 백b로 흑은 잡힌다.

**제4형 백번**

(817)

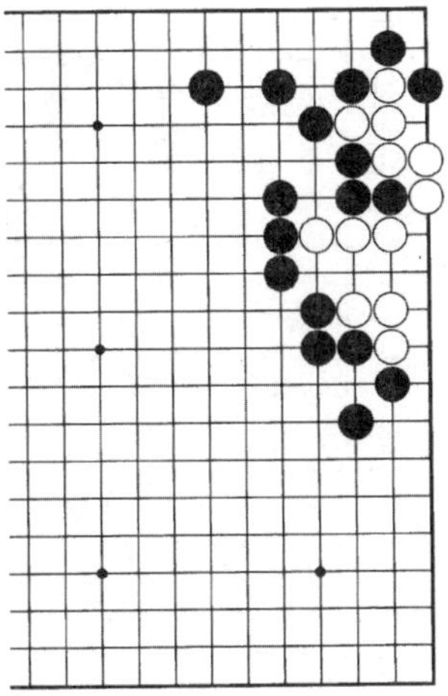

## 수를 내다

사활 문제.

우변은 한 집뿐이다. 백은 우상귀에 있는 흑의 옆음을 노려 수를 내야 한다. 흑이 공격을 잘못 하면 무조건 살 수 있다.

解

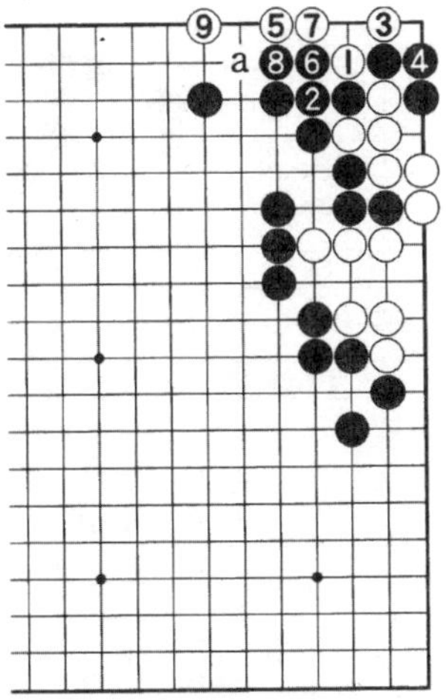

## 패

백1로 끊는 것부터 흑4로 잇기까지는 필연인데 백5의 날일자가 좋은 수이다. 흑6의 단수에 백7로 받아 패가 난다. 흑8 이후 백9로 a는 흑9가 좋다. 백5로 7은 흑5로 양패가 된다.

变

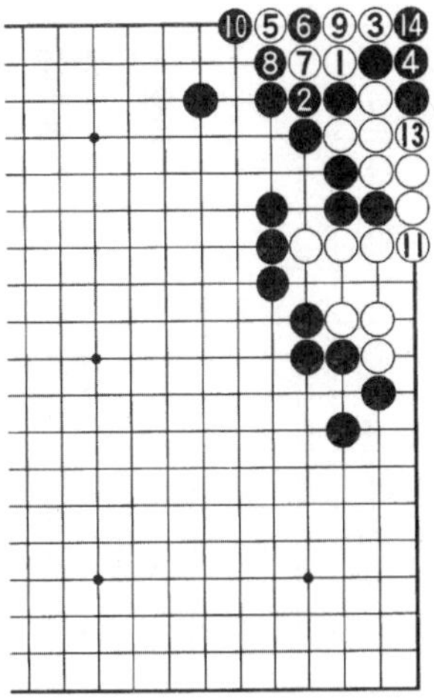

## 백 삶

흑6으로 건너붙임은 백의 자충을 노리지만 백7, 9로 후절수 모양이 만들어진다. 백13으로 단수치고 흑14로 백 4점을 따낸 후에 백15로 끊는다.

※⓬→❻(패), ⑮→①(끊기)

**제5형 흑번**

(818)

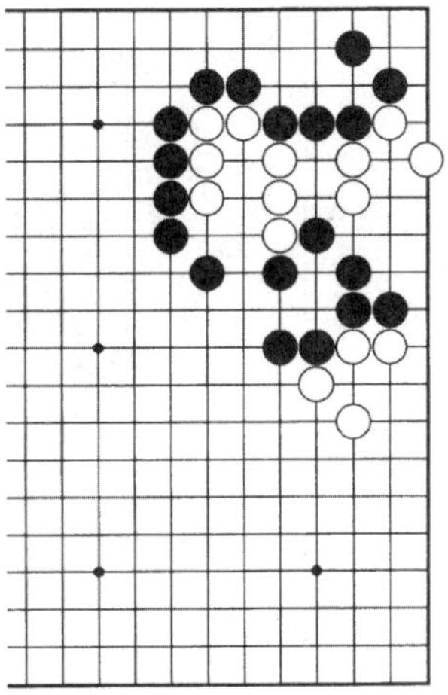

## 자충

사활 문제.

중앙에 한 집이 있고 우변의 백의 집을 부숴야한다. 백을 자충으로 몰아넣는 맥은 어디인가?

解

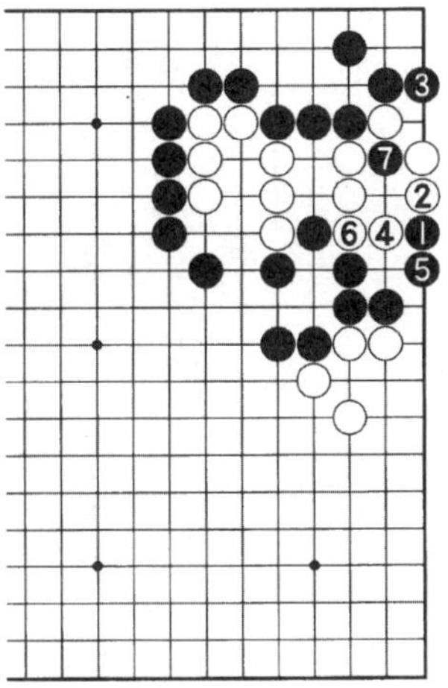

## 백 죽음

흑1의 날일자가 우변의 백집을 부수는 맥이다. 백2로 치받음에 흑3으로 뻗어서 백을 자충으로 만든다. 백4, 6으로 집을 넓혀도 흑7로 먹여쳐서 옥집이 된다.

变

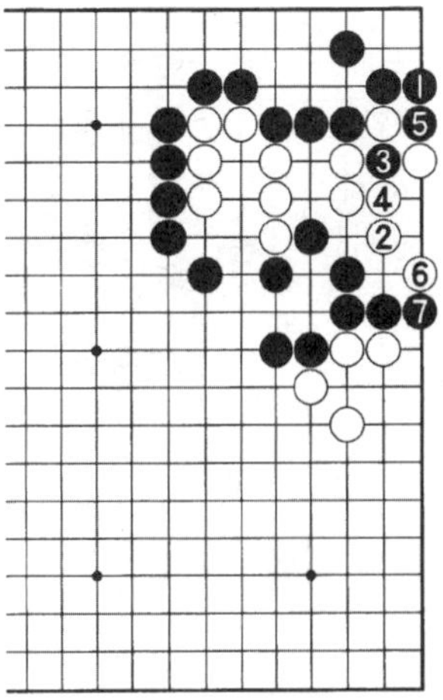

## 백 삶

흑1로 뻗음을 먼저 두면 백2로 집을 넓혀 실패한다. 흑3, 5로 옥집을 만들어도 백6의 입구자가 선수로 작용하여 8로 이으면 살 수 있다.

※⑧→❸(이음)

(819)

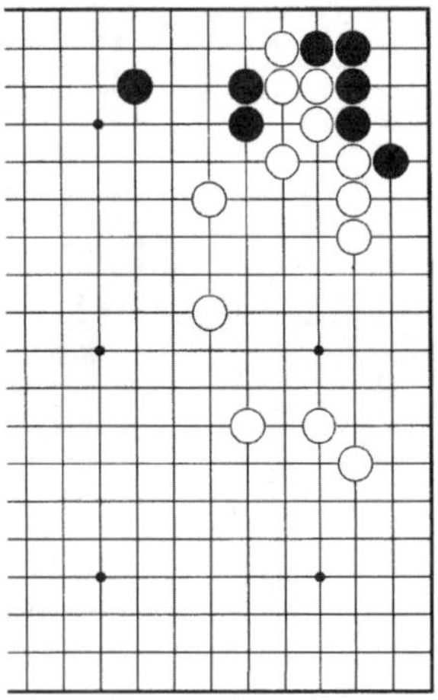

解

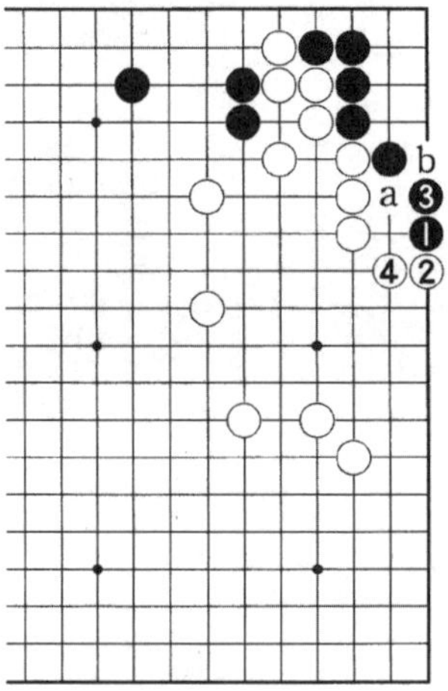

变

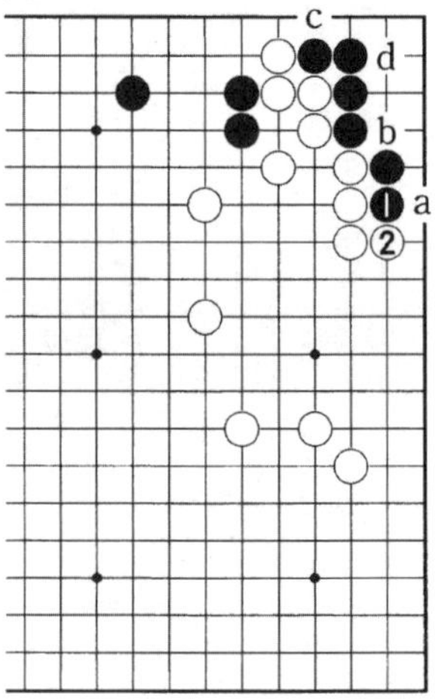

제1형 흑번

### 끝내기 방법

끝내기 문제.
우상귀는 화점에 3·3으로 침입한 변화이다. 우변에 확정된 백집을 우상에서 어떻게 끝내기 하여야 할까?

### 흑 성공

흑1의 날일자가 좋은 수이다. 백2의 붙임은 최대한 버틴 수이다. 흑3으로 늘고 백4까지 흑 성공한 모양이다.

### 3집 손해

흑1로 밀면 백2로 막아서 실패한다. 흑집은 백a, 흑b, 백c, 흑d로 6집이 된다. 또 우변 백집도 정해도 보다 2집이 많아졌다. 합쳐서 3집 이상 차이가 난다.

(820)

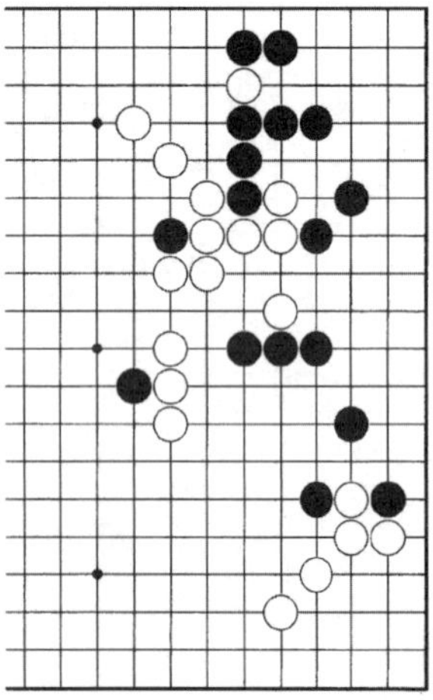

解

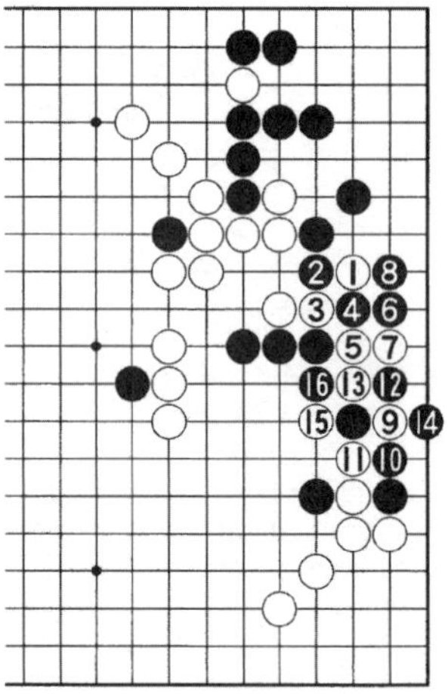

变

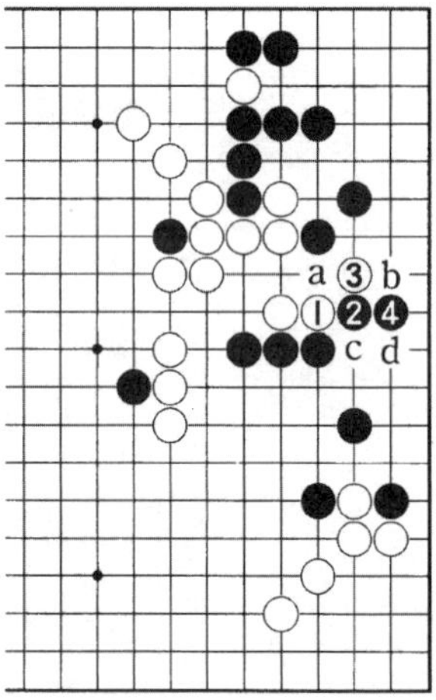

제2형 백번

### 부수다

우변의 문제.
귀에서 우하로 연결된 흑집을 부수고 싶지만 일반적인 수로는 통하지 않는다. 우변에 있는 흑의 옭음을 노려야 한다.

### 패

백1의 날일자가 냉엄한 맥이다. 백은 1점을 버려 우변에서 수를 낸다. 흑2, 4로 끊은 뒤, 백5, 7을 활용하고 9로 붙여 흑의 옭음을 추궁한다. 백17까지 패가 난다.
※⑰→⑨(패)

### 백 약간 손해

백1로 나가면 흑2와 4로 받아 실패한다. 백a에는 흑b로 우변을 연결하여 백이 조금 손해본 것에 불과하다. 백3으로 c에 끊어도 흑3으로 늘어 실패한다.

제3형 흑번

(821)

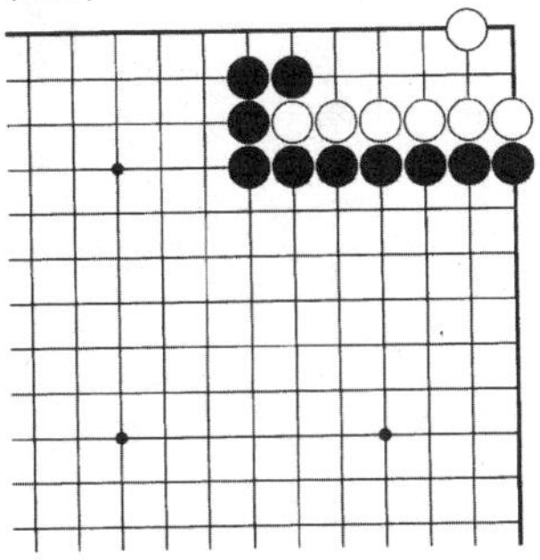

## 간신히 삶

끝내기 문제.
우상귀의 백집은 몇 집인가? 흑의 공격을 받으면 백은 간신히 살아남는다.

解

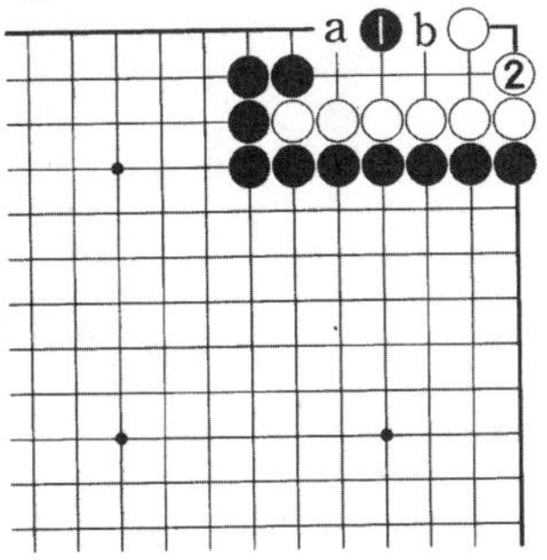


## 2집

흑1의 날일자가 좋은 수이다. 백2로 받아서 살 수밖에 없다. 이후 흑a, 백b로 백은 간신히 살은 모양이다. 흑a는 절대선수. 백의 집은 2집이 된다.

失

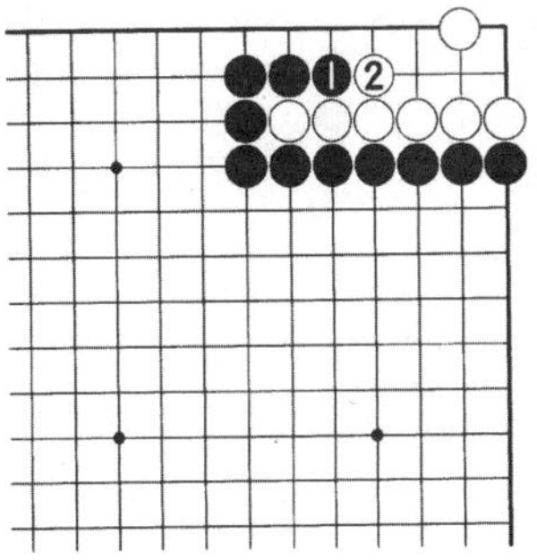

## 2집 손해

흑1로 밀면 백2로 받아 끝내기 효과가 없다. 정해도에 비해 흑이 1집 줄어서 2집이 된다. 흑 2집의 끝내기.

제1형 백번

(822)

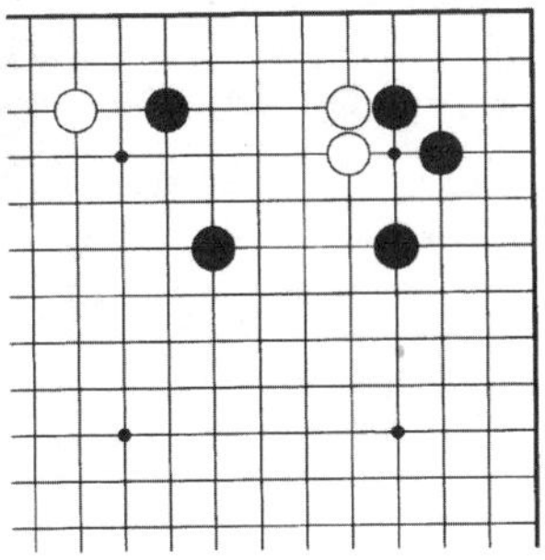

## 탈출

세 칸 협공 정석에서 파생된 모양이다. 우상의 백 2점에는 흑의 포위망을 무너뜨리고 탈출하는 맥이 숨어있다.

解

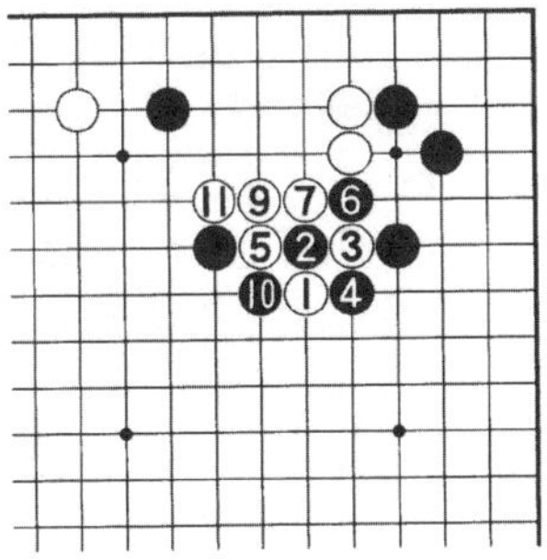

## 탈출

백1의 눈목자가 좋은 수이다. 흑2로 붙이면 백3으로 끼우고 5, 7로 단수쳐서 모양을 결정짓는다. 백11로 상변으로 탈출한다.

※❽→③

変

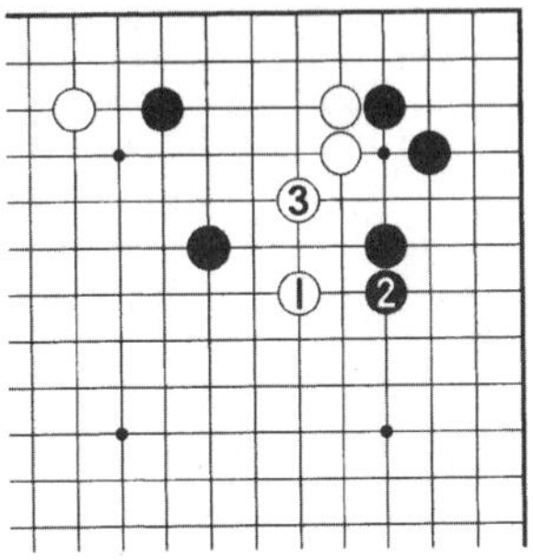

## 중앙으로 나가다

흑2로 받으면 견고하지만 백3으로 입구자하여 중앙으로 도망친다. 백은 모양이 튼튼해서 상변의 흑에게 반격할 수 있다.

제2형 백번

(823)

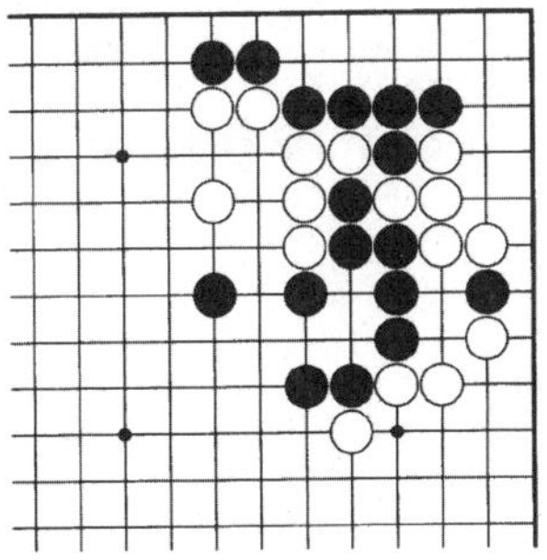

## 수습의 모양

상변의 백과 우변에서 중앙으로 진출한 흑이 다투고 있다. 백은 발빠르게 도망쳐 모양을 수습하고 싶다.

解

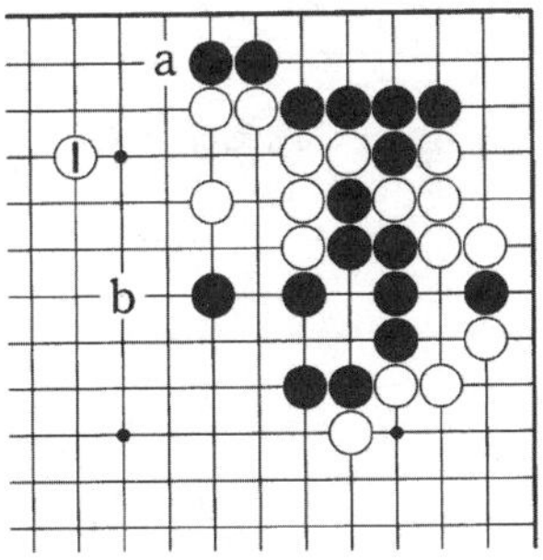


## 좋은 모양

백1로 눈목자한 모양이 좋다. 이후 백은 a로 막으면 수습된 모양이고 중앙은 b로 모자를 씌워 공격하는 것을 본다.

失

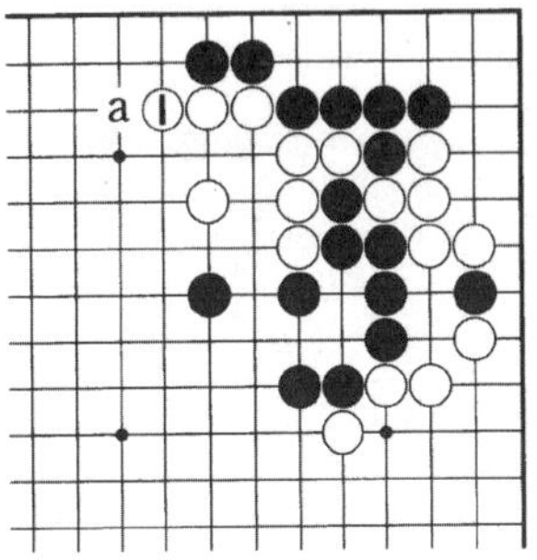


## 완착

백1로 늘면 완착이다. 백의 도망가는 발이 느리고 중앙의 흑에 대한 박력도 없다. 백1로 a에 뛰는 것도 같은 이유로 충분하지 않다.

눈목자
건넘

(824)

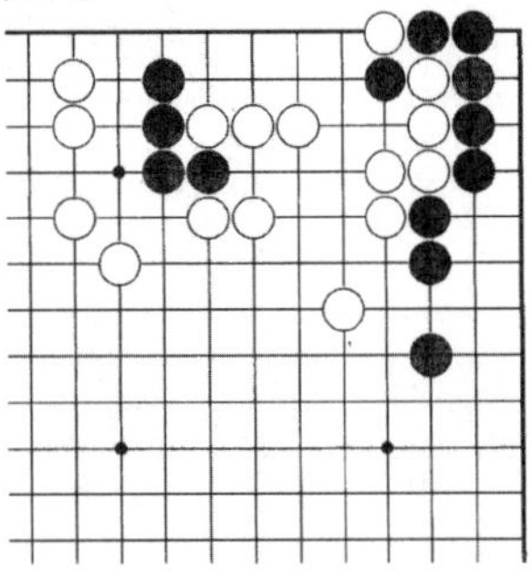

解

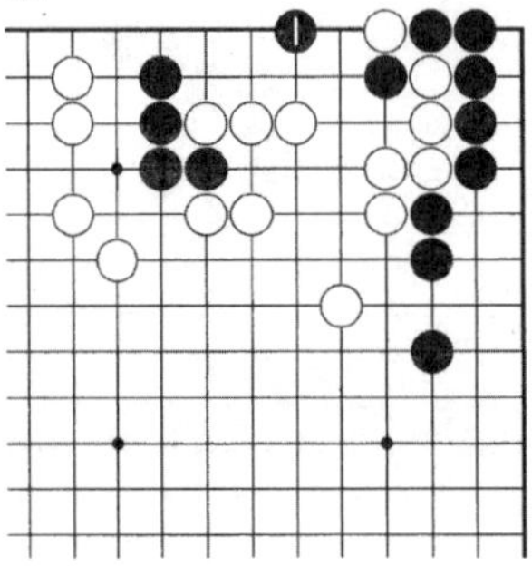

失

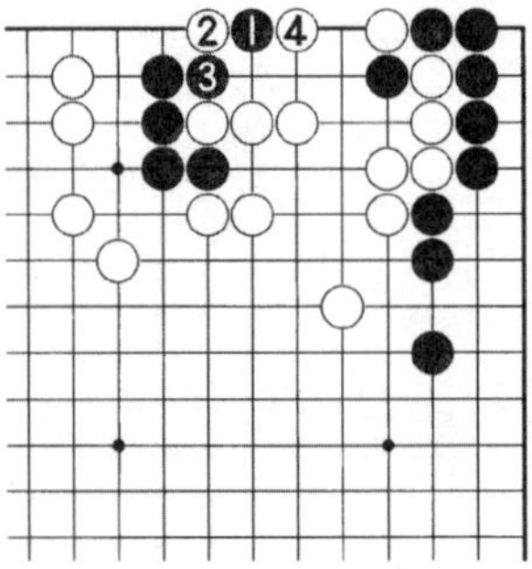

제1형 백번

### 추궁하다

상변의 문제.
고립된 흑 4점과 우상귀는 상당한 거리가 있어 보이지만 흑은 백의 자충을 추궁하여 상변과 연결할 수 있다.

### 건넘

흑1은 4점으로부터 눈목자, 우상으로 부터는 날일자의 맥으로 건넌다. 흑은 백 1점을 잡고 백의 자충을 이용하고 있다.

### 잘못된 맥

흑1의 날일자는 틀린 맥으로 실패한다. 백2로 건너붙이고 흑3, 백4로 흑 1점을 단수쳐서 왼쪽의 흑을 끊는다.

(825)

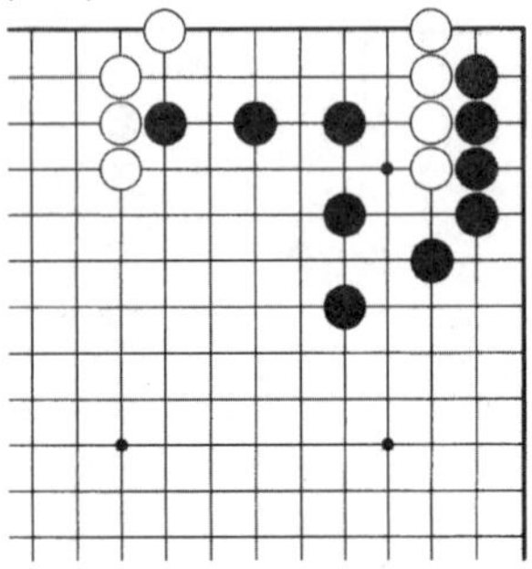

解

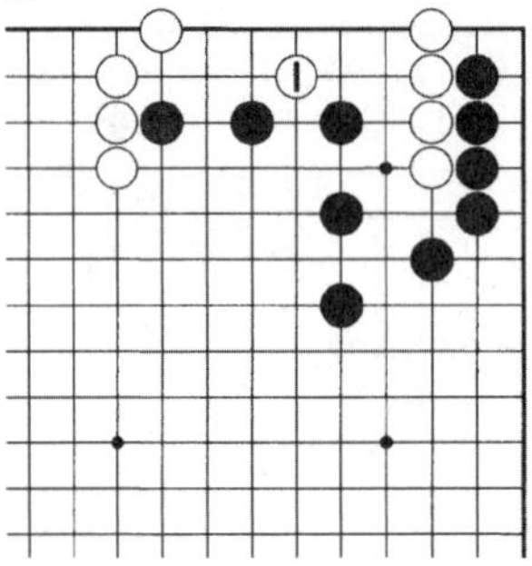

失

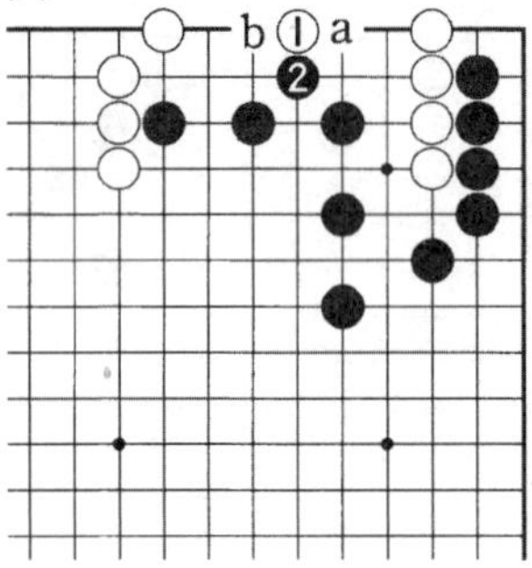


제2형 백번

### 건너는 행마

상변의 건너가는 문제.
우상귀에 있는 백 4점의 1선 뻗음과 좌상의 백의 입구자를 이용한다.

### 연결

백1의 눈목자가 급소이다. 우상, 좌상 양쪽의 중앙에 해당하는 자리로 이대로 1선을 통해 연결한다.

### 백 연결 실패

백1은 실패한다. 좌우에서 두 칸씩 뛴 모양이다. 흑2의 입구자 붙임 역시 중앙에 해당하는 수로 a와 b를 맞보기로 하여 건넘을 막는다.

눈목자
살기

(826)

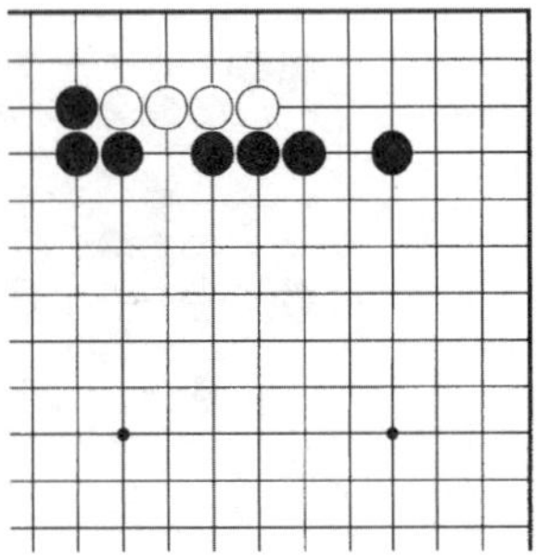

解

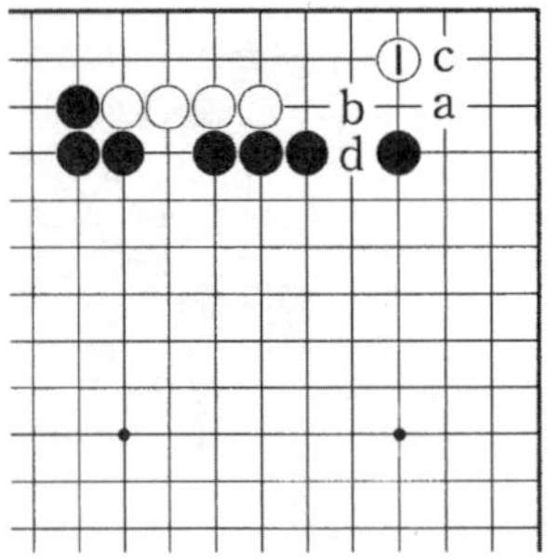


失

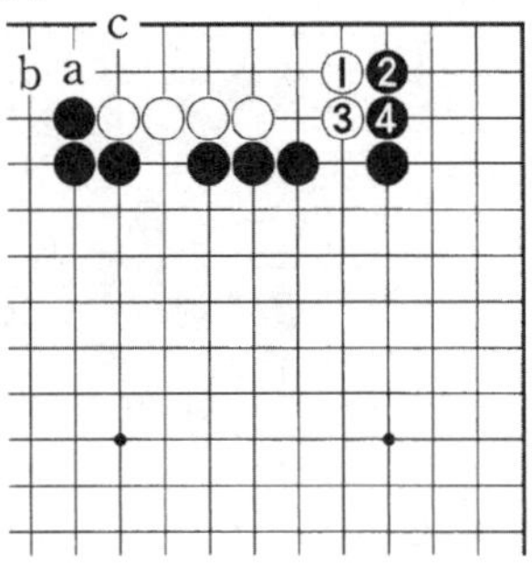


제1형 백번

### 넓히다

상변의 문제.
백 4점은 손을 뺄 수 없는 모양이다. 사는 방향은 귀이지만 어떻게 집을 넓혀야 할지 막막하다.

### 백 삶

백1의 눈목자가 맥이다. 흑a로 입구자하면 백b. 흑c로 붙여도 백b로 넓은 궁도를 갖고 산다. 흑이 d로 잇는 것은 후수이다.

### 후수

백1의 날일자는 흑2의 붙임이 냉엄하다. 흑3, 백4로 백의 궁도가 좁다. 백은 a로 젖히고 흑b, 백c로 후수로 살아야 한다.

제2형 백번

(827)

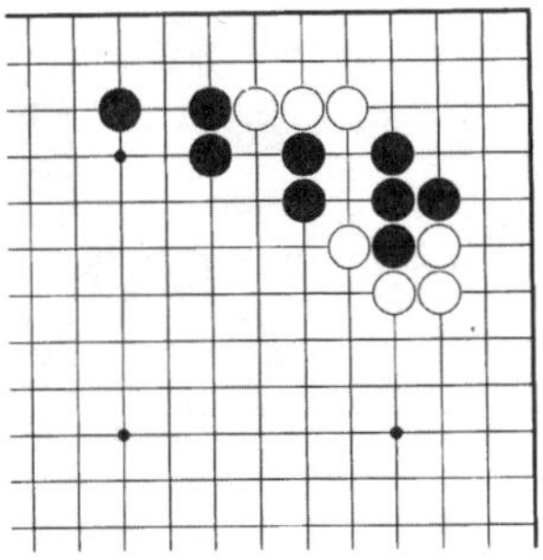

### 넓히다

귀의 사활 문제.
상변에 갇힌 백 3점은 귀에 집을 넓혀서 살아야 한다. 다음의 제 1수는?

解

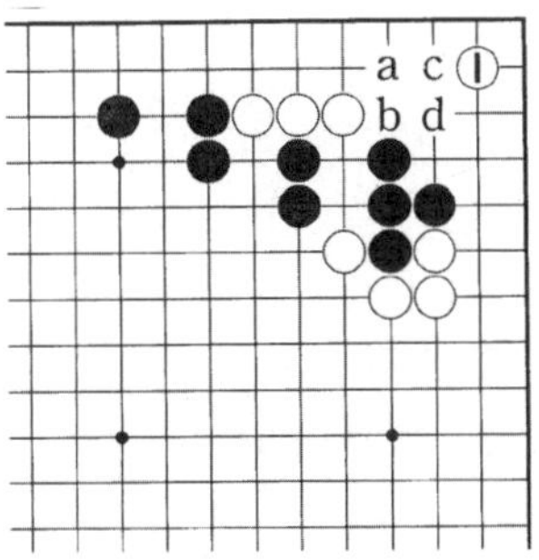

### 삶

백1의 눈목자가 좋은 수이다. 백의 궁도를 최대한 넓혀서 산다. 흑a는 백b, 흑a로 c는 백d. 어떻게 해도 흑을 잡고 연결하고 있다.

变

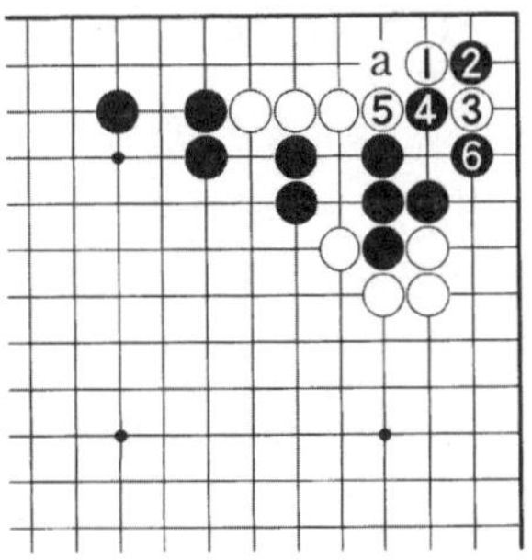

### 패

백1의 날일자는 흑2, 4의 초강경 수단이 있다. 백5, 흑6으로 패가 난다. 또 백1로 4는 흑2의 치중이 있어 백3, 흑5, 백a, 흑1로 백이 불리하다.

제3형 흑번

(828)

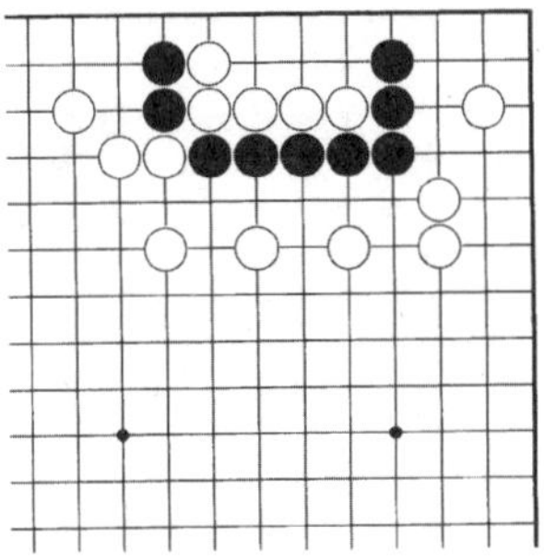

### 활용

사활 문제.
흑은 지금은 집이 확실히 부족한 모양지만 상변의 흑 2점을 움직여서 활용하는 것을 말하고 있다.

解

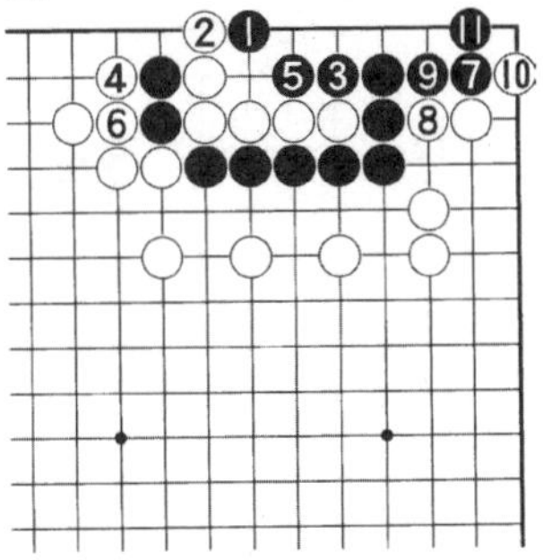

### 흑 삶

흑1의 미끄러짐이 맥이다. 백2로 막게 한 뒤, 흑3, 5로 공격하여 흑의 집이 최대로 늘어난다. 흑11까지 직사궁으로 살 수 있다.

失

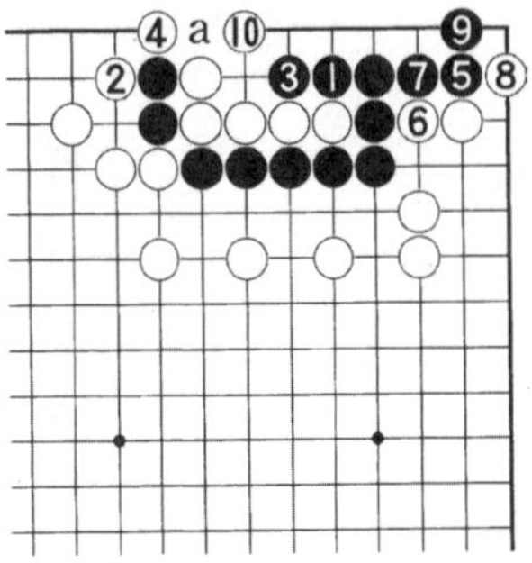

### 흑 전멸

흑1, 3의 공격은 준비가 부족하다. 백4로 잡히고 난 다음에는 흑10에 백a로 받아주지 않는다. 백10까지 흑은 전멸한다.

큰 날일자 끝내기

제1형 흑번

(829)

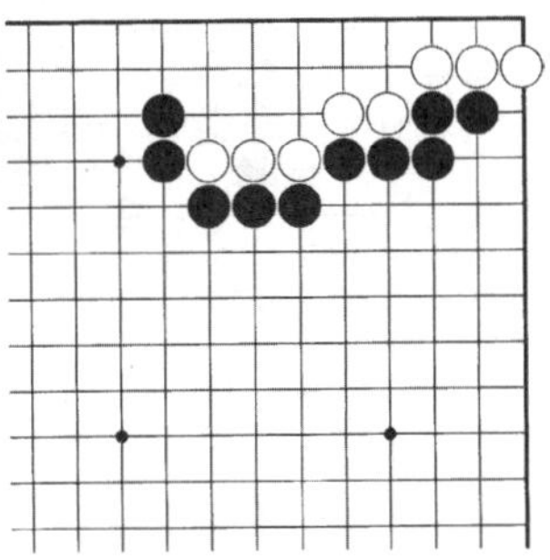

### 선수끝내기

끝내기 문제.
귀의 백집을 어떻게 끝내기 할까? 왼쪽의 백 3점을 잡아도 후수라면 이득이 없다.

解

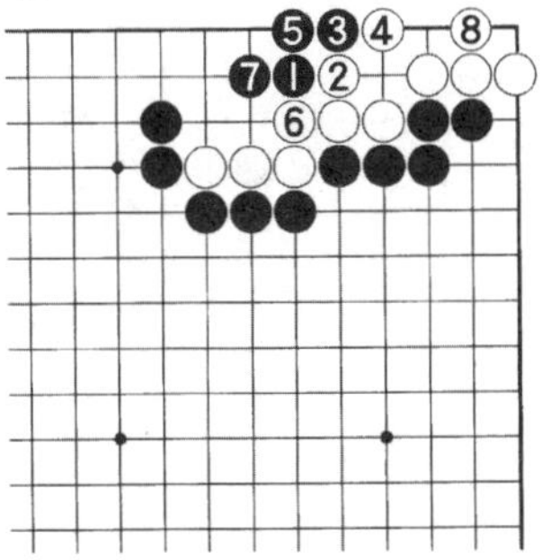

### 눈목자

흑1의 눈목자가 냉엄하다. 백2로 막으면 흑3, 5로 젖혀이어 백의 집을 좁히면 백8까지 2집만 내고 살 수밖에 없다.

失

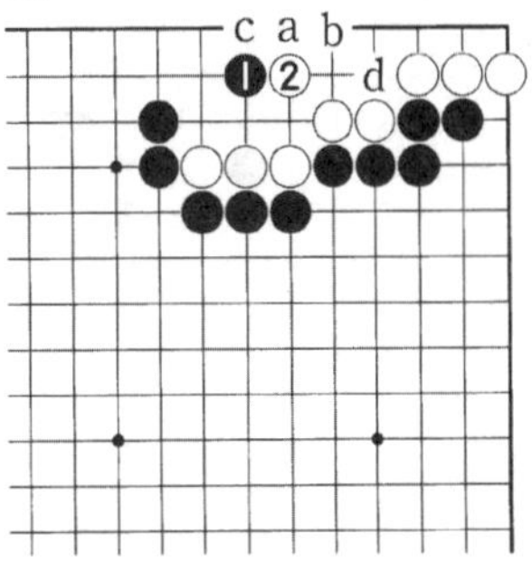

### 흑 실패

흑1는 자충이 된 백 3점의 급소이지만 이 경우에는 완착이다. 백2로 입구자 붙여 귀의 집을 넓히고 흑a는 백b, 흑c, 백d로 백은 5집이 된다.

# 마늘모(입구자)

돌을 연결하기 위하여 움직인 모양이 입구자이다. 상대가 절단하려고 하여도 2수 연속해서 두지 않는 이상 끊을 수 없다. 입구자 모양으로 돌이 연결되려면 모양에 탄력이 생긴다. 사활의 장면으로는 집을 만들기 쉬워진다. 제1선으로 묘수가 생겨난다. 흑1의 입구자로 흑이 수상전을 승리한다.

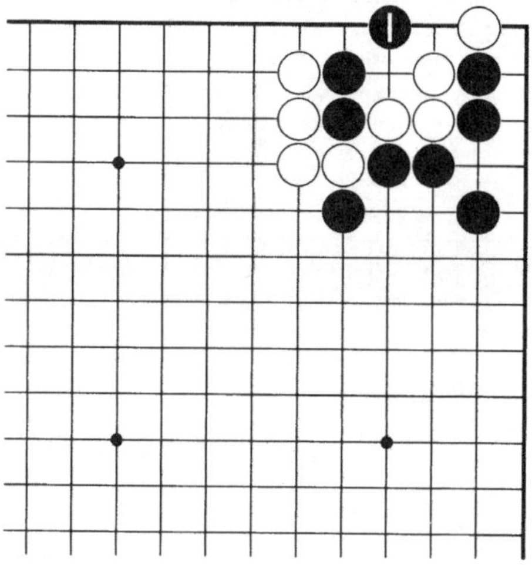



제1형 흑번

(830)

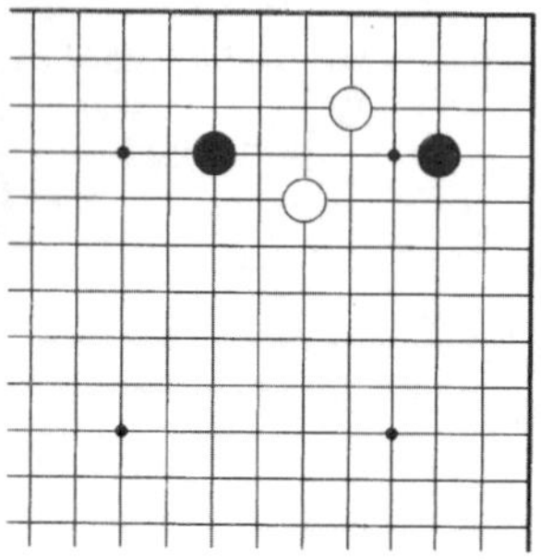

### 약점

두 칸 높은 협공 정석의 변화이다. 백의 날일자가 가벼운 모양이지만 흑에게 노려지게 되는 결점도 된다.

解

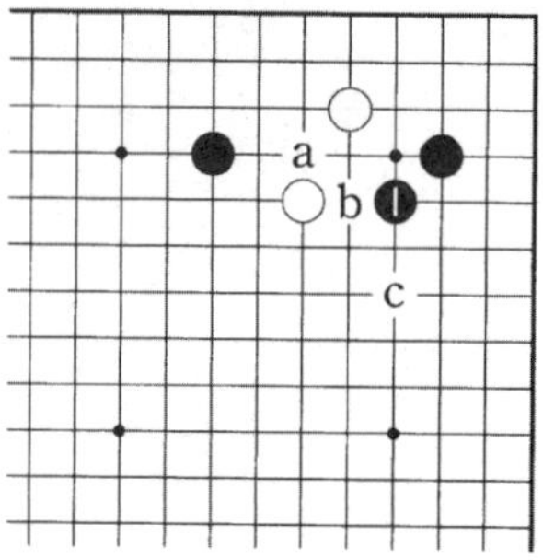


### 호조

흑1의 입구자는 견실한 수이다. 흑a의 건너붙임을 노린다. 백b로 지키면 흑c로 우변에 전개하여 백을 공격을 지속하는 흐름이 된다. 흑의 호조이다.

失

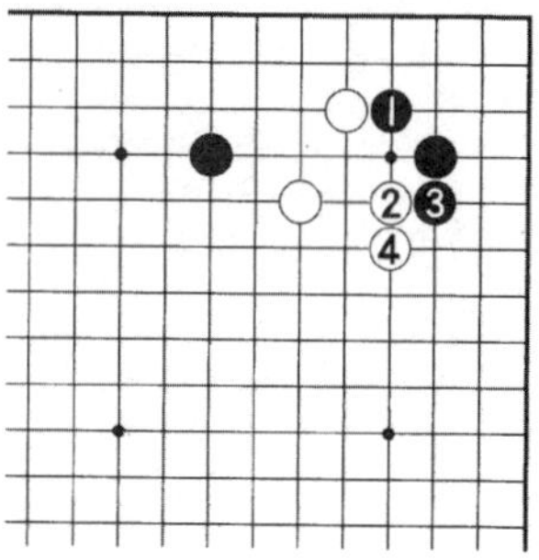

### 백 좋은 모양

흑1의 입구자 붙임은 근거를 빼앗는 수이지만 의문이 남는다. 백2의 날일자가 좋은 모양으로 흑3, 백4로 중앙을 두텁게 하여 상변 흑으로 박력을 높인다.

제2형 백번

(831)

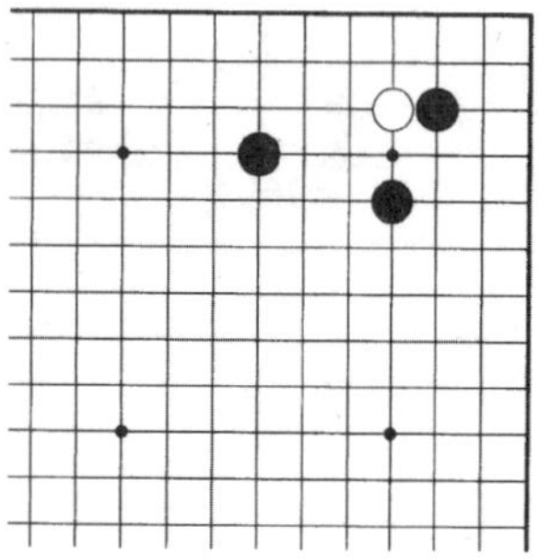

### 수습

우상은 고목 정석으로 흑의 눈목자 씌움에 백이 손을 뺀 모양이다. 흑의 공격을 어떻게 수습하여야할까?

解

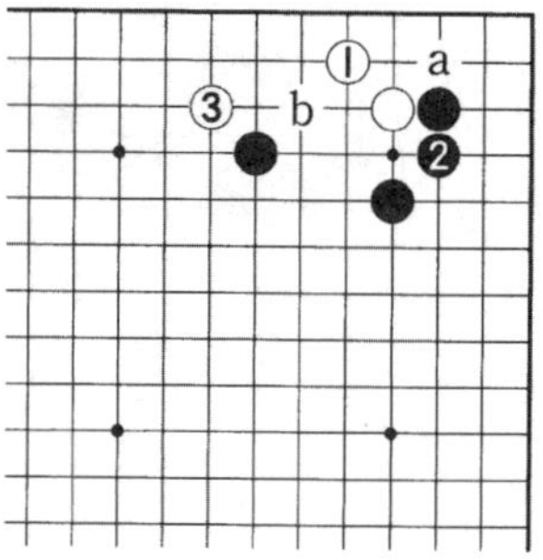


### 가볍다

백1의 입구자가 맥이다. 흑2로 늘면 백3으로 상변으로 가볍게 전개한다. 백3으로 a는 흑b가 냉엄한 공격이 된다.

失

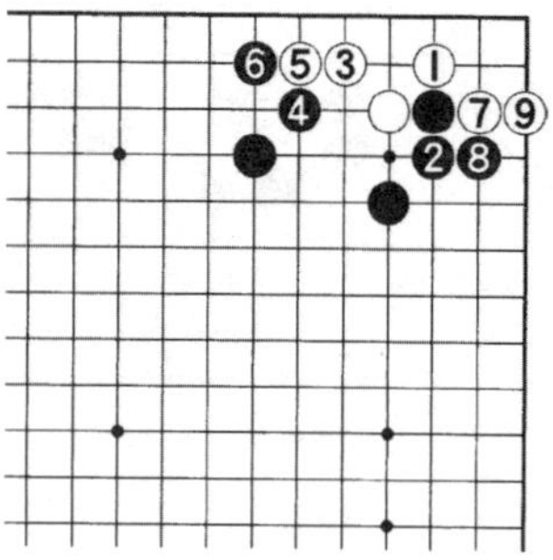

### 백 괴롭다

백1로 젖히는 모양은 흑2 이후 에 백3으로 받는 정도이다. 흑4 입구자로 귀에 갇혀 백9까지 괴롭게 산다.

제3형 흑번

(832)

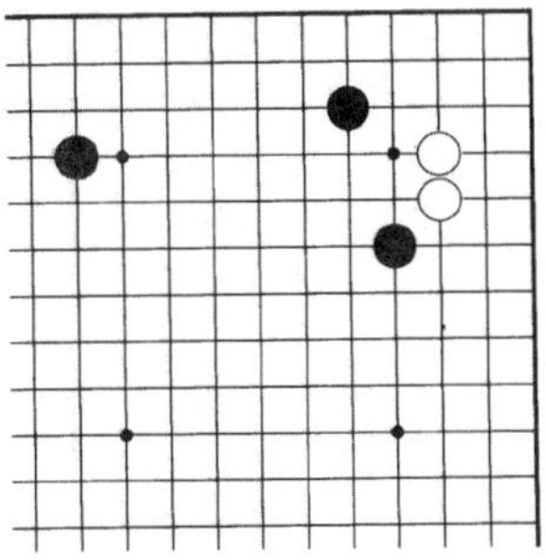

解

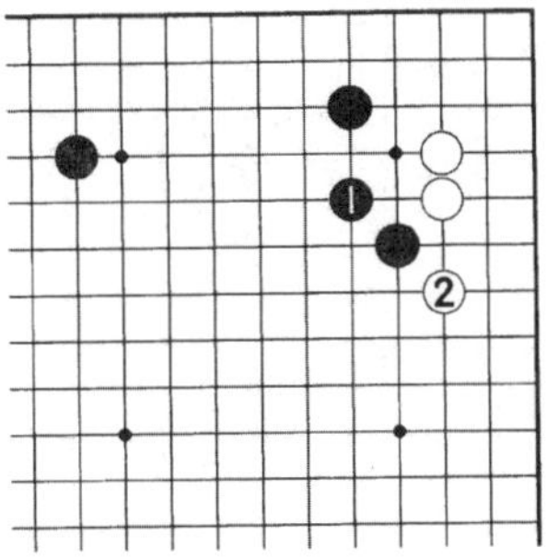


失

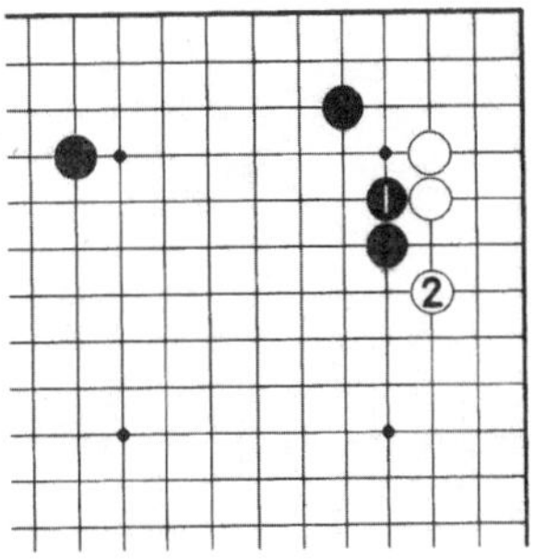


### 중앙을 받다

우상은 대사정석의 변화이다. 백 2점은 변을 굳혀 흑의 엷음에 대해 반격을 노리고 있다. 흑을 중앙으로 응수해야만 한다.

### 큰 모양

흑1로 마늘모하여 모양이 좋다. 백2로 뛰어 정석은 일단락되지만 흑의 벌려진 한 점이 효과가 있어 큰 모양이 된다.

### 정석이지만

흑1로 막아도 상변에 세력을 만들 수는 있지만 백의 튼튼한 돌에 붙어있어서 자충이 된다. 이것도 정석이지만 정해도 보다는 조금 못하다.

제4형 흑번

(833)

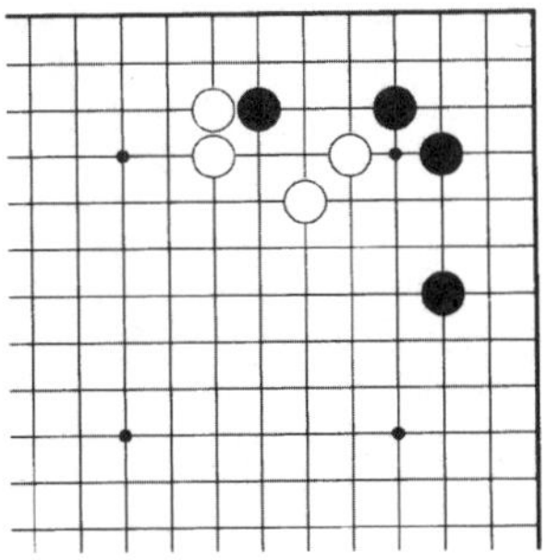

解

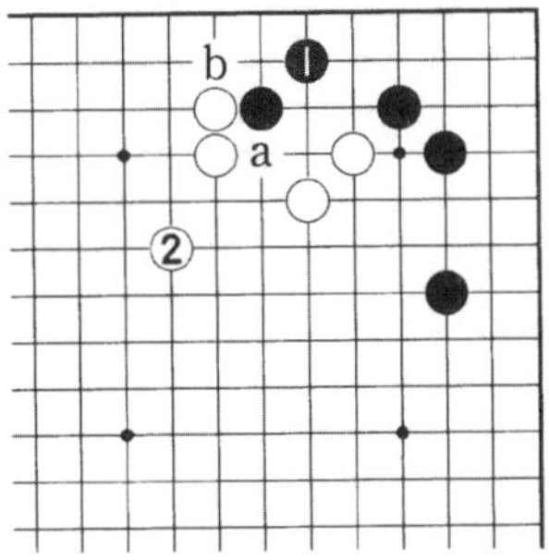


失

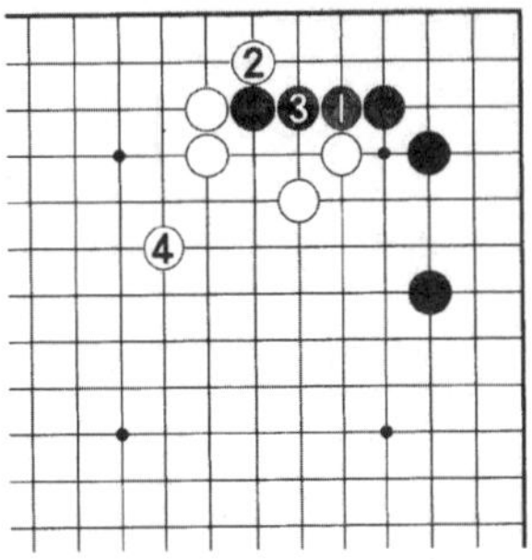


### 정석 이후

우상귀는 한 칸 높은 걸침 정석의 변화이다. 흑은 실리, 백은 외세로 갈려져 있지만 이후 흑은 상변을 어떻게 처리해야 하는가?

### 실리

흑1 마늘모가 맥이다. 흑 1점을 연결시키면서 집을 늘리고 a로 나가 끊는 것을 노린다. 백2 이후 흑b로 젖히는 모양이 좋다.

### 백 충분

흑1은 지키는 데 치우친 수이다. 백2의 젖힘을 활용하여 백은 상변의 모양이 좋아진다. 흑3, 백4로 백이 충분한 모양이다.

제5형 백번

(834)

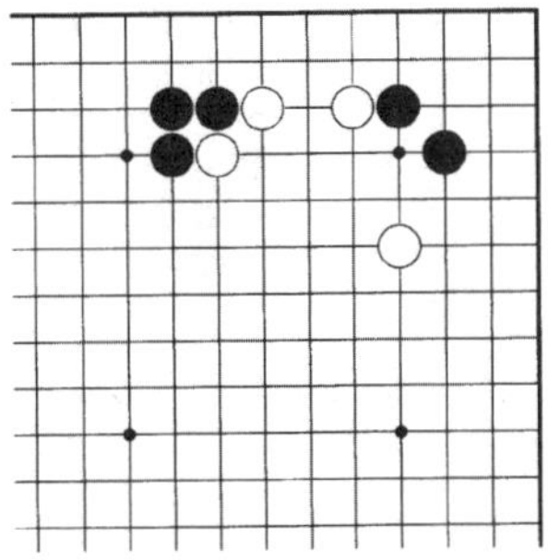

解

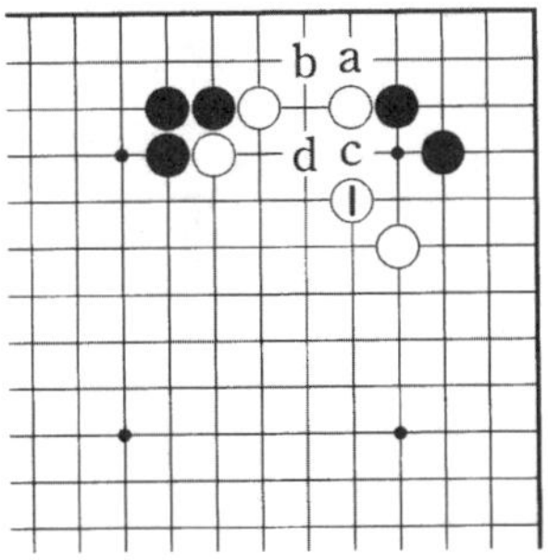


失

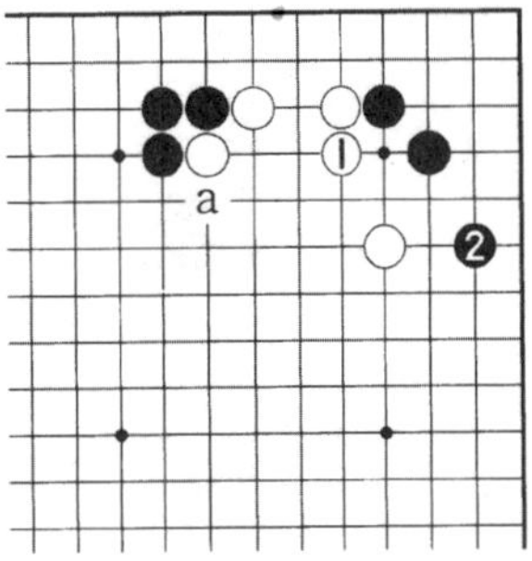


### 정형

우상귀는 두 칸 협공 정석의 변화이다. 흑이 귀를 튼튼히 굳혔다. 백도 바깥의 모양을 정리하고 싶다.

### 좋은 모양

백1의 마늘모가 효과적인 맥이다. 흑을 가두고, 중앙 백의 모양을 튼튼하게 만든다. 흑a는 백b, 다음 백c에는 백d로 받아 탄력이 생긴다.

### 백 약간 불만

백1은 견실한 수지만 안형이 부족하다. 흑2로 미끄러져 근거가 될 자리를 빼앗기면 백a를 생략하기 힘들어져 조금 불만인 모양이다.

(835)

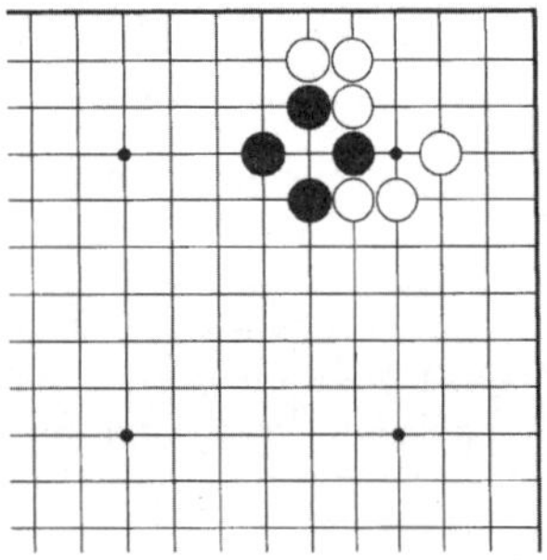

解

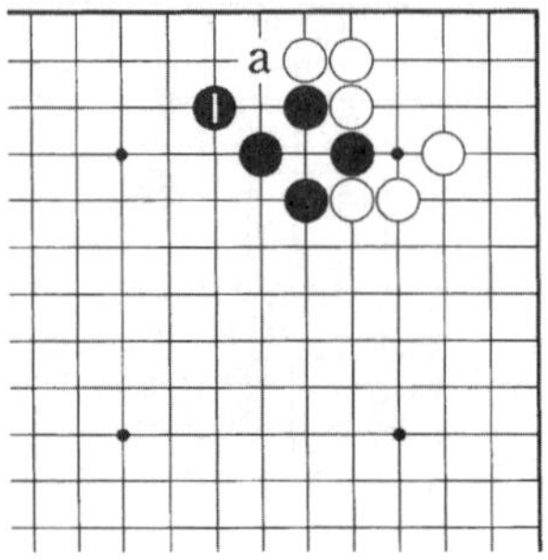


失

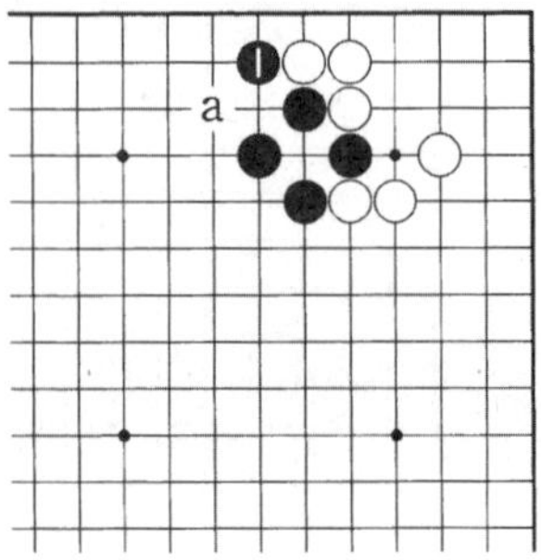


**제6형 흑번**

## 근거

우상의 전투.
한 칸 높은 걸침 정석의 변화로 백이 2선으로 구부려 흑의 근거를 노리고 있다. 흑은 어떻게 응수해야 하는가?

## 굳히다

흑1의 마늘모가 받는 모양이다. 이후 백a로 나가도 포석 단계에서는 작은 수이다. 흑은 상변을 굳혀 백의 공격을 막는다.

## 흑 불리

흑1로 막는 수는 무거운 모양이다. 백a를 활용당하면 상변 전체의 안형이 불안해진다. 주변 상황에 좌우되는 불리한 모양이다.

(836)

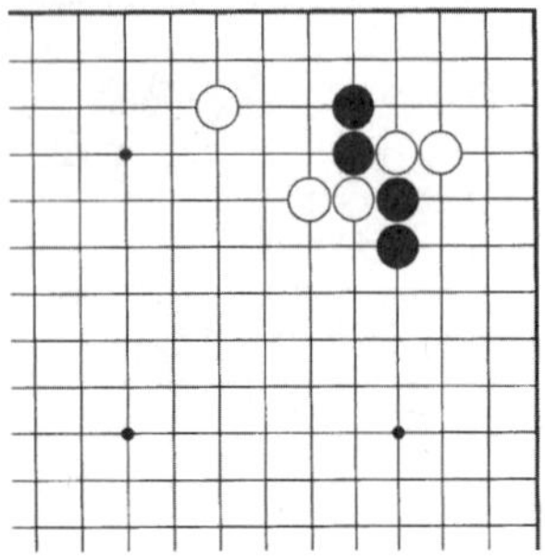

解

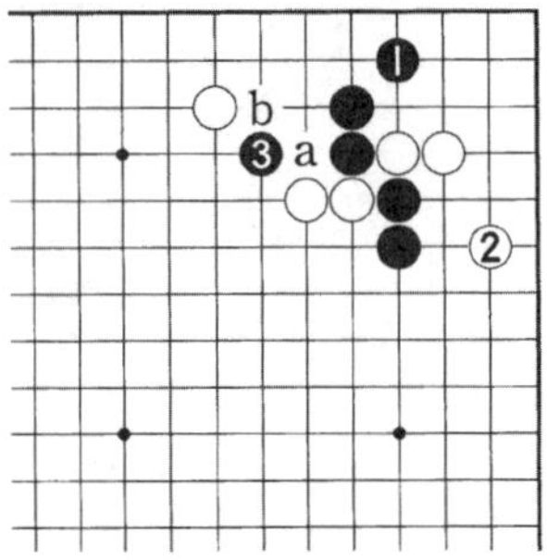


失

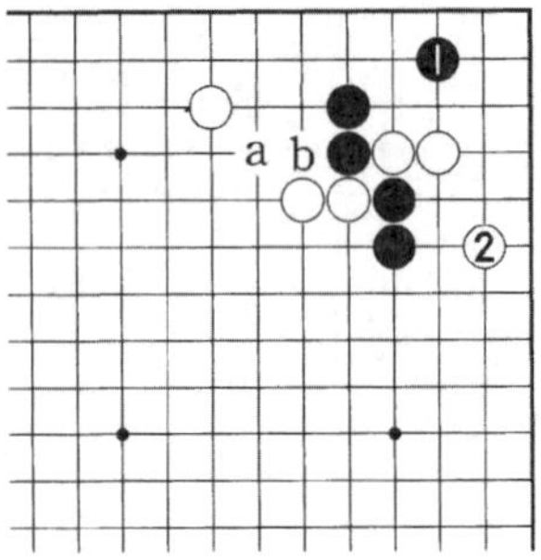


**제7형 흑번**

## 무리이지만

두 칸 협공 정석의 변화이다. 백이 흑을 끊고 있는 모양은 두 칸 협공일 때는 무리이지만 흑은 이를 어떻게 추궁해야 하는가?

## 흑 유리

흑1의 마늘모가 맥이다. 귀의 백 근거를 노리고 있기 때문에 백2로 우변으로 나가면 흑3으로 상변으로 나간다. 백a는 흑b.

## 백 유리

흑1의 날일자는 틀린 맥이다. 백2 이후 흑a는 백b로 상변을 깨뜨릴 수 없다. 상변을 봉쇄한 모양이 되면 백이 유리하다.

(837)

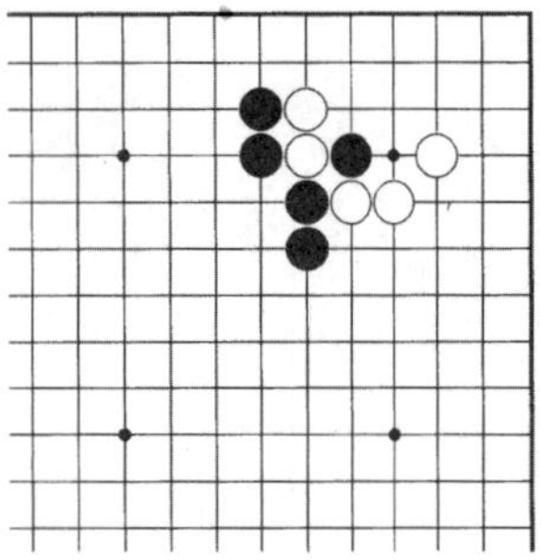

解

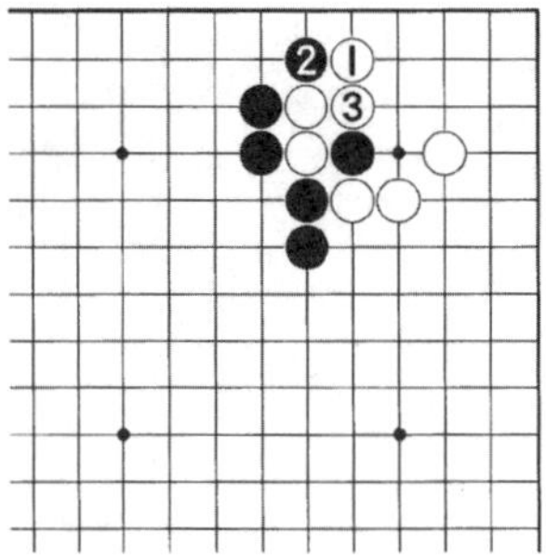


失

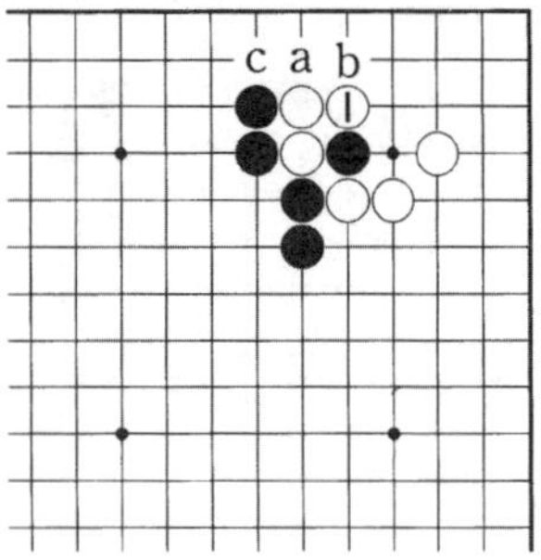


**제8형 백번**

## 받는 방법

한 칸 높은 걸침 정석에서 생기는 모양이다. 상변의 백 2점을 공격하려고 한다. 백은 귀를 어떻게 받아야 하는가?

## 상용의 맥

백1의 마늘모가 상용의 맥이다. 흑2, 백3의 단수를 활용하여 상변을 굳히게 되지만 귀의 백도 확실하게 귀의 실리를 얻는다.

## 백 불만

백1로 잡으면 흑a, 백b의 교환이 되지 않는다. 흑은 이후 c로 뻗어 귀의 활용을 엿보게 되어 정해도보다 흑의 모양이 좋다.

**제 9 형 흑번**

(838)

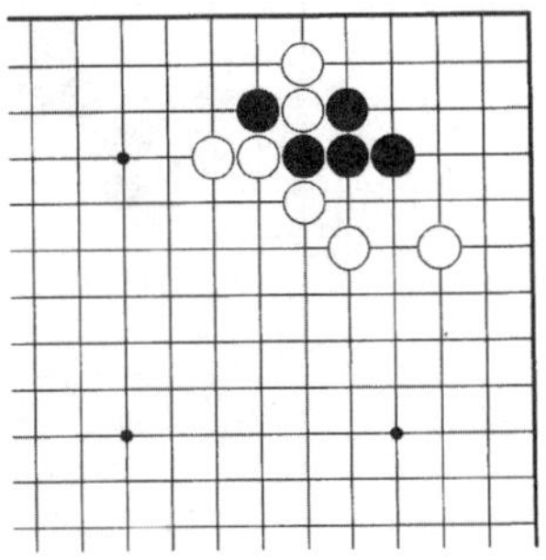

## 잡는 방법

우상귀는 붙여막기 정석의 변화이다. 백은 상변의 2점을 버리고 바깥에서 흑을 조이려고 한다. 상변의 백 2점을 잡을 방법은 무엇인가?

解

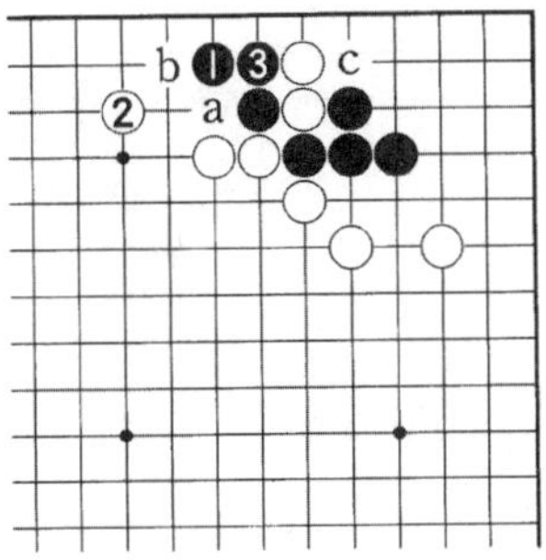

## 뒷문

흑1의 마늘모가 백의 모양에 약점을 만드는 맥이다. 백2는 흑3으로 상변 뒷문이 열려있다. 백2로 a는 흑3, 백b, 흑c로 백은 2의 보강이 필요하다.

失

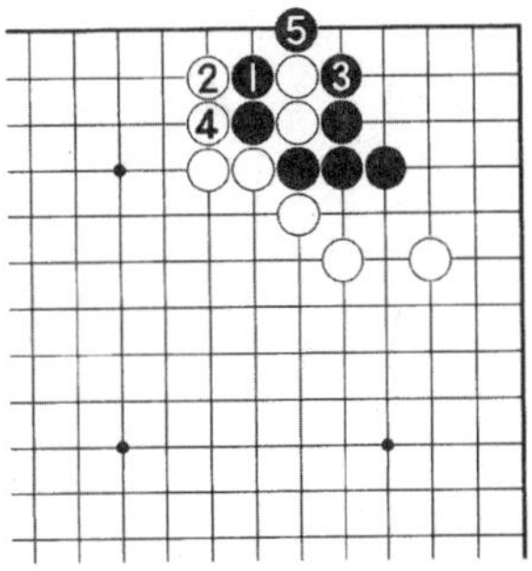

## 백 두터움

흑1로 막는 것은 실패한다. 백2로 붙인 수가 좋아서 바깥 모양을 결정지어버린다. 흑5까지 백이 두터워져서 상변이 세력권이 된다.

**제 10 형 백번**

(839)

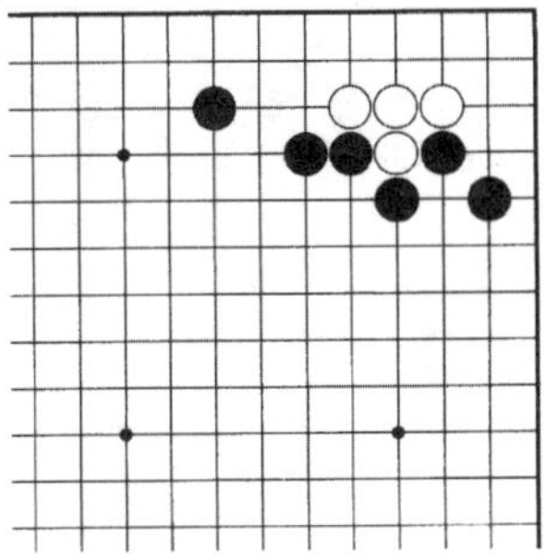

## 때 늦음

두 칸 협공 정석에서 생긴 변화이다. 귀의 백은 손을 뺄 수 없다. 어떻게 손을 써야 살릴 수 있을까? 바깥의 흑을 견고히 하지 않도록 연구가 필요하다.

解

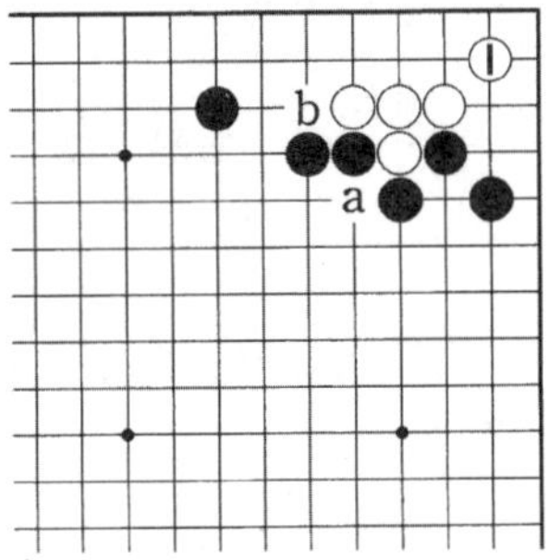

## 입구자

백1의 마늘모가 냉정한 응수이다. 백이 후수이지만 a의 끊음이 다음의 냉엄한 노림이 되며 귀는 편안히 집을 내며 산다. 흑b는 후수이다.

失

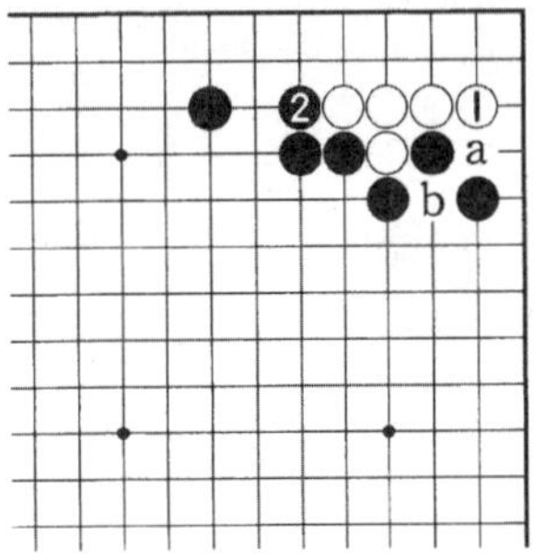

## 흑 두터움

백1로 뻗으면 흑2로 막아 백a, 흑b로 두어 살아야만 한다. 바깥의 흑이 강력해 백이 불리하다. 백1로 2하여도 흑1로 백이 불리하다.

**제 11 형 흑번**

(840)

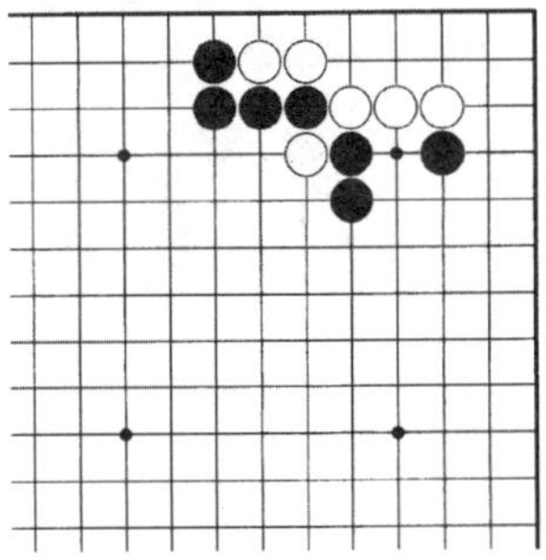

## 뒷문

우상의 모양을 어떻게 결정 할 것인가? 우변의 흑은 뒷문이 열린 것과 마찬가지인 모양이다. 흑은 귀에서 백을 진출을 막고 싶다.

解

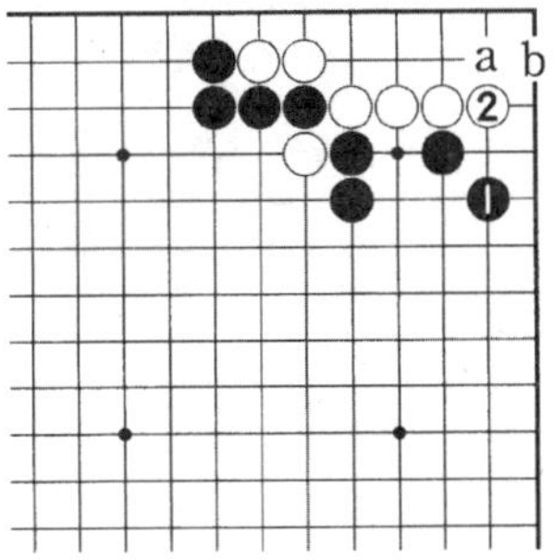

## 선수

흑1 마늘모가 맥이다. 백2를 손을 빼면 흑2로 젖히고 백a, 흑b로 공격하여 백은 집이 없어지게 된다. 흑은 선수로 뒷문을 막는다.

失

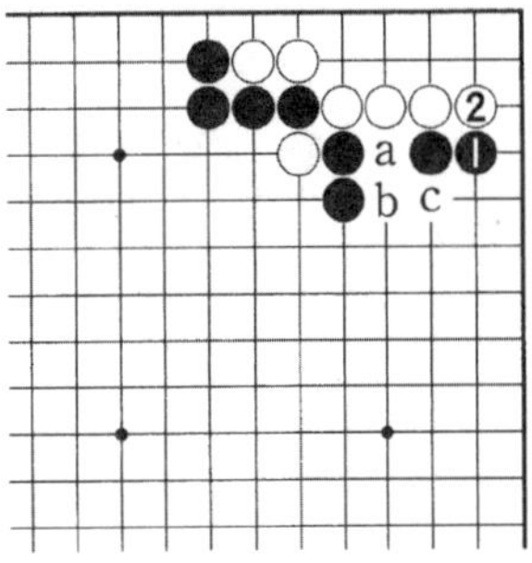

## 불충분

흑1의 뻗음도 백2로 받게 만들어 선수처럼 보인다. 하지만 백a, 흑b, 백c로 나가끊는 수가 남아있어 완전한 선수라고는 할 수는 없다.

(841)

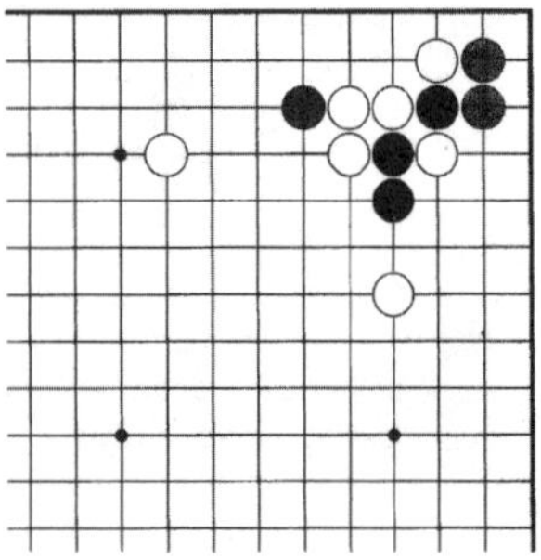

解

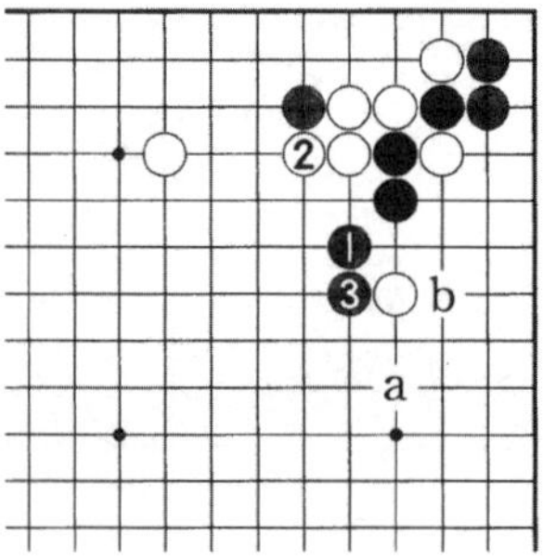

失

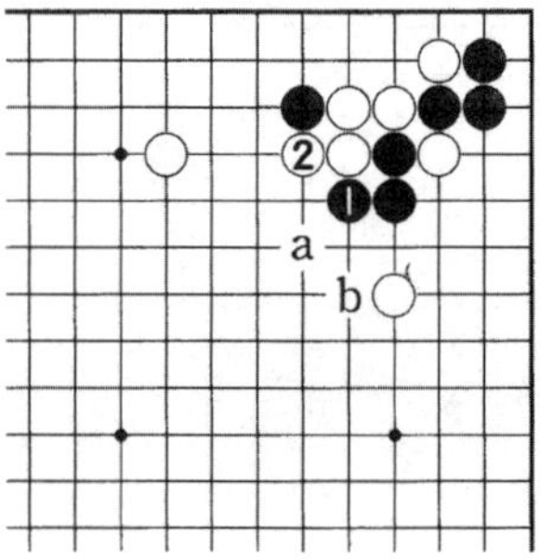

제12형 흑번

### 정형

우상은 소목에 눈목자 걸침 정석이다. 백은 귀의 흑의 중앙 진출을 견제하고 있지만 노림수는 상변을 수습하고 싶다.

### 흑 좋은 모양

흑1의 마늘모가 맥이다. 백2로 상변을 지키면 흑3으로 밀어 중앙으로 나가는 모양이 좋다. 이후 백a는 흑b. 백을 공격하면서 귀를 지킨다.

### 속맥

흑1로 구부리는 것은 속맥이다. 백2로 상변을 굳힌 뒤 흑a의 마늘모나 b의 붙임으로는 만족하지 못한다.

(842)

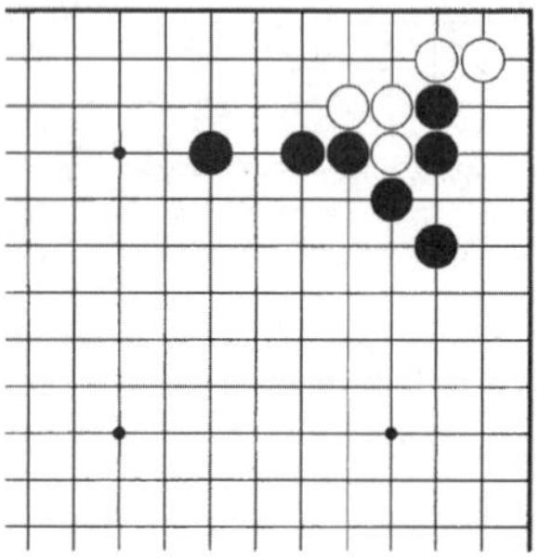

解

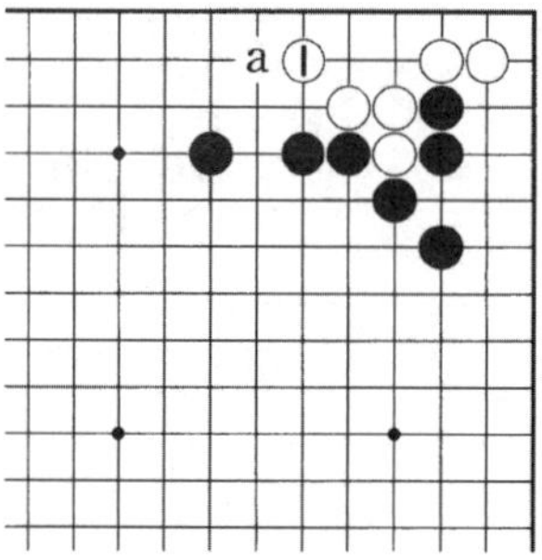

失

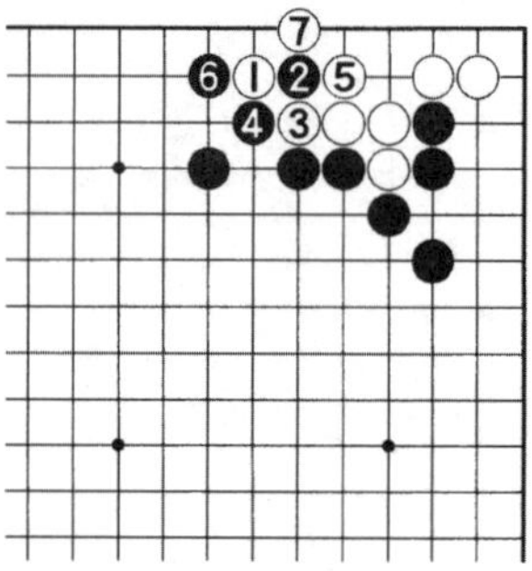

제13형 백번

### 마이너스

상변의 모양을 어떻게 결정 할 것인가? 귀의 백을 상변으로 진출 시켜서 집을 늘리고 싶지만 흑의 모양이 좋아지면 마이너스가 된다.

### 6집 이상

백1의 마늘모가 맥이다. 흑a와 교환한 것만으로 귀의 집을 선수로 넓혀서 백은 6집 이상의 집을 만든다.

### 백 불만

백1의 날일자는 집이 크다. 하지만 흑2로 건너 붙여 백7까지 백은 후수이다. 바깥의 흑의 모양이 깔끔하게 정리되어 불만이다.

(843)

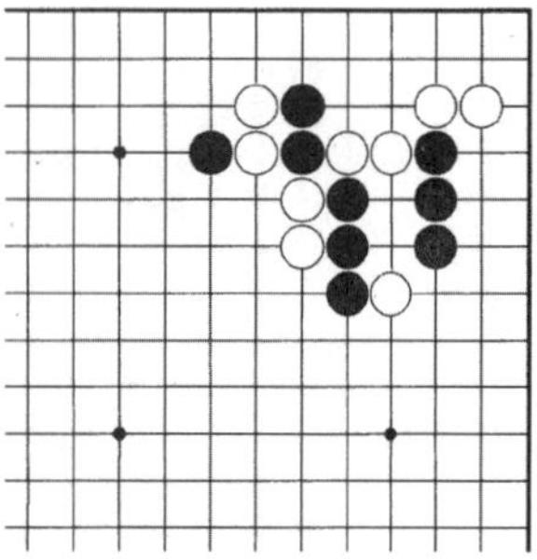

解

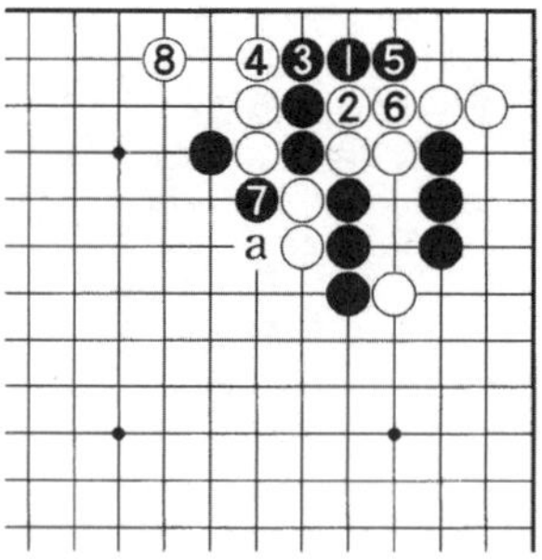

变

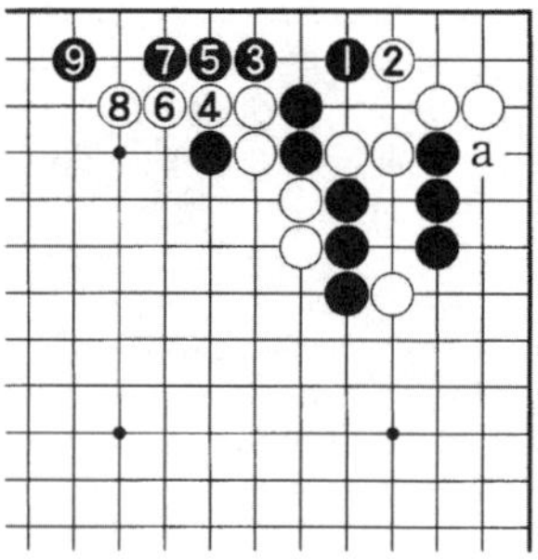

제14형 흑번

### 정석

우상은 두 칸 높은 협공 정석이다. 백은 우상의 흑 2점을 강하게 공격하고 있지만 축이 불리하다면 무리수가 된다.

### 축 관계

흑1 마늘모가 맥이다. 백2, 4로 공격하고 백6으로 흑은 4수, 백의 승리이지만 흑7로 끊어 백에게 약점을 만든다. 축이 유리하다면 흑a로 백이 망한다.

### 흑 유리

백2로 귀를 지키면 흑3으로 젖혀 탄력이 생긴다. 백4부터 흑9까지 상변으로 탈출하면 흑a로 귀의 백을 잡는 수가 남는다. 흑이 유리하게 된다.

**제15형 흑번**

(844)

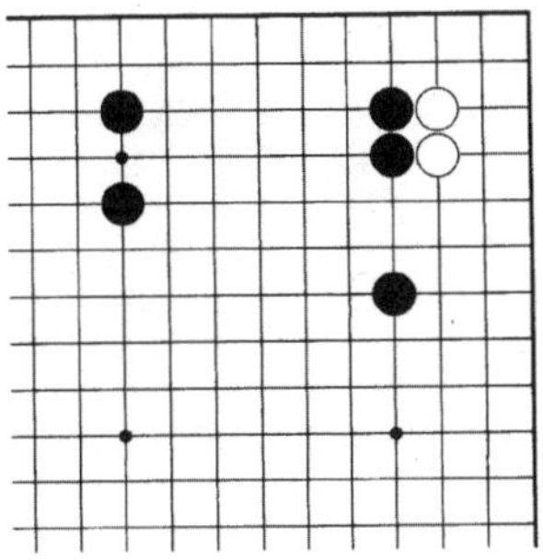

### 모양

귀의 백을 어떻게 공격 할 것인가? 우상은 화점에서 두 칸 뛴 곳에 3·3에 백이 침입하였다. 흑의 다음 수는?

解

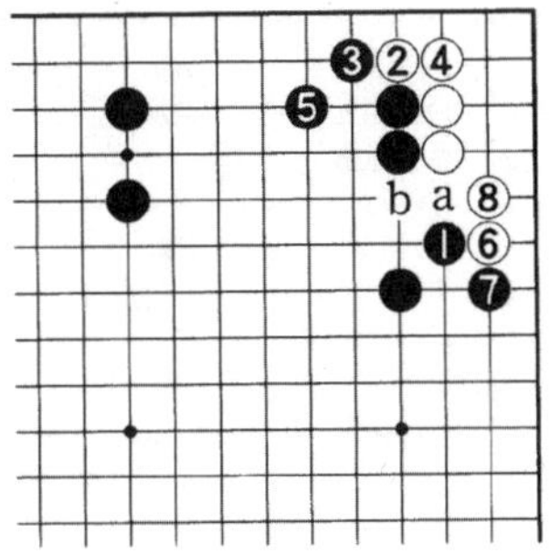

### 맥

흑1의 마늘모가 맥이다. 백2 부터 8까지 백이 후수로 살 수 있다. 백6으로 a, 흑b를 활용하면 백은 손을 뺄 수 있지만 흑이 두터워 진다.

失

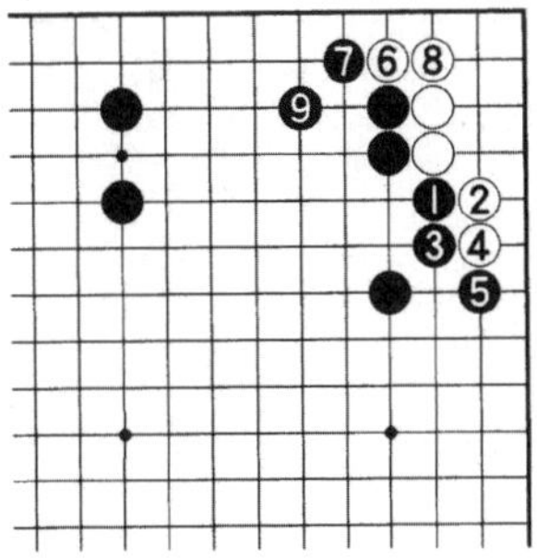

### 흑 후수

흑1, 3의 공격은 백6, 8로 귀를 살게 한 뒤 흑9로 지켜야 해서 흑의 후수이다. 정해도보다 흑이 한 수 더 들인 모양이다.

**제16형 백번**

(845)

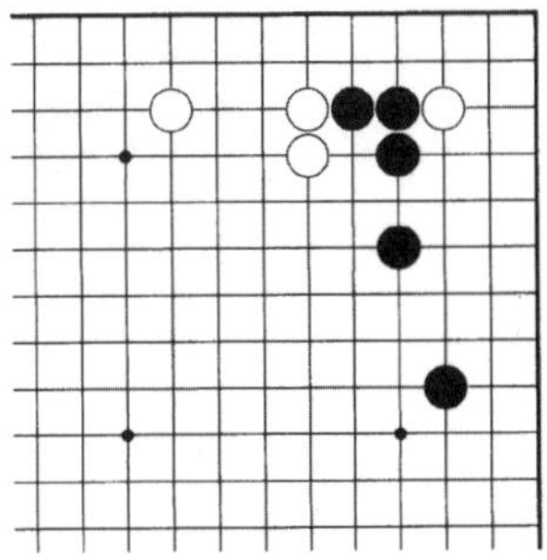

### 살다

백은 우상귀의 3·3에 들어간 모양이다. 흑은 백을 건너지 못하게 막은 뒤, 귀에 가둬 공격하려고 한다. 백은 어떻게 살아남아야 하는가?

解

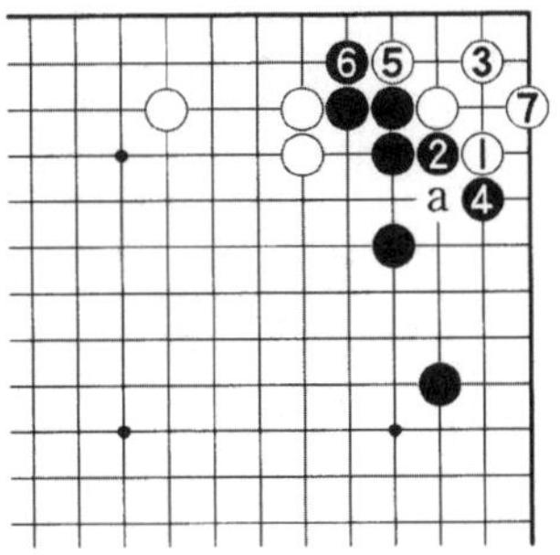

### 백 삶

백1로 마늘모하면 모양에 탄력이 생긴다. 흑2, 4로 막으면 백7까지로 산다. 백1로 2로 밀면 흑a로 막아 백이 불리하다.

变

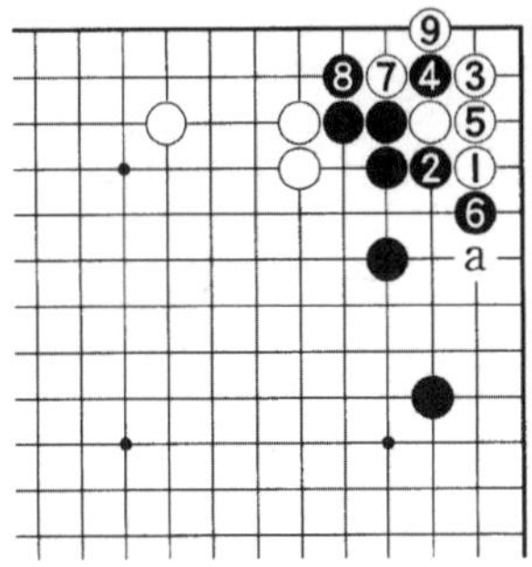

### 끊어 잡기

흑4 단수에는 백5로 잇고 백7, 9로 끊어 잡아서 살 수 있다. 흑6으로 7로 이으면 백a로 뛰어 흑집을 도려내면서 살아 백이 유리하다.

**제17형 흑번**

(846)

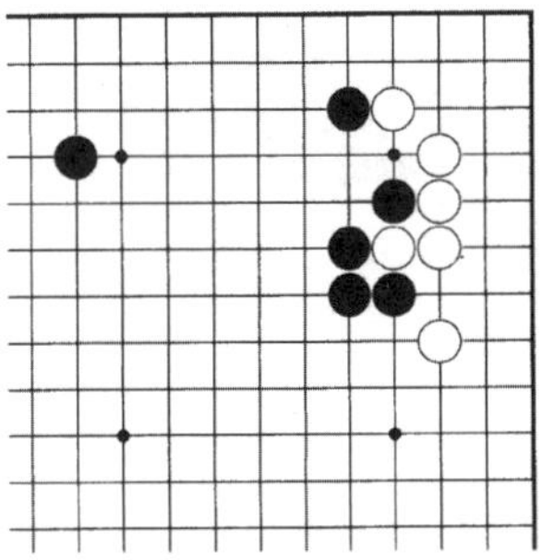

### 모양

우상은 외목 정석의 변화이다. 상변의 벌린 간격 사이를 모양을 만들기 위하여 우상의 모양을 어떻게 굳혀야 할까?

解

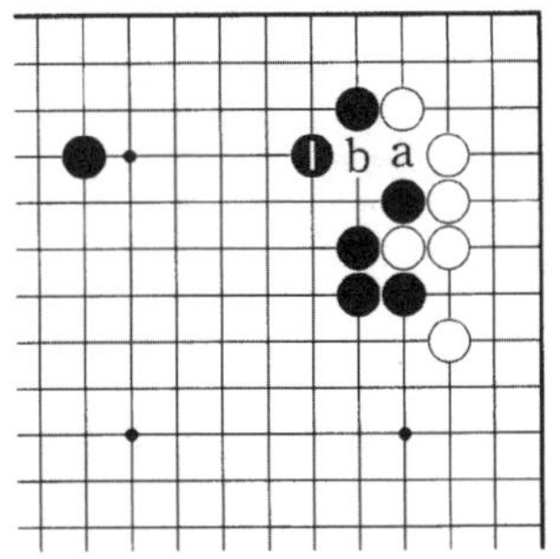

### 좋은 모양

흑1의 마늘모가 좋은 수이다. 이후 흑a로 결정하는 모양이 좋다. 흑1로 b로 느는 것은 틀린 맥이다. 상변을 지키는 모양을 했어도 좌우 간격이 넓어 불안하다.

失

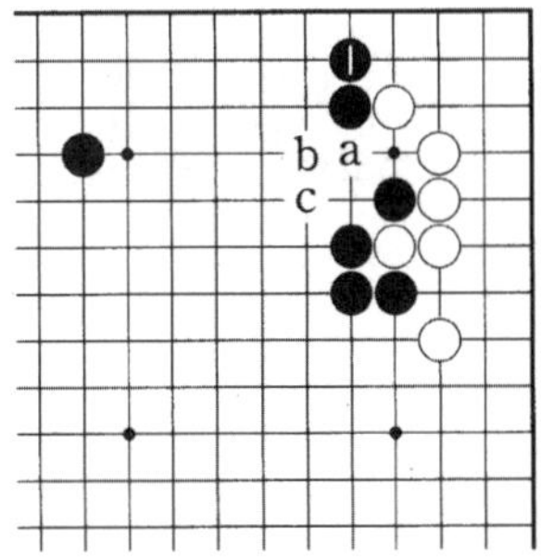

### 엷다

흑1의 내림은 귀로 침입을 엿보는 수지만 상변을 지키는 수로서는 엷다. 백a, 흑b, 백c의 절단이 남아있어 상변은 흑의 모양이라고 할 수 없다.

(847)

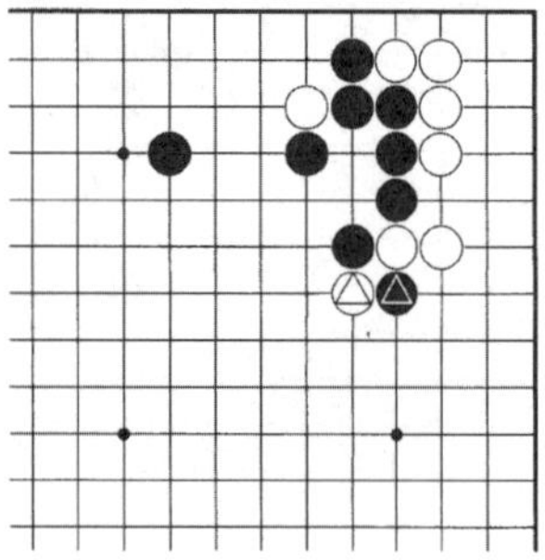

解

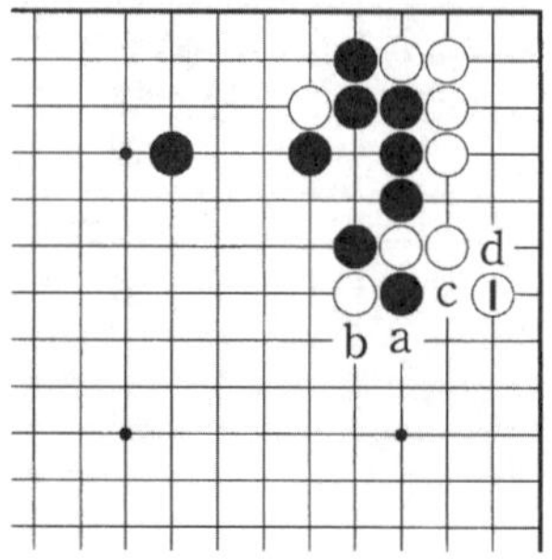


失

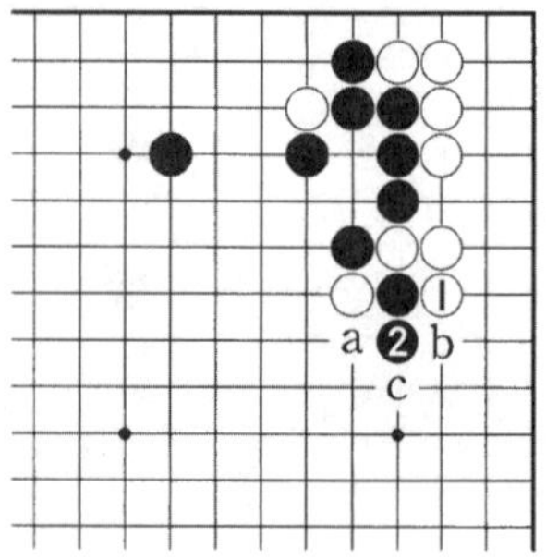


제18형 백번

## 보강

우상은 화점 정석에서 변화한 모양이다. 백◬로 젖혀서 흑▲로 끊은 모양이다. 백은 우변을 보강 하여야 한다.

## 상형

백1의 마늘모가 상용의 수이다. 흑a로 늘면 백b로 미는 수가 냉엄하게 된다. 흑a로 c는 백d로 이어서 흑은 자충의 모양이다.

## 속맥

백1의 단수는 속맥으로 흑2로 늘게 해줘서 나쁘다. 백a로 중앙에 두면 흑b가 백의 공배를 메우는 냉엄한 수가 된다. 백a로 b는 흑c로 백이 불리하다.

(848)

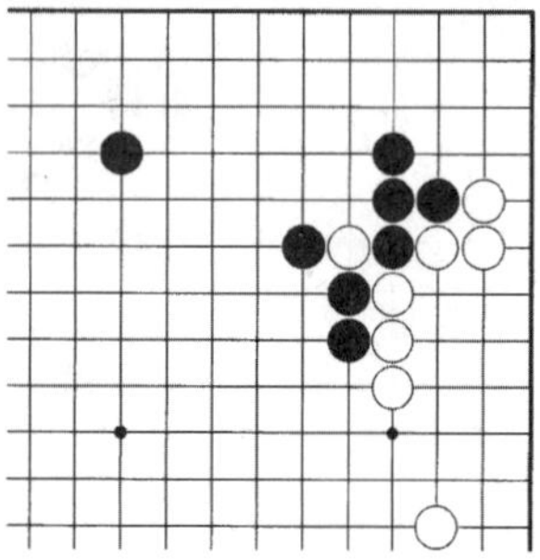

解

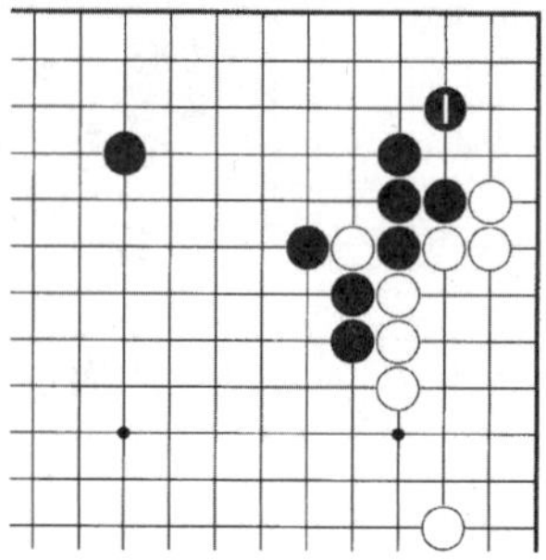


失

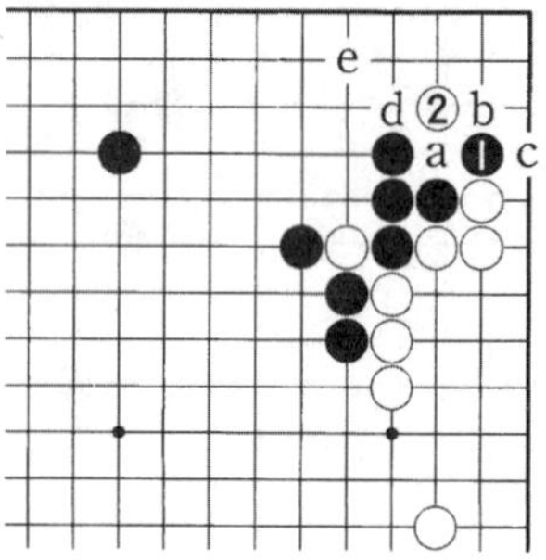


제19형 흑번

## 맛

우상은 화점 정석의 변화이다. 귀를 지키면서 상변의 흑 모양을 맛이 좋게 굳히고 싶다.

## 견고하다

흑1의 마늘모가 상형이다. 우변 백이 강하기 때문에 집은 다소 손해 볼지라도 상변을 도려내는 수를 지키는 것이 좋은 수가 된다.

## 위험

흑1로 막는 것은 위험하다. 백2로 들여다봐서 상변을 도려내는맛이 생긴다. 흑a는 백b, 흑c일 때 백d나 e로 사는 모양이 나온다.

(849)

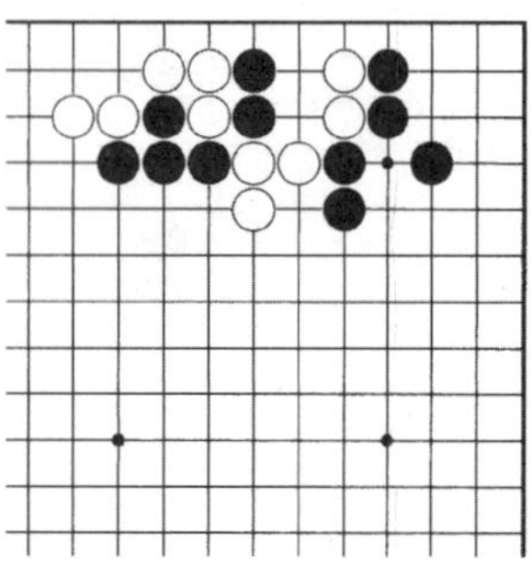

解

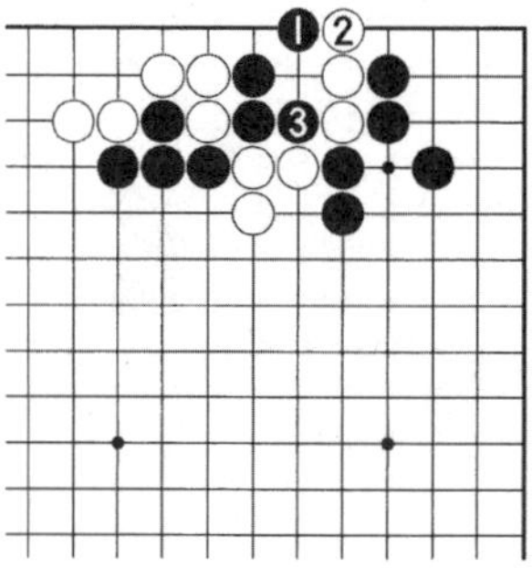


失

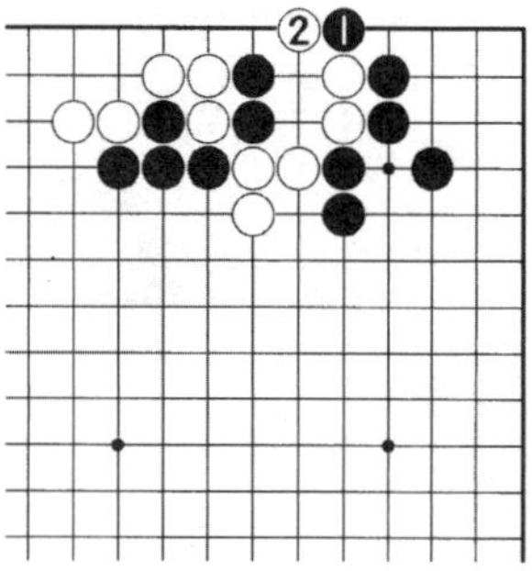


제20형 흑번

## 요석

우상은 두 칸 높은 협공 정석에서 나타나는 변화이다. 흑은 중앙의 흑 4점이 역할을 할 수 있도록 요석을 살펴보자.

## 분단

흑1의 마늘모로 상변에 있는 백 2점을 귀와 연결한다. 백2의 저항은 흑3으로 끊어 백 3점을 잡는다. 백2로 3은 흑2로 상변을 끊은 모양이다.

## 대악수

흑1의 젖힘은 대 악수이다. 백2로 젖혀 막아서 흑 2점이 잡혀버렸다. 상변의 백이 연결되어 중앙의 흑 4점은 무용지물로 바뀌었다.

제21형 백번

(850)

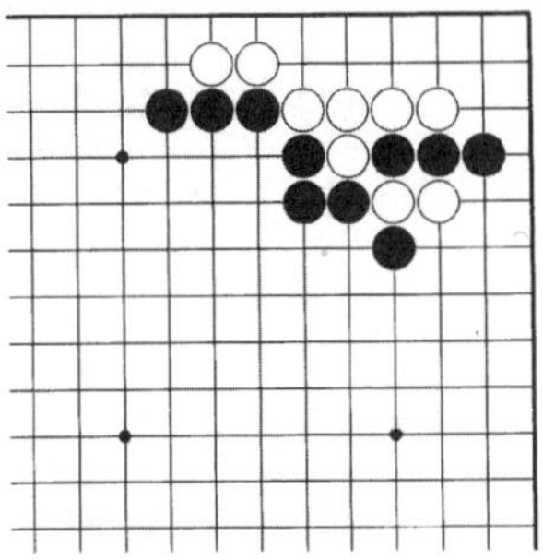

## 잡는 방법

우상의 전투.
백이 흑 3점을 잡아 귀의 집을 넓히려한다. 돌을 어떻게 잡느냐에 따라 우열이 갈린다.

解

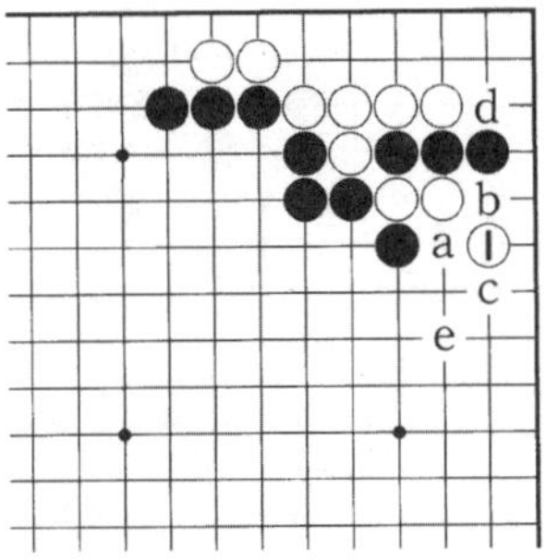


## 흑 후수

백1의 마늘모가 맥이다. 이 수로 흑 3점과 수상전은 백의 승리이다. 이후 흑a, 백b, 흑c, 백d로 모양을 결정하면 흑e는 생략할 수 없다.

失

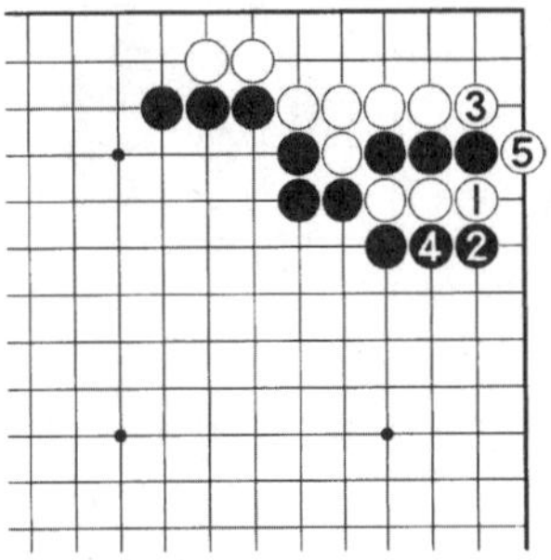


## 백 후수

백1로 막으면 기분 좋게 흑 3점을 잡는다. 하지만 흑2의 붙임이 좋은 수이다. 흑4로 단수를 결정하고 바깥의 흑의 모양이 좋아지고 백이 후수가 된다.

제22형 흑번

(851)

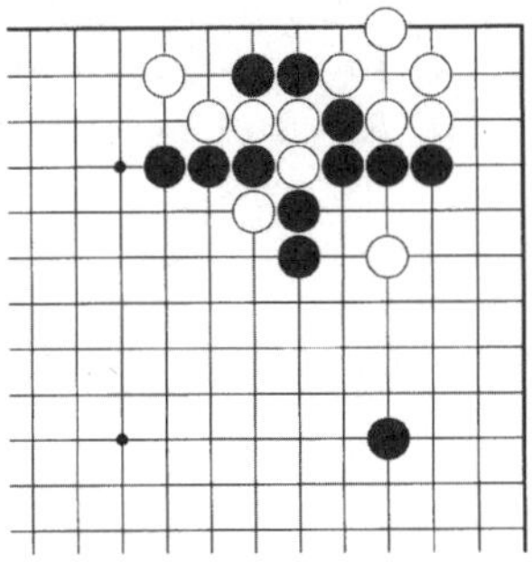

## 지키는 방법

우상은 화점 정석의 변화이다. 우변의 흑 모양에 백이 뛰어들어 침범하여 수를 내려고 하고 있다. 흑이 어떻게 지키느냐가 중요한 문제이다.

解

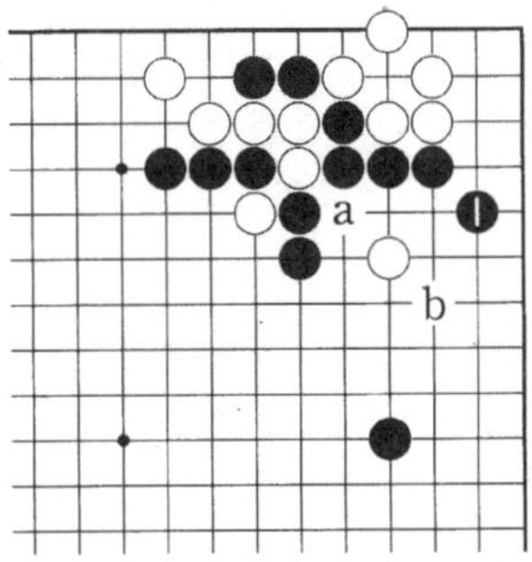


## 맥

흑1의 마늘모는 공배가 꽉 찬 흑 4점을 지키고 백의 움직임을 제한하는 맥이다. 이후 백a는 흑b로 크게 공격한다.

失

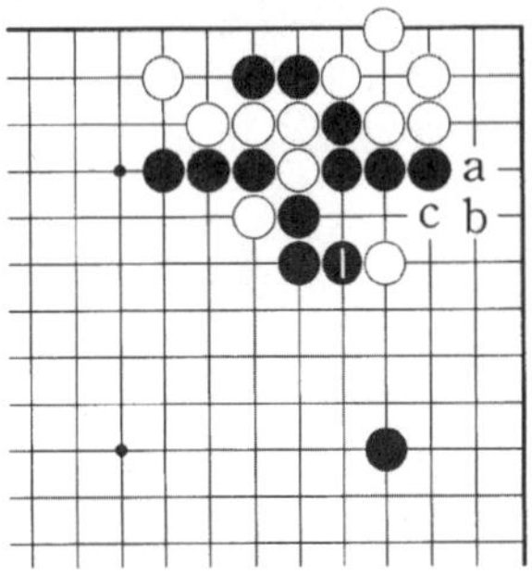


## 활용당하다

흑1로 지키는 것은 활용당하는 모양이다. 백a, 흑b, 백c로 자충을 노리는 수단이 남아서 우변에 분란의 여지가 생긴다.

제23형 흑번

(852)

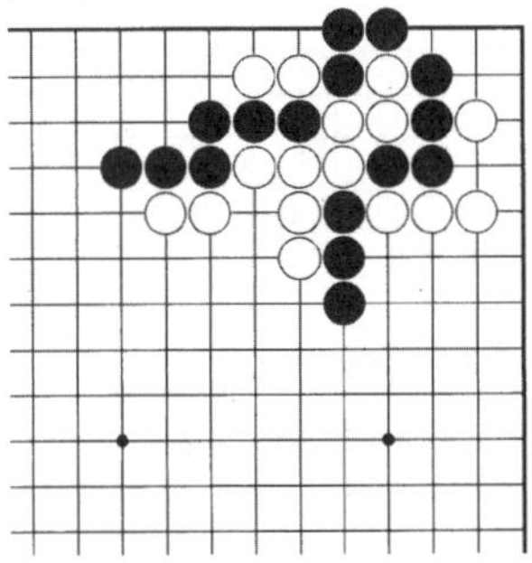

## 근거

한 칸 협공 정석 중에서도 수순이 긴 대형 정석이다. 우상귀의 모양을 어떤 방식으로 결정해야 하는가? 흑은 백의 근거를 빼앗고 싶다.

解

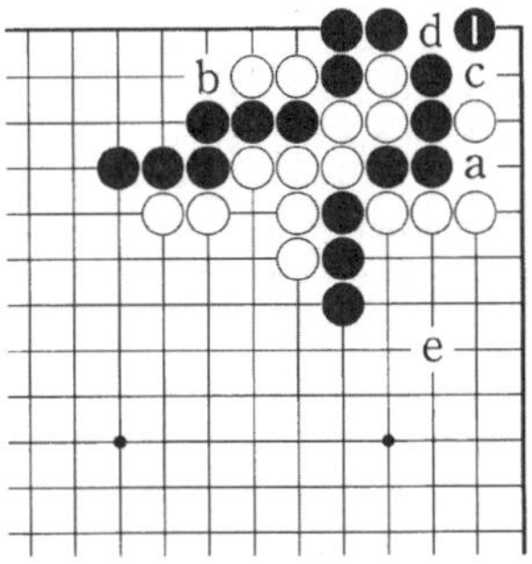


## 마늘모

흑1의 마늘모가 좋은 수로 흑은 귀의 백의 근거를 지운다. 백a, 흑b, 백c, 흑d로 조여도 백은 e로 벌리는 것을 생략할 수 없다.

失

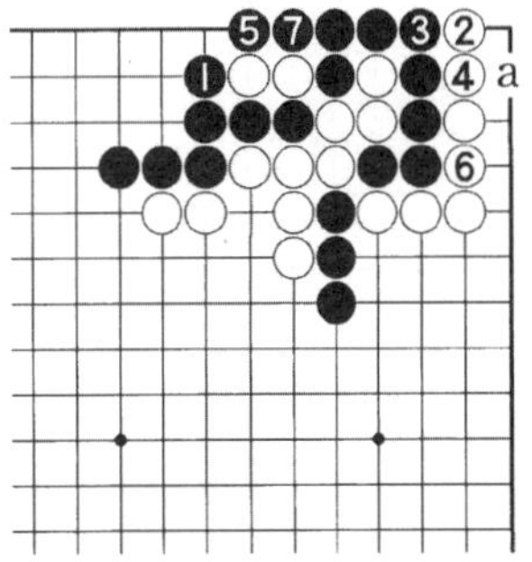


## 흑 불만

흑1로 잡는 것은 백2의 치중으로 완전히 조여붙여 활용한다. 흑3부터 7까지 백은 선수로 산다. 흑3으로 4는 백a로 큰 패가 생긴다.

(853)

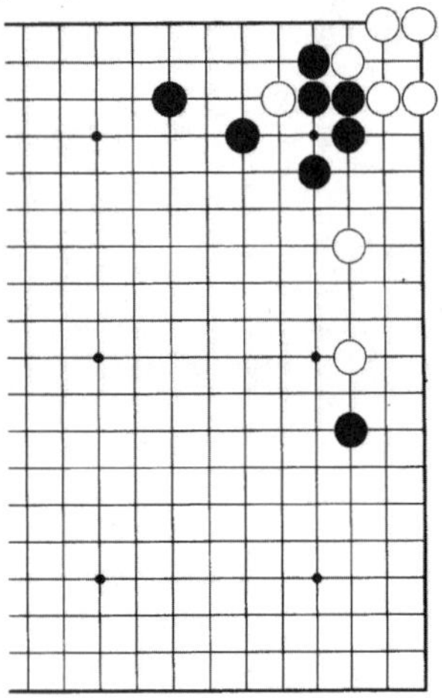

解

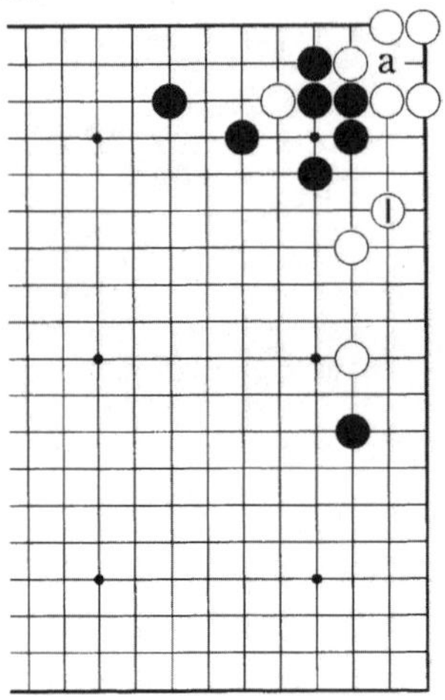


失

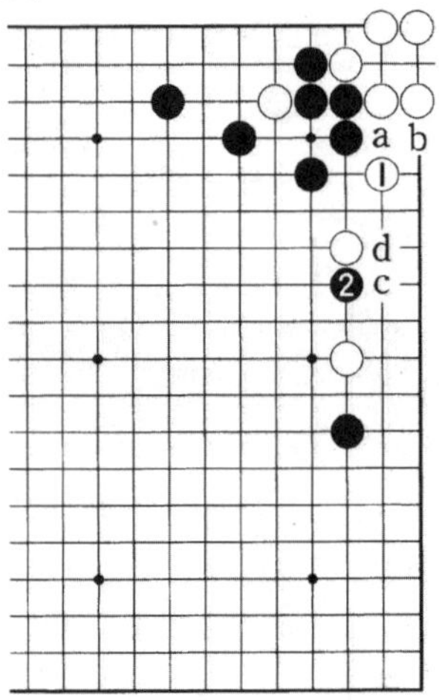


제1형 백번

### 연결
우상귀는 두 칸 협공 정석의 변화이다. 귀를 도려낸 백은 우변과 연결하면 살 수 있다. 백은 어떻게 연결 할 것인가?

### 좋은 모양
백1로 마늘모하는 수가 좋은 수이다. 귀와 연결함과 동시에 우변의 백 2점을 보강하는 모양이 된다. 귀의 백은 흑a로 먹여치면 옥집이 되지만 우변이 강해지면 불안하지 않다.

### 엷은 모양
백1로 뛴 것은 모양이 엷다. 백a, 흑b의 활용이 있기 때문에 흑2로 붙여 위아래 절단을 노리는 수가 생긴다. 백c면 흑d로 끊는다. 아래쪽 백 1점이 분단된다.

(854)

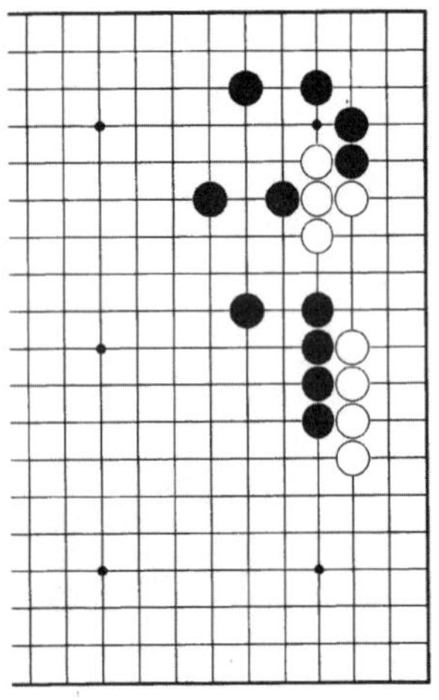

解

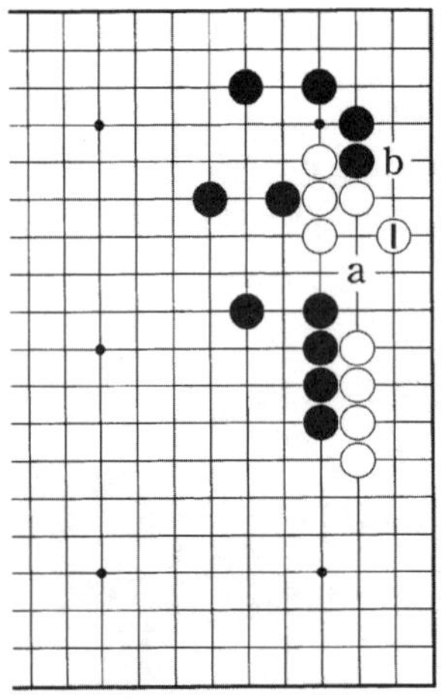


失

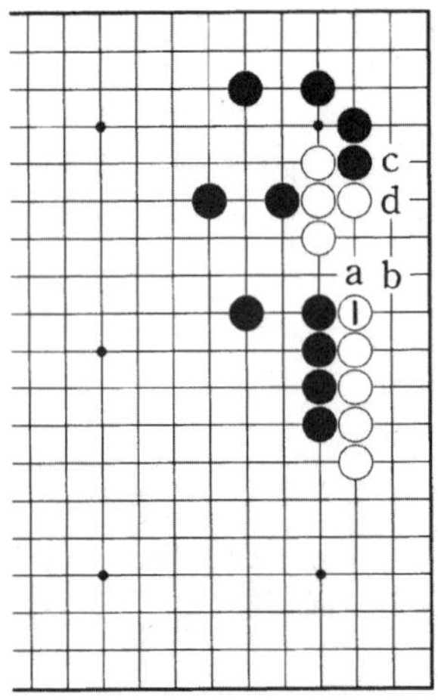


제2형 백번

### 최선
우변의 문제.
백이 위아래를 연결하는 것은 간단하지만 어떤 모양이 최선일까? 사방의 두는 수를 비교하지 않으면 안된다.

### 귀의 활용
백1의 마늘모가 최선의 수이다. 흑a를 활용하여 우변의 집은 어느 정도 물러나지만 귀에 선수 끝내기인 b로 젖히는 것이 더 크다.

### 5집 차이
백1은 가장 평범한 수이다. 그 외에 a와 b등이 있으나 모두 우상귀의 끝내기와는 관계가 없다. 우변에서 2집이 늘어난 집은 흑c, 백d가 되는 우상의 끝내기와 5집 차이가 난다.

제1형 흑번

(855)

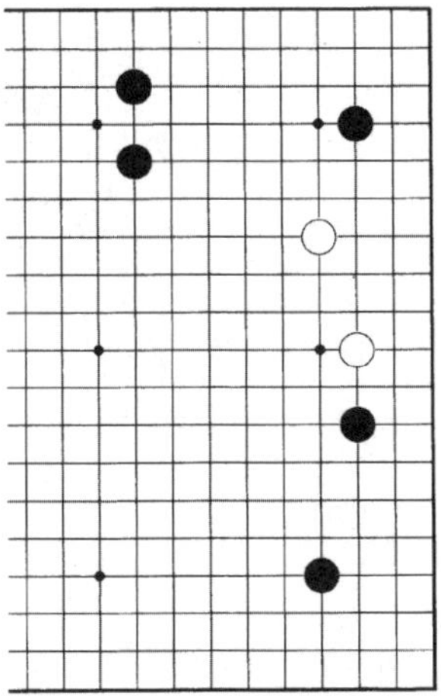

### 일석이조

우상에서 우변의 포석이 초점이다. 흑은 우상의 모양을 굳히고 싶다. 귀를 지키는 우변의 백 2점에 노림을 남기는 일석이조의 수를 생각해 보자.

解

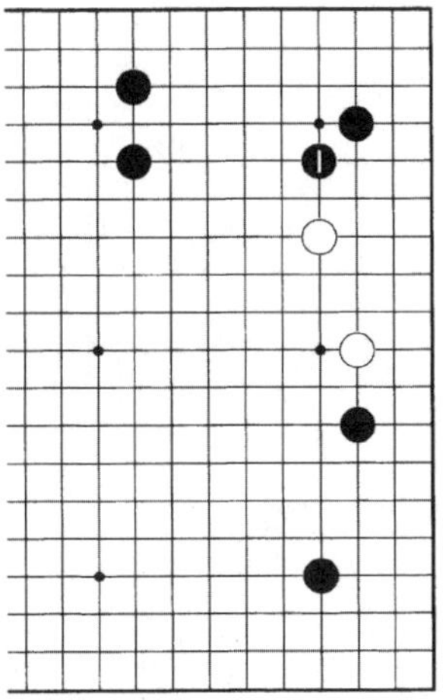

### 좋은 모양

흑1의 마늘모가 좋은 수이다. 흑은 상변의 모양을 최대한 넓히고 있다. 상변에 백이 쳐들어오면 우변의 백의 엷음을 노려 엮어서 공격할 기회가 생긴다.

変

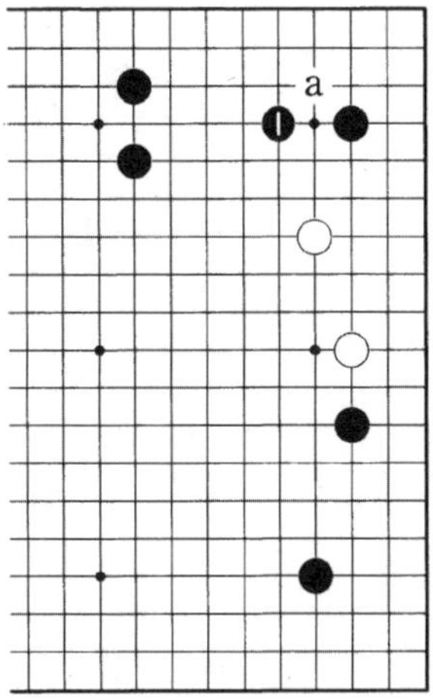

### 약간 느슨하다

흑1의 한 칸 굳힘은 견실하지만 약간 미지근하다. 우변 백에 대하여 박력이 부족하기 때문에 백은 우변 지킴을 생략하고 반대로 백a 등의 침입을 노릴 수 있다.

제2형 백번

(856)

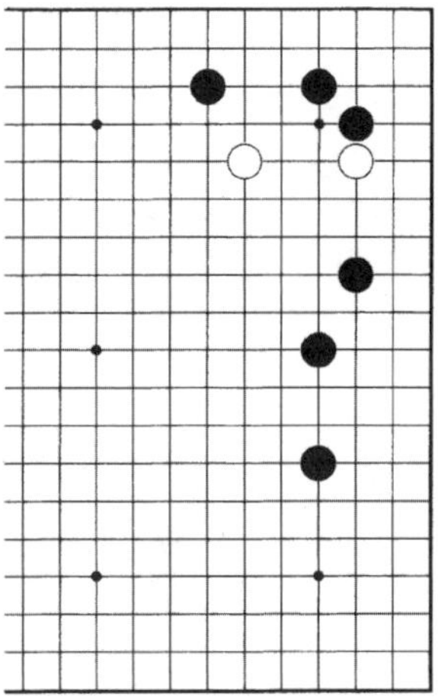

### 가벼운 변화

두 칸 협공 정석에서 생긴 변화이다. 흑의 마늘모 붙임으로 우상의 백이 공격당하고 있다. 우하의 흑이 강하기 때문에 백은 가볍게 두고 싶다.

解

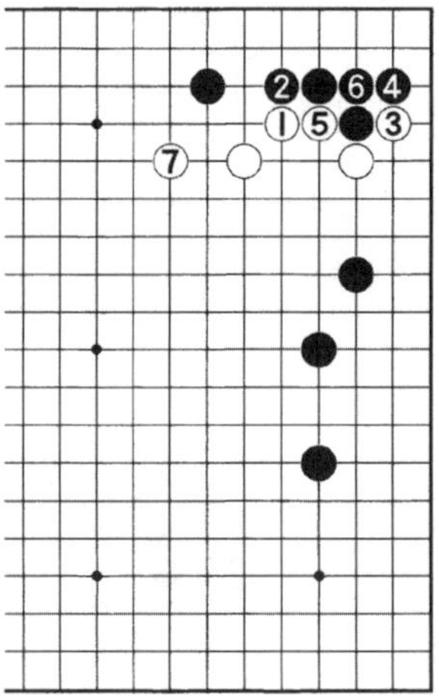

### 활용

백1의 마늘모가 맥이다. 흑2로 막는 정도이며 백3의 젖힘, 5로 단수를 활용하여 모양을 결정지어 좋다. 백7로 재빠르게 도망가면 우변에서 싸우는 것을 피할 수 있다.

変

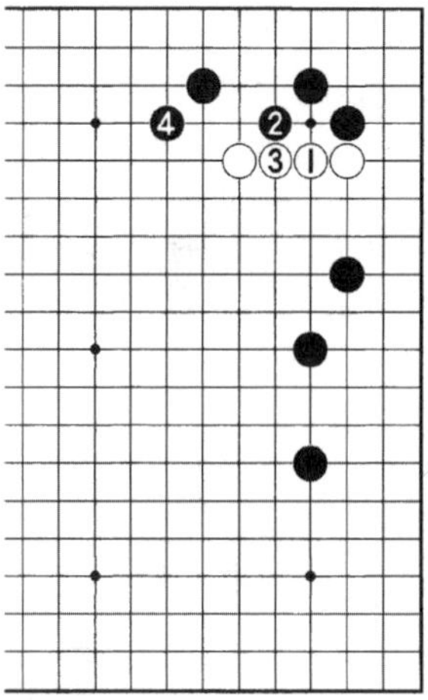

### 백 무겁다

백1로 뻗으면 흑2로 들여다보기가 활용되어 백의 모양이 무거워진다. 흑4로 마늘모하여 백 4점을 크게 공격하면 우변 흑이 확실하게 안정된 것만으로 백이 괴로운 싸움을 하게 된다.

제1형 백번

(857)

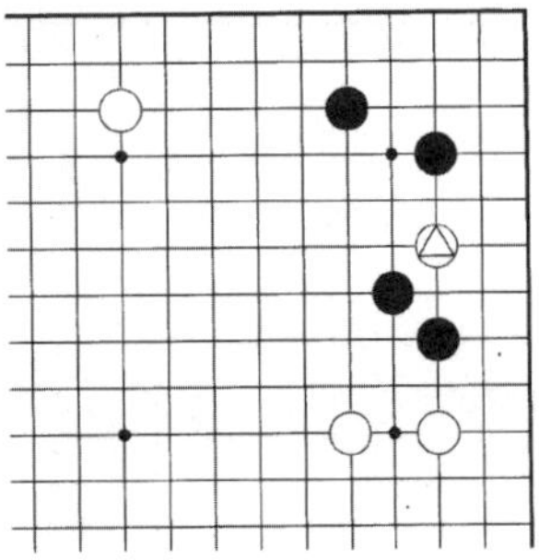

## 도망

우상의 백◬ 1점을 공격해도 우상 귀가 날일자이므로 백을 잡을 수 없다. 백은 어떻게 도망쳐야 하는가?

解

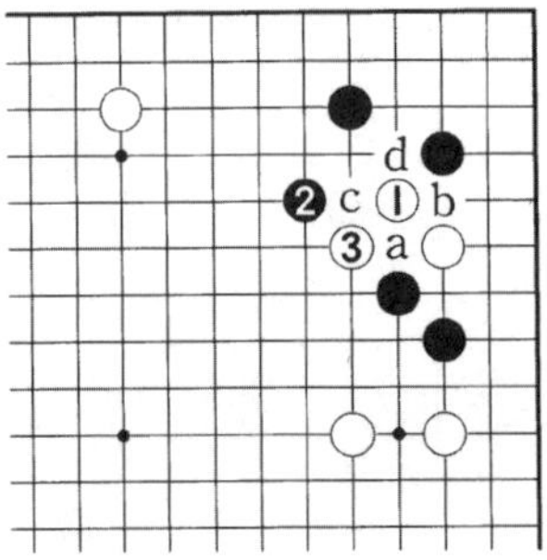

## 안정시키다

백1의 마늘모로 중앙으로 나간다. 흑2로 모자를 씌우면 백3으로 좋다. 이후 흑a에는 백b, 흑c, 백d로 귀에서 나가 편안히 수습한다.

变

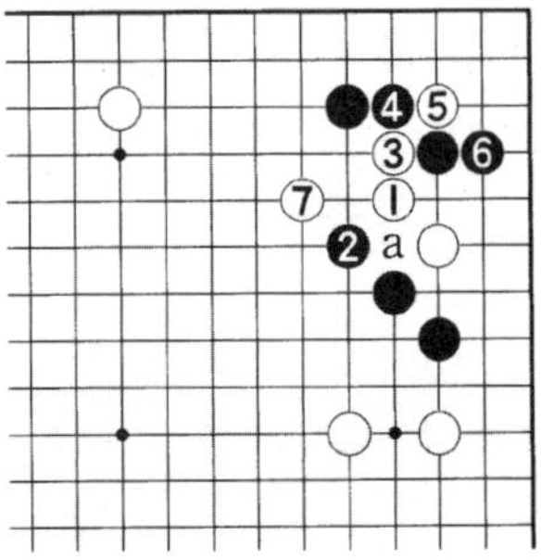

## 탈출

흑2라면 백3, 5로 나가끊어 귀의 흑에 맛을 남긴다. 흑6은 백7로 뛰어 탈출한다. 백1로 a는 무거운 수로 흑2로 막아서 다음 수가 궁해진다.

제2형 백번

(858)

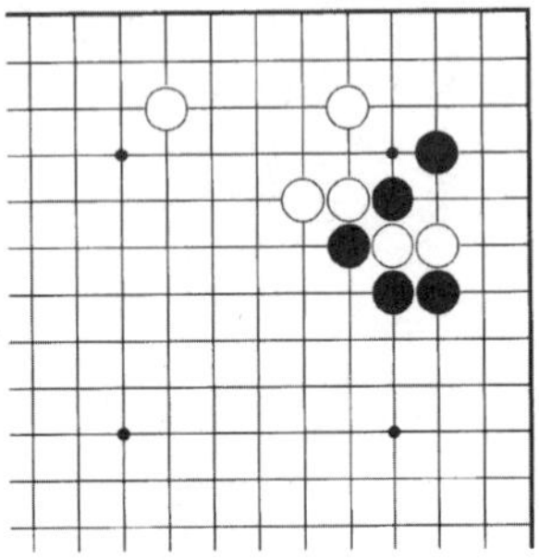

## 풍전등화

우상의 전투.
우변의 백 2점은 바람 앞의 등불 신세이다. 자충을 막아내고 흑에게 반격하는 맥은 무엇인가?

解

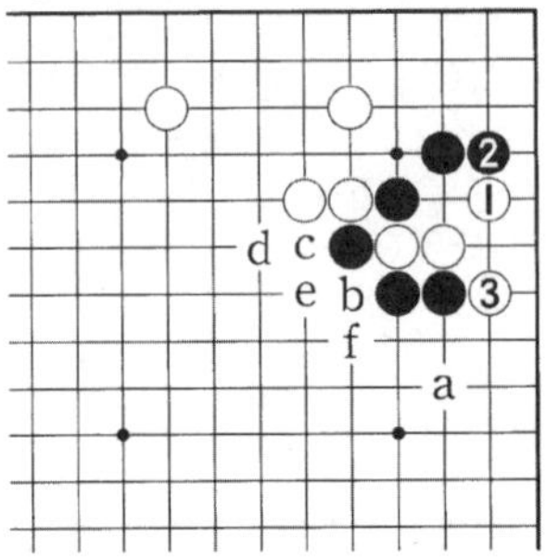

## 우변 진출

백1의 마늘모가 좋은 수이다. 흑2로 귀를 막으면 백3으로 젖히고 흑은 우변으로의 백의 진출을 막을 수 없다. 흑a는 백b부터 f로 흑이 망한다.

变

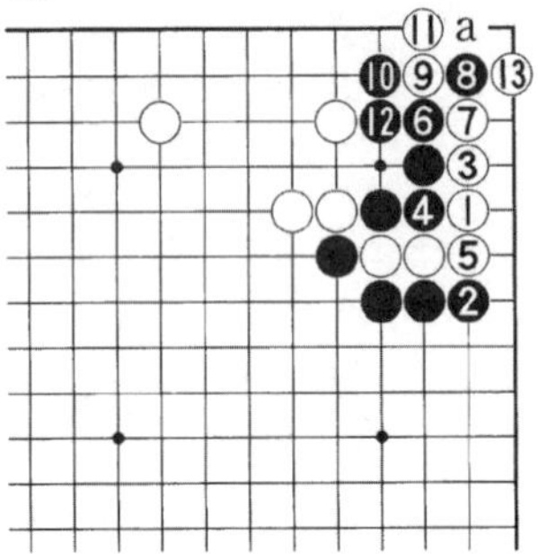

## 흑 망함

흑2로 우변을 막는 변화이다. 백3으로 밀어 수상전에 돌입한다. 백11 이후 흑a는 백12의 조임으로 백의 승리이다. 흑12는 백13 으로 살아 흑이 망한다.

제3형 흑번

(859)

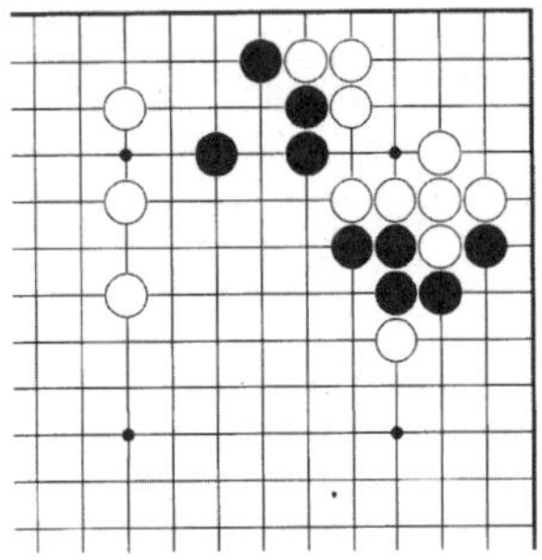

## 연결하다

상변과 우변을 끊기면 흑이 힘든 싸움이 된다. 흑은 전체를 연결해야 한다.

解

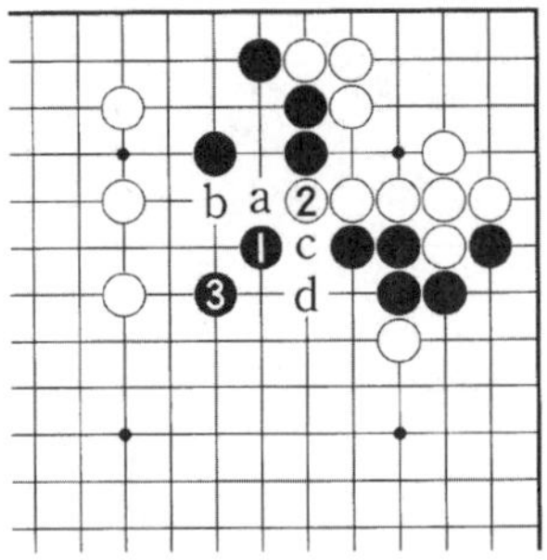

## 끊기지 않음

흑1로 뛰고 백2로 나올 때 흑3 마늘모가 흑의 약점을 막는 수이다. 백a는 흑b, 백c는 흑d로 백은 어느 곳도 끊을 수 없다.

失

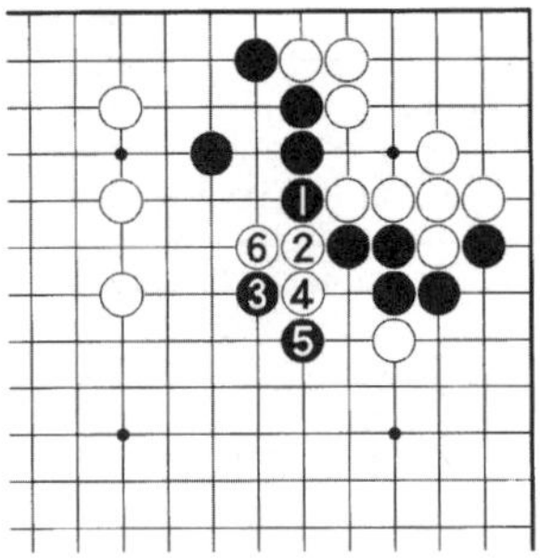

## 흑 무리

흑1의 막음은 악수이다. 백2로 끊어 상변과 우변이 분단당해 흑이 괴롭다. 흑3의 씌움은 무리수로 백4, 6으로 탈출한다.

입구자 수습

제1형 백번

(860)

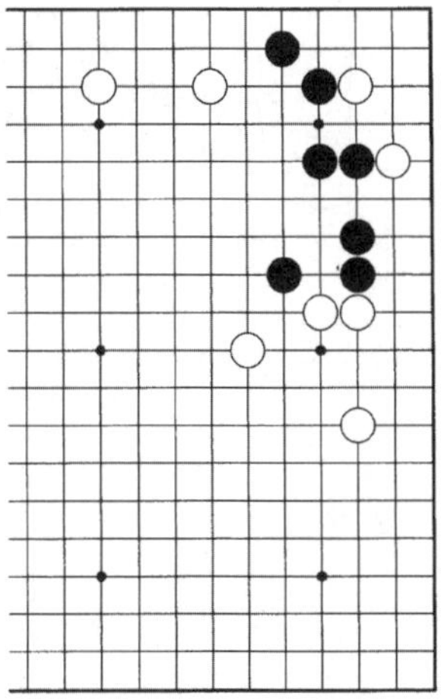

## 탄력

귀의 사활 문제
흑의 얇음을 노리고 살기위하여 백은 귀의 돌에 탄력을 붙여서 모양을 정리하고 싶다.

解

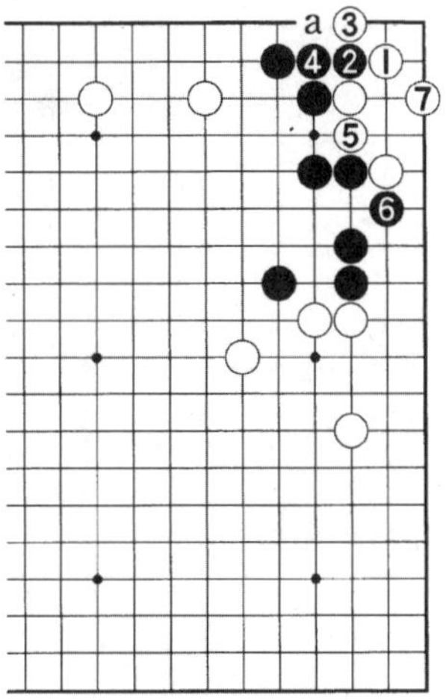

## 백 삶

백1의 마늘모가 맥이다. 흑2로 찝으면 백3의 단수, 5로 모양을 정리하고 궁도를 넓혀 7까지 살 수 있다. 흑4로 a에 두면 패가 되지만 흑이 패를 지면 그 손해가 엄청나다.

変

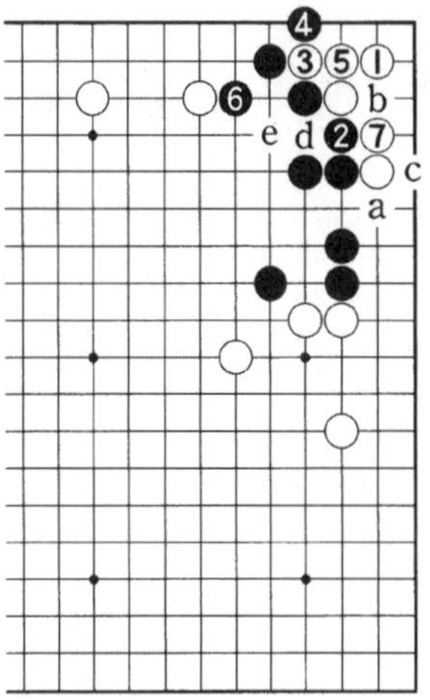

## 백 삶

흑2로 치받으면 백3으로 찝는다. 흑4, 6으로 지키는 정도인데 백7로 연결하여 살 수 있다. 흑2로 7은 백2, 흑a, 백b, 흑c, 백d, 흑e. 백3으로 산다.

제2형 백번

(861)

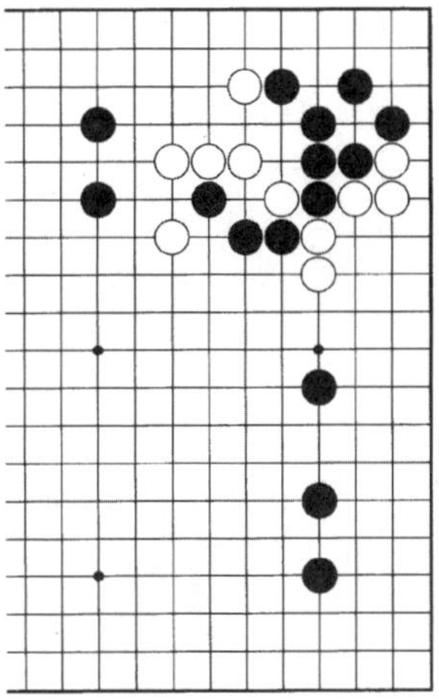

## 강화

중앙의 흑 3점이 쉽게 도망치면 상변과 우변의 백이 힘들어진다. 두 개의 백을 강화하면서 흑을 공격하는 수를 찾아보자.

解

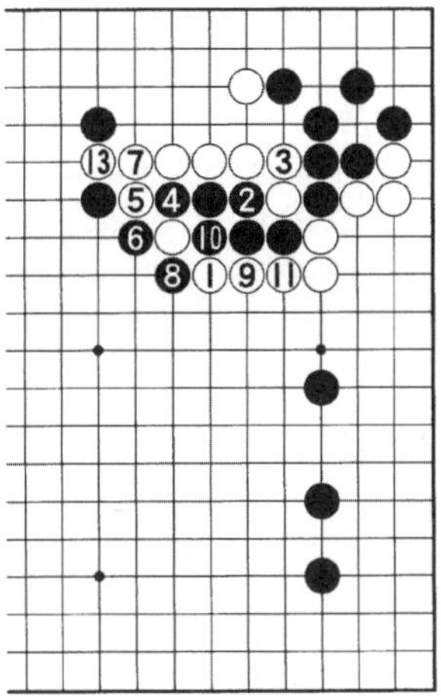

## 백 유리

백1의 마늘모가 좋은 수이다. 흑2로 단수부터 8까지 중앙의 백 1점을 공격하고 중앙으로 나가면 백9, 11로 조이고 13으로 상변을 뚫어 백이 유리한 싸움이다.

※⓬→❹의 아래

変

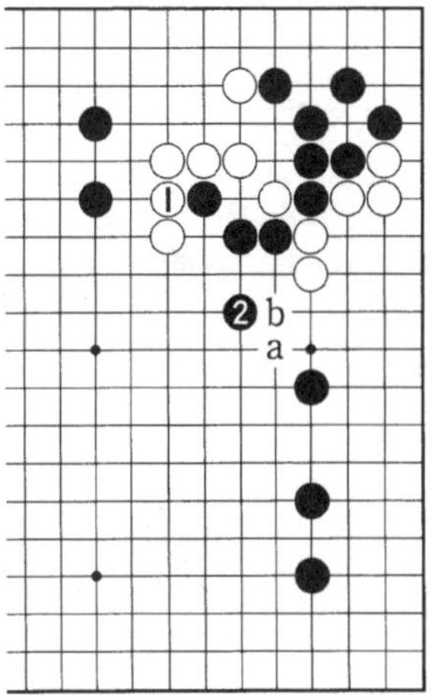

## 백 고전

백1로 이으면 흑2로 중앙의 흑이 도망쳐서 우변의 백이 힘들다. 백a는 흑b로 밀고 나와 무리. 백이 우변에서 산다고 해도 중앙의 흑이 강해지면 상변의 백이 공격당한다.

제1형 흑번

(862)

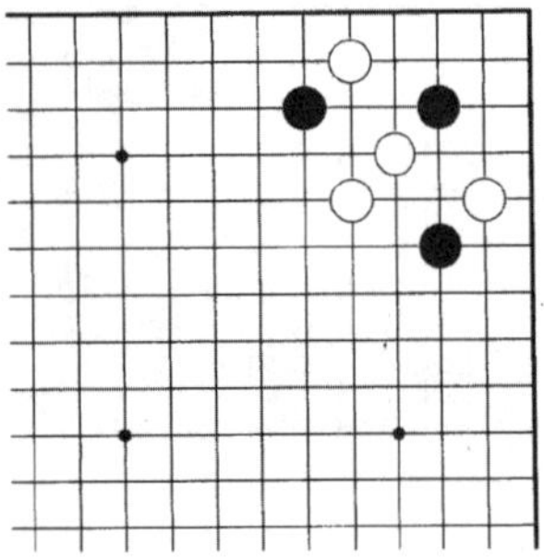

## 수

우상의 문제.
우상귀의 백은 3·3에 침입한 흑 1점을 잡은 것처럼 보이지만 모양에 약점이 있다. 흑은 어디에서 수를 내야 하는가?

解

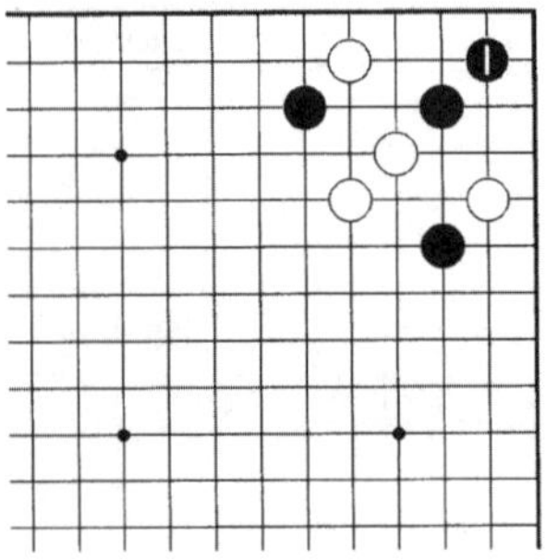

## 좌우동형

흑1의 마늘모는 좌우동형의 중앙에 해당한다. 이 한 수로 상변과 우변 중 한 쪽과 연결하는 것을 맞보기로 한다. 백은 1수로 두 곳을 막을 수 없다.

失

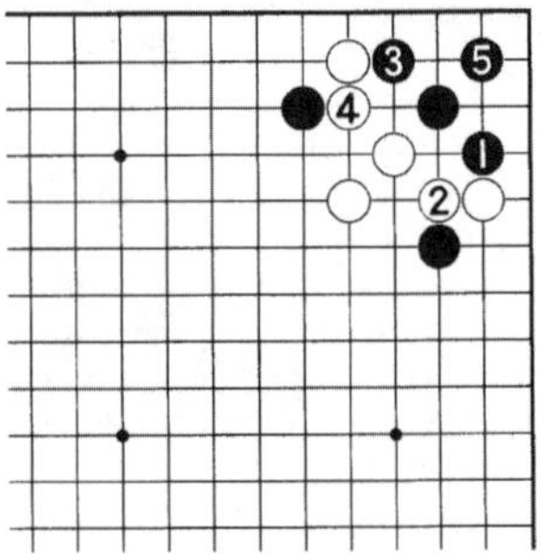

## 흑 불리

흑1, 3의 마늘모 붙임은 귀에서 살기 위한 활용이다. 흑5까지 귀에서 살았으나 바깥의 백이 강해져서 흑 2점이 역할을 못하는 돌로 바뀌었다.

제2형 흑번

(863)

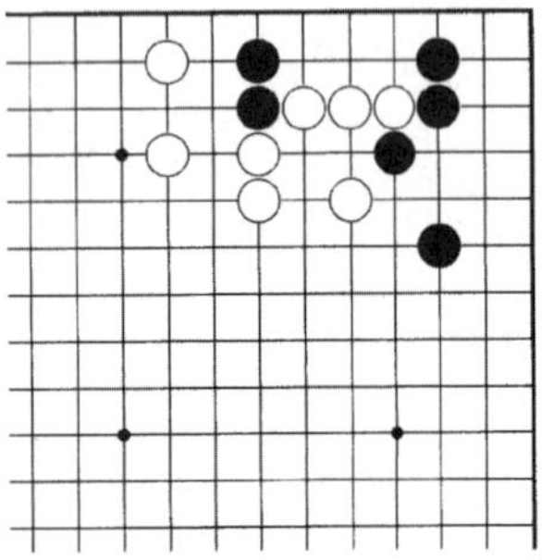

## 무조건

상변의 흑 2점을 살려야 한다. 우상귀로 건너가는 모양은 여러 가지 있지만 패는 실패한다. 무조건 건너야 한다.

解

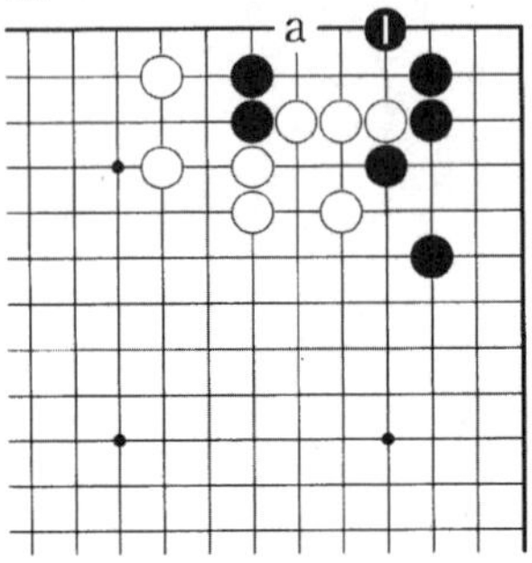

## 건넘

흑1의 마늘모가 상용의 맥이다. 흑1로는 a하여도 같지만 팻감에 대비하여 본체의 우상부터 움직여야 상변이 잡힐 때에도 손해가 적다.

失

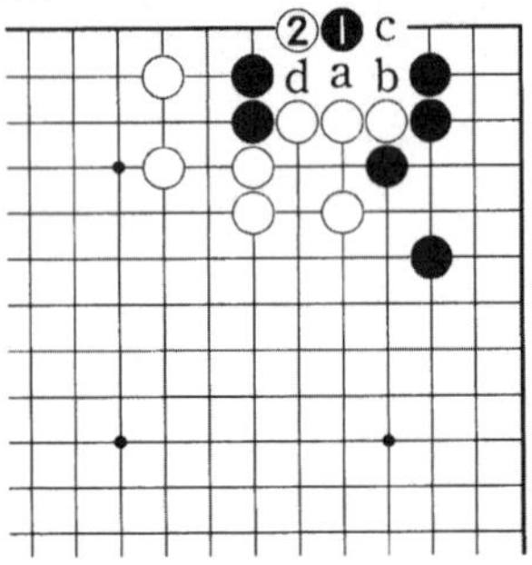

## 패는 실패

흑1은 좌우동형의 중앙이지만 백2의 건너붙임에 의해 끊긴다. 흑1로 a도 백b, 흑c, 백d, 흑2, 백1로 패가 되어 실패한다.

제3형 흑번

(864)

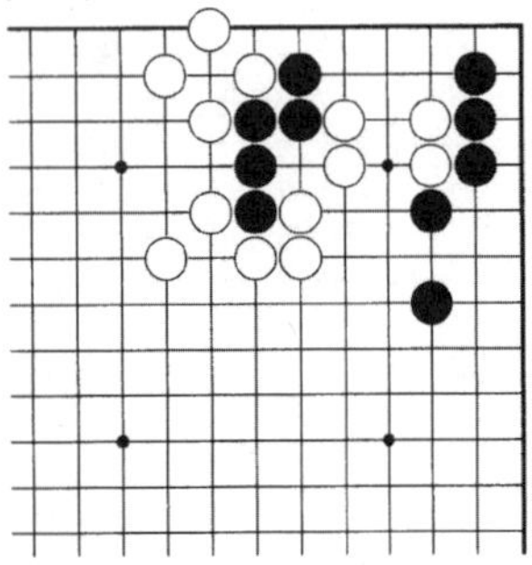

## 패에 주의

상변의 전투.
흑 5점을 우상귀와 연결하고 싶다. 몇 가지의 두는 수가 있겠지만 패를 주의해야 한다.

解

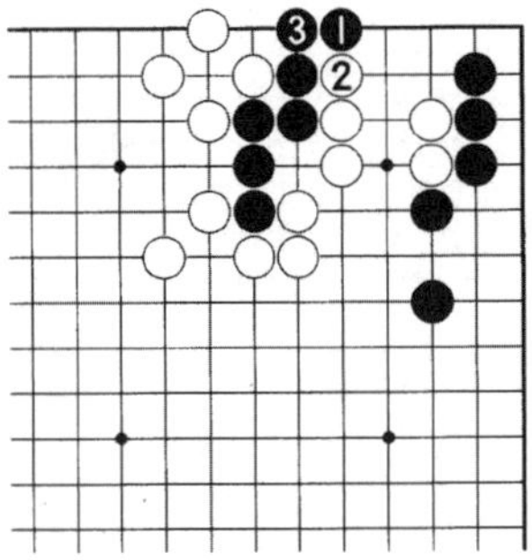

## 건넘

흑1의 마늘모가 정답이다. 백2로 찝으면 흑3으로 이어 건너간다. 백2는 3자리에 집어넣어 패를 노리는 수지만 흑3으로 이를 막는다.

失

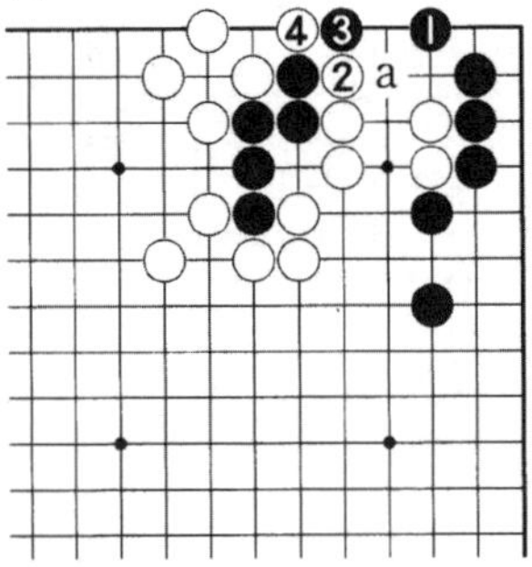

## 흑 실패

돌을 살리는 경우에는 강한 쪽에 흑1부터 두는 것이 상식이다. 하지만 이 경우에는 백2로 결정하고 흑3, 백4로 패가 난다. 또 흑1로 a도 패가 나서 실패한다.

(865)

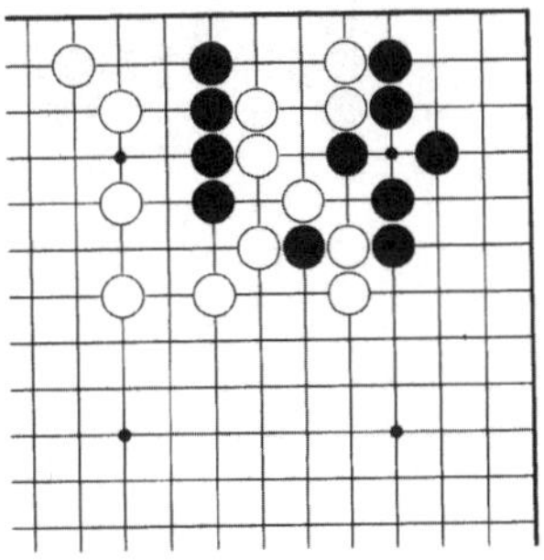

解

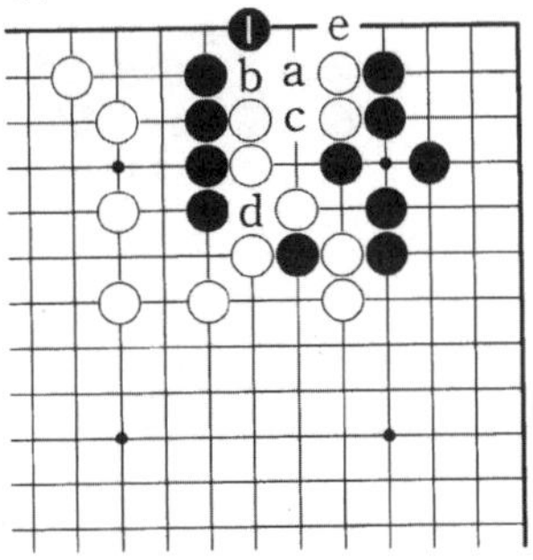


失

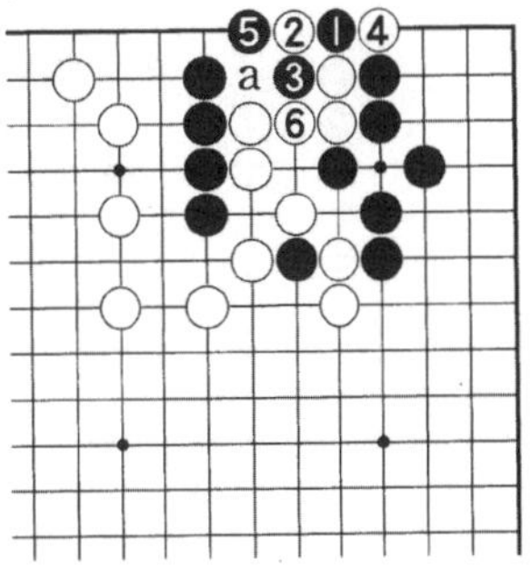


제4형 흑번

## 노림

상변의 전투.
흑 4점을 살리기 위해서는 좌우를 갈라놓은 백의 자충을 노릴 수밖에 없다.

## 건넘

흑1의 마늘모가 좋은 수이다. 백a로 건넘을 막으려 하면 흑b, 백c, 흑d 이후 흑e가 있다. 백은 흑의 연결을 지켜 볼 수밖에 없다.

## 패는 실패

흑1의 젖힘은 백2로 저항해서 안 된다. 흑3, 5의 단수에 백6으로 이어 패가 난다. 흑5로 6은 백a로 패조차 나지 않는다.

(866)

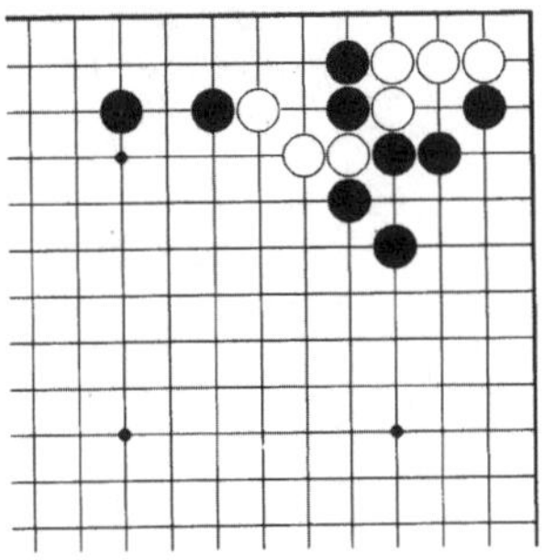

解

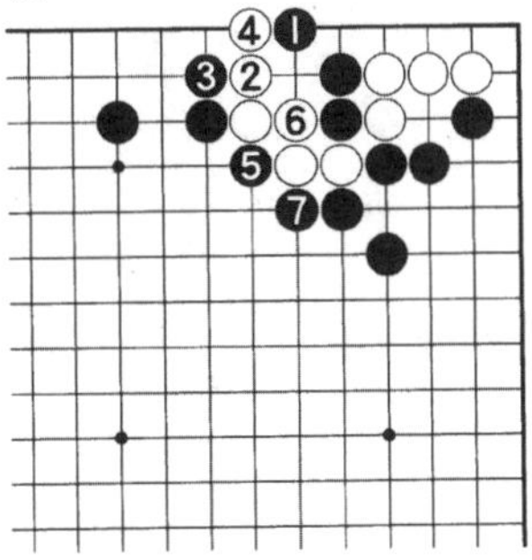


変

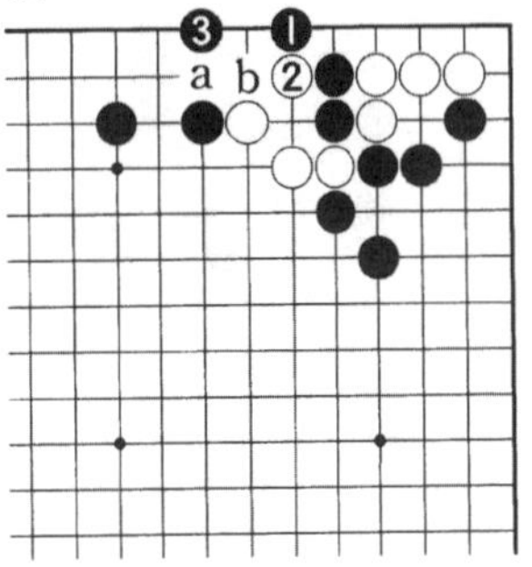


제5형 흑번

## 연결하다

상변의 전투.
흑 2점이 상변의 흑과 연결하면 귀의 백을 잡는 것이 가능하다. 바깥의 백을 공격하는 수는?

## 흑 승

흑1의 마늘모가 맥이다. 백2로 나가 흑이 건너는 것을 막으면 흑3, 백4 이후 흑5로 찝어 백을 자충으로 하고 흑7로 승리한다.

## 건넘

백2로 마늘모 붙이면 흑3으로 건너간다. 또 백2로 a로 젖히면 흑b로 끊어 중앙과 상변 잡는 것을 맞보기로 한다. 흑1로 b는 백2로 건너지 못해 실패한다.

(867)

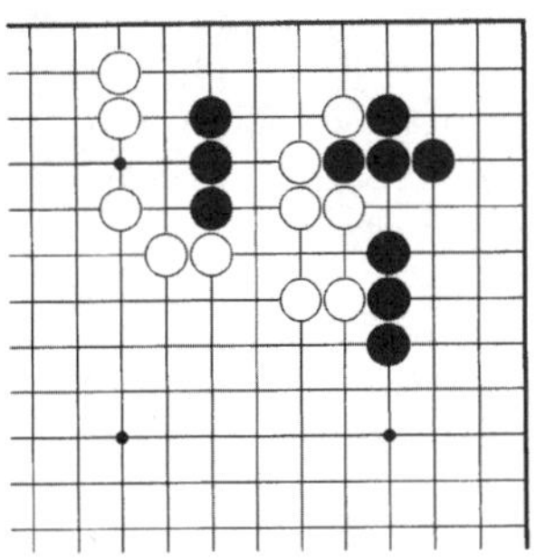

解

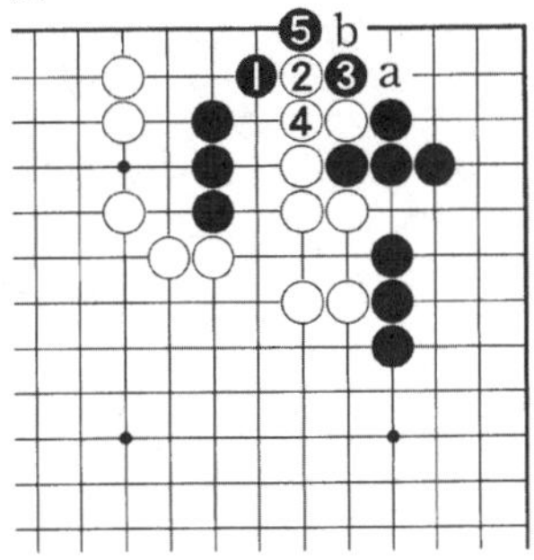


失

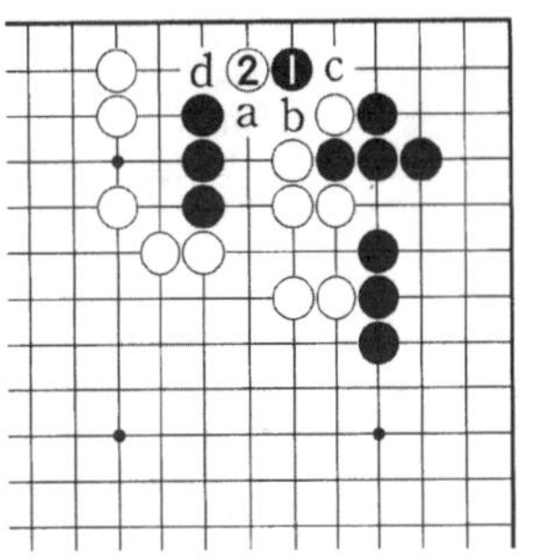


제6형 흑번

## 탈출로

상변의 전투.
백에게 포위당한 흑 3점은 상변 외에는 탈출할 길이 없다. 우상의 흑이 강하기 때문에 건널 수만 있다면 안심할 수 있다.

## 건넘 성공

흑1의 마늘모가 맥이다. 백2로 마늘모 붙이면 흑3으로 단수치고 백4, 흑5로 건너간다. 백a는 흑b로 격정할 것 없다.

## 백의 반격

흑1의 날일자는 건너는 맥이지만 백2로 반격당해 실패한다. 흑a, 백b, 흑c 이후 백d로 상변 백으로 건너간다.

제7형 흑번

(868)

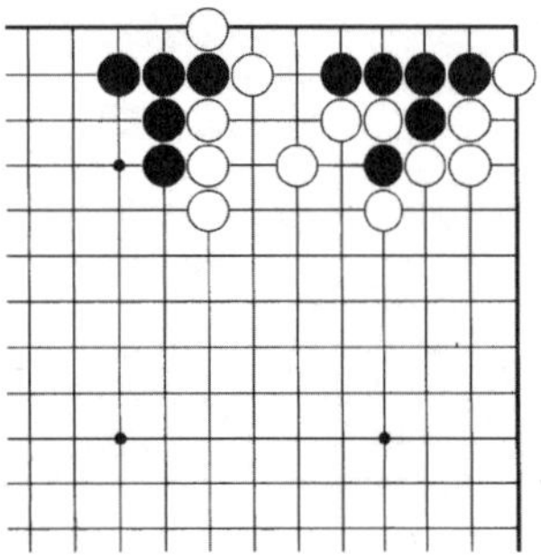

## 약점

귀의 흑을 어떻게 살려야 하는가? 상변 백에게 결함이 있어 흑은 상변으로 건너갈 수 있다.

解

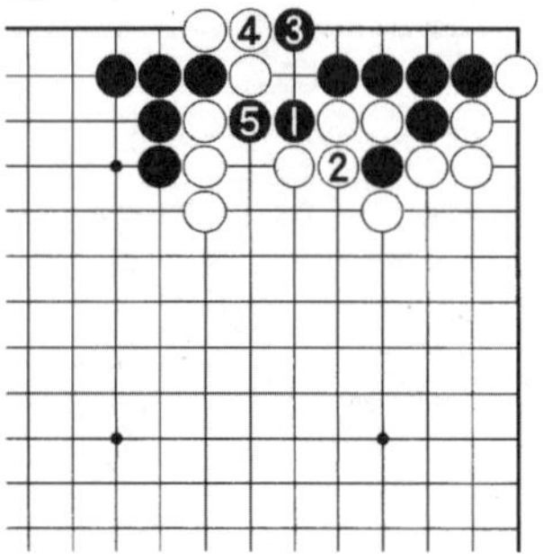

## 마늘모

흑1의 단수를 선수로 활용한다. 흑3의 마늘모가 백의 자충을 추궁하는 급소이다. 백4로 이으면 흑5로 끊어 백 3점을 잡는다.

变

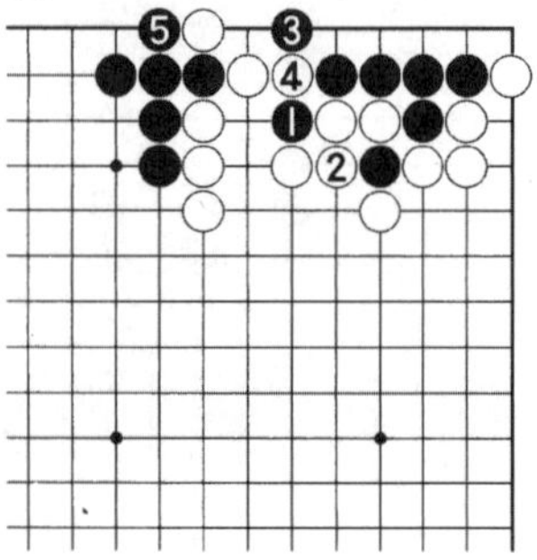

## 건넘

백4로 끊는 변화이다. 흑5로 단수쳐 백 1점을 촉촉수가 되어 흑은 좌우를 건너가고 있다.

제8형 흑번

(869)

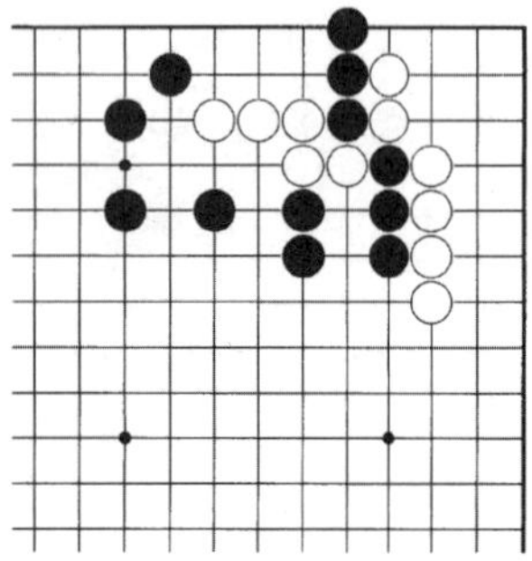

## 잡다

상변의 전투.
흑 3점을 살려 중앙의 백 5점을 잡는 문제.
흑에는 두 가지 방법이 있다.

解

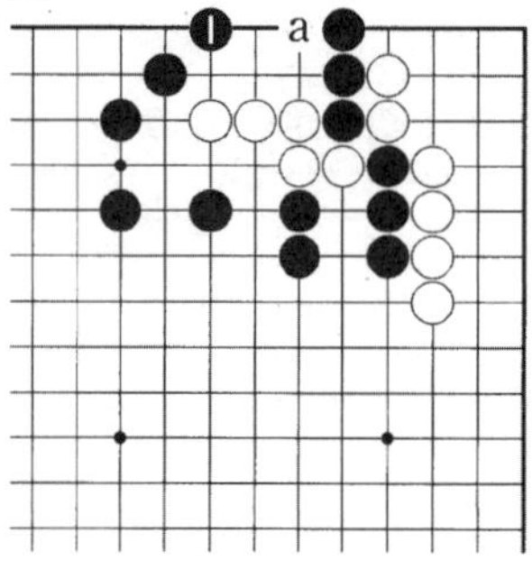

## 건넘

흑1의 마늘모로 3점이 건너간다. 흑1은 a로 구부려도 건너갈 수 있다. 단, 상변을 팻감으로 쓴다면 a는 피해가 크다는 것이 단점이다.

失

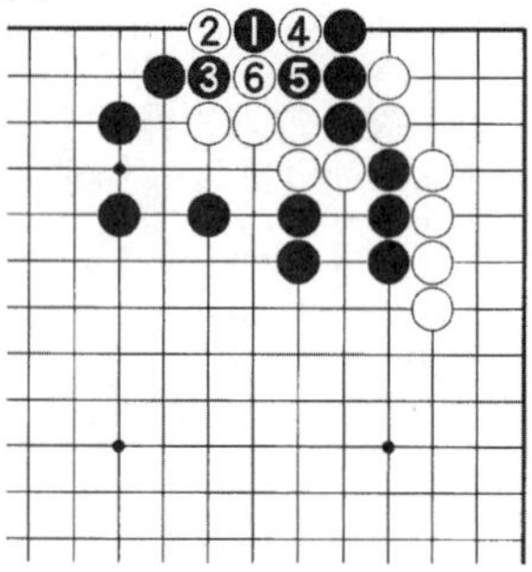

## 흑 실패

흑1의 날일자는 백2로 실패한다. 흑3 이후 백4로 먹여치고 6으로 단수쳐서 흑 4점이 촉촉수에 걸린다.

제9형 흑번

(870)

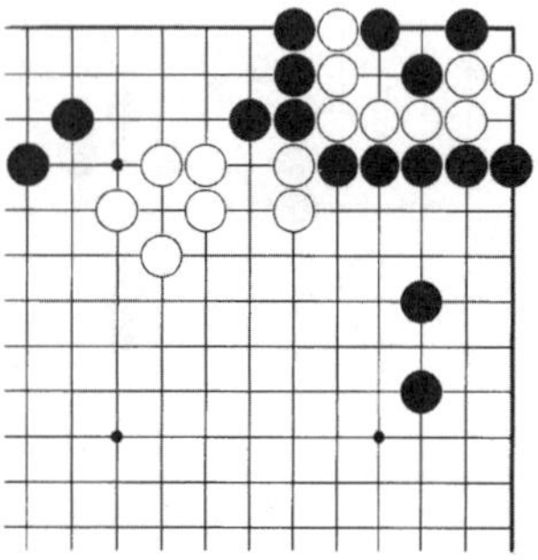

## 연결

상변의 전투.
우상귀의 백은 절단되어 있는 상변의 흑 4점이 좌상과 연결되면 죽은 돌로 바뀐다.

解

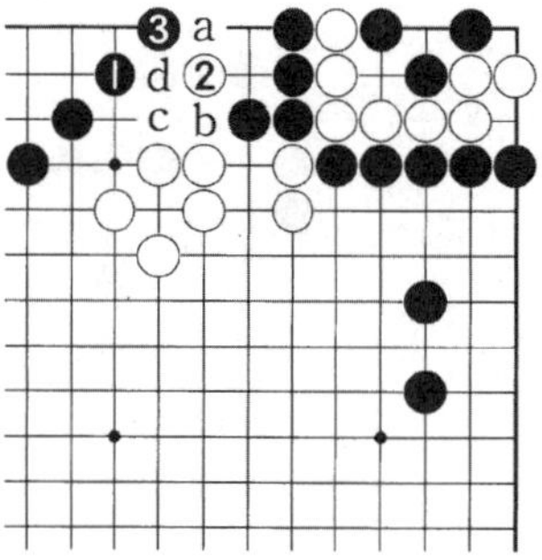

## 건넘

흑1의 마늘모가 좋은 수이다. 백2 뛰면 흑3으로 재차 마늘모하여 건너간다. 백a는 흑b, 백c, 흑d로 빅이 되어 백은 전멸한다.

失

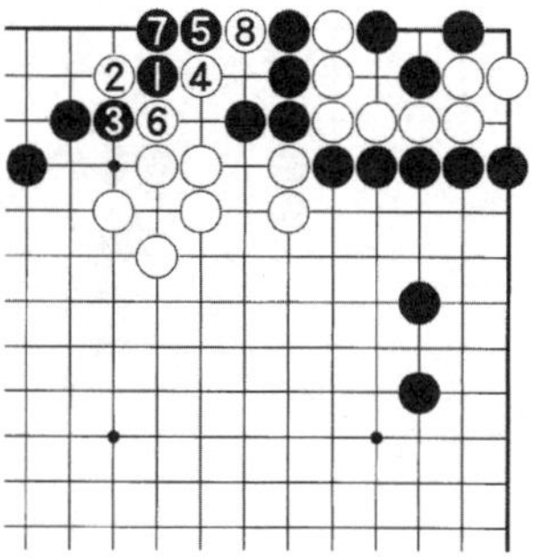

## 백 생환

흑1의 날일자는 백2로 건너붙여 잘 되지 않는다. 흑3, 5로 상변은 건너는 모양이지만 백8로 먹여쳐서 흑 4점을 촉촉수로 잡는다.

(871)

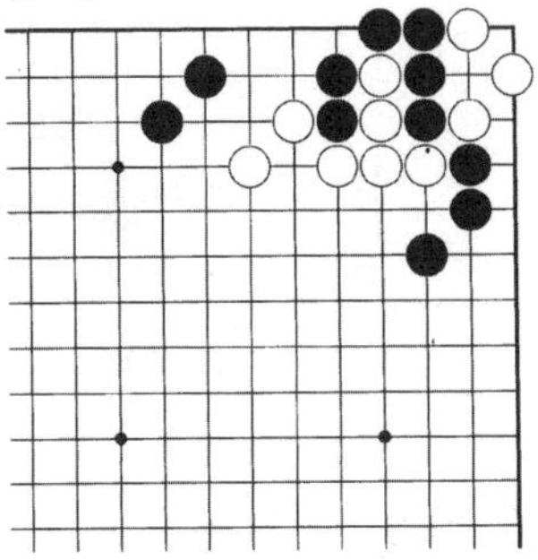

제10형 흑번

### 백을 잡다

우상귀의 흑 4점을 상변과 연결하면 귀의 백 3점은 저절로 잡힌다. 흑이 촉촉수에 걸리지 않으면서 상변과 연결할 방법을 찾아야 한다.

解

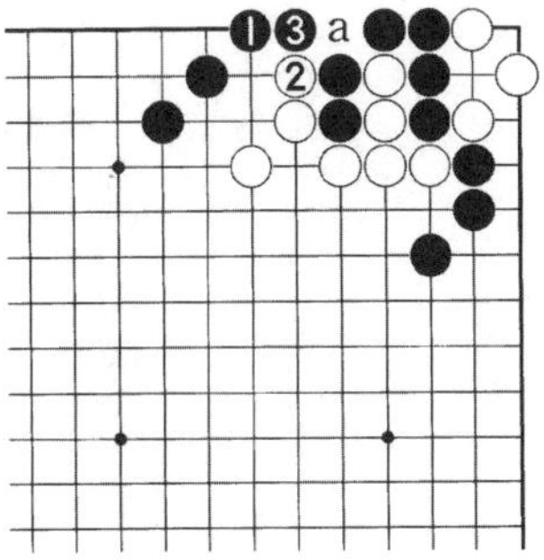

### 건넘

흑1의 마늘모가 좋은 수이다. 백2로 단수치면 흑3으로 받아 연결한다. 백a로 2점을 따내면 흑은 되 따내는 수를 활용하여 아무 조건 없이 연결한다.

失

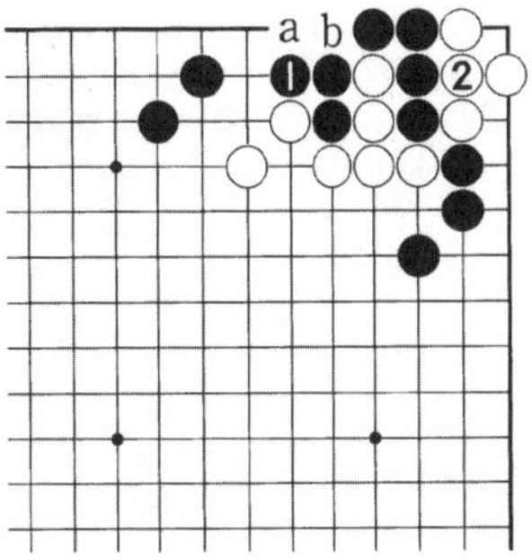

### 촉촉수

흑1은 백2의 단수를 당해 본체인 흑 4점이 촉촉수에 걸려버린다. 흑1로 a에 마늘모해도 역시 백2로 안 된다. 1로 b는 백1.

(872)

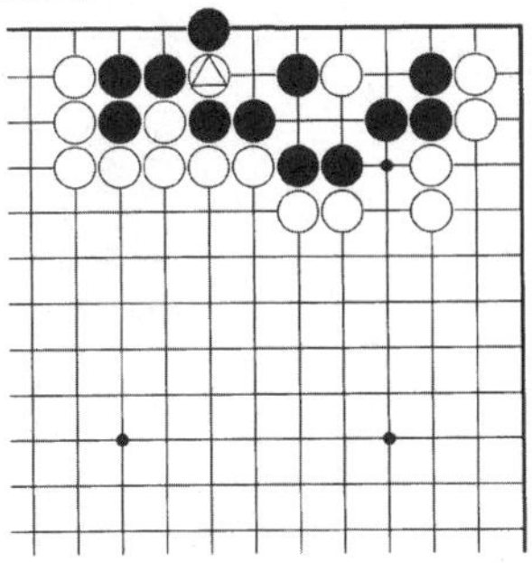

제11형 백번

### 살리다

백◬ 1점이 단수 당했다. 하지만 다른 1점은 흑의 자충을 추궁하면 살려 나갈 수 있다.

解

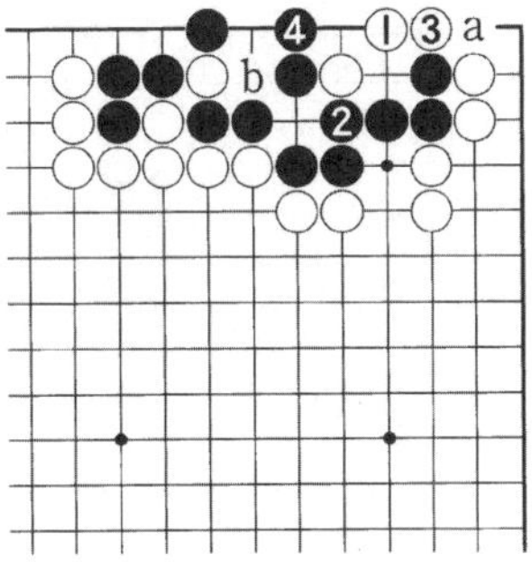

### 건넘

백1의 마늘모가 좋은 수이다. 흑2, 4로 지키는 정도. 이후 백a로 이으면 b로 잡을 수 있어 선수이다. 흑집은 5집 이하가 된다.

变

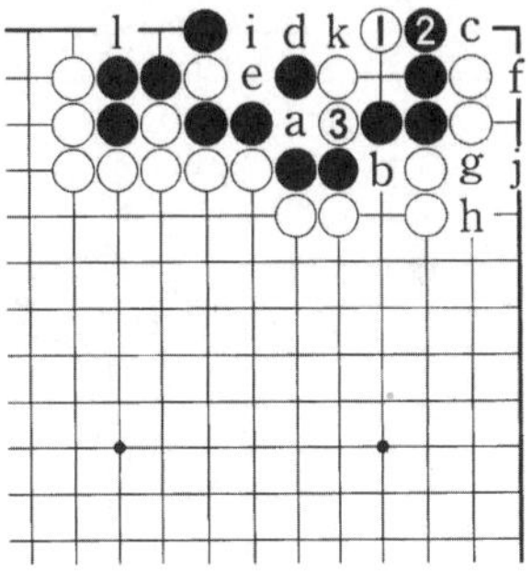

### 흑 위험

흑2로 백이 건너는 것을 막으면 백3으로 위험해진다. 이후 흑a는 백b이하 흑k로 패가 난다. 만약 백이 패를 이기면 백l로 잡는 것도 남는다.

(873)

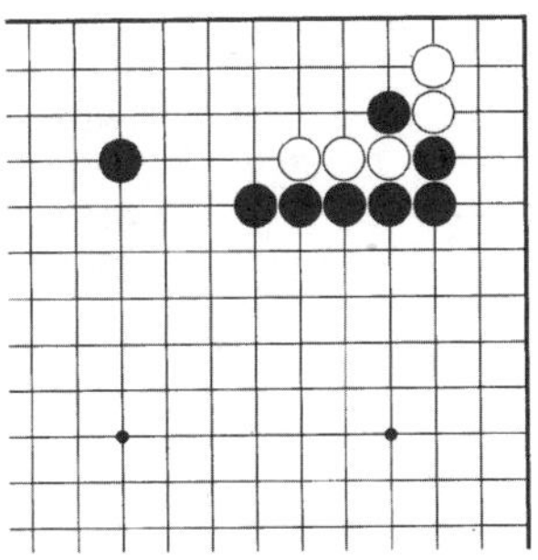

입구자 공격

제1형 흑번

### 결정짓다

상변의 전투.

백은 흑 1점을 잡고 쉽게 살아있는 것 같지만 흑은 백집을 빼앗고 냉엄하게 바깥의 모양을 결정하고 싶다.

解

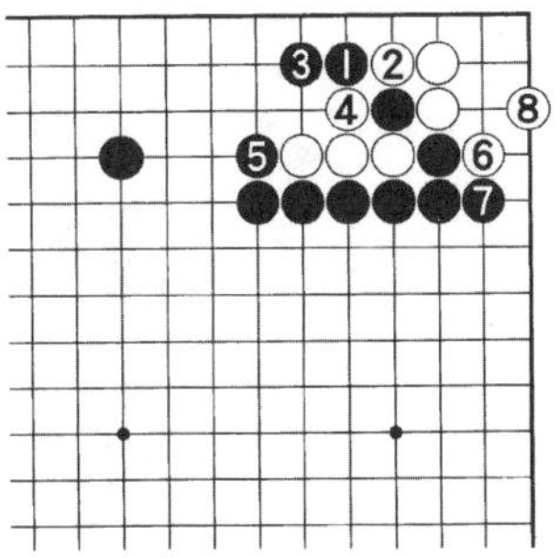

### 조임

흑1의 마늘모는 백 3점을 자충으로 유도하는 맥이다. 백2의 단수에 흑3으로 늘어 수를 늘리고 백4, 흑5로 조여 상변의 모양을 결정한다.

变

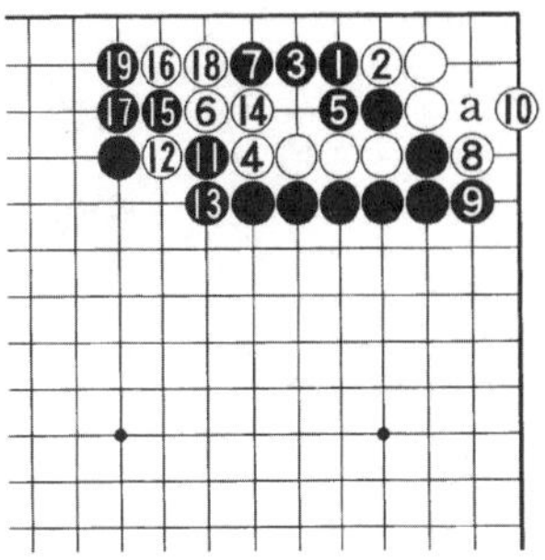

### 백 전멸

백4로 도망 나가면 흑5로 이어 백이 안 된다. 백8로 13은 흑a로 젖혀 귀의 백이 잡힌다. 흑19까지 상변의 백은 전멸한다.

(874)

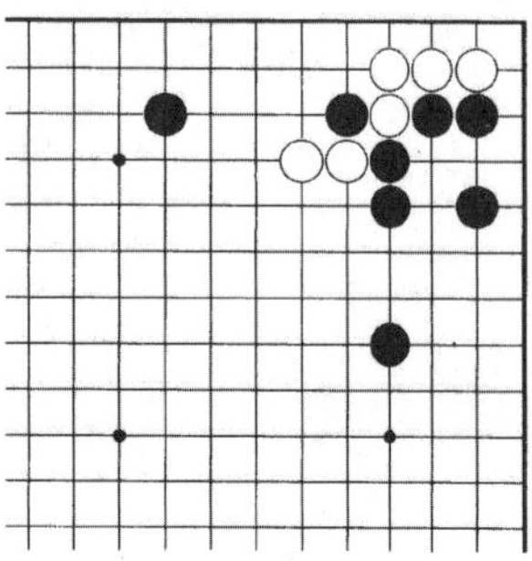

제2형 흑번

## 공격의 급소

상변의 전투.
흑 1점은 살릴 수 없는 돌이지만 백을 공격하기 위한 돌로 이용할 수는 있다. 공격의 급소는 어디인가?

解

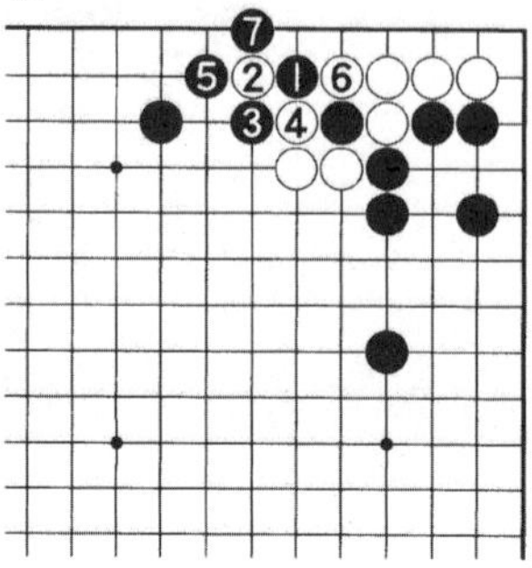

## 집 없음

흑1의 마늘모가 맥이다. 백2로 붙이면 흑3, 5로 흑이 백 1점을 잡는 동안 백은 흑 1점을 따낸다. 흑7로 상변이 수습되면 백은 집이 없는 모양이 되었다.

失

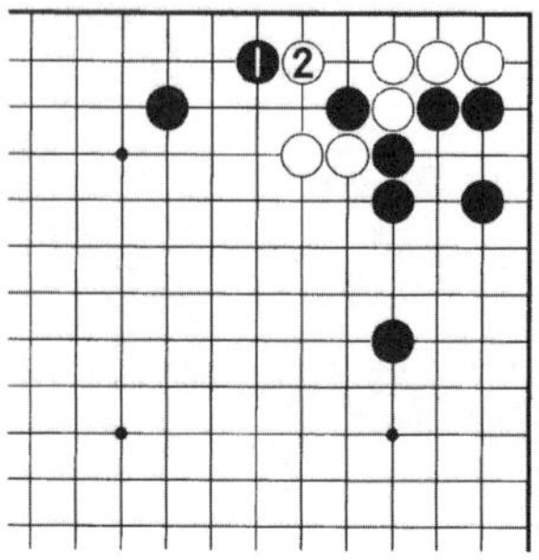

## 흑 손해

흑1의 날일자는 들여다보는 맥이지만, 백2로 받아 이후 공격에 이득이 없다. 백은 집이 생겼고 흑은 근거가 없어 공격은 실패한다.

(875)

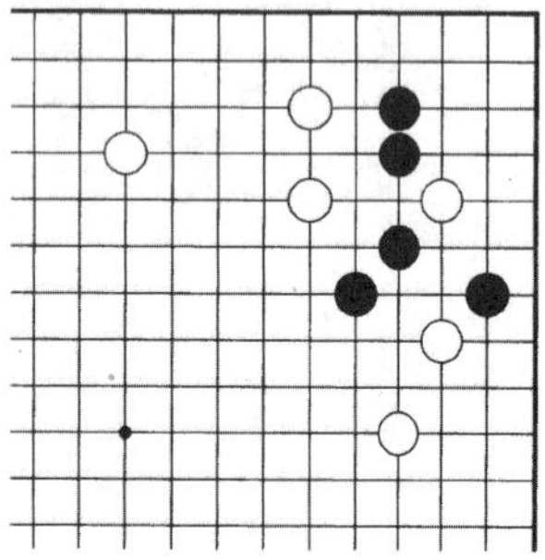

제3형 백번

## 반격

우상귀의 전투.
흑은 백 1점을 집어삼킨 것처럼 보이지만 약점이 많아 완전하지 않은 모양이다. 백은 어떻게 반격해야 할까?

解

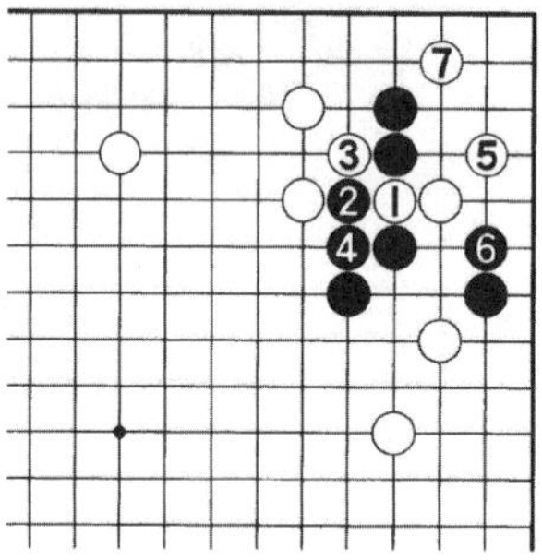

## 백 성공

백1, 3으로 끊은 뒤 백5의 마늘모가 좋은 수이다. 흑6으로 우변 끊음에 대비하면 백7로 귀에 두어 흑 2점을 잡는다.

変

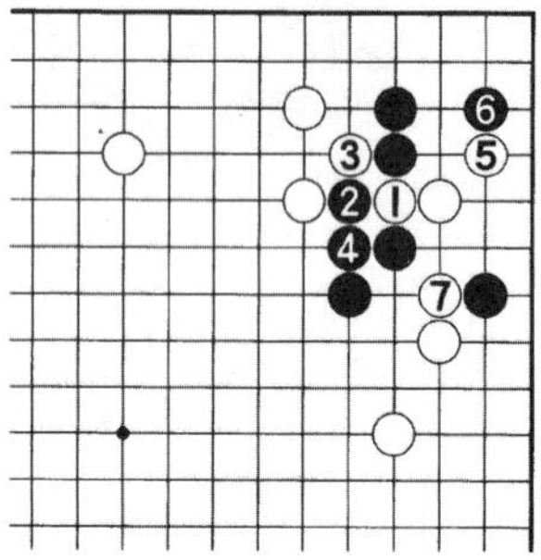

## 절단

흑6으로 귀를 지키는 변화이다. 백7로 나가 우변의 1점을 끊는다. 흑은 귀를 살려도 중앙의 흑이 완전히 뜬 돌이다.

(876)

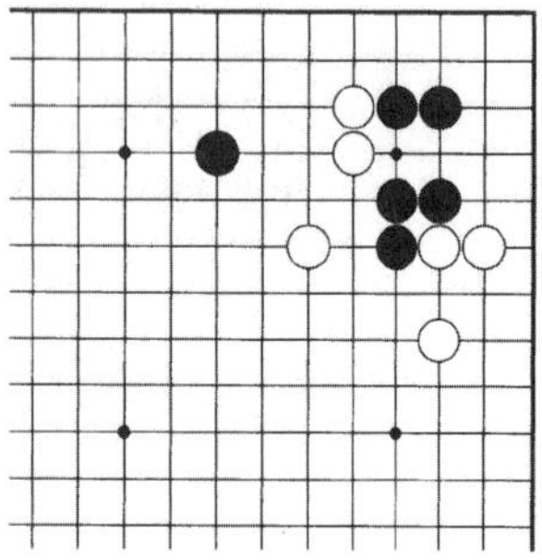

제4형 흑번

## 흐름

우상의 전투.
귀의 흑을 중앙으로 진출시켜 백을 공격하려 했으나 백을 몰아붙이는 흐름이 생겼다.

解

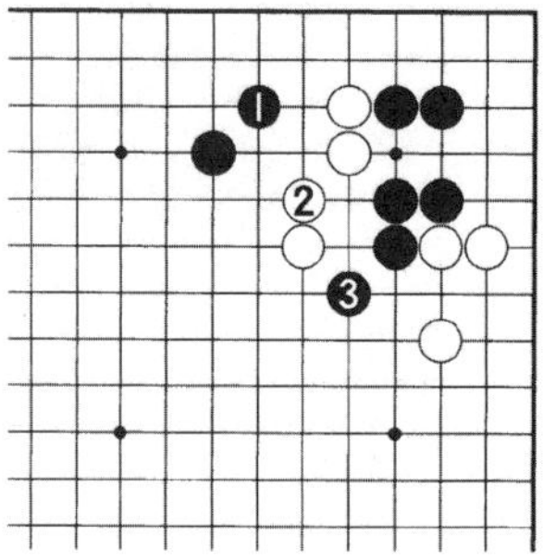

## 분단

흑1의 마늘모는 백의 엷음을 노린 공격의 급소이다. 백2로 연결하면 흑3의 마늘모로 나가서 상변과 우변을 분단하며 공격한다.

変

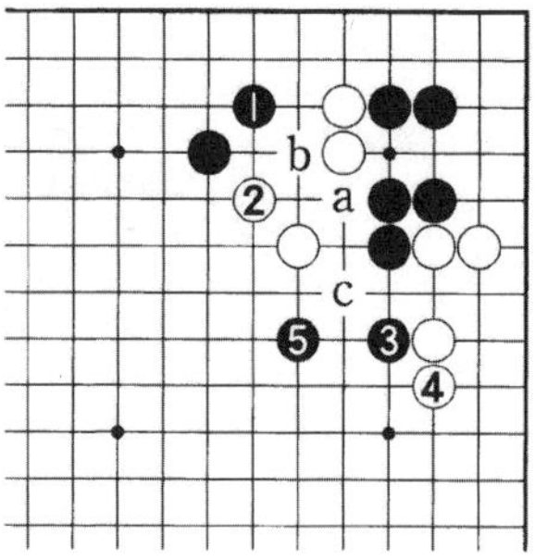

## 흑 호조

백2의 마늘모는 흑a라면 백b로 연결하는 모양이다. 흑3으로 붙이고 5로 뛰어 중앙 진출에 좋은 모양이 된다. 백c의 들여다보기는 성립하지 않는다.

**제5형 흑번**

(877)

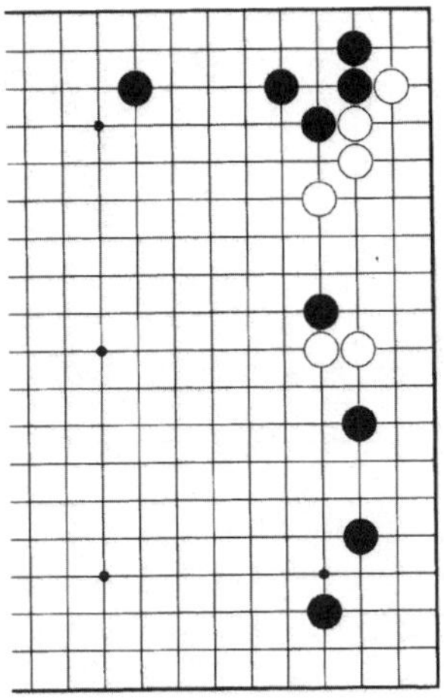

## 깨뜨리다.

우상의 전투.
흑 1점을 어떻게 움직여야 하는가? 흑이 우변의 집을 무너뜨리면 우상과 우하의 세력을 움직여서 흑이 유리한 싸움이 된다.

解

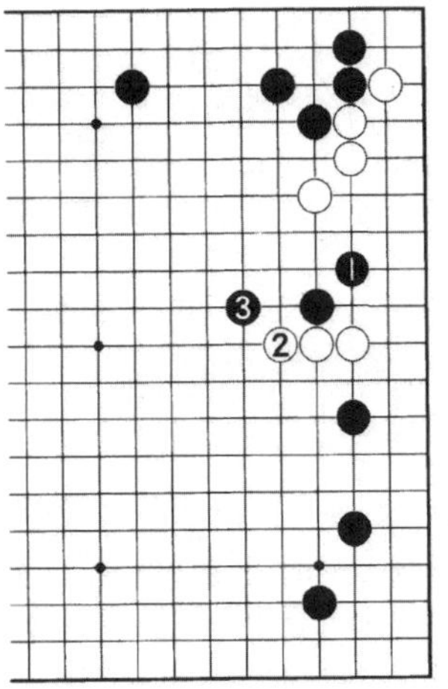


## 편한 모양

흑1의 마늘모가 백의 건넘을 막는 맥이다. 백2로 뻗으면 흑3으로 뛰어 흑이 편하다. 분단된 위아래의 백은 고전을 피하기 힘들다.

失

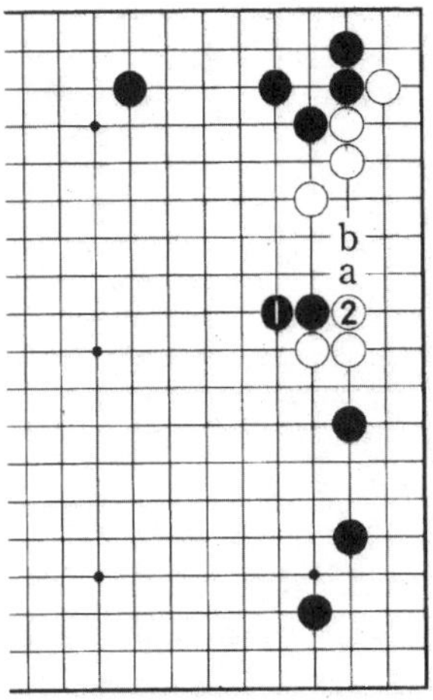


## 흑 실패

흑1로 뻗으면 백2로 구부려서 흑은 다음 공격이 없다. 흑a는 백b로 마늘모 붙여 우변으로 건너간다. 중앙의 흑 2점은 백의 공격목표가 되어서 무겁다.

**제6형 흑번**

(878)

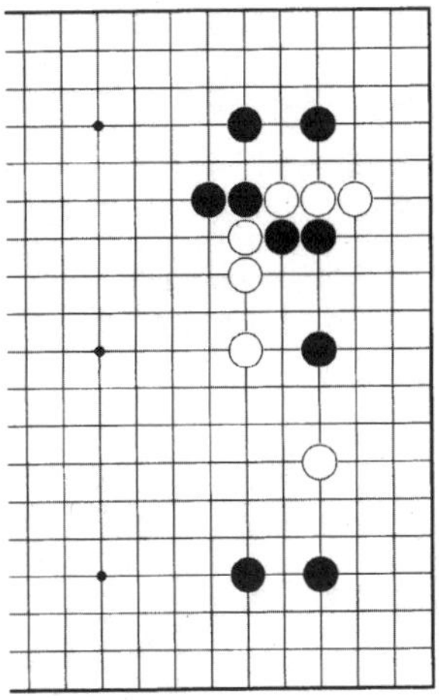

## 반격

우상의 전투.
흑 3점이 백에게 공격당하고 있는 모양이지만 우상의 백 3점도 약하다.

解

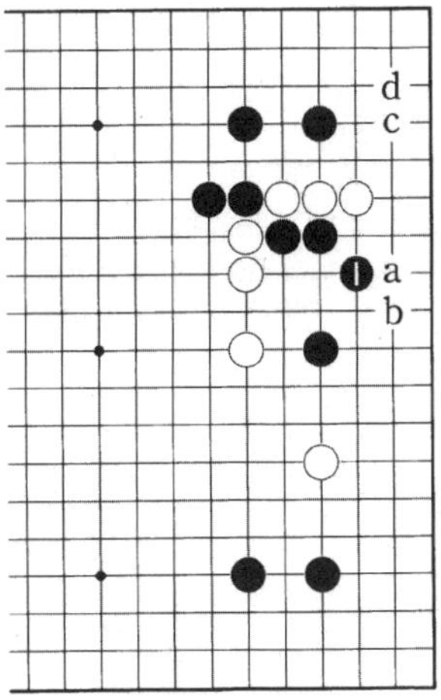


## 백 고전

흑1의 마늘모가 백에게 흐름을 주지 않는 공격방법이다. 이후 백a는 흑b로 막아 우변의 흑을 굳혀서 백은 근거를 만들기가 어렵다. 백c로 미끄러지면 흑d로 무섭게 공격한다.

失

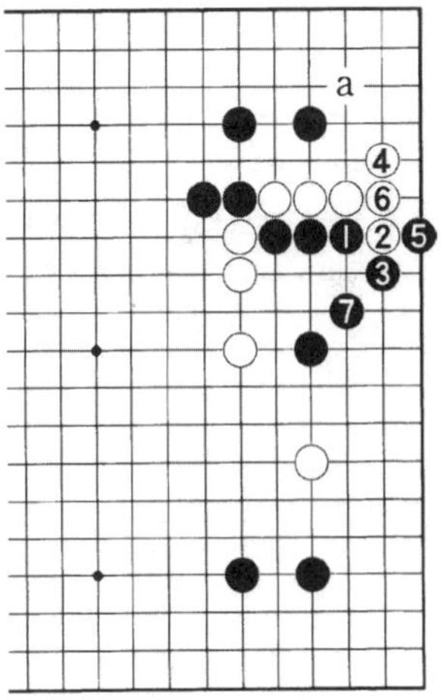


## 백 삶

흑1로 막으면 백2, 4로 받아 우변의 흑 모양에 약점이 생기게 된다. 흑7로 지키면 백a로 3·3에 뛰어 들어 편하게 산다. 백2, 4의 흐름을 준 것이 잘못이다.

(879)

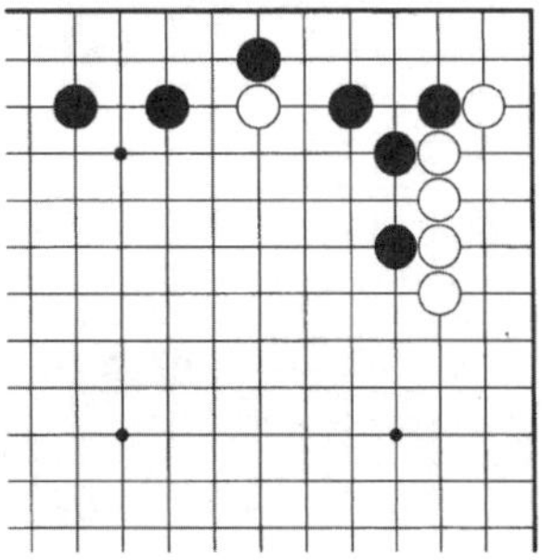

解

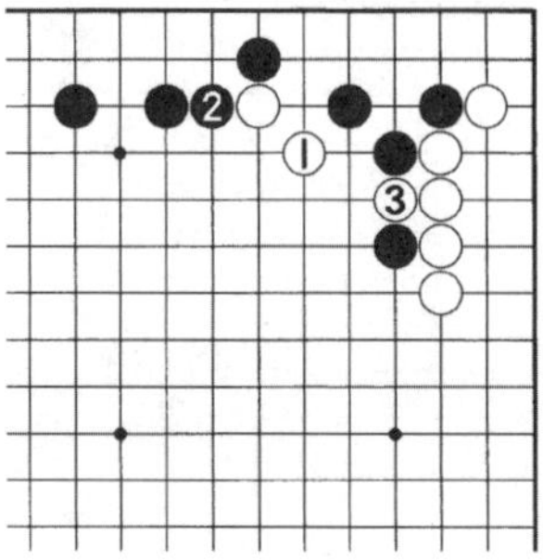

変

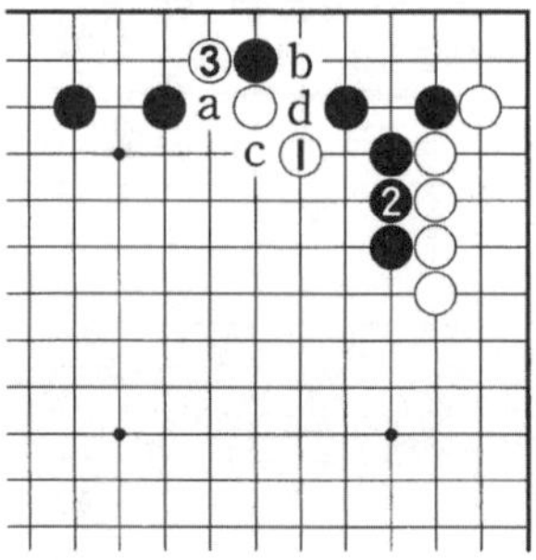

제7형 백번

### 강화

상변의 전투.
흑은 상변을 연결하여 우상귀를 안정시키려고 하지만 백에게도 우변과 연결하는 노림이 있다.

### 우변의 두터움

백1의 마늘모가 강수이다. 흑2로 상변으로 건너면 백3으로 뚫어서 우변의 백이 더욱 두터워진다.

### 흑 분단되다

흑2로 잇는 변화이다. 백3으로 막아 흑은 상변을 건널 수 없다. 백1로 3은 흑a, 백b, 흑c, 백d, 흑1로 백이 봉쇄되어 불리하다.

입구자

따냄

(880)

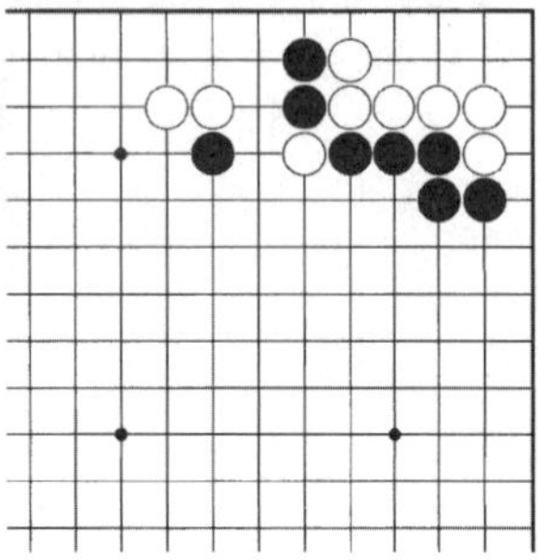

解

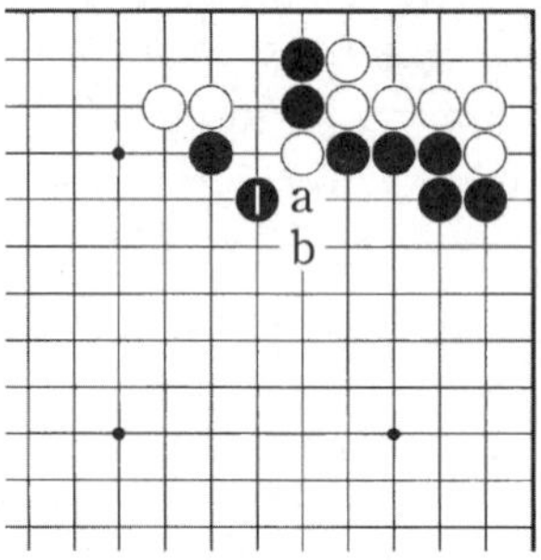

失

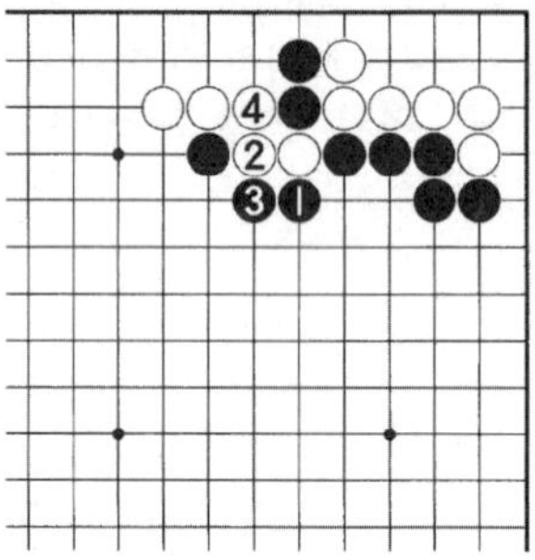

제1형 흑번

### 일변

상변의 전투.
우상의 흑을 끊고 있는 백 1점을 잡을지, 잡지 않고 도망갈지 에 따라 국면은 많이 바뀐다.

### 두터움

흑1의 마늘모로 백 1점은 도망칠 수 없다. 백a는 흑b로 막는다. 우상은 흑의 두터움으로 변했다.

### 흑 망함

흑1의 단수는 백2로 도망쳐서 실패한다. 흑3으로 단수쳐 상변의 흑 2점을 버리는 정도이다. 상변이 백집이 되어 흑의 손해가 크다.

(881)

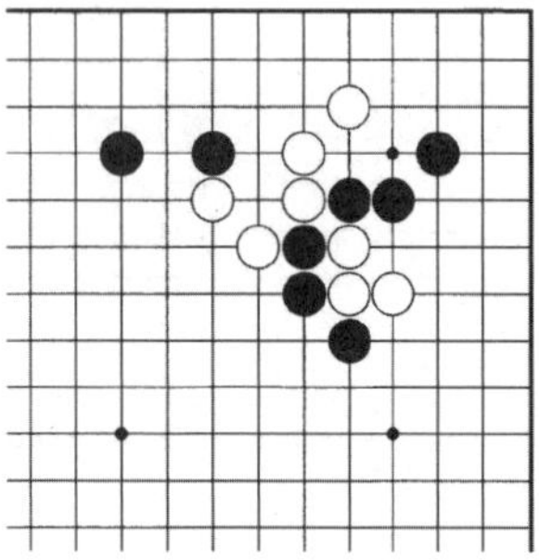

解

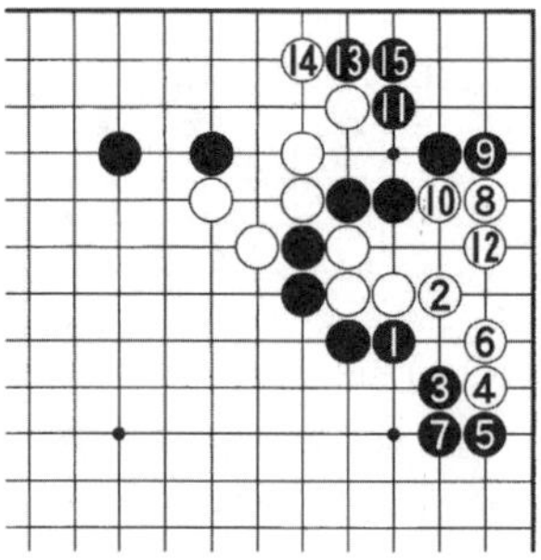

失

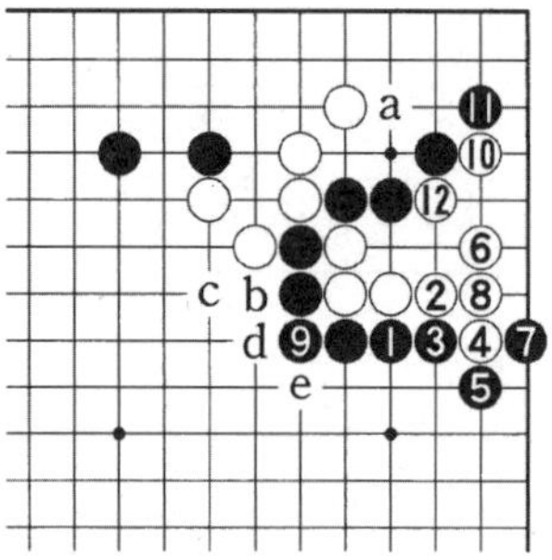

제2형 흑번

### 공격

우상의 전투.
백 3점은 무거운 모양이다. 흑은 백을 공격하면서 우변을 두텁게 하고 귀까지 확실하게 살리고 싶다.

### 흑 유리

흑1로 막는 것을 활용하고 흑3의 마늘모가 좋은 수이다. 백4, 6으로 붙여끌어 12까지 우변에서 살아도 흑15까지 흑은 주변이 빈틈없이 튼튼해졌다.

### 흑 불리

흑3으로 막으면 백4부터 12까지 공격당해서 좋지 않다. 흑9로 a에 두어 귀를 지키면 백9, 흑b, 백c, 흑d, 백e로 바깥이 대책이 없는 모양이다.

제3형 흑번

(882)

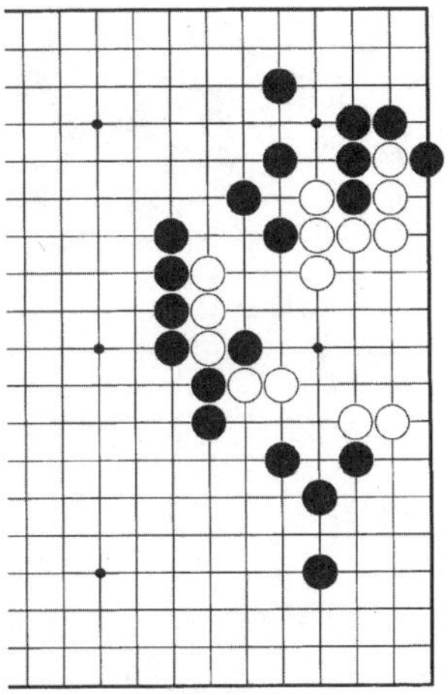

## 공격하여 잡다

우변의 전투.
중앙의 백 3점을 잡으면 성공이다. 백이 강하게 저항하면 우변의 집을 무너뜨린다.

解

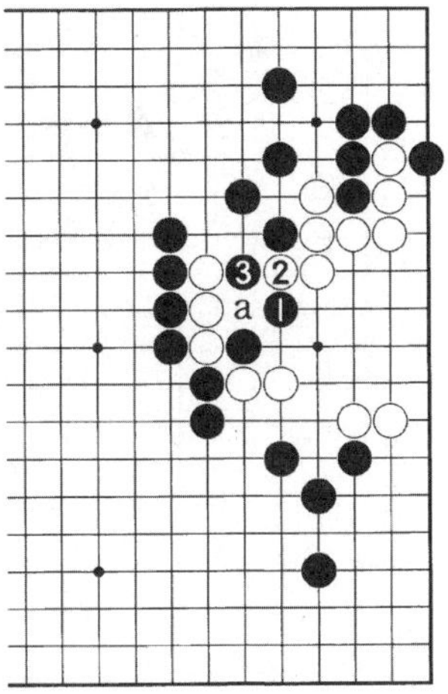

## 3점 잡기

흑1의 마늘모는 백의 자충을 추궁하는 맥이다. 백2로 나가도 흑3으로 막아 흑 승. 흑1로 2는 백1. 흑1로 a는 백3, 흑2, 백1로 흑이 안 된다.

变

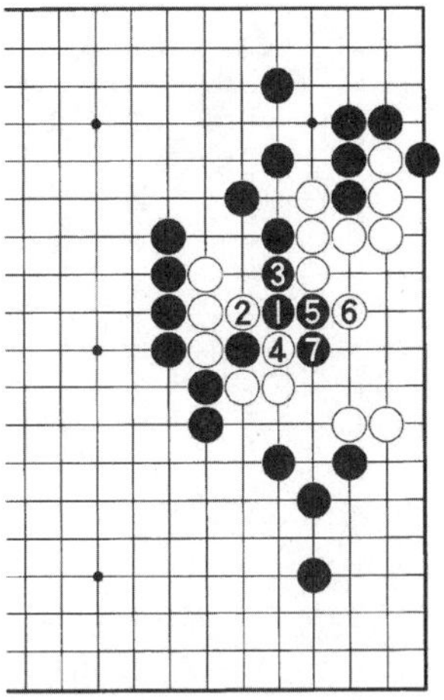

## 집을 부수다

백2로 단수치면 우변과 연결할 수 있다. 하지만 흑3에 백4. 그러나 흑5로 나가면 우변의 집을 지킬 수 없어 흑7까지 백은 수습하기 힘든 모양이다.

제4형 흑번

(883)

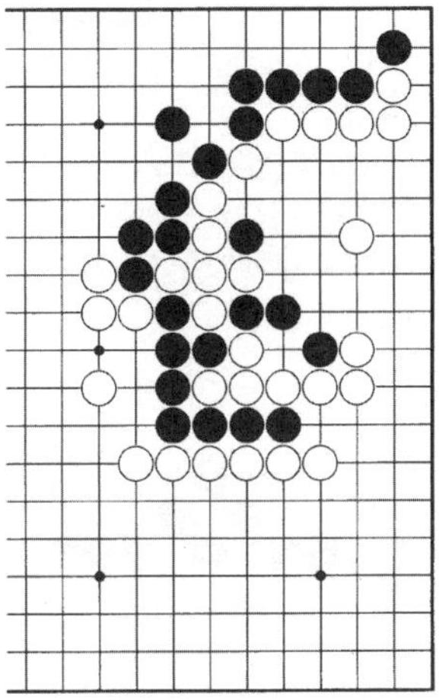

## 그물을 치다

우변의 전투.
백에게 포위당해 있는 우변의 흑12점은 절단되어 있는 백 6점을 그물을 쳐서 잡을 수 있다.

解

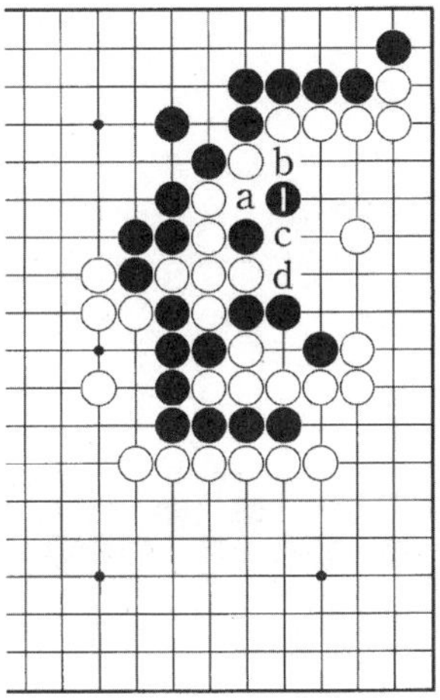

## 묶음

흑1의 마늘모가 묘수이다. 백a는 흑b, 백c, 흑d로 촉촉수에 걸린다. 백a로 c는 흑d로 끊어 실패한다. 흑1의 한 수로 백 6점을 묶어서 잡는다.

失

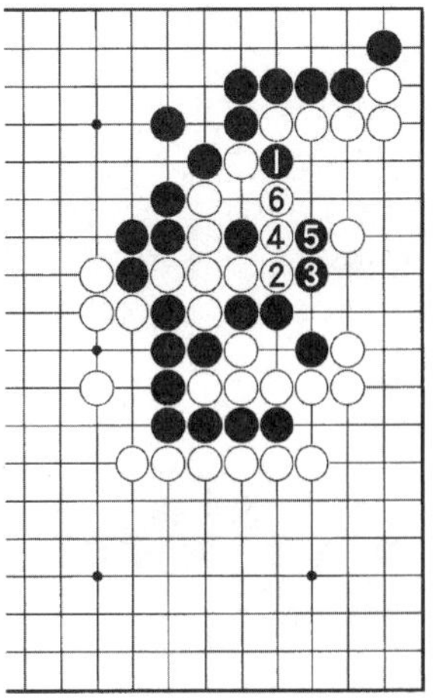

## 백 도망가다

흑1로 끊으면 백2로 도망가서 실패한다. 흑3, 5로 쫓더라도 백6으로 흑 1점을 단수치면 우변과 연결되어 버린다. 흑1로 2 또는 4에 두어도 모두 실패한다.

(884)

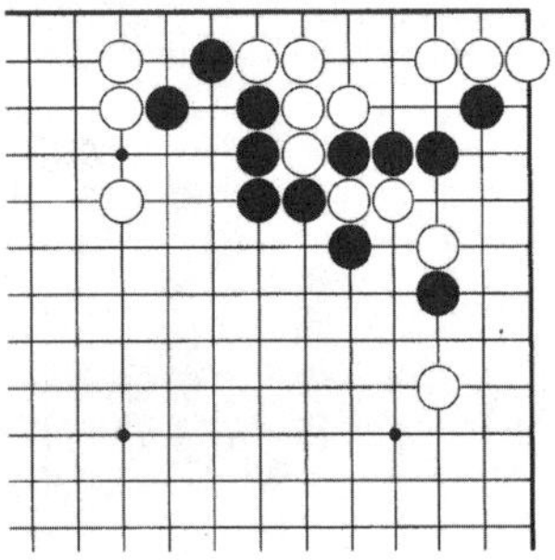

解

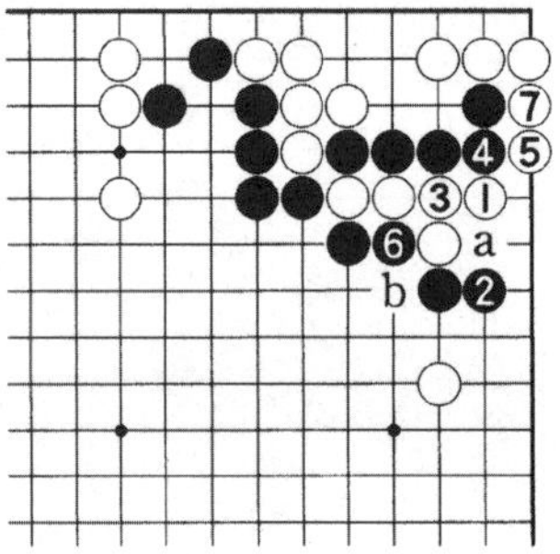

失

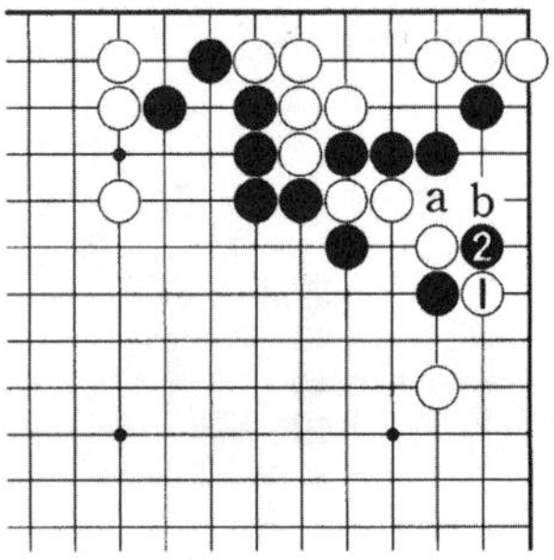

제5형 백번

## 요석

우상의 전투.
흑을 끊고 있는 요석 백 2점을 살리면 우상의 흑을 잡을 수 있다.

## 백 삶

백1의 마늘모가 좋은 수이다. 흑2로 우변 건넘을 막으면 백3으로 이어 7까지 수상전으로 백이 승리한다. 흑2로 3은 백6, 흑a는 백b로 흑이 나쁘다.

## 백 실패

백1의 젖힘은 흑2로 맞끊어 실패한다. 요석인 백 2점을 살릴 수 없다. 백1로 a는 흑b로 젖히고 백2. 흑1로 막아 이것도 흑이 승리한다.

(885)

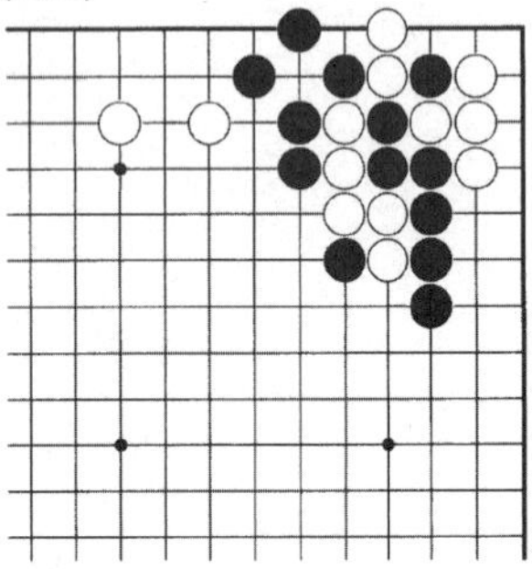

解

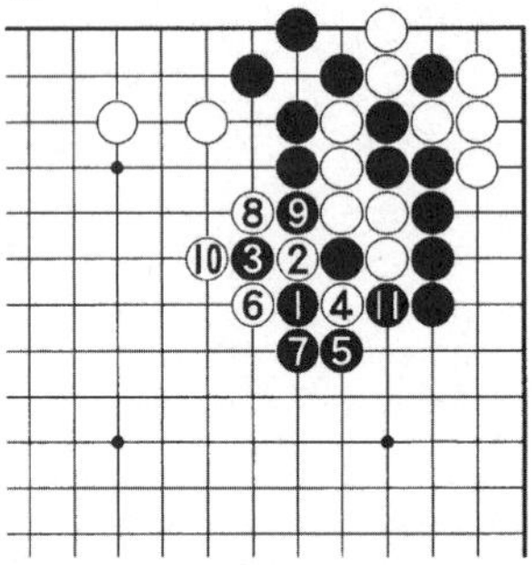

失

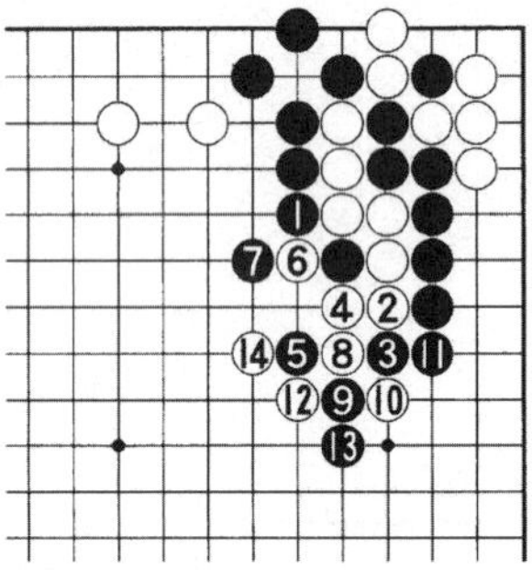

제6형 흑번

## 2곳의 출구

중앙의 전투.
흑을 양분 시키고 있는 중앙의 백 5점은 두 개의 출구를 갖고 있다. 양쪽을 한 수로 막을 수는 없을까.

## 촉촉수

흑1의 마늘모가 좋은 수이다. 백2 단수에 흑3으로 되단수치고 백4에도 흑5. 백6부터 흑11까지 촉촉수로 백을 잡는다.

## 백 탈출

흑1로 쫓으면 백2로 나가서 잡을 수 없다. 흑3, 5로 봉쇄를 노려봐도 백6으로 잡는 것을 활용하여 백8부터 14까지 탈출한다.

입구자

잡기(살리다)

(886)

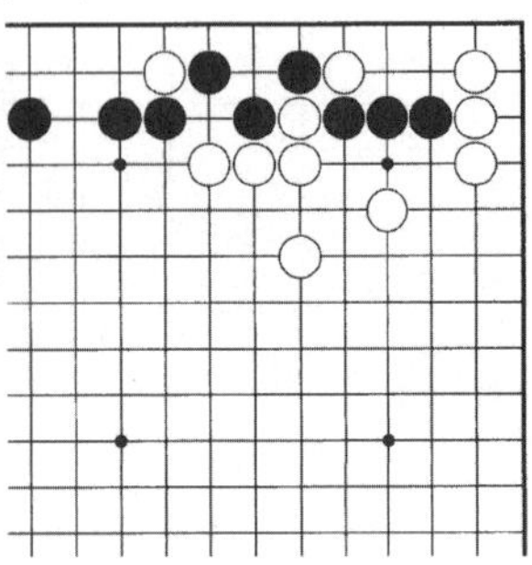

解

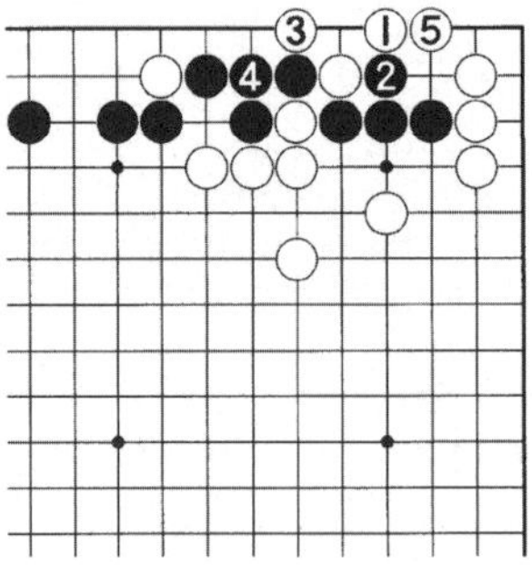

变

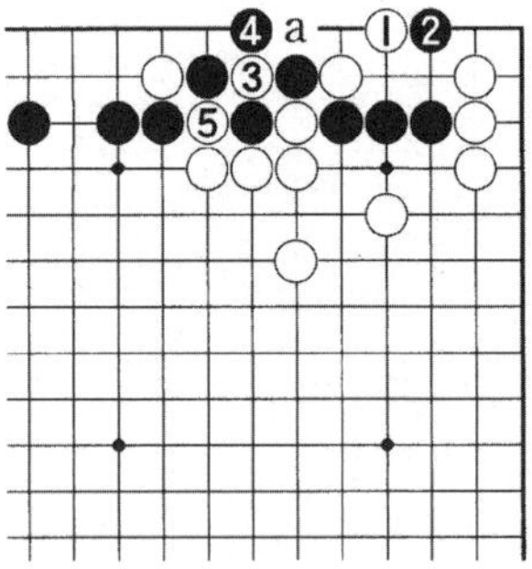

제1형 백번

## 수

상변의 전투.
백 1점을 움직여 흑 3점을 잡고 싶다. 패가 나지만 흑이 잘못 받으면 더욱 피해가 커진다.

## 패

백1의 마늘모가 탄력을 만드는 맥이다. 흑2의 단수는 가장 평범한 응수로 피해도 크지 않다. 백3으로 단수치고 흑4, 백5로 패가 난다.

## 큰 패

흑2로 붙여 백의 건넘을 막으면 백3으로 집어넣어 상변에 있는 흑의 자충을 추궁한다. 백5 이후 흑 3은 백a로 큰 패가 난다.

제2형 흑번

(887)

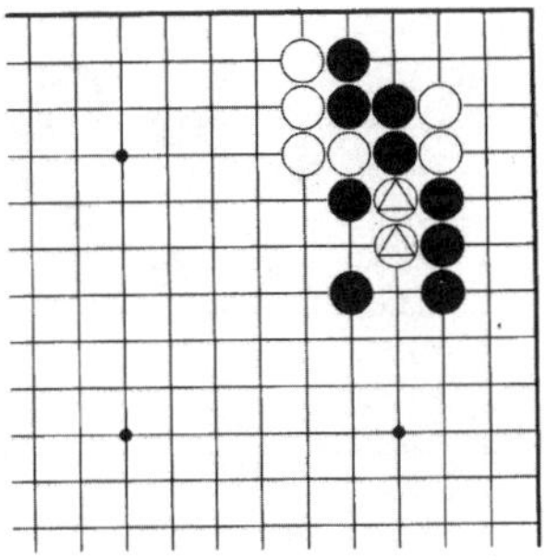

## 귀를 잡다

우상의 수상전 문제.
백◬ 2점을 잡는 것은 쉽지만 귀의 백이 도망가서 만족할 수 없다.

解

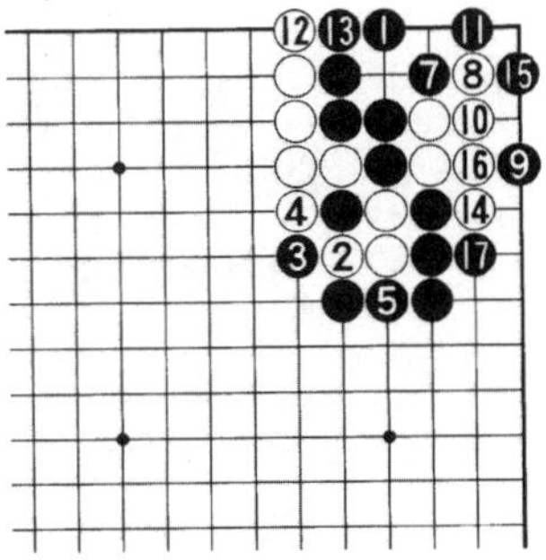

## 흑 승

흑1로 마늘모가 좋은 수이다. 백2, 4로 도망치면 흑7, 9로 백을 공격하여 잡는다. 흑9로 11은 백16.
※⑥→②의 위

失

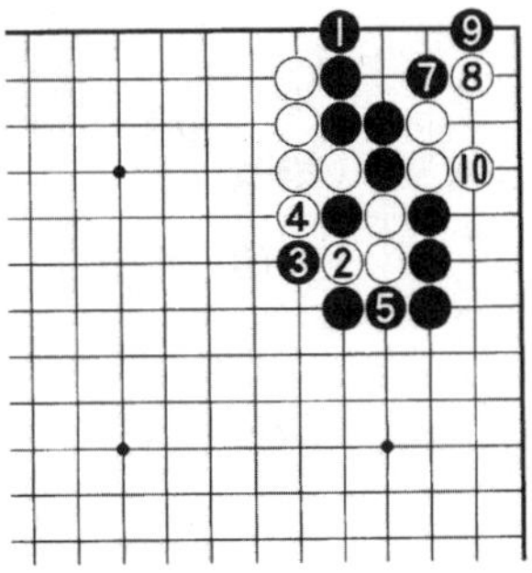

## 받아서 곤란

흑1로 내리는 것은 틀린 맥이다.백2, 4로 중앙을 살린 뒤 흑7에 백8로 받아 흑은 다음 수가 궁하다. 흑9는 백10으로 패 또는 빅이 된다.

제3형 백번

(888)

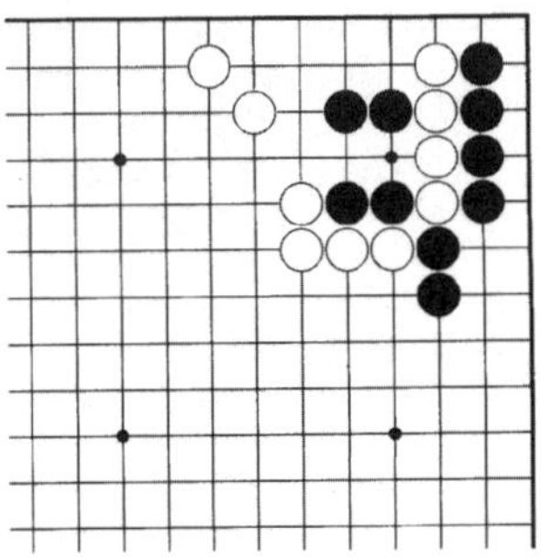

## 살리다

상변의 전투.
귀의 백 4점을 살리려면 흑 4점을 자충으로 유도하여 상변으로 건너가야 한다.

解

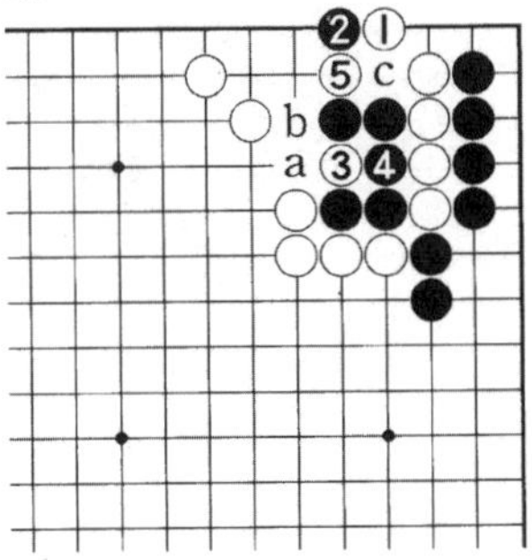

## 맥점

백1의 마늘모가 절묘한 맥이다. 흑2로 붙이면 백3으로 단수치고 흑4, 백5로 중앙의 흑을 잡는다. 다음 흑a는 백b. 흑4로 c라면 백4로 두면 된다.

变

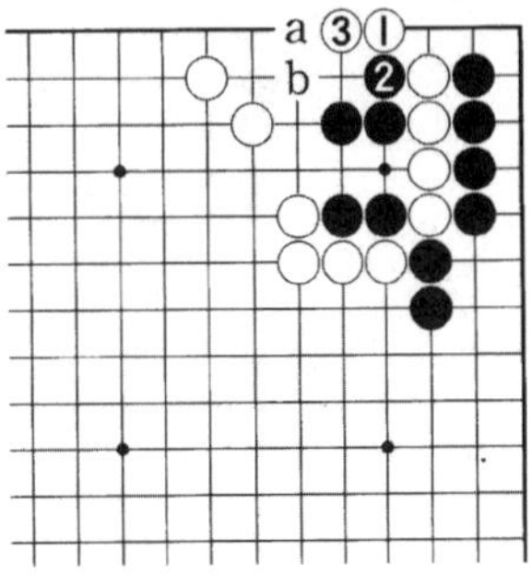

## 건넘

흑2로 젖으면 백3으로 늘어 상변을 건너간다. 중앙의 흑은 먹혀 있는 모양이다. 백1로 a는 흑b로 실패한다.

제4형 흑번

(889)

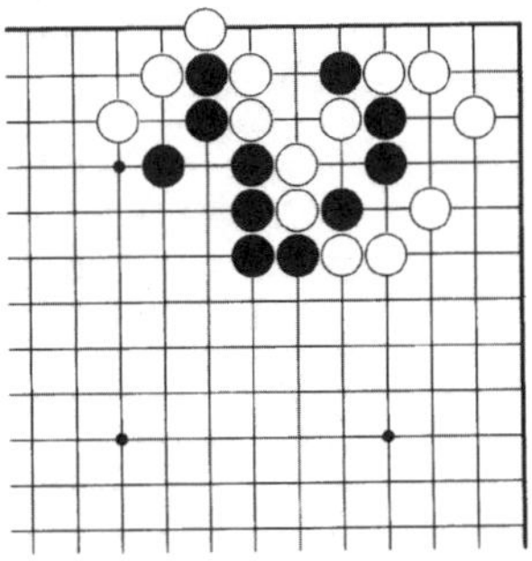

## 포위망을 부수다

우상의 전투.
흑 4점을 포위한 백은 자충의 나쁜 모양이다. 흑은 백의 포위망을 무너뜨려야 한다.

解

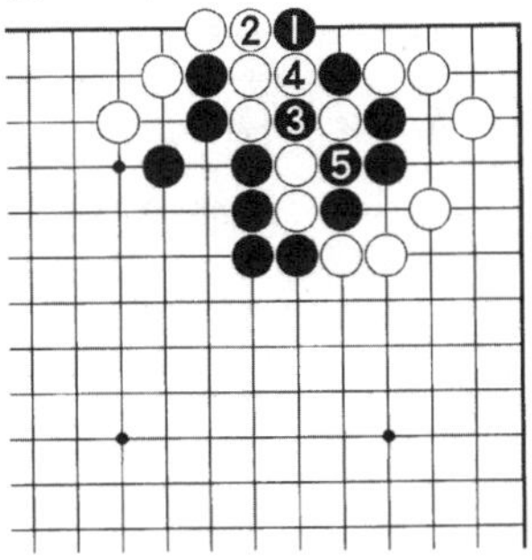

## 촉촉수

흑1의 마늘모는 탄력이 있는 수이다. 백2로 이은 후 흑3에 먹여쳐서 백을 자충으로 만든다. 5로 단수쳐 촉촉수의 모양이다.

变

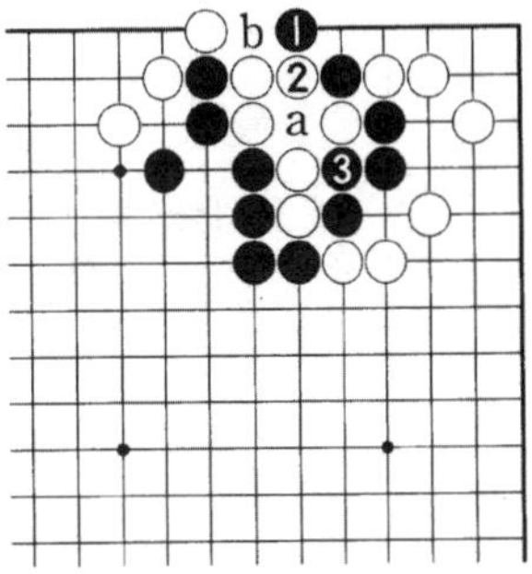

## 촉촉수

백2의 단수는 흑3으로 그만이다. 또 백2로 a로 이으면 흑b로 끊어 중앙의 백 6점이 잡힌다. 흑1로 2는 백a로 실패한다.

(890)

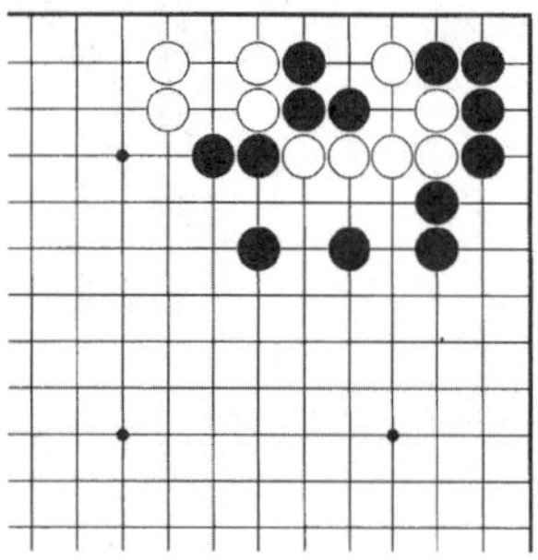

解

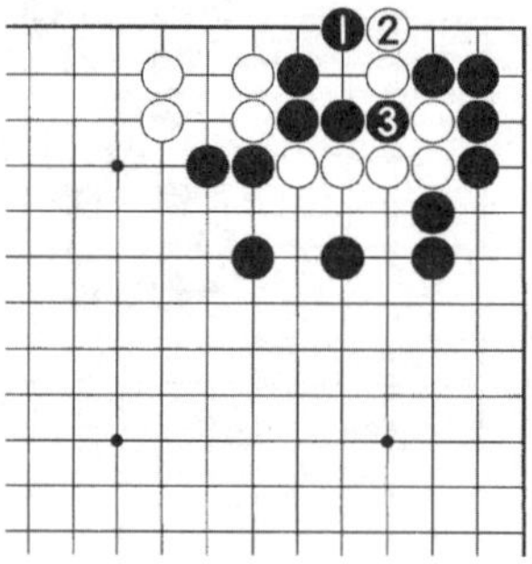

失

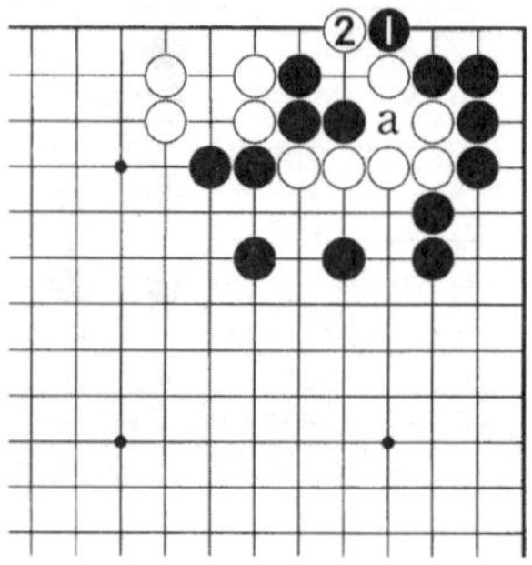

**제5형 흑번**

### 흑선 백사

상변의 전투.
흑 3점이 백의 옮음을 추궁하여 우상귀와 연결하면 중앙의 백을 전부 잡는다.

### 흑 승

흑1의 마늘모가 좋은 수이다. 백2로 막으면 흑3으로 끊어 수상전은 흑이 승리한다. 우상이 흑집으로 바뀐다.

### 흑 실패

흑1의 젖힘은 백2로 막아 흑이 실패한다. 백2로 a는 흑2로 건너간다. 2의 자리가 쌍방의 급소이다.

(891)

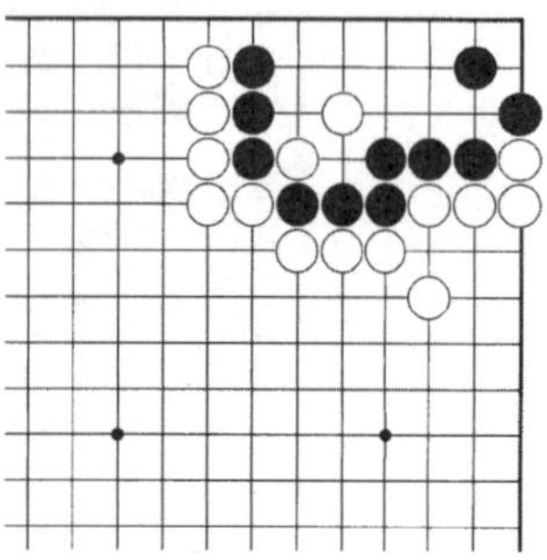

解

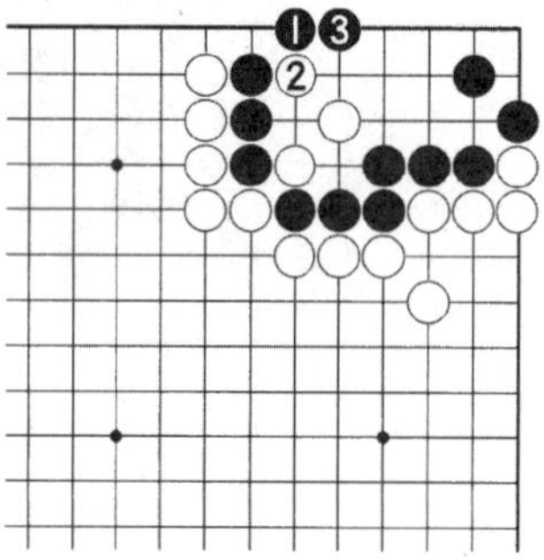

変

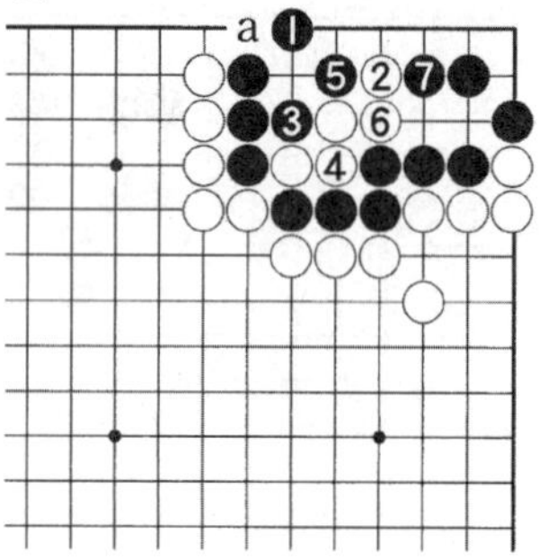

**제6형 흑번**

### 흑집

상변의 전투.
백에게 절단되어 있는 흑 3점을 살려 백 2점을 잡고 집을 넓혀야 한다.

### 잡히다

흑1의 마늘모가 맥이다. 백2로 마늘모로 붙이면 흑3으로 늘어 귀로 건너간다. 백 3점이 전부 잡혀있는 모양이다.

### 흑 승

백2로 두어 흑의 건넘을 막는다. 흑3, 5로 백을 공격하면서 집을 만들고, 흑7로 수상전은 흑이 승리한다. 흑1로 3은 백a로 조여 실패한다.

(892)

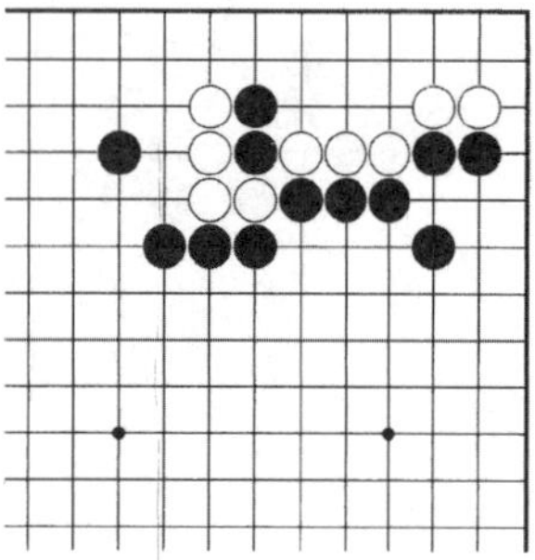

解

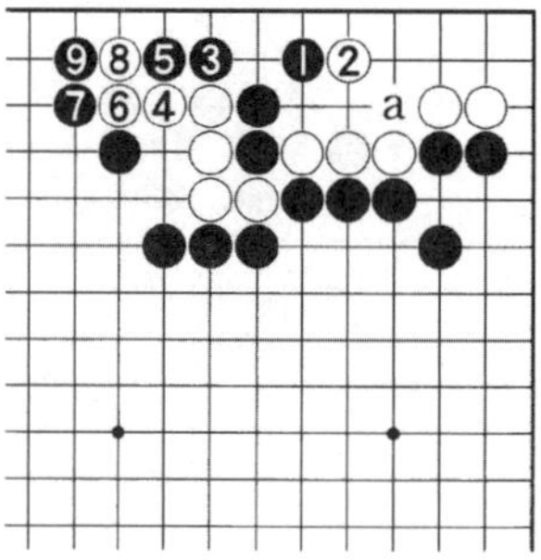

失

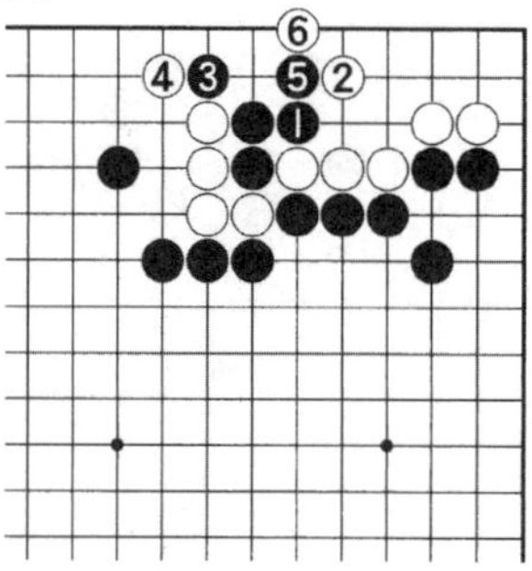

**제7형 흑번**

### 반격

상변의 전투.
백은 흑 2점을 공격하여 잡으려 하지만 귀의 모양이 자충의 약점이 있어 무리이다. 흑은 어떻게 반격하여야 하는가?

### 흑 승

흑1의 마늘모가 좋은 수이다. 백2로 귀를 지키면 흑3으로 젖혀 중앙의 백을 공격한다. 흑9까지 수상전은 흑이 승리한다. 백2로 3은 흑a.

### 백 승

흑1로 구부리면 백2로 뛰어 흑의 모양이 나쁘다. 흑3의 젖힘에 백4로 막을 수 있다. 흑5는 백6으로 백이 수상전에서 승리한다.

제8형 흑번

(893)

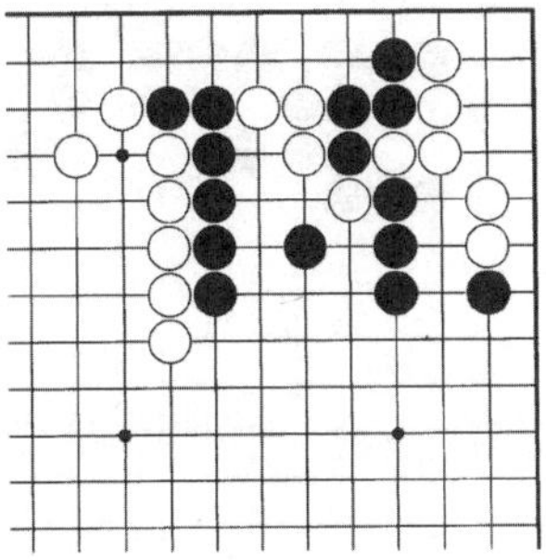

## 일석이조

상변의 전투.
흑 4점을 살리는 것은 간단하다. 문제는 흑을 살리면서 백 3점을 잡는 1석2조의 수를 찾는 것이다.

解

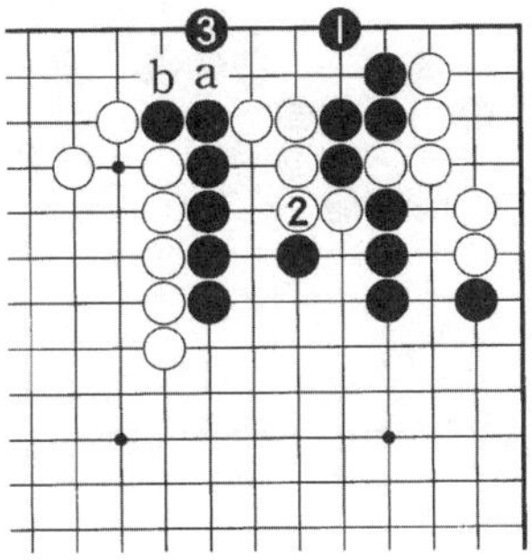

## 맥

흑1의 마늘모가 좋은 수이다. 백2로 이으면 흑3으로 상변으로 건너가서 백 5점을 잡는다. 백2로 a는 흑b, 백2, 흑3.

失

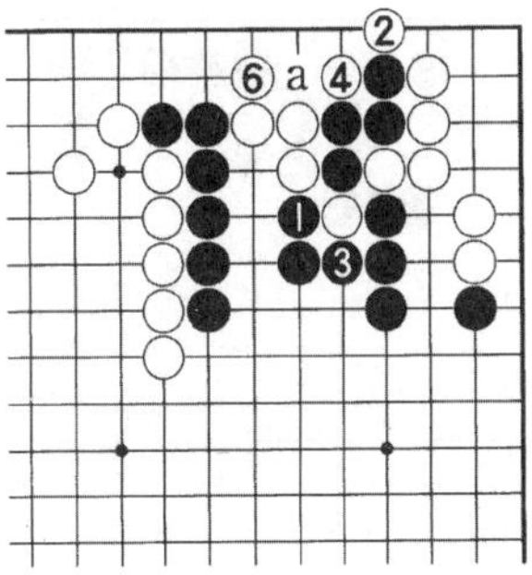

## 촉촉수

흑1로 끊으면 백2로 단수쳐서 실패한다. 흑3은 백4로 조이고 백6으로 상변은 백집이 된다. 흑3으로 4는 백a로 안 좋다.
※❺→❸의 위

제9형 흑번

(894)

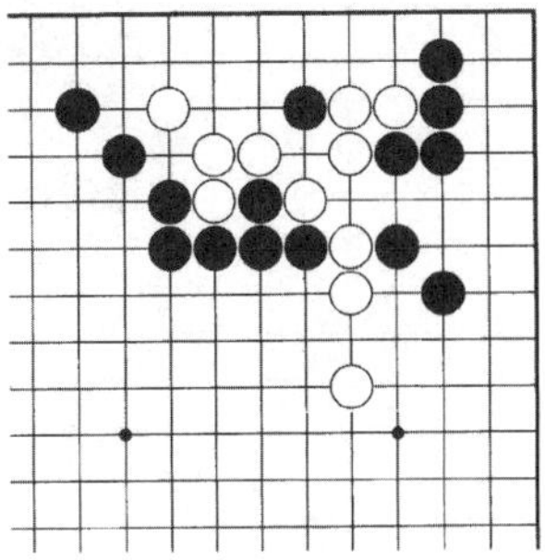

## 자충

상변의 자충.
흑 1점은 잡혔으나 백은 자충으로 맛이 나쁜 모양이다. 흑은 상변 의 백 4점을 잡을 수 있다.

解

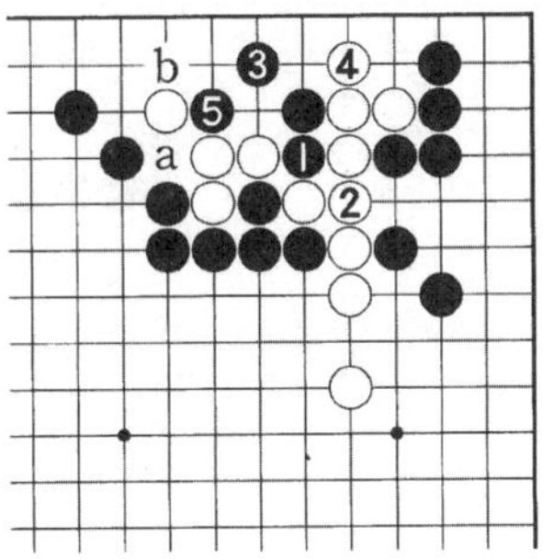

## 흑 성공

흑1로 끊고 3의 마늘모가 맥이다. 백4로 내려 상변 건넘을 막으면 흑5로 마늘모 붙여 상변의 백을 공격하여 잡는다. 흑a는 백b.

失

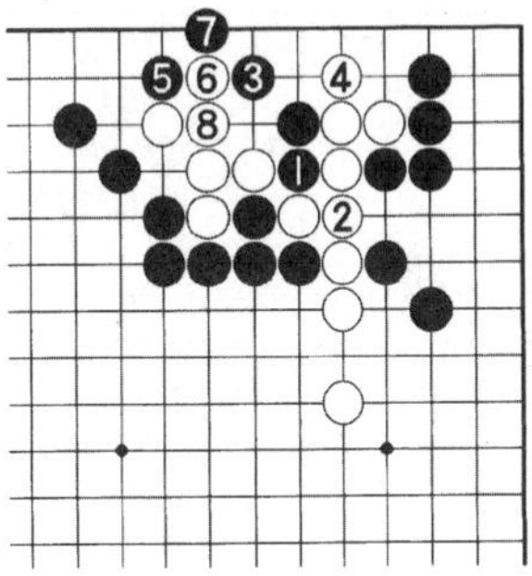

## 흑 5는 실패

흑5의 붙임은 백6의 저항이 있어 실패한다. 백8이후 흑 2점이 촉촉수로 잡힌다.

제10형 백번

(895)

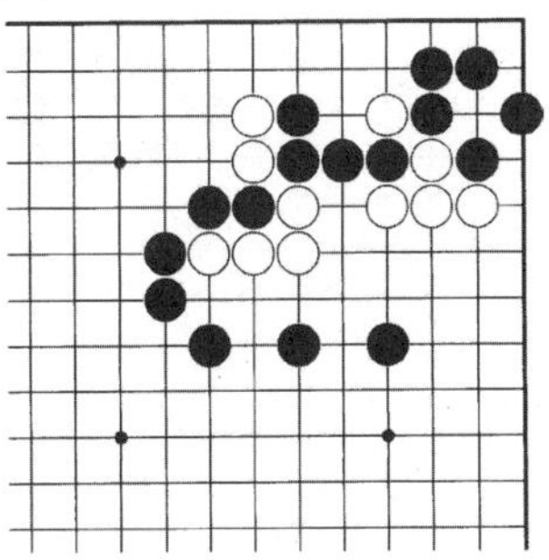

## 급소

우상의 전투.
백 8점은 상변의 흑을 공격하여 잡고 살아야 한다. 오른쪽의 4점이나 왼쪽의 2점 중 어느 한쪽을 잡으면 된다.

解

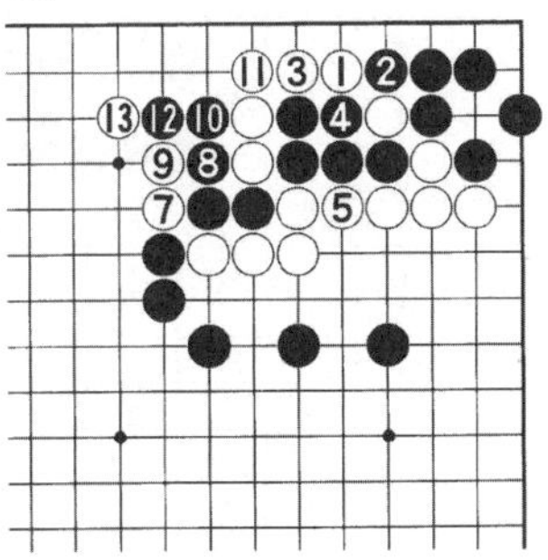

## 백 승

백1의 마늘모가 맥으로 멋진 수순이다. 흑2라면 백3, 5로 조이고 백7로 끊는다. 백13까지 수상전은 백이 승리한다.
※❻→❷의 아래

変

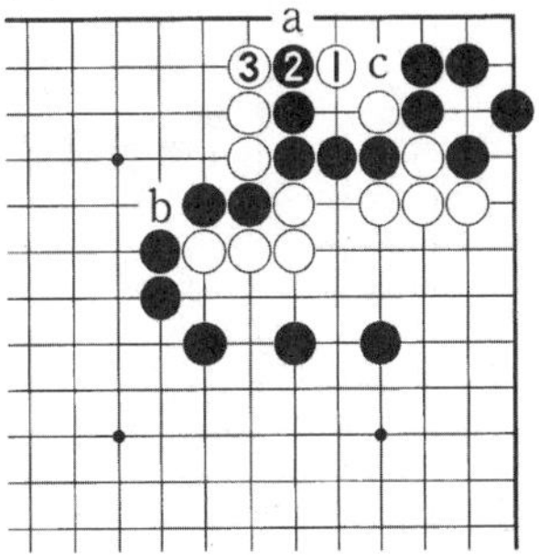

## 맞보기

흑2로 받으면 백3으로 막아 a와 b를 맞보기 한다. 백1로 3은 흑b로 잇고 이후 백1은 흑c로 단수쳐 백이 실패한다.

제11형 백번

(896)

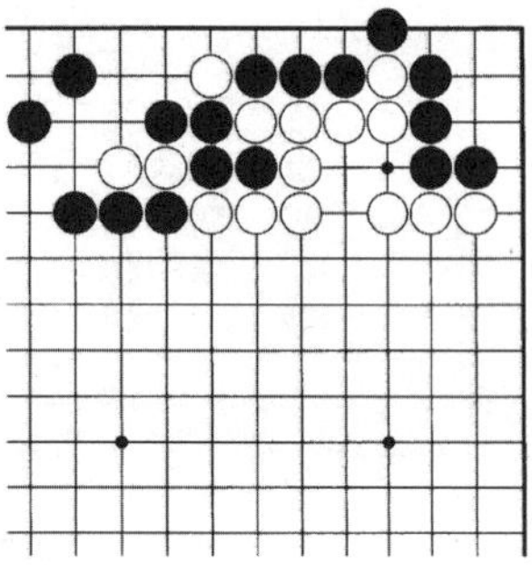

## 분리

상변의 전투.
상변의 백 1점과 2점을 움직여서 우상귀의 흑을 분리할 수 있다.
패가 되면 대 성공을 거둔다.

解

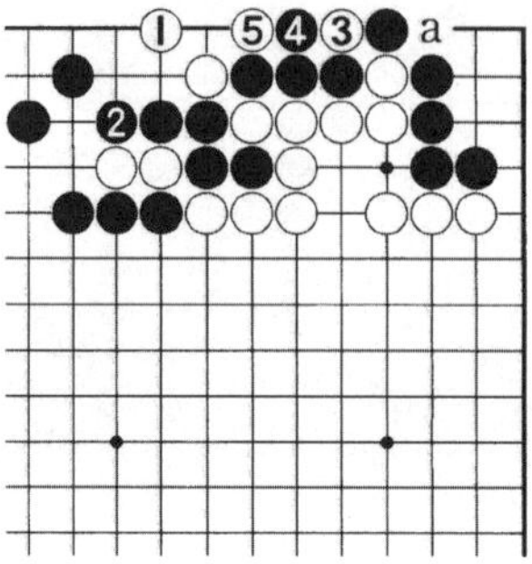


## 패

백1의 마늘모가 이런 장면에서의 맥이다. 흑2로 중앙 2점을 잡으면 백3, 5로 패가 난다. 흑은 최악의 경우이다. a로 이음을 활용하여 귀를 산다.

変

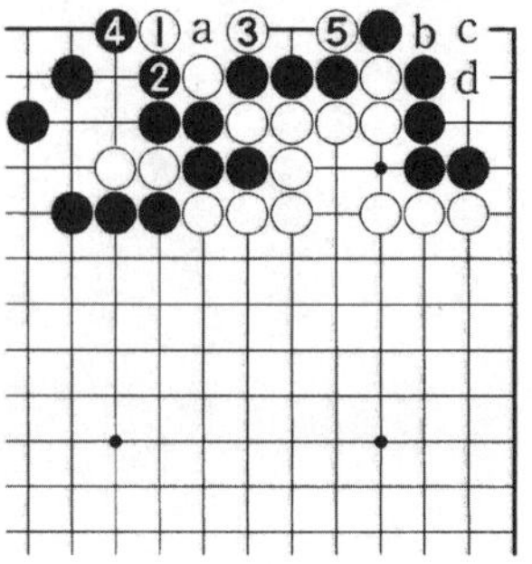


## 귀가 위험

흑2의 단수는 백3으로 젖혀 이 역시 패가 되지만 흑이 팻감이 부족하면 귀도 위험해진다. 백5이후 흑a, 백b, 흑c, 백d로 역시 패가 난다.

입구자 수상전

제1형 흑번

(897)

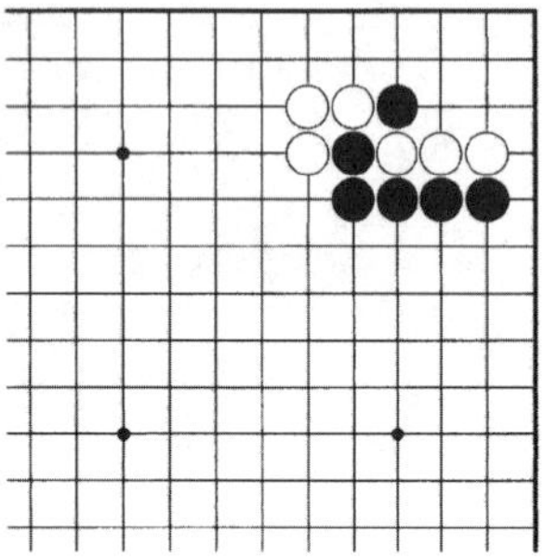

## 패는 실패

귀의 수상전 문제.
백 3점을 무조건 잡으려고 하면 한 수 밖에 없다. 패를 내면 실패한다.

解

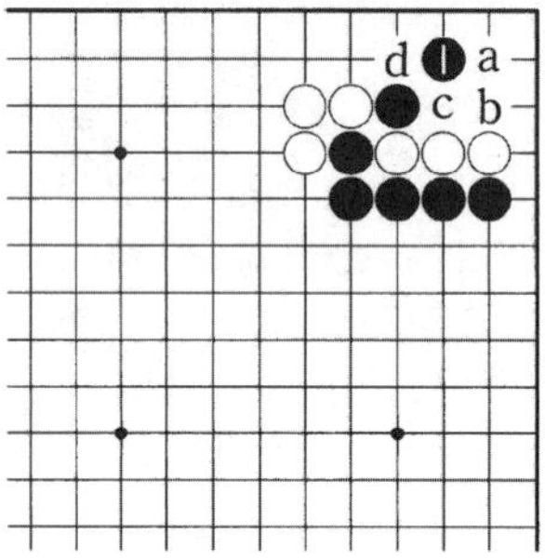


## 백 수부족

흑1의 마늘모가 좋은 수이다. 백a로 붙이면 흑b로 끼워 백의 자충을 추구한다. 백a로 c는 흑d로 역시 백이 패배한다.

失

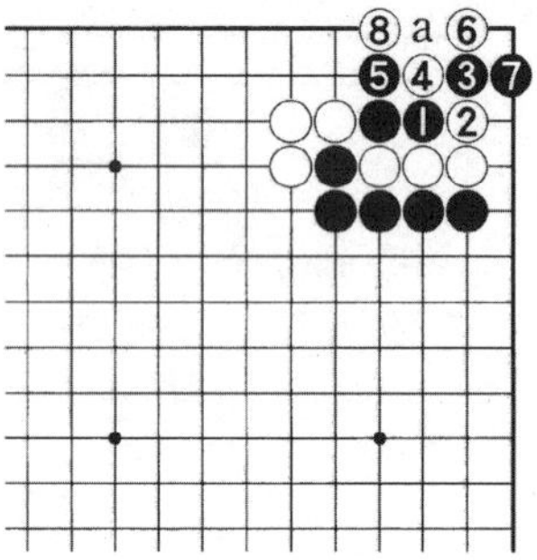


## 패

흑1로 막으면 백2, 4로 반발하는 수가 생긴다. 흑5이후 백6, 8로 이단패가 난다. 흑7로 a에 잡으면 백7로 단수.

제2형 흑번

(898)

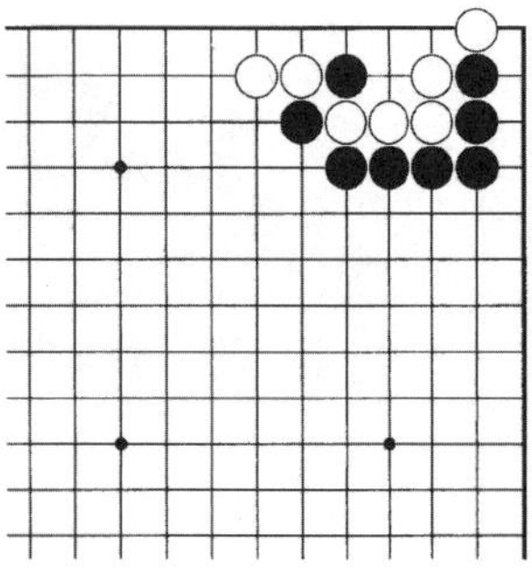

## 탄력

귀의 수상전 문제.
흑 1점에 탄력을 부여하면 귀의 백 5점을 잡을 수 있다.

解

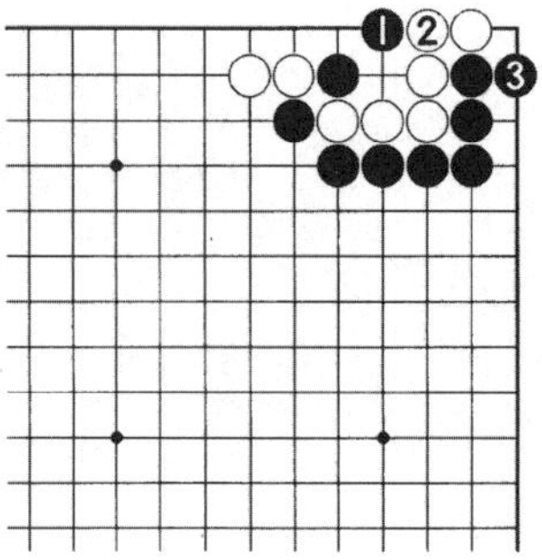


## 맥

흑1의 마늘모가 좋은 수이다. 백은 자충이기 때문에 흑을 공격할 수단이 없다. 백2로 이으면 흑3으로 공격하여 백 6점은 수상전에서 패배한다.

失

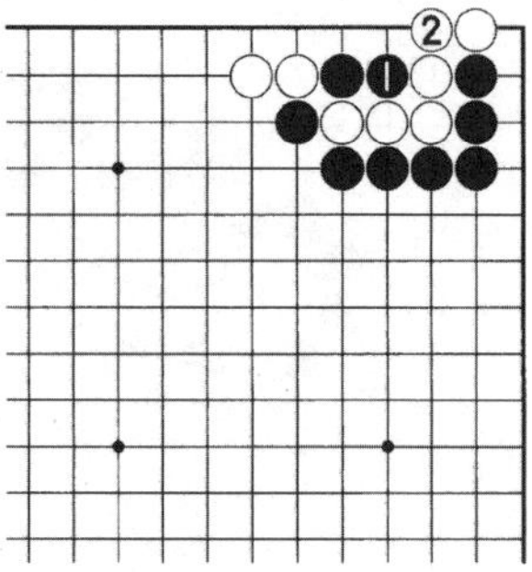


## 대 속수

흑1의 단수는 속수 중에서도 최악의 속수이다. 백2로 이어 이번에는 흑이 자충에 걸려서 다음 수가 없다.

(899)

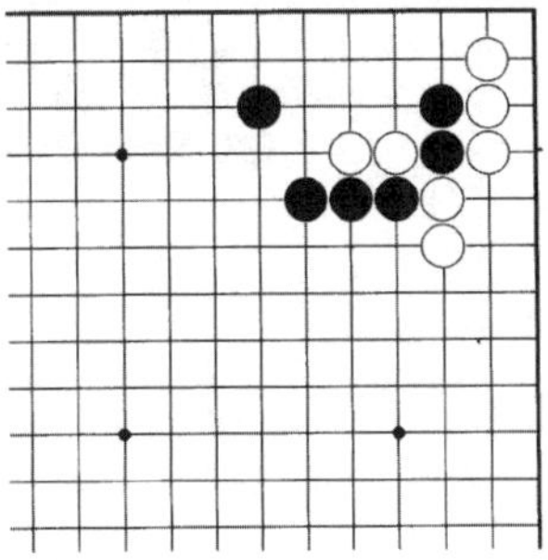

解

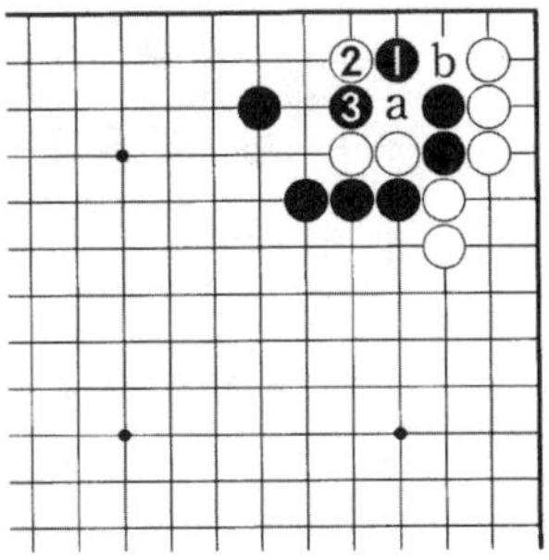

失

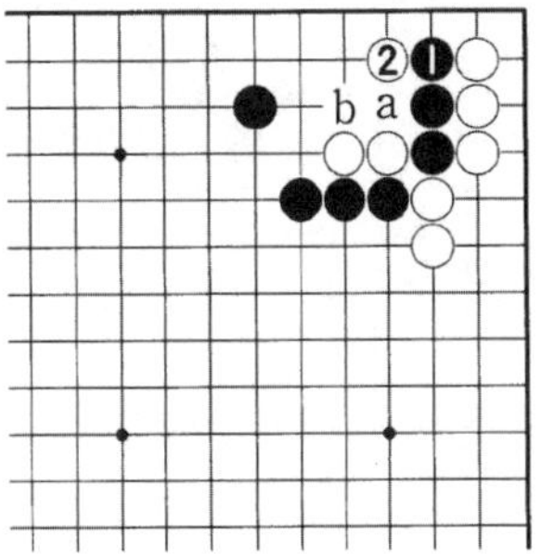

제3형 흑번

### 자충

상변의 수상전.
흑 2점은 공배가 꽉 찼으나 상변에 있는 백2점도 좋은 모양은 아니다. 흑의 공격은?

### 환격

흑1의 마늘모가 맥이다. 백2로 붙이면 흑3으로 끼워서 백 2점을 환격으로 잡는다. 백2로 a는 흑b, 백2, 흑3으로 촉촉수이다.

### 흑 무책

흑1로 막는 것은 백2로 실패한다. 흑1로 a에 구부려도 백b로 막아서 흑이 안된다.

(900)

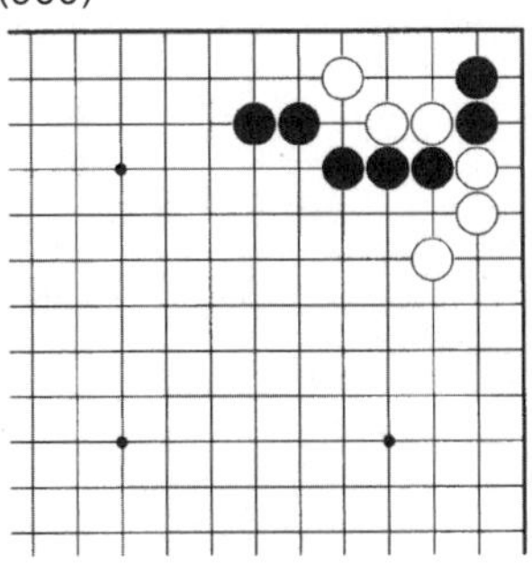

解

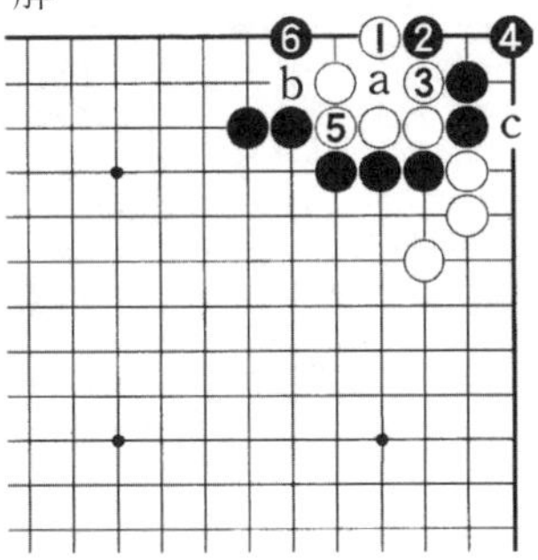

失

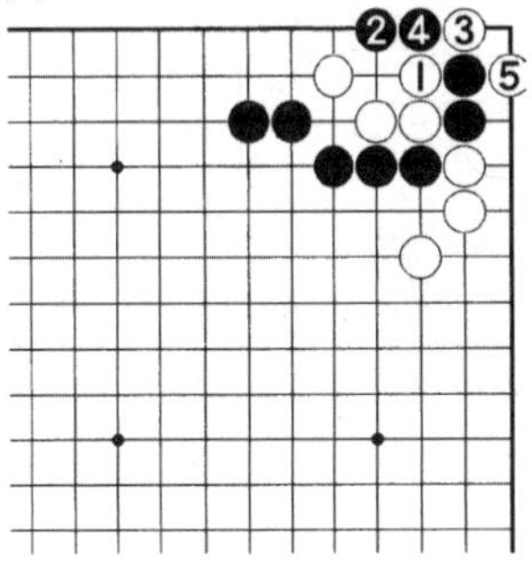

제4형 백번

### 패

귀의 수상전.
흑 2점은 귀로 뻗어서 4수의 탄력 있는 모양이다. 백은 유리한 패로 만들면 성공이다.

### 늘어진 패

백1의 마늘모가 급소이다. 흑2로 마늘모 붙이고 백3, 흑4가 최강의 저항으로 흑6까지 백이 유리. 한수 빠른 패가 된다. 흑2로 3은 백a 흑b 백c로 승리.

### 흑 유리한 패

백1로 막으면 흑2의 치중이 좋은 수가 된다. 백3의 젖힘에 흑4로 끊어 흑이 유리한 패가 난다. 백3으로 4는 흑3으로 조건 없이 흑의 승리.

(901)

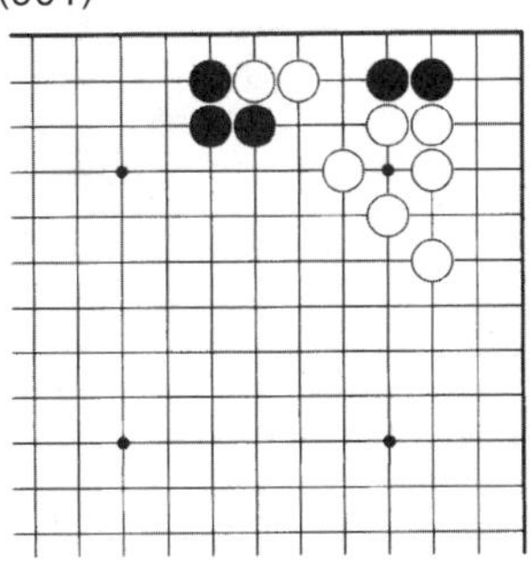

解

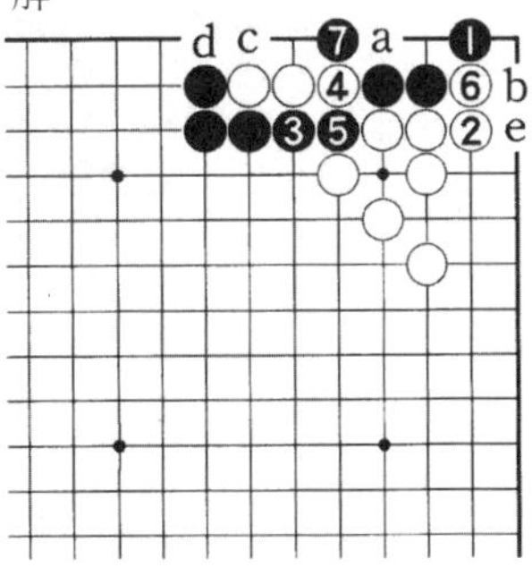

失

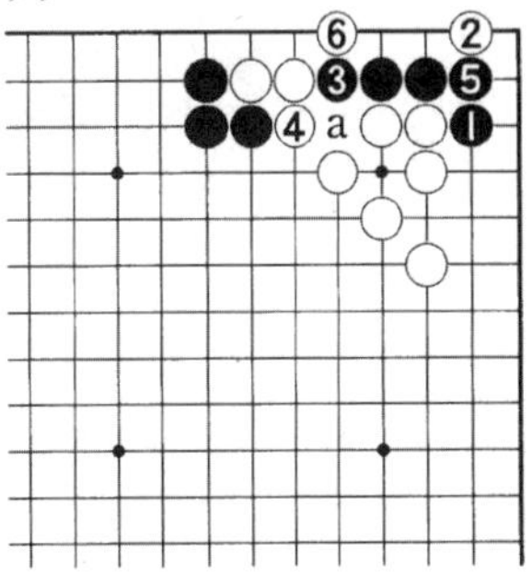

제5형 흑번

### 활용

상변의 백 2점과 수상전을 직접 벌이는 것은 좋지 않다. 귀에 활용을 해두면 유리해진다.

### 수상전

흑1의 마늘모가 좋은 수이다. 2에 젖혀 사는 것과 흑3부터 7로 잡는 것을 맞본다. 백6으로는 7로 두는 수도 있어 흑6, 백a, 흑b, 백c, 흑d, 백e로 백의 후수 빅이 된다.

### 흑 죽음

흑1의 젖힘은 백2로 치중당해서 실패한다. 흑3, 5로 귀의 집을 넓혀도 백6으로 흑이 죽는다. 흑3으로 4는 백3, 흑a, 백5로 끊어 흑이 패배한다.

(902)

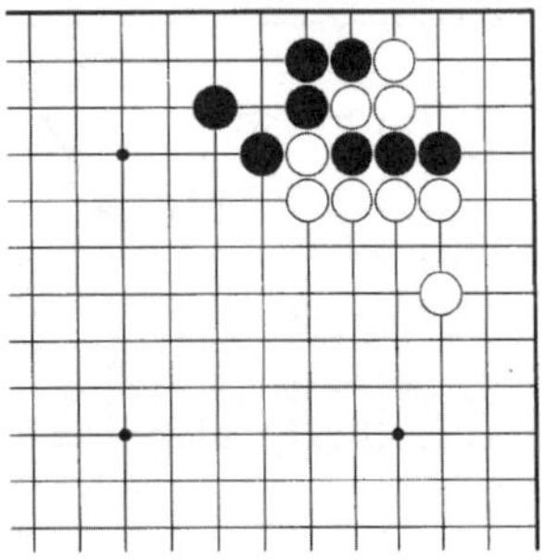

解

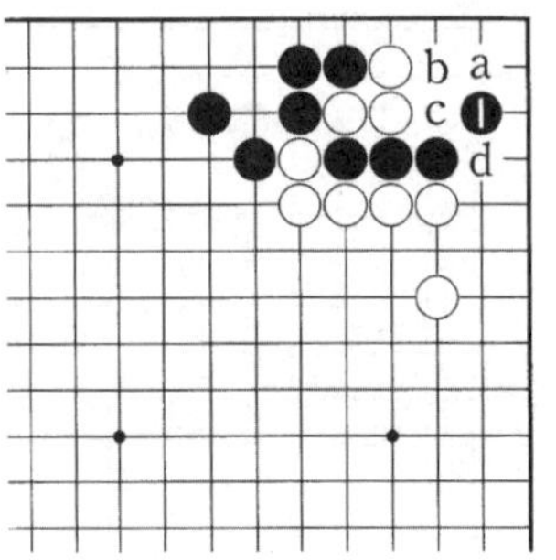


失

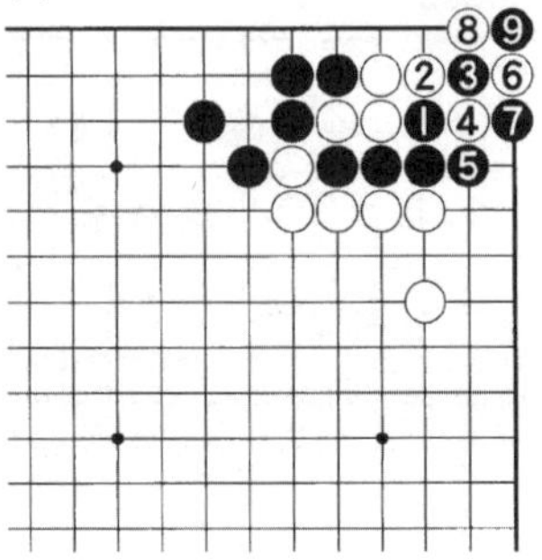


**제6형 흑번**

## 수상전

우상귀의 수상전 문제.
흑은 백의 자충을 추궁하여 조건 없이 백 3점을 잡고 싶다.

## 흑 승

흑1로 입구자가 상용의 맥이다 백a로 붙이면 흑b로 끼우면 된다. 또 백c의 단수는 흑d로 이어서 백이 자충이 된다. 흑이 수상전에서 승리한다.

## 패는 실패

흑1, 3은 평범한 공략법이다. 이 경우 귀를 이용하여 백에게 탄력이 생겨 백4부터 8까지 패가 난다. 흑은 실패한다.

(903)

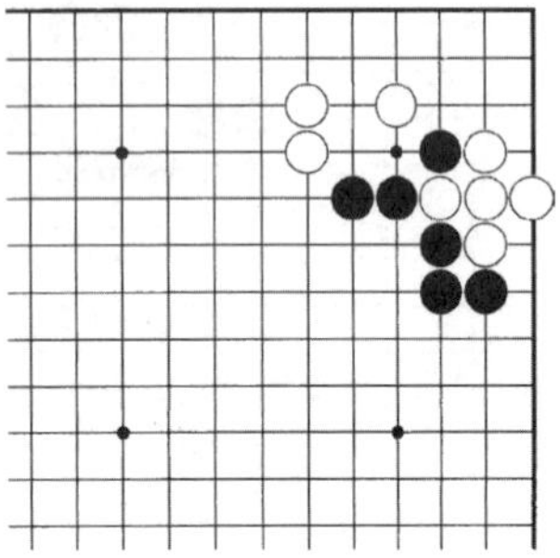

解

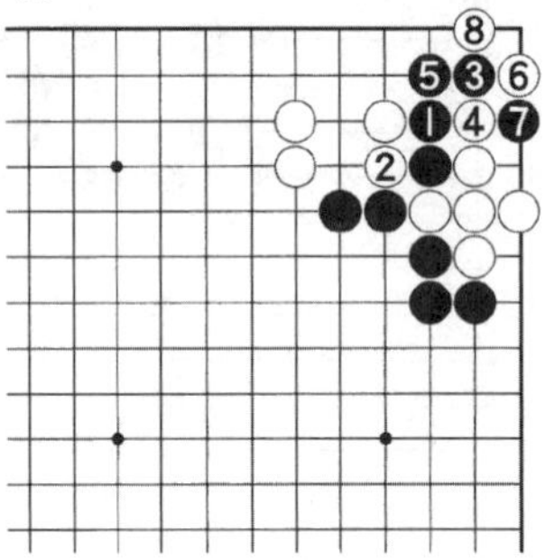


失

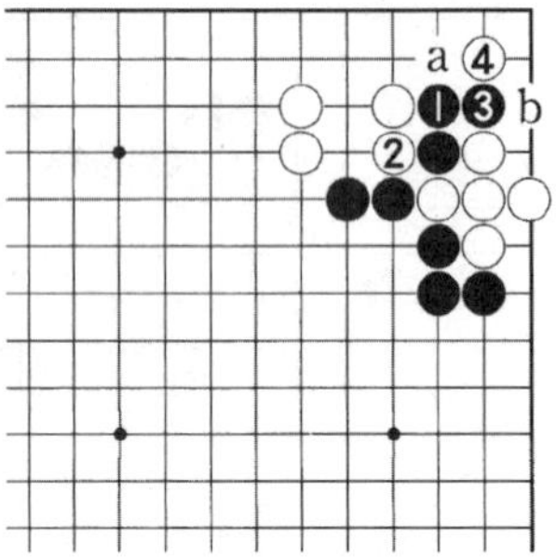


**제7형 흑번**

## 침입

우상의 전투.
귀의 백은 지키는 1수가 더 필요하다. 만약 백이 손을 뺀다면 침입한 순간 수가 난다.

## 패

흑1로 나가 백2의 끊음에 흑3 입구자가 맥이다. 백4, 6으로 공격하는 정도이지만 흑7로 먹여쳐서 백8로 백은 불리한 패를 할 수밖에 없다.

## 흑3은 실패

흑1로 나가도 흑3으로 막으면 실패한다. 백4로 붙여서 흑이 자충에 걸린다. 흑a는 백b로 흑이 1수부족 패배한다.

(904)

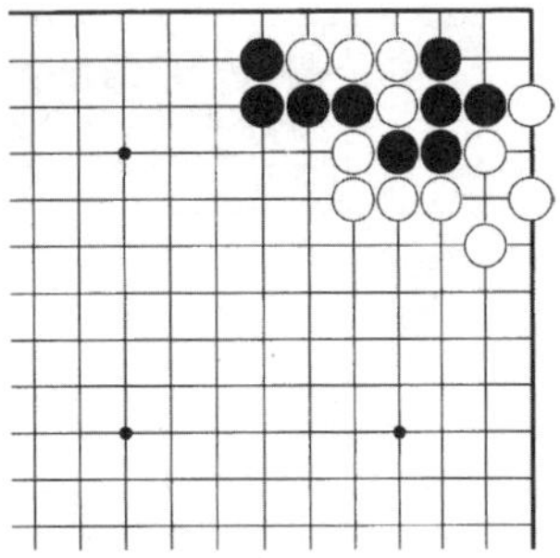

解

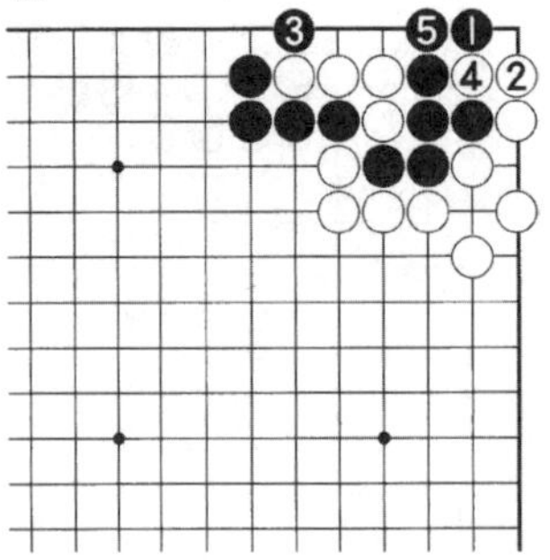


失

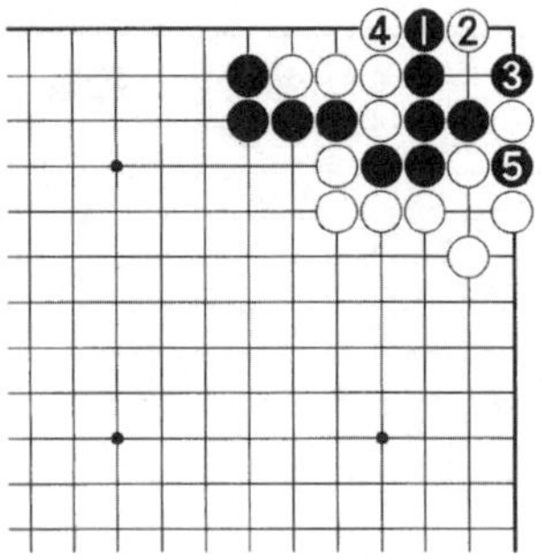


**제8형 흑번**

## 흑선 백사

상변의 백 4점과 귀의 흑 5점이 수상전에 돌입했다. 백을 직접 공격하는 것은 실패이고 패가나도 실패이다.

## 흑 승

흑1의 입구자가 귀의 특수성을 이용한 2·1 맥이다. 백2로 나가면 흑3으로 공격하고 백4, 흑5까지 백을 잡는다.

## 패는 실패

흑1로 뻗으면 백2로 붙여 흑3으로 막아 패를 할 수밖에 없다. 흑1로 3도 백1로 패가 된다. 무조건 잡을 수 있는 것을 패로 만들어서는 실패한다.

(905)

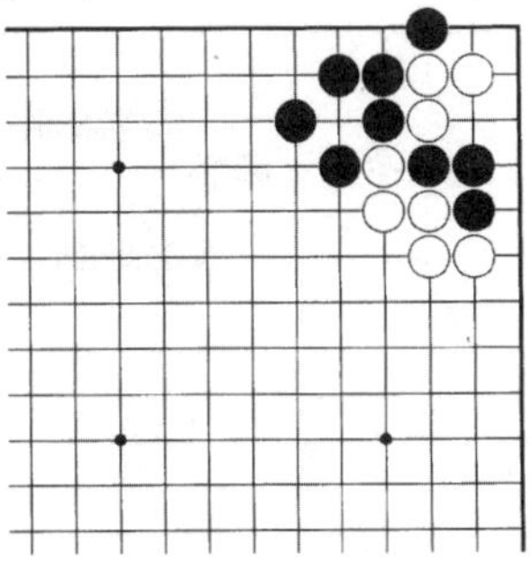

**제9형 흑번**

### 흑선 백사

우상의 수상전.
흑에게는 여러 가지 공격법이 있으나 조건 없이 이기는 방법은 한 수뿐이다.

解

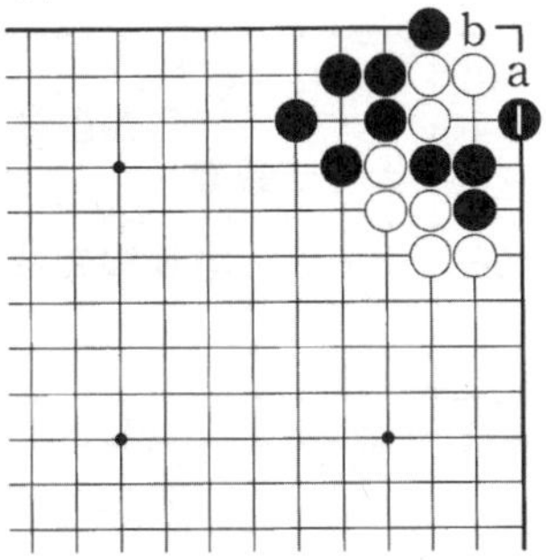


### 양자충

흑1의 입구자가 좋은 수이다. 백a로 막으면 흑b로 공격하고 백은 다음 수가 없다.

失

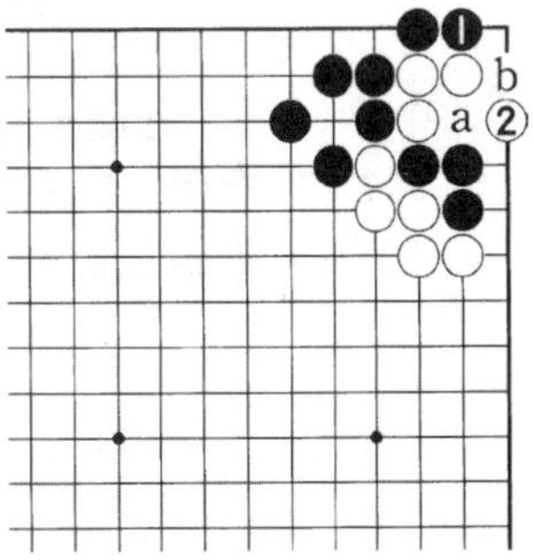


### 패

흑1로 밀면 백2의 입구자에 공수가 역전된다. 흑a는 백b로 이어서 흑이 그냥 잡힌다. 백2에 흑b로 집어넣으면 흑이 불리한 패가 난다.

(906)

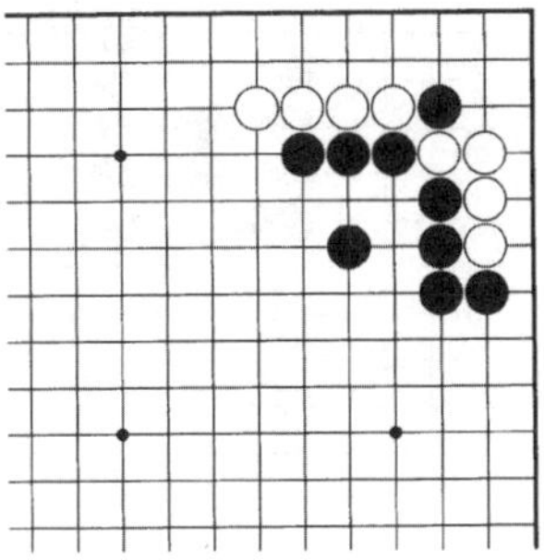

**제10형 흑번**

### 몇 수

귀의 수상전 문제.
흑 1점의 수를 늘리려면 어디가 맥이 될까? 조건 없이 잡을 수는 없다.

解

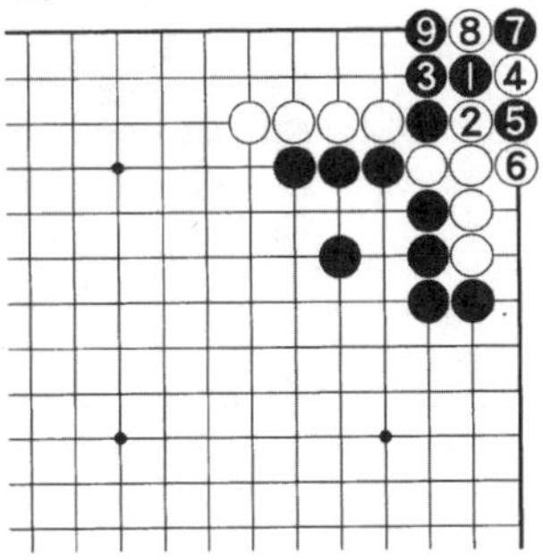


### 패

흑1의 입구자가 수를 늘리는 맥이다. 백2, 4로 공격할 수밖에 없다. 흑5로 집어넣고 9까지 패가 난다.

失

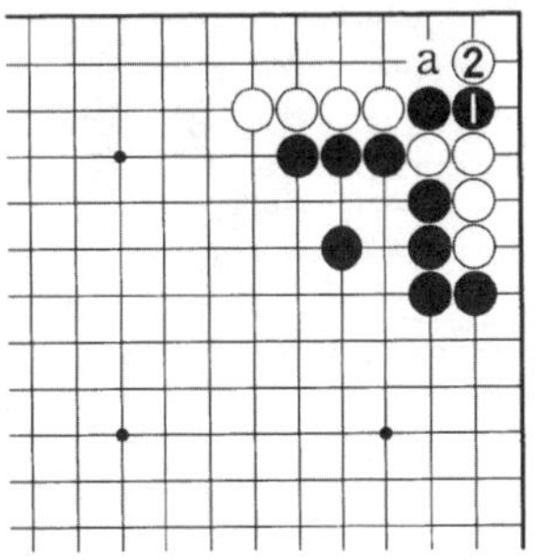


### 흑 패배

흑1로 막으면 백2로 붙여 그만이다. 흑1로 a에 뻗어도 백2로 붙여 흑의 수가 늘어나지 않는다.

(907)

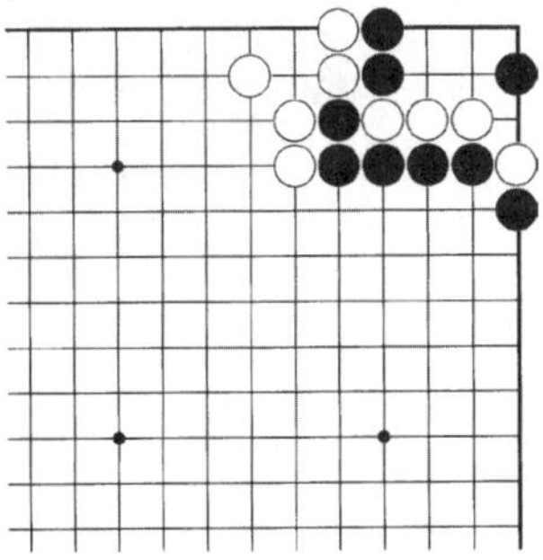

**제11형 흑번**

### 자충

귀의 수상전 문제.
흑 2점은 자충으로 이대로 잡힐 것 같지만 백의 모양도 좋지만은 않다.

解

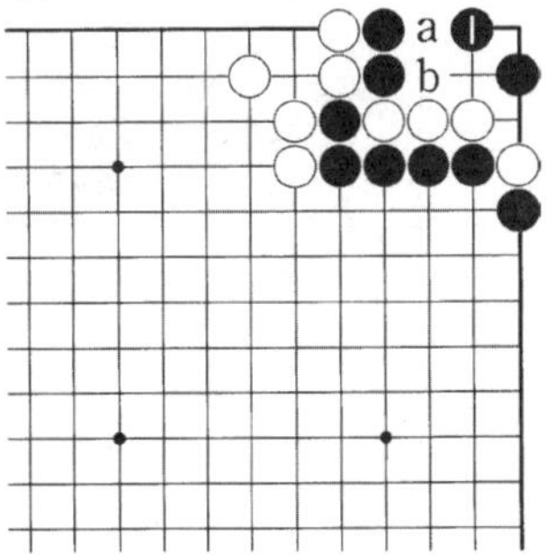


### 귀는 흑집

흑1의 입구자가 좋은 수이다. 백a로 집어넣는 것은 촉촉수를 노리는 수지만 흑b로 따내서 백은 다음 수가 없다. 귀는 이대로 흑집이 된다.

失

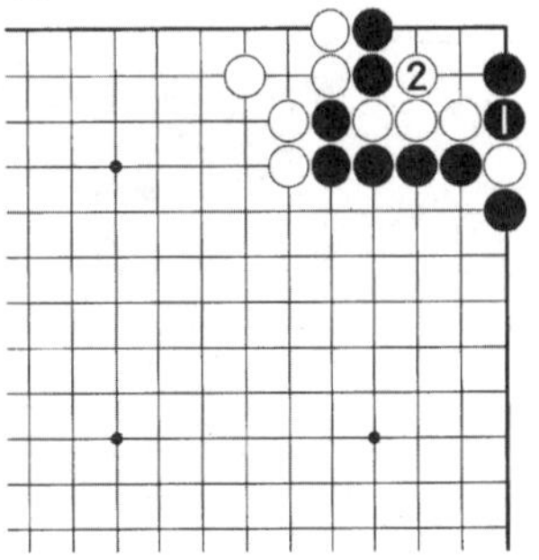


### 큰 손해

흑1로 백 1점을 따내는 것은 손해가 크다. 백2로 흑 2점을 잡혀서 귀는 백집으로 바뀐다. 정해도와 계산을 해보면 16집 차이가 난다.

**제12형 흑번**

(908)

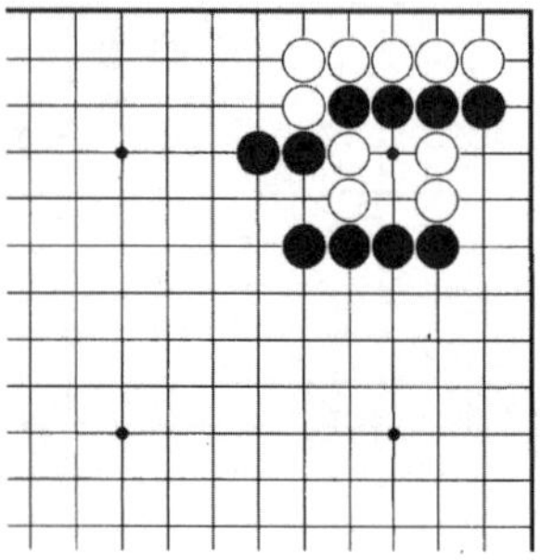

## 저항

우변의 수상전 문제.
흑 4점이 우변으로 건너가면 백 4점이 잡힌다. 백이 저항하면 어떻게 해야 하는가?

解

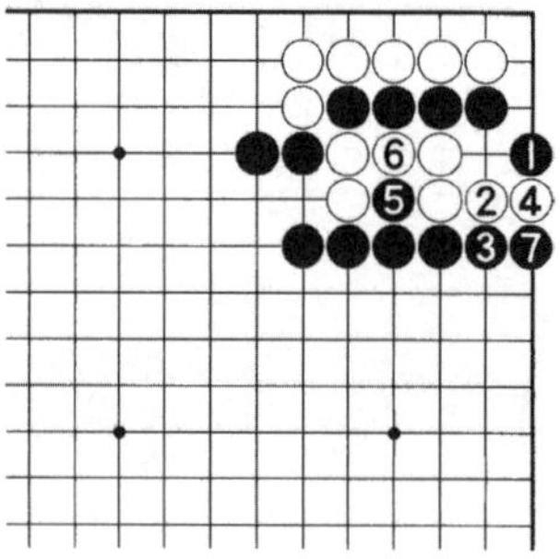

## 맥점

흑1의 입구자는 백을 공격과 우변에의 건넘의 양쪽을 엿보는 맥이다. 백2, 4로 건넘을 막으면 흑5, 7로 백을 잡는다.

失

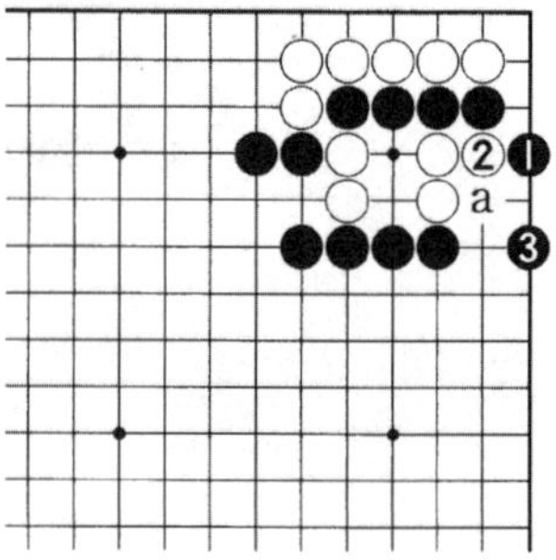

## 건넘

백2로 막으면 흑3으로 뛰어서 우변으로 건너간다. 백 5점은 그대로 잡힌 모양이다. 흑1로 a는 백2로 나가 흑이 자충이다.

**제13형 흑번**

(909)

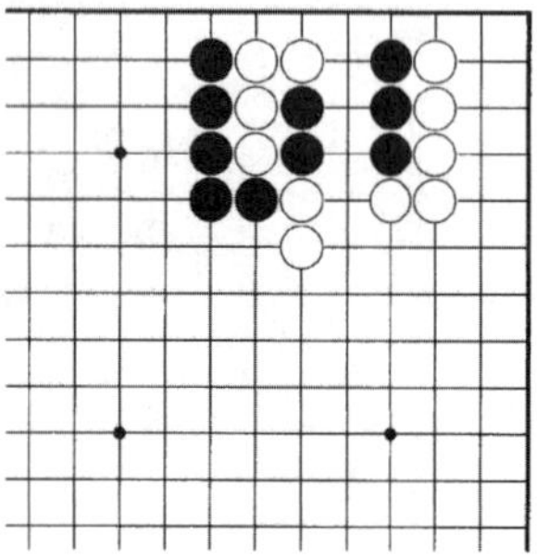

## 경계

상변의 수상전.
바깥에서 수를 메우는 것보다 쌍방의 경계를 확실히 하는 것이 먼저다.

解

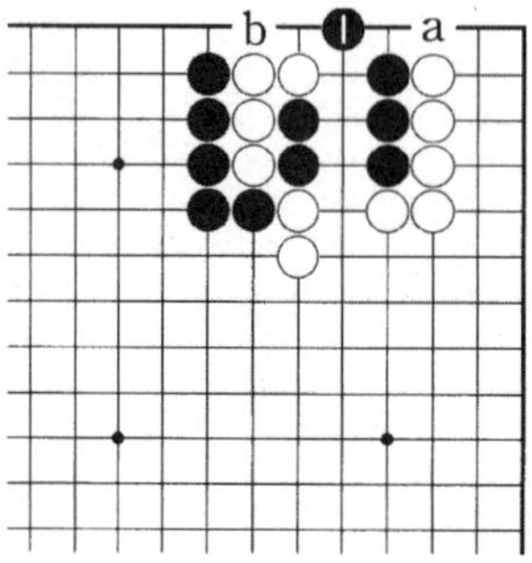

## 흑 승

흑1의 입구자가 맥이다. 백a라면 흑b로 밖에서부터 공격하여 승리한다. 백a로 중앙을 두는 것은 백을 자충으로 만들뿐이다.

失

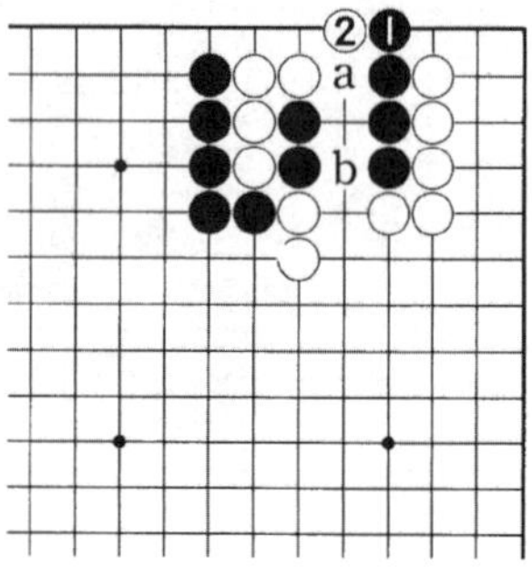

## 백 승

흑1은 틀린 맥이다. 수는 늘었지만 백2로 급소를 빼앗겨 잡히고 만다. 흑a는 백b로 2점이 축축수이다.

**제14형 흑번**

(910)

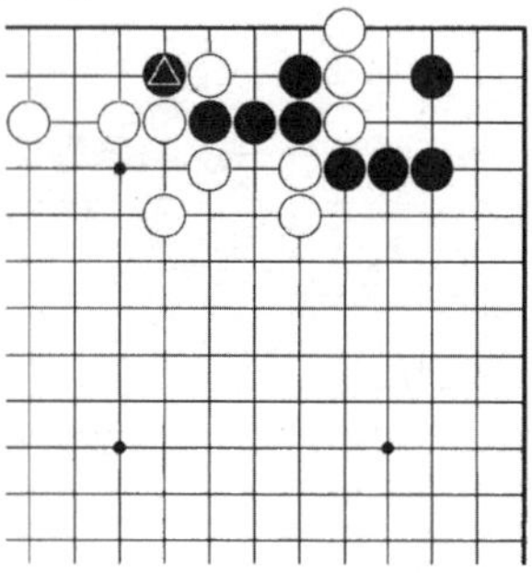

## 역전

상변의 수상전 문제.
흑의 공배는 3개, 백은 4개이다. 이 관계를 역전시키는 것은 흑▲ 1점의 끊는 수를 어떻게 활용하느냐에 달려있다.

解

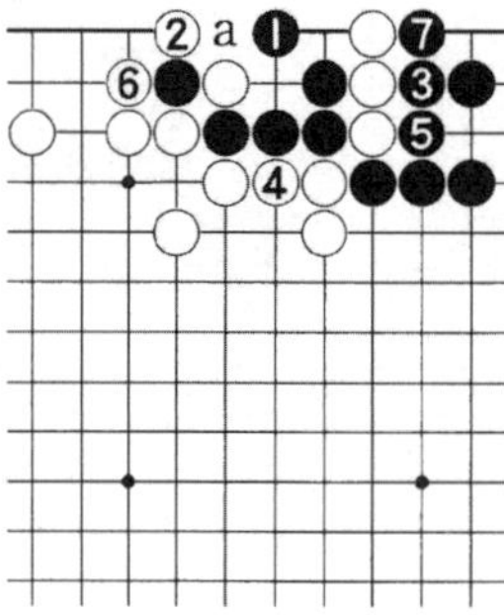

## 양자충

흑1의 입구자가 좋은 수이다. 백2로 단수쳐서 흑 1점을 잡으면 흑3, 5로 공격하여 백의 다음 수가 없다. 흑1로 a는 백1로 실패한다.

変

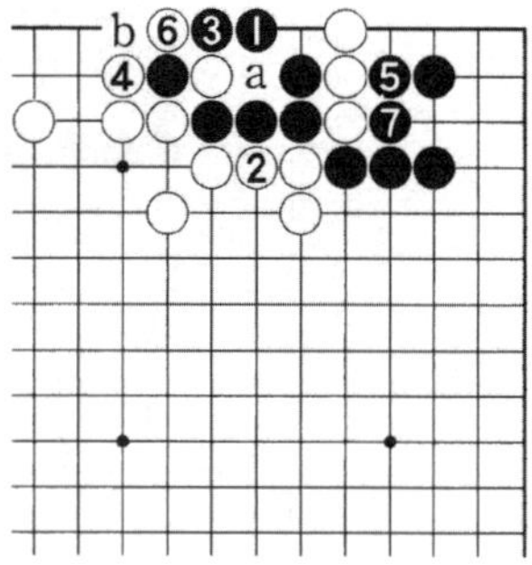

## 흑 승

백2로 공배를 메우면 흑3으로 단수친다. 백4로 받게 한 뒤 흑5, 7로 흑의 한수 빠른 승리. 흑5로 a는 백b로 패가 된다.

(911)

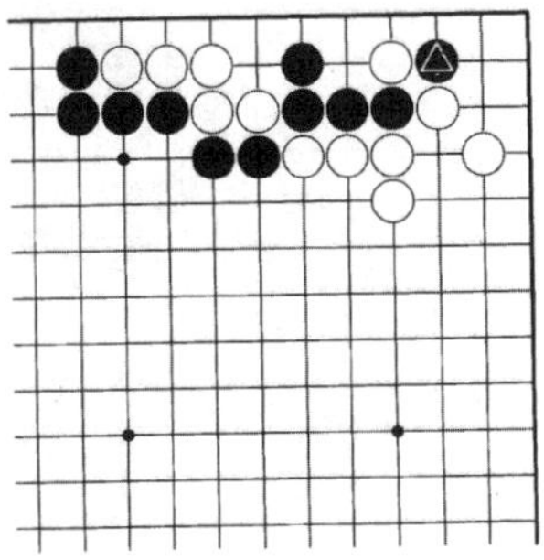

제15형 백번

**끊음**

상변의 전투.
우상귀에 끊는 수가 들어온 모양으로 백이 흑▲ 1점을 잡는 것이 목적이라면 문제없다.

解

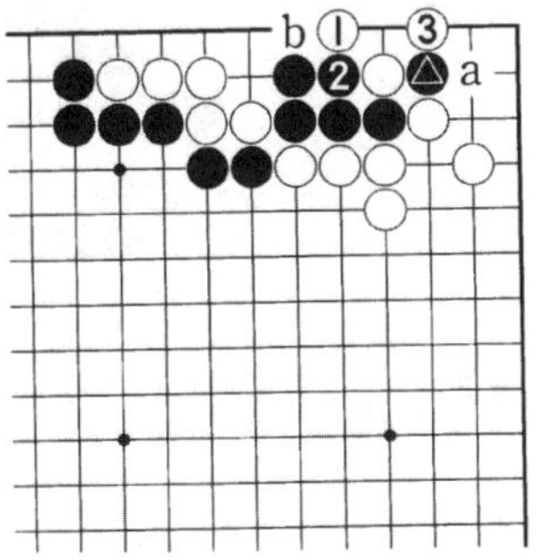

**패**

백은 흑▲에 신경 쓰지 않고 백1로 입구자하여 상변의 흑을 공격해야 한다. 흑2의 단수에 백3으로 패를 만든다. 흑2로 a는 백3으로 b.

失

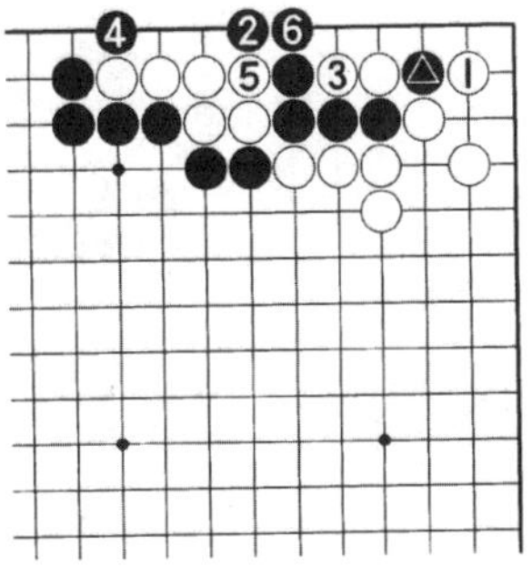

**백 잡힘**

백1로 잡으면 흑2로 입구자하여 상변 5점이 잡힌다. 백3으로 공격해도 대응 수가 없다. 흑4, 6까지 흑▲가 효과가 있다.

(912)

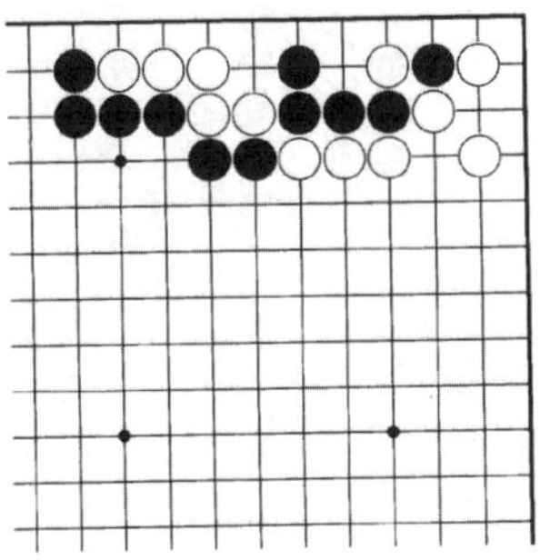

제16형 흑번

**공격하여 잡다**

상변의 수상전 문제.
흑 4점은 3수지만 백 5점을 공격하여 잡을 수 있다.

解

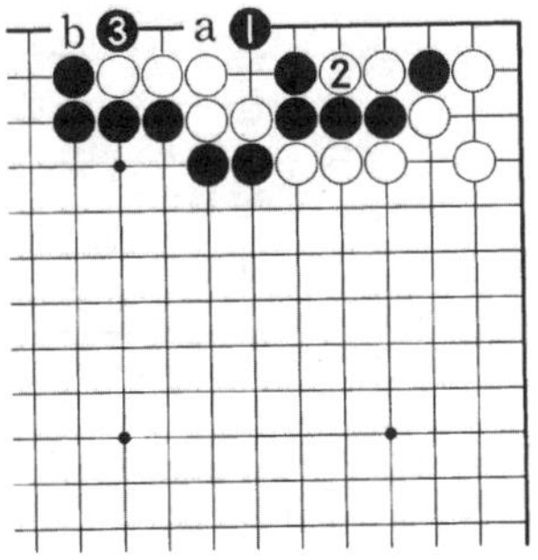

**양자충**

흑1의 입구자가 맥이다. 백2로 바깥부터 공배를 메워도 흑3으로 공격한다. 이후, 백a는 흑b로 백은 다음 수가 없다.

失

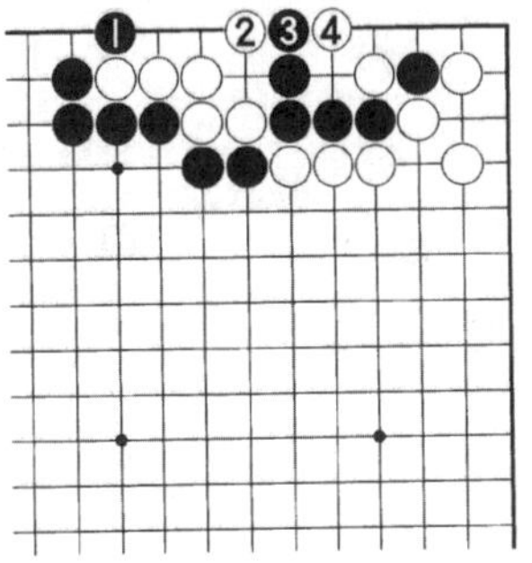

**역전**

흑1의 젖힘을 먼저 하면 백2의 입구자로 공수가 역전된다. 흑3, 백4로 이번엔 흑이 잡힌다.

(913)

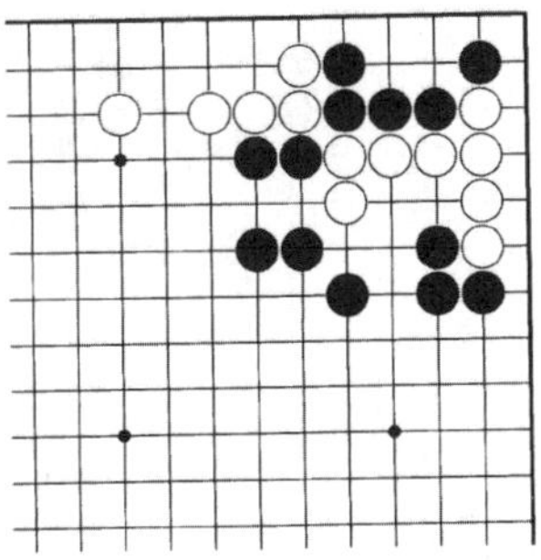

제17형 흑번

**수상전**

우상의 수상전 문제.
우상귀의 백은 8수나 되지만 흑은 집이 있다. 백은 집이 없는 점을 추궁한다.

解

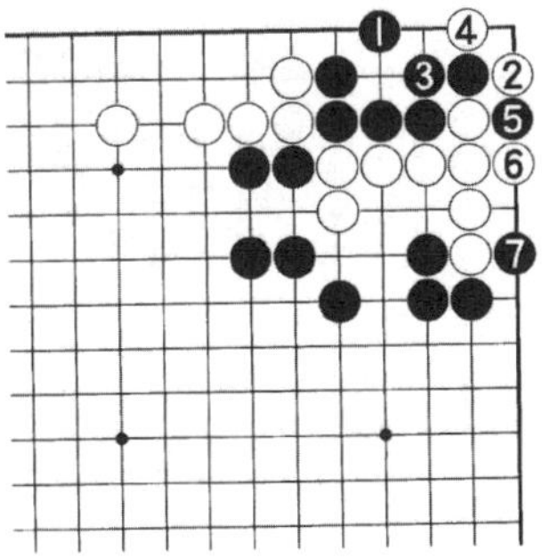

**흑 승**

흑1의 입구자는 탄력있는 맥이다. 백2, 4로 흑의 집을 빼앗을 수밖에 없다. 흑5로 먹여쳐서 유가무가의 수상전. 흑7로 흑 승.

失

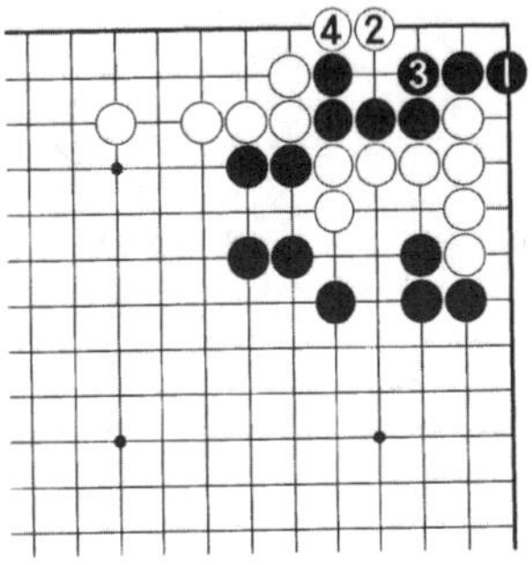

**흑 실패**

흑1은 수를 늘리는 급소이지만 백2로 상변의 급소를 두게 해서 좋지 않다. 백4 이후 흑의 수는 5수밖에 없다.

(914)

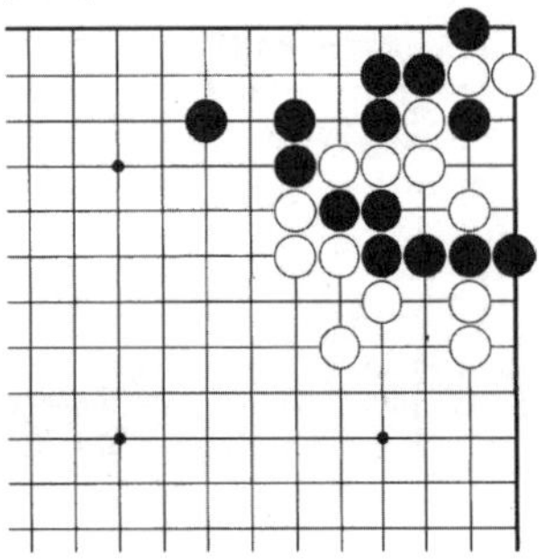

解

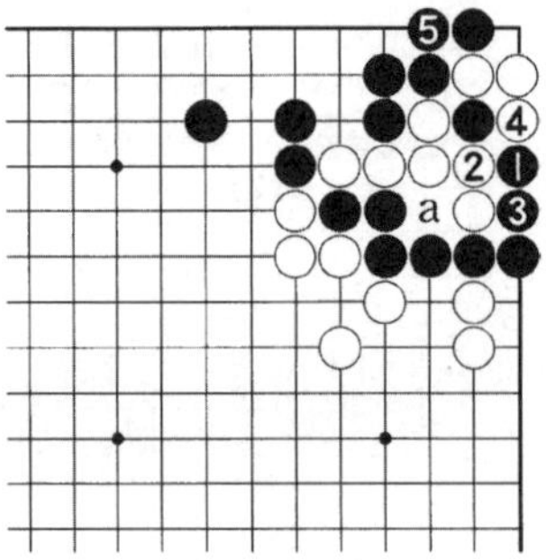

失

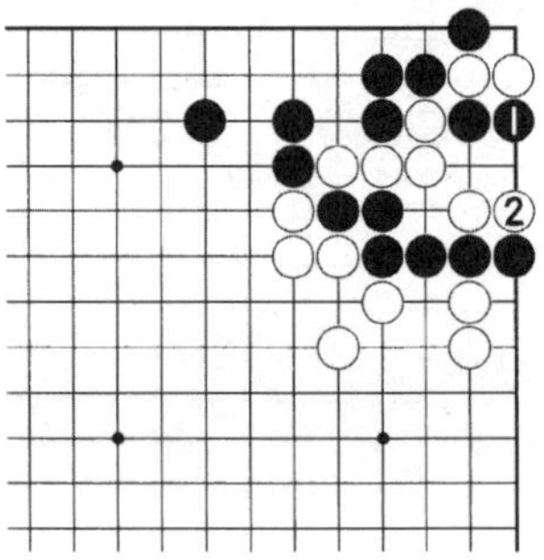

제18형 흑번

**살리다**

우상의 수상전 문제.
흑 6점을 살리려면 유가무가가 되는 것을 막아야 한다.

**옥집**

흑1의 입구자가 맥이다. 백2, 4로 1점을 잡아도 옥집이 되어서 흑5로 백 3점을 축축수로 잡는다. 백2로 3은 흑a.

**흑 실패**

흑1로 2점을 잡는 것은 본체인 6점과는 다른 행동을 한 셈이다. 백2로 막아 유가무가의 모양이 된다. 백이 수상전에서 승리한다.

(915)

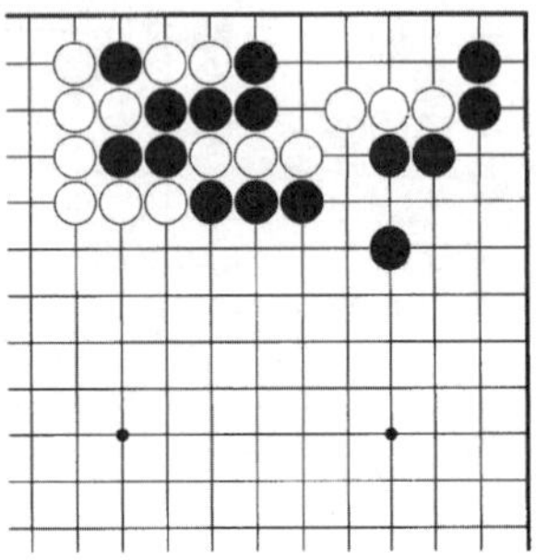

解

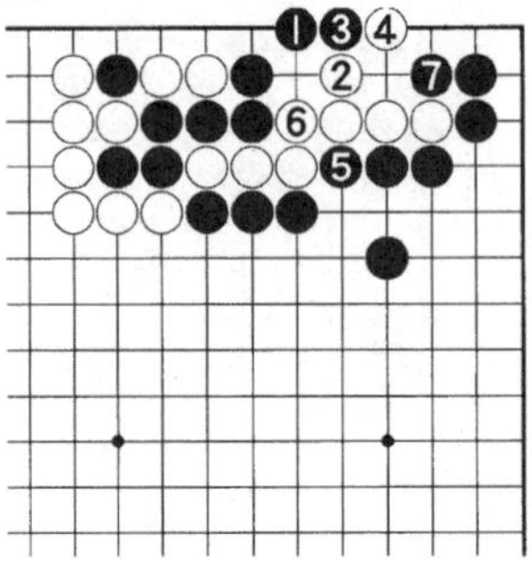

变

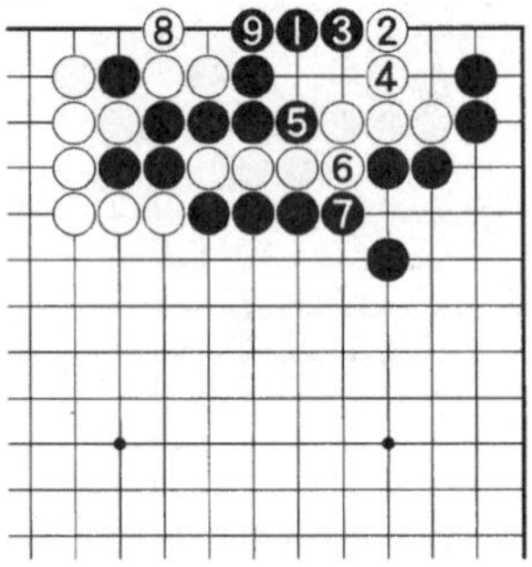

제19형 흑번

**급소**

상변의 수상전.
흑 6점과 귀의 거리가 멀어 흑은 연결할 수 없는 모양이다. 백 6점과 수상전의 급소를 찾아야 한다.

**양자충**

흑1의 입구자가 탄력 있는 맥이다. 백2로 구부리면 흑3으로 밀고 5, 7로 바깥의 공배를 메워서 백을 잡는다.

**흑 승**

백2로 뛰는 것은 흑3의 치받는 수를 활용하고 백4 이후 5, 7 의 공격으로 백의 공배를 메운다. 흑9까지 흑 승. 흑1로 3은 백1로 흑이 실패한다.

(916)

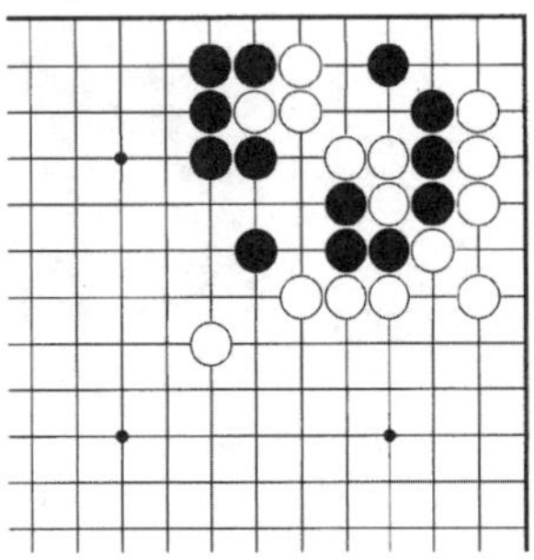

解

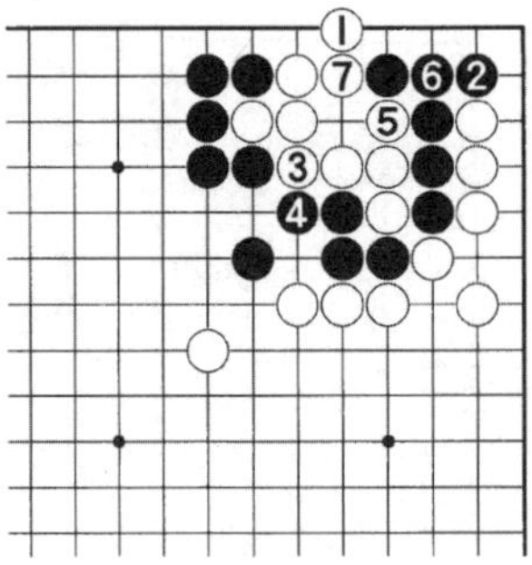

变

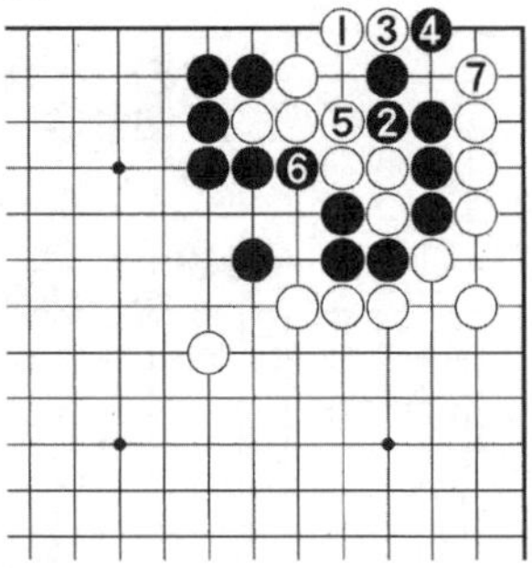

제20형 백번

**활로**

상변의 수상전 문제.
귀의 흑 4점은 탄력 있는 모양이지만 상변의 백 6점이 수를 늘리면 흑을 잡을 수 있다.

**백 승**

백1의 입구자가 급소이다. 흑2로 귀를 젖혀 수를 늘려도 백3, 5를 선수한 뒤 7로 집을 내서 수상전에서 백이 이긴다.

**양자충**

흑2로 백의 집을 부수는 변화이다. 백3, 5로 공격하여 백7까지 흑은 자충이 되어 다음 수가 없다. 흑2로 6은 백5로 그만이다.

제21형 흑번

(917)

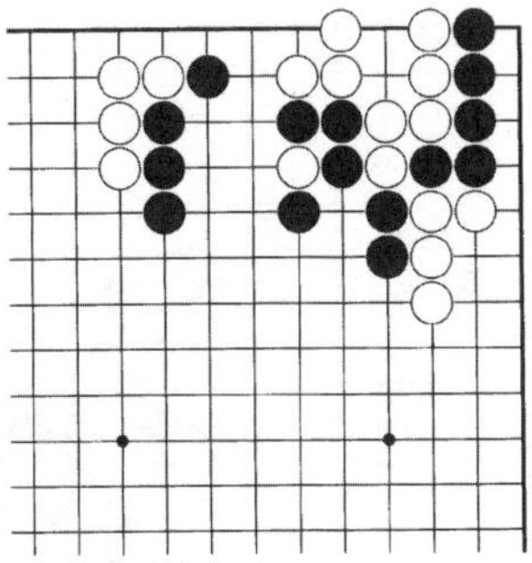

## 생환

상변의 전투.
우상귀의 흑은 상변의 백을 잡아 생환한다. 흑은 백을 어떻게 공격할 것인가? 백의 버팀을 막는 맥은 무엇인가?

解

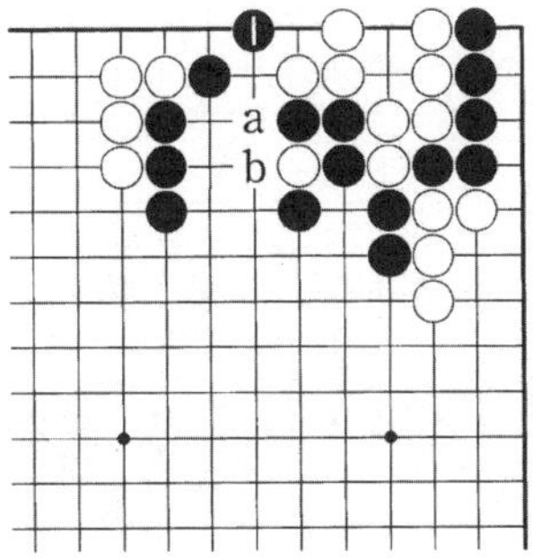


## 흑 승

흑1의 입구자가 좋은 수이다. 이렇게 여유 있는 공격이지만 백은 3수, 흑은 4수이기 때문에 흑의 1수 승리. 백a에는 흑b.

失

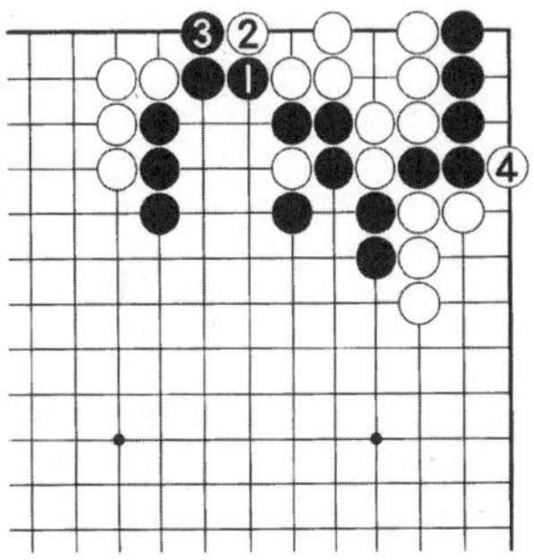

## 늘어진 패

흑1로 직접 공배를 메우면 백2로 젖혀 실패한다. 흑3, 백4로 한 수 늘어진 패가 된다. 백 입장에서는 꽃놀이패를 건다.

제22형 흑번

(918)

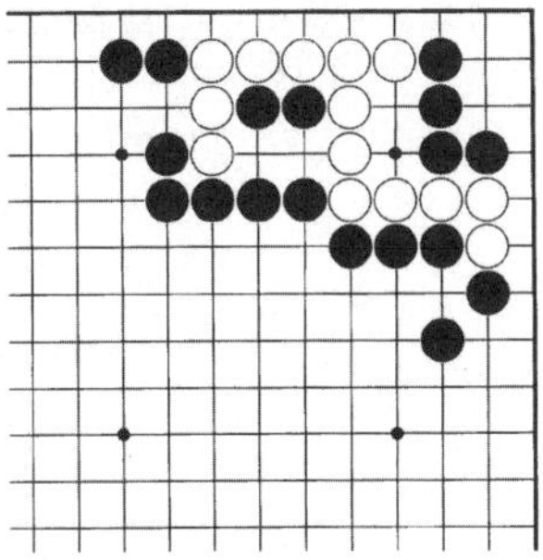

## 귀의

우상의 큰 수상전 문제.
상변의 백을 잡기 위해 흑은 귀의 집을 넓혀야만 한다.

解

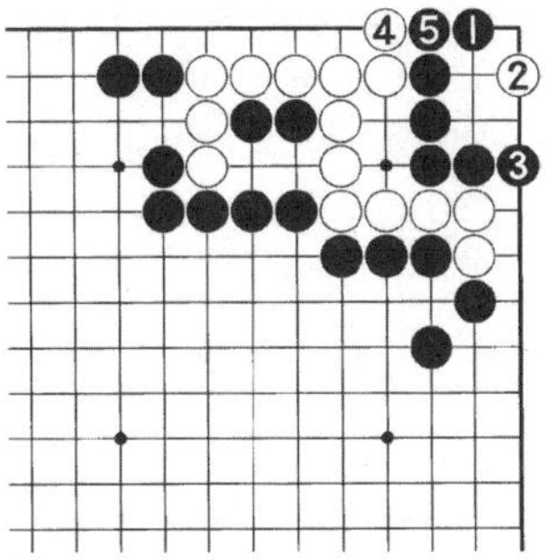

## 대궁소궁

흑1의 입구자가 맥이다. 백2의 치중에 죽은 모양이지만 흑3으로 뻗어서 안쪽 공배를 늘린다. 5로 이어 대궁소궁 모양으로 수상전은 흑의 승리.

失

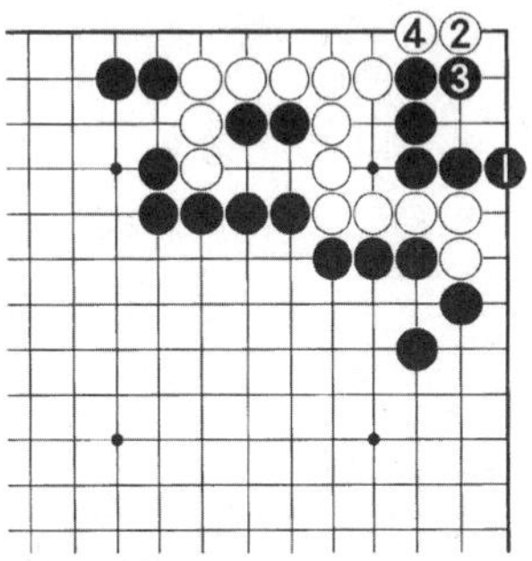

## 흑 패배

먼저 흑1로 뻗으면 백2, 4로 흑집을 줄여서 흑이 진다. 흑3으로 4에 막으면 백3으로 수를 늘려 흑이 불리하다.

제23형 흑번

(919)

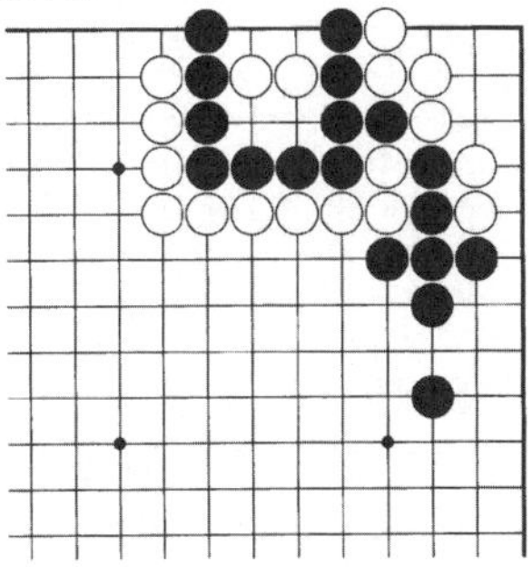

## 탄력

우상의 전투.
귀의 백을 공격하여 잡지 못하면 상변의 흑이 백에게 먹혀버린다. 귀의 탄력을 살린 맥은 무엇인가?

解

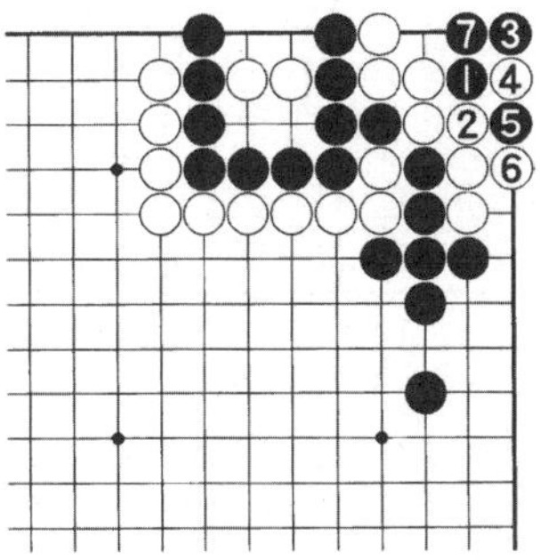

## 패

흑1의 붙임 3의 입구자가 냉엄하다. 백4, 6의 공격에 흑7로 받아 패가 된다. 이 패는 흑이 4로 이으면 수상전에서 흑이 승리한다. 백4로는 7에 둘 수도 있다.

失

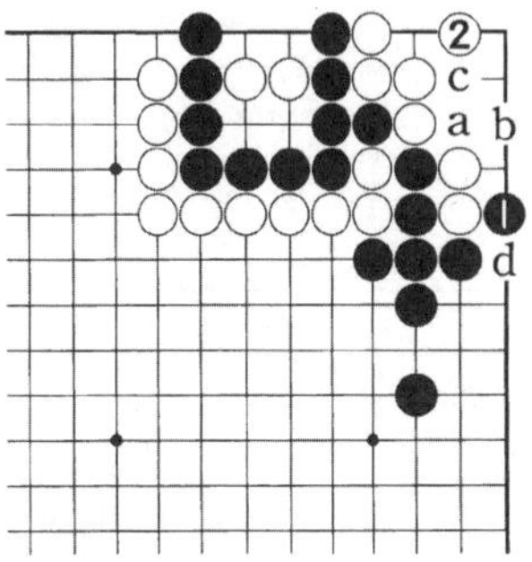


## 흑 잡힘

흑1의 젖힘은 백2로 받아 실패한다. 흑a로 백 2점을 잡아도 귀의 백이 살게 되면 상변의 흑은 죽은 돌이다. 백2로 b는 흑2, 백c, 흑d로 패가 난다.

(920)

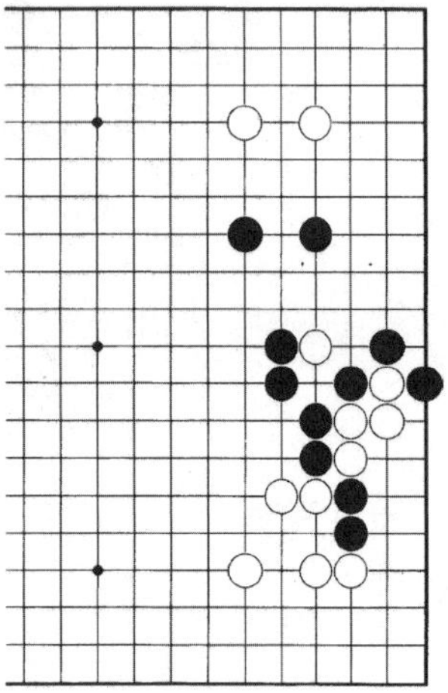

解

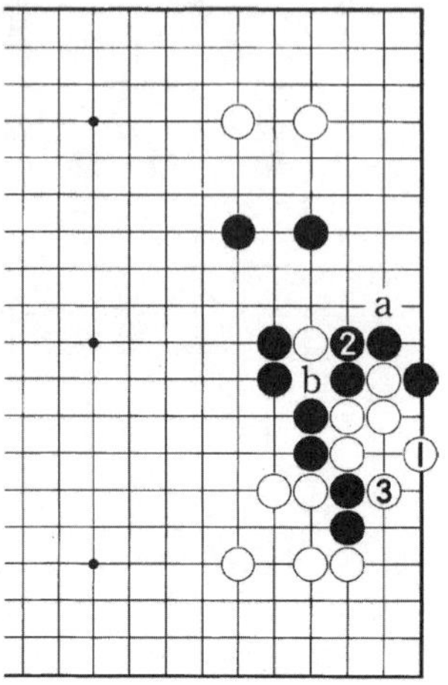


失

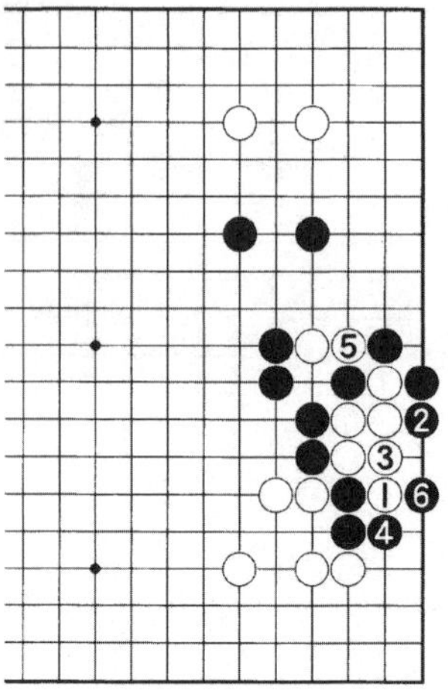

제 24 형 백번

### 방어

우변의 수상전 문제.
흑의 노림은 백을 조여 포도송이로 만들고 싶다. 백은 회돌이를 막아서 우하의 흑 2점을 잡을 수 있다.

### 백 승

백1의 입구자가 맥이다. 흑2로 바깥을 지키면 백3으로 우하의 흑2점을 잡는다. 흑2로 3에 두어 공격하는 것은 백2, 흑a, 백b로 따내서는 것이 선수로 역시 수상전은 백이 이긴다.

### 백 자충

백1의 젖힘은 흑2로 단수쳐서 자충에 걸린 모양이다. 백5로 끊어도 흑6으로 조여 우상으로 몰리게 된다. 백1로 5도 흑2로 실패한다.

(921)

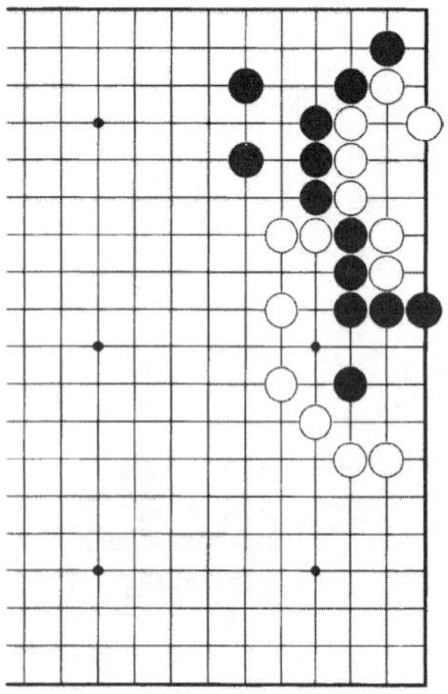

解

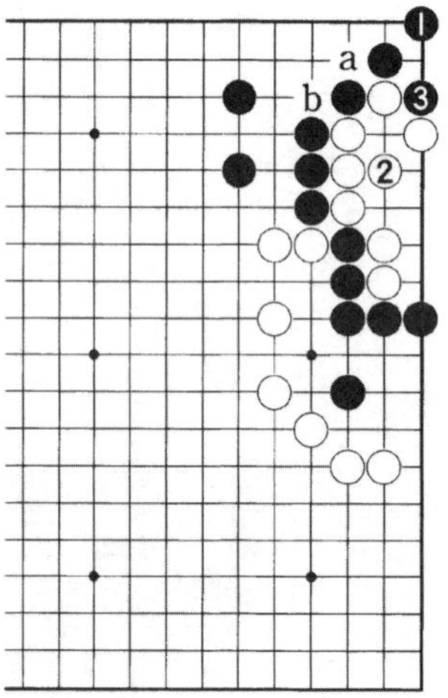


変

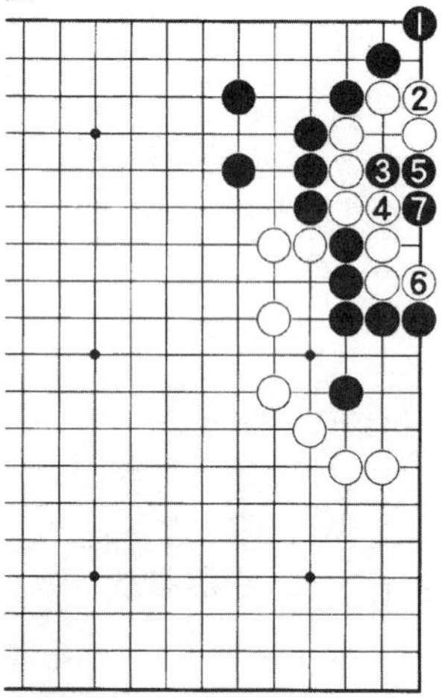

제 25 형 흑번

### 묘수

우변의 흑에게는 집이 없다. 우상귀의 백을 살아있는 것처럼 보이지만 귀의 모양이 아직 정해지지 않았다. 흑은 묘수를 두어 공수역전을 꾀한다.

### 패

흑1의 입구자가 묘수이다. 백a로 끊어도 흑b로 이어 귀의 흑은 잡히지 않는 모양이기 때문에 백은 우변에서 집을 낼 수밖에 없다. 백2에는 흑3으로 집어넣어 패가 난다.

### 백 잡힘

백2로 이어서 패를 피하려고 하지만 흑3으로 급소를 빼앗겨서 실패한다. 흑5로 두면 백은 자충이기 때문에 귀의 흑을 잡을 수 없다. 흑7까지 백은 집이 없는 채로 잡힌다.

(922)

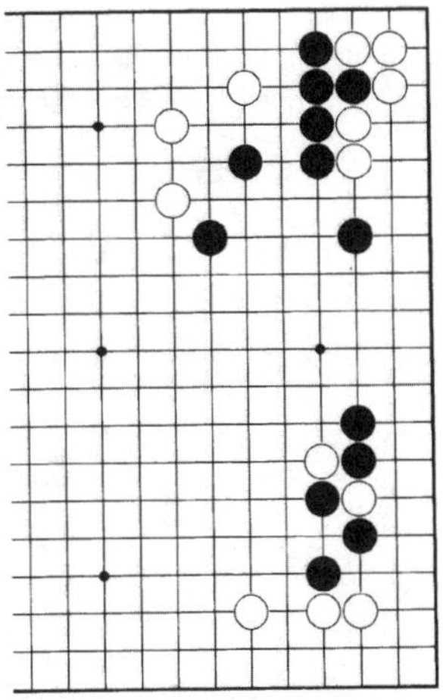

解

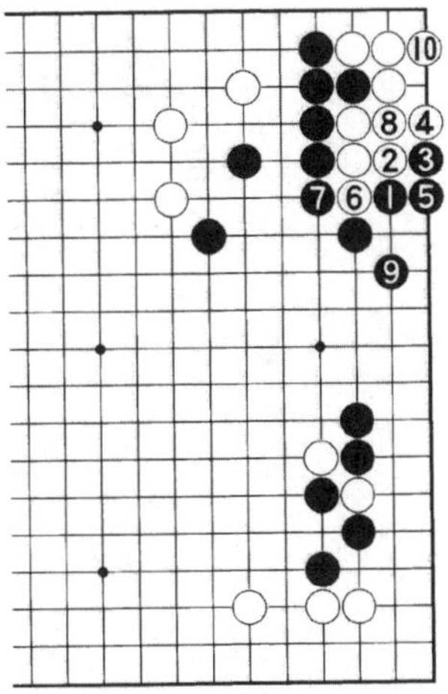

失

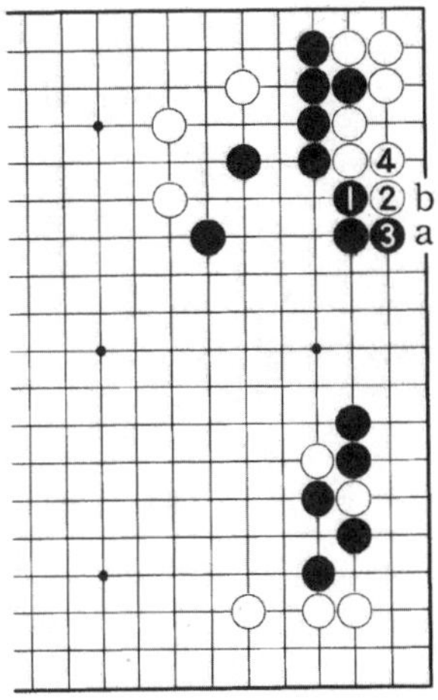

제1형 흑번

### 결정짓다

모양을 결정하는 문제.
우변의 흑집을 확정시키기 위해 우상에 있는 백과의 경계선을 확실히 정해야 한다.

### 3집의 백

흑1의 입구자로 시작할 곳이다. 백2의 막음에 흑3, 5로 젖혀이음을 활용하면 백은 3집으로 줄어든다. 백10까지 흑이 선수이다.

### 4집 손해

흑1로 치받는 것은 손해를 본다. 백2, 4로 젖혀이어서 백집이 7집으로 늘어난다. 흑a, 백b까지 끝나면 바깥 흑은 정해도와 같지만 흑은 4집의 손해를 본 셈이다.

(923)

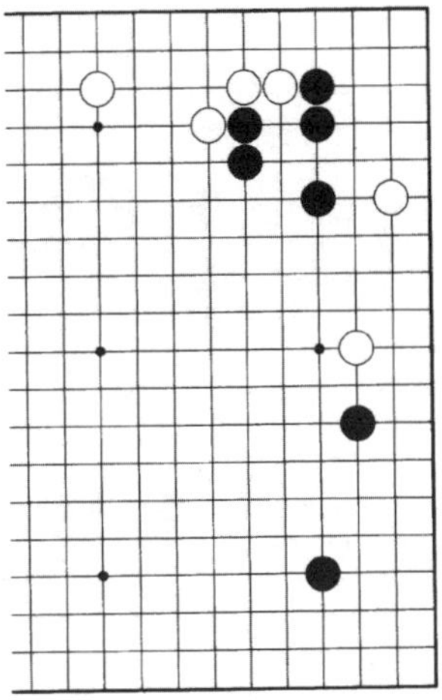

解

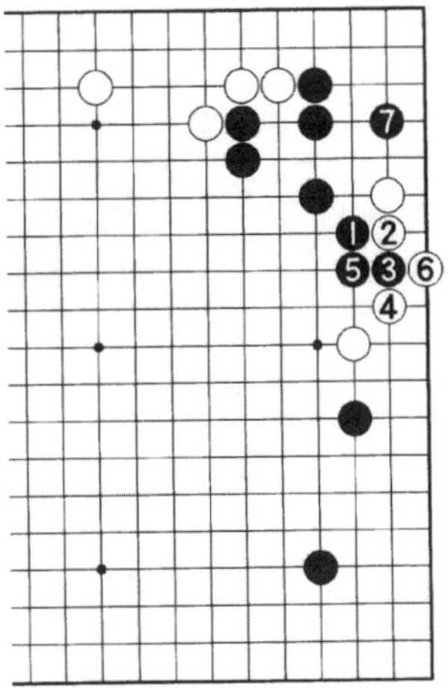

失

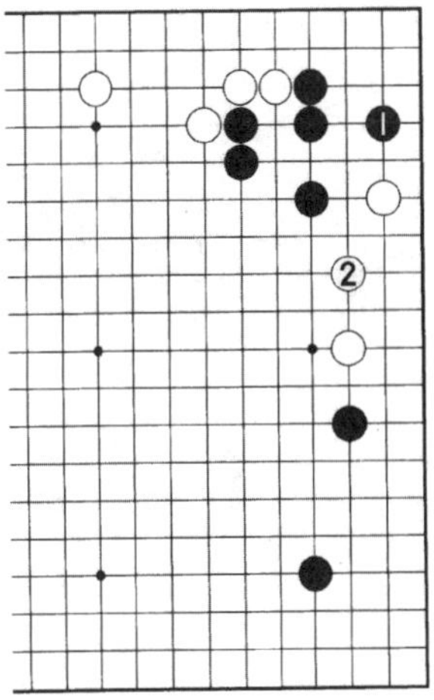

제2형 흑번

### 근거

우상의 전투.
백은 흑집의 뒷문이 열려있는 것을 노려 우변에 근거를 만들고 싶다. 흑은 어떻게 받아야 백을 괴롭히는 수가 될지 연구 해 봐야 한다.

### 백 눈없음

흑1의 입구자가 강수이다. 백을 공격하며 귀의 흑을 지킨다. 백2로 밀면 흑3으로 막고, 백4, 6으로 건너가면 흑7로 귀를 지킨다. 백은 집이 없다. 백4로 5는 흑4로 백이 불리하다.

### 흑 불충분

흑1로 지키는 것은 소극적인 수여서 좋지 않다. 백2로 지켜 뿌리를 뻗으면 더 이상 백을 공격하기는 힘들다.

(924)

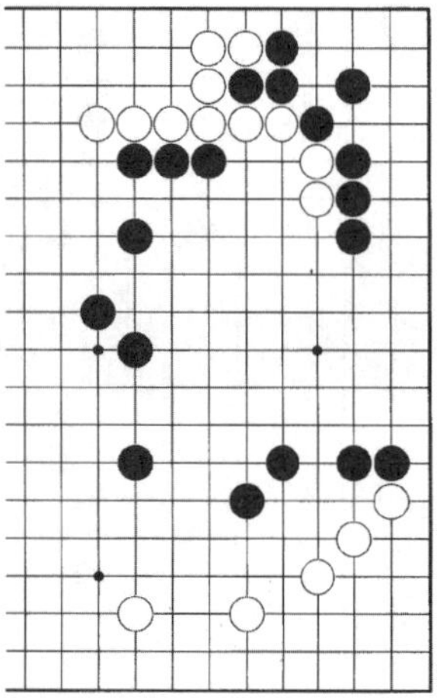

解

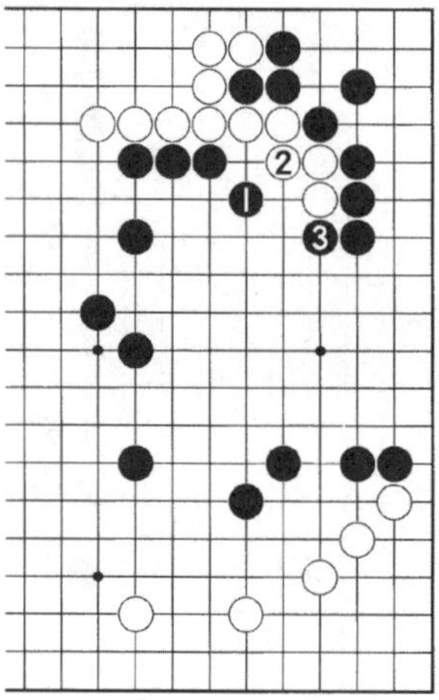


失

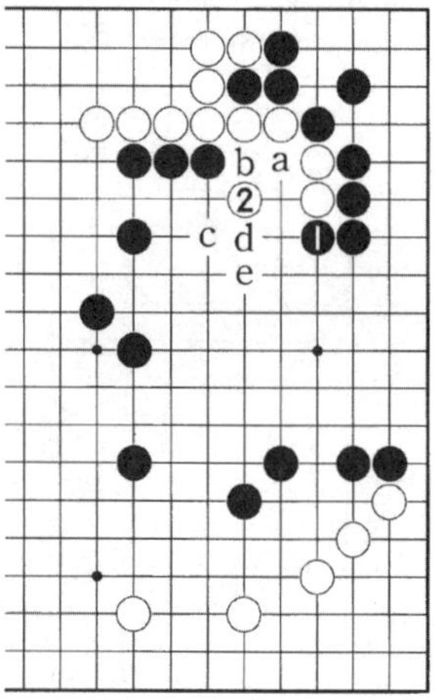


제1형 흑번

### 모양

중앙의 전투.
흑은 중앙에 큰 모양을 만들었으나 이를 구체화시켜야만 한다. 우상에서 백이 진출하는 것을 어떻게 막아야 하는가?

### 막다

흑1의 입구자는 백의 모양을 부수는 들여다보기이다. 백2로 이으면 흑3으로 구부려 백의 중앙 진출을 확실히 막았다 흑은 우변에서 중앙에 이르는 모양으로 전리 되었다.

### 6집 손해

흑1로 구부리는 수는 백2로 뛰어 실패한다. 흑a로 끊으면 백b로 2점을 버리면 그만이다. 흑c로 씌우면 백d, 흑e로 받아서 정해도보다 6집 손해를 본다.

(925)

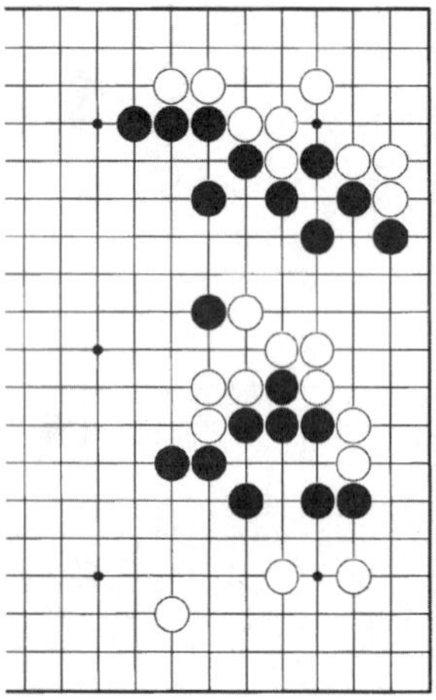

解

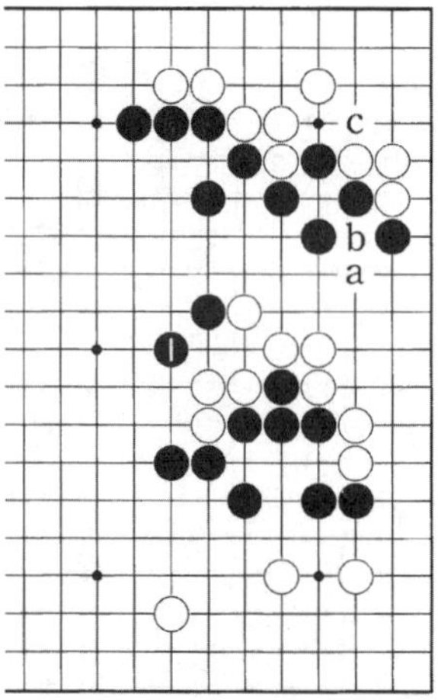


失

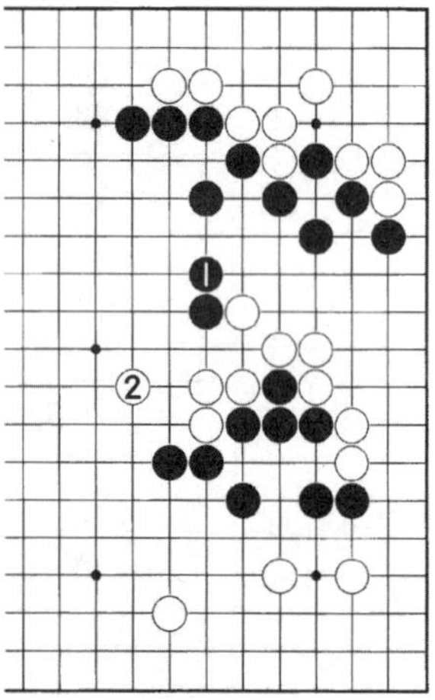


제2형 흑번

### 봉쇄

우변의 백이 중앙으로 도망쳐 나오면 아래쪽 흑이 약해진다. 반대로 흑이 백을 봉쇄하는 데 성공하면 백은 괴로운 모양으로 사는데 급급하게 된다.

### 백 고전

흑1의 입구자가 맥이다. 이 수로 백의 중앙 진출을 막고, 우변에서 살도록 만든다. 백a, 흑b 등으로 활용하여도 흑c의 부담이 커질 뿐이어서 백이 고전한다.

### 흑 완착

흑1로 우상을 지키는 수는 완착이다. 백2로 뛰어나가서 반대로 아래쪽 흑이 백에게 공격의 대상이 된다. 흑1로 2의 날일자도 틀린 맥이다. 백1로 젖혀 다음 응수가 곤란해진다.

입구자 살기(나누다)

제1형 흑번

(926)

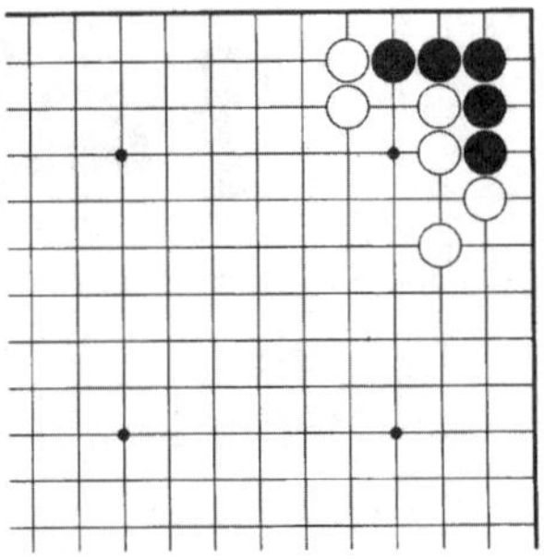

解

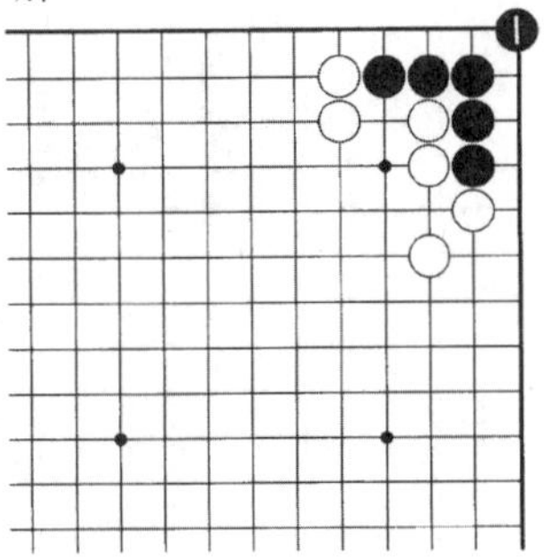

失

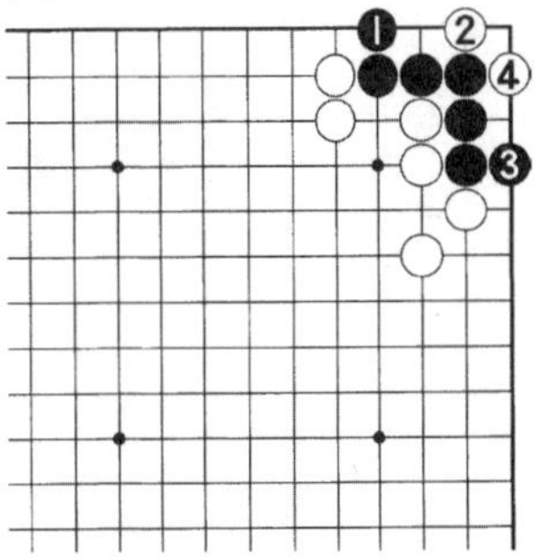

### 좁은 집

사활 문제.
집을 넓히면 살 수 있을까? 좁은 궁도를 나누면 두 집을 낼 수 있을 것 같다.

### 흑 삶

흑1의 입구자로 산다. '좌우동형은 중앙이 급소' 라는 격언처럼 각각 한집씩 만들어서 산다. 사활의 기본이 되는 모양이다.

### 귀곡사

흑1로 집을 넓히는 것은 위험하다. 백2는 2·1의 급소로 흑은 귀를 두 개로 분리할 수 없다. 백4로 귀곡사 모양이다. 흑은 죽음.

제2형 백번

(927)

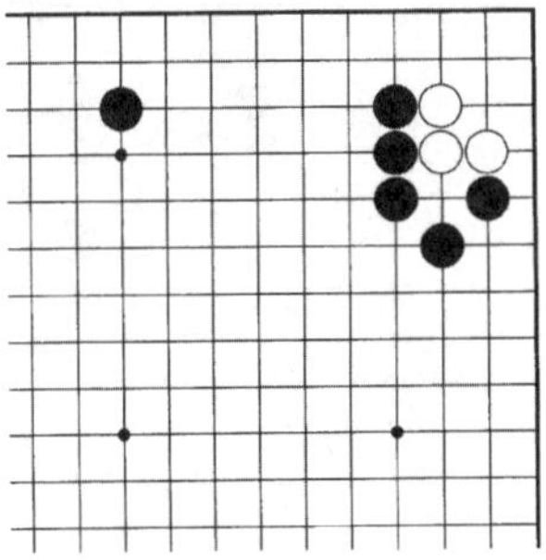

解

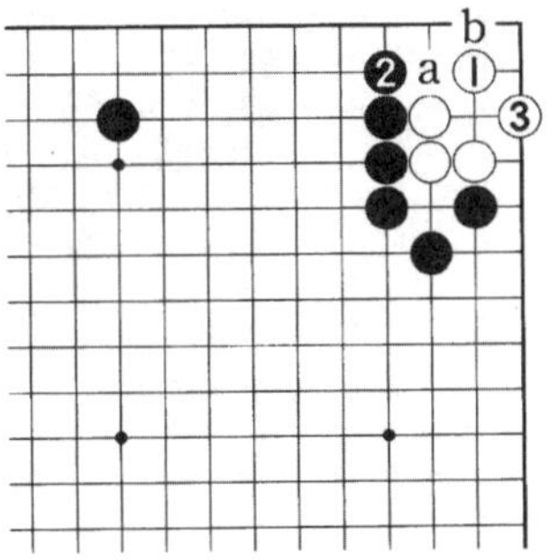

失

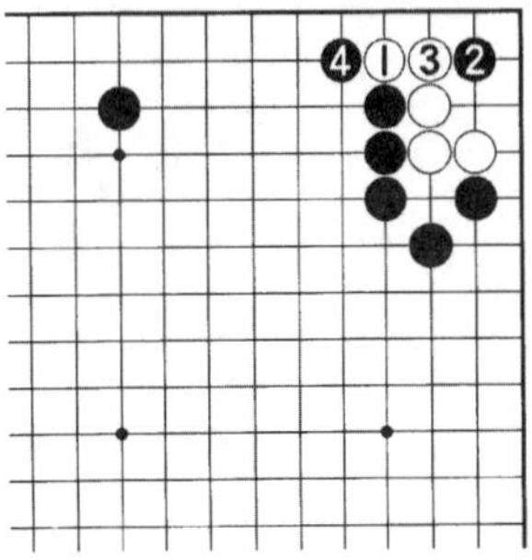

### 좁은 집

사활 문제.
귀의 집이 좁다. 최소한의 집이라도 낼 수 있을까? 궁도를 넓히려고 하면 함정이 기다리고 있다.

### 백 삶

백1의 입구자가 좋은 수로 급소이다. 흑2의 공격에 백3으로 집을 내서 산다. 흑a는 백b로 3집이 된다.

### 백 죽음

백1의 젖힘은 악수이다. 흑2로 치중 당해 모양이 무너져버린다. 백3, 흑4로 흑2가 치중수가 되어 백은 살 수 없다.

제3형 흑번

(928)

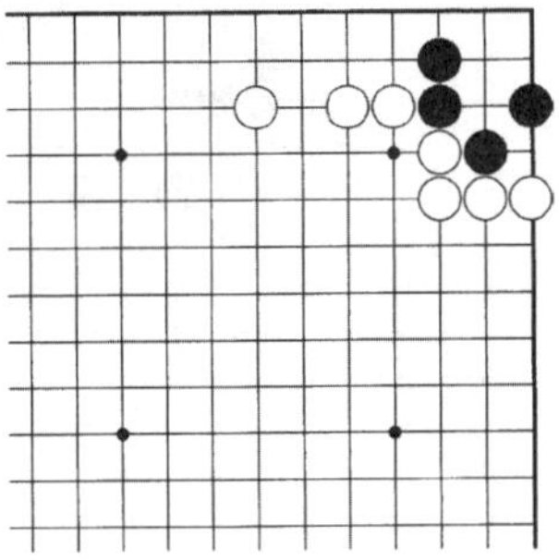

解

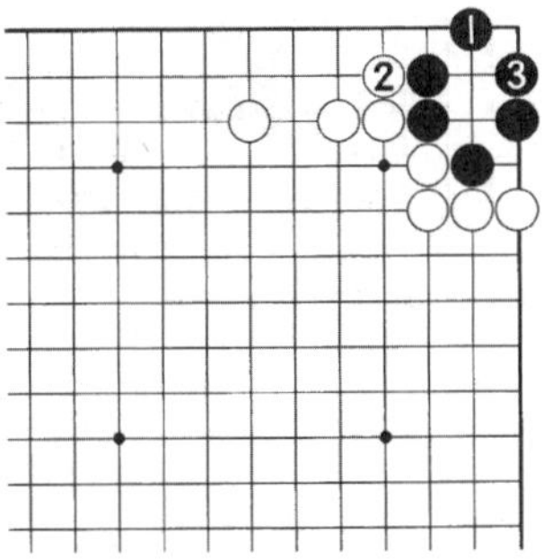

失

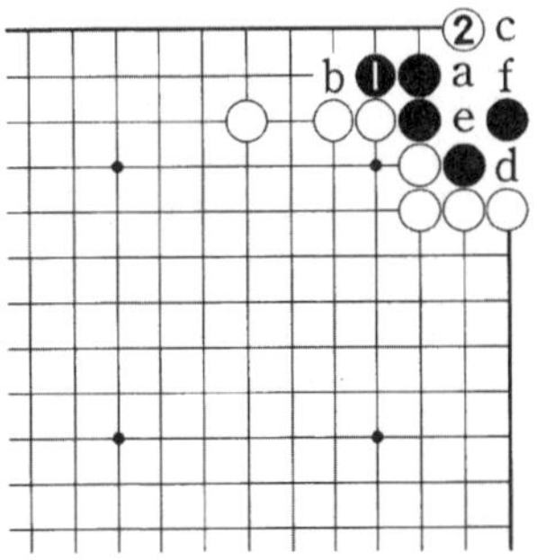

### 간단

사활 문제.
사는 것은 간단하다. 조금이라도 집을 넓힐 수 있을까? 만약 넓힐 수 없다면 처음으로 돌아와야 한다.

### 흑 삶

흑1의 입구자는 2·1의 맥이다. 백2로 바깥을 막으면 흑3으로 2집 내고 산다. 백2로 3은 흑2로 상변에 1집을 만든다.

### 패

흑1로 미는 것은 백2로 치중당해 위험하다. 흑a으로 받으면 백b로 막고 흑c, 백d, 흑e, 백f로 패가 난다. 흑은 자충으로 눌러 잡을 수 없다.

**제4형 백번**

(929)

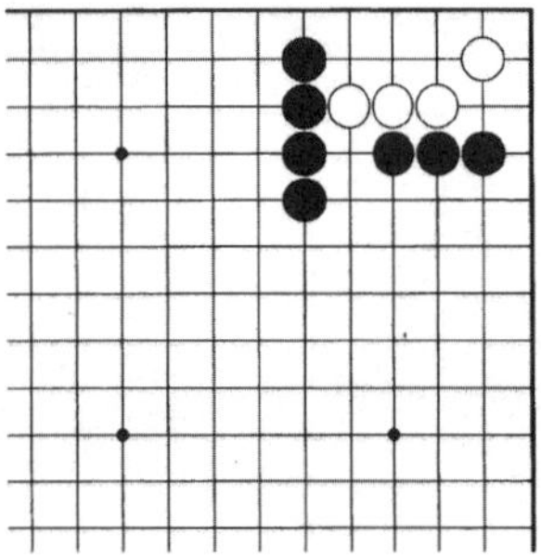

### 궁도
사활 문제.
궁도를 넓히면 치중당할 위험이 있다. 좁은 궁도를 나눠 두 집을 만들고 싶다.

解

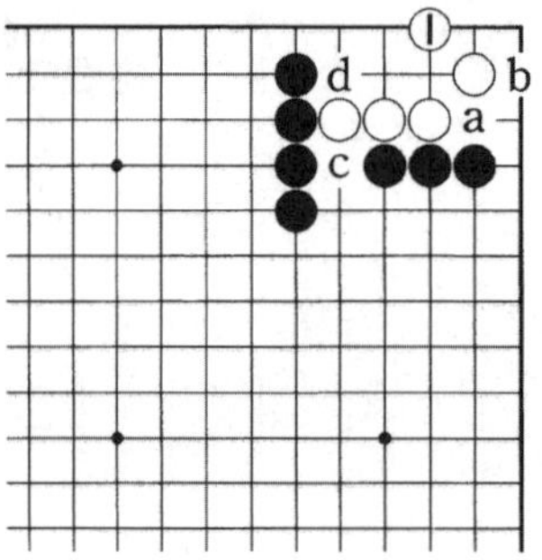

### 백 삶
백1의 입구자가 급소이다. 흑a는 백b, 흑c는 백d로 살게 된다. 귀와 상변에 2개의 집을 확보하는 맥이다.

失

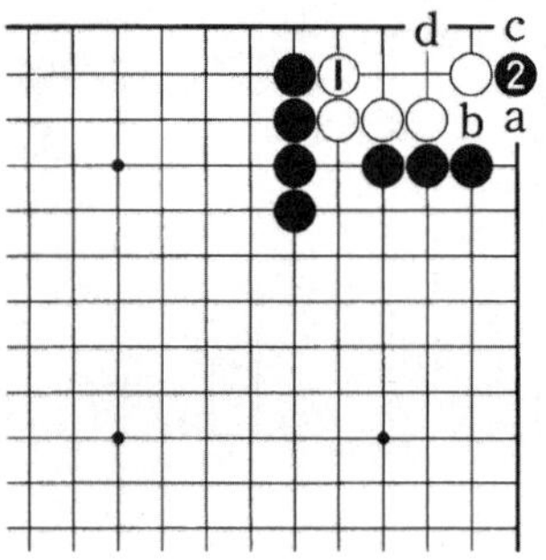

### 백 죽음
백1로 집을 넓히면 흑2로 붙여 실패한다. 백a, 흑b, 백c, 흑d로 백이 잡힌다.

**제5형 백번**

(930)

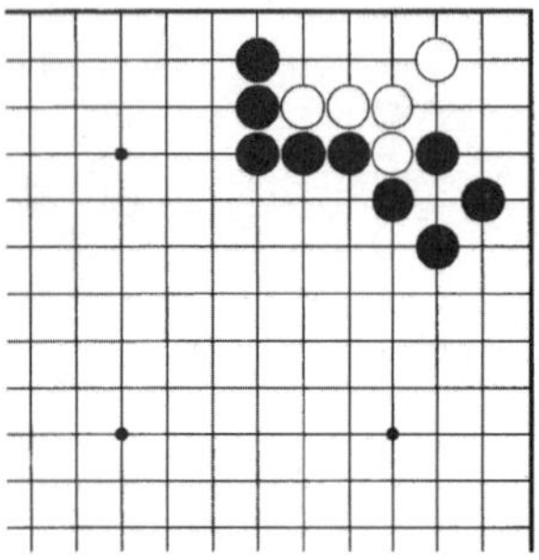

### 탄력
사활 문제.
공간이 좁아 집을 넓힐 수 없다. 궁도를 두 개로 나눠 귀에 탄력을 만들어야 한다.

解

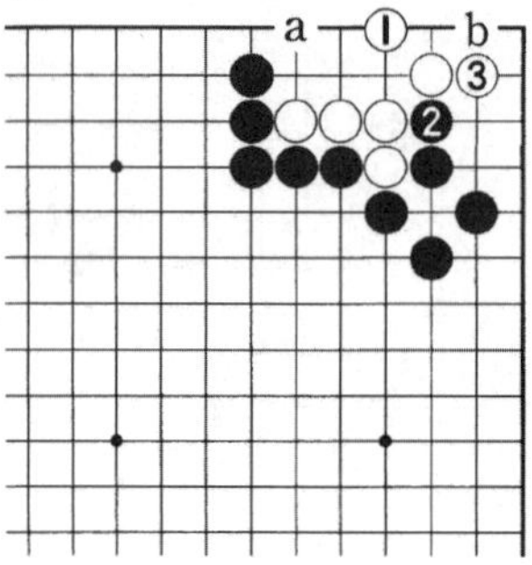

### 백 삶
백1의 입구자가 좋은 수이다. 상변의 집과 과 귀의 집을 나누는 급소가 된다. 흑2로 찝으면 백3. 흑a에는 백b.

失

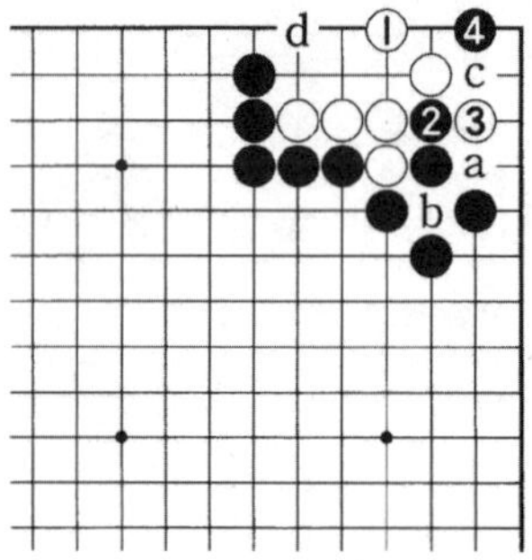

### 백 죽음
백3의 젖힘은 경솔한 수로 흑4로 2·1에 치중당해 바로 죽는다. 이후 백a, 흑b, 백c,는 흑d로 상변 에 집이 없다. 귀곡사 모양이다.

**제6형 백번**

(931)

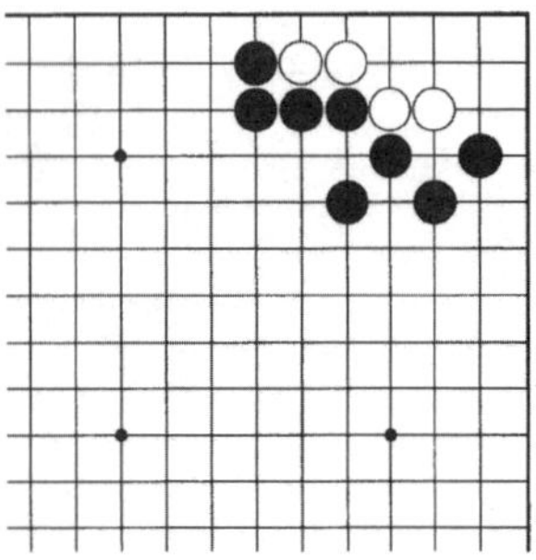

### 맥
사활 문제.
귀를 어떻게 살려야 하는가? 쉽게 두면 죽을 것이다. 귀의 맥을 잘 이용해 보자.

解

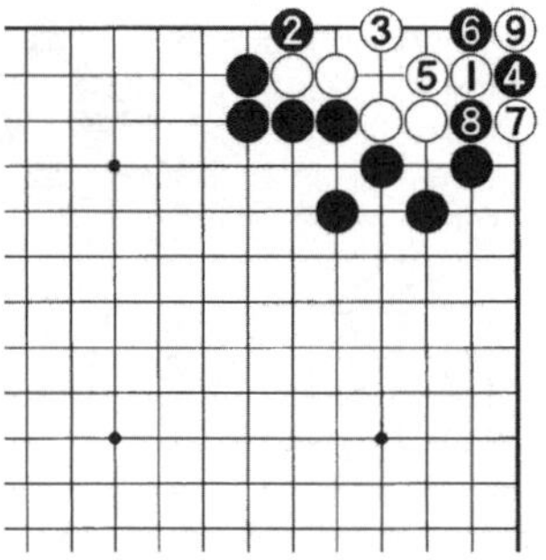

### 패
백1의 입구자가 탄력있는 수이다. 흑2, 백3으로 안형을 만들지만 흑4로 붙여 백의 집을 좁혀 6으로 젖혀 패가 난다.

失

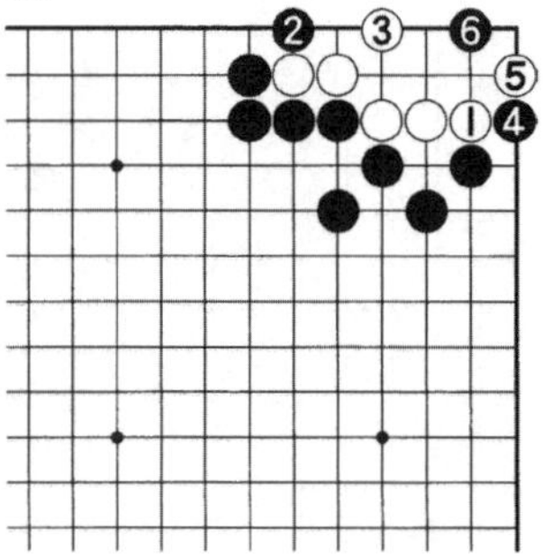

### 백 죽음
백1로 막은 것은 궁도를 넓힌 것이나 위험하다. 흑2로 젖힘과 4로 젖힘에서 6으로 치중이 하는 것이 '젖혀서죽음'의 기본형이다.

제7형 백번

(932)

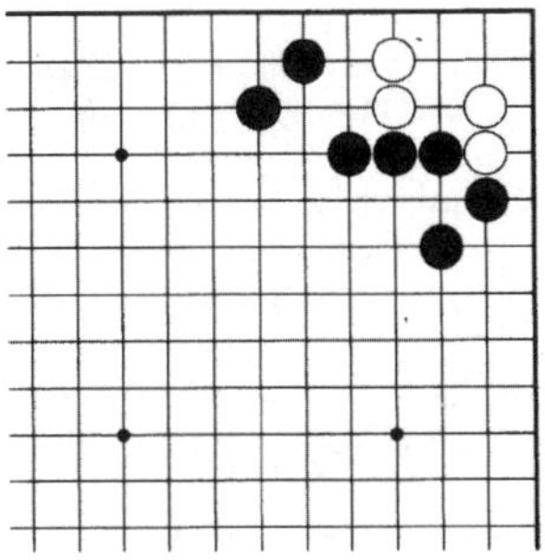

급소

사활 문제.

궁도를 넓혀도 백집의 절대량이 부족한 모양이다. 안형의 급소에 두면 어떻게 될까?

解

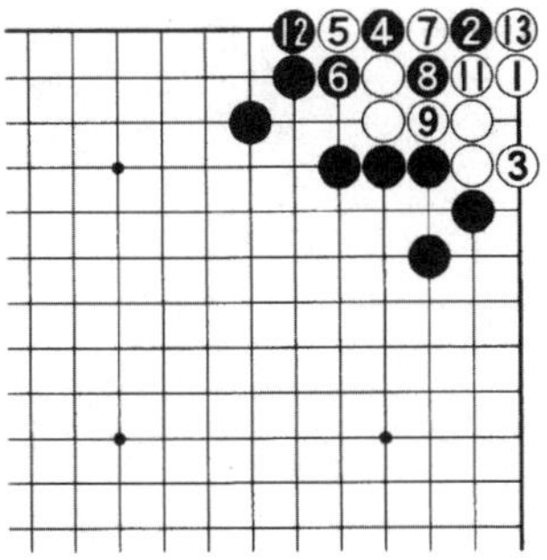

백 삶

백1의 입구자는 2·1의 맥이다. 흑2로 상변에 치중하면 백3으로 우변에 집을 낸다. 흑4 이하의 저항은 백13으로 촉촉수이다.

※❿→❹(패)

失

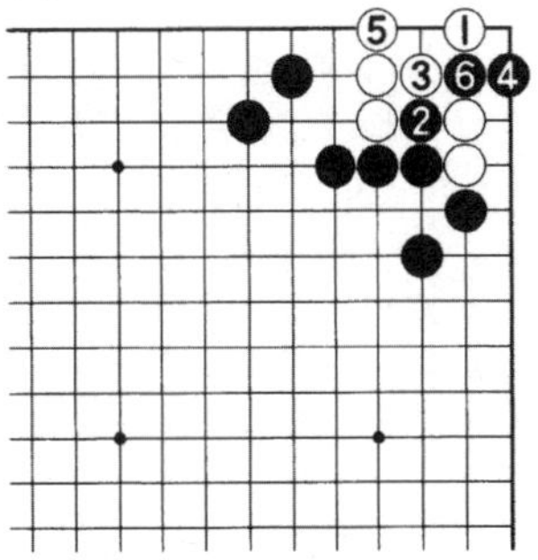

백 잡힘

백1로 2·1의 맥이지만 흑2, 4로 치중 당해 안 된다. 백5에 이후 흑6의 끊는 수로 백 2점이 잡힌다.

제8형 백번

(933)

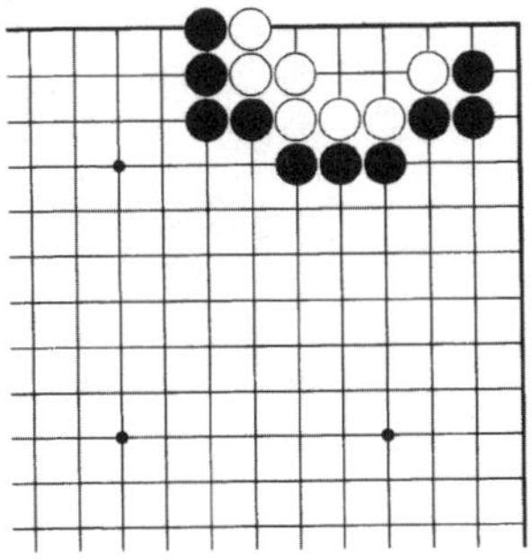

급소

사활 문제.

백집은 좁지만 분리된 두 집을 낼 수는 있다. 안형의 급소 같은 곳은 2개다.

解

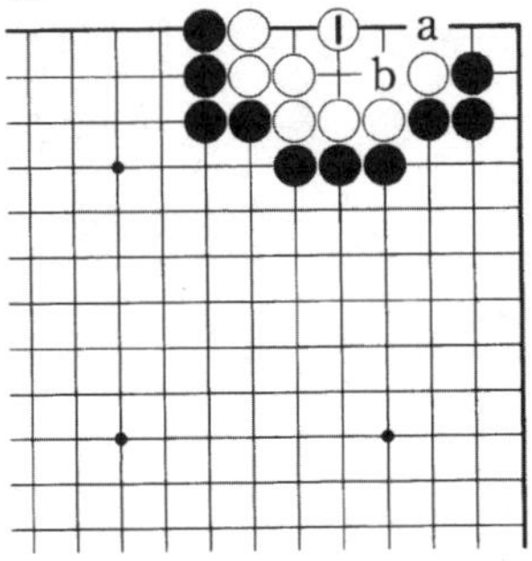

백 삶

백1의 입구자가 안형의 급소이다. 백 1점을 살리면서 백집을 두개로 분할하여 산다. 이후 흑은 a, 백b로 흑은 백을 살려줄 수밖에 없다.

失

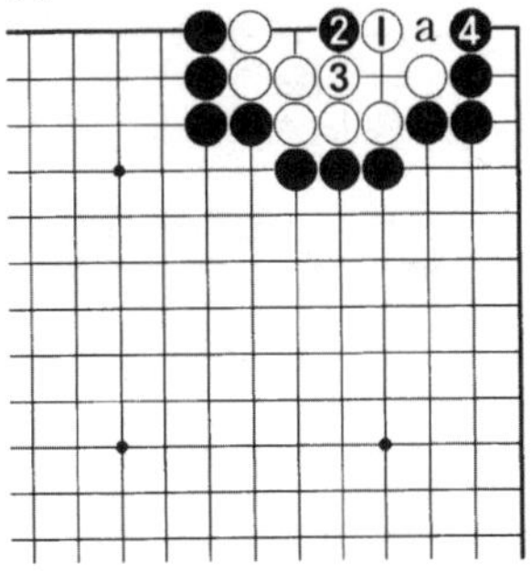

백 죽음

백1의 입구자는 틀린 맥이다. 흑2로 붙임이 맥이 되어 순식간에 백이 죽는다. 백3, 흑4로 백은 자충 때문에 a에 둘 수 없다.

제9형 백번

(934)

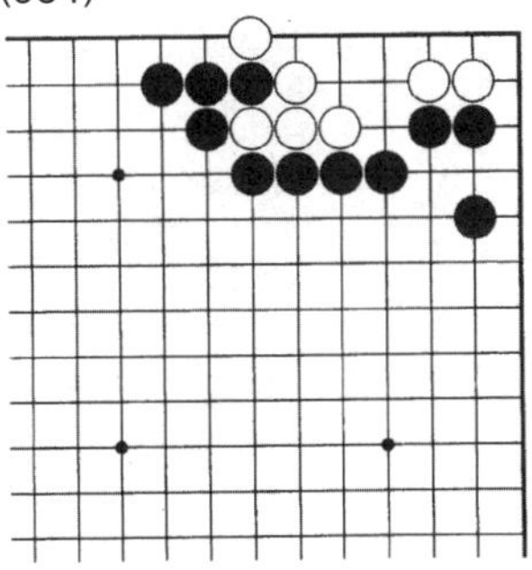

좁은 집

사활 문제.

좌우 연결이 확실하지 않기 때문에 백은 귀로 집을 넓힐 수 없다. 좁은 궁도에서 살기 위한 조건은 무엇인가.

解

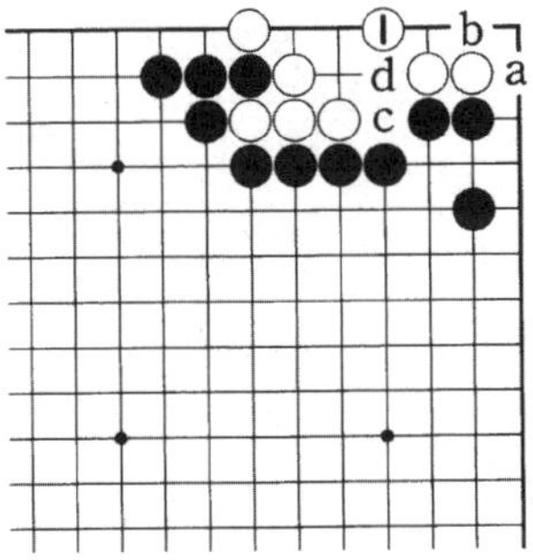

백 삶

백1의 입구자가 급소이다. 흑a는 백b, 흑c는 백d로 좁은 집을 두 개로 분리하여 살 수 있다. 백1로 c는 흑a로 궁도가 좁아 살 수 없다.

失

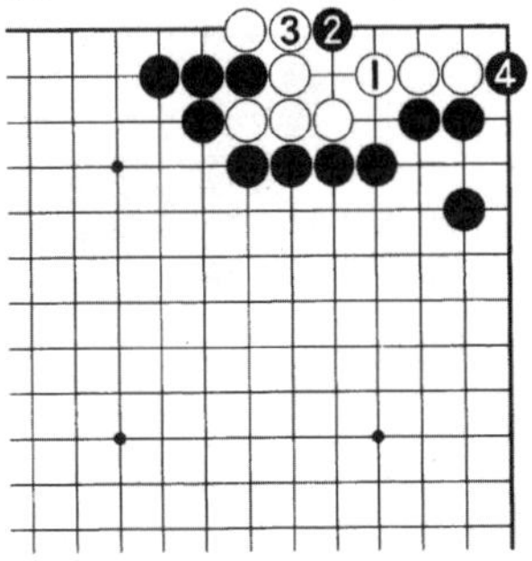

백 죽음

백1로 늘면 흑2로 치중당해 실패한다. 백3은 흑4로 백이 죽는다. 백3으로 4는 흑3으로 끊는다.

(935)

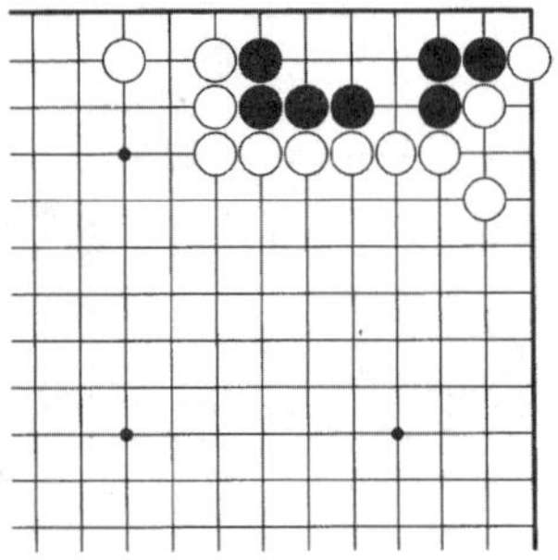

解

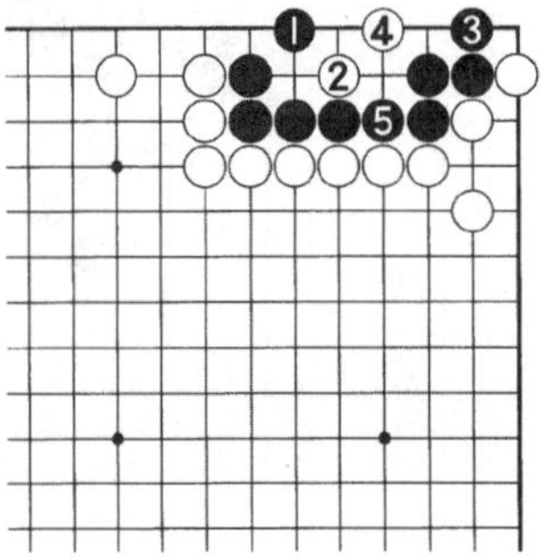

失

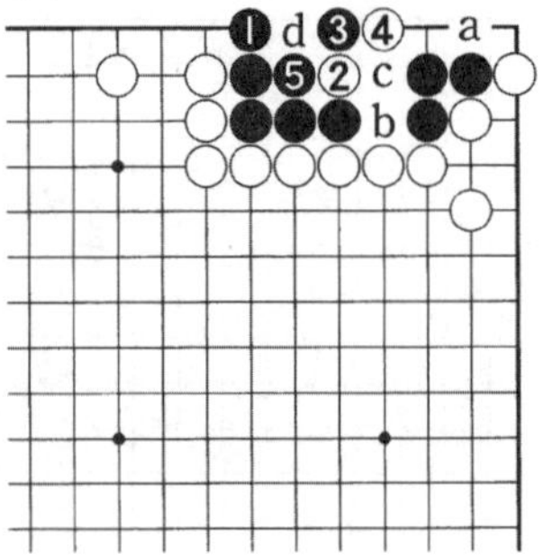

제10형 흑번

## 안형의 급소

사활 문제.
흑 모양에 약점이 있어 자충에 걸리기 쉬운 모양이다. 그렇다고 집을 넓히려고만 하면 치중당할 위험이 있다.

## 빅

흑1의 입구자가 자충을 막는 급소이다. 백2의 치중에 흑3으로 궁도를 넓히고 흑5까지 빅으로 만든다. 백2로 3은 흑2.

## 패는 실패

흑1의 뻗는 것은 백2, 흑3, 5로 패가 된다. 흑1으로 a는 백b, 흑c, 백d. 또 흑1으로 b는 백2, 흑a, 백d로 죽는다.

(936)

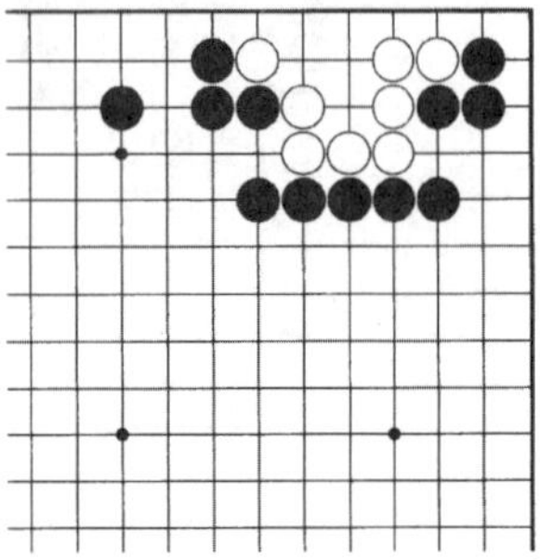

解

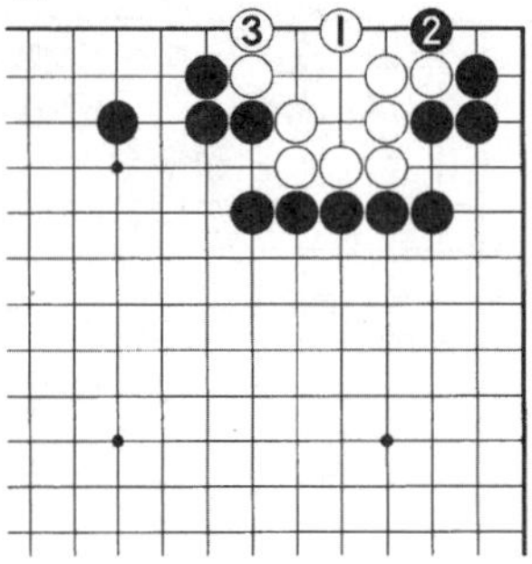

失

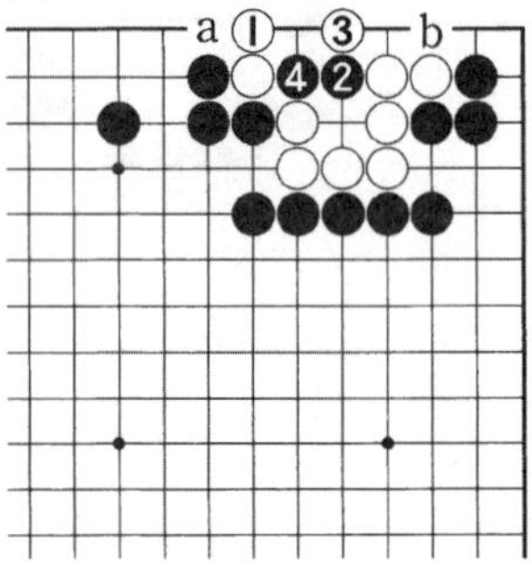

제11형 백번

## 갈림길

사활 문제.
집을 넓힐지 급소를 막을지 고민이 되는 모양이다. 백집은 넓어 보이지만 치중당할 것을 생각해야 한다.

## 백 삶

백1의 마늘모는 안형의 급소이다. 흑2로 우상의 집을 뺏으면 백3으로 집을 넓혀 곡사궁의 모양으로 되어 산다. 흑2로 3은 백2.

## 백 죽음

백1로 뻗으면 흑2로 붙여서 반발한다. 백3의 젖힘은 흑4로 끊어 a와 b 양쪽을 노린다. 백3으로 4는 흑3으로 치중하여 백이 죽는다.

(937)

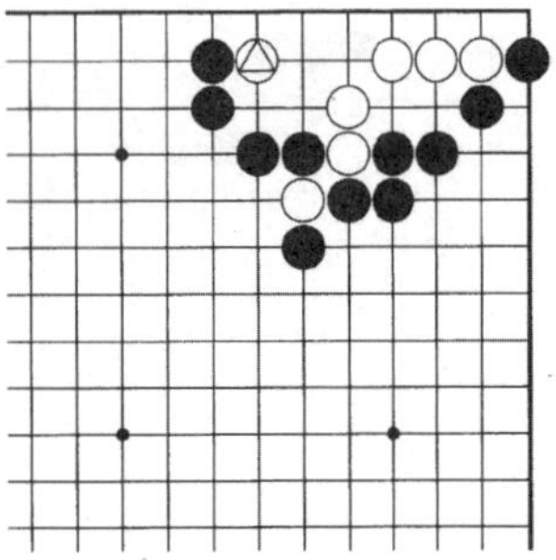

解

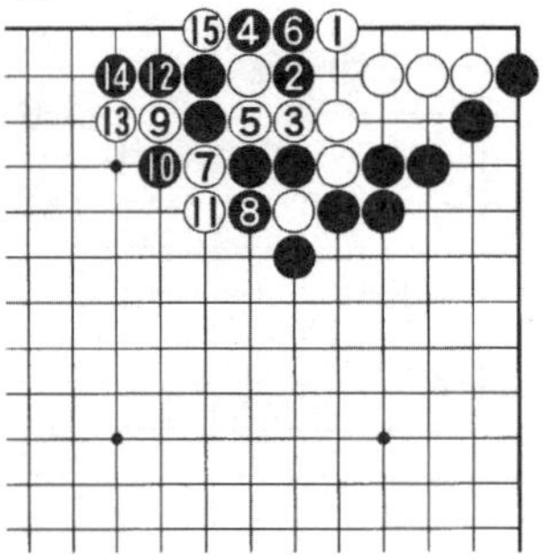

失

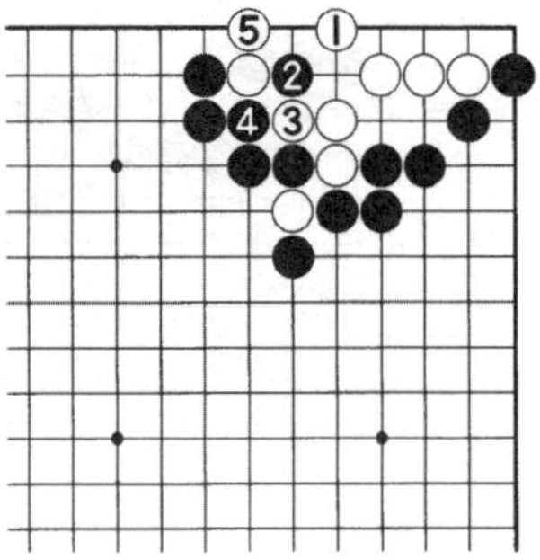

제12형 백번

## 불안하다

사활 문제.
상변의 백◬ 1점이 불안한 모양이다. 오른쪽과 연결하여 궁도를 넓히는 것도 쉽지 않은 모양이다.

## 백 삶

백1의 입구자가 맥이다. 흑2로 붙이면 백3으로 막는다. 흑4, 6으로 저항해도 백15로 촉촉수이다.

## 눈의 급소

흑2, 4의 공격에는 백5로 살 수 있다. 백1의 자리가 안형의 급소이다. 백1로 2 또는 3으로 집을 넓히면 흑1로 치중당해 백이 죽는다.

(938)

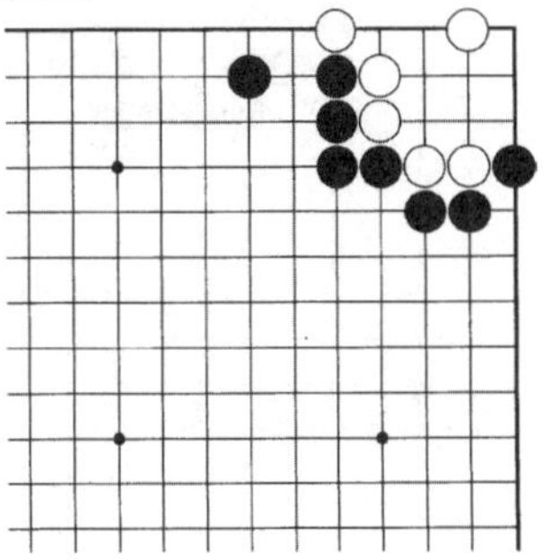

解

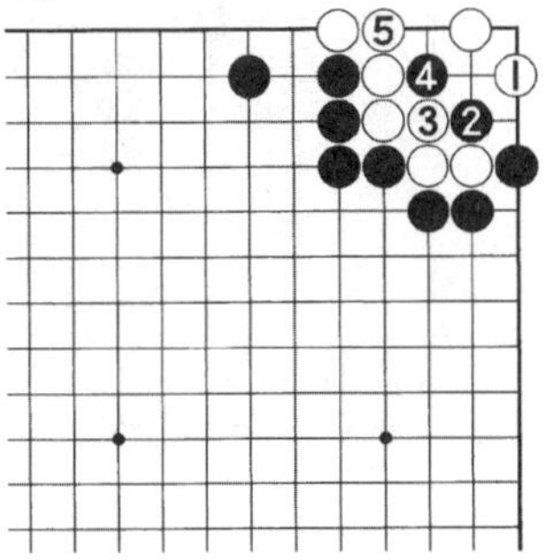

失

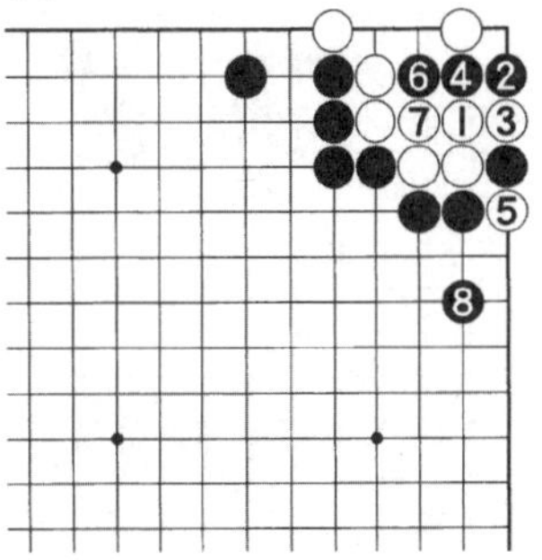

**제 13 형 백번**

## 자충

사활 문제.
백은 공배에 대한 불안을 해소하면서 두 집을 만들어야 한다.

## 백 삶

백1의 입구자가 안형의 급소이다. 귀에 한집을 만들고 중앙의 백을 공격당해도 흑2에 백3으로 이어서 막는다. 백5로 이어 살 수 있다.

## 백 죽음

백1로 귀로 구부리면 흑2로 뛰어들어서 실패한다. 백3으로 막아도 백4로 단수하고 6으로 선수하고 8까지 백이 죽는다.

(939)

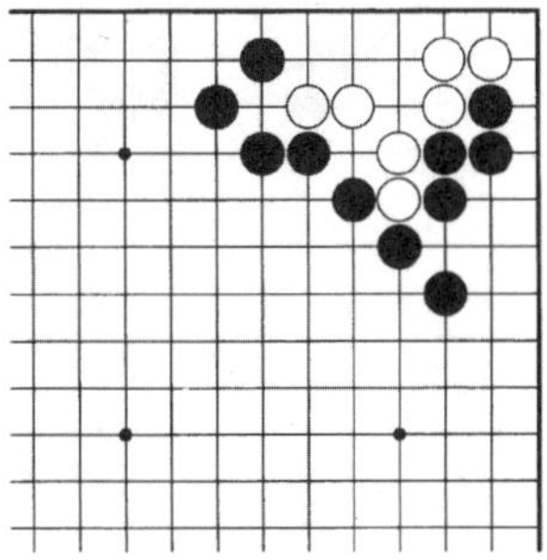

解

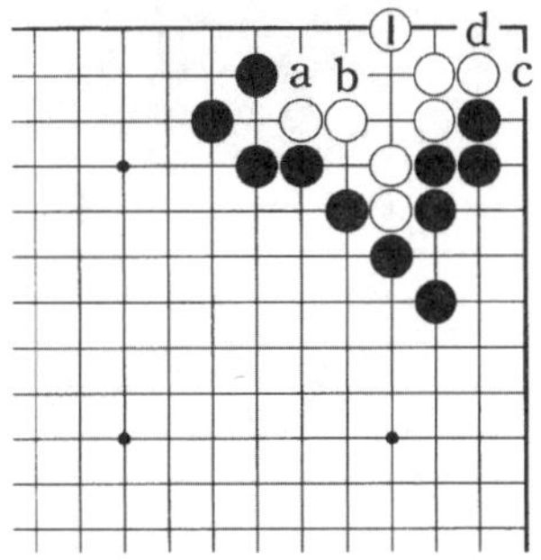

失

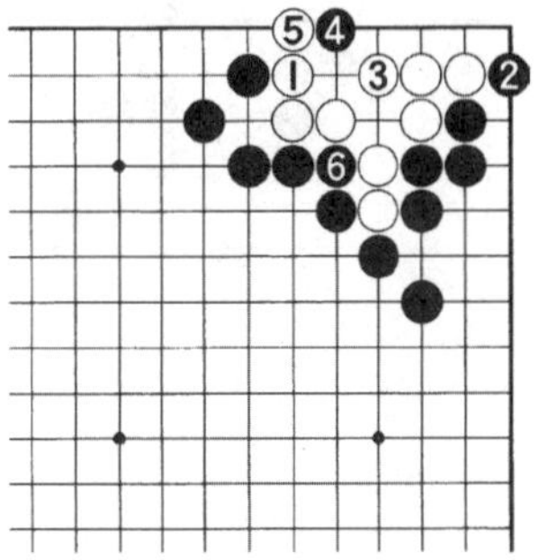

**제 14 형 백번**

## 눈의 급소

사활 문제.
집을 넓히는 두 가지의 길을 검토해야한다. 그것이 안 된다면 안형의 급소를 고민하여야 한다.

## 백 삶

백1의 입구자는 중앙과 귀에 집을 확보하는 급소이다. 이후 흑a, 백b, 흑c, 백d로 최소한의 집으로 산다. 백1로 c는 흑1이 급소가 된다.

## 백 죽음

백1로 집을 넓히는 변화이다. 흑2로 젖혀 백집을 좁혀간다. 백3은 흑4로 치중해서 백5, 흑6까지 백이 죽는다. 백3으로 6은 흑3.

(940)

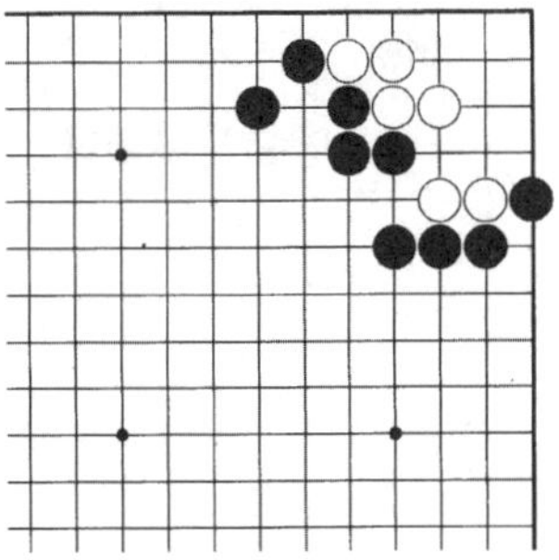

解

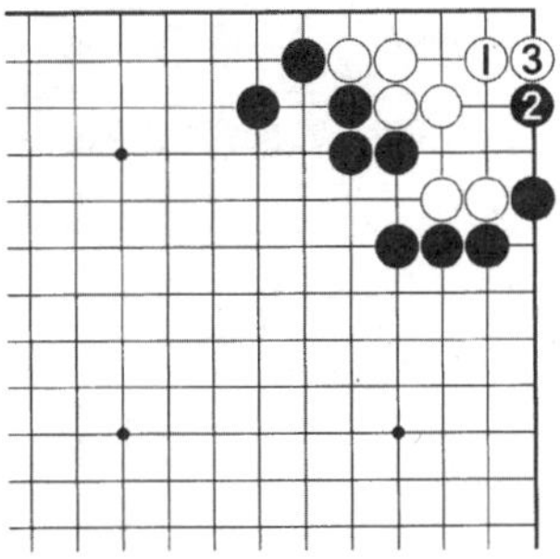

失

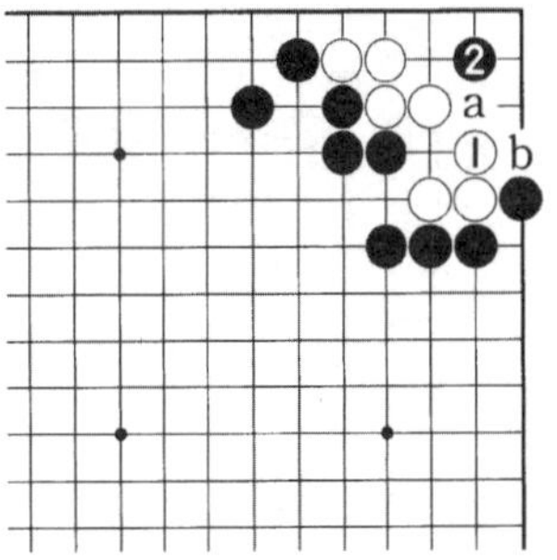

**제 15 형 백번**

## 양자택일

귀의 사활 문제.
살기 위해서 궁도를 넓히는 것과 안형의 급소를 차지하여 치중을 방지하는 것. 둘 중 하나를 선택해야 한다.

## 급소

백1의 입구자는 안형의 급소를 차지한 맥이다. 흑2, 백3으로 백은 곡사궁으로 사는 모양이다. 흑은 치중수를 둘 수 없다.

## 백 죽음

백1은 궁도를 넓힌 수이다. 흑2는 안형의 급소에 치중한 수이다. 이 1수로 백은 두 집을 낼 수 없다. 백a는 흑b로 궁도가 줄어 버린다.

(941)

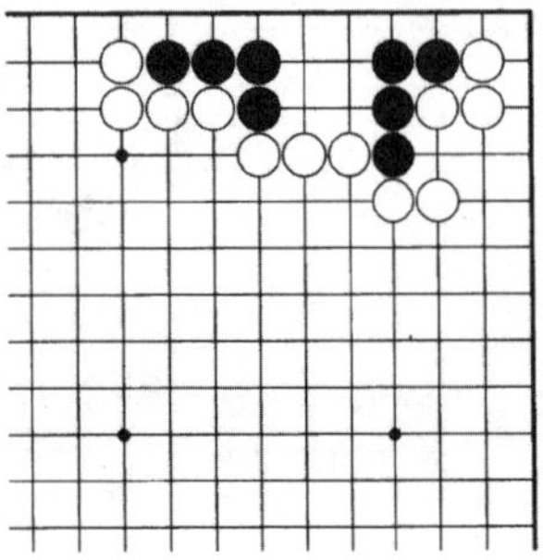

解

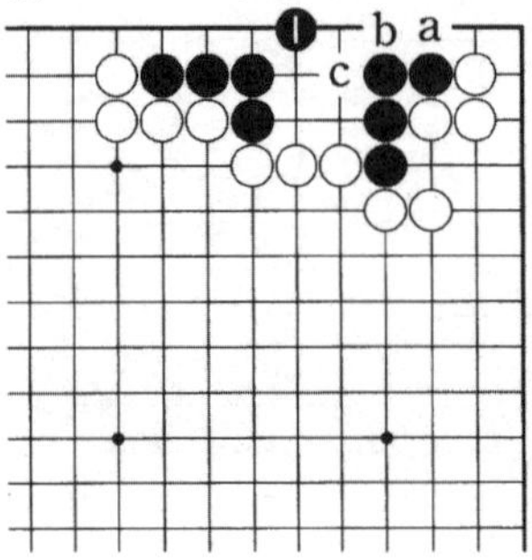

失

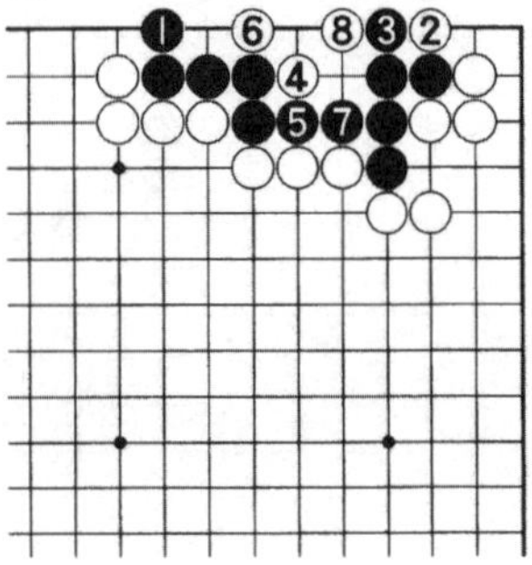

제16형 흑번

### 좌우분할

사활 문제.
집을 넓히는 수는 4가지, 어떤 수이든 치중이 기다리고 있다. 안형의 급소에 두어 집을 좌우로 나누어 두어야 한다.

### 흑 삶

흑1은 안형의 급소이다. 좌우에 한집씩 만드는 모양이다. 백a는 흑b, 백c로 붙이는 수는 성립하지 않는다.

### 흑 죽음

흑1로 궁도를 넓히면 실패한다. 백2의 젖힘을 활용하고 백4로 붙이고 치중한다. 백8까지 궁도사활로 흑이 죽는다.

(942)

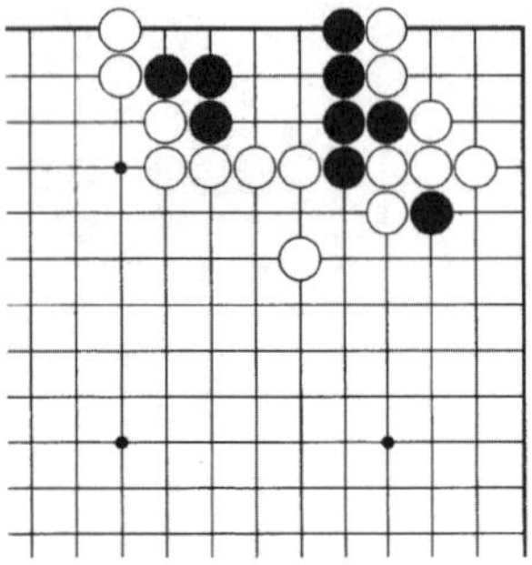

解

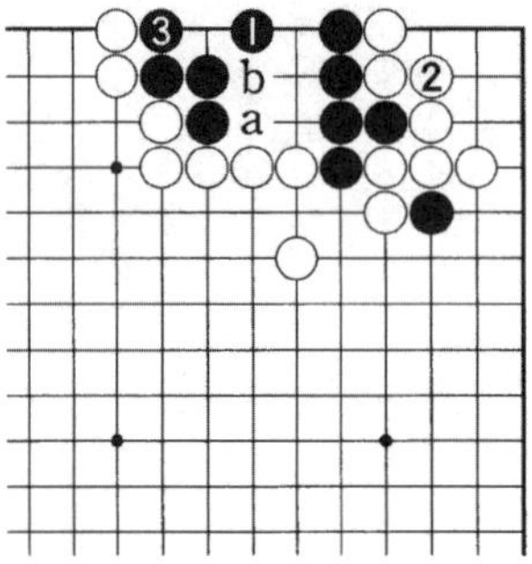

失

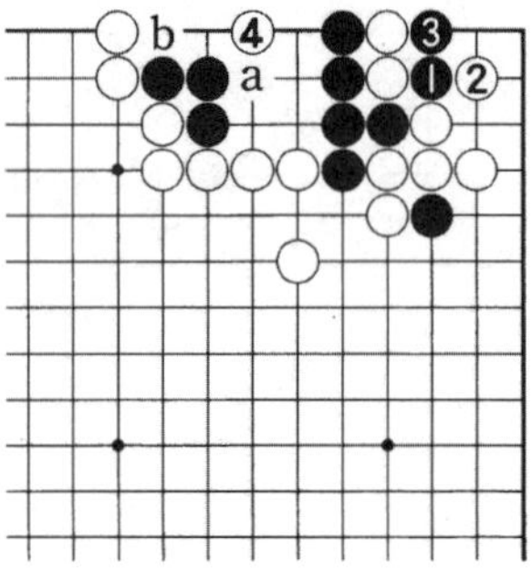

제17형 흑번

### 여유

사활 문제.
상변의 흑은 자충에 걸리기 쉬운 모양이다. 귀의 백 2점을 잡을 여유가 있을까?

### 흑 삶

흑1이 안형의 급소이다. 백2로 2점을 살리면 흑3으로 막아서 한집을 낸다. 오른쪽과 합쳐서 2집이 된다. 백a는 흑b.

### 흑 죽음

흑1, 3으로 2점을 잡는 것은 백4로 치중당해서 상변의 집이 없어진다. 흑a는 백b로 백4의 1점을 잡아도 옥집이 된다.

(943)

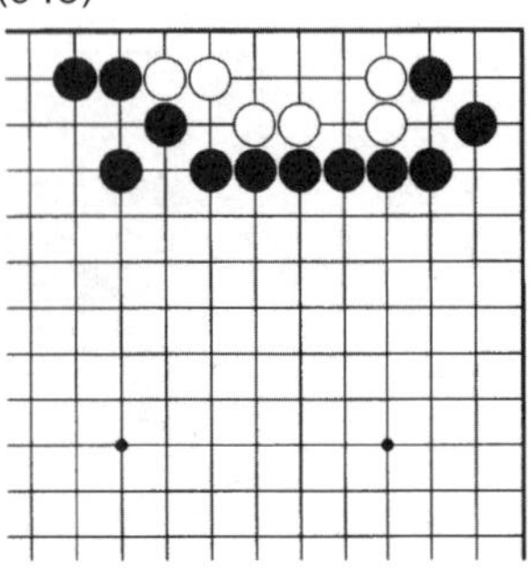

解

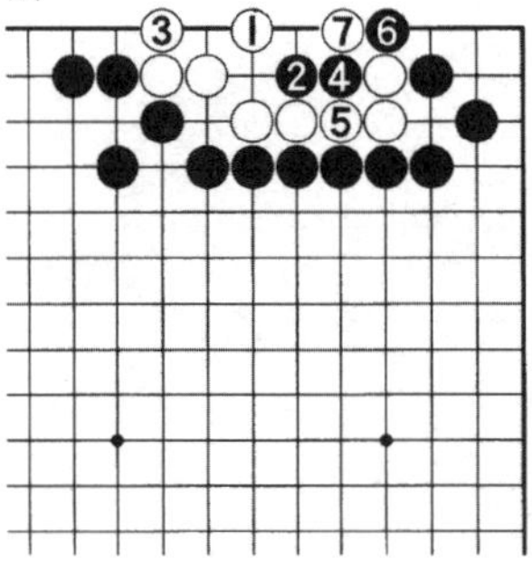

失

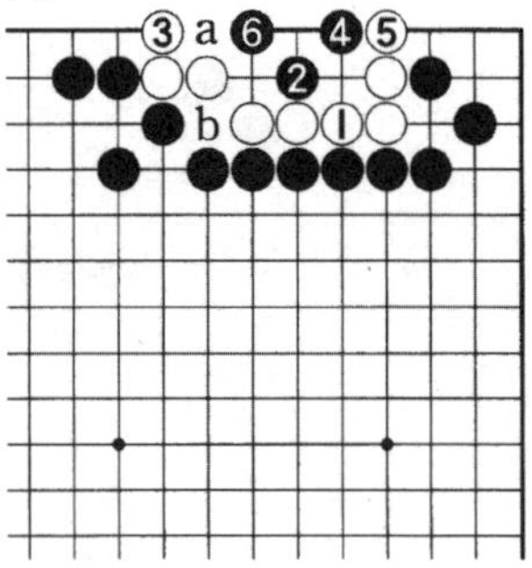

제18형 백번

### 삼자택일

사활 문제.
백집을 넓혀도 치중당해 죽는다. 그렇다면 안형의 급소를 찾아서 두어야 한다.

### 백 삶

백1의 입구자가 안형의 급소이다. 흑2로 붙이면 백3으로 집을 낸다. 흑4, 6에 백7로 먹여쳐서 촉촉수이다.

### 오궁도화

백1로 넓히는 것은 흑2로 치중 당하여 안된다. 백3은 흑4, 6의 수순으로 오궁도화. 백1로 2는 흑6, 백1, 흑4, 백5, 흑3, 백a, 흑b.

입구자

살기(웅크리다)

제19형 흑번

(944)

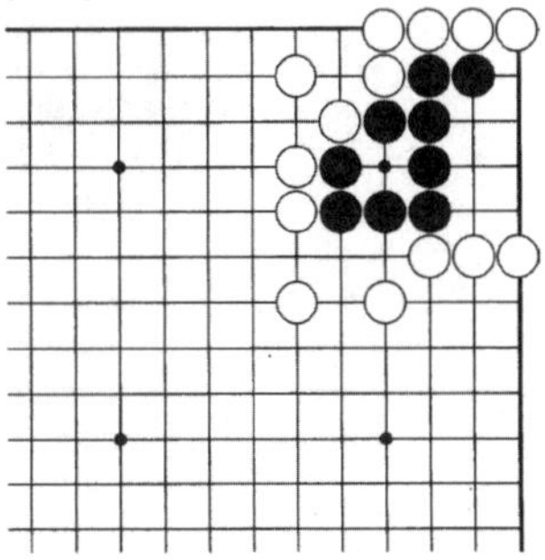

解

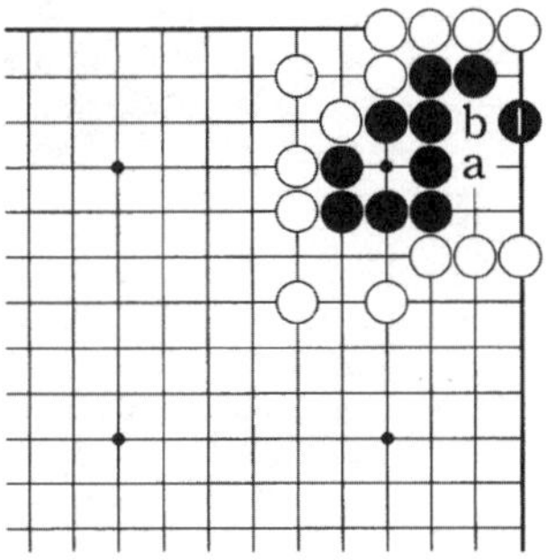

失

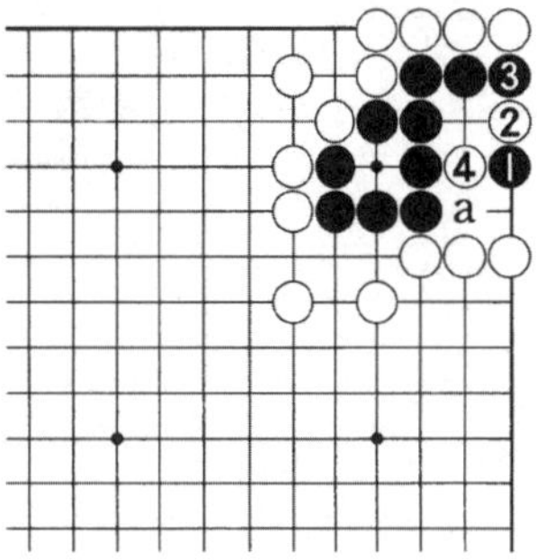

## 살리는 수

사활 문제.

중앙에 한집. 다음은 우변에 한집을 내야 살지만 가능성이 있는 몇 군데 중에서 사는 수는 하나뿐이다.

## 흑 삶

흑1의 입구자가 맥이다. 백a로 집을 부수는 수는 성립하지 않기 때문에 흑은 중앙에 한집과 우변 b의 한집을 확보하여 산다.

## 흑 죽음

흑1로 뛰면 백2로 붙인 수로 실패한다. 흑3으로 막으면 백4가 성립하여 옥집이 된다. 흑1로 3 또는 a도 백2로 두어 살 수 없다.

제1형 흑번

(945)

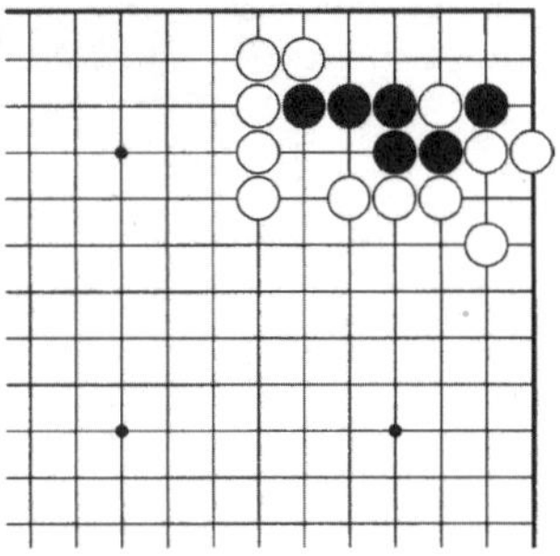

解

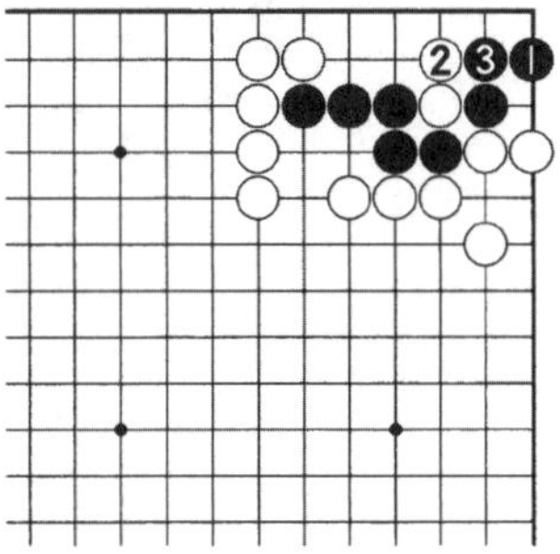

失

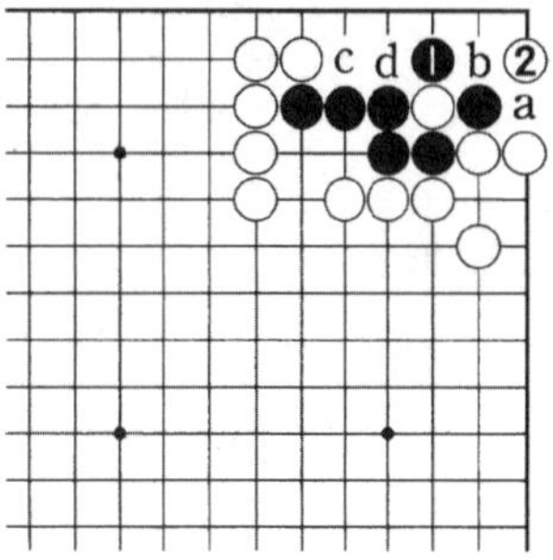

## 함정

사활 문제.

백 1점이 단수 당했다. 단순히 따내면 안형이 풍부한 것처럼 보이지만 함정이 있을 것 같다.

## 흑 삶

흑1의 입구자가 좋은 수이다. 다음에 흑2로 백 1점을 따내면 산다. 백2에는 흑3으로 구부려서 귀를 굳히고 백 2점을 잡고 산다.

## 흑 죽음

흑1로 따내면 백2로 실패한다. 흑a는 백b로 흑은 한집뿐이다. 흑c도 백b. 또 흑b이면 백c로 공격하여 어떻게 하던지 흑은 잡힌다.

제2형 흑번

(946)

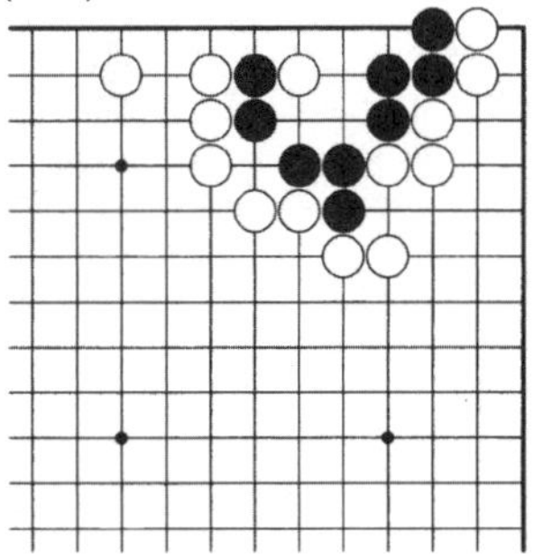

解

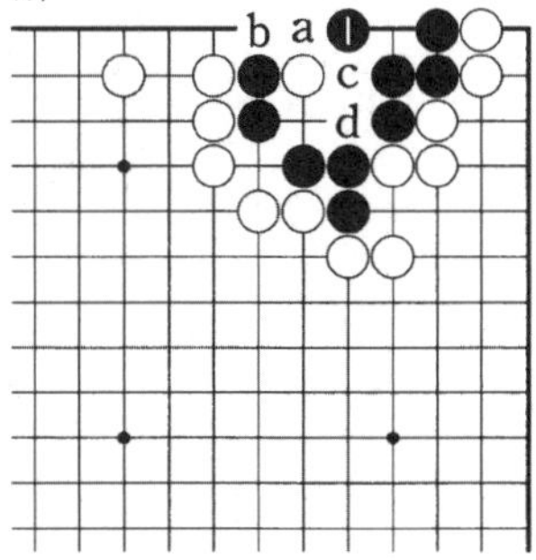

失

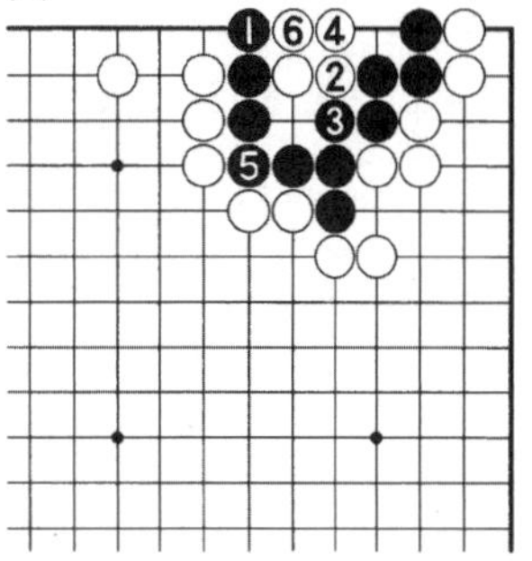

## 일석이조

사활 문제.

백 1점이 건너지 못하게 막아야 한다. 또 동시에 백의 치중을 막는 일석이조의 수가 필요하다.

## 흑 삶

흑1의 입구자가 급소이다. 흑은 집을 만들면서 백의 건넘도 막고 있다. 백a라면 흑b, 백c, 흑d로 촉촉수로 흑이 살 수 있다.

## 흑 죽음

흑1로 건넘을 막는 것은 백2, 백4로 치중수를 늘려서 백6으로 죽는 모양이다. 흑1로 6은 백4, 흑1, 백3.

제3형 흑번

(947)

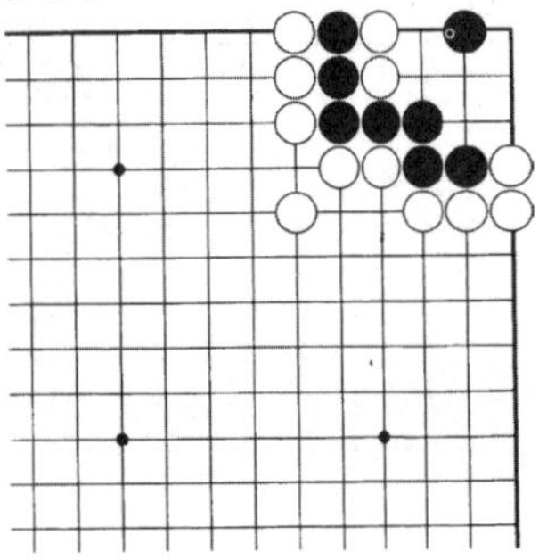

## 흑선 삶

흑선으로 귀에 맛이 좋게 살고 싶다. 공배가 꽉 찼으므로 둘 곳이 제한된다.

解

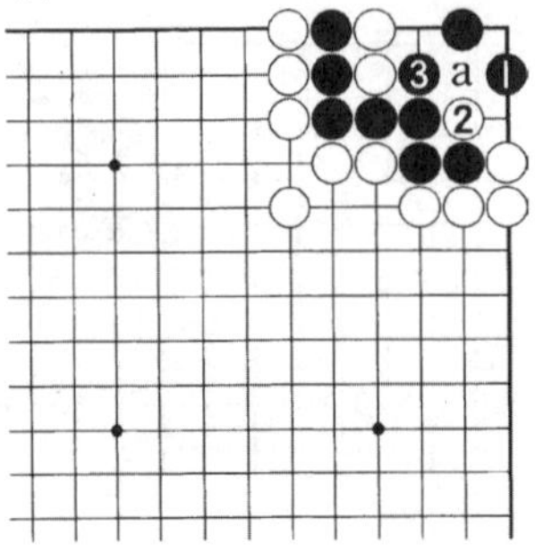

## 귀의 급소

흑1이 귀의 특수성을 이용하면서 동시에 자충을 막는 급소이다. 백2에는 흑3, 백3에는 흑2. 이후, 백은 a에 둘 수 없다.

失

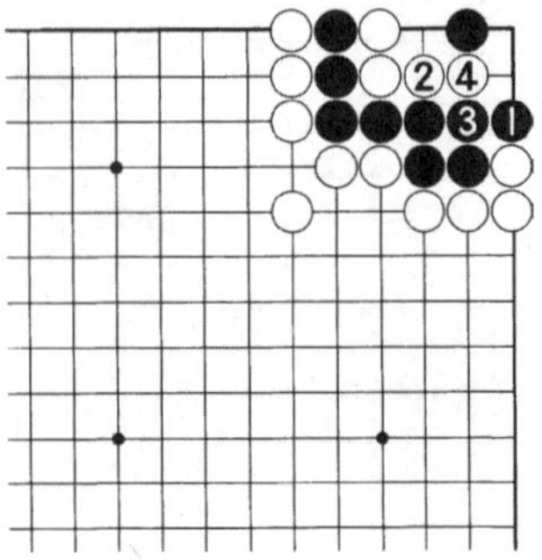

## 자충

흑1로 해결되면 아무 문제도 없지만 공배가 꽉 찼기 때문에 잘 되지 않는다. 백2로 단수치고 흑3에는 백4. 1곳이라도 공배가 비어있으면 흑은 산다.

제4형 흑번

(948)

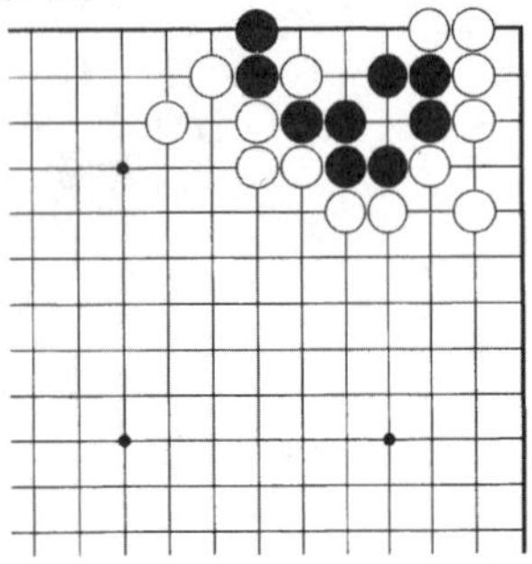

## 사는 방법

백 1점을 잡는 방법에 흑의 생사가 달려있다. 그냥 백 1점을 잡는 것은 간단하지만 경솔하게 잡으면 전멸한다.

解

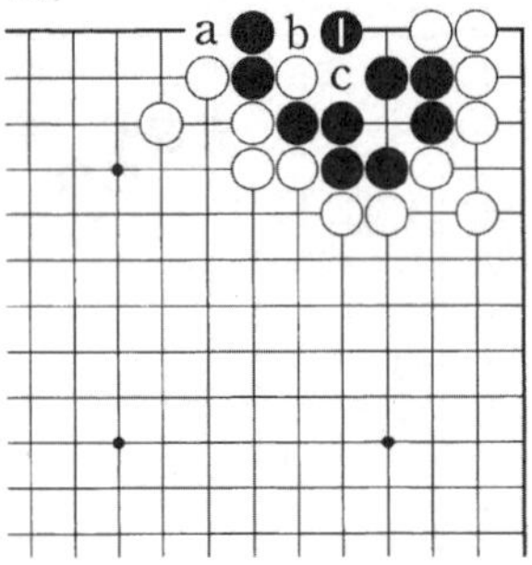

## 맥

흑1이 최선이다. 이걸로 흑은 완전한 2집으로 산다. 이후 백a에는 흑b.

失

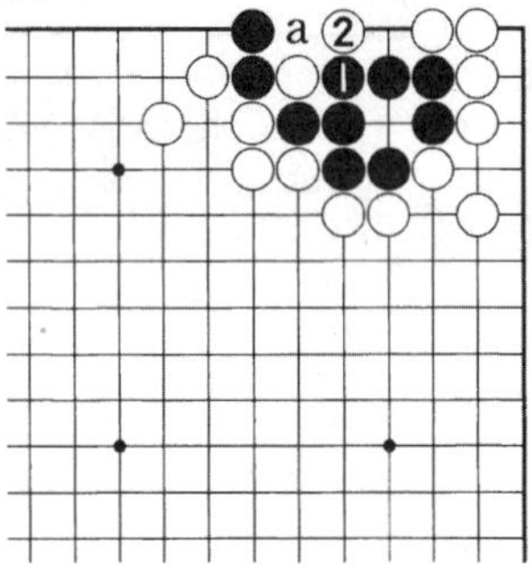

## 흑 전멸

정해도와 다른 방법으로는 흑은 전멸한다. 흑1에는 백2로 옥집이 되어버린다. 흑1로 a도 백2로 안 된다.

제5형 흑번

(949)

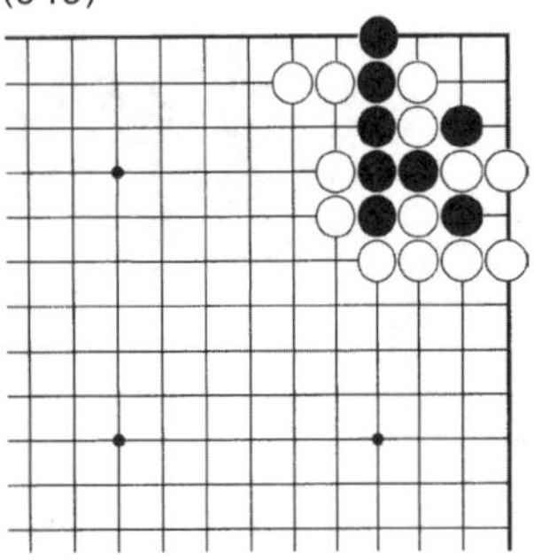

## 연구

단순히 백 2점을 잡아서는 2집을 만들 수 없다. 귀를 어떻게 처리해야 하는가?

解

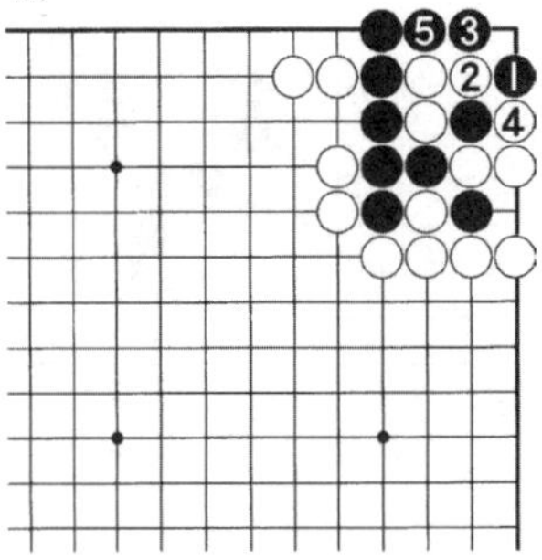

## 패

입구자의 급소, 흑1이 정해이다. 백2에는 흑3으로 아래로 젖혀서 패로 간다. 자충에 걸렸다는 것이 백의 한이다.

失

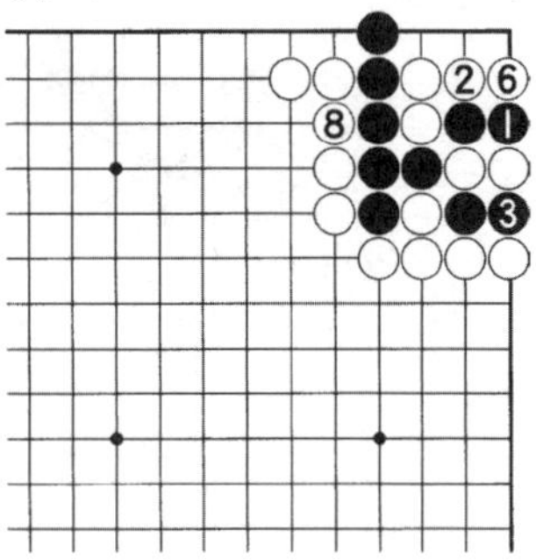

## 순순

흑1이 좋아 보이지만 백2부터 순순히 결정해서 백8로 흑이 죽는다.

※④→❸의 왼쪽 위(먹여치기), ❺→❸의 위(따냄), ❼→❸의 왼쪽 위

**제6형 백번**

(950)

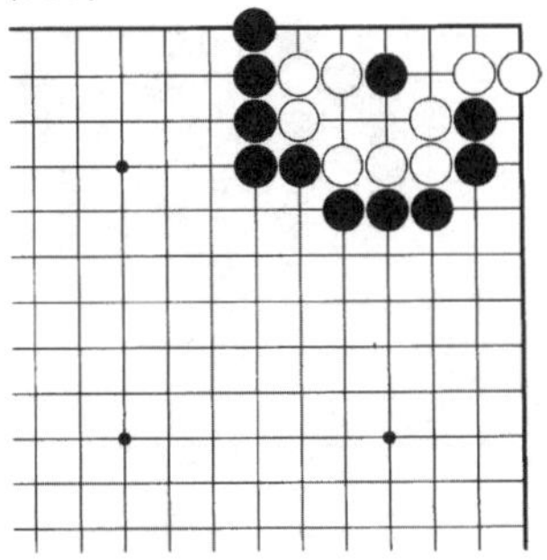

## 건넘 방지

사활 문제.

백에게 둘러싸인 흑 1점이 바깥과 연결되면 백은 전멸을 피할 수 없다. 치충은 물론 흑이 건너지 못하게 막아내야 한다.

解

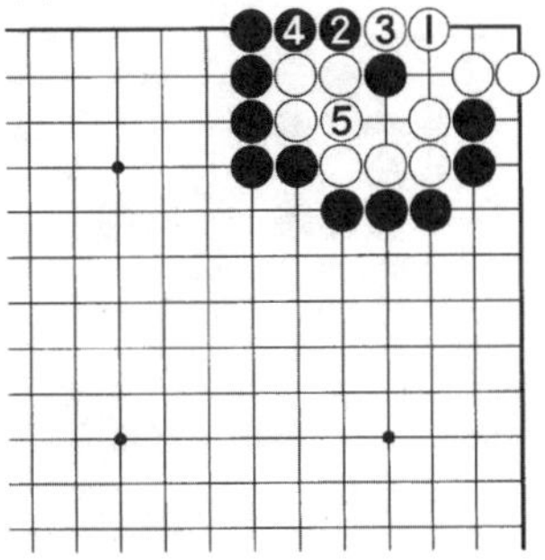

## 백 삶

백1의 입구자가 급소이다. 흑2로 젖히고 4로 1점이 건너가도 백5로 이어 산다. 흑2로 3은 백2로 그만이다.

失

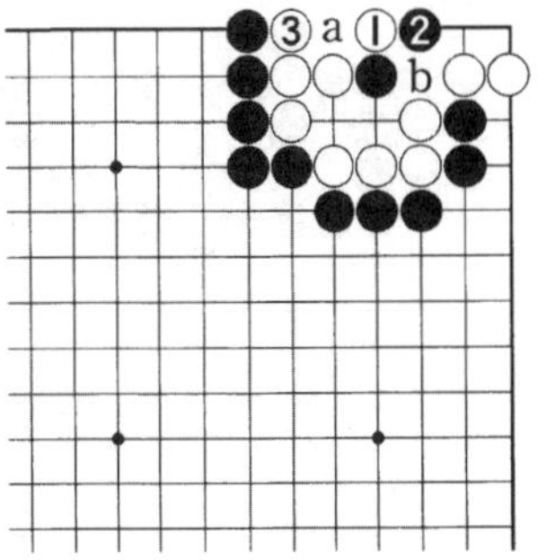

## 패는 실패

백1로 젖히면 흑2로 막아 실패한다. 백은 3으로 패를 할 수밖에 없다. 백3으로 a는 흑3. 백1로 a는 흑b로 역시 백이 안 된다.

**제7형 백번**

(951)

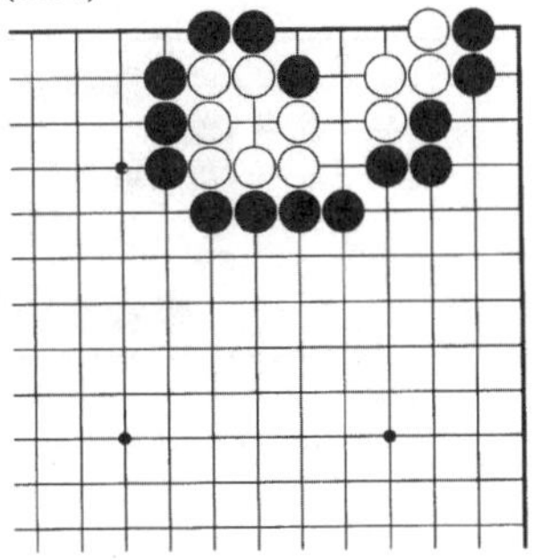

## 반발

사활 문제.

왼쪽은 완전한 한집이다. 오른쪽에 한집을 더 내면 살 수 있지만 흑에게 반발을 사지 않도록 해야 한다.

解

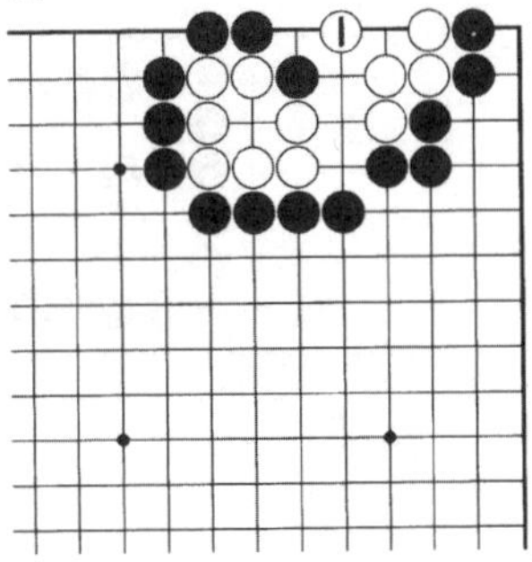

## 백 삶

백1의 입구자가 좋은 수이다. 좌우의 연결과 흑의 촉촉수를 엿보면서 오른쪽에 한집을 확보해서 산다.

失

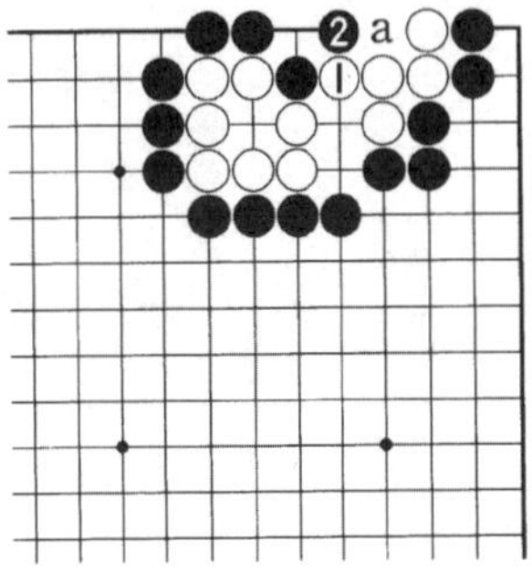

## 백 실패

백1로 단수치면 흑2로 반발하여 패가 된다. 패는 실패다.

**제8형 백번**

(952)

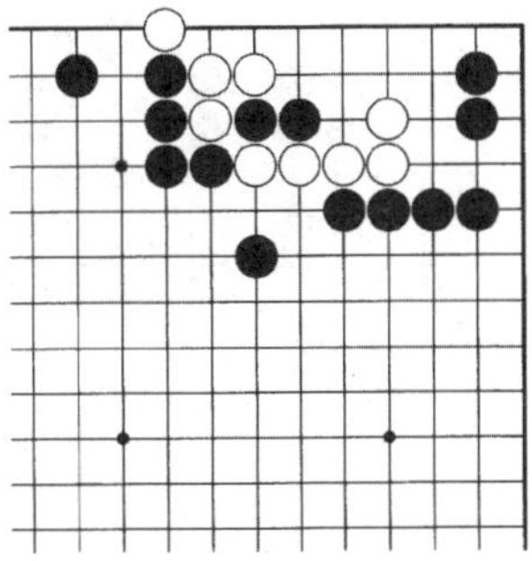

## 사는 방법

사활 문제.

흑 2점을 잡고 사는 모양을 만든다. 백에는 잡는 방법에는 몇 가지가 있지만 정답은 하나뿐이다.

解

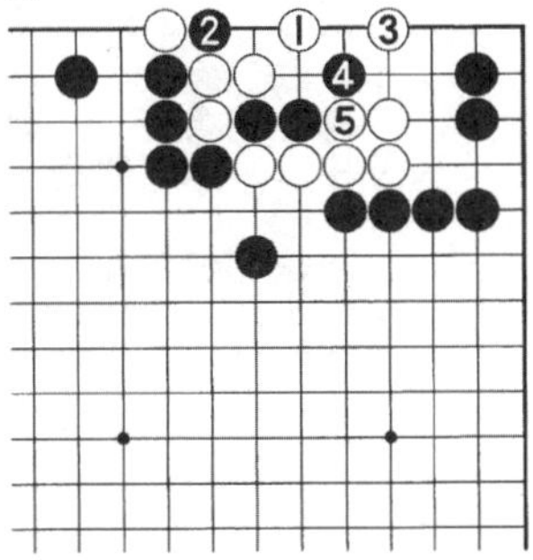

## 백 삶

백1의 입구자가 맥이다. 흑2로 왼쪽 집을 잡으면 백3으로 뛰어 궁도를 넓히고 흑4에 백5로 단수쳐서 살 수 있다. 흑은 치중하는 수를 늘려도 백은 산다.

変

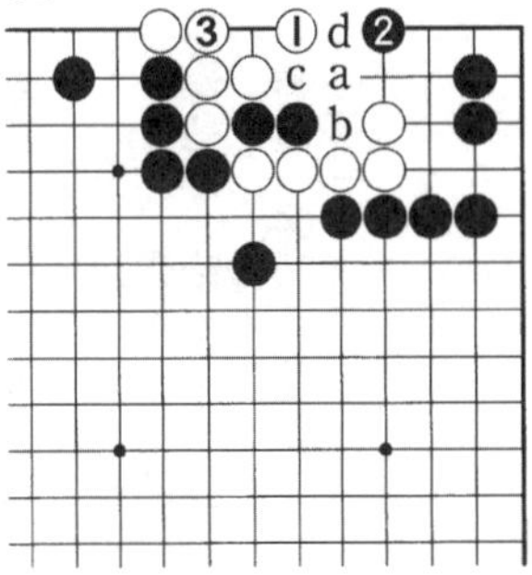

## 촉촉수

흑2로 오른쪽에서 공격하는 것은 백3으로 두 집이 된다. 흑a는 백b로 촉촉수이다. 백1로 a는 흑3.

또는 백1로 c는 흑d로 미끌어져 백이 죽는다.

제9형 백번

(953)

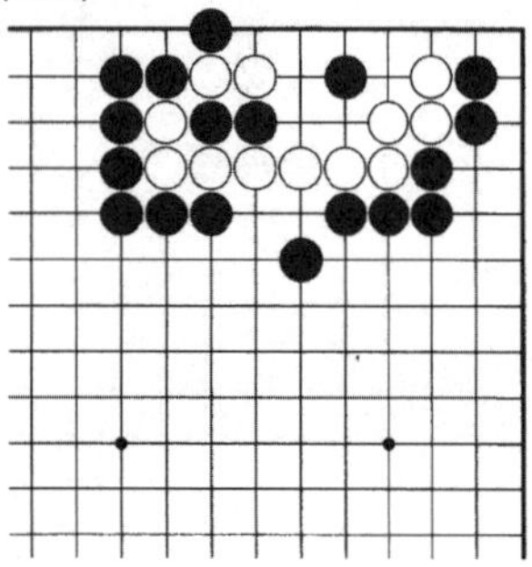

### 급소

사활 문제.
상변의 흑 2점을 잡는 것뿐이라면 간단하다. 다른 1점의 흑도 잡지 못하면 죽는다.

解

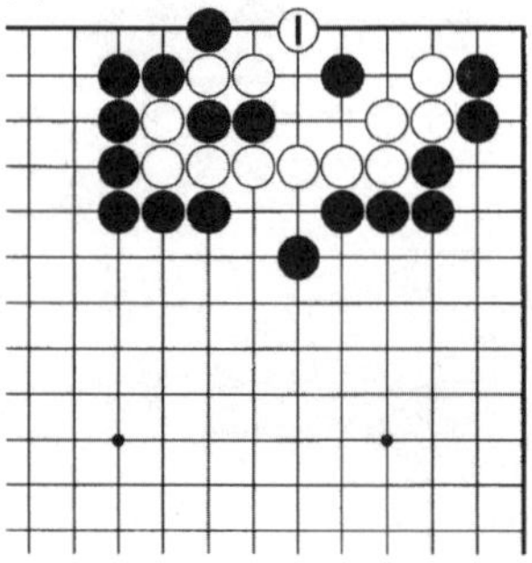

### 백 삶

백1로 입구자하여 흑이 건너지 못하도록 막는다. 흑 2점의 도망을 막고 상변의 흑 3점을 잡으면 살 수 있다.

失

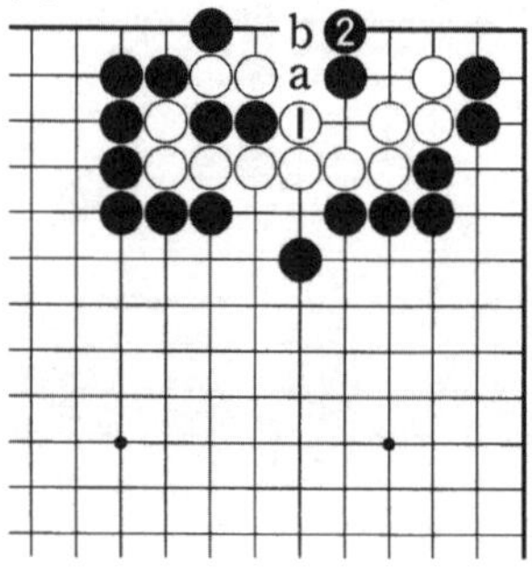

### 백 잡힘

백1로 따내면 흑2로 뻗어 실패한다. 흑은 좌우의 연결을 맞본다. 백1로 a는 흑b로 건너간다.

제10형 백번

(954)

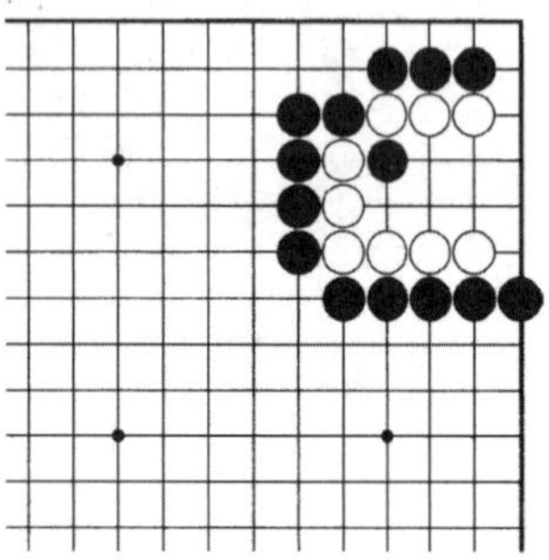

### 지키는 방법

사활 문제.
흑 1점을 잡는 것 만으로는 집이 좁게 되고 집을 넓히려 해도 치중이 두렵다.

解

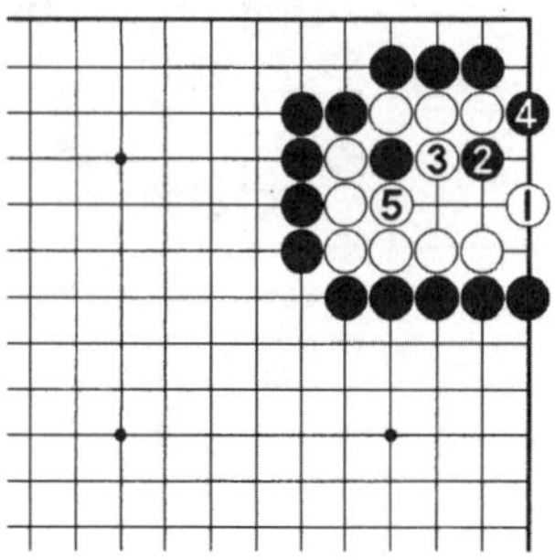

### 백 삶

백1로 입구자하여 궁도를 넓히면서 궁도사활을 방지한다. 흑2로 붙이고 4로 건너가면 백의 궁도는 줄어들지만 백5로 살 수 있다.

失

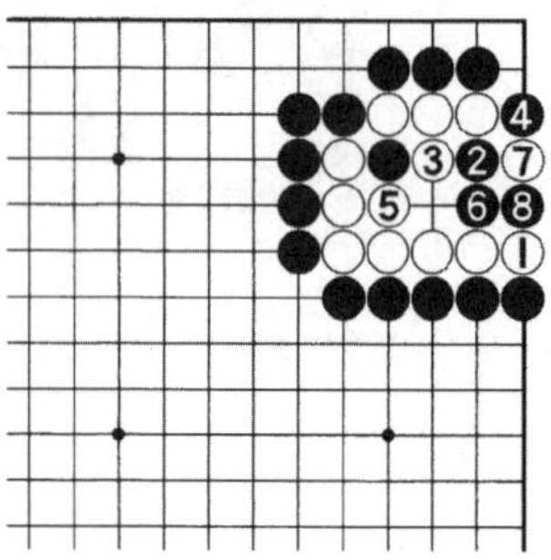

### 백 죽음

백1은 잘못된 맥이다. 흑2부터 백5까지 1점을 따내면 흑6으로 백집을 없앨 수 있다. 백1로 2는 흑4로 궁도를 좁혀 가면 잡힌다.

제11형 백번

(955)

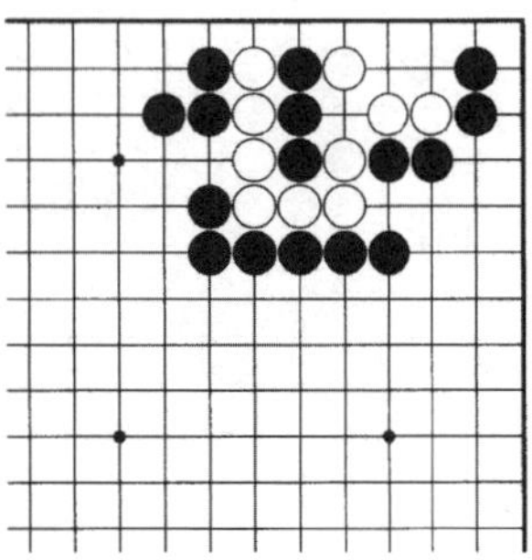

### 일석이조

사활 문제.
흑 3점을 잡지 못하면 실패한다. 또 잡는 것만으로는 집이 부족하므로 궁도를 넓히면서 3점을 잡는 일석이조의 수가 필요하다.

解

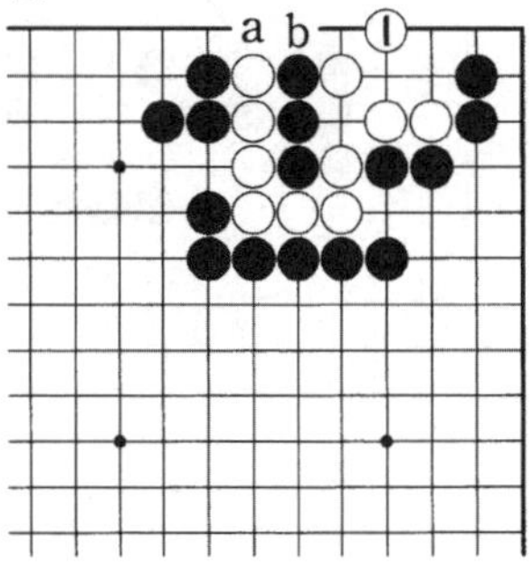

### 백 삶

백1의 입구자가 궁도를 넓히고 흑의 건넘을 막는 일석이조의 수이다. 흑a는 백b로 촉촉수이다. 흑b는 백a로 직사궁이 되어 백은 산다.

失

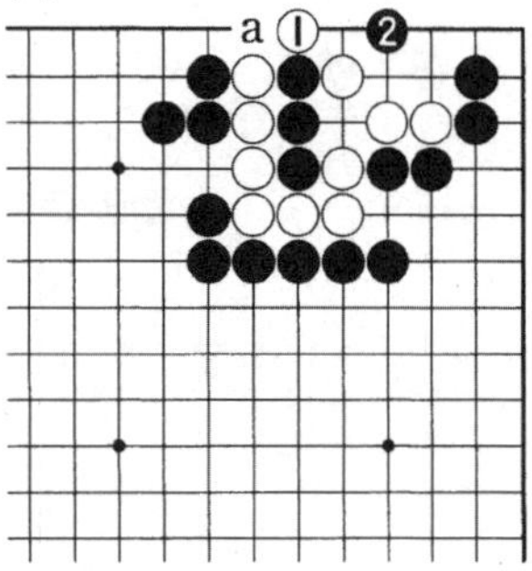

### 백 죽음

백1로 흑 3점을 잡는 것은 흑2로 죽는다. 상변의 백집이 좁다. 백1로 a하여도 흑2. 2의 곳이 백의 생사를 쥔 양쪽의 급소이다.

(956)

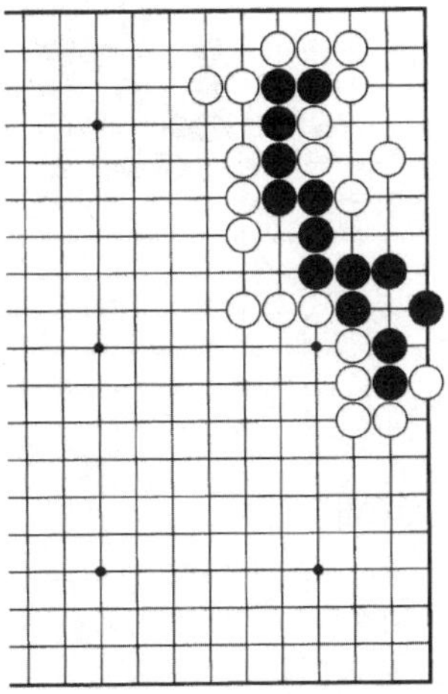

解

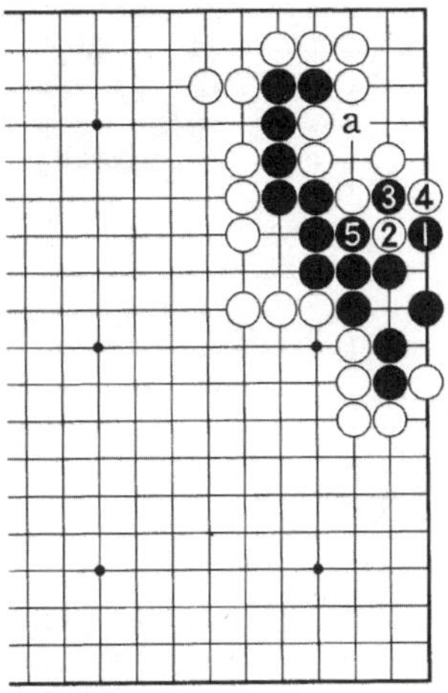

失

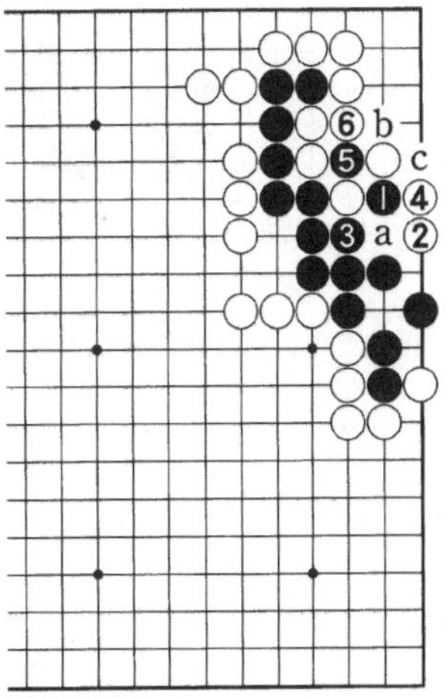

제12형 흑번

## 맥을 만들다

사활 문제.

우변은 한집밖에 없기 때문에 흑은 사석을 이용한 맥을 만들어 우상의 백을 자충으로 만든다. 흑이 수순을 틀리게 하면 무조건 흑이 죽는다.

## 패

흑1로 입구자에 백2로 입구자로 붙이면 흑3으로 먹여치는 수가 냉엄한 맥이다. 백은 4로 잡을 수 밖에 없다 흑5로 단수쳐서 패가 된다. 백3으로 이으면 흑a로 끊어 패가 크게 난다.

## 흑 수부족

흑1로 젭으면 백a는 흑2로 정해도와 같아진다. 백2의 치중이 좋은 수이다. 흑3으로 단수쳐도 백4로 건너서 흑5에 백6으로 이으면 흑이 죽는다. 이후 흑b로 끊어도 백c로 이어서 백이 승리.

(957)

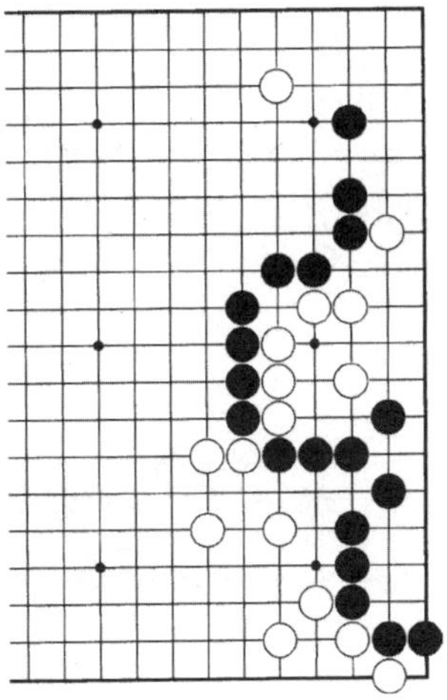

解

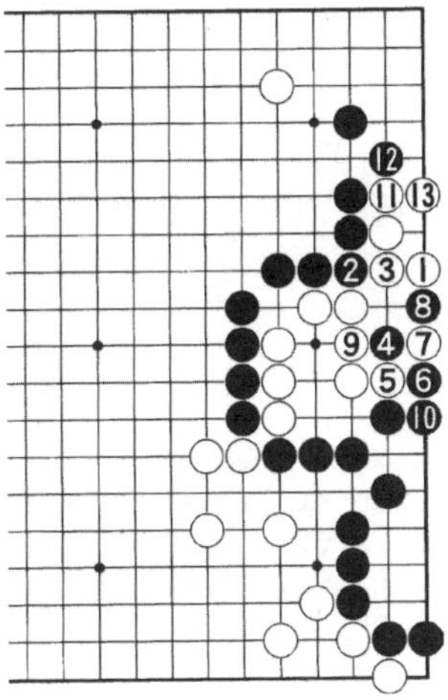

変

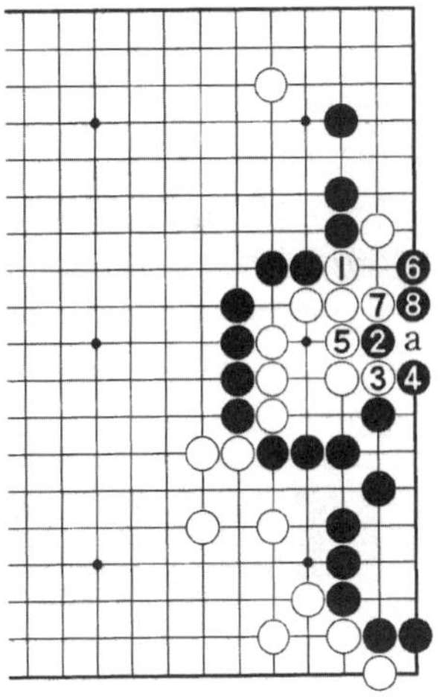

제13형 백번

## 분할

사활 문제.

우변의 백은 뒷문이 열려서 불안하다. 집을 넓히려하기보다 중앙과 우변에 각각 집을 내는 쪽으로 수를 읽어보자. 이 경우 급소는?

## 백 삶

백1의 입구자가 급소로 우하에서 흑의 공격을 막고 우변에 한 집을 만드는 중심이다. 흑2, 4로 공격하면 백5부터 9로 중앙에 집을 내고 13까지 우상에도 한집을 내서 산다.

## 패는 실패

백1로 궁도를 넓히면 흑2로 침입당해 흑을 조일 수 없는 느슨한 모양이 된다. 백5에는 흑6으로 미끄러지는 수가 좋아서 흑8로 받아 패가 난다. 흑6으로 7로 밀면 백a로 무조건 살 수 있다.

제14형 흑번

(958)

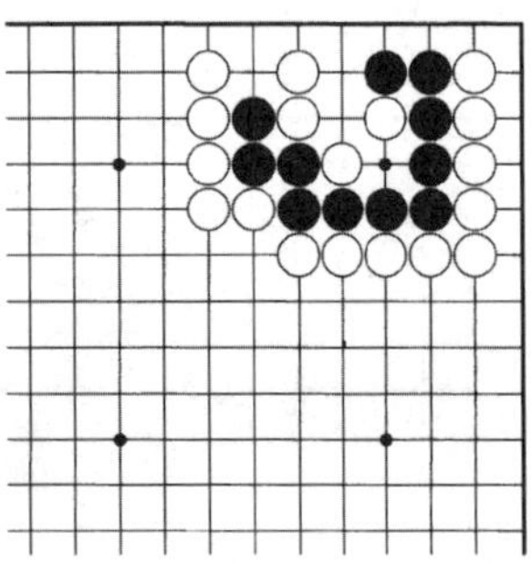

### 촉촉수

사활 문제.
상변의 백은 자충으로 흑은 백 2점을 촉촉수로 잡을 수 있다. 그러나 치중수에 주의해야 한다.

解

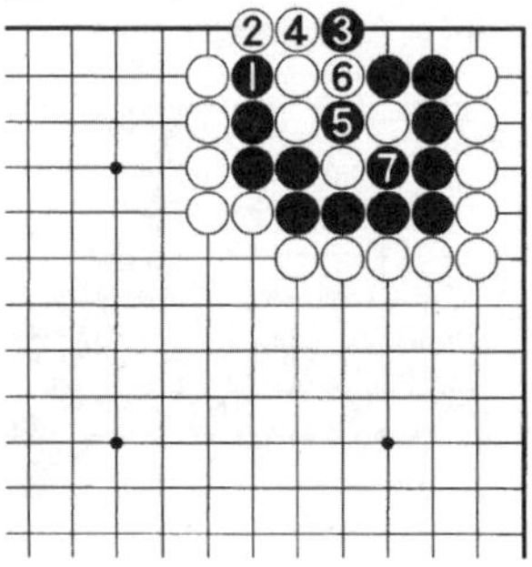

### 흑 삶

흑1로 나가 백2로 건너간 후 흑3으로 입구자하여 들여다본 수가 맥이다. 백4로 이으면 흑5, 7로 백 2점을 촉촉수로 잡고 살 수 있다.

失

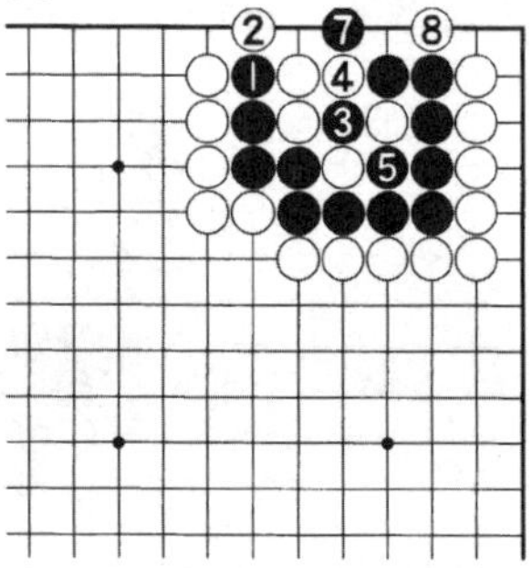

### 매화육궁

흑3, 5를 먼저 하면 백6으로 이어 매화육궁이 되어버린다. 흑7에 백8로 흑이 죽는다.
※⑥→❸

제15형 백번

(959)

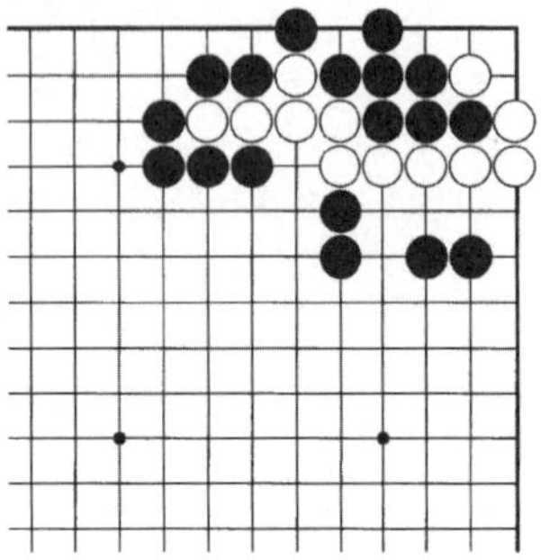

### 비상수단

사활 문제.
우상의 백은 1집도 없다. 살기 위해서는 비상수단으로 백의 결함을 노릴 수밖에 없다.

解

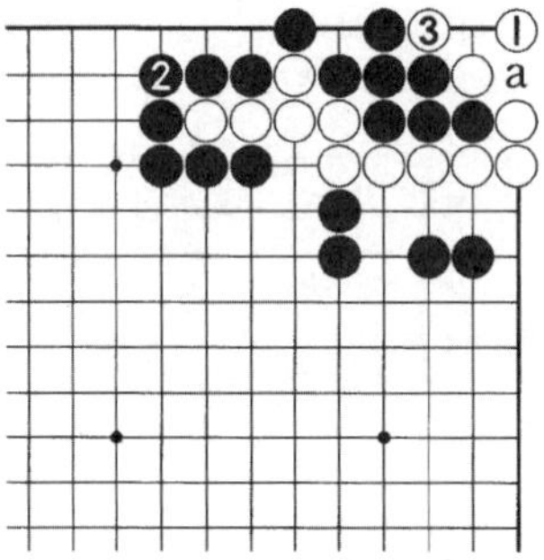

### 패

백1의 입구자가 비상수단이다. 흑2로 잇고, 백3으로 집어넣어 패를 만든다. 흑2로 3은 백a로 이어 촉촉수가 된다.

失

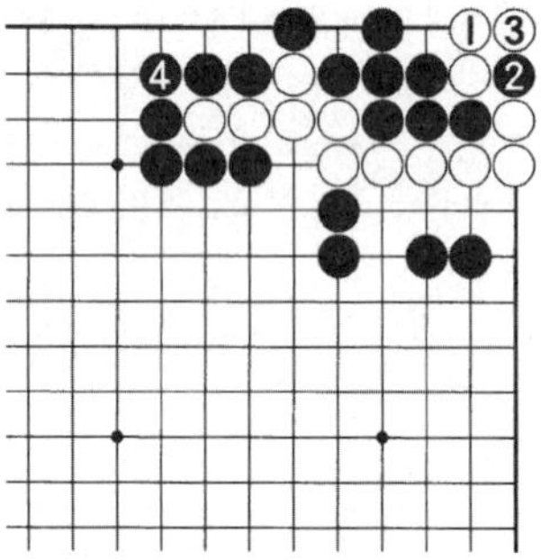

### 백 전멸

백1로 뻗으면 흑2로 먹여쳐서 실패한다. 백3에 흑4로 이어 촉촉수를 방지한다.

제16형 흑번

(960)

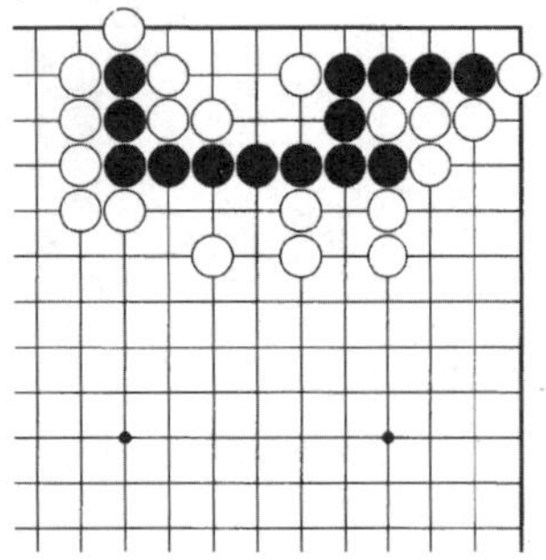

### 함정

사활 문제.
상변의 백이 엷다. 흑은 백 1점을 잡고 쉽게 살 것 같지만 함정이 있다.

解

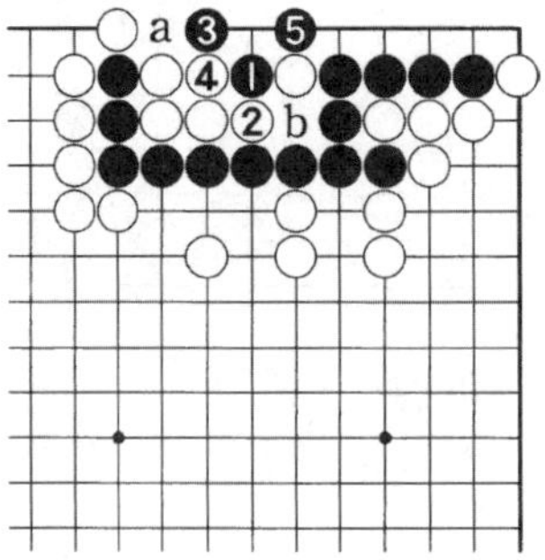

### 패

흑1로 껴붙이고 백2에 흑3 입구자가 냉엄한 맥이다. 백4로 단수치면 흑5의 단수로 패가 된다. 백4로 a는 흑b로 끊어 산다.

失

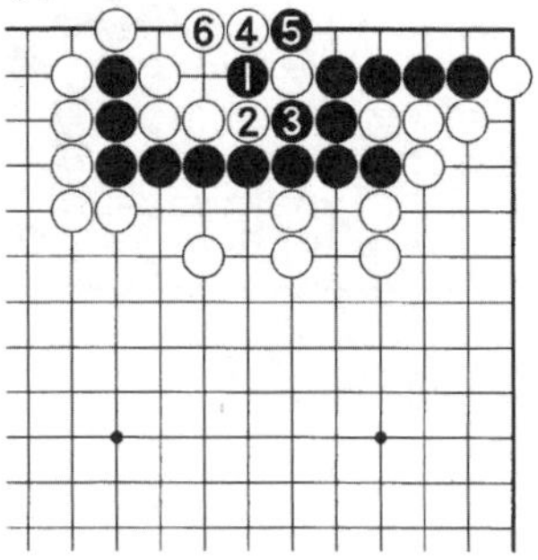

### 흑 죽음

흑3으로 끊으면 백4로 젖혀서 패가 난다. 백6으로 흑은 1점을 잡은 곳이 옥집이 되어 귀의 집만으로는 살 수 없다.

제17형 흑번

(961)

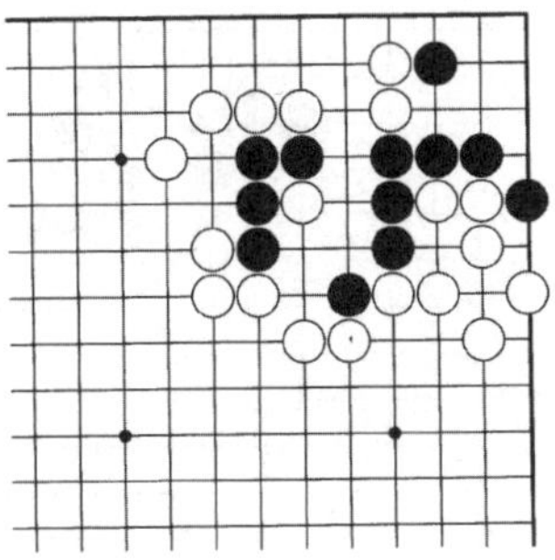

## 공작

사활문제.
흑은 중앙에 후수 한집이 있어 귀에서 선수로 한집을 내면 살 수 있지만 이런저런 공작을 해야만 패가 난다.

解

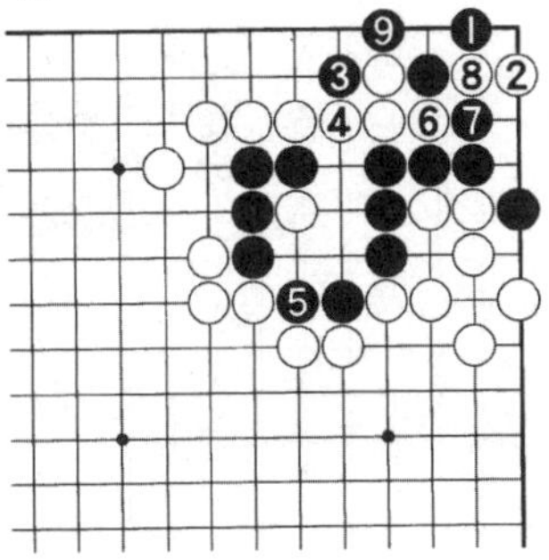

## 패

흑1의 입구자가 맥이다. 백2로 치중한 뒤 흑3의 붙임을 활용하여 5로 집을 낸다. 백6, 8에는 흑9로 패가 난다.

変

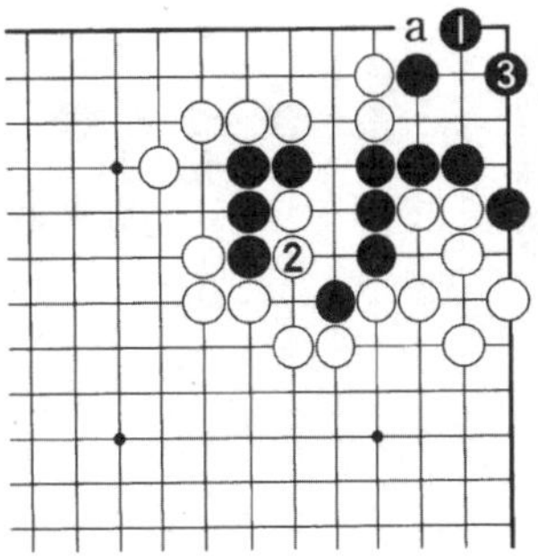

## 백 실패

백2로 중앙에 두면 흑3으로 산다. 흑1과 3 모두 2·1의 급소이다. 흑1로 a는 백2로 귀는 2집이 되지 않는다.

제18형 흑번

(962)

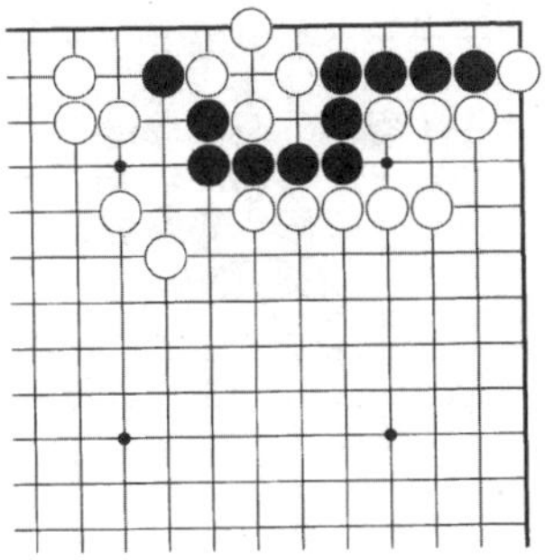

## 탄력

사활 문제.
상변의 백은 탄력 있는 모양으로 무조건 잡히지 않는다. 흑은 백의 탄력을 제한시켜 유리한 패를 만들어야 한다.

解

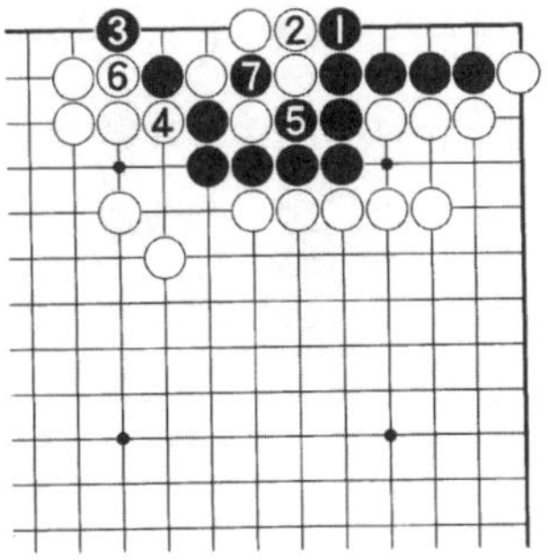

## 늘어진 패

흑1, 백2를 활용한 뒤 3의 입구자가 좋은 수이다. 백4에 흑5로 단수쳐 패가 난다. 흑7까지 흑이 유리한 백의 한 수 늘어진 패가 난다.

失

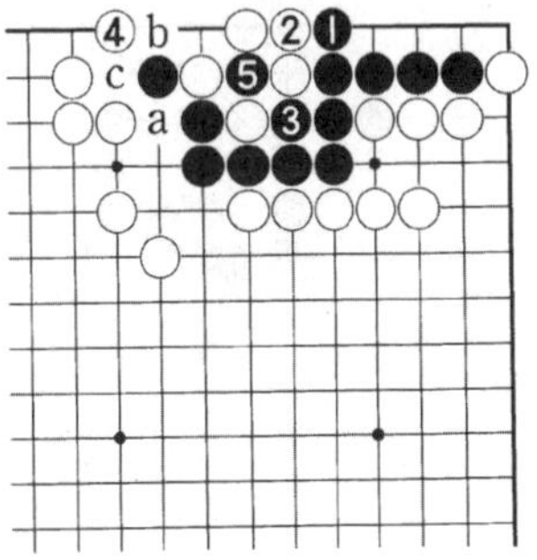

## 단패

흑3의 단수는 백4의 입구자가 맥이 되어 단패가 난다. 백은 a와 b를 맞보고 있다. 흑1로 a는 백b, 흑4, 백c로 이 역시 단패가 난다.

제19형 백번

(963)

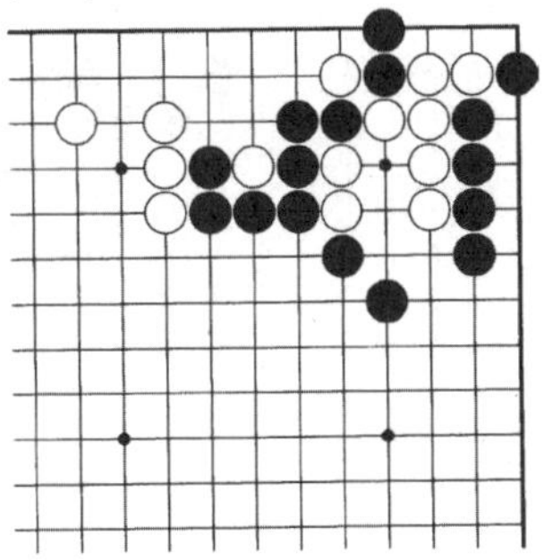

## 보험

백의 사활 문제.
백은 흑 2점을 잡으면서 중앙에 집도 만들어야 한다. 자체적으로 살 수 없을 경우 상변으로 건너가면 살 수 있다.

解

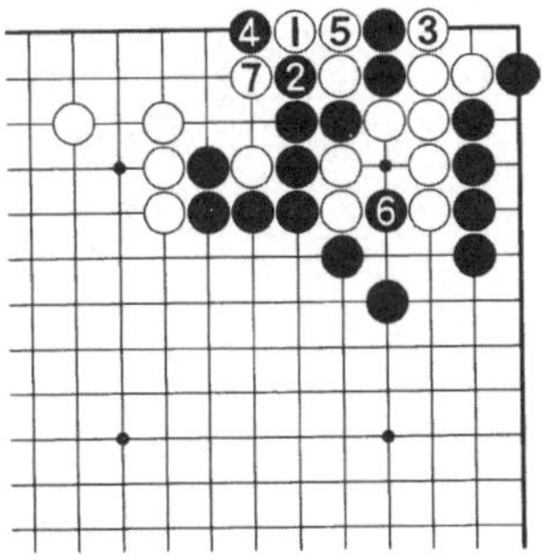

## 백 삶

백1의 입구자가 맥이다. 흑 2점을 잡고 상변의 건넘을 엿보고 있다. 흑2, 4 이후 흑6이라면 백7로 건너간다.

失

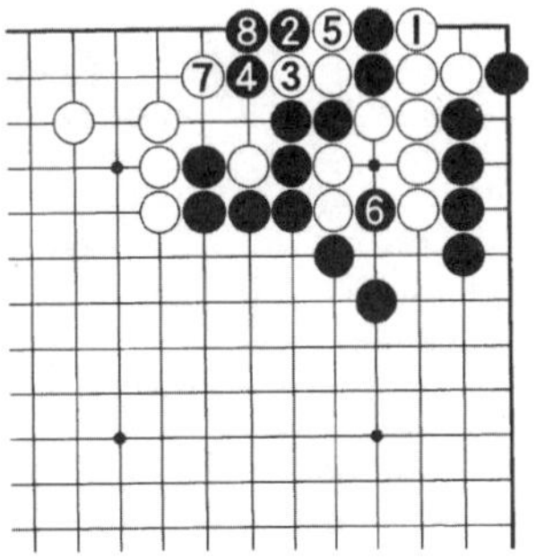

## 백 죽음

백1로 단수치면 흑2로 맥을 빼앗겨서 실패한다.
백5 이후에 흑6으로 중앙 집을 부수고 흑8로 이어 백이 건너는 것도 허용하지 않는다.

(964)

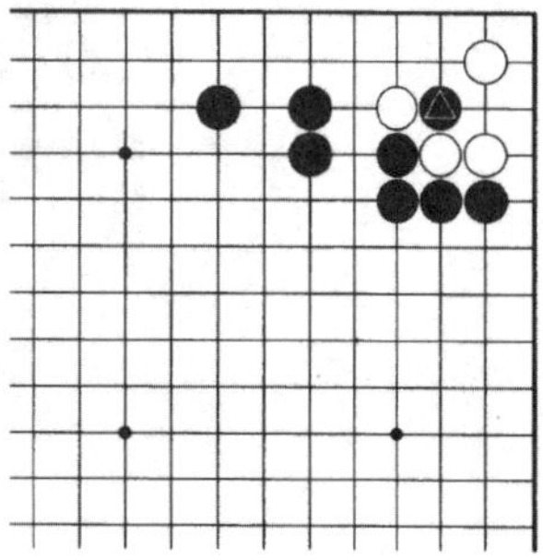

解

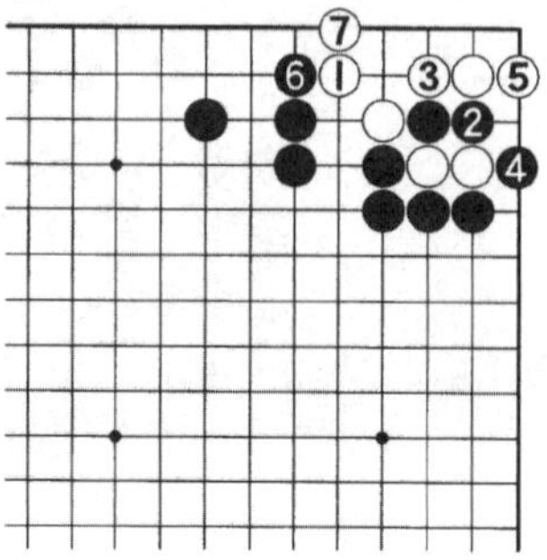

失

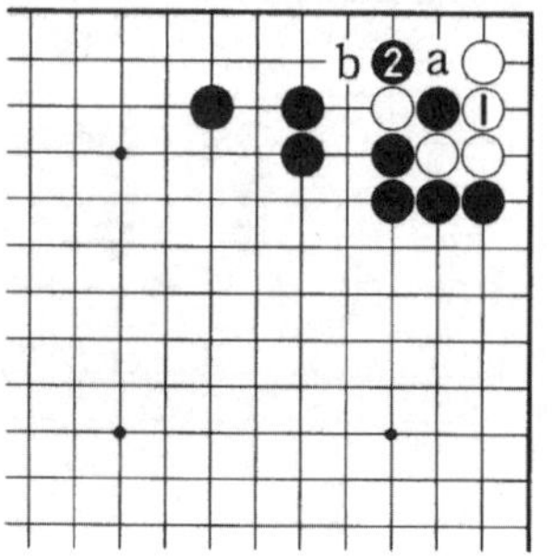

제1형 백번

### 사석

흑▲1점을 잡아도 살 수 없다면 전체를 다시 생각하여야 하지만 묘수는 없을까?

### 백 삶

백1의 입구자로 궁도를 넓힌 뒤, 백2로 잡는 것을 노린다. 흑2로 백 2점을 잡아도 백3으로 단수치고 5로 귀의 집을 넓혀서 산다.

### 백 죽음

백1은 2점을 살리기만 해 실패한다. 흑2로 단수치면 상변의 백집이 좁아지게 된다. 백a는 흑b. 백은 살지 못한다.

(965)

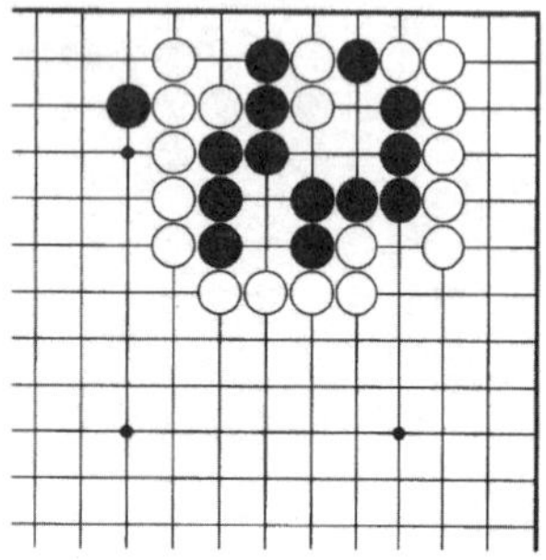

解

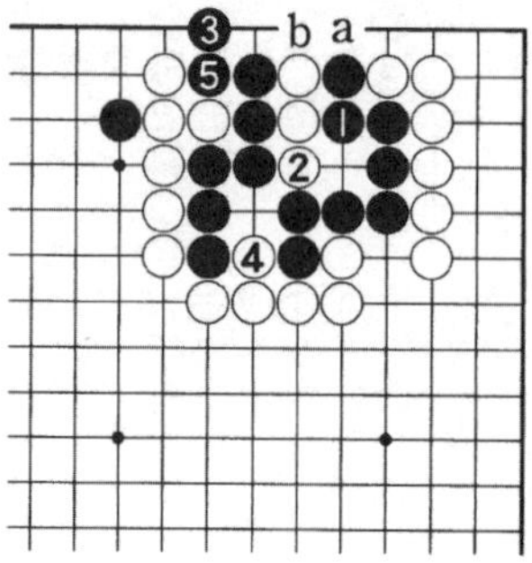

变

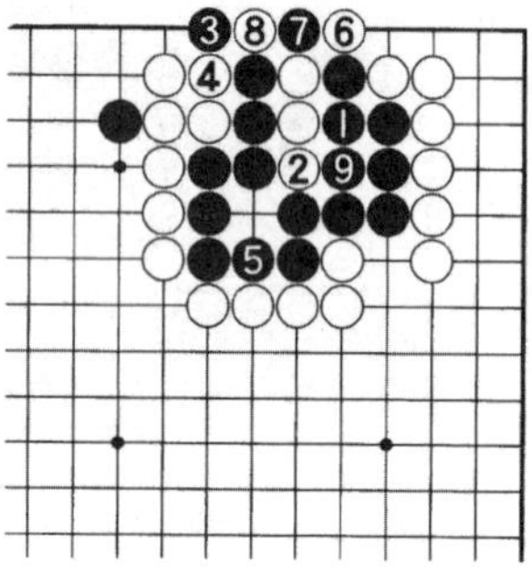

제2형 흑번

### 특단의 조치

사활 문제.
백 2점을 잡는 것만으로는 살 수 없다. 특단의 조치가 필요하다. 흑은 집을 넓히고 치중을 막는 맥에 손을 쓸 수 있을까?

### 흑 삶

흑1과 백2는 필연이지만 다음의 흑3의 입구자가 좋은 수이다. 백4로 집을 부수면 흑5로 빈삼각하여 살 수 있다. 백a는 흑b로 집어넣어 촉촉수에 걸린다.

### 촉촉수

백4로 상변의 집을 부수면 흑5로 중앙에 집을 내고 백6으로 건너 흑7, 9로 촉촉수를 만든다. 흑은 가운데 백 3점을 잡으면 살 수 있다.

(966)

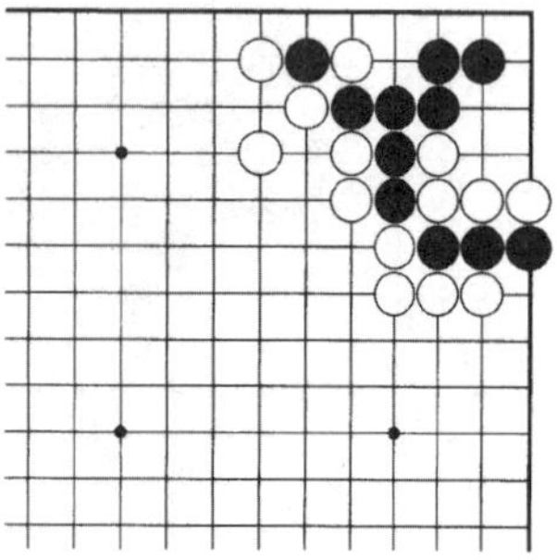

解

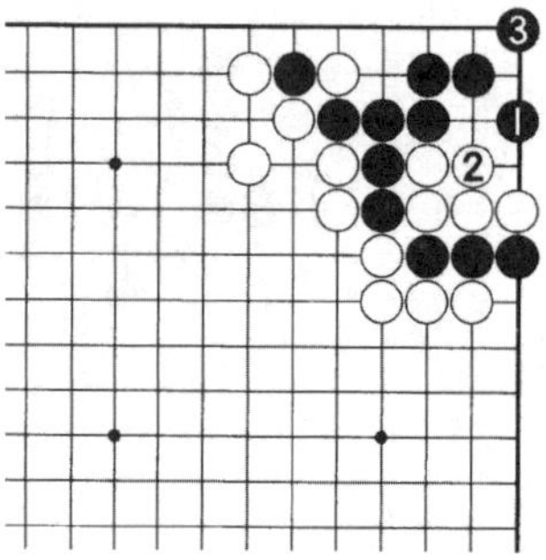

失

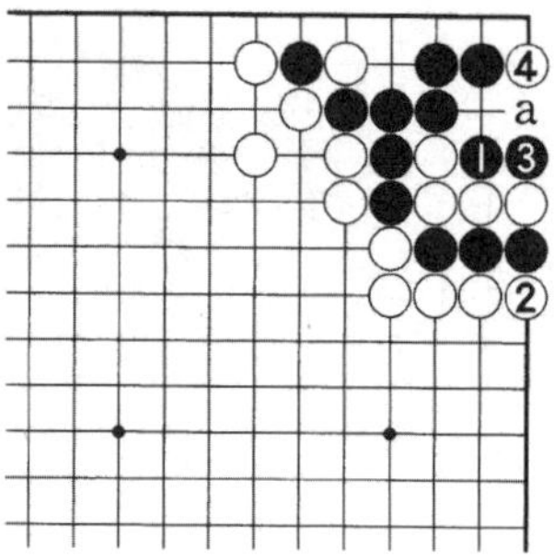

제3형 흑번

### 활용

사활 문제.
좁은 범위이지만 우변의 백에 활용이 있어 집을 만들기 쉽다.

### 흑 삶

흑1로 입구자가 좋은 수이다. 백2로 집을 없애더라도 흑3으로 귀에서 두 집이 가능하다. 백2로 3은 흑2로 단수치면 그만이다.

### 속수

흑1로 단수치는 것은 속수이다. 백2 이후 흑이 자충에 걸린다. 흑3에는 백4. 흑3으로 a는 백3으로 단수하여 패를 낸다.

(967)

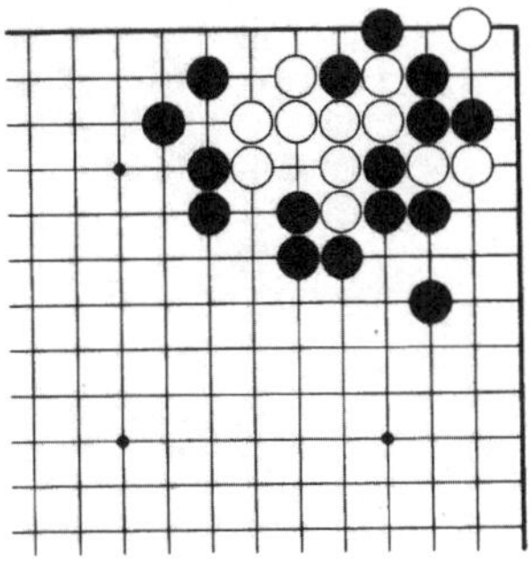

제4형 백번

## 귀의 눈

사활 문제.
상변의 흑 1점을 잡아도 한집뿐이다. 귀의 백 1점으로 흑의 자충을 추궁하여 집을 만들고 상변으로 연결한다.

解

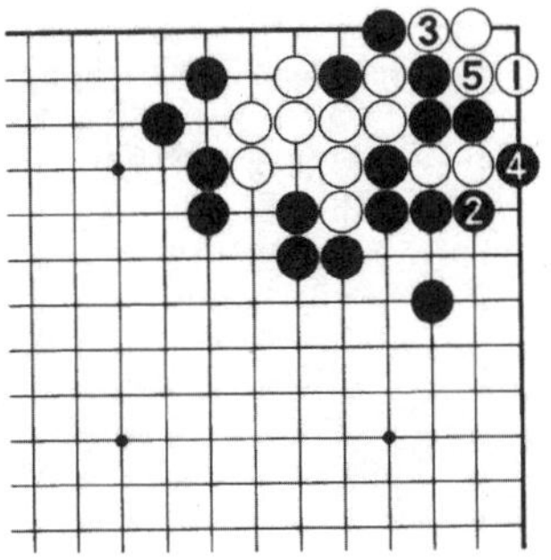

## 백 삶

백1의 입구자는 2·1의 급소이다. 귀의 흑 3점이 자충 때문에 흑2, 4로 2점을 잡는 사이 백5까지 산다.
흑2로 3은 백4.

失

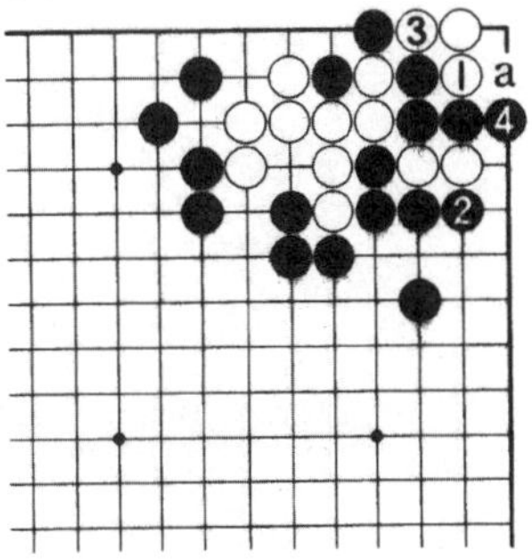

## 백 죽음

백1의 젖히기는 흑2로 실패한다. 백3은 흑4로 뻗어서 백은 자충으로 a에 두어 집을 만들 수 없다.
백3으로 a는 흑3으로 잇는다.

(968)

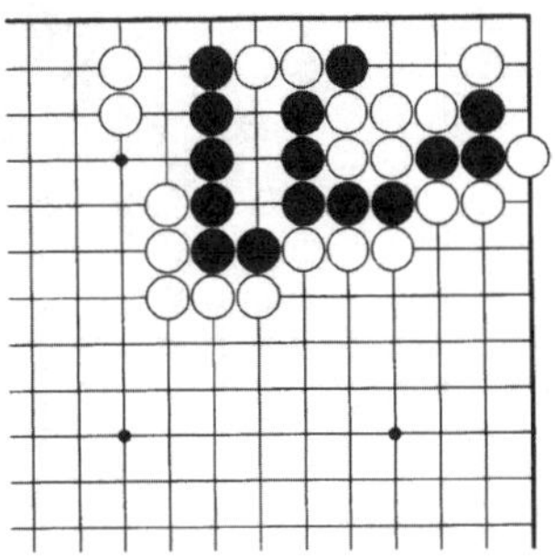

제5형 흑번

## 활력

사활 문제.
상변에 있는 백 2점에 공격방법으로 흑의 대마에 활력이 생긴다. 우상에 있는 백의 자충이 기회이다.

解

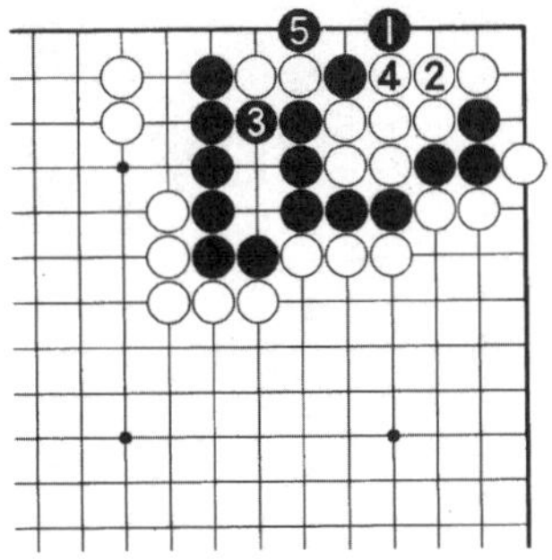

## 패

흑1의 입구자는 백 5점의 자충을 추궁하여 탄력을 만드는 맥이다. 백2로 받게 해서 흑3으로 공격하면 패가 된다.

失

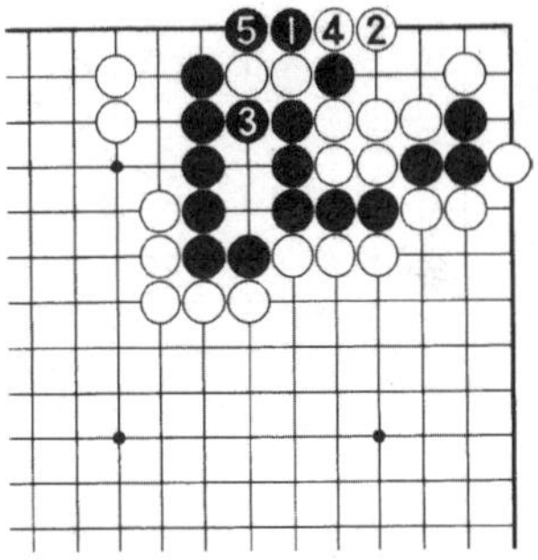

## 흑 죽음

흑1의 젖힘에 백2로 뛰는 수가 좋다. 흑3에 백4로 끼워넣고 6으로 먹여쳐서 상변 흑집은 옥집이 되었다.
※⑥→❸의 오른쪽 위(먹여치기)

(969)

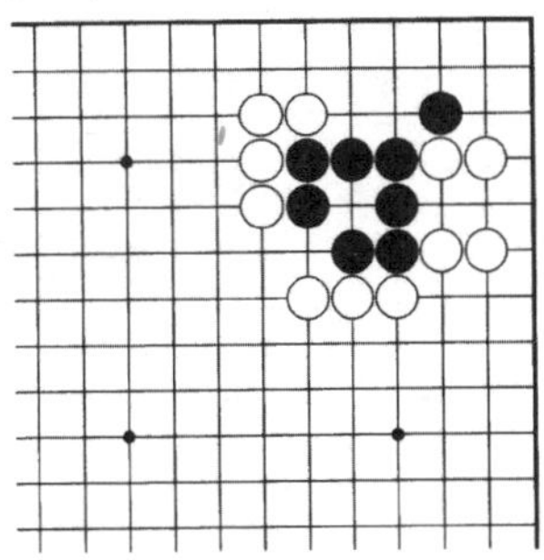

제6형 흑번

## 급소

사활 문제.
중앙에 한집이 있고 귀에도 한 집이 생길 것 같지만 살 수 있는 수는 한 수뿐이다. 백에 양분되면 실패한다.

解

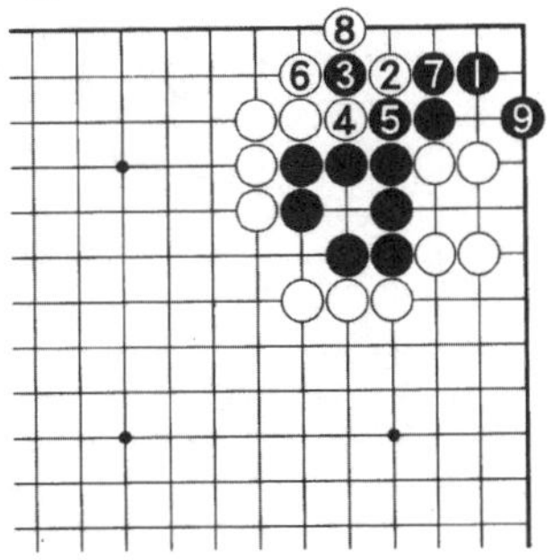

## 흑 삶

흑1로 입구자하여 귀에 집을 만든다. 백2로 미끄러지면 흑3으로 건너 붙여 절단하지 못하게 막고 흑9까지로 산다. 흑1로 3은 백7.

失

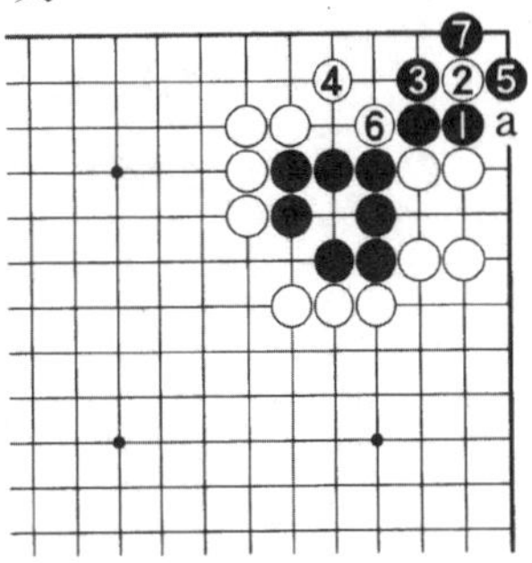

## 꼬리

흑1로 막으면 백2로 붙이는 수가 절묘한 맥이다. 흑3에 백4. 중앙을 끊는 것과 a로 건너는 것을 맛보기로 한다. 흑7까지 꼬리를 잡히고 말았다.

제7형 흑번

(970)

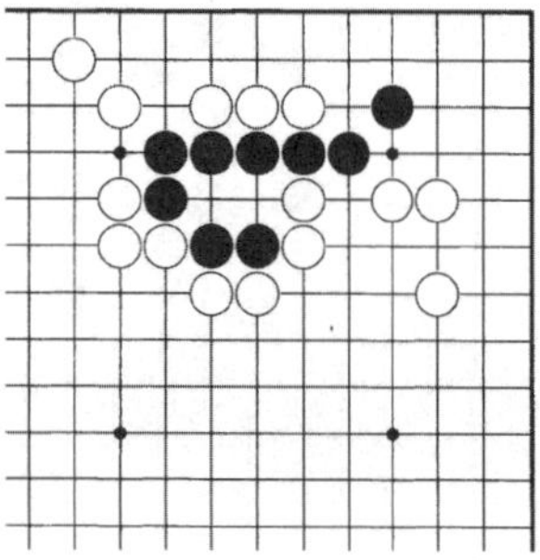

### 칼끝

사활 문제.
귀에서 선수로 한집을 만들어야 한다. 상변과 우변에서 다가오는 백의 칼끝을 어떻게 받아내야 할까?

解

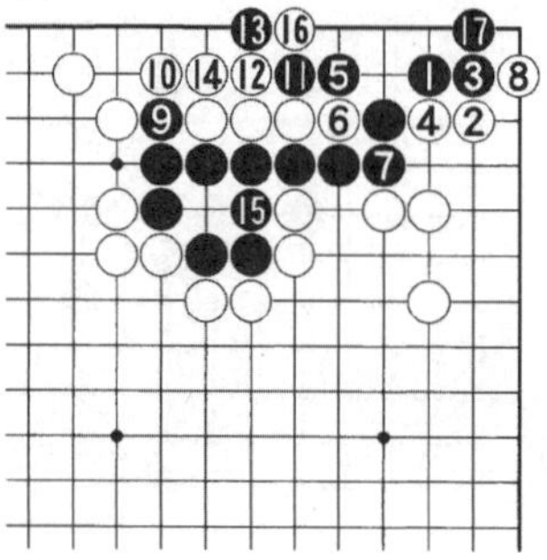

### 두 눈

흑1의 입구자가 수습하는 맥이다. 백2부터 8의 공격에 흑은 13까지 활용하여 귀에 한집을 내고 흑15로 2집이 되어 살 수 있다.

变

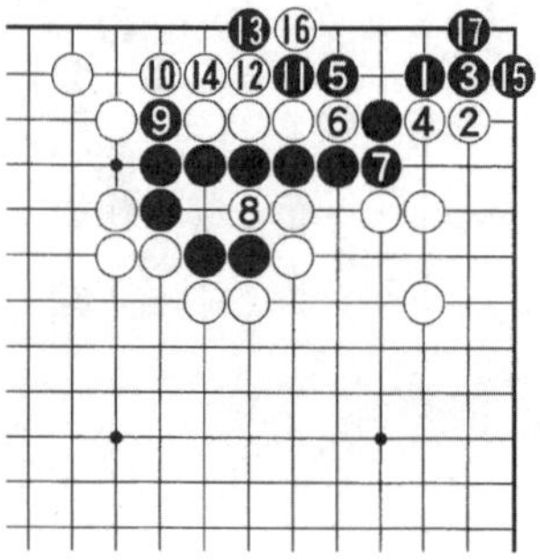

### 흑 삶

백8로 중앙 집을 부수면 흑9부터 13까지 활용하고 15로 뻗어서 집을 만든다. 백16에는 흑17로 웅크리는 수가 좋다.

## 입구자

사활·죽음 (안의 입구자)

제1형 흑번

(971)

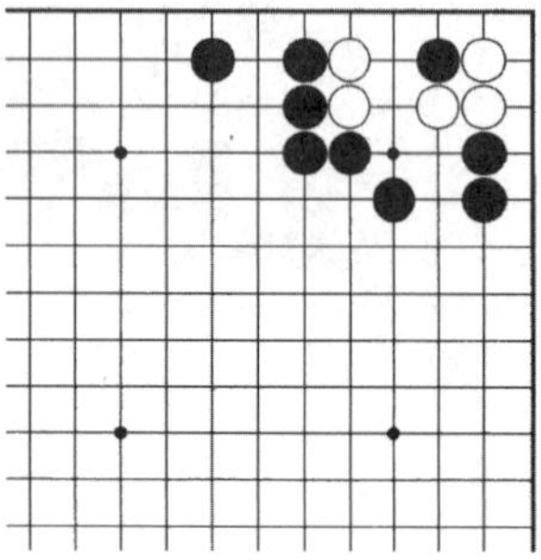

### 상용의 수

사활 문제.
흑 1점을 잡은 백은 살기 쉬운 모양으로 보이지만 흑에게는 아직 상용의 맥이 남아있다.

解

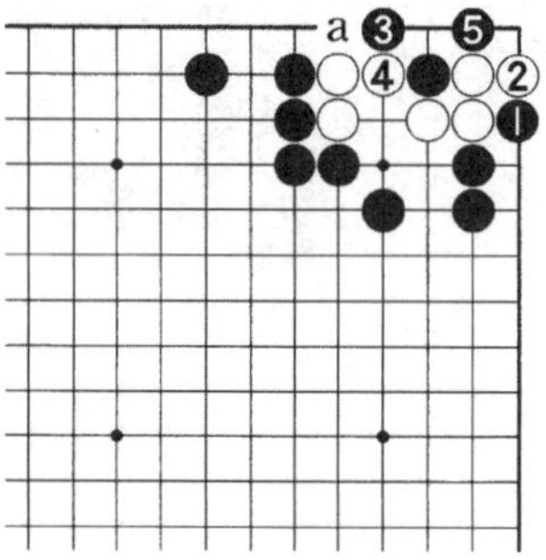

### 패

흑1로 젖혀 궁도를 줄이고 3으로 입구자하여 치중을 노린다. 백4의 단수에 흑5로 젖혀 패가 난다. 흑1로 3은 백4, 흑5, 백a.

失

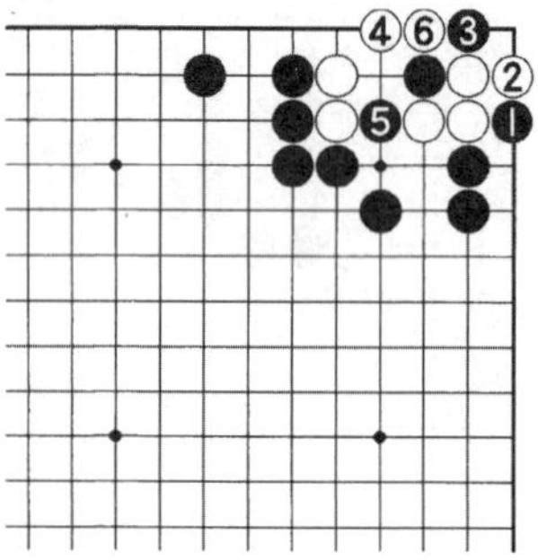

### 백 살다

흑3으로 젖히면 백4로 입구자해서 실패한다. 흑5로 끼워도 백6으로 끊어 백은 2집이 된다. 흑5로 6으로 이으면 백5로 빅.

제2형 흑번

(972)

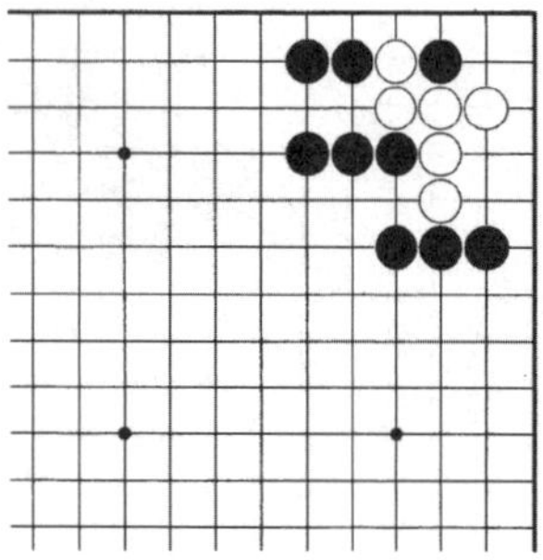

### 치중수

사활 문제.
귀의 흑 1점을 상변에 연결시키는 것은 백을 공격하려는 것이 아니다. 노림은 치중하는 수이다.

解

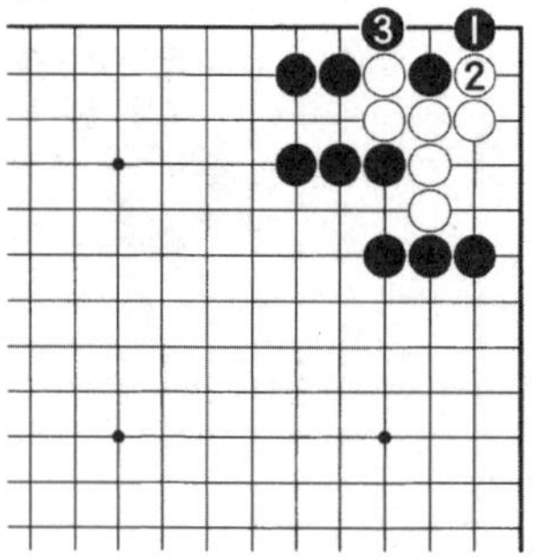

### 패

흑1의 입구자는 2·1의 맥이다. 백2의 단수에 흑3으로 건너 패가 난다. 흑1로 3에 먼저 두면 백1로 실패한다. 흑1로 2도 백1이 좋은 수이다.

变

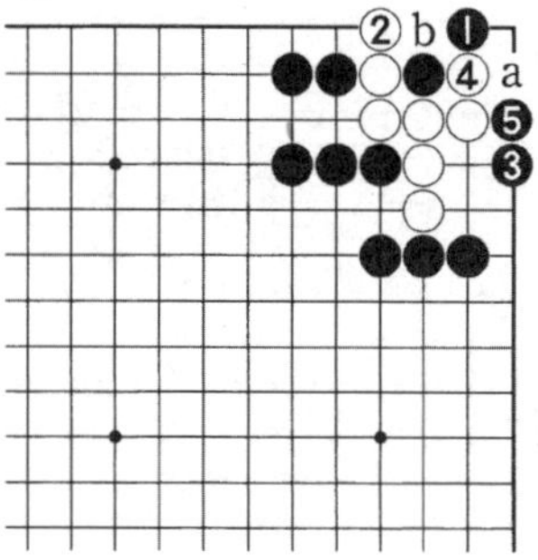

### 백 죽음

백2로 흑의 건넘을 막으면 흑3으로 미끄러지는 수가 좋아서 백4에 흑5로 나가고 백a, 흑b로 백 죽음. 백4로 5는 흑4로 역시 백이 죽는다.

제3형 백번

(973)

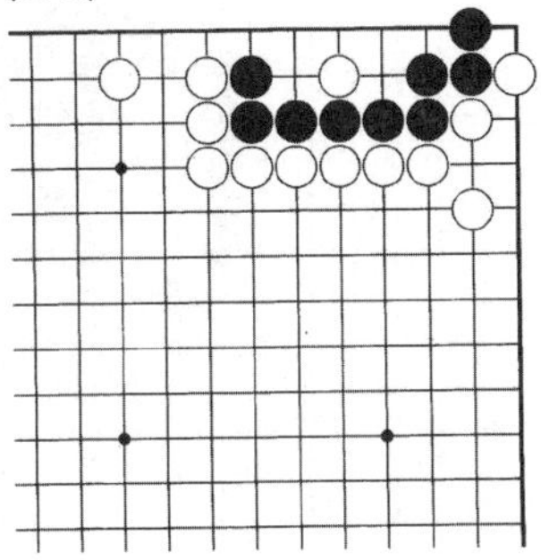

## 수순

안형의 급소가 아직 남아있다. 백이 치중하여 흑을 1집으로 만들기 위해서는 수순에 신경 써야 한다.

解

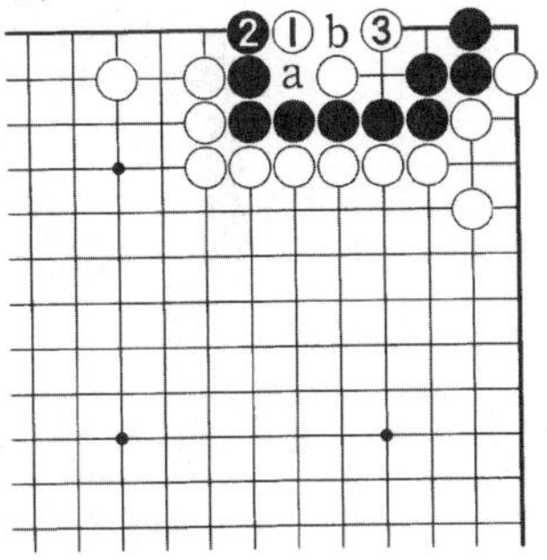

## 오궁도화

백1의 입구자가 좋은 수이다. 흑2로 건넘을 막으면 백3으로 급소를 빼앗아 흑이 죽는다. 흑a는 백b로 오궁도화이다.

失

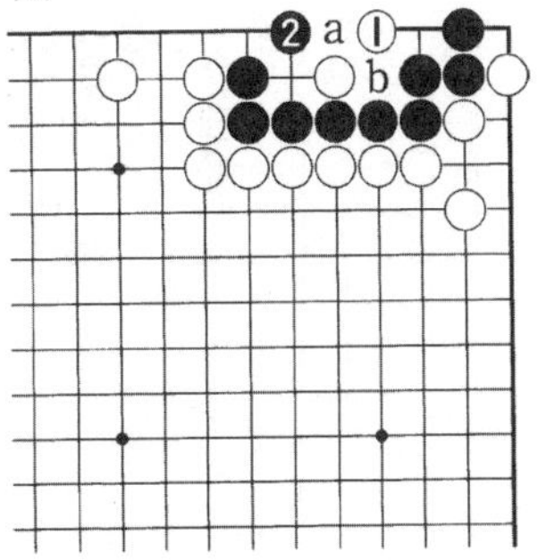

## 빅은 실패

백1의 입구자를 먼저 하는 것은 실패한다. 흑2의 입구자로 백의 치중하는 모양을 무너뜨린다. a, b가 맞보기가 되어 빅.

제4형 백번

(974)

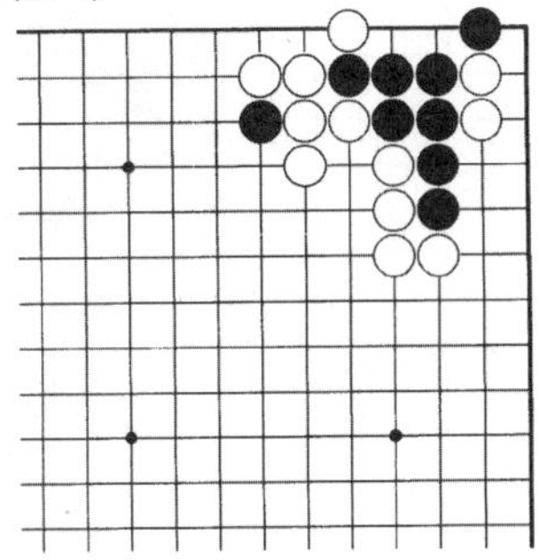

## 연구

우상의 사활 문제.
백 2점을 이용하여 치중 하려면 백의 궁도를 좁혀야 하지만 백의 탄력을 막을 궁리를 해야 한다.

解

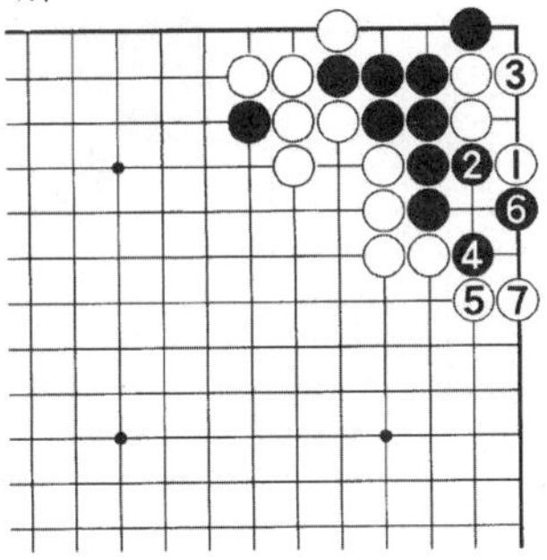

## 패

백1의 입구자가 좋은 수이다. 흑2로 젖으면 백3으로 웅크려서 눈을 뺏고 흑4, 6으로 귀를 막아서 패가 난다.

变

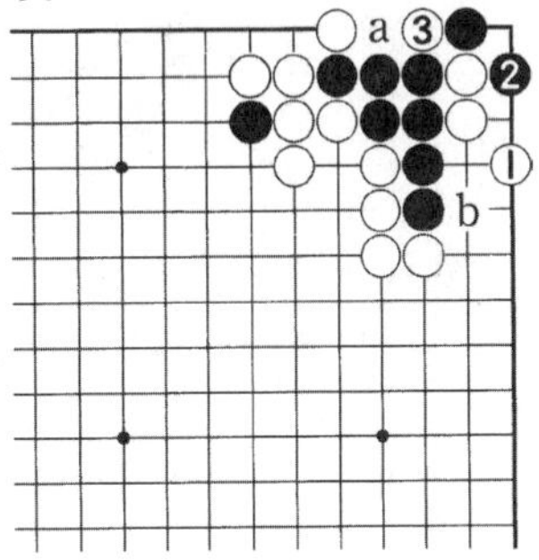

## 패

흑2로 젖힘은 2·1의 맥이지만 백3으로 먹여치면 패가 난다. 흑a와 백b로 흑이 자충이 되어 죽는다.

제5형 흑번

(975)

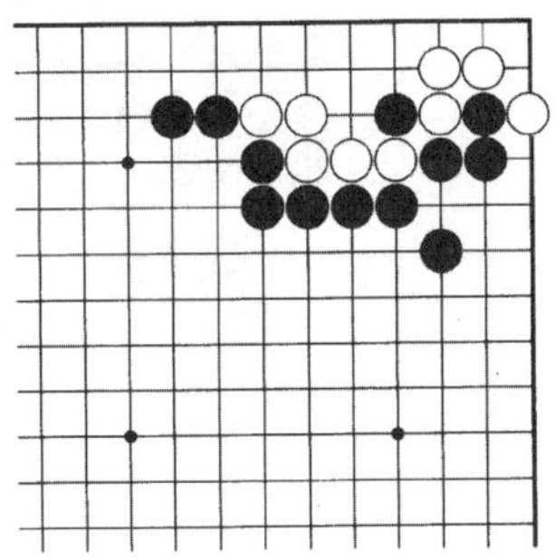

## 저항

사활 문제.
흑 1점은 사석이다. 귀 전체의 집을 부수면 좋겠지만 백도 자충을 막기 위해 저항한다.

解

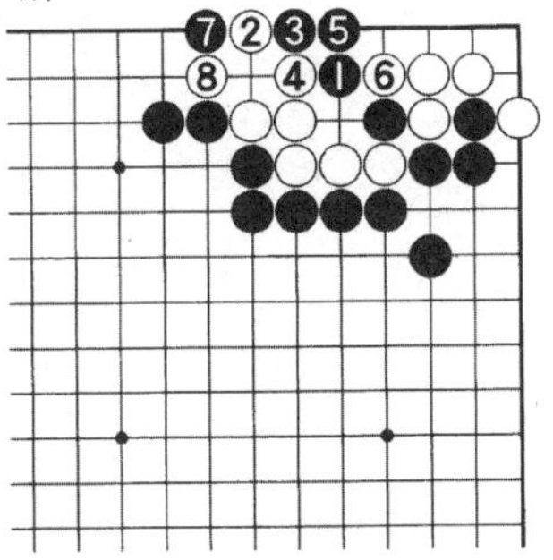

## 패

흑1의 입구자는 백의 자충을 추궁하는 급소이다. 백2가 최강의 저항으로 흑3으로 입구자 붙여, 7로 단수쳐서 패가 난다.

变

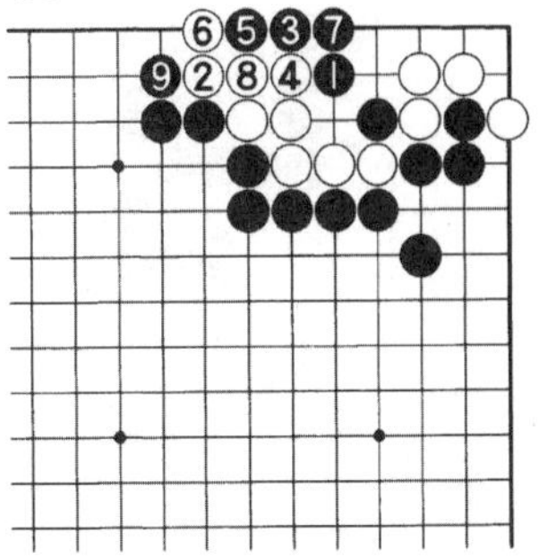

## 백 죽음

백2로 젖히면 흑3 입구자로 백이 무조건 죽는다. 백4 이후 흑5부터 9로 환격이 된다. 백2로 3은 흑4로 나가면 그만이다.

**제6형 흑번**

(976)

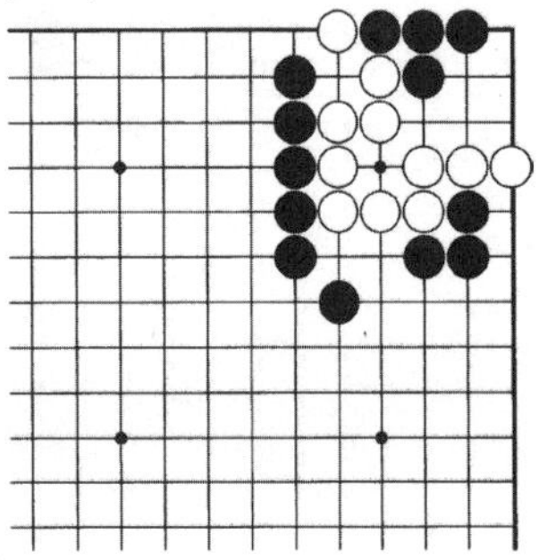

### 활용
사활 문제.
귀의 흑을 살리면 해결되지만 그전에 백의 공작을 막고 귀를 활용하여 두는 수순이 큰일이다.

解

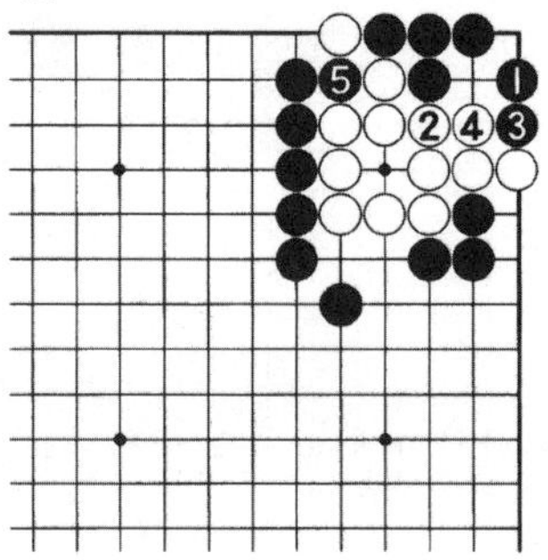

### 백 죽음
흑1의 입구자는 2·1의 맥이다. 백2로 집을 부수면 흑3이 묘수가 된다. 백4에 두게 만들고 흑5로 상변을 건너간다.

失

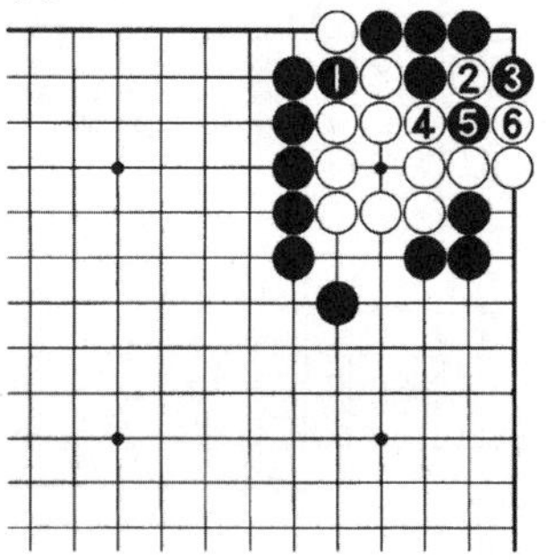

### 패
흑1을 먼저 두면 백2로 공격당하여 실패한다. 흑3, 5로 백 1점을 잡아도 백6으로 단수치면 패가 난다.

**제7형 백번**

(977)

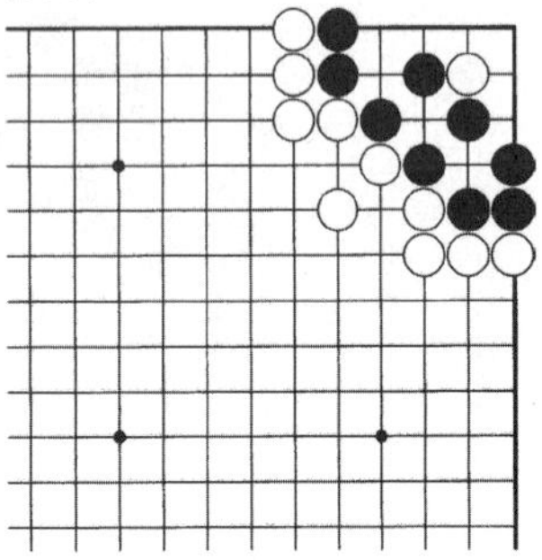

### 활약
사활 문제.
귀의 백 1점을 크게 활약시키고 싶다. 흑의 자충을 노린다.

解

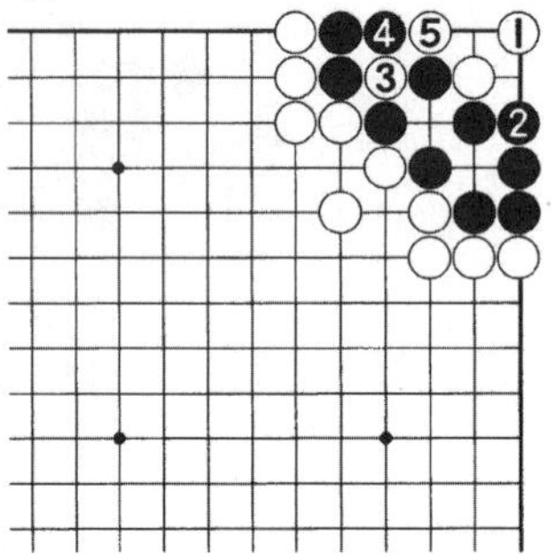

### 패
백1의 입구자가 좌우로 공격을 노리는 맥이다. 흑2로 오른쪽을 지키면 백3, 5로 먹여쳐서 패가 난다. 흑2로 5는 백2로 패가 난다.

失

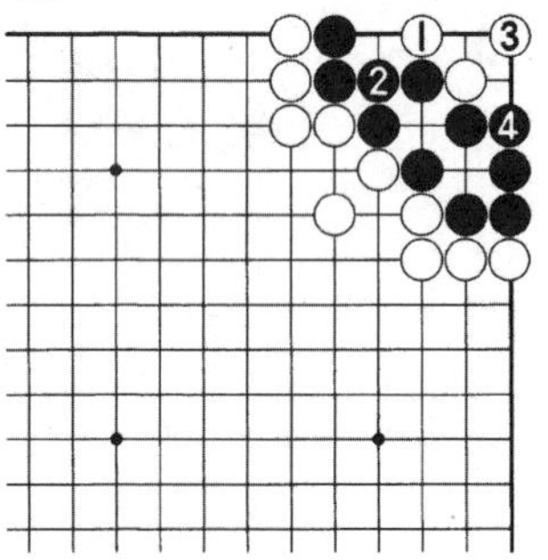

### 뒤가 없다
백1의 젖힘도 집을 없애는 맥이지만 흑2로 이어 백은 다음 수가 없다. 백3에 흑4. 유가무가가 된다.

**제8형 백번**

(978)

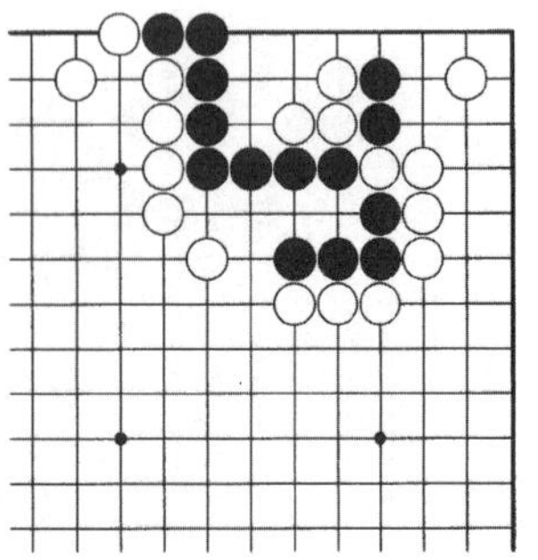

### 살리는 방법
사활 문제.
백 3점을 살려 흑의 집을 부수면 좋겠지만 단순히 공배를 메워 흑 2점을 잡는 것으로는 성공할 수 없다.

解

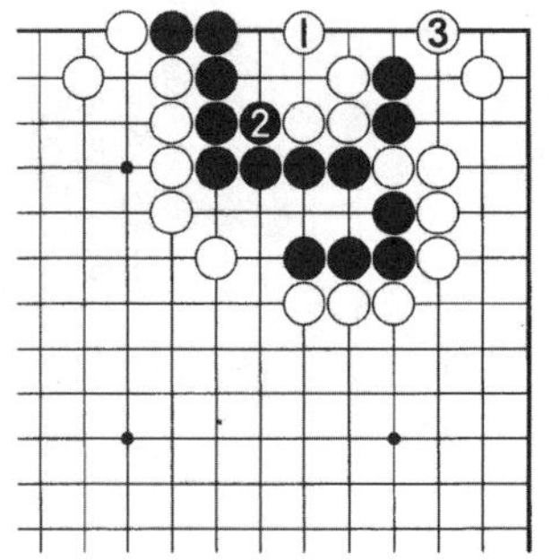

### 흑 죽음
백1의 입구자가 맥이다. 흑은 2로 이어 촉촉수를 노리면 백3으로 입구자해서 상변의 흑 2점을 잡아서 흑 전체가 죽는다.

失

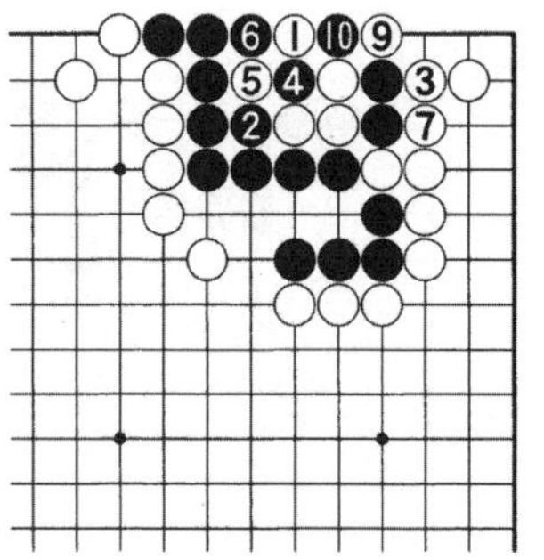

### 패
백3으로 흑 2점의 공배를 메우는 것은 흑 2점을 잡기위해 세 수나 들이게 된다. 흑4의 먹여치는 것부터 흑10으로 패가 난다.
※❽→❹(패)

제9형 흑번

(979)

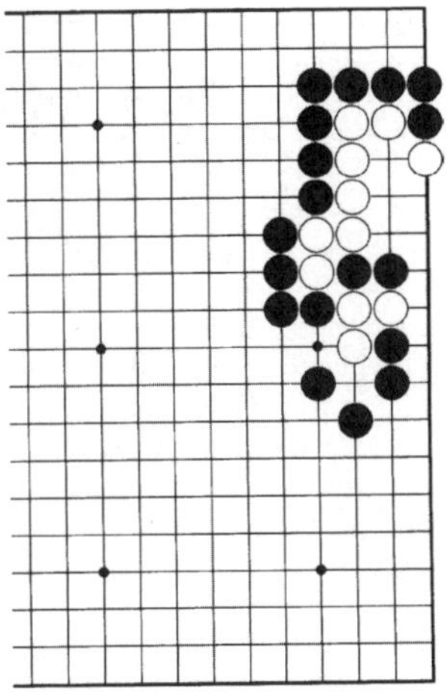

## 사석

사활 문제.
우변의 백 3점을 잡는 것만으로는 위쪽 백이 살아버린다. 흑은 2점을 사석으로 이용하여 백 전체를 잡아야 한다.

解

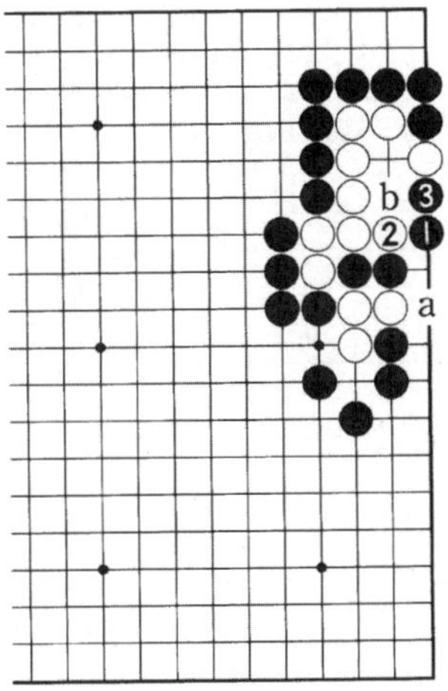


## 백 죽음

흑1의 입구자가 좋은 수이다. 백2의 단수에는 흑3으로 1점을 단수쳐 백 1점을 잡으면서 집을 부순다. 백2로 a에 뻗음은 흑b로 입구자붙여 좋다. 흑1로 3은 백b, 흑1, 백a로 패가 난다.

失

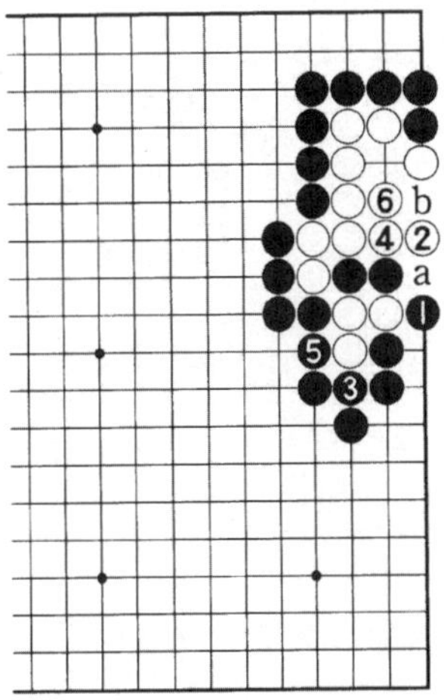


## 백 삶

흑1로 건너면 2점을 살리면서 백 3점을 잡는 것이 가능하다. 백은 2로 들여다 본 수가 좋다. 흑a로 이으면 백4의 단수를 활용하여 본체가 산다. 백2로 4는 흑b로 백이 실패한다.

제10형 흑번

(980)

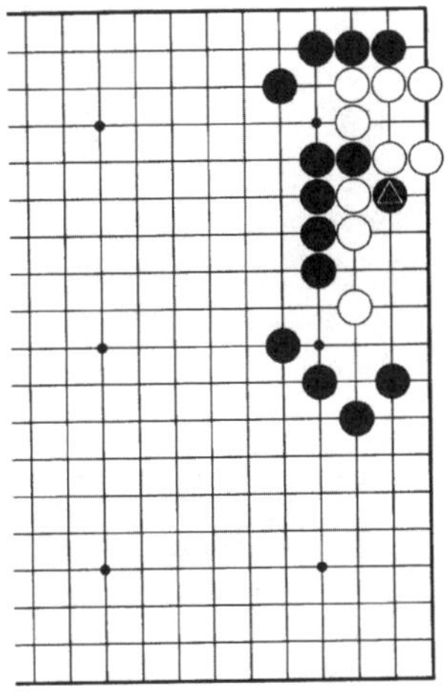

## 급소

사활 문제.
백을 잡으려면 흑▲ 1점을 이용하여 우변을 옥집으로 만들어야 한다. 그렇다면 급소는 한 곳뿐이다.

解

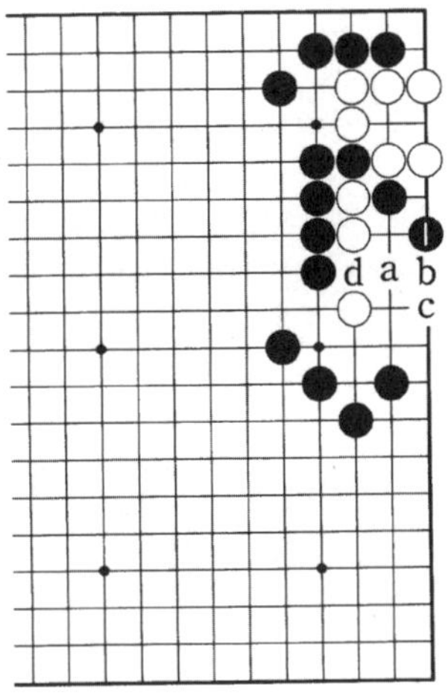


## 백 죽음

흑1의 입구자가 백의 맥을 잡는 급소이다. 흑1의 1점이 우변으로 건너가면 백은 옥집이 된다. 이후 백a는 흑b로 밀어 c의 건넘과 d의 단수를 본다.

失

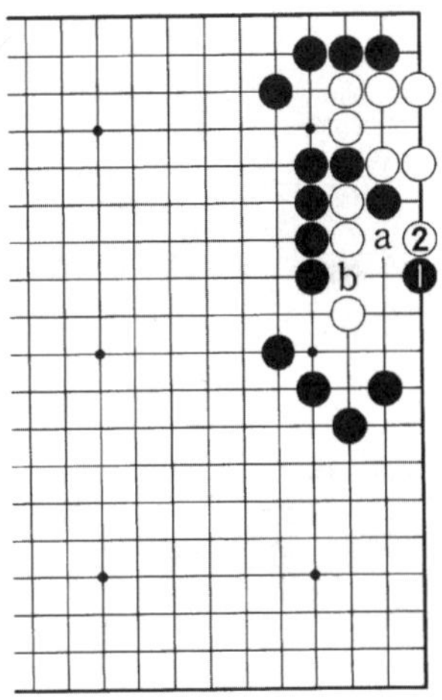


## 백 삶

흑1의 날일자는 백2로 붙여서 흑이 실패한다. 백2가 안형의 급소가 된다. 흑1로 a는 백b로 이어 흑은 2점을 구할 수 없다. 흑1로 b는 백a.

제11형 흑번

(981)

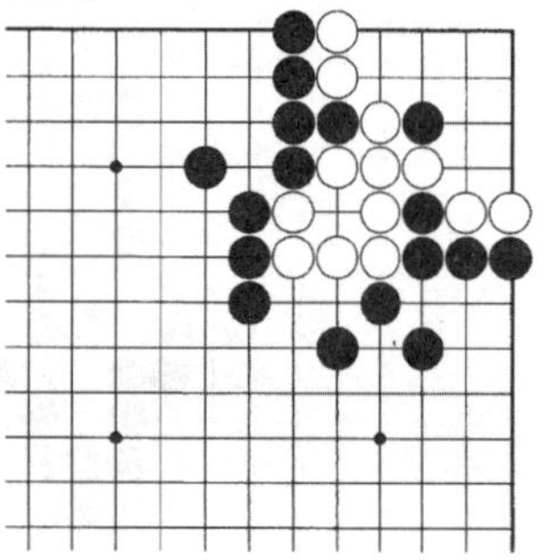

解

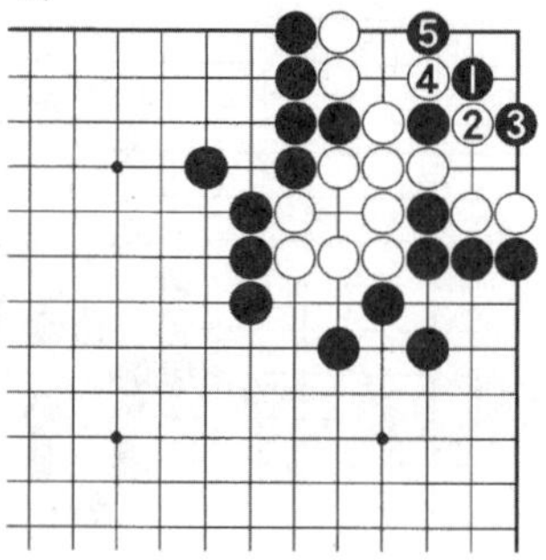

失

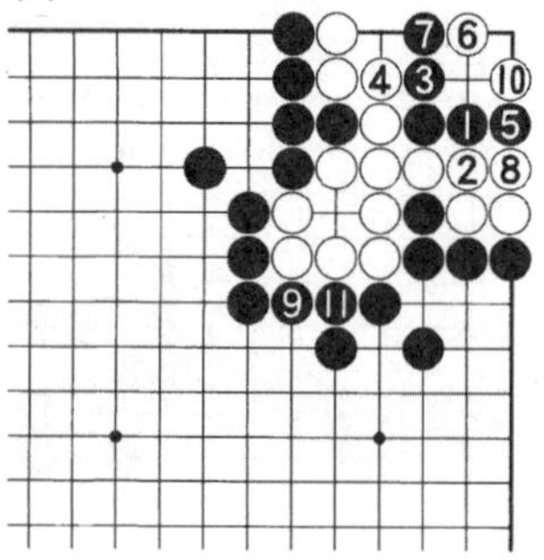

### 좌우동형

사활 문제.
귀의 백은 좌우동형으로 공격할 수도 이미 정해져있다. 이후에는 백을 무조건 잡는 정확한 수읽기가 필요하다.

### 백 전멸

흑1의 입구자가 맥으로 백2의 단수에 흑3으로 되단수치고 백4로 따낼 때 흑5로 젖힌다. 백 2점을 잡는 것을 맞보기로 해서 백이 전멸한다.

### 빅은 실패

흑1, 3으로 내려서는 것을 활용하고, 5로 귀에 집을 넓혀서 수상전을 노리는 변화는 백6부터 10으로 백의 공배를 메워서 흑11까지 빅이 된다.

제1형 흑번

(982)

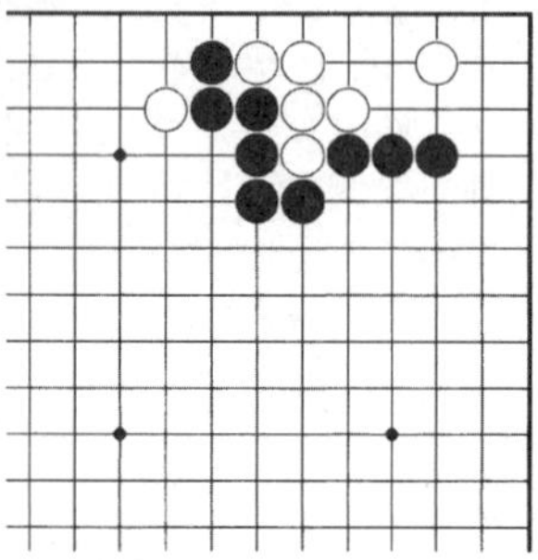

解

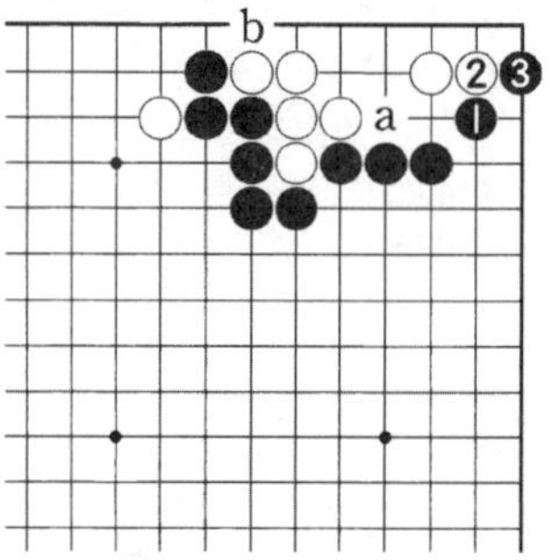

失

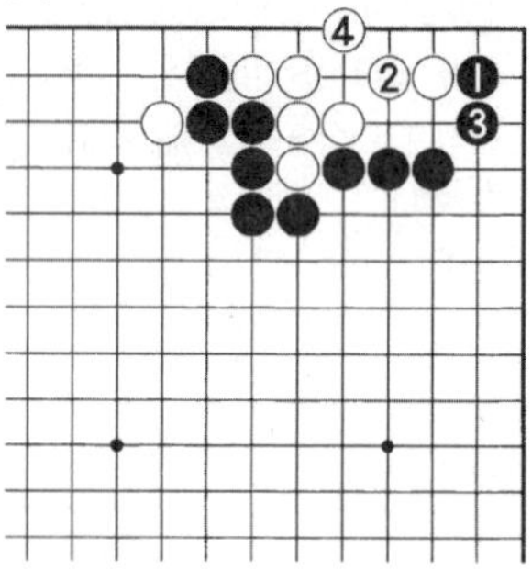

### 완만한 압박

사활 문제.
귀에 미끄러진 백집을 좁혀야 한다. 서서히 좁혀가는 공략법이 유력하다.

### 백 죽음

흑1의 입구자가 좋은 수이다. 백2로 밀면 흑3으로 젖혀 백의 궁도를 줄인다. 이후 백a로 궁도를 넓혀도 흑b.

### 백 삶

흑1의 붙임은 냉엄한 공격이지만 백에게 사는 흐름을 주게 된다. 백2로 당기는 수가 좋은 수가 되어 3으로 젖혀 나감과 4로 사는 것을 맞보기로 한다.

제2형 흑번

(983)

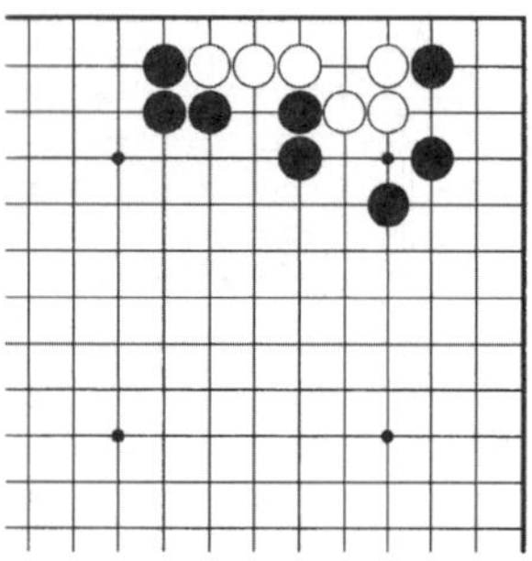

解

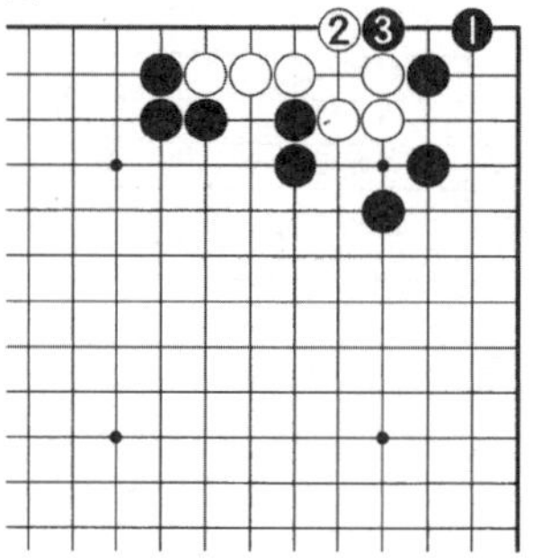

失

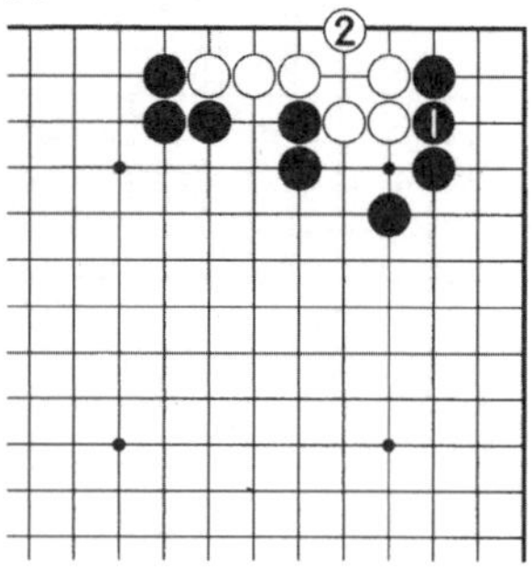

### 보강하는 방법

사활 문제.
백을 공격하려고 해도 귀의 흑의 모양이 약하다. 흑은 약점을 보강하면서 백을 노려야 한다.

### 패

흑1의 입구자가 공수를 겸하는 맥이다. 백2로 집을 내도 흑3으로 먹여쳐서 패를 만든다.

### 흑 실패

흑1은 그저 지키는 수로 실패한다. 백2로 집을 내면 흑은 다음 수가 없다.

제3형 흑번

(984)

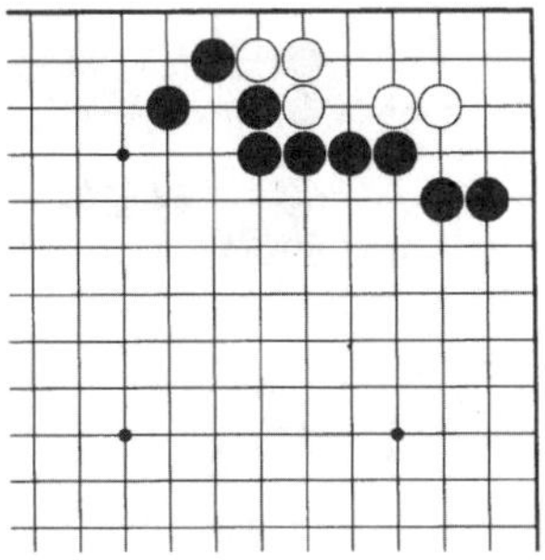

## 함정

백의 사활문제.
상변의 백집이 넓으므로 뒷문이 열린 귀를 도려내야만 한다. 잘못하면 촉촉수에 걸릴 위험이 있다.

解

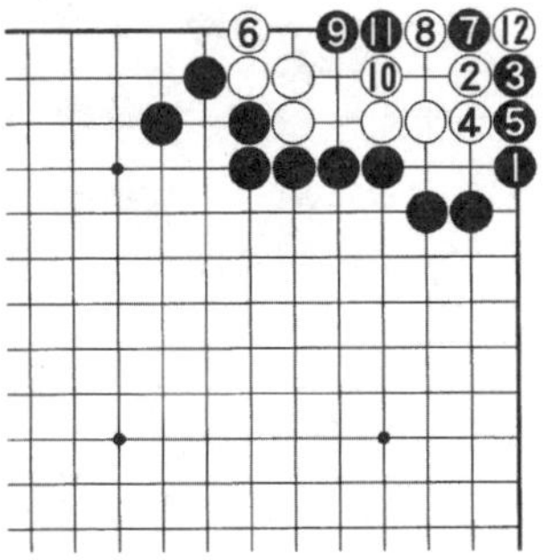

## 패

흑1로 입구자가 강수이다. 백2로 받으면 흑3부터 11까지 패가 난다. 백2로 3은 흑2, 백4, 흑5, 백7로 역시 패가 난다.

失

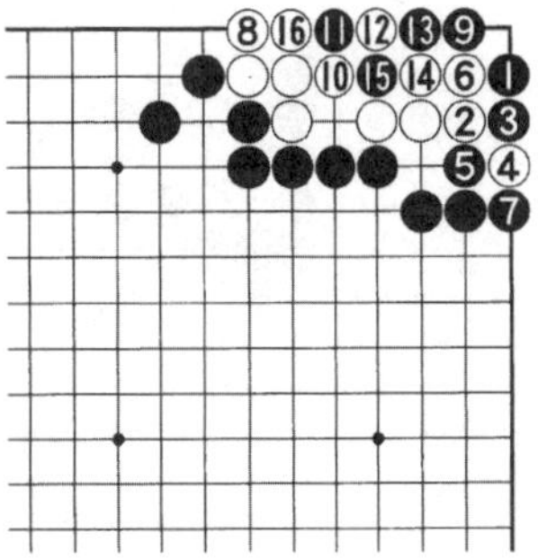

## 촉촉수

흑1로 미끄러지면 백2, 4로 받아 실패한다. 흑9 이하의 공격은 백16까지 촉촉수에 걸린다.

제4형 흑번

(985)

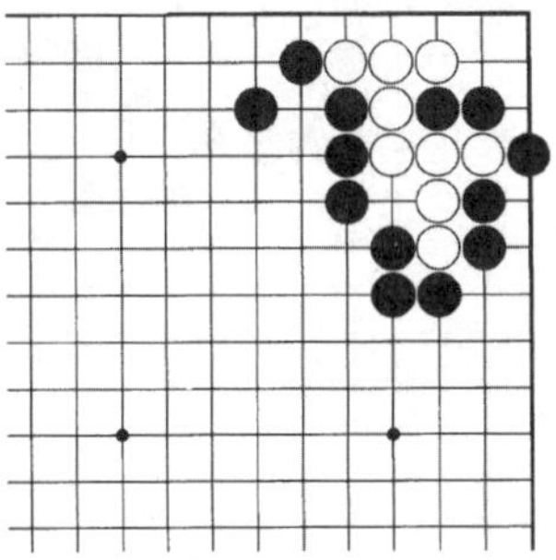

## 탄력

사활 문제.
백 9점은 무조건 잡힌다. 귀에 탄력이 있기 때문에 그 탄력을 막는 맥을 찾아야 한다.

解

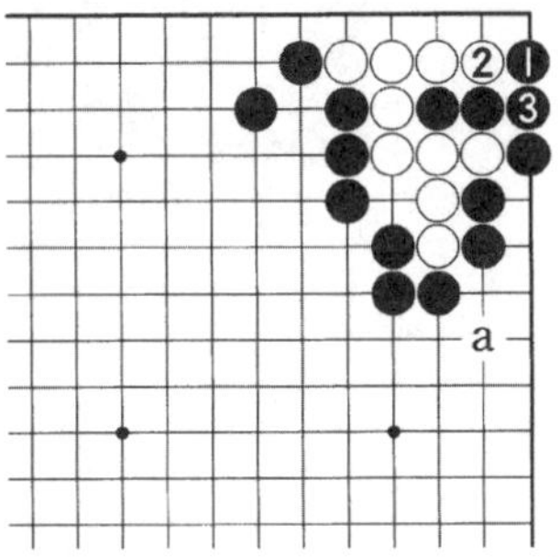

## 백 죽음

흑1의 입구자가 좋은 수이다. 백2, 흑3으로 상변으로 건너고 그대로 백 10점을 잡는다. 흑3은 a에 두어도 좋다.

失

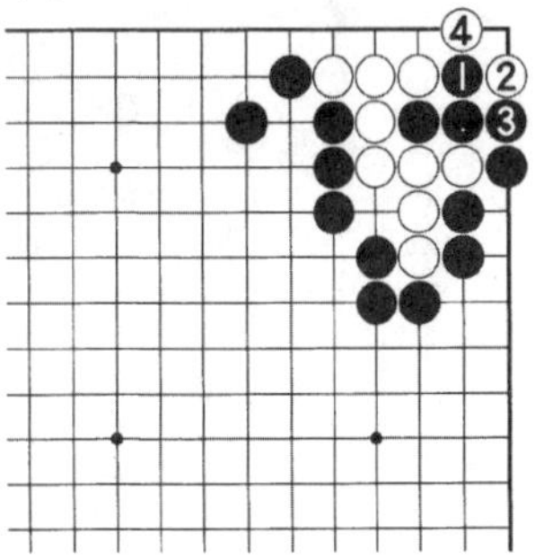

## 패는 실패

흑1의 꼬부림은 백2로 맥에 두게 해서 실패한다. 흑3의 이음은 백4로 젖혀 패가 난다. 흑3으로 4는 백3으로 촉촉수가 된다.

제5형 흑번

(986)

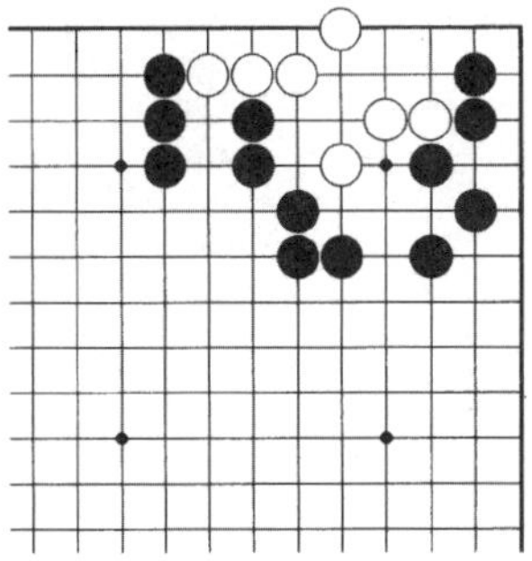

## 자충

사활 문제.
왼쪽에 한집이 있으므로 우상을 옥집으로 만들어야 한다. 그러기 위해서는 자충을 노려야 한다.

解

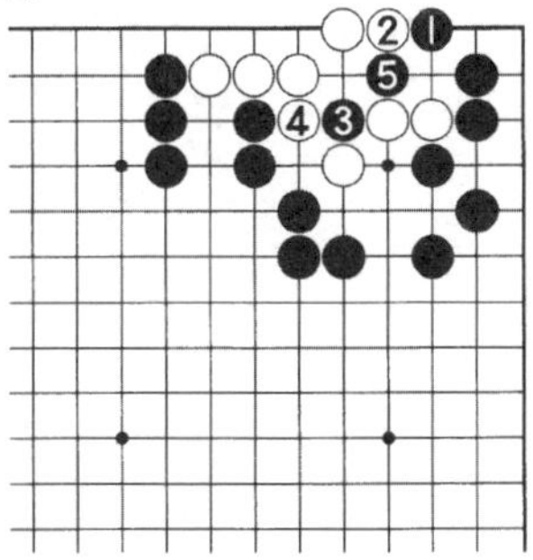

## 중앙이 옥집

흑1의 입구자는 바깥에서 백집을 좁히는 수단이다. 백2로 받으면 자충을 노린 흑3, 5로 중앙을 옥집으로 만든다.

変

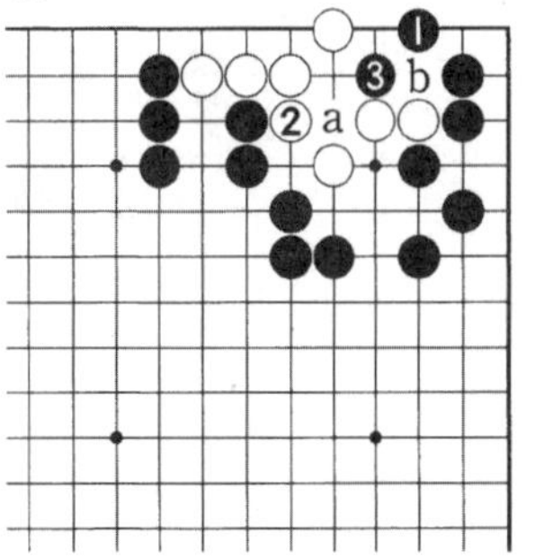

## 백 죽음

백2로 집을 넓히는 것은 흑3으로 입구자 붙여 좋다. 흑1로 2는 백a. 흑1로 3은 백b로 다음에 공격하는 수가 없다.

(987)

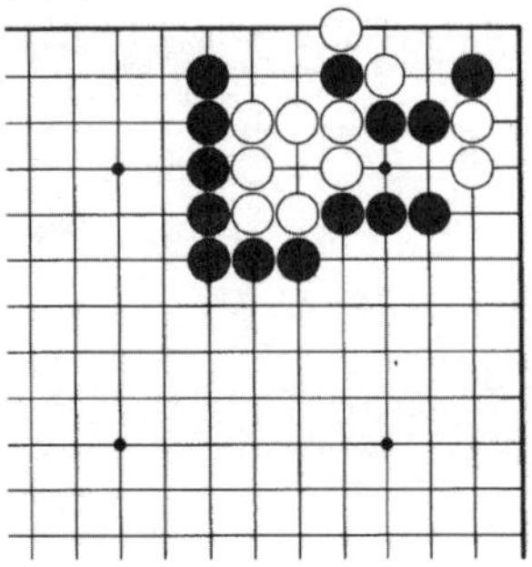

解

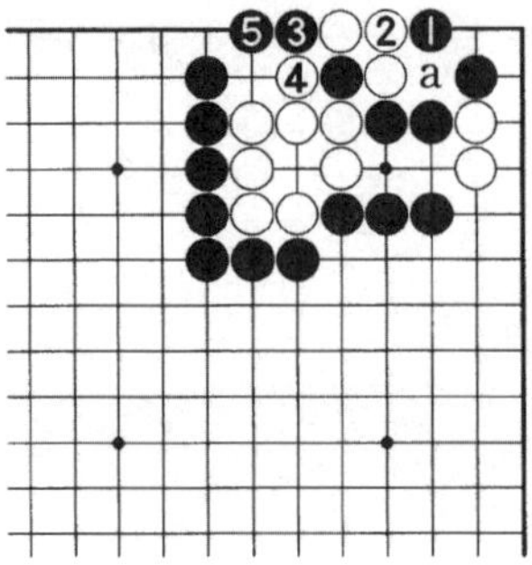

失

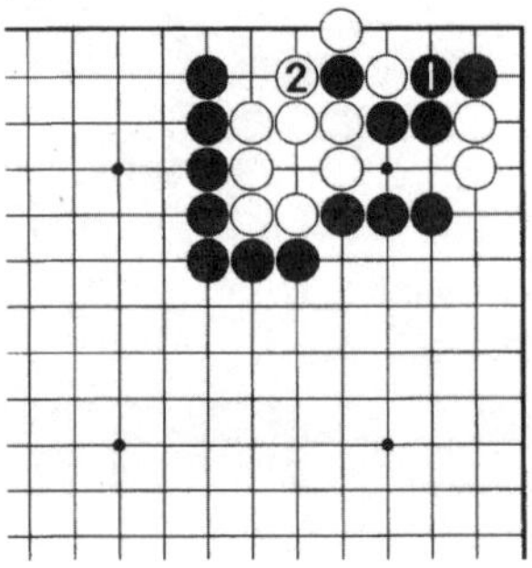

제6형 흑번

### 공격의 수

사활 문제.
백집을 부수는 것보다 귀의 흑이 가진 약점이 신경 쓰인다. 약점을 지키면서 공격하는 수는 무엇이 있을까?

### 백 죽음

흑1의 입구자가 맥이다. 백2로 이으면 흑3으로 단수치고 백4, 5로 당겨서 상변은 옥집이 된다. 백은 a로 끊는 수를 둘 수 없다.

### 백 삶

흑1의 단수는 약점을 지키기만 한 수로 백을 공격하지는 못한다. 백2로 따내어서 백 살 수 있다.

(988)

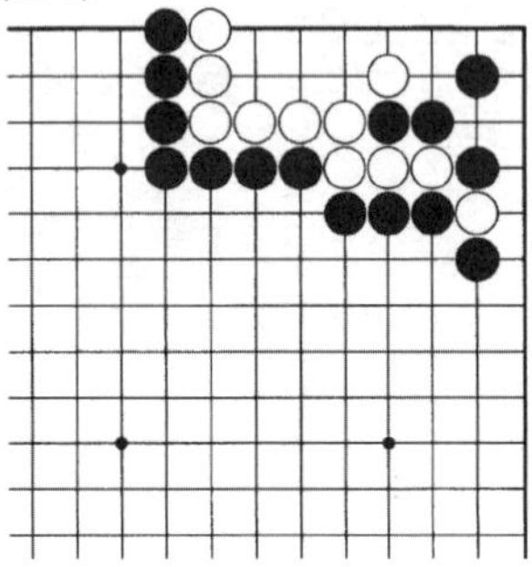

解

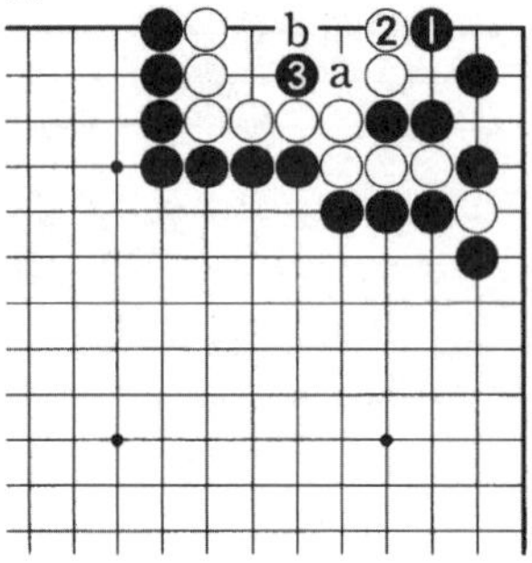

失

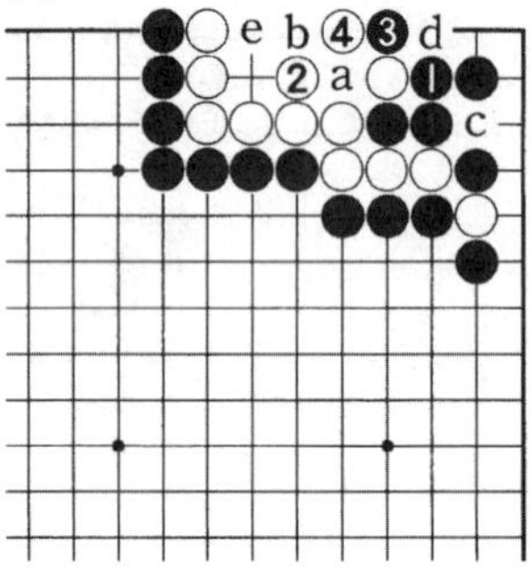

제7형 흑번

### 바깥부터

사활 문제.
귀의 흑에게 활용하는 수가 있어 백집에 직접 치중하면 안 된다. 밖에서부터 공격하는 것은 어디가 좋을까?

### 백 죽음

흑1의 입구자가 좋은 수이다. 백2로 받게 해서 백집을 줄이고, 흑3으로 붙여 백이 죽는다. 백a는 흑b의 치중. 백b는 흑a로 자충이 된다.

### 패는 실패

흑1로 구부리면 백2로 받아 그냥은 안 죽는다. 흑3에는 백4로 막아서 패가 난다. 흑1로 2는 백a, 흑b, 백1, 흑c, 백d, 흑4, 백e로 빅.

(989)

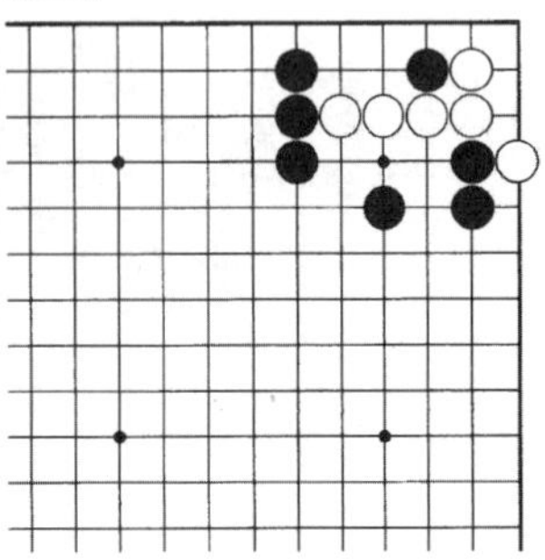

解

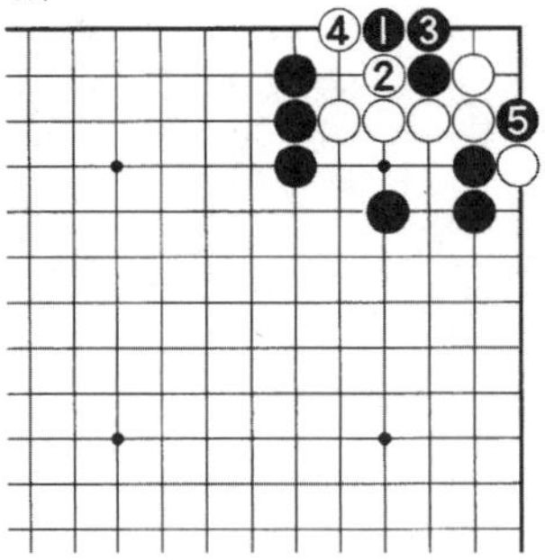

失

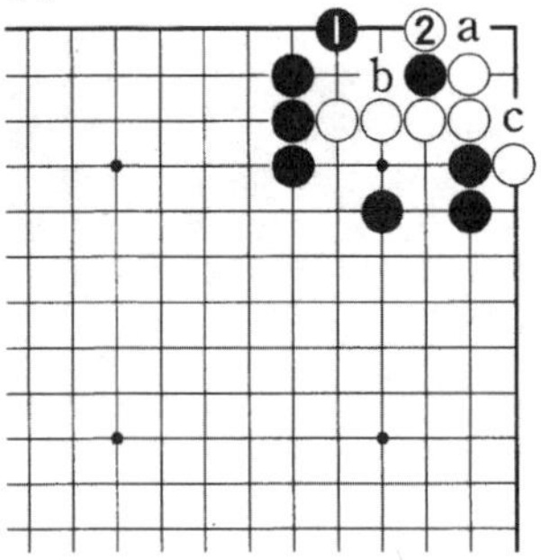

입구자

사활·죽음 (치중수)

제1형 흑번

### 치중수

사활 문제.
흑 1점은 살릴 수 없는 돌이지만 치중으로 안쪽에서 공격하여 백을 한 집으로 만드는데 이용할 수있다.

### 백 죽음

흑1로 입구자하고 백2, 흑3으로 3점을 치중으로 한다. 백4 이후 흑5로 먹여쳐서 백집이 좁아지고 백은 죽는다. 백2로 4도 흑5.

### 백 살리다

흑1의 입구자는 백2로 단수 당해서 실패한다. 백은 귀와 한점을 잡아서 두 개의 집이 된다. 또 흑1로 a도 백b, 흑2, 백c로 살 수 있다.

제2형 흑번

(990)

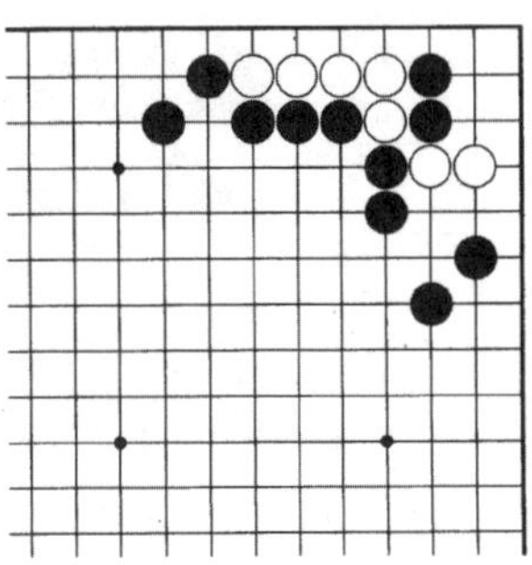

### 치중수

사활 문제.
흑 2점은 답답한 모양을 하고 있지만 치중하여 백의 집을 부수는 것이 가능하다. 패는 실패한다.

解

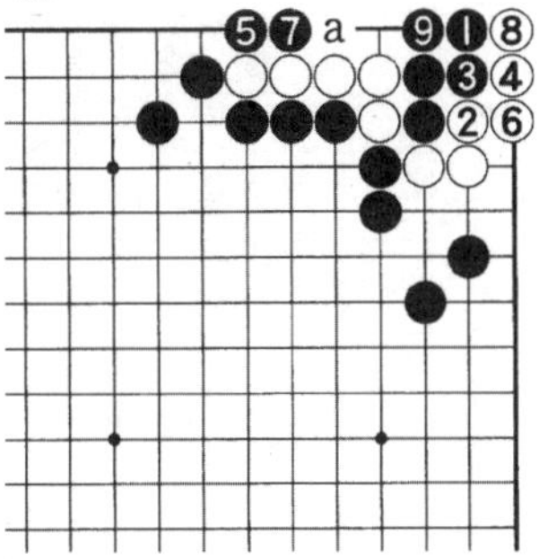

### 백 죽음

흑1의 입구자가 급소이다. 백2는 흑3으로 받고 백은 4부터 8로 공격을 한다. 흑9로 오궁으로 잡을 수 있다. 백4로 9는 흑a.

失

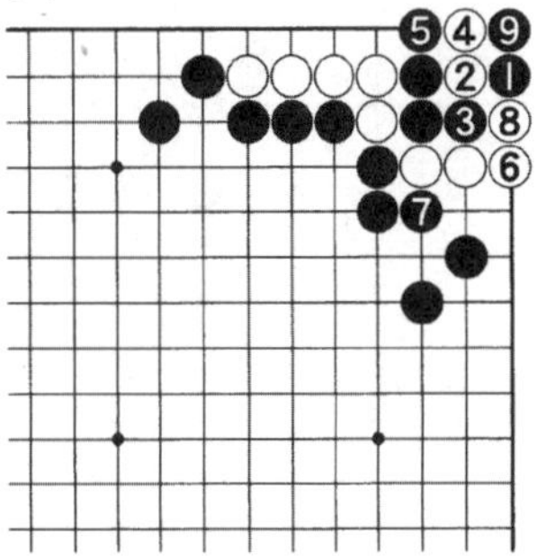

### 백 삶

흑1로 뛰면 백2로 끼우는 것이 좋은 수이다. 백4로 흑 2점을 키워 버리고 백10으로 먹여쳐서 수상전은 백이 승리한다.

※⑩→②(먹여치기)

제3형 백번

(991)

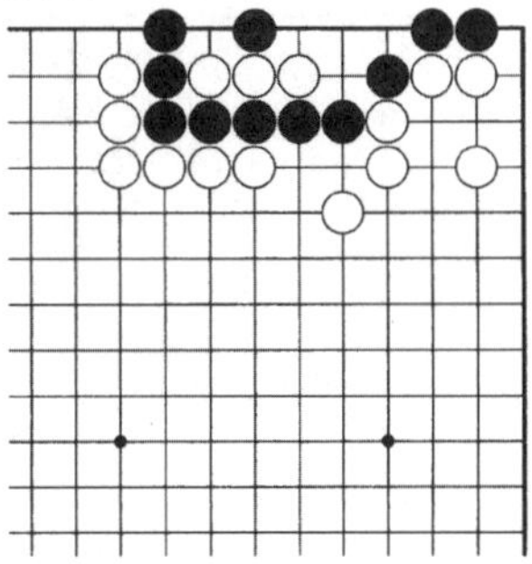

### 치중수

사활 문제.
귀의 흑을 잡으려하면 흑이 강하게 저항한다. 치중을 노리려면 흑집을 좁게 만들 수밖에 없다.

解

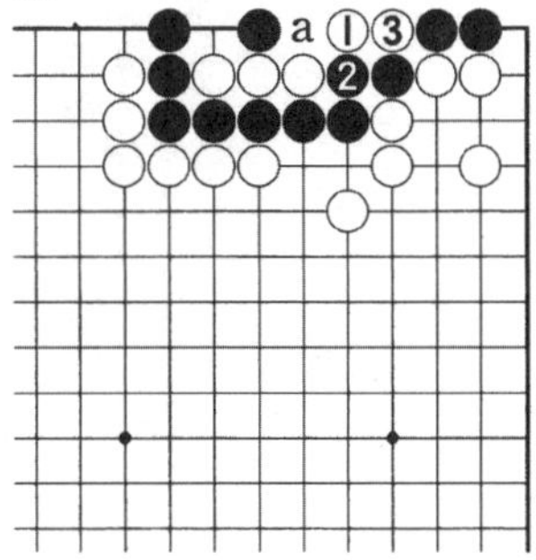

### 흑 죽음

백1의 입구자가 급소이다. 흑2로 이으면 백3으로 먹여쳐서 2점을 사석으로 한다. 흑a는 백3으로 먹여쳐서 옥집이 된다.

失

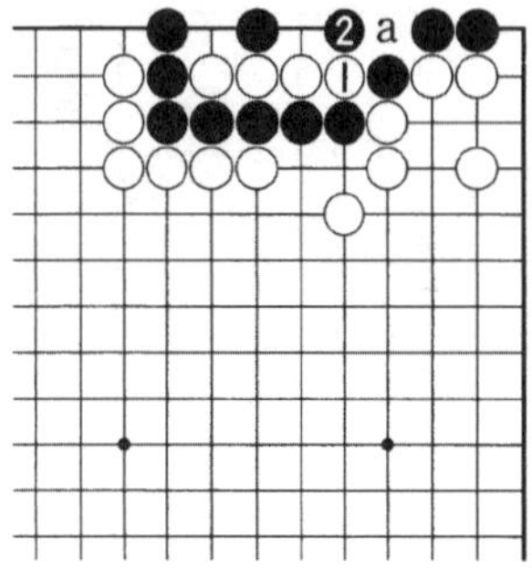

### 패는 실패

백1로 끊으면 흑2로 패가 되서 실패한다. 백1로 a는 흑2로 따내서 좋지 않다. 그대로 빅이 된다.

제1형 흑번

(992)

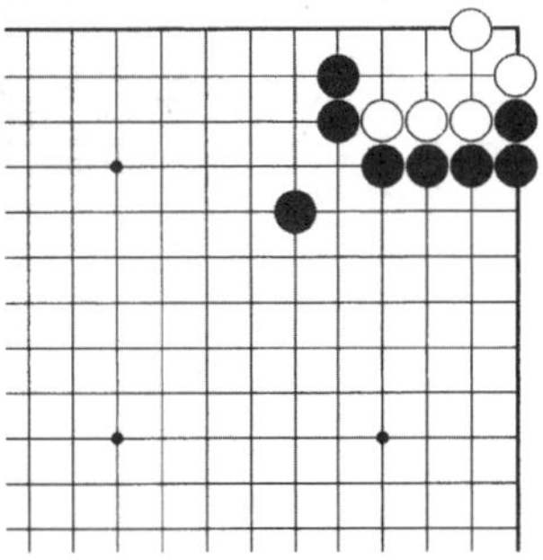

### 옥집

사활 문제.
귀에 1집. 중앙 쪽의 집을 부수려면 백의 자충을 추궁하여야 한다.

解

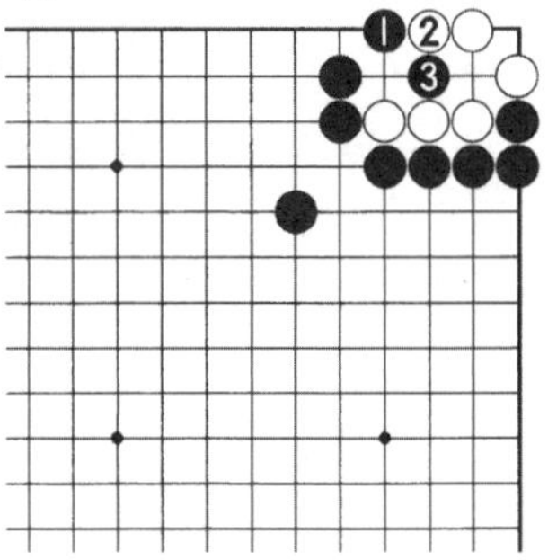

### 백 죽음

흑1로 입구자하여 백을 몰아넣는 맥이다. 백2로 치받으면 흑3으로 끼워 백의 자충을 추궁하는 모양이다.

失

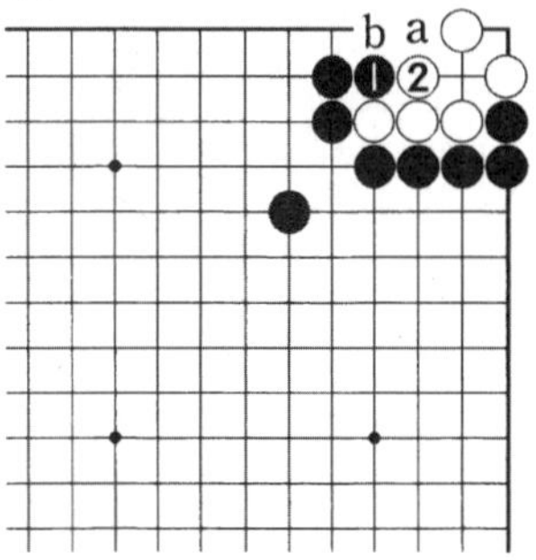

### 백 삶

흑1은 백2로 산다. 흑1로 2에 붙여도 백1로 나가 흑 1점이 촉촉수에 걸린다. 또 흑1로 a는 백 b.

제2형 흑번

입구자

사활·죽음 (사석)

(993)

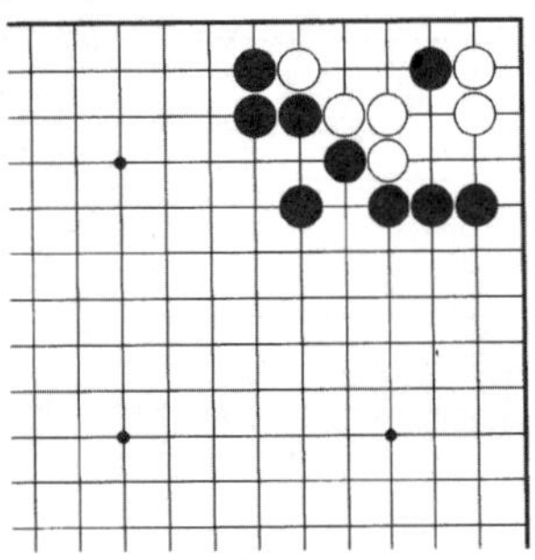

### 사전공작

사활 문제.
백집에 남겨진 흑 1점을 움직여 나간다. 백이 건너는 것을 방해하고 자충으로 만드는 사전공작을 생각해보자.

解

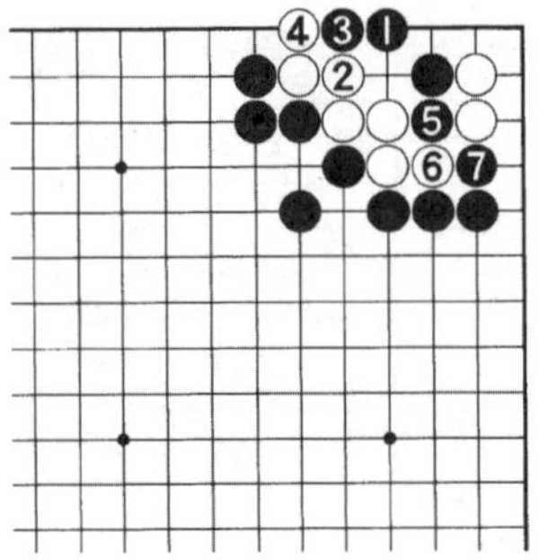

### 백 전멸

흑1의 입구자는 백을 자충으로 유도하는 맥이다. 백2로 이으면 흑3으로 나가고 5, 7로 끊는다. 백은 다음 수가 없어 전멸한다.

失

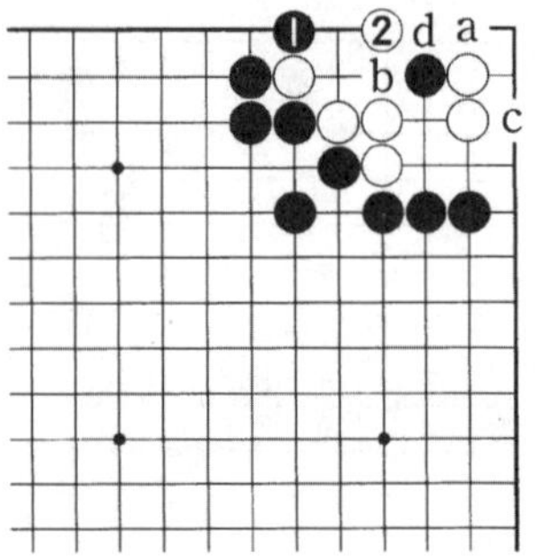

### 백 삶

흑1의 젖힘은 백2로 받아 그만이다. '적의 급소는 나의 급소.'라는 격언과 같다. 이후 흑a는 백b로 잇고 c와 d를 맞보기로 하여 살 수 있다.

제1형 흑번

(994)

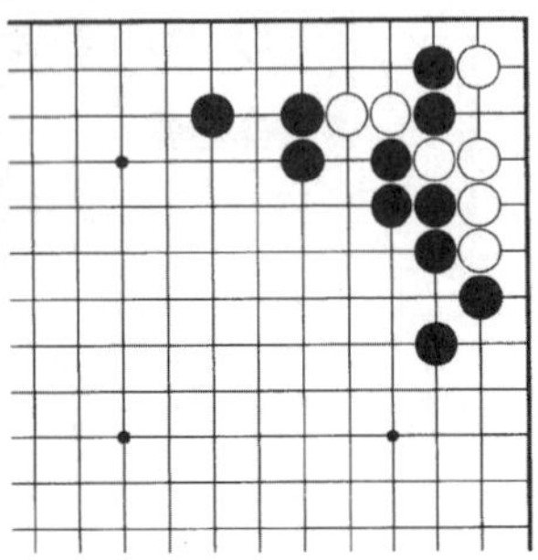

### 희생

사활 문제.
귀의 백을 전멸시키기 위해서는 귀의 흑 2점을 희생시키는 것에 대해 고민해봐야 한다.

解

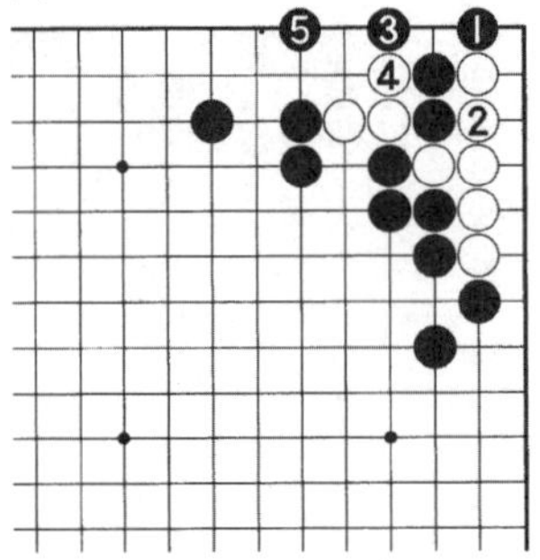

### 백 죽음

흑1의 젖힘, 이 1점이 왼쪽과 연결되면 귀의 백은 한 집뿐이다. 흑3 입구자가 좋은 수이다. 흑5로 뛰어 상변으로 건너가면 흑 2점은 되살아 간다.

失

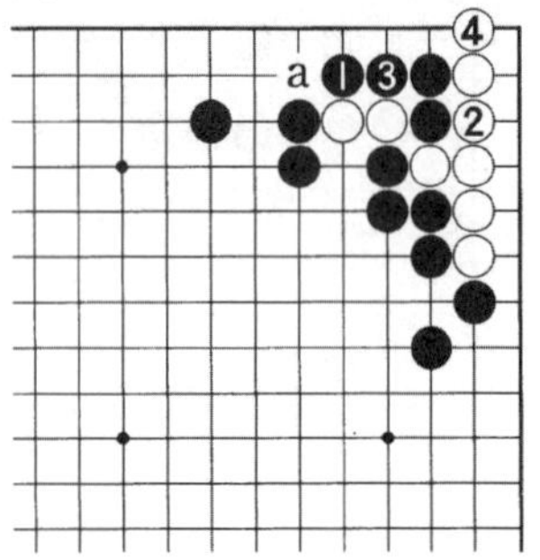

### 백 삶

흑1로 젖히면 백 2점을 잡는다.
백2, 4로 귀의 집을 굳히고 직사궁의 모양으로 산다. 흑3으로 4는 백3으로 백a의 끊음이 남아서 흑의 무리.

제2형 백번

(995)

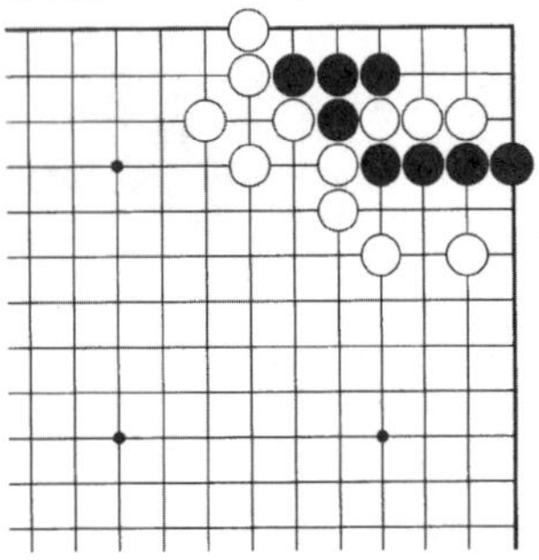

### 사석

사활 문제.
백 3점과 흑 4점의 수상전은 백이 이길 수 없다. 단, 백에게는 흑의 돌을 잡게 만들어서 흑을 전멸시키는 노림이 있다.

解

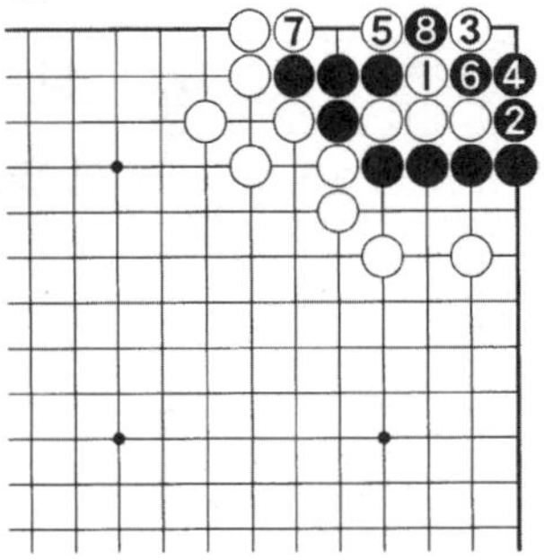

### 흑 전멸

백1로 막고 흑2의 공격에 백3의 입구자가 좋은 수이다. 흑4, 6으로 백 4점을 잡아도 백7 이후 9로 따내어 흑이 전멸한다.
※⑨→①(따냄)

失

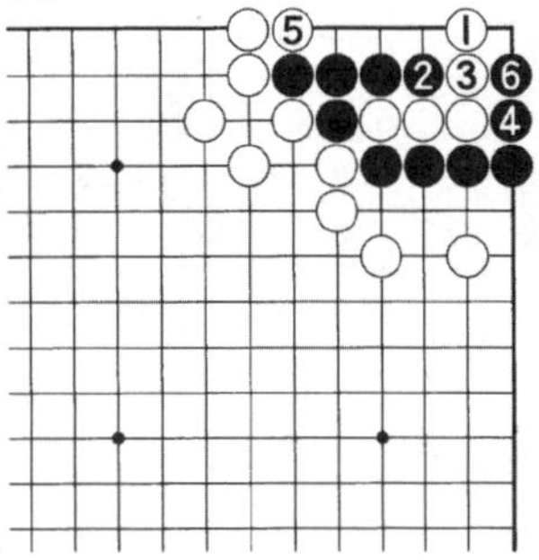

### 흑 삶

백1의 뛰는 것은 수를 늘리는 맥이지만 이 경우에는 실패한다. 흑2, 4, 6으로 공배를 메워서 백이 한 수 진다. 흑은 백 5점을 잡고 살 수 있다.

(996)

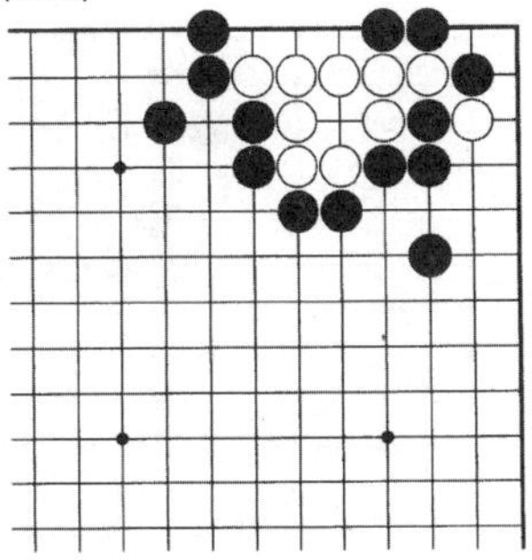

제3형 흑번

## 상변의 집

사활 문제.
귀의 흑을 살리면서 상변에 있는 백의 집을 부숴야 한다. 백의 자충을 이용한다.

解

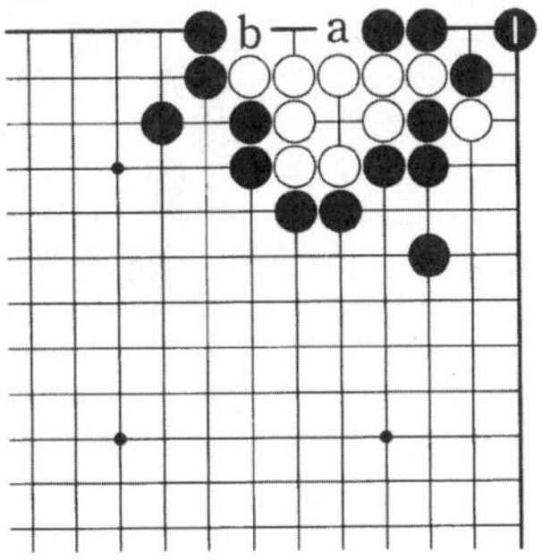

## 백 죽음

흑1의 입구자가 탄력 있는 좋은 수이다. 백a는 흑b로 집을 부수고 백이 2점을 잡아도 흑이 되따내서 백이 죽는다.

失

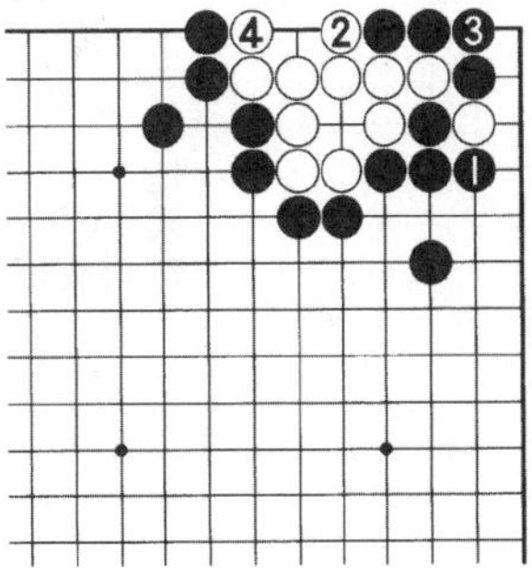

## 백 삶

흑1로 잡으면 백2의 단수를 활용한다. 흑3으로 4는 백3으로 2점을 잡는 것이 선수가 되어 백이 산다.

(997)

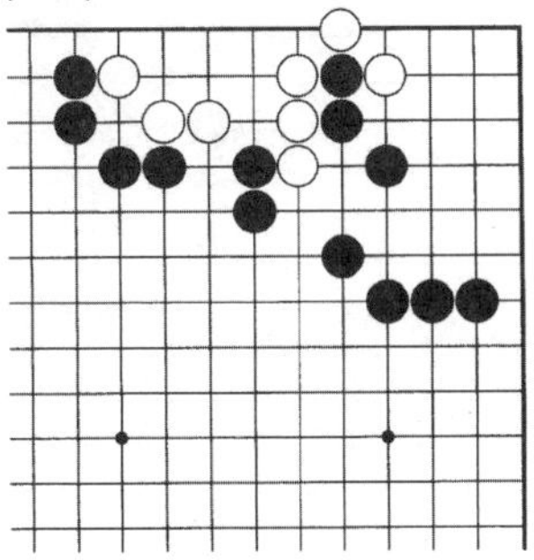

제4형 흑번

## 사석

백의 사활 문제.
귀가 넓고 흑이 강하게 공격하면 약점이 생기는 나쁜 모양이지만 사석을 이용하면 집을 부술 수 있다.

解

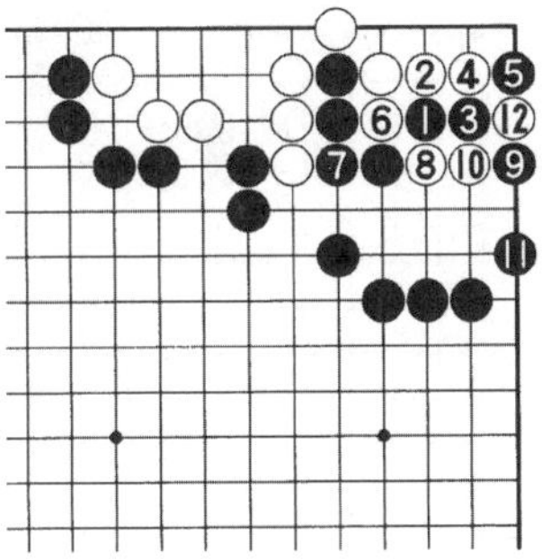

## 백 죽음

흑1의 입구자부터 5로 젖히는 수가 맹렬한 공격이다. 백6, 8로 끊어도 흑9의 입구자로 5의 1점은 우변을 건너간다.
※⓭→❸(되따냄)

失

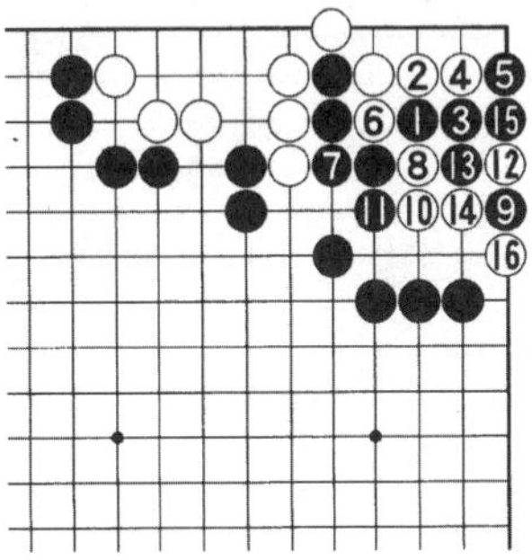

## 패

흑9로 날일자하면 백10으로 선수하고 12로 건너 붙여 패가 된다. 흑9로 16의 방향으로 입구자하면 백12로 역시 실패한다.

(998)

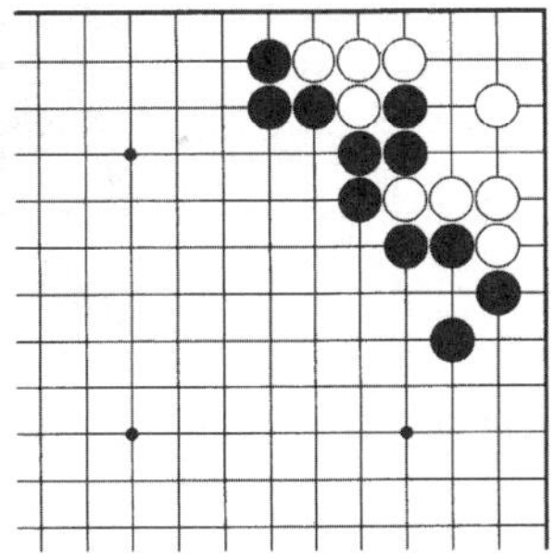

입구자 사활·죽음 (젖혀 나가기·기타)

제1형 흑번

## 엷다

사활 문제.
귀에서 상변에 넓게 퍼져있는 백의 집은 엷은 모양이다. 상변의 백 4점을 잡는 것만으로는 부족하다.

解

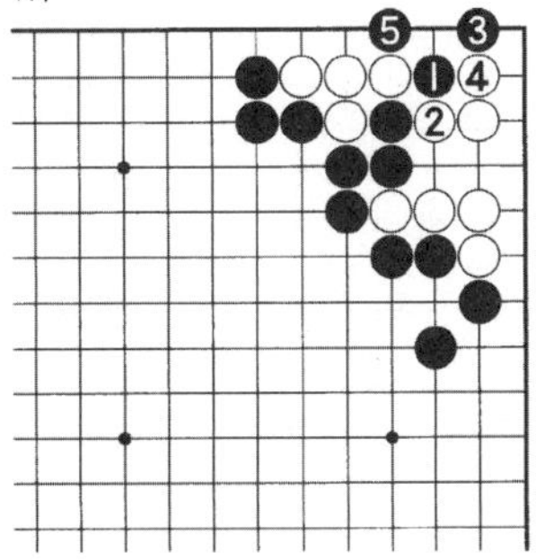

## 패

흑1로 젖히고 3으로 입구자한 수가 냉엄한 맥이다. 백4, 흑5로 패가 난다. 흑3으로 5는 백3으로 귀를 굳히고 살 수 있다.

変

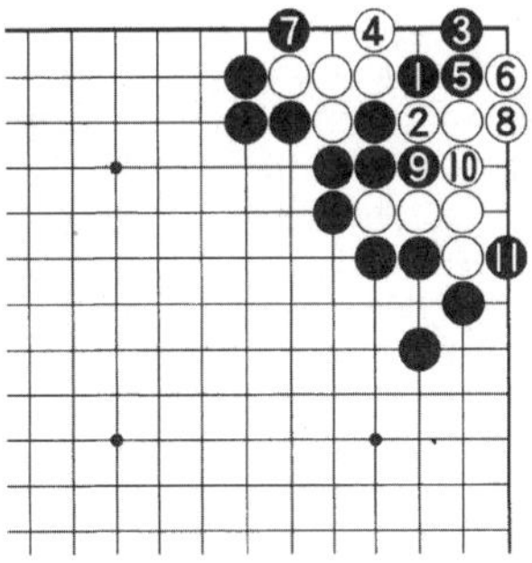

## 백 죽음

백4로 저항하는 변화이다. 흑5의 빈삼각으로 수를 늘린다. 이 3점을 치중하는 수로 사용한다. 백8 이후 흑9, 11로 백이 죽는다.

(999)

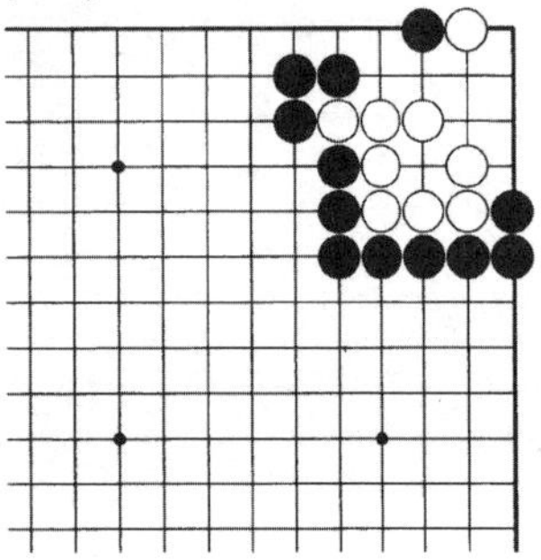

解

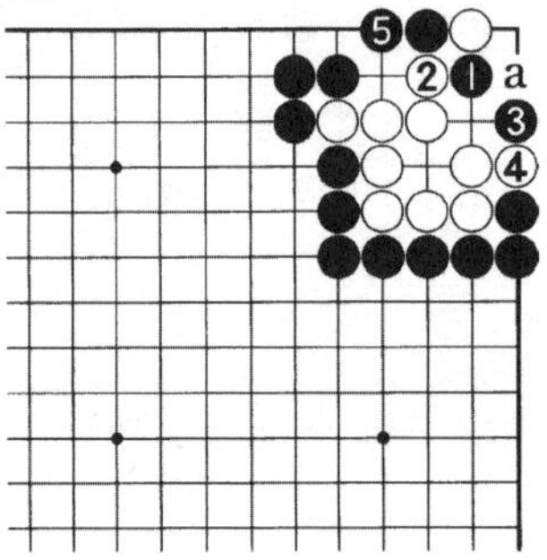

変

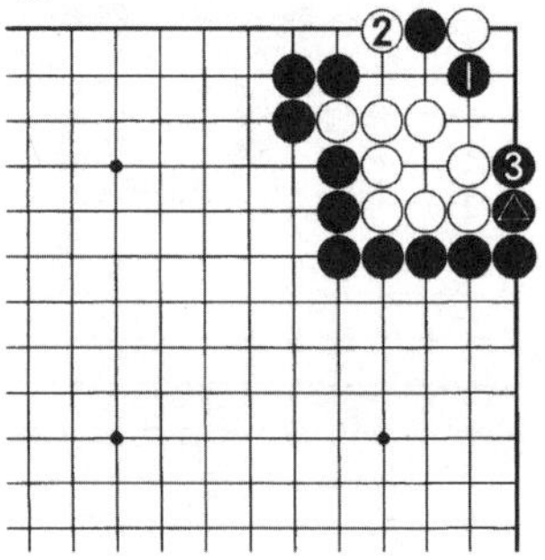

제2형 흑번

## 잡다
사활 문제.
'2·1'에 붙인 백에게는 탄력이 있지만 흑은 바깥이 강한 덕에 백을 조건 없이 잡을 수 있다.

## 백 죽음
흑1로 단수 칠 수밖에 없는 모양이다. 백2의 끊음에 흑3으로 입구자가 좋은 수이다. 3으로 5로 당기면 백a로 패가 난다. 흑5까지 백이 죽는다.

## 넘어감
백2로 바깥에서 흑 1점을 잡는 변화이다. 흑3으로 나가면 흑1의 1점과 연결되기 때문에 그대로 백이 죽는다. 우변의 흑▲가 든든한 아군이다.

(1000)

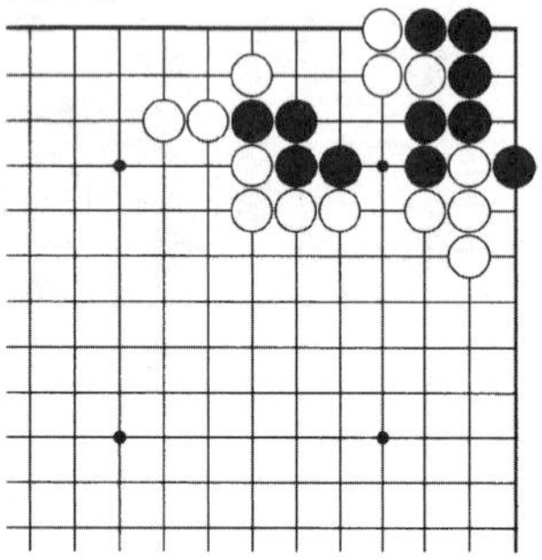

解

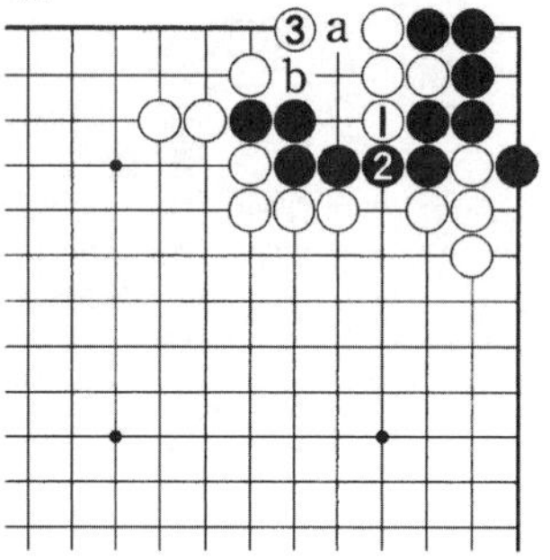

失

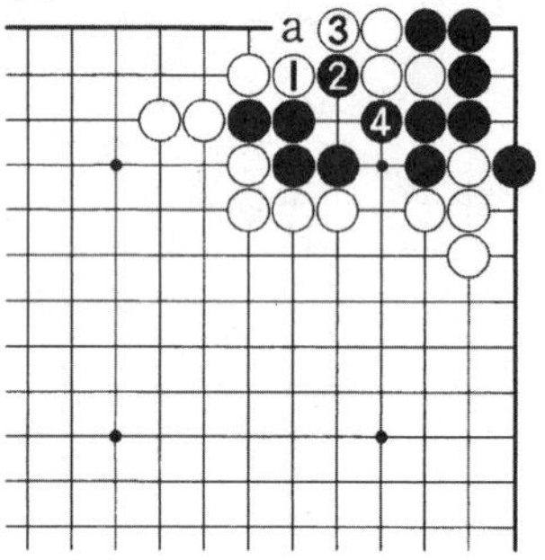

제3형 백번

## 건넘
사활 문제.
상변의 백이 건너도 중앙의 흑은 안형이 생길 가능성이 높다. 집을 부수면서 건너가야만 한다.

## 흑 죽음
백1로 나가는 것이 흑의 탄력을 없애는 맥이다. 흑2로 잇게 만들어 중앙에는 집이 날 여지가 없다. 백3의 입구자로 건너간다. 흑a는 백b로 흑이 죽는다.

## 패는 실패
백1의 건넘은 흑2로 끼우고 4로 막아서 패가 난다. 백1로 a의 입구자도 흑4로 막으면 백이 자충으로 실패한다.

입구자 끝내기(막다)

(1001)

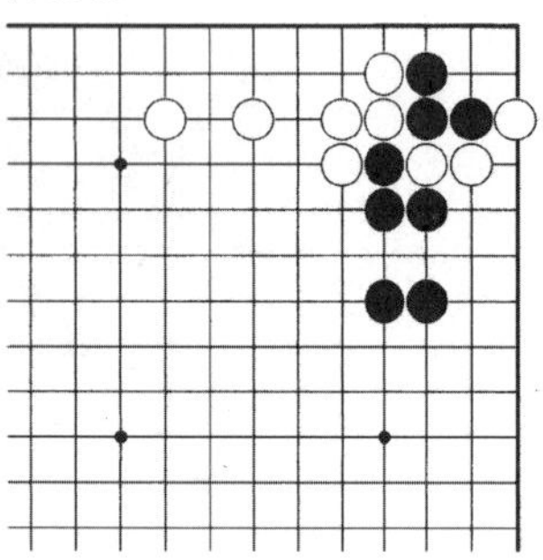

解

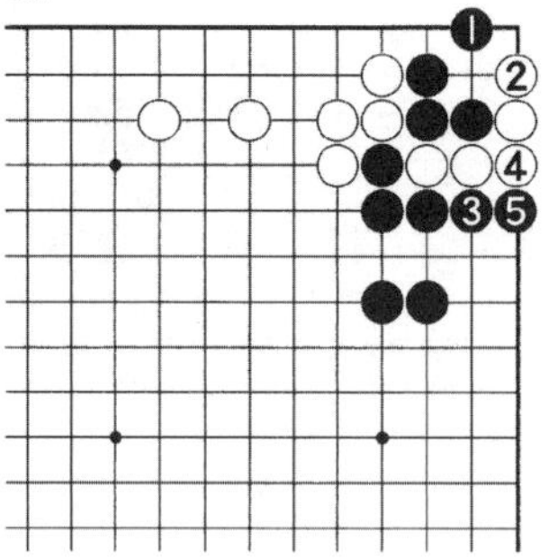

失

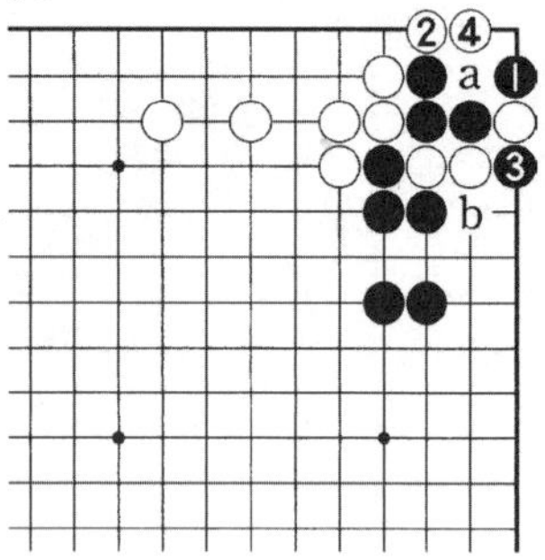

제1형 흑번

## 최대
우상귀의 끝내기 문제.
흑은 백 3점을 잡고 귀의 집을 최대한 넓히고 싶다.

## 흑 최선
흑1의 입구자가 맥이다. 백2로 나가 수상전의 모양이지만 흑3, 5로 공격하여 최후에는 백 5점을 잡아 흑집은 10집이 된다.

## 흑 손해
흑1로 막으면 백2, 4로 귀를 깎인다. 이후 백a, 흑b가 되면 흑집은 정해도보다 4집이 적다.

(1002)

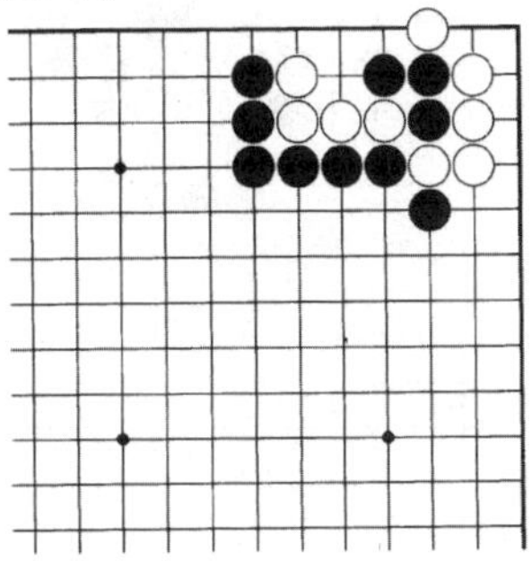

제2형 백번

## 잡는 방법

끝내기 문제.
백은 흑 3점을 잡아 상변을 집으로 만들지만 이런 좁은 곳에서도 잡는 방법에 차이가 있다.

解

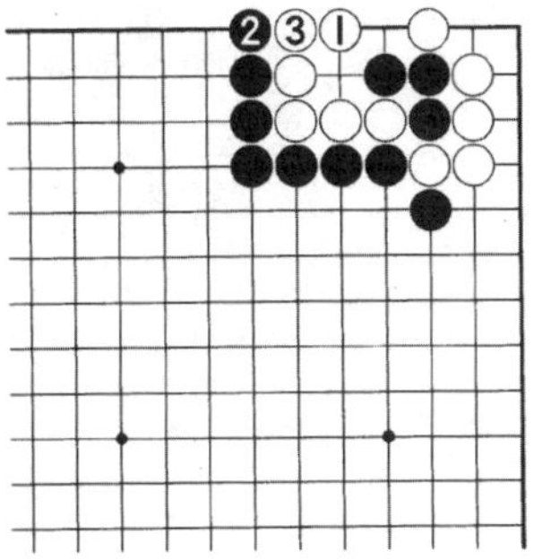

## 상형

백1의 입구자가 상용의 맥이다. 흑2로 뻗으면 백3으로 받아 흑 3점을 들어내지 않고 그대로 백집으로 만든다.

失

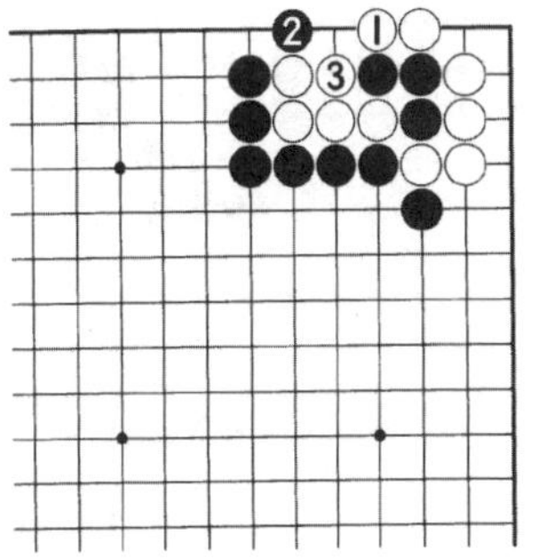

## 2집 차이

백1의 단수는 흑2로 활용 당한다. 백1로 3도 흑2로 같다. 백 3점을 잡은 집은 정해도와 2집 차이난다.

(1003)

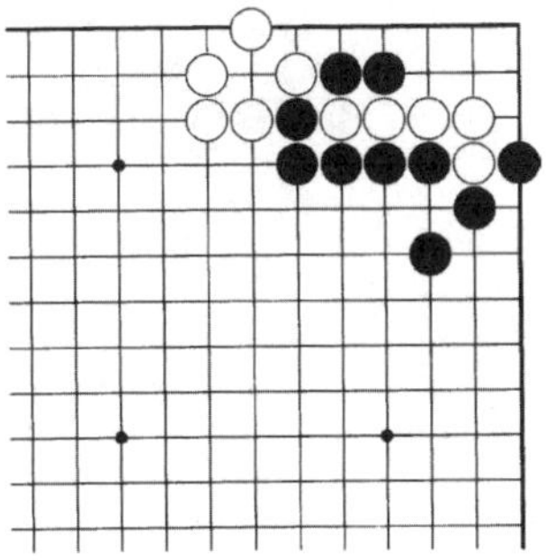

제3형 백번

## 연구

끝내기 문제.
백은 귀의 흑 2점을 잡고 동시에 집을 최대로 넓힐 수를 궁리해야 한다.

解

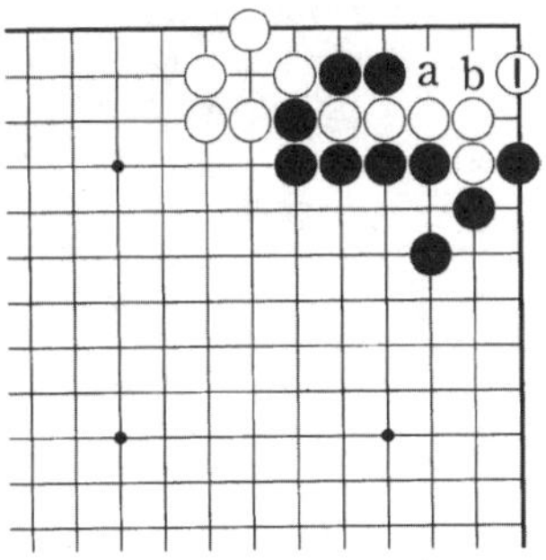

## 급소

백1의 입구자가 자충을 방지하는 급소이다. 흑a는 백b로 받아 백은 3점을 잡으면서 귀로 흑의 침입을 방지하고 있다.

失

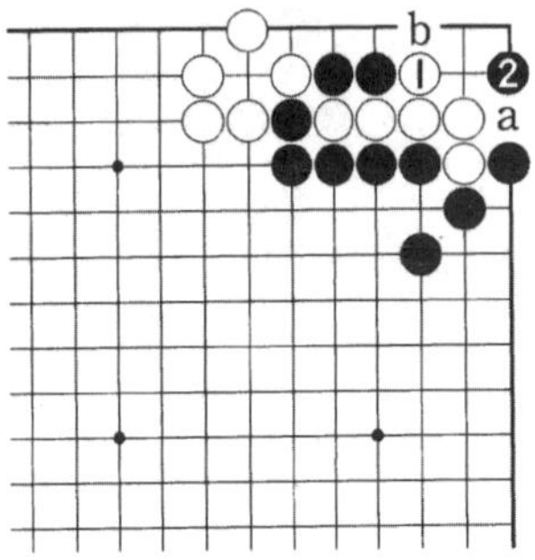

## 5집 손해

백1의 막음은 흑2의 침입을 막을 수 없다. 백a는 흑b로 백이 잡힌다. 흑은 a로 잇게 되어서 정해도보다 백집을 5집 이상 줄였다.

(1004)

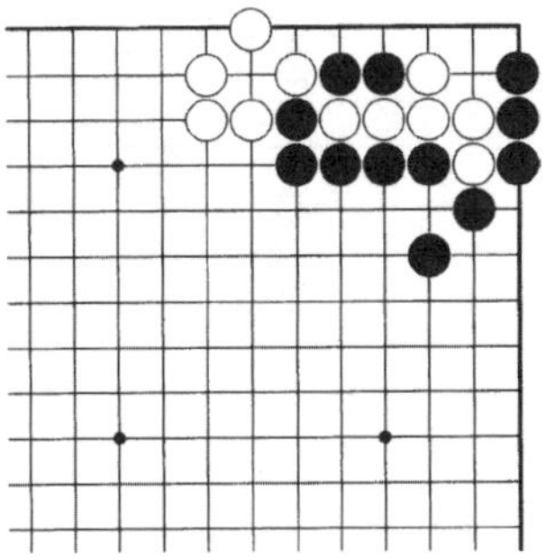

제4형 백번

## 잡는 방법

귀의 끝내기 문제.
백은 흑 2점을 잡는 것뿐만 아니라 최선으로 두어 흑이 집을 만들지 못하도록 막고 싶다. 백 2점을 어떻게 잡느냐에 달려 있다.

解

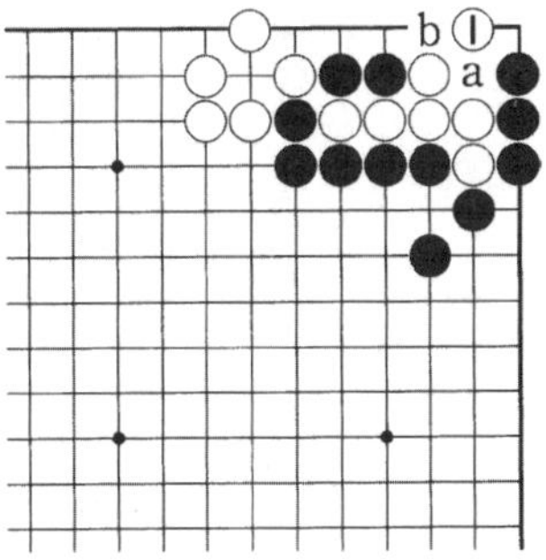

## 양자충

백1의 입구자가 맥이다. 흑a 단수에 백b로 이어 흑은 다음 수가 없다. 백은 귀를 공배로 만든다.

失

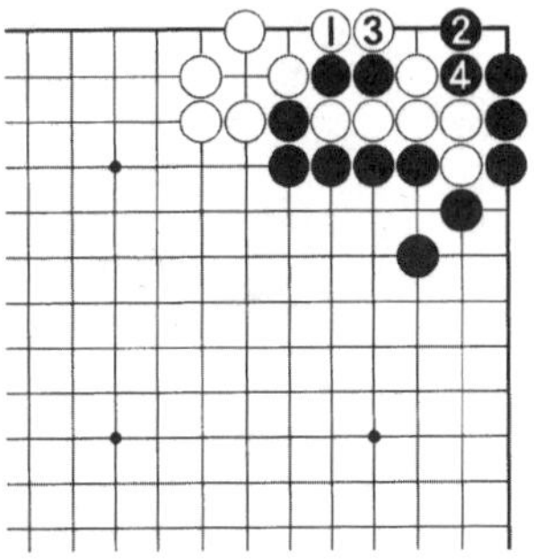

## 흑의 권리

백1의 단수는 흑2, 4로 귀에 집 을 내서 흑집이 2집 늘게 된다. 흑2는 기회를 봐서 두는 백의 후수 끝내기.

(1005)

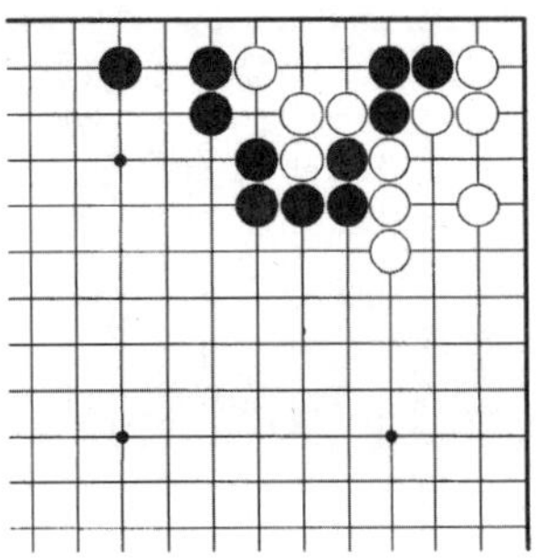

解

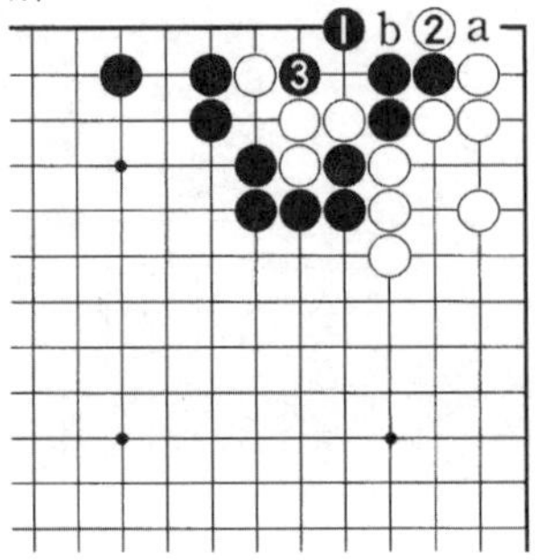


变

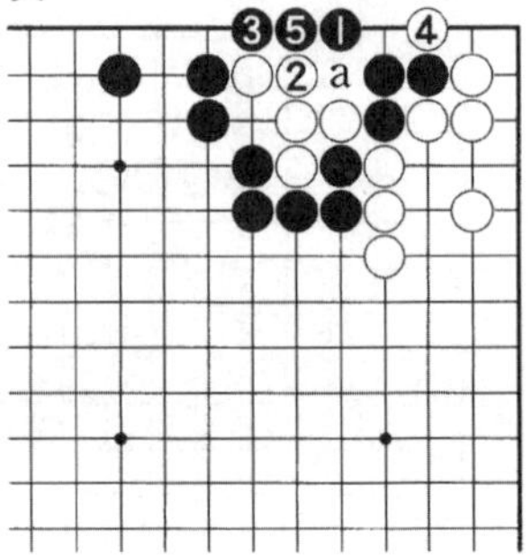


제5형 흑번

## 최선의 수

상변의 끝내기 문제.
흑은 어떻게 두어도 백 4점을 잡을 수 있는 모양이지만 집을 최대한 넓히는 최선의 수는 하나뿐이다.

## 양자충

흑1의 입구자가 맥이다. 백2로 젖히면 흑3으로 입구자로 붙여 이후 백a, 흑b로 집이 된다. 백은 자충 때문에 다음에 둘 수가 없다.

## 5점 잡기

백2로 받으면 흑3으로 젖혀 백의 공배를 메우고 흑5까지로 잡는다. 흑1로 a는 백2로 받아 흑3, 백4로 흑집은 2집이 줄어든다.

(1006)

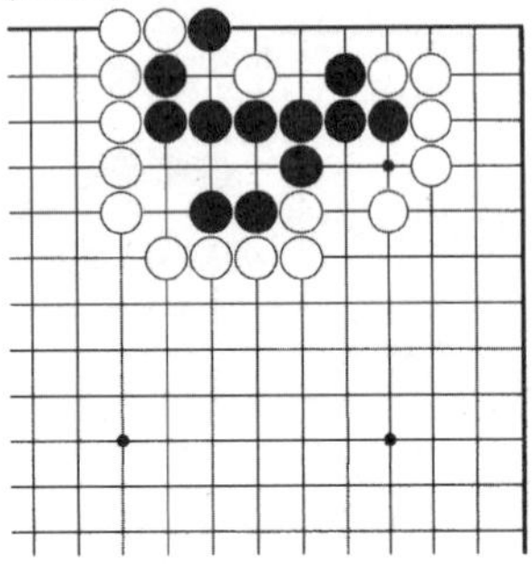

解

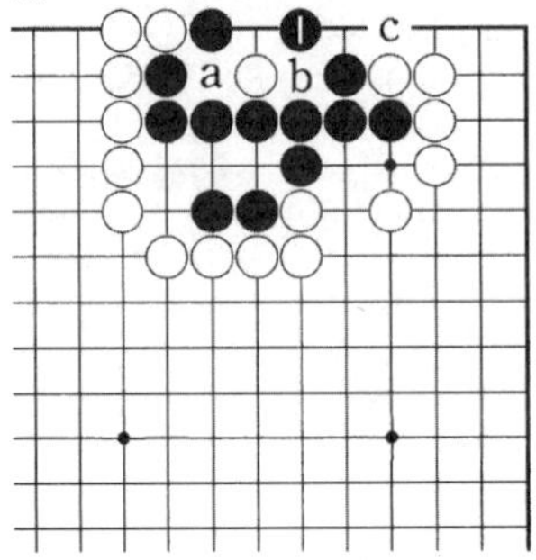


失

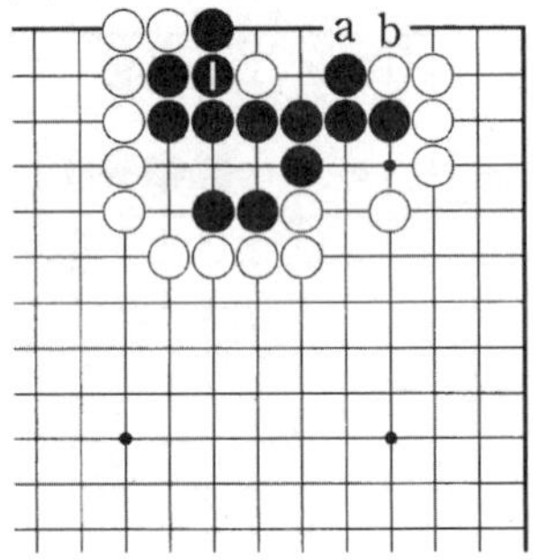


제6형 흑번

## 세심

끝내기 문제.
백에게 둘러싸인 흑을 어떻게 살려야 할까? 같은 삶이라고 해도 이후 끝내기에 세심한 주의를 기울일 필요가 있다.

## 최선

흑1의 입구자가 옳은 수이다. 백a로 끊으면 흑b로 환격 모양이 되어 산다. 귀의 백집에 흑c로 젖히는 끝내기가 선수이다.

## 반집 손해

흑1로 이어서도 삶에는 변함이 없지만 귀는 흑a, 백b로 보면 정해도와 비교해서 약 반 집이 된다. 정확히는 2/3집 손해를 본다.

(1007)

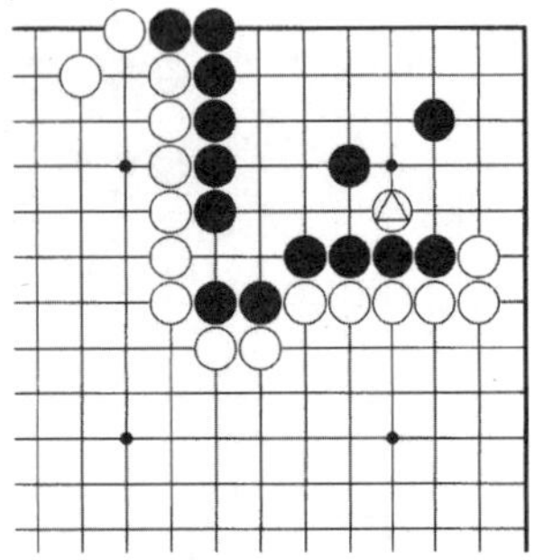

解

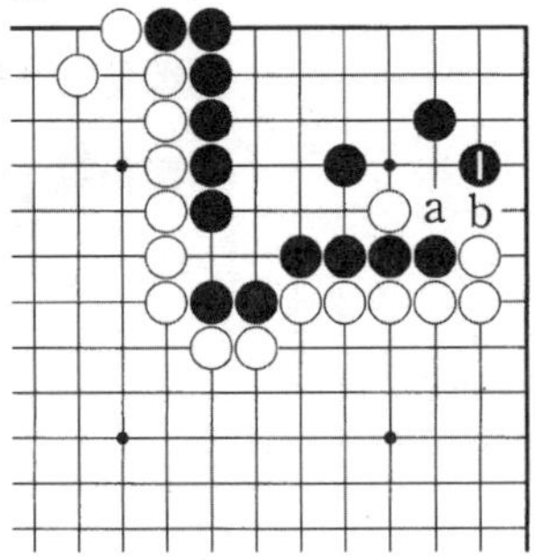


失

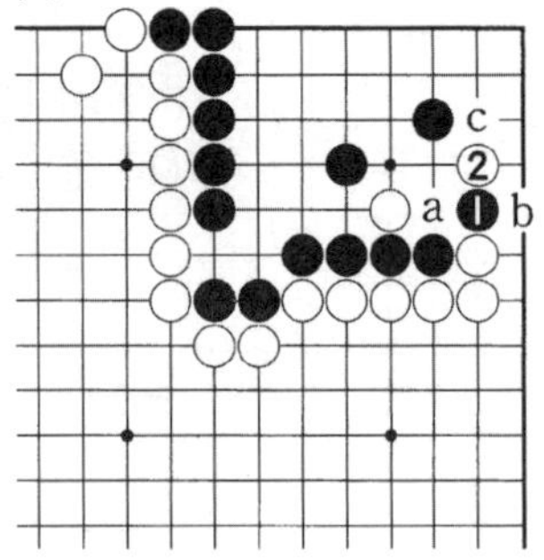


제7형 흑번

## 최선의 지킴

끝내기 문제.
우상귀의 흑집을 정리하고 싶지만 백◎ 1점이 눈엣가시다. 흑집을 지키는 최선의 수는 어디 일까?

## 막다

흑1의 입구자는 지키는 급소이다. 이 한 수로 백의 우상귀 진출을 막는다. 백a는 흑b로 봉쇄되는 모양이다. 백b는 흑a.

## 4집 손해

흑1로 막으면 백2로 껴붙여서 흑집이 준다. 흑a, 백b, 흑c로 보면 정해도보다 4집 손해를 본다.

(1008)

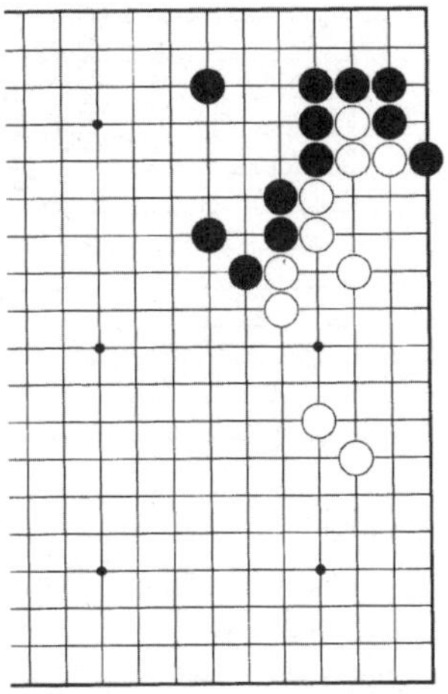

解

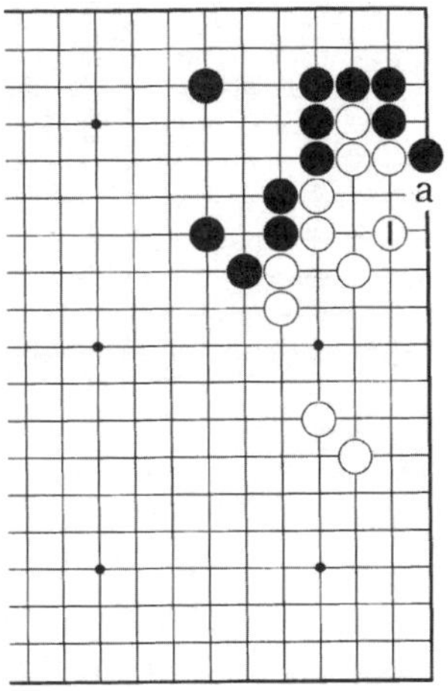


失

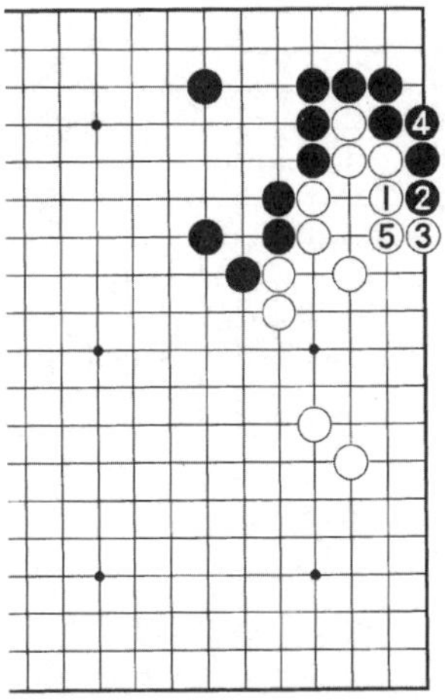


제8형 백번

## 정착

우상의 끝내기 문제.
우변의 백집은 확정지이다. 흑의 우상귀기에서 끝내기에 어떻게 받아야 정답이고 제일 이득이 될까?

## 상형

백1의 입구자가 상형이다. 후수로 받고 a의 여지를 남겨놓았으나 그 권리는 양쪽 모두 반씩 가진다. 흑a라면 백은 선수로 잡는다. 또 백a는 1점을 잡는 것이 남은 선수이다.

## 백 당함

백1로 구부리면 흑2, 4를 즉시 결정한다. 백5까지 후수로 받는다. 이 모양은 백1로 5, 흑2, 백3으로 흑이 선수로 활용한 모양이다.

(1009)

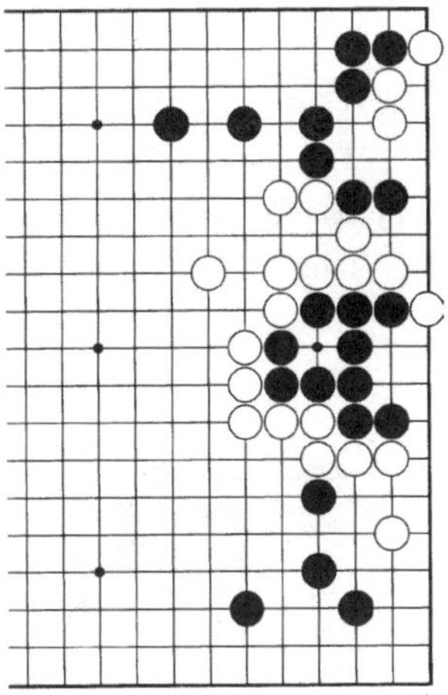

解

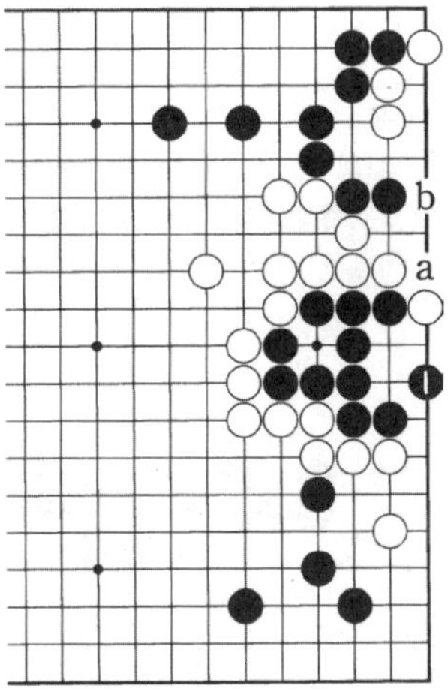


失

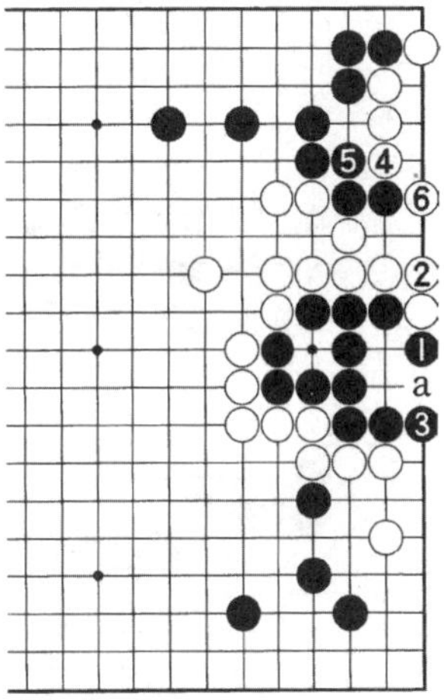


제9형 흑번

## 연관

흑으로 우변을 살리는 것은 간단하지만 어떻게 사는 것이 최선 일까? 우상귀와 우변을 연관 지어 생각해야 한다.

## 귀는 흑집

흑1의 입구자가 맥이다.
백a로 이어서도 우변의 사활과는 연관이 없는 수이기 때문에 흑은 b로 뻗어서 우상의 백 3점을 잡는다.

## 10집 이상 손해

흑1로 막으면 백2로 이어 후수가 된다. 흑3에 지키지 않으면 백a로 패가 난다. 백4, 6으로 우변과 연결하여 우상의 백이 생환하여 흑은 10집이상 손해를 봤다.

(1010)

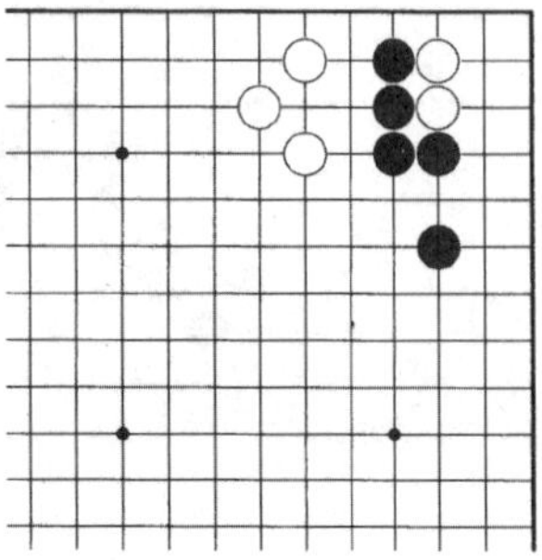

解

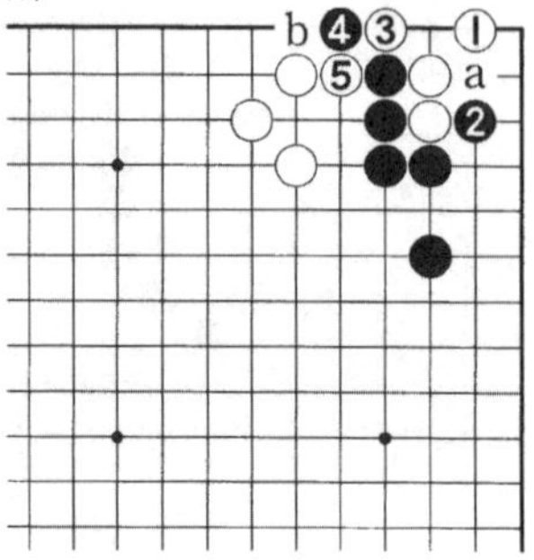

変

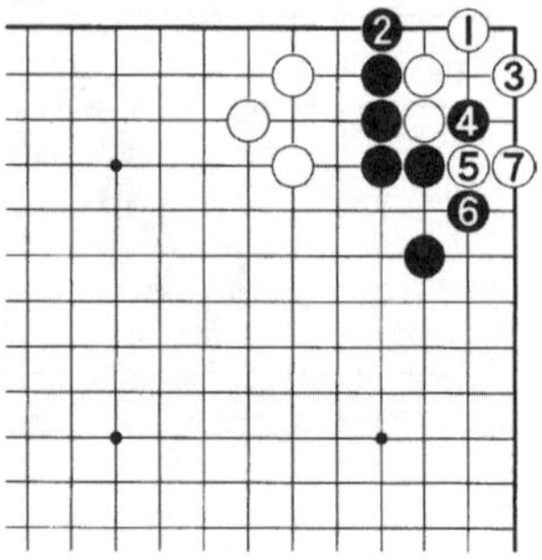

제1형 백번

### 수를 내다

귀의 전투.
백 2점은 바깥으로 탈출할 수도 없고 집을 만들려고 해도 좁은 궁도이다. 그러나 수를 내는 것은 가능하다.

### 패

백1은 2·1의 급소이다. 백1로 입구자 하고 흑2로 집을 부수면 백3, 5로 건너는 것을 보는 패가 난다. 흑a는 백b로 건넌다.

### 백 삶

흑2로 흑이 건너지 못하게 막고 백3으로 입구자하면 살 수 있다. 흑4로 젖히고 백5로 끊어 1점을 잡는다.

(1011)

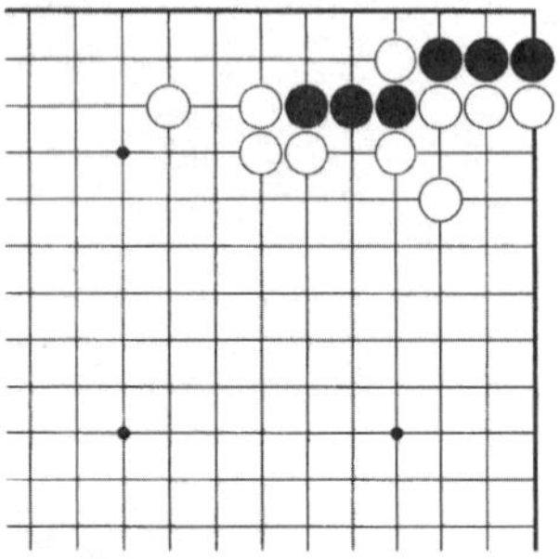

解

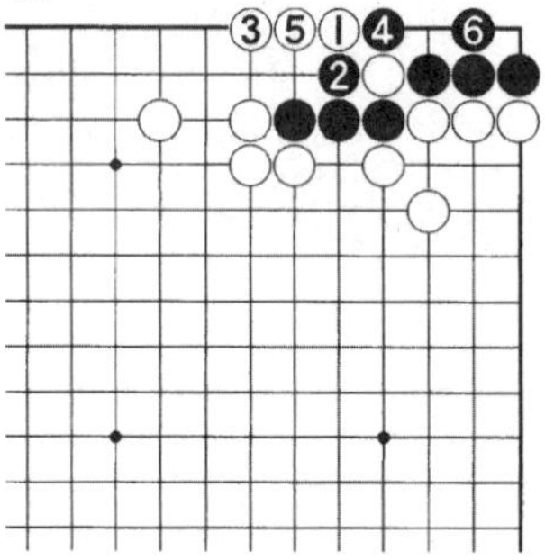

変

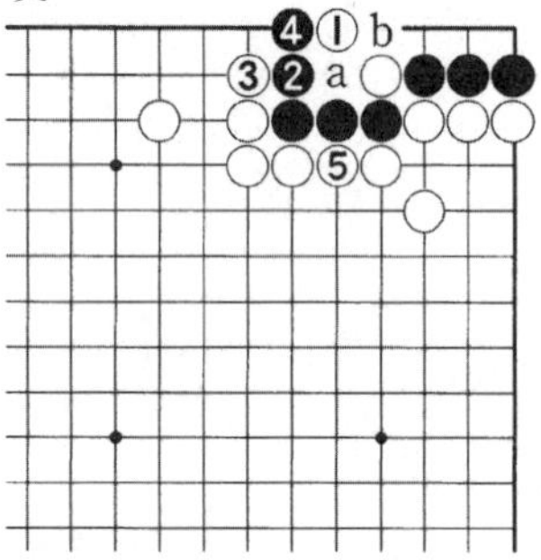

제2형 백번

### 괴롭힘

귀의 전투.
흑은 백 1점을 잡고 살아있지만 백은 흑이 2집으로 간신히 사는 모양이 될 때까지 괴롭힐 수 있다.

### 맥

백1의 입구자는 흑 3점을 공격하는 급소이다. 흑은 2로 단수치는 정도이지만 백3, 5로 옥집으로 만들면 흑 6까지 3집만 내고 산다.

### 흑 무리

흑2, 4로 저항하는 것은 무리이다. 백5로 막혀 다음 수가 없어서 흑은 전멸한다. 흑4로 a, 백4, 흑b로 사는 것도 정해도보다 불리하다.

(1012)

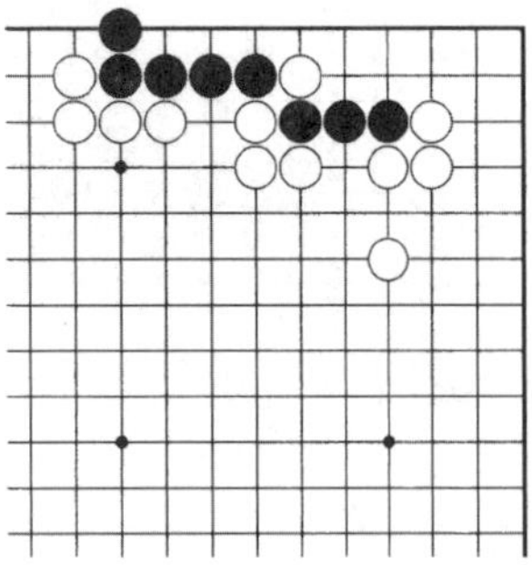

解

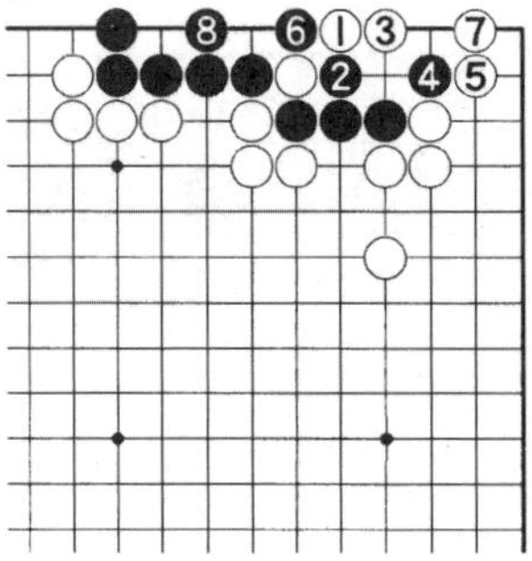

失

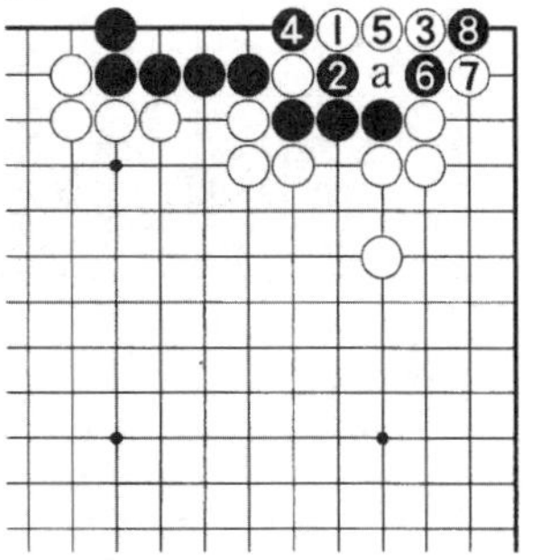

제3형 백번

### 괴롭힘

상변의 전투.
흑에게 잡힌 백 1점에 탄력이 생겨 흑을 2집으로 간신히 사는 모양이 될 때까지 괴롭힌다.

### 괴로운 삶

백1의 입구자가 아슬아슬한 맥이다. 흑2 단수에 백3으로 늘어 수를 늘린다. 흑4, 6에 백7로 뻗어서 상변과 연결하면 백8까지 간신히 산다.

### 촉촉수

백3의 뻗은 실착. 흑4에 백5로 이어서도 흑6, 8로 촉촉수에 걸린다. 백5로 a라면 패가 되지만 정해도보다 못하다.

(1013)

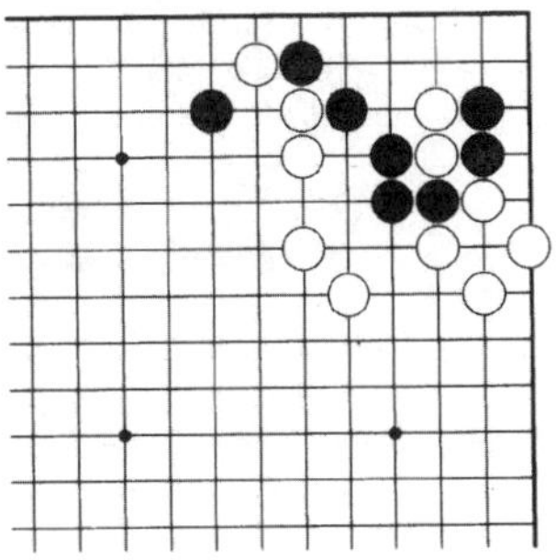

解

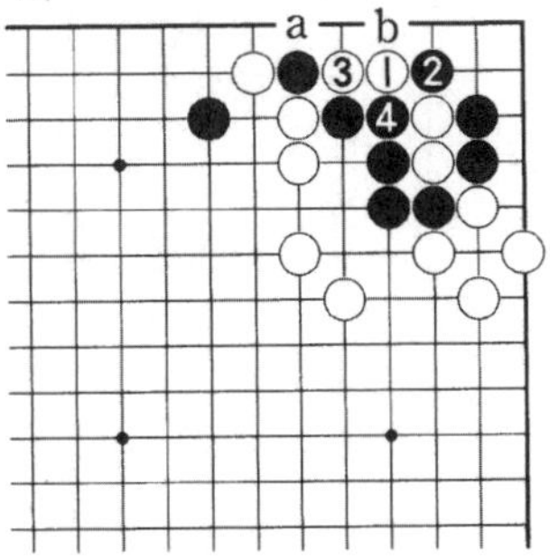

变

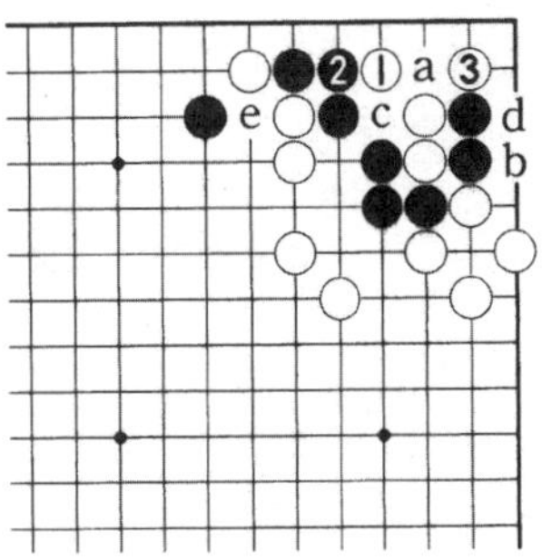

제4형 백번

### 사석

끝내기 문제.
귀의 백 2점은 살릴 수 없지만 흑집에 끝내기 하는데 사용하여 1집이라도 득을 보고 싶다.

### 끊어 잡기

백1의 입구자가 맥이다.
흑2로 단수치면 백3으로 끊는 것을 허용할 수밖에 없다. 백1로 3은 흑1, 백a, 흑4로 1집 손해를 본다.

### 귀가 크다

흑2로 이으면 백3으로 흑 2점을 잡아서 귀가 크다. 백1로 3은 흑a, 백b, 흑c, 백d로 건너가지만 흑2로 이어서 백e가 필요하다.

(1014)

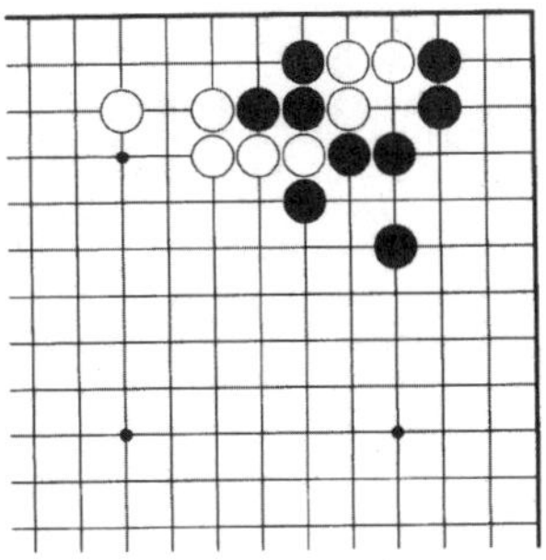

解

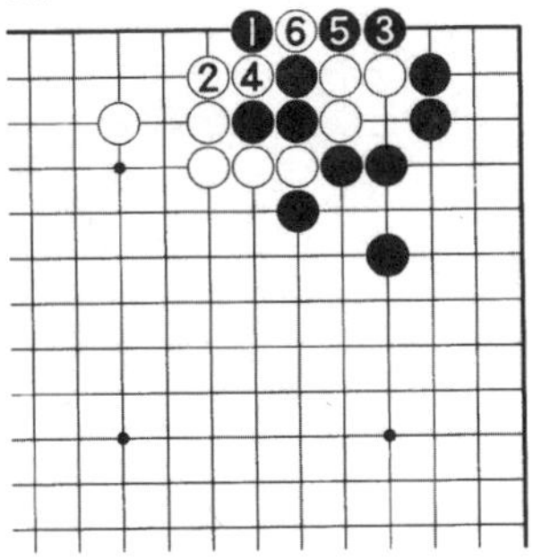

失

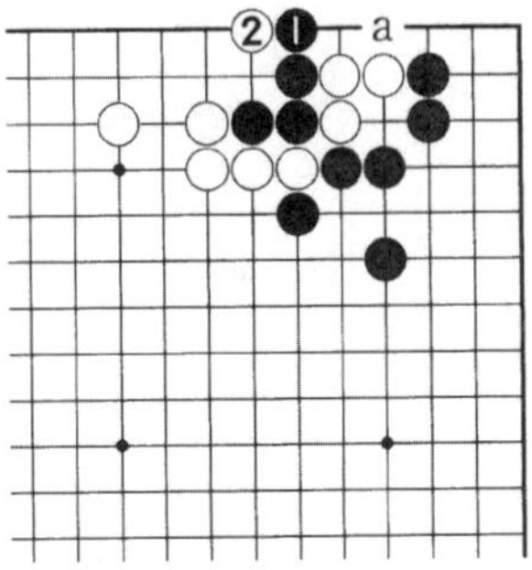

제5형 흑번

### 사석

흑 3점은 어떻게 두어도 살릴 수 없는 돌이지만 두는 방법에 따라 백집을 상당히 도려낼 수 있다.

### 되따냄

흑1의 입구자는 흑에게 탄력을 갖게 하는 맥이다. 백2, 4로 흑을 공격할 수밖에 없다. 흑5, 7로 되따내는 것이 활용 된 모양이다.
※❼→⑥의 아래(되따냄)

### 흑 실패

흑1로 뻗으면 백2로 붙여 실패한다. 흑1로 a는 백1 단수이다. 흑은 선수지만 백집은 정해도보다 꽤나 늘어났다.

(1015)

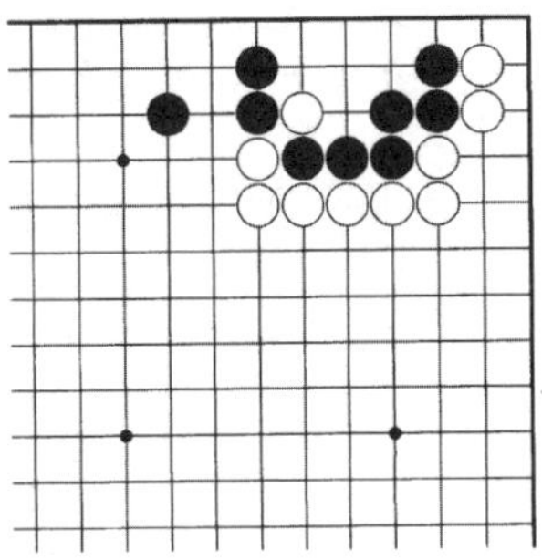

解

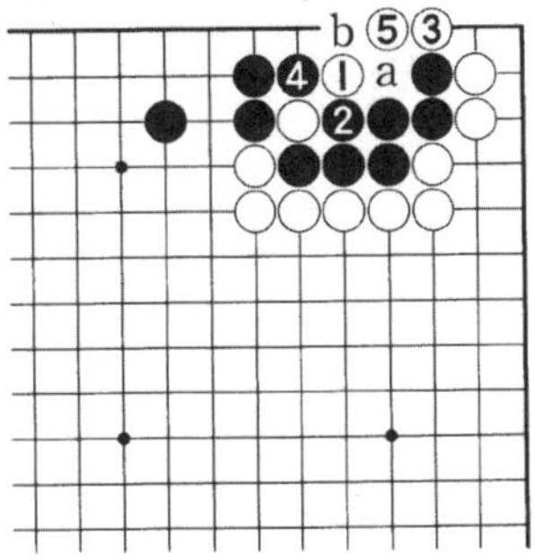

失

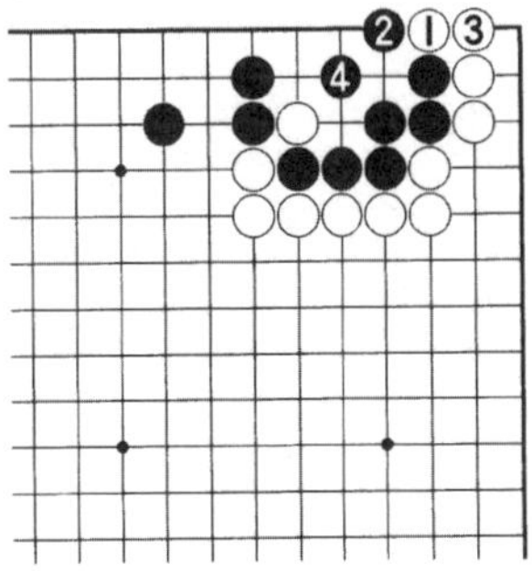

제6형 백번

### 줄이다

끝내기 문제.
백 1점을 잡고 있는 우상의 흑집은 맛이 나쁘다. 흑의 자충을 추궁하면 대부분의 집을 줄일 수 있다.

### 침입

백1로 입구자는 냉엄한 맥이다. 흑2로 단수치면 백3, 5로 침입한다. 흑2로 5는 백a, 흑4, 백b로 흑 1점을 따내고 상변을 건너간다.

### 백 미흡

백1, 3으로 젖혀 이으면 흑2, 4로 지켜서 그만이다. 정해도와 비교하면 흑집은 6집 많다. 선후수는 있지만 정해도가 훨씬 크게 끝난다.

## 제7형 흑번

(1016)

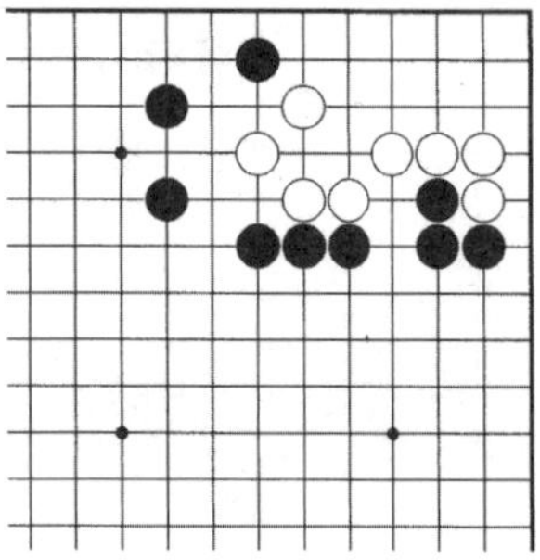

解

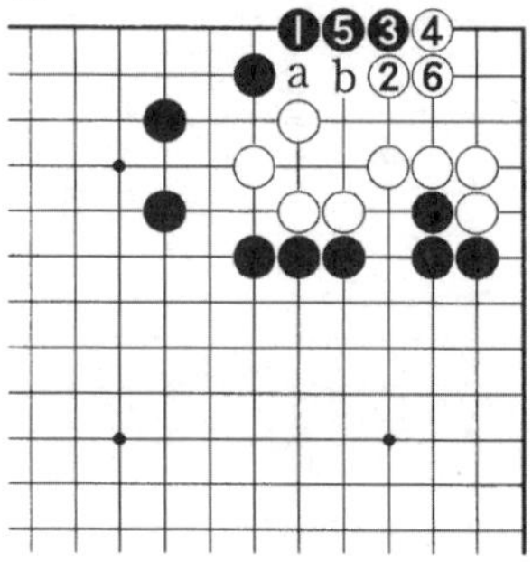

失

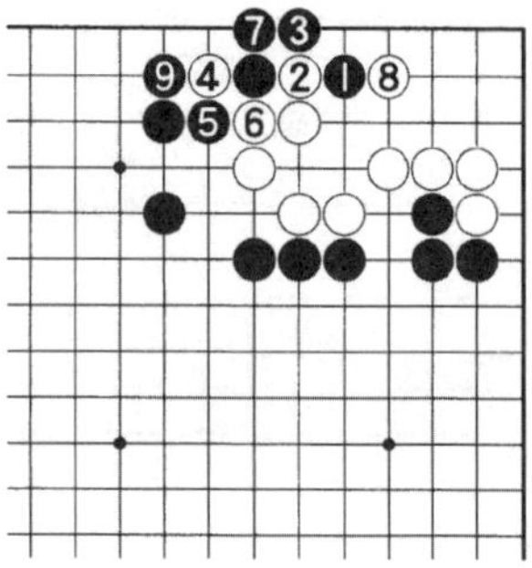

### 침입
귀의 백집을 어떻게 끝내기 해야 할까? 흑은 선수로 상변에서 효과적으로 침입하고 싶다.

### 맥
흑1의 입구자가 맥이다. 백2, 4로 막고 백6까지 흑은 선수로 끝내기 했다. 흑1로 3은 백1로 실패한다. 흑1로 a도 백b로 2집 손해이다.

### 흑 후수
흑1로 뛰어들면 백2, 4로 옮음을 추궁 당한다. 백6으로 단수를 활용하여 흑의 공배를 메우고 백8로 붙여 흑9를 두어 후수로 지킬 수밖에 없다.

## 제8형 백번

(1017)

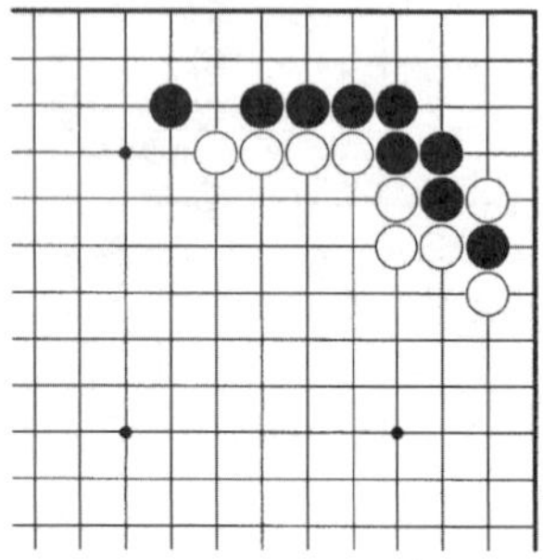

解

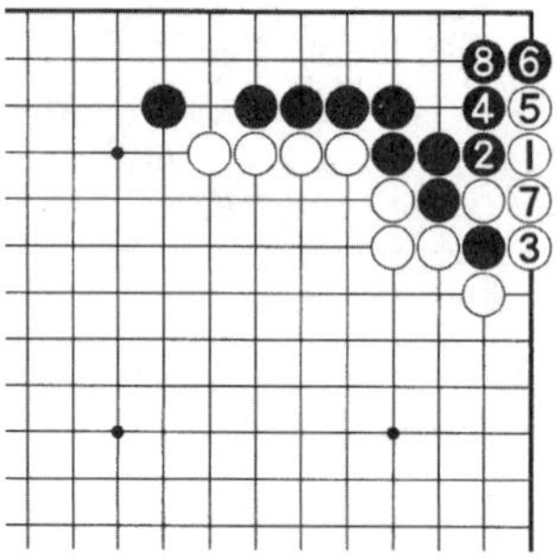

变

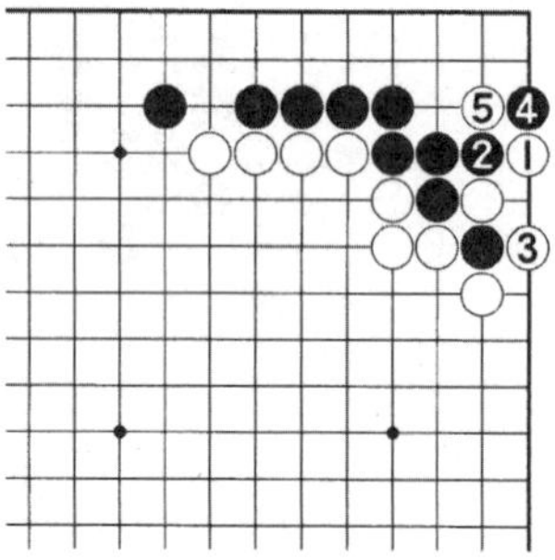

### 패 함축
끝내기 문제.
우상귀 흑집에 끝내기는 1수로 정해져있지만 패를 포함한 힘을 내는 수가 있다.

### 맥
백의 입구자가 맥이다. 흑2에 백3으로 따낸 뒤에 흑4로 물러나면 백5, 7로 끝내기 한다. 백1로 2에 미는 것보다 2집 이득이다.

### 꽃놀이 패
흑2, 4로 막으면 팻감 우열에 따라 백5로 끊어 패싸움이 난다. 흑의 피해가 큰 꽃놀이패이다.

## 제9형 흑번

(1018)

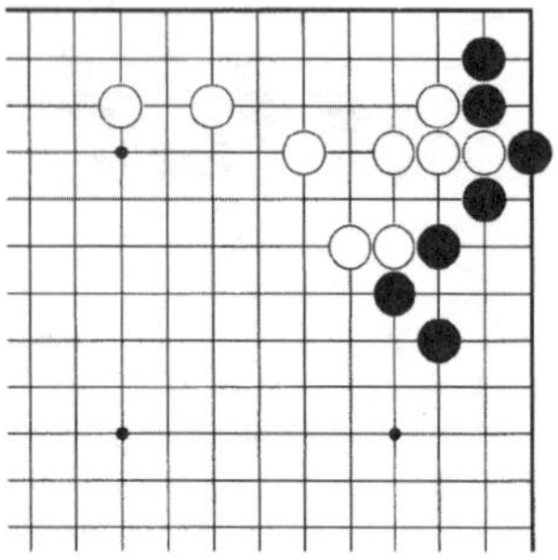

解

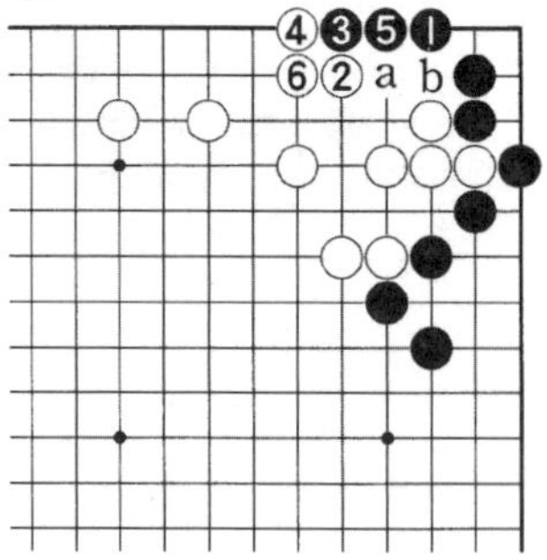

失

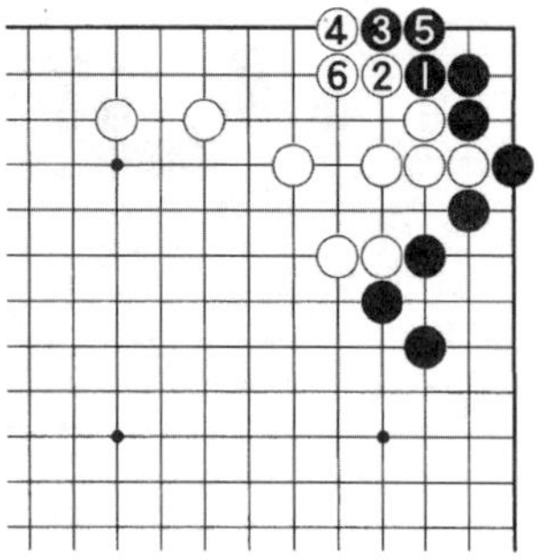

### 끝내기 방법
흑은 상변의 백집을 어떻게 끝내야 할까? 끝내기 방법에 따라 2집 차이가 난다.

### 선수끝내기
흑1의 입구자가 맥이다. 백2로 받지 않으면 더 뚫려 피해가 커진다. 흑3부터 백6까지 흑은 선수이다. 이후 백a, 흑b가 된다.

### 2집 손해
흑1로 구부리면 백2 이후 흑3, 5로 젖혀서 잇는 선수 끝내기이지만 흑은 손해이다. 백6으로 받아 백집은 정해도보다 2집이 많다.

(1019)

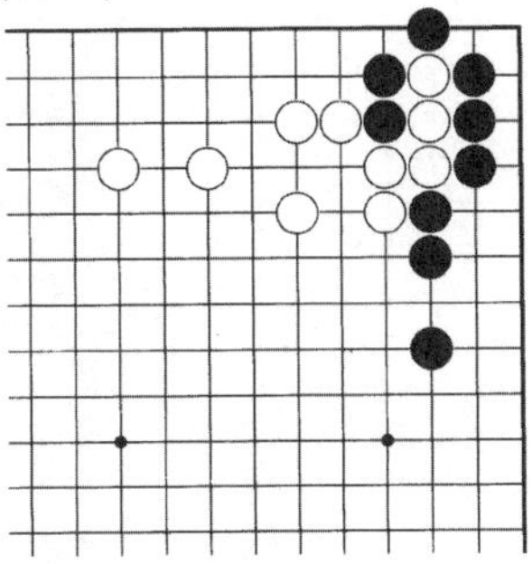

解

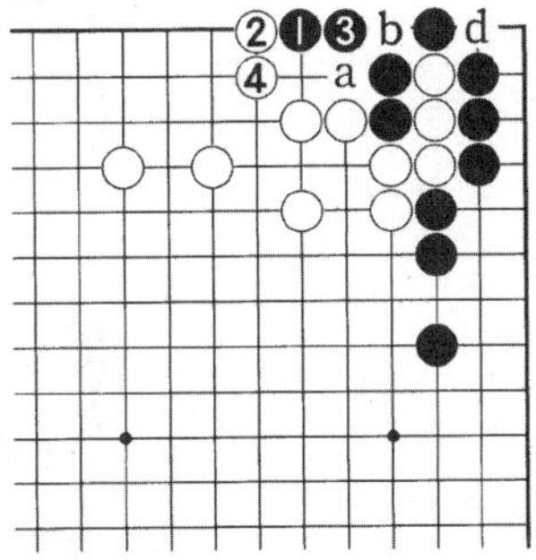


失

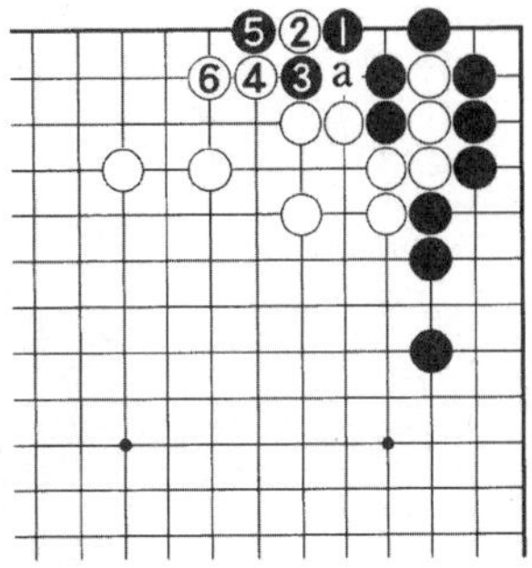


**제10형 흑번**

### 출구

상변의 끝내기 문제.
왼쪽의 흑 2점이 단수당하기 쉬운 모양이기 때문에 흑의 출구가 금방 막힐 것처럼 보인다.

### 선수끝내기

흑1이 선수로 처리하는 좋은 끝내기이다. 백은 2로 받는 게 최선이고 백이 먼저 두어서 백a, 흑b, 백3, 흑d로 당하는 것이랑 4집 차이가 난다.

### 흑 후수

흑1 마늘모는 백2~6으로 처리해서 흑이 손해다. 다음 백이 a로 두는 수가 있기 때문에 흑은 후수로 한 번 더 받아야 한다.

(1020)

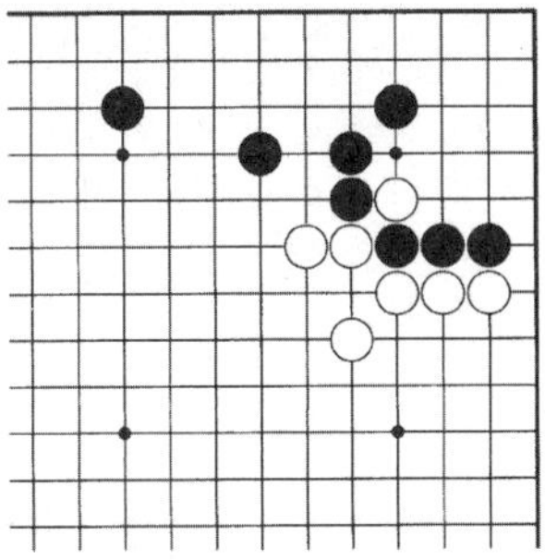

解

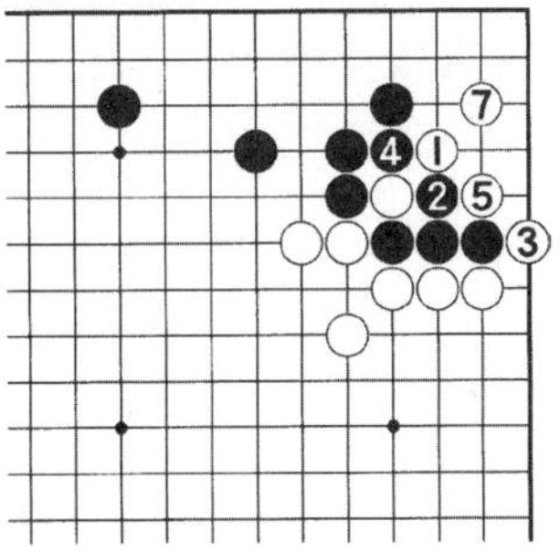


失

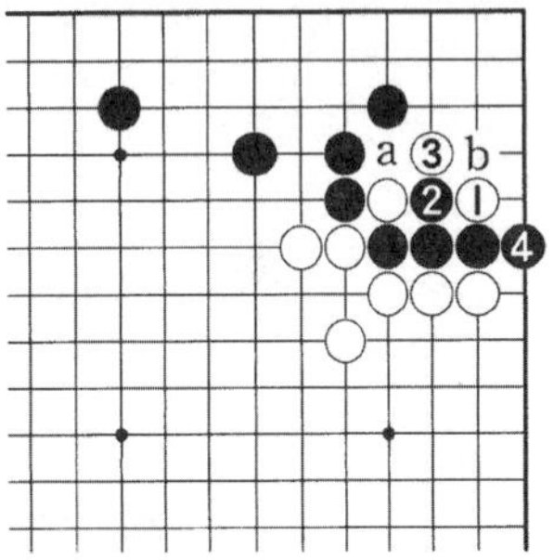


**제11형 백번**

### 첫 수

끝내기 문제.
우상의 흑집은 백 1점을 움직여서 크게 도려낼 수 있다. 백의 첫 수가 상용의 맥이다.

### 격감

백1의 입구자가 좋은 수이다. 백 3점을 살리려면 흑2로 단수를 쳐야 한다. 백3, 5로 조이고 7로 귀의 흑집이 크게 깎인다.
※❻→❹의 아래

### 틀린 맥

백1의 붙임은 틀린 맥이며 악수이다. 흑2, 백3 이후에 흑은 4로 내려서 저항한다. 백a는 흑b. 백3으로 4는 흑3으로 늘어 충분하지 않다.

(1021)

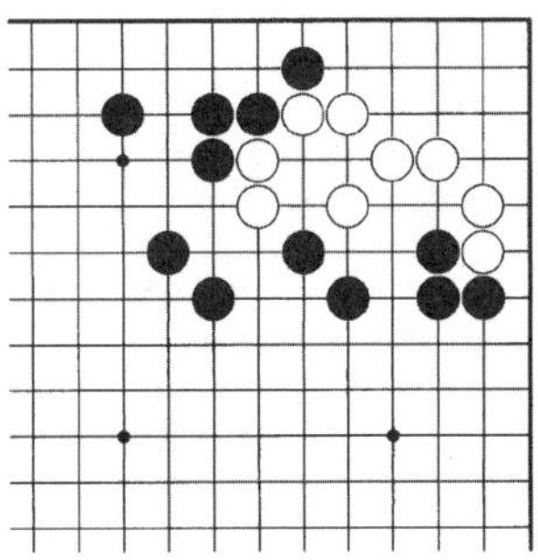

解

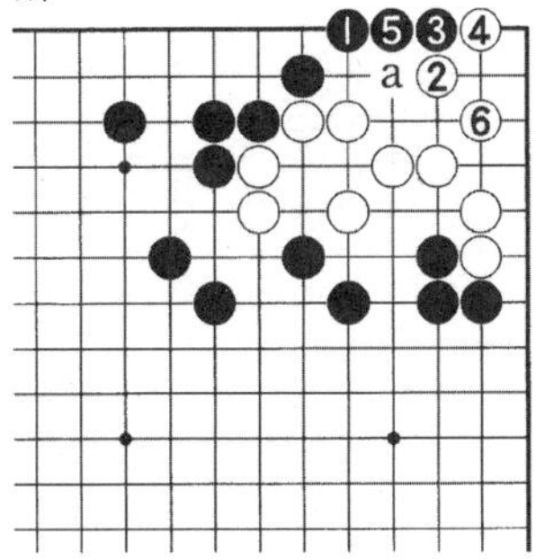


失

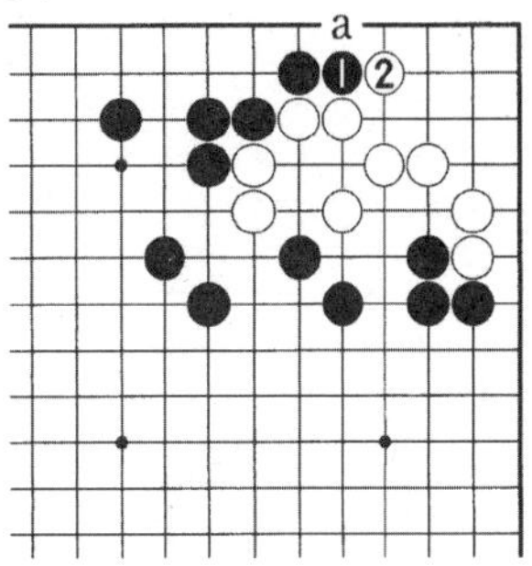


**제12형 흑번**

### 줄이다

끝내기 문제.
귀의 백집을 몇 집으로 줄일 수 있을까? 10집까지 줄일 수 있다면 흑의 성공이다.

### 맥

흑1의 입구자가 맥이다. 백2로 받고 4, 6으로 막을 수밖에 없다. 백은 10집이다. 백2로 5는 흑a. 또 백2로 a는 흑5로 역시 백이 손해를 본다.

### 3집 손해

흑1로 밀면 백2로 막아서 그만이다. 이후에는 백a가 선수이며 백집은 13집이 된다. 정해도와 3집 차이가 난다.

(1022)

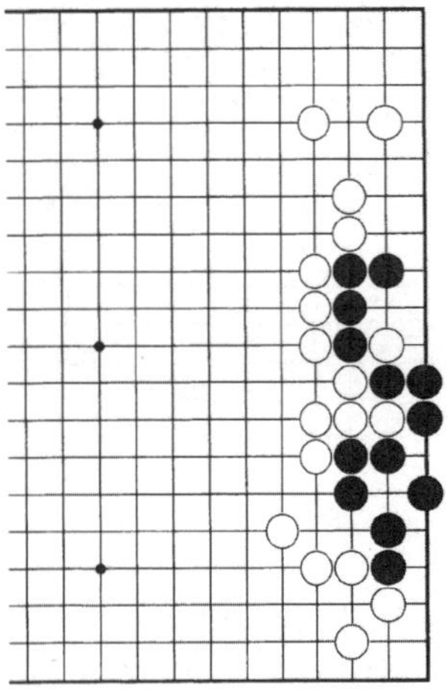

解

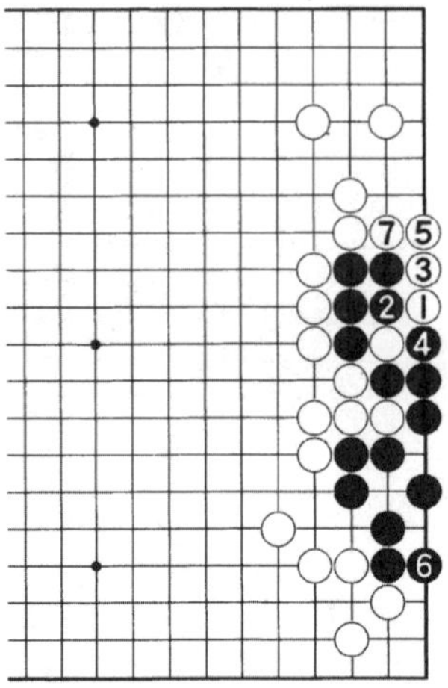

变

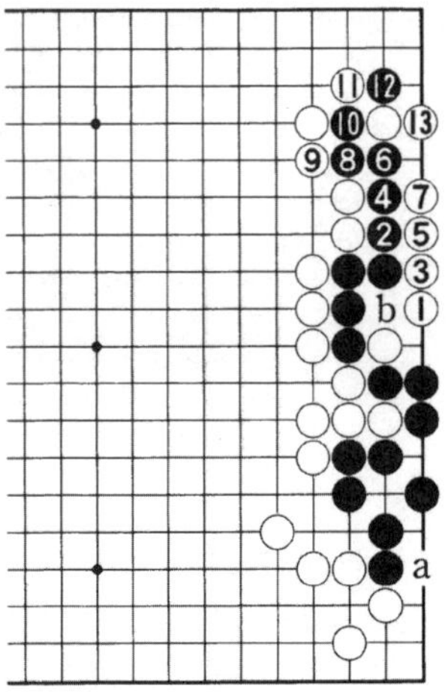

제13형 백번

## 돌을 잡다

끝내기 문제.
우변의 흑집을 줄이는 것보다 위쪽의 흑 4점을 잡고 흑집을 백집으로 바꾸는 것이 목적이다.

## 촉촉수

백1의 입구자가 좋은 수이다. 흑2로 3은 백7로 흑은 둘수 있는 수가 없다. 흑2 이후 백3으로 조여서 위쪽의 5점은 옥집이 된다. 흑6으로 살면 백7로 흑 5점을 촉촉수로 잡는다.

## 흑 무리

흑2로 저항하는 변화. 백3이 냉엄하다. 흑4부터 12로 바깥의 약점을 노려도 백13으로 우상의 흑 10점이 잡힌다. 흑a로 살아야 하지만 후수이다. 백3으로 4는 흑b로 백이 실패한다.

(1023)

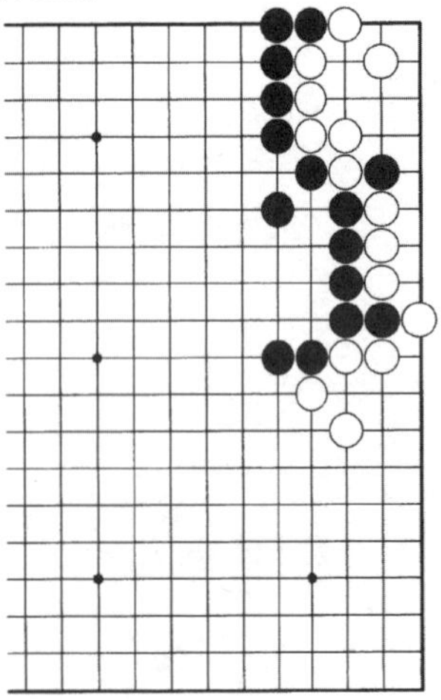

解

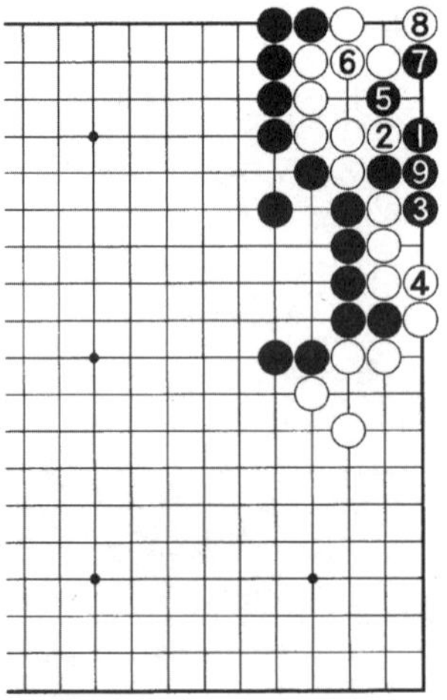

变

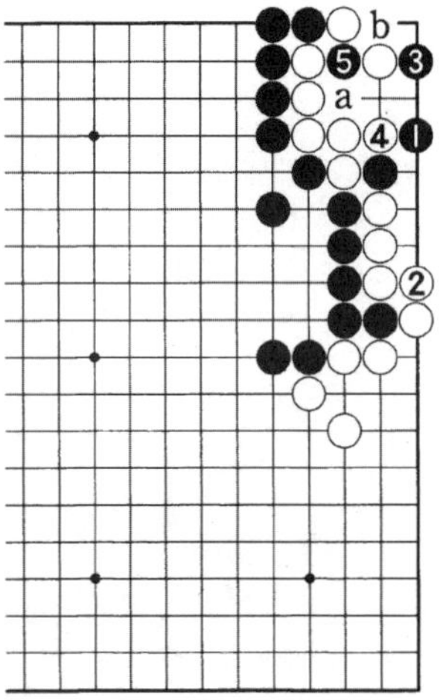

제14형 흑번

## 1선의 탄력

우변의 끝내기 문제.
백집 안에 남아 있는 흑 1점을 이용하여 백집을 줄일 수 있다. 변 제1선의 탄력이 빛을 발한다.

## 큰 패

흑1의 입구자가 우변에 탄력을 만드는 맥이다. 백2의 단수에 흑3으로 젖혀 4의 환격을 노린다. 백4로 받으면 흑5부터 9로 이어 큰 패가 난다.

## 흑3이 좋은 수

백2로 이으면 흑3으로 붙이는 수가 좋다. 백4로 잡을 때 흑5로 먹여쳐서 백a, 흑b으로 패가 난다. 백은 이게 최선이다.

# 입구자붙임(마늘모붙임)

입구자는 돌을 연결하는 모양으로 탄력이 생긴다. 그리고 입구자로 상대의 돌에 접촉하면 상대를 공격하고 자신을 지킨다.

흑1의 입구자 붙임은 백 3점의 자충을 추궁하는 맥이다. 백은 환격을 방지하면 포고송이가 되어 수상전에서 진다. 흑1의 입구자 붙임 외에는 반대로 흑이 잡힌다.

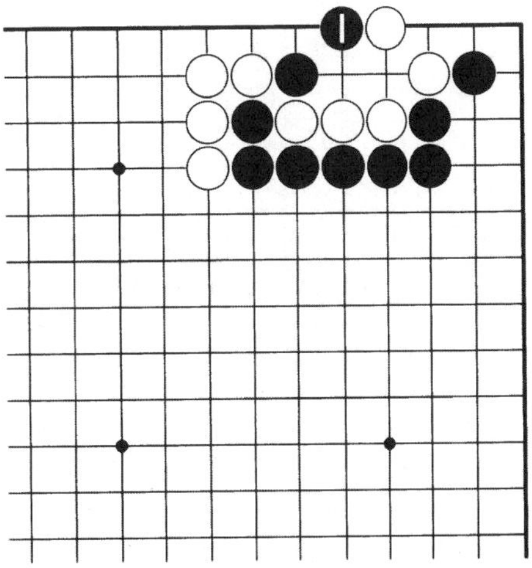



제1형 백번

(1024)

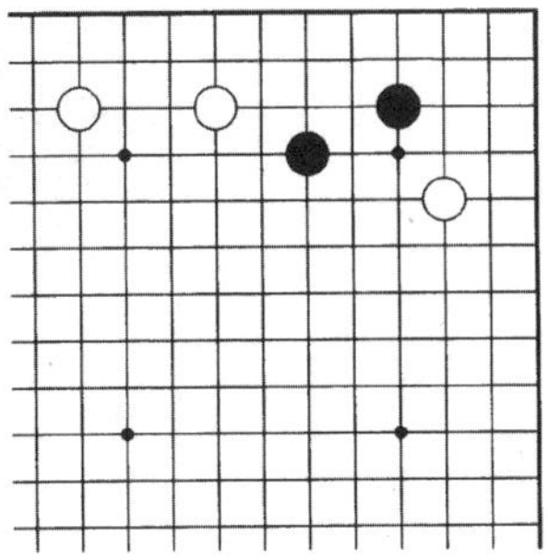

### 공격

날일자로 걸친 정석에서의 변화이다. 우상의 흑을 공격하는 유력한 수는 어디일까? 상변의 백을 이용하여 모양을 만들고 싶다.

解

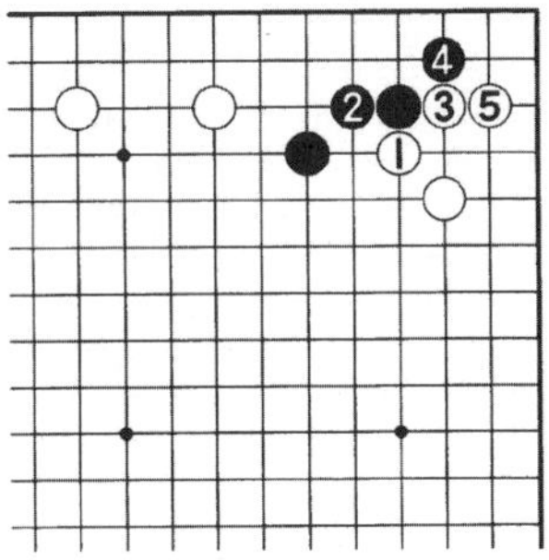

### 흑 고전

백1의 입구자 붙임이 냉엄하다. 흑2로 당기면 백3, 5로 귀를 빼앗아 흑을 중앙으로 쫓아낸다. 상변의 백이 강해서 흑이 고전한다.

失

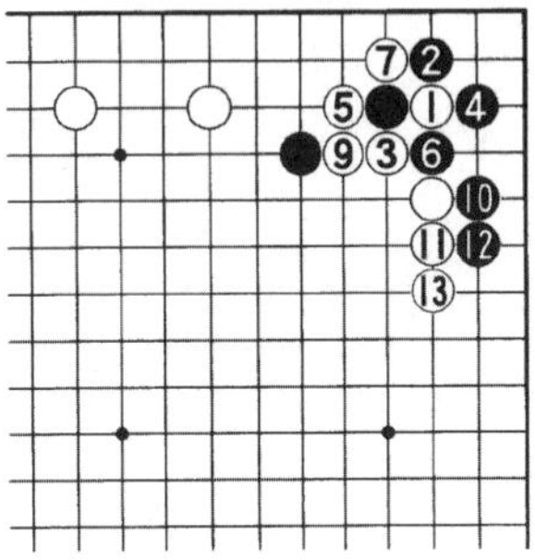

### 백 불만

백1로 붙이고 3으로 호구치는 모양은 흑4로 단수쳐 귀의 주인이 바뀐다. 백9 이후 흑10으로 선수로 귀를 파헤쳐서 정해도보다 백이 불만인 모양이다. ※❽→①

제2형 흑번

(1025)

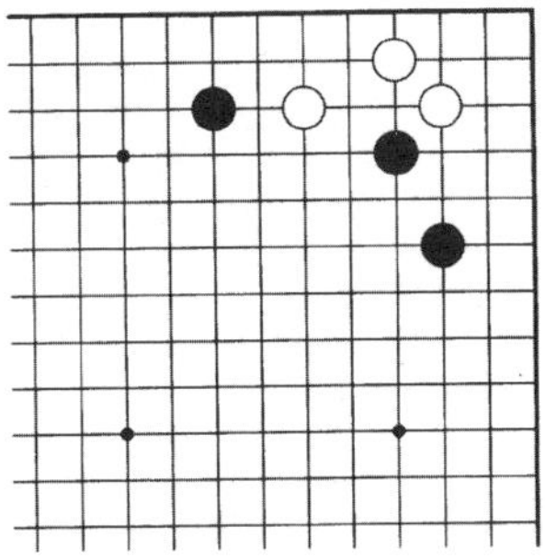

### 중앙을 두다

화점 정석.
백이 3·3에 들어가면 흑이 상변 모양을 결정짓지만 중앙에 세력을 만들어야 한다.

解

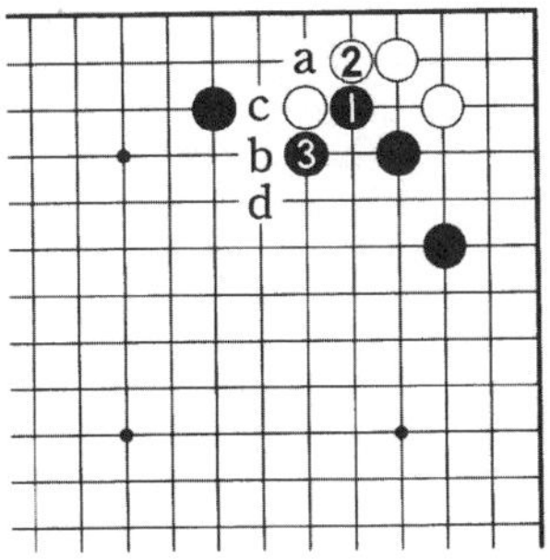


### 두터움

흑1의 입구자 붙임으로 선수하고 백2, 흑3으로 막아 중앙이 두터워진다. 이후 백a는 흑b. 백a로 b 라면 흑c, 백a 흑d로 축.

失

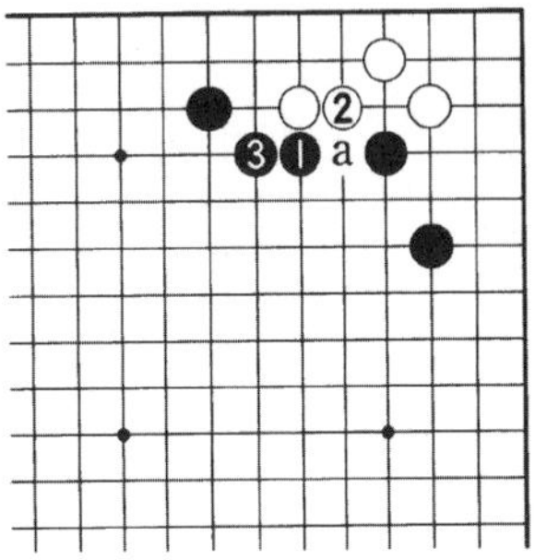


### 엷음

흑1의 붙임도 중앙을 중시한 수지만 백2로 늘어 흑의 모양이 엷다. 흑3으로 늘어도 백a로 나가 끊는 수가 있고 흑3으로 a는 백3을 노린다.

제3형 흑번

(1026)

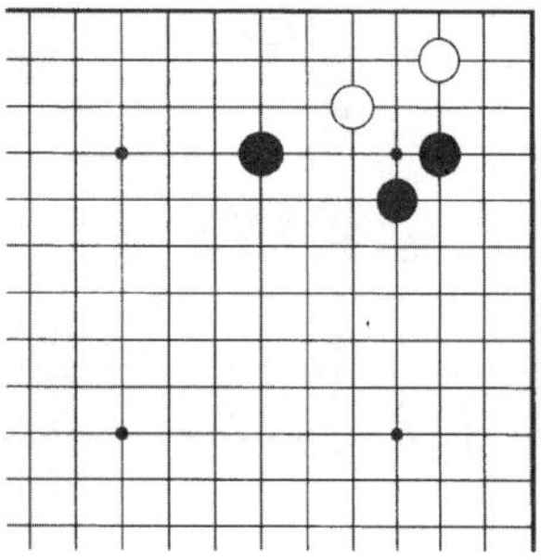

## 결정짓다

날일자 걸침에 나오는 정석의 변화이다. 백은 귀를 파고든 장면이지만 흑은 모양을 결정지어 백을 확실하게 가두어 버리고 싶다.

解

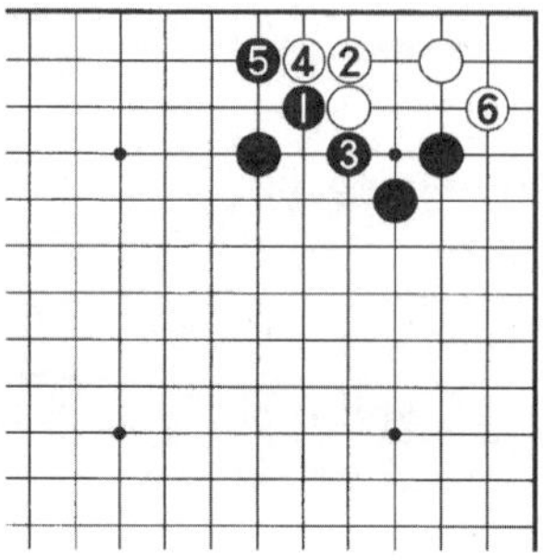

## 바깥이 두텁다

흑1의 입구자 붙임이 냉엄한 맥이다. 백2로 뻗으면 흑3으로 막아 바깥의 모양이 두터워진다. 백은 괴롭지만 귀에서 백6으로 살 수밖에 없다.

変

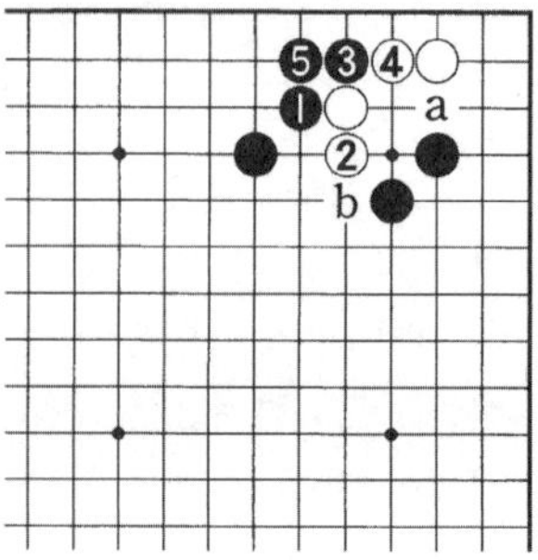

## 모양을 부수다

백2로 뻗어서 중앙으로 나가려고 하면 흑3, 5로 젖혀이어 백의 모양을 무너뜨린다. 백a는 흑b. 귀에서 살아도 백이 불리한 나뉨이다.

제4형 흑번

(1027)

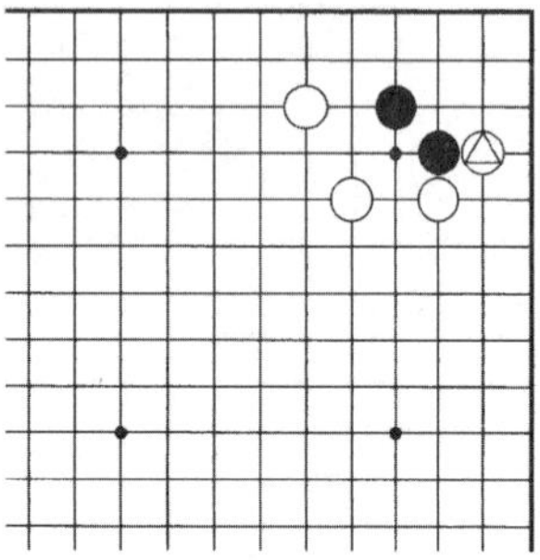

## 찬스

귀의 흑 2점을 백이 △로 젖혀 몰아붙인 장면이지만 백 모양에 결함이 늘어났기 때문에 흑에게 반격할 기회가 온 셈이나 마찬가지이다.

解

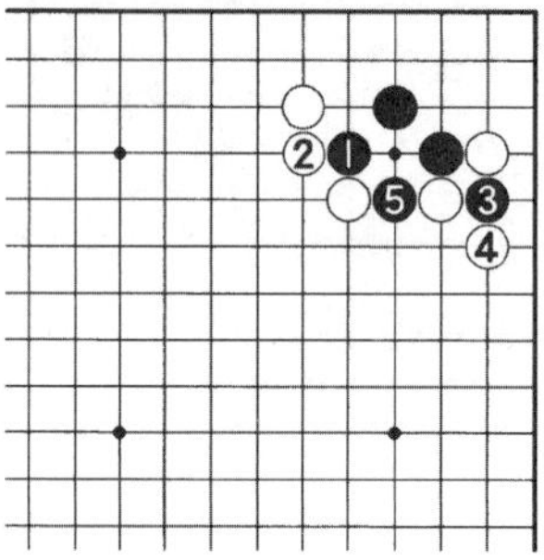

## 깨다

흑1의 입구자 붙임이 냉엄한 노림수이다. 백2로 막지만 다음 흑3이 강렬한 수로 백4로 잡으면 흑5로 단수쳐 백의 포위망이 무너진다.

失

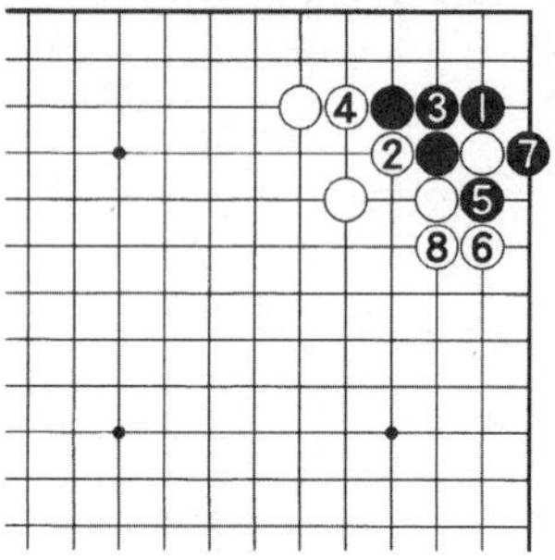

## 백 두터움

흑1로 받으면 백2, 4로 결정되어 버려 재미 없다. 흑5, 7을 두지 않으면 백5로 이어 귀는 그냥은 지나칠 수 없는 모양이다. 백8까지 백이 두텁다.

제5형 흑번

(1028)

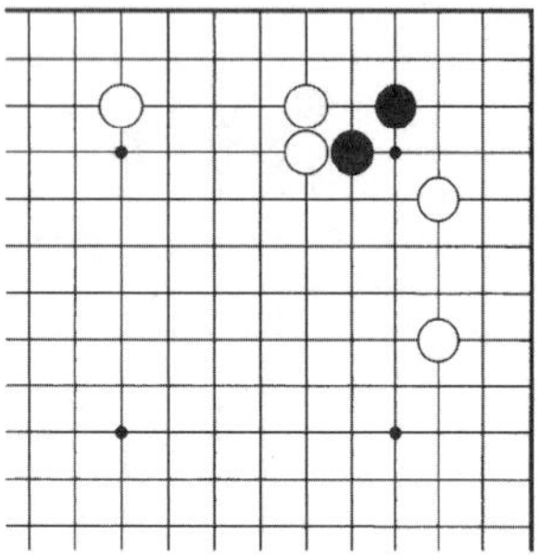

## 받기

날일자로 걸친 정석이다.
우상귀의 흑을 수습하기 위해서는 빠뜨릴 수 없는 수가 있다. 상변의 백이 강하기 때문에 싸우는 것은 불리하다.

解

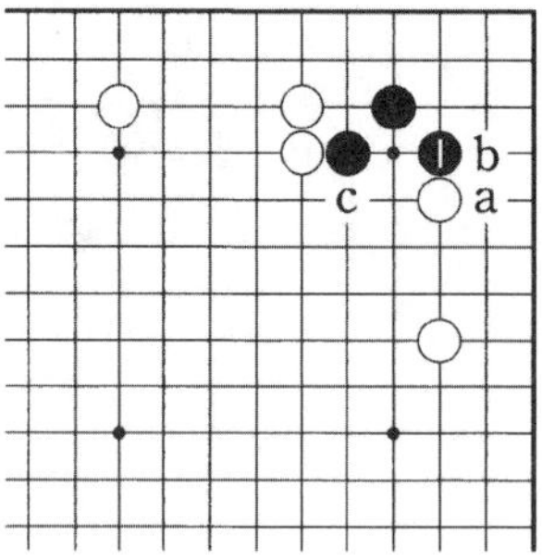

## 지키는 모양

흑1의 입구자 붙임이 지키는 모양이다. 백a라면 흑b로 받아 귀에서 사는 모양이다. 흑1에 백c로 봉쇄하면 흑a로 젖혀 집을 넓히면 된다.

失

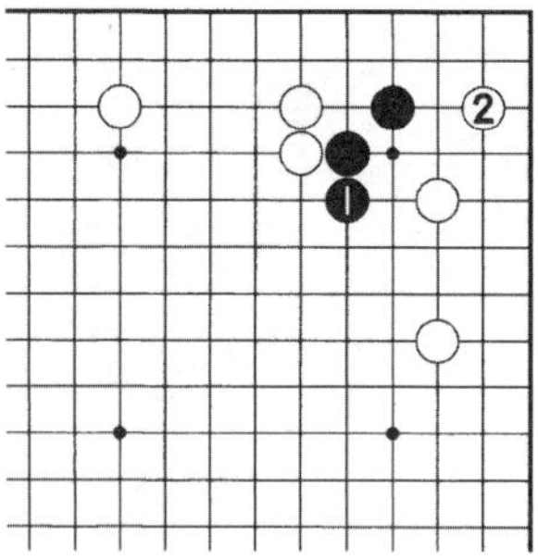

## 흑 불리

흑1로 중앙에 나가는 것은 부주의한 수이다. 백2로 미끄러져 흑은 근거가 없어졌다. 상변 백도 강력해서 흑은 뜬 돌로 불리한 싸움이 된다.

(1029)

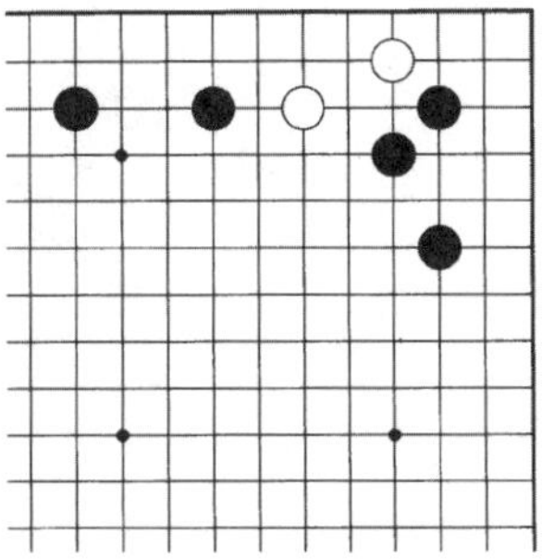

제6형 백번

## 괴롭다

귀의 전투.
날일자로 미끄러진 백 2점이 중앙으로 도망칠 뿐이라면 괴로워진다. 집을 만들면서 도망치는 모양을 만들고 싶다.

解

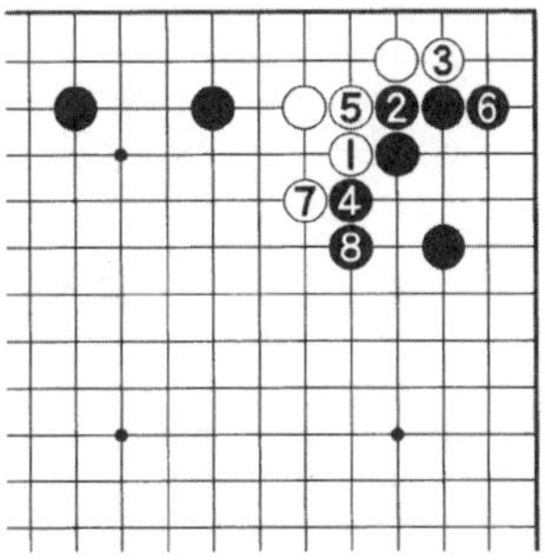

## 백 좋은 모양

백1의 입구자 붙임이 안형을 만드는 맥이다. 흑2로 눈을 없애면 백3으로 밀어 흑의 자충의 위험이 생기고 백5의 막음이 선수이다. 백7로 젖혀 좋은 모양이다.

变

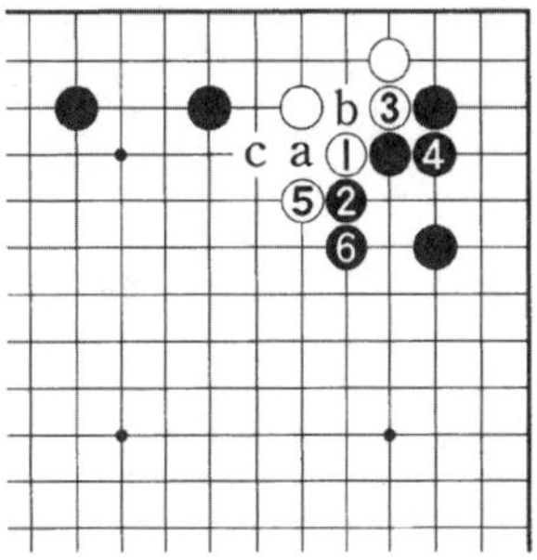

## 사는 모양

흑2로 단순히 젖히면 백3으로 찝어 안형을 만든다. 흑4는 백5로 젖혀 사는 모양이다. 흑4로 a는 백b, 흑4 이후 백c.

(1030)

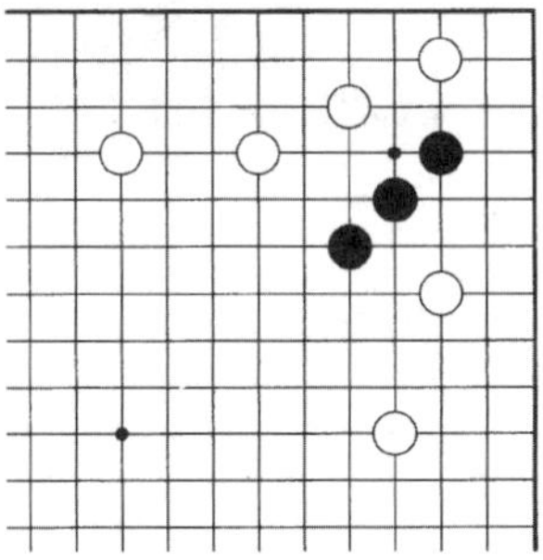

제7형 흑번

## 살리는 방법

우상의 흑 3점을 수습하는 모양으로 만들고 싶다. 흑은 중앙으로 도망쳐도 백의 세력 때문에 고통스럽다. 우변만으로 사는 것을 그려본다.

解

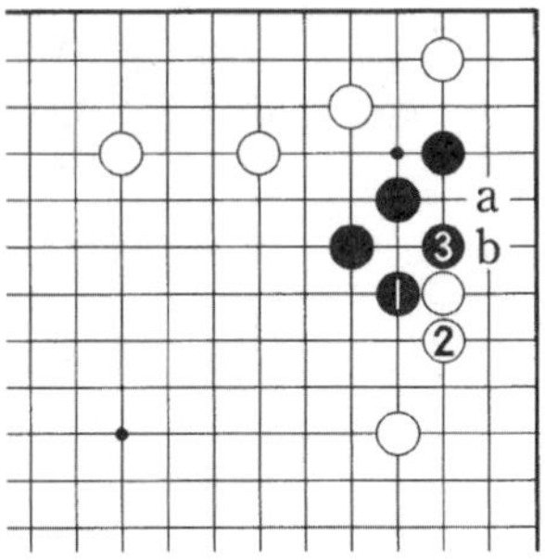

## 안형 풍부

흑1의 입구자 붙임이 급소이다. 백2로 늘면 흑3으로 막아 안형이 풍부해진다. 이후 백a로 공격해도 흑b로 백은 무리이다.

变

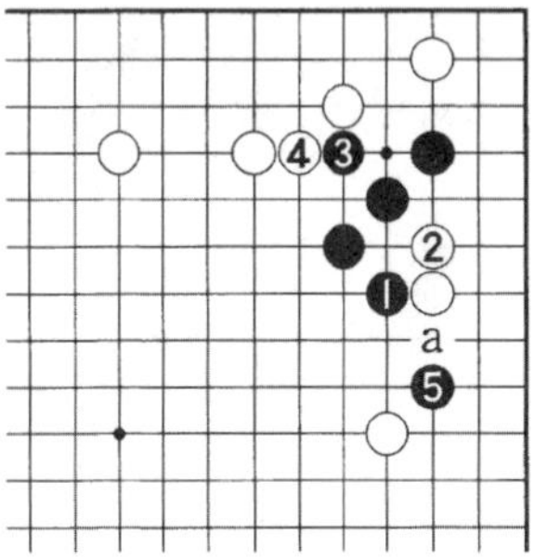

## 흑 유리

백2로 뻗어 흑의 근거를 빼앗으려는 것은 무리이다. 흑3의 입구자 붙임을 활용하여 바깥을 굳히고 5로 백을 공격해서 흑이 유리하다. 흑5로 a는 백5.

(1031)

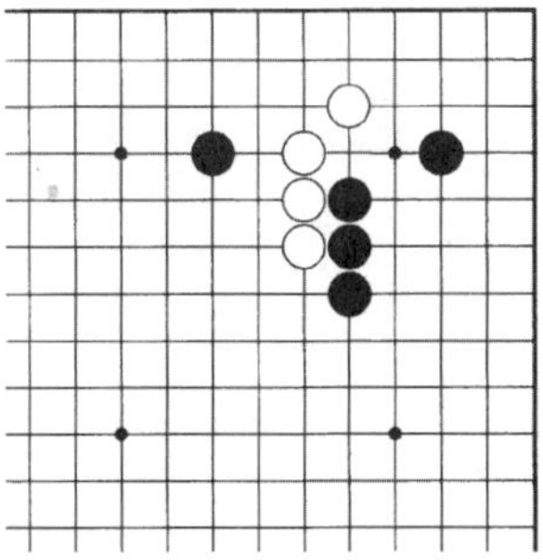

제8형 백번

## 근거

2칸 높은 협공 정석의 변화이다. 백은 확실한 근거를 만들어 반격하는 모양을 만들지 않으면 안 된다.

解

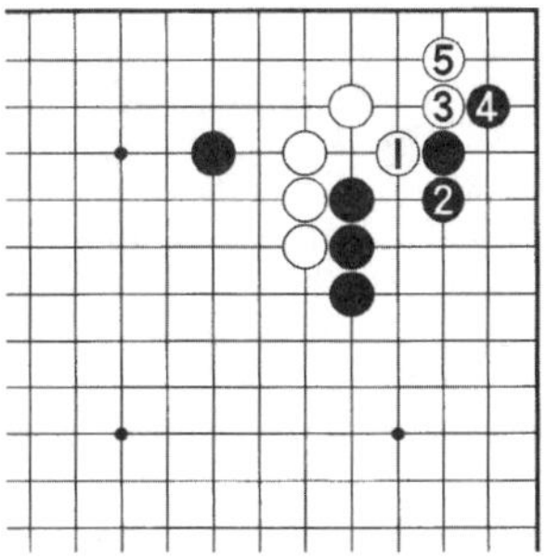

## 정석

백1의 입구자 붙임으로 흑의 모양을 무너뜨리고 귀를 굳힌다. 흑2로 물러나면 백3, 5로 귀를 지켜 근거를 만들어 상변에 있는 흑1점의 반격을 노린다.

失

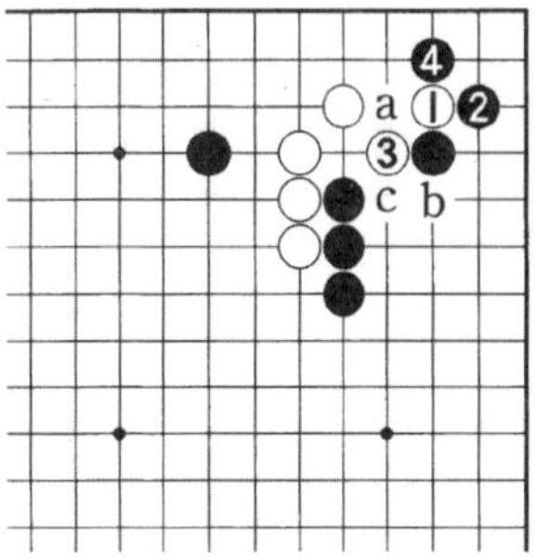

## 백 불리

백1로 먼저 붙이면 흑2로 젖히고 백3에 흑4로 단수쳐 백은 곤란해진다. 백a는 흑b로 백이 불리. 백c는 흑a로 흑이 유리하다.

**제9형 흑번**

(1032)

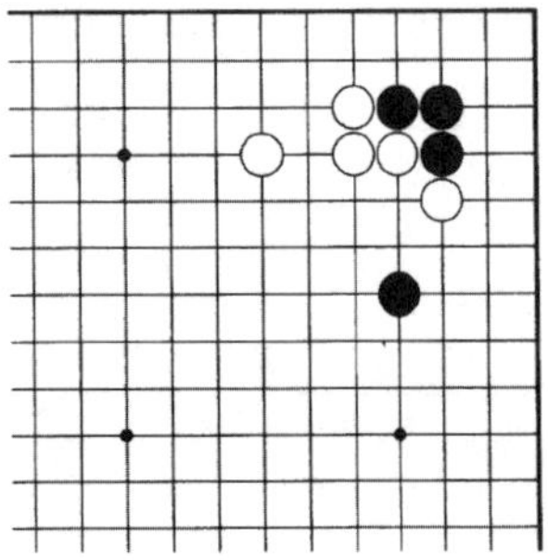

### 중앙에 나가다

우상귀의 흑 3점을 백이 바깥에서 막은 모양이다. 흑은 우변 1점을 이용하여 귀에서 중앙으로 연결하면서 진출한다.

解

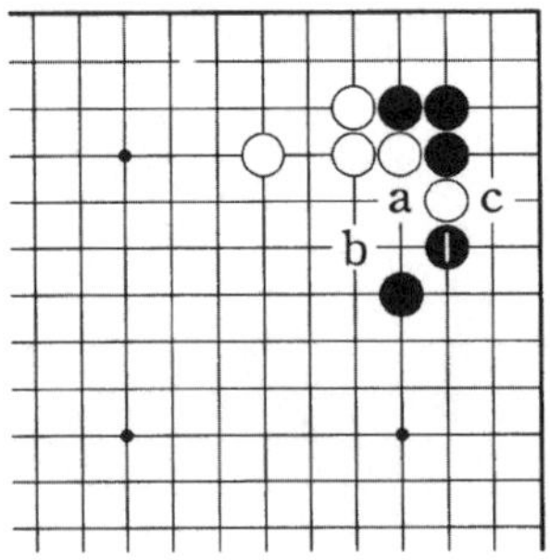

### 건넘

흑1의 입구자 붙임이 맥이다. 백은 우변에의 진출을 막기 위해 a 또는 b로 둘 수밖에 없다. 흑c로 건너 우상의 흑집을 넓힌다.

失

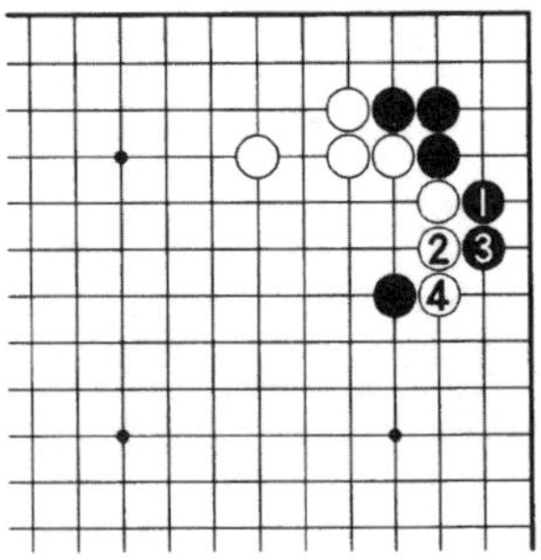

### 흑 실패

흑1로 젖혀서 받는 것은 백2로 나가서 매우 나쁘다. 흑3, 백4로 중앙 흑 1점을 끊어 흑은 2선의 집, 백은 중앙에 대세력을 얻게 된다.

**제10형 흑번**

(1033)

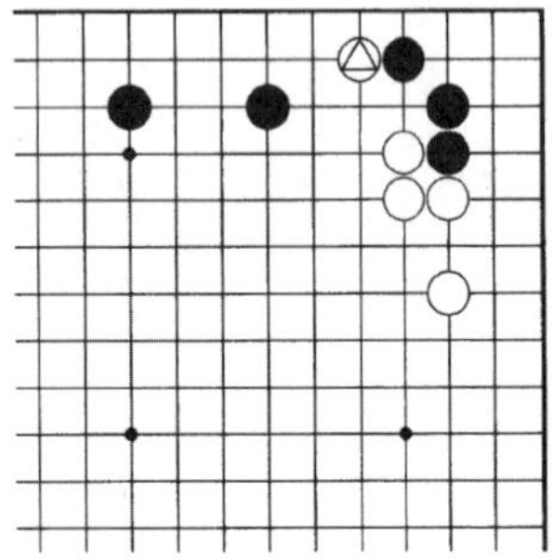

### 연결

우상귀는 화점 정석의 변화이다. 백△로 붙였으나 귀에 침입한 흑과 상변으로 벌린 흑을 확실히 연결하고 싶다.

解

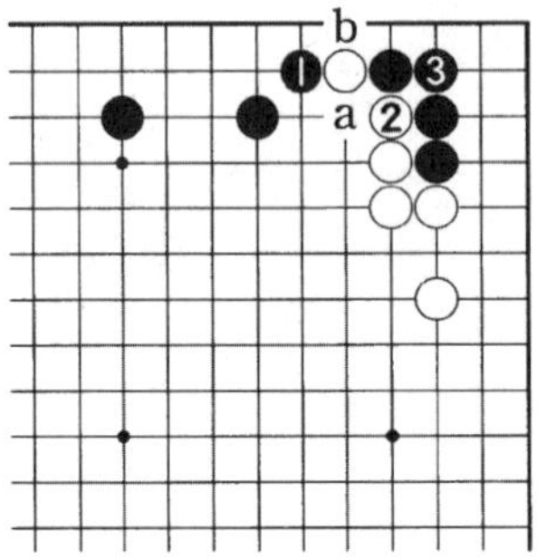

### 건넘

흑1의 입구자 붙임이 맥이다. 백2로 젖어도 흑3으로 냉정하게 잇는 수가 좋은 수이다. 흑은 a와 b를 맞보기로 하여 맛이 좋게 건너간다.

失

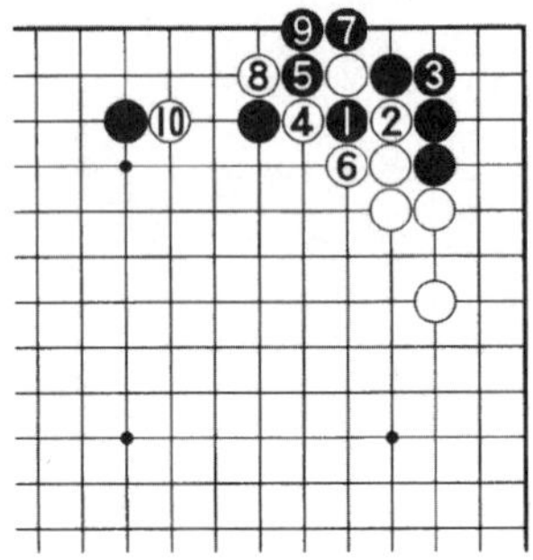

### 맛이 나쁘다

흑1로 젖혀서나오면 백2, 흑3 이후 백4로 1점을 잡혀 흑은 맛이 나쁜 모양이 된다. 백8, 10으로 상변의 흑 1점이 끊긴다.

**제11형 흑번**

(1034)

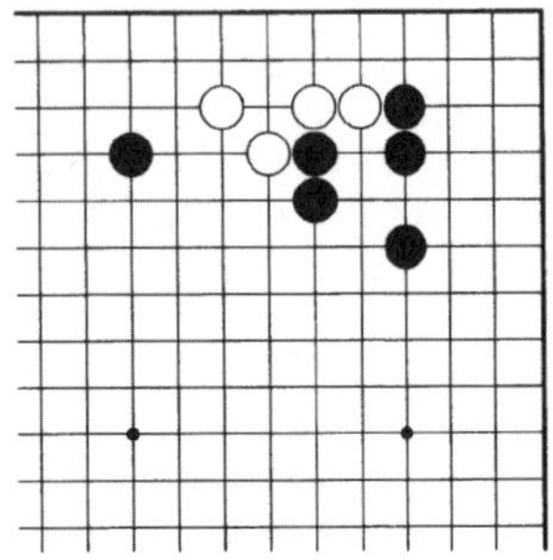

### 공격

우상은 붙여 뻗기 정석으로 접바둑에 자주 나오는 모양이다. 흑은 상변의 세력을 움직여서 백을 몰아붙이고 싶다.

解

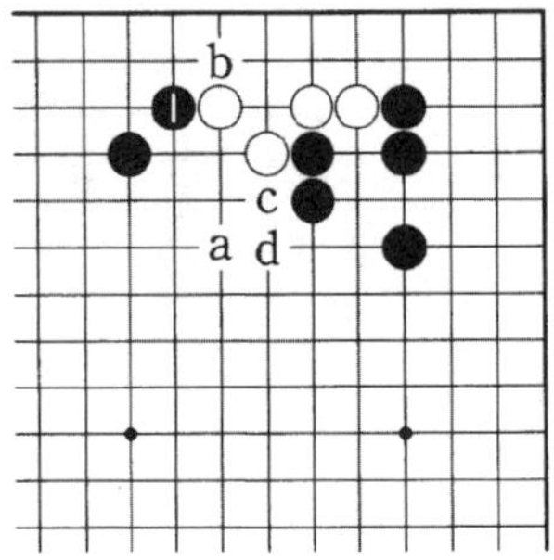

### 근거 빼앗기

흑1의 입구자 붙임이 냉엄하다. 백의 근거를 빼앗아 중앙으로 몰아내고 있다. 백a는 흑b로 백이 응수가 곤란하다. 또 백c라면 흑d로 젖힌다.

失

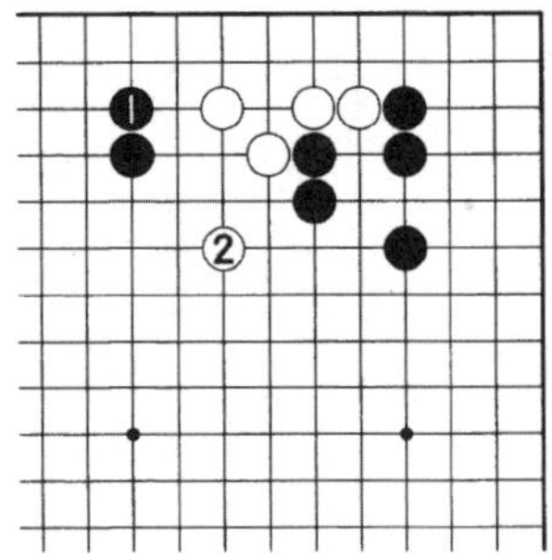

### 백의 여유

흑1의 뻗음도 좋은 수이지만 백의 근거를 빼앗는 의미는 조금 느슨하다. 백2로 날일자로 도망가는 여유가 있어서 백도 싸우는 모양이다.

제12형 흑번

(1035)

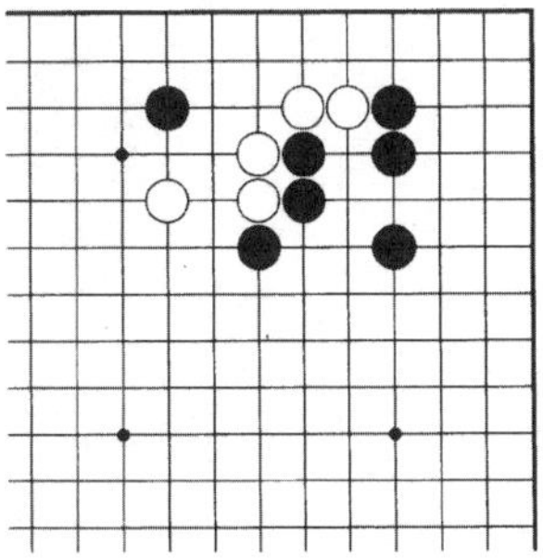

## 결함

상변의 전투.
중앙으로 도망쳐 나온 백의 모양이 엷다. 흑은 백의 결함을 추궁하여 통쾌한 한 방을 때리고 싶다. 이 문제는(597) 문제와 동일하지만 다른 맥점도 있다.

解

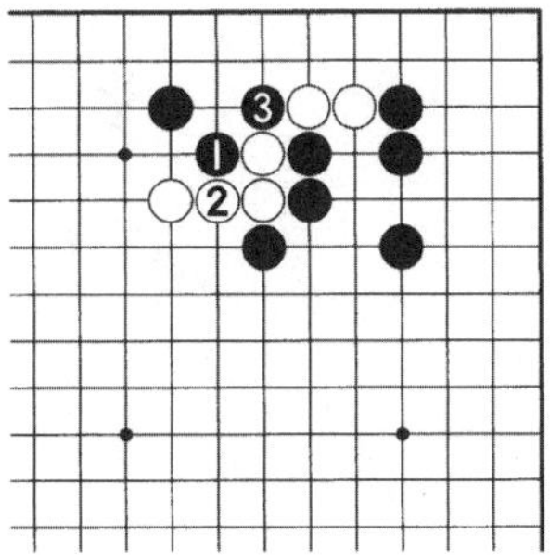

## 맥

흑1로 입구자 붙인 수가 날카로운 맥이다. 백2로 이으면 흑3으로 끊어 상변의 백 2점을 잡는다. 중앙 백은 근거를 잃어 크게 손해를 봤다.

变

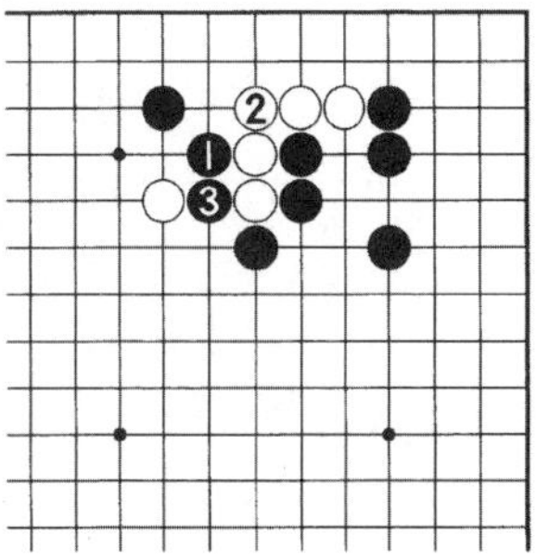

## 백 망한 모양

백2로 이으면 흑3으로 뚫고나와 백이 괴롭다. 중앙의 백 1점을 분리시키면 상변의 백은 무조건은 살 수 없기 때문에 거의 망한 모양이다.

제13형 흑번

(1036)

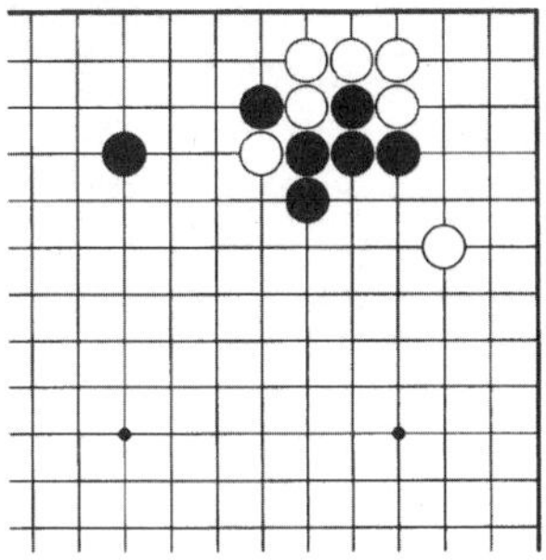

## 건넘 방지

화점 정석의 변화이다.
상변의 백 1점을 공격하기보다 우상귀의 백을 건너지 못하게 막고 우변의 백을 공격하는 쪽이 더 크다.

解

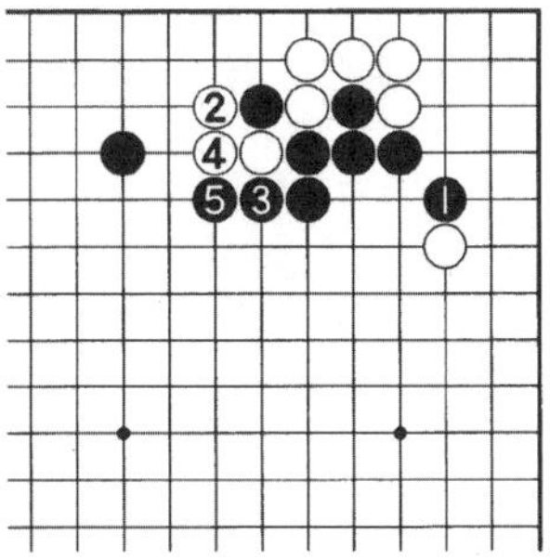

## 두터움

흑1의 입구자 붙임이 효과적인 좋은 수이다. 백2로 상변을 잡으면 흑3, 5로 밀어 중앙이 두터워져서 우상의 백 1점은 직접 움직이기 힘들다.

失

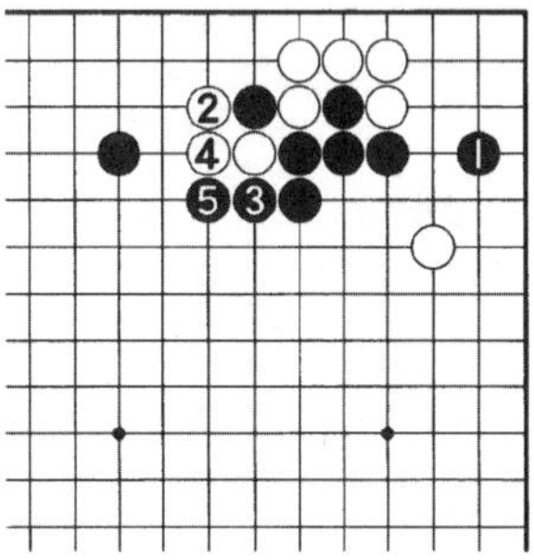

## 부족하다

흑1의 뜀은 귀에도 영향을 주며 건넘을 막을 목적이지만 우변 1점에 대한 박력이 부족하다.
귀의 집보다 우변의 공격이 더 중요하다.

제14형 흑번

(1037)

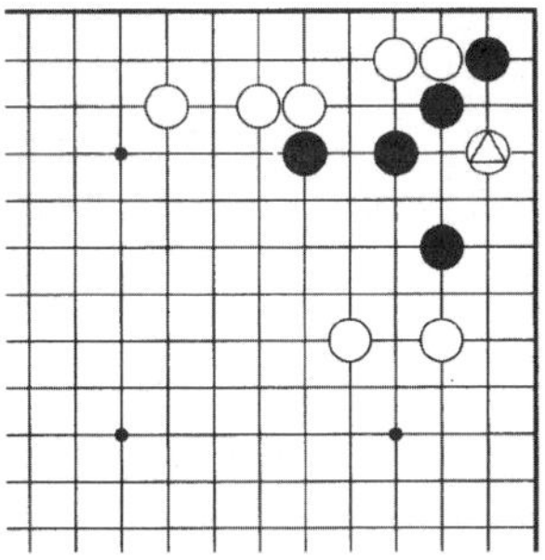

## 반격

귀에서 날일자로 받은 정석이다. 우상귀에 있는 흑의 근거를 노린 백△이 들여다본 장면이지만 이를 놓아줄 수는 없다.

解

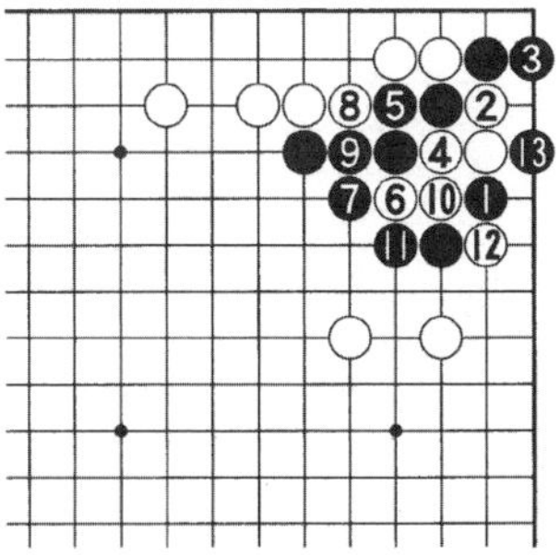

## 촉촉수

흑1의 입구자 붙임이 강력한 수이다. 백2의 끊음에 흑3 내림이 좋은 수로 백은 귀의 수상전에서 패배한다. 백4 이하의 도망은 흑13으로 촉촉수로 잡힌다.

失

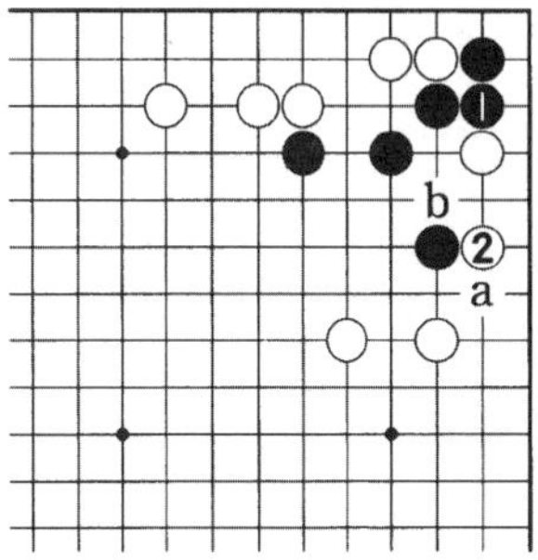


## 흑 불리

흑1의 이음은 활용당하여 좋지 않다. 백2로 붙여 우변을 건너서 흑의 근거가 없어진다. 이후 흑a는 백b로 되젖혀서 흑 무리.

(1038)

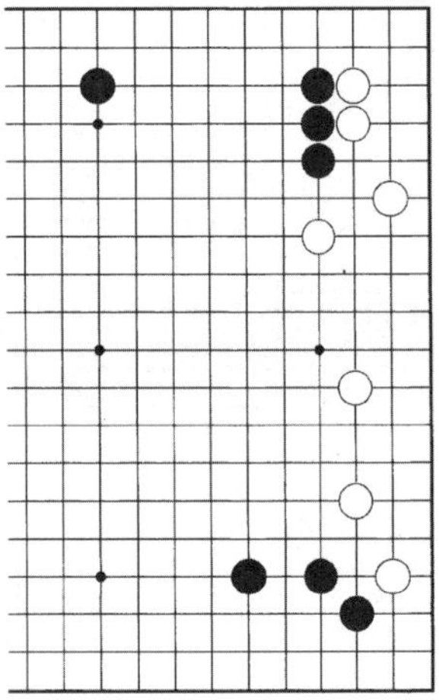

解

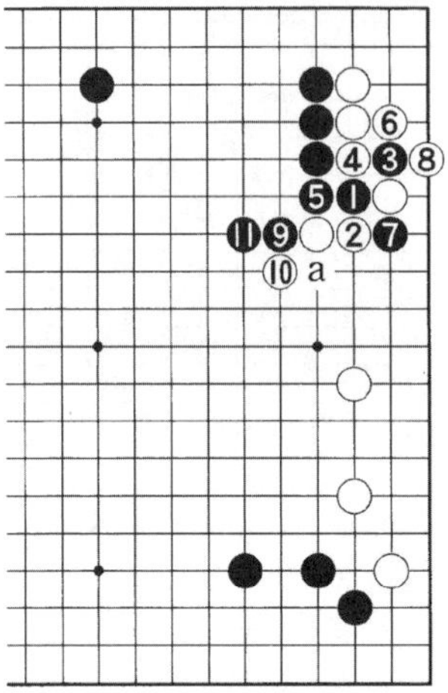

変

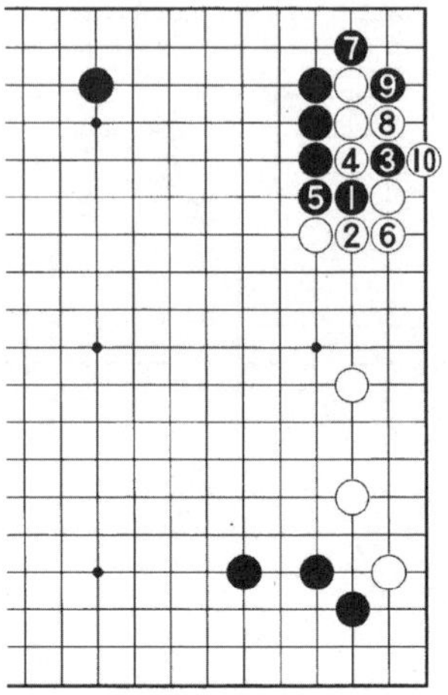

제15형 흑번

## 결정짓다

우상의 문제.

귀에서 우변으로 이어진 백집은 엷은 모양이지만 흑은 상변의 규모를 넓히기 위해 엷음을 추궁하고 싶다. 어디서부터 손을 대야 할까?

## 급소

흑1의 입구자 붙임이 급소가 된다. 백2로 막으면 흑3으로 젖히고 백4, 흑5로 바깥을 굳히고 백 모양에 약점을 낸다. 백6이면 흑7로 끊고 9, 11로 넓혀 a를 노린다.

## 흑 충분

백6으로 우변을 지키는 변화이다. 흑이 중앙 규모를 넓히는 것이 싫으면 백6은 얌전하게 받는 수이다. 흑7로 젖혀 백집을 줄이고 흑9를 활용하여 흑이 충분한 성과.

입구자붙임

건넘

(1039)

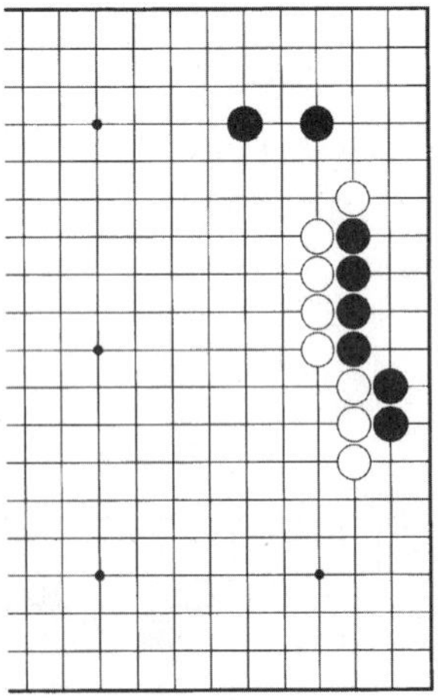

解

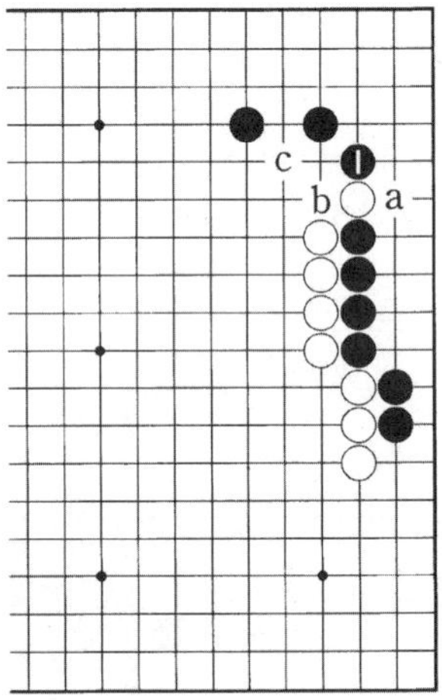

失

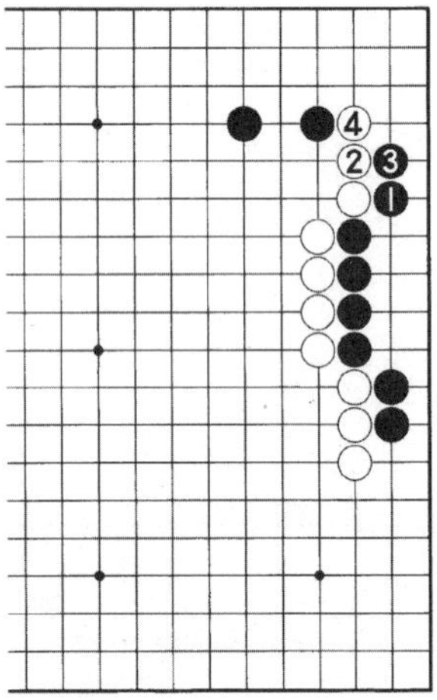

제1형 흑번

## 연결

우상의 문제.

우변의 백집을 파고들어 편하게 산 흑이지만 우상귀의 흑과 연결하면 우변에서 우상귀로 이어지는 큰 집을 얻게 된다.

## 건넘

흑1의 입구자 붙임이 냉엄한 수이다. 백 1점의 움직임을 막고 우변의 침입을 허락하지 않는다. 백a는 흑b로 끊어 백 2점을 잡아간다. 백b 또는 c에 흑은 a로 건넌다.

## 속수의 젖힘

흑1의 젖힘은 속수이다.

백2로 늘고 흑3, 백4로 계속 늘어 귀에 침입한다. 흑은 2선에서 집을 늘려도 우상귀가 다쳐 손해가 커지므로 명백하게 불리한 그림.

제2형 흑번

(1040)

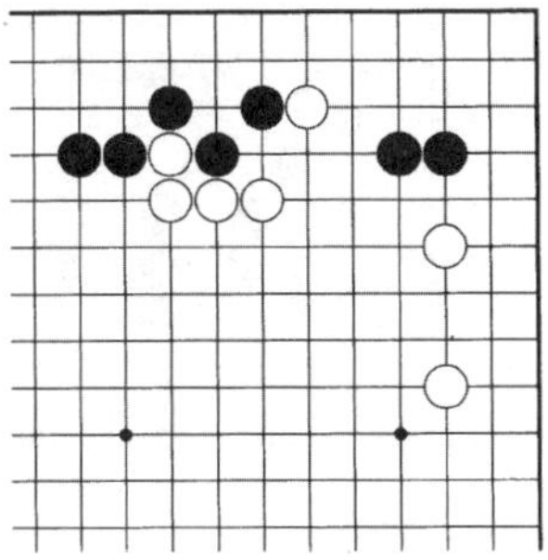

## 연결

상변에 있는 흑의 옆음을 노려 백이 날일자로 붙였다. 흑은 양쪽을 무조건 연결해야 한다.

解

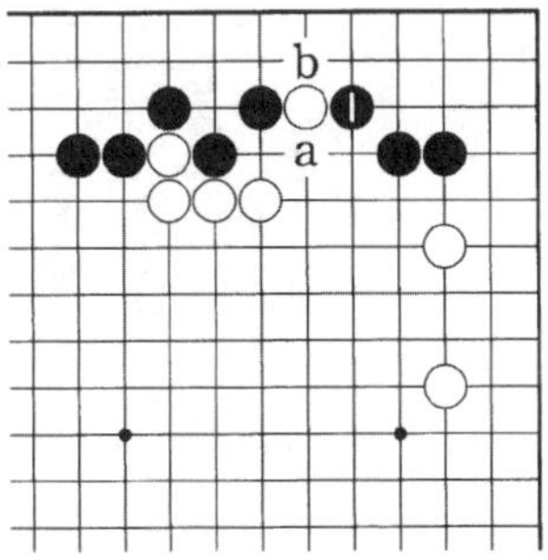


## 건넘

흑1의 입구자 붙임이 좋은 수이다. 백은 움직이기 힘든 모양이 되었다. 백a는 흑b로 건넌다. 백b로 나가도 흑a로 잡는다.

失

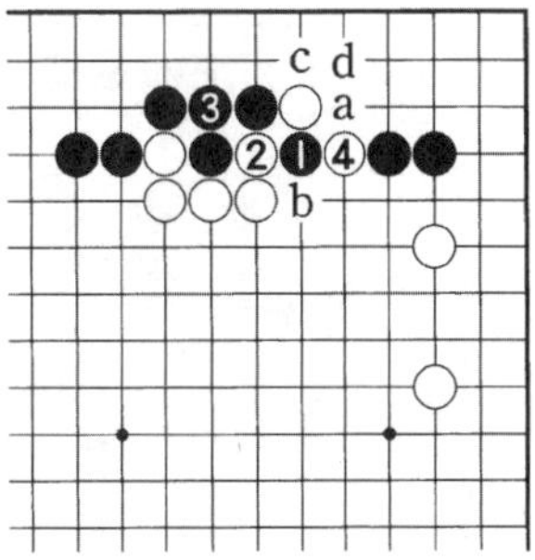


## 패는 실패

흑1로 젖히면 백2의 단수와 4로 잡아서 그냥은 건너갈 수 없다.
이후 흑a는 백b, 흑c, 백d의 패가 남아있다.

입구자붙임 살리기

제1형 흑번

(1041)

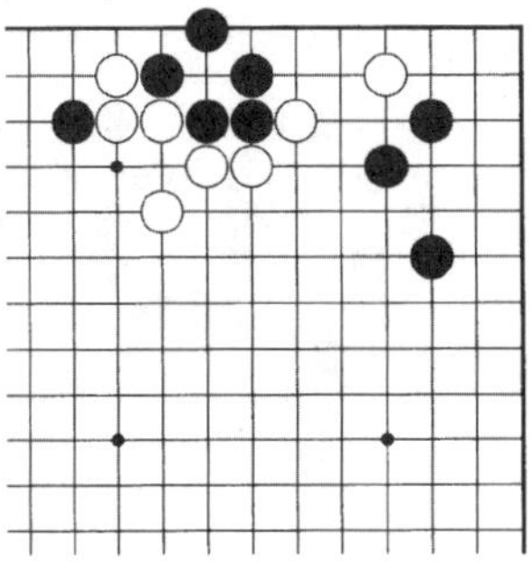

## 살리다

상변의 흑이 사는 것뿐이라면 간단하다. 귀의 백을 잡고 집을 넓히면서 살려야 한다.

解

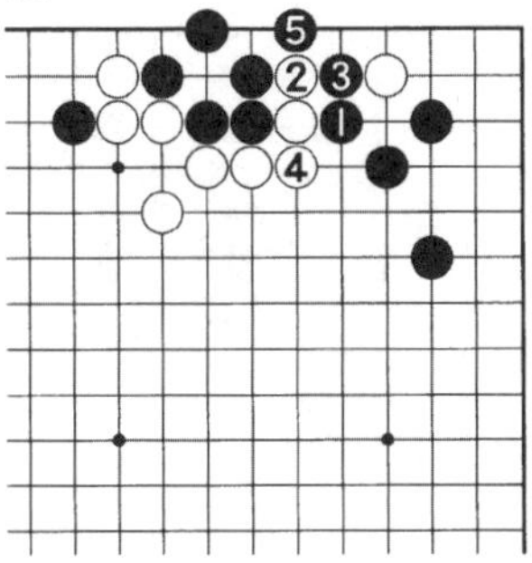

## 흑의 수중

흑1의 입구자 붙임으로 백의 움직임을 막는다. 백2로 나가면 흑3으로 막고 백4, 흑5로 백 1점을 수중에 넣는다. 백4로 5는 흑4.

失

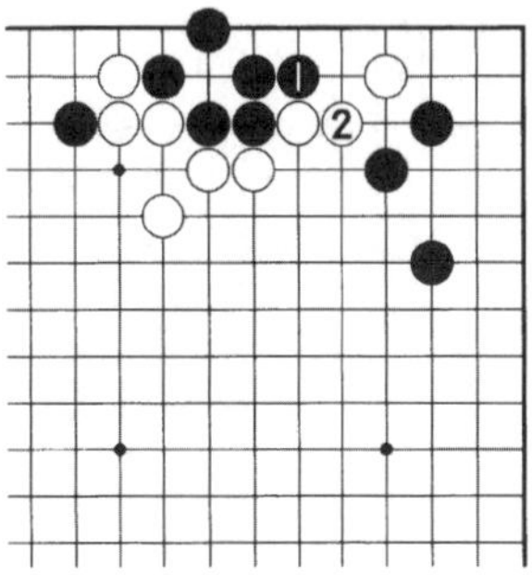

## 흑 실패

흑1로 미는 것은 안형이 생기지만 백2로 실패한다. 흑은 단지 산 것뿐이지만 백은 귀의 1점과 연결하고 우상의 흑의 근거를 잡았다.

제2형 흑번

(1042)

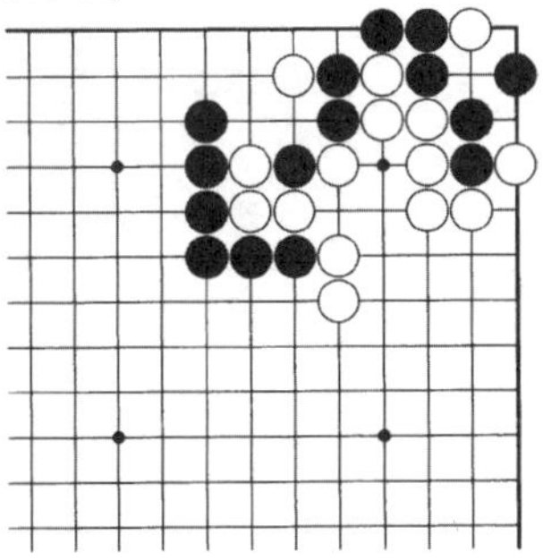

## 연결하다

우상귀의 흑을 한집밖에 없어 죽은 돌이다. 상변에 있는 백의 옆음을 찔러 왼쪽의 흑과 연결할 수 있다.

解

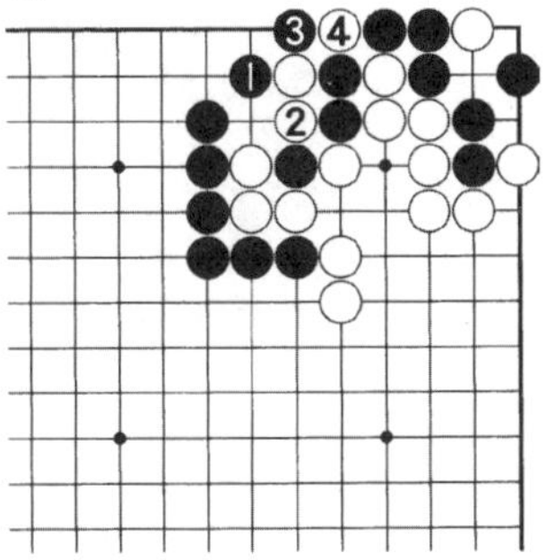

## 되따냄

흑1의 입구자 붙임이 좋은 맥이다. 백2의 단수에 흑3으로 건너가고 백4로 흑 2점을 잡아도 흑5로 되따내서 연결한다. ※❺→④의 아래

変

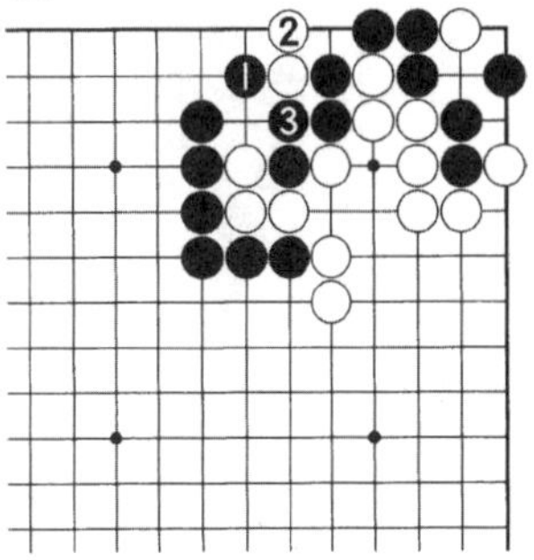

## 백 무리

백2로 나가는 것은 흑3으로 이어 백은 상변도 중앙도 다음 수가 없어서 손해를 보게 된다.
흑1로 2에 젖히면 백1로 늘어 건널 수 없다.

제3형 백번

(1043)

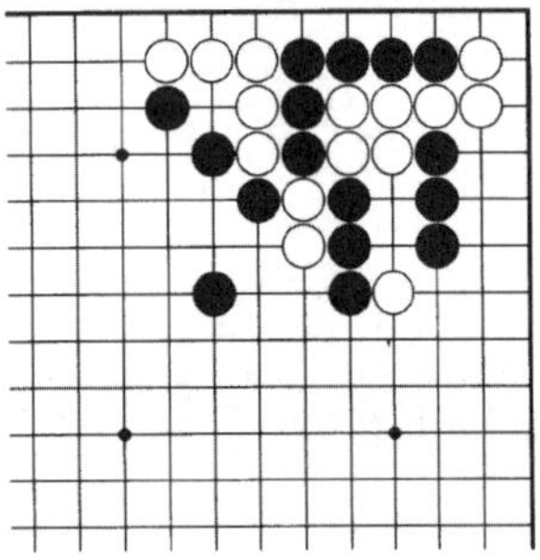

### 살리다

두 칸 높은 협공 정석의 변화이다. 상변의 흑 6점을 잡기 위해 중앙의 백 2점을 살려야 한다. 축은 백이 유리하다.

解

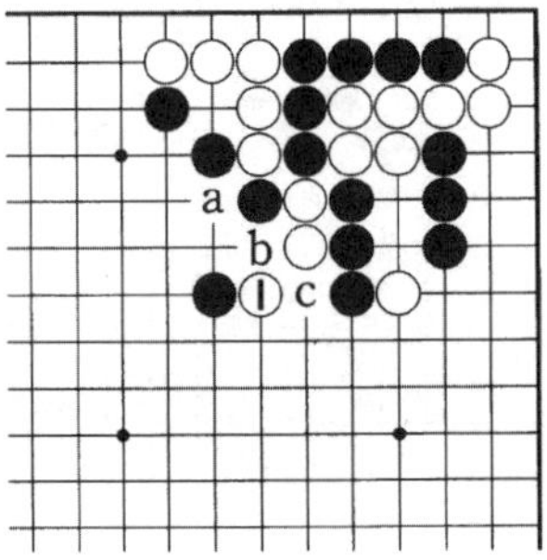


### 맥

백1의 입구자 붙임이 맥이다. 다음에 백a로 1점을 잡으면 거기서 끝난다. 흑b로 단수치면 백c로 이어 좌하 쪽으로 축이 되지만 축은 흑이 불리하다.

失

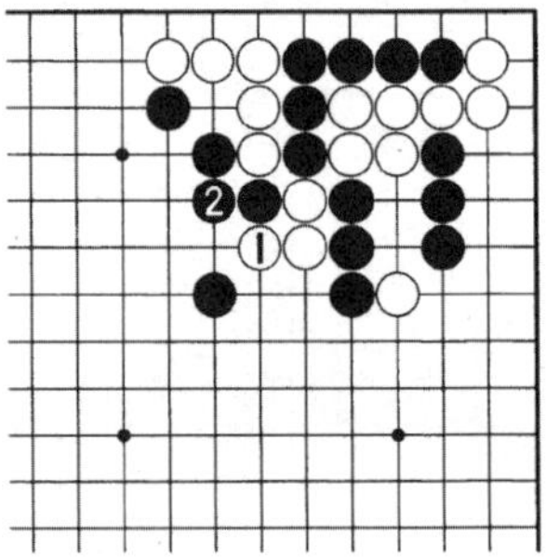


### 백 패배

백1의 단수는 흑2로 이어 백 3점이 포위망 안에서 탈출할 수 없게 된다. 상변의 백과의 수상전도 백이 한 수 부족하여 패배한다.

제4형 백번

(1044)

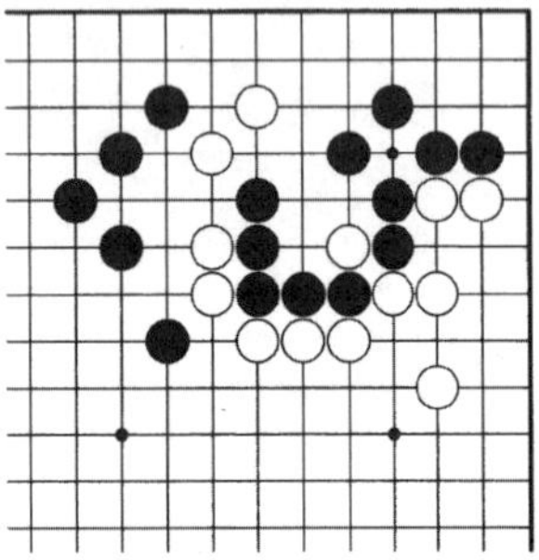

### 깨뜨리다

중앙의 모양을 결정하는 문제.
상변에서 중앙으로 도망쳐 나온 백은 우변에 연결하여 흑집을 깨뜨리고 싶다.

解

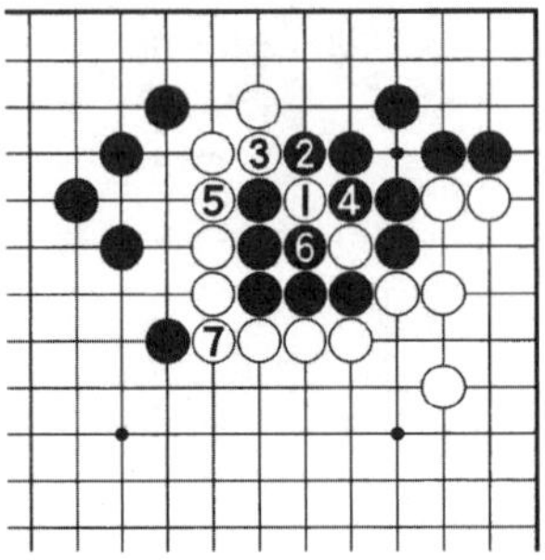


### 연결

백1의 입구자 붙임은 흑 5점의 자충을 추궁하는 공격적인 수이다. 흑2, 4로 살리는 사이 백5로 잇는 수가 선수로 백7로 전체를 연결한다.

失

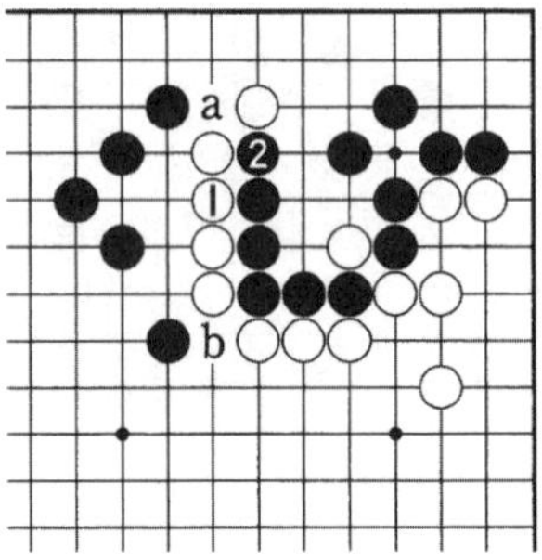


### 맞보기

백1로 잇는 것은 흑2로 찝어 실패한다. 백은 a와 b를 동시에 이을 수 없기 때문에 상변에 있는 흑의 큰 집은 확정된 집이 되어버렸다.

제5형 흑번

(1045)

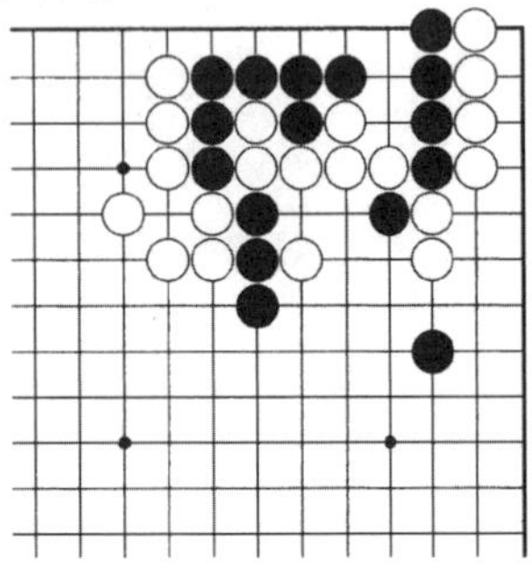

### 정형

상변의 전투.
흑은 중앙의 백을 공격하여 바깥의 모양을 정리하면서 상변을 살릴 수 있을까?

解

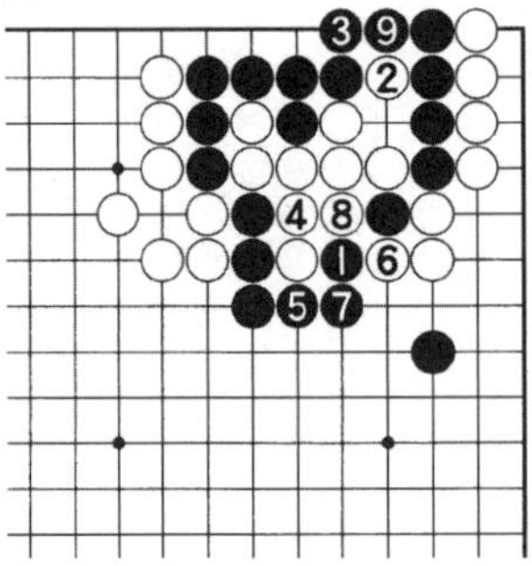


### 흑 좋은 모양

흑1의 입구자 붙임이 맥이다. 바깥 모양이 좋아진다. 백2로 젖혀끼우면 흑3이 좋은 수이다. 흑의 수가 길어서 백을 조여 9까지 산다.

失

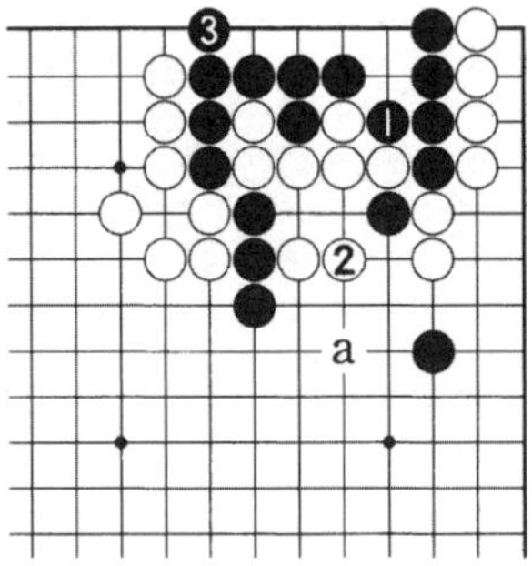


### 속맥

흑1은 속수로 백2로 지키는 수가 좋은 모양이 된다. 흑3으로 상변을 살린 뒤 백a로 뛰어나와 중앙의 흑은 끊기고 만다.

(1046)

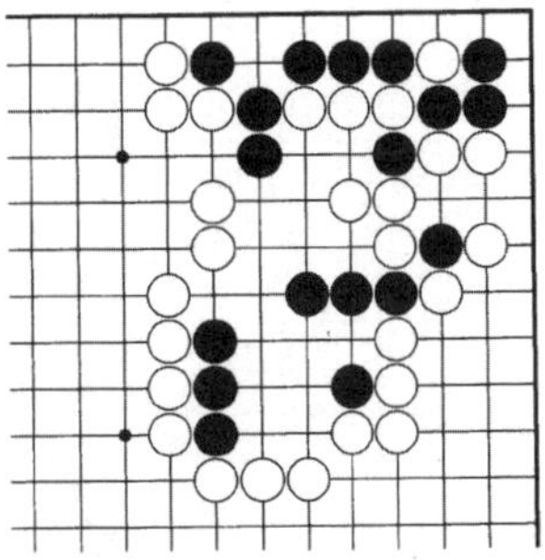

解

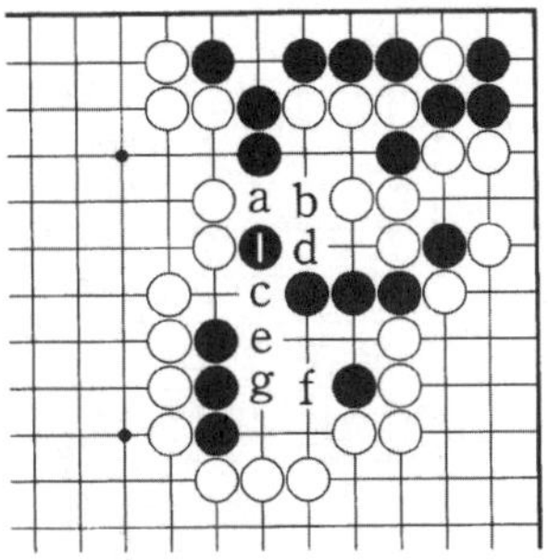


失

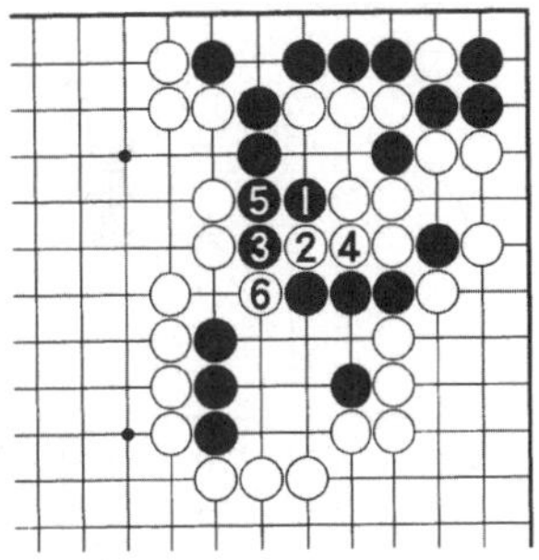

제6형 흑번

### 연결하다

중앙의 전투.
흑 7점이 백에게 둘러싸여 고립되어 있다. 일부라도 상변에 연결하려면 어디가 급소일까?

### 수습의 맥

흑1의 입구자 붙임이 위기를 탈출하는 맥이다. 백a로 나가도 흑b로 받아서 백은 끊을 수 없다.
백c, 흑d, 백e, 흑f, 백g로 3점밖에 잡히지 않는다.

### 중앙 절단

흑1로 입구자 붙인 수는 틀린 맥이다. 백2로 젖혀 끼우고 흑3, 백4 이후 흑은 5, 6의 두 곳에 약점이 생긴다. 백6으로 중앙 7점이 잡히게 된다.

(1047)

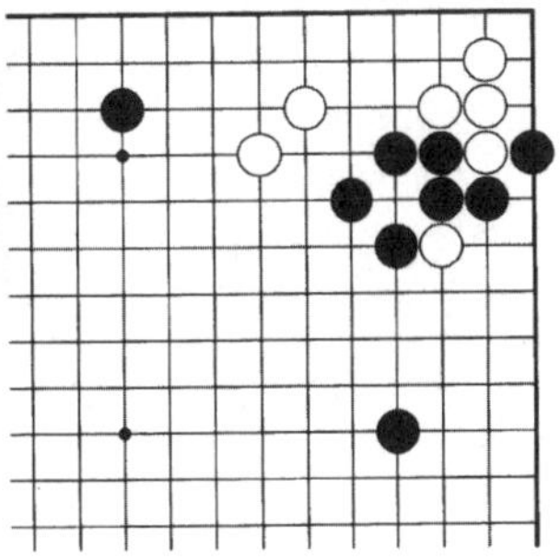

解

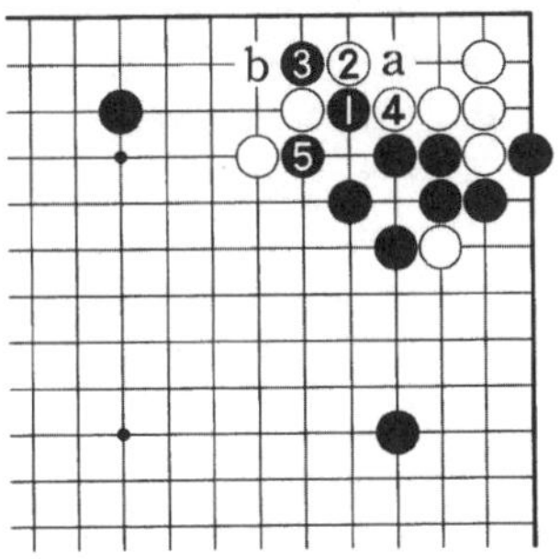


失

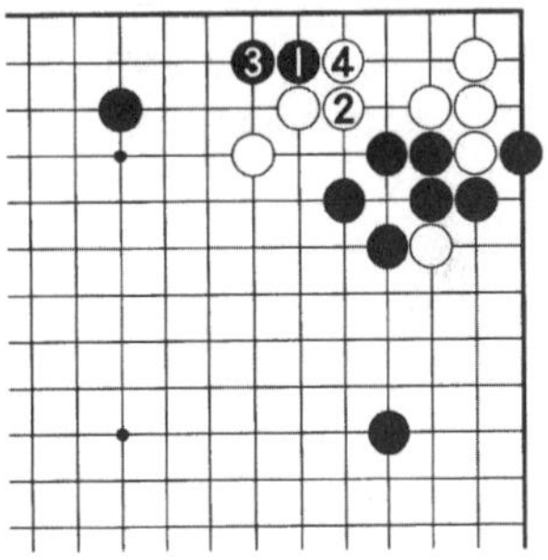

제1형 흑번

### 썰렁하다

우상은 화점의 정석이다.
백은 귀에서 상변으로 머리를 내밀고 있지만 머리와 몸통의 사이를 서늘하게 만든다.

### 패

흑1의 입구자 붙임부터 3의 끊음이 연결된 맥이다. 백4의 단수에 흑5로 단수쳐 패가 난다.
백4로 a는 흑b로 귀와 중앙이 분리된다.

### 불발

흑1의 붙임도 맥이지만 백2로 늘어서 불발된다. 흑3은 백4로 막아 백을 끊을 수 없기 때문에 흑은 끝내기만 하고 기회를 놓친 셈.

(1048)

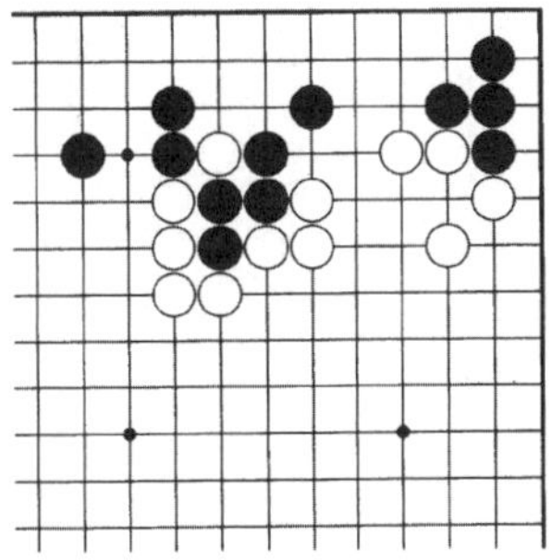

解

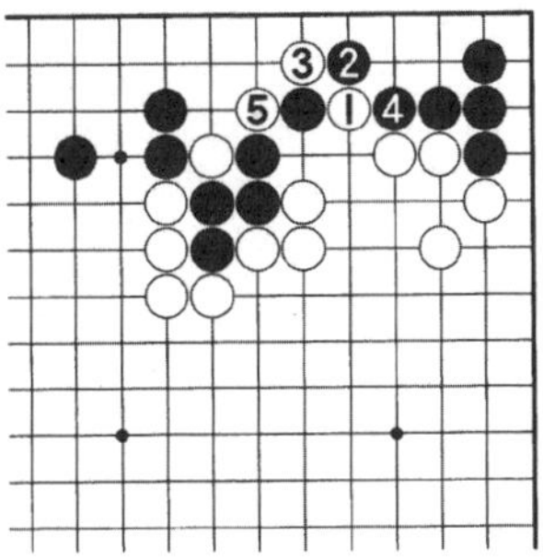

変

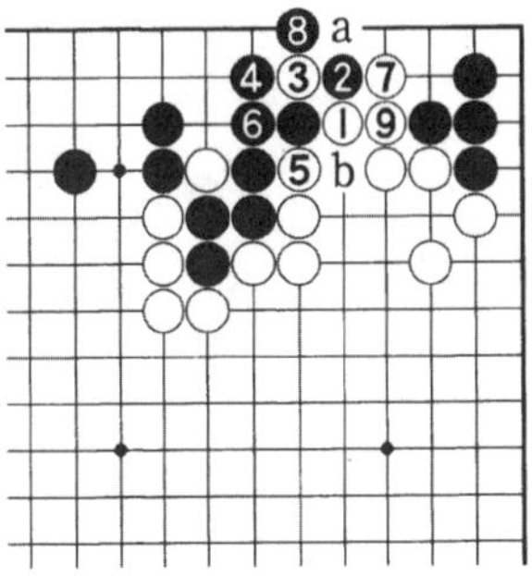


제2형 백번

### 세공

상변의 문제.
귀와 상변의 사이는 바깥에서 공격하는 정도로는 무너지지 않는다. 흑의 자충을 노려 안쪽에서 세공할 필요가 있다.

### 양단수

백1로 입구자 붙이면 백의 모양이 옮어진다. 백3으로 끊는 수가 날카로운 노림수로 흑4로 상변을 지키면 백5로 단수쳐서 양단수가 된다.

### 깨다

흑4로 받으면 백5로 단수, 7, 9로 흑집을 부순다. 귀의 흑도 무사하지 못한 상황. 백5로 7은 흑9, 백a, 흑b, 백5로 패가 되지만 이도 유력하다.

제3형 흑번

(1049)

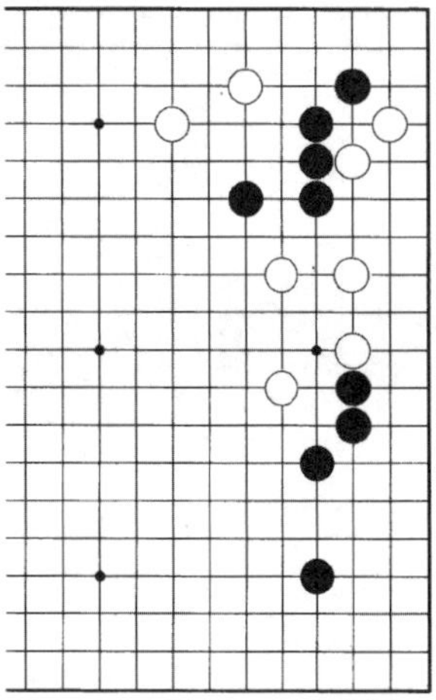

## 추궁

우변의 문제.
귀에서 우변, 그리고 중앙에 펼쳐진 백은 엷은 모양이다. 흑은 귀의 백 2점을 공격하여 잡고 싶다.

解

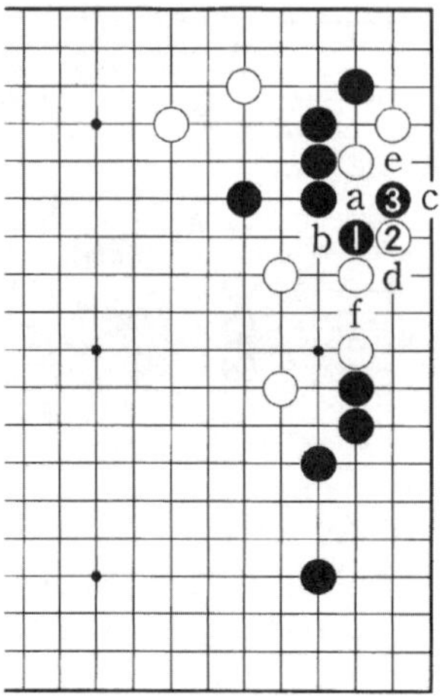

## 깨뜨리다

흑1로 입구자 붙여 백의 응수를 본다. 백2로 젖히면 흑3으로 젖혀나가서 백은 곤란하다. 이후 백a, 흑b, 백c로 흑 1점을 잡으면 흑d, 백e, 흑f로 우변을 부순다. 백a로 d는 흑a.

失

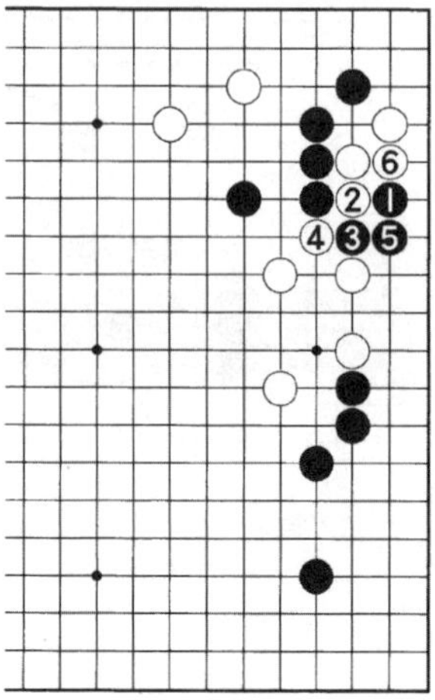

## 잡히다

흑1의 치중은 백2, 4로 끊어 실패한다. 흑5로 이은 뒤 백6으로 공격하는 수가 있어 흑이 잡힌다. 흑으로 생각하면 백4로 5의 자리가 정해도의 수순이 정답이다.

제4형 흑번

(1050)

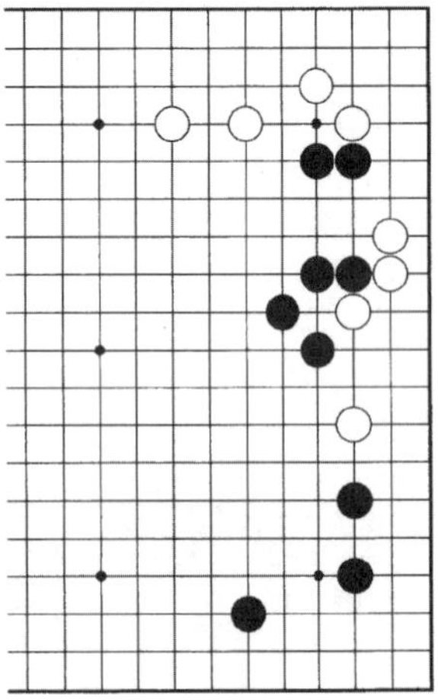

## 허술한 수

우변의 전투.
백은 우상 흑의 근거를 빼앗았지만 우변의 연결이 허술하다. 흑은 백을 괴롭히며 주변을 굳히고 싶다.

解

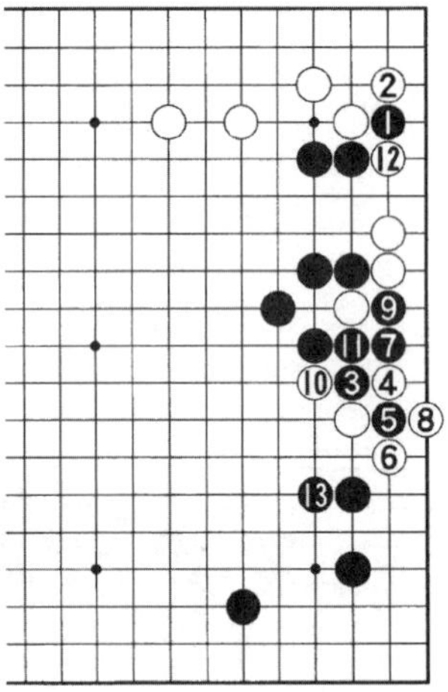

## 우변을 깨다

흑1의 젖힘은 선수를 활용한다. 백12의 건넘을 방해한다. 흑3 입구자 붙임부터 5로 맞끊음이 백을 끊는 맥이다. 백6이라면 흑7, 9로 우변을 깨뜨린다. 흑13이 냉엄한 공격이다.

変

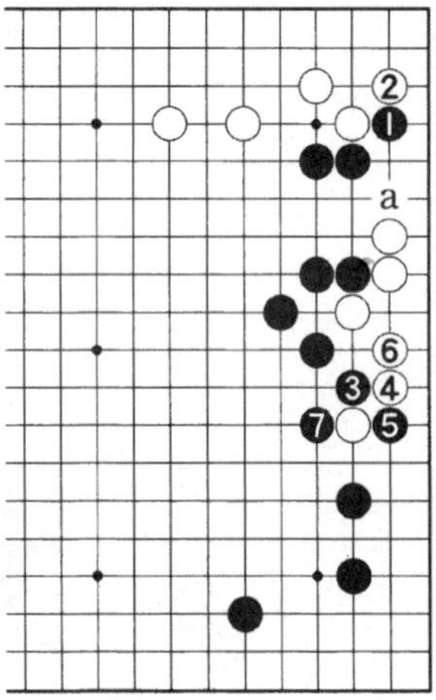

## 괴롭힘

백6으로 늘면 흑7로 백 1점을 잡아 우하의 흑집이 중앙으로 규모를 키워나간다.
흑a의 입구자붙임도 선수 활용으로 백은 최소한의 삶에 만족할 뿐이다.

입구자붙임 나가다

(1051)

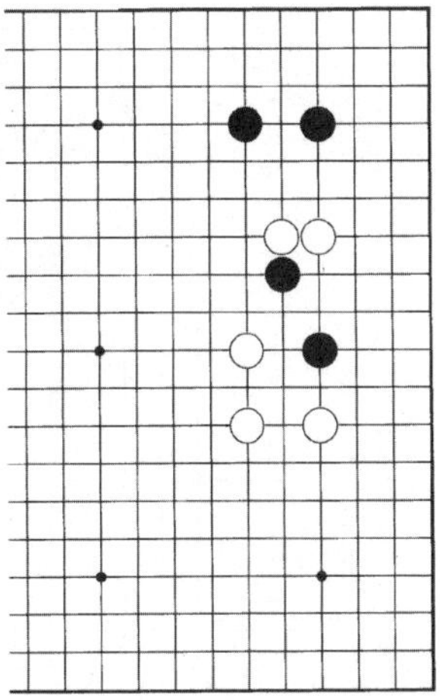

解

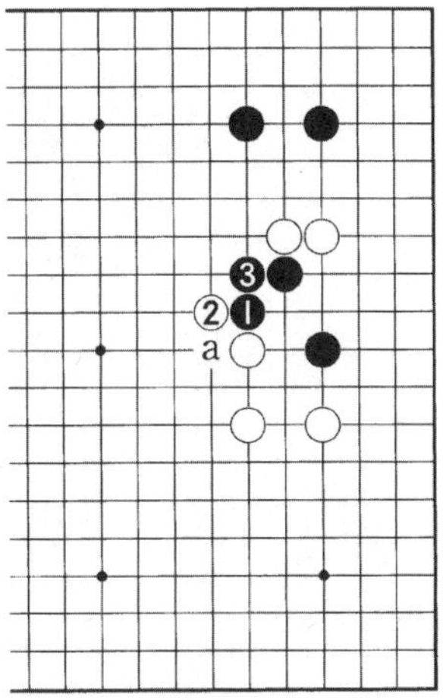


失

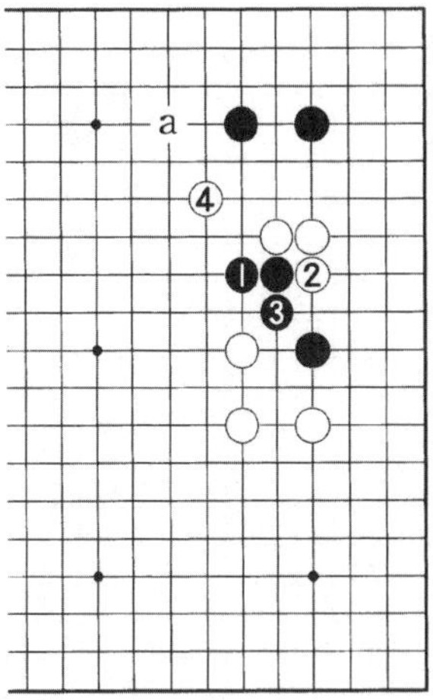


제1형 흑번

## 공격

우변의 전투.
접바둑에서 자주 등장하는 모양이다. 우상의 백을 공격하면서 흑은 우변에서 중앙으로 진출하는 흐름을 구하고 있다. 다음 한 수가 급소이다.

## 최강의 모양

흑1로 입구자 붙여 중앙 백에게 기대면서 모양을 만든다. 백2의 젖힘에 흑3의 빈삼각은 우형이지만 백을 공격하는 최강의 모양이다. 우상의 백 2점을 공격하는 것과 a로 끊음을 맞본다.

## 흑 모양이 나쁘다

흑1로 늘면 백2로 구부려 흑의 모양이 무너진다. 이 우형은 백에게 영향이 없기 때문에 움직임이 없다. 백4로 중앙으로 진출하면 우상을 크게 공격하며 a의 봉쇄를 봐서 백은 여유롭다.

(1052)

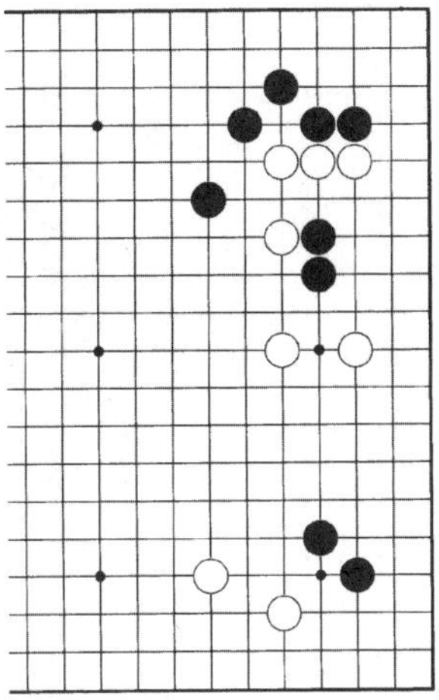

解

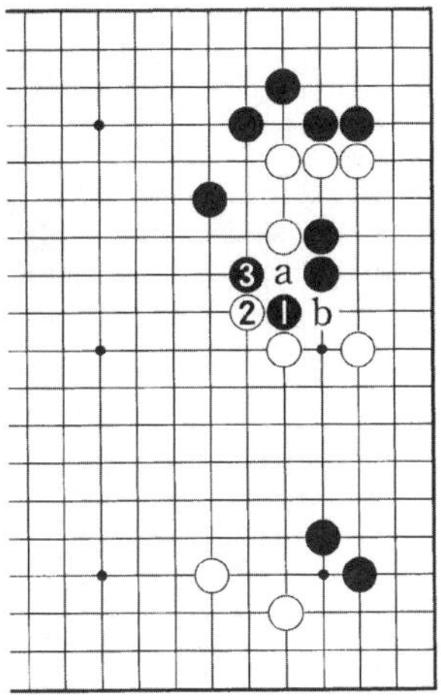


变

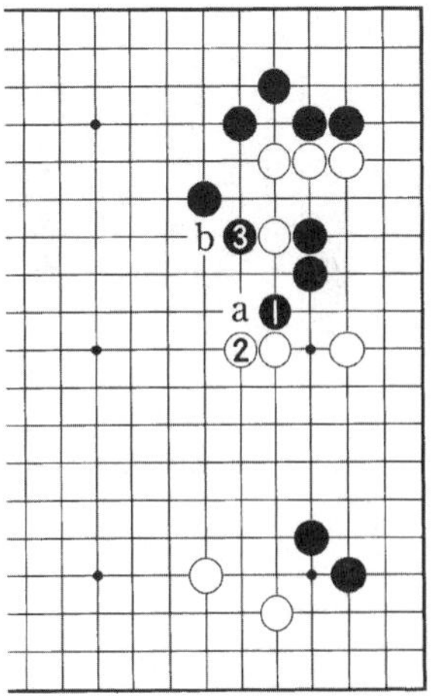


제2형 흑번

## 공수역전

우상의 문제.
백에게 둘러싸인 흑 2점을 살려 나오면 우변의 백이 위아래로 분할된다. 공수를 역전시키는 수는 무엇인가?

## 백 산산조각

흑1의 입구자 붙임이 날카로운 맥이다. 우변의 백에게 기대면서 귀의 백을 공격하는 모양이 된다. 백2로 젖히면 흑3으로 젖혀나온다. 이후 백a라면 흑b로 이어 백이 산산조각난다.

## 백 잡힘

백2로 늘면 흑3의 입구자 붙임이 백의 움직임을 막는 맥이다. 백은 우변으로 건너갈 수 없기 때문에 우상 4점을 살릴 수 없다. 흑3으로 a는 백b로 탈출할 여지가 생긴다.

(1053)

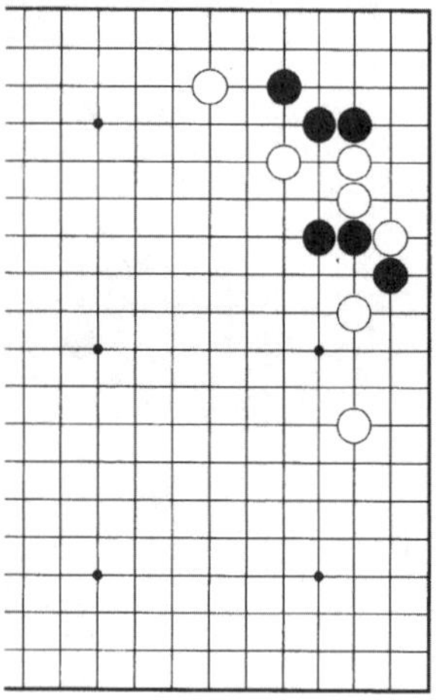

解

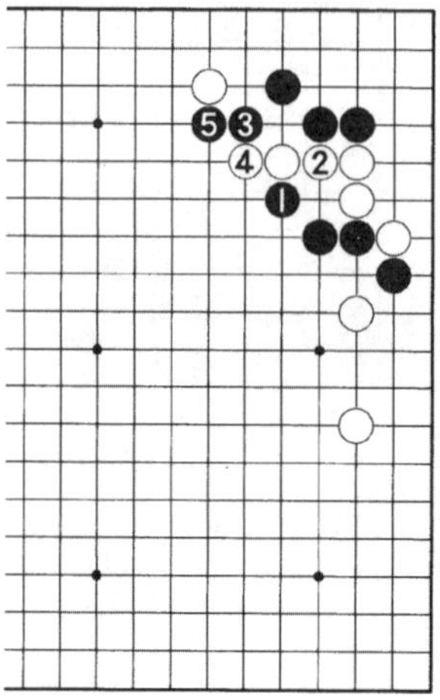

失

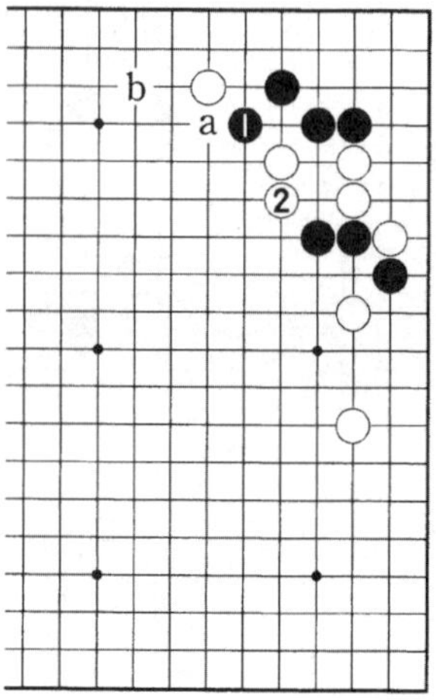


제1형 흑번

### 공격

우상의 백을 공격하는 문제.
우변에서 중앙에 도망쳐 나온 백 돌들을 직접 절단하는 것은 무리다. 흑은 백의 모양을 무너뜨리면서 크게 몰아붙여야 한다.

### 흑 호조

흑1의 입구자 붙임은 백의 모양을 부수는 맥이다. 백2로 이으면 흑3으로 입구자로 나가서 상변과 우변을 분단시킨다. 백은 4로 나갈 수밖에 없다. 흑5로 나가 상변을 엮어 좋은 흐름의 공격.

### 백 여유

흑1의 입구자로 나오는 것은 백 2로 쌍립한 모양이 좋아 흑이 불만이다. 이후 흑a로 상변을 밀면 우변의 백에게 여유가 생겨서 정해도와 다르게 백b로 받을 수 있다.

(1054)

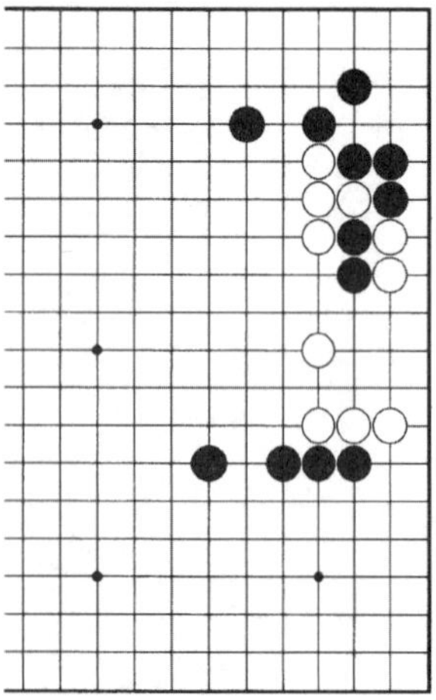

解

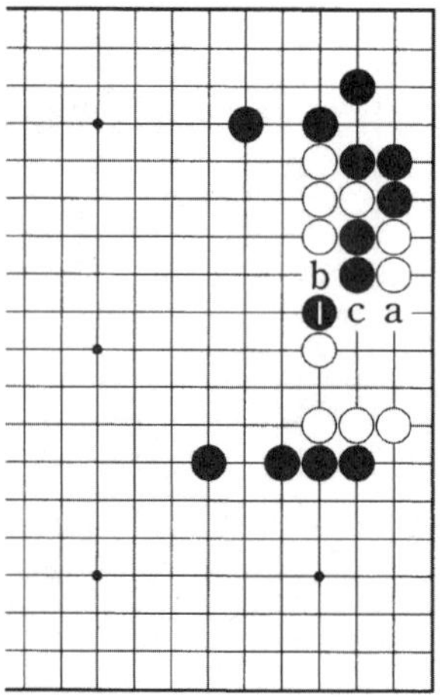


失

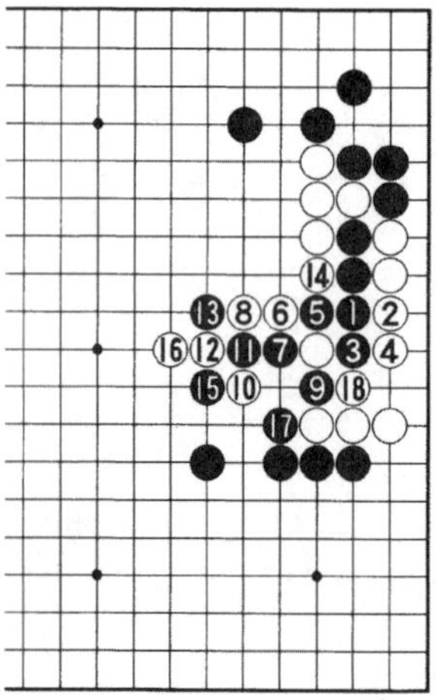

제2형 흑번

### 반발

우변의 전투.
백은 흑 2점의 자충을 노리고 있지만 위아래로 축이 유리한 것이 장점이므로 흑은 강수를 두어 반발한다.

### 흑 유리

흑1의 입구자 붙임이 강수로 이1수로 수습한다. 백a로 늘면 흑b로 굳히고 백 4점을 공격한다.
백a로 c의 단수는 흑b로 a의 끊음이 남아 흑은 더욱 유리해진다.

### 촉촉수

흑1로 늘면 백2로 받아 흑3, 5로 중앙으로 도망치게 되어 괴로운 모양이다. 백6 부터 10으로 씌우는 것이 냉엄한 공격이다. 흑11이하 17로 중앙으로 도망가도 백18로 5점이 촉촉수로 잡힌다.

제1형 흑번

(1055)

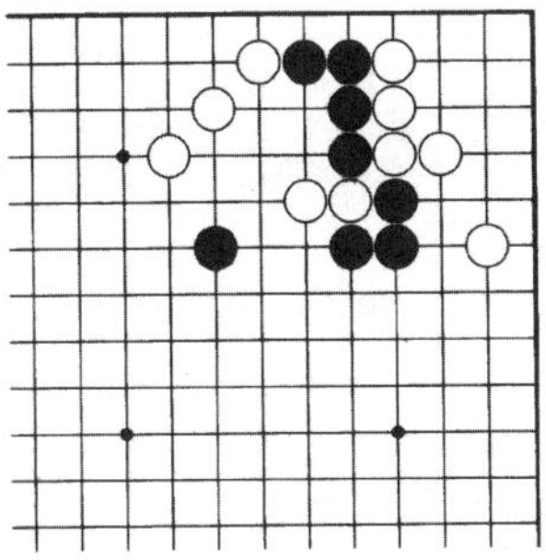

### 살리다

흑을 끊고 있는 백 2점을 잡고 4점을 살려내고 싶다. 백에 대한 맥의 급소는 어디인가?

解

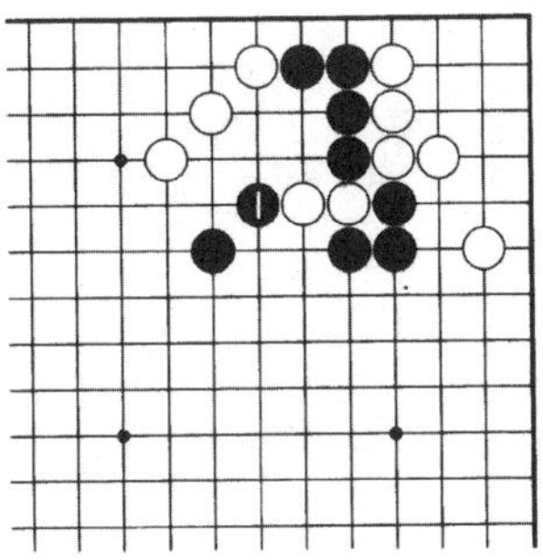

### 급소

흑1의 입구자 붙임은 백 2점의 움직임을 막는 급소이다. 백은 중앙이나 상변으로 나가도 자충으로 도망갈 수 없다.

失

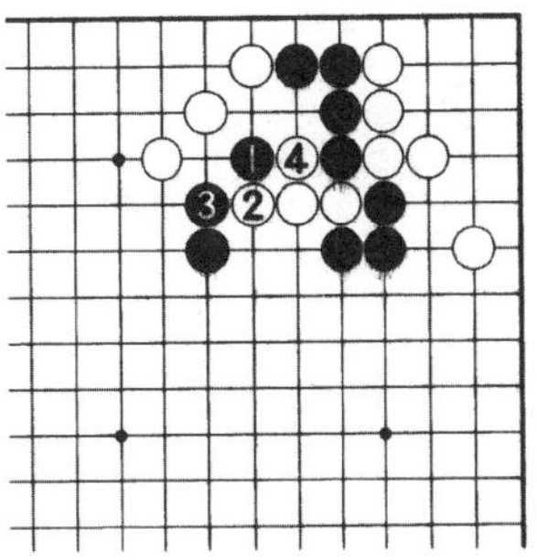

### 틀린 맥

흑1의 뜀이 모양인 것 같지만 틀린 맥이 된다.

백2로 급소를 때리고 4로 상변의 흑을 공격하여 백이 수상전에서 승리한다.

제2형 흑번

(1056)

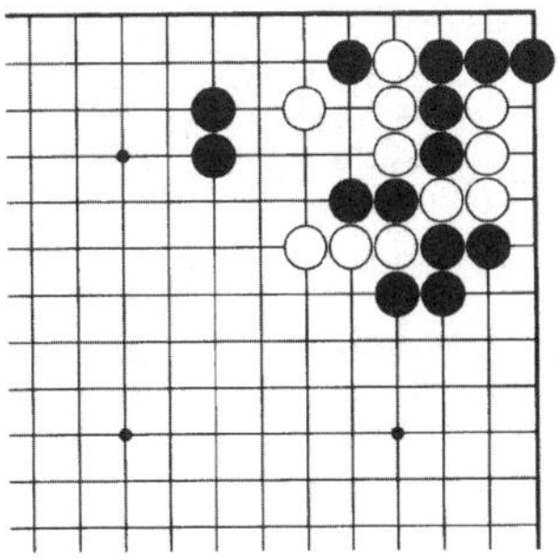

### 생환

귀의 흑을 살리기 위해서 우변으로 건너가는 것이 있어 쉽다. 흑은 중앙의 2점을 살려 상변에 있는 백 3점을 잡아야 한다.

解

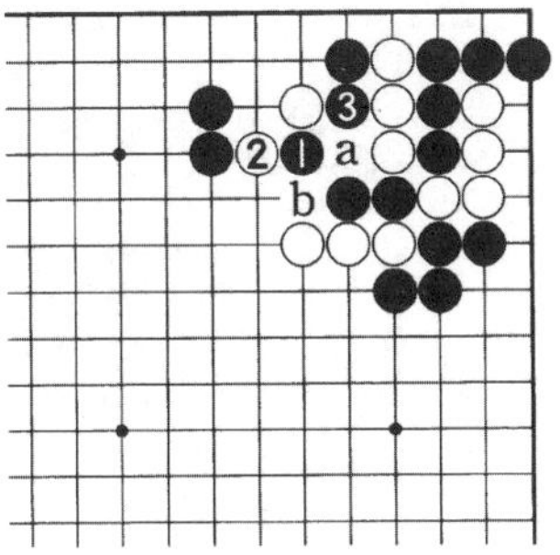

### 맥

흑1의 입구자 붙임이 맥이다. 백 2로 막으면 흑3으로 나가 자충이 된 백 3점을 잡는다. 백2로 a는 흑b로 역시 백이 안 된다.

失

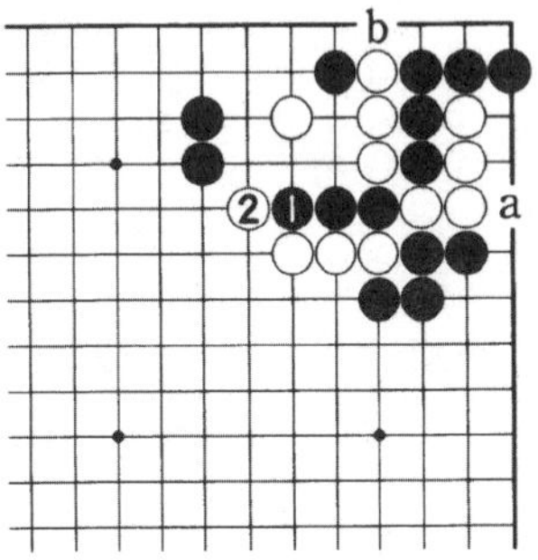

### 흑 실패

흑1로 나가면 백2로 끝난다. 오히려 흑이 자충에 걸렸다. 흑1로 a, 백1로 두거나 흑1로 b에 두어 건너가는 것은 아무 대책이 없는 수이다.

제3형 흑번

(1057)

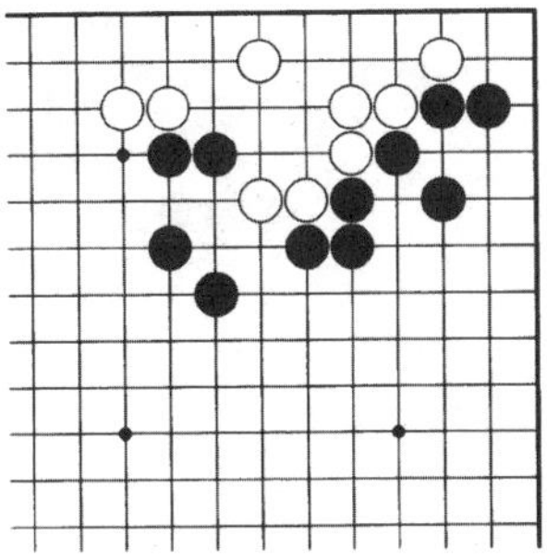

### 절단

중앙의 백 2점을 끊고 싶다. 백이 중앙을 살리려고 하면 상변이 좌우로 분단된다.

解

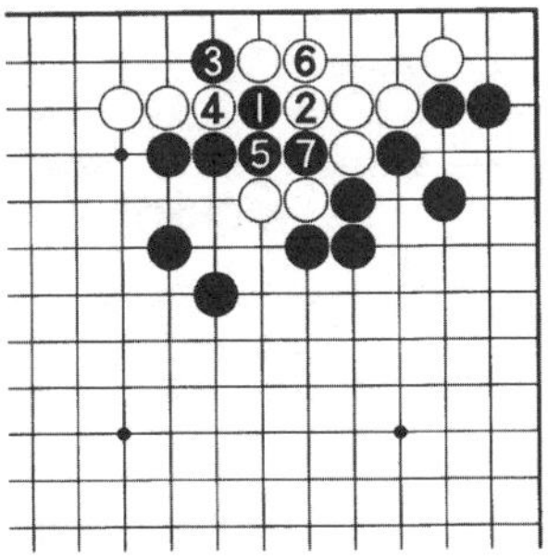

### 흑 성공

흑1의 입구자 붙임이 맥이다. 백2로 건너면 흑3으로 젖혀 백4를 두게 만든 뒤 1점을 버리고 흑5, 7로 백 2점을 잡는다.

変

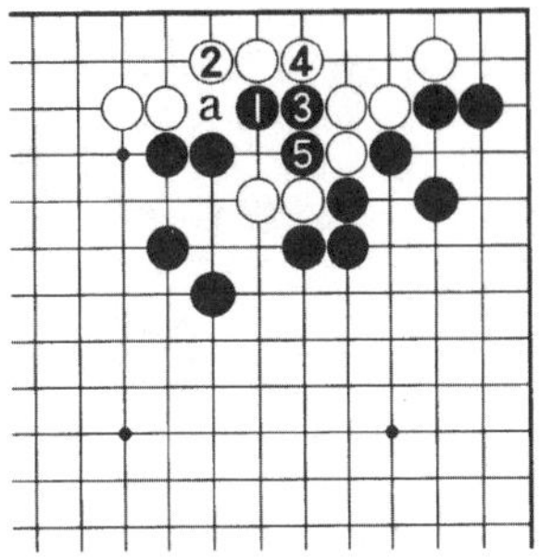

### 비슷한 결과

백2로 당기면 흑3이 선수로 작용하여 5로 끊어 잡는다. 흑1로 a로 나가는 것은 속수로 백2로 받아 더 이상 수가 나지 않는다.

제4형 흑번

(1058)

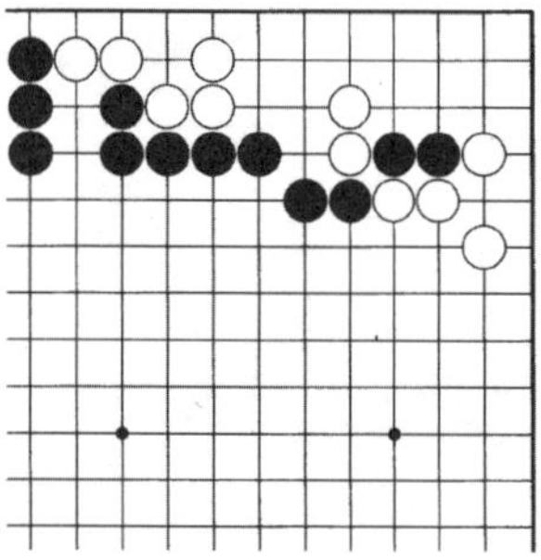

## 깨뜨리다

상변의 백집을 깨뜨리는 문제.
무조건이라고 할 수는 없어도 백에게 상당한 피해를 입힌다.

解

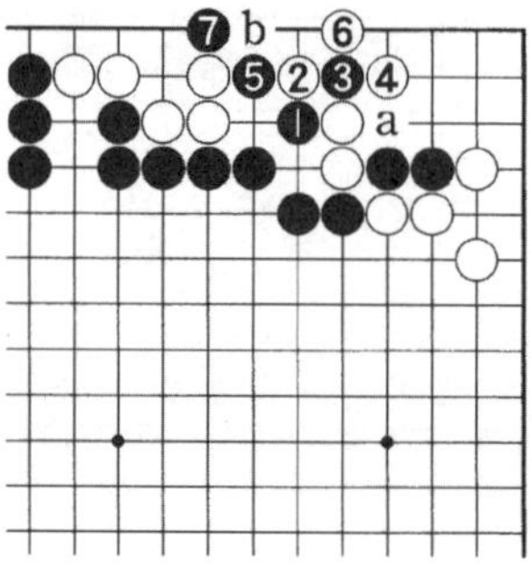

## 패

흑1의 입구자 붙이고 3으로 맞 끊는 수가 맥이다.
백4는 a를 방지하는 수로 어쩔 수 없다. 흑5, 7 이후 백b로 먹여쳐서 패가 된다.

失

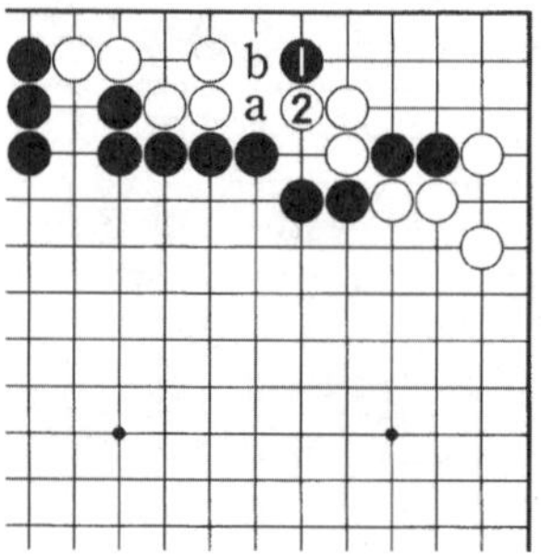

## 흑 실패

흑1의 날일자는 불발된다.
백2로 끊어지고 이후 흑a로 나가도 백b로 다음 수가 없다.
흑은 잡혔을 뿐 한 것이 없다.

제5형 백번

(1059)

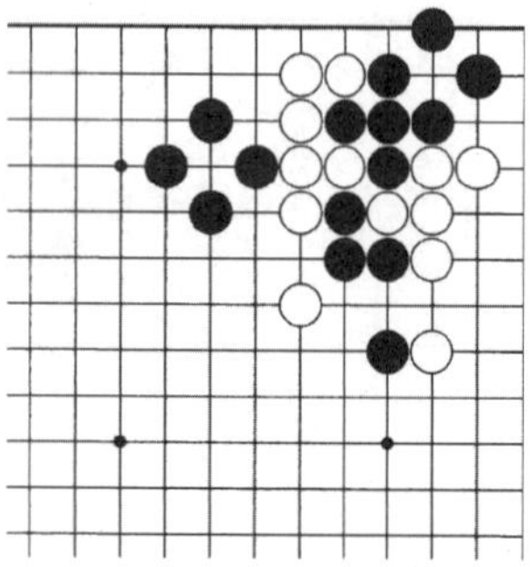

## 숨통

상변의 흑이 중앙으로 탈출하였다. 이번엔 중앙에 있는 백 3점을 공격할 차례. 숨통을 막고 잡을 수 없을까?

解

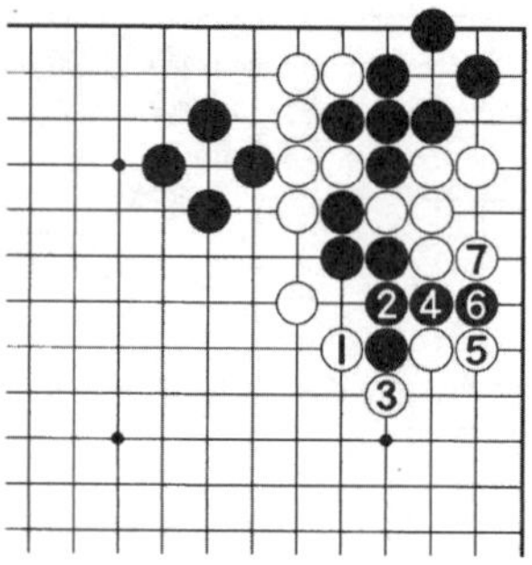

## 입구자붙임

백1의 입구자붙임이 흑의 탈출을 막는 맥이다. 흑2로 이으면 백3으로 막고 흑4로 나가면 백5로 느슨하게 우변으로 몰아서 백7까지 흑이 전멸한다.

失

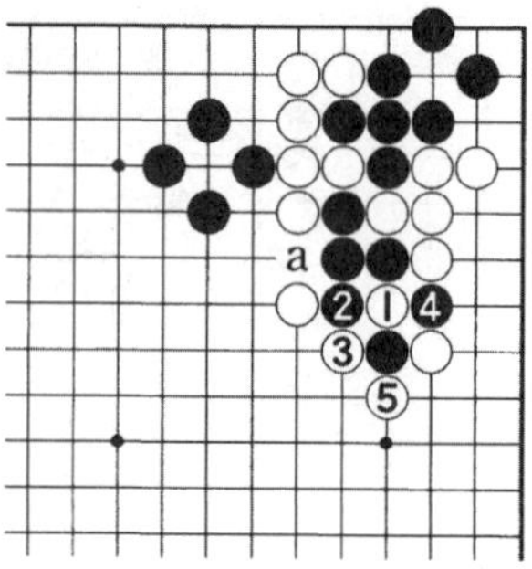

## 패

백1로 끼우고 흑2, 백3으로 조이면 흑4로 따내어 실패한다.
백5로 a는 흑1로 실패한다. 위 변화는 백5로 패가 난다.

제6형 흑번

(1060)

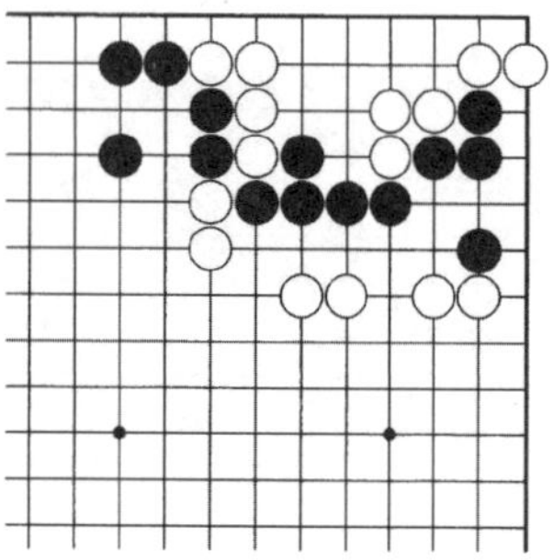

## 약점

우상의 흑은 집이 없다.
흑은 귀의 백을 공격하여 생환이 가능하지만 노림수는 백의 자충의 약점이다.

解

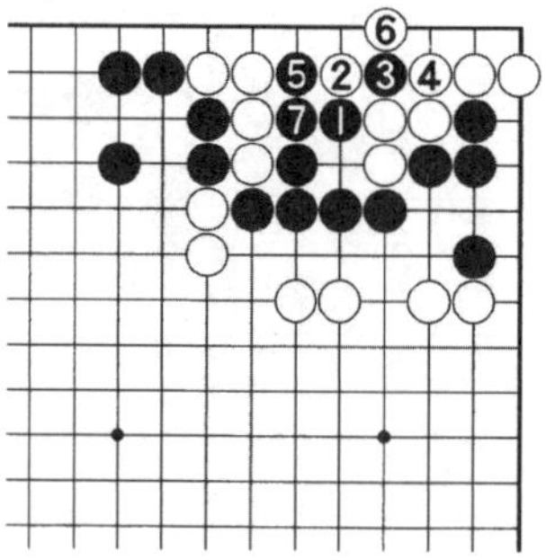

## 흑 성공

흑1의 입구자 붙임이 맥이다. 백2로 젖히면 흑3으로 끊는 수가 후속타가 된다. 백4로 귀를 받을 수밖에 없으므로 흑5, 7로 백 4점을 잡는다.

変

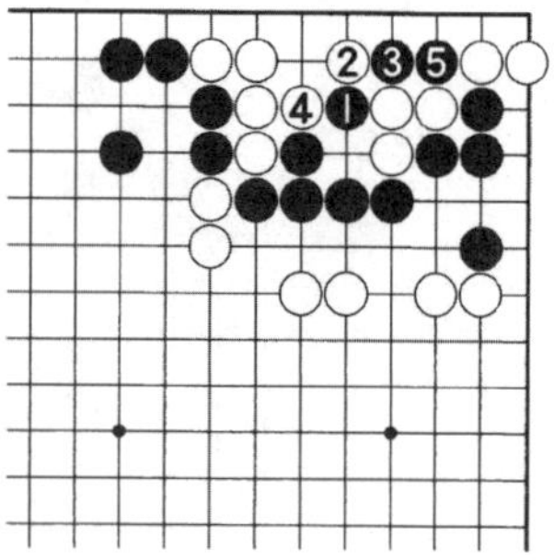

## 백 전멸

백4로 상변을 받으면 흑5로 3점이 환격이 되어 귀의 백이 전멸한다.
흑1로 2는 틀린 맥의 공격으로 백1로 잡혀 우상의 흑이 전멸한다.

(1061)

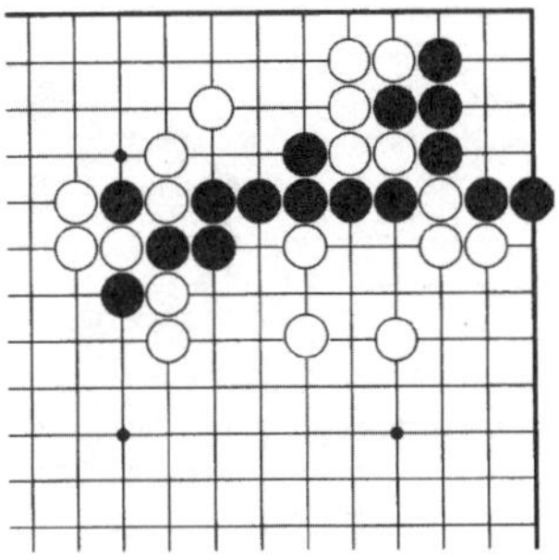

解

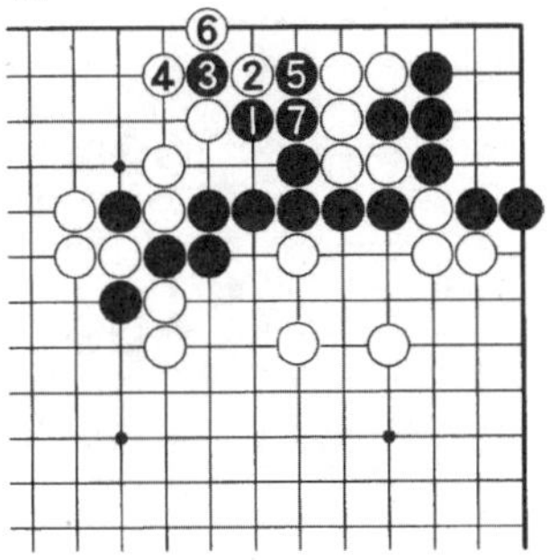

変

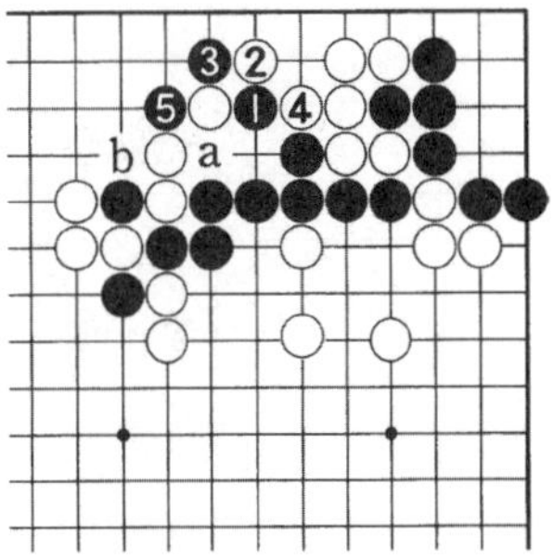

제7형 흑번

### 엷음

상변 중앙의 흑 8점은 중앙으로 도망 칠 길이 없다. 상변에 있는 백의 엷음을 추궁하여 우상의 백 5점을 잡는다.

### 흑 성공

흑1로 입구자 붙이면 백2로 막고 흑3으로 끊는 수가 연결된 맥이다. 백4로 흑1점을 잡고 흑은 5, 7로 백 5점을 잡는다.

### 환격

백4로 저항하는 것은 흑5로 되단수 쳐서 실패한다. 상변은 정해도보다 더 크게 흑집으로 변했다. 백a로 이어도 흑b의 환격으로 잡히게 된다.

(1062)

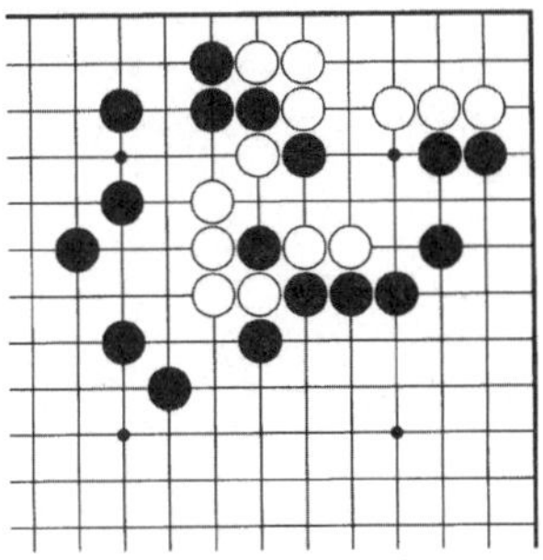

解

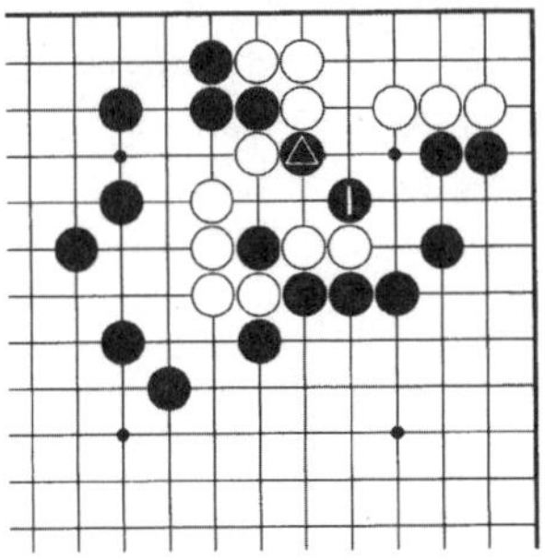

失

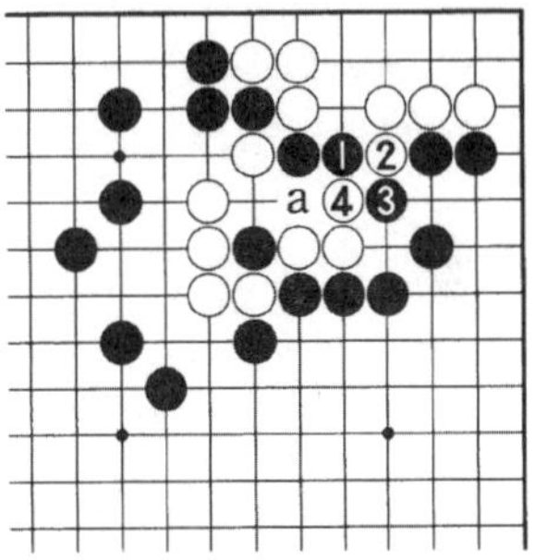

제8형 흑번

### 요석

중앙의 전투.

상변과 중앙의 백을 끊고 있는 흑1점은 요석이다. 이 돌을 살리면 중앙은 흑의 영토가 된다.

### 흑 성공

흑1로 입구자 붙이는 수가 맥이다. 백은 중앙의 백 2점이 자충이기 때문에 백을 끊고 있는 흑▲ 1점을 잡을 수 없다. 바로 중앙의 백이 잡힌다.

### 백 탈출

흑1로 늘면 백2, 4로 끊어 흑이 실패한다. 흑1로 a에 치받아도 백4, 흑1, 백2로 흑이 안 된다.

(1063)

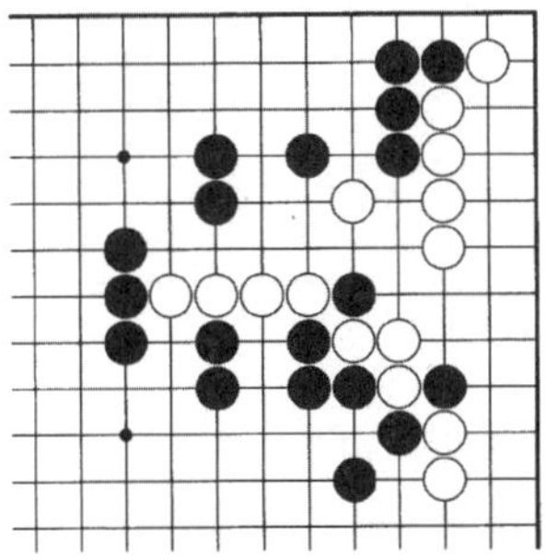

解

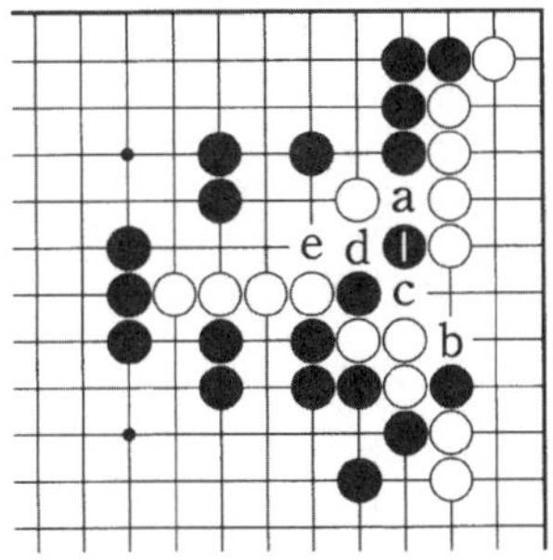

失

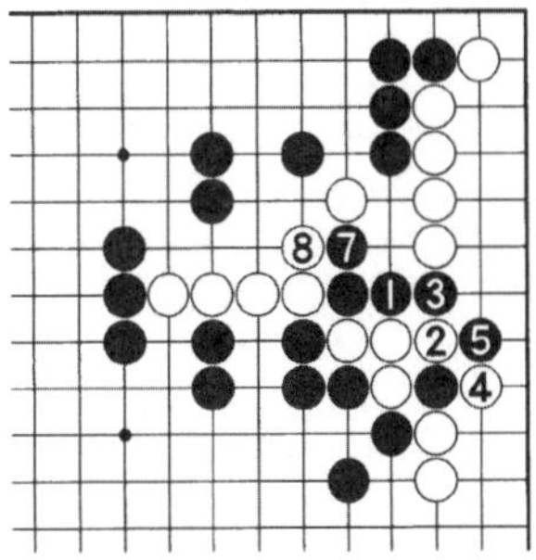

제9형 흑번

### 1수

우변의 문제.

백을 절단하고 있는 흑 1점을 살리면 자동적으로 좌우 어느 한쪽의 돌을 잡는다. 1수로 해결할 수 있다.

### 입구자 붙임

흑1의 입구자 붙임 1수로 해결한다. 백a는 흑b로 3점이 잡힌다. 백c로 단수치면 흑d로 a와 e를 맞보기로 한다.

### 흑 속수

흑1은 속수이다. 백2로 도망치고 흑은 스스로 도망칠 길을 없앤 것이 된다. 백6이후 흑7은 백8. 흑은 자충이다.

※⑥→②의 아래

(1064)

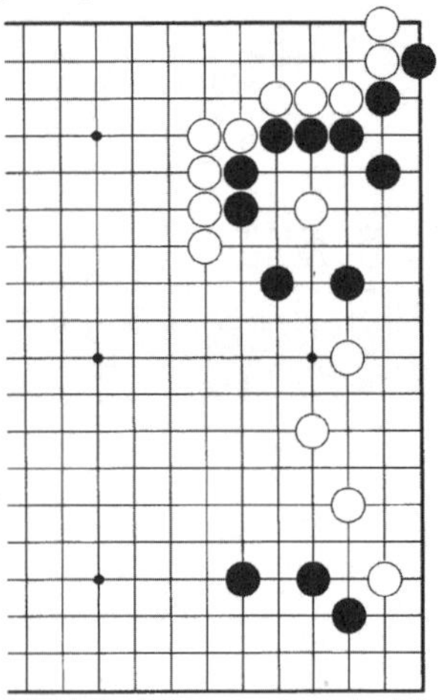

解

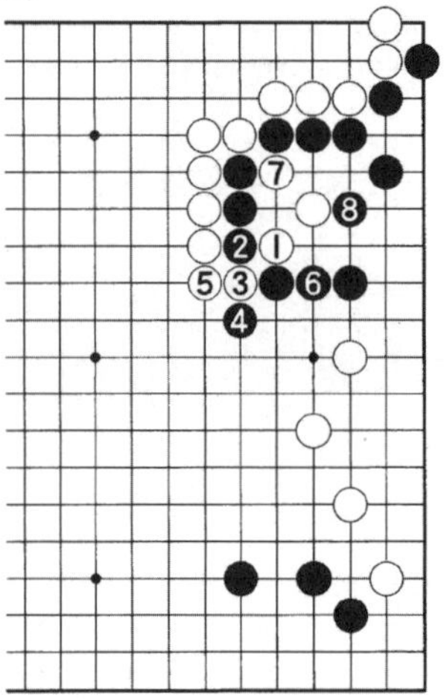

变

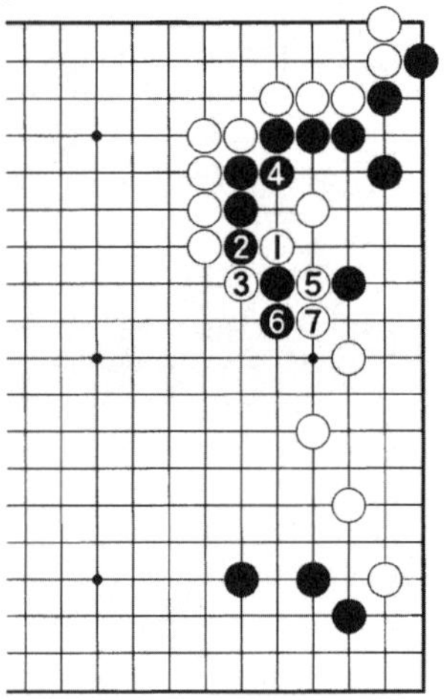

제 10 형 백번

## 탈출

우상의 문제.

흑에게 둘러싸인 백 1점은 흑의 자충을 추궁하여 바깥으로 탈출하는 것과 백의 일부를 잡을 수 있다.

## 백 강력

백1로 입구자 붙이고 흑2에 백3의 끊음이 강렬하다. 흑4로 선수하고 6으로 지키는 것은 평온한 해결법이다. 백은 7로 끊어 3점을 잡는다. 흑8까지 백은 우상의 흑집을 크게 줄였다.

## 백 유리

흑4로 이으면 백5, 7로 탈출한다. 흑은 3점을 살렸지만 우상의 흑이 약하고 흑6으로 도망 나온 2점도 공격목표가 되기 때문에 백이 유리한 싸움이다.

(1065)

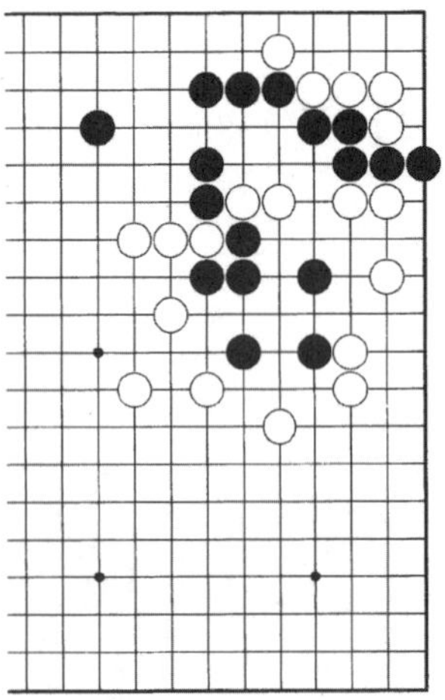

解

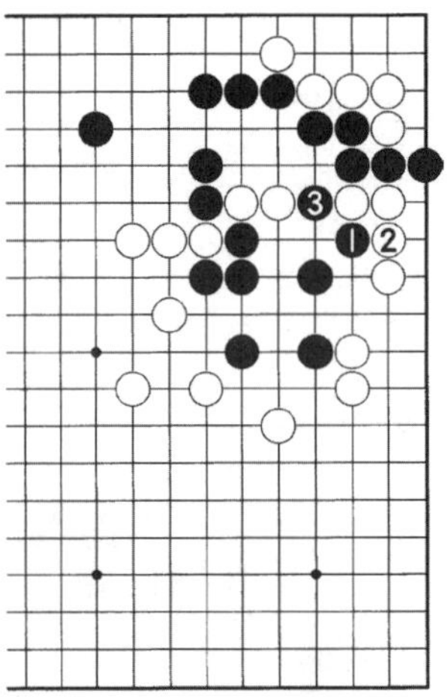

变

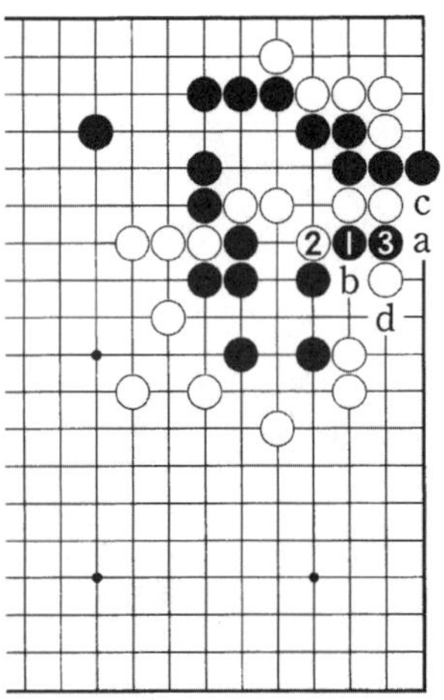

제 11 형 흑번

## 약점

백에게 둘러싸인 흑 6점은 백의 일부를 깨뜨려서 탈출이 가능하다. 흑은 우상의 1선 내려 선 것을 공격에 이용하지 않으면 안 된다. 백의 약점은 우상이다.

## 백 성공

흑1로 입구자 붙이면 백은 응수가 곤란해진다. 백이 2로 이으면 흑3으로 끼워 중앙의 백 2점을 끊는다. 백2로 3으로 이으면 흑2로 나가 백은 건너가지 못한 모양이다.

## 백 자충

백2는 흑의 절단을 막는 젖히기 이지만 흑 3으로 나가 좋지 않다. 이후 백a, 흑b, 백c로 연결하여도 흑d로 크게 잡히게 된다. 백a로 b는 흑a로 수상전은 흑의 승리이다.

(1066)

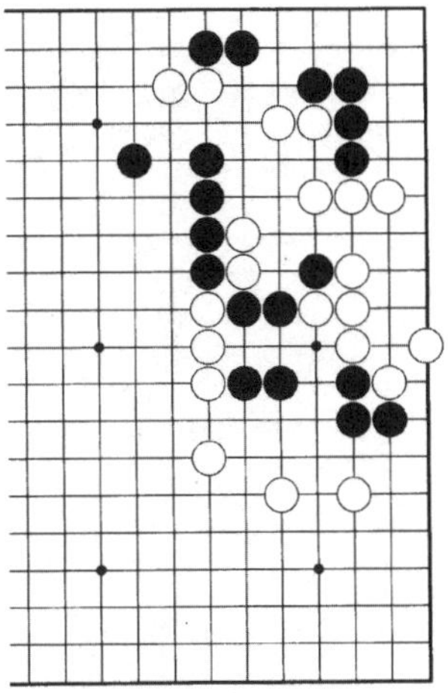

解

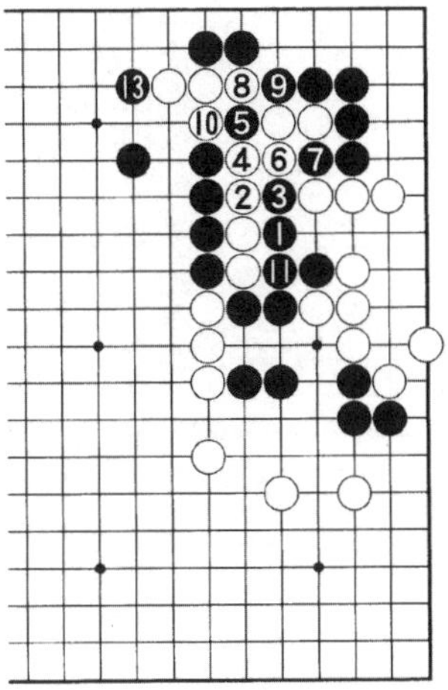

変

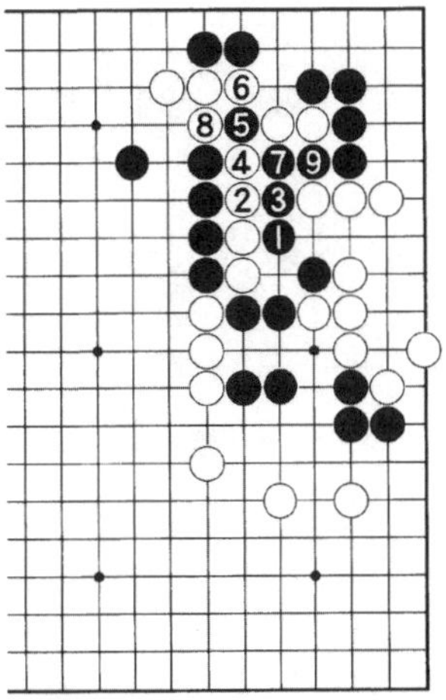

제 12 형 흑번

## 공격하여 잡다

우변의 흑을 수습하는 문제.
흑은 완전한 집이 없다. 우하로 탈출할 수도 없기 때문에 희망은 오로지 중앙에 있다. 백 2점을 공격하여 잡을 수 있다.

## 흑 승

흑1의 입구자 붙임이 남아있는 길이다. 백2, 4로 도망친 뒤 흑5로 젖어 백의 공배를 메워 11로 끊는 것을 방지한다. 백6이라면 흑7부터 13까지 흑의 승리.

※⑫→❺

## 탈출

흑5의 젖음에 백6으로 단수치는 변화이다. 흑7로 끊어 백 4점을 조이고 흑9로 이어서 탈출에 성공한다.
이후 상변의 백을 도망쳐 나오는 것은 다른 이야기.
흑의 성공에 변함은 없다.

(1067)

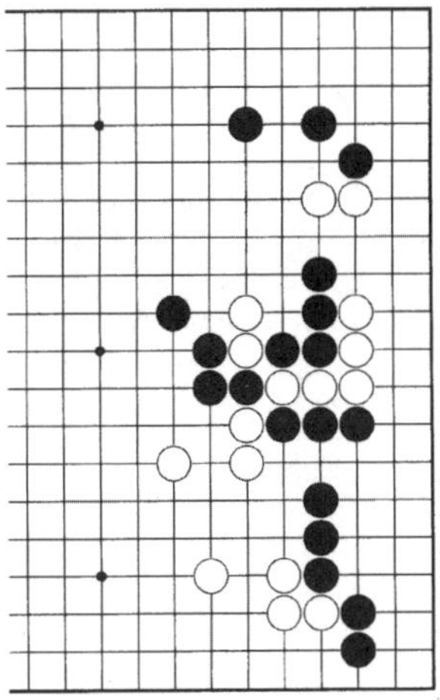

解

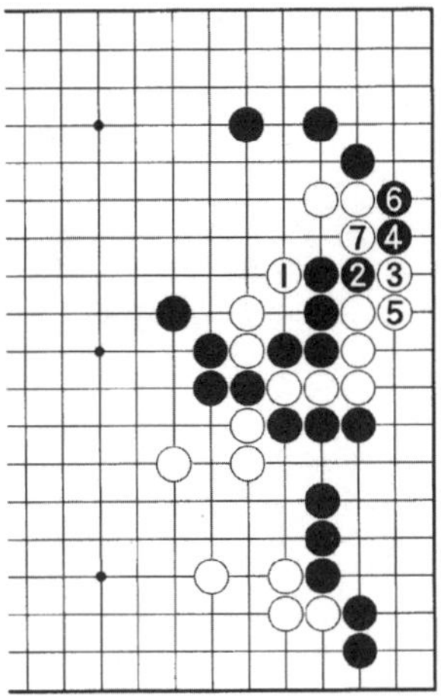

変

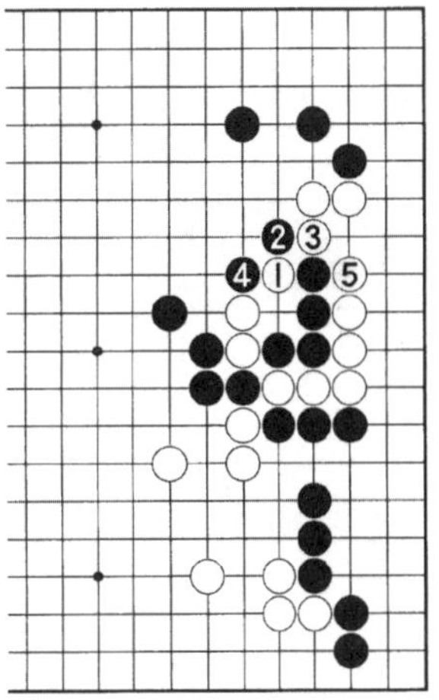

제 13 형 백번

## 공격

우변의 전투.
백을 끊고 있는 우변의 흑 4점을 공격한다. 백도 엷은 모양이기 때문에 최대한 힘을 내서 공격하지 않으면 반대로 무너진다.

## 5점 잡기

백1의 마늘모 붙임은 흑의 공배를 메우고 중앙으로 탈출을 막는 맥이다. 흑2로 막으면 백3, 5로 젖혀 이어 백7까지 흑 5점을 잡는다. 흑6으로 7로 이으면 백6으로 뚫으면 된다.

## 환격

흑2로 젖히는 변화이다. 백3으로 끊어 그만이다. 흑4로 단수치면 백5로 환격이 된다. 백1로 2의 마늘모는 흑4로 건너붙여 실패한다.

※ 이 문제는 오류가 있는 문제이며 어떤 오류가 있는지 찾아보세요.

입구자붙임

수상전

제14형 흑번

(1068)

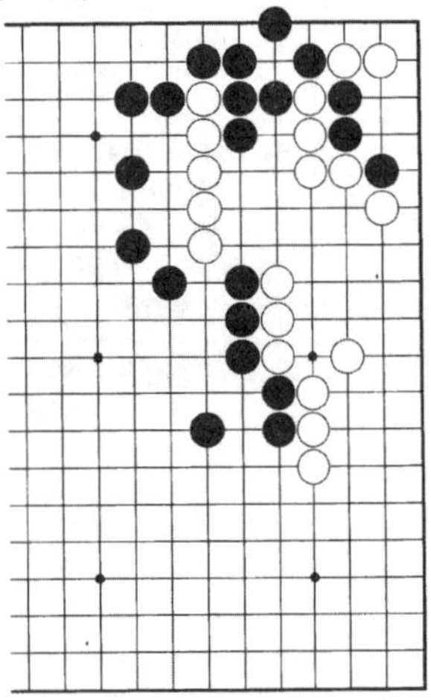

解

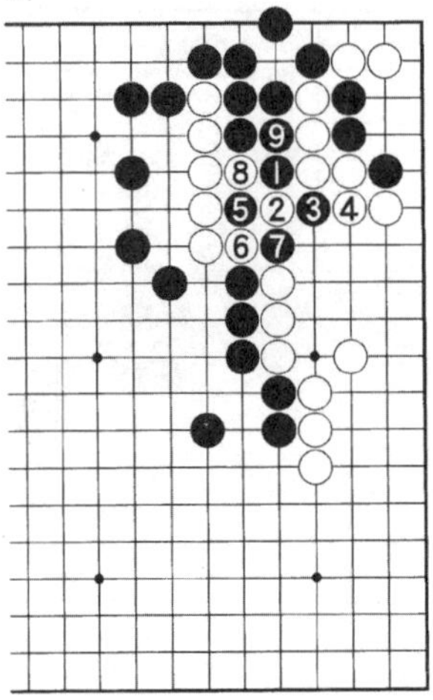

変

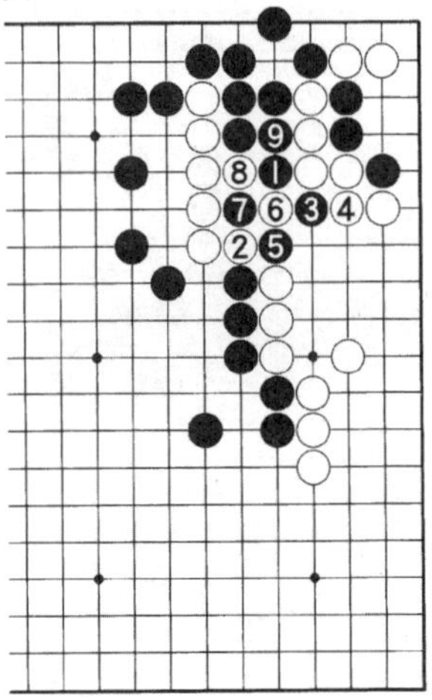

### 노림수

중앙의 백 5점을 잡는 문제.

5점을 직접 공격하는 것은 어떻게 하여도 잘 되지 않는다. 우상귀의 흑 3점을 잡은 백의 자충의 모양에 노림수를 붙인다.

### 꽃놀이 패

흑1로 입구자 붙이고 3으로 끊는수가 냉엄하다. 백은 환격을 막으려고 백4로 이으면 흑5, 7로 백 1점을 따낸다. 흑9로 이으면 흑이 꽃놀이패를 쥘 수 있다.

※⑩→②

### 정해도로 돌아가다

백2의 변화이다.

흑3으로 선수하고 백4에 흑5로 끊으면 정해도와 같은 패가 난다. 흑1로 2에 나가면 백6. 흑1로 6에 날일자하면 백1, 흑2, 백8까지 각각 실패한다.

제1형 흑번

(1069)

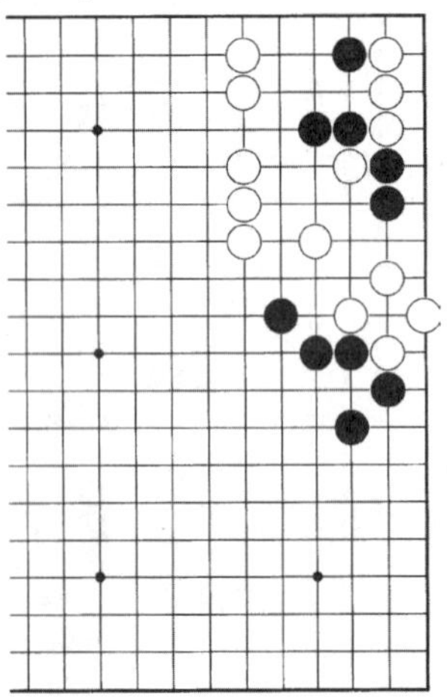

解

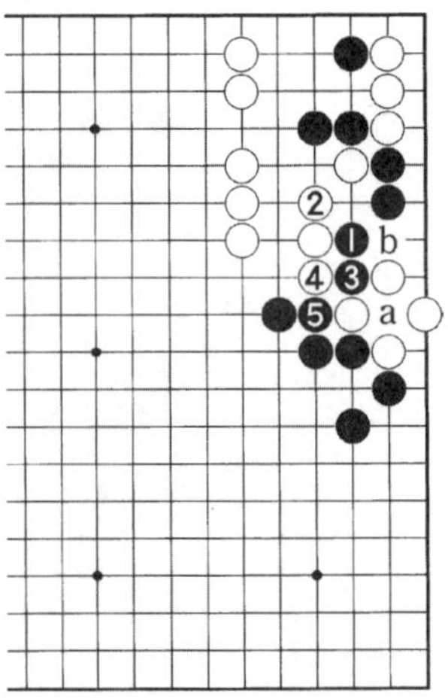

変

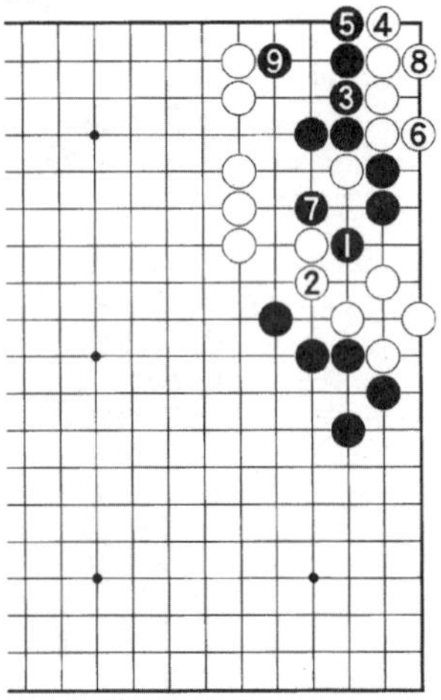

### 수상전

우상의 전투.

귀의 흑을 끊고 있는 백 1점을 공격하여 우변 백과 수상전을 노린다. 백이 우변을 살리면 귀의 백 3점을 공격하여 흑이 산다.

### 패

흑1로 입구자 붙여 백을 끊는다. 백2에 흑3으로 치받고 5로 끊어 패가 난다. 백a로 이으면 흑b로 수상전에서 흑 승.

### 흑 삶

백2로 늘어 우변을 살리는 변화. 흑3으로 이어 귀의 백을 공격한다. 백은 4부터 8까지 살 수밖에 없다. 흑9로 붙여 두집을 만든다. 백4나 6으로 7은 흑6으로 귀를 잡힌다.

입구자붙임

사활(죽음)

(1070)

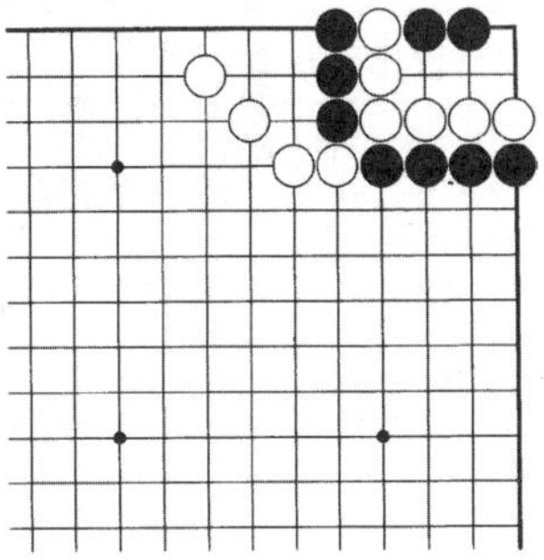

解

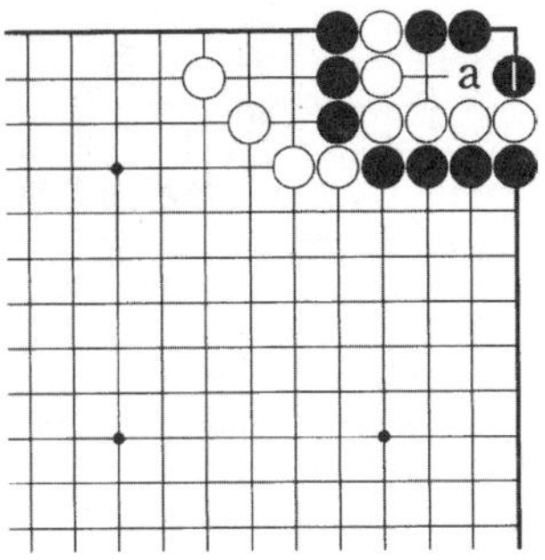

失

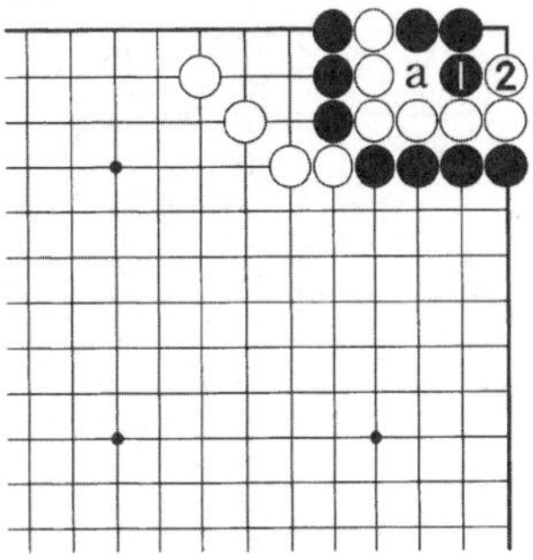

제2형 흑번

### 치중수

수상전 문제.
상변의 흑은 3수, 백도 3수이지만 치중한 방법이 신경 쓰인다. 흑의 다음 수는?

### 흑 승

흑1로 입구자 붙여서 흑이 승리한다. 유가무가이므로 백은 다음 수가 없지만 흑은 a에 메울 수 있다. 백의 수는 2수이다.

### 역전

흑1로 치중한 모양은 백2로 흑집을 만들 자리를 빼앗으면 상황이 역전된다. 귀의 백은 4집 치중으로 5수, 흑은 2수차이로 패배한다. 흑1로 a에 두어도 백2가 급소이다.

(1071)

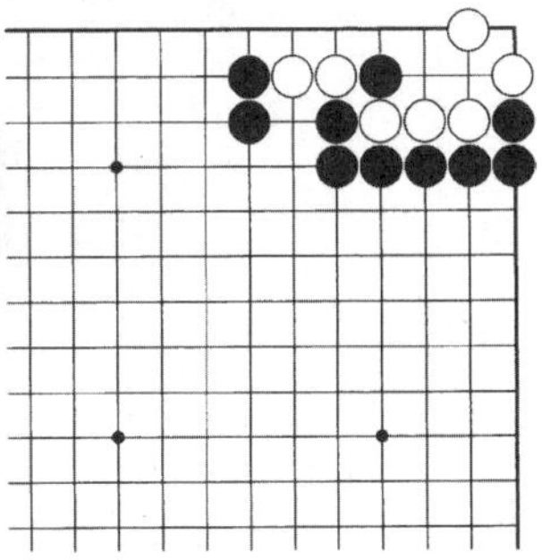

解

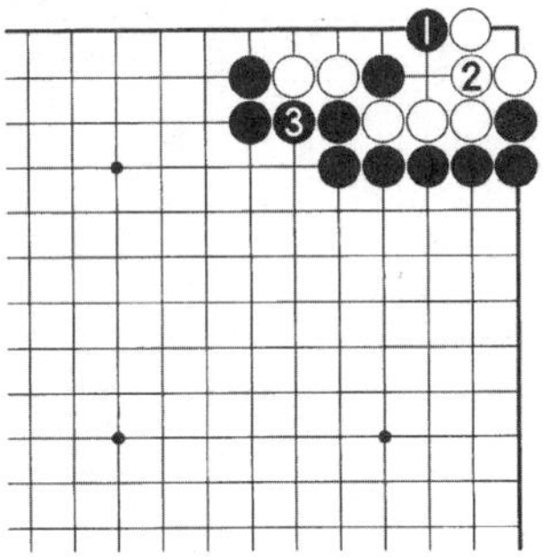

失

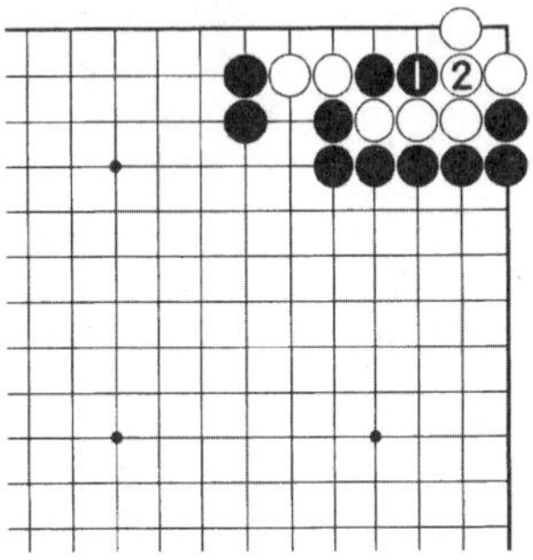

제1형 흑번

### 양자충

사활 문제.
백집 안에 있는 흑 1점이 활약한다. 백을 자충으로 유도하여 어느 쪽에서도 저항할 수 없게 만든다.

### 백 죽음

흑1의 입구자 붙임이 냉엄하게 활용된다. 백2로 받게 만들면 귀의 백이 자충에 걸린다.
흑3으로 바깥을 공격하면 백은 양자충으로 살 수 없다.

### 속수

흑1로 단수치는 것은 속수이다.
백2로 이어 흑 2점이 자충에 걸린다. 이후, 흑에게 백을 공격할 수단이 없다.

(1072)

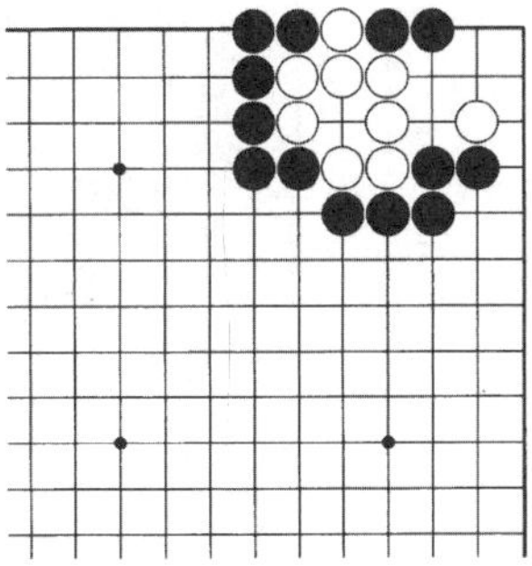

解

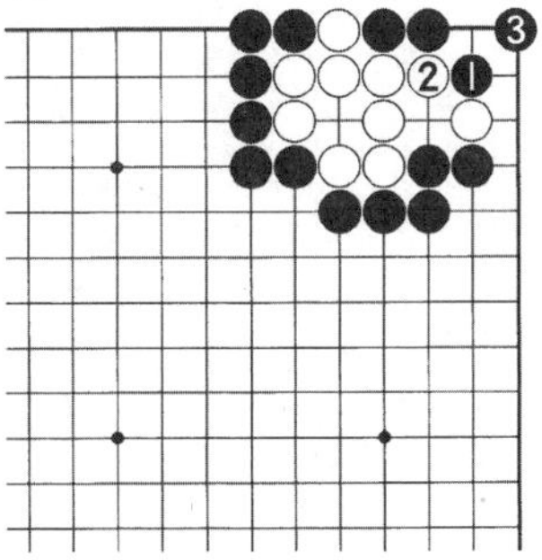

失

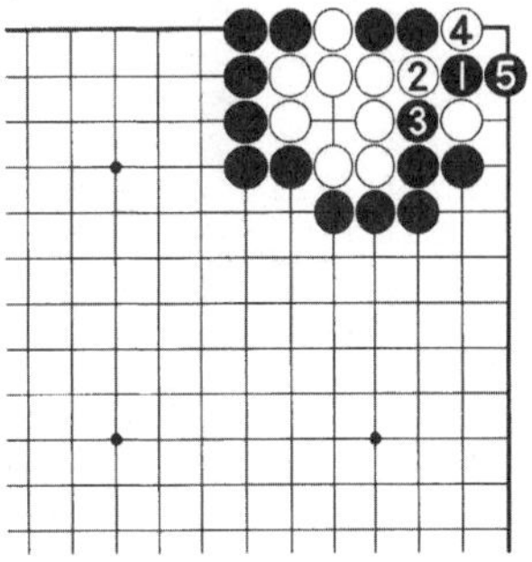

제2형 흑번

### 집을 뺏는다

사활 문제.
귀의 흑 2점은 살릴 수 없지만 백이 2점을 잡아도 집을 낼 수 없는 모양으로 만들 수 있다.

### 되따냄

흑1로 입구자 붙여 백의 자충을 노린다. 백2의 단수에 흑3의 '1 · 1'이 되단수치는 것을 보는 맥으로 백은 이후의 수가 없다.

### 백 삶

흑3으로 1점을 잡는 것은 실패한다. 백4로 흑 2점을 잡고 흑1의 1점이 단수가 된다. 백6으로 이어서 살 수 있다.
※⑥→②의 위

(1073)

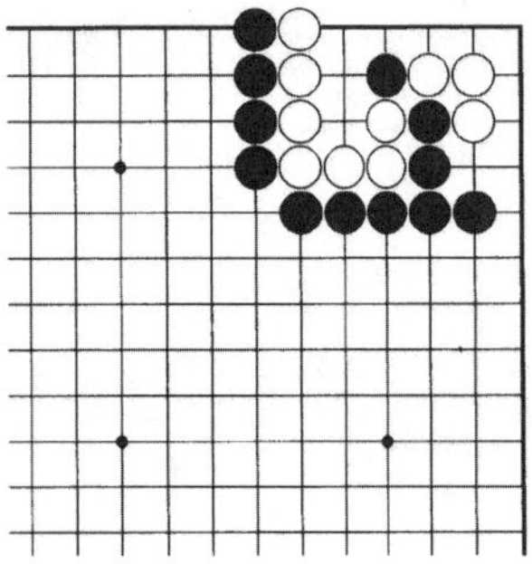

解

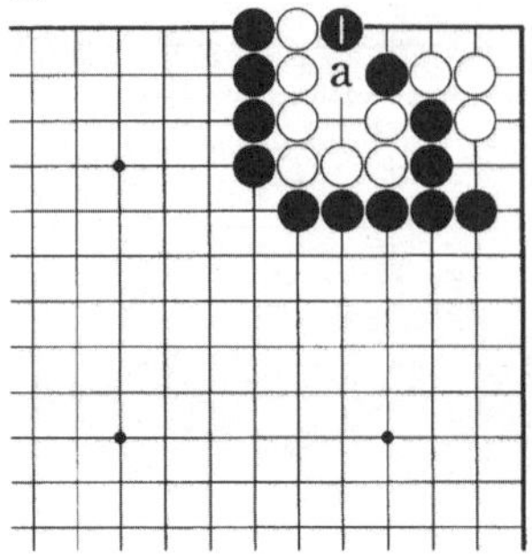

失

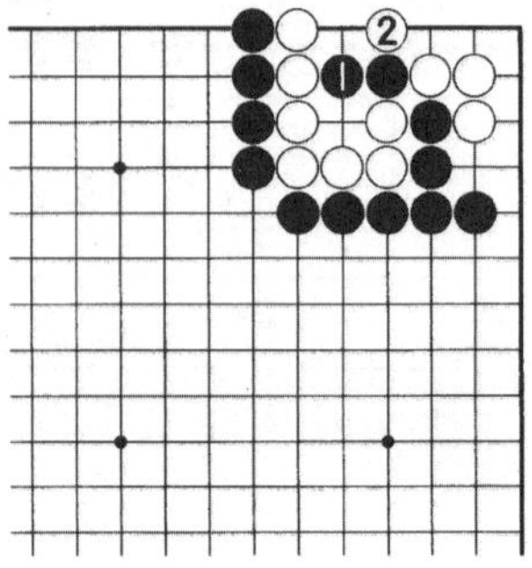

제3형 흑번

## 자충

흑이 두는 방법에 따라 백이 살수도 있고 죽을 수도 있다. 자충을 활용하여 두는 방법은?

## 양자충

흑1로 백은 다음 수가 없다. 자충에 걸렸기 때문에 백은 a에 둘 수 없다. 귀의 백도 이대로 함께 죽는다.

## 흑 실패

흑1은 수읽기가 부족하다. 백2를 당해 반대로 흑이 자충에 걸린다. 흑1로 2에 두어도 백1로 백은 2집으로 살게 된다.

(1074)

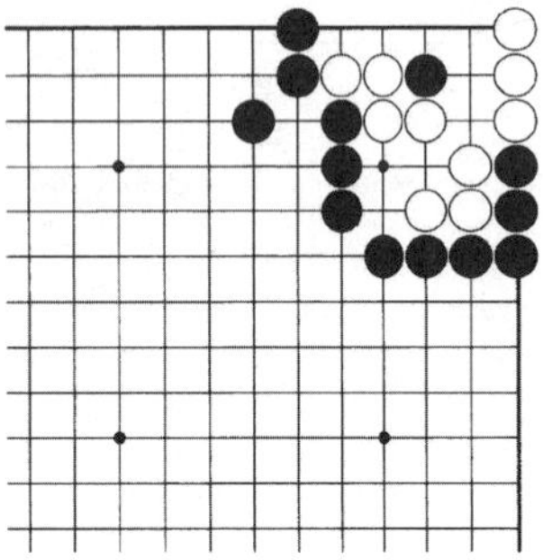

解

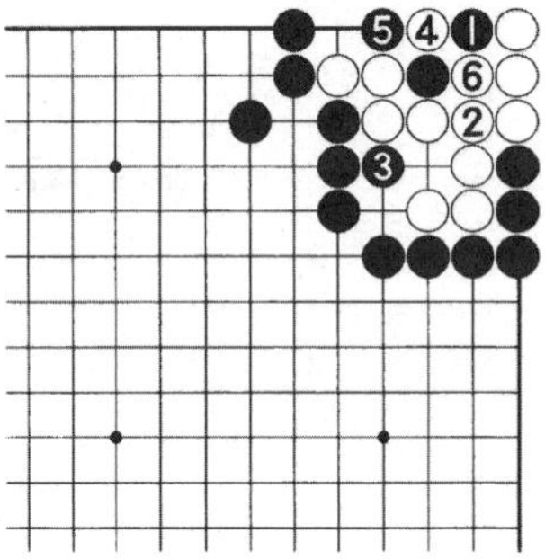

失

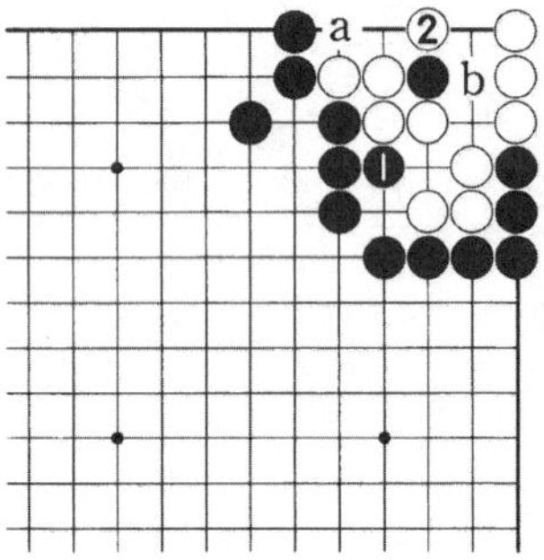

제4형 흑번

## 선수로 1집

백은 아래쪽에 후수 1집이 있으므로 선수로 위쪽을 1집으로 하여야 한다. 어디에 두어야 할까?

## 입구자붙임

흑1의 입구자 붙임은 선수로 백집을 빼앗는 급소이다. 백2로 3에 두면 흑2로 두어 환격이다.

※❼→④

## 흑 실패

흑1에 두면 백2로 두어 실패한다. 흑a라면 백b. 흑b라면 백a. 더욱 흑1로 2에 두어도 백1으로 백이 산다.

(1075)

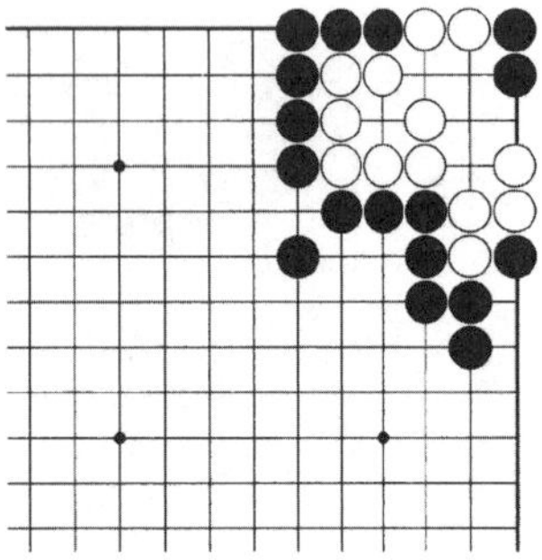

解

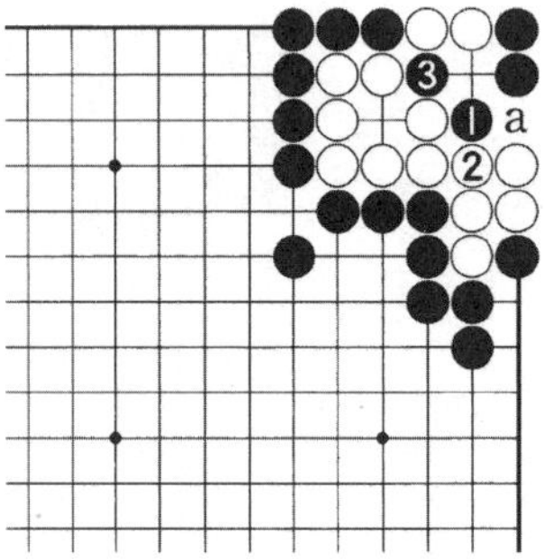

失

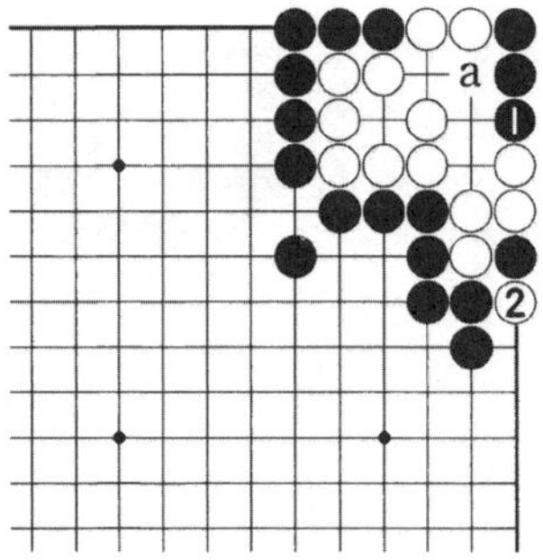

제5형 흑번

## 신중하게

궁도가 좁아 알기 쉽지만 아무렇게나 두면 실패한다. 신중하게 생각할 필요가 있다.

## 맞보기

흑1은 2와 3을 맞보기 하는 급소이다. 백2라면 흑3으로 백은 a에 둘 수 없다.

## 백 삶

흑1이나 a에 두어 단수치는 것은 백이 사는데 도움을 준다. 단수를 쳐도 백이 이어서 백의 삶을 확실하게 한다.

(1076)

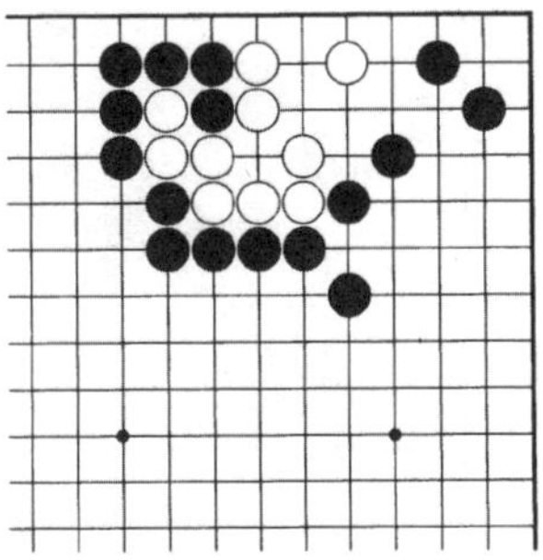

解

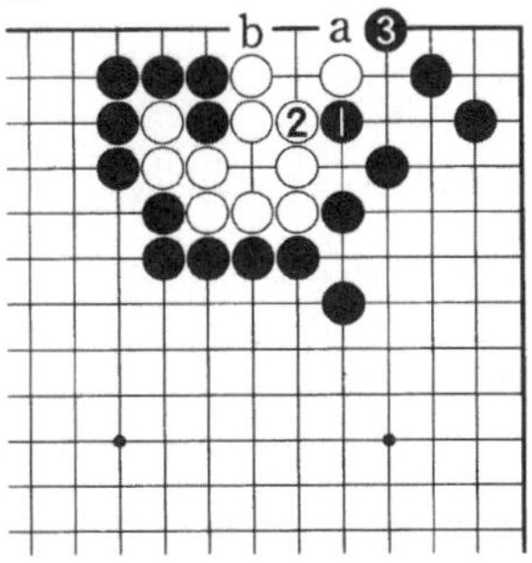

失

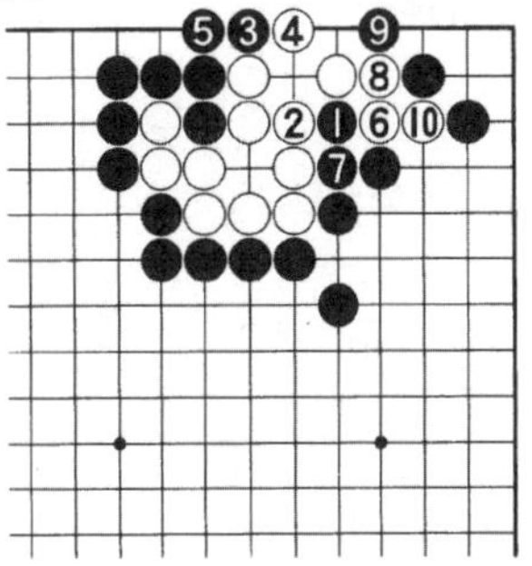

제6형 흑번

## 강경수단

백의 사활 문제.
백은 궁도에 여유가 있는 모양이지만 우상의 흑이 강해 백의 안형을 무너뜨리는 강경수단이 성립한다.

## 백 죽음

흑1로 입구자 붙여 백의 궁도를 좁히고 흑3으로 상변을 공격하여 백집을 부순다.
백a는 흑b. 이후, 백의 다음 수가 없다.

## 수습 불가능

흑3으로 상변에서 공격하는 변화. 백4부터 6, 8을 활용하여 상변에 머리를 내밀면 흑은 수습이 불가능하다.
백10으로 흑이 실패한다.

(1077)

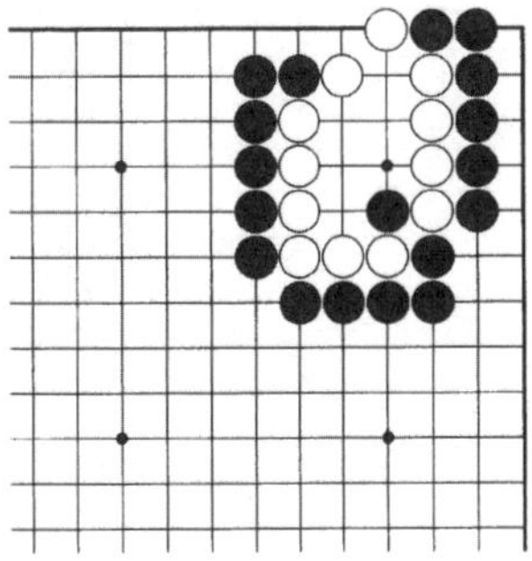

解

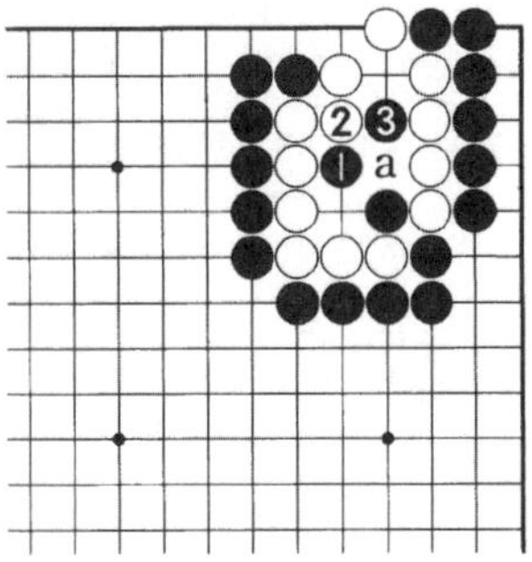

变

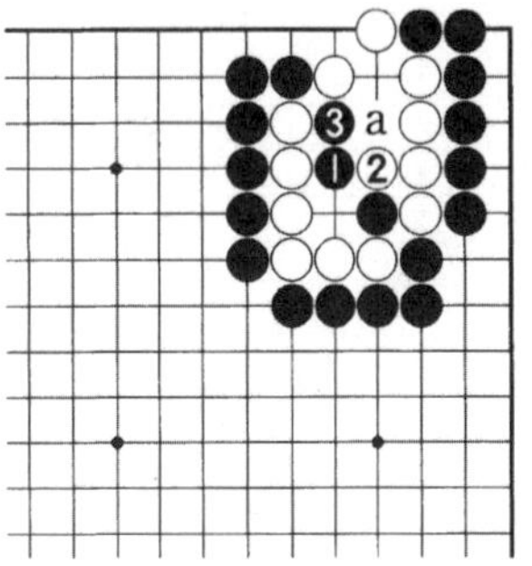

제7형 흑번

## 치중수

사활문제.
백은 흑 1점을 잡아 2집으로 살기 쉬운 모양이다. 흑은 백집을 1집으로 만드는 치중을 하여야 한다.

## 자충

흑1로 입구자가 냉엄하다. 백2, 흑3으로 삿갓사궁으로 잡힌다. 백은 자충으로 a에 둘 수 없다.

## 환격

백2로 단수치면 흑3으로 끊어 환격이 된다. 흑1로 2는 백a. 또 흑1로 3에 끊으면 백1. 모두 실패한다.

입구자붙임 끝내기

1078)

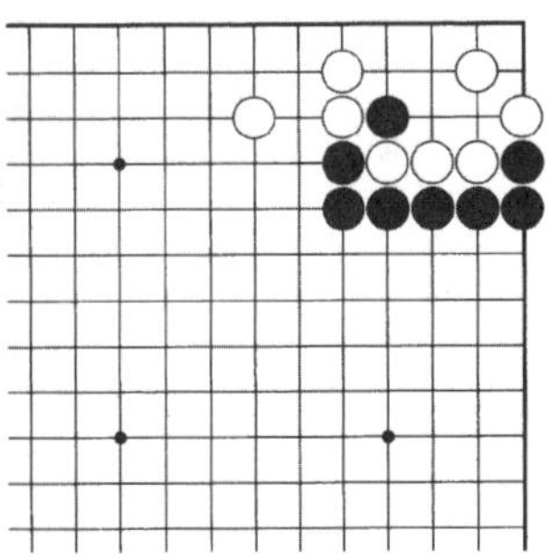

解

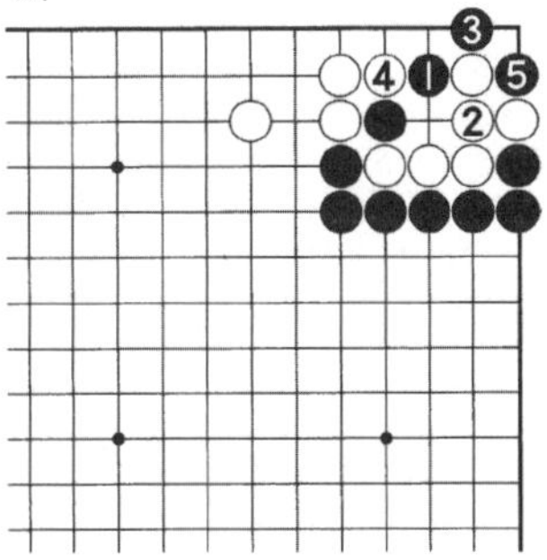

变

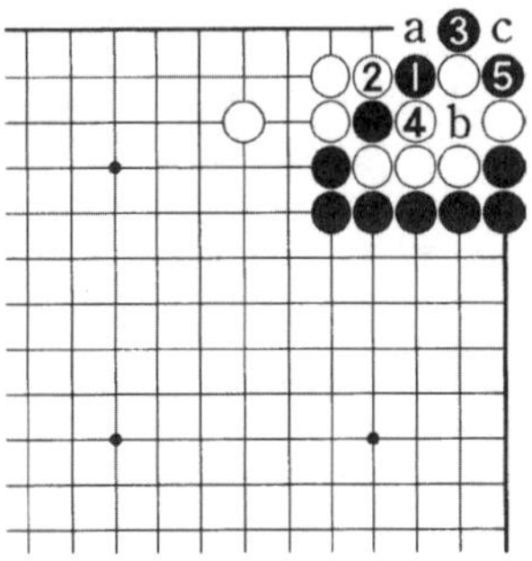

제1형 흑번

## 활력

끝내기 문제.
우상귀의 백은 흑의 끊는 수가 활력을 남기고 있어 맛이 나쁘다. 흑은 귀에 수를 만들어 큰 끝내기를 한다.

## 큰 패

흑1로 입구자 붙임은 백의 자충을 유도하는 맥이다. 백2로 3점을 이으면 흑3으로 젖히고 백4의 단수에 흑5로 먹여쳐서 패가 된다.

## 큰 이득을 보다

백2로 단수쳐도 흑3으로 젖히는 변화. 백4, 흑5로 패가 난다. 이후 백a, 흑b, 백c로 양패이지만 흑은 8집의 끝내기를 한 셈이다.

# 내려서다

변 쪽 돌을 변 방향으로 늘리는 모양을 가리킨다. 돌이 하나 늘 때마다 공배가 둘 이상 늘기 때문에 수상전 등의 전투에서 유리하다. 제4선에서 뻗으면 '철주를 내린다.'고 하며 곧 공방의 급소가 되는 일이 많다.
흑1은 변의 제1선에서 내린 수이다.
귀의 '2·1' 활용도 겸해서 백 3점을 잡는다.

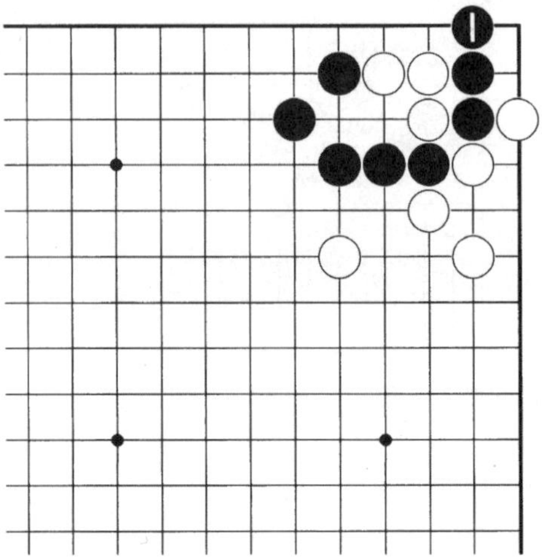

내려서다
정석변화

제1형
흑번

(1079)

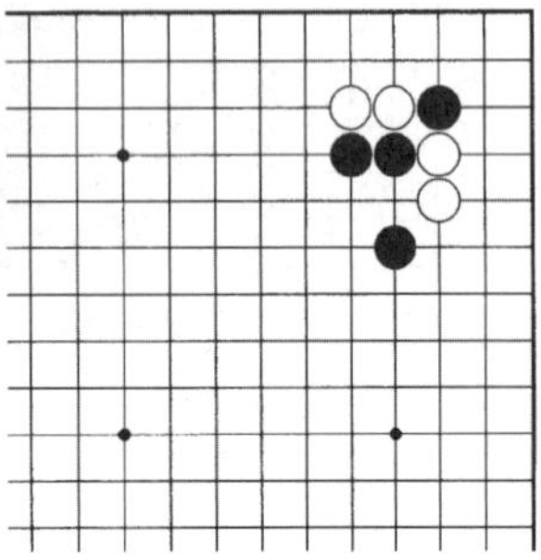

방향
고목 정석의 변화이다.
귀의 흑 1점을 최대한 움직여서 이용한다. 공격하기 쉬운 돌은 어느 쪽 2점인지에 따라 방향을 결정한다.

解

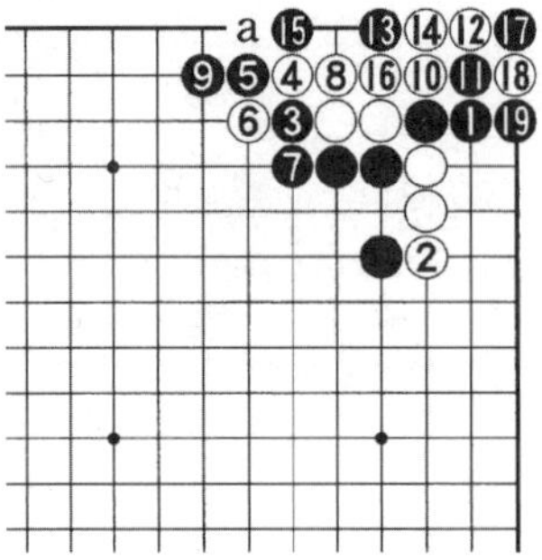

패
흑1로 뻗어서 상변을 노린다. 백2 이후에 흑3, 5로 공배를 메워 백 2점을 공격하고 흑19까지 흑이 유리한 패가 난다.

失

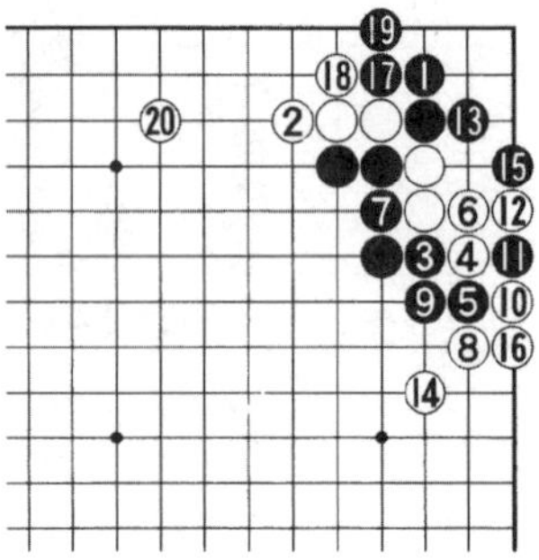

백 싸운다
흑1은 틀린 방향이다. 백2 이후 흑3으로 공격해도 우변의 백은 공배가 하나 비어서 탄력이 있다. 백10이후 귀의 흑을 살려도 백20으로 백은 싸울 수 있다.

제2형
백번

(1080)

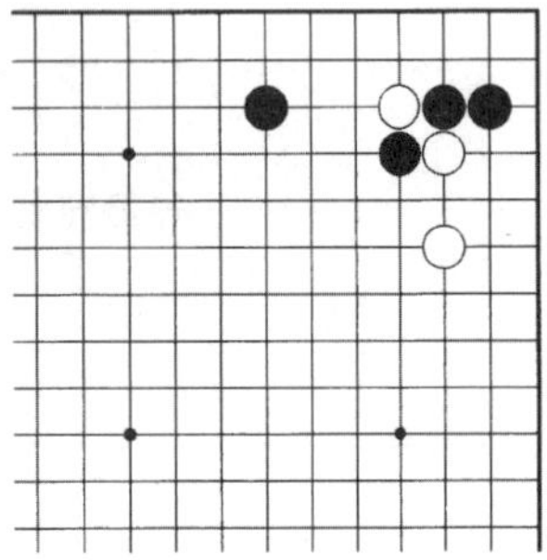

강화
화점 정석의 변화이다. 백은 귀를 수습하려 하고 흑에 강하게 저항한다. 우변을 강화하고자 하면 어떻게 두어야 할까?

解

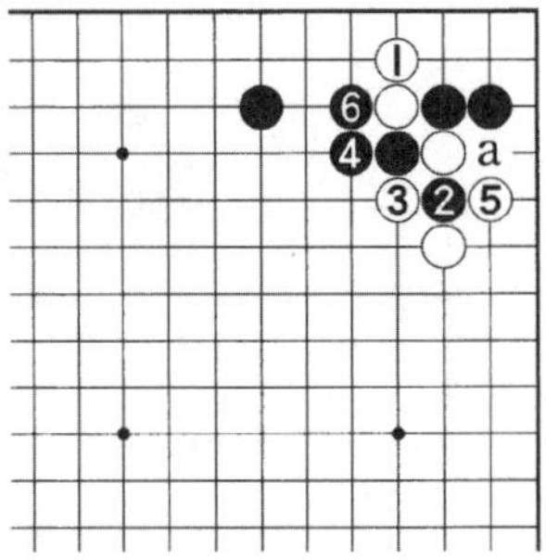

빵때림
백1의 뻗음은 사석 이용의 맥이다. 흑2의 단수에 백3으로 맞끊어서 5로 따내면 우변이 강력해진다. 흑4로 a는 백4로 조여서 백이 좋다.

失

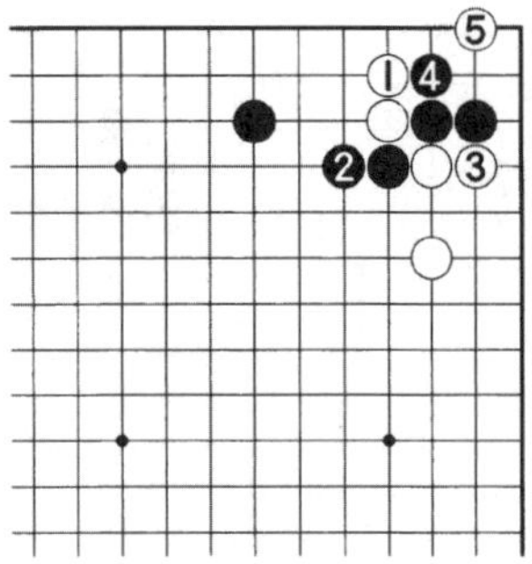

백 승
흑2로 느는 것은 악수이다. 백3으로 막아서 귀의 흑을 살릴 수 없다. 흑4에 백5로 치중하여 수상전은 백이 이긴다.

(1081)

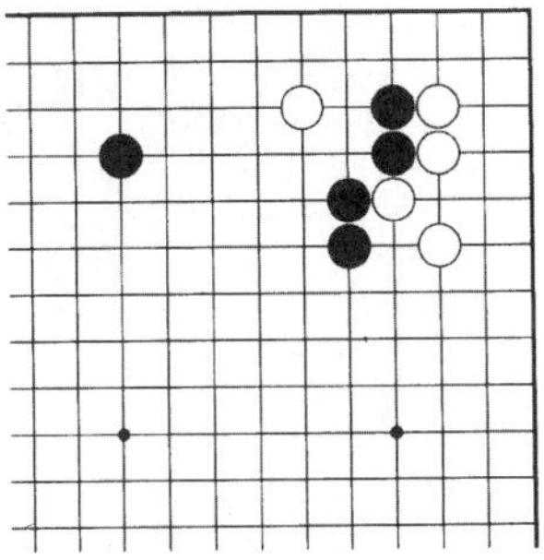

## 제3형 흑번

### 최강

화점 정석의 변화이다. 상변의 흑 2점이 공격당하는 모양으로 흑은 상변의 세력을 이용해 최강의 수로 저항하여 싸울 수밖에 없다.

解

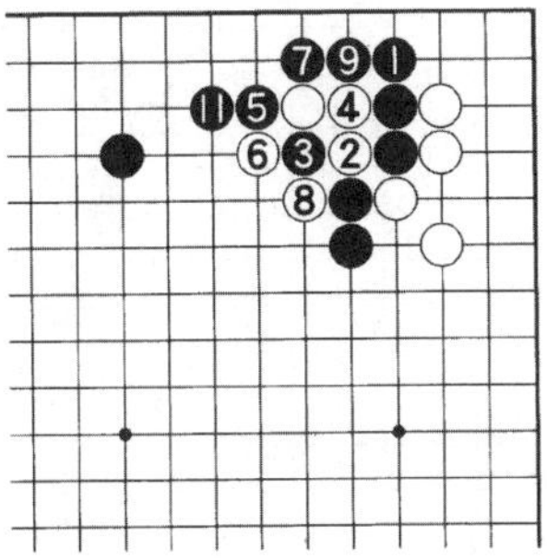

### 포도송이

흑1의 뻗음이 강수이다. 백2의 끊음에 흑3으로 단수치고 5로 막는다. 백6이라면 흑7부터 11까지 백을 포도송이로 만든다.

※⑩→❸

变

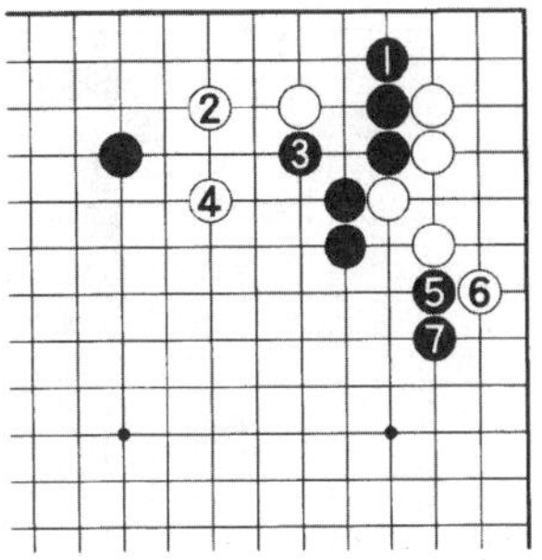

### 흑 충분

백2로 받으면 흑3으로 호구친 모양이 튼튼하다.

백4로 도망쳐서 흑집을 도려내도 흑5, 7로 우상을 두텁게 하여 흑은 충분하다.

(1082)

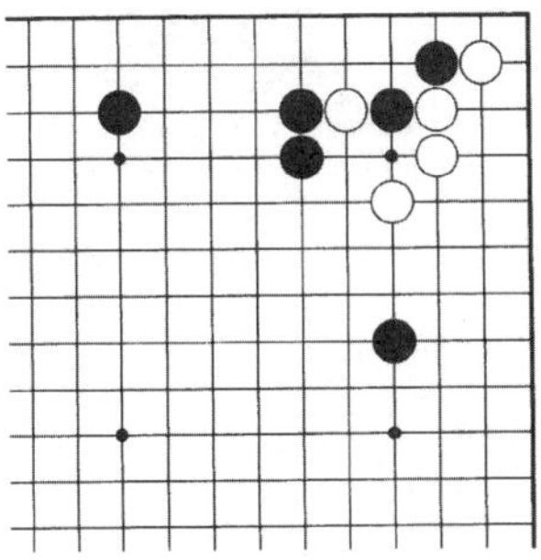

## 제4형 백번

### 근거

한 칸 높은 걸침 정석의 변화이다. 백은 귀의 근거를 확실히 해서 주변 흑의 두터움을 노리고 싶다.

解

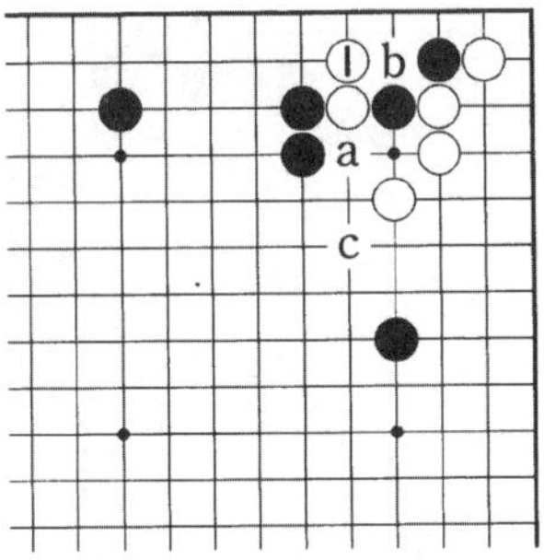

### 빈틈없이

백1의 뻗음이 맥이다. 이후 흑a는 백b로 받아 귀가 튼튼해지며 상변은 뒷문이 열려 있다.

失

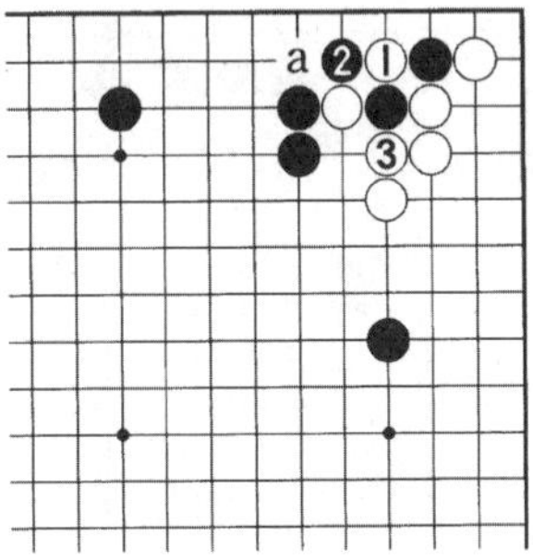

### 백 불만

백1로 끊으면 흑2의 단수를 활용당하여 불만이다. 백 모양은 튼튼하지만 상변의 노림은 a로 끊는 것으로 한정되어 있다.

(1083)

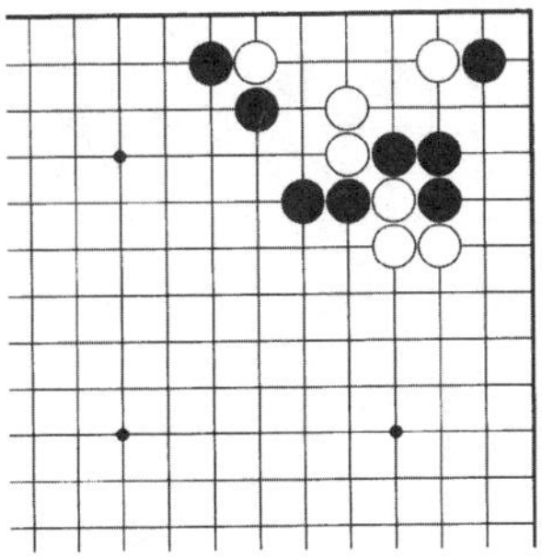

## 제5형 백번

### 적극

한 칸 협공 정석의 변화이다.

상변의 백을 살리려면 소극적인 방법과 적극적인 방법 두 가지 중에서 한 가지를 선택해야 한다.

解

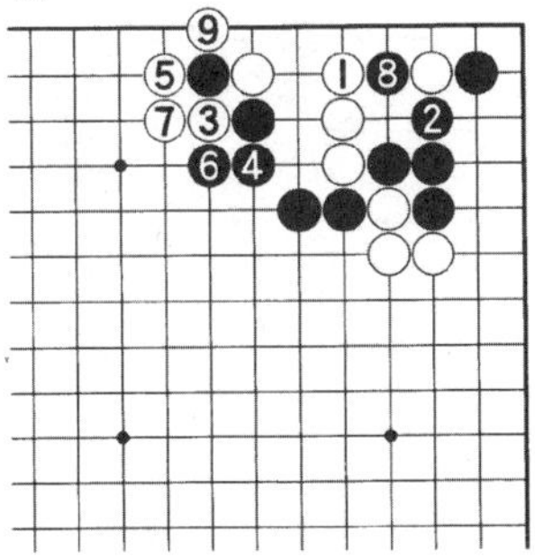

### 반격

백1의 뻗음은 귀와 상변으로 반격을 양쪽으로 노리는 맥이다.

흑2라면 백3으로 끊어 백9까지 상변으로 진출하여 중앙의 흑을 노린다.

失

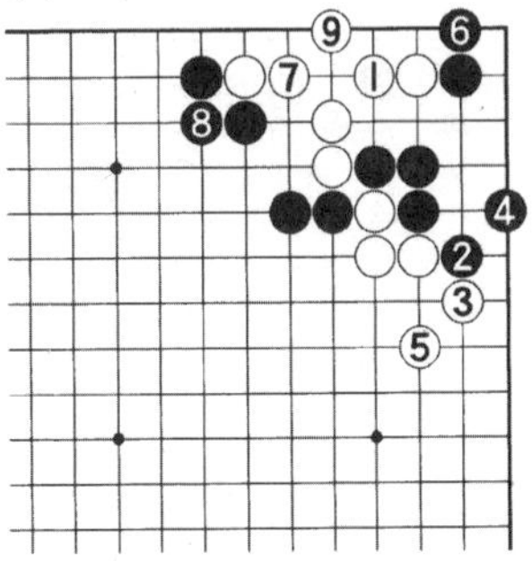

### 백 불충분

백1로 당기면 흑2부터 6까지 살아버린다.

백7에 흑8도 선수가 되어 백9까지로 산다. 하지만 상변의 흑이 두터워져서 백은 불만이다.

제6형 흑번

(1084)

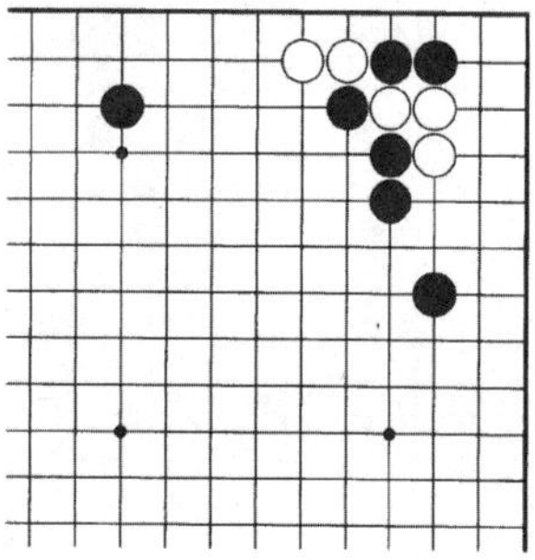

解

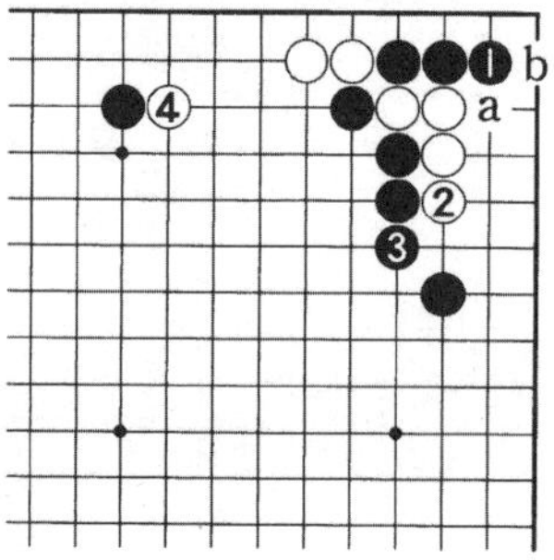

失

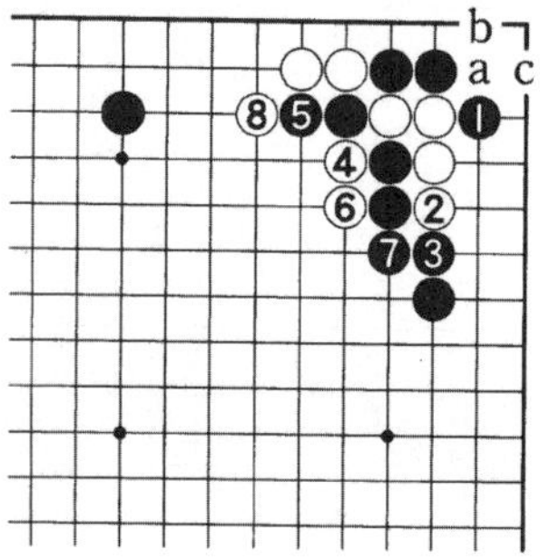

### 최강

우상은 화점 정석의 변화이다. 흑집을 도려내러 온 백을 공격하기 위해 흑은 최강의 수로 버티고 싶다.

### 귀를 빼앗다

흑1의 뻗음으로 백을 둘로 나누면 귀의 백 3점은 살릴 수 없다. 흑3 이후 백a는 흑b로 승리한다.
백4부터 수습을 구하게 된다.

### 흑 불리

흑1의 젖힘은 백2로 받아 위험하다. 흑3은 백4부터 8까지 축.
흑3으로 7로 늘면 백a, 흑b, 백c로 귀를 공격하여 흑이 불리하다.

내려서다

건넘

제1형 흑번

(1085)

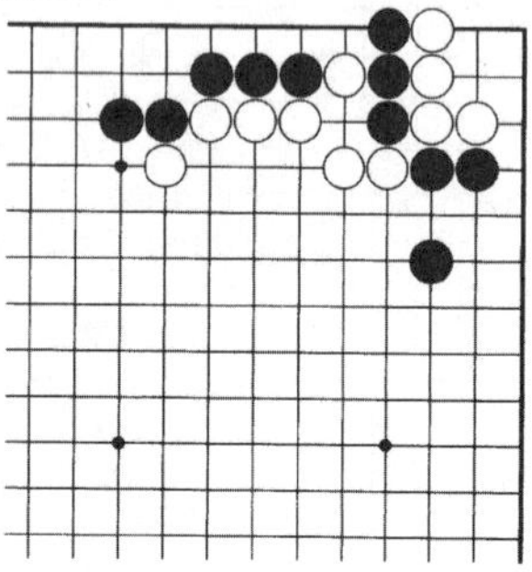

解

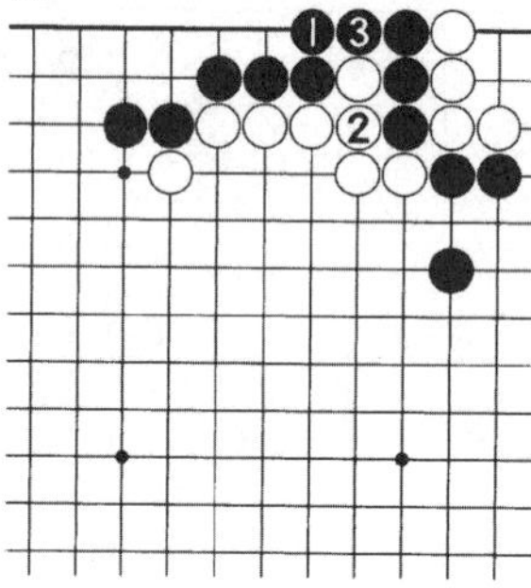

失

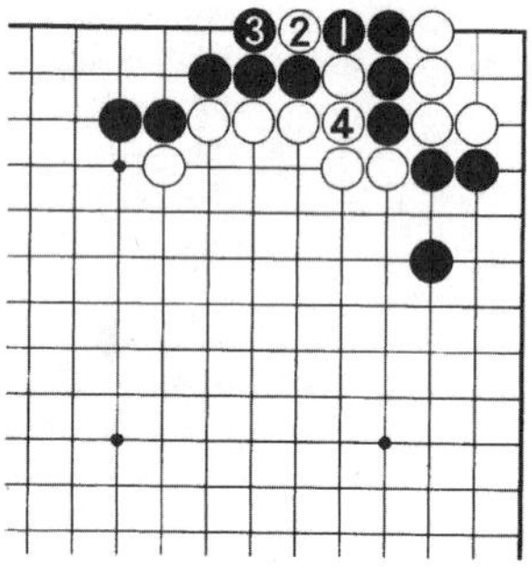

### 고사되다

우상의 전투.
흑 3점을 살리면 귀의 백 4점이 말라 죽게 된다. 흑은 촉촉수를 피할 연구가 필요하다.

### 맥

흑1이 맥이다. 1선에 뻗어서 흑 3점을 연결한다.
백2에는 흑3. 상변의 공배가 비어서 백은 다음 수가 없다.

### 촉촉수

흑1로 건너면 백2로 먹여쳐서 실패한다. 흑3은 백4로 촉촉수에 걸린다. 흑3으로 4에 두어 백 1점을 따내는 것은 환격의 모양이다.

제2형 흑번

(1086)

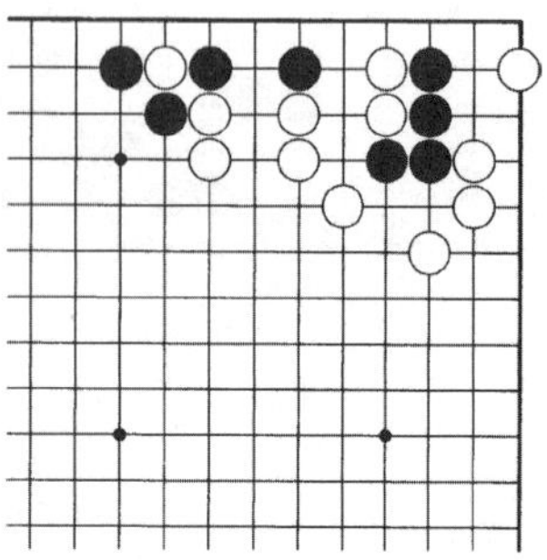

解

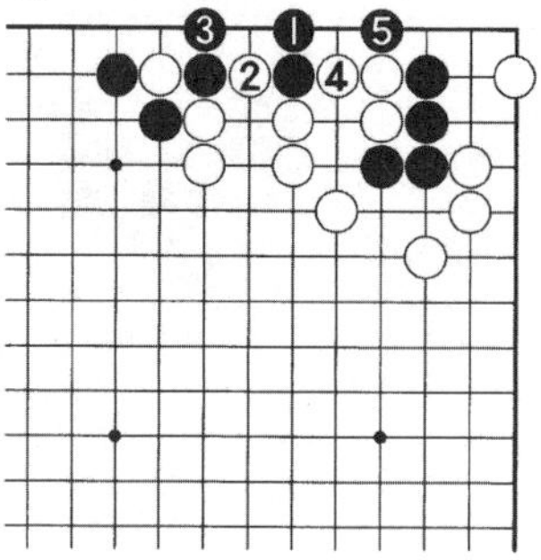

失

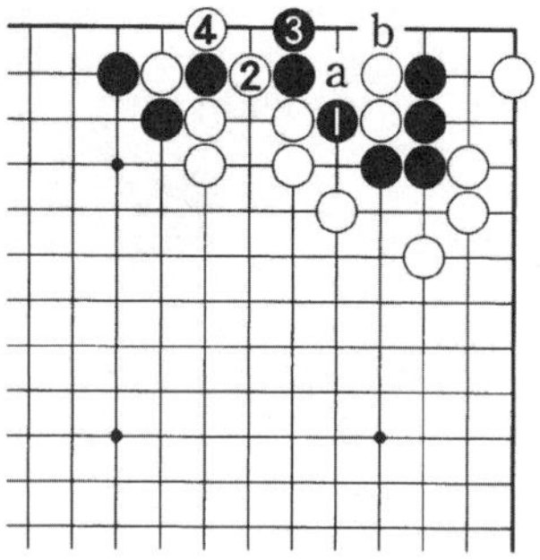

### 장거리

상변의 전투.
오른쪽의 4점과 왼쪽의 흑은 거리가 상당하지만 1 수로 연결할 수 있다.

### 건넘

흑1의 뻗음이 맥으로 건너간다. 백2로 단수치면 흑3. 백4로 건넘을 막으려고 해도 흑5. 백은 자충 때문에 흑을 끊을 수 없다.

### 흑 실패

흑1로 두면 백 2점을 잡을 수 있지만 백2, 4로 실패한다. 우상의 흑은 백a를 방어하고 b로 두어 도 패의 죽음이 남는다. 상변 흑집도 사라진다.

제3형 백번

(1087)

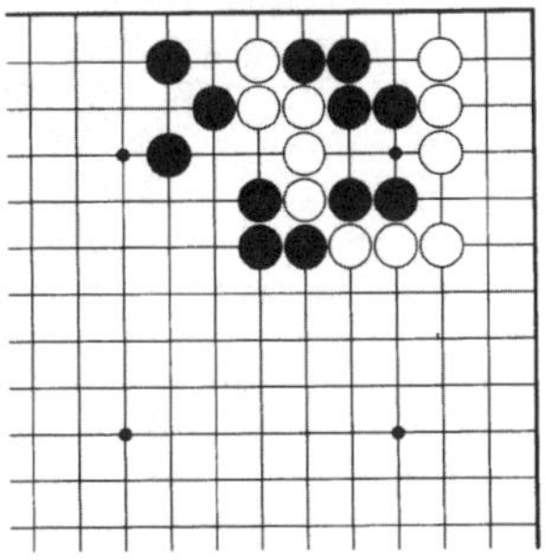

## 경계

상변의 수상전.
쌍방의 공배가 많아 어디서부터 공격해야 할지 망설여진다. 백은 경계를 확실히 짓는 수를 두어야 한다.

解

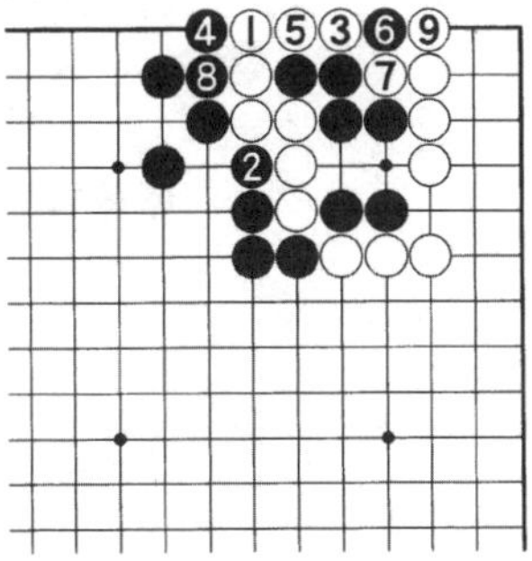

## 백 승

백1의 뻗음이 결정짓는 수가 된다. 흑2, 4로 바깥에서 공격할 수밖에 없다. 백3, 5로 상변으로 건너간다.
흑4로 5는 백7로 승리한다.

失

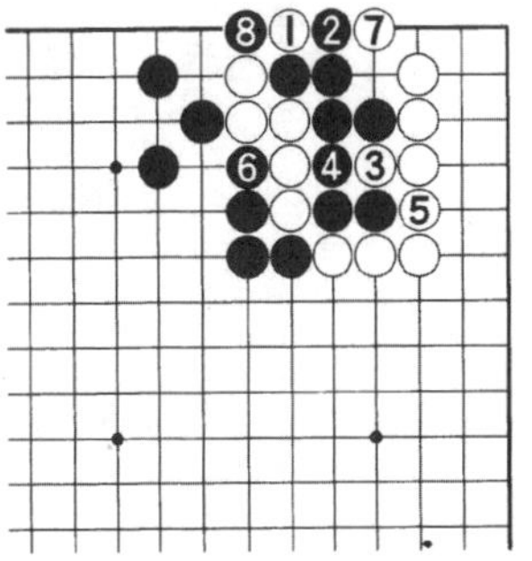

## 1수 부족

백1의 젖힘은 흑2로 막아서 실패한다. 백3, 5로 공배를 메워도 흑8까지 흑이 한 수 진다.
백3으로 8은 흑6.

제4형 흑번

(1088)

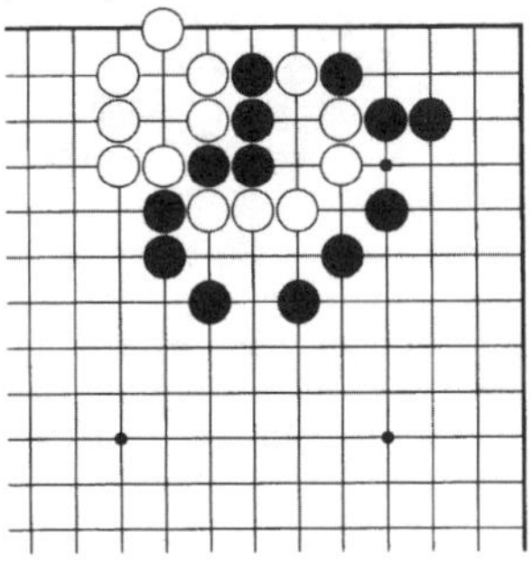

## 무조건

상변의 전투.
흑 4점이 살려서 우상의 백 6점을 잡는다. 경솔하게 두면 패가 되어서 실패이다.

解

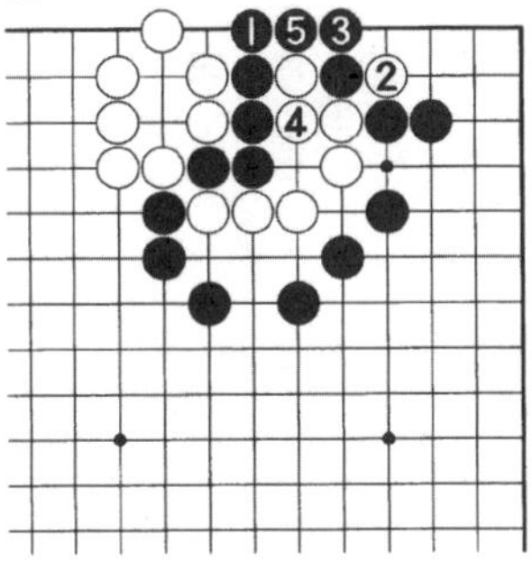

## 건넘

흑1의 뻗음이 맥이다. 백2로 끊어도 흑3으로 뻗어서 건너간다. 중앙의 백은 모두 흑집으로 들어간다.

失

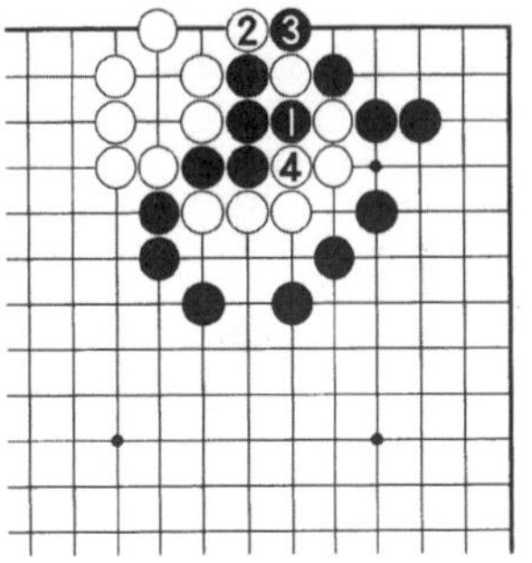

## 흑 실패

흑1로 잡으면 백2로 단수쳐서 실패한다. 흑3, 백4로 촉촉수를 노리는 패가 된다.
흑1로 3으로 두어도 백2로 같은 모양이다.

제5형 백번

(1089)

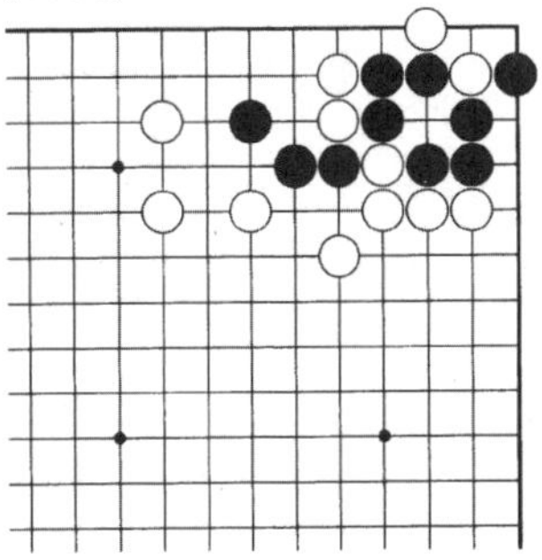

## 수중

수상전 문제.
귀의 흑 2점을 사석이다. 상변의 2점을 살리면 흑 3점을 백의 수중으로 집어 삼킬 수 있다.

解

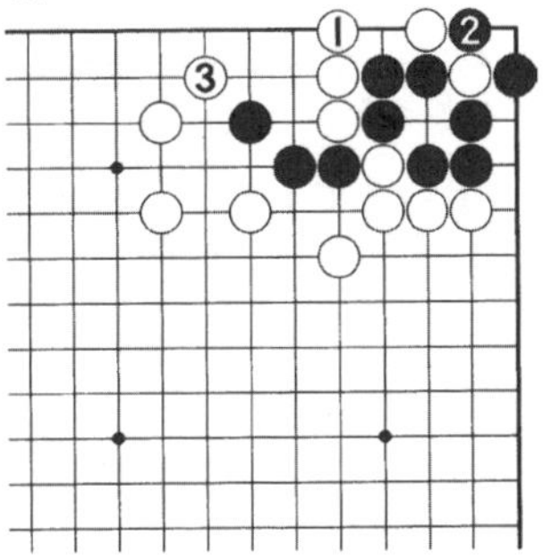

## 건넘

백1의 뻗음이 맥이다. 흑2로 귀에 가일수할 수밖에 없지만 백3으로 입구자하여 상변으로 건너간다.

変

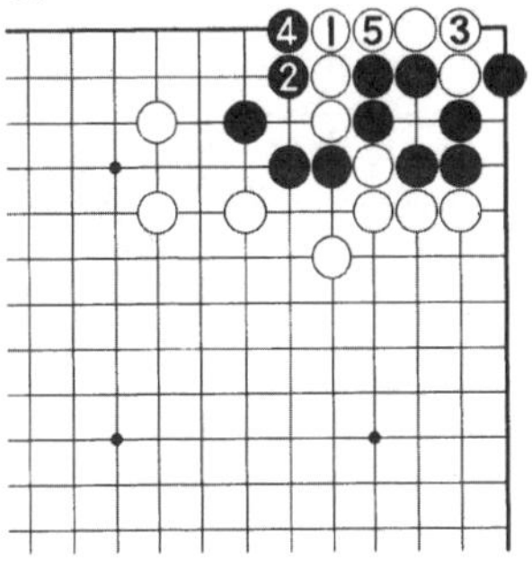

## 자충

흑2로 건너지 못하게 막는 변화이다. 백3으로 이어서 흑이 자충에 걸린 모양이다. 백5까지 귀의 흑이 잡혀서 우상귀의 흑이 전멸한다.

(1090)

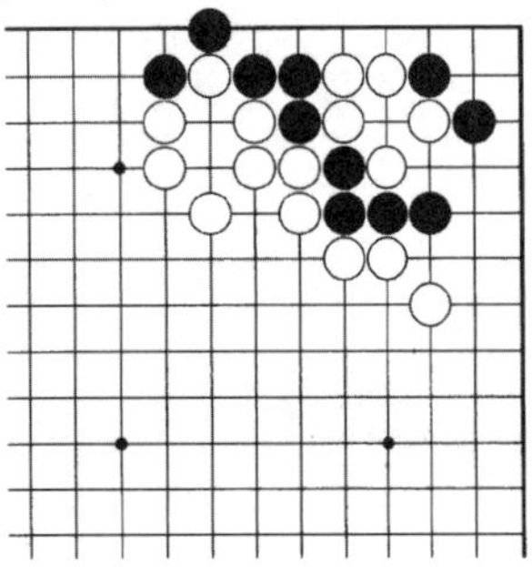

解

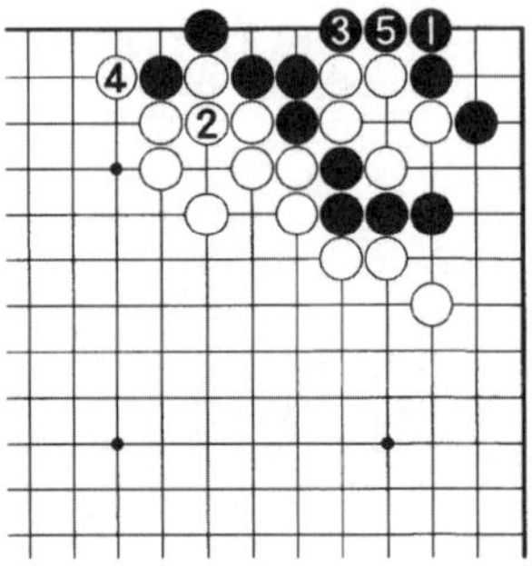

失

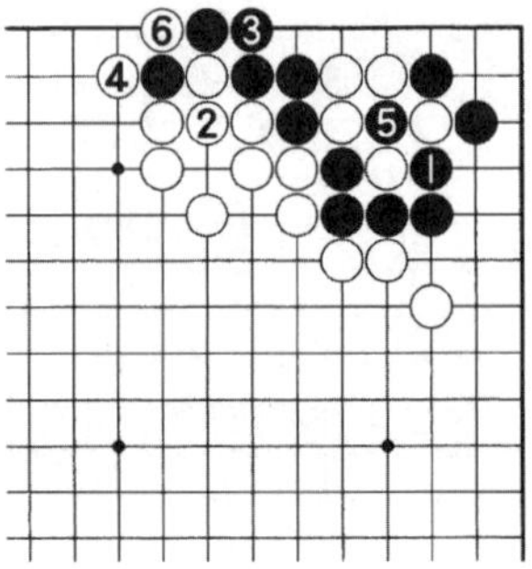

**제6형 흑번**

### 결함
상변의 수상전.
흑은 우상귀의 결함을 지켜야 한다. 단, 지키기만 하는 수로는 수상전에서 흑이 진다.

### 건넘
흑1의 뻗음이 맥이다. 귀를 지키고 백과의 수상전도 겸한 수이다. 백2로 상변을 이으면 흑3으로 젖혀 백의 자충을 추궁하여 귀로 건너간다.

### 백 승
흑1의 단수는 상변에 있는 백 3점에 대한 공격이 되지 않는다.
백2, 흑 이후, 백4로 단수쳐 흑은 2수이다. 6으로 수상전은 백의 승리이다.

(1091)

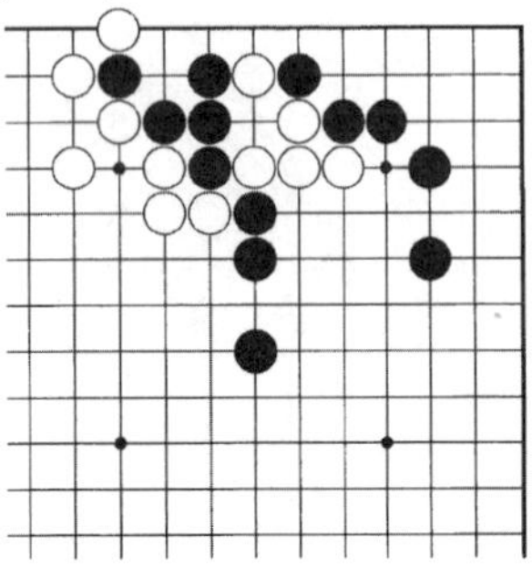

解

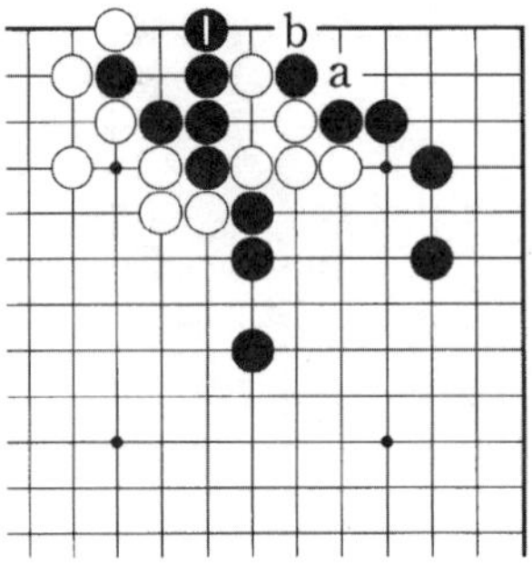

失

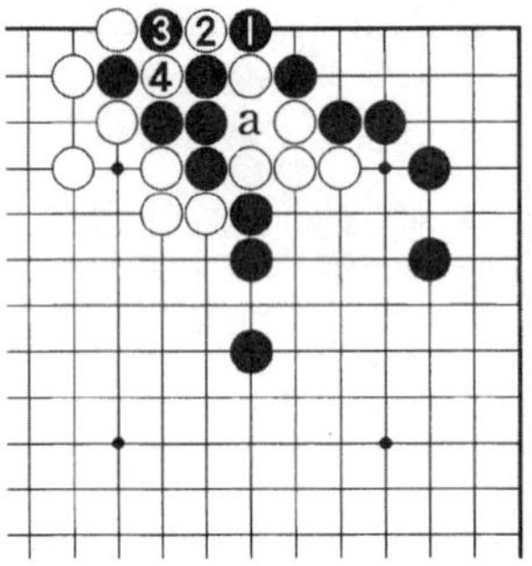

**제7형 흑번**

### 무사
상변의 전투.
우상의 백을 끊고 있는 흑 4점이 무사히 귀와 연결되면 백 5점은 죽는다. 무사히 건너가는 수를 궁리해보자.

### 건넘
흑1의 뻗음은 자충을 막으면서 건너가는 것을 보는 맥이다.
백a는 흑b. 상변을 무사히 건너서 우상의 백 5점은 흑의 수중으로 들어왔다.

### 흑 실패
흑1의 단수는 백2로 먹여쳐서 안 된다. 흑3, 백4 이후, 흑2로 이으면 백a, 흑4의 왼쪽에 패를 잡는 것이 된다.

(1092)

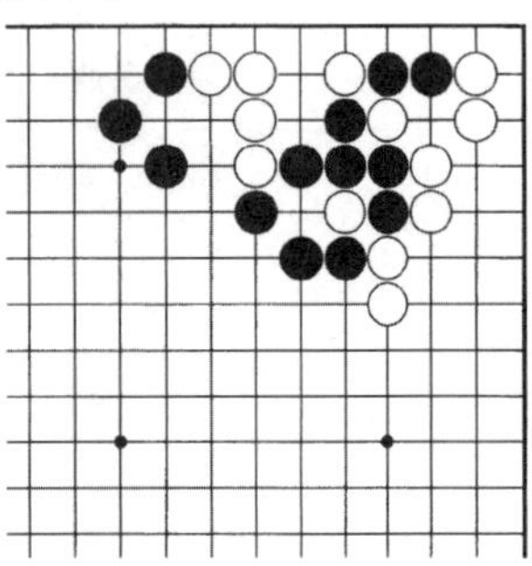

解

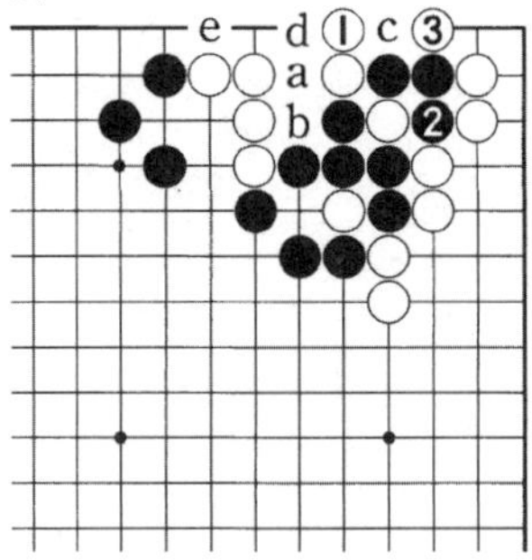

失

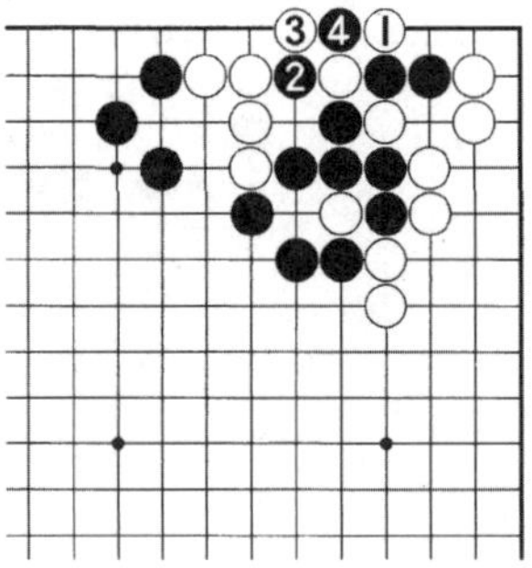

**제8형 백번**

### 건넘
상변의 전투.
중앙의 흑의 자충을 추궁하여 백 4점을 우상으로 건너가는 것이 가능하다.

### 일석이조
백1의 뻗음이 좋은 수다. 흑a를 막으면서 백 1점을 살리는 수를 노리는 일석이조의 수이다. 흑2에 백3으로 건넌다. 흑2로 a는 백b, 흑c, 백d로 2와 e를 맞보기한다.

### 패
백1의 젖힘은 흑2로 단수친다. 백3으로 패로 받을 수밖에 없지만 무조건 살릴 수 있는 것을 패로 해서는 실패한다.

(1093)

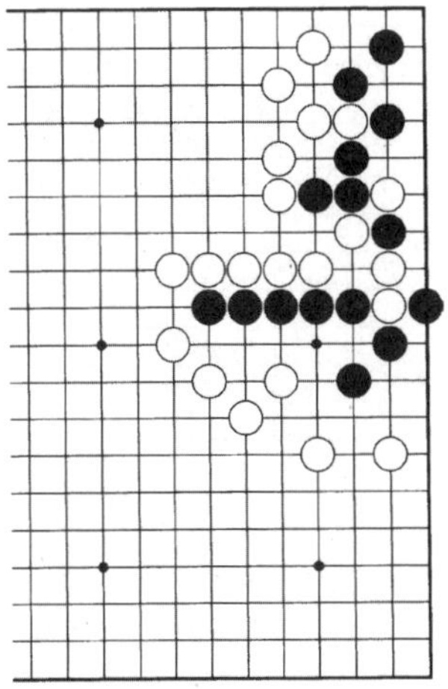

解

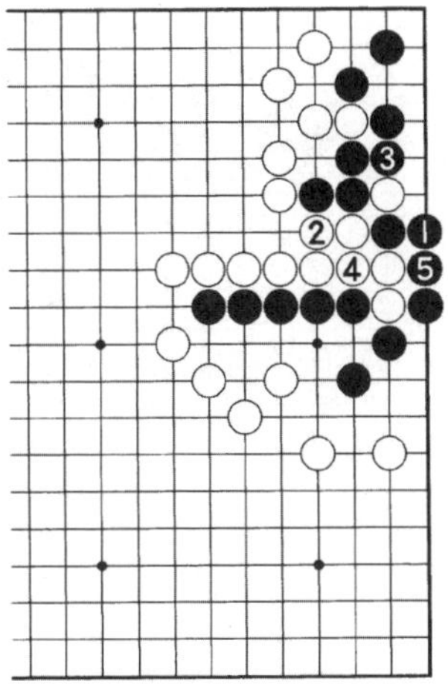

变

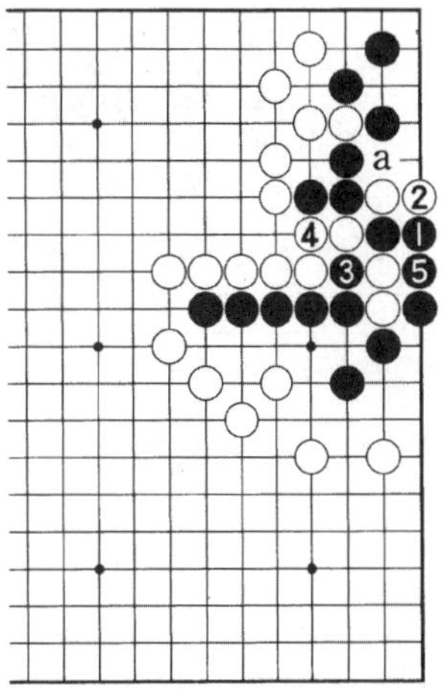

제9형 흑번

## 좋은 수순

우변의 전투.
백은 흑 1점을 잡고 위아래의 흑을 분단하는 것처럼 보이지만 흑은 멋진 수순으로 위아래를 연결하여 살 수 있다.

## 건넘

흑1의 뻗음이 위기를 수습하는 맥이다. 백2로 흑 3점의 공배를 메우면 흑3으로 이어 1점을 잡고 백4, 흑5로 우변으로 건너간다.
백2로 4도 흑5.

## 자충

백2로 단수치면 흑3으로 끊는다. 백4, 흑5로 백 2점을 따내면 백은 자충으로 a에 끊을 수 없다. 흑1로 3에 끊으면 백1, 흑4, 백a로 끊어 백의 꽃놀이패이다.

(1094)

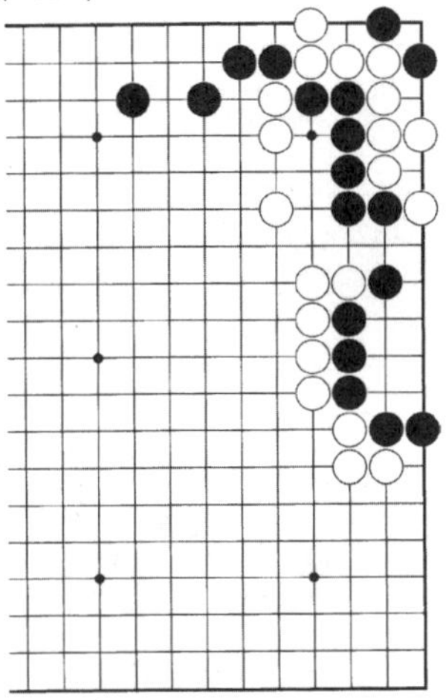

解

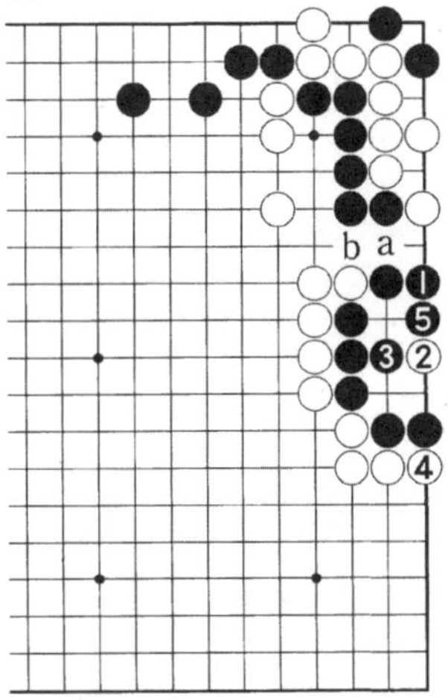

失

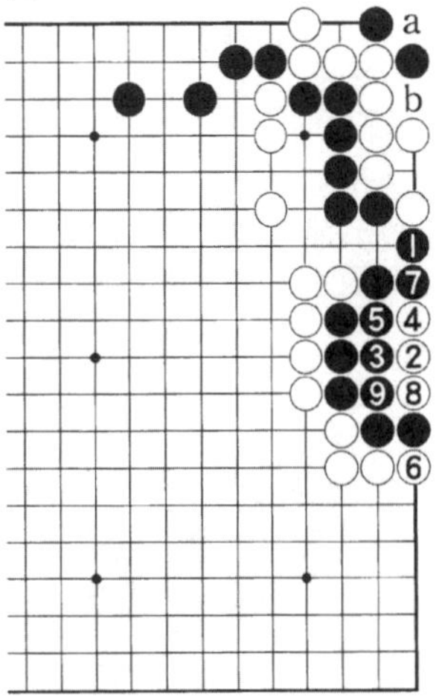

제10형 흑번

## 귀곡사

우변의 전투.
우상의 백은 귀곡사로 죽어있지만 우변의 흑이 확실히 살아있지 않기 때문에 수상전이 되어 죽은 돌이 부활할 수도 있다.

## 빗꼴 모양

흑1의 뻗음은 삶과 연결 양쪽을 겸한 맥이다. 백2로 공격해도 흑3으로 치받아 '빗꼴' 살 수 있다.
백2로 3은 흑2. 백a는 흑b로 촉촉수이다. 우상귀는 흑집이 된다.

## 패는 실패

흑1로 막는 것은 악수이다. 백2로 치중당해서 백10까지 흑은 한집이 된다. 이후 흑은 우상귀와의 수상전 때문에 흑a, b에 수를 줄여 패를 할 수밖에 없다.
※⑩→②(치중)

(1095)

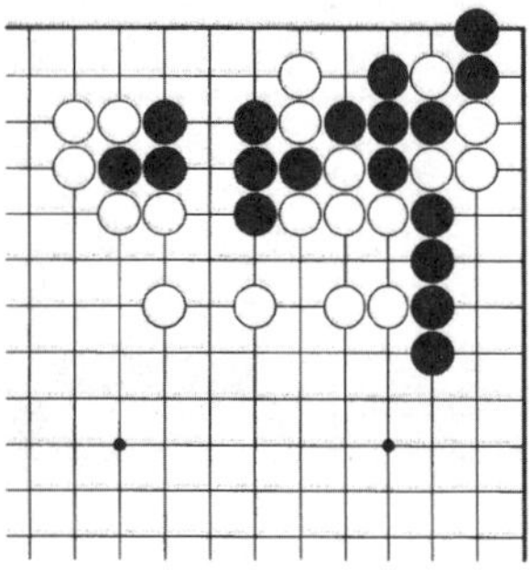

解

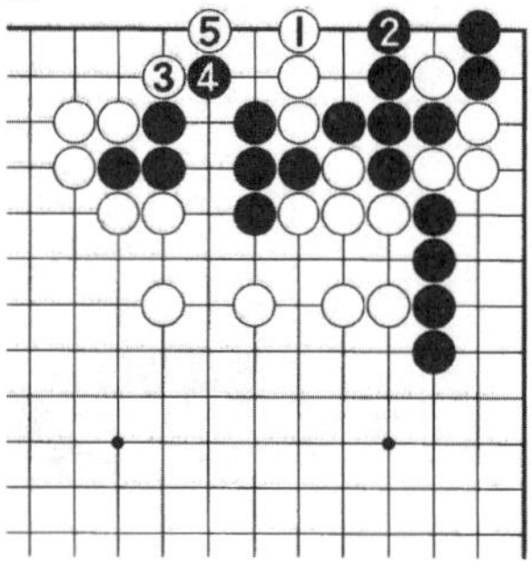

変

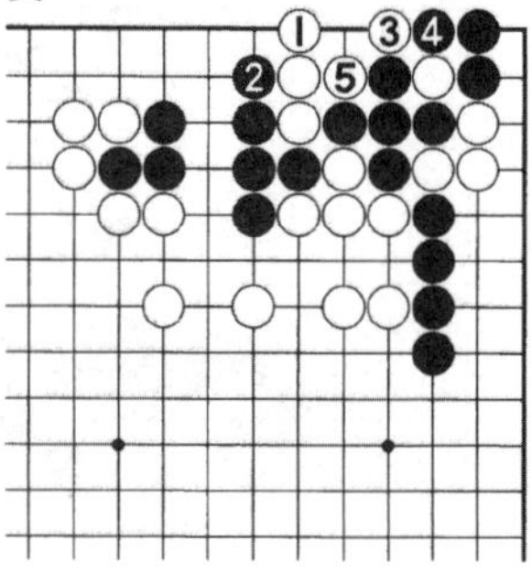

제11형 백번

### 자충

상변의 수상전.
흑의 자충을 노려 가운데의 백 2점을 살리면 상변의 흑 7점이 잡힌다.

### 건넘

백1의 뻗음은 귀와 상변을 맞보기로 한 맥이다.
흑2로 귀를 지키면 백3으로 젖혀 건너간다. 백5로 흑은 살릴 수 없다.

### 큰 패

흑2로 백을 건너지 못하게 막는 변화이다. 백3, 5로 단수쳐서 패를 낸다. 이 패는 귀의 흑이 전멸하느냐 마느냐 하는 큰 패가 된다.

## 내려서다 살리기

(1096)

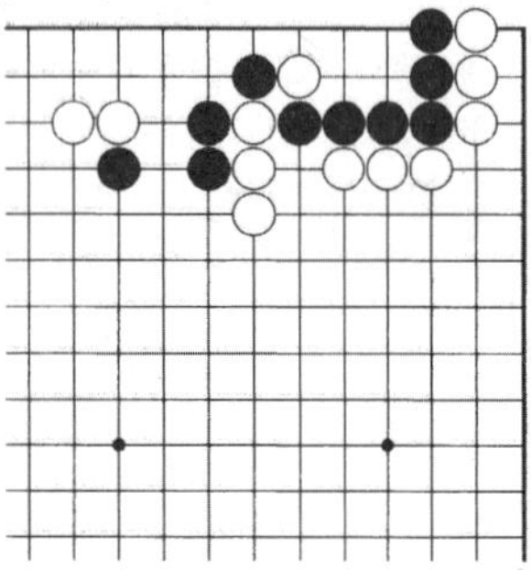

解

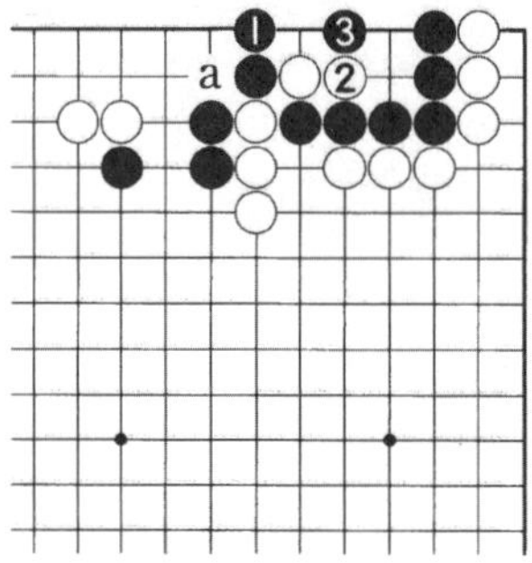

失

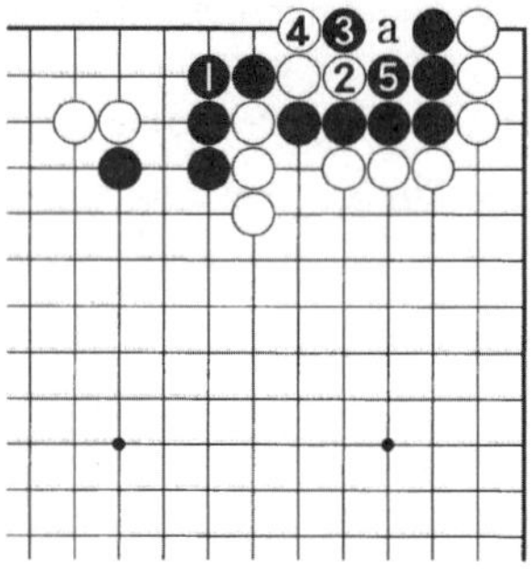

제1형 흑번

### 테크닉

상변을 수습하는 문제.
귀의 흑을 살리는 것은 간단하다. 살리면서 중앙의 흑과 연결하는 테크닉이 요구된다.

### 일석이조

흑1의 뻗음은 백a로 끊기를 막고 우상의 수상전을 이기게 하는 일석이조의 맥이다. 백2라면 흑3으로 붙여서 그만이다.

### 불리한 패

흑1의 이음은 좋지 않다.
백2로 밀면 흑3으로 붙여서 패를 할 수밖에 없다. 흑3으로 4는 백a. 어쨌든 흑이 실패한다.

(1097)

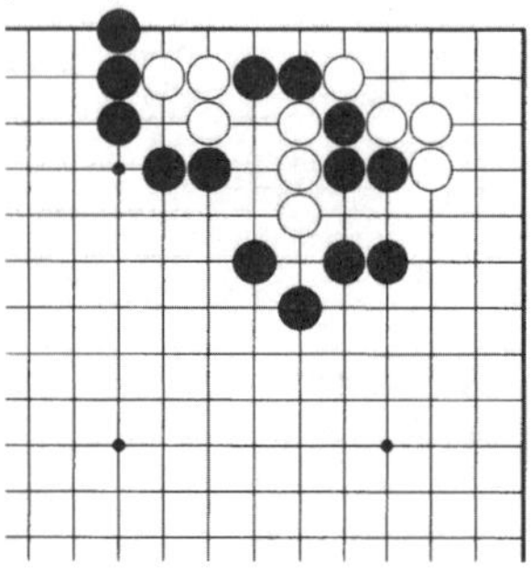

解

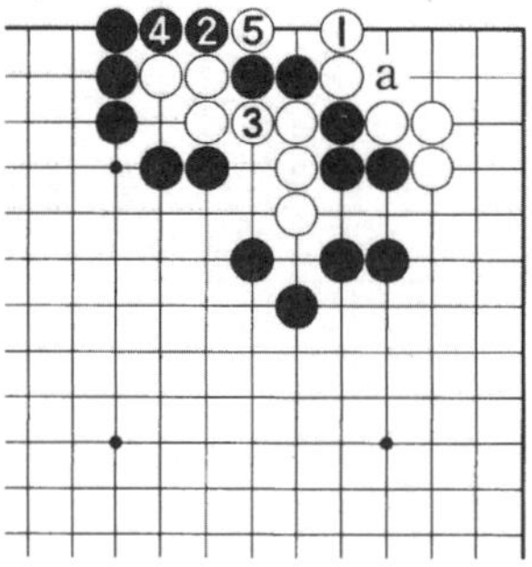

失

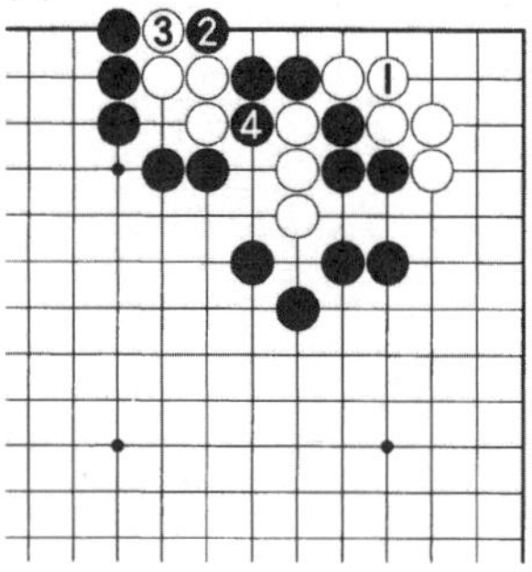

제2형 백번

### 수습

상변의 전투.
백 모양에 약점이 있어 흑 2점을 공격하기 어렵다. 백은 어떤 수로 상변을 수습해야 하는가?

### 백 승

백1의 뻗음이 좋은 수이다.
흑a로 끊기를 막고 흑 2점을 환격으로 잡는 것을 본다.
흑2의 젖힘에 백3부터 5로 백의 승리이다.

### 역전패

백1로 이어서는 흑을 공격할 수 없다.
흑2로 젖히면 백3으로 막을 수밖에 없어서 흑4로 역전. 상변의 백이 잡혀버린다.

내려서다 (따냄) 수를 늘리다

제3형 흑번

(1098)

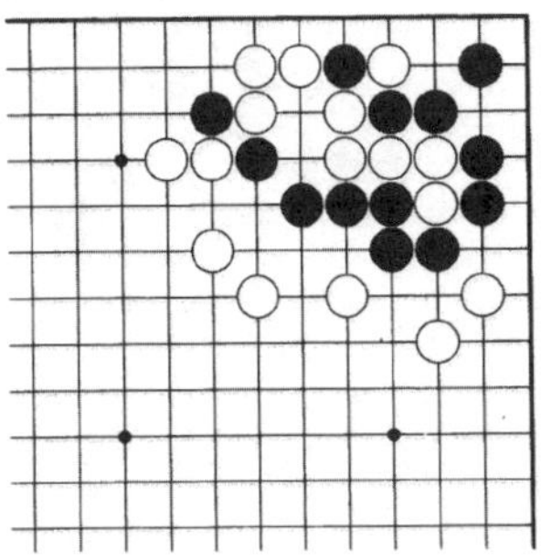

## 유용하다

우상의 전투.
흑이 중앙의 6점을 우상귀로 연결해도 다시 잡혀버린다. 상변에 잡혀 있는 흑 2점을 이용한다.

解

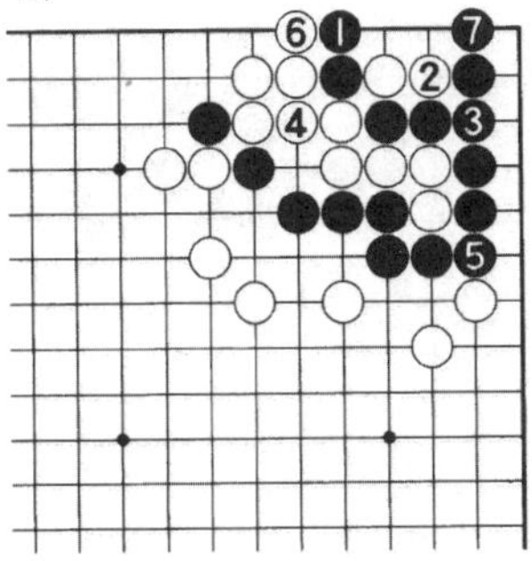

## 흑 삶

흑1의 뻗음은 백을 자충으로 유도하는 사석이다.
백2, 4에 흑7까지 살 수 있다. 백4로 6은 흑4로 먹여치고 조여 이후 흑7로 뻗어서 살 수 있다.

失

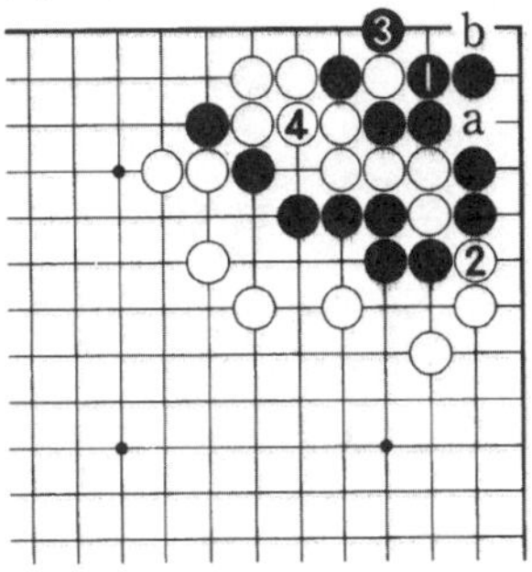

## 그만

흑1로 귀에 집을 내면 백2로 끊어버린다.
흑3은 백4로 그만이다. 역시 흑1로 2는 백1, 흑a, 백b로 흑이 전멸한다.

제1형 흑번

(1099)

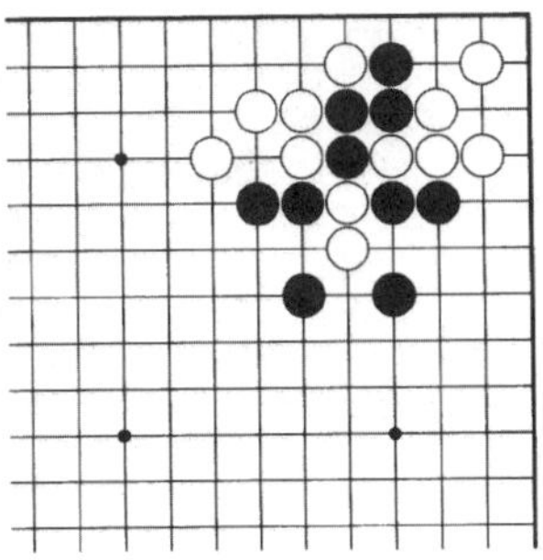

## 몇 수

상변의 수상전.
상변의 흑 4점의 수는 2수, 백은 3수이다. 흑은 4점의 수를 선수로 1수 늘리지 못하면 진다.

解

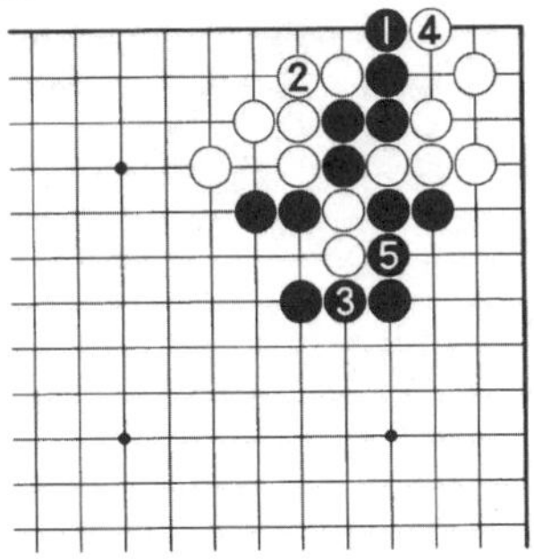

## 1수 승

흑1의 뻗음이 좋은 수이다. 백2로 받으면 흑은 수를 늘렸기 때문에 흑3, 5로 한 수 승이다.
백2로 4는 흑2.

失

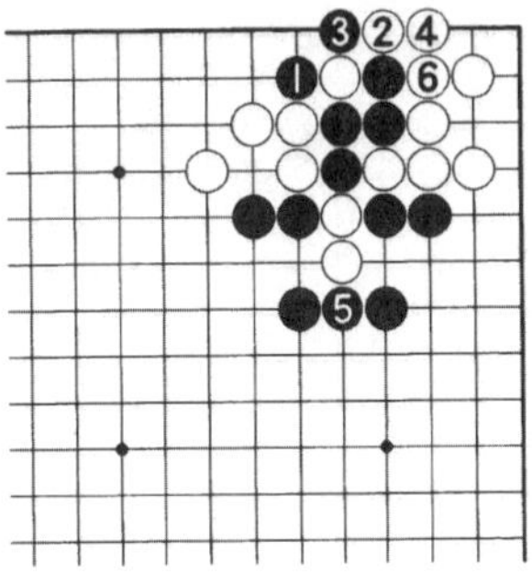

## 백 역전

흑1로 끊으면 백2가 냉엄하다. 흑3에 백4로 흑을 옥집으로 만들어서 흑의 수는 2수가 되었기 때문에 백6까지 수상전에서 역전한다.

제2형 흑번

(1100)

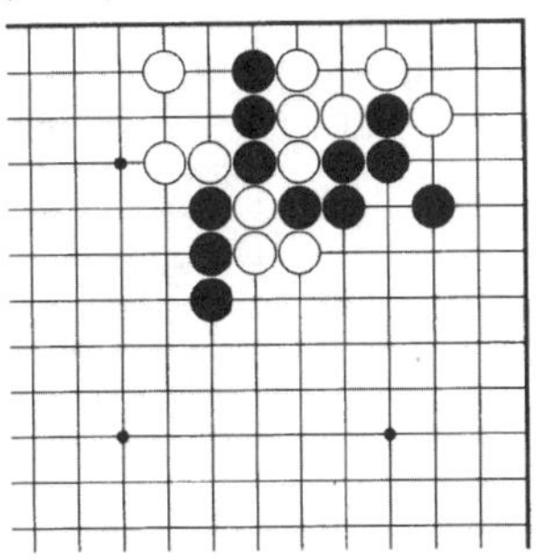

## 1수

상변의 전투.
흑 3점의 수가 1수만 늘리면 중앙의 백 3점을 포위해서 수상전에서 이길 수 있다.

解

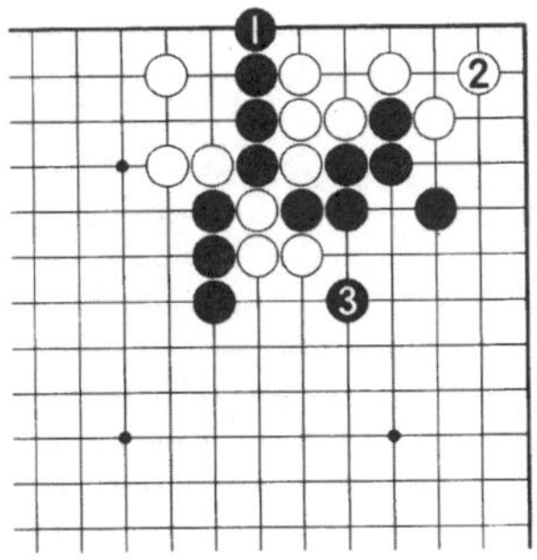

## 흑 승

흑1의 뻗음이 수를 늘리는 맥이다. 백은 4점의 촉촉수를 막아야 해서 2로 받을 수밖에 없다.
흑3으로 씌워 상변과의 수상전은 흑이 승리한다.

失

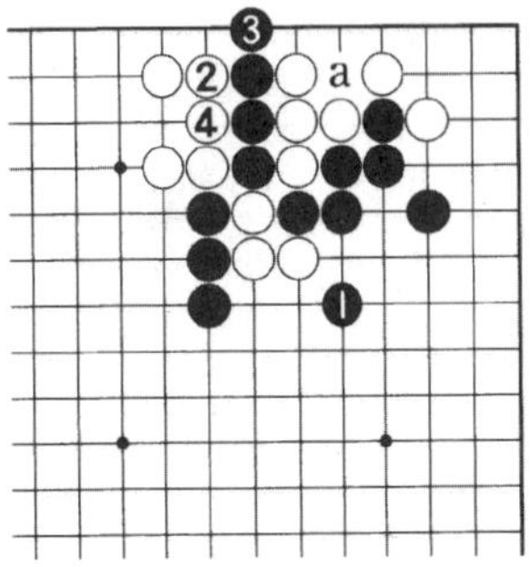

## 흑 잡힘

흑1로 먼저 씌우면 백2, 4로 공격당해 흑3의 뻗음이 쓸모없게 되어버린다. 흑은 자충 때문에 a에도 둘 수 없다.

(1101)

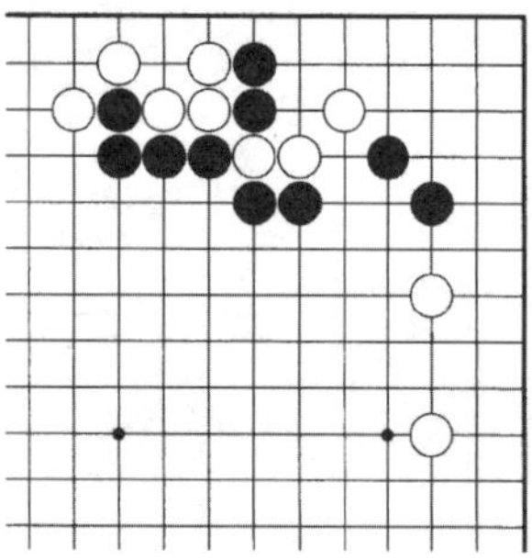

제3형 흑번

## 공격하여 잡다

상변의 수상전 문제.
활력이 남아있는 흑 2점은 상변의 백 3점을 잡을 수 있다.

解

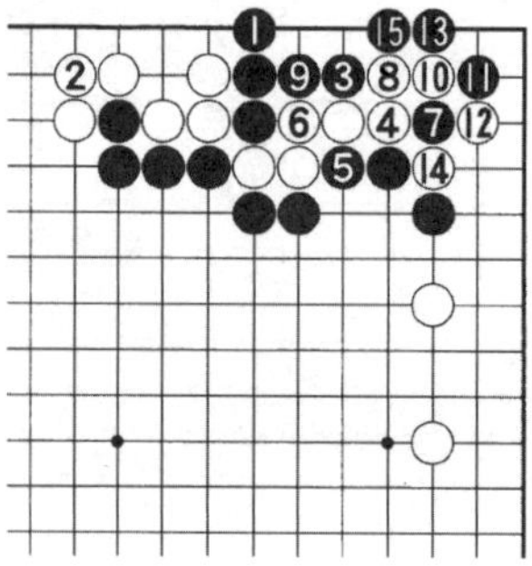

## 흑 승

흑1의 뻗음은 수를 늘리는 맥이다. 백2 이후 흑3으로 붙여 상변의 백을 공격한다. 흑5부터 11이 냉엄하다. 흑15로 촉촉수이다.

失

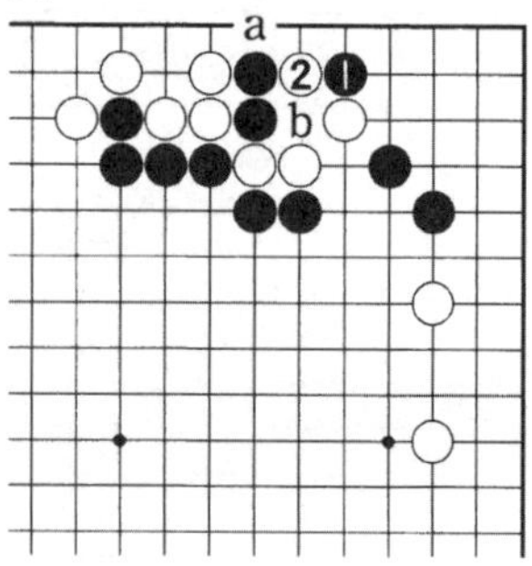

## 실패

흑1의 붙임은 백2로 젖혀 끼워서 실패한다. 흑a로 활용하는 수순을 못 했기 때문에 지금은 흑a로 두어도 백b로 진다.

(1102)

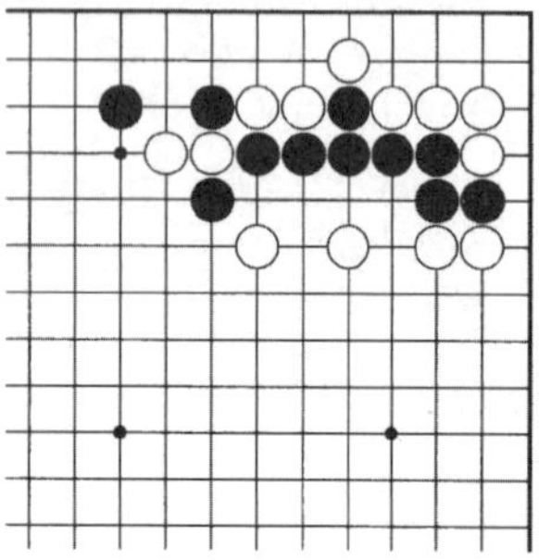

제4형 흑번

## 활용

우상의 흑을 어떻게 수습하는가?가 문제이다.
상변의 백에 흑으로 활용할 수 있어 흑이 강한 모양이 되면 백 2점을 잡을 수 있다.

解

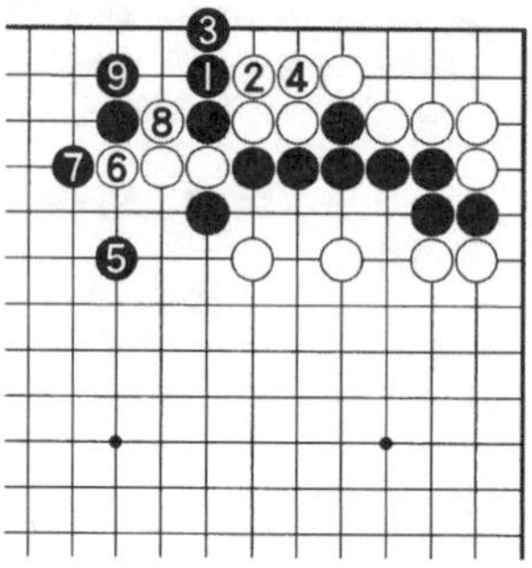

## 2점 잡기

흑1과 3 뻗음을 활용하면 상변의 수가 늘어난다. 흑5로 공격해서 백 2점을 잡는다.
백6, 8로 저항해도 흑9까지 백은 도망칠 수 없는 모양이다.

変

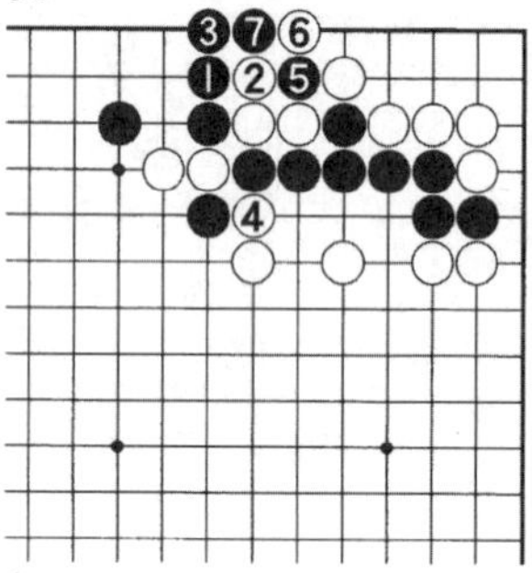

## 흑 만족

백4로 중앙에 두면 흑5로 먹여치고 7로 단수쳐서 상변의 백 3점을 촉촉수로 잡는다. 흑은 쉽게 수습한다.

(1103)

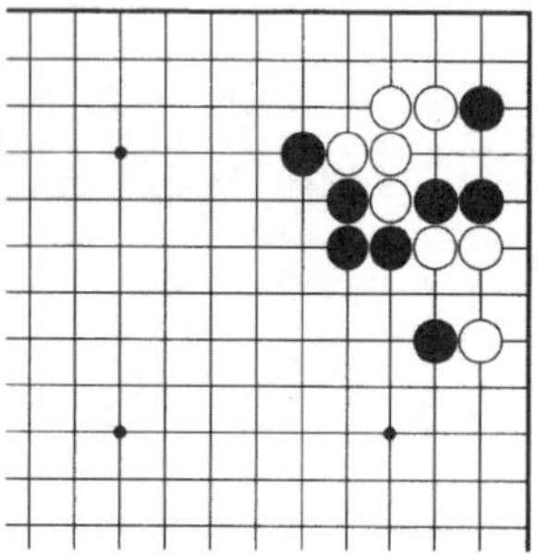

내려서다 살기

제1형 흑번

## 요석

우변의 전투.
귀의 흑 3점은 백을 공격하기 위한 요석이다. 이것을 살리면 싸움을 유리하게 이끌 수 있다.

解

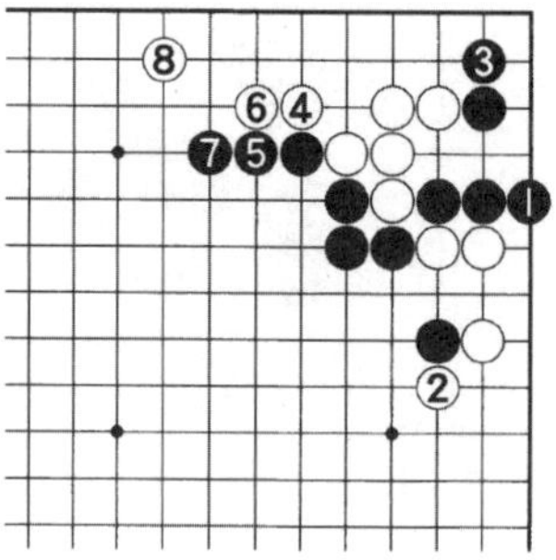

## 흑 유리

흑1의 뻗음은 수를 늘리는 맥이다. 백2로 우변을 지키면 흑은 3으로 뻗어 귀를 살린다. 백4부터 상변을 살리면 중앙의 흑이 강해 유리하다.

変

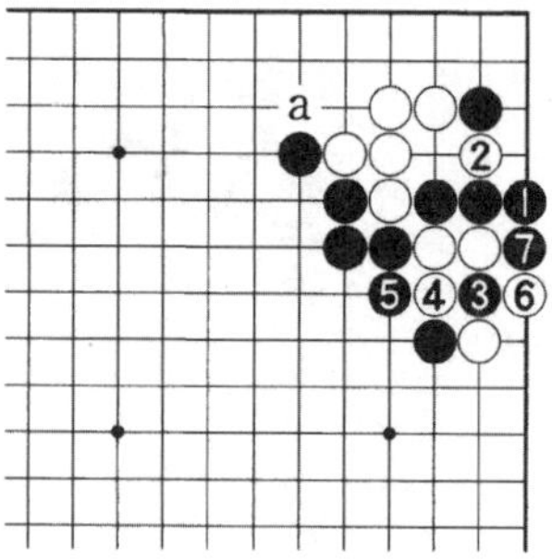

## 백 불리

백2로 귀를 두는 변화이다.
흑3으로 젖혀끼워 백 2점을 촉촉수로 잡는다. 상변에 흑a로 뻗는 큰 수가 남아있어 백이 불리하다.

(1104)

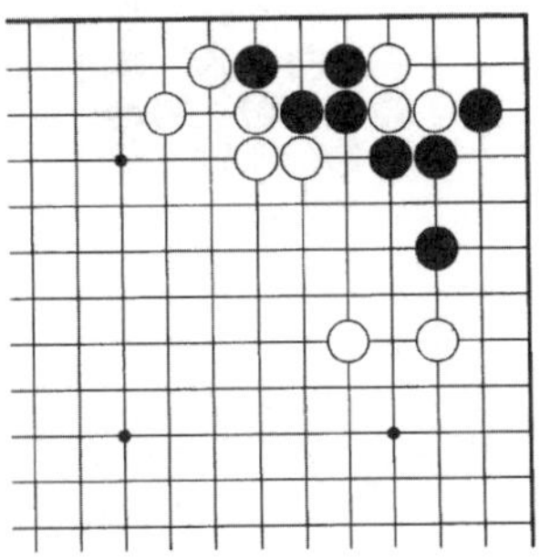

解

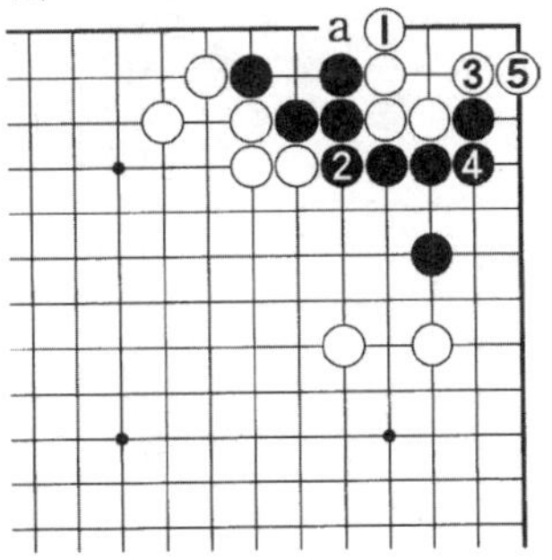

失

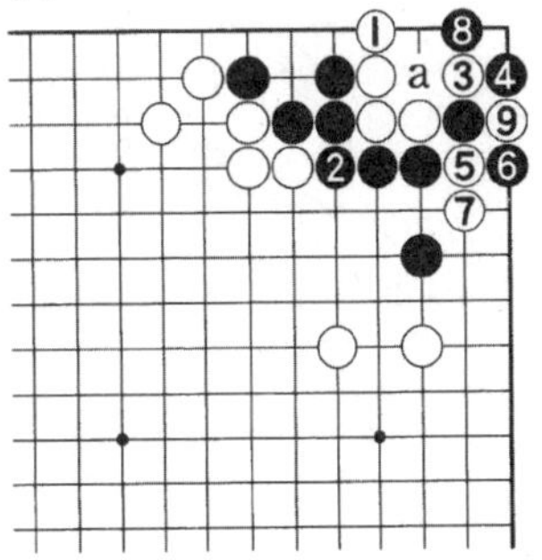

제2형 백번

### 살리다

귀의 전투.
백 3점의 수가 길면 흑 4점은 우변으로 연결할 수밖에 없다. 백은 좁은 귀에서 살 수 있다.

### 귀에서 살리다

백1의 뻗음은 수를 늘리는 맥이다.
흑2로 이으면 백3, 5로 귀를 살린다.
흑2로 a는 3, 4 교환해 놓고 백2로 백의 승리이다.

### 흑 부담이 큰 패

흑4는 패를 노린 수이지만 흑8 이후 흑이 패를 지면 우상의 흑이 전멸할 위험이 있다.
또 백1로 3은 흑1, 백a, 흑5로 백이 실패한다.

(1105)

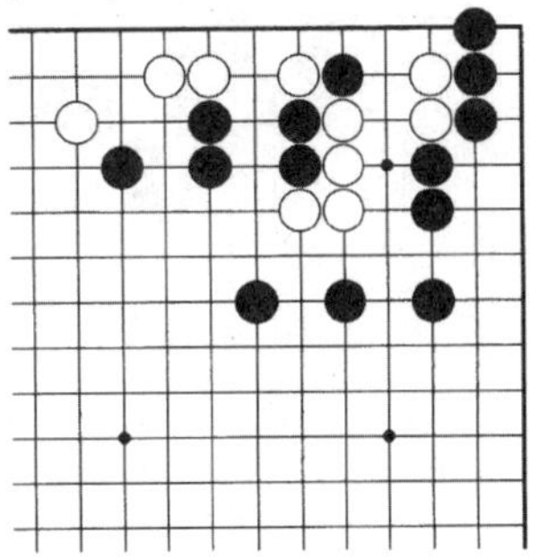

解

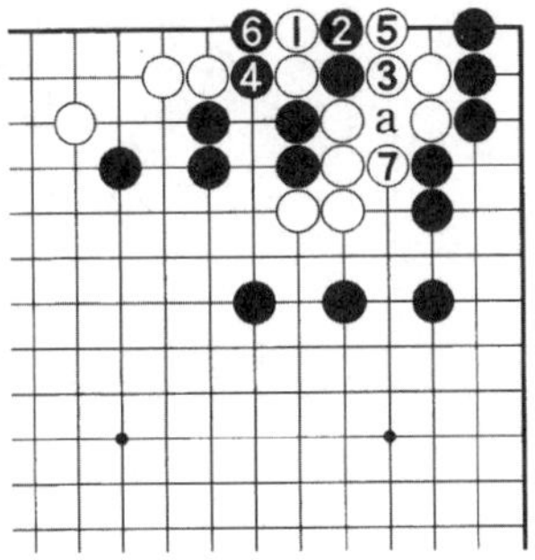

失

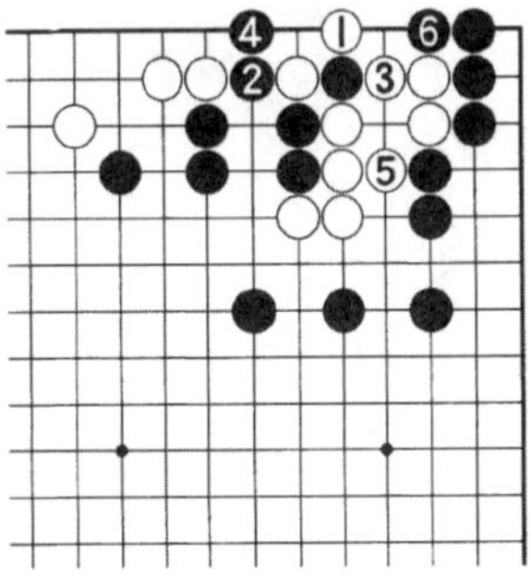

제3형 백번

### 살리다

우상의 백 6점을 살리는 문제.
바깥의 흑이 강해서 흑은 탈출 할 수 없다. 또한 흑 1점을 잡는 것만으로는 살 수 없다.

### 삶

백1의 뻗음이 좋은 수이다.
흑2는 백의 건넘을 막는 맥이지만 백3, 5로 2점을 잡고 7로 살 수 있다.
흑2로 3은 백a, 흑2로 5는 백3.

### 백 즉사

백1로 단수치는 것은 흑2로 실패한다. 백3으로 흑 1점을 따내도 흑4로 뻗어서 완전한 집이 아니다.
백5는 흑6으로 죽는다.

내려서다 사석

(1106)

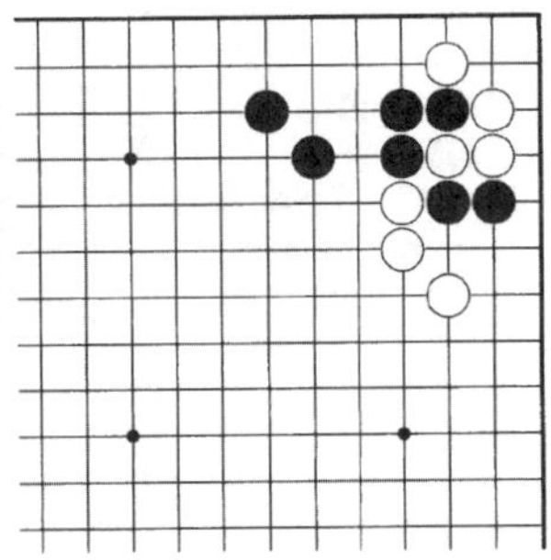

解

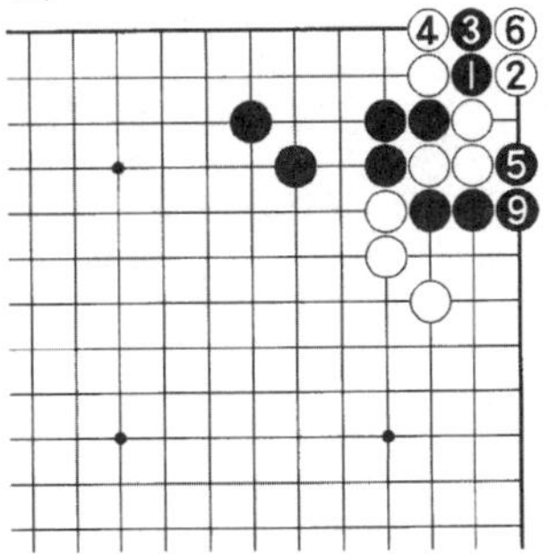

失

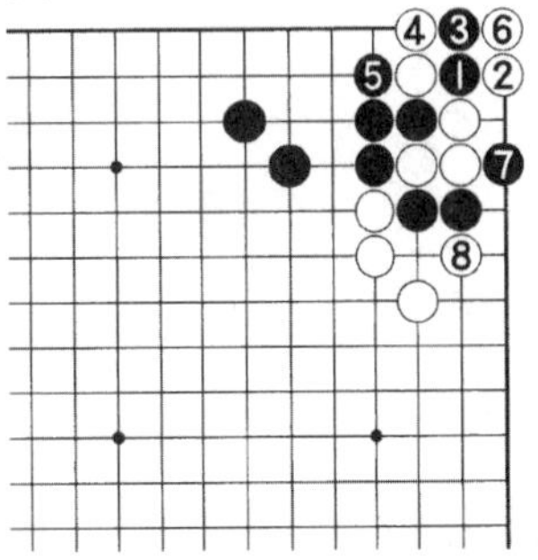

제1형 흑번

### 상용의 맥

귀의 수상전 문제.
귀의 백을 자충으로 하는 상용의 맥은 무엇인가?

### 흑 승

흑1로 끊고 백2의 단수에 흑3으로 뻗어서 2점으로 키워 버리는 맥이 해결한다. 흑9까지 수상전은 흑의 승리.
※❼→❶(먹여치기), ⑧→❸(따냄)

### 유가무가

흑1, 3으로 두어도 백4 이후 흑5로 단수치면 실패한다.
백6, 8로 유가무가가 된다.

(1107)

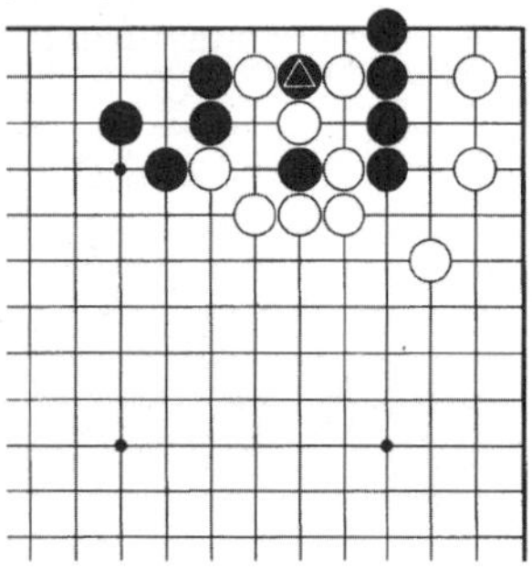

제2형 흑번

## 사석

상변의 전투.
우상의 흑 4점은 좌상과 연결할 수 있다. 백에게 단수당한 흑▲의 1점은 중요한 돌이다.

解

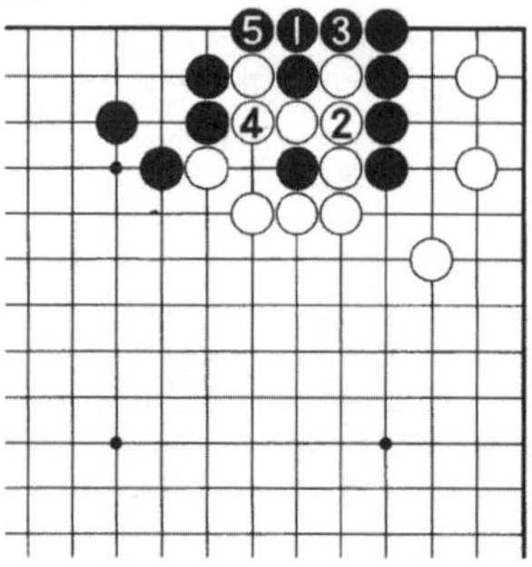

## 건너간다

흑1의 뻗음이 급소의 맥이다.
백은 더 이상 쫓을 수가 없어서 백2, 4로 받는 정도이다.
흑5까지 1선을 이용해 상변으로 건너간다.

变

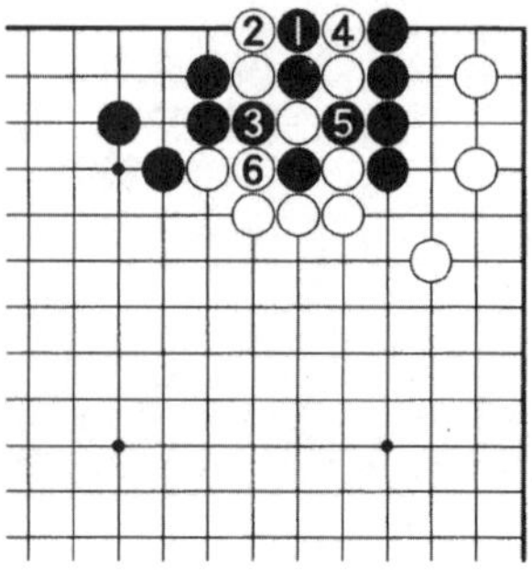

## 백 손해

백2로 쫓으면 흑3과 5로 상변에 있는 백4점이 촉촉수에 걸린다. 7로 촉촉수를 만들어 백이 손해를 본 모양이다.
※❶의 아래→❼

(1108)

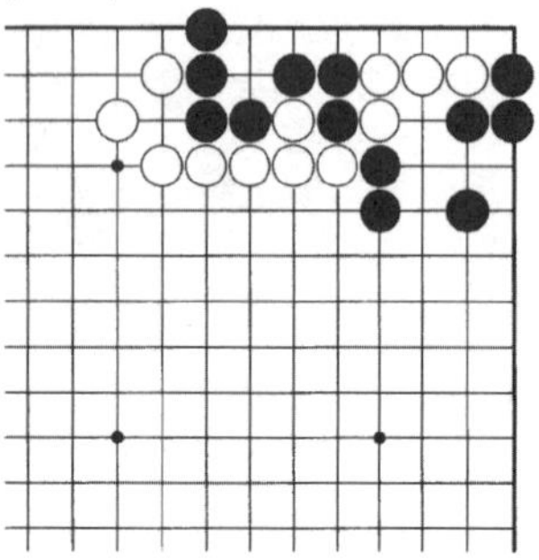

제3형 백번

## 사석

상변의 수상전.
백은 유가무가로 불리하다. 귀의 4점을 버리고 자충을 추궁하면 흑 4점을 촉촉수로 잡을 수 있다.

解

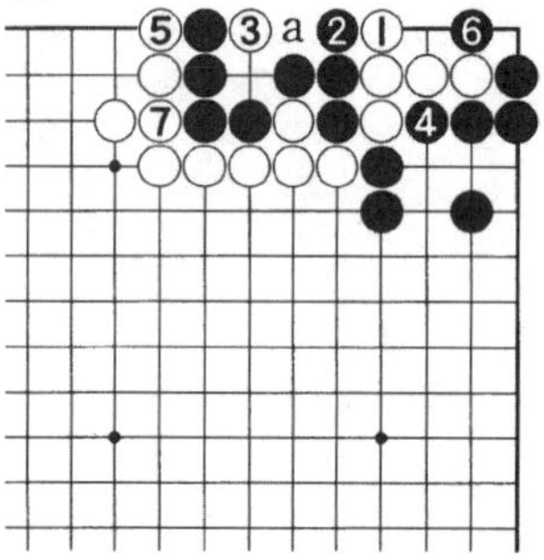

## 4점 잡기

백1의 뻗음이 좋은 수이다. 흑2가 최강의 저항이지만 백3부터 7까지 흑 4점을 잡는다.
흑2로 6은 백a로 붙여 흑이 망한다.

变

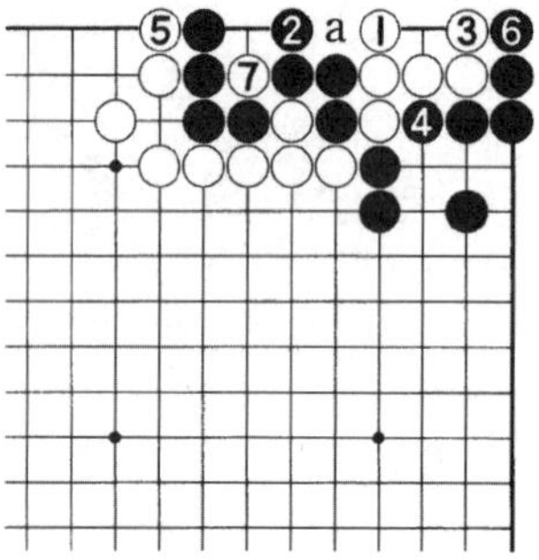

## 백2집 득

흑2로 받으면 백3으로 집을 내서 쌍방 한집씩 가진 빅이다.
백은 정해도보다 2집 이득이다. 백1로 a는 흑1로 실패한다.

(1109)

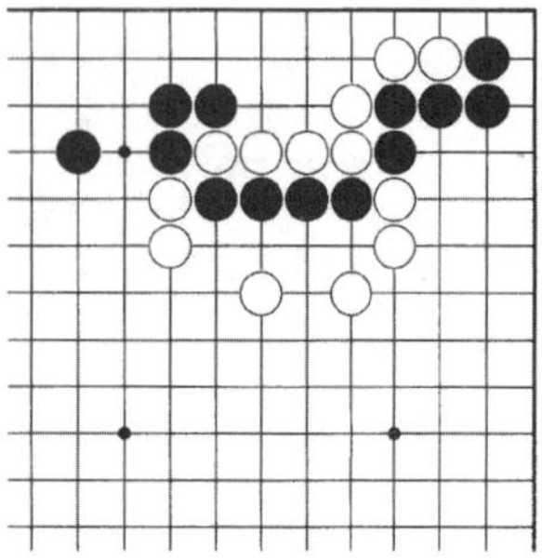

제4형 흑번

## 사석

수상전 문제.
중앙의 흑 4점은 4수, 상변의 백 3점을 3수로 만들어야 한다. 사석을 이용해야한다.

解

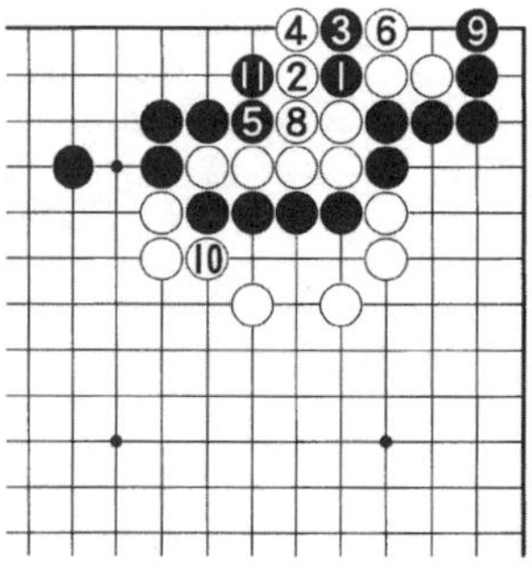

## 흑 승

흑1로 끊고 백2, 흑3으로 뻗어서 백의 공배를 메운다. 백4 이후 흑5, 7이 조이는 맥이다. 백8에는 흑11까지 흑이 승리한다.
※❼→❶

失

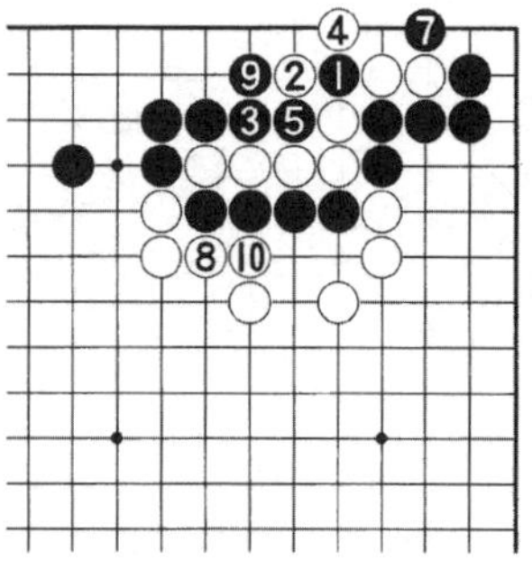

## 흑 패배

흑3으로 단수치는 것은 백4로 따내서 실패한다.
흑5부터 7로 공격해도 상변의 백은 4수이다. 백8, 10으로 두어 반대로 흑이 잡힌다. ※⑥→①

(1110)

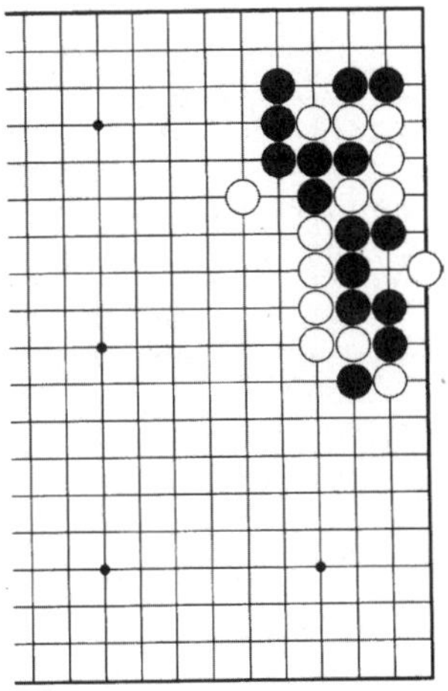

解

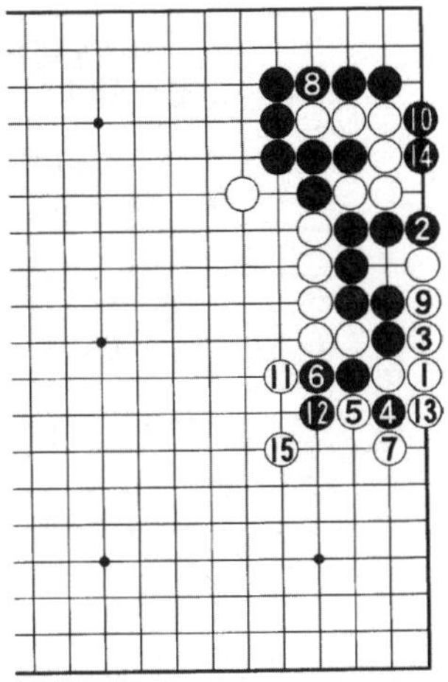


変

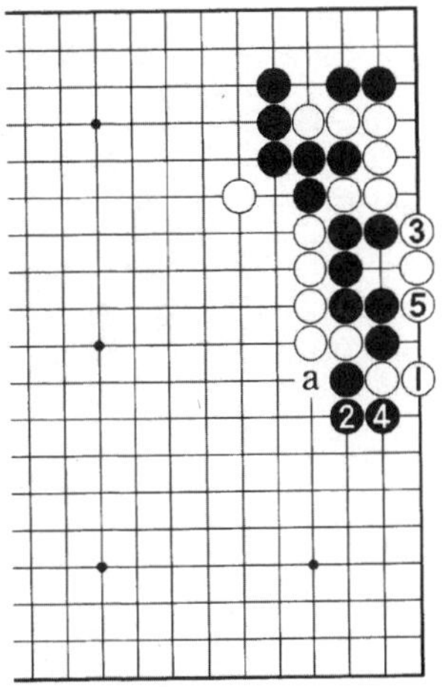


제5형 백번

## 희생

우변의 전투.
우변의 백 1점을 살려 외세를 굳히고 싶다. 우상의 백 6점을 이용하여 흑의 희생타를 강요하면 백은 강력해진다.

## 백 강력

백1의 뻗음이 좋은 수이다. 흑2로 우변을 막고 우상의 백을 공격하면 백3으로 구부려서 흑4, 6의 희생하게 만든다. 백7부터 13까지 우상을 활용하고 백은 15로 씌워 중앙을 강력하게 한다.

## 흑 망함

흑2로 늘면 백3, 5로 공격하여 흑 6점이 잡혀버린다. 백1로 2로 축으로 잡는 것은 흑3, 백a가 되는 정도로 정해도의 백의 두터움과 상당한 차이가 있다.

(1111)

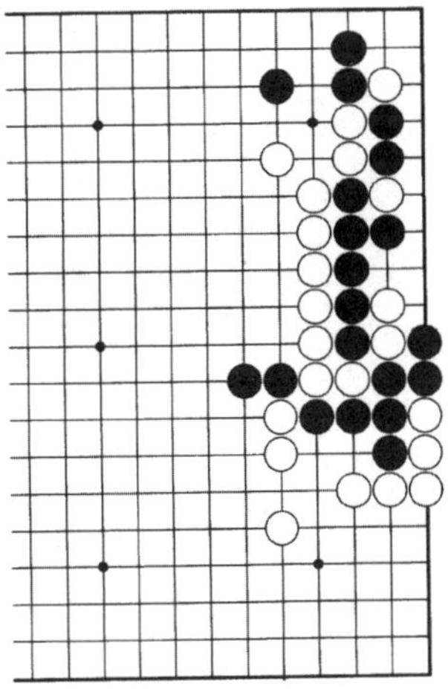

解

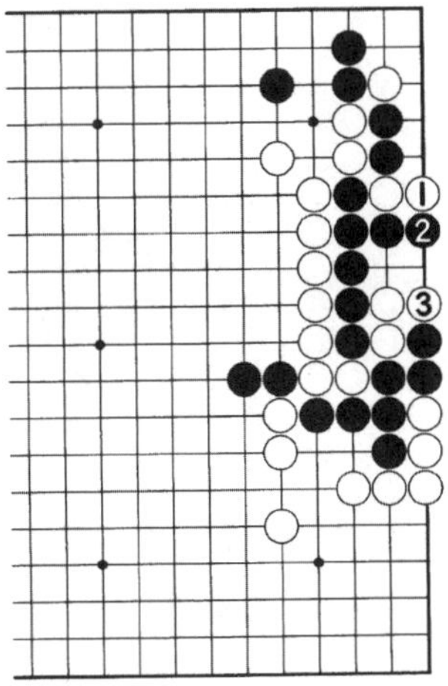


失

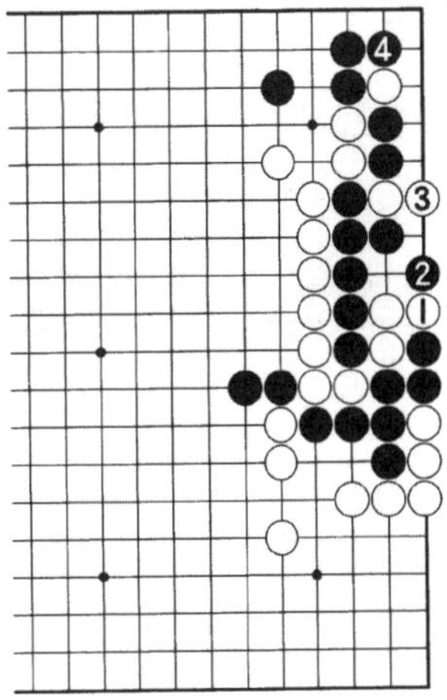


제6형 백번

## 연결

우변의 전투.
우상의 백 1점은 단수이고 아래쪽 백 2점도 수상전에서 졌지만 이 두 개의 백을 연결시키면 흑집에 큰 변동을 일으킨다.

## 자충

백1의 뻗음은 우변의 흑을 자충으로 이끄는 맥이다.
흑2로 막으면 백3으로 우하를 공격하여 흑이 양자충에 걸린 모양이다. 우하의 흑 7점을 잡는다.
흑2로 3은 백2로 흑이 전멸한다.

## 수순 착오

백1과 흑2를 먼저 교환하는 것은 수순이 나쁘다.
백3의 뻗음에 흑은 4로 귀의 백 1점을 잡아서 좋다.
위아래의 백이 각각 잡혀서 더 이상 수가 없다.

제7형 흑번

(1112)

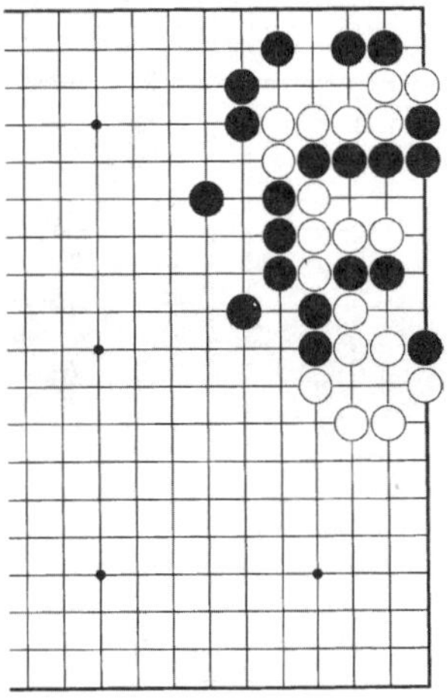

## 포인트

우상의 수상전 문제.
백의 수는 5수, 흑은 3수이지만 우변의 흑 2점을 이용하면 수를 늘릴 수 있다.
그 한 수가 포인트이다.

解

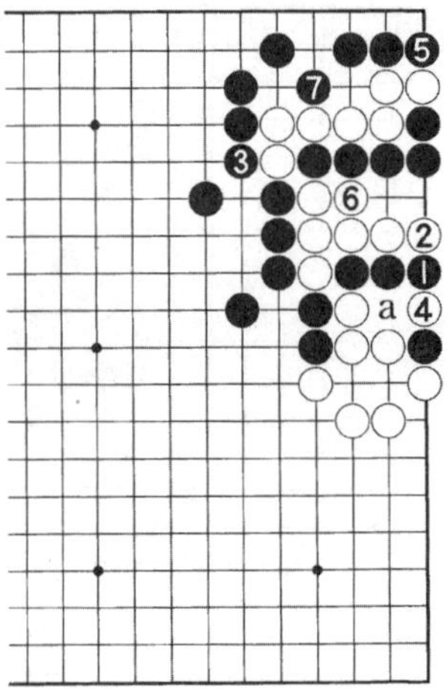

## 흑 승

흑1은 맥의 뻗는 수이다. 백2로 쫓을 수밖에 없다.
흑3부터 7로 바깥 백의 공배를 메워 흑 승리. 백은 흑7 이후 백 a로 따내는 것이 필요해서 1수 부족으로 패배한다.

变

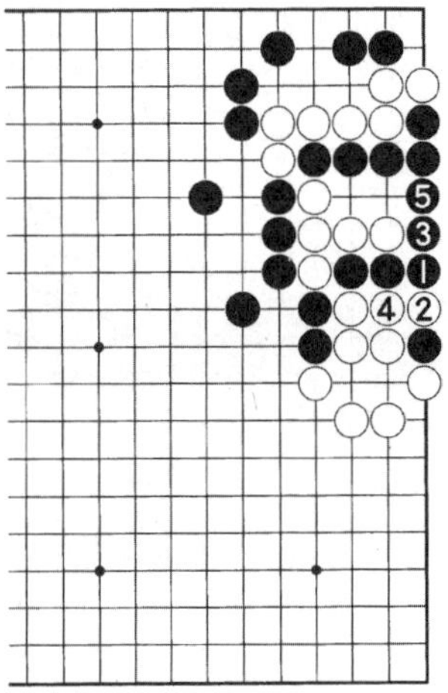

## 백 전멸

백2로 바깥에서 공격하는 것은 흑3으로 건너간다.
백4, 흑5로 우변은 빅이지만 우상의 백이 잡혔기 때문에 빅이 아니다. 흑1로 3은 백1, 흑2, 백4로 흑 실패한다.

제8형 흑번

(1113)

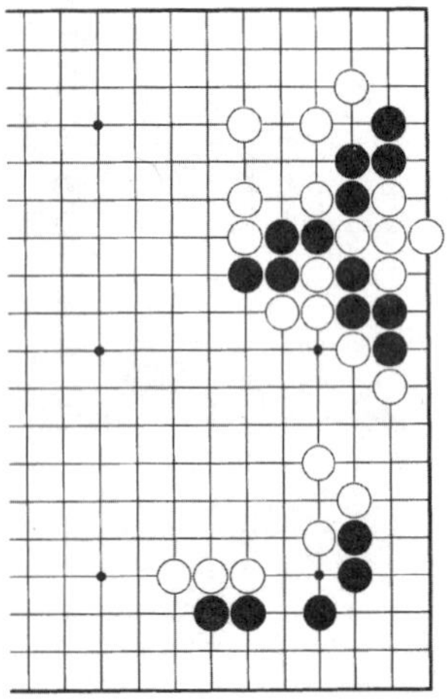

## 요석

우변의 전투.
백 5점은 흑을 셋으로 나누고 있는 요석으로 흑은 이 백 5점을 잡고 싶다. 공배가 꽉 찬 흑 4점은 어떻게 도망칠 것인가?

解

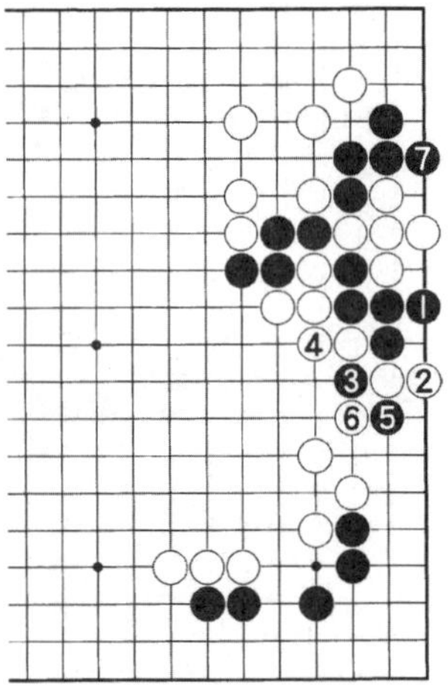

## 흑 성공

흑의 뻗음이 좋은 수이다. 백 5점이 자충이기 때문에 백2로 바깥에서 공격할 수밖에 없다.
흑3, 5로 선수하여 바깥의 백을 양자충으로 만들면 흑7로 백 5점을 잡을 수 있다.

失

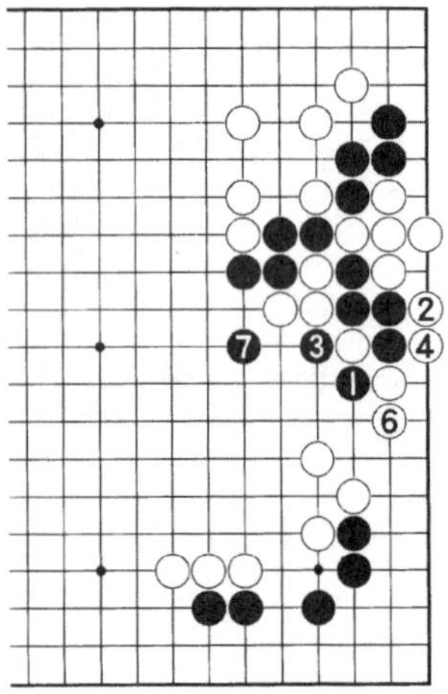

## 흑 경솔

흑1로 끊는 것은 경솔한 수이다. 백2, 4로 조여 우변으로 건너간다. 흑7로 씌워 백 3점을 잡을 수는 있지만 우상귀의 흑 4점은 백의 수중에 떨어졌다.
※❺→❸의 오른쪽

제9형 백번

(1114)

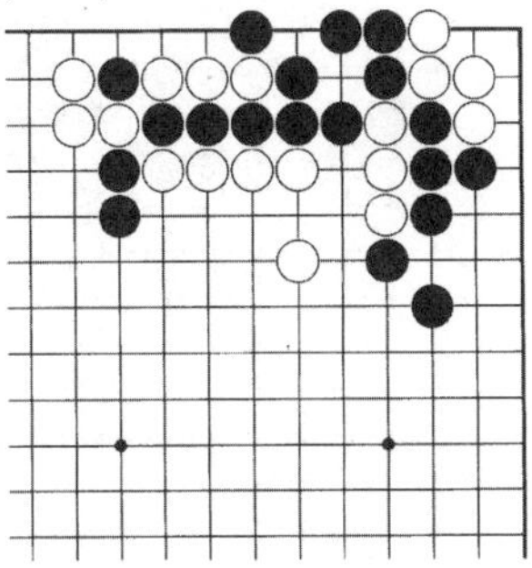

### 후절수

우상의 전투.
우상귀의 백을 살릴 수는 없지만 상변의 흑 6점을 잡는데 쓸 수는 있다. 마지막은 후절수이다.

解

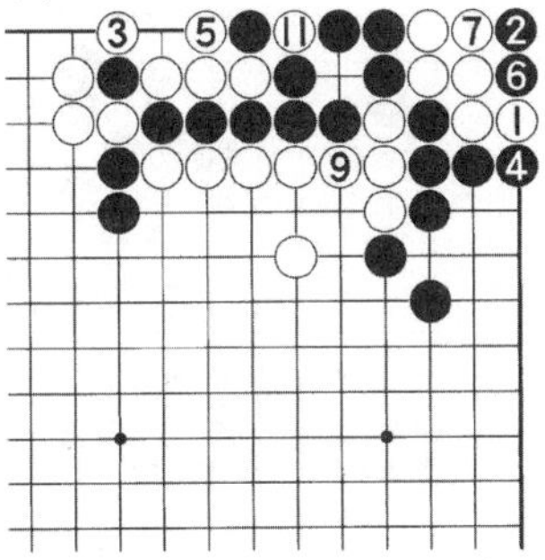

### 패

백1의 뻗음은 후절수를 노리는 맥이다. 흑2에는 백3부터 7로 2점을 따내고 백11의 패로 백 6점을 끊으면 후절수이다.

※❽→❻(먹여치기), ❿→❷(따냄)

失

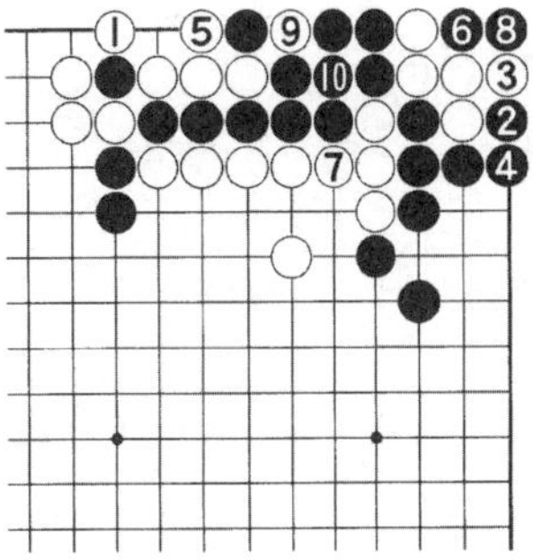

### 백 실패

백1로 공격하면 흑2로 젖혀 귀의 흑이 강해져버린다. 백9로 단수쳐도 흑10으로 이어 후절수는 실패한다.

내려서다 깨뜨리기

제1형 흑번

(1115)

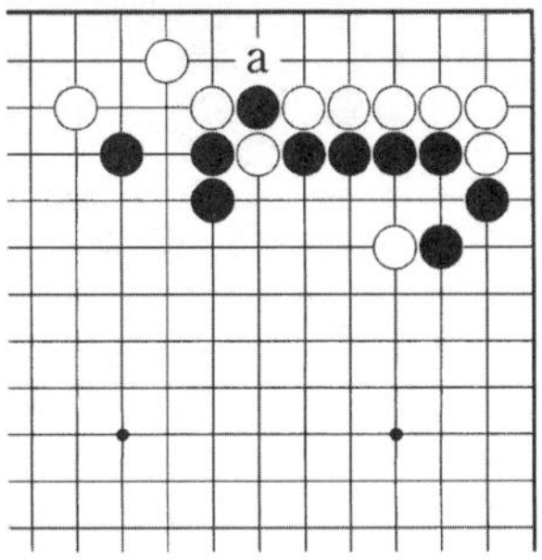

### 잡는 방법

단수 당한 백 1점을 잡고 싶다. 흑a에 두어도 백 1점이 잡힌다면 좋겠다. 이후에 어떻게 둬야 할까?

解

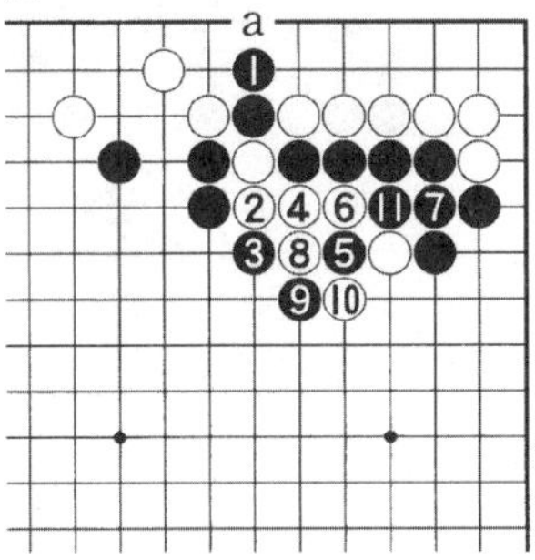

### 축

흑1이 성립한다. 백2로 도망 나가면 흑3, 5로 장문.
백6으로 a에 두면 상변을 연결시킬 수는 있다. 백6, 8로는 축이다.

失

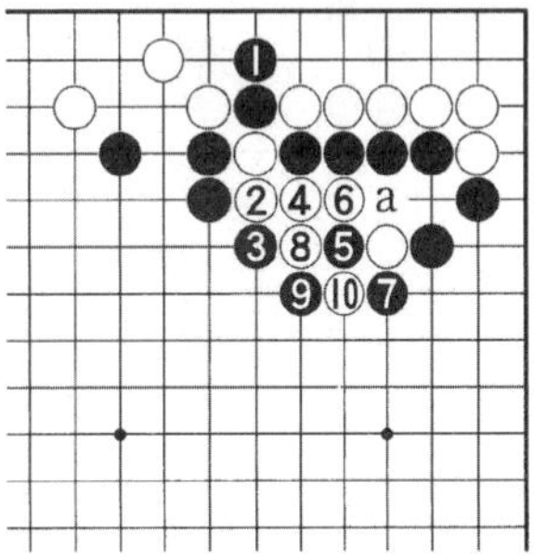

### 백 도망가다

백6으로 나가면 흑7은 실패한다. 백8로 나가서 흑9에는 백10으로 더 이상 손을 쓸 수 없는 모양이다.
흑9로 a는 백9로 뚫고 도망가 버린다.

제2형 백번

(1116)

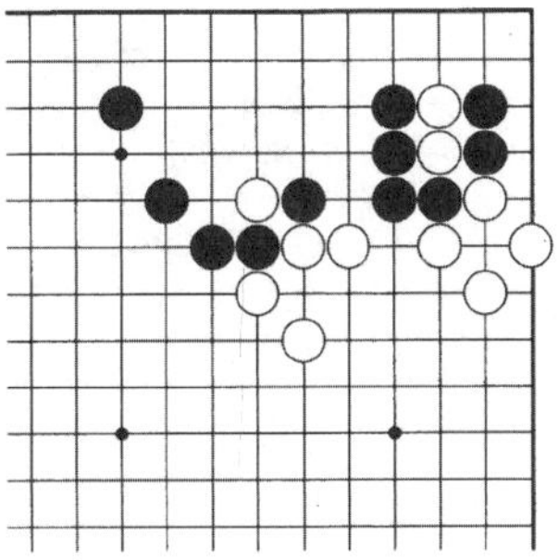

### 양 노림

우상의 백 2점과 상변의 백 1점은 각각 살릴 수 없을 것 같다. 하지만 두 개를 연결시키면 수를 낼 수 있다.

解

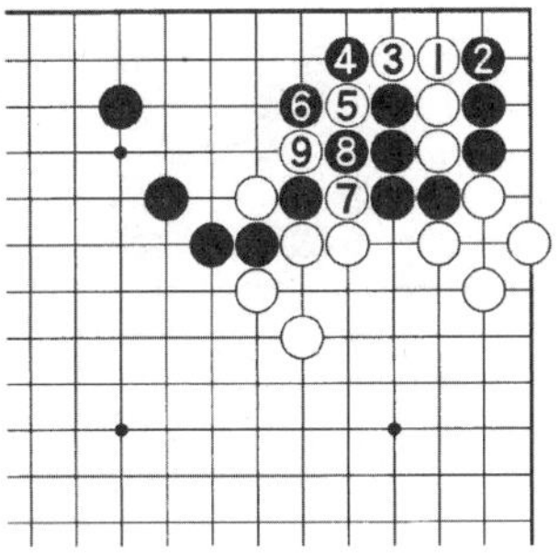

### 백 성공

백1의 뻗음이 맥이다. 흑2로 밀 때 백3으로 구부려 흑 모양에 약점을 낸다. 흑4라면 백5로 끊어 9까지 흑 집을 깨뜨린다.

変

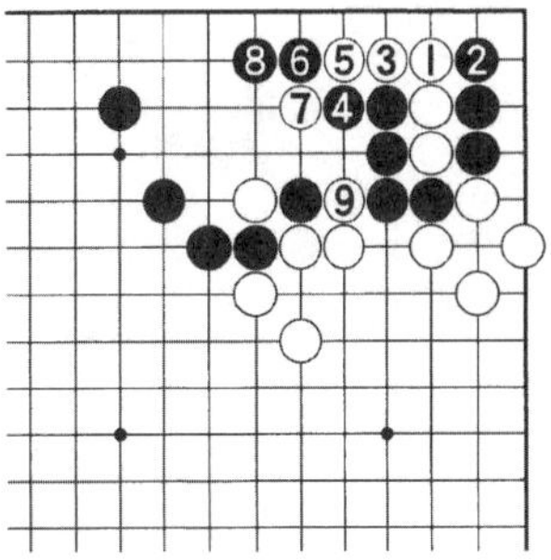

### 흑 무리

흑4로 구부리면 백5로 민다. 우상과의 수상전 때문에 흑6으로 둘 수밖에 없다. 백7로 끊고 흑8, 백9로 흑이 망한다.

**제1형 흑번**

(1117)

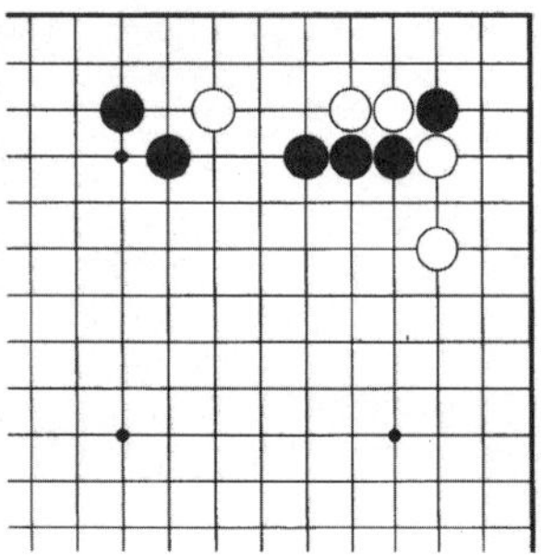

### 요석

우상의 전투.
귀의 흑 1점은 요석이다. 요석을 강하게 하면 상변 또는 우변의 백을 공격하여 잡을 수 있다.

解

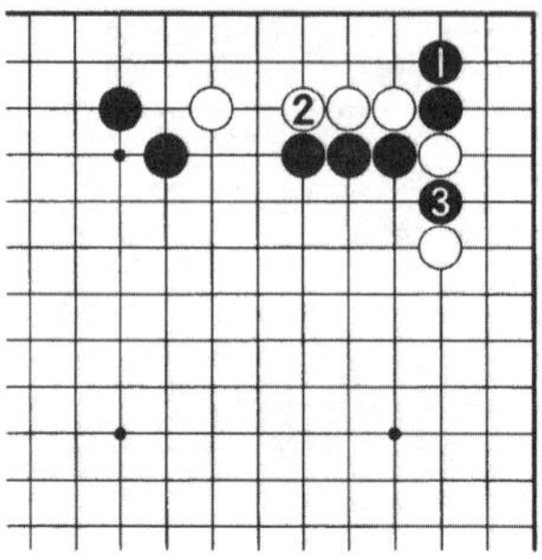

### 흑 유리

흑1의 뻗음이 강수이다. 다음에 2에 두어 2점을 잡으면 상변은 흑집이 된다. 백2라면 흑3으로 우변을 잡아 상변을 공격한다. 흑이 유리한 싸움이다.

失

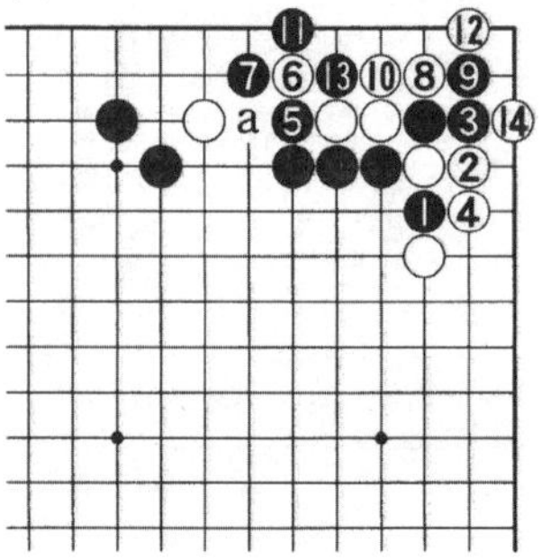

### 백의 저항

흑1, 3으로 공격하는 것은 백4로 저항하여 좋지 않다.
흑5로 상변을 공격해도 백6부터 10으로 이어 a의 끊음과 12의 젖힘을 맞보기로 한다.

**제2형 흑번**

(1118)

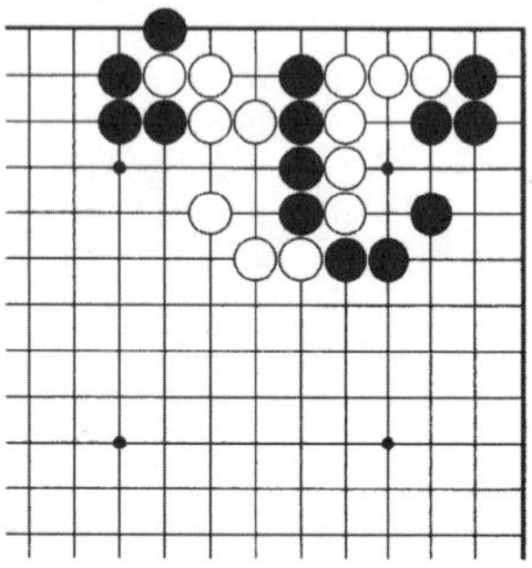

### 수순의 묘

상변의 수상전.
백에게 둘러싸인 흑 4점을 살리면 우상의 백 6점이 죽는다. 흑은 어떻게 수를 늘려야 할까?

解

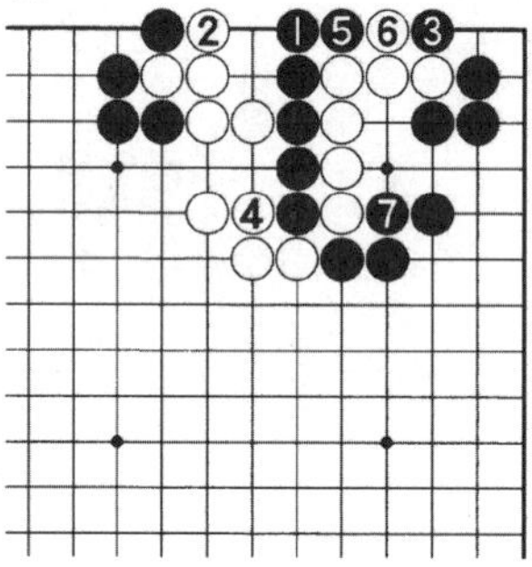

### 흑 승

흑1의 뻗음이 좋은 수이다. 백2로 상변 건너지 못하게 막으면 흑은 5수로 늘어 흑3부터 7까지로 한 수 승.

失

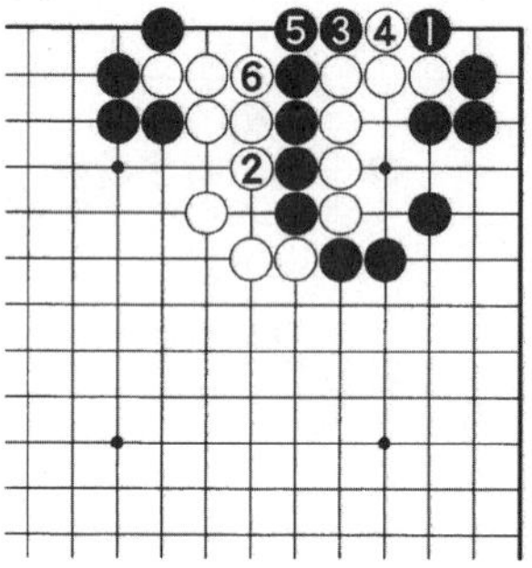

### 흑 잡힘

흑1로 젖히면 백2로 공배를 메워서 실패한다.
백2, 6이 흑의 수를 메움과 동시에 상변 건넘을 막아 백은 한 수를 절약했다.

**제3형 흑번**

(1119)

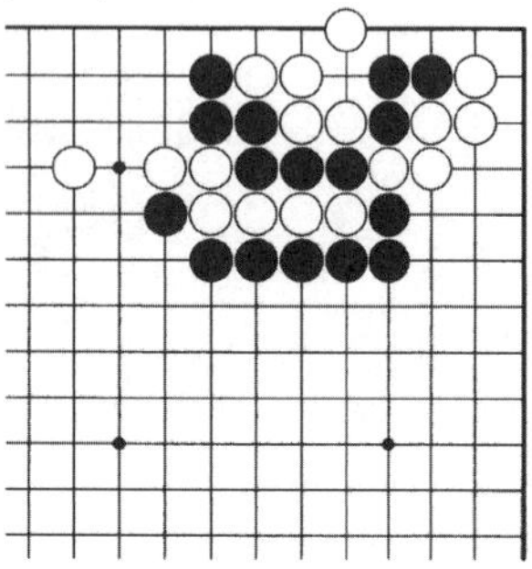

### 생환

상변의 전투.
흑 6점은 귀를 절단하고 있는 백 4점이나 중앙을 끊고 있는 백 6점 중 어느 한쪽을 잡아야 생환할 수 있다.

解

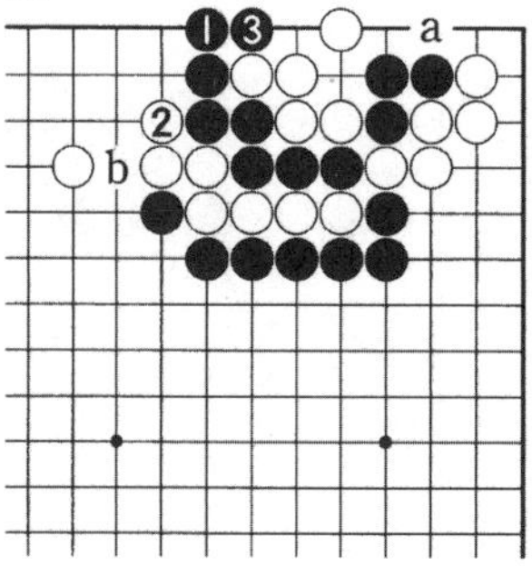

### 묘수

흑1의 뻗음은 양쪽을 노리는 맥이다. 백2로 중앙 6점을 살리면 흑3으로 구부려 상변의 백을 잡는다. 백2로 a는 흑b.

失

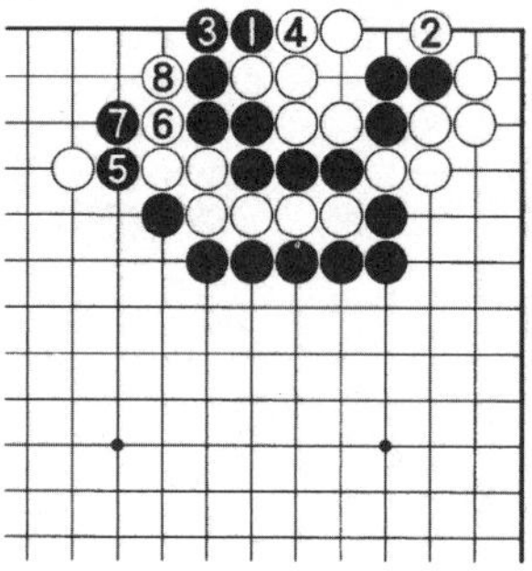

### 흑 실패

흑1로 젖히면 백2로 상변을 지켜서 실패한다.
흑3으로 이으면 백4로 상변 공배를 메운 수가 좋아서 8까지 흑 은 실패한다.

제4형 백번

(1120)

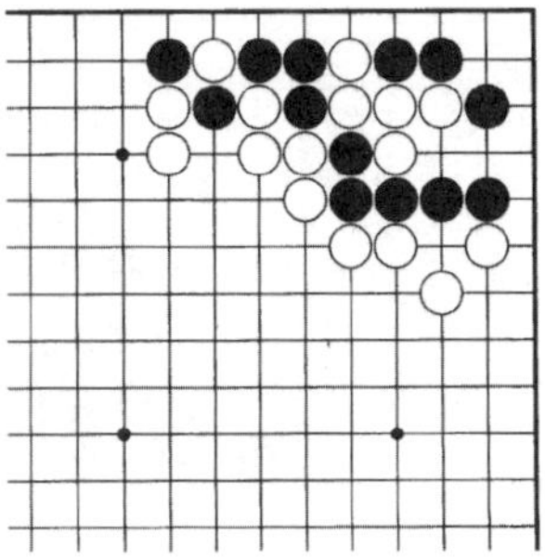

## 기사회생

우상의 수상전.
귀의 백 5점은 다음에 단수당할 자충의 모양이지만 기사회생의 수가 남아있다.

解

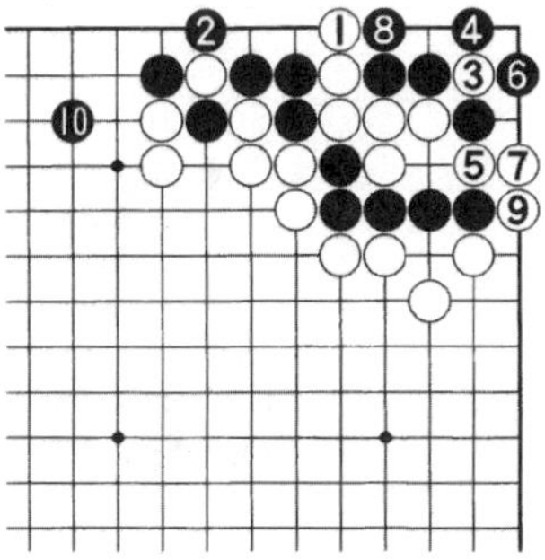

## 맥

백1의 뻗음이 맥이다. 흑2로 상변을 따내면 백3으로 끊어 귀의 흑을 공격할 수 있다.
흑4에는 백5부터 9로 흑 5점을 잡는다.

变

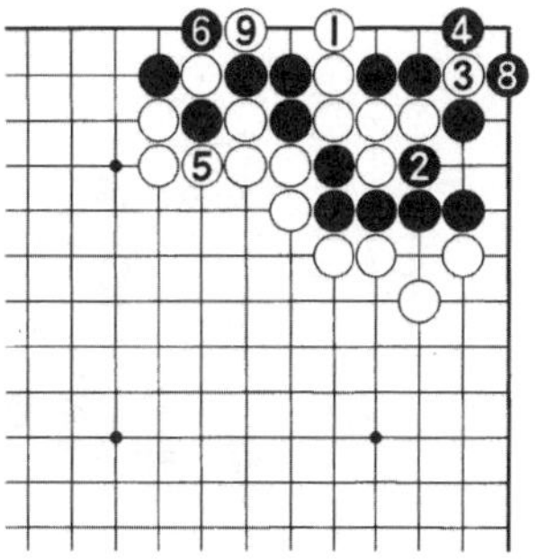

## 상변을 잡다

흑2로 귀를 굳히는 변화.
백3으로 끊어 흑은 양자충에 걸린다. 백5 부터 9로 상변의 흑을 잡아서 성공이다.
※⑦→⑤의 위

제5형 백번

(1121)

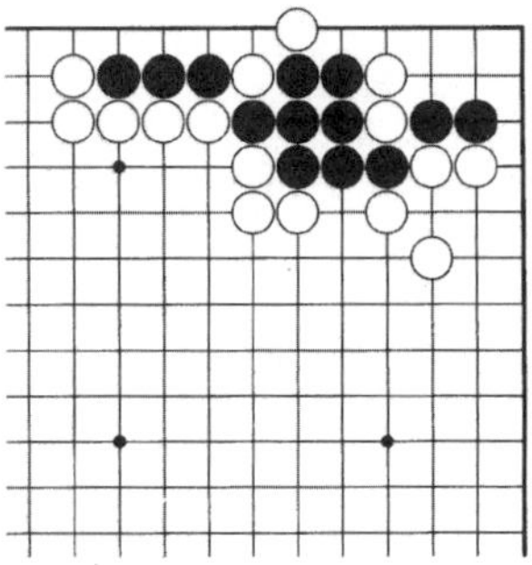

## 수를 내다

상변의 흑은 백 4점을 잡은 모양이지만 자충으로 맛이 나쁘다. 백은 흑집 안에서 수를 내야 한다.

解

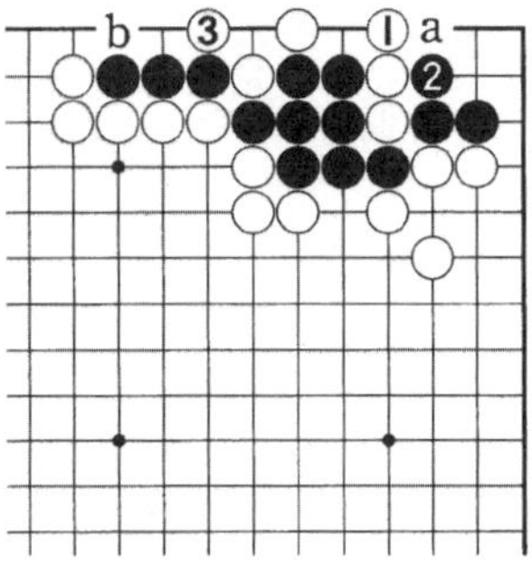

## 패

백1의 뻗음이 좋은 수이다. 흑2로 귀를 지키면 백3으로 젖혀 패가 난다. 흑a의 단수는 백b로 3점을 공격한다.

失

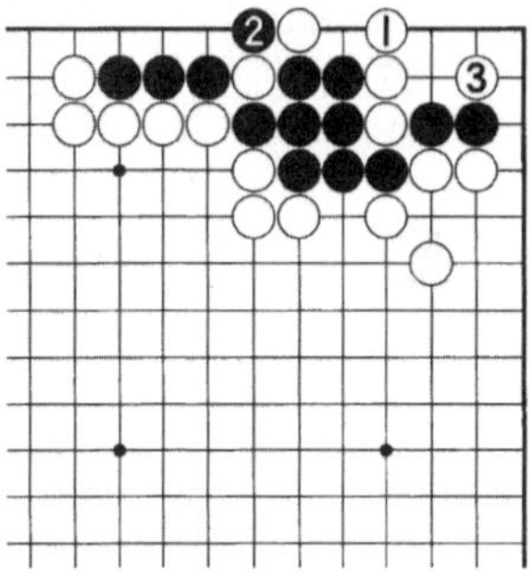

## 흑 완착

흑2로 따내서는 것은 완착이다. 백3으로 붙여서 귀를 그냥 잡아 버린다. 흑으로서는 상변 흑 3점에 비해 귀가 더 크다.

제6형 백번

(1122)

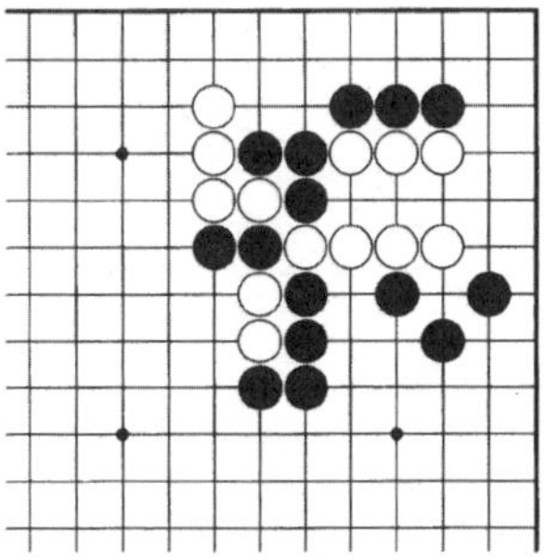

## 맛보기

우상의 백 7점을 살리고 싶다. 백을 끊고 있는 중앙의 흑 2점이나 우상의 3점을 잡아야 한다.

解

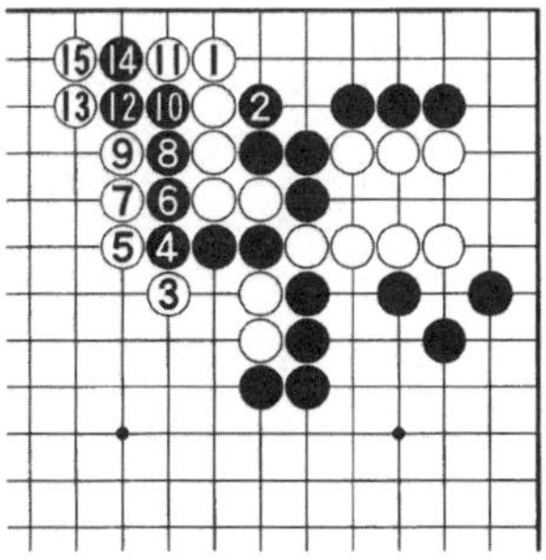

## 빈축

백1의 뻗음이 결정타이다. 흑의 두 개의 돌을 노리고 있다.
흑2로 3점을 살리면 백3으로 중앙 2점을 공격하여 15까지 빈축으로 잡는다.

失

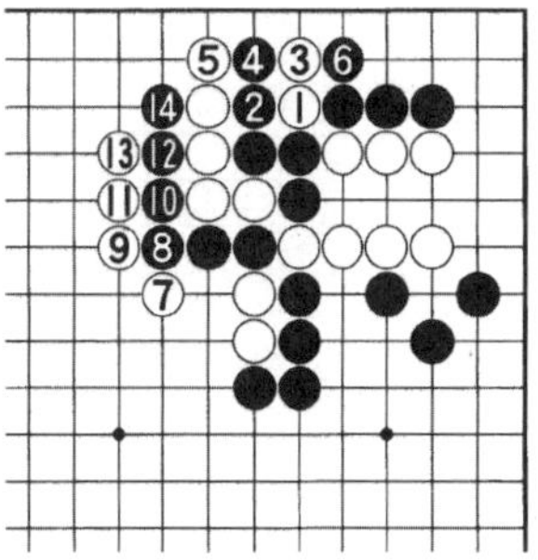

## 백 실패

백1로 끊으면 흑2부터 6으로 받아 실패한다.
백이 자충이 되어 있어 백7의 씌움도 성립하지 않는다.

제7형 백번

(1123)

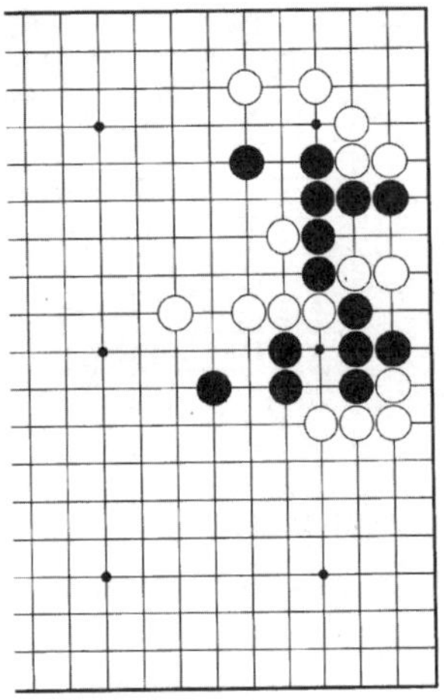

## 탈출

우변의 전투.
흑에게 둘러싸인 백 2점을 탈출시키고 싶다. 백이 우상 또는 우하로 건너면 아래위의 흑은 근거를 잃는다.

解

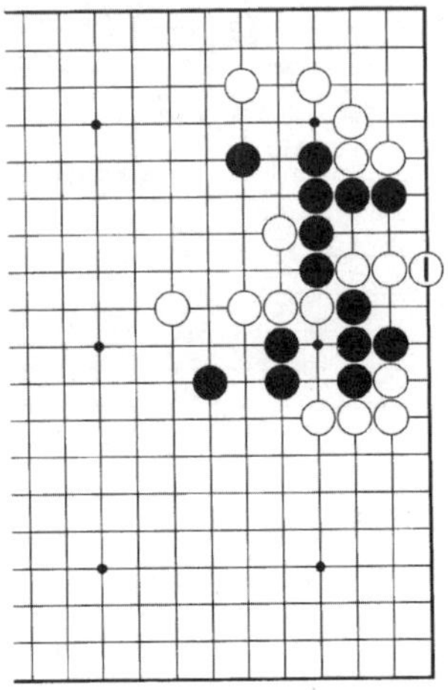

## 맞보기

백1의 뻗음은 위아래 건넘을 맞보는 맥이다. 흑은 어느쪽의 건넘을 막아도 백 3점을 촉촉수로 잡는 것은 불가능하다. 흑을 위아래로 분단시켜 백이 유리한 싸움이 된다.

失

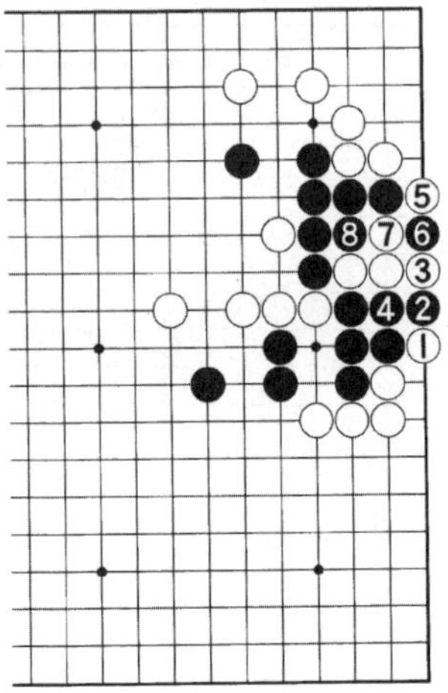

## 촉촉수

백1로 젖히고 흑2, 백3으로 단수치는 것은 무리이다.
백의 공배가 하나 채워졌기 때문에 흑4로 이어 백 3점을 살릴 수 없다. 백5 이후 흑6, 8로 촉촉수이다.

제8형 백번

(1124)

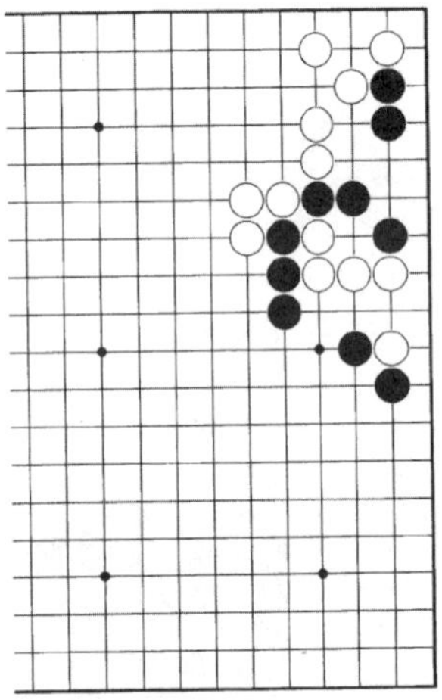

## 고사되다

우변의 전투.
포위당한 백 5점과 흑 5점이 수상전에 돌입하였다. 백이 우하 쪽으로 탈출하면 우상의 흑은 말라 죽게 된다.

解

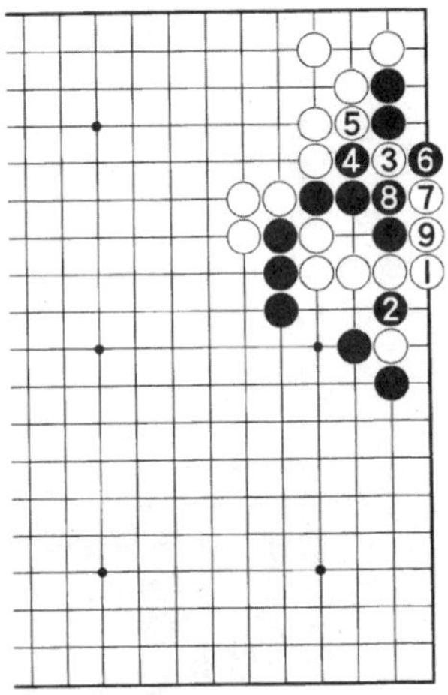

## 백 승

백1의 뻗음은 위아래로 공격을 노리는 맥이다.
흑2로 1점을 잡으면 백3으로 붙여 우상을 공격하여 백9까지 수상전은 백이 승리한다.

変

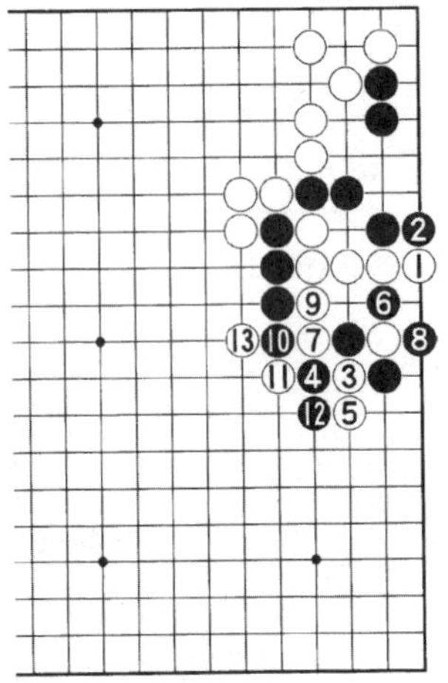

## 흑 무리

흑2로 우상귀 집을 넓히면 백3으로 끊어 바깥의 흑을 공격하게 된다. 흑4, 6이 최강의 저항이지만 백11로 끊어 흑은 무리이다. 백13으로 중앙의 흑이 반대로 노려진다.

(1125)

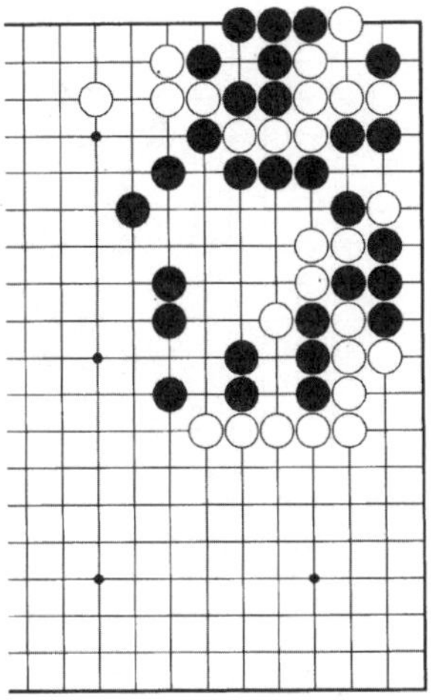

解

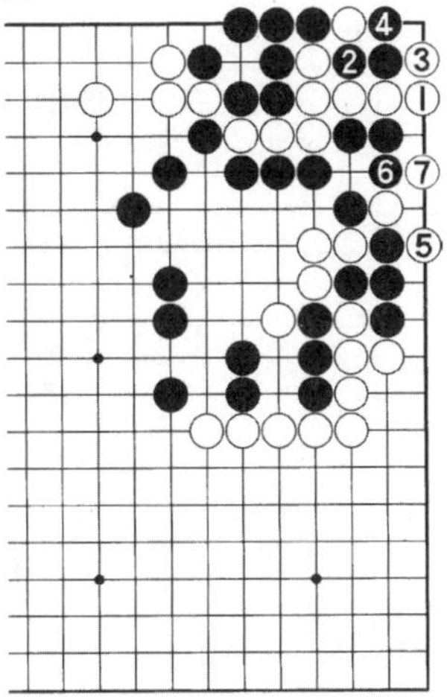

变

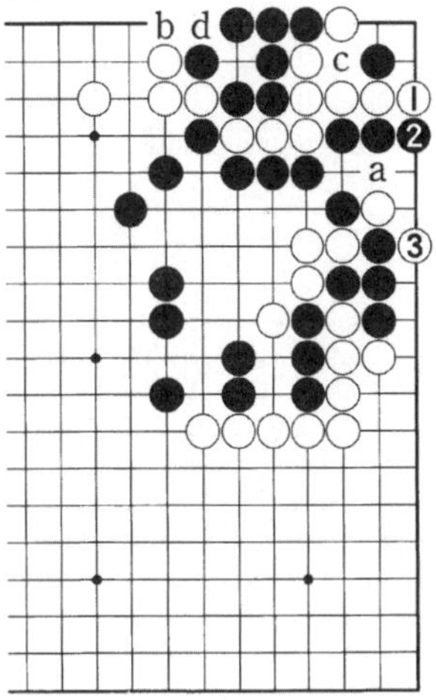

제9형 백번

## 활용

우상의 전투.
귀의 백은 수상전에서 졌다. 백은 우변의 흑 4점을 공격하여 중앙의 백 3점을 살리고 싶다. 그러기 위해서 잡혀있는 귀의 돌을 활용한다.

## 패

백1로 뻗는 것부터 시작한다.
흑2로 끊어 귀를 잡으면 백5의 입구자를 활용하여 7까지 패가 난다.

## 생환

흑2로 막는 변화이다. 백3으로 젖혀 흑은 양자충에 걸린 모양이다. 백은 조건 없이 중앙 3점을 생환시켰다. 흑2로 a는 백b, 흑c, 백d로 패가 난다.

(1126)

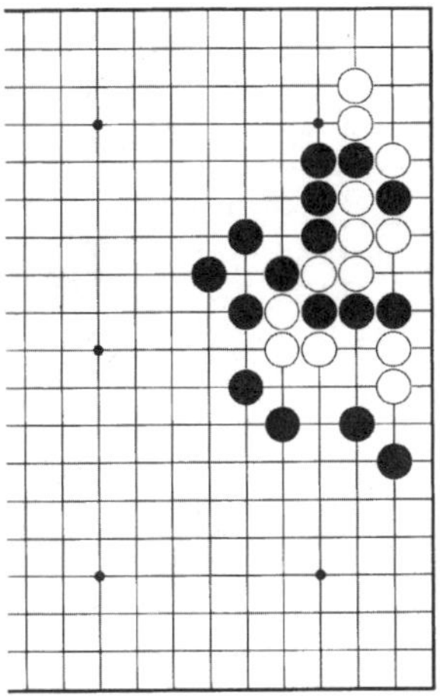

解

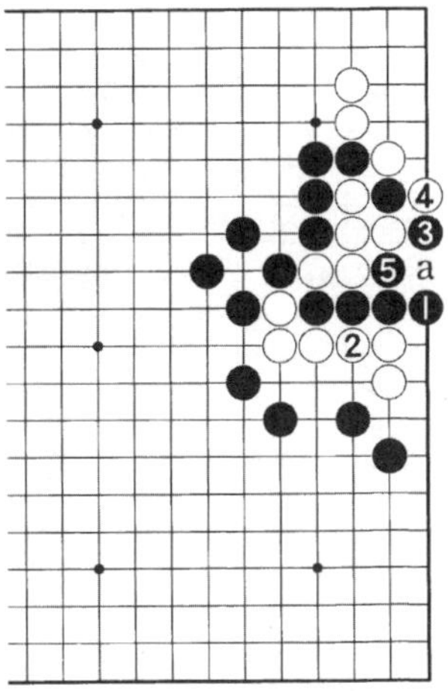

变

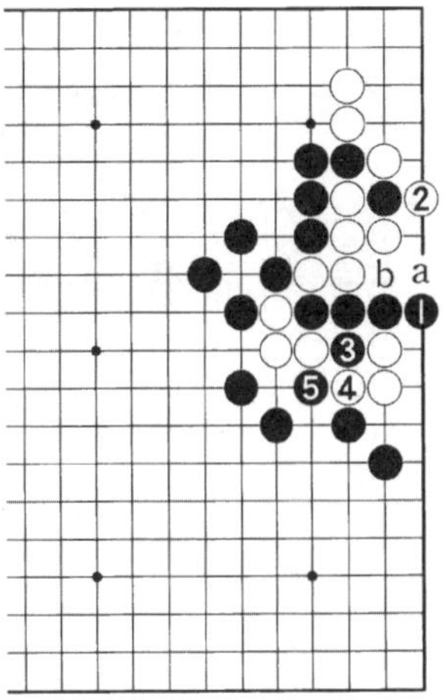

제10형 흑번

## 수 늘리기

우변의 수상전 문제.
노림수는 우상에 있는 백의 자충의 모양이다. 흑 3점의 수를 늘리면 바깥을 둘러 싼 백 5점을 반대로 잡는다.

## 패

흑1의 뻗음이 맥이다. 백2로 바깥을 굳히면 흑3으로 우상의 백을 공격하여 백4와 흑5로 패가 난다. 흑1로 a의 입구자는 백4, 흑3, 백2로 가운데 있는 흑이 자충에 걸려 실패한다.

## 흑 승

백2로 우상을 지키면 변화이다. 흑3, 5로 나가 끊어 바깥의 수상전이 되어 흑이 승리한다.
백2로 a에 두어 공배를 메울 수는 있지만 흑b로 최악이 된다.

제 11 형 흑번

(1127)

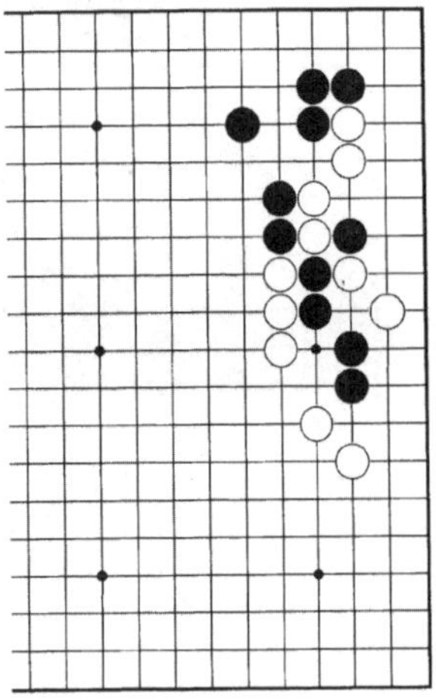

## 움직이는 방법

우변의 수상전 문제.
우상의 백 4점과 아래의 흑 4점은 흑이 공배가 많아 더 여유가 있다.
이후 흑 1점을 어떻게 움직이냐에 따라 전체의 운명이 결정된다.

解

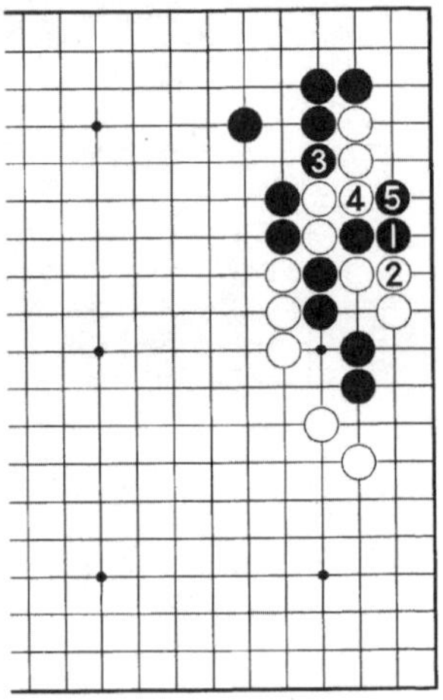

## 흑 승

흑1의 뻗음이 맥이다.
우상의 백 4점과 우변 2점의 공격을 맞보기하고 있다.
백2로 우하를 지키면 흑3, 5로 결정지어 흑 승리.

变

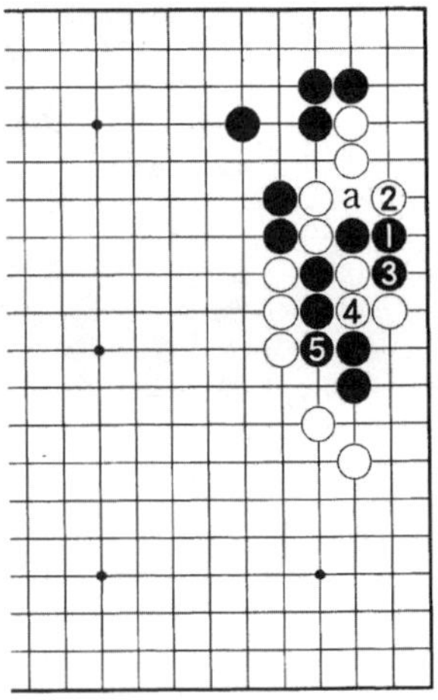

## 3점 잡기

백2로 우상부터 지키면 흑3, 5로 2점을 공격한다. 우변의 백 3점을 잡으면 우상은 소멸한다.
흑3으로 a에 둘 수도 있다. 흑1로 3 또는 a로 단수치는 것은 양쪽 모두 성공할 수 없다.

제 12 형 흑번

(1128)

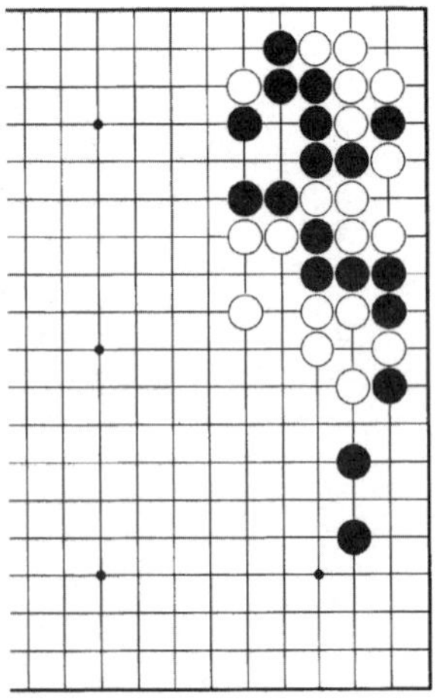

## 탄력

우변의 전투.
흑 5점을 우하로 도망치게 만들고 싶다.
흑 5점에게 탄력을 붙이기 위해서 우상의 백을 활용할 방법을 고민해 보자.

解

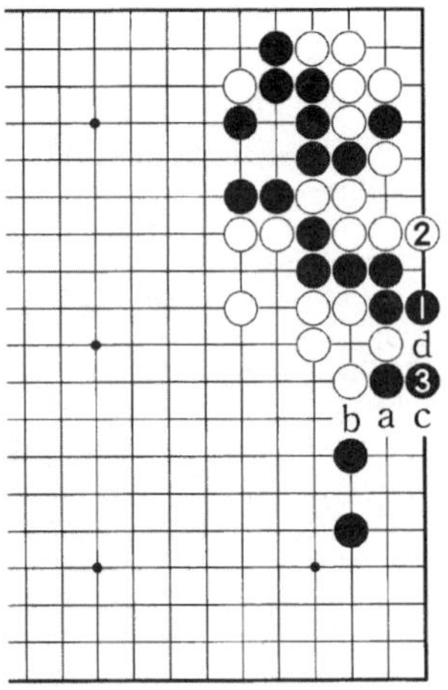

## 패

흑1의 뻗음이 좋은 수이다. 귀의 백은 자충으로 백2로 뻗어서 지키는 정도이다. 흑3으로 뻗어서 우변으로 건너간다. 이후 백a, 흑b, 백c, 흑d로 패가 난다.

变

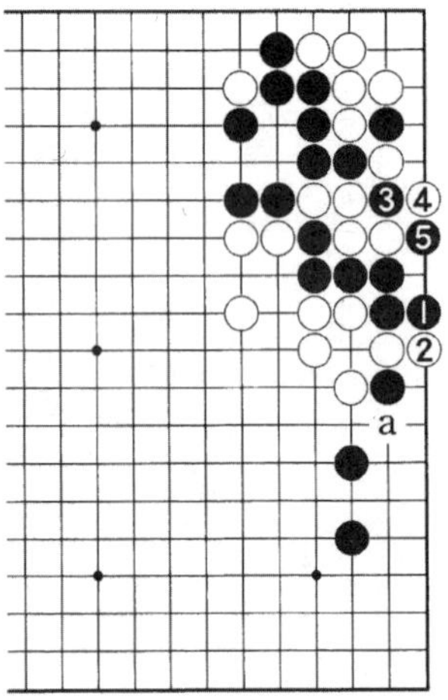

## 우상의 패

백2로 흑을 건너지 못하게 막는 변화이다. 흑3으로 먹여쳐서 백을 자충으로 이끈다. 백4, 흑5로 패가 난다.
흑1로 2에 건너면 백a로 공격 받아서 실패한다.

(1129)

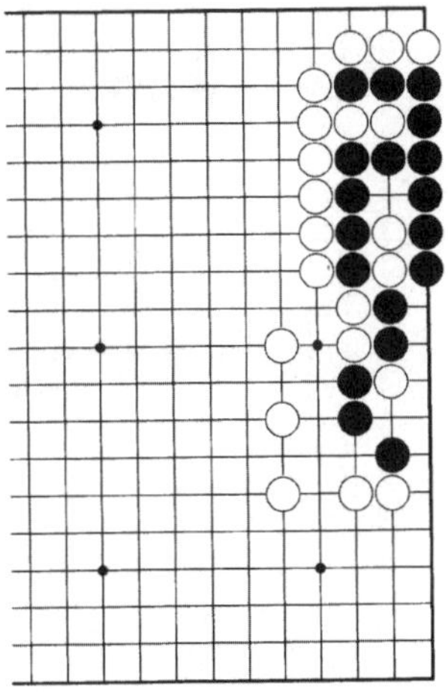

解

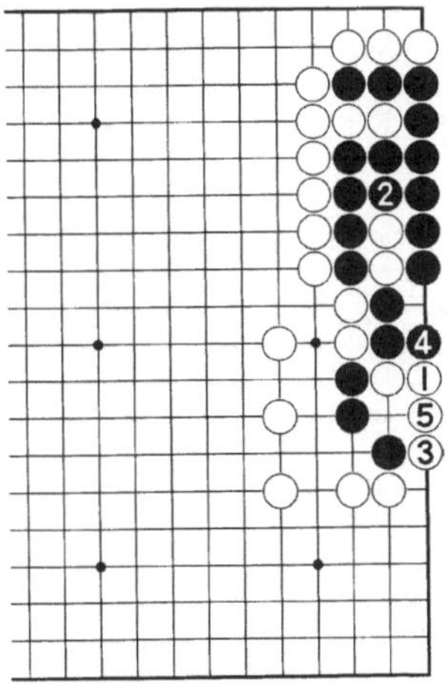

变

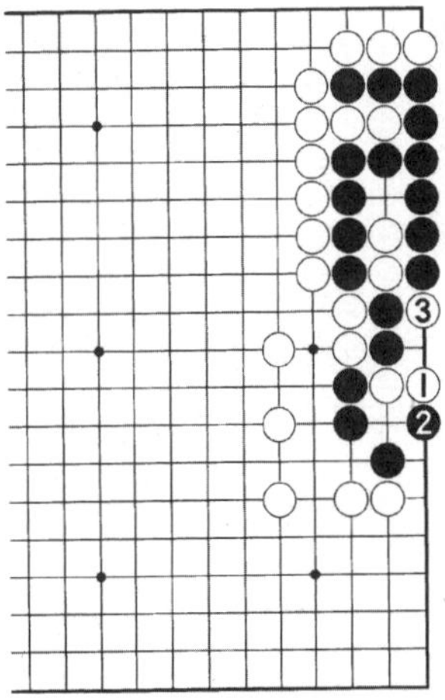

제13형 백번

### 결함

우상의 흑은 백 2점을 잡고 있지만 공배가 꽉 찬 모양이다. 백은 흑의 결함을 추궁하여 백 1점을 살리고 우하의 흑 3점을 잡고 싶다.

### 전과

백1의 뻗음이 냉엄한 노림이 숨어 있는 맥이다.

흑2로 2점을 때려낼 수밖에 없다.

백3으로 건너서 흑 3점을 잡는다.

흑4는 백5로 큰 전과를 올렸다.

### 환격

백1의 뻗음에 흑2로 저항하는 것은 무리이다.

백3으로 먹여쳐서 우상의 흑은 환격이 되어 흑은 전멸한다. 이후 위쪽의 백 2점을 따내도 백은 3의 좌상에 먹여친다.

(1130)

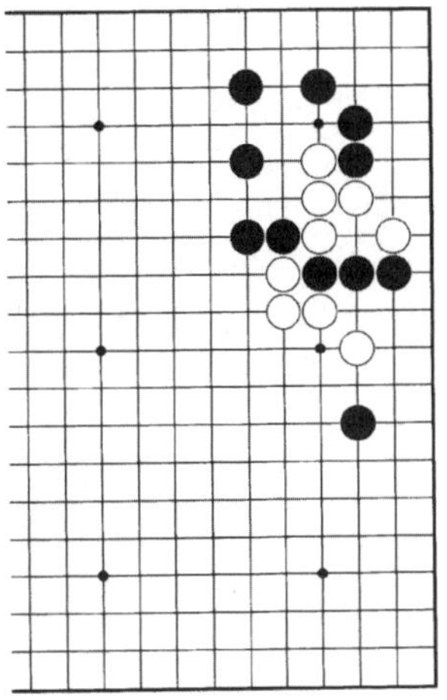

解

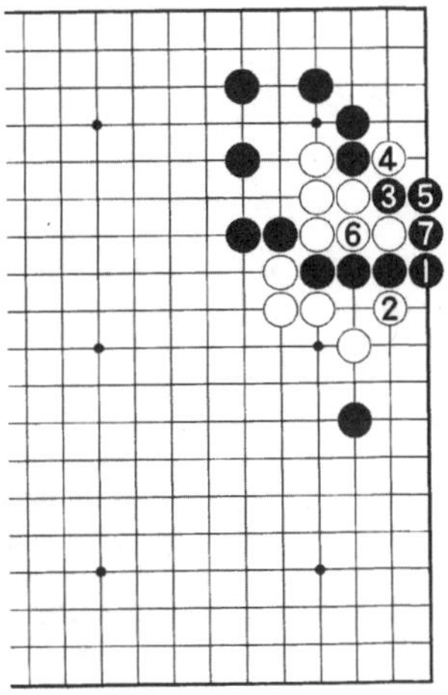

变

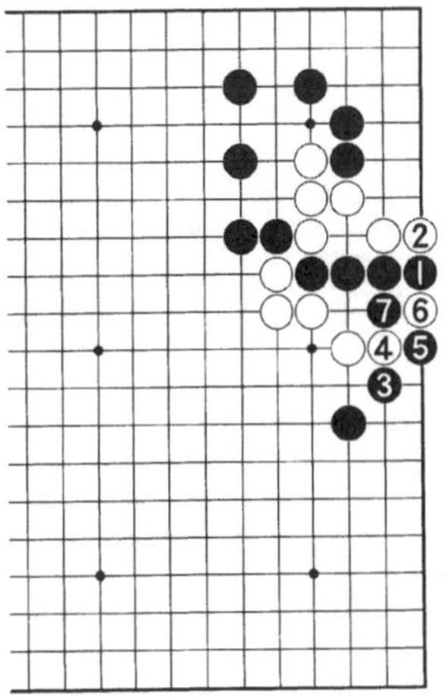

제14형 흑번

### 탈출

우변의 문제.

백에게 둘러싸인 흑 3점을 우변이나 우상귀와 연결하면 우상의 백의 돌은 죽는다.

### 건넘

흑1의 뻗음이 좋은 수이다.

위아래 건넘을 맞보기 하는 맥이다.

백2로 입구자 붙이면 흑3의 젖음이 좋은 수이다.

백4에 흑5, 7까지 건너간다.

### 흑 탈출

백2로 막아 저항하는 변화이다. 흑3으로 입구자하여 우하로 건너가서 바깥으로 탈출한다.

백4, 6으로 공격해도 흑은 공배가 비어서 촉촉수에 걸리지 않는다.

내려서다
수상전

(1131)

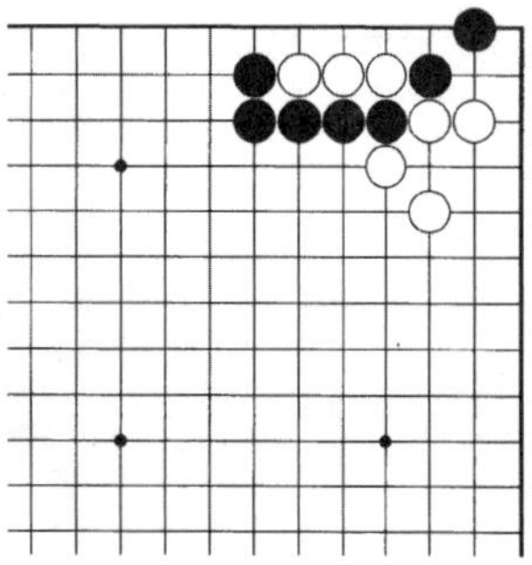

解

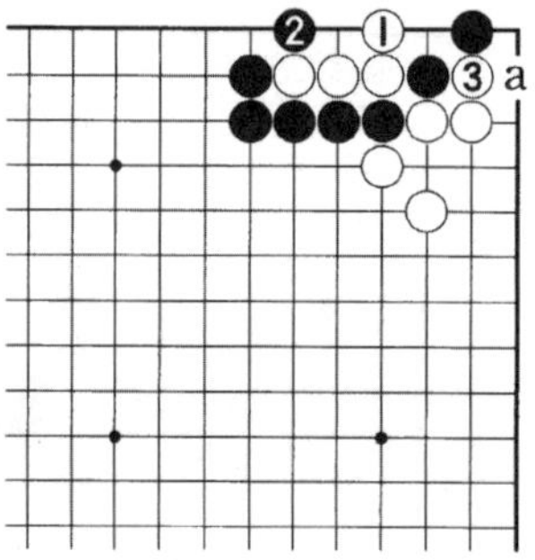

失

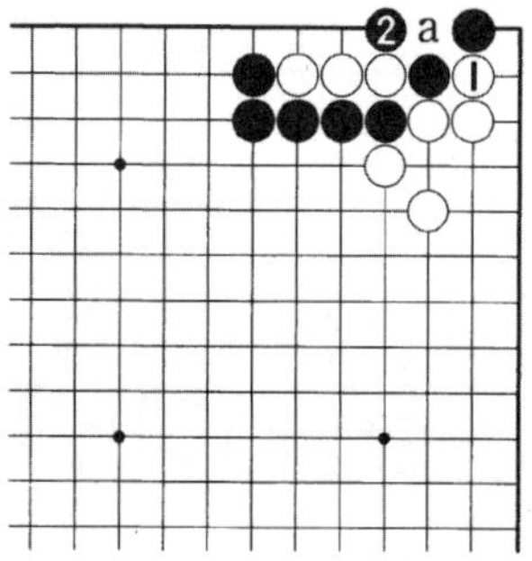

제1형 백번

## 적의 급소

우상의 수상전 문제.
1수로 해결되지만 그 1수를 틀리기 쉽다. 흑이 두고 싶은 곳이 급소이다.

## 백 승

백1의 뻗음은 흑의 탄력을 지우는 맥이다.
흑2의 공격에 백3으로 단수쳐서 수상전은 백이 승리한다.
흑2로 3은 백a로 젖히면 된다.

## 패는 실패

백1의 단수는 흑2로 젖혀 실패한다. 백이 유리한 패이지만 패를 내줄 이유가 없다.

(1132)

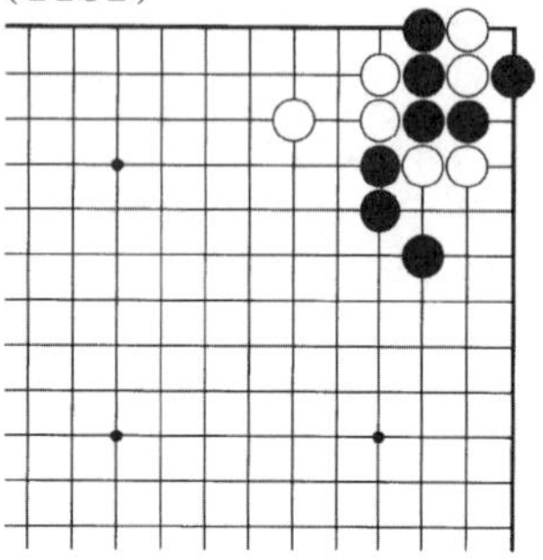

解

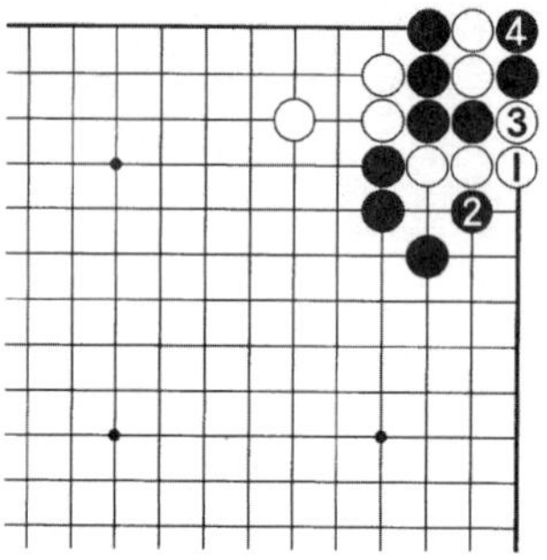

失

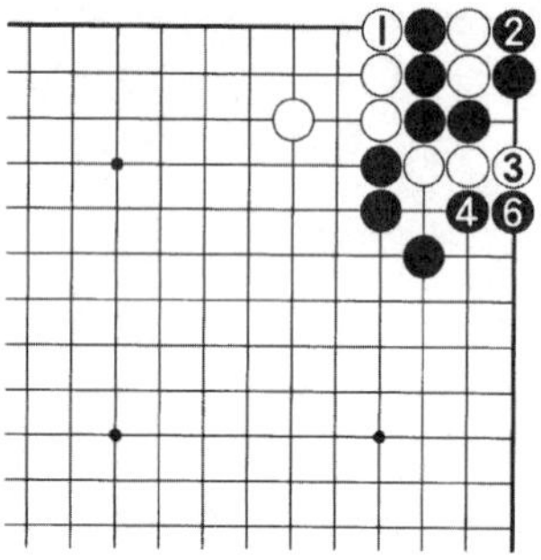

제2형 백번

## 때에 따름

우상귀의 수상전이 어떻게 전개될까? 백 2점을 잡은 흑은 집이 있는 모양이지만 격언에 '유가무가도 때에 따라'가 있다.

## 백 승

백1로 뻗어서 오른쪽에서 공격한다. 흑2 이후 백3으로 공격하고 흑4에 백5로 단수쳐서 귀를 잡는다.
※⑤→③의 왼쪽 위

## 바깥은 실패

백1로 바깥부터 두는 것은 흑2로 따내서 실패한다. 백3으로 가운데를 두어도 흑4, 6으로 공배를 메워서 유가무가의 모양이다.
※⑤→❷의 왼쪽(치중)

(1133)

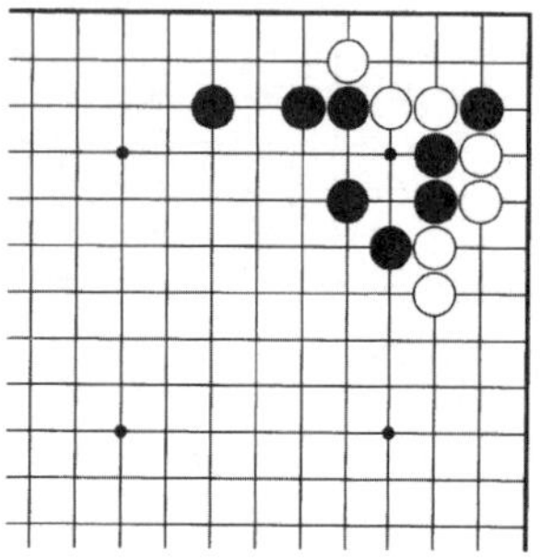

解

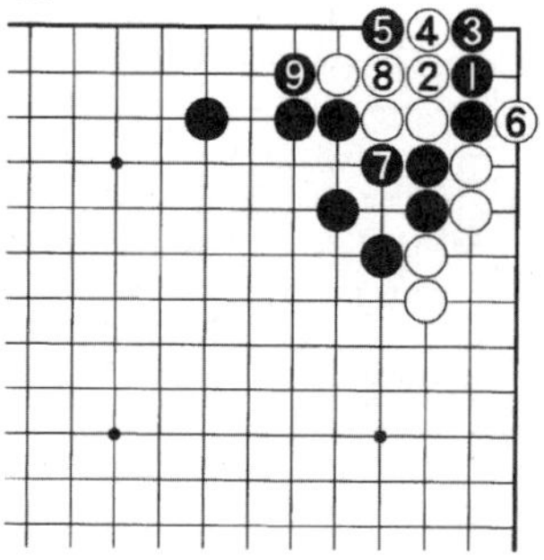

失

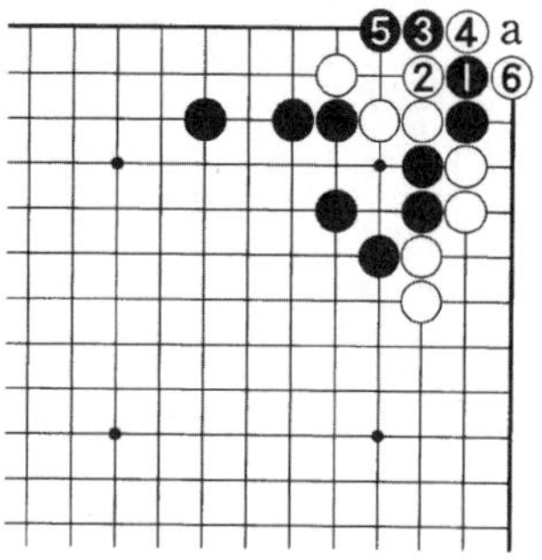

제3형 흑번

## 무조건

귀의 수상전 문제.
흑 1점을 움직여 나가 상변의 백 3점을 무조건 잡고 싶다.

## 흑 승

흑1로 내리고 백2로 막을 때 흑3이 좋은 수이다.
백4로 막아도 귀는 3수이다. 흑5부터 9로 공격하여 흑의 한 수 승.

## 패

흑3으로 젖히면 백4로 먹여쳐서 흑의 공배가 메워져 버린다.
흑5라면 백6으로 패가 난다.
흑5로 a에 두어 따내면 백5로 흑이 불리한 패가 난다.

(1134)

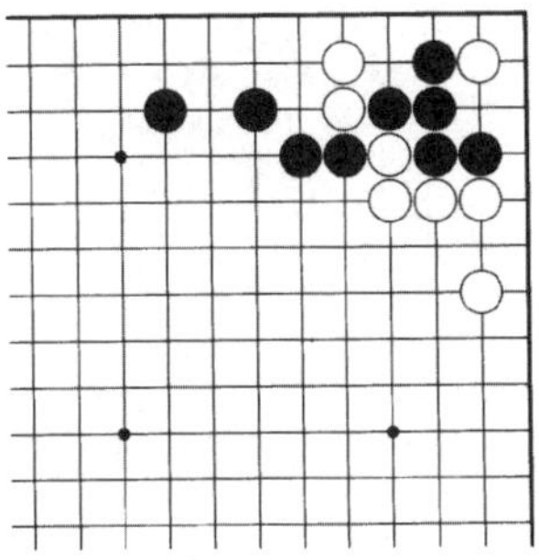

解

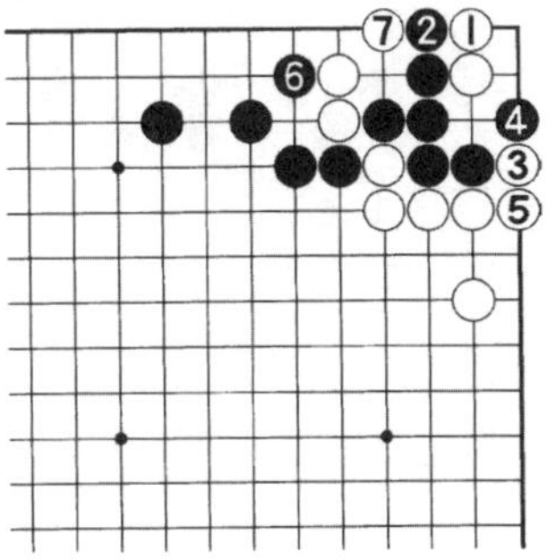

失

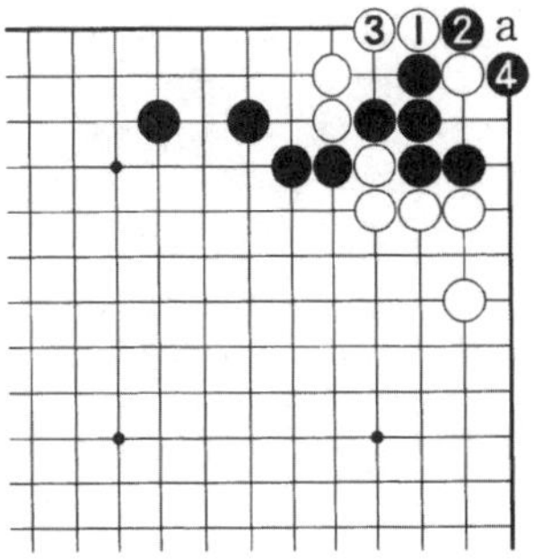

제4형 백번

## 펀치

우상의 수상전 문제.
귀의 흑은 자충에 걸리기 쉬운 모양이다. 백의 첫 수가 필살기가 된다.

## 백 승

백1의 뻗음은 2·1의 맥이다.
흑2로 막으면 백3, 5로 젖혀이어 흑의 수는 3수밖에 안 된다.
백7로 한 수 승.

## 패

백1로 젖히면 흑2의 반격이 있어서 실패한다.
백3으로 당기면 흑4로 젖혀 패가 난다. 백3으로 a에 따내면 흑3으로 막아서 패가 난다.

(1135)

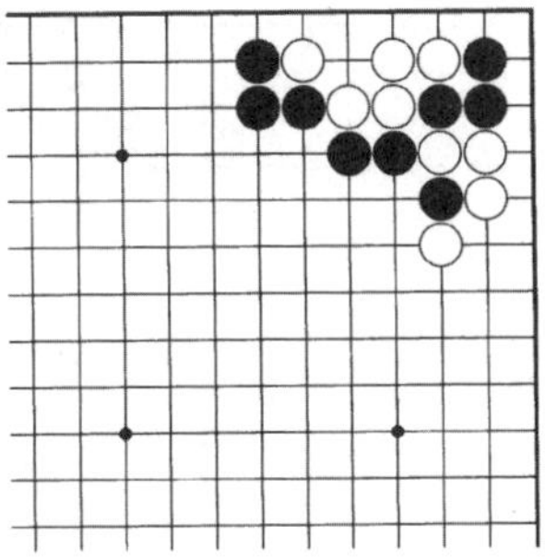

解

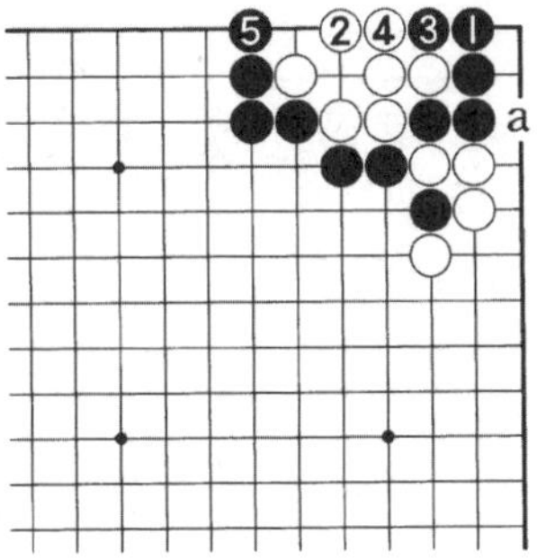

失

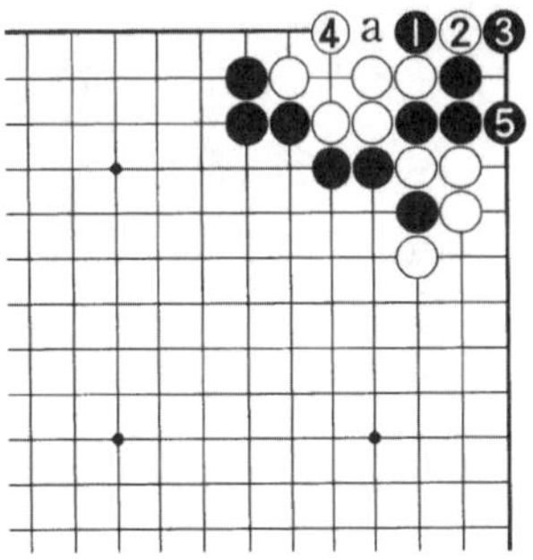

제5형 흑번

## 선택

우상의 수상전.
직접 공배를 메우는 공격방법과 자신의 수를 늘려 상대의 수를 기다리는 방법 중 하나를 골라야 한다.

## 기다린다

흑1로 뻗어 상대의 수를 기다리는 곳이다.
백2라면 흑3, 5로 승리한다. 백2로 a도 흑3으로 나가면 된다.

## 빅

흑1의 젖힘은 백2로 먹여쳐서 흑의 공배가 차 버린다.
백4 이후 흑5로 집을 내면 빅의 모양이다. 백4로 a라면 패가 난다.

(1136)

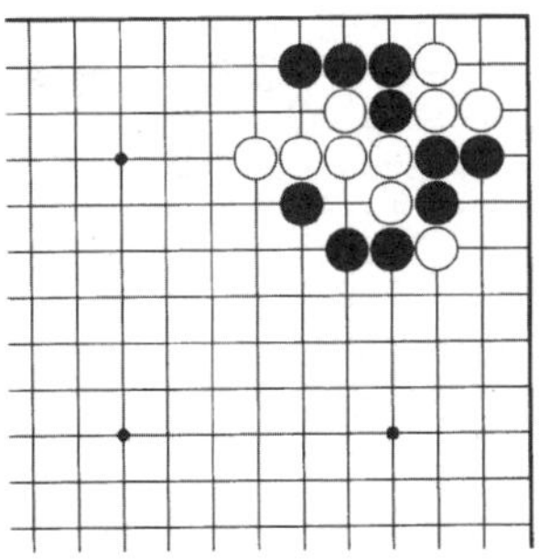

解

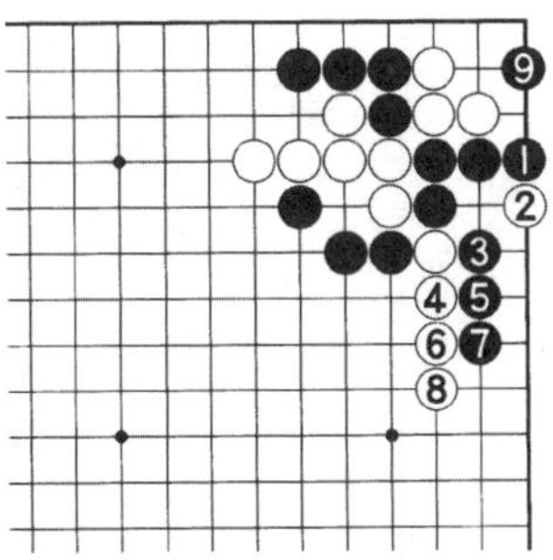

失

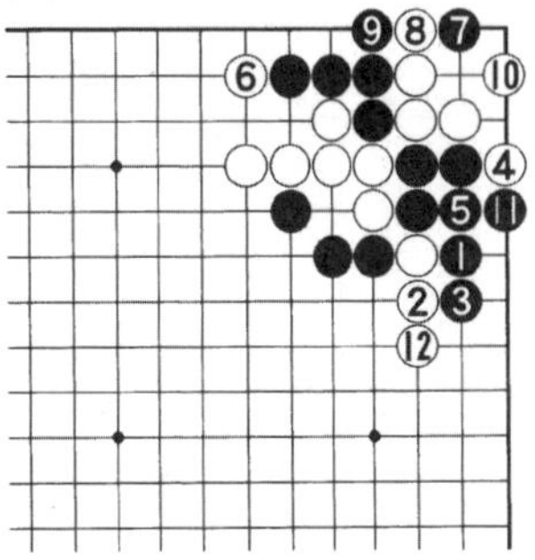

제6형 흑번

## 첫 수

우상의 전투.
흑은 무조건 귀의 백 3점을 잡고 중앙의 흑을 백을 공격하는 데 이용하고 싶다. 첫 수가 중요하다.

## 귀를 잡다

흑1로 뻗어서 귀의 백을 공격한다.
백2는 흑3을 유도하여 바깥을 강화하는 수이지만 흑5, 7로 밀어 9로 귀를 잡으면 흑은 충분하다. 백2로 3은 흑9.

## 패

흑1, 3을 먼저 하면 백4로 단수 쳐서 귀의 백에 탄력이 생긴다. 백6으로 붙여서 상변을 공격하면 흑은 패의 부담이 남게 된다.

(1137)

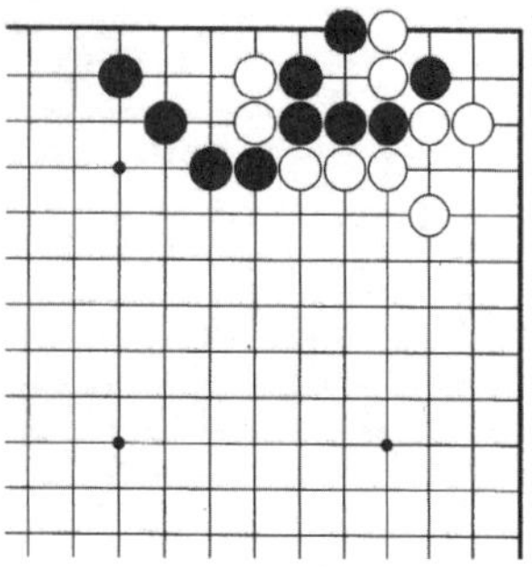

解

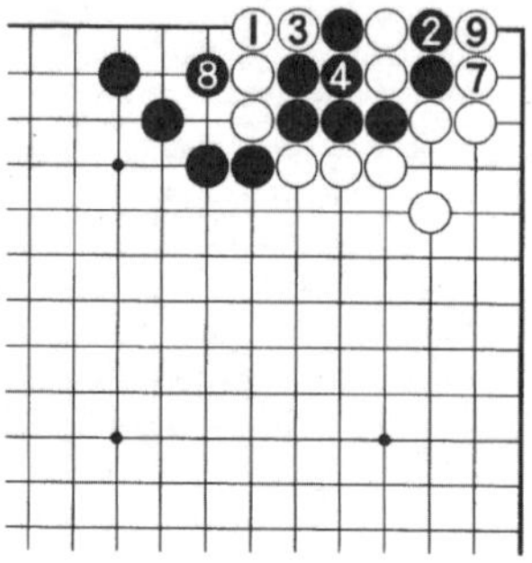

失

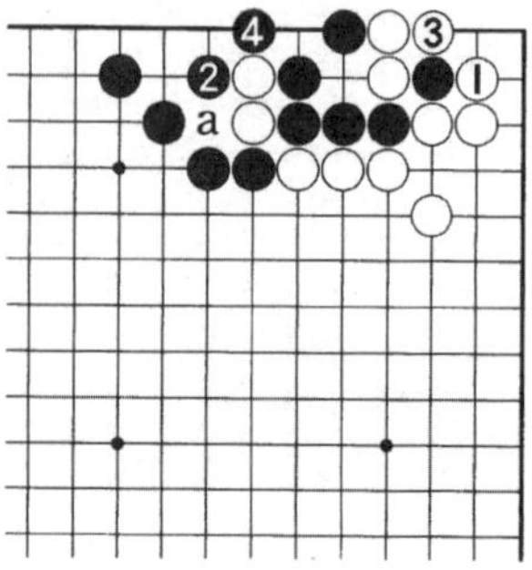

제7형 백번

## 모두

백의 노림은 귀의 흑 한 점이 아니다. 귀의 흑을 전부 잡는 수는 없을까?

## 백 승

백1의 뻗음이 맥이다. 귀의 흑을 전부 잡는 노림수로 백9까지 수상전은 백이 승리한다.

※⑤→❹의 오른쪽(단수치기), ❻→❷의 왼쪽(따냄)

## 백 실패

백1로 귀를 잡는 것은 실패한다. 흑2, 4로 백 2점을 잡아버린다. 백3으로 4에 뻗어도 흑a로 양자충의 모양이다.

(1138)

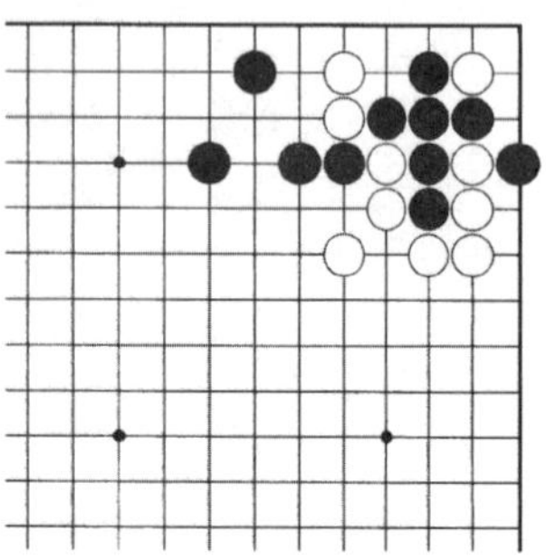

解

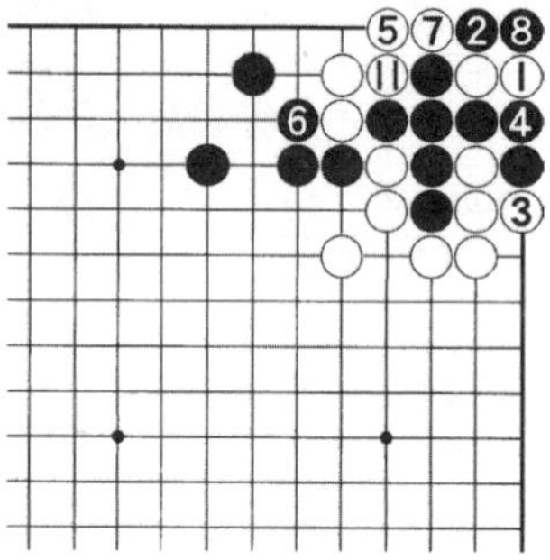

失

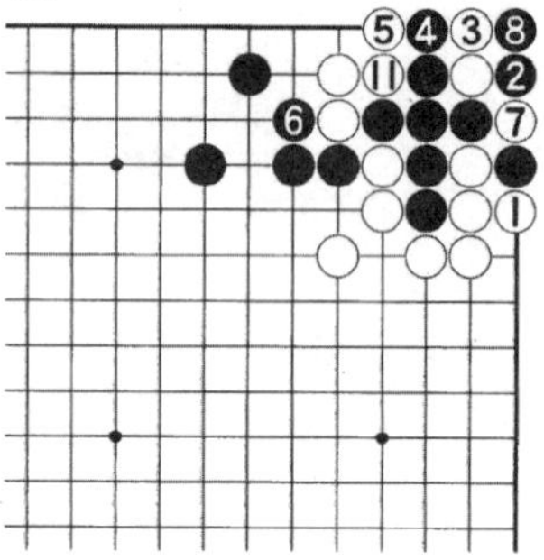

제8형 백번

## 사석

우상의 수상전 문제.

흑은 귀의 백 1점을 잡고 있지만 백은 1점을 사석으로 공배를 메워 유가무가를 막을 수 있다.

## 백 승

백1의 뻗음은 2·1의 맥이다.

흑2의 공격에 백3으로 막는 것을 활용하여 5의 입구자로 수상전에서 승리한다.※⑨→❷의 아래(먹여치기), ❿→①(따냄)

## 패는 실패

먼저 백1로 막으면 흑2로 단수쳐 흑의 모양에 탄력이 생긴다. 흑4 이하 12까지 패가 난다.

※⑨→③의 아래(먹여치기), ❿→③(따냄), ⓬→⑦의 아래(패 따냄)

(1139)

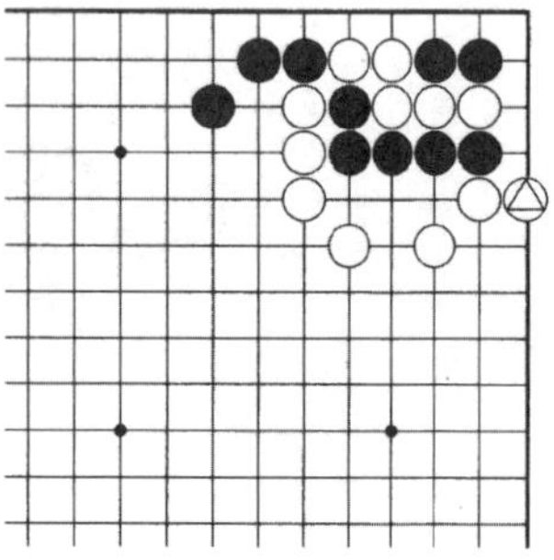

解

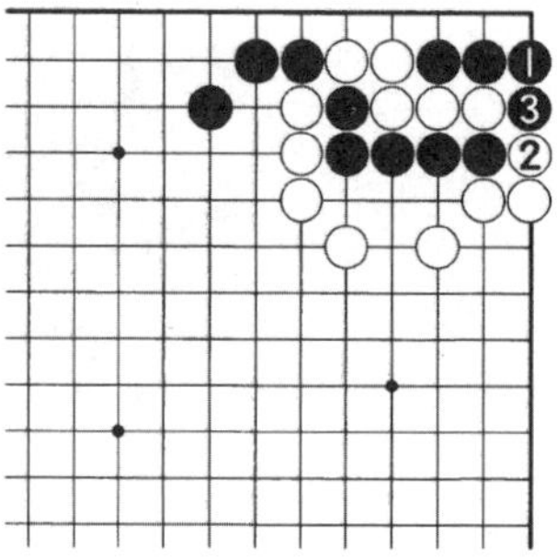

失

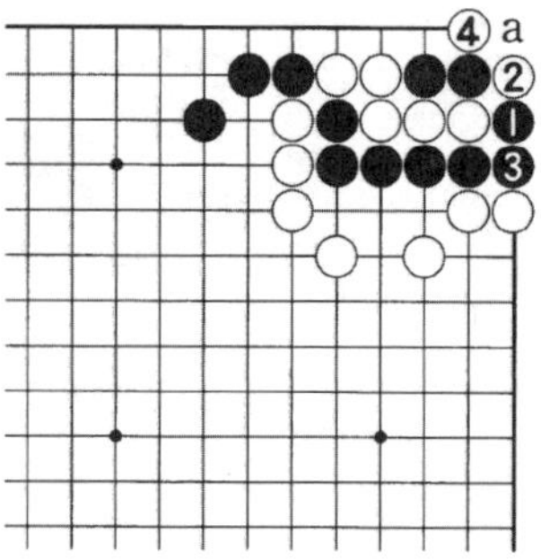

제9형 흑번

## 주의

귀의 수상전 문제.

백 5점을 잡는 것은 단순한 것 같지만 우변에 있는 백◬ 뻗음에 신경써야 한다.

## 흑 승

흑1의 뻗음이 백에게 대책을 주지 않는 맥이다.

백2로 나가면 흑3으로 끊어 수상전은 흑이 승리한다. 백2로 3은 흑2.

## 패

흑1은 건너가는 것을 서두른 수이다. 백2로 먹여쳐서 공배가 메워진다. 흑3은 백4로 패가 난다. 흑3으로 a는 백3. 귀의 공배가 메워져 2에 잇지 못한다.

(1140)

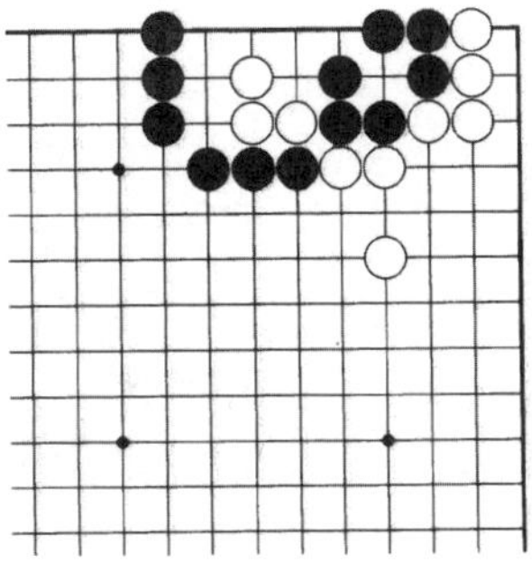

解

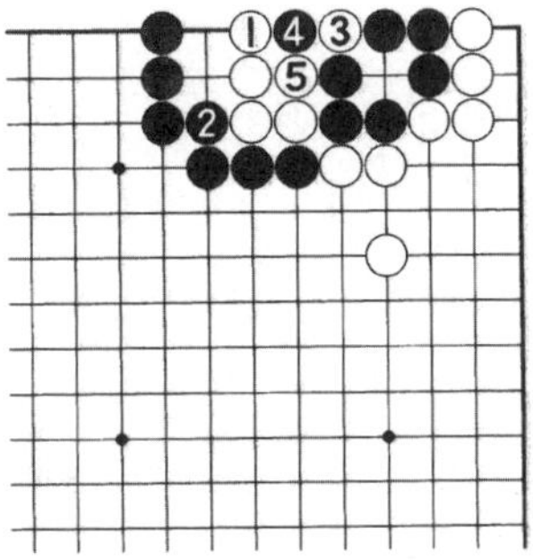

失

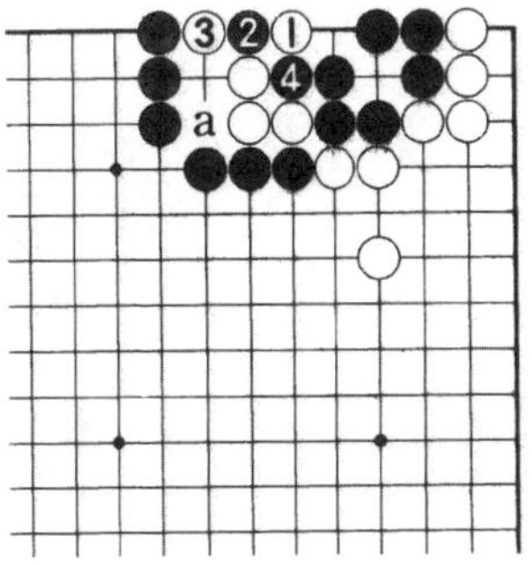

## 제10형 백번

### 첫 수

수상전 문제.
백집 가운데의 흑 3점을 움직여서 우상의 흑을 어떻게 공격할까? 첫수는 급소에 있다.

### 패

백1의 뻗음이 냉정한 수이다. 흑2로 바깥에서 공격하면 백3으로 먹여치고 5로 단수쳐서 백이 잡는 패가 난다.

### 유가무가

백1의 입구자는 흑2라는 묘수가 있어서 실패한다.
백3에는 흑4로 유가무가가 된다.
백3으로 4도 흑a로 안 된다.

(1141)

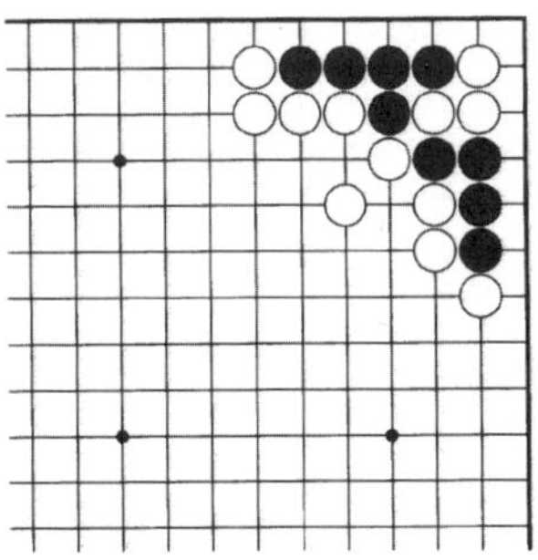

解

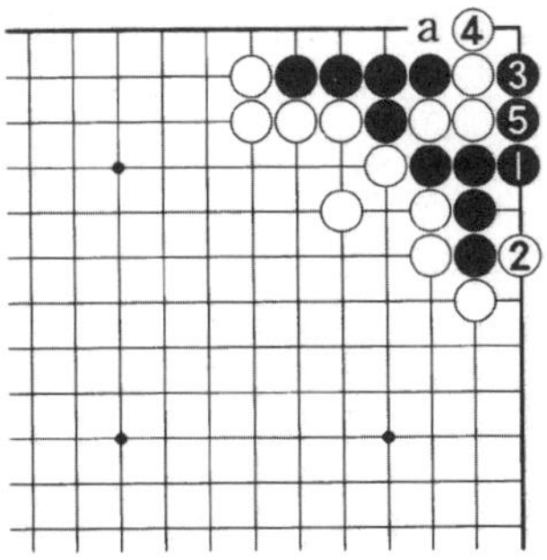

失

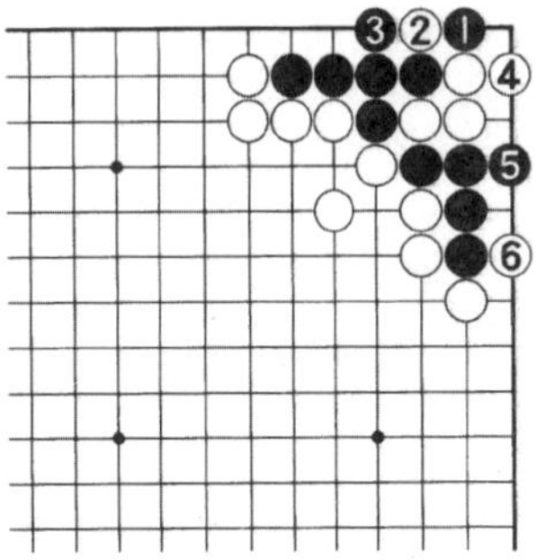

## 제11형 흑번

### 차분히

우상의 수상전 문제.
백 3점은 간단히 잡힐 것 같지만 기는 마물이다. 침착하고 느긋하게 공격해야 한다.

### 흑 승

흑1의 뻗음이 맥이다.
백2의 공격에 흑3, 5로 몰아붙인다.
흑3이 중요한 수로 4에 젖히면 백a로 흑이 실패한다.

### 흑 전멸

흑1로 젖히면 백2로 먹여쳐서 실패한다.
흑3, 백4 이후 흑5로 뻗어도 백6으로 흑은 양자충이다. 흑3으로 4에 두어 패를 내는 것밖에 없다.

(1142)

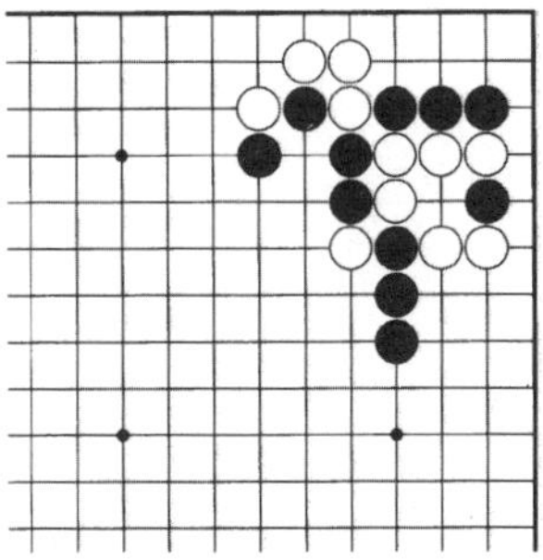

解

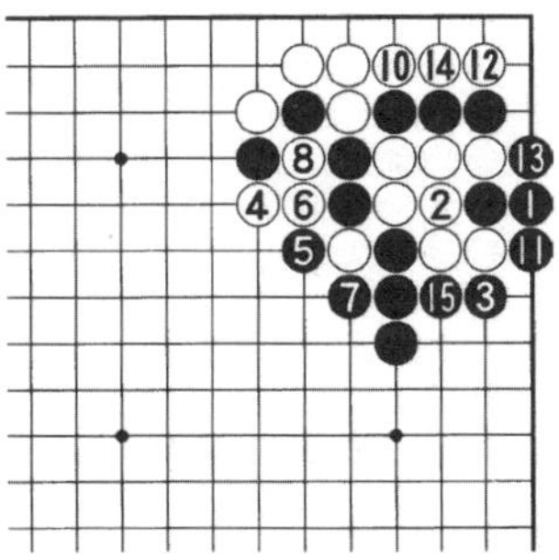

失

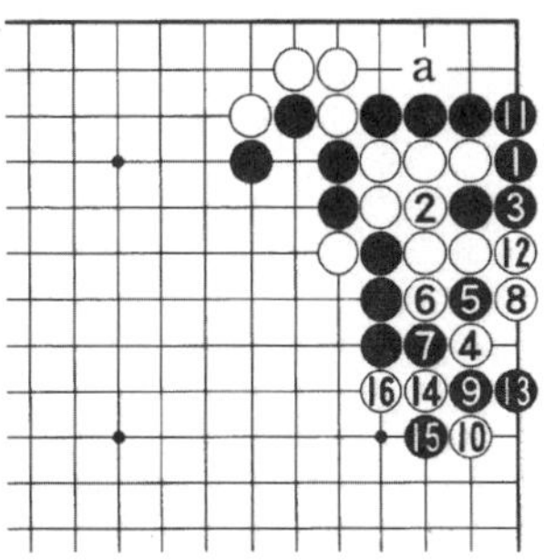

## 제12형 흑번

### 잡다

귀의 전투.
우상의 흑 3점을 살리기 위해서는 우변에의 탈출을 막는 공격으로 백을 잡을 수밖에 없다.

### 흑 성공

흑1의 뻗음이 강수이다. 백2, 흑3으로 백은 도망갈 수 없다. 백4부터 흑15까지 중앙과 귀의 양쪽을 활용당해도 흑이 유리하다.
※❾→❼의 위

### 흑 망함

흑1의 단수는 완착으로 백4를 허락하게 된다.
흑5부터의 강공은 무리로 백16까지로 흑이 망한다. 흑5로 9는 백5, 흑7, 백a.

(1143)

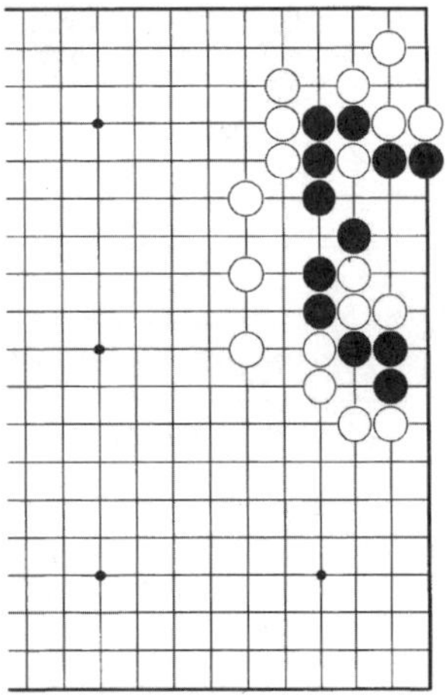

解

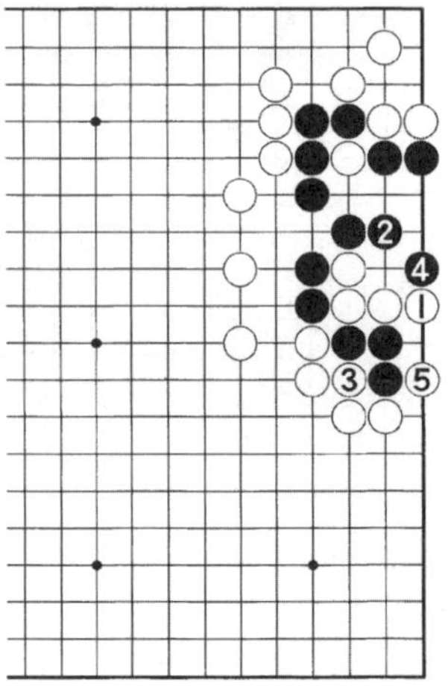

变

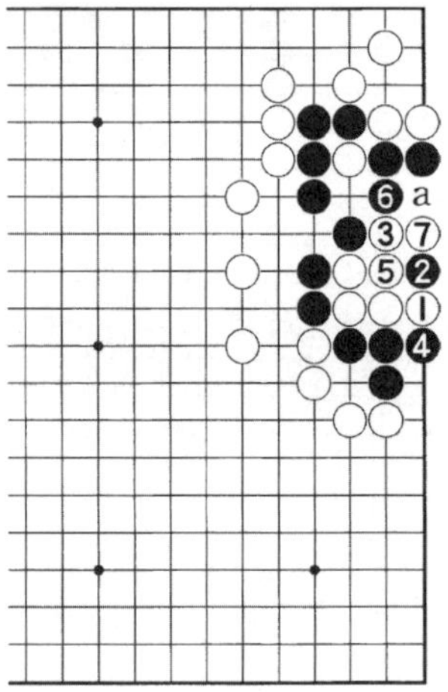

제 13 형 백번

## 3점 잡기

우변의 수상전 문제.
흑에게 포위당한 백 3점을 움직여 흑 3점을 잡을 수 있다. 우상의 흑의 자충을 백이 노린다.

## 맥점

백1의 뻗음이 맥이다. 흑은 우하의 3점을 포기하고 2, 4로 우상을 살리는 정도이다.
백3, 5로 백 한 수 승이다. 흑의 집은 3점을 잡혀서 계산하면 0집이 된다.

## 흑 전멸

흑2의 붙임은 백을 잡으려는 수이지만 무리이다. 백3으로 젖혀 우변의 수를 늘리는 동시에 우상에 있는 흑의 집을 부순다. 흑4, 6으로 공격해도 자충 때문에 a에 둘 수 없어서 백이 전멸한다.

(1144)

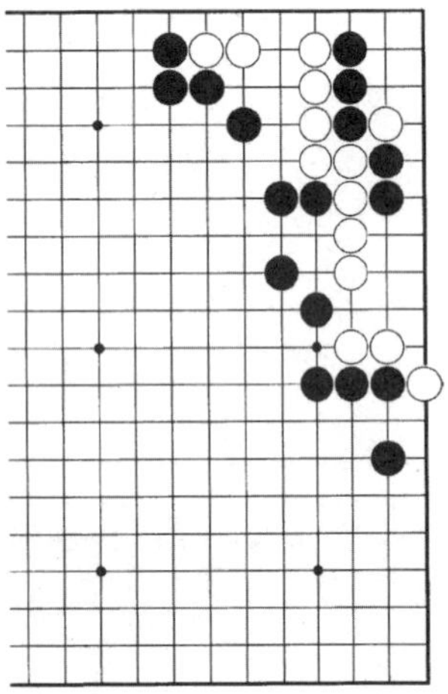

解

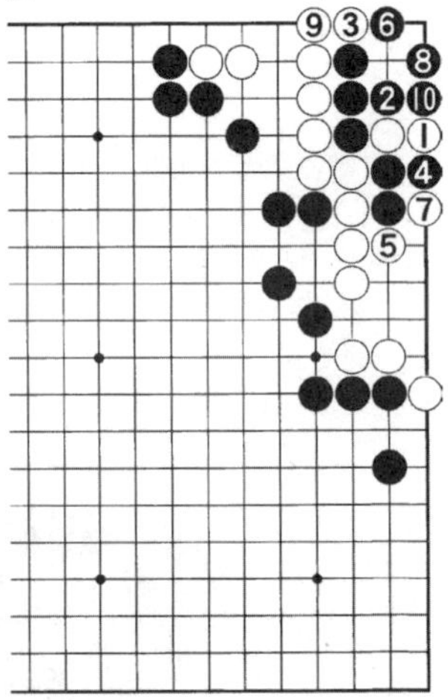

变

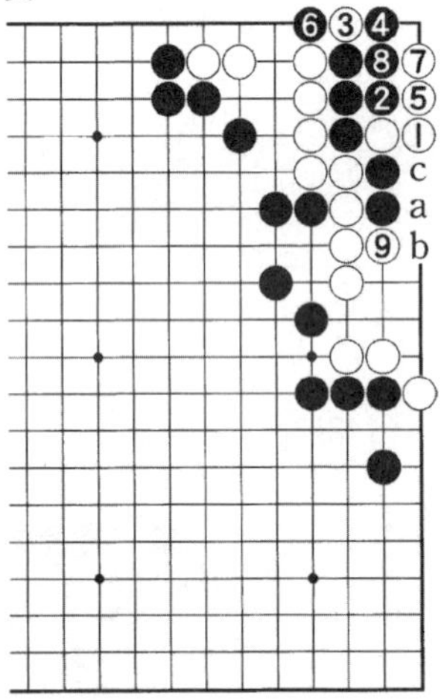

제 14 형 백번

## 선수 삶

우상의 백의 대마를 어떻게 살릴 수 있을까? 백은 우변의 흑 2점을 잡고 귀의 흑을 괴롭혀 선수로 살 수 있다.

## 희생

백1의 뻗음은 백의 집을 부수는 맥이다.
흑2로 막으면 백3으로 공격하여 흑은 4의 희생을 치러서 6, 8로 살 수 밖에 없다. 흑10까지 귀는 두집 내고 산 것으로 종결.

## 흑 무리

백3에 흑4로 저항하는 것은 무리. 백5와 7로 4점으로 하면 흑은 자충으로 다음수가 없다. 백9로 귀의 흑은 전멸. 백1로 9는 흑1, 백a, 흑2, 백b, 흑c 이후 백6으로 백은 후수로 산다.

제15형 백번

(1145)

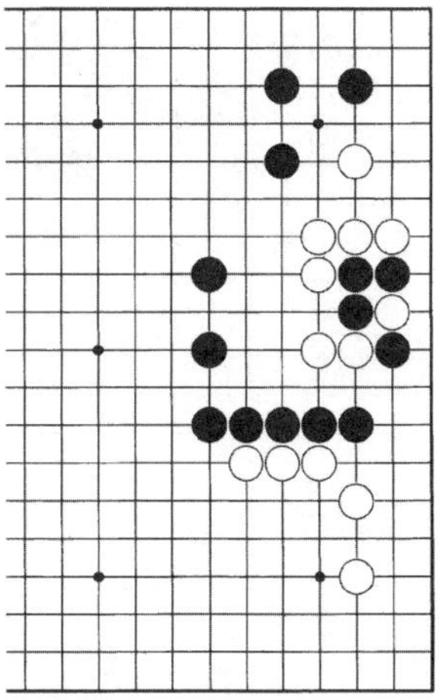

## 최선

우변의 수상전 문제.
우상의 백을 살리는 것은 간단하지만 바깥의 흑을 굳히면 불리해진다. 최선은 흑 3점을 잡아버리는 것이다.

解

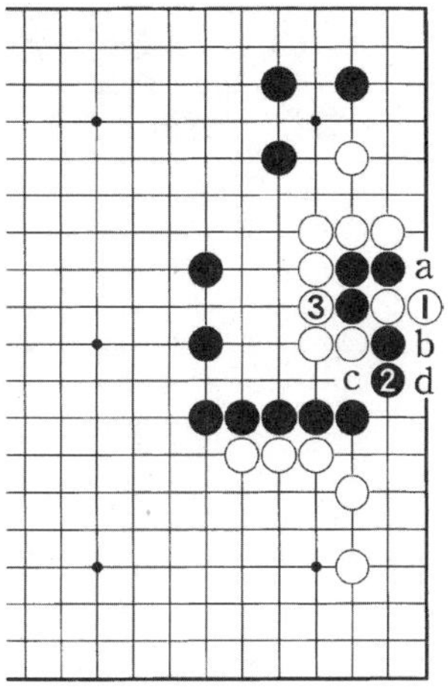

## 3점 잡기

백1의 뻗음은 흑의 공배를 메우려는 노림수이다.
흑2는 백3으로 살 수 있다. 흑2로 a는 백2, 흑b, 백c.
또 백1, 흑a, 백2에 흑d는 백3이다.

失

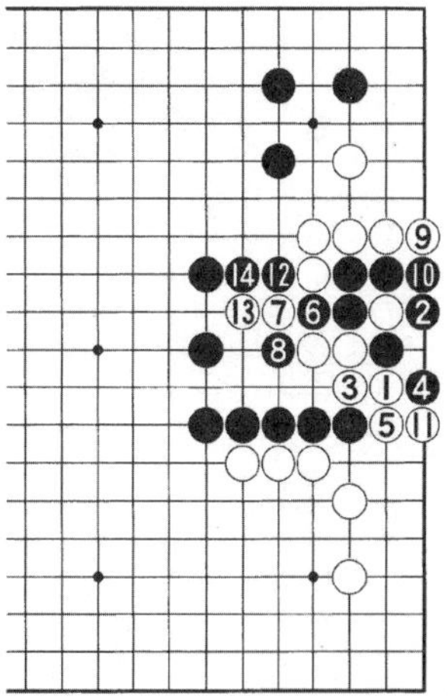

## 패는 불만

백1, 3에 흑2로 때려낸 모양은 흑에 탄력이 있어서 백이 불만이다. 백5로 우변으로 건넌 뒤 흑6 이하의 공격으로 중앙을 끊어 14까지 공격하여 패가 된다.

제16형 흑번

(1146)

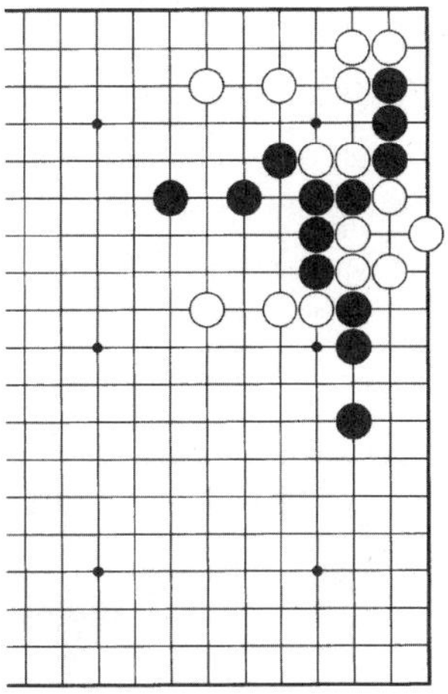

## 촉촉수

우변의 전투.
우변의 백과 우상의 흑 3점 사이의 수상전이 유가무가가 되어 흑이 진다. 흑은 우상을 버리고 절단하고 있는 백 3점의 촉촉수를 노려야 한다.

解

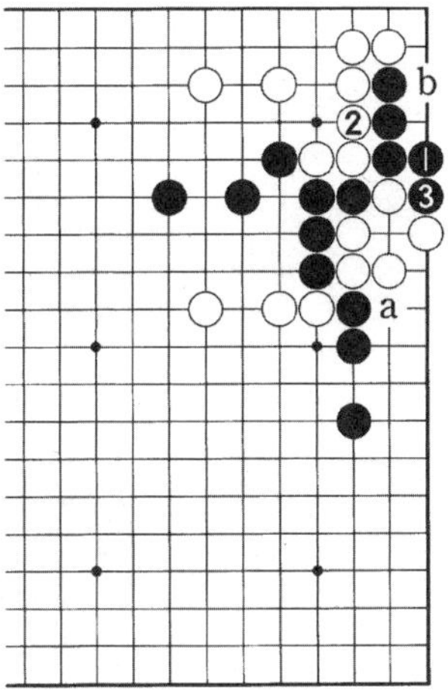

## 패

흑1의 뻗음이 수상전의 급소이다. 백2로 바깥에서 흑 4점을 공격하면 흑3으로 단수쳐 패가 난다. 흑1로 a에 두어 밑에서 공격하면 백2, 흑1, 백b로 유가무가가 된다.

変

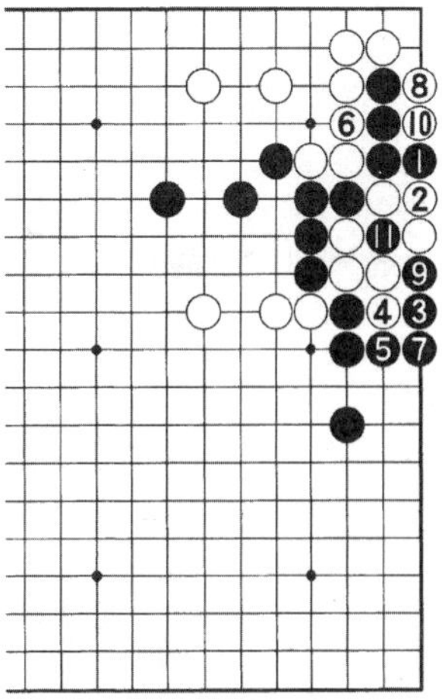

## 연결하다

백2로 있는 변화. 흑3의 뜀이 좋은 수로 3으로 4로 막으면 백3으로 젖혀 패가 된다. 백4부터 흑11까지 흑은 우상의 4점을 버리고 중앙의 백 4점을 촉촉수로 잡고 중앙의 흑과 연결한다.

(1147)

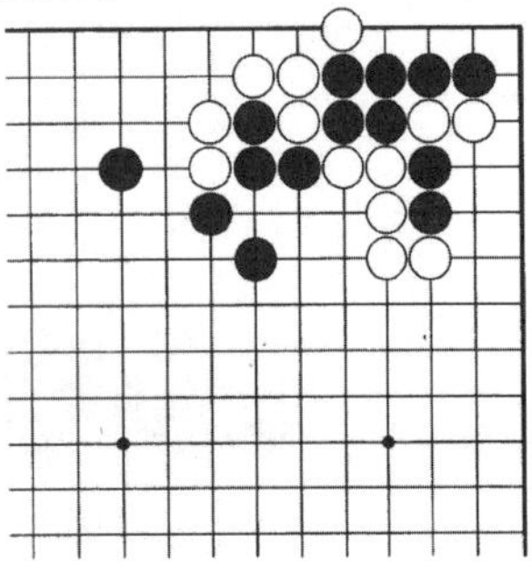

解

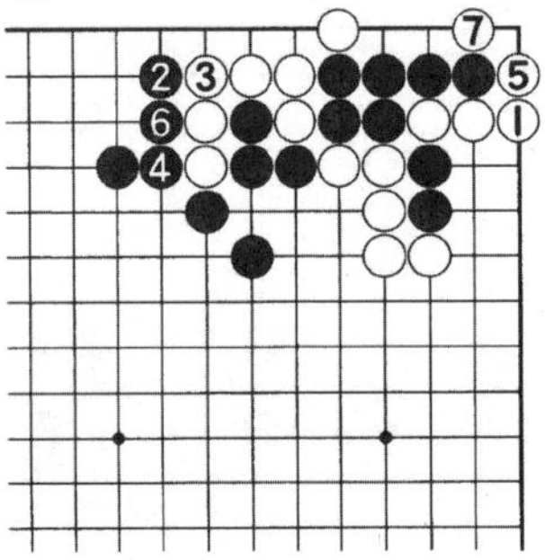

変

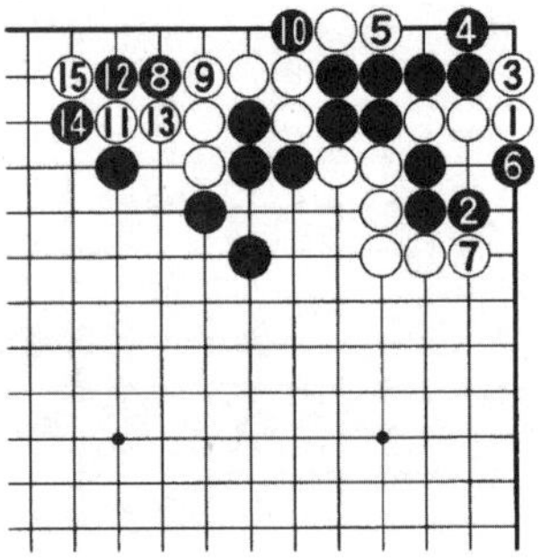

제17형 백번

### 흑을 잡다

우상의 수상전 문제.
귀의 흑을 잡으면 상변의 백을 살리지 않아도 된다. 우상의 백 2점을 어떻게 움직일까?

### 백 승

백1의 뻗음이 좋은 수이다. 흑2, 4로 상변의 백을 공격해도 백5로 흑은 3수밖에 안 된다.
백7까지 수상전은 백이 승리한다.

### 흑 전멸

흑2는 백3, 5로 공격하여 흑이 양자충에 걸림.
흑8, 10에는 백11로 흑의 포위망을 깨뜨려서 귀의 흑이 전멸한다. 백1로 2는 흑1로 백이 불리하다.

(1148)

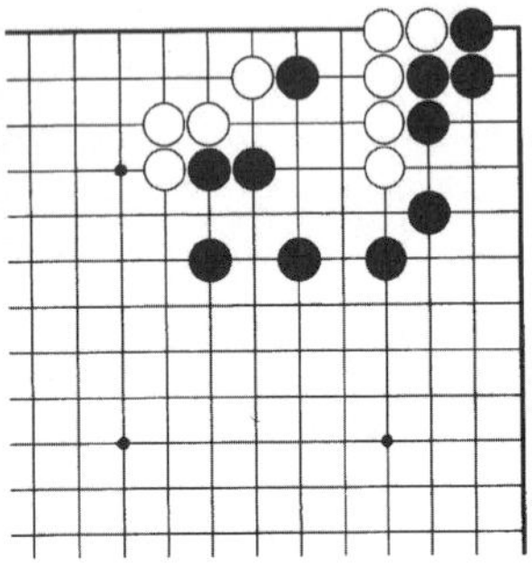

解

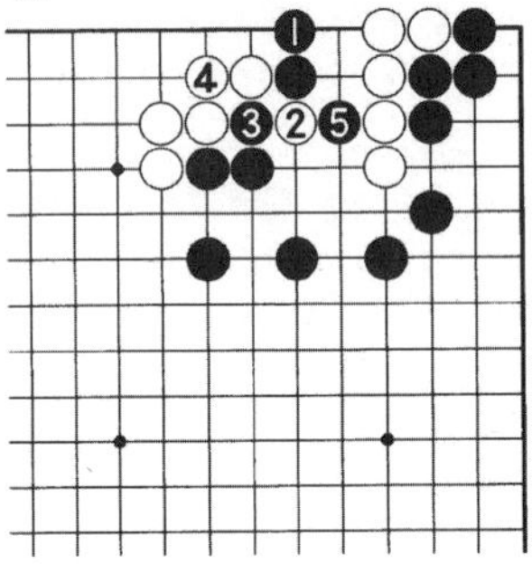

失

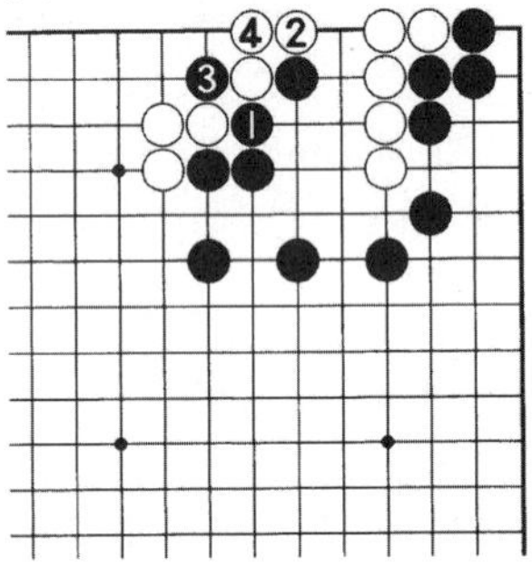

내려서다 따냄

제1형 흑번

### 뒷문 주변

상변의 문제.
우상의 백 5점을 잡고 싶지만 뒷문 주변이 마음에 걸린다. 확실히 잡아내기 위한 급소는 어디일까?

### 흑 강수

흑1의 뻗음이 강수이다.
뒷문에 빗장을 내려 백 5점은 탈출할 수 없다.
백2에는 흑3 다음에 4와 5를 맞보기로 한다.

### 흑 완착

흑1의 젖음은 완착이다. 백2로 젖혀서 우상의 뻗음을 이용한다. 흑3으로 끊어도 백4로 건너간다.

(1149)

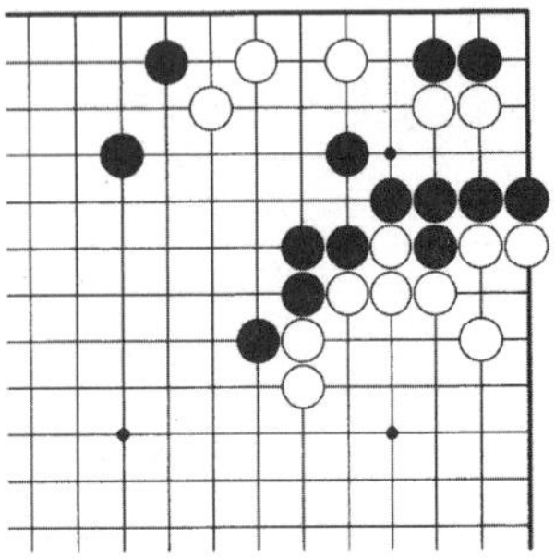

解

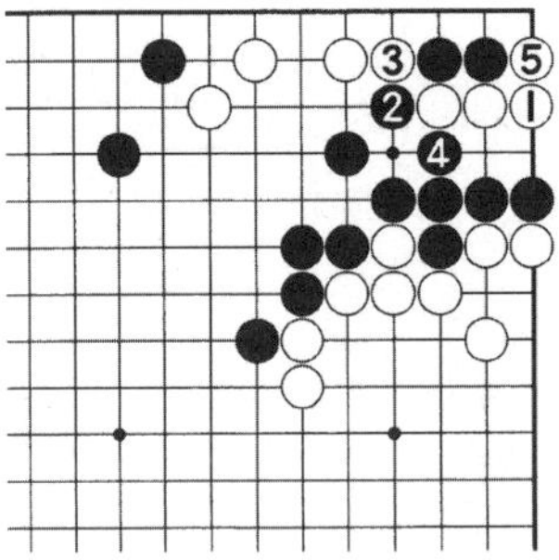

失

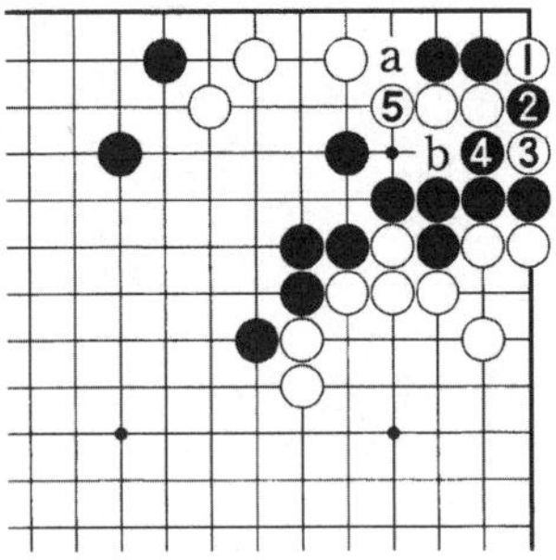

제2형 백번

### 건넘 방지

백은 귀의 흑 2점을 잡고 상변만으로 살고 싶다. 흑의 건넘을 어떻게 막아야 할까?

### 백 승

백1의 뻗음이 흑의 건넘을 막는 맥이다.
흑2로 젖히면 백3으로 끊어 귀의 흑 2점과의 수상전도 승.

### 백 실패

백1의 젖힘은 흑2로 먹여치고 4로 단수쳐서 실패한다.
흑6으로 패가 난다. 백5로 2에 이으면 흑5, 백a, 흑b로 백이 파멸한다.
※❻→❷(패)

제1형 흑번

(1150)

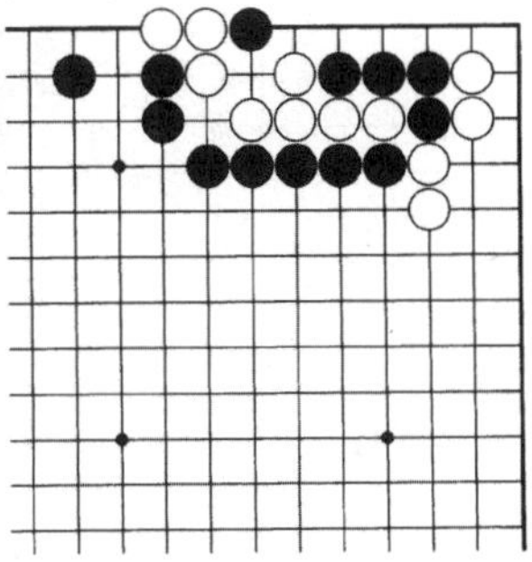

## 경계선

상변의 수상전.
바깥에서 공격한다는 원칙을 내세우기 전에 쌍방의 경계선을 확실히 할 필요가 있다.

解

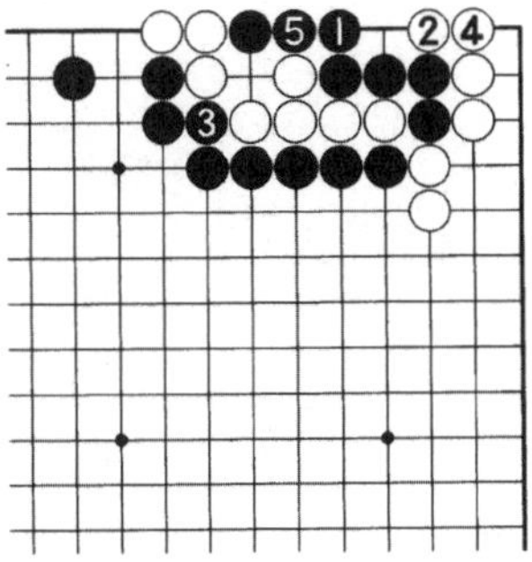

## 결정적인 수

흑1의 뻗음이 결정타. 백2로 바깥에서 공격하면 흑도 3으로 메우고 백4에는 흑5로 백 5점을 촉촉수로 잡는다.

失

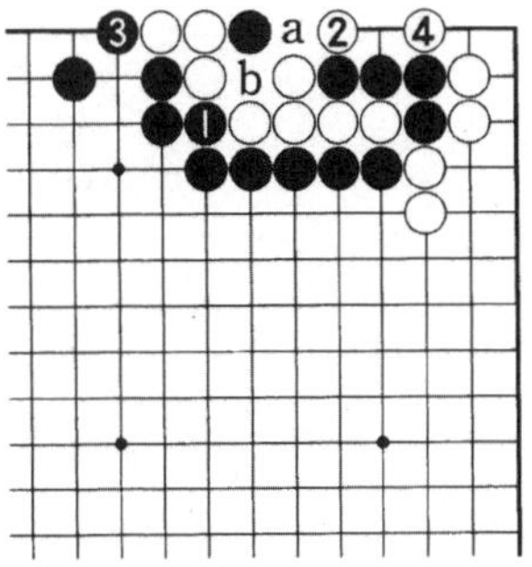

## 흑 실패

흑1로 바깥에서 공격해도 백2로젖히면 역전이다.
흑은 백 3점밖에 잡을 수 없다.
흑1로 a는 백b. 흑2점을 잡혀서 실패한다.

제2형 백번

(1151)

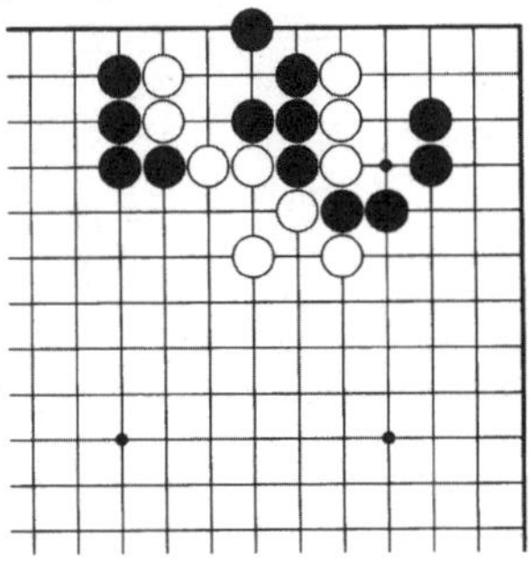

## 연구

상변의 수상전 문제.
우상귀의 백 3점으로 가운데의 흑 5점을 잡고 싶지만 흑을 자충으로 만드는 연구가 필요가 있다.

解

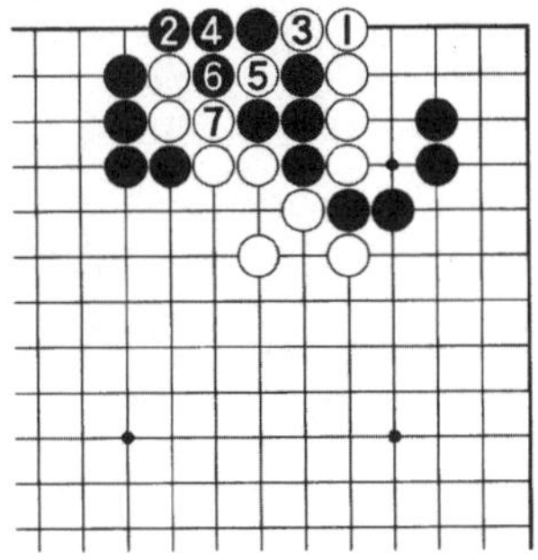

## 촉촉수

백1의 뻗음이 흑을 바깥에서 공격하는 맥이다.
흑2로 건너가도 백3으로 공배를 메워 흑 4점을 촉촉수로 잡는다.

失

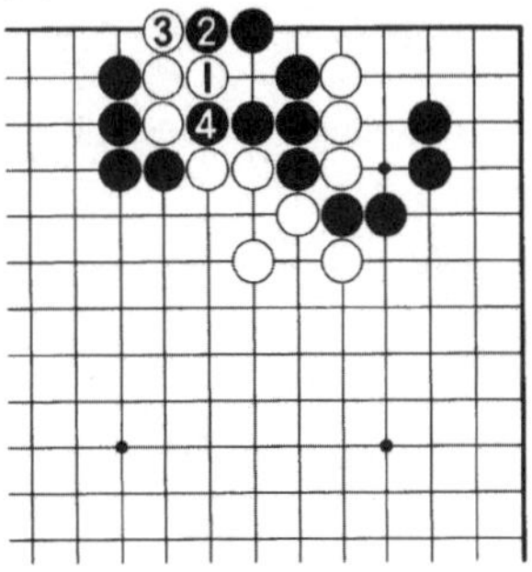

## 흑 연결

백1로 공격하는 것은 흑2, 4로 백이 반대로 자충에 걸리는 모양이다. 백1로 4에 잇는 것도 흑3으로 건너가서 실패한다.

제3형 백번

(1152)

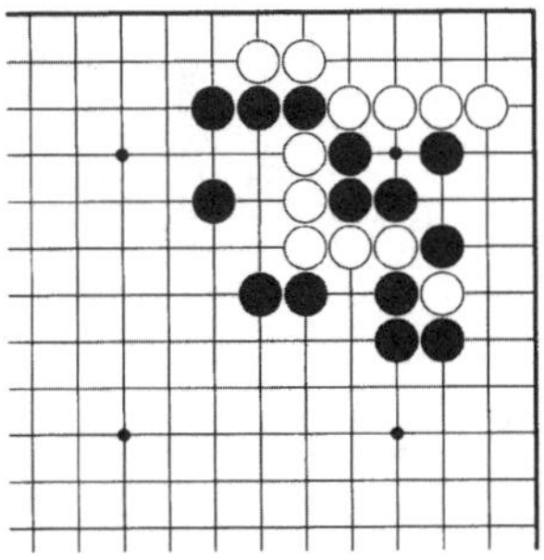

## 깨뜨리다

우상의 전투.
흑에게 둘러싸인 백 5점은 우변 에 있는 흑의 결함을 노려서 포위망을 무너뜨릴 수 있다.

解

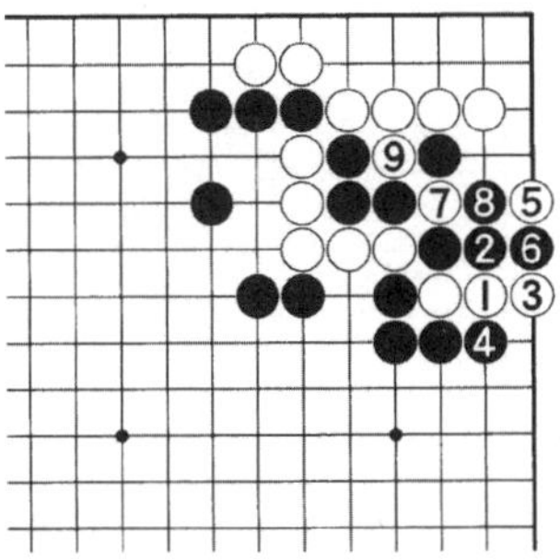

## 촉촉수

백1로 도망가고 3으로 뻗는 수가 좋은 수이다. 흑4로 바깥에서 공격할 수밖에 없다. 백5로 뛰어 흑의 공배를 메워서 백7, 9의 촉촉수로 중앙을 살린다.

変

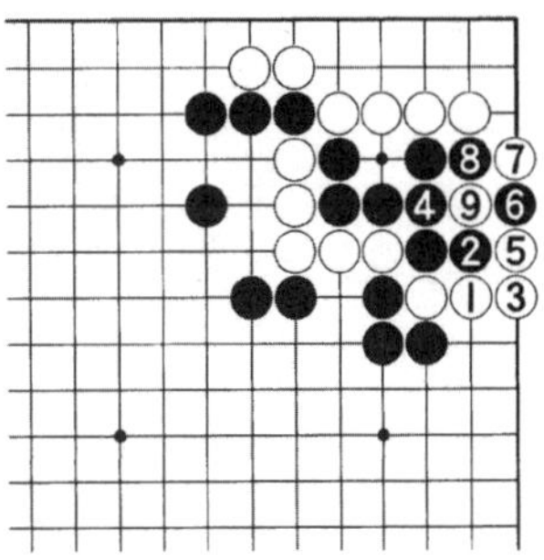

## 큰 패

흑4의 이음은 수를 늘리는 끈질긴 맥이다.
백5로 구부리고 7로 단수쳐서 패가 난다. 이 패는 우변 전체가 걸린 큰 패가 된다.

(1153)

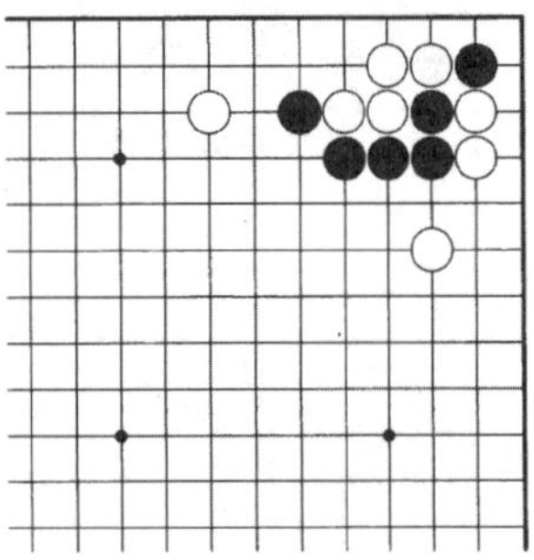

解

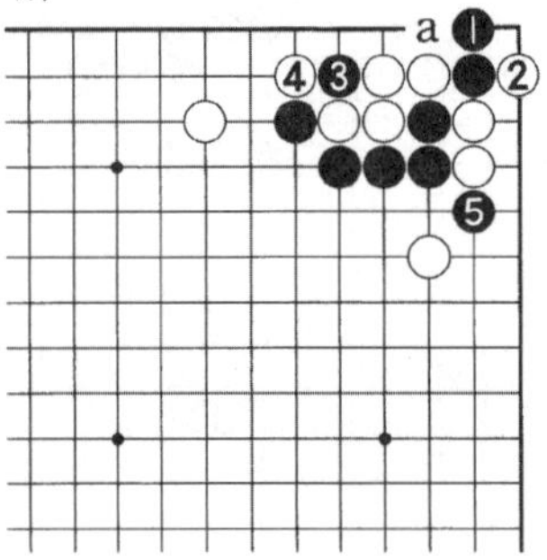

失

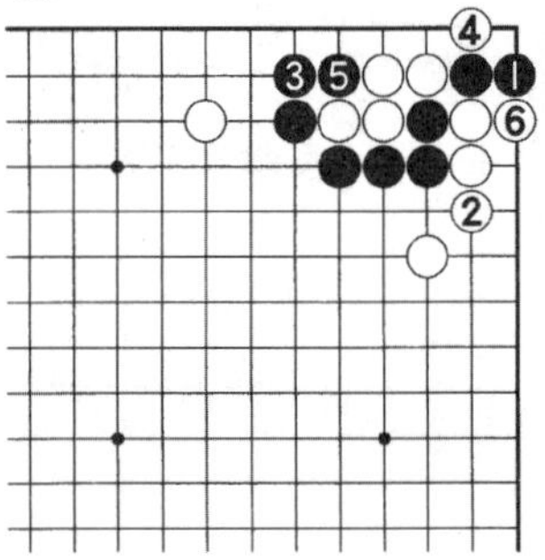

제1형 흑번

## 살리다

우상의 수상전 문제.
흑 1점을 살려서 우변의 백 2점 또는 상변의 백 4점을 잡을 수 있다.

## 맥점

흑1의 뻗음이 맥이다. 백2로 공격하면 흑3으로 젖어 백의 공배를 메우고 백a를 두지 못하기 때문에 흑5로 백 3점을 잡는다.

## 흑 패배

흑1쪽으로 뻗으면 백2로 당겨서 실패한다.
흑3의 공격에 백4, 6으로 수상전은 백이 승리한다.

(1154)

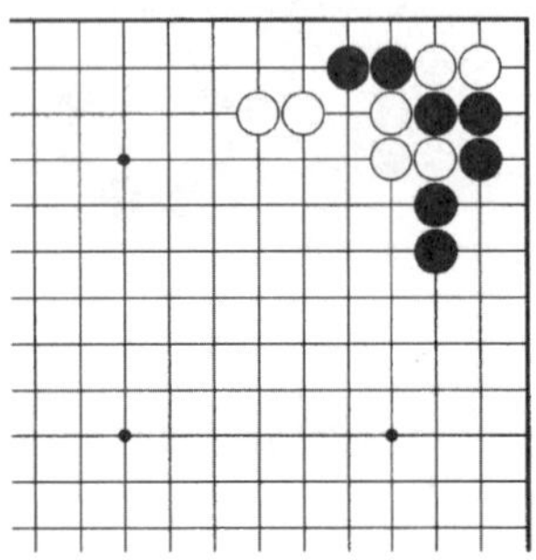

解

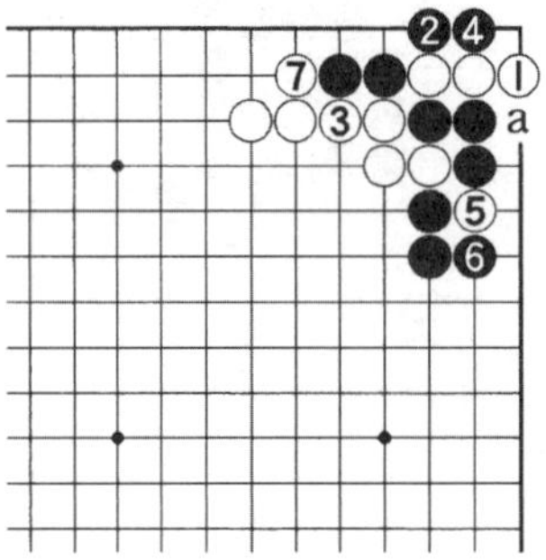

失

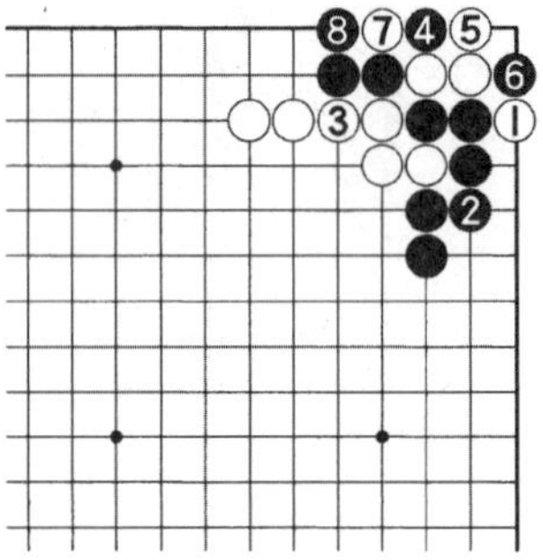

제2형 백번

## 연결

귀의 수상전 문제.
백 2점의 수는 3수 이지만 흑의 자충을 이용하여 양자충을 만들 수 있다.

## 백승

백1의 뻗음이 좋은 수이다. 흑2, 4의 공격에 백5로 끊기를 활용하여 흑a를 두지 못하게 만든다.
백7로 메워서 한 수 승.

## 패

백1의 젖힘은 선수를 활용하였지만 속수이다. 흑4로 젖히면 백5로 받지 않을 수 없고 흑6, 8로 백이 불리한 패가 난다.

(1155)

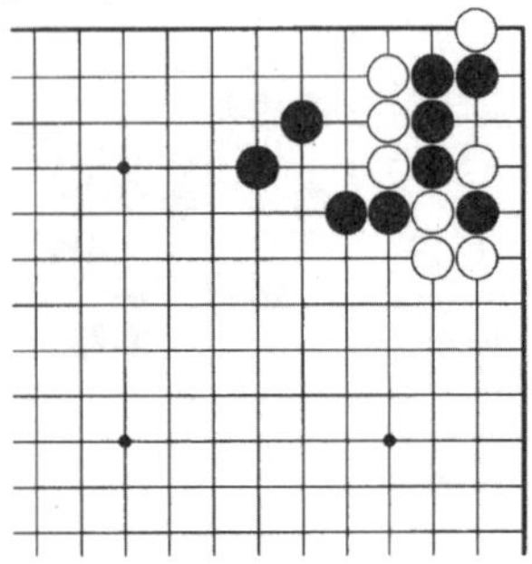

解

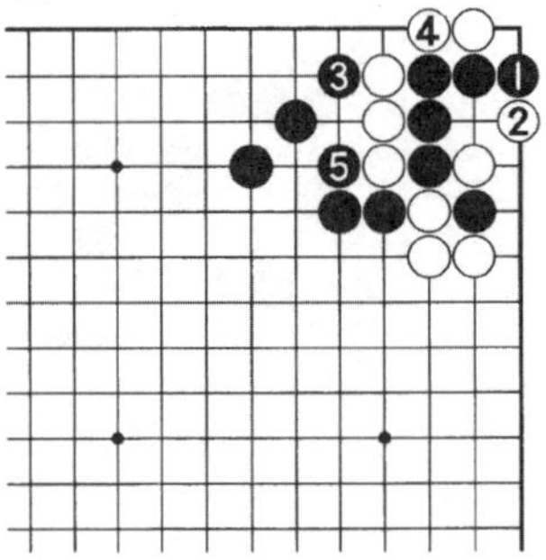

失

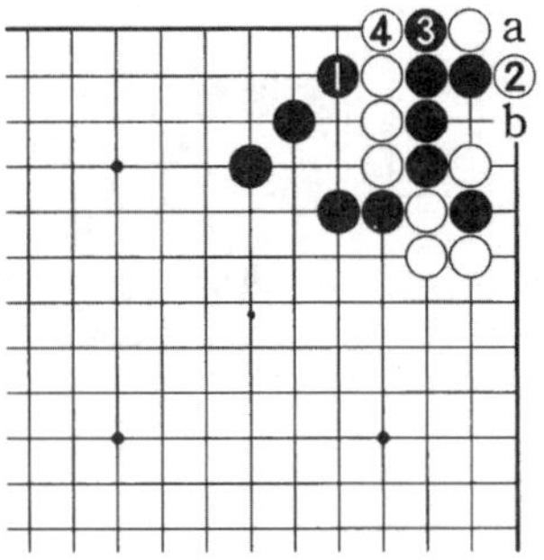

제3형 흑번

## 역전

상변과 귀의 수상전이다.
백의 수가 많지만 흑은 귀의 자충을 이용하여 역습할 수 있다.

## 흑 승

흑1의 뻗음이 맥이다. 백은 4수지만 흑5로 공배를 메운 시점에서 백은 양자충에 걸려버렸다.

## 패

흑1로 공격하는 것은 실패한다.
백2의 젖힘이 급소가 되어 흑은 2수이다.
흑3은 백4로 막아서 패가 난다. 흑a에는 백b로 둔다.

제4형 흑번

(1156)

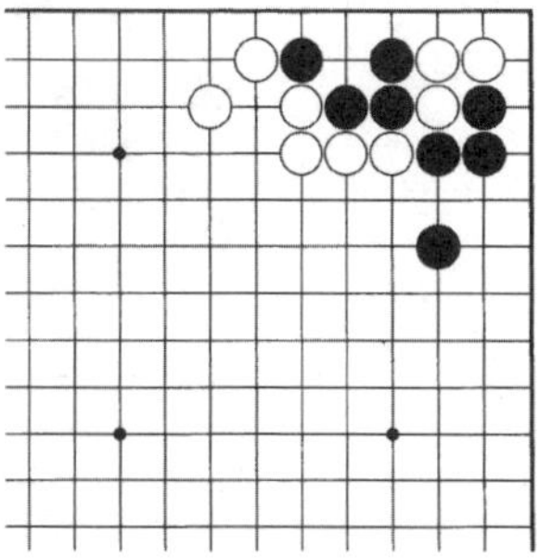

**활용**

귀의 수상전.
흑 3점은 당장 단수당할 모양이지만 젖힌 모양이 작용하여 수를 늘릴 수 있다.

解

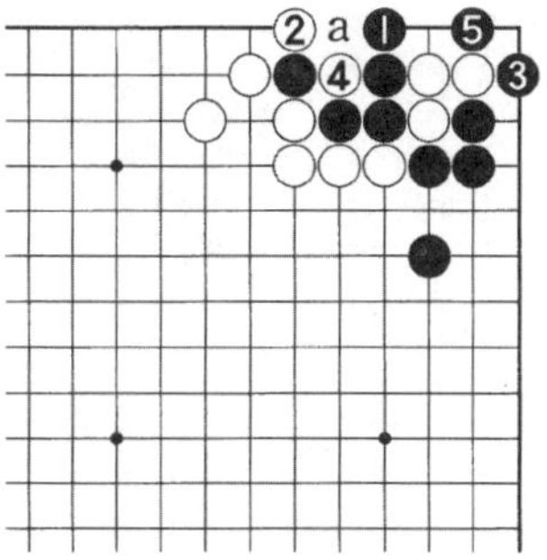

**흑 승**

흑1의 뻗음이 좋은 수이다. 백2로 젖혀서도 상변에 있는 흑의 공배는 메워지지 않는다. 흑3, 5로 승리. 백2로 a에 두어도 흑3으로 젖혀서 양자충.

失

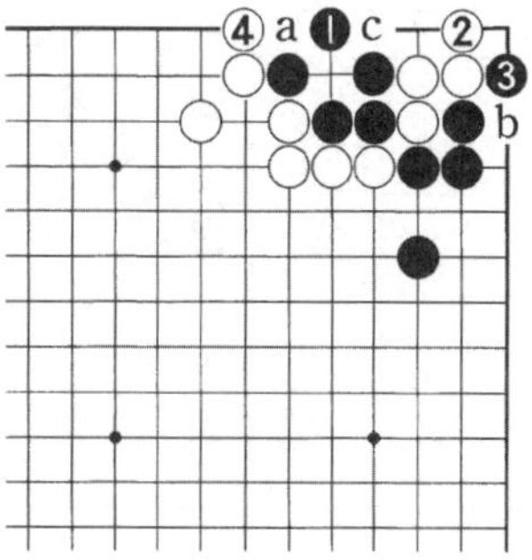

**패는 실패**

흑1로 집을 내는 것은 백2로 패를 노려서 실패한다.
흑3, 백4 이후 흑은 a나 b이지만 백c로 집어넣어 패가 난다.

제5형 흑번

(1157)

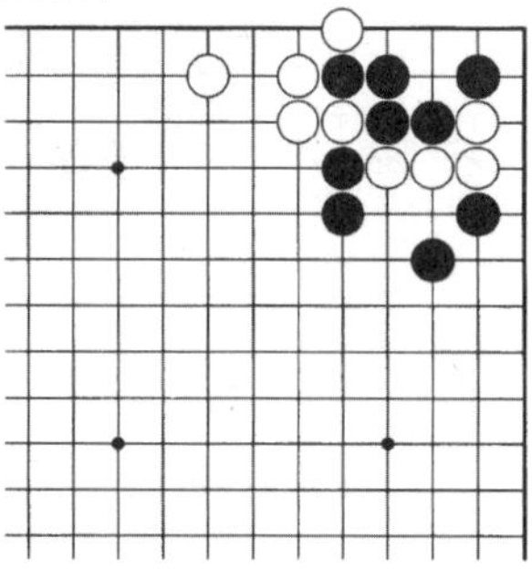

**무조건**

귀의 수상전.
패가 나면 실패한다. 조건 없이 잡기 위해서는 상변에서 끝내기로 집을 잃어도 수를 늘려야 한다.

解

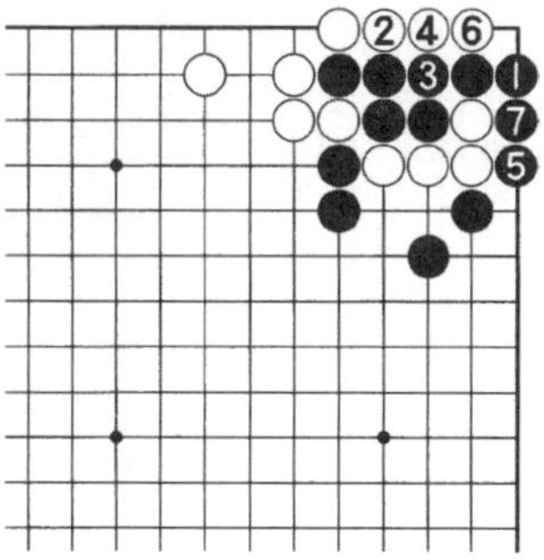

**흑 승**

흑1의 뻗음이 맥이다. 귀의 2·1의 급소이기도 하다.
백2, 4로 공격하면 흑5로 젖히고 백6, 흑7로 건너서 백 4점을 잡는다.

失

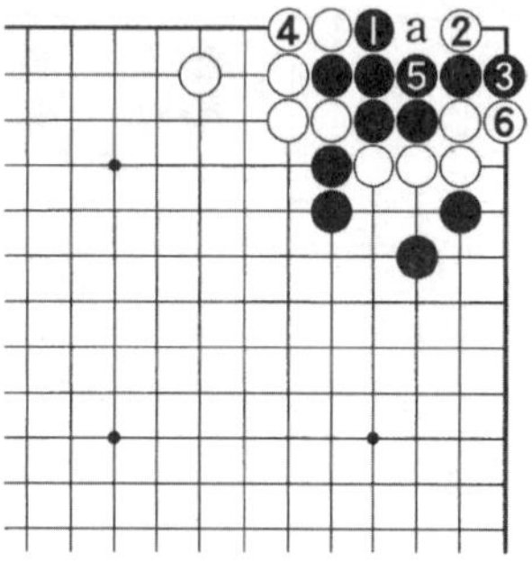

**흑 실패**

흑1은 백2가 맥으로 실패한다.
흑3은 백4, 6으로 백이 이기며 흑3으로 4에 두어도 백3으로 패를 피할 수 없다.

제6형 백번

(1158)

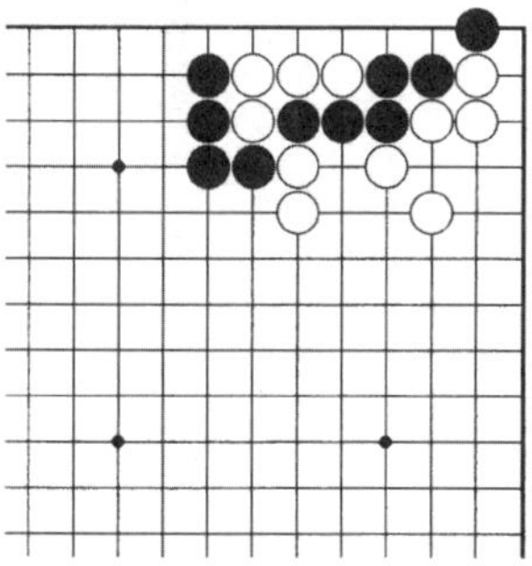

**함정**

상변의 수상전.
백도 흑도 3수이다. 먼저 두면 이기지만 공배 메우기를 서두르면 함정이 기다리고 있다.

解

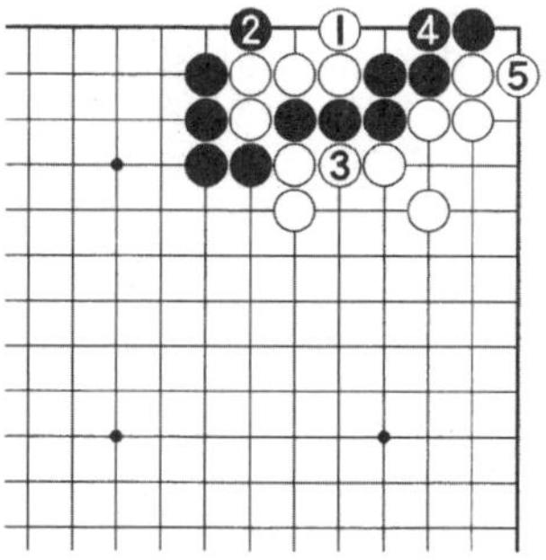

**백 승**

백1의 뻗음이 맥이다. 흑2로 공격하면 백3으로 공배를 메워 환격을 노린다. 흑4로 이으면 백5로 수상전은 백이 승리한다.

失

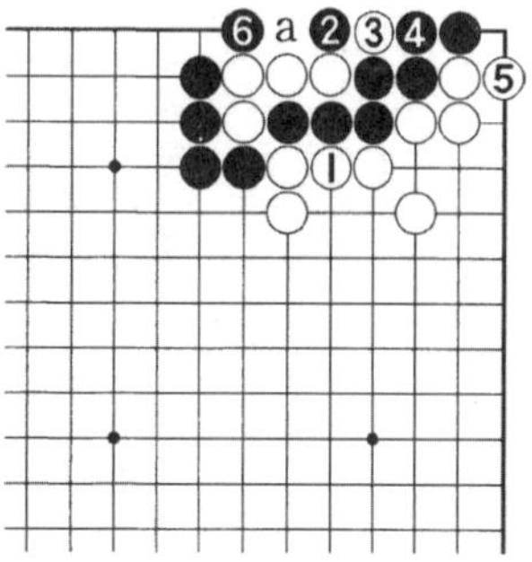

**백 실패**

백1로 공배를 메우는 것은 실패한다. 흑2로 젖혀 상변의 백4점의 공배를 메워버린다. 흑6까지 백이 패배한다. 백1로 3은 흑4, 백a로 한 수 늦은 패가 난다.

(1159)

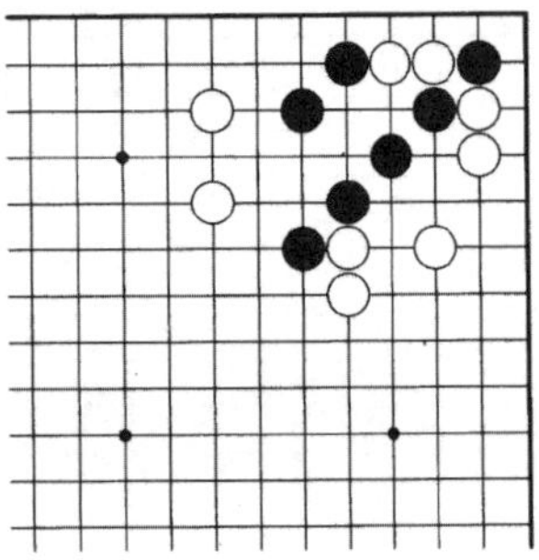

解

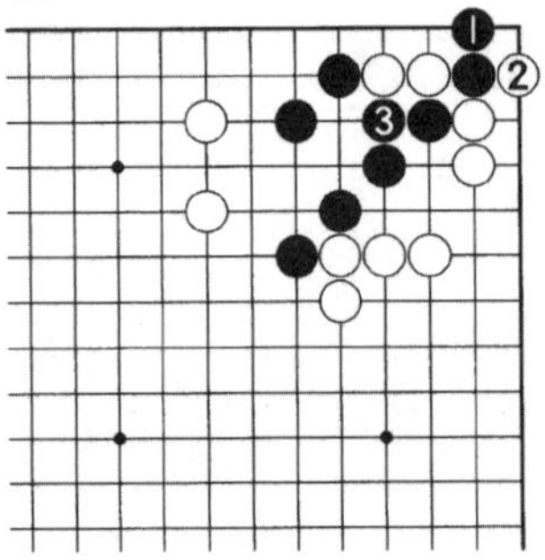

変

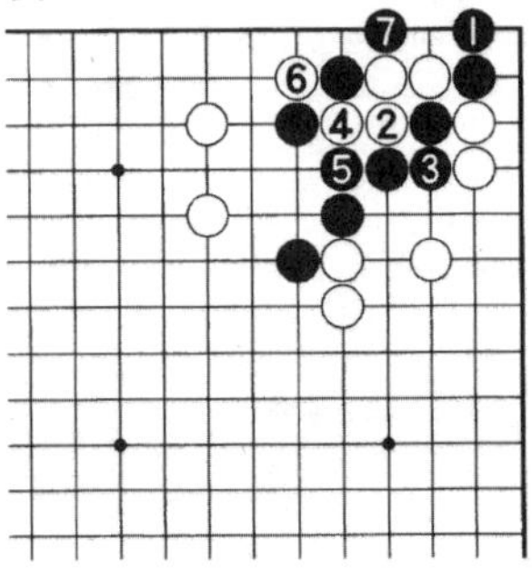

**제7형 흑번**

## 양자충

우상의 전투.
백에 끊겨져 있으나 흑 1점은 백 2점을 양자충으로 만들어 잡을 수 있다.

## 흑 승

흑1의 뻗음이 맥이다. 백2로 젖히면 흑3으로 공배를 메운다. 백은 귀와 상변 양쪽으로 양자충에 걸려서 수상전은 흑이 승리한다.

## 촉촉수

백2, 4로 저항하는 것은 무리.
흑5로 막고 백6으로 끊으면 흑7로 촉촉수이다.
흑1이 좋은 수이다.

(1160)

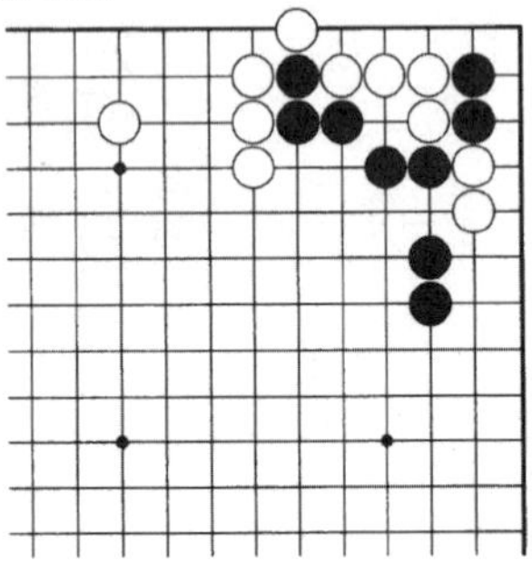

解

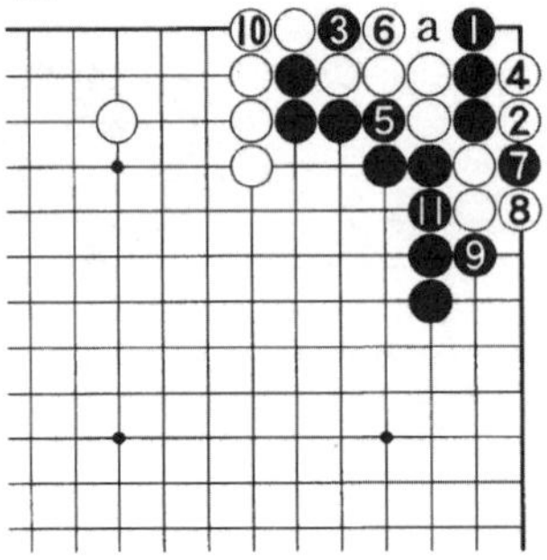

失

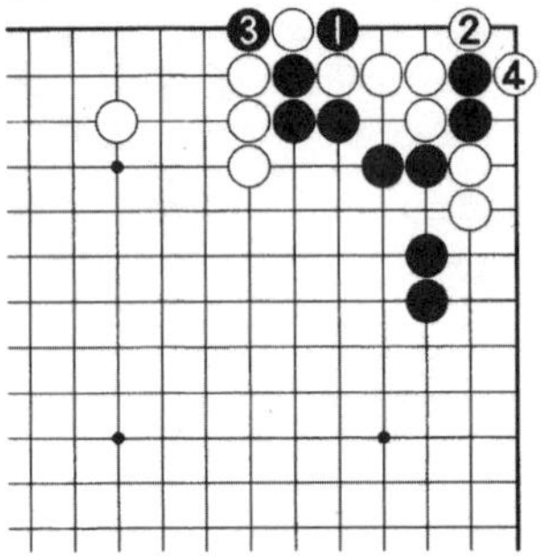

**제8형 흑번**

## 귀의 이용

귀의 수상전.
백은 귀에서 상변으로 건너갔고 우상의 2점은 수가 많지만 흑은 귀를 이용하여 수를 늘릴 수 있다.

## 흑 승

흑1의 뻗음은 2·1의 맥이다. 백2로 공격하면 흑3, 5로 상변을 결정지어 백a를 막는다.
백6 이후 흑7부터 11까지 흑 승.

## 수순이 뒤바뀜

흑1의 먹여치는 수를 먼저 하는 것은 수순이 바뀌었다.
백2로 젖혀 귀를 공격하고 흑3으로 상변을 깨뜨려도 백4까지 귀를 살린 것이 크다.

(1161)

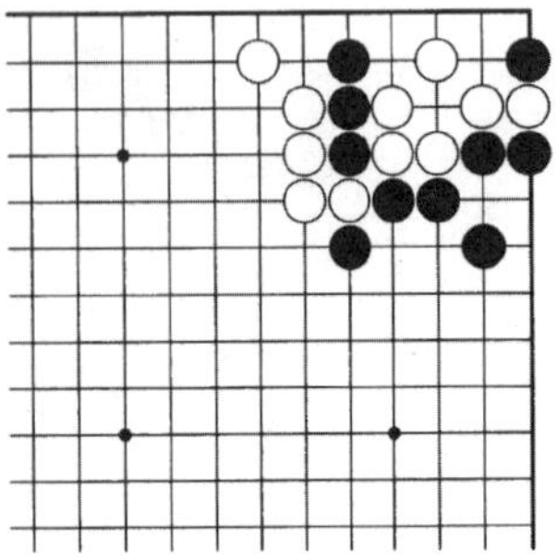

解

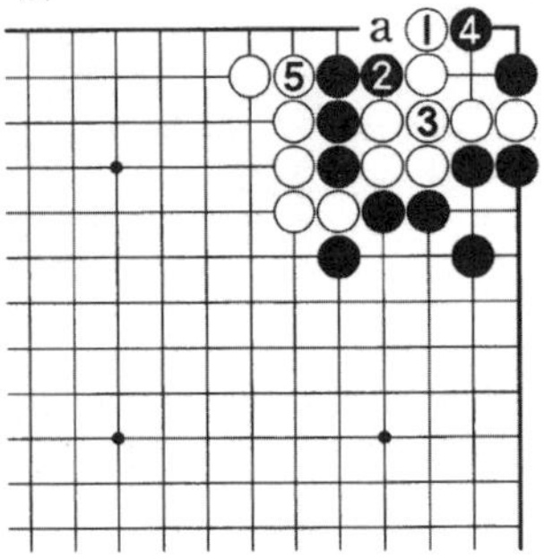

失

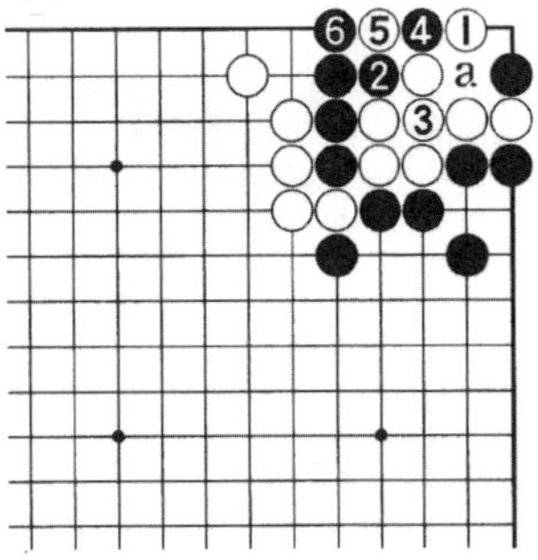

**제9형 백번**

## 양자충

귀와 상변의 흑과의 수상전.
백은 자충을 막으면서 흑을 양자충의 모양으로 몰아간다.

## 백 승

백1의 뻗음이 좋은 수이다.
흑2, 4로 공격해도 백5로 바깥에서 흑의 공배를 메워 흑a로 둘 수 없는 모양이다.

## 패는 실패

백1의 입구자는 틀린 맥이다. 흑2, 백3 이후 흑4로 먹여치고 6으로 막아서 백이 불리한 패가 된다. 백1로 2는 흑a로 귀가 무너진다.

(1162)

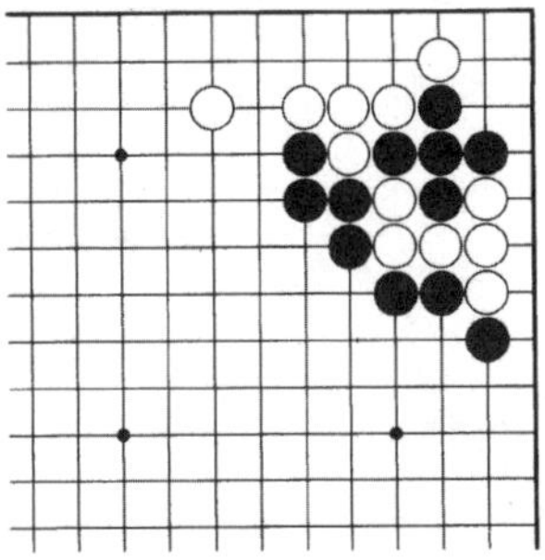

제 10 형 흑번

### 패의 대책

우상의 수상전.
흑 5점은 자충의 모양이다. 흑은 패가 되지 않도록 연구해야 한다.

解

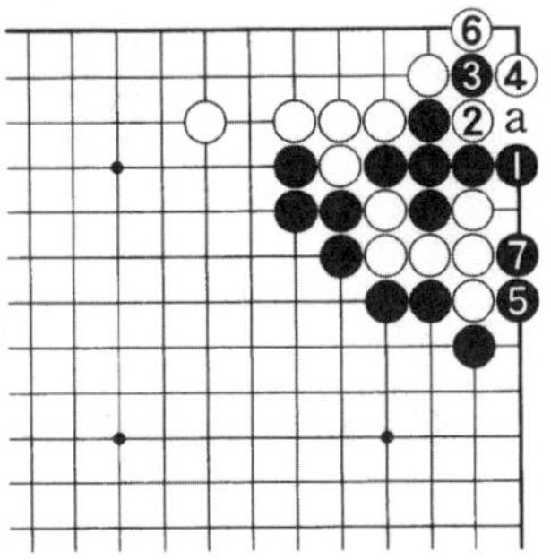

### 흑 승

흑1의 뻗음은 백에게 탄력을 주지 않는 맥이다.
백2는 패를 노린 수이다. 흑3으로 끊고 백4 이후 흑5로 공격하여 흑승. 흑5로 a는 백6.

失

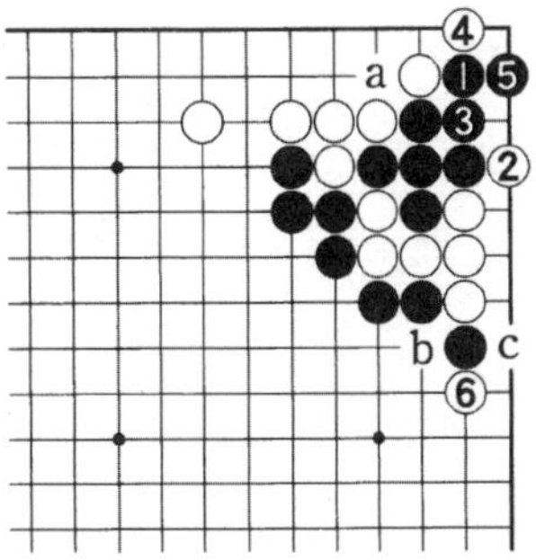


### 흑 실패

흑1로 젖히면 백2로 단수쳐서 실패한다.
흑5로 a는 백5로 패가 난다.
흑5 이후 백6으로 붙이고 흑b, 백c로 탈출한다.

(1163)

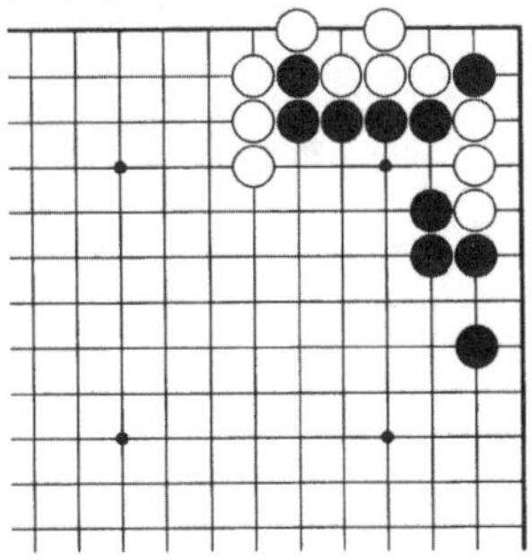

제 11 형 흑번

### 역습

우상귀의 수상전 문제.
백집 안에 남겨진 흑 1점으로 역습하여 우상의 백 3점을 잡는다.

解

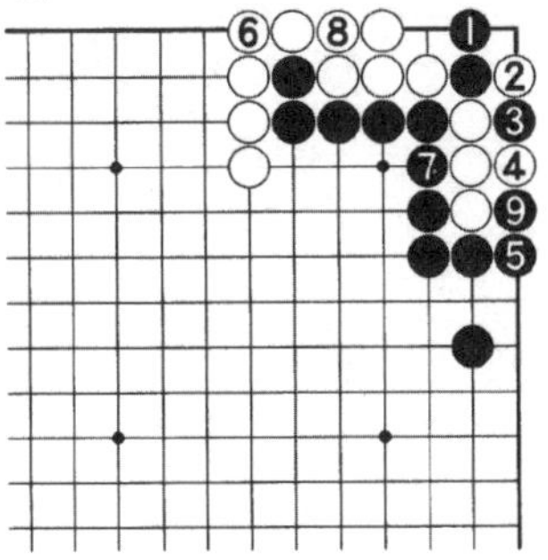

### 흑 승

흑1의 뻗음이 냉엄한 맥이다. 백2로 촉촉수를 막는다.
흑3, 5의 공격이 확실한 방법으로 9까지 흑 1수 승리.

失

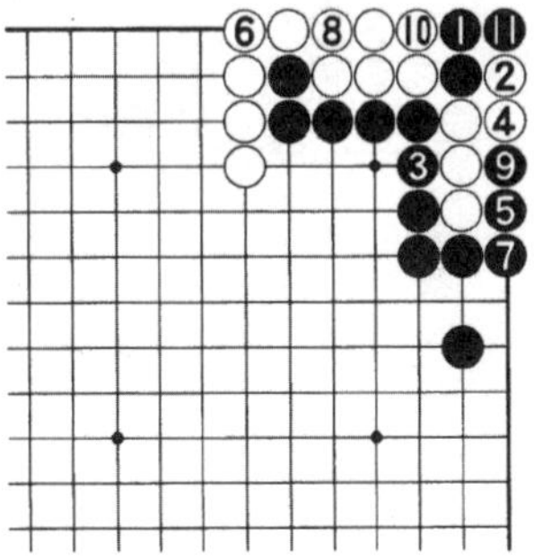

### 흑 불만

흑3의 공격은 백4로 이어 약간 실패한다. 흑5부터 11까지 백 5점을 잡아도 백12로 되단수쳐서 3점이 잡히고 만다.
※⑫→④의 왼쪽(끊기)

(1164)

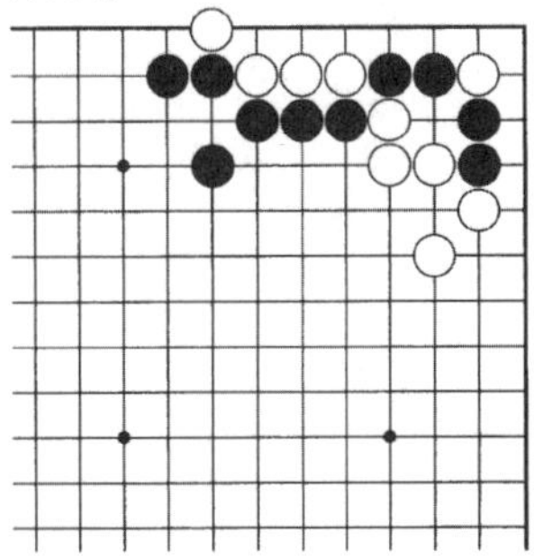

제 12 형 백번

### 활약

귀의 수상전.
백은 귀의 1점을 활약시켜 백을 자충으로 하고 상변의 백 3점을 살리면서 귀를 집으로 만든다.

解

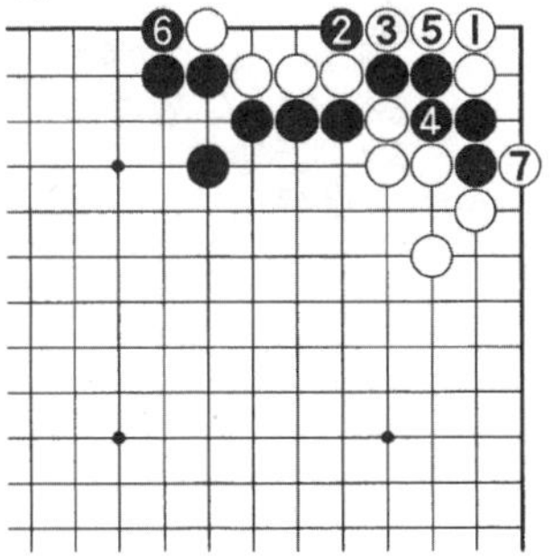

### 백 승

백1의 뻗음은 흑의 자충을 노리는 2·1의 맥이다.
흑2로 백 3점을 공격하면 백3으로 먹여쳐서 지키고 백5로 이어 수상전은 백이 승리한다.

失

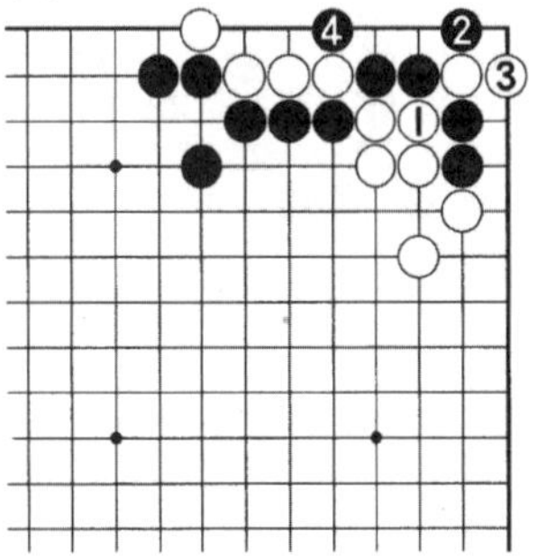

### 양자충

백1로 끊으면 흑2로 단수를 당해서 안 된다.
백3 이후 흑4로 젖혀 귀와 상변의 수상전은 백이 양자충으로 패한다.

제 13 형 흑번

(1165)

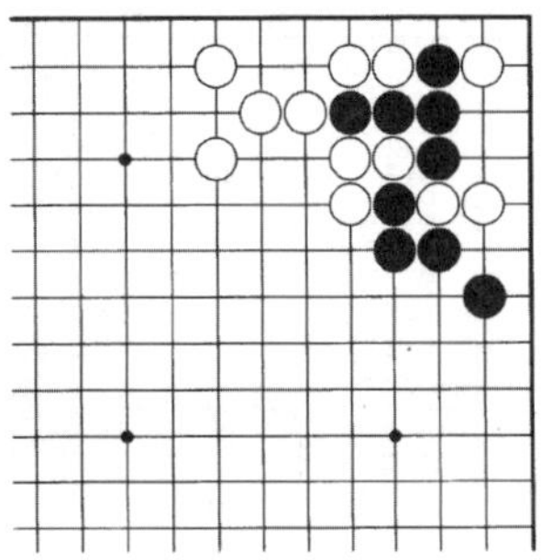

## 귀를 잡다

우사의 전투.
백 2점을 잡는 것은 간단하지만 백이 조여붙이면 집이 작아진다. 귀를 집으로 가지고 싶다.

解

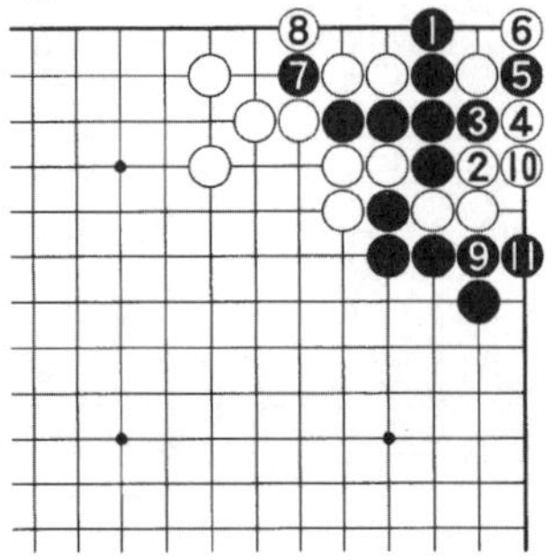

## 흑 승

흑1의 뻗음은 수를 늘리는 맥이다. 백2, 4로 공격하면 흑5, 7의 사석을 이용하여 양자충 모양을 만들어 흑9와, 11로 이긴다.

失

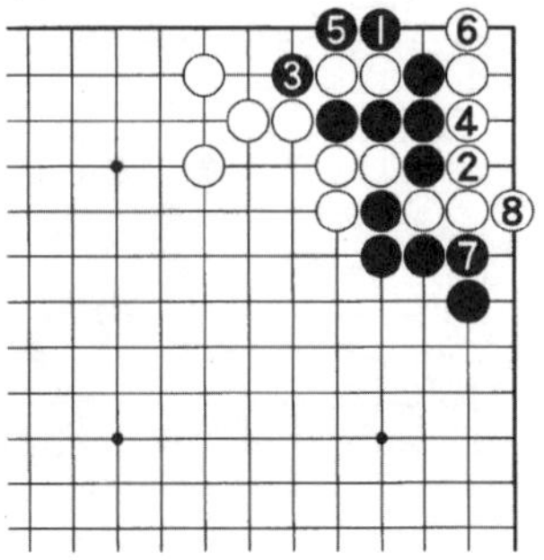

## 흑 전멸

흑1의 젖힘은 백2로 반발해서 안 된다.
흑3으로 백 2점을 잡아도 백4, 6으로 귀의 집을 넓히고 백8로 살아 귀의 흑이 전멸한다.

제 14 형 백번

(1166)

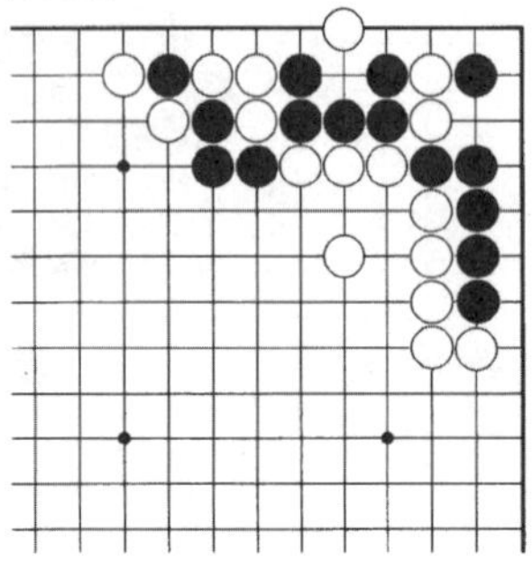

## 첫 수

우상의 수상전.
귀의 백 2점을 살려서 흑 5점과의 수상전을 이길 수 있다.
급소는 첫 수에 있다.

解

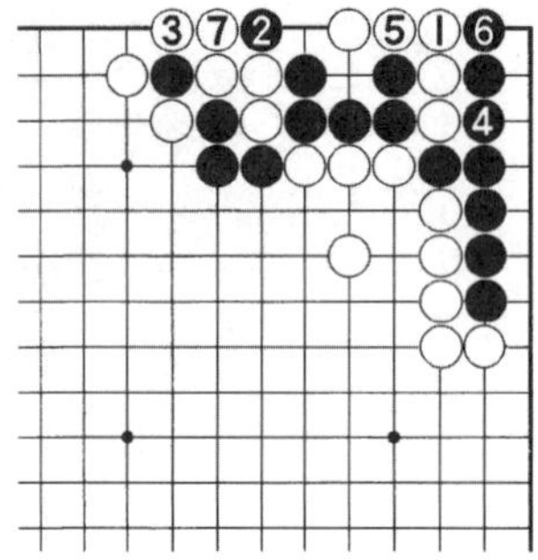

## 양자충

백1로 뻗는 수가 묘수이다. 흑2, 4로 공격하여도 백7까지 백의 1 수 승리이다.
흑2로 4는 백a로 건너 양자충에 걸린 모양이다.

变

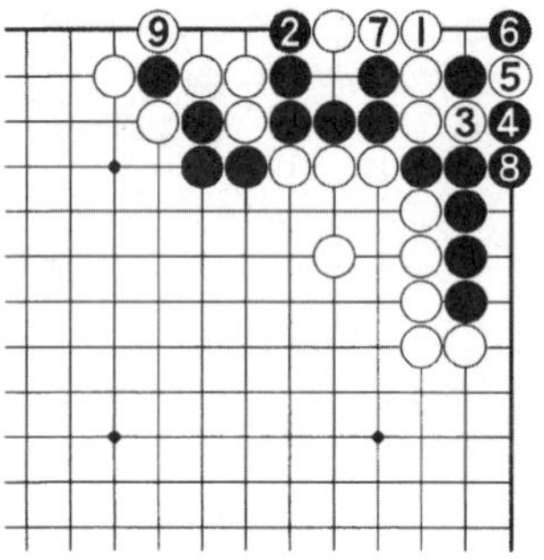

## 흑 승

흑2로 뻗는 것은 백3, 5로 귀의 흑을 활용하여 백7로 이어 흑은 귀와 상변 양쪽으로 양자충의 모양이 된다. 백9로 따내서 백의 승리.

제 15 형 백번

(1167)

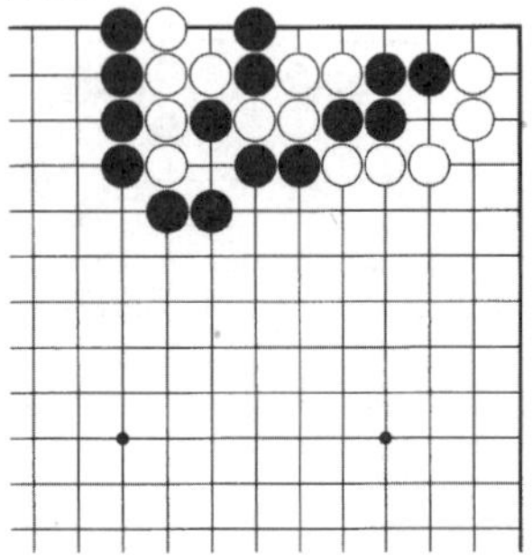

## 사석

상변의 전투.
백은 자충되어있어 왼쪽의 백 5점을 사석으로 삼아 우상의 흑 4점을 잡으면 성공이다.

解

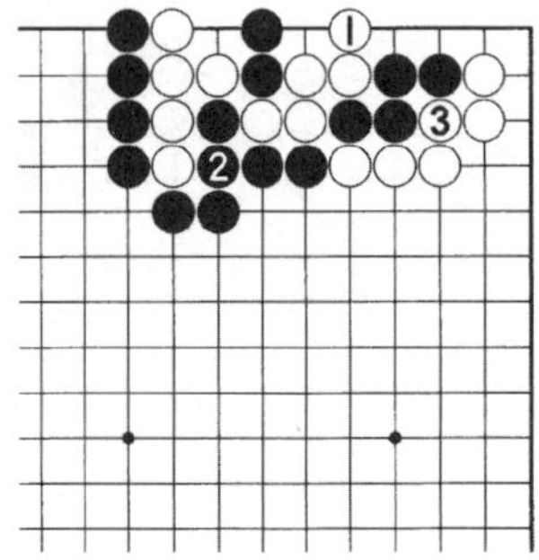

## 4점 잡기

백1의 뻗음이 좋은 수이다. 백은 흑의 건넘을 막고 흑을 자충에 걸리게 한다. 흑2, 백3으로 우상귀의 흑 4점은 살릴 수 없다.

失

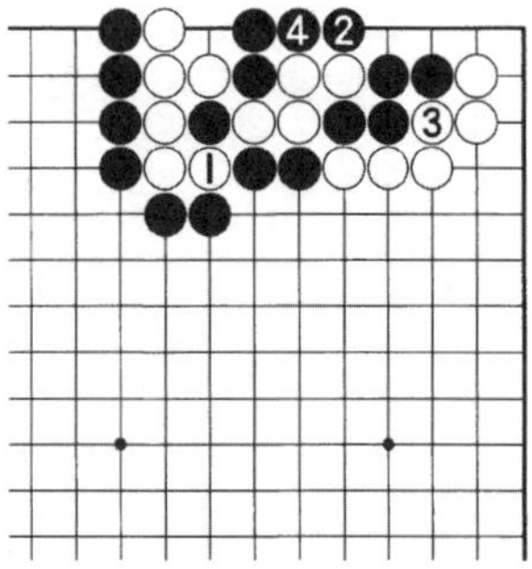

## 백 전멸

백1로 1점을 따내서는 것은 악수이다.
흑2로 젖혀 상변과 연결하면 백은 자충 때문에 반격할 수 없다.
흑4로 백이 잡힌다.

제16형 백번

(1168)

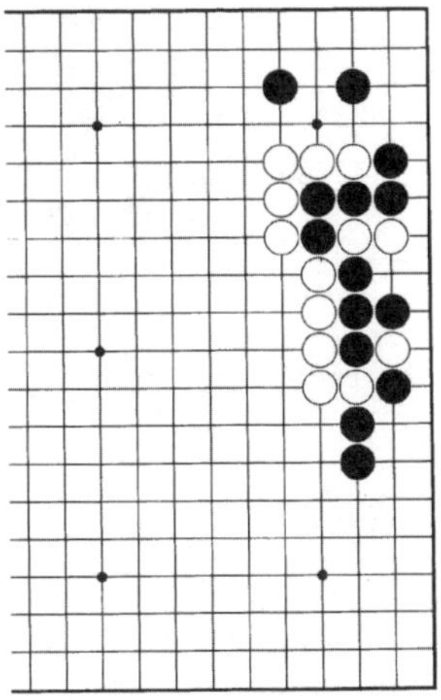

### 다음 한 수

백 3점을 잡은 우변 흑의 모양은 맛이 나쁘다. 백의 다음 1 수로 우변에서 수가 난다.

解

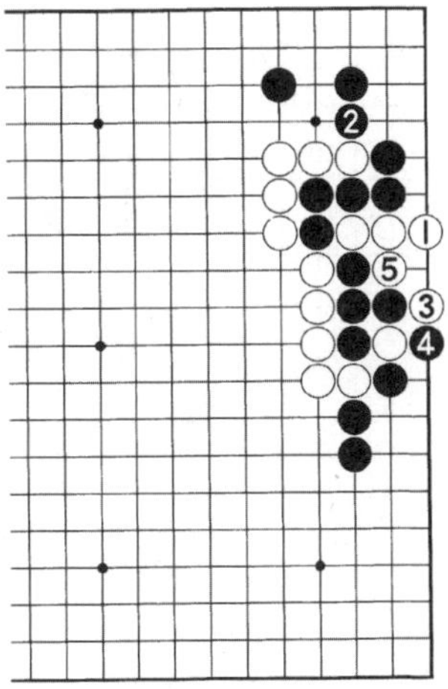

### 패

백1의 뻗음이 맥이다. 흑은 어떻게 두어도 자충의 모양이다.
흑2로 귀의 집을 굳히면 백3, 5로 흑4점을 촉촉수로 몰아 패가 난다.

变

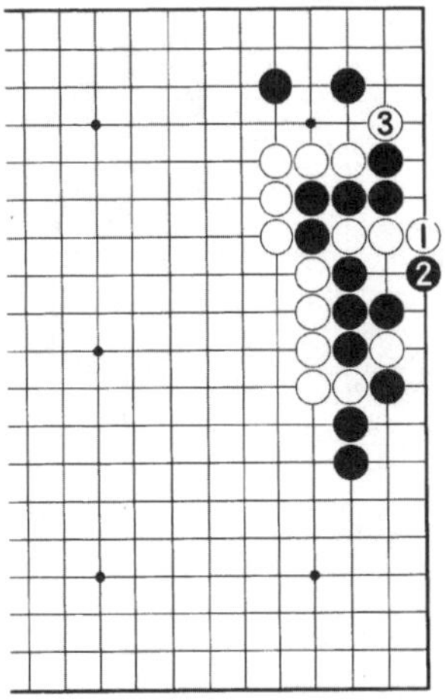

### 흑 망함

흑2로 백 3점을 잡으려고 하면 큰 일 난다.
백3으로 젖혀 흑은 양자충에 걸린다. 흑은 이대로 5점을 잡혀서 우상의 흑집이 사라진다.

제17형 백번

(1169)

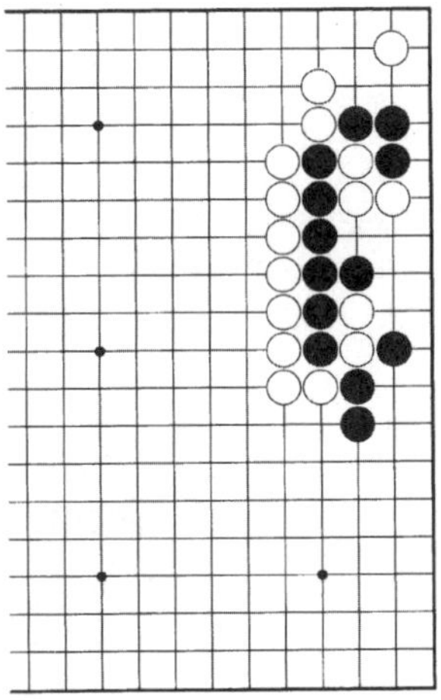

### 양자충

우변의 수상전 문제.
백 2점은 축. 우상의 백 3점도 수가 적지만 위아래의 백을 잡기 위하여 흑은 자충이 된다. 백의 노림은 양자충이다.

解

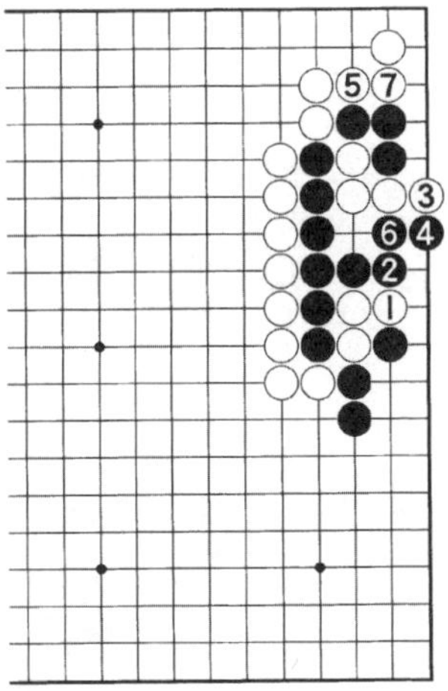

### 백 승

백1의 도망은 시작이다.
흑2로 잡을 수밖에 없다. 이 교환이 백3의 뻗음을 성립하게 한다.
흑4부터 수상전으로 백7이후 흑은 자충 때문에 백에게 단수를 칠 수 없다.

失

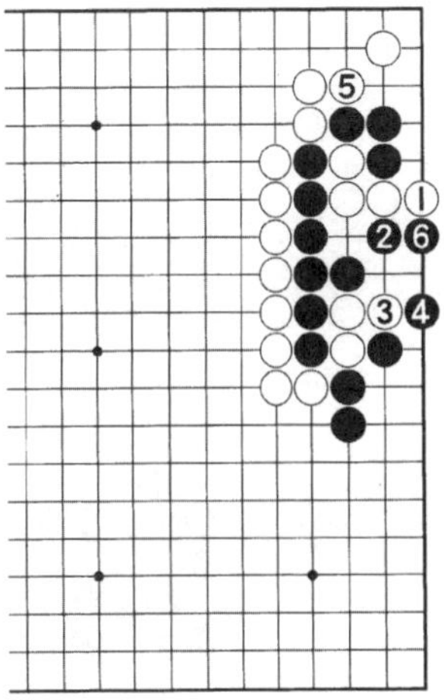

### 수순이 바뀜

백1로 먼저 내리는 것은 큰 실수이다. 흑2로 입구자 붙여 이제는 백3으로 도망가면 흑4로 단수당한다. 6까지 백 패배.
백1과 3의 수순을 착오한 것이 크다.

내려서다 사활(삶)

제1형 백번

(1170)

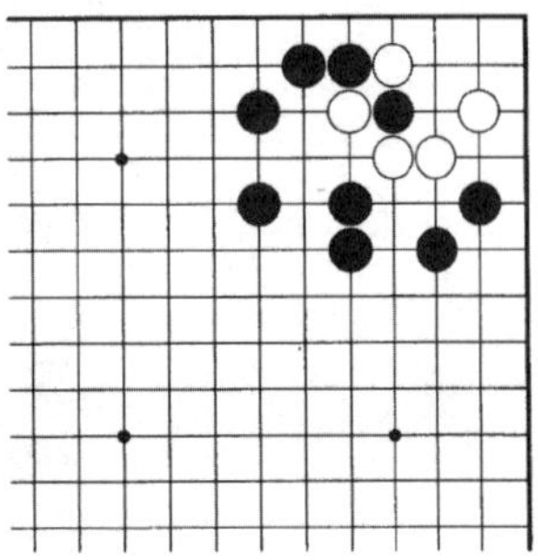

## 좁다

사활 문제.
흑 1점을 따내서도 백집은 넓어지지 않는다. 흑의 치중수를 막는 맥은 무엇인가?

解

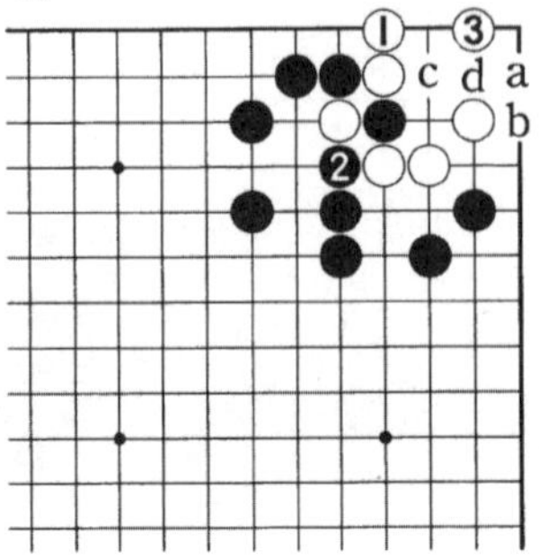

## 백 삶

백1의 뻗음은 집을 넓히는 맥이다. 흑2로 끊어 옥집으로 만들면 백3의 '2·1'이 안형의 급소가 된다.
이후 흑a, 백b, 흑c는 백d.

失

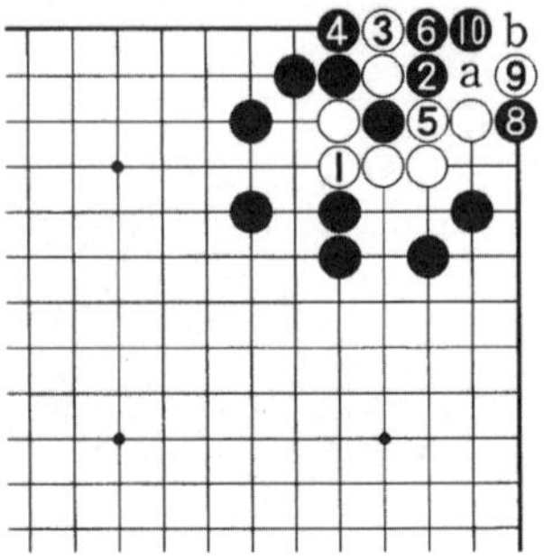

## 치중수

백1로 가운데 집을 지키면 흑2로 단수치고 4, 6으로 옥집이 된다. 흑10의 치중수가 급소이다. 8로 a는 백10, 흑b, 백9가 있다.
※⑦→⑤의 왼쪽

제2형 백번

(1171)

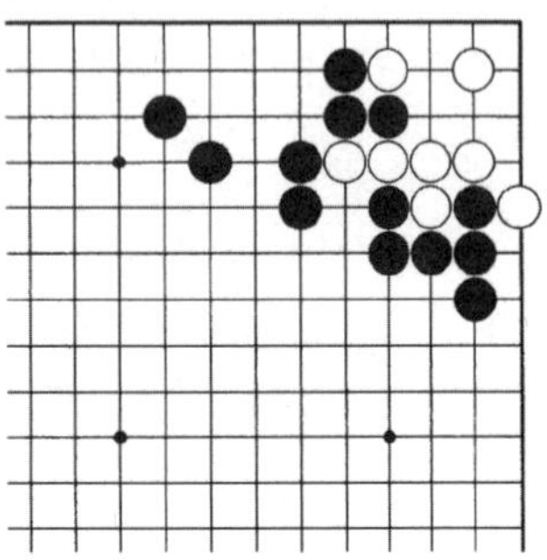

## 좁은 집

사활 문제.
백은 안형이 풍부한 것처럼 보이지만 궁도는 의외로 좁다. 마지막에 가서는 상변에 있는 흑의 약점을 이용하여 산다.

解

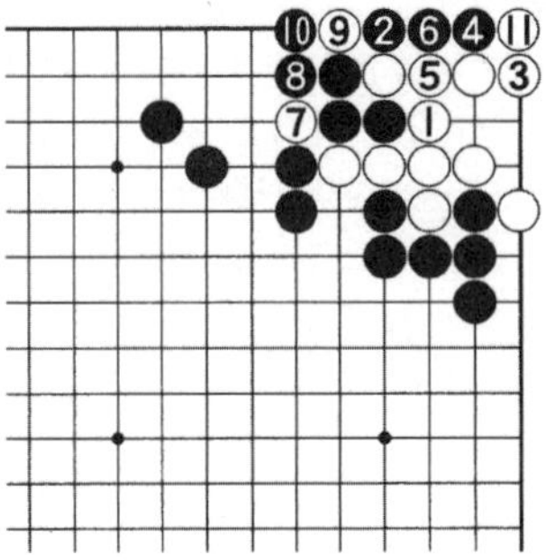

## 백 삶

백1로 막고 흑2의 단수에 백3으로 귀로 내려선다.
흑4로 집을 빼앗으면 백5부터 11로 흑 3점을 촉촉수로 잡고 백은 산다.

失

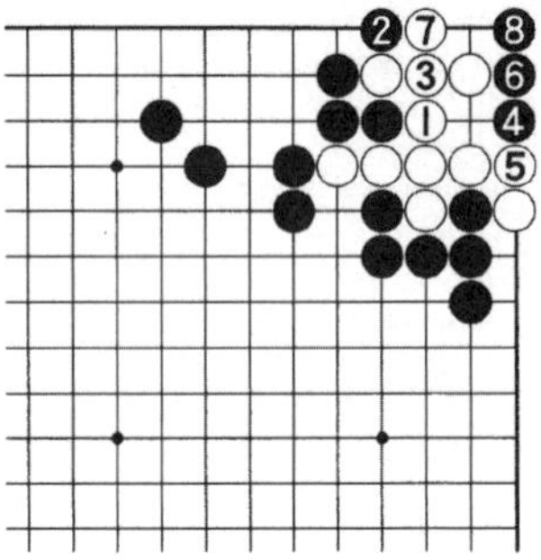

## 귀곡사

백3으로 잇는 것은 좋지 않다. 흑4, 6으로 치중수를 늘리고 8에 두어 귀곡사가 되어 백이 죽는다.
흑4로 7은 백6으로 정해도로 돌아간다.

제3형 백번

(1172)

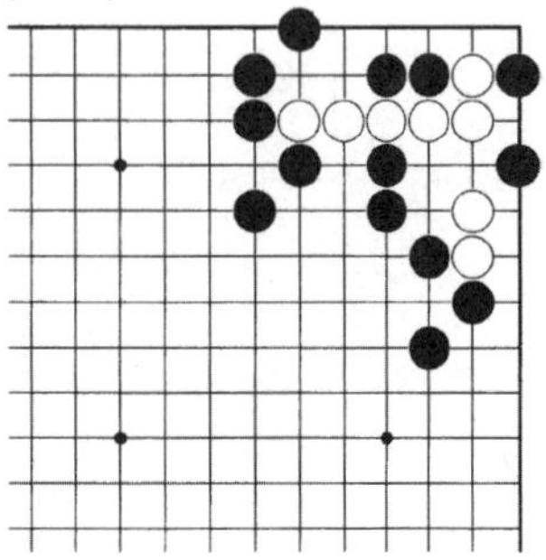

## 무조건

사활 문제.
조건 없이 백이 살기 위해서는 2선 흑 2점의 공격을 연관시켜야 한다. 패가 나면 실패한다.

解

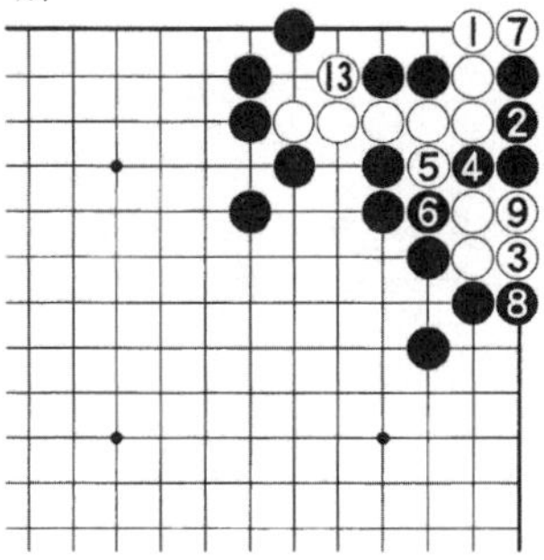

## 후절수

백1의 뻗음은 선수 한집을 내는 맥이다. 백15까지 후절수로 살 수 있다.※❿→❷, ⑪→❷의 위(단수치기), ⓬→❷의 아래(찝), ⓮→❹(따냄), ⑮→❹의 아래(끊기)

失

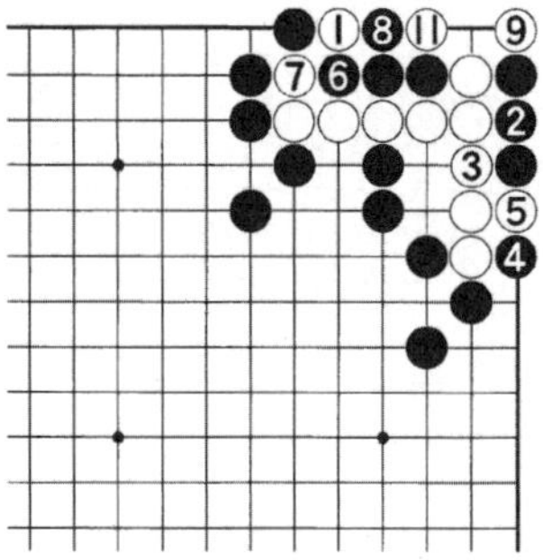

## 패는 실패

백1로 건너붙여 상변의 흑 2점을 잡는 것은 흑2부터 4를 활용하고 10으로 치중한다. 백11까지 패는 백의 실패이다.
※❿→❷(치중)

**제4형 흑번**

(1173)

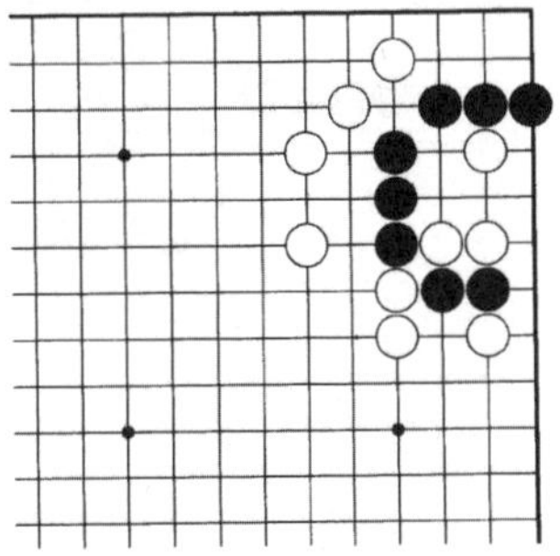

### 선수 1집

귀에는 후수 한집이 있다. 남은 길은 우변에서 선수로 한 집을 내는 것. 사석작전을 구사한다는 것이 힌트.

解

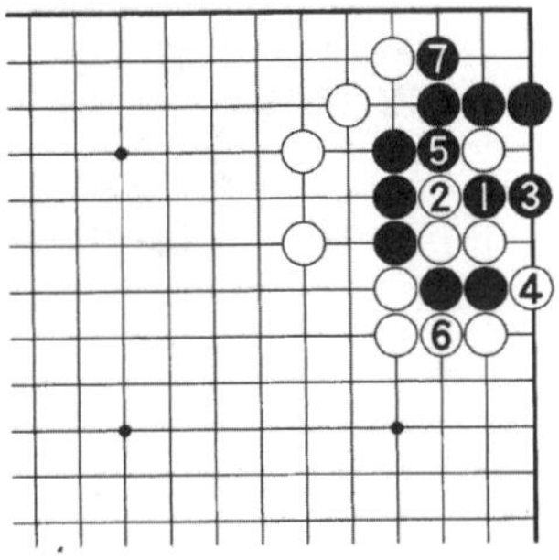

### 느긋하게

흑1이 상용의 맥이다. 하지만 백2에 흑3으로 뻗지 않으면 의미가 없다. 백4에는 흑5로 한집을 선수로 확보하고 느긋하게 7에 둔다.

失

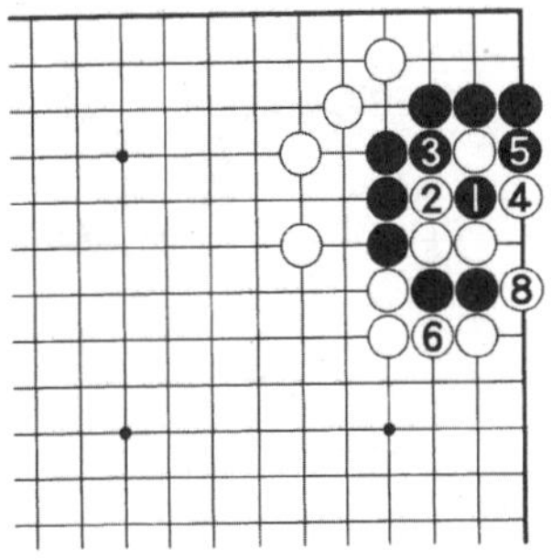

### 버리다

백2에 흑3으로 두는 것은 한집을 만들 수 없다.

'2점으로 키워 버려라'는 말은 이 그림에서는 쓰이지 않고 있다.

※❼→❶(따냄)

**제5형 흑번**

(1174)

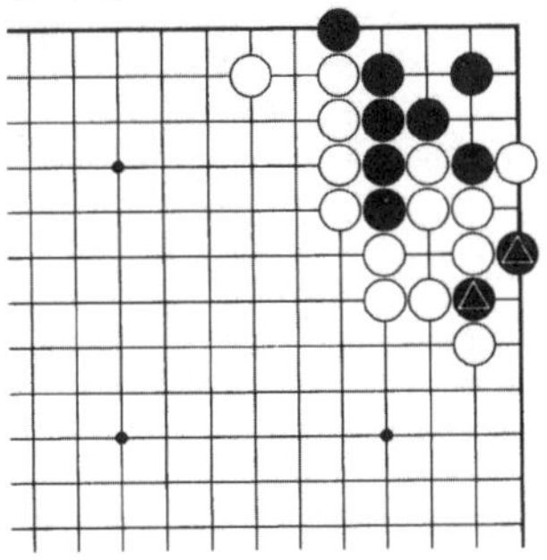

### 힌트

백에게 잡혀있는 흑▲ 2점.

그러나 이런 돌도 역할이 있다.

解

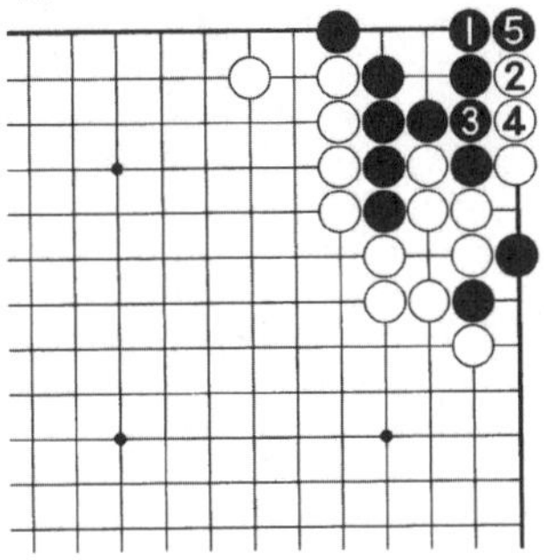

### 이용 한다

흑1로 먼저 한집을 확보한다. 집을 뺏으려면 백2뿐이지만 이후는 간단하게 흑5까지 잡혀 있던 2점은 충분히 역할을 하였다.

失

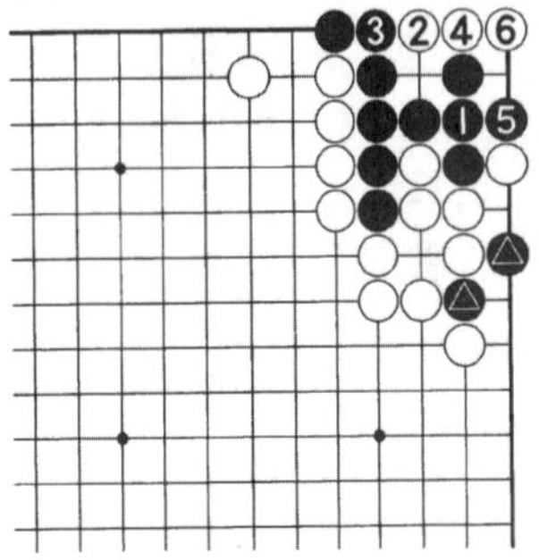

### 대책이 없다

정직하게 흑1로 잇는 것은 대책이 없는 수이다.

백2부터 공격당해서 귀곡사의 모양이다. 흑▲의 2점이 울고 있다.

**제6형 백번**

(1175)

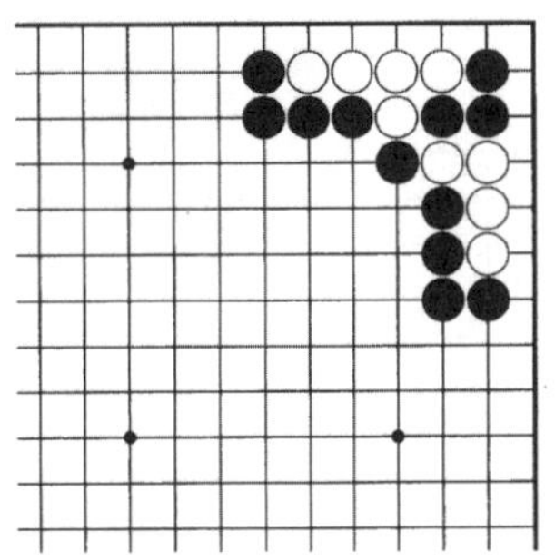

### 필수

귀의 수상전의 기본적인 모양이다. 이 맥은 많은 곳에서 이용된다. 필수의 맥이다.

解

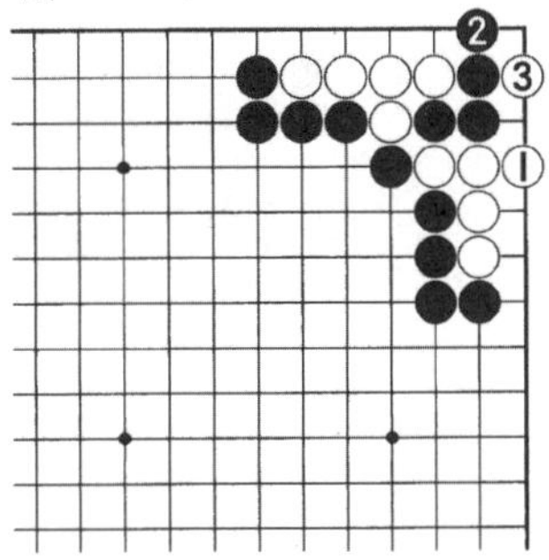

### 봉쇄하다

힘을 모아둔 듯한 백1이 좋은 수이다.

흑의 다양한 버팀을 막고 있다.

흑2에는 백3으로 한수 승.

失

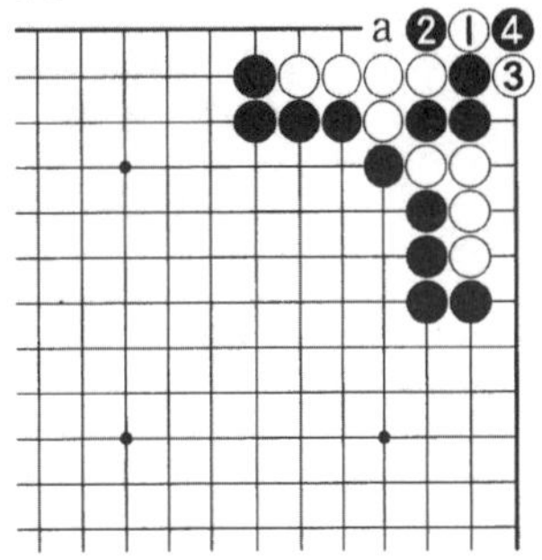

### 멈추다

서둘러서 백1로 젖히는 것은 흑2로 손이 멈추게 된다. 백3, 흑4로 패가 되면 백의 부담이 크다.

백3으로 a는 흑3으로 진다.

제7형 흑번

(1176)

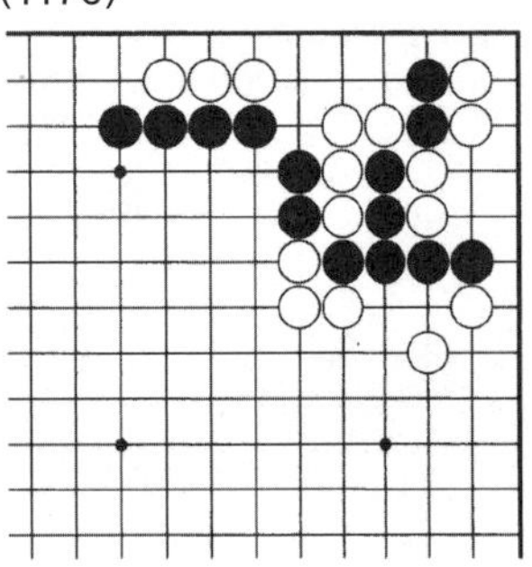

## 모두

귀의 사활 문제

백 2점만 잡아서는 흑이 죽는다. 흑이 살기 위해서는 상변의 백 4점을 전부 잡지 않으면 안 된다.

解

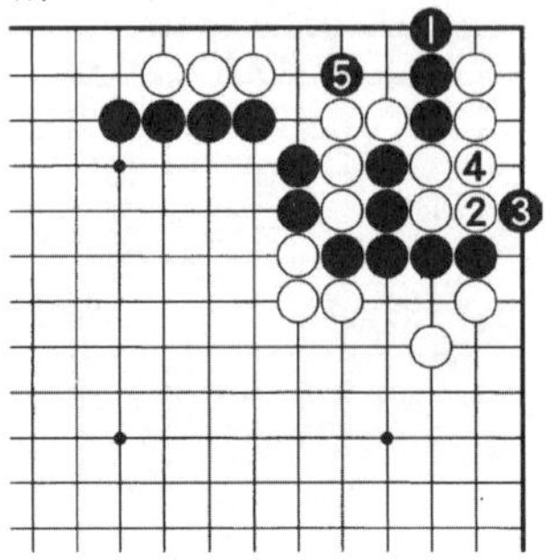

## 4점 잡기

흑1의 뻗음이 강수이다. 백2, 4로 2점을 살려도 흑5로 붙여서 상변의 백 4점을 잡고 산다.

백2로 5는 흑4로 살 수 있다.

失

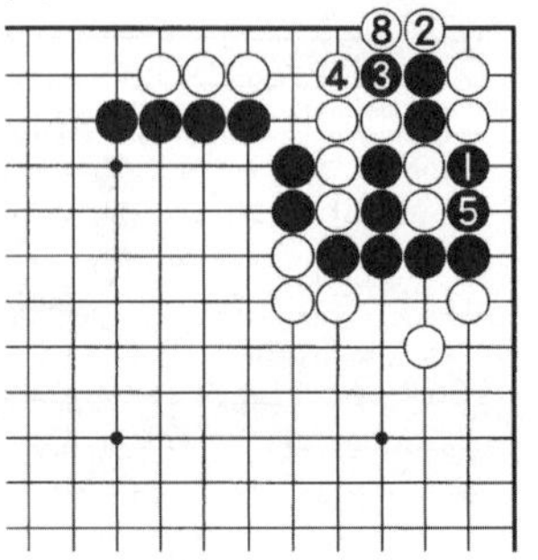

## 흑 죽음

흑1은 백2로 단수쳐서 귀의 백을 살리게 된다.

흑3, 5 이후 백6으로 먹여쳐서 흑은 한집도 없다. ※⑥→❶의 왼쪽, ❼→❺의 왼쪽(따냄)

내려서다

사활(죽음)

제1형 흑번

(1177)

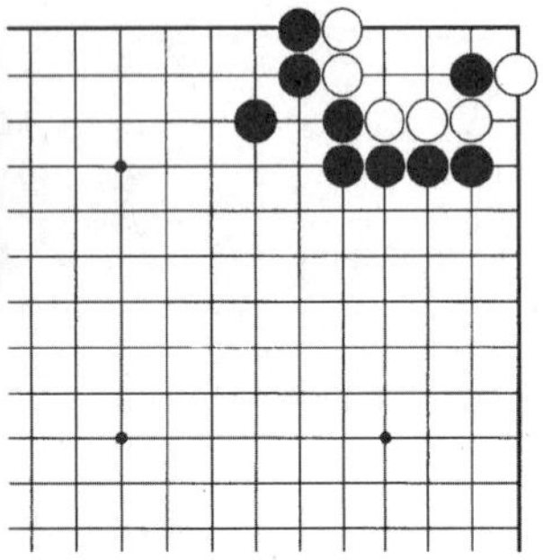

## 무조건

한눈에 보기에 귀에서 수가 나는 것은 알겠지만 패를 내지 않고 조건 없이 잡아야 한다면 신중하게 읽어야 한다. 흑의 다음 1수는?

解

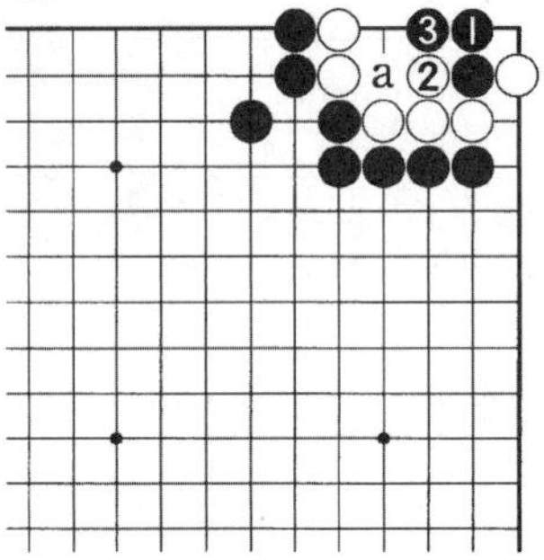

## 뻗기

흑1의 뻗음이 백을 무조건 잡는 유일한 수이다.

백2에는 흑3으로 백은 자충 때문에 다음 수가 없다. 백2로 a는 역시 흑3으로 백이 죽는다.

失

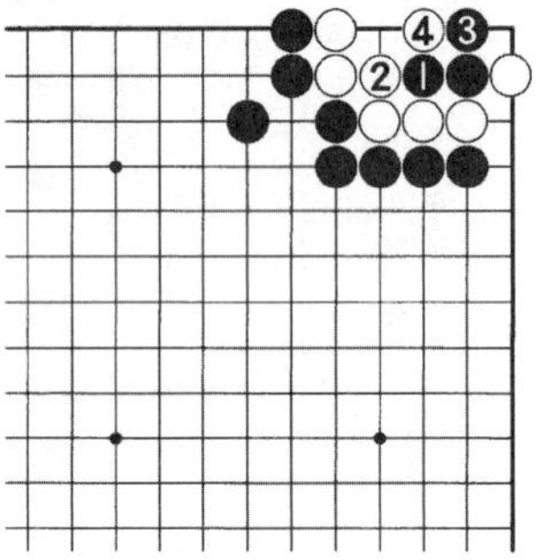

## 패는 실패

흑1로 두는 것은 백2, 흑3 이후 백4로 먹여쳐서 패가 난다.

정해도와 비교하면 흑1, 백2가 쓸데없이 교환되었다.

제2형 흑번

(1178)

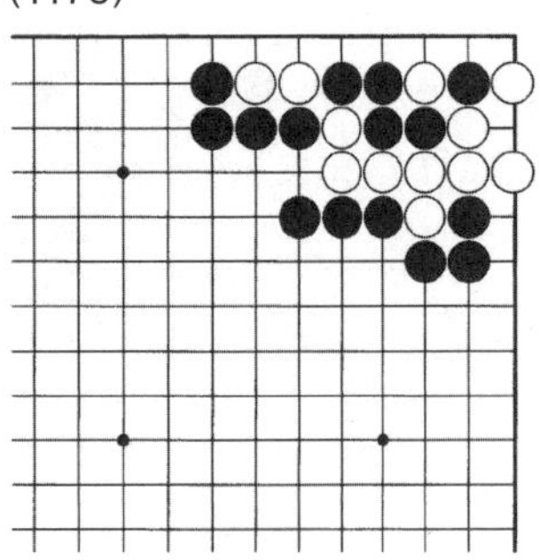

## 1수

귀의 백을 맛이 좋게 잡고 싶다. 흑의 선택지는 두 개이지만 어느 것이 최선인지 판단해야 한다.

解

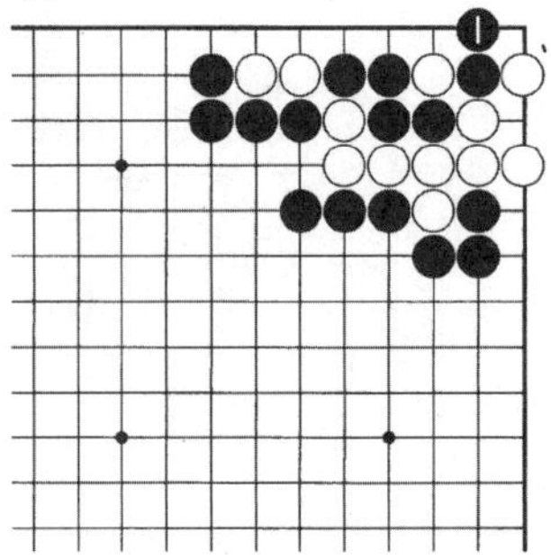

## 뻗기

흑1의 뻗음이 깔끔한 수이다. 이 수로 백이 버틸 여지를 막는다. 흑1의 같이 뻗는 수는 귀에서 자주 나온다는 것을 기억해두자.

失

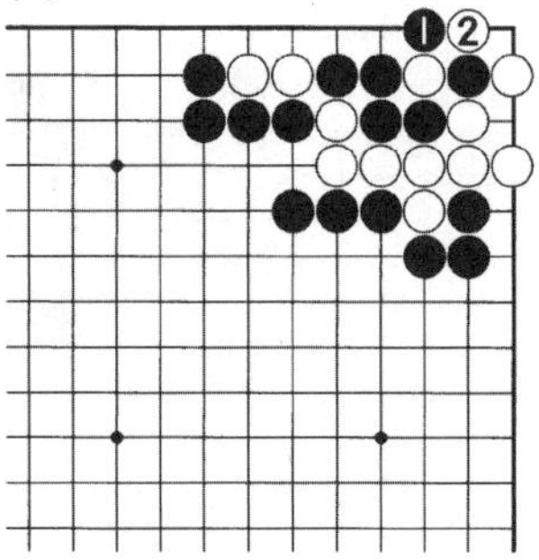

## 패는 실패

흑1로 때려내는 쪽이 깔끔하다고 생각될지도 모르지만 반대로 백2의 저항을 받게 되어 패를 피할 수 없다.

(1179)

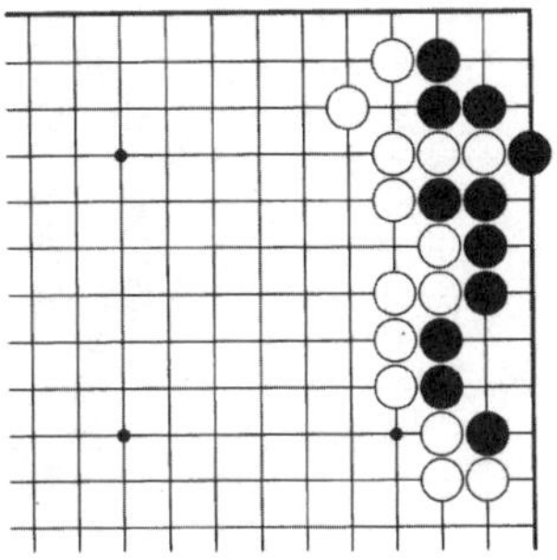

解

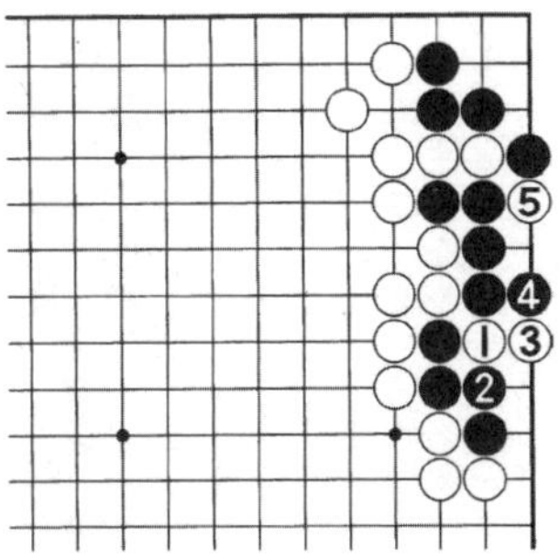

失

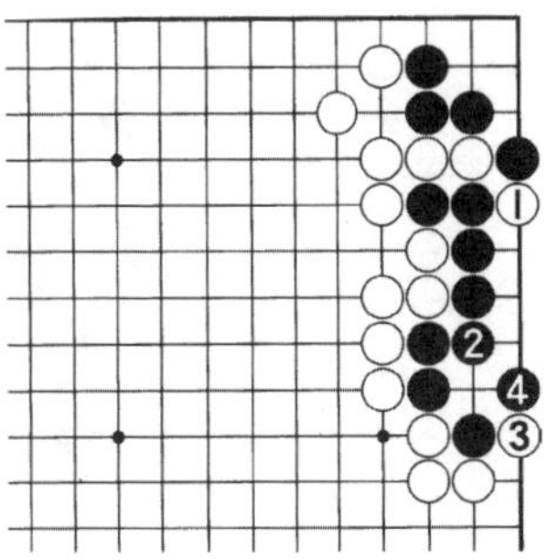

제3형 백번

## 약점

공배가 꽉 차있는 흑의 집. 뭔가가 있을 것 같다고 느꼈다면 훌륭하다. 그 다음은 수읽기가 문제이다.

## 상하 분단

백1, 3으로 끊고 뻗은 수가 맥이다. 흑4에는 흑5로 분단시킨다. 이렇게 되면 흑은 전멸한다. 역시 백4로 5는 흑4로 결과는 같다.

## 보통 수단은

백1로 두고 싶은 것은 잘 알겠지만 흑2로 이어 보통 수단으로는 되지 않는다. 백3, 흑4로 패가 되어 실패한다.

(1180)

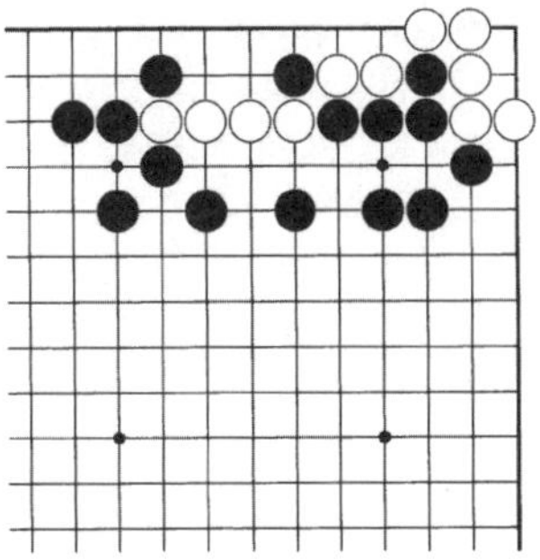

解

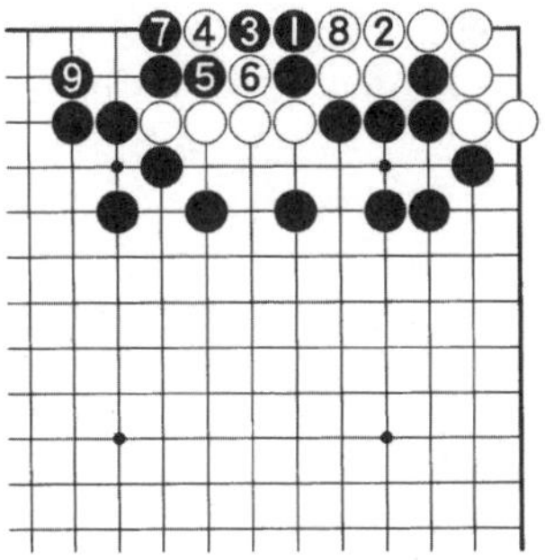

失

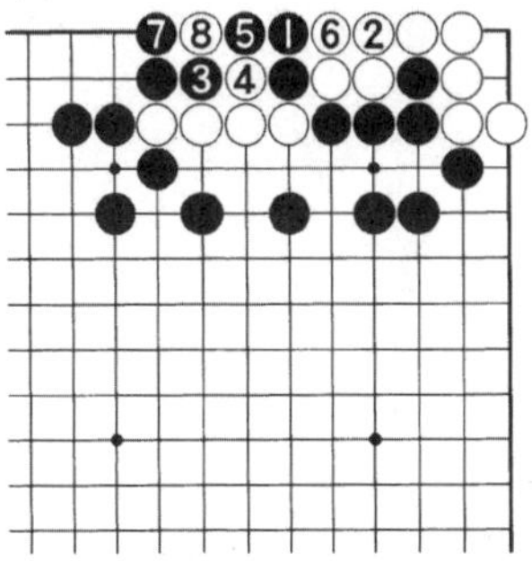

제4형 흑번

## 되따냄

사활 문제. 상변의 흑 1점은 살릴 수 없다. 하지만 흑을 잡아도 집이 되지 못하도록 되따내는 모양을 만들면 된다.

## 백 죽음

흑1의 뻗음은 수를 늘리는 맥이다. 백2에 흑3이 좋은 수로 백4부터 흑을 잡아도 흑11로 백이 죽는다.

※⑩→④(따냄), ⓫→❸(따냄)

## 패

흑3으로 밀면 백4, 6으로 촉촉수를 당해 실패한다. 흑7, 9로 1점을 되따내도 백10으로 1점을 따내서 패가 난다.

※❾→❺(따냄), ⑩→❶

(1181)

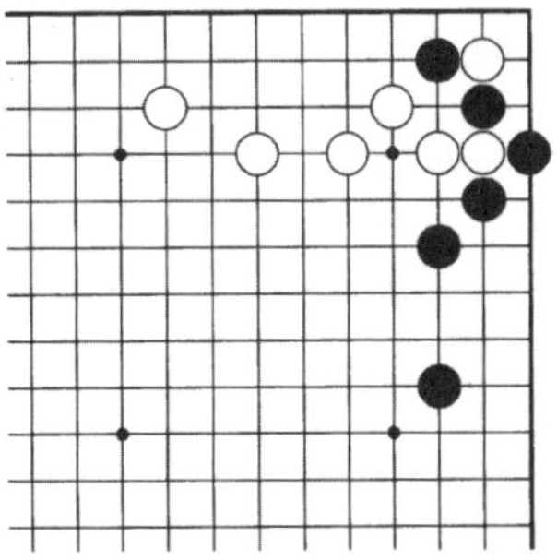

解

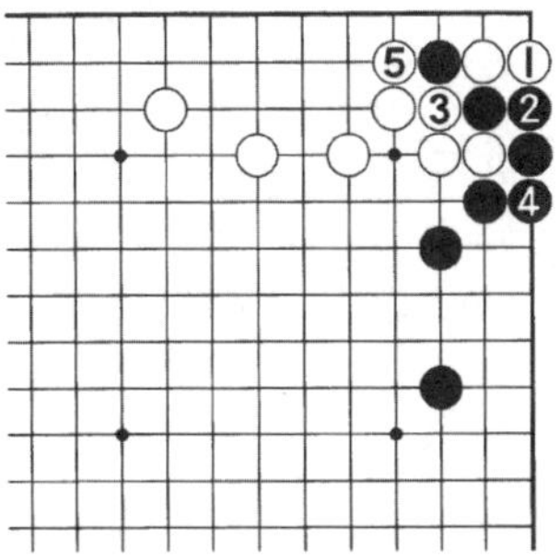

失

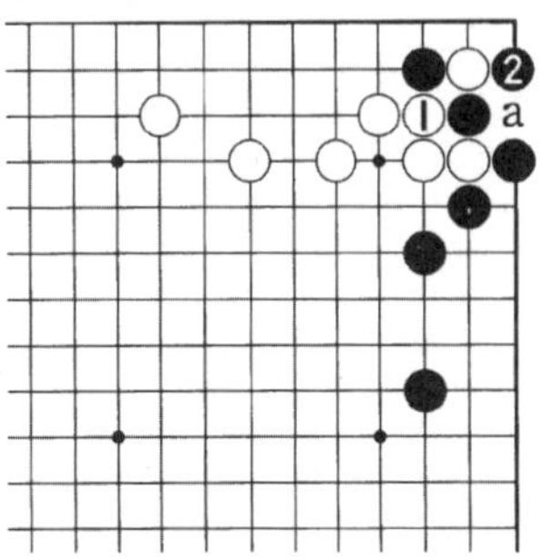

내려서다

끝내기

제1형 백번

## 굳히다

끝내기 문제. 우상귀를 침범한 흑의 방법에는 무리이다. 백은 어떻게 귀를 지켜야 할까?

## 백 유리

백1의 뻗는 수가 맥이다. 흑2로 잇고 백3, 5로 흑 1점을 잡아 백이 유리하게 된다. 흑2로 3은 백2로 끊는다.

## 패는 실패

백1로 끊는 것을 서두르면 흑2로 젖혀 패가 난다. 흑이 2와 a를 선택할 수 있다는 것만으로 백은 불만이다.

(1182)

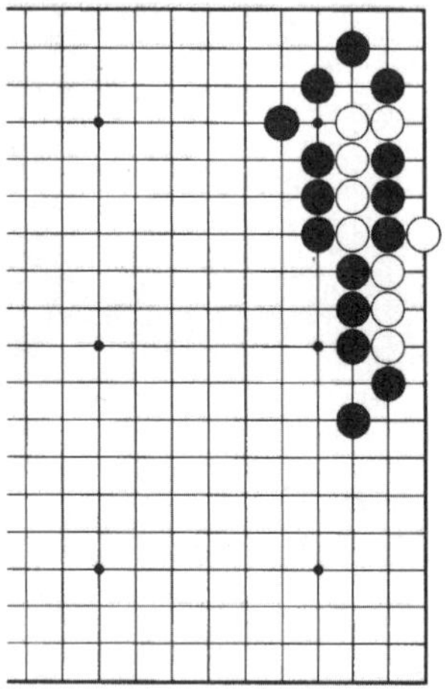

제2형 백번

## 득이 되는 모양

끝내기 문제.

우변의 백은 흑 3점을 잡았어도 아직 살지는 못했다. 백은 가장 이득이 되는 모양으로 살아야 한다.

解

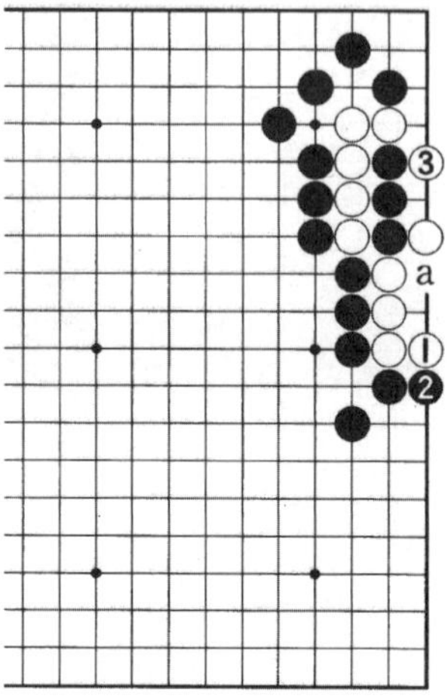


## 8집의 삶

백1의 뻗음이 맥이다. 백은 집을 최대한 넓혀서 산다. 흑2로 막으면 백3으로 잡아서 8집이 된다.

흑2로 a는 백3으로 1집 더 이득 본다.

变

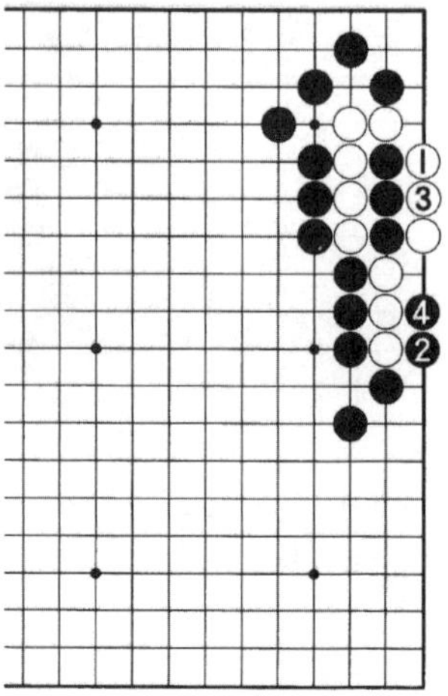

## 3집 손해

백1로 3점을 단수치는 것을 서두르면 실패한다. 흑2로 젖혀 우하의 집이 사라진다. 흑4 이후, 백은 3집을 손에 넣어 5집을 손해 보았다.

※⑤→③의 왼쪽

(1183)

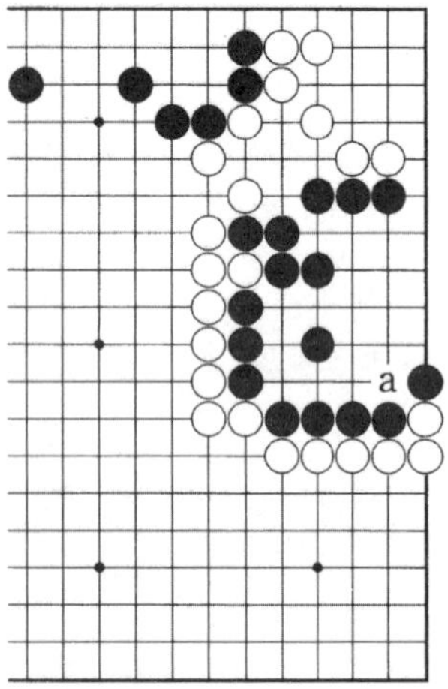


제3형 흑번

## 지키는 방법

끝내기 문제.

우변의 흑집은 백a의 끊음이 남아 있어 완전하지 않다. 백a로 끊는 것을 막고 우상귀의 백집에 끝내기를 노리는 강수를 찾아야 한다. 흑의 최선의 수비는 어디일까?

解

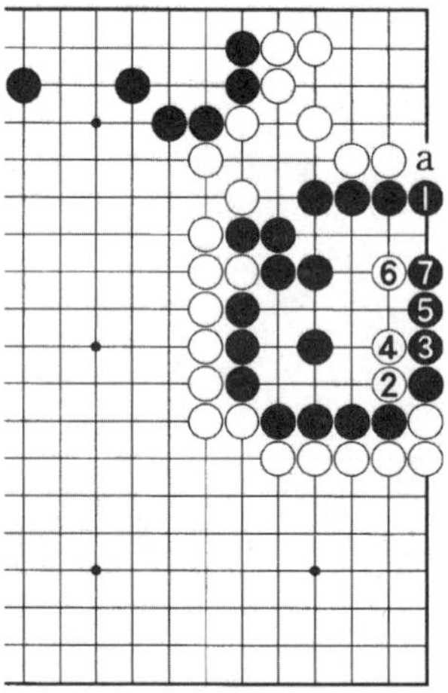


## 최강

흑1의 뻗음이 최강의 버팀. 백2로 끊어 1점을 잡으려고 해도 흑3, 5로 도망치면 된다.

백6으로 씌워도 흑7로 건너간다. 흑은 우상귀 a의 끝내기가 선수의 권리가 된다.

变

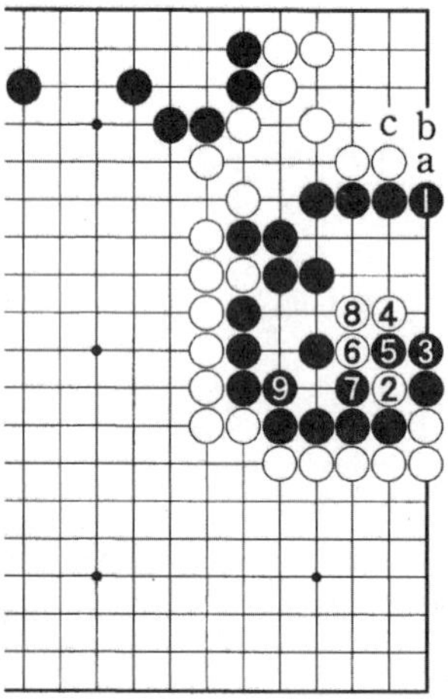


## 수 없음

백4의 씌움은 흑5, 7로 따내서 수가 나지 않는다.

백8로 이으면 흑9로 받아서 그만이다. 흑1로 2에 이으면 흑a에 젖히고 백b, 흑1, 백c로 받아 정해도와 5집 차이가 난다.

제4형 흑번

(1184)

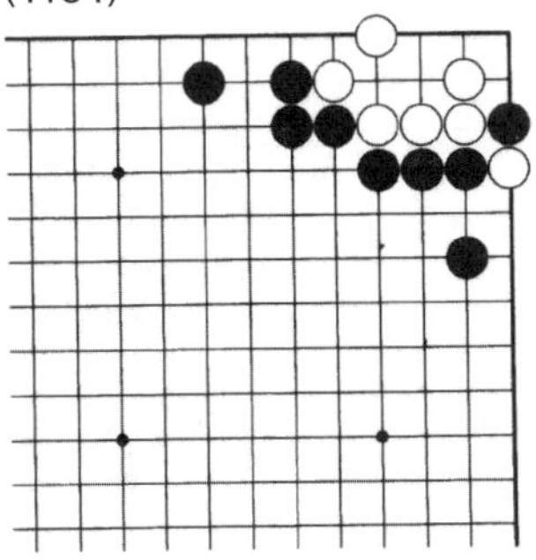

## 3집 약

끝내기 문제.
1선에 먹여치고 있는 흑 1점은 백의 집을 좁히고 있으나 백의 집을 3집 이하로 하기에는.....

解

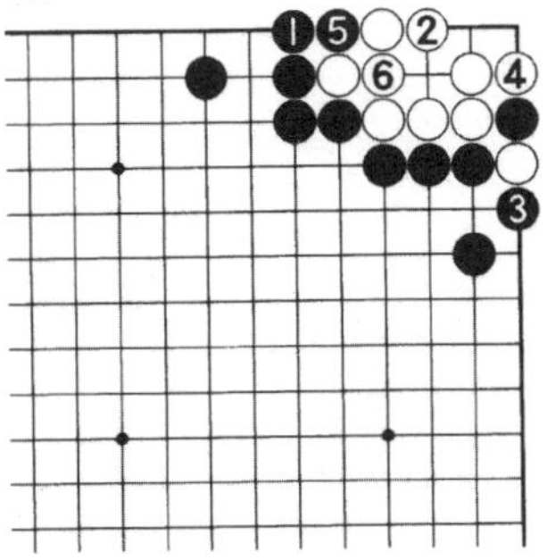

## 흑 최선

흑1의 뻗음이 좋은 수이다. 백2로 받을 수밖에 없다.
흑3, 5를 활용하여 백집은 2집과 우상의 패의 권리 3분의1 집이다. 합쳐서 3집과 3분1집이다.

失

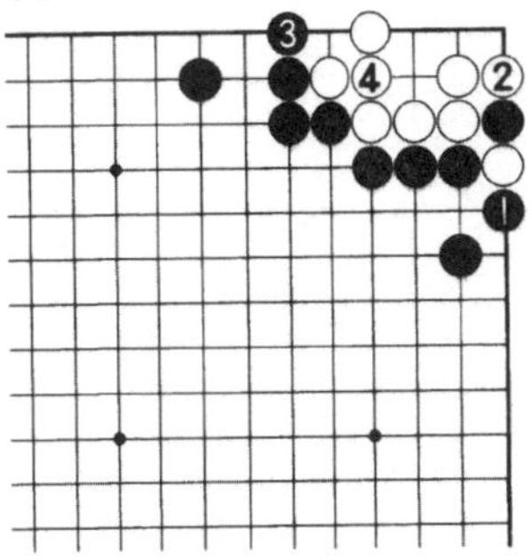

## 1집 손해

흑1로 1점을 때리면 백2, 4로 받아 백은 4집을 만든다. 수순이 좋지 않아 정해도에 비해 1집손해이다.

제5형 백번

(1185)

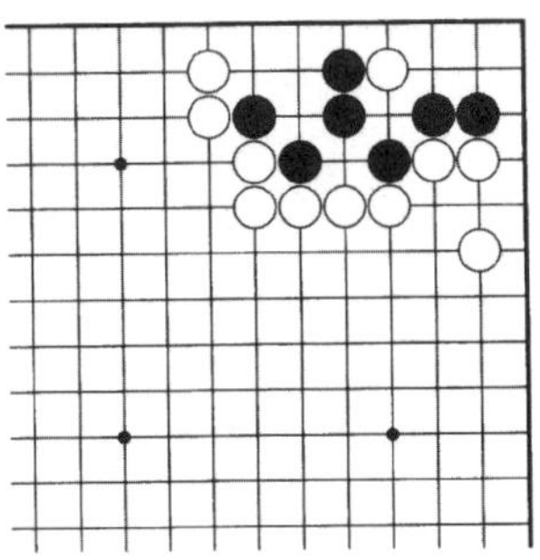

## 반분

끝내기 문제.
우상귀의 흑을 전멸시키는 것은 불가능하지만 왼쪽을 잡을 수는 있다.

解

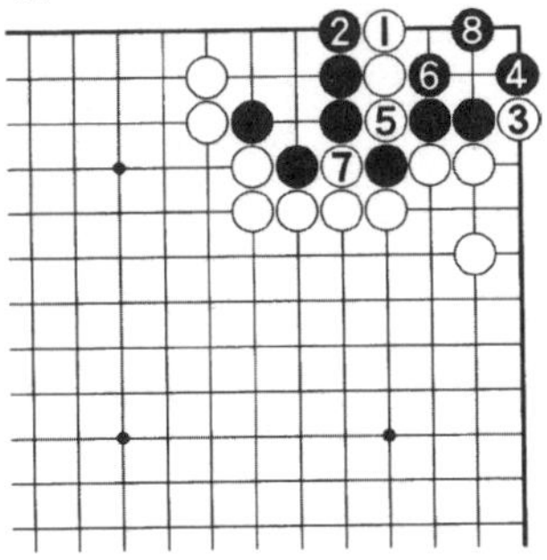

## 맥

백1의 뻗음이 맥이다. 흑2로 막으면 백3으로 젖혀 7까지 왼쪽의 흑을 선수로 잡는다. 흑2로 5는 백2로 건너가서 전멸한다.

失

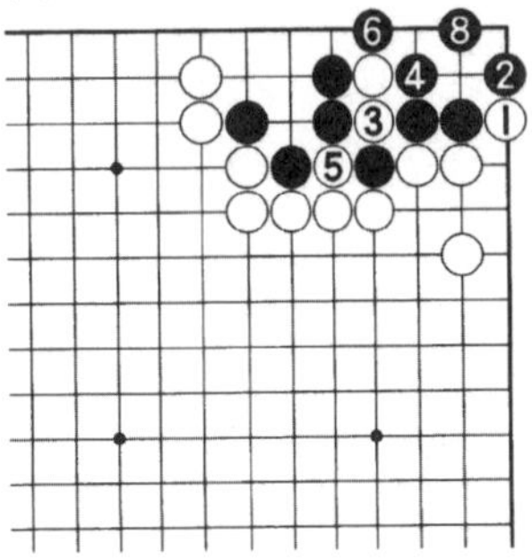

## 백 실패

백1, 흑2의 교환을 먼저 하면 백3으로 끊으면 흑4, 6으로 상변을 살리는 수가 있다. 백3으로 6은 흑3으로 살려 백은 실패한다.
※⑦→③의 아래

제6형 흑번

(1186)

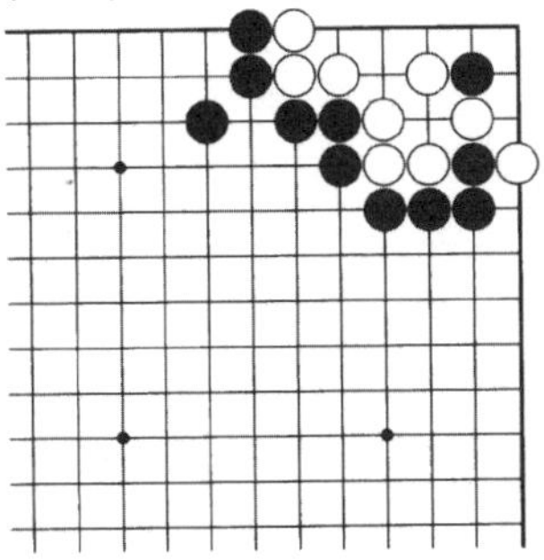

## 활력

끝내기 문제.
귀의 백에 딱 붙어있는 흑 1점에는 아직 활력이 남아있다.

解

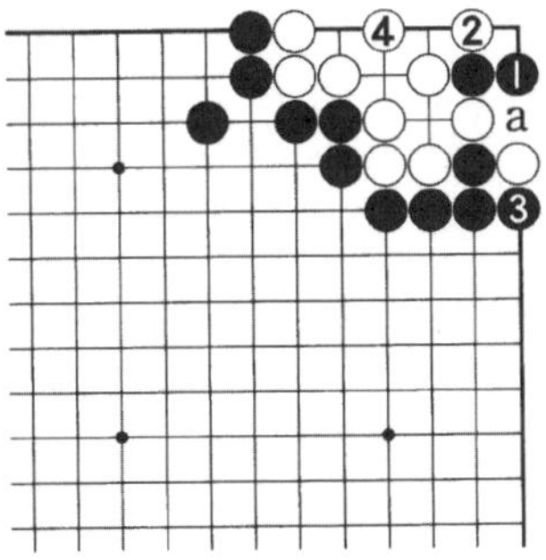

## 선수 건넘

흑1의 뻗음이 좋은 수이다.
백a에 이으면 흑3으로 단수쳐서 3점이 잡히게 된다. 백2는 흑3으로 백 1점을 촉촉수로 건너간다. 흑은 선수이다.

失

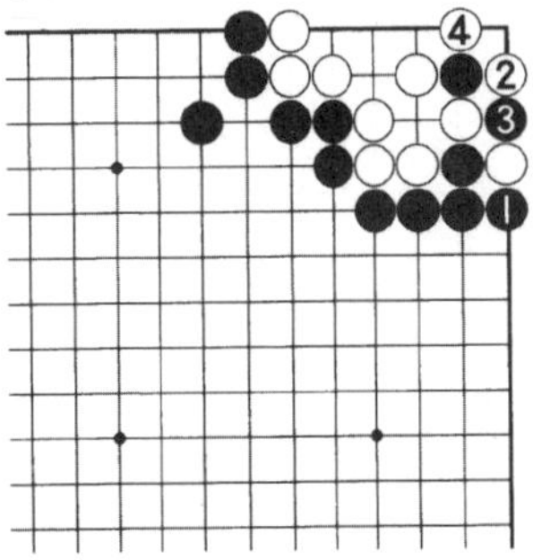

## 틀린 수순

흑1로 막는 것은 수순 착오다. 백2로 단수당해 실패한다. 흑3, 백4가 되어 정해도보다 6집 이상 차이난다.

(1187)

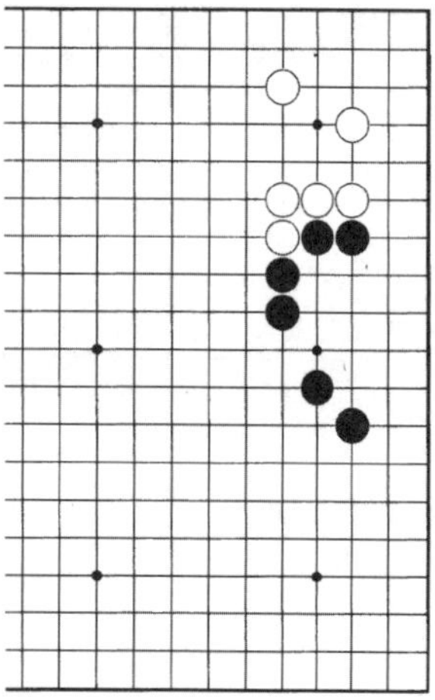

解

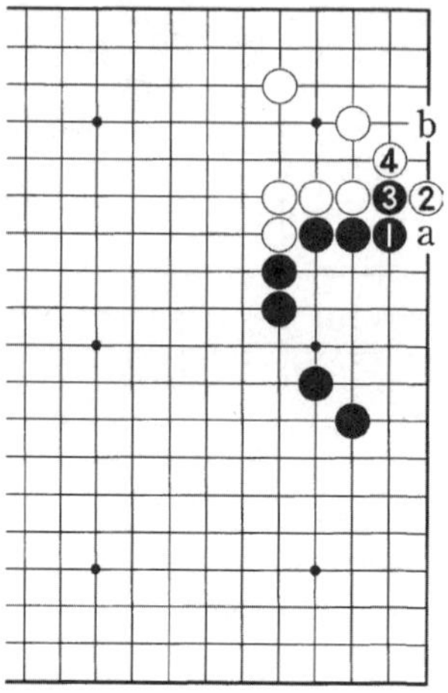

失

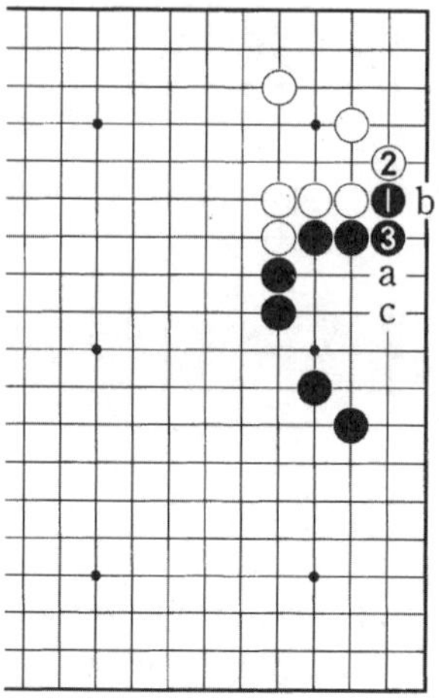

제7형 흑번

### 선수

우상의 끝내기 문제.
우상귀의 백이 견고하게 지키고 있기 때문에 흑은 선수로 끝내기 하는 방법을 연구해야 한다.

### 상용의 맥

흑1의 뻗음은 상용의 맥이다.
백2로 뛰면 흑3으로 나가둔다. 이후 a는 백의 권리.
백2를 생략하면 흑b의 비마가 크다.

### 흑 후수

흑1, 3으로 젖혀이어도 귀의 백이 튼튼하기 때문에 흑이 후수를 잡게 된다. 흑3을 생략하면 백3, 흑a, 백b로 백c의 큰 끝내기가 남는다. 흑1의 젖힘은 이 경우에는 틀린 맥으로 악수이다.

(1188)

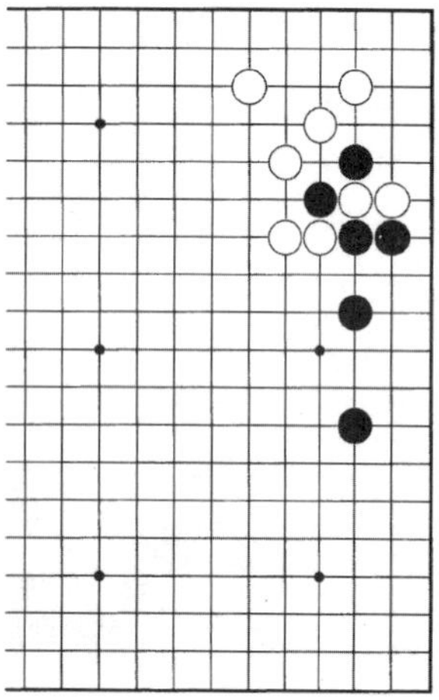

解

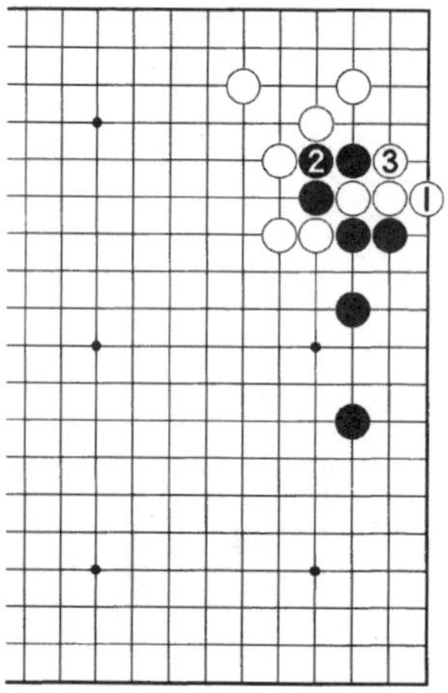

失

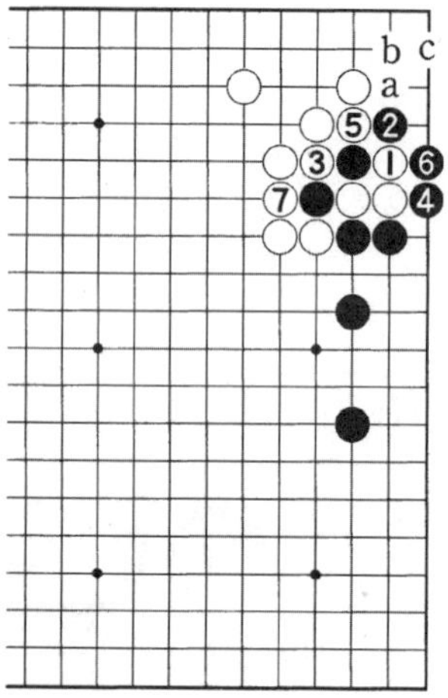

제8형 백번

### 삼키다

우상의 끝내기 문제.
백 2점은 귀의 흑집의 수중에 있다. 백은 흑의 침입을 막아 흑 2점을 전부 잡고 싶다.

### 강수

백1의 뻗음이 강수이다. 우변과 우상귀를 단절시킨다.
흑2로 이어도 백3으로 공격해서 흑3점은 움직일 수 없는 모양이다.
흑2로 3에 막으면 백2.

### 흑 건넘

백1로 구부리면 흑2로 막아서 백3점이 자충이 된다. 백3으로 끊으면 흑4, 6으로 조여 우변으로 건너간다.
백7이후 흑a, 백b, 흑c로 귀의 백집이 지워진다.

(1189)

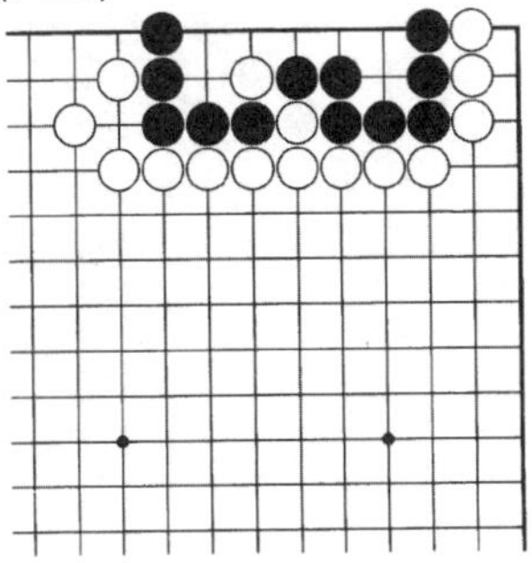

解

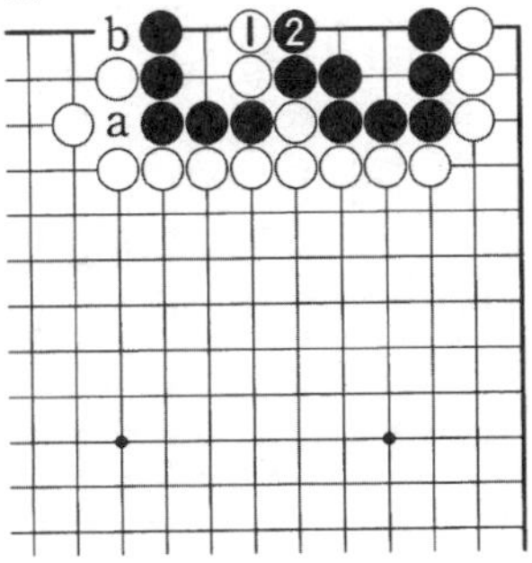

失

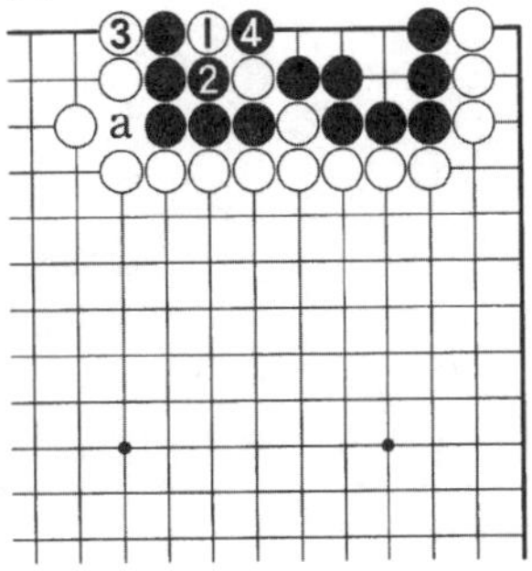

**제9형 백번**

### 사석

끝내기 문제.
상변의 흑집은 단순히 바깥에서 공격하면 8집이 되어버린다. 백 1점을 움직여서 이득을 보고 싶다.

### 사석

백1의 뻗음은 2점으로 키워 버리는 맥이다.
흑2로 막지만 거기에 백a, b를 활용할 수 있다.
백1로 a는 흑1로 2집 손해를 본다.

### 2집 손해

백1의 입구자 붙임은 흑2로 실패한다.
백3, 흑4로 흑집은 8집이 된다. 게다가 흑a가 선수로 정해도보다 2집 손해를 본다.

(1190)

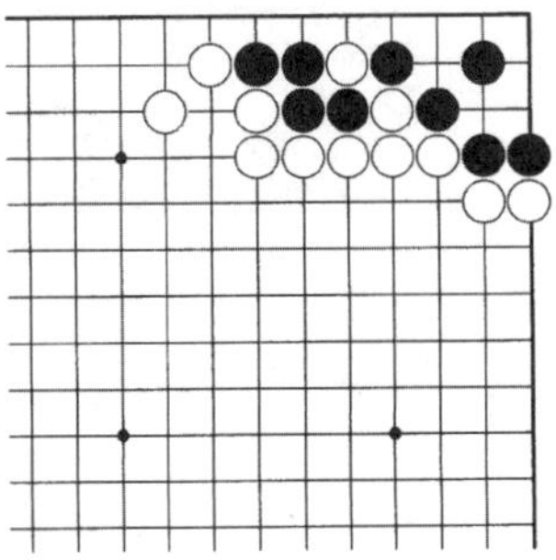

解

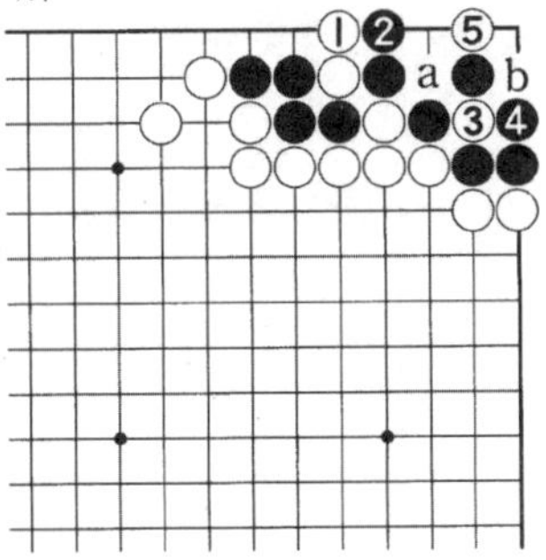

变

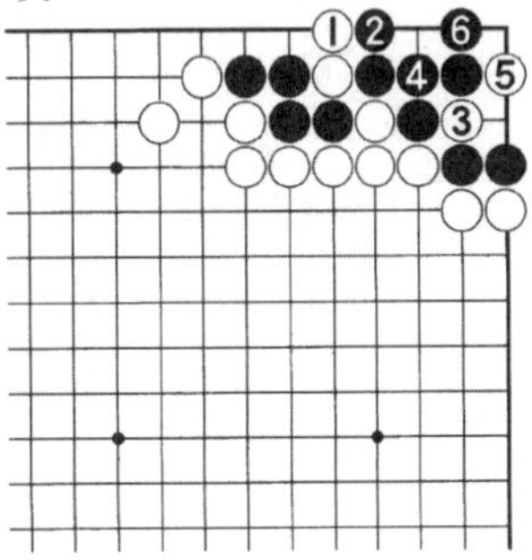

**제10형 백번**

### 괴롭힘

사활과 끝내기가 관련된 문제.
우상귀의 흑을 괴롭히면 사활과 연관된 패가 나거나 집이 없어지게 된다.

### 패

백1의 뻗음은 귀의 자충을 노린 활용이다.
흑2 이후 백3이 좋은 수이다. 흑4로 따내면 백5로 붙여서 패가 된다. a, b가 맛보기가 된다.

### 흑 1집

흑4로 이으면 흑이 산다. 하지만 백5로 젖히면 오른쪽 흑 2점이 선수로 잡혀서 실질적으로 흑집은 1집으로 줄어든다.

(1191)

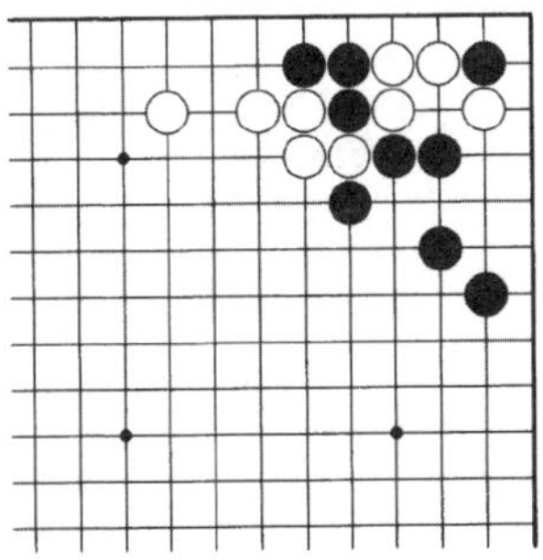

解

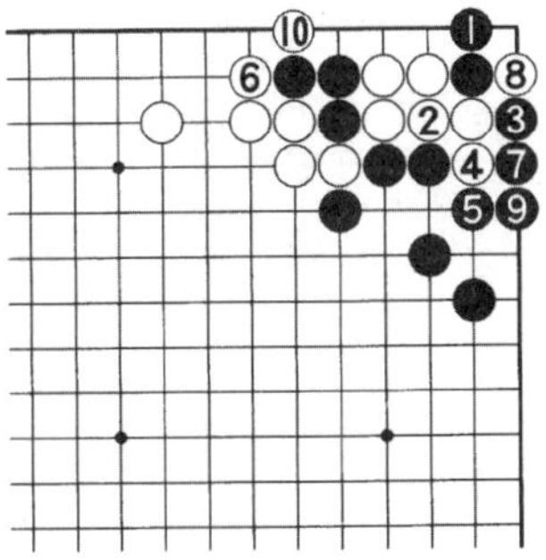

变

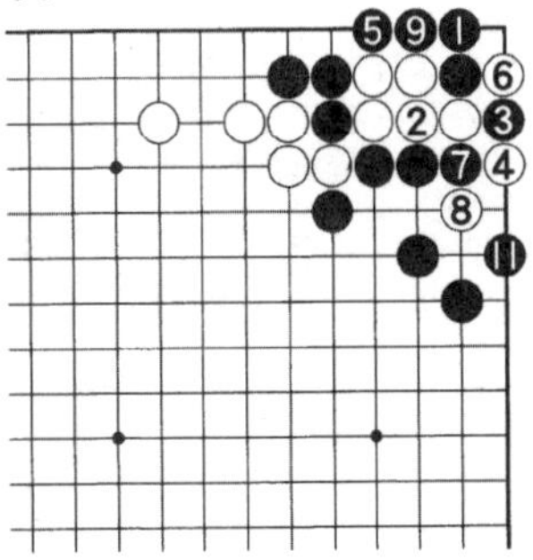

**제11형 흑번**

### 부수다

끝내기 문제.
상변의 흑 3점은 살릴 수 없는 돌이다. 흑은 귀의 1점을 부활시켜 귀의 백집을 선수로 부순다.

### 선수끝내기

흑1의 뻗음은 2·1의 급소이다. 백을 자충으로 이끈다.
백2로 이으면 흑3부터 7로 공격하고 백10까지 선수로 귀의 백집을 파먹었다.

### 백 무리

백4로 막는 것은 무리.
흑5로 젖히고 7로 찝어 백이 자충에 걸리게 된다. 흑11으로 귀의 백은 전멸한다.

(1192)

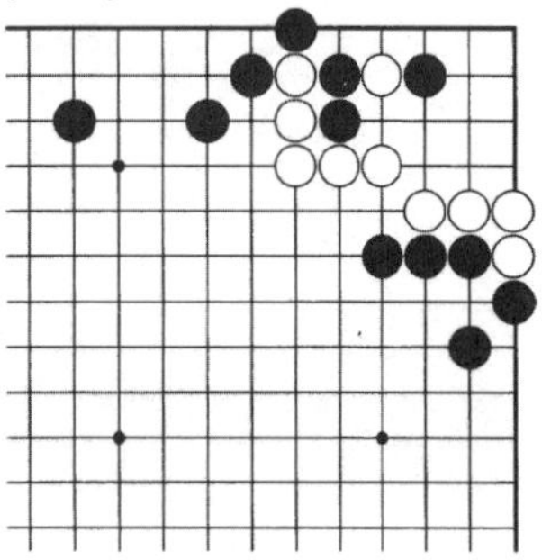

解

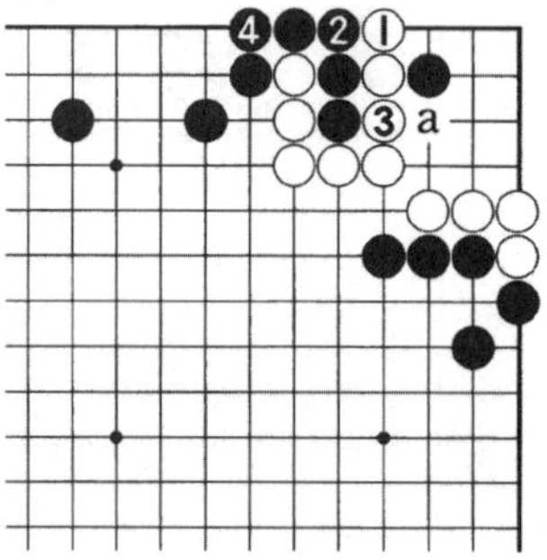

失

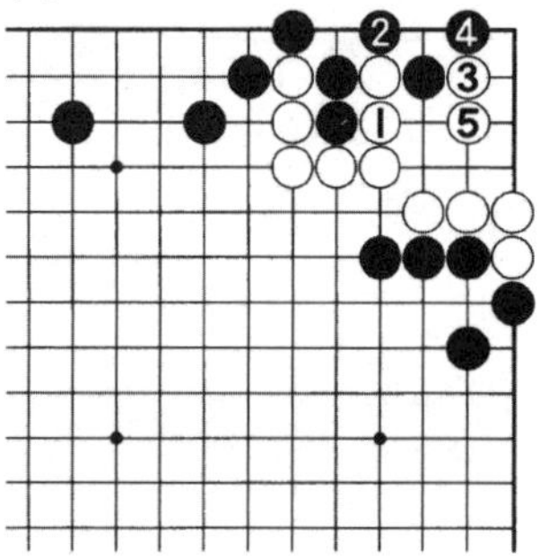

**제12형 백번**

## 근거

끝내기 문제.
우상귀의 백집을 어떻게 지킬까?
귀에 침입한 흑 1점이 상변과 연결하면 백의 근거가 사라진다.

## 삼키다

백1의 뻗음이 좋은 수이다.
흑2로 잇고 백3, 흑4의 선수로 백 1점을 수중에 넣는다. 흑2로 3은 흑a로 안 된다.

## 큰 일

백1로 단수치면 흑2로 건넘을 허용해서 큰일이 일어난다.
흑 2점은 되단수치는 것을 활용할 수 있다. 백5까지 귀의 백집을 선수로 끝내기하였다.

(1193)

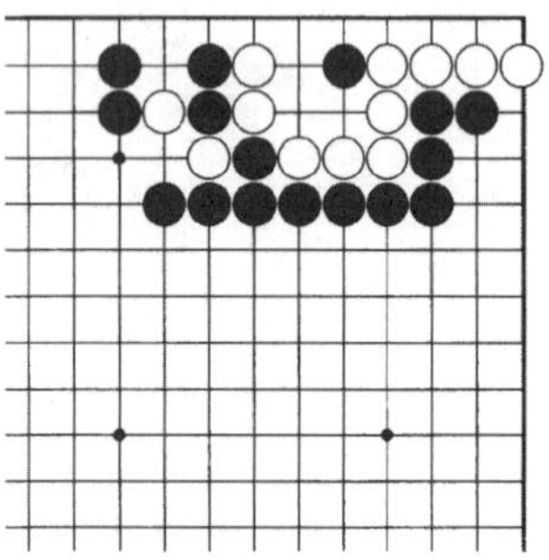

解

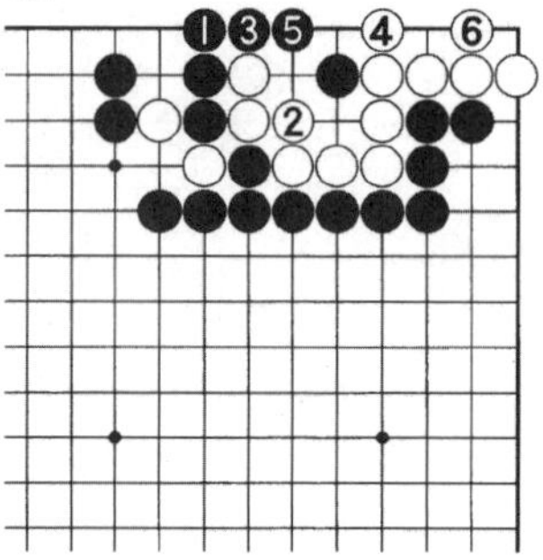

失

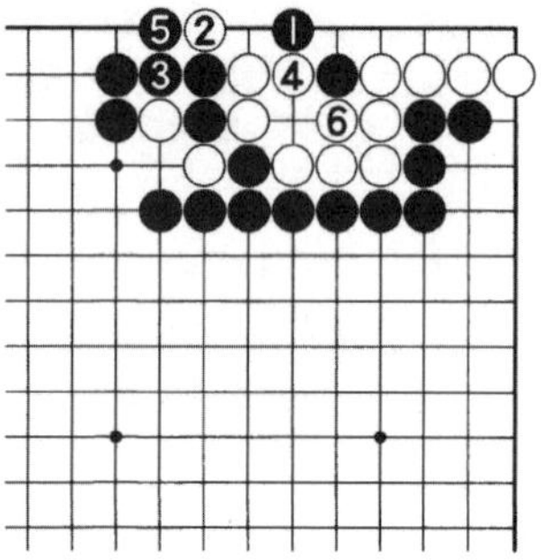

**제13형 흑번**

## 맥

끝내기 문제.
백에게 둘러싸인 흑 1점을 살려 나가면 백은 두 집만으로 살아야 한다.

## 건넘

흑1의 뻗음이 맥이다. 이 상태로 흑 1점이 연결되었기 때문에 백은 4의 뻗는 수를 활용하고 6으로 살 수밖에 없다.

## 흑 실패

흑1의 입구자는 백2의 단수를 당해 실패한다.
백4 이후 흑5로 막아도 살릴 수 있는 것은 흑1의 1점뿐이다. 귀의 백집이 크다.

(1194)

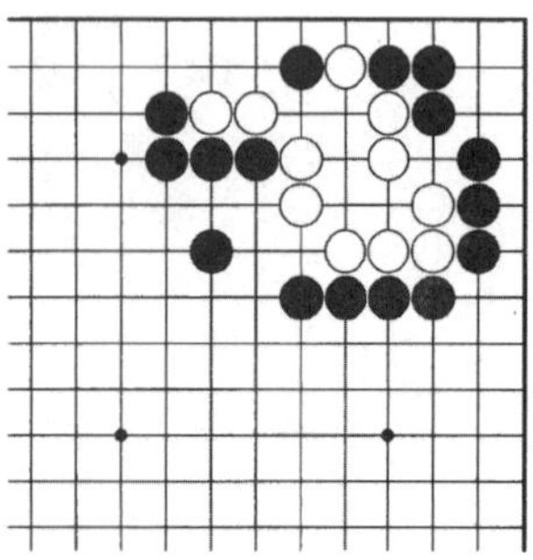

解

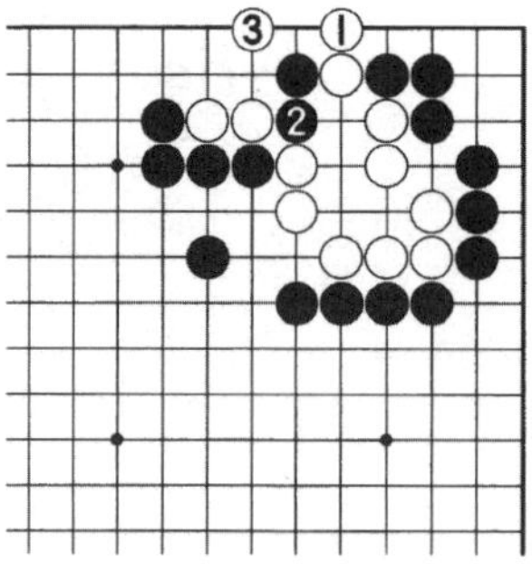

失

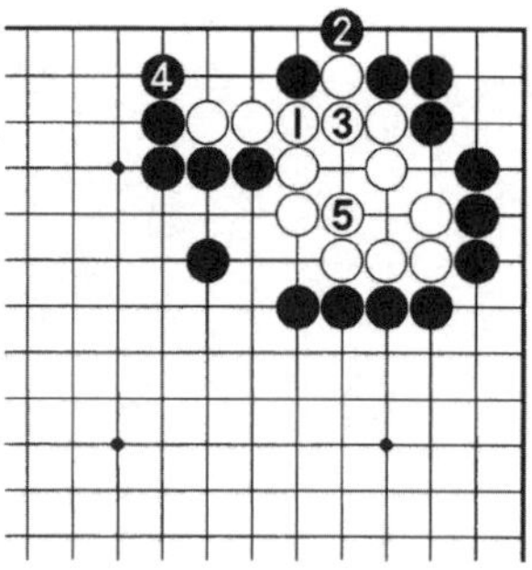

**제14형 백번**

## 반발

끝내기 문제.
상변의 백의 집이 노려지고 있다.
흑의 공격에 반발하여 집을 넓혀서 살 수 있을까?

## 백1이 강수

백1의 뻗음이 강수이다. 흑2로 끊으면 백3으로 뛰어 수습한다. 가운데 흑 2점은 자충 때문에 살릴 수 없다.

## 백 불만

백1로 받는 것은 불만. 흑2의 건넘을 허용해서 흑4의 공격에 백5로 2집만 내고 살아야 한다.
정해도와의 5집의 차이가 있다.

제15형 백번

(1195)

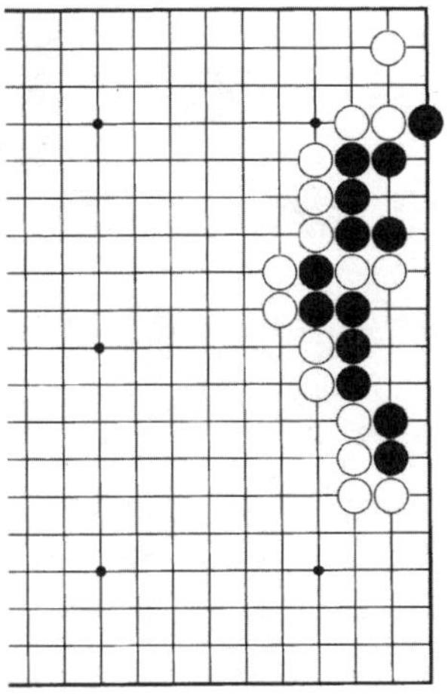

## 줄이다

끝내기 문제.
흑의 집 안에 있는 백 2점을 움직여서 흑집을 줄인다. 흑이 저항하면 우상의 흑 6점이 수상전에서 진다.

解

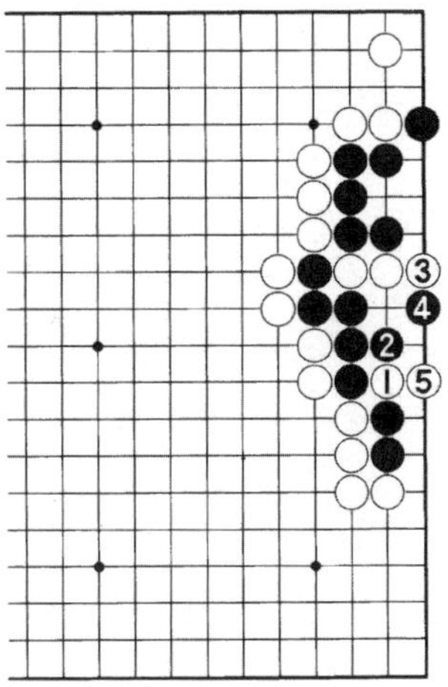

## 2점 잡기

백1로 끊어가는 수순이 좋다.
흑2의 단수에 백3으로 뻗어서 흑의 응수를 보면, 흑4로 잡을 수밖에 없다. 백5로 뻗어서 흑은 양자충의 모양. 흑 2점을 잡는다.

变

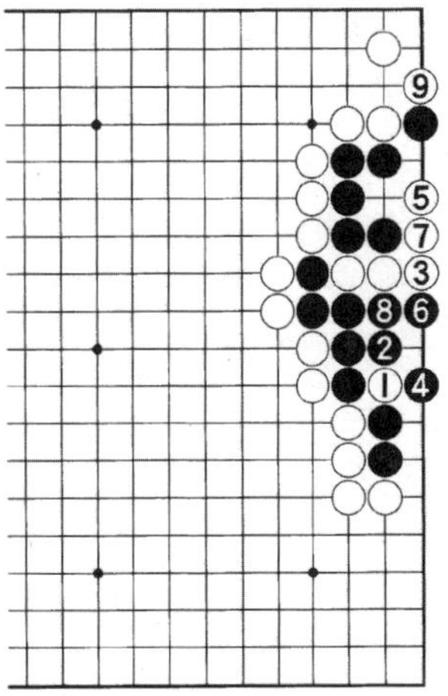

## 6점 잡기

흑4로 우하의 2점을 살리는 변화.
백5의 치중이 급소이다.
흑6, 백7로 우상의 수상전은 백이 승리한다.
백9로 막아서 흑 6점을 잡는다.

제16형 흑번

(1196)

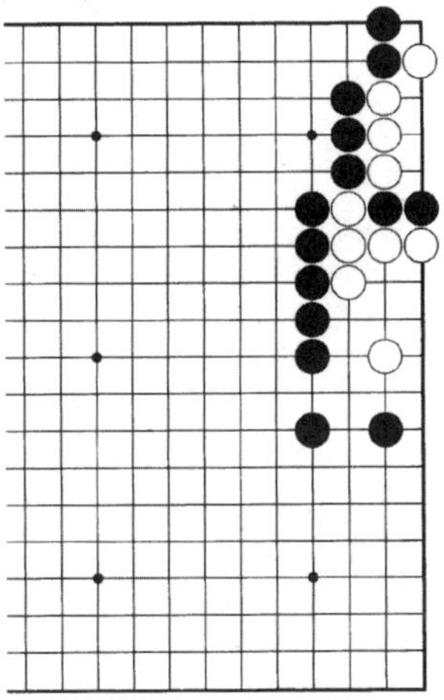

## 작은 집

우변의 끝내기 문제.
우상귀의 백은 살아있지만 자충을 추궁하면 귀에서 작게 살아야 하는 처지로 몰리게 된다.

解

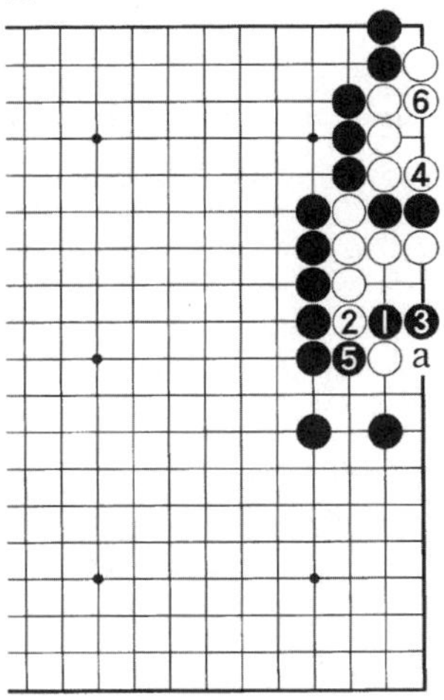

## 흑3이 좋은 수

흑1로 건너붙이고 백2 이후 흑3의 뻗음이 좋은 수이다.
백은 4, 6으로 살 수밖에 없다. 우변의 흑집이 늘어나도 백집은 대폭 감소했다. 백4로 5는 흑a로 전멸한다. 또 a로 막으면 흑5.

失

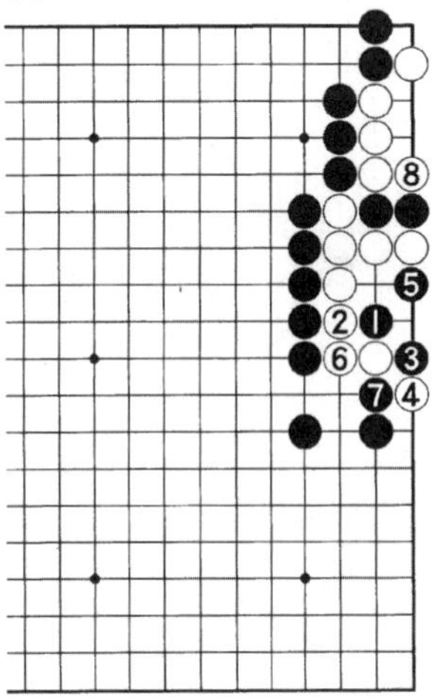

## 흑 실패

흑3으로 젖히면 백4로 막아 흑5로 패로 버티게 되지만 백6으로 이어 실패한다. 흑7로 끊어도 백8로 2점을 잡으면 흑1, 5의 2점은 촉촉수로 잡히게 된다.

# 밑붙임

붙임은 맥 중에서 종류가 다양하게 나뉘어져 실전에 등장하는 비율이 매우 높다.

밑붙임은 변에 가까운 돌을 한층 더 아래에 붙이는 형태이다. 특히 변의 제1선, 제2선은 상대의 자충을 노려서 움직이는 맥이 된다.

흑1의 밑붙임으로 백△ 2점은 살릴 수 없다. 흑 3점이 산다.

---

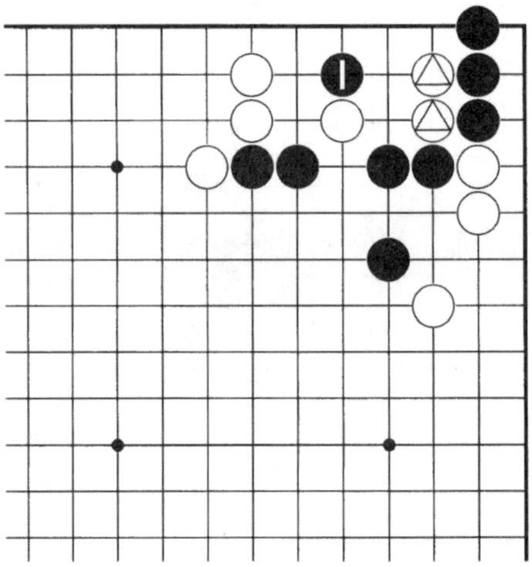

(1197)

**밑붙임**

**모양 만들기**

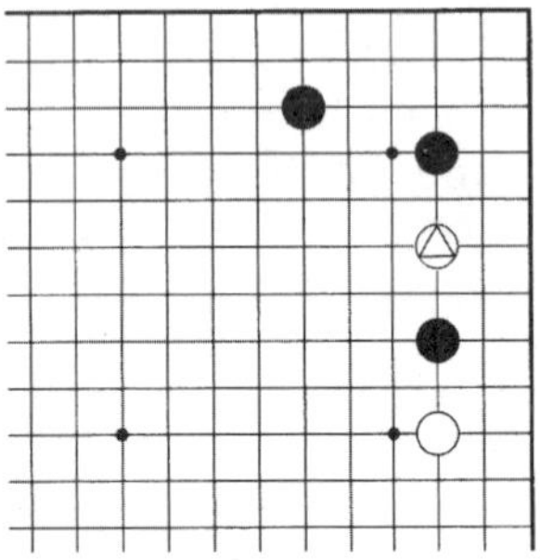

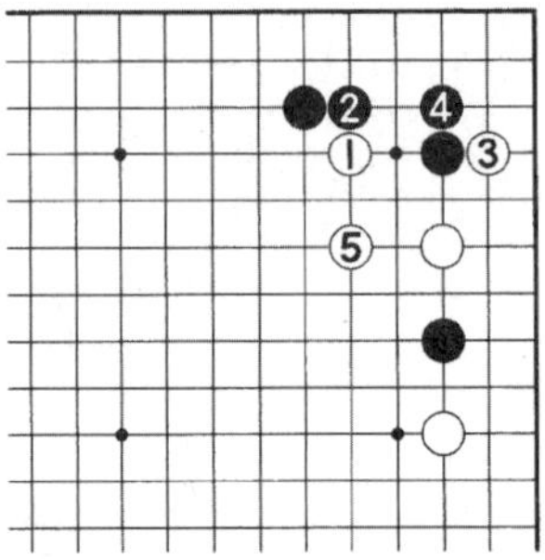

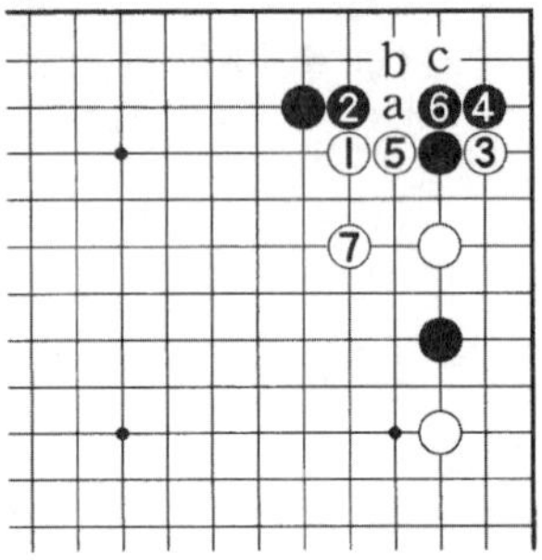

제1형

**백번**

### 반격

우상의 전투.

흑에게 공격당하고 있는 백△은 수습하기 쉬운 모양이다. 여기에서는 흑에게 반격하는 모양을 만들고 싶다.

解

### 모양 만들기

백1, 흑2를 활용한 후 백3의 밑붙임이 맥이다.

흑4로 당기는 것은 느슨하여 백도 5로 뛰어 모양을 만들어 우변의 흑에게 반격하는 자세를 갖춘다.

変

### 활용

흑4로 막으면 백5의 치받는 수가 활용된다.

백7 이후 백a, 흑b, 백c의 활용이 있어 바깥의 백을 굳히는 흐름이 된다.

---

(1198)

**밑붙임**

**따냄**

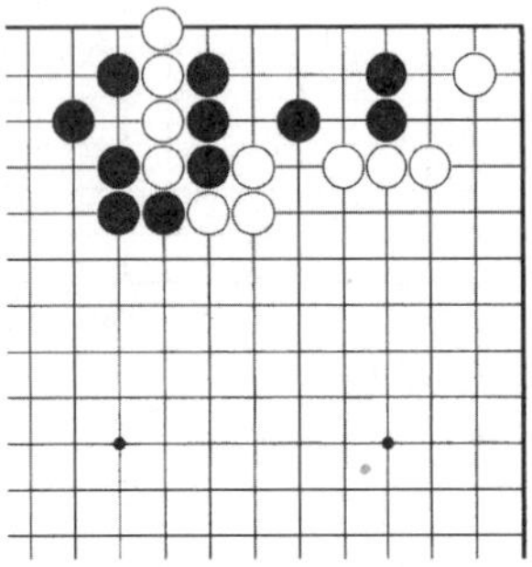

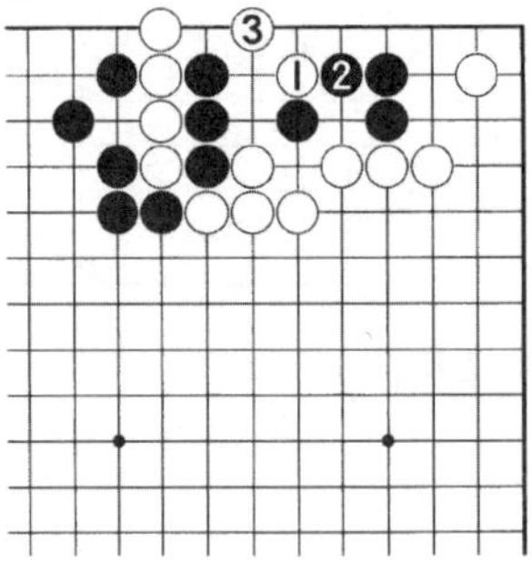

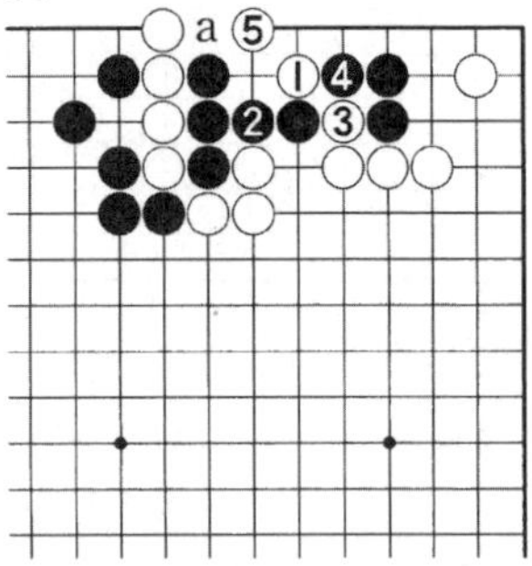

제1형

**백번**

### 2점 잡기

상변의 백 4점을 잡고 있는 흑 모양의 결함을 추궁하고 싶다. 어디서부터 두어야 할까?

解

### 백 잡힘

백1의 밑붙임이 안형의 급소가 된다.

흑2로 막으면 백3의 입구자로 흑의 자충을 추궁한다. 상변의 흑은 전부 잡혀버린다.

変

### 흑 살 수 없다

흑2로 이으면 백3으로 뚫고 흑4는 백5로 흑이 전멸한다.

흑4는 a에 받아 백 4점을 잡고 백4로 되는 곳.

---

(1199)

解

失

## 성과

**제2형 흑번**

우변에 있는 백의 엷음을 추궁하는 문제.

백△ 1점을 잡아도 위아래의 백이 연결하여 사는 모양이 되면 성과가 없다.

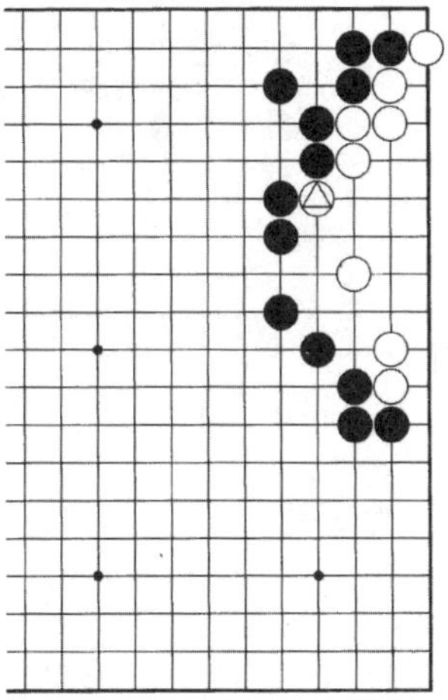

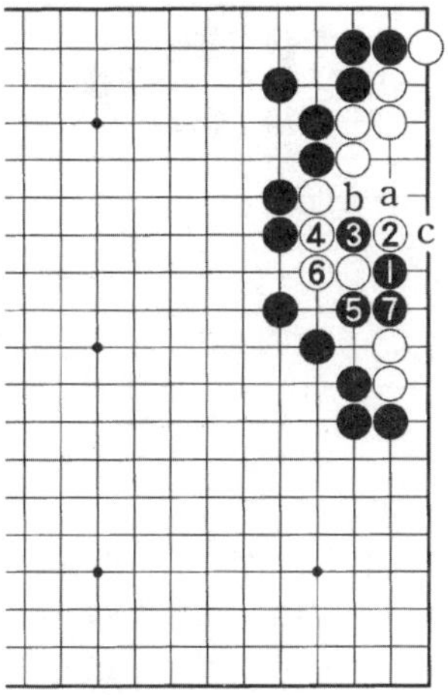

## 흑 성공

흑1의 밑붙임이 날카로운 수.

백2로 막으면 흑3으로 맞끊고 흑7까지 우하의 백 2점을 잡는다.

백2로 3에 당기면 흑7. 백4로 7은 흑a, 백b, 흑c, 백4, 흑6으로 흑이 즐거운 꽃놀이패를 켠다.

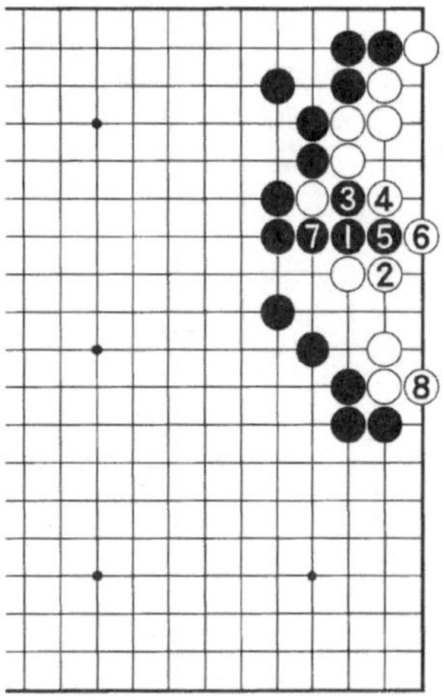

## 흑 실패

흑1의 건너붙임은 백2로 받아 실패한다.

흑3으로 한 점을 잡아도 백4, 6으로 우변을 건너고 8로 산다. 백은 7집 내고 살 수 있다.

(1200)

解

変

## 분리

**제3형 백번**

우하에서 우상으로 연결했지만 흑은 엷은 모양이다. 우상의 흑 3점을 분리시킬 방법을 연구해보자.

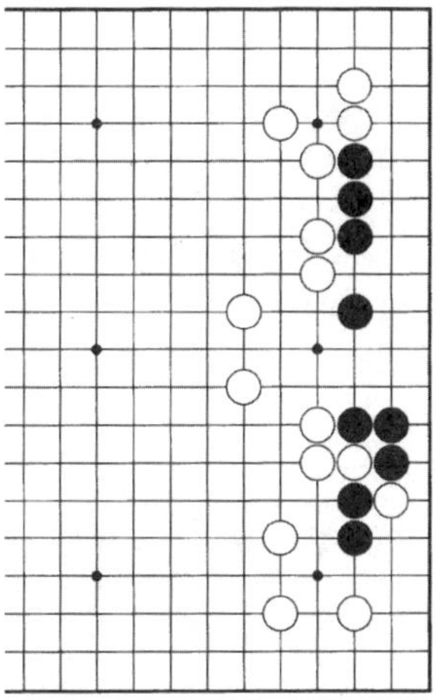

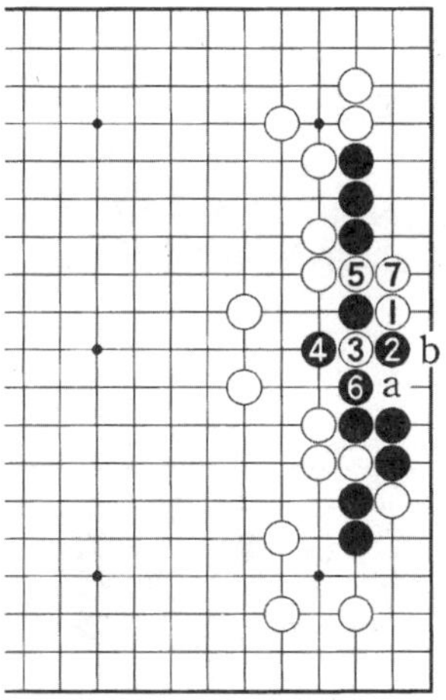

## 백 성공

백1의 밑붙임이 좋은 수로 흑2로 막을 때 백3으로 맞끊는 것이 상용의 맥이다.

흑4, 6으로 우변을 지키면 백7까지 성공이다. 흑4로 7은 백a, 흑b, 백6으로 우하가 위험하다.

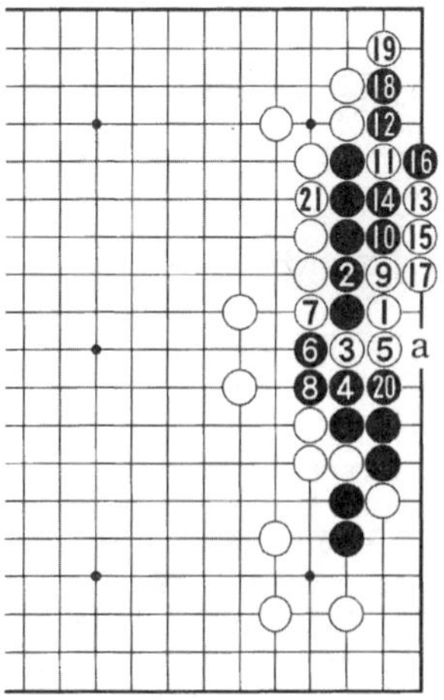

## 흑 무리

흑2로 잇는 것이 최강의 저항이나 백3부터 7까지 끊어 무리.

흑8로 이으면 백은 9, 11로 우상을 공격. 백13, 15가 좋은 수로 백이 한 수 승. 흑4로 5는 백20, 흑4, 백a, 흑6, 백8로 꽃놀이패이다.

제1형 흑번

(1201)

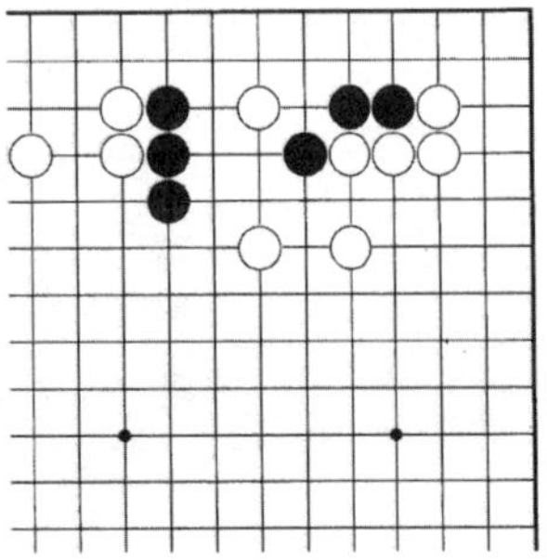

解

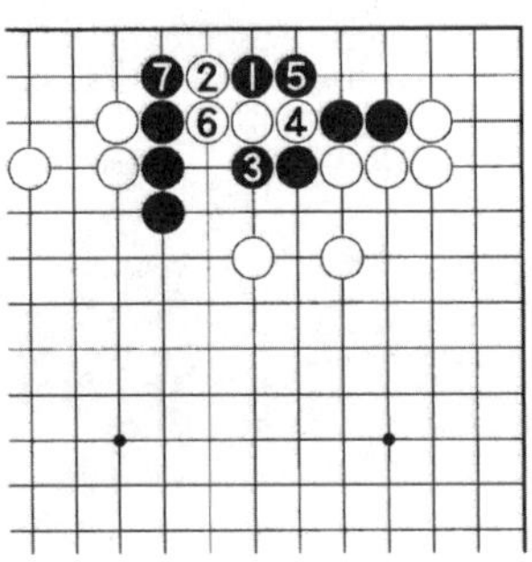

失

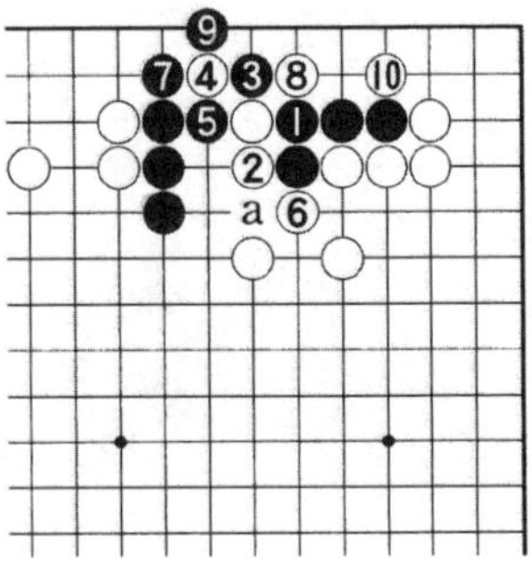

### 기회

우상의 흑 2점이 위기에 빠졌다. 이것이 잡히면 흑은 상변의 근거를 잃게 된다. 좌우를 연결하는 맥은 무엇인가?

### 버티는 수

흑1의 밀붙임이 최대한 버티는 수이다. 백2로 막으면 흑3으로 나가서 백4이면 흑5, 7로 백 4점을 잡는다.
백4로 7은 흑6.

### 백 충분

흑1로 이으면 백2로 좌우를 떼어 놓을 수 있다.
흑3, 5는 다음에 a를 노리지만 백은 6부터 10으로 귀의 흑 4점을 잡아서 충분하다.

제2형 백번

(1202)

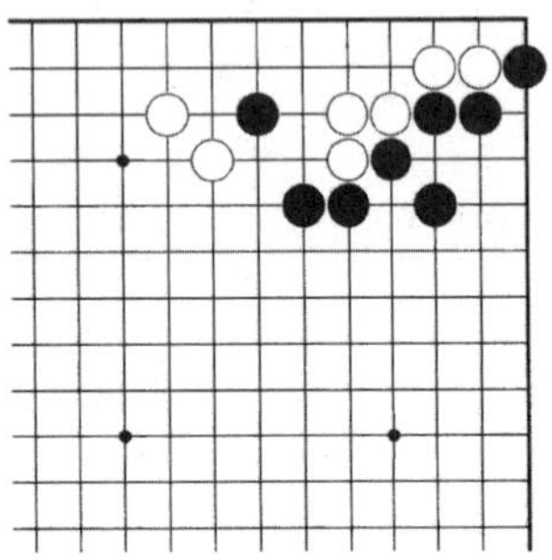

解

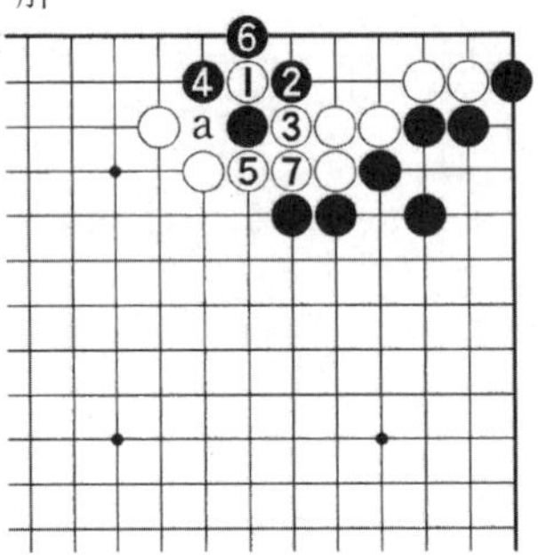

失

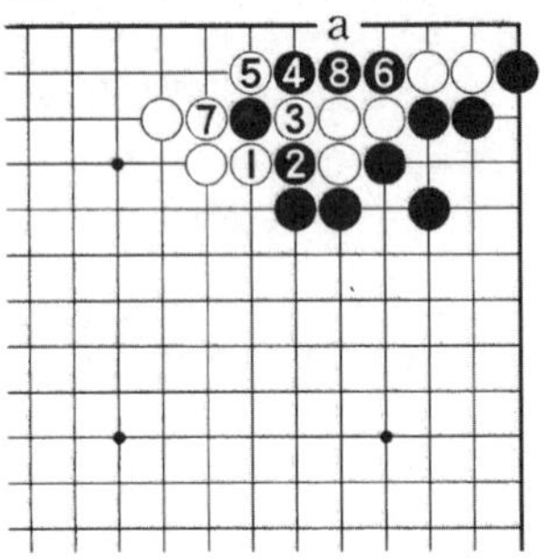

### 강력

상변에 침입한 흑 1점은 탄력을 가지고 있다. 좌우를 연결하려 해도 손해가 크면 안 된다.

### 백 충분

백1의 밀붙임이 좋은 수이다.
흑2, 백3으로 끊어 백은 1점을 버려 좌우를 연결한다. 이후 흑a로 살아도 백은 충분하다.

### 백 불만

백1, 3으로 강력하게 끊으면 흑4의 젖힘이 좋은 수가 된다.
백5는 흑 6, 8로 귀를 잡혀서 백이 불만이다.
백5로 8은 흑a로 백 패배.

제3형 흑번

(1203)

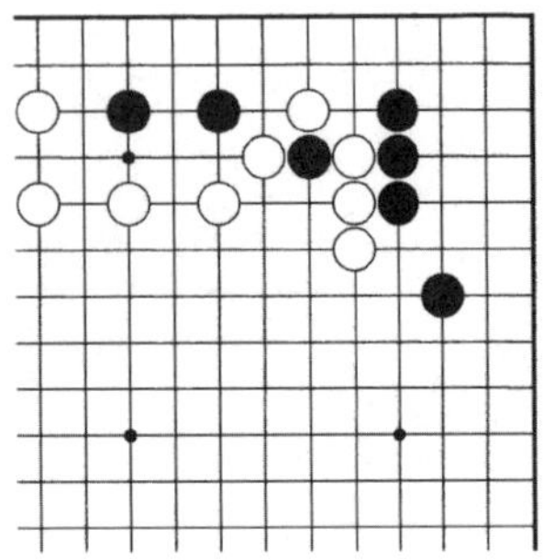

解

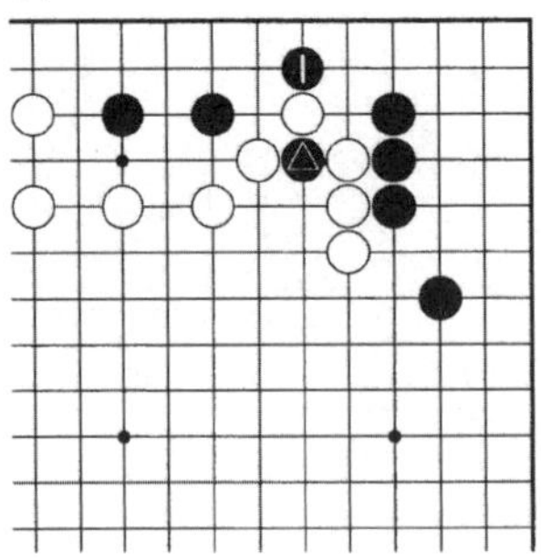

変

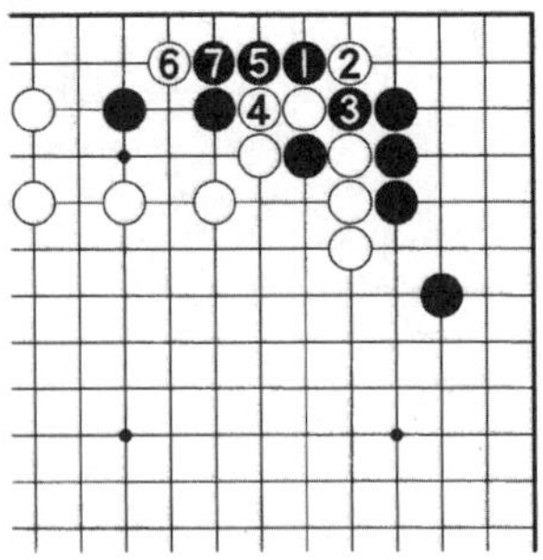

### 고립

상변의 흑 2점이 고립되어 있다.
이 흑을 살리는 수단은 여러 가지가 있지만 귀에 연결하는 것이 최선이다.

### 상용의 수

흑1 붙임이 상용의 맥이다.
이후 흑▲의 1점이 작용하여 백은 어떻게 해도 흑의 건넘을 방해할 수 없게 된다.

### 건넘

백2로 젖혀나가면 흑3으로 끊어 단수이다.
백4, 흑5 이후 백6으로 들여다보아도 흑7로 그만이다.
백2로 5는 흑4로 비슷한 모양이다.

## 제4형 백번

(1204)

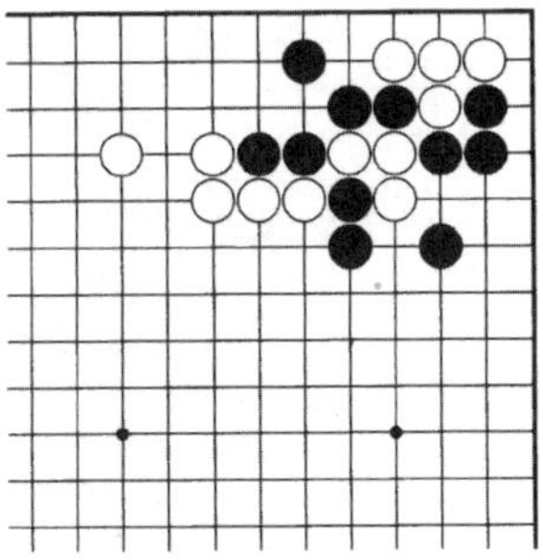

### 살리다

중앙의 백 3점은 살릴 수 없지만 2수를 이용하여 우상귀의 4점을 살려 나가고 싶다.

解

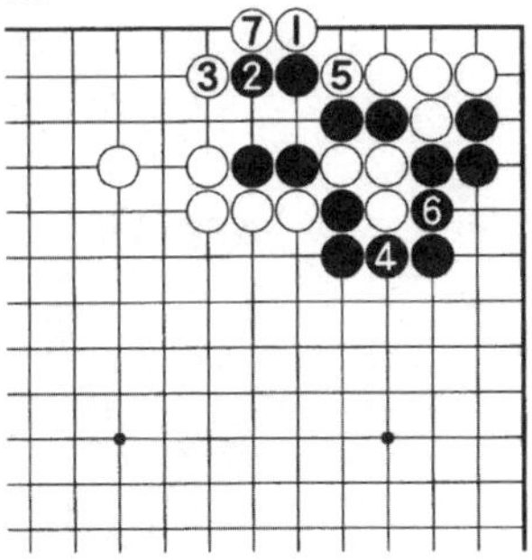

### 건넘1

백1의 붙임이 좋은 수다. 흑2로 늘면 백3으로 붙여 흑의 공배를 메워 나간다. 흑4, 6으로 중앙을 공격하면 백5, 7로 건너간다.

变

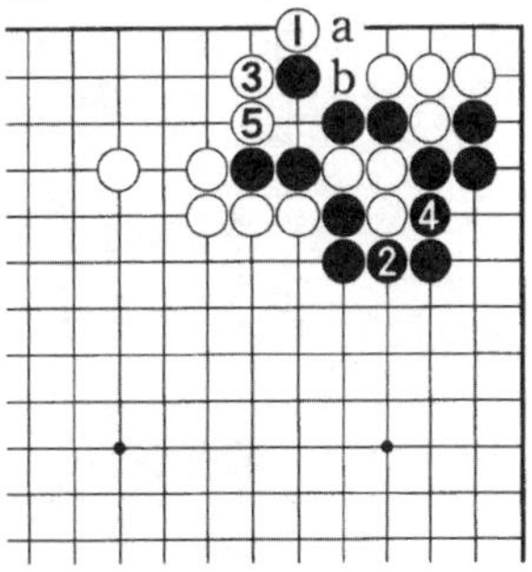

### 건넘2

흑2, 4로 잡는 모양은 백5까지 받아서 건너간다. 흑a로 방해하는 것은 성립하지 않는다. 백1로 5 또는 b로 두는 것은 실패한다.

## 제5형 흑번

(1205)

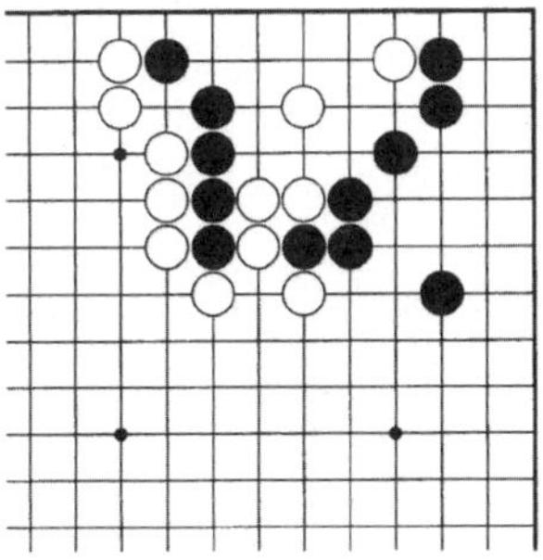

### 저항

상변의 흑 5점을 우상귀와 연결시키는 맥은 무엇인가? 백은 모양이 나쁘기 때문에 어설프게 저항할 수 없다.

解

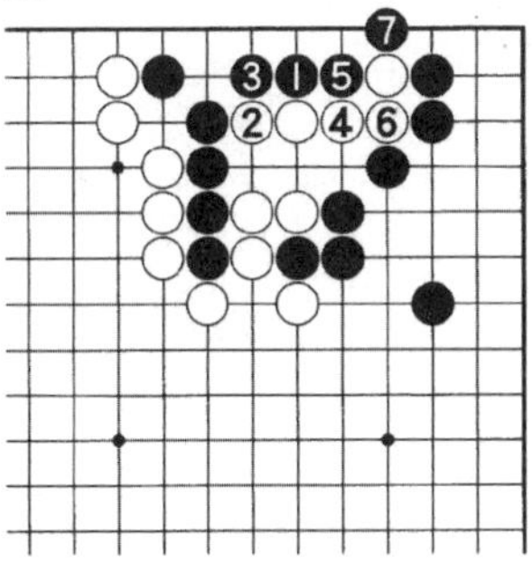

### 건넘

흑1의 밑붙임이 맥이다.
백2로 당기면 흑3으로 막아서 좋다. 백4부터 흑7까지 쉽게 건넌다.

变

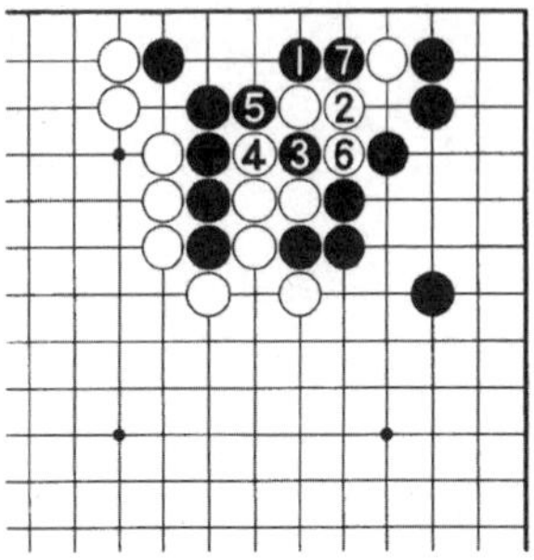

### 백 포도송이

백2로 나가면 흑3, 5로 조임을 활용하여 포도송이가 된다. 백6 이후 흑7로 치받아 촉촉수를 노린다.

## 제6형 흑번

(1206)

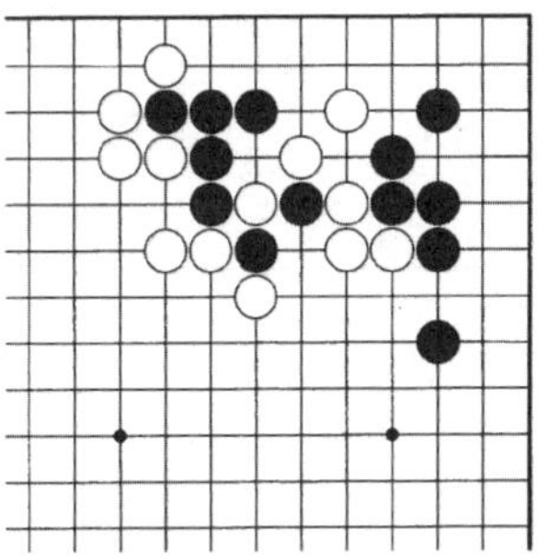

### 데려오다

상변의 흑 5점이 귀로 건너가는 모양이다. 백은 맛이 나쁜 모양이지만 흑은 자충에 주의해야 한다.

解

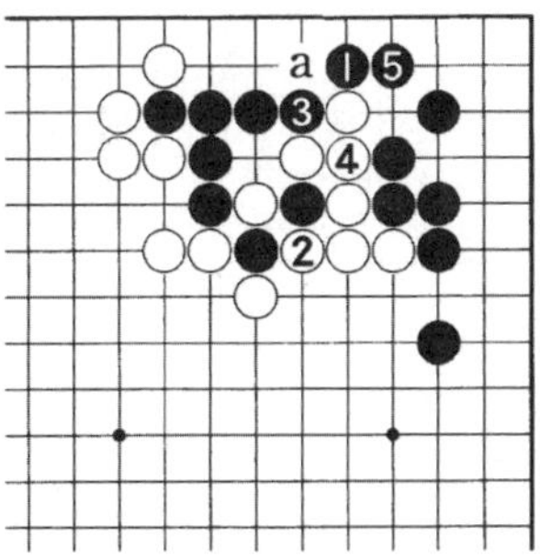

### 건넘

흑1의 밑붙임이 좋은 수이다.
백2로 흑 2점을 따내면 흑3, 5로 건너간다.
백2로 a는 흑3, 백4, 흑5.

变

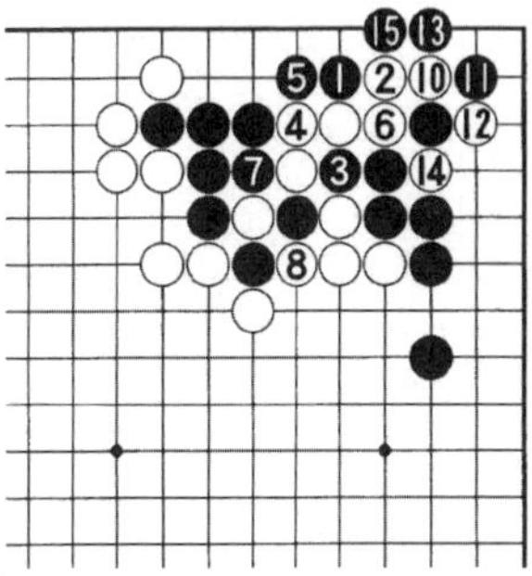

### 회돌이

백2로 막으면 흑3, 5로 모양을 결정하고 흑7로 백 한 점을 따낸다. 백10부터 수상전은 흑11부터 15로 회돌이하여 백을 잡는다.
※❾→❼의 아래

(1207)

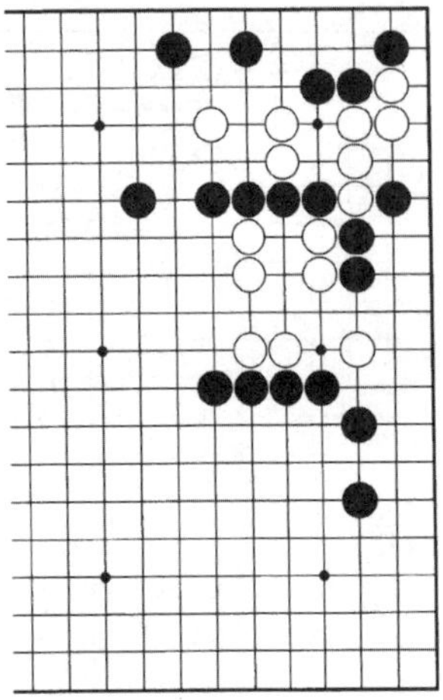

解

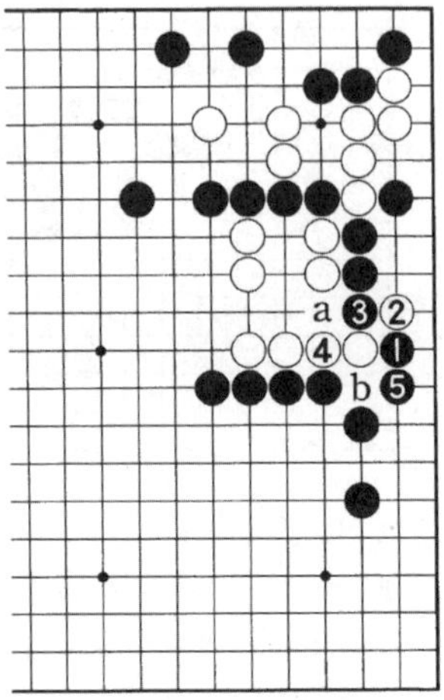

失

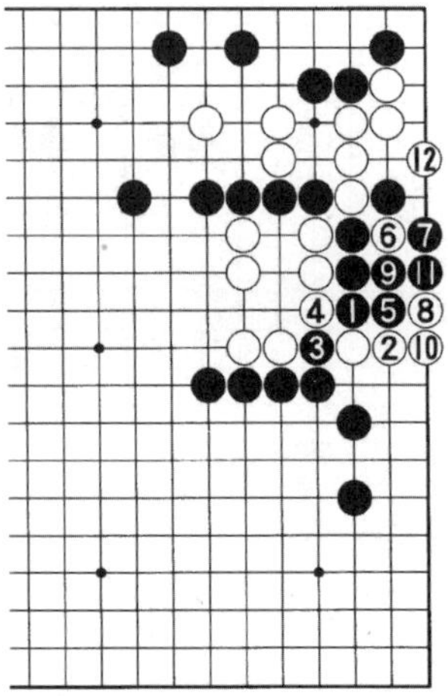

제7형 흑번

## 결정적인 수

우변의 전투.
백에게 둘러싸인 우변의 흑 3점을 살리면 우상과 중앙의 백을 함께 나락으로 떨어뜨릴 수 있다. 흑의 결정타는 무엇인가?

## 건넘

흑1의 밑붙임이 건넘의 맥이다. 백2로 젖히면 흑3으로 끊어 4와 5를 맞보기로 하여 우하로 연결한다. 백2로 5는 흑4, 백3, 흑2로 a와 b의 끊는 수를 맞보기로 한다.

## 흑 패배

흑1로 치받으면 백2로 저항하여 실패한다. 흑5로 백2점을 잡으려 해도 백 6으로 끊어 자충에 걸리고 백12까지 반대로 흑이 잡힌다. 흑1로 3은 백1, 흑4, 백9로 수상전은 백의 승리.

밑붙임 수습

(1208)

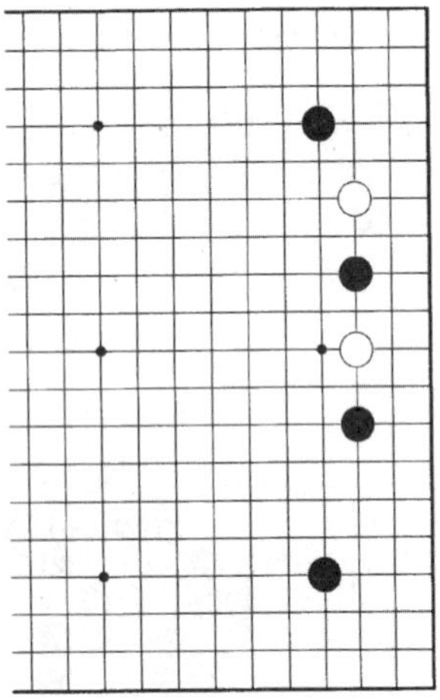

解

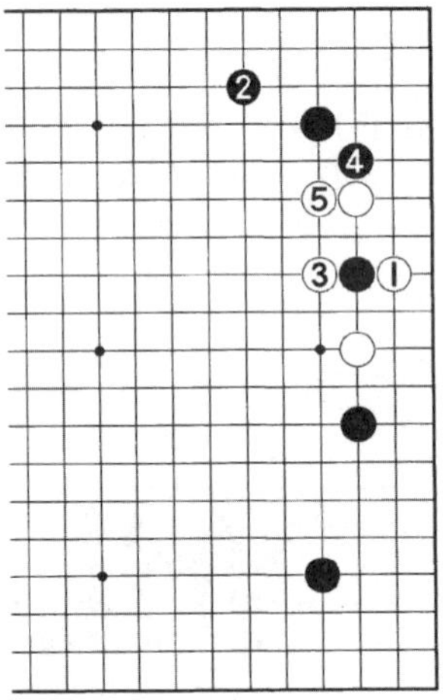

変

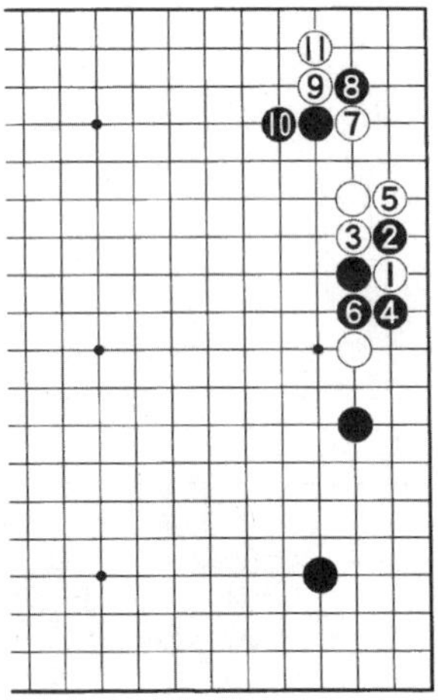

제1형 백번

## 수습

우상의 백 2점은 흑이 갈라 쳐서 두 개로 분리되어 있다. 이후 백은 흑의 공격을 주고받아 수습을 하고 싶다.

## 흑이 엷다

백1의 밑붙임이 수습에 쓰이는 상용의 모양이다.
흑2로 귀를 지키면 백3으로 껴붙여 흑1점을 잡는다. 백5까지 우변의 백이 확실히 굳어지고 반대로 주변 흑이 엷어진다.

## 안정된 모양

흑2, 4로 위아래를 갈라 놓는 작전이다. 백5로 단수는 우상귀와 바꿔치는 변화. 흑6 이후 백7, 9로 귀의 흑을 공격하여 11까지 수습하는 모양이다.
백7은 8에 둘 수도 있다.

(1209)

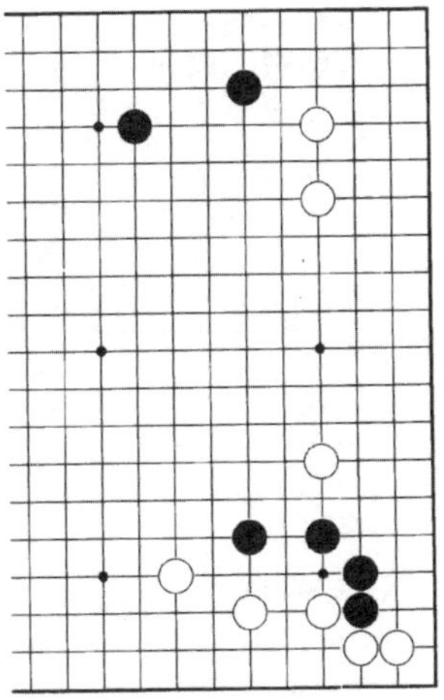

解

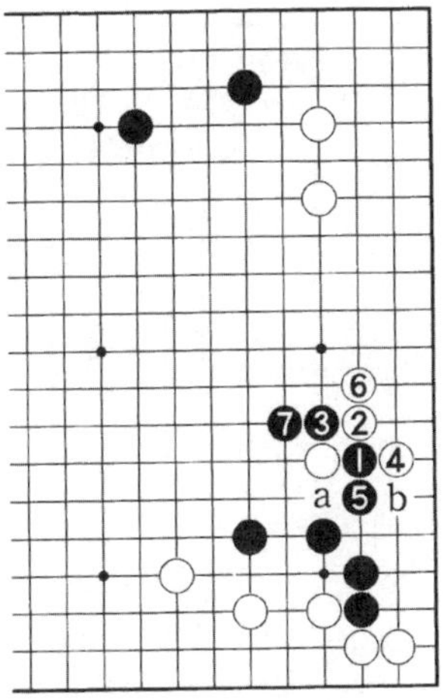

失

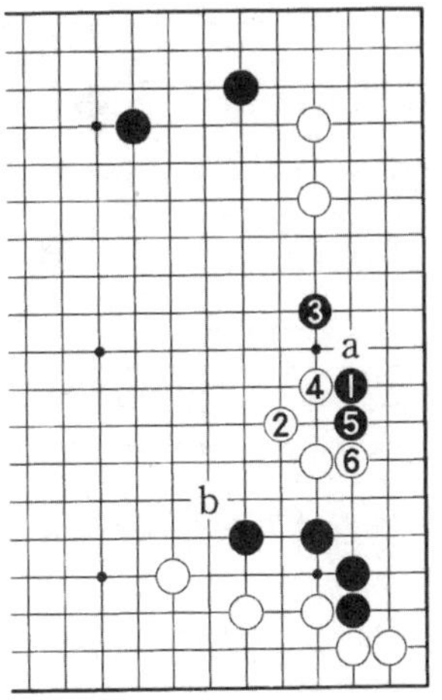

제2형 흑번

## 안정시키는 연구

우하의 흑은 귀의 근거를 빼앗겨 이대로 중앙으로 도망치면 무거워질 뿐이다. 우하에서 수습할 수는 없을까?

## 삶

흑1로 밑붙여서 우변에 근거를 구하려 한다. 백2로 막으면 흑3으로 맞끊는 수가 맥이다. 백4, 6으로 변을 지키면 흑7로 늘어 산다. 백4로 5, 흑4, 백a는 흑b로 구부리는 정도이다.

## 과하다

흑1의 협공은 우하를 세력으로 이용하여 백에게 반격하려는 냉엄한 작전이지만 여기서는 과한 수이다. 백2로 분단당해 백6 이후 a 젖힘과 b의 장문이 맞보기로 흑이 괴롭다.

(1210)

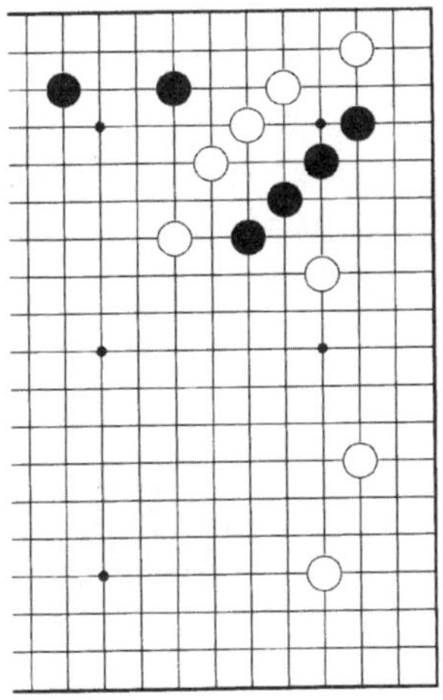

解

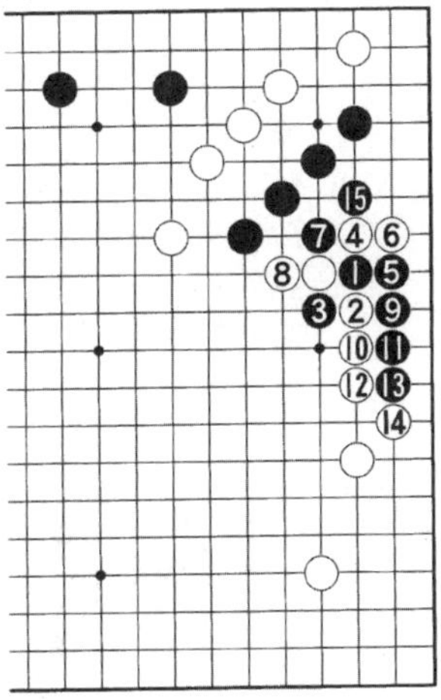

变

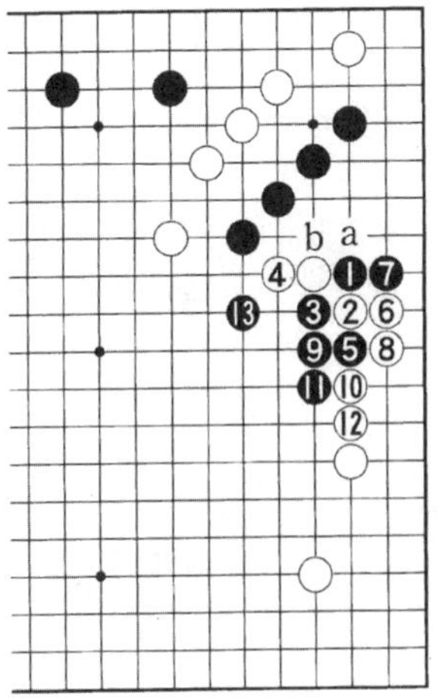

제3형 흑번

## 근거

우상의 흑 4점은 의외로 고전하는 모양이다. 백에게 공격당하면 우하쪽에 크게 백집이 생긴다. 확실한 근거를 만들어 수습해야 한다.

## 대성공

흑1로 붙이고 백2는 흑3으로 맞끊어 백에게 반격한다. 우상 흑의 돌이 많아 백은 강하게 저항하지 못한다. 백4, 6은 무리수로 흑15까지 2점을 잡고 수습하면 대 성공이다.

## 충분

백4로 늘면 흑5부터 7로 우변을 결정짓고 흑13까지 중앙 2점을 잡아 충분한 성과를 얻었다.
백2로 a는 흑b. 백2로 3은 흑2.
흑은 편하게 수습할 수 있다.

(1211)

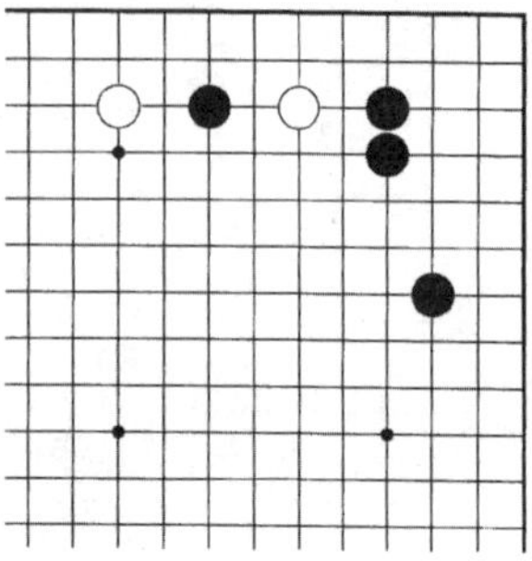

解

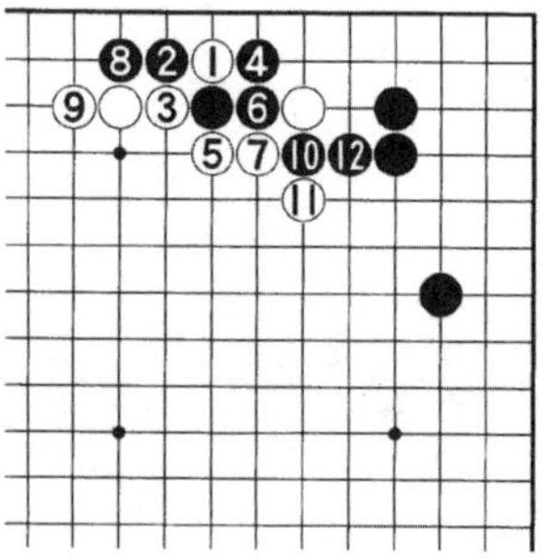

变

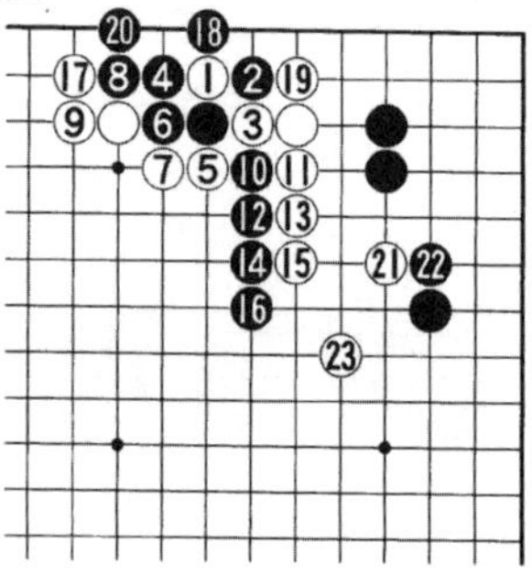

**제4형 백번**

### 수습의 모양

상변의 백 2점은 흑의 침입으로 분단되어 있지만 백의 좌우를 연결시켜 수습하는 모양을 만들 수 있다.

### 백 충분

백1의 붙임이 상용의 맥이다.
흑2로 젖히면 백3으로 끊고 백5, 7로 흑을 상변에 압박한다.
백 2점을 잡혔지만 충분하다.

### 싸우다

흑2로 젖혀도 백3부터 7로 막는수가 있다.
흑10으로 끊으면 백11로 도망쳐서 23까지 중앙의 백을 분리시켜 싸우는 모양이다. 만만치 않다.

(1212)

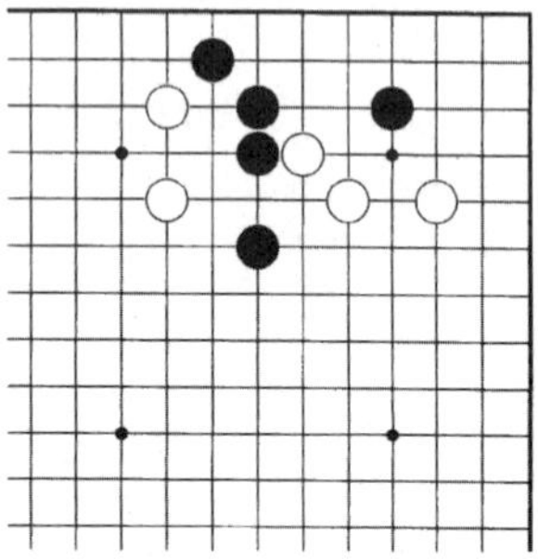

解

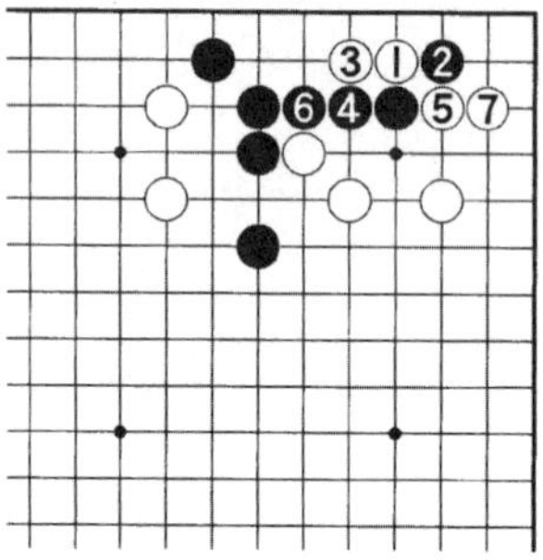

失

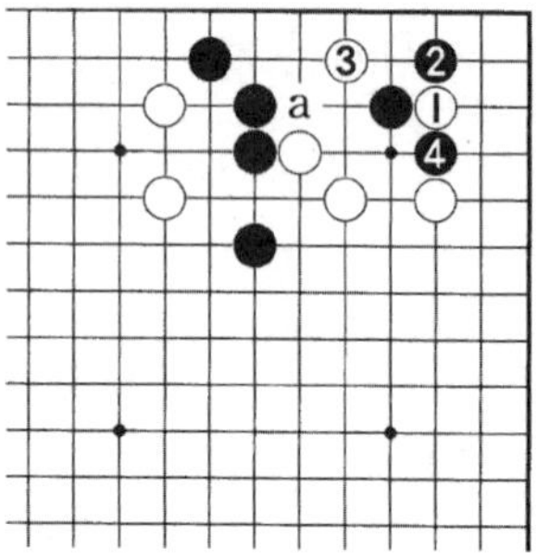

**제5형 백번**

### 근거

귀의 흑은 엷은 모양를 하고 있다. 우변의 강한 백 3점을 이용하여 흑의 귀의 근거를 잡는 것이 가능하다.

### 날카로운 맥

백1의 밑붙임이 날카로운 맥이다. 흑2로 막으면 백3으로 뻗고 흑4, 백5로 끊는 수가 유효하다. 백7까지 귀는 백집이 되었다.

### 귀가 크다

백1로 붙이면 흑2로 젖힌다. 백3의 치중에도 흑4로 백 1점을 잡으면 귀의 집이 크다.
이후 백a 정도지만 백은 성공하지 못했다.

(1213)

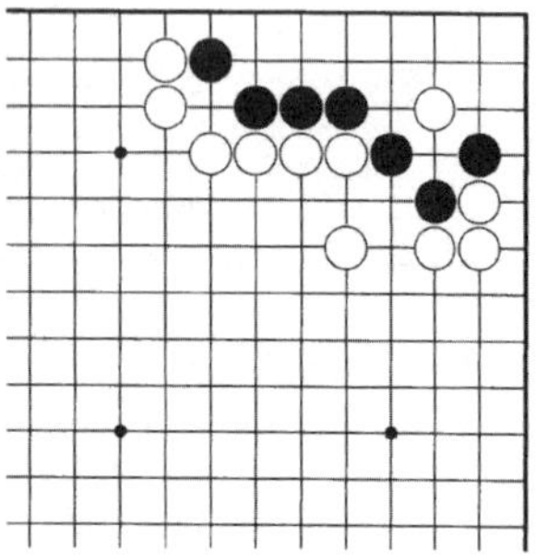

解

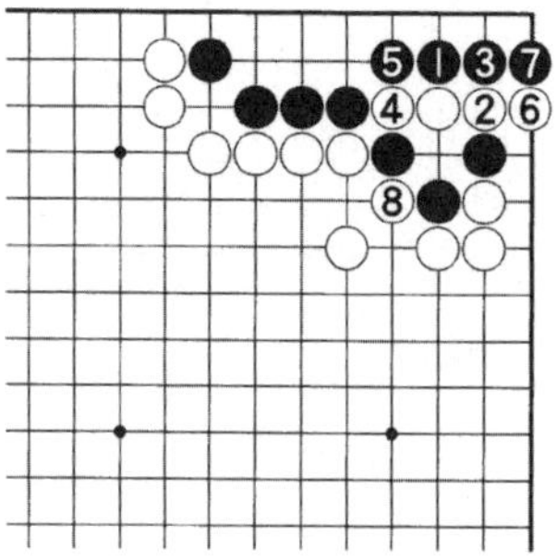

失

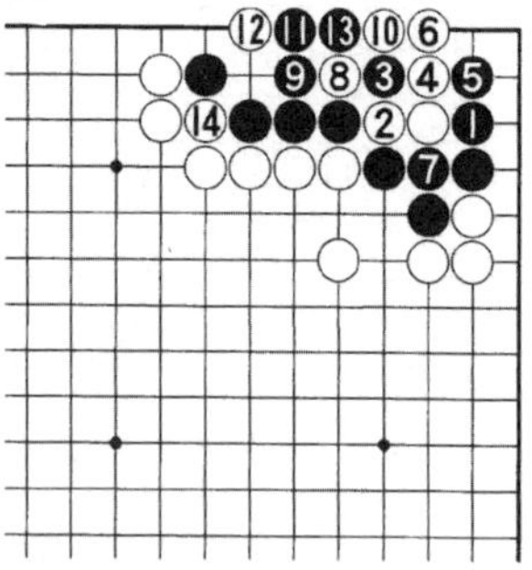

**밑붙임 수습**

**제1형 흑번**

### 위험

귀의 흑집이 위험에 처해있다. 여기서 흑이 잘못 받으면 흑 전체의 집이 없어지게 된다.

### 선수 삶

흑1로 붙여 지키는 것이 맥이다.
백2부터 8까지 3점을 잡아도 흑 선수로 살 수 있다.
백2로 3은 흑2로 끊어 수습하는 모양이다.

### 패

흑1로 미는 것은 백2부터 6으로 저항하여 위험하다. 백6으로 8은 흑6으로 흑의 승리이지만 도형의 모양은 백14까지 패가 난다.
※⓯→❸(패)

(1214)

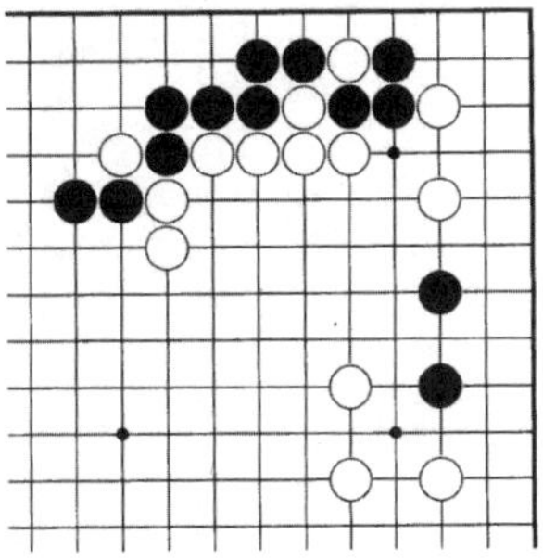

解

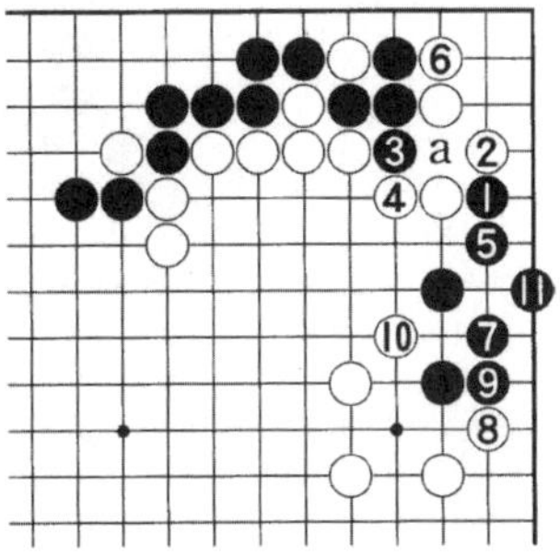

変

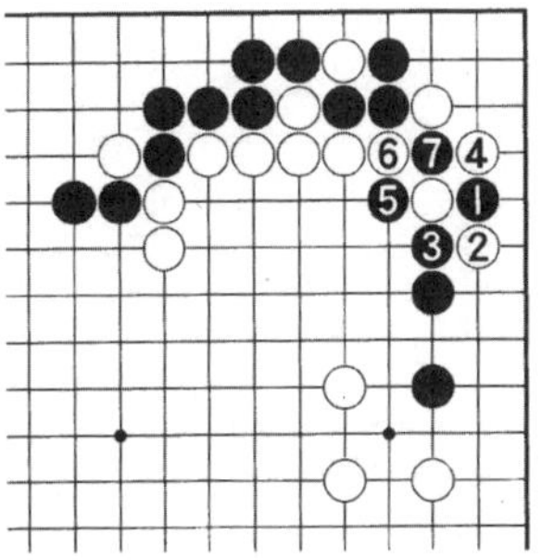

제2형 흑번

### 수습

우변의 백에게 갇혀있는 흑 2점이 이대로 잡혀버리면 큰일이다. 다음 한 수가 위기를 수습하는 급소이다.

### 타개의 맥

흑1로 붙여 우상에서 있는 백의 약점을 추궁한다.
백2로 막으면 흑3과 5를 활용하고 흑7로 입구자 하여 살 수 있다.

### 큰 패

백2, 4로 흑 1점을 잡으면 흑5로 단수쳐서 중앙을 깨뜨린다.
백6으로 패로 받는 것은 백의 손해가 큰 패가 난다.
백6으로 7은 흑6.

(1215)

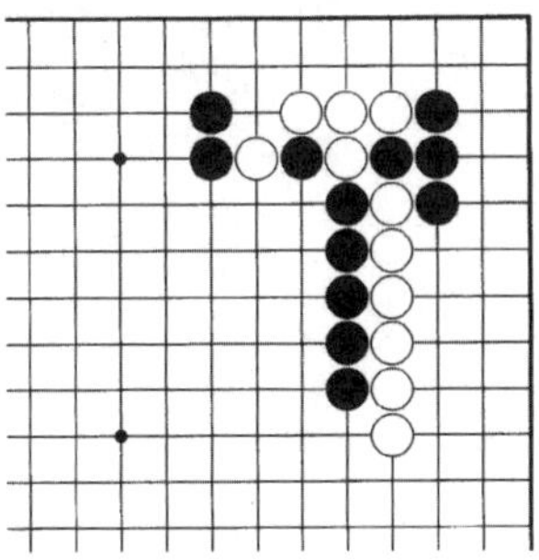

解

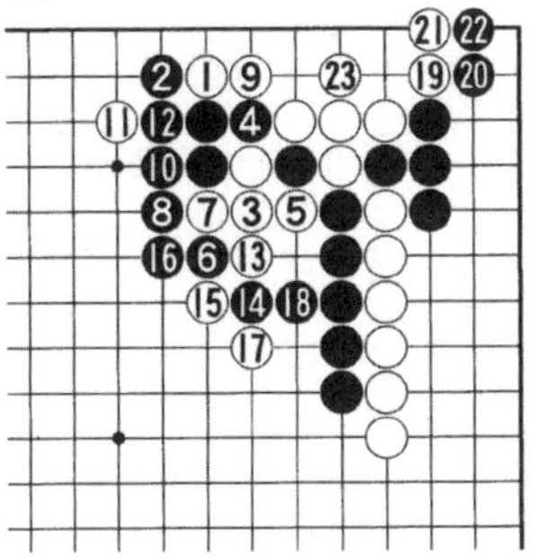

失

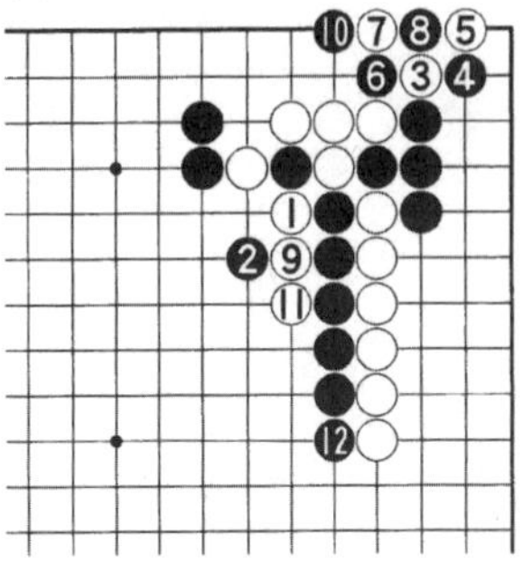

제3형 백번

### 대사정석

대사정석에서 생기는 변화이다. 상변의 백을 수습하여 우세를 점하려면 여기서의 한 수를 연구 할 필요가 있다.

### 붙임

백1로 붙이는 수가 좋은 수이다. 여기서는 흑2로 막는 수 뿐.
백3부터 중앙으로 나가서 백9로 궁도를 넓힌다. 백17로는 19, 흑20, 백22도 유력하다.

### 패

백1로 따내면 흑2로 봉쇄해서 백3, 5로 이단 젖혀 패로 수습할 수 밖에 없다.
흑10으로 따내고 백11로 중앙으로 도망쳐도 얻는 게 없다.

밀붙임 공격

(1216)

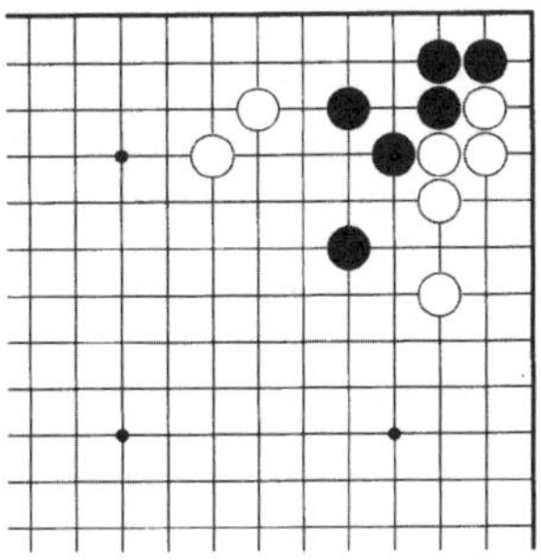

解

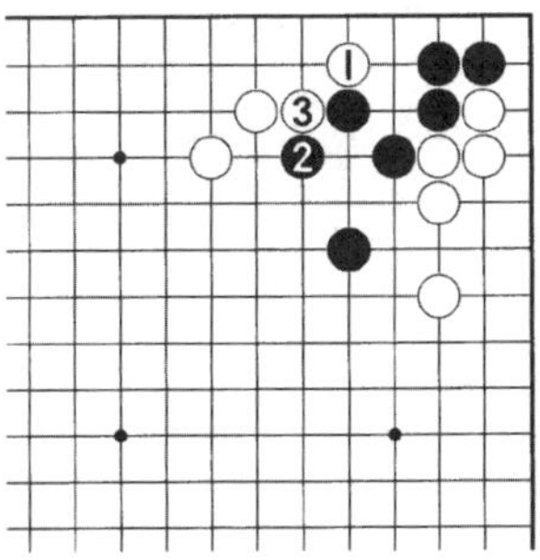

変

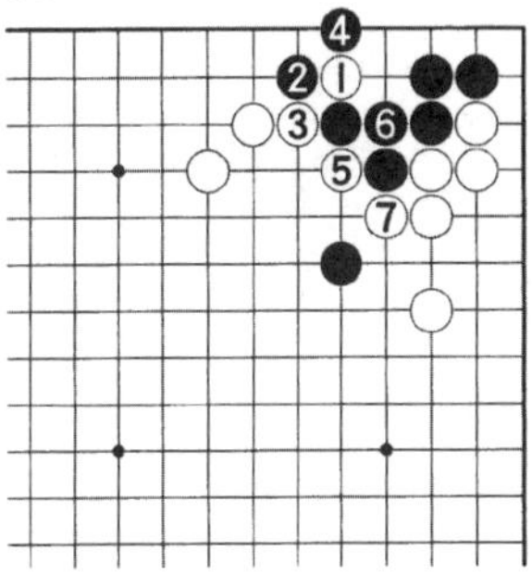

제1형 백번

### 근거

우상에 있는 흑의 근거를 공격하는 맥은 무엇인가? 흑이 귀에서 살려고 하면 중앙의 1점을 분리하여 바깥을 백의 세력으로 만든다.

### 흑 뜬돌

백1의 밀붙임이 날카로운 수이다.
흑2로 입구자하여 중앙으로 연결하여도 백3으로 결정지어 흑은 귀만으로는 살 수 없다.

### 분단

흑2로 젖히고 4, 6으로 백 1점을 잡으면 백5로 단수치고 7로 바깥의 흑 1점을 분단한다. 바깥의 백이 강력한 벽이 되었다.

(1217)

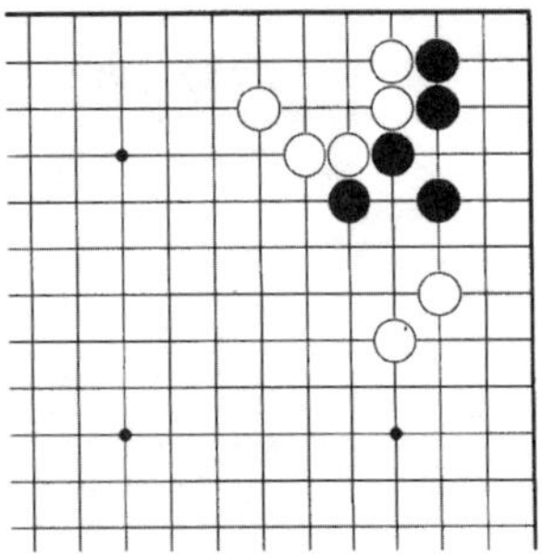

解

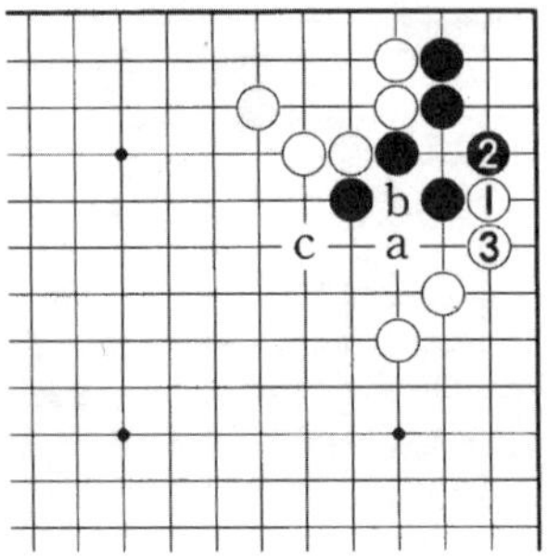

变

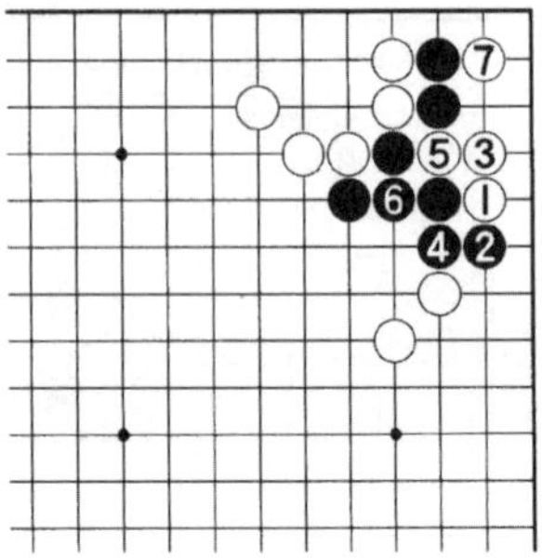

**제2형 백번**

### 한발 나가다

우상에 있는 흑의 근거를 노리는 맥? 지극히 평범한 발상에서 한 발 더 나아간 수를 생각해주길 바란다.

### 한 눈

백1의 붙임이 날카로운 수이다. 흑2로 받으면 백3으로 당겨 귀에는 한 집뿐. 백a, 흑b, 백c를 활용하게 되면 흑은 중앙으로 도망 갈수 없는 모양이다.

### 흑 망함

흑2로 반발하는 것은 백3으로 늘어서 들어간다.
흑4 이후 백5로 끊고 7로 귀의 2점을 잡으면 흑집은 없다.

(1218)

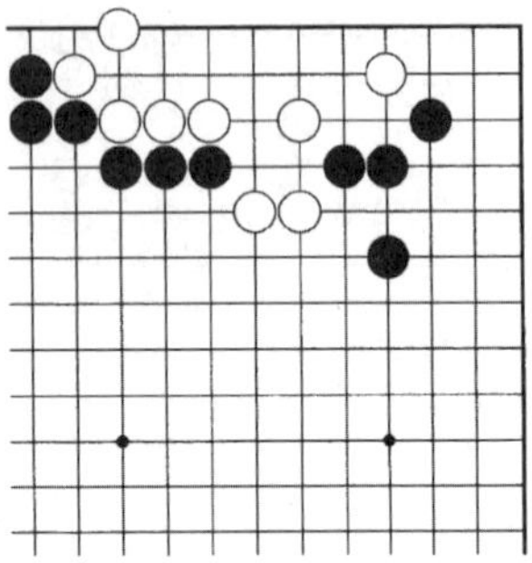

解

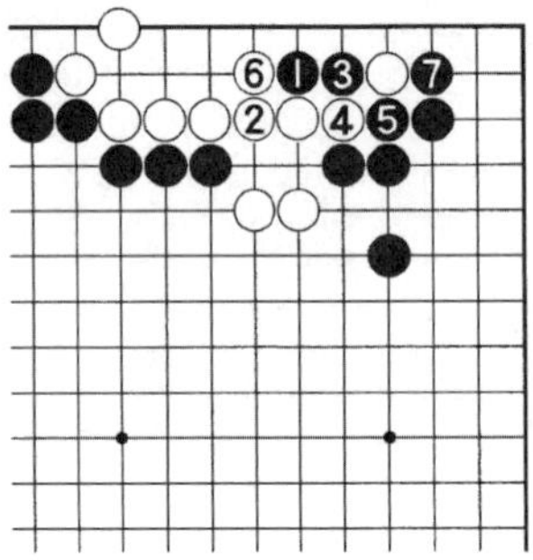

变

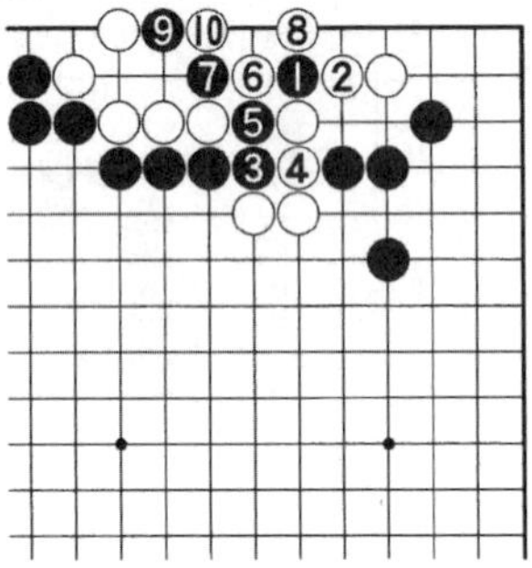

**제3형 흑번**

### 결함

상변에서 중앙으로 진출하는 백의 모양에 결함이 있다. 백의 근거를 빼앗는 냉엄한 노림수는 어디일까? 첫 수가 중요하다.

### 한 눈

흑1의 붙임이 냉엄한 수이다.
백2로 지키면 흑3, 5로 우상 1점을 잡는다.
상변의 백은 치중이 남아 한 집밖에 없는 모양이다.

### 백 괴롭다

백2로 우상을 지키면 흑3, 5로 나가고 흑7로 끊는 수가 선수가 된다. 흑9 이후 백10의 패로는 백이 괴롭다.

(1219)

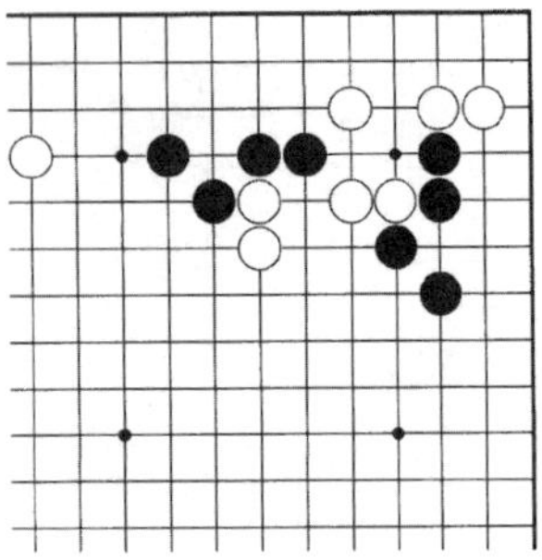

解

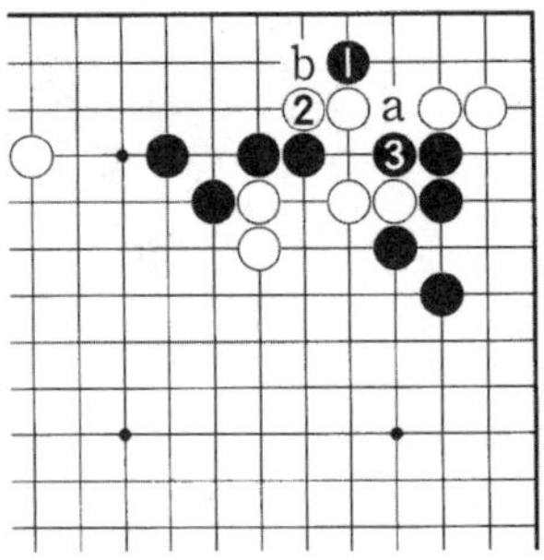

失

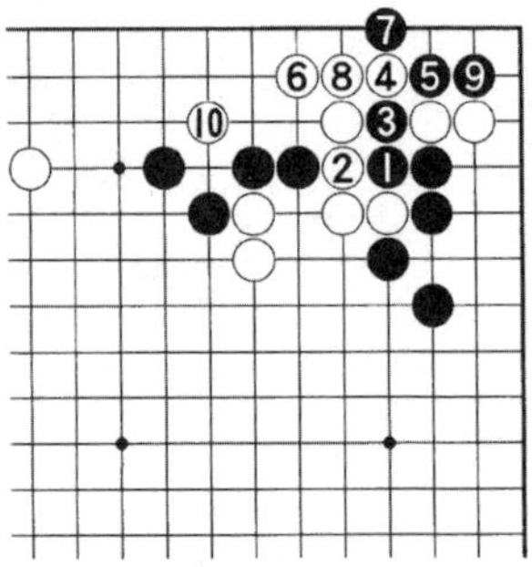

**제4형 흑번**

### 근거

우상귀의 백은 엷은 모양이어 근거가 불안하다. 백집을 도려내는 강력한 맥은 어디일까?

### 분리

흑1의 붙임이 날카로운 수이다.
백2로 늘면 흑3으로 귀나 중앙 어딘가는 끊긴다. 귀는 1집 뿐이다.

### 의문

흑1로 나가 9까지는 의문이다.
흑은 귀의 백 2점을 잡았어도 백10으로 반대로 상변을 공격당해서는 흑이 좋다고 할 수 없다.

밑붙임

침범

(1220)

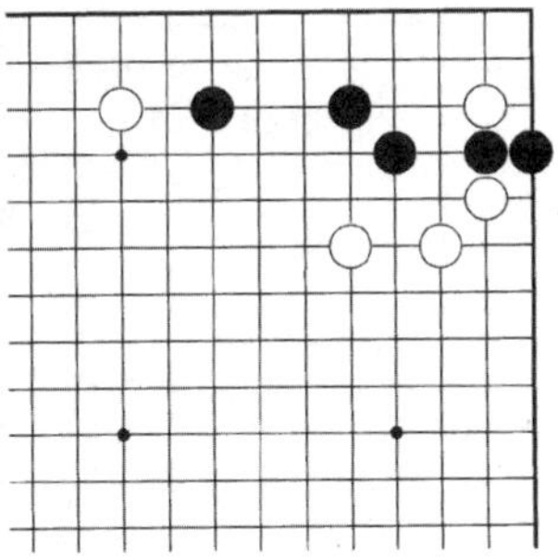

解

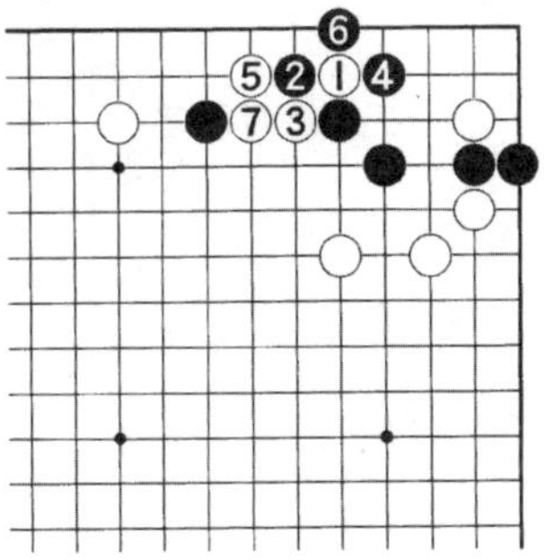

变

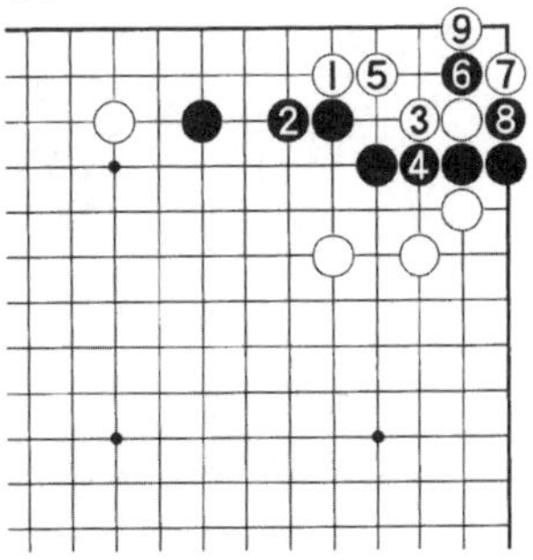

제1형 백번

### 부수다
흑집 전부를 초토화시킬 수는 없지만 상변의 흑 1점은 분리할 수는 있을 것 같다.

### 분리
백1의 붙임은 귀에서의 삶과 변의 이득 중 하나를 노리는 수이다. 흑2로 막으면 백3으로 끊고 백7까지 상변에 있는 흑 1점을 분리시킨다.

### 패
흑2로 상변을 연결시키면 백3, 5로 귀를 움직여 삶을 도모한다. 흑6이 좋은 수이다. 흑6으로 8은 백6으로 산다. 백9까지 패가 난다.

(1221)

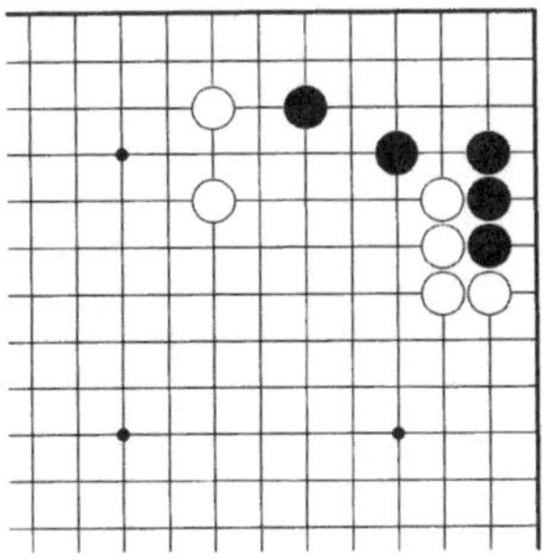

解

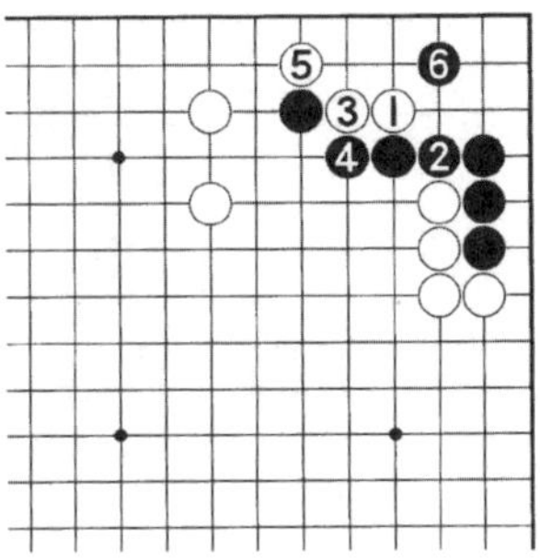

变

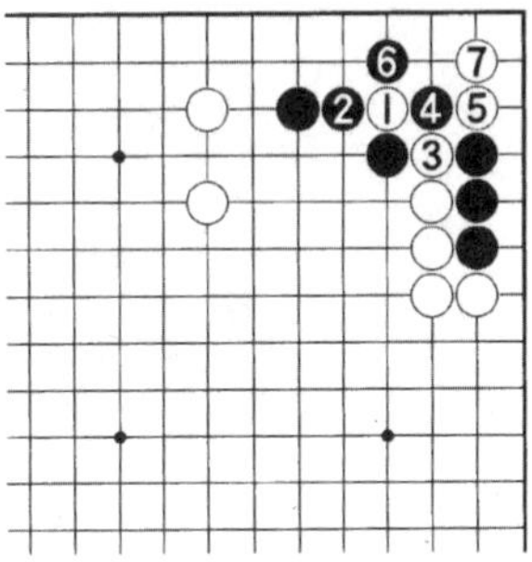

제2형 백번

### 도려냄
우상귀의 백을 날일자로 굳어 튼튼한 것 같지만 아직 틈이 남아 있다. 어디서부터 손을 대야 할까?

### 급소에 붙임
백1의 붙임이 흑의 엷음을 추궁하는 급소이다.

흑2로 지키면 백3, 5로 상변으로 건너 흑6까지 귀의 흑집을 크게 도려냈다.

### 귀를 잡다
흑2로 막아 저항하면 백3으로 밀어 간단하다.

백5로 끊고 7로 늘어 우변 흑 3점에 수상전으로 승리. 흑은 큰 손해를 떠안게 되었다.

(1222)

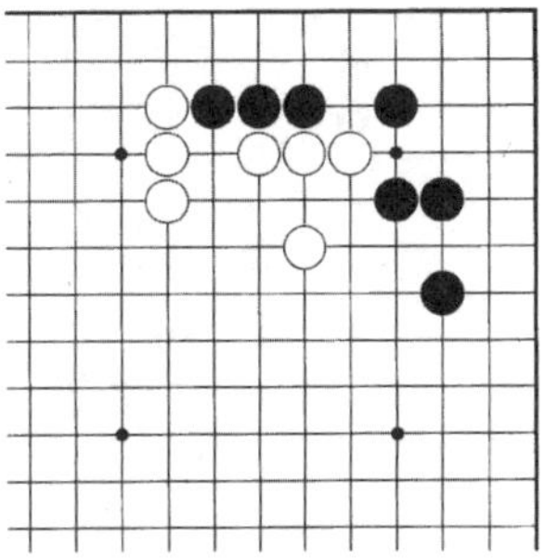

解

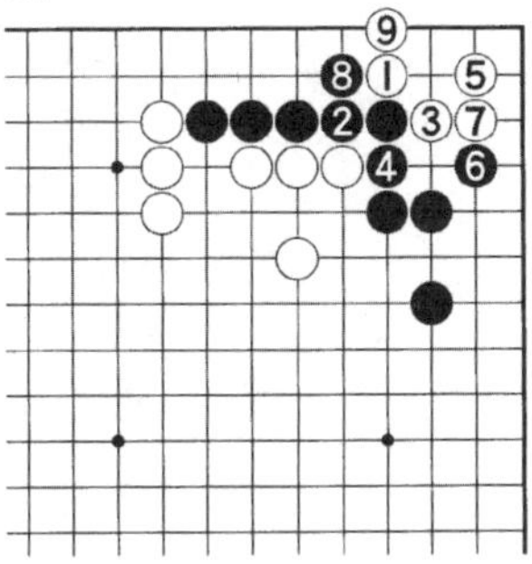

变

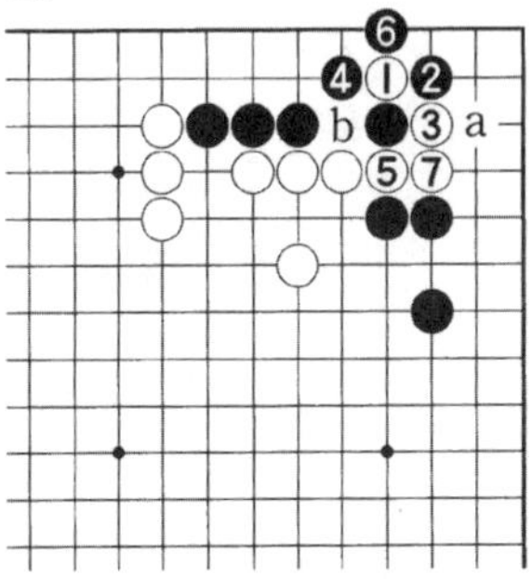

제3형 백번

### 반분
귀에서 상변으로 이어지는 흑집이 완전하다면 20집 이상이 되지만 여기서 수를 내면 흑집을 반 이하로 줄일 수 있다.

### 백집
백1의 붙임이 흑의 엷음을 추궁하는 급소이다.

흑2로 받으면 백3, 5로 귀에 침범하여 산다.

백9까지 귀는 백집이 된다.

### 깨뜨리다
흑2로 막으면 백3으로 맞끊는다.

흑4에는 백5. 4로 a면 백b.

어느 쪽이건 백이 흑집을 파호하면서 중앙이랑 연결한다.

## 제4형 백번

(1223)

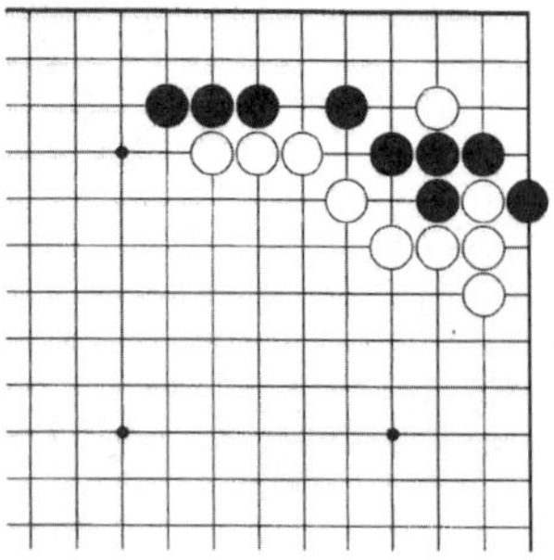

### 구출책

우상귀의 흑은 엷은 것 같다. 백 1점을 움직이면 귀에서 수가 생겨 흑집을 크게 깎을 수 있다.

解

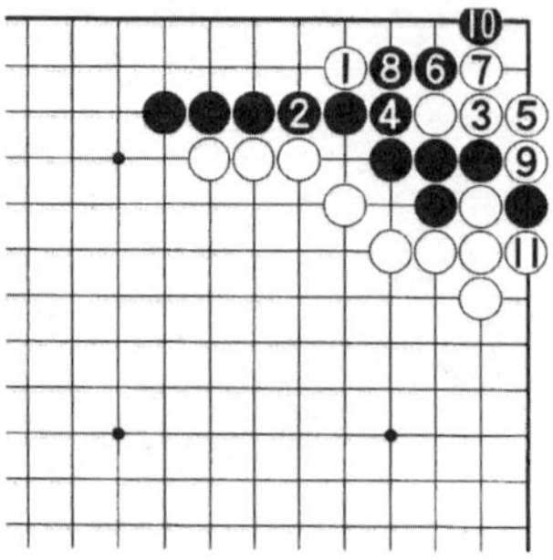

### 귀를 살리다

백1의 붙임이 급소이다.
흑2는 활용 당했지만 백에 흐름을 주지 않았다.(흑6으로 9는 백8로 삶) 백11까지 귀를 살린다.

変

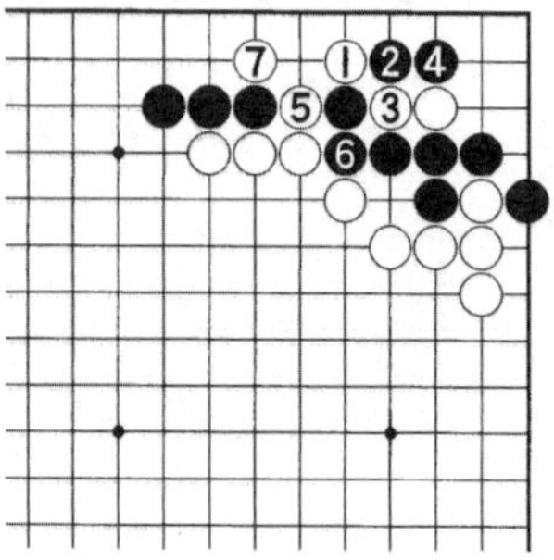

### 흑 처참한 모양

흑2로 젖히면 백3으로 끊어 손해가 난다.
흑4로 귀를 잡아도 백5, 7로 상변을 깨뜨려서 흑의 피해가 심한 모양이다.

## 제5형 흑번

(1224)

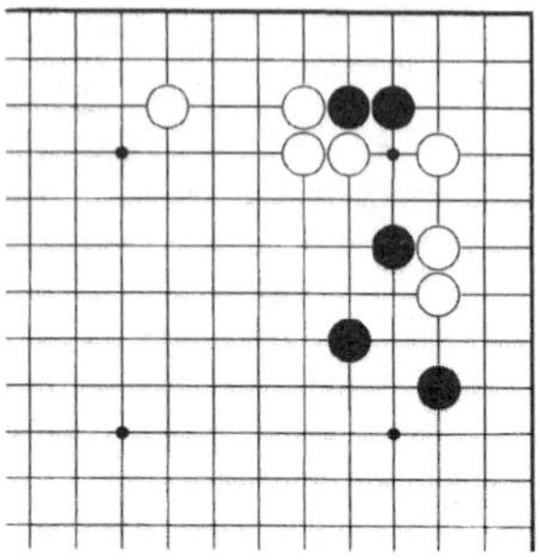

### 이용

귀의 흑 2점을 살리자고 움직여야 할까? 흑 2점을 이용하여 백집을 무너뜨려야 할까? 어떤 것이 최선의 수인지 생각해보자.

解

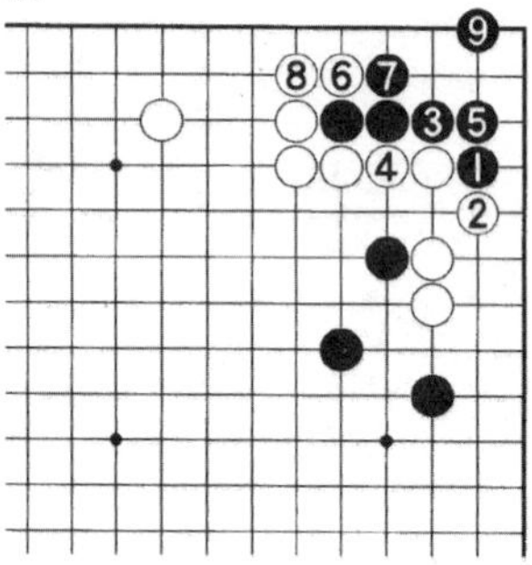

### 삶

흑1로 붙여 백의 응수를 본다.
백2 라면 흑3으로 막아 귀의 궁도를 넓히고 백4로 받으면 흑5 부터 9로 전부 살아버린다.

変

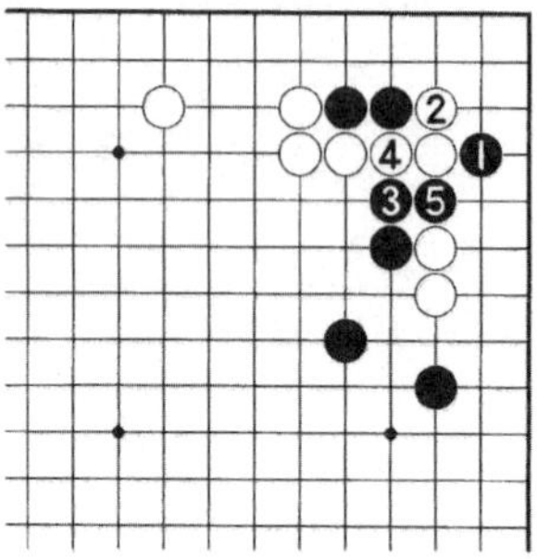

### 큰 전과

백2로 늘어 귀의 흑 2점을 잡는 것은 흑3, 5로 우변을 뚫어버린다.
백 2점을 잡은 흑집이 커져서 큰 전과를 올렸다.

## 제6형 흑번

(1225)

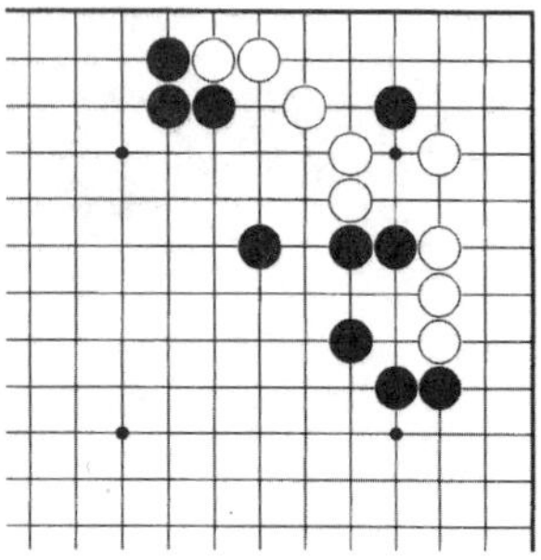

### 대활약

우상의 백집이 수가 된다.
백집 안에 있는 흑 1점이 대활약하는 모양을 발견하여 살리고 싶다.

解

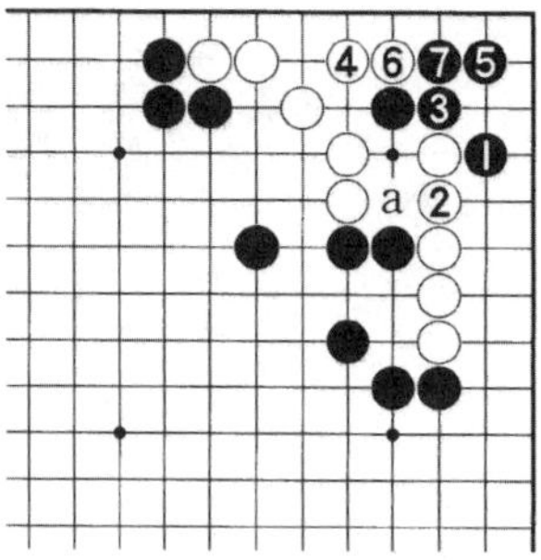

### 귀에서 살다

흑1로 붙여 백의 응수를 본다.
백2로 3은 흑a 이므로 백2로 저항한다.
흑3 부터 7까지 귀에서 산다.

変

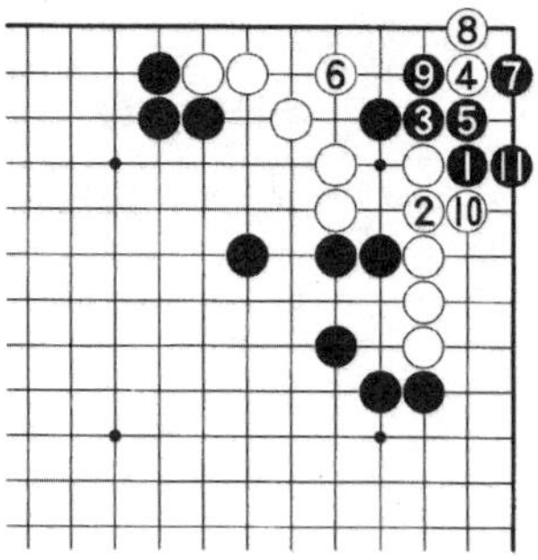

### 흑 삶

백4로 귀의 급소를 차지해도 흑5로 이어 별로 신통할 것이 없다.
백6 이후 흑7, 9로 백 2점을 잡고 흑11로 산다.

## 이음

돌과 돌을 연결하는 모양이 이음.
돌의 수가 이어져서 늘어나면 공배도 많아져서 돌이 강해진다.
잇는 모양에는 호구이음, 날일자 이음 등 여러 가지가 있으며 직접 돌을 연결하는 모양은 견고하고 빈틈없이 이어지는 것을 말한다.
흑1은 잇기 백1의 먹여치기를 막고 수를 늘리고 있다.

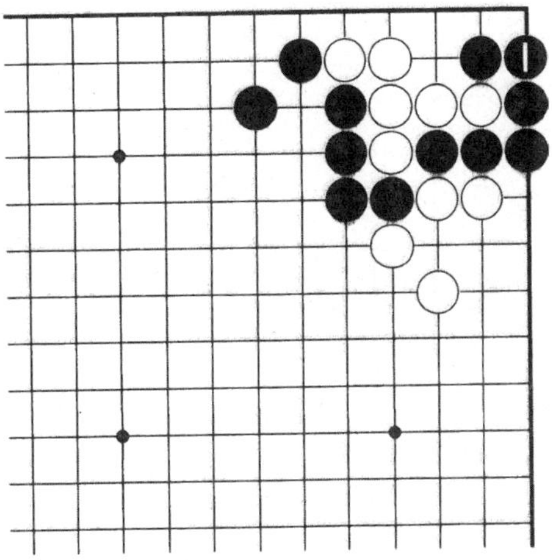

이음 굳힘

제1형 흑번

(1226)

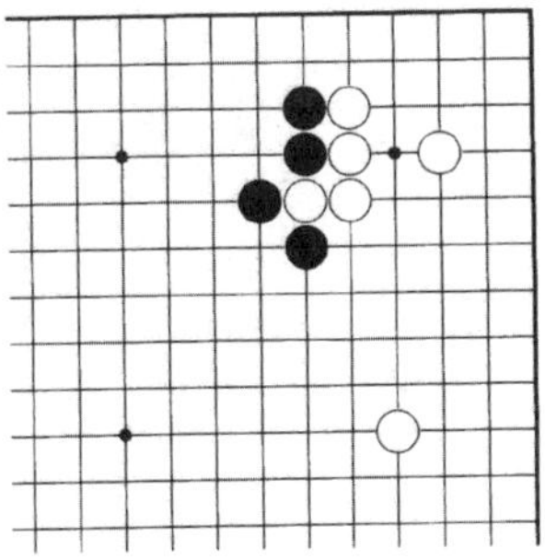

### 상변? 중앙?

우상의 전투.
흑에게는 약점이 두 개 있지만 어느 쪽을 지켜야 할지 망설여진다. 중요한 것은 상변일까? 중앙일까?

解

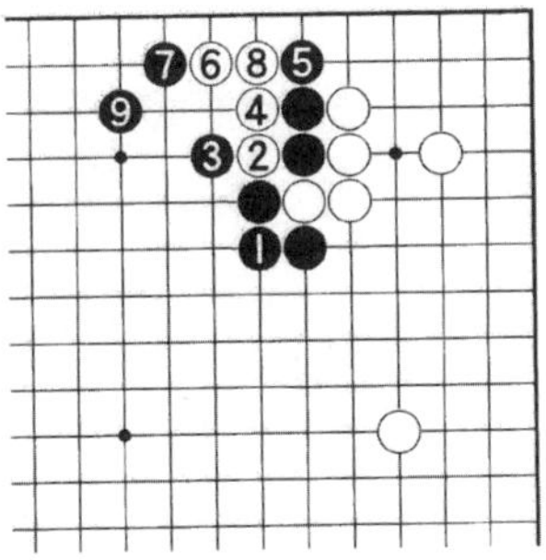

### 사석

흑1로 중앙을 잇는 것이 기본. 백2로 끊으면 상변 2점을 잡히지만 흑3부터 9까지 버리고 상변을 굳혀서 불만 없는 모양이다.

失

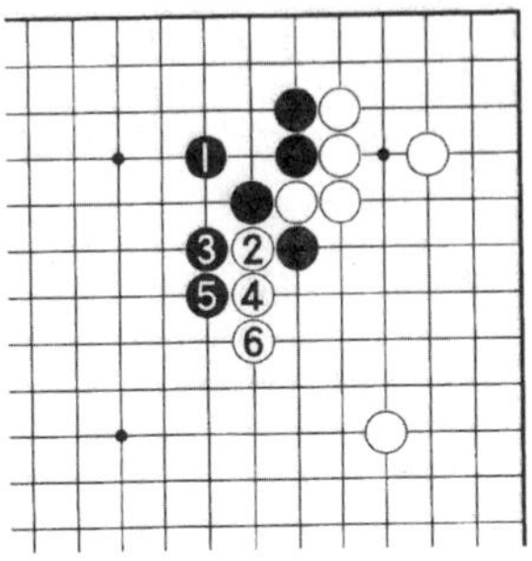

### 흑 불리

흑1로 호구이음은 작은 쪽을 지킨 것. 백2로 끊어져 중앙 1점을 버릴 수밖에 없다. 백6까지 우상의 백의 모양이 커져서 흑이 불리하다.

제2형 흑번

(1227)

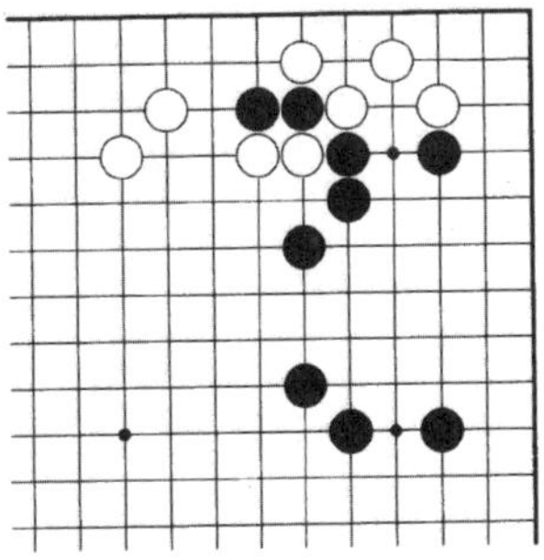

### 뒷문

귀의 모양을 결정지으려면 어떻게 두는 것이 좋을까? 지금 이 모양은 뒷문이 열린 것과 마찬가지다. 우변의 집을 선수로 지키고 싶다.

解

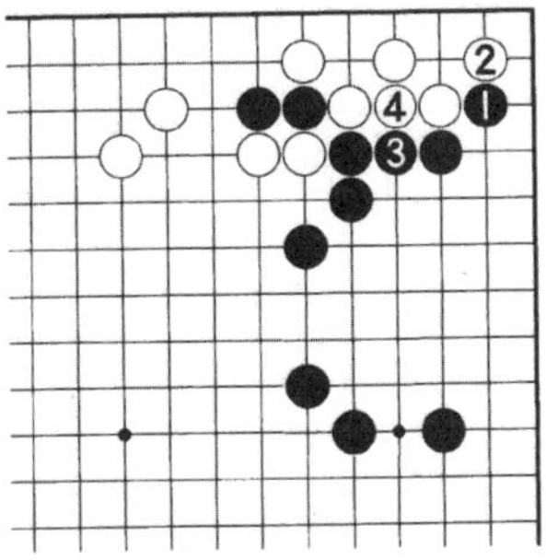

### 선수

흑1의 젖힘을 활용한 후 3으로 잇는 수가 맥이다.
다음에 흑이 4에 두면 양단수가 되므로 백4는 생략할 수 없다. 흑은 선수이다.

失

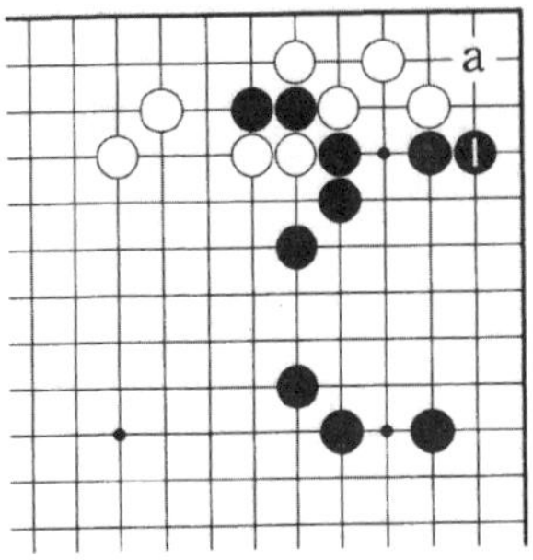


### 후수

흑1로 뻗으면 a로 뛰어드는 수를 보고 있는 것으로 백을 몇집 줄이는 것뿐이다. 흑의 집이 늘어나지 않기 때문에 백은 손을 뺀다. 선수를 백에게 빼앗기게 된다.

(1228)

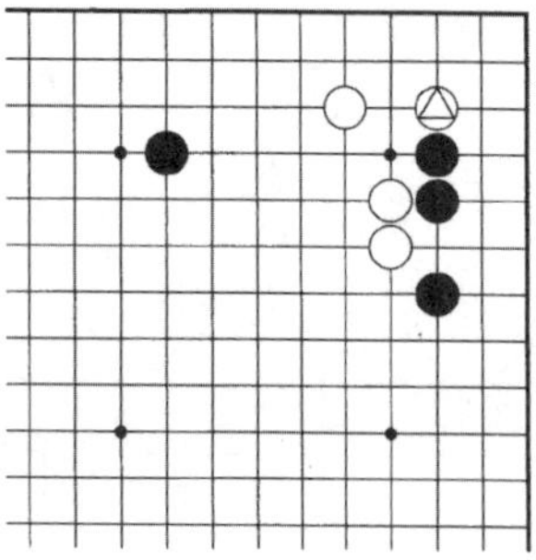

解

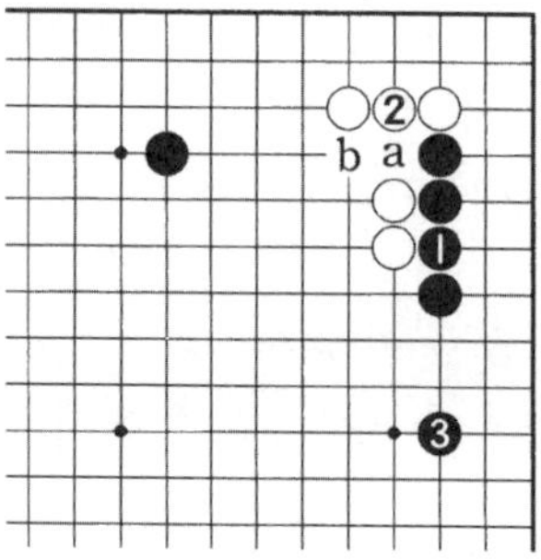

変

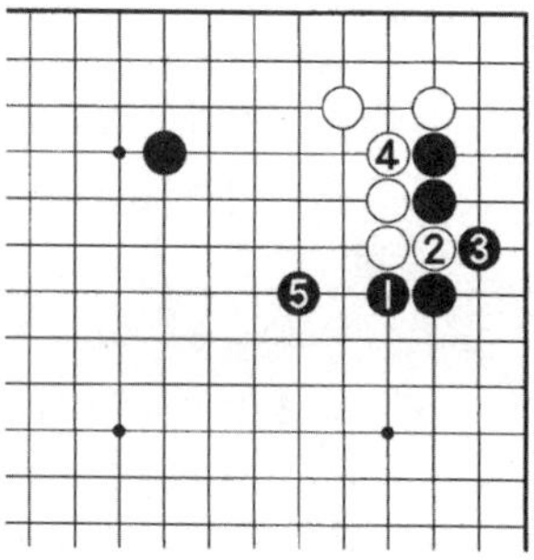

제3형 흑번

## 변화

백이 소목에 씌운 정석으로 백은 △로 변화 시켰다. 약간 함정 같은 냄새가 나지만 백에게 현혹당하면 안 된다.

## 본수

흑1이 백에게 휘둘리지 않은 수이다. 흑1에 백은 2로 잇고 흑3으로 벌리는 것이 일반적이다.

흑1로 a에 나가는 것은 백b, 흑2, 백1로 난해하다.

## 실리 vs 두터움

흑1로 밀어 올리는 방법도 있다. 백2로 나가면 흑3으로 받고 백4로 돌아가면 흑5로 뛰어 백 실리 대 흑 두터움으로 갈림.

(1229)

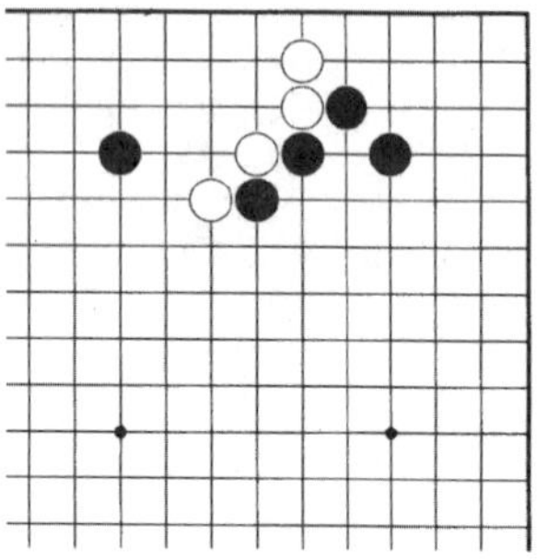

解

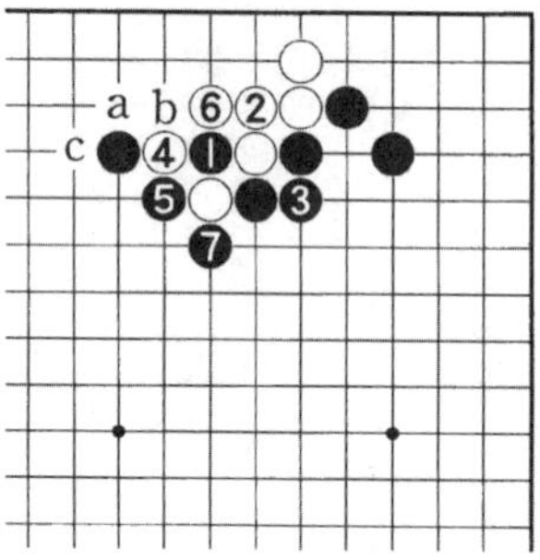

失

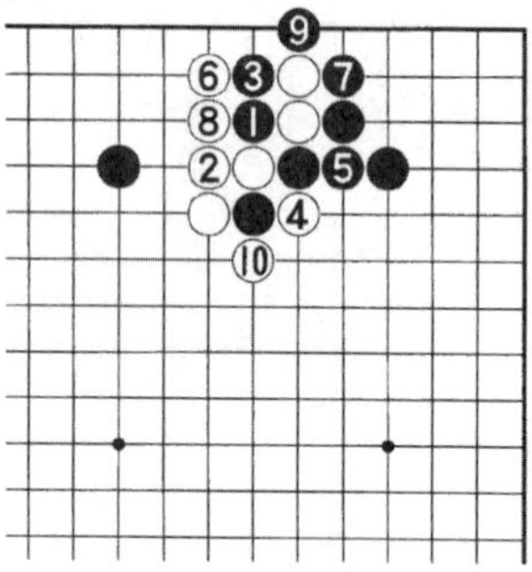

제4형 흑번

## 결정짓다

상변의 전투.

화점 정석의 변화로 백은 중앙 진출을 노리고 있다. 상변의 흑돌을 공격에 이용하여 모양을 결정짓고 싶다.

## 중앙강대

흑1의 단수를 활용하여 백의 모양을 무너뜨린 뒤 흑3으로 잇는 것이 모양이다. 백4에 흑5, 7로 가두는 맥이 있다. 백a는 흑1, 백b, 흑c로 중앙이 강해진다.

## 흑 불리

흑1, 3으로 2점을 잡는 것은 좋지 않다.

백4 단수를 활용한 뒤 6부터 10까지 백은 상변과 중앙에 두터움을 쌓았다.

(1230)

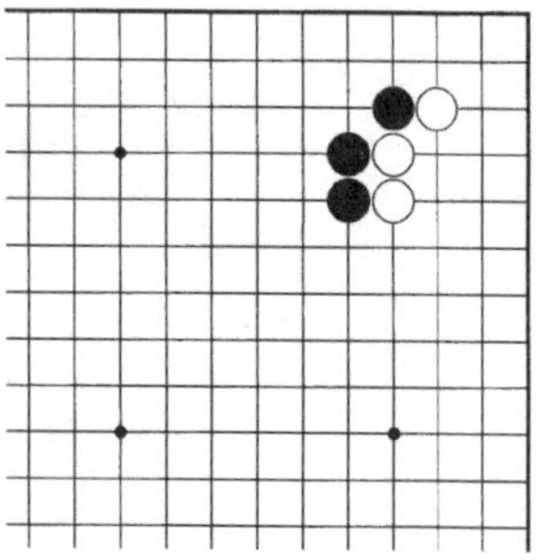

解

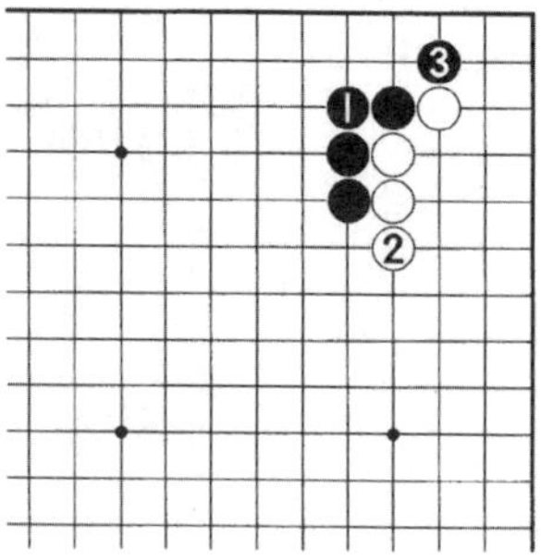

変

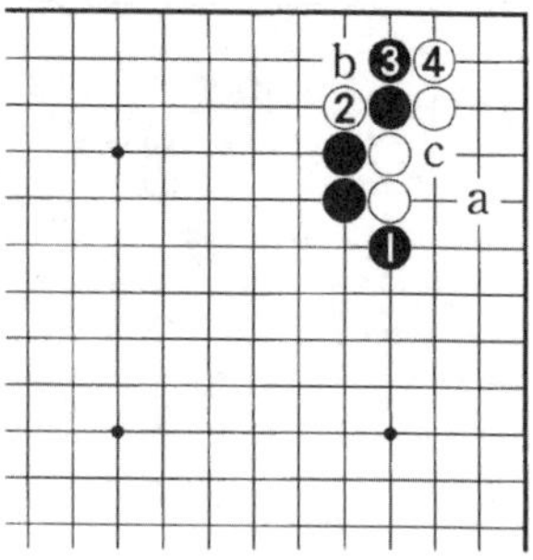

제5형 흑번

## 외세

귀의 전투.

한 칸 높은 걸침 정석으로 백은 귀를 파내고 흑은 외세를 장악하게 된다. 상변을 굳히려면 어떻게 하여야 하는가.

## 상변의 세력

흑1의 이음은 상변에 세력을 만들 때 좋은 수이다.

백2는 2점 머리. 흑3으로 귀를 젖혀 집과 근거를 만들어서 상변의 흑이 강한 돌이 된다.

## 우변에 세력

흑1은 2점 머리를 두들기는 수이다. 단, 백도 2, 4로 귀를 공격하여 이후 흑a. 백b, 흑c로 우변에 흑의 세력이 생긴다. 정석의 하나.

(1231)

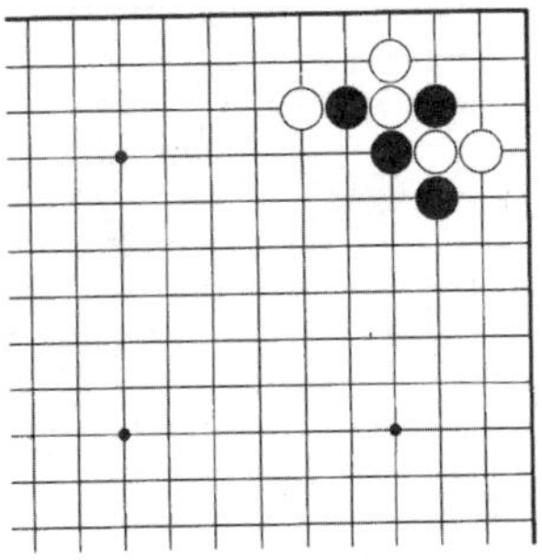

解

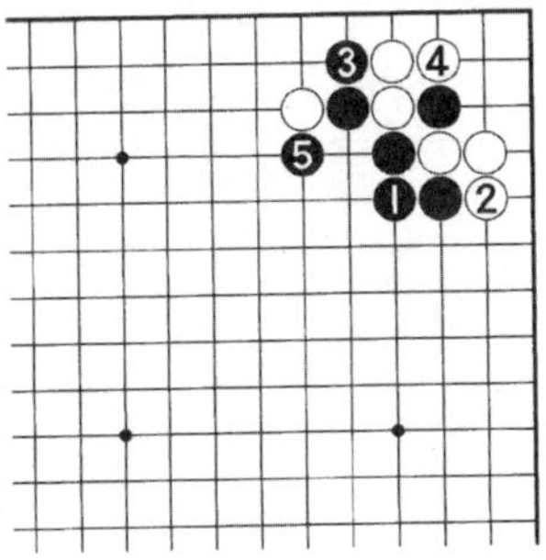

変

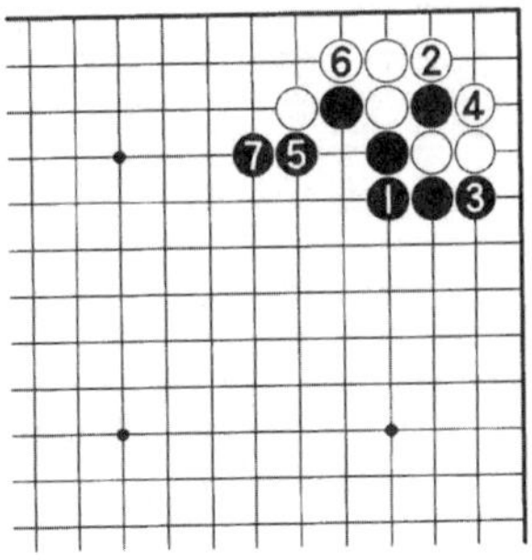

제6형 흑번

### 집에 대응

귀의 전투.
화점 정석의 변화이다. 귀의 흑 1점을 사석으로 삼아 백의 실리에 대응하는 두터움을 만들고 싶다.

### 상변의 두터움

흑1로 잇는 것이 최선의 응수이다. 백2로 구부려서 귀의 집을 굳히면 흑3으로 상변을 뚫고 백4, 흑5로 상변에 두터움을 만든다.

### 우변의 두터움

백2로 귀를 품는 변화. 흑3으로 막아 선수로 활용한다. 백4에 흑5, 7로 우변에서 상변에 이르는 두터움을 만든다.

## 이음 공격

(1232)

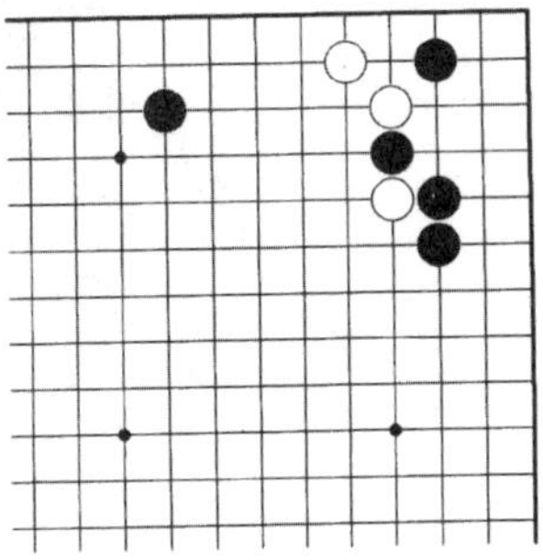

解

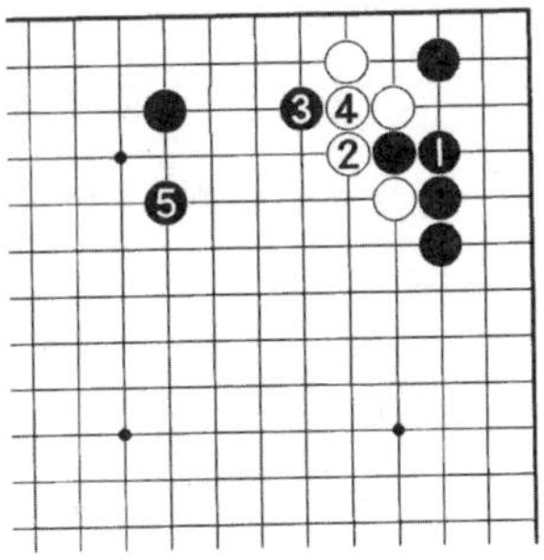

失

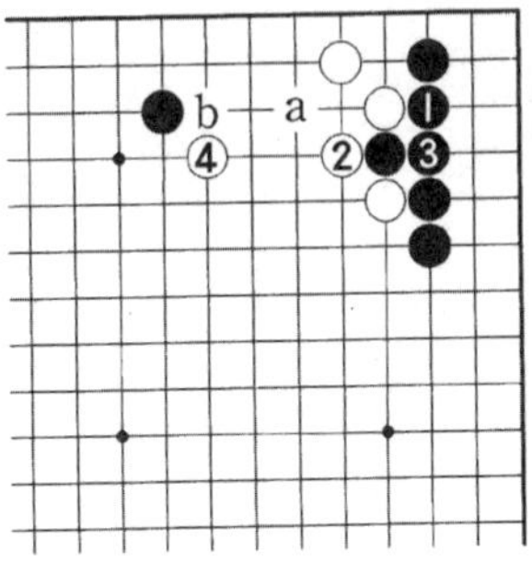

제1형 흑번

### 추격

상변의 전투.
흑의 세력 많아 백이 수습하려는 장면이지만 흑은 귀를 굳혀 추격하는 모양을 만들고 싶다.

### 백 고전

흑1로 잇는 것이 모양이다.
백2로 막아도 귀에서 손을 빼고 흑3, 5로 선제공격할 수 있다.
상변의 백이 무거운 모양이 되어 백이 고전한다.

### 백이 가볍다

흑1로 막으면 백2의 단수를 선수로 활용한다.
흑3 이후 백4로 도망 나와서, 흑a로 들여다보면 백b로 가볍게 변신한다. 백이 편한 싸움.

(1233)

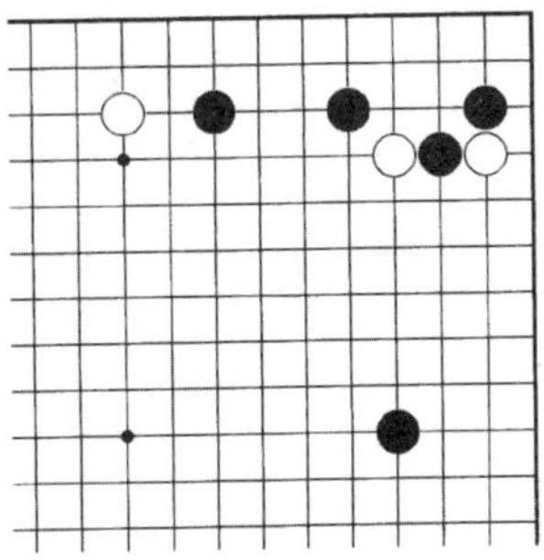

解

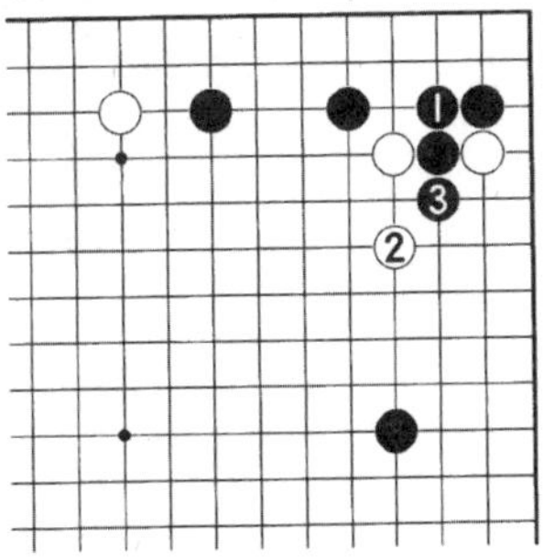

失

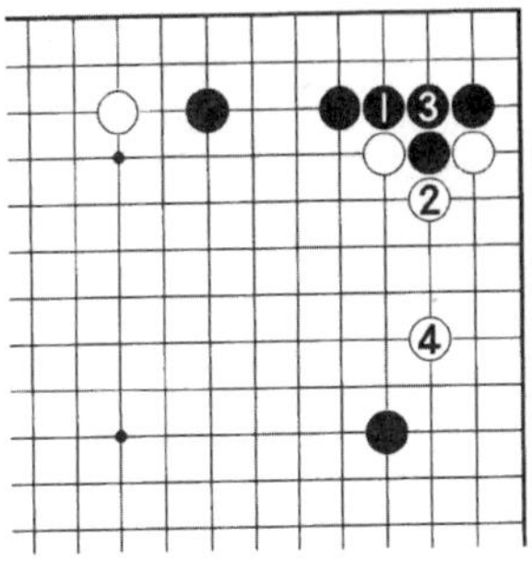

제2형 흑번

### 공격

우상에 있는 흑의 모양을 지우기 위해 백은 귀에 붙여서 수습하려는 흐름을 구하고 있다. 흑은 어떻게 백을 공격해야 할까?

### 근거를 빼앗다

흑1의 이음이 백에게 리듬을 주지 않는 수이다. 백2로 뛰어 가볍게 도망치면 흑3이 모양의 급소로 백의 근거를 빼앗고 귀를 굳힌다.

### 백 수습한 모양

흑1로 받는 것은 활용당하는 한 모양이다. 백2로 단수쳐서 흑돌이 중복된다. 백4로 벌려 수습한 모양이다.

(1234)

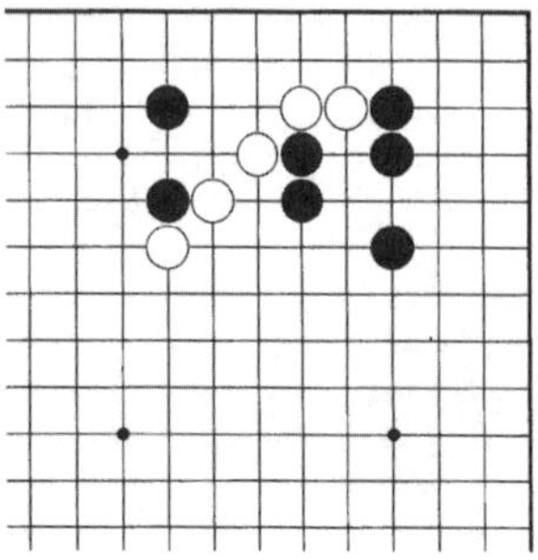

## 추격

제3형 흑번

우상은 화점 정석의 변화이다. 흑은 백의 근거를 빼앗아 공격한다. 그 다음에도 여유를 주지 않고 추격하고 싶다.

解

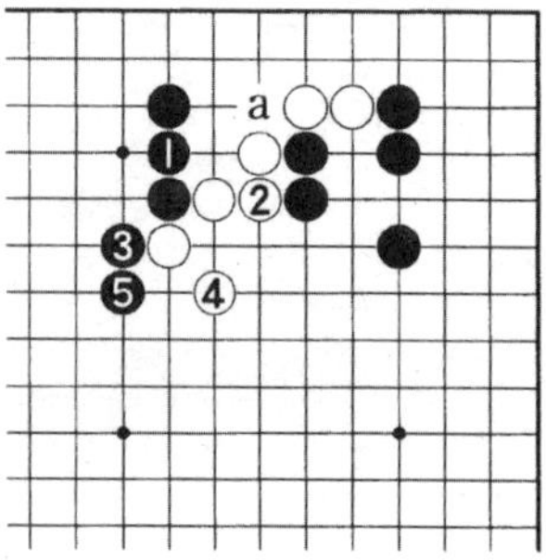

## 모양을 부수다

흑1로 잇는 수가 냉엄한 맥이다. 흑a에 대비하여 백2로 받으면 흑3으로 젖혀 백의 모양이 무너진다.
흑5로 뻗어 흑이 유리한 싸움.

失

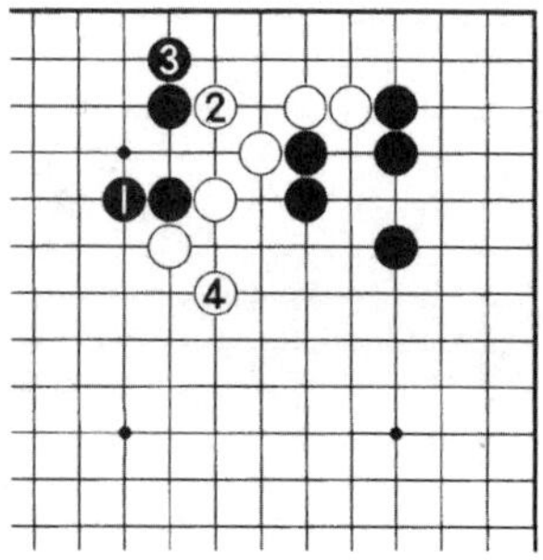

## 백 좋은 모양

흑1로 느는 것은 틀린 맥이다. 백2로 입구자 붙임을 선수하여 상변을 굳히고 백4의 호구이음으로 백은 좋은 모양으로 쉽게 중앙으로 도망친다.

이음 저항

(1235)

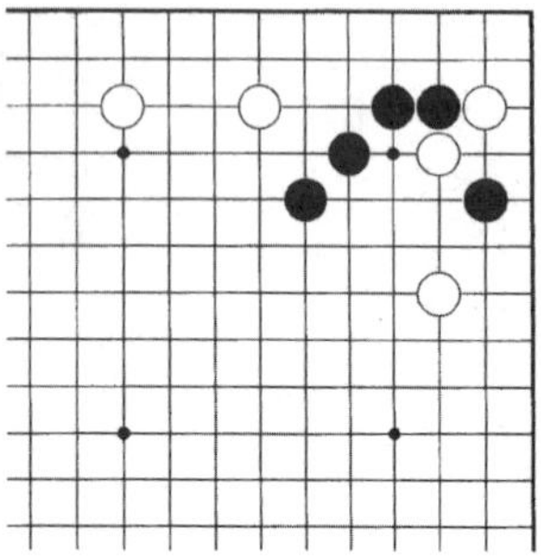

## 저항

제1형 백번

우상의 전투.
흑이 백의 옆음을 노려 근거를 빼앗으려 하고 있다. 백은 강하게 저항하여 안정된 모양을 만들고 싶다.

解

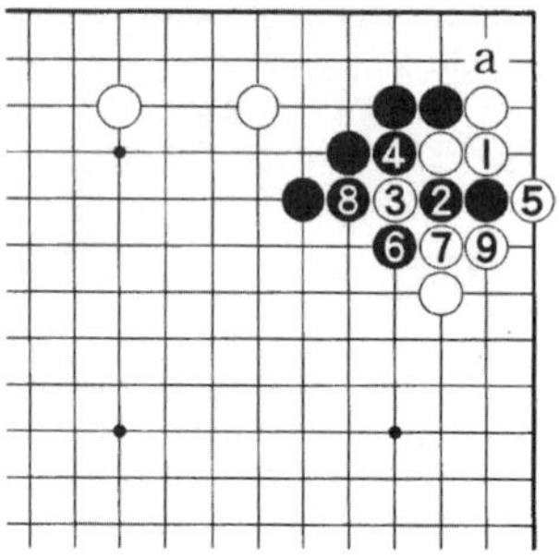

## 안정된 모양

백1로 이어 저항할 곳이다. 흑2, 4로 끊어 다음에 6과 a를 맞보기로 하지만 백은 5로 젖혀 3의 1점을 버리고 9로 건너면 수습된모양이다.

失

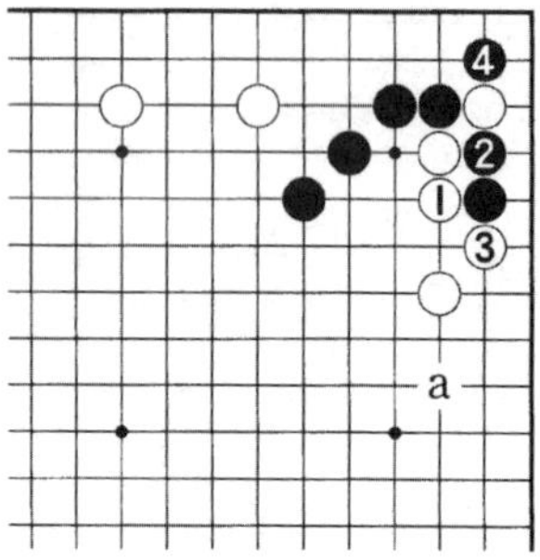

## 흑 손해

백1로 막으면 흑2로 끊어 백이 손해를 본다.
백3과 흑4로 우변을 굳혀도 흑의 실리가 크다. 우변의 백은 흑a를 대비하여 지킨다고 해도 엷다.

(1236)

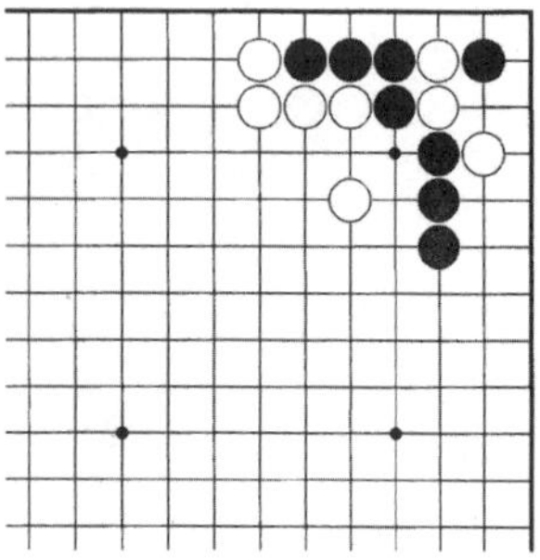

## 수 만들기

제2형 백번

귀의 전투.
백 3점은 집이 없는 모양으로 상변의 흑 4점을 끊는 약점을 보고 수를 낼 수 있다.

解

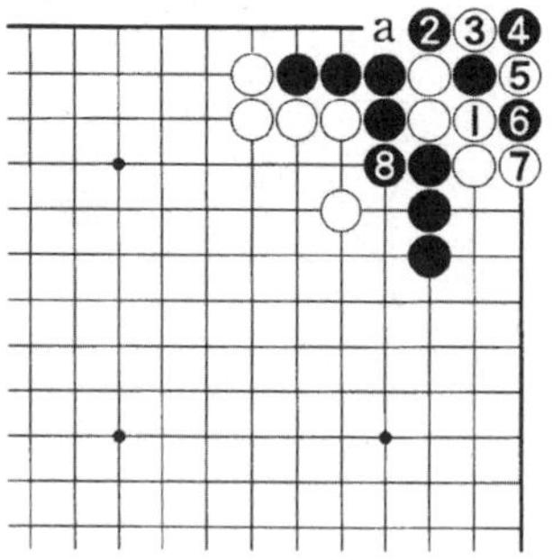

## 패

백1로 이어 버틸 수밖에 없다. 흑2로 건너면 백3으로 먹여치는 것부터 7로 막아 패의 모양이다.
흑8로 a는 백8로 끊는다.
※⑨→⑤(패 따냄)

失

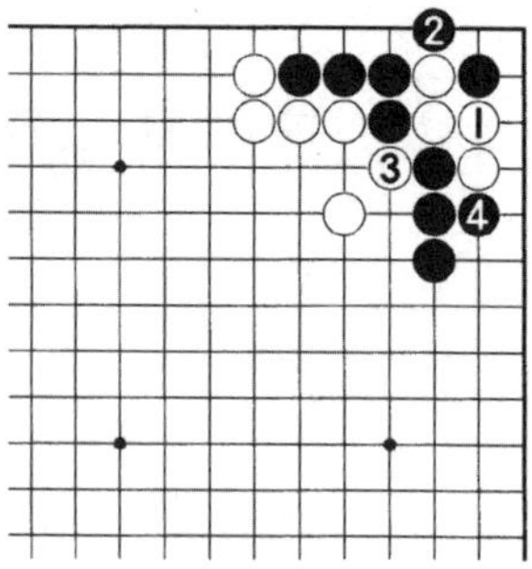

## 자충

백3으로 끊으면 흑4로 막혀서 실패한다.
백은 자충 때문에 탄력이 없어졌다.

이음
건넘

(1237)

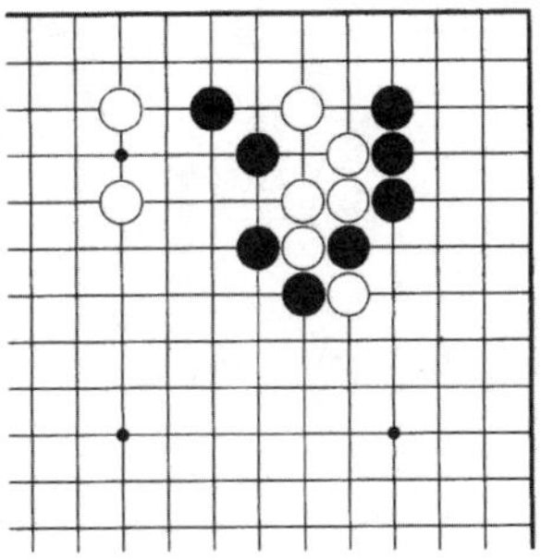

제1형 흑번

## 지킴

상변의 전투.
백을 공격하고 있는 흑의 모양에 약점이 많다. 이 중에서 가장 중요한 약점을 지켜 공격을 지속한다.

解

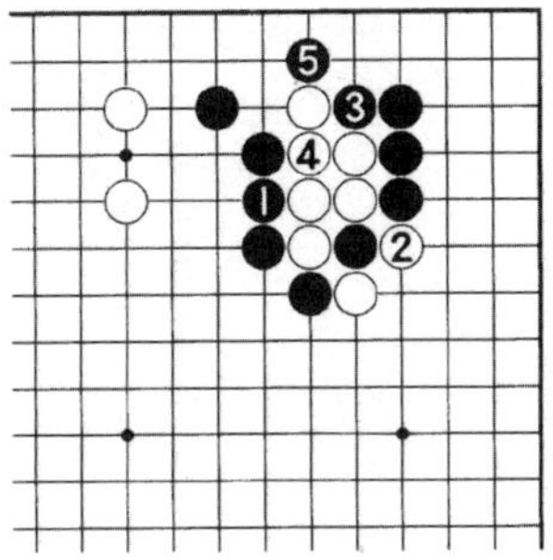

## 건넘

흑1로 잇는 것이 최선의 공격이다. 백2로 1점을 따내면 흑3, 5로 상변을 결정지어 백을 조인다.
흑은 좌우를 연결시켜 불안하지 않은 모양이다.

失

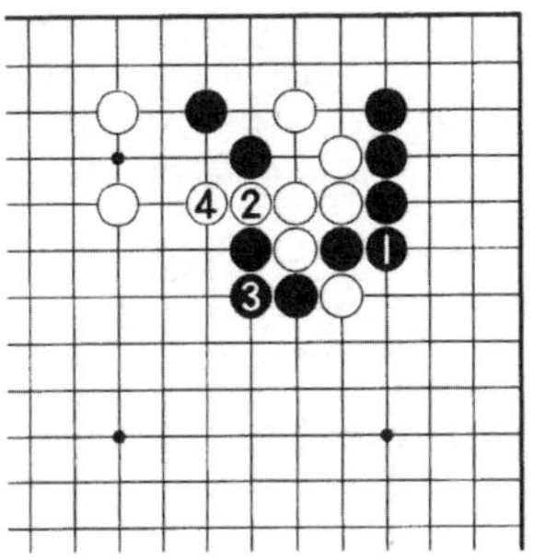

## 2점 잡기

흑1로 이으면 백2로 나가서 실패한다.
백3의 양단수를 막아야 하므로 흑3, 백4로 상변이 뚫려 흑 2점이 잡힌다.

(1238)

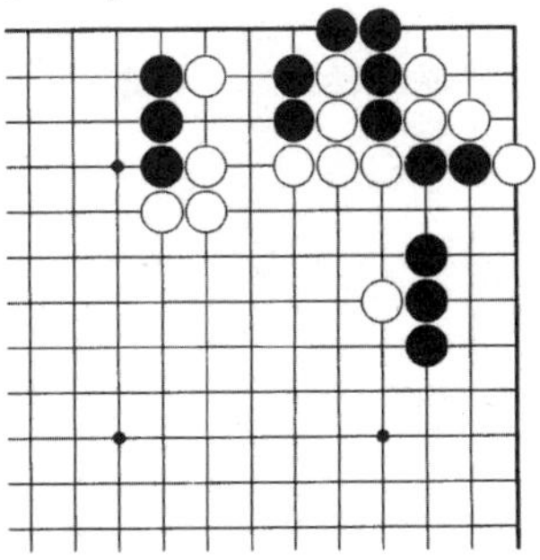

제2형 흑번

## 잡히다

우상귀의 흑이 상변으로 건너가면 귀의 백을 잡을 수 있다. 수상전을 하지 않아도 된다.

解

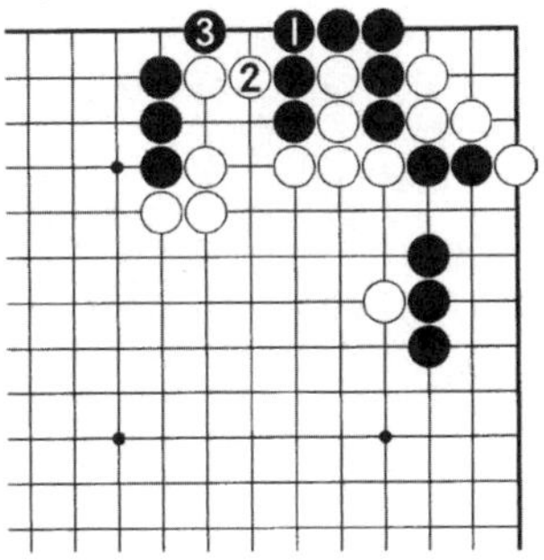

## 건넘

흑1로 잇는 수가 냉정하다. 백의 수를 기다리고 있다.
백2로 치받으면 흑3으로 젖혀 건넌다. 백은 끊고 싶지만 촉촉수에 걸려 안된다.

失

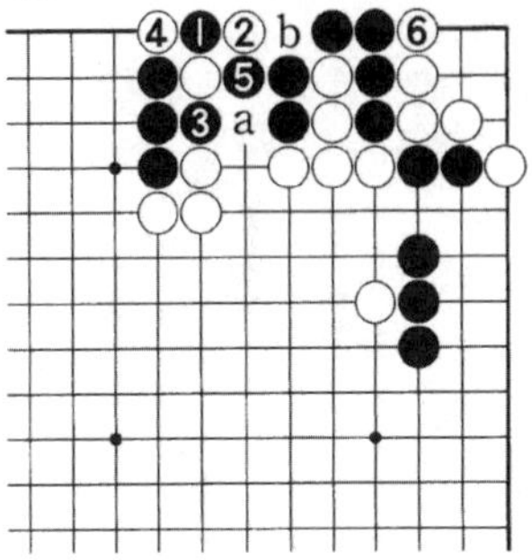

## 촉촉수

흑1의 젖힘은 수순이 나쁘다.
백2로 막고 흑3에 백4로 따낸다. 흑5로 막을 때 백6으로 촉촉수이다.
흑5로 a는 백b로 끊는다.

이음
수상전

(1239)

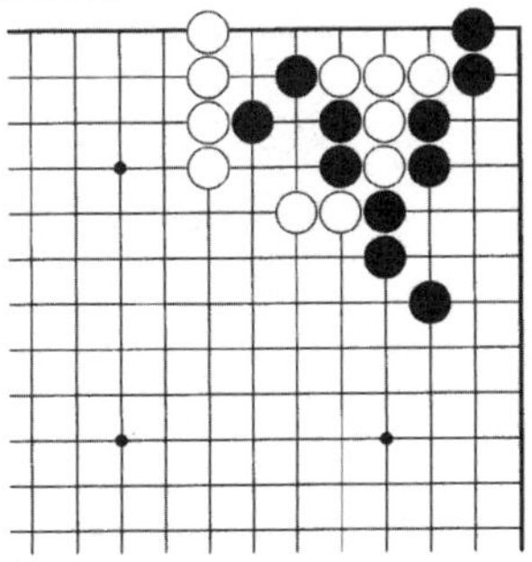

제1형 흑번

## 나의 급소

상변의 수상전.
백은 3수이다. 흑은 어떻게 둬야 할까? '적의 급소는 나의 급소' 라는 격언을 명심하자.

解

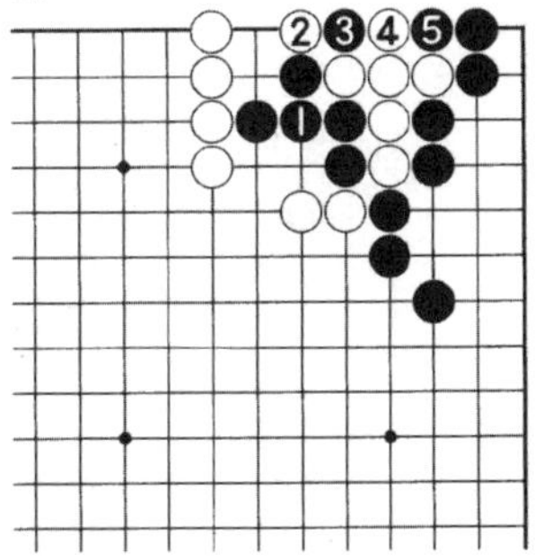

## 촉촉수

흑1로 이으면 수상전은 흑이 승리한다.
흑의 공배가 4수가 되어 백2로 젖혀도 흑3, 5로 촉촉수로 백을 잡는다.

失

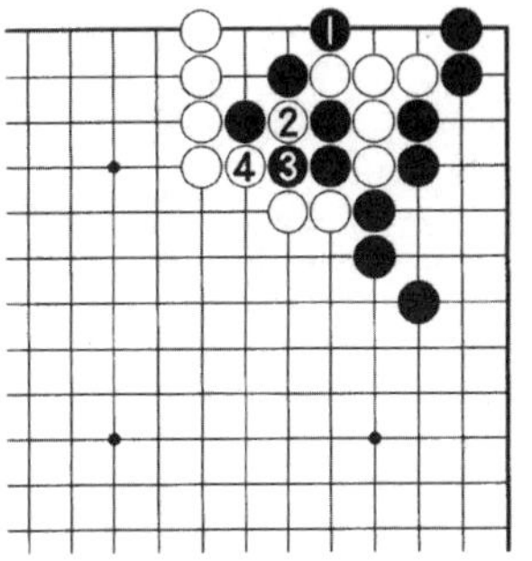

## 흑 실패

흑1로 젖히면 백2로 먹여쳐서 실패한다.
흑3, 백4로 단수치면 수상전이 역전된다. 흑 실패다.

(1240)

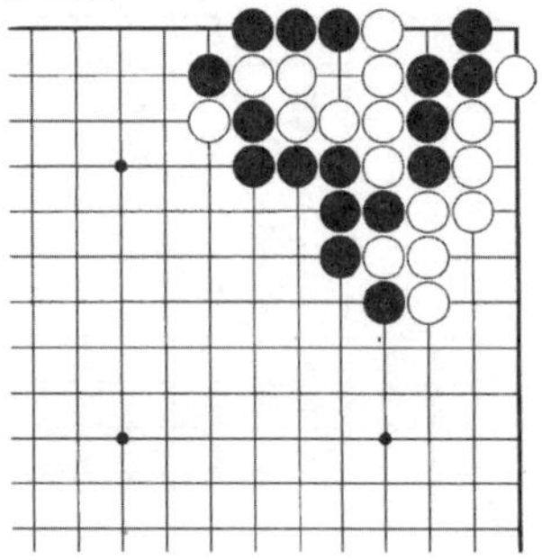

解

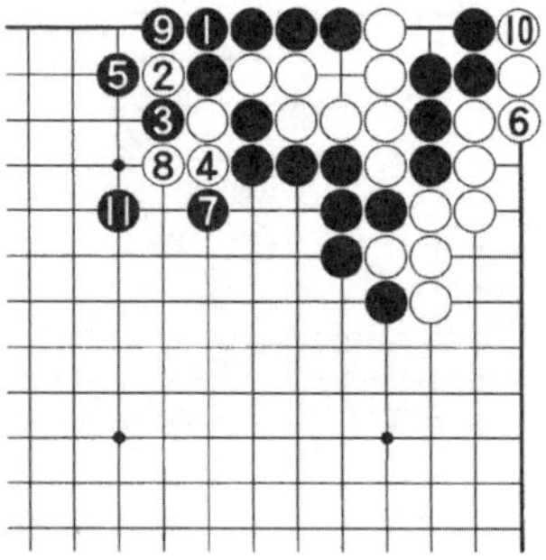


失

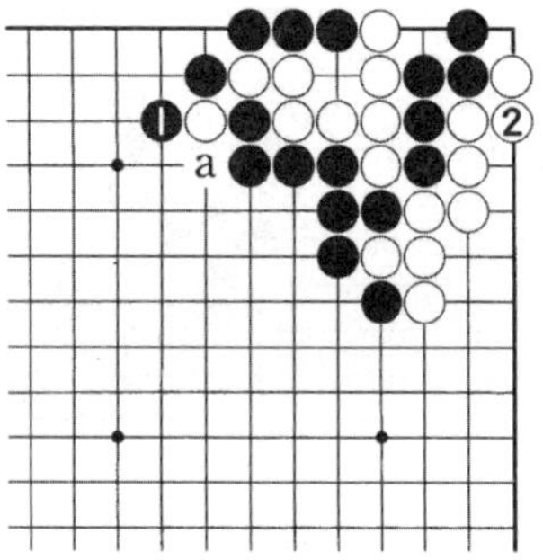


제2형 흑번

### 희생과 강요

상변의 전투.
귀의 수상전은 양자충으로 흑이 불리하다. 단, 백에게 상변의 희생을 늘리게 만드는 것은 가능하다.

### 흑 성공

흑1로 잇는 수가 냉엄한 맥이다. 백2, 4의 사석을 강요하여 백6, 10으로 흑 5점을 잡아도 흑11까지 상변의 백 4점을 잡아 성공이다.

### 무책

흑1로 축으로 잡는 것은 백을 충분히 추궁하지 못한 수이다.
백2로 이어 귀를 잡고 흑은 1점 잡은 것 외에 한 것이 없다. 흑a 따냄은 후수이다.

(1241)

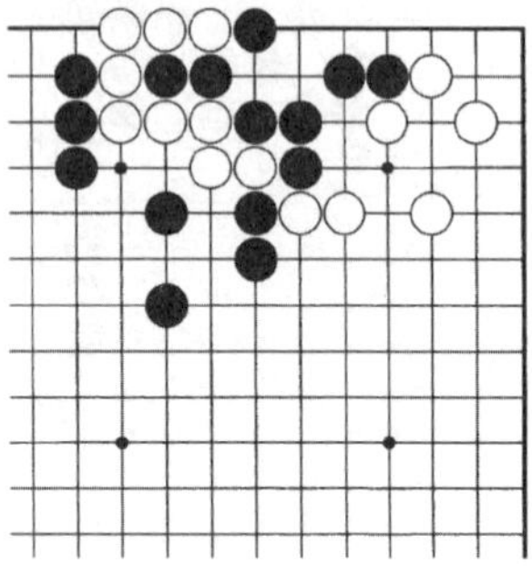

解

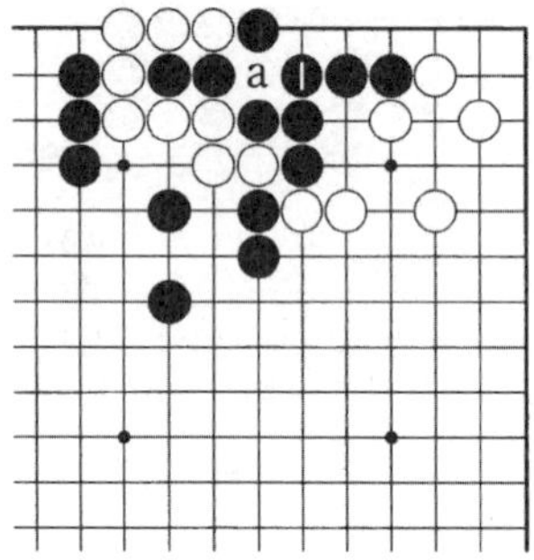


失

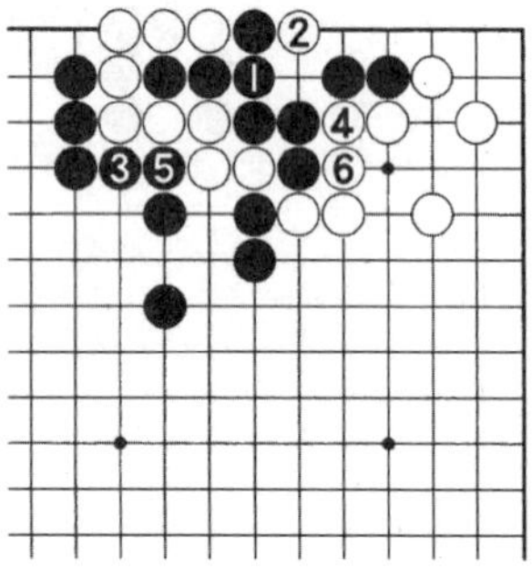


제3형 흑번

### 수상전

상변의 수상전 문제.
흑 2점이 단수 당했다. 이곳을 어떻게 받느냐가 초점이다.

### 흑 승

흑1의 이음이 자충을 막는 맥이다. 백a로 2점을 따내도 흑이 되따내서 백의 수는 5수, 흑은 6수로 수상전은 흑이 이긴다.

### 승패역전

흑1로 이으면 백2에 붙어 안 된다. 흑의 수는 3수가 되어 바로 승패가 역전된다.

(1242)

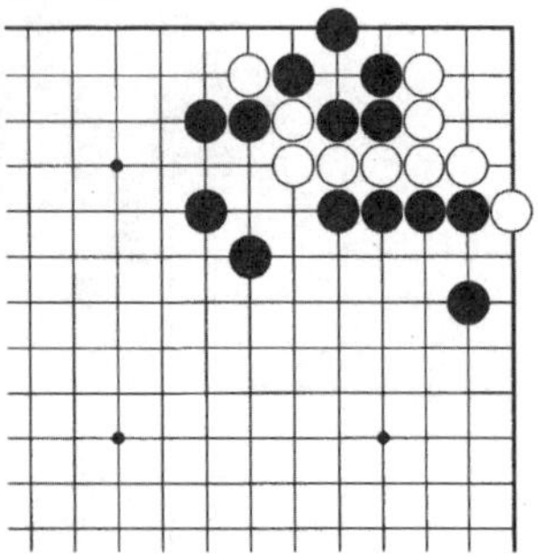

解

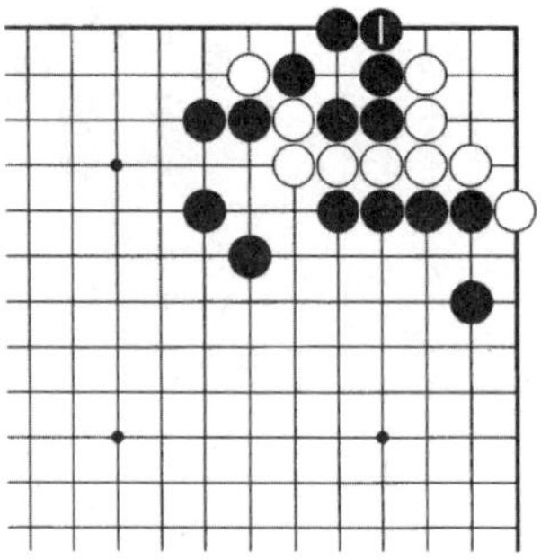


失

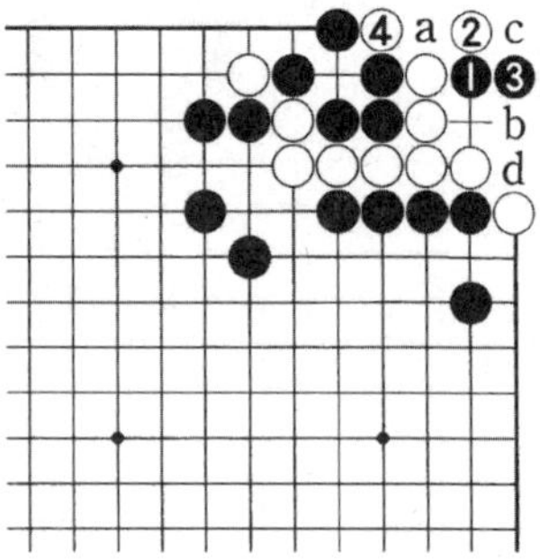


이음 따냄

제1형 흑번

### 노림

사활 문제.
백집이 좁다. 의지할 곳은 상변에 있는 흑의 약점뿐이다. 따라서 흑은 백의 노림을 막고 이를 해결해야 한다.

### 백 죽음

흑1로 잇는 것은 백에게 수를 주지 않는 맥이다. 상변 흑의 활용이 없으면 백은 귀만으로는 살 수 없기 때문에 죽는다.

### 패

흑1로 붙이면 백2로 젖혀 실패한다. 흑3 이후 백4로 먹여쳐서 패가 된다. 흑1로 3은 백a, 흑4, 백1, 흑b, 백c, 흑2, 백d.

(1243)

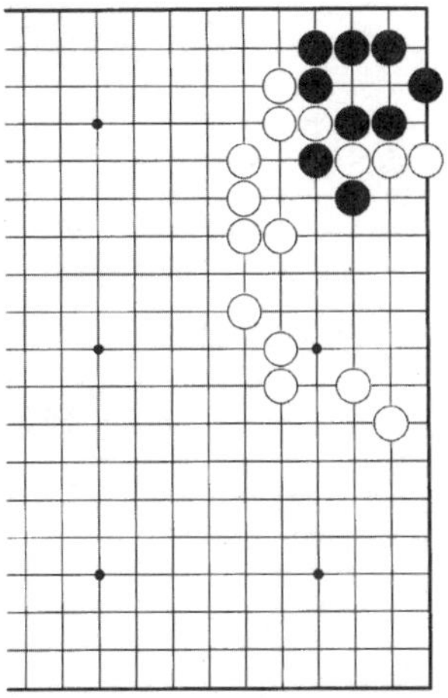

解

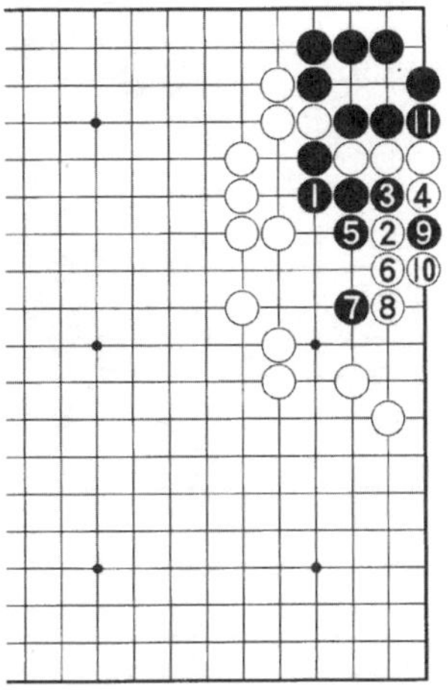

失

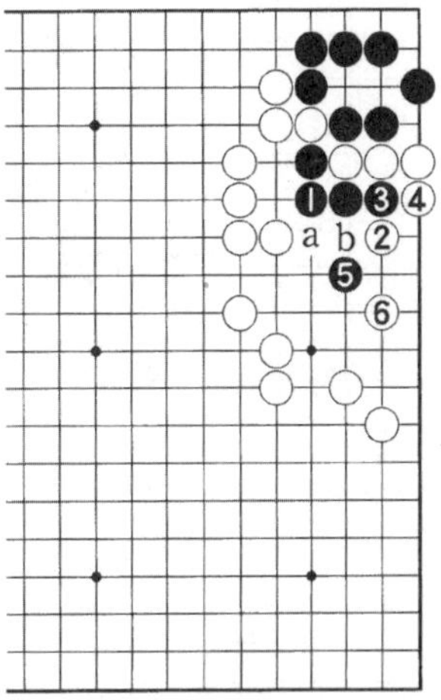

제2형 흑번

## 전세 역전

우변의 전투.
백에게 둘러싸인 흑 2점을 살리고 백 3점을 잡을 수 있다.
백의 건넘을 막고 촉촉수를 만들려면?

## 촉촉수

흑1로 이으면 백 3점은 살릴 수 없다. 백2부터 우변으로 건너려 해도 흑3, 5가 좋은 수이다.
백6, 8로 받게 만든 뒤 흑9로 먹여치고 11로 단수치는 멋진 수순으로 백은 촉촉수에 걸린다.

## 흑 실패

흑5로 씌우는 것은 악수이다.
백6으로 뛰어 우변과 연결해버린다. 흑1로 a에 호구이으면 백2, 흑3, 백4, 흑b로 쫓는 모양이 자충이 되어 백1로 먹여쳐서 실패한다.

이음 사석

(1244)

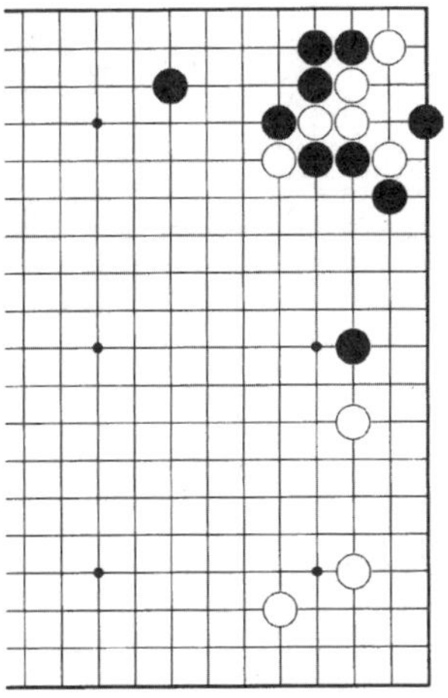

解

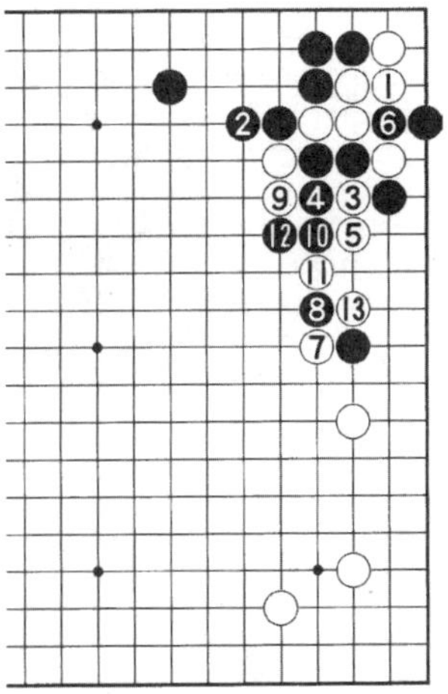

失

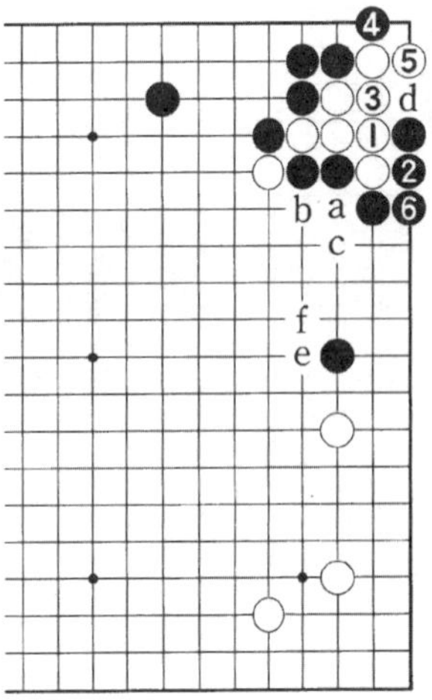

제1형 백번

## 사석

우변의 전투.
우상의 백을 사석으로 이용하여 우변의 싸움에 이용한다. 백은 흑을 자충으로 만들기 위해 귀의 수를 늘려둔다.

## 백 유리

백1로 이어 귀에 맛을 만든다. 흑2로 늘면 잡히지만 백3, 5를 활용하여 흑은 자충이 되었다. 백7이 연결하려는 노림으로 13까지 백이 유리한 싸움.

## 백 무책임

백1로 이으면 흑2, 4로 공격당해 백이 자충에 걸려버린다. 흑6으로 이어 백의 수는 2수뿐. 이 후 백a, 흑b, 백c는 흑d로 귀를 잡고 백e에는 흑f로 젖혀 싸운다.

제2형 흑번

(1245)

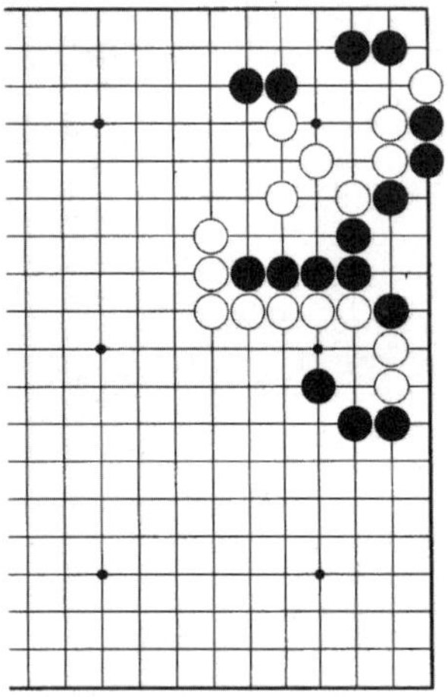

解

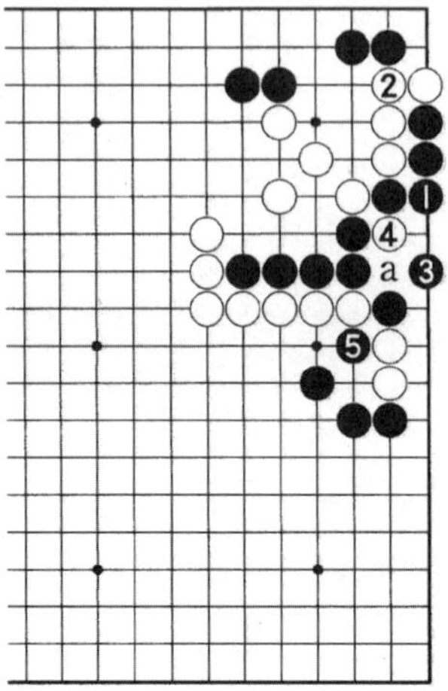


失

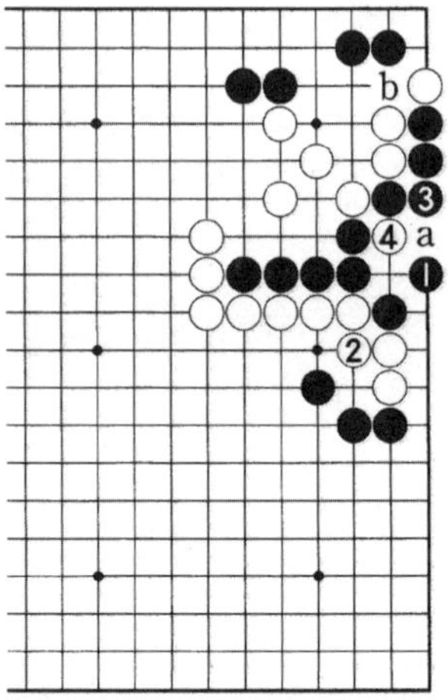


### 수순의 연구

우변의 전투.
흑은 완전한 집이 없는 상태이지만 우상과 우하에 있는 백의 약점을 추궁하면 본체를 살릴 수 있다. 수순에 대한 연구가 필요하다.

### 맞보기

흑1의 이음이 좋은 수이다.
백2로 이으면 흑3으로 호구쳐서 4로 사는 것과 5로 끊음을 맞보기로 한다. 백2로 4로 끊으면 흑a로 단수쳐 5로 끊는 것을 엿본다.

### 흑 괴멸

흑1로 먼저 호구치는 것은 실패한다. 수순을 틀린 것이 치명적인 실수가 된다. 백2로 잇고 흑3으로 이어도 백4로 끊어 흑은 한 집밖에 없다.
흑a, 백b로 흑 괴멸.

이음

사활(삶)

제1형 백번

(1246)

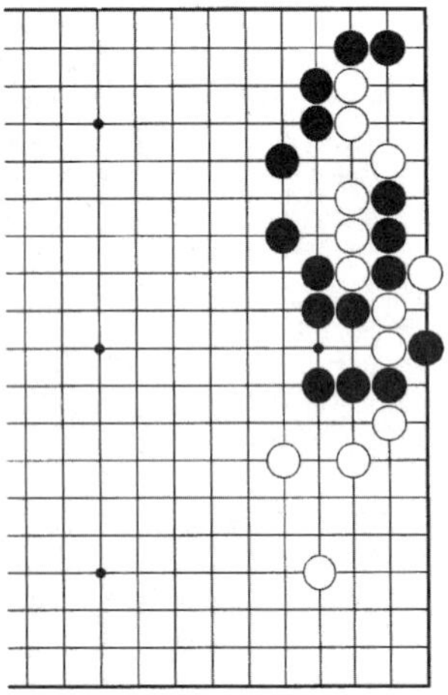

解

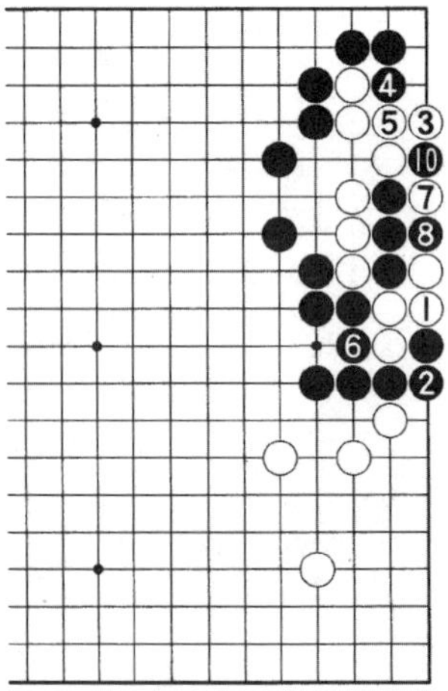


失

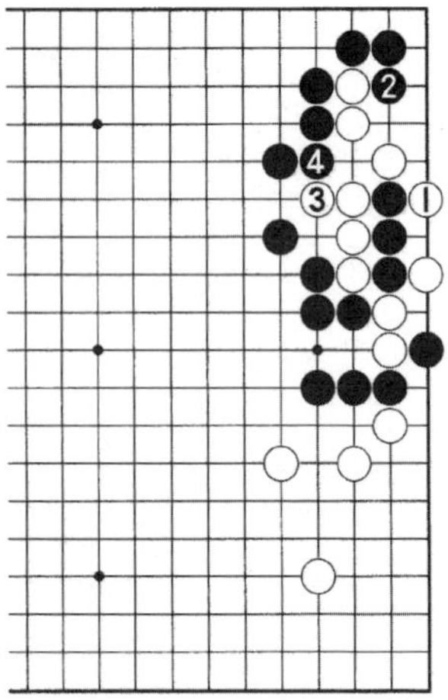


### 기사회생

사활 문제.
백 3점을 잡는 것 외에 흑이 집을 만들 방법은 없는 것 같지만 이대로 잡아서는 실패한다.
우하의 백에 연결하는 공작이 백의 기사회생하는 수를 준다.

### 패

백1의 이음은 후절수를 노리는 맥이다. 흑2로 받게 만든 뒤 백3으로 입구자한다. 백은 4점을 버리고 백7 이후 9의 후절수로 패가 난다.
※⑨→①의 왼쪽(후절수)

### 백 죽음

백1로 흑3점을 잡으면 흑2로 우변의 집을 빼앗아 실패한다.
백3은 흑4로 죽는다.

이음

사활(죽음)

(1247)

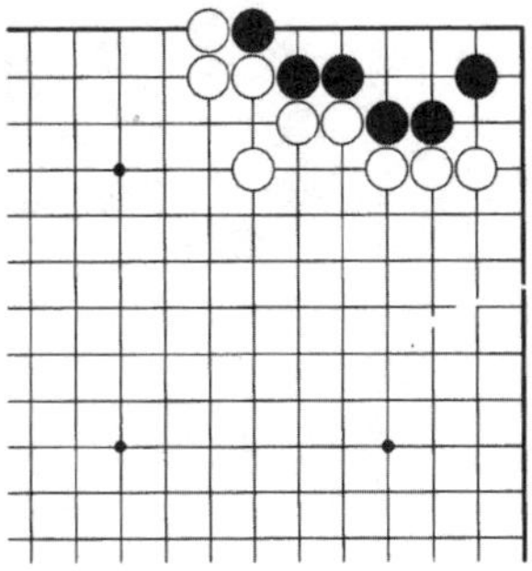

解

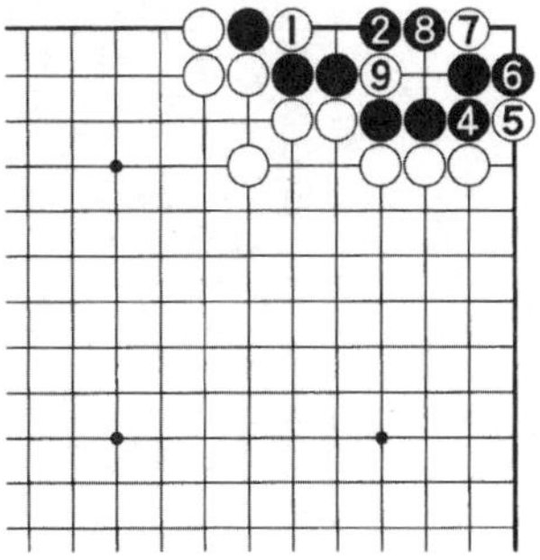

失

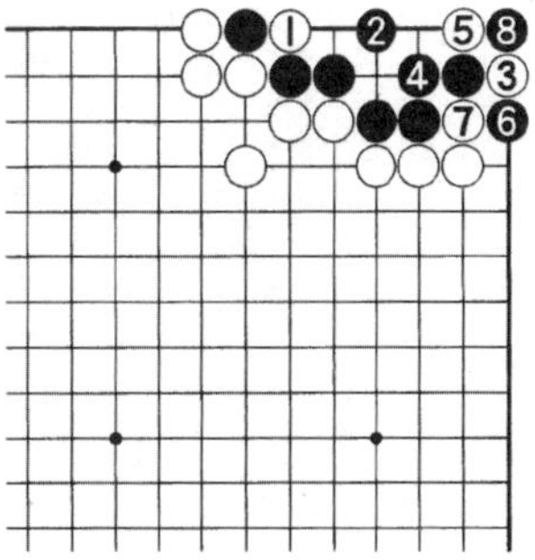

제1형 백번

### 맹점

냉정히 말해서 모르는 사람은 풀 수 없는 문제이다. 세 번째 수가 맹점이다.

### 멋있는 수

백1에 흑2는 당연한데, 백3으로잇는 수가 표현하기 힘든 멋진 수이다. 이후는 그림에 보이는 것처럼 백3의 이음이 작용하여 있다.

※③→①의 왼쪽

### 냉정

백3도 맥이지만 백4가 냉정한 수이다.

정해도의 백3의 이음을 발견하지 못하면 영원히 정해를 찾을 수 없다.

(1248)

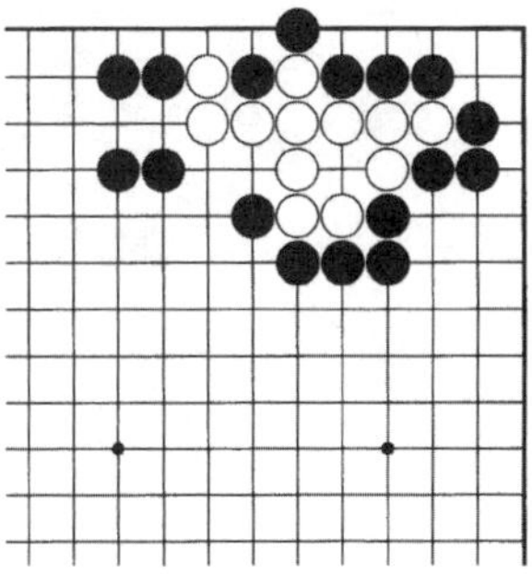

解

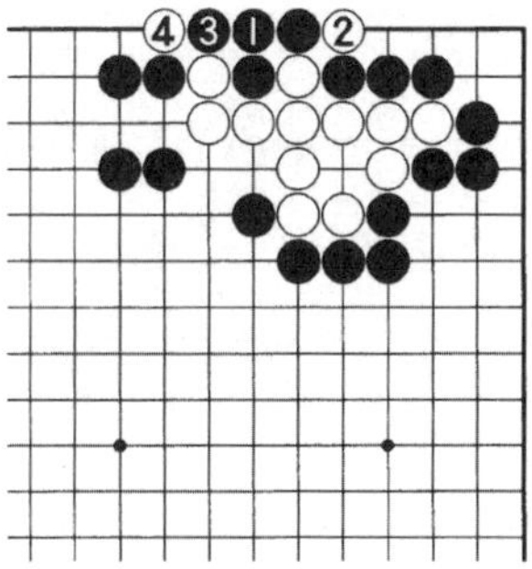

失

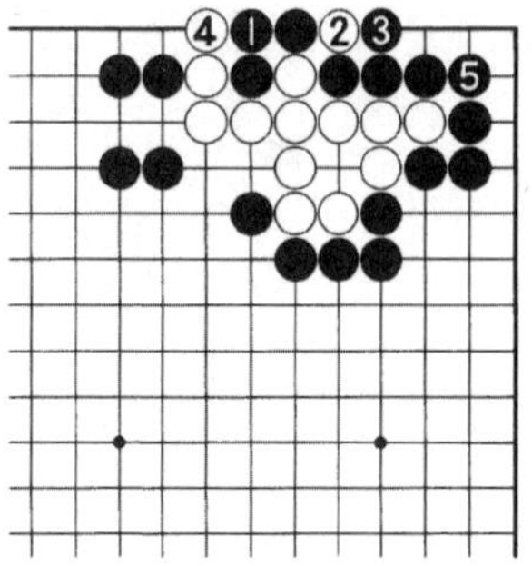

제2형 흑번

### 버리다

상변의 사활문제.

백은 흑 1점을 단수쳐서 촉촉수를 노리고 있다. 흑에게는 사석의 묘수가 있다.

### 백 죽음

흑1로 잇고 백2로 먹여칠 때 흑3으로 4점으로 키워 죽이는 수가 좋은 맥이다. 백4 이후 흑5로 치중하여 상변은 옥집이 된다.

※❺→❶(치중)

### 흑 실패

흑3으로 1점을 잡는 것은 백4의 단수. 흑 3점을 이으면 촉촉수에 걸린다. 흑1로 4는 백1로 패가 되어 역시 실패한다. ※⑥→②(따냄), ❼→②의 왼쪽(따냄), ⑧→❶

(1249)

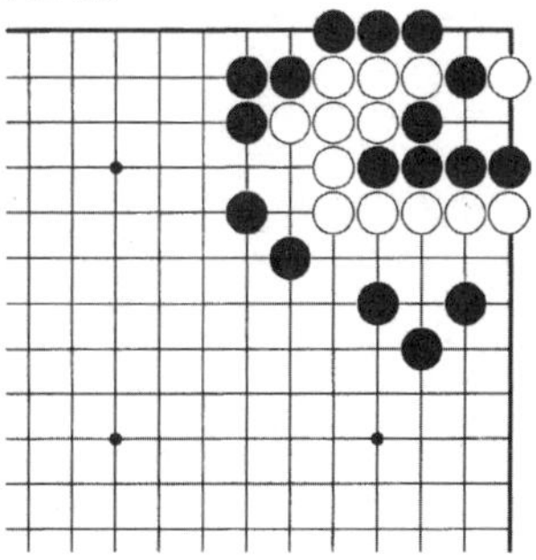

解

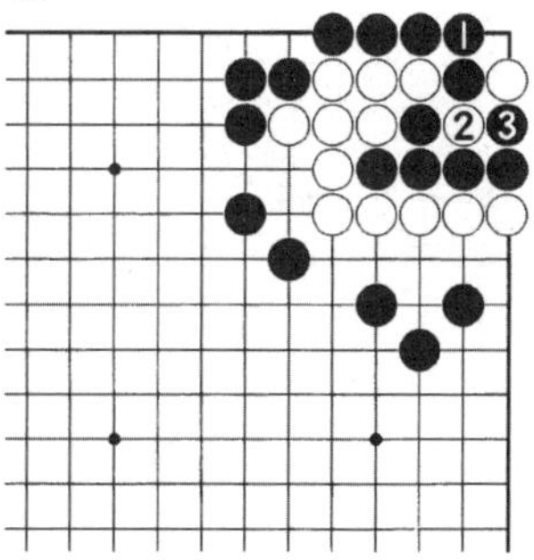

失

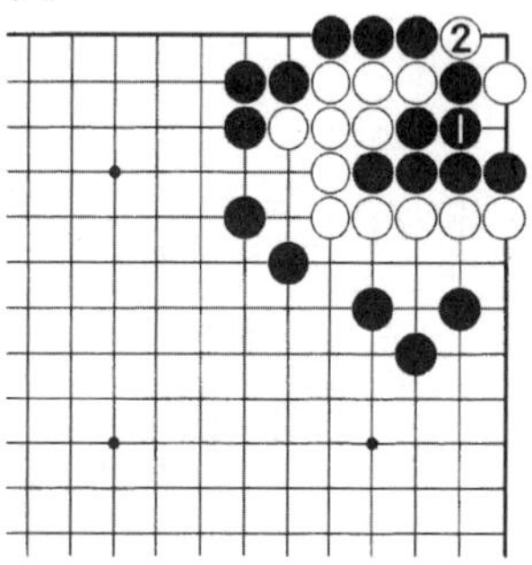

제3형 흑번

### 반발

사활 문제.

백 1점이 흑의 자충을 추궁하고 있다. 하지만 이 한 수에 반발하고 싶다.

### 백 전멸

흑1은 5점을 버리고 백의 전멸을 노리는 맥이다. 백은 흑 6점을 환격으로 잡지만 흑5의 치중에 죽는다.

※④→②(따냄), ❺→②의 왼쪽 아래

### 패는 실패

흑1로 이으면 백2로 먹여쳐서 패가 난다.

흑이 5점을 잡혀서 실패라고 착각하면 이 패를 할 수밖에 없다.

(1250)

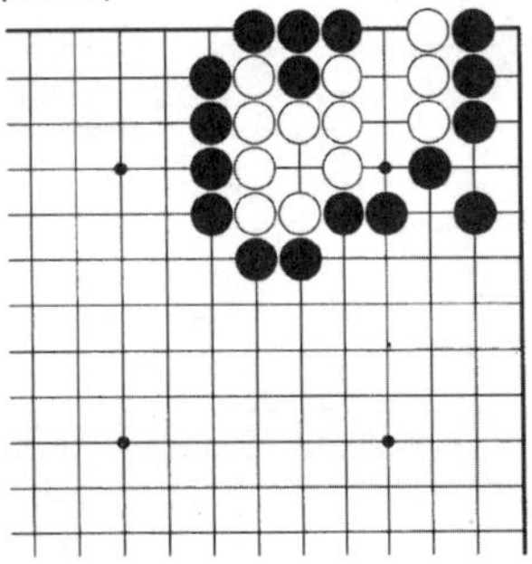

제4형 흑번

### 봉쇄하다

백은 어딘지 안형이 부족한 모양을 하고 있지만 의외로 끈질기다. 그 끈질긴 것을 막는 최선의 수는 무엇인가?

解

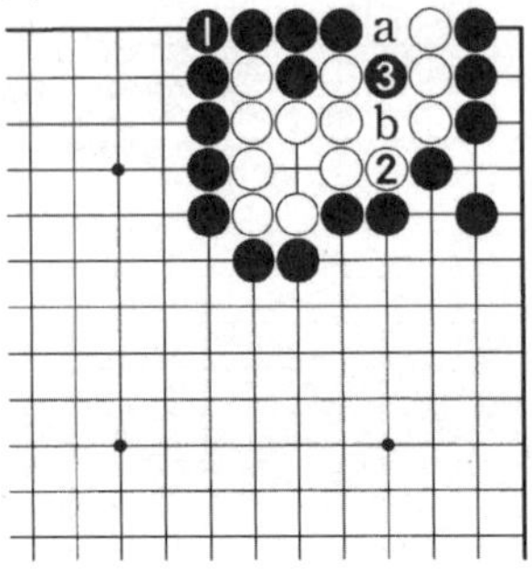

### 공배이음

흑1로 공배이음이 정답이다.
이 수로 백은 저항을 할 수 없다. 백2 라면 흑3. 자충 때문에 a에 둘 수 없다.
백2로 a라면 흑b로 이것도 안 된다.

失

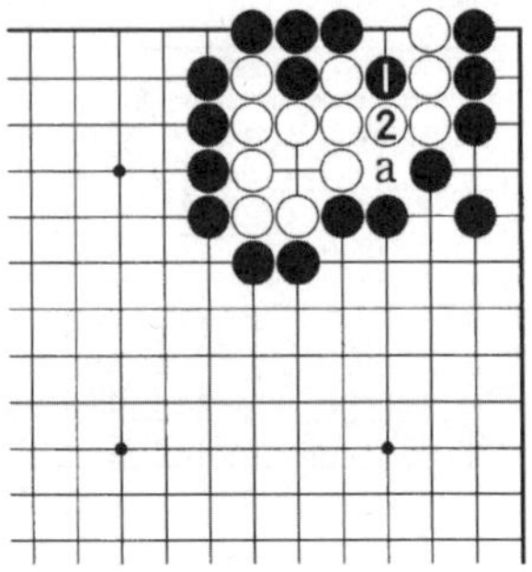

### 백 삶

당황해서 흑1로 집을 부수러 가면 백2의 촉촉수로 살아버린다. 흑1로 2라면 백a로 역시 백이 살 수 있다.

(1251)

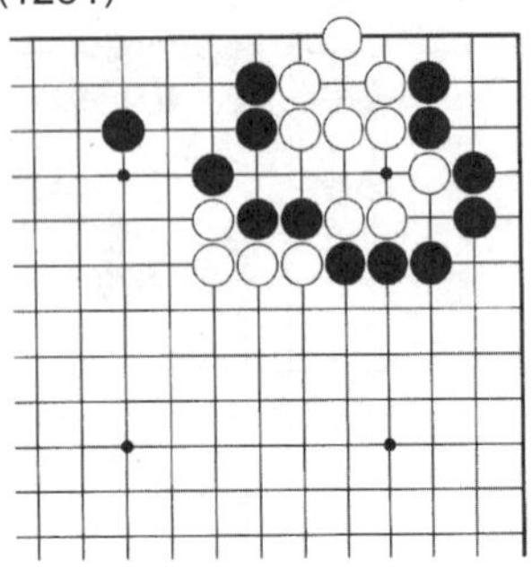

제5형 흑번

### 테크닉

사활 문제.
상변의 백은 흑 2점을 단수치는 것이 선수여서 살아있는 것 같다. 흑은 집을 부수는 테크닉이 필요하다.

解

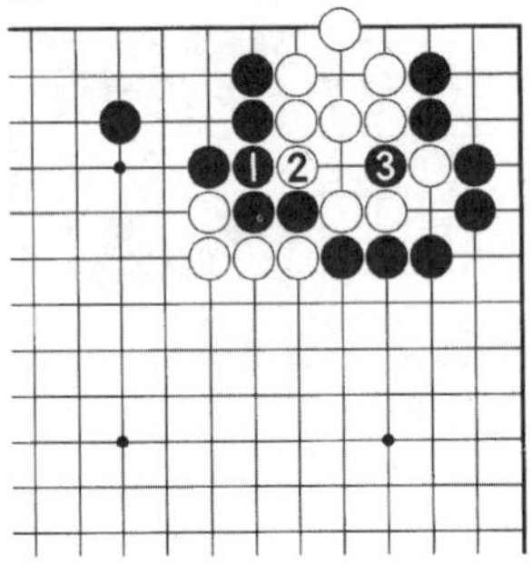

### 백 죽음

흑1로 이어 백의 수를 막는 것이 좋다.
백2로 넓혀도 흑3으로 먹여쳐서 옥집이 된다. 두집을 낼 수 없다.

失

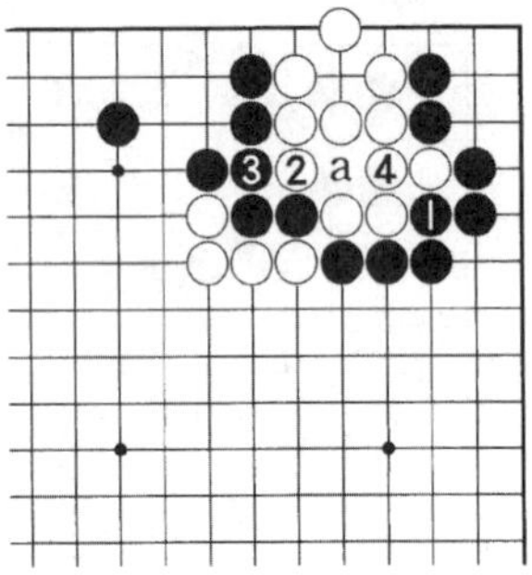

### 흑 실패

흑1로 단수치면 백2를 먼저 결정지어서 실패한다.
흑3, 백4로 백이 살아버린다.
흑1로 4에 먼저 두는 것도 백a로 1과 3이 맞보기가 된다.

(1252)

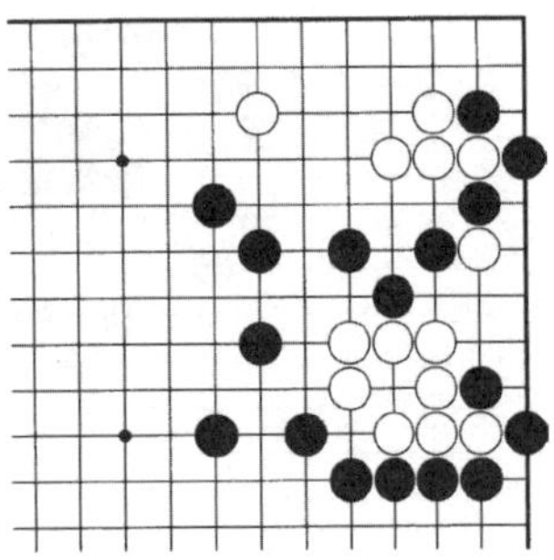

제6형 흑번

### 수순

우변중앙의 백 8점을 잡으면 정답이다. 수순이 중요한 문제이다.

解

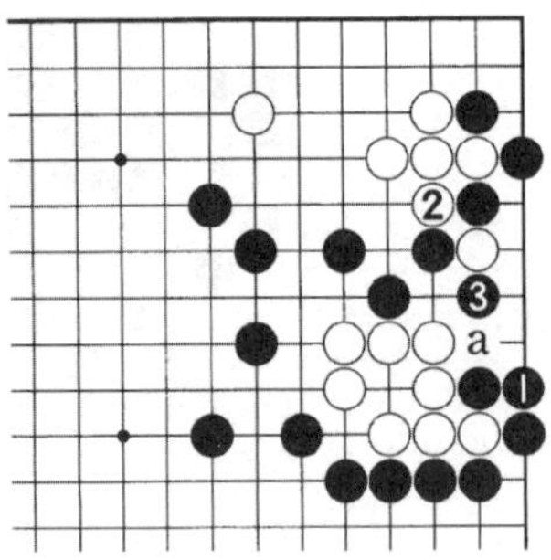

### 가만히

1선의 근원을 이어 두는 것이 정답이다. 흑1은 백a의 단수를 미연에 방지하고 있다.
백2에는 흑3으로 백을 잡는다.

失

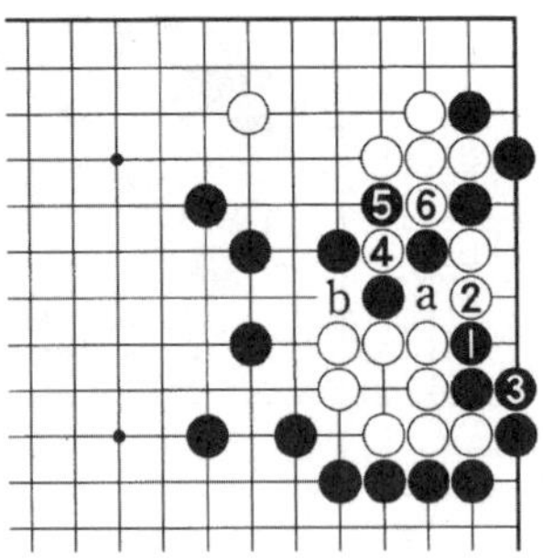

### 축

흑1로 밀어버리면 백2, 흑3 이후 백4의 묘수가 등장한다. 백6에 흑a로 끊어도 백b로 축이다.

# 치받음 · 찝음

상대의 돌이 기다리고 있는 곳에 강하게 부딪쳐 두는 맥을 말한다. 상대의 공배를 메우거나 자신의 돌과 연결하여 모양에 약점을 만드는 등의 역할을 한다.

치받기와 닮은 모양에 '들이받는' 수도 있다.

흑1로 백은 2가지 약점이 생겨 귀를 살릴 수 없게 되었다.

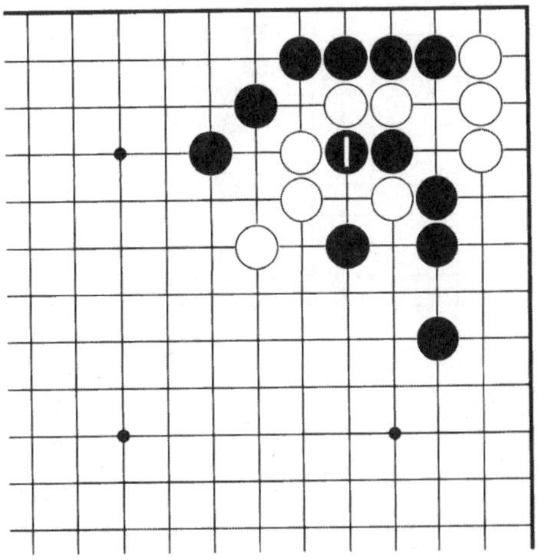

치받음 정석 · 변화

제1형 백번

(1253)

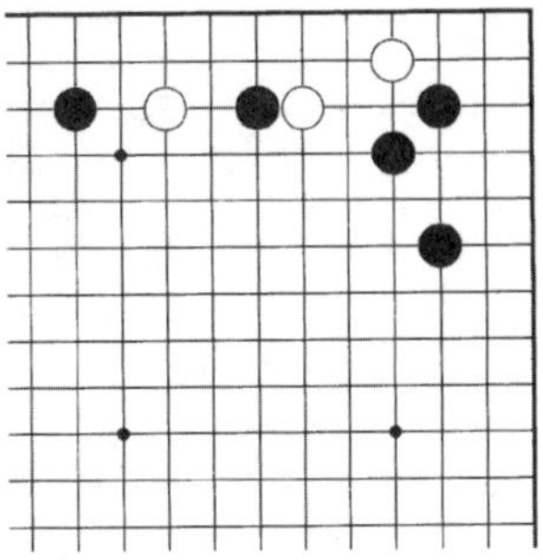

### 연결

상변의 전투.

화점 정석에서 생기는 모양으로 흑은 좌우 분단을 노리고 있다. 백은 형세는 상관없이 연결하고 싶다.

解

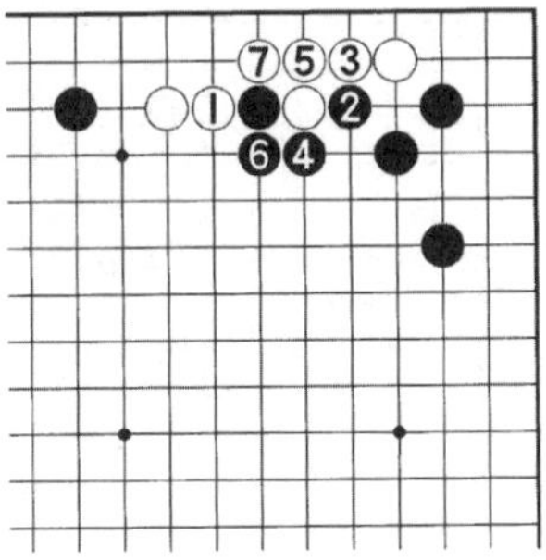

### 연결하다

백1로 치받은 수가 맥이다. 흑2 입구자 붙임에 백3으로 받아 2선으로 기어도 좌우를 연결해서 생사의 불안은 없다.

変

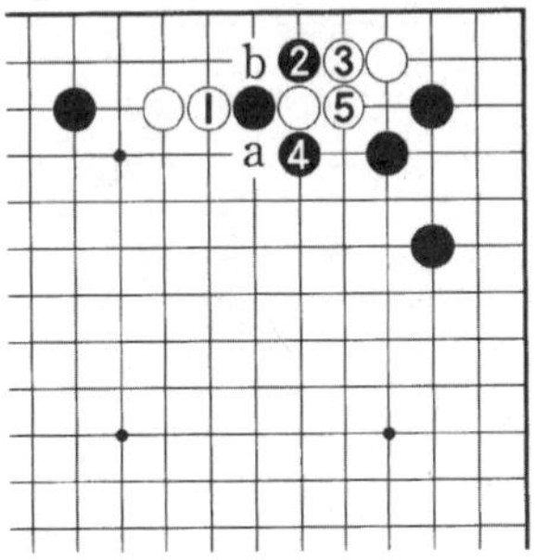

### 백 강수

흑2로 젖히면 백3의 치받음이 강수이다. 흑4와 백5로 선수당해도, a, b의 끊는 것이 맞보기로 연결한다.

제2형 흑번

(1254)

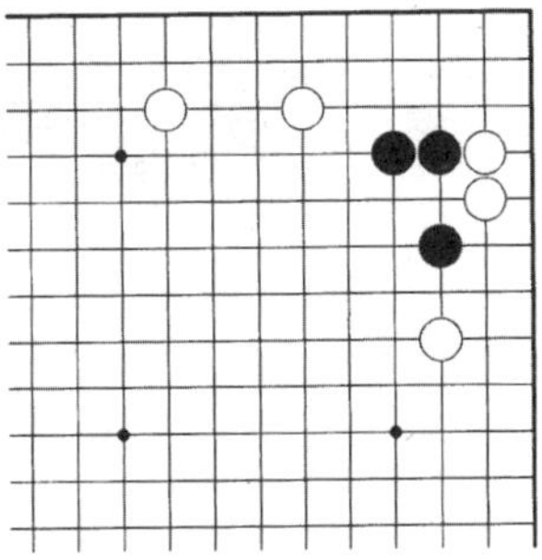

### 정형

우상의 전투.

화점 정석의 변화로 흑집을 도려내러 백이 침입하였다. 흑은 외세를 굳혀서 모양을 정리하면 충분하다.

解

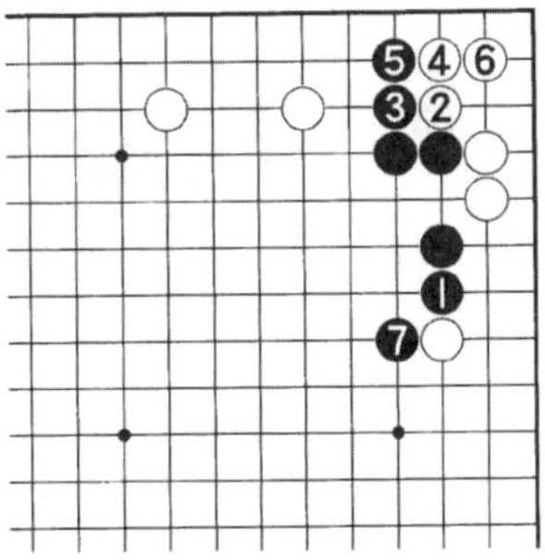

### 흑 좋은 모양

흑1의 치받음이 좋은 수이다.

백의 절단과 우변으로 건넘을 한수로 막는다. 흑3부터 백6으로 살고 흑7로 젖힌 모양이 좋다.

失

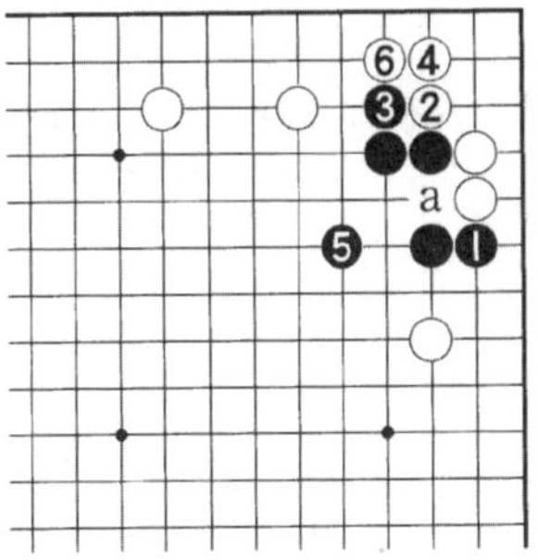

### 백 유리

흑1은 틀린 맥이다. 백2, 4로 귀의 수를 늘린 뒤 a의 나가끊는 수를 엿본다. 흑5로 지키면 백6으로 건너서 백이 유리하다.

제3형 백번

(1255)

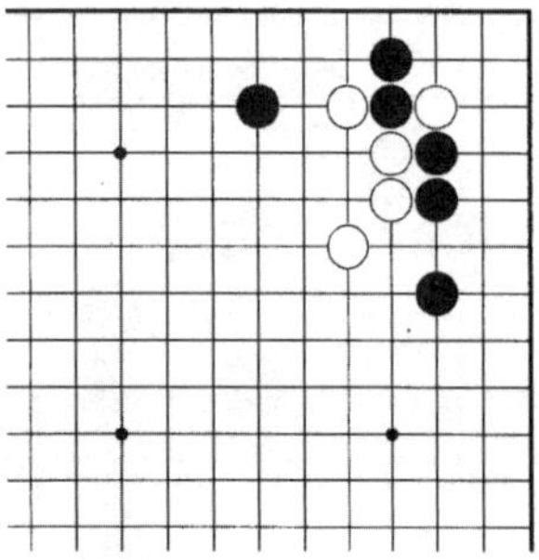

### 외세

한 칸 높은 걸침 정석이다.
흑은 귀의 백 1점을 잡고 있지만 그 대신에 백은 바깥을 두텁게 하면 불만이 없다.

解

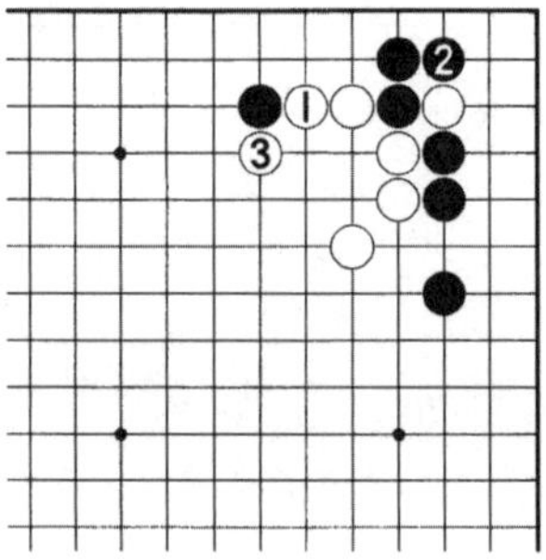

### 백 좋은 모양

백1로 치받는 것이 모양이다.
다음에 2로 막는 수가 있어서 흑은 2로 지키는 정도이다. 백3으로 막고 상변의 흑을 공격하면서 강화한다.

失

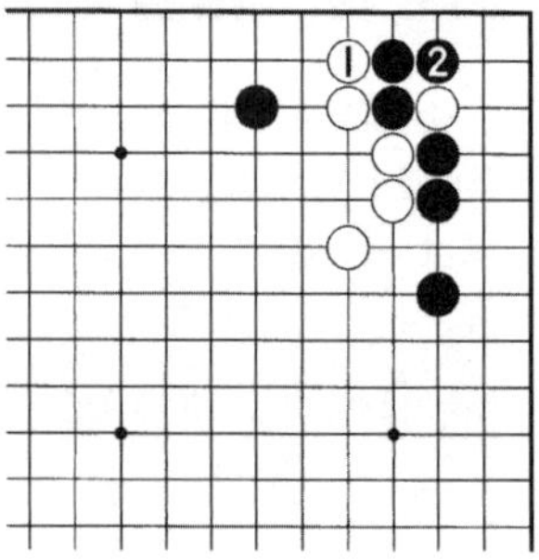

### 백 불리

백1로 막는 것은 속수이다.
흑2로 지킨 뒤 상변에 있는 흑1점에게 반격이 없다. 흑 1점의 활력이 충분한 만큼 백이 불리하다.

제4형 흑번

(1256)

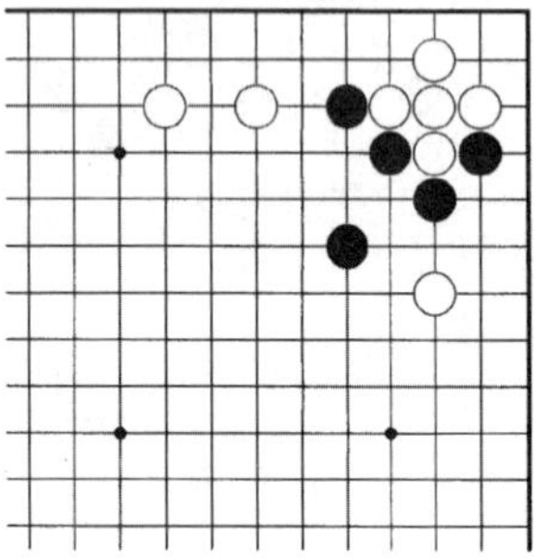

### 결정짓다

두 칸 협공 정석의 변화로 흑이 우상귀의 모양을 정리하여 정석이 일단락된다. 흑은 어디서부터 모양을 결정지어야 할까?

解

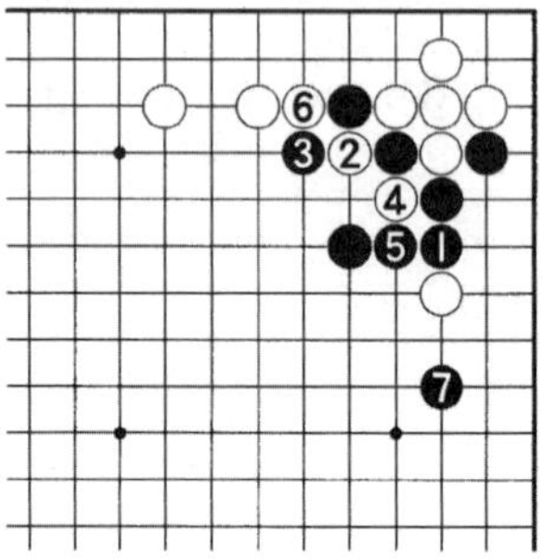

### 모양

흑1로 치받는 것이 모양이다.
백2로 끊으면 흑3으로 단수쳐 1점을 잡게 만들고 5로 잇는 흐름이 좋다. 7까지 우변에 벌려서 일단락.

変

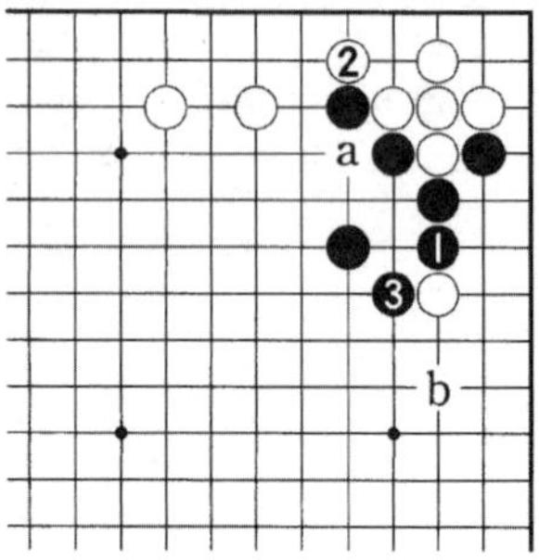

### 흐름을 주지 않다

백2의 젖힘은 흑에게 굳힐 리듬을 주지 않는 수이다.
흑3으로 부풀려서 a로 잇는 수를 엿보게 된다. 흑3으로 b는 백3이 남아서 맛이 나쁘다.

치받음 전투

제1형 백번

(1257)

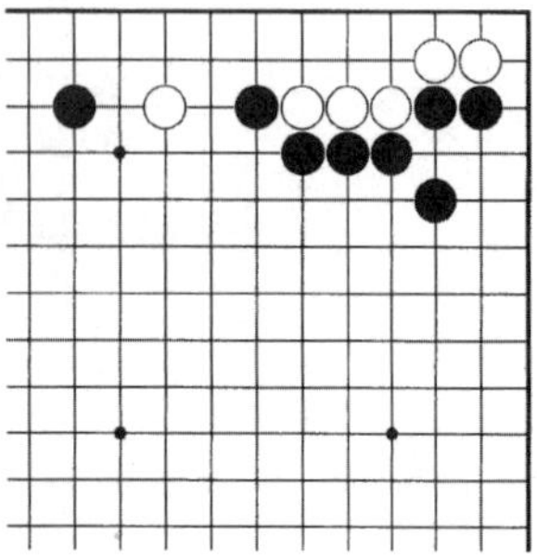

### 연결하다

상변의 전투.
흑이 3점 머리를 두들긴 장면이지만 백은 상변의 1점과 연결하면 살 수 있다.

解

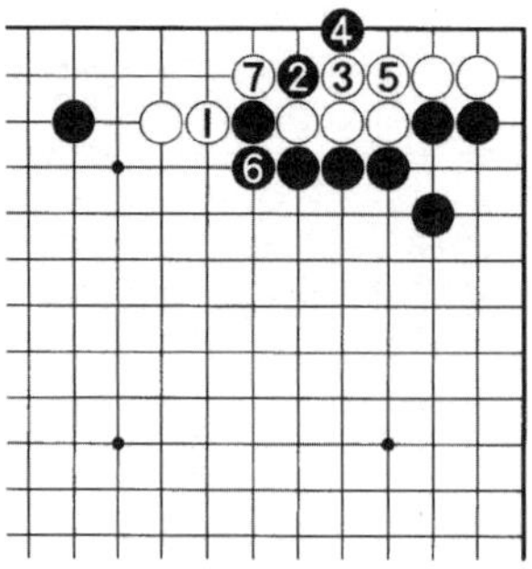

### 맥

백1의 치받음이 맥이다. 흑2로 젖히면 백3으로 받고 백5 이후 6과 7의 두 곳에 끊음이 남는다.
백7까지 좌우를 연결한다.

失

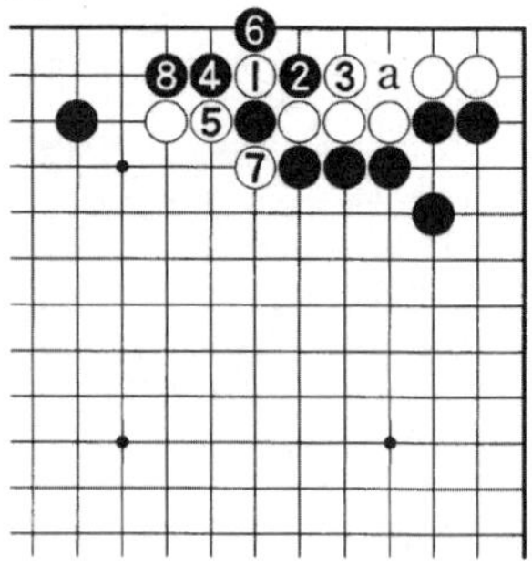

### 패는 실패

백1로 젖히면 흑2로 맞끊어 실패한다.
백3 이후 흑4부터 8로 패가 난다.
백3으로 5는 흑a로 조인다.

(1258)

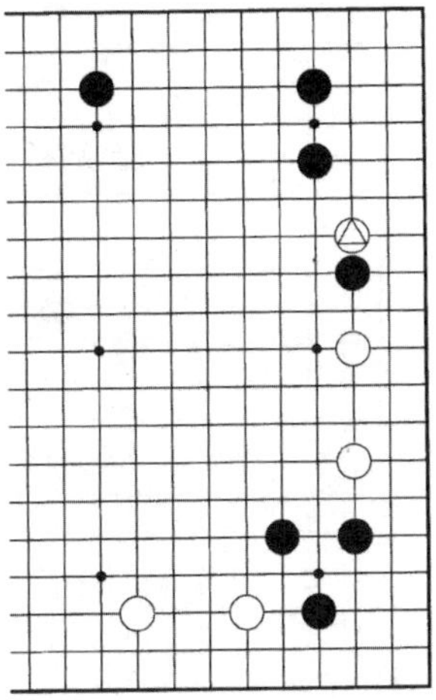

解

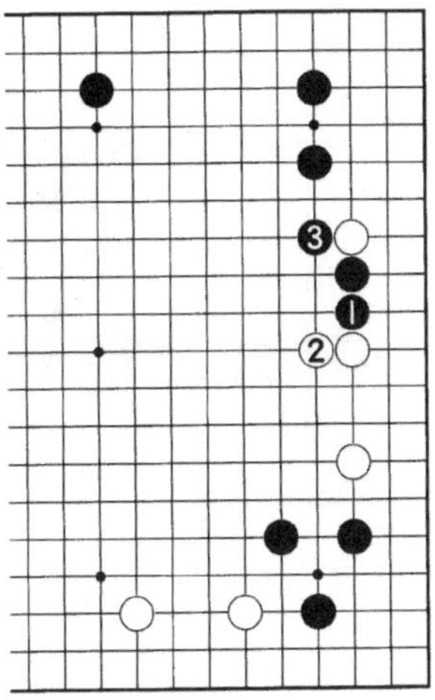

变

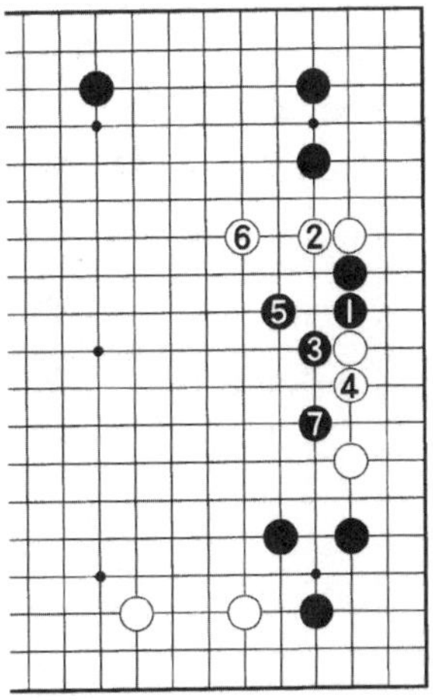

제2형 흑번

## 반발

우상의 전투.

우상귀의 흑집을 도려내기 위해 백 ◬로 붙여 응수타진 하였다. 우상, 우하의 흑이 강력하므로 강하게 반발하고 싶다.

## 강수

흑1의 치받음이 강수로 백의 연결을 막는다.

백2로 우하를 지키면 흑3으로 막아 우상의 백 1점을 공격한다. 이 백은 거의 도망가기 어려운 모양이다.

## 흑 유리

백2로 뻗어 우상이 도망가는 변화.

흑3으로 아래쪽을 젖히고 백4, 흑5로 모양을 정리한다. 중앙의 흑이 강력해서 백6으로 위쪽이 도망쳐도 흑7로 우변을 공격이 냉엄하여 흑이 유리하다.

(1259)

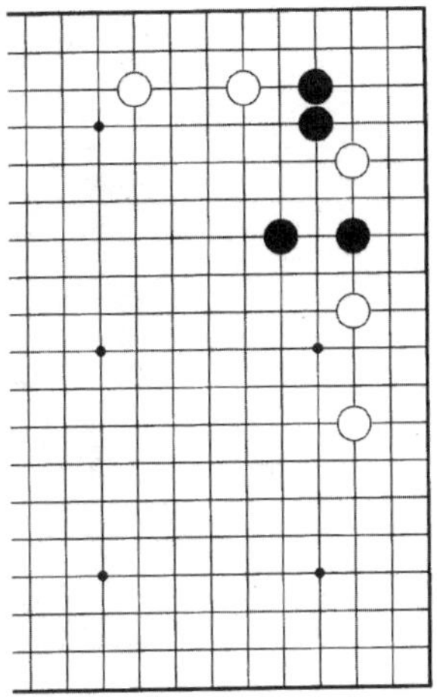

解

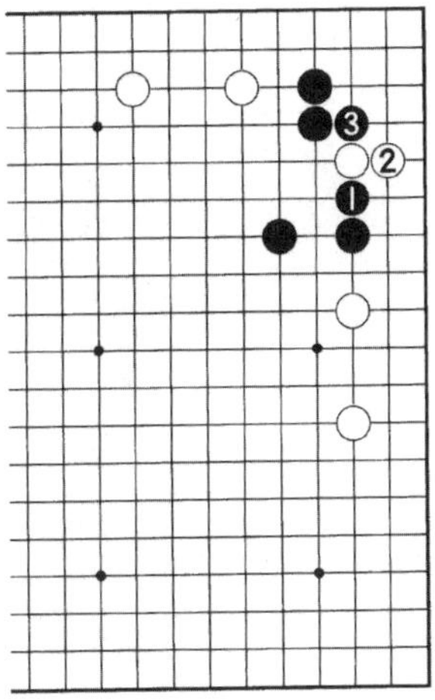

变

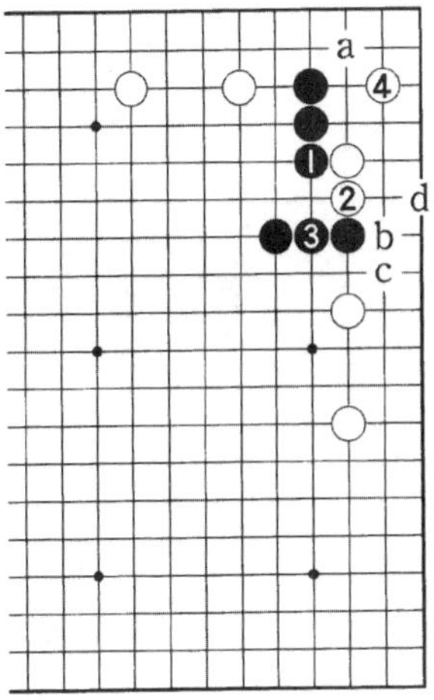

제3형 흑번

## 최강수

우상의 전투.

화점부터 눈목자 굳힘에서 생기는 모양이다. 귀의 흑집에 뛰어 들어온 백 1점을 잡아야 한다. 최강의 수는 무엇인가?

## 백 잡히다

흑1의 치받음이 최강의 저항.

백2는 중앙으로 도망과 귀에서 사는 것을 노리고 있는데 흑3으로 막아 양쪽을 막아버린다.

이대로 백 2점은 잡힌 모양이다.

## 백 삶

흑1로 막는 수는 완착이다. 백2로 치받으면 흑3으로 잇는 정도이다.

백4로 미끄러져 산다.

흑a는 백b, 흑c, 백d가 선수로 활용된다. 흑a로 b는 백a.

제4형 흑번

(1260)

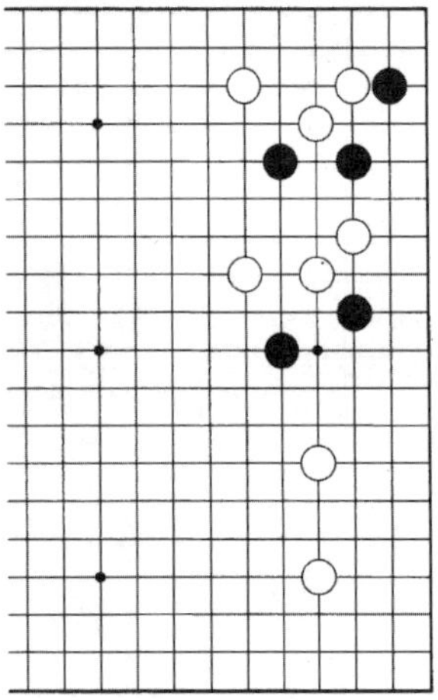

## 싸움을 즐기다

우상의 전투.
우변의 흑 2점은 가벼운 모양이지만 우상의 흑이 공격당하게 되면 괴로운 싸움을 피할 수 없다. 우상을 좋은 모양으로 만들어 편하게 싸우고 싶다.

解

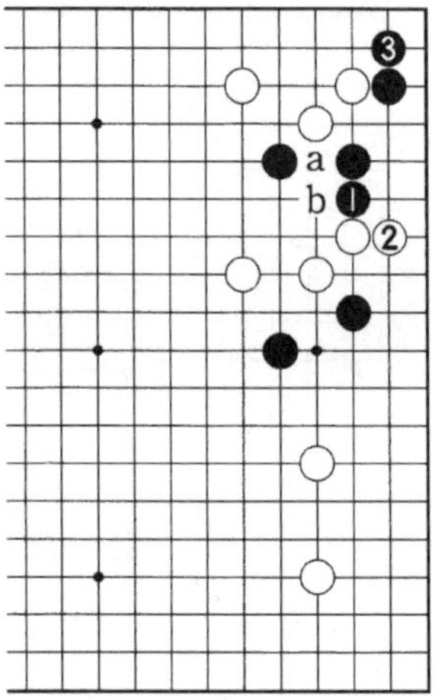


## 흑 좋은 모양

흑1의 치받음이 맥이다.
다음에 2의 건넘을 노린다. 백a로 나가도 흑b로 막고, 중앙을 끊어도 봉쇄를 피할 수 있다.
흑3으로 내려서 좋은 모양이다.

失

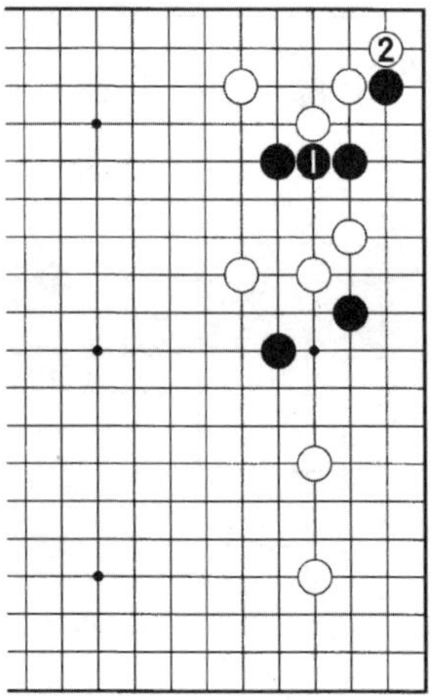


## 흑 고전

흑1로 이으면 활용당한다. 백2로 귀에 두어 흑은 중앙으로 도망칠 수밖에 없다. 완전히 뜬 돌이 된다.
우상, 우변 두 개의 약한 돌을 가지고 있어 흑은 괴로운 싸움.

치받음
타개하여 살리다

제1형 흑번

(1261)

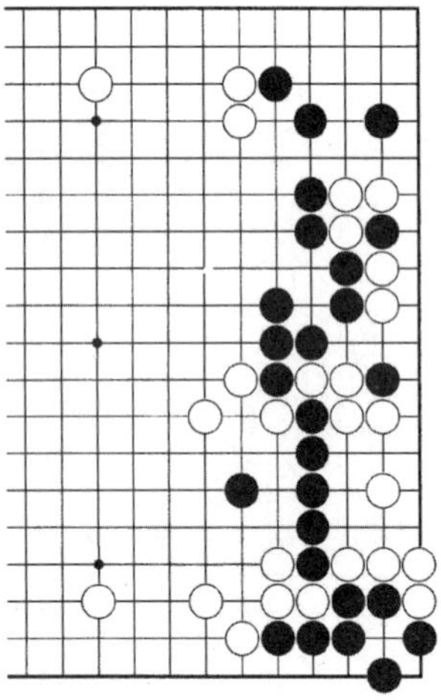

## 기회

우변의 전투.
우변? 우하? 만약 우변의 백에게 수가 난다면 흑의 싸움은 편해진다.
백의 자충을 공배가 찬 백을 어떻게 추궁해야 할까?

解

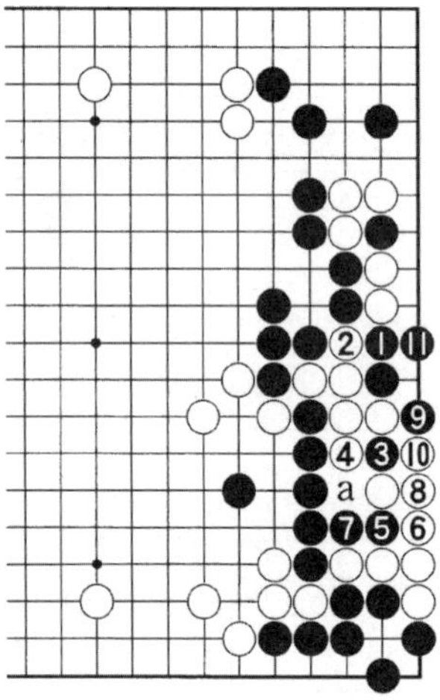


## 패

흑1로 치받으면 백은 2로 받을 수밖에 없다. 백은 자충으로 흑3의 끼움이 매서운 수가 된다. 백4에 흑5. 흑a가 선수여서 백6으로 받게 되지만 흑7 부터 11까지 패가 난다.

変

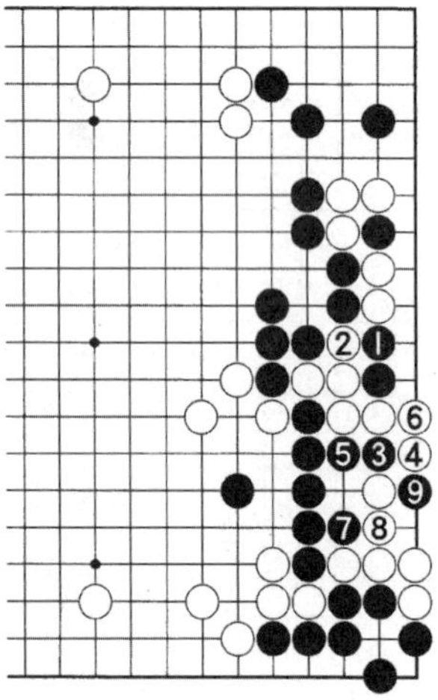


## 촉촉수

백4로 받는 변화. 흑5로 단수가 활용되어 자충으로 몰아넣는다. 흑7, 9로 우하의 백은 촉촉수이다.
백2를 5자리로 지키면 흑2. 우상의 백을 잡아 만족이다.

치받음 따냄

제2형 흑번

(1262)

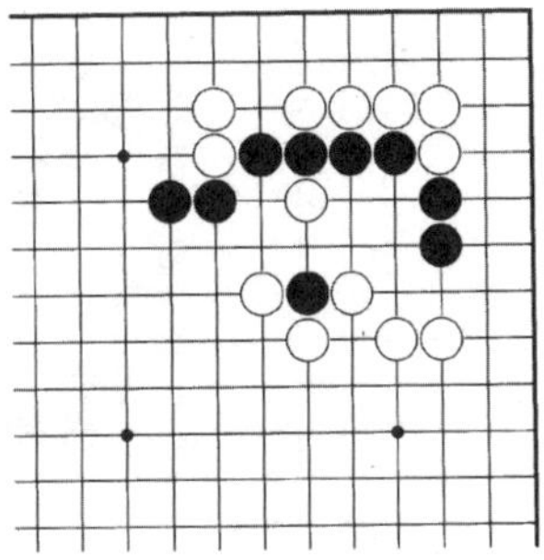

## 끊기는 모양

상변의 전투

흑에게는 두 개의 약점이 있어서 오른쪽을 이으면 왼쪽이 끊기는 상황이다. 백이 어느 쪽도 끊지 못하게 하려면 어떻게 해야 하는가?

解

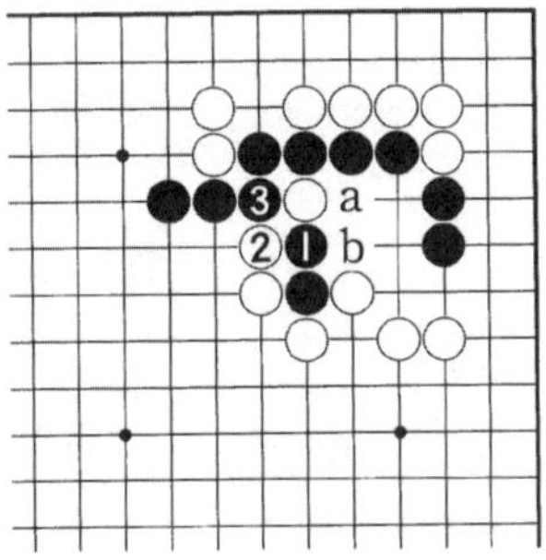

## 사석

흑1로 치받고 백2의 단수에 흑3으로 이어 2점을 사석으로 이용한다. 백b로 2점을 따도 흑a로 우변에 연결한다.

变

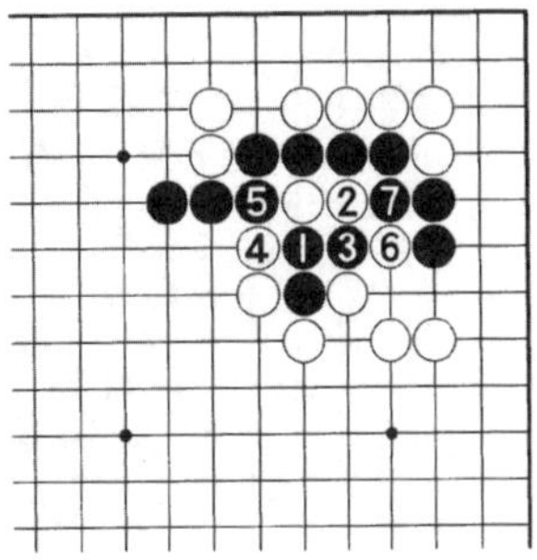

## 3점으로 버린다

백2로 나가면 흑3이 있다. 3점을 사석으로 하는 맥이 있다.

백4, 6으로 정해도보다 백이 이득이지만 흑은 우변의 2점을 잡히는 것보다는 유리.

제1형 흑번

(1263)

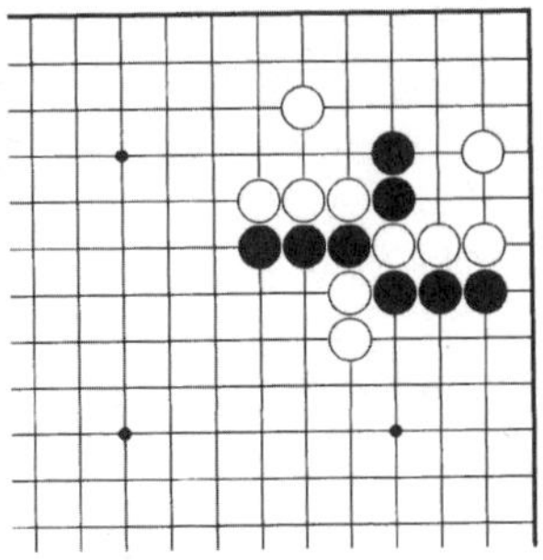

## 바깥도 약하다

수상전 문제.

흑 2점과 우변의 백 4점이 수상전에 돌입하였다. 흑의 수가 느슨하면 바깥의 모양을 추궁 당한다.

解

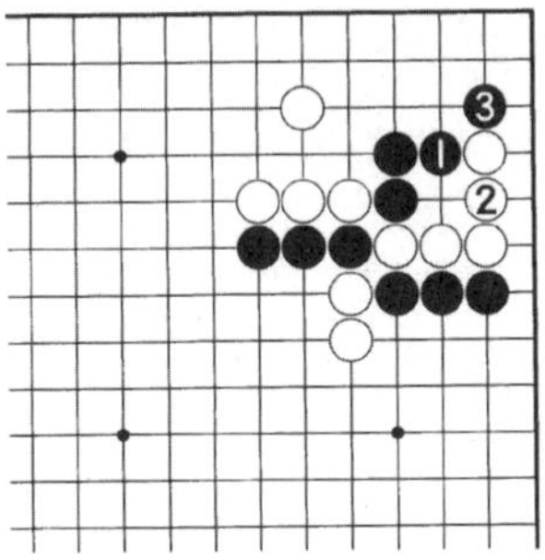

## 흑 승리

흑1의 치받음이 맥이다. 백2로 3은 흑2의 젖혀끼우는 수가 냉엄하다. 백2로 이으면 흑3으로 막아서 흑이 수상전에서 승리한다.

失

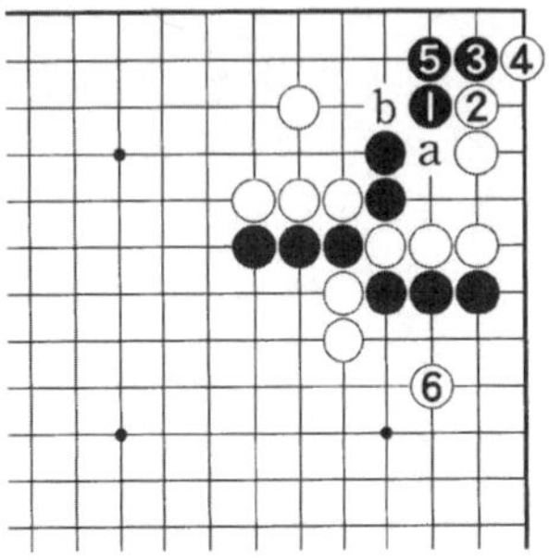

## 흑 느슨

흑1의 입구자는 느슨하다. 백2와 4를 활용한 뒤 백6으로 흑3점을 봉쇄하여 백이 좋다.

흑1로 2에 붙이면 백a, 흑1, 백b로 끊어 백 승리.

제2형 흑번

(1264)

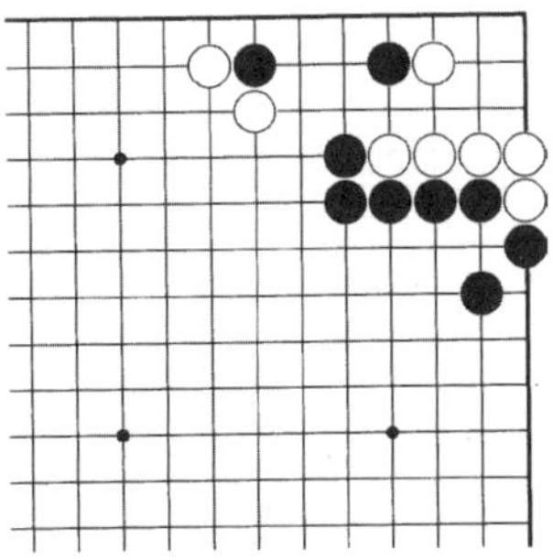

## 공격하여 잡다

귀의 전투.

백을 죽은 모양으로 만들 수는 있지만 바깥의 흑에게도 약점이 있다. 백의 반격을 버티면서 잡을 수 있을까?

解

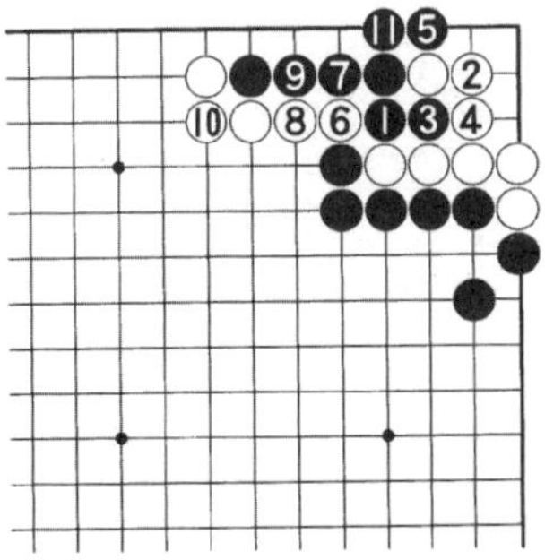

## 흑 승리

흑1로 치받아 백의 궁도를 좁힌다. 백2, 4로 받아 흑을 자충으로 만들어 6의 끊는 수를 노리지만 흑5부터 11까지 흑의 승리.

变

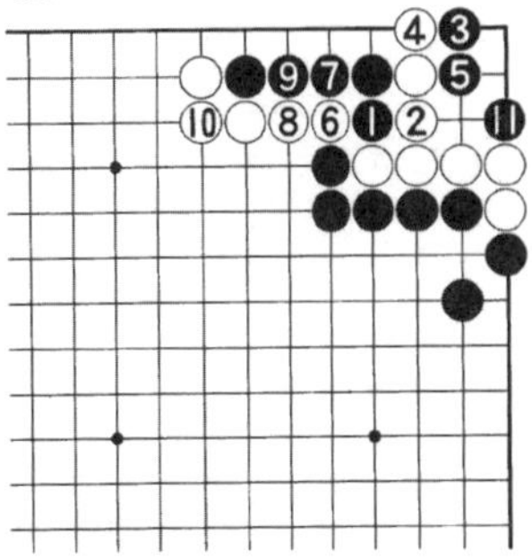

## 흑3이 묘수

백2로 받으면 흑3, 5로 치중하여 백의 공배를 메운다.

백6으로 끊어도 11까지 흑 승.

백4로 5도 흑4로 죽는다.

(1265)

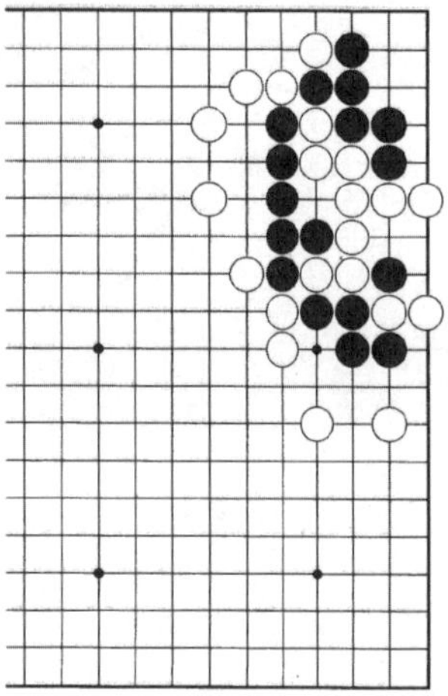

解

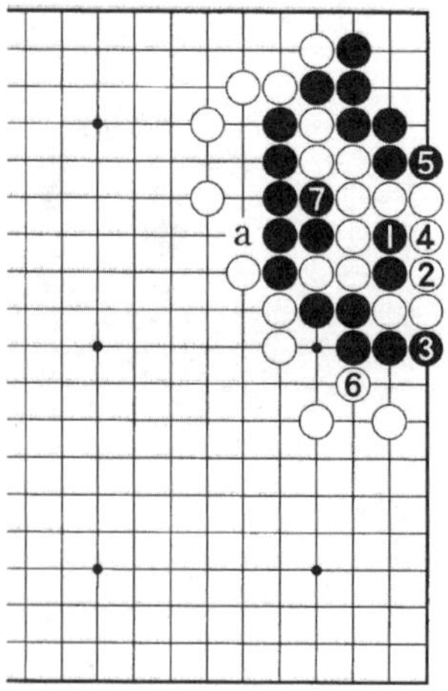

失

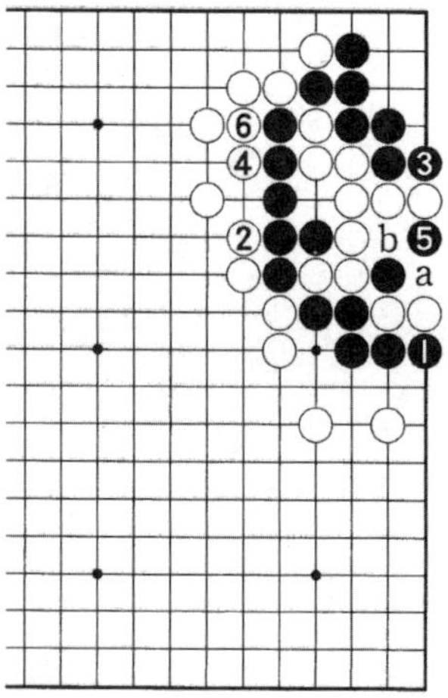

제3형 흑번

### 첫 수는?

우상의 수상전.

우변의 백 2점을 잡을까 중앙에서 공격할까 그렇지 않으면 귀에서 둘까 고민이다. 전체에 공통되는 공격을 첫 수로 두자.

### 흑 승

흑1로 공배를 메우는 수가 좋다. 백2로 2점을 잡고 우하의 흑과 수상전을 할 수밖에 없다.

흑3부터 7로 공격하여 흑의 한 수 승.

백2로 a로 공격하는 것은 흑5.

### 흑 잡힘

흑1로 우변의 백 2점을 잡는 것은 실패한다.

백2부터 중앙의 흑 6점을 공격해서 백6 이후 흑은 양자충으로 우변이 전멸한다. 더욱 흑1로 3도 백a, 흑b, 백1로 실패한다.

(1266)

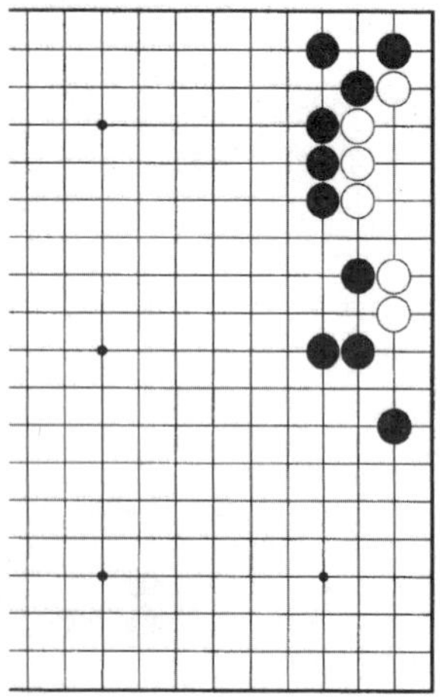

解

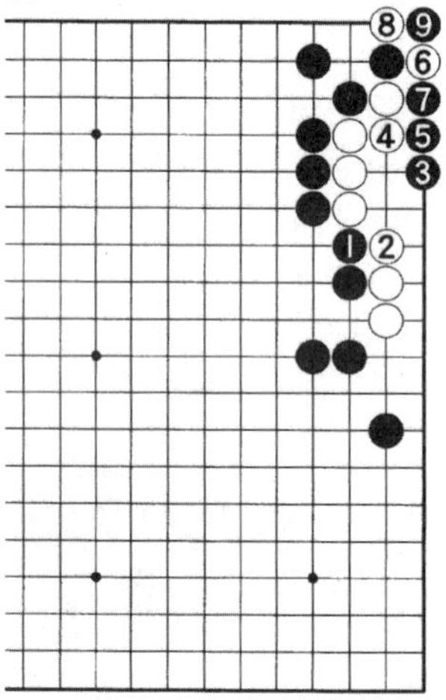

失

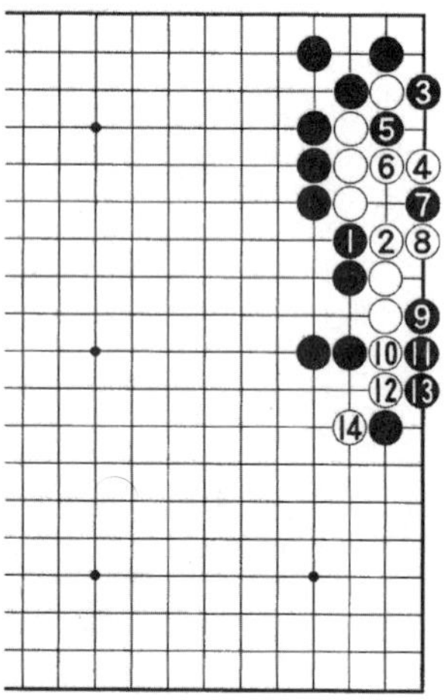

제4형 흑번

### 자충

사활 문제.

바깥에서 모양을 결정지어 백의 자충을 노린다. 공격의 급소는 하나뿐이다. 단, 백에게도 저항하는 좋은 수가 있다.

### 패

흑1의 치받음이 백의 공배를 메우는 모양이다.

백2로 받게 한 뒤 흑3으로 3점의 가운데 치중하여 백을 자충으로 만든다. 백4, 6이 최강으로 저항으로 패가 난다.

### 백 삶

흑3으로 젖히면 백4로 급소를 빼앗겨서 실패한다.

흑5, 7로 치중하여 백의 안형을 노려도 백8로 막아서 산다.

흑9 이하는 백14로 탈출해서 무리.

제5형 흑번

(1267)

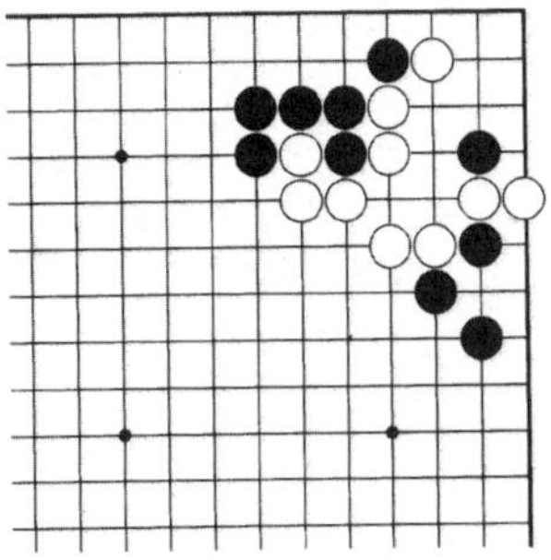

## 부활

우상의 전투.
흑 1점이 백집 안에 남겨졌다. 백의 자충을 노려서 부활시키고 싶다.

解

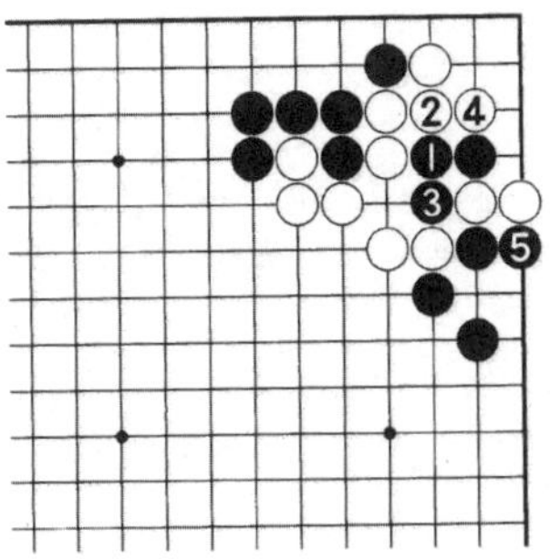

## 맞보기

흑1의 치받음이 좋은 수이다.
백2로 잇는 정도이다.
흑3, 5로 우변 백 2점을 잡고 백집을 부순다.

变

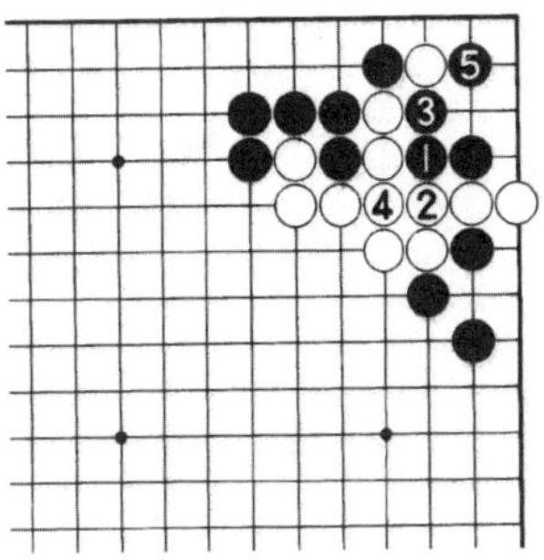

## 귀는 흑집

백2로 우변을 잇는 변화는 흑3으로 끊어 그만이다.
백4라면 흑5. 귀가 흑집이 되어 백은 근거를 잃어버렸다.

제6형 백번

(1268)

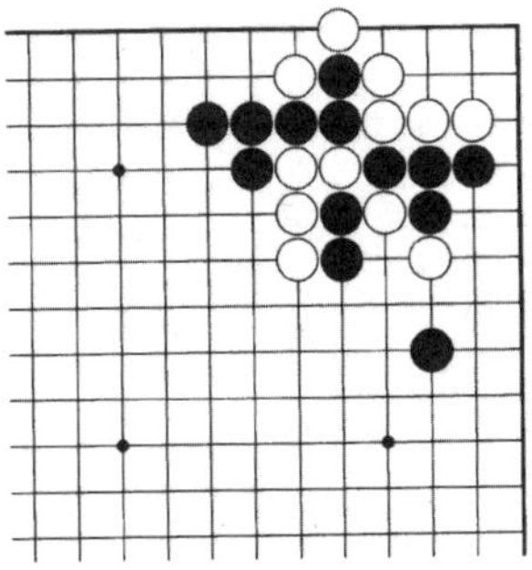

## 생환

우상의 전투.
중앙의 흑 2점을 잡는 것은 안 된다. 우상의 흑 4점을 잡고 귀의 백을 살려야 한다.

解

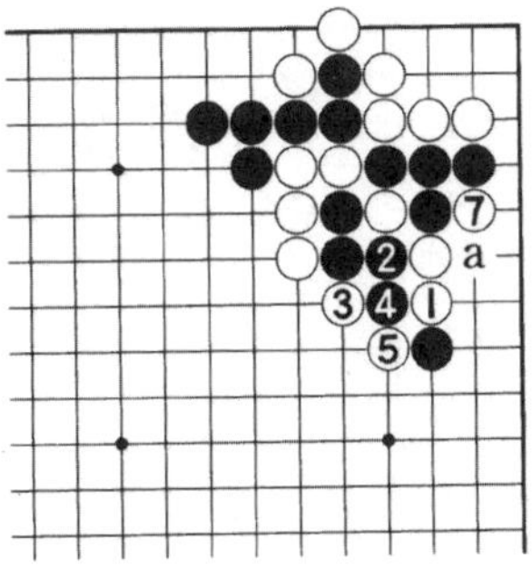

## 흑 전멸

백1의 치받음이 최강의 수이다. 흑2로 백 1점을 잡아도 백3으로 막아 흑은 탈출할 수 없다.
백1로 3은 흑a.
※❻→❷의 위

失

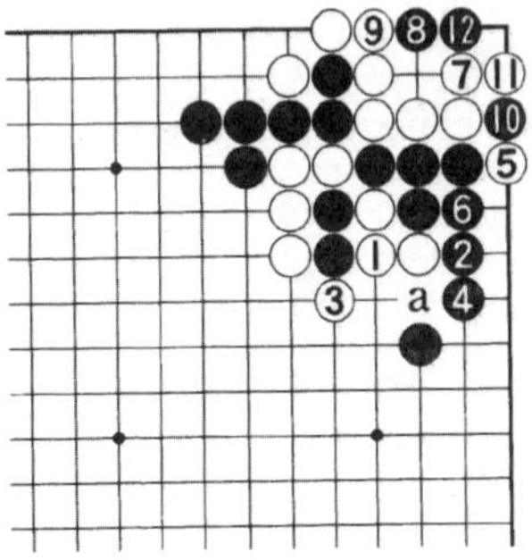

## 백 죽음

백1의 단수는 흑2의 젖힘을 당해서 실패한다.
백3, 흑4로 우변을 건너가면 귀의 백은 죽는다.
백3으로 4는 흑a, 백3, 흑6.

치받음 끝내기

제1형 흑번

(1269)

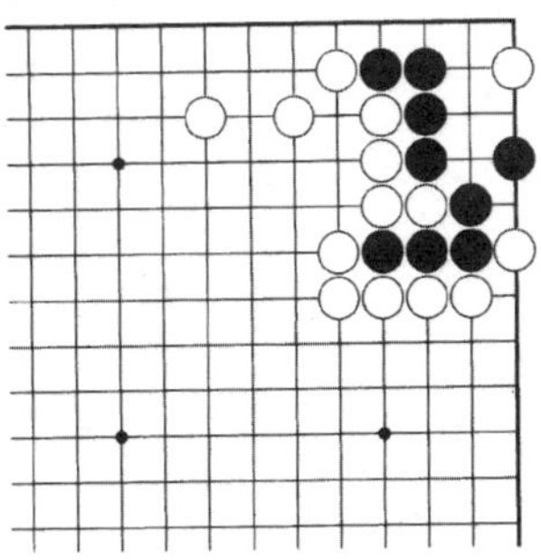

## 사는 방법

가일수 문제.
화점 정석에서 생기는 모양으로 귀에 어떻게 가일수하여 살려야 할까? 어떻게 두느냐에 따라 차이가 발생한다.

解

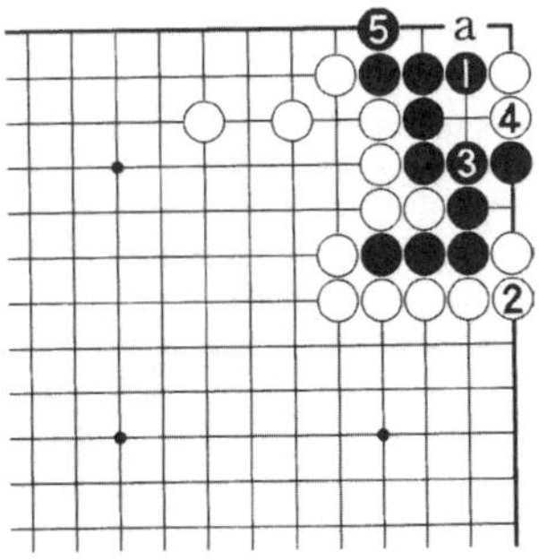

## 흑1 정수

흑1로 치받고 백2, 흑3으로 집을 넓혀 산다.
흑5 이후 백a는 후수 빅. 흑a는 7집의 자리로 흑에게는 3집 반의 권리가 있다.

失

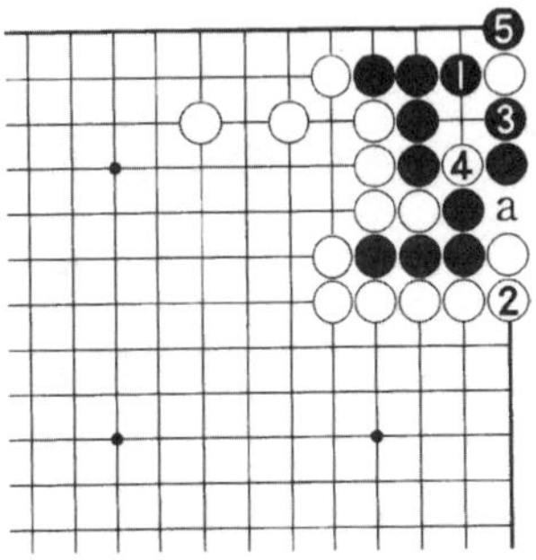

## 흑 손해

흑3으로 받으면 백4로 먹여쳐서 흑집이 좁아지고 흑5까지 후수 4집으로 살아야 된다. 이후 백a로 흑이 손해다.

(1270)

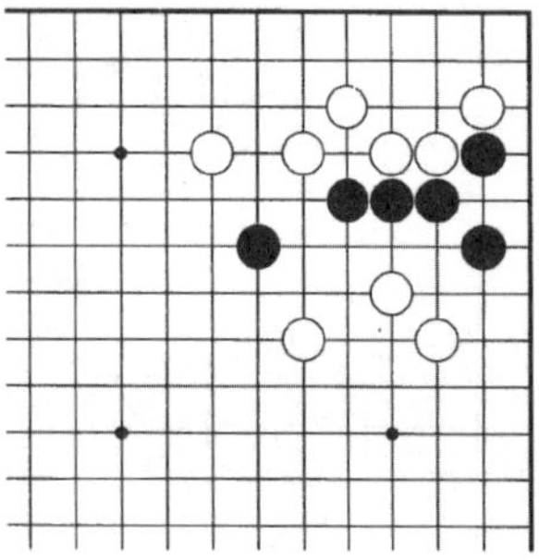

解

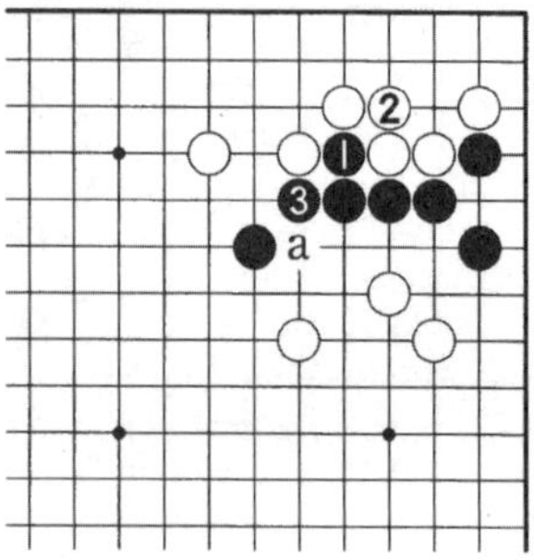

失

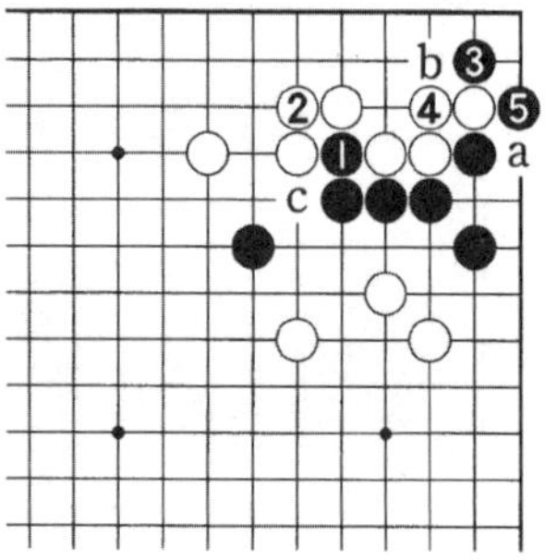

제1형 흑번

### 응수타진

우상의 흑은 중앙과 연결해서 도망쳐야 한다. 그 전에 좋은 응수타진이 있다.

### 흑1 정교함

흑1로 찔러넣어 백의 응수를 본다.
백2로 3으로 나가도 흑a. 백은 귀에 약점이 생겨서 무리.
백2 라면 흑3으로 받는 모양이다.

### 흑 성공

백2로 왼쪽 약점을 지키면 흑3으로 껴붙여 귀의 백집을 도려낸다. 백4로 a는 흑4로 끊어 백 무리.
흑5로 건너고 백b, 흑c가 되어 흑의 성공이다.

(1271)

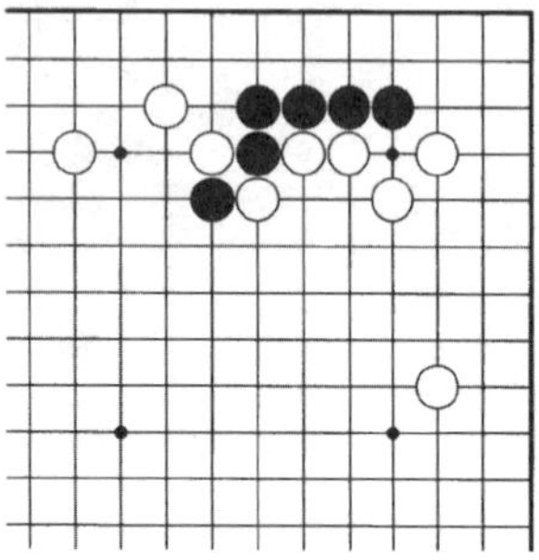

解

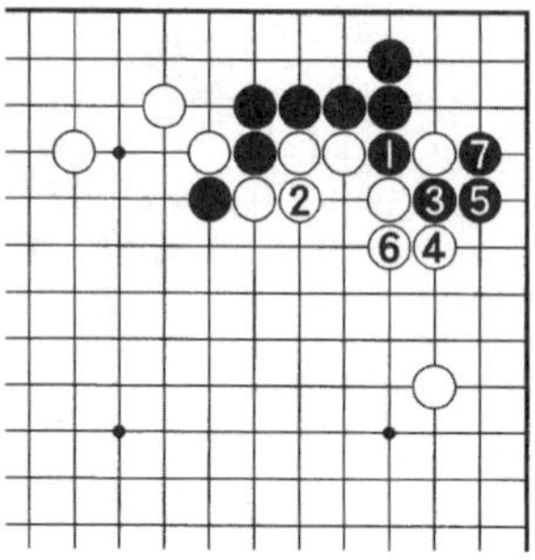

失

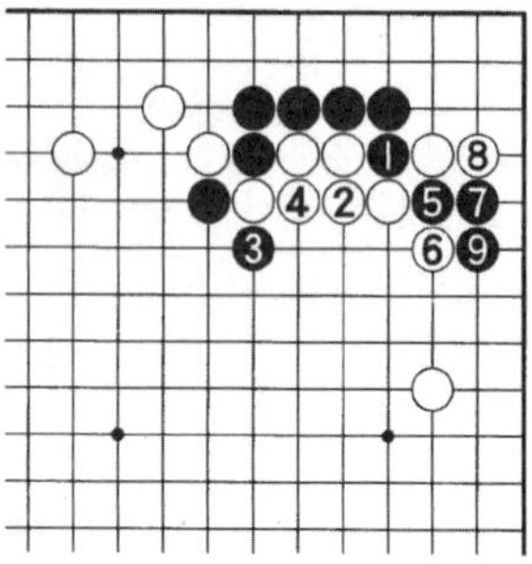

제2형 흑번

### 상황을 보다

우상귀의 흑은 여유 있게 살 수 있지만 어떻게 살아야 할까? 백의 모양을 추궁하여 백의 응수를 볼 필요가 있다.

### 맥

흑1로 들이박는 수가 맥이다. 백은 중앙 양단수를 막아야 한다. 백2 라면 흑3으로 끊고 7까지 귀를 크게 먹는다.

### 백 불리

백2로 이으면 흑3 단수를 활용 당해서 백 불리.
흑5로 끊고 백6, 8의 저항은 흑 9로 구부려서 백은 이를 공격하기 어려운 모양이다.

(1272)

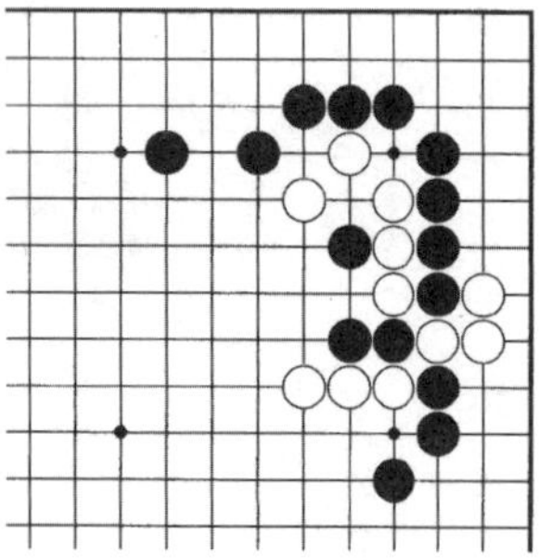

解

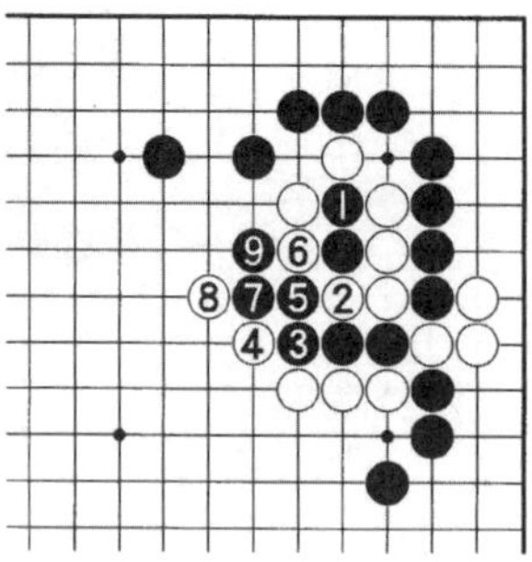

失

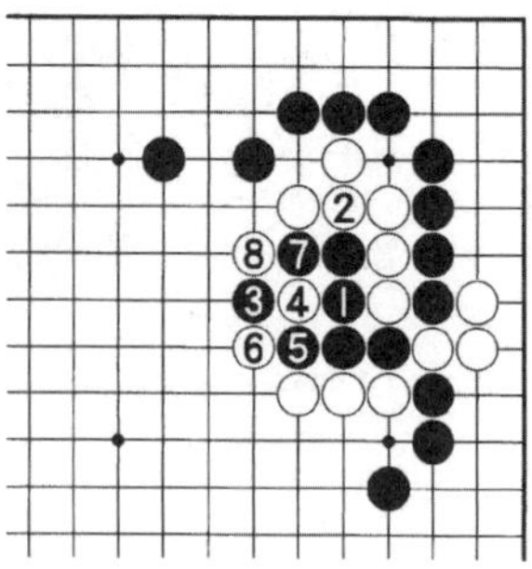

제3형 흑번

### 사석

백을 세 개로 나누고 있는 흑 2점을 살리고 싶다.
멋지게 사석을 이용한다.

### 묘수

흑1로 들이박아 백을 자충으로 만드는 묘수이다.
백2, 4로 요석인 2점을 쫓아도, 흑5로 단수가 되어 흑9까지 탈출한다.

### 흑 전멸

흑1로 이으면 백2로 지켜서 실패한다.
흑3으로 뛰면 백4로 끼워서 흑이 전멸한다.

# 붙임

붙임의 맥은 사석, 응수타진 외에 중요한 돌을 살리는 등 다양한 역할을 한다.
양쪽 다 수는 3수이다. 흑1의 붙임이 급소로 백 4점이 자충이 되었다.

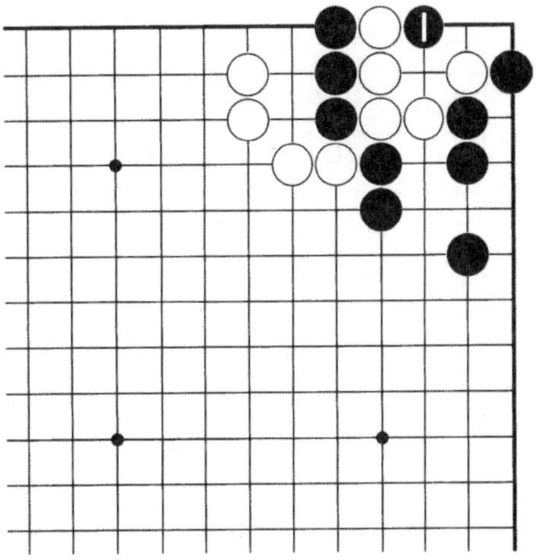



(1273)

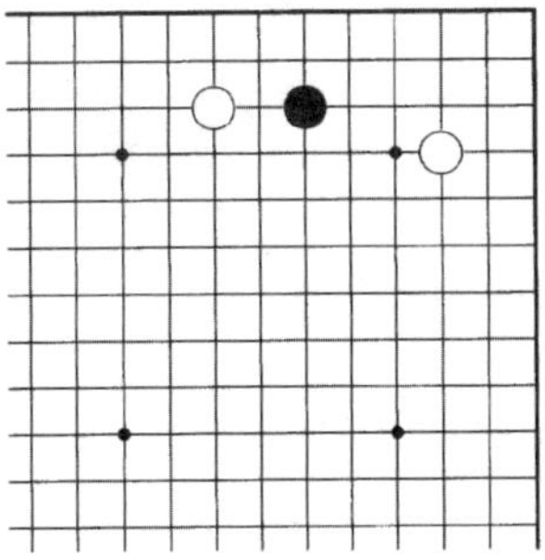

解

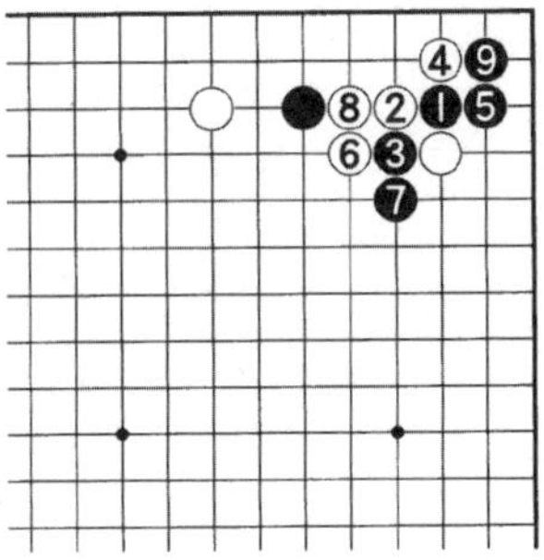

変

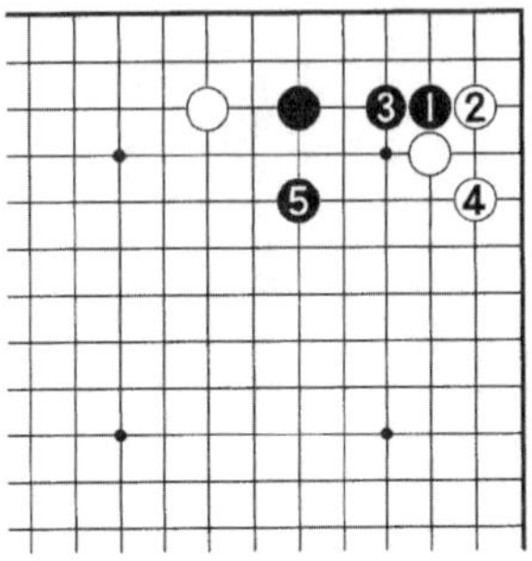

제1형 흑번

### 수습의 맥

백에게 협공당하고 있는 흑 1점을 어떻게 수습하면 좋을까?

### 바꿔치기

흑1로 3·3의 붙임이 수습하는 맥이 된다.
백2로 막으면 흑3으로 맞끊어 흑9까지 우상귀를 확보하여 바꿔치기 한다.

### 흑 충분

백2로 귀 쪽에서 받는 것은 흑3으로 당겨서 충분하다.
흑은 귀의 3·3에 침입하여 근거를 만드는 것으로 만족한다.
5로 좋은 모양이다.

(1274)

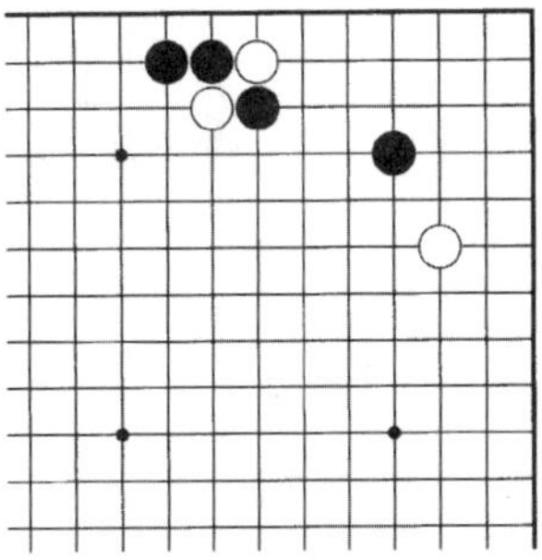

解

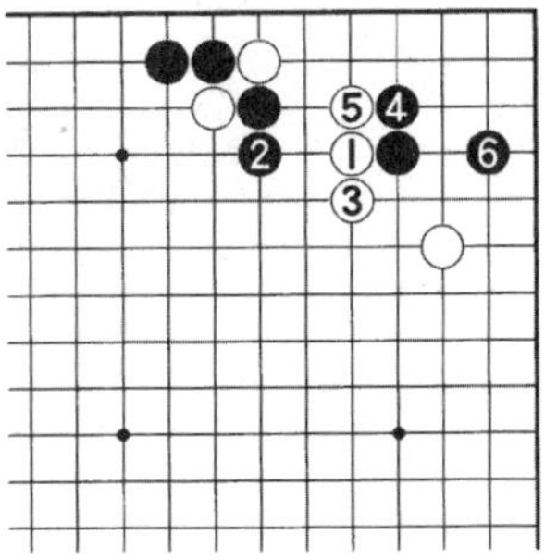

変

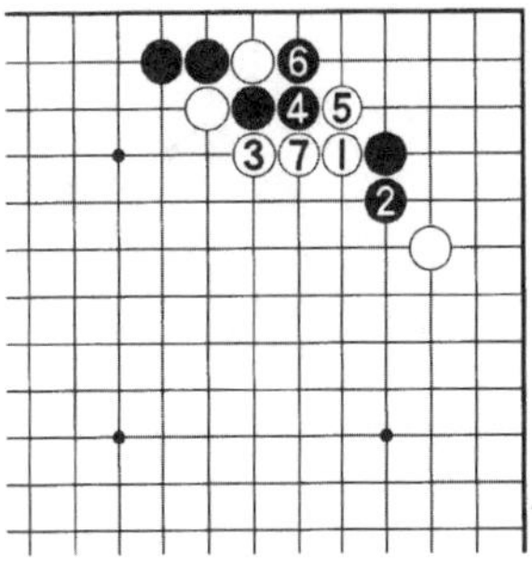

제2형 백번

### 수습 모양

상변의 전투는 백 2점과 흑 3점으로 백이 불리하다. 백은 귀와 연결해서 호각 이상으로 수습하는 모양을 만든다.

### 귀를 봉쇄

백1의 붙임이 맥이다. 흑은 2로 늘어 상변의 모양을 결정짓는 정도이다. 백3, 5로 우상귀를 봉쇄하는 것으로 만족한다.

### 관통

흑2로 반발한 경우.
백3, 5로 상변을 관통한다. 백7까지 우상의 백 2점을 공격하여 백이 유리.

(1275)

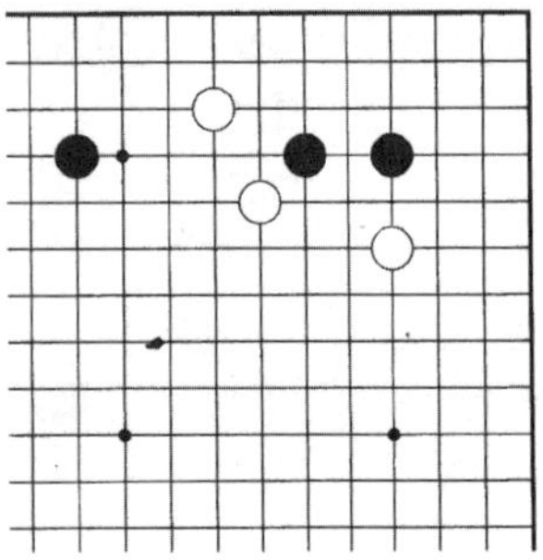

제3형 흑번

## 반발

접바둑에서 자주 나오는 모양이다. 백은 우상귀를 봉쇄하려고 하지만 어떻게 반발해야 중앙으로 나갈 수 있을까?

解

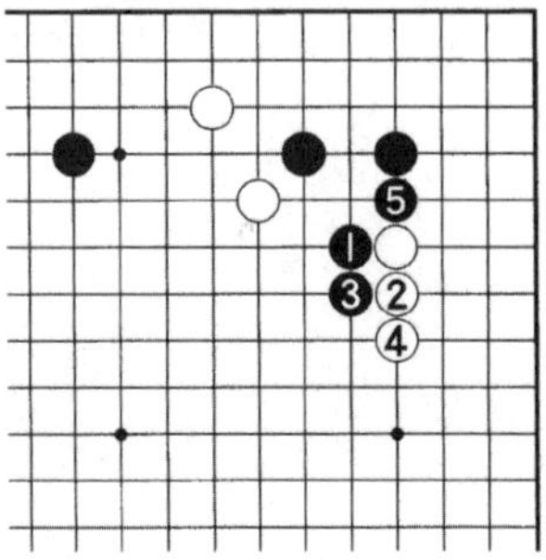

## 기대다

흑1의 붙임이 좋은 수이다. 백2라면 흑3. 우변 흑에 기대면서 모양을 결정하고 흑5로 지켜서 상변의 백 2점의 공격을 노린다.

失

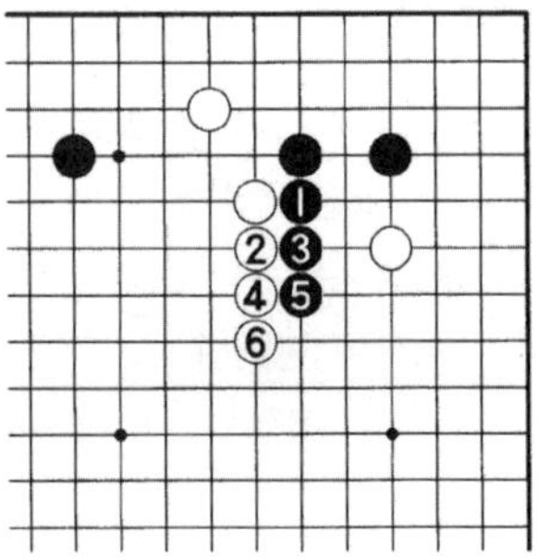

## 속수

흑1로 미는 것은 속수다. 백2에 흑3은 '뒷수레 밀기' 이다. 백이 한 발 먼저 나가서 두텁다. 우상의 백 1점은 가벼워서 흑은 충분하지 않다.

(1276)

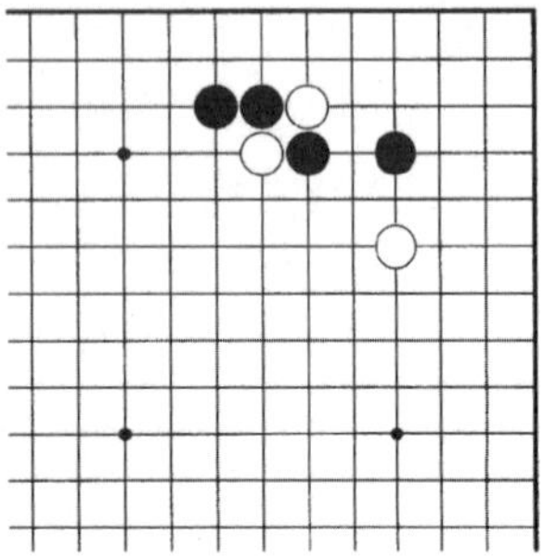

제4형 백번

## 화점정석

화점 정석에서 생기는 모양이다. 우상귀를 둔다고 하면 백은 어디부터 두어야 할까?

解

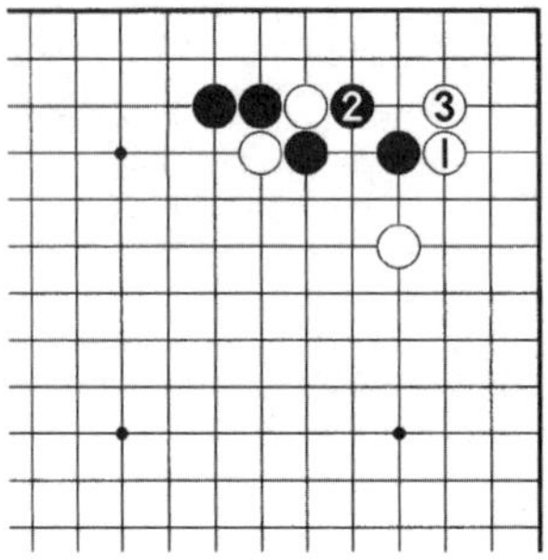

## 일단락

백1의 붙임으로 흑의 응수를 본다. 흑2로 상변을 굳히면 백3으로 3·3을 빼앗아 정석은 일단락된 모양이다.

変

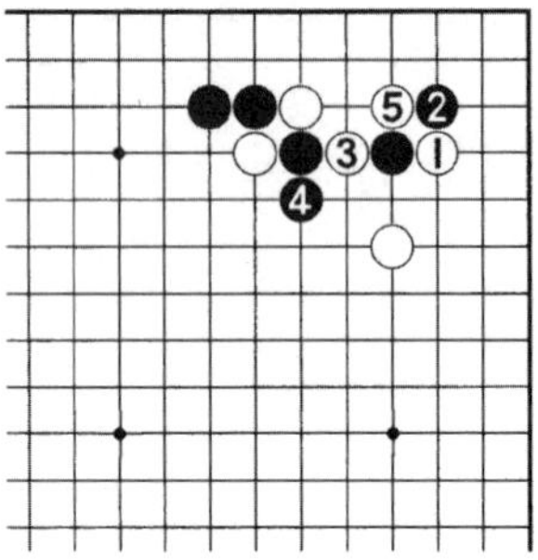

## 흑 불리

흑2로 받는다면 백3으로 왼쪽을 움직여 나온다. 흑4에는 백5로 백의 돌이 최대한으로 활용되어서 흑이 좌우로 분리된다.

(1277)

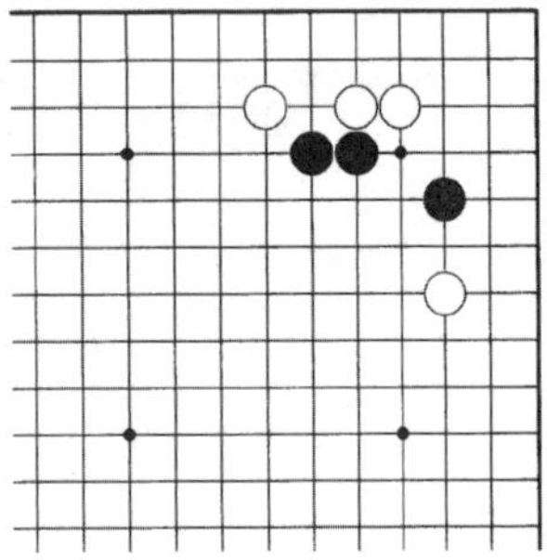

제5형 흑번

## 결정짓는 방법

우상의 흑 3점은 우변의 백으로부터 공격받고 있기 때문에 빨리 근거를 만들고 싶다. 어떻게 모양을 결정지어야 할까?

解

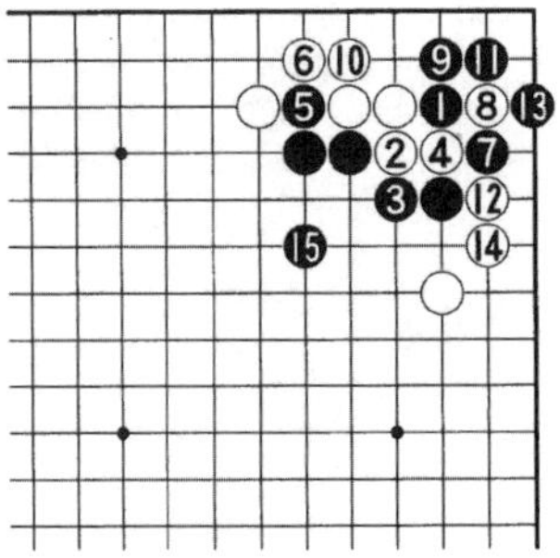

## 흑 유리

흑1의 붙임은 3·3의 급소다. 백2, 4로 공격하면 흑5부터 9로 저항한다. 백10 이후 귀에서 살고 중앙으로 도망쳐서 흑이 유리하게 된다.

変

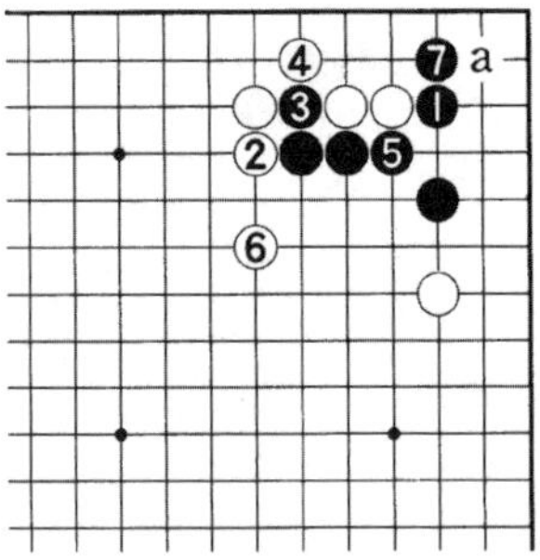


## 귀를 굳히다

백2로 상변을 견고히 하면 흑3, 5로 정리한다. 백6으로 7은 흑a로 편하게 사는 모양이다. 7로 귀를 굳혀서 바깥의 백에게 반격을 노린다.

제6형 백번

(1278)

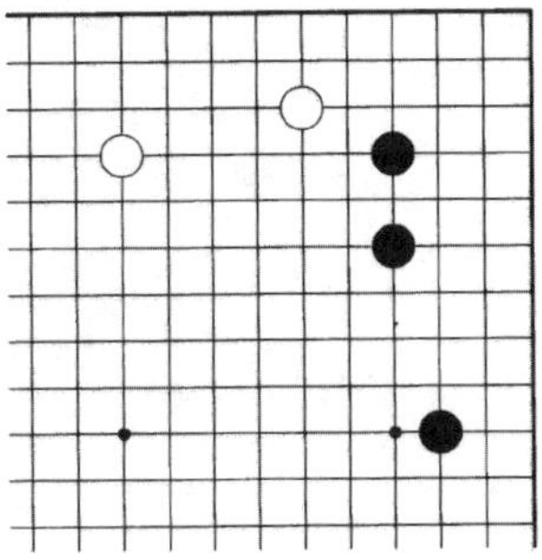

## 선수로

실전에서도 종종 볼 수 있는 포석이다.
다음 한수는 중앙에 선수로 세력을 쌓고 싶을 경우 유력한 방법이 된다.

解

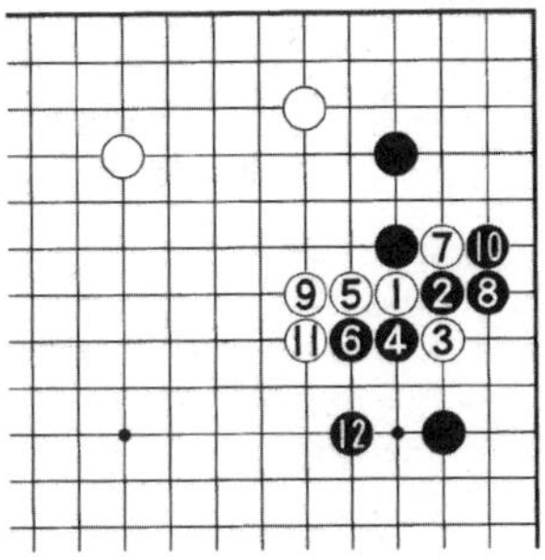

## 상용

백1의 붙임이 상용의 맥이다. 흑2에는 백3으로 젖히는 수가 맥으로 이하 흑12까지 백은 선수로 세력을 쌓을 수 있다.

变

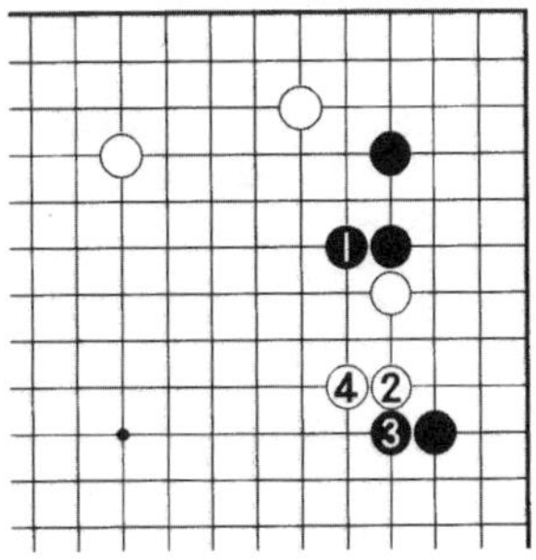

## 백 만족

흑이 정해도를 꺼려해서 흑1로 늘면 백2가 보통. 흑3, 백4로 백은 우변을 가르는데 만족한다.

제7형 흑번

(1279)

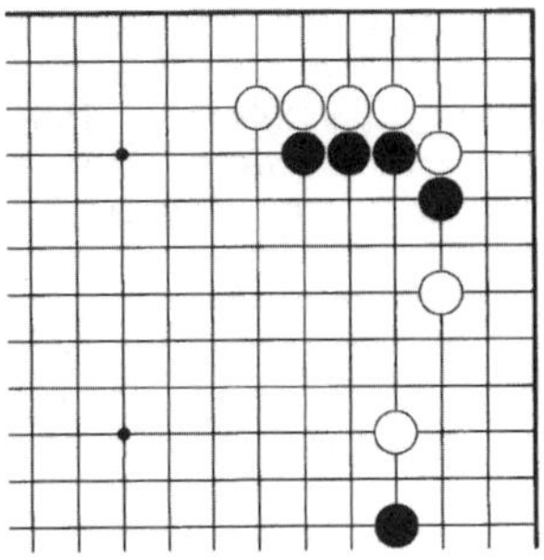

## 화려

주변은 백돌뿐.
어디까지나 가볍게 수습하는 것이 중요하다.
맥의 화려함이 잘 나타나는 문제.

解

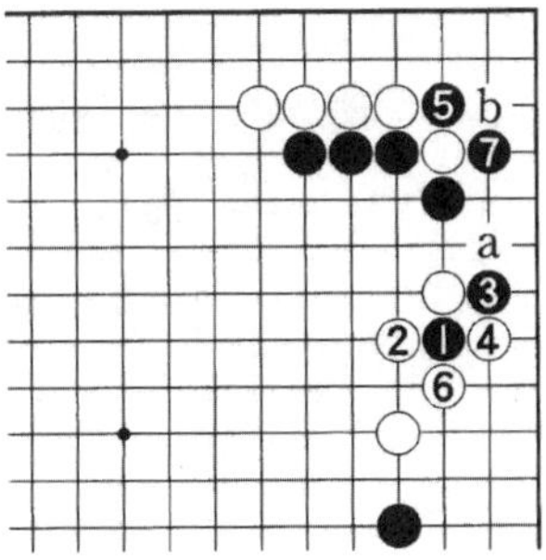

## 좋은 수순

흑1이 화려한 수습의 맥이다.
이하 백4까지 교환하고 흑5로 끊는 것이 좋은 수순. 백6으로 7에 뻗으면 흑a로 흑6과 흑b가 맞보기.

变

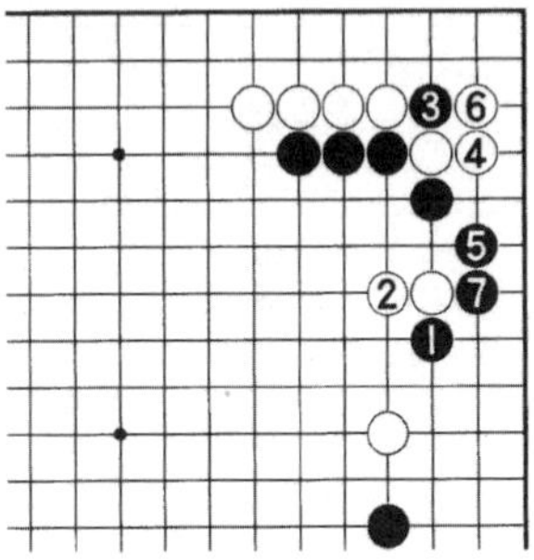

## 활용

백2로 느는 것은 흑3, 5가 좋은 수순. 백6, 흑7이 되면 먼저 둔 흑1, 백2의 교환이 흑에 활용되고 있다.

제8형 백번

(1280)

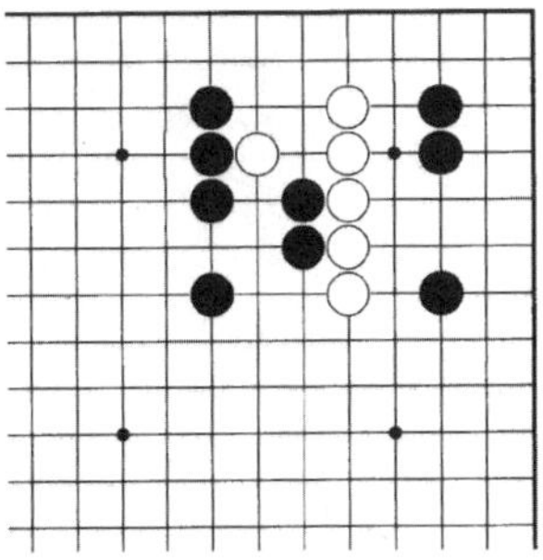

## 수습

좌우를 흑에게 협공당해 무거운 모양을 하고 있는 백돌들 이다. 이들을 어떻게 수습해야 할까? 맥을 알고 있다면 간단하다.

解

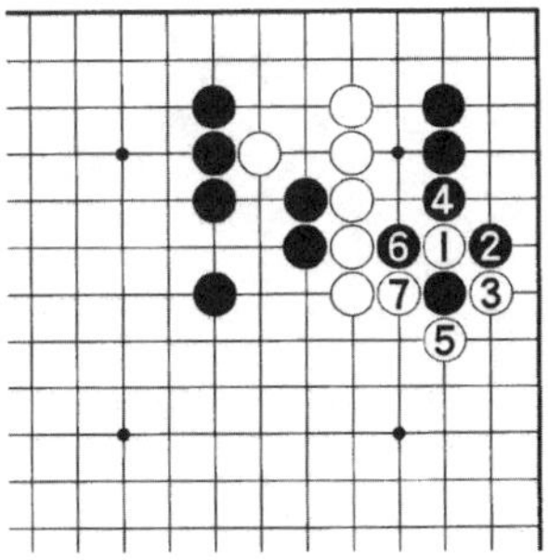

## 수습의 맥

백1, 3으로 붙여끊는 것이 상용의 수습하는 맥이다.
흑4에는 백5, 7로 우변에 뿌리를 내린다.

失

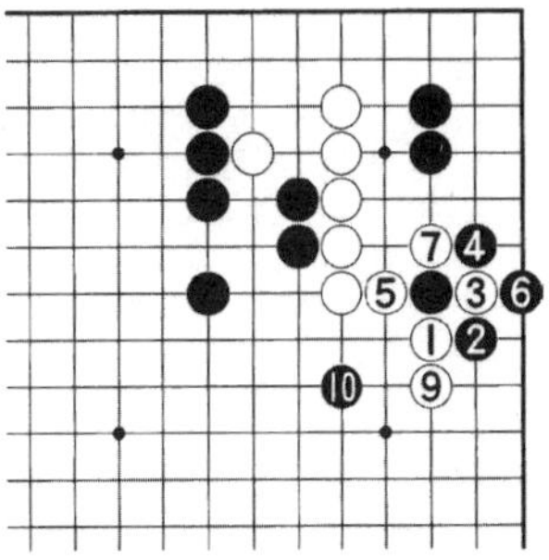

## 열세

백1로 바깥에서 붙여끊는 것은 조금 부족하다.
백5에 흑6으로 따내면 백에게는 마땅한 다음 수가 없다.
※❽→③

(1281)

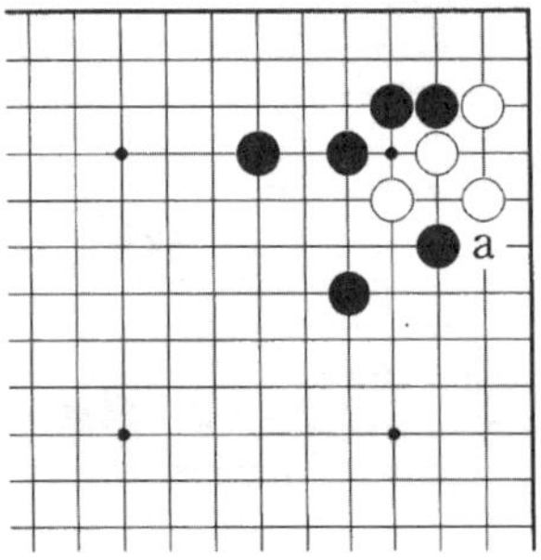


제9형 백번

### 사는 방법

우상의 백은 흑a로 막히게 되면 위험하다. 지금이라면 백은 편하게 살 수 있지만 바깥 흑을 굳혀주고 싶지는 않다.

解

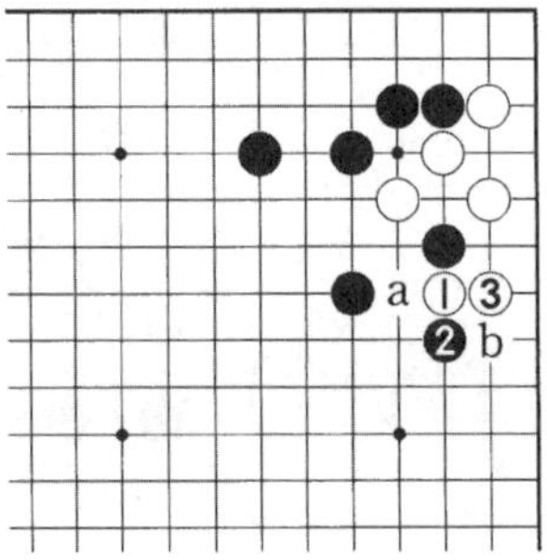


### 안정

백1의 붙임이 맥이다. 흑 1점을 움직이는 것은 무겁기 때문에 흑2로 바깥에서 활용하고 백3의 뻗음으로 정리한다. 이후 흑a는 백b.

失

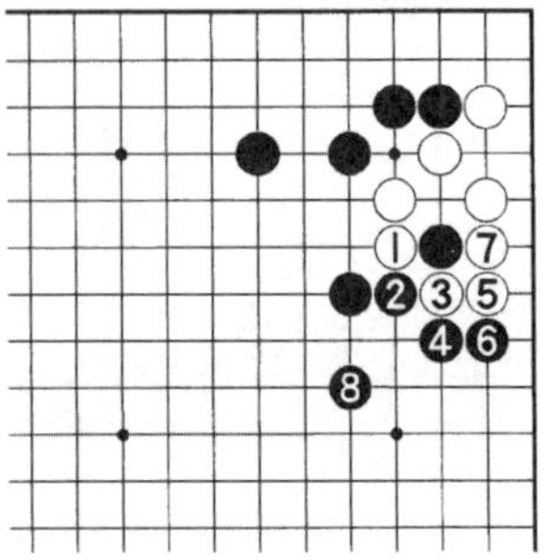

### 백 불만

백1, 3으로 끊어 흑 1점을 잡는 모양은 흑에 4, 6으로 바깥을 결정하게 해줘서 불만이다.

흑8 정도로 지켜서 흑의 외세가 강력해진다.

(1282)

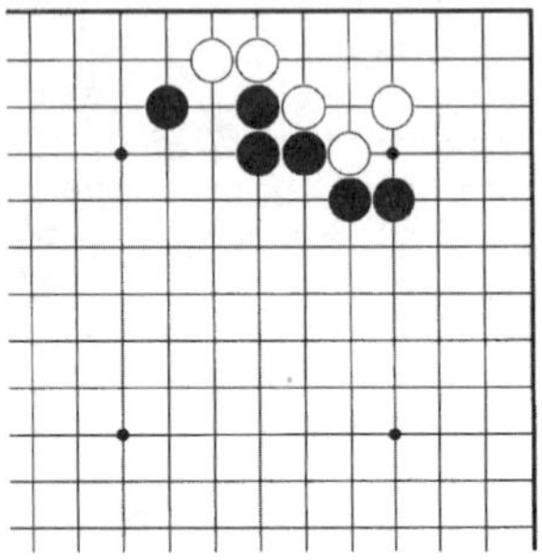

제10형 흑번

### 결정짓는 방법

귀의 모양이 확실하게 결정되어 있지 않다.

쌍방의 근거와 관련된 큰 곳으로 지금 당장 모양을 결정지어야 한다.

解

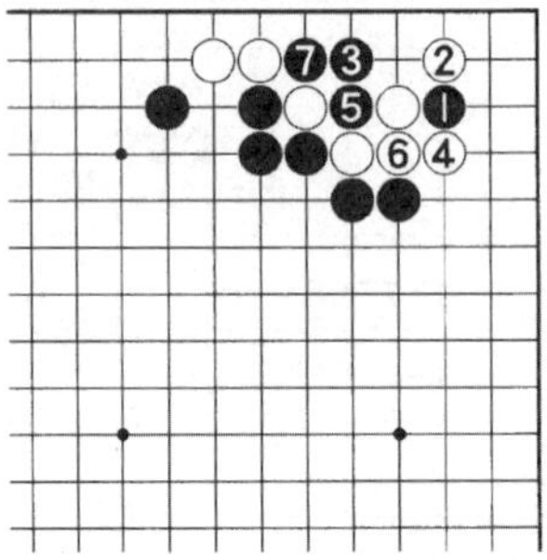

### 흑 성공

흑1의 붙임은 상용의 수이다.

백2의 젖힘에 흑3의 치중이 날카로운 노림이다. 백4로 귀에 바꿔치기 하면 흑7까지 흑이 성공한 모양이다.

変

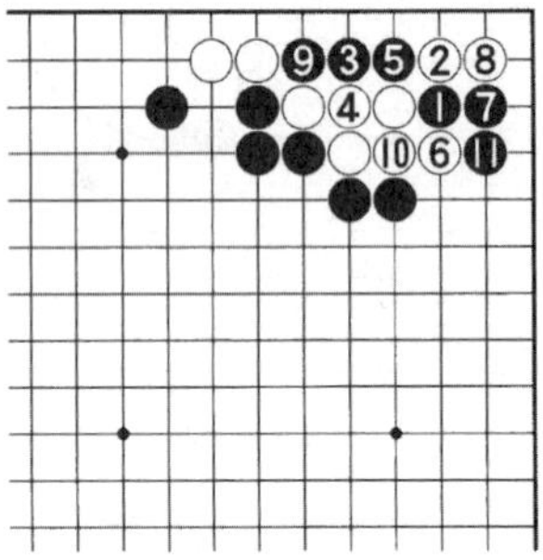

### 백 전멸

백4로 이으면 흑5로 끊어 귀를 잡힌다.

백6, 8의 저항은 무리. 흑9로 끊어 백이 전멸한다.

백6으로 9도 흑8로 백이 불리하다.

(1283)

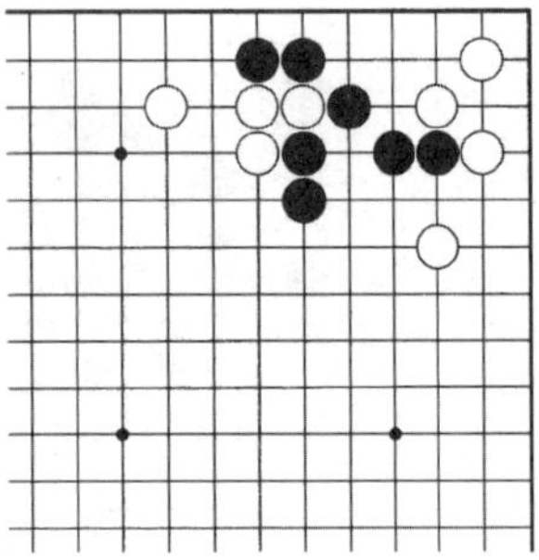

제11형 흑번

### 정형

화점 정석에서 생기는 모양이다. 우상의 흑은 백에게 근거를 빼앗겼다. 상변에 있는 백에게 공격으로 모양을 정리하고 싶다.

解

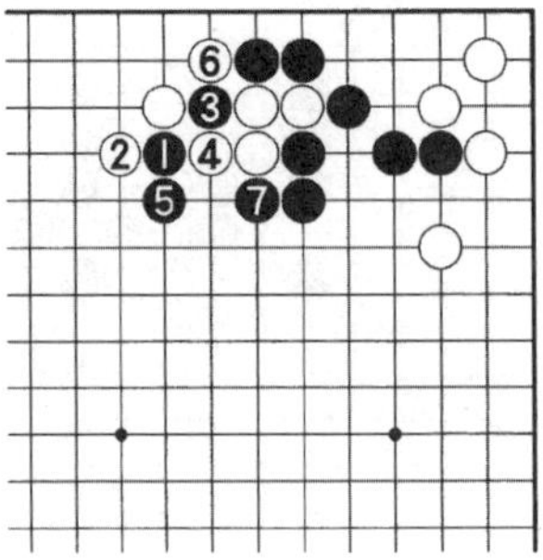

### 중앙이 두텁다

흑1의 붙임은 백의 자충을 추궁하는 급소이다.

백2의 젖힘에 흑3으로 젖혀끼워서 백은 포도송이가 된다.

이하 흑7까지 중앙이 두텁다.

失

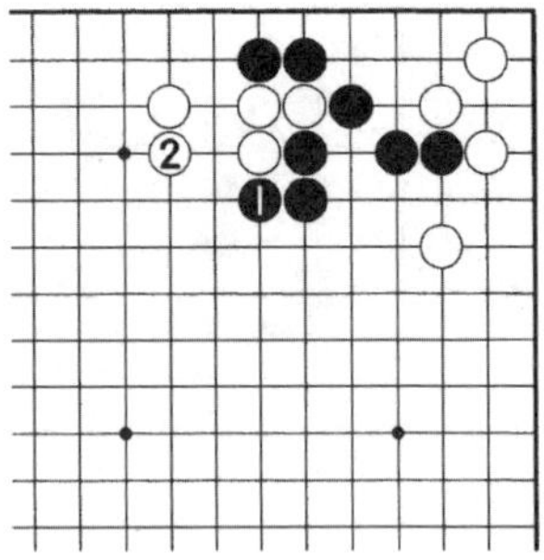

### 흑 고전

흑1의 구부림도 백의 자충을 추궁하고는 있지만 백2로 쌍립을 서 다음에 공격할 수단이 없다.

백의 모양이 튼튼해서 흑이 괴롭다.

(1284)

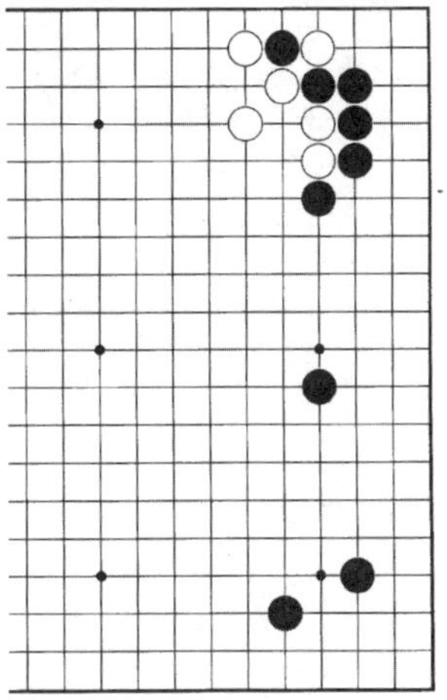

解

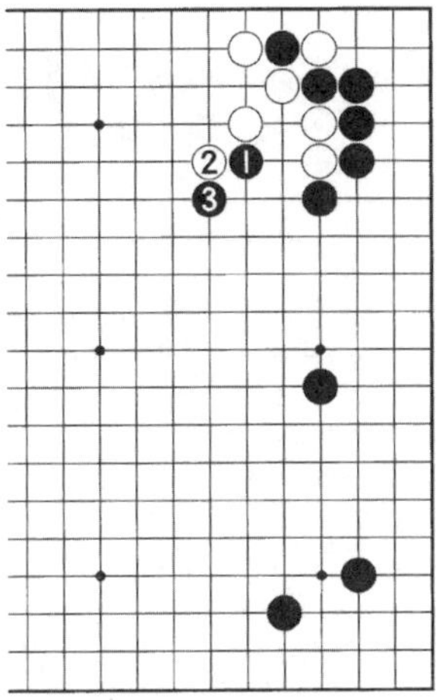

变

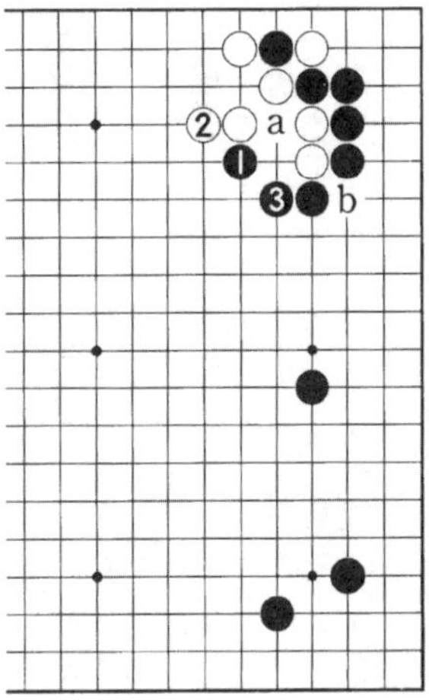

제12형 흑번

## 모양의 결함

우상의 모양을 어떻게 결정지을까? 흑의 세력이 중앙으로 발전하게 되면 우변의 모양도 커진다. 백의 모양의 결함을 추궁하는 효율적인 맥은 무엇인가?

## 2단젖힘

흑1의 붙임은 백 2점의 자충을 추궁하는 급소이다.

백2로 젖혀 저항하면 흑3의 이단젖힘이 냉엄하다.

흑의 세력이 커져서 우변이 집으로 변해간다.

## 강력한 모양

흑1의 붙임에 백2는 온건하다. 흑도 3으로 손을 돌려 a의 환격을 엿본다. 이것으로 b의 약점이 해소되었기 때문에 우상의 흑의 모양이 강해졌다. 이 역시 우변의 흑집이 크다.

붙임 살리기

(1285)

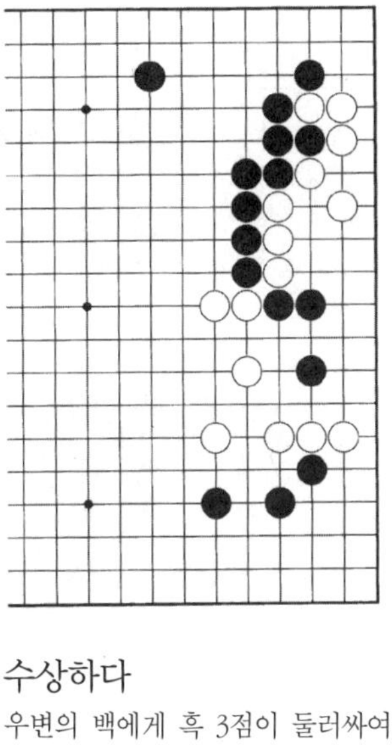

解

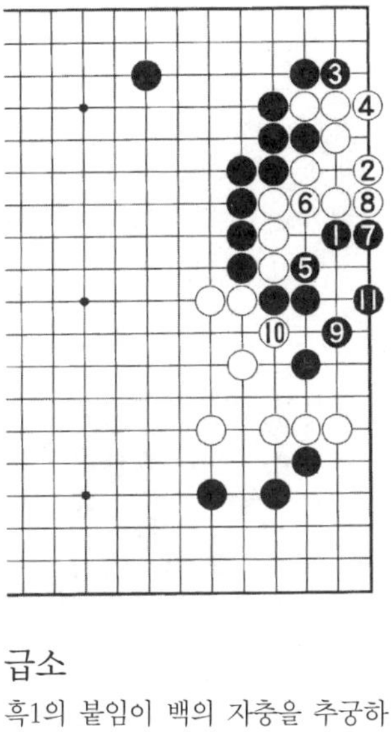

变

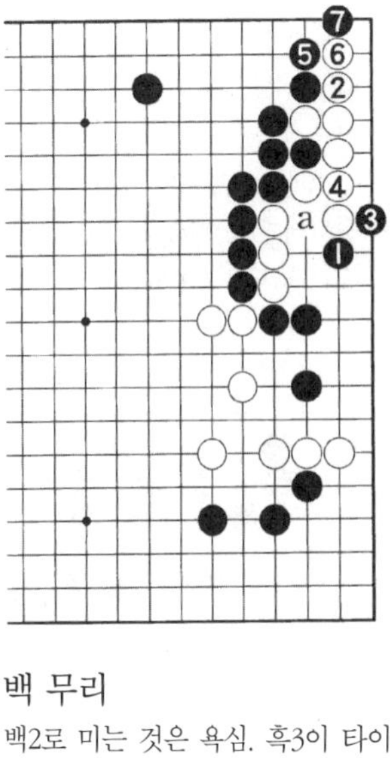

제1형 흑번

## 수상하다

우변의 백에게 흑 3점이 둘러싸여 있다. 이 흑을 살리기 위해서는 백의 약점을 노려야만 한다. 우상의 백이 수상하다.

## 급소

흑1의 붙임이 백의 자충을 추궁하는 급소이다.

백은 괴롭지만 2로 집을 만들어 살 수밖에 없는데 흑3부터 7로 백을 괴롭힌 뒤 9의 입구자로 산다.

## 백 무리

백2로 미는 것은 욕심. 흑3이 타이밍 좋은 활용이다.

a에 먹여치고 이후 촉촉수가 있기 때문에 백4로 받으면 흑5, 7로 우상의 집을 빼앗아 백은 수상전에서 진다.

(1286)

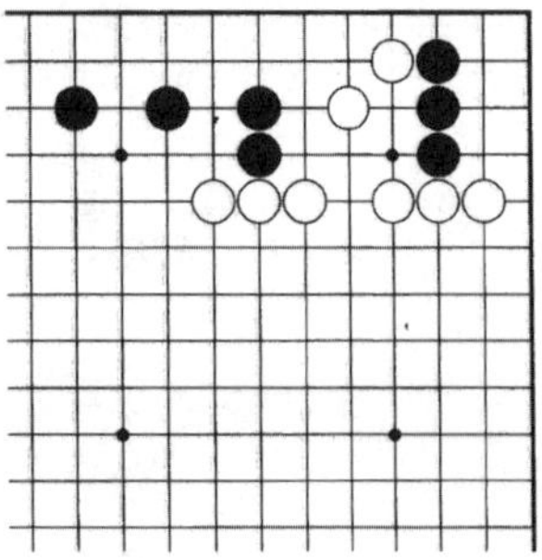

解

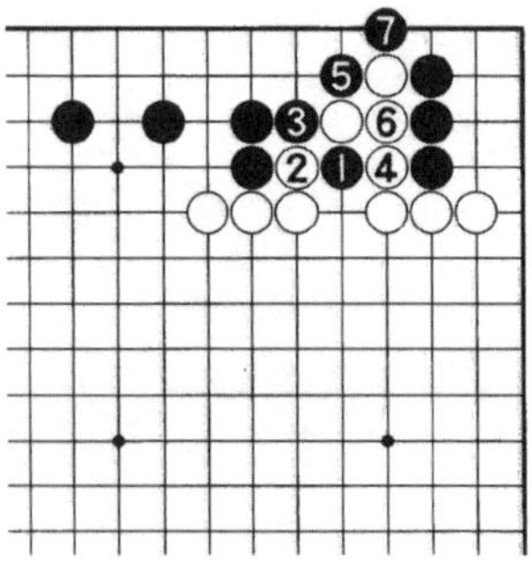

変

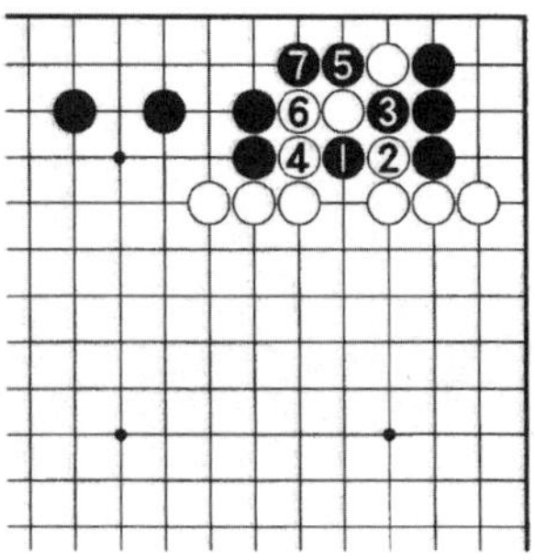

제1형 흑번

### 연결하다

귀의 흑 3점을 살릴 수 있을까? 궁도가 좁기 때문에 상변의 흑에 연결하지 못하면 살 길이 없다.

### 건넘

흑1의 건너붙임이 최선이다. 백2로 막으면 흑3으로 끊는다. 백4로 1점을 잡으면 흑은 5로 단수치고 7로 건넌다.

### 백 손해

백2로 받으면 흑3. 이 모양은 흑5, 7로 백 1점을 잡으면서 건너가서 백이 손해를 보게 된다.
또 흑1로 5는 백3으로 불발된다.

(1287)

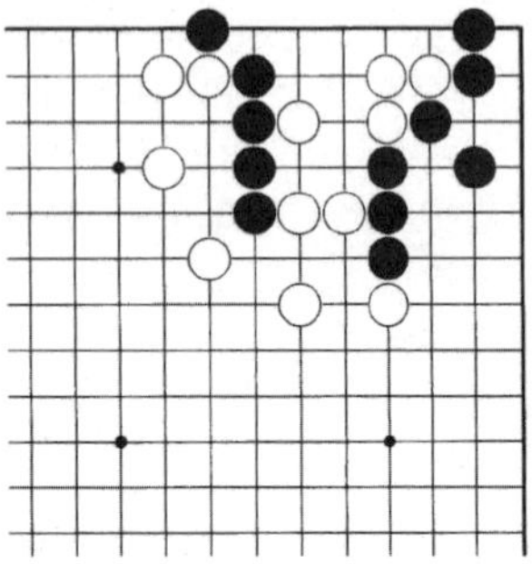

解

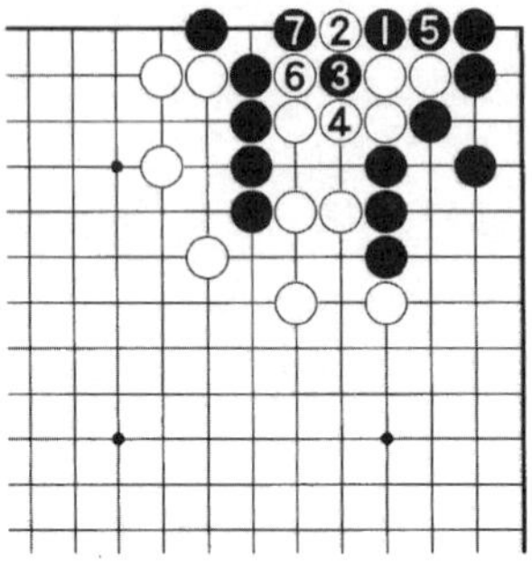

変

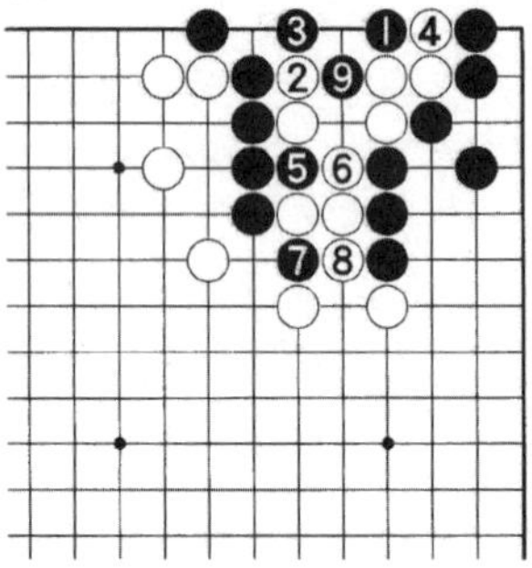

제2형 흑번

### 묘한 맥

상변의 흑 5점이 우상귀와 연결하는 것이 가능하다.
상변에 있는 백의 자충을 추궁하여 패를 만들면 성공이다.

### 패

흑1의 붙임이 좋은 수이다. 백2로 막으면 흑3으로 끊는다.
백4, 6으로 흑 1점을 따내면 흑7로 단수쳐서 패가 난다.

### 촉촉수

백2로 막으면 흑3으로 젖혀서 백은 실패한다.
백4로 막아도 흑5부터 9로 단수쳐서 상변의 백 6점을 촉촉수로 잡는다.

(1288)

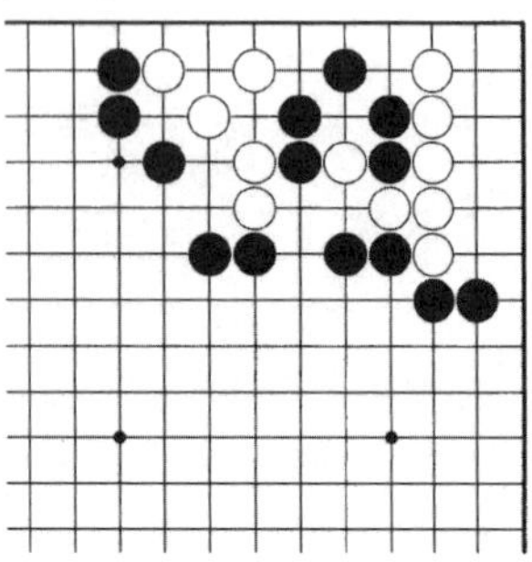

解

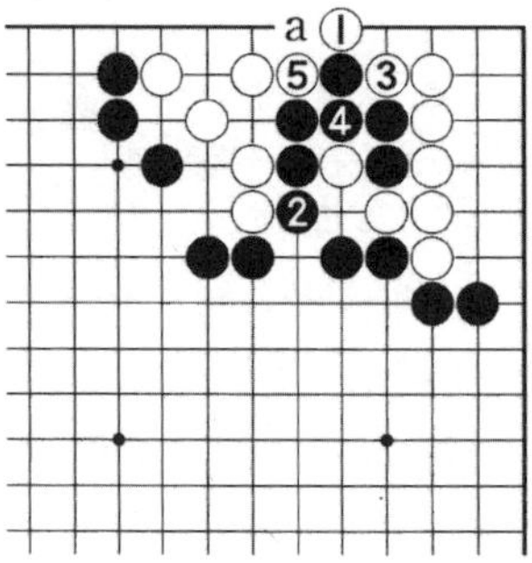


変

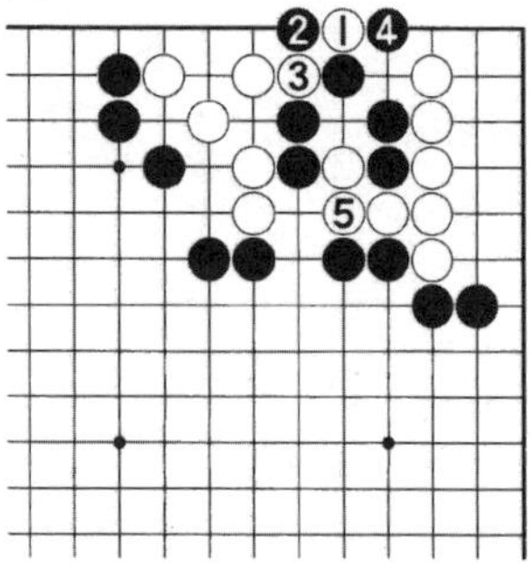

제3형 백번

### 연결

상변의 백은 우상귀와 연결하여야 산다. 백을 분단시키고 있는 흑의 약점을 발견해서 문제없이 연결해 보자.

### 건넘

백1의 붙임이 좋은 수이다.
흑2로 이으면 백3으로 단수쳐서 건넌다. 백4로 a는 흑5.
상변에도 집이 있어 불안하지 않다.

### 잡히다

흑2로 막으면 백3으로 끊어서 좋다. 흑4는 백5로 상변의 흑 5점이 수중에 들어왔다.

(1289)

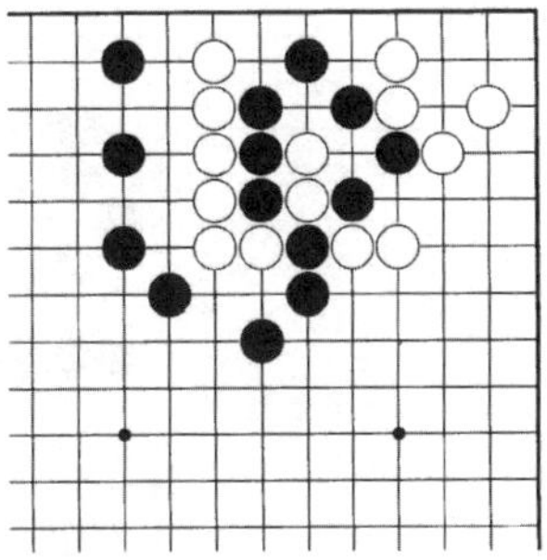

解

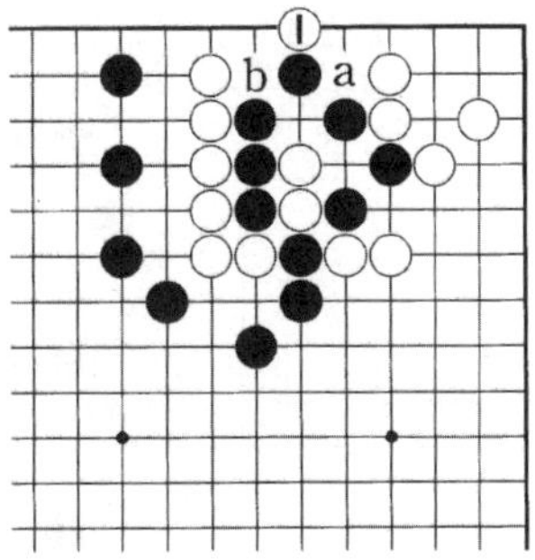

变

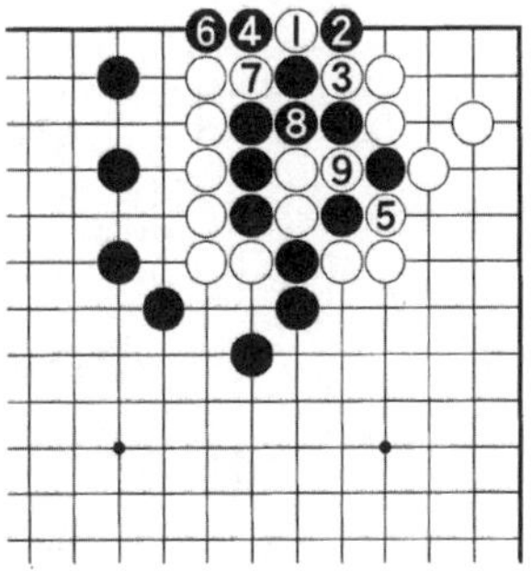

제4형 백번

### 활용과 이용

귀와 상변의 백을 연결한다.
상변에 있는 흑의 활용을 효과적으로 사용해야 한다.

### 맥

백1의 붙임이 좋은 수이다. 백에는 a, b의 양쪽의 활용이 있지만 이를 보류하고 백의 응수에 따라 사용한다.

### 촉촉수

흑2로 막으면 백3으로 끊는다. 흑2로 4라면 백7의 끊는 수로 그만이다. 흑4로 1점을 잡으면 백5로 단수쳐 흑 2점을 잡고 백9까지 촉촉수이다.

(1290)

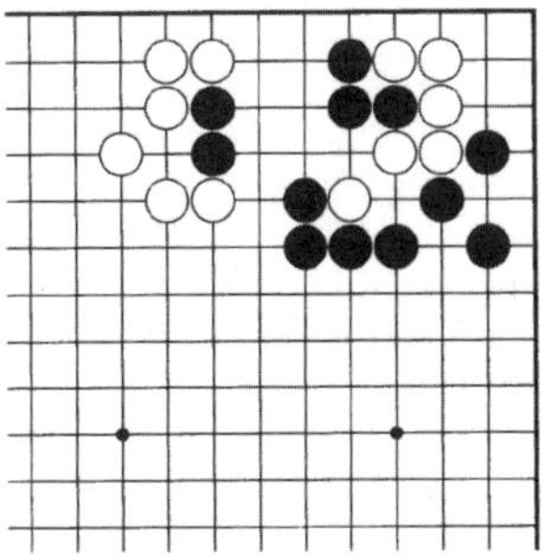

解

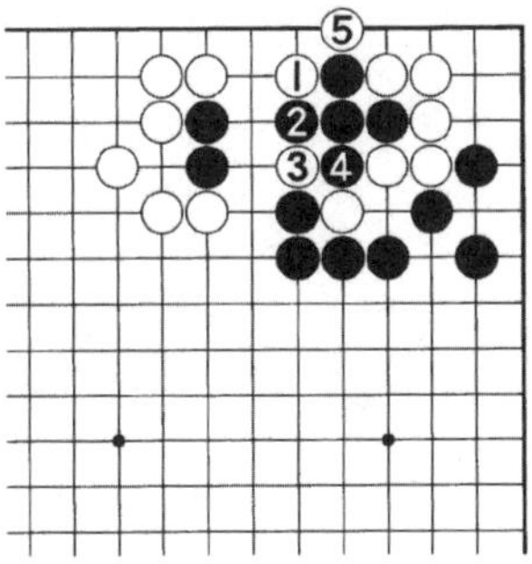

变

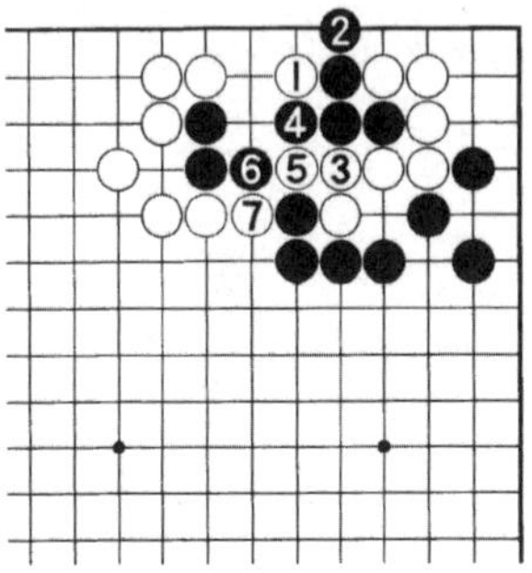

제5형 백번

### 연결

우상의 백은 집이 없지만 수순 좋게 백의 결함을 추궁하면 왼쪽의 백에 연결할 수 있다.

### 건넘

백1로 붙임부터 가져가야 한다. 흑2로 받으면 백3으로 끼워 흑을 자충으로 유도한다.
흑4에 백5로 단수치고 건넌다.

### 흑 전멸

흑2로 막으면 백3으로 빈삼각하여 4로 끊는 것을 본다.
흑4라면 백부터 절단으로 7까지 흑은 전멸한다.
백1로 5는 흑3으로 안 된다.

(1291)

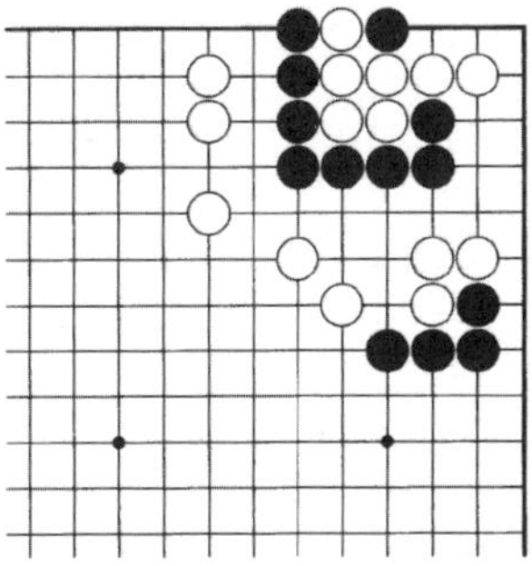

解

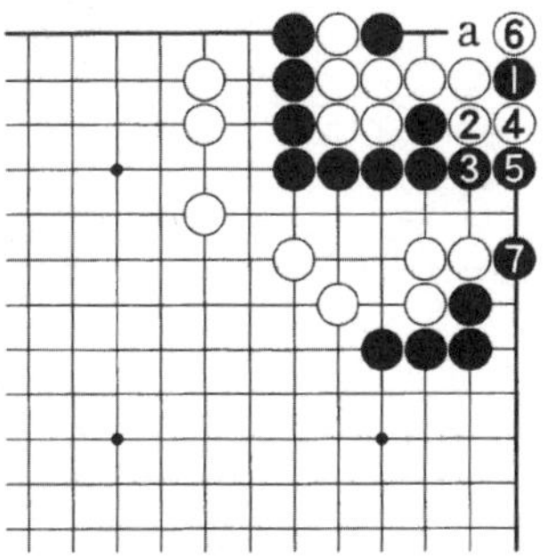

失

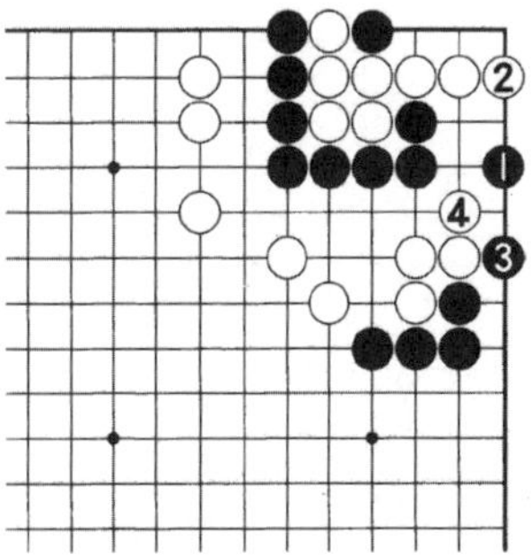

제6형 흑번

### 실마리

집이 없이 포위된 흑 8점을 어떻게 하면 살릴 수 있을까?
귀의 백을 공격하여 실마리를 구할 수밖에 없다.

### 건넘

흑1이 비약적인 발상의 묘수이다. 백2, 4로 잡은 후에 흑5로 공배를 메워 a의 패를 노린다.
백6이라면 흑7로 건넌다.

### 흑 실패

흑1의 뜀은 다음에 2의 붙임을 노린 수지만 백2로 받아 다음 수가 없다. 흑3은 백4로 구부린다. 흑은 연결할 수 없다.

(1292)

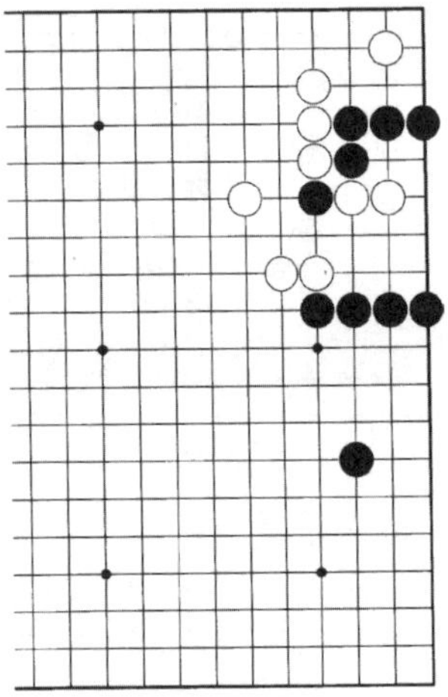

제7형 흑번

## 외줄타기

우상의 흑 4점과 우하의 흑과는 4칸 떨어져 있고 거기에 백에 분단되어 있다. 단, 백의 모양은 지금 확실하지 않다. 흑에는 외줄타기가 있다.

解

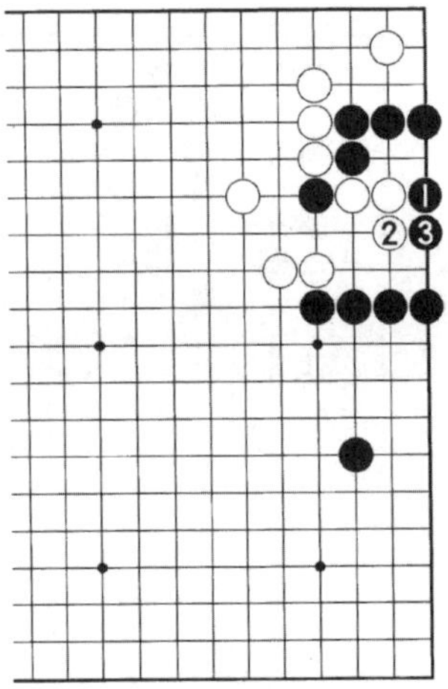

## 건넘

흑1의 붙임으로 백의 응수를 본다. 백2로 구부리면 흑3으로 간단히 건넌다.

이래서는 아무 묘미도 없지만 실전에서는 이렇게 될 자리이다.

变

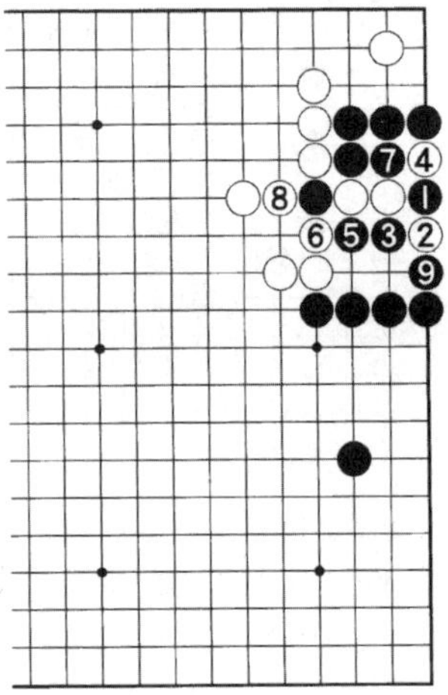

## 촉촉수

백2로 막으면 어떻게 될까?

흑3으로 끊고 백4로 따내면 흑5로 나가 백을 조인다.

백6, 8로 흑1점을 잡으면 흑9의 촉촉수로 건넌다.

(1293)

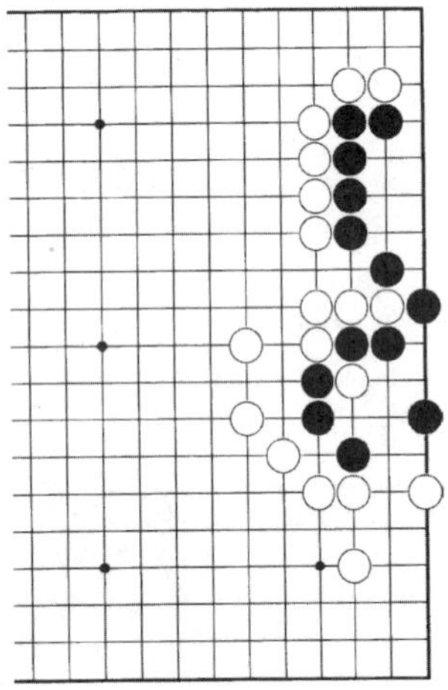

제8형 백번

## 수상하다

우변의 흑은 위아래로 갈라져서 집이 많은 것 같지만 아래쪽 집이 수상하다. 간신히 살게 만들 수 있다. 어디서부터 공격하는 것이 좋을까?

解

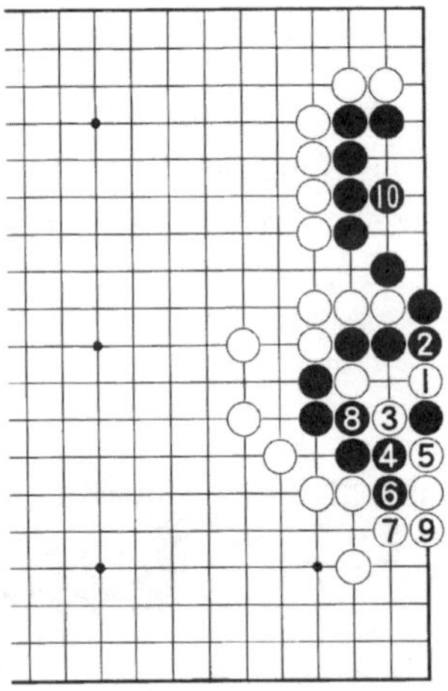

## 건넘

백1의 붙임이 재미있는 맥이다. 흑2로 이으면 백3으로 단수치고 흑4, 백5로 우하로 건너간다. 백9 이후 흑은 10으로 우상에서 살아야 한다.

变

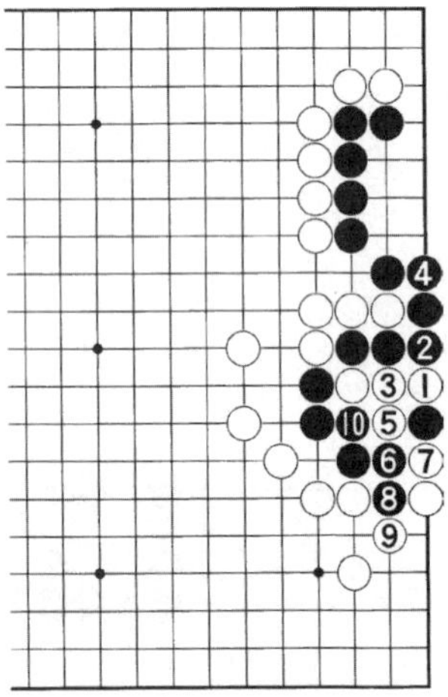

## 백 실패

백3으로 단수쳐 버리면 백은 자충이 되어 백은 10까지 촉촉수이다. 또 백1로 5에 입구자 붙이는 것도 유력하다. 흑6, 백1, 흑10, 백7로 정해도와 같다.

**제9형 흑번**

(1294)

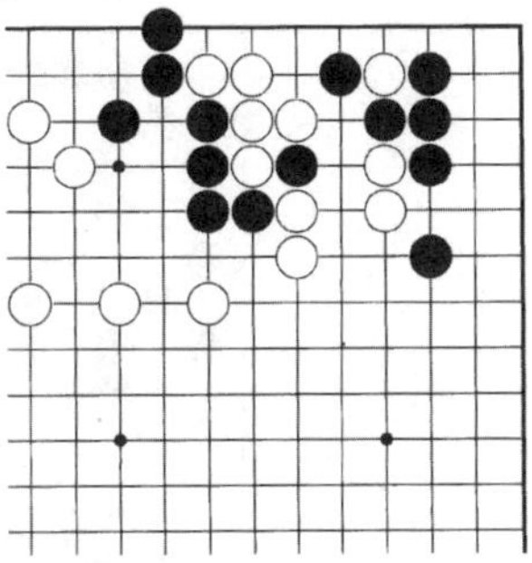

## 생환

상변의 흑 7점은 집이 없다.
우상귀와 연결하여 살아가려면 백의 자충을 추궁할 수밖에 없다.

解

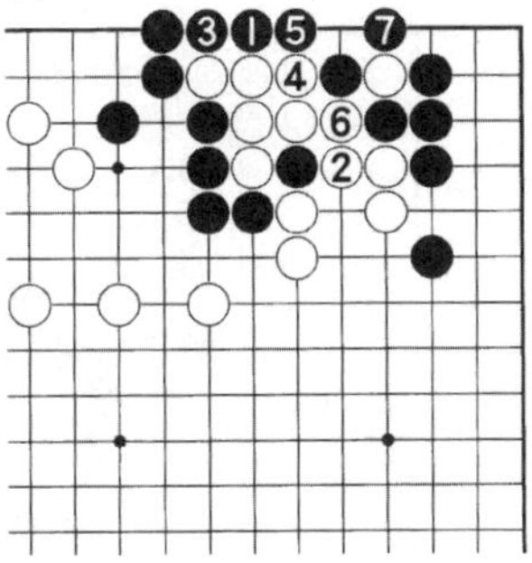

## 건넘

흑1의 1선 붙임이 좋은 수이다. 백2로 1점을 따내면 흑3으로 잇는다.
흑7까지 연결한다.

変

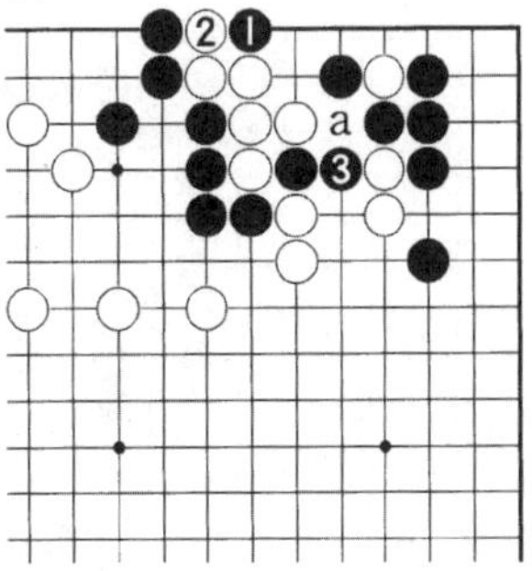

## 흑 승

백2로 건넘을 막으려고 하면 흑3으로 늘어 1점을 살려 나온다. 백은 자충에 걸려서 a에 둘 수 없다.

**제10형 백번**

(1295)

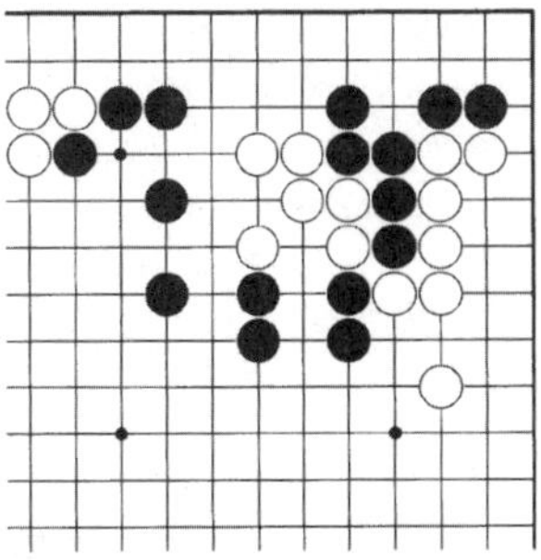

## 붙임

상변과 중앙의 백 6점은 근거가 없는 뜬 돌이다. 살 길은 우상귀의 백의 결함을 노리는 것뿐이다.

解

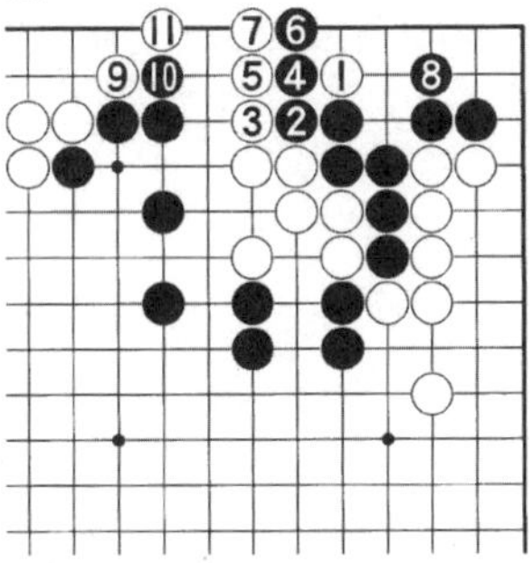

## 건넘

백1의 붙임은 흑 5점의 자충을 추궁하는 급소이다. 흑은 2, 4로 나가 귀를 살릴 수밖에 없다.
백11까지 상변을 건너간다.

変

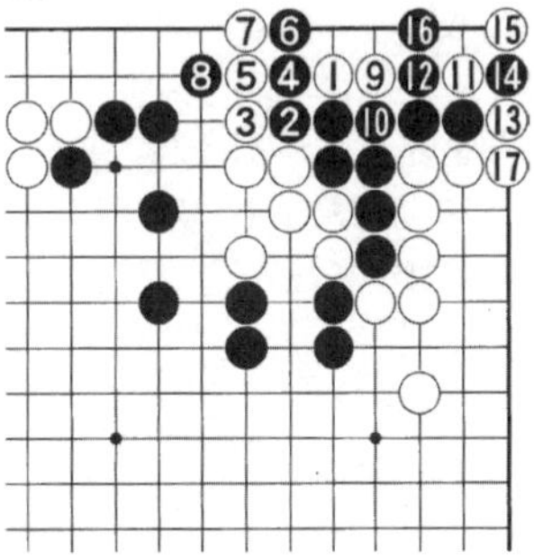

## 수상전

흑8로 입구자 붙여 백의 건넘을 못하게 막는 변화.
백9로 집을 부수고 11의 붙임이 좋은 수이다. 백17까지 수상전에서 백이 이긴다. 흑12로 13은 백12.

**제11형 흑번**

(1296)

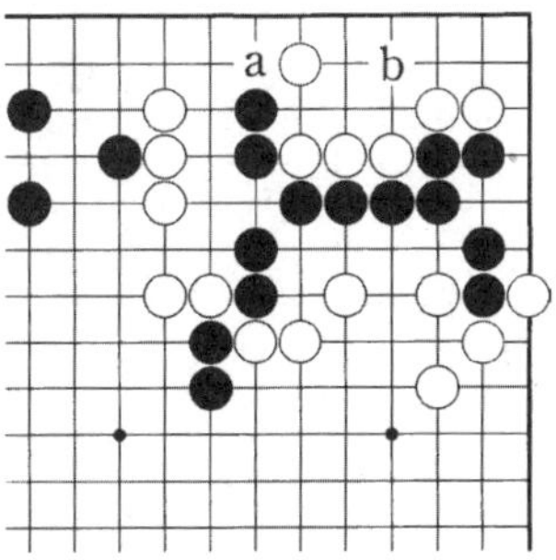

## 수습

흑a는 백b로 두어 흑이 살 수 없다.
왼쪽으로도 건너 갈 수 없다.
하지만 맥을 구사하면 멋지게 수습한다.

解

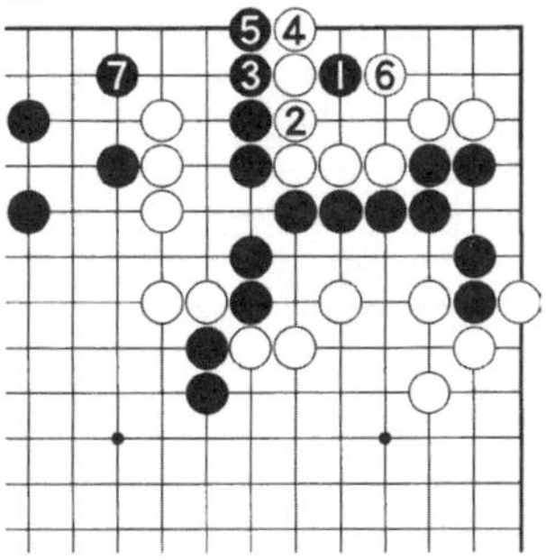

## 건넘

흑1의 붙임이 모양을 결정짓는 맥으로 백은 2로 받을 수밖에 없다.
흑3, 5를 활용하고 7로 뛰어 건너간다.

変

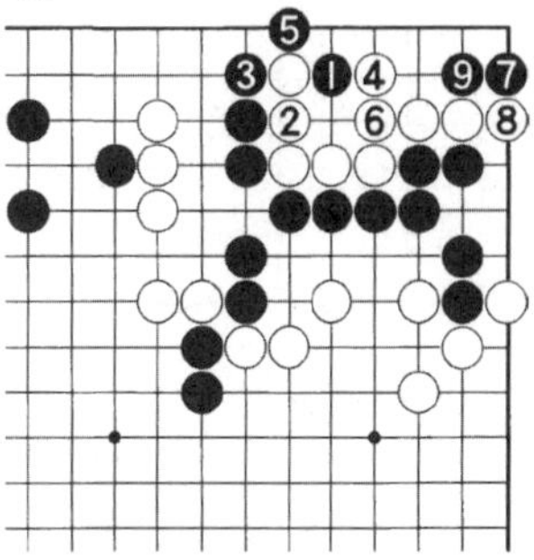

## 백 죽음

흑3으로 막으면 백4로 귀를 지켜 흑5가 선수로 활용된다.
흑7, 9로 백이 죽는다.
흑과의 수상전도 문제없다.

(1297)

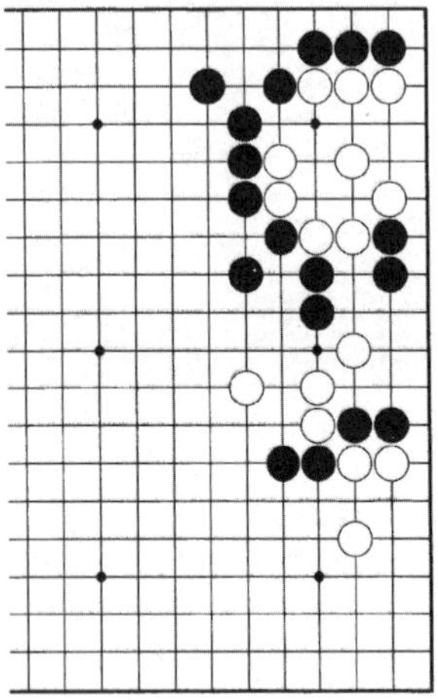

제12형 흑번

## 살리다

우변 아래쪽의 흑 2점을 살리는 문제.
우상의 백을 괴롭혀서 우변을 굳히면 우하의 흑 2점을 살릴 수 있다. 우상의 백을 공격하는 급소는 어디일까?

解

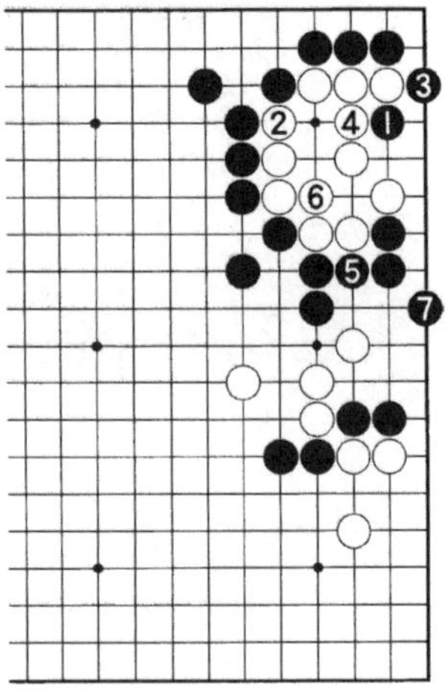

## 맥점

흑1의 붙임은 백을 자충으로 유도한다. 백2로 궁도를 넓히고 흑3으로 건너서 5로 공배를 메운다. 백6은 어쩔 수 없다. 흑7로 우변 2점을 살려 중앙의 백이 뜬 돌이 되었다.

变

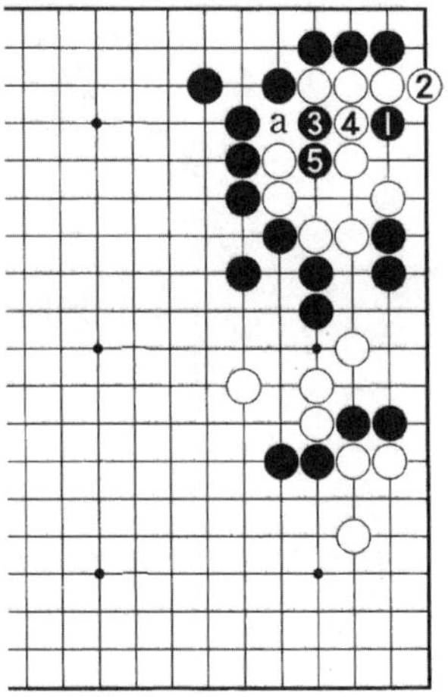

## 백 죽음

백2로 흑의 건넘을 방해하는 변화. 흑3으로 젖히고 백4, 흑5로 백의 집을 부셔서 백이 죽는다.
또 백2로 4도 흑a로 바깥에서 공격해서 역시 안 된다.

(1298)

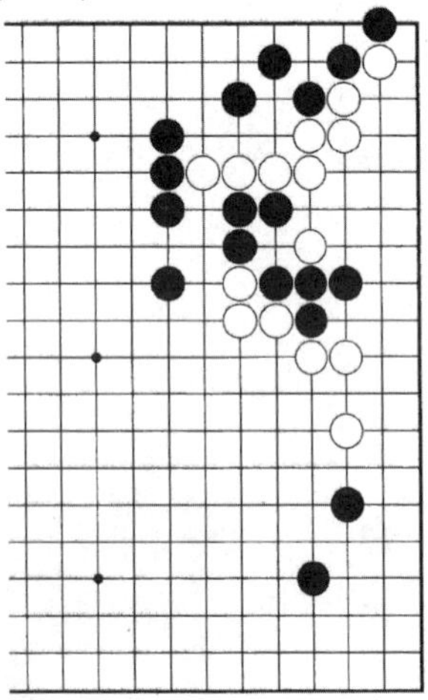

제13형 백번

## 완전 회전

우상의 백은 확실한 집이 없다. 흑에게 약점이 있기 때문에 사는 것은 어렵지 않지만 돌을 최대한 이용하여 위아래를 연결한다.

解

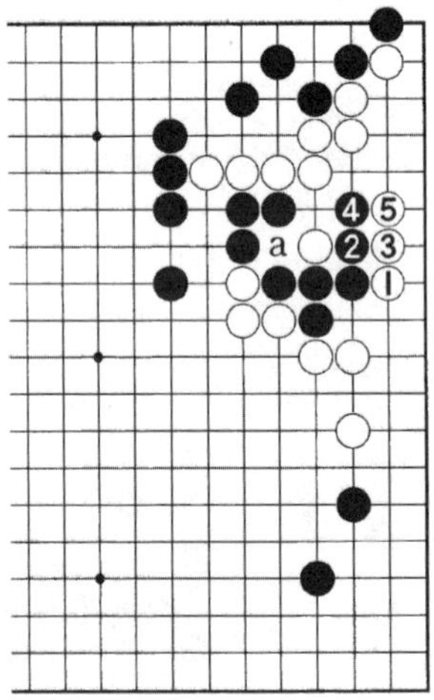

## 건넘

백1의 붙임이 수습하는 최강의 수이다.
흑2로 양보하면 백3, 5로 건너간다. 백은 위아래를 한꺼번에 수습한 모양이다. 흑2로 3은 백2로 끊어 다음에 a가 남는다.

变

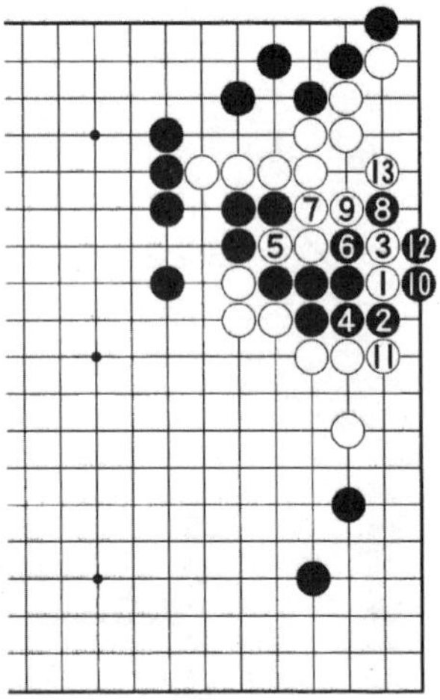

## 백 승

흑2로 막으면 백3으로 당긴다. 흑4로 이으면 백5로 끊어 우변의 흑과 상변의 백의 수상전으로 백13까지 백의 승리는 명백하다.

## 제1형 백번

(1299)

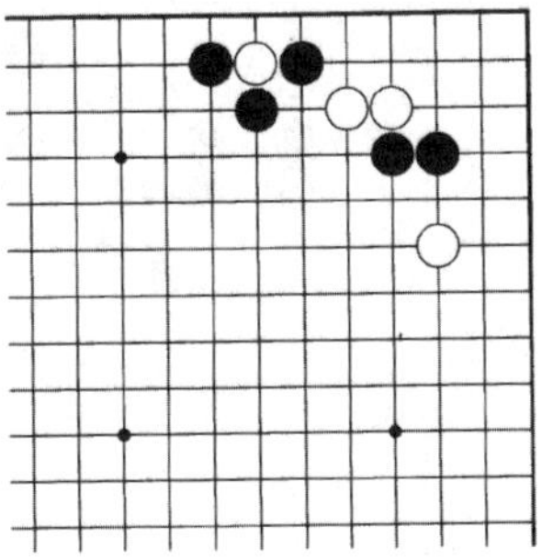

### 탈출

우상귀의 흑집을 초토화시키려고 침입한 백이 탈출하려고 한다. 귀의 흑에 반격을 품고 도망치는 것이 중요하다.

解

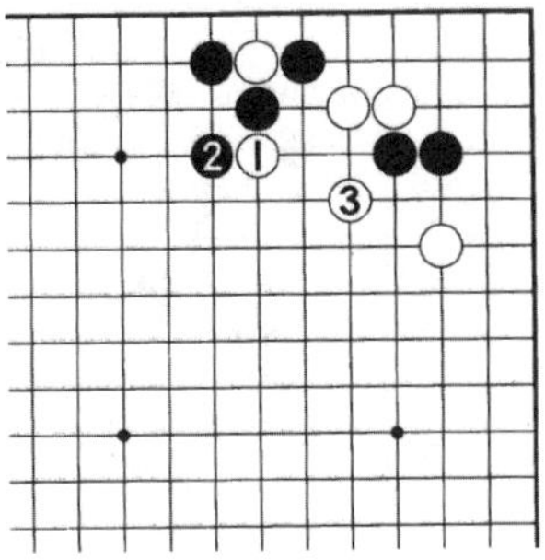

### 흑 고전

백1의 껴붙임이 탈출의 맥이다. 흑2로 받게 해서 백3의 씩움이 냉엄하다.
귀의 흑 2점이 괴로워졌다.

変

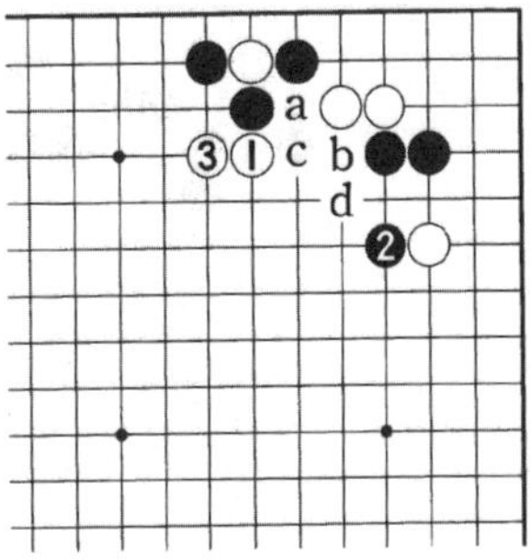


### 상변압박

흑2로 붙여 귀의 2점을 지키면 백3으로 늘어 상변의 흑을 압박한다. 이후 흑a에는 백b, 흑c, 백d로 백이 잘 되지 않는다.

## 제2형 백번

(1300)

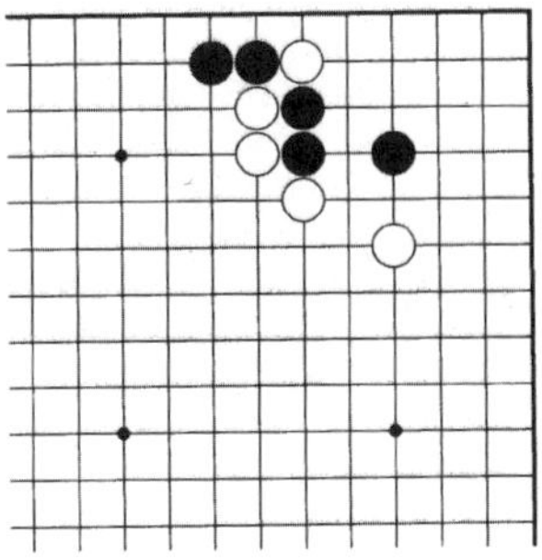

### 정형

상변의 흑을 끊고 있는 백 1점은 흑 2점의 공배를 메우고 있는 모양이다. 귀의 싸움을 유리하게 만드는 급소는 어디인가?

解

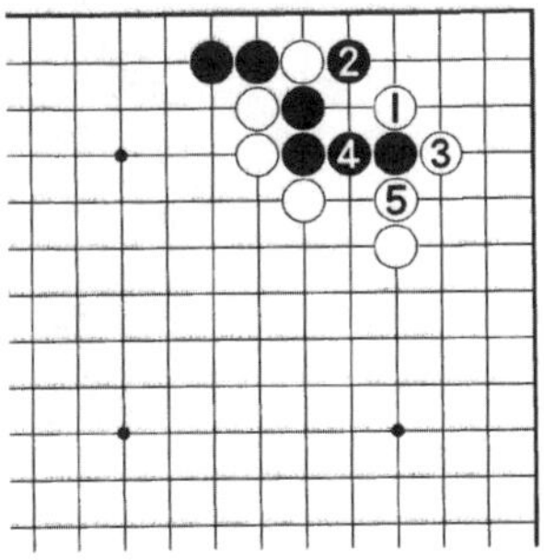

### 활용된 모양

백1의 붙임이 급소의 맥이다.
흑2로 잡아 2점을 살리면 백3으로 자충의 모양이다. 백5까지 백의 돌이 최대한 역할을 하고 있다.

変

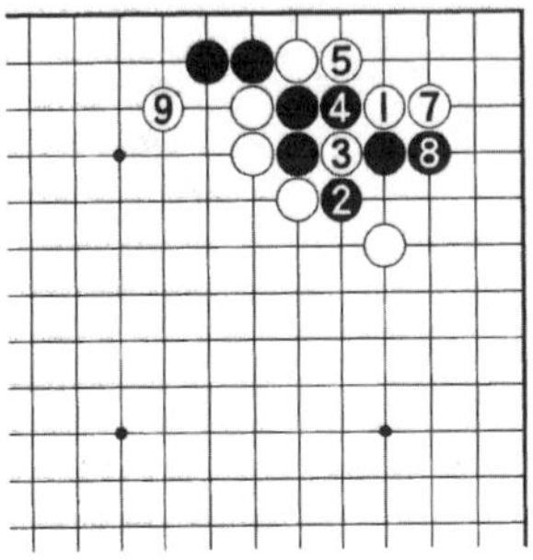

### 흑 고전

흑2로 부풀리면 백3, 5로 결정지어 귀에서 살 수 있다.
백7까지 흑을 좌우로 분단시켜 흑이 괴로운 싸움.
※❻→③

## 제3형 흑번

(1301)

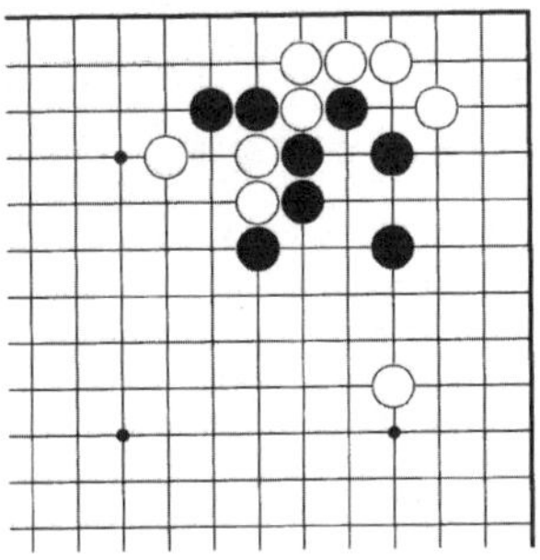

### 근거

상변의 흑 2점이 백에게 압박 당하고 있지만 백의 모양을 추궁하면 흑은 편하게 근거를 만들 수 있다.

解

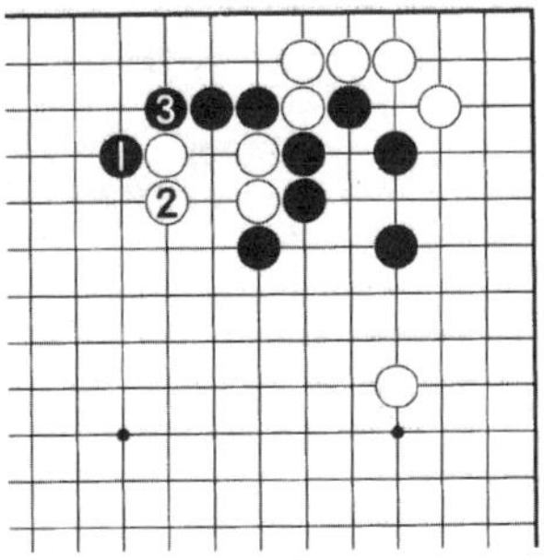

### 맥점

흑1의 붙임이 좋은 수이다.
백2로 뻗는 정도이지만 흑은 3으로 건너 모양 좋게 상변에서 중앙으로 머리를 내밀었다.

変

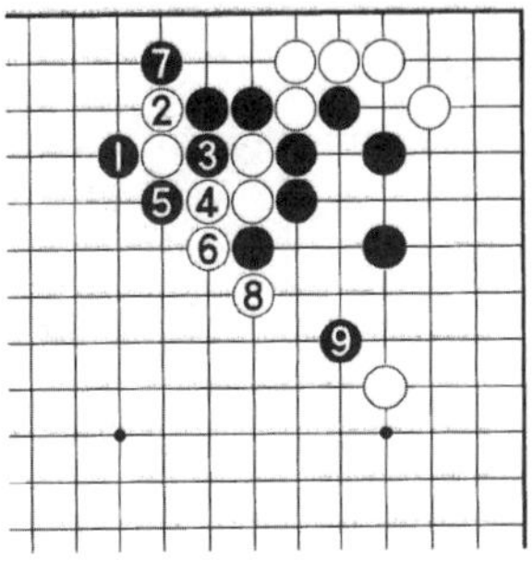

### 흑이 편한 싸움

백2로 반발하면 흑3, 5의 절단이 있다. 흑7로 백 2점을 축으로 잡아 사는 모양이다. 우변은 백8에 흑9로 도망쳐 나오면 흑이 편한 싸움.

(1302)

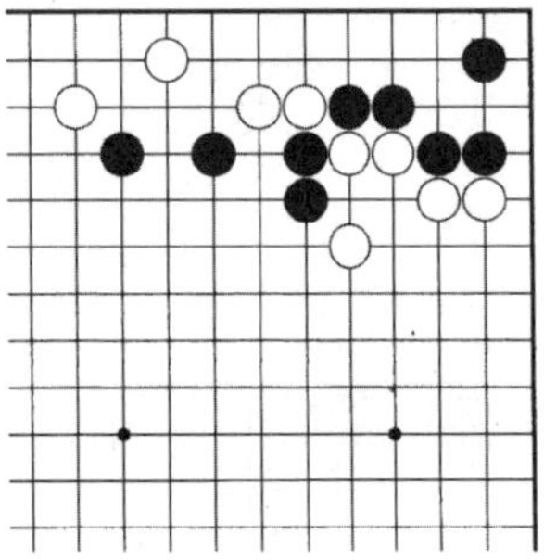

解

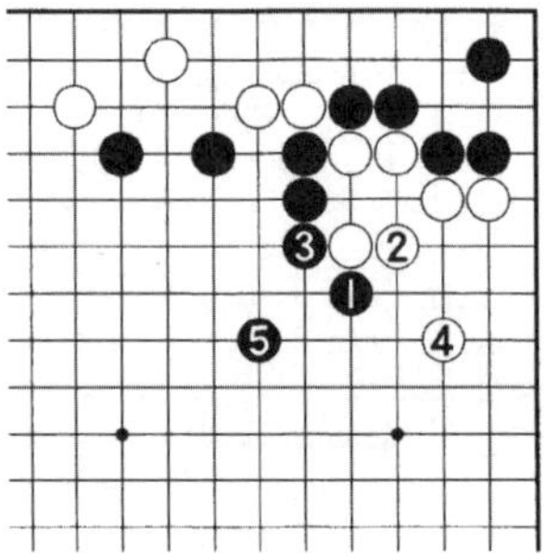

変

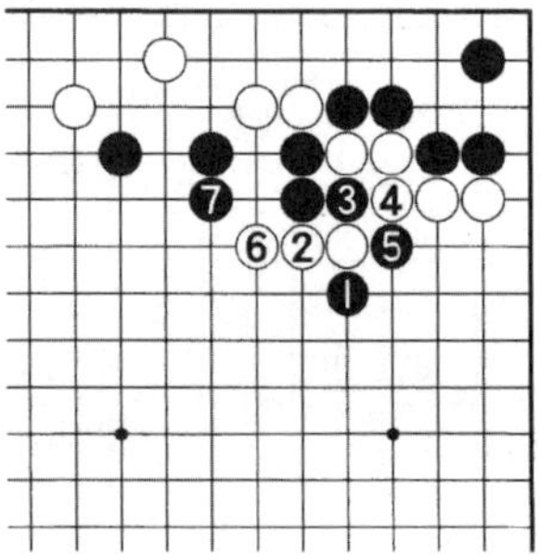

**제4형 흑번**

### 싸우기 직전

귀의 흑과 상변에 있는 백의 모양이 결정되어 중앙에서 싸우기 일보 직전이다. 우변의 백을 공격하면서 모양을 정리하는 급소를 찾아보자.

### 흑 좋은 모양

흑1의 붙임이 날카롭다. 백2로 받게 한 뒤 흑3으로 막아 중앙이 두터워진다. 5까지 좋은 모양으로 흑이 유리한 전투.

### 백 고전

백2로 나가면 흑3, 5로 끊는다. 백6은 선수지만 우변 백이 괴로운 모양으로 백이 조금 무리.

(1303)

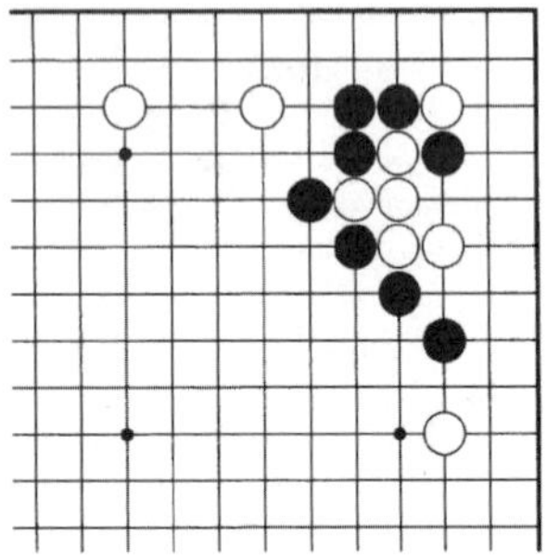

解

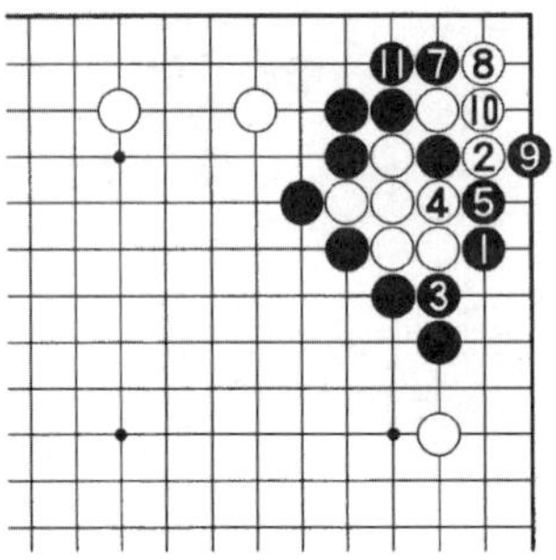

変

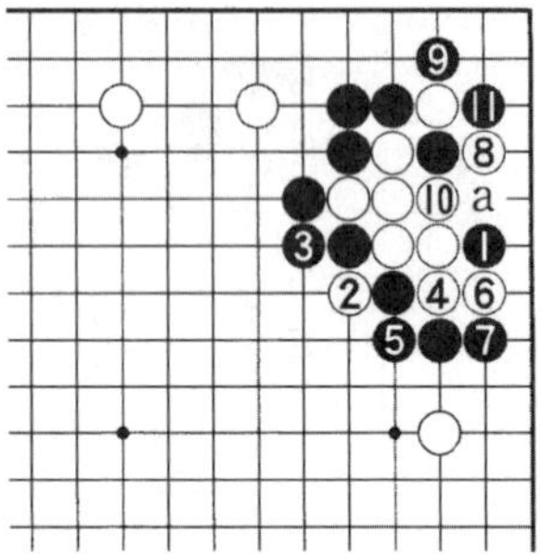

**제5형 흑번**

### 급소는?

흑의 모양은 약점 덩어리이다. 하지만 귀의 백을 공격하여 바깥을 굳힐 수 있다.

백을 공격하는 급소는 어디인가?

### 백 전멸

흑1로 붙여 백의 자충을 추궁한다. 백2로 잡으면 흑3, 5로 조이고 흑7부터 11로 백이 전멸한다.

※⑥→②의 왼쪽

### 백 괴롭다

백2로 끊고 4, 6으로 나가는 것은 흑7까지 바깥을 굳힌다. 백8에 흑9, 11로 귀에서 공격한다.

백이 힘든 패가 난다. 백8로 a는 흑11이 강수이다.

(1304)

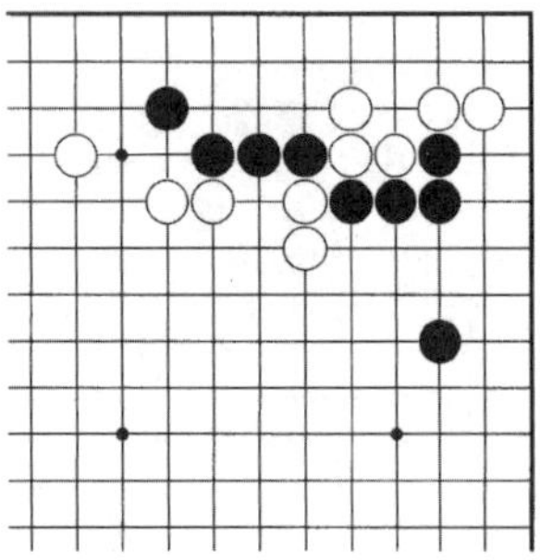

解

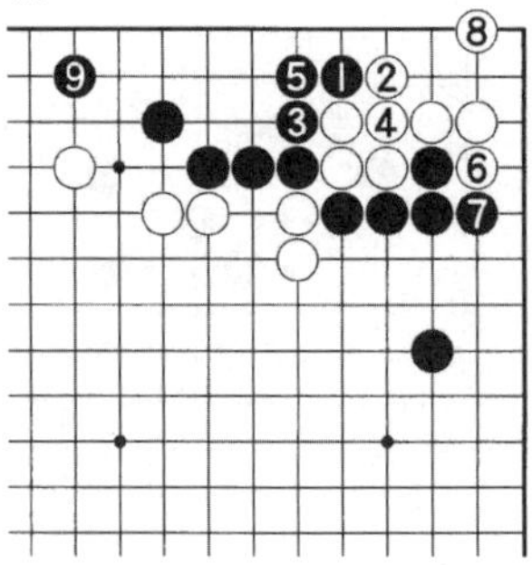

失

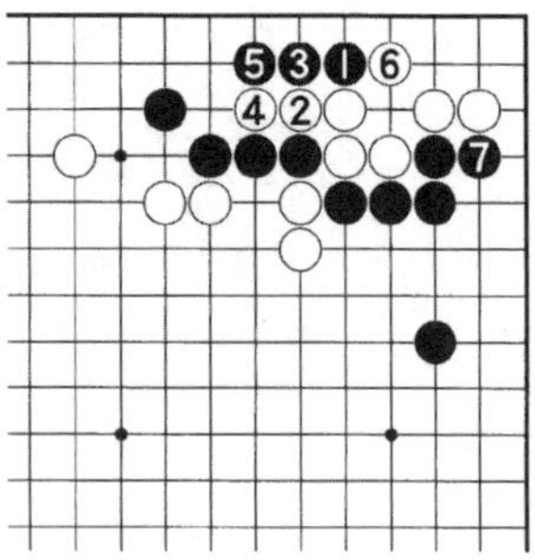

**제6형 흑번**

### 붙임

상변의 흑을 살리기 위해서는 귀의 백을 효과적으로 공격하는 것이다. 공격의 급소는 상식에서 한 발 더 나아간 수여야 한다.

### 흑 즐거운 삶

흑1의 붙임이 좋은 맥이다. 백 3점을 자충으로 유도하고 있다. 백2 부터 8까지 귀를 살리면 흑9로 미끄러져 편하게 산다.

### 백 무리

백2로 반발하는 것은 위험하다. 흑5 이후 백6으로 손을 돌려도 흑7로 귀의 백이 죽는다.

상변의 흑과의 수상전도 백이 이길 수 없다.

제7형 흑번

(1305)

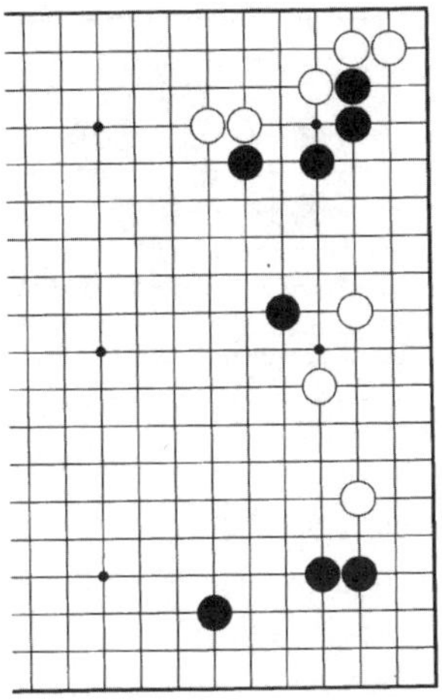

解

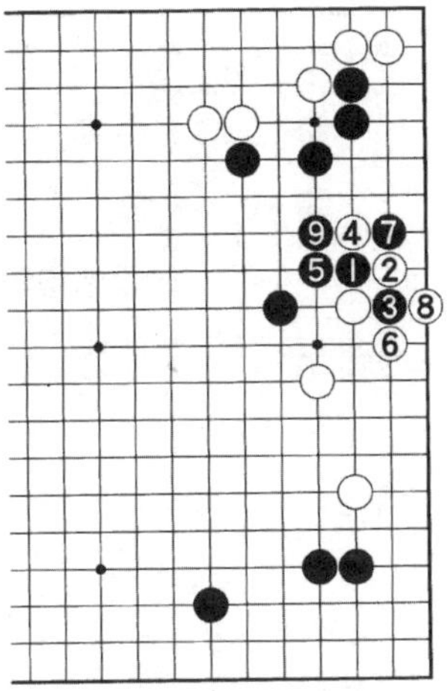

変

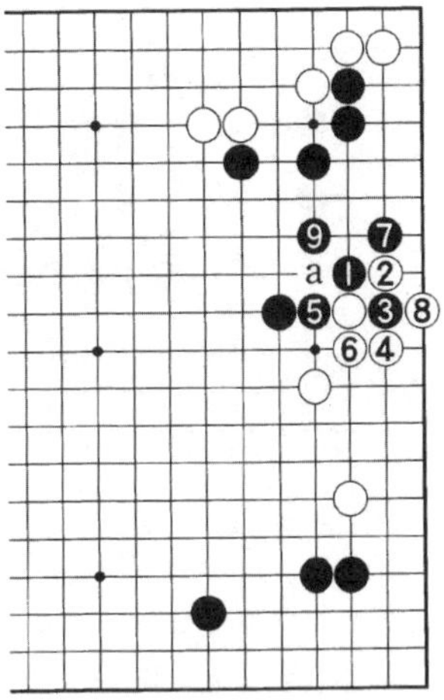


### 굳히다

우변의 전투.
우변의 백을 공격하기는 어렵다.
우상의 흑을 강화하기 위해서라면 백을 굳히게 되더라도 불리하게 되지는 않는다.

### 안정되다

흑1의 붙임. 3의 맞끊음이 모양을 정리하는 맥이다.
백4로 단수쳐 일단 활용한 뒤 흑의 모양을 무너뜨리고 백6 이후 흑7, 9로 백 1점을 잡으면 우상의 흑이 튼튼해진다.

### 안형풍부

안형풍부
백4로 단순히 잡는 변화. 흑5, 7로 두 개의 단수를 활용하고 9로 호구쳐서 흑은 안형이 풍부한 모양이다. 흑3으로 a로 당기는 것은 백7로 나가 흑은 근거를 잃어버린다.

제8형 흑번

(1306)

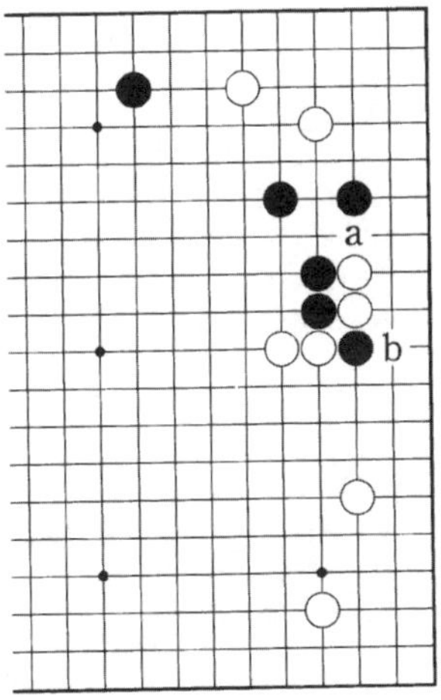


解

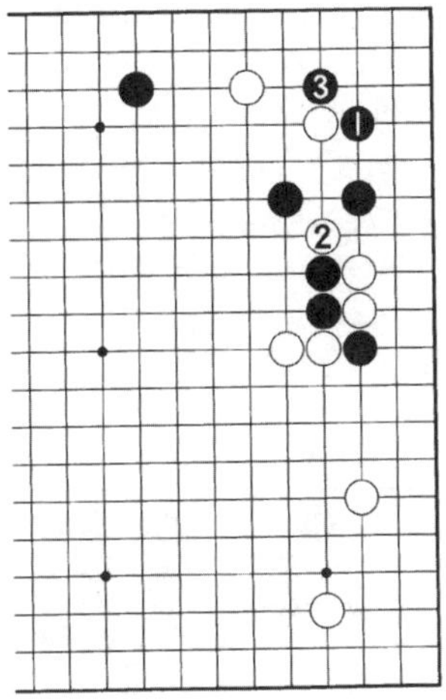

変

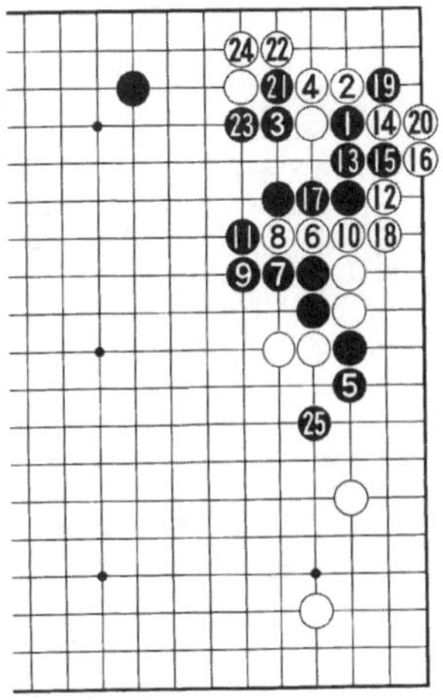

### 타이밍

흑a는 백b로 흑이 다음에 저항할 수 가 없다. 백b로 두기 전에 궁리할 것이 있다. 우상귀의 백을 건드릴 타이밍이다.

### 흑 충분

흑1의 붙임은 우변에 노림을 품은 수이다. 백2로 젖히면 흑3. 우상귀를 차지해서 우변에서 입은 손해를 충분히 만회할 수 있다. 상변에 있는 백 2점은 근거를 잃어 괴로운 모양이다.

### 흑 유리

백2로 받으면 다시 흑3을 활용한다. 백4 이후 흑5가 냉엄한 강수이다. 백6의 젖힘에 흑7부터 11로 버터 우변을 봉쇄한다. 흑25까지 흑이 유리하게 갈린다.

(1307)

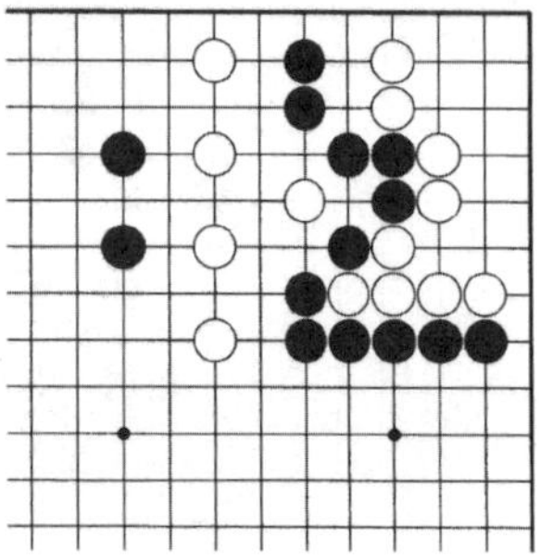

### 1수로 해결

우상의 흑이 백에게 들여다봐서 흑은 위험에 처했다. 흑은 두 개의 약점을 한 수로 해결하지 않으면 안 된다.

解

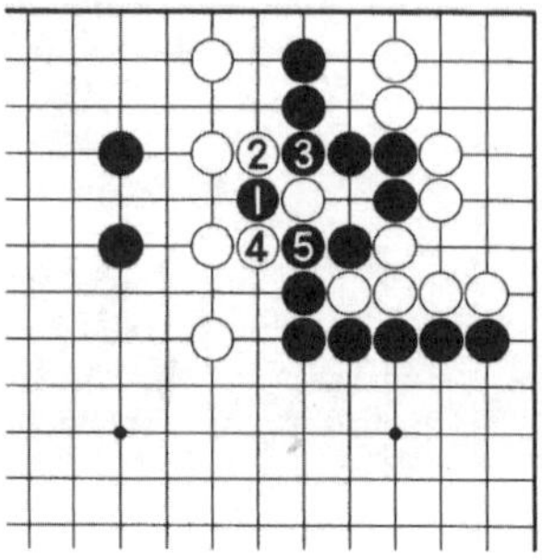

### 사석

흑1의 붙임이 좋은 수이다.
백2, 4로 흑 1점을 잡는 것밖에 할 수 없는데 흑은 3, 5로 사석을 이용하여 전체를 연결한다.

変

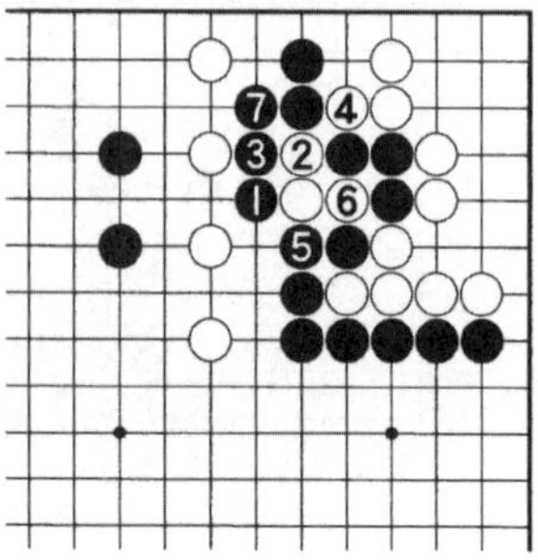

### 백 너덜너덜

백2로 치받으면 흑3으로 바깥에서 막는다.
백4로 단수치면 흑은 3점을 버리고 5, 7로 연결.
바깥의 백이 너덜너덜해졌다.



(1308)

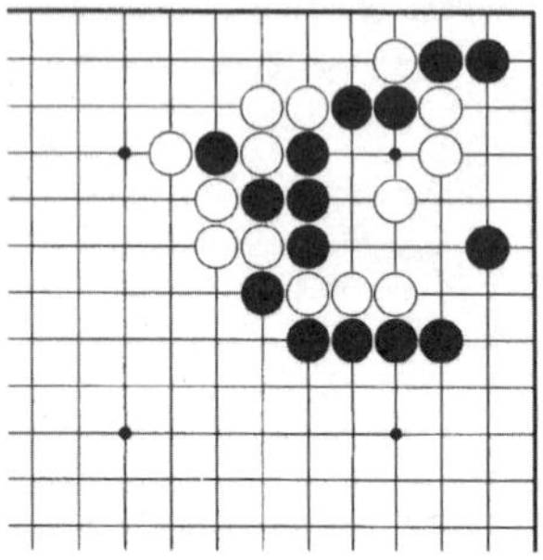

### 백 잡힘

상변에 있는 백 1점을 잡는 것만으로는 실패한다. 중앙의 흑 4점을 살리면 우상의 백을 잡는 셈이 되므로 심사숙고할 것.

解

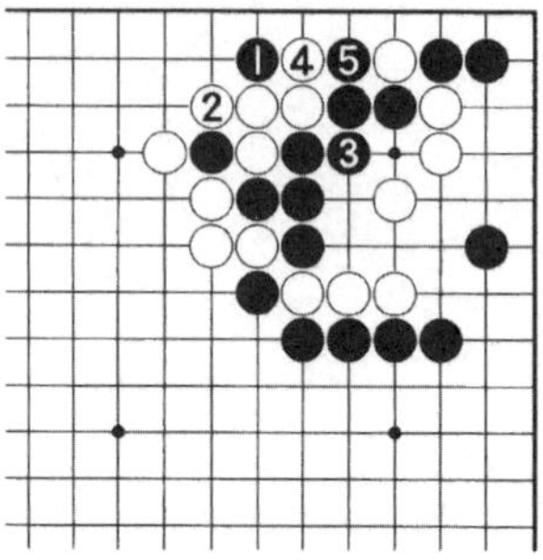

### 맥

흑1의 붙임이 맥점으로 백2로 받게 해서 흑3으로 연결한다.
백4에 흑5로 무사하게 귀와 연결하면 우상은 흑집이 된다.

変

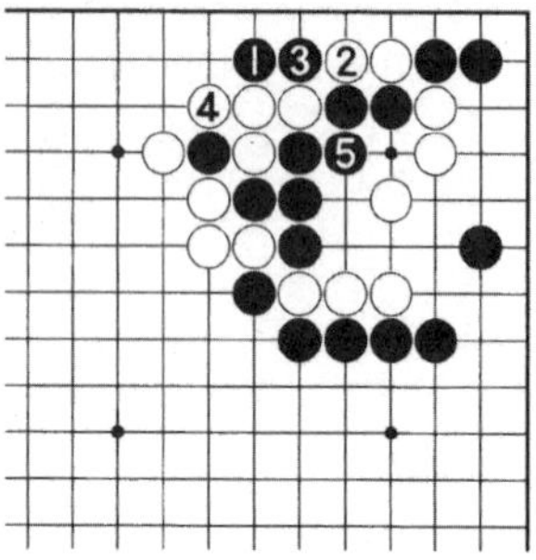

### 백 무리

백2로 밀면 흑3으로 단수를 활용한다.
백4에 흑5로 이어 백은 실패한다.
백은 5의 자리를 끊을 여유가 없다.



(1309)

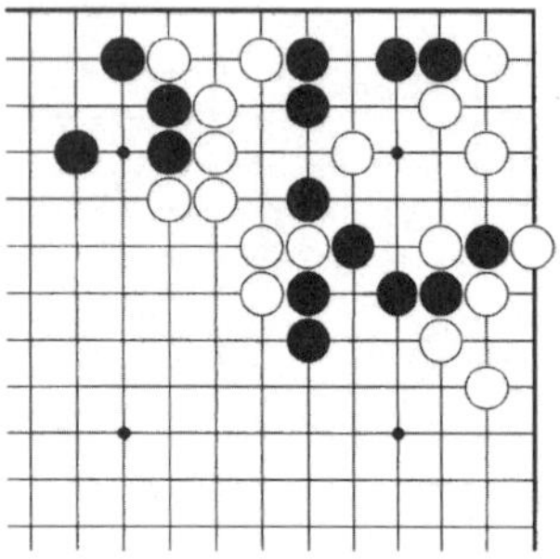

### 약점을 막다

상변의 흑 4점을 살리고 싶지만 약점이 두 곳에 있어 한 번에 이를 방어해야만 한다.

解

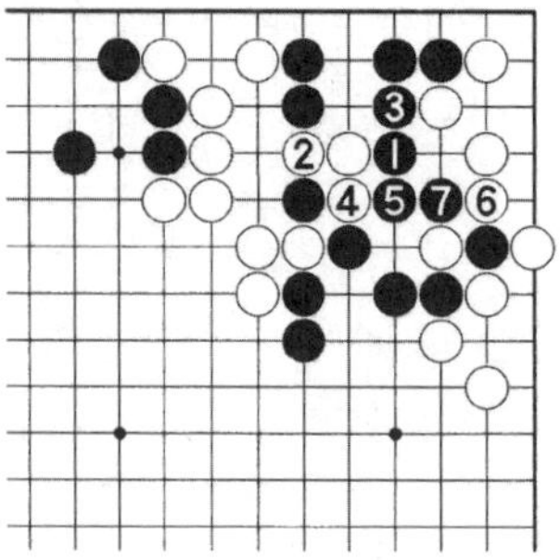

### 연결

흑1의 붙임이 맥이다. 백2로 뚫으면 흑3으로 잇는다.
백4로 흑 1점을 끊어도 흑5, 7로 본체가 연결된다.

変

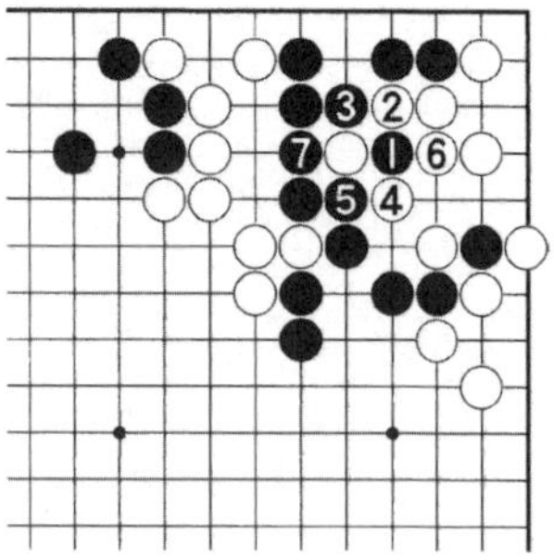

### 활용

백2로 나가면 흑3으로 끊는다.
백4로 단수치면 흑은 1점을 사석으로 이용하고 5로 잇는다.
5와 7의 양쪽을 방어한다.

붙임

(1310)

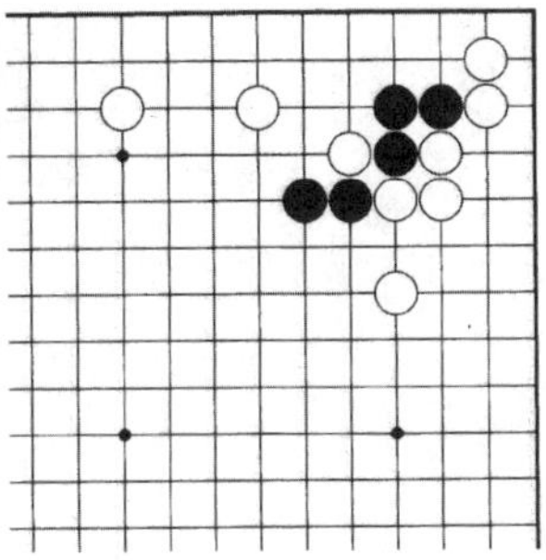

解

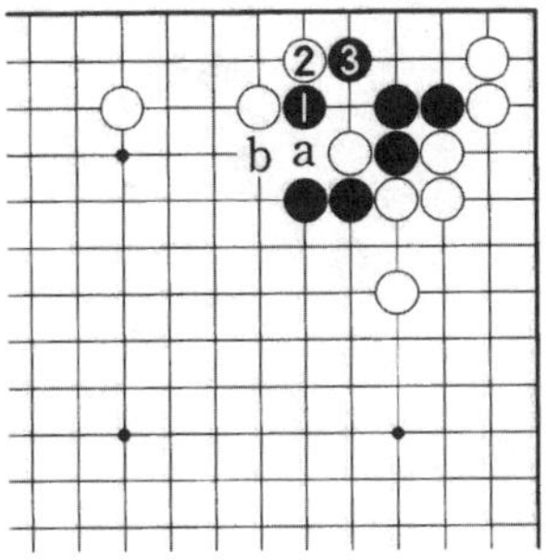

失

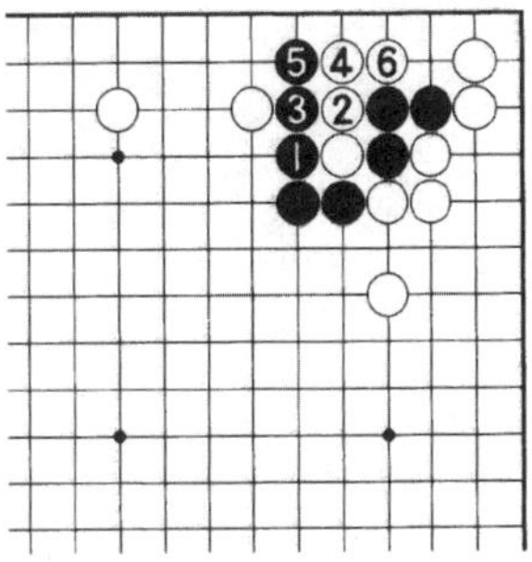

제1형 흑번

### 정형

우상의 흑의 모양을 정리하고 싶다. 어쨌든 백 1점을 잡아 흑 5점을 수습해야 한다.

### 장문

흑1의 붙임이 좋은 모양으로 상용의 맥이다.

백 1점을 장문으로 잡고 흑은 안형이 생겼다. 백2로 젖히면 흑3으로 막는다. 백a에는 흑b.

### 속수

흑1의 단수는 틀린 맥이다. 백2로 도망쳐 나와 나쁘다.

백4, 6으로 흑 3점을 잡혀서 근거도 잃었다. 백2로는 3에 두어 공격하는 것도 유력하다.

(1311)

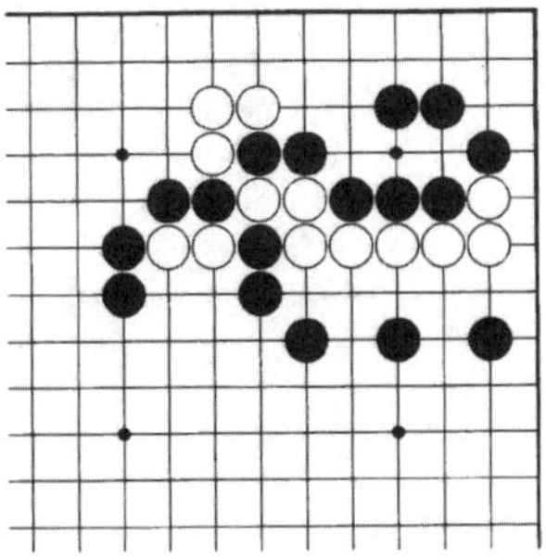

解

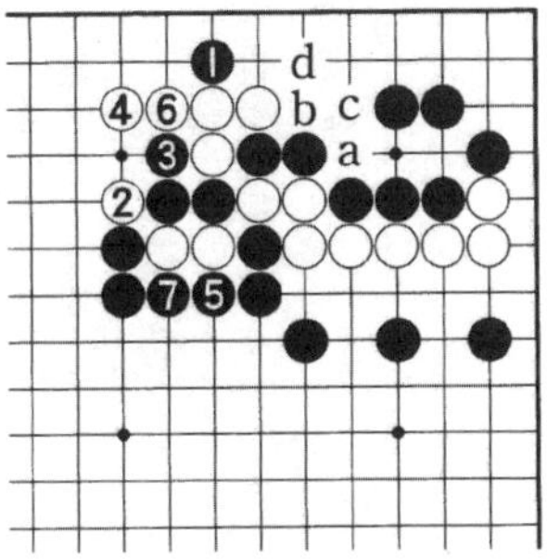

变

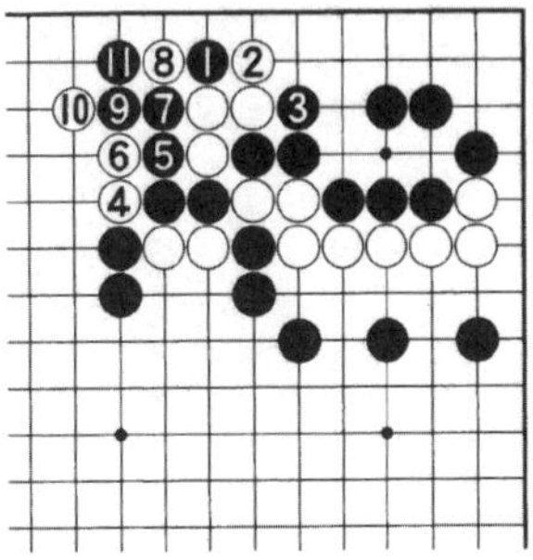

제2형 흑번

### 양쪽 지킴

상변의 전투.

백 3점은 우상귀와 상변의 흑 2점을 잡으려한다. 흑은 한 수로 두 곳을 지키고 백을 전멸시키고 싶다.

### 맥점

흑1의 붙임은 양쪽을 지키는 맥이다. 백2, 4로 왼쪽 2점을 공격해도 흑5, 7로 받으면 그만이다.

상변도 백a, 흑b, 백c, 흑d로 흑이 승리한다.

### 백 무리

백2로 막으면 흑3으로 귀 쪽을 받는다. 백4로 끊는 것부터 왼쪽을 축으로 잡으려고 해도 흑11까지 미리 두어둔 흑 1점이 작용하여 백은 실패한다.

(1312)

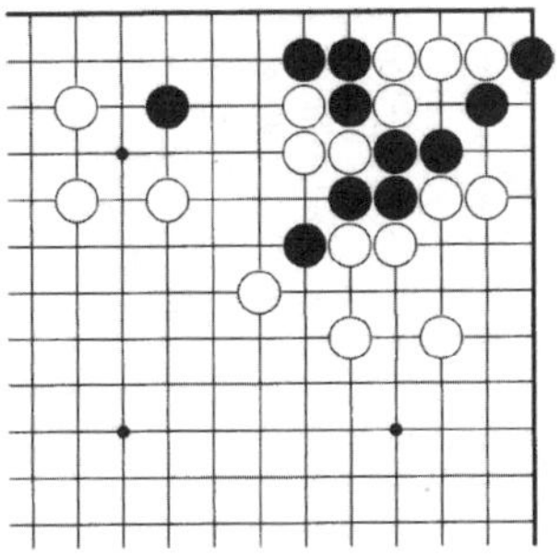

解

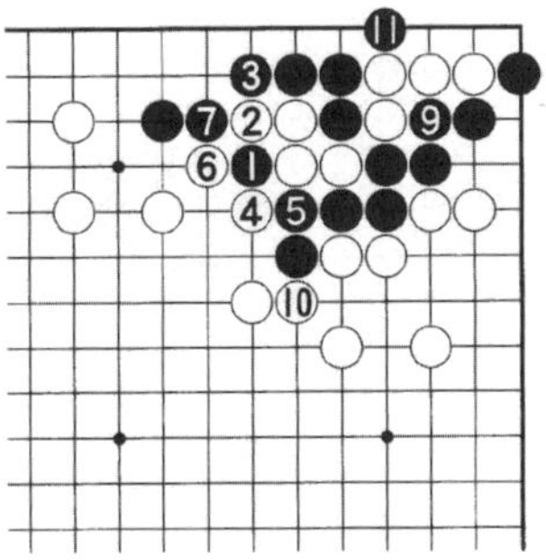

变

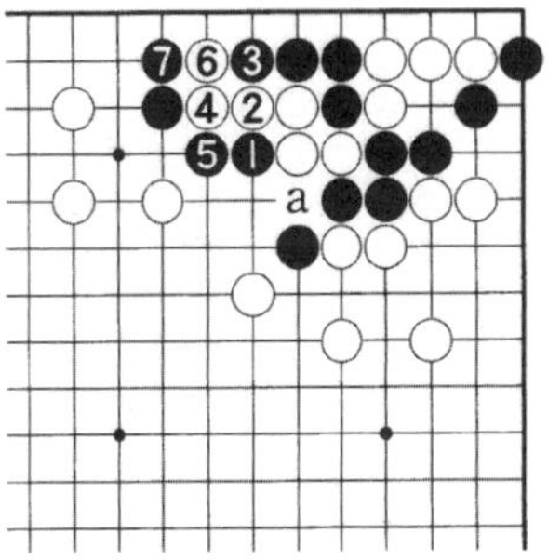

제3형 흑번

### 1수로 해결

상변의 3점과 우변의 6점 중 어느 한쪽의 흑은 잡힐 것 같다. 두 개의 고민을 흑이 1수로 해결하는 급소가 있다.

### 흑 성공

흑1의 붙임이 백 3점을 움직이게 만든다. 백2, 4로 도망치는 사이 상변과 우변의 수가 늘어 흑11까지 수상전은 흑이 이긴다.

※⑧→②의 아래(이음)

### 빈축

백4로 저항하면 흑으로서는 더 간단하다.

흑5와 7로 막아 빈축으로 백이 잡힌다.

흑5로 6은 백a로 상황이 역전된다.

(1313)

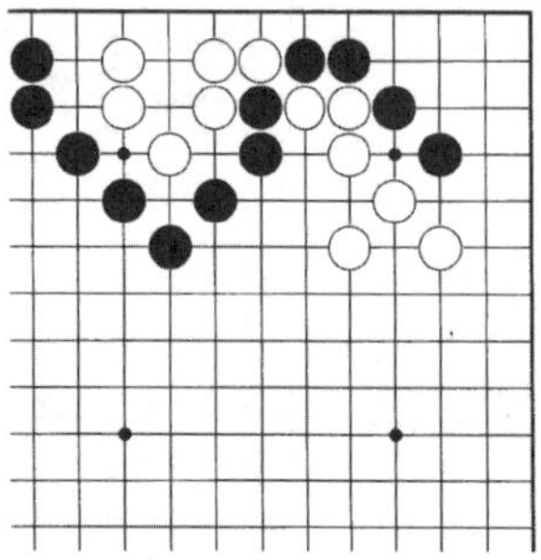

## 기사회생

제4형 백번

우상의 흑이 무사히 살아있는 것은 상변의 백이 죽어 있기 때문이다. 흑을 물어뜯어 기사회생할 방법을 짜내보자.

解

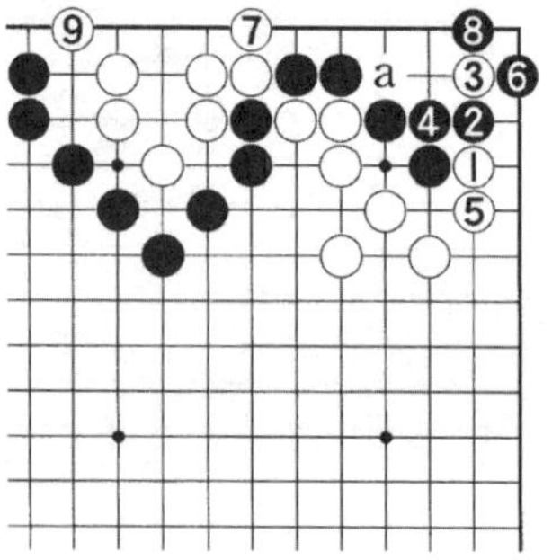

## 묘수

백1로 붙이고 흑2로 막을 때 백3의 껴붙임이 1에 이어지는 묘수이다. 흑8은 백a부터의 조임을 막기 위해 방법이 없다. 백9로 산다.

变

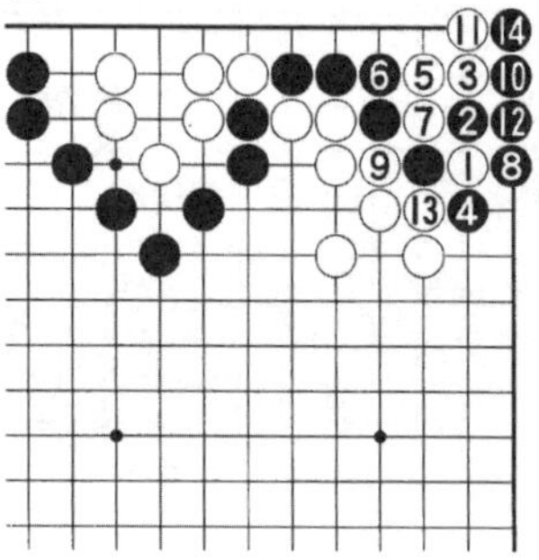

## 흑 불리한 패

흑4로 반발하는 것은 백5, 7로 태도를 바꿔서 그냥 넘어갈 수는 없는 모양이 되었다. 백13으로 단수쳐서 흑이 불리한 패가 난다.

※⑮→①(패)

붙임

탈출

(1314)

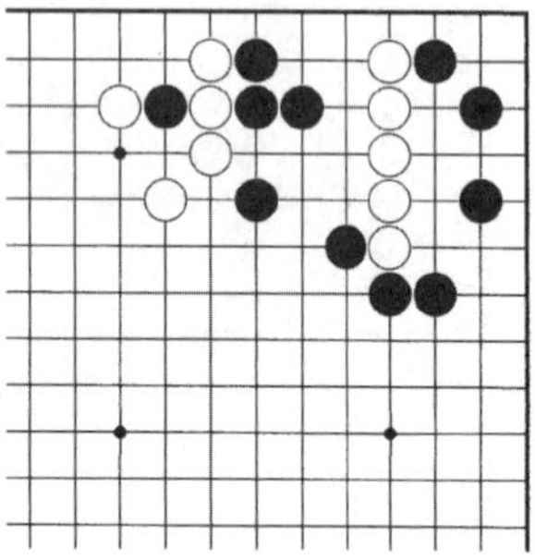

## 탈출이 초점

제1형 백번

우상의 백 5점은 탈출 가능한가? 먼저 상변에 있는 백의 옭음에 주목하자.

解

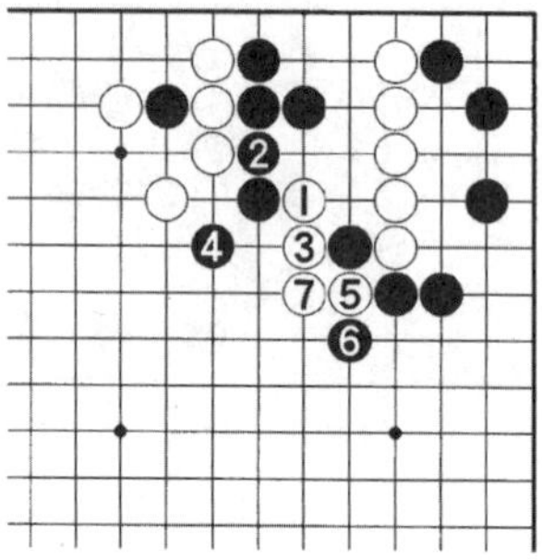

## 탈출

백1로 붙이면 그만이다.

흑2로 상변을 이으면 백3부터 7까지 멋지게 탈출에 성공한다.

变

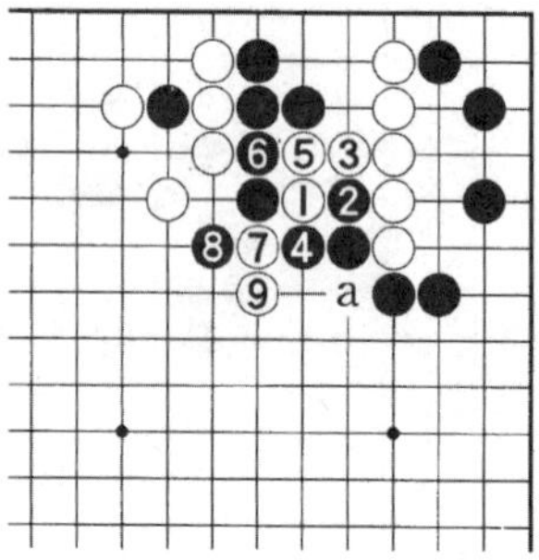

## 흑 무리

흑2로 저항해도 백3으로 받으면 그만이다.

흑4, 6으로 끊어도 백7로 끊어 흑은 실패한다.

흑4로 5는 백4, 흑a, 백7.

(1315)

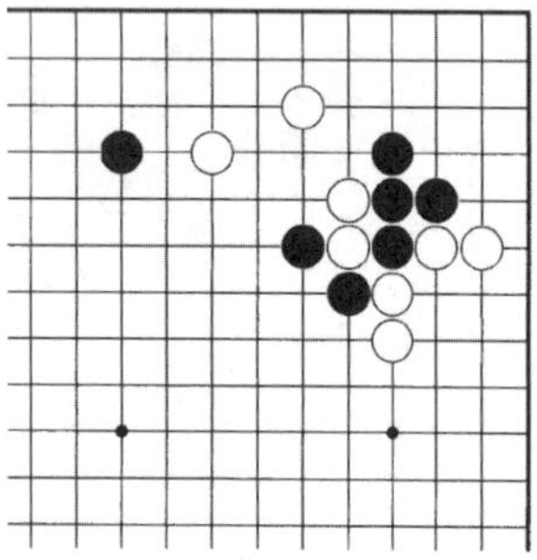

## 맥

제2형 흑번

상변의 전투.

붙여막기 정석의 변화이다.

귀의 흑이 중앙으로 나가면 바깥 백을 공격할 수 있다.

解

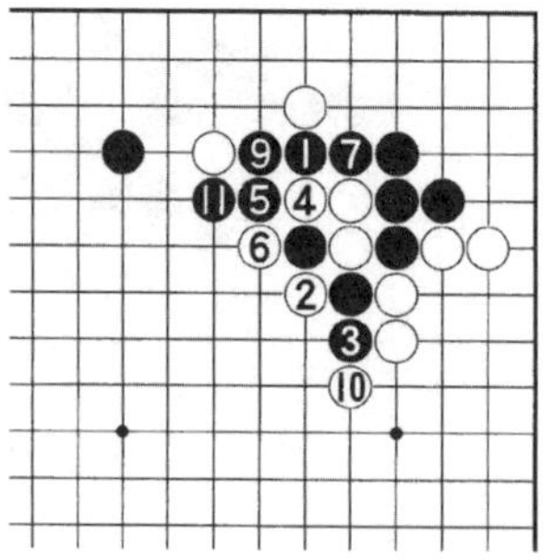

## 흑 유리

흑1의 장문이 맥이다. 백 2점을 살리기 위해서 백2로 끊고 4, 6으로 나갈 수밖에 없다.

흑7로 조이고 11까지 나가서 흑이 유리하다. ※⑧→⑥의 오른쪽

失

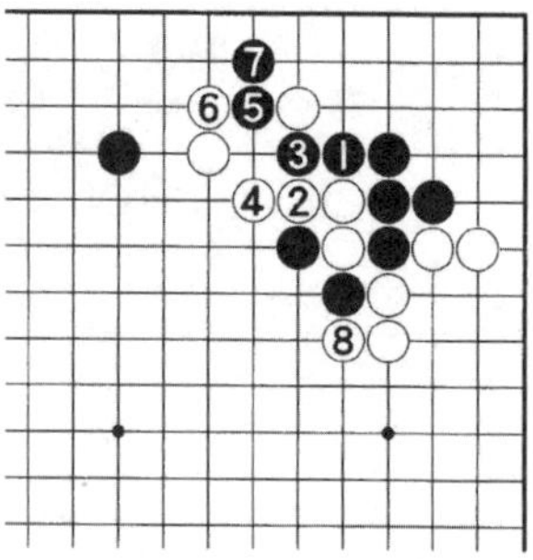

## 속수

흑1의 단수는 속수로 흑이 나쁘다. 백2, 4로 도망쳐 나오면 흑은 5로 젖혀나가 귀의 백 1점을 잡는 정도이다.

백8까지 바깥이 두텁다.

붙임

침범

(1316)

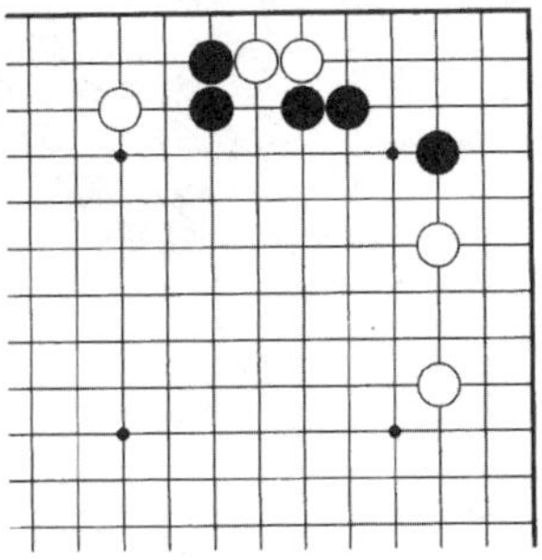

解

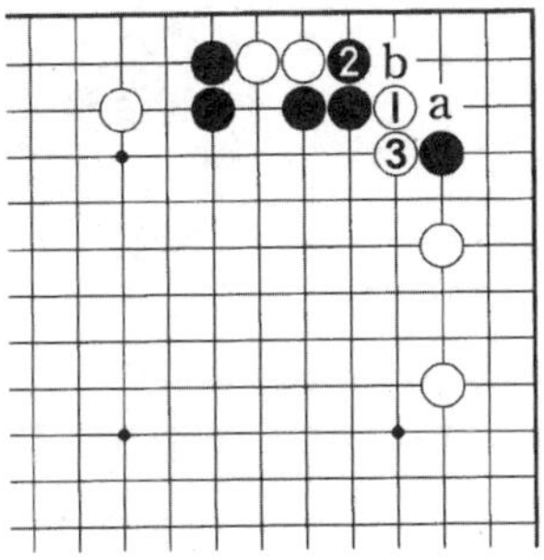

変

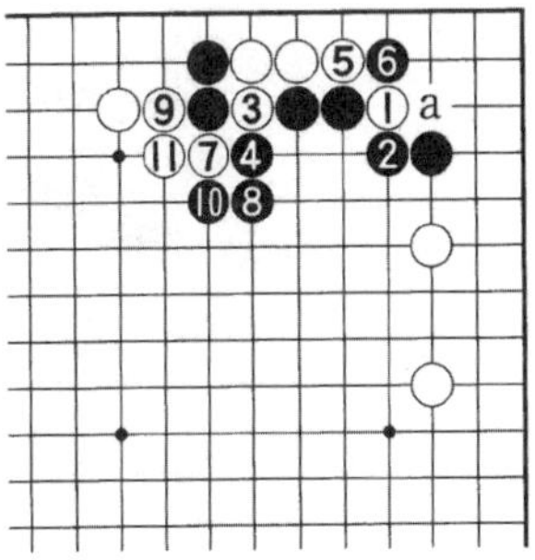

제1형 백번

### 엷음

상변의 백 2점은 흑에게 잡혀있는 것 같지만 흑의 귀의 모양이 조금 엷다.
백은 어디서부터 손을 대야할까?

### 급소

백1의 붙임이 흑의 급소이다.
흑2로 상변을 잡으면 백3으로 뚫어 흑집을 깨뜨린다.
흑a는 백b로 나가 흑은 괴로워질 뿐.

### 백 만족

흑2로 막는 정도이다.
백3으로 나가서 흑의 약점을 만들고 5로 민다. 다음에 백a면 산다.
흑6이라면 백7로 상변의 흑을 잡는다.

(1317)

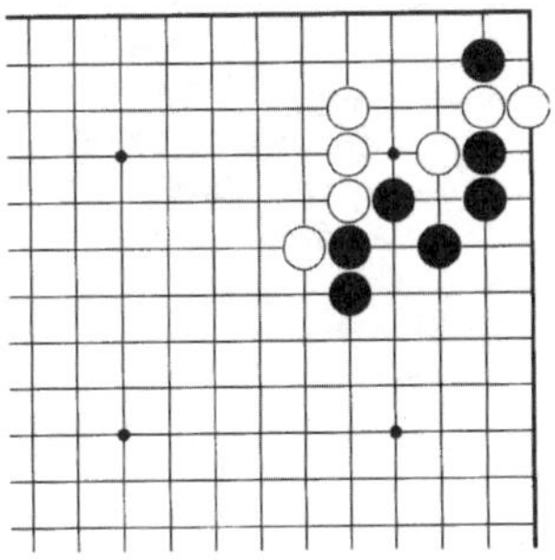

解

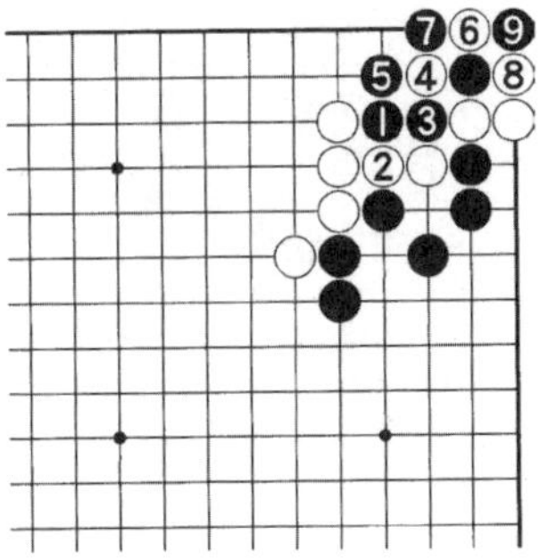

変

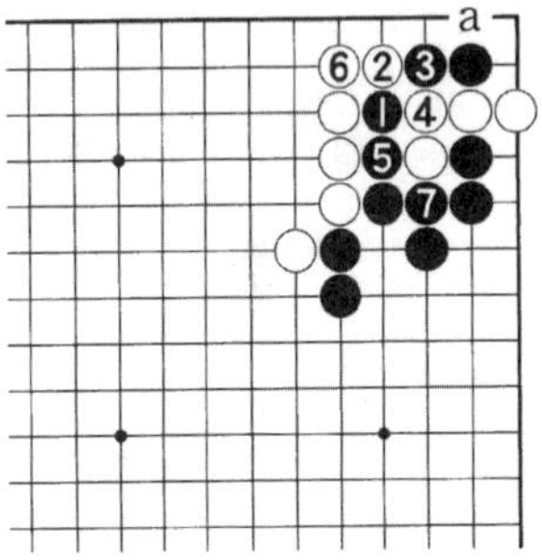

제2형 흑번

### 큰 이익

귀에 어떻게 손을 대야할까?
흑 1점을 이용하면 백집 같은 귀가 흑집으로 바뀔지도 모른다.

### 패

흑1의 붙임이 냉엄한 맥이다.
백2로 막을 때 흑3으로 귀를 끊어 백은 4로 끊음부터 6, 8로 패를 할 수밖에 없다.

### 백 무리

백이 패를 피하려고 2로 젖히면 흑3, 5의 저항으로 귀는 흑집이 된다.
백2로 3, 흑2, 백a는 흑5로 뚫은 모양으로 귀는 살지만 백집이 부서진다.

(1318)

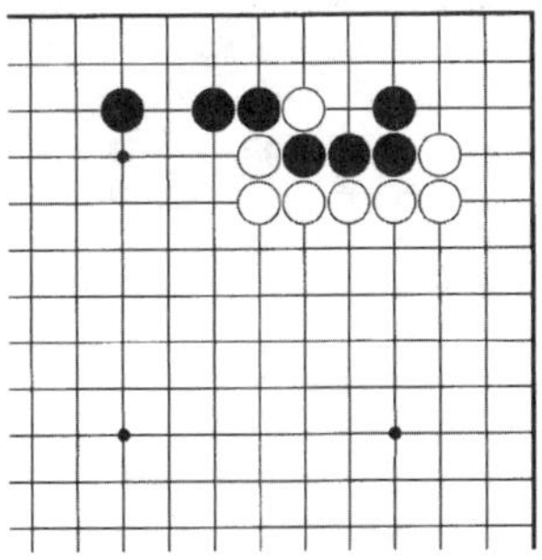

解

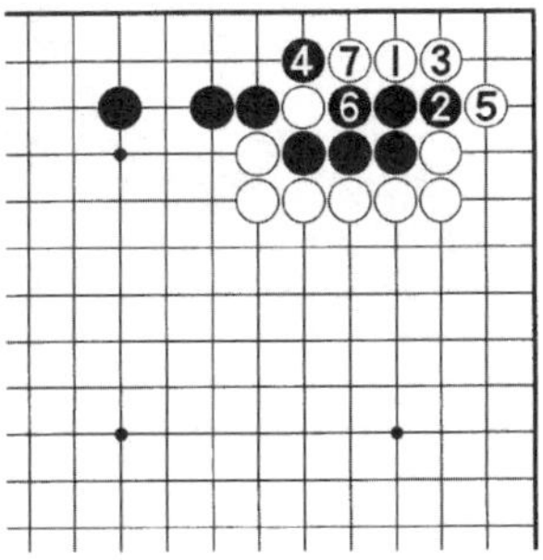

変

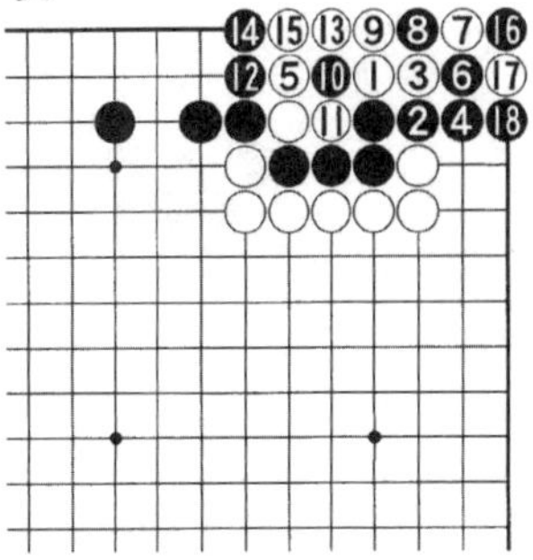

제3형 백번

### 파고들다

3·3이 비어있기 때문에 귀를 백집으로 만들고 한 발 더 나아가 흑집을 파고들어야 한다.

### 조임

백1의 붙임이 흑의 자충을 추궁한다.
흑2, 백3 이후 흑4로 돌아간다. 백5, 7로 조여 상변의 백집이 작아진다.

### 2단패

흑4로 저항하면 백5로 내려서 수상전이 벌어진다.
흑6부터 18까지 이단패가 되는 모양. 백에게는 유리한 꽃놀이패를 쥔다.

(1319)

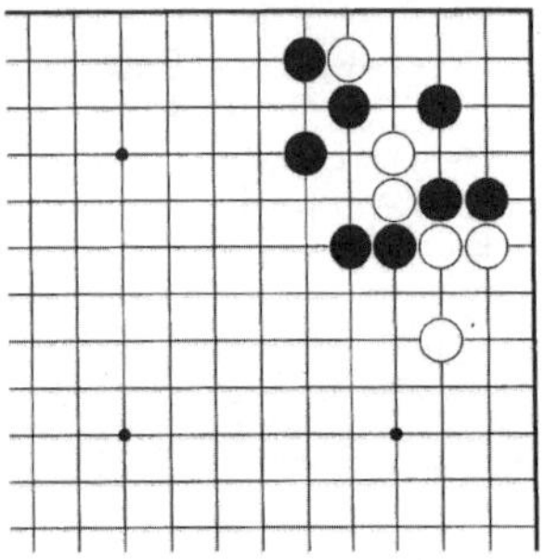

제4형 백번

### 부수다

우상의 흑 3점이 잡혀있지만 백의 모양은 맛이 나쁘다. 백은 맛이 나쁜 점을 이용하여 귀의 흑집을 초토화시킬 수 있다.

解

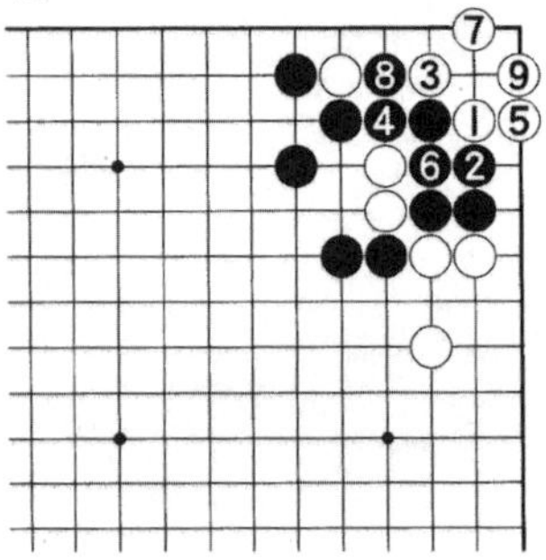

### 백 삶

백1로 붙여 우변의 흑 2점을 자충으로 만든다.

백3의 젖힘에 흑4로 양보하면 백5의 뻗음으로 선수하고 흑6에 백 7, 9로 산다.

变

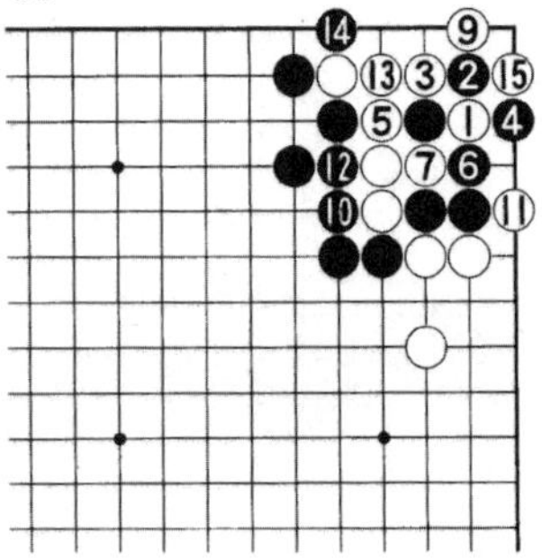

### 패

흑2로 막아 저항하면 백3의 끊음이 좋은 맥이 된다.

흑4 이후 백5부터 11로 몰아붙여 15까지 패가 난다.

※❽→①

(1320)

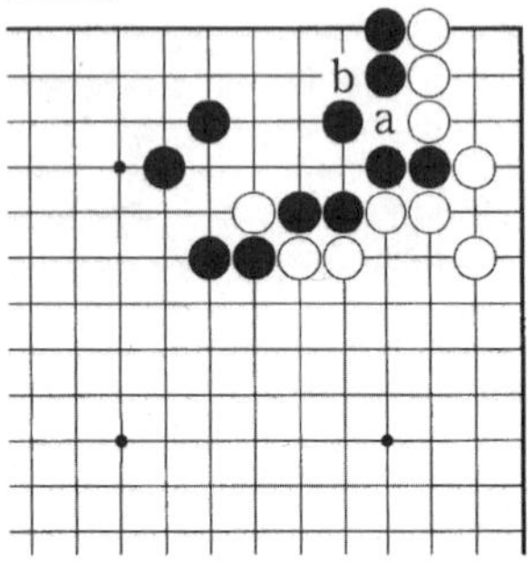

제5형 백번

### 크게 부수다

흑은 맛이 나쁜 모양을 하고 있지만 백a의 단수는 흑b로 이어 피해가 적다.

더 크게 무너뜨리는 맥은 무엇인가?

解

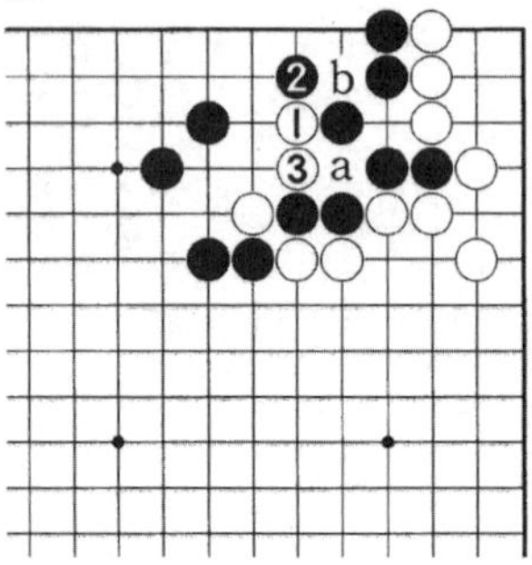

### 촉촉수

백1의 붙임이 흑의 자충을 추궁하는 맥이다.

흑2로 받으면 백3. 다음에 흑a는 백b로 촉촉수이므로 흑 2점은 살릴 수 없다.

变

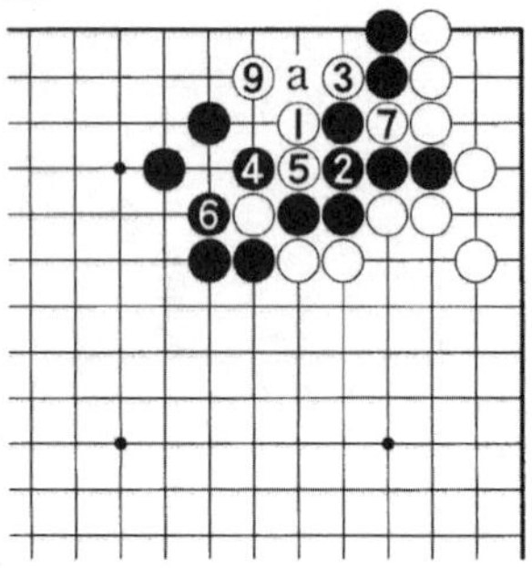

### 찝음

흑2로 이으면 백3으로 찝는 수가 냉엄하다.

흑4로 백 1점을 잡으면 백5부터 9로 깨뜨린다. 흑4로 a는 백5.

※❽→❹의 아래

(1321)

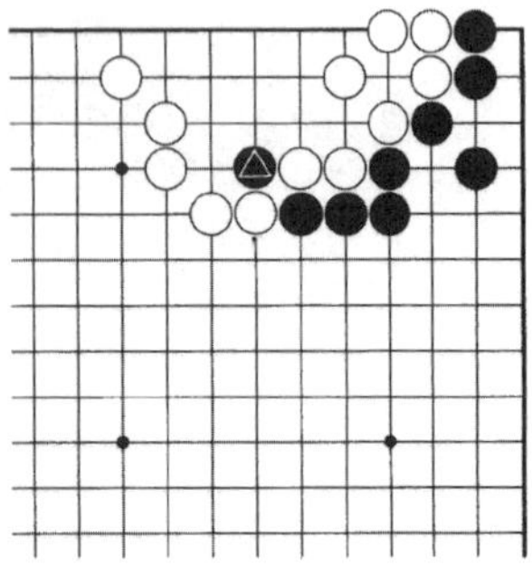

제6형 흑번

### 대활약

20집은 될 것 같은 상변의 백집이지만 흑▲ 1점의 대활약으로 백집은 흑집이 되어버린다.

解

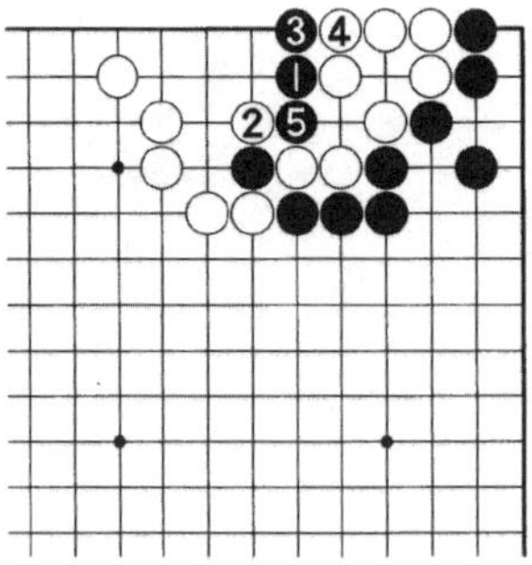

### 맥점

흑1의 붙임이 백의 자충을 추궁하는 수이다.

백2로 1점을 잡으면 흑3, 백4를 활용하고 흑5로 끊어 오른쪽의 백은 살릴 수 없다.

变

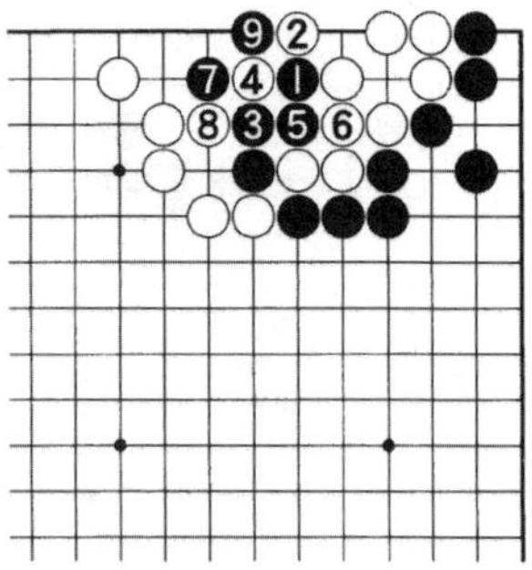

### 유리한 패

백2의 젖힘은 흑2를 방어하는 것으로 탄력을 만든 수이다.

흑3으로 뻗고, 백4, 6 이후 흑7로 단수쳐 흑이 유리한 패가 난다.

흑3으로 9도 패가 난다.

(1322)

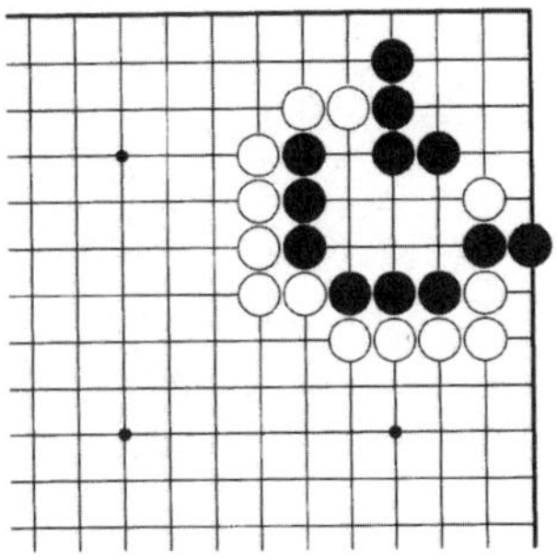

解

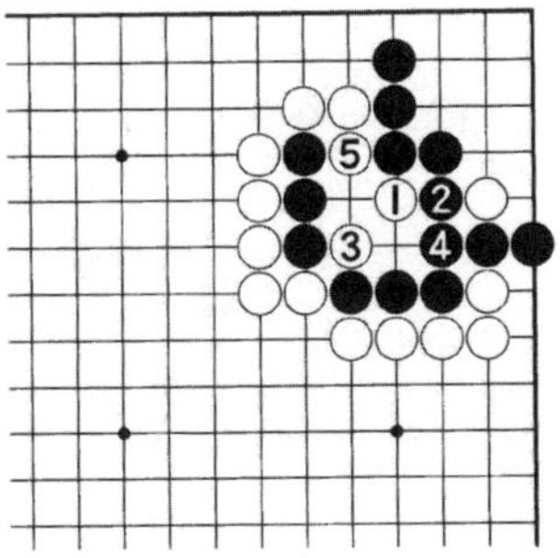

变

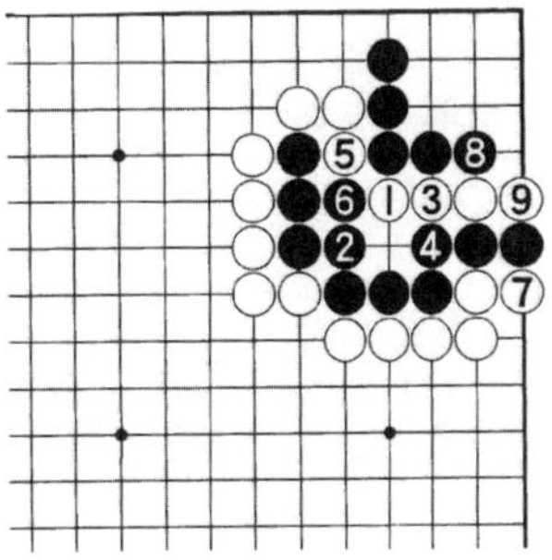

**제7형 백번**

### 급소가 통하다

흑돌은 많지만 급소 자리는 뚫려있어서 오히려 자충의 맛이 나쁘다.

### 급소

백1의 붙임은 흑 3점의 중앙 자리로 급소이다.

중앙과 오른쪽의 3점이 각각 자충의 모양으로 흑2 이후 백3, 5로 흑돌을 잡는다.

### 흑 무리

흑2로 이어 중앙을 살리려는 것은 백3으로 잇는 것을 활용하고 5로 끊어 흑을 전부 잡는다.

흑4는 5로 이을 수밖에 없는 모양이다.

(1323)

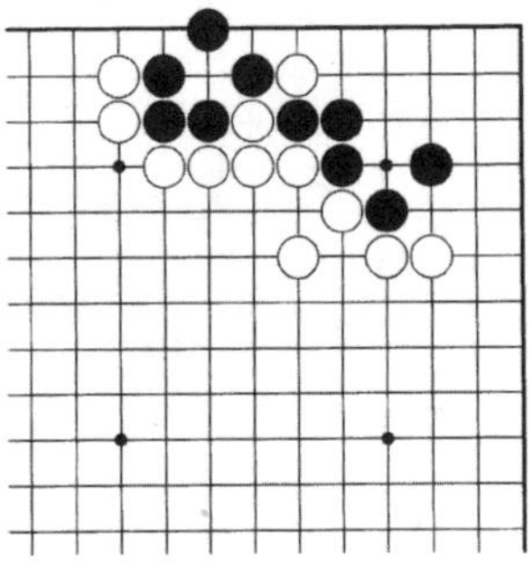

解

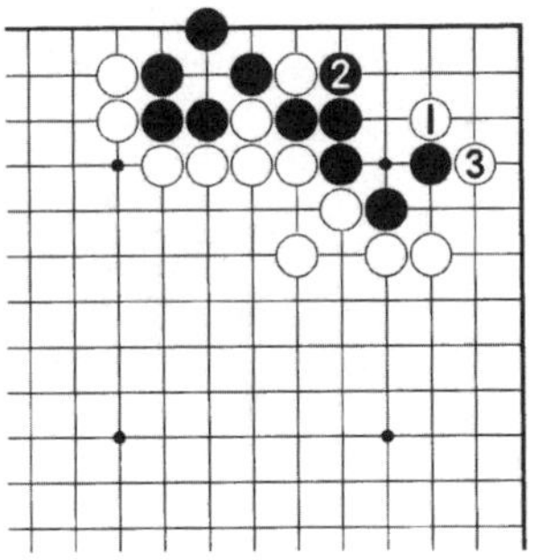

变

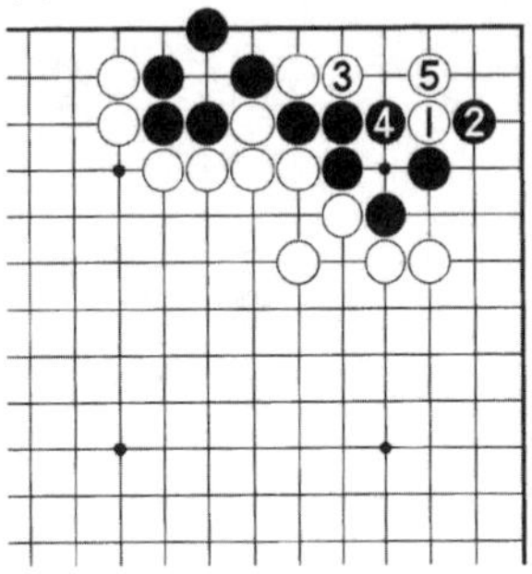

**제8형 백번**

### 크게 도려내다

상변의 흑은 살아있지만 귀는 아직 집이라고 할 수 없다. 백에게는 지금이 귀를 백집으로 만들 기회이다.

### 급소

백1의 붙임이 흑의 자충을 추궁하는 급소이다.

흑2로 양보하는 정도이지만 백3으로 건너가 귀는 흑집에서 백집으로 변했다.

### 흑 망함

흑2로 젖혀 저항하면 백3으로 밀어 흑 3점이 자충이 된다.

흑4는 백5, 4로 5는 백4. 흑은 궤멸한다.

(1324)

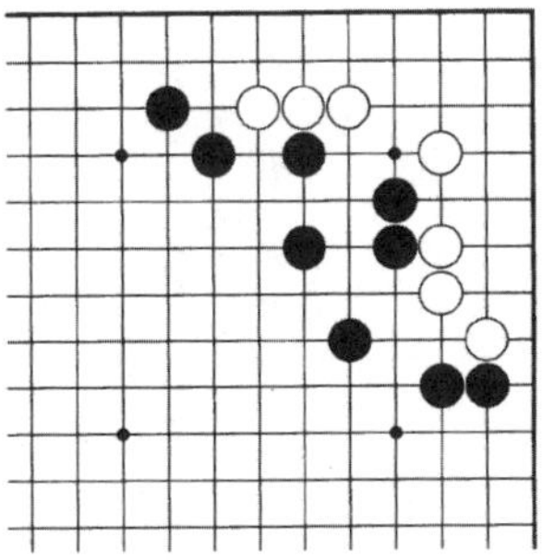

解

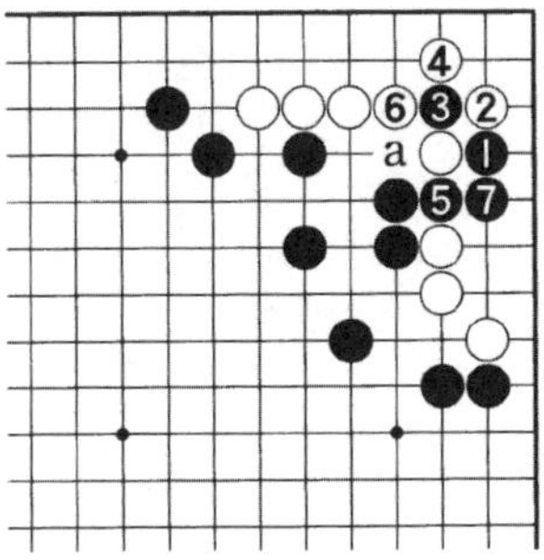

变

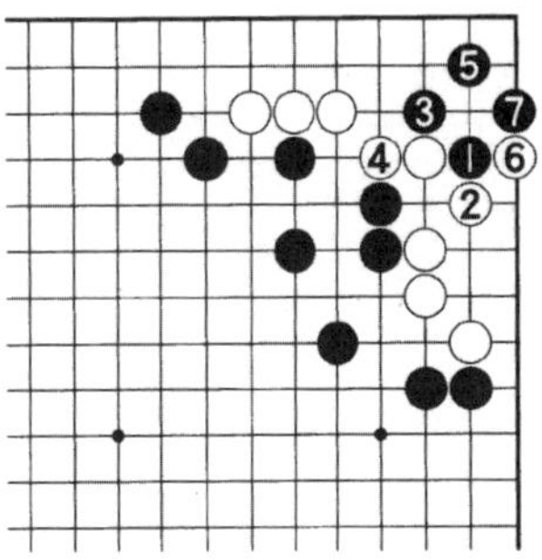

**제9형 흑번**

### 깨뜨리다

우변에서 상변으로 이어져 전부 백집이 되면 20집도 넘게 된다. 백의 한쪽을 무너뜨리는 방법이 있을 것 같다.

### 맛보기

흑1의 붙임이 날카로운 맥이다. 백2로 막으면 흑3으로 맞끊어 5와 a를 맛보기로 하여 백집을 깨뜨린다. 흑7까지 백집보다 흑집이 많다.

### 꽃놀이 패

백2, 4로 저항하는 변화.

흑5의 호구이음으로 흑이 귀에서 살면 우상 백 전체의 사활에 영향을 주게 된다.

흑7까지 꽃놀이패가 된다.

(1325)

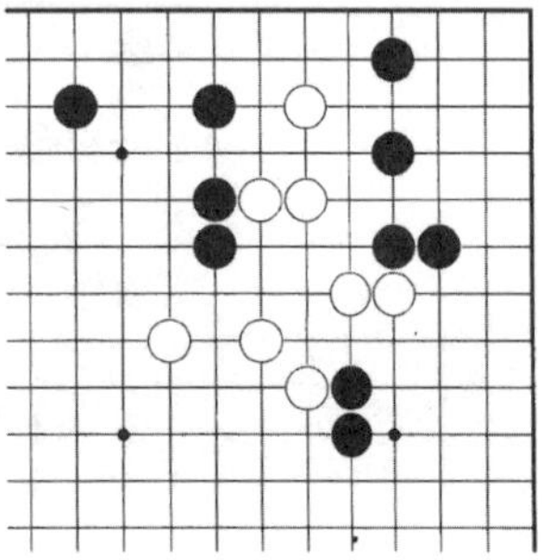

解

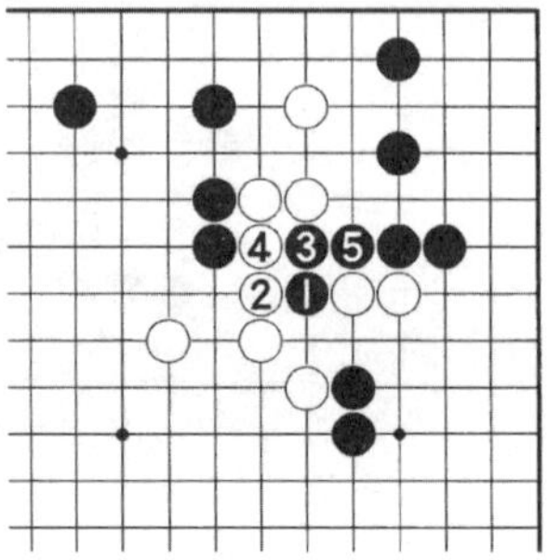

失

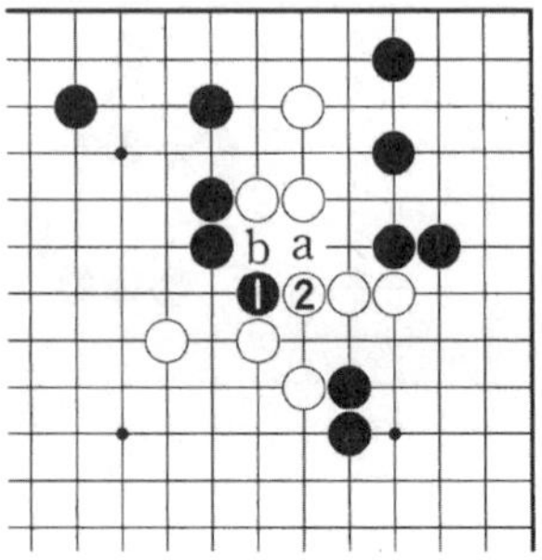

제1형 흑번

### 약점

상변의 전투.
백은 우상귀와 우변의 흑집을 깨뜨리고 중앙으로 도망쳤지만 전체의 연결은 완전하지 않다. 백의 약점은 어디일까?

### 맥

흑1의 붙임이 날카로운 맥이다. 백2, 4로 상변을 살리면 흑5로 우변을 잡는다.
백2로 5는 흑2로 당겨 우상의 백 전체가 집이 없다.

### 흑 실패

흑1의 입구자 붙임은 백2로 받아 실패한다.
백은 전체가 연결되어있다. 흑1로 a는 틀린 맥이다.
백b로 받아 다음 수가 없다.

(1326)

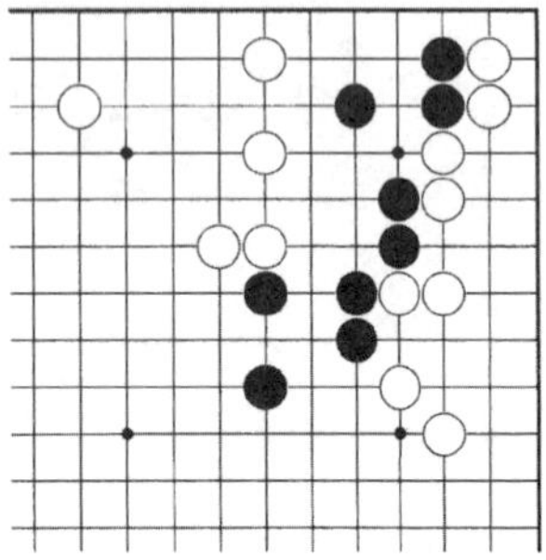

解

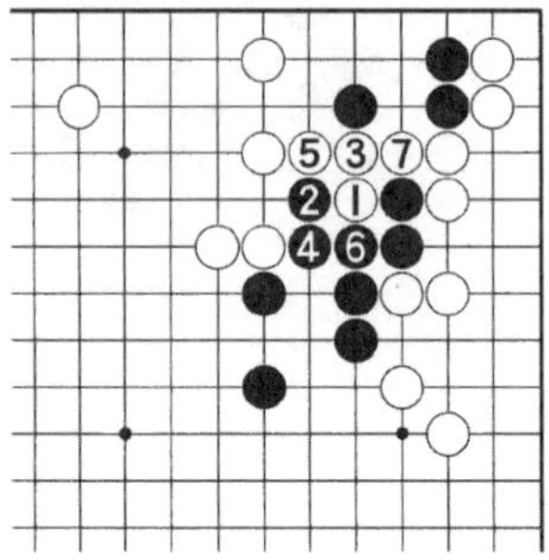

失

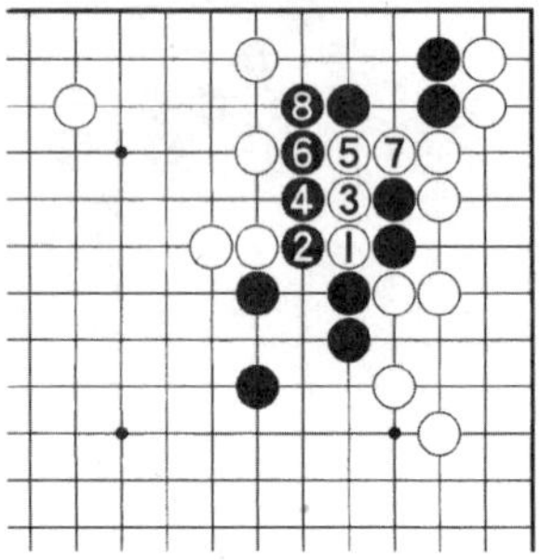

제2형 백번

### 강수

상변의 전투.
귀에서 중앙으로 도망친 흑은 엷은 모양으로 백은 위아래로 분단시킬 강수를 준비해두고 있다.

### 상변 분단

백1로 붙이고 흑2의 껴붙임에 백3으로 치받는 수가 냉엄하다.
흑4라면 백5로 막아 백7까지 상변의 흑을 분단한다.
흑4로 5는 백4.

### 백 실패

백1로 끊는 것은 속맥으로 나쁘다.
흑2, 4, 6으로 평범하게 단수치고 흑 2점을 버리고 흑8까지 상변과 중앙이 연결된다.

(1327)

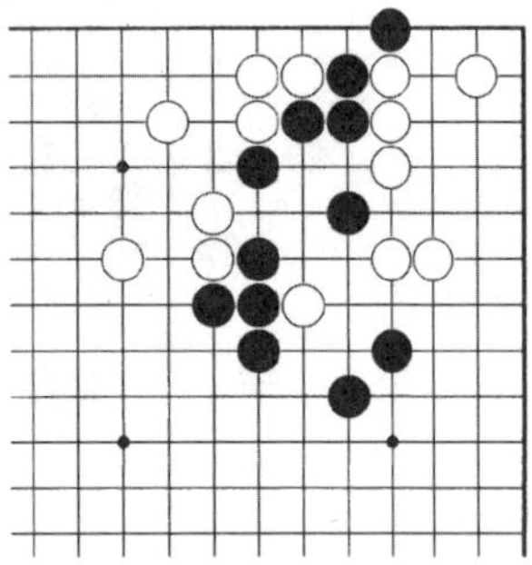

解

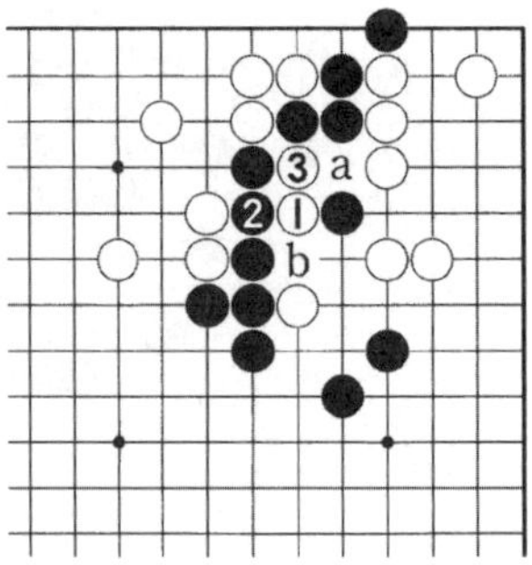

失

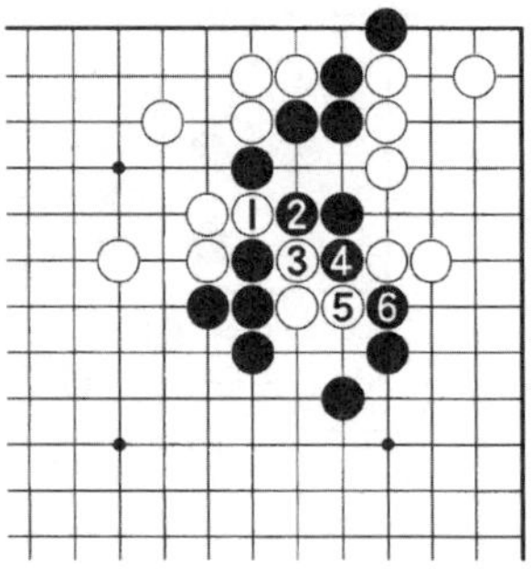

제3형 백번

### 절단

상변의 흑은 엷은 모양이다.
단 흑에게도 준비해둔 수가 있어 흑을 끊을 수 있는 곳은 한 곳뿐이다.

### 백 승

백1의 붙임이 좋은 수이다.
흑2로 이으면 백3으로 끊는다. 이후 흑a는 백b로 이어 백 4점과 상변의 흑의 수상전은 백이 이긴다.

### 백 실패

백1로 나가는 것은 흑2로 받아 잘 되지 않는다.
백3으로 끊어도 흑4, 6으로 중앙의 백 3점을 공격하여 백이 반대로 잡힌다.

제4형 흑번

(1328)

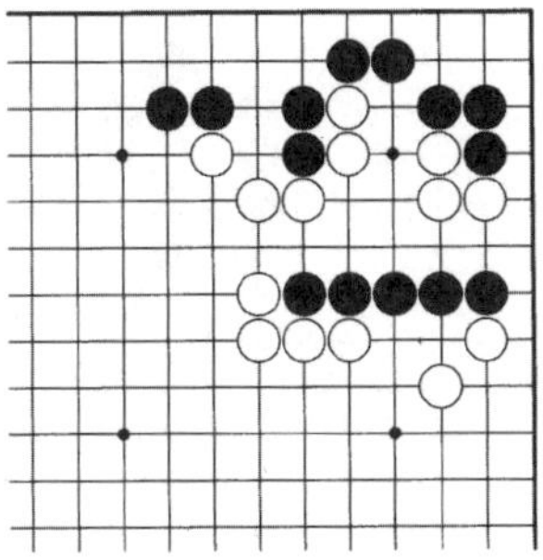

## 꼬리

우변의 흑 5점을 살리고 싶다. 노림수는 우상에 있는 백의 엷음을 추궁하여 꼬리를 끊어낸다.

解

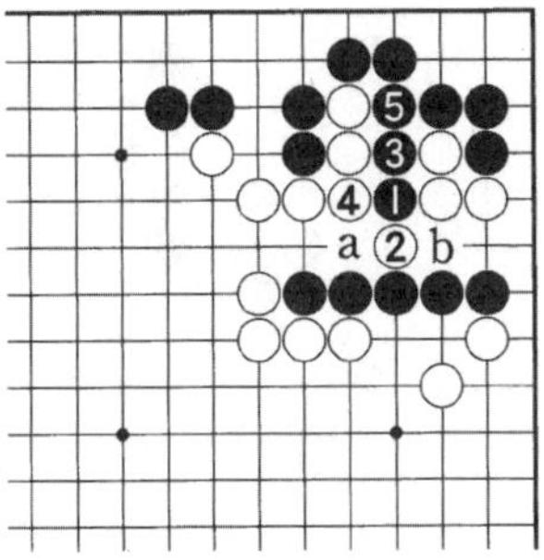


## 절단

흑1의 붙임이 좋은 수이다.
백2로 끼우면 흑3으로 나가 절단 완료.
흑5 이후는 a와 b를 맛보기로 한다.

失

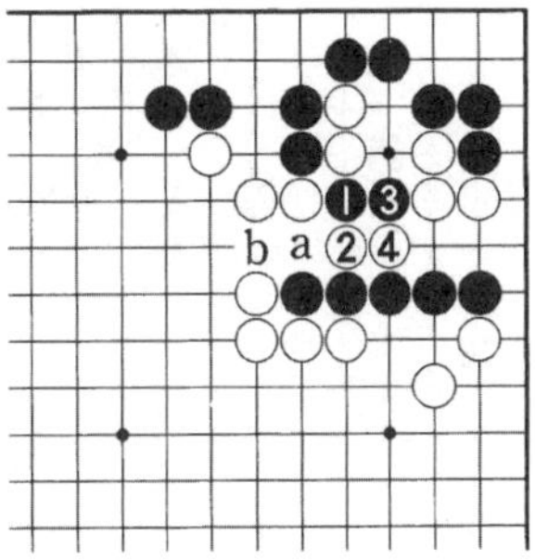


## 속수

흑1로 끊는 것은 속수이다.
백2, 4로 잡혀서 그만이다.
흑3으로 a에 끊어도 백3으로 따낸다.
b로 나가는 것도 수가 없다.

제5형 흑번

(1329)

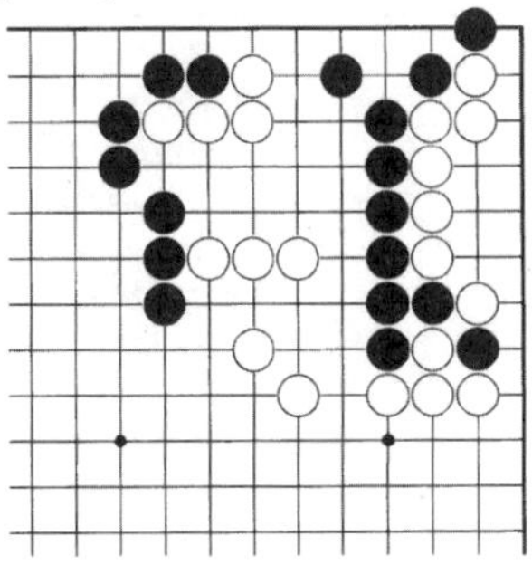

## 생환

우상에 있는 흑의 대마는 집이 없다. 상변에 있는 백의 엷음을 추궁하여 백 4점을 잡고 생환할 수 있다.

解

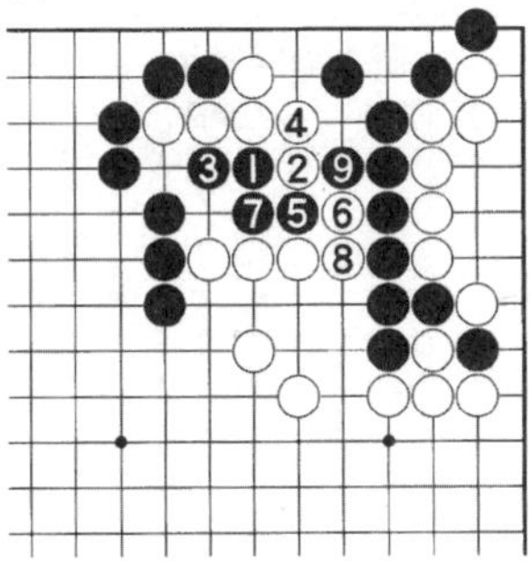

## 흑1이 급소

흑1의 붙임이 급소이다.
백2의 젖힘에 흑3으로 당기고 이후 흑5로 끼우는 수가 맥이다.
흑7로 잇고 8, 9 한쪽을 끊어 잡는다.

失

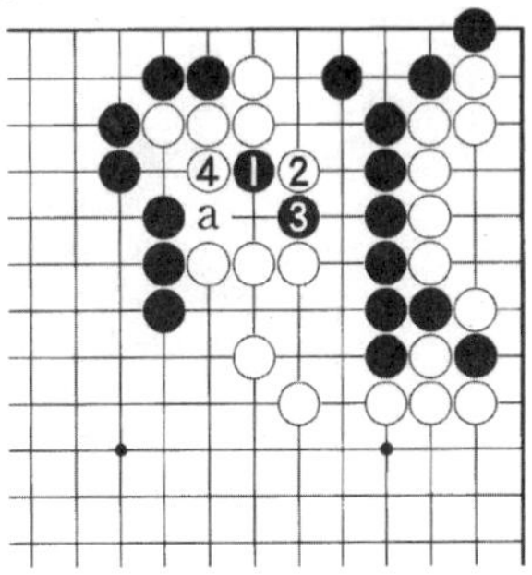


## 흑 실패

흑3의 끼움은 맥 같지만 실패한다.
백4로 단수쳐서 연결한다.
또 흑1로 a로 두는 것은 백2로 실패한다.

붙임

따냄

제1형 흑번

(1330)

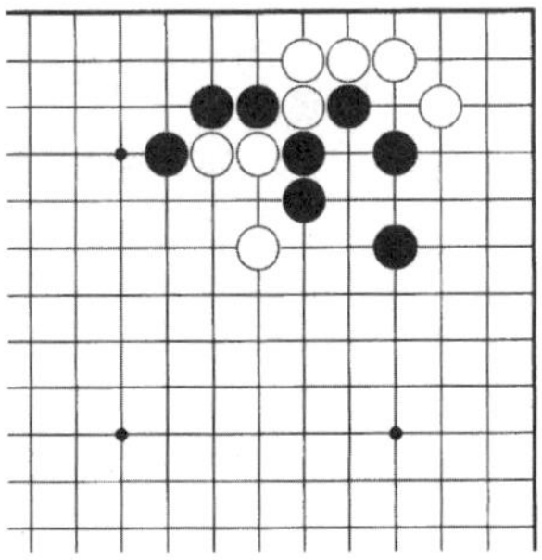

## 주도권

중앙의 백이 눈엣가시 같다.
움직이기 전에 백을 공격하여 주도권을 쥐자.

解

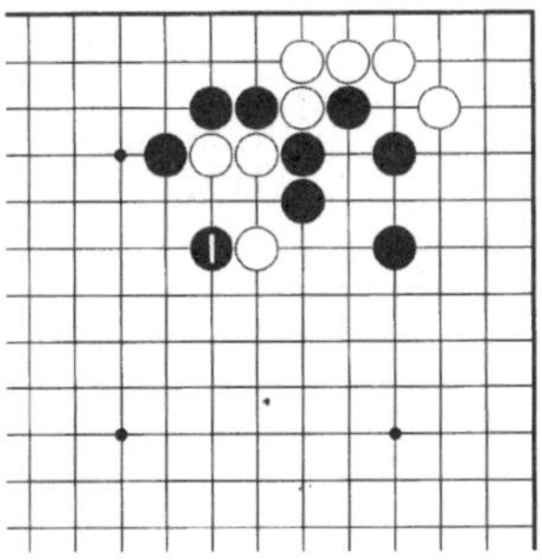

## 속박

흑1의 붙임이 냉엄하다.
백 2점은 속박되어 도망칠 수 없는 모양이다. 만약 도망치려 움직이면 바깥 흑을 두텁게 만드는 재료가 될 뿐이다.

変

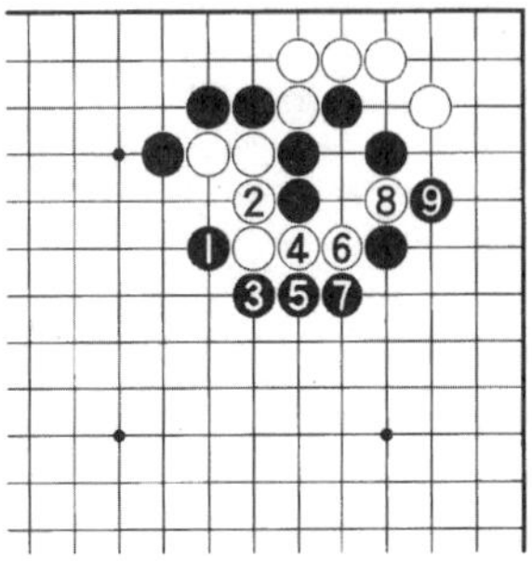

## 백 무리

백2로 이어도 흑3으로 공격당해 피해가 커진다.
백4부터 8로 끼워도 흑9로 그만이다.

제2형 백번

(1331)

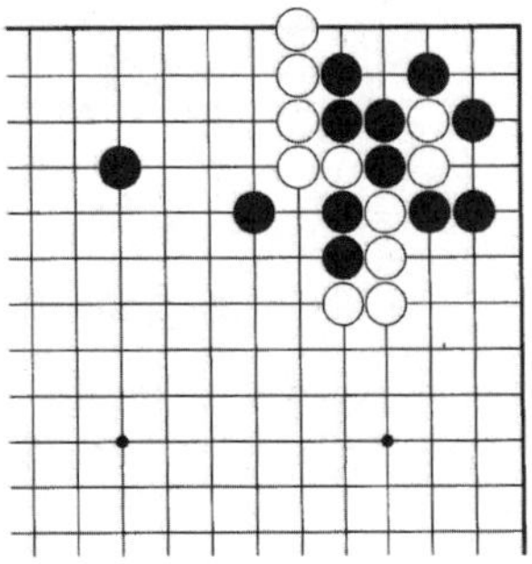

### 호각이상
백은 바깥의 흑을 공격하여 호각 이상의 모양으로 만들고 싶다.

解

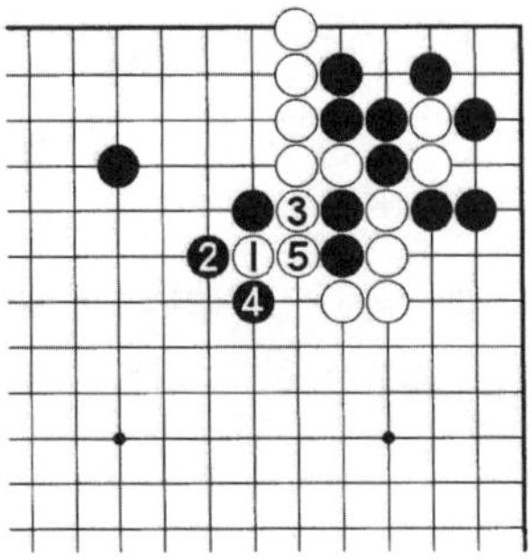

### 맥점
백1의 붙임이 흑 2점의 자충을 추궁하는 맥이다.
흑2로 젖혀 2점을 포기할 수밖에 없으며 백5로 잡아 백이 두터운 모양이다.

变

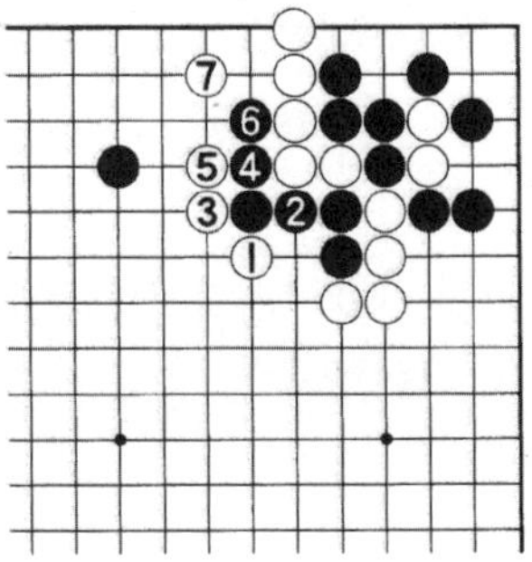

### 장문
흑2로 잇는 것은 무리한 저항.
백3으로 막고 5로 쫓은 뒤 7로 장문을 두어 6점으로 불어난 흑을 살릴 수 없다.

제3형 흑번

(1332)

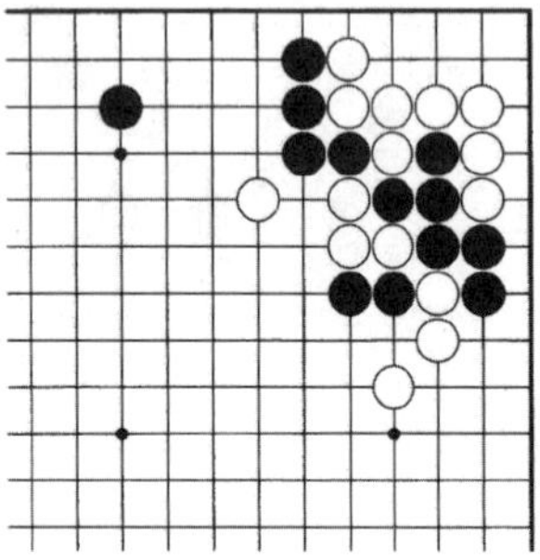

### 산산조각
우변의 흑은 산산조각이 났는데 끊고 있는 백 3점을 잡으면 순식간에 강한 돌로 바뀐다.

解

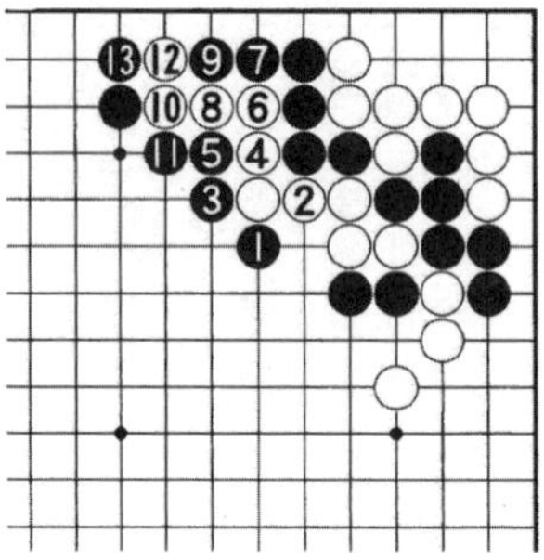

### 빈축
흑1의 붙임으로 백의 출구를 막는다. 백2로 이어도 흑3, 5로 공배를 메우며 쫓아서 13까지 빈축의 모양이다. 흑13으로 백이 잡힌다.

失

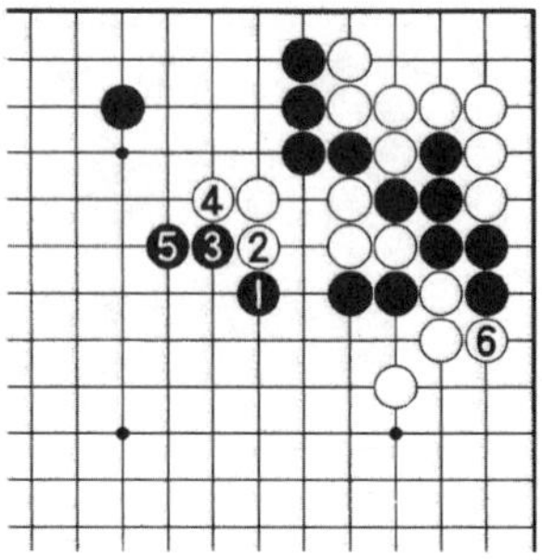

### 완착
흑1은 완착이다. 백2의 쌍립으로 백의 수가 늘어난다.
흑3, 5로 공격해도 백6으로 우변을 잡아 실패한다.

제4형 흑번

(1333)

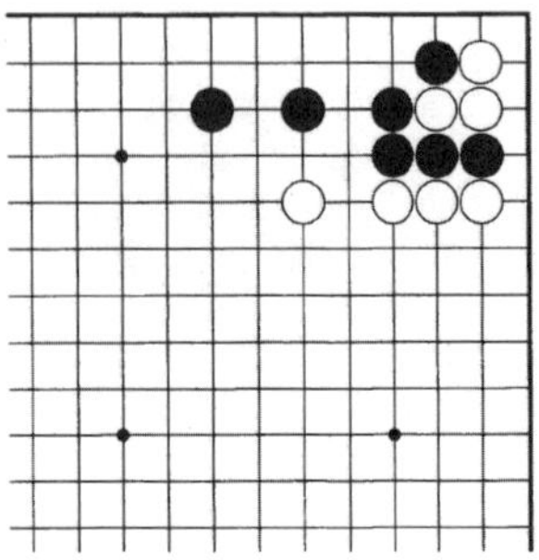

### 맞보기
귀의 백 3점은 집을 내는 것과 건넘 양쪽을 맞보기로 하고 있는데 흑은 한수로 이 양쪽을 막을 수 있다.

解

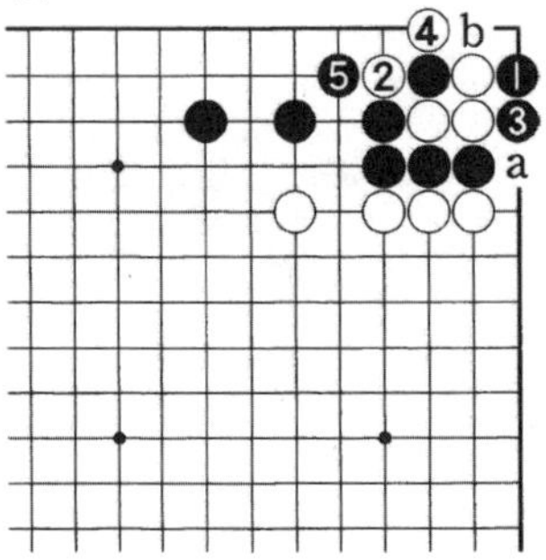

### 급소
흑1의 붙임이 2·1의 급소이다. 백2로 1점을 잡아도 흑3, 5로 백이 죽는다.
백2로 a는 흑b로 촉촉수이다.

失

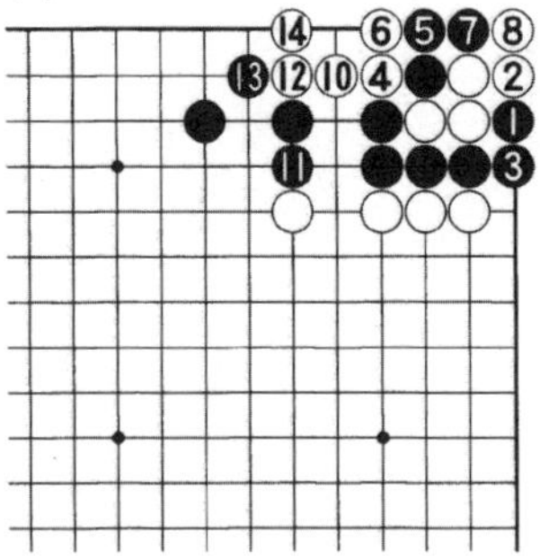

### 백 삶
흑1로 건넘을 막는 것은 백2 이후 4로 끊어 산다.
흑9의 치중수도 백10부터 14까지 2집이 난다.
※❾→❺

제5형 흑번

(1334)

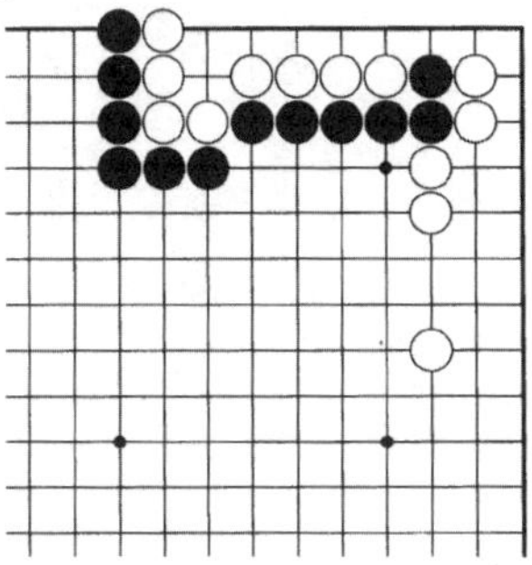

## 따돌림

상변의 전투.
백은 건너가면 궁도가 넓어서 편하게 사는 것 같지만 사실 흑의 맥에 의해 백 4점을 빼앗겨버린다.

解

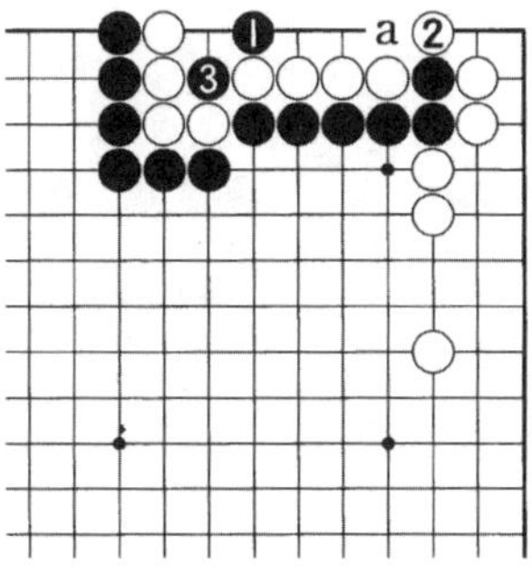

## 급소

흑1의 붙임이 집을 부수는 급소이다.
백2로 귀와 연결하면 흑3으로 먹여쳐서 백 4점을 환격으로 잡는다.
백2로 3은 흑a.

失

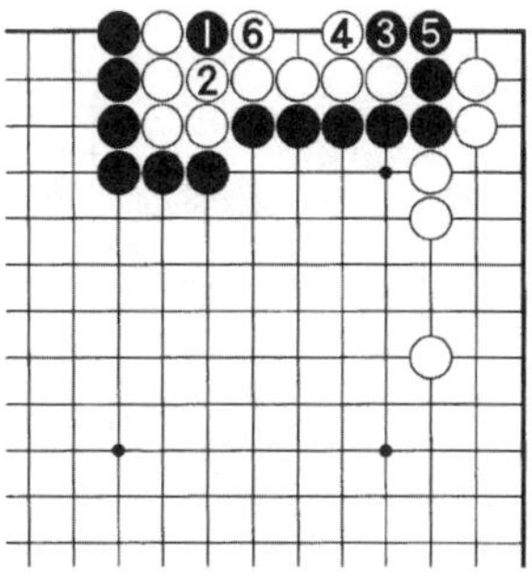

## 흑 실패

흑1의 단수는 속수로 백2로 이어 실패한다.
흑3, 5로 백의 건넘을 막아도 백6으로 흑 1점을 잡고 살아버린다.

제6형 흑번

(1335)

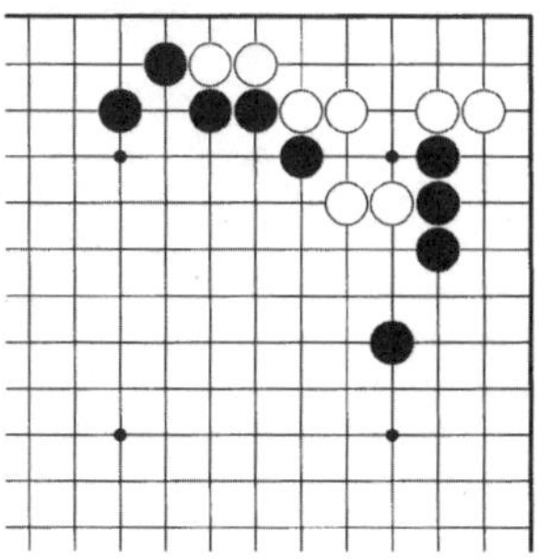

## 결함

귀의 백은 중앙으로 머리를 내밀고 있지만 맛이 나쁜 모양이다.
백의 결함은 어디인가?

解

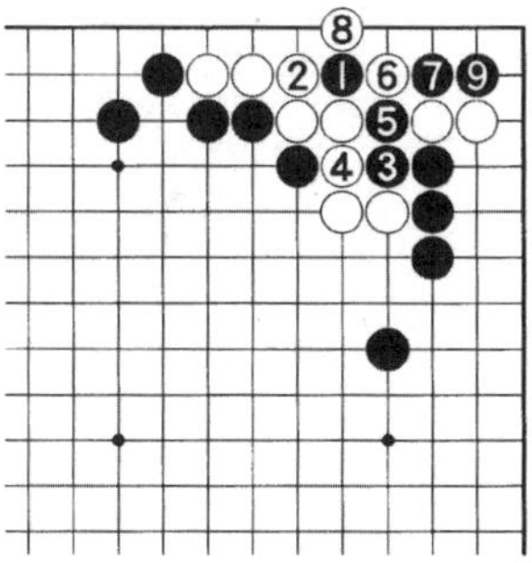

## 맥점

흑1의 붙임이 유효한 한 방이다.
백2로 이으면 흑3으로 나가 5, 7로 끊어 우상귀의 백 2점을 잡는다.

变

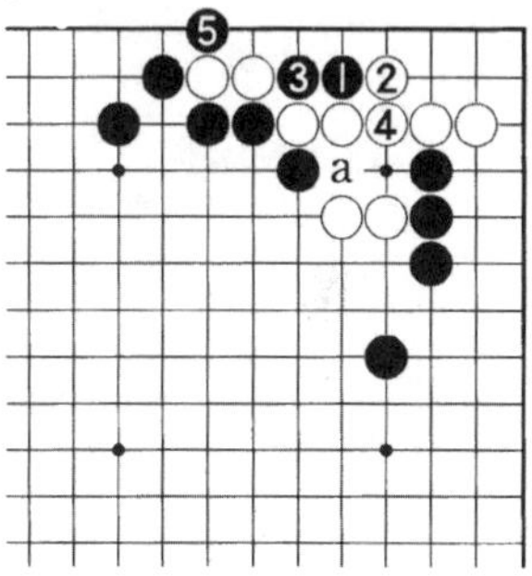

## 맞보기

백2로 막아 귀를 지킨다고 해도 흑3으로 끊어 5의 2점 잡는 것과 a로 단수쳐서 중앙을 절단하는 것을 맞보기로 노리고 있다.

제7형 백번

(1336)

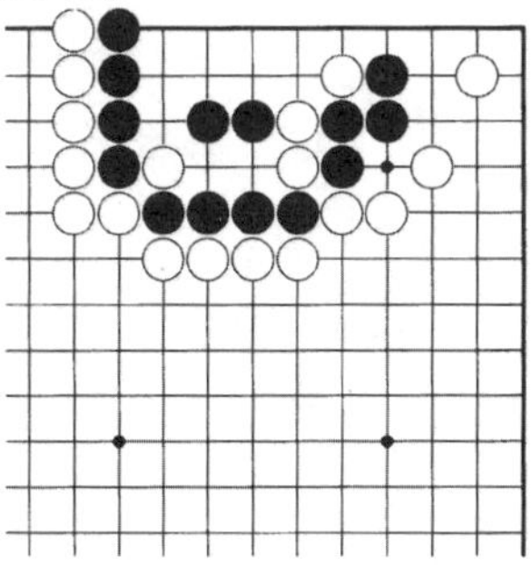

## 그 이후

상변의 백 3점은 직접 움직인다고 하여도 수상전에서 패배한다. 자충에 걸린 흑의 모양을 노리고 그 이후 백 3점을 움직인다.

解

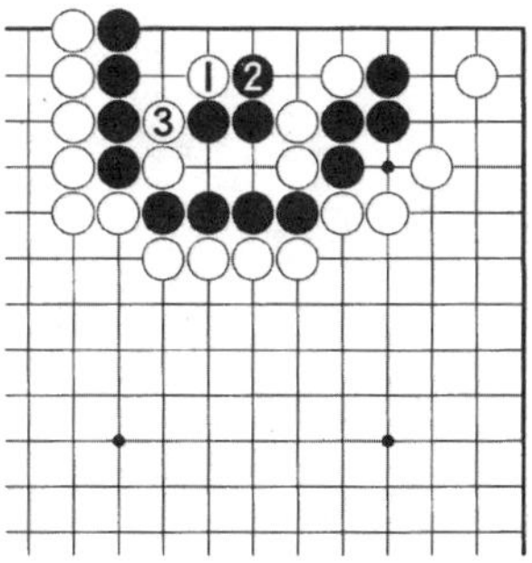

## 백 성공

백1의 붙임은 흑 4점의 자충을 추궁하는 급소이다.
흑2로 바깥으로 받으면 백3으로 흑 4점을 잡아 백은 성공이다.

变

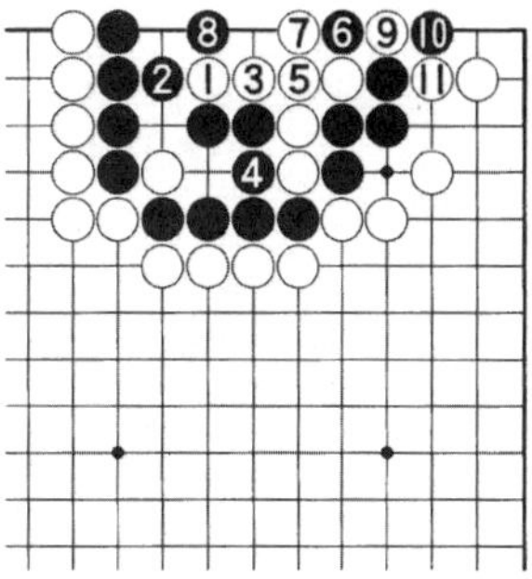

## 꽃놀이패

흑2로 4점을 살리면 백3으로 건너 상변에 있는 백의 수가 늘어난다.
흑4부터 8까지 공격해도 백9, 11로 백의 꽃놀이패가 난다.

(1337)

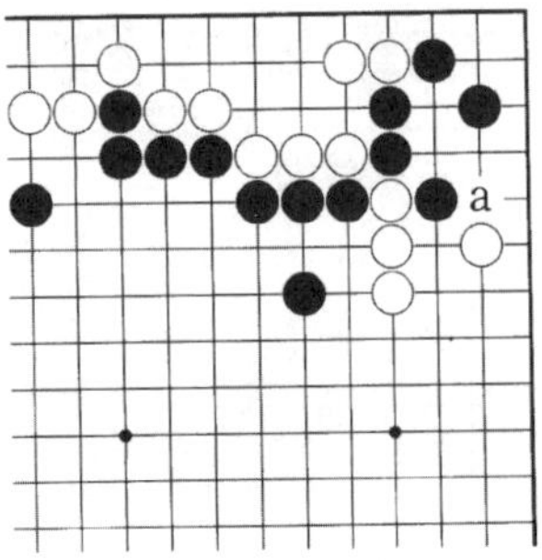

解

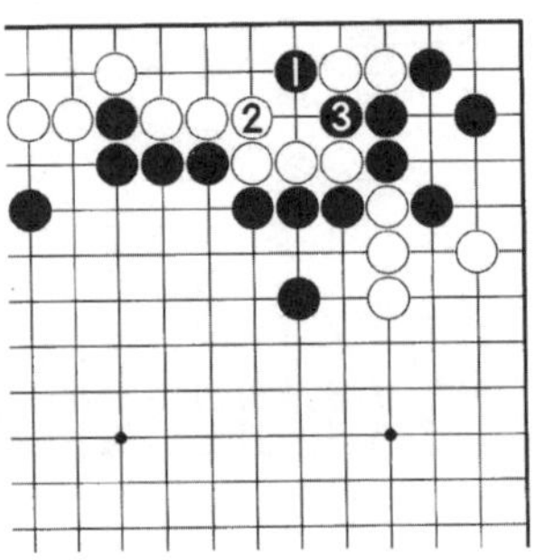

変

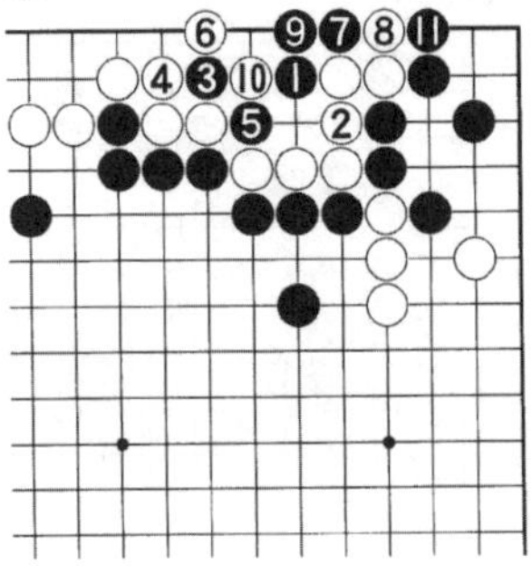

제8형 흑번

### 효율

흑a로 두면 살 수 있지만 혹시라도 백의 일부를 잡을 수 있다면 흑의 모양이 꽤 효율적인 모양으로 살 수 있다.

### 급소

흑1의 붙임은 백 3점의 중앙에 해당하는 급소이다.
백2로 이어서 받으면 흑3으로 백 2점을 잡는다.

### 백 무리

백2로 저항하면 흑3 붙임이 제2탄의 좋은 수이다.
흑11까지 우상의 백 7점을 잡는다.
백6으로 9, 흑a, 백8도 백이 불리한 패가 난다.

(1338)

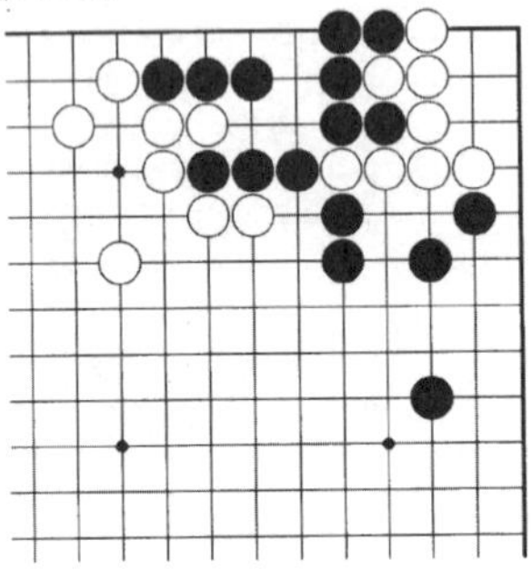

解

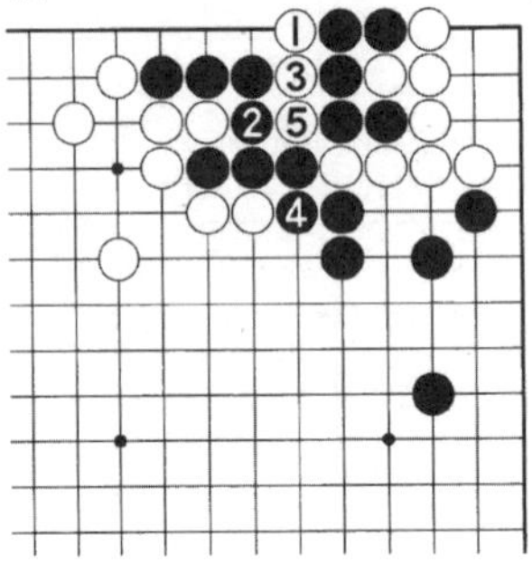

失

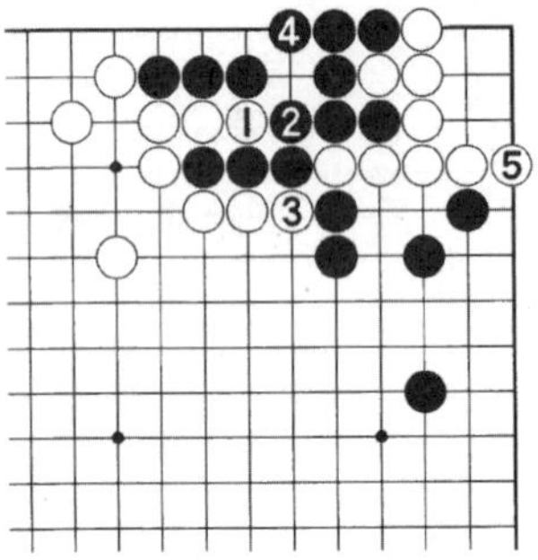

제9형 백번

### 확인

귀의 백은 아직 못 살아있다.
백은 귀를 살리기 전에 상변 흑에게 무슨 수가 나지는 않는지 확인해 본다.

### 맥점

백1의 붙임이 날카로운 맥점이다.
흑2는 백3, 흑4로 바깥을 연결할 수밖에 없기 때문에 백5로 흑 5점을 잡고 산다.

### 후수 삶

백1로 나가면 이후의 공격 수단이 없다.
백3으로 끊으면 흑4로 산다. 백3으로 4는 흑3으로 연결.
백5로 괴로운 후수로 살아야 한다.

(1339)

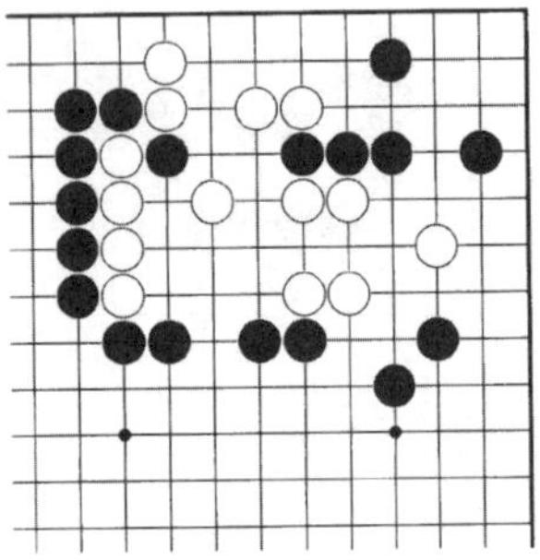

解

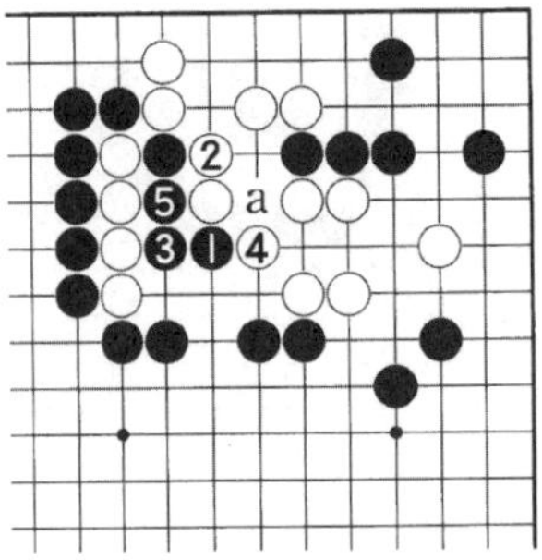

変

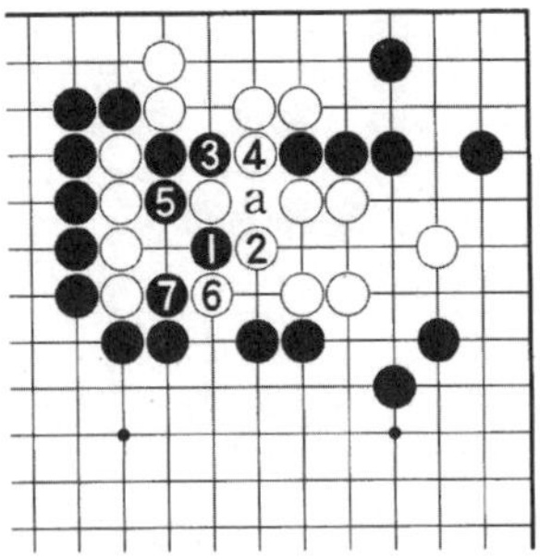

제10형 흑번

### 급소

백의 결함을 추궁하여 왼쪽의 백 4점을 잡는 맥.
한 수로 백의 모양에 두 개의 약점을 내는 급소를 발견해야한다.

### 맞보기

흑1의 붙임이 급소로 백의 자충을 노린다.
백2 이후 흑3으로 치받아 5와 a를 맞보기 한다.

### 환격

백2의 저항은 흑3부터 7까지 환격으로 끝난다.
이후, a의 패가 남아 있어서 백이 후수로 받아야 한다.

(1340)

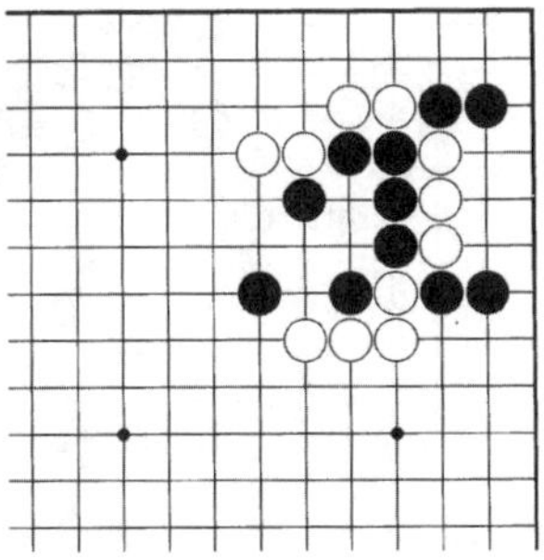

제1형 백번

## 포획

중앙의 흑을 멋진 수순으로 잡는다. 흑의 자충을 추궁하지만 이런저런 수법이 있어 복잡하게 생각할 수도 있다.

解

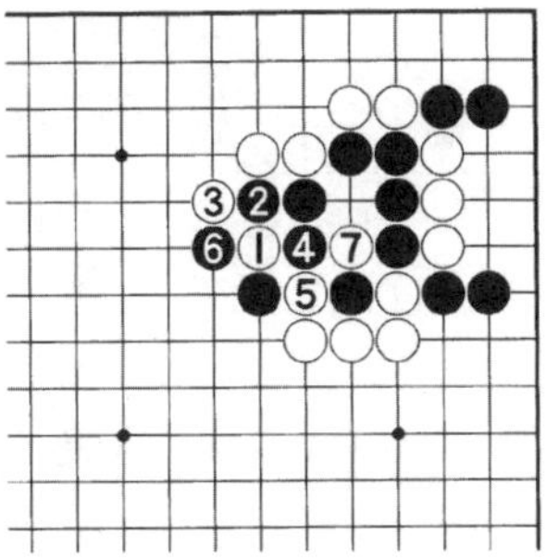

## 촉촉수

백1의 붙임이 급소가 된다.

흑2로 나가 4로 단수치면 백은 1의 1점을 버리고 5로 끊고 다음에 7로 따내서 흑 4점을 촉촉수로 잡는다.

失

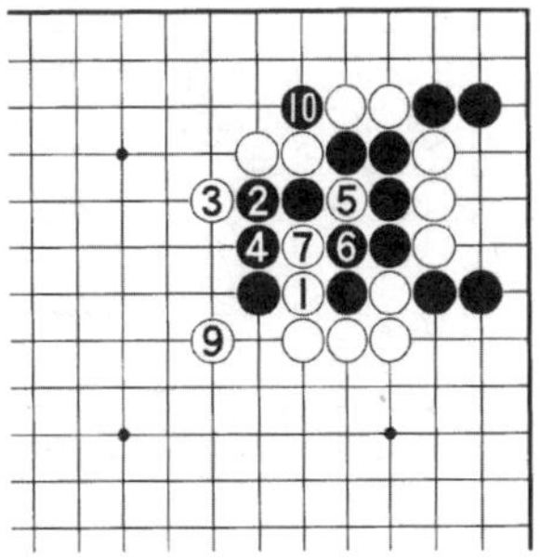

## 백 실패

백1로 나가는 것은 흑2로 도망쳐버린다.

백5, 7로 조인 뒤 백9로 장문을 쳐도 흑10으로 상변을 공격당해서 실패한다. ※❽→⑤

(1341)

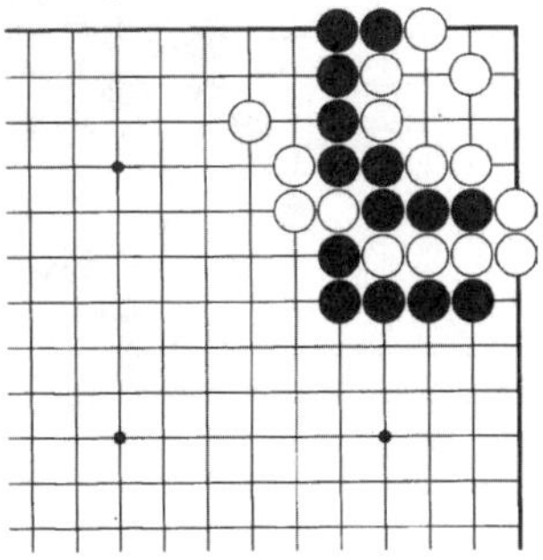

제2형 흑번

## 부활

우상의 흑 9점을 끊고 있는 백의 모양이 완전하지 않다.

백의 자충을 추궁하여 부활시키는 맥은 어디인가?

解

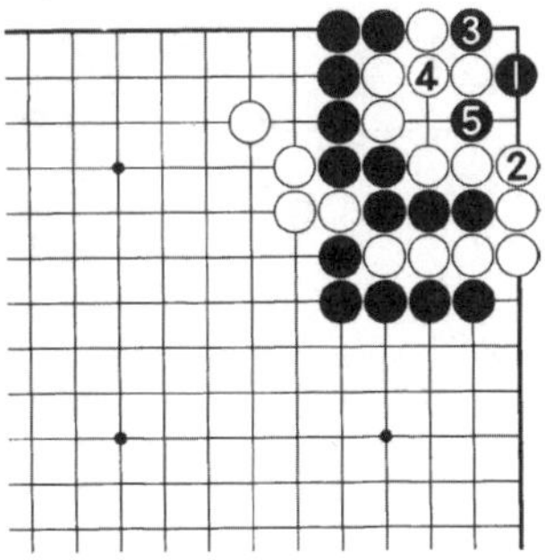

## 큰 패

흑1의 붙임이 2·1의 급소이다. 백2로 받으면 흑3으로 집어넣고 5로 끼운다.

이것은 백 전체의 사활을 건 패가 난다.

変

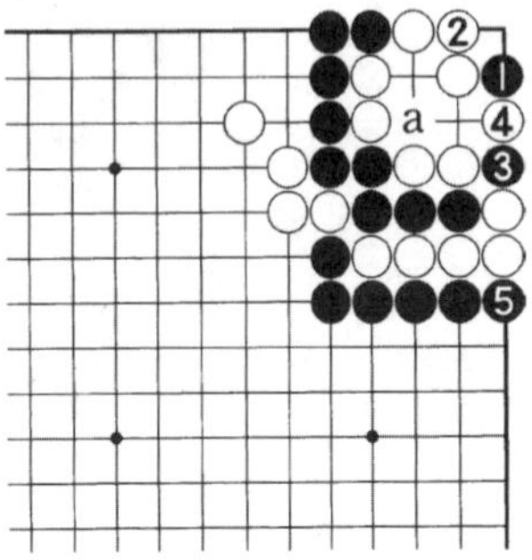

## 양단수

백2로 패를 막으면 흑3으로 먹여치고 5로 단수를 친다.

백이 5점을 이으면 흑a로 양단수이다.

(1342)

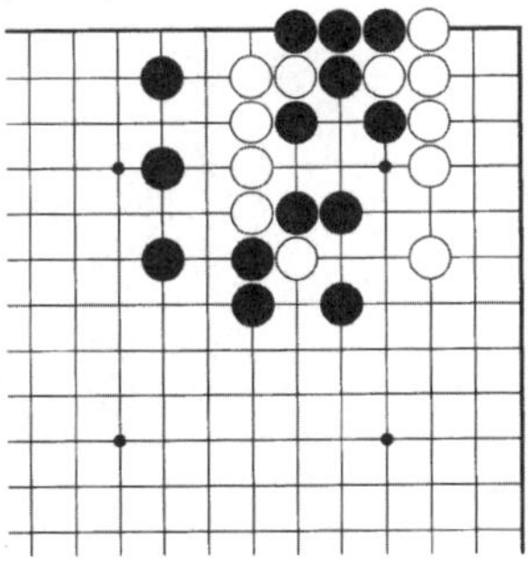

제3형 백번

## 무조건

상변의 백 5점을 살리고 싶다. 흑은 맛이 나쁜 모양이지만 무조건 연결하기 위해서는 테크닉이 필요하다.

解

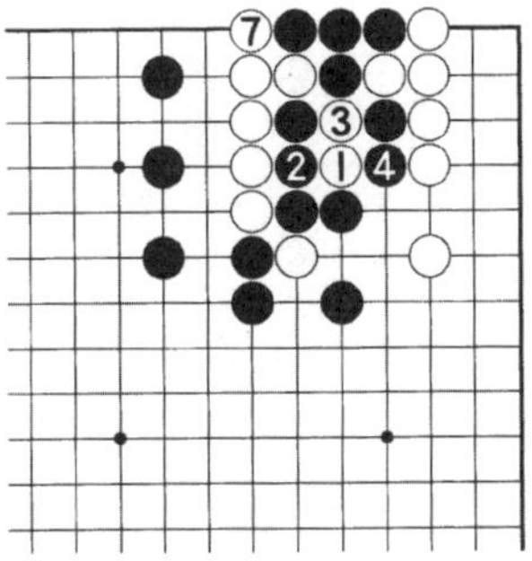

## 촉촉수

백1의 붙임은 다음의 백3으로 2점으로 키워 죽이는 것을 노린 수이다. 흑6에 백7로 단수쳐서 흑 4점을 촉촉수로 잡는다.

※⑤→③, ❻→①(따냄)

失

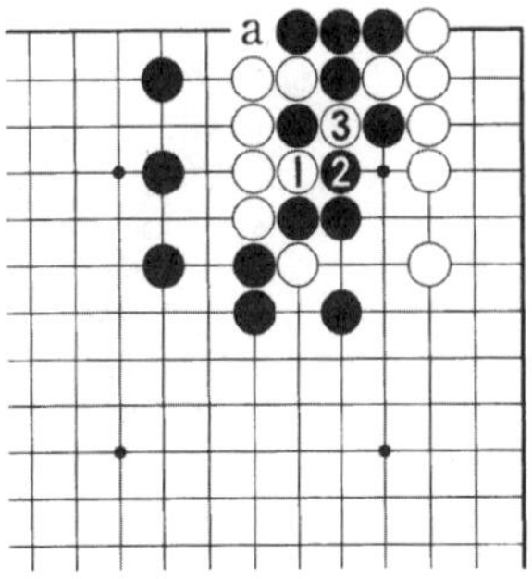

## 패는 실패

백1로 나가면 흑2로 막을 수 밖에 없다.

백3으로 수는 나지만 패로 된다.

흑의 공배가 비어있기 때문에 백a는 성립하지 않는다.

(1343)

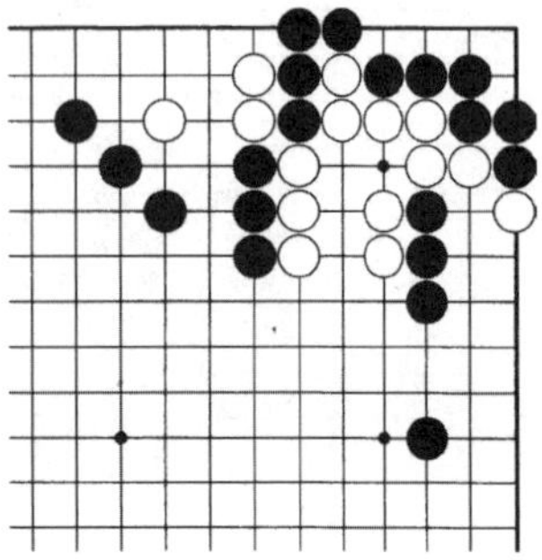

## 제4형 백번

### 4점
우상의 흑은 사는 것과 건너는 것을 맞보고 있어 백은 잡으러 갈 수 없다.
단, 백을 끊고 있는 흑 4점은 별도로 생각해야한다.

解

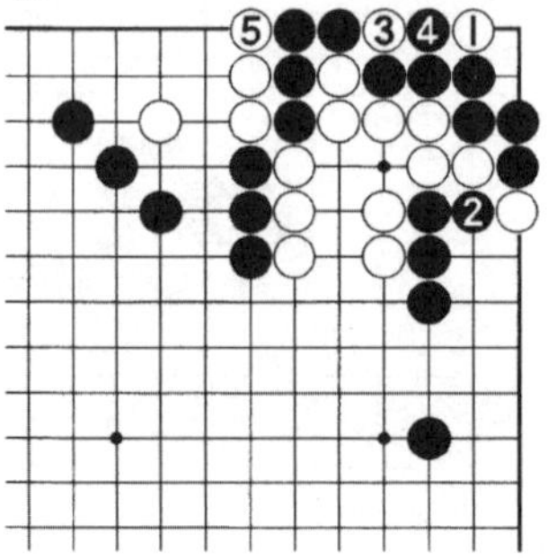

### 촉촉수
백1의 붙임이 묘수이다. 2·1의 맥으로도 되어 있다.
흑2로 끊어 연결하면 백3, 5로 흑 4점을 촉촉수로 잡는다.

変

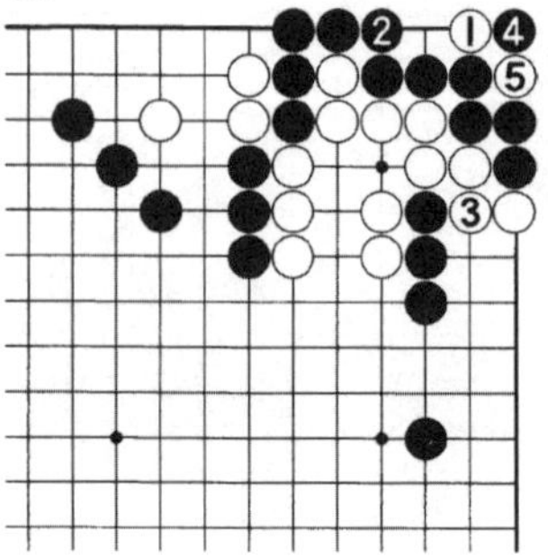

### 큰 패
흑2로 이으면 백도 3으로 이어 흑의 연결을 막는다. 귀에서 무조건 산다고 말할 수 없다.
백5로 패가 나서 우상 전체의 사활이 문제가 되었다.

(1344)

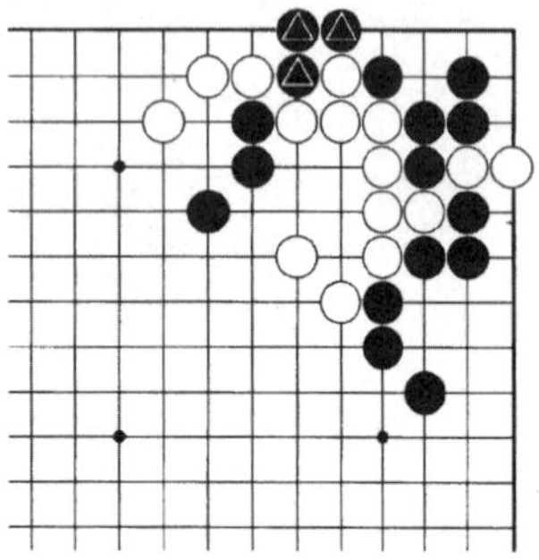

## 제5형 백번

### 자충
귀의 전투.
흑은 우변의 백 2점을 잡아 귀가 완전한 집처럼 보이지만 가운데의 백을 끊고 있는 흑▲ 3점이 자충이다.

解

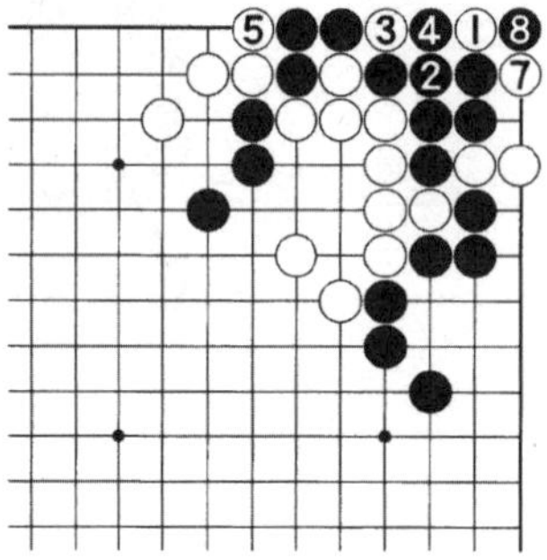

### 패
백1의 붙임은 2·1의 맥이다.
흑2로 이어서 촉촉수를 막아보려 해도 백3으로 먹여치고 5로 단수쳐 패가 난다.
※❻→③

変

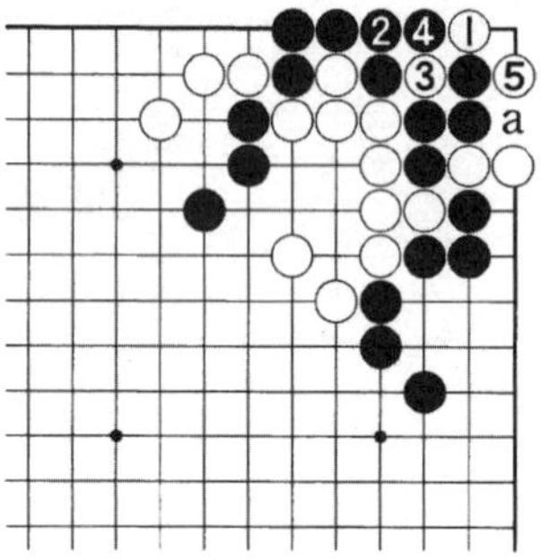

### 한 수 늘어진 패
흑2로 잇는 변화이다.
백3으로 먹여치고 5로 젖혀 한 수 늘어진 패가 난다.
백은 a의 촉촉수를 노린다. 백은 정해도보다 이 변화가 득이다.

(1345)

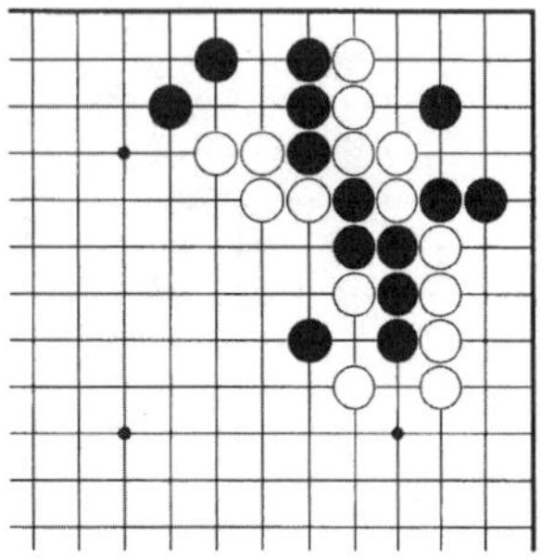

## 제6형 백번

### 봉쇄하다
중앙의 흑 5점은 바깥에 지원군이 있지만 완전히 탈출하지는 못한 모양이다.
흑을 봉쇄하는 급소를 발견해야 한다.

解

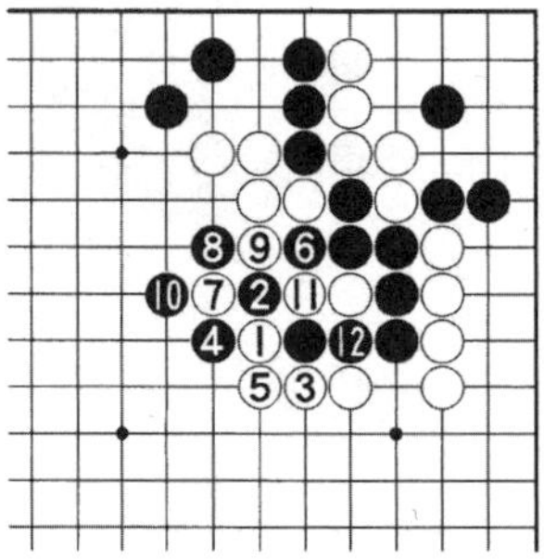

### 촉촉수
백1의 붙임이 좋은 수이다.
흑2의 젖힘이 최강의 저항이지만 백3으로 공배를 메우고 7의 1점을 사석으로 삼아 13까지 촉촉수이다.
※⑬→⑪

失

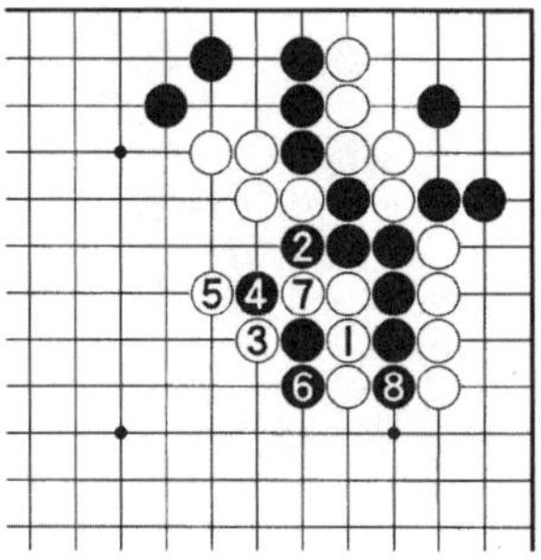

### 흑 탈출
백1로 잇는 것을 먼저 하여 백3으로 붙이면 흑4, 6으로 저항하여 백이 반대로 자충에 걸린다. 최후에는 흑8로 단수쳐서 탈출한다.

(1346)

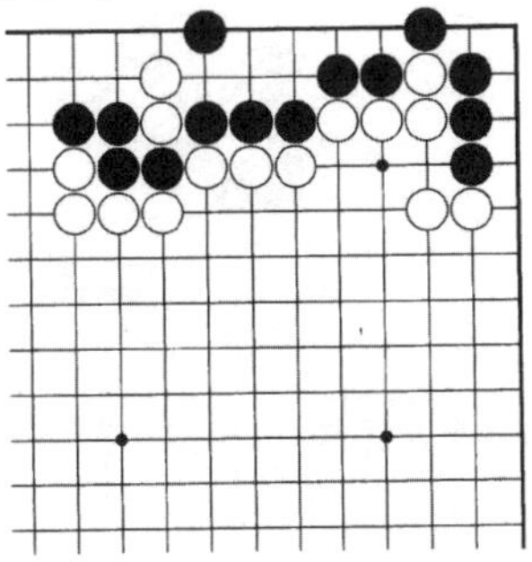

제7형 백번

### 초점
귀에서 상변으로 연결된 것 같지만 이 흑의 모양에는 약점이 있다.
어디가 초점인지를 확실히 포착해야 한다.

解

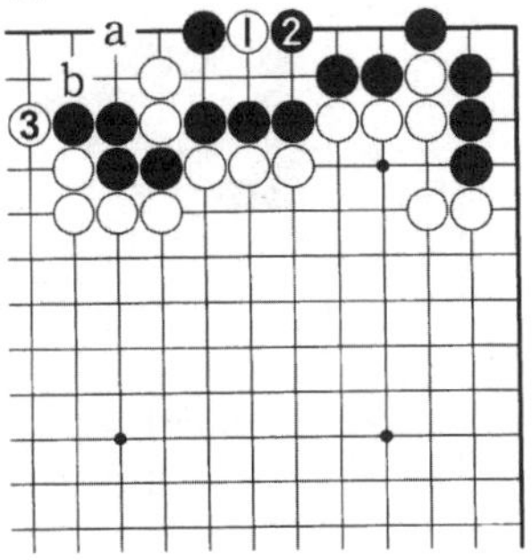

### 촉촉수
백1의 붙임은 흑 3점의 중앙.
흑2로 받으면 흑이 자충이 된 모양이다.
흑a로 두어도 백b로 촉촉수이다.

变

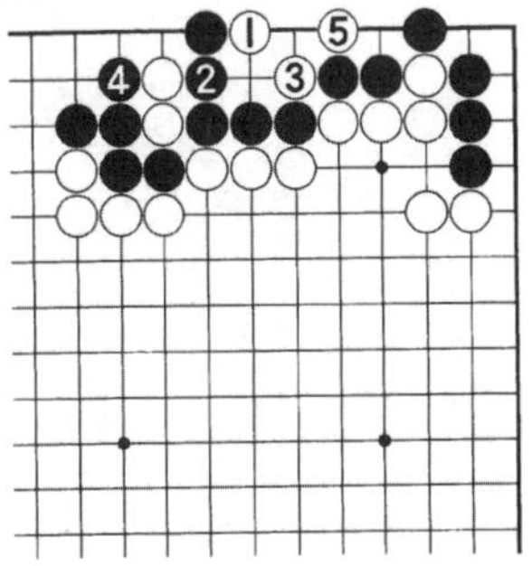

### 백 만족
흑2로 받으면 상변에 있는 흑 4점은 살렸지만 이번에는 백3의 끊음이 활용되는 모양이다.
백5까지 우변의 흑 6점이 떨어진다.

붙임 따냄(살리기)

(1347)

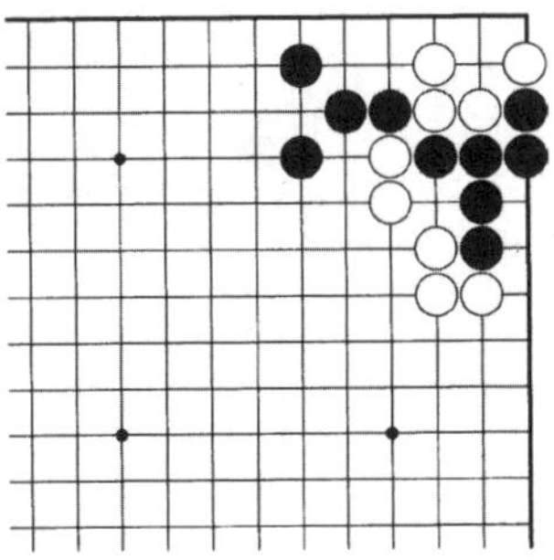

제1형 흑번

### 여유를 주지 않고
흑은 단순한 3수가 아니어서 평범하게 공격하면 수가 부족해진다.
한 수도 여유를 주지 않으면서 백을 공격해야 한다.

解

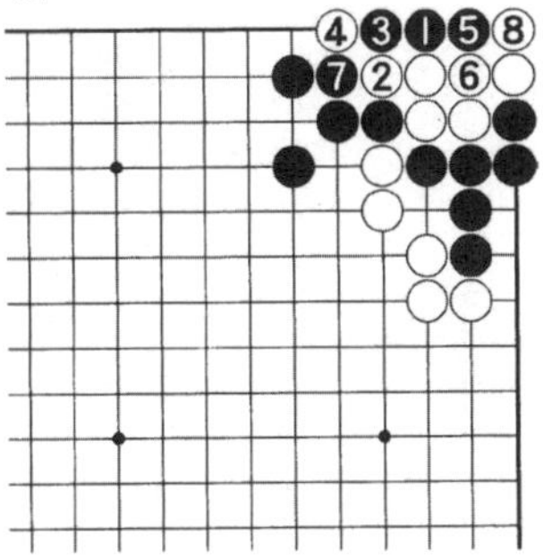

### 흑 승
흑1의 붙임이 여유를 주지 않는 좋은 수이다. 백2로 버텨도 흑3으로 더욱 여유를 주지 않고 이하 흑9까지 흑의 한 수 승. ※❾→❶

失

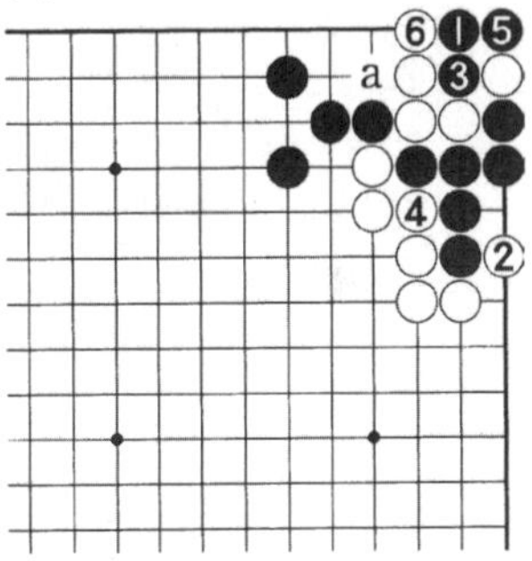

### 흑 실패
흑1로 치중하는 것은 백2로 수를 메운다. 흑3에는 백4, 흑5에는 백6으로 흑이 잡힌다.
수순 중에 백4로 6은 흑a로 다시 역전된다.

(1348)

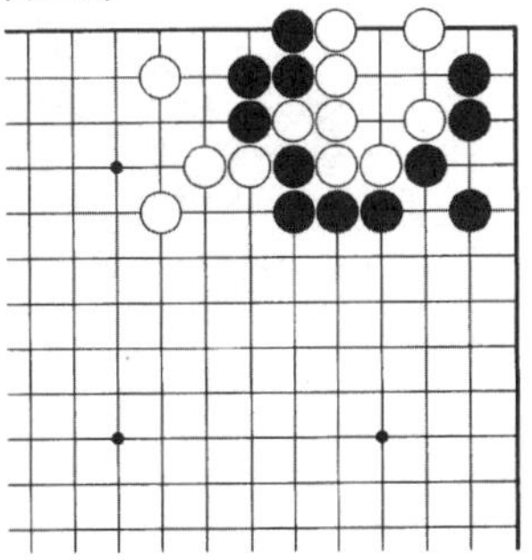

제2형 흑번

### 수상전
백을 잡고 흑 4점을 살리고 싶다.
둘 곳이 제한되어 있지만 조건 없이 잡는 수는 정해져있다.

解

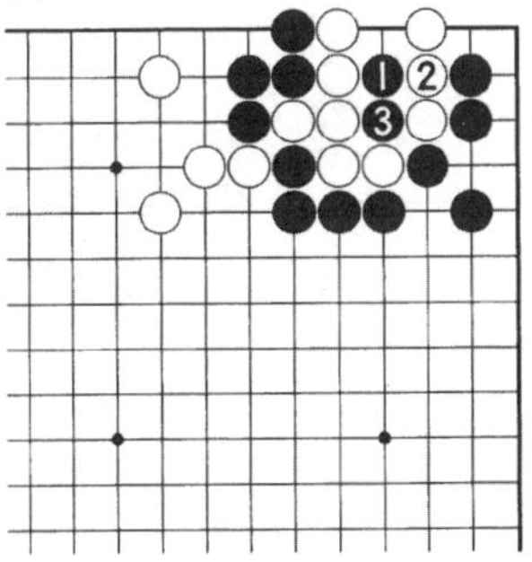

### 흑 승
흑1로 붙이면 백은 어떻게 발버둥쳐도 2수밖에 되지 않아서 흑이 이긴다. 백2에는 흑3으로 흑이 이긴다는 것은 변하지 않는다.

失

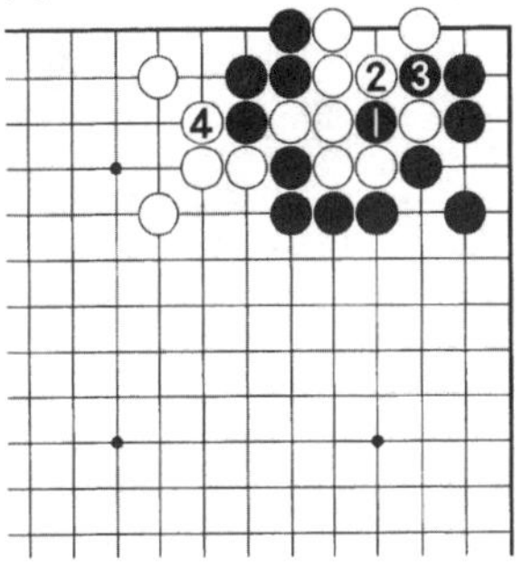

### 패는 실패
흑1은 백2로 따내서 패를 피할 수 없다. 흑3에 백4로 패가 난다.
또 흑1로 3은 백4로 수상전에서 진다.
※❺→❶(패)

(1349)

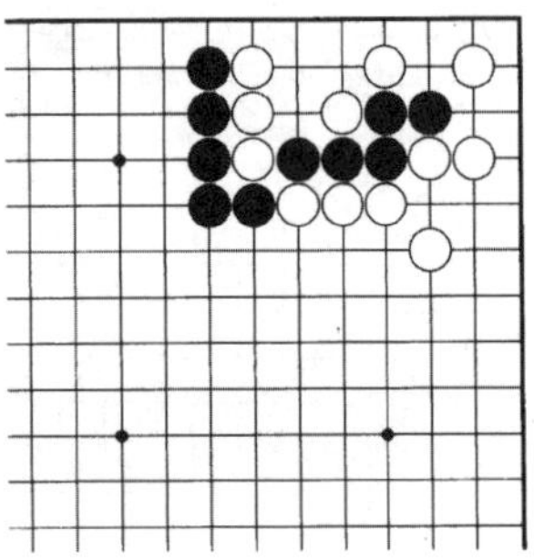

제3형 흑번

### 풍전등화

귀의 흑 5점은 바람 앞의 등불과 같은 신세이다.

백의 옆음을 강하게 추궁하지 않으면 백에게 탄력이 생겨 버린다.

解

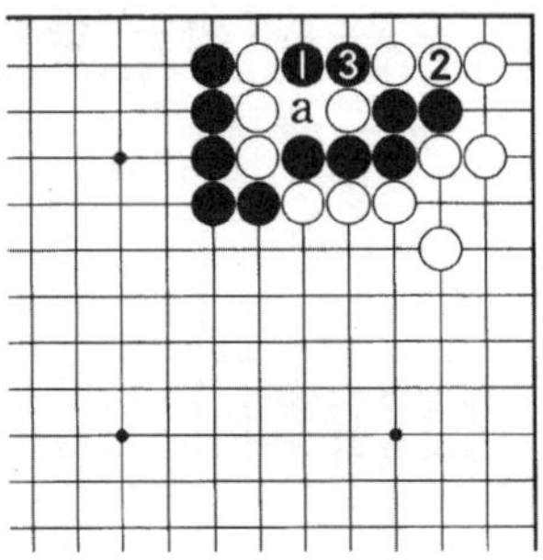

### 흑 승

흑1의 붙임이 백의 공배를 맞이 좋게 메우는 신경이 쓰기 어려운 맥이다.

백2로 이으면 흑3으로 끊어 수상전은 흑이 승리한다. 백2로 a는 흑3.

失

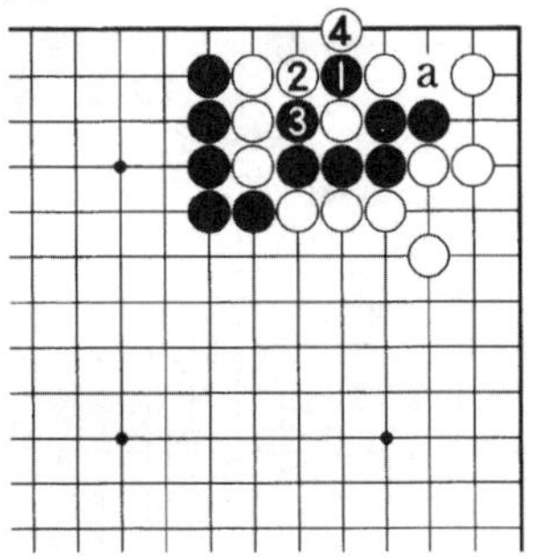

### 패

흑1로 끊는 것은 백2의 저항이 있다. 흑3, 백4로 패가 난다. 흑3으로 4에 뻗으면 백a로 공배를 메워 흑이 잡힌다.

(1350)

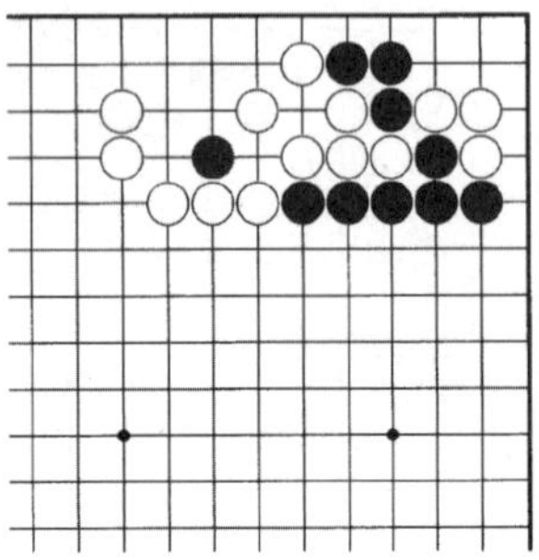

제4형 흑번

### 구사

귀의 흑과 백의 3점 사이의 수상전은 누가 보더라도 백의 승리이다.

흑은 맥을 구사하여 수를 늘릴 수밖에 없다.

解

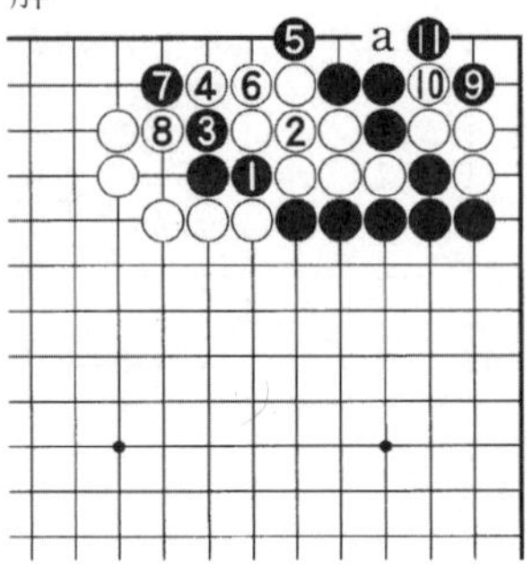

### 흑 성공

흑1부터 7까지가 주도면밀한 준비공작이다.

백8까지 필연이지만 여기서 흑9로 붙인다. 백a로 단수 칠 수 없다는 것이 백의 약점이 되었다.

失

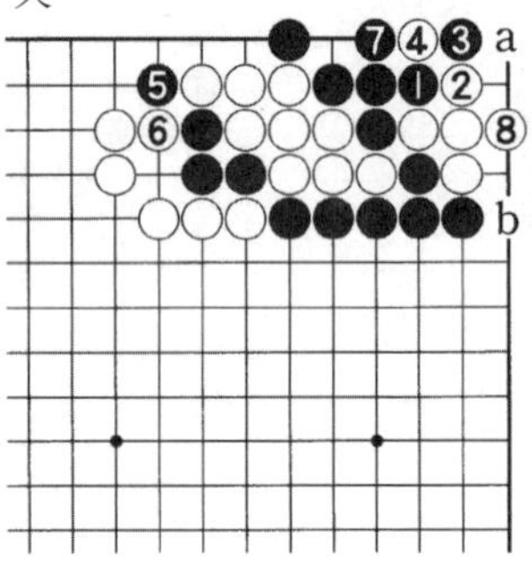

### 패

정해도 흑7로 1자리 미는 것은 백2, 4로 버티는 수가 좋다.

흑a는 백b, 흑b는 백a로 어느 것이나 패가 된다.

(1351)

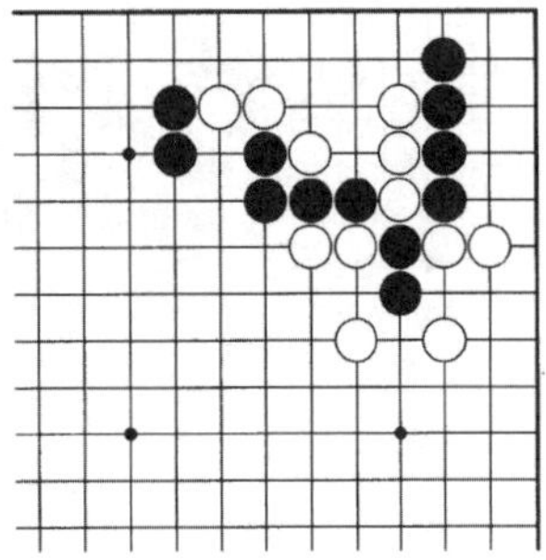

제5형 흑번

### 요석

흑을 세 개로 나누고 있는 백 3점은 요석 중의 요석이다.

이 백 3점을 조건 없이 잡고 싶다.

解

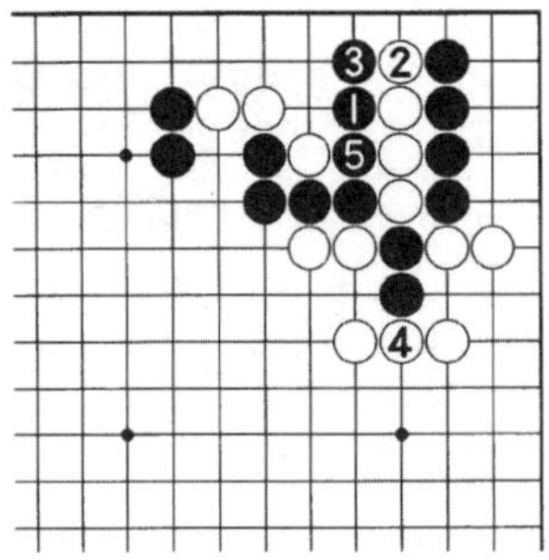

### 백 맥

흑1의 붙임이 좋은 수이다.

백2로 도망쳐도 흑3으로 백은 2수밖에 안 된다.

백4로 공배를 메워도 흑5로 한 수 승.

失

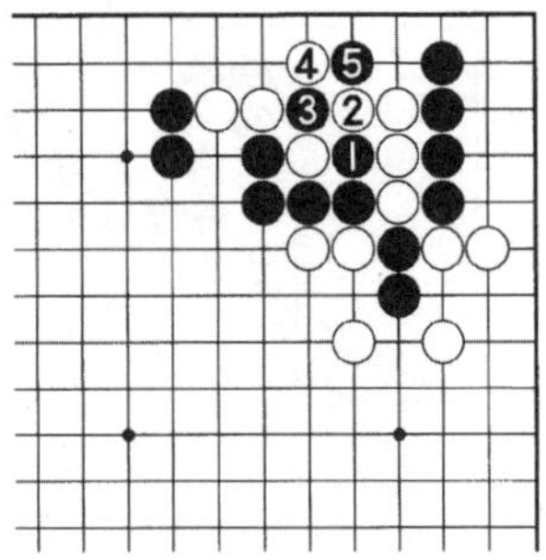

### 패는 실패

무심코 흑1로 나가게 되는데 이는 실패한다.

백2, 4로 받아 큰 패가 난다.

승패에 따라 50집의 차이가 난다.

※⑥→③의 아래(패)

(1352)

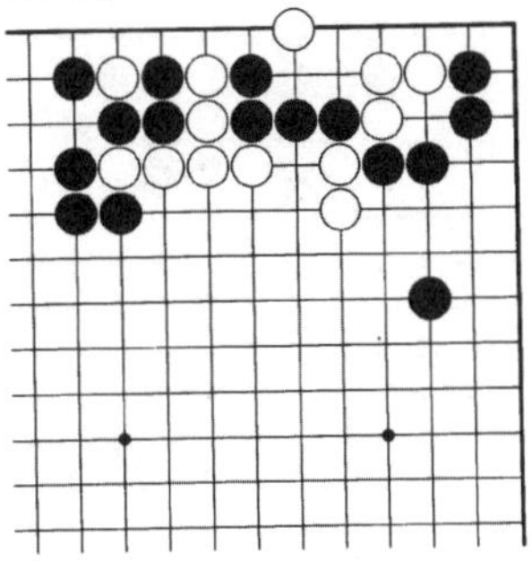

**제6형 흑번**

## 수습

상변의 흑 4점을 살린다.
상변의 흑에게 영향을 끼치지 않는 한에서 수습하여야 한다.

解

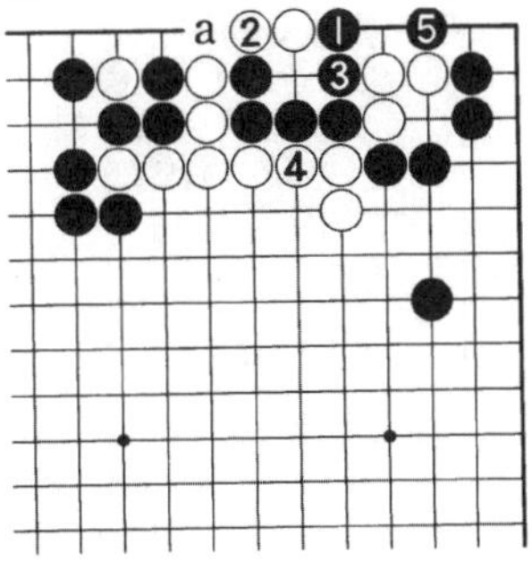

## 흑 승

흑1의 건너붙임이 수순이다.
백은 2로 건너는 정도이다. 흑3으로 이어 우상의 백과 수상전은 흑5까지 흑이 승리한다.
백2로 3은 흑a.

失

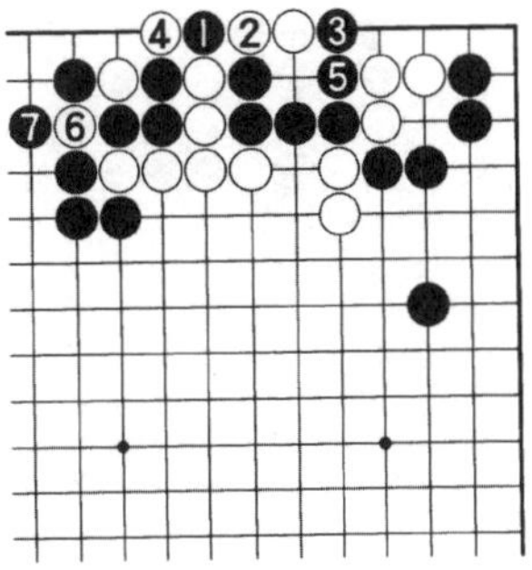

## 큰 손해

바로 흑1로 건너가려고 하는 것은 백2로 실패한다.
그 다음에 흑3으로 건너붙여도 백4로 왼쪽의 흑 3점이 단수당해 흑의 손해가 크다.

(1353)

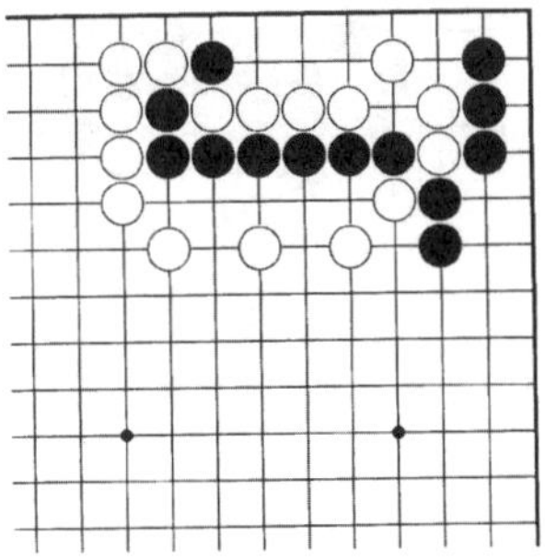

**제7형 흑번**

## 살리다

백에게 포위당한 흑 7점을 살리고 싶다.
상변의 백을 끊고 있는 흑 1점이 빛나고 있다.

解

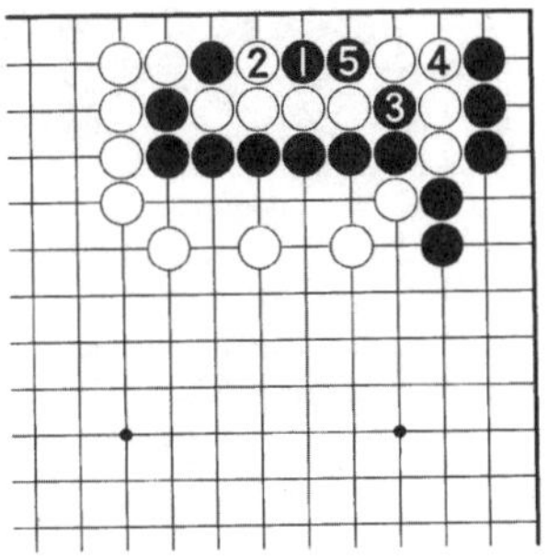

## 맥점

흑1의 붙임이 맥점이다.
백2로 1점을 품으면 흑3으로 단수치고 5로 끊어서 우상의 백 4점을 잡는다.

変

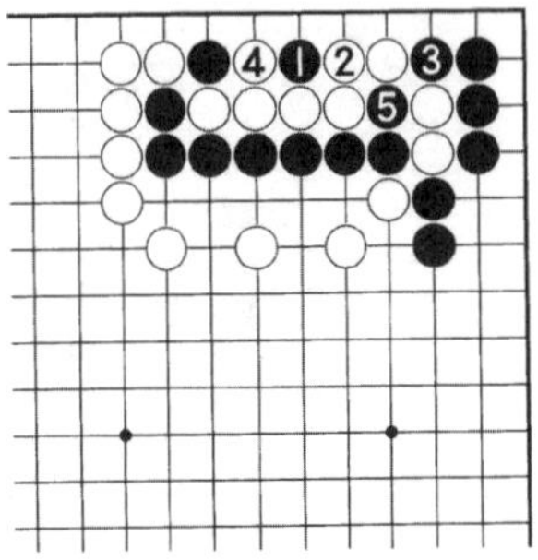

## 흑 생환

백이 2로 이으면 흑3으로 단수친다.
백4, 흑5로 이것도 흑은 생환한다.
백4로 5는 흑4. 상변의 백이 죄다 잡힌다.

(1354)

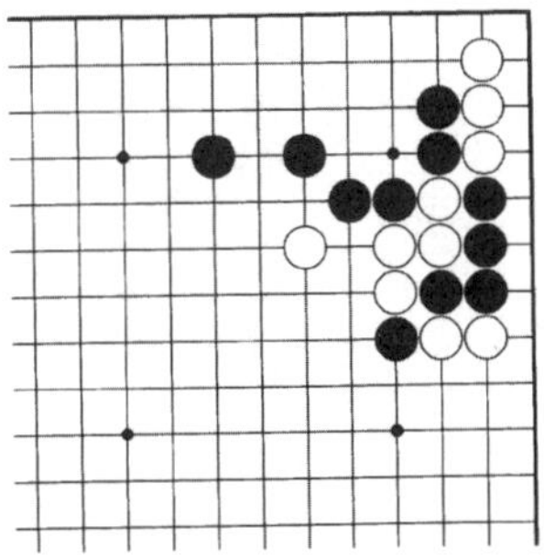

**제8형 흑번**

## 수순

우상귀의 백 3점을 잡기 위해서는 우변의 흑 4점을 살려야 한다.
축은 흑에게 불리한 것을 전제한 다음에 수를 읽자.

解

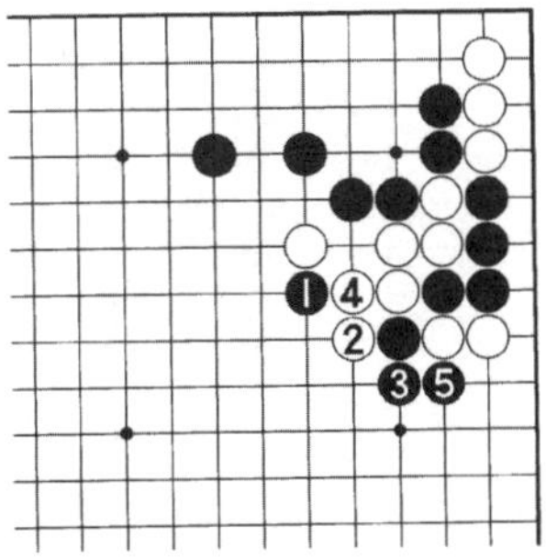

## 급소

흑1로 붙이는 게 급소다.
백2로 단수치고 4로 이을 수밖에 없는데 흑은 3부터 5로 우변 백 2점을 잡아 우상은 전부 흑집이 된다.

失

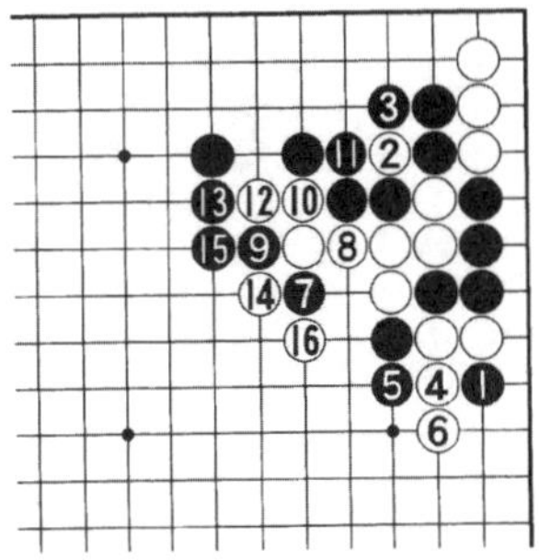

## 흑 실패

흑1로 붙이는 것은 5를 활용하는 노림이지만 백2로 끊어서 실패한다.
흑3 이후 백4, 6으로 도망가고 중앙도 16까지 수습한다.

**제9형 백번**

(1355)

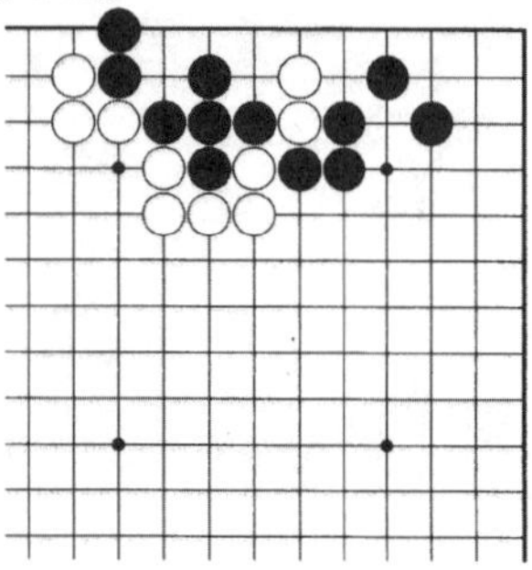

## 고립

상변의 수상전.
백 2점은 쓸쓸히 고립되었다.
흑을 자충으로 만들어 유리한 패로 끌고 갈 수 있다.

解

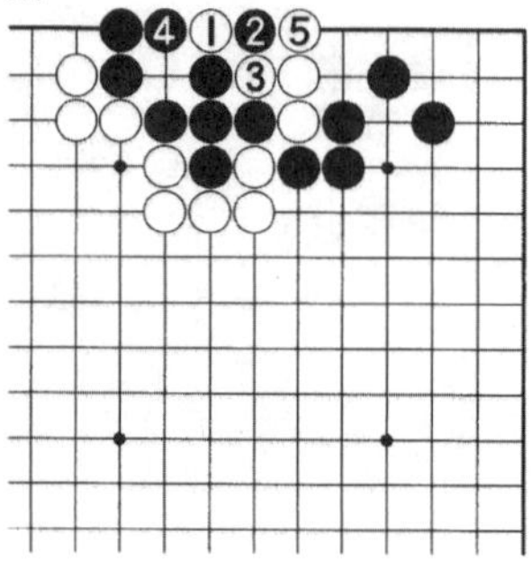

## 패

백1의 붙임은 흑의 공배를 메우는 맥이다.
흑2, 4로 백 1점을 잡을 수밖에 없다. 백5로 단수쳐 패가 난다. 흑은 1로 이을 수가 없다.

失

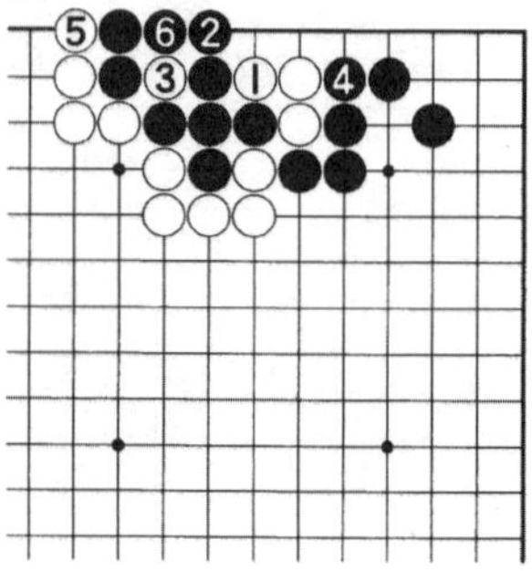

## 백 실패

백1로 공배를 메우는 것은 흑2로 내려 실패한다.
백3, 5로 바깥에서 공격해도 흑6까지 상변의 백에게는 더 이상 저항할 수단이 없다.

**제10형 백번**

(1356)

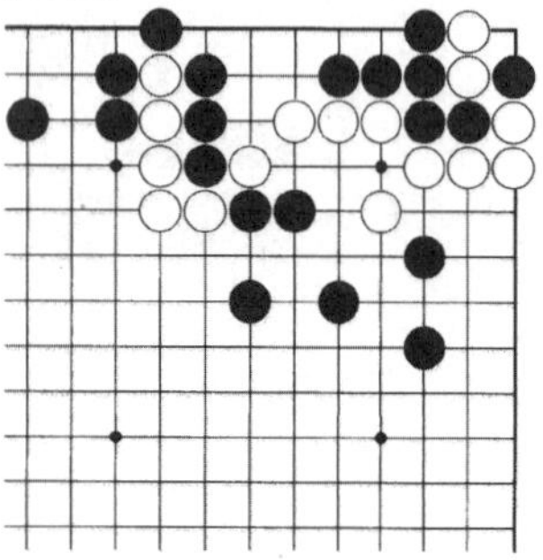

## 실마리

우상의 백이 전부 잡히면 큰일이다. 백은 상변에 있는 흑의 모양이 확실하지 않은 곳에서 실마리를 구하려고 한다.

解

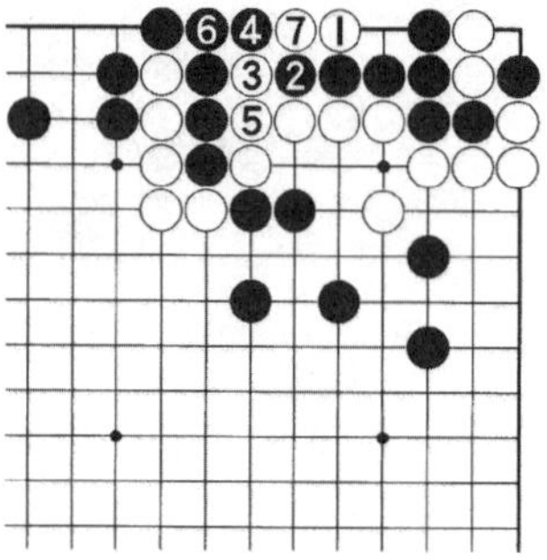

## 환격

백1의 붙임이 말로 표현하기 힘들 정도의 묘수이다.
흑2로 나갈 수밖에 없지만 백3으로 젖혀 끼우고 백5로 단수친다. 백7로 환격으로 결정된다.

失

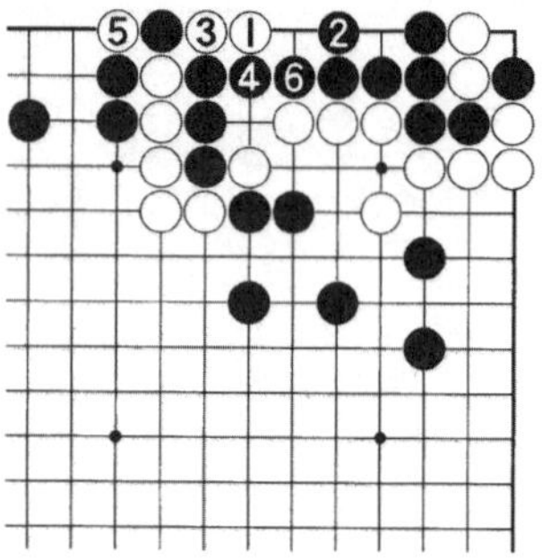

## 백 전멸

백1의 치중은 급소인 것 같지만 흑2로 냉정하게 살면 다음 수가 없다.
백3의 끊음에 흑4, 6으로 연결해서 백 대마가 잡히고 말았다.

**제11형 백번**

(1357)

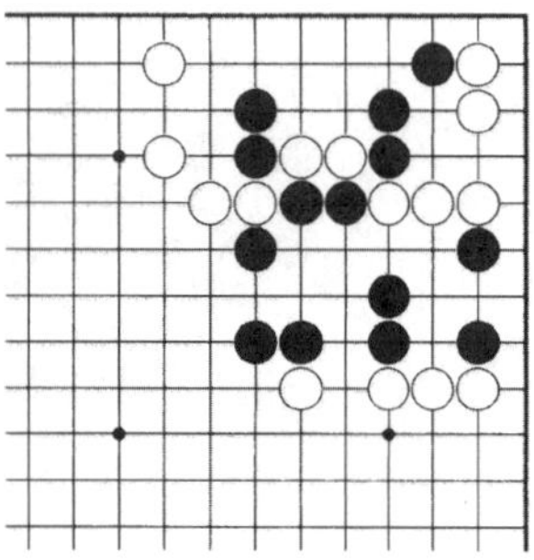

## 결함

귀의 백 5점은 자체로는 살 수 없다. 주변 흑의 결함을 노려 반대로 흑을 잡는다.

解

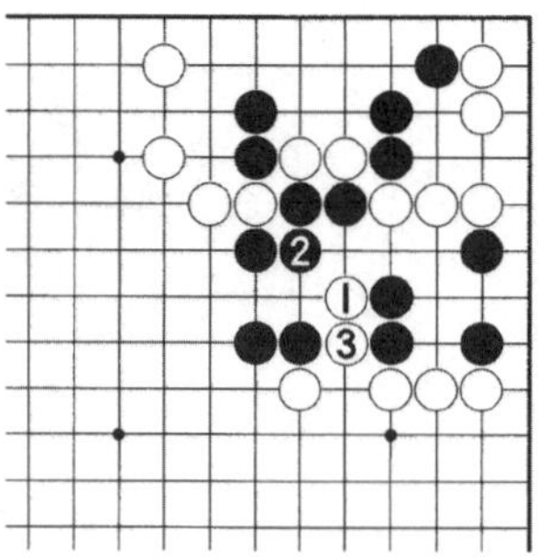

## 급소

백1의 붙임은 흑 2점을 잡는 것과 우변을 흑 4점을 끊는 것을 양쪽으로 노리는 급소이다.
흑2로 이으면 백3으로 우변의 흑을 잡는다.

変

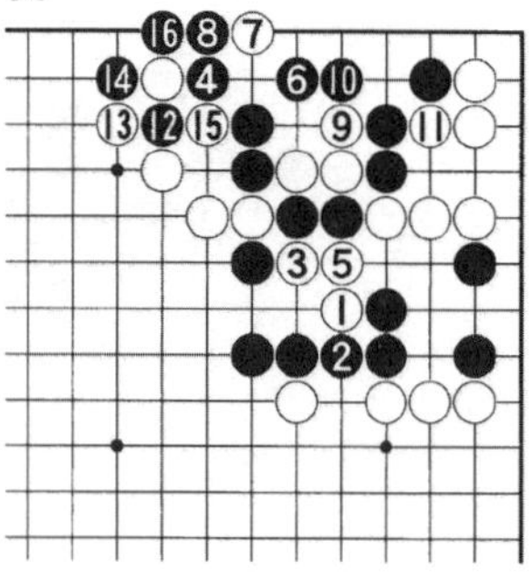

## 괴로운 싸움

흑2로 우변을 살리면 백3으로 끊어 흑 2점을 잡고 연결한다.
상변은 흑4부터 괴로운 싸움을 견뎌야한다.

제12형 흑번

(1358)

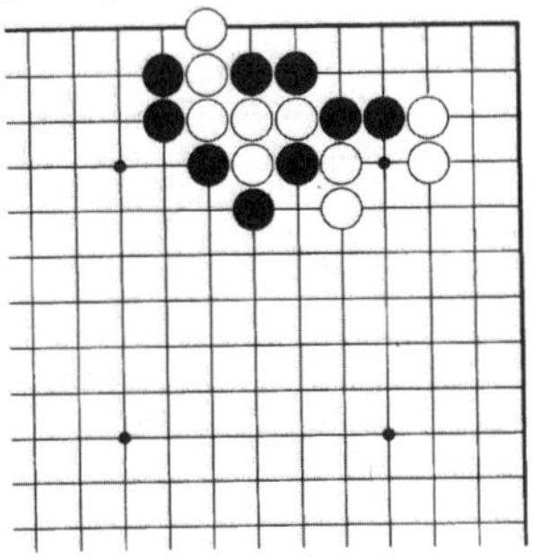

### 수읽기

우상귀의 흑 4점을 살리고 싶다. 흑을 포위하고 있는 백 6점을 잡으면 문제가 되지 않지만 그 전에 어떤 수순을 빼놓으면 안 된다.

解

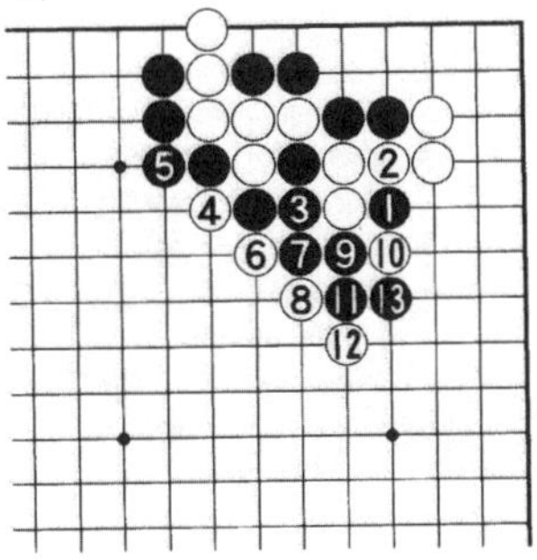

### 흑 성공

흑1의 붙임이 묘수로, 백2로 막으면 끝인 것 같지만 흑3으로 나와 1점이 축머리로 작동하여 흑13까지 백이 잡힌다.

变

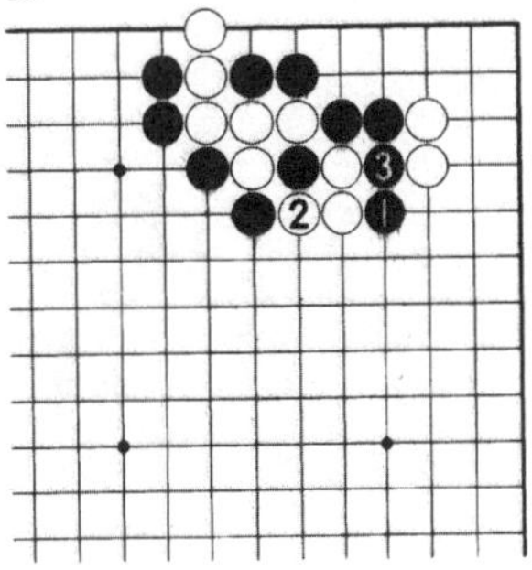

### 흑 탈출

실전이라면 백2로 따내는 정도이다. 흑3으로 이어 상변의 흑이 탈출한다. 반대로 우상의 백 2점에 압력이 더해지고 있다.

제13형 흑번

(1359)

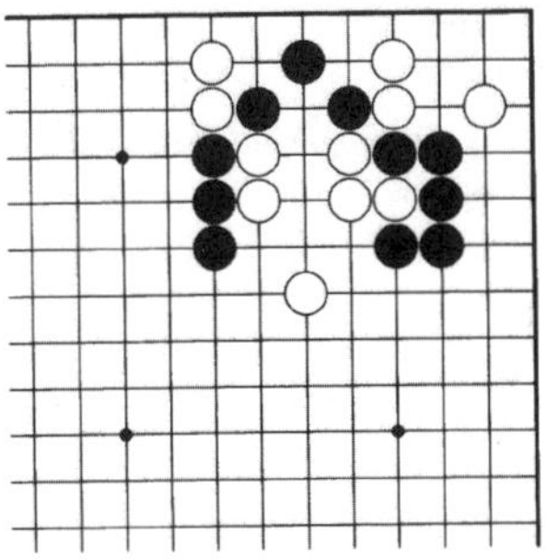

### 수상전

중앙의 백을 가두면 상변의 흑3점과 수상전에 돌입한다.
패로 만들면 흑의 성공이다.

解

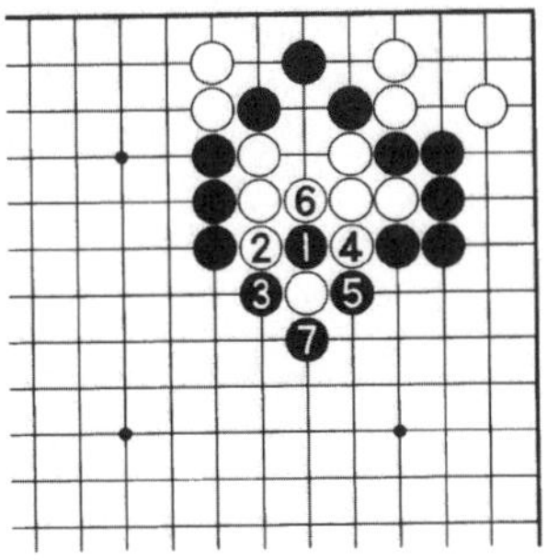

### 패

흑1의 건너붙임이 맥이다. 이외의 수는 봉쇄 불가하다.
백2, 4로 나가면 각자 흑3, 5로 막고 흑7까지 흑선 패가 난다.

失

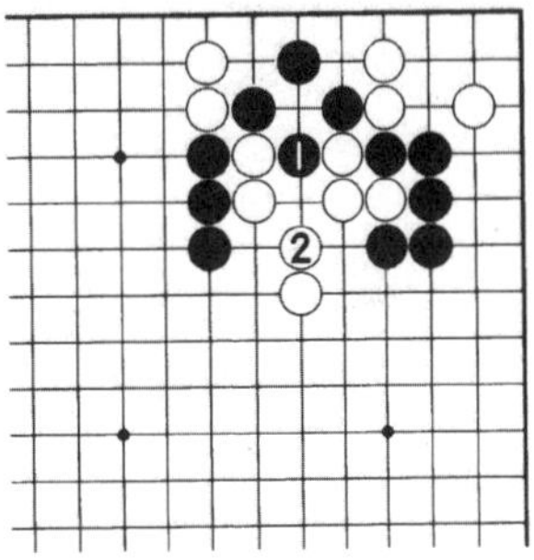

### 흑 수부족

흑1을 먼저 두면 백2로 받아 실패한다.
흑1은 무책임한 수이다.

제14형 백번

(1360)

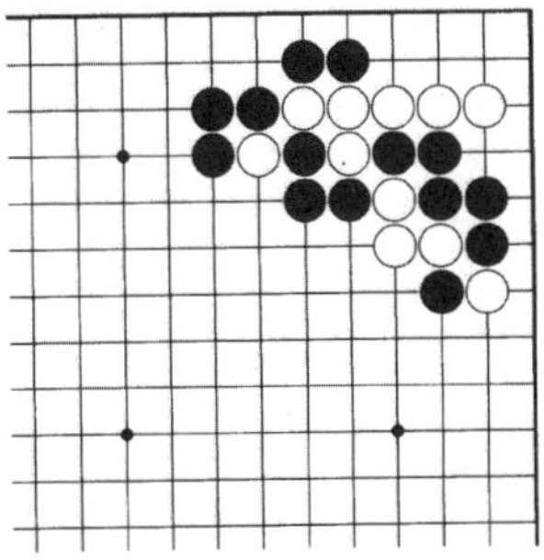

### 회생책

우상의 수상전이 아슬아슬하다.
백의 바깥의 포위가 무너지면 우상귀의 백이 전멸한다. 축을 방지하는 백의 회생책은?

解

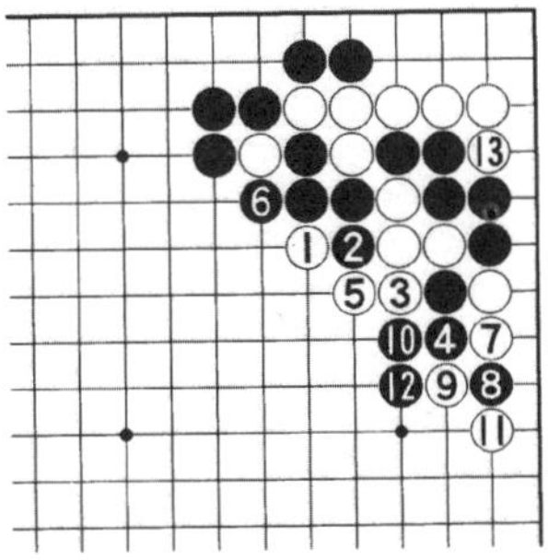

### 백 승

백1의 붙임이 좋은 수이다.
흑2로 6은 백7로 백이 이기므로 흑2와 4로 저항하지만 백5로 단수치고 13까지 흑 5점을 잡는다.

失

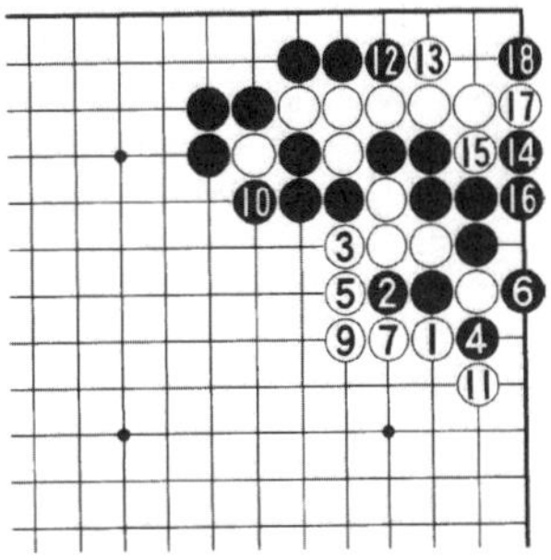

### 백 실배

백1의 단수는 흑2, 4로 우상귀의 백을 살릴 수 없어 안 된다.
백5부터 9로 축을 노려도 흑10으로 받아 귀도 수상전에서 진다.
※❽→❻의 왼쪽

(1361)

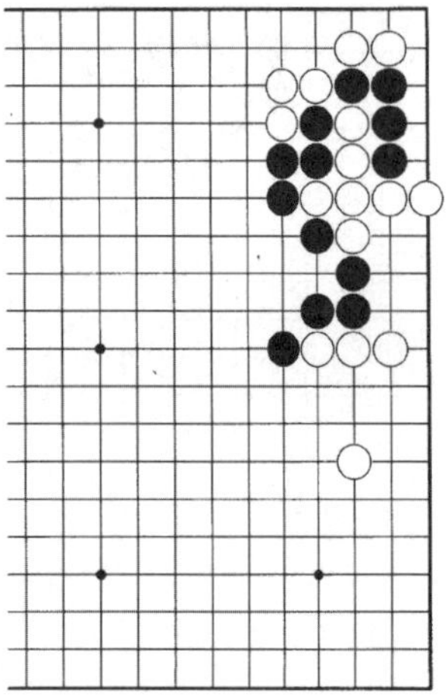

解

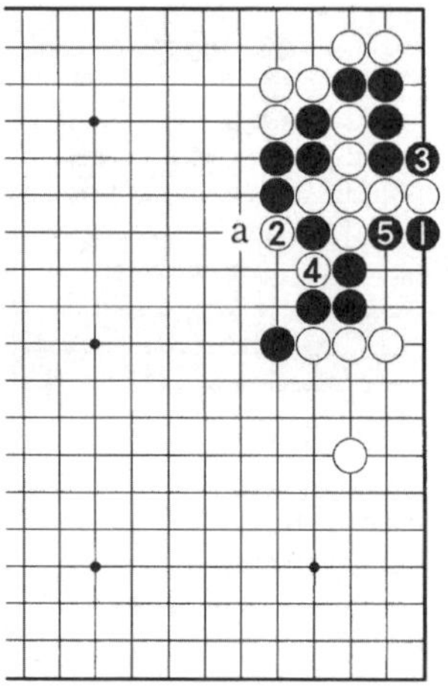

変

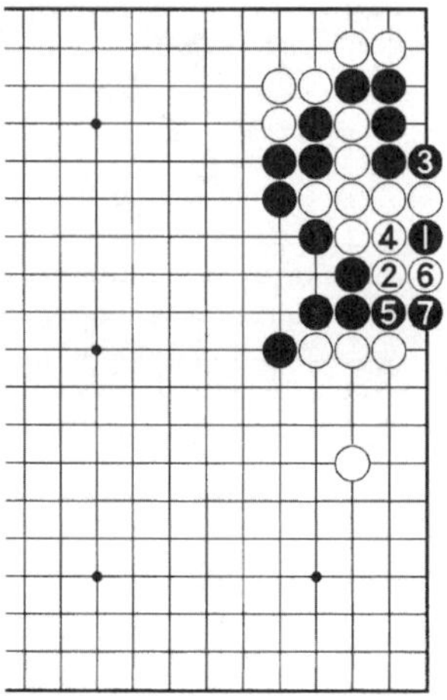

제15형 흑번

## 결함

우상의 수상전 문제.
흑 4점과 백 7점은 같은 3수지만 흑은 바깥에 결함이 있어서 가일수하면 잡히고 만다. 이 상황을 극복할 결정타가 필요하다.

## 회돌이축

흑1의 붙임으로 공격을 시작한다. 백2로 끊을 때 흑4 또는 a로 받으면 수상전은 백 승.
흑3, 5로 단수쳐서 회돌이축으로 백을 잡는다.

## 연단수

백2로 젖히면 흑3으로 단수치면 된다.
흑5, 7로 계속 단수쳐서 백을 잡는다. 흑3으로 5로 두는 것은 백3으로 귀를 잡힌다.

(1362)

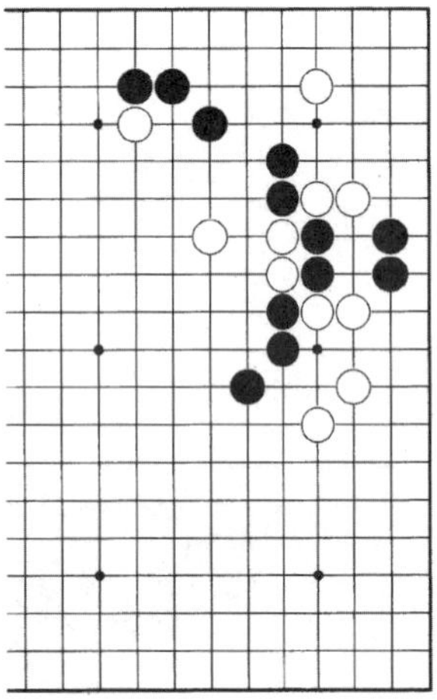

解

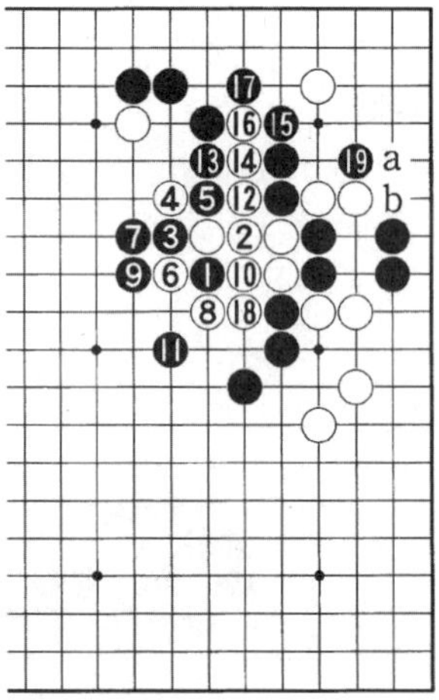

変

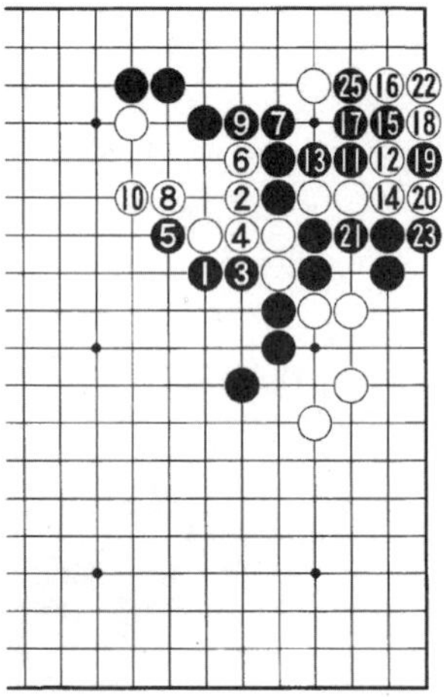

제16형 흑번

## 얽히다

우변의 흑 4점을 살리고 싶다. 중앙의 백 2점을 공격하여 상변의 흑을 강화한 뒤 백이 중앙을 살릴 때 귀의 백을 공격한다.

## 모양을 부수다

흑1의 붙임이 백의 모양을 무너뜨리는 급소이다. 백2로 이으면 흑3, 5로 공배를 메우고 11로 봉쇄한다. 백18으로 수를 늘려도 4수이다. 흑19로 붙여 우변을 공격한다. a, b를 맞봐 흑 승.

## 흑 승

백2부터 10으로 중앙을 살리면 흑11로 공격하여 우변의 백 2점을 잡으러 간다.
흑25까지 백을 귀로 몰아붙인다. 백의 수는 2수밖에 늘지 않는다.
※㉔→⓳

(1363)

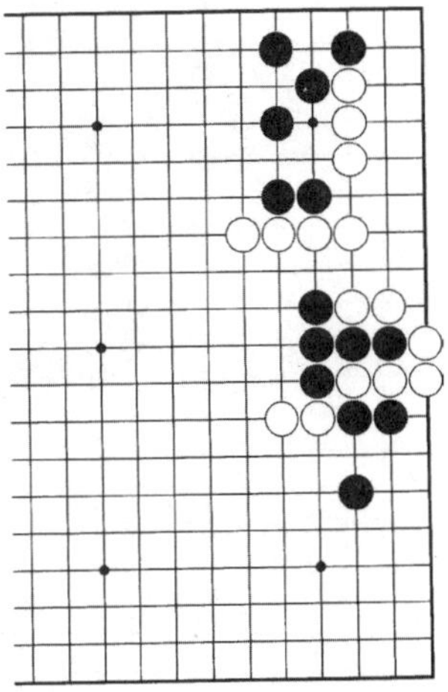



## 제17형 흑번

### 엷음

우변의 흑 5점이 잡힐 것 같은데 우변에서 우상귀로 이어지는 백의 모양이 엷다. 흑은 백의 결함을 추궁하여 백을 잡을 수 있다.

解

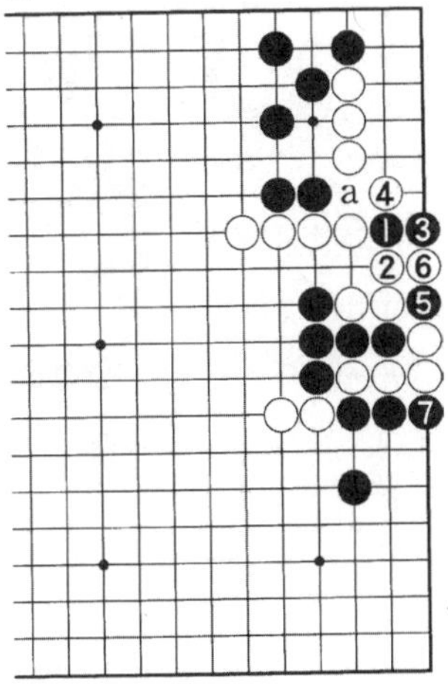



### 촉촉수

흑1의 붙임이 급소이다.

백2로 막으면 흑3으로 내려 백의 자충을 추궁한다. 백4는 흑a를 막은 수이다.

흑5로 집어넣고 7로 촉촉수이다.

変

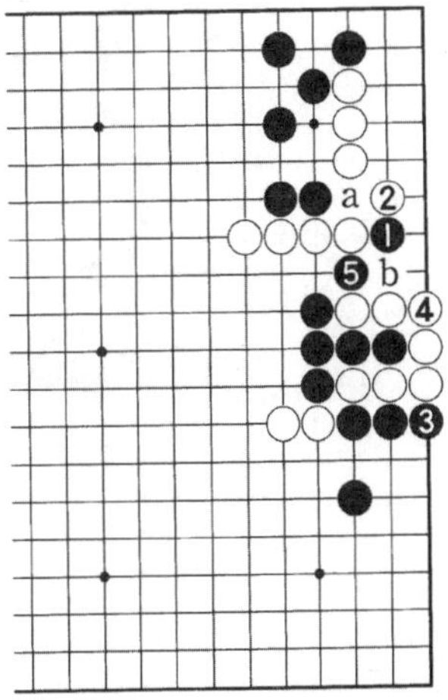



### 백 망함

백2로 받으면 흑3으로 단수치면 된다.

백4, 흑5로 백은 저항할 수단이 없다. 이 모양은 a의 끊음도 남아 백이 크게 당했다.

백4는 b정도로 받을 곳.

(1364)

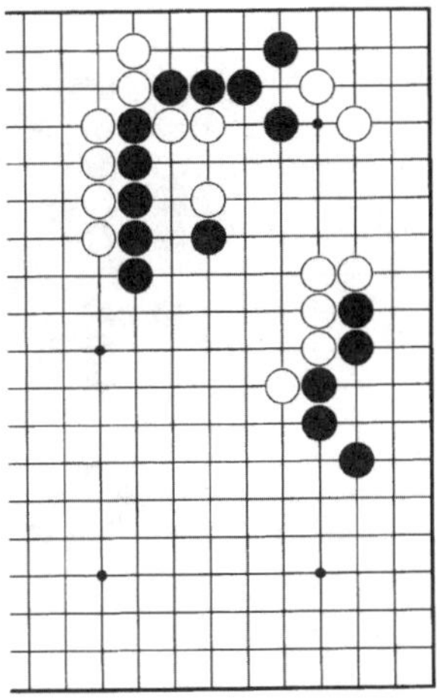

## 제18형 백번

### 수습의 맥

흑에게 둘러싸인 백 3점을 오른쪽과 연결하면 상변의 흑이 괴로워지고 중앙의 흑도 불안해진다. 백 3점의 어떻게 수습하여야 할까?

解

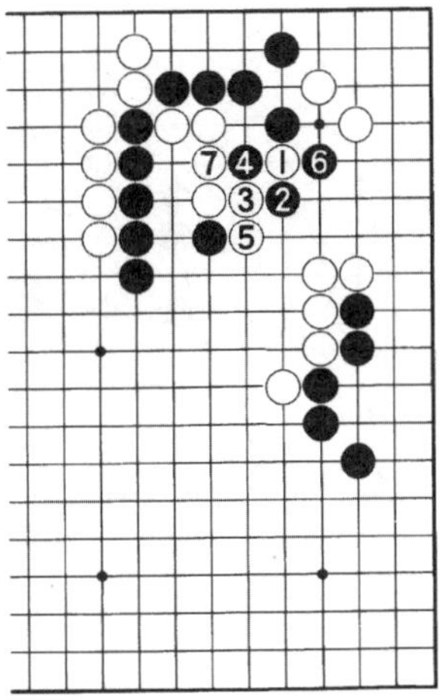

### 탈출

백1의 붙임이 좋은 수로 이 수 외에는 탈출이 불가능하다.

흑2가 날카로운 공격이지만 백3이 좋은 수이다. 백은 1점을 사석으로 하여 5와 7로 탈출한다.

失

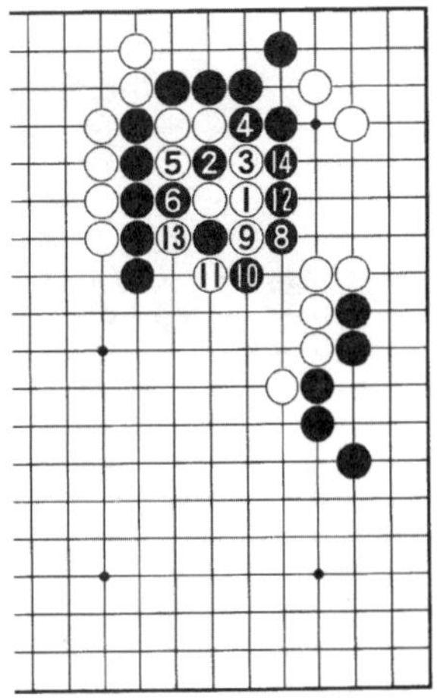

### 포도송이

백1로 늘면 흑2부터 6으로 조임을 당해 포도송이가 된다.

백은 자충으로 흑8의 장문으로 탈출이 불가능하다. 백9와 11로 두어도 흑12로 잡힌다.

※⑦→❷

(1365)

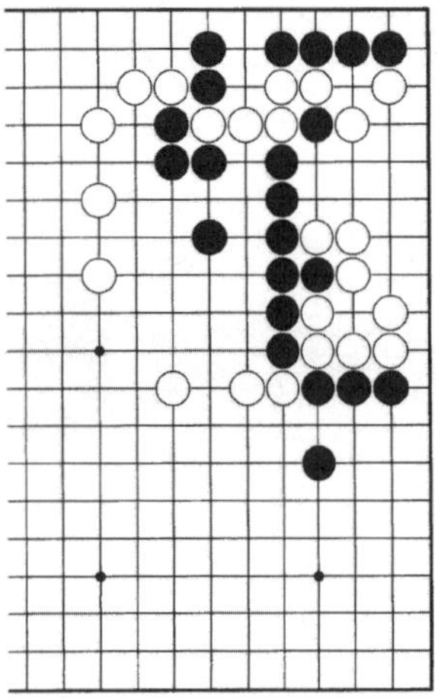

제19형 흑번

## 기사회생

중앙에 있는 흑의 대마가 포위되어 있다.
그러나 우변에 있는 백의 모양이 엷어 흑에게 기사회생의 방법이 있을 것 같다. 백의 자충을 노리자.

解

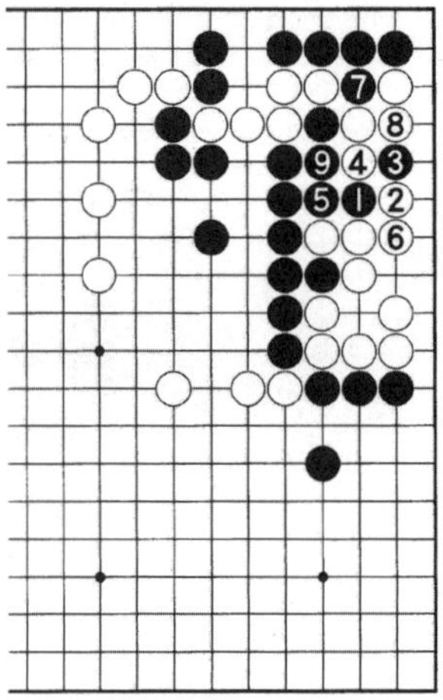

## 좋은 수순

흑1의 붙임이 좋은 수이다.
백2 젖힘에 흑3도 젖혀 백의 응수를 본다. 백4라면 흑5부터 9. 백4로 5에 나가면 흑9로 이어 7과 4의 위아래 양쪽을 노린다.

失

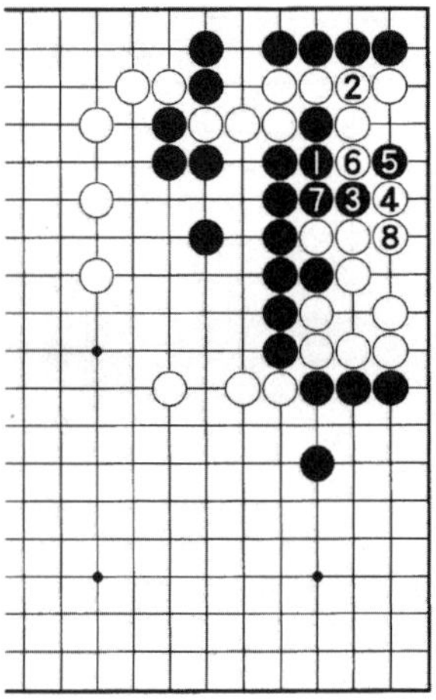

## 수순 틀림

흑1로 먼저 이으면 이후 잘 되지 않는다.
백2와 흑3 이후 백4, 6으로 받아 수습된 모양이다. 우상의 모양이 결정되어 버렸기 때문에 흑7로 이을 수 밖에 없다.

(1366)

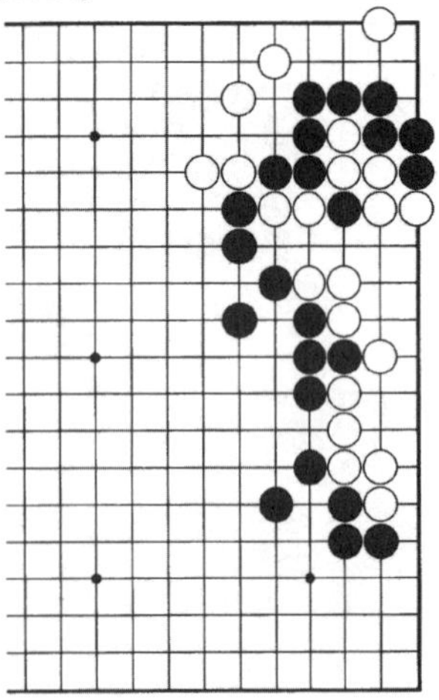

제20형 흑번

## 부활

우변의 전투.
우상귀의 흑은 집이 없다. 흑은 귀를 사석으로 하여 우하의 백을 잡고 싶다. 백이 저항해 우상귀가 부활하는 것도 읽어두자.

解

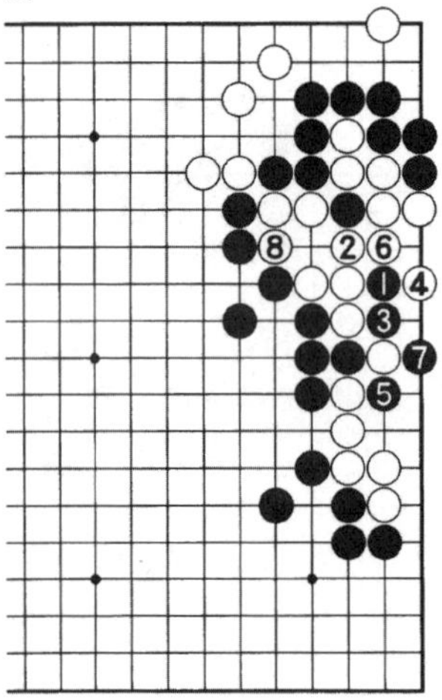

## 흑1이 맥

흑1의 붙임이 맥이다. 백2로 따내고 8까지 살리면 귀의 흑은 잡히지만 흑7로 우하 백을 잡아 큰 전과를 올린다. 백2로 3에 이으면 흑2로 1점을 도망가게 해서 백 5점이 잡힌다.

変

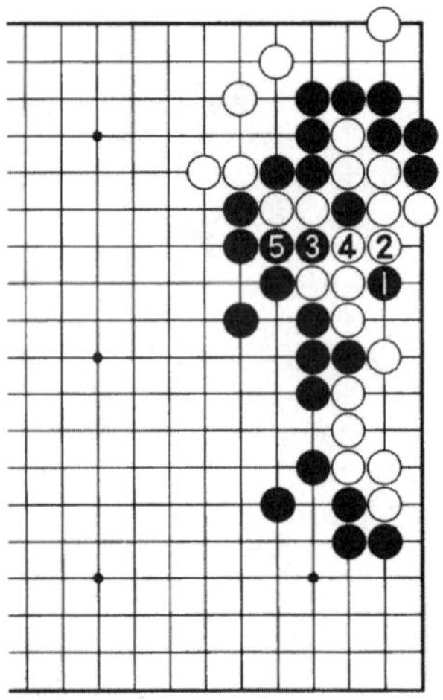

## 연결하다

백2로 막는 변화. 흑3, 5로 중앙 2점을 조이면 백 두 점이 죽는다.
백은 자충 때문에 2점을 이을 수 없기 때문에 우상의 흑 9점이 중앙과 연결된다.

붙임
공격

(1367)

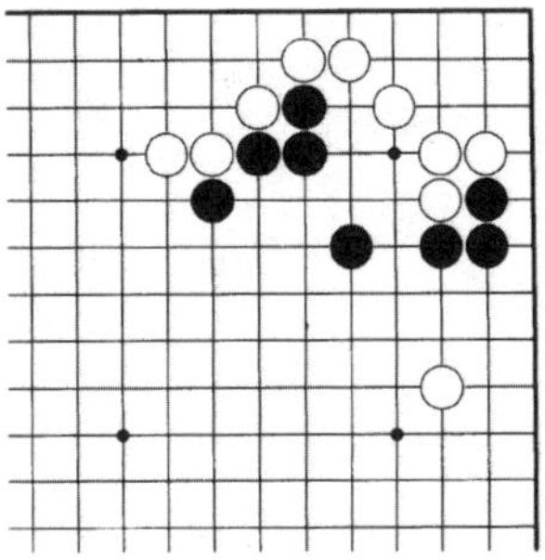

解

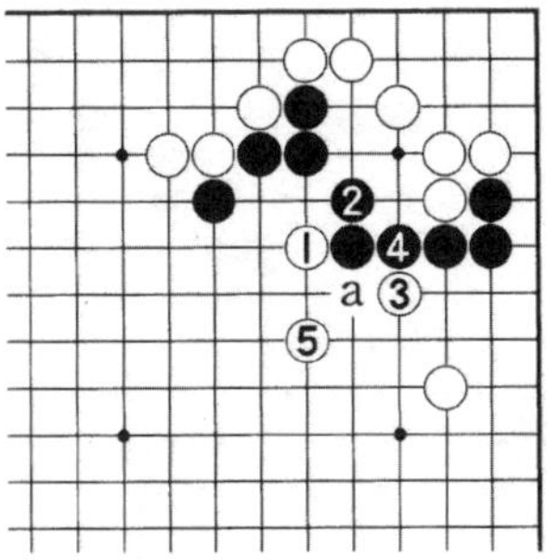

失

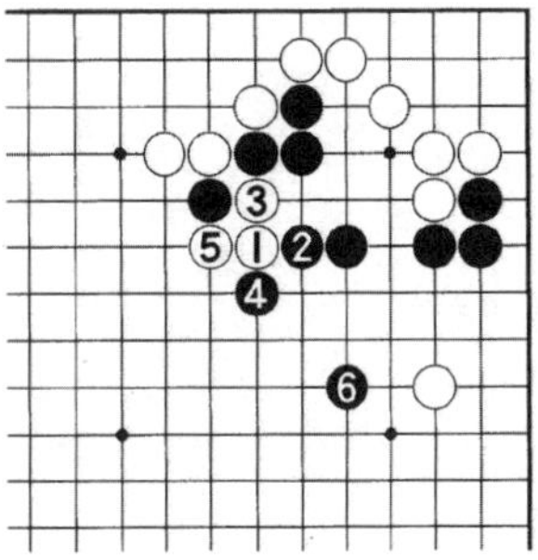

제1형 백번

### 모양을 부수다

흑은 우변에 세력을 만든다.
하지만 백이 흑의 모양을 무너뜨리면 흑의 세력은 반대로 백에게 공격당하는 모양이 되어버린다.

### 백 좋은 모양

백1의 붙임이 급소이다.
흑a는 백2.
흑2로 늘면 전체가 연결되지만 백3의 들여다보기를 활용하고 5로 우변을 굳혀 백의 모양이 좋아진다.

### 우변이 약하다

백1로 들여다보는 수는 흑2로 치받아 실패한다.
백3, 5로 상변 흑을 공격하여도 우변에 흑6으로 나가서 반대로 백이 공격당한다.

(1368)

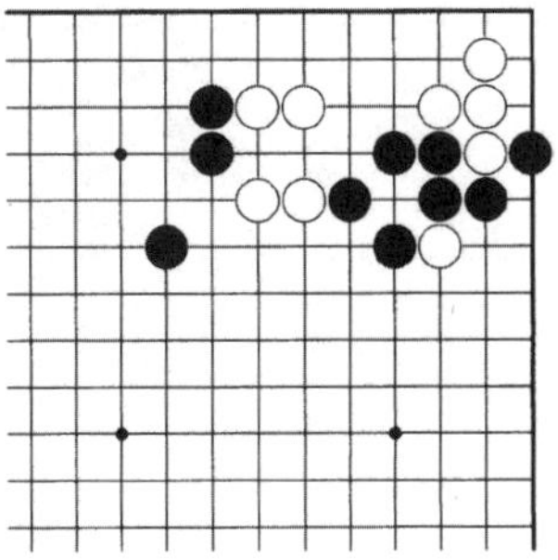

解

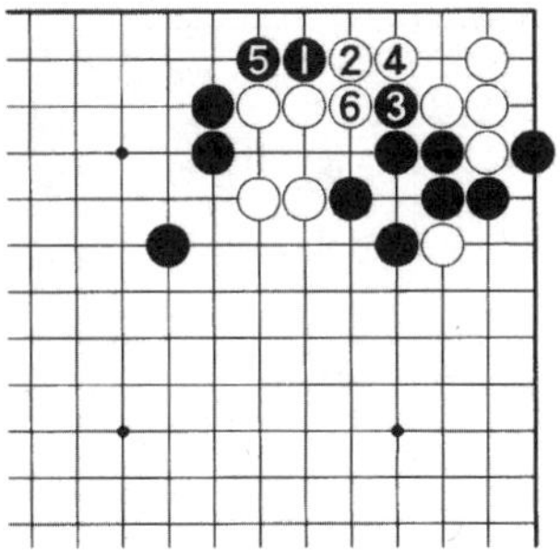

変

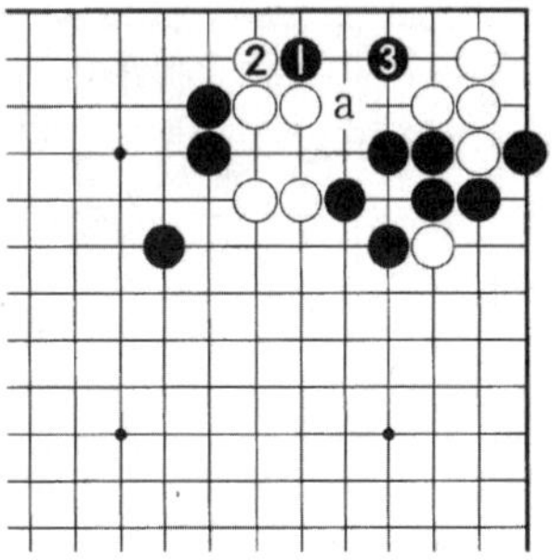

제2형 흑번

### 파고들다

귀에서 상변, 중앙으로 진출한 백의 모양에는 엷은 곳이 있다. 백의 근거를 파고드는 수단을 찾아보자.

### 건넘

흑1의 붙임이 냉엄하다.
백은 2로 받을 수밖에 없지만 흑3이 수순으로 흑5까지 선수로 상변으로 건너간다.

### 귀를 잡다

백2로 막는 것은 흑3으로 뛰어 귀의 백 4점이 잡혀버린다. 더욱, 흑3으로 a는 백3으로 사는 맛이 있어서 불만이다.

(1369)

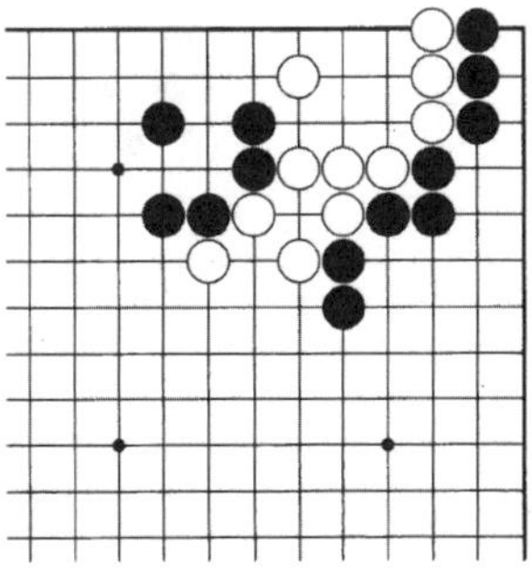

解

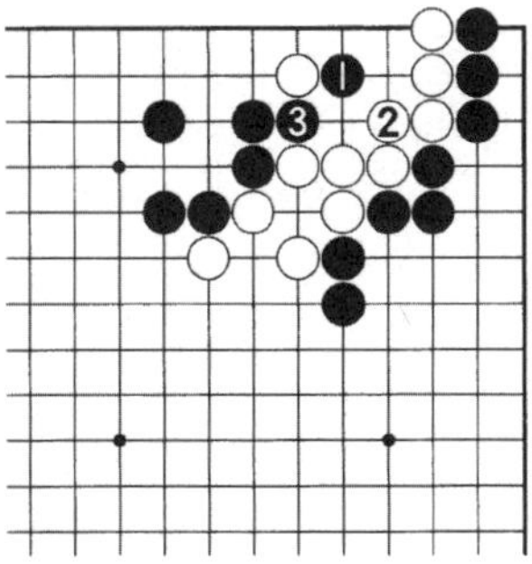

変

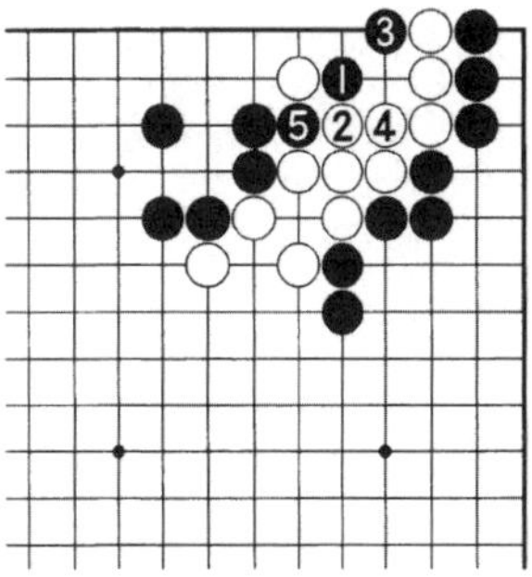

제3형 흑번

### 급소

우상귀에서 중앙으로 진출한 백은 상변의 안형이 사라지면 뜬 돌이 된다.
백의 집을 부수는 급소는 어디인가?

### 석점의 급소

흑1의 붙임이 냉엄한 맥으로 공배가 꽉 찬 3점을 공격하는 급소가 된다.
백2로 이으면 흑3으로 백은 한 집도 없다.
백2로 3은 흑2.

### 절단

백2로 막으면 흑을 끊고 우상의 3점도 호구이음한 모양이지만 흑3, 5로 끊어 백 1점을 잡히는 것은 바뀌지 않는다.

제4형 흑번

(1370)

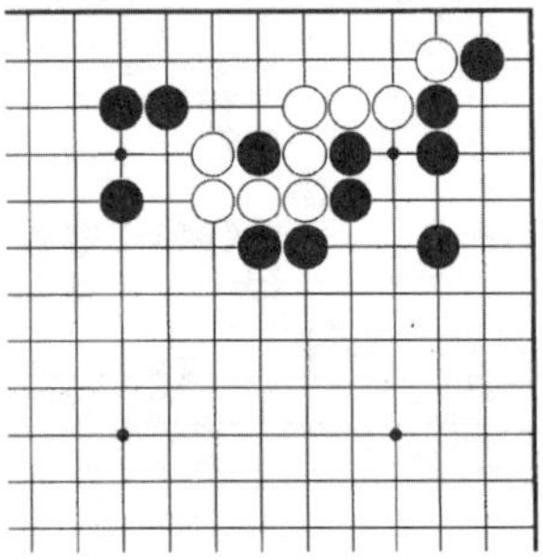

## 한 집으로

백은 상변만으로 살 수 있을 것 같지만 밖이 막히면 바로 죽는다.
백을 한 집으로 만드는 맥은 무엇인가?

解

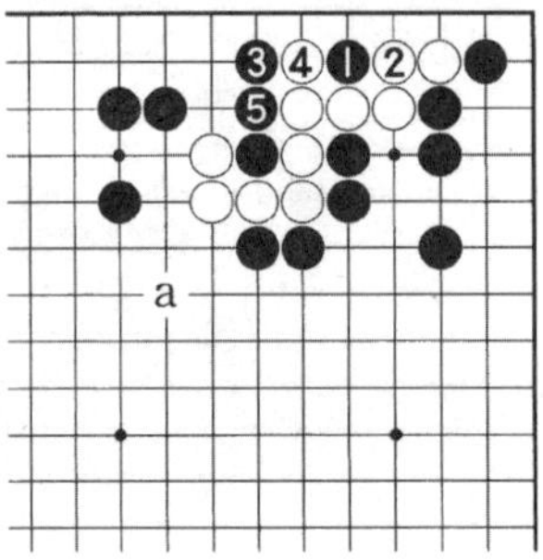

## 한 집

흑1의 붙임이 묘수이다.
백2로 이으면 흑3으로 날일자 하여 4와 5를 맞보기 한다.
만약 a에 흑 돌이 있다면 백은 전멸한다.

失

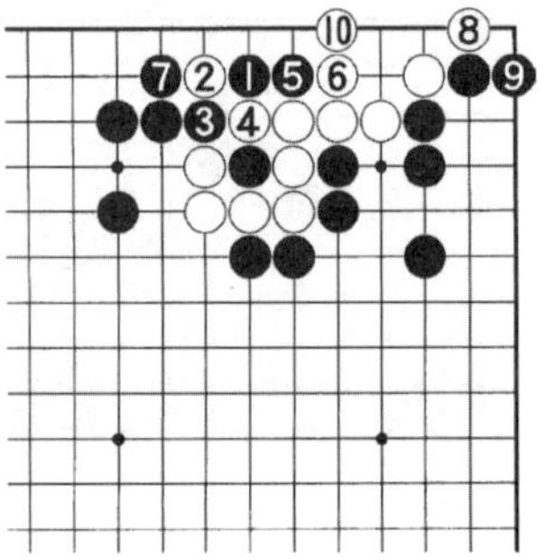

## 백 삶

먼저 흑1의 날일자로 달리면 백2로 건너붙여서 안 된다.
흑7까지 상변에 있는 백 1점을 잡아도 백8, 10으로 살아버린다.

제5형 백번

(1371)

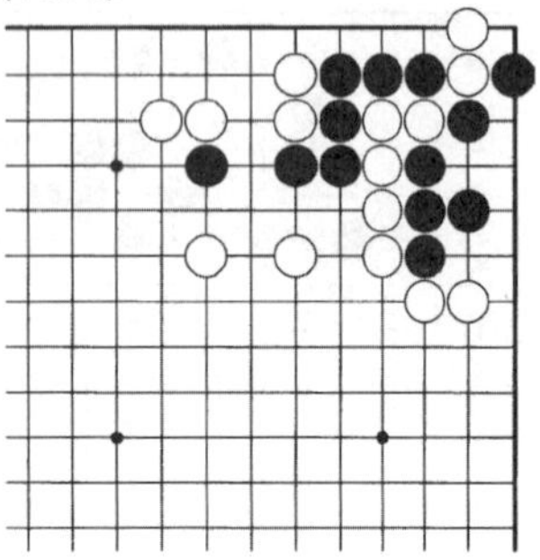

## 옥집

우상의 흑이 살았는지 죽었는지에 따라 이후 전투의 판도가 바뀌어 버린다. 흑을 한 집으로 만들고 싶다. 흑의 집을 빼앗는 급소는 어디인가?

解

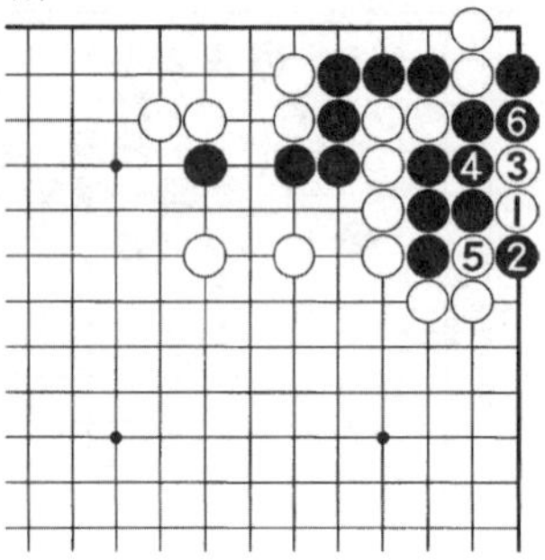

## 한 눈

백1의 붙임이 흑의 자충을 추궁하는 수이다.
흑2에 백3으로 늘어 7까지 귀는 한 집밖에 없으므로 중앙에서 활로를 찾아야만 한다. ※⑦→①

変

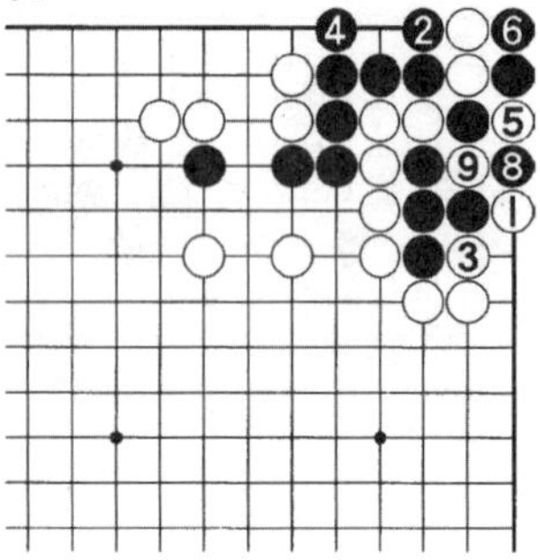

## 패

흑2, 4는 흑4점을 버려 귀에서 살겠다는 것이다.
백5로 먹여치는 수가 묘수로 7과 9로 패가 난다.
※⑦→⑤의 왼쪽 위

붙임 수상전

제1형 흑번

(1372)

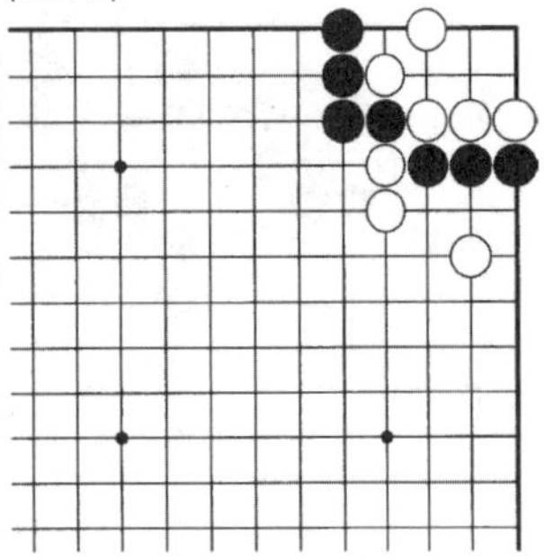

## 수상전

귀의 백과 우변의 흑 사이에서 수상전이 벌어졌다.
백의 수를 2수로 만드는 급소를 찾아야 한다.

解

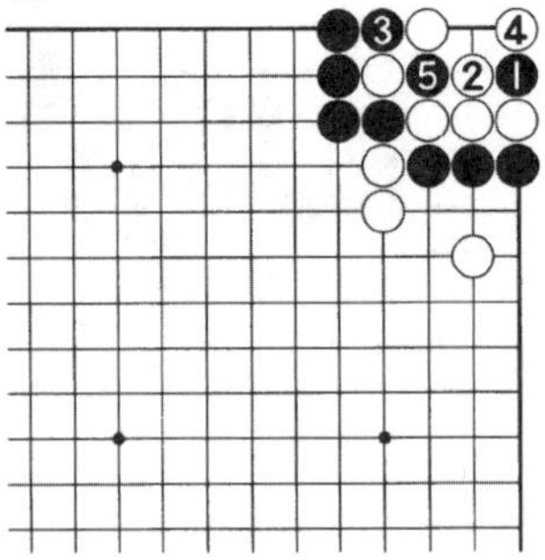

## 패

흑1로 붙여 백의 공배를 메워나가는 맥이 냉엄하다.
백2로 받을 수밖에 없다.
흑3으로 단수치고 백4, 흑5로 패가 난다.

失

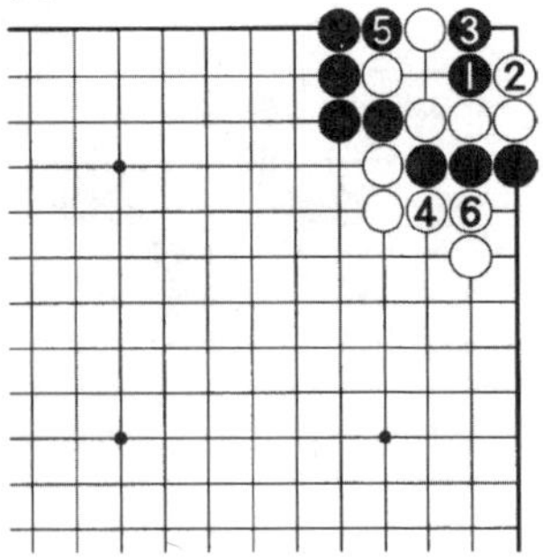

## 백 승

흑1로 붙이는 것은 백2로 구부려 백의 수가 늘어난다.
흑3이라면 백4, 6으로 백의 한 수 승.
흑3으로 5는 백3으로 그만이다.

(1373)

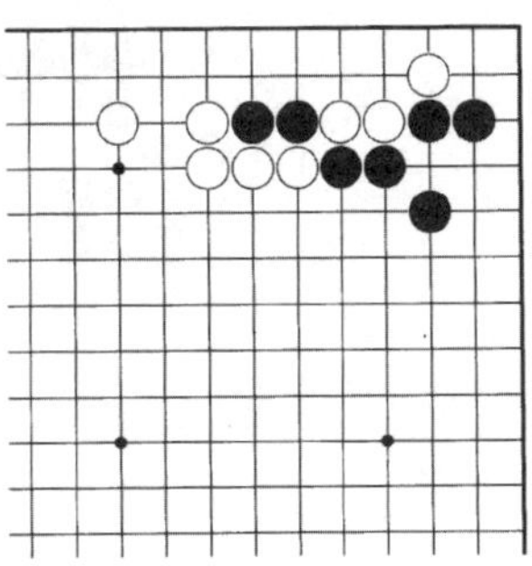

## 생환

상변의 수상전.
흑 3점은 부족해 보이지만 우상의 백의 자충을 추궁하면 살아 돌아올 수 있다.

解

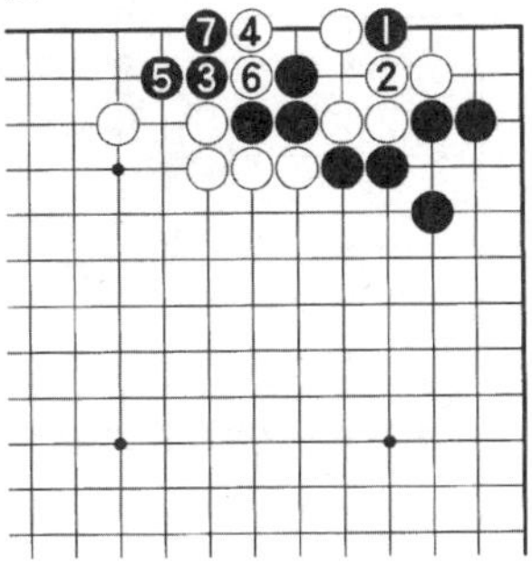

## 촉촉수

흑1의 붙임이 좋은 수이다.
백2로 잇게 만든 뒤 흑3으로 젖힌다. 백4로 쫓아도 흑5부터 7로 촉촉수이다.

变

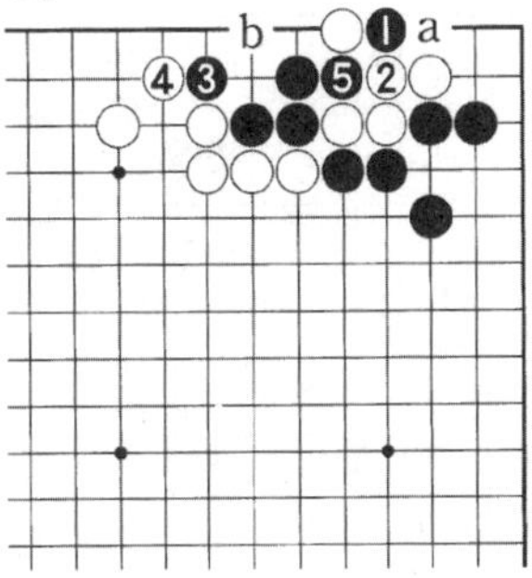

## 유가무가

흑3의 젖힘에 백4로 받는 것은 흑5로 수상전은 흑이 승리한다. 다음에 백a는 흑b로 유가무가가 된다.

제2형 흑번

(1374)

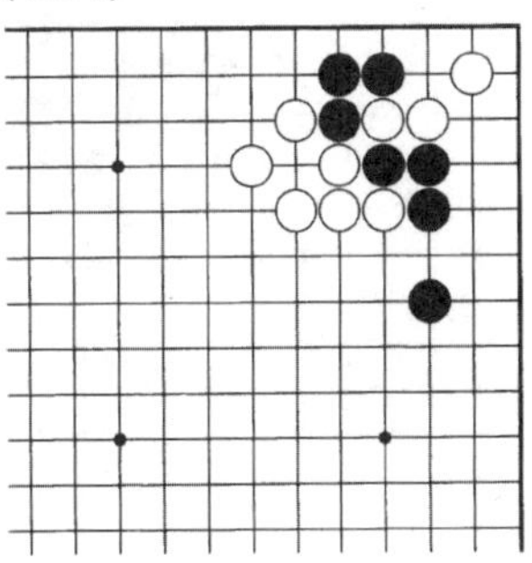

## 수상전

흑 3점과 백 3점이 귀에서 수상전을 벌이고 있다.
귀에 입구자한 백 모양에 탄력이 있어서 평범한 수단은 통하지 않는다.

解

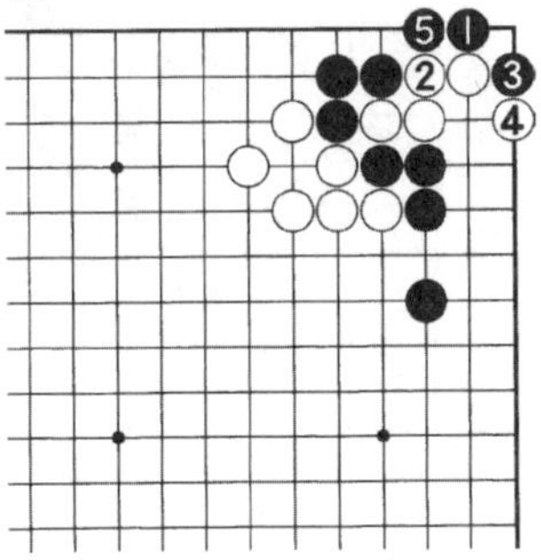

## 패

흑1의 붙임이 최선이다. 2·1의 맥으로 귀에 탄력이 생긴다.
백2, 4의 저항에 흑5로 패가 난다.
흑3으로 5는 백3으로 백 승.

失

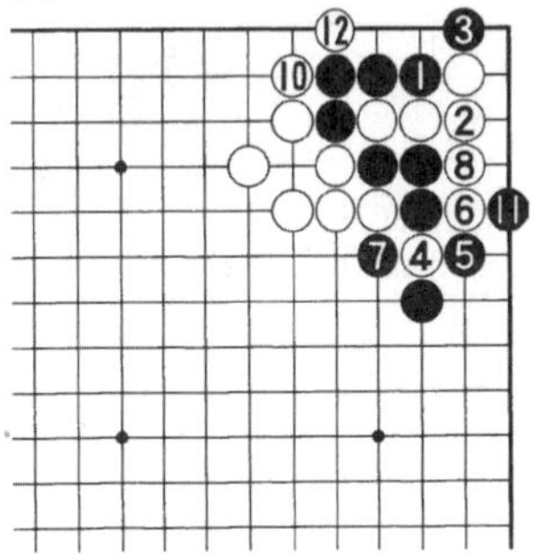

## 흑 실패

흑1로 단수치고 3으로 젖히는 것은 속수이다.
백4로 끼우고 6, 8로 조여 백의 수가 늘어 백12까지 수상전은 백 승.
※❾→④

제3형 흑번

(1375)

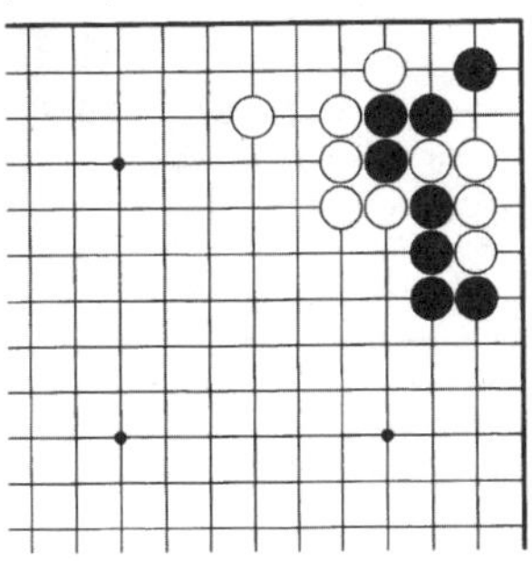

## 수상전

우상귀의 백 4점과 우변의 흑 4점이 수상전에 돌입했다.
공격 방법은 위와 오른쪽 중 한 곳을 선택하여 공격해야 한다.
어디가 급소일까?

解

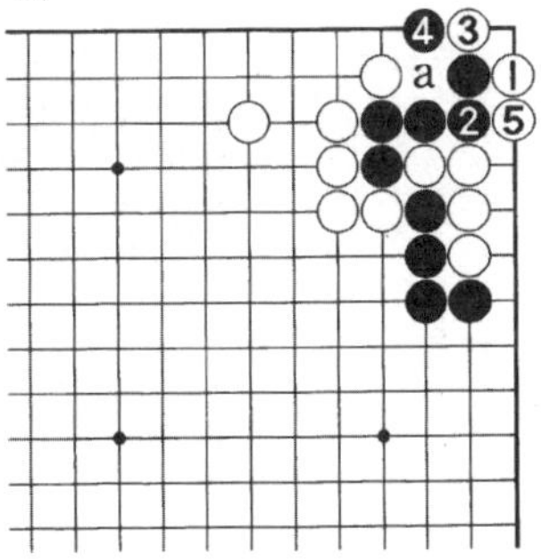

## 패

백1의 붙임이 좋은 수이다. 2·1의 급소이다.
흑2의 빈삼각 이후 백3으로 젖혀 패가 난다.
흑4로 5는 백a로 패가 난다.

失

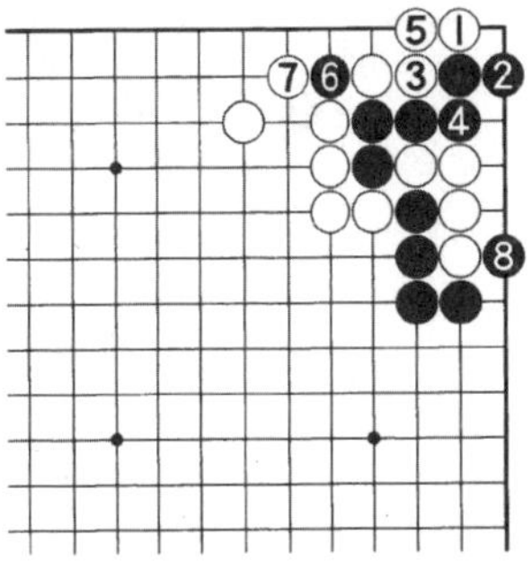

## 백 실패

백1의 붙임은 흑2로 내려 안 된다.
백3, 5로 공격해도 흑6으로 끊어 흑의 수가 늘어 흑8까지 수상전은 흑의 승리.

제4형 백번

(1376)

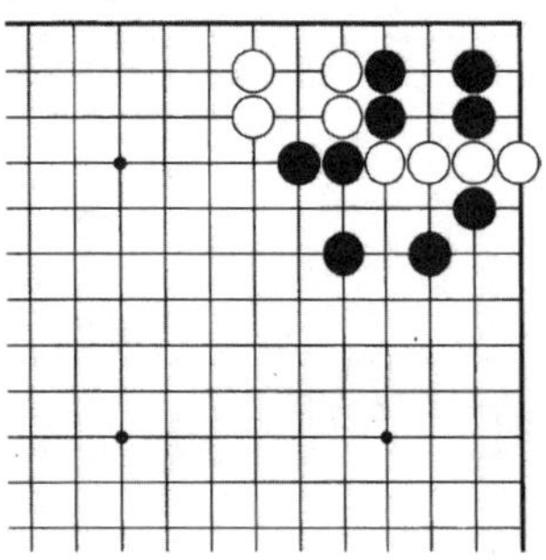

解

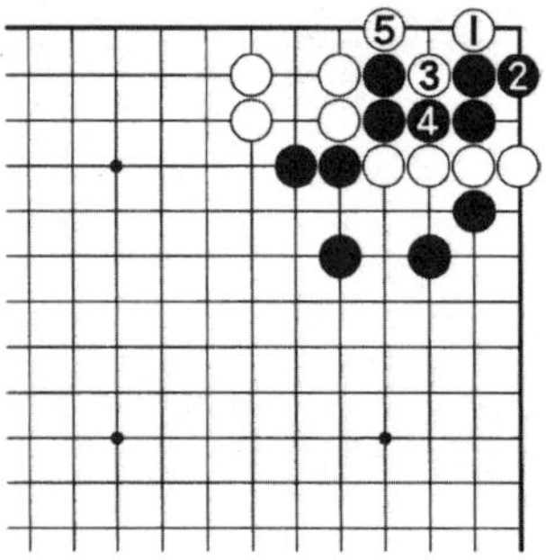

失

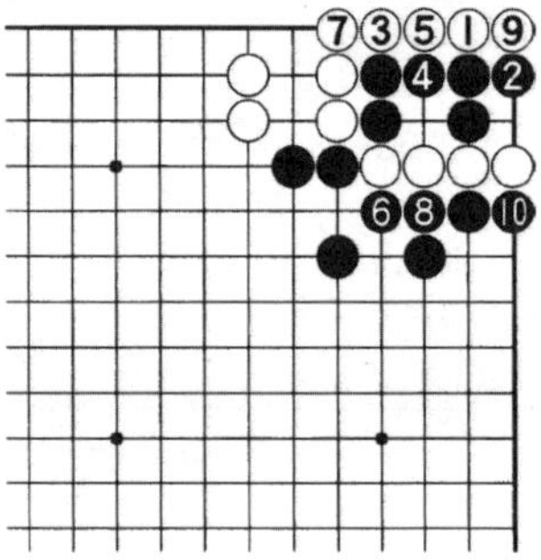

**제5형 백번**

## 귀의 수

우변의 백 4점과 귀의 흑 4점 사이에서 수상전이 벌어졌다.
흑이 유리한 것 같지만 수는 길지 않다.

## 패

백1의 붙임이 흑 2점을 부족하게 만드는 모양이다.
흑2는 2·1의 급소이지만 백3, 5 로 흑의 공배를 메워서 패가 난다.

## 빅

백3으로 상변에 건너가면 흑4를 두게 한 셈이다.
백5부터 9로 공배를 채우면 흑10까지 빅의 모양이다.

(1377)

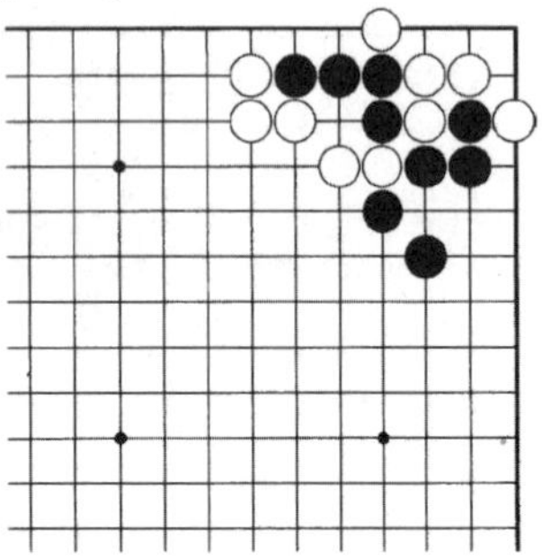

解

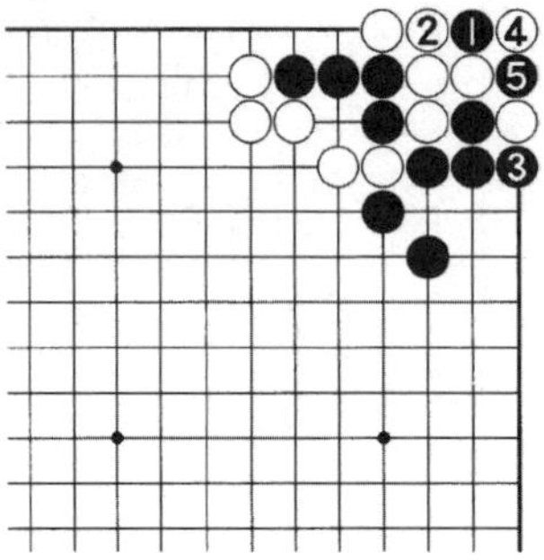

変

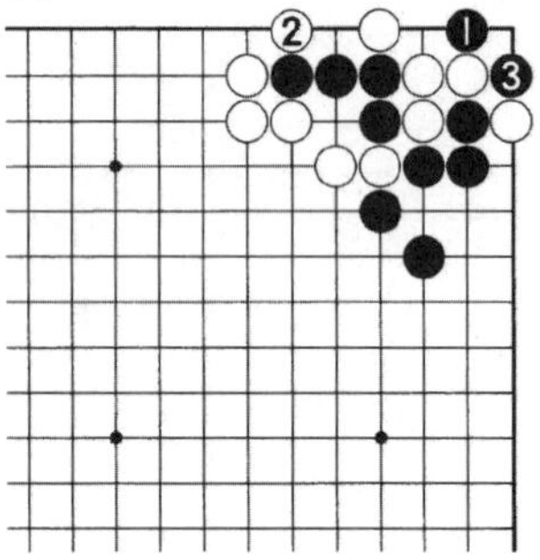

**제6형 흑번**

## 탄력

귀의 수상전.
백은 젖힘이 활용되어 탄력이 있는 모양이다. 하지만 수는 흑과 같은 3수이다. 흑은 귀의 탄력을 이용해야 한다.

## 이단패

흑1의 붙임은 2·1의 맥이다.
백2로 이으면 흑3으로 막고 백4, 흑5로 이단패가 난다. 백2로 5에 이으면 흑3으로 백이 잡힌다.

## 단패

백2의 공격은 흑3으로 먹여쳐서 단패가 난다.
이 변화는 백이 먼저 때리는 패지만 단패로 백이 정해도보다 손해다.

(1378)

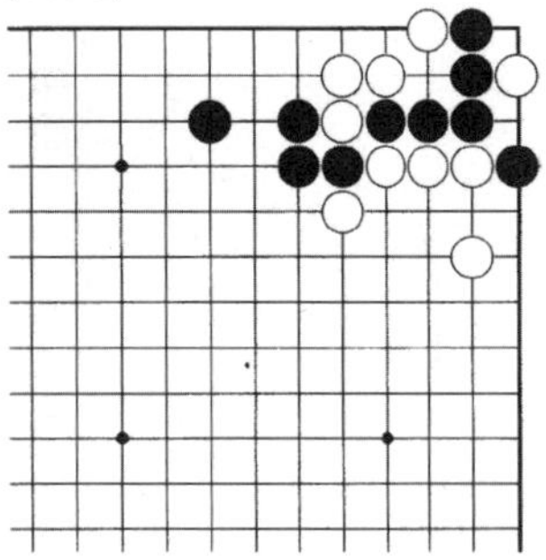

解

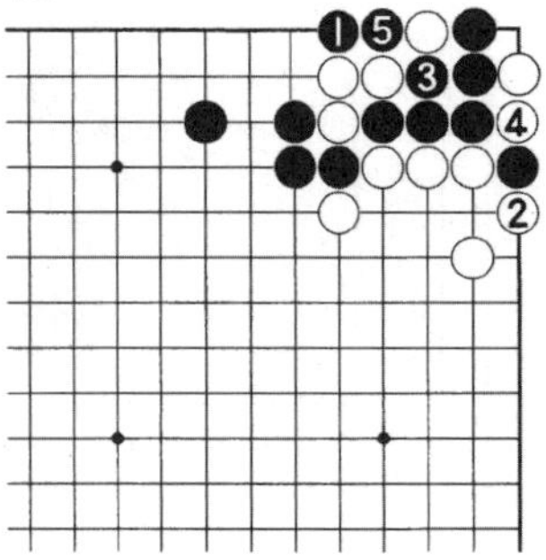

失

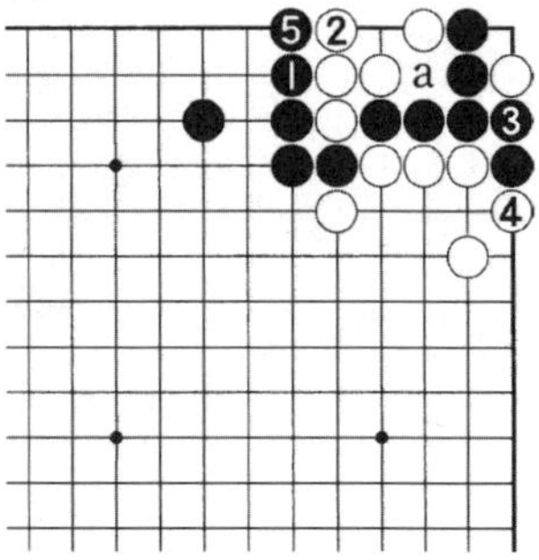

**제7형 흑번**

## 수상전

귀의 흑과 상변 백과의 수상전은 어디가 급소일까?
결과가 빅이 되면 흑은 불만이다.

## 흑 승

흑1의 붙임이 좋은 수이다. 흑3으로 단수쳐서 수상전에서 승리한다.

## 흑 실패

흑1로 막으면 백2로 받는 것이 좋은 수가 된다.
흑3이라면 백4로 막아 흑5까지 빅.
흑3으로 a는 백3으로 패가 된다.

제8형 흑번

(1379)

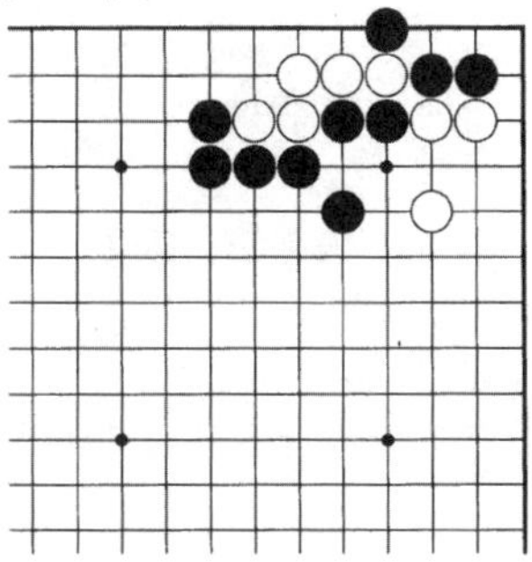

## 수상전

상변의 수상전 문제.
귀의 흑은 3수. 상변의 백의 공배를 바로 메우지 않으면 패한다.
어디부터 두어갈까?

解

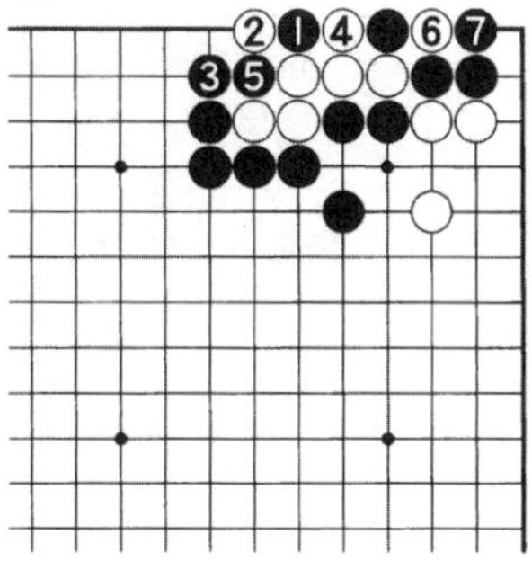

## 패

흑1의 붙임이 그 첫 발. 백2로 막으면 흑3으로 내리고 7까지 패가 나는 모양이다.
백2로 3은 흑4로 흑의 승리.

失

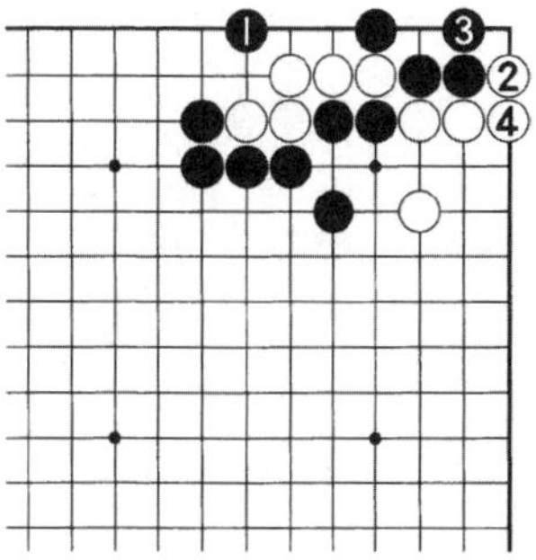

## 흑 실패

흑1로 여유를 부리는 수를 둘 수는 없다.
백2, 4로 귀에서부터 공격하여 흑이 죽는다.

제9형 백번

(1380)

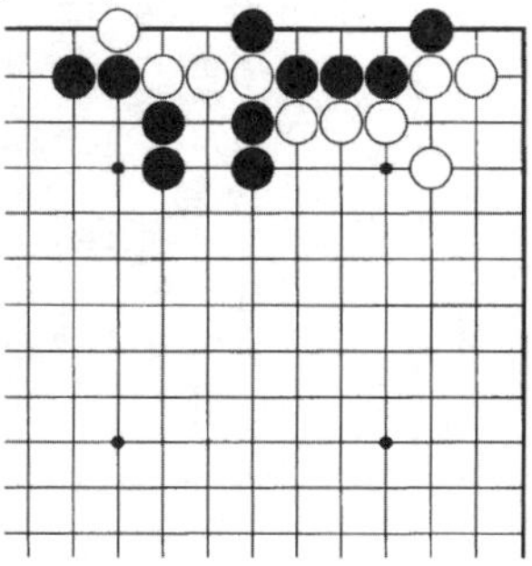

## 공격하는 방법

상변에서 수상전이 벌어졌다.
흑 3점이 양쪽에 젖힘이 있어서 백은 공격할 때 연구할 필요가 있다.

解

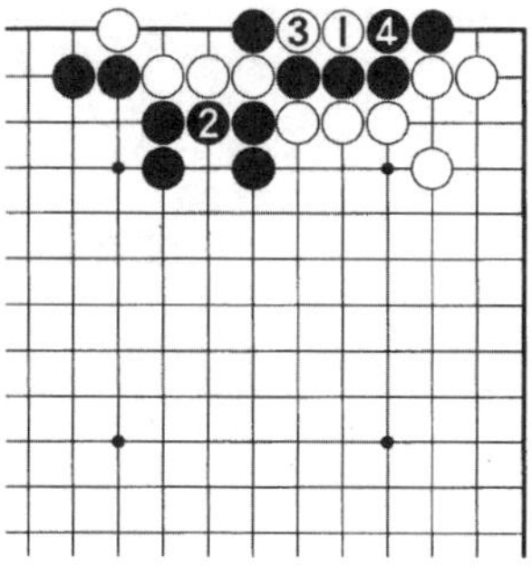

## 백 승

백1로 붙여 흑이 패를 만들 탄력을 없앤다.
흑2로 바깥에서 공배를 메우면 백3, 5로 수상전은 백의 승리.
※⑤→③

失

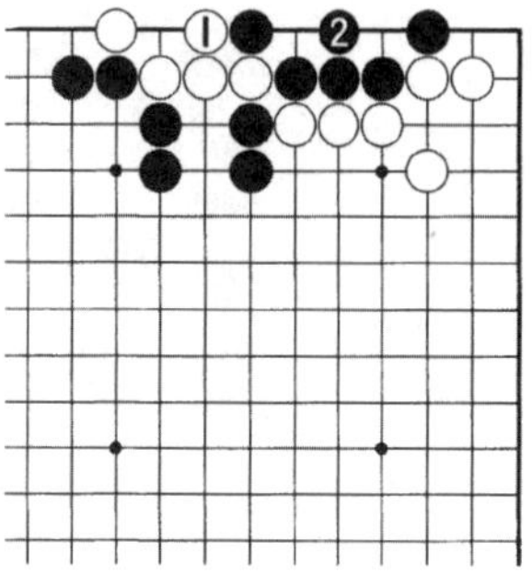

## 늘어진 패

백1로 막으면 흑2로 패를 만들어 버틴다.
2의 자리를 먼저 빼앗아 두면 흑은 저항할 수 없는 모양이다.

제10형 흑번

(1381)

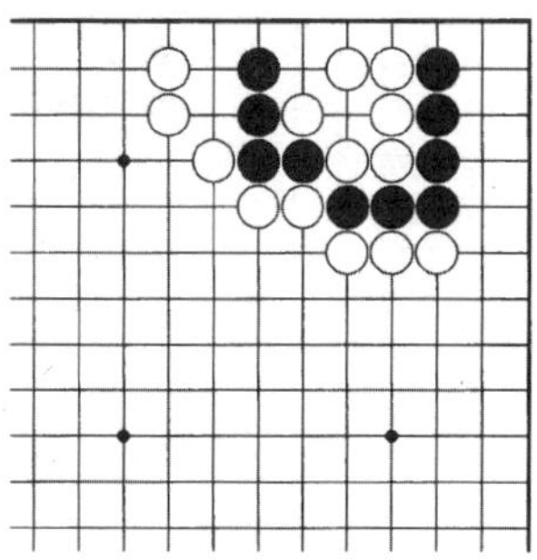

## 묘수

패가 될 것 같은 수상전은 조금 복잡하다.
단, 같은 패라고 해도 양패라면 죽은 것과 마찬가지. 묘수를 찾아보자.

解

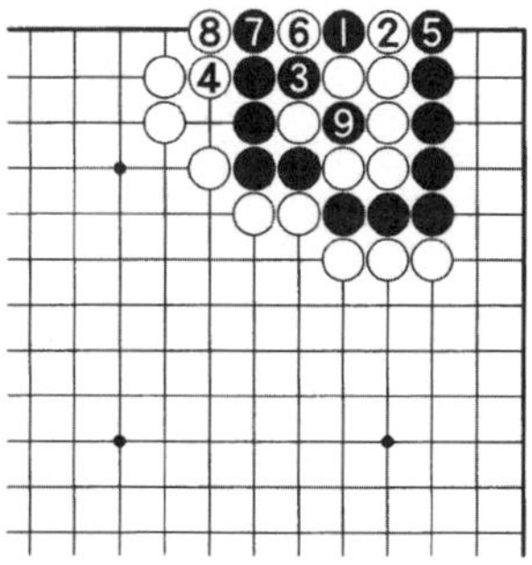

## 양패

흑1의 붙임이 좋은 수이다.
백2, 4로 저항하면 흑9까지 양패 모양으로 흑이 이긴다.
백2로 3은 흑6으로 수상전 승리.

失

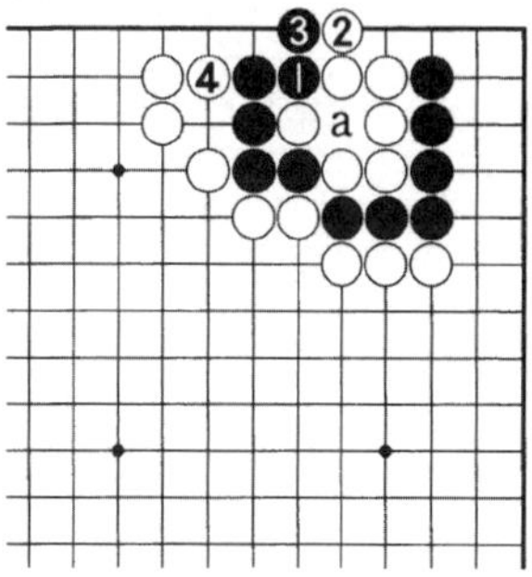

## 1수 늘어진 패

흑1의 공격은 백2로 내려 저항하는 수가 있다.
흑3, 백4로 a의 패를 할 수밖에 없다.
백이 한 수 늦은 패지만 흑이 실패한다.

(1382)

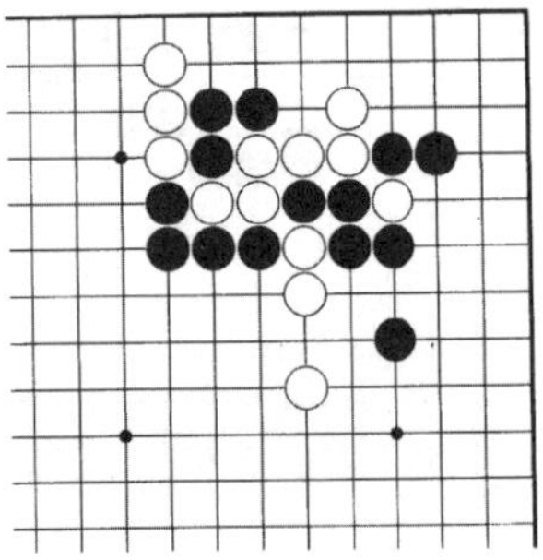

解

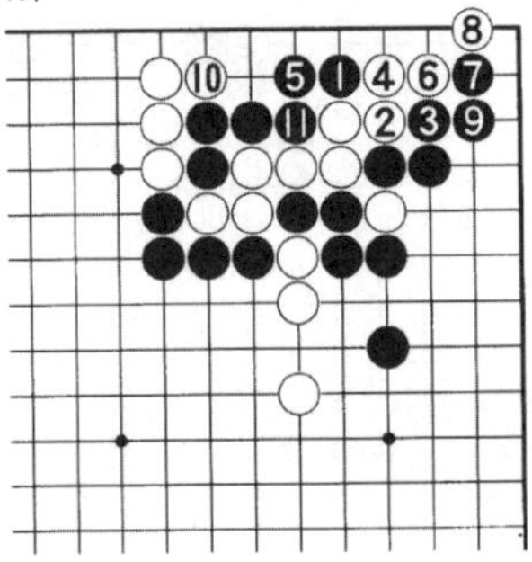

失

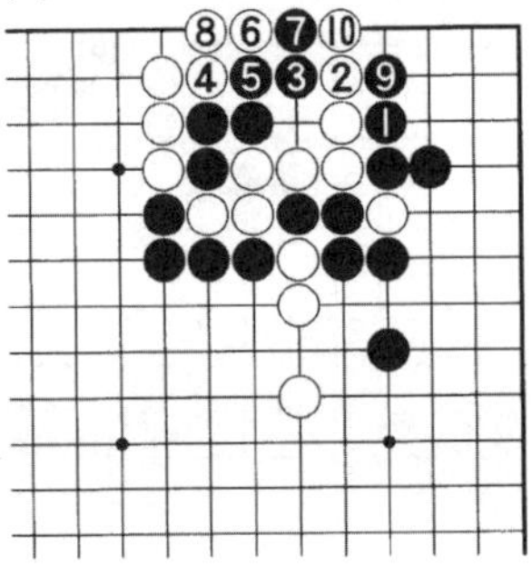

제11형 흑번

## 대역전

백은 흑 3점을 잡고 상변에 큰 집을 지은 것 같지만 백은 자충에 걸려 있다. 백이 가진 약점의 급소를 찌르면 대역전이 이루어진다.

## 백 전멸

흑1의 붙임이 냉엄하다. 백2 이후 흑3으로 쫓고 흑5로 늘어 수를 늘린다.

흑11까지 수상전은 흑의 승리로 백은 전멸한다.

## 흑 실패

흑1로 막는 것은 백2로 내려서서 안 된다.

흑3으로 입구자 붙여도 백4, 6으로 단순히 공격해서 백10까지 수상전은 백이 이긴다.

(1383)

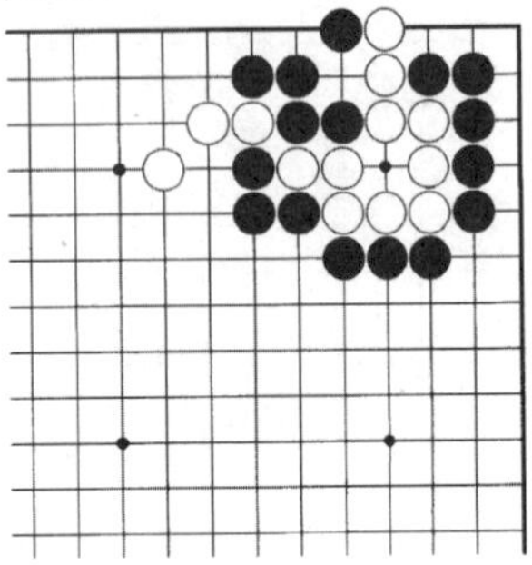

解

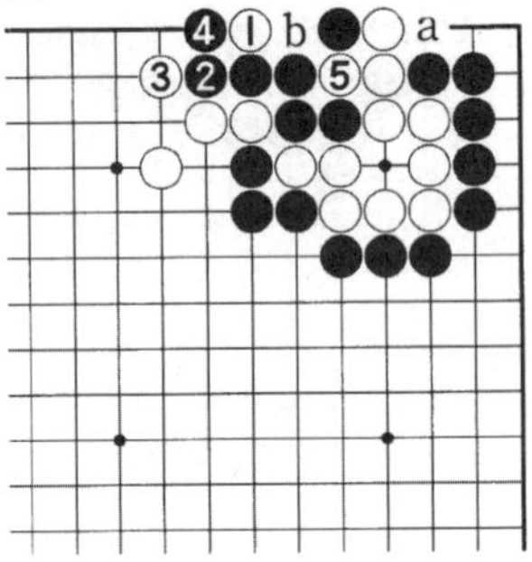

失

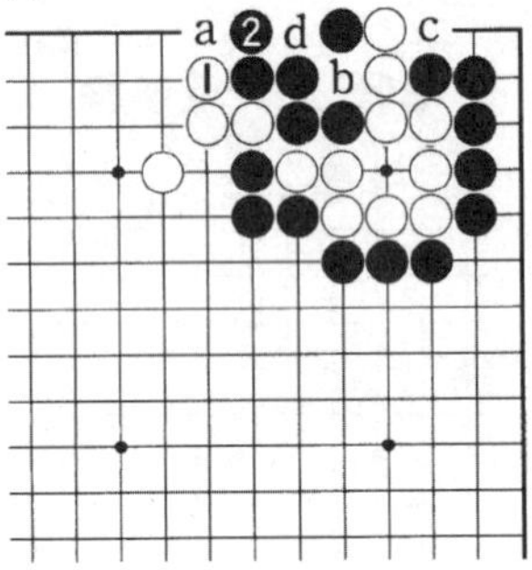

제12형 백번

## 한 집 이용

백의 대마보다 흑 5점 쪽이 더 여유있어 보인다.

하지만 백은 한 집의 이점을 살려 수상전에서 이기고 싶다.

## 유가무가

백1의 붙임은 흑 안형의 급소이다.

흑2, 4로 백 1점을 잡아도 백5로 단수쳐 흑의 패배.

흑a는 백b로 유가무가가 된다.

## 빅 또는 패

백1은 흑2로 다음에 백a면 빅. 흑b면 패가 나서 실패한다.

백1로 b는 흑c, 백d, 흑2로 백이 불리한 패가 된다.

붙임

사활(삶)

(1384)

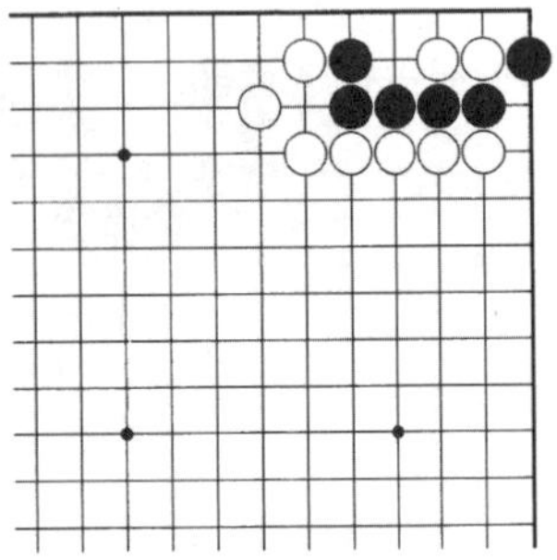

解

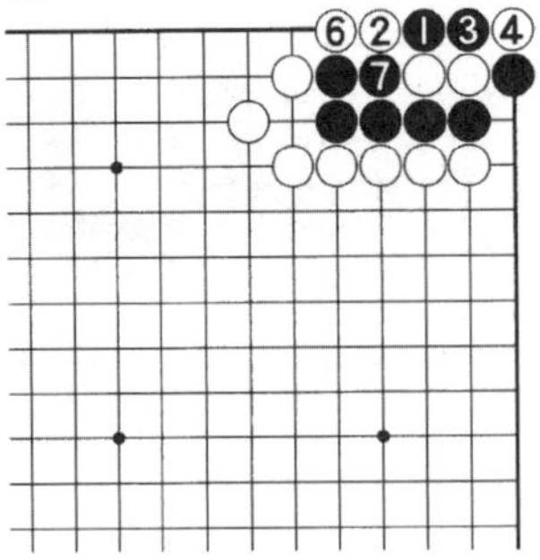

变

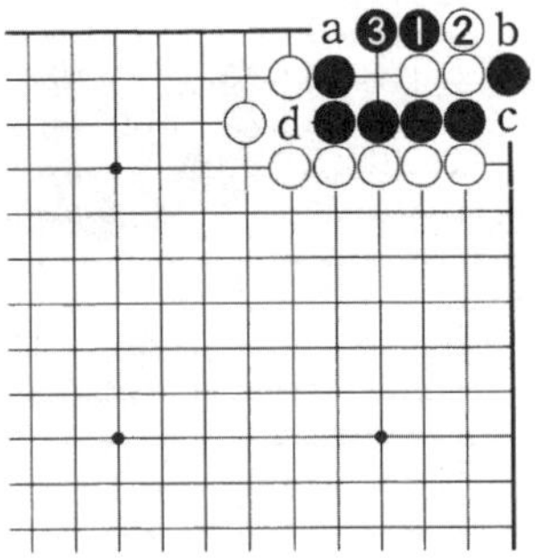

제1형 흑번

## 천국과 지옥

귀의 기본적인 사활 모양이다. 아는 것과 모르는 것에는 천국과 지옥 정도의 큰 차이가 있다.

## 사석의 묘

흑1이 급소이다. 백2에 흑3의 사석이 절묘하다.

백6으로 건너도 흑7로 단수쳐 촉촉수가 된다.

※❺→❸(따냄)

## 빅

실전이라면 백2, 흑3이 되어 빅이 될 곳이다.

흑1로 2는 백1, 흑a, 백b, 흑c로 백d의 공배가 메워져 있는 경우에 해당한다.

제2형 흑번

(1385)

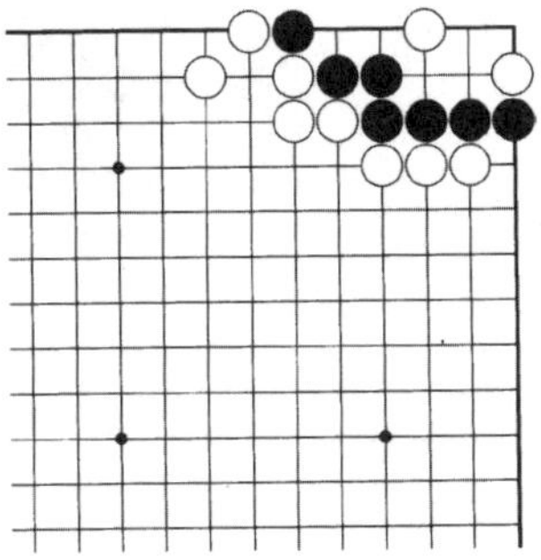

## 훌륭한 활로

흑은 궁도가 좁지만 수읽기를 구사하면 멋지게 살 수 있다.
물론 패를 만드는 것은 실패이다.

解

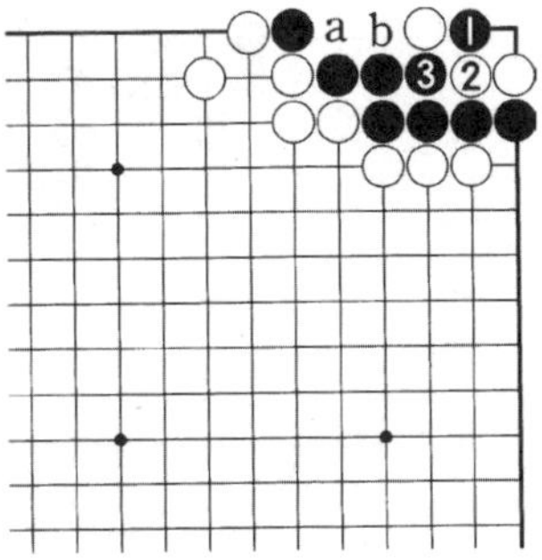

## 버팀을 봉쇄하다

2·1에 해당하는 흑1이 백이 버티는 것을 막는 좋은 맥이다.
백2, 흑3으로 되면 확실해진다.
백2로 a에 따내면 흑b.

失

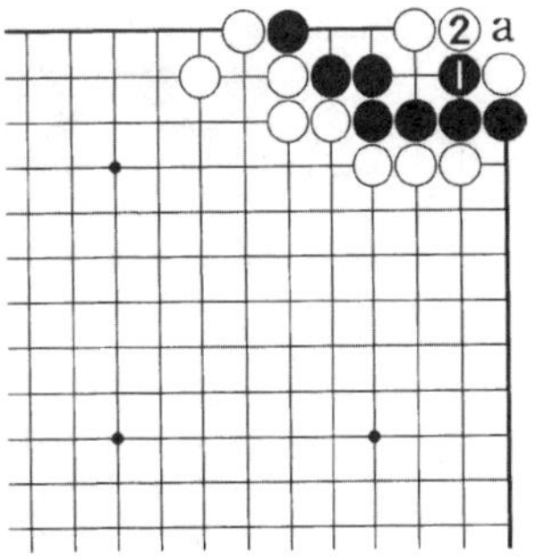

## 백의 버팀

흑1로 나가면 백2로 귀의 특수성을 이용하여 버틴다.
이런 모양은 무조건은 아니지만 a를 다투는 패가 된다.

제3형 흑번

(1386)

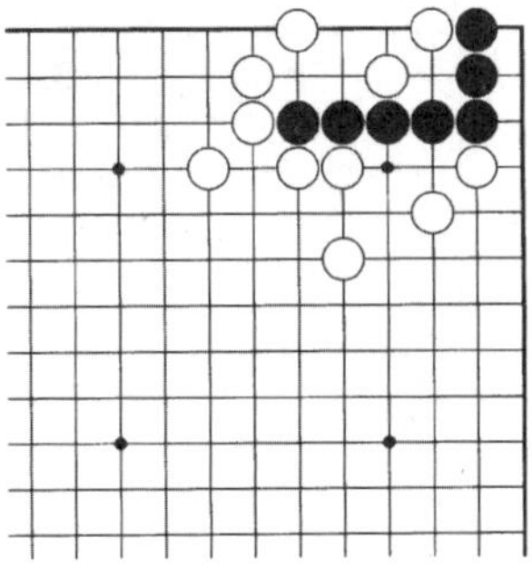

## 맥

귀에는 이미 한 집이 확보되어 있다. 한 집을 더 만들기 위한 맥만 알고 있다면 매우 간단하다.

解

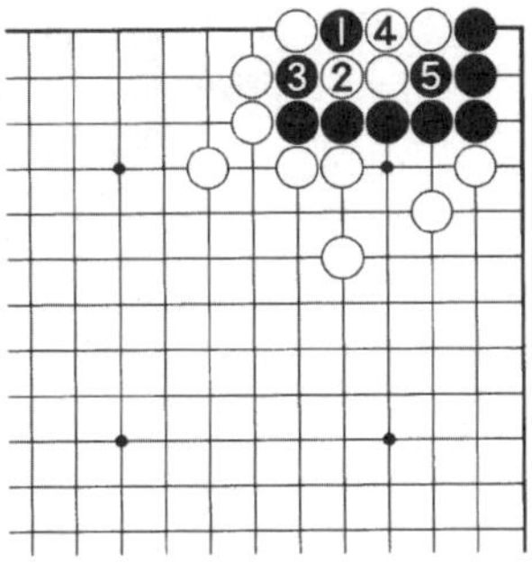

## 붙임

알고 있다면 곧바로 두어야 하는 흑1의 붙임.
이 1점을 사석으로 하여 백을 자충으로 만드는 것이 자랑.

失

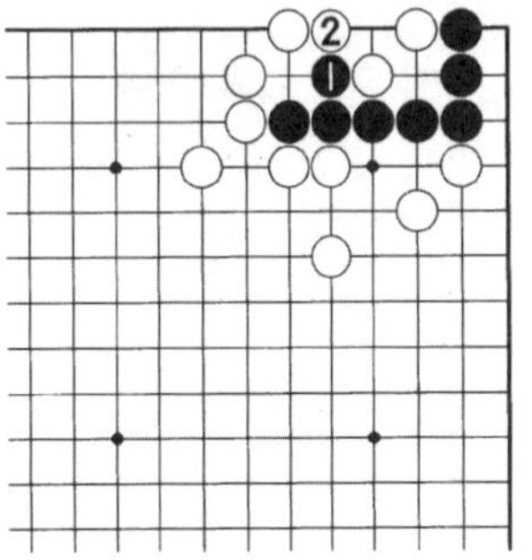

## 흑 무책임

흑1은 무책임하다. 설마 이렇게 두는 사람은 없을 것이다. 2의 자리에 붙이는 것은 초급자도 알아야 하는 필수 맥이다.

제4형 흑번

(1387)

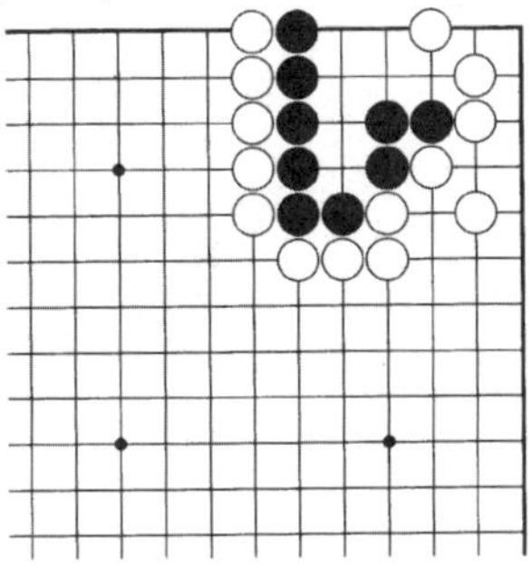

## 궁도

궁도가 좁은 흑이기에 먼저 궁도를 넓혀야 한다. 어디에 두는 것이 최선일까?

解

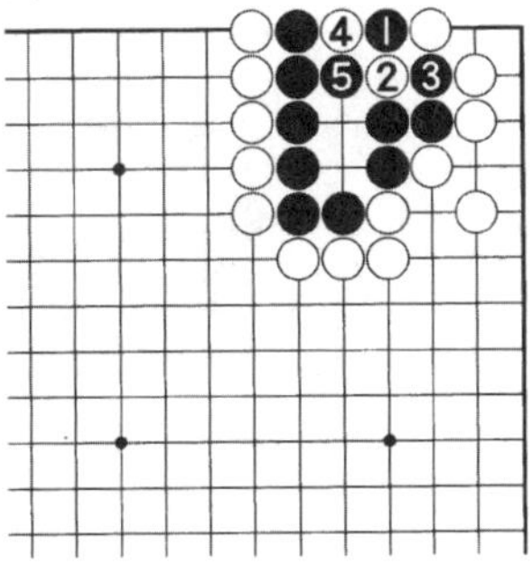

## 촉촉수

흑1로 붙이는 수가 최선이다.
백2의 단수에 흑3으로 끊고 백4에는 흑5로 촉촉수가 성립한다.
백은 1에 이을 수 없다.

変

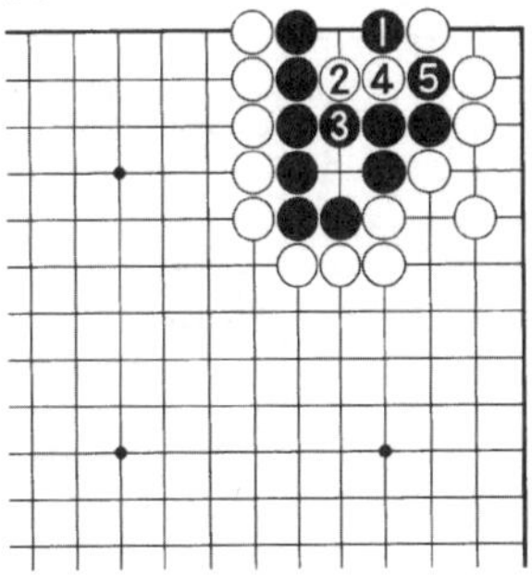

## 환격

백2로 치중하는 것은 흑3, 백4, 흑5로 환격이 되어 흑은 살 수 있다.
흑3으로 4나 5에 두면 백3으로 두어 흑은 바로 죽는다.

제5형 흑번

(1388)

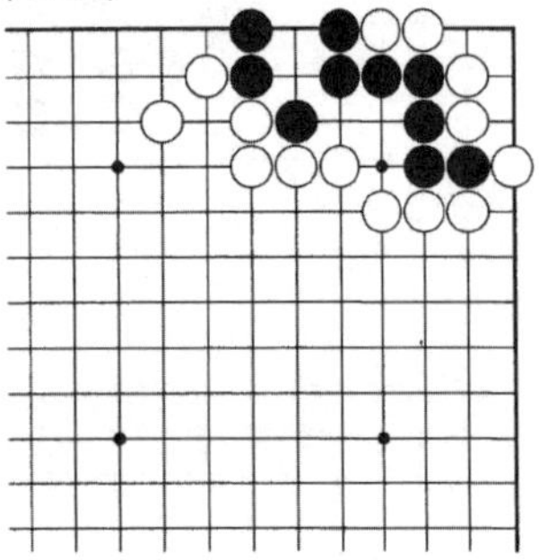

### 맥

흑에게 한 집은 있지만 다음 한 집은 확실하지 않다.
단수된 백 2점을 단순히 따내는 것이 최선인가?

解

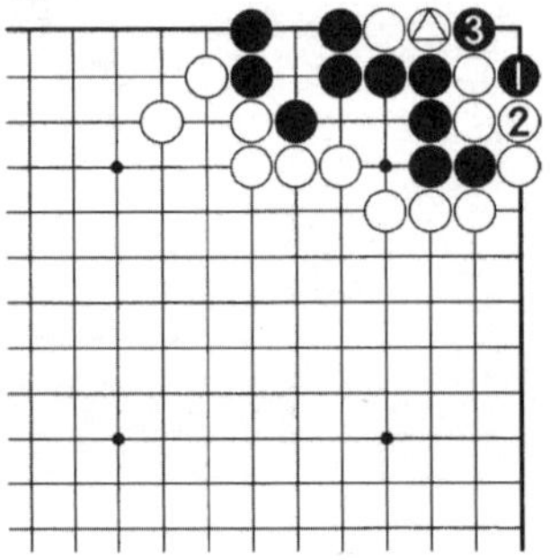

### 흑1이 맥점

흑1의 붙임이 백 2점을 따내서 집을 만들기 위한 공작.
백2로 이으면 흑3으로 따낸다.
백은 4점이 단수되어 백◬에 둘 여유가 없다.

失

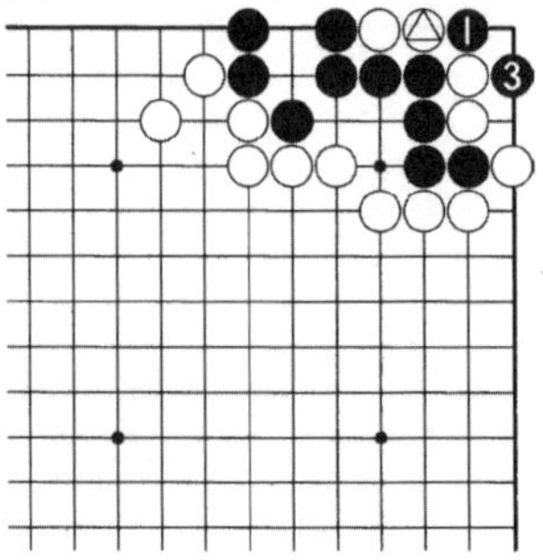

### 패는 실패

단순히 흑1로 따내는 것은 백2로 옥집이 된다.
흑3으로 두면 간신히 패는 되지만 패가 돼서는 흑이 실패한다.
※②→◬

제6형 흑번

(1389)

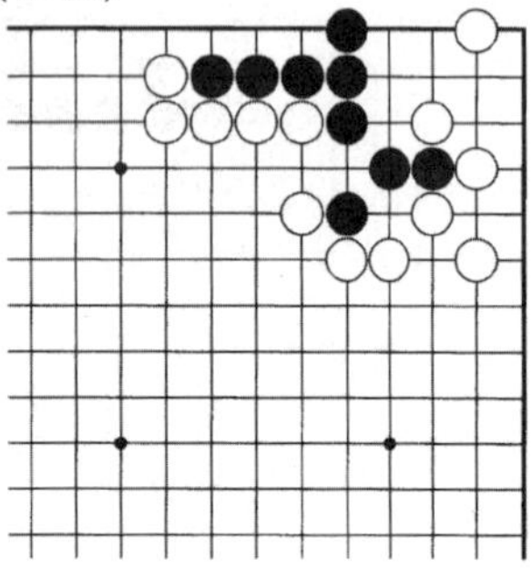

### 흑선 활

상변의 흑이 살기 위해서는 한 집이 더 필요하다.
그러나 왼쪽은 더 이상 집을 만들 여유가 없다. 남아있는 방법은?

解

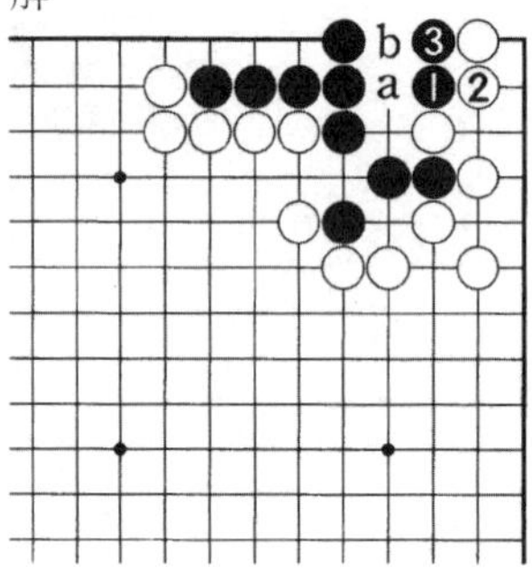

### 흑 삶

흑1로 붙여 오른쪽에 한 집을 더 만든다.
백은 2로 받을 수밖에 없는데 흑3으로 두어 흑은 살 수 있다.
백a 단수에는 흑b로 이어 그만이다.

变

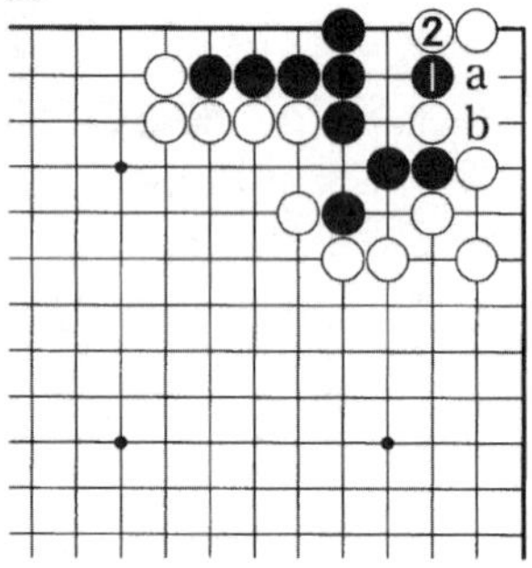

### 백 무리

흑1에 백2는 버틴다고 하기 보다는 무모한 수이다.
도저히 흑이 집을 내는 것을 막을 수 없다.
흑은 a에 두어도 b에 두어도 산다.

제7형 백번

(1390)

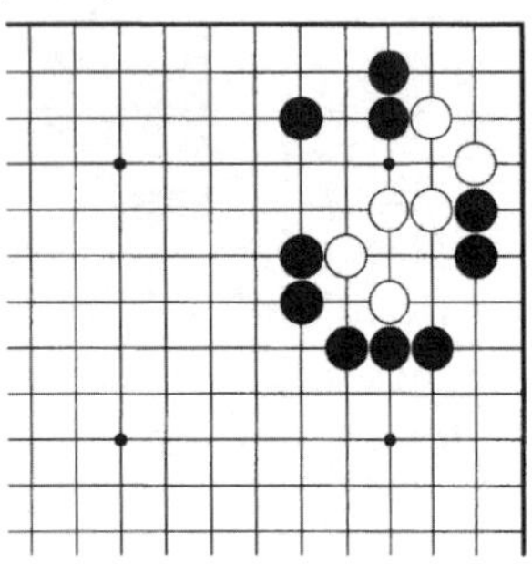

### 선수 한 집

사활 문제.
백은 귀만으로는 궁도가 좁다. 중앙은 후수 한 집이 나는 모양이다.
귀에서 선수로 한 집을 만들어야 한다.

解

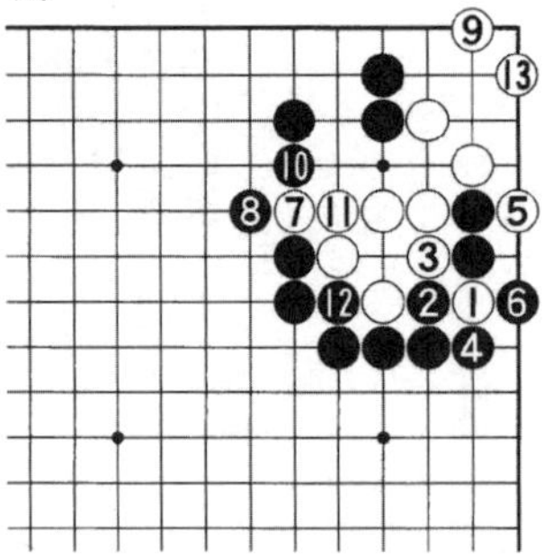

### 백 삶

백1의 붙임이 모양을 결정짓는 맥이다. 백은 3, 5로 중요한 선수를 활용하고 9로 귀를 굳혔다. 12와 13이 맞보기가 되어 산다. 흑12로 13은 백12.

失

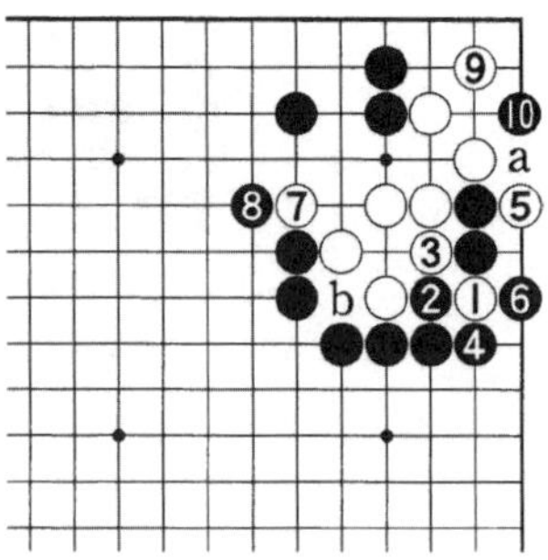

### 백 죽음

백9로 호구치는 것은 실패한다. 흑10으로 치중하여 백a는 흑b. 귀가 후수 한 집으로는 살 수 없다.

(1391)

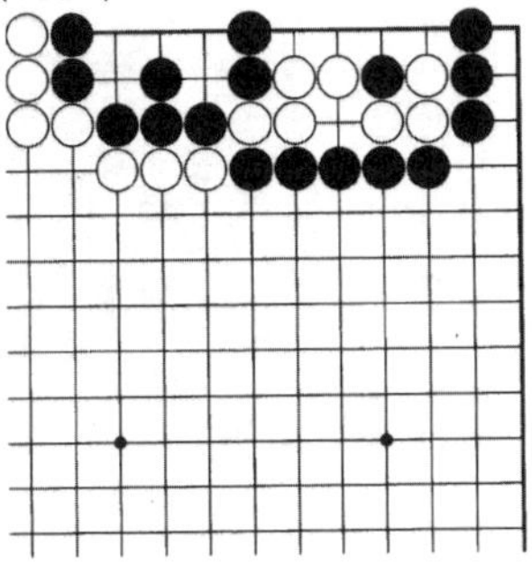

解

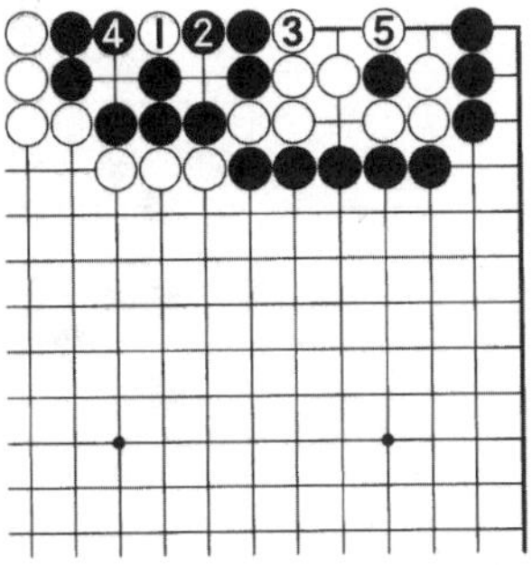

失

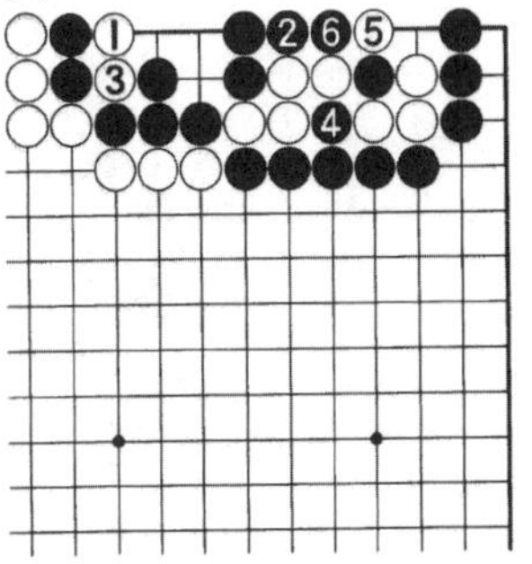

제8형 백번

### 살리다

상변 백의 사활 문제.
왼쪽의 흑이 자충에 걸린 모양으로 이 흑을 공격하면 오른쪽 백을 살릴 수 있다.

### 백 삶

백1의 붙임은 흑을 자충으로 유도하는 맥이다.
흑은 2로 집을 만들면서 단수칠 수밖에 없다. 백3의 단수, 5로 잡으면서 산다.

### 백 실패

백1로 단수치는 것은 속수로 흑2로 우상의 백이 공격당한다.
백3 이후 흑4, 6으로 수상전은 흑의 한 수 승.

붙임

사활(죽음)

(1392)

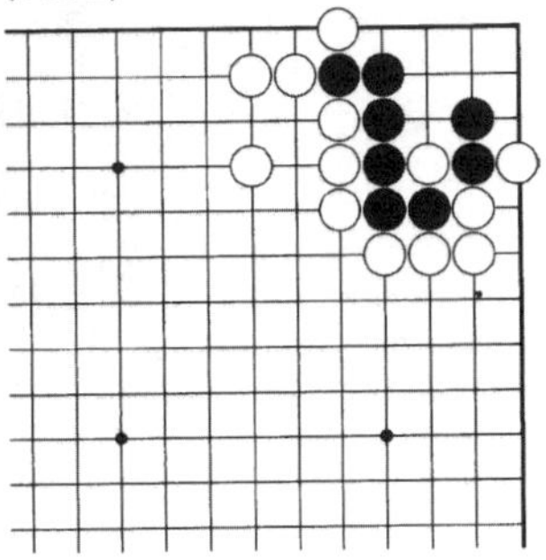

解

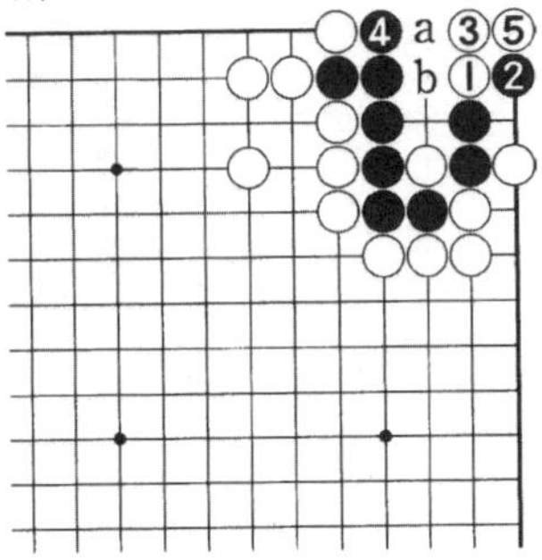

変

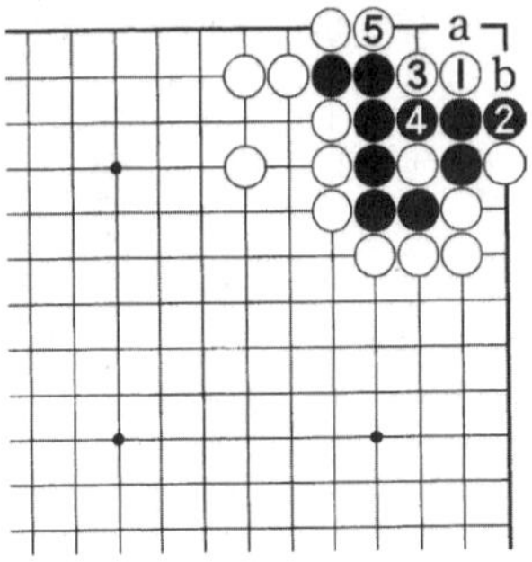

제1형 백번

### 침입하다

사활 문제.
귀의 흑은 백 1점을 잡고 있다. 백은 귀를 침입하여 우변이나 상변과 연결하면 집을 부술 수 있다.

### 건넘

백1의 붙임은 흑의 자충을 노리는 맥이다.
흑2로 젖히면 백3으로 내려서고 흑4라면 백5로 우변을 건넌다.
흑4로 a는 백b.

### 백 죽음

흑2로 막으면 백3, 5로 상변으로 건너가면 그만이다.
백1로 3에 붙이면 흑4로 이어 다음에 5는 흑a로 안 된다.

(1393)

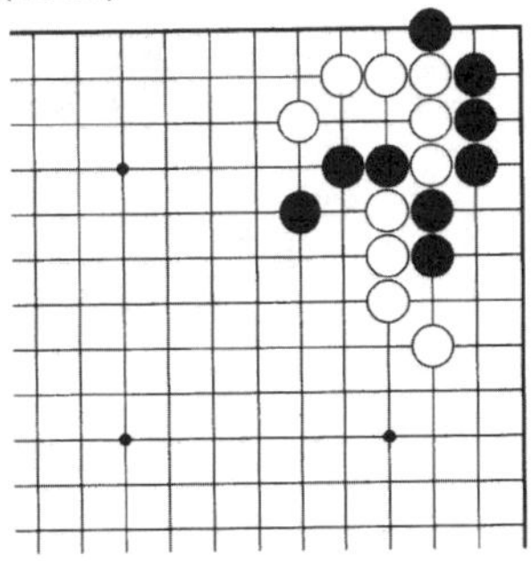

解

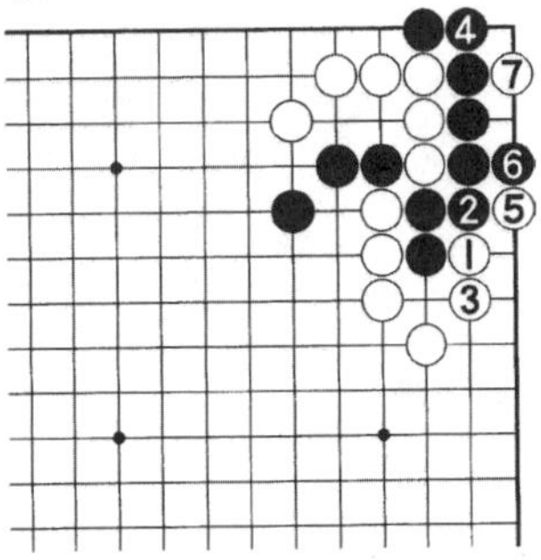

失

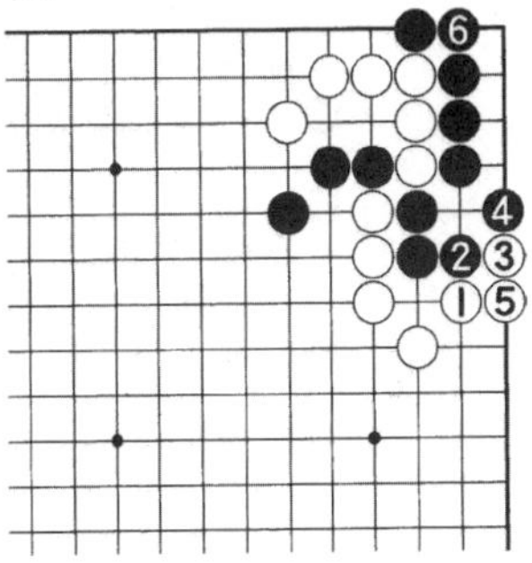

제2형 백번

### 잠시

이것은 잠시 쉬어 가는 문제.
첫 수를 발견할 수 있다면 이후는 간단하다. 처음은 한 발 파고들 생각을 하는 것이 중요하다.

### 맥

백1의 붙임이 좋은 맥이다.
여기까지 침입이 가능하면 정답이다. 흑2는 어쩔 수 없으며 백3으로 당겨 흑은 두 집을 낼 공간이 없다.

### 백 실패

백1은 느슨한 수이다. 백3, 5로 옥집을 만들어도 흑6으로 깔끔하게 살아버린다. 이것은 백의 실패다.

(1394)

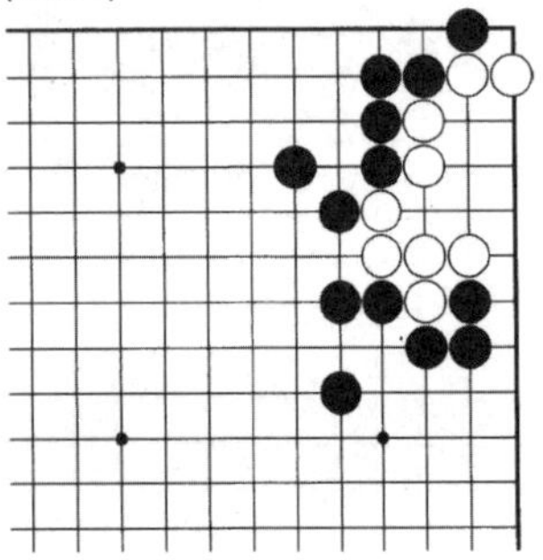

解

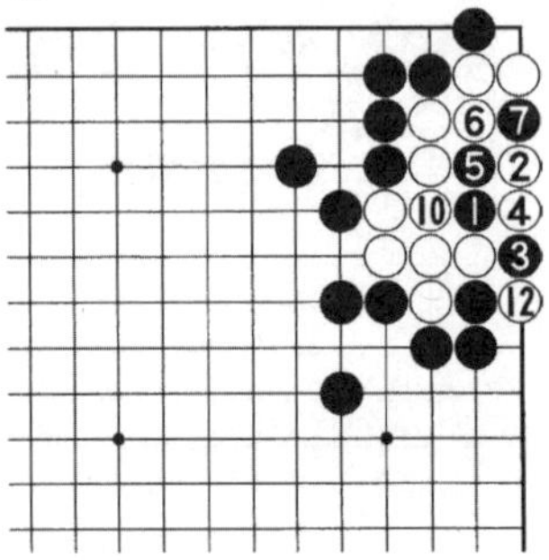

失

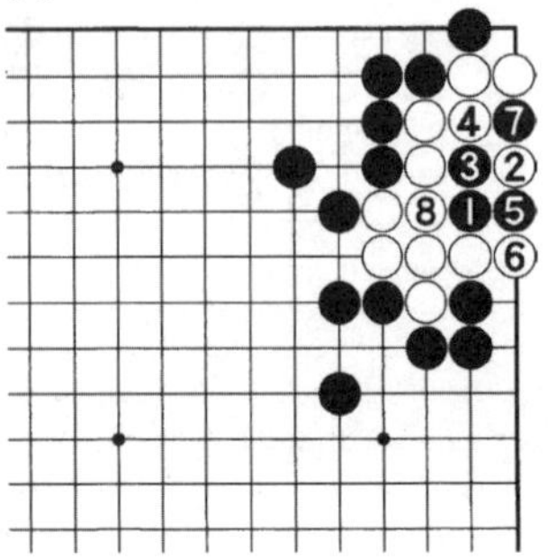

제3형 흑번

### 흑선백사

백은 모양은 실전에서 자주 나올 것 같다. 모양으로 기억해두면 분명 쓸 일이 있을 것이다.
무조건 백은 죽는다.

### 일종의 후절수

흑1의 붙임이 맥이다. 수순이 길지만 일종의 후절수이다.
흑11로 잇는 것이 포인트.
※⑧→④(먹여치기), ❾→②(빽), ⓫→④, ⓭→②

### 자충

흑3으로 두고 패라고 생각하는 사람도 많을 것 같다.
하지만 이는 백6, 8로 자충이 성립되어 실패한다.
백은 멋있게 살아간다.

(1395)

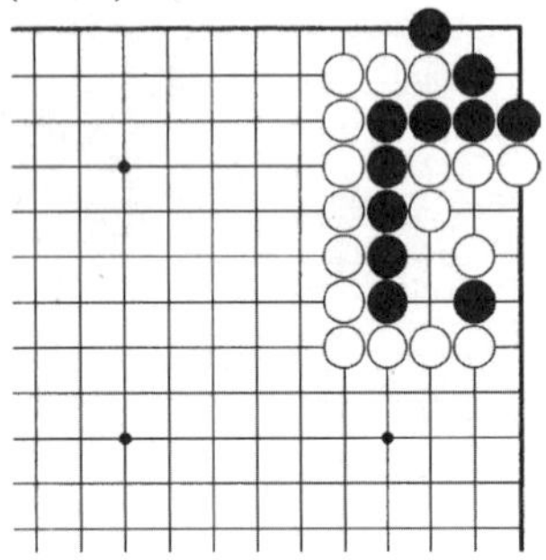

解

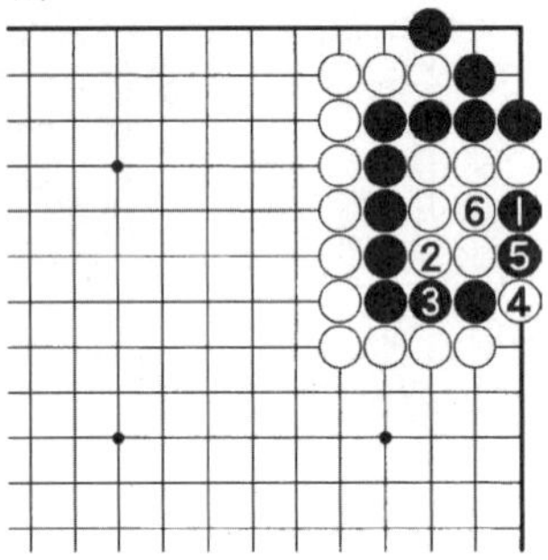

失

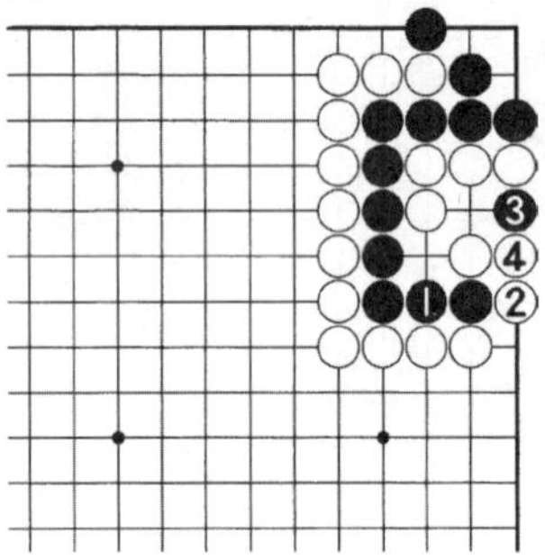

제4형 흑번

### 급소찾기

귀는 어떻게 봐도 한 집이다.
우변의 백을 잡는 것이 유일하게 사는 길이다.

### 급소

흑1의 붙임이 급소이다.
백2, 4의 저항에는 흑5가 익숙한 맥이다.
※❼→❺(먹여치기)

### 수순착오

흑1로 두어서는 아무 일도 일어나지 않는다.
백2와 교환한 뒤, 흑3은 당연하지만 백4로 받는다. 그 어떤 때라도 수순이 중요하다.

(1396)

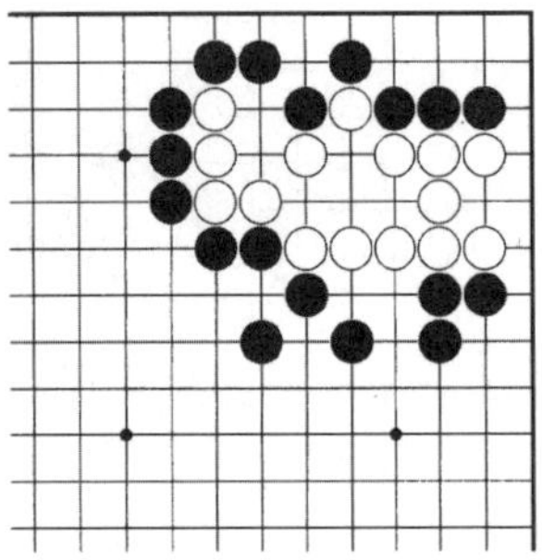

解

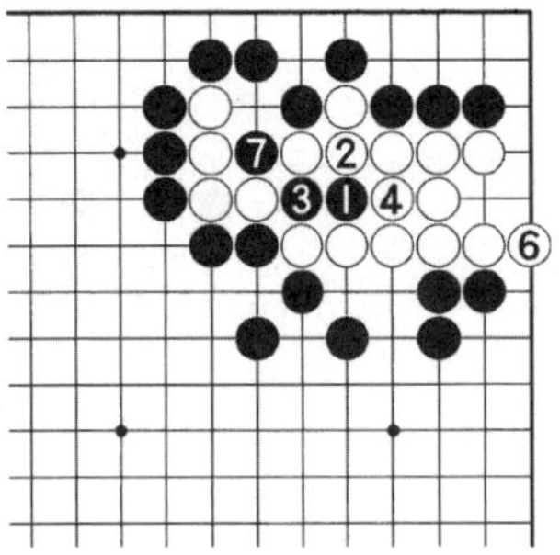

失

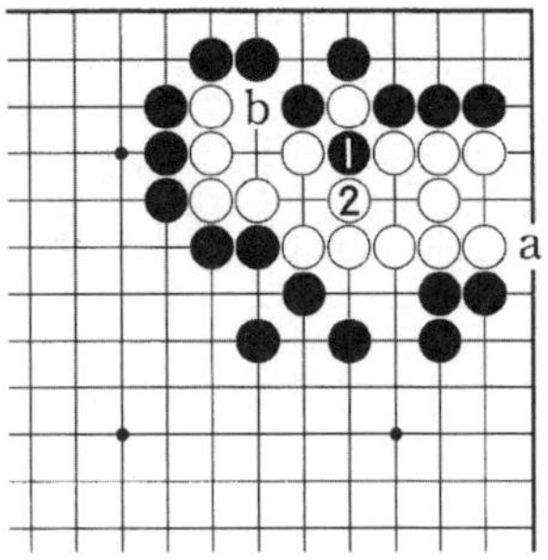


제5형 흑번

### 후수 한 눈

사활 문제.
백의 대마는 안형이 풍부한 것 같지만 약점이 숨어 있다.
가운데를 후수 1집으로 하면 무조건 죽는다.

### 백 죽음

흑1의 붙이는 치중이 냉엄하다. 백2로 잇고 흑3으로 2점으로 키워 버려 중앙은 후수 한 집이 된다. 백6에는 흑7로 백이 잡힌다.
※❺→❸(먹여치기)

### 백 삶

흑1로 잡으면 백2로 받아 백집이 완성된다.
백은 중앙에 한 집이 된다. 그다음은 a와 b가 맞보기로 살 수 있다.

(1397)

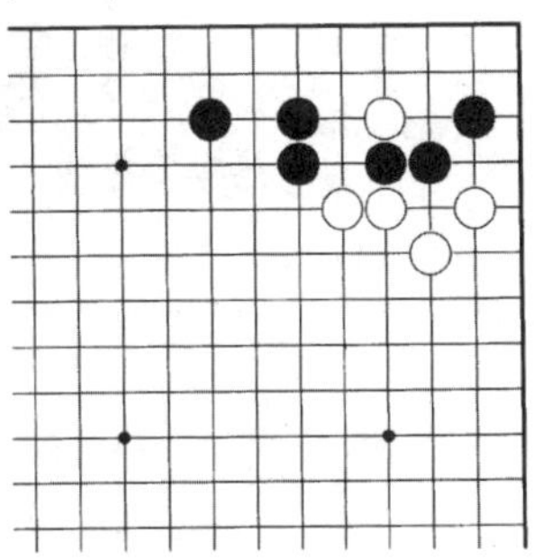

解

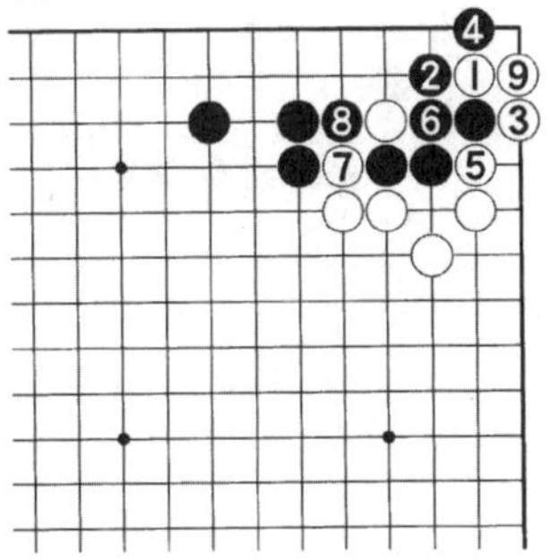

变

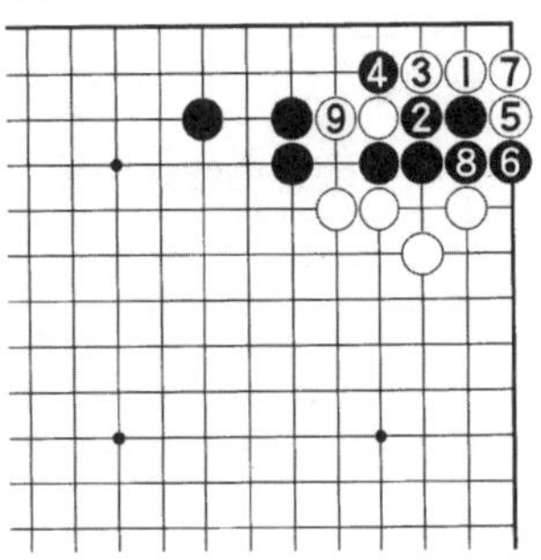

제1형 백번

### 파고들다

흑에게 잡혀있는 백 1점은 아직 활력이 있다. 귀의 흑집을 파고드는 끝내기는 어디인가?

### 건넘

백1의 붙임이 맥으로 이후 흑의 응수를 엿본다.
흑2로 막으면 백3으로 젖혀 백9까지 건너간다.

### 흑 무리

흑2, 4는 무리한 응수이다.
백5, 7로 젖혀잇고 9로 도망 나와 흑이 실패한다.
귀는 백집이 된다.

(1398)

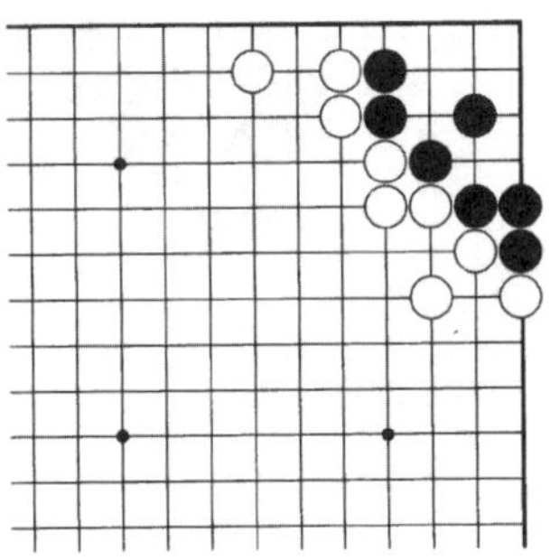

解

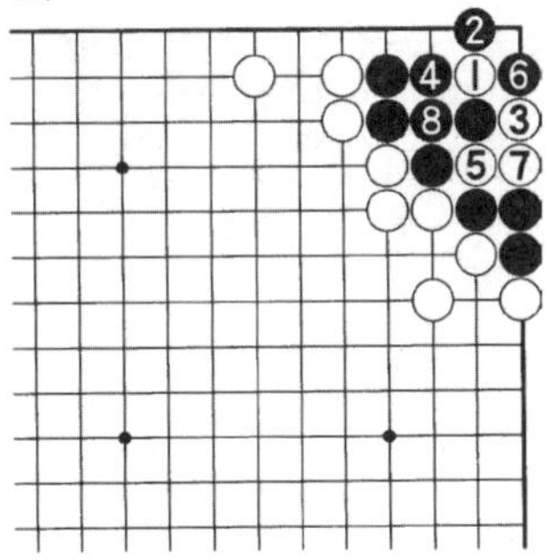

变

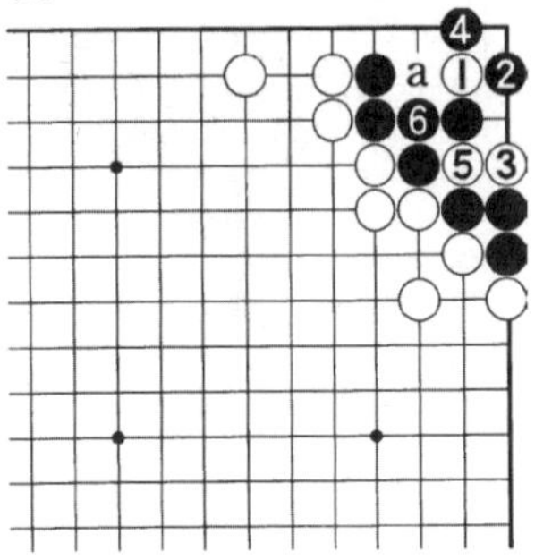

제2형 백번

### 괴롭힘

흑 모양은 안형이 풍부하지만 자충의 위험이 있다.
흑을 괴롭혀서 집을 작게 줄이자.

### 백1이 급소

백1의 붙임이 모양의 급소이다. 흑2로 저항하면 백3으로 젖힌다.
흑4부터 8까지 패를 피해 사는 방법이다. 백은 3점을 선수로 먹어서 만족한다.

### 사석

흑2로 젖히면 백3으로 단수친다.
흑4로 5는 백a로 흑이 전멸하므로 흑은 3점을 버리고 흑4, 6으로 살아야 한다. 이 변화도 백이 선수로 3점을 잡아 성공한 모양이다.

(1399)

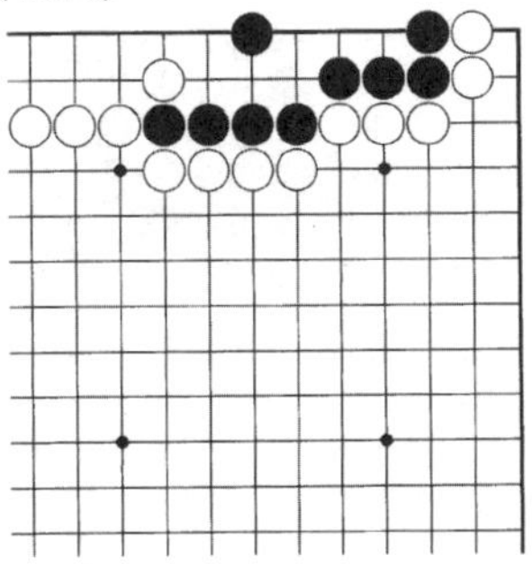

解

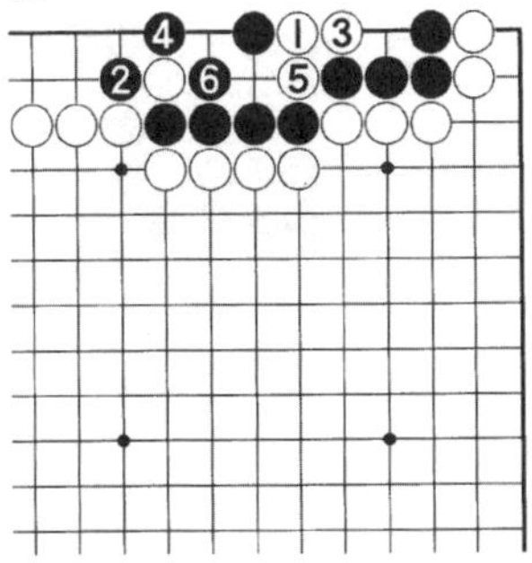

变

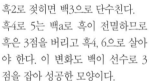

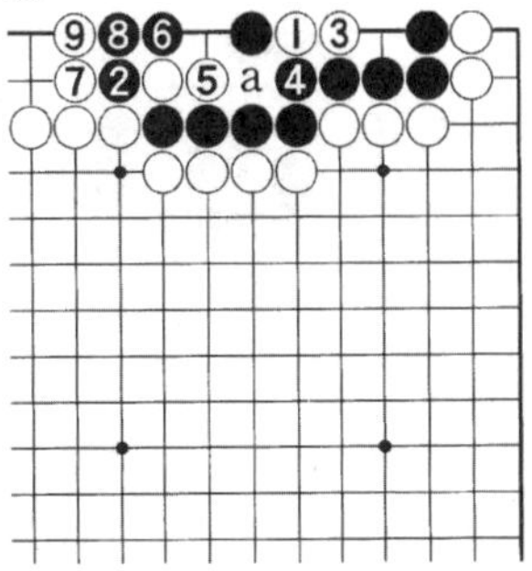

제3형 백번

### 자충

곡사궁 모양 덕에 산 것처럼 보이는 흑이지만 아직 모양이 확실하지 않다.
흑의 자충을 어떻게 추궁해야 할까?

### 4점 잡기

백1의 붙임이 좋은 수이다.
흑2는 최선의 응수로 백3의 공격에 흑4, 6으로 오른쪽 4점을 버리고 왼쪽의 본체를 살린다.

### 촉촉수

흑4로 4점을 살리는 것은 백5로 큰일이 일어난다.
백9까지 촉촉수의 모양이다.
또 흑2로 3은 백a으로 곧바로 죽는다.

(1400)

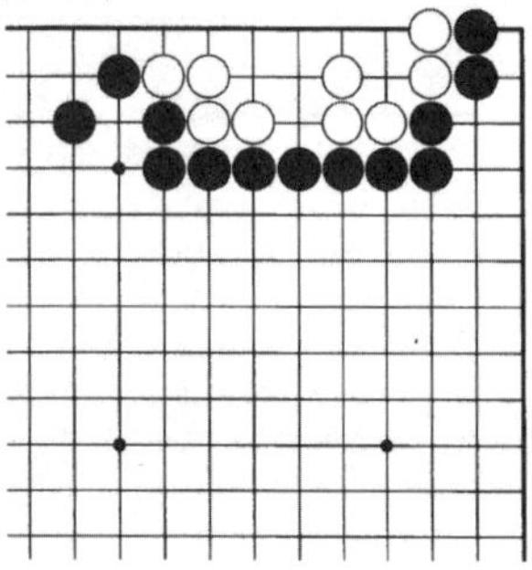

解

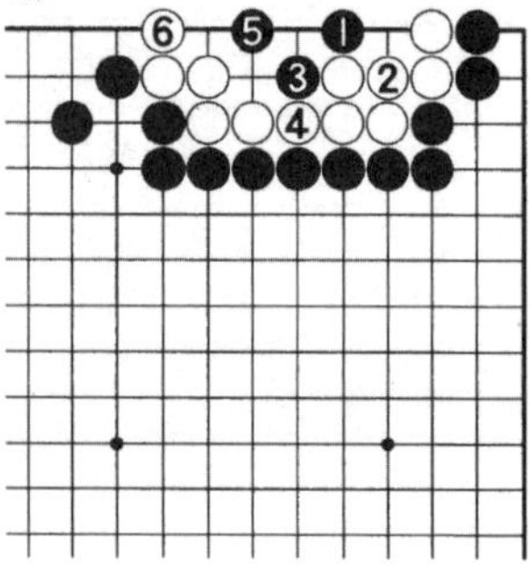

失

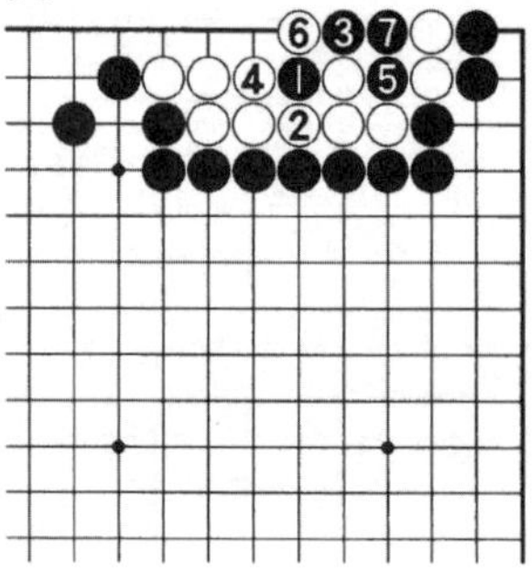

**제4형 흑번**

### 선수

백은 안형과 집이 많아 보이지만 흑은 백집을 0집으로 만들 수 있다. 게다가 흑이 선수라는 덤도 있다.

### 선수 빅

흑1의 붙임은 집을 없애는 급소이다. 백2 이음에 흑3과 5로 안쪽에서 공략한다.
백6으로 집을 넓혀 빅.

### 후수

흑1을 먼저 두고 흑3으로 젖히는 모양은 백4로 반발 당한다.
흑7까지 백 2점을 잡았지만 집은 그다지 바뀌지 않았다.
흑은 후수다.

(1401)

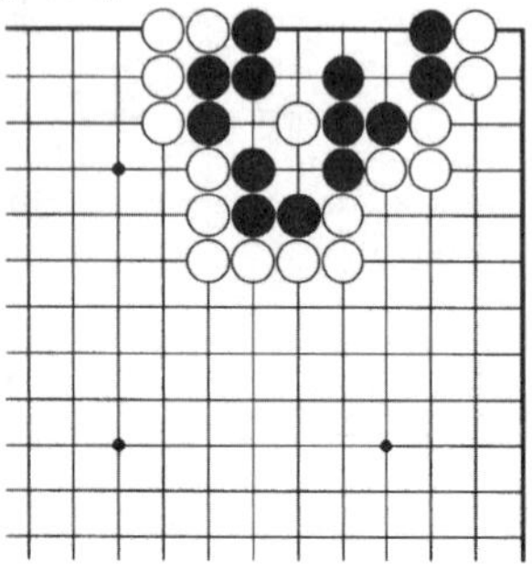

解

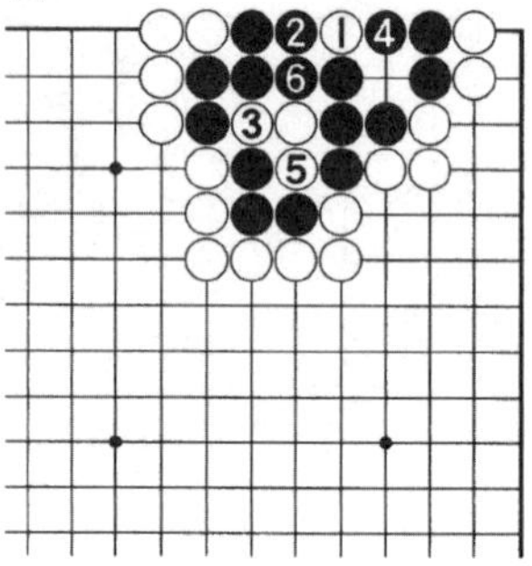

変

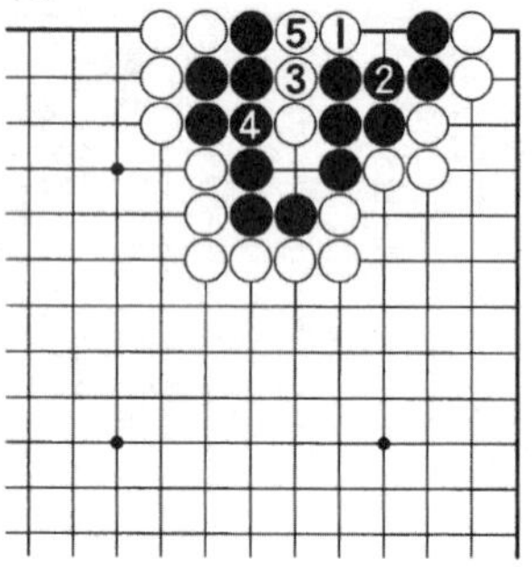

**제5형 백번**

### 활력

흑집 안에 있는 백 1점에는 아직 활력이 남아있다.
흑의 자충을 추궁하여 크게 활약할 수 있다.

### 3점 잡기

백1의 붙임이 급소의 맥이다.
흑2로 단수쳐 잡을 수밖에 없다. 백3으로 끊어 흑 3점을 잡는다.

### 흑 전멸

흑2로 이으면 큰일이 일어난다. 백3으로 나가면 흑 전체의 사활과 연관된다.
백5까지 상변은 촉촉수로 흑이 전멸한다.

(1402)

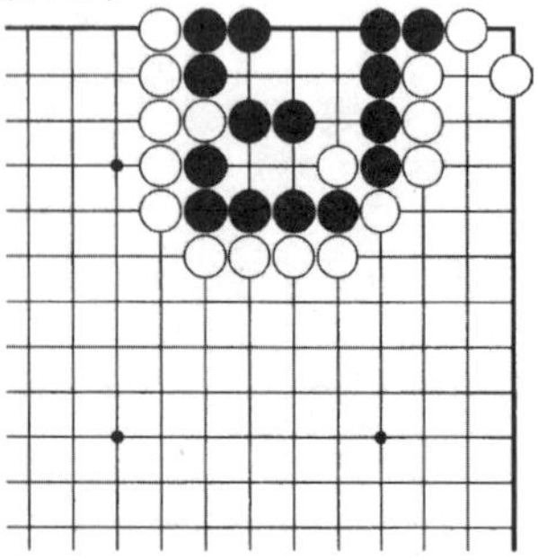

解

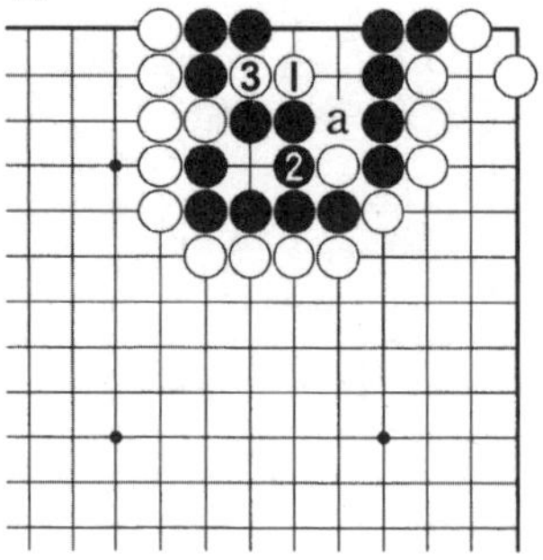

変

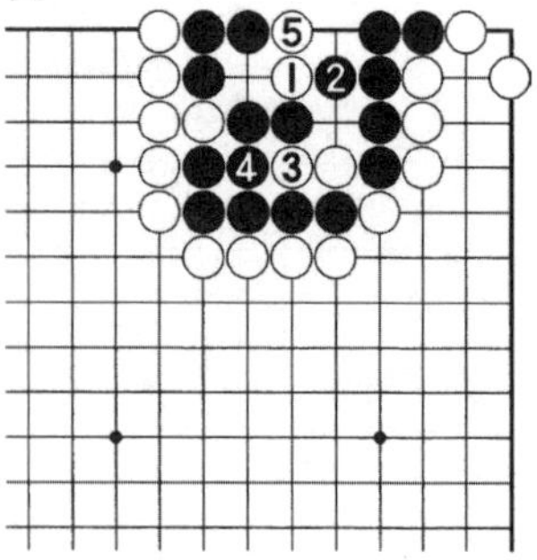

**제6형 백번**

### 빼앗다

흑이 자충의 모양이다.
흑 수중 안에 있는 백 1점을 이용하면 상변에 있는 흑 3점이 백에게 빼앗게 된다.

### 3점 잡기

백1의 붙임이 좋은 수이다.
흑2는 백a를 막으면서 집을 만들고 있다.
백3으로 끊어 상변은 백의 집이 된다.

### 전멸

흑2로 저항하면 큰일이 일어난다.
백3으로 5점을 단수치고 흑4로 이으면 백5로 전멸한다.
흑4는 5에 받아 5점을 버릴 수밖에 없다.

(1403)

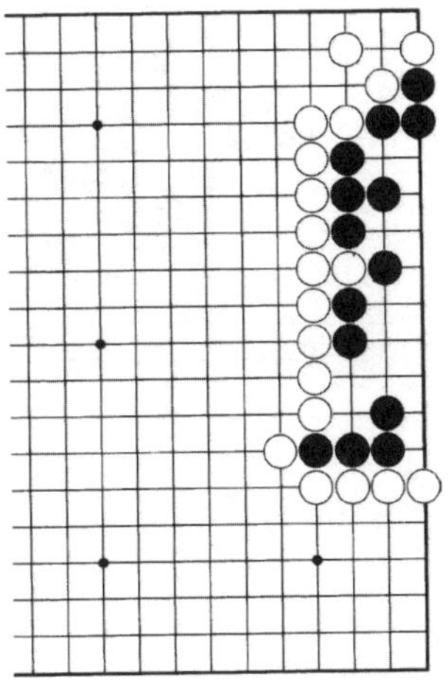

**제7형 백번**

### 묘수

흑집은 2선으로 좁게 뻗어 이상한 모양이다. 어디서부터 손을 대야 댈지 모르겠지만 묘수가 숨어 있다.

解

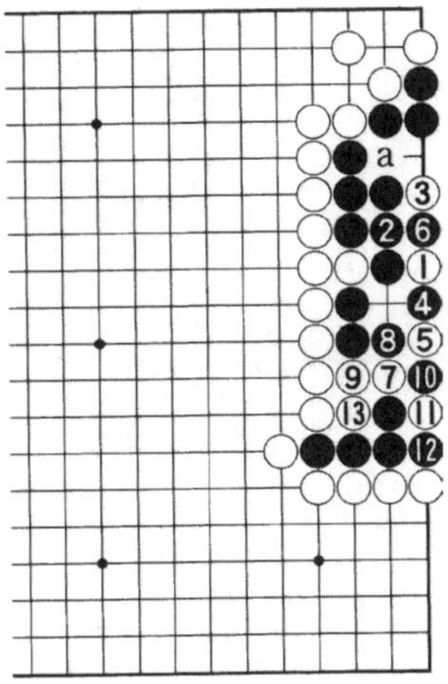

### 촉촉수

백1의 껴붙임이 급소이다.
흑2로 잇는 것이 끈질긴 수지만 백3이 두 번째 붙임. 흑4로 막으면 백5의 단수부터 13까지 아래쪽 흑을 촉촉수에 걸리게 한다.

变

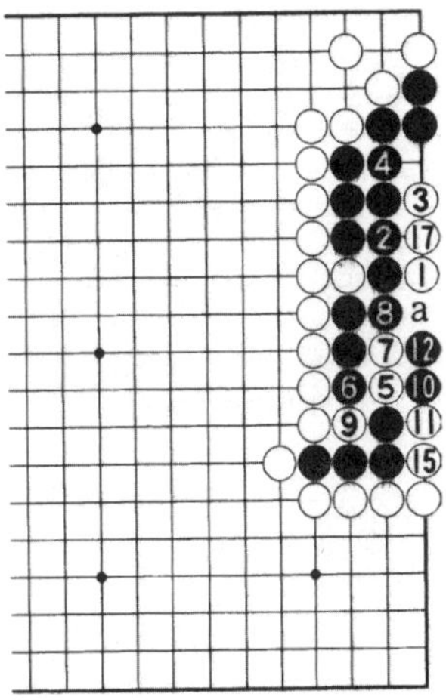

### 빅

흑4로 잇는 변화이다.
백은 5로 붙이는 수가 좋아서 15로 조여붙이고 17까지 빅이 된다. 5로 12자리 두는 것은 흑7, 백5, 흑6, 백11로 패인 것 같지만 흑a로 두는 수가 있어서 양패가 된다.

(1404)

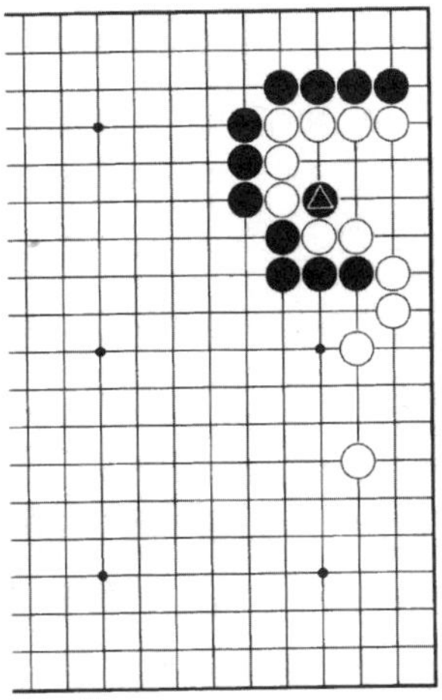

**제8형 흑번**

### 집이 아니다

백 수중의 흑▲ 1점이 활약한다. 백에겐 약점이 있고 바깥도 공배가 없어서 우상은 집이라고 할 수 없다.
흑은 어디부터 손을 써야 할까?

解

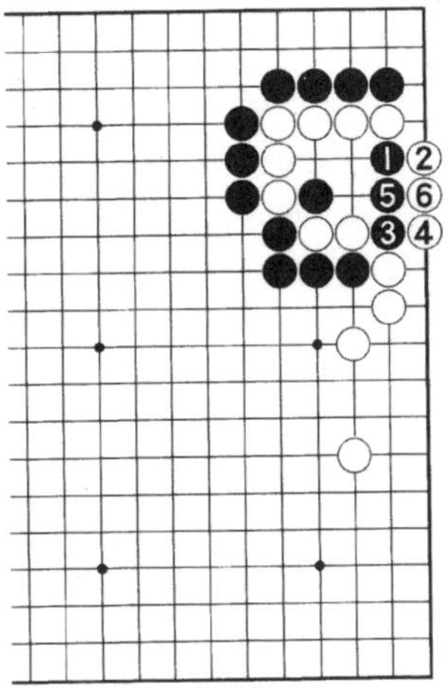

### 흑1이 맥점

흑1의 붙임이 여러 가지 활용을 노린 좋은 수이다.
백2는 우변과 연결하려는 것이지만 흑3, 5에 백 2점을 희생시켜야만 한다.

变

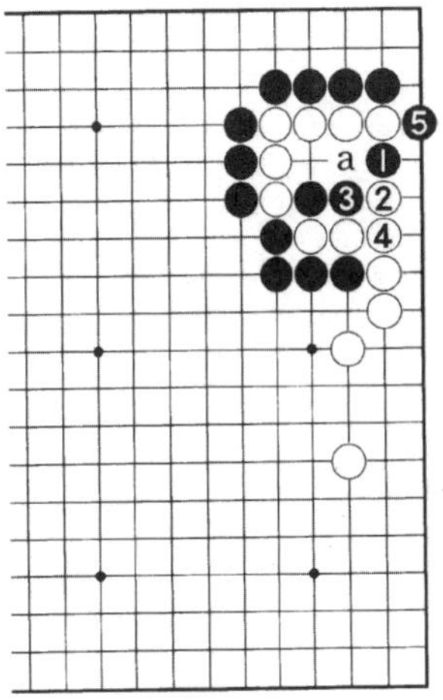

### 건넘

백2의 입구자 붙임은 흑3과 5로 건너서 백의 실패이다.
또 백2로 3은 흑a.
더욱 흑1로 3에 먼저 단수치는 것은 백4, 흑1, 백5로 내려서 흑2로 빅이 된다.

붙임 끝내기

제9형 흑번

(1405)

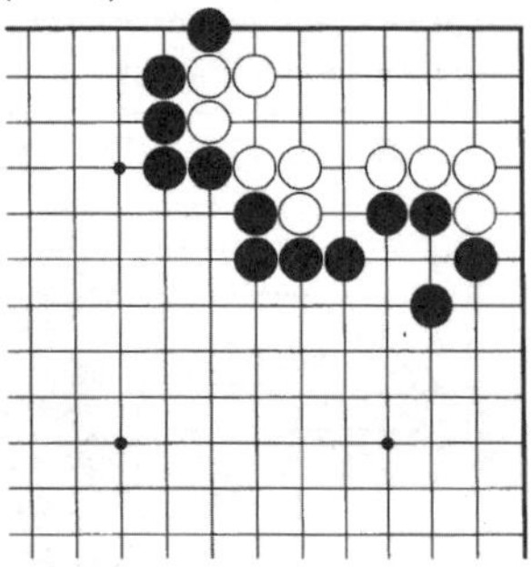

### 일격

끝내기 문제.
우상귀의 백집은 넓지만 상변에 있는 백돌의 공배가 꽉 차서 완전하지 않은 모양이다.
흑의 급소 한 방이 냉엄하다.

解

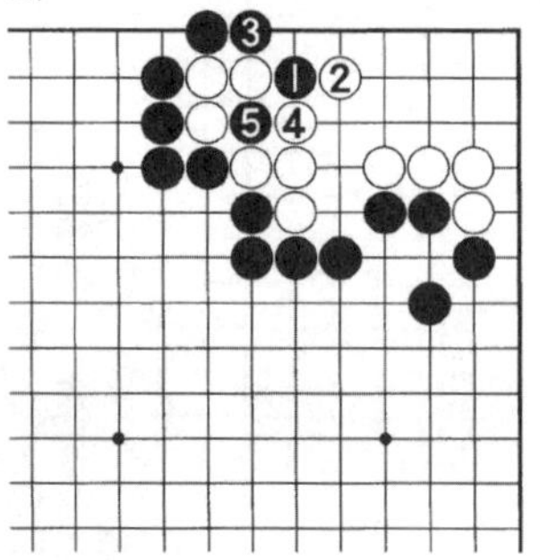

### 3점 잡기

흑1의 붙임은 백의 자충을 추궁하는 급소이다.
백은 2로 받는 정도이지만 흑3, 5로 백 3점을 잡아서 만족이다.

失

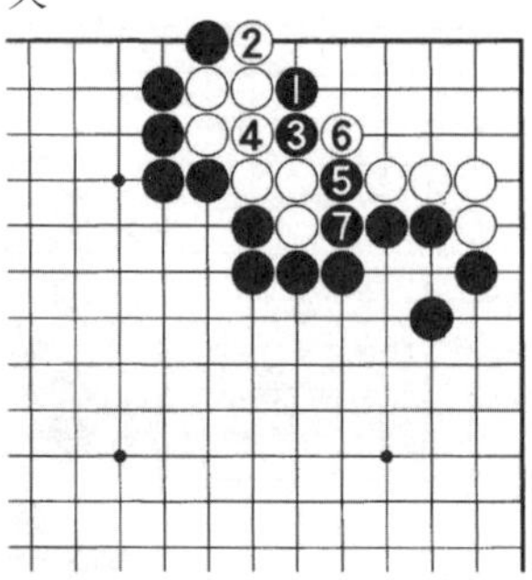

### 촉촉수

백2의 저항은 흑3, 5로 백을 포도송이로 만들고 전부 잡는 것이 된다.
흑7로 촉촉수의 모양이다.
흑1로 2에 두는 끝내기는 경솔하다.

제10형 백번

(1406)

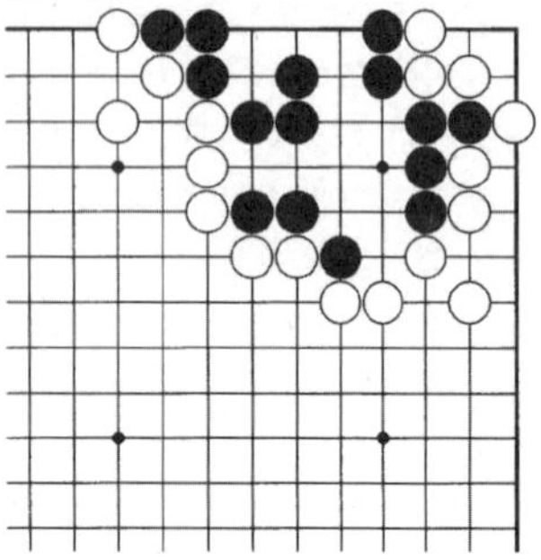

### 줄어든 집

흑은 상당한 집을 갖고 있는 것 같지만 자충을 노리면 흑집은 2집으로 줄어든다.

解

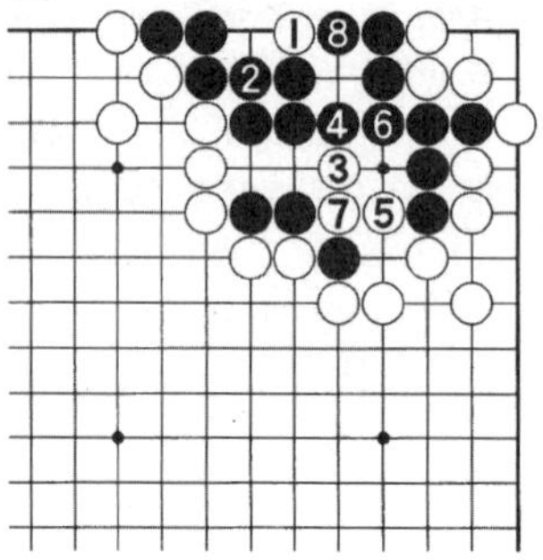

### 안형의 맥

백1의 붙임은 안형의 맥이다.
흑2로 잇고 백3으로 오른쪽의 흑 4점을 공격한다.
흑4, 6으로 받으면 흑8까지 흑집은 폭삭 줄어준다.

变

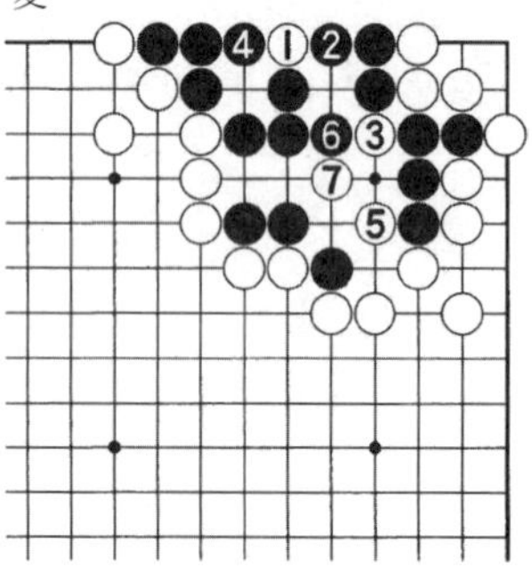

### 4점 잡기

흑2로 막으면 백3으로 끊는다.
백7까지 4점을 잡아 만족이다.

제11형 백번

(1407)

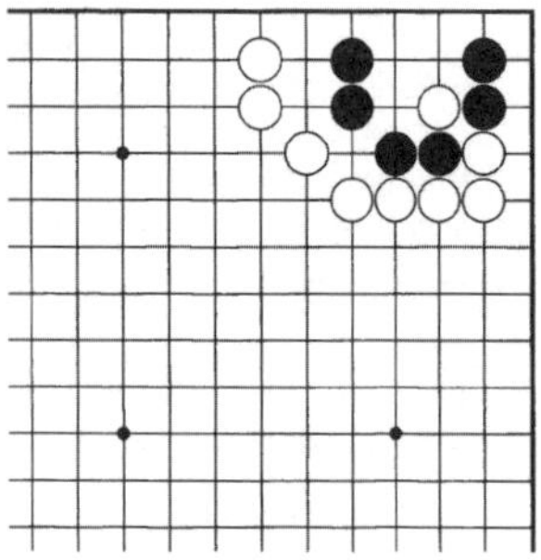

### 사석

귀의 흑집을 끝내기 하는 문제.
흑집 안의 백 1점을 사석으로 이용하여 흑집을 5집으로 만들면 성공이다.

解

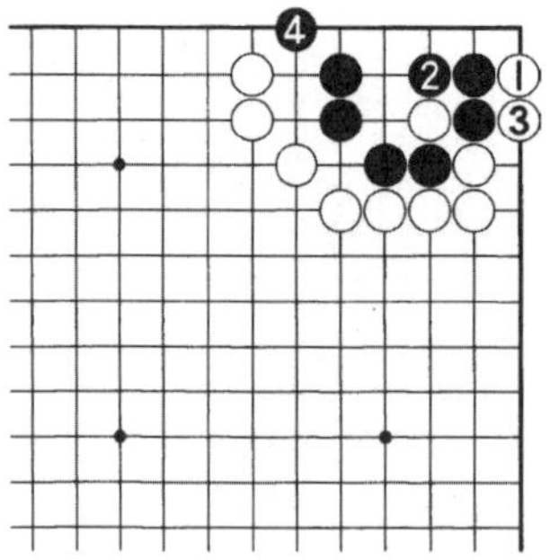

### 끝내기의 급소

백1의 붙임은 2·1의 급소이다. 흑2로 3으로 막으면 백2로 패를 만들어 버틸 수 있다.
백3으로 건너 흑집은 5집이 된다.

失

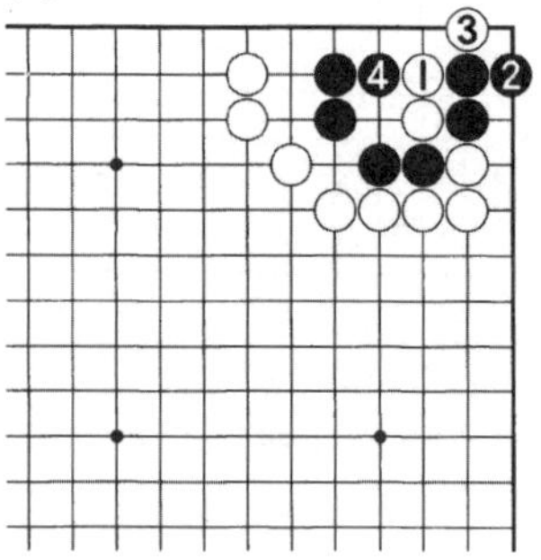

### 백 실패

백1로 귀의 흑을 공격하는 것은 흑2가 좋은 수로 집을 늘리고 귀의 수상전도 이긴다.
흑4로 백 3점을 잡아 흑집은 7집 이상.

제2형 흑번

(1408)

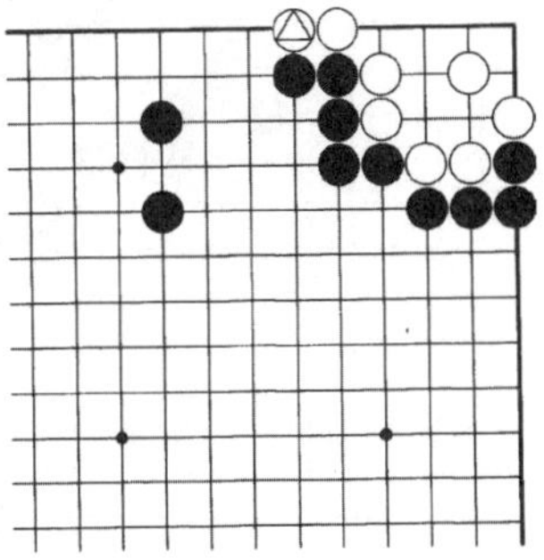

### 타이밍

상변을 백△로 들어가고 흑이 어떻게 받을까?
귀의 백에 대한 수를 찾아 1집이라도 이득을 보고 싶다. 지금이 타이밍이다.

解

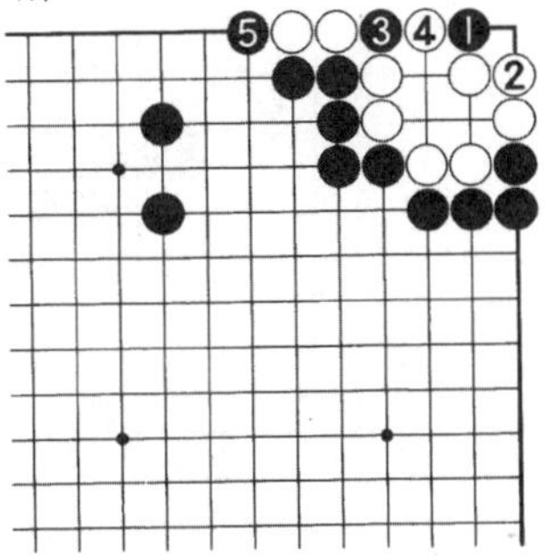

### 2점 잡기

먼저 흑1로 붙여 백의 응수를 엿본다.
백2로 패를 막으면 흑3, 5로 백 2점을 잡을 수 있다.

变

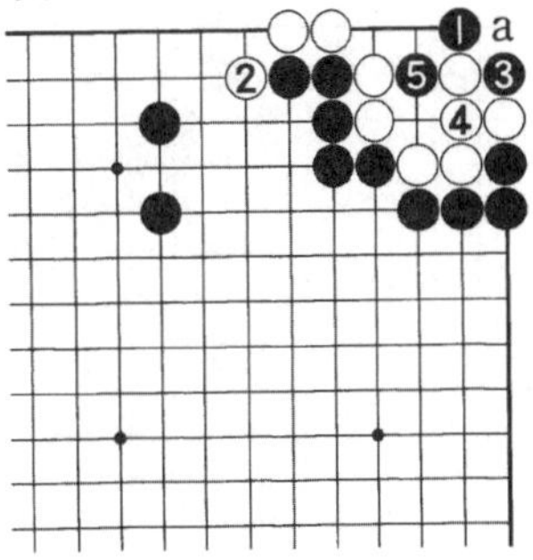

### 꽃놀이 패

백2로 상변에서 저항하는 것은 흑3을 집어넣어서 큰일이 일어난다.
백4와 흑5로 촉촉수에 걸리는 모양이다. a의 패는 흑의 꽃놀이 패.

제3형 백번

(1409)

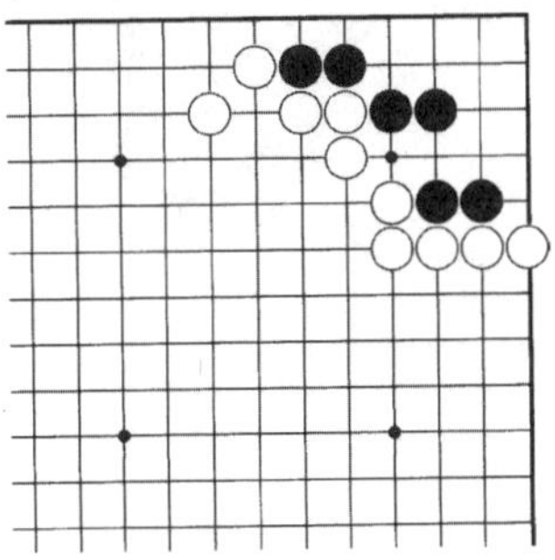

### 끝내기

귀의 흑집을 줄인다.
우변에 있는 백의 1선으로 뻗은 돌을 이용하면 흑을 귀에서 간신히 사는 모양으로 만들 수 있다.

解

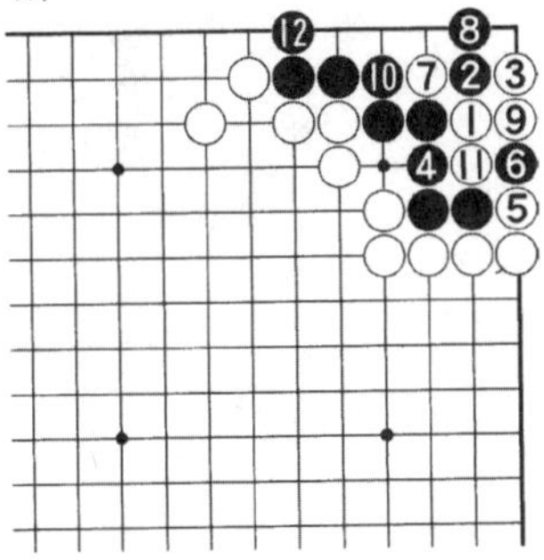

### 백1이 급소

백1의 붙임이 급소이다. 흑2로 막으면 백3 젖힘이 날카롭다.
흑4부터 12까지 흑은 앞뒤를 계산해보면 3집이 된다.

变

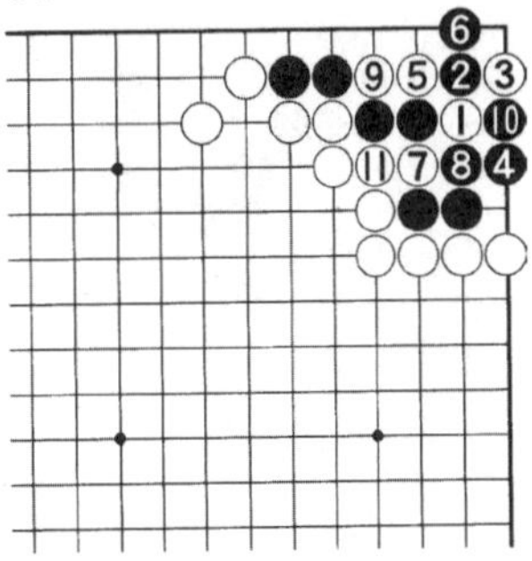

### 흑 전멸

흑4로 입구자하여 백의 건넘을 막는 것은 백5, 7로 반격당해 안된다.
백11까지 귀는 1집만 남아있다.

제4형 흑번

(1410)

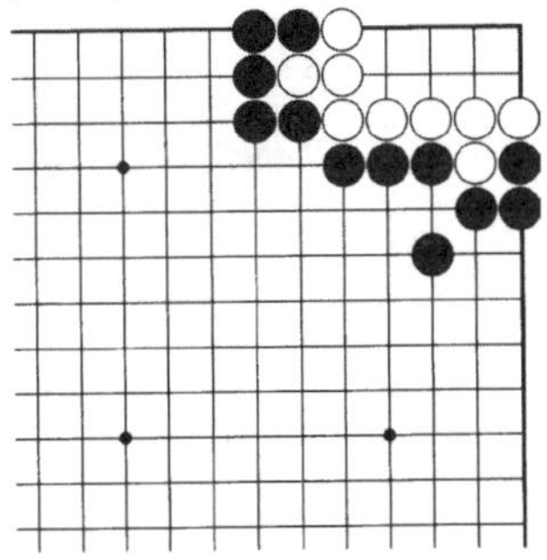

### 끝내기

실전에서 자주 생기는 모양이다. 귀의 백은 8집이지만 흑이 먼저 두면 0집을 만들 수 있다.

解

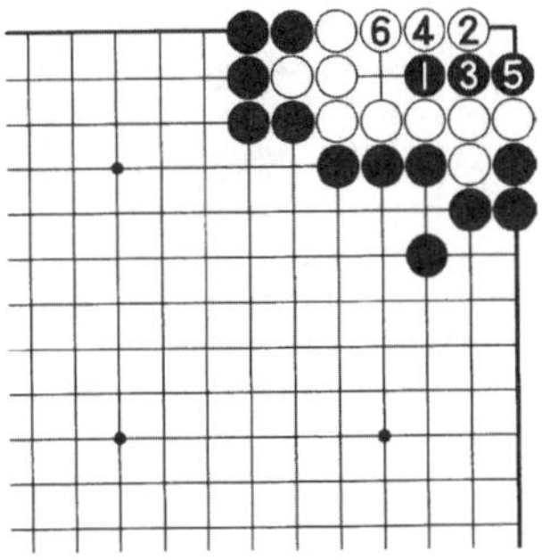

### 빅

흑1로 붙여 백의 집을 부순다.
백2, 4가 최선의 응수이지만 흑5 이후 백6으로 백이 후수 빅으로 만들 수밖에 없다.

变

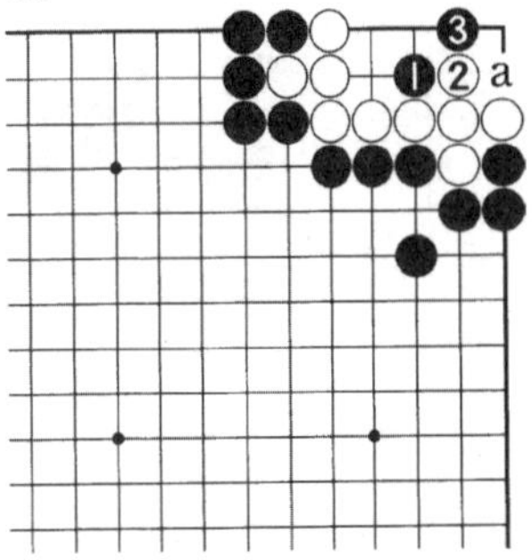

### 꽃놀이 패

백2로 막으면 흑3으로 젖혀 일이 커진다.
흑은 a에 집어넣어 꽃놀이패를 만들 수 있다.

(1411)

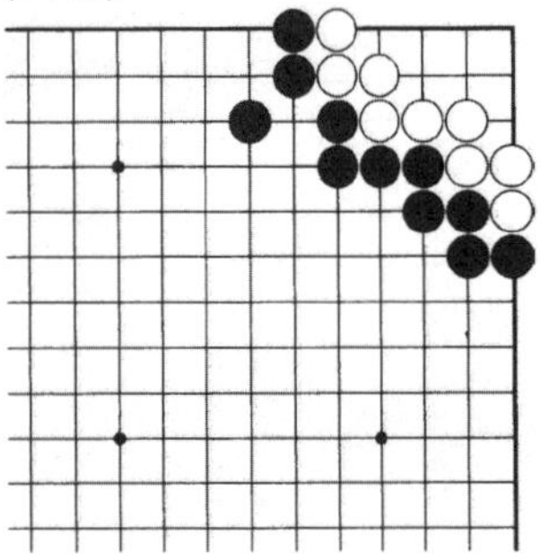

解

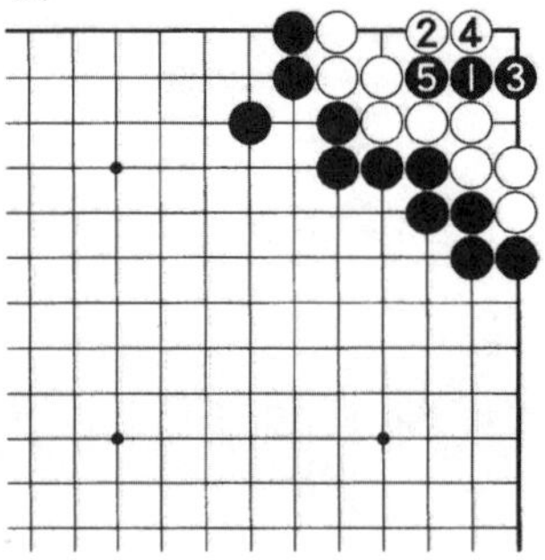

失

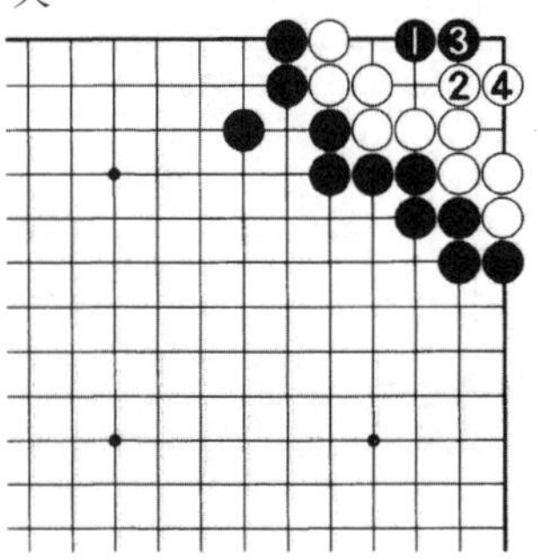

제5형 흑번

## 끝내기

귀의 백은 이대로 방치하면 8집이 난다.
흑은 백집에 수를 내서 0집으로 만들고 싶다.

## 빅

흑1의 붙임이 백의 집을 빼앗는 급소이다.
백2의 입구자에 흑3으로 2·1에 내려 백4, 흑5까지 빅이다.
백2로 3에는 흑2, 백5, 흑4.

## 흑 실패

흑1의 치중은 틀린 맥이다.
백2로 느는 수가 급소가 되며 흑3, 백4까지 집을 만든다.
귀는 백 8집이 된다.

(1412)

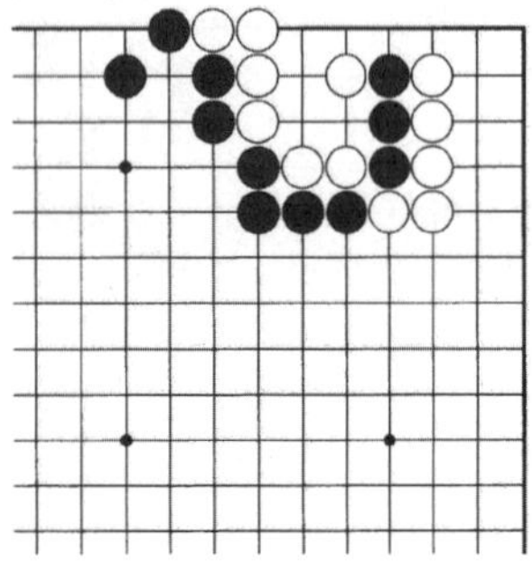

解

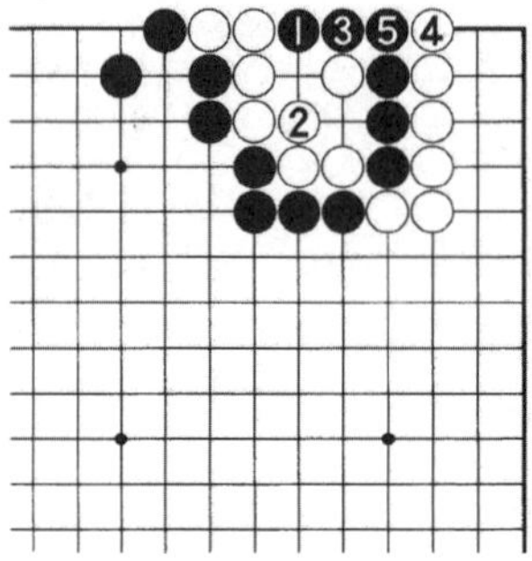

变

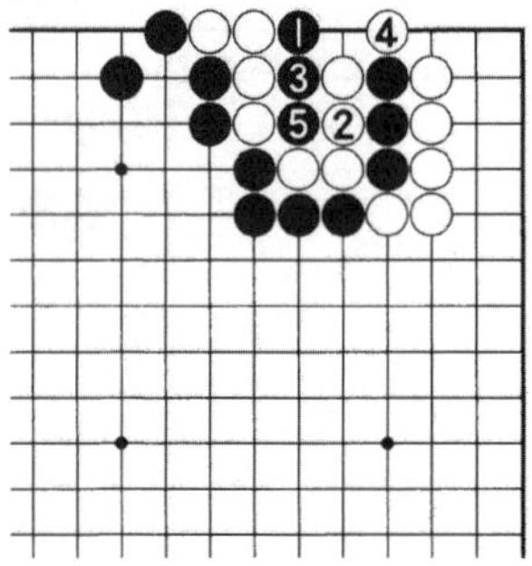

제6형 흑번

## 급소

백집 안에서 수가 난다.
흑 3점을 살리면 12집이라는 큰 끝내기를 한 셈이 된다. 모양의 급소를 찾아보자.

## 빅

흑1로 붙여 백을 자충의 모양으로 만든다.
백2로 막으면 흑3으로 건너가서 상변은 빅의 모양이다.
흑5까지 백 12집을 끝내기 했다.

## 1집 득

백2로 3점을 잡으면 흑3으로 왼쪽을 단수쳐서 백 4점을 살릴수 없다.
흑5까지 따내서 끝내기는 정해도보다 흑이 1집 이득.

(1413)

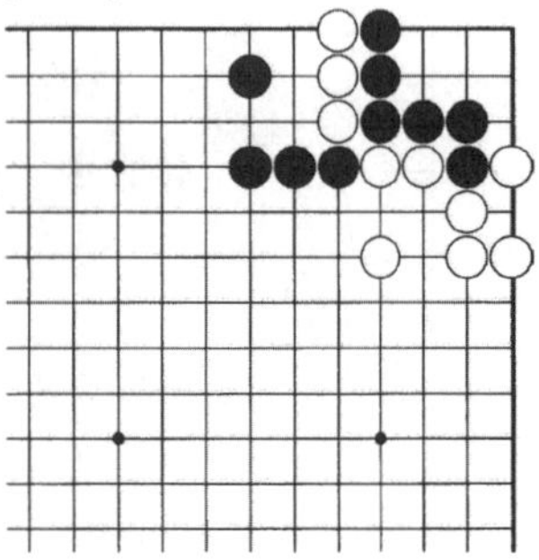

解

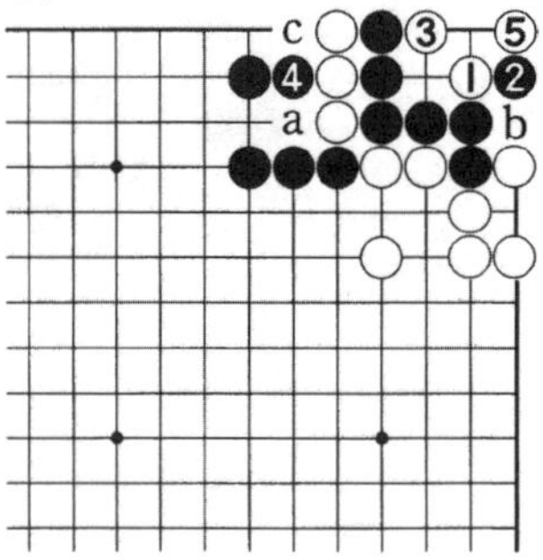


变

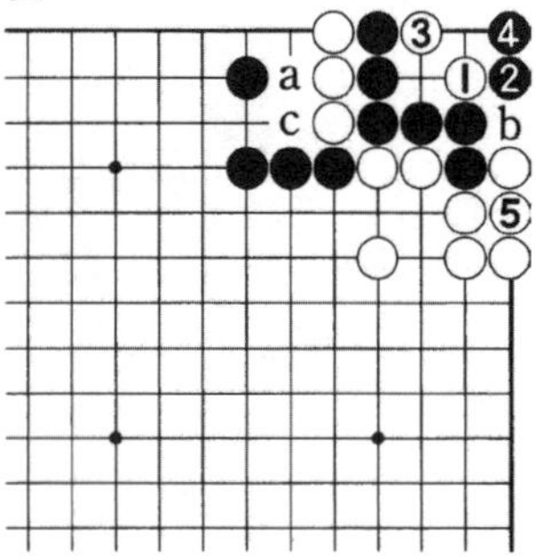


제7형 백번

## 선수끝내기

귀와 상변의 수상전은 흑이 승리했다. 백은 귀의 집을 선수로 도려내고 싶다.
백1,3이 냉엄하다.

## 패

백1의 붙임이 냉엄한 수이다.
흑2로 젖혀 저항하면 백3의 입구자 붙임이 좋은 수이다.
백5로 패가 나고 흑a, 백b, 흑c 정도가 될 곳.

## 역전

흑4는 패를 피한 수지만 백5로 공격당해서 역전당한다.
백1에 대해 흑a, 백b, 흑c로 받는 것은 흑이 느슨하다.

제8형 백번

(1414)

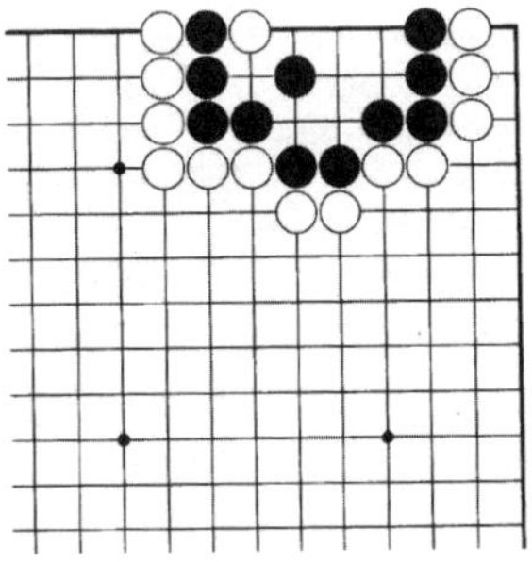

## 불완전

지금 10집으로 보이는 흑집은 완전한 집이라고 할 수 없다.
이대로라면 빅이 된다.

解

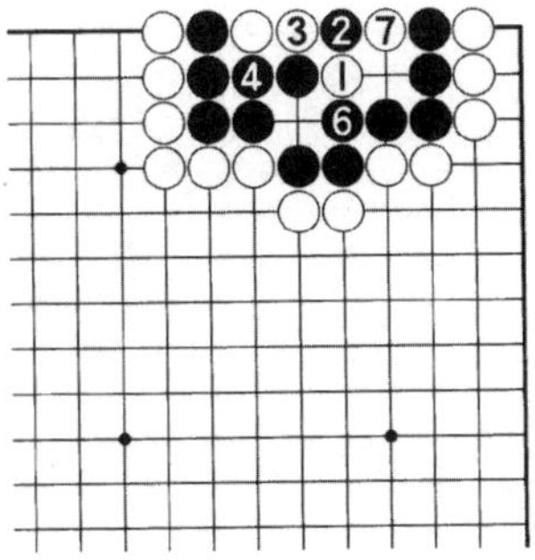

## 빅 모양

백1의 붙임이 좋은 수로 흑의 자충을 추궁한다.
흑2의 젖힘에 백3으로 2점을 사석으로 하여 백7까지 빅을 만든다.
※⑤→③

变

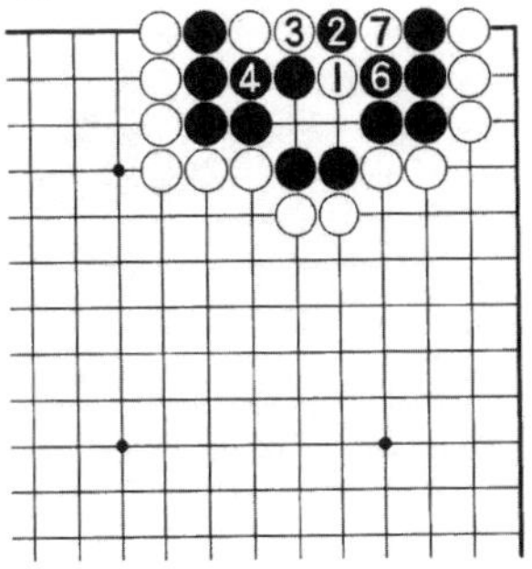

## 무리한 패

백5로 먹여치고 흑6으로 두면 패가 되는데 이 패는 흑의 부담이 크다.
특수한 경우를 제외하면 흑은 무리이다.
※⑤→③

제9형 백번

(1415)

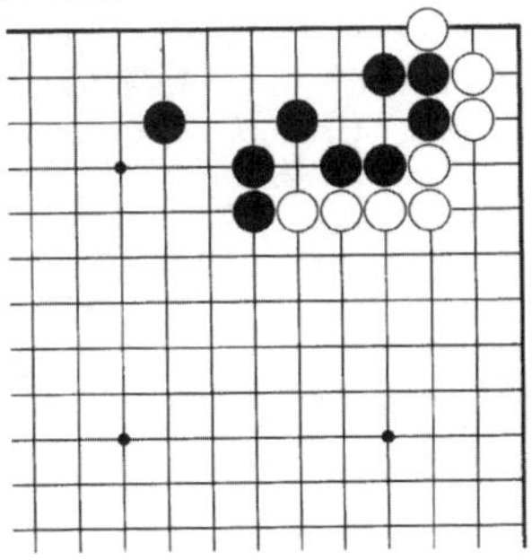

## 경계

상변을 흑의 확정된 집으로 하고 경계를 정하고 싶다.
그렇지만 아직 온전한 집이 아니다.

解

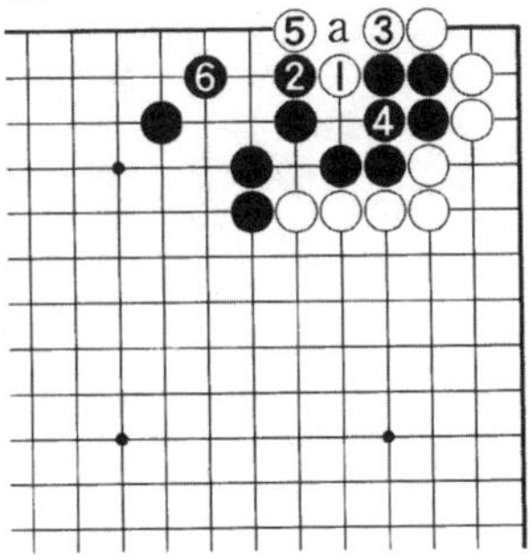

## 백1이 급소

백1의 붙임이 급소이다.
흑2로 받으면 백은 3으로 단수를 활용하고 5로 젖힌다.
백1로 3, 흑a의 끝내기와 6집 차이가 난다.

变

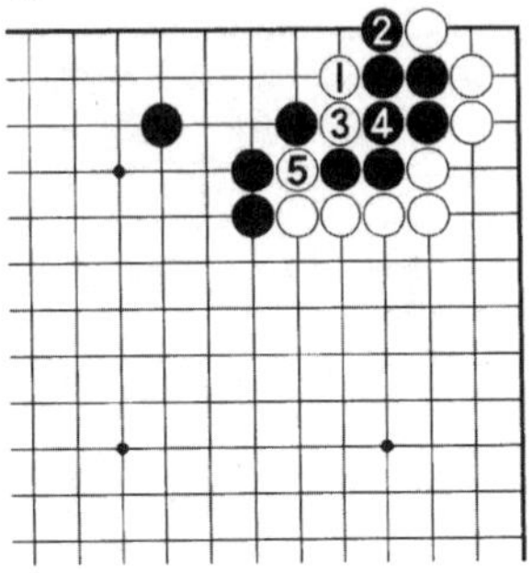

## 흑 전멸

흑2로 저항하면 바로 자충에 걸린다.
백3으로 치받고 5로 끊어 상변에 있는 흑7점이 떨어진다.

제10형 백번

(1416)

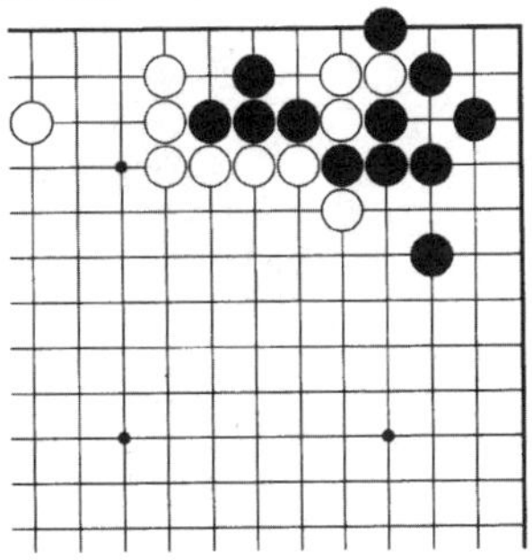

## 최후의 이익

끝내기 문제.
우상의 백 3점은 살릴 수 없지만 최후의 이익으로 흑집을 끝내기하는데 이용 할 수 있다.

解

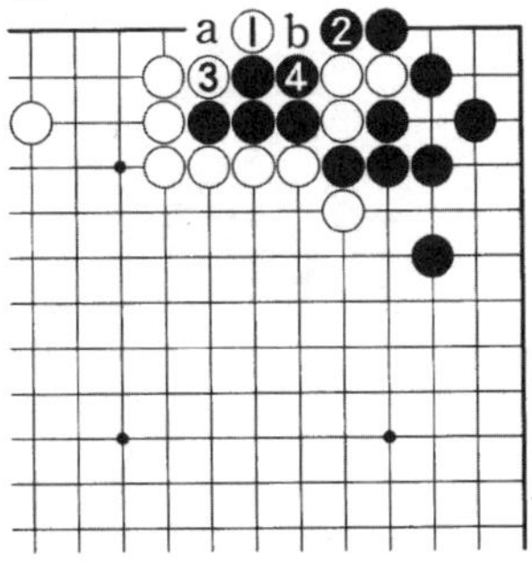

## 사석

백1의 붙임이 묘수이다.
흑a는 백b로 흑의 패배.
흑2로 단수, 백3, 흑4까지 백 3점을 놓고 따게 만든다.

失

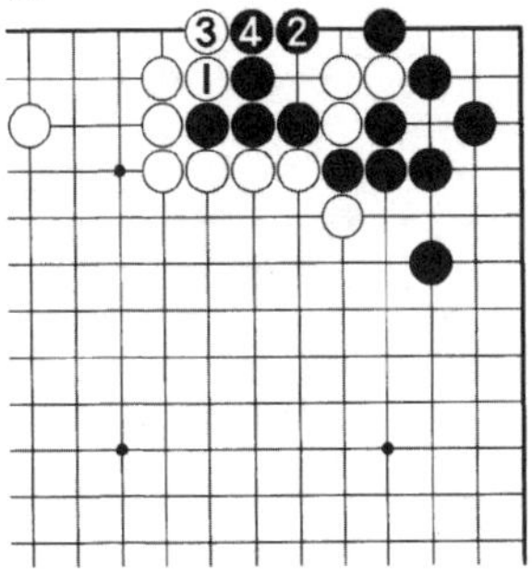

## 2집 차이

백1로 바깥에서 공배를 메우는 것은 속수이다.
흑2의 입구자가 좋은 수로 백3, 흑4까지 흑은 백3점을 놓고 따내지 않아도 된다.

제 11 형 흑번

(1417)

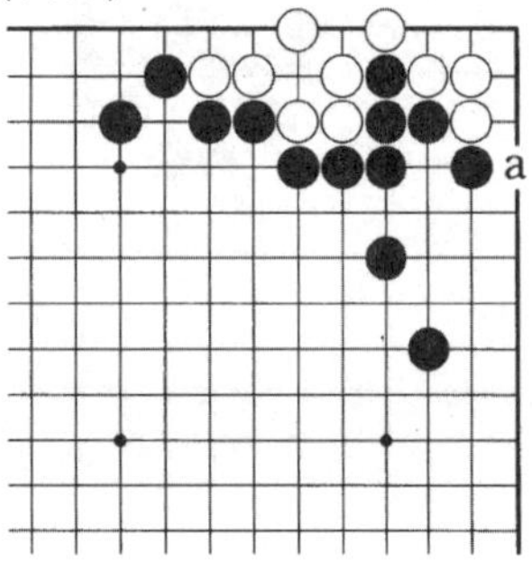

## 권리

우상의 백에게 끝내기 하는 문제 백a로 젖히는 끝내기가 백의 권리인 것 같지만 흑에게도 선수를 잡는 방법이 있다.

解

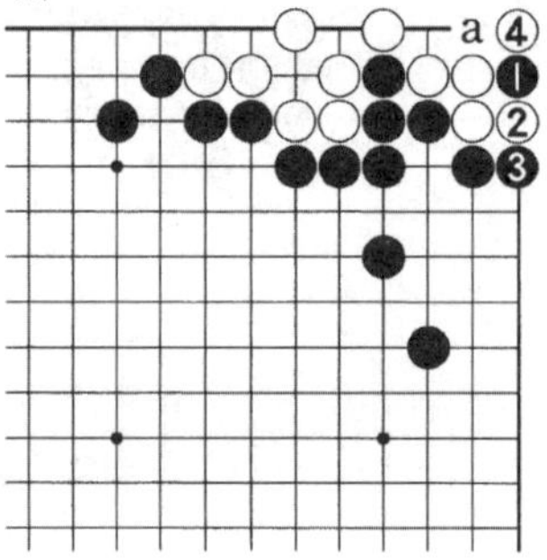

## 선수 막기

흑1의 붙임이 좋은 수로 2·1의 급소에 해당한다.

백2로 막으면 흑3으로 막으면 된다. 백4로 흑a의 패를 막기 위해 두면 백이 후수가 된다.

失

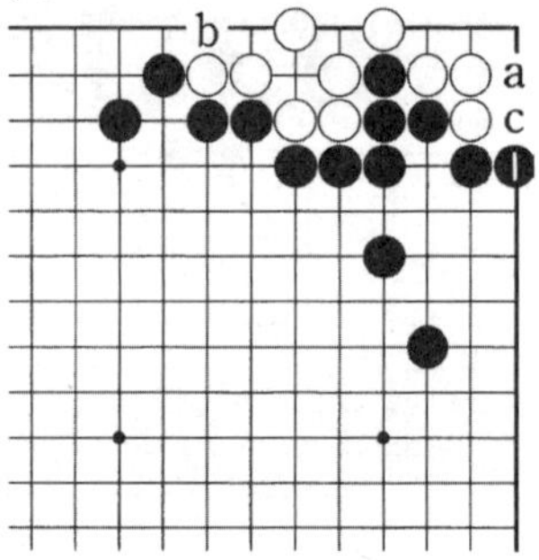

## 후수

흑1로 내리는 것은 흑이 후수이다.

이후 흑a는 백b로 받으면 된다.

흑1로 a이면 백이 손을 빼면 흑c에 두어 귀의 백 3점을 잡는다.

제 12 형 백번

(1418)

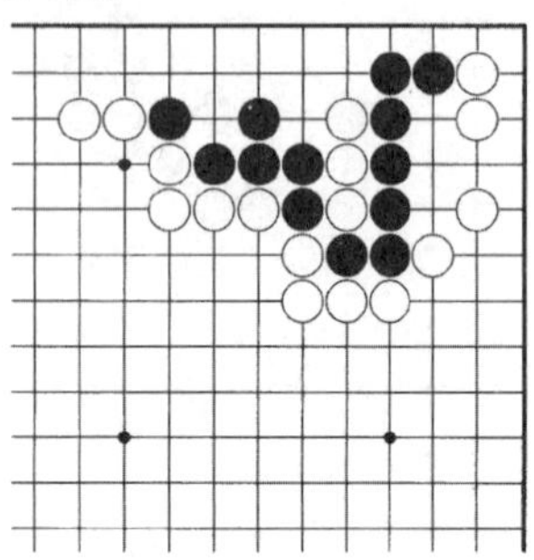

## 마무리하다

상변의 흑집을 어떻게 끝내야할까? 잡혀있는 백 3점을 이용도록 한다. 왼쪽 흑의 자충을 추궁한다.

解

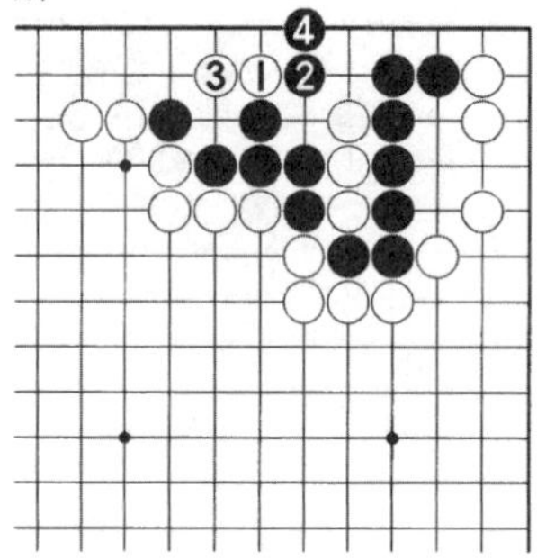

## 백 성공

백1의 붙임이 흑 5점을 자충으로 유도한다.

흑2로 막으면 백3으로 늘어 상변 백집 증가.

変

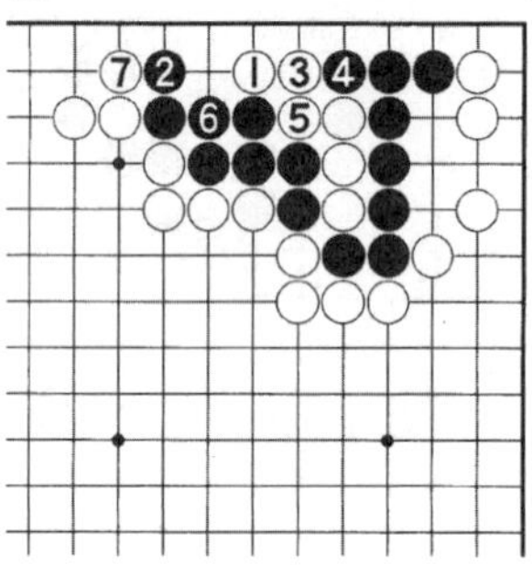

## 흑 전멸

흑2로 저항하는 것은 매우 위험하다. 백3으로 당기면 상변이 연결되면 자충에 걸린 왼쪽의 흑과 수상전을 벌이는데 백7까지 흑이 전멸한다.

제 13 형 백번

(1419)

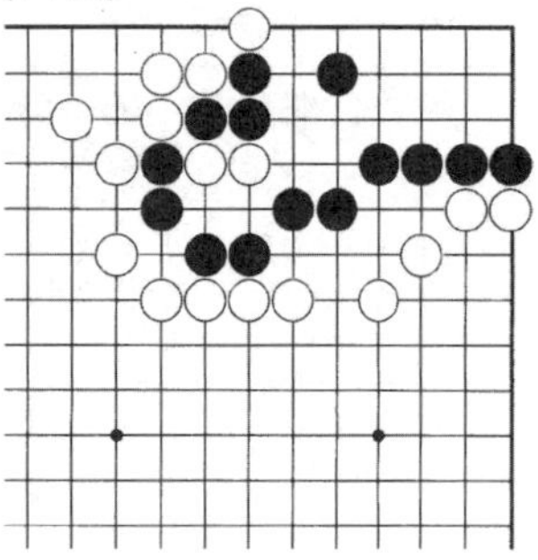

## 이용

우상의 흑집을 어떻게 끝내야할까? 백 2점을 잡고 있는 백의 자충을 이용해야 한다.

解

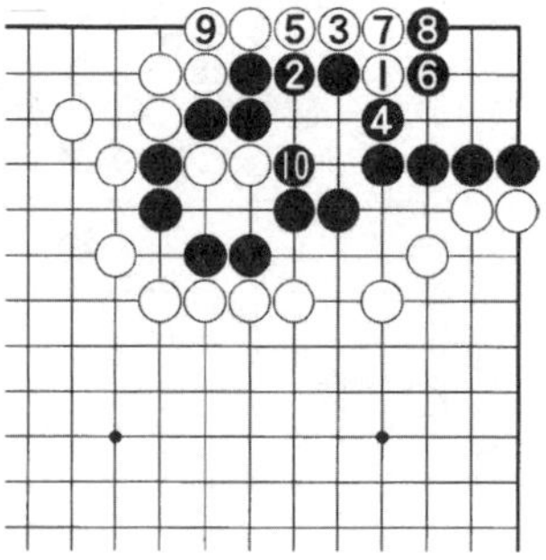

## 선수끝내기

백1의 붙임이 날카롭다.

흑2로 이어 연결을 막으려고 해도 백3으로 젖히는 수가 있다. 흑10까지 백이 선수로 크게 끝내기했다.

失

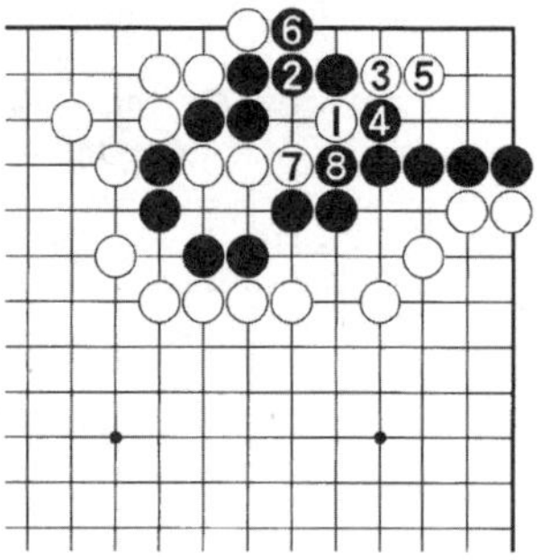

## 잡히다

백1로 먼저 붙이면 흑2, 4로 받아 잘 되지 않는다.

백5 이후 흑6으로 저항하여 백은 전부 잡힌다.

제 14 형 백번

(1420)

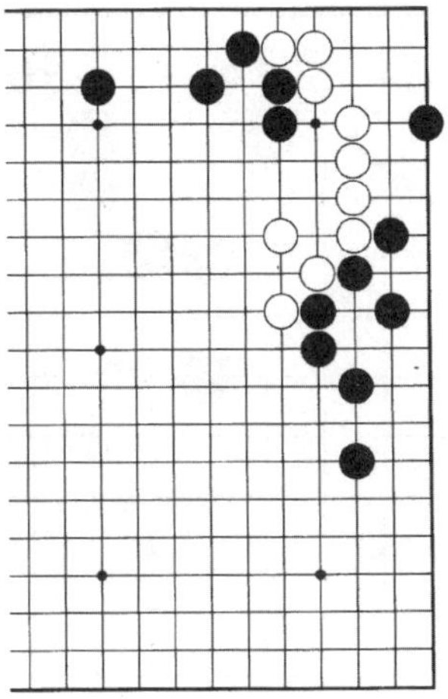

## 최선

우상의 끝내기 문제.
귀에 비마 끝내기를 한 흑을 어떻게 막을까.
여러 가지 막는 방법이 있지만 1집의 손해도 소홀히 하지 않는 최선을 찾고 싶다.

解

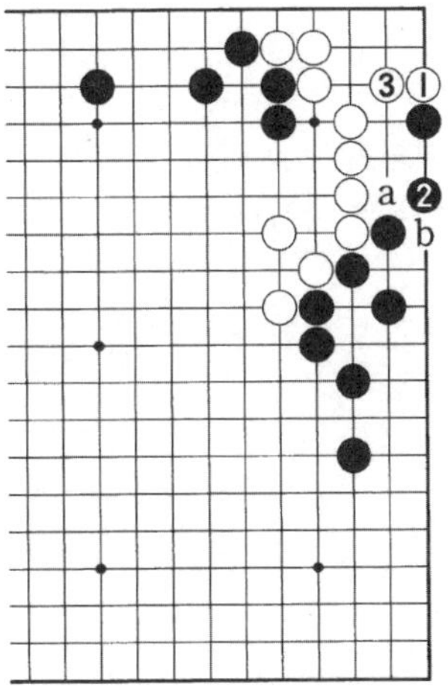

## 8집

백1의 붙임이 최선이다. 흑2로 입구자로 연결하고 백3으로 지켜 귀는 8집이 된다. 우변 흑집은 백a 이후 백의 촉촉수를 막기 위해 흑b가 필요하다.

失

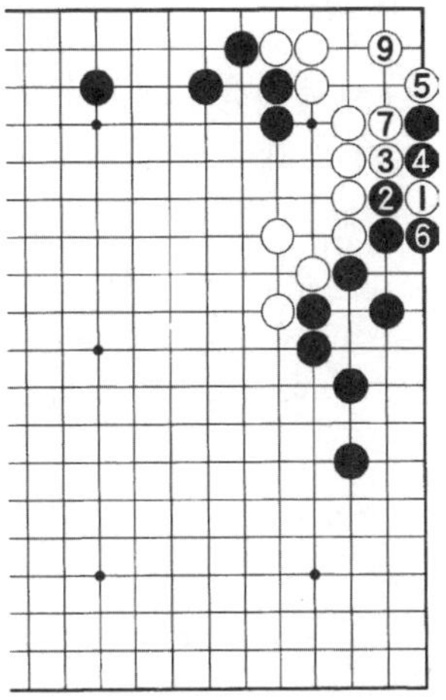

## 1집 손해

백1, 3도 비마 끝내기를 막는 맥이지만 흑 4, 6으로 백 1점을 따내서 1집 손해이다.
백9까지 귀는 8집. 우변의 흑의 집은 정해도보다 1집이 많다.

제 15 형 백번

(1421)

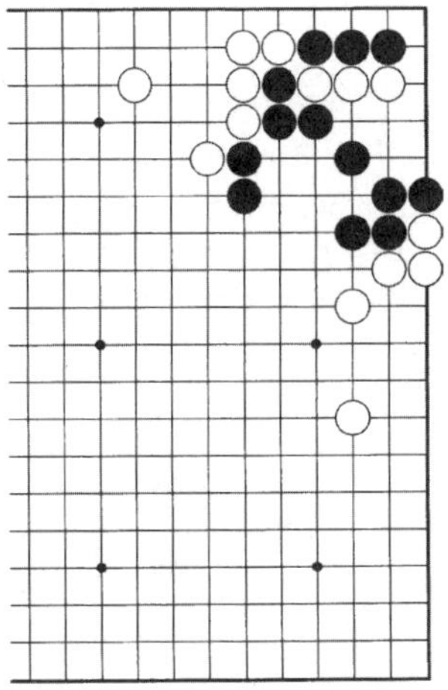

## 사석

우상귀의 끝내기 문제.
귀의 백 3점은 살릴 수 없지만 귀의 흑집을 끝내기하기 위한 사석으로 이용할 수는 있다.

解

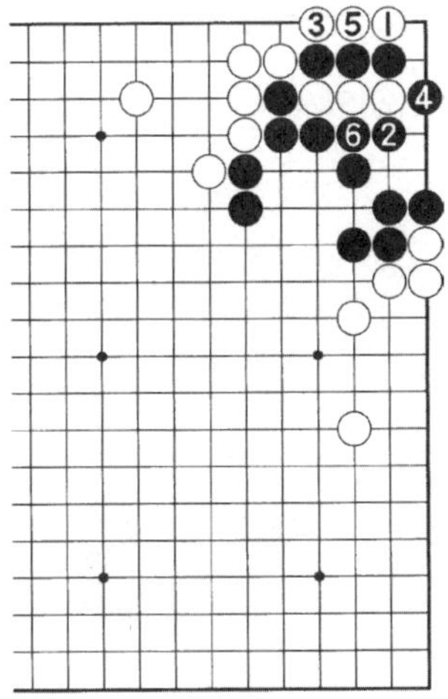

## 선수 끝내기

백1의 붙임이 흑의 자충을 추궁하는 맥이다. 2·1의 급소도 된다. 흑은 2로 막고 백은 3, 5의 단수를 활용하여 선수로 넘어간다.

失

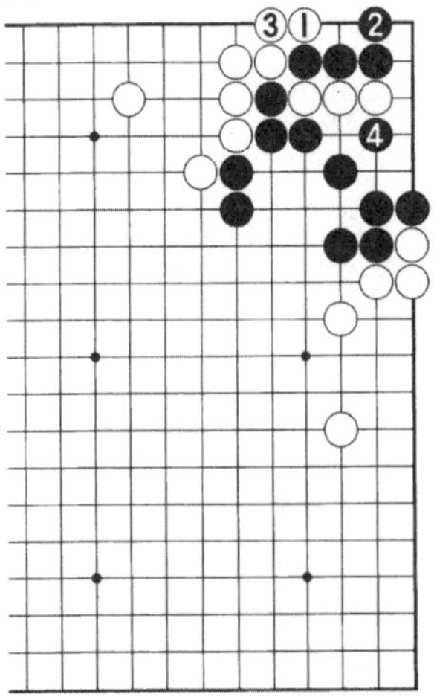

## 3집 차이

백1의 젖힘은 실패한다.
흑2의 구부림이 좋은 수로 백은 더 이상 귀에 침입할 수 없다.
흑4까지 정해도와는 3집 차이가 난다.

## 맞끊기

'붙이면 젖혀라'라고 하는 격언이 있다.
붙임에 대한 가장 냉엄한 반발이 젖힘이다. 그리고 젖힘에 대한 반발이 끊는 것으로 붙임과 끊기가 세트가 되어 맥이 된다.
붙여끊기는 사석의 비상수단이 되는 경우가 많다.
흑1, 3은 귀와 중앙을 연결하기 위한 맥이다.

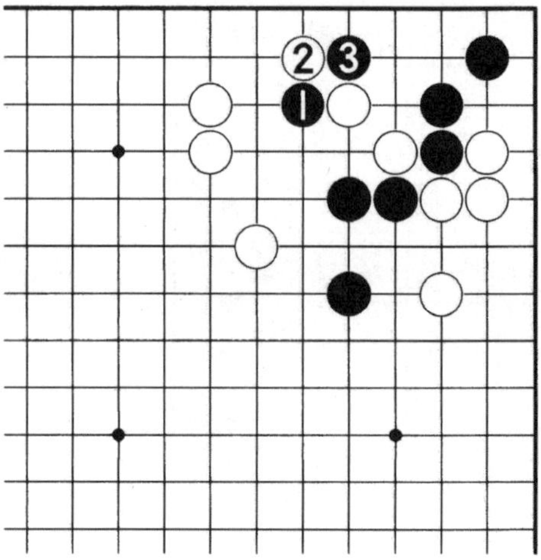

맞끊기
외세

(1422)

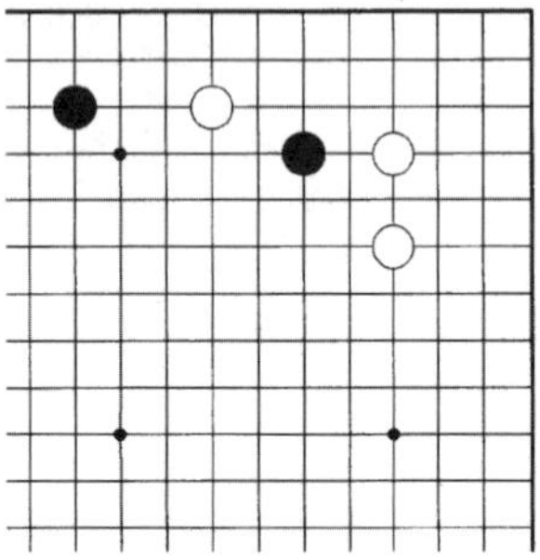

解

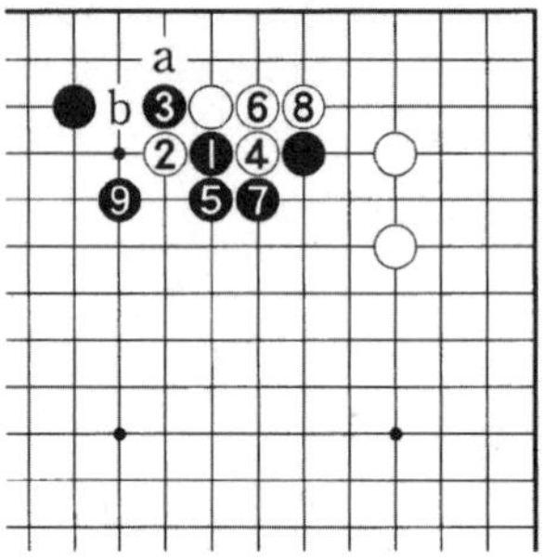

变

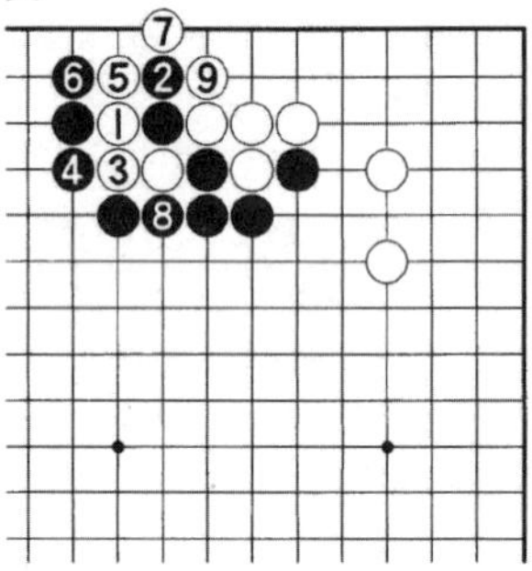

제1형 흑번

### 수습

우상귀의 백은 한 칸 뛴 강한 돌이다. 우상의 흑은 상변의 백에게 협공당하고 있기 때문에 수습하고 싶다.

### 흑 외세

흑1로 붙이고 백2, 흑3으로 맞끊는 것이 수습의 맥이다.
백4 부터 8로 상변을 건너면 흑9로 씌워 외세를 굳힌다. 이후 백a, 흑b의 자리이다.

### 흑 유리

백1로 단수쳐서 상변 흑 1점을 잡으려고 하면 흑2로 2점으로 키워 죽여 백이 늘린 집보다 흑의 외세 쪽이 더 유리하게 된다.

(1423)

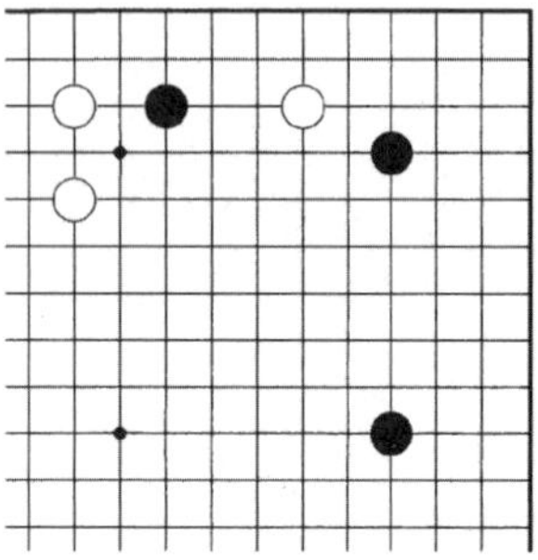

解

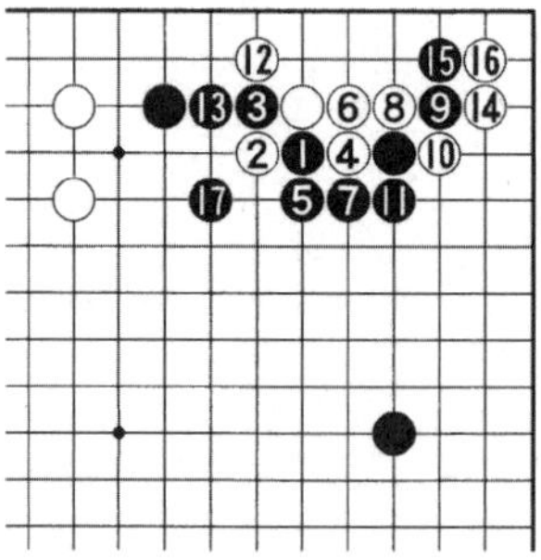

变

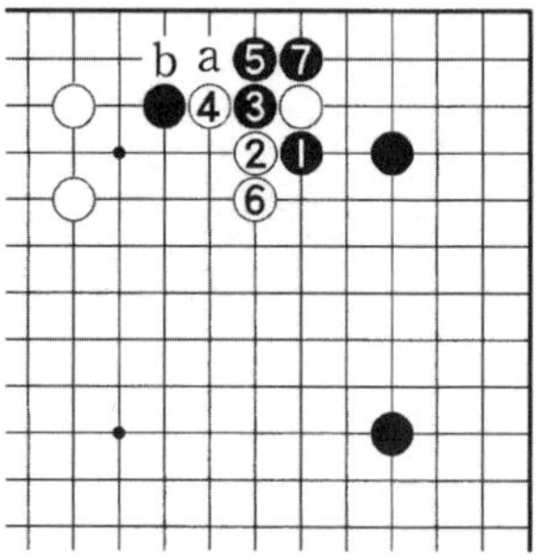

제2형 흑번

### 선제공격

상변의 흑 1점은 백에게 공격당하고 있지만 흑은 백 1점을 선제공격하여 우상의 모양을 결정짓고 싶다.

### 외세

흑1로 붙이고 백2로 젖히면 흑3으로 끊는 수가 날카로우며 백4 부터 16까지 사는 정도이다.
흑은 귀를 버리고 외세를 굳힌다.

### 흑 충분

백4, 6으로 상변의 흑을 공격하려고 하면 흑7로 귀를 굳혀서 충분하다.
상변은 백이 a로 막아도 흑b로 건너가는 수가 남아 있다.

제3형 흑번

(1424)

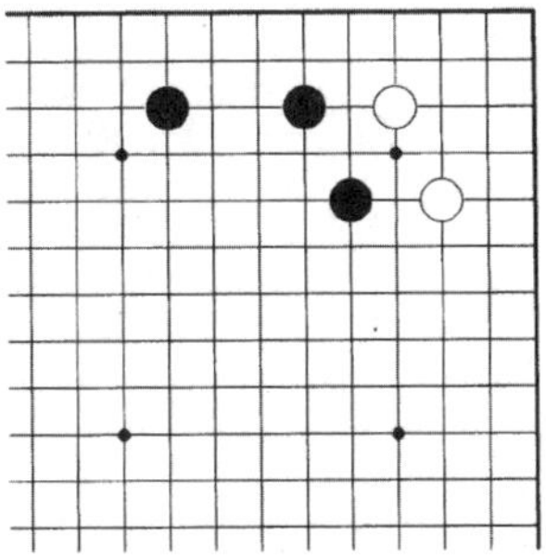

## 결정짓다

흑은 백의 날일자 굳힘을 압박하여 바깥의 모양을 결정짓고 싶다.

解

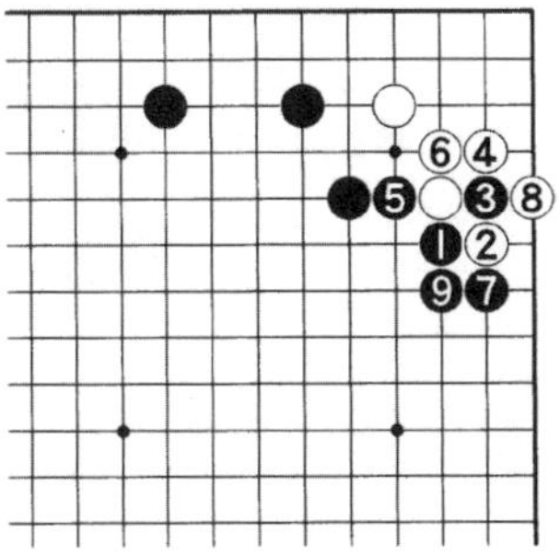

## 바깥이 두텁다

흑1로 붙이고 백2로 젖힐 때 흑3의 맞끊음이 상용의 맥이다.
백4부터 8로 귀를 굳히고 흑9로 이어 밖이 두터워졌다.

变

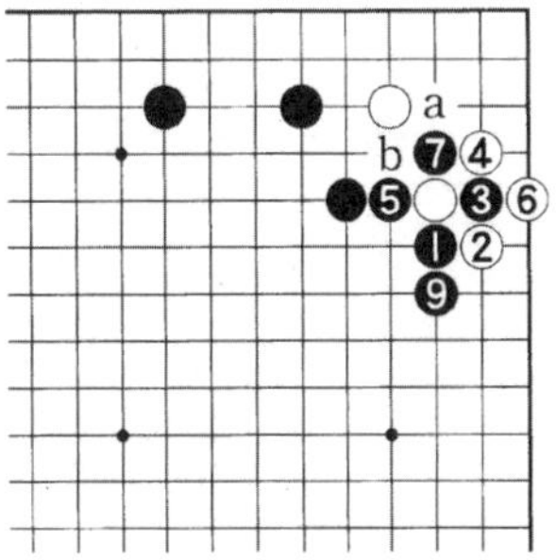

## 흑 선수

백6으로 빵때림은 흑7로 단수하고 흑9로 늘어 a를 노린다. 백b로 지키면 흑은 손을 뺀다. 정해도와 선수 차이가 난다.
※⑧→❸

제4형 백번

(1425)

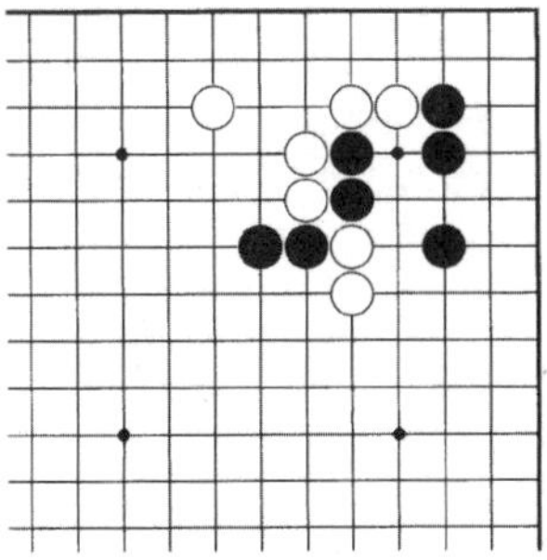

## 흑의 엷음

중앙의 흑 2점이 끊겨 있지만 백은 흑의 약한 곳을 추궁하여 강한 모양을 만들 수 있다.

解

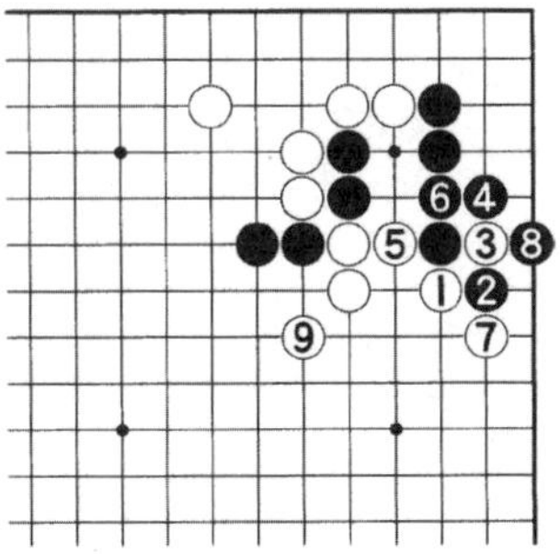

## 백 호조

백1로 붙이고 흑2의 젖힘에 백3의 맞끊음이 날카로운 맥이다.
흑4, 6은 어쩔 수 없으며 백9로 중앙의 흑을 공격한다.

失

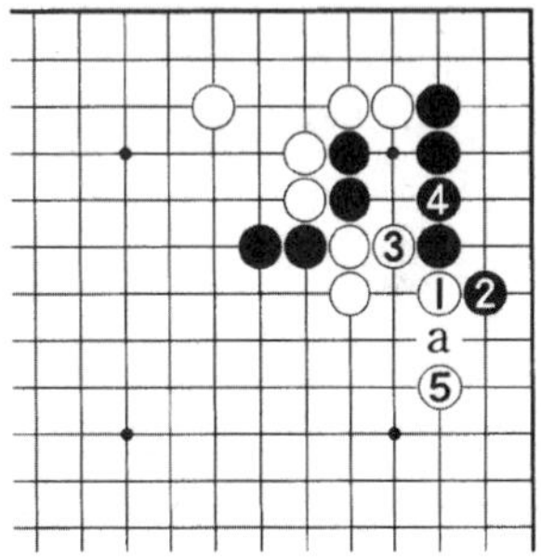

## 속수

흑2로 젖힘에 백3으로 결정짓는 것은 속수이다.
흑4로 이은 뒤 흑a 단수가 남아서 백5로 뛰면 후수가 되어 중앙의 흑이 편해진다.

제5형 백번

(1426)

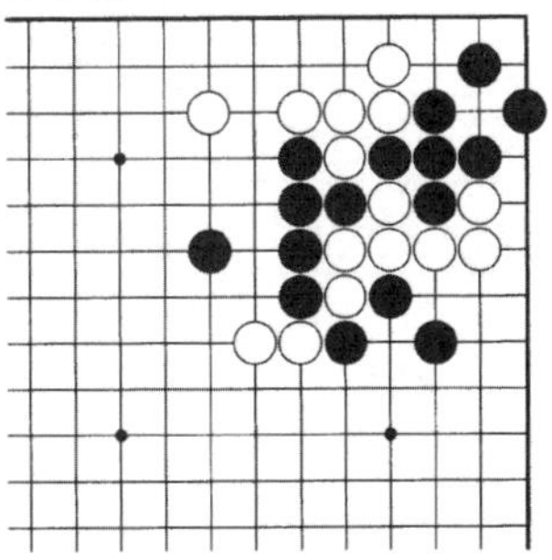

## 사석

우변, 흑에게 둘러싸인 백 7점을 이대로 잡히게 둘 수는 없다.
상황에 따라서는 사석으로 이용한다.

解

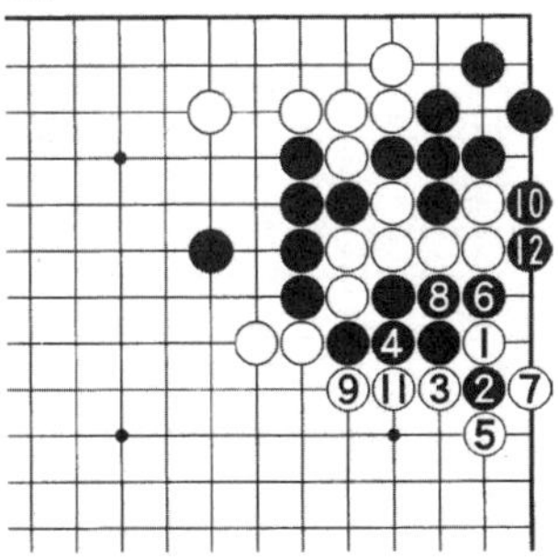

## 백 성공

백1로 붙이고 흑2로 막으면 백3의 맞끊음이 맥이다.
흑4의 이음이 강수이나, 백5부터 11까지 7점을 버려 선수로 외세를 만든다.

变

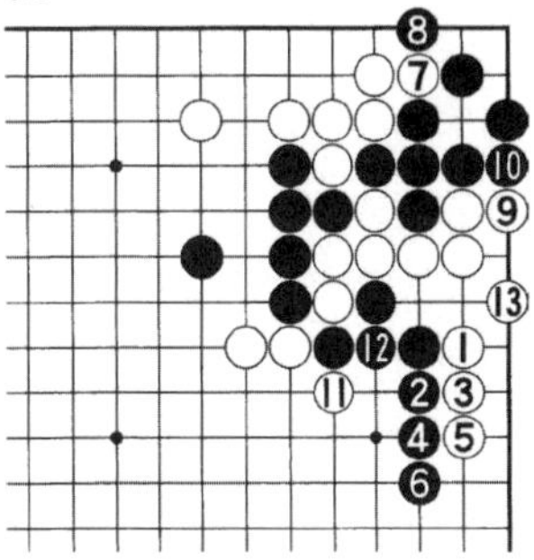

## 백 삶

흑2로 늘면 백3, 5로 밀어 근거를 만든다.
백7은 9로 내려서기 위한 수순으로 백13으로 살면 중앙과 우변 흑이 약해져 있다.

제6형 흑번

(1427)

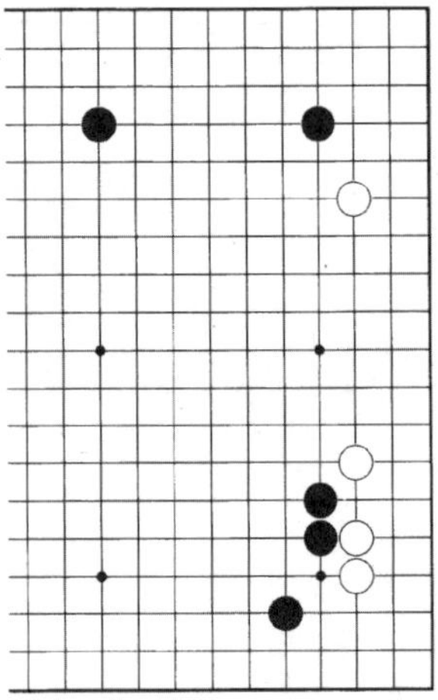

중복

우상에 두는 수는 여러 가지가 있지만 우하의 백이 낮고 게다가 근거를 가진 강한 돌이다.
우하와 우상의 백을 중복시키면서 상변을 넓히고 싶다.

解

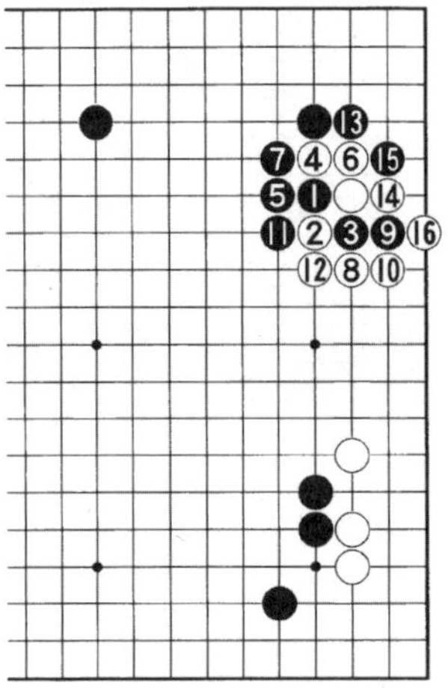

사석

흑1, 3으로 붙여끊는 수가 냉엄한 맥이다.
백4, 6으로 귀를 굳히고 8로 단수쳐 1점을 잡으면 흑9로 늘어 2점으로 버려서 귀와 중앙을 굳힌다. 우상과 우하의 백은 견고하지만 중복이다.

失

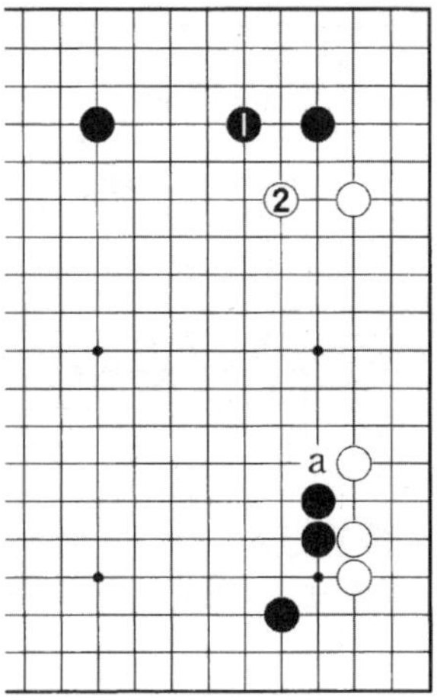


우변이 넓다

흑1로 받는 것은 매우 평범한 방법이다.
우하의 백이 강하기 때문에 백2로 뛰어 상변 흑세력에 대항한다. 백2로는 a에 밀어도 좋다. 우변이 넓어져서 흑은 침입하기 어렵다.

맞끊기
뚫기

제1형 백번

(1428)

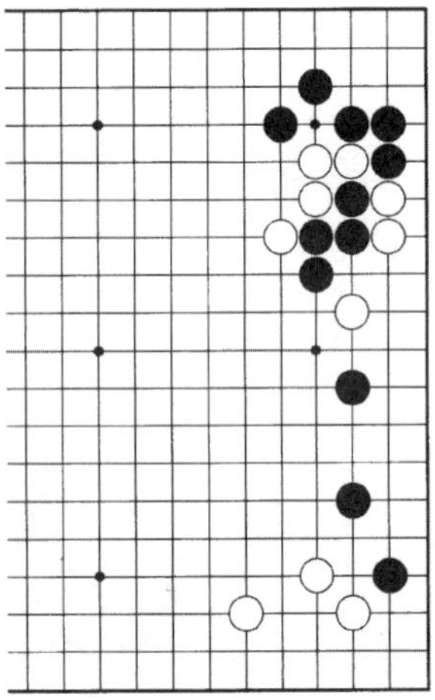

수내기

우상의 백은 흑에 양분되어 이 부분만으로는 수습이 불가능한 모양이다.
우하의 흑과 우상을 주의하면서 수를 만들어야 한다.

解

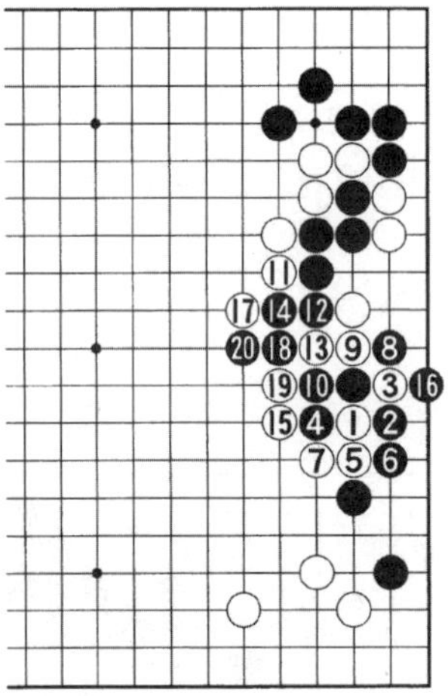

맥

백1로 붙여 흑의 응수를 본다. 흑2라면 백3의 맞끊음이 맥이다. 흑4부터 8까지 우하를 살리고 백9, 11부터 19까지 우변 돌을 살려 낸다.
※㉑→③(따냄), ㉒→③의 왼쪽(되따냄), ㉓→❿

変

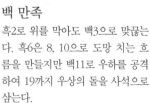

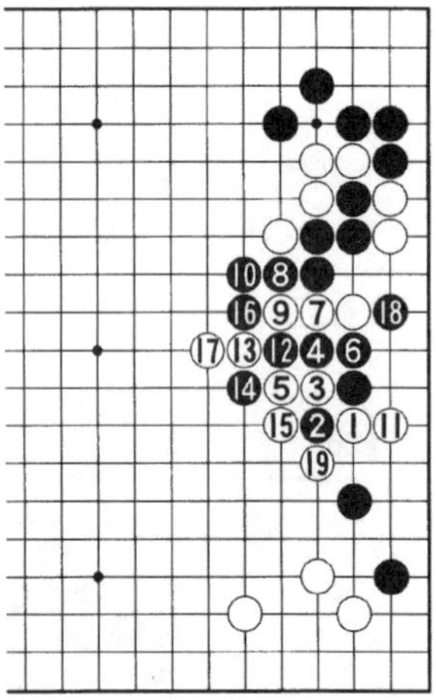

백 만족

흑2로 위를 막아도 백3으로 맞끊는다. 흑6은 8, 10으로 도망 치는 흐름을 만들지만 백11로 우하를 공격하여 19까지 우상의 돌을 사석으로 삼는다.
흑6으로 11은 백6.

(1429)

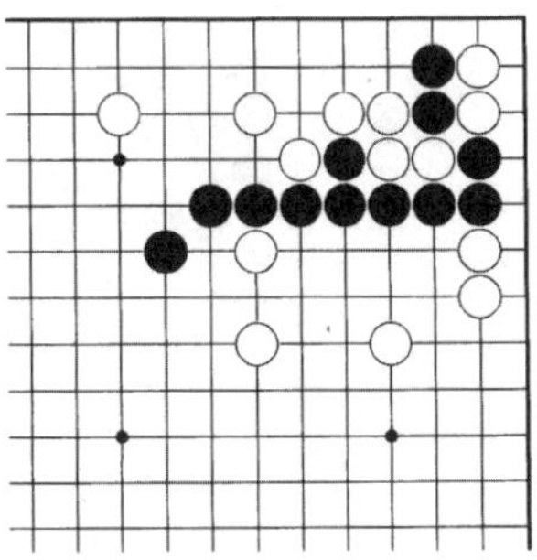

제2형 흑번

## 중앙강화

상변에 있는 백의 엷음을 추궁하여 좌우로 가르면 중앙의 흑은 강한 돌로 변한다.

解

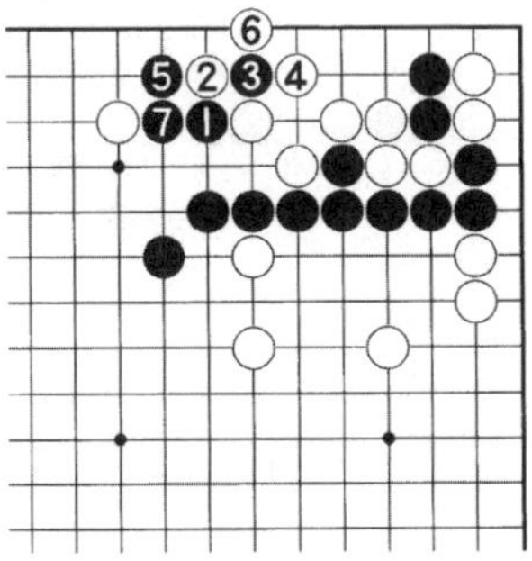

## 흑 강력

흑1로 붙이고 백2의 젖힘에 3의 맞끊는 수가 좋은 맥이다.

백4로 받으면 흑5, 7로 좌우를 분단시켜 흑이 강력해진다. 상변에 있는 백 1점은 공격의 역할을 하지 못한다.

变

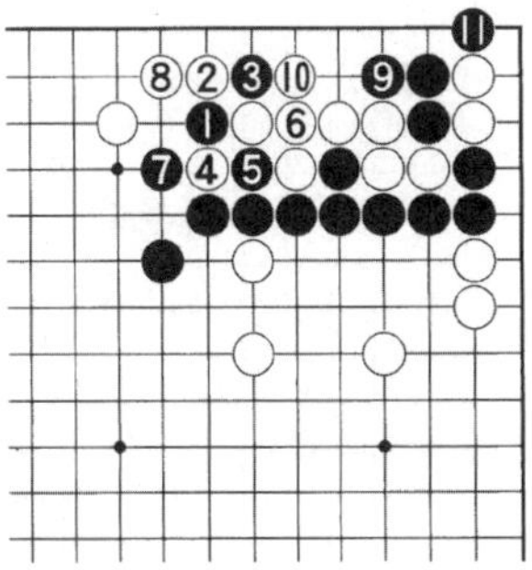

## 백 무리

백4로 단수치는 것은 흑5로 끊어 무리.

백6 이후 흑7로 따내면 귀가 자충에 걸린다. 백8에는 흑9, 11로 귀는 흑집이 된다.

(1430)

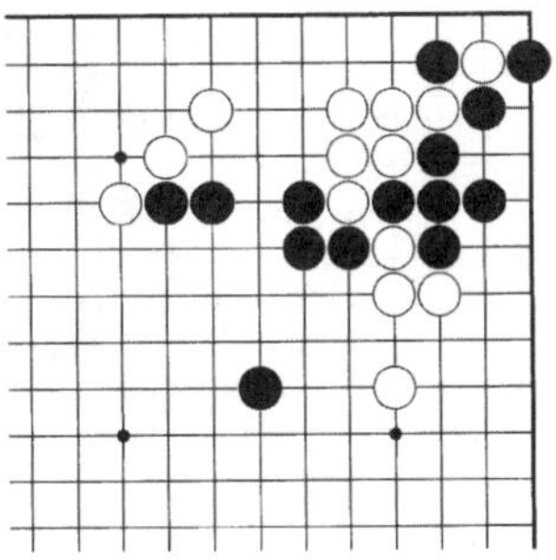

제3형 흑번

## 좌우연관

상변의 백집을 깨뜨리는 문제.

우상의 백이 자충에 걸려 있는 점과 좌상에 있는 백의 엷음을 엮어야 한다.

解

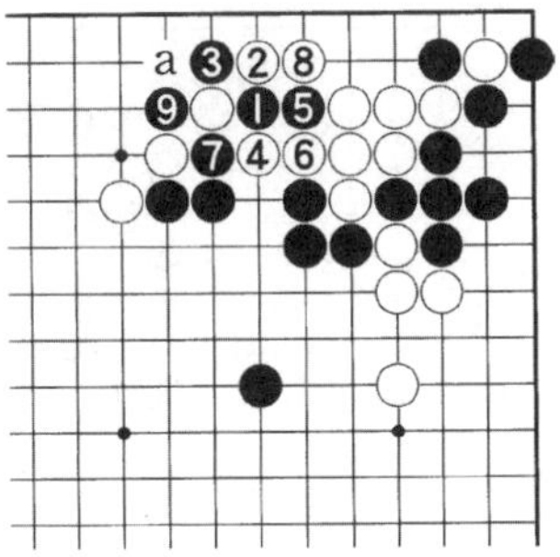

## 양단수

흑1, 3의 맞끊음이 맥이다.

백4와 6의 저항은 흑7로 끊고 9까지 양단수로 백집이 무너진다.

백4로 a는 흑8로 간단히 백 실패한다.

变

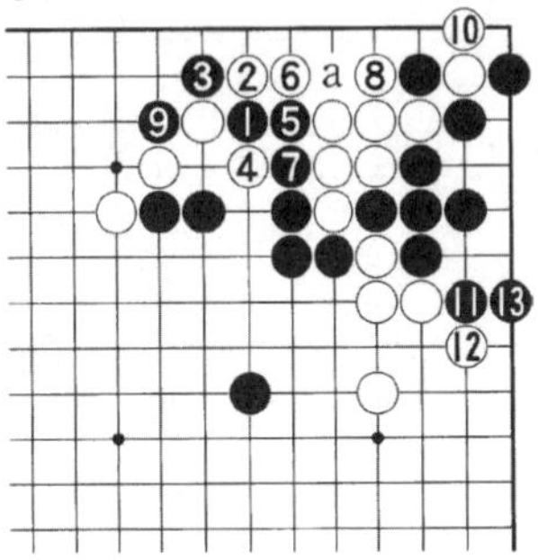

## 양 노림

백6의 건넘은 흑7로 이어 우상의 백이 자충이 되고 9와 a가 맞보기가 된다.

백8, 10이라면 흑은 상변을 깨뜨리고 우변도 살아서 대성공이다.

(1431)

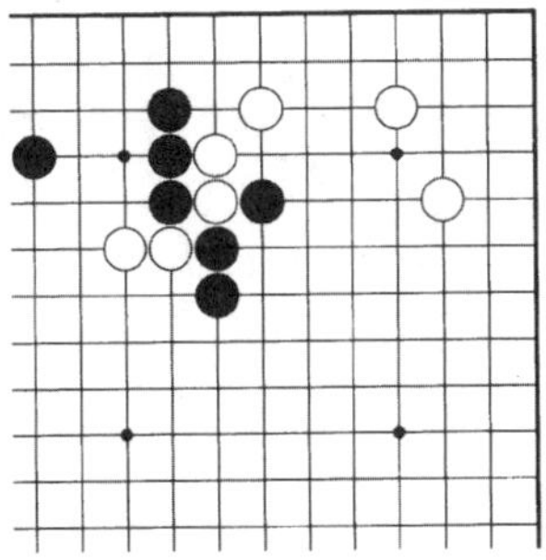

맞끊기 따냄

제1형 흑번

## 요석

중앙을 맞끊어서 전투이지만 상변의 요석 백 2점을 잡으면 중앙 백 2점이 폐석이 된다.

解

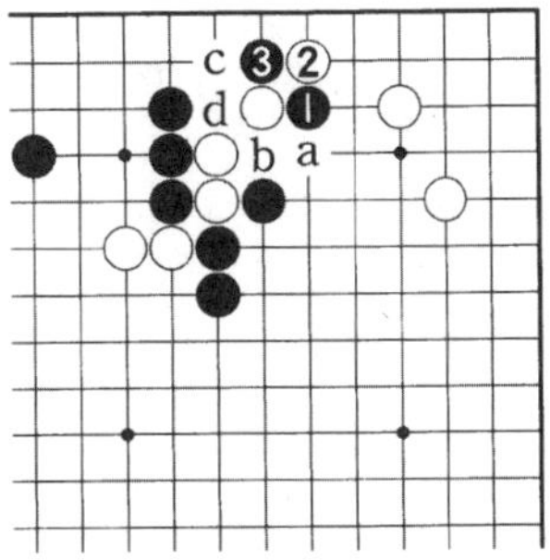

## 사석

흑1로 붙이고 3으로 끊어서 백 2점은 살릴 수 없다.

백a는 흑b, 백c는 흑d.

흑은 1과 3의 2점을 사석으로 이용했다.

变

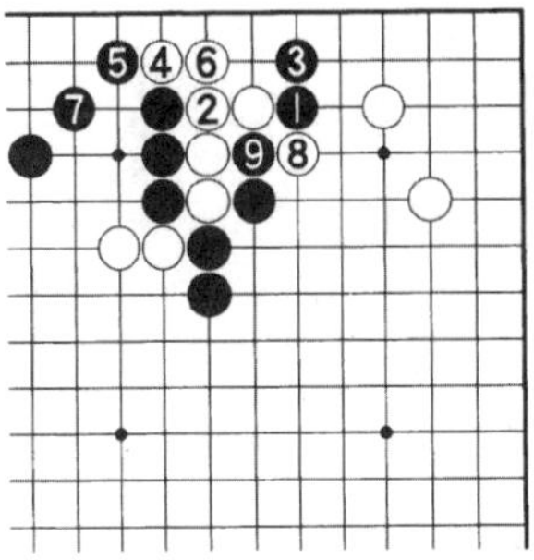

## 백 무리

백2의 저항은 흑3으로 뻗어서 백은 무리이다.

백4, 6으로 수를 늘려도 흑7로 지키고 백8은 흑9.

백이 저항할 수 없는 모양이다.

(1432)

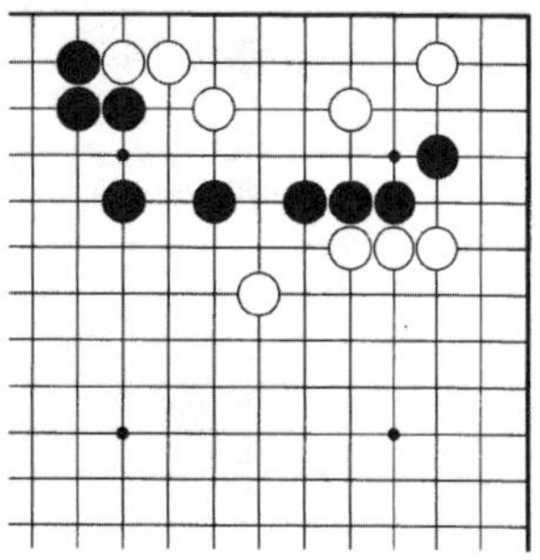

解

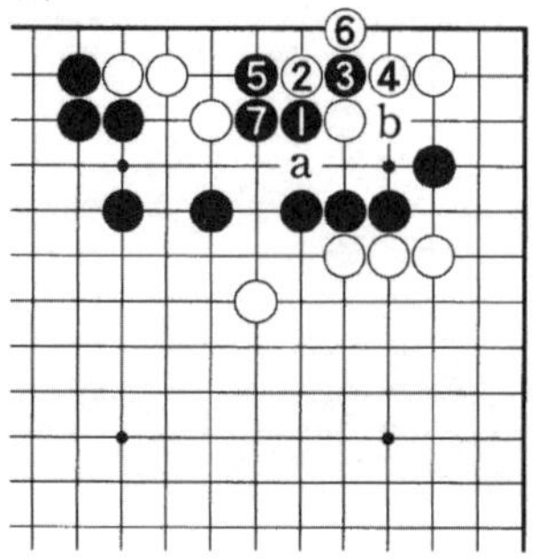

変

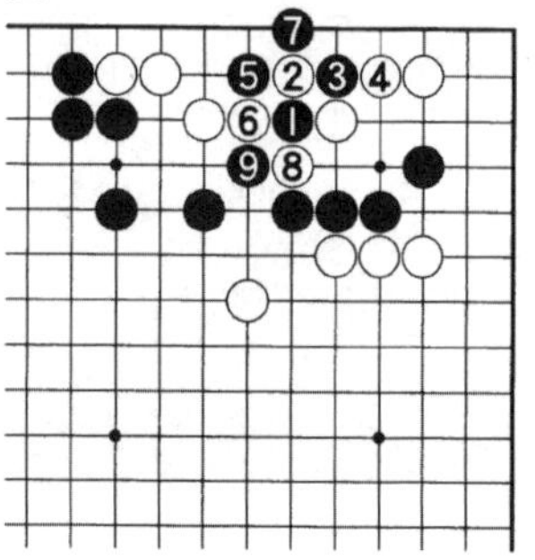

제2형 흑번

## 분단
상변의 백이 엷다.
중앙에 두터운 벽이 있으므로 상변을 좌우로 분단시킬 수 있다.

## 3점 잡기
흑1로 붙이고 3으로 맞끊는 수가 냉엄하다.
백4로 귀를 지키면 흑5, 7로 왼쪽 3점을 분단시킨다. 백4로 a는 흑b로 귀를 잡는다.

## 꽃놀이패
흑5의 단수에 백6으로 끊으면 흑7. 백8로 막아 흑을 다 잡으려 하는 것은 흑9로 끊어 흑이 유리한 꽃놀이패가 된다.

(1433)

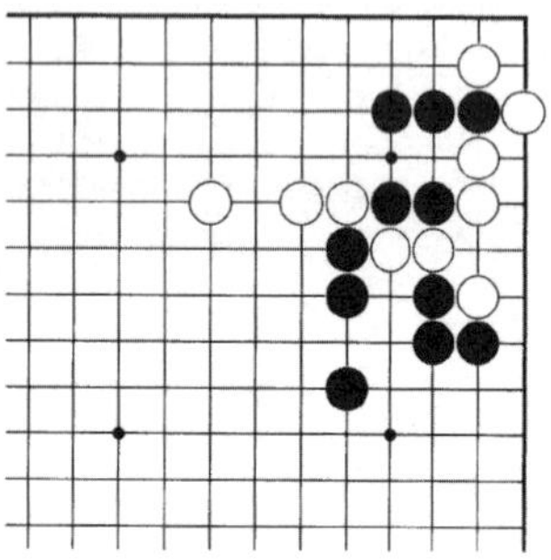

解

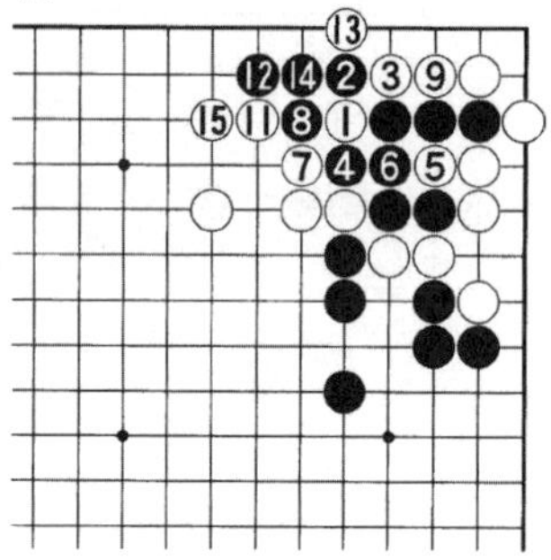

変

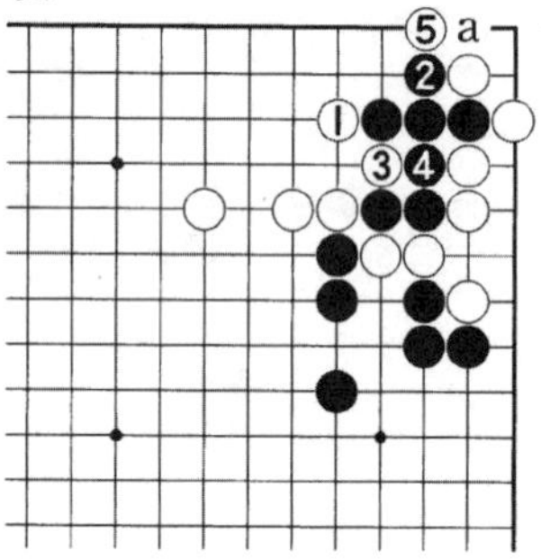

제3형 백번

## 맥
귀의 백을 공격하고 있는 흑 5점은 자충의 위험이 있다. 언뜻 보면 백 귀가 죽어 있는 것처럼 보이지만 묘수가 있다.

## 맥점
백1의 붙임이 냉엄하다.
흑2의 젖힘에 백3으로 맞끊어 다음 6으로 촉촉수를 노린다.
흑4, 6의 저항은 백7이하로 전멸한다. 흑6은 8 정도이다. ※❿→①

## 축
흑2로 막으면 백3의 단수, 5의 축으로 잡힌다.
흑4로는 a로 단수쳐서 살 수밖에 없다. 백은 요석 흑 2점을 잡고 우변을 살린다.

맞끊기

건넘

(1434)

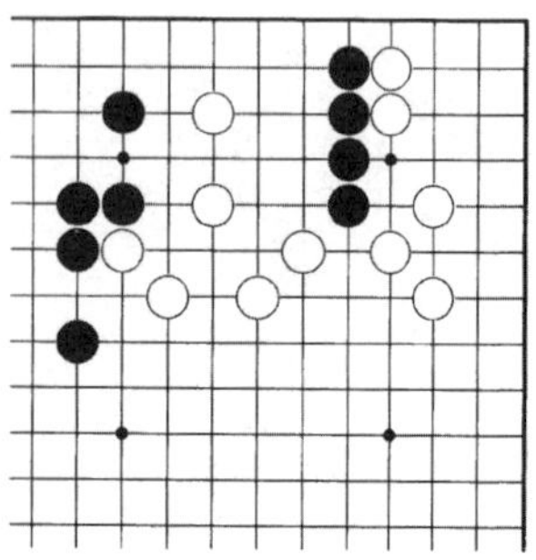

解

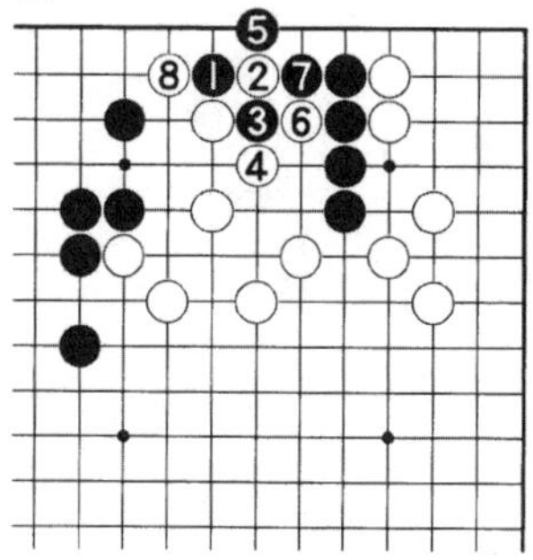

変

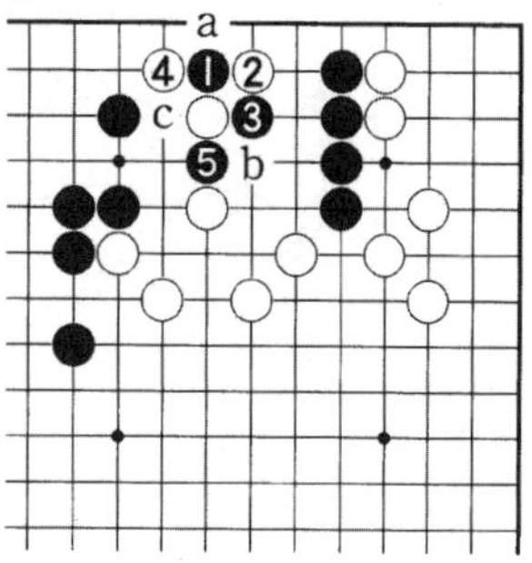

제1형 흑번

## 비상수단
우상의 흑 4점은 백에게 넓게 포위되어 있다.
상변의 원군과 거리가 멀기 때문에 탈출하려면 비상수단을 쓸 수밖에 없다.

## 패
흑1의 붙임이 첫 수로 백2의 막음에 흑3으로 끊는 수가 후속 맥이다.
백4이후 흑5와 7로 패가 난다.
※❾→❸(패)

## 백 실패
백4로 단수치면 흑5로 되단수쳐 안 된다.
이후, 백a는 흑b.

# 건너붙임

끊는 맥으로 건너붙여서 깔끔하게 해결되는 경우가 많다.

건너붙임은 상대의 모양이 날일자의 경우에 생겨난다. 건너붙임이 맥이라면 날일자에 밀고 나가는 모양은 속맥이다.

흑1이 건너붙임이다. 우상의 백 2점은 살릴 수 없다. 흑1을 a에 두면 백이 1자리로 넘어가서 흑이 전멸한다.

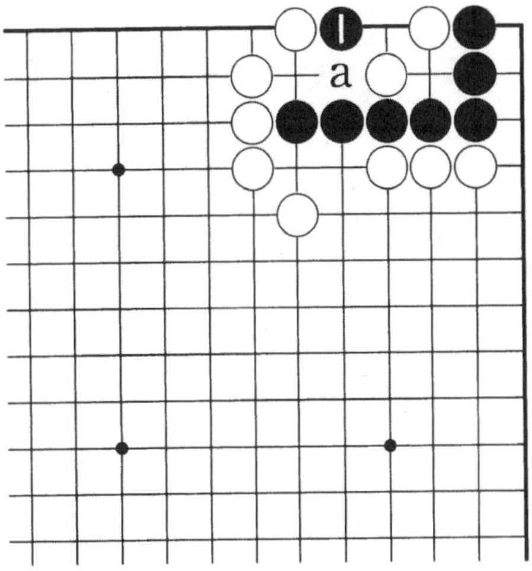





(1435)

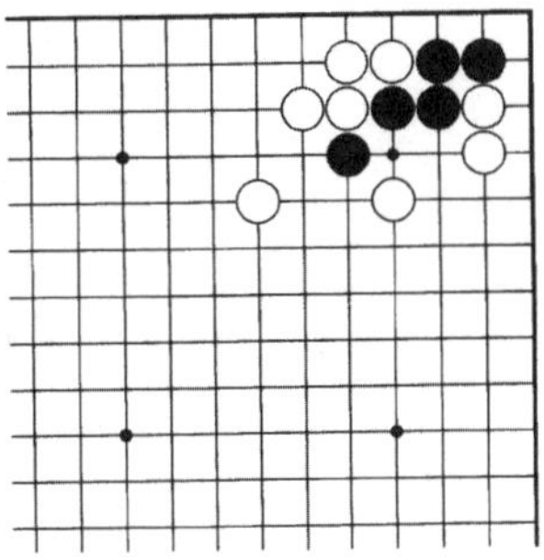

## 탈출

우상의 흑을 수습하는 문제.

흑이 수순에 최선을 다하지 않으면 밖으로 탈출은 곤란하다.

解

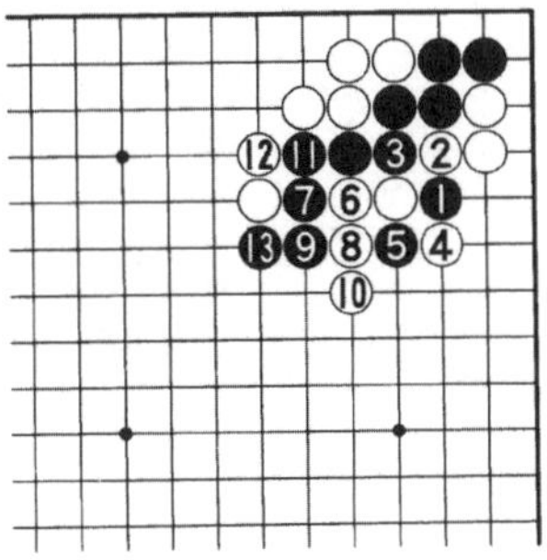

## 흐름

흑1의 건너붙임이 맥이다.

백2, 4로 흑 1점을 잡으면 흑5의 끊음이 후속타.

백6으로 나가게 만들어 흑7, 9로 탈출하는 흐름이 생긴다.

変

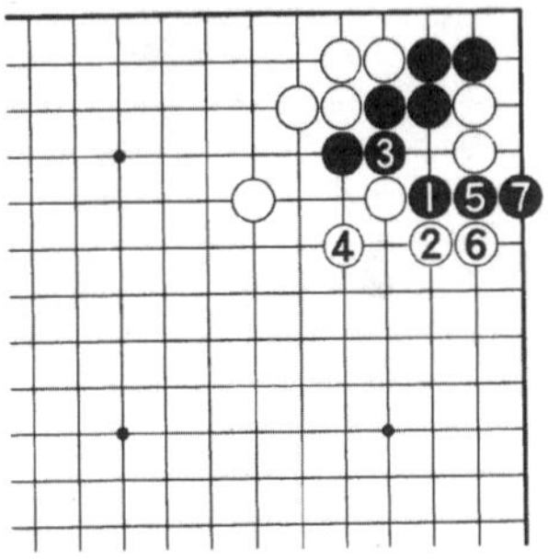

## 흑 삶

백2로 막으면 흑3으로 이으면 된다.

백4로 봉쇄해도 흑5, 7로 2점 잡고 산다.

백4로 5로 단수치면 흑5로 탈출하는 좋은 모양이 된다.



(1436)

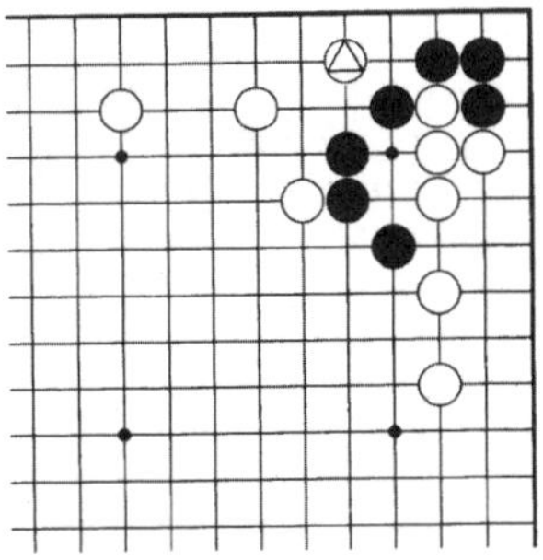

## 수습

우상의 공방.

백◎로 들여다본 수에 어떻게 응수해야 하는가? 흑은 귀에서 살 수 없으므로 한 수로 명암이 갈린다.

解

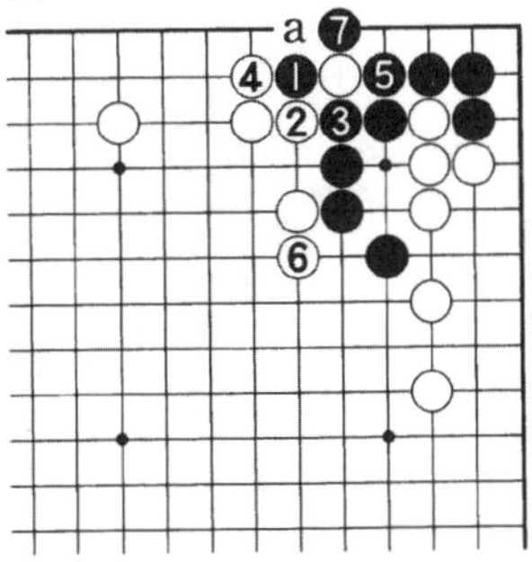

## 흑 삶

흑1의 건너붙임이 맥이다.

백2, 흑3으로 받아 흑 1점은 사석이다. 백6으로 중앙에 두면 흑7로 따내서 산다.

백6으로 a면 흑6.

失

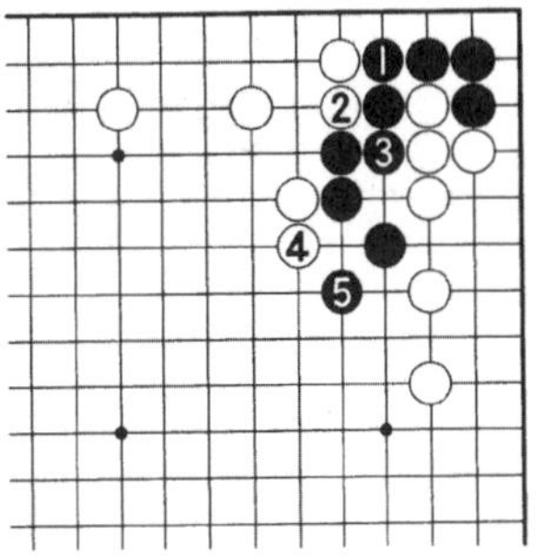

## 불안

흑1의 이음은 활용당한다.

백2의 치받음이 선수가 되고 백4의 공격이 냉엄하게 된다.

흑5로 도망쳐도 불안하기 그지 없다.

제3형 흑번

(1437)

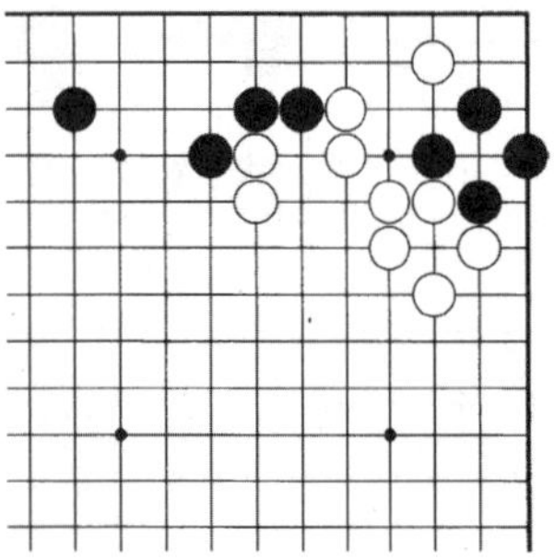

## 수습의 맥

귀의 전투.
우상은 소목에 한 칸 걸친 정석이다.
귀의 흑이 공격받고 있다. 위기에서 탈출하는 수습의 맥은 무엇인가?

解

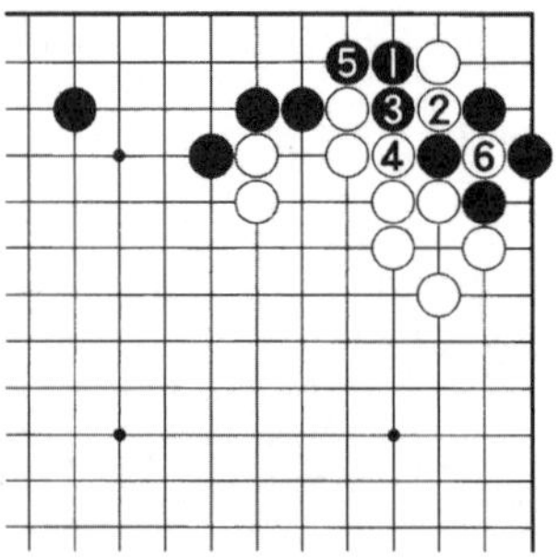

## 패

흑1의 건너붙임이 수습의 맥이다. 백2, 4로 덤비면 6까지 패가 되지만 백도 지게 되면 피해가 크므로 흑에게는 꽃놀이패에 가깝다.

变

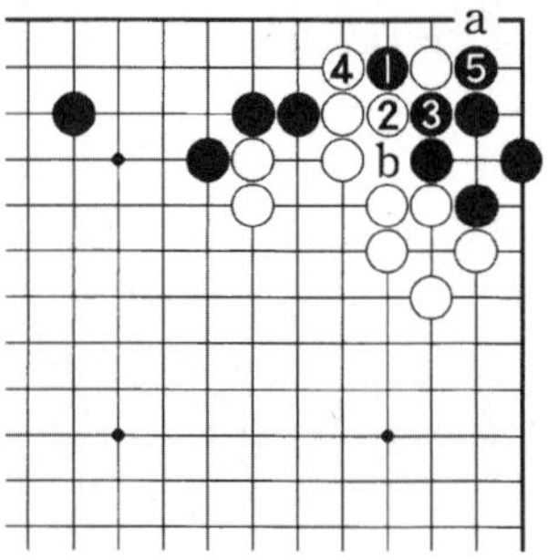

## 흑 삶

백2로 막으면 흑3으로 끊고 5까지 귀에서 살 수 있다.
흑1로 5는 백3으로 치받고, 흑a, 백b로 이번엔 백이 꽃놀이패를 걸다.

제4형 흑번

(1438)

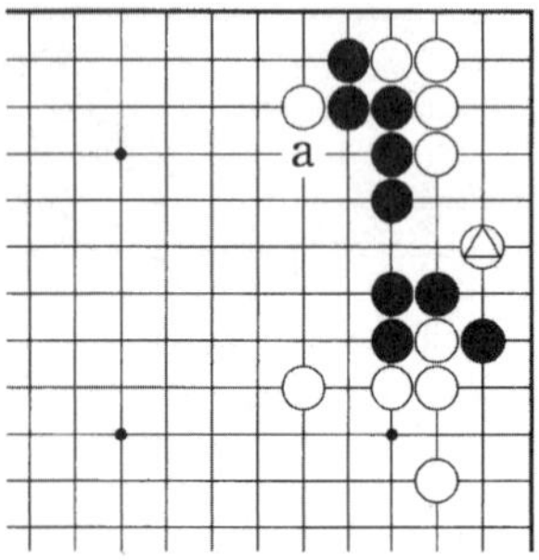

## 선수

백◎가 들여다보고 있다.
흑은 이곳을 선수로 해결하고 a로 손을 돌리고 싶다.

解

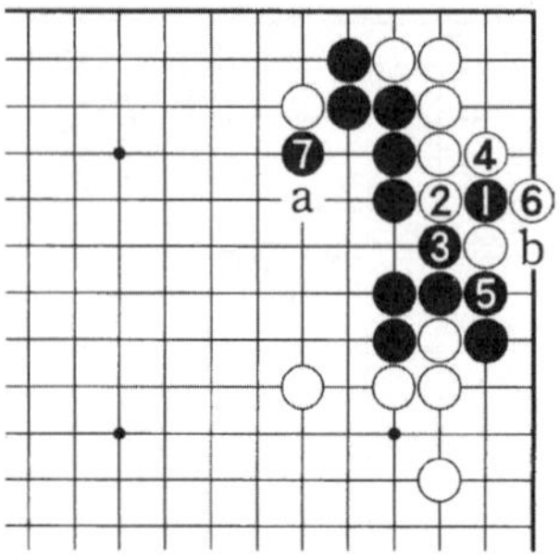

## 흑 두텁다

흑1의 건너붙임이 맥으로 5까지 선수로 결정짓고 흑7로 손을 돌린다.
흑이 두터운 모양이다.
또 백6으로 a면 흑b로 따내는 것이 선수이다.

失

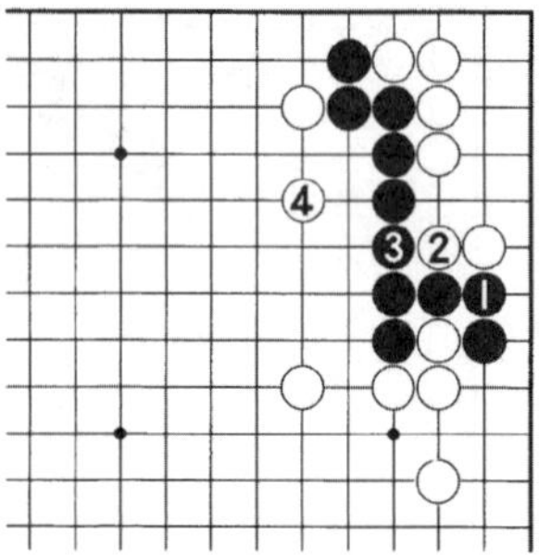

## 주객전도

흑1로 평범하게 잇는 것은 백2, 4가 좋은 수이다. 흑은 본래 두터웠던 흑돌이 공격당하는 결과여서는 주객이 전도된 모양이다.

건너붙임 따냄(살리기)

제1형 백번

(1439)

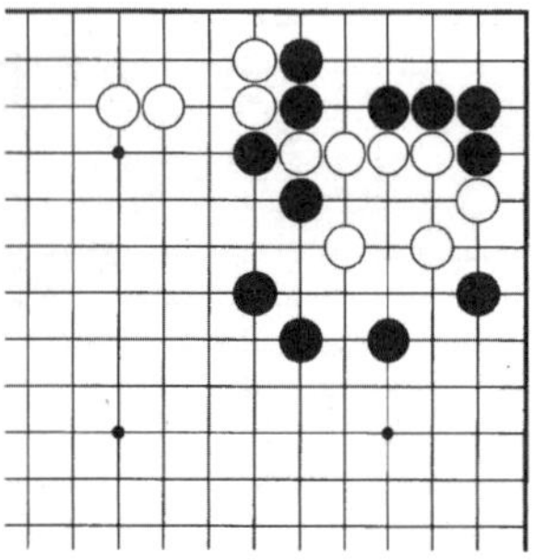

## 요석

오른쪽의 백을 살리고 싶다.
우변에서 사는 것보다도 백을 끊고 있는 요석인 흑 1점을 잡는 것이 효율적이다.

解

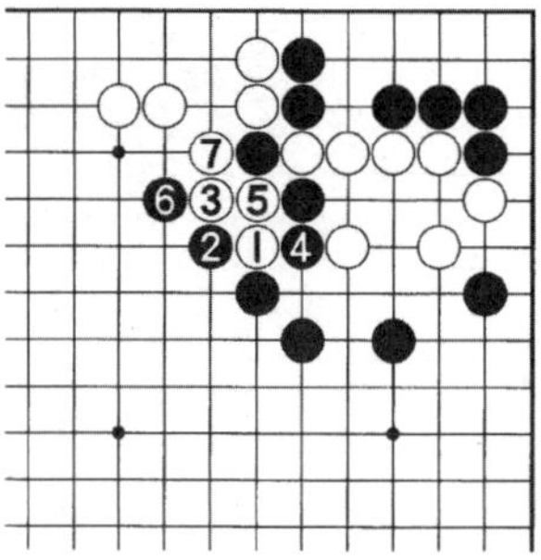

## 연결

백1의 건너붙임이 최선이다.
흑2에 백3으로 되젖혀 요석 1점을 잡고 연결한다.
백7까지 백 성공이다.

变

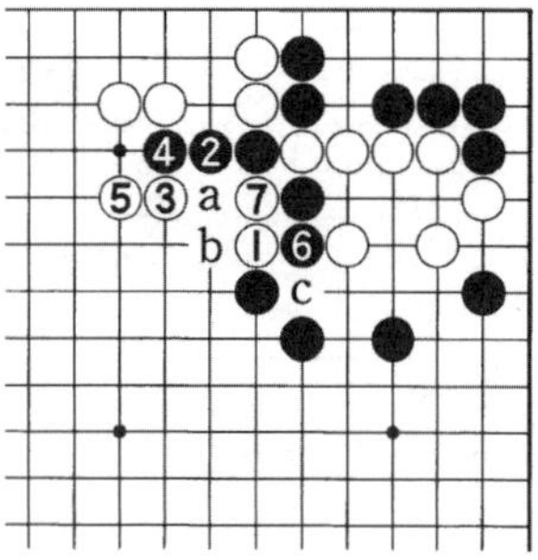

## 장문

흑2로 늘면 백3의 장문이 결정타로 7까지 흑은 도망가지 못한다.
흑2로 a면 백b, 흑3, 백7, 흑2, 백c.
백1로 7은 흑2로 도망치기 편해진다.

(1440)

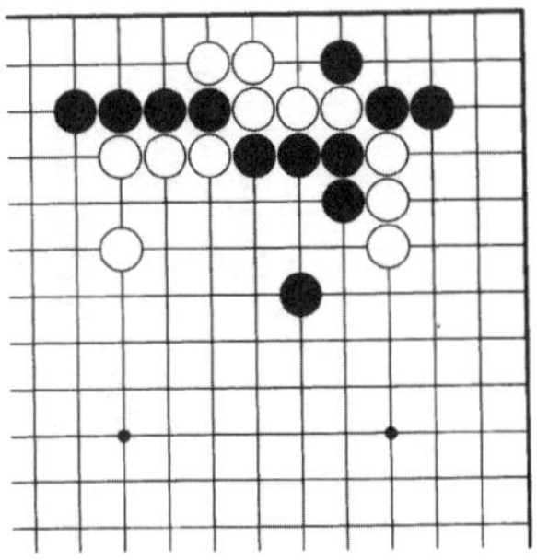

解

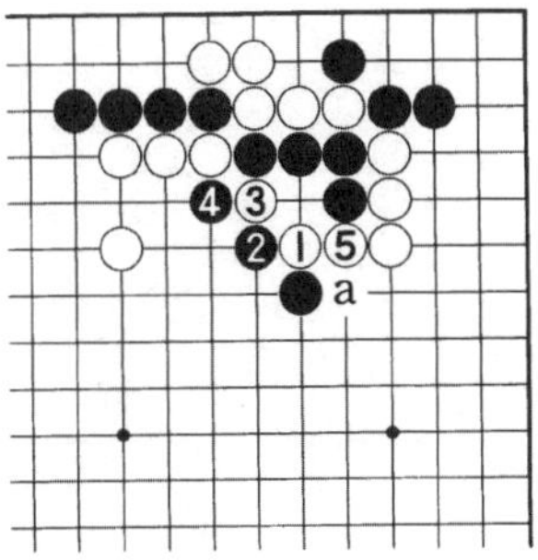

变

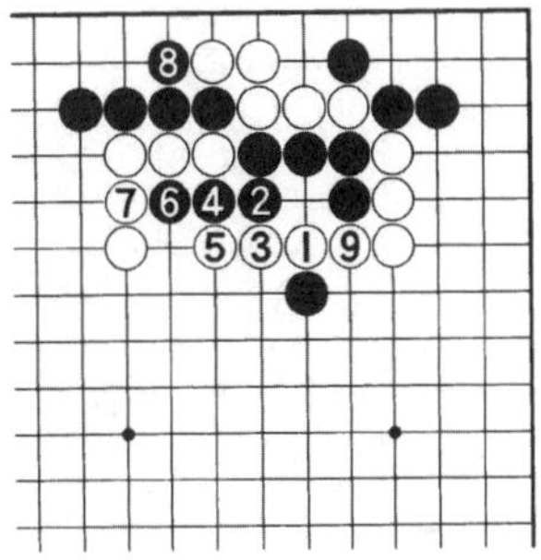

**제2형 백번**

### 요석

상변의 전투.
백을 세 개로 나누는 흑의 요석 4점을 잡으면 강한 돌로 변할 수 있다.

### 환격

백1의 건너붙임이 좋은 수로 흑2로 막으면 백3으로 끼워 끊고 5까지 환격으로 잡는다.
흑2로 5라면 백a, 흑2, 백3.

### 백 승

흑2로 구부려 도망치면 백3 부터 7까지 공배를 메우면서 쫓아 흑은 3수 이상 늘어나지 않는다. 9까지 수상전은 백의 한 수 승.

(1441)

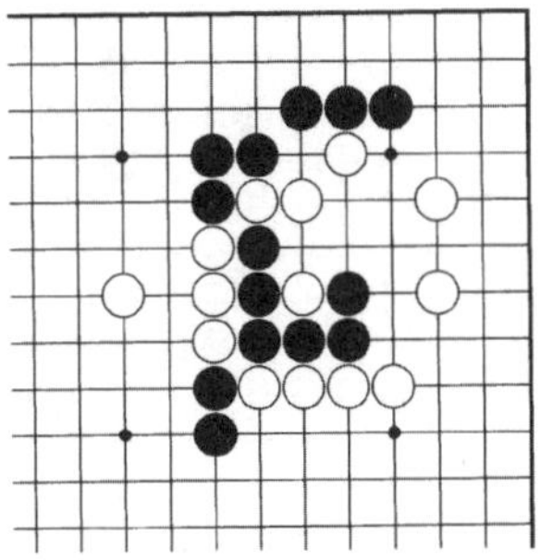

解

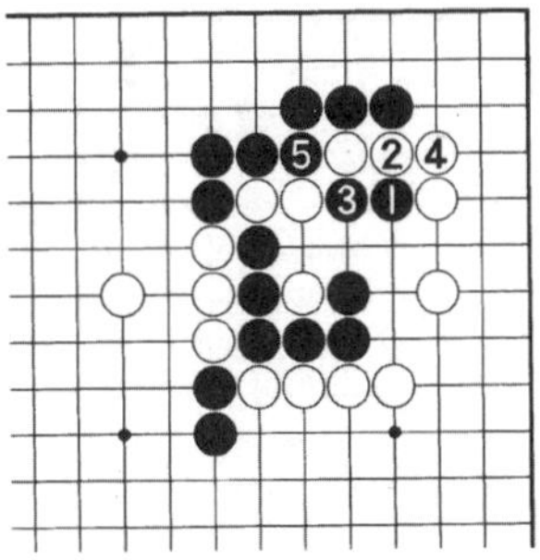

变

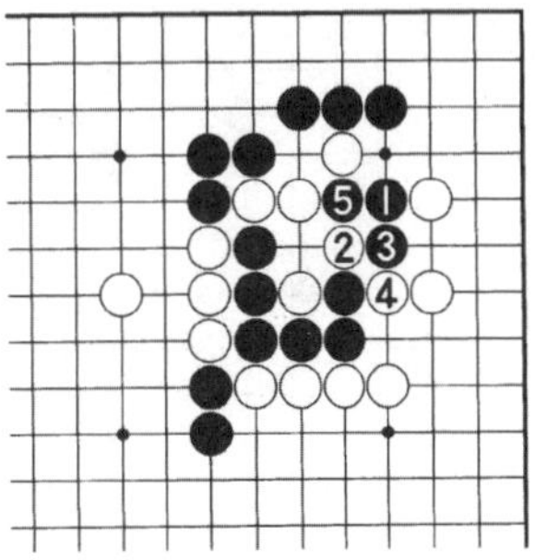

**제3형 흑번**

### 반격

중앙의 전투.
백에게 포위된 흑 6점은 우상의 백에 반격하여 생환시킬 수 있다.

### 부활

흑1의 건너붙임이 날카로운 수로 백2로 막으면 흑3으로 치받아 양쪽 끊음을 맛본다.
백4와 흑5로 중앙의 백 2점을 잡고 부활한다.

### 촉촉수

백2, 4로 중앙을 공격해도 흑5로 단수쳐서 백 2점을 촉촉수로 잡는다.
백2로 3은 흑2로 그만이다.

(1442)

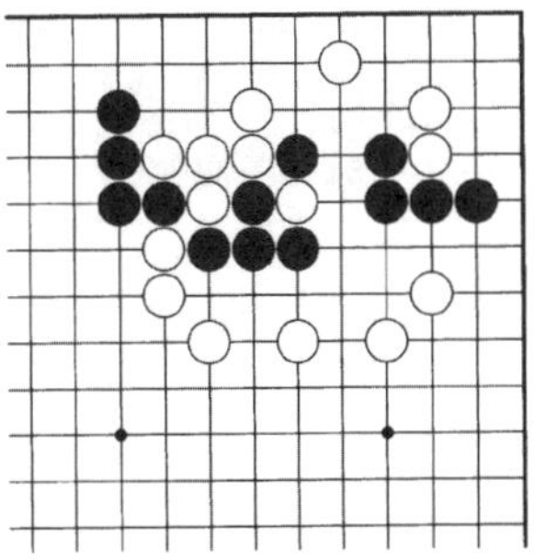

解

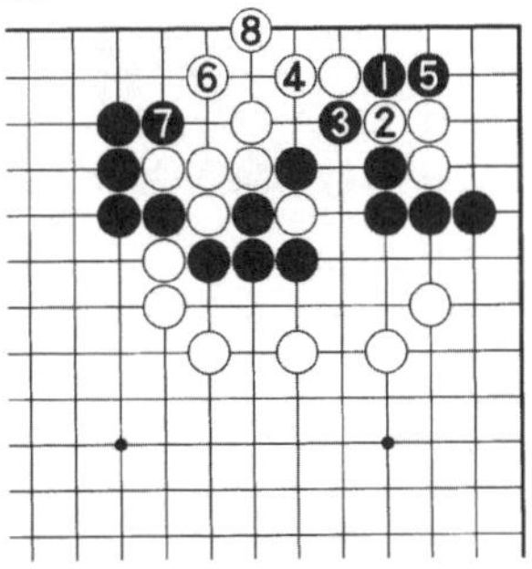

变

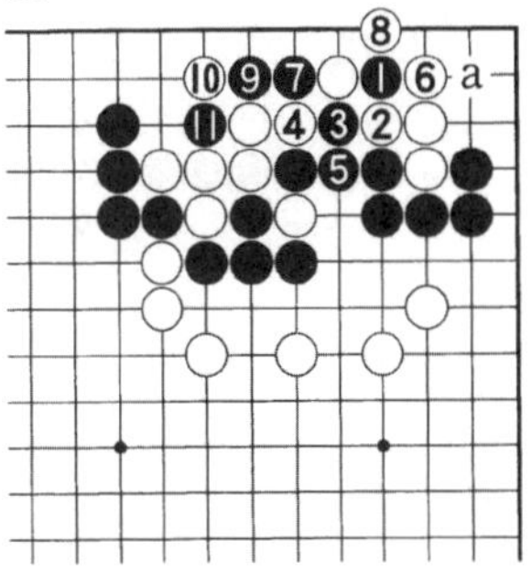

**제4형 흑번**

### 잡다

백에게 포위된 흑은 아직 2집이 없다. 중앙에서 살려고 하는 것보다 상변에 있는 백의 엷음을 찔러 백의 일부를 잡는 쪽이 낫다.

### 3점 잡기

흑1로 건너붙이는 수가 냉엄하다.
백2, 4로 받으면 흑5로 백 3점을 잡고 살 수 있다.
백은 6, 8로 집을 만들 수밖에 없다.

### 촉촉수

백4로 단수치고 6으로 귀의 흑 1점을 잡으면 흑7, 9로 상변의 백을 공격하여 흑11까지 촉촉수의 모양이다.
귀는 흑a의 공격수단도 남아 있다.

제5형 흑번

(1443)

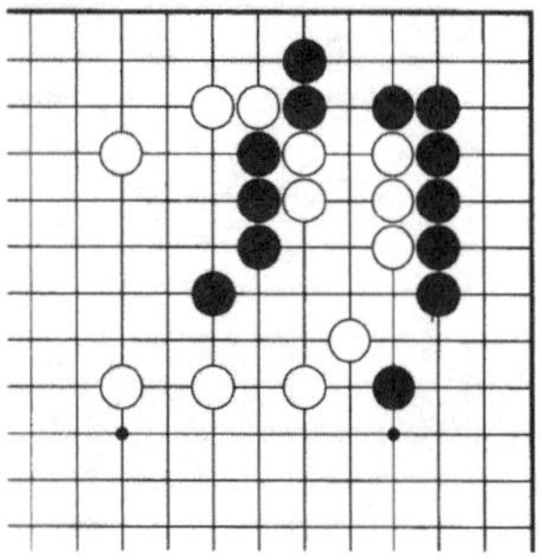

### 연결

맥의 효과로 중앙의 흑 4점을 살린다.
도망치는 것만으로는 불리하다. 우상의 백을 공격하여 귀의 흑에 연결한다.

解

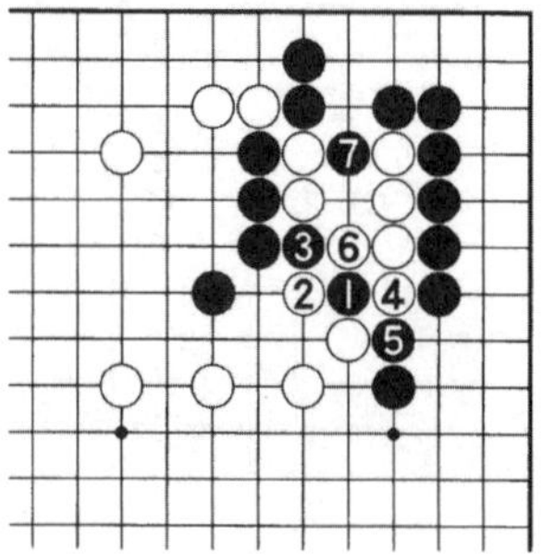

### 2점 잡기

흑1로 건너붙여 우상의 백을 자충으로 만든다.
백2부터 4로 나가면 흑5로 끊는다. 백6, 흑7로 요석인 백 2점을 촉촉수로 잡는다.

変

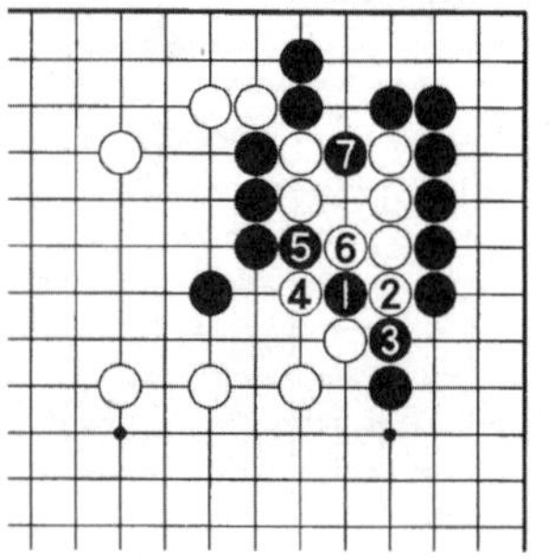

### 같은 모양

백2, 4로 수순을 바꿔도 흑5로 나가면 똑같다.
백은 건너붙임을 방지하기 위해서 흑1을 두기 전에 3으로 밀어두었어야 한다.

건너붙임 따냄

제1형 흑번

(1444)

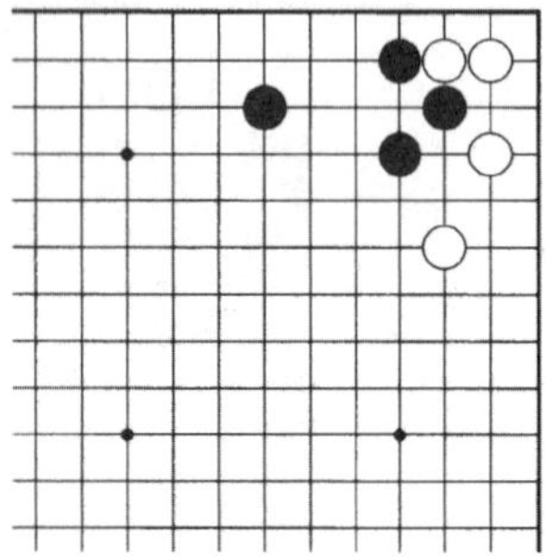

### 수순

우상귀의 백 2점을 공격하여 잡는다. 수순을 틀리면 귀와 우변을 분리하여도 귀에서 살아 실패한다.

解

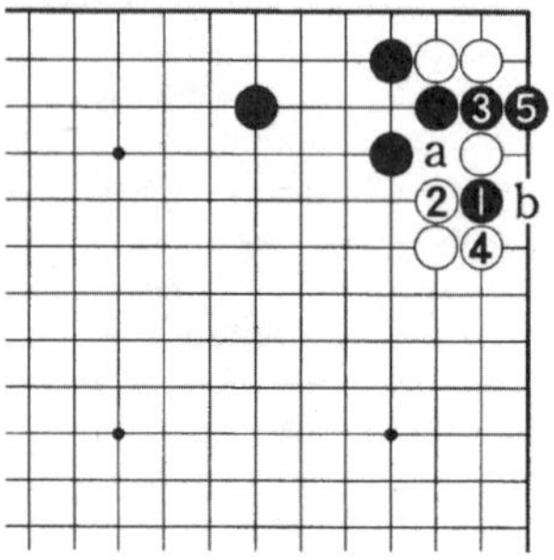

### 흑 성공

흑1로 건너붙이는 것이 멋진 수순이다.
백2로 막을 수밖에 없지만 흑3으로 나가서 2점을 잡아 성공이다. 백4로 5, 흑a, 백b로 패는 백이 무리이다.

失

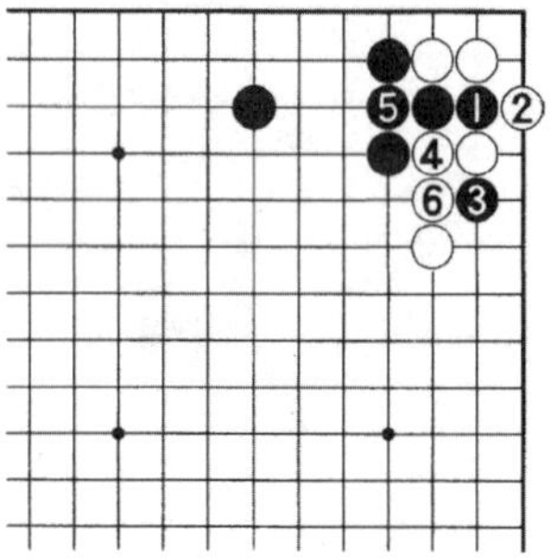

### 백 탈출

흑1로 먼저 나가면 실패한다.
백2 이후 흑3으로 건너 붙여도 백4로 단수를 당해 귀를 잡을 수 없다.

제2형 흑번

(1445)

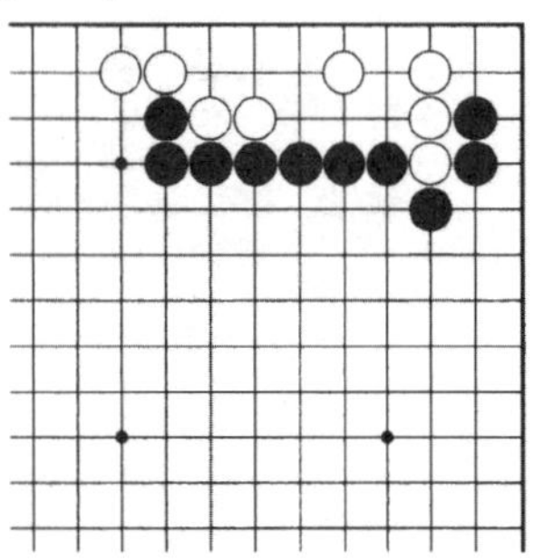

### 분단

상변에 있는 백의 연결을 막아 백을 분단시키고 싶다.
자충에 걸린 백 2점을 노린다.

解

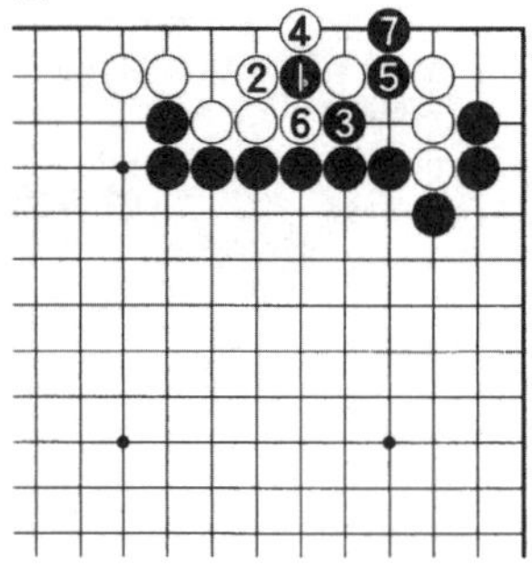

### 3점 잡기

흑1의 건너붙임이 맥이다.
백2라면 흑3을 활용한다.
백4, 6으로 받으면 흑7까지 백 3점을 잡는다.
백2로 6은 흑3.

変

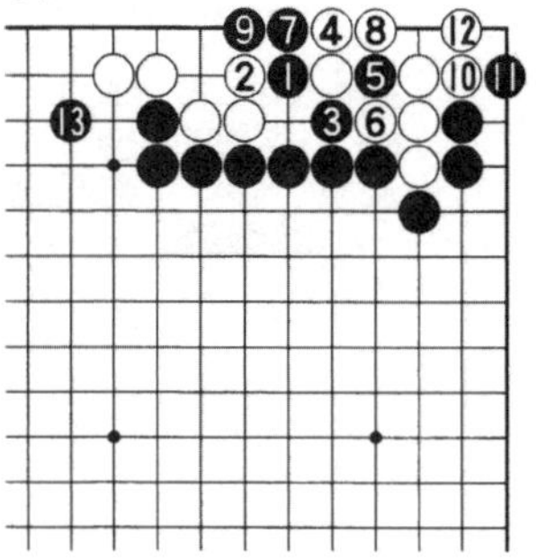

### 백 불리

백4로 저항하면 흑5로 끼우는 수가 맥으로 흑7이 선수가 된다. 백12까지 귀에서 살아도 흑13으로 상변을 공격당해 백이 불리한 싸움이다.

제3형 흑번

(1446)

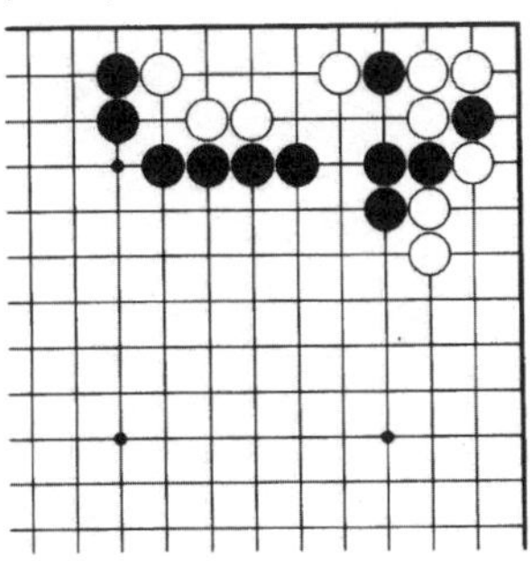

## 엷음

상변에 있는 백의 엷음을 노리는 문제이다.
애써 노렸어도 욕심을 부리면 불발한다.

解

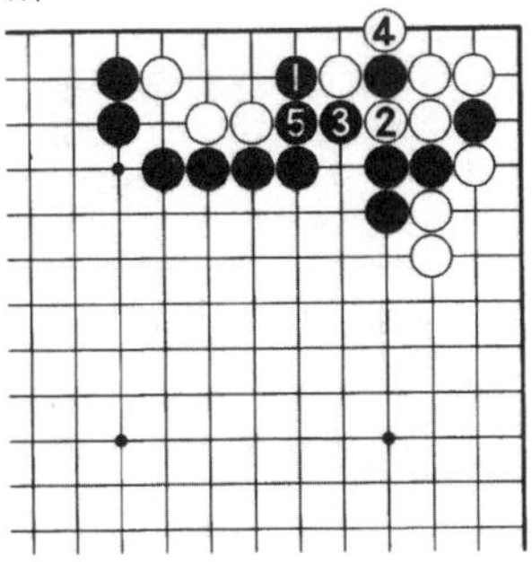

## 3점 잡기

흑1로 곧바로 건너붙여야 한다.
백2로 나가고 흑3으로 백 3점을 수중에 넣는다. 흑3은 5로 잇기 전에 두어야 할 수순이다.

失

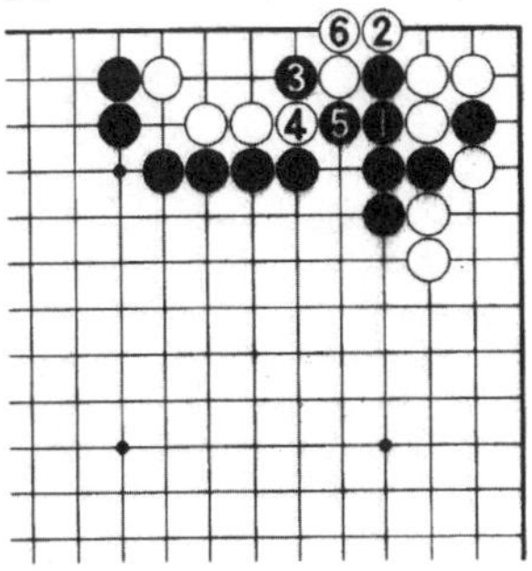

## 백 수습

흑1로 먼저 이으면 실패한다.
흑3으로 건너 붙여도 백4로 막고 흑5의 끊음은 백6으로 수습하여 연결한다.

제4형 백번

(1447)

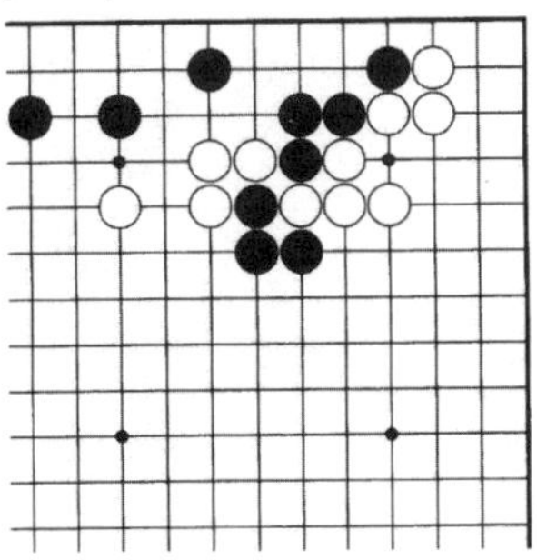

## 차단

상변의 흑을 끊고 중앙에서 뜬 돌이 된 백은 우상의 흑 4점을 잡아 강력한 돌로 변할 수 있다.

解

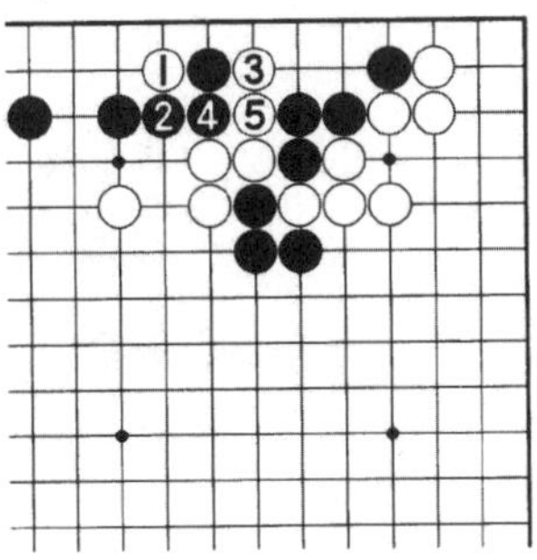

## 4점 잡기

백1로 왼쪽으로 건너붙이는 수가 좋다.
흑2로 막으면 백3으로 한 번 더 건너붙여 흑의 건넘을 막는다. 흑2로 4는 백2로 그만이다.

変

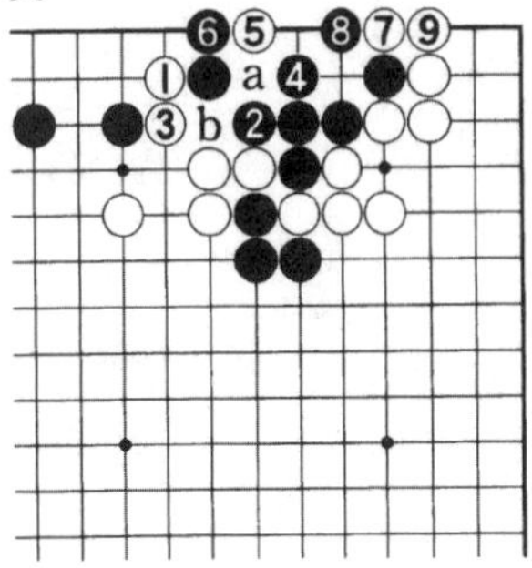

## 흑 망함

흑2로 받으면 백3. 흑4로 집을 만들어 살려고 하면 백5 부터 9까지 흑을 잡는다.
백1로 오른쪽 a로 건너붙이면 흑2, 백b, 흑4로 살 수 있다.

제5형 흑번

(1448)

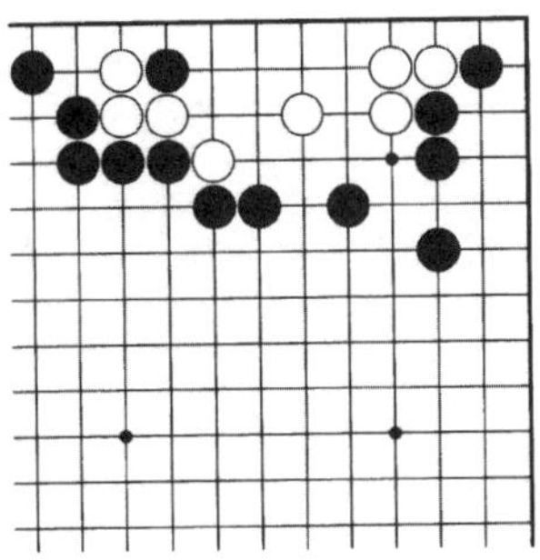

## 반분

상변의 백은 완전하다 할 수 없다.
흑은 전체를 잡지는 못하지만 수읽기를 연구하면 반은 잡을 것 같다.

解

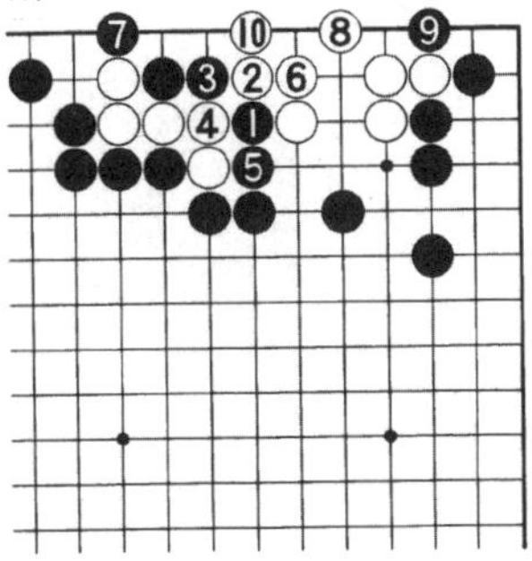

## 5점 잡기

흑1로 건너붙이고 백2로 젖힘에 흑3으로 막는 수가 강수이다.
백4, 6으로 받으면 흑7로 백 5점을 잡는다.
백10까지 후수로 산다.

変

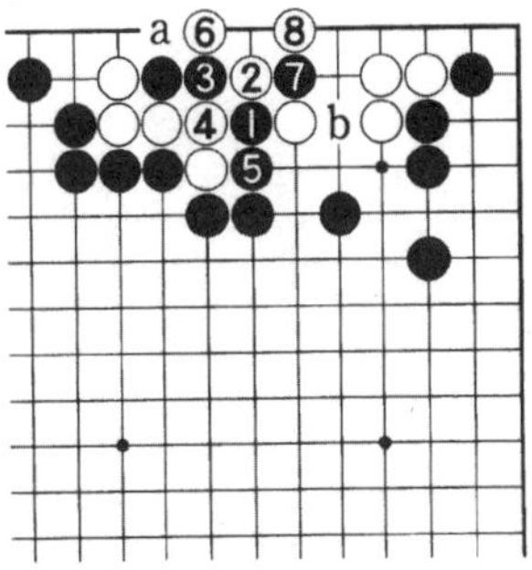

## 패

백6으로 2점을 단수치면 흑7로 끊는다. 백a는 흑b로 백은 전멸한다.
백8로 두어 전체의 사활을 건 패가 되므로 백은 정해도가 오히려 낫다.

(1449)

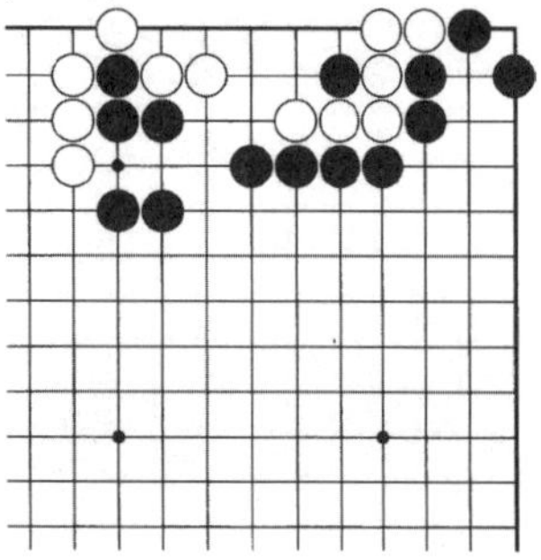

解

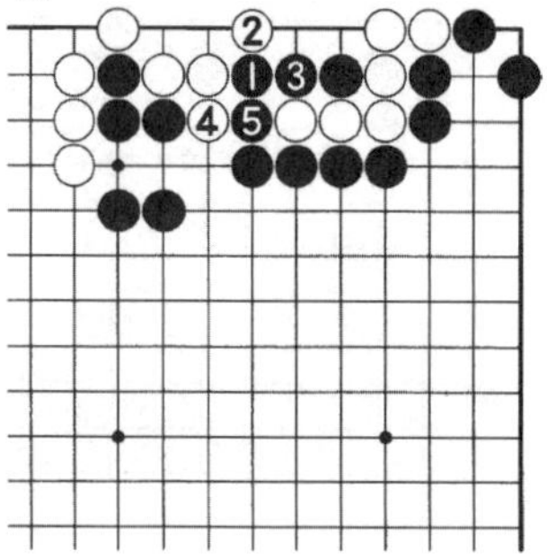

変

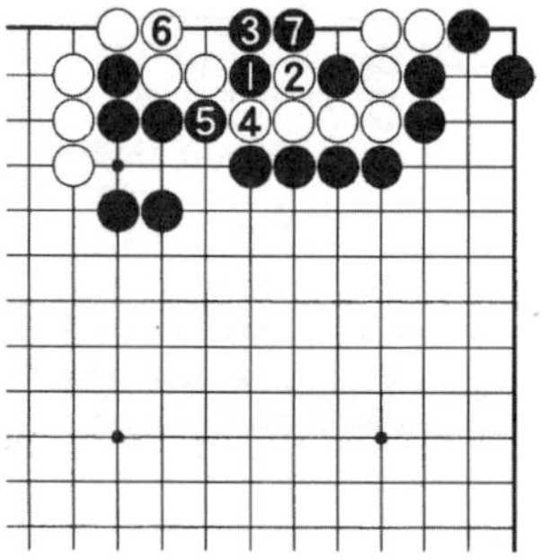

제6형 흑번

### 함정

흑 1점을 잡은 우상의 백은 넓은 궁도를 갖고 있지만 자충이라는 함정에 한 발을 담그고 있다.

### 흑집

흑1로 건너붙이는 수가 날카롭다. 이 수로 상변은 흑집으로 바뀌게 된다.

백은 2로 젖히고 흑3, 백4로 우상을 버리고 끝내기하는 정도이다.

### 자충

백2로 저항하면 흑3, 백4, 흑5 이후 백은 자충으로 흑7로 백이 잡힌다.

백2로 4도 흑5, 백2, 흑3으로 같은 모양이다.

(1450)

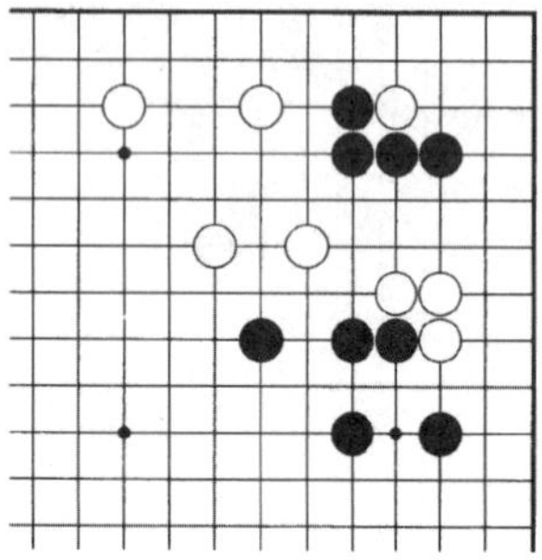

解

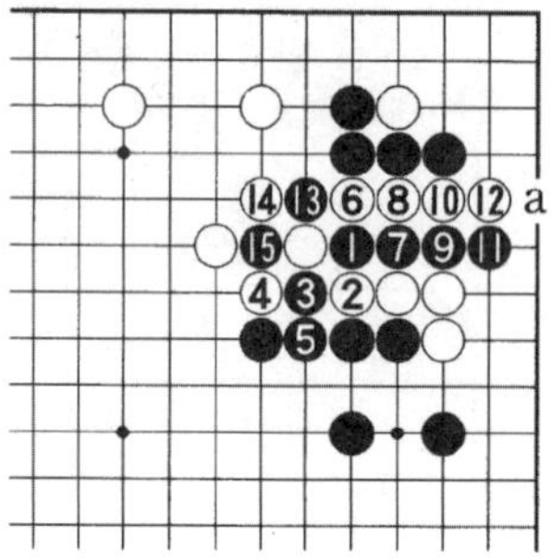

失

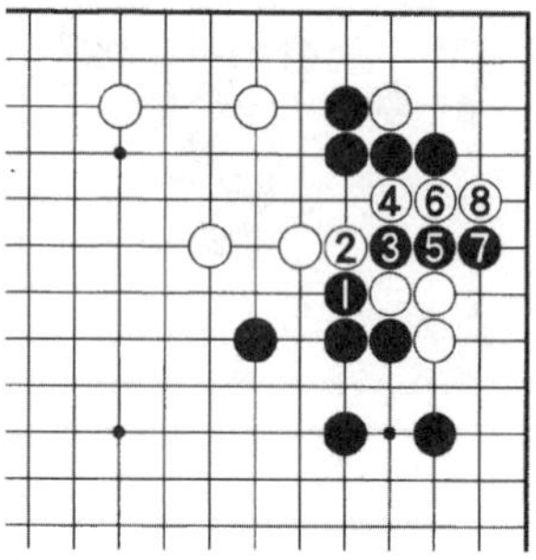

제7형 흑번

### 잡다

우상귀의 흑은 매우 두텁다. 우변의 백은 그에 비해 엷은 모양이다. 우변의 백 3점을 노린다.

### 패

흑1의 건너붙임이 끊는 맥이다. 백2로 저항할 수밖에 없다.

흑5 이후 백6부터 12까지 나가면 흑13으로 끊어 패가 된다.

흑은 a로 건너도 충분하다.

### 악수

흑1은 날일자 찌르기의 악수이다.

백2로 받아 되지 않는다.

흑3으로 끊어도 백6, 8로 공격해서 반대로 흑이 잡혀버린다.

(1451)

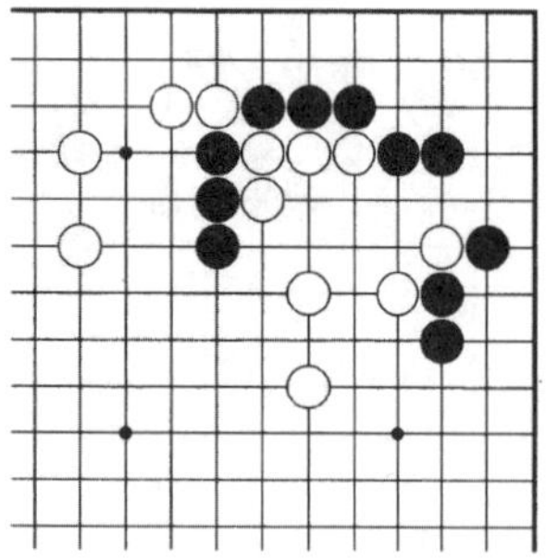

解

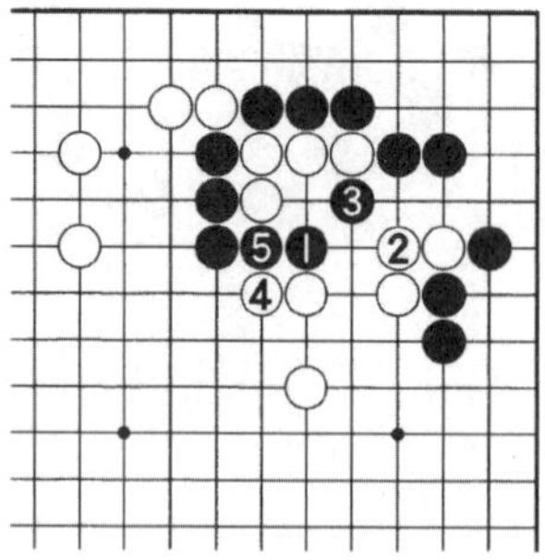

変

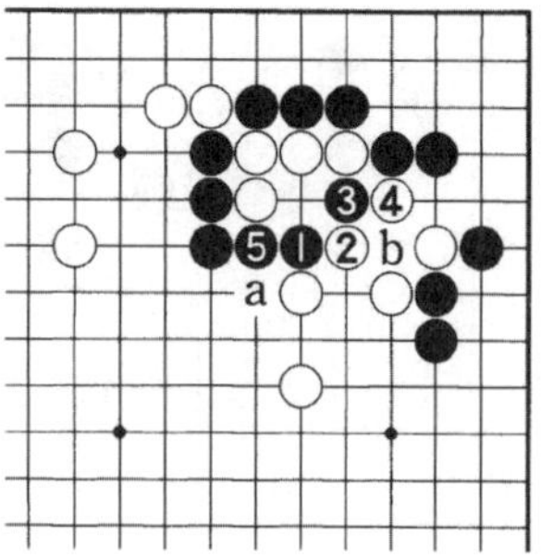

제8형 흑번

### 반격

중앙의 흑 3점은 고립되어 있지만 백 4점의 자충을 추궁하면 백을 잡을 수 있다.

### 4점 잡기

흑1의 건너붙임이 날카롭다.

백2로 이음은 손해를 최소화하는 응수이다.

흑3으로 도망칠 길을 막고 5로 4점을 잡는다.

### 환격

백2로 막으면 흑3으로 그만이다.

흑5까지 환격 모양이다.

백2로 5는 흑a로 끊고 백3, 흑2, 백4, 흑b로 저항한 백이 전멸한다.

(1452)

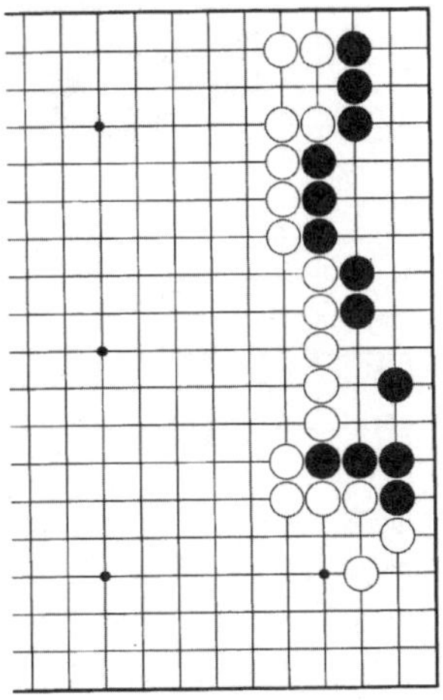

解

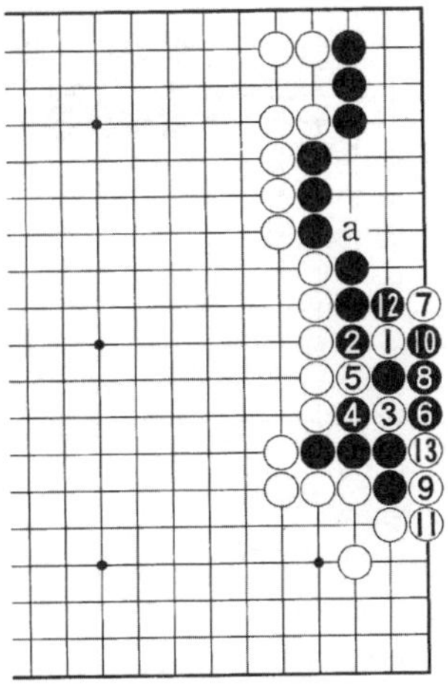


変

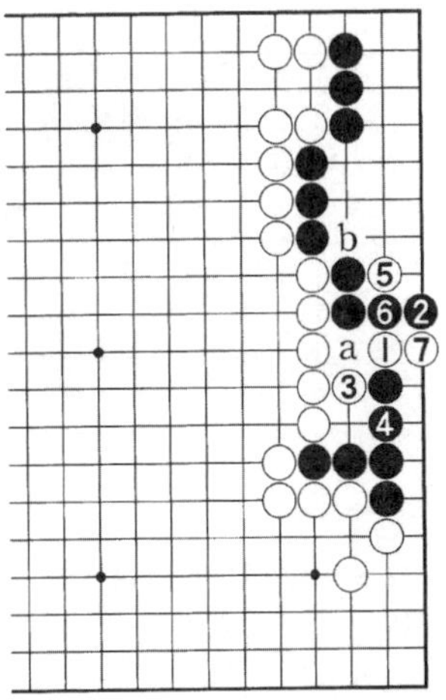


제9형 백번

## 4점 잡기

우변의 흑집에서 수를 내고 싶다. 흑의 자충을 추궁하여 우하의 흑 4점을 잡는다.

흑의 저항을 뛰어넘는 멋진 수를 준비해야한다.

## 촉촉수

백1로 건너붙이는 수가 맥이다. 흑2로 막으면 백3으로 끼우고 백5로 끊는다. 백7의 입구자가 좋은 수로 백9, 11로 우하에서 공격하여 백13까지 5점은 촉촉수로 잡는다.

흑8로 12에 두면 백a가 있다.

## 절묘수

백1의 건너붙임에 흑2로 뛰는 것은 최강의 저항이나, 백3을 활용하고 5로 붙이는 수가 절묘한 수가 된다. 흑6은 백7로 막아 상하로 분리되고 흑a는 백b이다.

백5로 a에 이으면 흑7로 아무 수도 안 난다.

(1453)

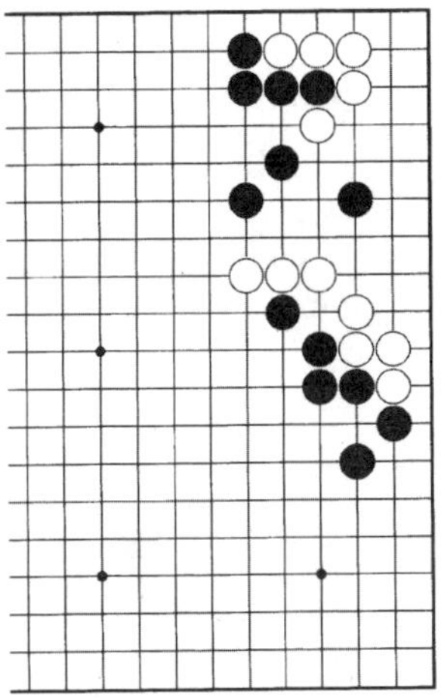

解

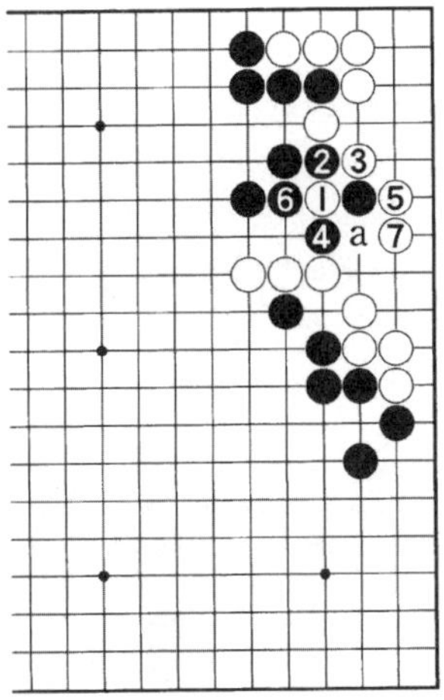


変

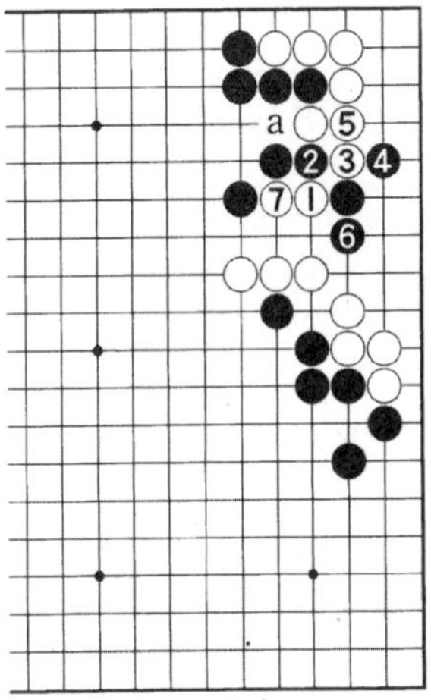


건너붙임 건넘

제1형 백번

## 약함

흑 1점이 위아래의 백을 분단하고 있다.

흑의 허약함을 파고들어 백을 위아래를 연결하면 우변은 백집이 되고 위아래가 강한 돌이 된다.

## 건넘

백1의 건너붙임이 상용의 맥이다. 흑2로 나가고 백3으로 끊으면 흑4로 잡을 수밖에 없다.

백5로 단수치고 7로 건너가서 성공이다.

흑6으로 a는 백7.

## 흑 무리

흑4의 단수를 선수하고 6으로 늘어 우변에서 살려고 하는 것은 무리. 백7로 쌍립서면 a로 나가는 수도 생겨서 우변 흑이 전부 잡힌다.

제1형 흑번

(1454)

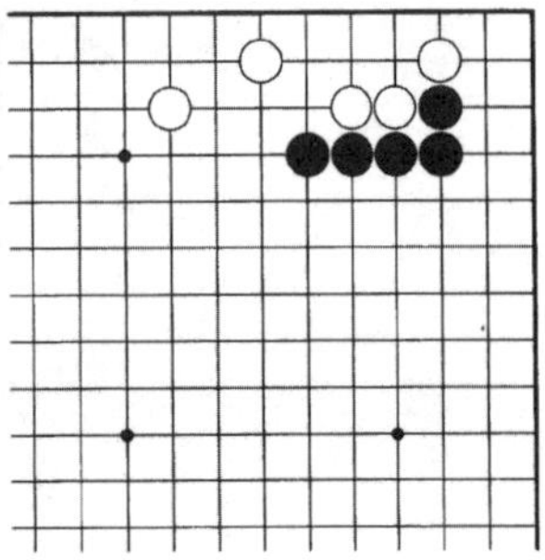

## 찬스

상변의 모양을 결정하는 문제.
백의 귀에 젖힌 수를 추궁하여 상변의 백을 공격할 기회가 왔다.

解

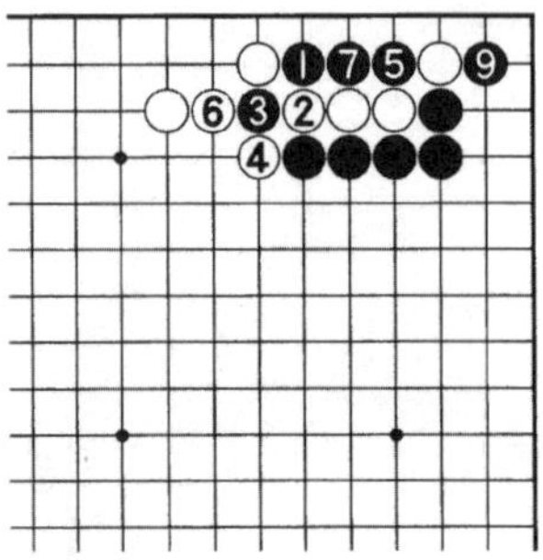

## 흑 성공

흑1의 건너붙임은 좌우를 분단시키는 맥이다.
백2로 나가면 흑3으로 끊어 백의 모양에 약점이 생긴다. 흑5부터 9까지 흑 성공이다. ※⑧→❸

変

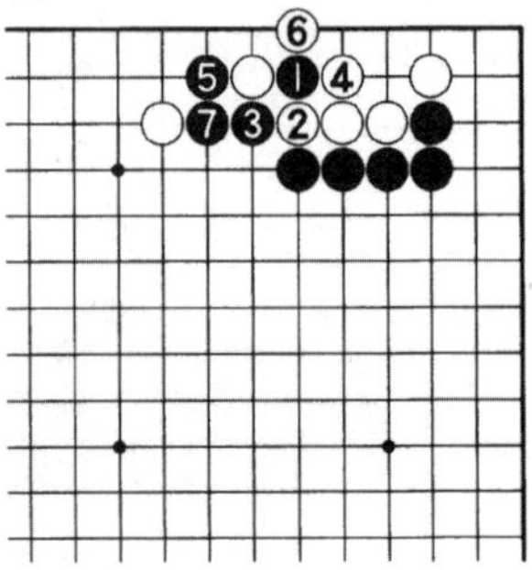

## 분리

백4로 흑1의 1점을 잡는 변화이다.
흑5로 단수치고 7로 이음으로 상변에 있는 백 1점을 분리시키게 된다.
흑은 우변에서 상변까지 두터운 세력을 얻었다.

제2형 흑번

(1455)

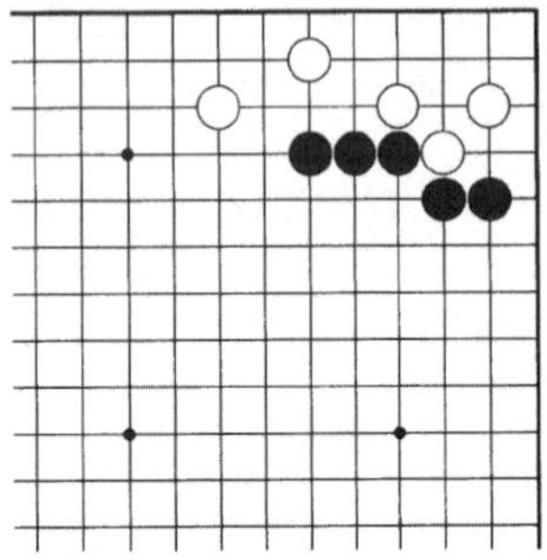

## 분단책

상변의 전투.
우상귀에서 상변에 진출한 백은 엷은 모양이다. 흑은 백을 좌우로 분리시키면 좋지만...

解

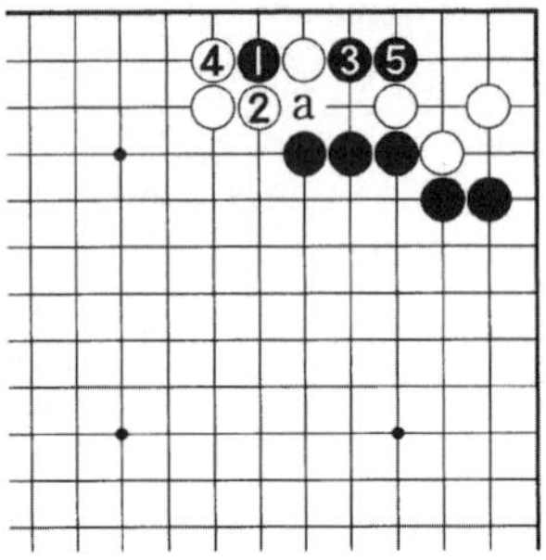

## 3점 잡기

흑1의 건너붙임이 절단하는 맥이다.
백2로 막으면 흑3이 후속타로 5까지 귀의 백 3점을 잡는다.
백2로 a는 흑2.

失

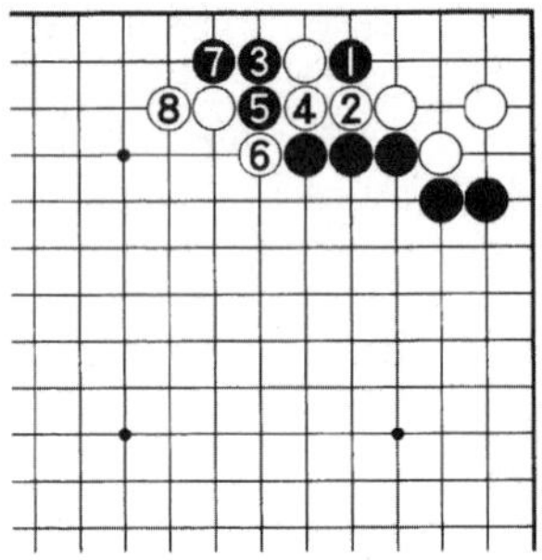

## 흑 무리

흑1도 건너붙이는 맥이지만 수순이 나쁘다.
백2, 흑3 이후 백4의 저항이 있어 백8까지 흑이 무리이다.

제3형 백번

(1456)

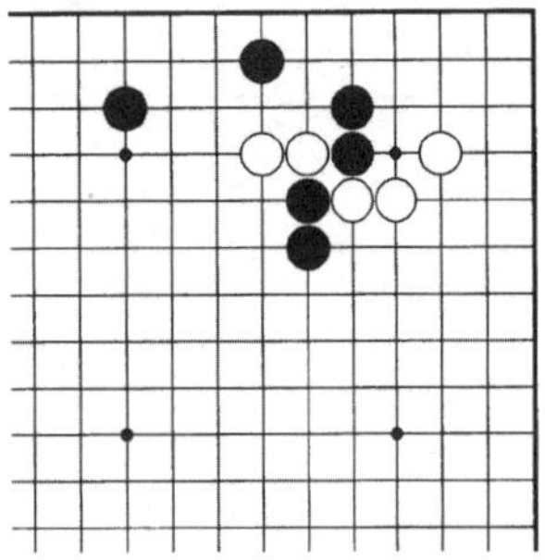

## 싸우다

상변에 흑돌이 많지만 엷은 모양이다.
백 2점은 흑의 엷음을 추궁하여 강하게 싸울 수 있다.

解

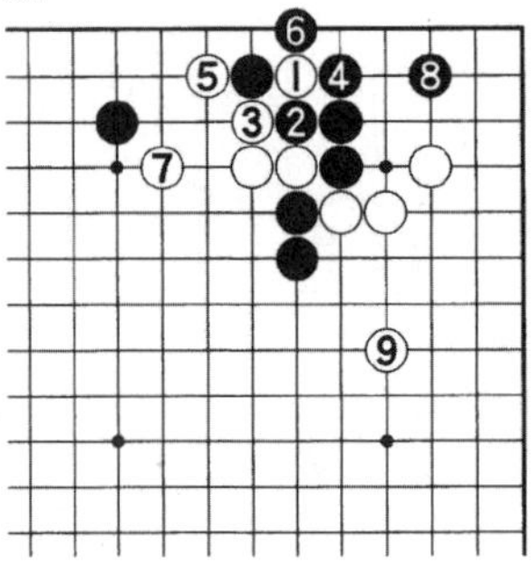

## 백 유리

백1의 건너붙임이 냉엄한 맥이다.
흑2와 백3으로 절단하면 흑4로 지켜야 한다. 백5, 7로 상변을 탈출시키고 9까지 백이 유리한 싸움.

失

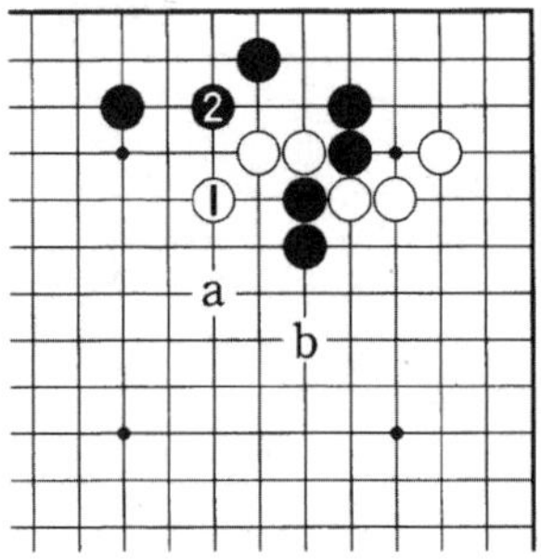


## 흑의 흐름

백1의 입구자는 흑2로 지켜서 기회를 놓친다.
이후, 백a는 흑b. 흑은 중앙의 백을 공격하면서 우변으로 진출하여 흑의 흐름의 전투가 되었다.

**제4형 흑번**

(1457)

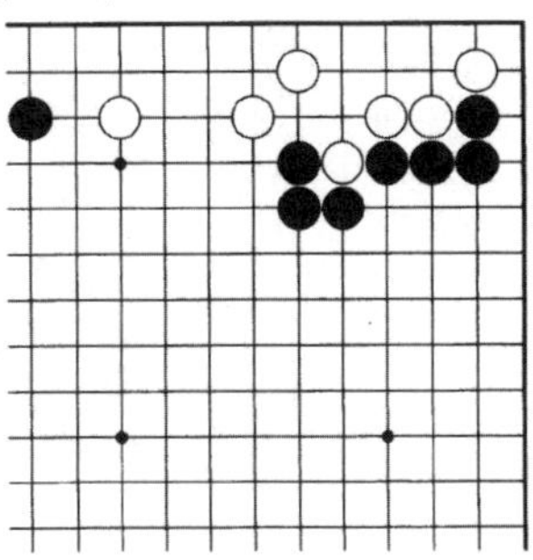

### 첫 수

백은 우상귀와 상변이 연결된 것 같지만 자충이라는 결함이 있다. 흑의 첫 수로 결정이 난다.

解

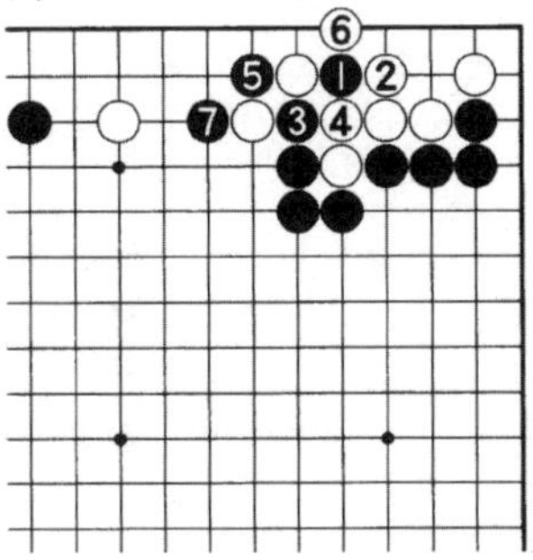

### 흑 성공

흑1의 건너붙임이 급소이다.
백2로 받으면 흑3으로 막아 백4로 흑 1점을 잡을 수밖에 없다.
흑5, 7로 상변을 무너뜨려 성공이다.

変

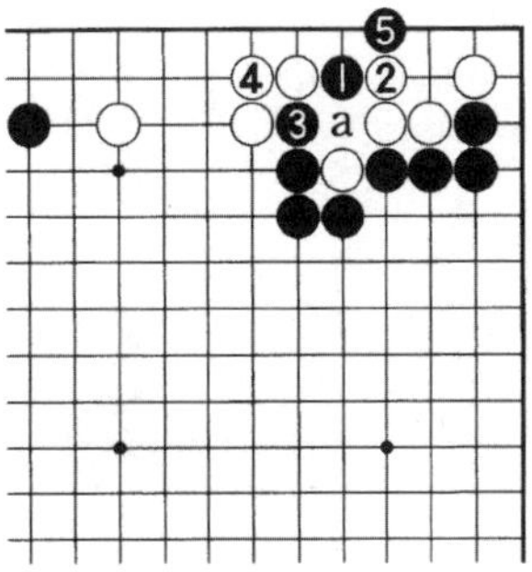

### 자충

백4로 받는 것은 흑5로 젖혀 귀가 잡힌다.
백은 자충에 걸렸기 때문에 a에 둘 수 없다. 백2로 a는 흑3, 백2, 흑4로 정해도와 같아진다.

**제5형 흑번**

(1458)

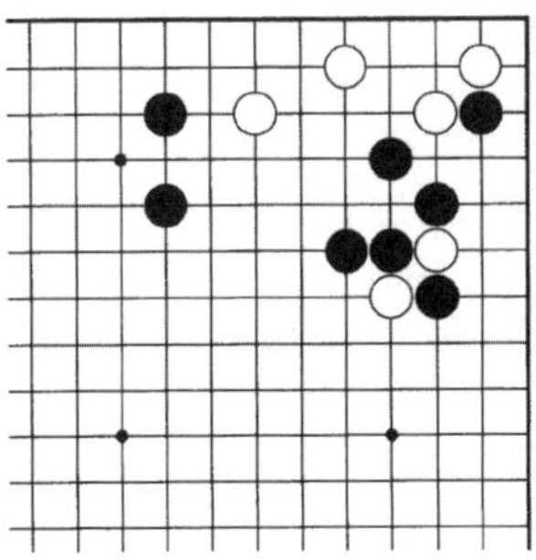

### 약점

상변의 전투.
귀에서 상변으로 연결된 백에게 는 자충이라는 약점이 있다.
흑은 백을 좌우로 분단시킬 수 있다.

解

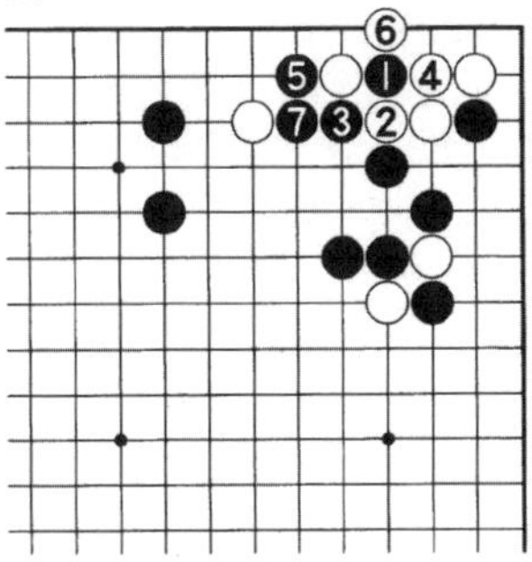

### 분단

흑1의 건너붙임이 냉엄한 맥이다.
백2로 막으면 흑3으로 끊어 백은 자충에 걸린 모양이다.
백4로 귀를 지키면 흑5, 7로 상변을 끊는다.

変

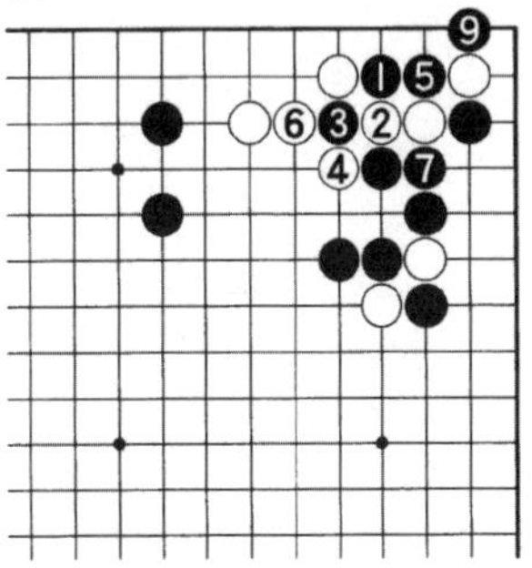

### 백 안형 없음

백4로 중앙을 끊는 변화.
흑5로 귀를 끊으며 단수이다.
백6에 흑7, 9로 귀를 잡아 상변의 백은 한 집도 없는 모양이다.
※⑧→❸

**제6형 흑번**

(1459)

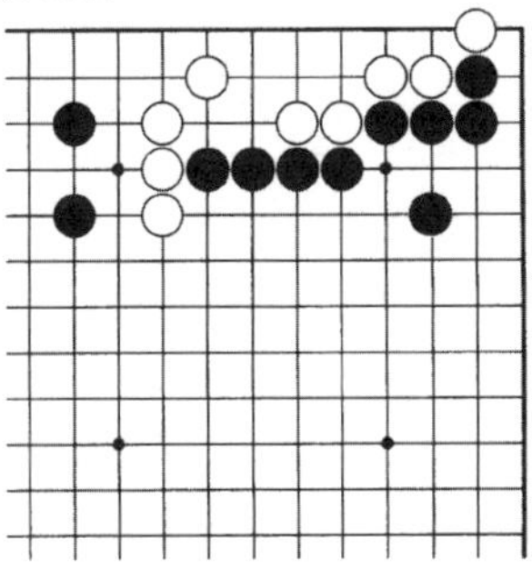

### 분리

우상귀와 중앙의 백을 분리시키고 싶다.
백이 필사적으로 저항하면 패가 되지만 우상의 사활이 걸린 문제가 된다. 첫 수가 중요하다.

解

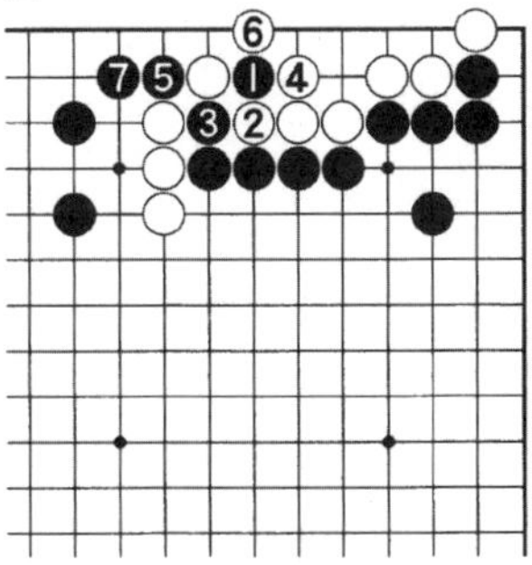

### 뜬 돌

흑1의 건너붙임이 결정적인 수이다. 백2, 4로 1점을 잡아 사는 정도가 된다.
흑7로 바깥 3점을 분리시켜 백은 뜬 돌이 된다.

変

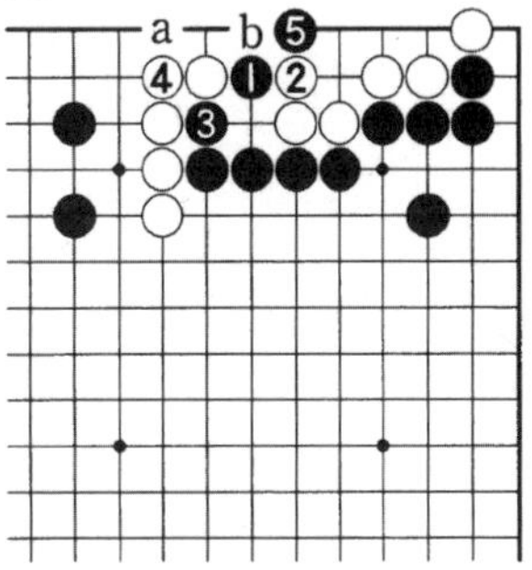

### 꽃놀이패

백2로 막으면 흑3으로 결정짓는다.
백4라면 흑5로 젖혀 우상의 백을 잡는다.
백4로 a, 흑5, 백b로 두면 흑의 꽃놀이패가 된다.

(1460)

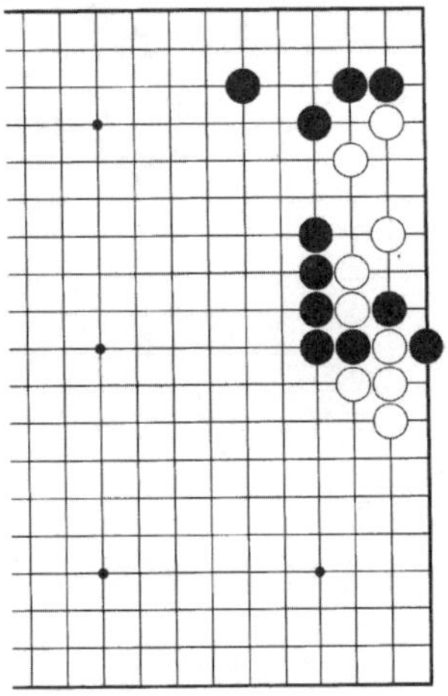

解

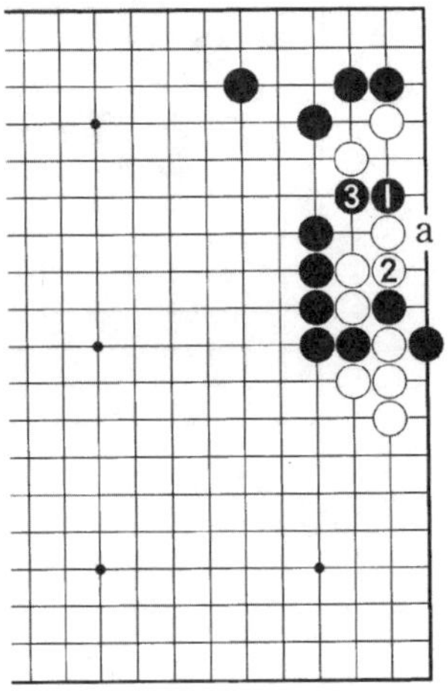

変

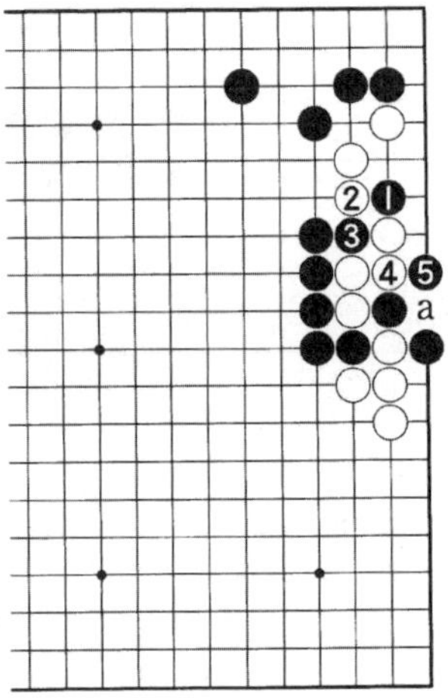

제7형 흑번

### 활력

우변의 백집에 끝내기 하는 문제. 백은 흑 2점을 잡고 있지만 흑 2점은 아직 숨이 붙어있다. 이후 어떻게 움직여야 할까?

### 분단

흑1의 건너붙임이 귀의 2점을 분리시킨다.

백2로 아래쪽을 지키면 흑3으로 돌아와 귀는 흑집이 된다.

흑a 젖힘이 선수가 되는 모양이다.

### 패

백2로 막아 저항하는 것은 흑3으로 끊어 백 2점이 단수이다.

백4 이후 흑5로 젖혀 흑의 꽃놀이패가 된다. 흑1로 3, 백4, 흑1도 거의 같은 결과. 하지만 패감 등으로 틀리게 된다.

(1461)

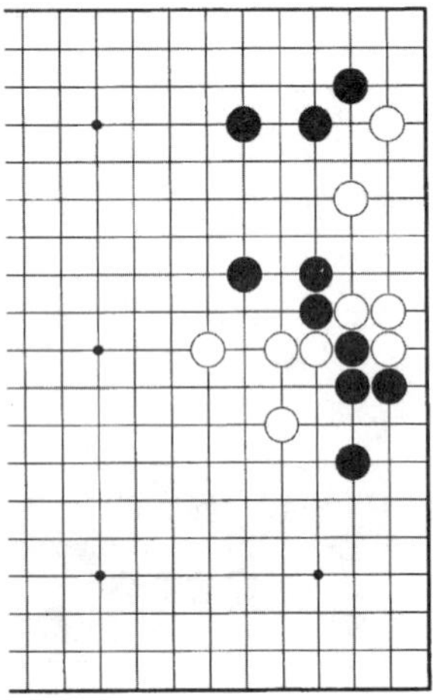

解

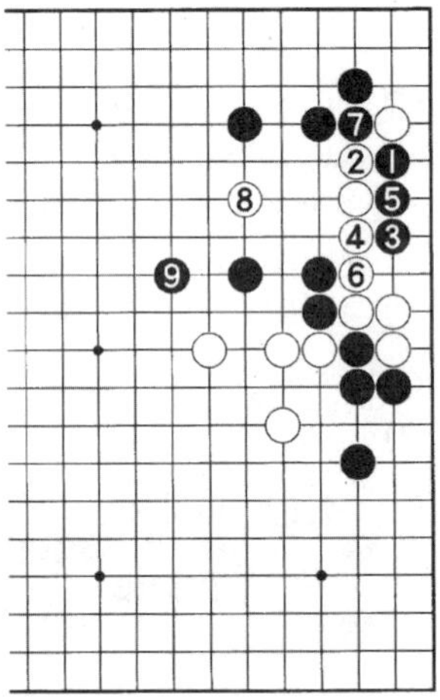

失

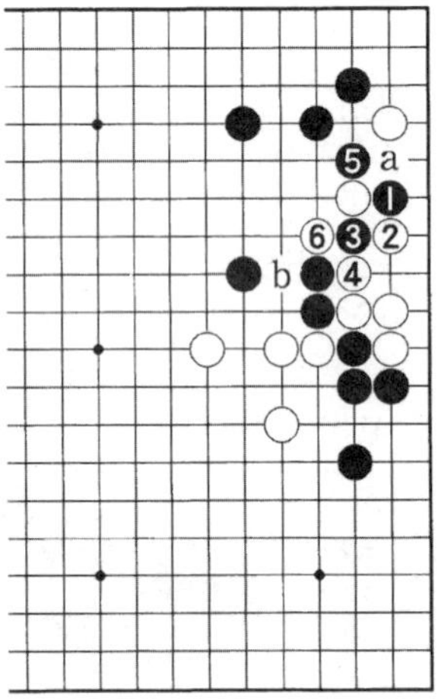

제8형 흑번

### 불안

우변의 백은 수습되어 있지만 전체 연결은 불안한 1점이 있다. 흑은 어디서부터 백의 옆음을 추궁해야 할까?

### 도려내다

흑1의 건너붙임이 냉엄한 노림을 가진 맥이다. 백2로 막은 뒤 흑3의 치중이 백집을 도려낸다.

백4, 6으로 연결하면 흑7로 잡아 백집이 없다. 백4로 5는 흑4로 백 3점을 잡아 충분하다.

### 흑 불만

흑1의 붙임도 백을 끊는 것을 노리는 수이다.

백2로 막으면 흑3의 끊음이 맥이지만 여기서는 백4, 6의 빵때림으로 흑a는 백b이다.

귀의 백 1점을 잡아도 흑은 불만.

건너붙임 분단(따냄)

제9형 흑번

(1462)

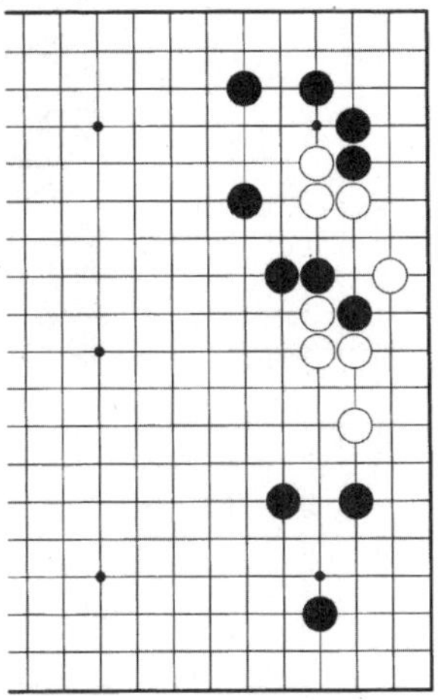

## 불완전

우상은 한 칸 높은 걸침 정석에서 나타나는 변화이다.

백은 우변을 연결한 것처럼 보이지만 이대로는 완전하지 않다. 어디서부터 우상의 백 3점을 분리해야 할까?

解

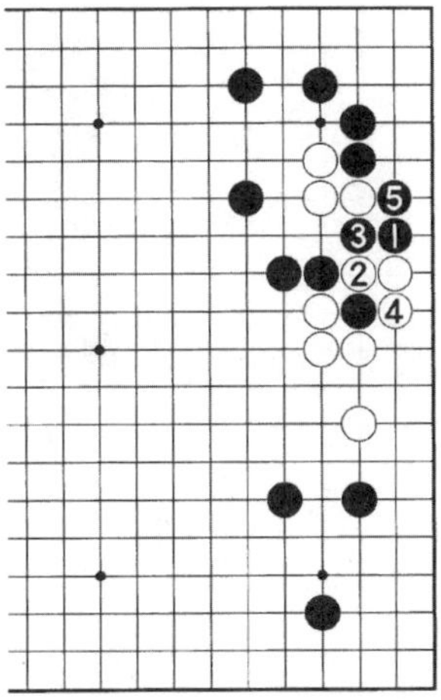

## 3점 잡기

흑1의 건너붙임이 급소이다.

백2로 나가면 흑3으로 막아 백4로 받을 수밖에 없지만 흑5로 건너 우상의 흑집이 커진다.

백2를 4로 받아도 흑5로 대동소이.

変

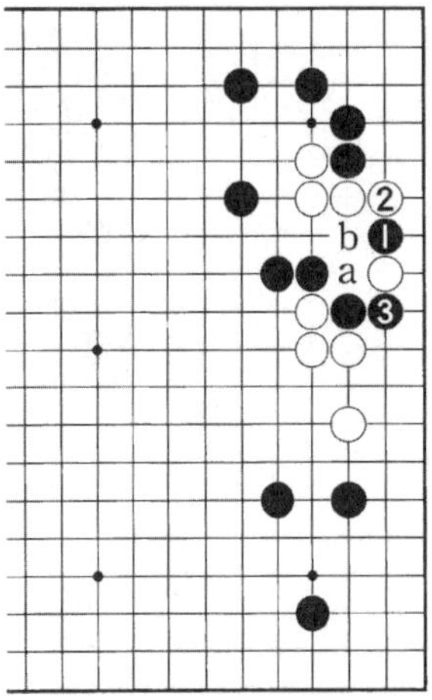

## 백 실패

백2로 받는 것이 흑a면 백3으로 건너겠다는 수이지만 흑3으로 나가서 실패한다. 백은 a에 둘 수 없다. 이후 백 b라면 흑a.

흑1로 a로 잇고 싶지만 백3, 흑1일 때 백2로 백은 연결된다.

제1형 흑번

(1463)

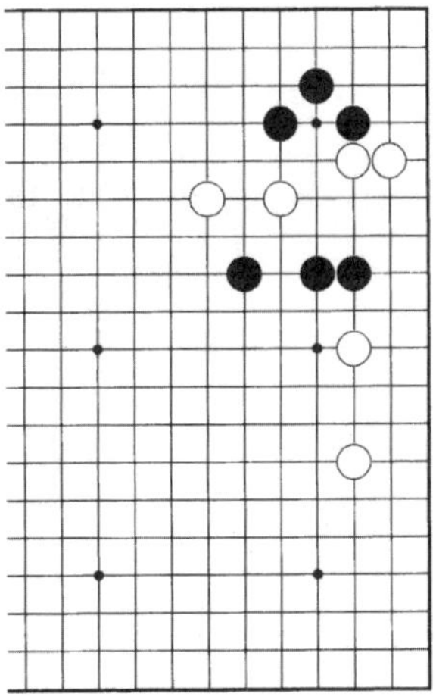

## 우위

우상의 전투 문제.

우변의 흑 3점이 도망치면 백이 주도권을 쥐게 된다.

우상의 백을 공격해서 확실하게 흑의 우위를 확립시켜야 한다.

解

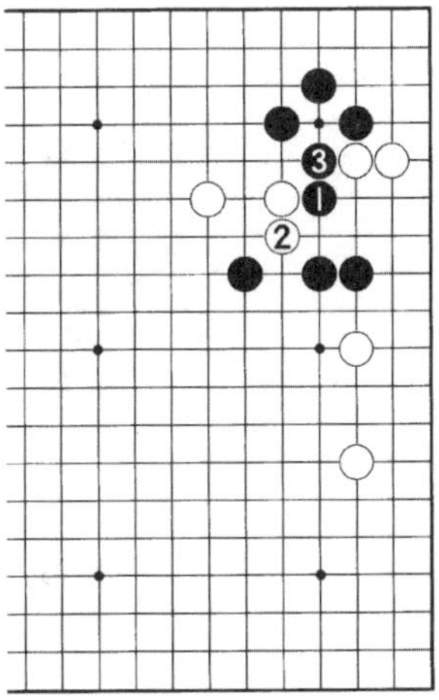

## 흑 성공

흑1의 건너붙임이 결정적인 맥이다. 백2는 '날일자 건너붙임은 끊지 말라'를 지킨 수이다.

흑3으로 돌아와 우상의 백 2점을 잡고 우변의 흑이 강해져 흑이 성공한 모양이다.

変

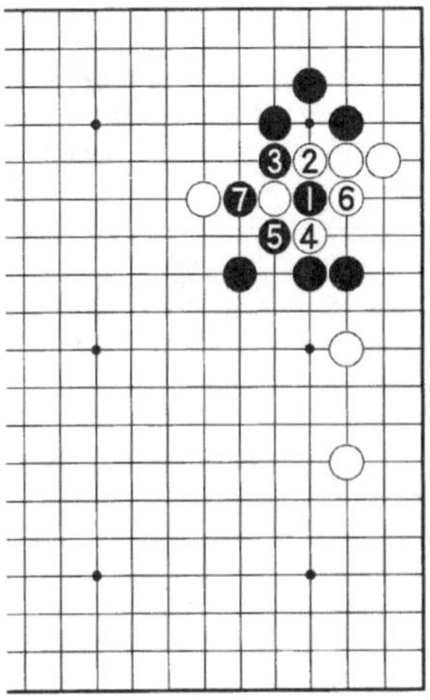

## 백 망함

백2로 흑을 막으면 흑3으로 끊는 수가 냉엄하다.

백4로 1점을 잡을수 밖에 없지만 흑5, 7로 봉쇄하여 백이 망한다.

제2형 백번

(1464)

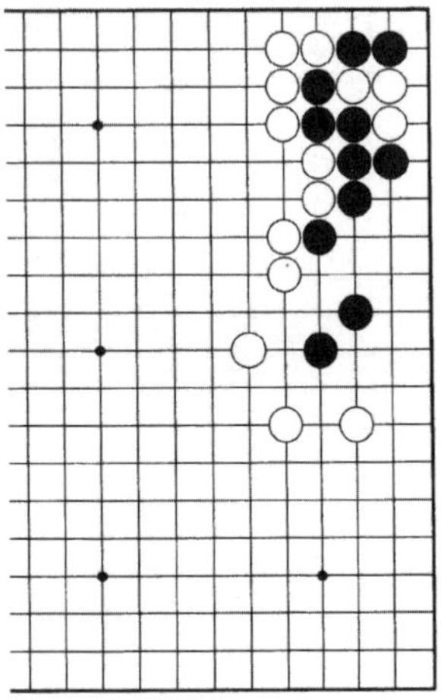

### 분단

우변의 전투.
우상에서 우변으로 이어진 흑은 엷은 모양이다.
백은 우하의 흑 2점을 분단시켜 백집 안으로 뛰어들 수 있다.

解

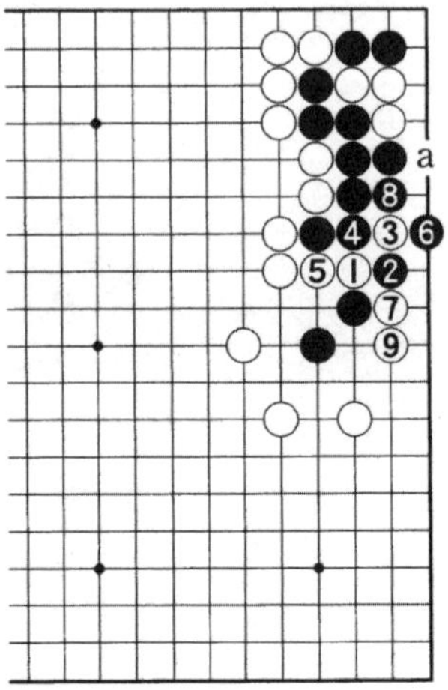


### 맞보기

백1의 건너붙임이 맥이다.
흑은 2로 아래에서 받아 백의 공격을 주고받으려 하지만 백3의 젖힘이 후속타이다.
백5 이후 7과 a가 맞보기가 된다.
백9까지 우변을 분단시킨다.

变

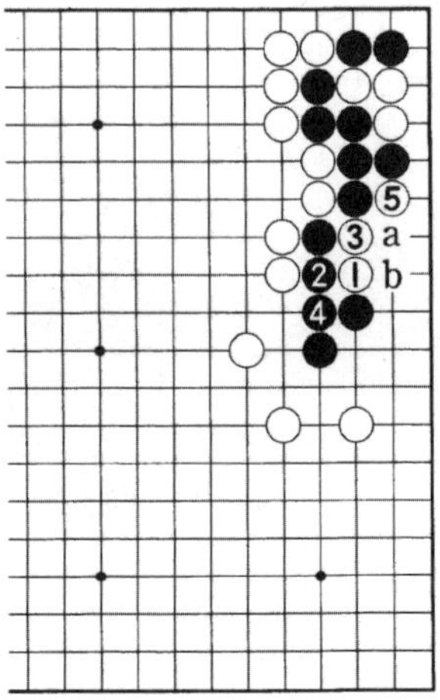


### 흑 괴멸

흑2로 막는 것은 백3으로 끊어서 그만이다. 흑4의 이음은 백5로 흑이 망한 모양이다.
흑4로 a에 두어도 백b로 받아 중앙과 귀를 잡는 것이 맞보기로 정해도보다 흑이 나쁘다.

제3형 흑번

(1465)

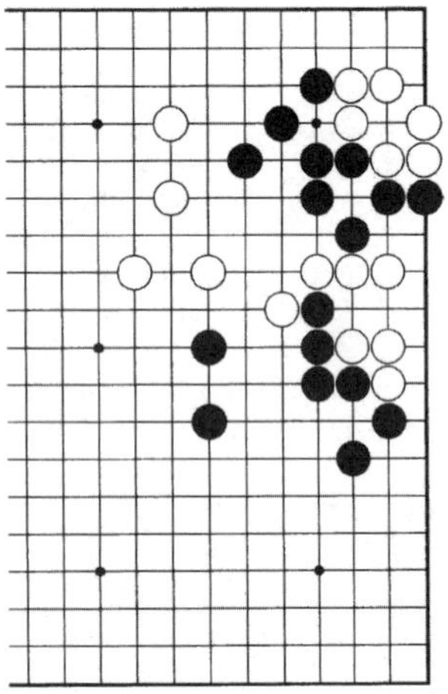

### 해결

우변의 전투.
우상에 있는 흑의 안형이 불안하진 않지만 삶을 위한 투자보다는 집이 없는 우변의 백을 잡으면 간단히 해결된다.
백을 끊는 맥은?

解

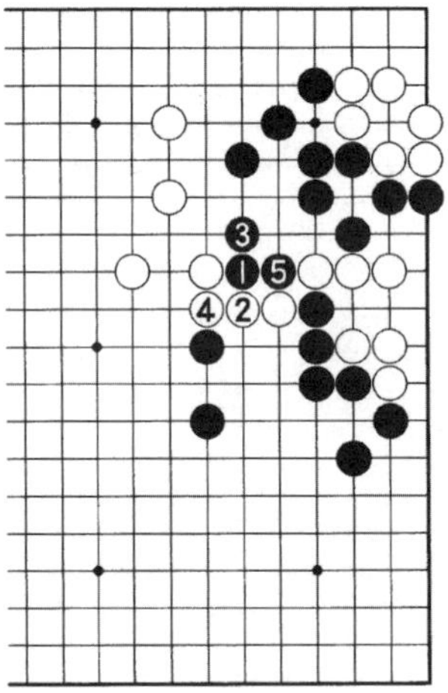

### 절단

흑1의 건너붙임이 절단하는 맥이다.
백2로 막으면 흑3으로 늘어 4와 5의 끊는 것이 맞보기가 된다.
우변의 백은 흑5로 끊기게 되어 수중에 떨어지는 모양이다.

变

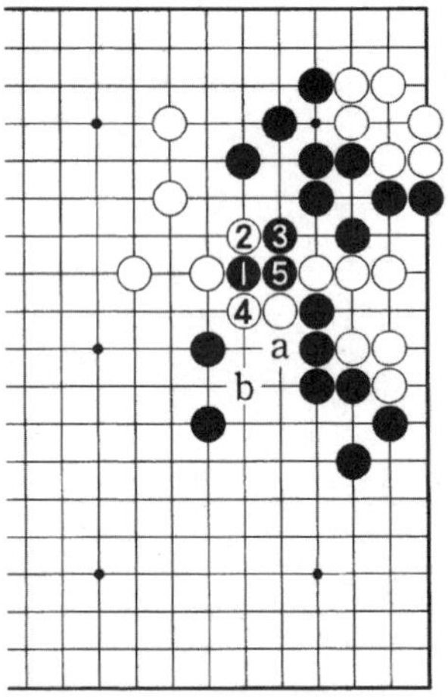


### 봉쇄

백2의 저항은 흑3으로 되젖히는 것이 모양이다.
백4에는 흑5로 이대로 우변이 끊긴다.
백4로 5로 끊으면 흑4. 이후 백a로 나가도 흑b로 봉쇄한다.

건너붙임 분단

제4형 흑번

(1466)

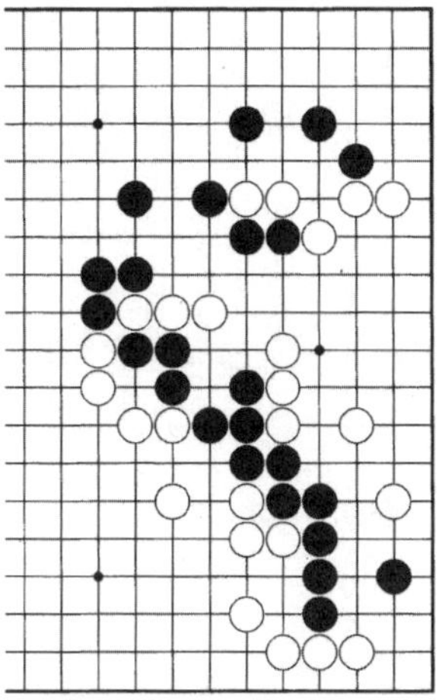

## 실마리

우하에서 중앙으로 이어지는 흑의 대마를 살리고 싶다. 흑은 중앙에서 우변으로 이어진 백의 엷음을 노려야 한다.

解

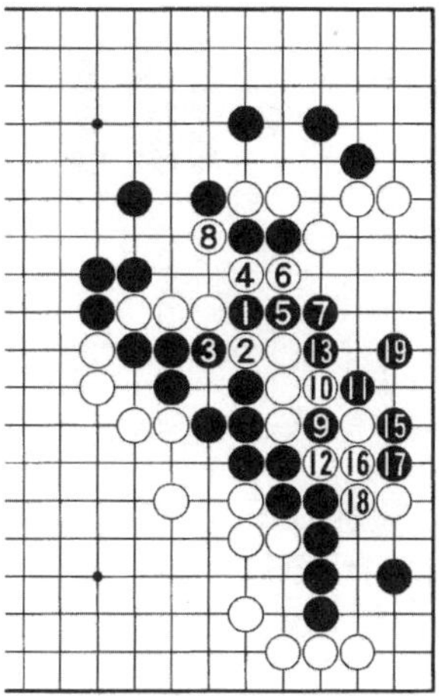

## 우변이 전멸

흑1의 건너붙임이 백을 절단하는 상용의 맥이다.

흑3 이후 백4로 단수쳐 3점을 살리고 백8 이후 흑9로 우변을 공격하여 흑19까지 우변의 백이 전멸한다.

※⑭→❾

失

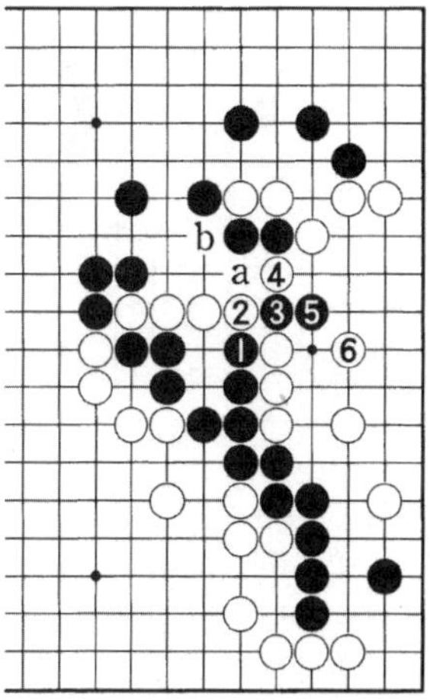

## 속수

흑1, 3으로 나가끊는 것은 백에게 여유를 주는 속수이다.

백4로 단수쳐 중앙을 지켜 흑5로 나올 때 백6으로 우변을 지켜 흑은 다음 수가 없다. 흑a면 백b로 조여서 흑이 잡힌다.

제1형 흑번

(1467)

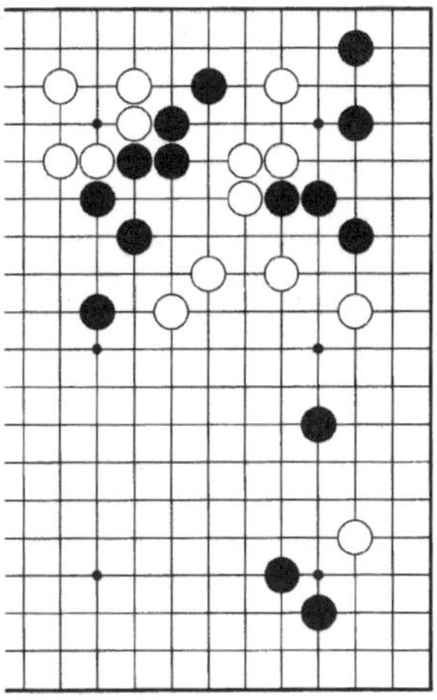

## 엷은 모양

우상의 전투.

상변에서 우변으로 진출한 백은 엷은 모양이다.

흑이 우변을 절단하면 백은 미생이 두 개 생겨서 고전한다.

解

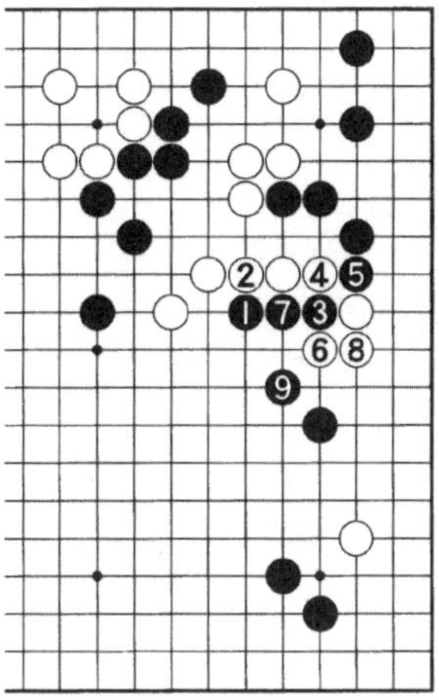

## 수습 곤란

흑1의 들여다보기를 선수 활용하고 3으로 건너붙이는 것이 냉엄한 절단이 된다. 백4, 6으로 저항해도 흑7로 잇고 백8에 흑9.

상변과 우변이 둘로 나뉘어져 백은 수습이 힘든 싸움이다.

失

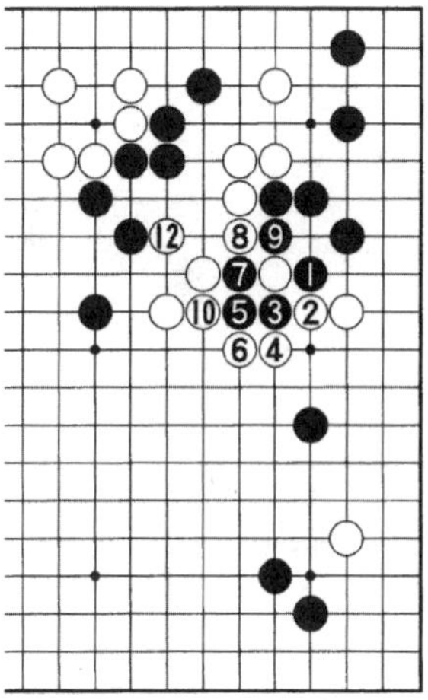

## 흑 속수

흑1의 입구자붙임에서 흑3의 끊음은 속수여서 나쁘다.

백4, 6으로 반격하여 1점을 버리면서 바깥을 굳히게 된다. 백12로 흑의 공격은 실패한다.

※⓫→❾의 아래

제2형 흑번

(1468)

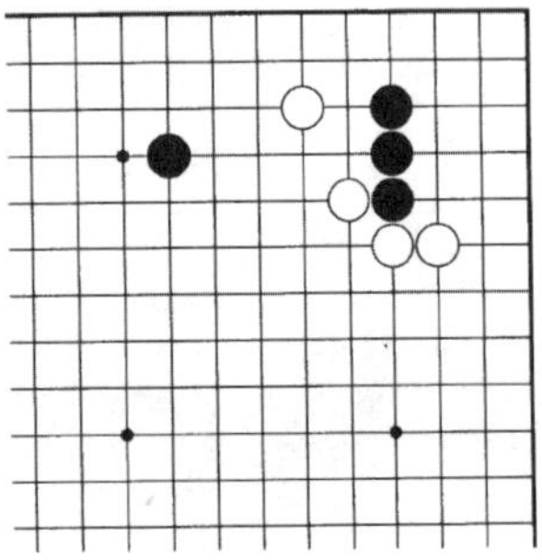

## 깨뜨리다

화점 정석의 변화이다.
백은 흑을 봉쇄하였지만 엷은 모양이다.
흑이 포위망을 무너뜨리면 공격하고 있는 백이 반대로 잡힌다.

解

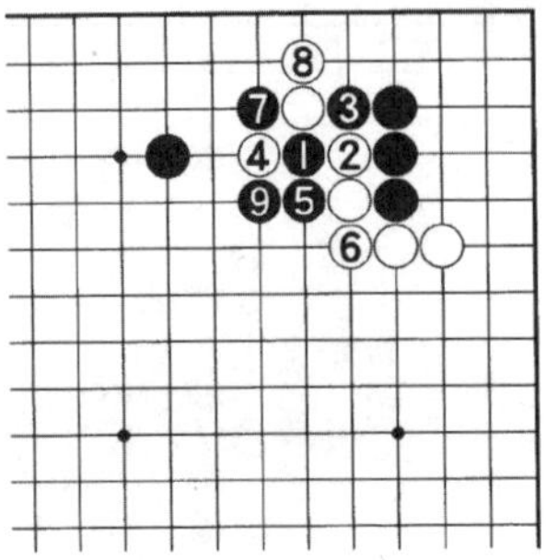

## 절단

흑1의 건너붙임으로 백은 절단된다. 백2, 흑3으로 백은 수습하기 어려운 모양이다.
백4, 6으로 저항하여도 흑9까지 상변 백3점은 살릴 수 없다.

変

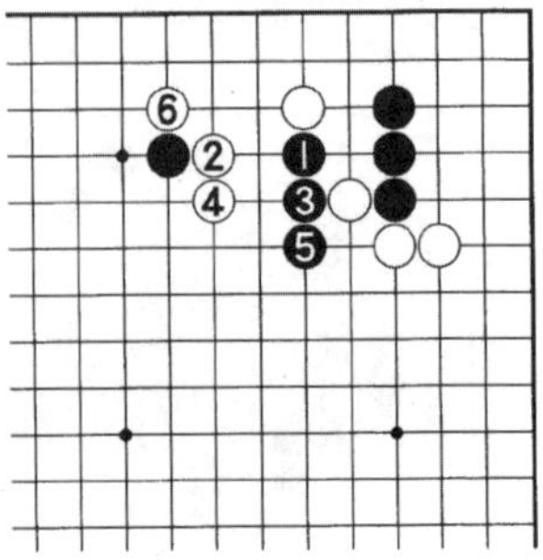

## 백의 변화

흑1의 건너붙임에 정면으로 받아치는 것은 불리하다.
백2, 4로 변화하면 흑3, 5로 중앙으로 나가게 된다. 백6까지 호각으로 나누어진다.

제3형 흑번

(1469)

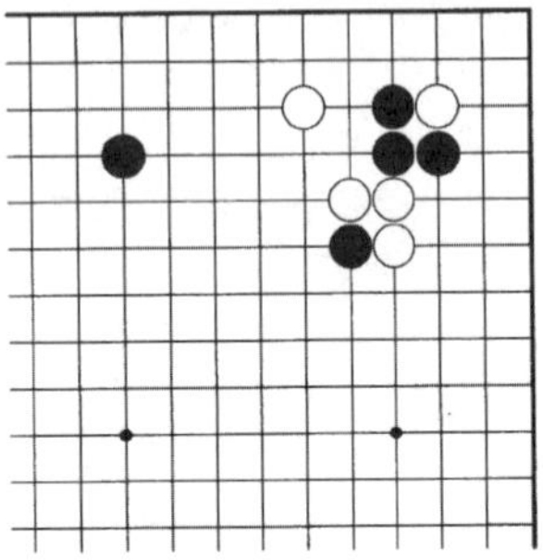

## 찬스

화점 정석에서 생긴 변화이다. 귀의 1점을 버려 외세를 만든 백의 모양이 엷다.
흑은 상변의 세력을 이용하여 백을 공격할 찬스다.

解

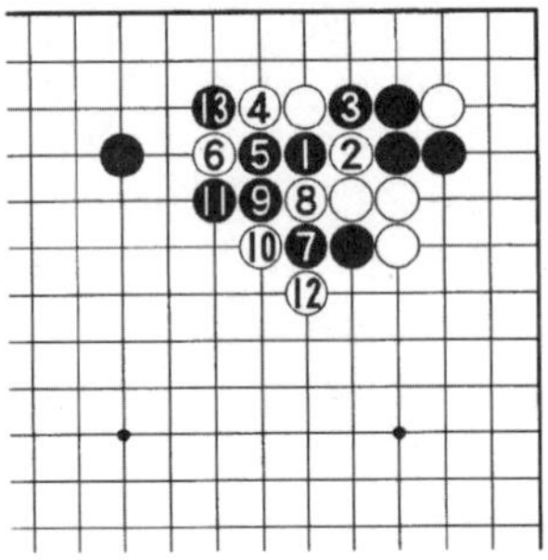

## 흑 성공

흑1로 건너붙여 상변의 백 1점을 끊는다.
축이 불리하므로 백4로 늘 때 흑5, 7이 강수이다. 흑13까지 상변을 잡아 흑의 성공이다.

失

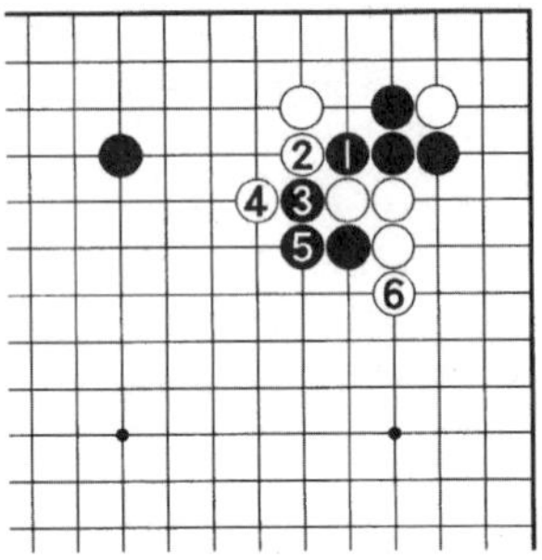

## 공수역전

흑1, 3으로 나가 끊는 것은 흑이 무거운 모양이다. 백4, 6으로 받아 흑3점이 백의 공격 목표가 되어 공수가 역전되었다. 똑같이 끊는 것이지만 결과는 천지 차이.

제4형 흑번

(1470)

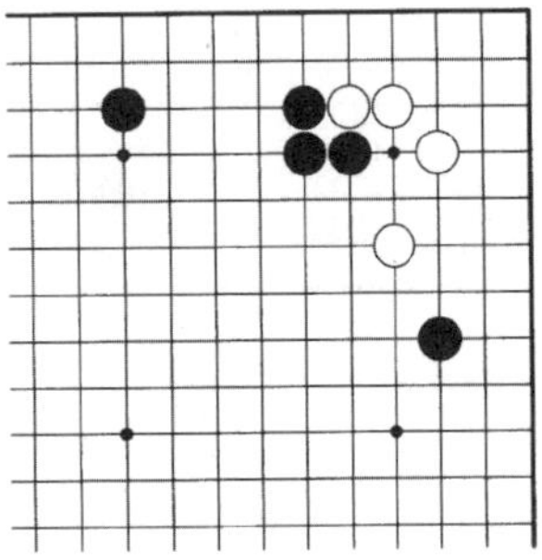

## 약하다

한 칸 높은 걸침 정석에서 생긴 변화이다.
백이 중앙으로 진출한 모양이 약하다.
흑은 어떻게 추궁해볼까?

解

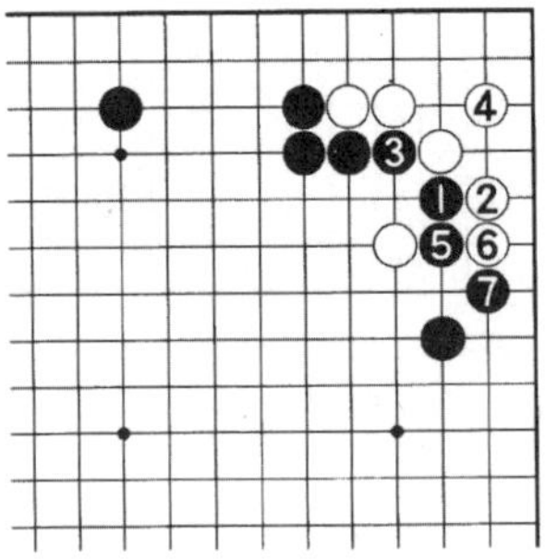

## 봉쇄

흑1의 건너붙임은 귀와 중앙의 절단을 노린다.
백2로 받으면 흑3으로 젖혀서 활용하고 흑5, 7로 중앙을 끊어 백을 봉쇄한다.

変

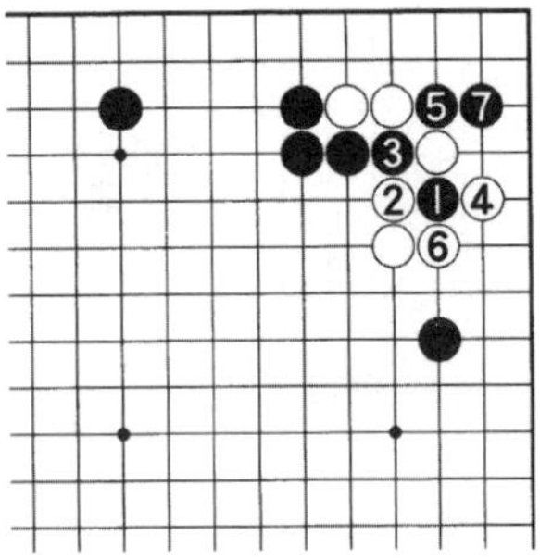

## 백 불리

백2, 4는 바깥을 중시한 응수지만 흑5로 귀를 잡혀 불리하다. 흑7로 내려서 귀의 흑집이 커지게 되고 우변의 백은 아직 산 모양이 아니다.

(1471)

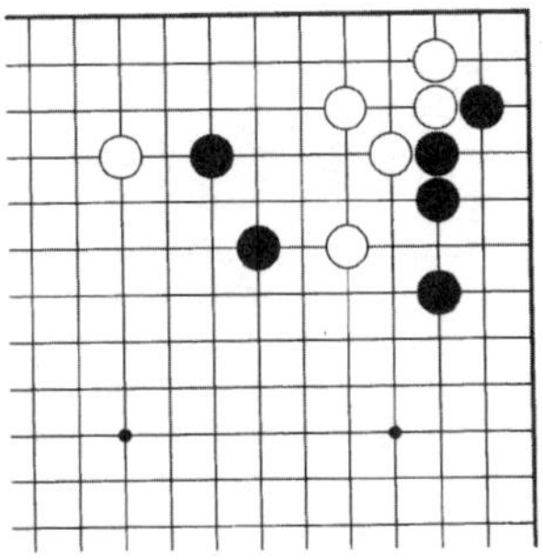

解

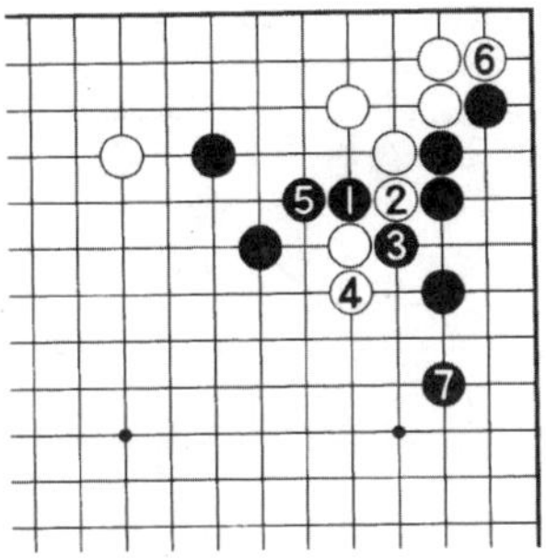

変

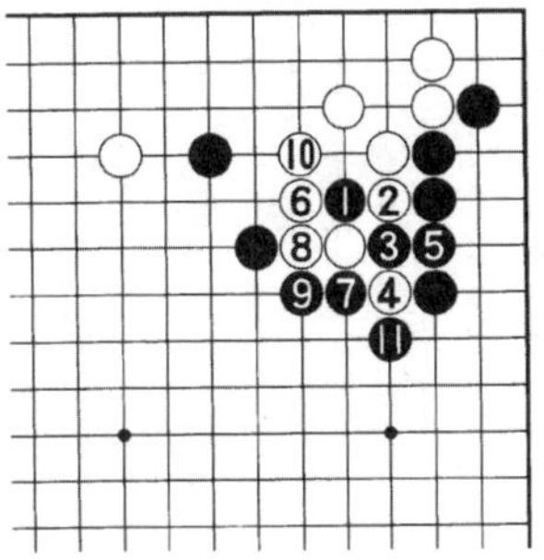

제5형 흑번

### 봉쇄

두 칸 높은 협공 정석에서 생긴 변화이다.

우상의 백을 귀에 가두고 우변의 흑을 두텁게 만들 수 있다.

### 흑 유리

흑1의 건너붙임이 냉엄하다.

백2, 흑3으로 끊어 4의 단수와 5로 느는 것을 맞보기 한다.

흑5, 7로 백 2점을 공격하면 흑이 유리한 싸움이다.

### 두터움

백4로 단수치고 6으로 흑 1점을 잡으면 흑7, 9로 백을 봉쇄할 수 있다. 백10을 생략하면 흑10이 냉엄한 조임수. 흑11로 따내 흑의 두터움이 강력하다.

(1472)

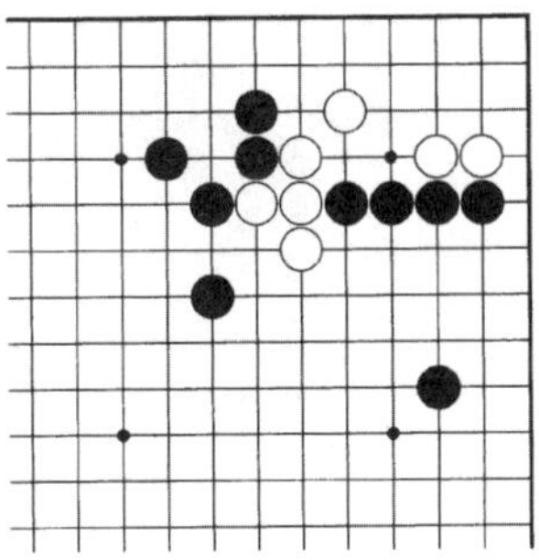

解

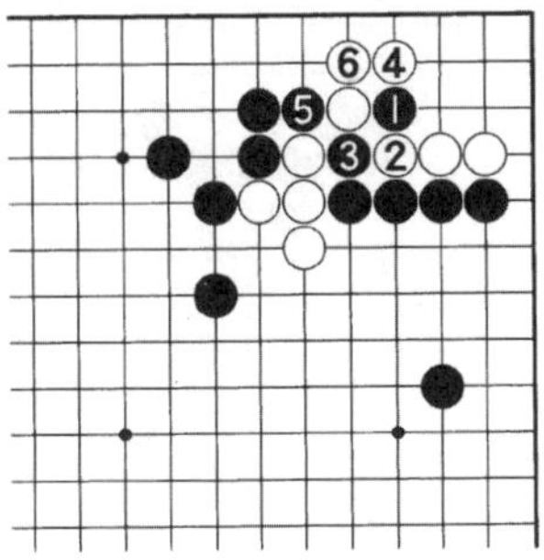

変

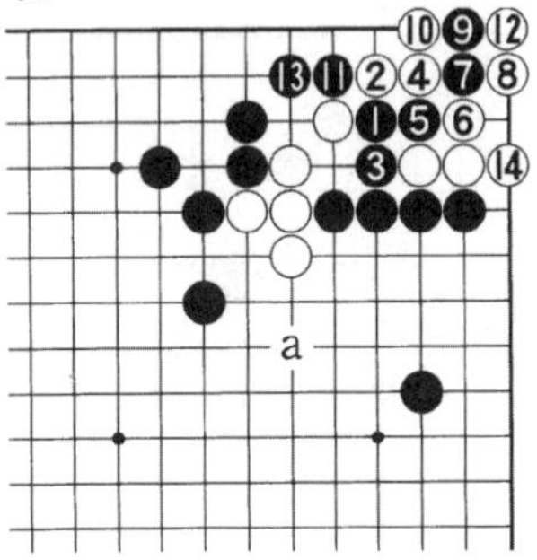


제6형 흑번

### 엷은 모양

귀에서 중앙으로 머리를 내민 백은 엷은 모양이다.

흑의 맥에 따라 백의 근거를 위협하면서 분단하고 싶다.

### 뜬 돌

흑1의 건너붙임이 날카로운 맥이다. 백2로 막으면 흑3, 5로 선수로 끊어 백 4점은 뜬 돌이 된다.

### 중앙이 크다

백2, 4로 아래쪽으로 받으면 흑5 부터 7로 끊고 9로 2점을 사석으로 하는 맥이 있다. 흑13으로 중앙을 선수로 크게 끊고 a에 손을 돌린다.

건너붙임 봉쇄

(1473)

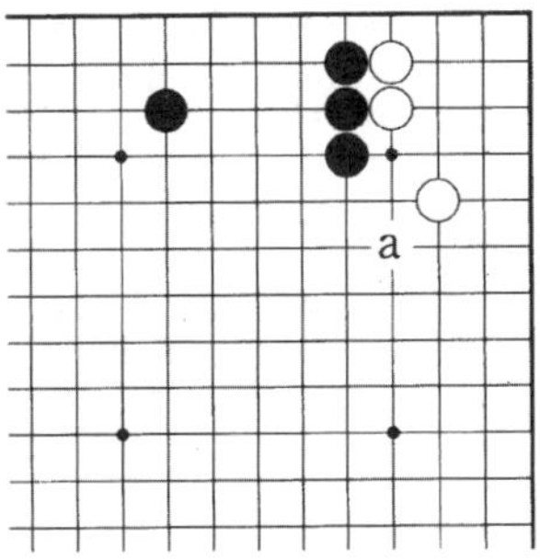


解

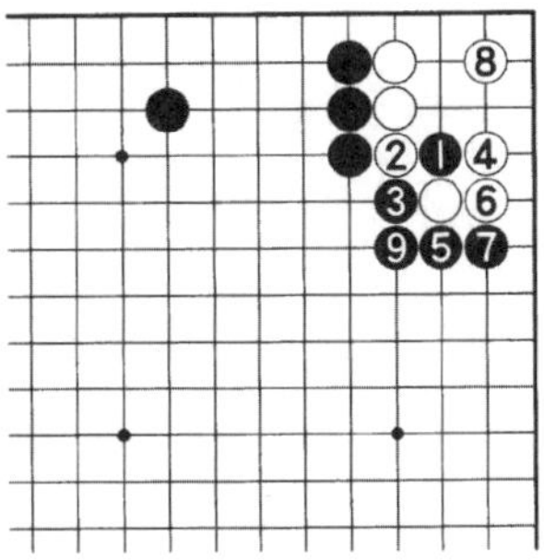

変

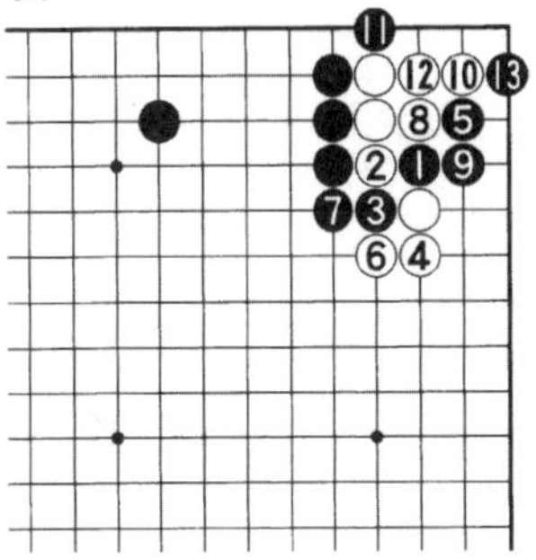

제1형 흑번

### 무방비

외목 정석 도중에 백은 a정도로 가일수해야 한다.

흑은 손을 빼서 무방비한 백을 공격하고 싶다.

### 봉쇄

흑1로 건너붙이고 백2, 흑3으로 끊어 백 모양에 약점을 만든다.

백4로 받으면 흑5, 7을 선수하여 봉쇄에 성공한다.

백8은 흑8을 막은 것.

### 흑 승

백4로 늘어 우변으로 나가려는 것은 무리.

흑5 입구자로 귀의 수상전은 흑이 이긴다. 흑5로 8은 백12, 흑10, 백5로 패가 된다.

건너붙임 탈출

(1474)

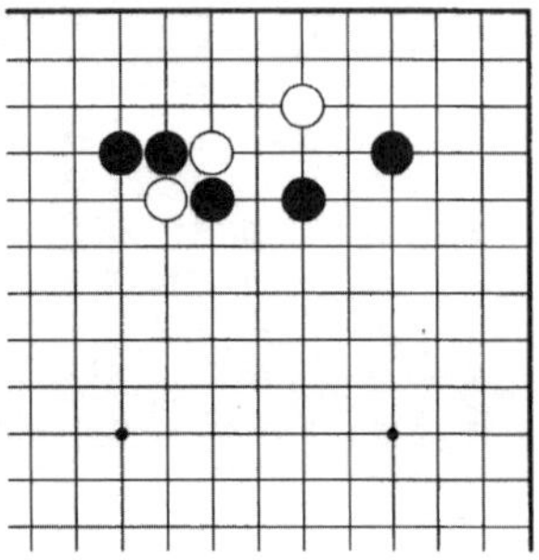

반격

화점 정석에서 생기는 모양이다. 흑은 상변의 백을 억지로 봉쇄하려하지만 백에게는 반격의 맥이 준비되어 있다.

解

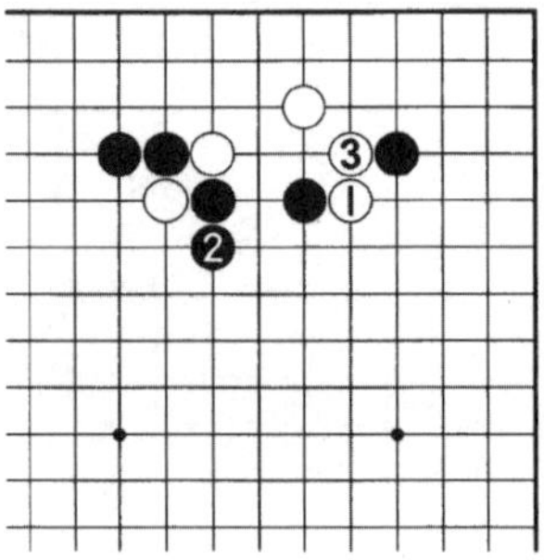

관통

백1의 건너붙임이 좋은 수이다.
흑2로 중앙을 굳히면 백3으로 돌아와 중앙으로 머리를 내민다.
우상귀의 흑을 공격하면서 상변을 굳힐 수 있다.

变

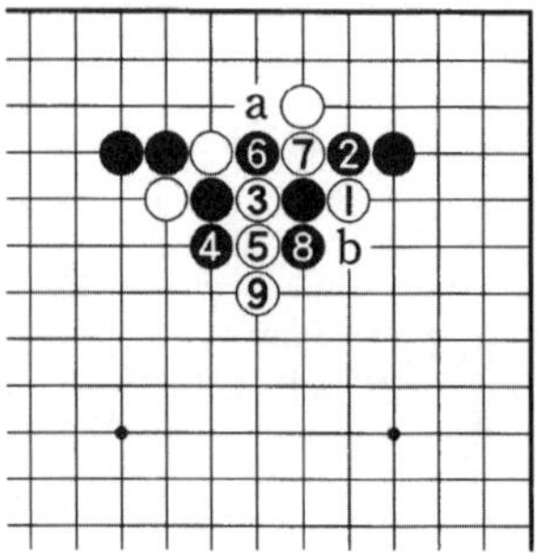


백 유리

흑2로 끊으면 백3, 5로 나와서 백이 좋다.
흑6이면 백7로 양단수이다. 이후 흑8에는 백9로 늘어 a와 b를 맞보기 한다.

제1형 백번

(1475)

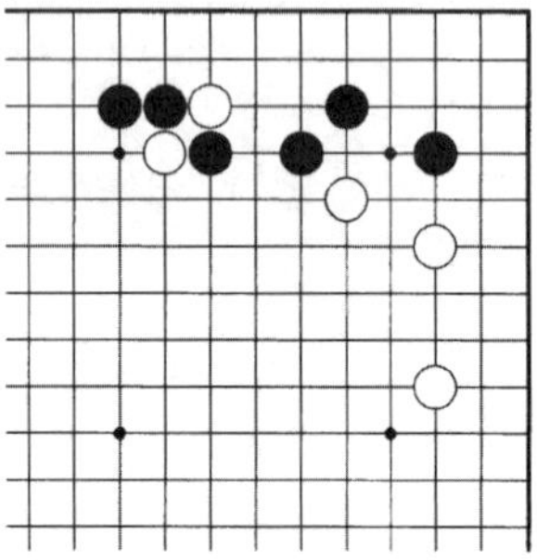

옒음

상변의 전투.
백 2점을 끊고 있는 흑이 강하다.
직접 싸우면 불리하므로 흑의 옒음을 노려 연결시킨다.

解

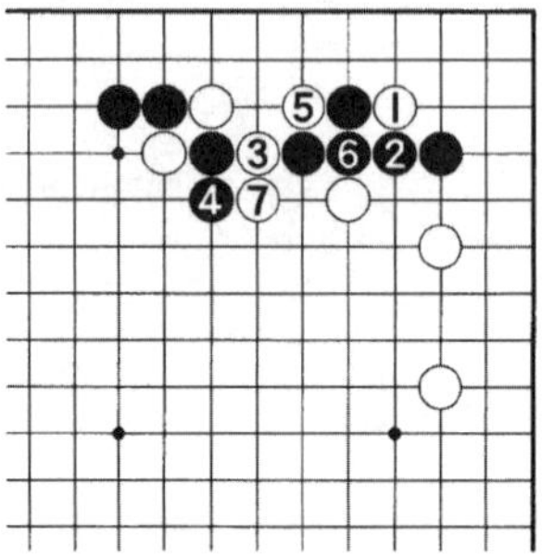

백 성공

백1로 건너붙여 귀에서 실마리를 구한다.
흑2로 막으면 백3, 5로 6의 끊음을 노린다. 흑6이라면 백7로 뚫고 나와 성공이다.

失

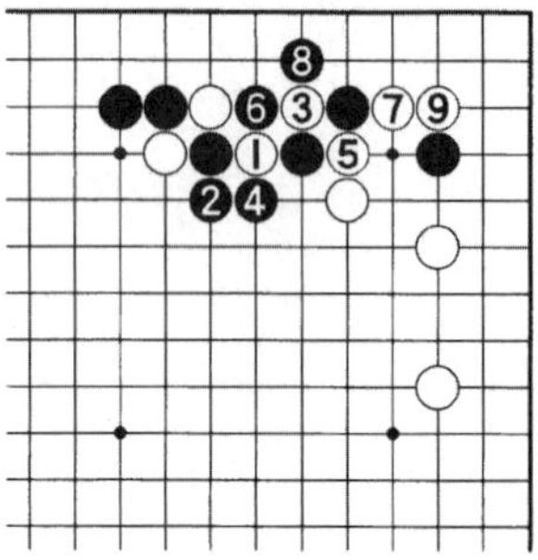

백 충분

백1, 3을 먼저 두는 것은 백4의 막음이 기세이다.
백5부터 9로 귀를 잡는 바꿔치기는 흑 모양이 중복이어서 백은 불만이 없다.

제2형 백번

(1476)

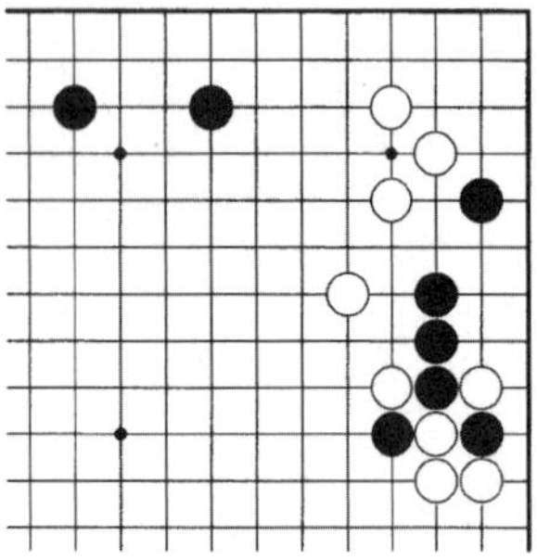

탈출

우변의 전투.
흑은 확실한 집을 가지지 못했기 때문에 중앙으로 탈출할 수밖에 없다.
실마리를 찾아야 한다.

解

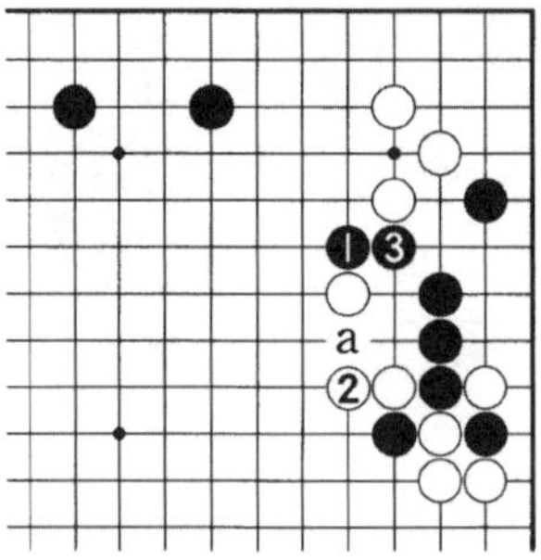


중앙돌파

흑1의 건너붙임이 좋은 수이다.
백2로 우변을 굳히면 흑3으로 이어 중앙을 뚫는다.
백2로 3은 흑a로 끼워 붙이면 된다.

失

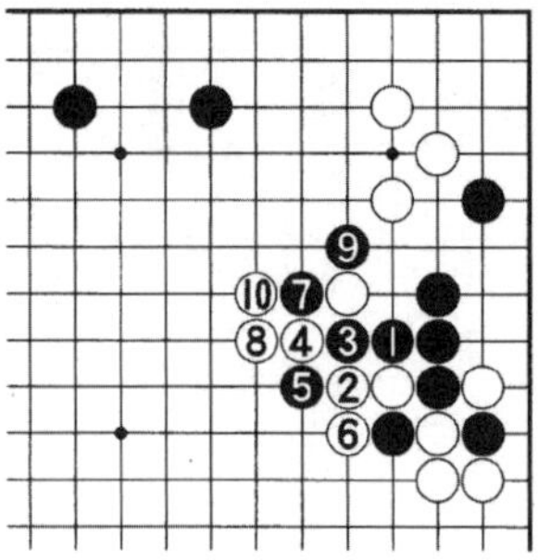

흑 고전

흑1의 단수는 우형이면서 움직임이 부족한 수이다.
백2, 4로 저항하고 흑5, 7로 탈출하려 하면 바깥의 백이 강해진다. 백10으로 단수쳐서 흑이 괴롭다.

제3형 흑번

(1477)

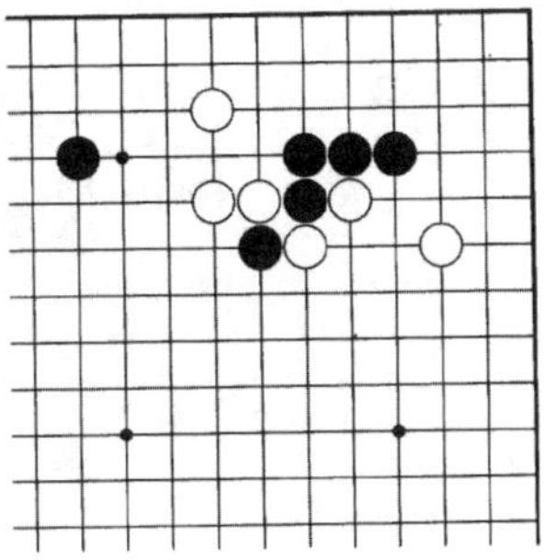

## 연구

우상귀의 흑이 우변으로 진출하면 바깥의 백이 약해진다.
백의 모양을 무겁게 만들고 싶다.

解

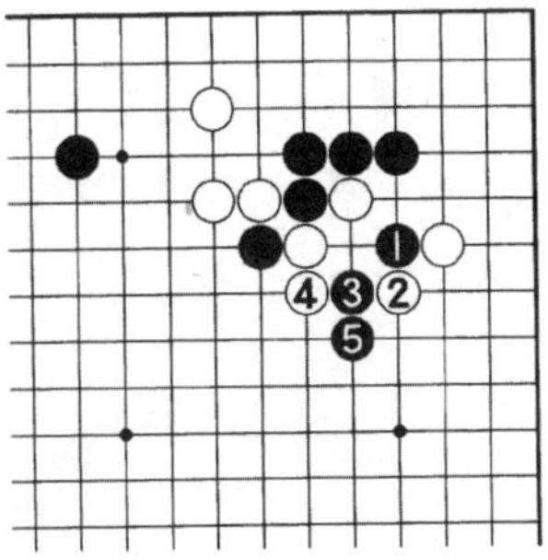

## 흑 유리

흑1의 건너붙임이 좋은 수로 백2로 젖히면 흑3으로 되젖히는 것이 급소이다.
백4, 흑5로 흑이 백을 세 조각으로 나눠 꽤나 유리한 싸움이다.

失

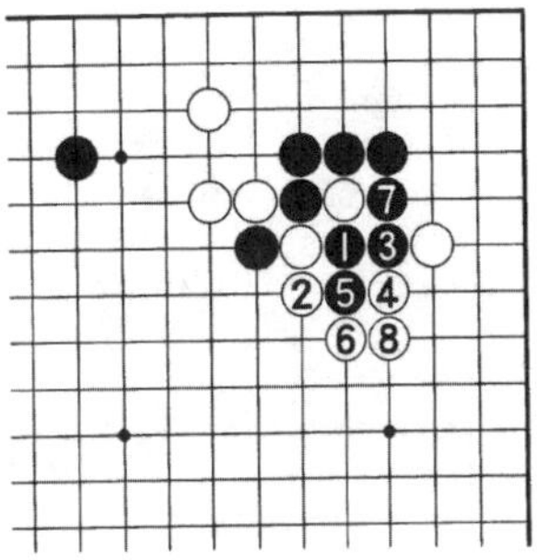

## 갇히다

흑1로 끊고 3으로 치받아 백 1점을 잡는 것은 백4, 6으로 갇히게 된다.
백8까지 밖에 강력한 세력이 생긴다.



(1478)

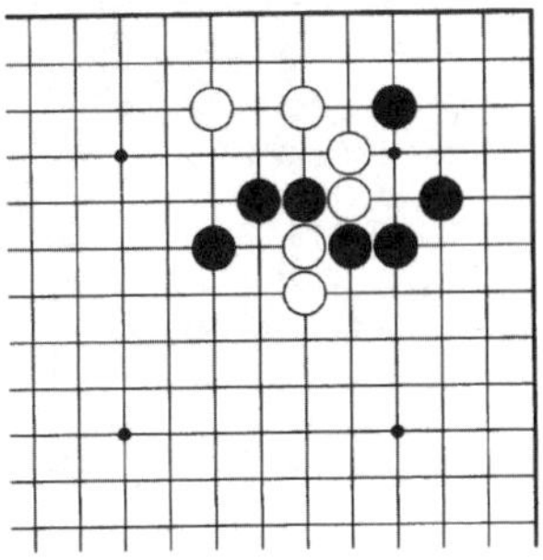

## 귀의 노림

날일자 굳힘이 되어 있는 모양의 변화이다.
흑은 중앙의 백 2점을 공격하려 했기 때문에 귀가 엷어져 있다.
백은 귀를 어떻게 두어야 할까?

解

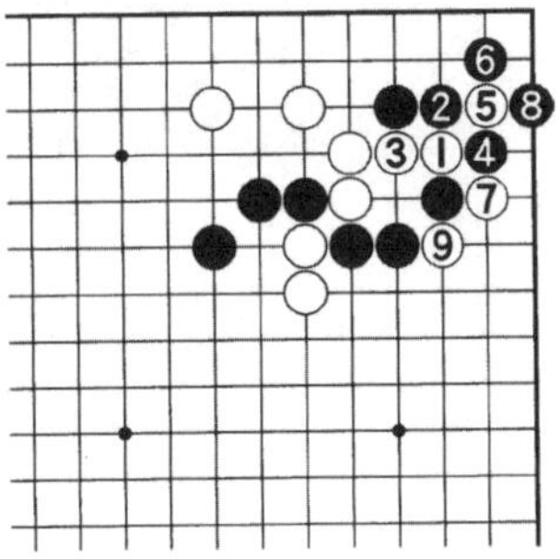

## 깨뜨리다

백1의 건너붙임이 맥이다.
흑2, 4로 받아도 백5로 끊어 흑집을 깨뜨리게 된다.
흑6은 귀를 지키는 수이다.
흑6으로 7은 백6.

変

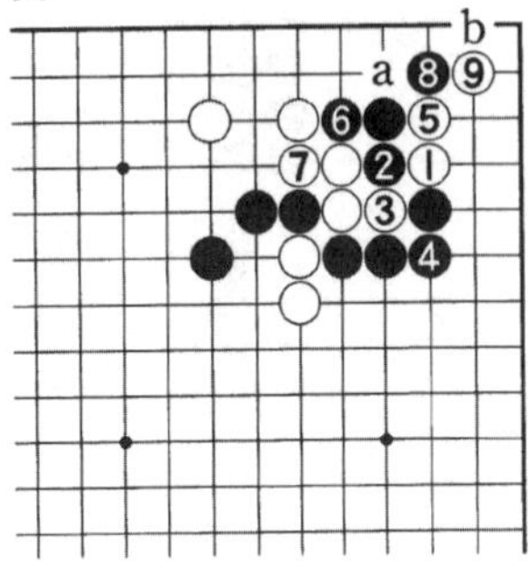



## 흑 무리

흑2, 4로 버티는 것은 무리이다. 흑6으로 단수 8로 귀를 공격하여도 백9로 수상전은 흑이 이길 수 없다.
이후 흑a에는 백b.



(1479)

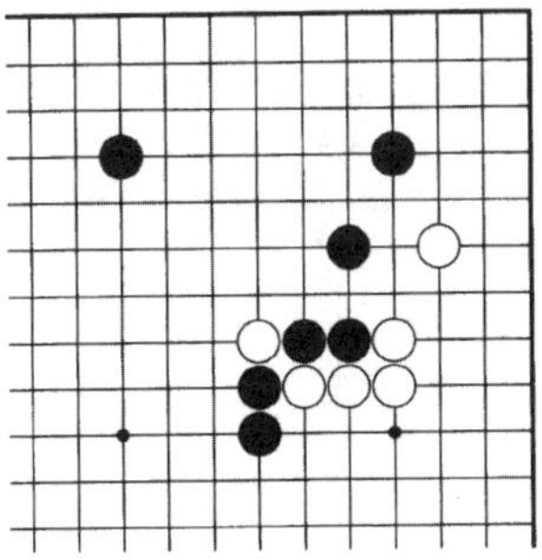

## 약점

상변의 흑모양은 그대로 정리 된다면 엄청난 규모가 된다.
백은 공배가 꽉 찬 흑 2점을 노리고 포위망을 깨뜨려야 한다.

解

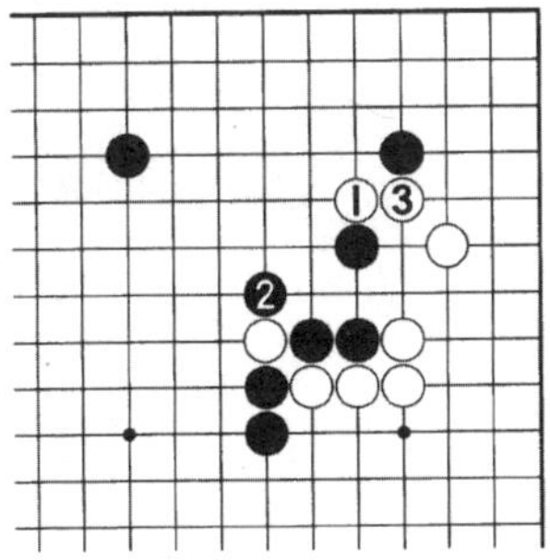

## 깨뜨리다

백1의 건너붙임이 날카로운 노림을 품은 수이다.
흑2로 중앙을 지키는 정도이지만 백3으로 돌아와 상변을 무너뜨린다.

変

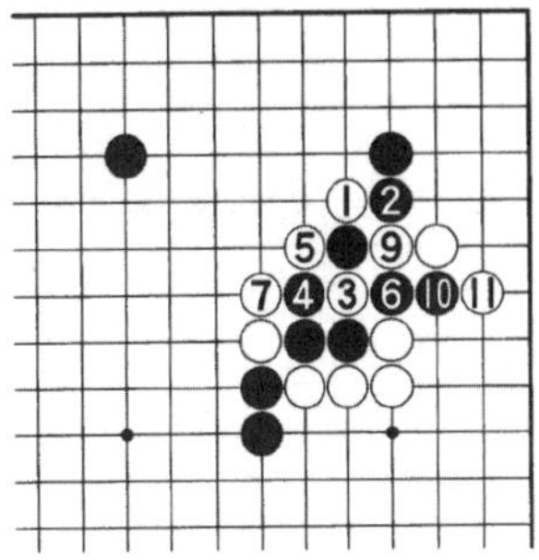

## 흑 괴멸

흑2로 저항하면 백3, 5로 양단수 치는 모양이다.
흑6은 백7로 바깥에서 공격하여 백11까지 축. 흑은 괴멸한 모양이다.
※❽→③

(1480)

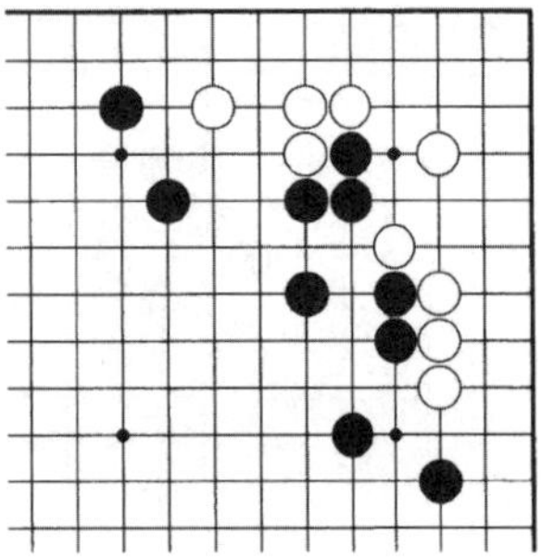

제4형 흑번

## 옆음

우상의 전투.
우변에서 상변으로 이어진 백집이 크다.
흑은 백의 옆음을 추궁하여 집을 줄이고 싶다.

解

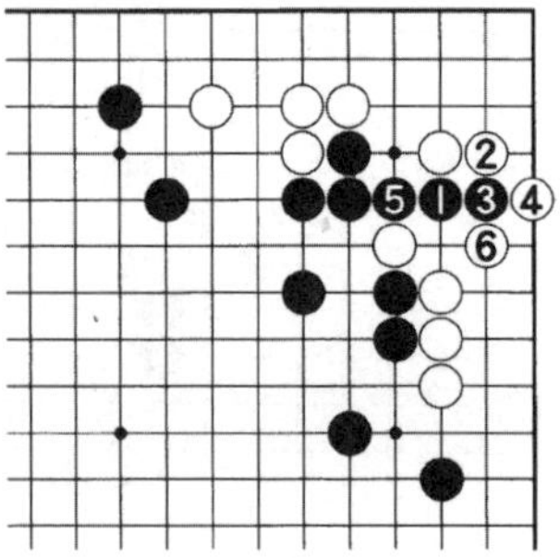

## 감소

흑1의 건너붙임은 백을 자충을 추궁하는 첫 수이다.
백2, 4는 수습하는 수로 백6까지 간신히 건너간다.
백집을 상당히 줄어있다.

变

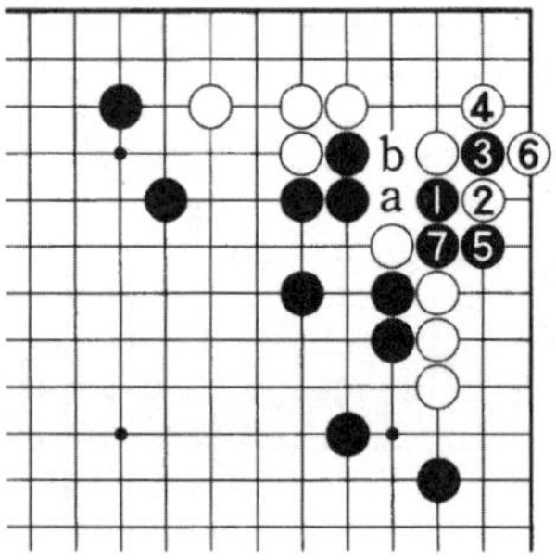


## 백 무리

백2의 저항은 흑3을 당해 무리.
백4로 1점을 잡으면 흑5, 7로 우변을 부순다.
백2로 a는 흑b로 상변이 무너진다.

(1481)

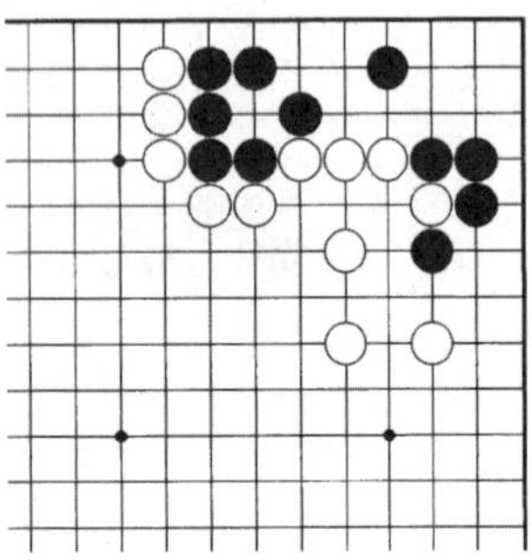

제5형 백번

## 분단의 실마리

상변과 귀의 흑은 완전히 연결되지 않은 모습이다.
백은 분단의 실마리를 구해야 한다.

解

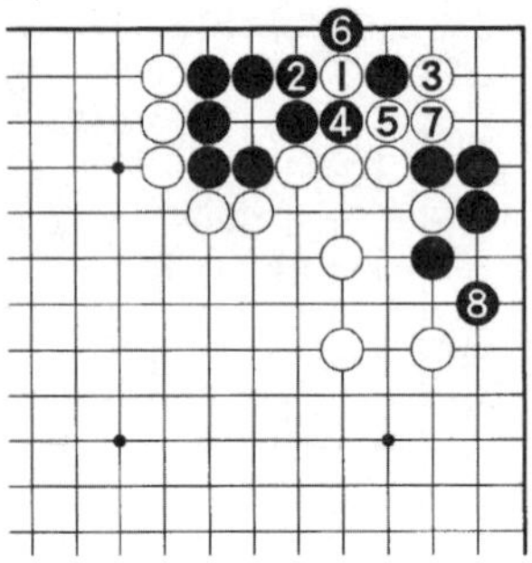

## 백 성공

백1의 건너붙임이 냉엄하다.
흑2의 저항에 백3의 껴붙임이 좋은 수이다. 흑은 4, 6으로 살 수밖에 없다. 백7까지 귀의 흑집을 깨뜨려서 성공이다.

变

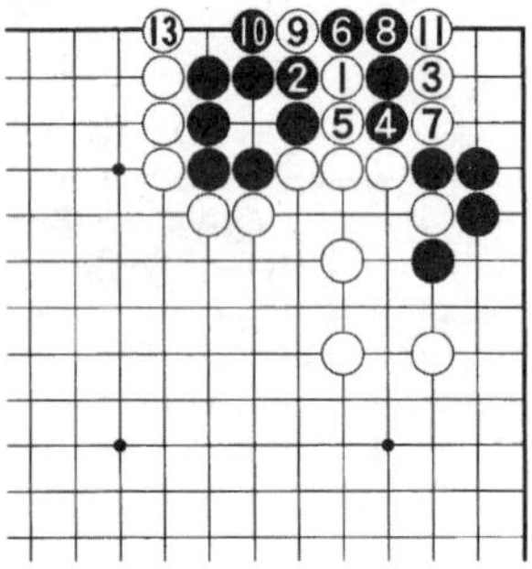

## 흑 잡힘

흑4의 저항은 백5로 잇고 7로 끊어 귀와 상변의 수상전이 된다.
백13까지 흑이 괴멸한다.
백3으로 5는 흑6, 백3, 흑7로 실패한다. ※⓬→⑨

(1482)

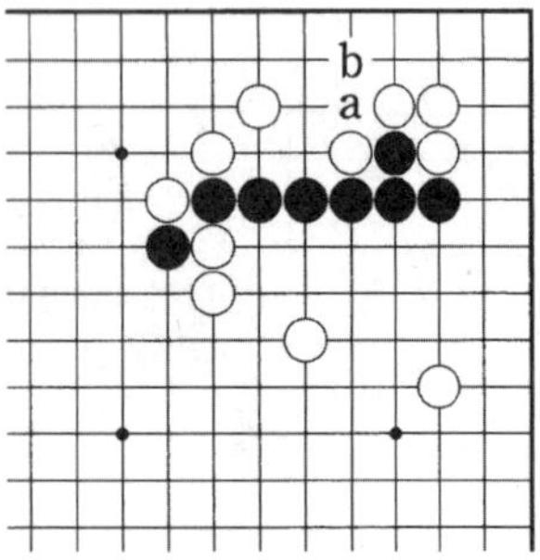


제6형 흑번

## 수습

세 칸 협공 정석의 변화이다.
백에게 포위된 우상의 흑 7점을 어떻게 수습하여야 할까?
흑a로 끊으면 백b로 흑의 불만이다.

解

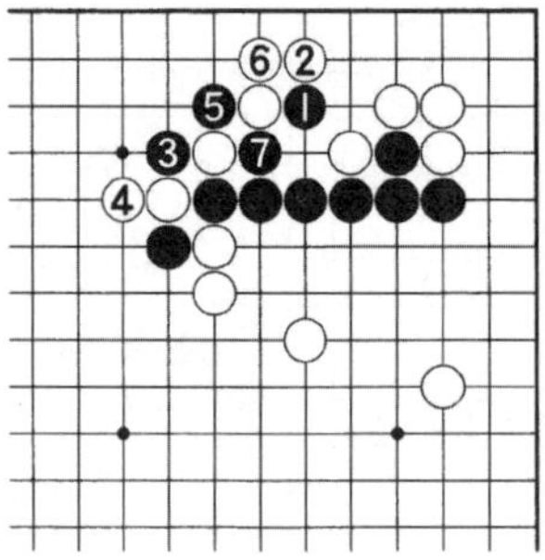

## 1점 잡기

흑1로 건너붙여 백의 응수를 본다.
백2라면 흑3, 5로 1점을 잡고 흑7까지 상변의 백집을 깨뜨리면서 수습한다.
백6으로 7은 흑6.

变

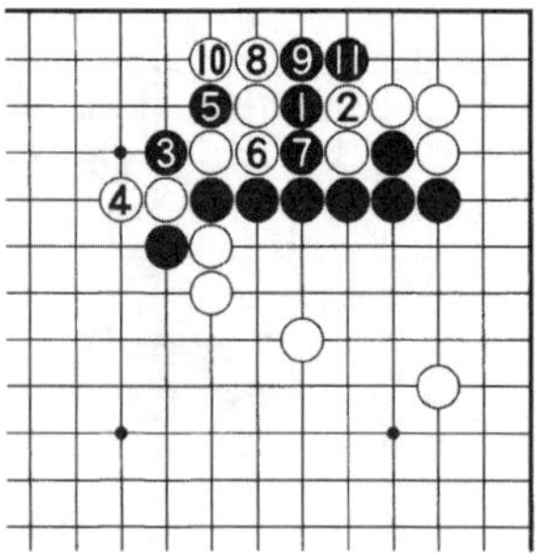

## 귀의 공격

백2로 이으면 흑3부터 9까지 선수로 뚫는다. 흑11로 귀를 위협하면 흑의 삶은 확실하다.
백2로 3은 흑2로 끊어 안형을 만들면서 귀를 공격한다.

제7형 백번

(1483)

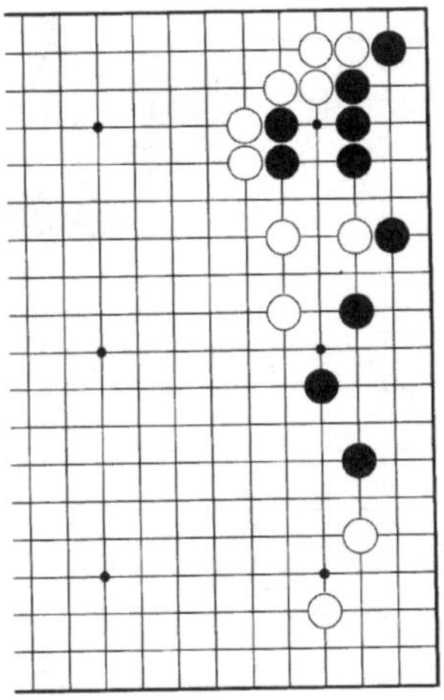

## 집을 깨다

우상에서 우변에 이르는 흑은 엷어서 아직은 완전하지 않다.

백은 흑집을 깨뜨려서 초토화시키면 살 수 있다.

解

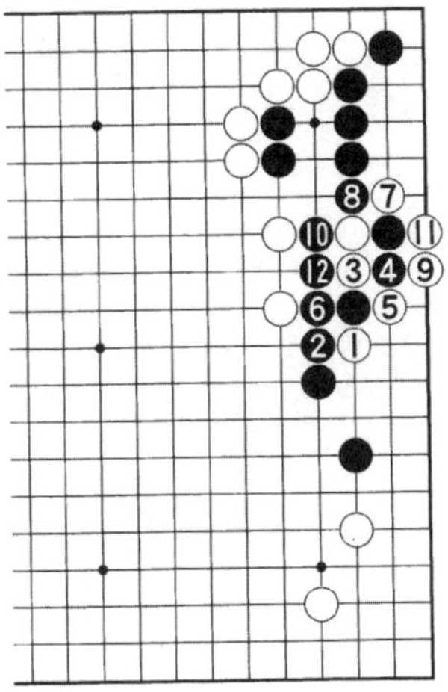

## 백 삶

백1로 건너붙여 활용하는 것이 맥이다.

흑2라면 백3으로 치받고 5와 7로 깨뜨린다. 흑8부터 12까지 연결시키는 사이에 백은 흑 2점을 잡고 산다.

失

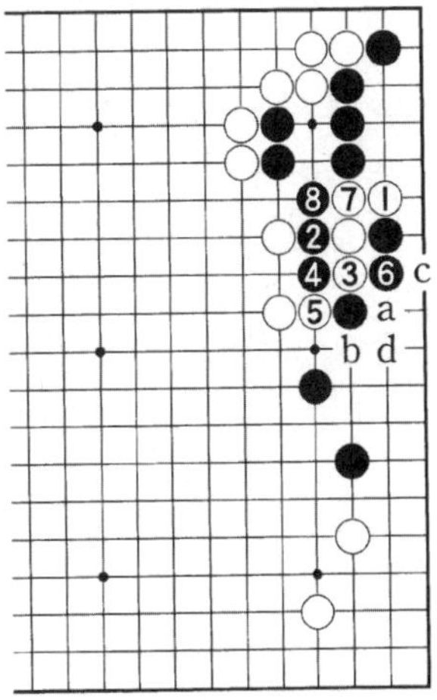

## 백 무리

백1로 두는 것은 흑2의 끼움이 좋은 수이다.

백3, 5의 절단은 무리로 흑6, 8의 강경수단이 있다. 백a, 흑b, 백c는 흑d로 백이 무리. 백3으로 6은 흑4로 피해가 작다.

제8형 흑번

(1484)

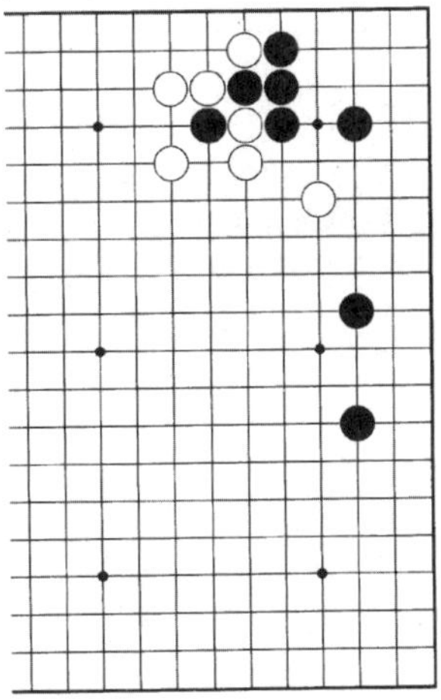

## 공격

우상의 전투.

우변을 지우고 있는 백 1점을 상변에서 분리하여 공격하고 싶다.

백이 자충이 되면 흑은 전투가 유리해 진다.

解

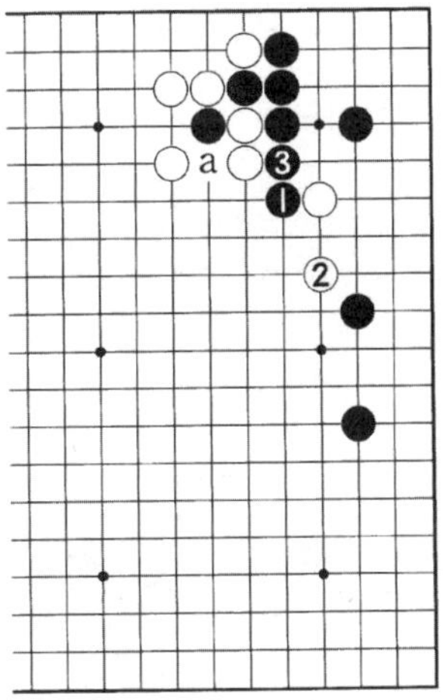

## 흑 유리

흑1의 건너붙임이 최선의 공격법이다. 백2는 '날일자로 건너 붙인 돌은 끊지마라'에 따른 응수.

흑3으로 돌아가 중앙에 머리를 내밀어 흑a도 노릴 수 있어 흑이 유리한 싸움이다.

変

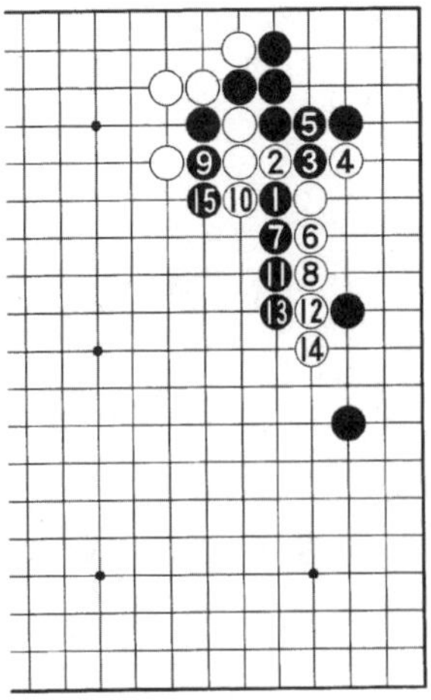

## 흑 성공

백2로 나가면 흑3으로 끊어 백이 무겁다.

백4, 6으로 우변을 움직일 수밖에 없다. 흑7부터 우변과 상변을 바꿔친다. 흑15까지 중앙의 백 4점을 잡아 흑의 성공이다.

# 나가기·밀어내기

한 칸 뛴 사이를 들여다 볼 때 손을 빼면 그때 나가서 끊을 수 있다.
'나가다' 또는 '뚫고 나가다'라고 하는 맥이 '나가다'로 상대의 모양에 약점을 만들 수 있다.
흑1의 나가기는 백을 자충으로 만드는 맥으로 백이 1의 점에 잇는 모양과 비교하면 효과를 알 수 있다.

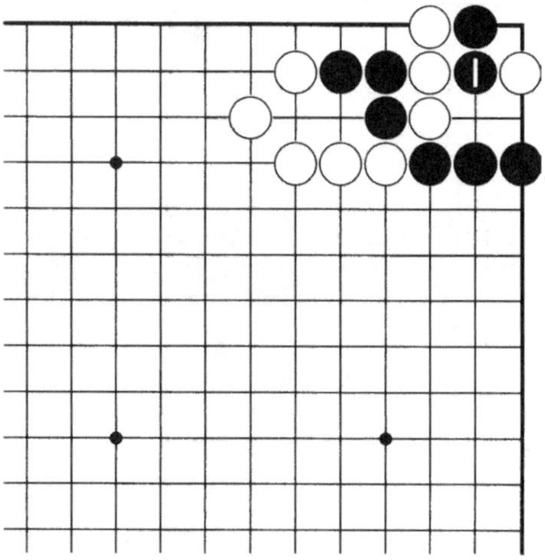

나가기 정석변화

제1형 흑번

(1485)

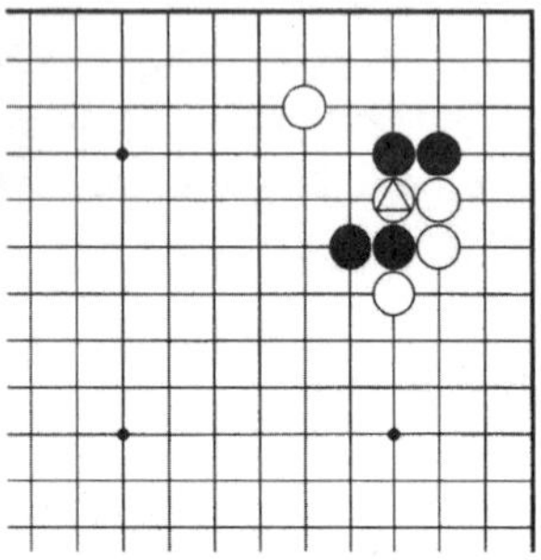

### 맹점

화점 정석의 변화이다.
붙여 뻗은 흑을 끊기 위해 백△로 나갔다.
귀쪽의 흑 2점을 잡히면 큰일이 일어난다.

解

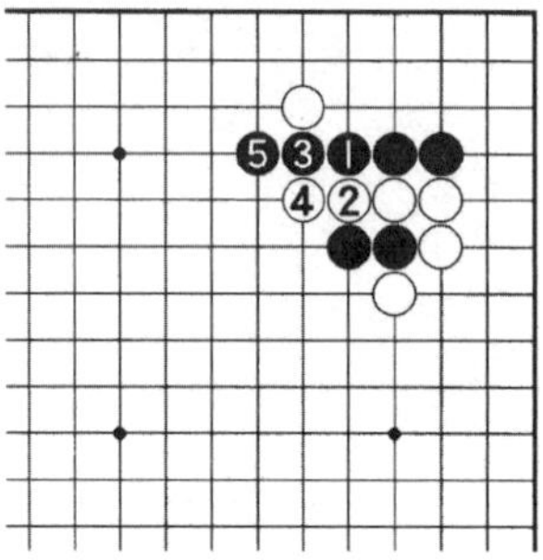

### 흑 유리

흑1로 늘어 중앙 2점과 연관되지 않는 것이 좋다.
흑3, 5로 계속 늘어 상변의 백 1점을 잡으면서 귀의 흑집을 굳혀 매우 유리하다.

失

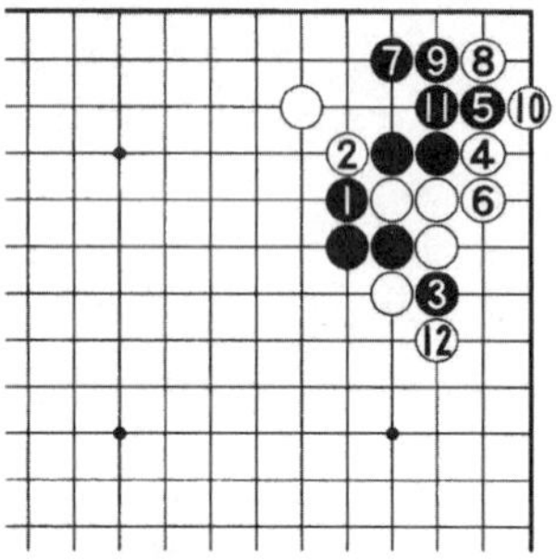

### 흑 불리

흑1로 막으면 백2로 끊는다.
백12까지 우변이 굳어지고 귀의 흑이 사는 동안 상변의 백이 강해져서 흑이 불리하다.

제2형 흑번

(1486)

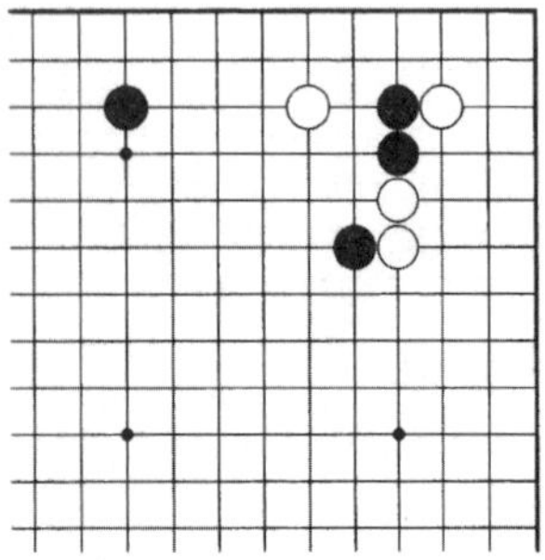

### 왼쪽 오른쪽

우상의 전투.
화점 정석의 변화로 백은 흑의 머리에 치받아 왼쪽이냐 오른쪽이냐의 선택을 강요받고 있다.

解

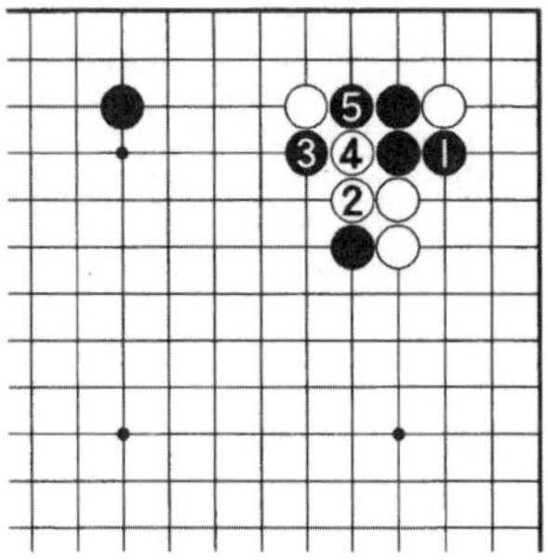

### 흑 유리

흑1로 뚫는 것이 기세.
백도 2로 나가 서로 끊기는데 흑3의 건너 붙임이 냉엄하다.
흑5로 끊어 흑이 유리한 싸움.

失

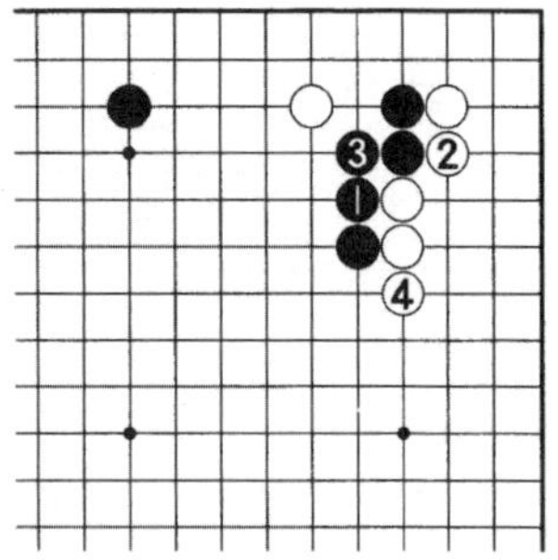

### 흑 불만

흑1로 막으면 백도 2로 막는다. 귀의 2점의 공배가 꽉 차서 3으로 지키는 정도이지만 우형이다.
백4로 늘어 흑이 불만이다.

(1487)

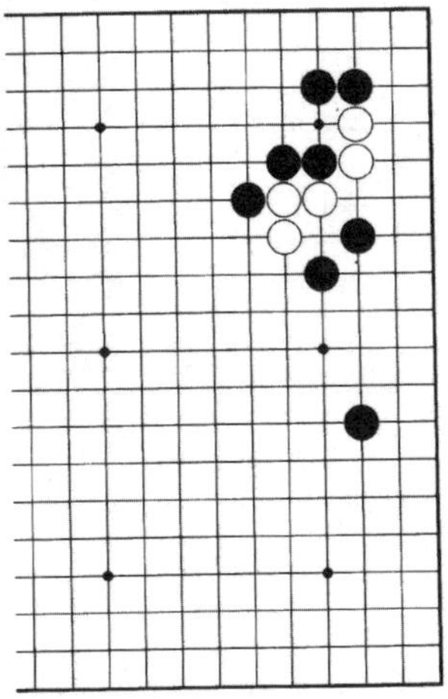

解

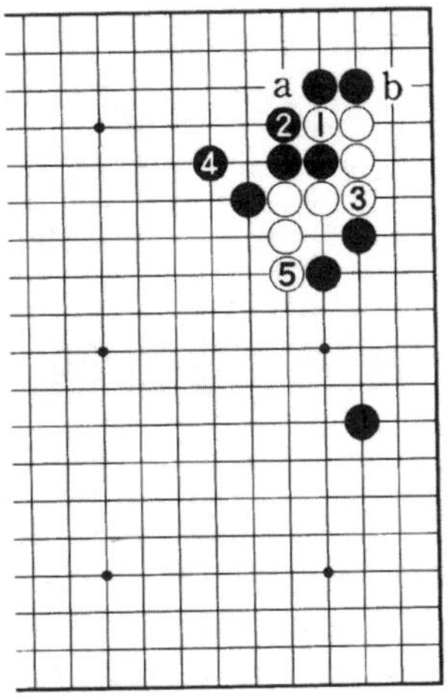

失

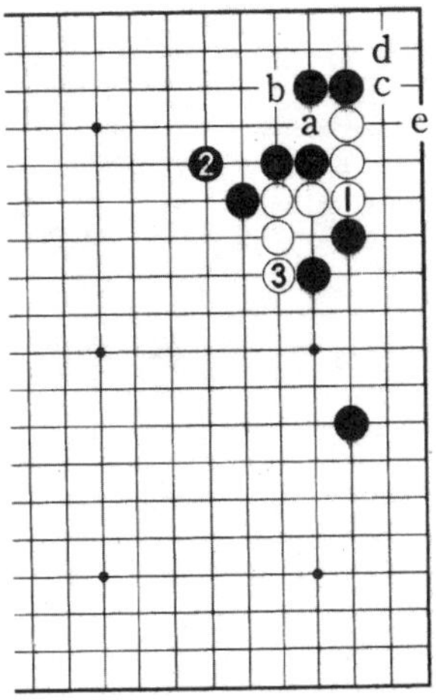

제1형 백번

## 타이밍

우상의 전투.
흑의 공격으로 백은 괴로운 싸움이다. 도망치기만 해서는 흑의 흐름에 말리고 만다.
백은 지금 흑의 응수를 물어볼 타이밍이다.

## 백 안심

백1로 나가는 수순이 중요하다. 흑2로 받게 해서 백3으로 잇는다. 흑은 a에 끊기는 약점이 남아서 백b의 젖힘이 선수가 된다.
백5로 밀어서 공격당하는 불안이 사라졌다.

## 백 불안

백1로 잇는 것은 흑2, 백3으로 정해도와의 차이가 없는 것 같지만 백a로 나감에 흑b로 양보해서 귀에 노림이 없어진다. 백c, 흑d, 백e는 백이 후수이다. 백은 안형이 불안하다.

(1488)

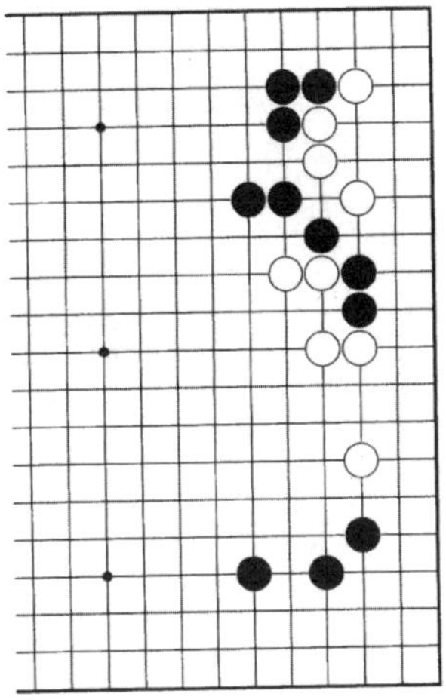

解

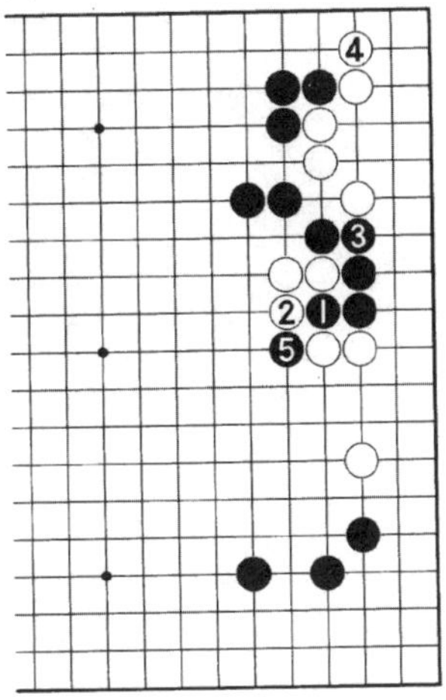

失

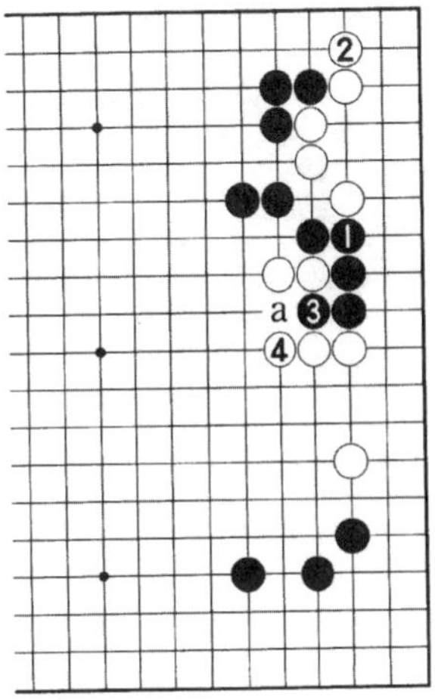

제2형 흑번

## 반발

우변의 전투.
우상의 백이 완전하지 않다.
백은 우변에 있는 흑 2점 끊기를 보고 있다. 백의 활용에 반발하는 수순을 찾아야 한다.

## 냉엄한 끊기

흑1로 나가는 것을 첫수로 둔다.
백2로 막은 뒤 흑3으로 잇는 수순이 좋다.
우변의 흑이 강해지면 백은 4로 귀를 살려야만 하는데 흑은 5로 냉엄하게 끊는다.

## 틀린 수순

흑1로 잇는 것은 완착이다.
백2로 지킨 뒤 흑3으로 나가면 백은 4로 물러나서 싸우지 않는다.
흑1로 3자리를 먼저 찌르면 백4는 a로 둘 수밖에 없다.

제3형 흑번

(1489)

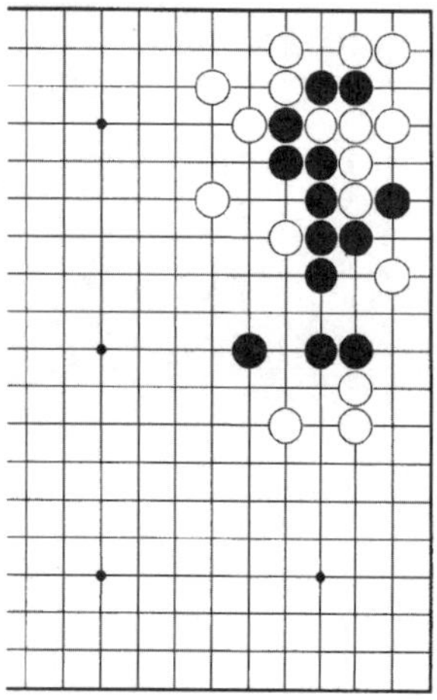

## 건넘 방지

우변의 전투.
흑의 근거를 노리고 있는 백의 들여다보기에 어떻게 응수하는 것이 최선인가?

解

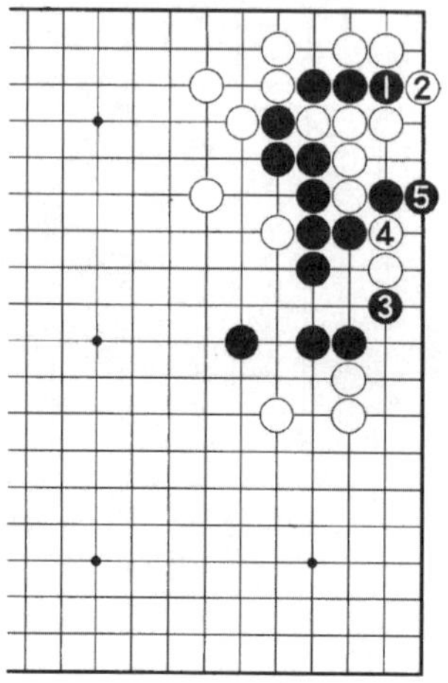


## 잡다

흑1로 나가는 것을 선수 활용하고 3으로 입구자 붙여 백 1점을 잡는다. 백4로 끊으면 흑5로 내려 우변의 수상전은 백이 양자충으로 흑이 승리한다.

失

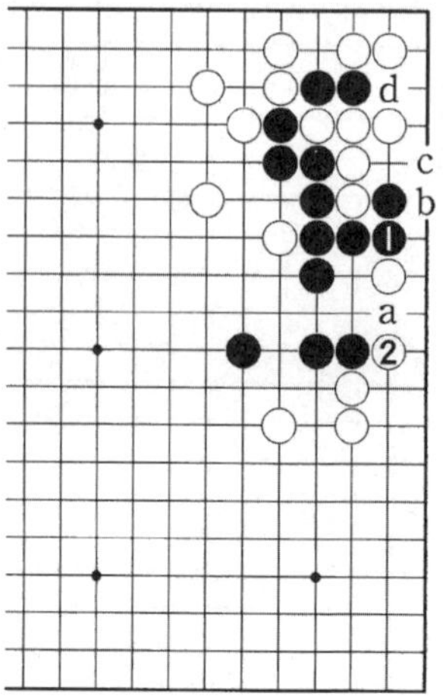


## 흑 실패

흑1로 이으면 백2로 건너서 실패한다. 흑은 우변의 근거를 잃어 우변 전체가 뜬돌이 되어버린다. 흑1로 a에 입구자 붙이면 백1, 흑b, 백c로 흑이 d에 나갈 여유가 없다.

제4형 흑번

(1490)

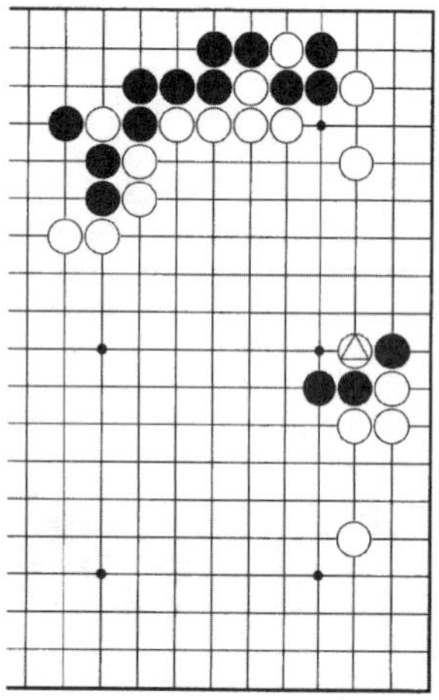

## 수읽기

우변의 전투.
우변을 끊고 있는 백◬ 1점은 상변에 축머리가 있어 떳떳하지만 백이 자충이 되면 큰일이 난다.
흑의 다음 수가 냉엄하다.

解

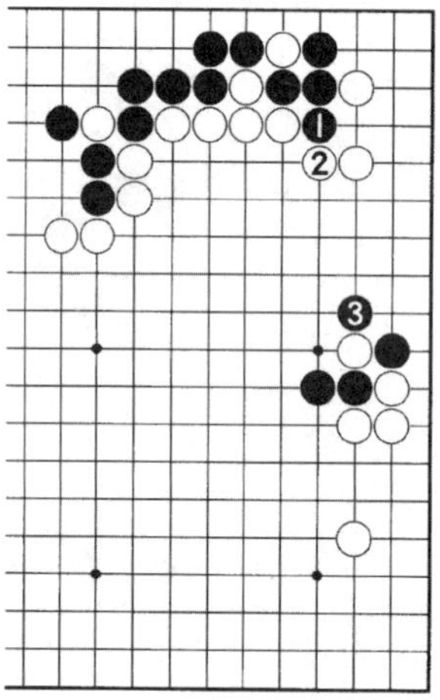


## 축

흑1로 나가 백2는 필연이다.
백2 말고는 없는 것 같지만 우변과의 관계로 큰 사건이 일어난다. 흑3으로 축이 성립하여 흑은 백집 안에서 살아버린다.

変

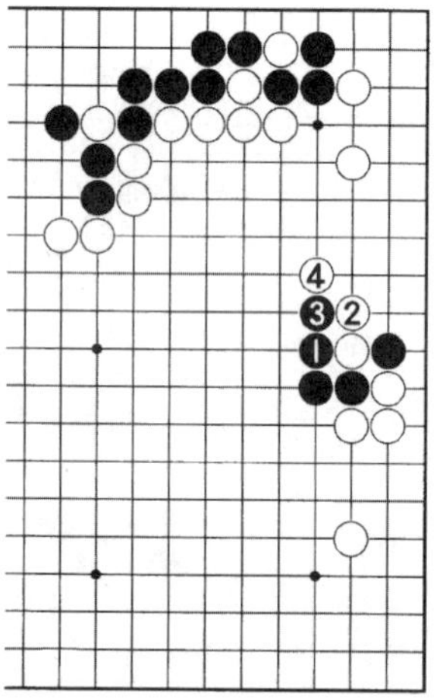


## 흑 실패

백 1점을 축으로 잡지 못하면 우변의 흑 1점은 살릴 수 없는 모양이다. 흑은 1로 단수치고 백2, 흑3으로 두는 정도이다. 여기에 백4로 젖혀 우변 백집이 굳어지며 중앙의 흑은 미생이 된다.

(1491)

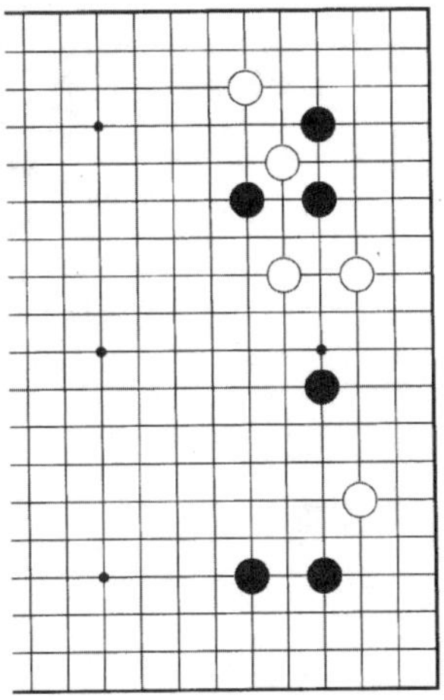

解

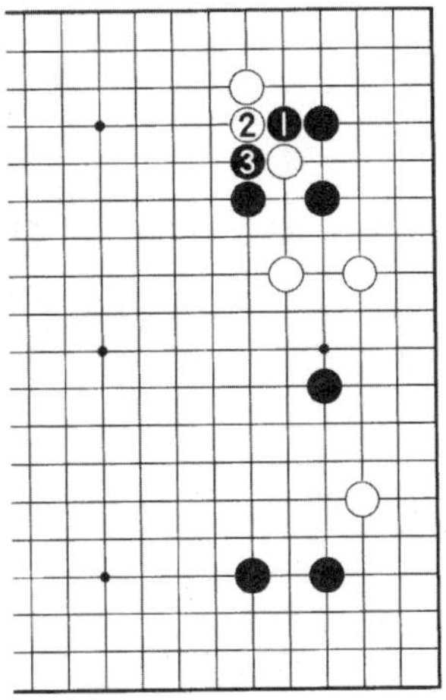

変

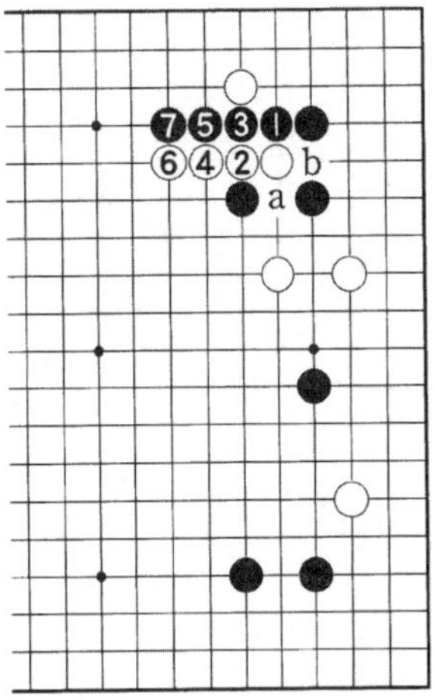

제1형 흑번

## 반격

우상의 전투.
우상은 흑이 한 칸 뛴 강한 모양이다. 백은 중앙에서 들여다봐서 응수타진 하였다.
흑은 백에 강하게 반격하고 싶다.

## 흑 유리

흑1로 나가고 백2, 흑3으로 끊어 흑이 좋다.
백 1점을 잡아 우상귀의 흑이 튼튼한 모양이 되서 상변에 있는 백 2점과 우변이 약해졌다.

## 흑 유리

백2로 물러나면 흑3, 5로 뚫고 나가 흑이 매우 유리하게 된다.
흑1로 a 또는 b로 잇는 것은 활용당해 백에게 수습할 기회를 주게 된다.

(1492)

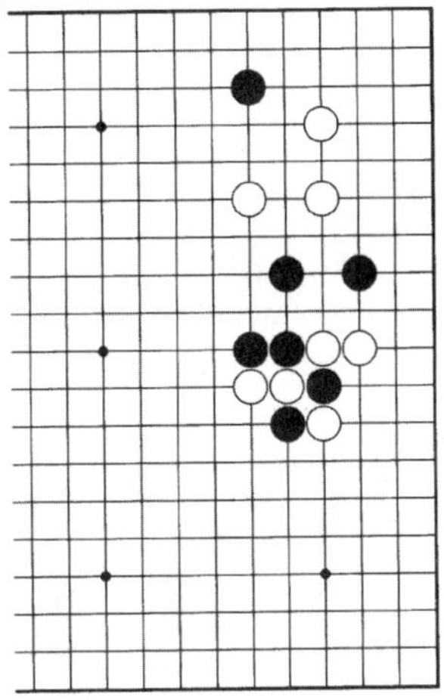

解

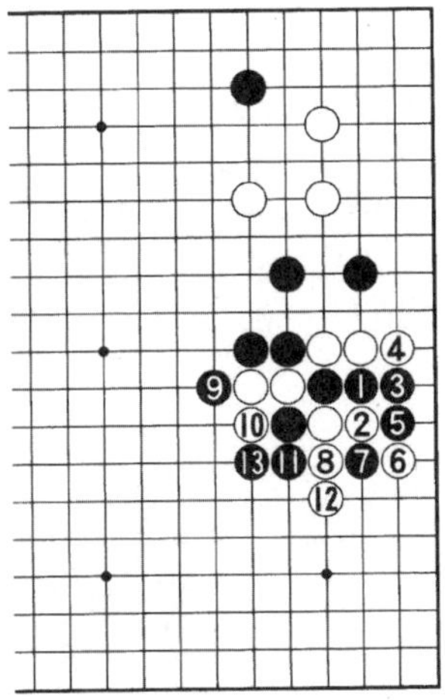

変

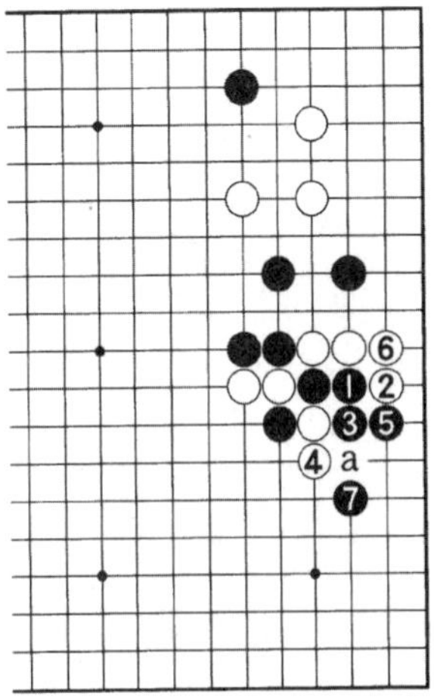

제2형 흑번

## 형세일변

우변의 전투.
흑은 1점이 끊겨 위기에 처해있다. 이 1점을 살리느냐 죽느냐에 따라 형세는 크게 바뀐다.

## 백 무리

흑1로 도망치는 것이 강수이다. 백2의 단수 4, 6이 최강의 공격이나 무리.
흑7의 끊음부터 11의 단수를 활용하고 13으로 중앙의 백 3점을 축으로 잡는다.

## 잡음

백2, 4는 공격이 아니다.
흑5로 막아 우변의 흑이 편한 모양으로 흑7로 뛰어 백2이하의 4점을 잡는다.
백4로 5는 흑a. 2선을 기어 살아서는 백 불리.

제3형 흑번

(1493)

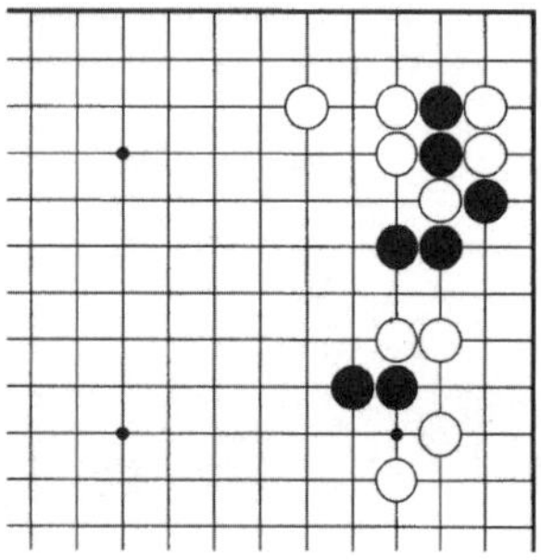

解

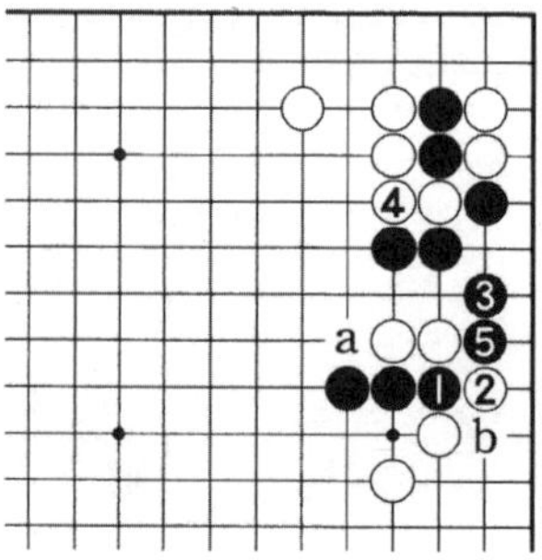

变

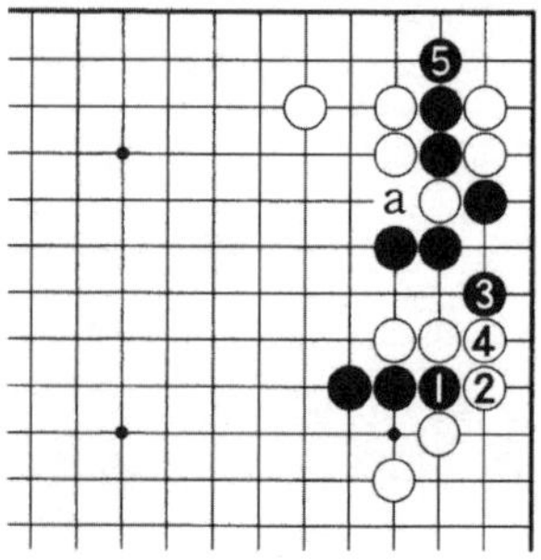

### 연관

우상귀의 흑을 수습하는 모양으로 만들고 싶다.
우변에 있는 백의 엷음과 우상귀의 활용을 연관시키는 맥을 찾아내야 한다.

### 안정되다

흑1로 나가고 3으로 호구친 수가 날카로운 수순이다.
계속해서 백4로 귀의 2점을 잡으면 흑5로 끊어 a와 b를 맞보기 한다.

### 흑 부활

백4로 이으면 흑5로 내려 2점이 부활한다.
귀의 백은 근거를 빼앗긴 모양.

제4형 흑번

(1494)

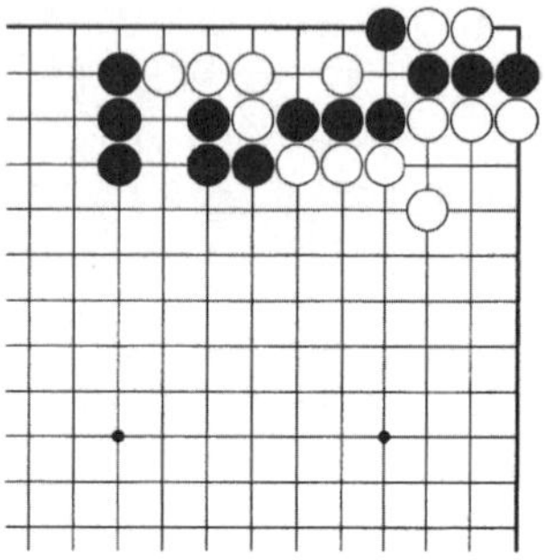

解

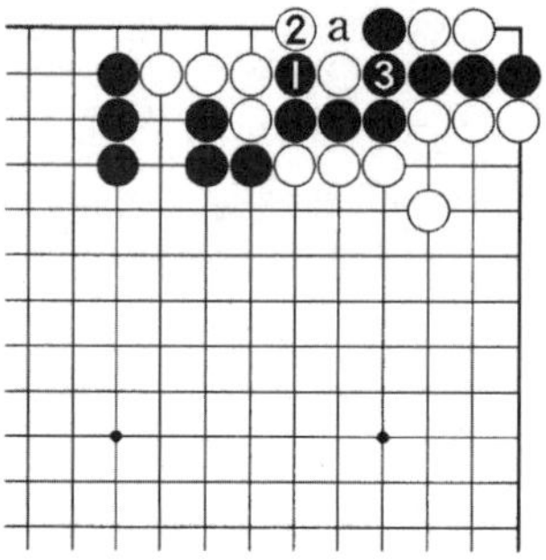

变

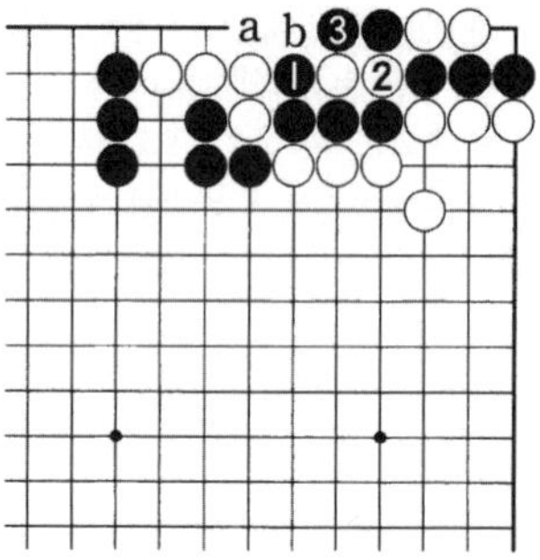

### 아슬아슬

우상귀의 흑은 숨이 아슬아슬하게 붙어있는 상태이다. 아직 늦지 않았다.
냉정히 수를 읽어 쌍방의 급소를 찾아내면 살 수 있다.

### 쌍방의 급소

흑1이 쌍방의 급소이다.
백2로 단수치면 위험한 것처럼 보이지만 흑3으로 이을 수 있다. 백a로 이을 수 없다는 것이 흑의 자랑.

### 다행

백2로 집어넣어도 흑3으로 따내서 멋지게 산다.
백a, 흑b가 있었더라면 백2로 먹여쳐서 양환격이 되었을 것이다.

제5형 백번

(1495)

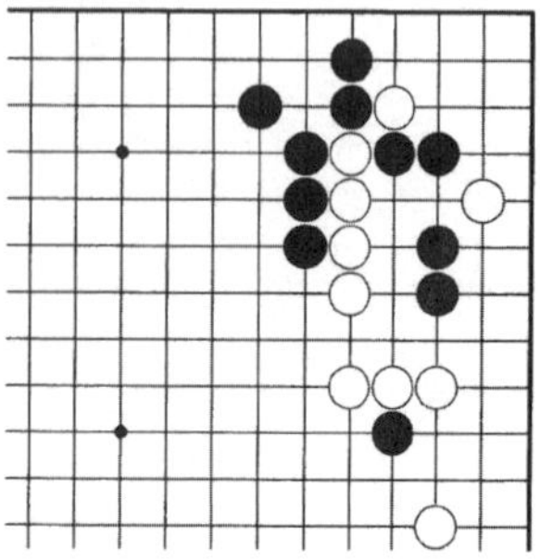

解

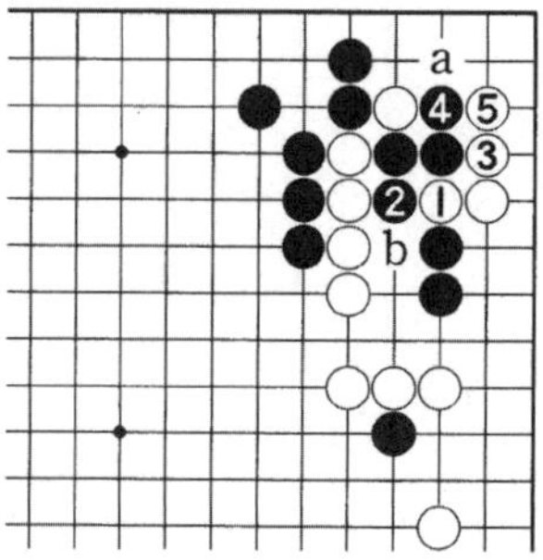

失

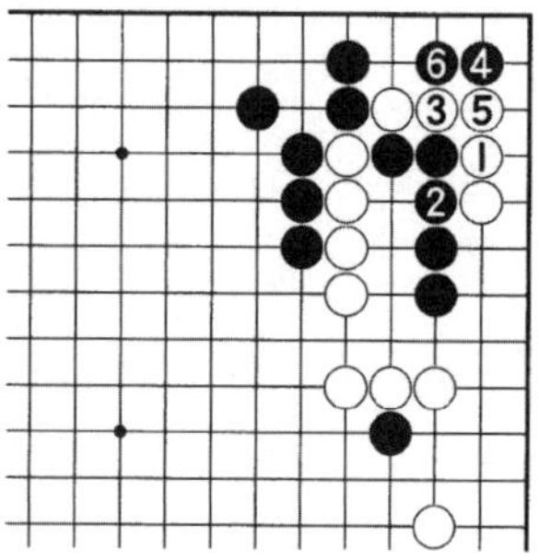

### 최강

귀의 흑에 어떻게 수를 내어야 할까?
바깥 백이 강하기 때문에 귀에서도 백은 강하게 밀고 나갈 수 있다.

### 맞보기

백1로 나가고 3으로 구부린다.
흑4에는 백5로 백a의 젖혀 사는 것과 백b로 끊어 잡는 것을 맞보기로 한다.

### 수순착오

먼저 백1로 밀면 흑2의 급소에 손을 돌려서 이 수상전은 백이 이길 수 없다.
백3에는 흑4가 좋은 수로 백이 한 수 패.

(1496)

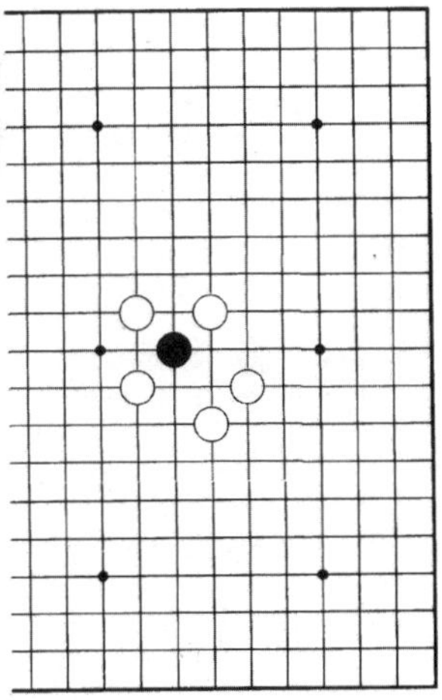

解

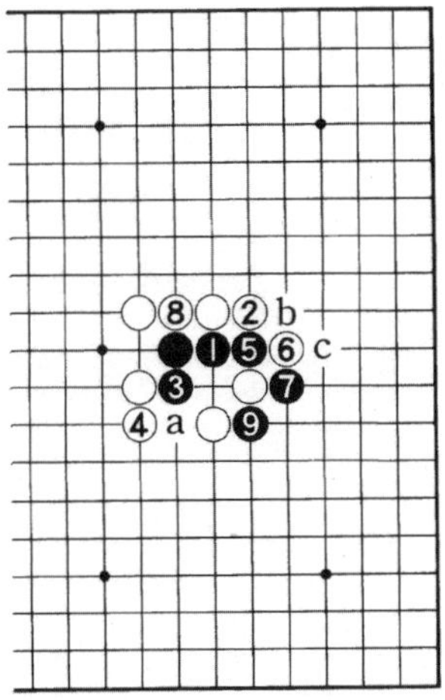

失

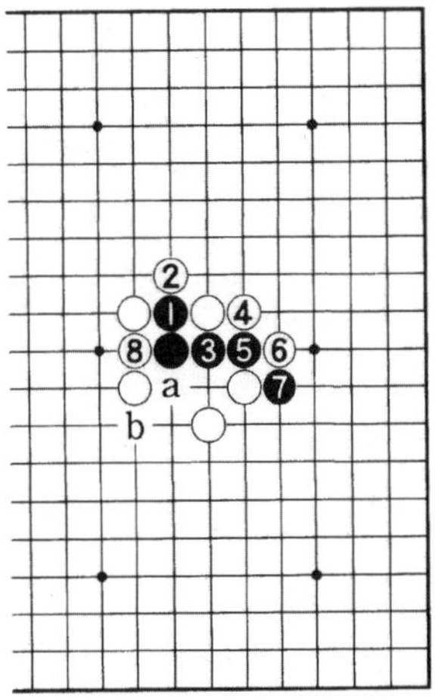

제1형 흑번

## 탈옥

유명한 고전《현현기경》중에서도 가장 많이 알려진 모양이다. 흑 1점이 백의 포위망을 깨뜨리고 탈출하기 위해서는 수순과 자충에 세심한 주의를 기울여야한다.

## 탈출 성공

흑1, 3으로 선수하고 백의 응수를 본다. 흑5, 7로 나가 끊으면 백8로 받으면 흑9로 단수쳐서 탈출한다.
백8로 a는 흑b, 백c, 흑8로 왼쪽이 무너진다.

## 흑 잡힘

흑1로 나가는 것은 실패한다.
흑3부터 7로 끊어도 백8로 공배가 메워져서 끝난다.
흑5로 a에 나가도 백b로 안 된다.

(1497)

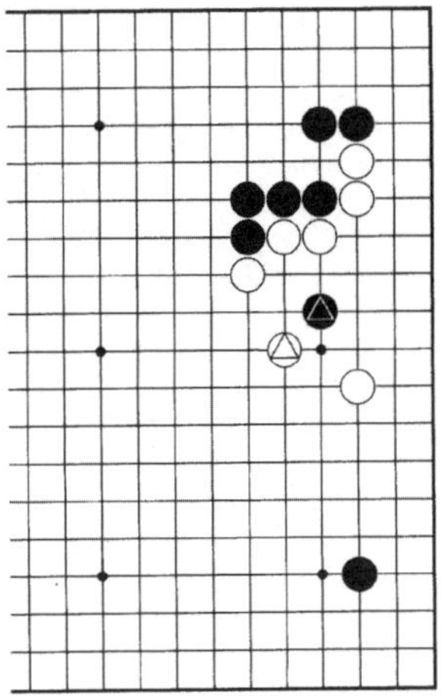

解

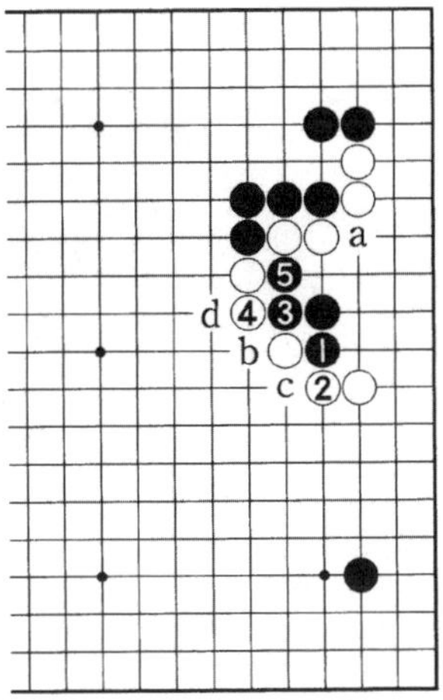

変

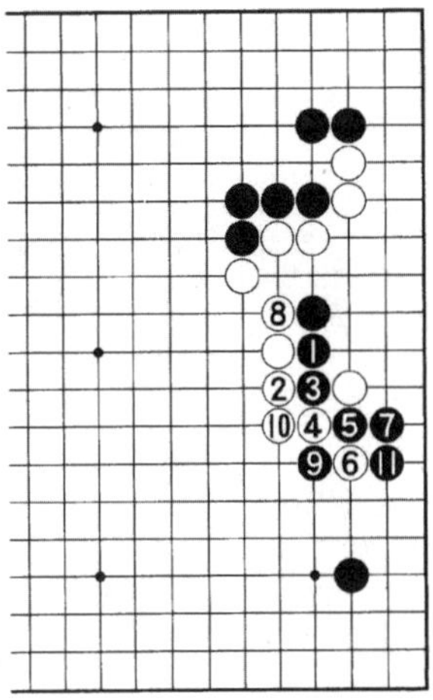

제2형 흑번

## 깨뜨리다

백◬가 흑▲를 씌워 흑을 강하게 공격하려 하지만 우상귀에 약점이 있어 무리한 모양이다.
흑은 백의 포위망을 무너뜨리고 싶다.

## 맞보기

흑1, 3으로 나가는 수를 선수하면 백4까지는 필연의 진행이다.
흑5로 끊으면 결정된다.
흑a의 끊음과 흑b, 백c, 흑d 축을 맞보기 한다.

## 흑 만족

흑1로 나감에 백2로 물러나는 변화이다. 흑3, 5로 나가끊어 우변의 백 1점을 공격하면 백은 8로 손을 돌려 포기할 수밖에 없다. 흑11까지 우변은 흑집이 된다.

제3형 흑번

(1498)

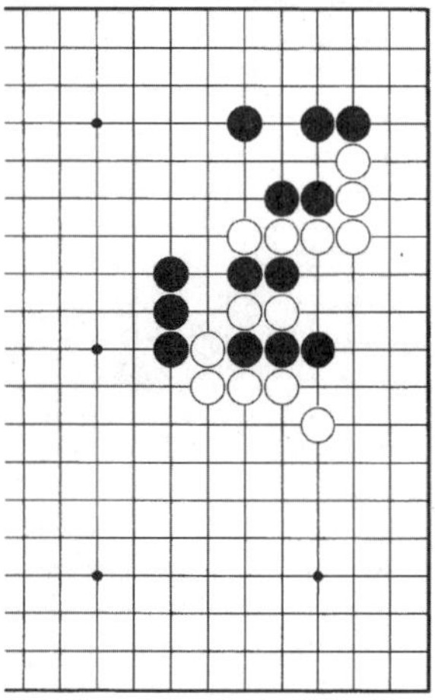

## 파고들다

우변의 전투.
우변은 백집이지만 흑 3점을 모두 잡히면 불리하다.
흑이 우변을 파고들고 백이 저항하면 집을 깨뜨린다.

解

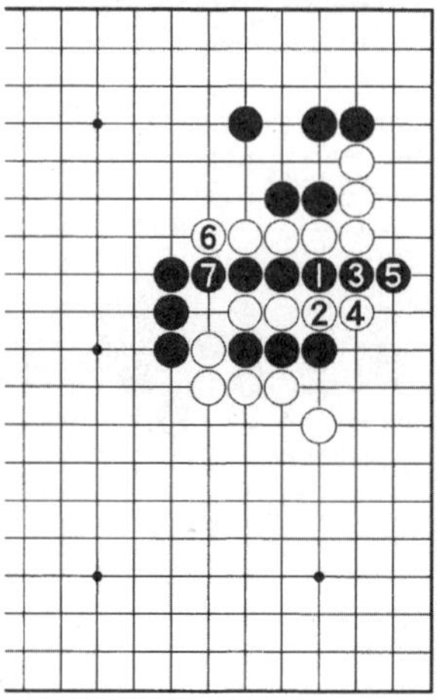

## 절단

흑1로 늘어서 나간다.
백2, 4로 저항하면 흑5로 뚫어버린다.
백은 6으로 늘고 흑7까지 백은 위아래가 분단되는 것을 허용할 수밖에 없다.

変

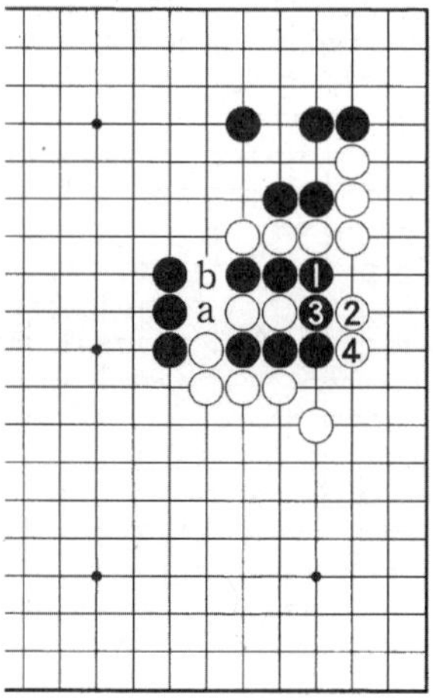

## 흑 충분

흑1에 백2로 들여다보고 흑3, 백4로 우변을 연결하는 정도이다. 흑은 3점을 살리고 백집에 파고들어 충분하다. 흑1로 3에 단수치게 되면 백a로 이어 1과 b가 맞보기가 되어 실패한다.

나가기 잡다

제1형 흑번

(1499)

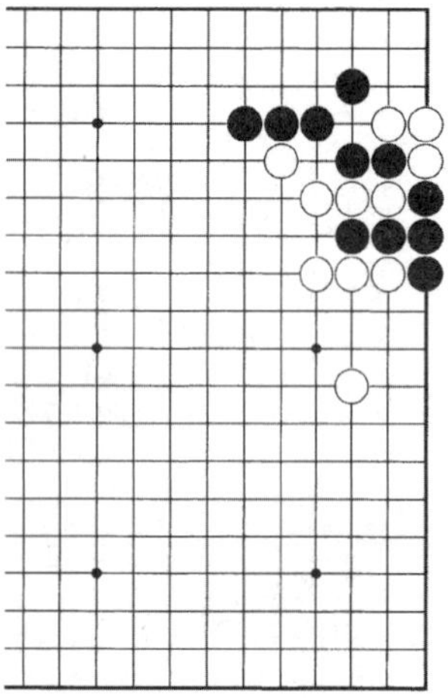

## 탈출

우변의 수상전 문제.
백 3점의 공배는 3수. 2수뿐인 흑의 수를 3수로 만들어야 한다. 우변으로의 탈출을 포함한 테크닉으로 해결해야 한다.

解

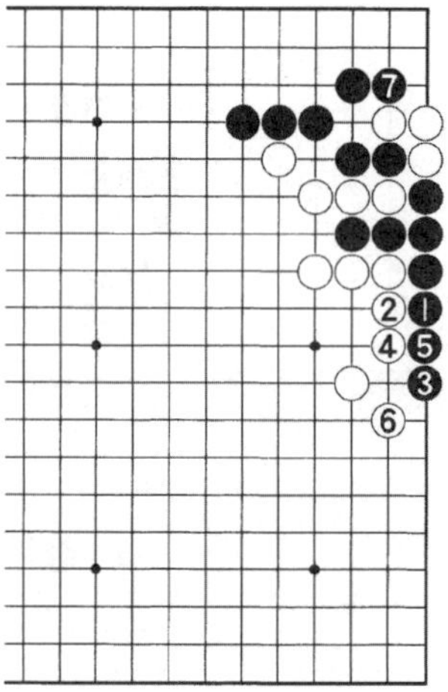

## 흑 승

흑1로 뻗어 우변으로 나간다.
백2는 흑3으로 뛰어 다음의 흑6으로 입구자로 탈출할 수 있기에 백은 4, 6으로 봉쇄하여야 한다. 흑은 우변에서 수를 늘려서 흑7로 공배를 메워 흑 승.

失

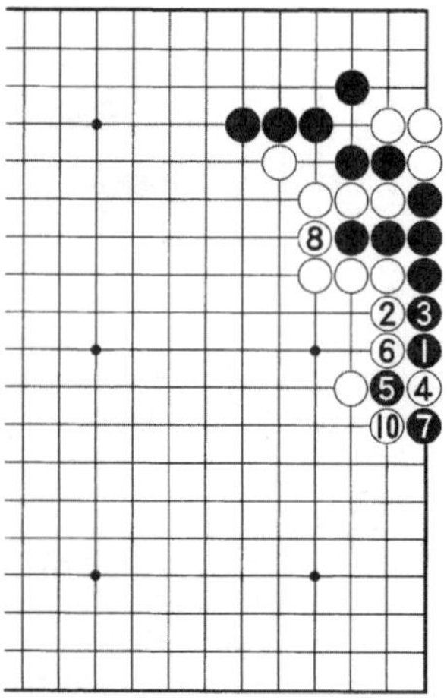

## 흑 실패

흑1로 뛰는 것은 틀린 맥이다.
백2, 흑3 이후 백4로 붙이는 수가 날카롭다.
흑5로 백 1점을 잡아도 백6부터 10까지 역전. 백 승.
※❾→④

제2형 흑번

(1500)

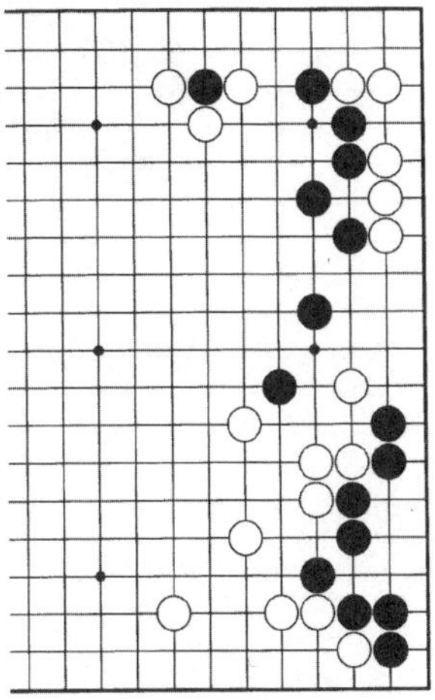

## 옭다

우상의 전투.
근거가 없는 흑이 상변에서 중앙으로 연결되어있다.
백의 옭음을 추궁하여 우변의 백 3점을 잡으면 성공이라 하겠다.

解

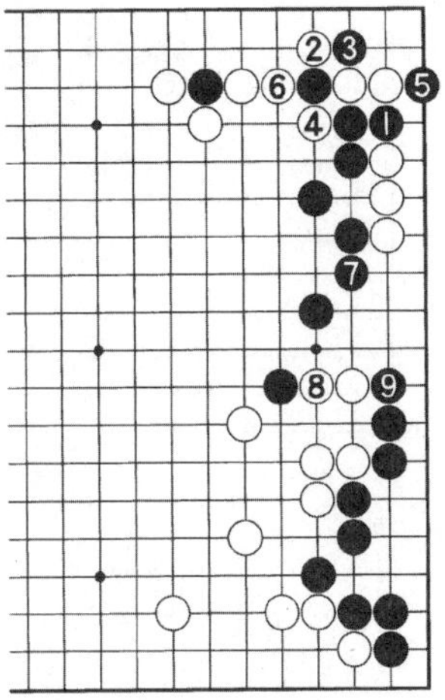

## 3점 잡기

흑1로 나가는 수가 좋다.
백2로 젖혀 귀는 상변에 우변과 우하로 연결된 것 같지만 흑3의 끊음이 맥이 된다. 5의 단수가 선수활용되어 흑7로 뻗어서 우변의 백 3점을 잡는다.

失

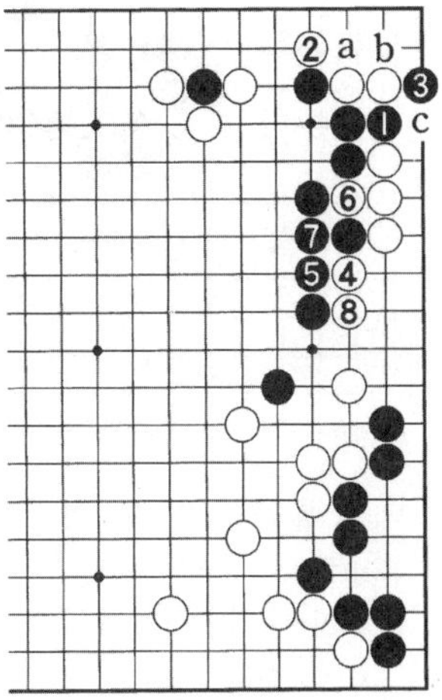

## 흑 실패

흑3의 젖힘은 완착이다.
백4부터 8로 우변으로 건너서 우상의 흑 전체가 근거를 잃는다. 귀는 흑a로 끊어도 백b로 단수하면 그만이다. 백2로 c에 건너면 흑a, 백b, 흑2로 백이 괴롭다.

제3형 흑번

(1501)

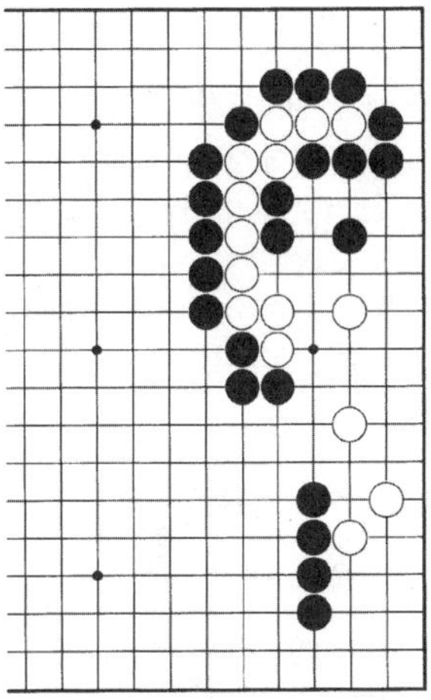

## 약점

흑은 우상의 백 11점을 노리고 있다. 우변에 있는 백의 옭음을 추궁하여 위아래의 연결을 끊으려고 하면 백에 옭음이 생긴다.

解

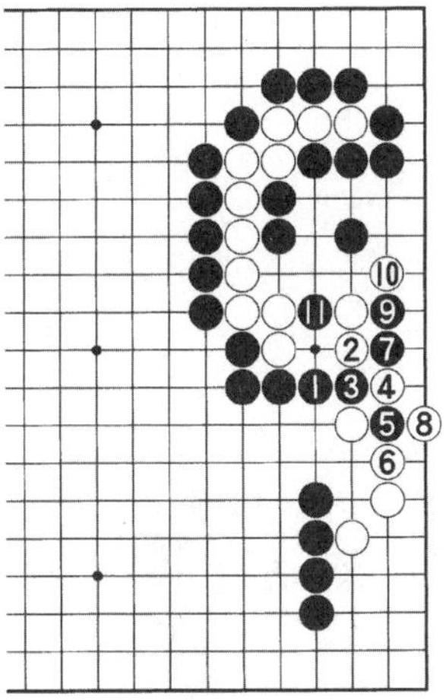

## 흑 성공

흑1, 3으로 평범하게 나가면 백의 모양에 약점을 만드는 것이 된다. 흑5로 끊기를 활용하고 7과 9로 상변으로 민 후에 흑11로 끼워서 백 11점을 잡는다.

変

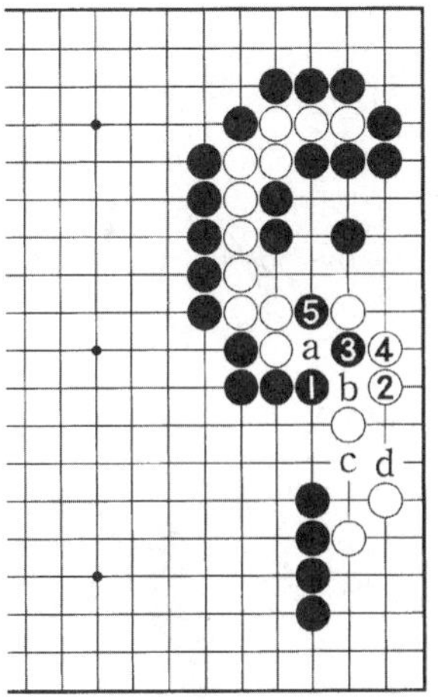

## 환격

백2로 입구자 변화이다.
흑3으로 입구자 붙이고 백4, 흑5로 환격이 된다.
백4로 a는 흑4로 나가서 좋다. 또 백2로 b는 흑c, 백d, 흑a, 백5, 흑3, 백4, 흑2.

(1502)

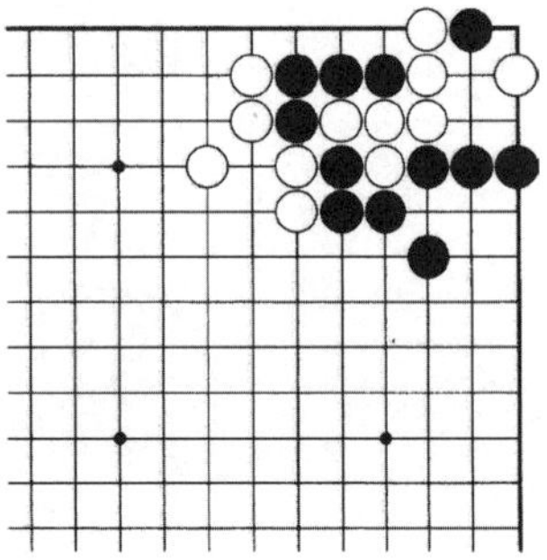

제4형 흑번

### 맥의 활용

유가무가로 백이 이긴 것 같지만 맥을 이용하면 간단히 해결된다.

解

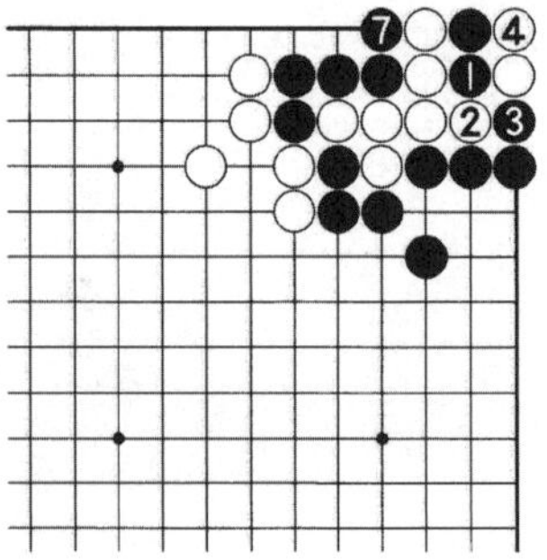

### 흑 승

흑1의 사석작전이 훌륭하다.
이하 흑7까지 필연으로 흑의 한 수 승이 된다.
※❺→❶(먹여치기), ⑥→❶의 위(따냄)

变

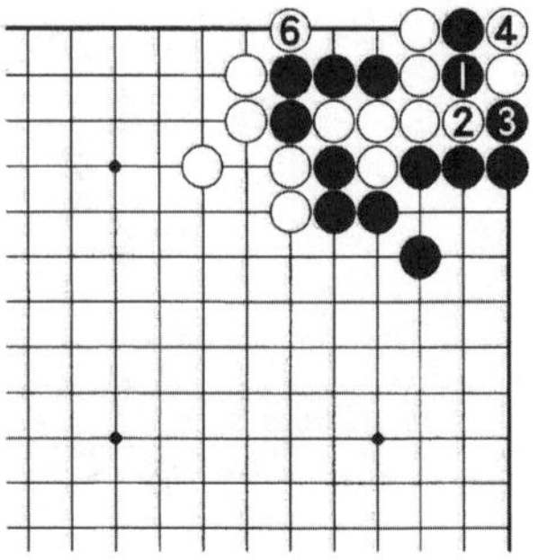

### 마찬가지

정해도 백6의 변화가 본도.
그러나 이것도 흑7로 백의 한 수 패. 백은 3의 위쪽으로 먹여 칠 여유가 없다. ※❺→❶(먹여치기), ❼→❶의 위(따냄)

(1503)

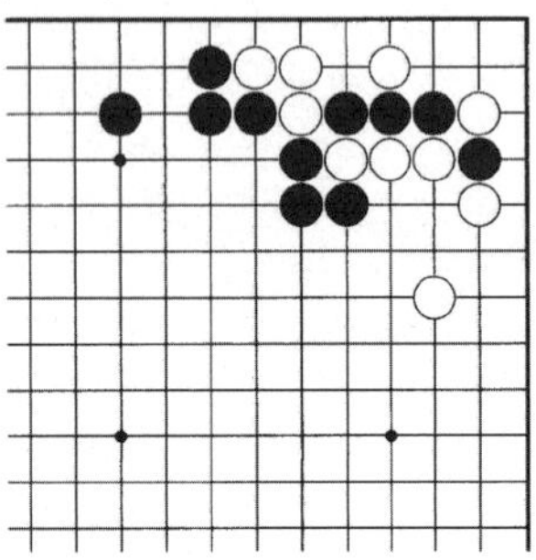

제5형 흑번

### 생환

우상의 수상전 문제.
우상귀의 흑 3점은 공배가 꽉 찬 모양이지만 상변의 백 3점을 잡으면 생환한다.

解

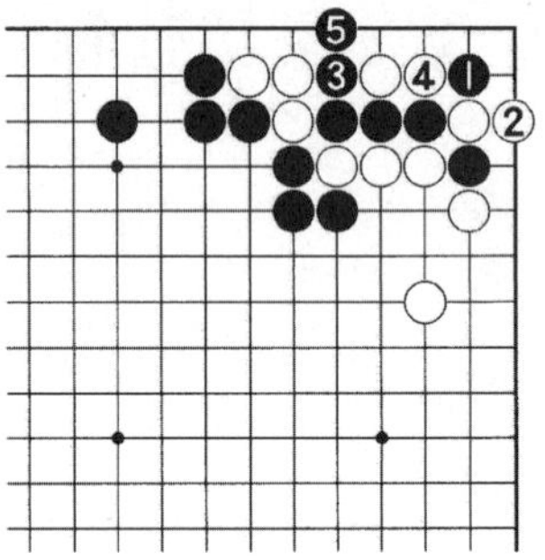

### 흑 승

흑1의 단수를 선수활용하고 3으로 나가 흑 승.
백4로 끊어도 흑5로 내려서면 양자충이다.
흑3으로 4는 백3으로 흑이 진다.

变

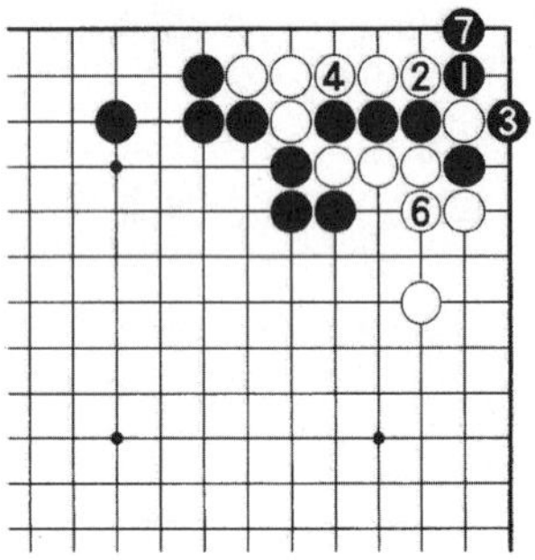

### 백 손해 증가

백2로 끊어 상변을 조이는 변화.
흑3, 5로 받은 뒤 백6으로 손을 돌릴 수밖에 없다.
흑7로 내려 백의 손해가 늘었다.
※❺→❶의 아래

(1504)

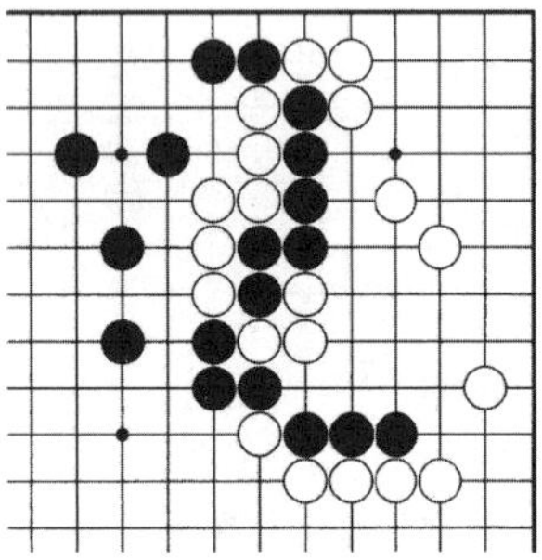

제6형 흑번

### 벽

중앙의 수상전 문제.
흑은 백 3점을 잡아 6점을 살리는 것이 가능하다.
중앙의 흑 3점이 백을 공격하는 강력한 벽이 된다.

解

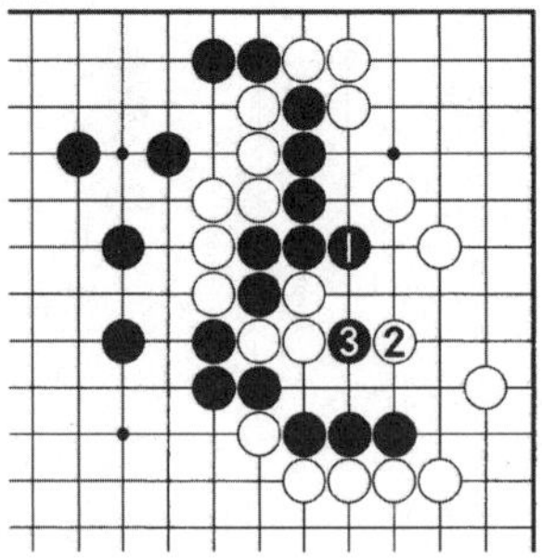

### 자충

흑1은 수를 늘리면서 백 3점을 자충으로 유도하고 있다.
백2로 뛰면 흑3으로 끼워 촉촉수에 걸린다.

变

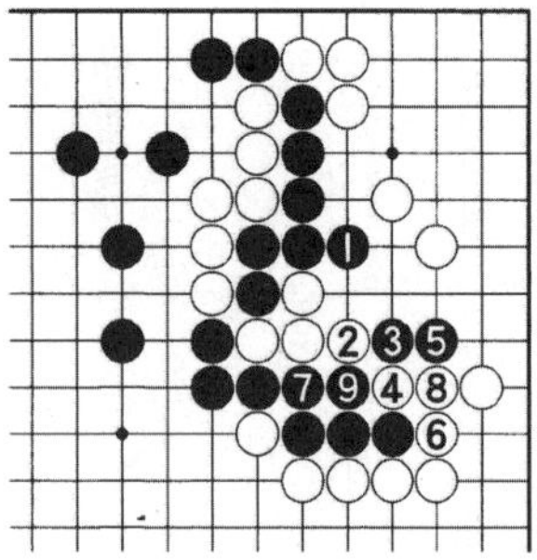

### 4점 잡기

백2로 빈삼각으로 저항하면 흑3의 붙임이 좋다.
백4 끼움에 흑5로 느는 수가 냉엄하다.
흑9까지 백 4점을 잡는다.

(1505)

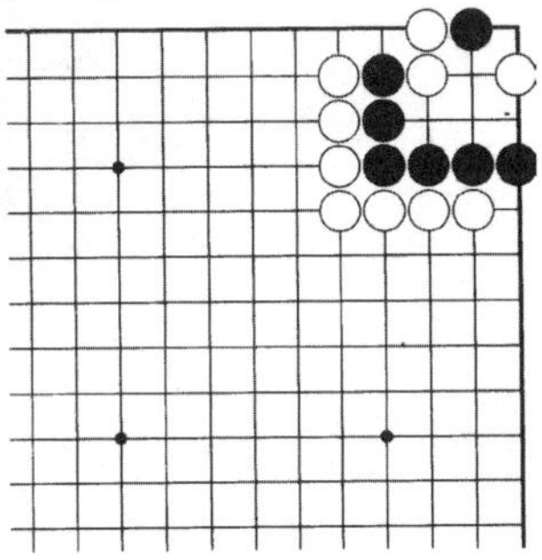

解

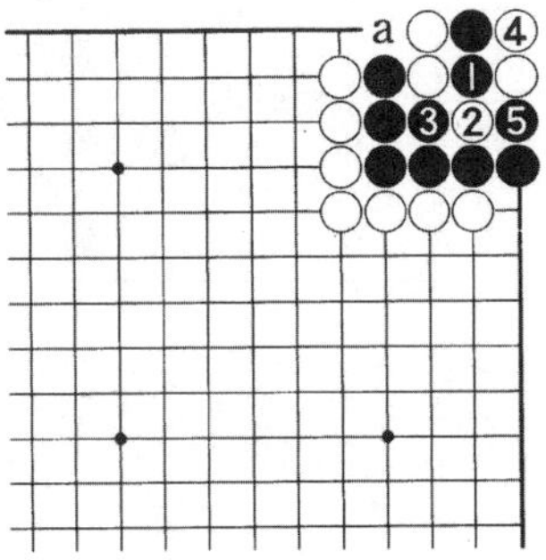

变

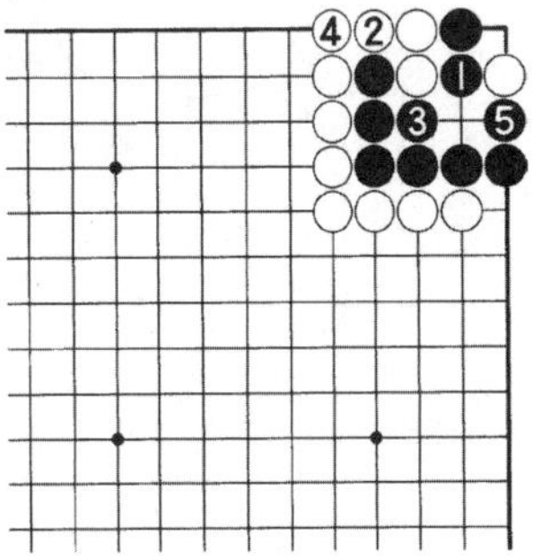

제1형 흑번

### 바깥공배

사활 문제.
우상의 흑은 백에게 집을 내주게 되면 '유가무가'로 죽는다.
바깥의 공배가 흑을 살릴 수 있다.

### 흑 삶

흑1로 나가고 3으로 끊는 수가 맥이다.
백4 이후 흑5로 백 1점을 단수쳐서 흑이 산다.
다음에 백a는 흑1로 따낸다.

### 3집

백2로 2점을 살려 왼쪽으로 연결하는 것은 흑3으로 단수해서 좋다.
백4, 흑5로 살 수 있다.

(1506)

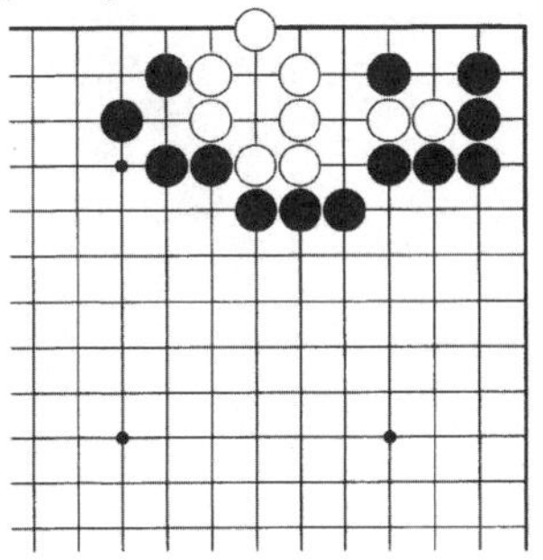

解

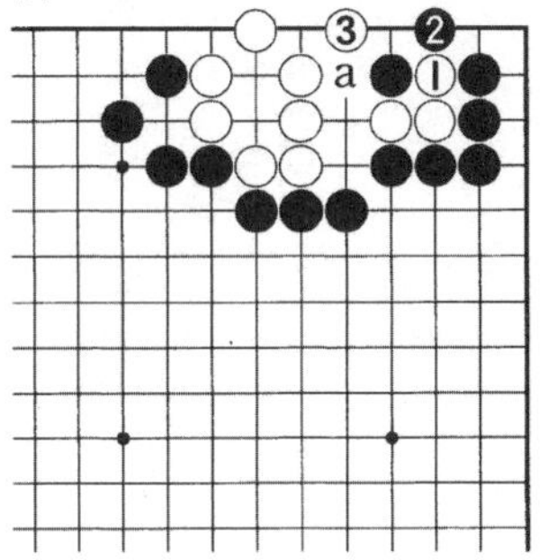

失

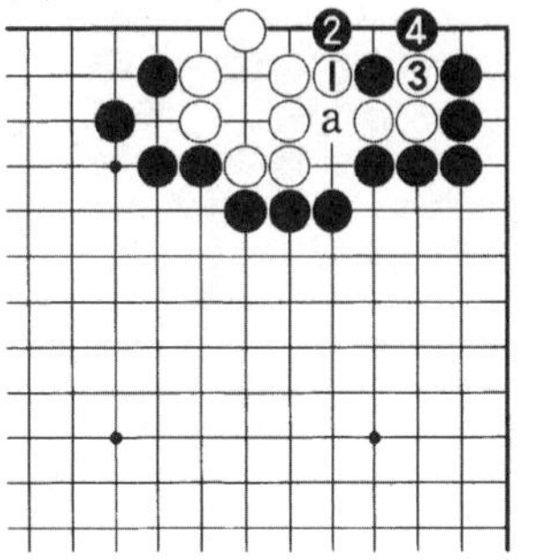

제2형 백번

### 사석

사활 문제.
백은 상변에 한 집을 더 내면 살 수 있지만 우상의 흑에는 탄력이 있어 사석의 기술이 필요하다.

### 백 삶

백1로 나가서 3점으로 버리는 맥이 있다.
흑2 이후 백3으로 입구자 해서 상변에 한 눈을 확보한다.
흑은 a로 둘 수 없다.

### 패는 실패

백1로 치받으면 흑2로 젖혀 실패한다.
백3, 흑4로 패가 된다.
백1로 2는 흑1 여기서 백3은 흑a로 실패한다.

(1507)

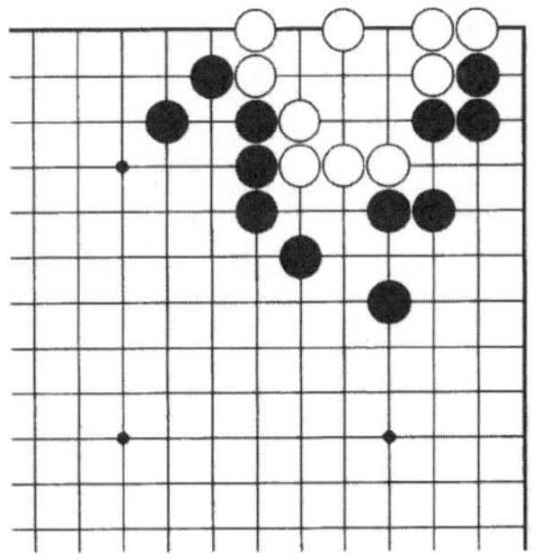

解

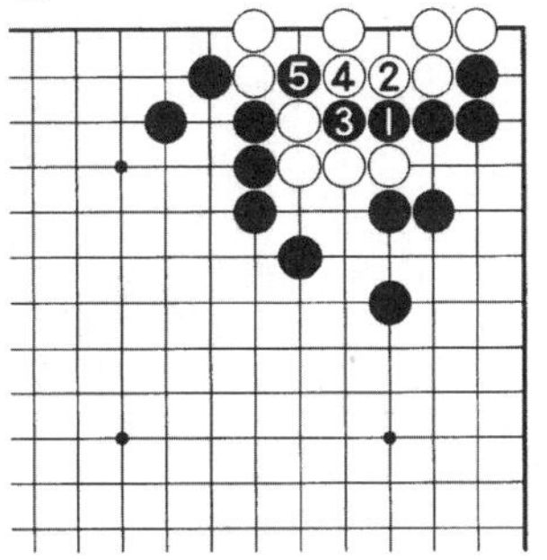

失

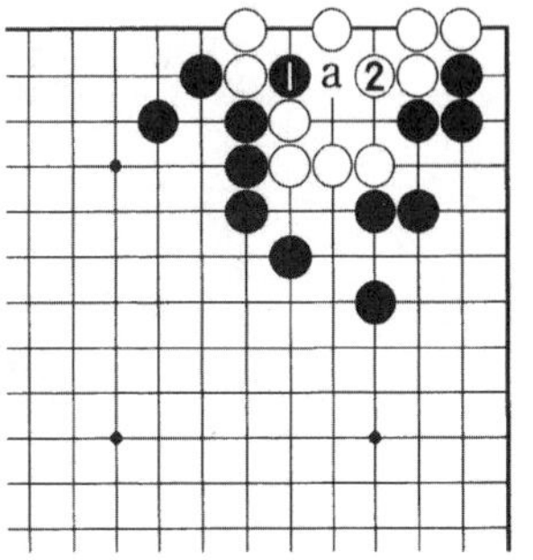

제3형 흑번

### 한걸음 한걸음

해결 방법은 너무나 간단하다. 백은 2집을 만들 공간이 적기 때문에 흑은 한 걸음 한 걸음 나아가면 된다.

### 전진

흑1로 백의 숨통이 막힌다.
백2가 최강의 저항이지만 흑3으로 한 발씩 전진하여 흑5로 마무리한다.

### 흑 실패

흑1에 백a로 받아주면 정해도와 같지만, 백2가 좋은 수이다.
흑은 1의 자리를 옥집으로 만들 수 없다.

제4형 흑번

(1508)

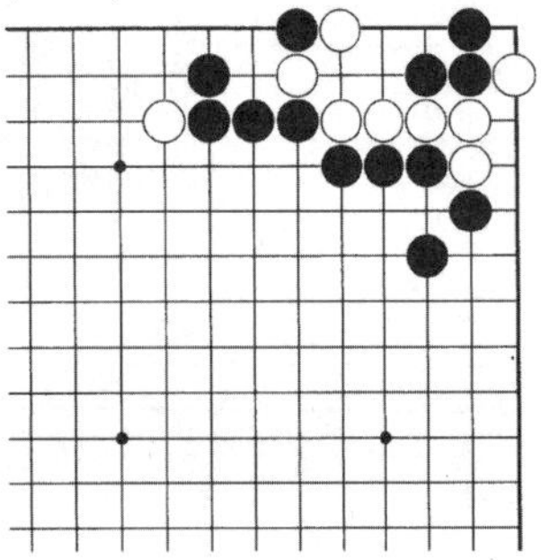

## 집이 넓다

사활 문제.
백집이 넓어 보인다. 흑은 귀의 3점을 치중수로 이용하여 집을 만들어 유가무가를 만든 후 수상전으로 끌고 가서 백을 잡는다.

解

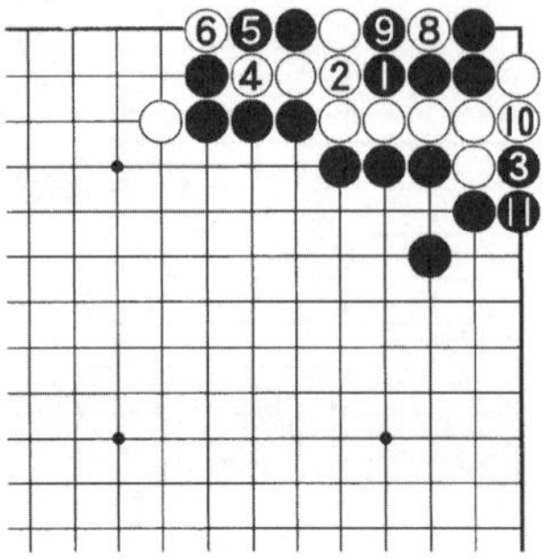

## 백 죽음

흑1로 나가 3으로 젖히면 백은 집이 없다.
백4에는 흑5로 2점으로 버리고 7로 먹여쳐서 옥집. 11까지 유가무가로 백을 잡는다. ※❼→❺

失

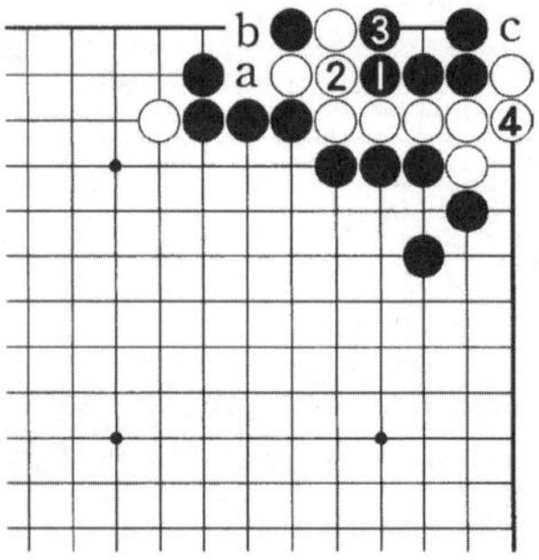

## 흑 실패

흑1, 3도 유가무가를 노린 방법이지만 백4로 이어 실패한다.
흑a는 백b로 백의 공배가 많아져서 백이 이긴다.

제5형 백번

(1509)

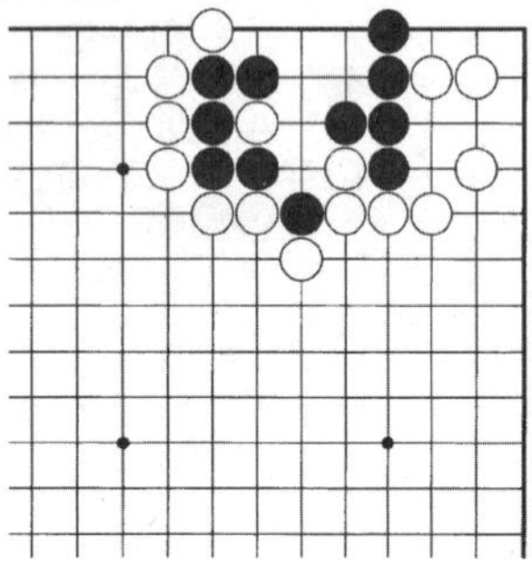

## 사활

한번 보면 여러 가지의 수가 떠오르는 모양이다.
당연하게도 정답은 한 곳뿐이다.

解

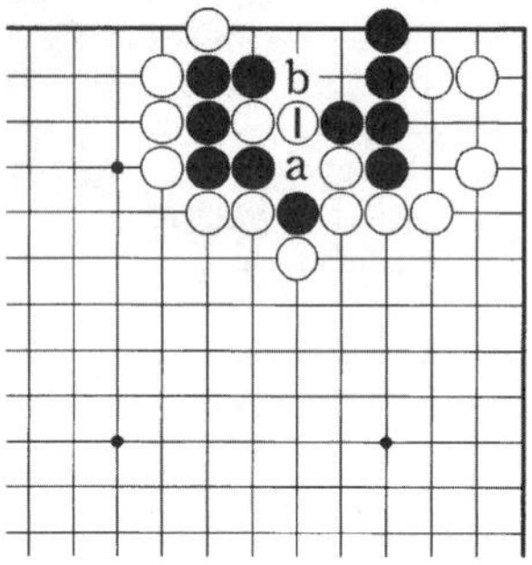

## 흑 즉사

백1로 나가는 것이 이런 장면에서 좋은 수이다.
이 한 수로 흑이 전멸한다. 이후 흑a로 두면 백b, 또 흑b로 두면 백a로 흑이 살 수 없다.

失

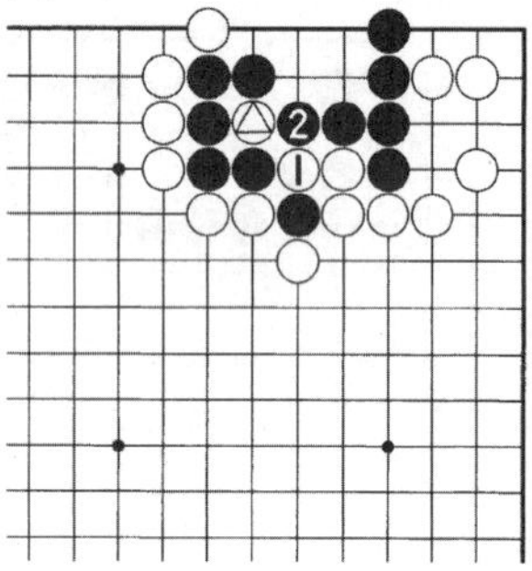

## 단순

백1로 따내면 흑도 2로 따내 단순하게 실패한다.
이래서는 백은 한 것이 없다.
백은 백△의 1점을 흑에게 잡히지 말았어야 한다.

제6형 흑번

(1510)

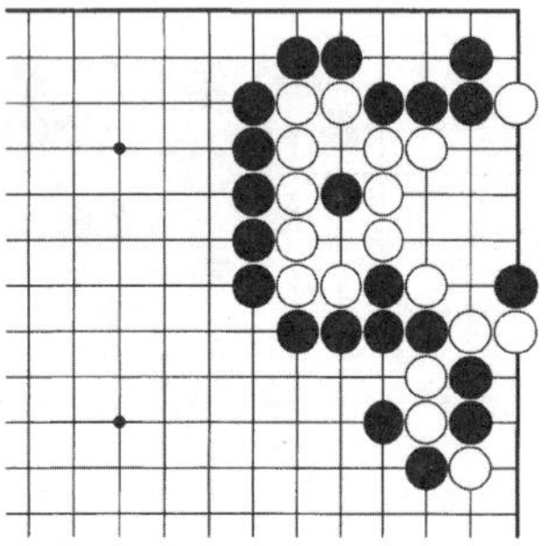

## 버티는 맥

어떻게 두어도 좋아 보이지만 백돌에는 버티는 맥이 있다.
어떻게 풀어나갈지를 읽어야 한다.

解

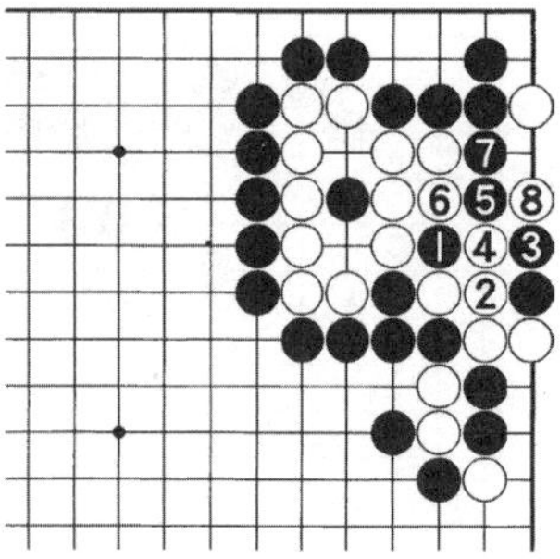

## 묘수

흑1은 당연하고 계속되는 흑3이 모든 맛을 없애는 묘수이다.
백4에는 흑5로 2점을 버린다.
흑9가 최후의 마무리.
※❾→❸

失

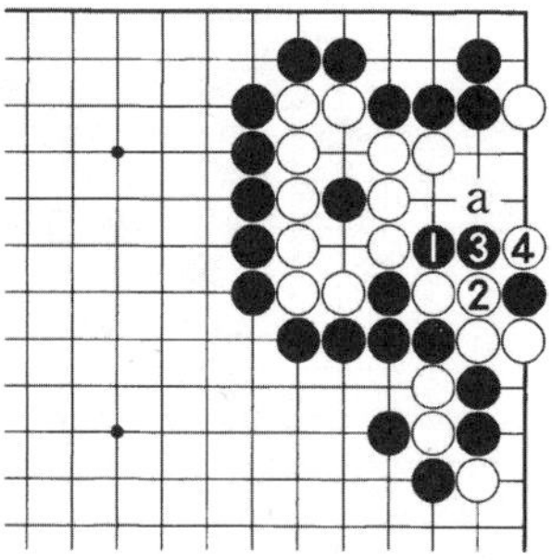

## 패

흑3으로 곧바로 결과를 내려 하는 것은 실패한다.
백4로 따내면 패를 모면 할 수 없다. 또 흑1로 a는 백3으로 수가 나지 않는다.

(1511)

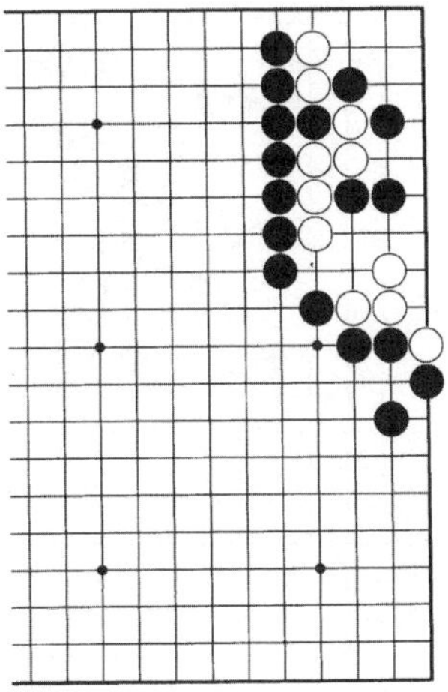

제7형 백번

## 후절수

사활 문제.

귀의 흑 1점을 잡는 것뿐이라면 실패한다.

우변의 흑 2점을 공격하여 흑이 저항하면 백은 17수 째에 후절수를 이용하여 산다.

解

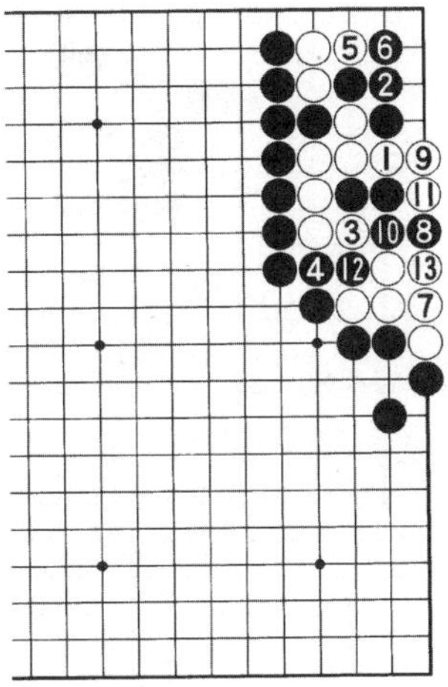

## 후절수

백1, 3이 좋다. 흑4라면 백5, 7로 흑 2점의 촉촉수를 노리고 흑8로 치중하면 백9부터 13으로 흑 4점을 따내고 14부터 17의 후절수로 산다.

※⓮→❿(끊기), ⑮→⑪의 왼쪽(단수치기), ⓰→❽(끊기), ⑰→❿의 아래(끊기)

变

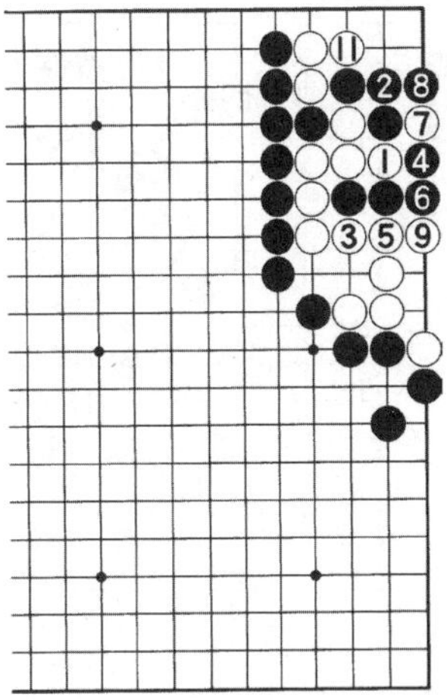

## 흑 삶

흑4로 귀로 건너가는 변화.

백5로 단수쳐서 흑 2점을 잡게 된다. 흑6으로 이으면 백7부터 11로 촉촉수이다.

백1로 2에 끊으면 흑1로 이어 잘 되지 않는다.

※❿→❼

(1512)

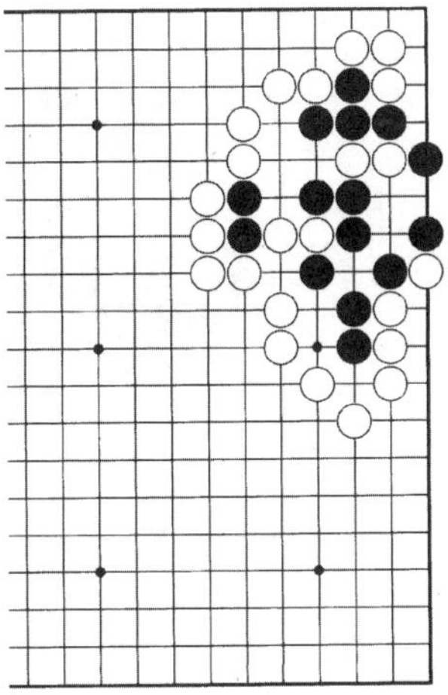

제8형 백번

## 빅?

사활 문제.

흑에게 잡혀있는 백 2점을 움직이는 것 외에는 수를 낼 방법이 없다.

평범하게 집을 부수는 치중수는 빅이 된다.

解

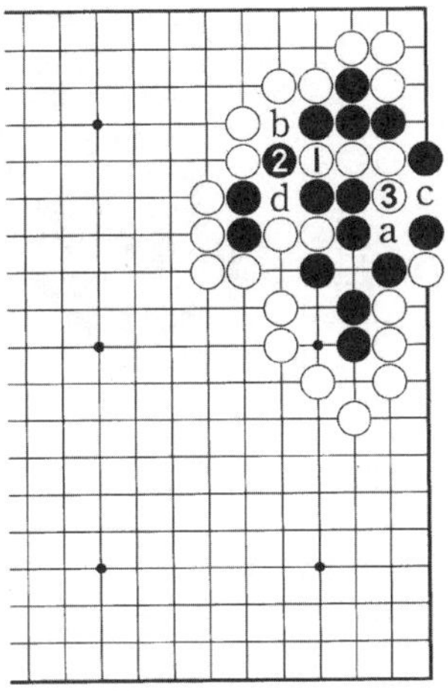

## 흑 죽음

백1로 나가고 흑2의 단수에 백3으로 흑이 잡힌다.

이후 흑a로 4점을 단수쳐도 백b, 흑c, 백d로 흑집은 2집이 안 난다.

变

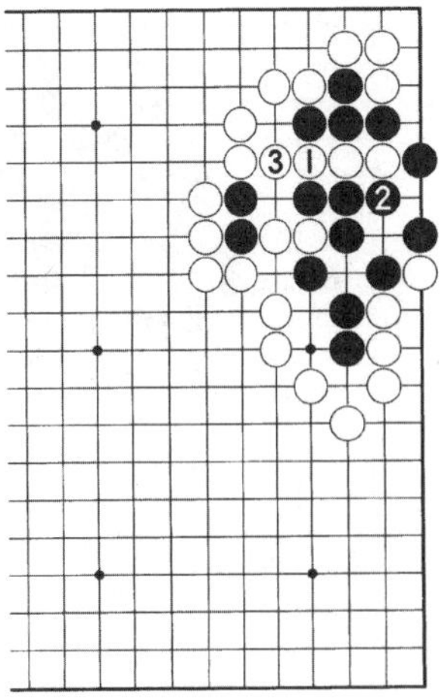

## 흑 잡힘

흑2의 단수는 백3으로 그만이다.

백1로 2에 나가는 것은 흑1로 이어 빅이다.

백은 4점이 되어 잡히면 살 수 있다는 착각이 백1의 사석의 맹점.

(1513)

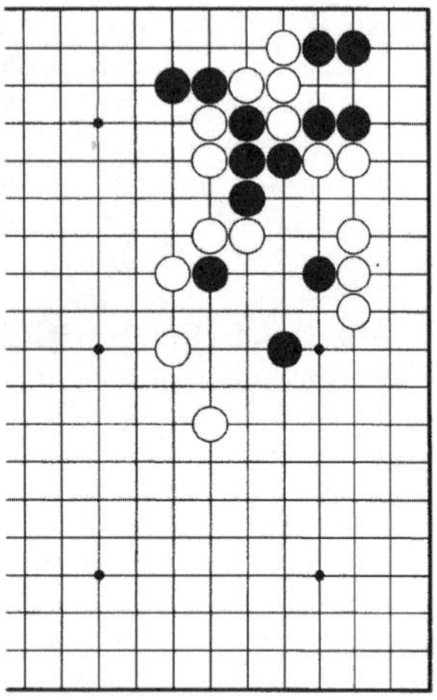

解

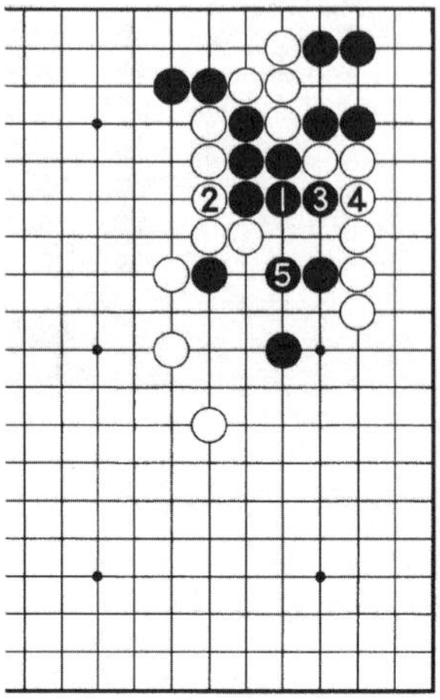

失

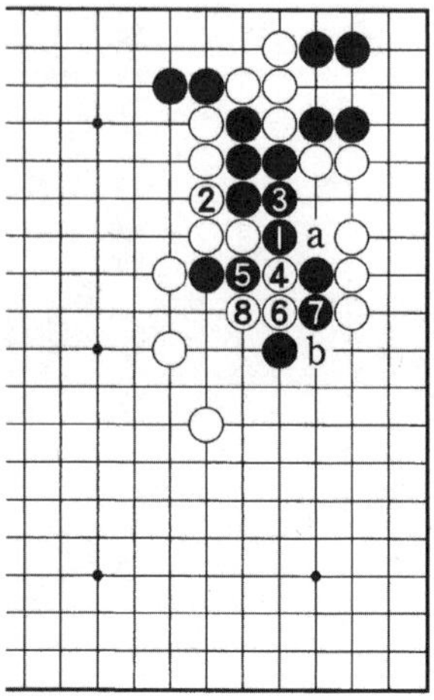

제1형 흑번

### 묘수

수상전 문제.
상변의 백은 3수이다. 중앙의 흑 4점은 도망쳐 나와 수를 늘려야 한다.
흑에게 묘수가 숨어 있다.

### 흑 승

흑1의 우형이 백에게 공격할 흐름을 주지 않는 좋은 수이다.
백2로 이으면 흑3으로 선수하고 5로 쌍립으로 가운데와 연결한다. 흑의 수가 길어져서 상변과의 수상전은 흑이 이긴다.

### 흑 망함

흑1의 젖힘은 속수이다.
백2로 단수치고 4로 찝어 흑 모양이 자충이 된다.
흑5, 7로 공격해도 백8로 도망쳐서 a, b로 끊는 것을 맞보기 한다.

(1514)

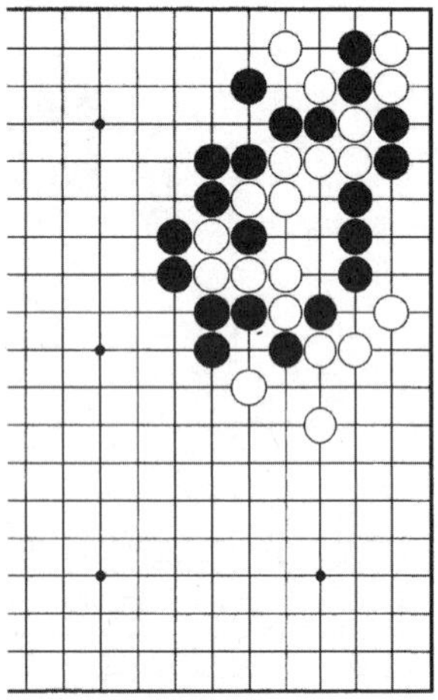

解

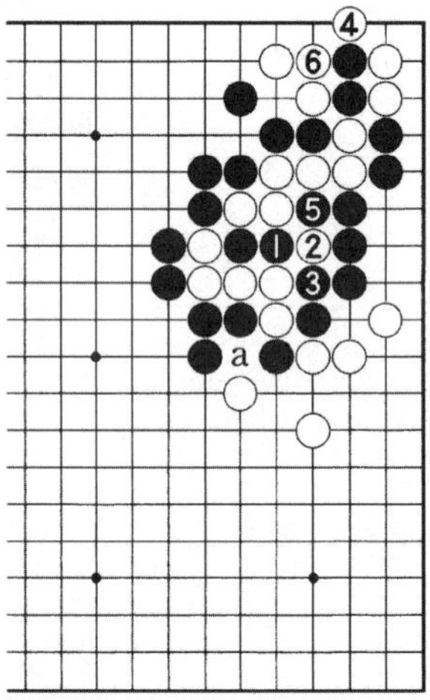

失

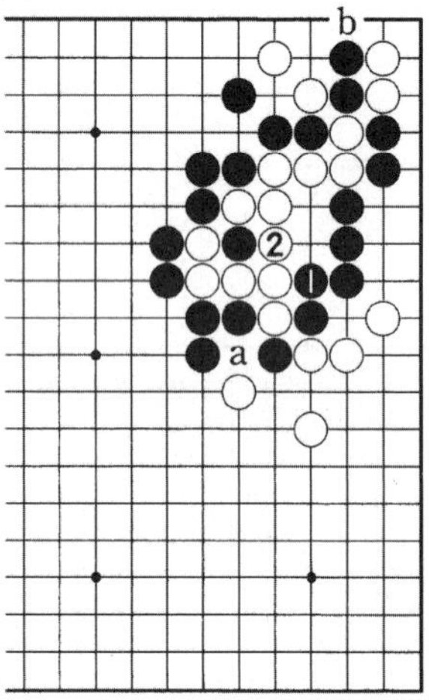

제2형 흑번

### 촉촉수

우변의 흑 6점은 집이 좁아 자체적으로는 살 수 없다. 이를 살리기 위해서는 중앙의 백을 잡아야 한다.
흑은 백을 촉촉수로 잡는 모양을 만들고 싶다.

### 사석

흑1로 나가 2점으로 키워 버리는 것이 묘수이다. 이로 인해 백의 공배가 꽉 찬다. 백2 이후 흑3으로 찝고 백4, 6으로 잡으면 흑7로 백 5점이 촉촉수이다. 백4로 a도 흑5.
※❼→❶(따냄)

### 흑, 무책

중앙의 백을 공격한다고 해도 흑1의 단수는 실패한다.
백2로 흑 1점을 잡아 백의 공배가 3수가 되서 백a, b의 어느 쪽의 흑을 잡아도 흑 우변이 잡힌다.

제3형 백번

(1515)

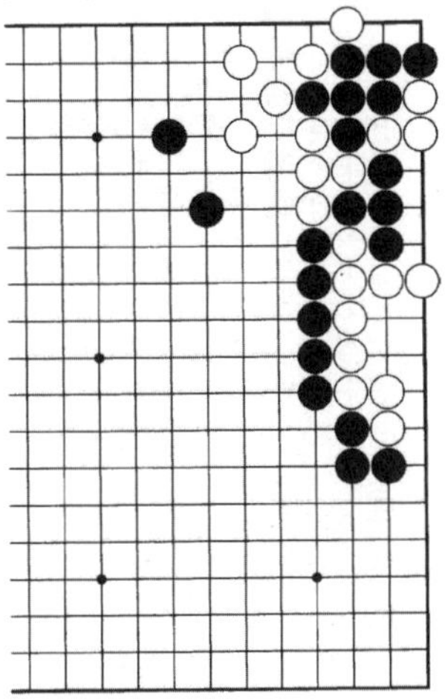

## 희생

우상의 전투.
귀의 흑은 죽지 않지만 백을 양분하고 있는 흑 4점을 공격하여 수를 내어야 한다.
백은 우변과 상변을 한 번에 수습하고 싶다.

解

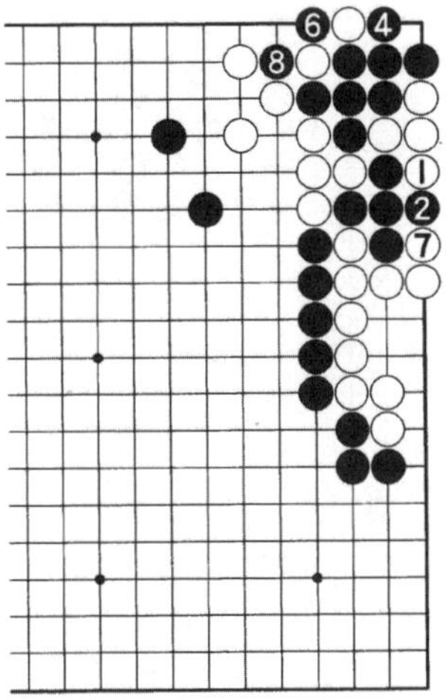

## 5점 잡기

백1로 치중하여 수를 늘리는 맥이 날카롭다. 흑2 이후 백3은 흑의 자충을 추궁하는 수이다. 백4 부터 8로 귀를 살리는 사이 백은 우변의 백 5점을 잡는다.
※③→①의 위(치중), ⑤→①의 왼쪽 위(끊기)

失

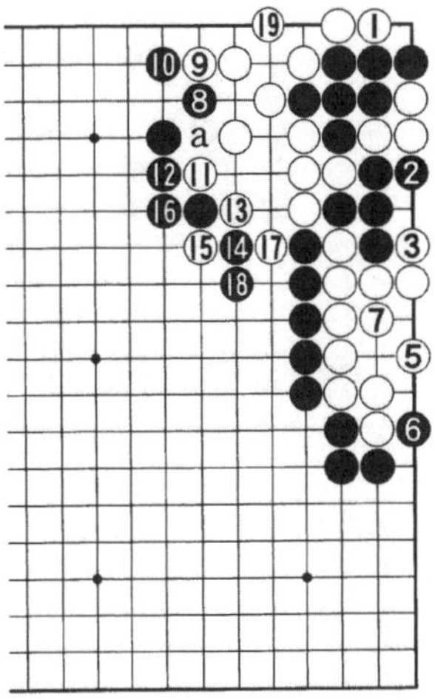

## 흑 살리다

백1, 3으로 공격하면 흑4로 살아서 실패한다.
백5, 7로 우변을 살려도 흑8부터 상변 백에 공격이 강력하다.
백19까지 사는 것은 바깥 흑을 굳혀줘 백이 불리하다.
※❹→❷의 위

나가기 끝내기

제1형 흑번

(1516)

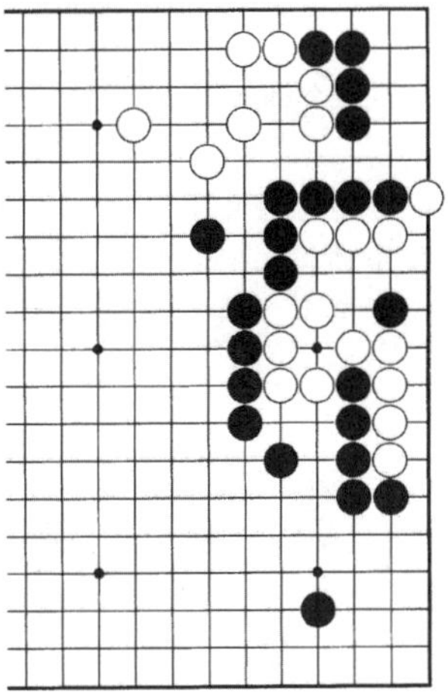

## 8집 이상

끝내기 문제.
백이 우상귀에 젖혀서 끝내기 하는 중이다.
흑이 평범하게 후수로 받으면 우변의 백집은 8집을 넘기게 된다.

解

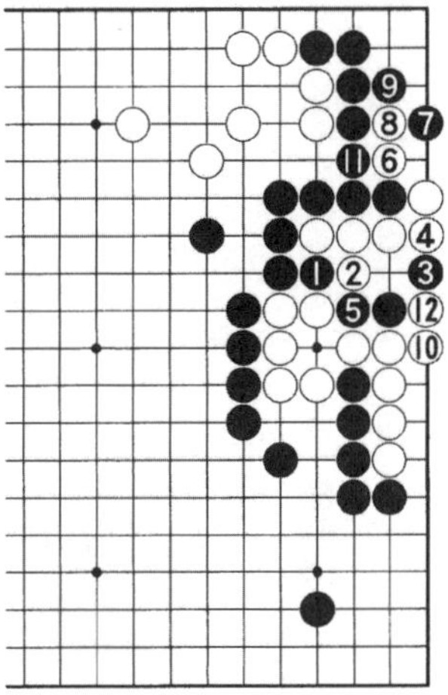

## 흑 성공

흑1로 나가는 수가 좋다.
백2로 막으면 흑3의 마늘모가 강렬한 수이다. 백은 수를 늘리기 위해 백6, 8을 희생시켜야 하며 이하 백12까지 되어 흑의 성공이다.

失

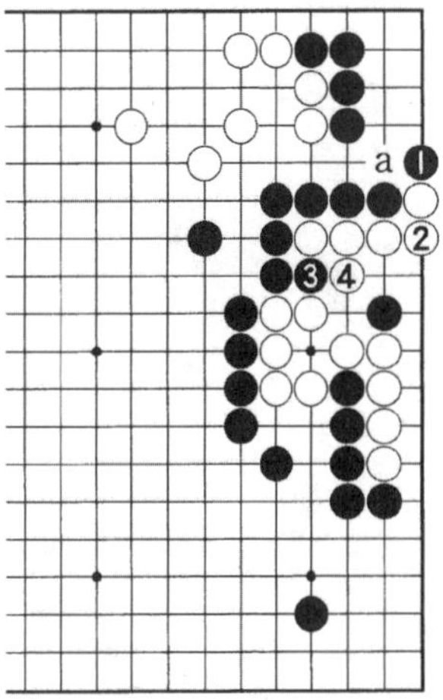

## 흑 실패

흑1의 막음은 안이한 응수이다. 백2로 이어 흑3으로 나가도 백4로 막는다.
흑은 a로 끊기를 지켜야 하지만 후수가 되므로 실패한다.

(1517)

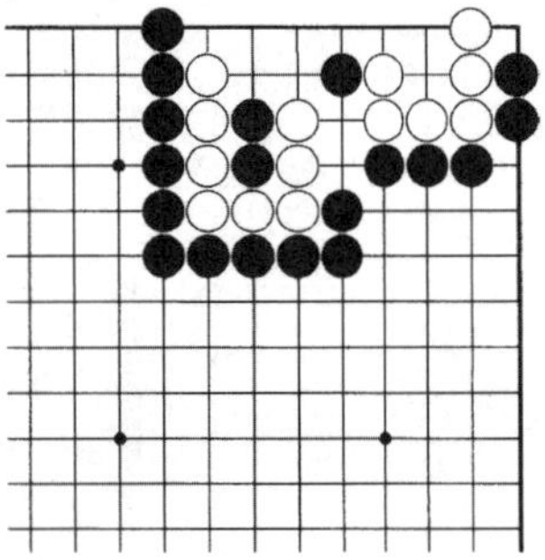

제2형 흑번

### 살리다

끝내기 문제.
상변의 백집을 몇 집으로 세어야 할까?
오른쪽과 왼쪽, 어느 쪽이든 살리는 것이 가능하다.

解

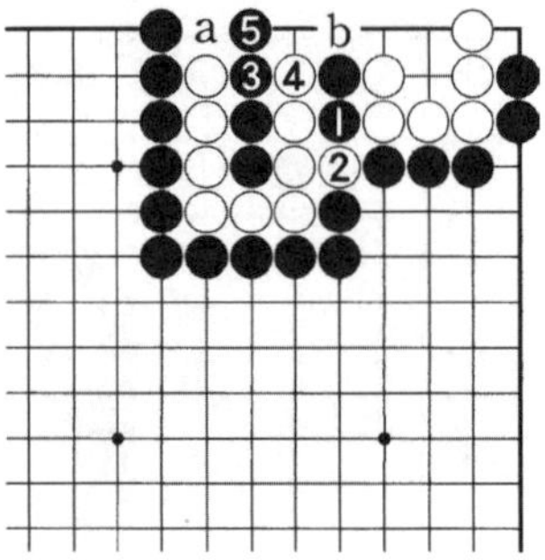

### 백 7집

흑1이 좋은 수이다.
백2로 끊게 한 뒤 흑3으로 도망가도 흑5로 백집은 7집이 된다. 흑1로 3, 백4, 흑5, 백a 이후 흑1은 백b로 백집은 11집이다.

变

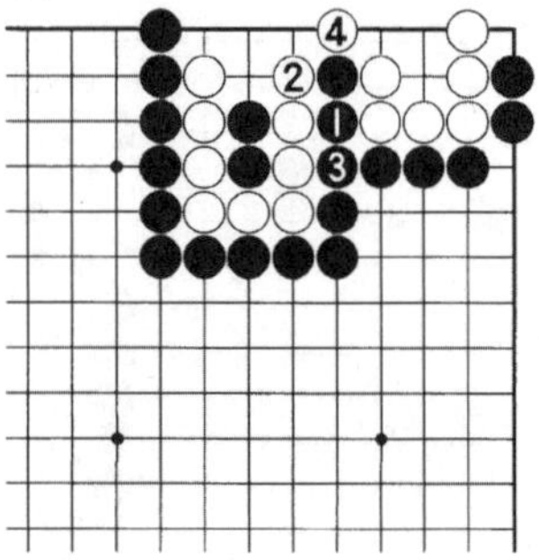

### 백 손해

백2, 4로 받으면 흑이 선수를 활용한다.
백집은 9집이지만 후수로 정해도보다 백이 손해다.

(1518)

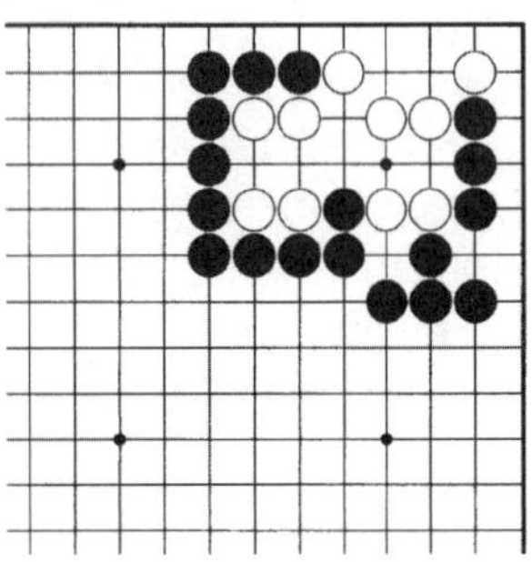

제3형 흑번

### 세 번째 수

끝내기 문제.
우상귀의 흑을 공격해서 백집을 선수로 도려내고 싶다.
세 번째 수가 멋지다.

解

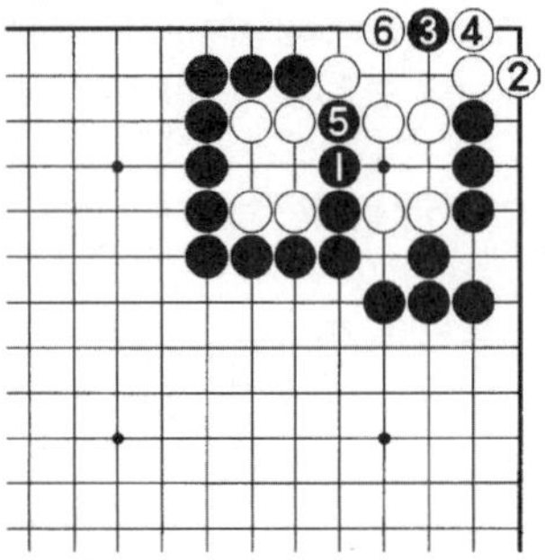

### 백 3집

흑1로 나가 중앙의 백집을 부수면 백은 2로 살아야 하고 흑3의 치중이 끝내기의 맥이다.
백6까지 귀의 백집은 3집이 강하다.

失

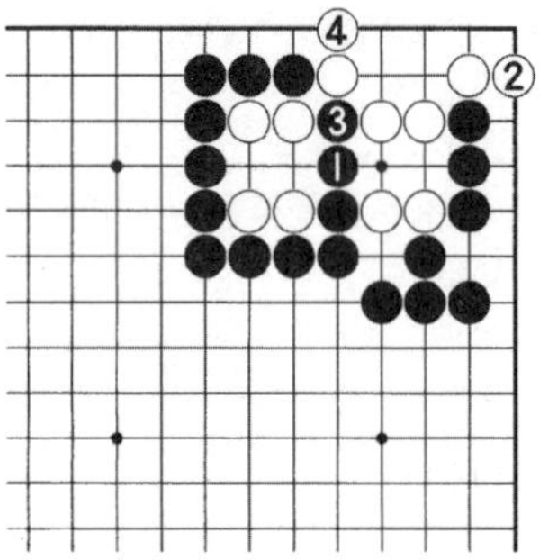

### 2집 손해

흑3으로 끊는 것은 좋지 않다. 백4로 내려 백집이 5집으로 넓어져서 정해도보다 2집 가까이 차이난다.
흑1로 2는 백1로 흑은 더욱 손해를 본다.

(1519)

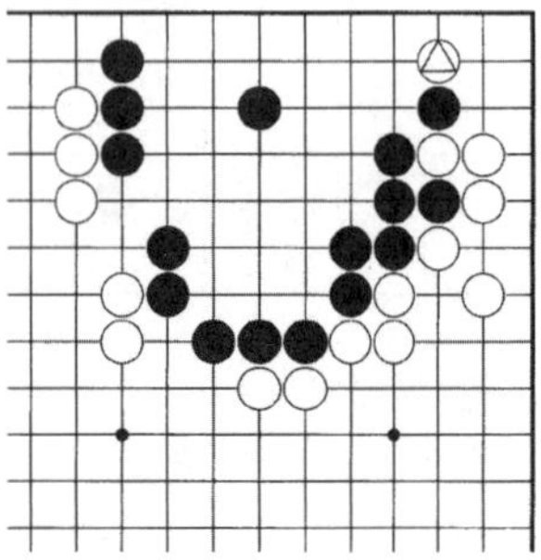

제4형 흑번

### 반발

지금 백△로 붙였다. 이런 때 약한 모습은 금물이다. 손해를 최소화하는 응수를 하는 것이 특히나 중요하다.

解

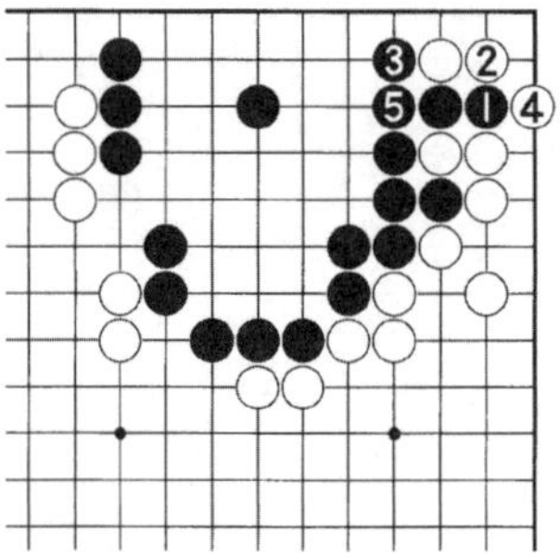

### 흑1은 당연

주변 흑이 강하기 때문에 흑1로 나갈 수 있다.
백은 2, 4로 건너는 정도로 타협한다. 흑1로 3에 막는 것보다 몇 집 이득이다.

参

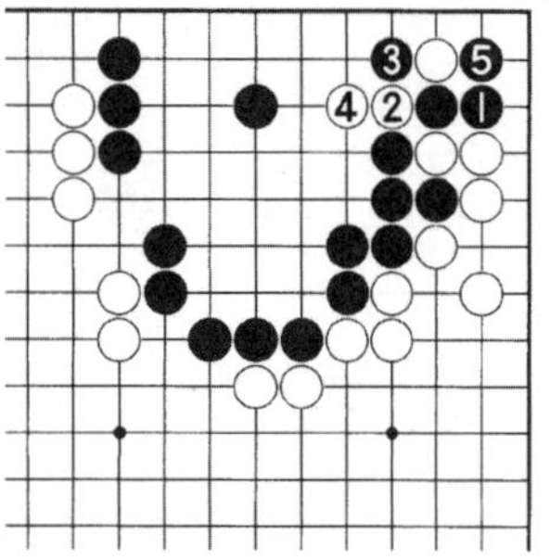

### 무리

백2로 끊는 것은 무리이다.
흑3, 5로 1점을 끊어 잡으면 백에게는 아무것도 되지 않았다. 주변이 흑이 강한 곳이기 때문에 2점은 살릴 수 없다.

# 나가끊다

상대가 한 칸 뛴 사이에 나가 약점을 만들고 그 약점을 끊는 것을 말한다.
절단은 전투의 시작으로 끊는 쪽과 끊기는 쪽 모두를 위험에 빠뜨릴 수 있다. 나가 끊는 것은 싸움을 결정짓기 위한 맥이다.
흑1, 3의 나가끊는 것은 귀의 백의 수를 메우는 맥이다. 백은 3의 1점을 잡아도 수상전에서 패배한다.

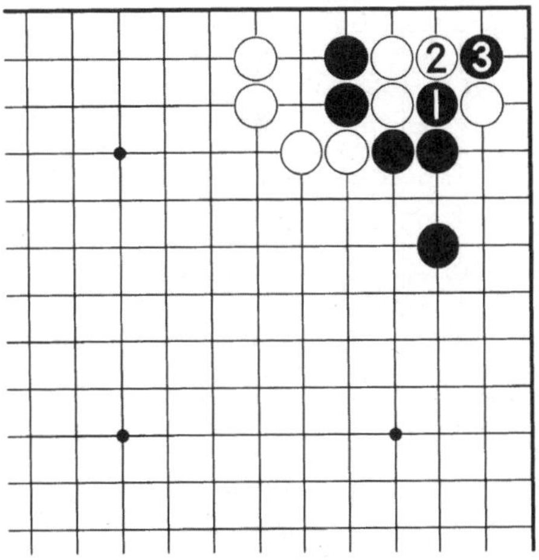





(1520)

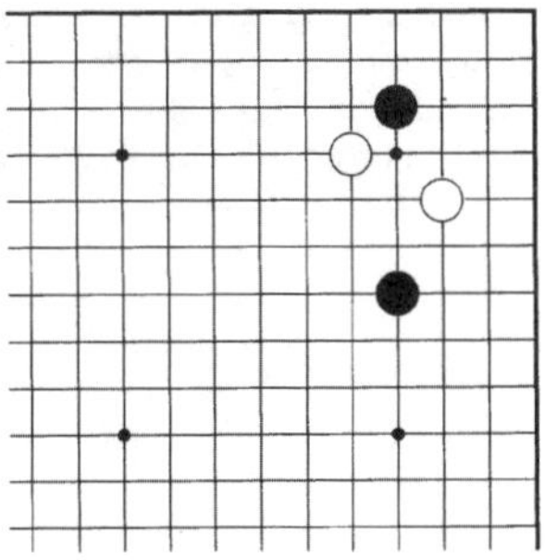

## 결정짓다

한 칸 높은 협공 정석이다.
백이 귀를 씌웠다. 이때, 흑이 두어야 할 수는 정해져있다.

解

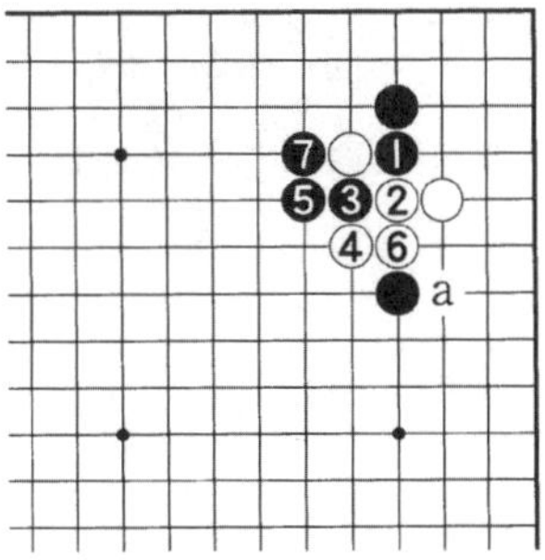

## 실리가 크다

흑1, 3으로 나가끊는 것이 냉엄하다.
백은 4로 단수치고 머리를 내미는 정도이다.
흑7로 백 1점을 잡아 실리가 크고 a의 공격도 남아있다.

変

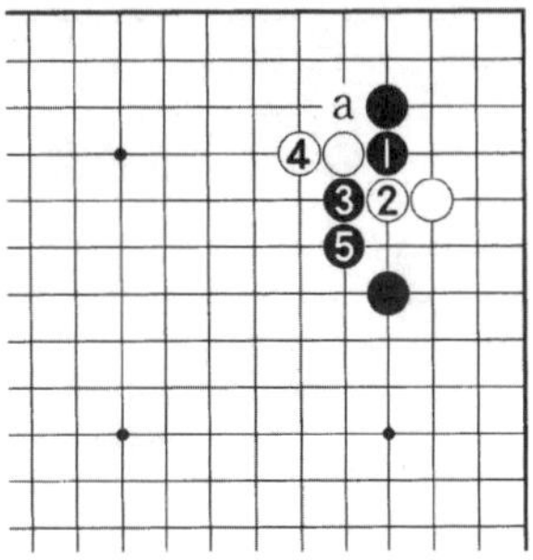

## 백 고전

백4는 싸우기 위한 수지만 흑5로 양분되어 백은 괴로운 싸움을 맞게 된다.
흑1로 a에 받으면 백4로 늘어 우변의 흑돌이 역할을 못한다.



(1521)

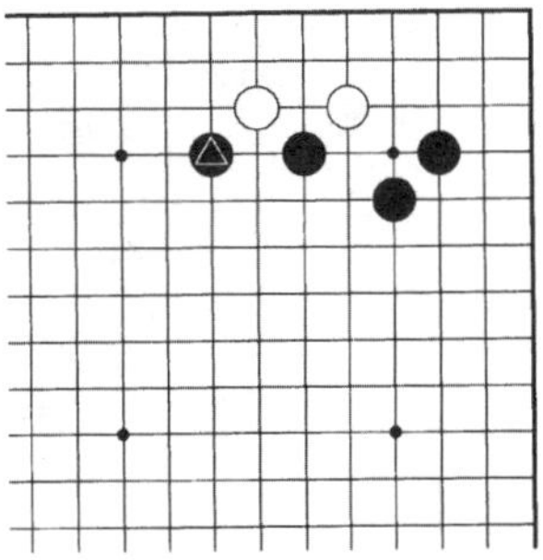

## 정형

소목에 날일자로 걸친 정석에서 생긴 모양이다.
지금 흑▲로 씌운 모양이다.
백은 이를 수습해야한다.

解

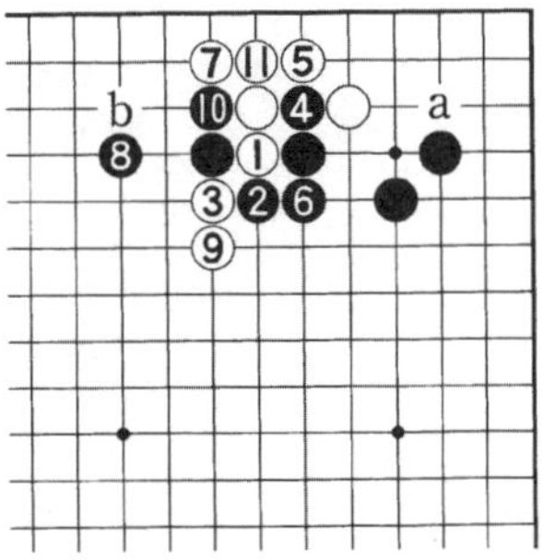

## 백 수습 모양

백1로 나가 3으로 끊는 것이 당연하면서도 좋은 수이다.
이하 9까지 둔 후 백은 a와 b를 맞보기의 모양으로 이것은 백이 수습한 모양이다.

失

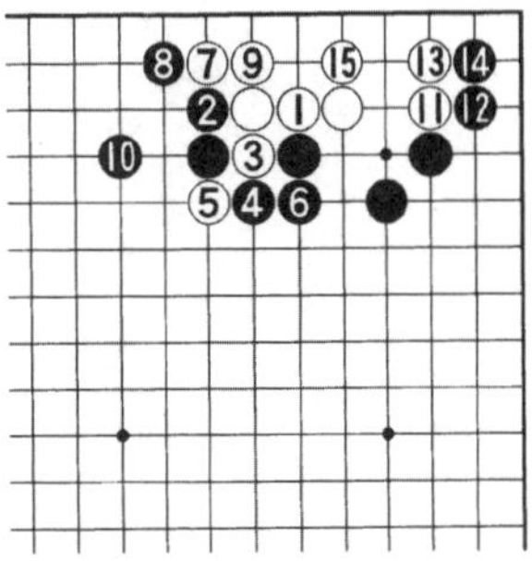

## 굴복

백1로 잇는 것은 굴복이다.
흑2로 막으면 이하 백15까지 후수로 살아야 하는데 바깥 흑의 두터움이 대단하다.

(1522)

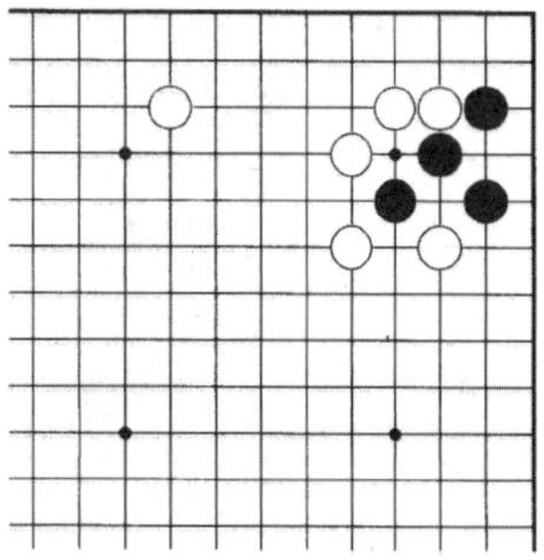

## 제3형 흑번

### 함정
고목 정석의 변화이다.
백의 노림은 흑을 귀에 가두는 것이다. 흑이 응수를 잘못하면 무서운 함정이 기다리고 있다.

解

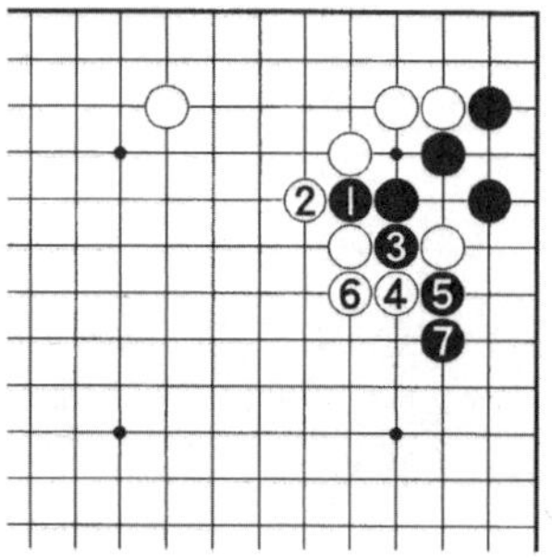

### 흑 유리
흑1, 3으로 나가 백의 모양에 약점을 낸 뒤 흑5로 끊는 것이 중요한 수이다.
백6으로 지키고 흑7로 쉽게 수습하고 백 1점을 잡는다. 흑이 유리하다.

失

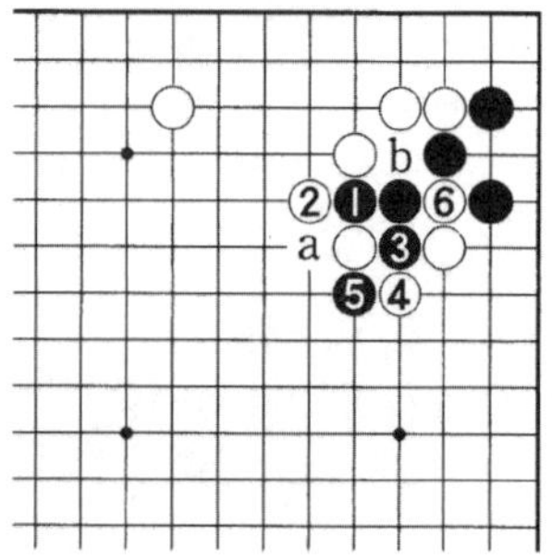

### 흑 경솔
흑5로 끊는 것은 경솔한 수이다.
백6으로 단수당해 촉촉수 모양이다.
흑은 3점을 a로 살려도 백b로 양단수를 당해서 도저히 수습하기 힘들다.

(1523)

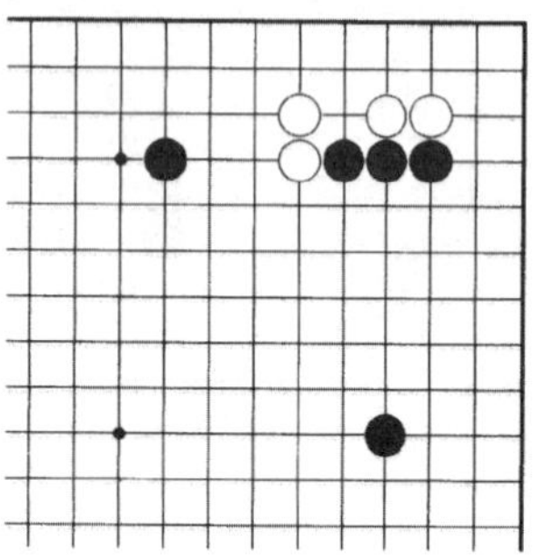

## 제4형 흑번

### 화점정석
화점 두 칸 높은 협공 정석이다. 귀에서 중앙으로 진출하려고 하는 백을 봉쇄하고 싶다.

解

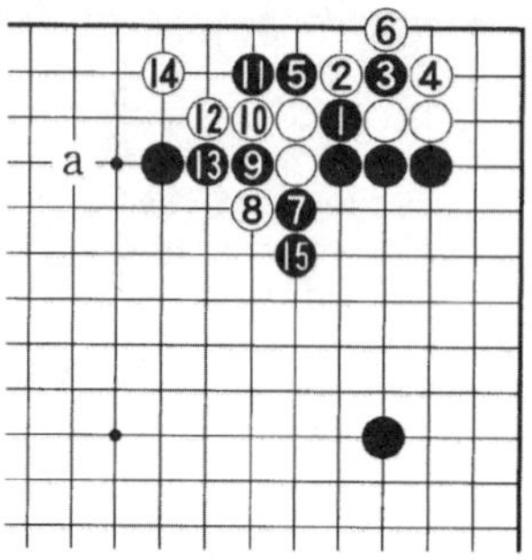

### 중앙이 두텁다
흑1, 3으로 나가끊는 것이 맥이다. 흑5로 끊고 7로 백 2점의 머리를 두드려 자충으로 만든다. 흑15까지 정석이다. 흑a 등의 활용이 있어서 두텁다.

失

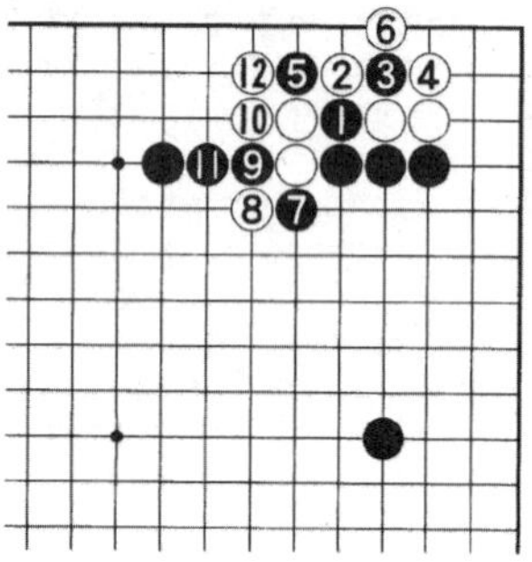

### 약간 불만
흑9, 11로 두어도 백을 가둘 수 있지만 귀의 백에게 아무 맛이 없기 때문에 상변에 활용할 것도 없다.
흑이 조금 불만이다.

(1524)

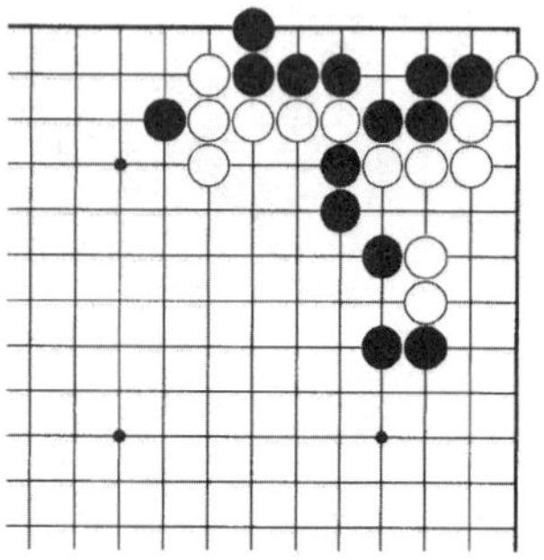

## 제5형 백번

### 고목정석
고목 정석의 변화이다.
우상의 백을 살려야 하지만 이후 어떻게 두어야 할지 고민이다.

解

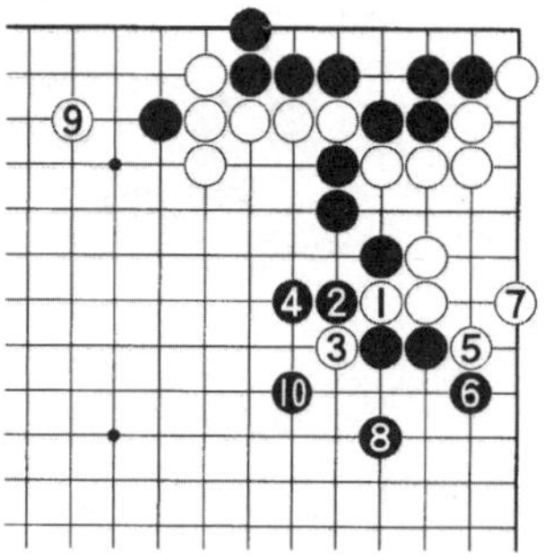

### 2수의 지킴
백1, 3으로 나가끊어 흑 모양에 약점을 만든다. 흑4에 백5, 7로 산다.
흑은 축이 불리할 경우 흑8, 10으로 두 수 들여 지켜야 한다.

失

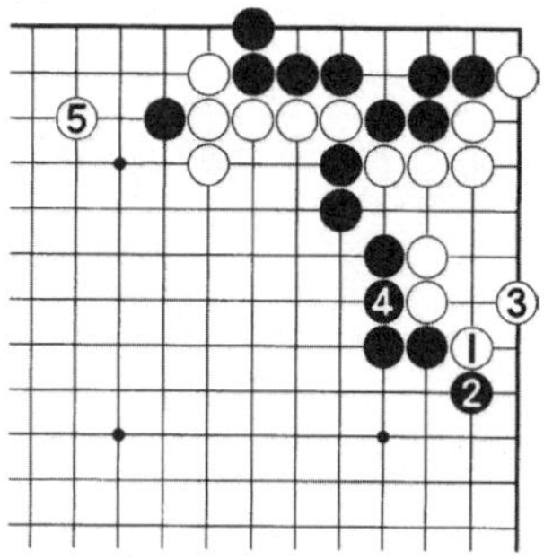

### 백 후수
백1, 3으로 두어 사는 것은 흑4로 중앙을 굳혀 공격할 실마리가 사라진다.
백5로 지켜도 후수이다.

나가끊기 상형

(1525)

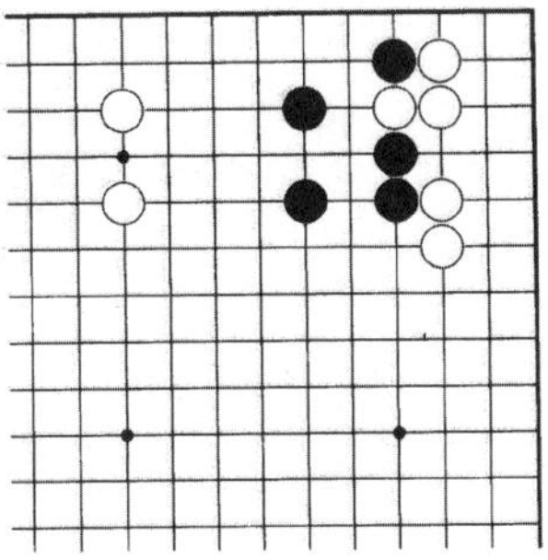

解

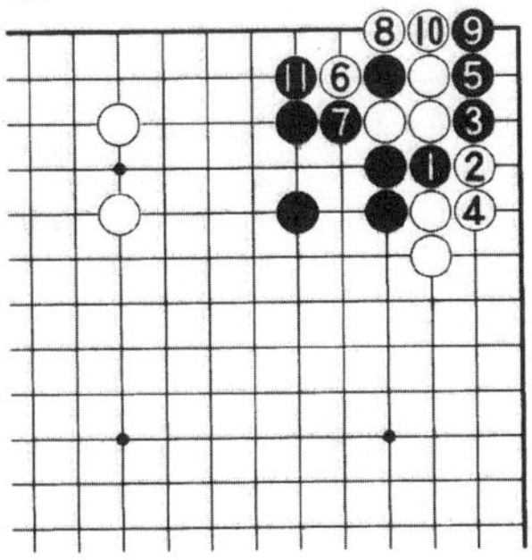

变

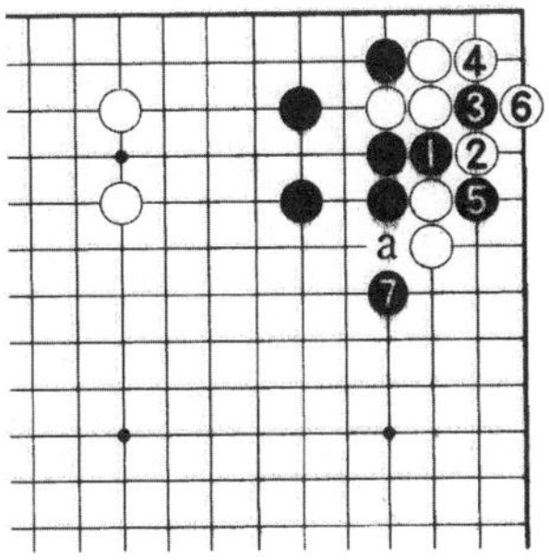

제1형 흑번

### 정형

우상귀에 있는 흑의 모양을 정리하고 싶다.
귀의 백의 약점을 추궁하면서 바깥을 굳혀야 한다.

### 사석

흑1, 3으로 나가끊어 백의 응수를 본다.
백4로 이으면 흑5로 밀어 백6, 8을 유도하고 사석으로 모양을 결정짓는다. 흑은 안형이 풍부하다.

### 중앙이 강력

백4로 귀쪽을 받으면 흑5로 끊어 아래 2점을 공격한다.
흑7로 씌우면 흑a를 활용할 수 있기 때문에 흑이 강해진다.

(1526)

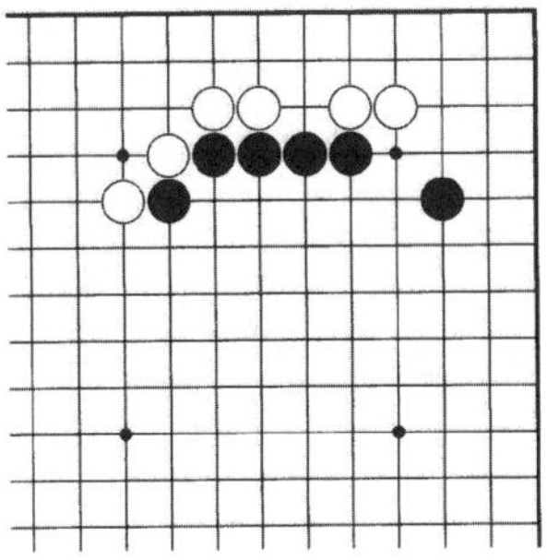

解

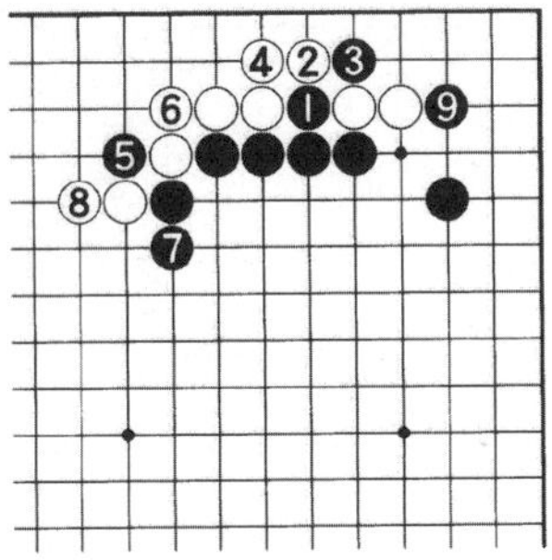

失

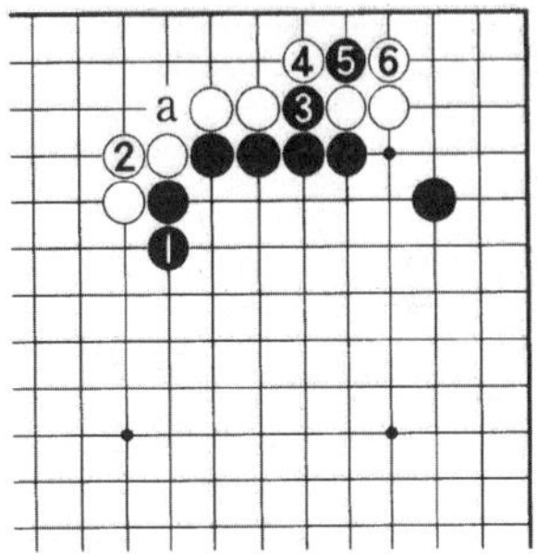

제2형 흑번

### 타이밍

상변에 세력을 만들려는 흑에 게 백은 중앙으로 진출하기 위해 반발하였다. 이후 흑은 모양을 결정짓고 싶다. 그 전에 꼭 해놓아야 하는 수순이 있다.

### 활용

흑1, 3으로 나가끊어 백의 모양에 약점을 낸다.
백은 4로 잇고 흑5로 단수치고 7로 늘어 이후 효율적인 모양이다. 백8에 흑9가 큰 활용이다.

### 흑 수순착오

단순하게 흑1로 늘면 백2로 이어 맛을 없앤다.
흑3, 5로 상변을 끊어도 백6으로 받아 a의 끊음이 큰 역할을 못 하게 된다.

나가끊기 수습

(1527)

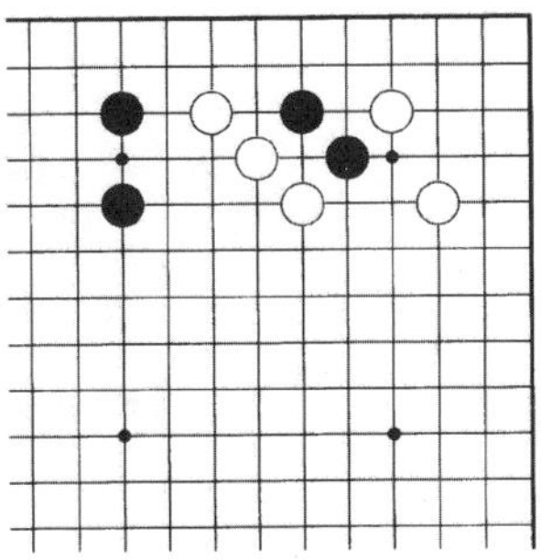

解

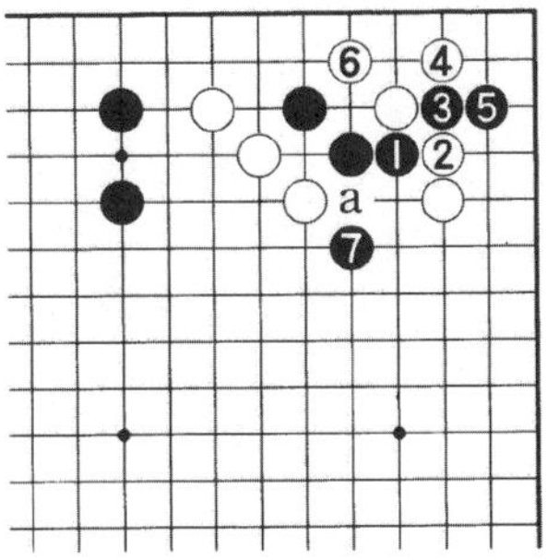

失

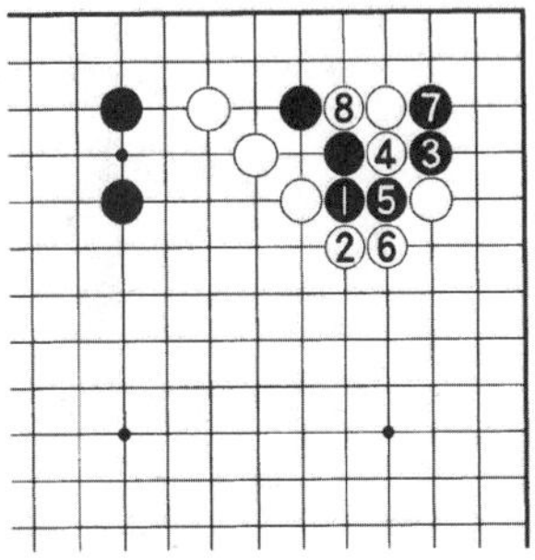

제1형 흑번

### 수습

상변은 날일자로 굳힌 포석에서 생기는 모양이다.
백에게 공격당하는 흑 2점을 어떻게 수습해야 할까?

### 탈출

흑1로 나가고 3으로 끊는 것이 맥이다.
백4, 6으로 귀의 2점을 잡으면 흑7로 뛰어나가 탈출 성공이다. 백a로 끊는 것은 무리다.

### 흑 무리

흑1로 밀고 3으로 건너붙이는 것은 흑의 무리수이다.
흑5, 7로 귀의 백을 공격해도 백8로 중앙의 흑이 잡혀버린다.

나가 끊기
따냄

제2형 흑번

(1528)

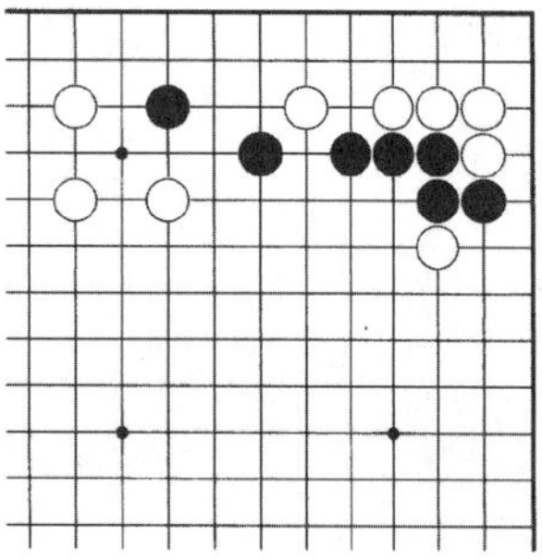

### 선수

상변의 흑이 엷어 전체를 연결해도 우변부터 크게 공격당할 위험이 있다.
선수로 연결하고 싶다.

解

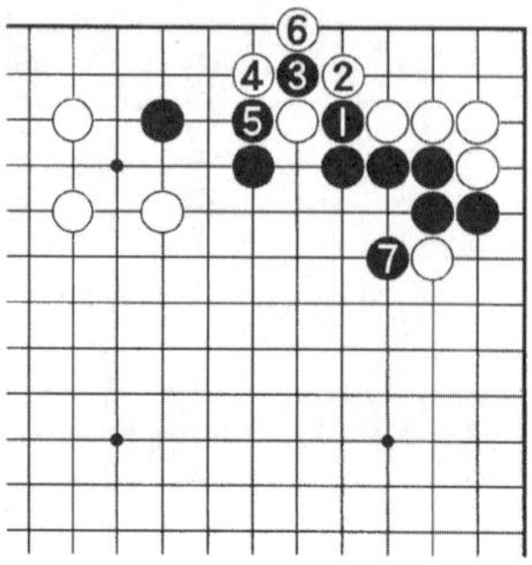

### 두터운 모양

흑1로 나가고 백2에 흑3으로 끊는 것이 수습하는 맥이다.
백4로 잡으면 흑5를 활용하여 전체를 연결한다.
흑7로 손을 돌려 두터운 모양이다.

失

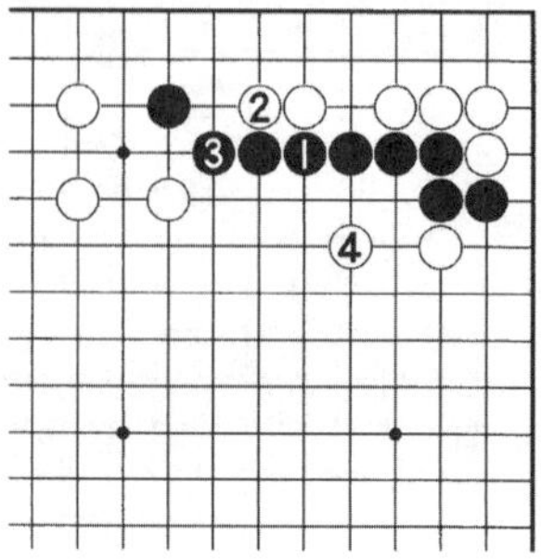

### 흑 후수

흑1로 이으면 백2로 미는 것이 선수여서 흑이 후수가 된다.
백4로 뛰어 우변에서부터 상변의 흑을 몰아붙여 흑의 두터움이 사라진다.

제1형 흑번

(1529)

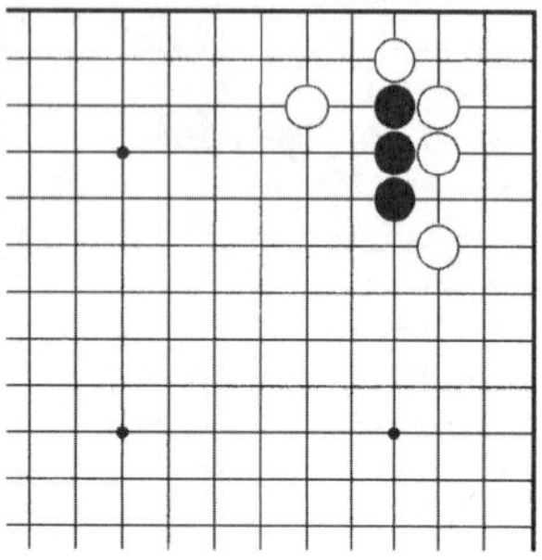

### 백을 잡다

우상귀의 모양을 결정짓고 싶다. 백의 모양에 약점을 만들어 우변이나 귀의 백을 잡으면 수습할 수 있다.

解

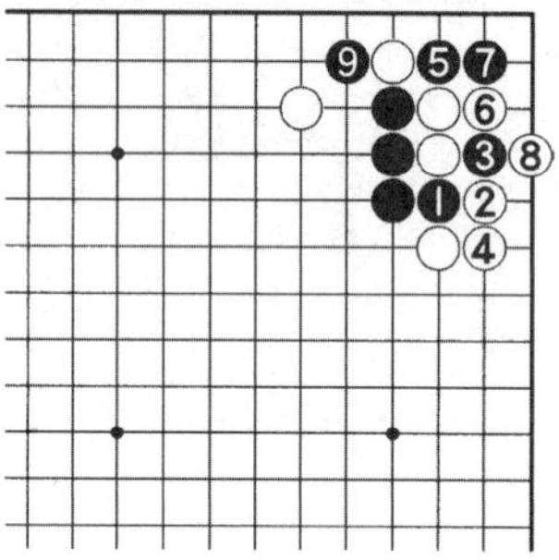

### 수순

흑1로 나가 백2 이후 흑3으로 끊는 것이 수순이다.
백4로 이으면 흑5, 7로 단수치고 9로 1점을 잡고 수습한다.

変

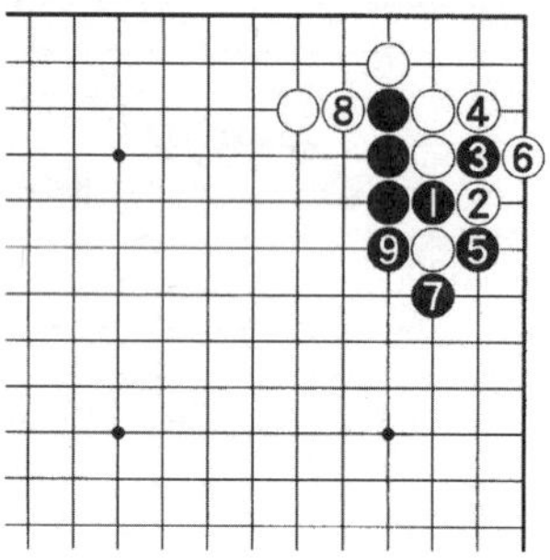

### 흑 충분

백4로 귀쪽을 지키면 흑5, 7로 우변 1점을 축으로 잡는다.
백8로 상변을 건너가면 흑은 9로 백 1점을 빵때려서 충분하게 갈린다.

제2형 흑번

(1530)

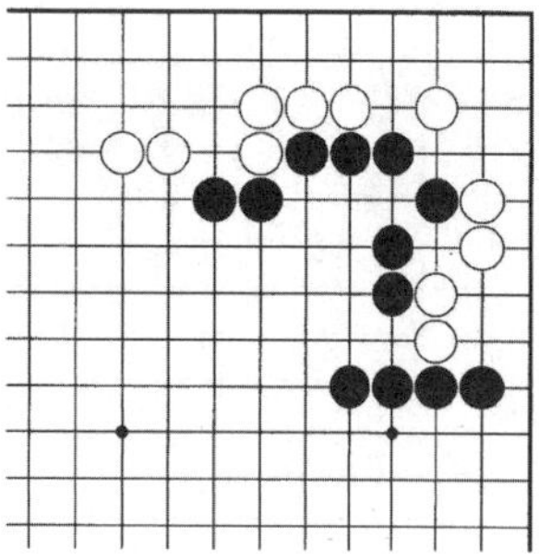

### 약점

우변과 귀 그리고 상변의 연결은 진짜일까. 가짜라면 백집이 무너진다.

解

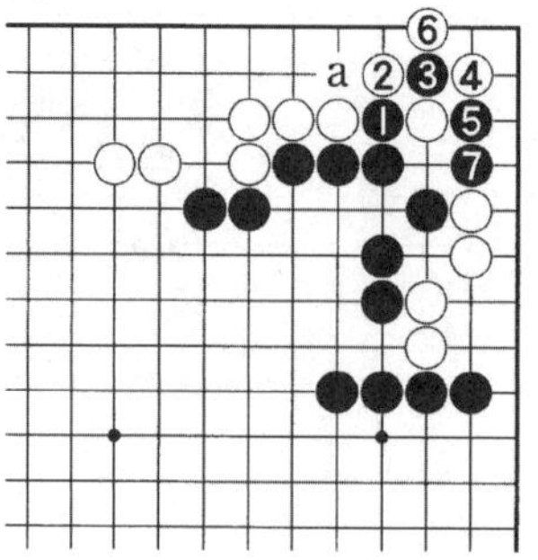

### 절단

흑1, 백2 교환은 필연.
흑3으로 끊는 것이 맥으로 우변과 귀를 분단한다. 백4라면 흑5와 7로 백 4점을 잡는다.
백4로 7은 흑a.

失

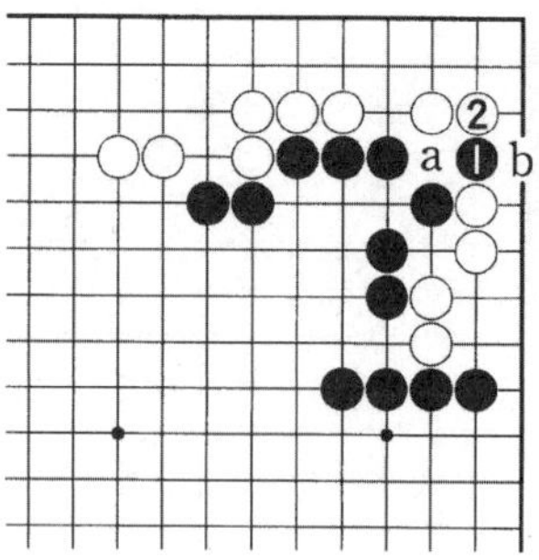

### 틀린 맥

흑1로 젖혀가는 것은 틀린 맥이다.
백2로 막아서 다음 수가 없기 때문에 흑a, 백b의 건넘을 허용하게 된다.

제3형 흑번

(1531)

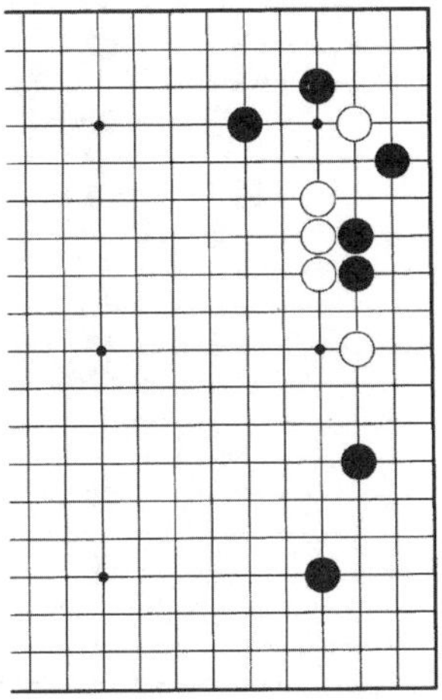

## 강경수단

우상의 전투.

우변의 백은 흑을 제압하여 중앙에 세력을 갖는다. 귀에 침입한 백에게 흑은 어떻게 응수해야 할까? 주변이 흑의 세력권이므로 강경한 수단을 사용하고 싶다.

解

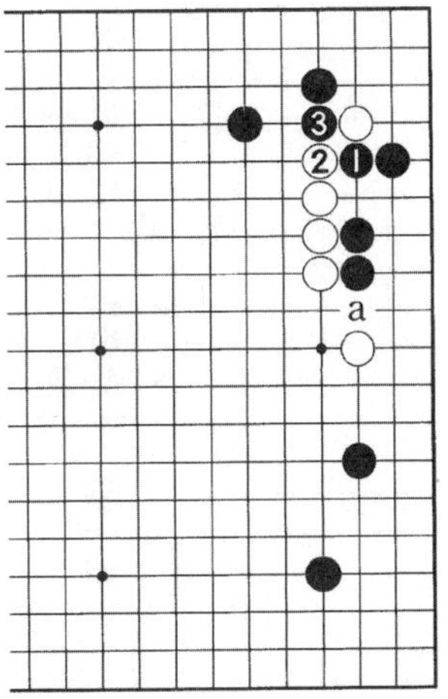

## 귀를 잡다

흑1, 3으로 나가끊어 그만이다. 귀의 백 1점은 어떻게 움직여도 수가 나지 않는다. 우변의 흑이 튼튼한 모양을 하고 있기 때문에 백은 귀를 잡힌 뒤 a로 중앙을 후수로 지켜야 한다.

変

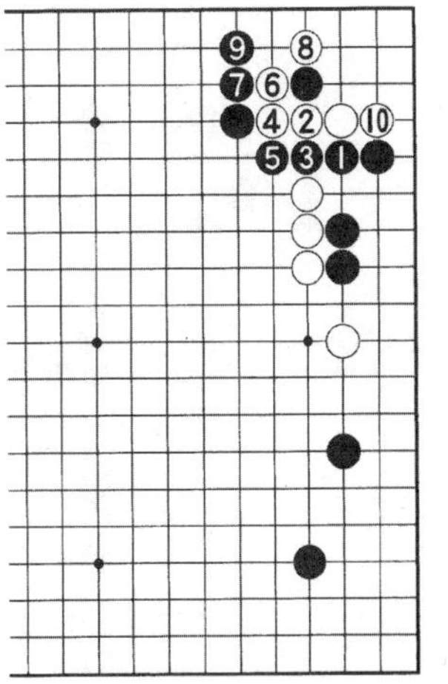

## 두터움 강대

백2로 나가는 변화이다. 흑3, 5로 뚫어서 중앙의 백이 약해진다. 귀는 백6으로 구부려서 흑 1점은 잡히지만 흑7, 9로 상변이 두터워져서 귀의 백을 살려줘도 흑의 두터움이 강대하다.

제4형 백번

(1532)

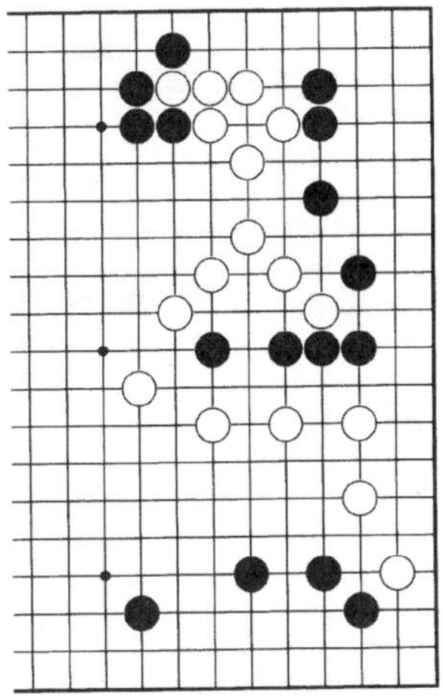

## 절단

우변에서 우상귀로 연결된 흑의 모양을 끊을 수 있을까?

흑이 저항해도 자충을 추궁하는 맥이 기다리고 있다.

解

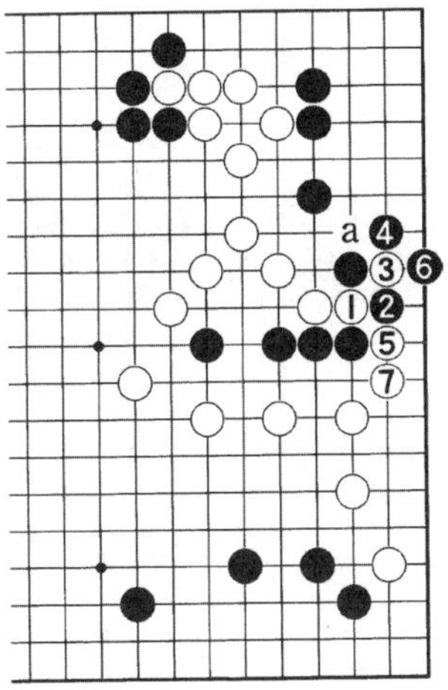

## 4점 분단

흑의 결점은 백1, 3으로 끊어 사는 약점. 흑4로 1점을 잡으면 백5로 끊어 우변의 흑 4점을 잡는다.

흑4로 5는 백a. 흑은 손해를 키울 뿐이다.

変

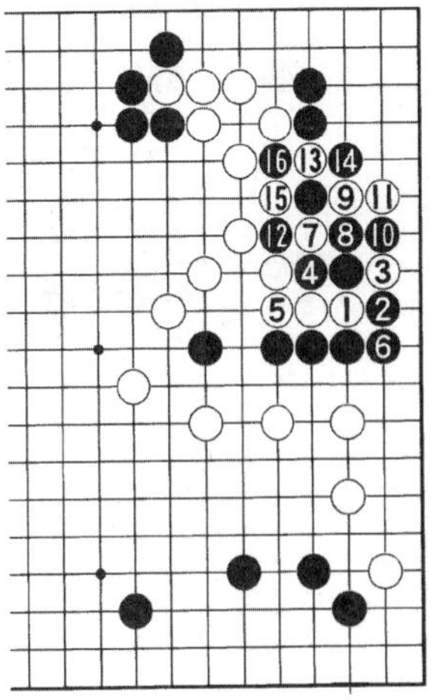

## 양패

흑4로 단수쳐서 저항하면 백7로 끼워 흑의 자충을 추궁한다.

백9, 11로 단수치고 흑12 이후 백13, 15로 양패가 난다.

※⑰→⑦(패)

제5형 흑번

(1533)

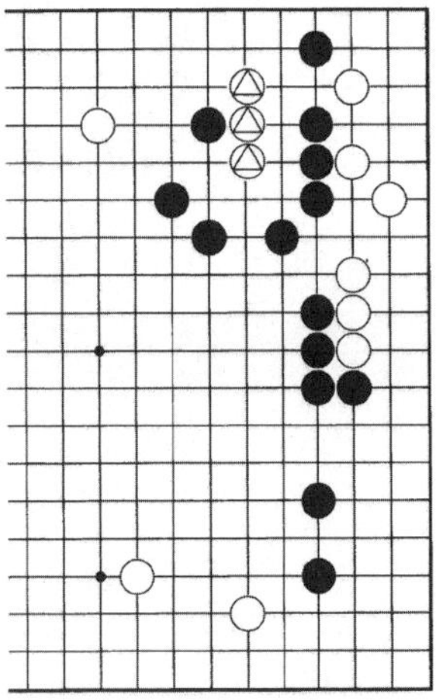

### 결함을 지키다

우상의 백◎ 3점을 공격하고 싶다. 우상의 흑 모양에 결함이 있어 상변으로 건너가지 못하게 막을 수는 없지만 흑에겐 좋은 수가 있다.

解

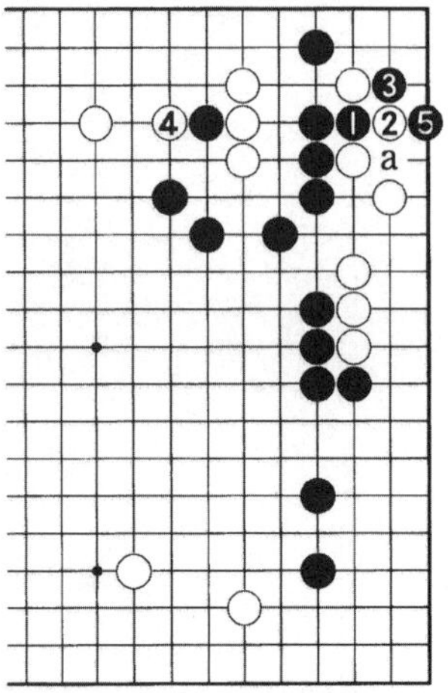

### 귀를 빼앗다

흑1로 나가고 백2에 흑3의 끊음이 좋은 맥이다. 백은 귀를 받을 여유가 없기 때문에 백4로 껴붙여 상변으로 건너간다.

흑5로 젖혀 우상 백의 근거를 빼앗아 우변은 a로 이어 겨우 살 수 있다.

变

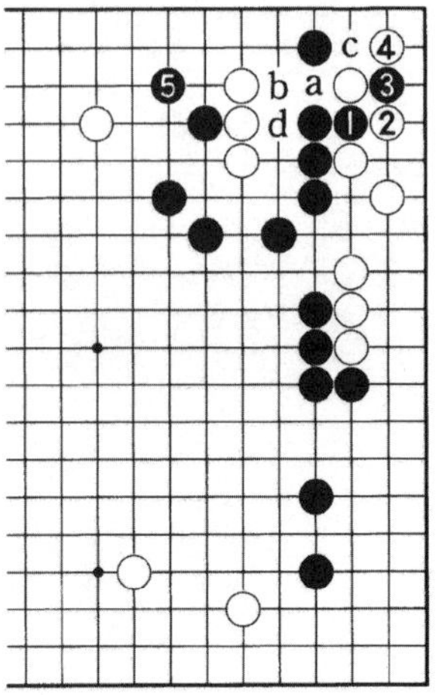

### 건넘 방지

백4로 귀를 잡는 것은 과욕이다. 흑5 마늘모가 백의 건넘을 막는 맥이다. 이후 귀에서 백a로 나와도 흑b, 백c, 흑d로 백 3점을 분리한다.

나가 끊기

사석

제1형 흑번

(1534)

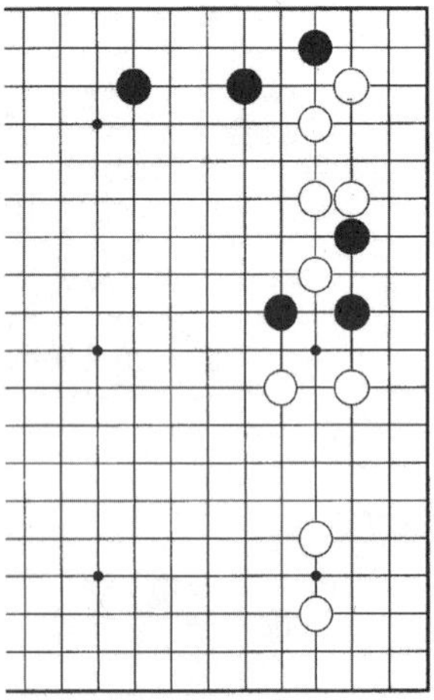

### 희생

우변의 전투.

우변의 흑 3점은 백 세력이 강한 곳에서 싸우고 있다.

흑은 공격을 피해 발빠르게 중앙으로 진출하고 싶다. 그러기 위해서는 희생이 필요하다.

解

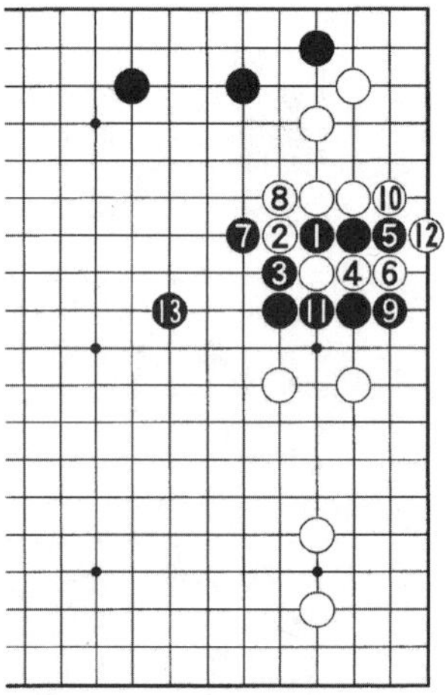

### 사석

흑1로 나가고 3으로 끊는 것이 매우 알기 쉬운 맥이다.

백은 4로 단수치고 6으로 막아 흑 3점을 잡을 수밖에 없다. 흑은 3점을 버리고 7부터 13까지 두터운 모양이 되었다.

失

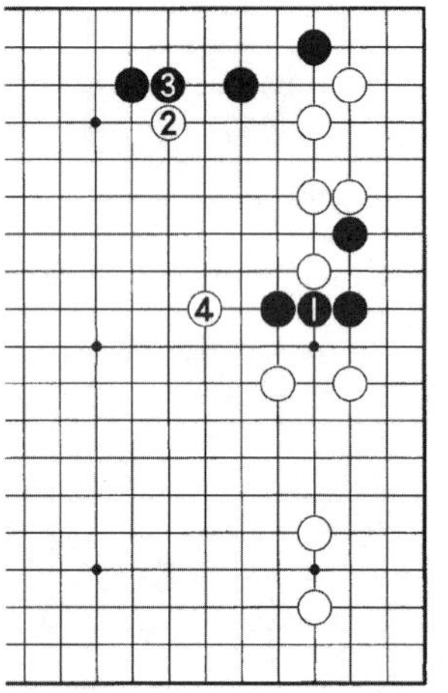

### 흑 무겁다

흑1로 이으면 활용 당한다. 우변의 흑이 무거워져 좋지 않다.

백2는 우변의 흑을 공격하기 전에 두는 활용이다. 백4로 우변의 흑을 공격하면 우하 백의 모양이 커질 것이다.

제1형 흑번

(1535)

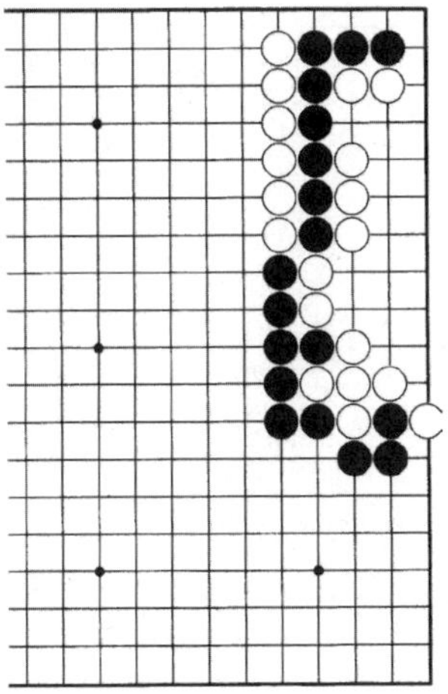

解

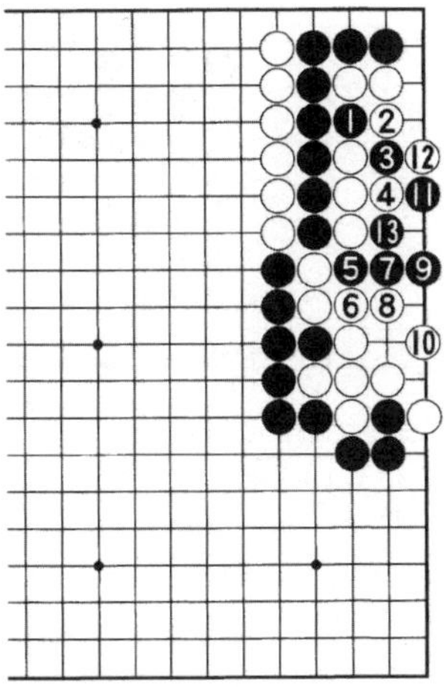

変

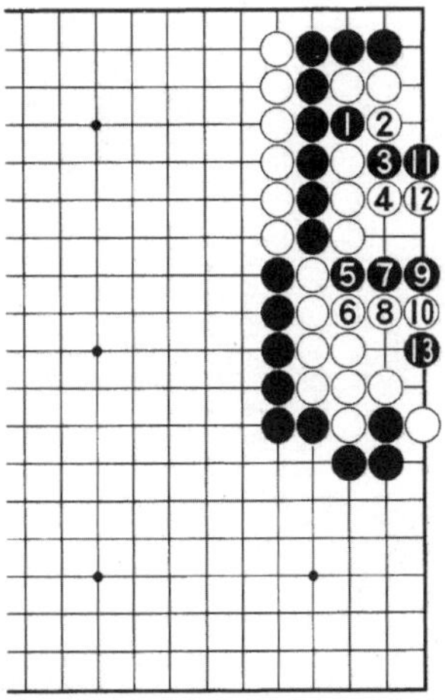

### 결함

사활 문제.
우상의 흑 8점은 집이 없는 모양이다. 우변 백의 결함을 공격하여 수를 낼 수 있다.

### 패

흑1, 3으로 나가끊는 수가 백을 자충으로 만드는 맥이다. 흑5부터 9로 내려서는 것이 좋은 수로 백10으로 아래를 지키면 흑11, 13으로 패가 난다. 백4로 12는 흑5, 백6, 흑7로 간단히 백은 실패한다.

### 백 전멸

백10으로 흑 3점의 공배를 메우는 변화. 흑11로 내려서고 백12로 받으면 양자충되어 흑 3점의 수가 늘어난다.
흑13으로 우변의 백은 전멸한다.

제2형 흑번

(1536)

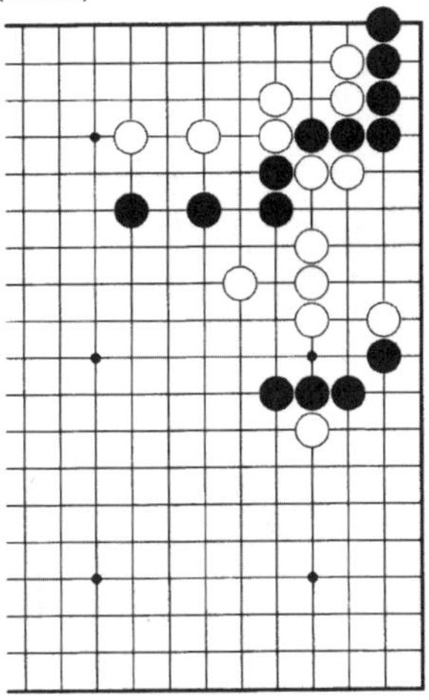

解

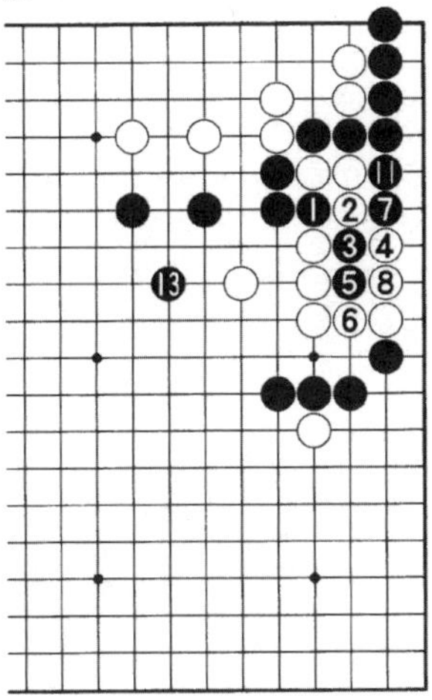

失

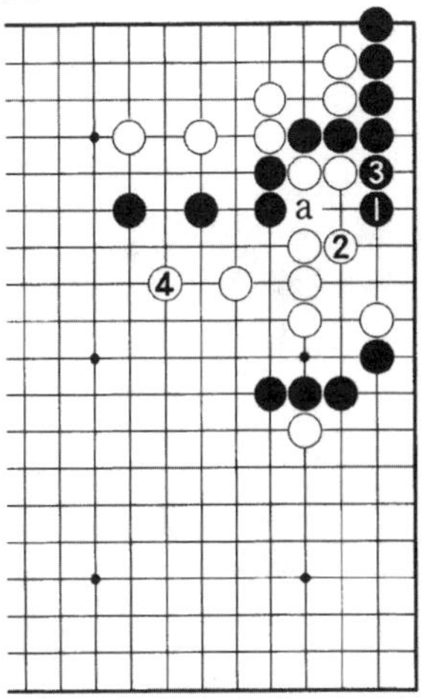

### 선수

우상귀가 단순한 사활 문제였다면 너무나 쉬웠을 것이다.
흑이 사는 건 당연하지만 그 다음에 백을 공격할 수 있게 만드는 연구가 필요하다.

### 흑 호조

흑1, 3으로 나가끊는 것이 맥이다. 백4에 흑5로 늘어 백집을 부수려 한다. 흑7부터 백12까지 귀의 흑은 살고 우변의 백은 집이 없는 모양이 되었다. 흑13으로 흑의 흐름.
※❾→❸, ⑩→❺(따냄), ⑫→❸

### 백의 공격

흑1로 뛰는 것도 a로 끊는 것을 노리는 수지만 완착이다.
백2로 쌍립으로 이어서 흑은 3에 두어 후수로 살아야 한다. 백은 우변에 후수 한 집이 있으므로 4로 뛰어 반대로 중앙의 흑을 공격한다.

제3형 흑번

(1537)

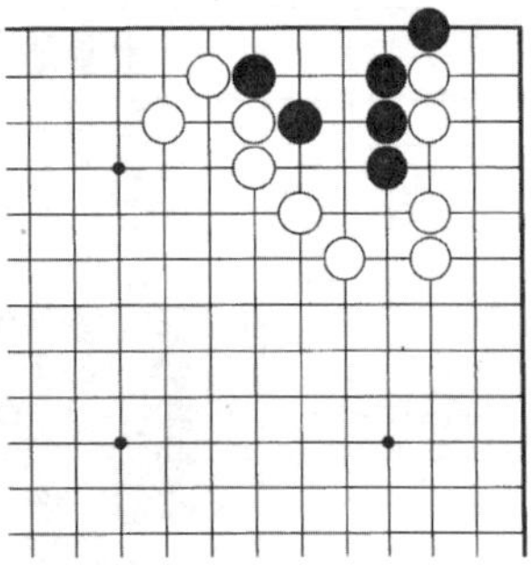

## 귀

사활 문제.
상변만으로는 한 집밖에 못 내는 모양이다. 노림수는 귀의 백으로 백의 자충을 추궁하여 수를 낸다.

解

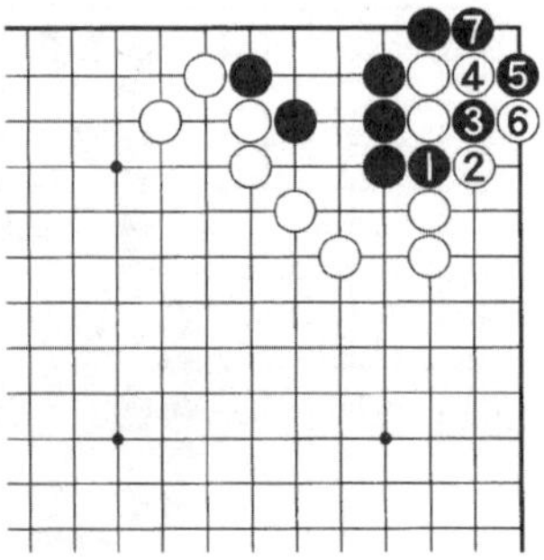

## 패

흑1로 나가 3과 5로 조여 2·1의 맥을 최대한 이용한다.
백6으로 1점을 따내면 흑7로 단수쳐 패가 난다.

失

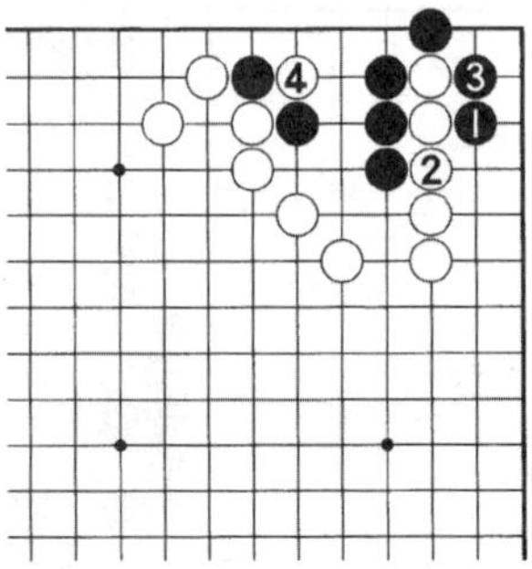

## 흑 죽음

흑1로 붙이면 백2로 이어 실패한다.
흑3으로 귀에 한 집을 만들어도 백4로 끊어 상변에 집이 없다.

나가 끊기

잡기(살리기)

제1형 흑번

(1538)

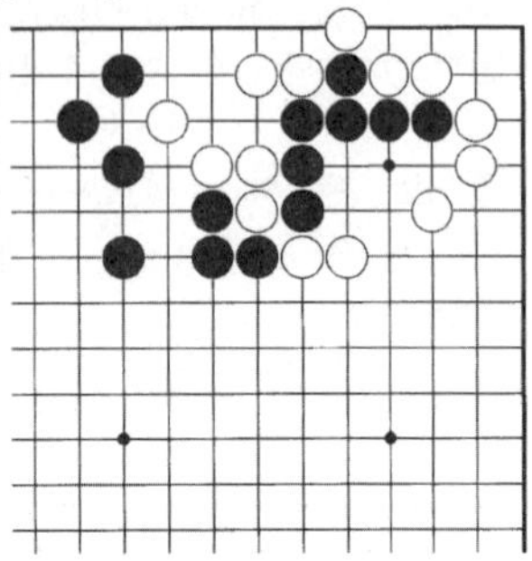

## 생환

상변의 전투.
흑 7점은 백의 자충을 추궁하여 백을 공격하여 잡고 생환 할 수 있다.

解

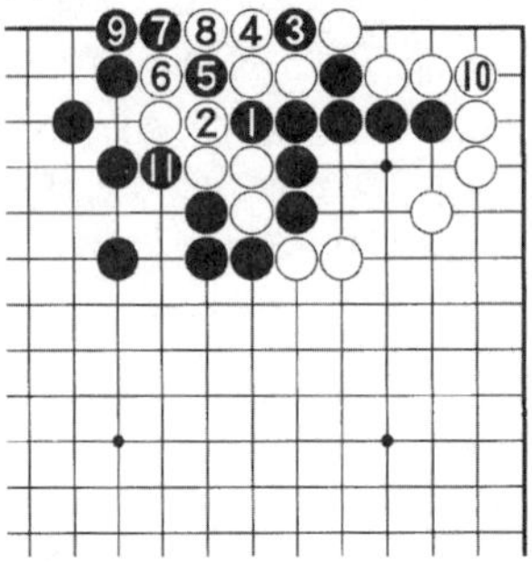

## 촉촉수

흑3으로 먹여치고 5로 끊는 수순이 좋다.
흑7, 9로 백을 옥집으로 만들어 왼쪽의 백 6점을 촉촉수로 잡는다.

失

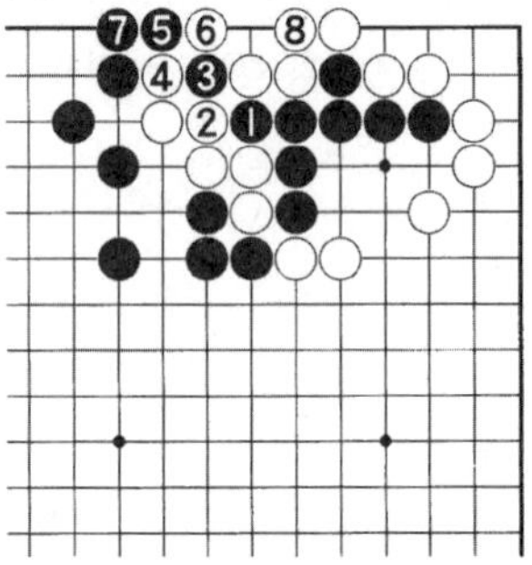

## 백 삶

흑5, 7의 공격을 먼저 하면 백8로 집을 내서 실패한다.

제2형 흑번

(1539)

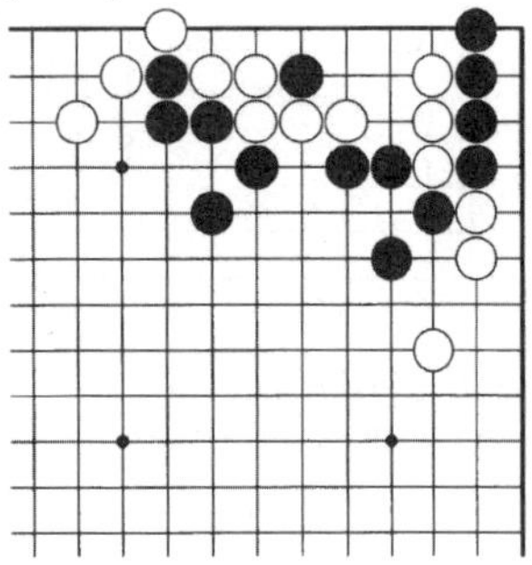

## 생환

귀의 흑 4점은 분리된 두 집을 만들 수 없지만 상변의 백을 추궁하면 살아 돌아올 수 있다.
백의 결함을 찾아야 한다.

解

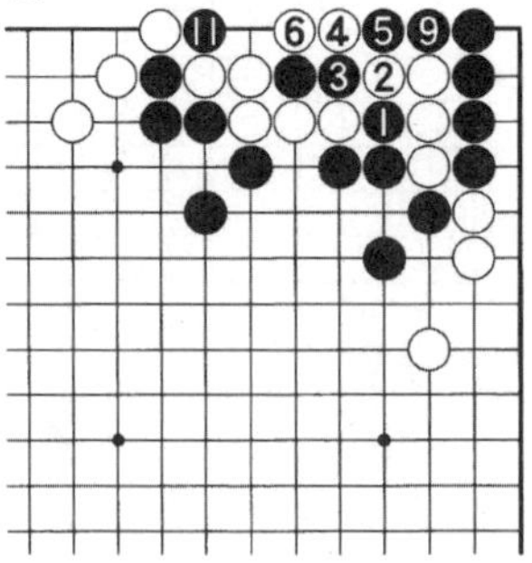

## 환격

흑1, 백2 이후 흑3의 끊음이 백의 수를 메우는 맥이다. 흑5부터 9로 조인 뒤 11의 환격으로 성공이다.
※❼→❸(먹여치기), ⑧→⑥의 아래/⑩→❸

变

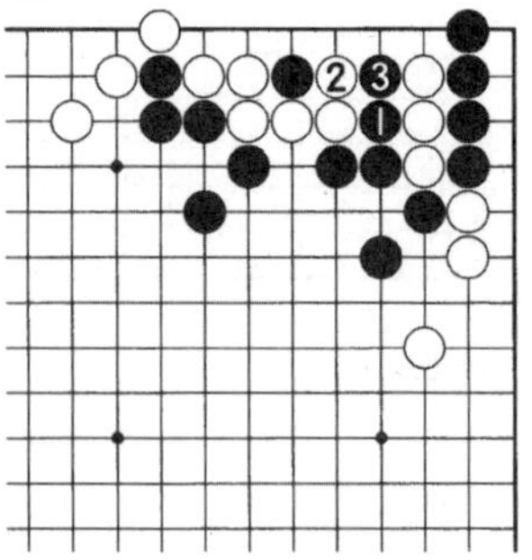

## 3점 잡기

백2로 3은 흑2로 끊어 손해가 커지기 때문에 백은 2로 받는 정도이다.
흑3으로 백 3점을 잡고서 귀가 생환한다.

# 뜀

돌을 발전시키는 모양으로 한 칸 뜀은 견실하다. 연결이 확실하다. 보통 하나의 돌에서 한 칸 뛰기, 또는 두 개 이상의 돌에서 한 칸 뛰는 것을 일반적으로 '뛴다'고 말하며 그 이외의 모양은 두 칸 뜀 또는 발전자 뜀이라고 말하고 한 칸 뜀과 구별한다. 흑1은 귀에 있는 2·1로 뛴 수로 수를 늘리는 예이다.

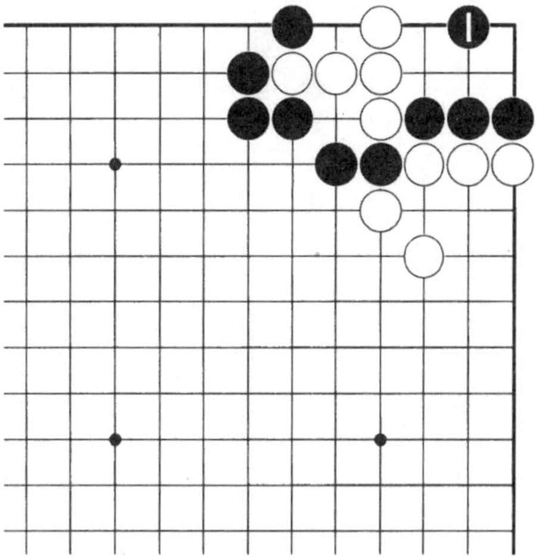

뜀 정석·변화

제1형 백번

(1540)

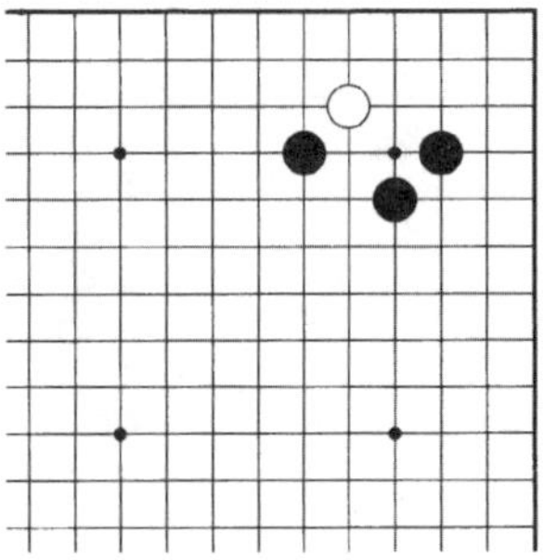

### 수책류

슈사쿠의 포석에서 자주 등장하는 모양이다.
상변의 백은 어떻게 받는 것이 최선일까?

解

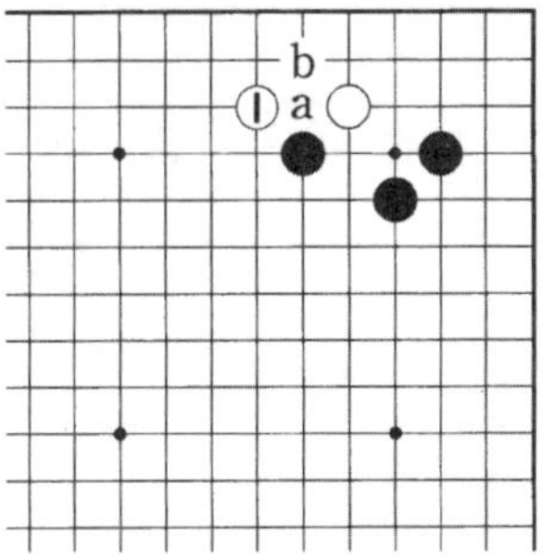

### 가볍다

백1의 뜀이 가벼운 모양이다.
흑a, 백b 이후 흑이 끊은 쪽을 잡아서 백은 수습하는 모양이 된다.
백은 이대로 손을 빼도 된다.

失

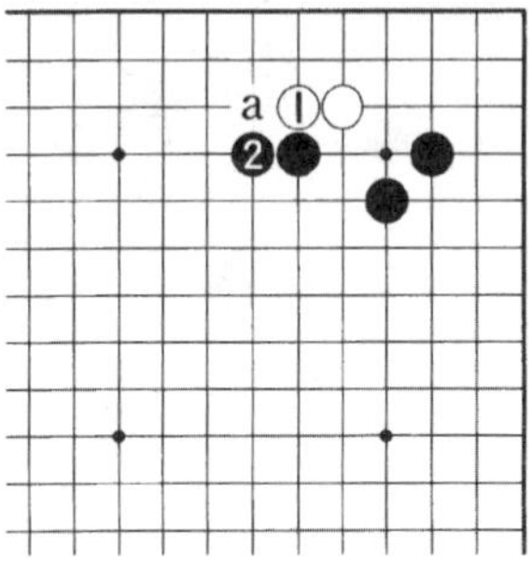

### 무겁다

백1로 미는 것은 무겁다.
흑2로 뻗어서 이후 백은 a에 밀어야 한다.
흑은 중앙 세력이 점점 강해진다.

제2형 백번

(1541)

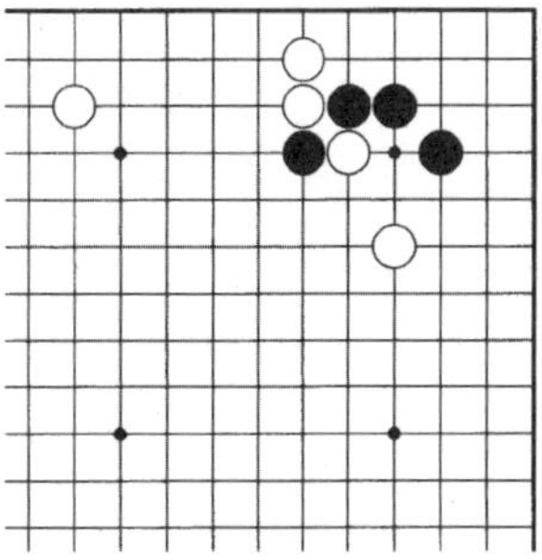

### 변화

고목 정석의 변화이다.
백을 끊고 있는 흑 1점에게 백은 어떻게 응수하여야 하는가?

解

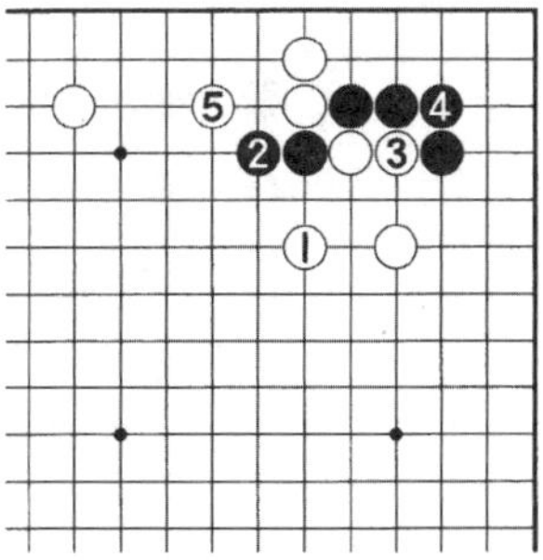

### 좋은 행마

백1의 뜀은 3의 찝음과 2의 단수를 맞보기로 한 맥이다.
흑2라면 백3으로 결정짓고 흑4에 백5로 상변을 지켜서 흑 2점을 공격한다.

失

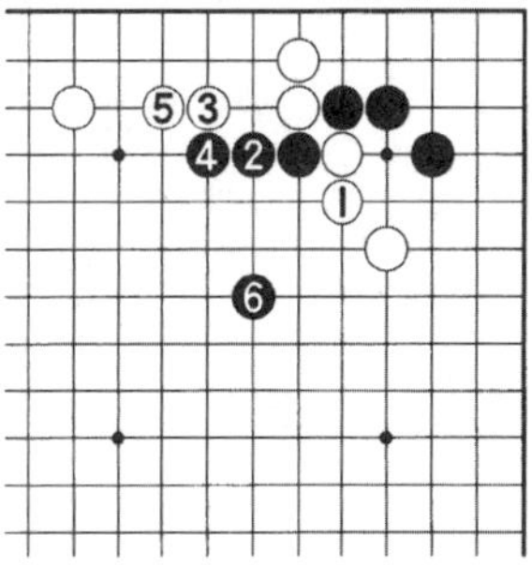

### 백 무겁다

백1로 뻗으면 무거운 모양이다.
흑2 부터 6으로 상변을 도망쳐서 백 3점보다 흑이 한발 먼저 중앙으로 나간다.

(1542)

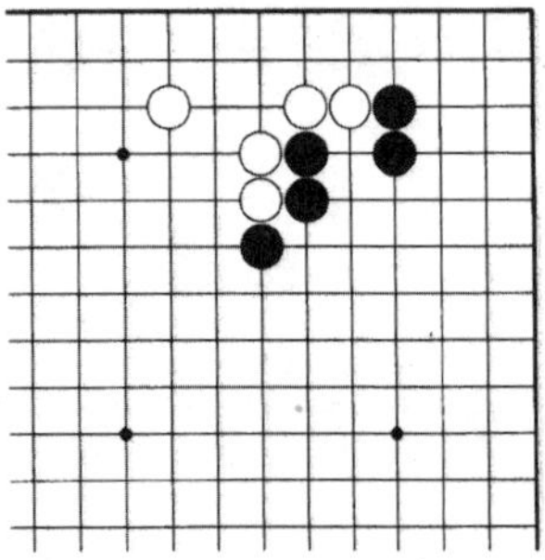

解

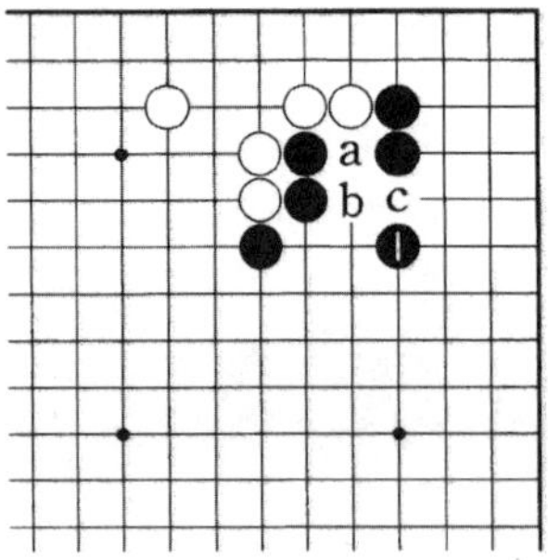


失

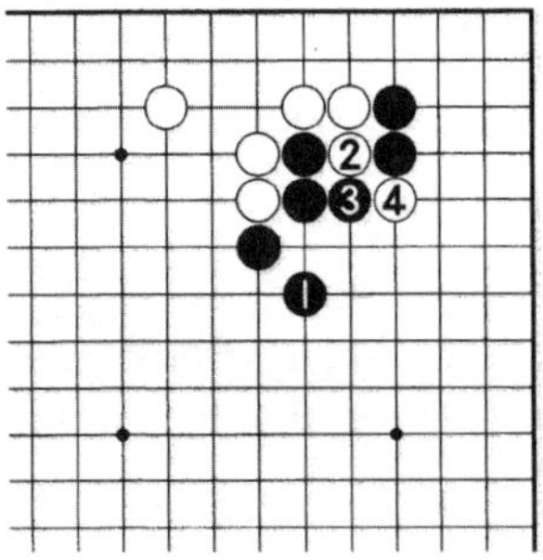

제3형 흑번

### 대응

붙여뻗기 정석의 기본형이다.
백의 상변은 튼튼하므로 흑도 대응하여 응수 하여야 한다.

### 정석

흑1의 한 칸 뜀이 정수이다.
이곳에서 손을 빼면 백a, 흑b, 백c로 강경하게 끊는 수가 냉엄하다.
흑의 세력이 사라져버린다.

### 헛 수

흑1의 호구이음은 헛수이다.
백2, 4로 끊어 4의 백1점을 잡을 수 없다.
중앙의 흑은 백에게 공격당할 수 있어 불안하다.

(1543)

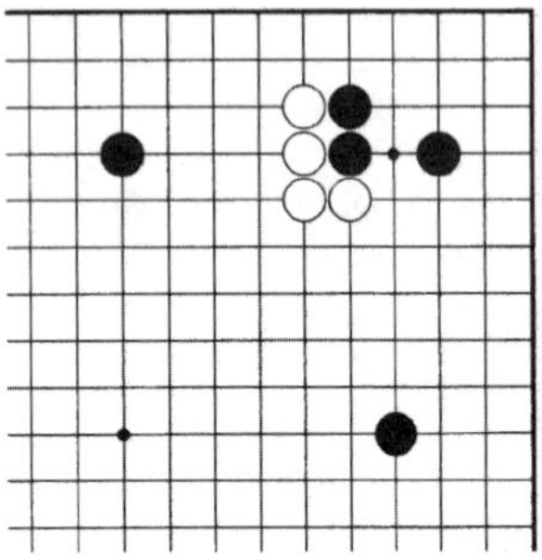

解

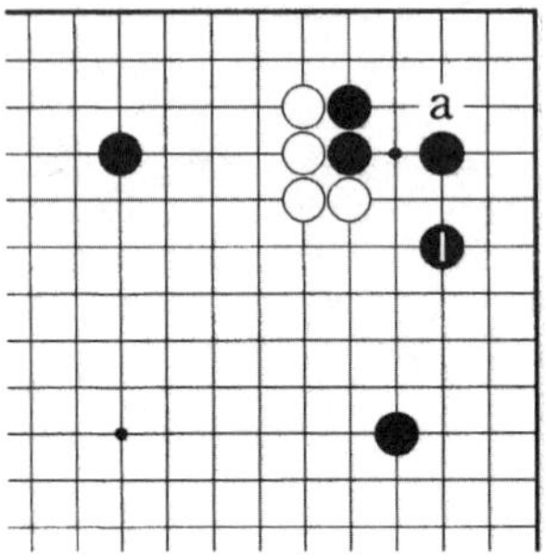


失

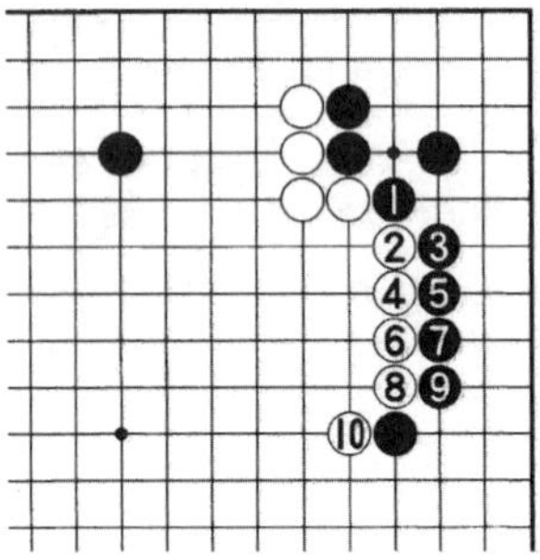

제4형 흑번

### 대응

두 칸 높은 걸침 정석이다.
귀의 흑 3점이 갇히면 안 된다. 흑은 어떻게 받는 것이 최선인가?

### 받는 모양

흑1의 한 칸 뜀이 받는 모양이다.
귀의 엷음, 백a 등에 대비한다.
또 백에게 바깥을 굳히는 흐름을 주지 않는다.

### 백 호조

흑1로 부풀리면 백2, 4의 흐름을 준다.
백10으로 젖혀 우상에 강력한 벽이 생기며 상변의 흑이 약해진다.

(1544)

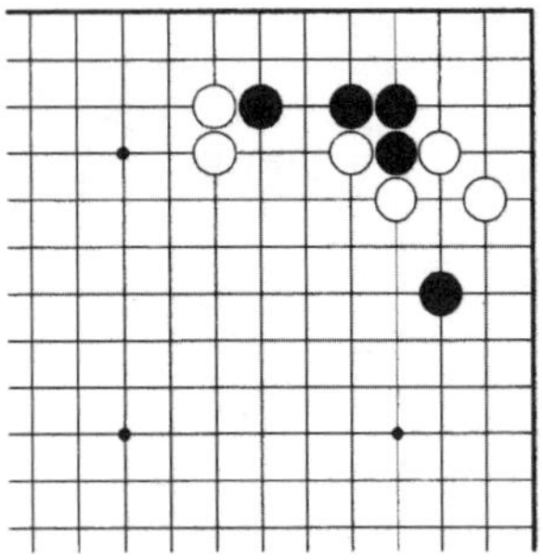

解

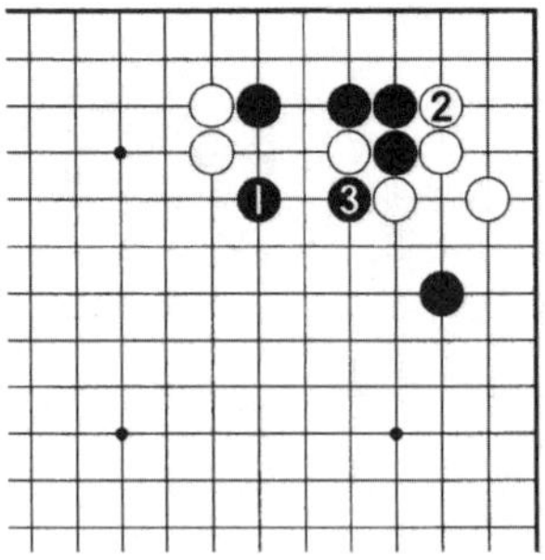

変

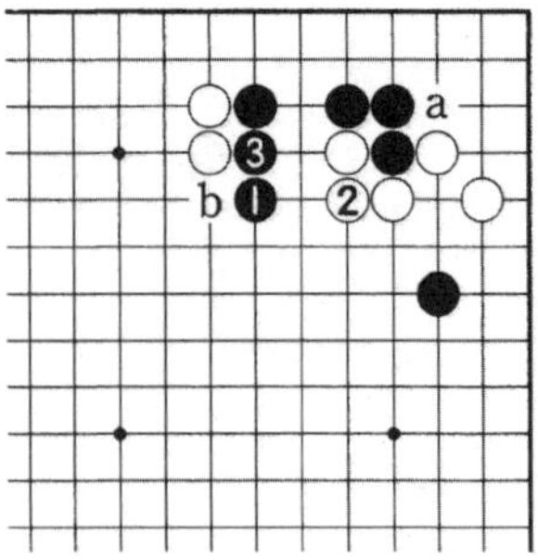


제5형 흑번

### 중앙진출

두 칸 높은 협공 정석의 변화이다.
왼쪽의 백을 공격 목표로 삼아 상변의 흑을 중앙으로 진출시켜 수습된 모양을 만들고 싶다.

### 흑 좋은 행마

흑1의 뜀이 효율적인 수이다.
백2로 귀를 지키면 흑3으로 끊어 백 1점을 단수쳐서 상변을 튼튼한 모양으로 만든다.

### 흑 충분

백2로 잇는 변화이다.
흑3으로 이어서 깔끔한 모양이다.
백a로 3·3을 지키면 흑b로 구부려서 상변에 있는 백2점의 공배를 메우면서 공격한다.

(1545)

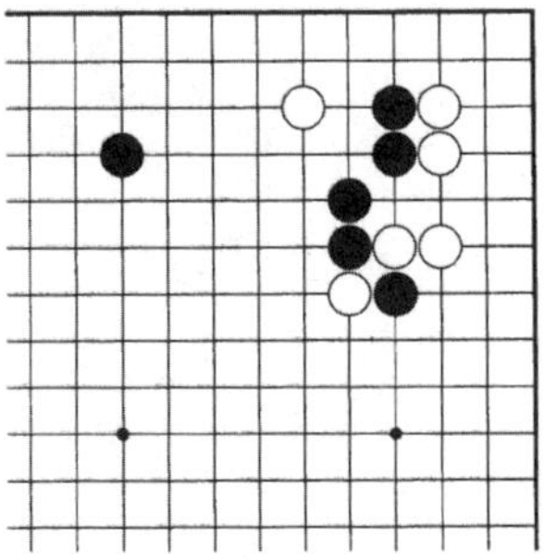

**제6형 흑번**

### 효율

화점 정석의 하나이다.
백에게 끊긴 우변의 흑 1점을 어떻게 움직여야 할까?

解

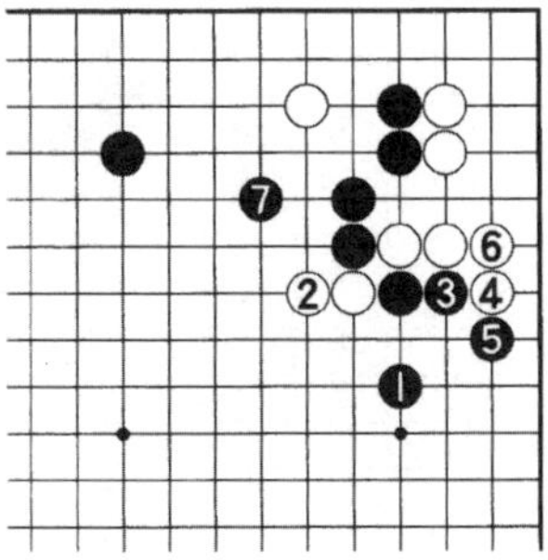

### 중앙 공격

흑1의 한칸 뜀이 맥이다.
백2는 중앙을 끊는 수로 흑3, 5를 활용한 뒤 7로 상변을 굳혀서 중앙의 백 2점을 공격한다.

変

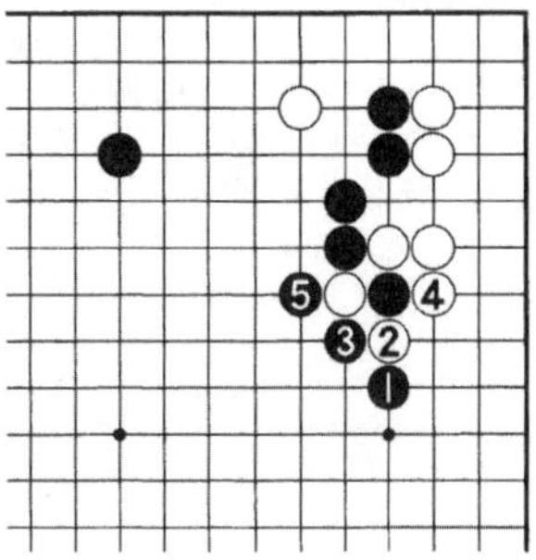

### 흑 유리

백2로 단수쳐서 흑 1점을 잡으면 흑3으로 끊고 5로 막아서 중앙을 봉쇄한다.
상변의 모양이 커져서 흑이 유리하다.

(1546)

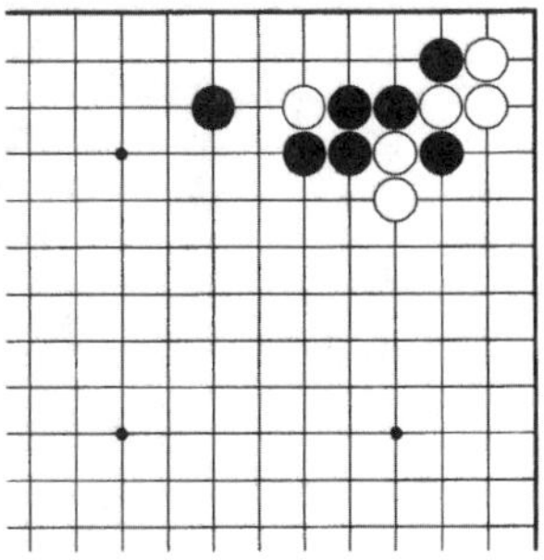

**제7형 백번**

### 정형

흑의 소목에 백이 눈목자로 걸친 정석에서 생긴 모양이다.
우상의 백을 이후에 어떤 모양으로 정리해야 할까?

解

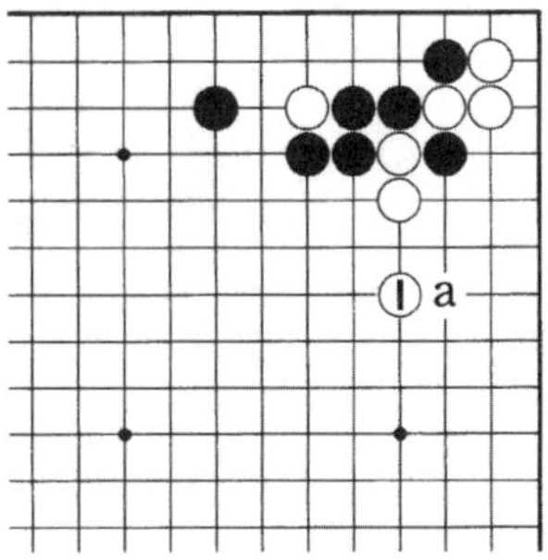

### 좋은 행마

백1의 뜀이 효율적인 좋은수이다.
백을 두지 않으면 흑1 또는 흑a가 냉엄하다. 흑의 한 수로 우변에의 진출이 막혀버린다.

失

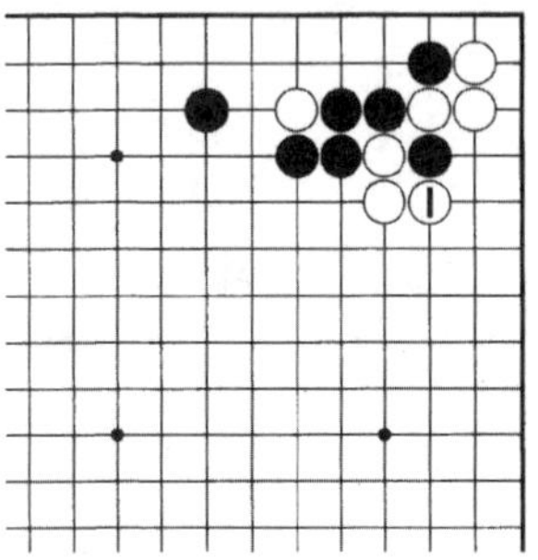

### 완착

백1은 견고한 수지만 발이 느려서 완착이라고 부른다.
백은 귀를 막아서 강한 모양이므로 거기에 1로 강화하지 않아도 된다.

(1547)

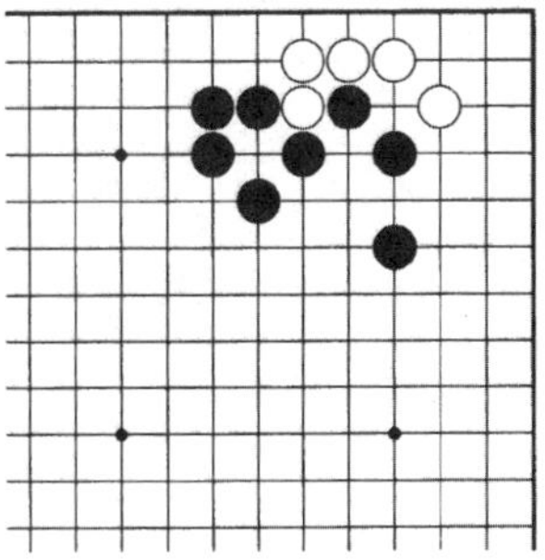

**제8형 흑번**

### 효과

화점 정석에서 생기는 모양이다. 우상의 백은 살아있지만 흑은 이대로 방치해 둘 수는 없다.

解

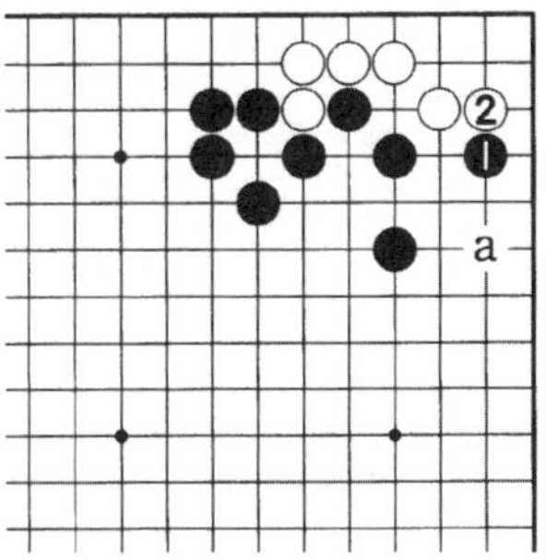

### 활용

흑1로 뛰어둘 곳이다.
백2로 받게 하면 활용이 작동을 한 것으로 흑1을 두어 두면 백a의 미끄러짐을 막을 수 있다.

失

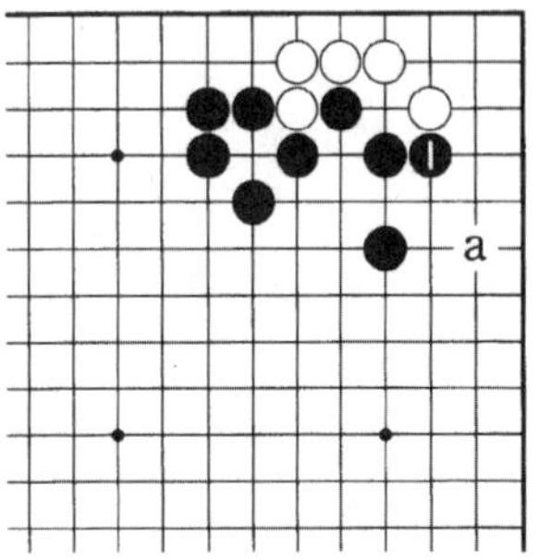

### 끝내기 수

흑1은 완착이다.
백 a를 막아도 흑은 다음 수가 없다.
백은 이대로 손을 빼도 살아있기 때문에 흑1은 끝내기에 지나지 않는다.

(1548)

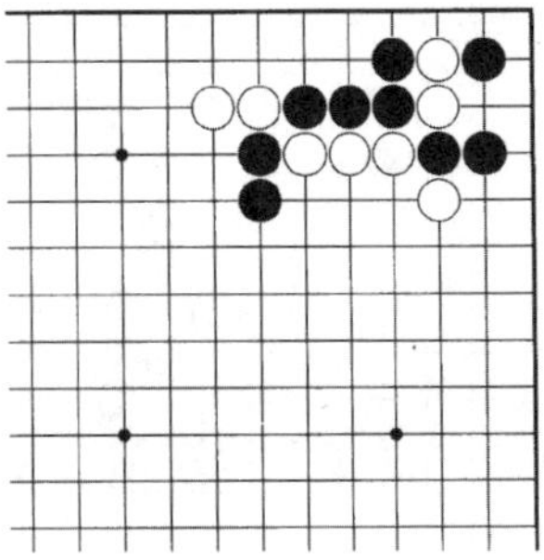

解

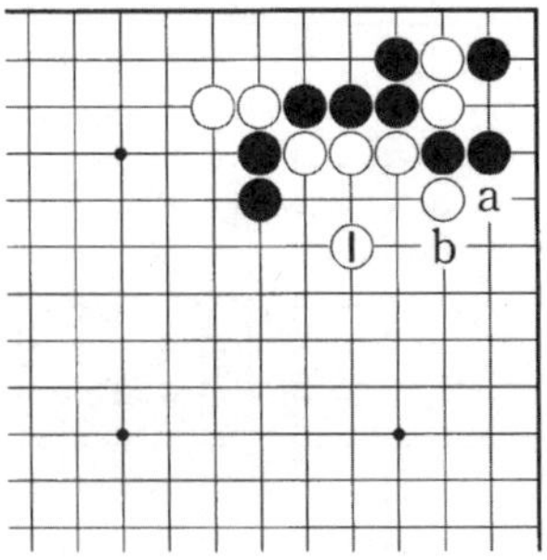


失

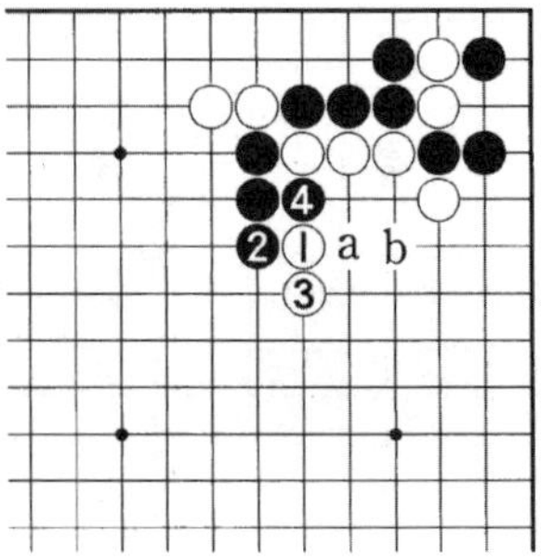


제9형 백번

## 강화

우상귀는 눈사태 정석의 변화.
흑은 귀의 백 2점을 잡고 백은 중앙을 강화하여 흑을 뜬 돌로 만든다.
강화 하는 모양은?

## 백 좋은 모양

백1의 한 칸 뜀이 모양이다.
이후 백a가 선수이다. 만약 흑a로 구부리면 백b로 늘어 백에게 안형이 확실하게 생긴다.

## 틀린 맥

백1의 뜀은 틀린 맥이다.
흑2로 밀면 백3으로 뻗는 정도이지만 흑4로 나가서 곤란해진다.
백a는 우형. b는 흑a로 약점이 생긴다.

(1549)

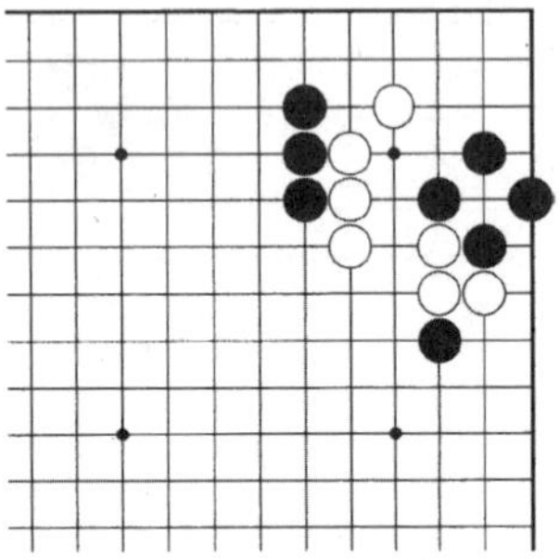

解

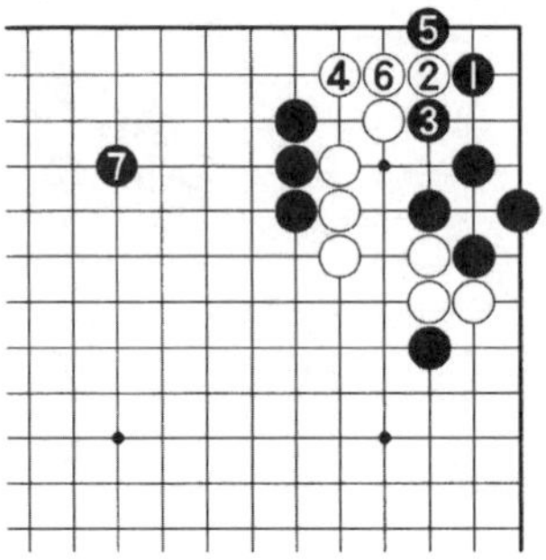

変

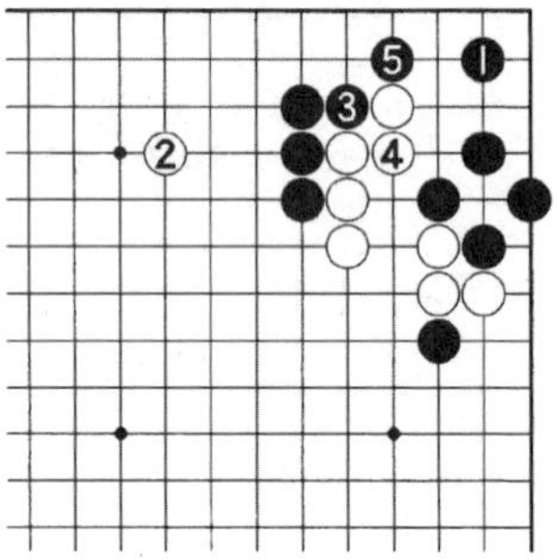

제10형 흑번

## 상정

외목 정석에서 생기는 모양이다.
우상의 흑을 살리고 싶지만 많은 방법이 떠오른다.
하지만 답은 하나이다.

## 상변에 선착

흑1의 뜀이 정수이다.
백2의 입구자 붙임에 흑3으로 찝어 산다. 백6 이후 흑7로 상변을 선점한다.
흑1로 3은 백6, 흑1로 후수이다.

## 건넘

백2로 협공하면 흑3으로 상변에서 찝는다. 백4는 흑5로 연결해서 강한 돌이 된다.
반대로 상변의 백이 약해졌다.

(1550)

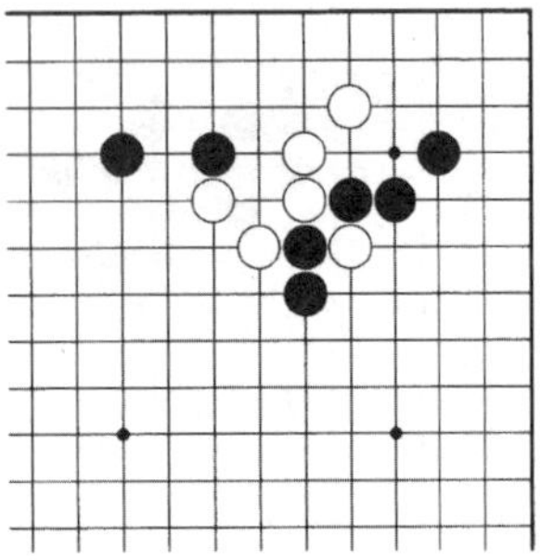

解

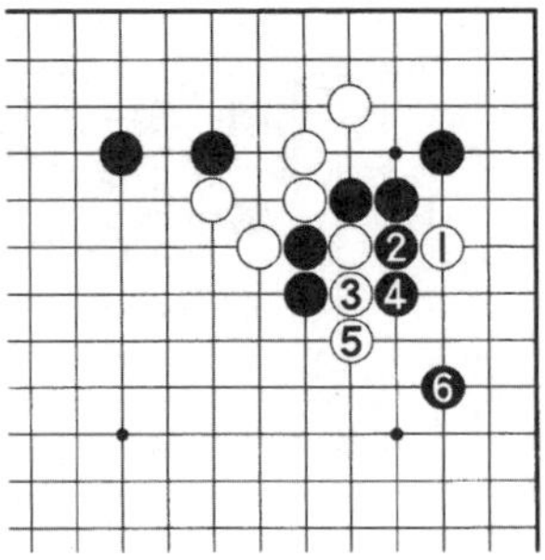

失

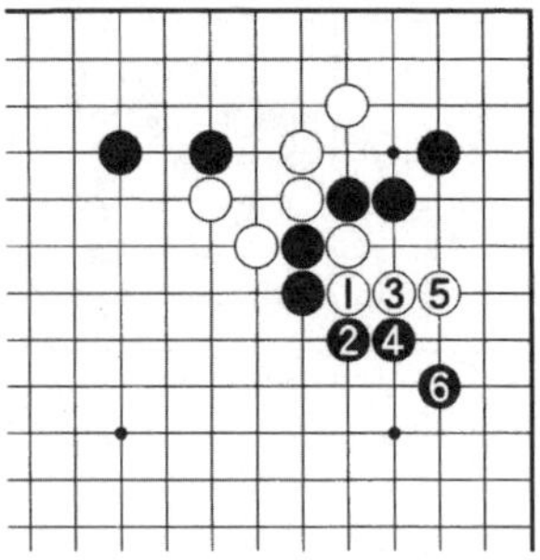

제11형 백번

## 정석

한 칸 높은 협공 정석에서 생긴 모양이다.
흑은 귀의 백을 공격하여 우변의 백 1점을 분리하였으나 백은 이 1점을 이용한다.

## 한칸 뜀

백1의 뜀이 맥이다.
흑2로 3은 백2로 이어 귀의 흑이 괴롭다.
흑2, 4로 뚫고 나가면 백은 중앙이 강해진다.

## 백 불리

백1로 민 모양은 무겁다.
흑2로 머리를 두들기면 백3으로 굴복해야 해서 괴롭다.
흑4, 6으로 포위하여 백이 매우 불리하다.

제 12 형 백번

(1551)

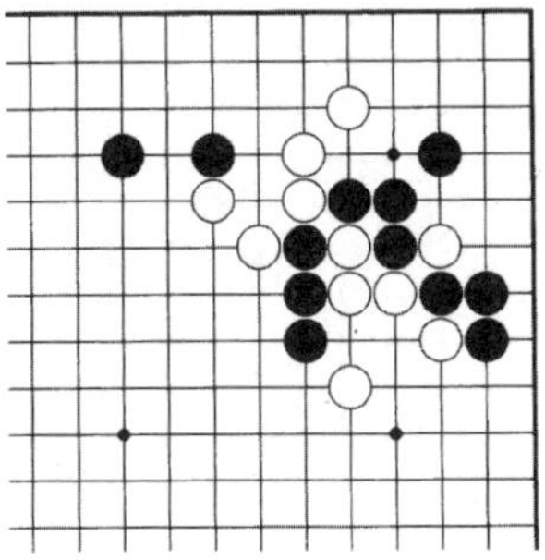

## 반격

두 칸 높은 협공 정석의 변화이다. 공격당하고 있는 우변의 백을 모양 좋게 수습하고 싶다. 중앙의 흑을 향한 반격을 노린다.

解

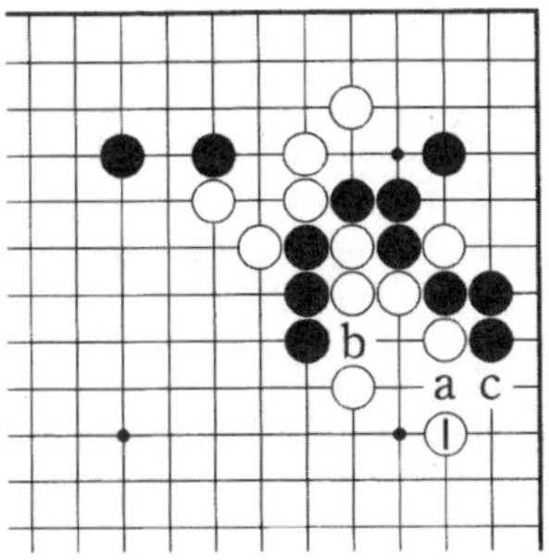


## 경묘

백1의 한 칸 뜀이 좋은 수이다.
흑a에는 백b. 가운데 공배를 메워서 흑 3을 공격한다.
이후 우변은 백c로 끊어 조이면 모양이 좋아진다.

失

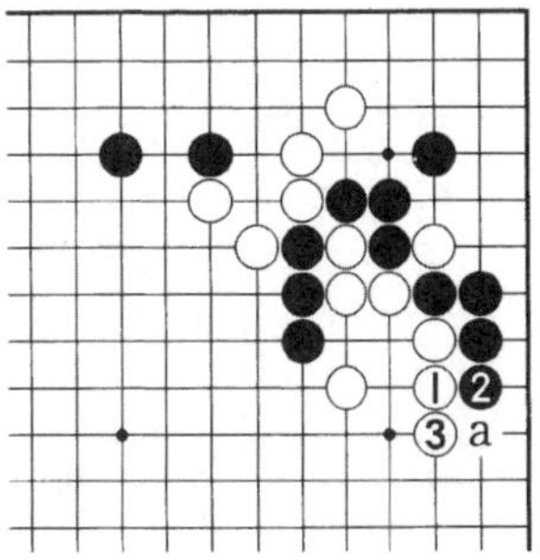


## 약간 무겁다

백1로 느는 수는 조금 무겁다. 흑2로 밀면 활용당하게 된다. 우변은 백a로 늦다. 중앙 흑에 대한 압력도 부족한 모양이다.

제 13 형 백번

(1552)

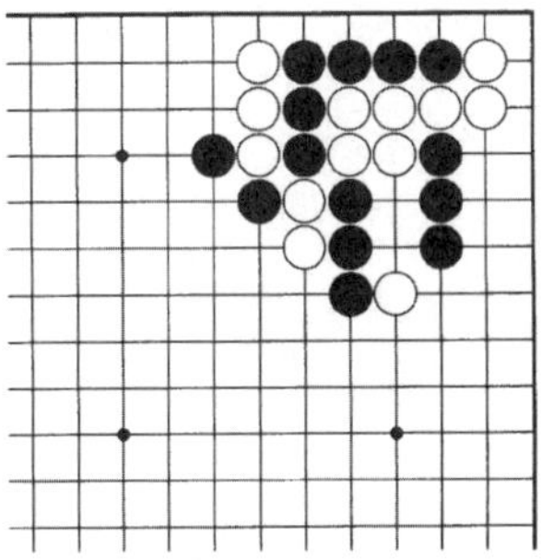

## 축

두 칸 높은 협공 정석의 변화이다. 축이 유리할 때에는 귀의 백 6점을 잡을 수 있지만 여기서는 어떻게 응수해야 하는가?

解

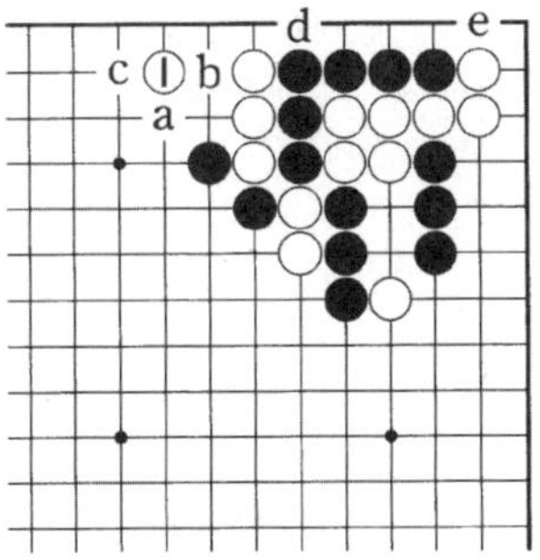


## 뜀이 좋은 수

백1의 뜀이 좋은 수이다.
이후 흑a, 백b, 흑c의 공격에는 백d로 젖혀 백 승.
귀도 흑a로 e는 백d로 역시 백 승.

失

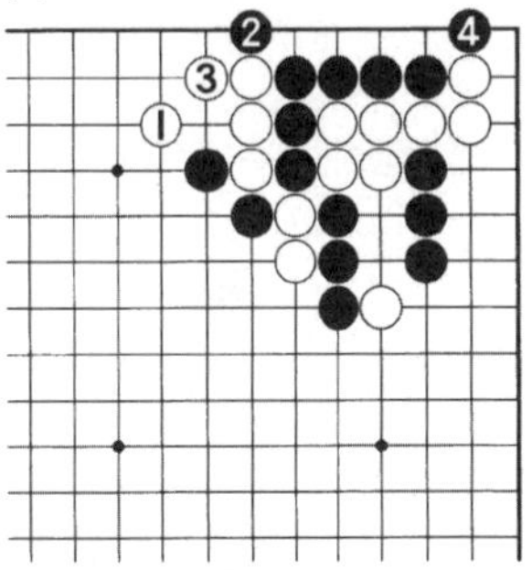


## 역전

백1로 뛰면 흑2 젖힘이 선수가 되어 큰일이 일어난다.
상변에 있는 흑의 수가 늘어났기 때문에 흑4로 젖혀 귀를 공격하면 수상전은 역전이다.

제 14 형 백번

(1553)

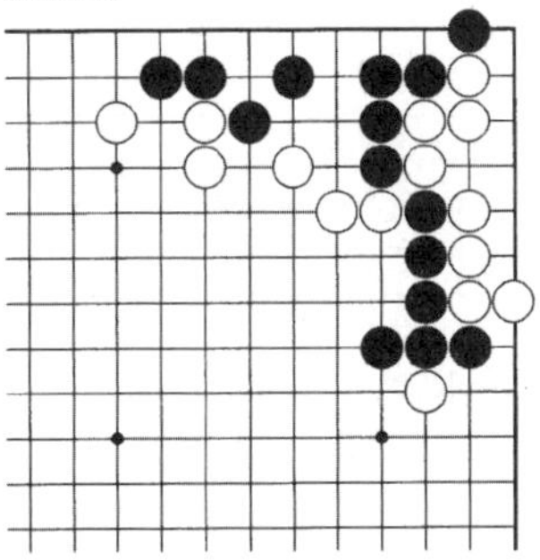

## 정형

고목 정석에서 생긴 모양이다. 흑이 끊을 것을 대비하여 상변에 있는 백의 모양을 정리해야 한다.

解

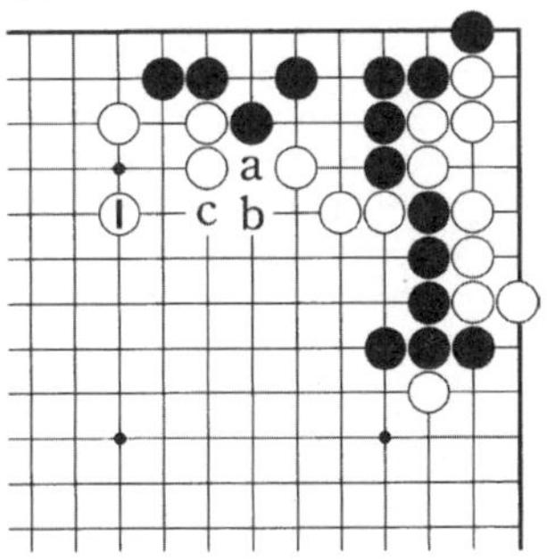


## 효율적 지킴

백1의 뜀이 좋은 수이다.
흑a, 백b. 흑c의 냉엄한 절단을 막으면서 좌상귀 쪽으로 발전시켜서 가장 효율적인 모양이다.

失

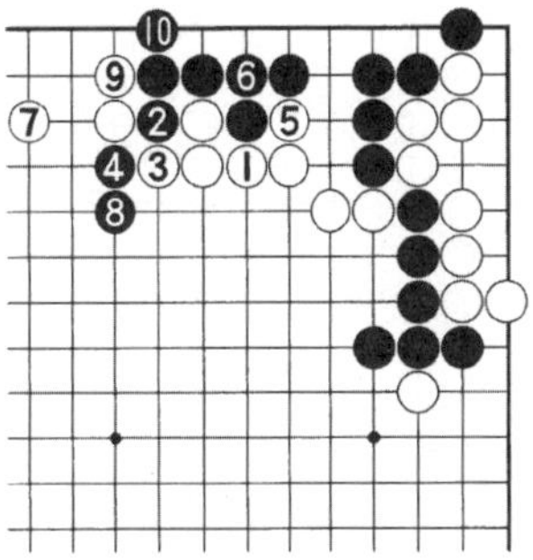


## 흑 유리

백1의 이음은 상변 흑에게 공격을 보고 있으나 흑2, 4의 반격이 날카롭다.
흑8로 백이 둘로 나뉘게 되어 흑이 유리한 싸움이다.

**제15형 흑번**

(1554)

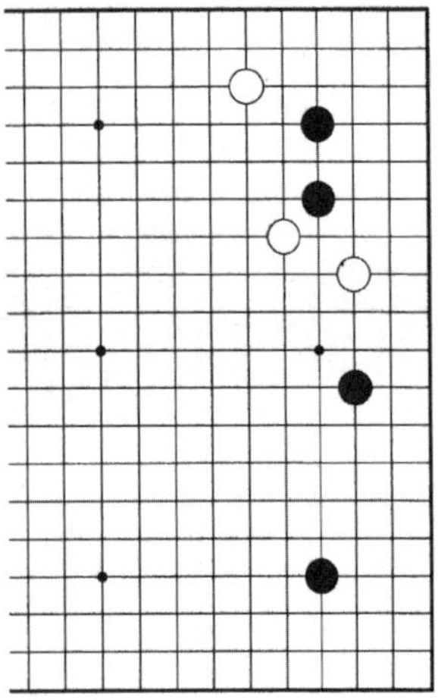

## 공격하다

접바둑에서 생기는 모양으로 우상귀 한 칸 뜀에 백이 반발하였다. 백에게 봉쇄당하는 걸 눈 뜨고 볼 수만은 없다. 흑은 중앙에 둬서 백을 공격을 계속하고 싶다.

解

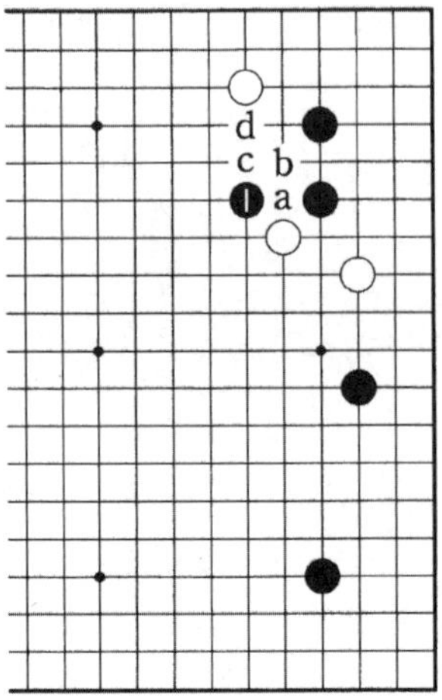


## 상용의 수

흑1의 한 칸 뜀이 상용의 맥이다.
이후 백a, 흑b, 백c로 끊으면 흑d로 단수쳐 상변으로 나가게 되므로 백이 불리하다.
흑1이후 a에 이으면 두텁다.

失

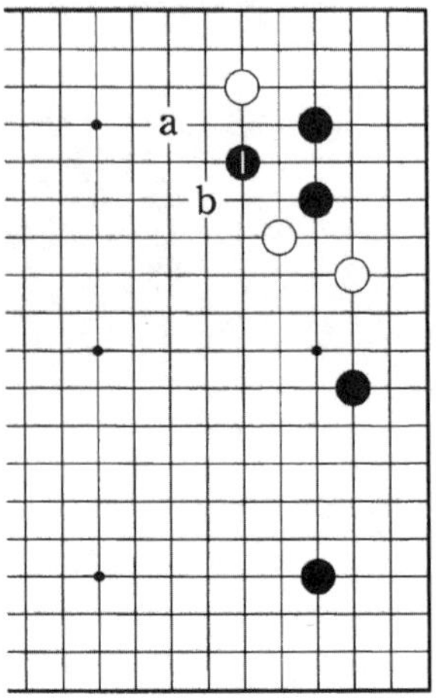


## 영향이 약하다

흑1의 날일자는 백에 대한 압력이 부족하다.
백a로 상변을 받으면 흑b로 입구자하는 정도이다.
우변의 백 2점도 여유가 있다.

**제16형 흑번**

(1555)

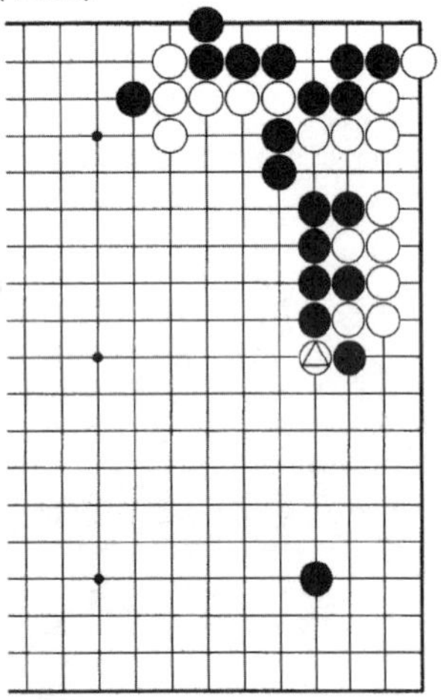

## 싸우다

고목 정석의 변화이다.
우변은 백◬에게 끊겼지만 우하귀의 화점에 원군이 있어 흑이 싸울 수 있는 모양이다.
이후 어떻게 두어야 할까?

解

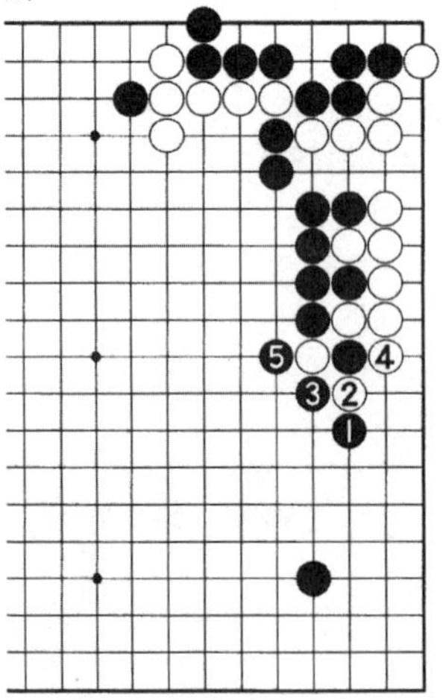

## 흑 유리

흑1의 한 칸 뜀이 맥이다.
백2로 흑 1점을 잡으면 흑3의 끊는 수부터 흑5의 단수로 바깥을 봉쇄한다. 흑의 세력이 중앙에서 우하에 걸쳐 유리하게 갈린다.

変

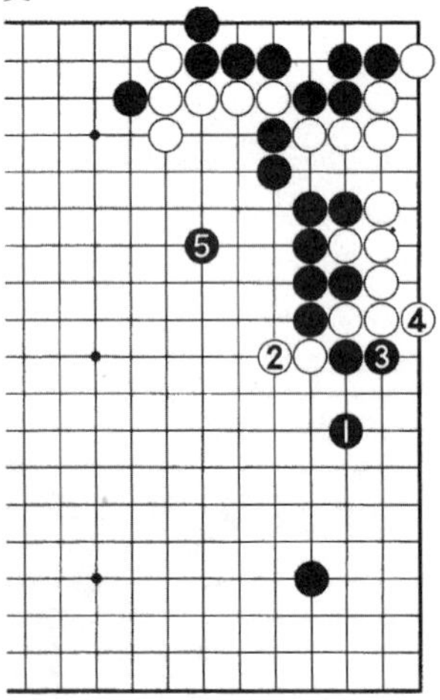

## 싸우다

백2로 늘면 중앙이 분단된 모양이다. 흑3의 막음이 선수가 된다. 백4를 생략하면 흑4로 백이 죽는다. 흑5로 중앙을 굳히고 우하가 강하기 때문에 흑이 싸울 수 있는 모양이다.

(1556)

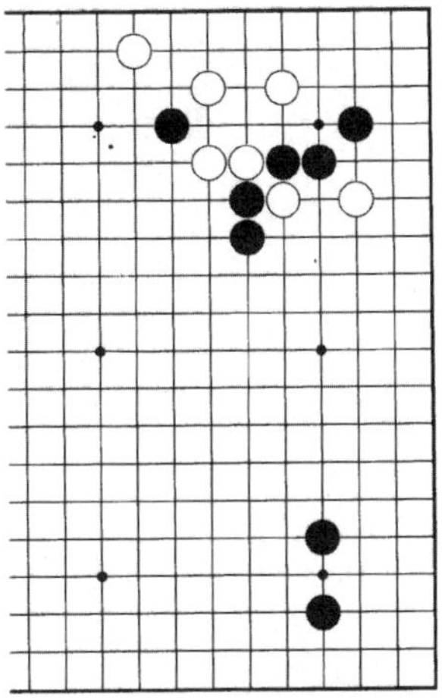

解

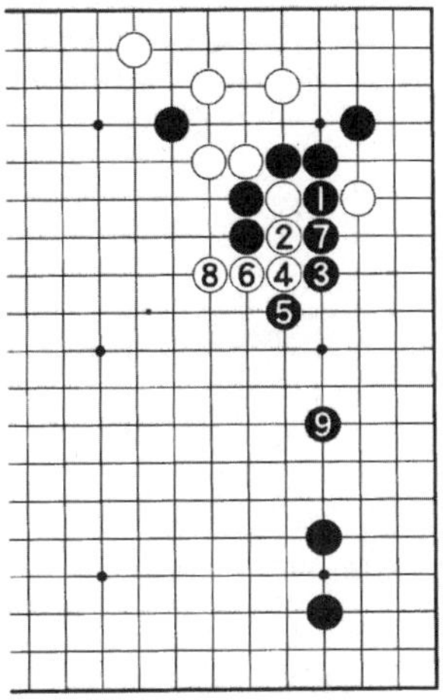

失

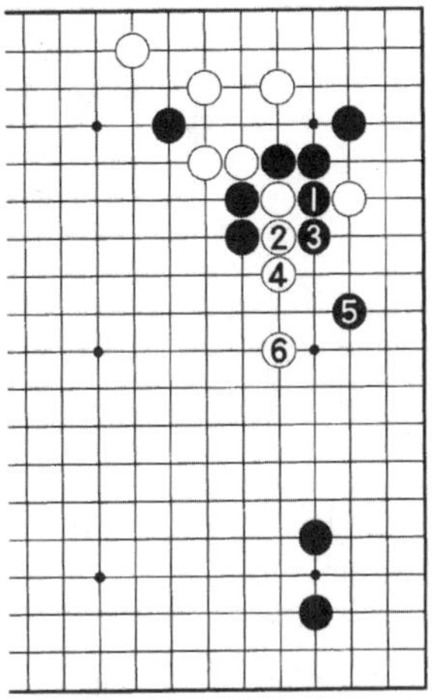

**제17형 흑번**

### 사석

우변의 전투.
우상은 두 칸 높은 협공 정석의 변화로 상변의 백이 튼튼한 모양으로 강력하다. 흑은 중앙의 2점을 버려 우변의 집을 넓히면 알기 쉽다.

### 사석 활용

흑1로 나가고 백2 이후 흑3의 뜀이 맥이다. 백4로 뻗으면 흑5로 젖혀 중앙으로 쫓아낸다.
흑7로 이어 우변 1점을 잡은 집이 크다. 백8, 흑9로 중앙의 흑의 사석의 효과를 톡톡히 봤다.

### 흑 불충분

백2에 흑3은 속수이다.
백4로 늘면 다음에 흑 2점을 움직이는 것은 무겁다.
흑5로 우변을 받는 모양이 낮고 백6으로 중앙을 넓혀 흑이 충분하지 못하다.

(1557)

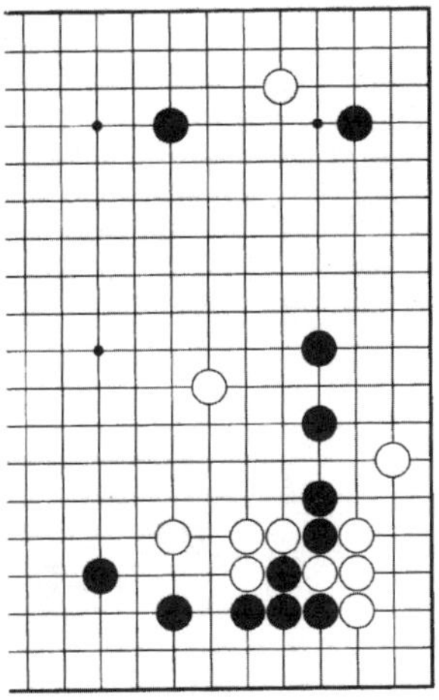

解

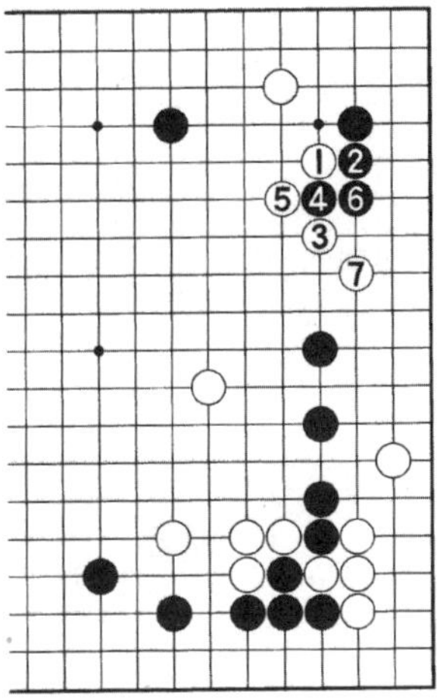

失

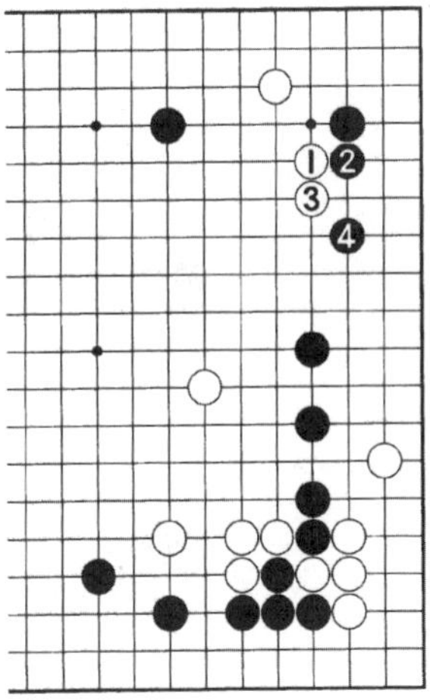

**제18형 백번**

### 추격

우하는 대사정석이다.
흑은 우변으로 도망치지만 우상귀의 배석과 연관하면 매섭게 추격할 수 있다. 어떻게 공격해야 할까?

### 백 유리

백1로 씌워서 시작한다.
흑2로 밀면 백3으로 뛰어 우변과 연관시킨다. 흑4, 6은 정석이지만 백7로 우변에 뿌리를 내려 우하 흑의 진출을 막아서 백이 유리한 싸움.

### 백 고전

흑2의 밀기에 백3으로 뻗는 정석으로는 박력이 없다.
흑4로 뛰어 우변이 연결되면 흑에 대한 공격도 사라진다. 이번에는 상변과 하변 중앙의 백이 괴롭다.

제1형 흑번

(1558)

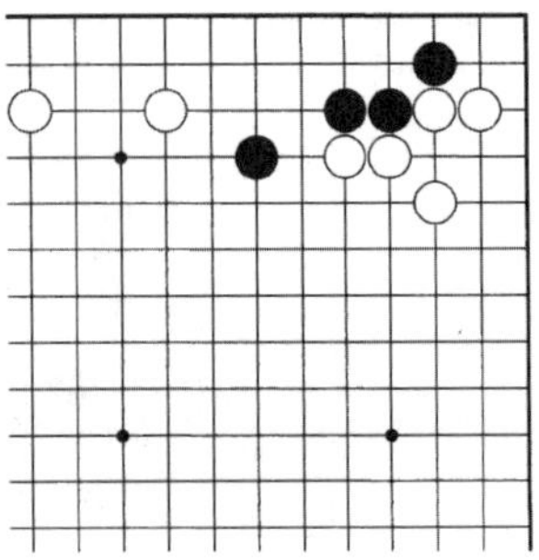

## 근거

주변에 백의 돌이 압박하여 우상의 흑이 약해 졌다.
근거를 확실히 하는 응수를 하고 싶다.

解

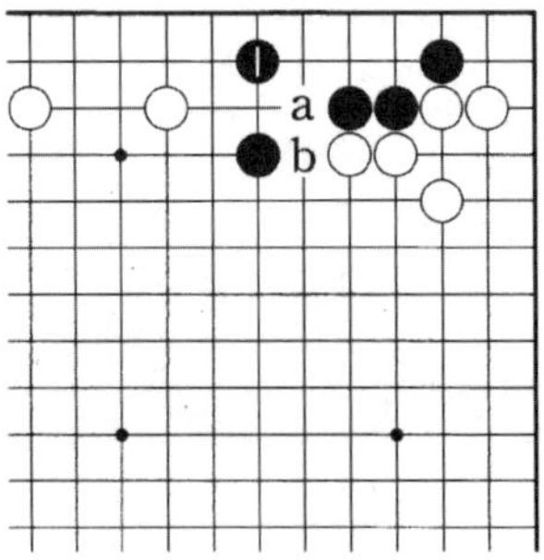


## 삶

흑1의 뜀은 상변의 흑집을 넓히는 급소이다.
이후 백a의 젖힘은 흑b로 끊어 잡힌다.
흑은 흑1의 한수로 살 수 있다.

失

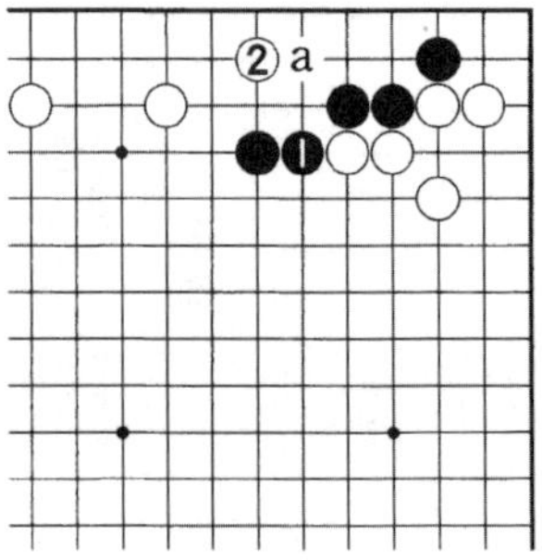


## 급소를 맞다

흑1로 치받는 수는 중앙으로 진출하기 위한 평범한 응수지만 백2로 들여다봐서 모양이 나쁘다.
흑은 a자리에 받아야 하는데 아직 못 살아 있다.

제2형 백번

(1559)

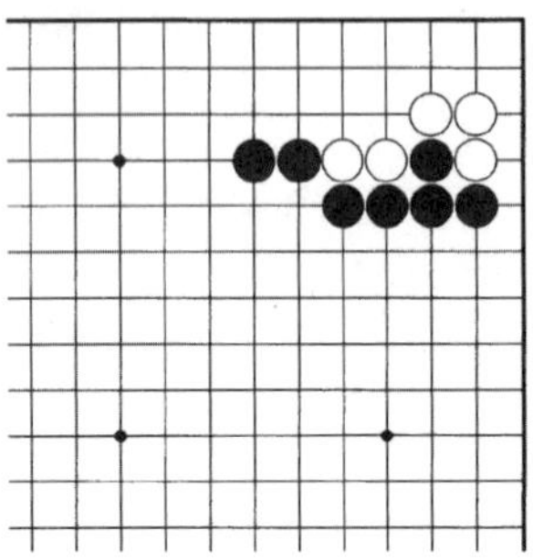

## 가일수

우상귀의 백은 이대로 방치하면 죽는다.
이후의 가일수는 백 2점의 자충을 막을 수 있는 모양을 생각하여야 한다.

解

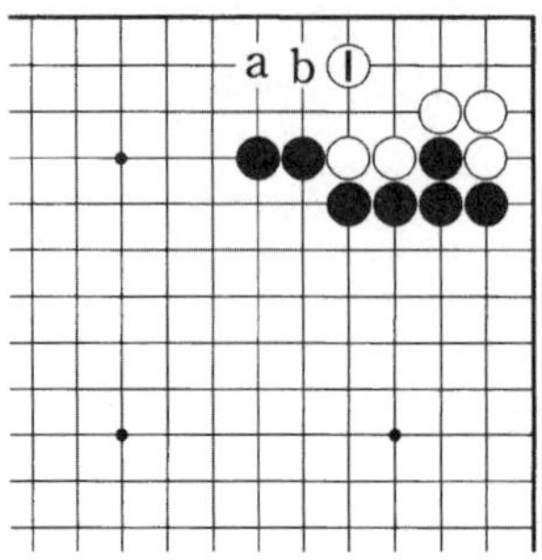


## 한 칸 뜀

백1로 뛴 모양이 좋다.
귀의 집을 넓히고 다음에 백a로 뛰어 상변으로 진출할 수 있다.
흑b로 붙이면 백은 손을 빼도 된다.

失

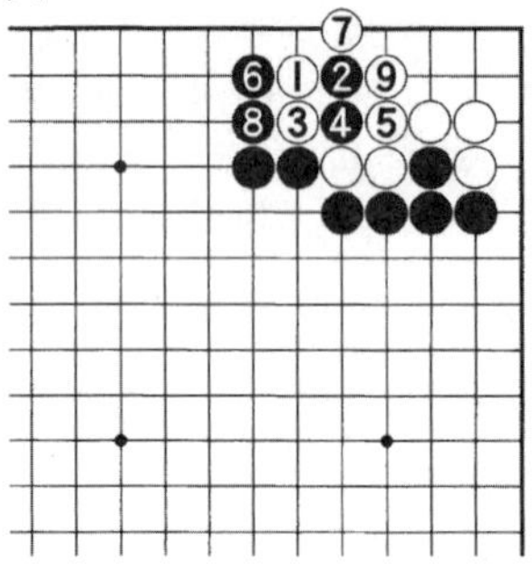

## 틀린 맥

백1의 날일자는 틀린 맥이다.
흑2로 붙이고 2점을 사석으로 하여 흑8까지 좋은 모양으로 만들고 백이 후수를 잡는다.

제3형 흑번

(1560)

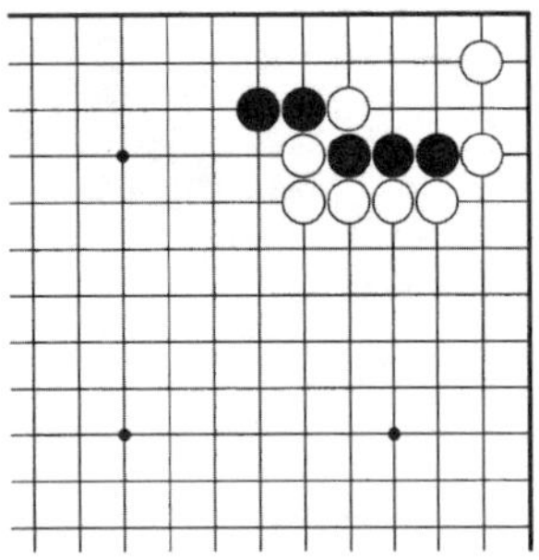

## 안형

흑을 끊고 있는 백 1점을 잡는 것은 간단하지만 결과에는 차이가 있다.
상변 전체의 안형을 늘리는 것을 고려하여야 한다.

解

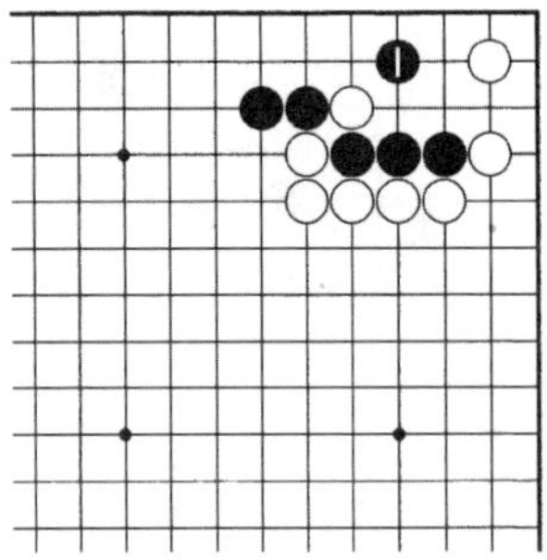

## 넓은 집

흑1의 뜀이 맥이다.
백 1점을 잡으면서 상변의 집을 넓히는 모양으로 백의 공격에 집을 만들기 쉬워졌다.

失

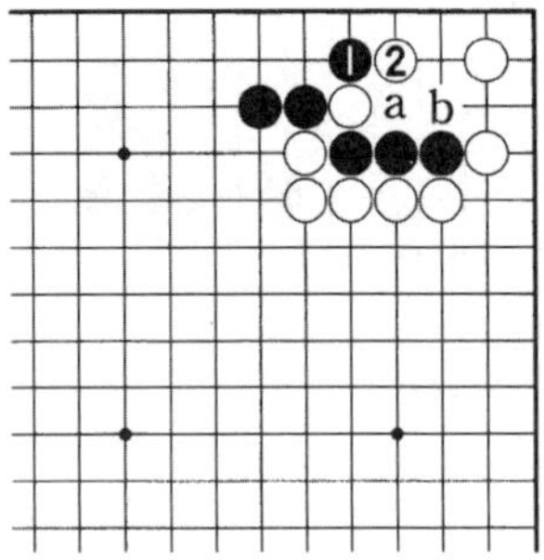


## 집이 없다

흑1로 단수쳐도 백 1점을 잡을 수 있다.
하지만 백2로 공격당해서 흑a, 백b로 흑은 3점을 살릴 뿐 집이 없는 돌이 된다.

## 제4형 흑번

(1561)

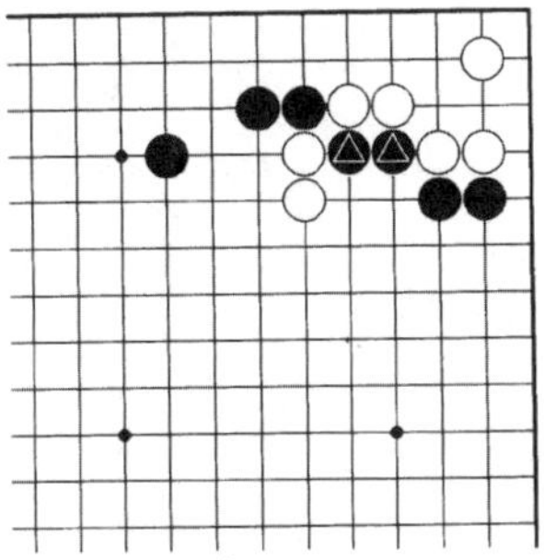

### 공격태세

공배가 꽉 찬 흑▲ 2점을 살리고 싶다.

흑이 모양을 정리하면 중앙의 백 2점을 향한 공격의 태세를 잡는 셈이 된다.

解

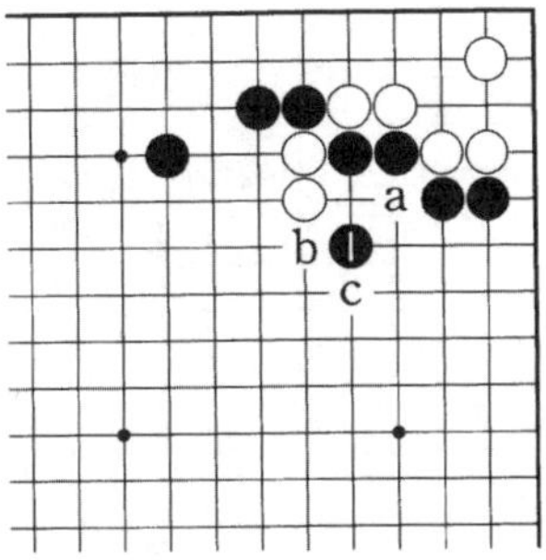

### 공방의 수

흑1로 뛴 모양이 좋다.

백a를 막고 백 2점을 공격하는 모양이 되었다.

이후 백b는 흑c. 우변의 집이 굳어진다.

失

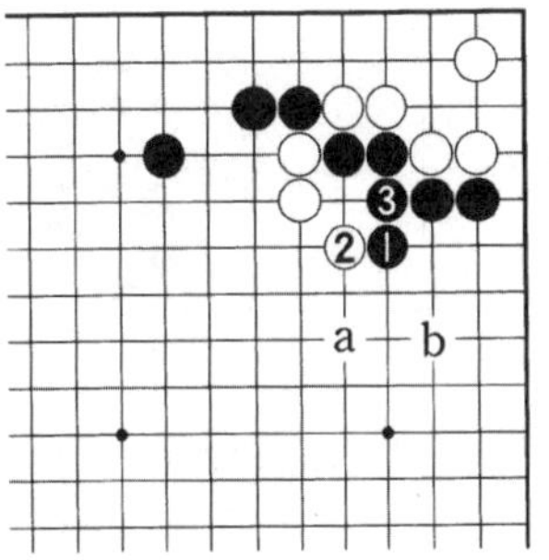

### 틀린 맥

흑1의 호구이음은 틀린 맥이다.

백2로 입구자 붙여 흑의 모양이 무너지며 백a, 흑b로 중앙의 백이 매우 편하다.

## 제5형 흑번

(1562)

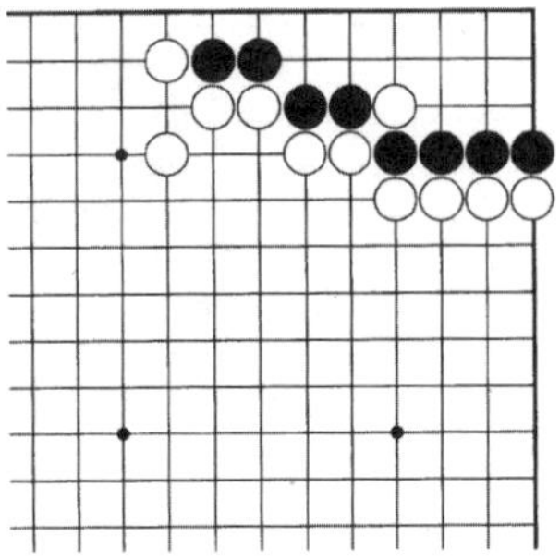

### 정확한 응수

우상의 흑집에 백의 끊음이 한수 들어있다.

간단한 것 같지만 응수를 잘못하면 집의 한쪽이 무너진다.

解

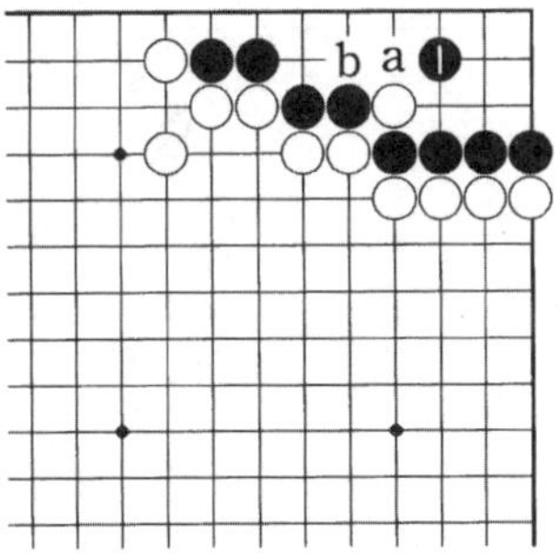

### 흑집 확정

흑1의 한 칸 뜀이 좋은 응수이다.

백a라면 흑b로 백 1점을 어떻게 움직여도 자충에 걸려서 흑집이 확정된다.

失

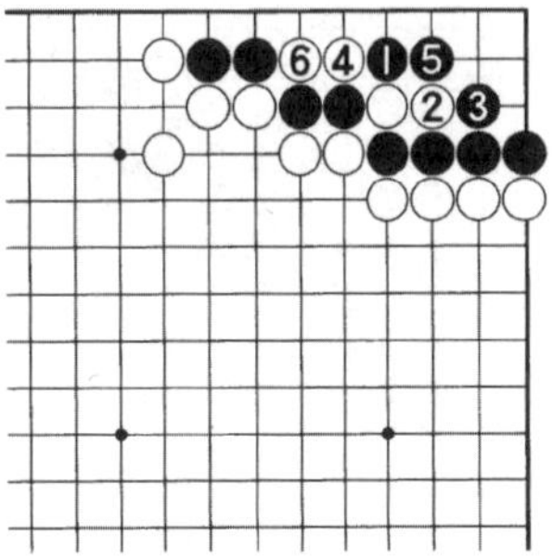

### 흑 실패

흑1로 단수치는 것은 맛이 나쁘다.

백2, 흑3 이후 백4로 끊어 흑은 응수가 곤란해진다.

백6까지 상변이 무너진다. 흑5로 6은 백5.

## 제6형 흑번

(1563)

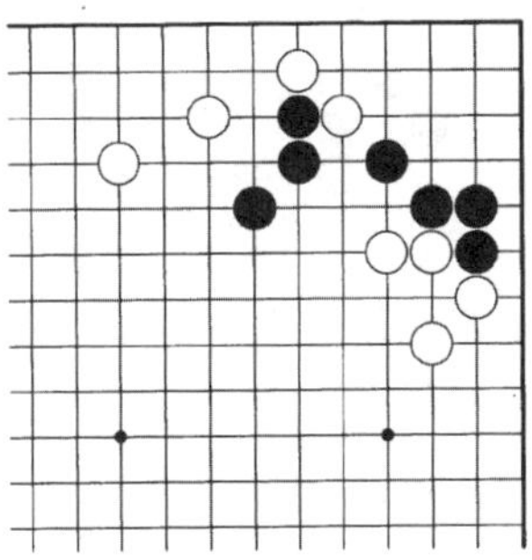

### 맞춤 수

귀를 지키는 문제.

화점에서 한 칸 뛴 정석에서 생긴 모양으로 귀의 뒷문이 열린 것을 노리고 있다.

흑은 정확한 지키는 수를 두고 싶다.

解

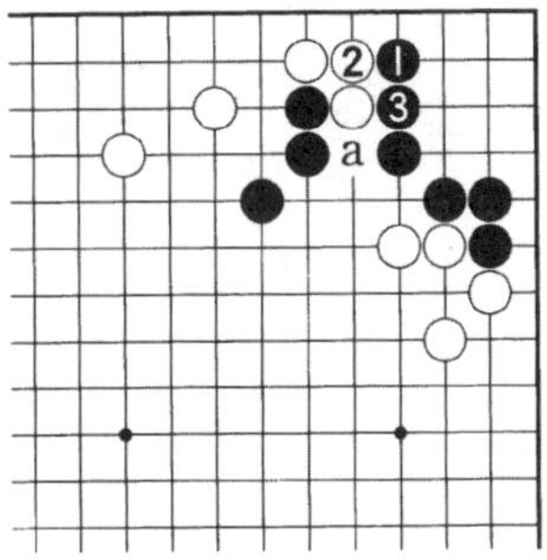

### 막다

흑1의 뜀이 백의 침입을 막는 맥이다.

백2로 이으면 흑3으로 받아 백a의 나가끊음을 막는다. 귀는 완전히 흑집이 된다.

變

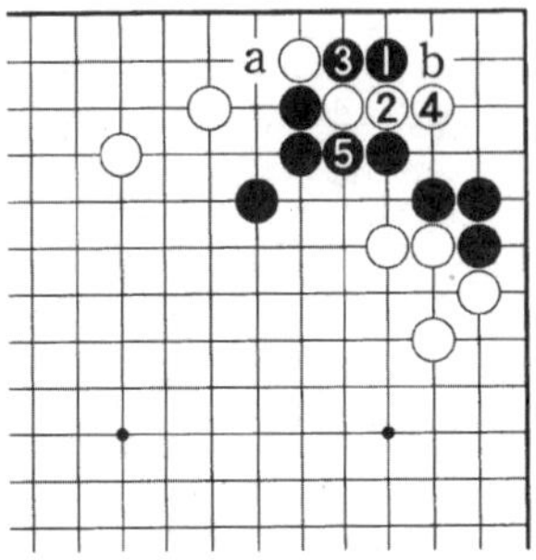

### 3점 잡기

백2로 나가면 흑3으로 끊는다.

백4, 흑5로 a와 b를 맞보기 하여 백 3점을 잡는다.

흑1로 2에 막으면 백1로 젖혀 손해를 본다.

## 제7형 백번

(1564)

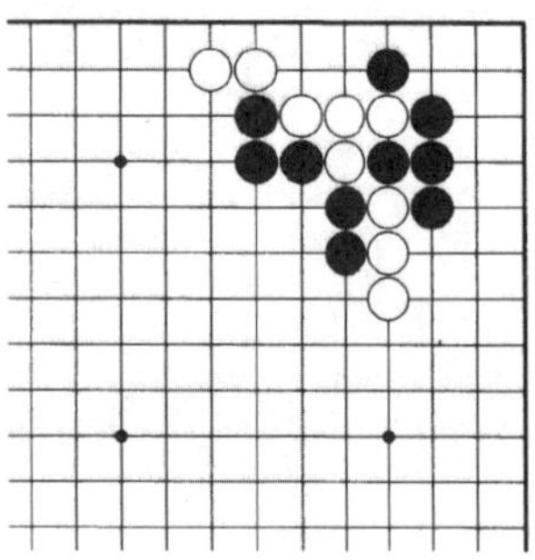

### 살리는 방법

백 4점을 살려야한다.
이렇게 좁은 곳이라도 받는 방법에는 네 가지가 있다.
네 가지의 방법 중 어느 것이 최선일까?

解

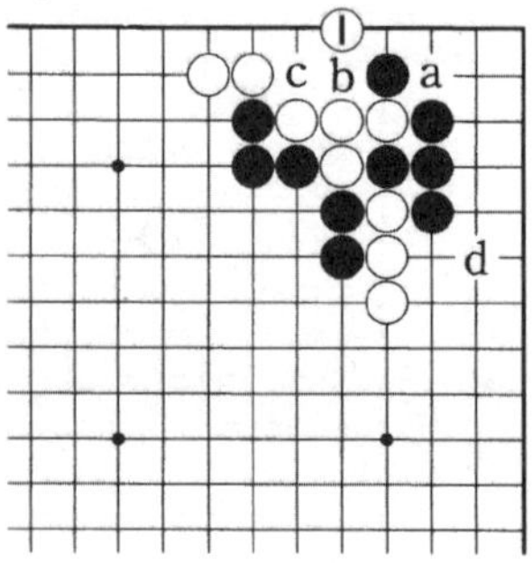


### 살아 남다

백1로 뛴 수가 좋다. 흑이 손을 빼면 백a로 끊어 흑 1점을 잡는 것이 남았다.
흑b, 백c는 흑a의 후수. 백d의 활용이 남는다.

失

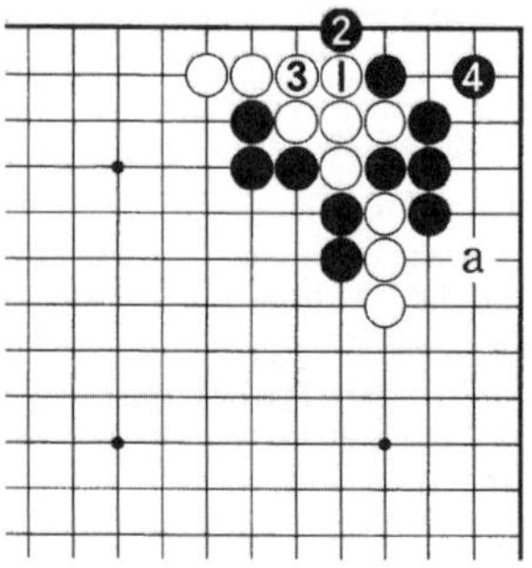


### 백1은 실패

백1로 막으면 흑2로 단수를 선수하고 흑4로 지킨 모양이 좋다. 이 모양은 백a가 선수가 아니다. 상변 백도 손을 뺄 수 없는 모양이다.

## 제8형 흑번

(1565)

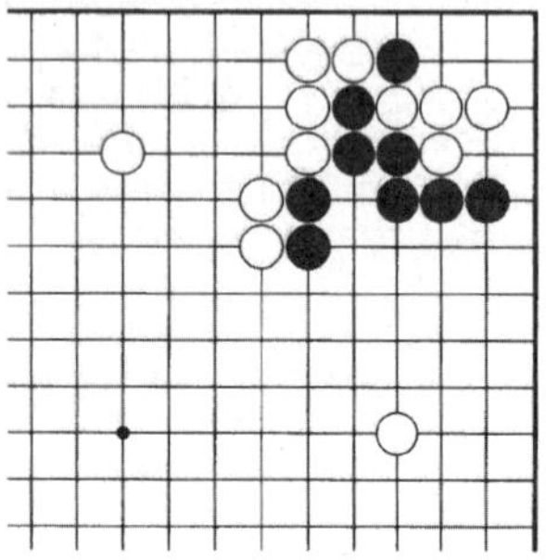

### 진출

우상의 흑이 백의 공격을 피하려면 어떻게 두어야 할까?
중앙에 진출하는 모양이어야 한다.

解

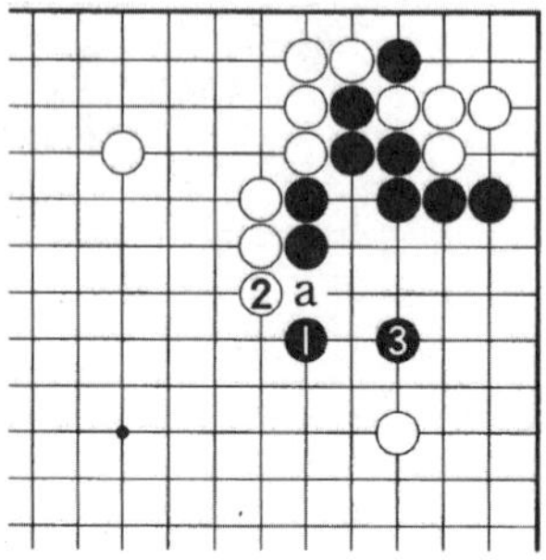


### 좋은 모양

흑1의 뜀이 좋은 수이다.
백2라면 흑3으로 뛰어 우상의 안형을 늘리면서 백a에 대비한다.

失

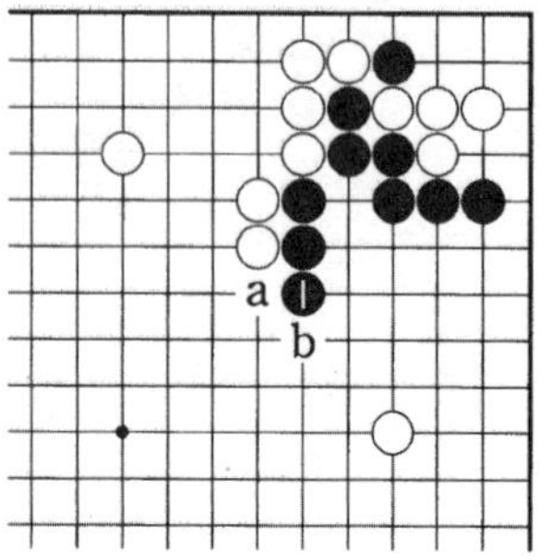


### 발이 늦다

흑1의 자리는 두점머리로 백에게 맞지 않기 위함이지만 조금 발이 느리다.
이후, 백a, 흑b로는 우변이 비어있다.

## 제9형 흑번

(1566)

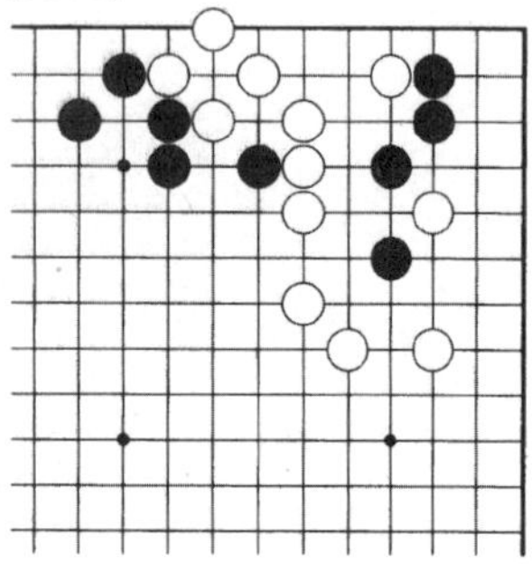

### 버팀

우상귀의 흑이 백에게 괴롭힘을 당하고 있다.
우변에 백집을 만들지 못하게 하기 위해서라도 흑은 최대한 버티고 싶다.

解

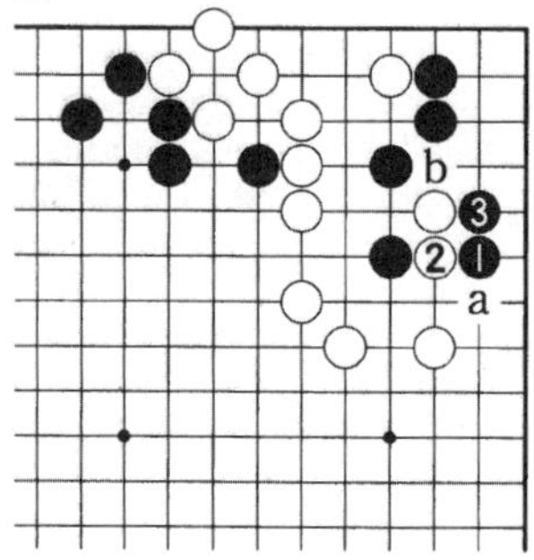


### 집을 넓히다

흑1의 뜀이 좋은 수이다.
백2, 흑3으로 귀의 집을 넓혀 산다.
이후, 백a, 흑b가 될 곳.
백2로 3은 흑2로 백이 무리.

变

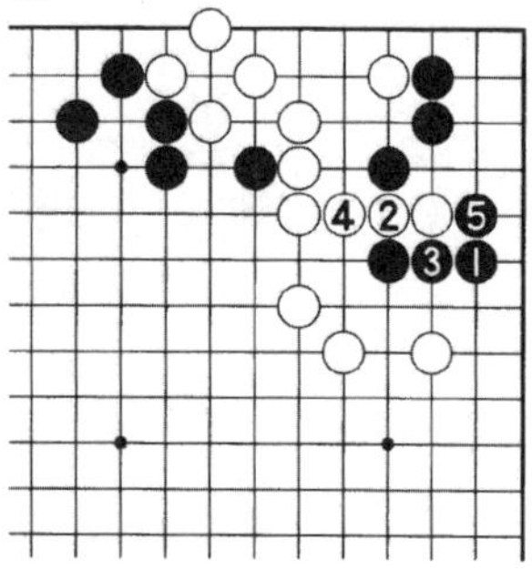


### 불만없다

백2로 나가면 흑3으로 잇고 백4, 흑5가 된다.
흑3으로 5로 밀어도 불만은 없다.
흑1로 5에 붙이면 백1로 흑이 조금 불리하다.

(1567)

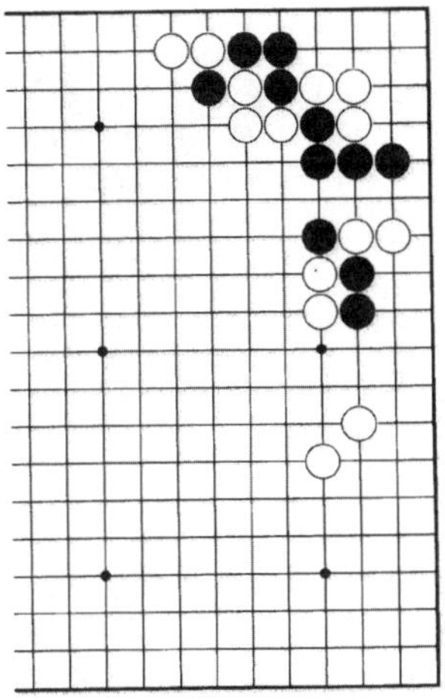

解

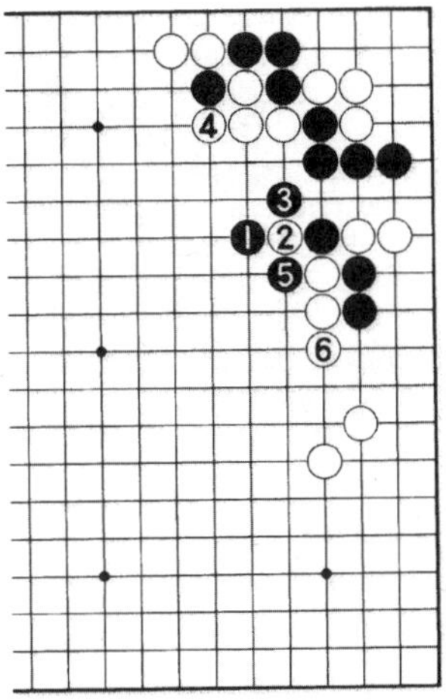


変

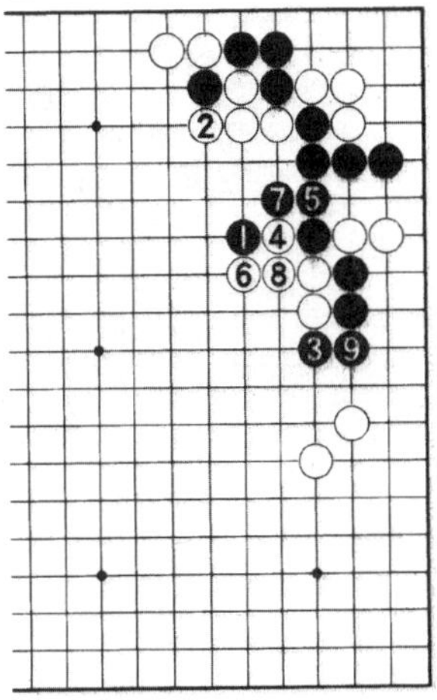


제10형 흑번

## 사석

우상의 전투.

흑은 상변의 3점, 우변의 2점을 잡혔지만 이 두 개를 사석으로 이용하여 우상의 흑을 수습하고 싶다.

## 안정되는 모양

흑1의 한 칸 뜀이 좋은 맥이다.

백2의 단수에는 흑3으로 받은 모양이 좋다. 흑4로 밀어 상변의 백3점을 잡는 것을 본다.

백4에 흑5로 따내서 수습한 모양이다.

## 2점 잡기

백2로 상변을 받는 변화이다.

흑3으로 젖혀 중앙의 백 2점을 공격하여 백8까지 저항은 흑9로 이어 우변 백 2점을 잡는다.

백8로 9는 흑8로 따내서 충분하다.

(1568)

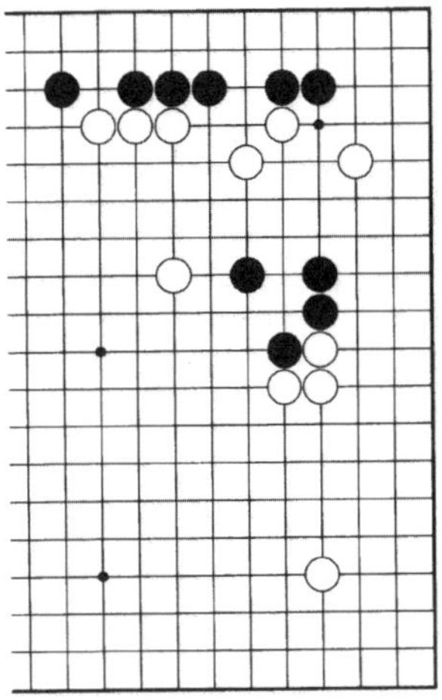

解

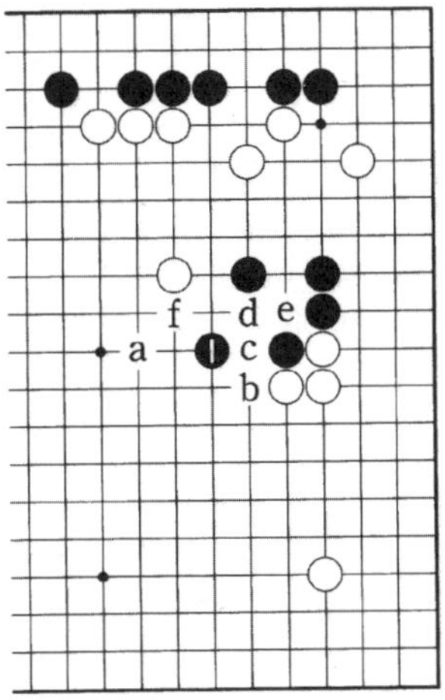


失

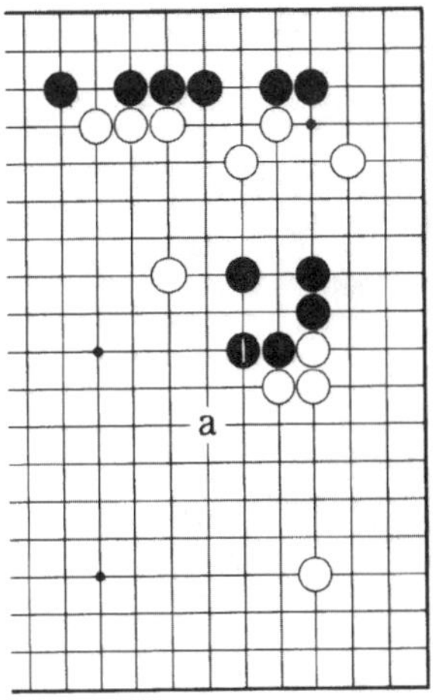


제11형 흑번

## 발빠르다

우변의 흑을 수습된 모양으로 만들고 싶다.

상변에는 백의 세력이 있고 우변의 백도 강하다. 흑은 발빠르게 중앙으로 도망치고 싶다.

## 가볍다

흑1의 뜀이 가벼운 수이다.

백a로 모자를 씌우면 흑b로 부풀려서 안형을 만들면서 중앙으로 나간다.

백a로 c는 흑d로 받아서 백e, 흑f로 좋은 모양이다.

## 무겁다

흑1의 뻗음은 무거운 모양이다. 1의 자리는 안형을 만드는 급소지만 지금은 빠르게 도망쳐야 할 장면이다.

흑이 한 발 늦었기 때문에 백a의 추격 등이 냉엄하다.

제12형 백번

(1569)

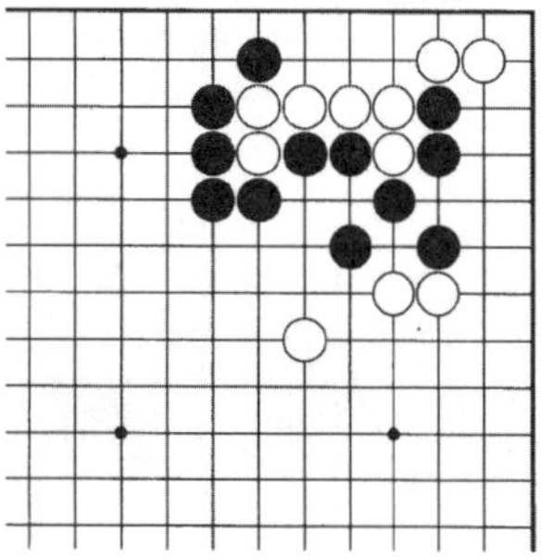

## 이득

우상귀의 백을 살려야 한다.
많은 방법이 있지만 가장 이득이 되는 모양은 무엇일까?

解

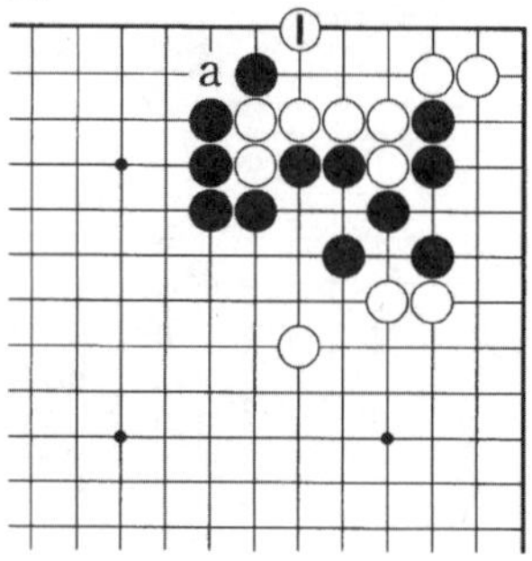

## 후속 수단

백1의 뜀이 맥이다.
흑이 손을 빼면 백a로 끊어 흑 1점을 잡을 수 있다.
흑a라면 백은 손을 뺀다.

失

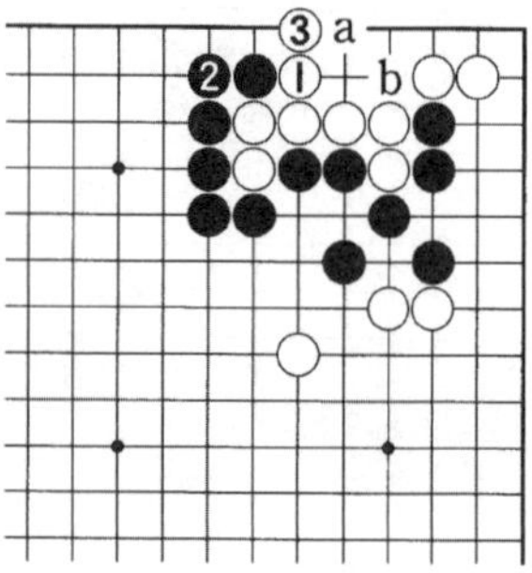

## 후수

백1은 흑2. 백3의 가일수가 필요하다.
백3을 생략하면 흑a. 백b, 흑3으로 백은 죽는다.
흑a에 백3은 흑b로 끊는다.

뜀 나가기

제1형 흑번

(1570)

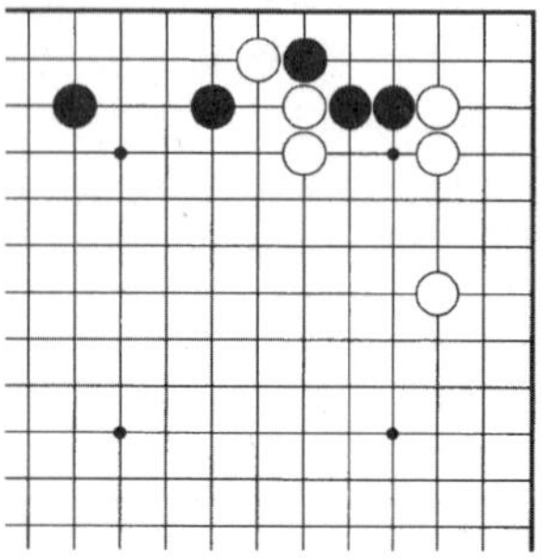

## 탈출

우상귀의 흑 3점으로 탈출시키고 싶다.
흑이 백을 공격하고 있으므로 흑을 살리면 상변의 백이 괴로워 질 것이다.

解

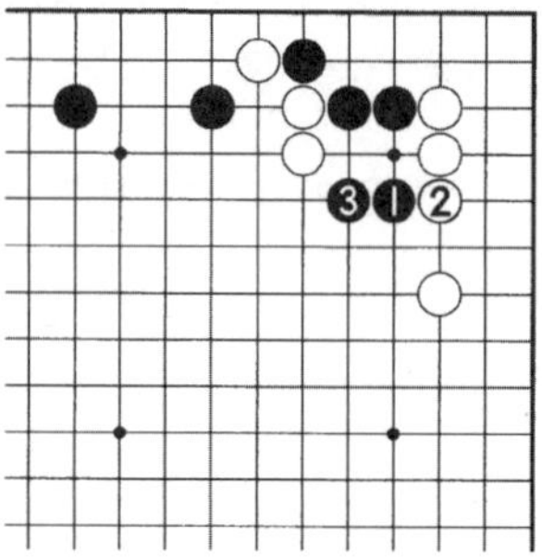

## 공격

흑1의 뜀이 맥이다.
백2로 우변을 받는 정도이지만 흑3으로 쌍립서 상변에 있는 백 3점을 공격한다.

变

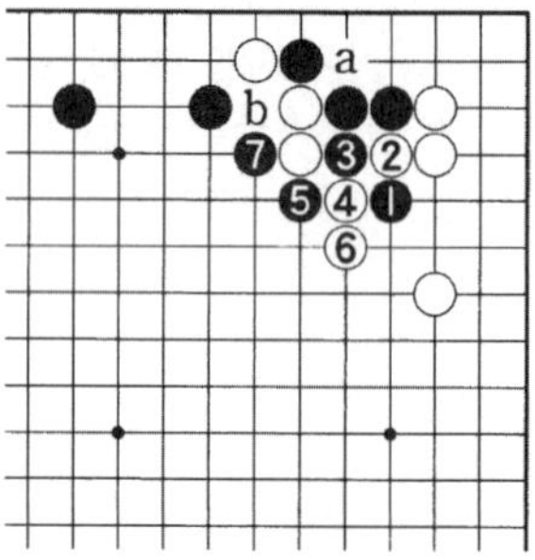

## 흑 좋다

백2, 4로 끊는 것은 무리.
흑5, 7로 상변을 잡아 흑은 불만이 없다.
흑1로 4에 뛰면 백3. 또 흑a는 백b로 실패한다.

제2형 백번

(1571)

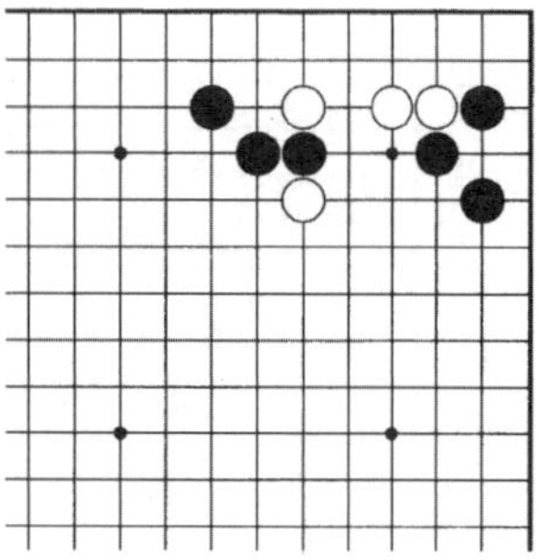

## 큰 일

상변의 흑3점과 중앙 1점이 끊겼다. 이대로 귀에 갇히게 되면 큰일이다.

解

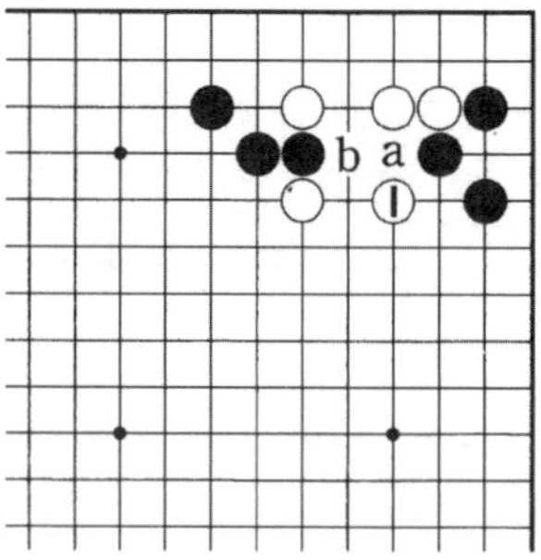

## 중앙으로 나가다

백1의 뜀이 맥이다.
흑a로 나가면 백b로 중앙으로 나가는 모양이 좋다.
또 흑b라면 백a로 이어 우상의 흑이 약해진다.

失

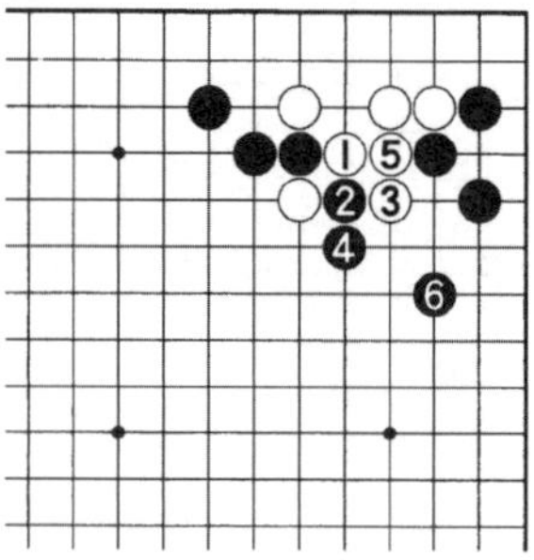

## 백 무거운 행마

백1의 막는 수는 무거운 모양이다.
흑2로 끊고, 백3, 5로 중앙에 나가려 하지만 흑6으로 받는 수가 딱 맞게 작용하고 있다.

(1572)

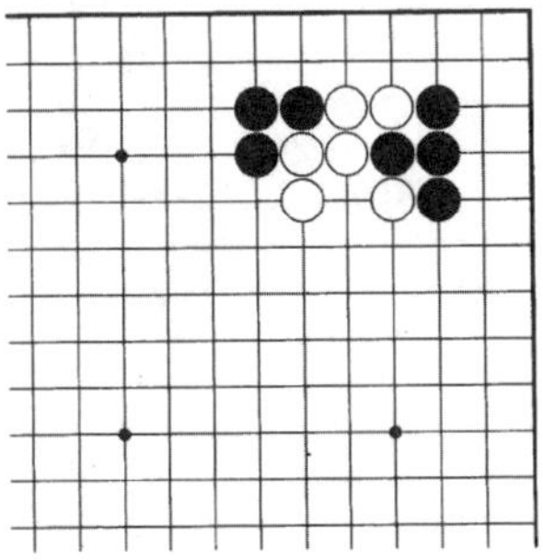

解

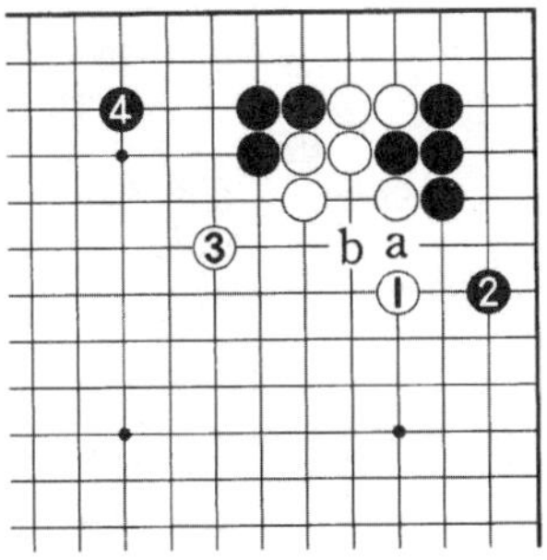


失

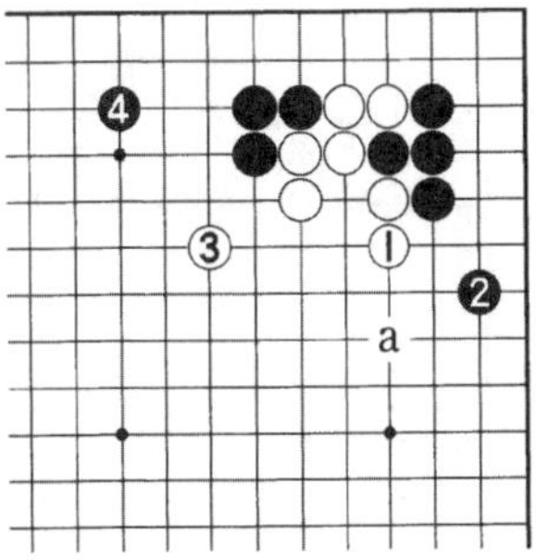


제3형 백번

### 한발 이라도

상변에서 중앙으로 진출한 백을 강화하고 싶다.
근거가 없으므로 한 발이라도 더 멀리 중앙으로 나가야 한다.

### 쭉쭉

백1의 뜀이 좋은 수이다. 흑은 2로 미끄러지는 정도이다.
백은 3으로 날일자하여 쭉쭉 뻗어 나간다.
흑2로 a는 백b로 패로 받는다.

### 무겁다

백1의 뻗음은 튼튼하지만 무겁다.
흑2로 우변을 받은 모양은 변함이 없지만 이후 흑a의 공격이 매서워진다.

(1573)

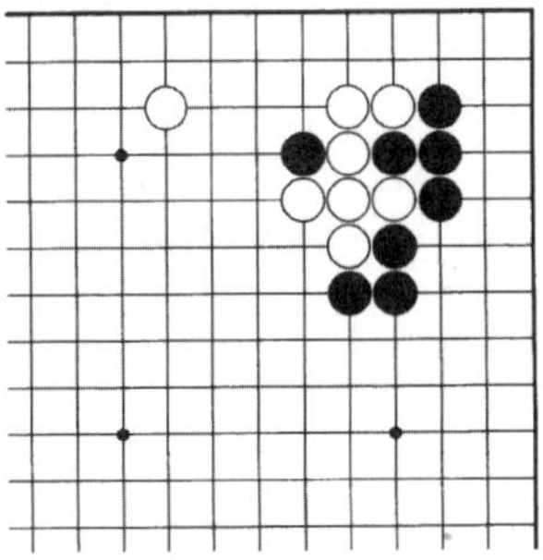

解

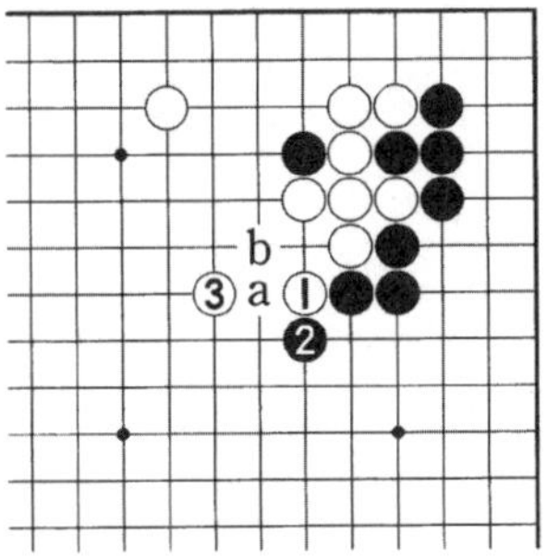


変

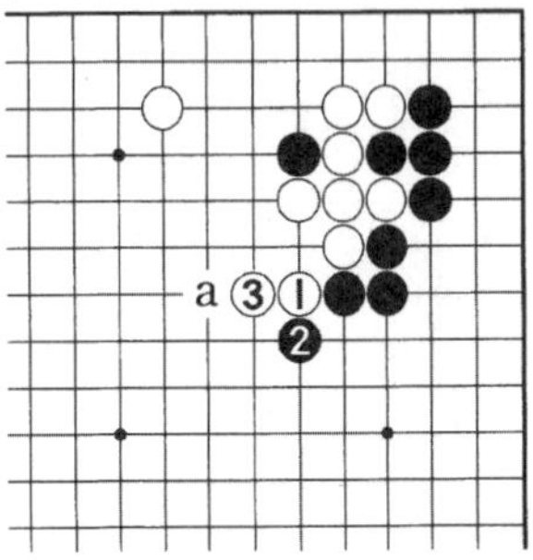


제4형 백번

### 접점

백은 상변의 모양을 넓히기 위해서 흑과의 접점을 선점해야 한다.
가장 효과적인 모양은?

### 발이 빠르다

백1의 젖힘은 필연이며 흑2로 받은 후에 백3으로 뜀이 모양이다.
흑a는 백b로 받아 백이 발빠르게 중앙으로 진출한다.

### 발이 늦다

백3으로 느는 것은 발이 느리다. a의 뜀과 아주 작은 차이 같지만 상변의 백모양의 강약과도 연관되는 만큼 효과가 다르다.

(1574)

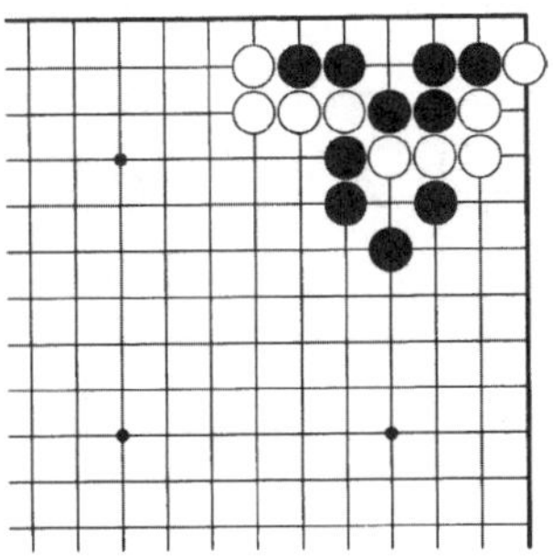

解

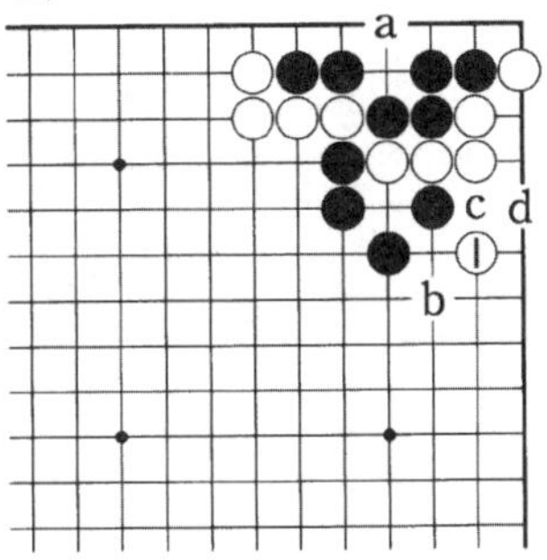


失

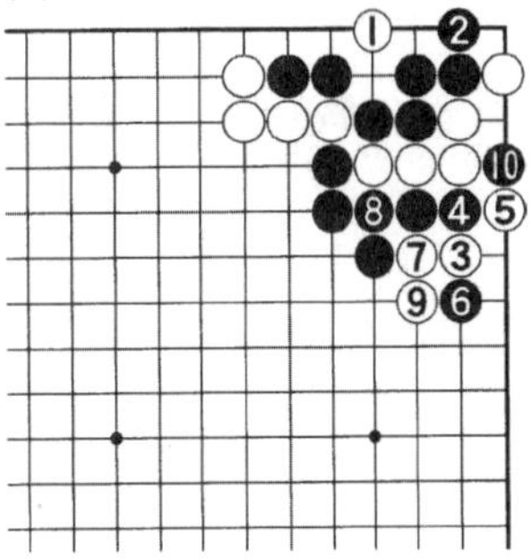


제5형 백번

### 탈출의 길

우상귀의 백 5점을 살리고 싶다. 상변의 흑을 잡지 못한다면 우변으로 탈출하는 길 밖에 없다.

### 정착

백1의 뜀이 정수이다.
이후, 흑a, 백b로 되어 싸운다.
흑a로 c, 백d, 흑b의 공격은 백a로 상변의 흑을 잡는다.

### 백 실패

백1로 집을 부수는 것은 흑2의 묘수로 백이 실패한다.
백3으로 도망쳐도 흑4, 6이 냉엄하다. 백이 자충에 걸려서 흑10까지 촉촉수이다.

(1575)

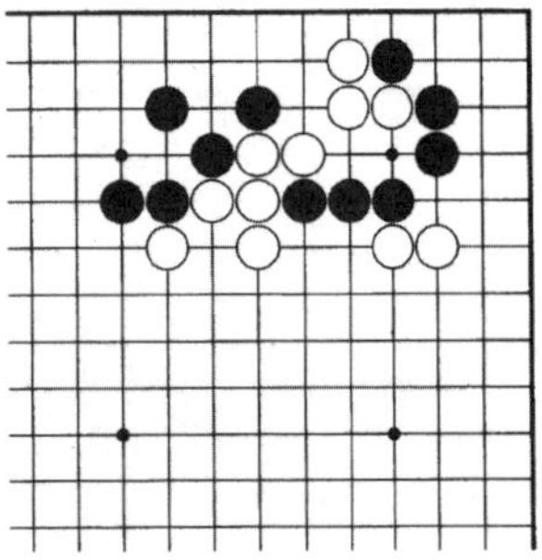

解

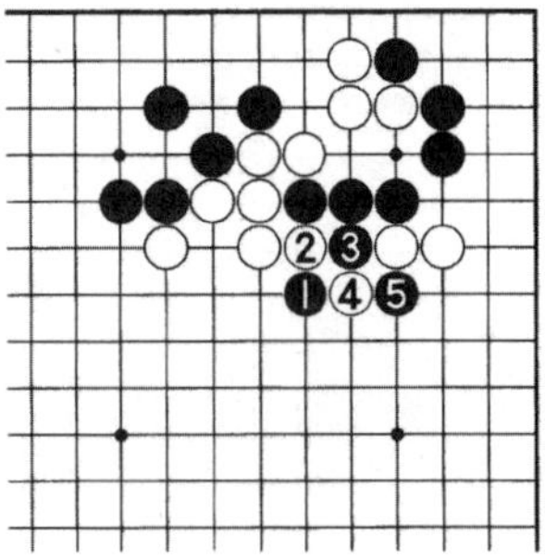

失

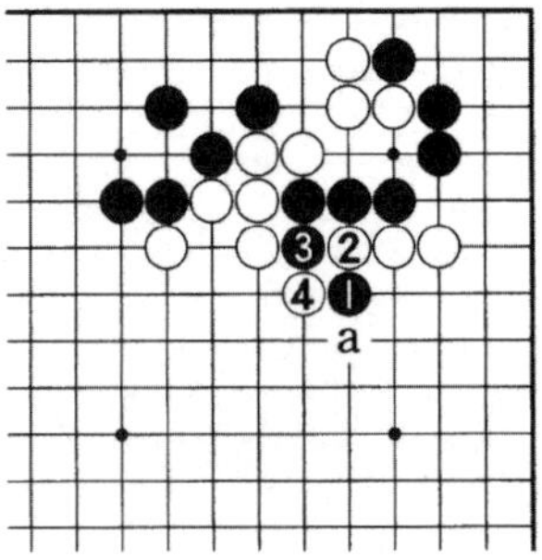

제6형 흑번

### 해결방법
우상에 있는 흑은 생사가 확실하지 않다.
흑이 중앙으로 도망치는 것이 가장 알기 쉬운 해결 방법이다.

### 뛰어 나감
흑1의 뜀이 맥이다.
백2, 흑3, 백4로 나가 끊으면 흑5로 끊어 우변의 백 2점을 잡는다.

### 귀가 위험
흑1, 3으로는 백2, 4로 흑이 잘 되지 않는다.
흑1의 1점을 a로 도망가도 우변의 백3점은 편한 모양이다.
귀의 흑이 위험해졌다.

(1576)

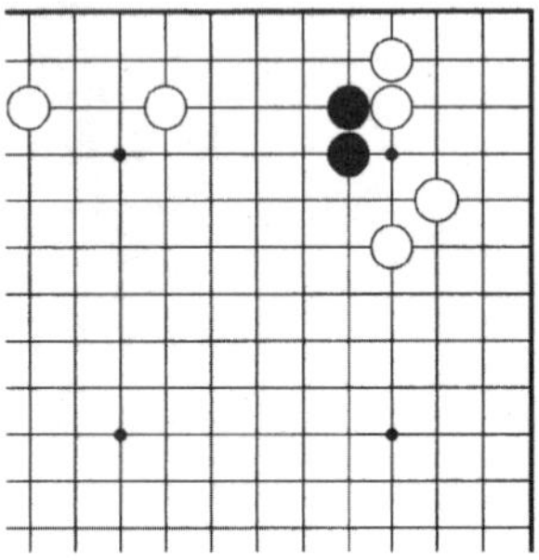

解

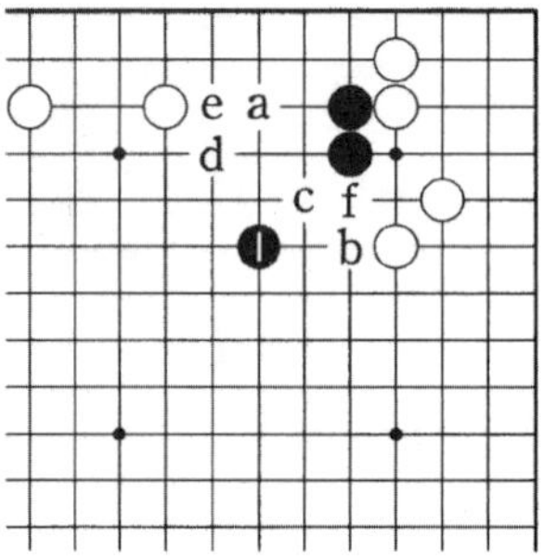

失

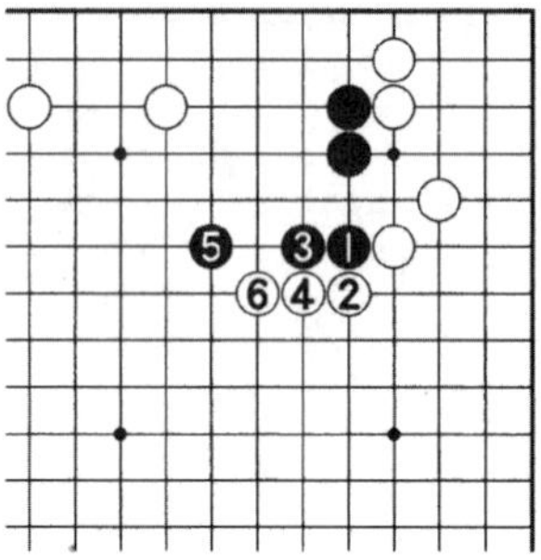

제7형 흑번

### 도망나가다
외목 정석에서 생기는 모양이다. 우상의 흑 2점을 중앙으로 도망 나가려면 어떤 모양이어야 하는가?

### 타개 행마법
흑1로 뛰는 것은 밭전자 모양이다.
이후 백a라면 흑b로 붙여 중앙의 모양이 좋다. 백c는 흑d, 백e를 활용하고 흑f로 나간다.

### 무겁다
흑1, 3으로 붙여뻗는 모양은 무겁다.
백4로 밀면 흑5로 뛰어 도망치는 정도인데 백6으로 우변에 두터움을 만드는 흐름을 준다.

(1577)

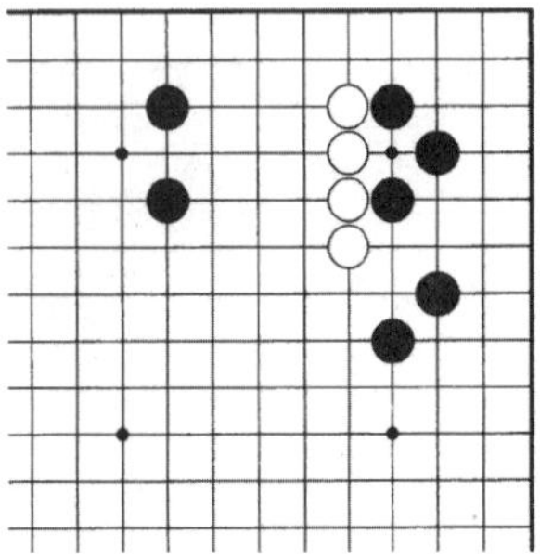

解

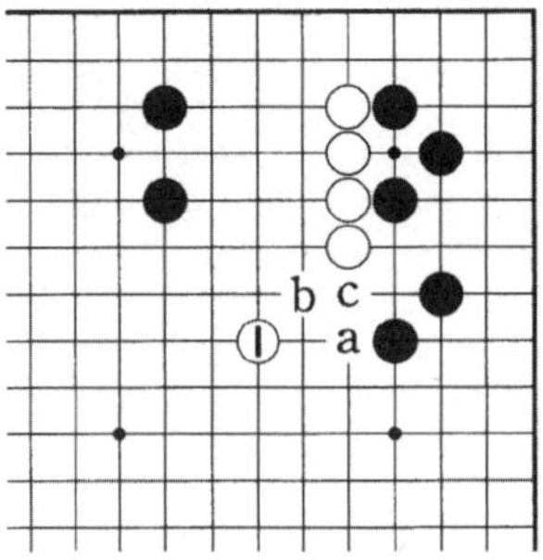

失

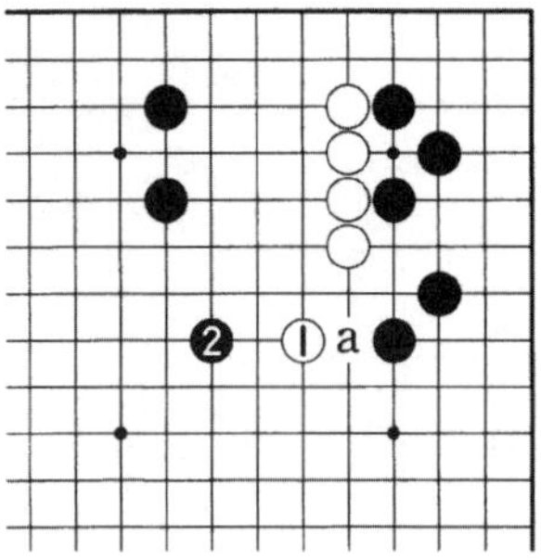

제8형 백번

### 이후의 안형
세 칸 협공 정석에서 생긴 변화이다.
상변의 백 4점을 중앙으로 도망치게 한다면 이후의 안형도 생각해두어야 한다.

### 밭전자
백1로 중앙을 비운 모양은 '밭전자 뜀'이라고 부르는 맥이다.
다음에 백a로 붙이면 안형이 풍부해진다. 흑b는 백c로 나가서 싸운다.

### 엷음
백1의 날일자는 흑2로 압박해서 엷어진다.
흑이 끊을 것을 대비해서 a에 치받는 것은 백1의 효과가 애매해진 모양이 된다.

(1578)

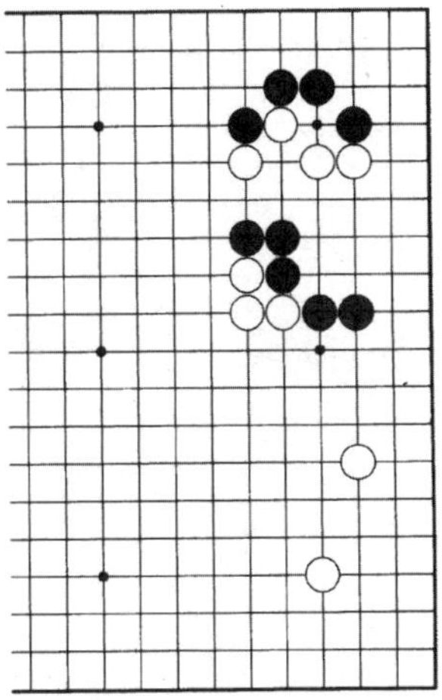

解

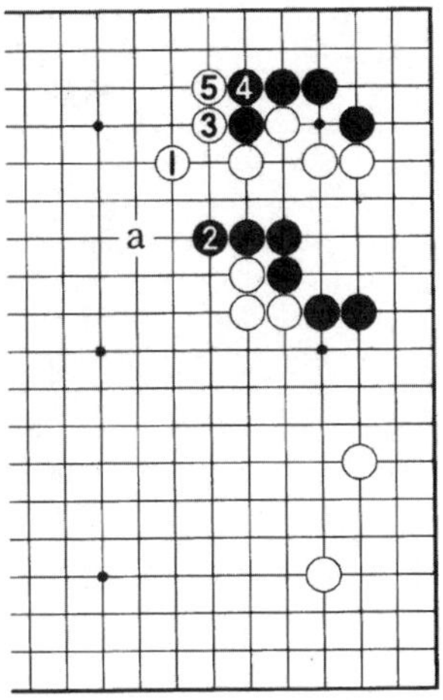


失

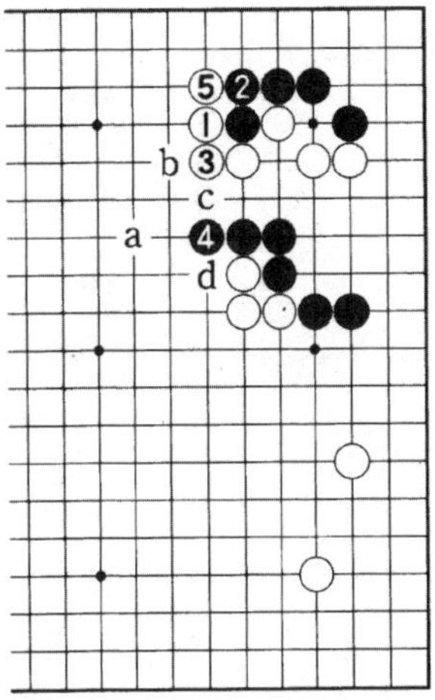


제1형 백번

## 반격

흑은 중앙의 3점과 우상귀가 분단되어 있지만 우상이 강해지면 우변의 흑에게 반격할 수 있다. 백은 돌을 최대한 이용하여 중앙으로 도망쳐야 한다.

## 노림을 남기다

백1의 뜀이 움직임이 좋은 수.
흑2로 뻗는 정도이지만 백3으로 단수치고 흑4. 백5로 틀어막아 우상을 강화한다.
이후 흑a 등이 유력한 노림수다.

## 백 불충분

백1로 단수치는 것은 속수로 흑2에 3으로 잇는 정도인데 흑4로 뻗고 백5가 된 모양에선 백a로 두기 어렵다.
역시 백3으로 b는 흑c, 백3, 흑d로 진행된다.

(1579)

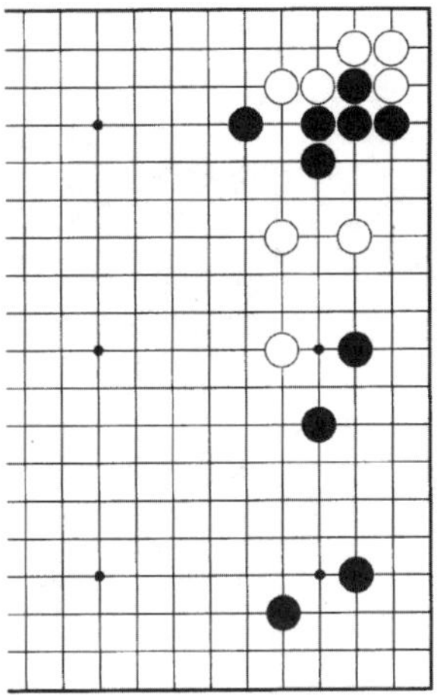

解

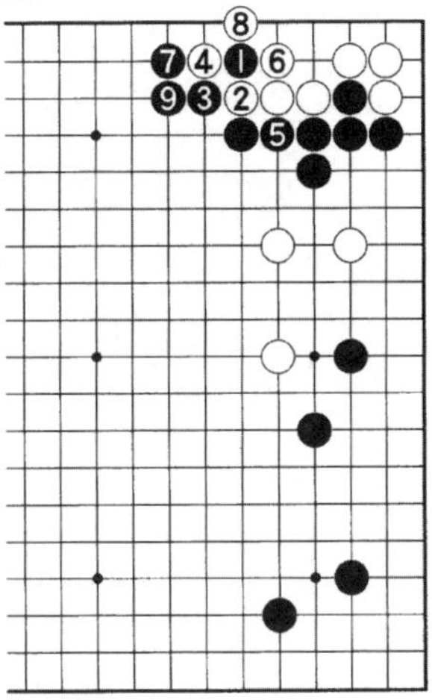

变

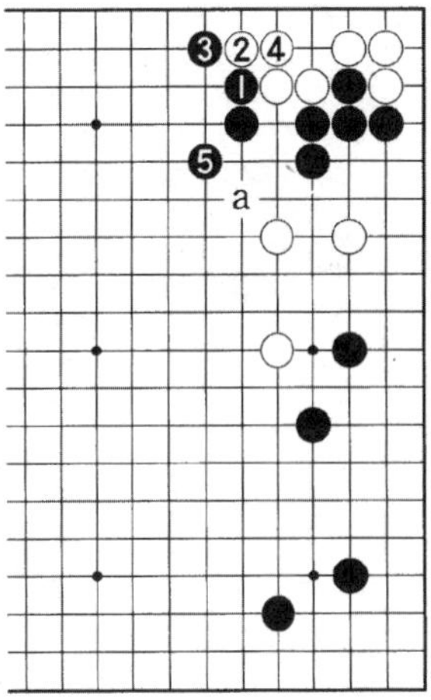


제2형 흑번

## 굳히다

우상의 전투.
우상귀는 한 칸 높은 걸침 정석의 변화이다. 흑은 귀의 백을 공격하면서 우상에 두터움을 만들고 싶다. 바깥을 굳히는 급소를 찾아야 한다.

## 두터움 완성

흑1의 뜀은 백의 상변 진출을 막는 급소이다.
백2로 나가고 4로 끊으면 흑5로 막아서 백3점의 공배를 메운다. 흑7, 9로 바깥을 굳혀서 우변의 백을 공격할 두터움이 완성됐다.

## 흑 불충분

흑1의 막음은 속수이다.
백2, 4로 젖혀 이어서 살면 흑이 바깥 모양을 정리할 좋은 수가 없다.
흑5의 호구이음은 백a의 들여다보는 수가 남아 상변도 엷다.

(1580)

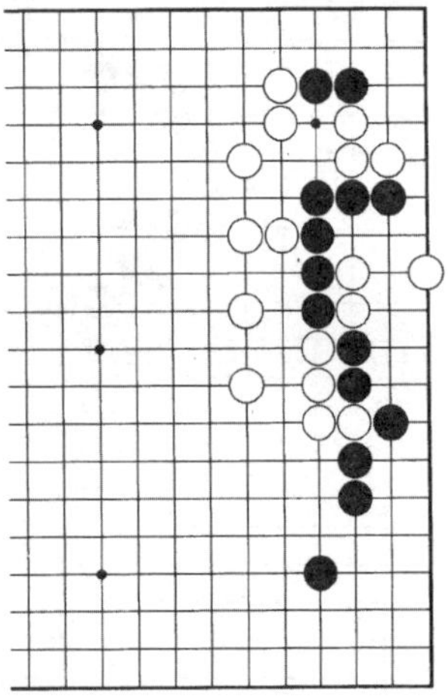

解

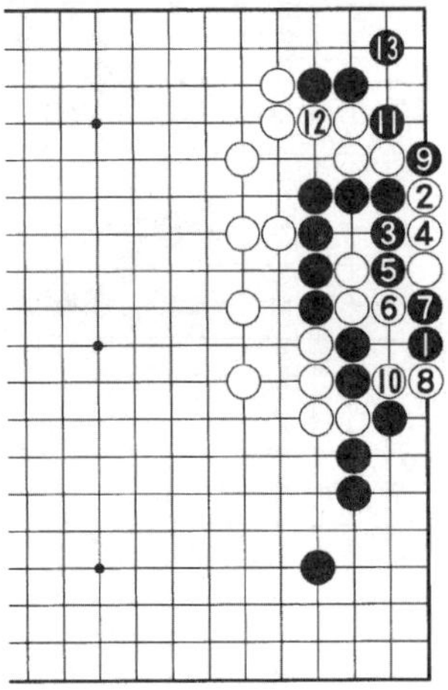

失

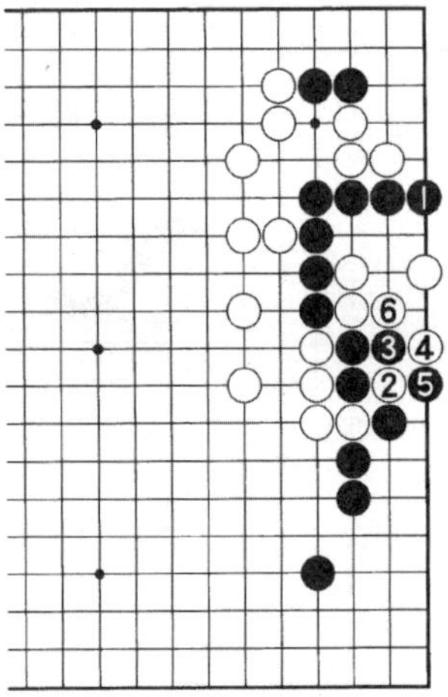

**제1형 흑번**

### 무조건

우변의 흑 6점을 살릴 수 있을까?
백 3점은 탄력 있는 모양으로 우변의 흑 2점을 노리고 있다.
흑은 무조건 구출하고 싶다.

### 흑 삶

흑1로 뛰어 우변을 지킨다.
백2로 젖혀 우변을 연결하려고 하면 흑3부터 7로 끊어 백 3점을 단수친다.
백8, 10으로 흑 2점을 잡아도 흑13까지 살 수 있다.

### 큰 패

흑1로 백의 건넘을 막는 것은 백2로 끊고 6으로 단수쳐서 흑의 촉촉수를 노리는 패가 난다.
백이 이 패를 이기면 우변에서 우상귀의 흑이 전멸한다.

(1581)

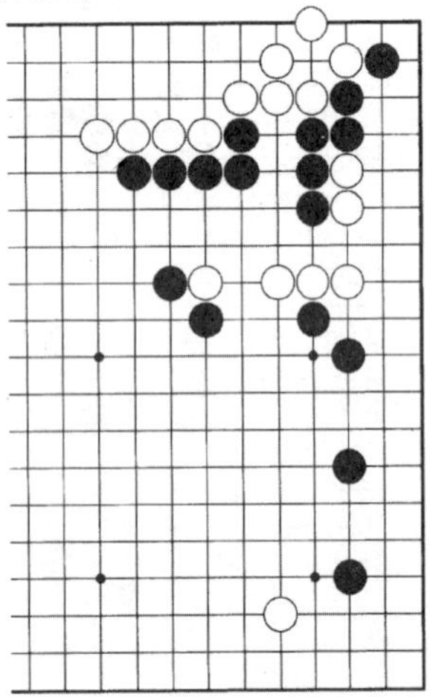

解

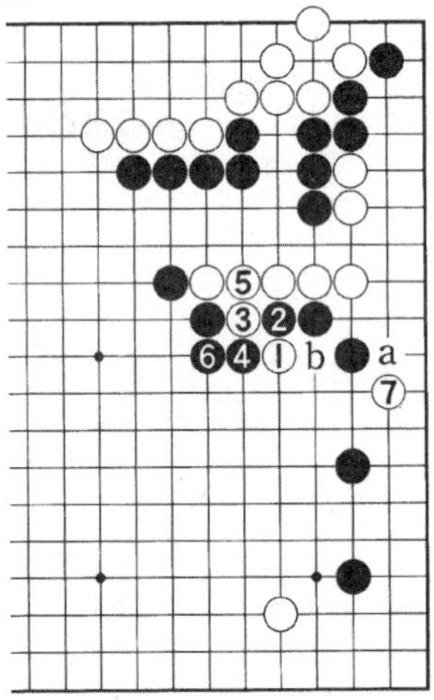

失

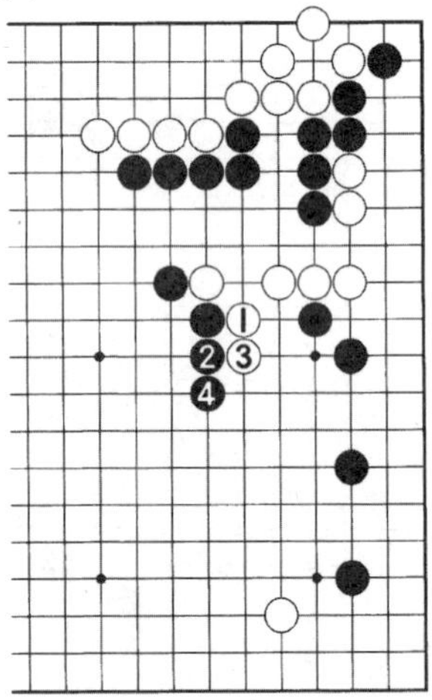

**제2형 백번**

### 반격의 모양

우변의 전투.
우변에서 중앙으로 도망치고 있는 백은 바깥의 흑을 굳혀주지 않고 우변만으로 수습하고 우변에서 중앙의 흑에 반격하는 모양을 만들고 싶다.

### 안정되다

백1의 뜀이 급소다.
흑2로 나가면 백3으로 끼우고 5로 이어 흑 모양에 약점이 생긴다.
흑6으로 이으면 백7로 흑의 자충을 추궁하여 백이 편하게 수습한다. 흑a는 백b.

### 백 불리

백1의 호구이음은 속수이다.
흑은 2, 4로 백의 요청대로 늘어 좋다.
백은 뒷수레 밀기로 중앙의 흑을 강한 세력으로 변하게 하고 중앙으로 나간 백은 공배를 두어 우변 흑에 영향도 없다.

뜀
버티다

(1582)

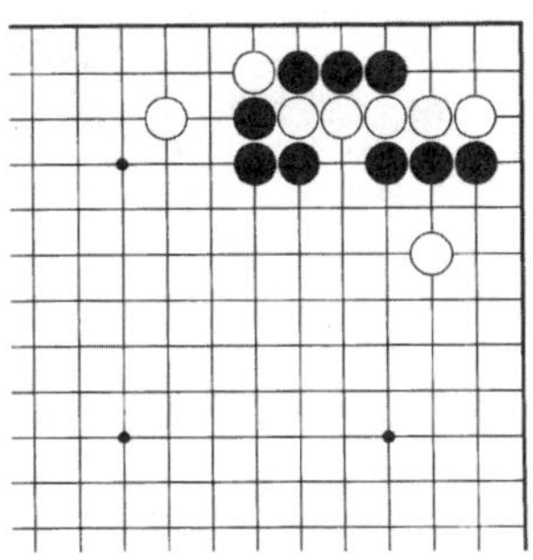

解

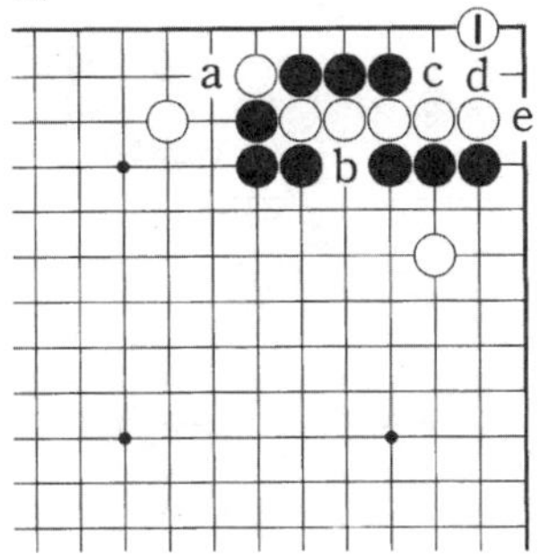

失

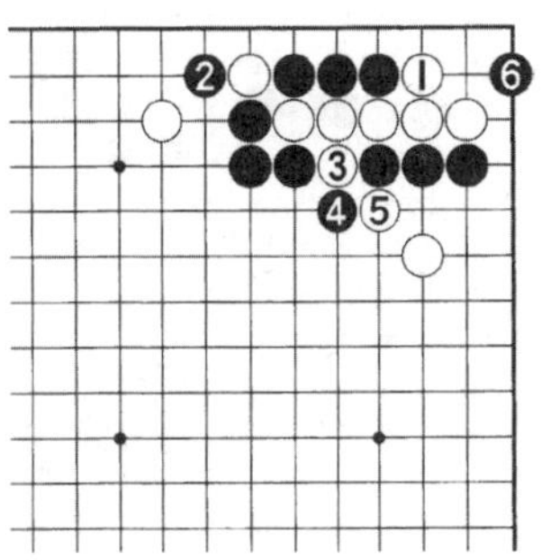

제1형 백번

### 귀의 수

귀의 백을 둘러싸고 있는 흑은 두 개의 약점이 있다.
백은 귀의 수를 늘려서 살려나올 수 있다.

### 한 칸 뜀

백1의 뜀이 수를 늘리는 맥이다. 이후 a와 b는 맞보기로 어느 쪽을 두어도 귀는 산다.
흑c, 백d, 흑e는 백a로 백 승.

### 백 망함

백1로 막으면 흑2로 상변을 지켜서 안 된다.
백3, 5로 우변을 끊어도 흑6이 맥으로 백의 공배가 메워져 있어 백은 망한다.

(1583)

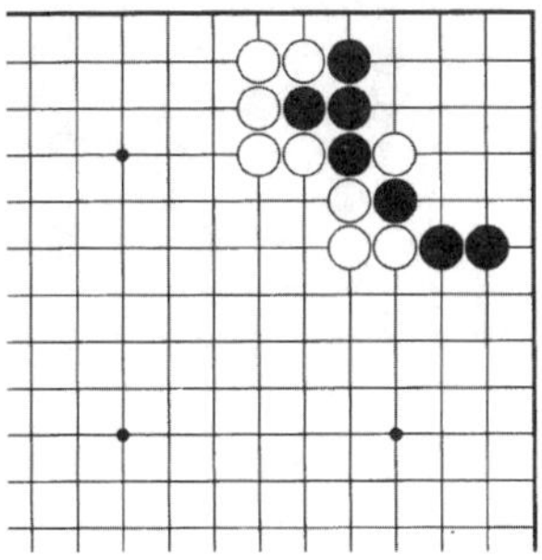

解

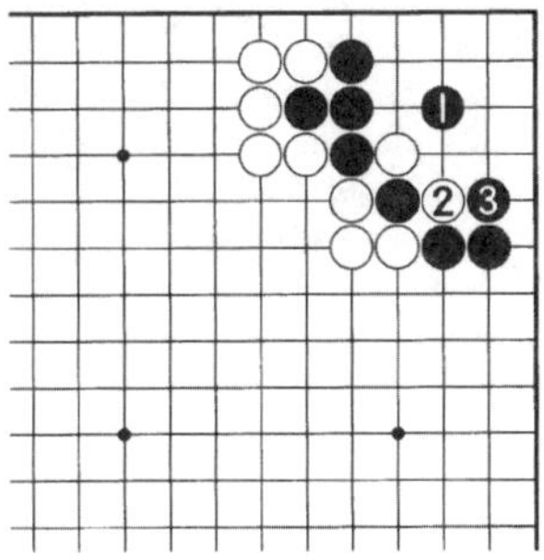

失

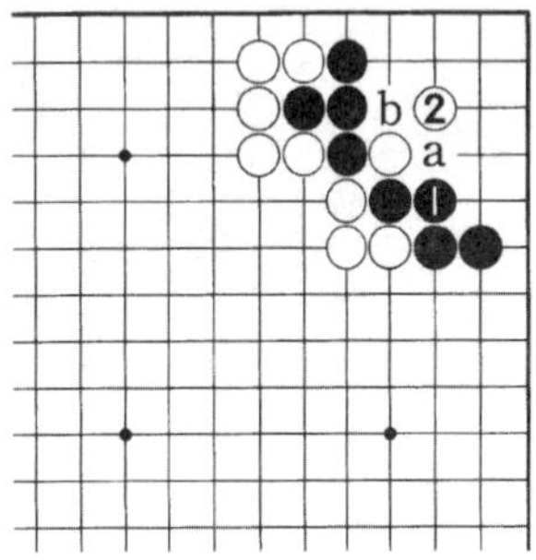

제2형 흑번

### 수습

백에게 끊긴 상변의 흑4점이 위험하다.
흑은 귀의 집을 지키고 싶다.

### 건넘

흑1로 뛰어 귀를 지킨다.
백2로 흑 1점을 따내도 흑3으로 받아 건너간다.
백은 자충때문에 여기서 끝낸다.

### 흑 실패

흑1로 1점을 살리는 것은 실패한다. 백2의 입구자가 귀의 급소이다.
흑a에는 백b, 흑b에는 백a.
어느 쪽을 선택해도 흑 4점은 살릴 수 없다.

(1584)

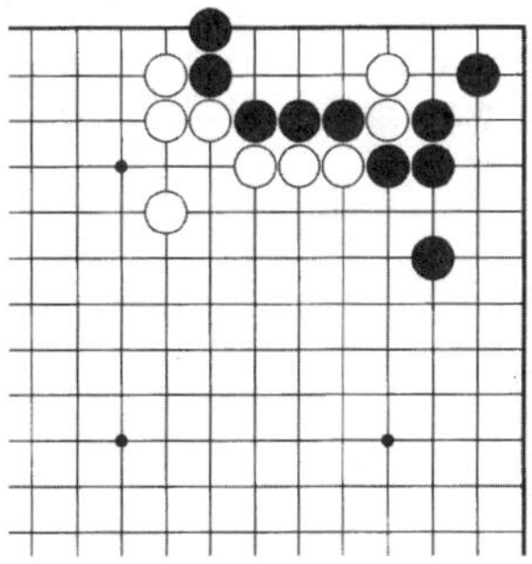

解

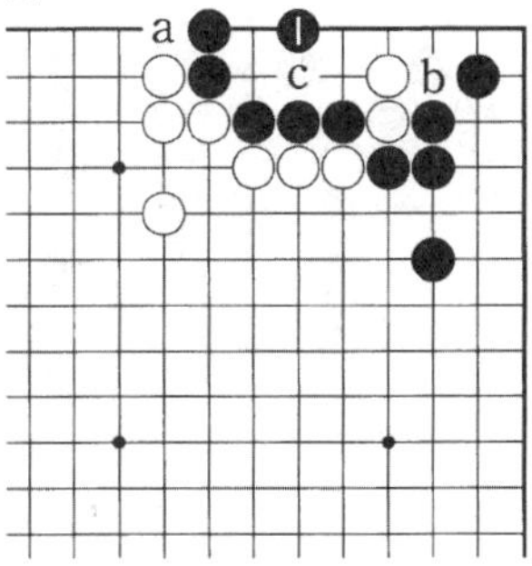

失

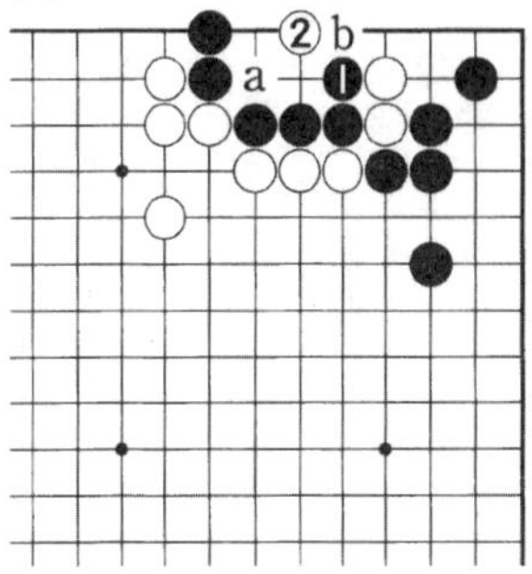

제3형 흑번

### 가일수

귀의 전투.
흑은 귀의 백 2점을 잡기 위해 상변에 가일수한다.
몇 가지 응수법이 있지만 역시 정답은 하나이다.

### 급소의 뜀

흑1의 뜀이 냉정한 응수이다.
백a로 막으면 흑b로 유가무가로 수상전은 흑 승리.
흑1로 c는 백1로 패가 난다.

### 흑 실패

흑1로 막으면 자충에 걸려 맛이 나쁜 모양이다.
백2의 치중이 급소로 흑a로 이으면 백b로 두어서 빅.

**제4형 흑번**

(1585)

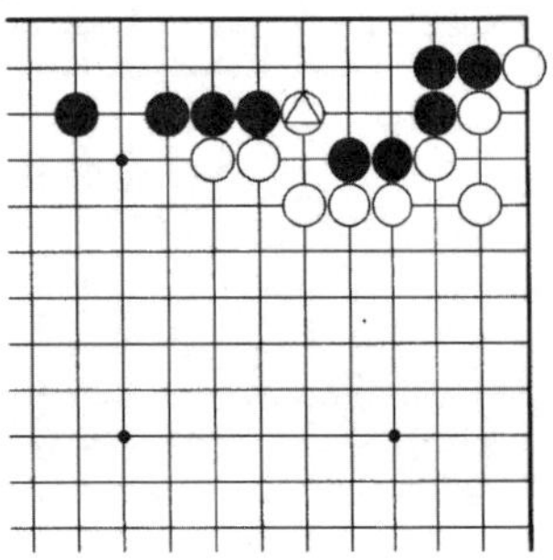

## 수습의 모양

백◬은 흑 2점의 자충을 추궁하여 상변을 분단시키려하고 있다. 흑은 위기를 모면하고 싶다.

解

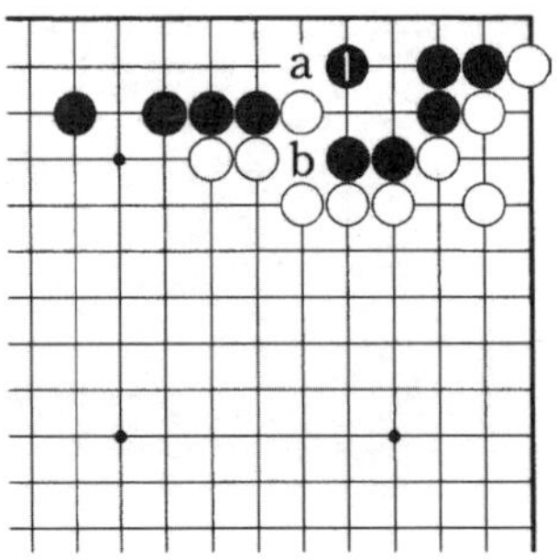

## 건넘

흑1의 뜀이 좋은 수가 된다.
이후 백a라면 흑b로 끊어 잡는다.
백은 b로 이으면 흑a의 건넘을 허용할 수밖에 없다.

失

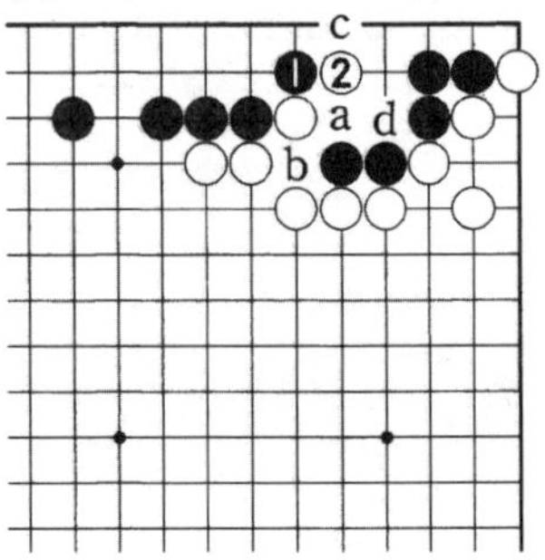

## 흑 실패

흑1로 젖히면 백2의 막음이 급소가 되어서 흑이 실패한다.
이후 흑a라면 백b로 이어 단수가 되는 모양이다.
또 흑c는 백d.

**제5형 흑번**

(1586)

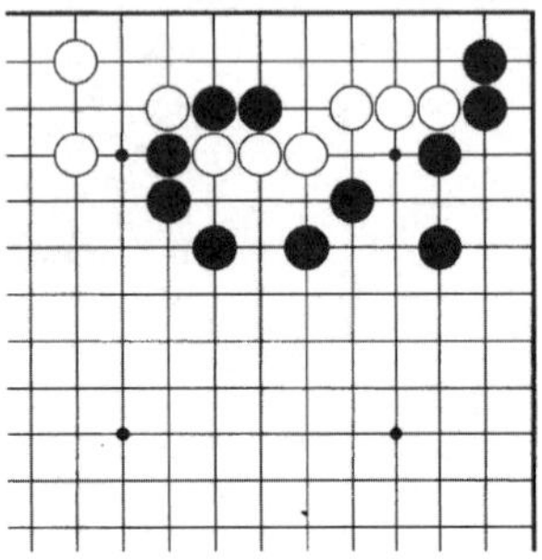

## 묘수

상변에 분단되어 있는 흑 2점을 살리면 백 6점을 잡아 우상귀에 큰 흑집이 생긴다.
흑에겐 묘수가 숨어 있다.

解

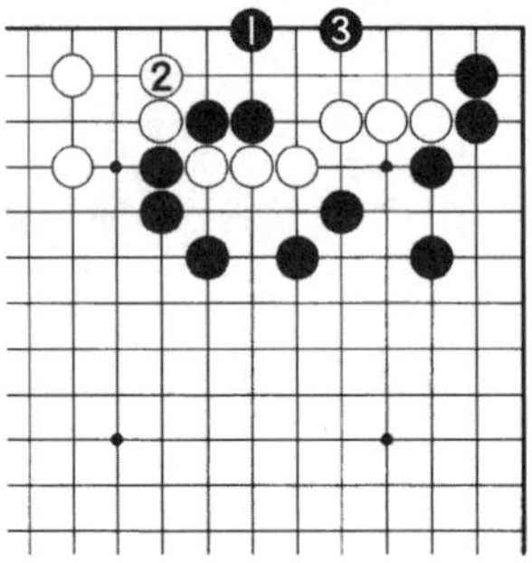

## 건넘

흑1의 뜀은 좌우를 맞보기로 하는 맥이다.
백2로 왼쪽을 지키면 흑3으로 한 칸 뛰어서 우상귀로 건너간다. 백 6점은 죽는다.

変

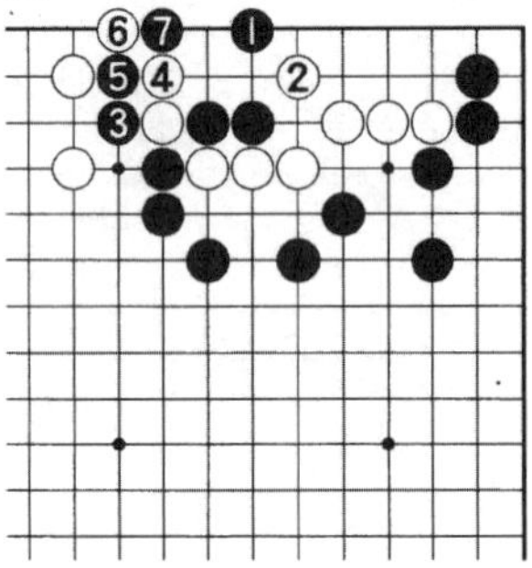

## 촉촉수

백2로 흑의 건넘을 막는다.
흑3, 5로 흑을 끊고 있는 백을 공격한다.
백6 이후 흑7로 먹여쳐 촉촉수가 성립한다.

**제6형 백번**

(1587)

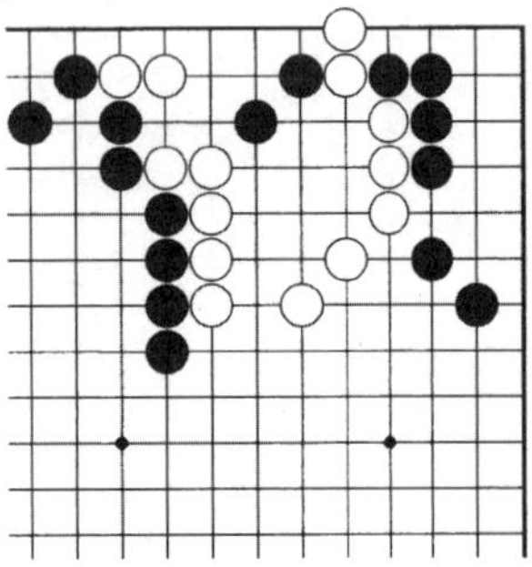

## 수습

상변의 백집 안에 있는 흑 2점이 움직이고 있다.
오른쪽, 왼쪽 어느 쪽이든 잡을 것 같지만 백의 수습방법은?

解

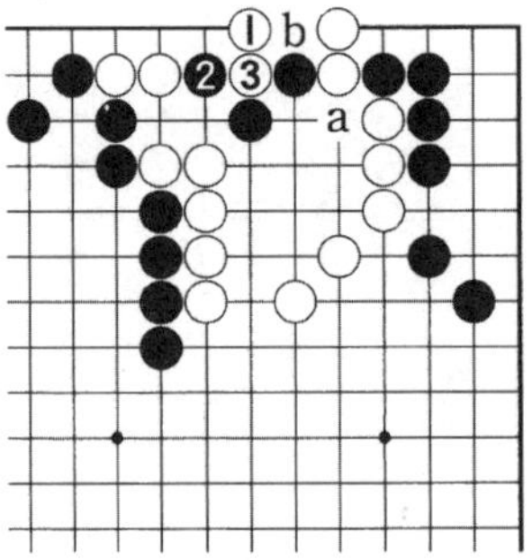

## 1선의 뜀

백1의 뜀이 묘수로 양쪽의 백을 살릴 수 있다.
흑2의 입구자 붙임에는 백3으로 찝는다.
흑a는 백b. 백은 전체가 연결됐다.

失

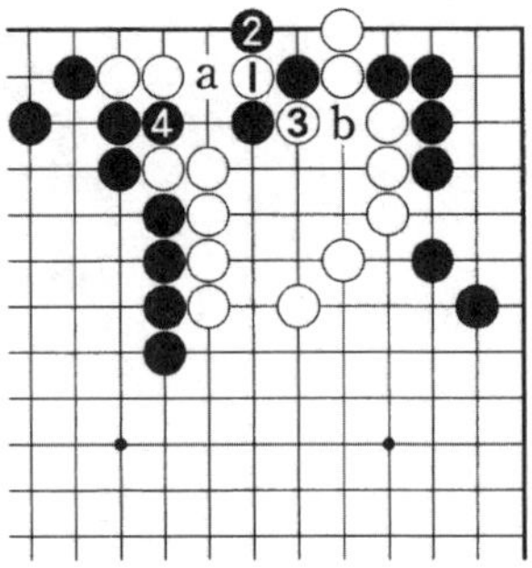

## 백 실패

백1로 찝는 수는 흑2로 단수쳐서 실패한다.
백3으로 a는 흑b로 끊는다.
흑4로 나가서 백집이 깨진다.

제7형 흑번

(1588)

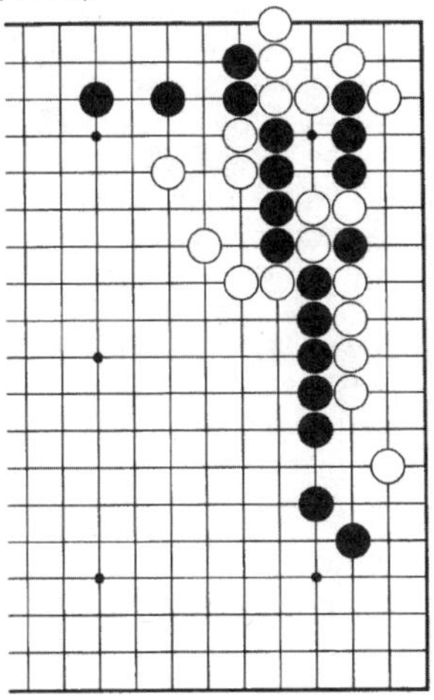

解

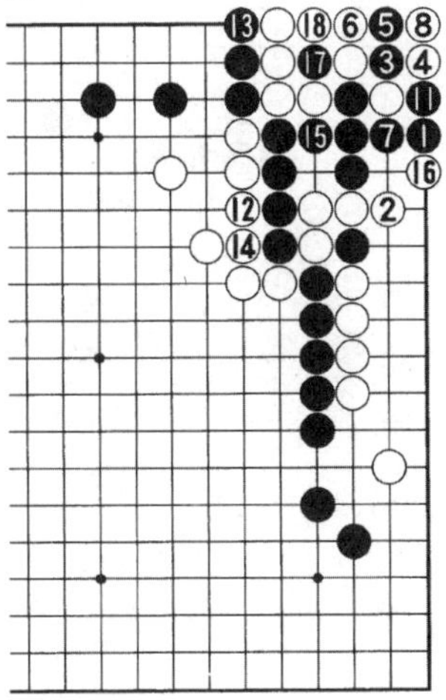

変

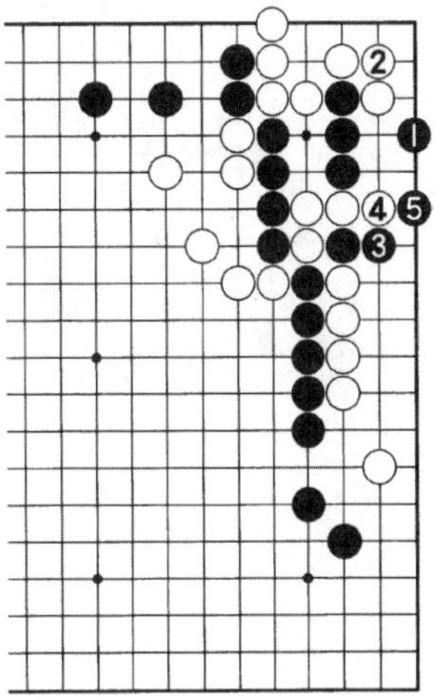

### 구체화

우상 백에게 포위당한 흑을 부활시키고 싶다.

그러기 위해서는 귀의 백에게 수를 내거나 우변의 백 3점을 잡아야 한다. 어느 쪽이든 구체화 시켜야 한다.

### 큰 패

흑1의 뜀이 귀와 우변 두곳을 맞보기로 하는 맥이다.

백2로 우변을 지키면 흑3부터 19까지 큰 패가 난다.

※❾→❸, ⑩→❺(따냄), ⓳→❸ (따냄)

### 흑 만족

백2로 귀를 잇는 변화는 간단. 흑3으로 뻗고 5의 입구자로 건너고 동시에 백 4점을 잡고 바깥쪽과 연결한다.

제8형 흑번

(1589)

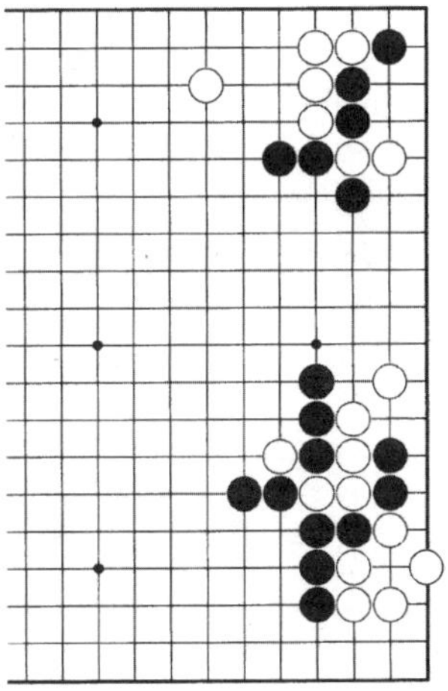

解

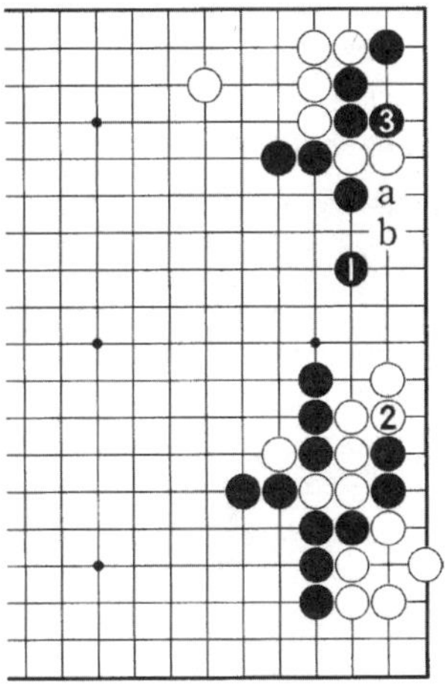

変

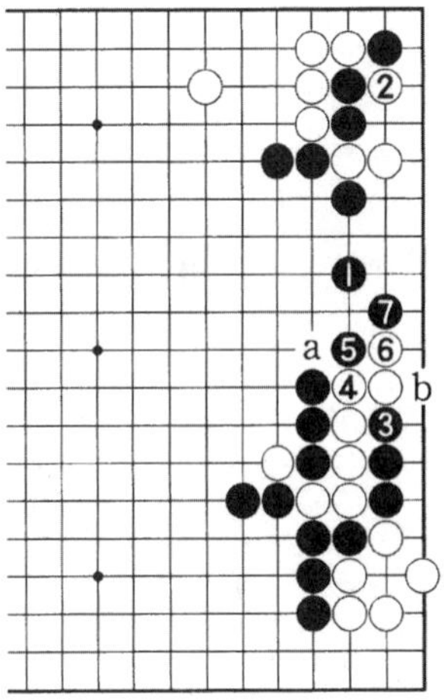

### 위기

우변의 전투.

우상의 흑이 위험하다. 이곳만으로는 살릴 수 없다. 단, 흑에게는 우하의 백에게 활용할 수단이 있어서 우상귀와 연관시키면 공수를 역전시킬 수 있다.

### 양 노림

흑1의 한 칸 뜀이 위아래를 노리는 매서운 맥이다.

백2로 우하를 지키면 흑3으로 막아서 백 2점을 잡는다.

백a는 흑b로 좋다.

### 축

백2는 귀를 잡는 수이지만 이번에는 흑3으로 우하를 공격한다. 백4 이후 흑5, 7로 틀어막아서 백a에 끊으면 흑b로 회돌이축이 된다.

(1590)

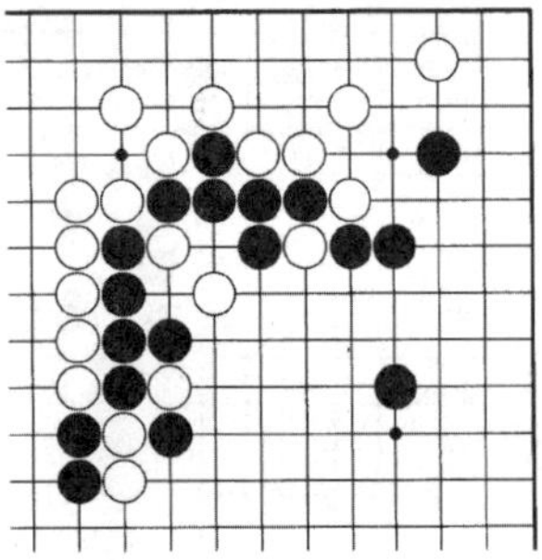

제9형 흑번

## 수습

중앙의 전투.
백 2점이 흑을 끊고서 흑의 자충을 노리고 있다.
흑은 1수로 위기에서 탈출하고 싶다.

解

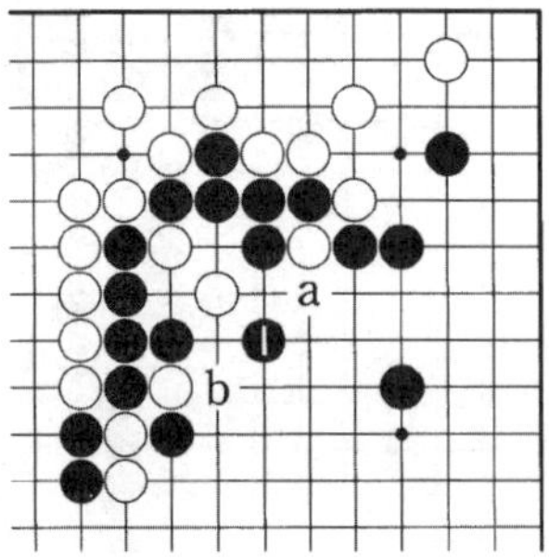

## 일석이조

흑1로 뛰는 수가 일석이조의 맥이다. 백a, b의 두 곳의 공격을 흑은 1수로 수습한다.
중앙의 백 2점은 같이 살릴 수 없는 모양이다.

失

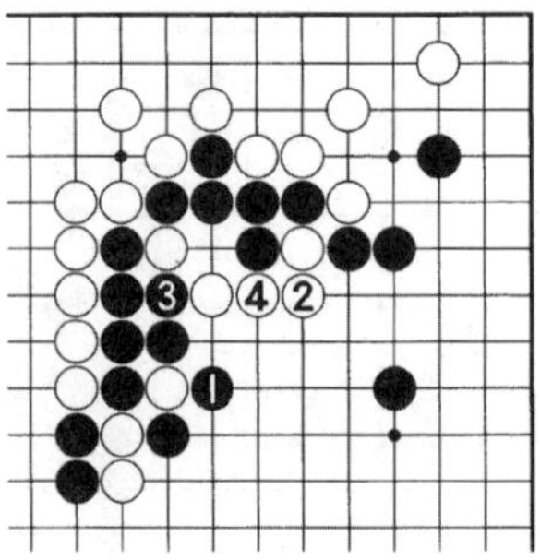

## 흑 실패

흑1로 한쪽의 백을 잡는 것은 백2로 한쪽이 도망쳐서 실패한다. 흑3의 단수에는 백4로 받아 환격이 된다.

(1591)

뜀

건넘

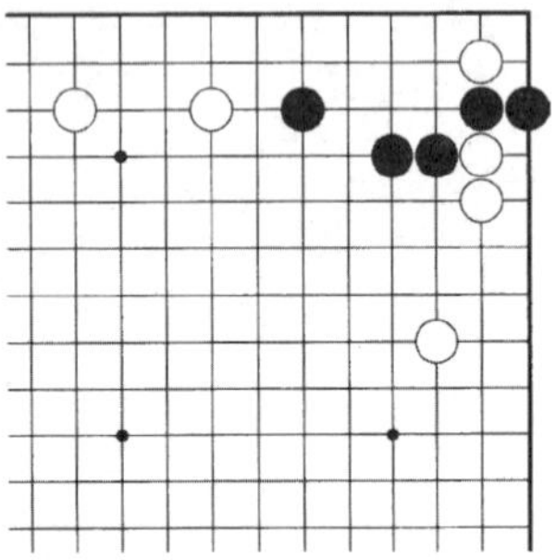

제1형 백번

## 도려내다

우상귀의 전투.
백은 귀에 껴붙인 1점을 움직여서 흑의 근거를 도려낼 수 있다.

解

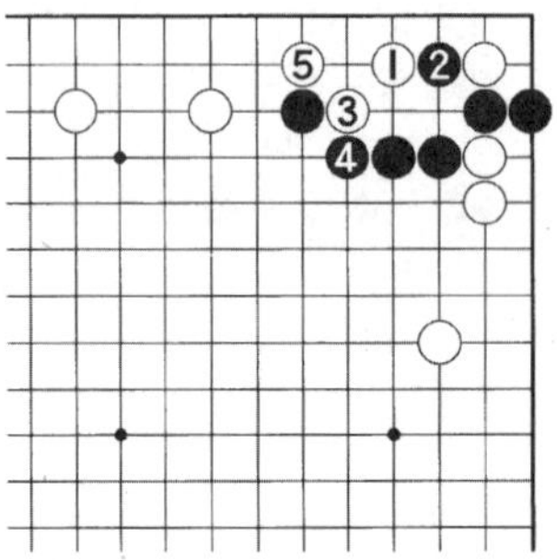

## 건넘

백1의 뜀은 귀의 끊음과 상변 건넘을 노린 맥이다.
흑2로 귀를 지키면 백3, 5로 상변과 연결한다.
귀의 흑은 한 집밖에 없는 모양이다.

変

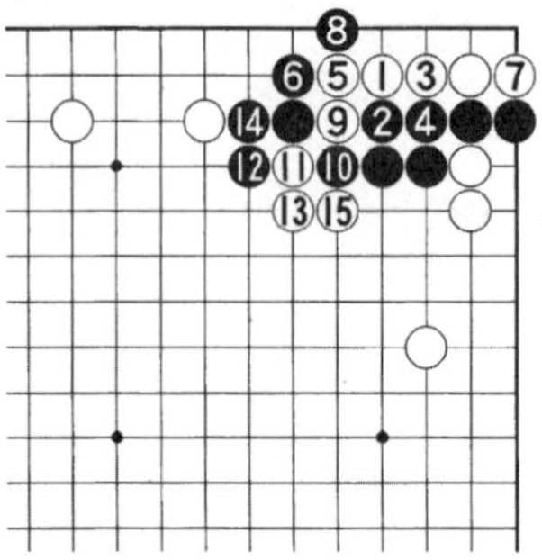

## 흑 무리

흑2는 끊음과 건넘의 양쪽을 막는 강수지만 백3, 5로 저항해서 안 된다.
백9부터 끊고 15까지 우상의 흑이 반대로 잡힌다.

(1592)

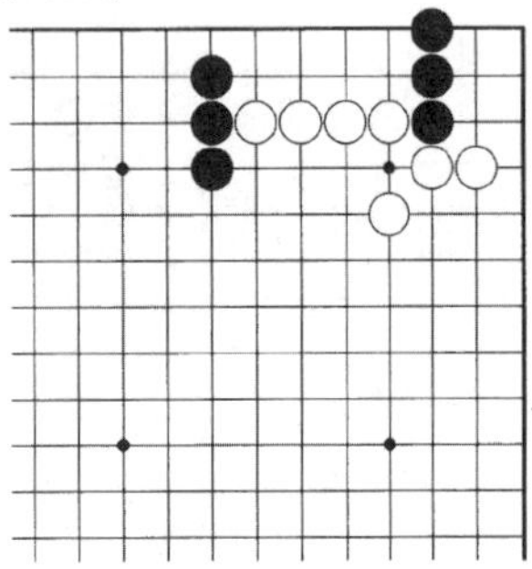

제2형 흑번

## 네 칸

우상귀의 흑 3점을 상변으로 연결시키는 수단은 무엇인가?
네 칸이라는 거리가 있어도 맥에 의하여 편하게 건널 수 있다.

解

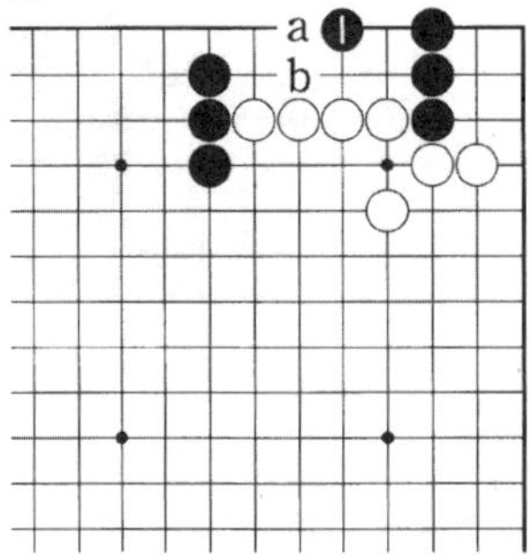

## 건넘

흑1의 뜀이 좋은 수이다.
왼쪽에서는 눈목자 미끄러진 모양으로 백a는 흑b로 잡아서 그만이다.

失

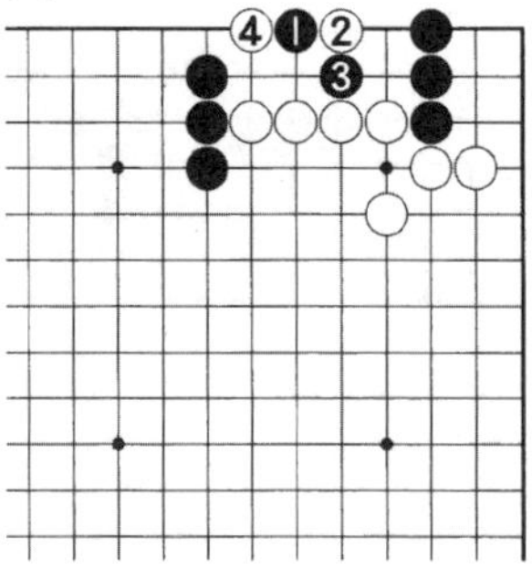

## 흑 실패

흑1의 날일자는 틀린 맥이다.
백2로 붙이고 흑3에는 백4로 단수가 활용되는 모양이다.
백2로 4도 끊기는 맥이지만 조금 손해를 본다.

제3형 백번

(1593)

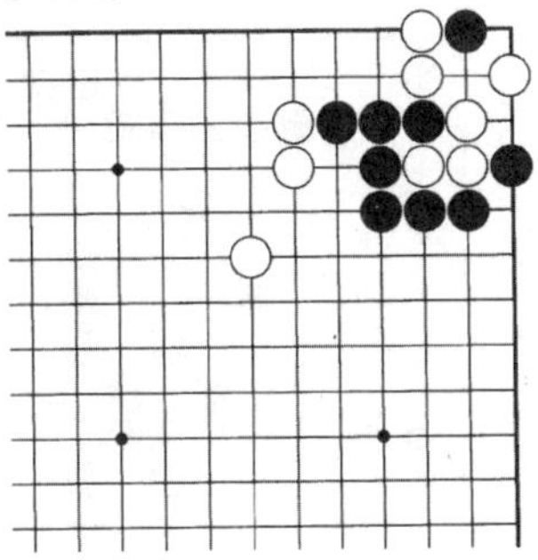

## 건넘

흑은 귀의 백의 집을 빼앗고 있지만 백이 상변으로 건너가면 공격은 실패한다.
백의 다음의 한 수는?

解

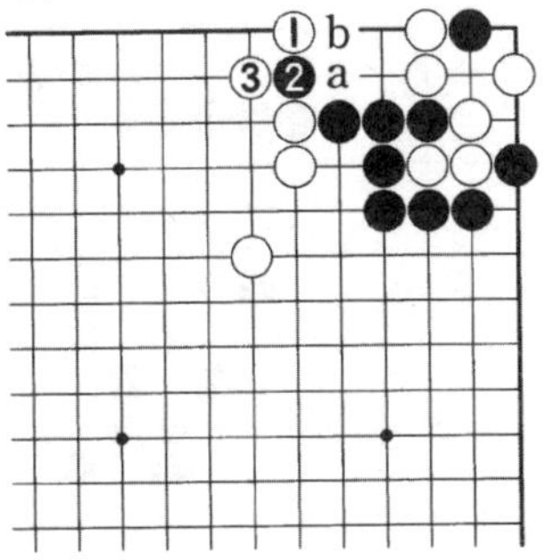

## 건넘 성공

백1의 뜀이 좋은 수이다.
흑2로 끼워도 백3으로 받으면 그만이다.
흑a, 백b로 상변으로 건너간다.

失

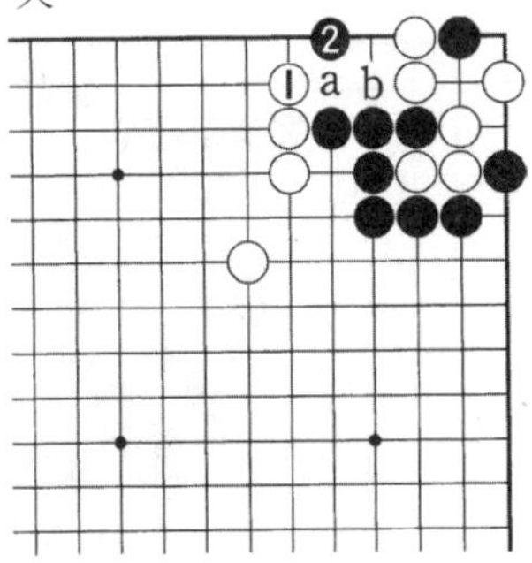

## 백 실패

백1로 뻗는 수는 안 된다.
흑2의 뜀이 좋은 수로 백a, 흑b로 백은 귀가 자충에 걸려버린다. 백1로 a는 흑b.

제4형 흑번

(1594)

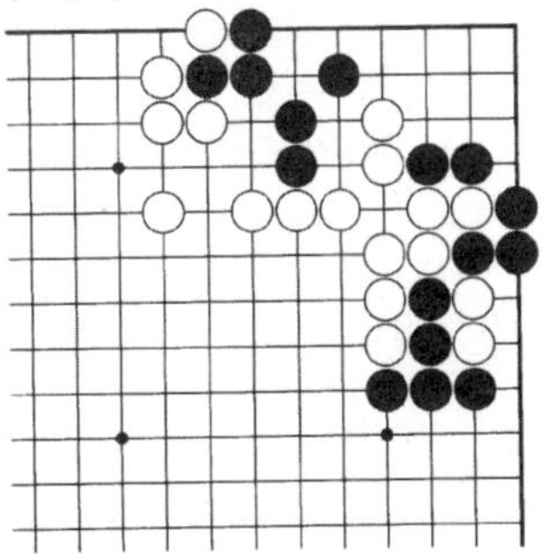

## 연결하다

우상의 전투.
상변의 흑을 살리는 것은 간단하다.
우변과 연결하면 귀를 집으로 만들면서 살 수 있다.

解

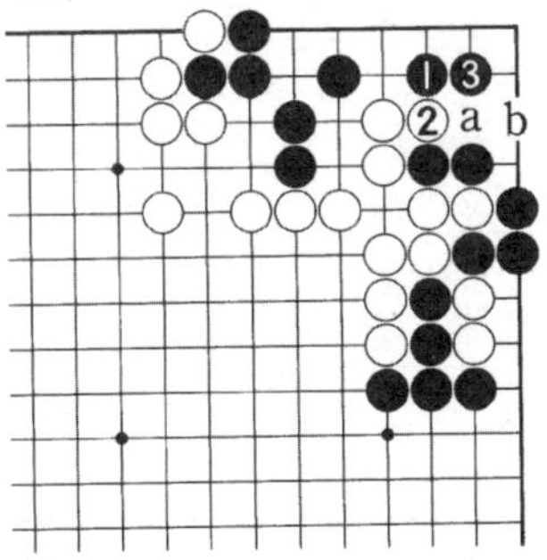

## 되 따냄

흑1로 뛰어서 귀를 건넌다.
백2로 나가면 흑3으로 늘어 백a로 2점을 단수쳐도 흑b로 되따내는 모양으로 전체가 연결된다.

失

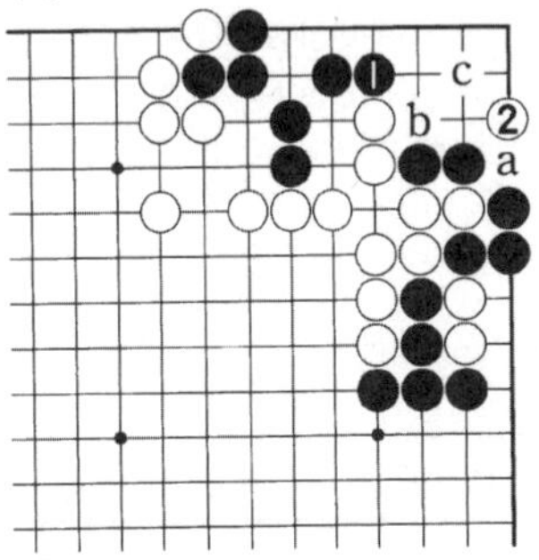

## 치중의 묘수

흑1로 밀면 백2의 치중이 묘수이다. 흑a로 이으면 백b로 나가서 연결 실패한다.
백2로 b로 나가면 흑c로 뛰어 백은 기회를 놓쳐버린다.

제5형 백번

(1595)

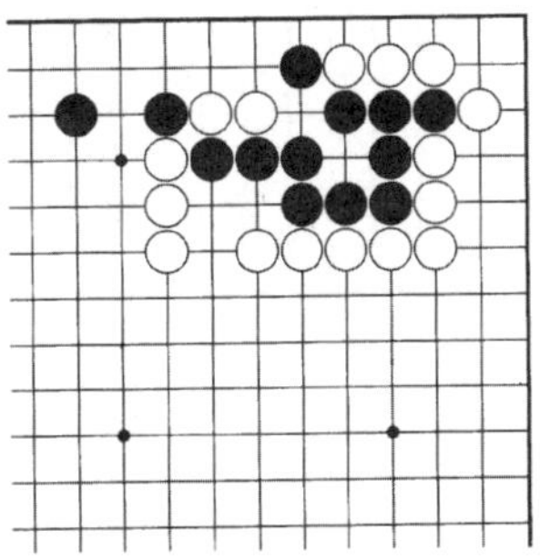

## 연결

상변의 백 2점을 살리면 우상의 흑이 전멸한다.
수상전은 불리하기 때문에 바깥의 백과 연결해야 한다.

解

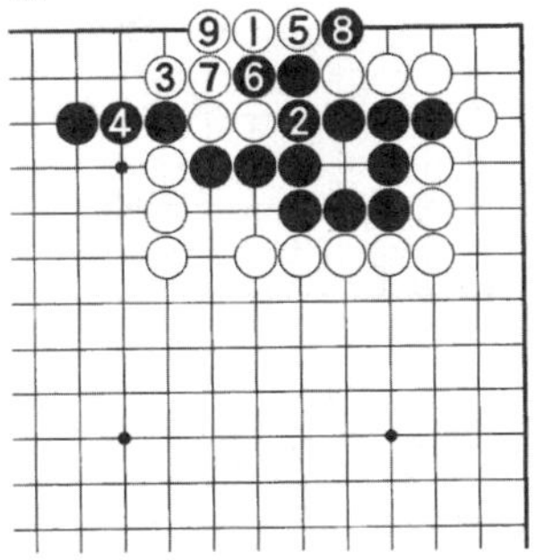

## 건넘

백1의 뜀이 맥이다.
흑2로 이으면 백3의 단수를 선수로 하고 5로 건넌다.
흑6, 8은 촉촉수를 노린 수지만 백9로 흑은 실패한다.

変

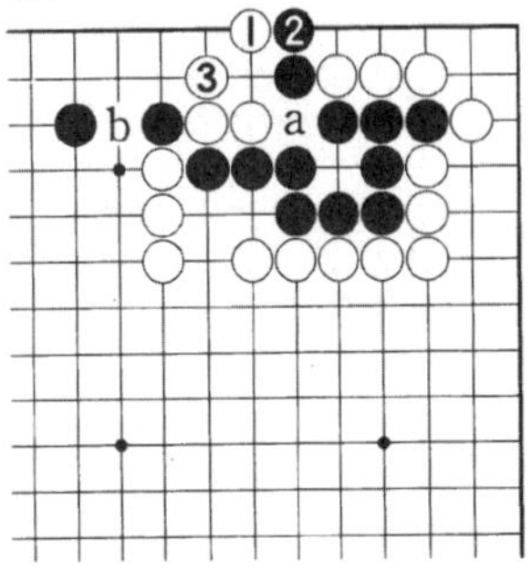

## 맞보기

백1의 뜀에 흑2로 막으면 백3의 좋은 수가 있다.
다음에 a의 끊음과 b의 단수를 맞보기가 된다.

(1596)

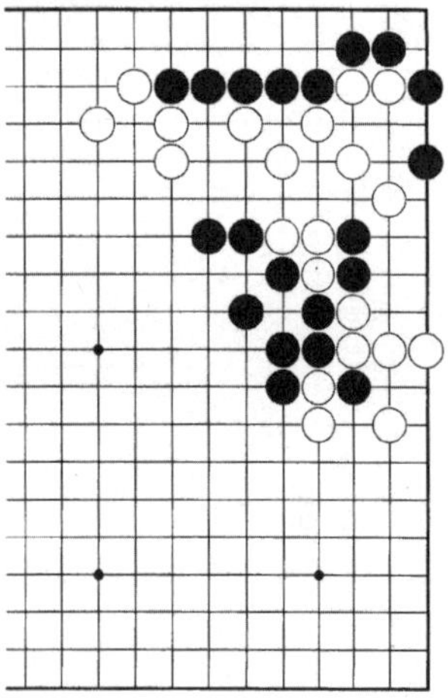

解

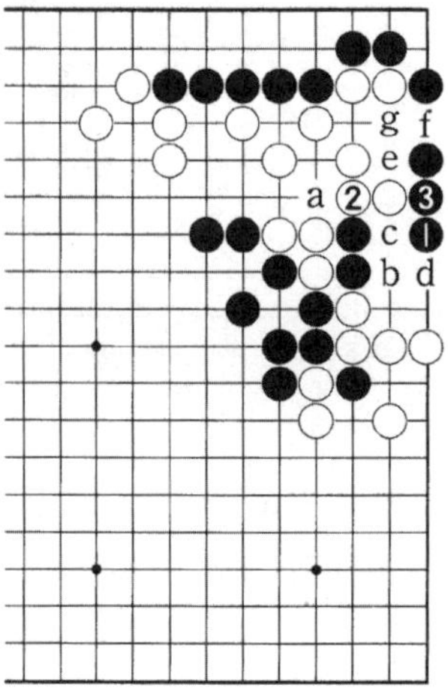

变

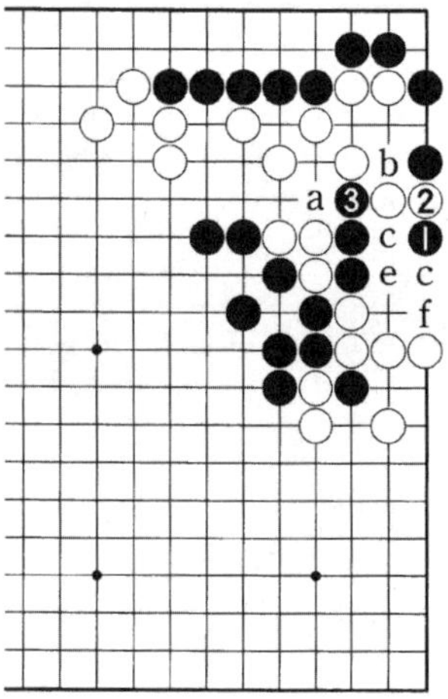

제6형 흑번

## 수순

우변의 전투.

흑은 우변의 2점을 우상과 연결할 수 있지만 수순을 틀리면 손해를 본다.

## 건넘

흑1의 뜀이 맥이다.

백2로 중앙을 지키면 흑3으로 이어 우상귀와 연결한다. 흑1로 2에 먼저 두면 백a, 흑1. 백b, 흑c, 백d, 흑3, 백e, 흑f, 백g로 되어 손해가 된다.

## 백 무리

백2의 저항은 흑3으로 좋지 않다. 백a, 흑b로 백2점을 잡혀서 백이 큰 손해이다.

흑1로 2에 밀면, 백1. 흑c, 백d, 흑e, 백f, 흑3, 백a로 촉촉수이다.

(1597)

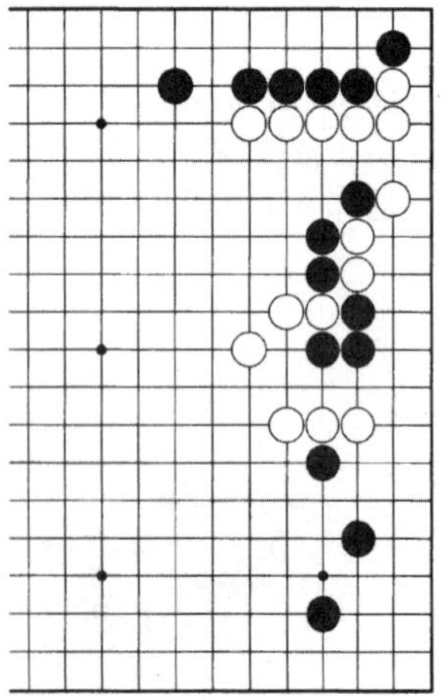

解

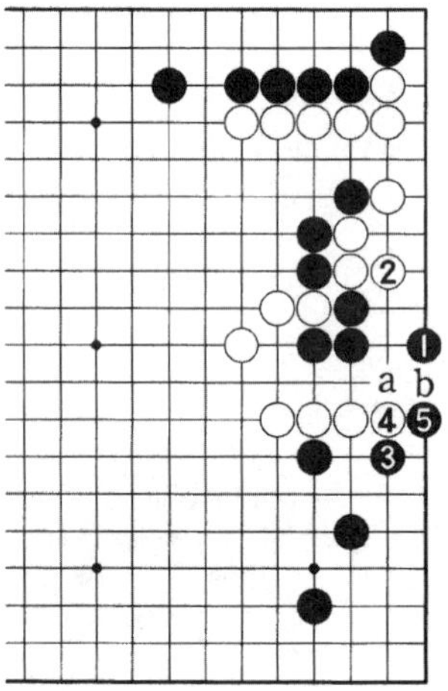

变

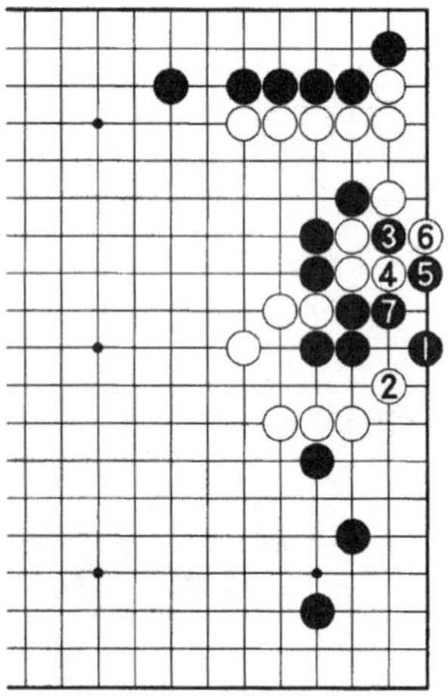

제7형 흑번

## 연관

우변의 흑 3점을 살리고 싶다. 우변의 흑을 둘로 나누고 있는 백 3점의 모양이 엷으므로 우하귀에 있는 흑에 건너는 것을 연관시키고 싶다.

## 1선의 뜀

흑1의 한 칸 뜀이 맥이다.

백2로 우상의 3점을 지키면 흑3의 날일자로 우하와 연결한다.

흑5 이후 백a에는 흑b로 건너간다.

## 큰 패

백2로 흑을 건너지 못하게 막으면, 흑3으로 끊어 1점을 사석으로 이용하고 흑5, 7로 촉촉수를 노리는 패를 만든다. 이 패에서 이기면 우변의 백은 산산조각으로 흩어진다.

(1598)

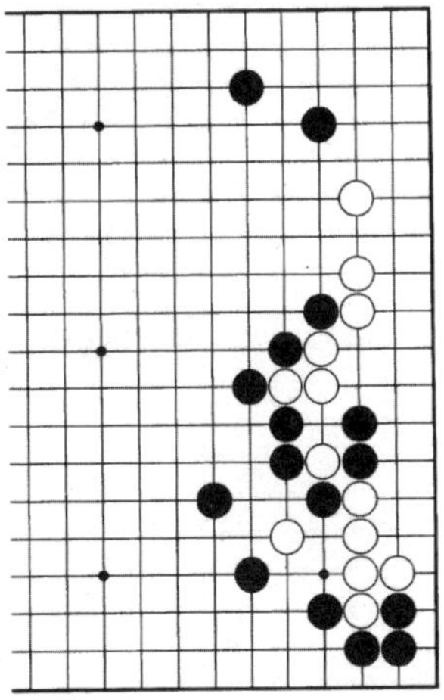

解

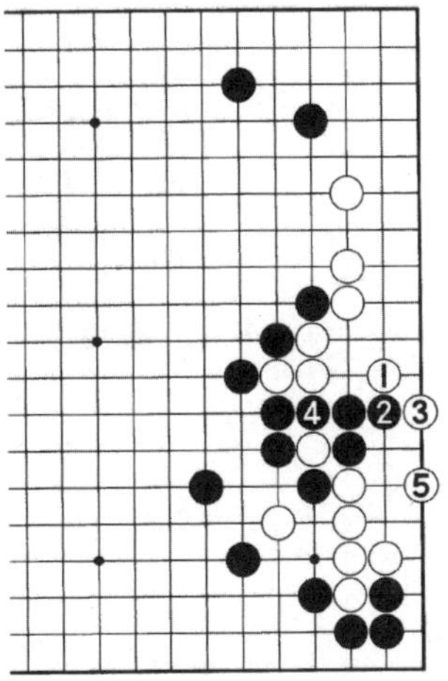

変

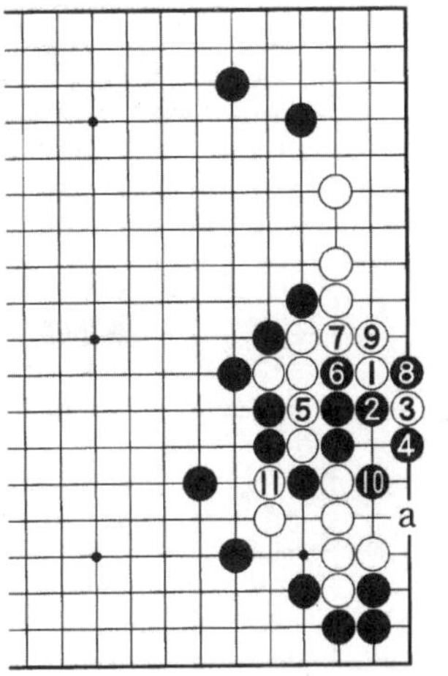

제8형 백번

### 최대한

우상과 우하의 백을 연결하려면 상당한 테크닉이 필요하다.
흑을 끊는 노림을 최대한 이용해야 한다.

### 건넘

백1의 뜀은 4에 잇는 것을 노린 수이다.
흑2로 막을 때 백3으로 젖혀 흑4로 후퇴하게 만든다. 백5로 뛰는 수가 맥이다.
또 흑2로 4에 이어도 백5.

### 백 연결

흑4로 저항하면 백5로 이을 수 있다.
흑6부터 10은 수상전을 노리는 것으로 백11로 끊어 본체를 살린다.
이후 흑a 삶은 후수이다.

뜀

건넘(공격)

(1599)

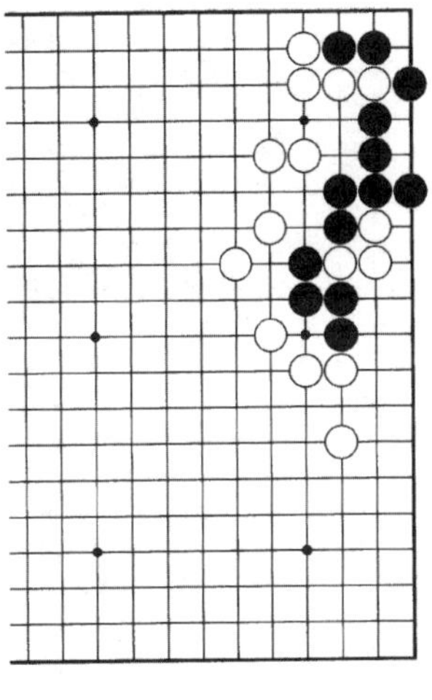

解

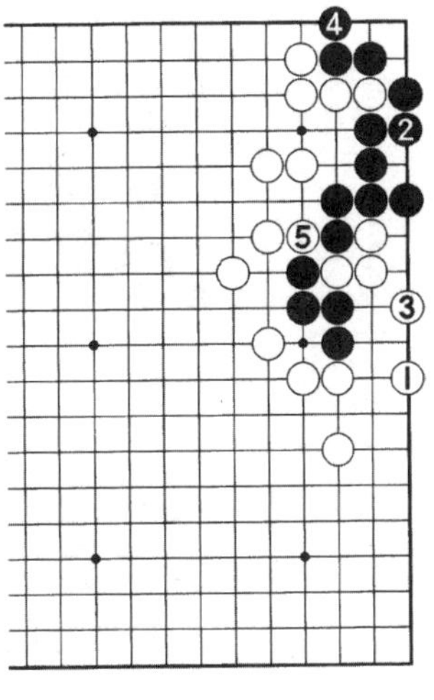

変

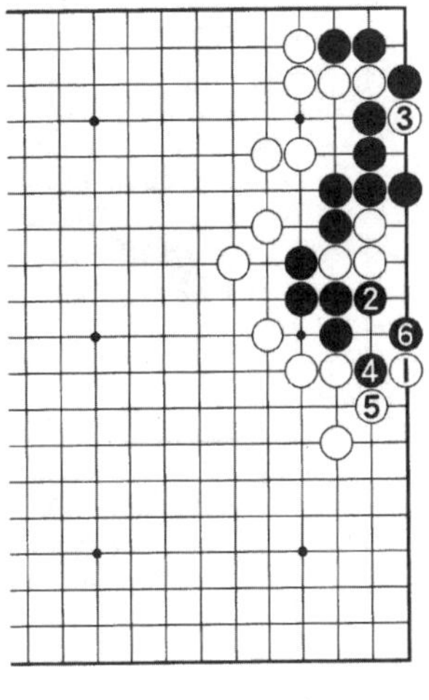

제1형 백번

### 부활

우상귀의 흑을 괴롭혀서 어떤 모양으로 살려줄까 생각해보자.
흑을 전멸시킬 수는 없지만 백 3점을 부활시켜 백집을 늘릴 수 있다.

### 백집

백1의 뜀은 흑집을 줄이는 맥이다.
백 3점을 잡아도 흑은 우변에 한 집밖에 생기지 않기 때문에 흑2로 집을 낼 수밖에 없다
백3으로 백3점을 살리고 5로 끊어 우변은 백집이 된다.

### 꽃놀이 패

흑2로 3점을 잡으면 백3으로 우상은 옥집이 된다.
흑은 4, 6으로 패를 할 수밖에 없다. 게다가 백의 꽃놀이패가 된다.
백1로 3은 흑4, 백5, 흑1로 우변이 산다.

(1600)

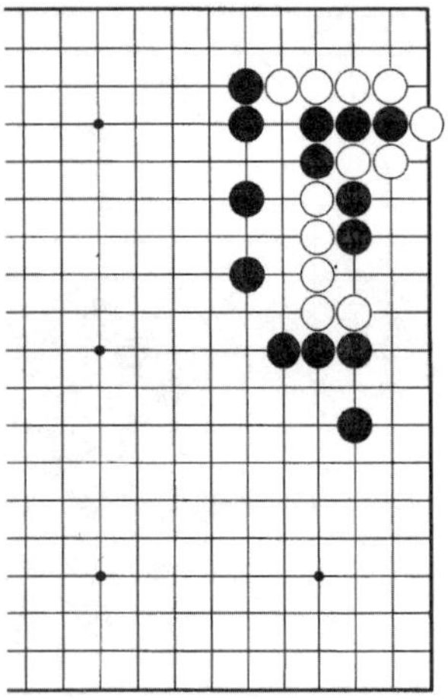

解

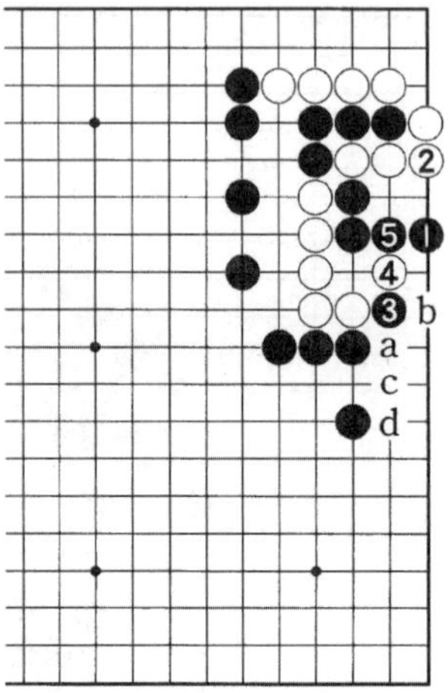


变

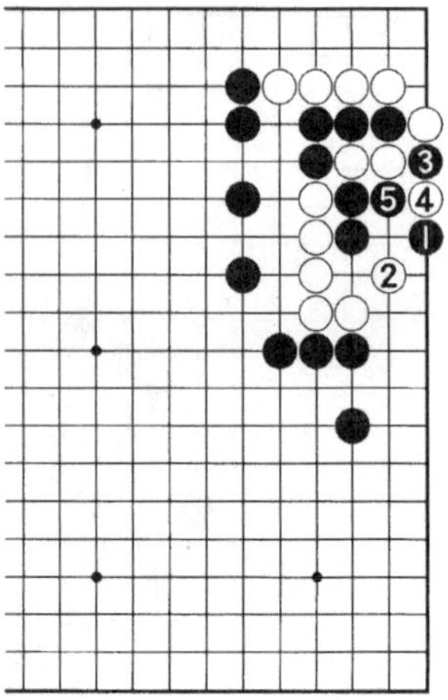


제2형 흑번

### 4점 잡기

우변의 전투.
백에게 포위된 흑 2점을 살리고 싶다.
우하의 흑과 연결하면 중앙의 백 5점이 흑의 수중으로 들어가게 된다.

### 건넘

흑1의 뜀이 좋은 수이다.
백은 촉촉수를 막기 위해 백2로 잇는 정도이다. 흑3으로 젖히고 백4로 막으면 흑5로 이음이 강수이다. 이 수로 우변과 연결한다.
이후 백a, 흑b, 백c는 흑d.

### 촉촉수

백2는 우변의 건넘을 막는 수이다.
흑3으로 먹여치고 백4, 흑5로 단수쳐서 촉촉수이다.
흑1로 5는 백3으로 이어 촉촉수 모양이 사라진다.

(1601)

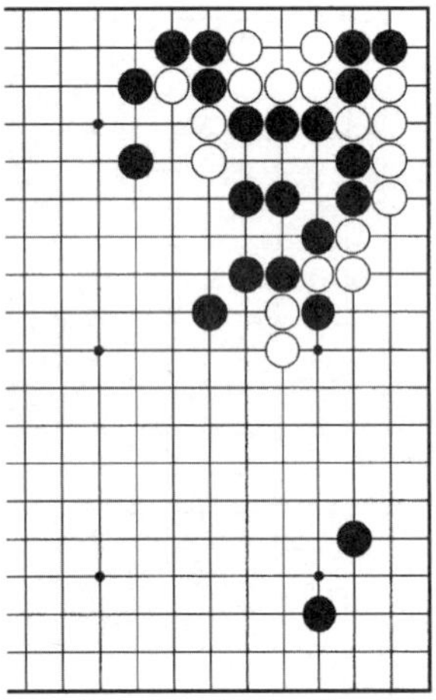

解

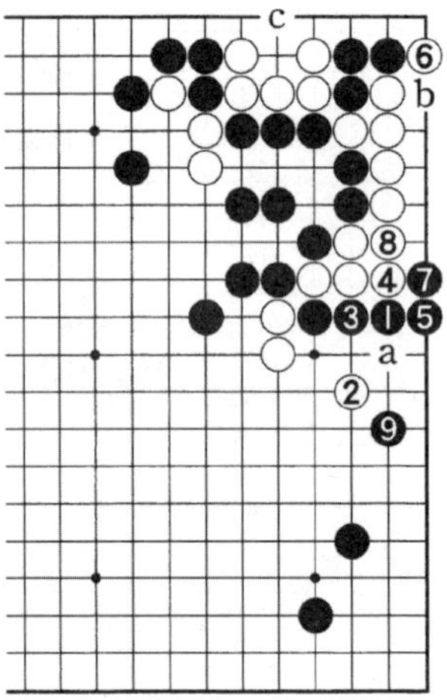


变

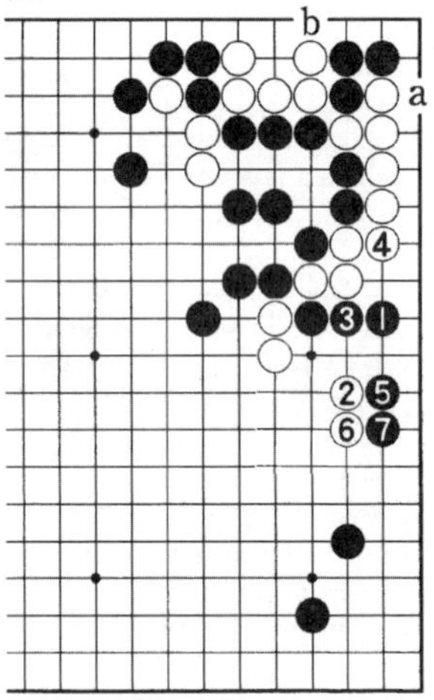


제3형 흑번

### 살리다

우변의 전투.
귀의 흑 3점은 우변에 있는 백이 자충이 되면 부활한다.
흑은 우상을 노리면서 우변의 1점을 살리고 싶다.

### 맞보기

흑1의 뜀이 급소이다. 백2로 날일자하여 흑이 전부 잡힐 것 같지만 흑3, 5가 좋은 수순으로 귀와 우변을 맞본다. 백6으로 a에 두어 건너지 못하게 막으면 흑b, 백8, 흑c로 수가 난다.

### 건넘

백4로 이으면 흑a에 백b로 저항할 수 있다. 하지만 흑5로 붙여서 우변 백이 약하다. 백6에는 흑7로 건넌다. 백2로 3은 흑c. 백6으로 7은 흑6으로 끊어 백이 무리한 싸움이다.

뜀
공격

제1형
흑번

(1602)

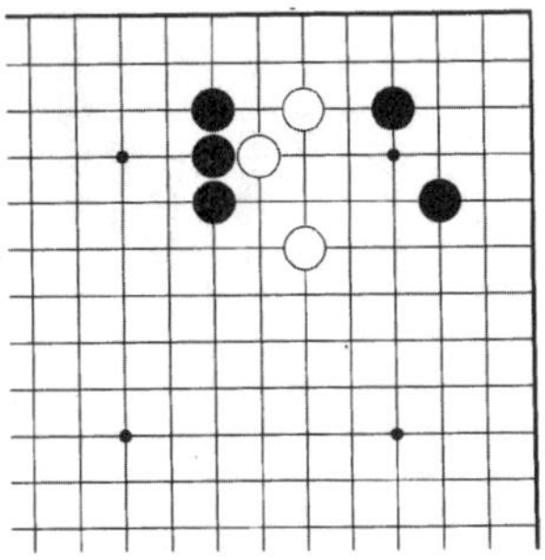

## 추격

상변의 전투.
백 3점은 중앙으로 발빠르게 도망쳤지만 모양이 엷다.
흑은 백을 추격하는 태세를 갖추고 싶다.

解

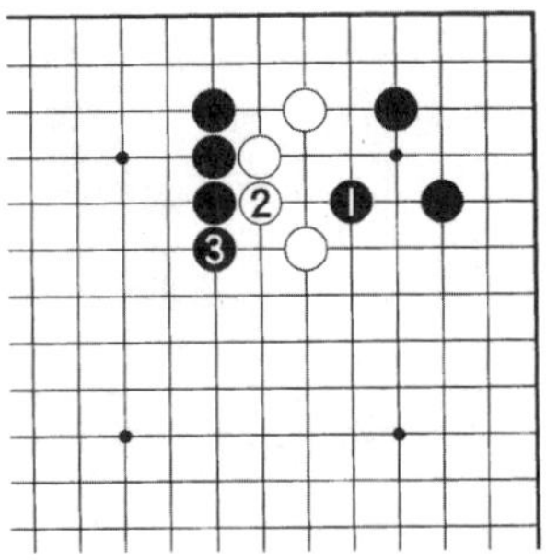

## 백 고전

흑1의 뜀이 백을 공격하는 모양이다. 백2로 연결하면 흑3으로 뻗어 흑의 모양이 좋아졌다. 백은 근거를 만들기 어려운 뜬 돌이 되어 괴롭다.

変

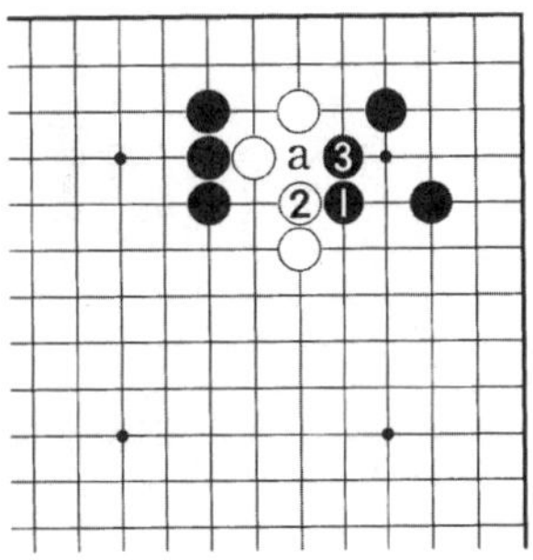

## 백 우형

백2로 받으면 흑3으로 미는 수가 활용되어 귀의 흑집이 완전하게 되었다.
백a로 이으면 효율이 떨어지는 우형. 이 역시 백이 괴롭다.

제2형
흑번

(1603)

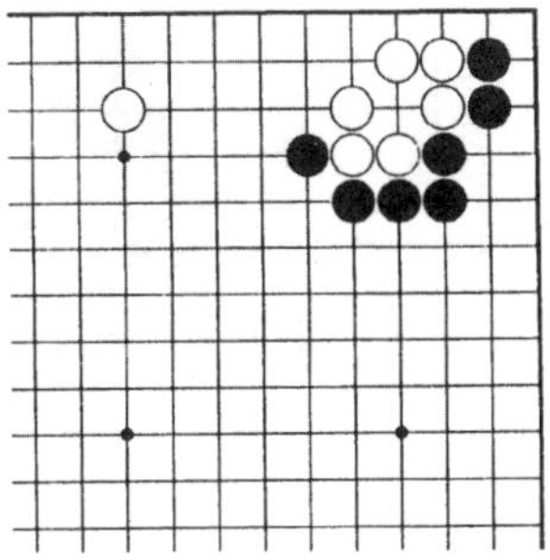

## 괴롭힘

우상의 백은 살아있는 모양이지만 흑의 매서운 공격이 남아있다.
백을 공격하는 급소는 어디인가?

解

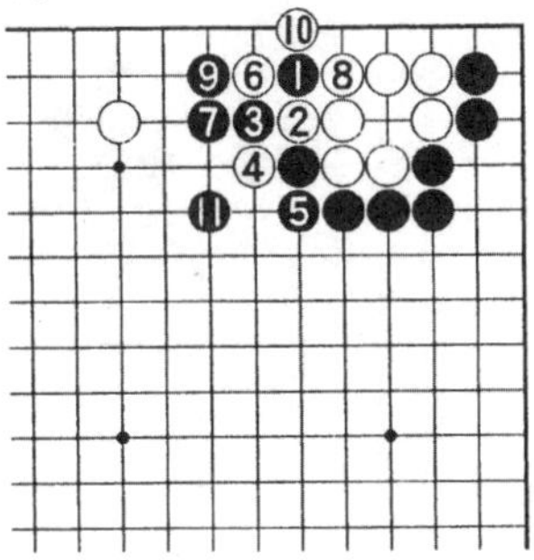

## 두터운 모양

흑1은 집을 빼앗는 급소이다.
백2로 나가면 흑 모양에 약점이 생기지만 흑7까지 받아 백8로 돌아올 수밖에 없다.
흑이 두터운 모양이다.

失

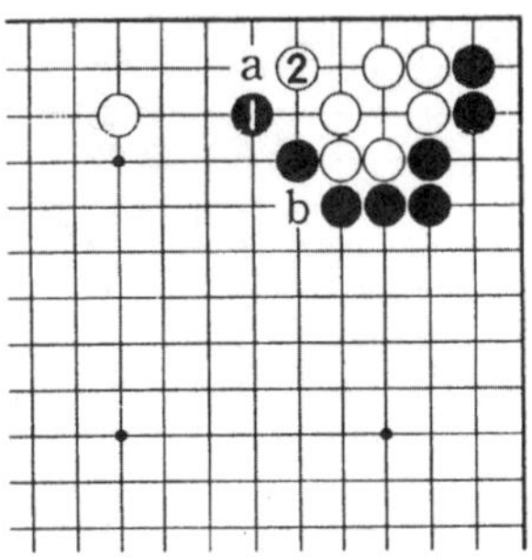

## 흑 실패

흑1의 입구자는 흐지부지한 공격이다.
백2가 안형의 급소. 이후 흑a로 막아도 백은 살아있으며 b의 약점이 남아있다.

제3형
흑번

(1604)

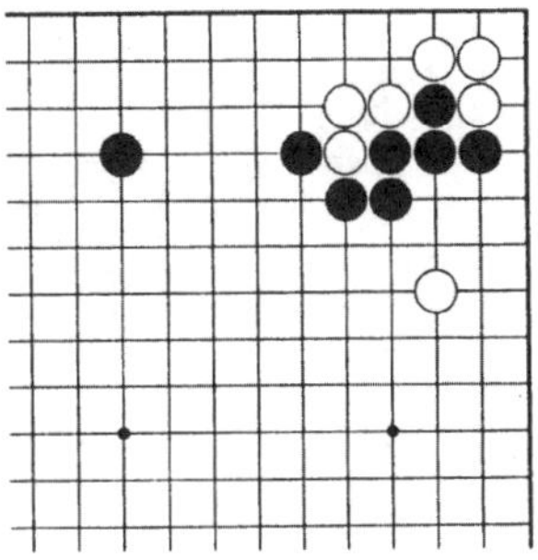

## 공격의 맥

귀의 백은 죽지 않지만 괴롭혀서 이득을 볼 수는 있다.
상변 진출을 막고 동시에 바깥 흑의 모양을 굳히는 공격의 맥은 무엇인가?

解

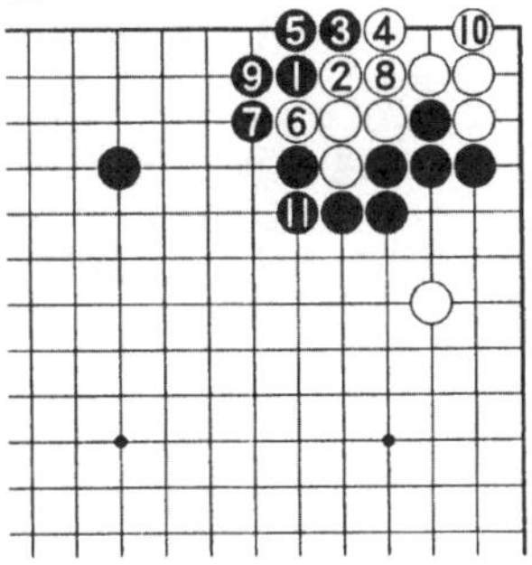

## 강력한 벽

흑1의 뜀이 맥이다.
백은 2, 4로 물러나는 정도이다.
흑9까지 바깥을 굳히고 백10으로 산 뒤 흑11로 이으면 강력한 벽이 생긴다.

失

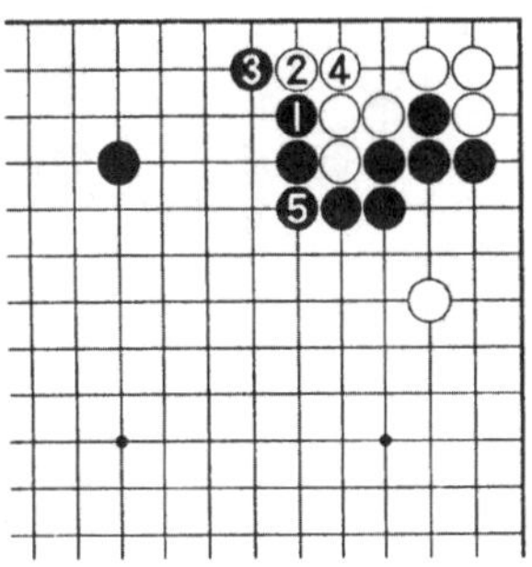

## 흑 불충분

흑1의 막음은 백2, 4로 젖혀이어 묘미가 없다.
흑5로 이은 모양은 상변에 약점이 있고 귀의 백집도 커서 흑이 충분하지 않다.

(1605)

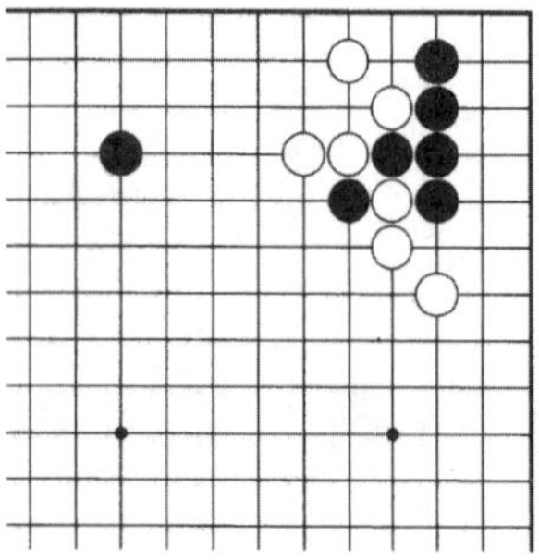

解

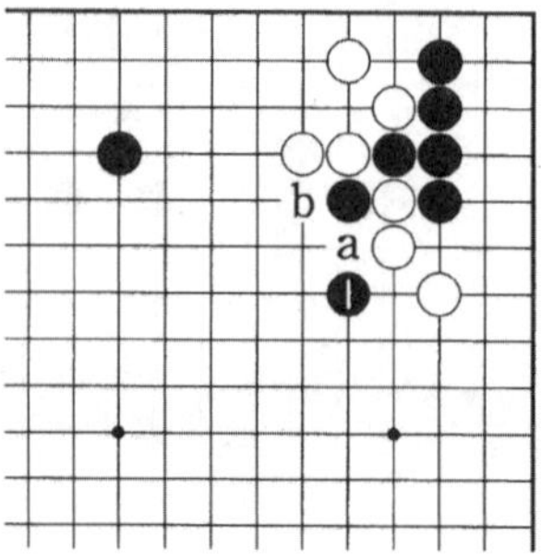

失

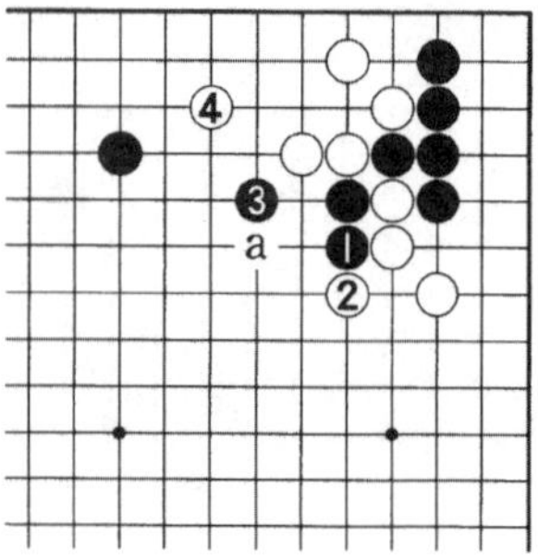

제4형 흑번

## 부담

백을 끊고 있는 흑 1점을 이용해 공격을 계속하고 싶다.
단, 흑의 움직임이 둔하면 짐 덩어리가 된다.

## 흑 유리

흑1로 뛴 모양이 가볍고 묘수다. 다음에 a에 이으면 강력한 모양이 되며 백a로 나가면 흑b로 도망치는 흐름이 나온다.
흑이 유리한 싸움.

## 무거운 모양

흑1로 밀면 백2로 2점 머리를 두드려서 무거운 모양이 된다.
흑3에는 백4로 상변을 수습한다.
a의 급소가 남아서 흑의 공격은 실패한다.

(1606)

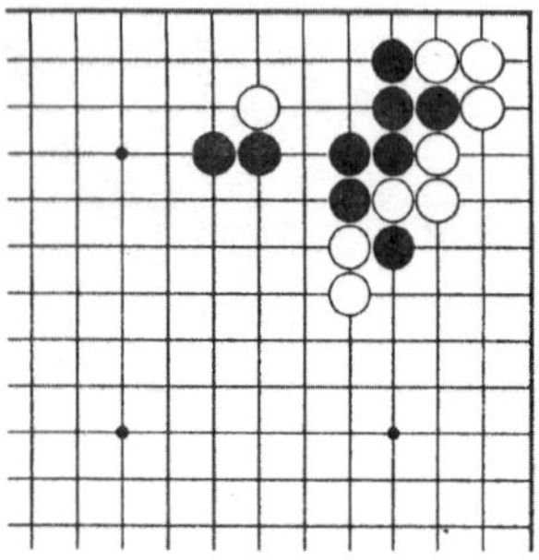

解

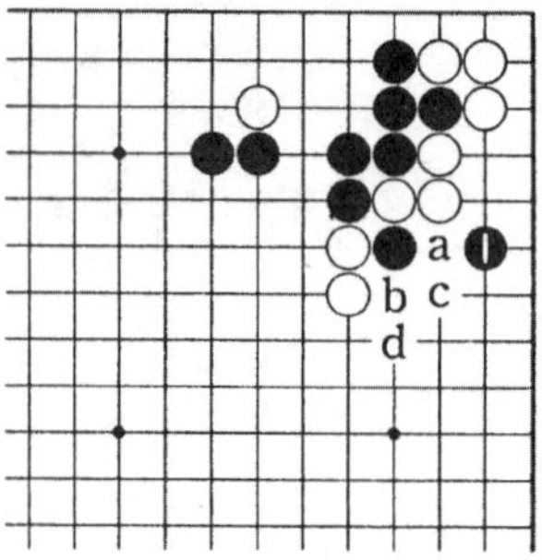

失

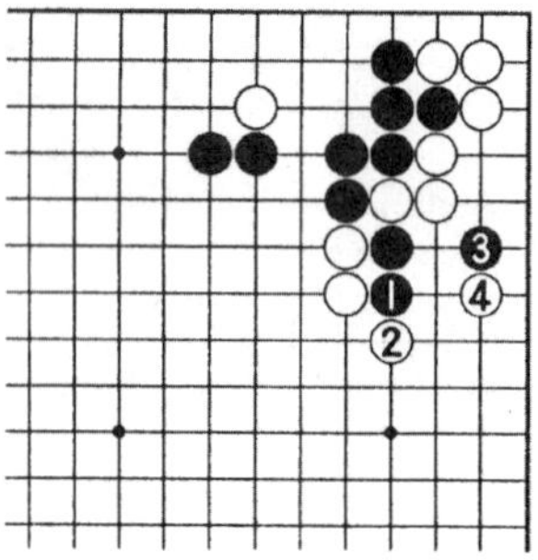

제5형 흑번

## 움직여 나가다

우상의 백돌 사이에 남겨진 흑 1점에는 아직 활력이 있다.
지금 당장이라도 움직여 나오는 것을 노릴 수 있을지도 모른다.

## 중앙을 분단

흑1의 뛰어 급소의 맥으로 백은 응수가 곤란해진다.
백a, 흑b, 백c로 우상을 지키면 흑d로 늘어서 중앙의 백 2점을 분단한다.

## 흑 실패

흑1로 미는 것은 무거운 수이다.
백2로 젖혀 흑이 자충의 모양이다.
거기에 흑3으로 뛰면 백4로 바깥에서 공격당해 무리.

(1607)

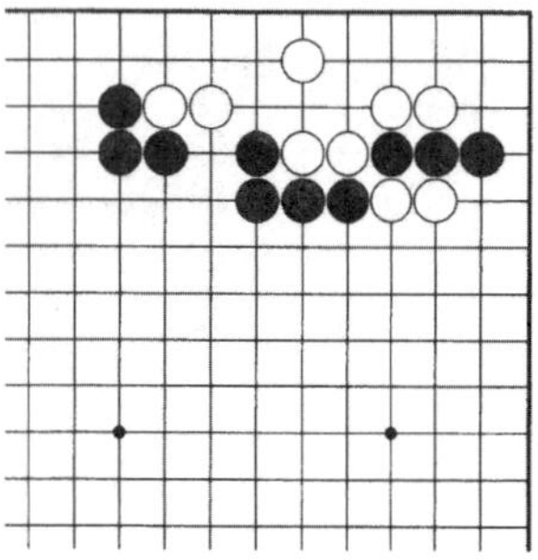

解

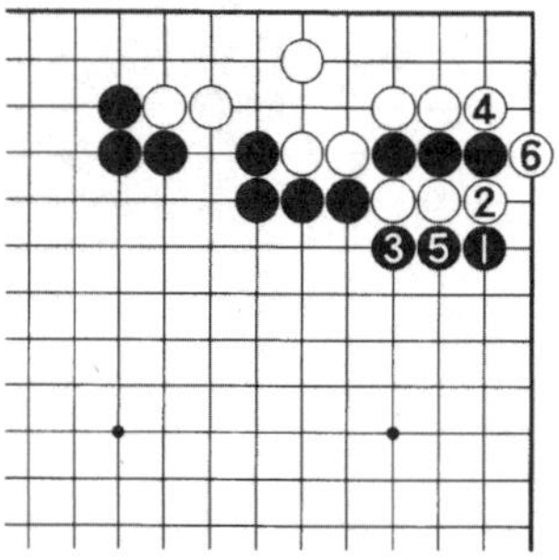

变

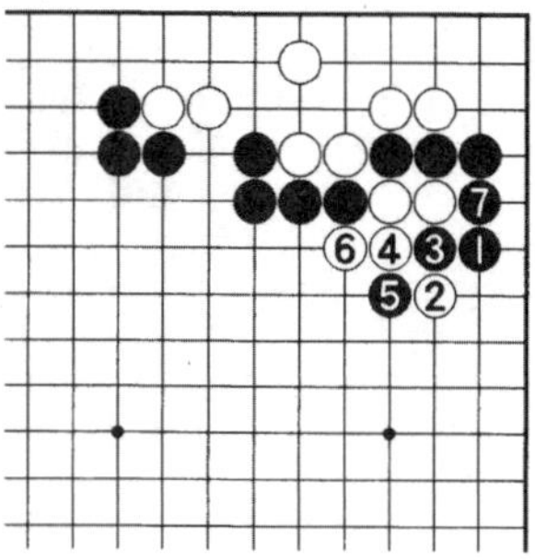

제6형 흑번

## 조여 붙이기

우상귀의 흑 3점은 도망칠 수 없는 모양이므로 바깥에서 조여붙이는 것이 제일이다.

## 바깥을 싸바르다

흑1의 뛰어 날카로운 맥이다.
백2로 막고 흑3, 5를 활용하여 바깥을 막는다.
흑1로 3은 백1의 입구자로 모양에 약점이 난다.

## 백 무리

백2는 흑3, 5로 반격당해서 무리.
백6 이후 흑7로 이어 흑의 수가 늘어나고 백은 2의 1점이나 4점의 어느 한쪽은 잡힌다.

(1608)

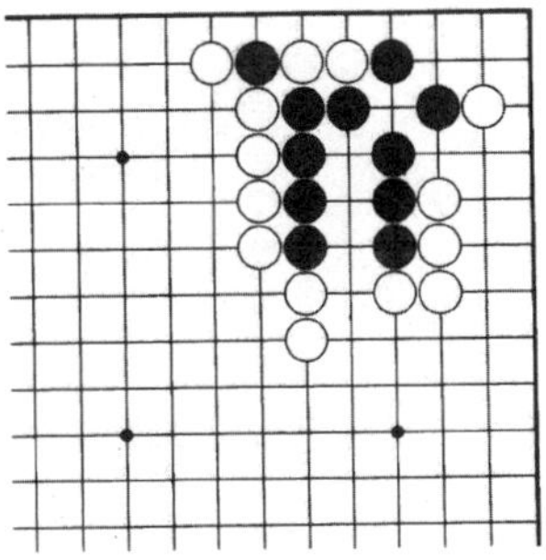

解

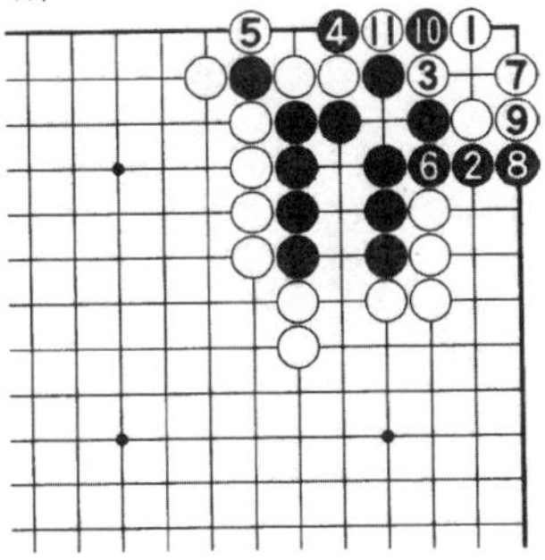

変

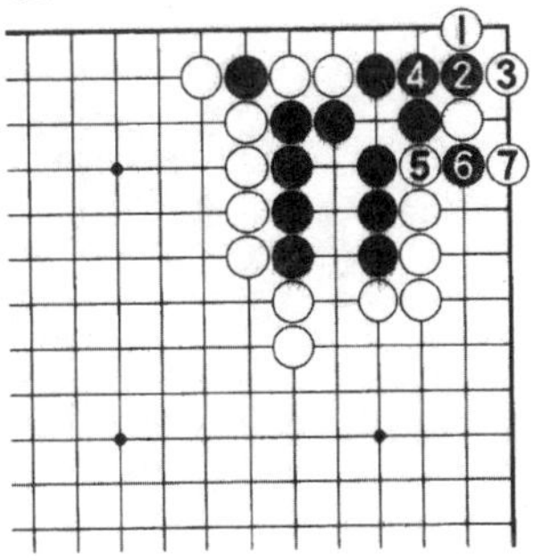

제7형 백번

## 탄력

흑은 편하게 산 것처럼 보이지만 귀의 탄력을 살려 백이 매섭게 공격할 수 있다.

## 패

백1의 뜀이 좋은 수이다. 귀의 2·1의 급소가 되고 눈을 만들기 쉽다.
흑2부터 6으로 귀를 분리시켜도 백7이후 흑10의 패가 난다.

## 패

흑2, 4로 귀에 두면 백5로 흑의 집을 빼앗는다.
흑6의 끊음에는 백7로 패로 받는 모양이다.
백1로 2는 흑5로 산다.

(1609)

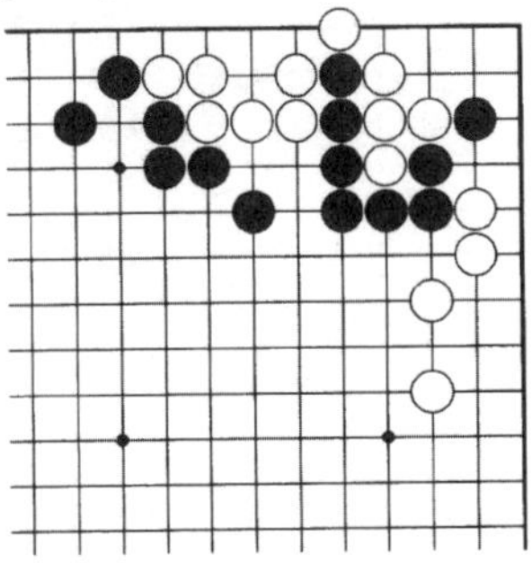

解

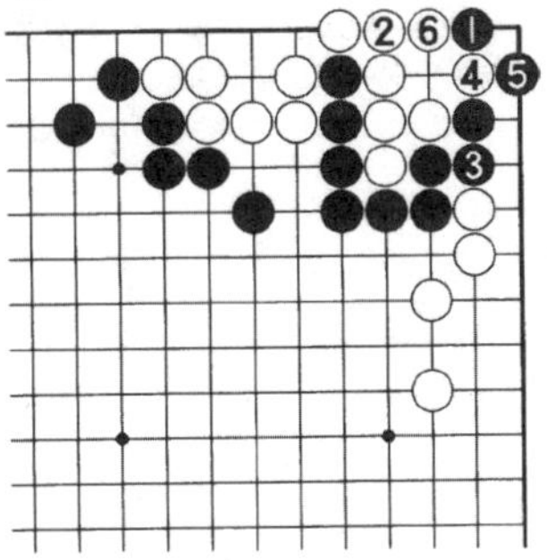

変

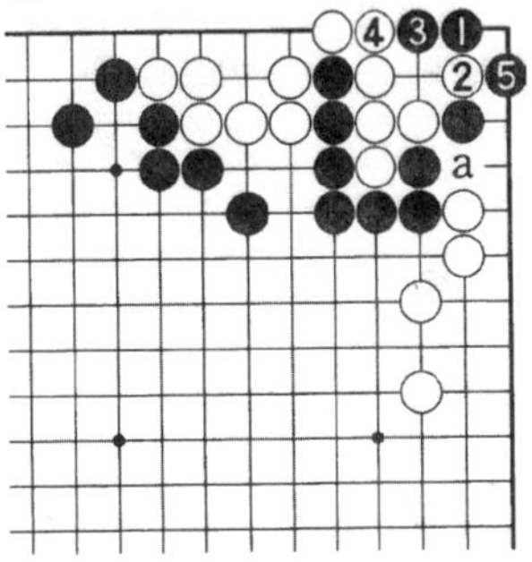

제8형 흑번

## 노림

귀에는 많은 수가 있다.
흑 1점을 살리는 것보다도 상변에 있는 백 전부를 노리고 싶다.

## 패

흑1의 뜀이 좋은 수로 귀의 2·1의 맥으로 집을 내기 쉽다.
백은 2로 잇고 흑3 이후 백4, 6의 패로 버틸 수밖에 없다.

## 백 잡힘

백2로 젖혀끼우면 흑3으로 응수가 곤란해진다.
백4, 흑5로 흑은 백 1점을 잡고 산다. 백이 전멸한다.
흑1로 a는 백2로 살 수 있다.

뜀

뚫기

(1610)

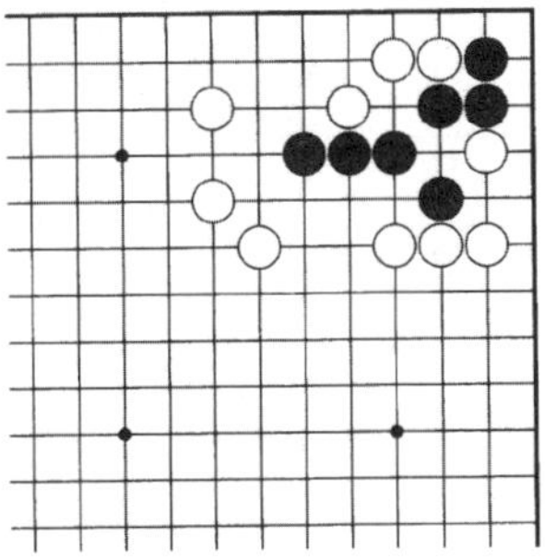

解

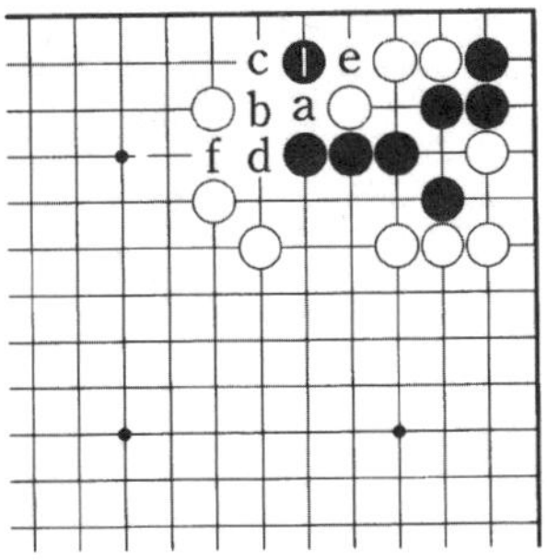

失

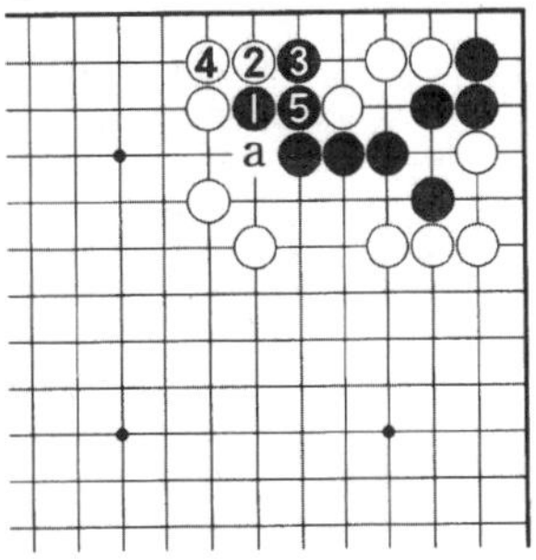

제1형 흑번

## 탈출

우상의 전투.
흑은 상변의 백을 공격하여 밖으로 탈출하고 싶다.
바깥의 백을 굳히지 않아야 한다.

## 포위망을 깨다

흑1의 뜀이 급소이다.
백a, 흑b, 백c, 흑d, 백e로 상변의 흑1점을 잡아야 하므로 흑f로 백의 포위망을 깨뜨린다.

## 흑 손해

흑1로 입구자로 붙여 3으로 막는다. 백4로 5이면 흑a로 백의 포위망을 무너뜨릴 수 있지만 백은 4로 이어 정해도보다 바깥의 백 모양이 두텁다.

(1611)

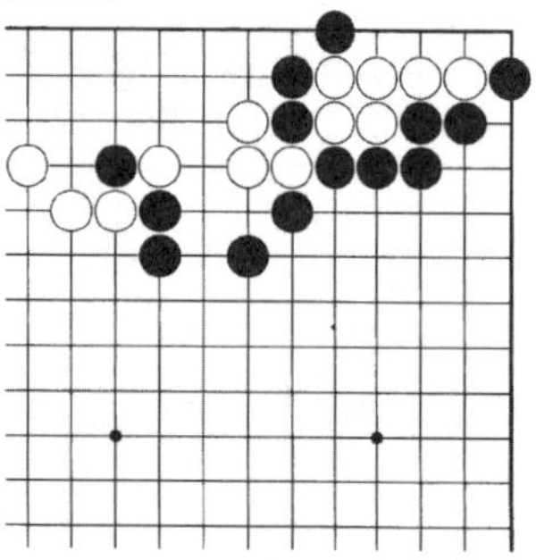

解

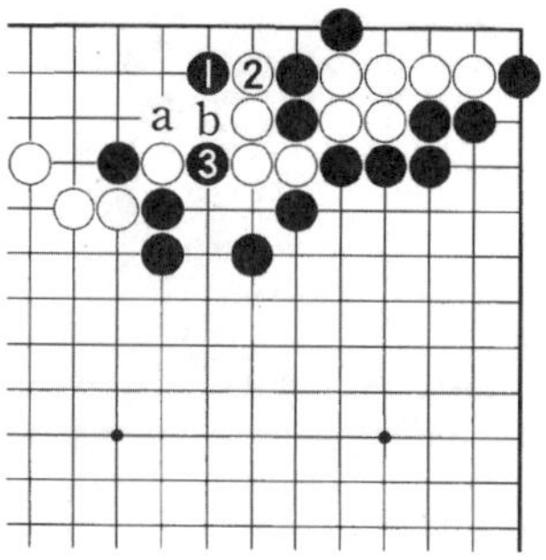

变

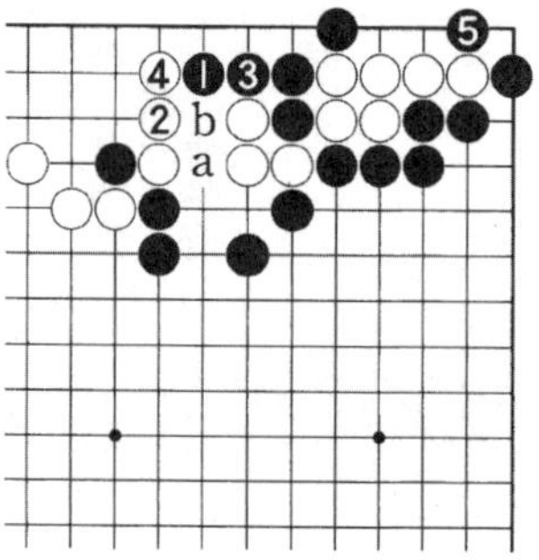

제2형 흑번

### 깨뜨리다

상변의 전투.

백집의 가운데 귀의 흑 3점과 상변의 흑 1점을 연결시켜 상변의 백집을 무너뜨리고 싶다.

### 활용

흑1의 치중이 날카로운 맥이다.

백2로 흑 2점을 잡으면 흑3으로 단수치고 상변으로 나간다.

백a는 흑b. 흑1의 활용이 효과를 발휘하였다.

### 흑 승

백2의 받음은 흑3으로 이어 수가 늘어 귀와의 수상전은 흑 승.

흑1로 a는 백2, 흑1, 백b, 흑3, 백4로 흑이 손해를 본다.

뜀

수상전

(1612)

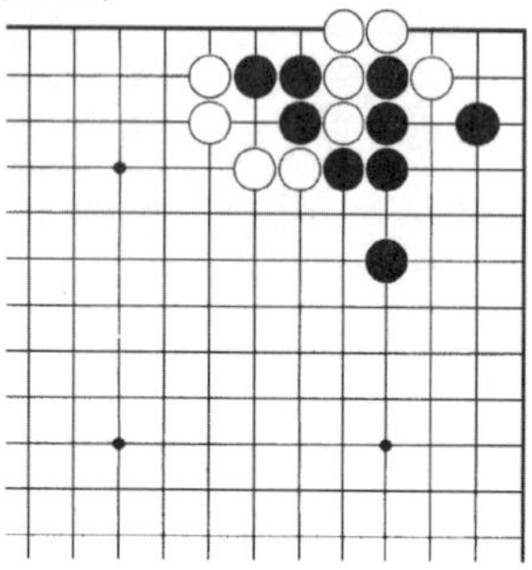

解

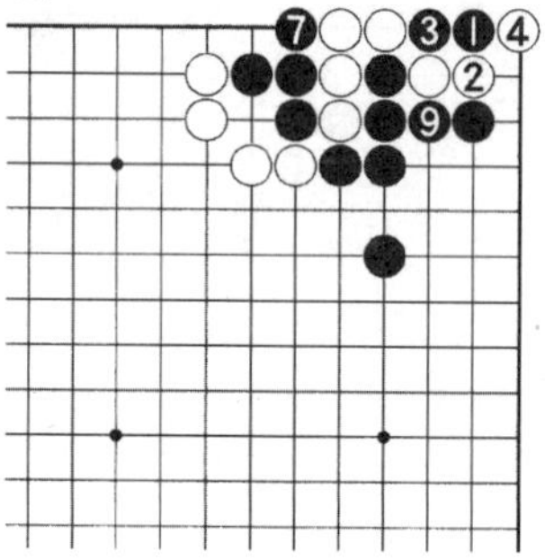

失

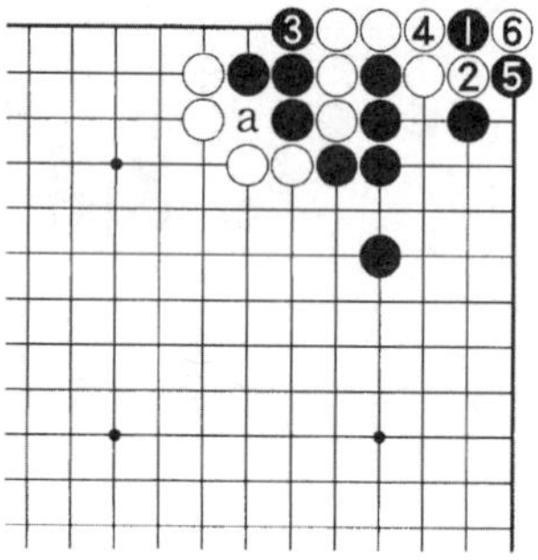

제1형 흑번

### 자충

귀의 수상전 문제.

백을 공격하려면 밖에서부터 공격해야 한다.

귀의 자충으로 몰고 갈 수 있다.

### 흑 승

흑1의 뜀은 들여다보는 의미를 가진다. 백2로 나가면 흑3으로 2점을 버리고 흑5부터 백을 자충으로 만든다. ※❺→❸(먹여치기), ⑥→❶(따냄), ⑧→❸

### 패는 실패

흑3으로 바로 단수치는 것은 백4로 이어 패가 난다.

흑1로 2는 백a로 다음 수가 없다.

또 흑1로 3은 백4로 역시 흑 패배.

(1613)

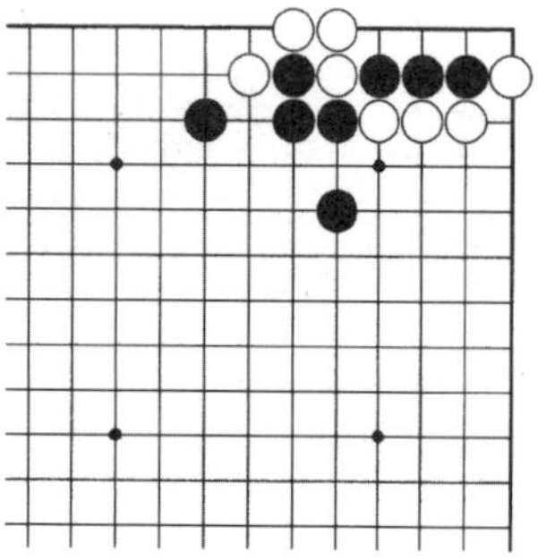

解

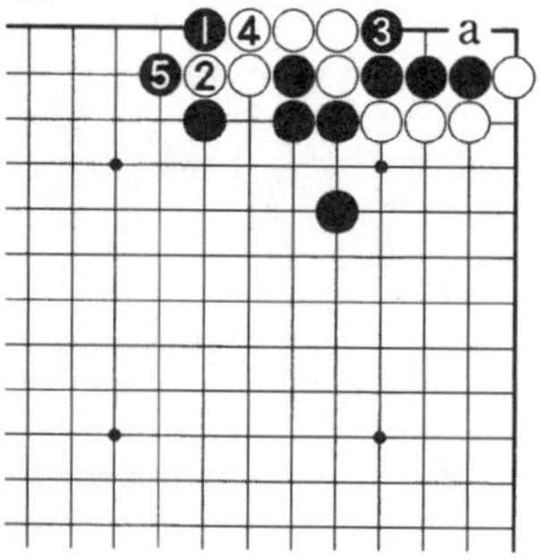

失

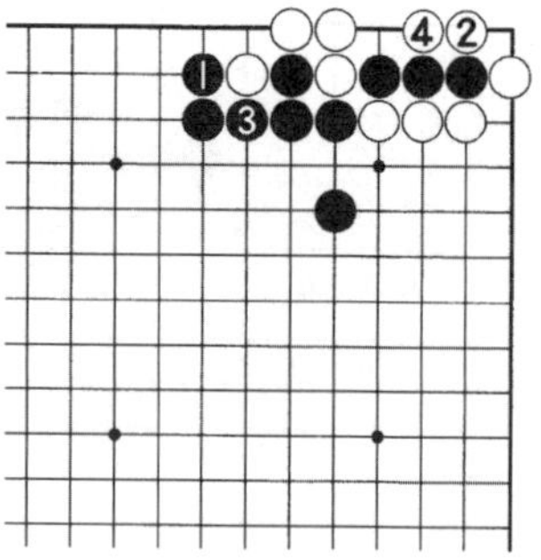

제2형 흑번

### 역전

귀의 흑 3점은 이대로 잡히는 걸까?

반대로 상변의 백을 잡고 살려 나가고 싶다.

### 흑 승

흑1의 뜀은 백 3점을 들여다본 수이다. 백2로 a는 흑4.

백2로 나가면 흑3, 5로 수상전은 흑이 승리한다.

백2로 4는 흑2로 좋다.

### 흑 패배

흑1로 막는 것은 공격이 아니다. 백2로 귀의 공배를 메워서 반대로 흑이 잡힌다.

(1614)

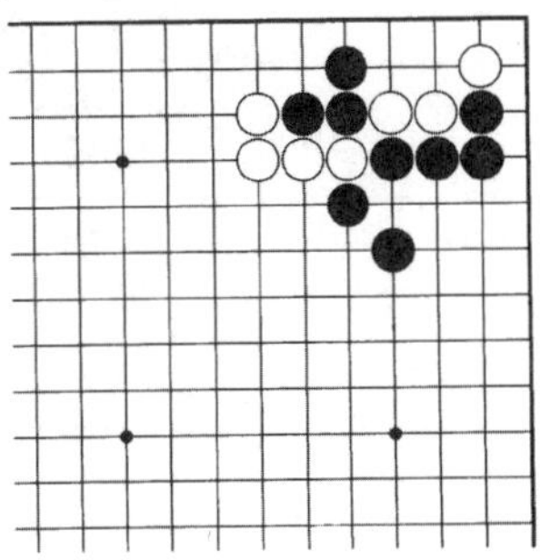

解

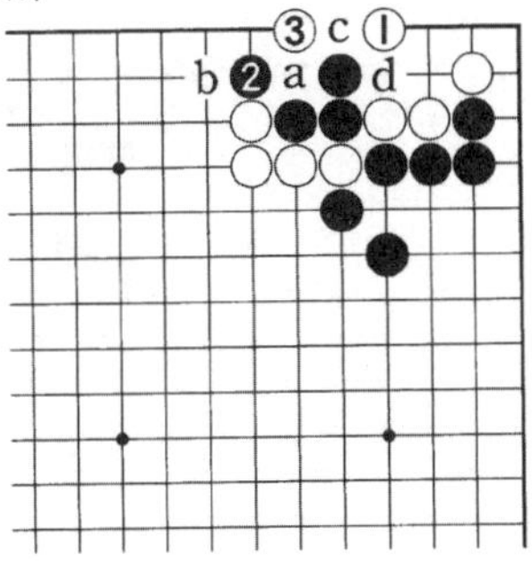

失

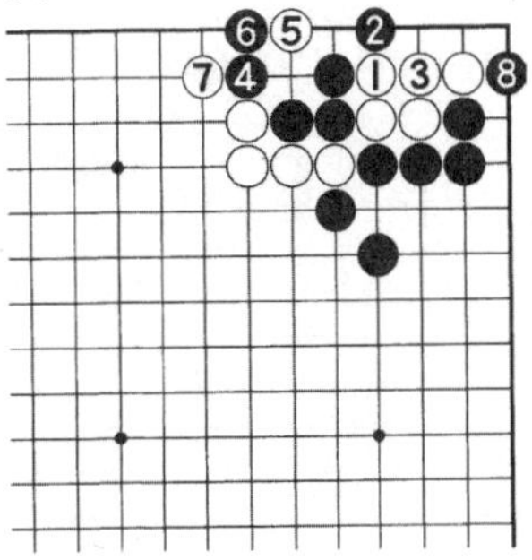

**제3형 백번**

### 연구

귀의 백과 상변의 흑 사이에 수상전이 벌어졌다.

흑의 모양에 탄력이 생기지 않도록 연구해야 한다.

### 백 승

백1의 뜀이 맥이다.

흑2로 젖히면 백3의 치중이 좋다.

이후 흑a, 백b로 백 승리.

흑2로 c는 백d.

### 흑 승

백1로 막는 것은 흑2로 단수당해서 안 된다.

흑4, 6이 수를 늘리는 좋은 수가 되고 백7 이후 흑8로 젖혀 수상전은 흑이 이긴다.

(1615)

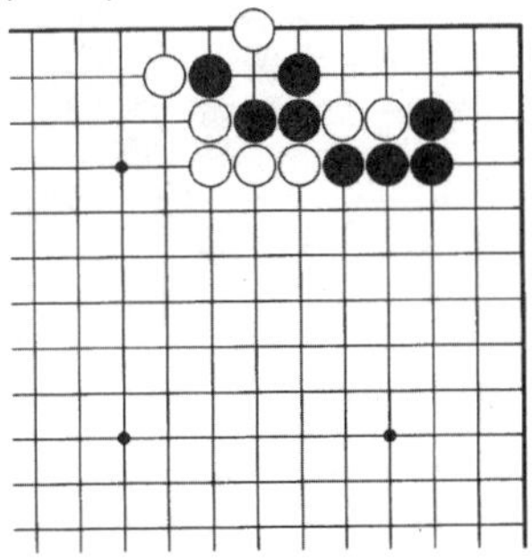

解

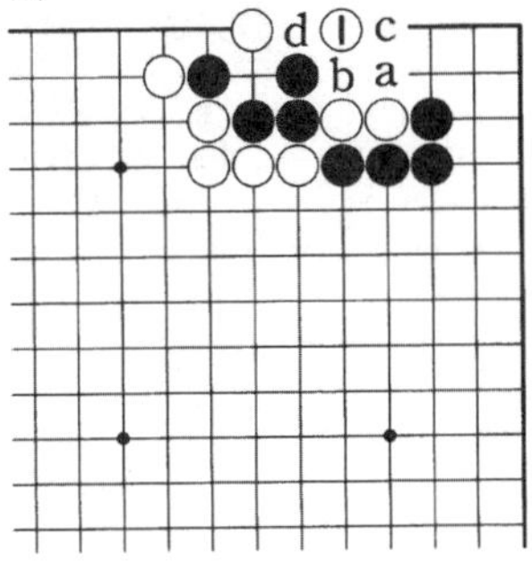

失

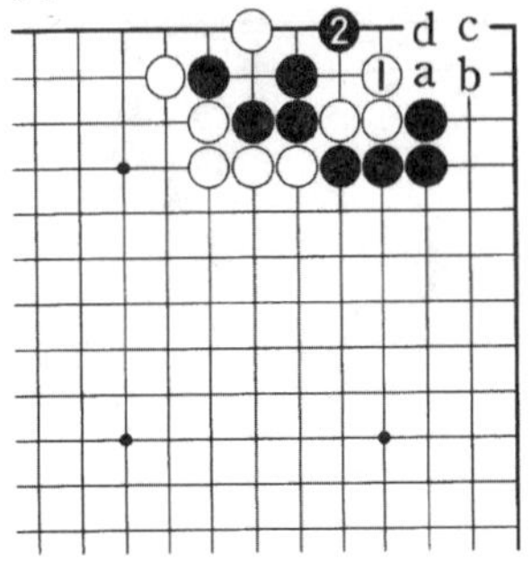

**제4형 백번**

### 기사회생

명맥이 다한 귀의 백 2점이지만 기사회생의 다음 1수는?

### 백 승

백1의 뛰는 수가 흑의 자충을 추궁하는 수이다.

이후 흑a, 백b, 흑c로 공격해도 백d로 이어 흑 3점이 잡힌다.

### 백 실패

백1로 뻗으면 흑2의 입구자가 좋은 수이다.

이후 백a는 흑b. 백c는 흑d까지.

흑2로 a는 백2로 안 된다.

(1616)

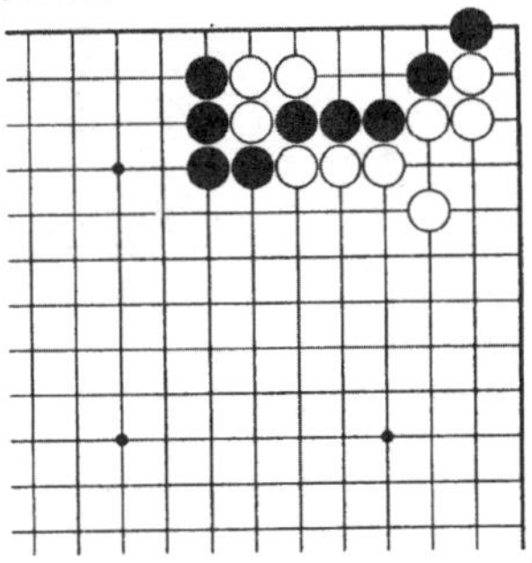

解

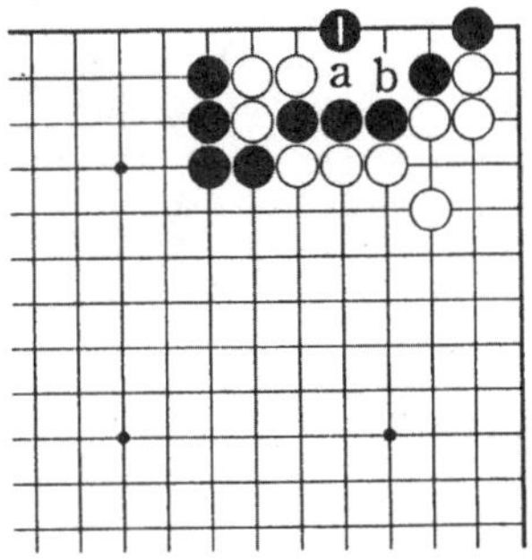

失

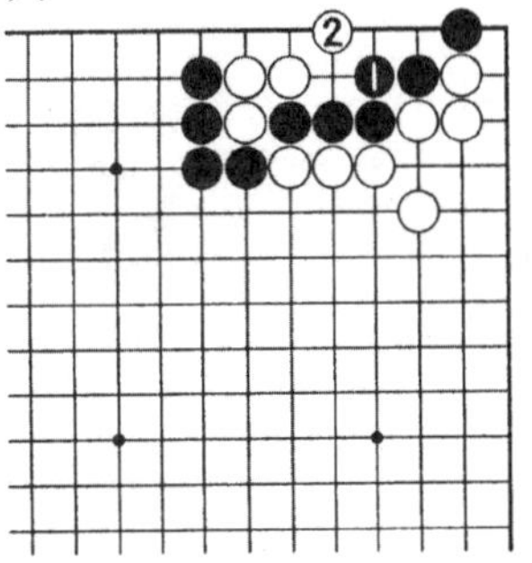

**제5형 흑번**

### 범위

상변의 수상전.

범위가 좁아도 두는 수는 제법 있다. 하지만 흑이 이기는 수는 하나뿐이다.

### 양자충

흑1의 뜀이 올바르다.

백 a로 나가도 흑b로 이어 백은 양자충.

백a로 b는 흑a. 백은 귀의 2점을 잡았을 뿐. 요석은 죽었다.

### 흑 실패

흑1로 이으면 백2의 입구자를 당해서 실패한다.

적의 급소는 나의 급소. 2의 자리가 쌍방의 급소가 된다.

(1617)

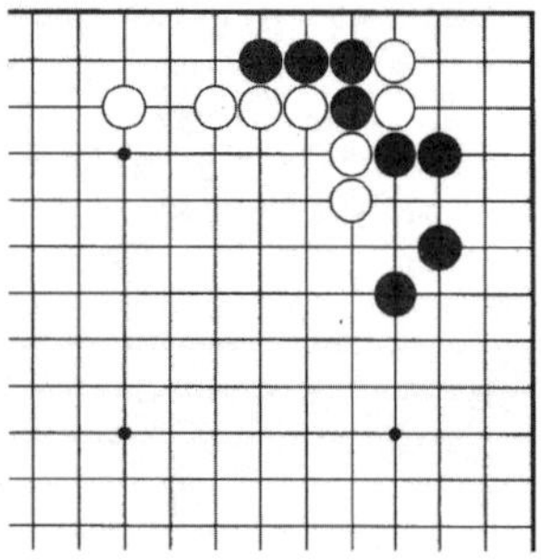

解

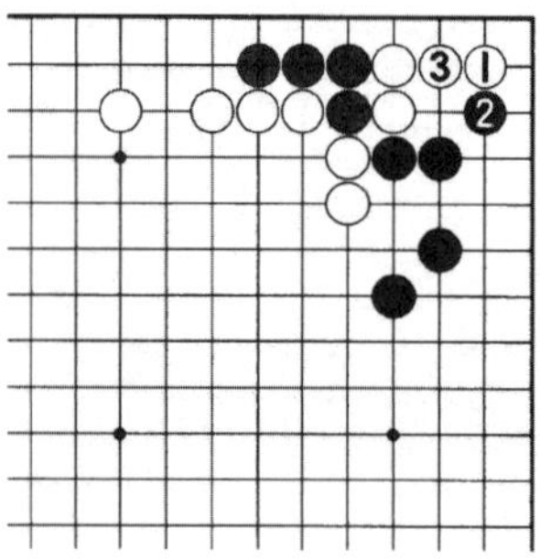

失

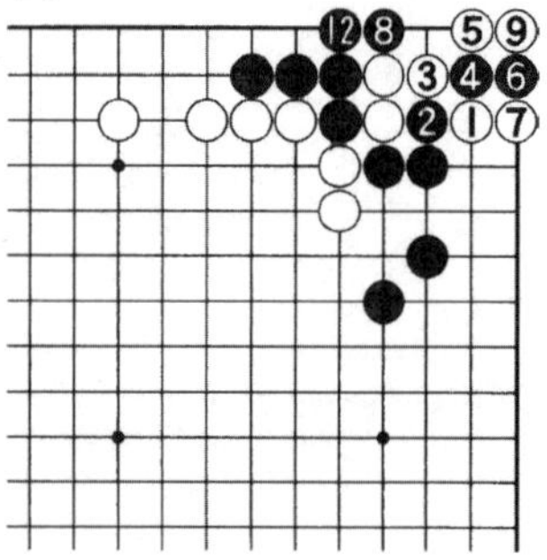

**제6형 백번**

### 활로

상변의 흑 4점과 귀의 백 2점 사이에서 수상전이 벌어졌다.
백의 모양은 공배가 꽉 찼으나 활로를 늘릴 수단이 있다.

### 백 승

백1의 한 칸 뜀이 좋은 수이다. 흑2로 입구자 붙이면 백3으로 이어 백의 수는 5수가 되어 백의 한 수 승.

### 귀삼수

백1로 뛰면 흑2, 4로 끊어 안 된다. 흑4, 6의 사석부터 12로 이어 흑이 승리한다.
※❿→❹, ⑪→❻(따냄)

(1618)

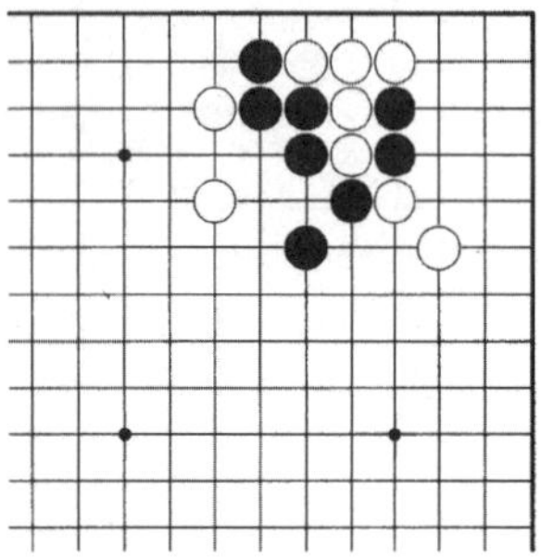

解

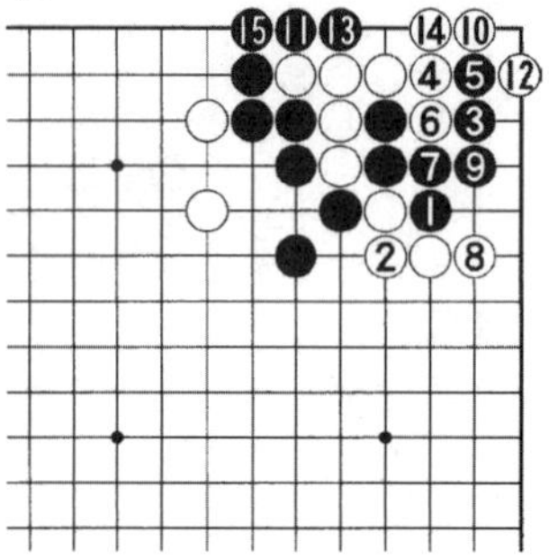

变

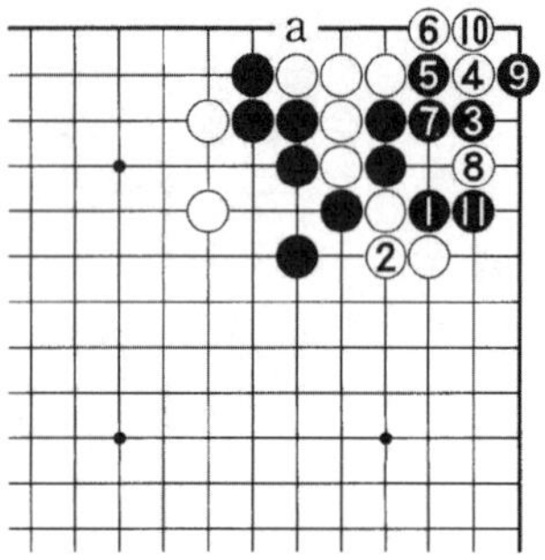

**제7형 흑번**

### 5점 잡기

우상귀의 수상전 문제.
흑 2점은 공배가 꽉 차있는 모양이지만 귀의 백 5점과의 수상전에서 이길 수 있다.

### 흑 승

흑1의 단수를 선수 활용하고 3으로 뛴 수가 좋다.
백4로 뻗으면 흑5로 막는다.
백8, 10으로 공격해도 흑은 4수여서 흑15까지 승리.

### 유가무가

백4로 붙이면 흑5로 끼워 백의 수를 줄인다. 백8로 공격해도 흑9, 11로 흑은 집이 있는 모양이다. 백8로 11은 흑a로 승리.

(1619)

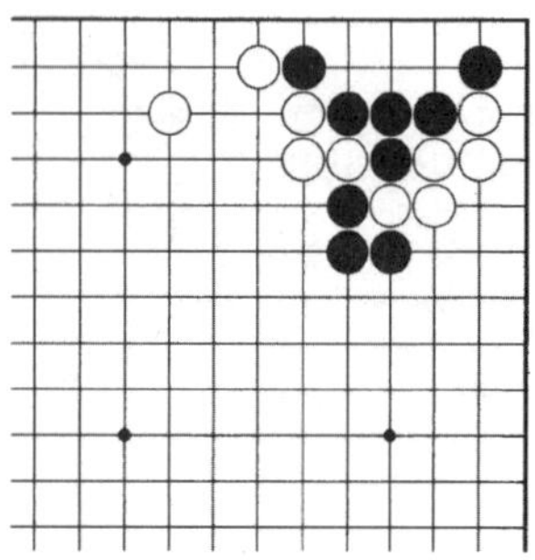

解

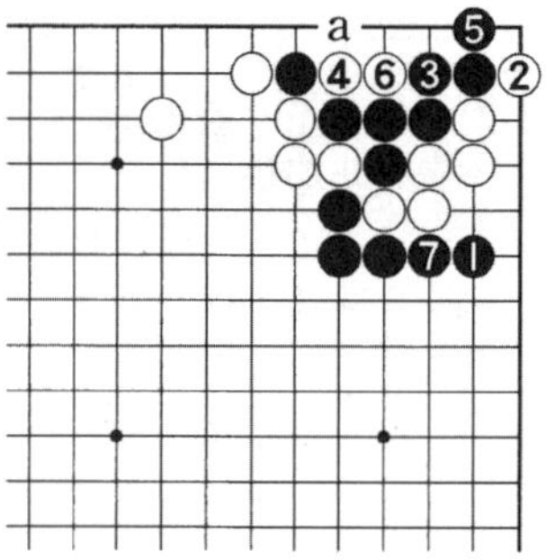

变

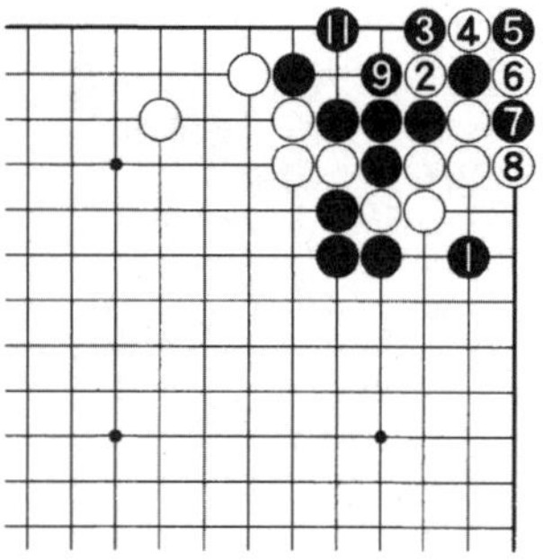

**제8형 흑번**

### 필살

우상의 전투.
귀의 흑은 살아있지 않지만 우상의 백 5점을 잡고 해결한다.
첫 수가 중요하다.

### 백 불리

흑1의 뜀이 냉엄한 맥이다.
백은 우변의 탄력을 잃었기 때문에 백2로 젖혀 흑을 공격할 수밖에 없다. 흑7 이후 백a로 패를 노려도 백이 불리하다.

### 백 잡힘

백2의 끊음은 패를 노린 수지만 흑 3 부터 9로 받아 수가 나지 않는다. 흑11로 집을 내고 흑13으로 백은 전멸한다.
※⑩→⑥(패), ⑫→④(패), ⓭→②

제9형 백번

(1620)

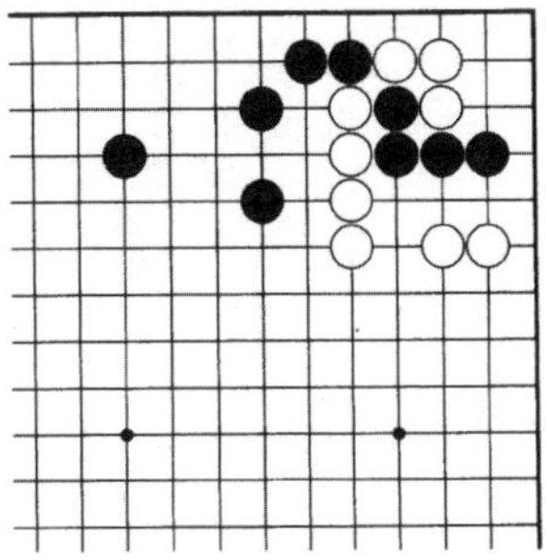

무조건

우변의 흑 4점과 귀의 백 3점 사이에서 수상전이 벌어졌다.
백은 귀의 특수성을 살리면 무조건 이길 수 있다.

解

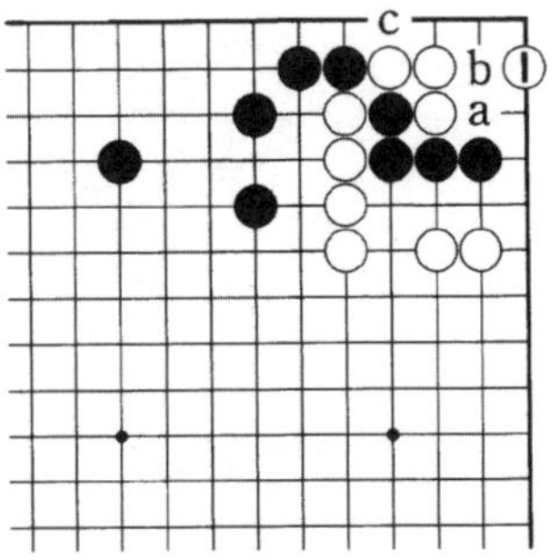


백 승

백1의 뜀이 수를 늘리는 급소이다.
2·1의 자리이기도 하다.
흑a, 백b 이후 흑이 어떻게 공격해도 흑 패.
흑a로 c는 백a로 둔다.

失

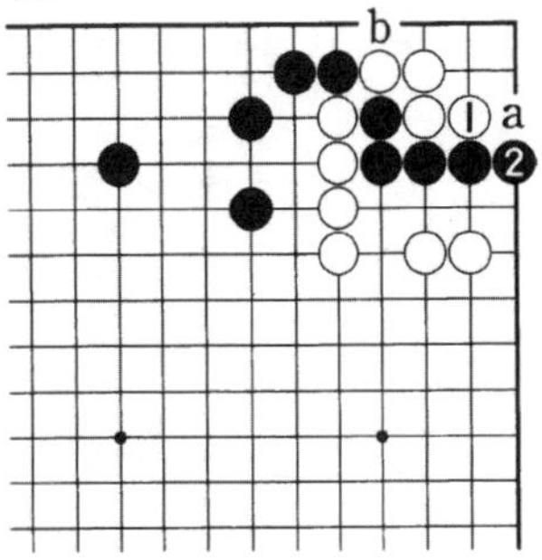


악수

백1로 집을 넓히는 것은 흑2로 내려 안 된다.
이후 백a는 흑b로 젖혀 백의 수는 3수이다. 백1은 안쪽 공배를 메우는 악수가 된다.

제10형 백번

(1621)

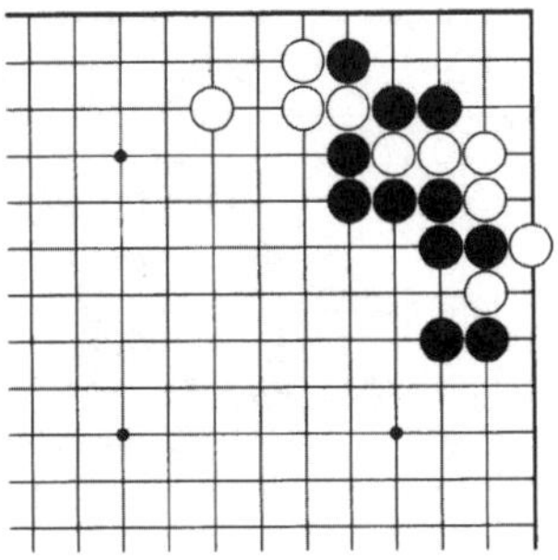

낙승

귀의 흑 3점과 우변의 백 사이에서 수상전이 벌어졌다.
귀의 흑의 탄력을 빼앗으면 백이 편하게 이길 수 있다.

解

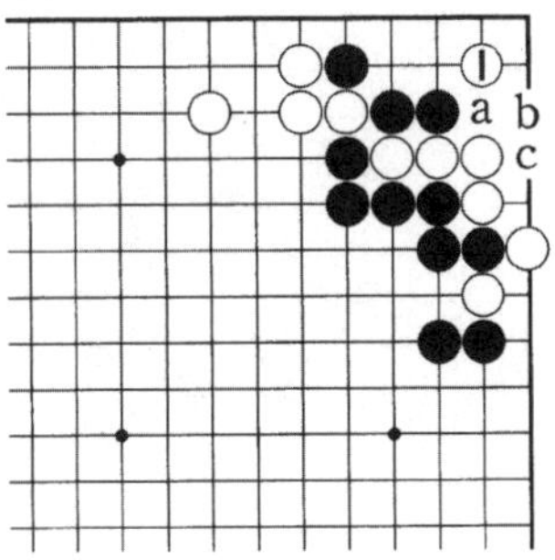


백 승

백1의 뜀이 좋은 수이다.
이후 흑a, 백b, 흑c로 촉촉수를 노려도 우변에 있는 백의 수가 길어서 흑이 이길 수 없다.

失

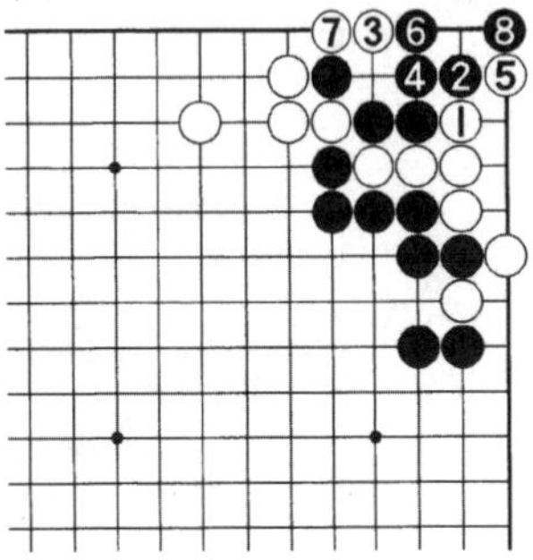


패

백1로 구부리면 흑2로 막아서 흑의 모양에 탄력이 생긴다.
백3, 5는 교묘한 공격이지만 흑6으로 막고 8로 패가 난다.

제11형 흑번

(1622)

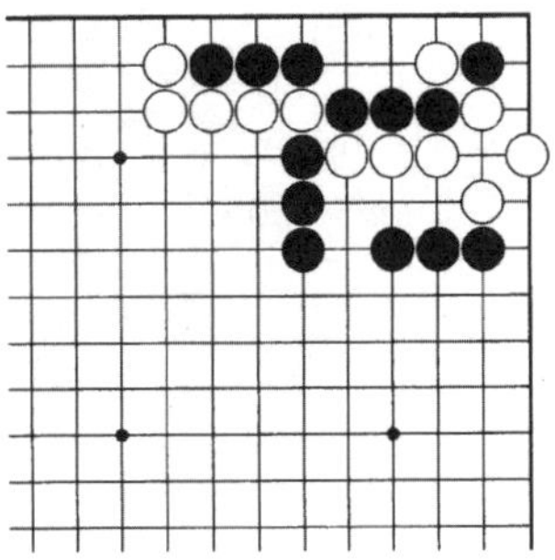

공방의 끝

상변의 흑을 살리면서 우변의 백 6점을 잡고 싶다.
패로 만들면 실패한다.

解

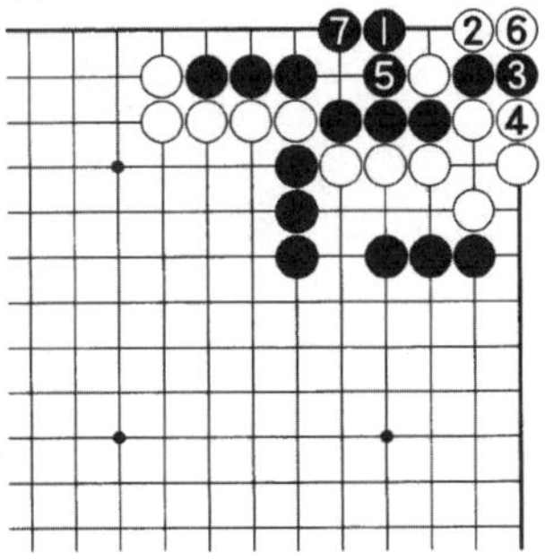


백 죽음

흑1의 뜀이 공격과 방어를 겸비한 묘수이다.
백2, 4로 귀의 2점을 잡아도 흑7로 살면 끝난다.
백은 두 집을 낼 수 없다.

失

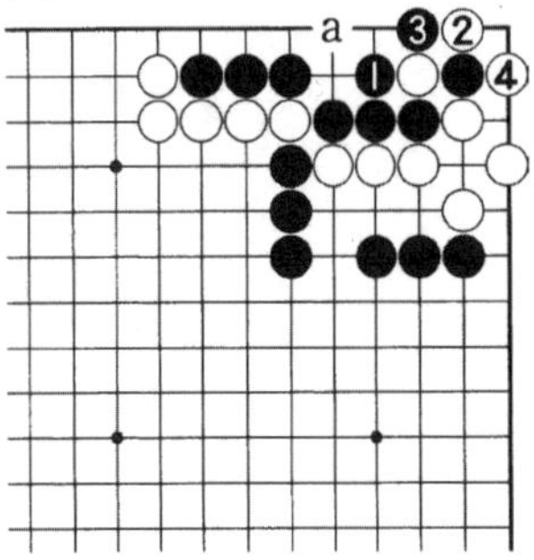


패

흑1로 단수를 쳐버리면 백2로 반격당한다.
흑3, 백4로 패가 난다. 흑a는 백이 패를 따내서 백은 귀에 집이 생긴다.

(1623)

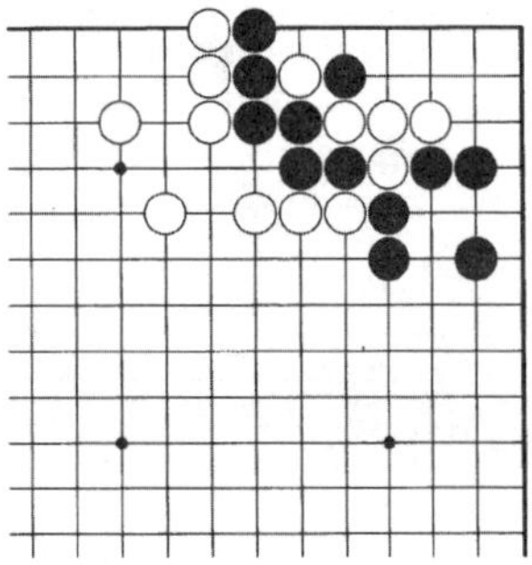

解

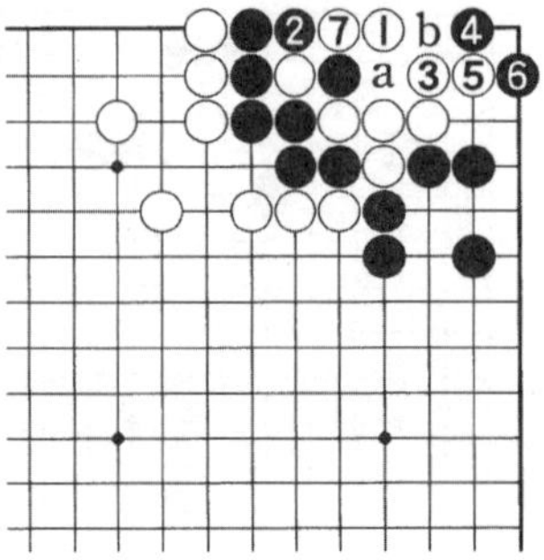

失

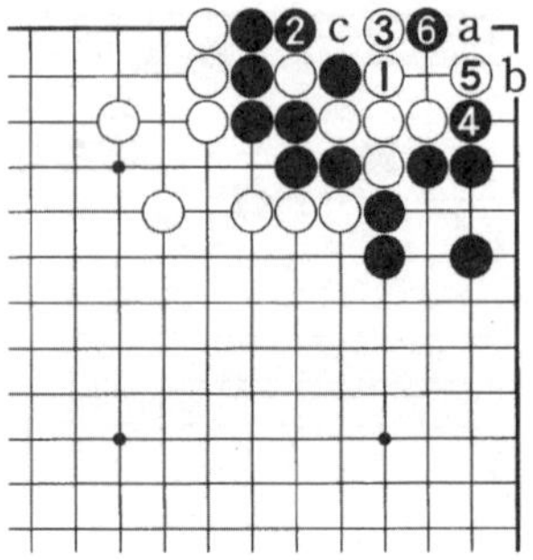

제 12 형 백번

### 탄력

수상전 문제.
상변의 흑은 백 1점을 잡았으나 완전하지 않다.
흑의 탄력을 경계하여 승리로 이끄는 맥을 찾아야 한다.

### 백 승

백1의 뜀은 흑의 탄력을 없애는 맥이다.
흑2로 따내면 백3이 좋은 수이다.
흑4, 6으로 공격해도 백7로 승리.
흑4로 a는 백b.

### 빅은 실패

백1의 단수는 흑2 이후 3으로 공격하게 되고 흑4, 6으로 빅이 된다. 다음에 백a는 흑b.
백5로 c는 흑6으로 패가 난다.

(1624)

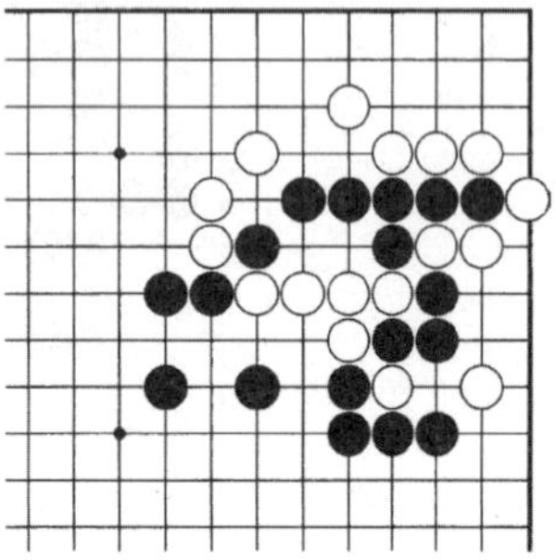

解

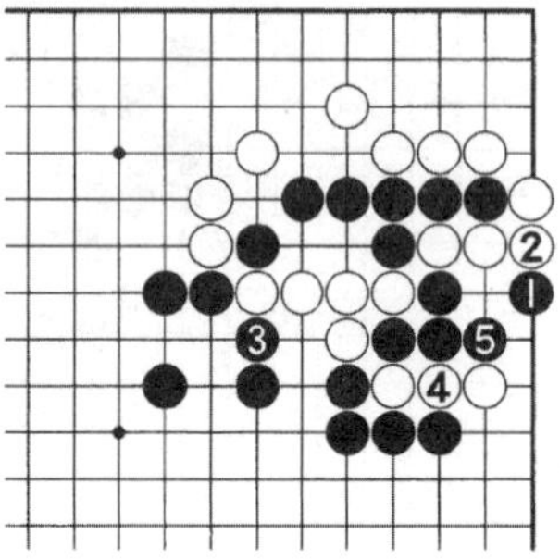

失

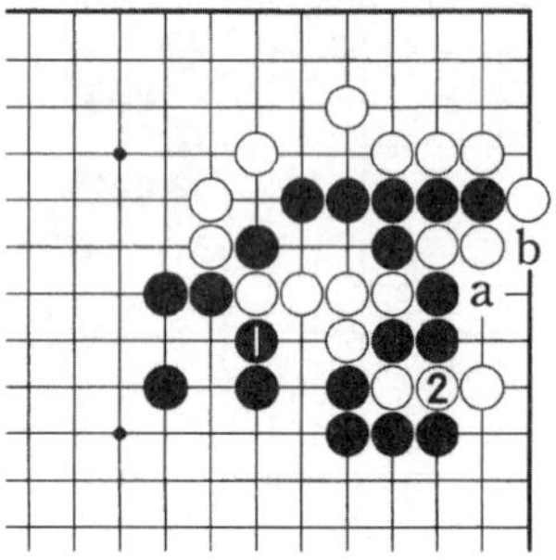

제 13 형 흑번

### 선수잡기

수상전 문제.
중앙의 흑과 백은 각각 4수로 같다.
흑이 우변의 약한 3점을 선수로 살려야만 한다.

### 백 망함

흑1의 뜀을 활용하는 수순이 중요하다.
백2 이후 흑3으로 중앙의 백을 공격하고 백4로 이으면 흑5로 받아 우변과 중앙의 백을 잡는다.

### 흑 패배

흑1로 공격하면 백2로 실패한다.
우변의 흑 3점이 자충으로 살릴 수 없다.
흑a는 백b로 수가 늘어나지 않는다.

(1625)

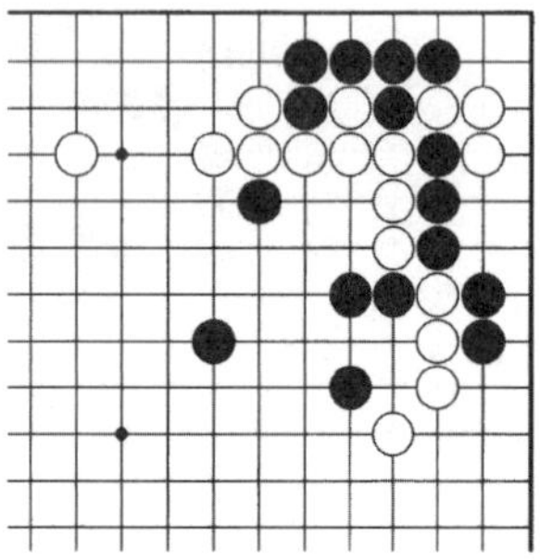

解

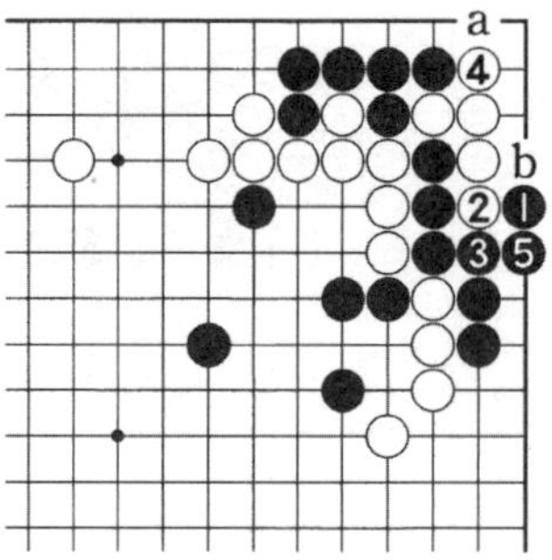

失

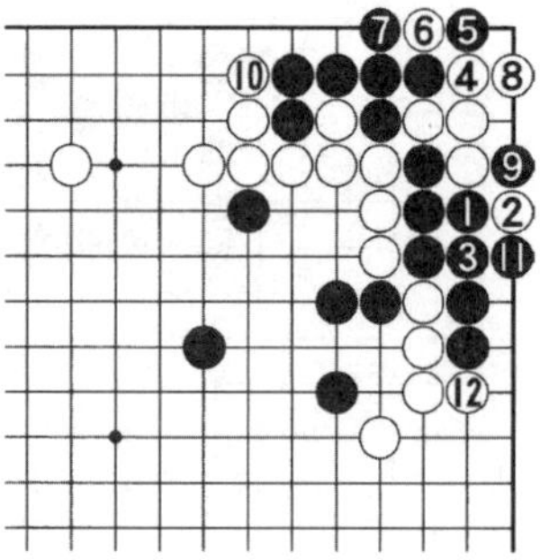

제 14 형 흑번

### 연구

우상귀는 수상전 중이다.
백 3점을 공격하는 방법이 어렵다.
우변과 상변의 흑이 자충이 되는 것을 막아야 한다.

### 흑 승

흑1의 뜀이 맥이다.
백2로 흑의 집을 부수고 4로 귀를 밀면 흑5의 이음이 급소이다. 백a는 흑b로 흑 승리한다.

### 흑 패배

흑1로 막으면 백2로 단수쳐서 백의 모양에 탄력이 생긴다.
상변은 백6으로 먹여쳐서 수가 메워져 백12까지 양자충.

(1626)

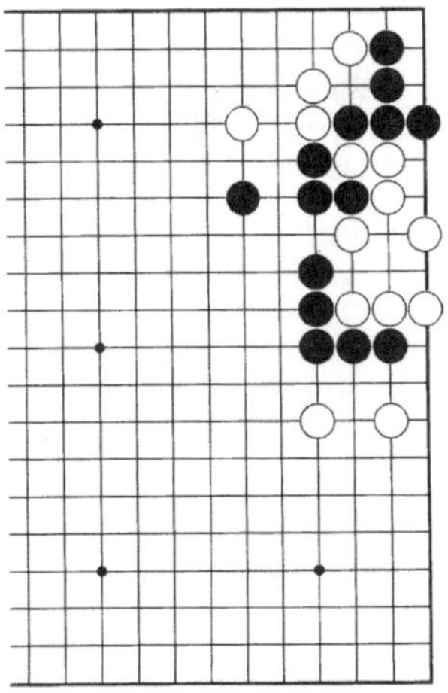

解

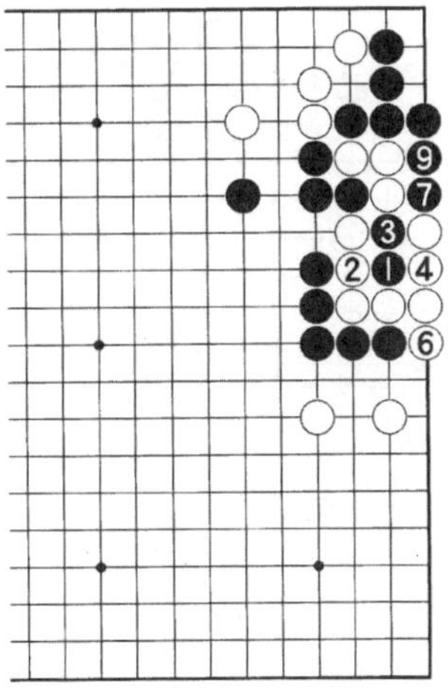

変

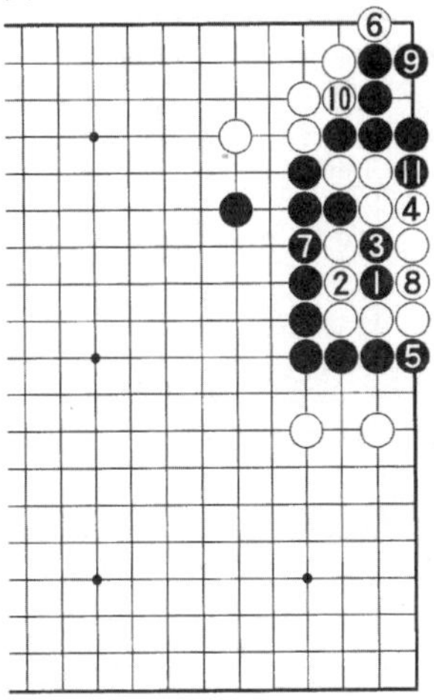

제15형 흑번

## 공격하여 잡다

우변의 전투

귀의 흑은 한 집. 흑은 우변의 백을 공격하여 잡아야 하지만 단순히 백의 건넘을 막는 것으로는 실패이다. 백을 자충으로 이끄는 맥을 찾자.

## 촉촉수

흑1로 백집에 뛰어든 뒤 3으로 자살수를 두어 백을 자충으로 만든다. 백4 이후 흑5로 먹여쳐서 옥집을 노리고 백6으로 일부를 살리면 흑9로 촉촉수이다.

※❺→❸(먹여치기), ⑧→❶(따냄)

## 흑 승

백4의 이음은 흑의 조임을 막는 변화이다.

흑5로 막아 우변의 백은 한 집뿐이다.

백6부터 귀의 흑과 수상전이 되지만 흑11까지 흑 승.

(1627)

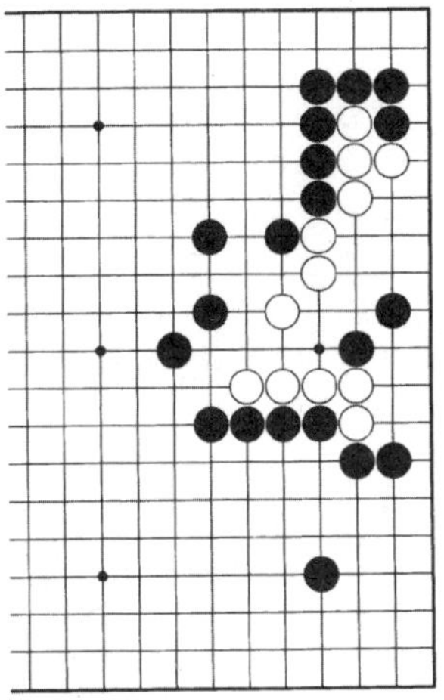

解

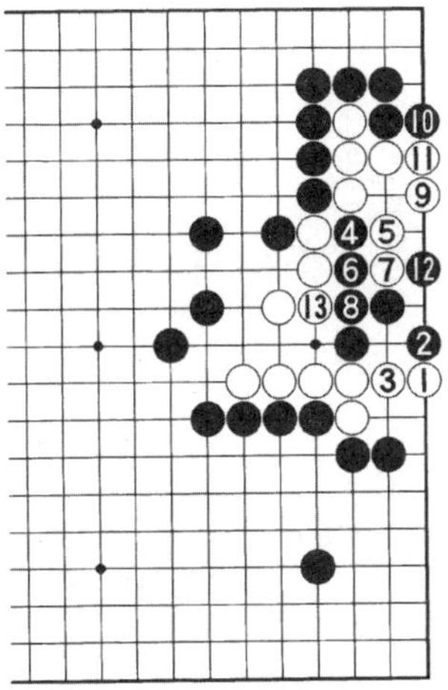

変

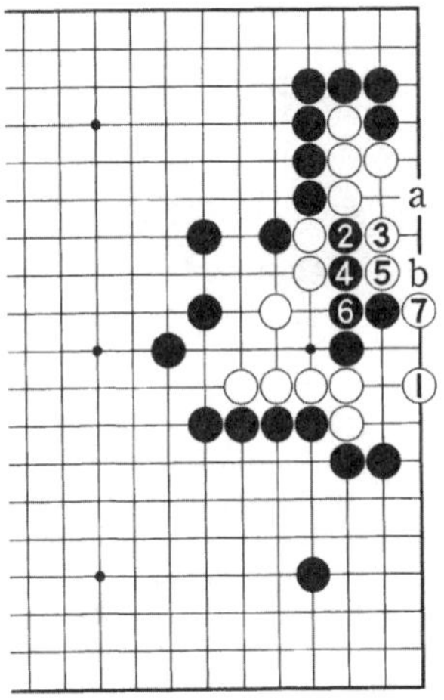



제16형 백번

## 일석이조

우변의 전투.

흑 2점은 우변의 건넘과 우상의 백 4점에 대한 공격을 맞보기로 하고 있다. 백은 양쪽을 한 수로 지키는 일석이조의 묘수를 찾아내야 한다.

## 백 승

백1의 뜀이 좋은 수이다. 흑2의 입구자붙임은 4로 끊기 전의 활용이지만 백3과 교환하여 흑의 공배를 메웠다. 흑4의 끊음에 백5부터 9로 집을 내고 백13까지 유가무가로 백 승.

## 건넘

흑2로 끊으면 백3과 5로 단수치고 7로 젖혀 우변으로 건너갈 수 있다. 백7로 a는 흑b로 수상전에서 백이 진다.

제1형 백번

(1628)

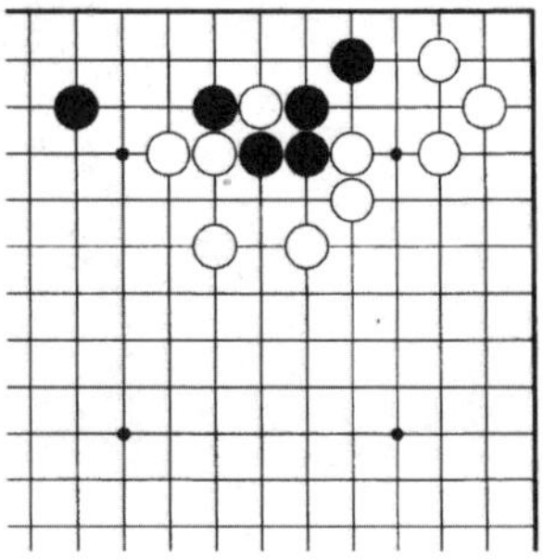

### 필살기

백 1점을 잡고 탄력이 있는 것 같은 흑의 모양이지만 백에게 급소를 당하면 순식간에 잡히고 만다.

解

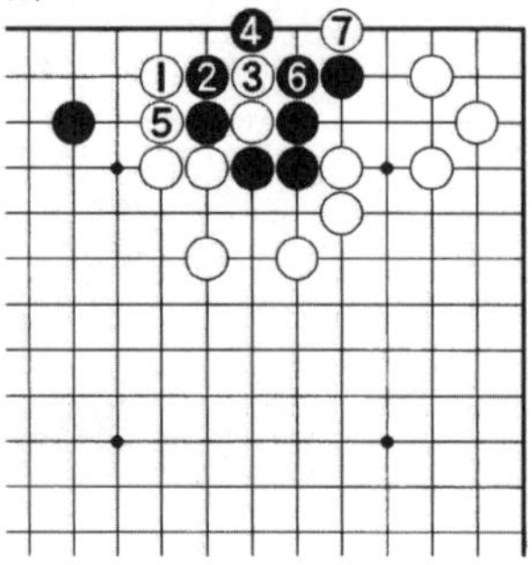

### 흑 죽음

백1의 뜀이 맥이다.
흑2로 막으면 백3으로 키워죽이는 것이 교묘하다.
백5의 단수를 선수로 활용하고 7로 집을 빼앗아 흑이 죽는다.

失

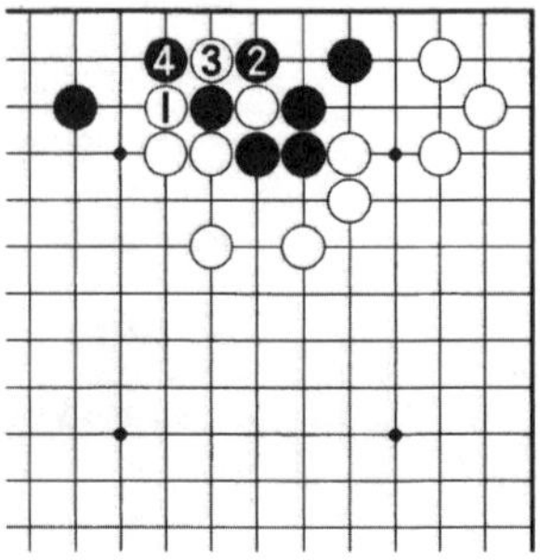

### 백 실패

백1로 단수치면 흑2로 따내서 실패한다.
백3으로 4는 흑3으로 산다.
백3은 흑4로 끊고 패가 난다.

제2형 백번

(1629)

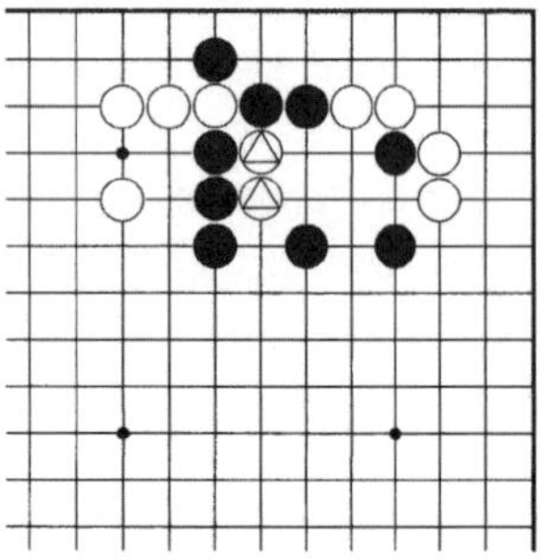

### 연결하다

백◎ 2점은 흑에게 포위되어 있다. 우상과 연결하면 상변에 있는 흑 3점을 잡을 수 있다.

解

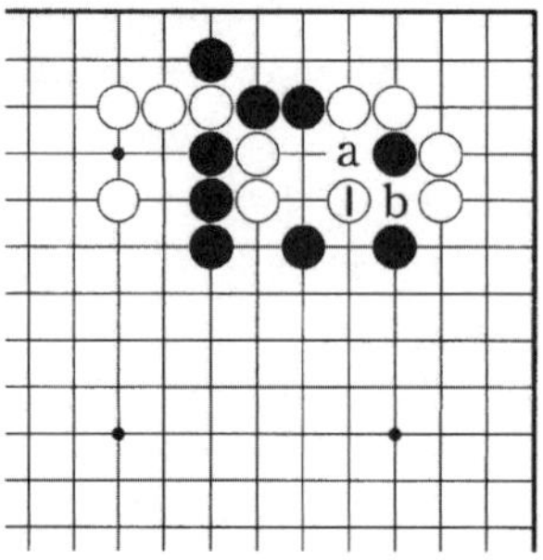

### 잡을수 없다

백1의 뜀이 맥이다.
흑a로 나가면 백b로 단수이다.
흑b는 백a로 잇는다. 흑은 어떻게 해도 백 2점을 잡을 수 없다.

失

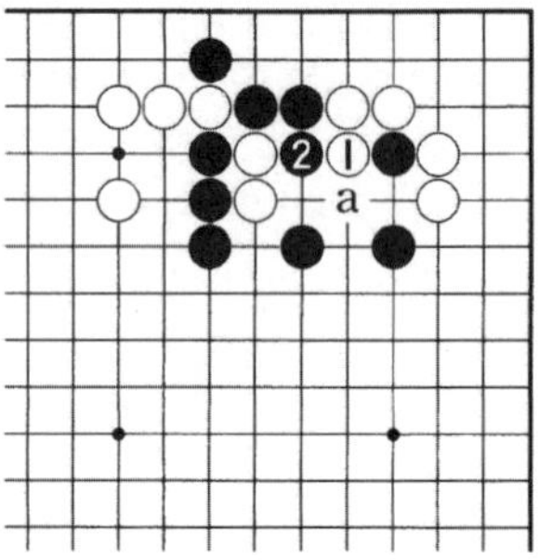

### 틀린 맥

백1로 나가면 흑도 2로 나가서 실패한다.
백1로 2에 두어도 흑1로 끊어 가운데 흑 2점을 잡을 수 없다. 1과 a는 한 줄 차이가 틀린 맥이 된다.

제3형 흑번

(1630)

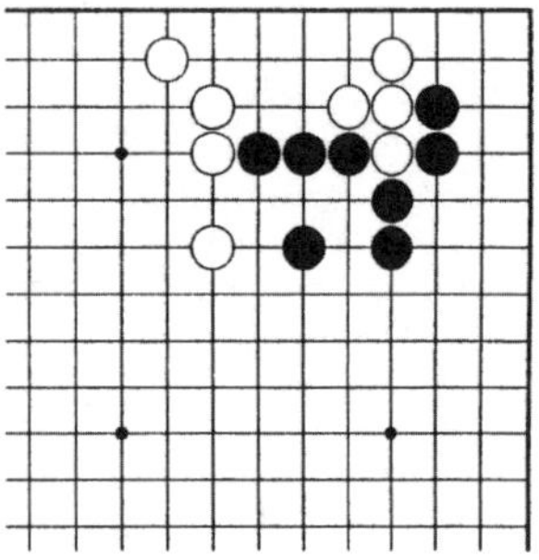

### 연결불비

귀와 상변에 있는 백의 연결은 확실한가?
백이 공배가 꽉 찬 점을 추궁하여 패를 내면 성공이다.

解

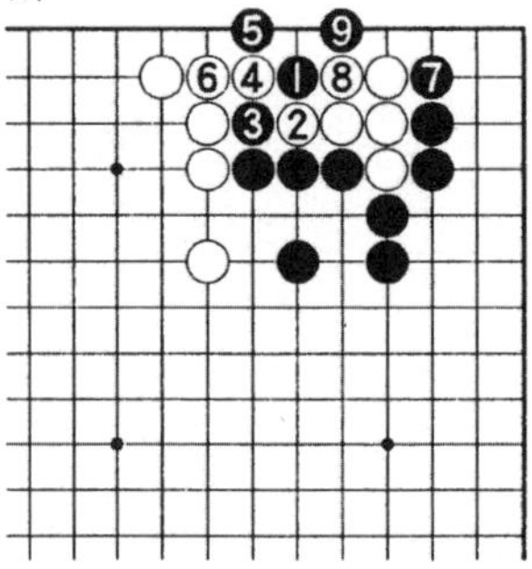

### 패

흑1의 뜀이 맥이 될 곳.
백2, 4로 끊은 뒤 흑5로 단수를 활용하고 흑7부터 9로 공격해서 패가 난다.

変

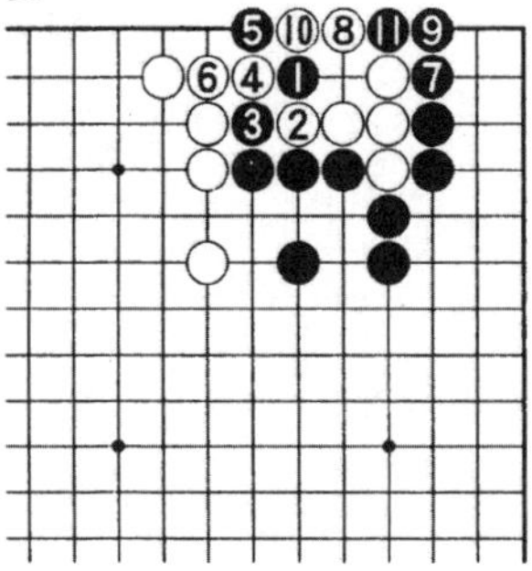

### 환격

흑7의 막음에 백8의 입구자는 패를 막으려는 수지만 흑9, 11로 바깥에서 공격당해서 안 된다. 백 5점은 살릴 수 없다.

(1631)

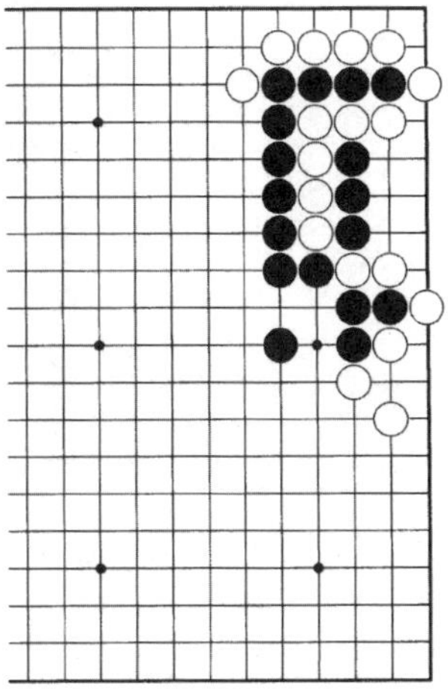

**제4형 흑번**

## 지중수

우변의 전투.
백집은 흑 3점을 잡으면 20집 이상이 된다.
그러나 한쪽이 무너지면 확 줄어버린다.
어떻게 두어야 손에 넣을까?

解

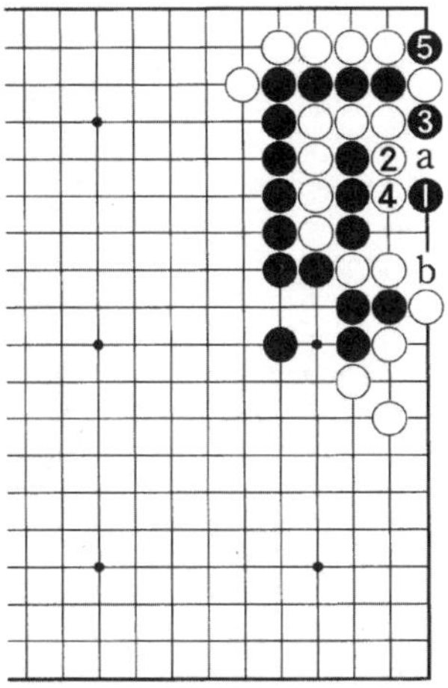

## 깨뜨리다

흑1의 뜀이 맥이다. 백2로 흑 3점의 공배를 메우면 흑3으로 먹여쳐서 우변을 무너뜨려서 백집을 10집 이상 줄었다. 백4로 a는 흑4로 촉촉수이다.

変

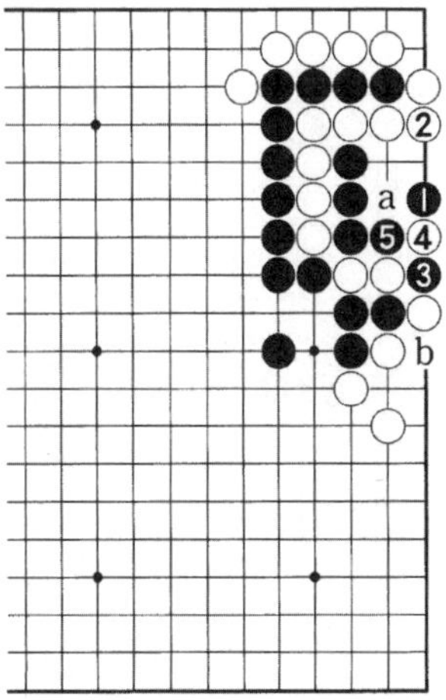

## 촉촉수

백2로 이으면 흑3으로 먹여치고 흑5로 단수쳐서 촉촉수이다.
백2로 5에 나가면 흑3, 백a, 흑b로 따낸다.

(1632)

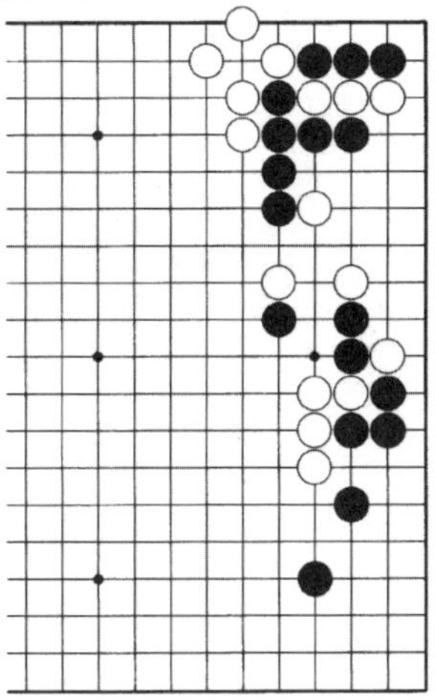

**제5형 백번**

## 옑음

우상의 백 3점을 잡히고 우변도 둘로 나뉘어서 백은 산산조각이 되었으나 흑의 옑음을 추궁하면 중앙을 연결할 수 있다.

解

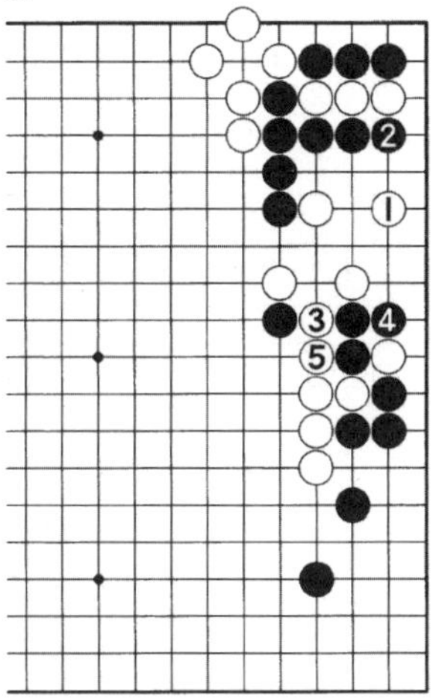

## 중앙연결

백1의 뜀을 활용해두고 싶다.
흑2 이후 백3의 끼움이 냉엄하다.
흑4와 백5로 위아래를 연결한다.
백2로 건너가면 귀가 부활하여 우변의 손해는 크게된다.

変

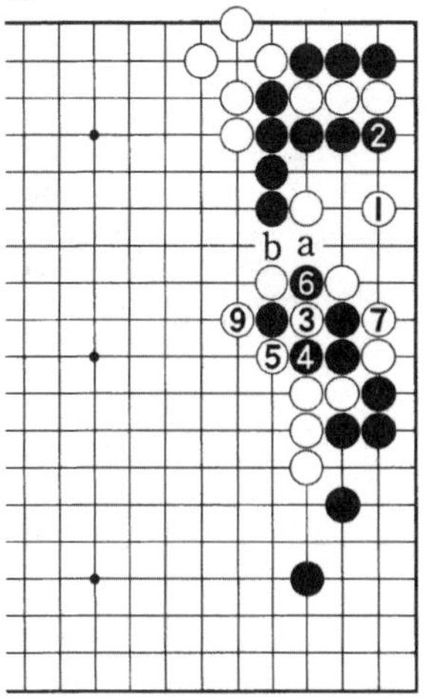

## 축

흑4로 저항하면 백5로 끊는다. 흑6을 7에 두면 백의 빵때림이고 흑6은 기세.
그러나 백7로 3점이 죽는다. 백9 이후 흑a는 백b로 축.
※❽→③

**제6형 백번**

(1633)

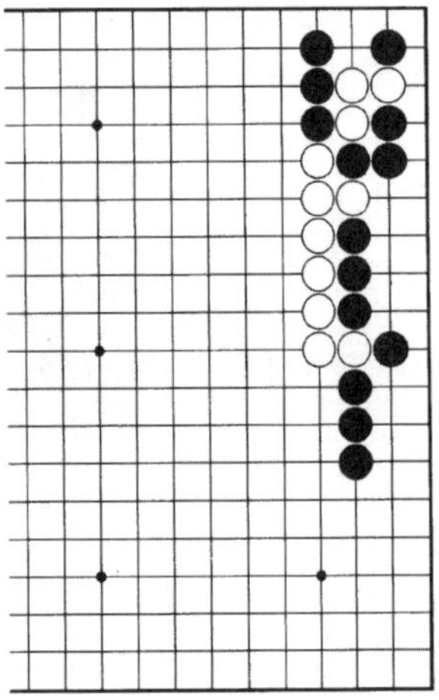

## 더욱 냉엄하다

흑의 모양은 우변에 구멍이 나 있다. 백은 우변을 무너뜨릴 뿐만 아니라 좀 더 매섭게 공격하여 흑돌의 일부를 잡고 싶다.

解

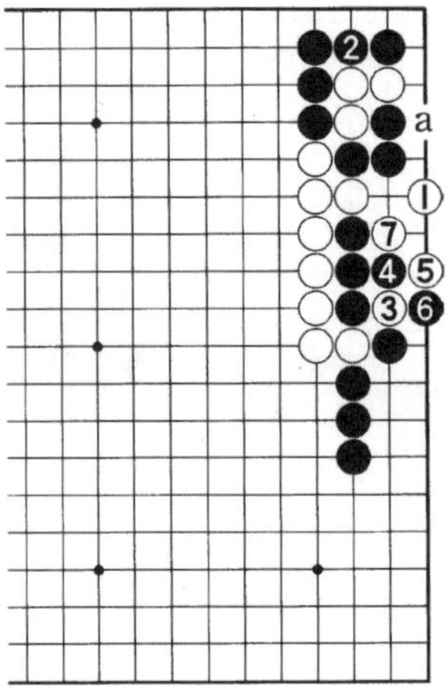

## 패

백1의 뜀이 날카롭다.
다음에 백a로 젖히면 귀의 백 3점을 살려 반대로 흑 3점을 잡는다.
흑2라면 백3으로 끊고 5와 7로 패가 난다. 촉촉수를 노린다.

变

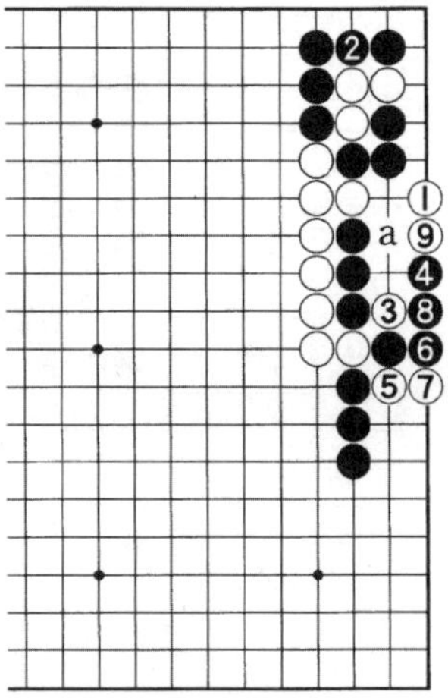

## 전멸

백3의 끊음에 흑4의 뜀이 맥인 것 같지만 맥이 아니다.
백5로 끊고 9까지 계속 단수쳐서 흑이 전멸한다. 백5로 6에 단수치고 흑5, 백a로 두어도 환격으로 흑을 잡는다.

**제7형 백번**

(1634)

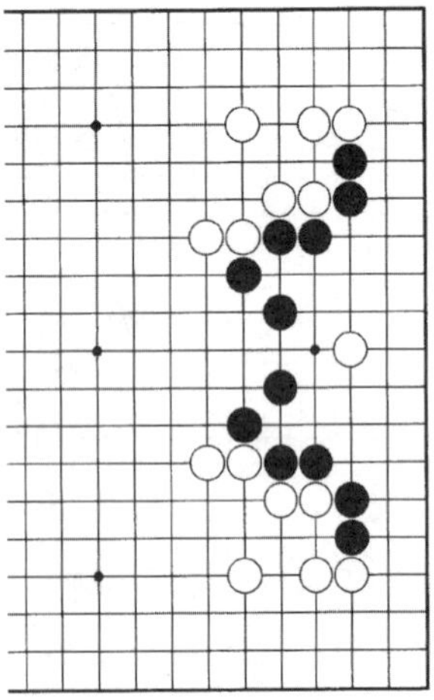

## 수상전

위아래가 같은 모양이다.
우변 의 흑집에 수를 내고 싶다.
위 또는 아래 한쪽의 흑 2점을 잡을 수 있을까?

解

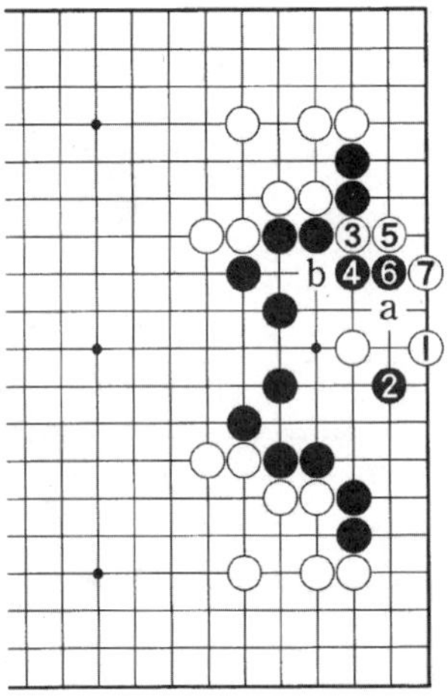

## 한 칸 뜀

백1의 뜀이 좋은 수이다. 위아래양쪽을 노리는 맥이다.
흑2로 우하를 지키면 백3으로 끊어 우상의 약점을 추궁한다. 백7까지 백의 수가 늘어 수상전은 백이 승리한다. 이후 흑a는 백b의 끊는 것이 효과적이다.

变

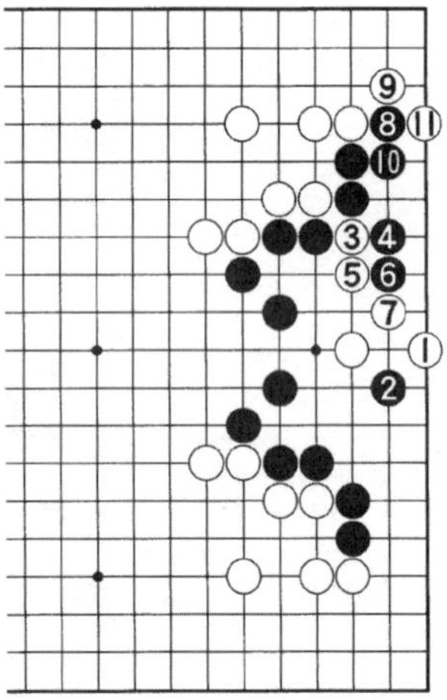

## 백 승

흑4로 단수쳐서 우상에 집을 내면 백5, 7로 받아 수가 늘어난다.
흑8, 10 이후 백11로 공격하여 백의 승리. 흑의 수가 늘지 않는다.

제8형 흑번

(1635)

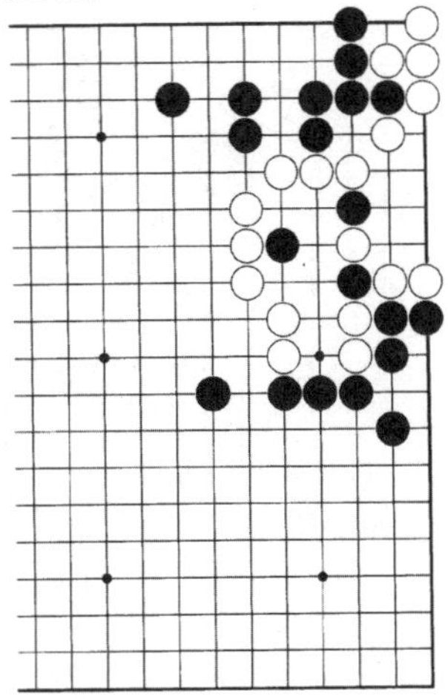

## 4점 잡기

우상의 전투.
흑 3점을 잡고 있는 백집에서 수를 내야 한다. 흑은 우상귀의 백 4점을 잡으면 충분하다.
백이 저항하면 중앙의 집이 무너진다.

解

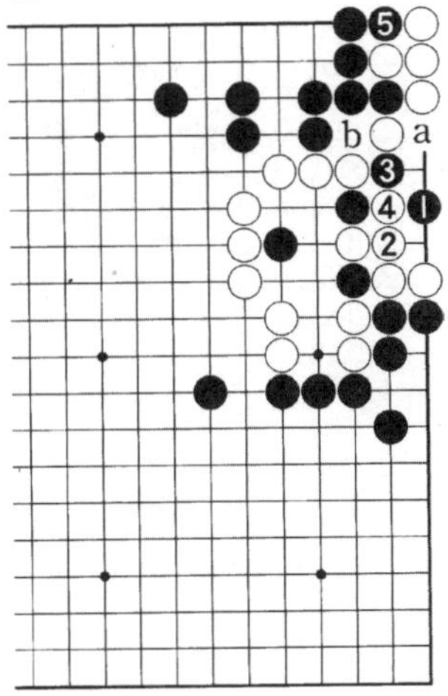

## 환격

흑1의 뜀이 맥이다.
백2로 우하의 약점을 지키면 흑3으로 찝어 귀의 백 4점을 잡는다. 백4는 흑5. 백a로 이으면 흑b로 환격.
백4로 b는 흑a로 패가 난다.

変

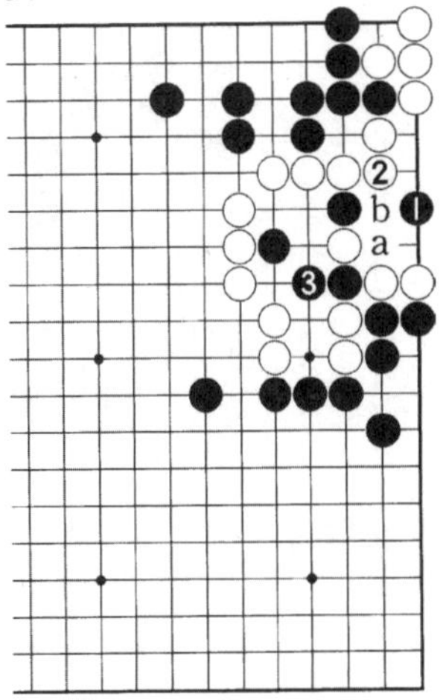

## 백 큰 손해

백2로 귀를 지키는 변화.
흑3으로 나가서 백 2점이 잡힌다.
백a는 흑b, 백a로 b는 흑a.
중앙의 백집이 사라져서 정해도보다 큰 손해를 본다.

제9형 흑번

(1636)

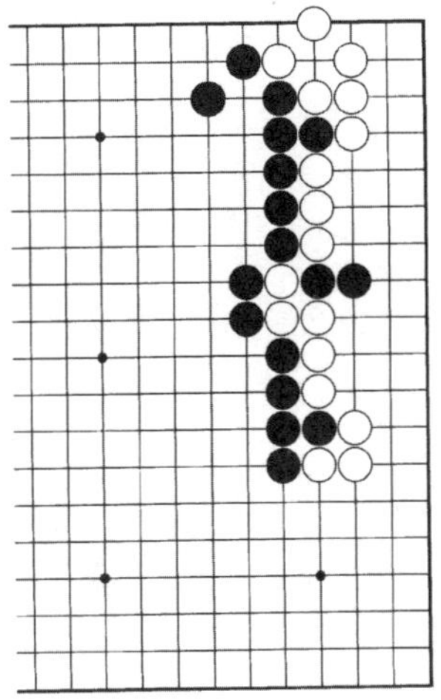

## 괴멸

우변의 흑 2점의 활력을 살리고 싶다.
이 흑이 부활하려면 끊고 있는 백을 잡아야 한다.
그러면 백집이 괴멸한다.

解

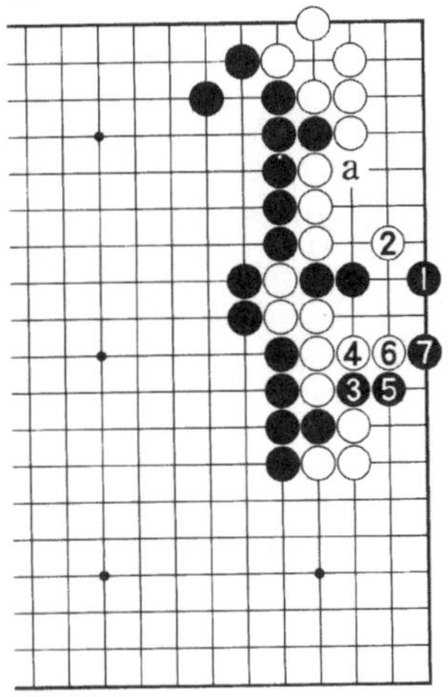

## 양 노림

흑1의 뜀이 좋은 수
위아래 백은 모두 3수밖에 안 된다.
흑1은 a와 3의 양쪽의 끊는 것을 노리고 있다.
백2라면 흑3 부터 7까지 받는다.

失

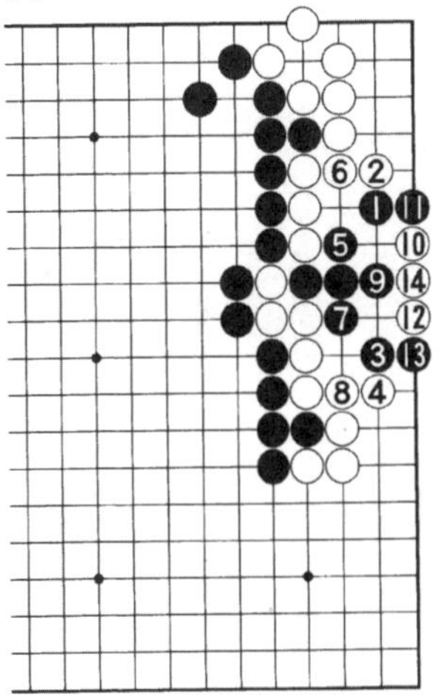

## 흑 잡힘

흑1, 3은 백의 자충을 추궁하는 급소지만 이 경우에는 무리.
백2, 4로 받은 후 흑은 우변의 집을 넓혀서 살려 하지만 궁도가 좁다.
백14까지 흑 실패한다.

(1637)

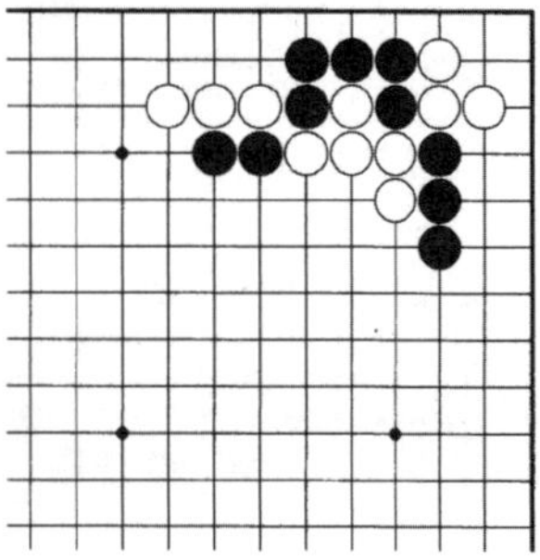

**제10형 흑번**

## 중앙을 잡다

상변의 흑 5점과 귀의 백 3점 사이의 수상전은 흑이 불리하다. 흑은 중앙의 백 5점을 잡고 상변을 살려야 한다.

解

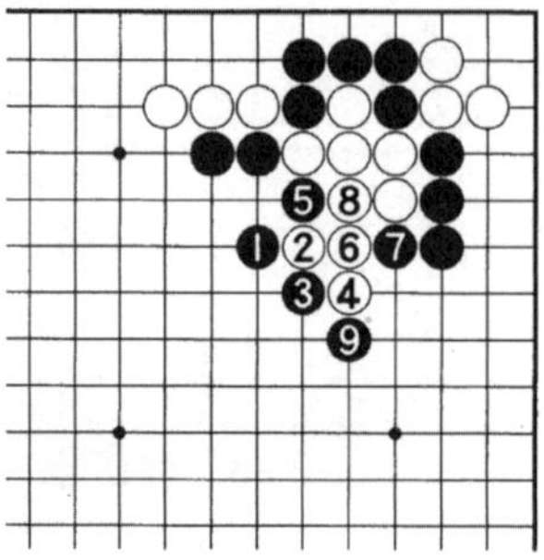

## 축

흑1의 뜀이 좋은 수이다.
백 5점의 도주로를 향해 크게 그물을 친 수로 백2, 4로 도망치면 흑5부터 9로 축으로 몬다.

失

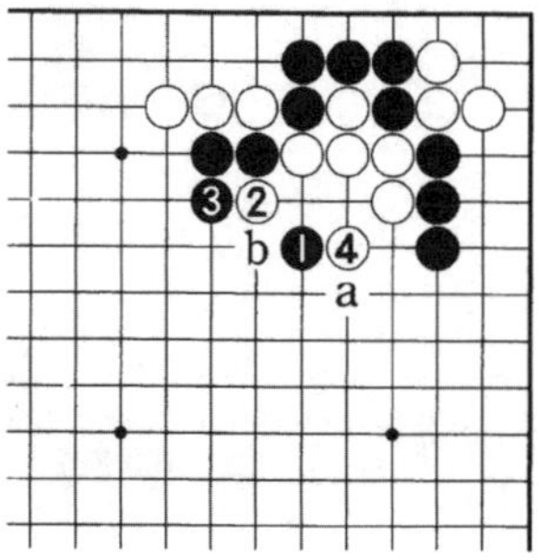


## 백 유리

흑1의 날일자는 백2로 반격당해서 안 된다.
흑3 이후 백4로 입구자 붙여 a, b 두 곳에 출구가 생긴다.

(1638)

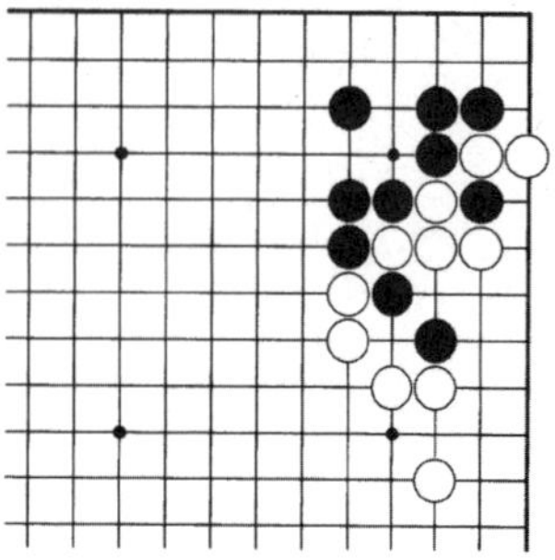

**제11형 흑번**

## 큰 이익

실전에서는 이대로 백집으로 볼 것 같다.
하지만 맥을 이용하면 큰 이익을 얻을 수 있다.

解

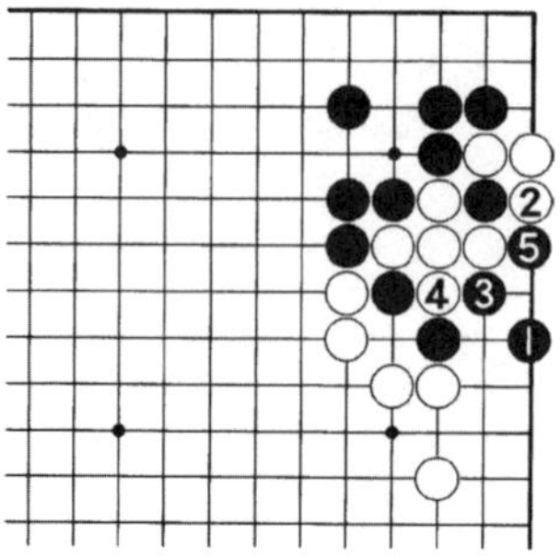

## 침착하게

침착하게 흑1로 뛴 수가 멋지다. 백2로 때려내면 깔끔한 것 같지만 흑3, 5로 패로 끌고 갈 수 있다.

失

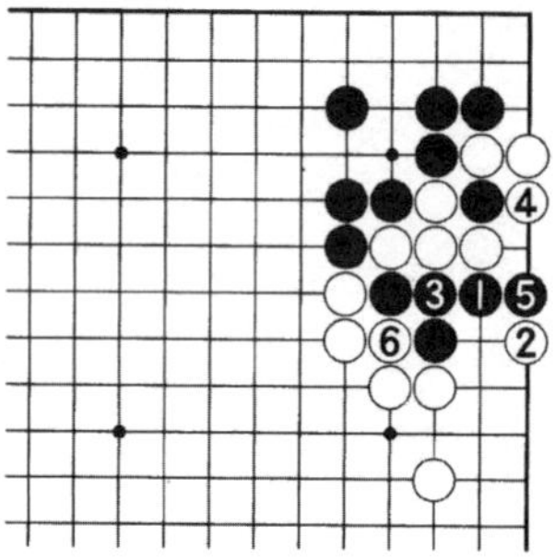

## 유가무가

흑1은 실패한다. 적의 급소는 나의 급소라고 백2에 두면 유가무가 모양이 된다.
흑1로 5는 백4, 흑1, 백2, 흑3, 백6.

(1639)

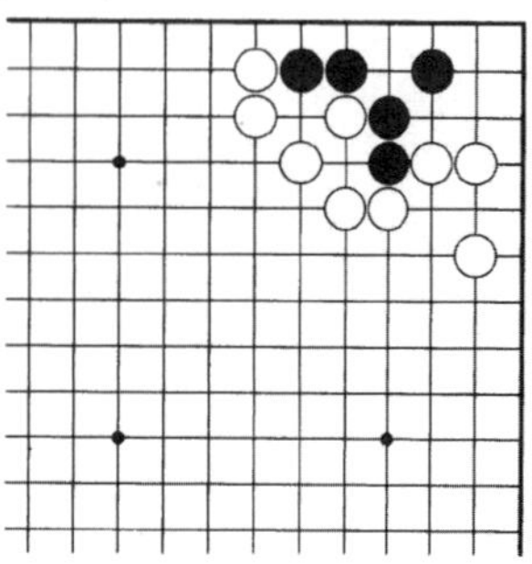

**뜀 사활(삶) 제1형 흑번**

## 넓히다

사활 문제.
상변만으로 사는 것은 어려운 모양이다. 귀로 궁도를 넓혀 분리된 두 집을 낼 급소를 찾아야 한다.

解

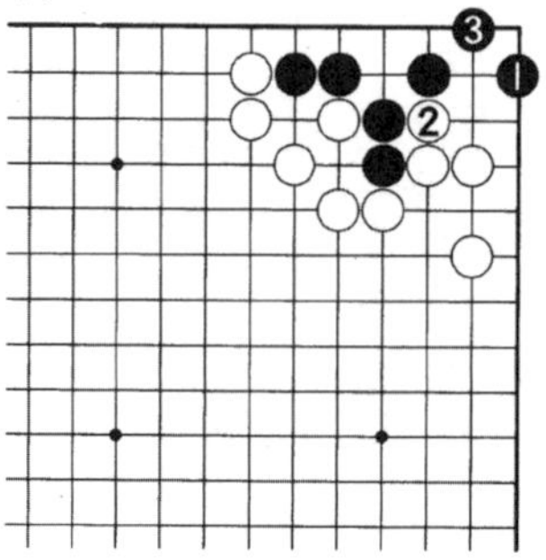

## 흑 삶

흑1의 뜀은 2 · 1의 맥이다.
귀에 집을 최대한 넓힌 모양이 되어 백2에는 흑3으로 산다.

失

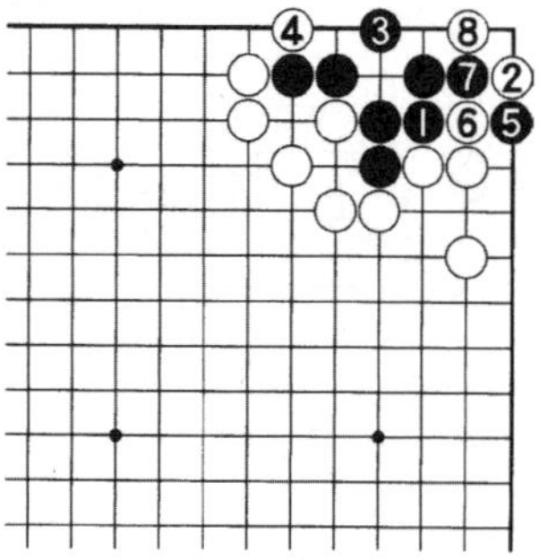

## 패

흑1로 상변을 넓히는 것은 백2로 귀를 빼앗겨서 흑집이 좁아진다.
흑3으로 집을 내도 백4부터 8로 패를 할 수밖에 없다.

**제2형 흑번**

(1640)

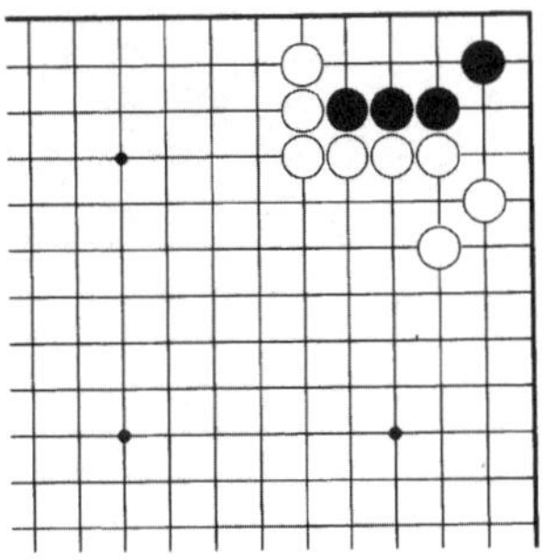

## 강한 모양

사활 문제.
상변의 뒷문이 열리지 않게 지켜 집을 넓혀야만 살 수 있다.
자충에 가장 강한 모양의 급소를 찾아야 한다.

解

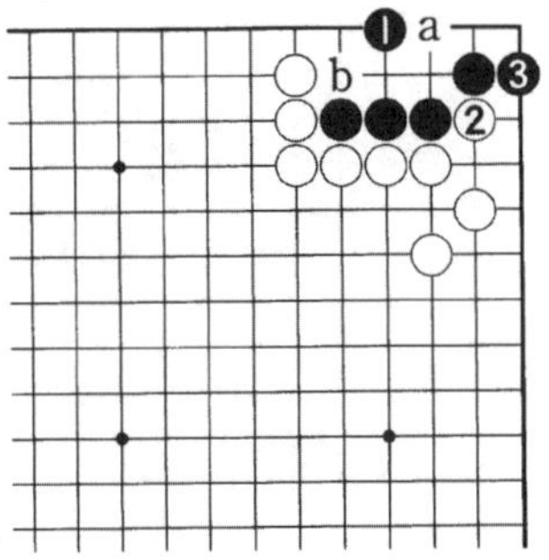

## 흑 삶

흑1의 뜀은 흑 3점을 지키는 급소이다.
백2로 찝어 자충을 노려도 흑3으로 내려서서 살 수 있다.
백a에는 흑b로 집을 넓히면 된다.

失

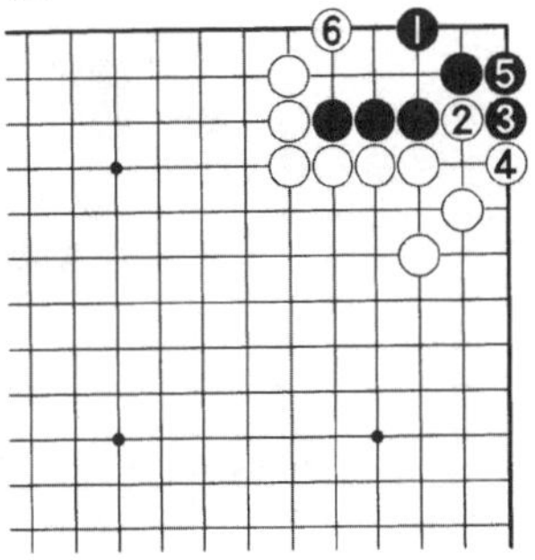

## 패는 실패

흑1은 틀린 맥이다.
백2로 찝으면 흑3으로 단수쳐서 패를 낼 수밖에 없다.
흑3으로 5는 백6의 입구자로 왼쪽의 1집이 없어져서 죽는다.

**제3형 백번**

(1641)

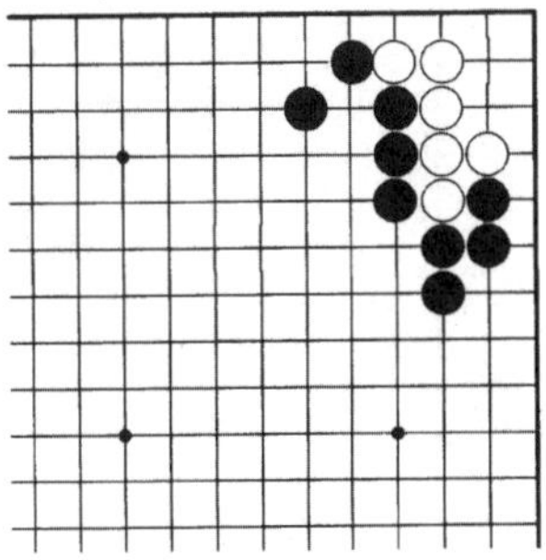

## 기본

귀의 사활의 기본형이다.
여기서 틀리면 한 순간에 바둑이 끝나버린다. 모양을 기억하는 것이 중요하다.

解

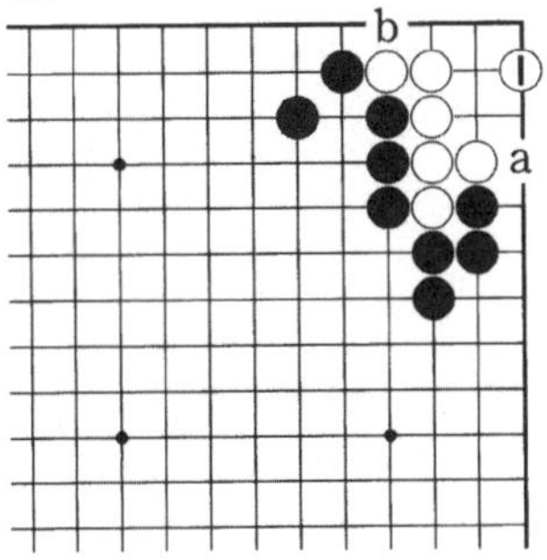

## 이 한수

많은 수가 있을 것 같지만 이 모양에서는 백1의 한수뿐이다.
흑의 공격 수단은 흑a, b로 젖히는 수뿐이다.
어느 것이건 막기만 하면 된다.

失

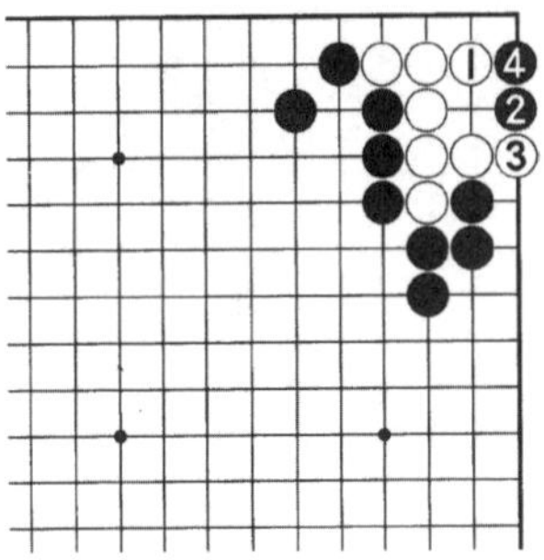

## 백 불만

백1은 자주 보는 모양으로 급소 같지만 이 경우에는 실패한다.
곧바로 흑2가 성립한다. 흑4로 밀고 들어오면 그냥은 살 수 없다. 최대 빅.

**제4형 흑번**

(1642)

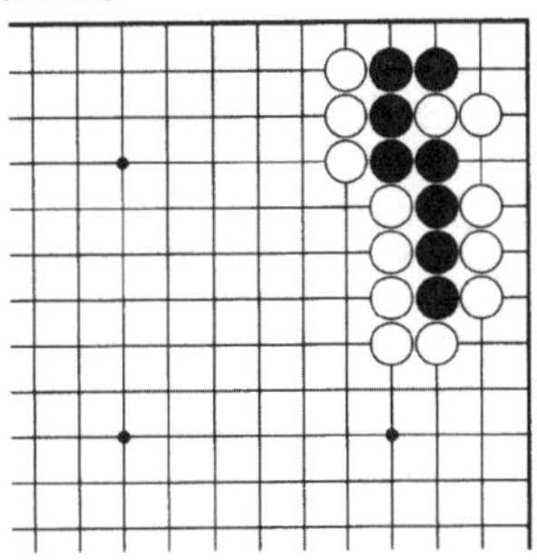

## 세 번째 수

첫 수는 금방 눈치 채겠지만 문제는 흑3의 수이다.
이를 깜빡하면 함정에 걸린다.

解

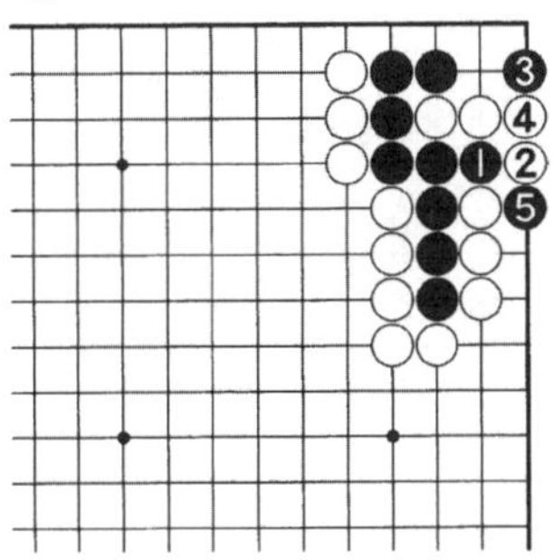

## 촉촉수

흑1과 백2를 교환한 뒤, 흑3의 뜀이 중요한 수이다.
백4에 흑5로 먹여쳐서 촉촉수로 백을 잡는다.

失

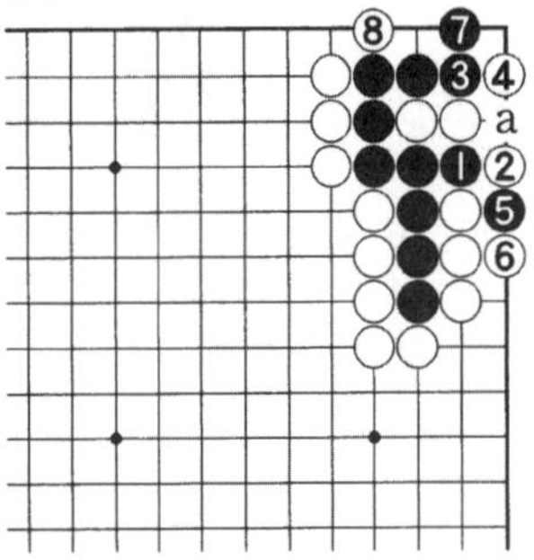

## 똑같아도

똑같이 진행될 것 같은 흑3의 단수는 백4로 버티는 수를 부른다.
백8 이후 흑a로 따내도 백이 되따낸다.

제5형 백번

(1643)

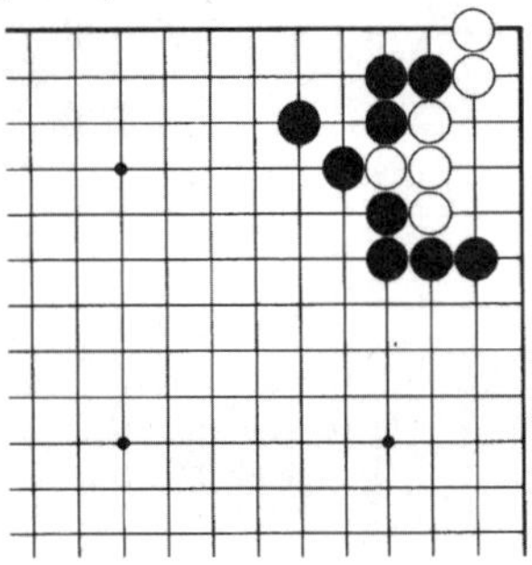

解

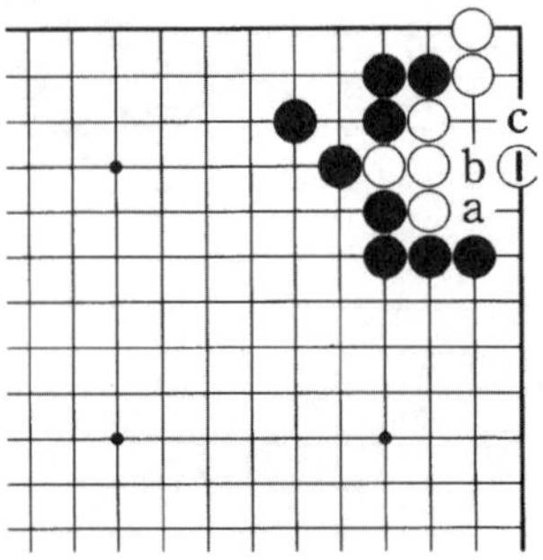


失

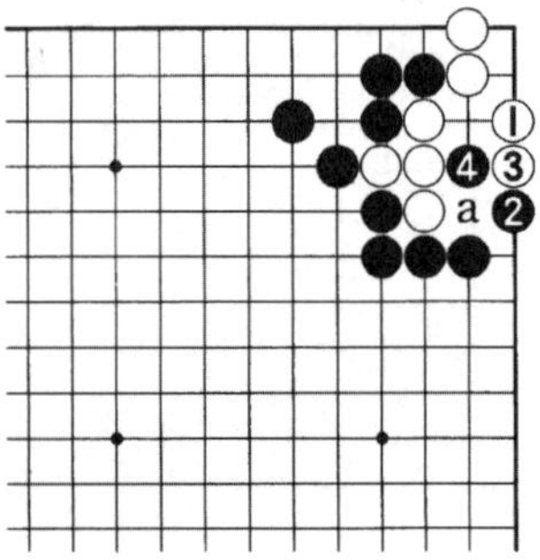


## 넓히다

사활 문제.
궁도를 넓혀 살고자 하지만 백은 자충이 되기 쉬운 모양이다.

## 백 삶

백1의 뜀이 상용의 맥이다.
백 4점의 자충을 막는 '석점의 중앙'인 모양이다.
흑a에는 백b. 흑a로 c는 백a로 산다.

## 백 죽음

백1의 입구자는 흑2로 공격당해 자충에 걸린다.
백3은 흑4의 젖혀끼움으로 그만이다. 백1로 a는 흑3의 치중이 급소로 백은 두 집을 낼 수 없다.

제6형 백번

(1644)

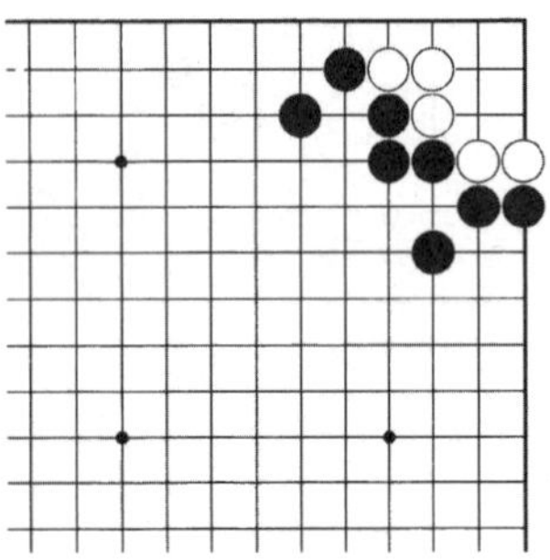

解

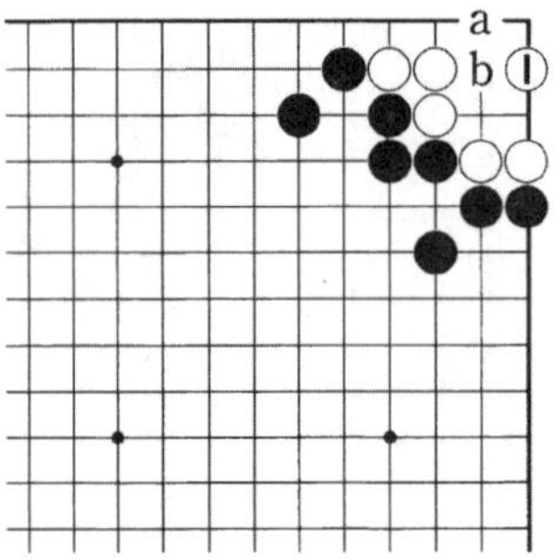


失

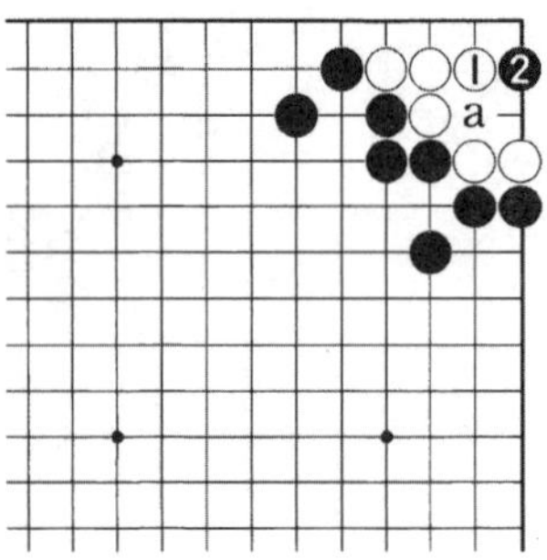


## 모양은 하나

사활 문제.
백 2점을 살려야만 살 궁도가 나온다.
백이 사는 모양은 하나 뿐이다.

## 백 삶

백1의 뜀이 2·1의 급소이다.
흑a에는 백b로 받아 두 집을 내고 산다.

## 백 죽음

백1의 구부림은 틀린 맥이다.
흑2는 백 3점의 자충을 추궁하는 급소이다. a의 환격이 있어서 이대로 백은 죽는다.

제7형 흑번

(1645)

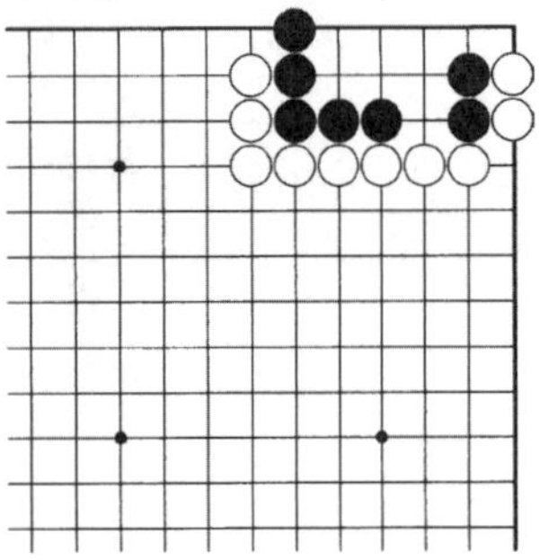

解

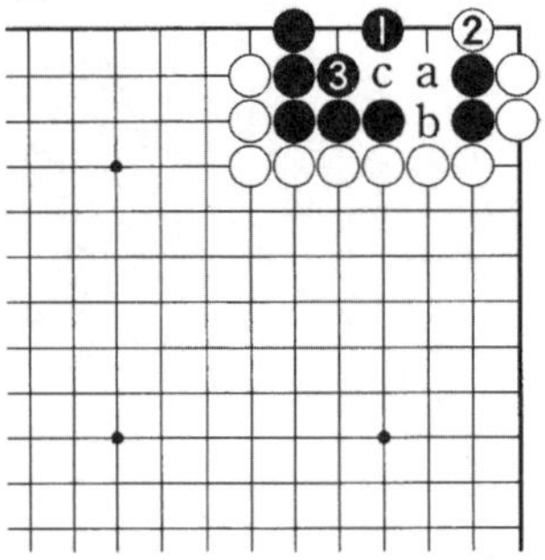


失

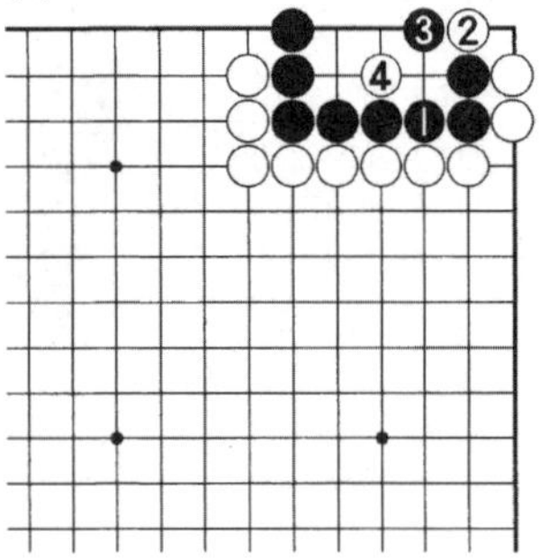

## 최소

사활 문제.
한정되고 좁은 흑집이지만 두 집만 내면 살 수 있다.

## 흑 삶

흑1의 뜀이 집을 만드는 급소이다.
백2로 젖히면 흑3으로 웅크려 산다. 백2로 3에 치중하면 흑2, 백a, 흑b, 백c로 빅.

## 즉사

흑1로 궁도를 넓히는 것은 실패한다.
백2로 젖히고 흑3으로 막아도 백4의 치중으로 즉사한다.

제 8 형 흑번

(1646)

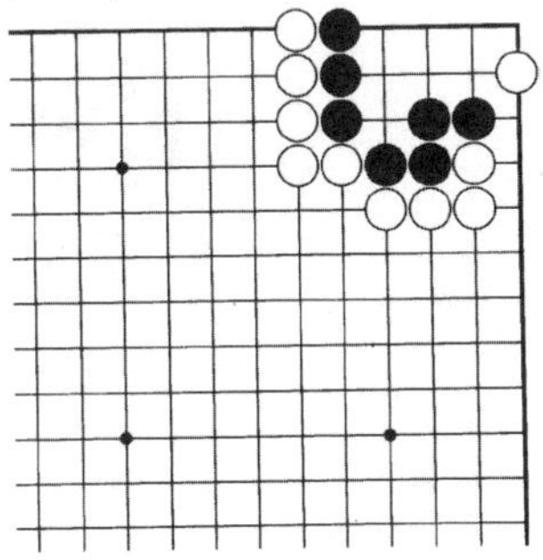

解

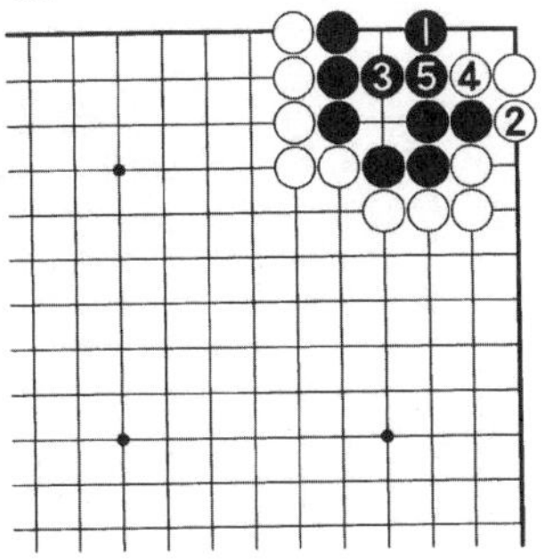

失

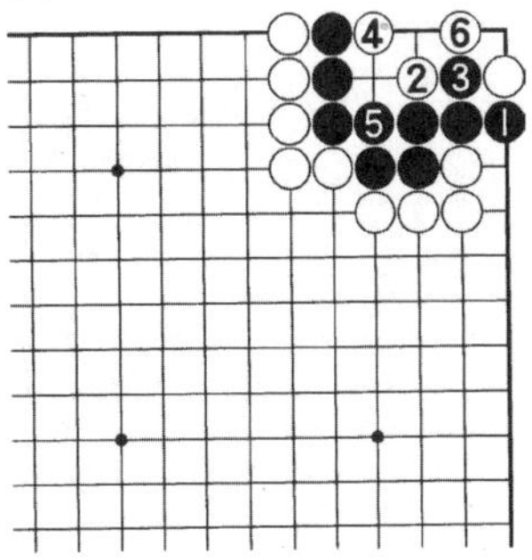

## 현실

귀의 흑의 사활문제.
귀의 흑은 백 1점을 잡으면 살 수 있지만 현실은 그렇게 녹록치 않다.

## 뛰이 정수

흑1의 뛰이 정수이다.
백2로 건너면 흑3으로 산다.
흑5까지 두 집으로 굴복하는 것은 어쩔 수 없다.

## 패

흑1로 막는 것은 무리.
백2의 붙임은 좌상 흑 3점의 중앙의 급소로 흑3에는 백4를 활용하고 백6으로 막아 패가 된다.

제 9 형 백번

(1647)

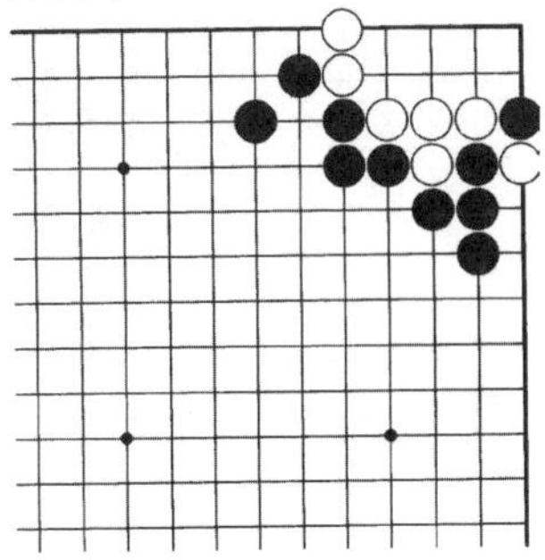

解

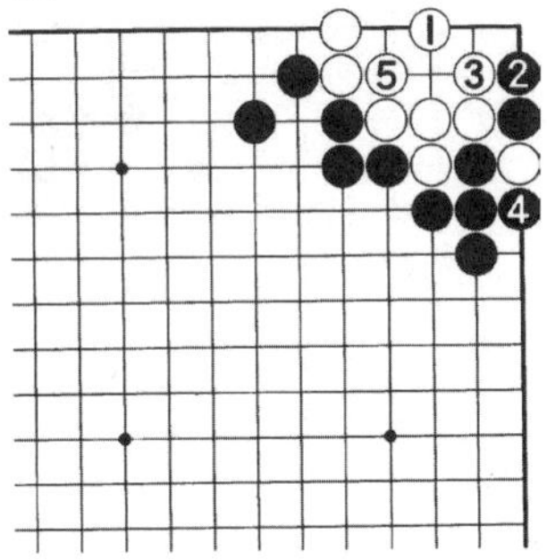

失

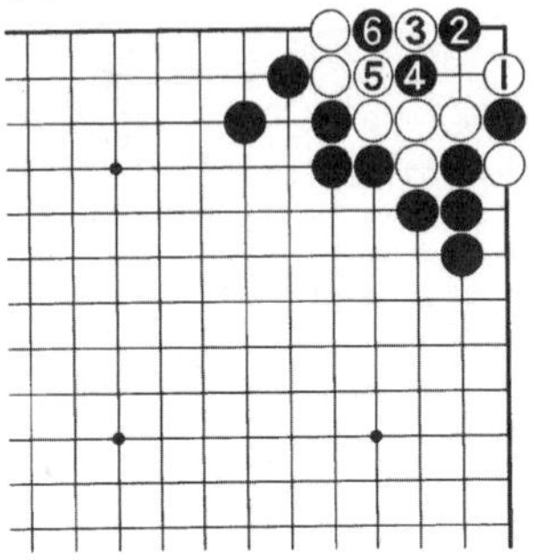

## 무조건

사활 문제.
흑 1점을 잡으면 궁도는 넓어지지만 무조건 살 수는 없다.
흑의 치중을 막아야 한다.

## 2집

백1의 뛰은 안형의 급소이다.
흑2로 궁도를 줄여도 백3으로 단수치고 5로 두 집을 내고 산다. 흑2로 5의 치중에는 백2.

## 패

백1로 흑 1점을 때리면 흑2로 2·1에 두어서 백3, 5로 패를 할 수밖에 없다.
백3으로 4는 흑3으로 무조건 죽는다.

제 10 형 백번

(1648)

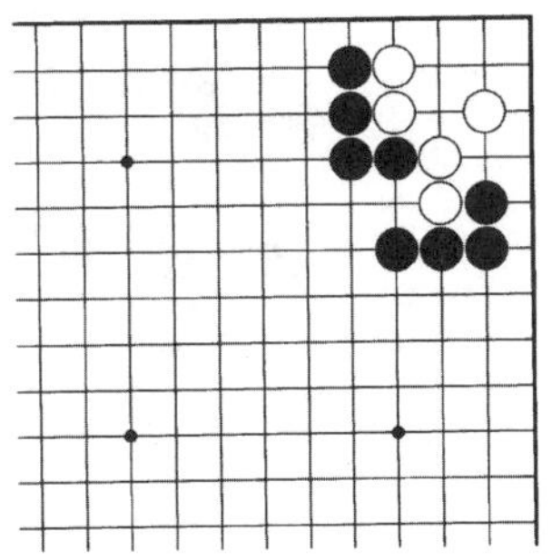

解

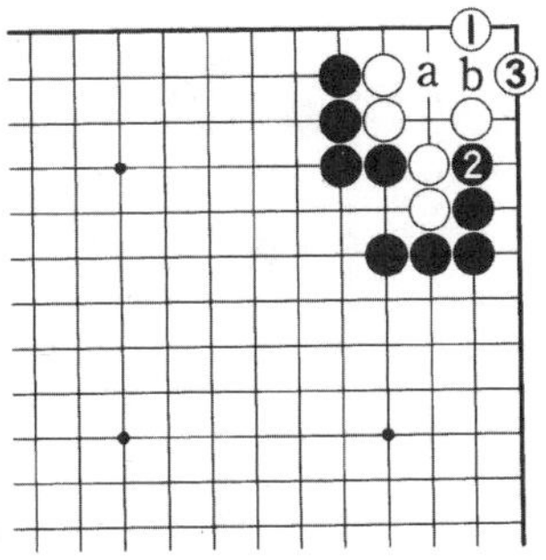

失

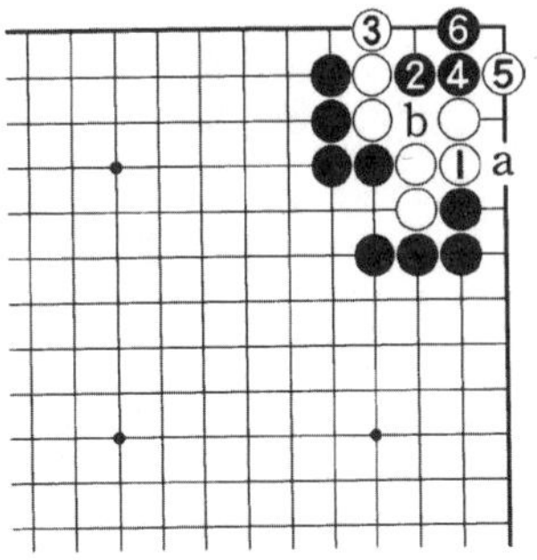

## 좁다

사활 문제.
귀의 백집이 좁다.
궁도를 넓힐지 안형의 급소에 둘지 선택해야 한다.

## 백 삶

백1의 뛰은 2·1의 급소이다.
흑2로 바깥에서 궁도를 줄여오면 백3으로 집을 내서 살 수 있다. 흑2로 3은 백2, 흑a, 백b.

## 백 죽음

백1로 집을 넓히는 것은 흑2로 붙여 응수가 곤란해진다.
백3으로 내려서면 흑4, 6으로 치중을 늘려 a, b를 맞보기로 하여 백이 죽는다.

(1649)

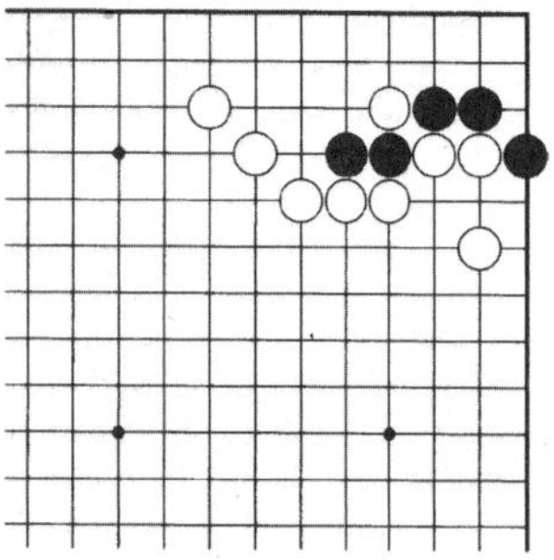

**제11형 흑번**

## 관계없다

사활 문제.
백 1점이 신경 쓰인다.
귀의 사활과 중앙의 흑 2점이 아무런 관계가 없다고 생각해보자.

解

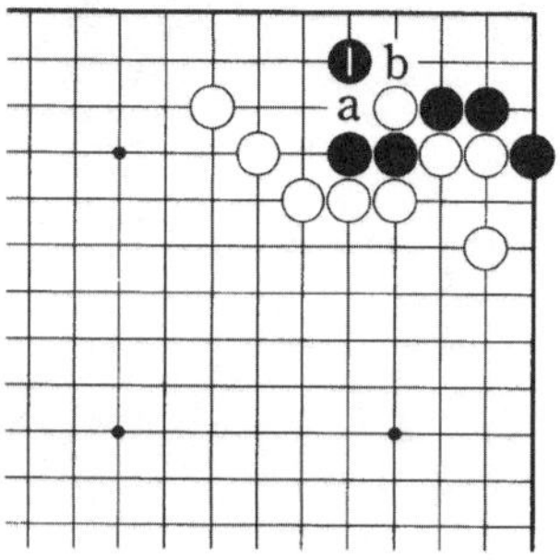


## 흑 삶

흑1의 뜀이 안형의 급소이다.
흑 2점을 살릴 수는 없지만 백a에 흑b로 단수쳐서 흑 2점을 버리고 귀를 살린다.
백b는 흑a로 좋다.

失

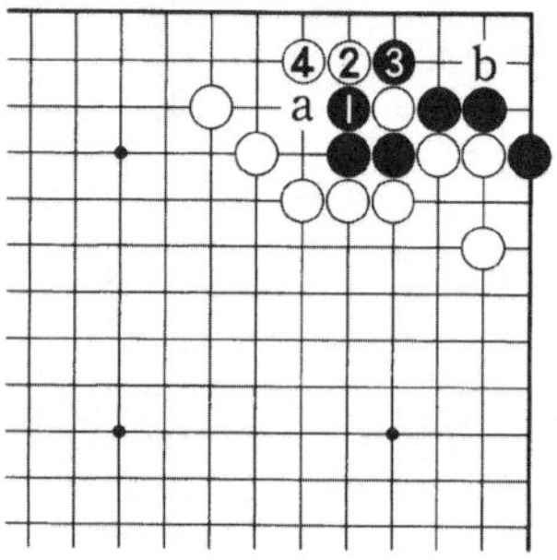


## 흑 죽음

흑1로 백 1점을 잡는 것은 백2가 매서운 수이다.
흑3 백4로 중앙이 옥집이 되고 귀는 궁도가 좁아서 흑이 죽는다.
흑3으로 4는 백3, 흑a, 백b.

(1650)

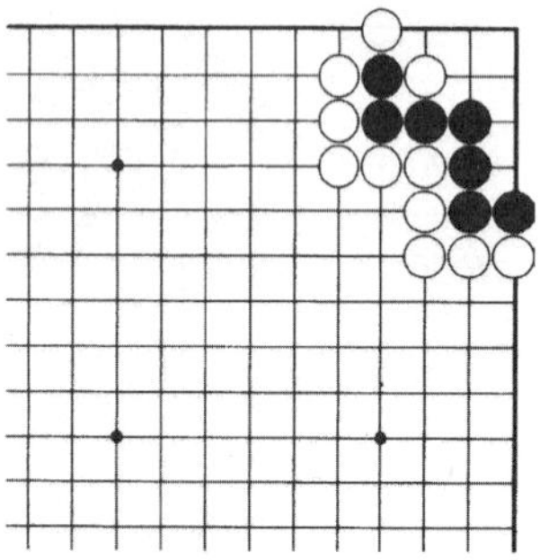

**제12형 흑번**

## 좁은 가운데

사활 문제.
좁은 범위이지만 1수, 2수 중에 맥과 속맥이 있어 생사를 가른다.

解

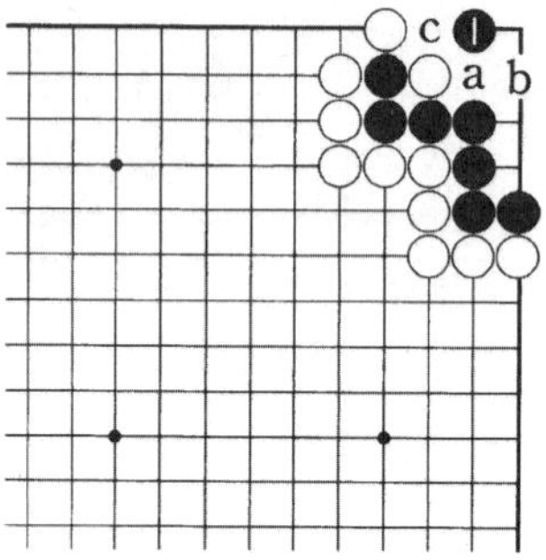


## 흑 삶

흑1의 뜀은 2·1의 맥이다.
이후 백a로 나가면 흑b로 촉촉수이다.
백c는 흑a로 단수쳐서 살 수 있다.

失

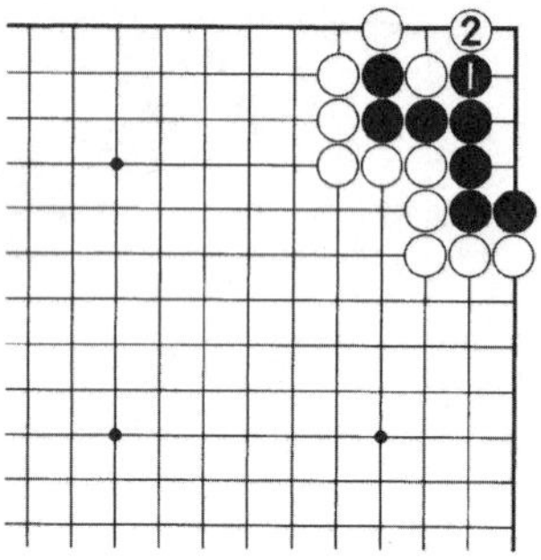


## 꽃놀이 패

흑1로 단수치는 것은 경솔하여 백2로 2·1에 두면 패가 난다.
백의 부담이 적은 꽃놀이패를 쥔다.

(1651)

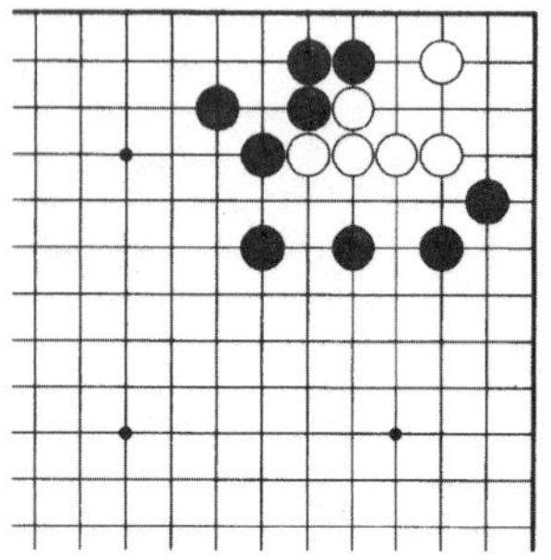

**제13형 백번**

## 뒷문

사활 문제.
우변에 뒷문이 열렸다. 백은 궁도를 넓혀야 하며 동시에 집을 만들기 쉬운 모양으로 만들어야 한다.

解

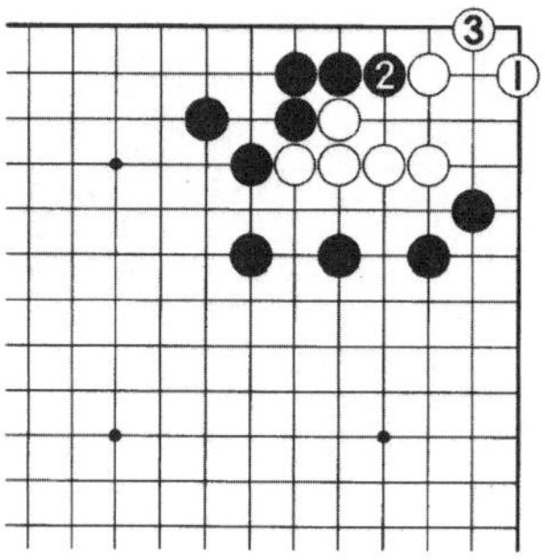


## 백 삶

백1로 뛰면 안형이 풍부한 모양이 된다.
흑2로 공격하면 백3으로 집을 낸다.
백1, 3 모두 2 · 1의 급소.

失

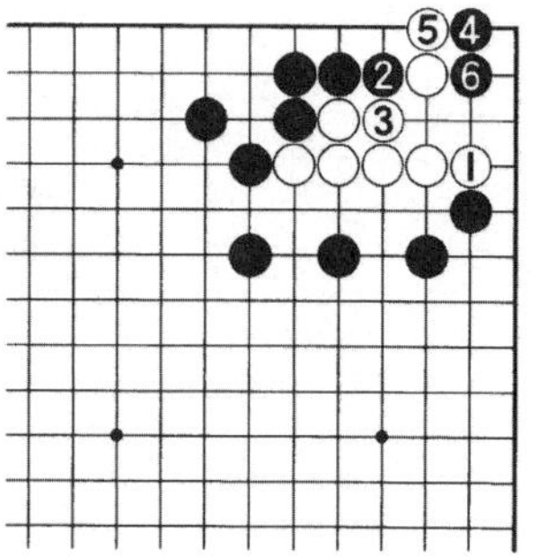


## 백 죽음

백1과 3으로 궁도를 넓혀도 아직 부족하다.
흑4로 치중하고 흑6으로 집을 부수면 백이 죽는다.

(1652)

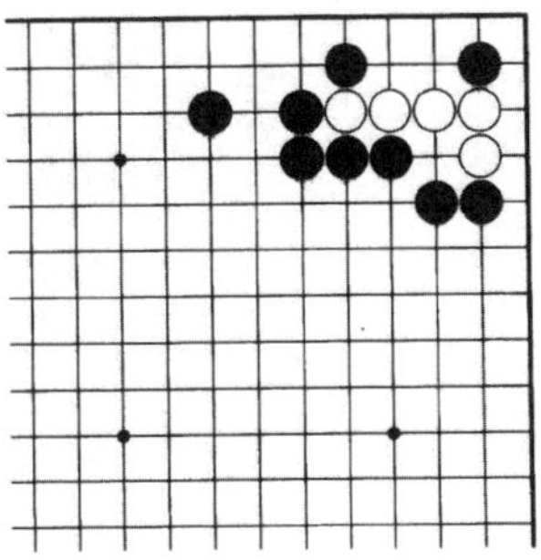

**제14형 백번**

### 막는 방법

사활 문제.
귀와 상변의 흑이 연결되면 죽는다.
다음 한 수가 백의 생사를 가른다.

解

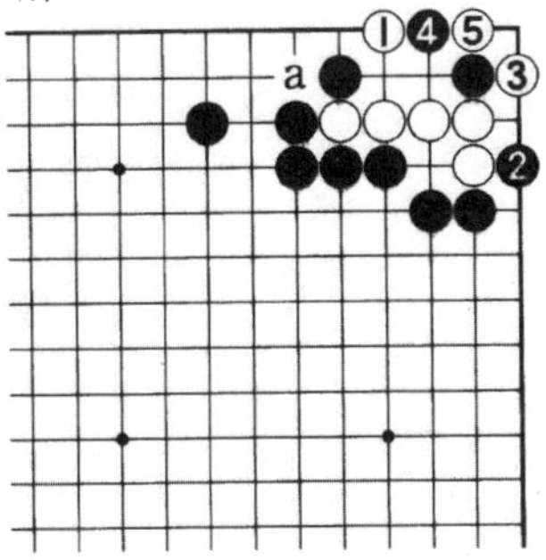

### 패

백1이 흑의 건넘을 막고 a의 끊음을 노리는 맥이다.
흑2로 젖히고 4로 입구자 붙이는 것이 최강의 저항이며 백5로 집어넣어 패를 낸다.

失

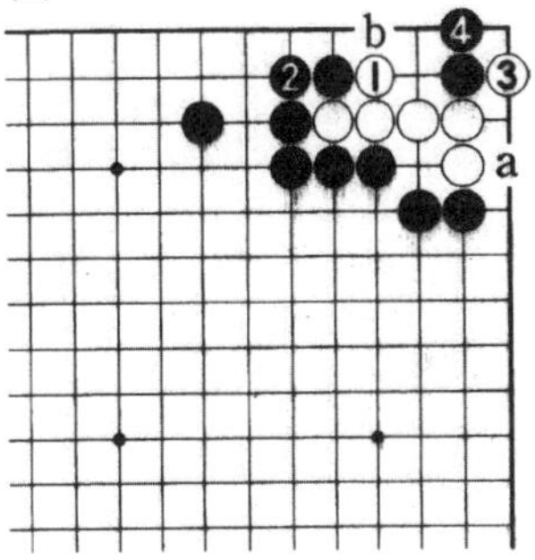

### 백 죽음

백1로 막는 것은 속수이다.
흑2로 이어 백 안쪽에 치중한 흑돌이 활약한다.
백3에는 흑4. a, b가 맞보기가 되어 백은 죽는다.

(1653)

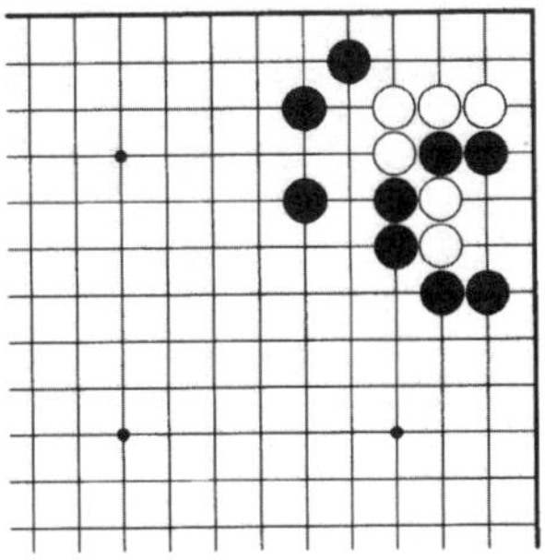

**제15형 백번**

### 겸하다

사활 문제.
흑 2점을 잡고 살 수 있다면 좋겠지만 상변에 뒷문이 열린 점이 신경 쓰인다. 궁도와 집을 모두 차지하는 수를 내고 싶다.

解

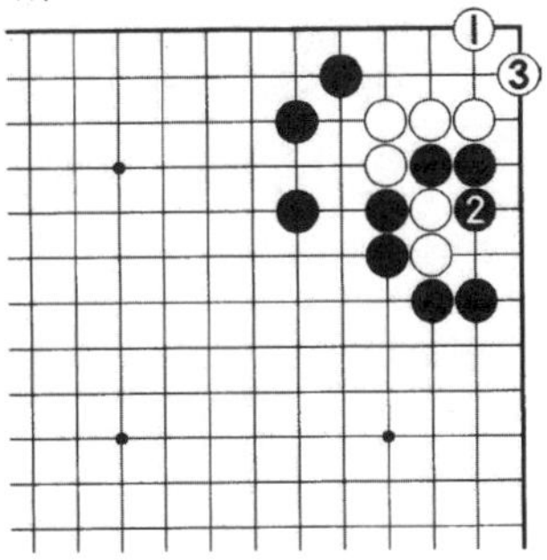

### 백 삶

백1의 뜀은 다음에 3을 보는 2·1의 급소이다.
흑은 2로 우변에 둘 수밖에 없다.
백3으로 웅크려서 두 집 내고 산다.

失

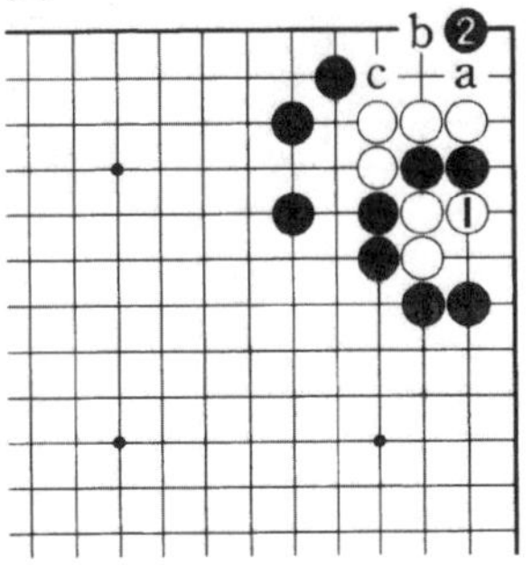

### 백 죽음

백1로 흑 2점을 잡는 것은 흑2로 미끄러져 귀의 집이 사라진다.
백a는 흑b로 그만이다.
백1로 c는 흑1로 잡으면 백의 궁도가 좁아 죽는다.

(1654)

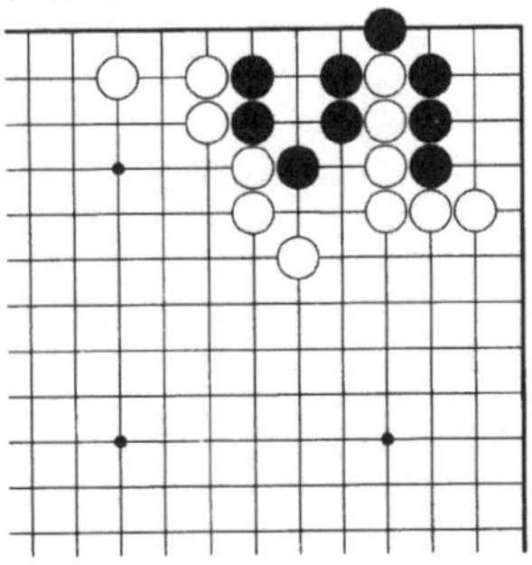

**제16형 흑번**

### 재촉

사활 문제.
우상귀와 상변 모두 후수 한 집이다. 백의 공격을 재촉하여 한족의 후수 1집을 선수 1집으로 바꾸는 것이 가능하다.

解

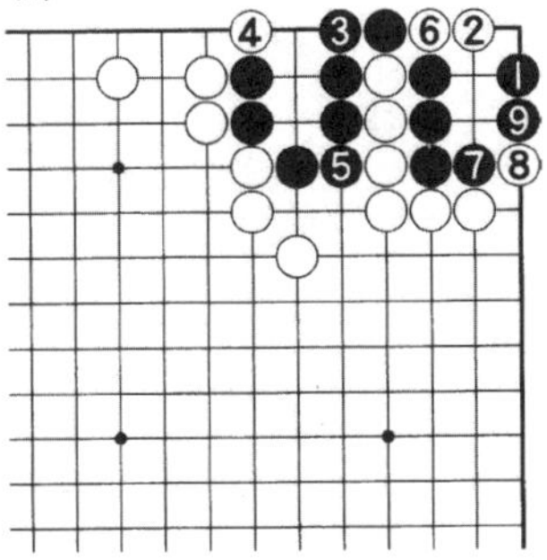

### 흑 삶

흑1의 뜀이 2·1의 맥이다.
백2로 치중하면 흑3으로 왼쪽에 1집을 내고 백6으로 끊기를 기다린다.
흑7, 9로 집을 넓혀 산다.

変

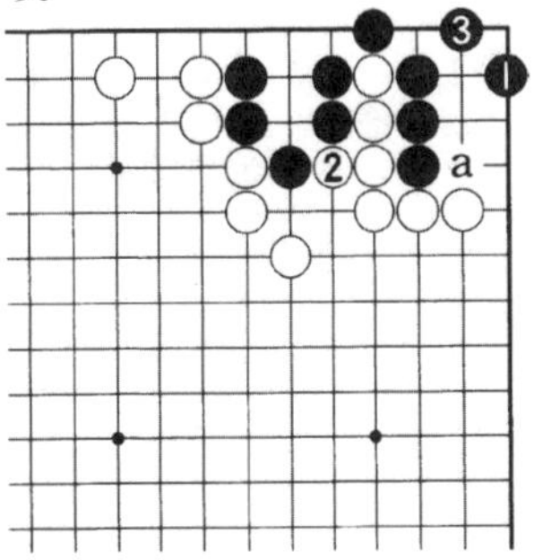

### 두집의 삶

백2로 왼쪽의 집을 부수면 흑3으로 2·1에 두어 살 수 있다.
흑1로 a에 두어 궁도를 넓히면 백2 이후 귀를 두 개로 나누어 집을 만들 수 없다.

(1655)

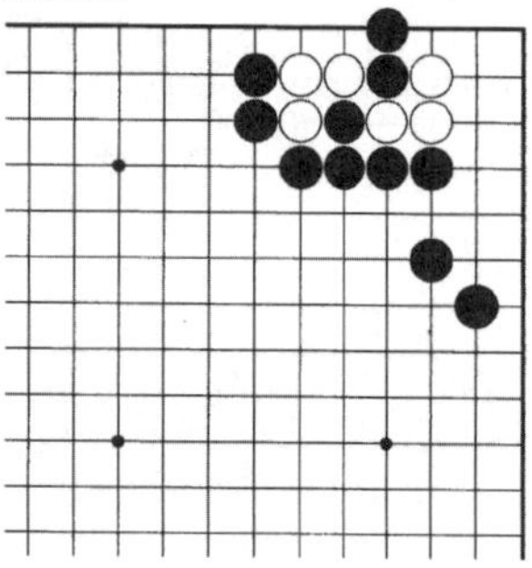

解

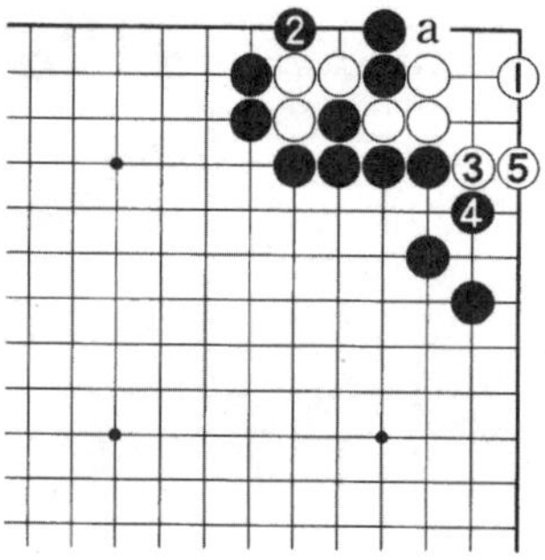

失

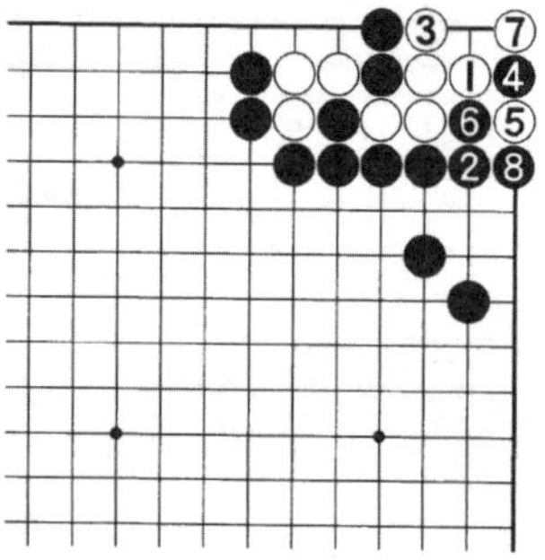

제 17형 백번

## 사석

사활 문제.
흑 2점을 잡고 백 3점을 살려도 살 수 없다.
귀를 살리기 위해 상변을 사석으로 이용한다.

## 백 삶

백1의 뜀은 2·1의 급소이다.
흑2로 백 3점을 잡으면 백3, 5로 귀의 궁도를 넓혀 산다.
백a가 선수여서 백은 5집 내고 산다.

## 자충

백1로 귀에 구부리면 흑2로 내리고 4로 붙여 실패한다.
백은 자충에 걸려서 패를 할 수밖에 없다. 백1로 2는 흑1의 붙임, 또 백1로 3은 흑6으로 죽는다.

(1656)

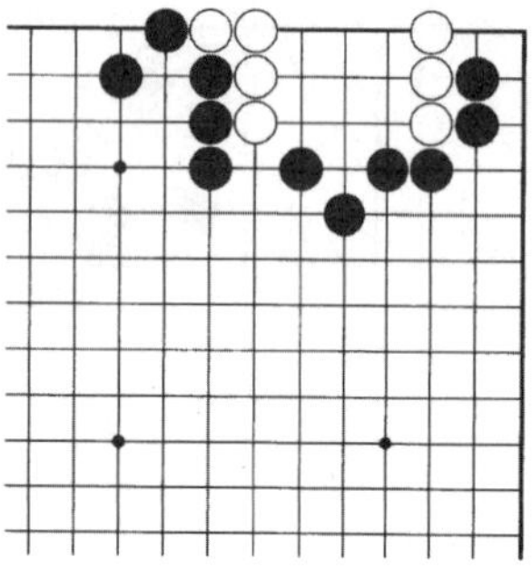

解

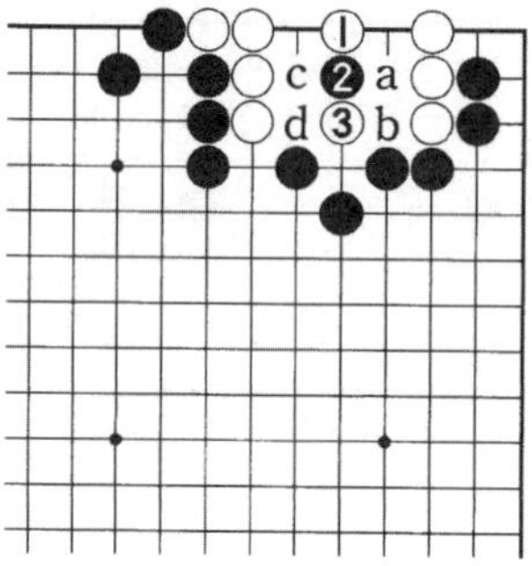

失

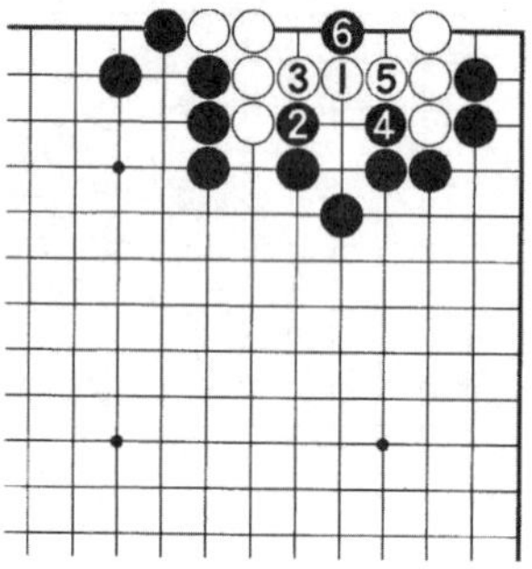

제 18형 백번

## 중앙

사활 문제.
좌우의 백의 모양은 조금 달라도 상변의 집에 대해서는 같은 모양이다.
중앙의 어디를 골라야 할까?

## 빅

백1의 뜀이 안형의 급소이다.
흑2로 붙이면 백3으로 껴붙여 흑a, 백b, 흑c, 백d로 빅.

## 백 죽음

백1의 뜀은 틀린 맥이다.
좌우동형의 중앙이지만 흑2, 4로 바깥에서 공격당해 집이 부족하다.
흑6까지 죽는다.

(1657)

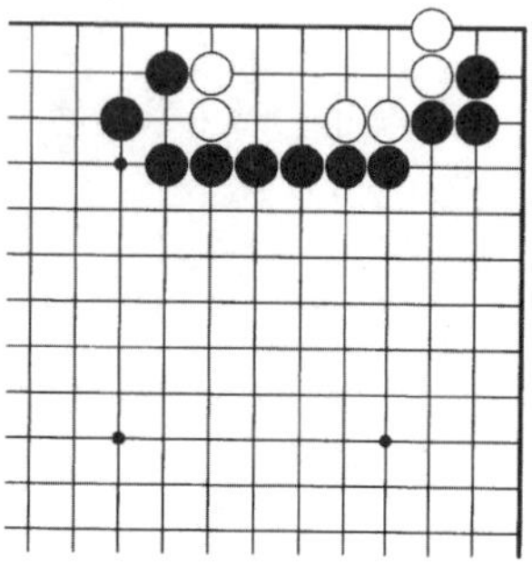

解

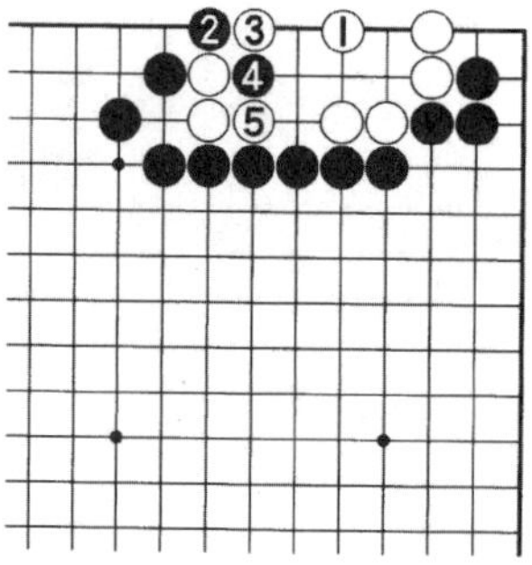

失

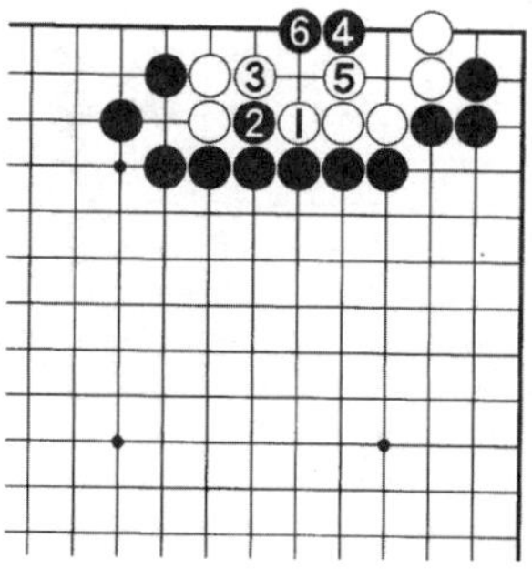

제 19형 백번

## 적의 급소

사활 문제.
백이 궁도를 넓히면 흑이 공격하는 급소가 생긴다.
'적의 급소는 나의 급소' 라는 격언을 떠올려라.

## 백 삶

백1의 뜀이 맥이다.
흑2의 젖힘에 백3으로 막아 최대한 궁도를 넓힌다.
흑4로 끊으면 백5로 촉촉수이다.

## 백 죽음

백1로 집을 넓히는 것은 흑2, 백3 이후 흑4의 치중이 급소의 맥이다.
백5, 흑6으로 백 죽음이 된다.
4의 곳은 적의 쌍방급소이다.

(1658)

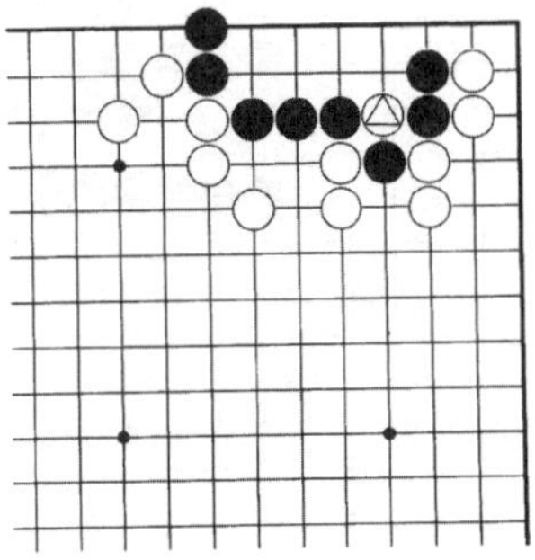

解

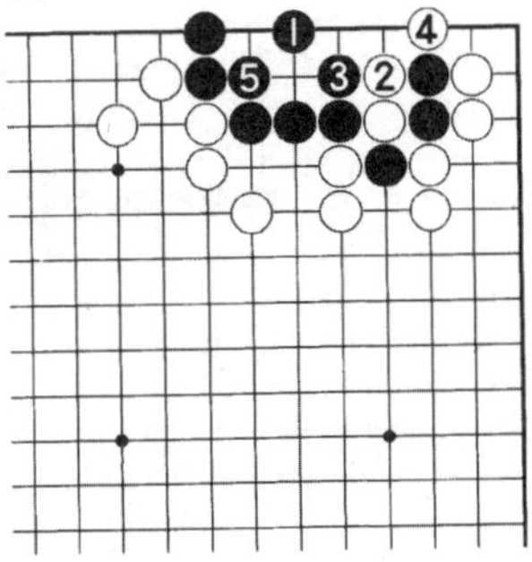

失

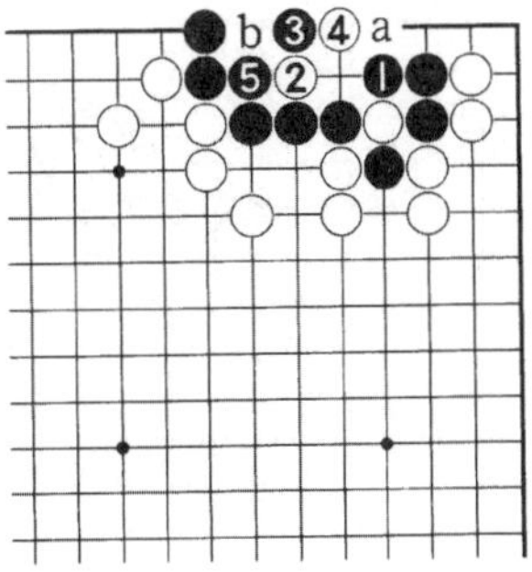

제20형 흑번

**반발**

사활 문제.
백◬ 1점은 흑집을 좁히는 먹여치기의 맥이다.
백에게 반발하는 흑의 맥은 무엇인가.

**흑 삶**

흑1의 뜀이 안형의 급소이다.
백2로 나가서 흑 2점을 잡아도 흑3의 단수와 5로 살 수 있다.
백2로 5는 흑2.

**패가 된다**

흑1로 따내면 백2가 맥이 된다.
흑3으로 붙이고 5로 패를 할 수밖에 없다.
흑1로 a는 백3, 흑2, 백b로 흑이 전멸한다.

(1659)

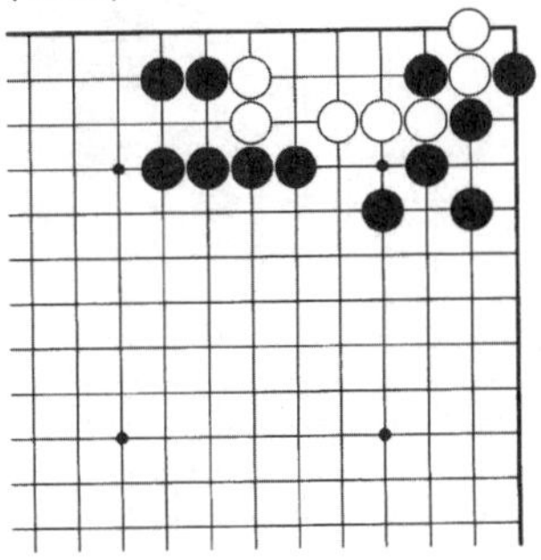

解

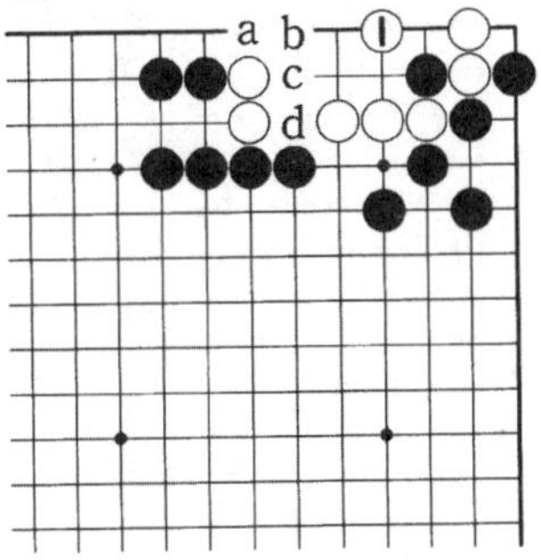

失

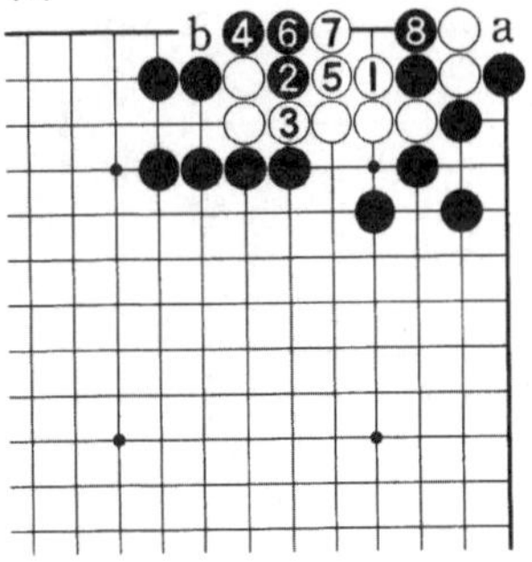

제21형 백번

**잡는 방법**

사활 문제.
흑 1점을 잡아야만 한다.
잡는 방법은 여러 가지가 있지만 충분한 효율을 내지 못하면 모두 실격이다.

**백 삶**

백1의 뜀이 상용의 맥이다.
백은 귀의 흑 1점을 잡고 왼쪽에 1눈을 만든다. 이후 흑a, 백b, 흑c는 백d로 백1이 이용되어서 촉촉수이다.

**백 죽음**

백1로 잡으면 흑2와 4로 왼쪽을 도려내서 실패한다.
백7로 단수칠 때 흑8로 단수치면 a, b가 맞보기가 되어 백이 죽는다.

(1660)

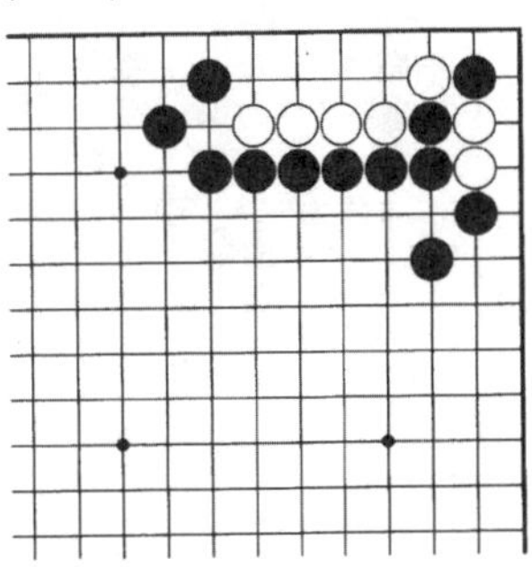

解

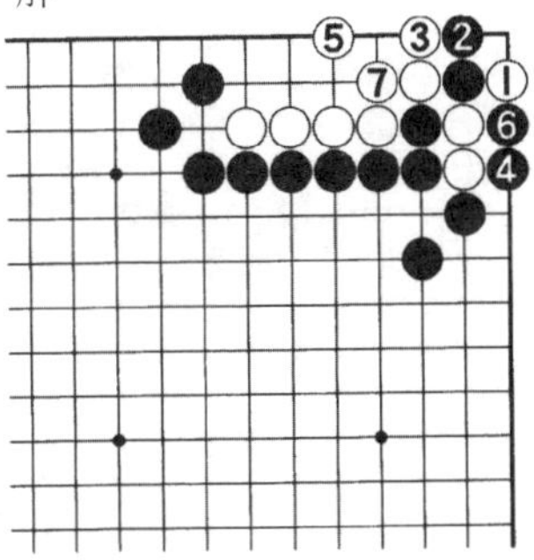

失

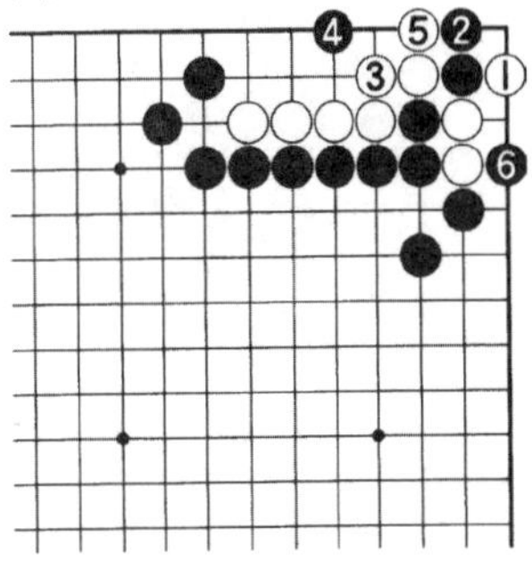

제22형 백번

**사석**

사활 문제.
귀의 흑 1점은 잡을 수는 있지만 잡는 것만으로는 살 수 없다.
사석의 테크닉이 필요한 시점이다.

**백 삶**

백1, 3으로 귀의 흑을 공격하고 흑4일 때 백5의 뜀이 좋은 수이다.
흑6으로 백 2점을 따내게 한 뒤 백7로 집을 내서 상변에서 산다.

**백 죽음**

백3에 잇는 것을 먼저 두면 흑4로 미끄러져 상변의 집이 사라진다. 6까지 백이 죽는다.
백1로 2는 흑1로 그만이다.
상변에 활용 되지 못한다.

(1661)

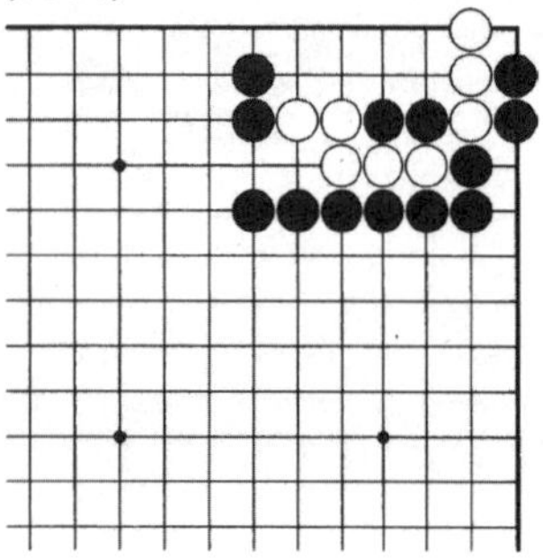

**제23형 백번**

## 2역

사활 문제.
흑2점을 잡아도 궁도가 좁으면 죽는다.
백은 궁도를 넓히면서 궁도사활을 막는 일석이조의 수가 필요하다.

解

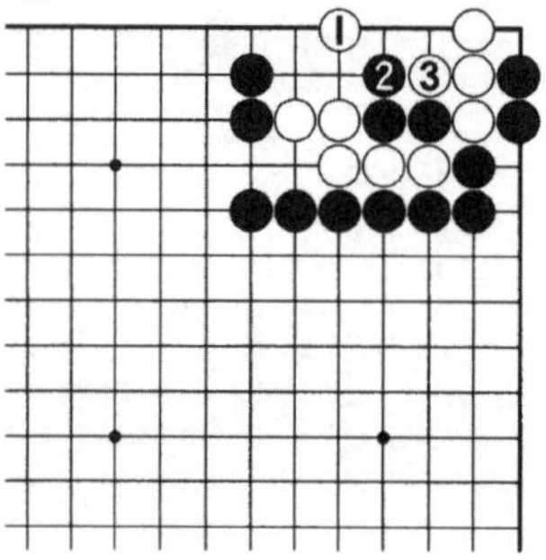

## 백 삶

백1의 뜀이 집을 넓히고 귀를 지키는 일석이조의 맥이다.
흑2라면 백3. 흑2로 3은 백2.
어느 쪽이든 백의 집을 빼앗을 수는 없다.

失

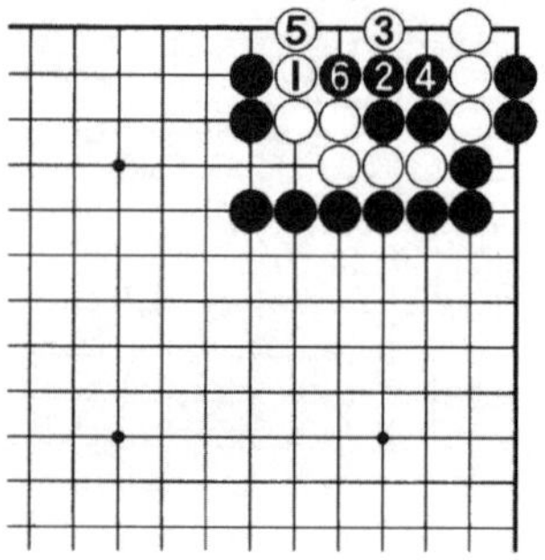

## 백 죽음

백1은 가장 집을 넓히고 있지만 흑2로 곤란하다.
백3으로 4는 흑3으로 뻗어서 양자충의 모양이다.
백3이면 흑4, 6으로 오궁도화.

(1662)

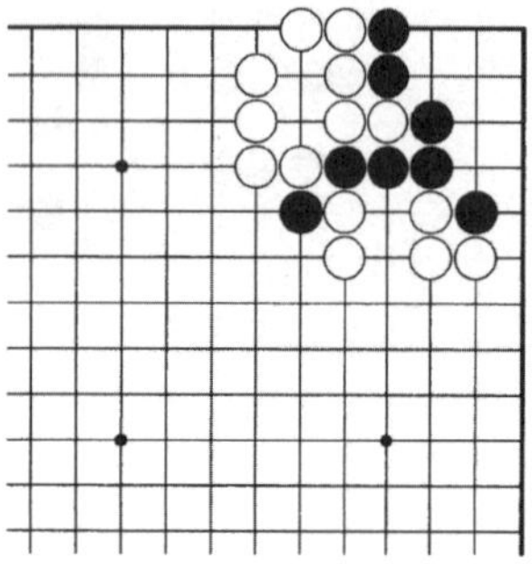

**제24형 흑번**

## 사석

사활 문제.
귀의 집을 지켜야 산다.
전체를 위해 2점이나 1점을 사석으로 삼아야 한다.

解

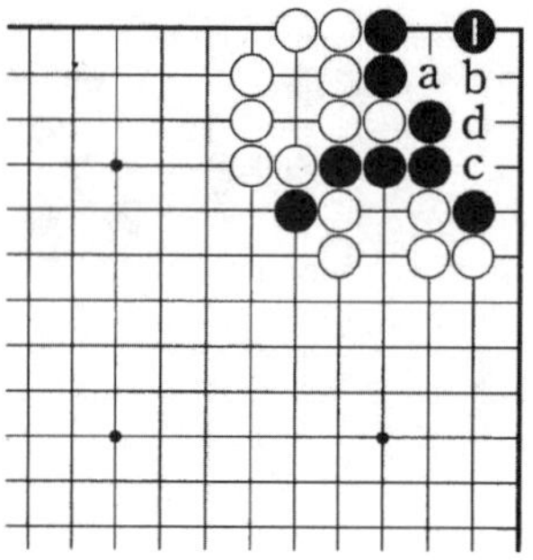

## 사석

흑1은 안형의 급소로 2·1의 맥이다.
백a로 끊으면 흑b로 단수쳐서 흑 2점을 버린다.
백c라면 흑d로 단수쳐서 산다.

失

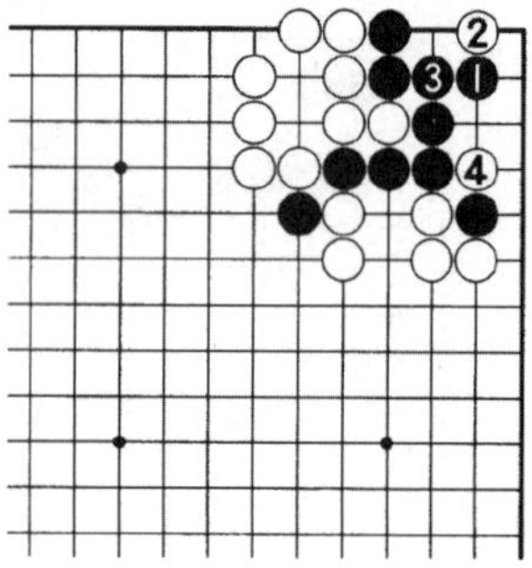

## 흑 전멸

흑1의 호구이음은 틀린맥이다. 백2의 붙임이 흑 2점의 자충을 추궁하는 맥이 되어서 흑3의 이음에 백4로 끊어 흑은 전멸한다.

(1663)

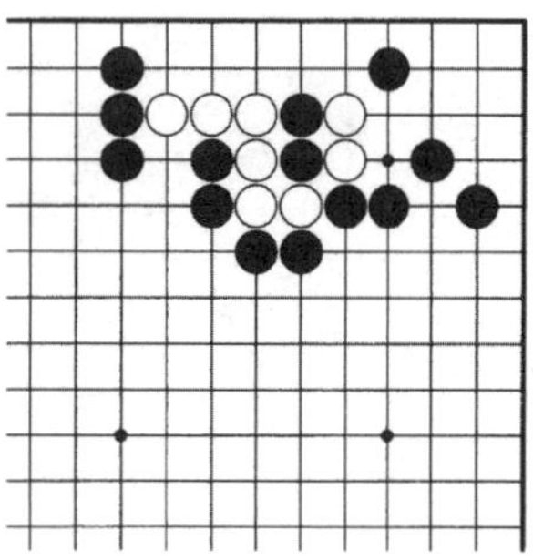

**제25형 백번**

## 일석이조

사활 문제.
흑 2점을 잡아서는 살 수 없다. 집과 2점을 잡는 일석이조의 수를 생각해보자.

解

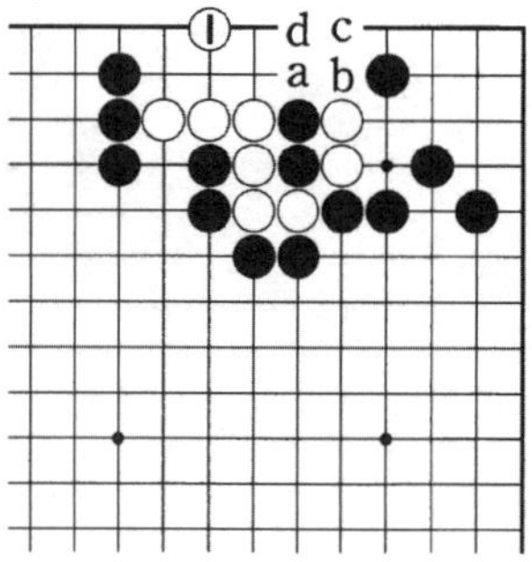

## 흑 삶

백1로 뛰는 수가 집을 넓히고 흑 2점의 도망을 막는 두 역할의 맥이다.
흑a로 도망치면 백b, 흑c, 백d로 축수이다.

失

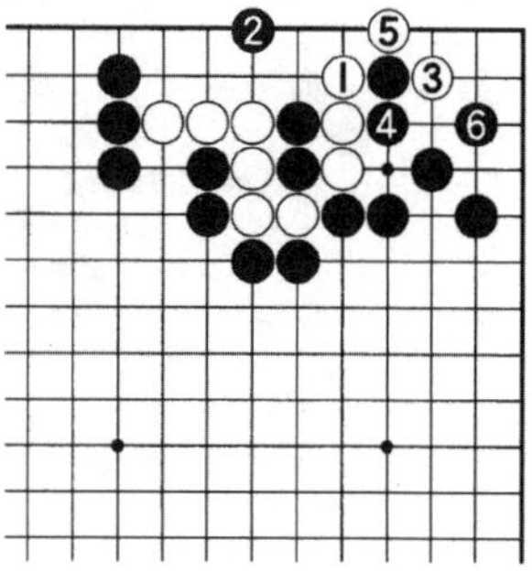

## 백 한집

백1의 막음에는 흑2의 미끄러짐으로 궁도가 좁아져 실패한다.
백3으로 귀에 수를 구해도 흑4, 6으로 받아 집이 없다.

**제26형 흑번**

(1664)

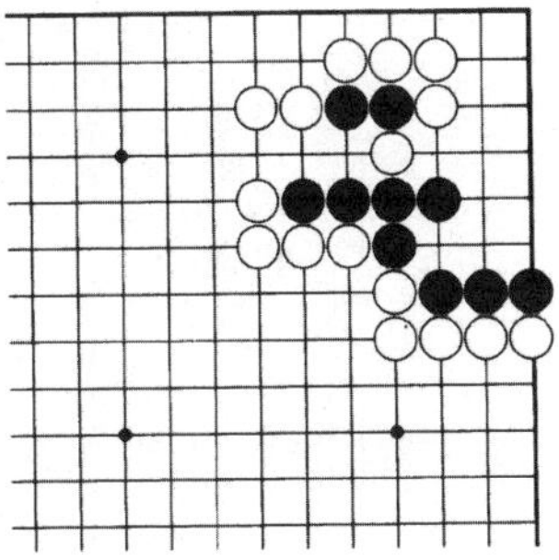

### 넓히다

우변의 집을 넓혀 살고 싶지만 흑 3점의 공배가 꽉 찬 점이 신경 쓰인다.

解

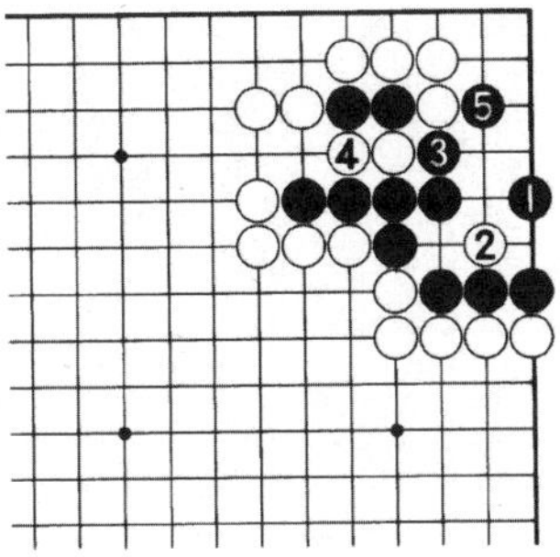

### 흑 삶

흑1의 뜀이 궁도를 넓히는 맥이다. 백2로 치중해도 흑3과 5로 귀로 넓혀가면 살 수 있다.
백4로 5는 흑4.

失

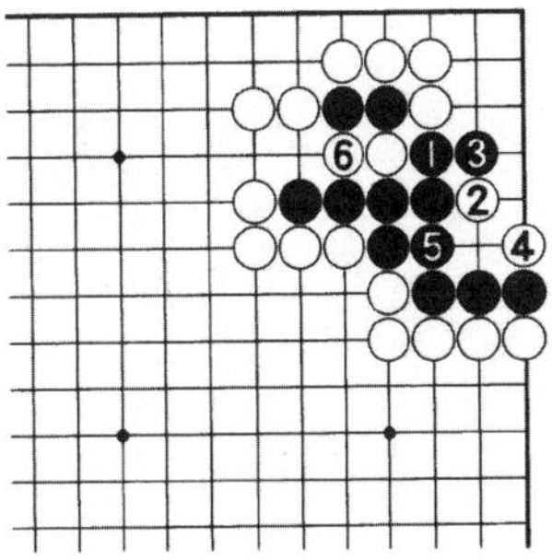

### 흑 죽음

흑1로 단수를 먼저 치는 것은 백2로 붙여 실패. 흑3으로 백의 건넘을 막아도 백4를 선수당해 우변은 한 집이 된다. 6까지 흑이 죽는다.

**제27형 흑번**

(1665)

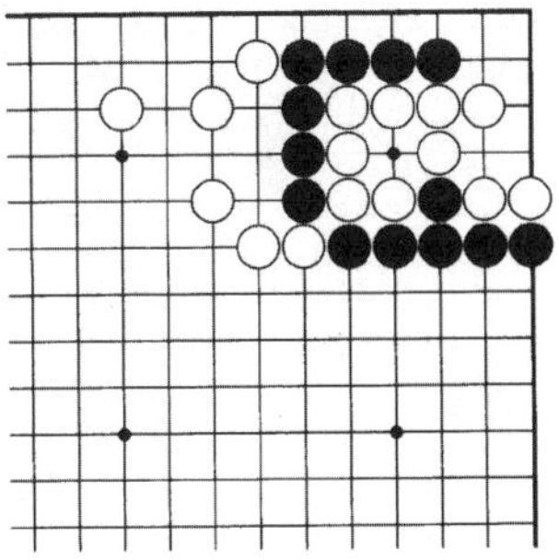

### 결함

사활 문제.
상변의 흑 7점은 말라 죽는 모양이다. 우변에 있는 백의 결함을 노리면 살 수 있다.

解

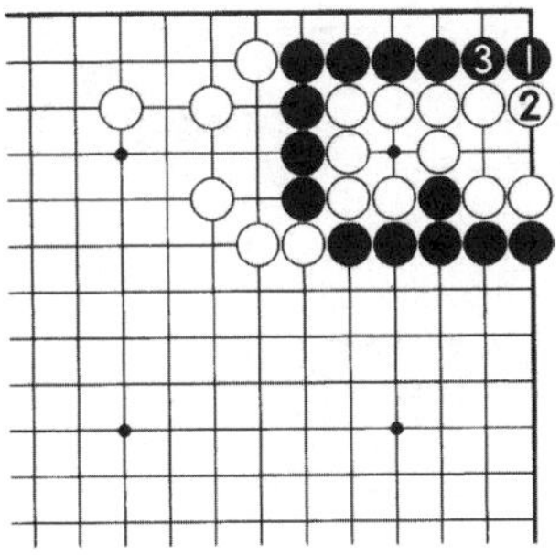

### 흑 삶

흑1의 뜀이 맥이다. 귀의 2·1이라고 부르기보다 백의 결함을 노리는 수이다.
백2로 받고 흑3으로 이어 귀에서 '사사육생(四死六生)' 한 모습이다.

变

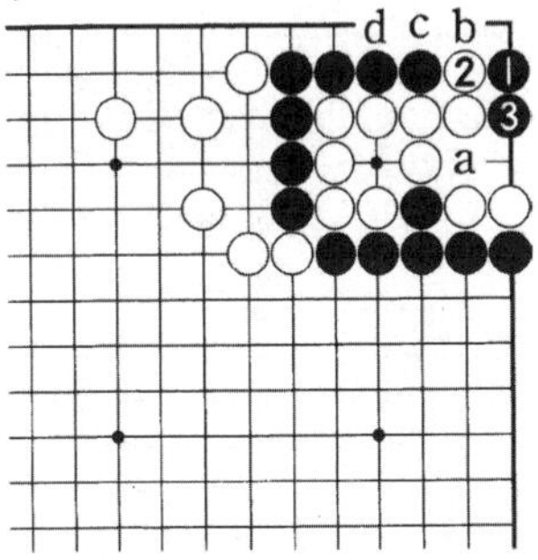


### 흑 승

백2로 저항하는 것은 흑3으로 나가서 백이 살 수 없게 된다.
이후 백a, 흑b, 백c로 수상전을 노려도 흑d로 흑의 1수 승.

**제28형 백번**

(1666)

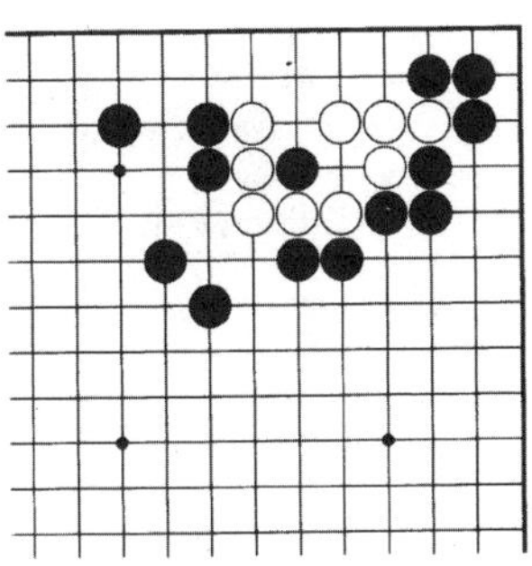

### 뒷문

사활 문제.
상변의 백집을 넓혀야 한다.
우상귀의 뒷문이 열리지 않도록 대책을 세우는 것도 중요하다.

解

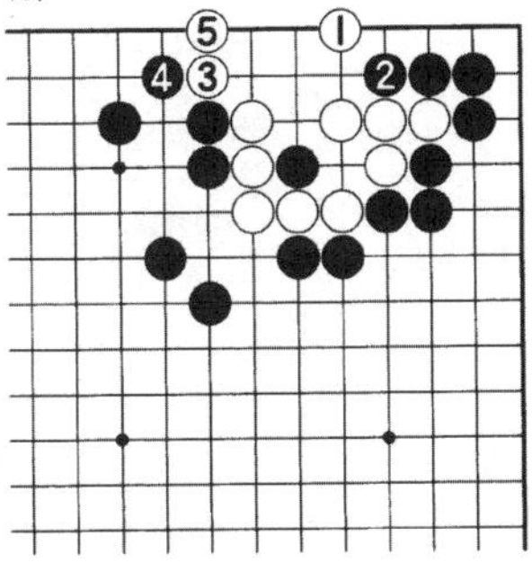

### 넓히다

백1의 뜀이 궁도를 최대한 넓히는 맥이다.
흑2로 나가면 백3, 5로 왼쪽을 넓혀서 산다. 흑2로 3에 뻗으면 백2로 막아서 살 수 있다.

失

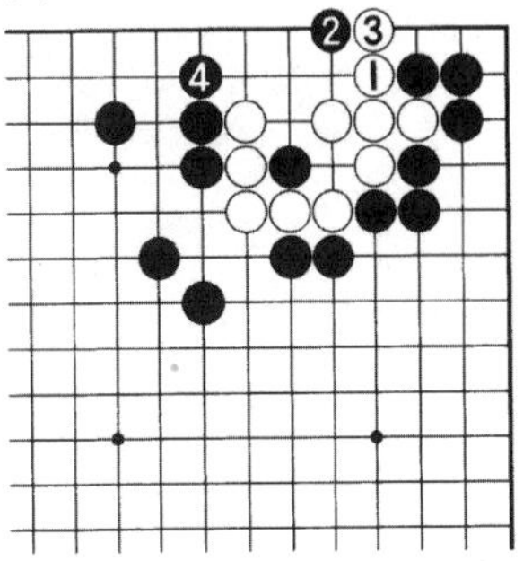

### 백 죽음

백1로 막으면 흑2의 냉엄한 맥이 있다.
백3으로 막으면 흑4로 내려 상변의 백집을 줄인다. 백3으로 4는 흑3.

제29형 흑번

(1667)

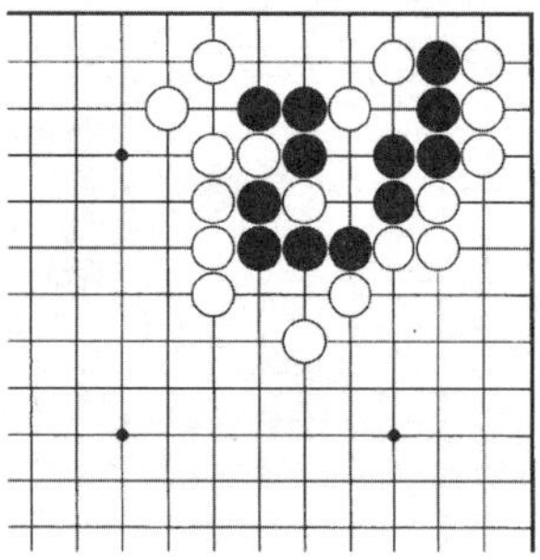

## 아슬아슬하다

사활 문제.
상변에 있는 백 2점을 공격해 잡을 수 없지만 백을 건너가게 만들어도 아슬아슬하게 두 집을 낼 수 있다.

解

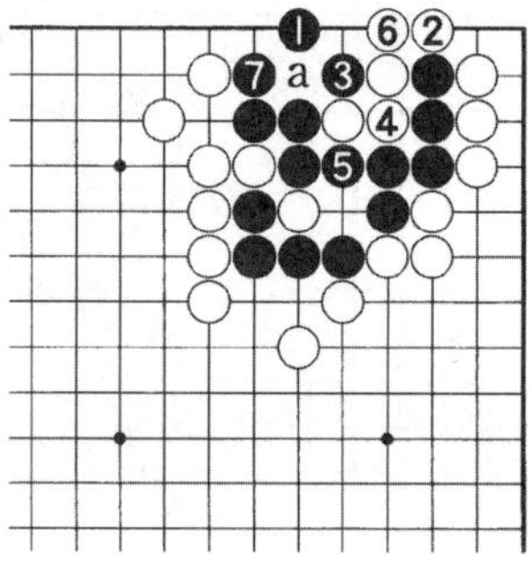

## 흑 삶

흑1의 뜀이 좋은 맥이다.
백2로 건너가면 흑3, 5의 단수를 선수하고 7로 산다.
백2로 7은 흑a, 백2, 흑4로 촉촉수이다.

失

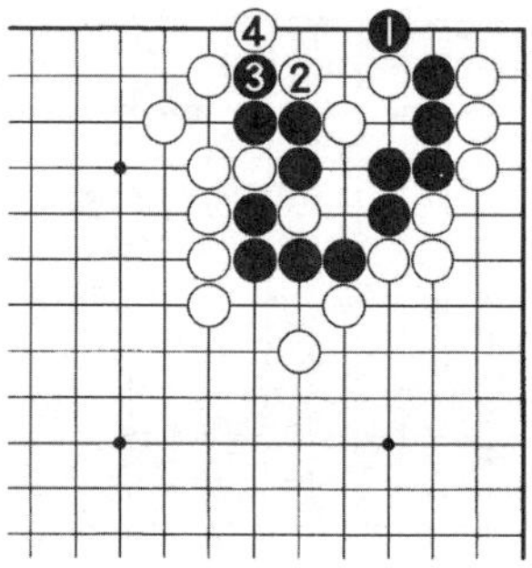

## 흑 죽음

흑1로 젖히면 우상귀로 건너가는 것을 막을 수 있지만, 백2, 4로 상변으로 건너가 버린다.
백은 공배가 비어있기 때문에 촉촉수도 안 된다.

제30형 흑번

(1668)

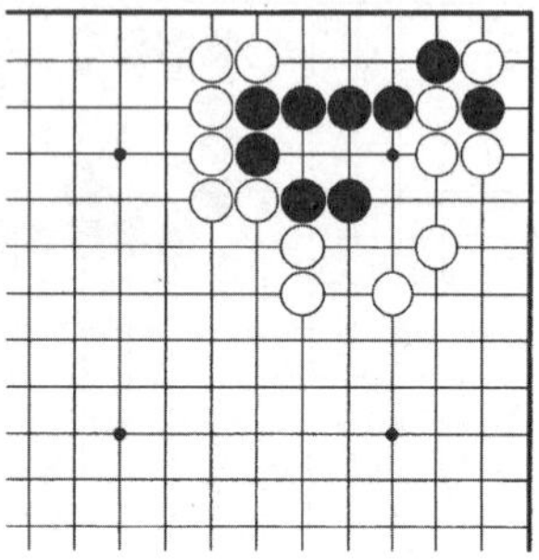

## 무조건

사활 문제.
흑은 중앙에 한 집.
상변에 한 집 더 확보해야 한다.
맥을 틀리게 사용하면 무조건 살수 없다.

解

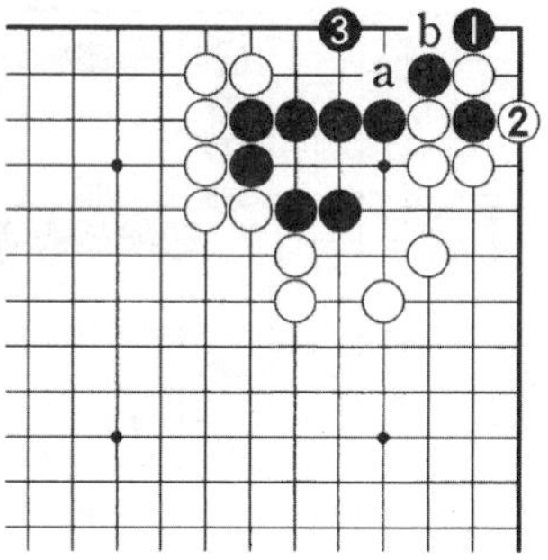

## 흑 삶

흑1의 단수, 백2에 흑3의 뜀이 맥이다.
이후 백a로 끊으면 흑b로 이어 중앙과 상변에 각각 한 집씩 내서 산다.

失

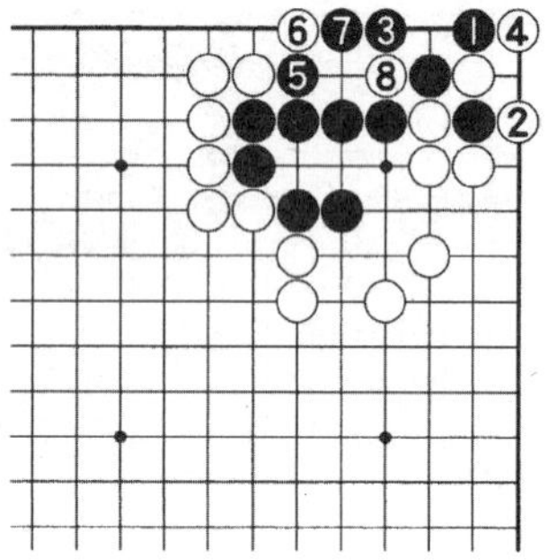

## 패

흑3의 호구이음은 백4로 공격당해 응수가 곤란해진다.
흑5로 집을 넓히는 것은 백6부터 8로 패가 난다.

제31형 흑번

(1669)

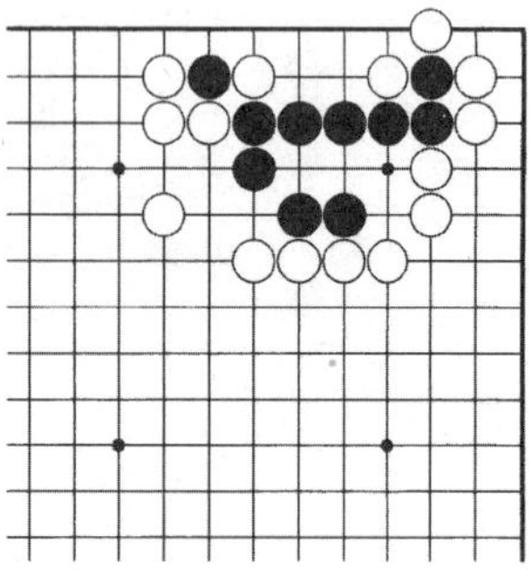

## 상변의 집

사활 문제.
상변의 흑은 중앙에 한 집을 갖고 있다. 상변의 오른쪽 또는 왼쪽의 백 1점을 잡아 한 집을 확보하면 살 수 있다.

解

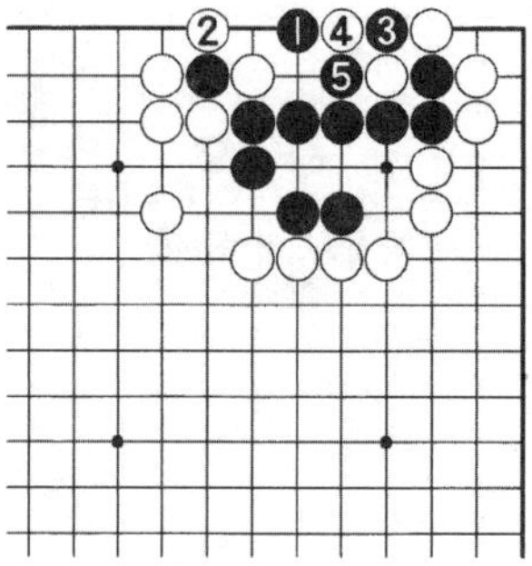

## 흑 삶

흑1의 뜀은 좌우를 활용하는 맥이다.
백2로 왼쪽을 받으면 흑3으로 먹여치고 5로 단수쳐서 백 2점을 촉촉수로 잡는다.

变

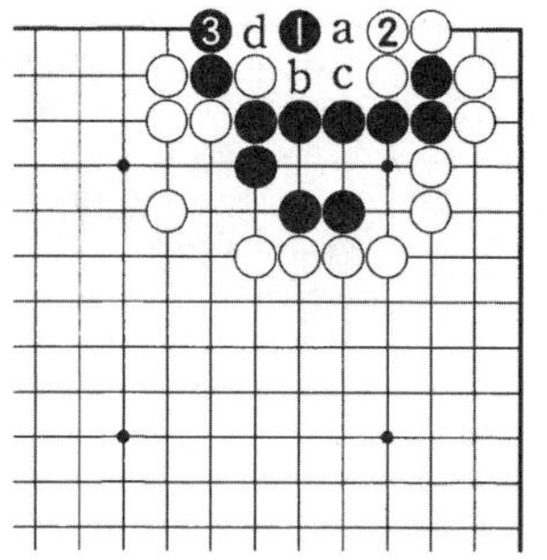

## 흑 삶

백2로 오른쪽을 지키면, 흑3으로 내려 백 1점을 잡고 상변에 한 집을 낸다.
흑1로 2는 백a, 흑1, 백b, 흑c, 백d로 패가 난다.

제32형 흑번

(1670)

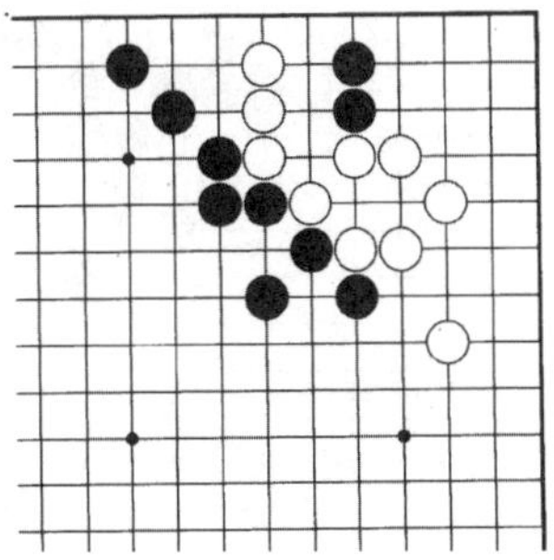

## 상식

사활 문제.
귀의 백집을 도려내려고 살려고 한다. 급소는 어디일까?
상식인 3·3이 안 된다면 어떻게 응수해야 하는가.

解

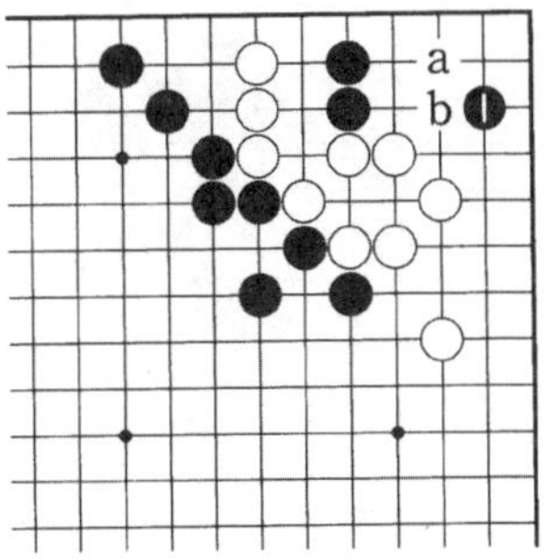

## 흑 삶

흑1의 두 칸 뜀이 맥이다.
궁도를 최대한 넓히고 백a라면 흑b로 백을 잡고서 산다.
백b라면 흑a로 역시 살 수 있다.

失

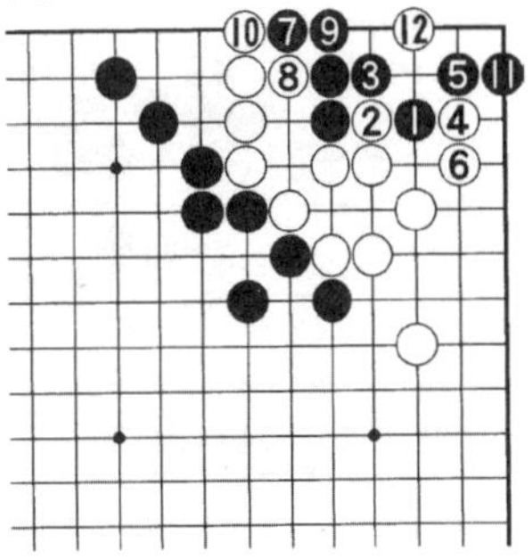

## 흑 죽음

흑1의 3·3은, 백2, 4로 바깥에서 집을 줄여서 실패한다.
흑5로 막으면 백6으로 당기는 수가 좋다. 흑7부터 11로 궁도를 넓혀도 백12로 흑이 죽는다.

제33형 백번

(1671)

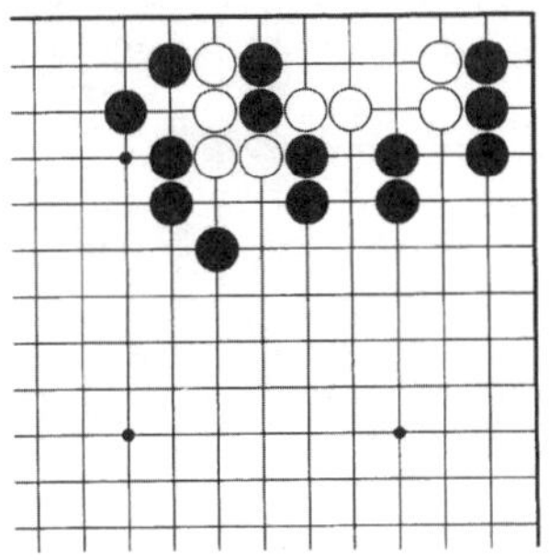

## 일석이조

사활 문제.
상변에 있는 흑 2점을 잡는 동시에 오른쪽에서도 집을 만드는 맥을 찾아야 한다.

解

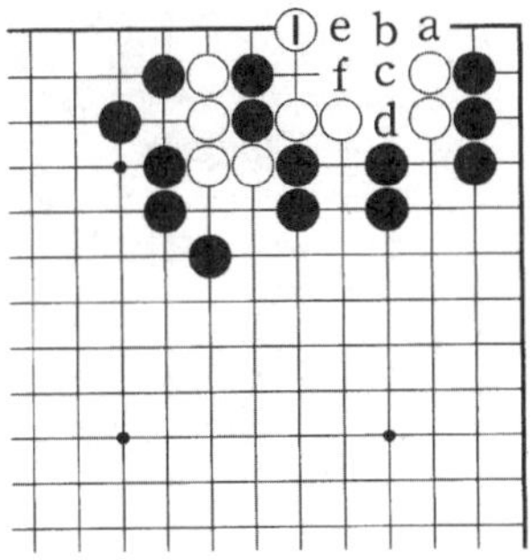

## 촉촉수

백1의 뜀이 상용의 맥이다.
흑 2점의 촉촉수와 오른쪽에 집을 확보하는 일석이조의 수이다.
흑a는 백b, 흑c, 백d, 흑e, 백f.

失

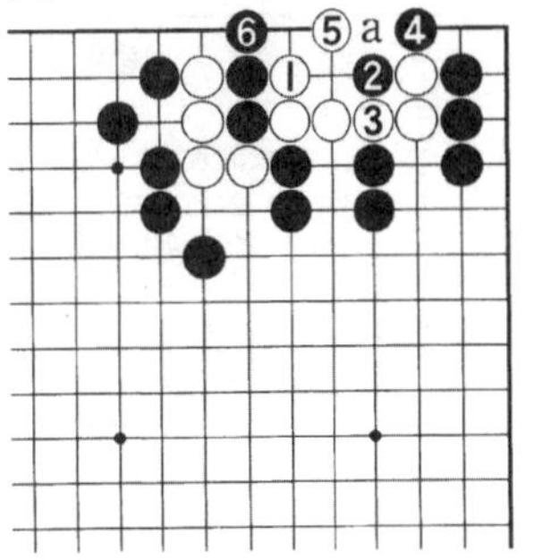

## 백 죽음

백1로 단수치면 흑2, 4로 오른쪽 집이 부서진다.
백5라면 흑6으로 죽는다. 백1로 6으로 단수치면 흑4, 백2, 흑a, 백5, 흑1로 죽는다.

제34형 백번

(1672)

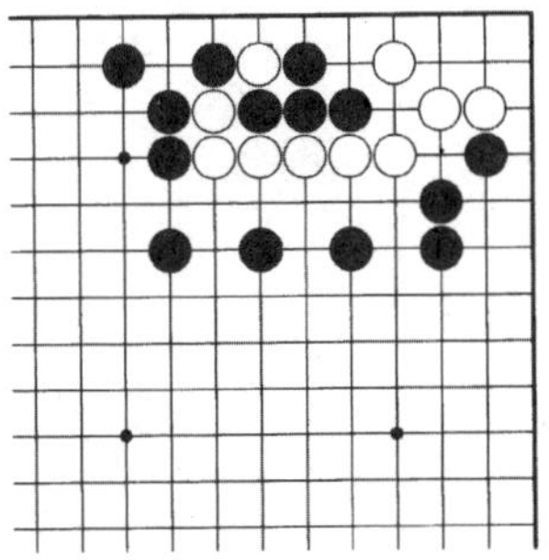

## 활용

사활 문제.
귀의 집은 제한되어 있지만 상변 흑의 활용이 있으므로 어떻게든 분리된 두 집을 낼 수 있다.

解

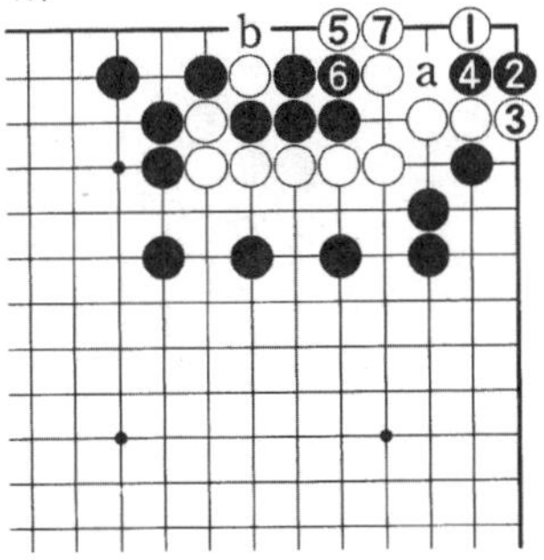

## 백 삶

백1의 뜀이 2·1의 맥이다. 흑2로 치중할 수밖에 없다.
백3, 흑4 이후 백5의 마늘모가 좋은 수이다. 백7까지 a와 b를 맞봐서 산다.

失

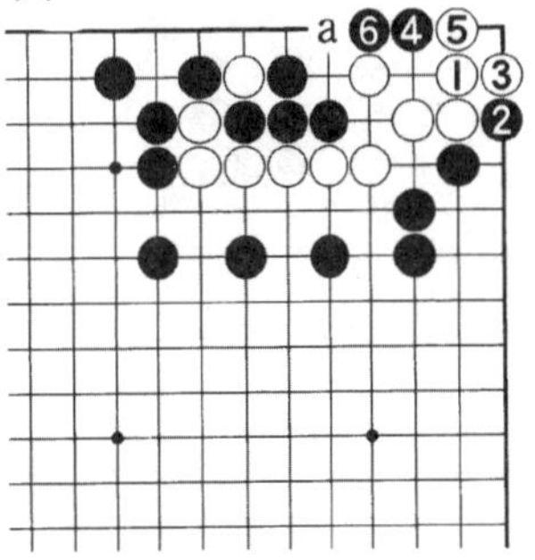

## 백 죽음

백1로 구부리면 흑2로 젖히고 4로 치중당해 귀를 빼긴다.
백5는 흑6. 백5로 a에 마늘모해도 흑5로 백에게 다음 수가 없다.

(1673)

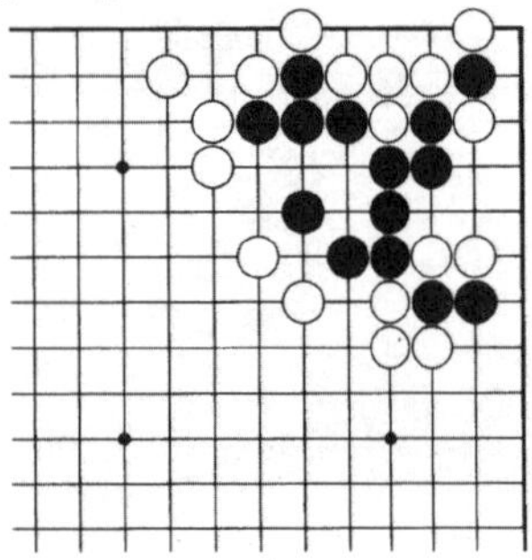

解

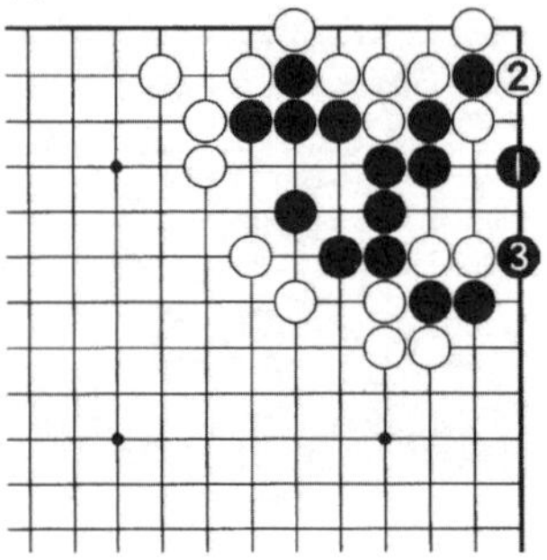

変

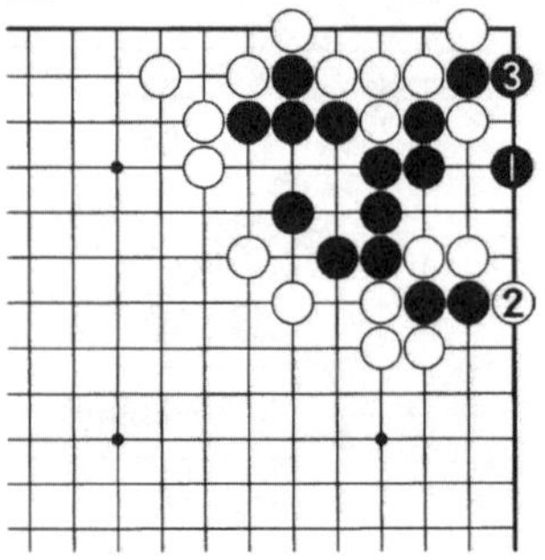

**제 35 형 흑번**

### 연관

사활 문제.
귀의 흑 1점과 우변의 흑 2점은 서로 잡힌 모양이지만 흑은 위아래를 한 수로 연결시켜서 한쪽을 잡는다.

### 흑 삶

흑1의 뜀이 맥이다.
백2로 귀의 흑 1점을 잡으면 흑3으로 젖혀 우변의 백 2점을 잡는다.

### 귀를 잡다

백2로 우변을 살리는 변화.
흑3으로 내려 반대로 백 1점을 잡는다.

(1674)

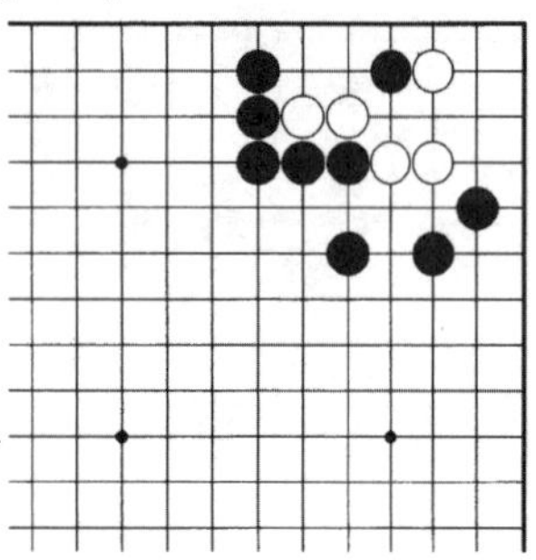

解

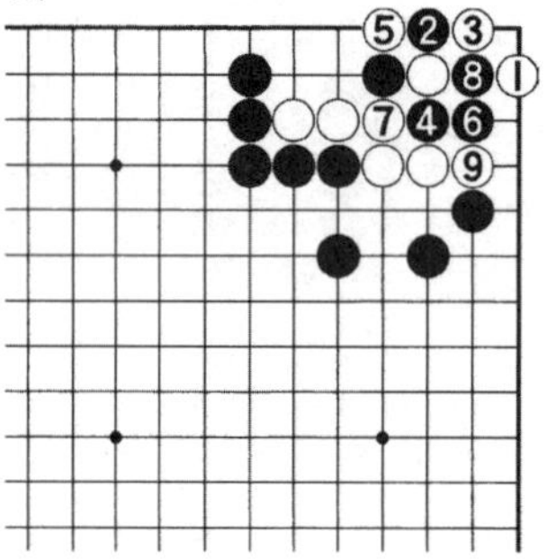

変

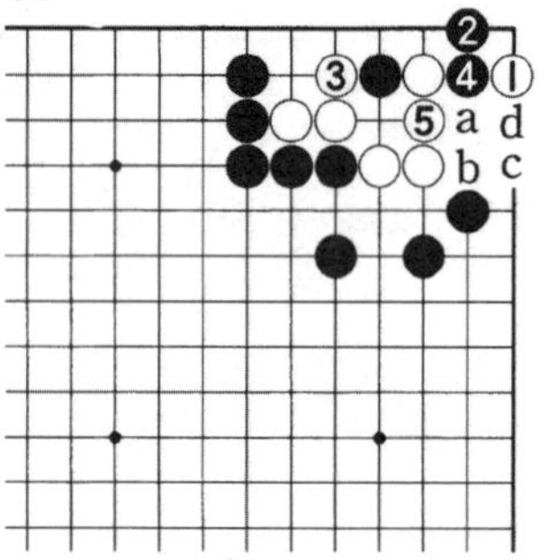

**제 36 형 백번**

### 뒷문

사활 문제.
흑 1점은 미끼이다. 백은 뒷문이 열린 우상귀에서 급소를 찾아야만 한다.

### 패

백1의 뜀은 뒷문 열림을 지키면서 귀에 집을 만드는 맥이다.
흑2로 젖히면 백3으로 막고 버틴다.
흑4에는 백5부터 9로 패가 난다.
※❿→❷(패)

### 백 삶

흑2로 치중하면 백3으로 막아서 흑 1점을 잡는다.
흑4에는 백5. 이후 흑a, 백b, 흑c는 백d로 촉촉수이다.

(1675)

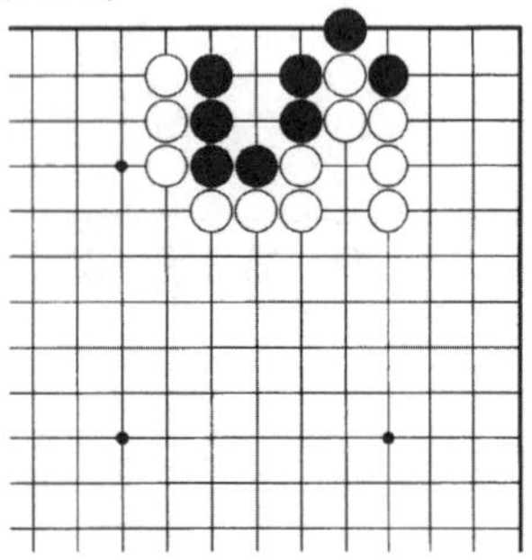

解

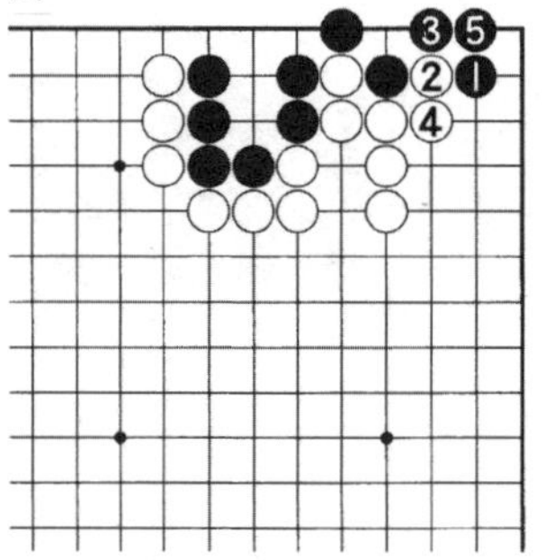

失

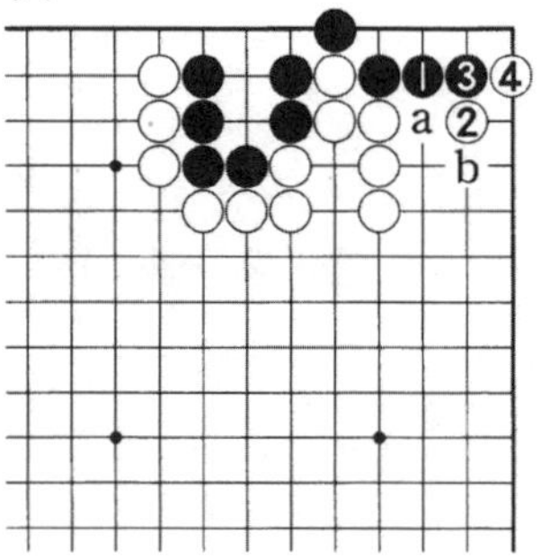

**제 37 형 흑번**

### 비상수단

사활 문제.
살 길은 귀뿐이다.
우하의 백이 강력하므로 비상수단에 기댈 수밖에 없다.

### 패

흑1의 뜀은 비상수단이다.
백2로 단수치면 흑3으로 패로 버티면서 궁도를 넓힌다.
백4로 물러나면 흑5로 이어 다시 한 번 패가 난다.

### 흑 죽음

흑1로 뻗으면 백2로 받아 끝난다.
흑3은 백4로 귀에서 집이 나지 않는다.
흑a는 백b로 물러나면 된다.

(1676)

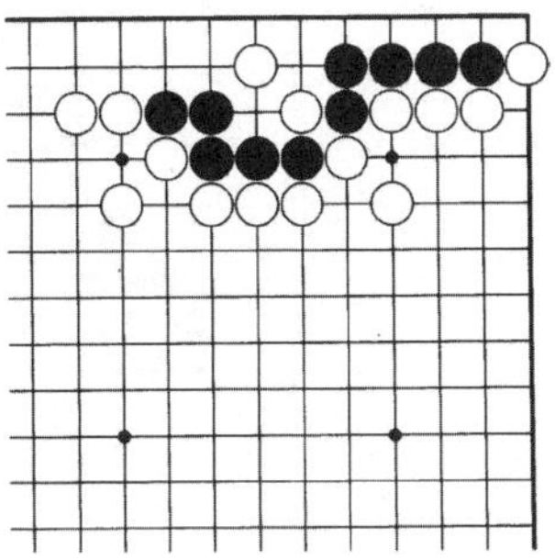

解

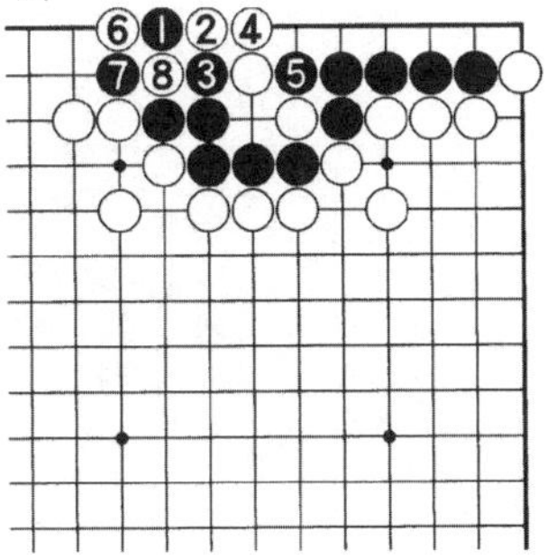

失

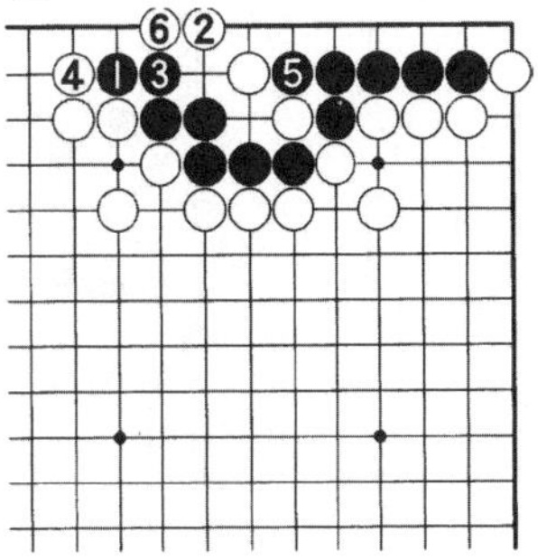

제 38 형 흑번

### 옥집

사활 문제.
백 2점을 움직여서 상변으로 건너면 중앙 흑집은 옥집이 되는 모양이다.

### 패

흑1의 뜀이 위기를 수습하는 맥, 백2의 마늘모 붙임에 흑3으로 단수쳐서 상변의 백의 모양이 무거워진다.
백4부터 8로 패가 난다.

### 흑 전멸

흑1로 젖히면 백2의 마늘모로 자충에 걸린다.
흑3으로 이으면 백4로 막고 6으로 건너가서 흑이 전멸한다.
흑1로 3에 두어도 백2로 같다.

(1677)

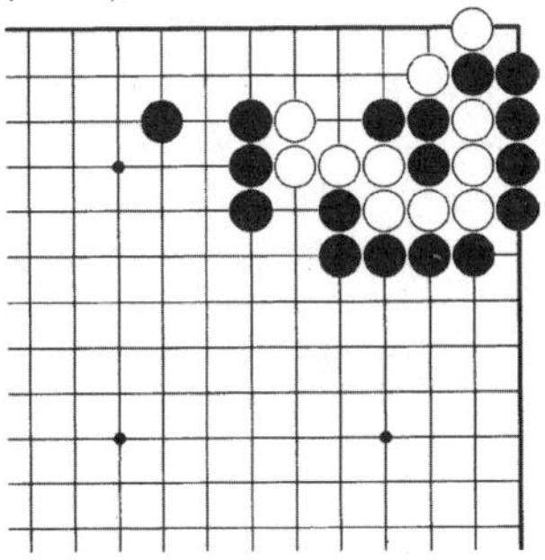

解

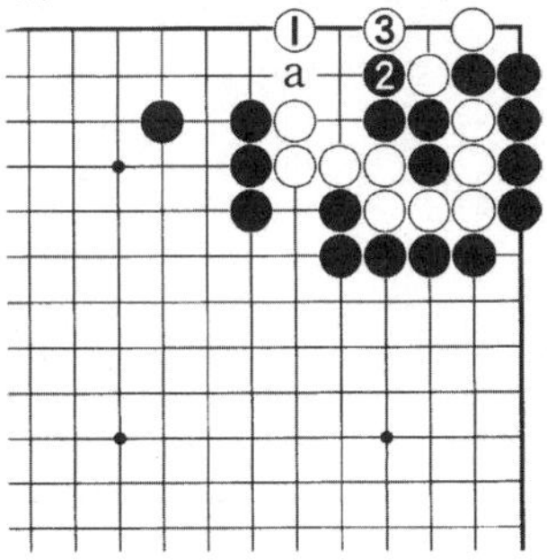

変

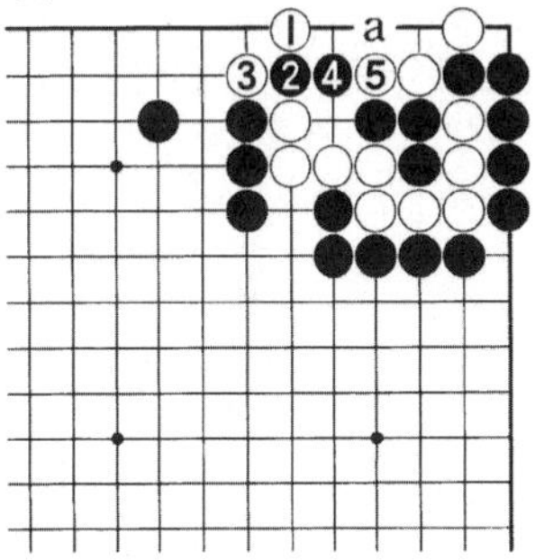

제 39 형 백번

### 넓히다

사활 문제.
가운데의 흑 3점을 잡아도 궁도가 좁으면 치중으로 죽는다.
궁도를 넓히면서 3점을 공격하는 수를 찾아보자.

### 패

백1로 1선에 뛰어 궁도를 넓히면서 흑 3점을 공격하는 맥이 좋다.
흑2로 단수치면 백3으로 젖혀 패가 난다.
백1로 2는 흑a로 죽는다.

### 백 삶

흑2로 끼워서 저항하면 백3으로 단수치고 흑4, 백5로 흑 3점을 잡으면 무조건 산다.
흑4로 5는 백a로 패가 난다.

(1678)

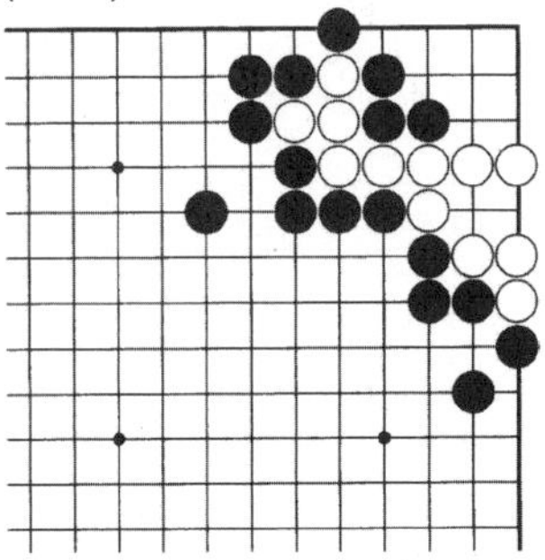

解

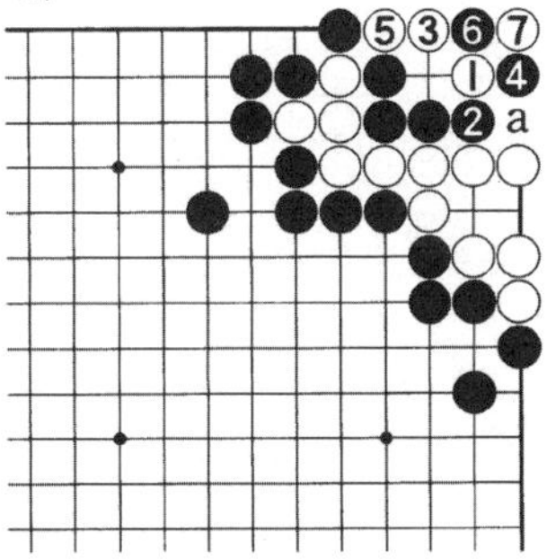

失

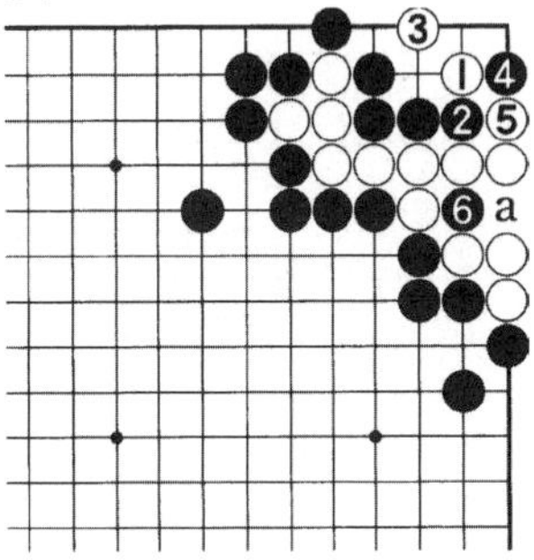

제 40 형 백번

### 자충

사활 문제.
귀에 파고든 흑의 자충을 노리지 않으면 수가 나지 않는다.

### 패

백1로 뛰어 귀에서 수단을 구할 수밖에 없다.
흑2로 나가면 백3의 마늘모가 좋은 수이다. 백5, 7로 패가 난다.
흑4로 5는 백a로 산다.

### 백 죽음

흑4의 젖힘에 백5로 끊으면 백이 죽는다.
흑6으로 먹여쳐서 백a로 따낼 수 없다.
흑2로 6은 백2로 산다.

(1679)

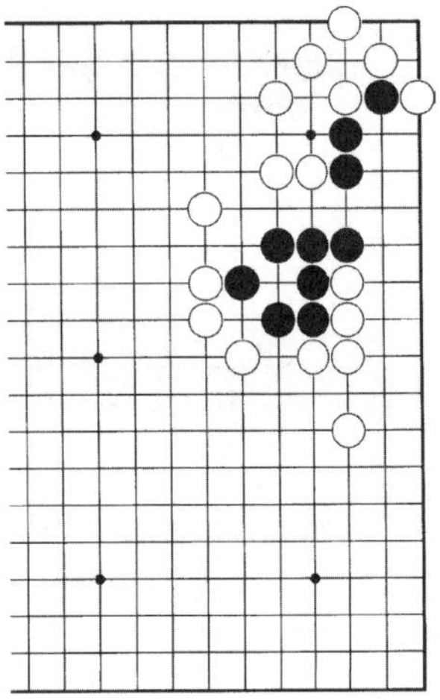

解

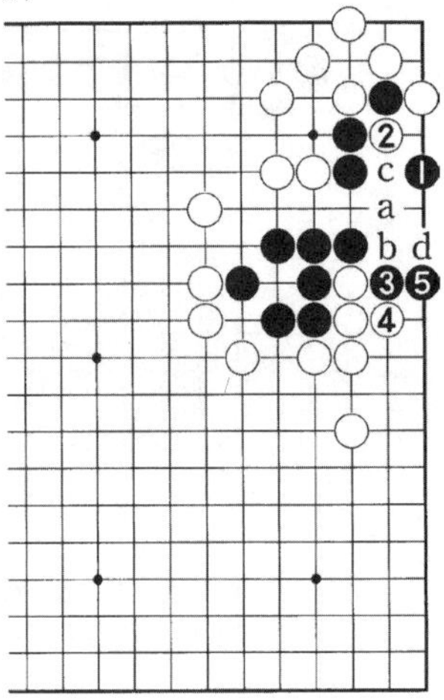

失

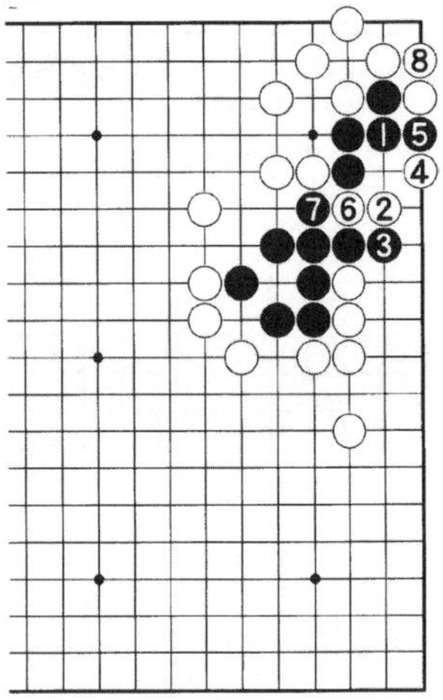

제41형 흑번

## 뒷문

사활 문제.
중앙에 한 집, 우변에서 한 집을 만들어야 하지만 우상의 백이 공격에 뒷문이 열린 흑집을 지키기 어렵다. 궁도를 넓히는 효율적인 모양을 찾아야 한다.

## 흑 삶

흑1로 뛴 모양이 가장 좋다.
백2로 잡으면 흑3, 5로 넓혀서 산다.
백2로 a는 흑b로 나가서 백을 잡는다. 백4로 a는 흑c, 백b, 흑d로 수습한다.

## 흑 전멸

흑1의 이음은 실패한다.
백2의 치중이 냉엄하고 흑은 이 1점을 잡을 수 없다.
흑3은 백4로 입구자하여 백8까지 수상전에서 백이 이긴다.
흑1로 2는 백4로 실패한다.

(1680)

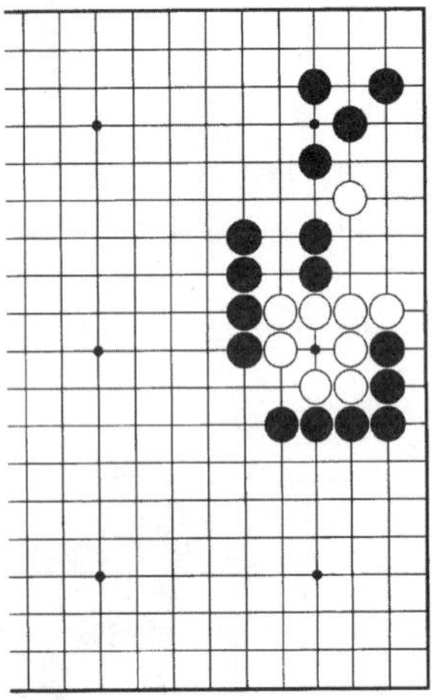

解

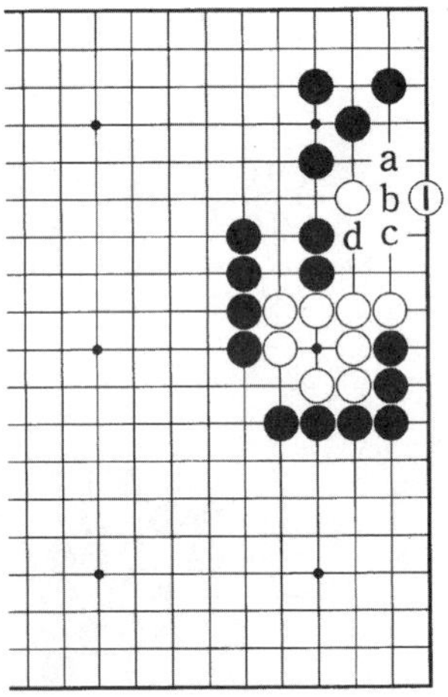

失

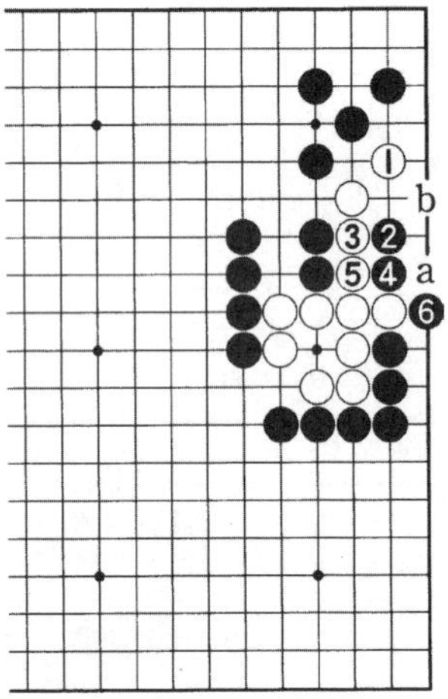

제42형 백번

## 넓히다

사활 문제.
백은 중앙에 한 집을 갖고 있으므로 우변에 집을 내야만 한다. 궁도를 넓히는 것은 좋으나 흑이 도려내버리면 말짱 도루묵이다.

## 백 삶

백1의 뜀이 가장 궁도를 넓히는 맥이다.
흑a, 백b로 우변에 한 집을 확보한다.
흑c로 치중해도 백d로 막아 1점을 잡는다.

## 백 죽음

백1로 입구자해서 궁도를 넓히면 흑2의 치중부터 우변으로 건너가서 실패한다. 흑6 이후 백a에 먹여쳐도 촉촉수는 성립하지 않는다.
백1과 b의 다른 점이다.

뜀 사활(죽음)

(1681)

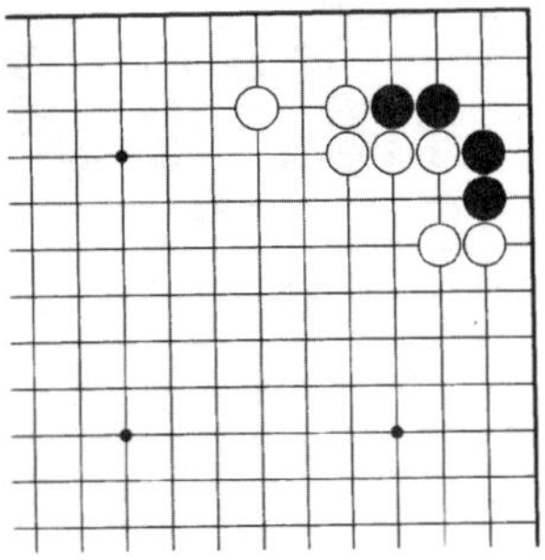

解

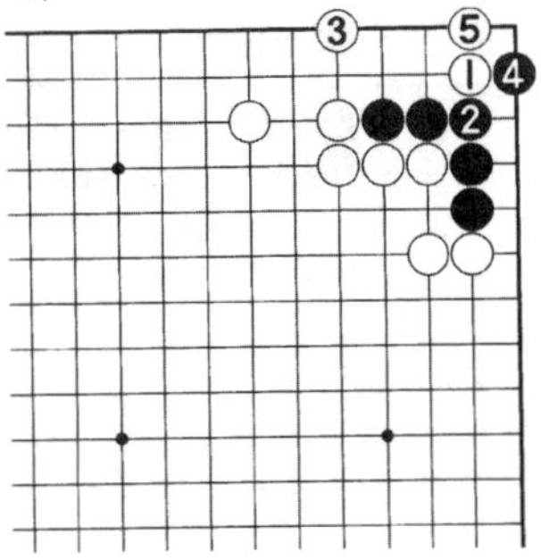

变

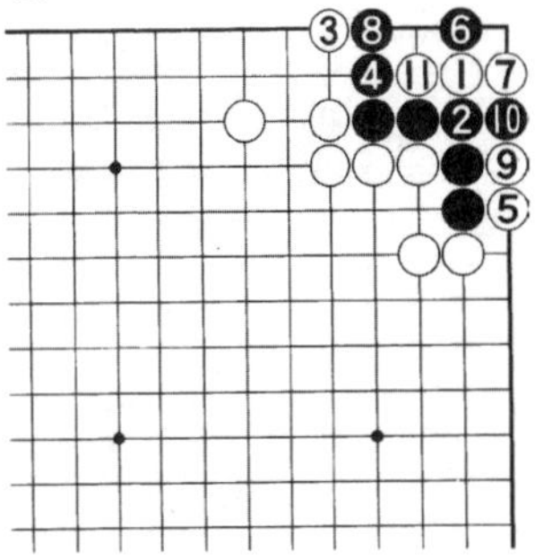

제1형 백번

## 모양을 부수다

사활 문제.
바깥에서 흑집을 좁히기 전에 흑의 모양을 무너뜨려야 한다.
세 번째 수가 묘수이다.

## 흑 죽음

백1로 들여다보고 흑2 이후 백3의 뜀이 멕이다.
흑4의 젖힘은 백5로 내려 상변으로 건너가면 이대로 흑이 죽는다.

## 흑 죽음

흑4로 건너지 못하게 막으면 백5로 흑집을 좁힌다.
흑6, 8로 집을 넓혀도 백11까지 흑이 죽는다.

(1682)

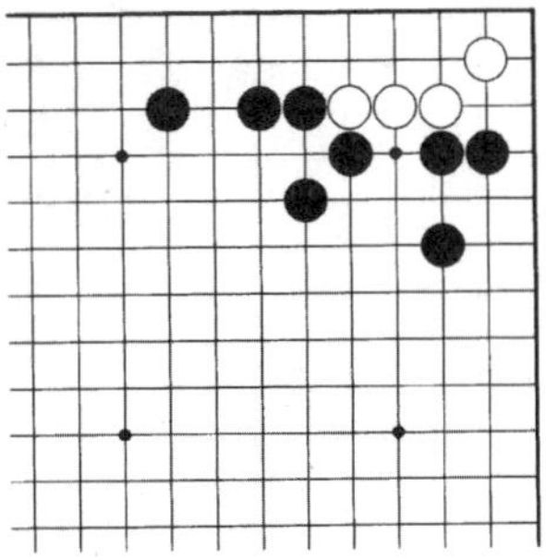

解

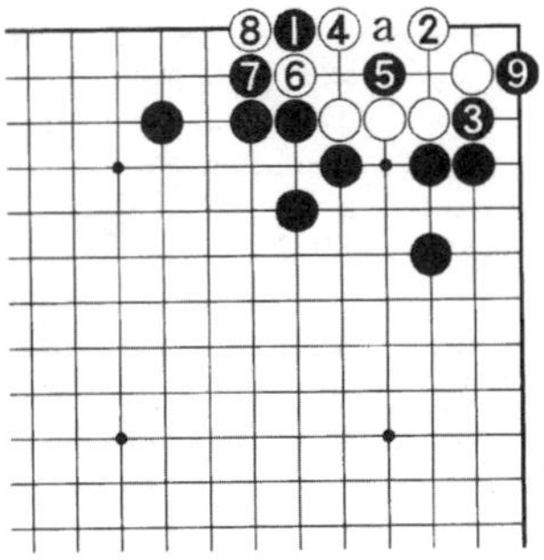

失

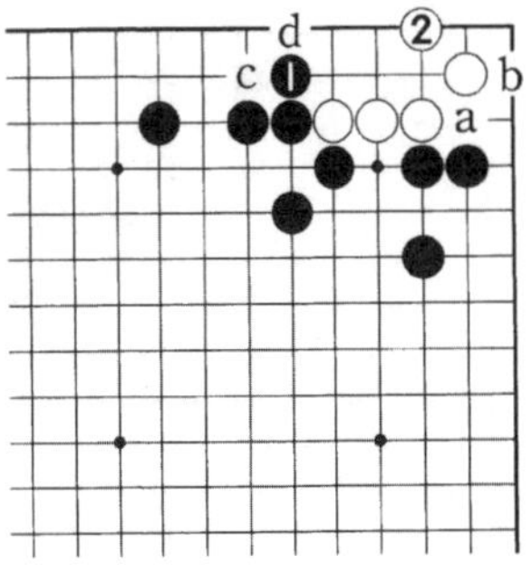

제2형 흑번

## 공방의 맥

사활 문제.
백은 집을 만들기 쉬운 모양을 하고 있지만 매서운 공격의 맥이 요구된다.
귀의 백집을 좁혀서 잡고 싶다.

## 백 죽음

흑1의 뜀이 백집을 좁히는 맥이다.
백2로 안형의 급소에 두면 흑3으로 공격하고 다음 노림은 a. 백4는 흑5로 치중하여 9까지 백이 죽는다.

## 백 삶

흑1로 뻗으면 백2로 실패한다. 흑a는 백b로 상변의 백집이 건재하다.
흑1로 b에 붙이면 백1, 흑c, 백d로 그냥은 죽지 않는 모양이다.

(1683)

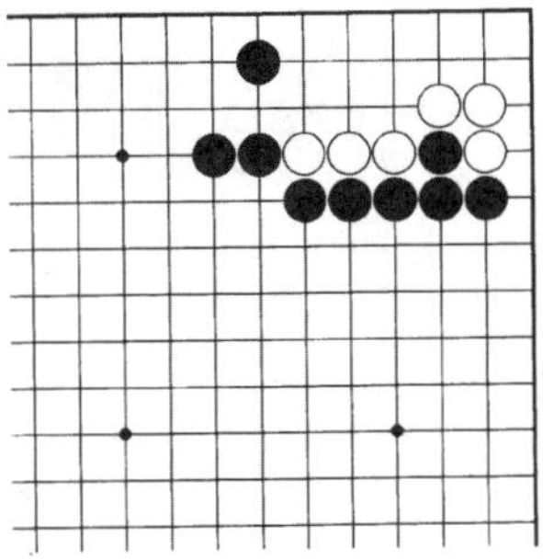

解

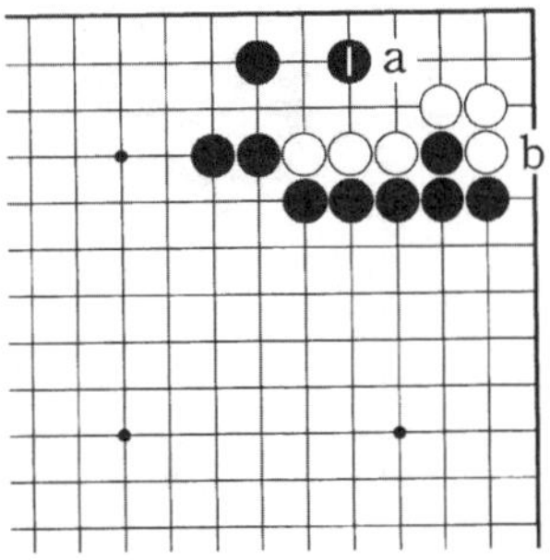

失

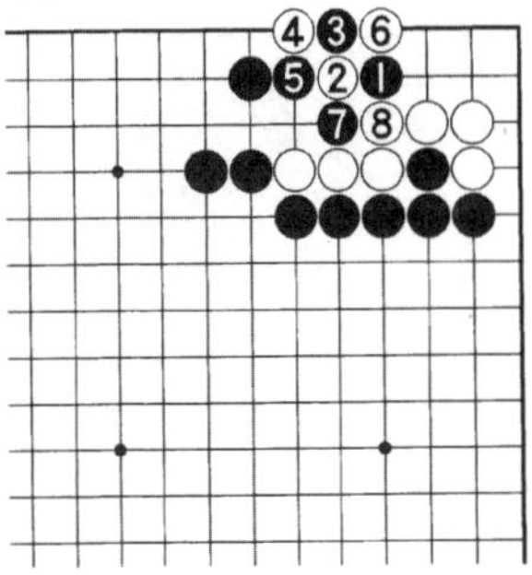

제3형 흑번

## 지키는 방법

귀의 사활 문제.
백집이 넓어 공격하기 어려울 것 같지만 급소 한 방이면 바로 죽는다.

## 백 죽음

흑1의 뜀이 급소이다.
백 3점의 한가운데 맥으로 백은 a로 받는 정도이다.
흑b로 젖혀 집을 좁히면 백이 죽는다.

## 패

흑1로 더욱 백집을 좁히겠다는 노림이지만 백2로 반발한다.
흑3부터 7로 단수쳐도 백8로 끊어 패가 난다.

제4형 흑번

(1684)

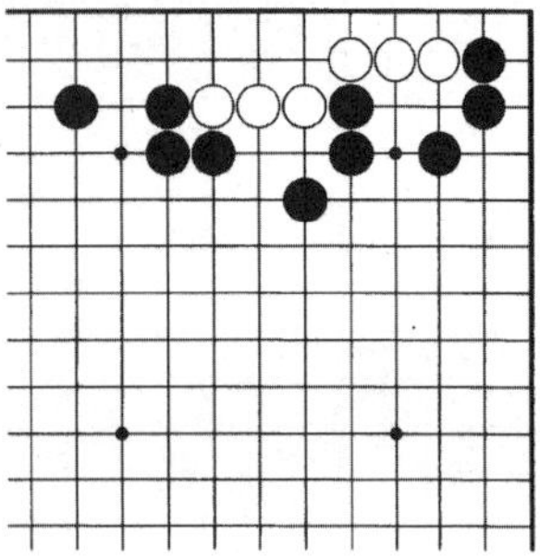

## 다음 수

사활 문제.
백을 옥집으로 만드는 맥은 어디인가?
먼저 상변의 백집을 좁혀 보자.

解

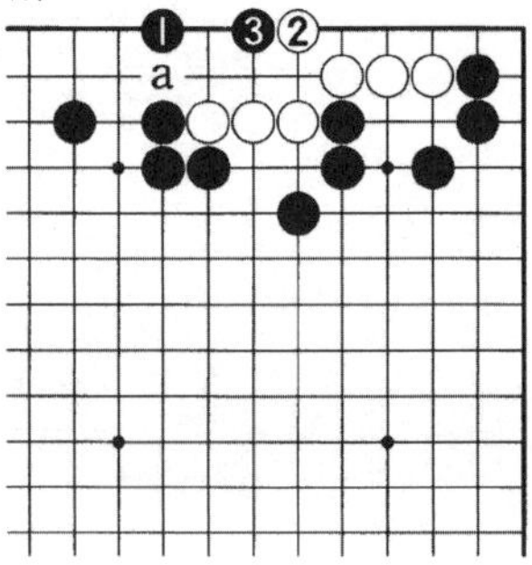

## 백 죽음

흑1의 한 칸 뜀이 맥이다.
백2로 호구치면 흑3으로 붙여 왼쪽은 옥집이 된다.
흑1로 a에 뻗으면 3의 수가 없고 백2로 산다.

失

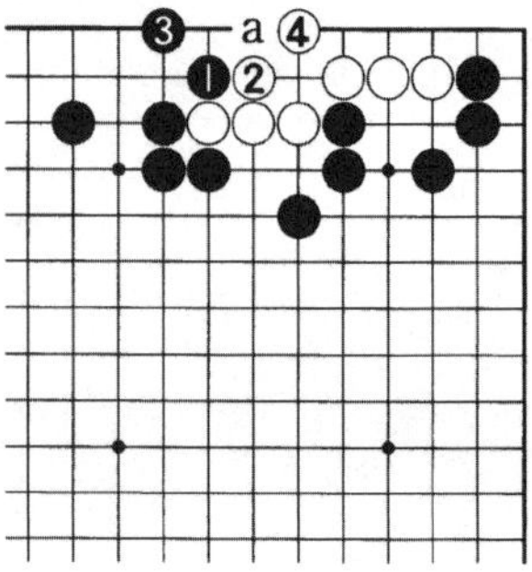

## 패는 실패

흑1, 3은 백4로 받아 그냥은 죽지 않는 모양이다.
흑a로 먹여쳐서 패를 할 수밖에 없지만 실패한다.
흑1, 백2 교환이 악수가 되었다.

제5형 흑번

(1685)

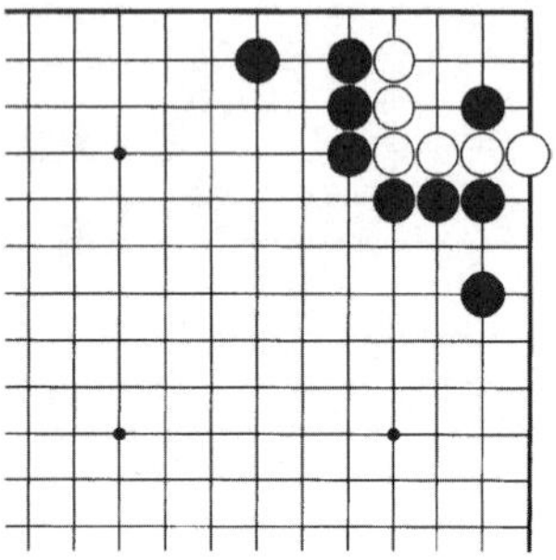

## 치중수

사활 문제.
귀의 흑 1점을 치중수로 이용하면 백은 궁도를 넓혀 저항하여 유가무가로 수상전에 끌고 간다.

解

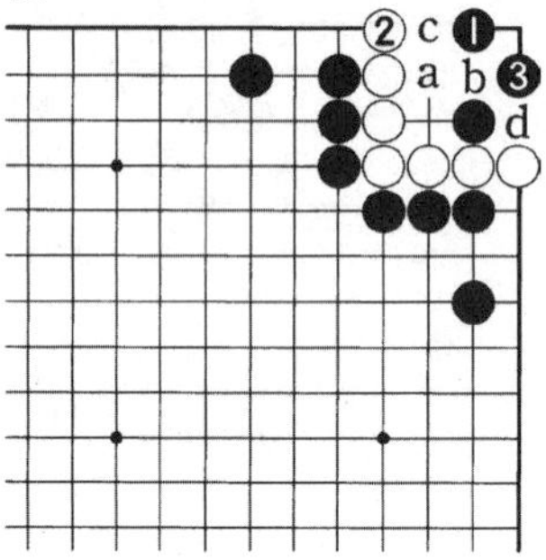

## 백 전멸

흑1의 뜀이 궁도사활을 노리는 맥이다. 백2로 흑의 건넘을 막는 것은 흑3으로 집을 내서 백이 전멸한다.
백2로 a는 흑b, 백3, 흑d로 유가무가.

失

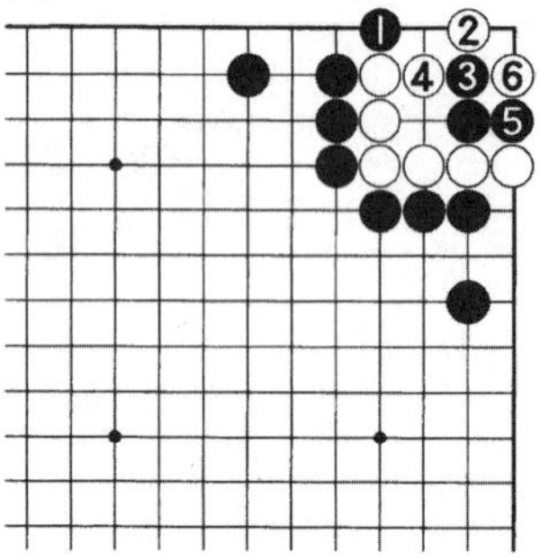

## 흑 실패

흑1로 젖히면 백2로 받아 그냥 죽지 않는다.
흑3, 5로 치중을 노리면 백6으로 집어넣어 패가 난다.
흑5로 6은 백5으로 빅.

제6형 백번

(1686)

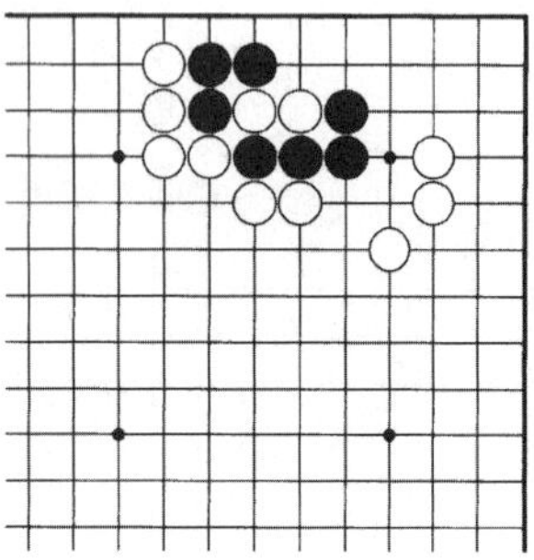

## 치중수

사활 문제.
흑에게 잡혀있는 백 2점을 치중수로 이용하기 위해서는 흑집을 줄이는 방법으로 두어야 한다.

解

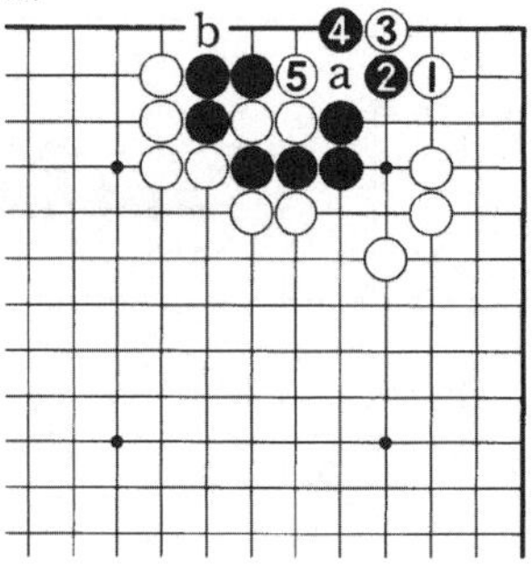

## 흑 죽음

백1로 뛰어 궁도를 줄인다.
흑2로 집을 넓히면 백3의 젖힘을 활용하고 5로 나가서 흑이 죽는다.
흑2로 a는 백b.

失

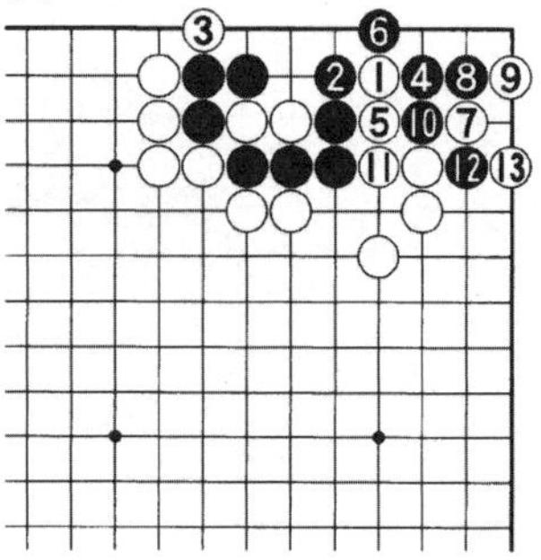

## 패

백1의 공격은 옳은 수이다.
흑2에 백3으로 공격해도 흑4로 반격 당한다.
백5부터 13까지 패가 나서 백이 실패한다.

제7형 흑번

(1687)

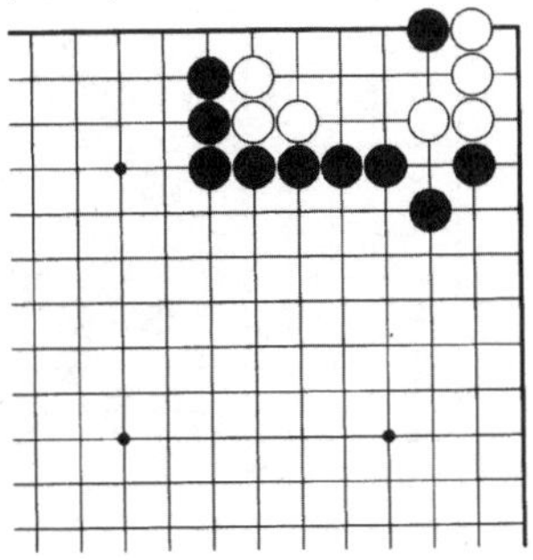

## 옥집

사활 문제.
우상귀의 백은 한 집을 확보하였다. 흑은 1점을 움직여 상변을 옥집으로 만들어야한다.

解

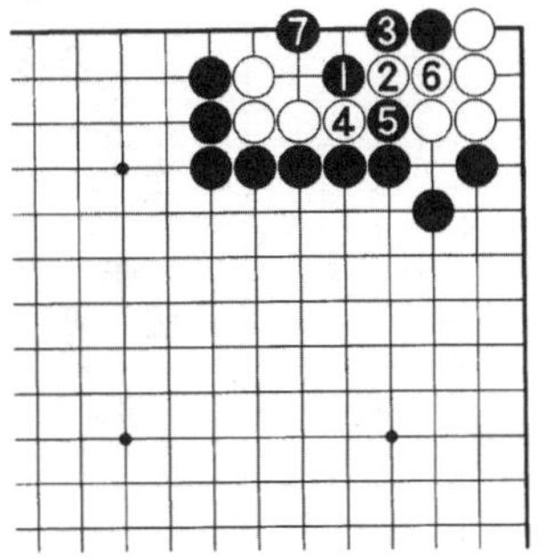

## 백 죽음

흑1의 치중이 맥이다.
백2로 입구자 붙이면 흑3으로 1점을 살리고 백4에는 흑5로 끊는다. 7까지 되따내는 모양을 만들어서 백이 죽는다.

失

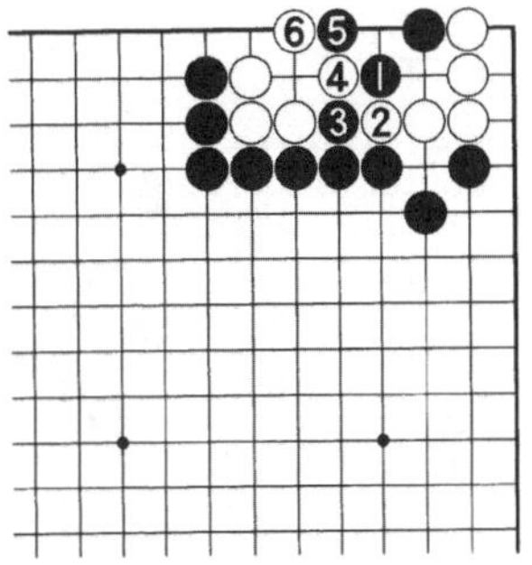

## 패

흑1로 두는 것은 틀린 맥이다.
백2, 4로 끊어 흑5로 단수 칠 수밖에 없다. 백6으로 패로 받을 수 있다. 정답과 비교하면 실패이다.

제8형 흑번

(1688)

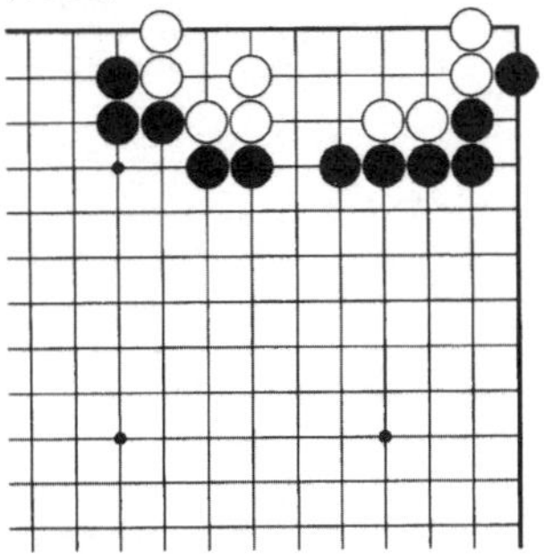

## 한집씩

사활 문제.
상변의 백은 좌우에 한 집씩 가지고 있지만 둘로 나눠지면 바로 죽은 돌이 된다.

解

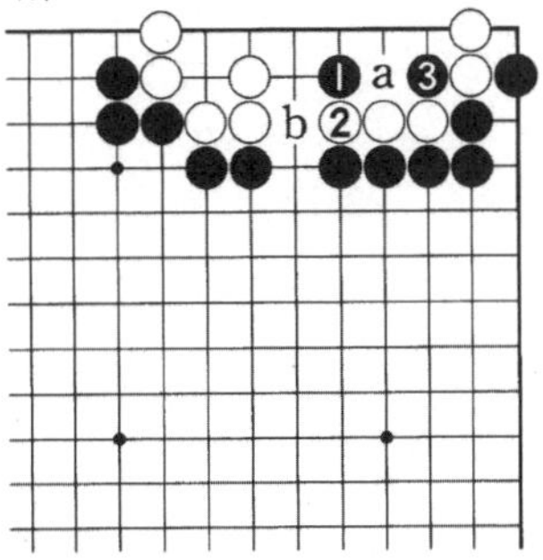

## 백 전멸

흑1의 뛰어드는 수가 냉엄하다. 백2로 나가며 흑3으로 끊는다. 백a는 흑b로 단수쳐서 상변을 양분하는 노림수이다.

失

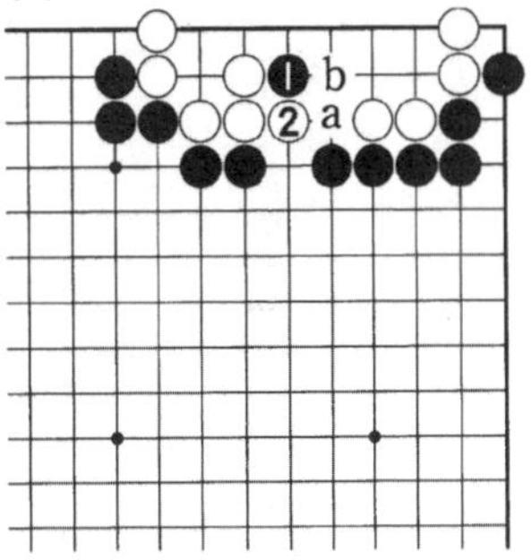

## 백 삶

흑1로 붙이면 백2로 나가서 왼쪽이 살아버린다.
또 흑1로 a로 뚫어도 백b로 귀를 버린다.

제9형 흑번

(1689)

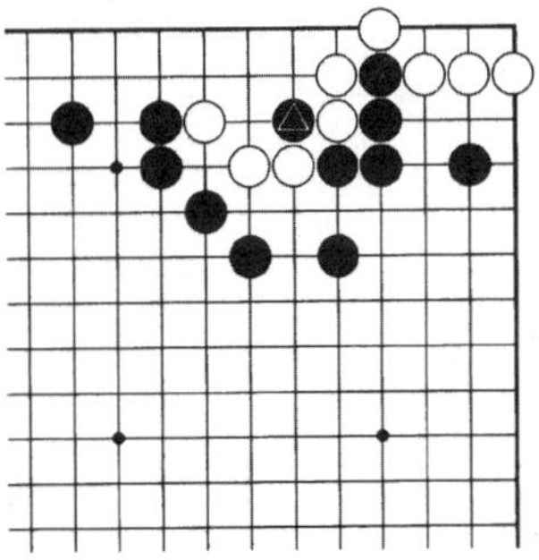

## 옥집

사활 문제.
백은 귀에 한 집을 갖고 있다. 흑▲의 1점을 이용해서 왼쪽의 백을 옥집으로 만들어보자.

解

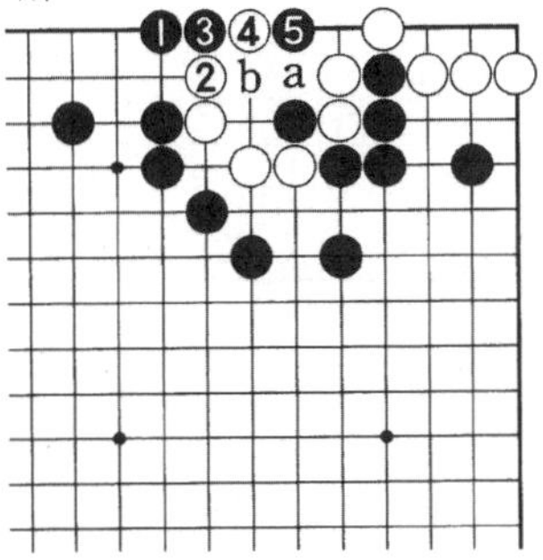

## 백 죽음

흑1의 뜀이 맥이다.
백의 응수를 보고 흑 1점을 움직인다. 백2는 흑3으로 밀고 백4라면 흑5. 백4로 a는 흑b로 끼워서 백이 죽는다.

失

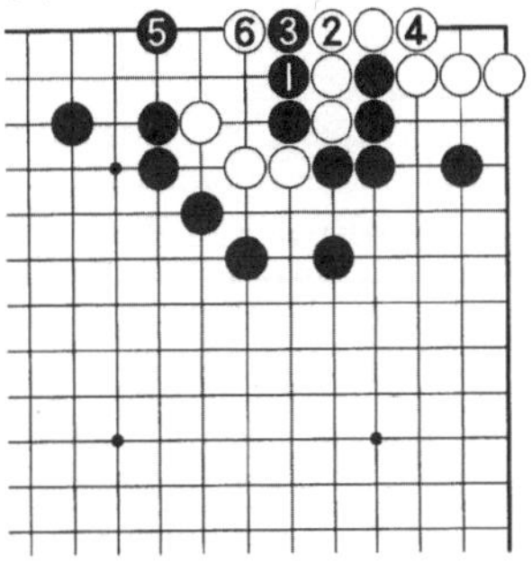

## 흑 속수

흑1, 3으로 단수치는 것은 속수여서 실패한다.
백4에 흑5로 뛰어서 연결하려고 해도 백6으로 촉촉수에 걸린다.

(1690)

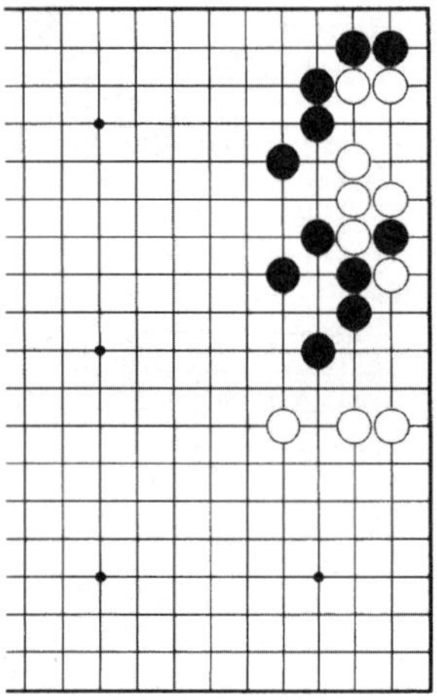

解

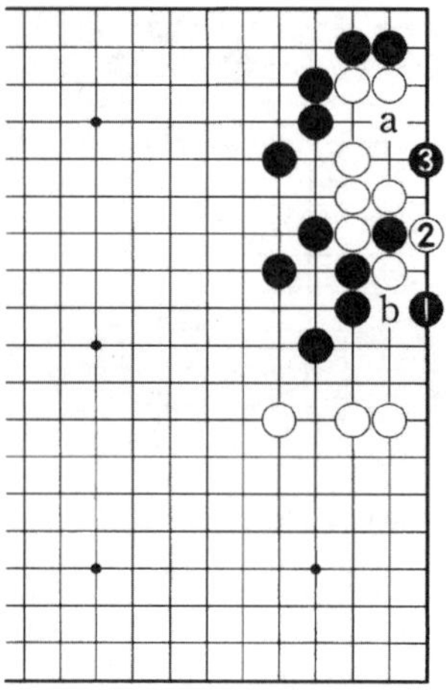

失

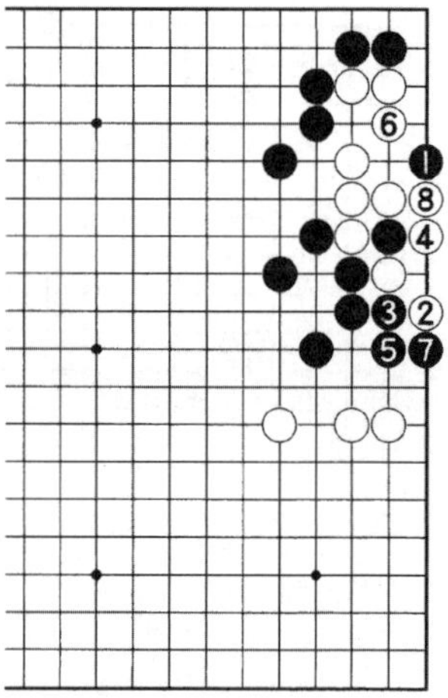

제10형 흑번

## 탄력을 지우다

사활 문제.
백은 흑 1점을 잡고 있지만 우상의 집은 넓지 않다.
흑은 건넘을 노리는 백의 탄력을 지워 숨통을 끊고 싶다

## 백 죽음

흑1의 뜀이 맥이다.
백2로 흑 1점을 잡으면 흑3의 치중으로 백은 한 눈 밖에 없다. 백2로 a에 저항해도 흑2로 늘어 1점을 살리면 그만이다. 백a는 흑b.

## 패는 실패

흑1의 치중을 먼저 하면 실패한다. 백2의 입구자가 탄력이 있는 모양으로 흑은 3, 5로 늦출 수밖에 없다. 백6 이후 흑7로 공격해도 백8로 받아 패가 난다.

(1691)

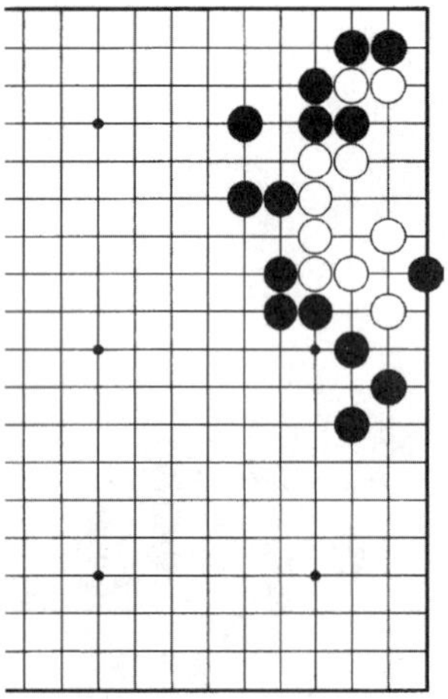

解

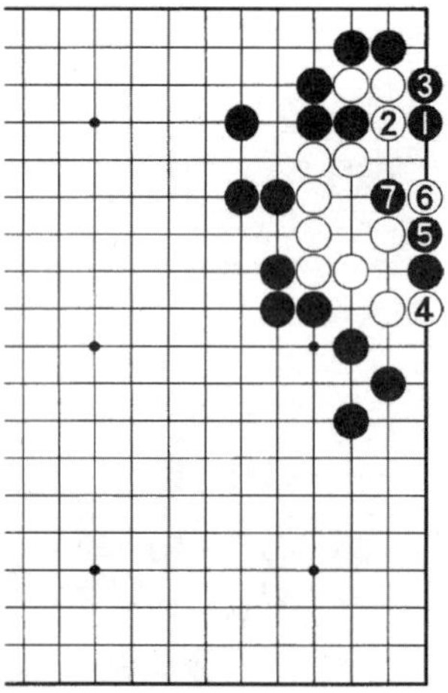

失

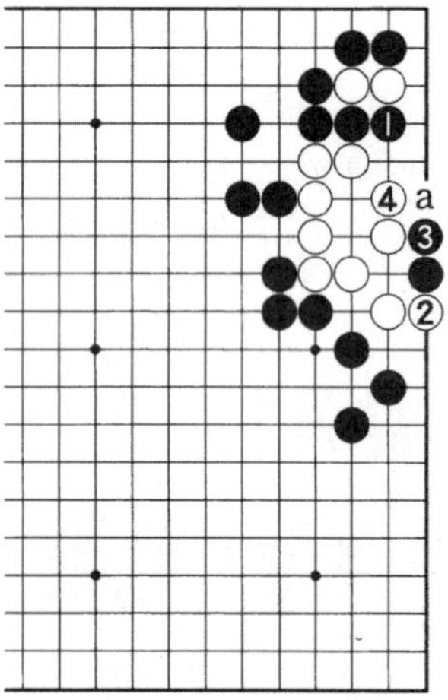

제11형 흑번

## 연결

사활 문제.
우변의 흑 1점을 살려내도 위쪽의 백집이 넓어지면 실패가 된다.
흑은 상변의 공격과 우변의 흑 1점을 연결시켜야 한다.

## 백 죽음

흑1의 뜀은 백 2점을 공격하면서 우변의 흑 1점으로 건넘을 보는 맥이다. 백2에는 흑3으로 단수한다. 백4로 흑 1점을 잡으러 오면 흑5로 밀어서 7로 끊어 우변은 옥집이 된다.

## 백 삶

흑1의 2점을 잡는 수는 효과가 없는 수이다.
백2로 막고 흑3에는 백4로 늘어 흑 2점을 잡는다.
흑a로 두는 것도 백의 눈을 부술 수는 없다.

(1692)

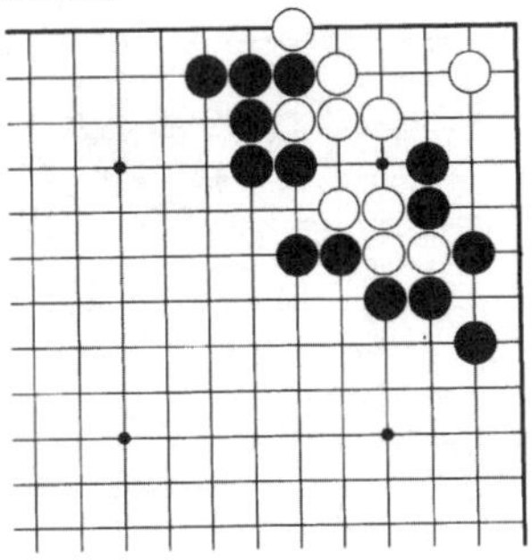

解

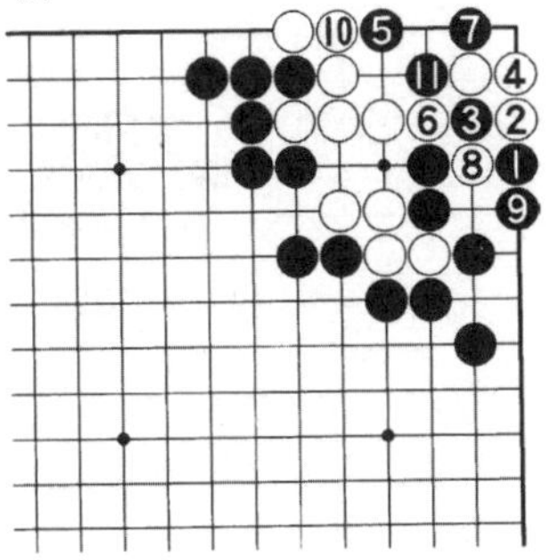

失

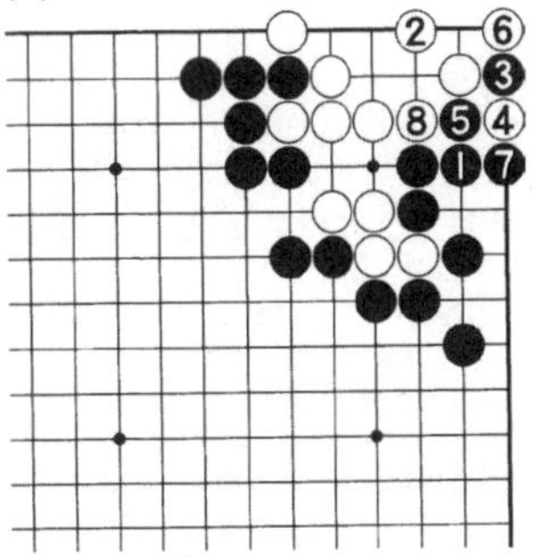

제12형 흑번

## 무조건

사활 문제.

귀의 백은 집을 만들기 쉬운 모양이지만 흑은 백집을 좁혀 궁도사활로 무조건 잡는다.

## 백 죽음

흑1이 묘수이다. 백집을 제한하고 응수를 엿본다.

백2의 입구자 붙임에 흑3으로 단수치고 5로 치중한 뒤 11까지 백이 죽는다.

## 패

흑1도 침착한 수지만 백2의 입구자로 귀에 탄력이 생겨버린다. 흑3의 붙임부터 7로 막아도 백8로 받아 패가 난다.

(1693)

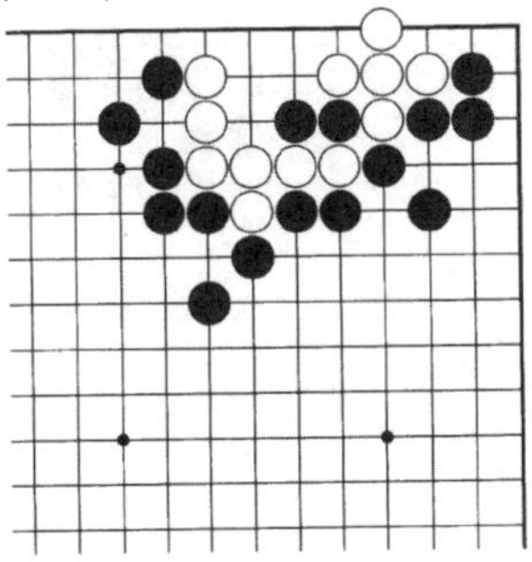

解

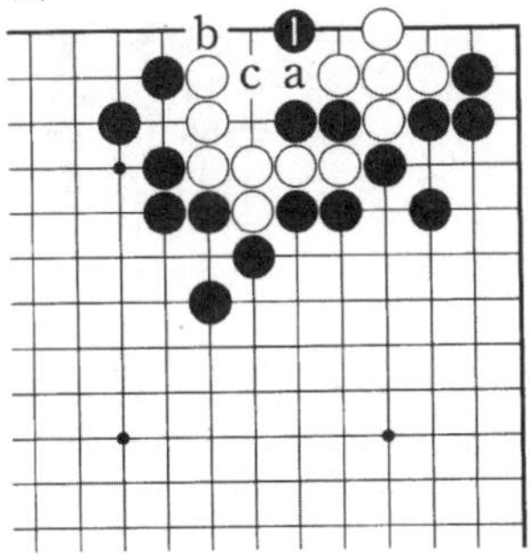

失

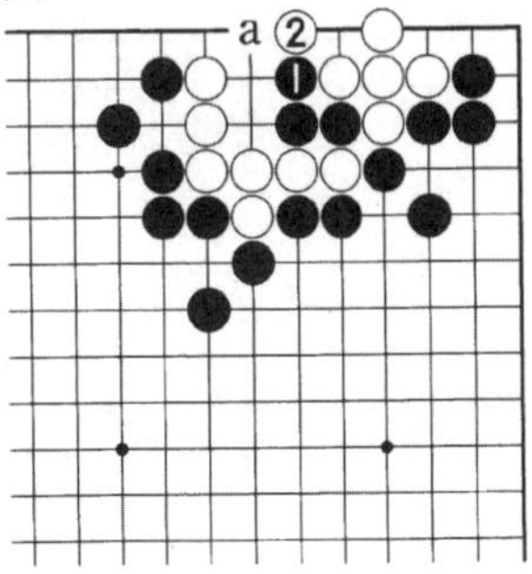

제13형 흑번

## 집을 깨다

사활 문제.

흑 2점을 잡으면 백집이 넓다. 흑은 2점을 사석으로 이용하여 집을 무너뜨린다. 백이 저항하면 수상전에 돌입한다.

## 백 전멸

흑1의 뜀이 매서운 수이다.

백a로 나가면 흑b로 건너가서 백은 한 집뿐. 백c, 흑a로 수상전이 되지만 백이 양자충에 걸린다.

## 틀린 맥

흑1의 막음은 틀린 맥으로 악수이다.

백2로 젖혀 저항한다.

흑a로 막아서 패가 되지만 물론 실패한다.

뜀 침범

(1694)

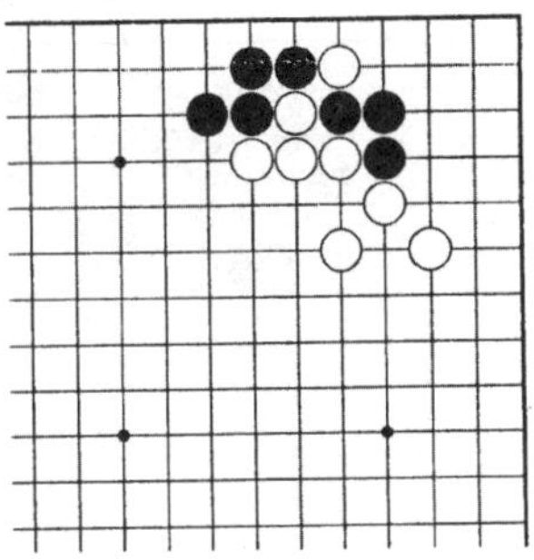

解

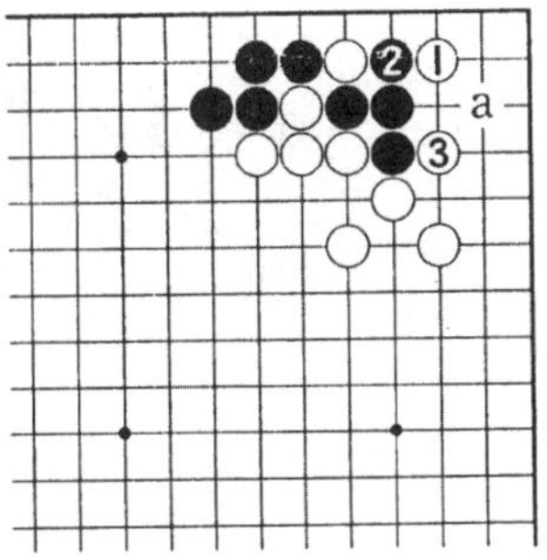

失

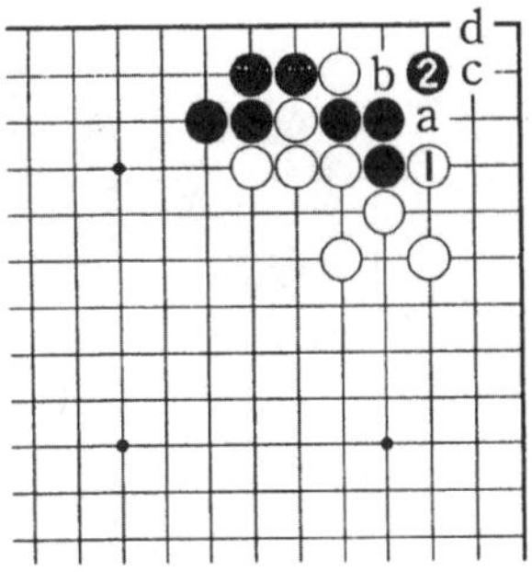

제1형 백번

## 장면

상변의 백 1점을 잡고 귀의 흑집이 커질 것 같다.

귀를 그대로 백집으로 만들고 싶다.

## 좋은 맥

백1의 한 칸 뜀이 좋은 맥이다. 흑2로 받게하여 백3으로 젖혀 귀를 차지한다.

흑2로 a는 백2로 수상전에서 백이 승리한다.

## 백 실패

백1의 젖힘에는 흑2의 응수가 있어서 귀로 파고들 수 없다.

백a, 흑b, 백c로 막아도 흑d로 젖혀 정해도보다 3집 손해.

(1695)

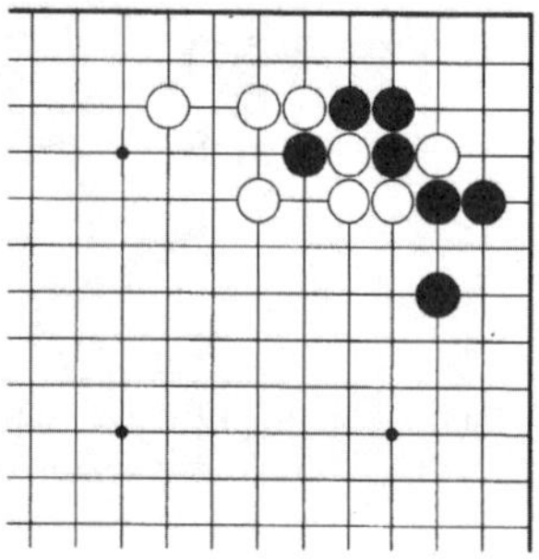

제2형 백번

## 열쇠

우상귀의 흑집을 얼마나 깎을 수 있을까?

흑에게 잡힌 백 1점을 어떻게 움직일지가 열쇠이다.

解

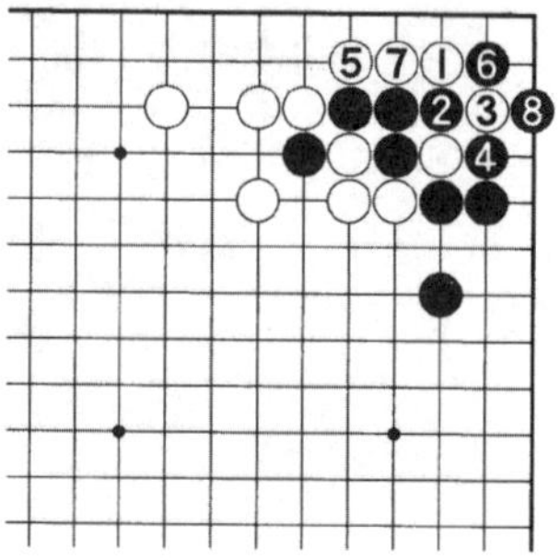

## 상용의 맥

백1의 뜀이 상용의 맥이다.

흑2, 4로 백 1점을 잡는 정도이지만 백5로 젖히고 7을 선수로 활용하여 상변 집을 늘린다.

变

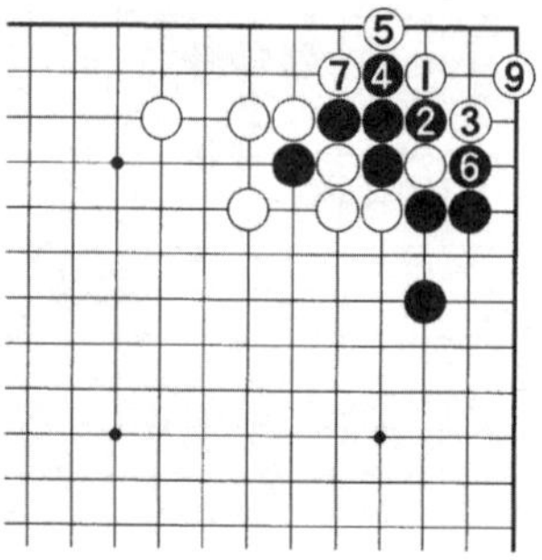

## 파고들다

흑4로 막으면 백5, 7로 조여 귀를 파고들다.

백1로 7에 먼저 두면 흑1이 좋은 응수이다.

※❽→❷의 아래

(1696)

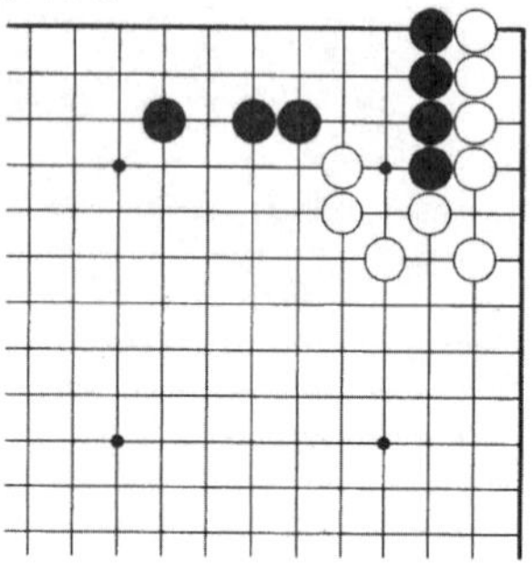

제3형 백번

## 흑집 삭감

귀의 흑 4점을 잡을 수는 없지만 상변의 흑집을 깎을 수는 있다.

解

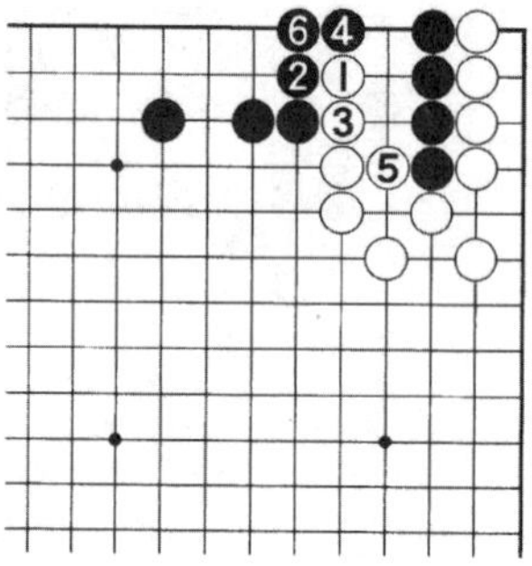

## 간신히

백1의 뜀이 냉엄한 맥이다.

흑은 자충을 방지하기 위하여 2로 받을 수밖에 없다.

백3에 흑4로 건너서 간신히 목숨만 구해나온다.

失

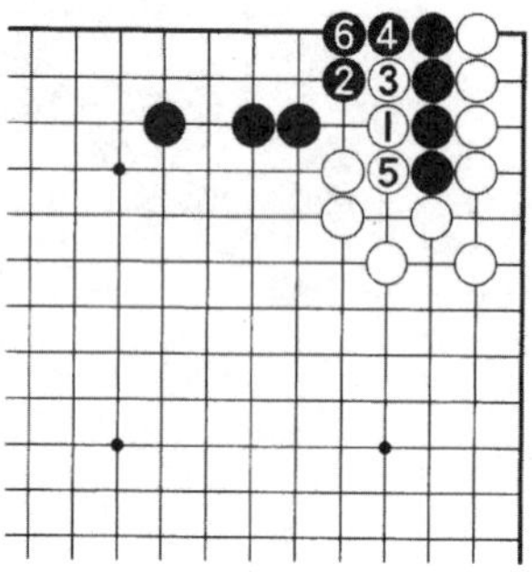

## 백1집 손해

백1의 입구자 붙임은 흑2로 입구자 하여 건너간다.

백3 부터 흑6까지 정해도와 비교하면 흑집이 1집 많아졌다.

(1697)

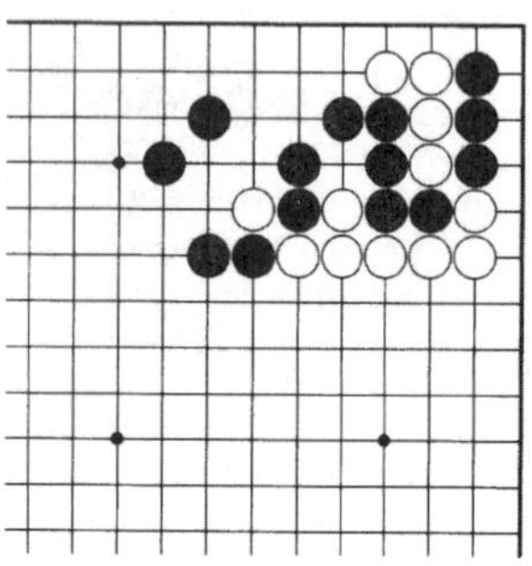

제4형 백번

## 살릴 수 없다

귀의 백 4점은 살릴 수 없지만 흑도 상변을 죄다 집으로 만들 수는 없다.

흑의 엷음을 추궁해야 한다.

解

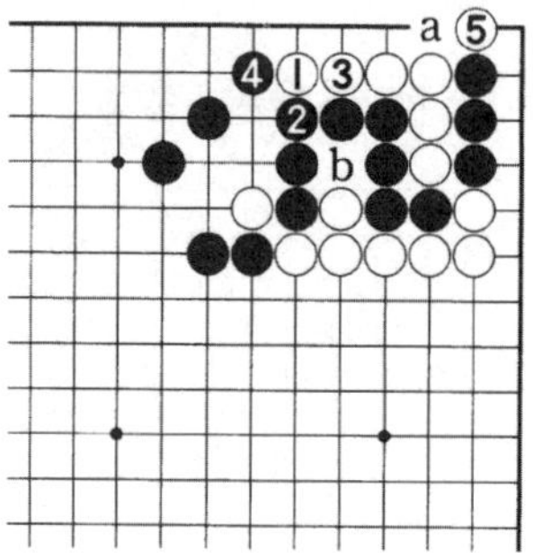

## 부활

백1의 뜀이 좋은 수이다.

흑2로 3에 나가면 백2, 흑a, 백b로 양단수이다.

흑2, 4로 받으면 백5로 귀를 잡고 부활한다.

变

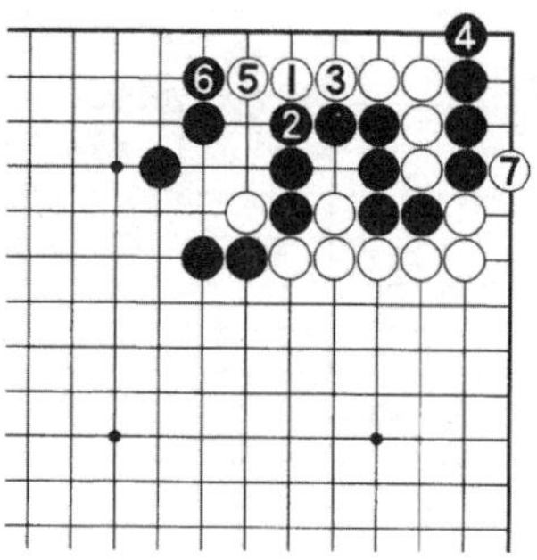

## 백 승

흑4로 내려 귀의 수를 늘리는 것도 무리.

백5로 뻗어서 상변이 6수가 되어 백7로 젖혀서 한 수 승.

제5형 흑번

(1698)

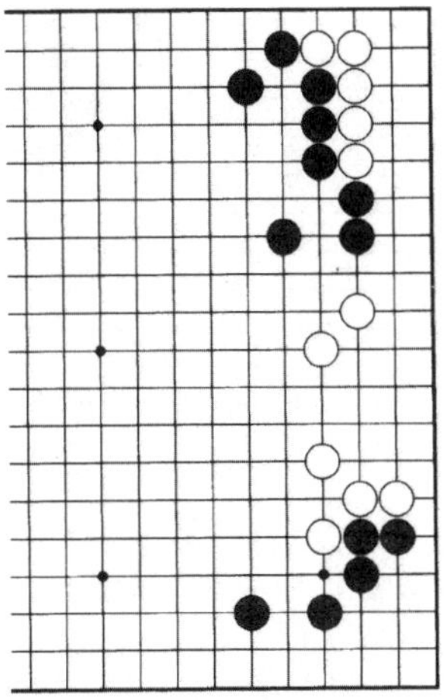

## 부수다

우상은 화점정석으로 백이 3,3에 들어간 모양이다. 이대로라면 백은 살아 있으나 우변의 백집을 지키려고 하면 귀에 문제가 일어난다.
흑은 어떻게 수를 내어야 할까?

解

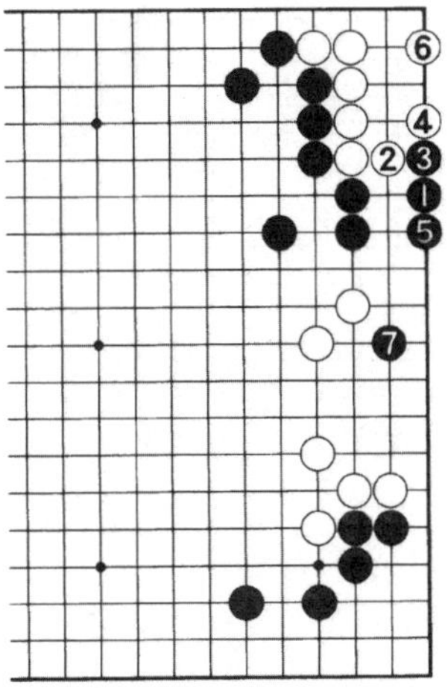

## 한 칸 뜀

흑1의 뜀은 우상귀의 눈을 빼앗는 노림. 백2 이후 흑3, 5을 활용하여 백6으로 살게 되지만 우변의 백이 엷게 되어서 흑7의 부수기가 성립. 결국 백의 근거가 없어진다.

失

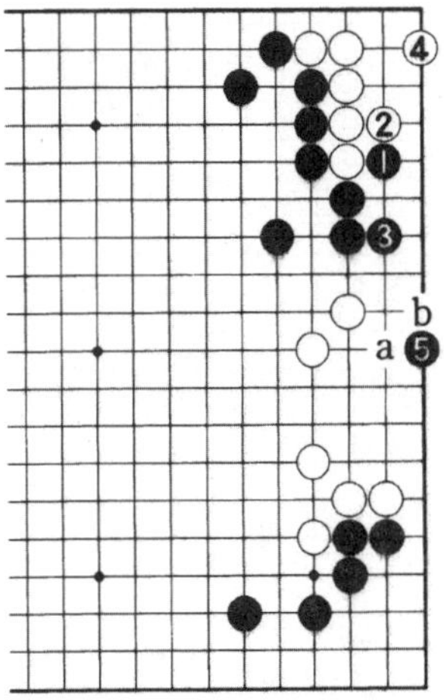

## 흑 불충분

흑1, 3의 활용은 충분하지 않다.
백4로 살고 흑이 우변에 침입하려고 해도 흑5가 고작이다.
백a, 흑b로 되는 모양으로 백의 근거는 안정되어 있다.

제6형 흑번

(1699)

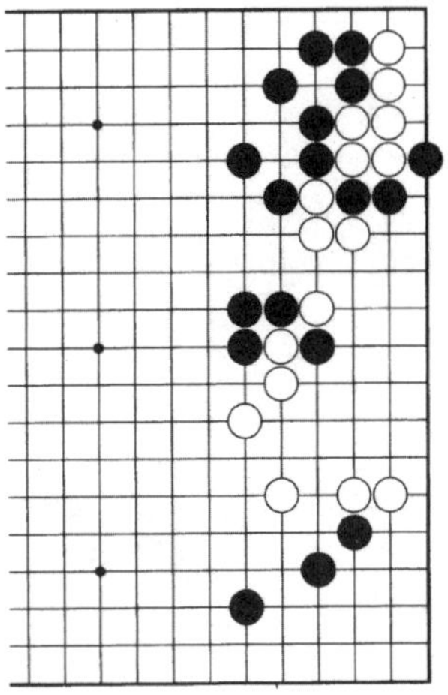

## 선수끝내기

우변의 전투.
우변에서 귀에 걸친 백집은 아직 완전하지 않다.
흑은 선수로 백의 집을 부숴 끝내기 하고 싶다.

解

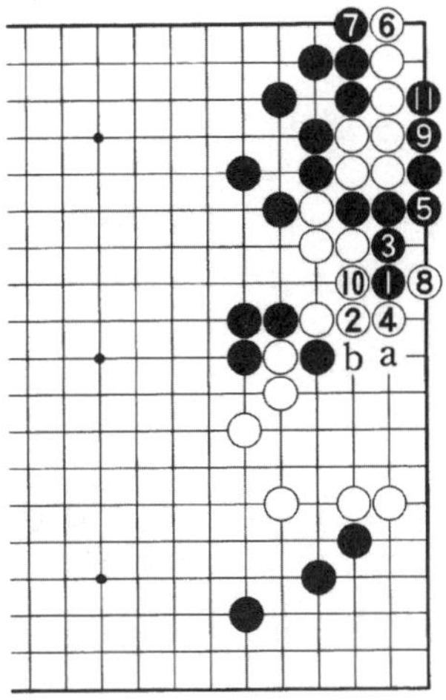

## 흑 승

흑1의 뜀이 좋은 수이다.
백2로 중앙쪽을 지키면 흑3으로 이어 수가 늘어난다. 백4의 막음에 흑5로 이어 흑이 수상전 승. 백4로 5는 흑4, 백a, 흑b, 백이 안 된다.

变

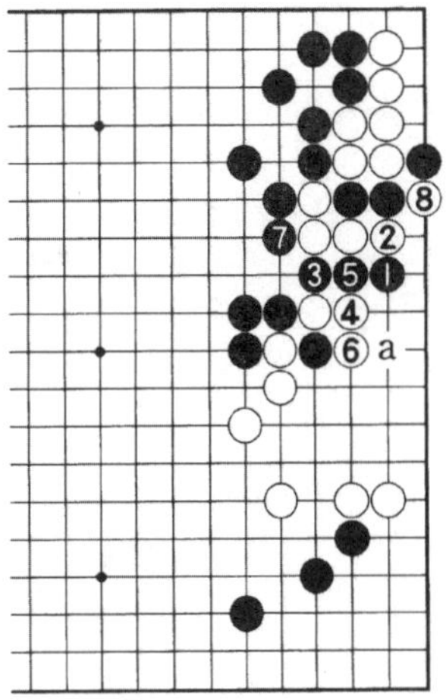

## 선수끝내기

백2로 흑 2점을 잡을 수밖에 없다.
흑3으로 단수하고 5로 우변에 연결되어서 백집을 부수는 것이 된다.
백6에는 흑7로 결정하고 흑a의 붙임도 남아서 대성공이다.

제1형 흑번

(1700)

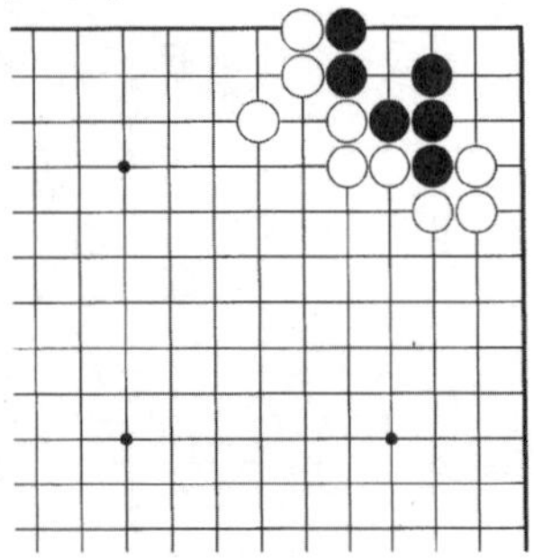

## 최선의 삶

끝내기 문제.
우상의 흑은 손을 빼면 죽는다. 한 수를 들여서 살아야 한다.
최선의 수는 어디인가?

解

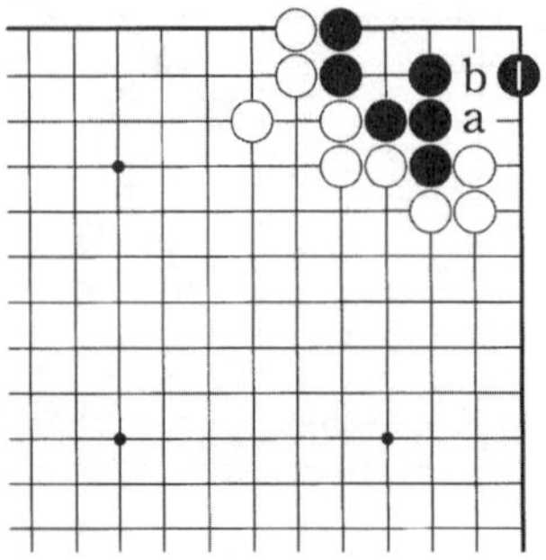

## 5집

흑1의 뜀이 정수이다.
백a, 흑b가 활용되어 흑이 2집 손해를 본 것 같지만 귀의 흑은 5집이 있으면 충분하다.

失

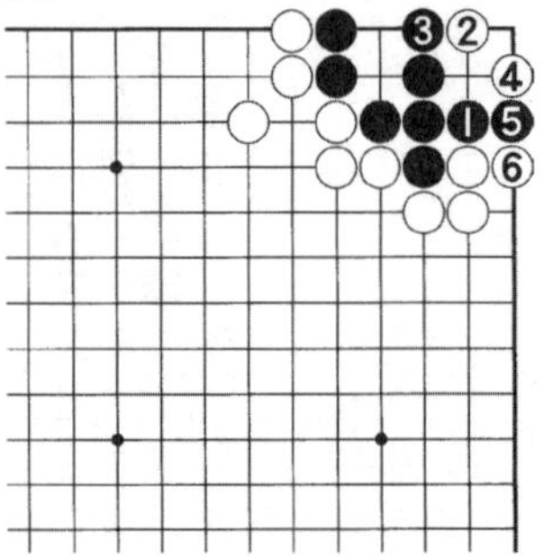

## 빅

단순히 흑1로 막는 것은 귀에 수가 난다.
백2부터 6까지 빅의 모양. 흑은 0집이 되었다.

제2형 흑번

(1701)

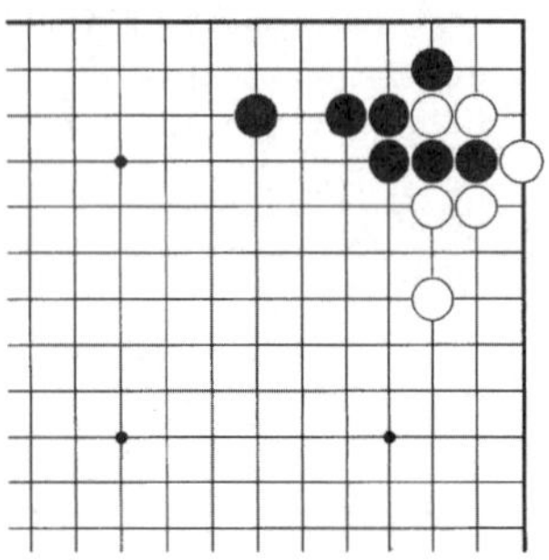

## 근거의 수

우상귀의 끝내기 문제.
귀를 어떻게 마무리 할까?
집의 득실과 함께 근거를 만드는 것도 큰일이다.

解

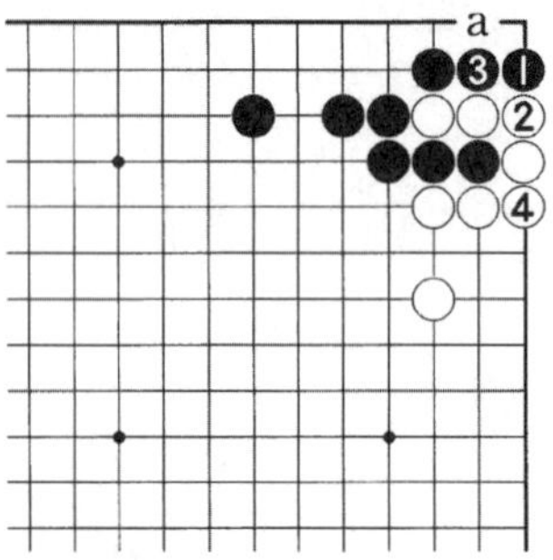

## 결정하다

흑1로 뛰는 것은 백의 탄력을 빼앗는 맥이다.
백2의 붙임에 흑3으로 단수치고 귀의 흑 모양이 결정된다.
백2로 3은 흑a로 촉촉수.

失

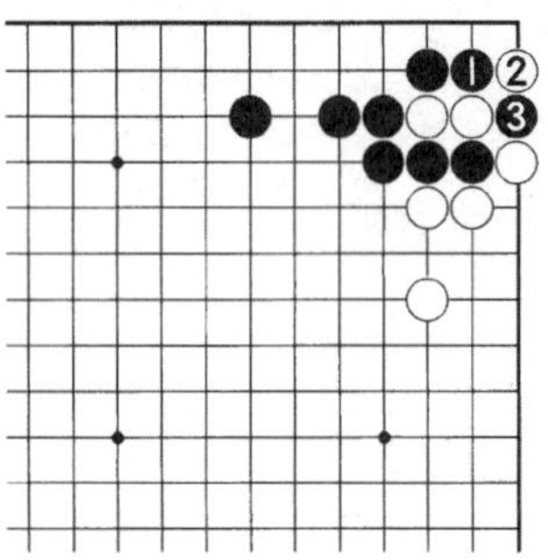

## 1집 손해

흑1로 단수는 백2로 젖혀 귀의 집이 줄어버린다.
흑3은 백4로 되따내서 흑은 정해도보다 1집 손해를 본다.
※④→❸의 왼쪽(따냄)

제3형 흑번

(1702)

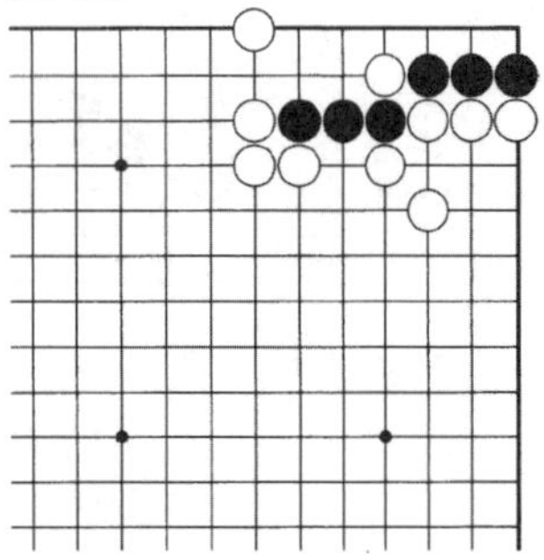

## 사는 방법

우상귀의 흑을 살리고 싶다. 경솔하게 두면 2집만의 비참한 삶을 강요받는다.

解

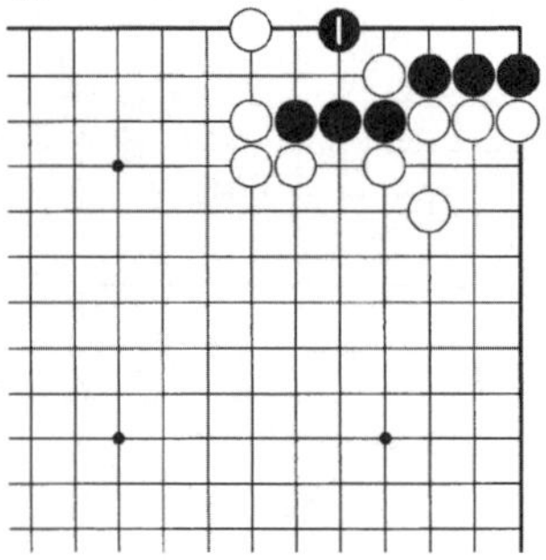

## 5집

흑1의 뜀이 정수의 맥이다.
3점의 한가운데의 급소이기도 하다. 백 1점을 잡아 귀는 5집이 된다.

失

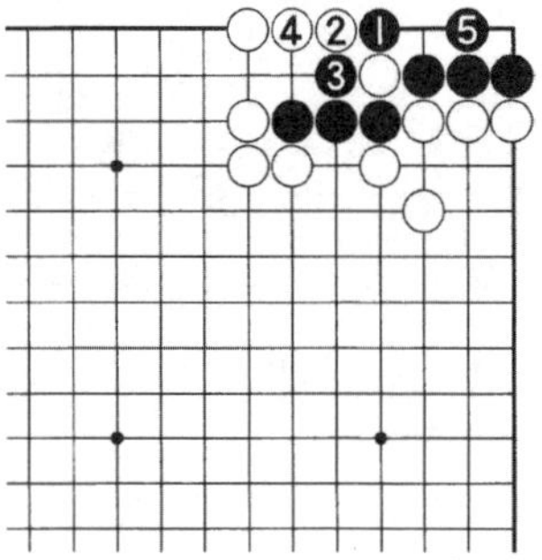

## 흑 경솔

흑1로 잡는 것은 경솔하다.
백2, 4로 발밑을 파고들어서 중앙은 옥집이 된다.
흑5로 두 집을 만들어서 살아야 한다.

(1703)

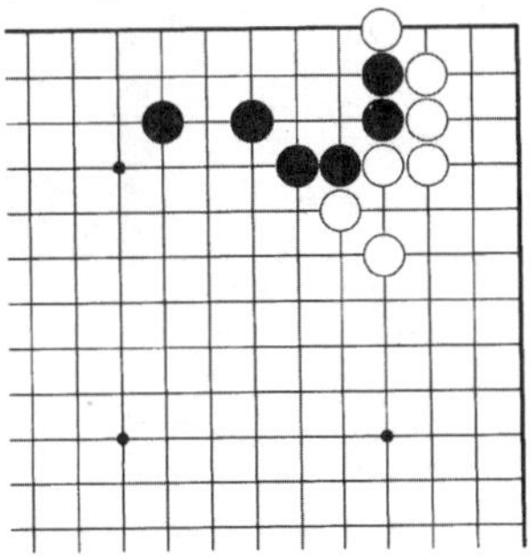

解

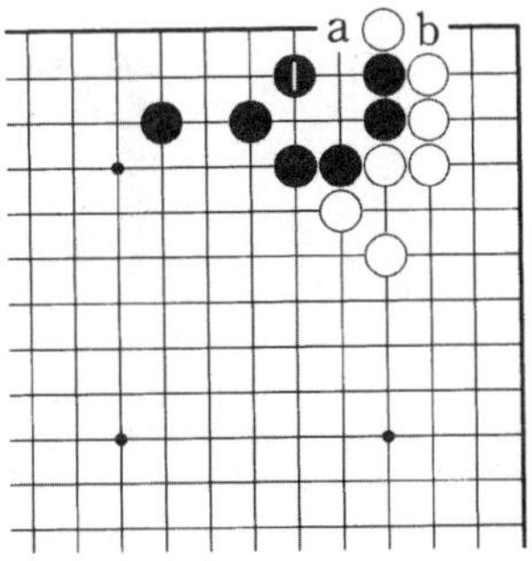

失

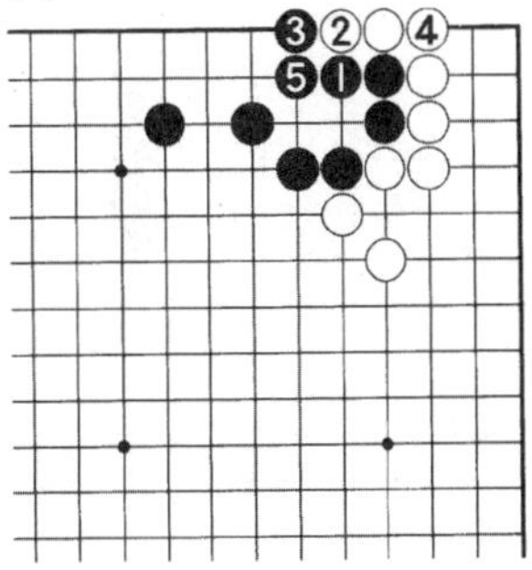

제4형 흑번

## 선수끝내기

끝내기 문제.
백이 접힌 상변을 흑은 어떻게 응수해야 하는가?
백의 선수 끝내기의 가치를 비교하면 우열이 정해진다.

## 기본 맥

흑1의 뜀이 상용의 맥이다.
이후 백a의 뻗음은 후수 3집으로 백이 손 뺄 가능성이 높다.
흑a로 막고 백b로 잇는다고 봐도 좋다.

## 2집 손해

흑1로 구부리면 백2, 4의 끝내기가 선수이다.
흑5까지 백은 선수로 흑집을 4집 깎았다. 정해도의 흑a에 비교하면 2집의 차이.

(1704)

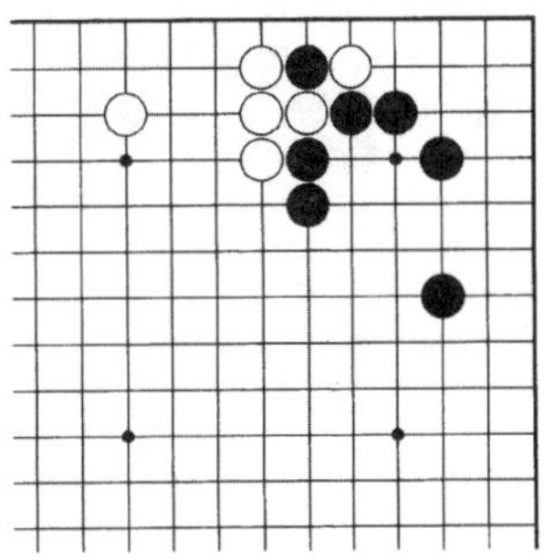

解

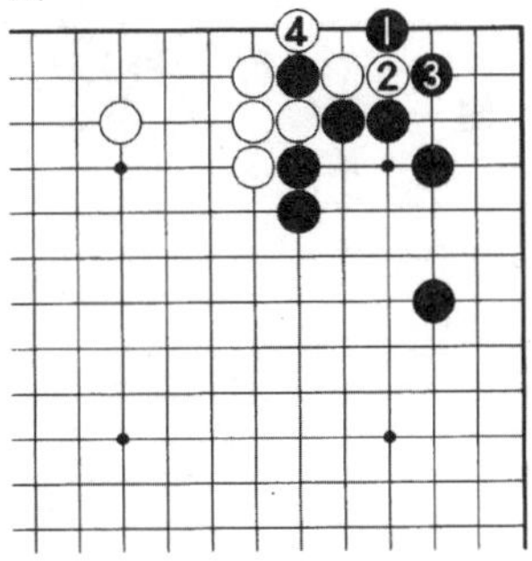

失

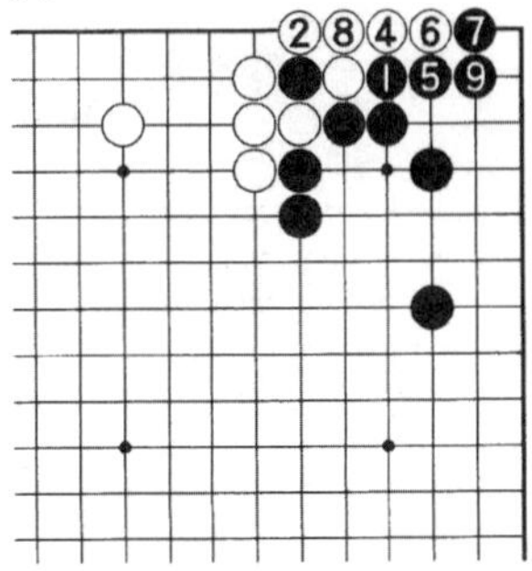

제5형 흑번

## 경계

끝내기 문제.
우상귀의 흑집을 굳히기 위해 상변의 경계를 확실히 정하고 싶다.
흑은 어떻게 두어야 할까?

## 상형

흑1의 뜀이 맥이다.
백이 손을 빼면 흑4로 내려 1점을 잡는다.
백은 2, 4로 모양을 정한다.

## 2집 손해

흑1로 단수는 백2로 따낸 뒤 흑4로 뻗으면 후수이다.
손을 빼면 백4의 젖힘을 당한다. 흑9까지 2집 손해를 본다.
※❸→손뺌

(1705)

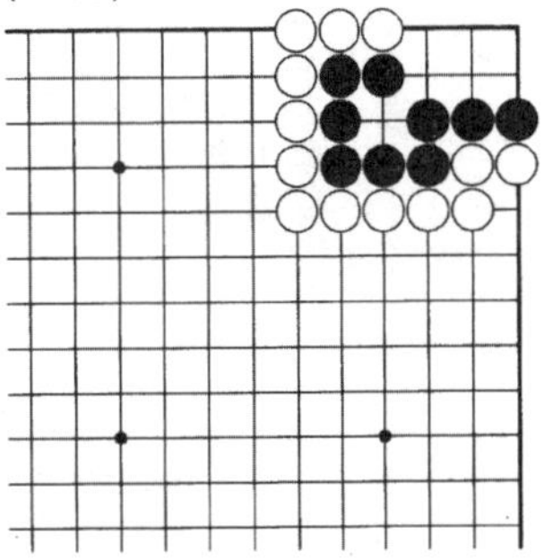

解

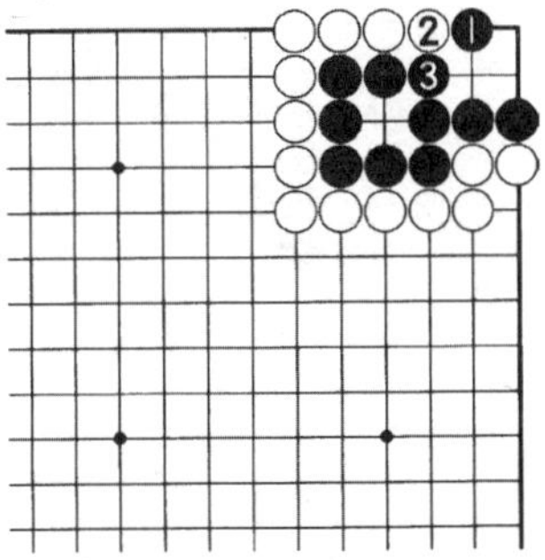

失

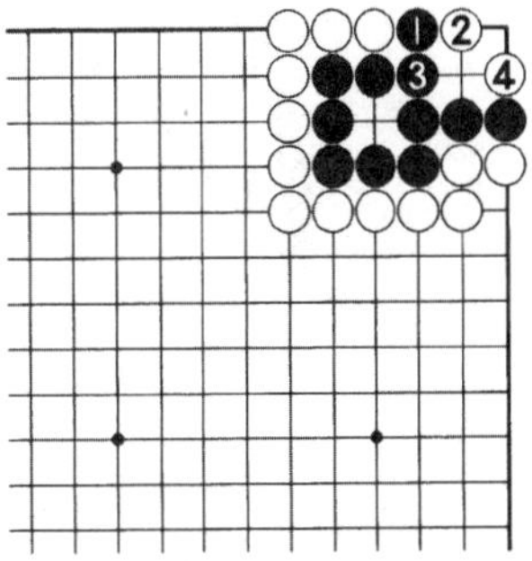

제6형 흑번

## 두는 수

끝내기 문제.
귀의 흑집을 어떻게 지켜야 하는가?
이런 좁은 곳도 두는 방법은 여러 가지가 있다.

## 4집

흑1의 뜀이 정수이다. 2·1의 맥이다.
백2에 흑3을 활용하고 이것으로 흑은 4집이 나게 된다.

## 빅

흑1로 막는 것은 백2, 4로 빅이 나서 흑은 0집이 된다.
백4는 보류하고 다른 큰 끝내기에 두어도 좋다.
흑이 한 수 더 들여도 5집이 된다.

(1706)

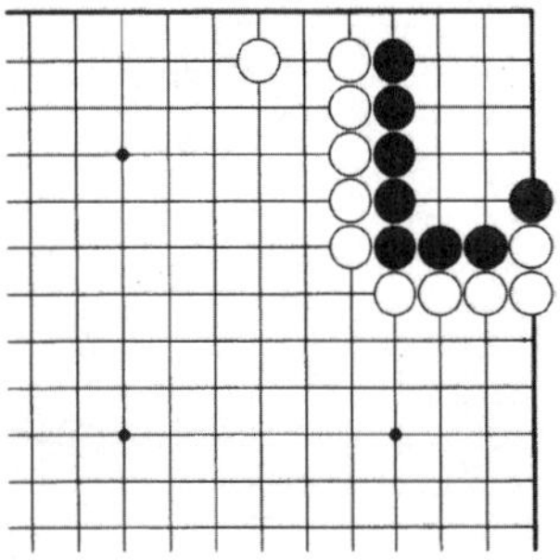

제7형 흑번

## 한 방

우상귀의 흑집은 정확히 몇 집인가? 흑 1점을 끊는 약점을 어떻게 지키는가에 따라 규모가 달라진다.

解

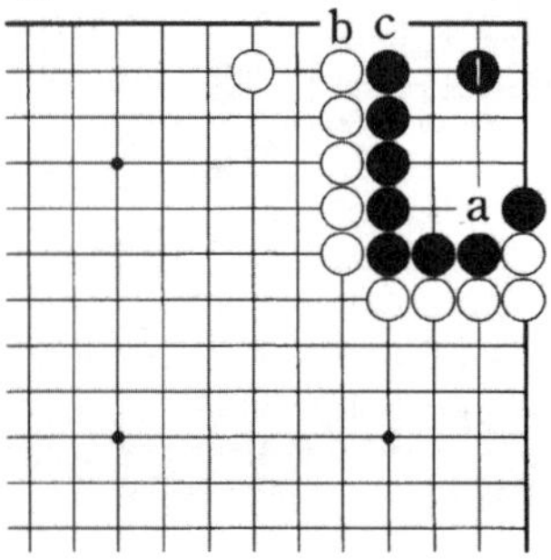

## 13집

흑1로 뛰어 백a로 끊기를 막는다. 이후의 끝내기는 백b, 흑c로 계산하면 흑집은 13집이 된다.

失

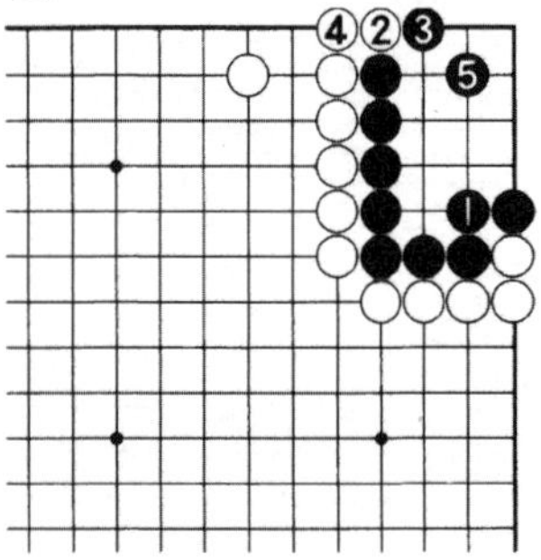

## 2집 손해

흑1로 잇는 것은 비효율적인 수이다. 백2, 4로 상변에서 젖혀이어 흑5가 필요하게 된다.

흑집은 11집으로 정해도보다 2집 적다.

(1707)

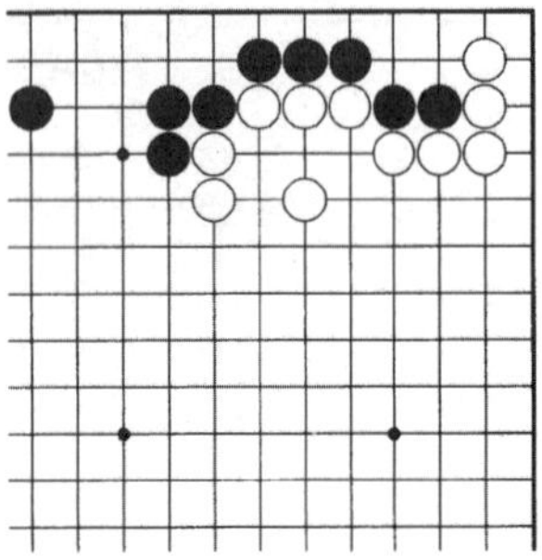

제8형 흑번

## 받는 방법

귀의 흑 2점을 살리고 싶다.

이런 좁은 곳에서도 받는 방법에 따라 득실이 갈린다.

解

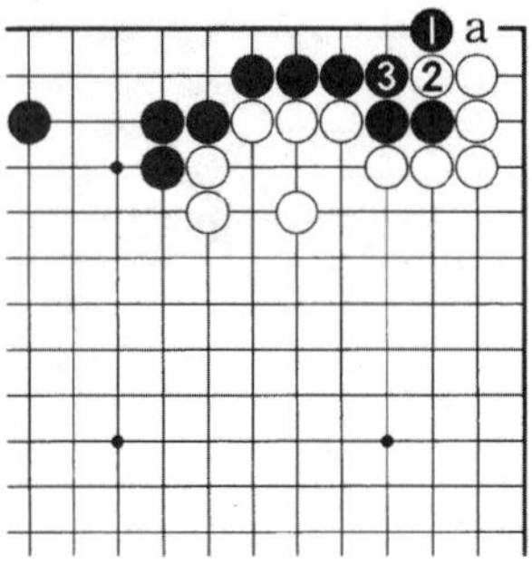

## 정수

흑1의 뛰는 수가 정수이다.

백2, 흑3 이후 흑a는 3집 끝내기가 된다.

백2로 a는 흑2로. 상변 흑집도 늘어 만족한다.

失

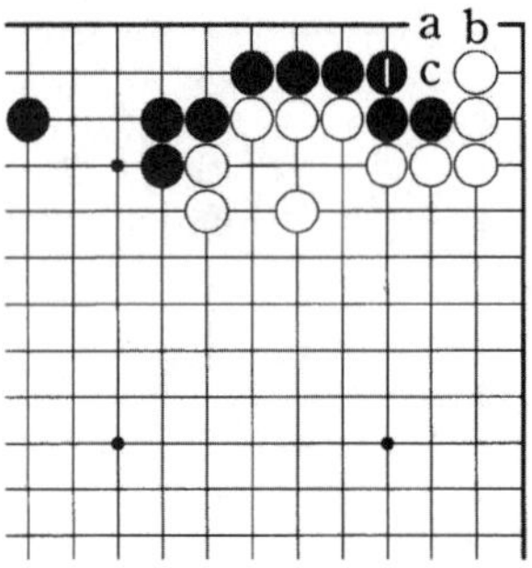

## 조금 손해

흑1로 잇는 것은 조금 손해.

그 이유는 흑a에 백이 b로 막기 때문. 흑a, 백b의 모양이면 흑1은 c에 둘 곳이다.

(1708)

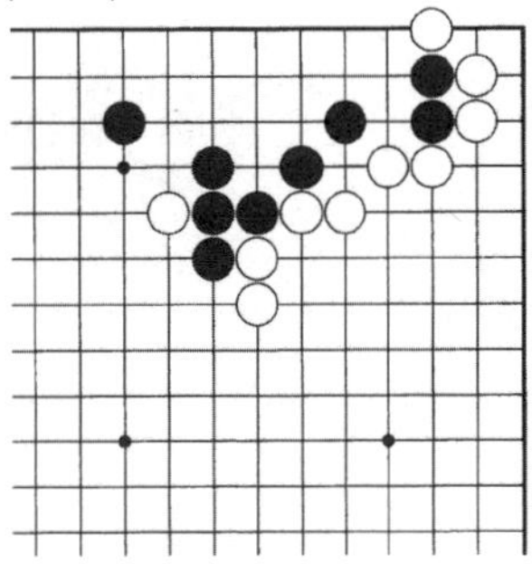

제9형 흑번

## 최선의 응수

상변의 끝내기 문제.

흑 2점이 잡히는 것을 막으려면 어떻게 받아야 할까?

解

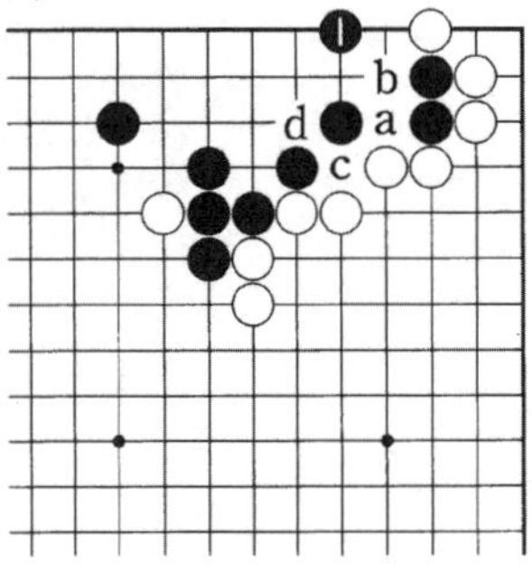

## 최선

흑1의 뛰어 좋은수이다.

이후 백a, 흑b, 백c, 흑d가 되는 정도로 흑이 최대한 버틴 모양이다.

失

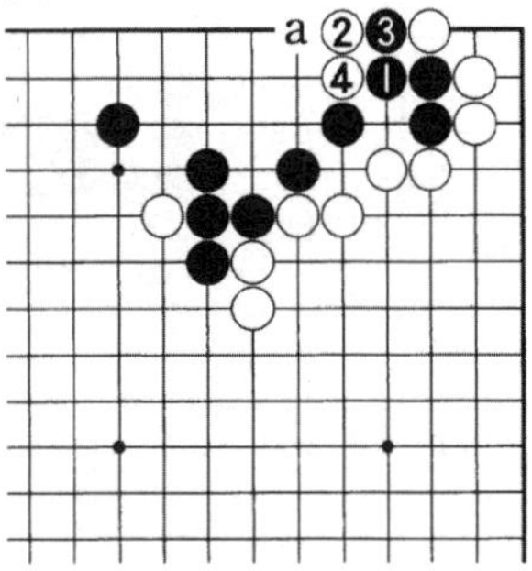

## 2집 손해

흑1로 구부리면 백2로 침입한다. 흑3은 백4로 안 된다. 흑3으로 4에 받고, 백3, 흑a가 된다.

정해도보다 2집 손해를 본다.

(1709)

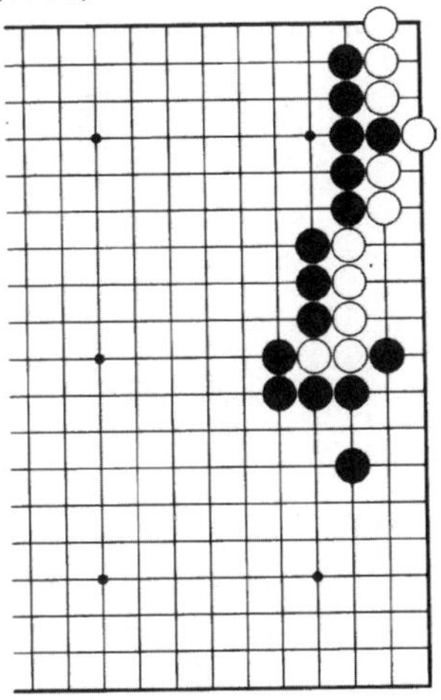

解

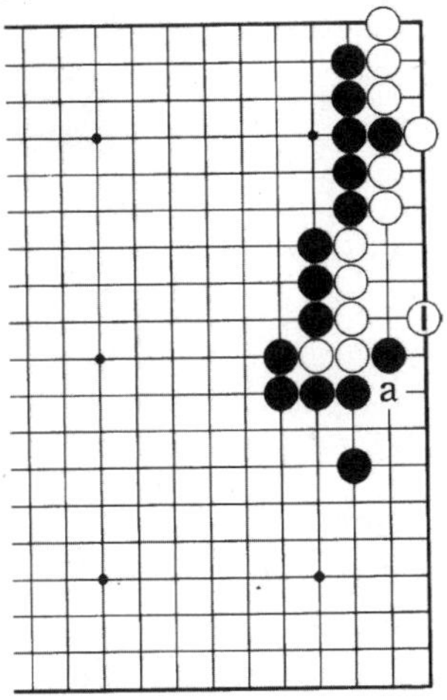


失

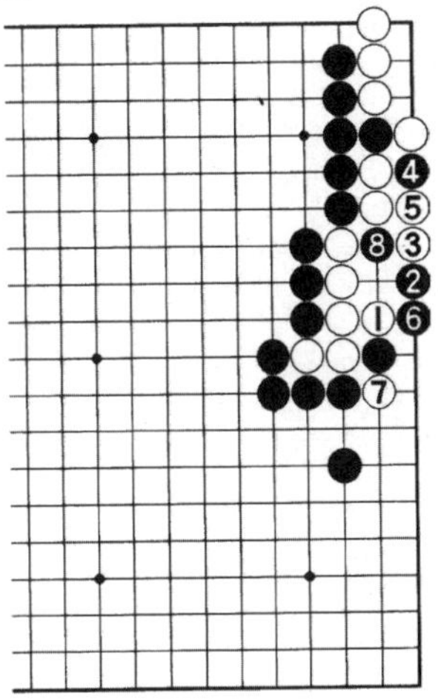

제10형 백번

## 득이 있는 삶

우상귀의 백을 살려야 한다.
백은 대마이고 위치가 낮은데다가 안형도 적다.
1집이라도 이득이 되는 방법을 생각해야 한다.

## 정착

백1의 뜀이 정수이다.
이후 흑a로 이어도 백은 손을 뺄 수 있다. 백은 a의 끊는 수를 노리고 있다.

## 패 노림

백1로 막는 것은 위험한 수다.
흑2의 치중이 묘수로 백3 이후 흑4, 6부터 8로 백은 전멸한다.
백3으로 8에 이으면 흑6으로 건너간다.

(1710)

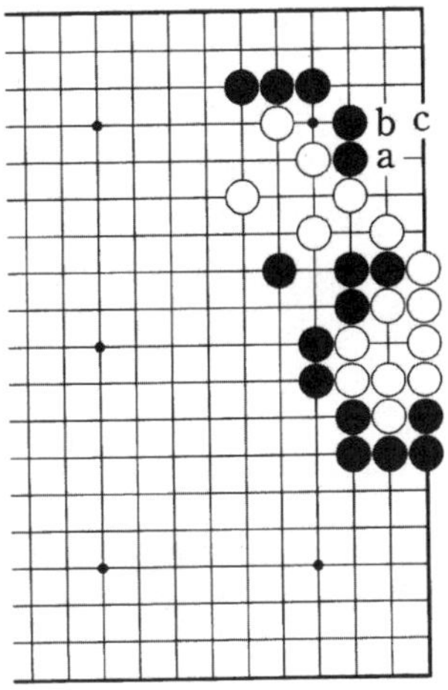


解

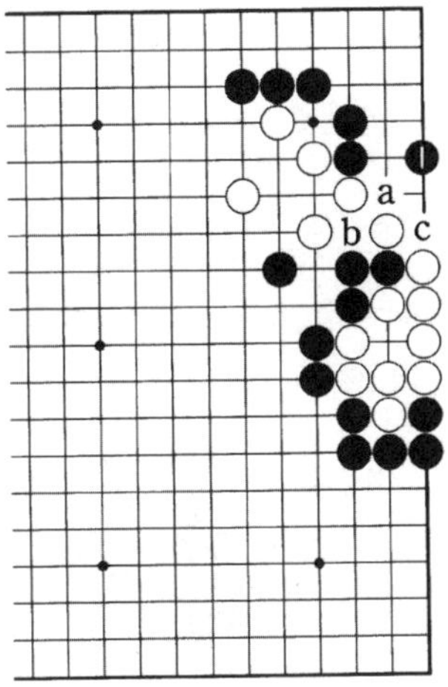


失

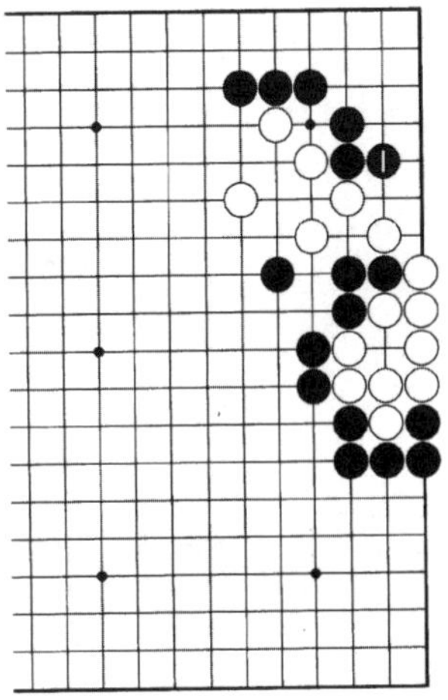

제11형 흑번

## 일석이조

끝내기 문제.
우상의 흑집에는 백a, 흑b, 백c의 젖힘이 선수로 활용되어 있지만 흑에게는 백의 선수 끝내기를 막을 수단이 있다.

## 묘수

흑1의 뜀이 묘수이다.
백이 손을 뺄지도 모르지만 흑a, 백b, 흑c로 큰 패가 발생한다.
우변의 백 9점을 노린다.
백a로 받는 것은 백이 후수를 잡게 된다.

## 흑 후수

흑1로 뻗으면 백1로 시작되는 선수 끝내기를 막았지만 이후의 노림수가 없다.
백이 손을 빼면 완전한 후수 끝내기가 된다.

제1형 백번

(1711)

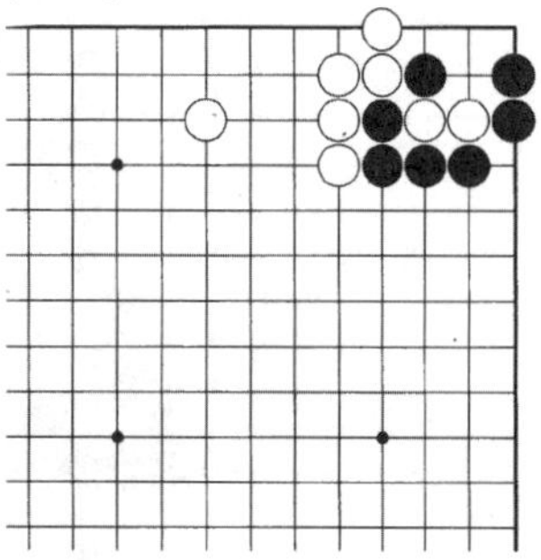

### 테크닉

귀를 어떻게 끝내는 것이 최선일까? 이런 좁은 곳에서도 기술이 필요하다. 우변의 배석이 그림과 같다면 사활과 연관될 가능성도 있다.

解

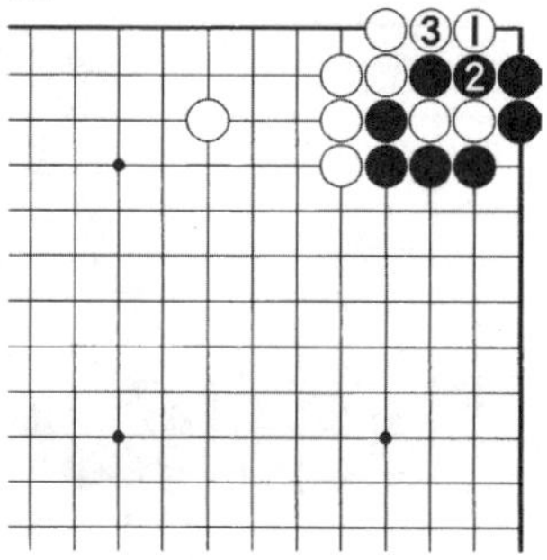

### 최선

백1로 뛰어든 수가 맥이다.
흑2, 백3으로 귀의 집을 부순다. 우변에서 백이 압박하면 흑 전체가 한 집밖에 없는 모양이다.

失

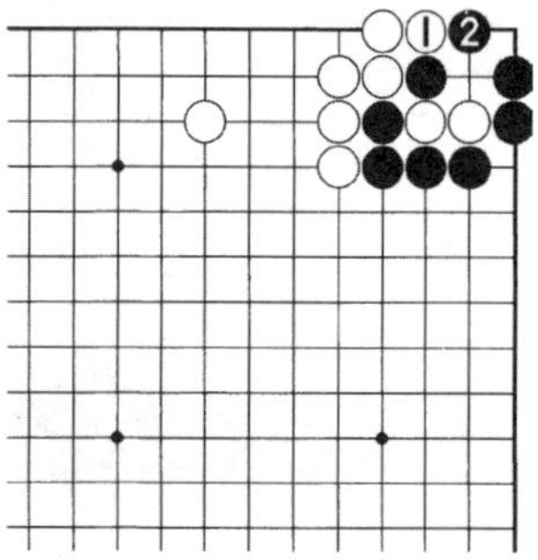

### 보류

백1, 흑2의 끝내기는 선수를 활용했지만, 귀에 2집이 늘어 흑의 집도 확실하다. 이 끝내기는 보류하는 것으로 한다.

제2형 흑번

(1712)

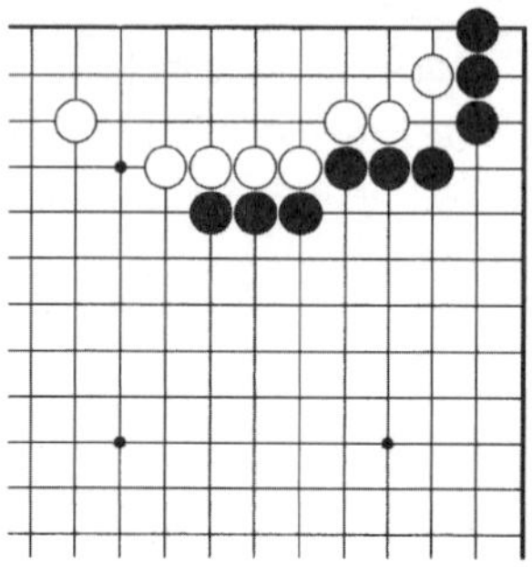

### 발상

상변의 백집을 어떻게 끝내야 할까?
백의 자충을 추궁하는 발상을 비약시켜야 한다.

解

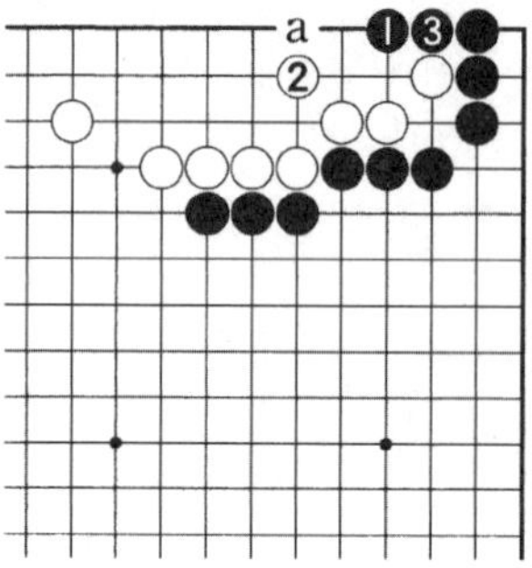

### 뛰어들기

흑1로 뛰어드는 수가 가능하다.
백2로 받으면 견실하다.
흑3로 잇고 이후 a의 끝내기를 본다. 흑1로 3자리를 두어 백1 자리로 막히는 것과는 큰 차이가 난다.

変

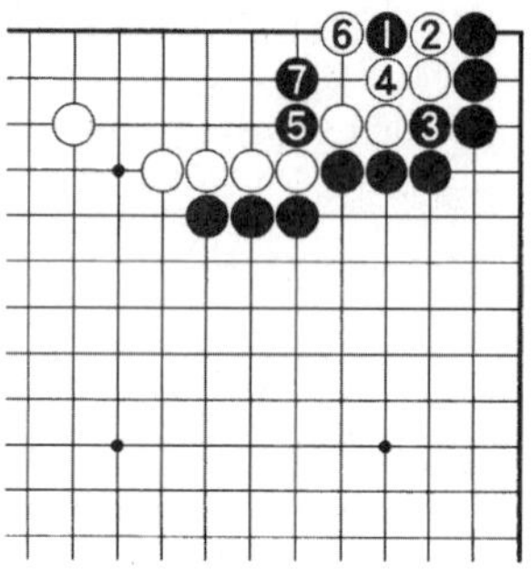

### 백 무리

백2로 막는 것은 무리.
흑3으로 백 2점을 살릴 수 없다. 백4로 이으면 흑5와 7로 우상이 잡힌다.

제3형 백번

(1713)

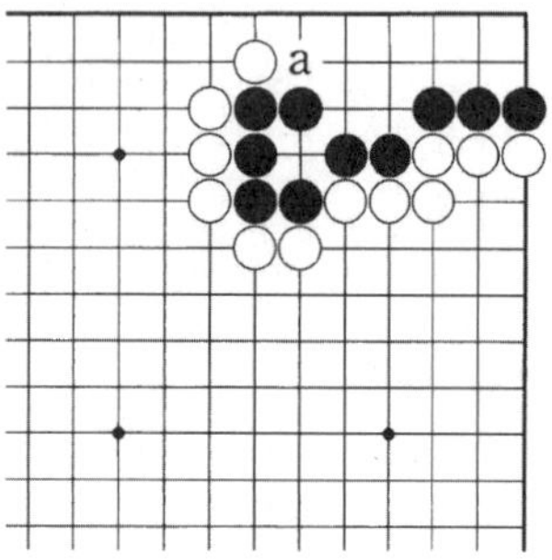

### 기회가 오다

귀의 흑집을 어떻게 끝내야할까? 흑a로 두면 10집이 넘는다. 지금이 끝내기 찬스다. 흑집을 줄여야 한다.

解

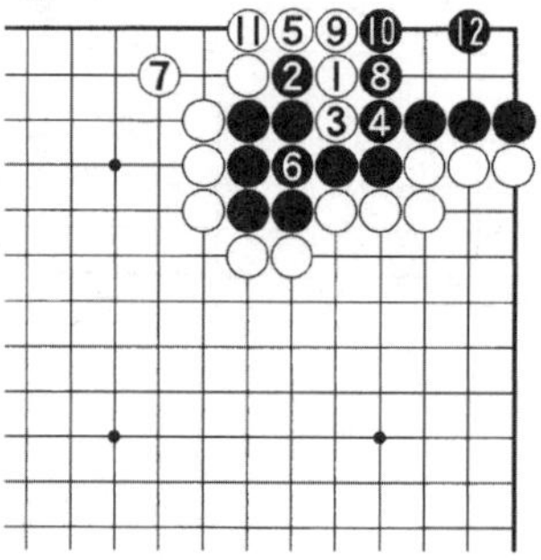

### 5집

먼저 백1로 뛰어든다.
흑2로 나가면 백3으로 흑의 자충을 추궁하여 옥집으로 만들고 백11로 건넌다.
흑12까지 흑은 5집이 되었다.

失

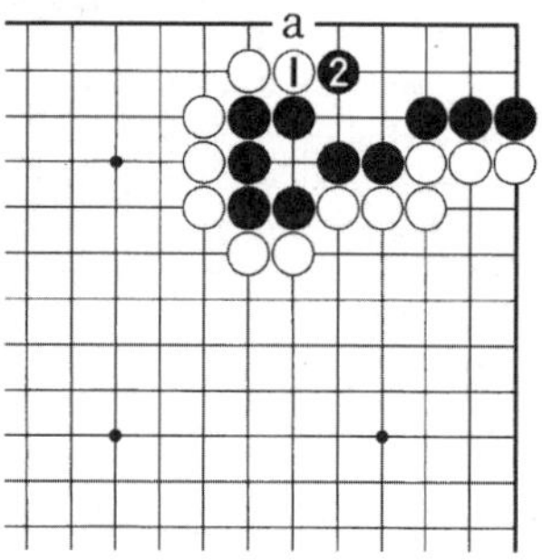

### 최악

백1로 미는 것은 흑2로 막아서 그만이다.
흑a의 젖힘이 선수여서 흑집은 11집 정도이다.
최악의 결과라고 불러도 좋다.

(1714)

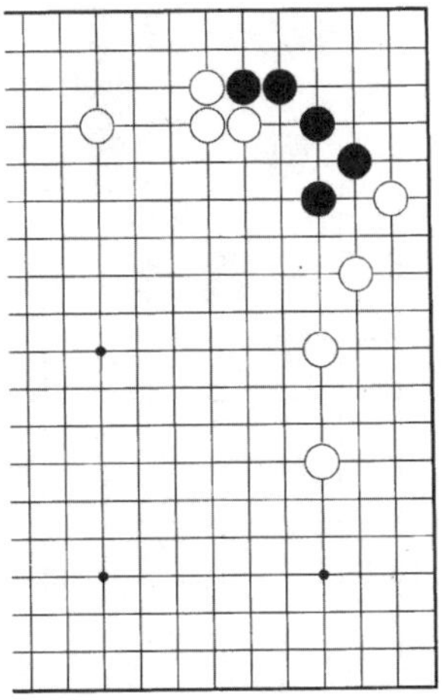

解

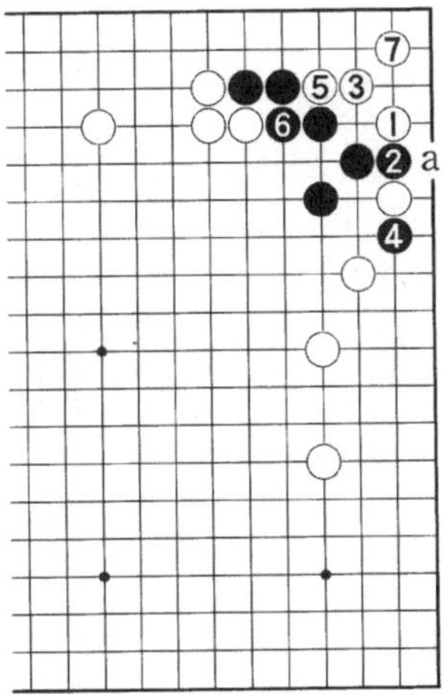

变

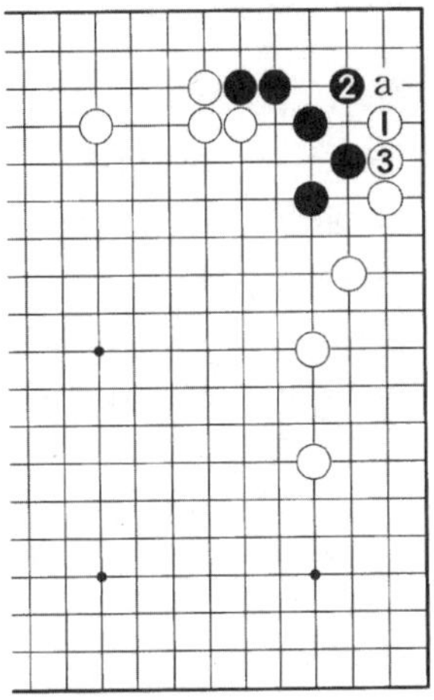

제4형 백번

### 부수다

끝내기 문제.
우상귀의 흑집을 백은 어떻게 끝내기 할까?
귀의 집이 넓기 때문에 흑이 저항하면 3·3까지 침입할 수 있다.

### 맞보기

백1의 젖힘이 집을 부수는 맥이다. 흑2에 백3으로 입구자하여 귀의 삶과 a의 건넘을 맞보기로 한다.
흑4라면 백5, 7로 귀의 흑집이 사라진다.

### 큰 끝내기

백1에 흑2로 귀를 지키면 백3으로 이어 더욱 a의 끝내기가 커진다. 흑a로 받으면 백이 선수로 귀의 흑집을 줄인 것이 된다.
백1로 3, 흑1로 받는 것과 큰 차이가 있다.

(1715)

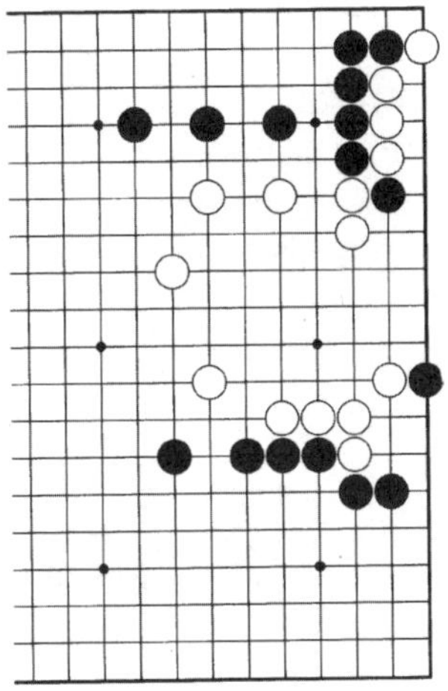

解

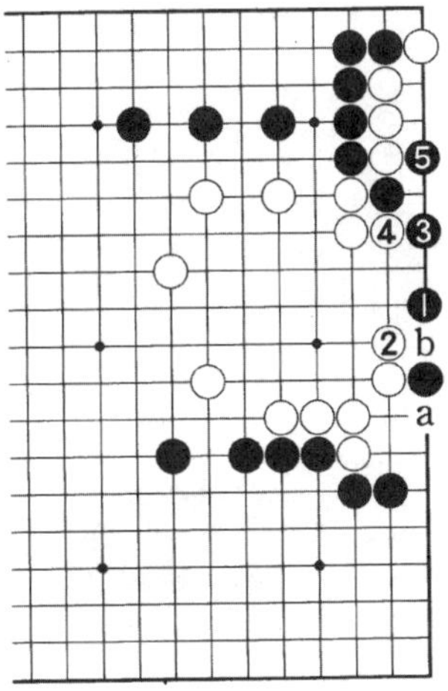

失

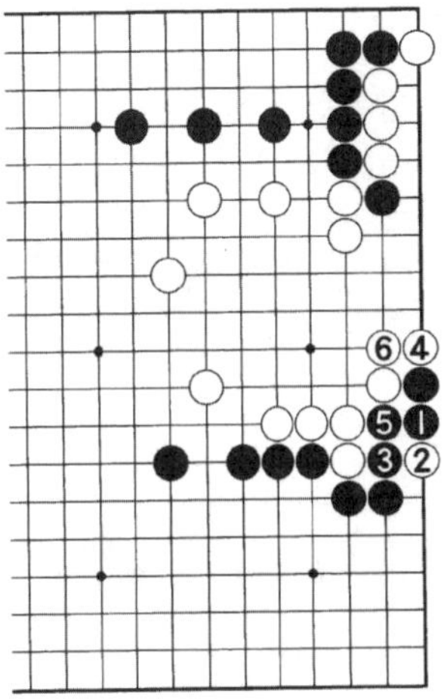

제5형 흑번

### 연관

우변의 끝내기 문제.
백은 우상의 흑 1점을 잡고 있지만 잡은 방법에 결함이 있다.
흑은 우하에 끝내기를 연결시켜 수를 내면 성공이다.

### 패

흑1의 젖힘이 날카로운 노림수가 된다. 백2로 늘면 우하는 흑a, 백b로 흑이 손해를 보게 되나 우상에 흑3의 수가 있다.
백4는 흑5로 젖혀 패가 난다.

### 흑 불충분

흑1은 너무나 평범한 방법으로 백2부터 6까지 될 곳이다. 백2로 4는 흑6이 성립한다.
백6까지 된 모양은 우상에 안주하여 흑이 찬스를 살리지 못한 셈이다.

## 뛰어붙임

아군의 돌에서 한 칸 뛰어붙이는 것을 말한다.
붙임은 단독으로 상대의 돌에 붙이면 반격을 각오해야 하지만 주변에 아군이 있으면 공격이나 방어에 탄력이 붙는다.
흑1은 a의 자리를 비워두고 뛰어 상대의 돌에 붙어 백 2점이 살 수 없게 만든다.

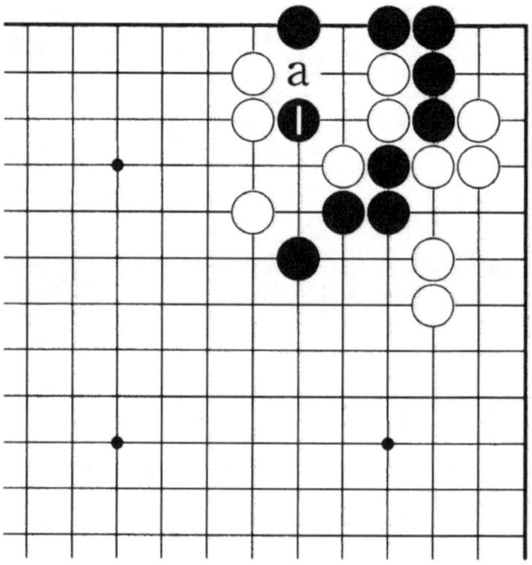




(1716)

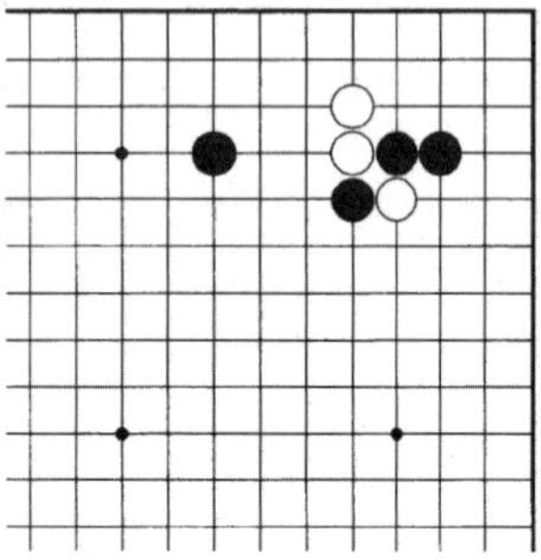

解

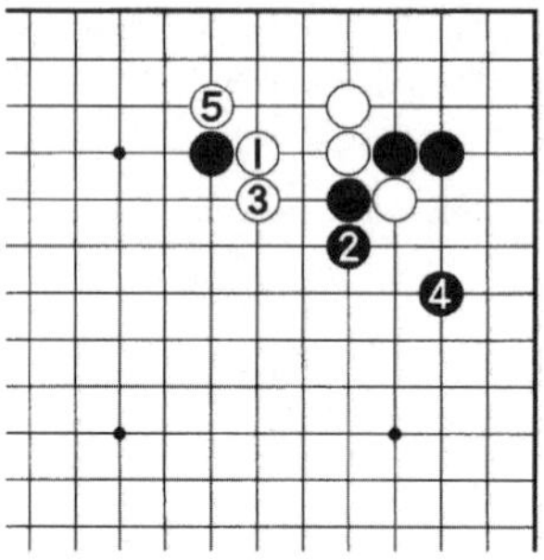

变

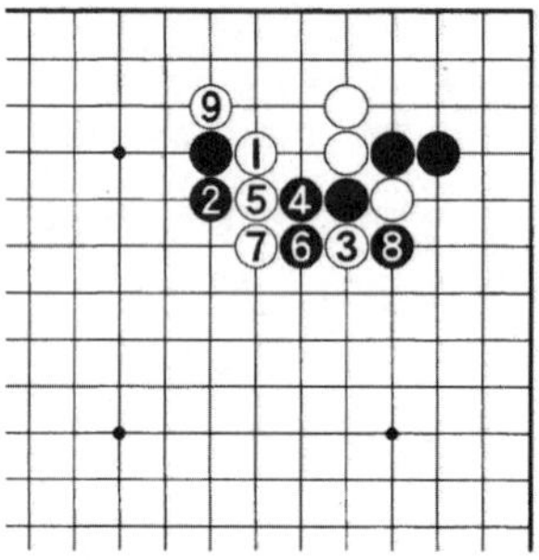

제1형 백번

### 만족한 모양

두 칸 높은 협공 정석이다.
우변의 백 1점을 이용하여 상변에서 유리한 모양을 만들면 백은 만족한다.

### 정석

백1의 붙임은 수습하는 맥이다.
흑2로 우변을 굳히면 백도 3으로 뻗어 상변을 굳힌다.
5까지 호각.

### 백 유리

흑2로 늘어 상변에 맞추면, 백3, 5의 흐름을 부여한다.
백9까지 백이 수습한 모양이다.

(1717)

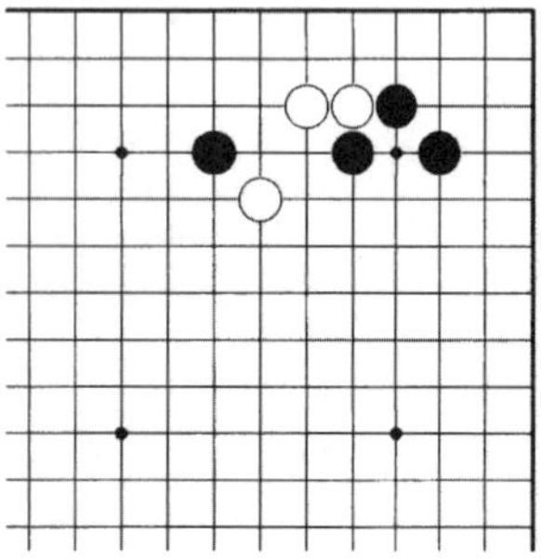

解

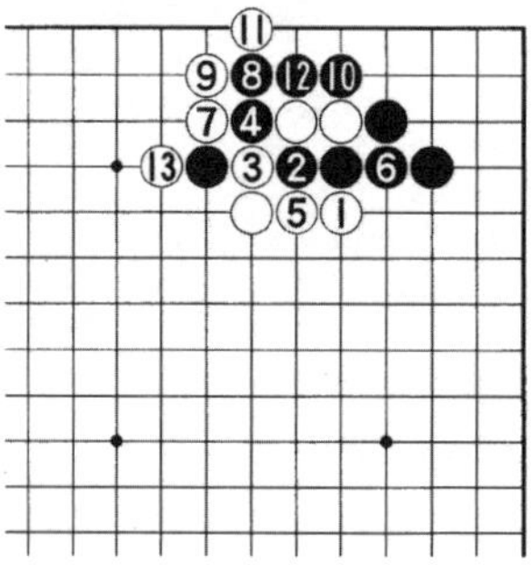

失

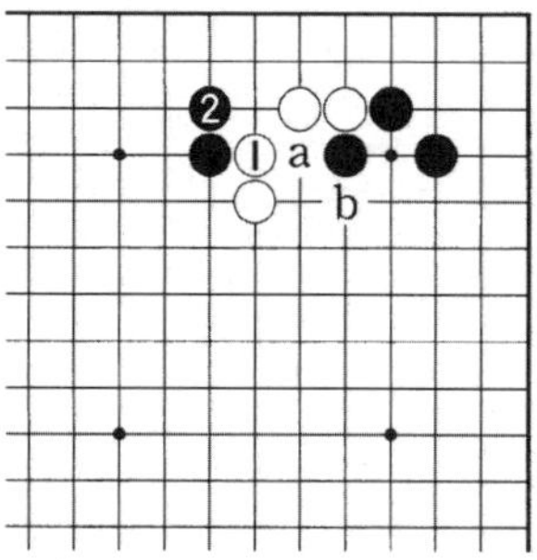


제2형 백번

### 밖으로 돌다

두 칸 협공 정석에서 생긴 모양이다.
귀의 백 2점을 살리면 좋은 결과를 얻기는 힘들다. 바깥으로 나돌아야 한다.

### 백 유리

백1로 뛰어붙인 수가 좋다.
흑2, 4로 끊으면 2점을 버리고 백13까지 외세를 만든다.
바깥으로 돌아 백이 유리해 졌다.

### 백 우형

백1은 흑2. 2점을 살려도 백 4점 이 공격당해서 좋지 않다.
이와 마찬가지로, 백1로 a에 두어도 흑b. 우상의 흑의 모양이 좋아진다.

(1718)

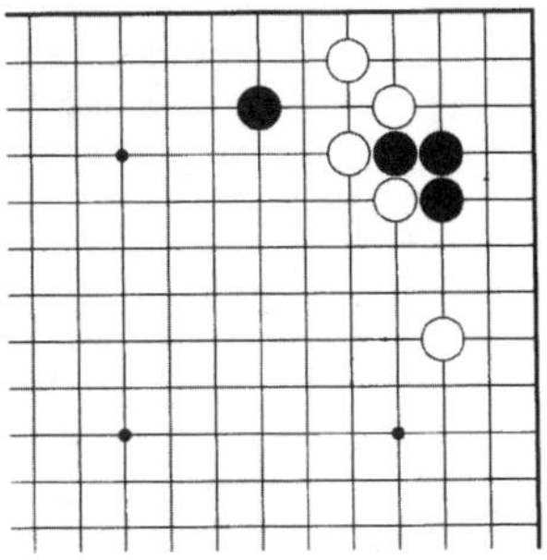

解

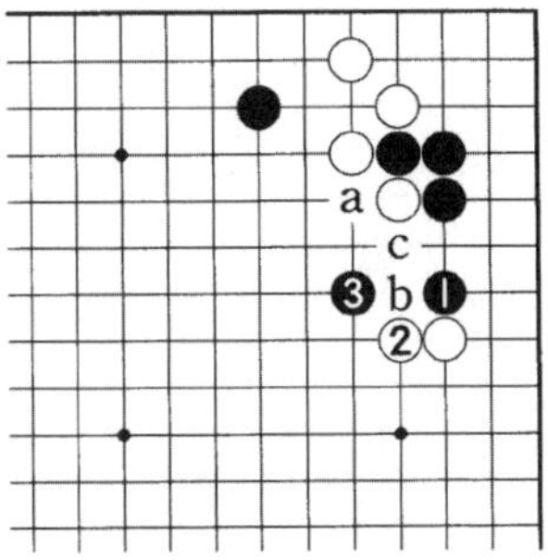

变

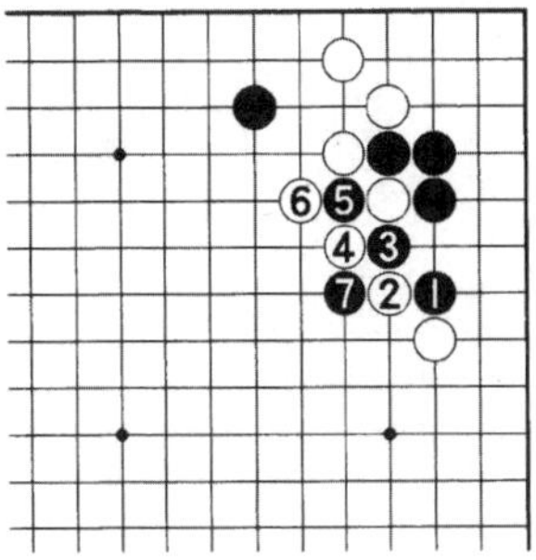

**제3형 흑번**

### 중앙진출

우상은 두 칸 협공 정석의 변화이다. 귀의 흑 3점을 중앙으로 진출시키는 모양을 만들고 싶다.

### 흑 좋은 모양

흑1의 뛰어붙인 수가 맥이다. 백2로 늘면 흑3으로 뛰어 편하게 중앙으로 나간다. 백a는 흑b. 우변의 백 2점이 자충이 된다.

### 백 무리

백2로 막는 것은 무리. 흑3, 5로 백 1점을 따내고, 백6은 흑7로 양단수이다. 백이 너덜너덜해짐. 흑1로 3에 두는 것은 속수이다.

(1719)

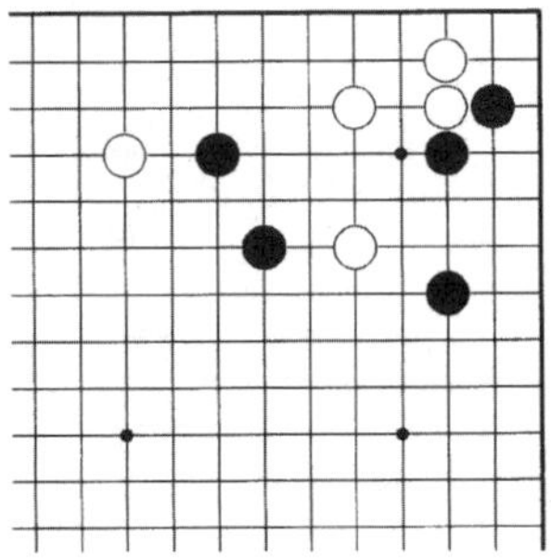

解

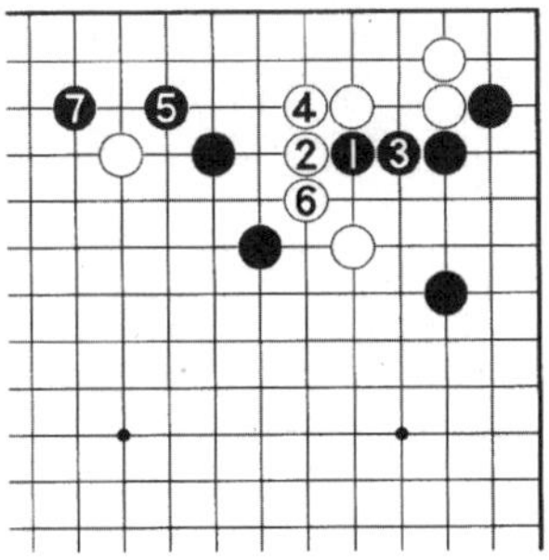

变

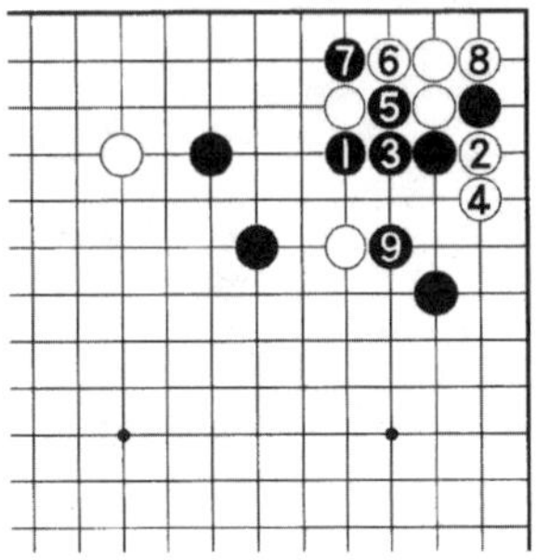

**제4형 흑번**

### 엷음

정석에서 생긴 모양이다. 우상의 백은 귀에서 사는 것 같지만 중앙과의 연결이 엷다. 흑은 어디서부터 공격해야 할까?

### 흑 만족

흑1의 붙임이 냉엄하다. 백2, 흑3으로 선수하고 흑5는 다음에 6 끊음을 노린다. 흑7까지 상변을 두어 흑은 만족한다.

### 바꿔치기

백2로 끊으면 흑3으로 이어 중앙을 완전히 끊는다. 백4 부터 8까지 귀에서 살면 흑9로 중앙을 두텁게 만든다.

(1720)

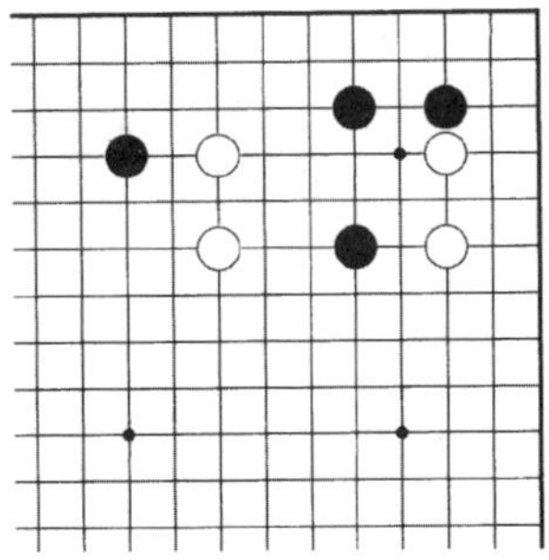

解

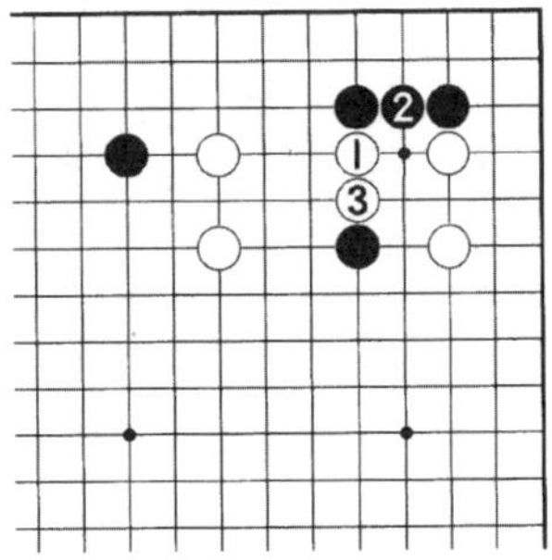

变

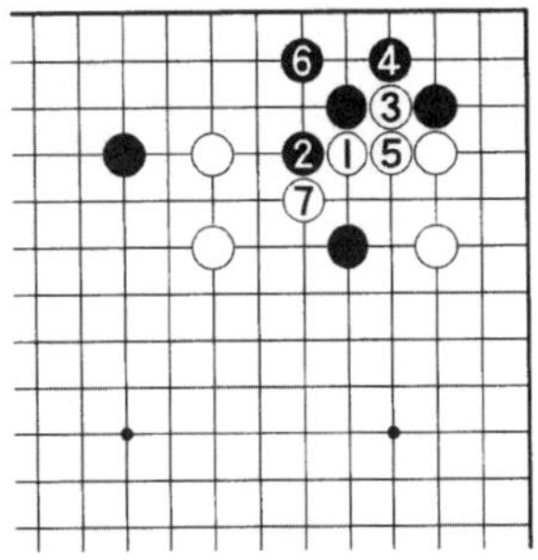

**제5형 백번**

### 두터운 갈림

정석에는 많은 변화가 있지만 우변과 상변의 백을 연결시키면 백이 두텁게 갈린다.

### 좌우연결

백1로 뛰어붙여 중앙의 흑을 절단시킨다. 흑2로 이어 귀를 살리면 백3으로 치받아 좌우를 연결하여 백은 충분한 모양이다.

### 백 싸우다

흑2로 젖히면 백3, 5를 활용한다. 흑6에 백7로 중앙을 끊으면, 상변의 흑이 약하기 때문에 백이 싸울 수 있는 모양이 된다.

## 제1형 백번

(1721)

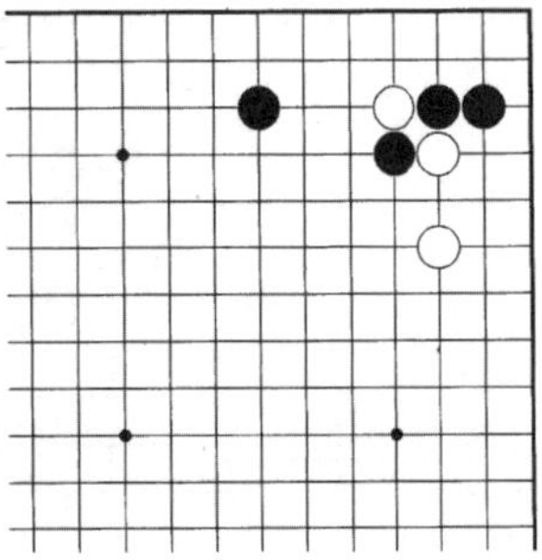

### 수습책

흑돌이 많아 정면충돌은 백이 불리하다.
일단 우변과 상변 중 한 곳을 수습하면 성공이다.

解

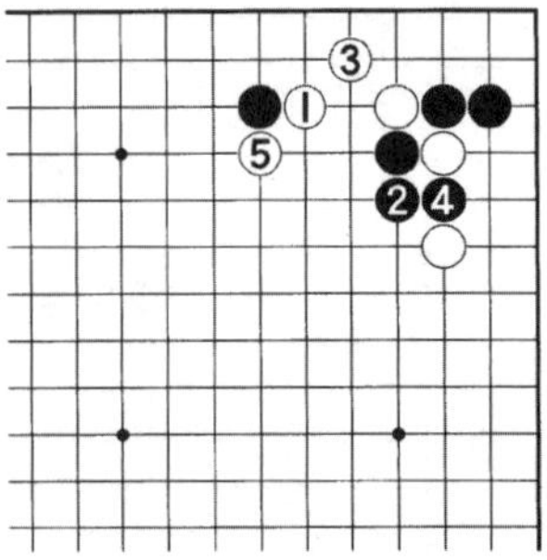

### 안정되다

백1로 붙여 우변을 움직이는 것을 노린다.
흑2, 4로 우변에 두면 백3으로 응수하는 맥부터 5로 상변을 틀어막아 수습한다.

变

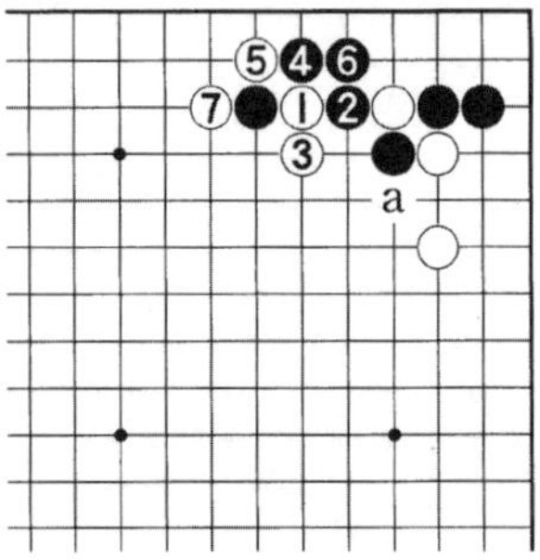


### 백 충분

흑2로 상변 백 1점을 잡으면 백3으로 늘어 흑 1점을 공격할 수 있다.
백7로 축.
이후 백a도 남아있다.

## 제2형 흑번

(1722)

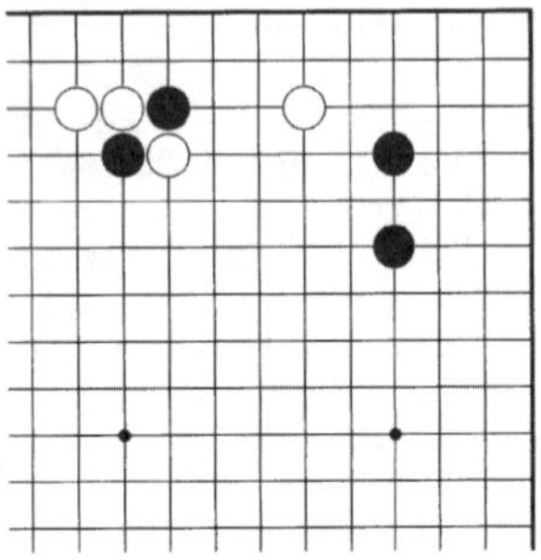

### 위험

상변은 백돌의 수가 많지만 우상의 백 1점은 조금 떨어져있기에 위험한 상황이다.

解

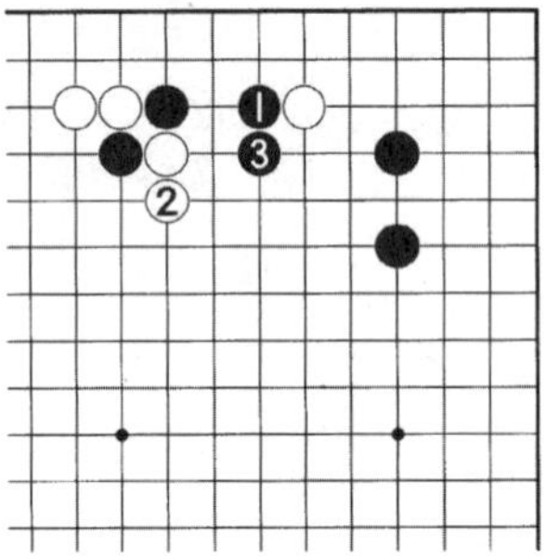

### 움직임을 유혹

흑1로 오른쪽의 백에게 붙여 백을 움직이게 만든다.
백2로 뻗으면 흑3으로 백 1점을 제압해서 흑이 성공했다고 할 수 있다.

变

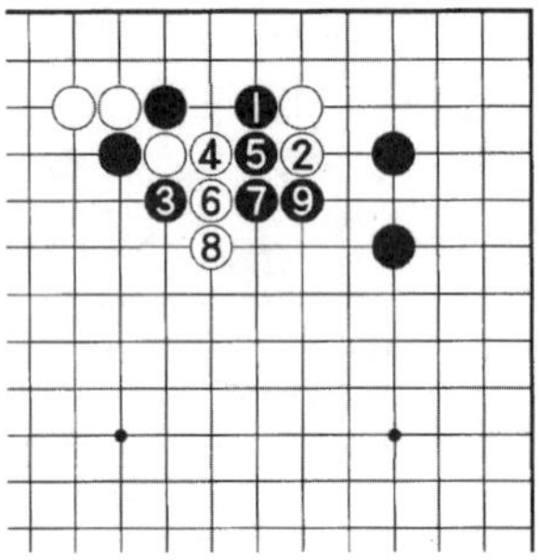

### 뚫고 나오기

백2로 움직이면 흑3으로 단수치고 5, 7로 좌우 백을 뚫고 나올 수 있다.
흑9까지 흑이 효율적인 모양이다.

## 제3형 흑번

(1723)

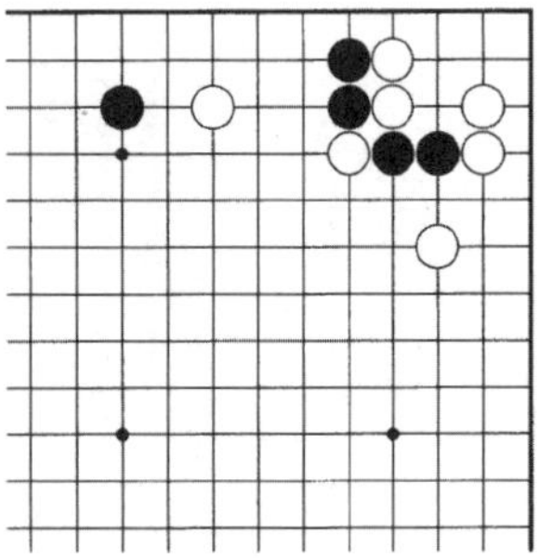

### 숨통을 끊다

우상귀에 있는 흑의 급소를 끊어 숨통이 끊긴 모양이다.
흑은 전체를 공격당하지 않도록 모양을 정리할 필요가 있다.

解

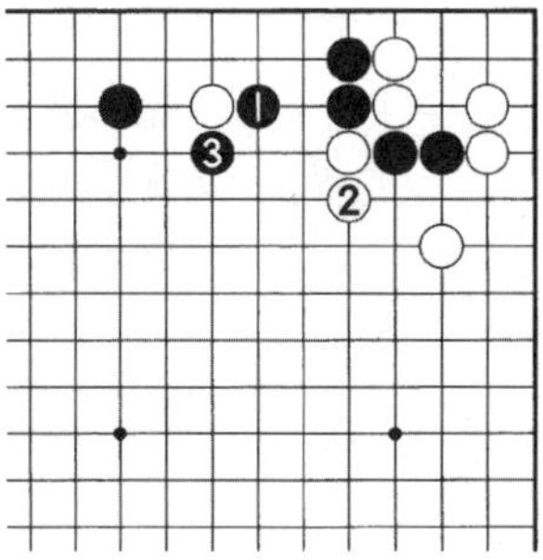

### 안정되다

흑1의 뛰어붙임이 맥이다.
백은 2로 우상을 지키는 것이 안전하다. 거기에 흑3으로 상변 백 1점을 제압하고 수습하여 불만 없다.

变

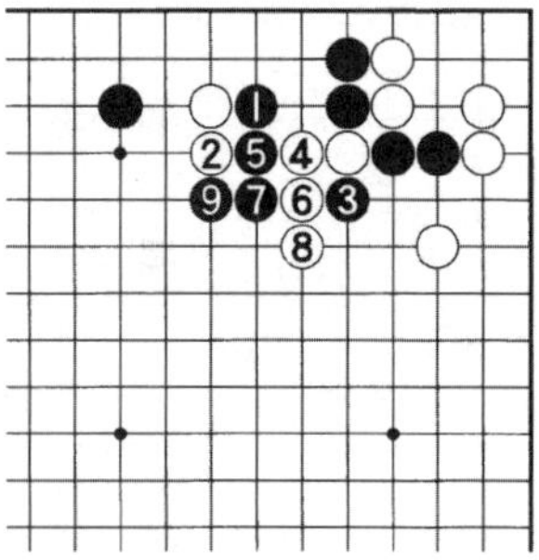

### 흑이 싸우는 모양

백2로 저항하면 흑3쪽에서 활동개시.
백4 이후 흑5와 7로 뚫고 9로 상변에 있는 백 2점을 공격해서 흑이 싸울 수 있는 모양이다.

## 제4형 백번

(1724)

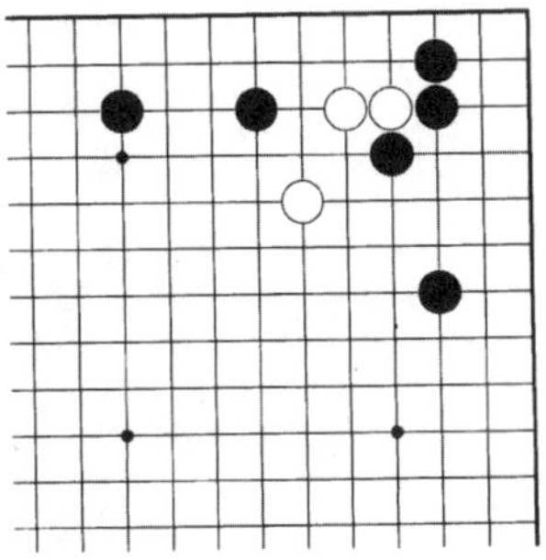

解

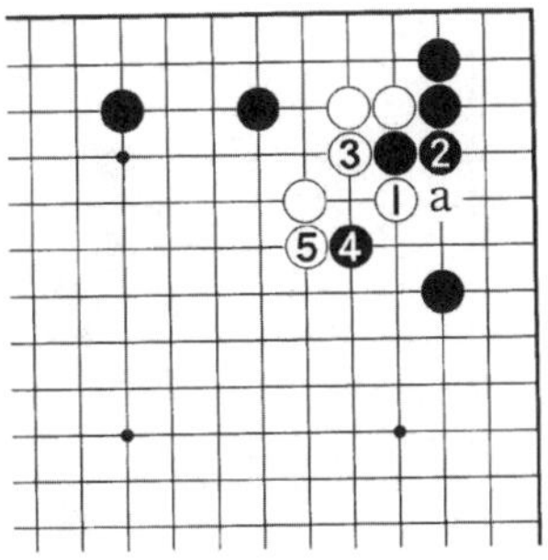

失

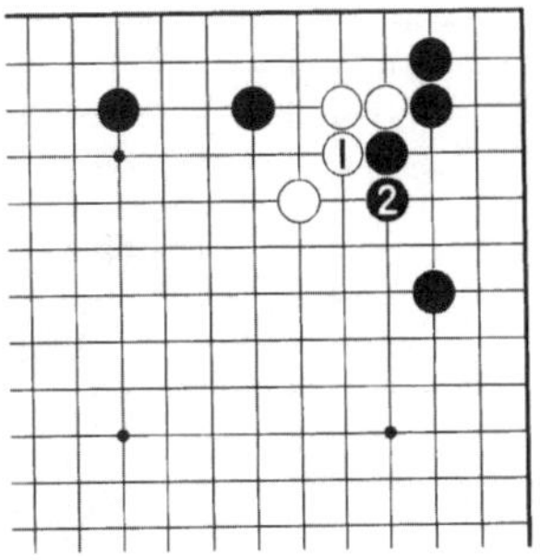

### 최선의 수습

백 3점은 양쪽에서 흑의 공격을 받아 괴로운 모양이다. 최선의 모양으로 수습해야 한다.

### 수습의 붙임

백1의 뛰어붙임이 수습의 모양이다. 흑2로 이을 때 백도 3으로 손을 돌려 모양을 정리한다.

흑4는 백a를 막는 수이며 백5로 중앙으로 나간다.

### 무거운 모양

백1의 구부림은 무겁다.

흑2로 늘어 우상귀의 흑집이 커지고 모양도 튼튼하다.

이후, 백에게 좋은 수를 찾기 힘들다.

## 제5형 백번

(1725)

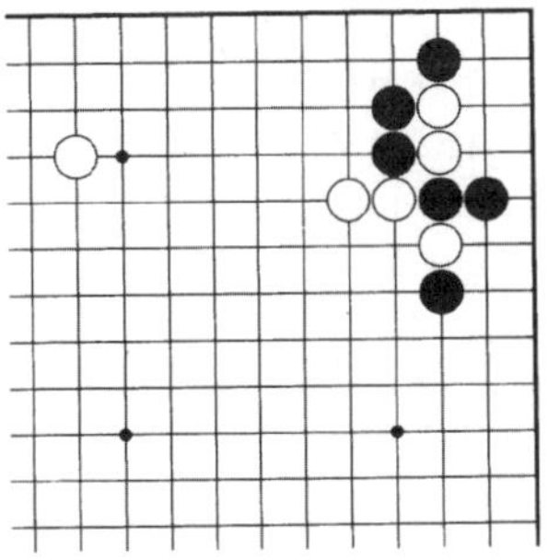

解

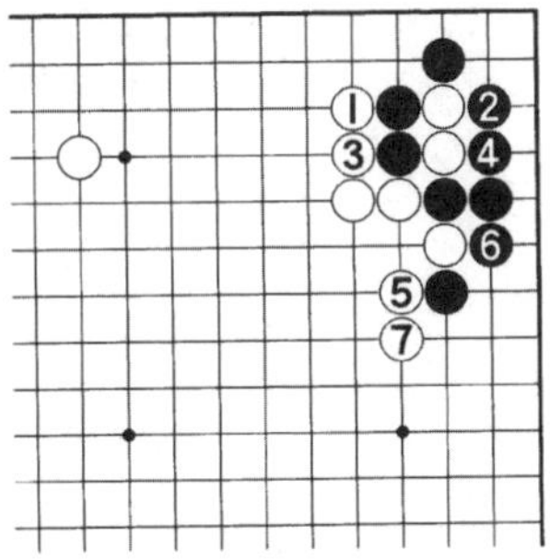

変

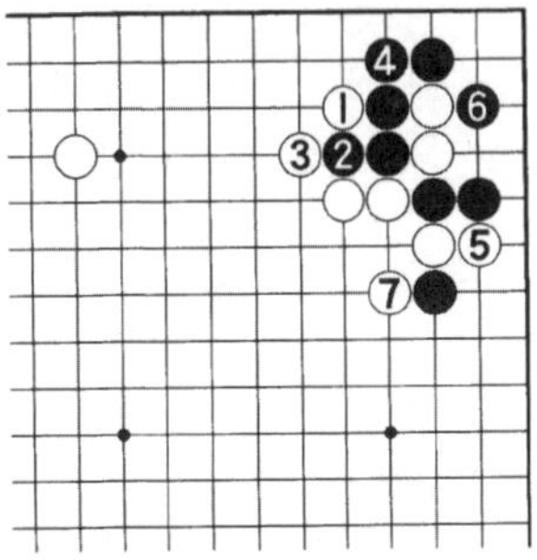

### 사석

백의 바깥 모양을 결정짓기 위해서는 귀의 백 2점을 사석으로 하여 상변의 배석을 효율적으로 만들어야 한다.

### 우상의 두터움

백1의 붙임이 맥이다.

흑2에 백3을 선수 활용하여 우상을 두텁게 하고 백5로 우변에 세력을 만든다. 우변의 흑집은 집이 적다.

### 백 충분

흑2, 4로 상변의 백모양에 약점을 내면 백5, 7로 우변을 결정짓는다.

백1로 단순히 5는 흑6, 백7은 흑3으로 상당한 차이.

## 제6형 흑번

(1726)

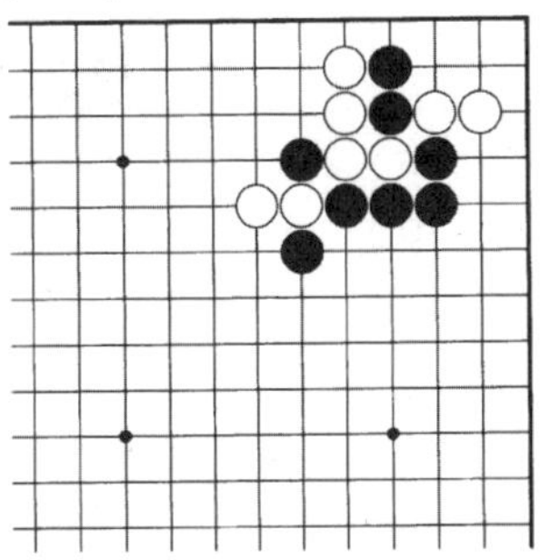

解

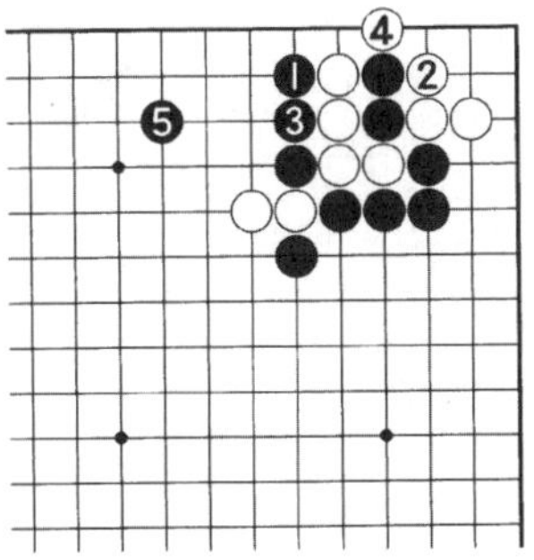

変

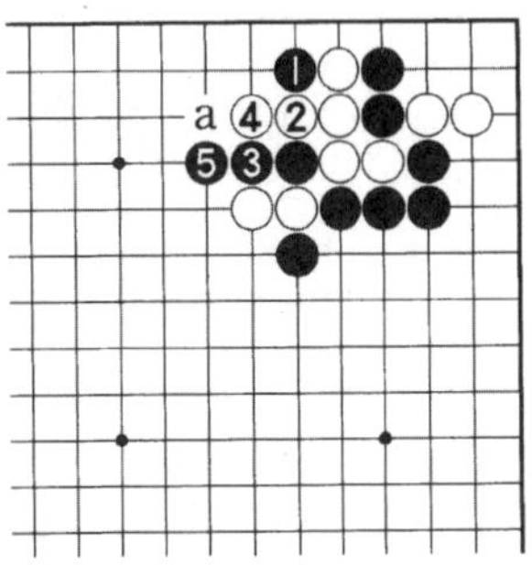

### 부자유

상변의 흑 2점이 잡혔다. 그리고 1점 역시 자유롭지 못한 모양이다. 이를 살리지 않으면 흑이 불리 한 싸움이 된다. 어떻게 움직일까?

### 맥

흑1의 붙임이 급소의 맥이다.

백2로 귀를 손에 넣으면 흑3으로 선수하고 5로 벌려 근거를 만든다. 중앙의 백 2점을 공격하고 있다.

### 흑 호조

백2, 4로 나가면 흑5로 나가 중앙의 백 2점이 점점 약해진다. 상변은 흑a로 막는 것이 선수로 흑이 강한 모양이다.

제7형 백번

(1727)

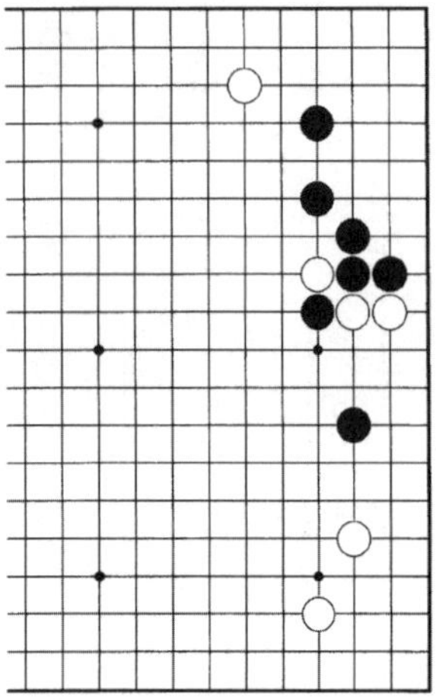

## 상용의 수습

흑에게 끊긴 우변의 백 3점이 산산 조각난 것처럼 느껴지지만 백 1점을 사석으로 이용하는 상용의 수습의 맥이 있다.

解

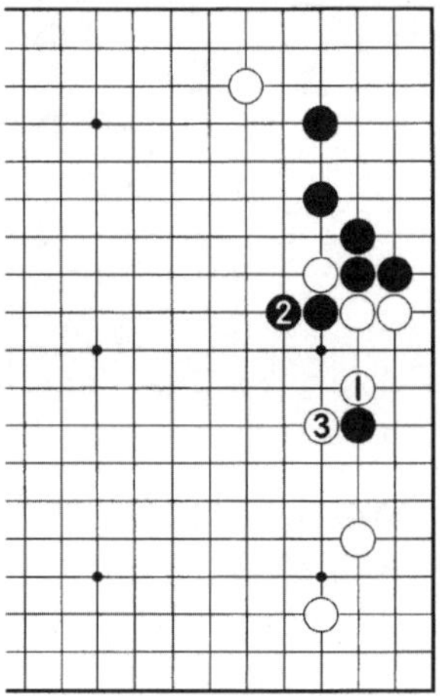

## 뛰어붙임

백1의 뛰어붙임이 맥이다.
우변에 두면서 중앙을 노리고 있기에 흑2로 느는 것이 가장 무난한 응수이다.
백3으로 막아 백이 강해졌다.

変

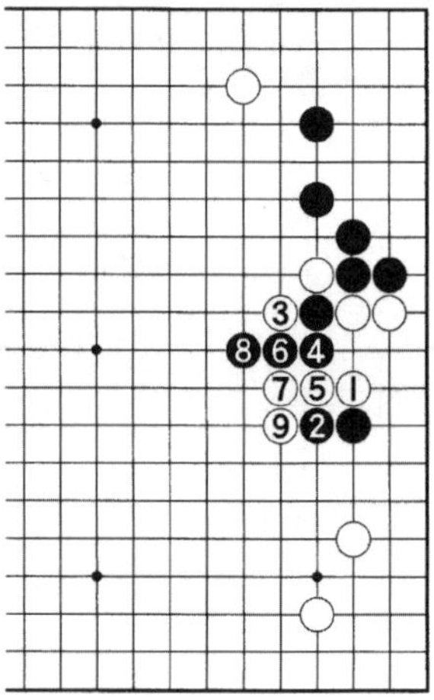

## 백 충분

흑2로 저항하면 백3으로 단수쳐서 흑4로 도망치게 한 후 백5, 7로 뚫고 나간다.
흑8까지 중앙이 강해졌지만 백9로 우변의 흑 2점을 약하게 만들어서 백은 충분하다.

제8형 백번

(1728)

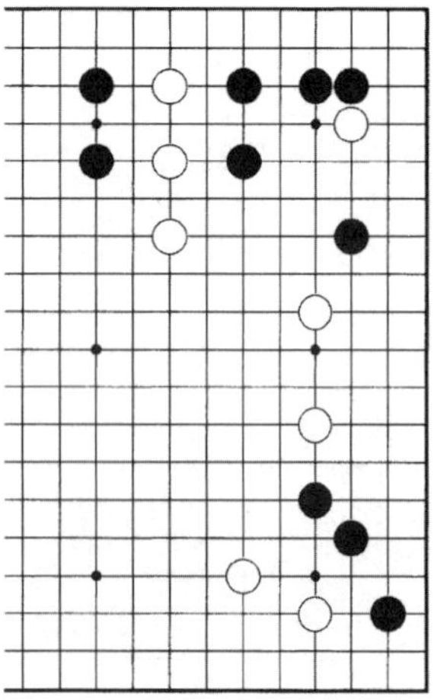

## 사석

우변의 모양을 결정짓고 싶다. 우상의 백이 강력하다. 귀의 백 1점은 사석으로 우변의 백을 강화하는데 이용한다.

解

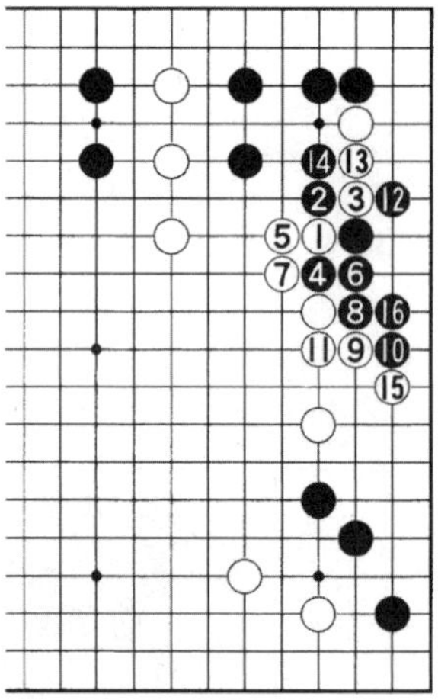

## 백 만족

백1로 붙이고 흑2, 백3으로 맞끊는 수가 맥이다.
흑4, 6으로 아래로 움직이면 백5, 7로 중앙이 굳어진다.
흑16까지 우변에서 상변에 만든 두터움에 백은 만족한다.

変

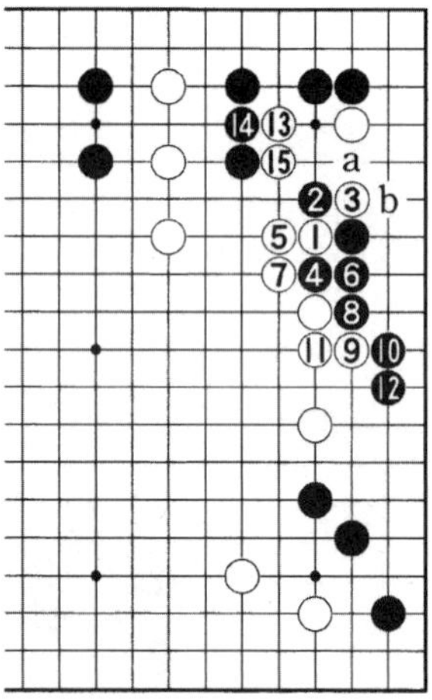

## 흑 무리

흑12로 늘은 수는 백의 근거를 뺏으나 우상귀가 버티질 못한다. 백13으로 들여다보고 흑14, 백15로 우변을 무너뜨린다.
이후 흑a는 백b로 도망가서 흑이 불리할 뿐이다.

(1729)

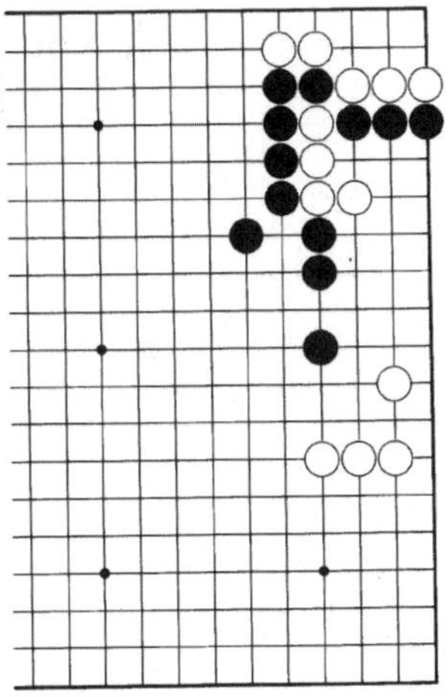

解

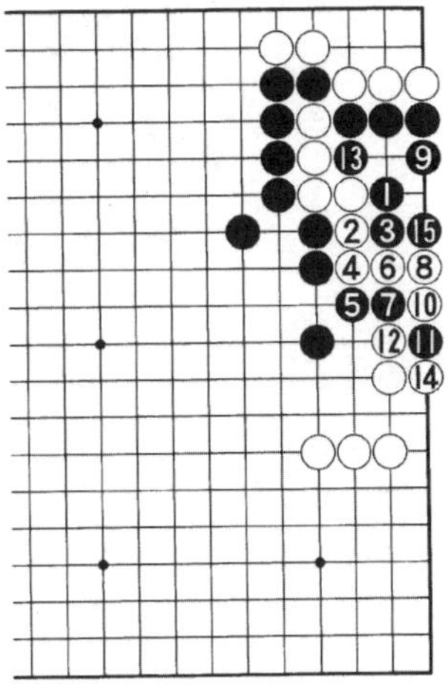

失

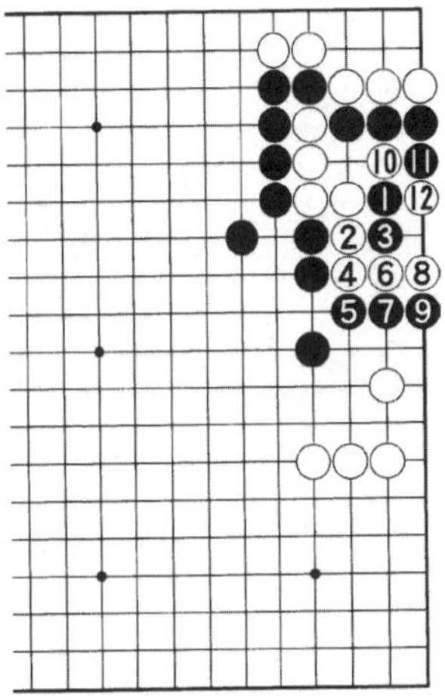

제1형 흑번

## 공방

우상귀의 흑 3점과 백 4점이 싸우고 있다.

흑은 백을 공격하면 좁은 우변만으로 살 수 있다. 백도 우하귀의 아군과 연결하여 양쪽 모두 무사하게 수습한다.

## 선수 삶

흑1로 뛰어붙여 백의 공배를 메워 공격할 수밖에 없다. 백4에 흑5, 7로 방향을 바꾼다.

백8 이후 흑9, 11이 좋은 수로 흑이 선수로 산다.

※⑯→⓫

## 흑 실패

백8에 흑9로 막아 백을 잡으려고 하면 반대로 흑이 속은 것이다.

백10으로 끼우고 12로 먹여치는 것이 묘수이다. 흑은 한쪽의 백을 잡더라도 환격에 걸렸다.

(1730)

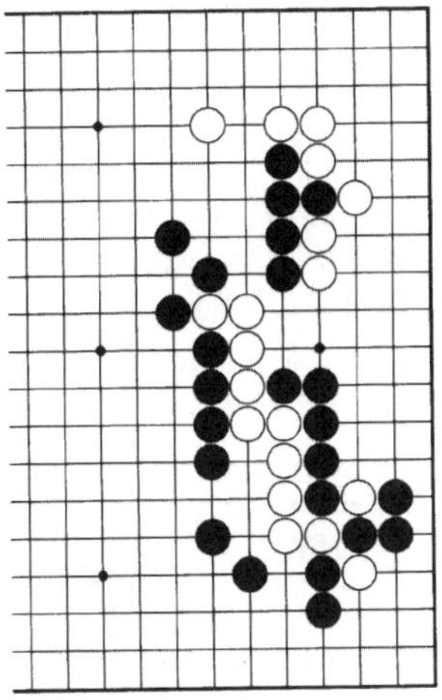

解

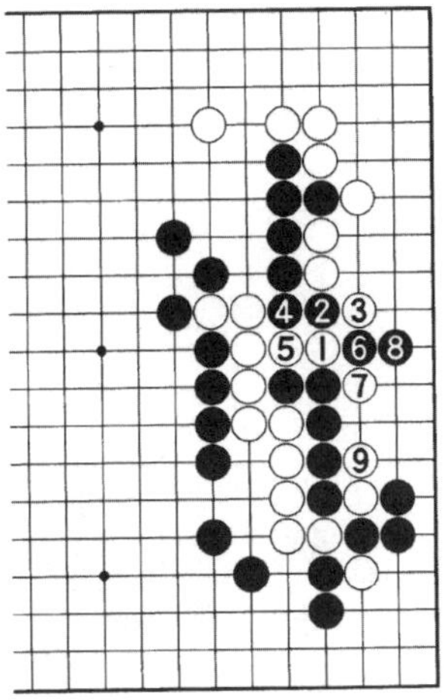

失

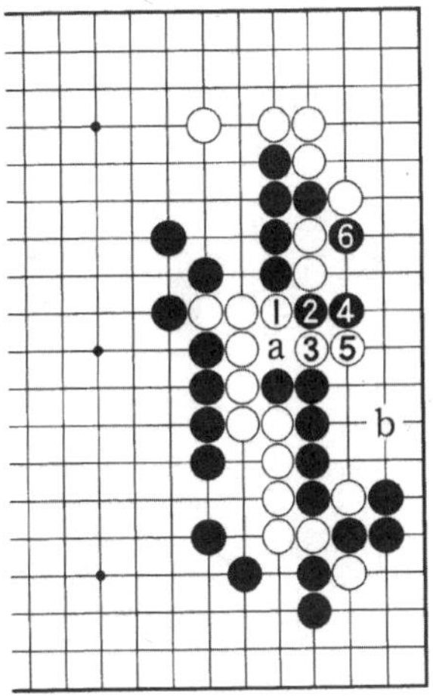

제2형 백번

## 탈출로

수습의 문제.

중앙의 백 대마는 우변에 탈출로가 있다. 백이 믿는 것은 우하의 흑의 자충이다. 흑이 무리하게 끊으려 하면 반대로 백을 잡을 수 있다.

## 맥

백1의 붙임이 수습의 맥이다.

흑2로 끼워서 절단을 노려도 백3, 5로 받아 흑6으로 끊는 것을 허용하지 않는다. 흑6이면 백7, 9로 반대로 흑이 잡힌다.

## 백 죽음

백1로 나가는 것은 속수이다.

흑2로 끊어 백은 다음 수가 없다.

백3, 5로 우변에 나가도 흑6으로 백 2점이 잡히고 백a로 이어도 흑b로 지켜 백의 집을 뺏는다.

뛰어붙임 나가기

제3형 흑번

(1731)

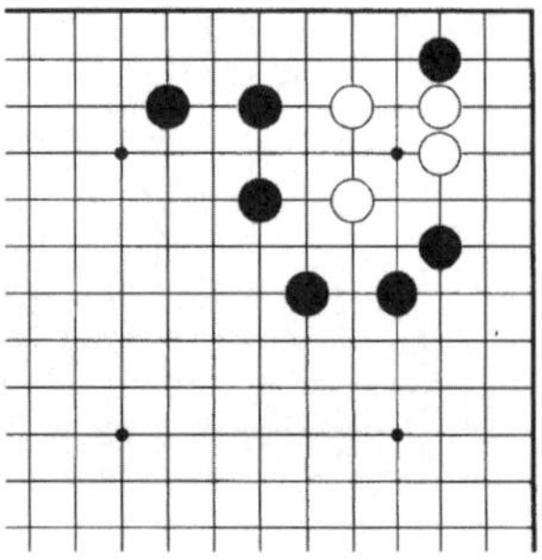

## 살리다

귀의 흑 1점을 구출하지 않으면 백 집이 크다.
1점을 살리면 백은 분리된 두 집만 내고 살게 된다.

解

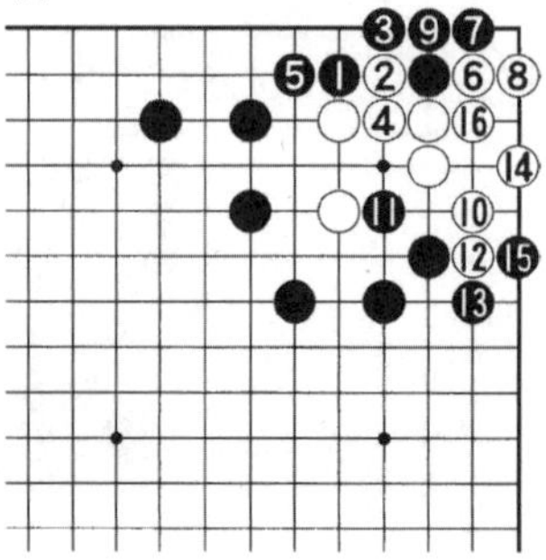

## 흑 성공

흑1의 붙임이 좋은 수이다.
백2부터 6으로 귀를 지키면 흑7로 젖혀 패가 난다.
패를 이기지 못하면 백8부터 14까지 두 집만 내고 산다.

变

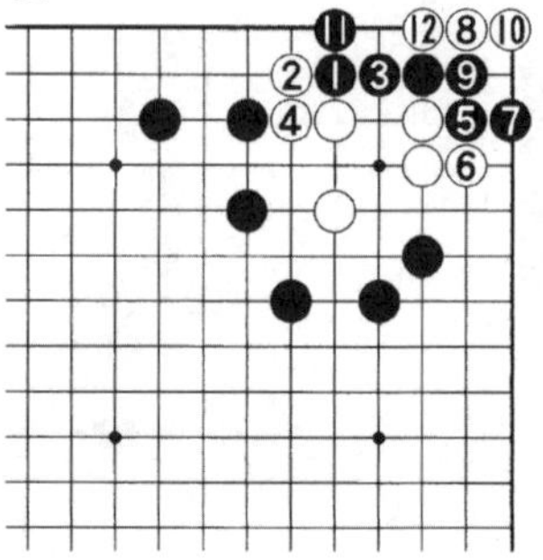

## 백 무리

백2로 막으면 흑3으로 잇고 흑5, 7로 집을 넓혀 귀곡사 모양이 된다.
바깥의 백에게 집이 없기 때문에 백은 패로 귀를 따내야만 한다.

제1형 백번

(1732)

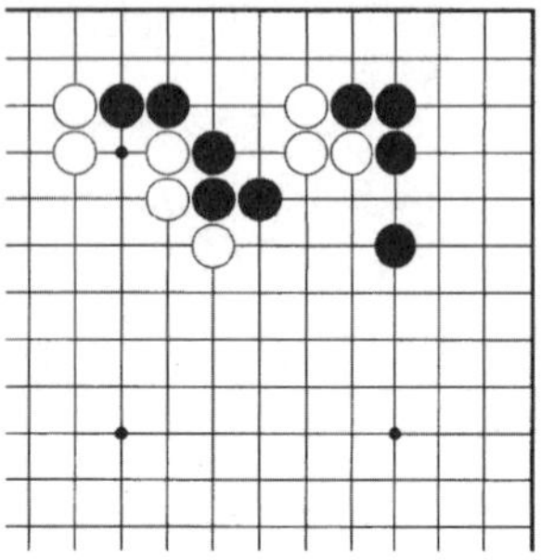

## 도망치다

상변의 싸움이 격렬하다.
백 3점이 도망쳐 나오면 상변의 흑을 공격할 수 있다.

解

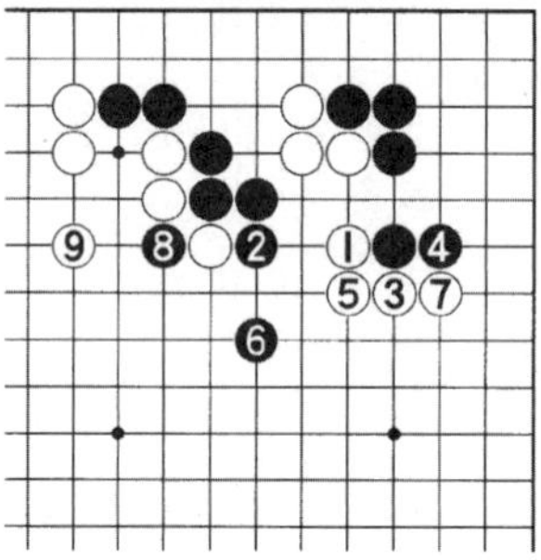

## 호각

백1로 뛰어붙여 도망칠 곳이다. 흑2로 상변을 지키면 백은 3, 5로 우상을 굳힌다.
흑6부터 백9까지 호각의 싸움이다.

变

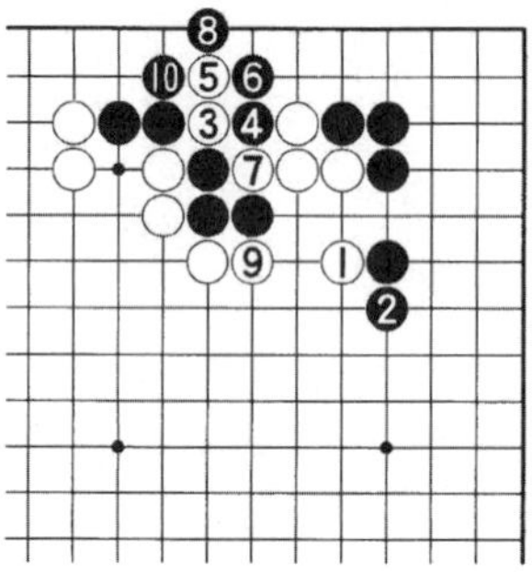

## 두터움

흑2로 받으면 백3으로 공격한다.
백은 2점을 버리고 11까지 조여 바깥에 강력한 두터움을 쌓는다.
※⑪→③

제2형 흑번

(1733)

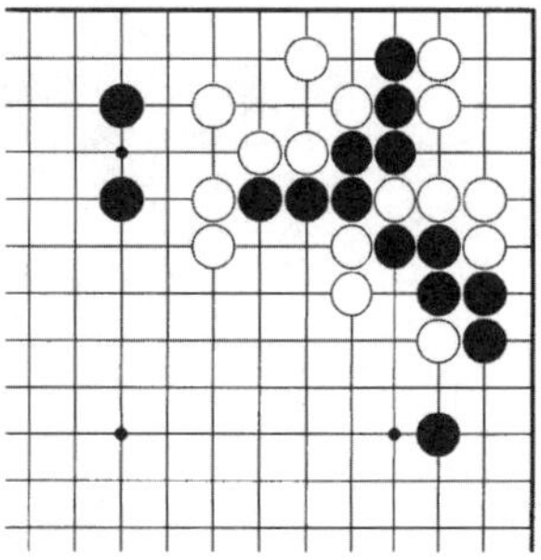

## 탈출

우상의 흑 7점을 중앙으로 탈출시키고 싶다.
백이 저항하면 반대로 백을 공격하여 잡는다.

解

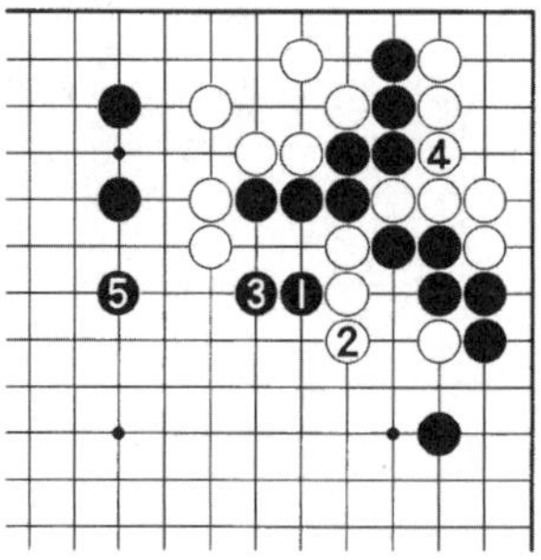

## 탈출

흑1의 붙임이 좋은 맥이다.
백2로 우변을 지키면 흑3으로 쌍립을 서서 탈출한다. 우상귀의 흑을 살려야 하므로 흑5로 뛰어 흐름을 살려 공격한다.

变

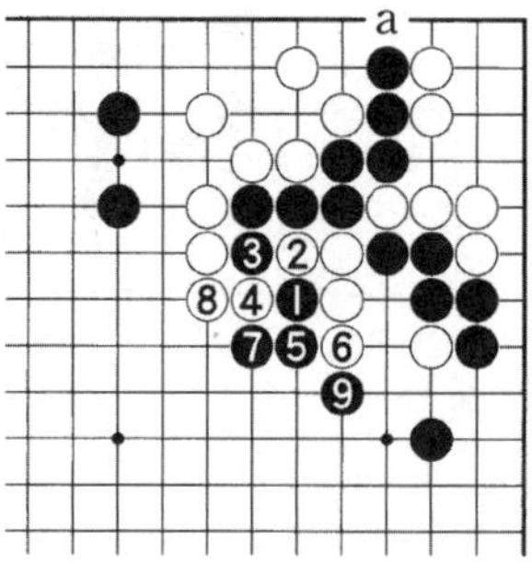


## 중앙을 잡다

백2, 4로 반발하는 것이 무섭다. 하지만, 흑5로 나가서 9로 중앙의 백을 잡을 수 있다.
이후, 백a로 건너는 정도이다.

뛰어붙임 타개

(1734)

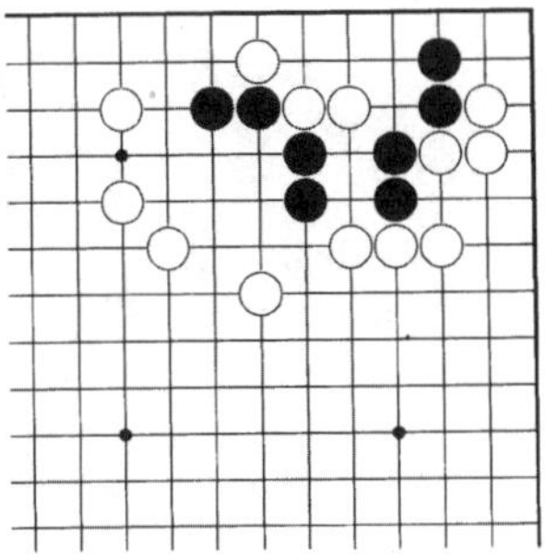

解

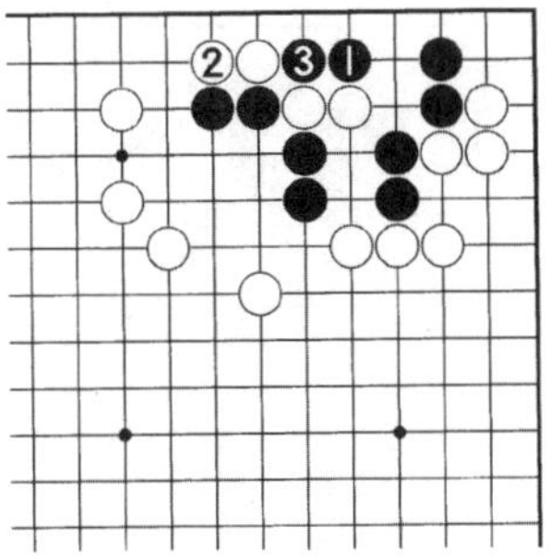

変

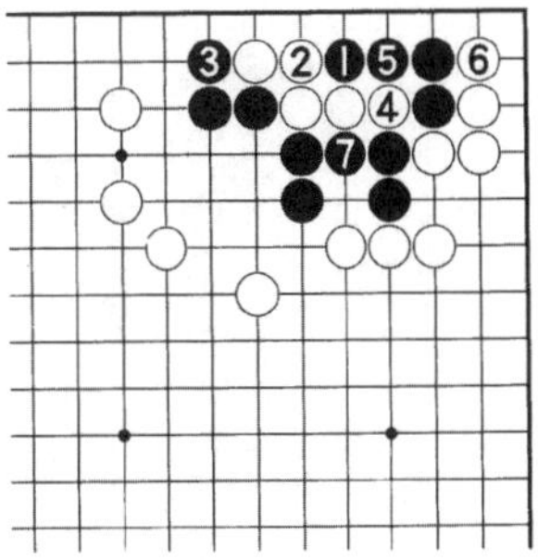

제1형 흑번

### 양 노림

상변의 백 3점은 건넘과 우상에 있는 2점을 끊는 것을 양노림하고 있다.
흑은 양쪽을 해결하지 못하면 살 수 없다.

### 맥

흑1의 뛰어붙임이 좌우를 수습하는 맥이다.
백2로 상변으로 도망칠 수밖에 없지만 흑3으로 백 2점을 끊어잡고 산다.

### 흑 승

백2로 잇는 것은 흑3으로 막는다.
백의 건넘을 막고 백4로 끊으면 흑5로 이어 저항한다.
흑1이 수상전을 승리로 이끌었다.

(1735)

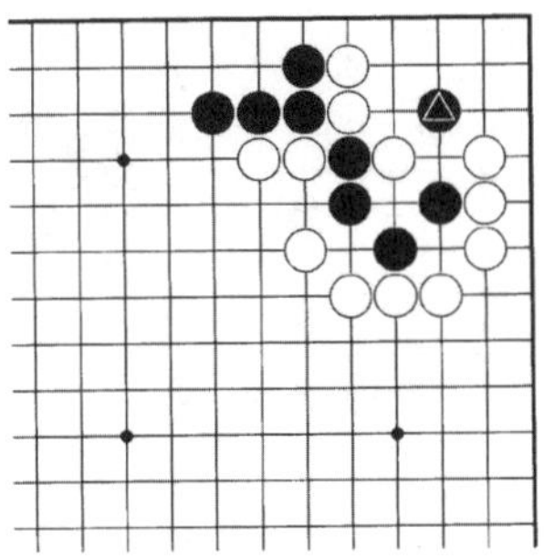

解

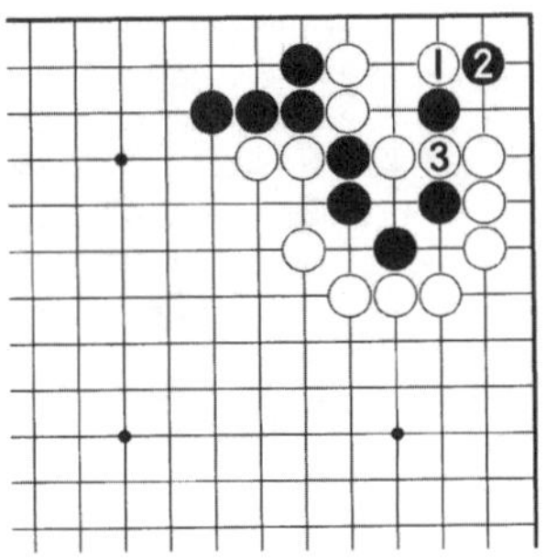

失

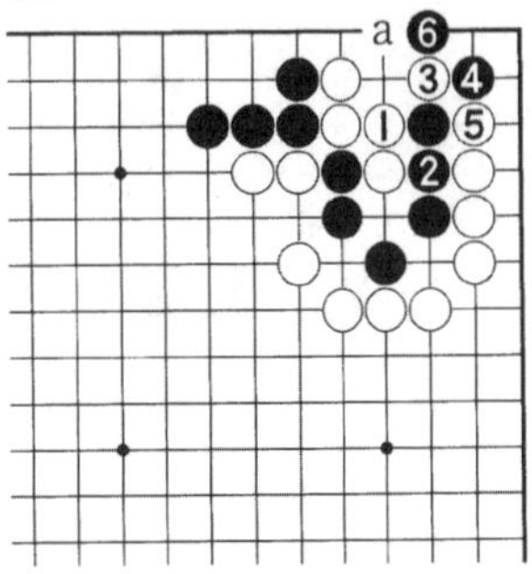

제2형 백번

### 뚝심

귀의 흑▲ 1점은 상변의 백 2점을 공격하는 급소이다.
여기서 백은 뚝심을 발휘해야 한다.

### 백 연결

백1의 붙임이 좋은 수이다.
흑2로 막으면 백3으로 이어 상변의 백 2점을 연결한다.
흑2로 3은 백2로 민다.

### 패

백1로 이으면 흑2로 이어서 안 된다.
백3, 5로 끊어도 흑6으로 젖혀 백a로 패로 받을 수밖에 없다.

(1736)

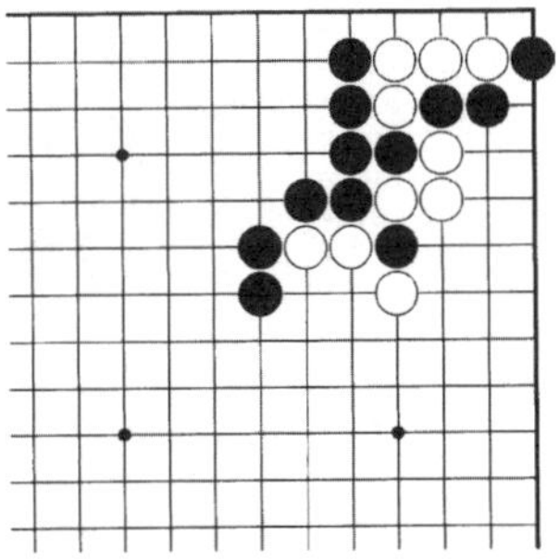

解

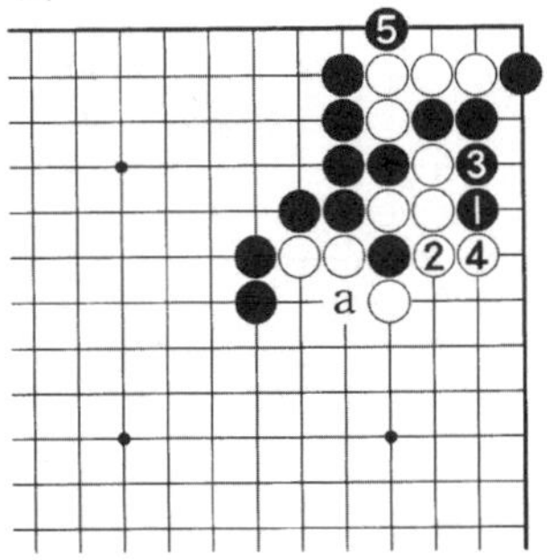

失

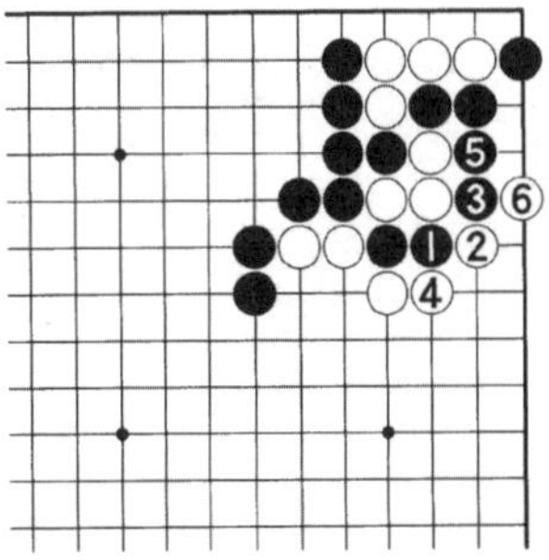

제3형 흑번

### 맛이 나쁘다

귀의 흑을 잡으려고 하여도 백의 모양은 맛이 나쁘다.
우상에서 유리한 모양을 만드는 흑의 냉엄한 맥을 찾아야 한다.

### 역전승

흑1의 붙임이 국면타개의 좋은 수이다. 백2에 흑3, 5로 귀는 흑의 역전승이다.
백2로 3은 흑2로 나가 단수가 되며 흑이 a에 두어 잡을 수 있다.

### 흑 실패

흑1로 먼저 나가면 백2, 4로 받아 안 된다.
흑5로 이어도 백6으로 곧바로 공격당해 흑은 수상전을 이길 수 없다.

제4형 백번

(1737)

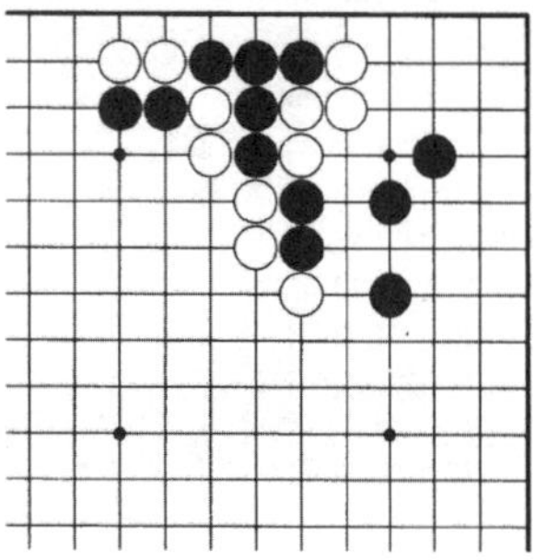

### 포위망

상변의 흑은 3수이지만 포위하고 있는 백은 약점이 많아 틀리면 포위망이 무너진다.
수습하는 수는?

解

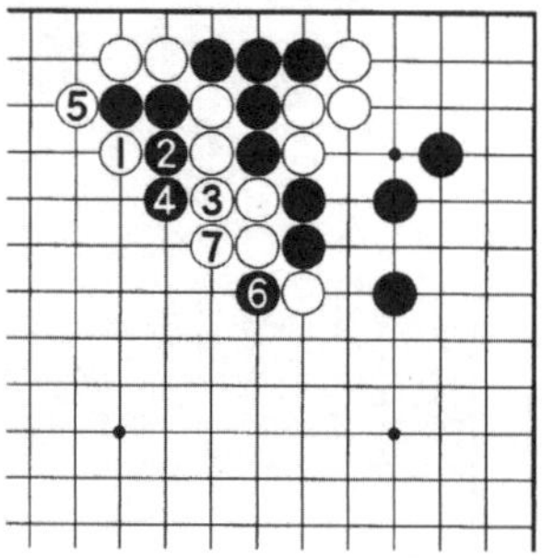

### 수습

백1의 붙임이 수습의 좋은 수.
흑2, 4로 중앙에 나가면 백5로 막아 상변의 수를 늘린다.
중앙은 흑6에 백7로 도망친다.

失

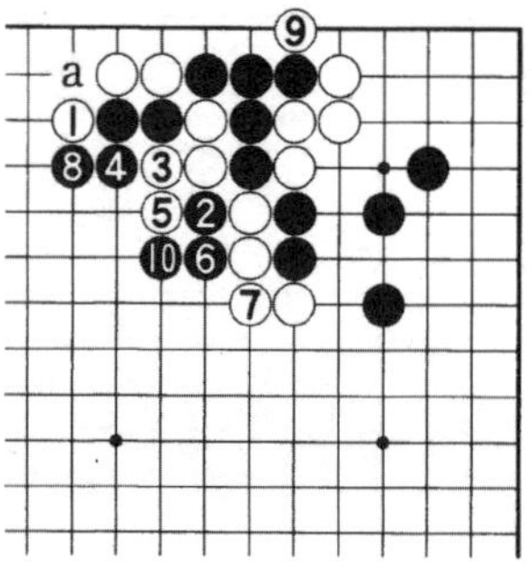

### 백 잡힘

백1로 젖히면 흑2로 끊겨서 안 된다. 흑8 이후 a의 끊음과 10의 축, 양쪽을 노려서 백이 반대로 잡히고 만다.

제5형 흑번

(1738)

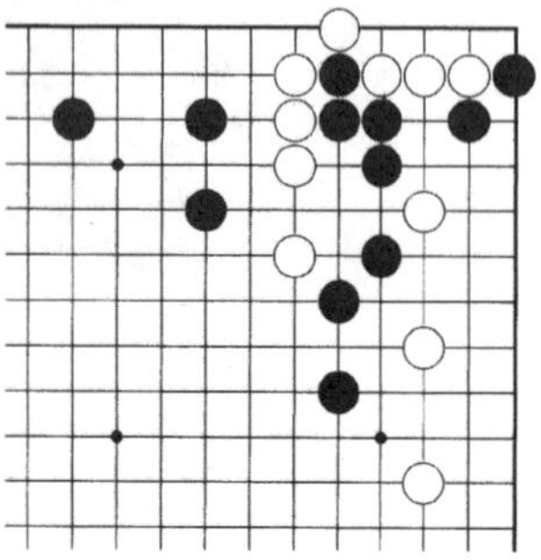

### 2개의 약점

우상의 흑은 귀와 중앙에 약점이 한 개씩 있다.
흑은 양쪽을 막아내야만 상변의 백을 공격할 수 있다.

解

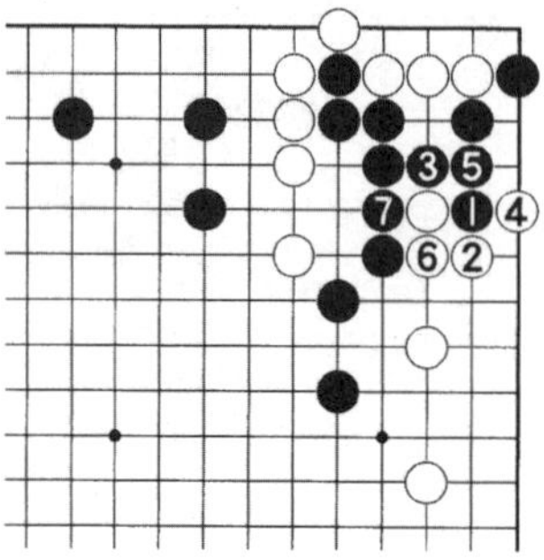

### 수습

흑1의 붙임이 좋은 수이다.
백2, 흑3으로 우상을 굳혀서 백7의 끊김을 막는다.
흑7로 이어 수습은 성공.

失

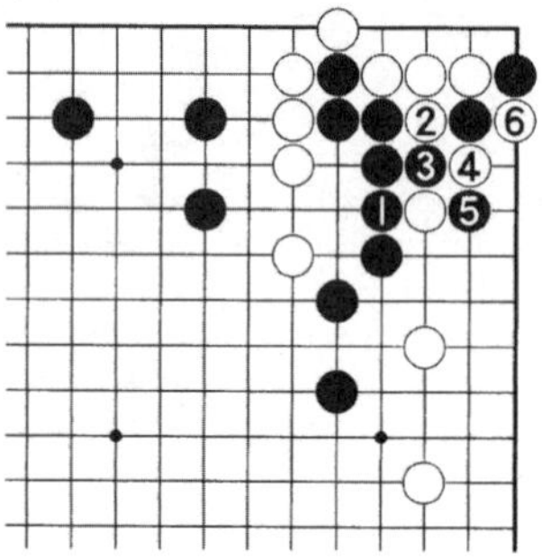

### 흑 불만

흑1로 중앙의 약점을 지키는 것은 백2, 4로 귀의 흑이 잡힌다. 흑5로 1점을 잡아도 상변의 백이 살아서는 흑이 불만이다.

뛰어붙임 깨뜨리다

제1형 백번

(1739)

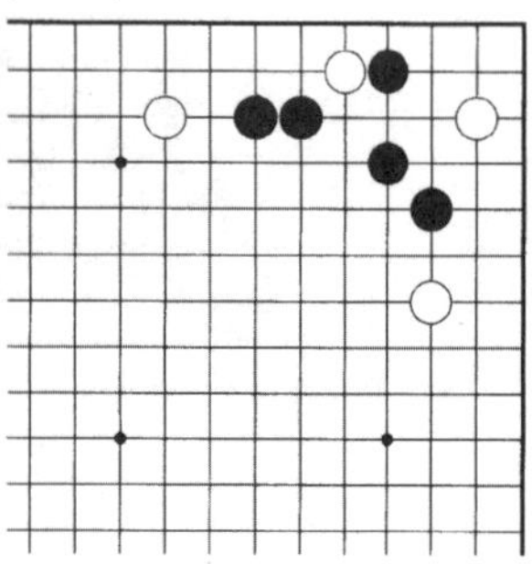

### 활력

우상귀의 흑집은 맛이 나쁜 모양으로 백 2점에는 아직 활력이 남아있다.
백은 어디에서부터 수를 내어야 할까?

解

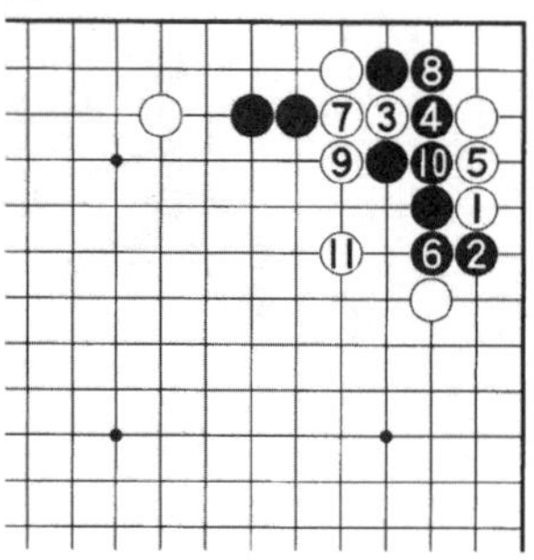

### 맥

백1로 뛰어붙이는 수가 좋다.
흑2 이후 백3으로 끼우는 것이 맥으로 흑의 모양에 약점을 만든다.
흑4부터 백11까지 외길 수순으로 흑집을 깨뜨렸다.

失

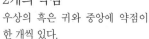

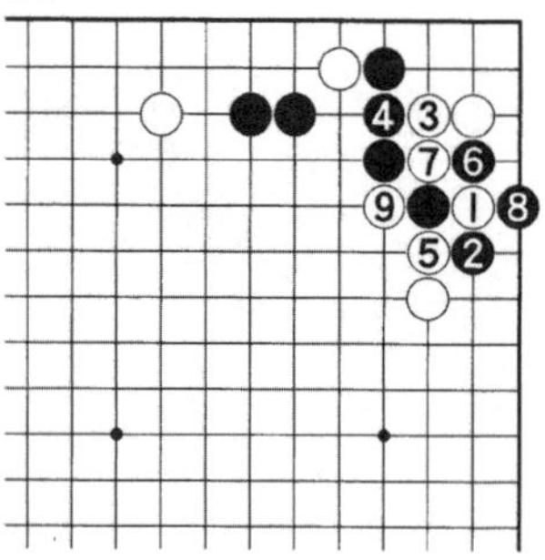

### 백 실패

백3으로 느는 수도 급소처럼 보이나 흑4로 이어 백의 공배가 메워진다. 백5부터 9로 끊어져도 백이 수상전에서 패한다.
※❿→①(이음)

(1740)

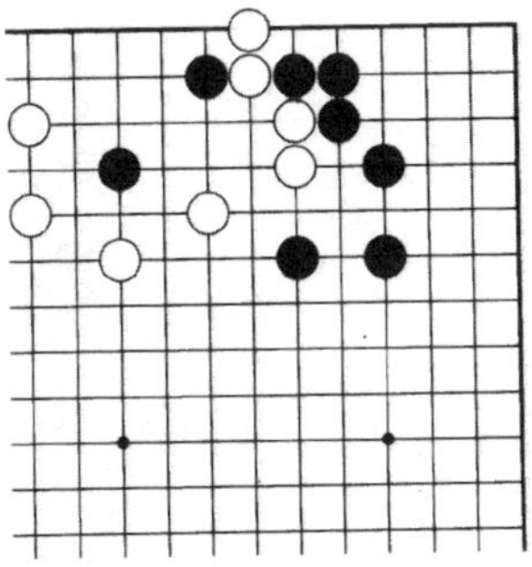

解

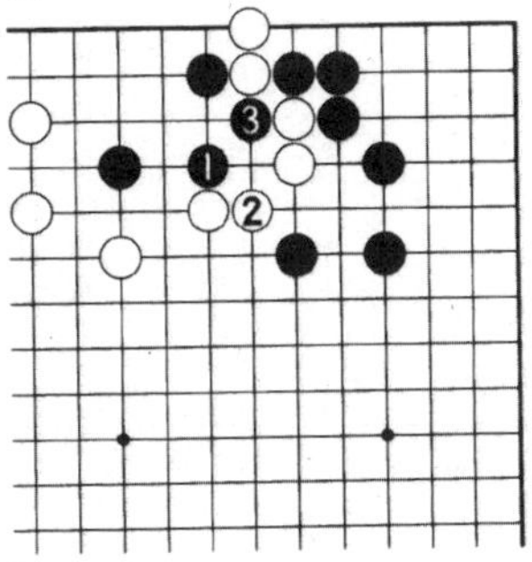

失

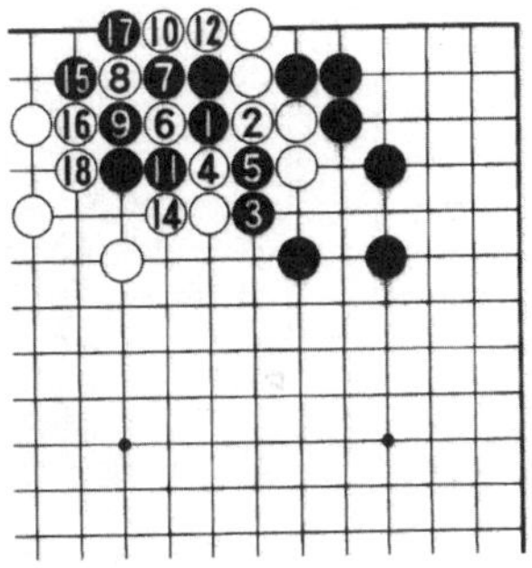

**제2형 흑번**

## 전장

흑 2점이 백에게 포위되어 있지만 여기는 집이 아니라 분쟁중의 전장이다.

흑은 백집을 깨뜨려야 한다.

## 흑 성공

흑1의 뛰어붙임이 좋은 수이다. 이것으로 우상의 백이 괴롭게 된다.

백2로 2점을 도망가도 흑3으로 상변은 흑집이 된다.

백2로 3은 흑2다.

## 흑 죽음

흑1로 나가는 것은 백2로 이어 흑이 무거운 모양이다.

흑3, 5로 끊어도 백6부터 12로 조여서 백18로 흑을 잡는다.

※⓭→⑥

(1741)

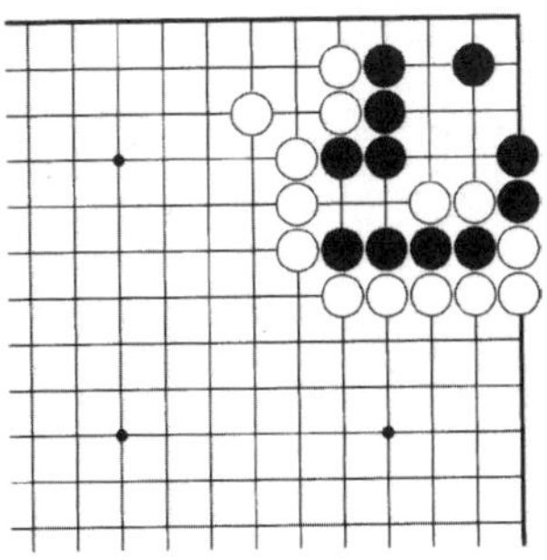

解

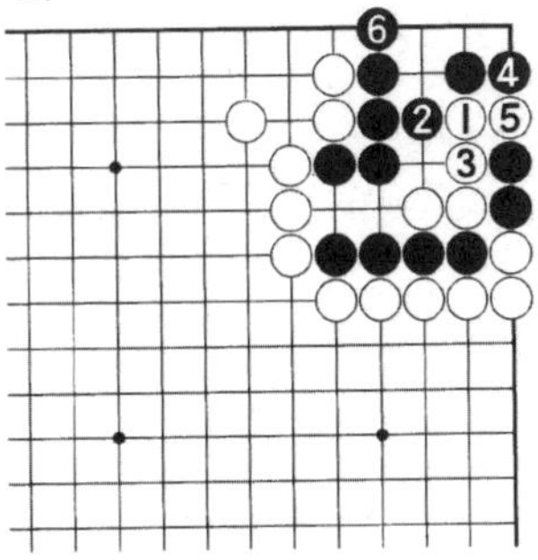

変

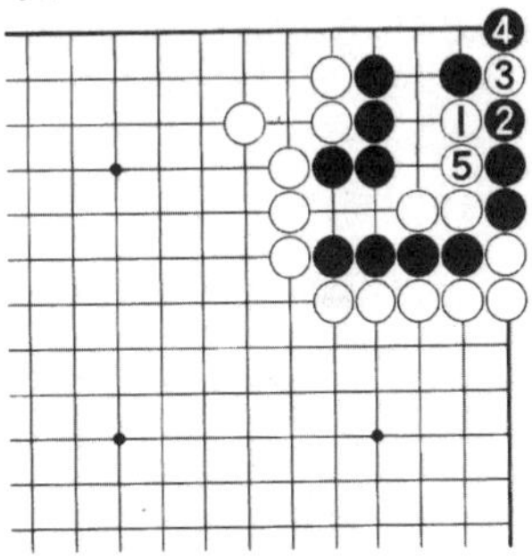

**제3형 백번**

## 위험

제1선의 흑 2점이 잡히지 않으면 흑은 백 2점을 잡고 산다.

만약 백에게 잡힌다고 하여도 사활에 문제가 있을까?

## 맥

백1의 붙임은 흑 2점을 촉촉수로 거는 맥이다.

흑은 2점을 포기하고 흑2, 4로 귀에 집을 확보해야 한다.

백은 집으로 많은 득을 봤다.

## 흑 무리

흑2로 도망가는 것은 백3으로 먹여쳐서 촉촉수가 된다.

백5 이후 흑은 귀의 궁도가 작기 때문에 집을 만들 수 없다.

(1742)

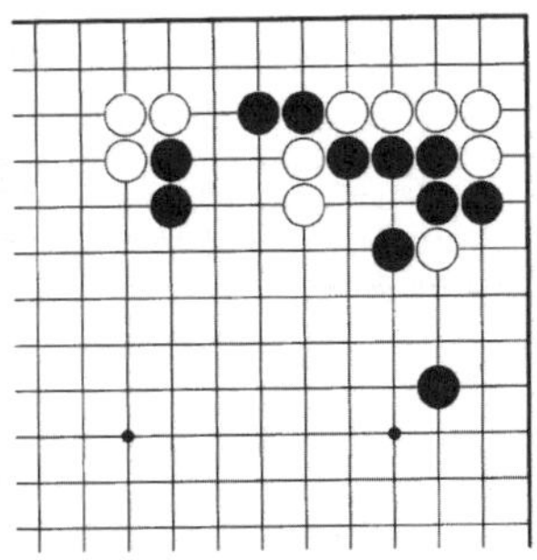

解

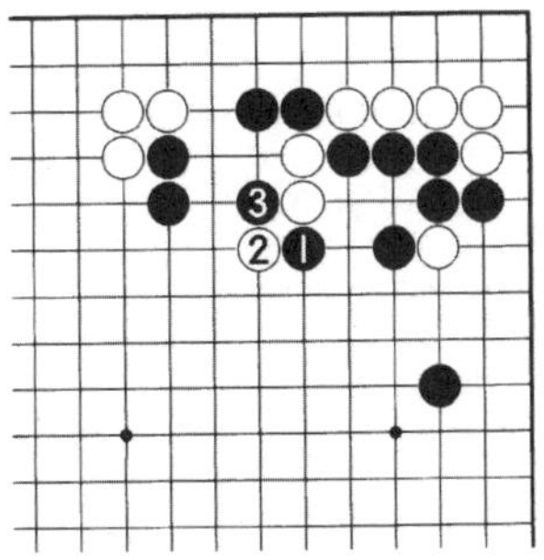

変

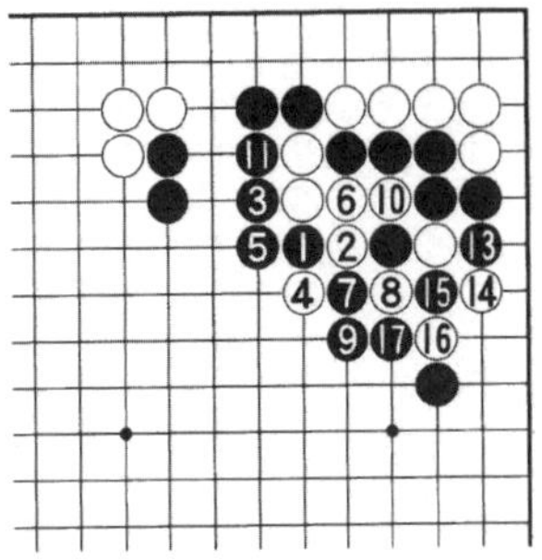

**뛰어붙임 따냄**

**제1형 흑번**

## 가두다

우변과 상변을 분리하고 있는 중앙의 백 2점을 잡으면 안심할 수 있다.

어떻게 공격하여야 할까?

## 맥

흑1의 붙임이 백의 자충을 추궁하여 날카롭다.

백2로 젖히면 흑3으로 끊어 백을 가둔다.

## 촉촉수

백2로 젖혀끼우면 흑3으로 막아 공배를 메운다.

백8, 10으로 흑 1점을 잡아도 흑11로 촉촉수이다.

※⑫→⑩의 아래

## 제2형 백번

(1743)

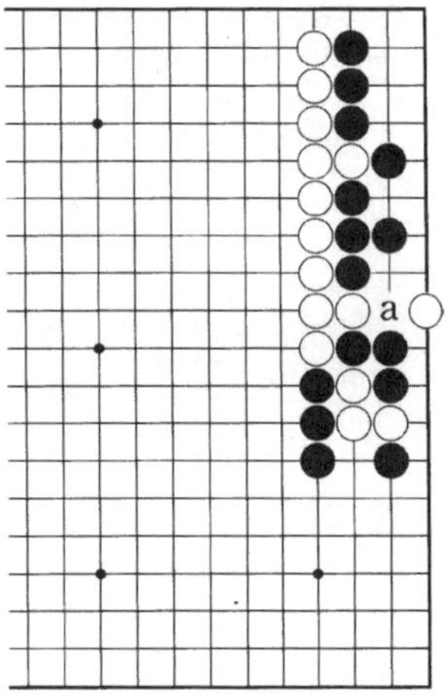

解

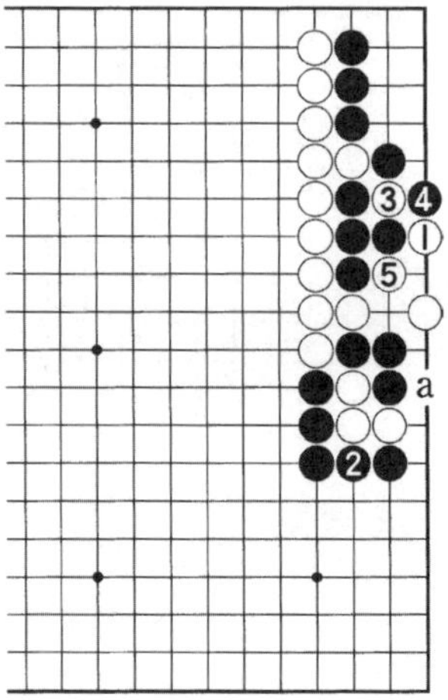

失

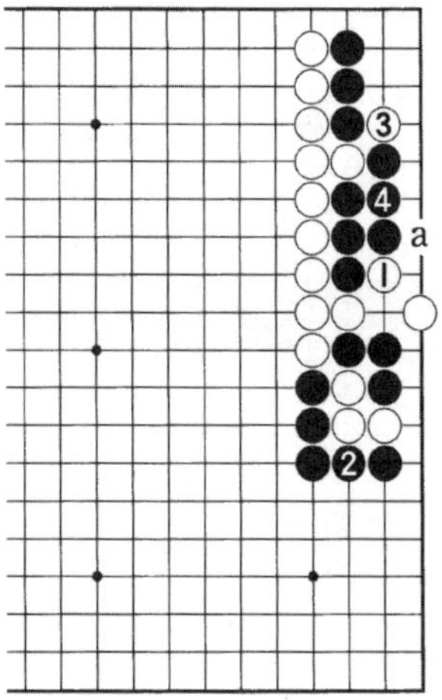

### 기회

우변의 백 1점은 흑a로 끊으면 끝난다. 그러나 백a로 이으면 흑은 아프지도 가렵지도 않다.
지금이 흑의 모양이 미흡한 것을 추궁할 기회는 지금이다.

### 패

백1로 뛰어붙여 수를 구한다.
다음에 5의 단수를 선수하여 a로 흑 3점을 잡을 수 있다.
흑2로 3점을 살리면 백3으로 먹여치고 백5로 단수쳐 패가 난다.

### 백 실패

백1, 흑2를 교환하면 아무 이득도 없다.
백3은 4의 먹여침을 노린 수지만 흑4로 이어 수가 안 난다. 백3으로 4에 먹여치면 흑a로 내려 역시 아무 수도 안 난다.

## 제3형 백번

(1744)

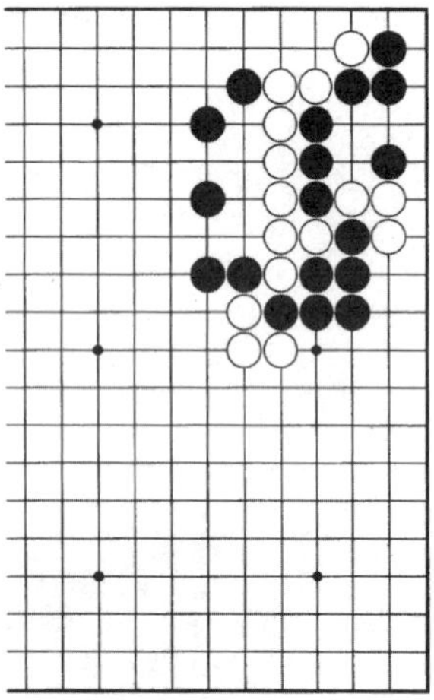

解

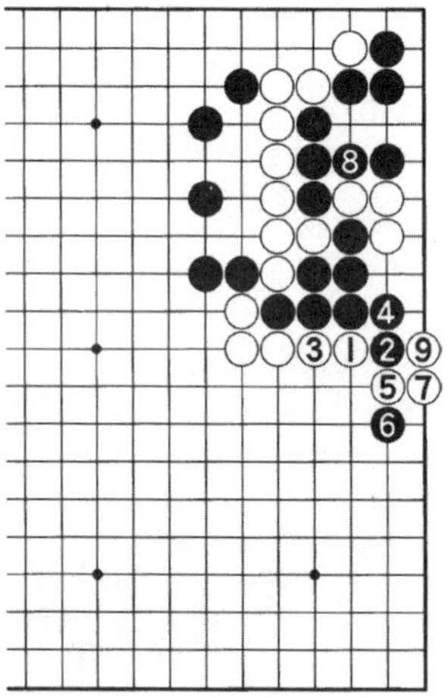

変

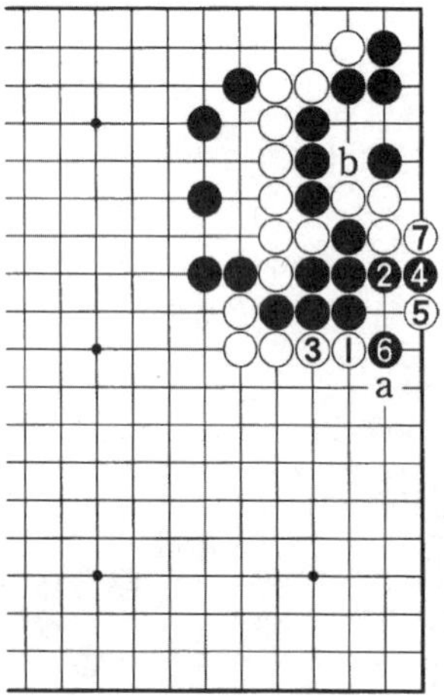

### 최강의 공격

우상귀의 수상전 문제.
백 대마는 우변의 흑 6점을 잡는 것 외에 살 길이 없다.
우변의 백 3점도 공배가 찼기 때문에 최강의 공격 수단이 필요하다.

### 백 승

백1의 붙임이 냉엄한 맥이다.
흑2의 젖힘에 백3으로 공배를 메워 흑의 우변 진출을 막는다.
흑4로 이으면 백5로 막고 흑6으로 껴붙여도 백7로 흑의 실패.
백9로 수상전은 백이 승리한다.

### 촉촉수

흑2로 막아도 백3으로 잇는다.
흑4의 뻗음은 백의 자충을 노리지만 백5로 붙여 흑은 2수밖에 안 된다. 백7까지 촉촉수이다.
백7로 a면 흑b로 역전.

(1745)

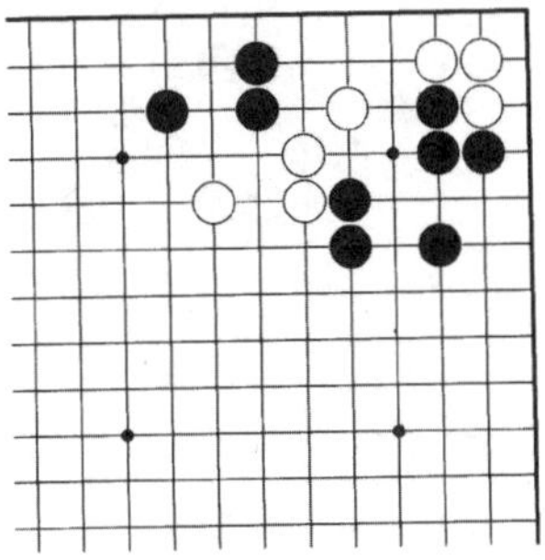

解

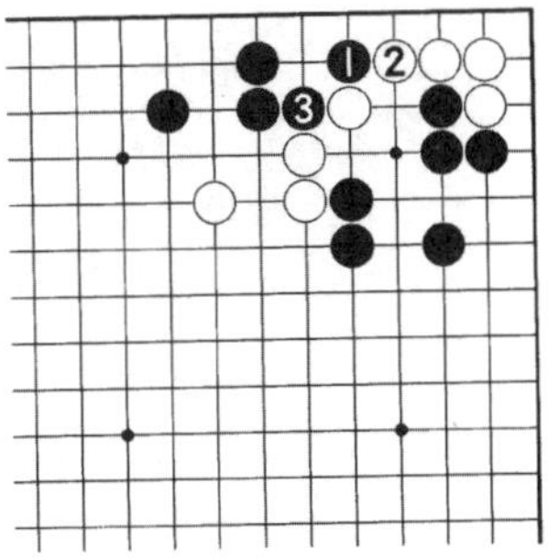

失

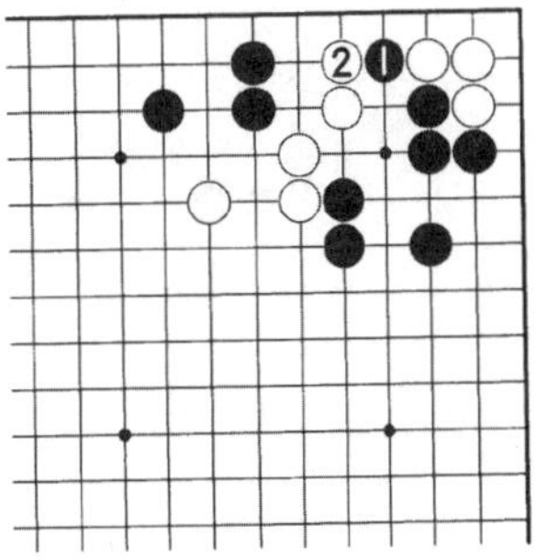

**제4형 흑번**

### 불완전

귀의 백은 중앙으로 도망쳐 나왔지만 완전한 모양은 아니다.

이 백을 끊으면 백은 공중분해 된다.

### 즉사

흑1로 뛰어붙이고 백2로 받으면 흑3으로 젖는 수가 좋다.

백은 두 개의 약점을 막을 수 없어 귀는 바로 죽는다. 중앙도 뜬 돌의 운명.

### 불발

흑1로 젖히는 것은 백2로 받아 기껏 찾아온 노림이 불발된다.

백은 귀와 연결하여 한 집을 갖고 있기 때문에 꽤 튼튼한 모양이다.

(1746)

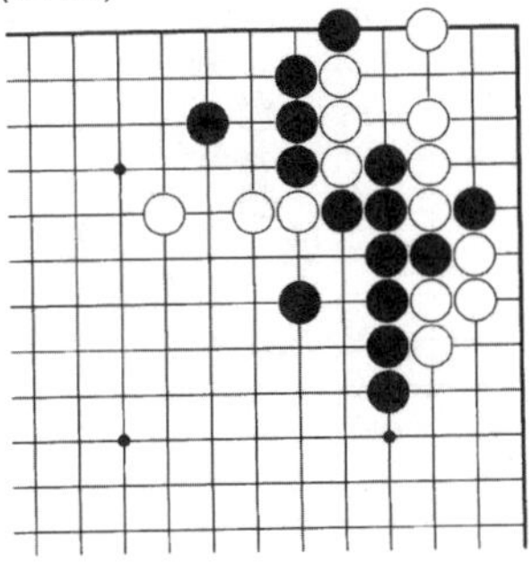

解

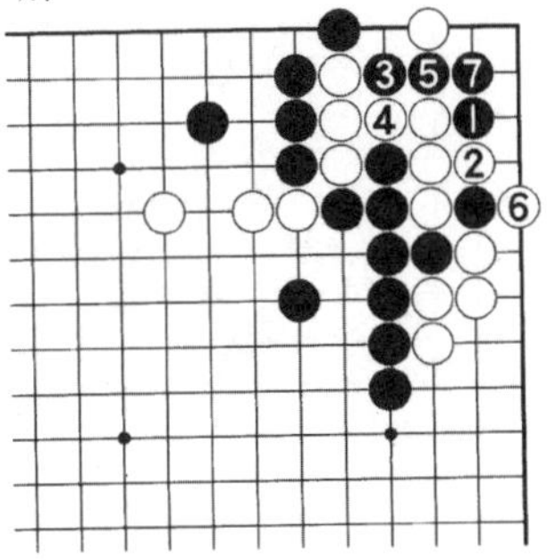

変

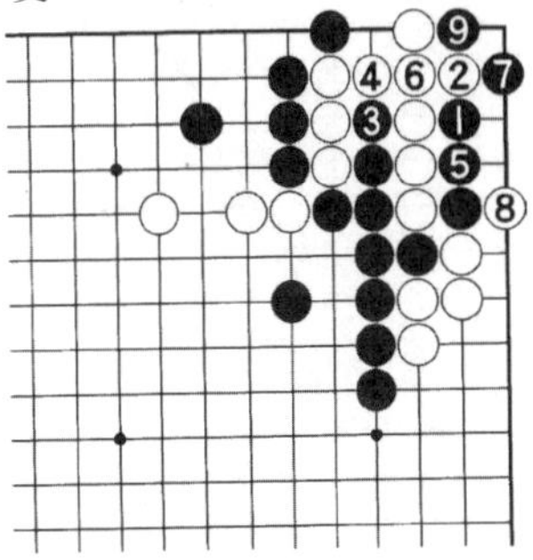

**제5형 흑번**

### 수중

백집 안에 있는 흑 1점을 이용한다. 흑을 끊고 있는 백 3점은 요석이므로 흑은 귀의 백집을 도려낼 수 있다.

### 흑1이 맥

흑1로 붙여 백의 자충을 추궁한다. 백2로 받으면 흑3부터 7까지 계속 단수쳐서 귀를 깨뜨리면 귀는 흑집이 된다.

### 큰 패

백2, 4로 저항하면 흑5로 단수쳐서 수상전이 된다.

흑9로 집어넣어 패가 되어 우상귀의 백 전체의 사활과 연관되어 있다.

(1747)

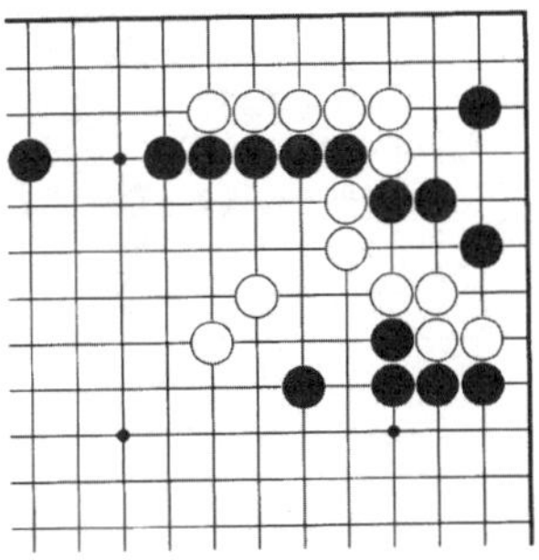

解

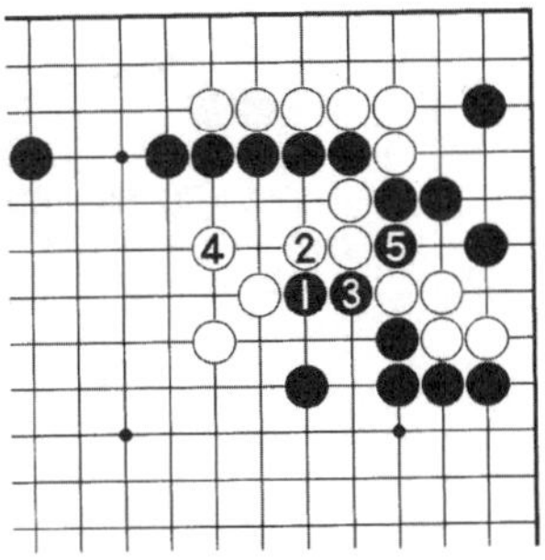

変

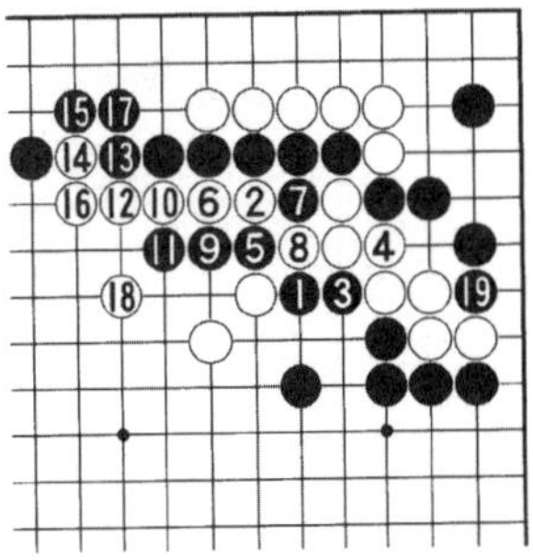

**제6형 흑번**

### 잡다

우상에서 격렬한 전투가 벌어지고 있다. 여기서 흑이 우변의 백을 잡으면 우상귀가 살지 못해도 좋다.

필살기를 찾아보자.

### 양 노림

흑1의 붙임이 결정타.

백2에 받으면 흑3으로 치받아 백의 약점 두 곳을 양 노림 한다. 백4라면 흑5로 끊는다.

### 백 죽음

백2로 바꾸어서 받으면, 흑3, 백4 이후 흑5의 젖혀끼우는 수가 맥으로 6과 7을 맞보기 한다.

백8부터 18까지 저항해도 흑19로 죽는다.

뛰어붙임

따냄(살리기)

(1748)

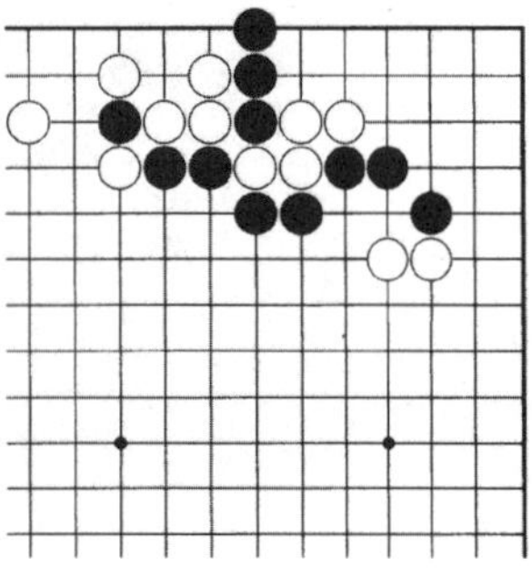

제1형 흑번

## 3수

상변의 수상전 문제.
흑 3점은 3수로 1수라도 여유를 주지 않아야 한다.

解

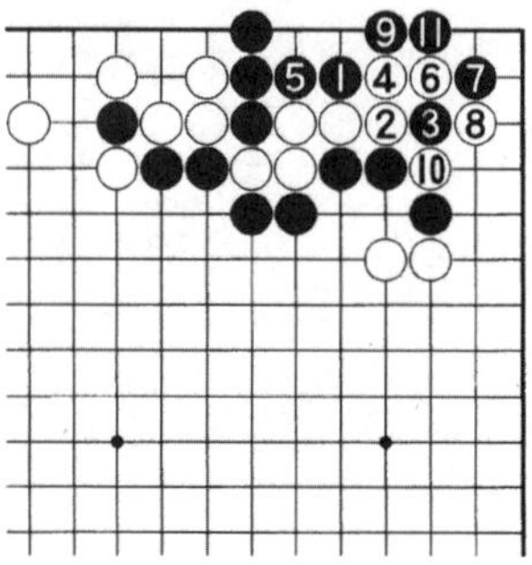

## 회돌이축

흑1로 붙여 시작한다.
백2에 흑3, 5로 백의 공배를 메워 백6으로 구부리면 흑7로 막아 회돌이로 백을 잡는다.

失

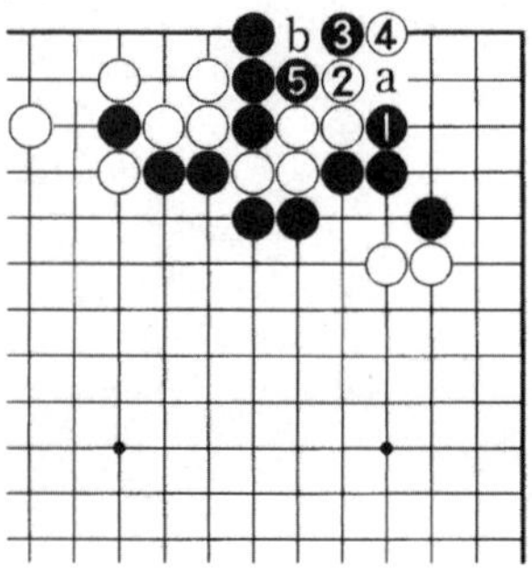

## 패

흑1로 막으면 백2로 흑이 괴로워진다.
흑3으로 a는 백b로 흑이 패배.
흑3, 5는 흑의 불리한 패가 난다.

(1749)

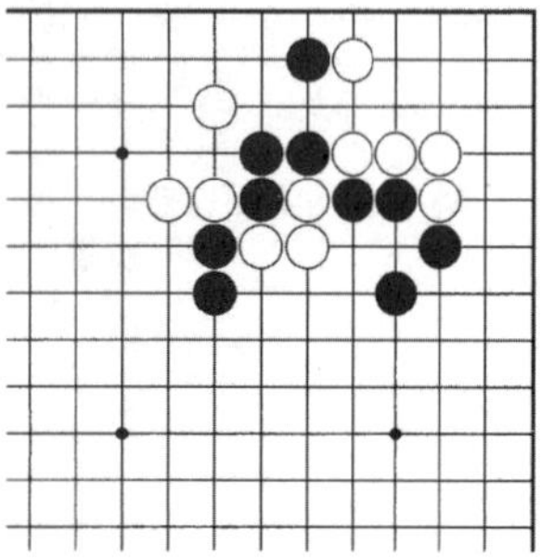

제2형 흑번

## 수읽기

상변의 전투.
상변의 흑을 살리기 위해 중앙에 있는 백의 공배를 메워 날카롭게 공격해야 한다.

解

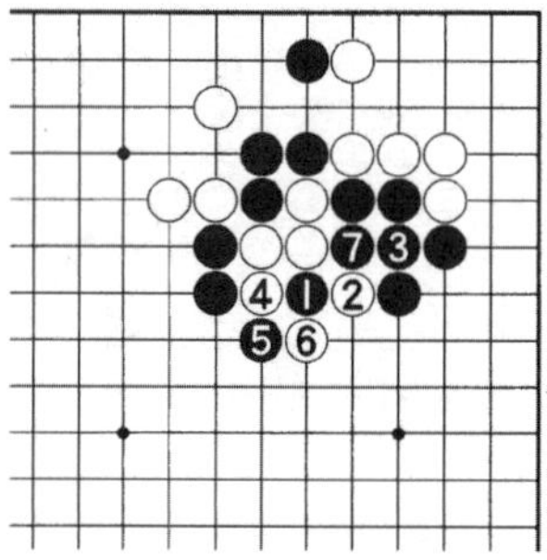

## 축

흑1의 붙임은 백의 공배를 메우는 날카로운 수이다.
흑3으로 잇는 것은 냉정하게 받는 수이고 백4에 흑5, 7로 축이다.

失

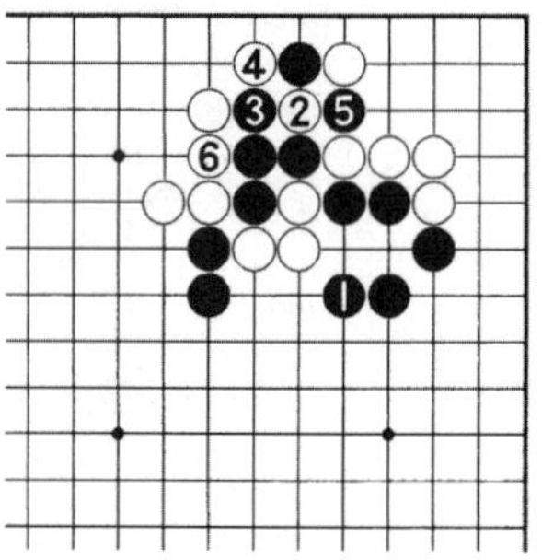

## 흑 실패

흑1로 늘면 백 3점의 탈출을 막을 수 있지만 백의 수가 줄지는 않는다. 백2부터 상변의 흑을 공격하여 역전이다. 백6까지 반대로 흑이 잡힌다.

(1750)

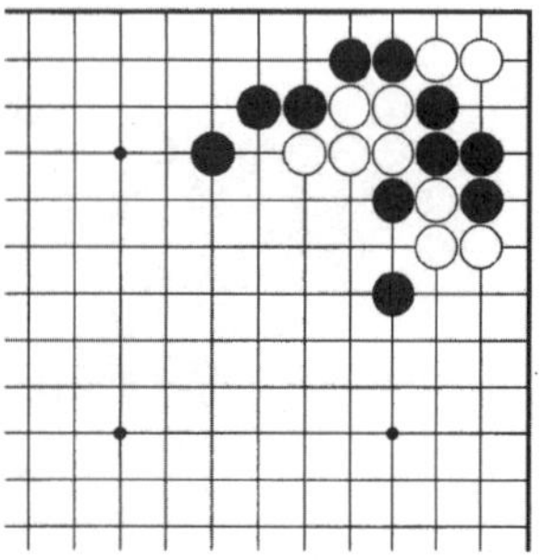

제3형 흑번

## 어느 쪽일까

우상의 전투.
흑 4점에 출구는 없지만 바깥의 백의 자충을 추궁하면 중앙이나 우변 어느 쪽이든 백을 잡는다.

解

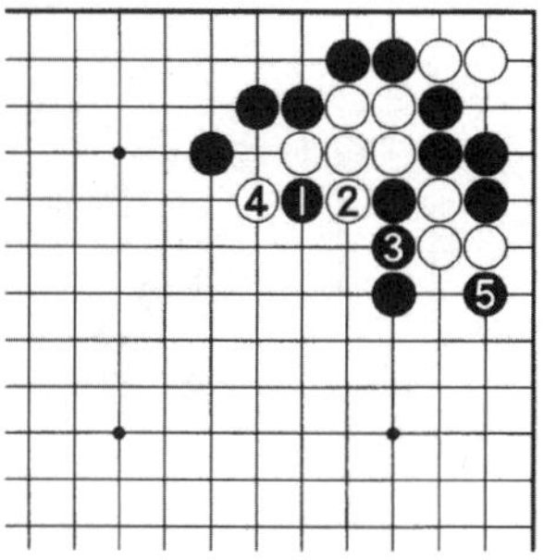

## 3점 잡기

흑1의 뛰어붙임이 결정타.
백2로 단수치고 4로 중앙의 5점이 도망 나가면 흑5로 우변의 백 3점을 잡아 귀는 흑집이 된다.

失

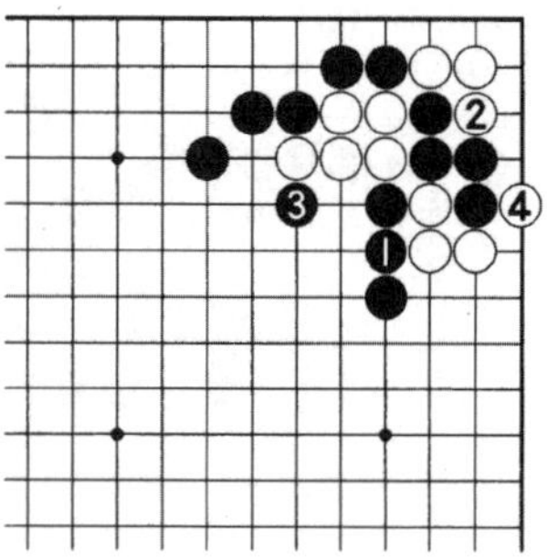

## 흑 느슨

흑1로 잇는 것은 느슨하다.
백의 공배가 차지 않았기 때문에 백2, 4로 흑 4점이 먼저 잡히고 만다.

제4형 흑번

(1751)

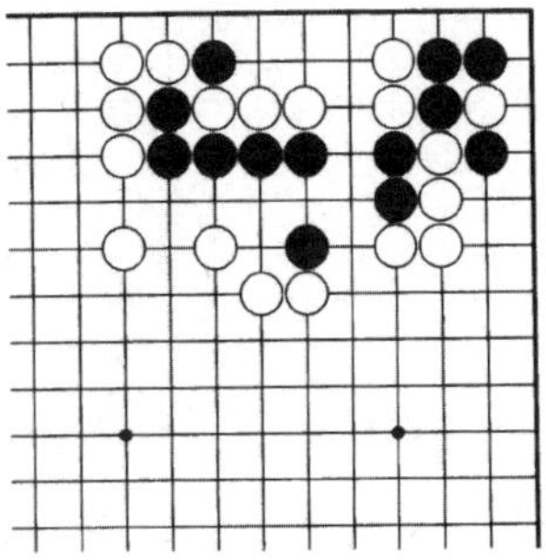

### 생환

상변의 전투.
백에게 분단된 중앙의 흑이 생환하기 위해서는 백의 자충을 추궁해야 한다.

解

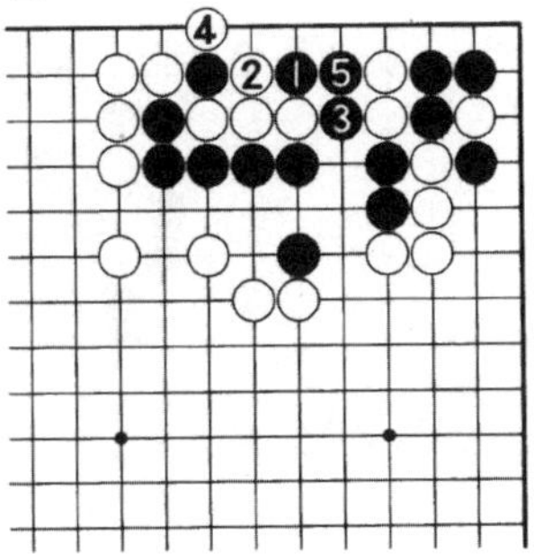

### 흑 삶

흑1의 뛰어붙임이 맥이다.
백2로 뚫고 나가면 흑3의 단수를 선수로 활용하고 흑5로 오른쪽 백 2점을 잡고 산다.

変

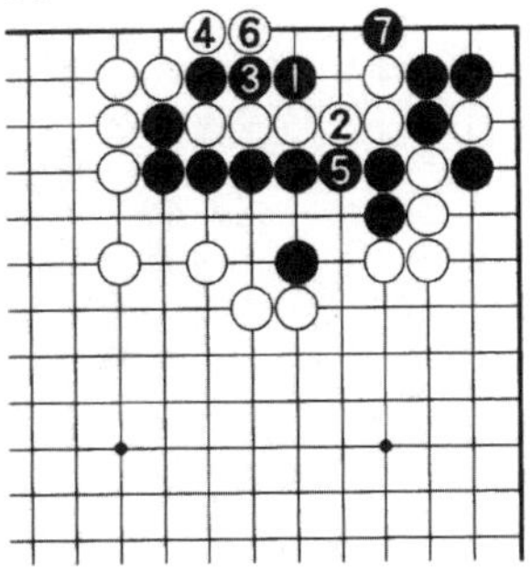

### 흑 승

백2로 잇는 변화이다. 흑3으로 이으면 백4부터의 싸움은 흑7까지 흑이 한수 승리한다.
흑1로 3에 두는 것은 속맥으로 백1에 두어 끝난다.

뛰어붙임 수상전

제1형 흑번

(1752)

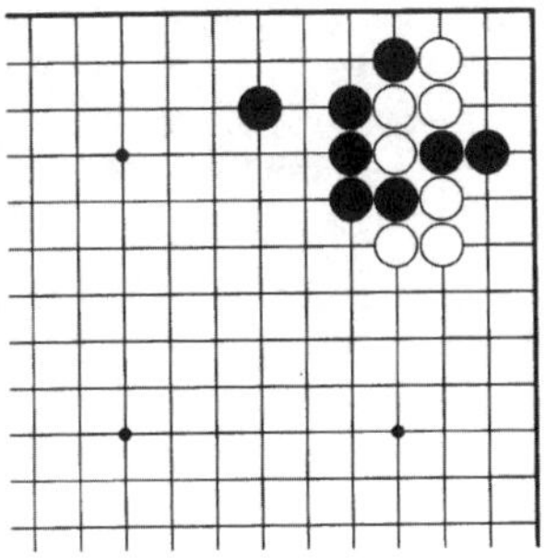

### 착각

우상의 전투.
흑 1점이 잡히는 모양이기 때문에 오른쪽의 흑 2점은 모두 잡힐 수도 있다고 착각한다.

解

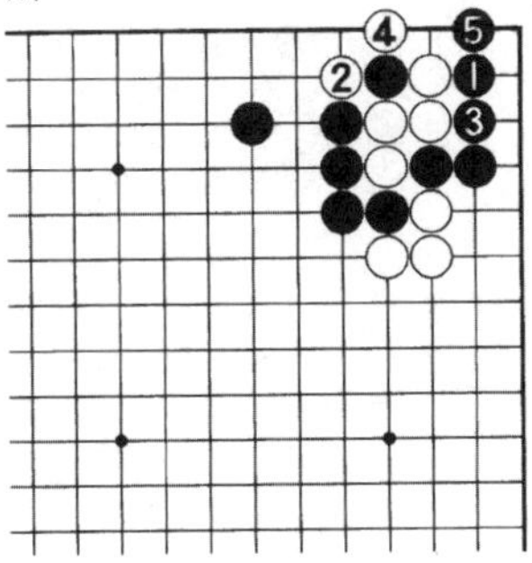

### 백 죽음

흑1의 붙임이 날카로운 맥이다.
백2로 흑 1점을 잡아도 흑3, 5로 귀에서 공격해서 백은 살 수 없다.

失

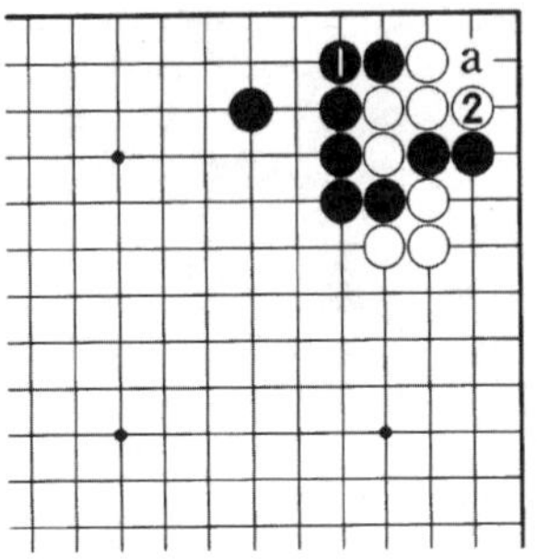

### 흑 불만

흑1로 상변의 1점을 살리는 것은 백2로 귀를 지켜 실패한다.
흑1로 2에 구부려도 백a로 흑이 수상전에서 패배한다.

제2형 흑번

(1753)

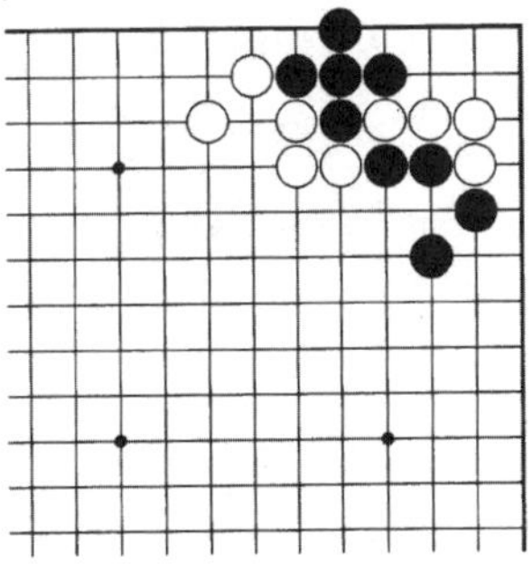

### 탄력

귀의 수상전 문제.
흑 5점은 포도송이 모양이지만 귀의 백도 자충에 걸리기 쉬운 모양이다. 귀의 마력을 이용하고 싶다.

解

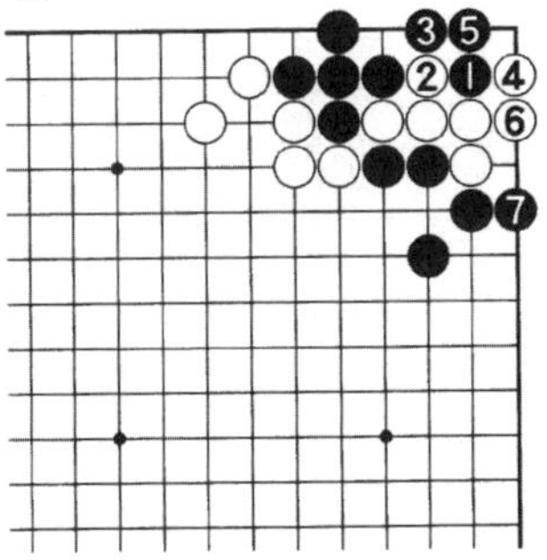

### 흑 승

흑1의 뛰어붙임이 맥이다.
백2로 나가면 흑3으로 건너 백은 2수 흑은 3수가 된다.
흑7까지 수상전은 흑 승

失

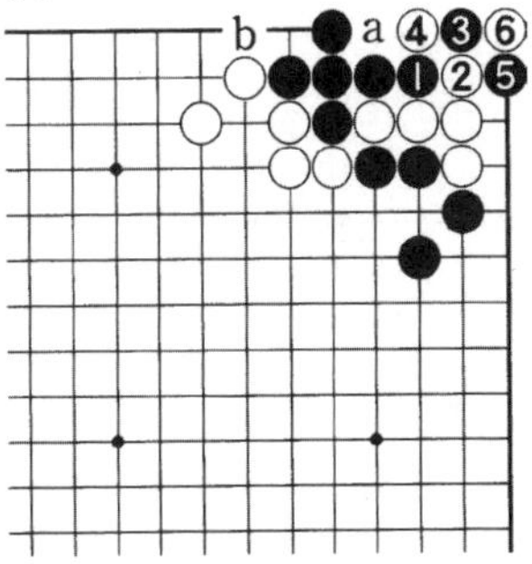

### 패는 실패

흑1로 미는 것은 백2로 받아 안 된다.
흑3의 젖힘에 백4로 먹여치고 6까지 패가 난다.
흑5로 a는 백b.

(1754)

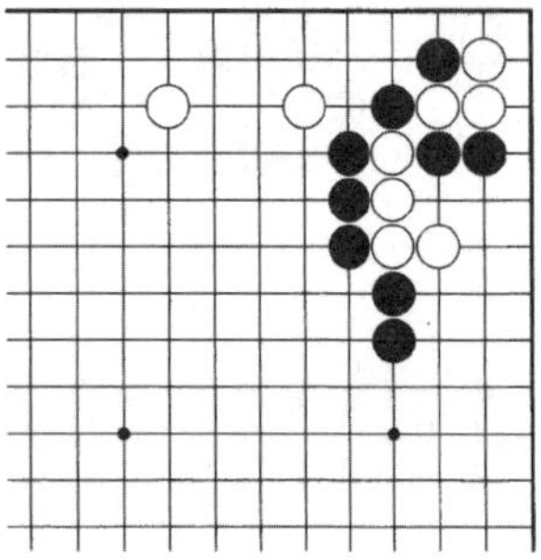

제3형 흑번

## 선공

우상의 수상전.
귀의 흑은 백에게 선수로 끊어지는 모양이지만 수가 많다.
귀를 지키기보다 백을 먼저 잡아 보자.

解

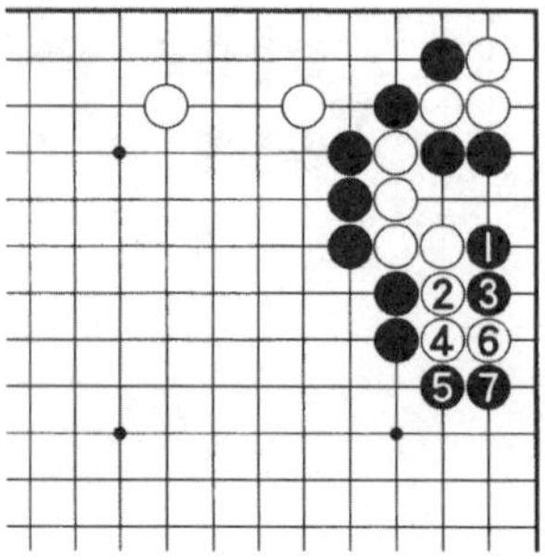

## 흑 승

흑1의 뛰어 붙임이 백을 자충으로 유도하는 급소이다.
백2로 도망치면 흑3으로 밀고 5, 7로 쫓아 백을 잡는다.

失

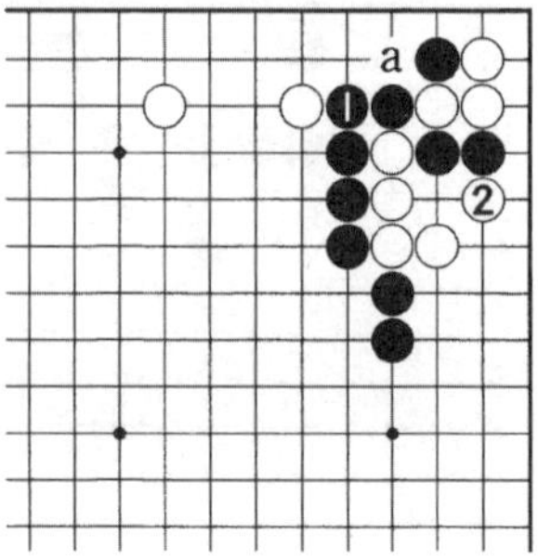

## 백 삶

흑1로 잇는 것은 백2로 잡혀서 실패한다.
정해도의 흑은 백1로 끊어도 흑a로 이어 3수가 되기 때문에 손을 뺄 수 있는 모양이다.

(1755)

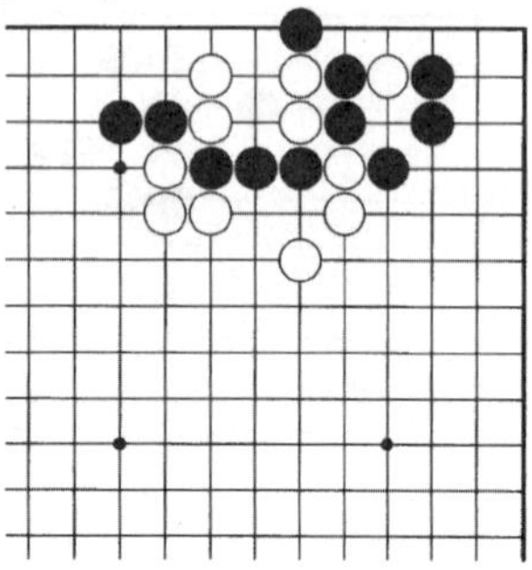

제4형 흑번

## 여유가 없다

백에게 포위당한 흑 3점과 상변에 있는 백 사이에서 수상전이 벌어졌다.
여유를 주지 않고 공격해야 잡히지 않는다.

解

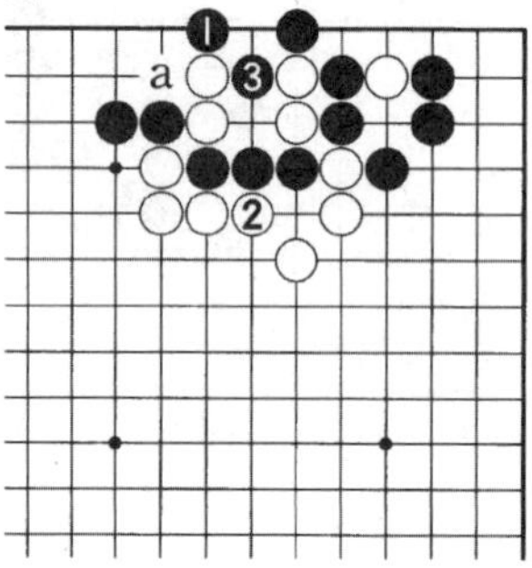

## 1선의 붙임

흑1의 붙임이 냉엄하다.
백2로 중앙을 공격해도 흑3으로 단수쳐서 백 2점을 잡는다.
백2로 3은 흑a.

失

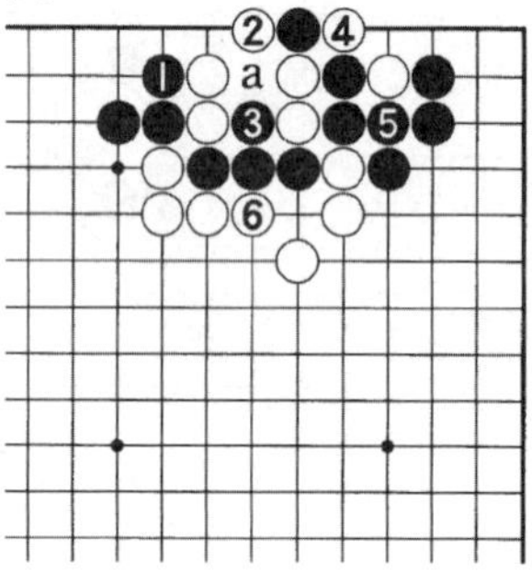

## 흑 틀린 수순

흑1로 막으면 백2의 저항이 있다.
흑3에는 백4.
흑a로 받으면 백6으로 흑이 잡힌다.
흑5로 a는 백5로 흑이 손해를 본다.

(1756)

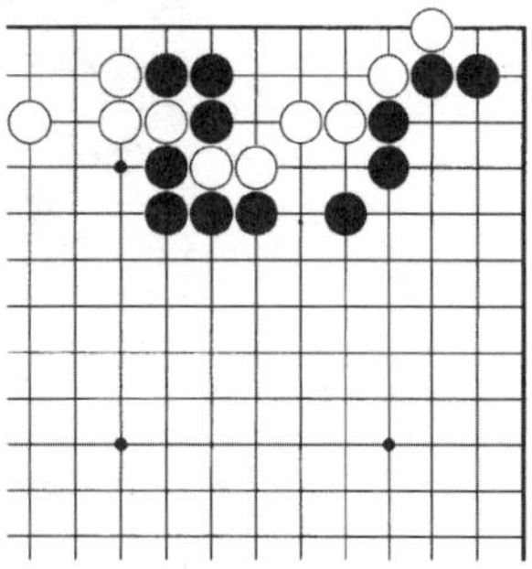

제5형 흑번

## 수상전 승

상변의 수상전 문제.
넓게만 보이는 백집 안에서 흑 3점이 수를 늘리면 백을 이길 수 있다.

解

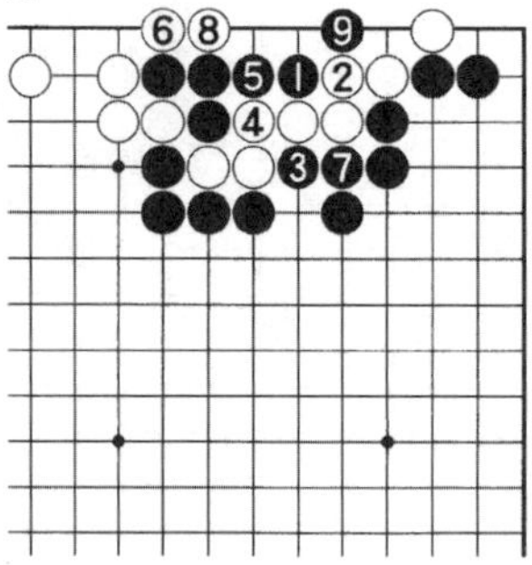

## 최선의 수

흑1로 붙여 수를 늘리는 최선의 수이다.
백2로 이으면 흑3, 5로 모양을 결정짓고 이후는 외길로 9까지 백을 잡는다.

失

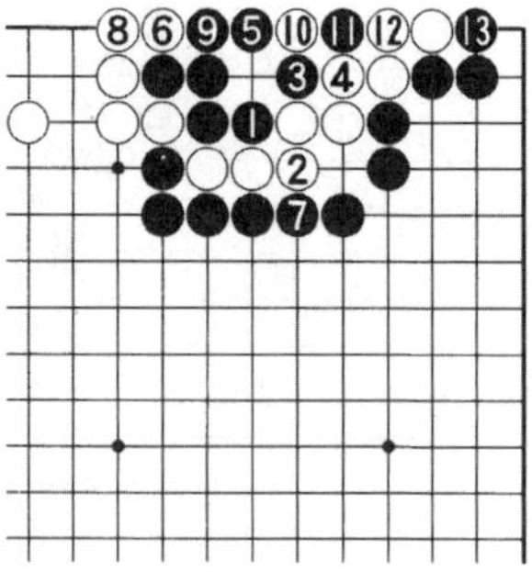

## 흑 속수

흑1의 단수는 속수로 안쪽에서 공배를 메운 모양이 된다.
흑3, 5로 한 집을 내도 백6부터 흑13까지 패가 된다.

**제6형 백번**

(1757)

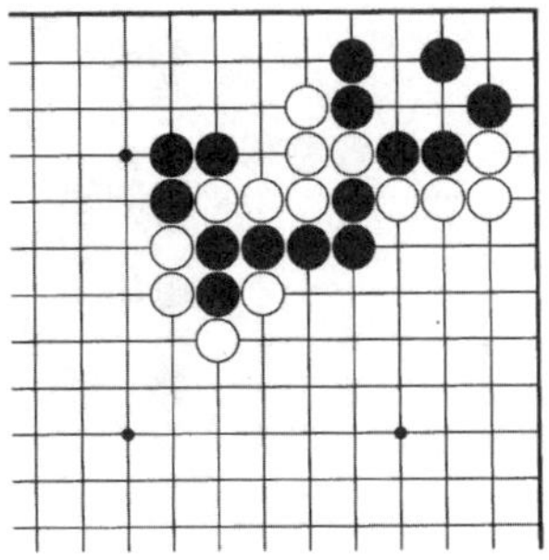

## 2수

수상전 문제.
상변의 백은 3수이다.
백은 중앙의 백 6점의 공배를 2수로 만들어서 잡아야 한다.

解

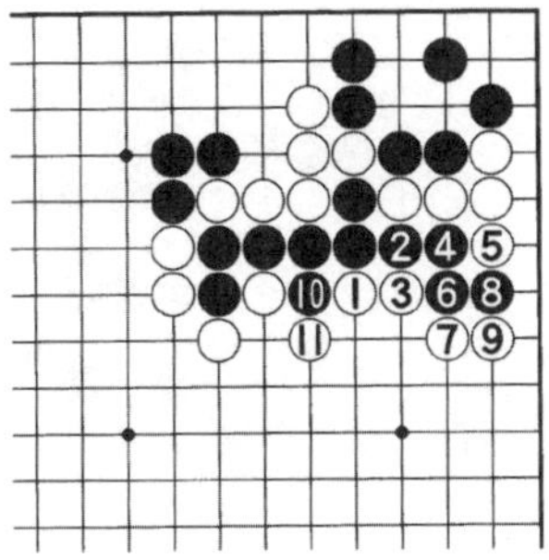

## 촉촉수

백1의 붙임이 흑의 공배를 메우는 냉엄한 맥이다.
흑2로 도망쳐도 백3부터 9로 몰아붙여서 백11까지 촉촉수이다.

失

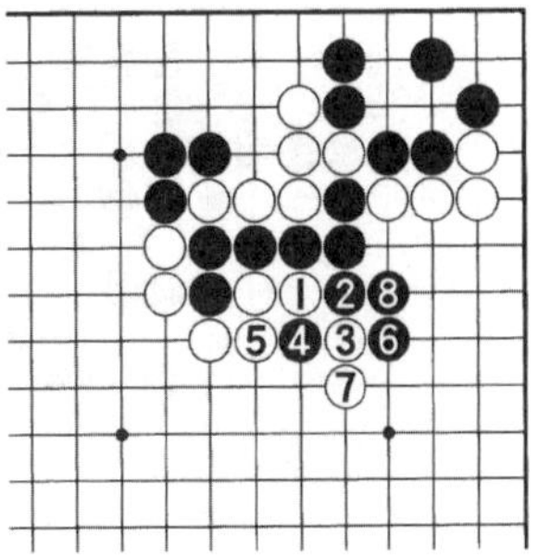

## 속수

백1도 같은 공배를 메운 수지만 속수이다.
흑2로 구부리고 흑8까지 수가 늘어난다.

**제7형 백번**

(1758)

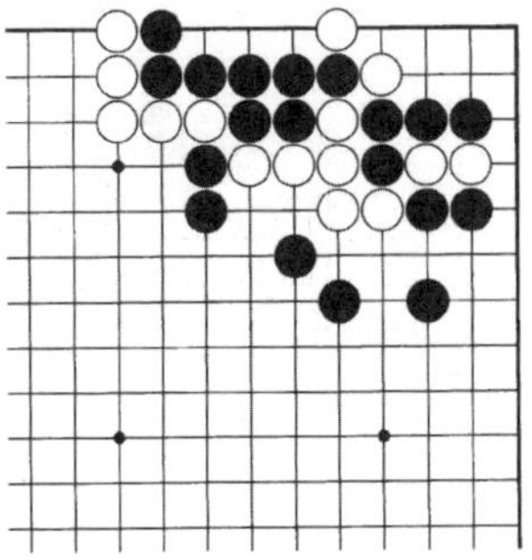

## 탄력

수상전 문제.
중앙의 백 6점을 살리기 위해 상변의 흑을 공격한다. 귀의 흑의 공배가 꽉 찬 점을 노려 탄력을 만드는 것이 중요하다.

解

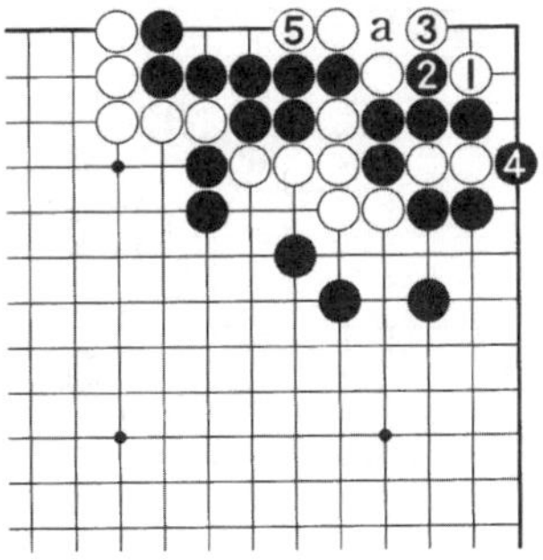

## 패

백1의 뛰어 붙임을 활용하는 맥이 좋다.
흑2로 나갈 때 백3으로 건너 흑을 단수치면서 패가 난다. 흑4에 백5로 나가고 다음에 a로 이으면 잡는다.

失

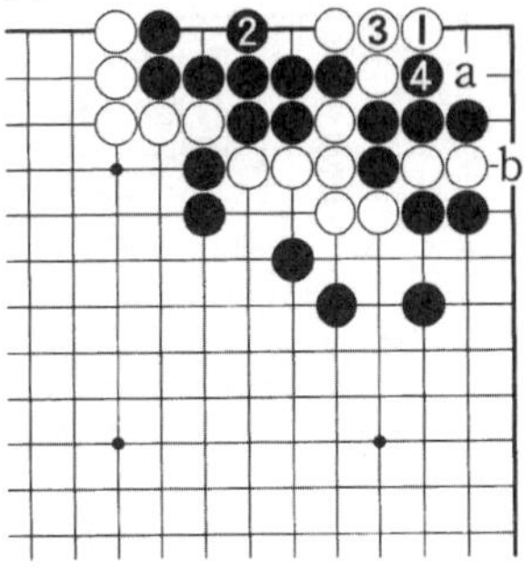

## 백 실패

백1의 마늘모도 제1선에 탄력을 만드는 맥이지만 흑2로 집을 만들어서 실패한다.
백3은 흑4로 유가무가가 된다.
백3으로 a는 흑b.

**제8형 백번**

(1759)

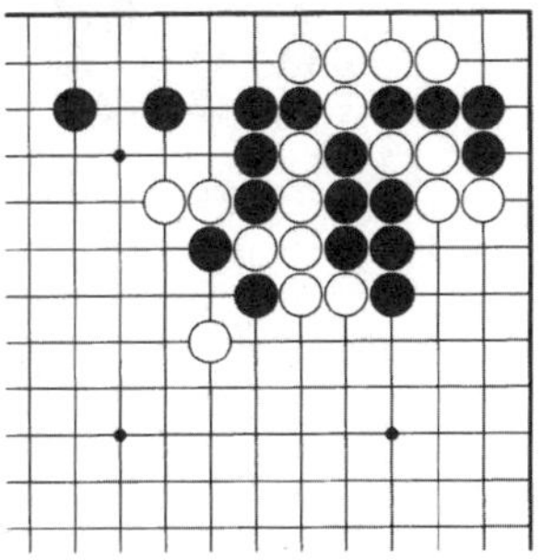

## 강수

우상의 수상전 문제.
중앙의 백 6점의 축과 우상의 수상전을 한 수로 해결하는 강수는 무엇인가?

解

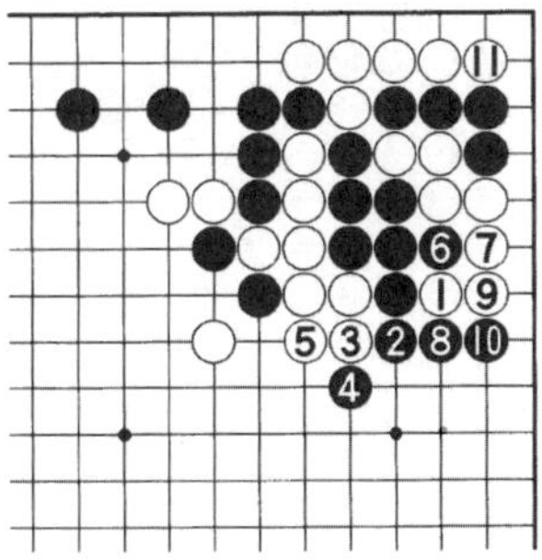

## 백 승

백1로 붙이고 3으로 공배를 메우는 수가 강수이다.
흑4의 단수에 백5로 중앙을 살리고, 우변의 수가 늘어나 백11까지 수상전은 백이 승리한다.

失

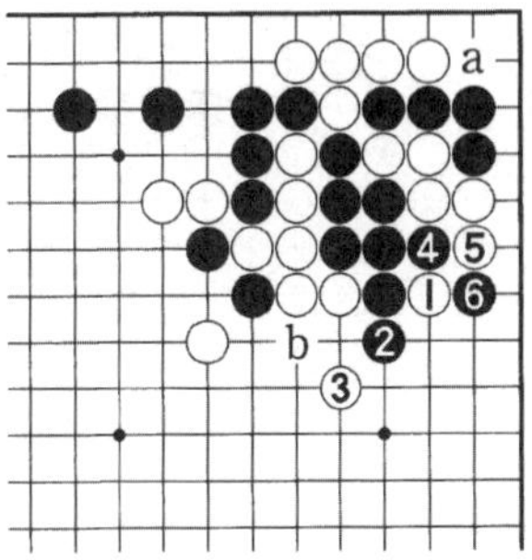

## 백 잡힘

백3으로 뛰면 우상귀 수상전에서 이길 수 없다.
흑4, 6으로 잡혀서 실패한다.
백1로 2는 흑5, 1로 a는 흑b로 역시 실패한다.

(1760)

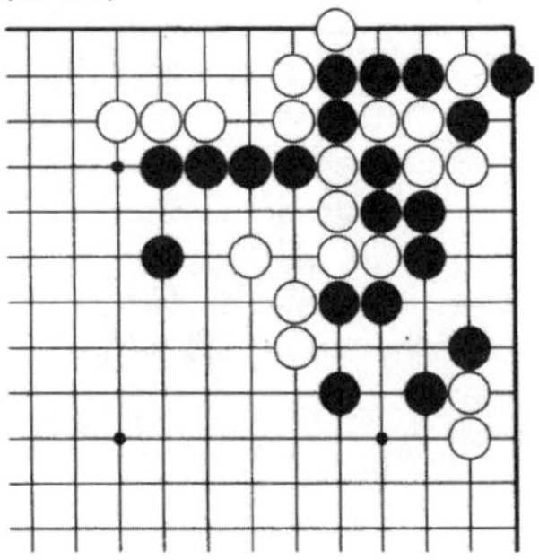

解

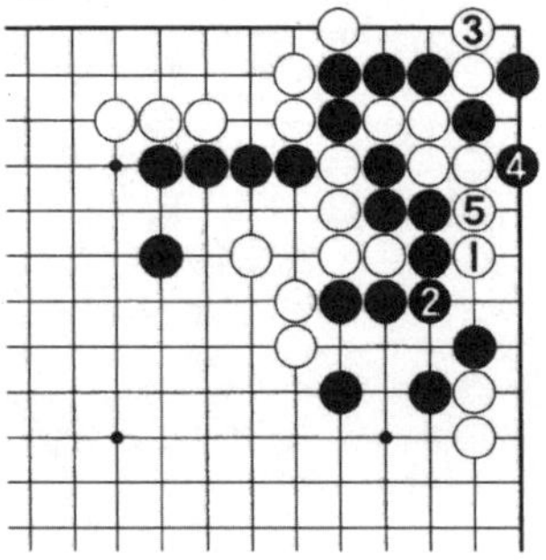

失

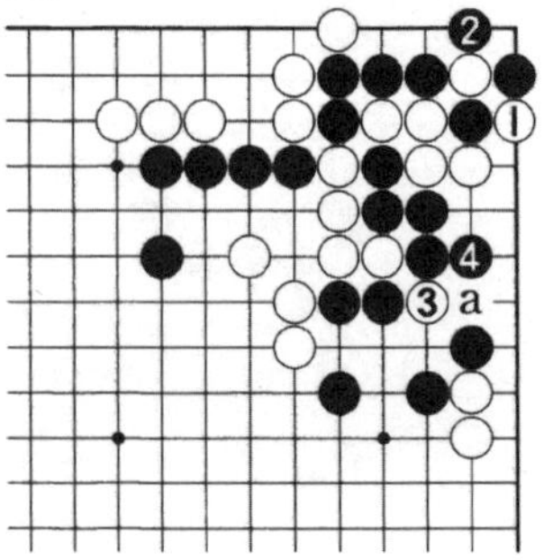

제9형 백번

### 무조건

우상의 전투.
흑은 귀의 탄력을 이용하여 패를 노리고 있다.
백은 무조건 귀의 흑 4점을 잡고 싶다.

### 수상전 승

백1의 붙임이 좋은 수이다.
흑2로 이이서 귀의 탄력을 노려도 백3의 뻗음이 좋다.
흑4와 백5로 수상전은 백 승리.

### 패는 실패

백1로 따내면 흑2로 단수당해서 패가 난다.
백3의 끊음은 흑a이면 백4로 조임을 노린 수지만 흑4로 역시 백이 안 된다.

뛰어붙임 굳힘

(1761)

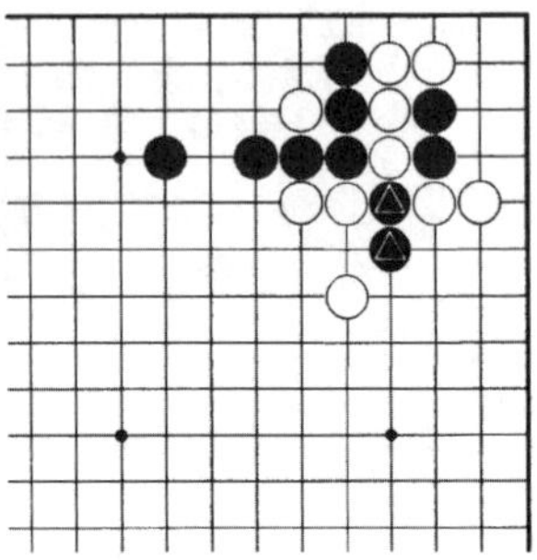

解

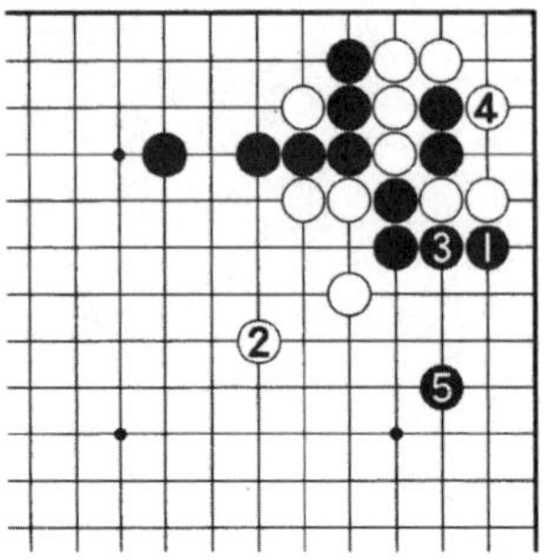

变

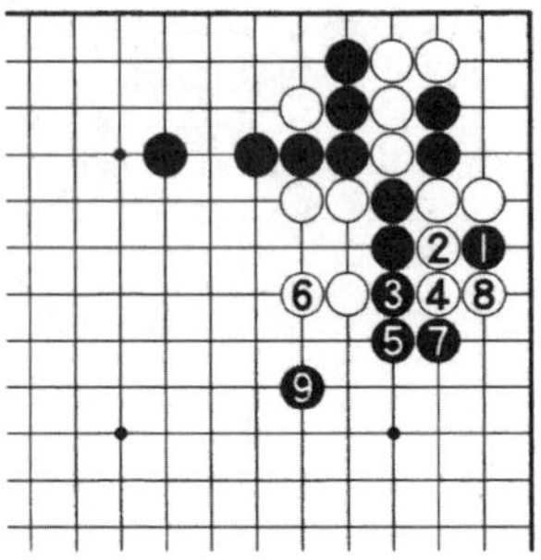

제1형 흑번

### 전투의 모양

흑은 귀의 2점을 잡히고 흑▲ 2점 마저 힘든 모양이다.
귀의 2점을 사석으로 이용하여 편하게 싸울 수 있는 모양을 만들고 싶다.

### 안정되다

흑1의 붙임은 중앙을 굳히는 흐름을 구하는 맥이다.
백은 2로 중앙을 지키는 정도이며, 흑3으로 막는 수를 선수 활용하고 흑5로 벌려 수습한다.

### 편한 싸움

백2로 나가면 흑3, 5로 나가는 흐름이 된다.
중앙의 백이 약해져서 흑9까지 흑이 편한 싸움이다. 흑1로 2는 백1로 흑의 모양이 나쁘다.

뛰어붙임 사활

(1762)

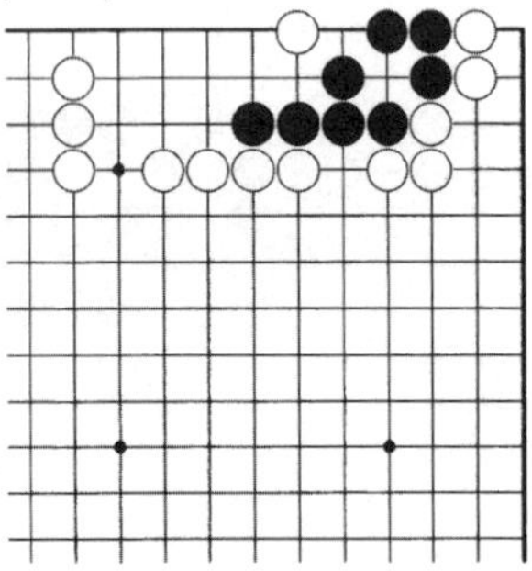

解

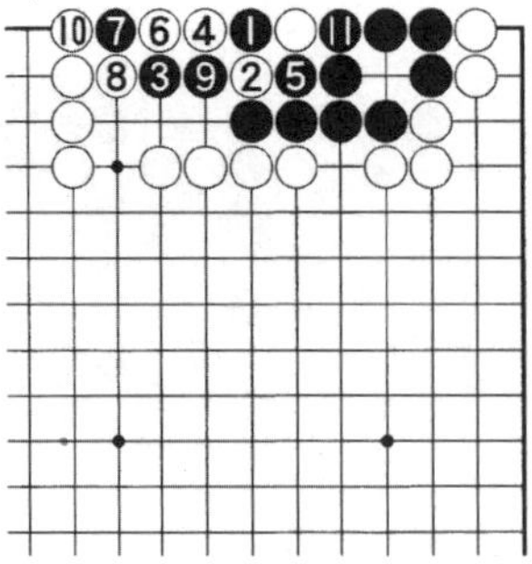

失

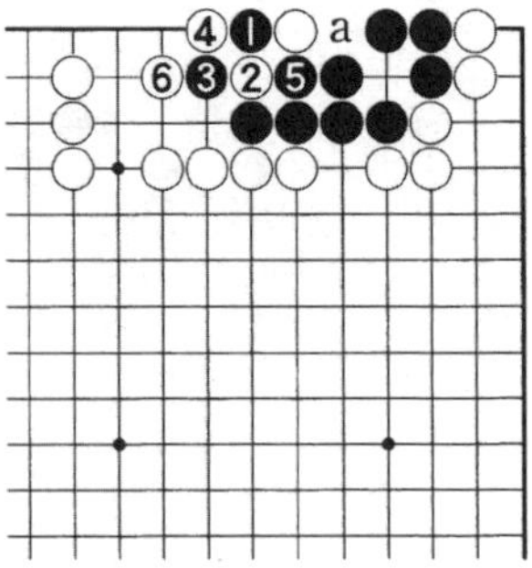

제1형 흑번

### 공격 방법

사활 문제.
백 1점을 왼쪽으로 연결시킬 수는 없다. 또 귀의 집이 없어져도 안 된다.
어떻게 공격할까?

### 흑 삶

흑1의 붙임이 백11의 단수를 막는 맥이다. 백2의 단수에 흑3의 날일자가 좋은 수이다. 백의 탄력을 없애고 흑5부터 11로 백 2점을 축축수로 잡고 산다.

### 패는 실패

흑3의 단수는 백4로 실패한다.
흑5로 6은 백a로 수상전에서 흑이 진다.
흑5로 지킬 수밖에 없고 백6으로 단수쳐서 패가 난다.

**제1형 흑번**

(1763)

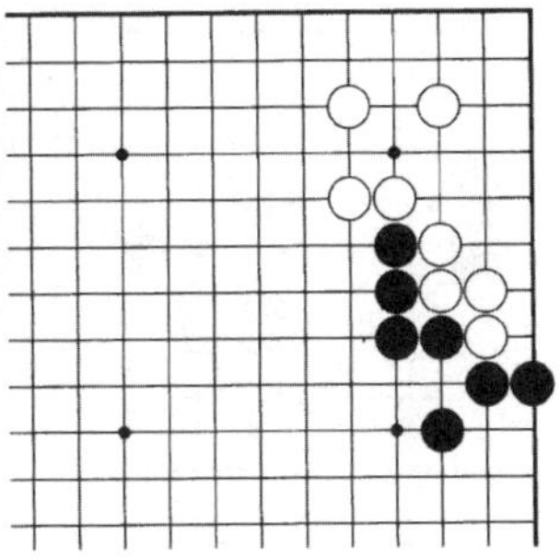

## 속수와 정수

우상귀의 백집을 흑은 어떻게 끝내기를 해야 할까?
둘만한 수는 몇 개 없지만 속수와 정수는 2집의 차이가 난다.

解

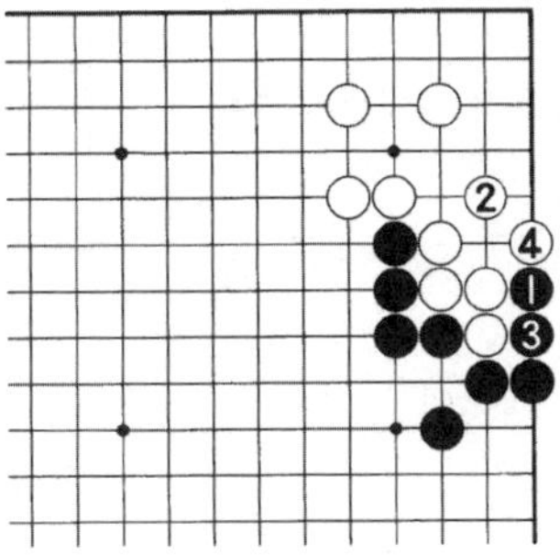

## 정착

흑1의 붙임이 정수이다. 이하 백2, 흑3, 백4로 된다.
흑1로 3은 백1.
이대로 귀는 수가 없으므로 백이 2집 늘어난 것이 된다.

变

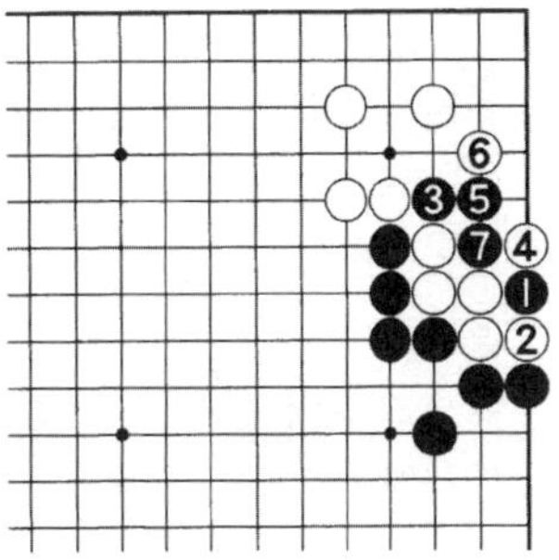

## 백 무리

백2로 막는 것은 흑3이 날카롭다. 이하 흑7까지 백 5점을 잡는다.
흑1로 먼저 3에 끊는 것은 먼저 손해를 본 셈이다.

**제2형 백번**

(1764)

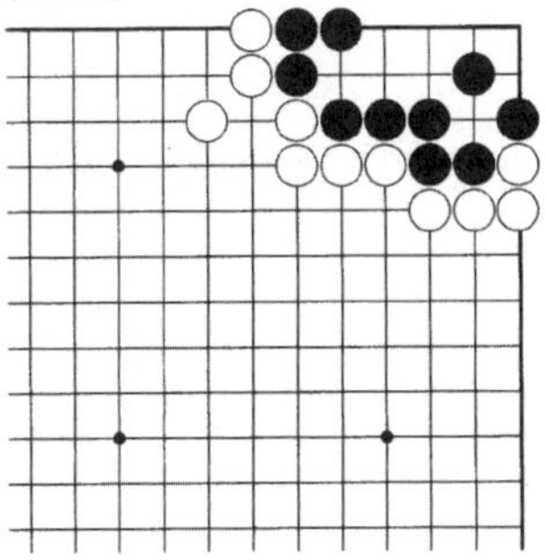

## 9집이지만

끝내기 문제.
이대로 흑집이 굳으면 9집이다. 백은 흑집을 0집 또는 선수로 3집으로 만들고 싶다.

解

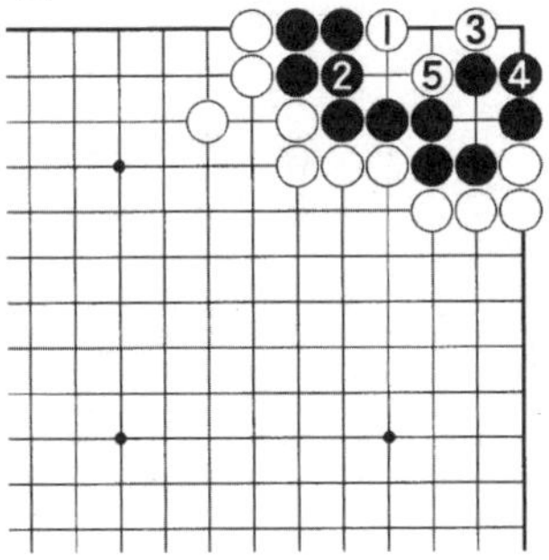

## 빅

백1의 단수, 3의 붙임이 맥이다. 3은 2·1의 급소에 해당한다.
흑4로 구부려 패를 막으면 백5로 찝어 빅의 모양.

失

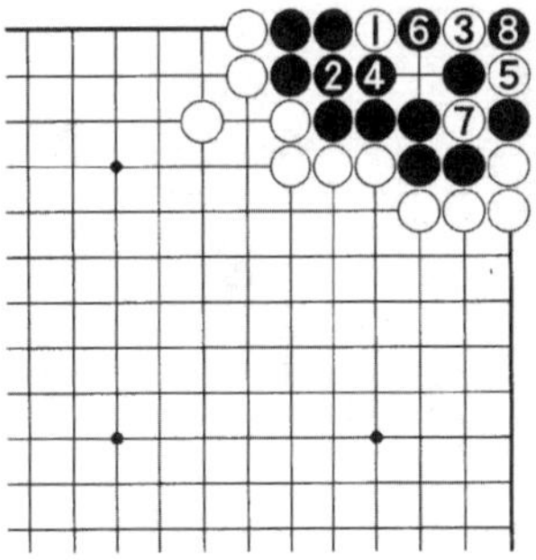

## 백 만족

흑4로 상변을 단수치는 변화이다.
백5로 먹여쳐서 패가 난다.
흑8까지 흑은 후수로 3집이 된다.
※⑨→⑤의 아래, ❿→③

**제3형 백번**

(1765)

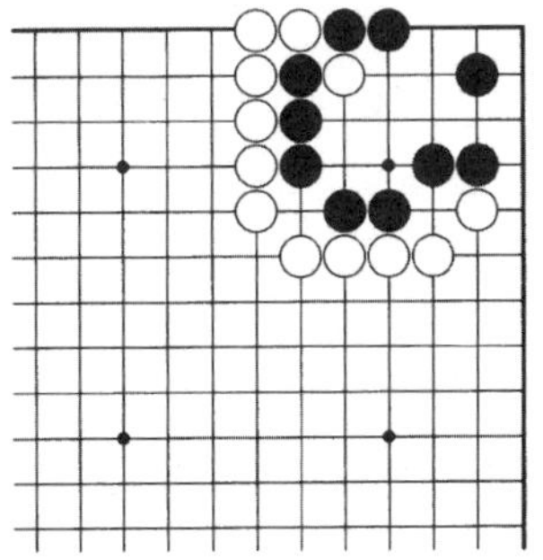

## 조이기

끝내기 문제.
우상의 흑집은 바깥에서 끝내는 것만으로는 충분하지 않다.
흑을 조여서 자충으로 만드는 것이 노림수이다.

解

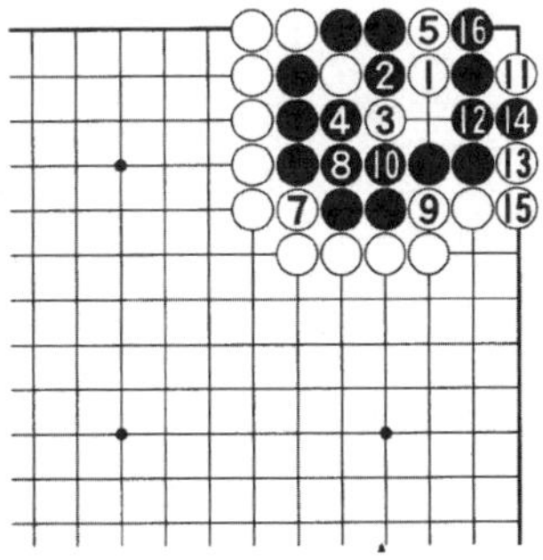

## 선수끝내기

백1의 뛰어붙임은 흑을 조이는 맥이다. 흑2부터 10까지 백은 흑을 조이고 11로 붙여 끝내기한다. 흑집은 11집이다. 흑2로 5는 백16.
※❻→❷의 왼쪽(이음)

变

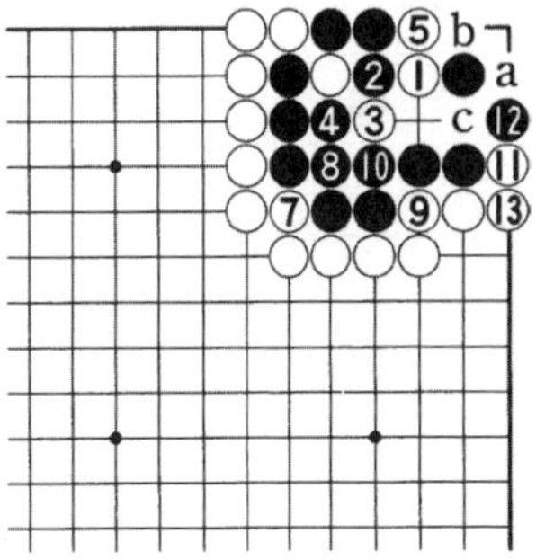

## 백 후수

흑10 이후 백11, 13으로 젖혀이음은 백이 후수이다. 흑집도 12집으로 1집 늘어났다.
※❻→❷의 왼쪽(이음)

# 늘어섬

내려서는 것은 중앙에서 변으로 늘어서 나가는 모양이다.

늘어섬은 2개의 돌이 횡으로 느는 모양으로 때로는 돌 3개가 늘어서는 것도 있다.

횡으로 늘어선 2개의 돌은 상하의 세력이 늘어나기 때문에 1수로 2가지의 효과를 갖는 맥이 된다.

백1이 늘어섬이다. 상변과 중앙의 절단을 1수로 막는 모양을 만들고 귀와 상변의 흑에 반격을 노린다.

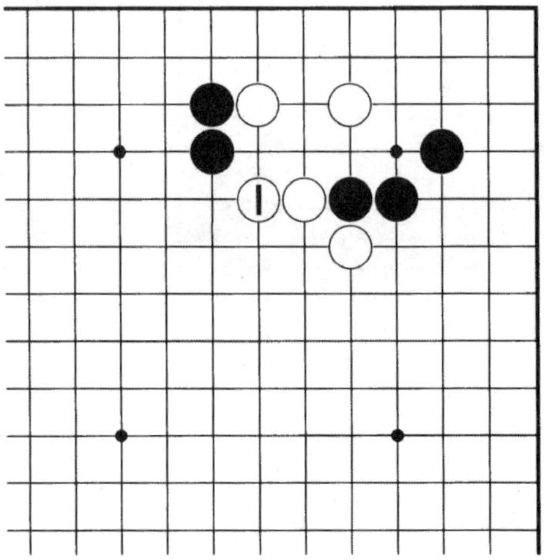

제1형 흑번

(1766)

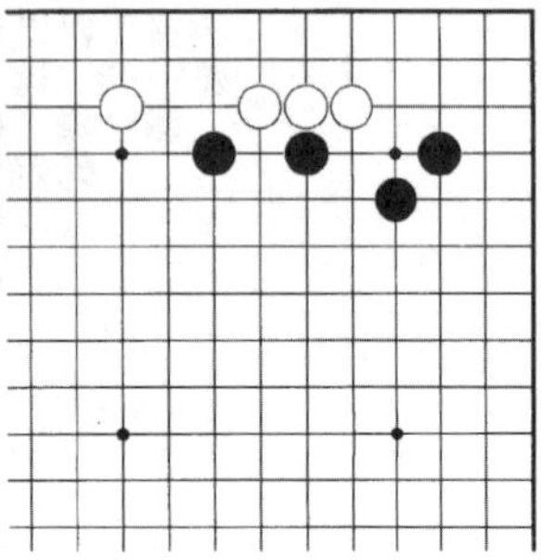

### 약점을 지키다

우상귀는 마늘모 정석의 변화이다. 흑은 상변의 백을 낮게 깔게 하였으나 흑 모양에 약점이 생겼다. 약점을 지켜야 한다.

解

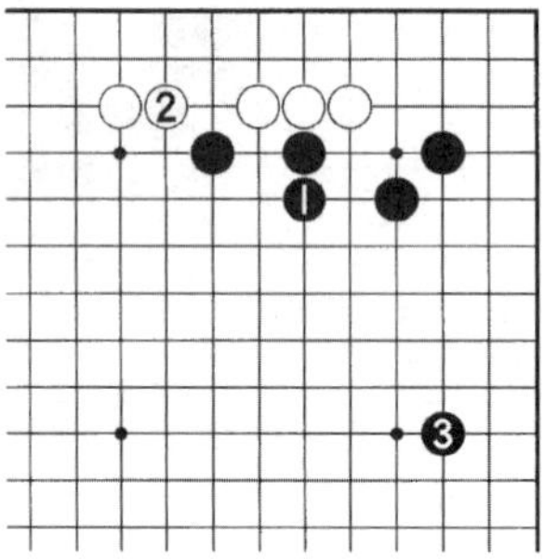

### 세력

흑1로 늘어선 모양이 좋다.
흑은 백이 끊는 것을 막고 우변에 세력을 쌓았다.
백2로 지키면 흑3이 절호의 곳이다.

失

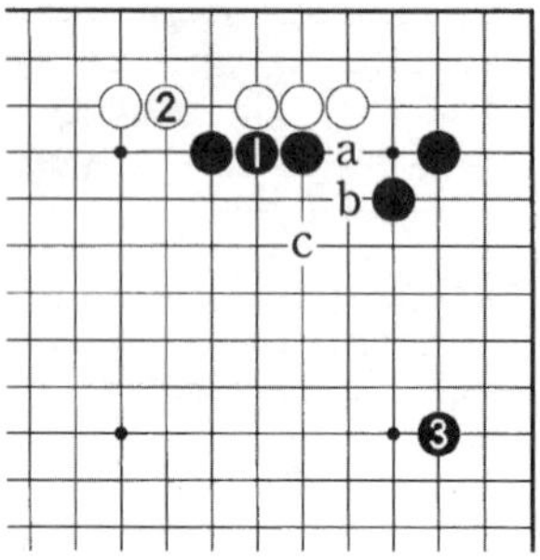

### 약간 무겁다

흑1로 잇는 것도 세력을 만드는 수지만 흑 3점은 조금 무겁다.
백2로 지킨 뒤 백은 a~c 등의 활용을 노린다.

제2형 흑번

(1767)

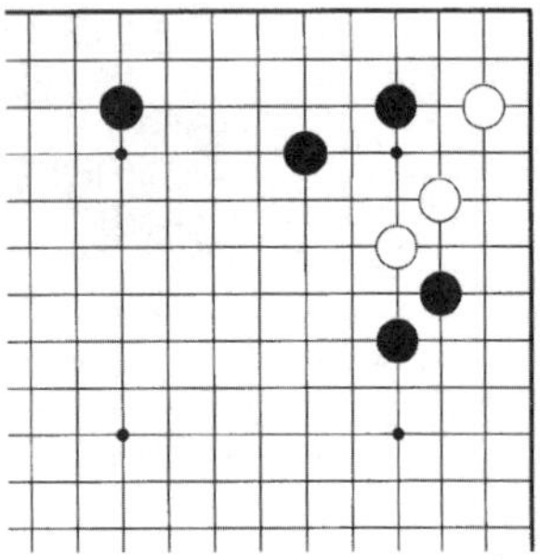

### 공격하다

우상의 문제.
두 칸 높은 협공 정석의 변화로 정석 이후 우상귀의 백을 공격하는 급소는 어디인가?

解

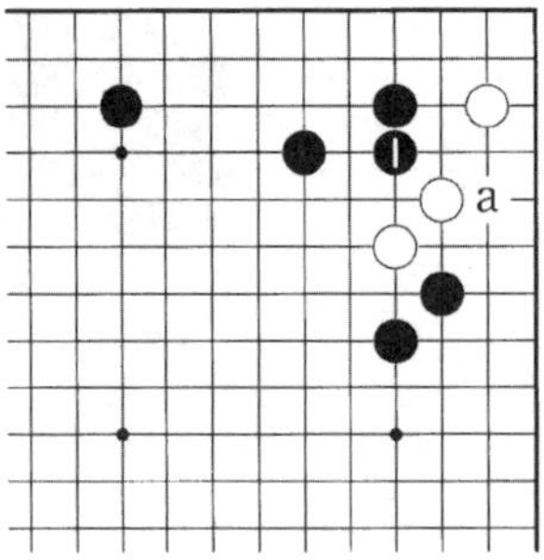

### 모양의 급소

흑1로 느는 것이 모양의 급소이다. 상변의 흑이 강해 귀의 백이 순식간에 집을 잃을 위험이 있다.
흑1 이후 흑a가 냉엄하다.

失

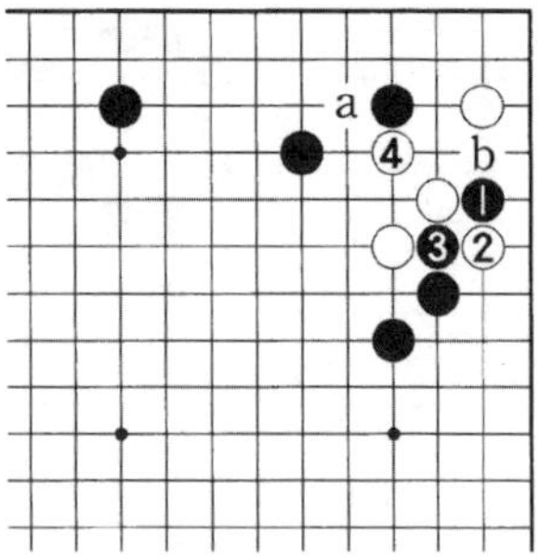

### 흑 불충분

흑1의 붙임은 백의 근거를 노리는 맥이지만 잘 되지 않는다.
백2로 젖히고 흑3에 백4 마늘모 붙임이 위기를 수습하는 좋은 수이다.
a, b가 맞보기가 된다.

(1768)

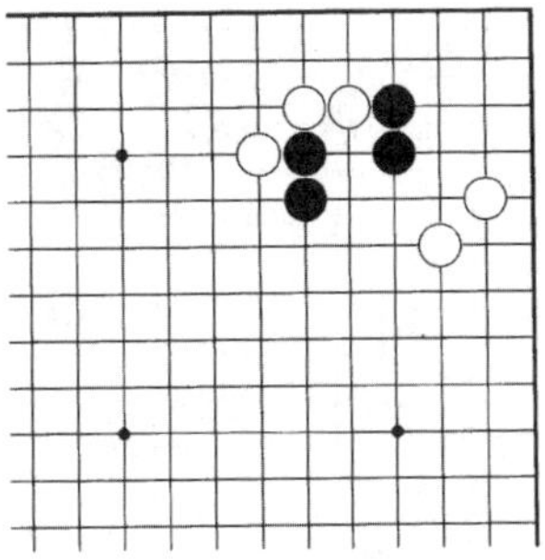

解

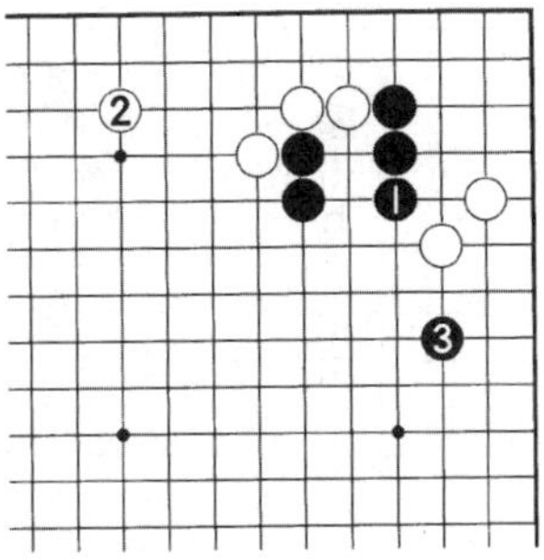

变

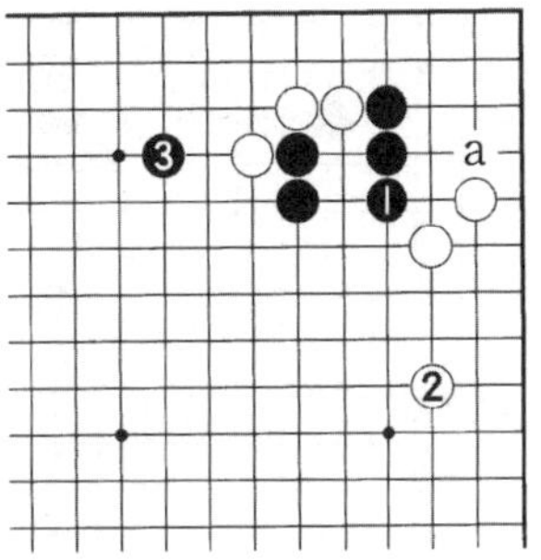

제3형 흑번

## 수비

우상귀는 화점 정석의 변화이다. 백은 흑의 근거와 귀와 중앙의 끊기를 동시에 노리고 있다.
흑을 어떻게 지켜야 할까?

## 공격

흑1이 가장 간명한 수이다.
다음에 상변으로 공격이 있고 백2로 상변을 지키면 흑3으로 우변을 공격한다. 귀를 지키는데 구애받을 필요는 없다.

## 맞보기

백2로 우변을 지키면 흑3으로 공격한다.
상변과 우변을 맞보고 있다.
우상귀는 만일의 경우 흑a로 붙여 살면 된다.

(1769)

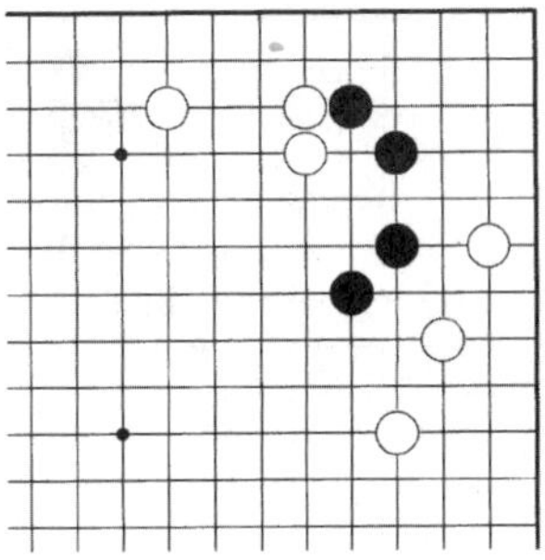

解

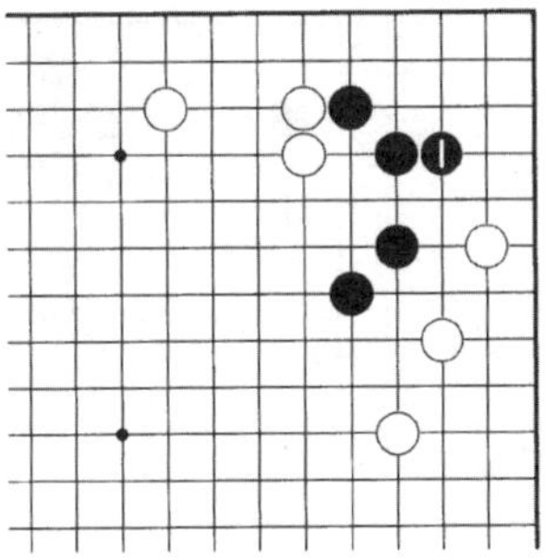

失

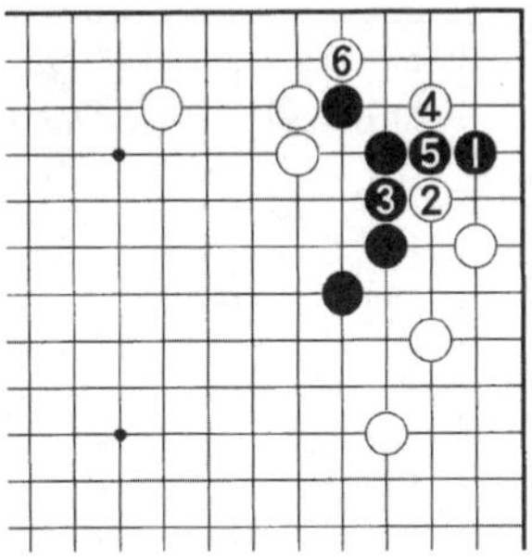

제4형 흑번

## 뒷문

화점 정석에서 생기는 모양으로 흑은 한칸 뛴 곳의 뒷문을 노리고 있다.
우상귀를 어떻게 지켜야 할까?

## 흑 좋은 모양

흑1로 느는 수가 지키는 급소에 해당한다. 3·3을 굳혀서 근거를 만들고 우변으로의 침입도 막고 있다. 이후에는 백을 강력하게 공격할 수 있다.

## 흑 불충분

흑1로 뛰는 것은 엷은 모양이다.
백2로 들여다보고 4, 6으로 귀를 도려내 버린다. 상변의 백을 안심 시켰을 뿐 흑은 불만이다.

(1770)

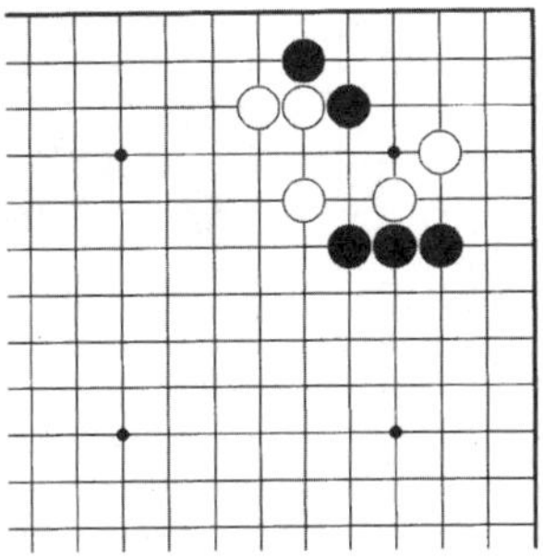

解

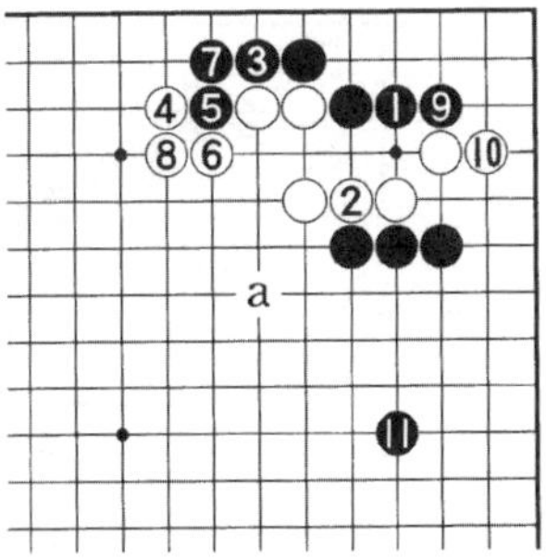

失

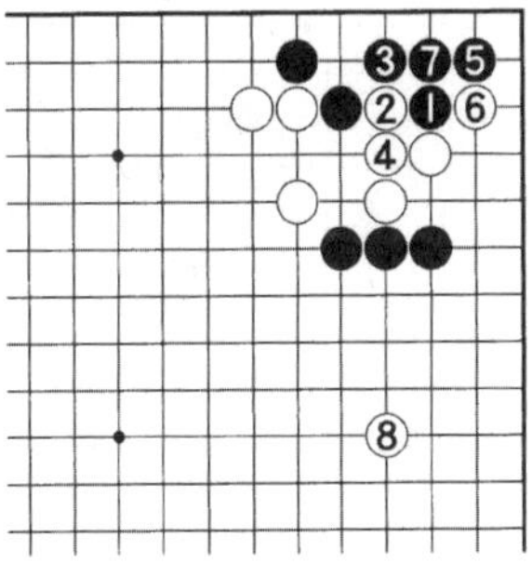

제5형 흑번

## 정석의 도중

우상귀의 전투로 외목 정석이 진행 중이다.
흑은 귀를 살리고 백을 중앙으로 몰아내고 싶다. 근거를 만드는 급소는 어디인가?

## 정석

흑1로 느는 수가 맥이다.
백2로 이으면 흑3으로 밀어 백10까지 흑은 귀를 선수로 살린다.
이후 흑11 또는 a에 손을 돌린다.

## 백 유리

흑1로 붙이면 백2로 끼워 흑의 모양이 무너진다.
백6으로 단수쳐서 바깥 백의 모양이 강해지기 때문에 백은 상변에 손을 빼서 8의 자리에 먼저 둔다.

**제6형 흑번**

(1771)

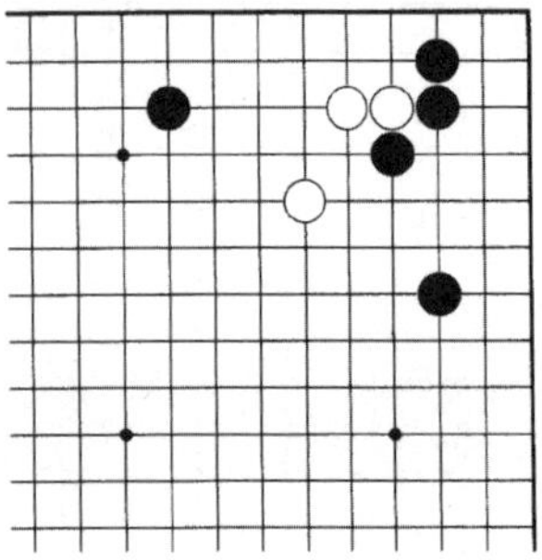

### 수비

우상의 전투.
화점 정석의 변화로 흑은 백 3점을 몰아붙여 유리하게 싸우고 싶다. 이기지 못할 바에는 지키는 것이 낫다.

解

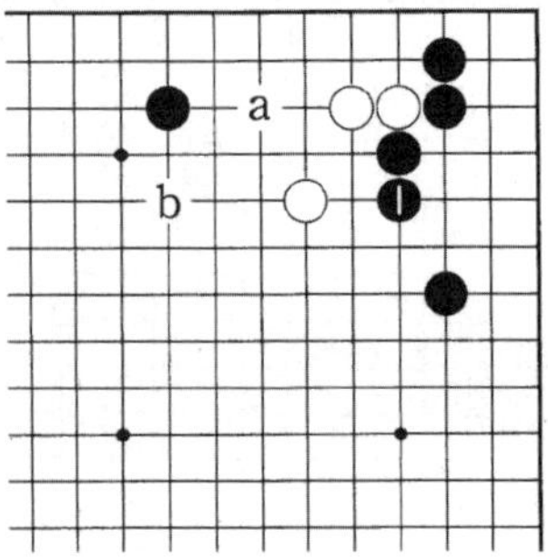


### 흑 호조

흑1로 느는 수가 상형이다.
백에게 지킬 흐름을 주지 않은 것으로 백이 날일자한 모양이 엷어진다. 백a라면 흑b로 좋은 흐름이다.

失

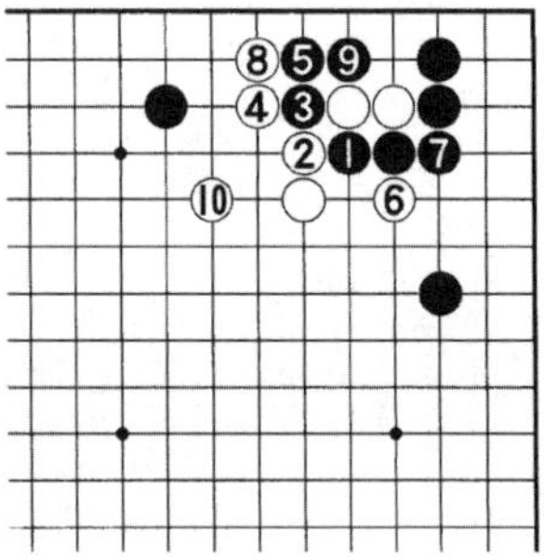


### 백 두터움

흑1, 3으로 끊으면 백 2점을 잡지만 백4, 6을 활용 당해서 집이 작아지고 바깥의 백이 강해져버린다.
백8, 10으로 자세가 두텁다.

**제7형 흑번**

(1772)

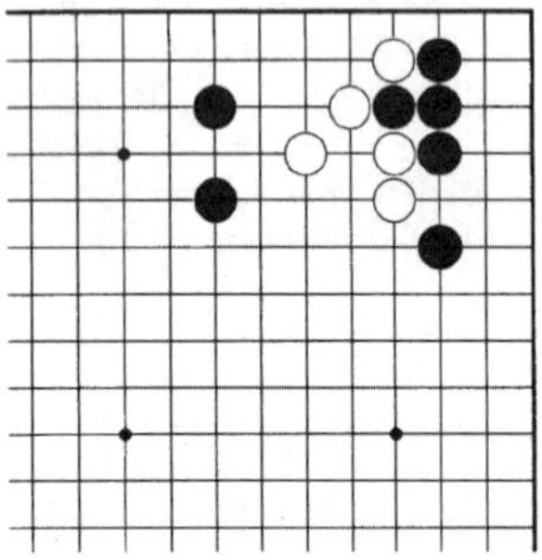

### 차분하게

우상의 전투.
두 칸 협공 정석의 변화로 우상귀의 흑을 차분하게 공격하고 싶다.

解

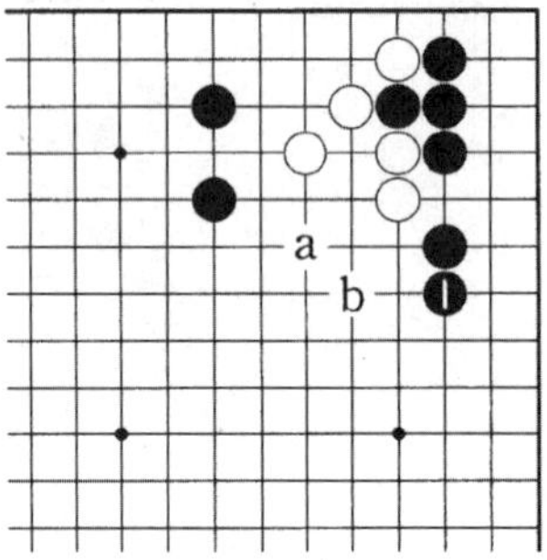


### 엷음 해소

흑1로 느는 모양이 좋다.
우변의 엷은 것을 해소하여 우상의 백에 대한 공격이 날카로워진다. 다음에 흑a가 급소이다. 백b로 지키는 것은 엷다.

失

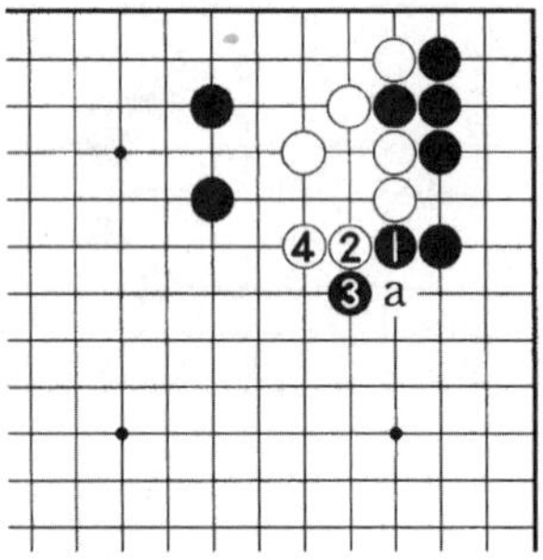


### 흑 불충분

흑1로 미는 것은 우상의 굳힘을 노리는 것이지만 백도 2, 4로 젖히고 늘어 수습하는 흐름이 생긴다.
흑에게는 a의 약점이 남아서 공격으로는 불충분하다.

**제8형 흑번**

(1773)

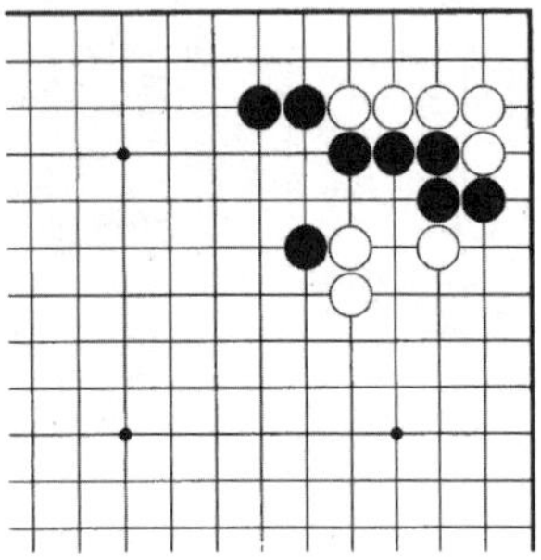

### 수비

우상귀는 화점 정석의 변화이다. 우변을 백이 움직인 뒤 흑은 우상을 지켜야한다.
최선의 수는?

解

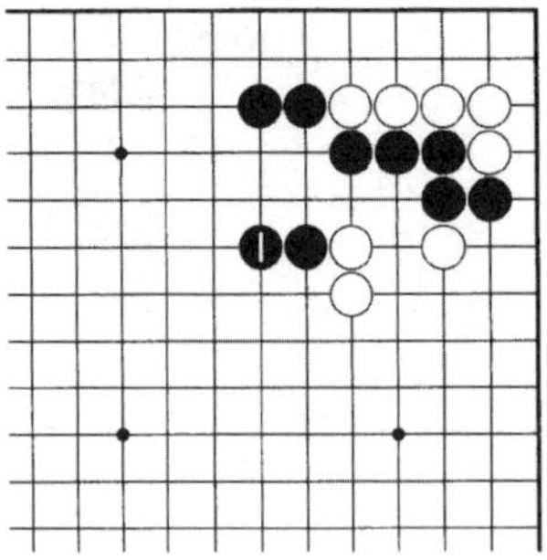


### 두터움

흑1로 늘어 지키는 모양이다.
중앙이 두터워지기 때문에 우변의 백을 강하게 공격할 수 있다. 또 상변에 모양을 만드는 것도 쉬워진다.

失

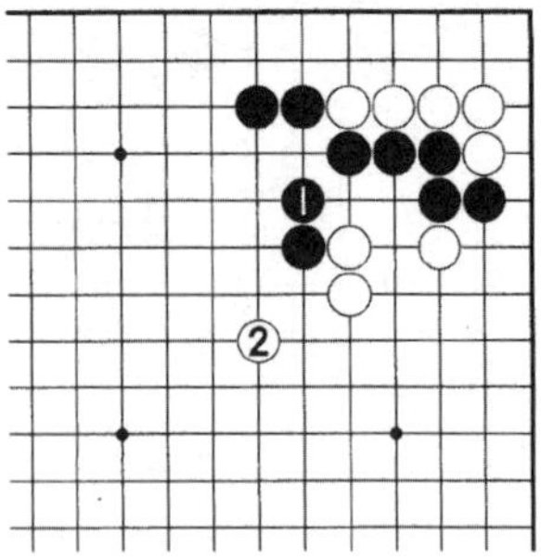


### 중복 모양

흑1의 미는 것은 견고한 수지만 약간 중복이다.
만약 백2로 두어도 정해도와 비교했을 때 중앙에 미치는 흑의 영향력이 덜하다.

(1774)

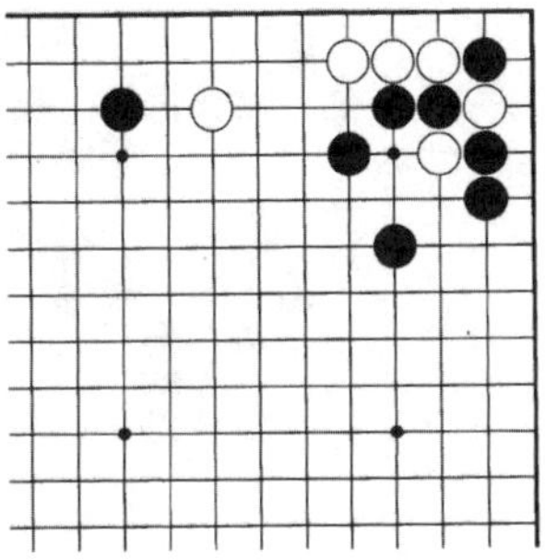

제9형 흑번

## 공격

상변의 전투.

우상귀는 고목 정석의 변화로 백은 상변에서 수습하고자 한다. 흑은 냉엄한 수로 공격할 수 있다.

解

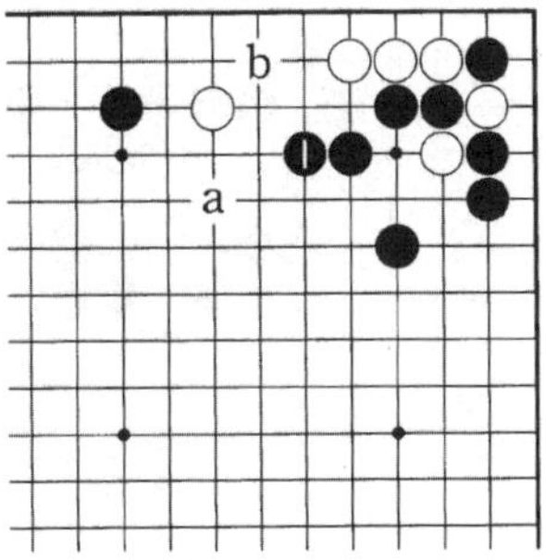

## 급소

흑1로 느는 수가 모양의 급소이다. 귀의 흑이 강해지며 백이 엷어져서 백은 수습하는 데 고생해야 한다.

백a로 뛰면 흑b가 남는다.

失

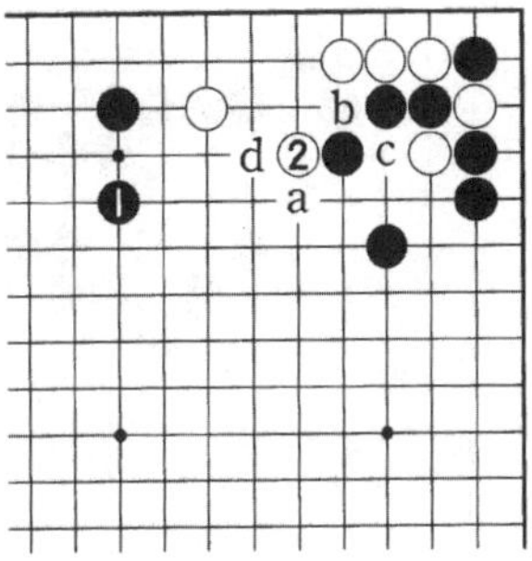

## 완착

흑1의 뜀은 공격으로서는 느슨한 수이다.

백2로 붙여 모양이 정리된다.

흑a는 백b, 흑c, 백d. 상변만으로 집이 크게 생긴다.

(1775)

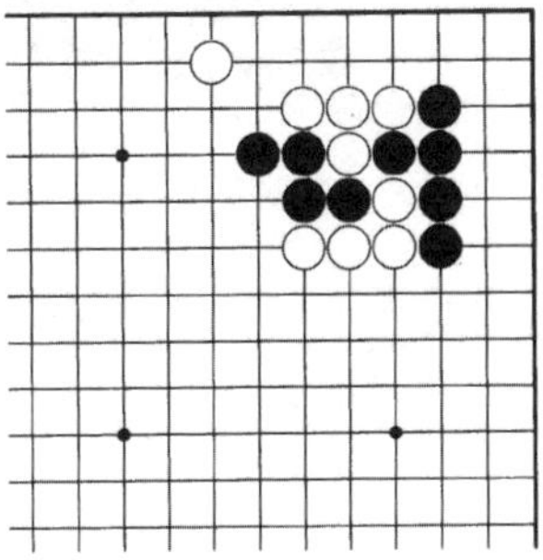

제10형 흑번

## 정형

상변의 문제.

상변은 대사정석의 변화로 정석이 진행 중이다.

흑은 중앙의 돌을 굳혀 상변과 중앙의 백을 향한 공격을 노린다.

解

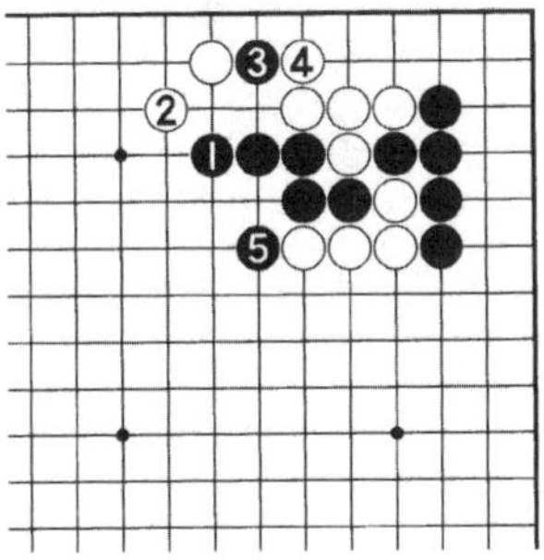

## 흑 좋은 모양

흑1로 느는 수는 자충을 막으면서 상변 백의 엷음을 노린다.

백2로 지키면 흑3으로 건너붙임을 선수 활용하고 5로 젖혀서 흑의 모양이 좋다.

失

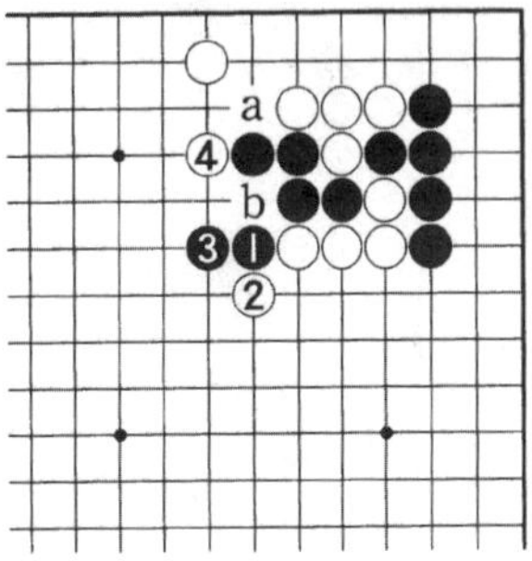

## 흑 불리

흑1, 3으로 두면 백4로 붙여서 중앙이 무너진다.

백a, 흑b로 활용 당하게 되어 흑은 포도송이가 되어 매우 불리하다.

(1776)

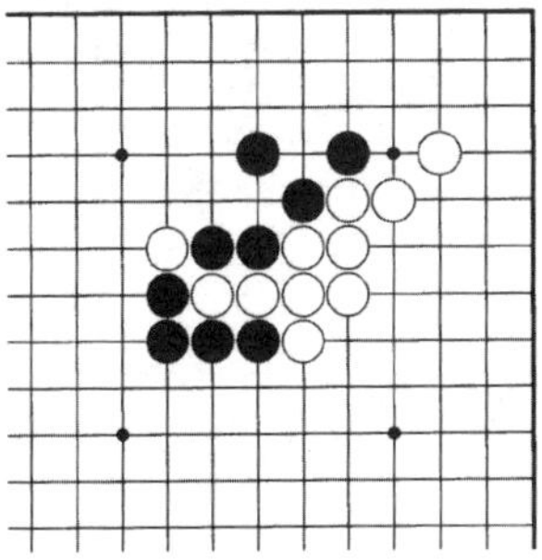

제11형 흑번

## 정형

상변의 전투.

우상귀는 한 칸 높은 걸침의 대형 정석이다. 흑은 상변의 모양을 어떻게 정리해야 하는가? 흑은 자충이 신경 쓰인다.

解

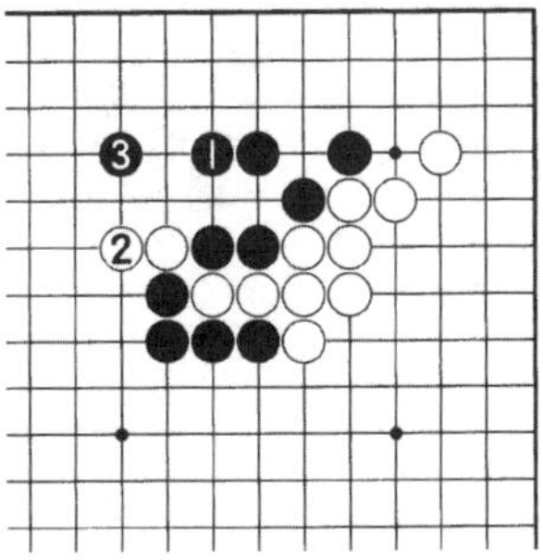

## 견실

흑1로 느는 수가 견실하게 지키는 수가 된다.

백2로 늘면 흑도 3으로 뛰어 상변 모양을 굳히고 중앙의 백을 계속 공격한다.

失

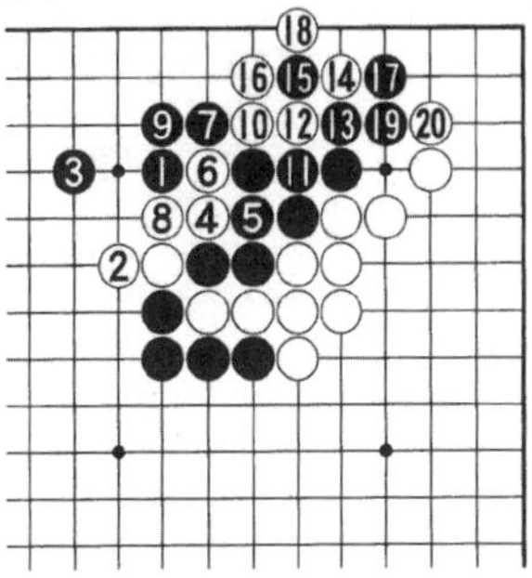

## 엷다

흑1의 뜀은 발 빠른 수지만 백2에 흑3은 백4, 6으로 수가 나게되어 엷다.

흑9로 이으면 백10부터 20까지 우상의 흑이 죽는다.

(1777)

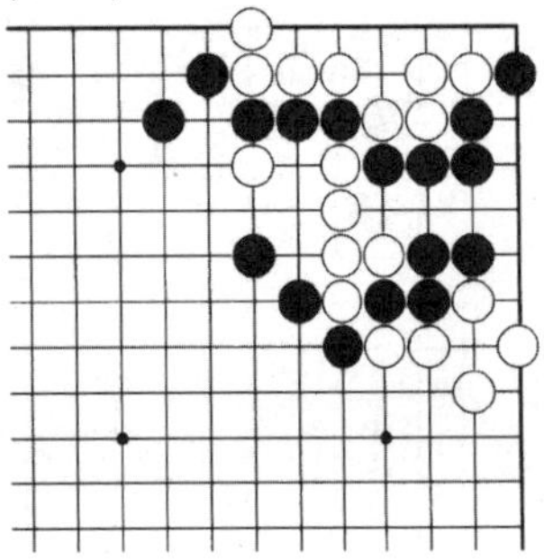

解

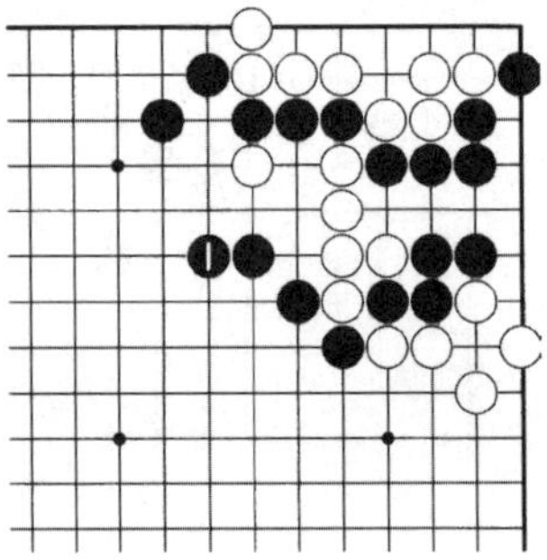

失

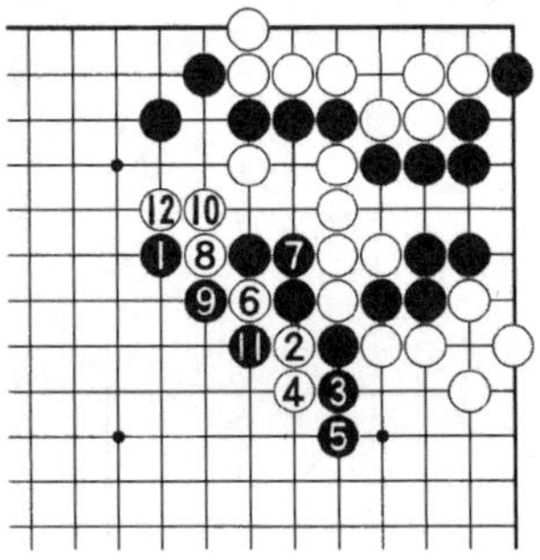

제12형 흑번

## 가두다

고목 정석의 변화에서 생긴 모양이다.
중앙의 백이 탈출하면 우상귀의 흑은 죽는다.
백을 가두는 맥은 하나뿐이다.

## 흑 승

흑1로 느는 수가 좋다.
흑의 약점을 노리면서 중앙으로 나가려 한 백을 완전히 가두고 우변과의 수상전에도 흑이 이긴다.

## 백 탈출

흑1의 뜀은 엷은 수이다.
백2, 4를 활용하면 6, 8이 좋은 수로 수가 나버린다.
흑9, 11로 백 1점을 따내도 백12로 탈출한다.

(1778)

늘어섬 건넘

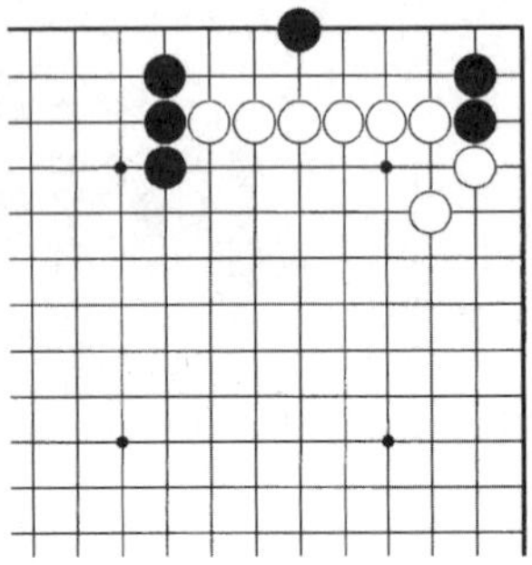

解

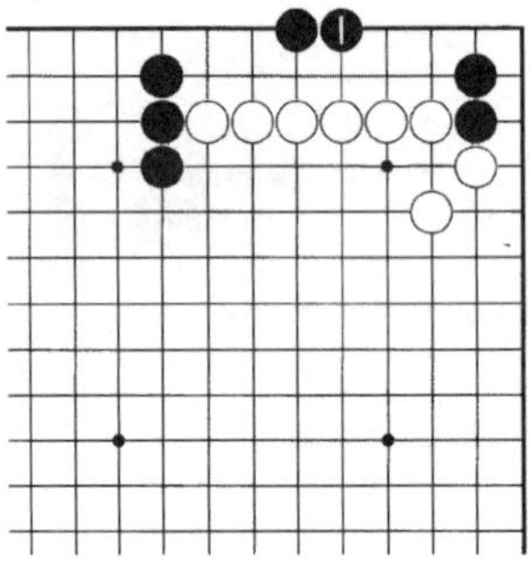

失

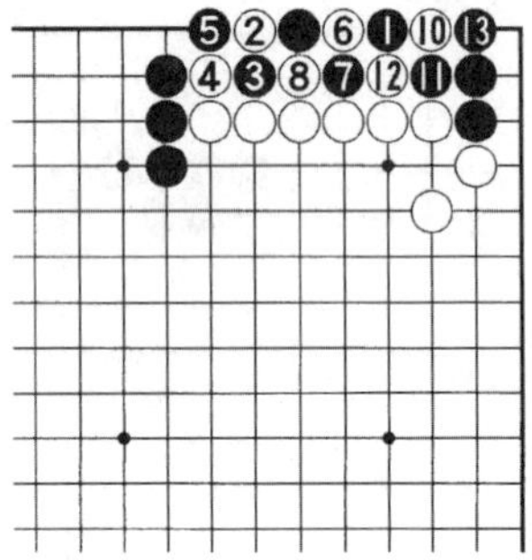

제1형 흑번

## 뛴 돌

상변의 전투.
귀의 흑 2점과 상변의 3점의 사이에 한 수를 더 둬서 건너가야 한다.
완전한 수는 하나뿐이다.

## 건넘

흑1로 늘어서 좌우를 연결한다.
좌우동형이 되어서 양쪽에서 눈목자하여 건넌다.

## 패

흑1의 뜀은 엷은 모양이어서 불리하다.
연결된 것 같지만 백2부터 12로 단수당해 패가 된다.
※❾→②, ⑭→⑥(패)

(1779)

늘어섬 수상전

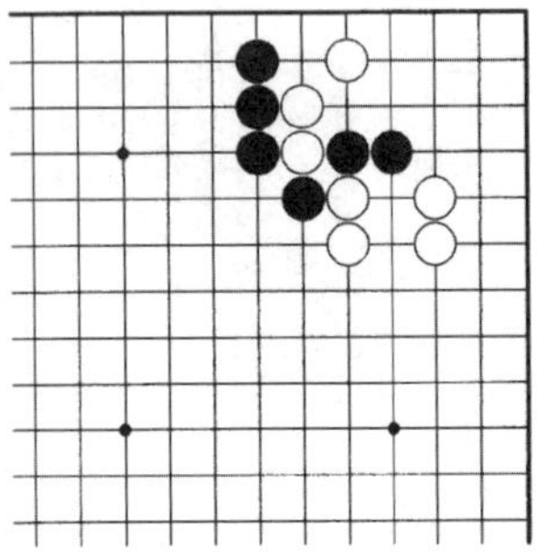

解

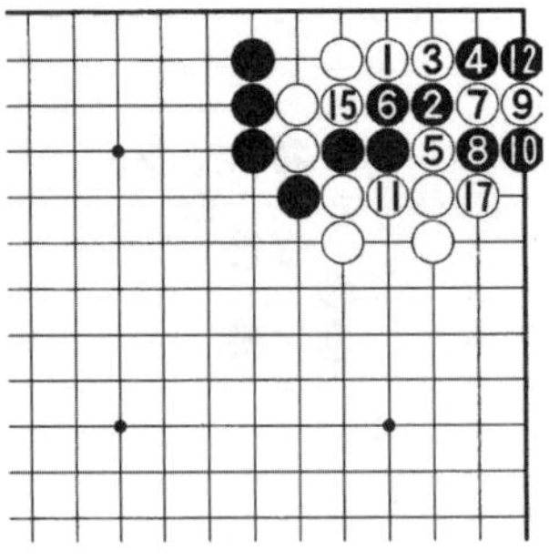

失

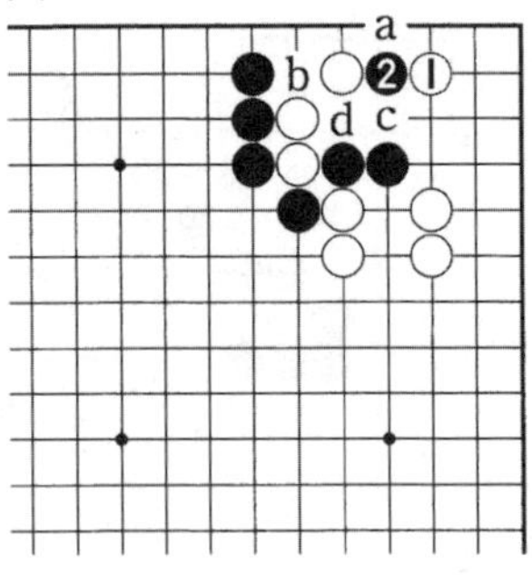


제1형 백번

## 공격하여 잡다

우변의 전투.
백 3점은 자충이 되기 쉬운 모양으로 귀의 흑 2점을 잡으려면 다음 한 수가 중요하다.

## 귀삼수

백1로 느는 수가 맥이다.
흑2로 마늘모하면 백3으로 밀어 백17까지 백 승. 흑4로 7은 백4.
※⑬→⑦(먹여치기), ⓮→⑨(따냄), ⓰→⑦

## 흑 유리

백1로 뛰면 흑2로 끼워서 안 된다.
백a는 흑b로 단수쳐서 촉촉수로 잡힌다.
백a로 c는 흑d.

늘어섬 따냄

(1780)

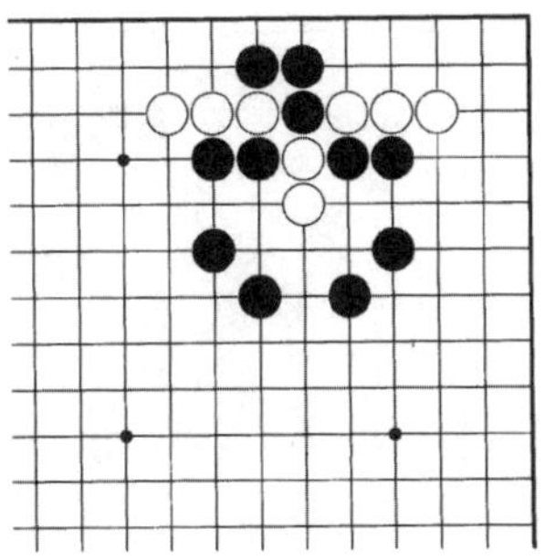

解

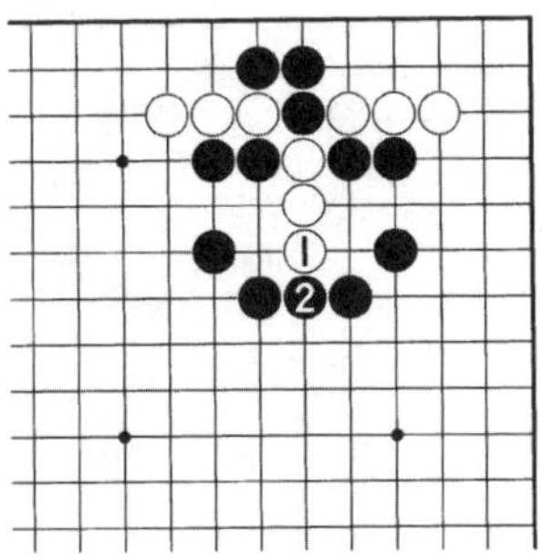

失

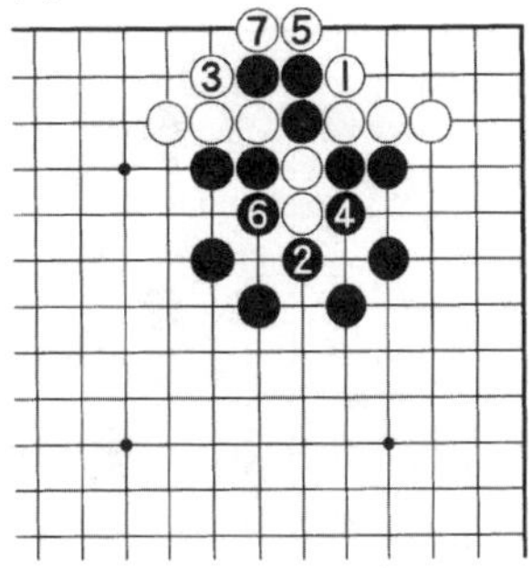

제2형 백번

## 수

상변의 전투.
흑 3점과 백 2점의 수상전은 백이 수를 늘리면 이길 수 있다.

## 백 승

백1로 느는 수가 좋다.
백의 수가 5수로 늘어나서 흑2로 막아도 수상전은 백이 승리한다. 또 백은 손을 빼도 상변을 건너갈 수 있다.

## 백 실패

백1로 막으면 흑2로 코붙여 실패한다. 흑6까지 백 2점을 선수로 잡는다.
백은 7로 상변을 후수로 연결시켜야 한다.

(1781)

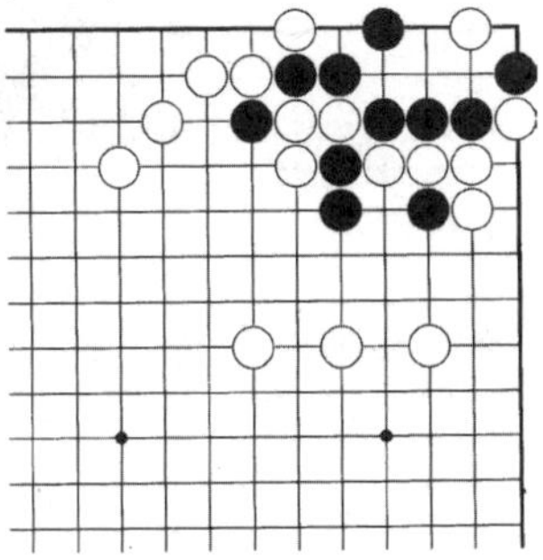

解

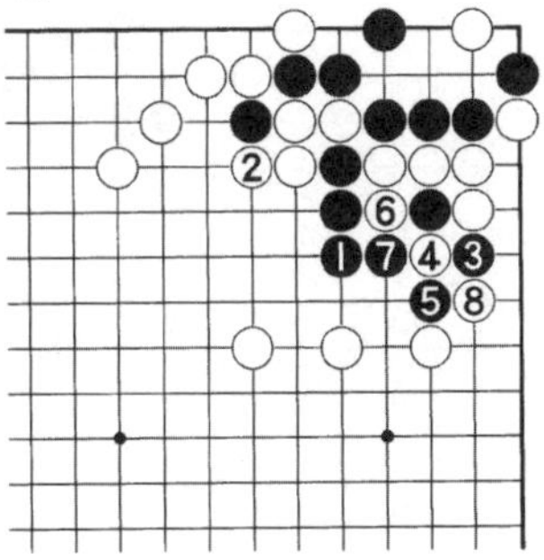

変

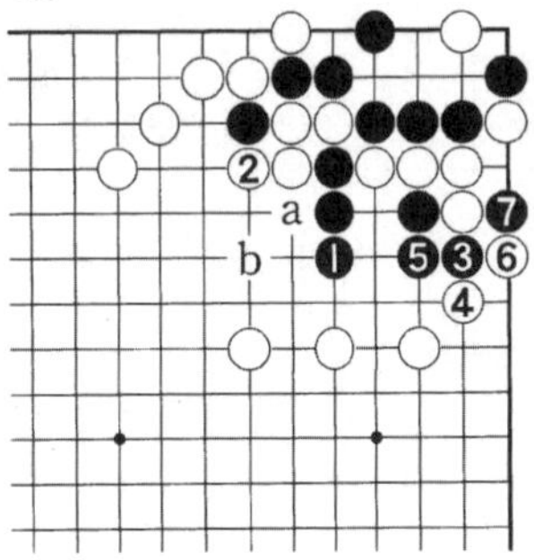

제1형 흑번

## 바깥의 수단

귀의 흑은 죽은 모양이다.
바깥에 흩어져 있는 흑을 활용하여 우변과 상변 중 어느 한 곳에서 수를 내면 성공이다.

## 패

흑1로 느는 수가 좋다.
백2로 상변 3점을 살리면 흑3으로 우변의 백을 공격한다. 백4부터 흑9까지 패가 될 곳.
※❾→④의 위(패)

## 촉촉수

백4로 마늘모 붙이면 더욱 불리하다.
흑5에 백6으로 건넌 뒤 흑7로 먹여쳐 촉촉수가 된다.
백2로 5는 흑2, 백a, 흑b.

(1782)

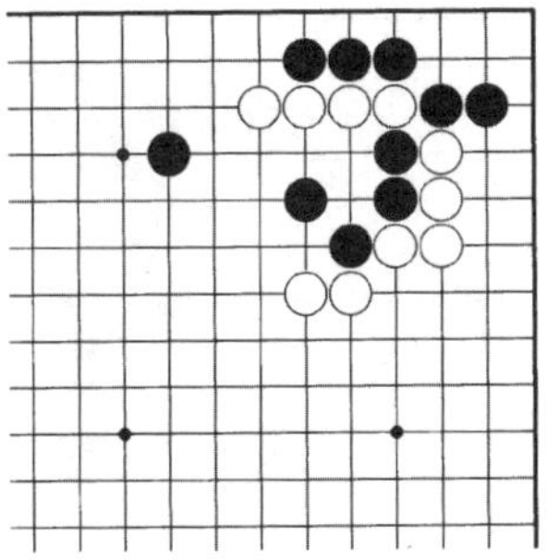

解

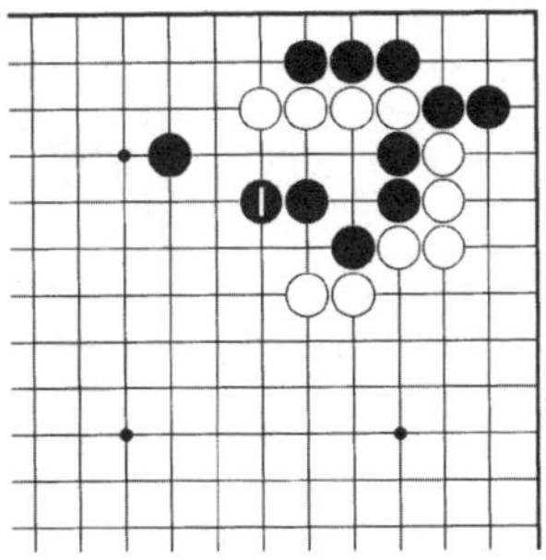

失

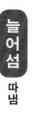

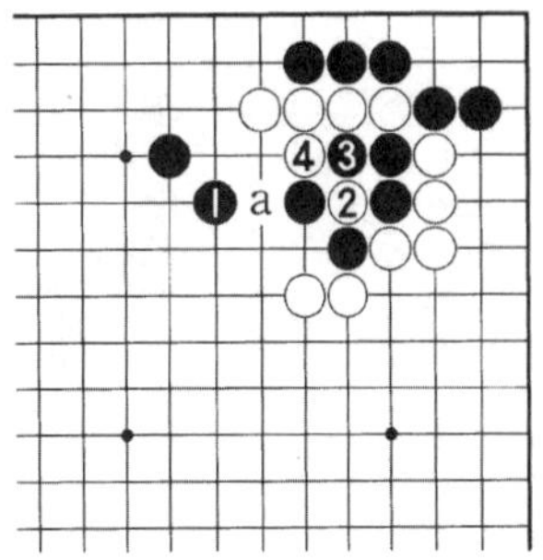

제2형 흑번

## 정형

상변의 전투.
상변의 백 4점을 몰아붙여 잡고 싶다. 잡기위해서는 우상의 흑이 자충으로 잡히지 않는 모양을 만들어야 한다.

## 급소

흑1로 느는 수가 모양의 급소이다.
백이 이 자리에 붙이면 흑의 공배가 한 번에 차버린다.
백은 흑을 끊을 수 없기 때문에 상변은 흑집이다.

## 틀린 맥

흑1의 뜀은 틀린 맥이다.
흑의 모양이 엷기 때문에 백2, 4로 3점을 자충으로 만들어 잡는다.
1과 a는 한 줄 차이지만 그 차이가 엄청나다.

늘어섬

사활(삶)

(1783)

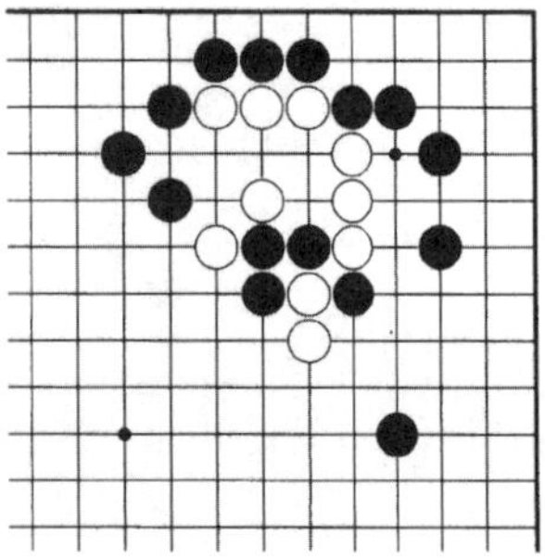

解

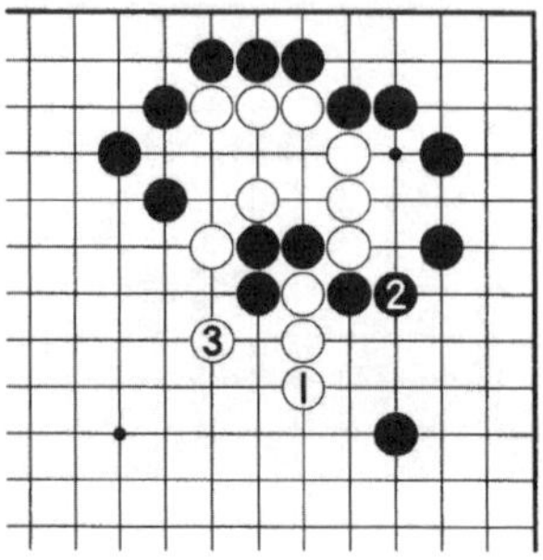

变

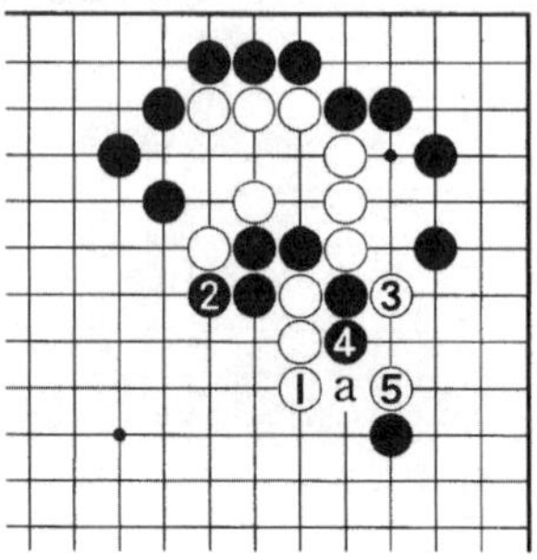

제3형 백번

### 연결

상변의 백은 흑에게 끊겨 수습하기 힘든 모양이다. 백은 좌우 어느 쪽이든 흑을 잡기만 하면 상변과 중앙을 연결할 수 있다.

### 3점 잡기

백1로 느는 수가 좋다.
좌우의 흑에 대한 공격을 맞보기로 해서 흑2라면 백3으로 씌워 흑 3점을 잡는다.

### 장문

흑2로 중앙 3점을 살리면 백3, 5의 장문으로 흑 1점을 잡는다.
백1로 3을 먼저 두면 흑4, 백1, 흑a로 백이 망한다.

(1784)

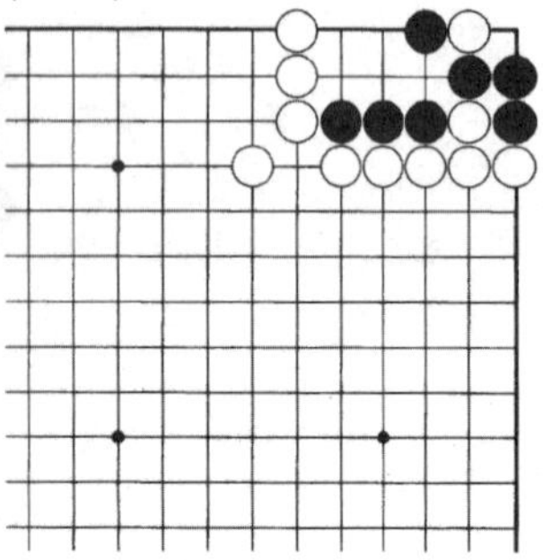

解

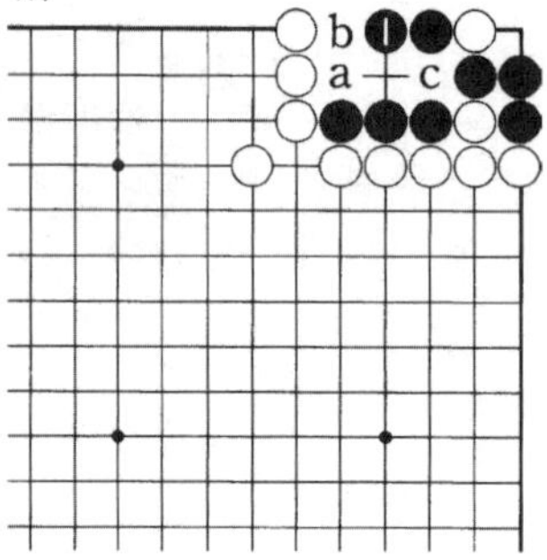

失

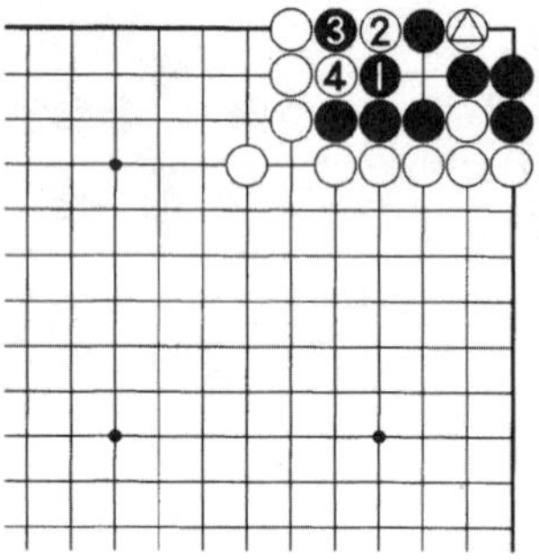

제1형 흑번

### 세련된 문제

둘 곳이 제한되어 있기 때문에 차분히 수를 읽으면 정해에 도달한다. 약간 세련된 문제이다.

### 이것밖에 없다

흑1의 느는 수가 백의 활용할 여지를 막는 좋은 수이다.
무조건 살려면 이 수밖에 없다. 흑1로 a는 백b, 흑1, 백c로 양환격.

### 패

단순히 흑1로 집을 내면 백2로 집어넣는 수가 좋아 패가 되어 버린다.
백△이 충분히 이용되고 있다. 흑 실패.

(1785)

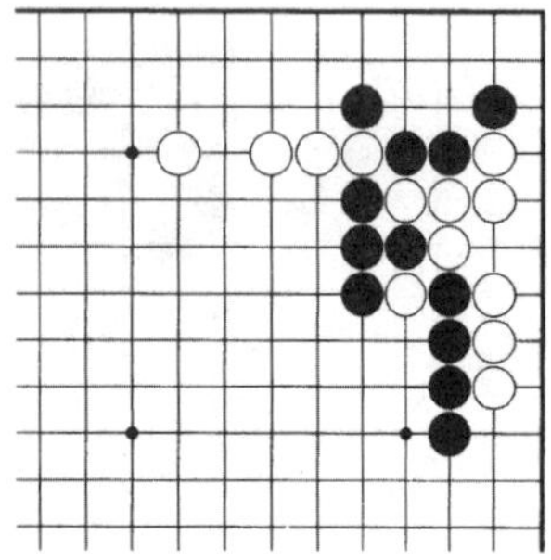

解

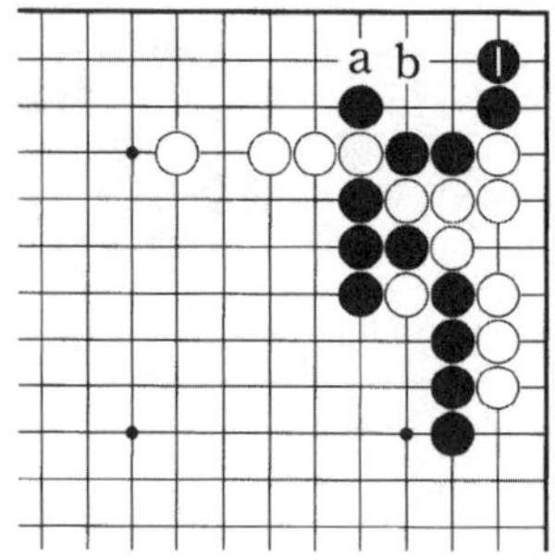

失

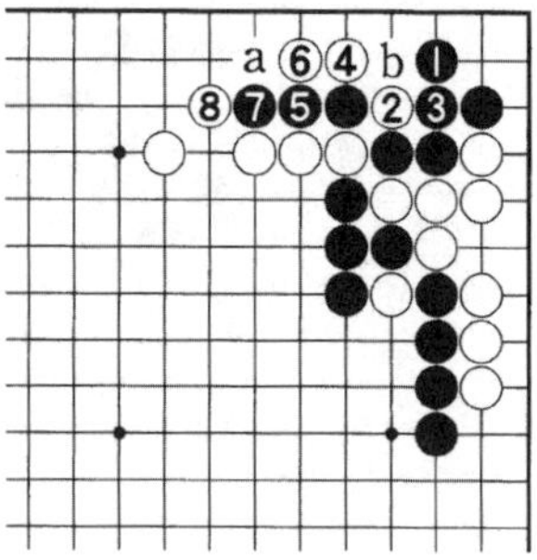

제2형 흑번

### 살리다

귀의 사활 문제.
우상은 화점 정석의 변화이다. 귀의 흑 4점을 살리는 급소는 어디인가?

### 흑 삶

흑1의 느는 수가 지킨 모양이다. 백의 노림은 a의 껴붙임이나 흑b로 받으면 사는 모양이다.
백b로 치중하면 흑a로 막아서 그만이다.

### 흑 전멸

흑1의 호구이음은 틀린 맥이다. 백2로 끊고 4, 6으로 상변 건넘을 노리고 백8로 흑이 곤란해진다.
흑a로 나가도 백b로 흑이 전멸한다.

(1786)

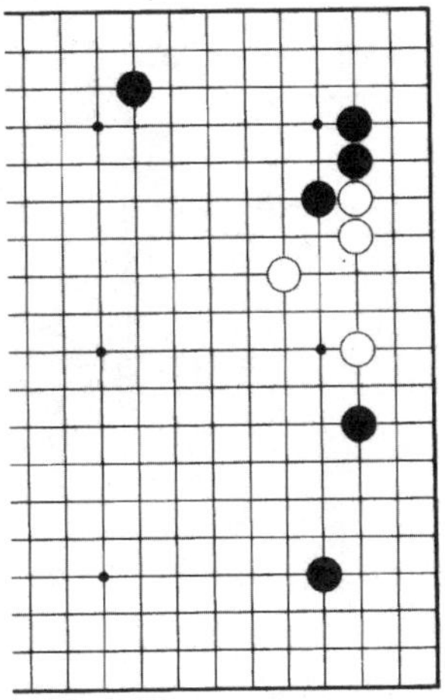

解

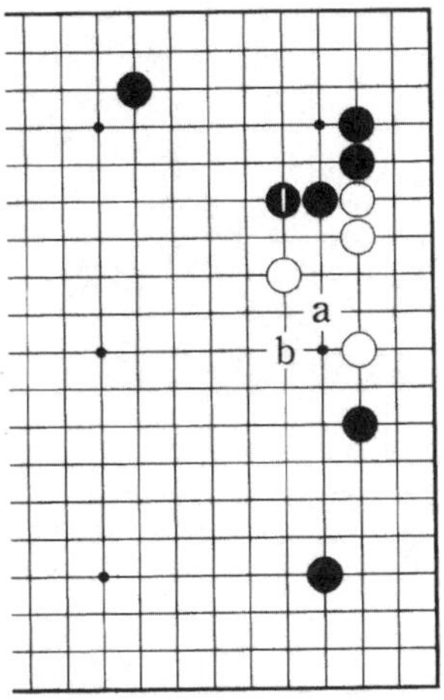


失

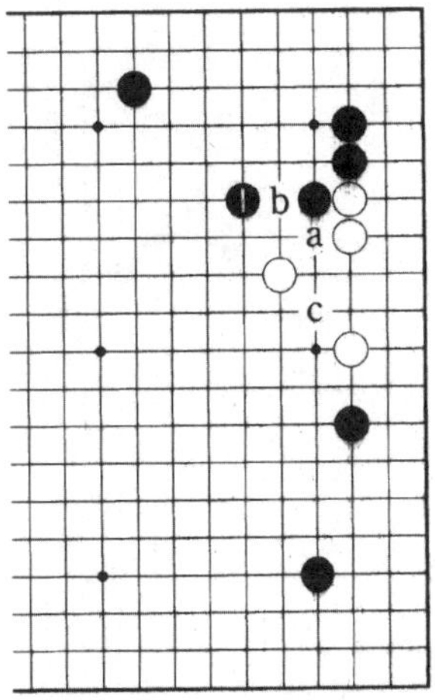


제1형 흑번

### 점프

우상의 전투.
우변에서 안정된 백을 노리면서 상변에 있는 흑의 모양을 넓히고 싶다.
점프하기 전에 몸을 웅크리는 것이 요령이다.

### 흑 좋은 모양

흑1로 느는 것이 모양이다.
흑1로 두지 않으면 백1로 붙여 백의 모양이 강해지고 상변의 흑모양이 줄어든다.
이후 흑a의 공격이 냉엄하여 백은 b로 지키는 정도이다.

### 흑 불충분

흑1로 뛰면 상변의 모양이 커지지만 백a로 구부리면 흑b로 받는 모양이 나쁘다.
흑c의 노림이 없어지면 흑1은 그저 지킨 것에 불과하다.

(1787)

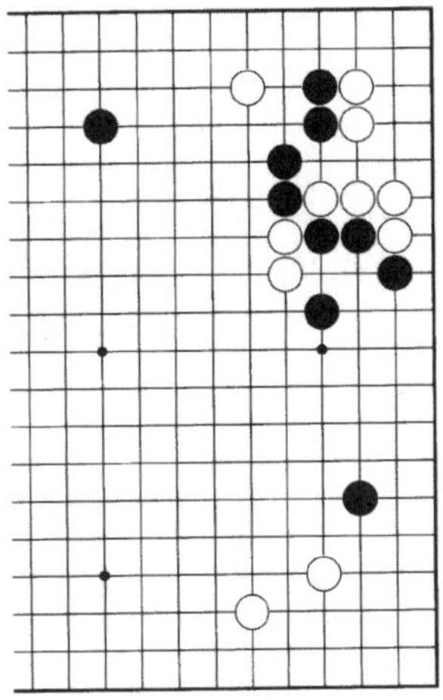

解

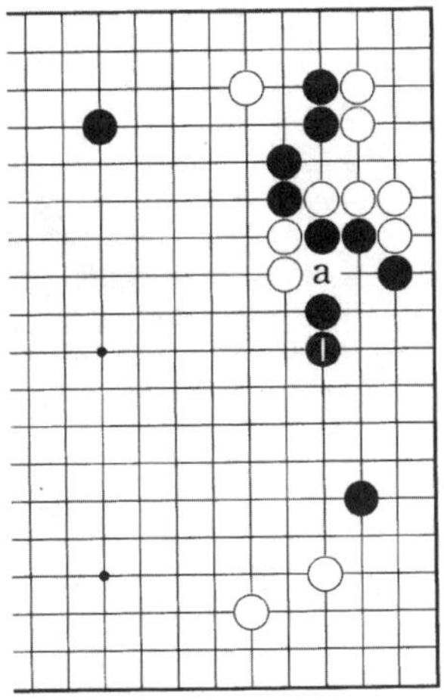


失

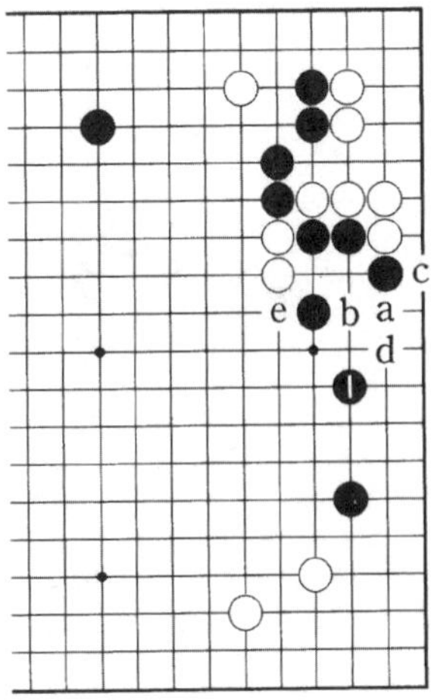


제2형 흑번

### 대비

우상은 화점 정석이다. 백은 우변을 강하게 끊어 흑과 싸우는 중이다.
흑은 우변을 굳혀 중앙과 상변에서의 싸움에 대비해야 한다.

### 중앙에 강한 모양

흑1로 느는 것이 모양이다.
백a로 나가끊는 것을 막고 다음에 중앙 2점의 공격을 노려서 경쟁하여 우상의 흑을 강하게 만들어 상변에 있는 백1점이 움직이기 힘들게 만든다.

### 흑 불만

흑1은 지키기에만 눈이 팔린 수이다. 우변은 백a, 흑b, 백c, 흑d가 되면 좋은 모양이지만 백e로 미는 수에 약하다. 주로 중앙과 상변에서 싸우게 되므로 흑1의 지킴은 백이 편하다.

## 제3형 흑번

(1788)

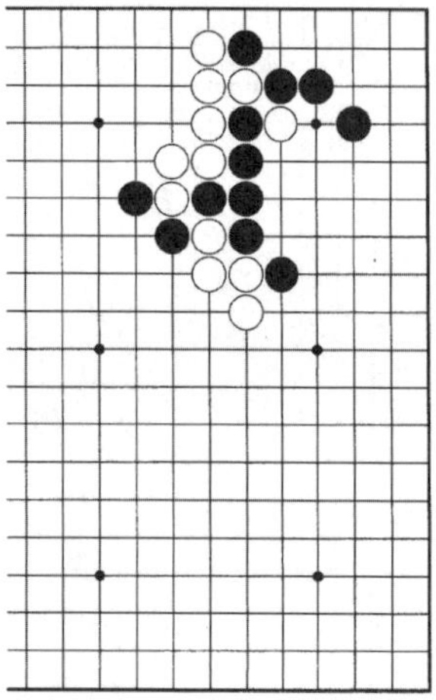

### 집 굳히기

우상의 전투.
우상은 한 칸 높은 걸침 정석의 변화이다. 백은 상변부터 중앙까지 세력을 만들고 흑은 우상귀에 집을 챙겼다. 이후 흑은 어떻게 모양을 굳혀야 하는가?

解

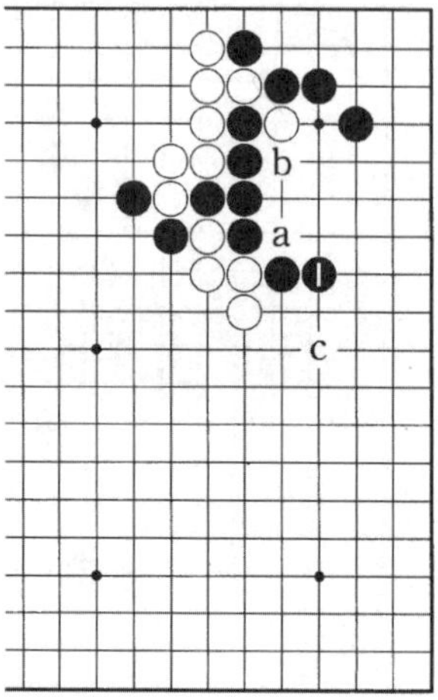


### 흑 좋은 모양

흑1로 느는 수가 백에게 리듬을 주지 않는 맥이다.
걱정거리는 백a의 끊음으로 자충이지만 흑b로 받아 근심이 없다. 백c로 봉쇄하는 것은 옳다.

失

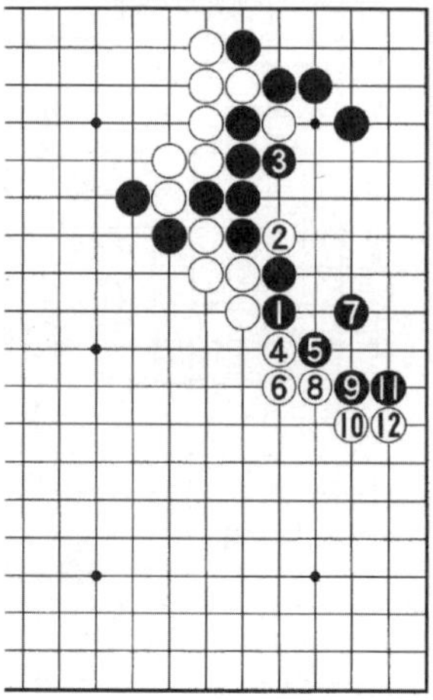

### 백 유리

흑1로 미는 것은 자충 때문에 좋지 않다. 백2로 끊어서 활용하고 4로 막아 흑 2점 머리를 두들긴 모양이 된다. 백6부터 10까지 바깥을 굳히는 흐름이 되어 백이 매우 유리하다.

## 제4형 흑번

(1789)

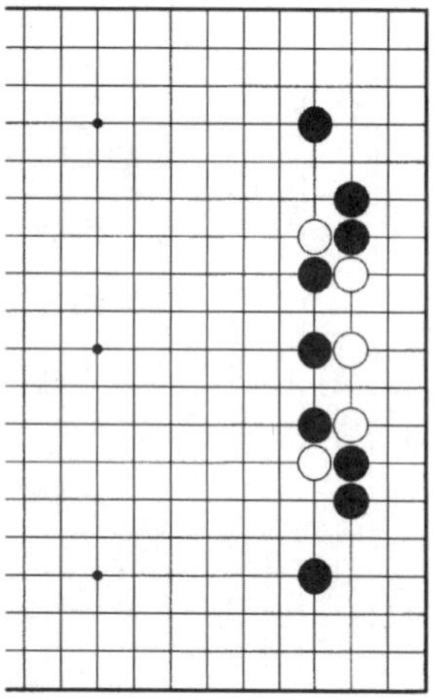

### 좌우동형

우변의 전투.
흑에게는 두 개의 약점이 있어서 백을 우변에 가두는 것은 불가능하다.
위아래가 같은 모양이므로 중앙에 수가 있는지 고민해보자.

解

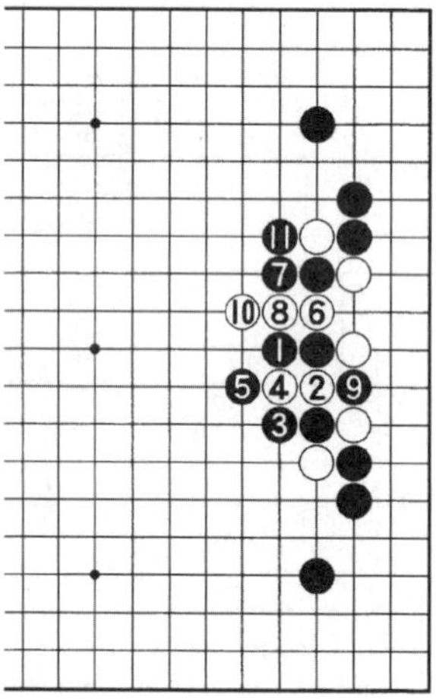

### 희생

흑1의 느는 수가 좌우동형의 중앙에 해당하는 맥이다.
백은 중앙으로 탈출하기 위해 큰 희생을 치러야만 한다.
백2, 4 이후 6으로 나가면 흑9로 빵때려서 흑이 강해진다.

失

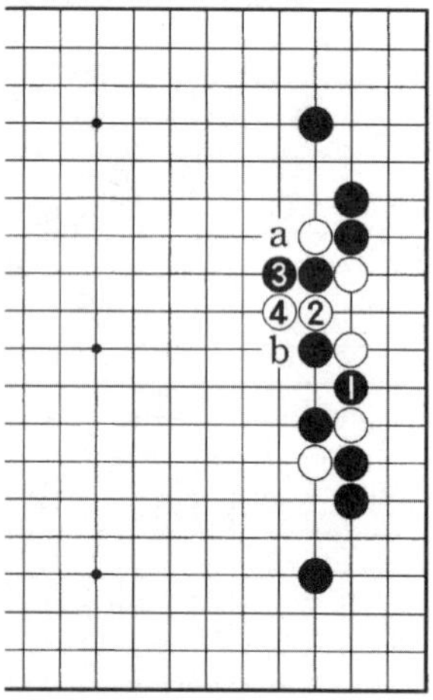


### 관통

흑1로 백 1점을 잡는 것은 백2로 중앙으로 도망쳐버린다.
백4 이후 흑a는 백 b를 활용하여 백은 중앙을 관통해 도망치기 쉬운 모양이다.

# 이단젖힘

'붙이면 젖혀라'의 격언 이후 상대가 저항하여 오면 거기에 한번 더 젖히는 이단 젖혀 두는 수가 냉엄한 맥이 되는 경우가 많다.
이단젖힘은 자기의 돌에 약점을 만들어도 유혹의 미끼가 되어 추궁하는 경우는 적다.
흑1이 이단젖힘이다. 백은 상변에서 낮게 정리하게 된다.

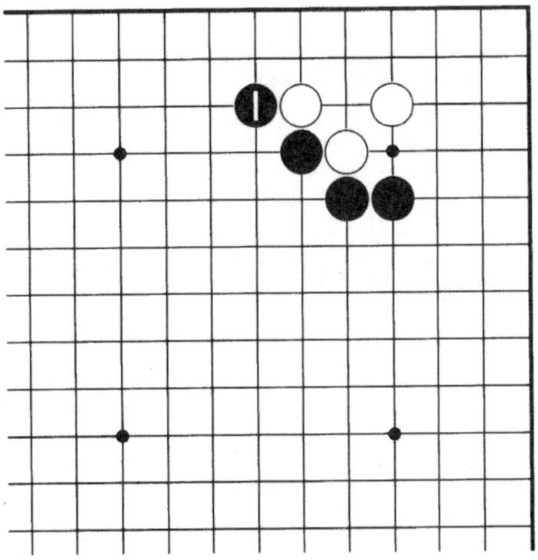

이단젖힘
결정하다·굳히다

제1형 흑번

(1790)

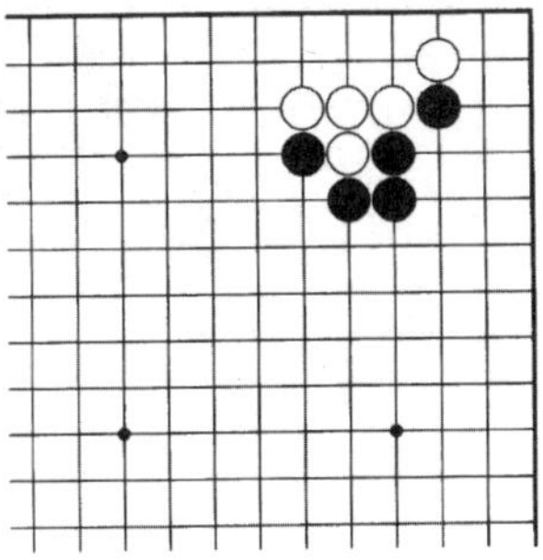

## 모양을 결정짓다

우상은 쌍방의 공배가 꽉 차 여유를 부릴 수 없다.
이후 흑은 모양을 결정짓고 싶다.

解

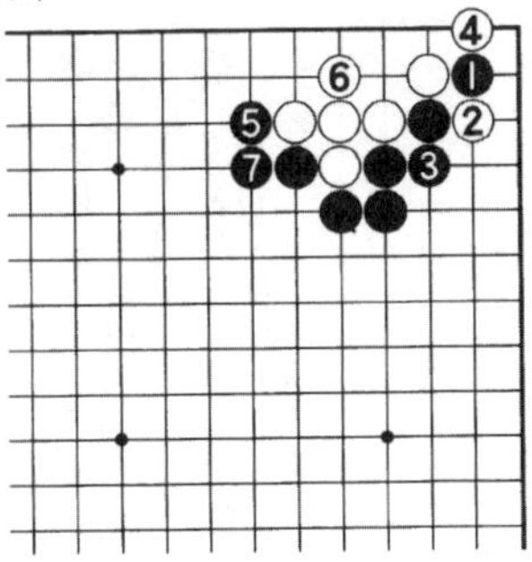

## 중앙을 굳히다

흑1의 이단젖히는 수가 매섭다.
백2, 4로 귀를 잡으면 흑은 5로 중앙을 굳힌다.
흑7까지 흑의 세력이 우변에서 상변으로 미친다.

変

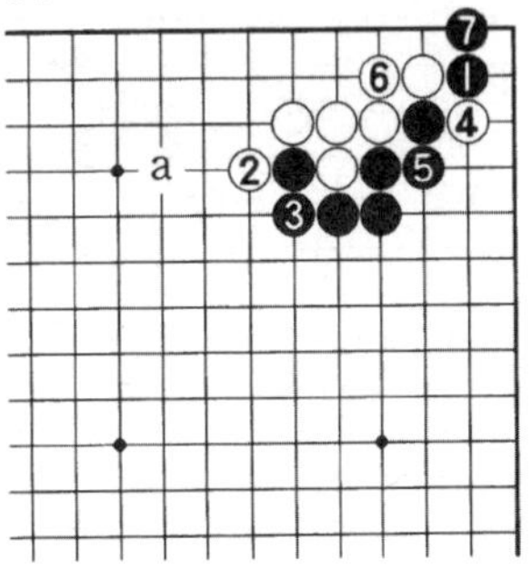


## 귀를 잡다

백2, 6은 귀보다도 상변을 지키려는 수이다.
흑7로 내려서서 귀의 집을 차지한다.
이후 흑은 상변 백에 a로 압박을 노린다.

제2형 흑번

(1791)

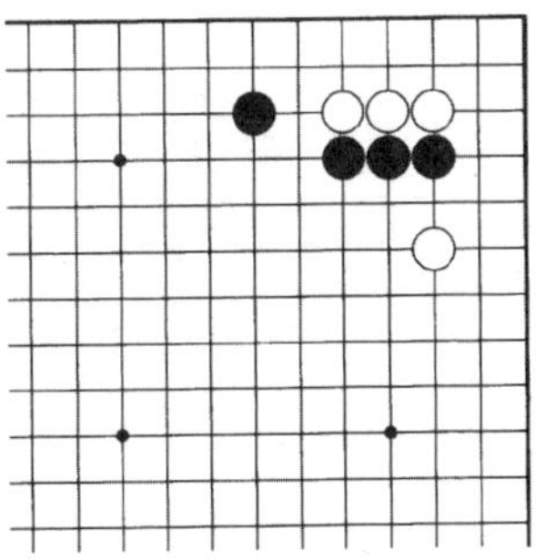

## 압력

화점 정석에서 변화이다.
우변의 백에게 압력을 가하려면 3·3에 침입한 백을 어떻게 공격할지 생각해보자.

解

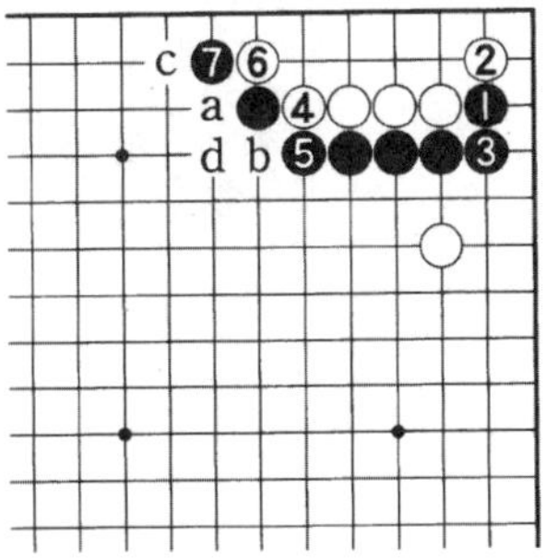


## 강대한 벽

흑1의 젖힘이 맥이다.
백2, 흑3으로 우변의 백이 약해진다. 상변은 흑7이 매서운 수이다.
이후, 백a, 흑b, 백c, 흑d.

失

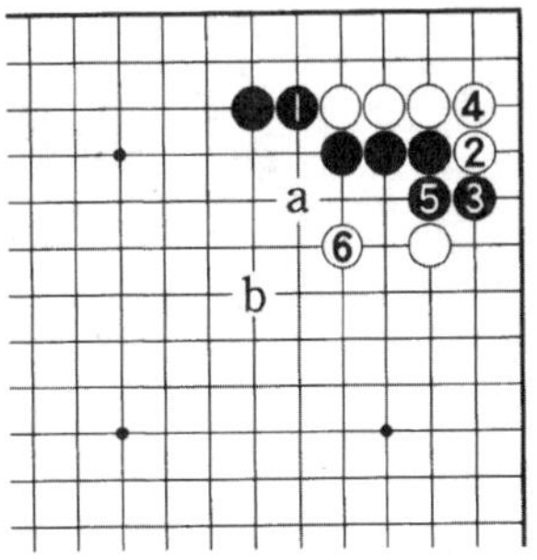


## 우변이 편하다

흑1은 정형이다.
백2, 4로 젖혀이어 귀를 살리고 흑5에 백6으로 우변을 움직여 나온다.
흑a는 백b로 백이 편하다.

제3형 흑번

(1792)

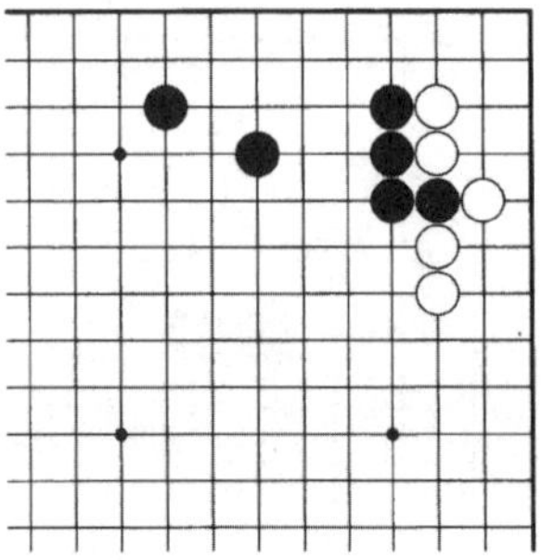

## 초점

상변의 흑집을 어떻게 굳혀야 할까? 집을 최대한 넓혀야 한다면 먼저 귀를 굳힐 필요가 있다.

解

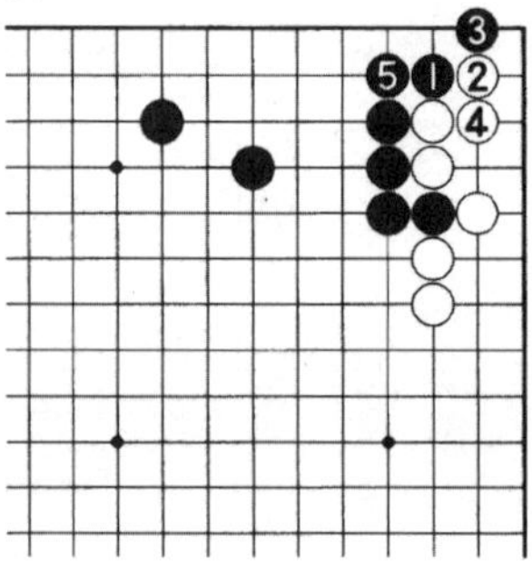

## 2단 젖힘

흑1로 젖히고 백2로 막을 때 흑3의 이단젖힘이 맥이다.
백4로 이으면 흑5까지 끝내기가 부분적으로 최선.

変

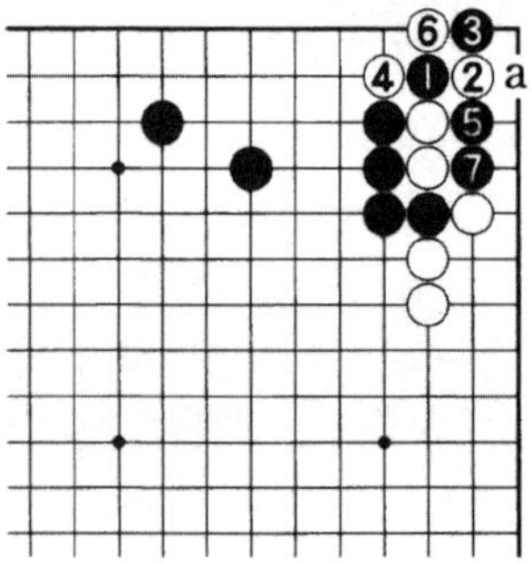

## 흑 충분

백4로 끊으면 흑5가 준비된 강수이다.
백6으로 따내면 흑7로 끊어 귀를 분리시키면 흑은 충분하다.
백6으로 7은 흑a.

제4형 흑번

(1793)

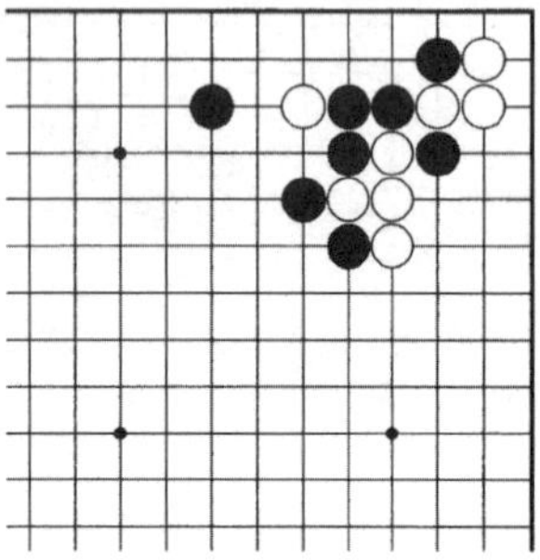

## 정형

상변에 있는 흑의 모양을 정리하고 싶다.
흑이 가진 약점을 백에 대한 공격으로 보완할 수 있을까?

解

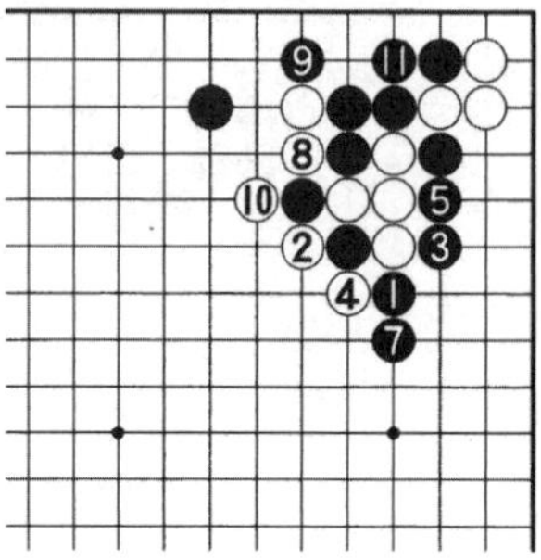

## 2단 젖힘

흑1의 젖힘이 냉엄한 맥이다.
백2로 반발하면 흑3으로 조이고 7로 우변을 굳힌다.
백8이면 흑11까지 귀는 흑집이 된다. ※⑥→②의 오른쪽

失

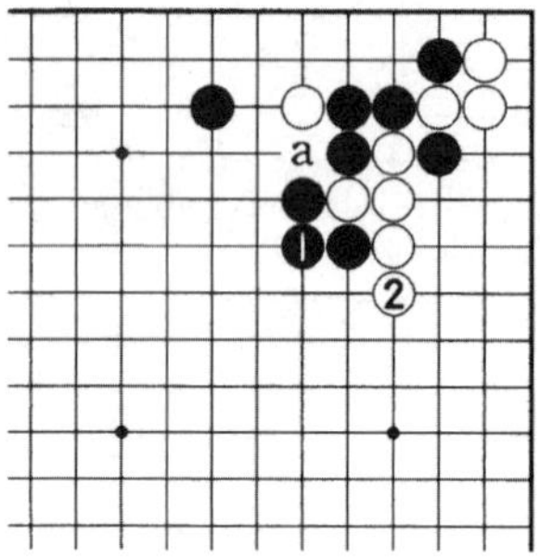

## 흑 불리

흑1로 이으면 백에게 영향을 줄 수 없다.
백2로 뻗어 귀부터 우변의 집이 커진다.
a 약점은 흑의 부담.

이단젖힘 뚫기

제1형 흑번

(1794)

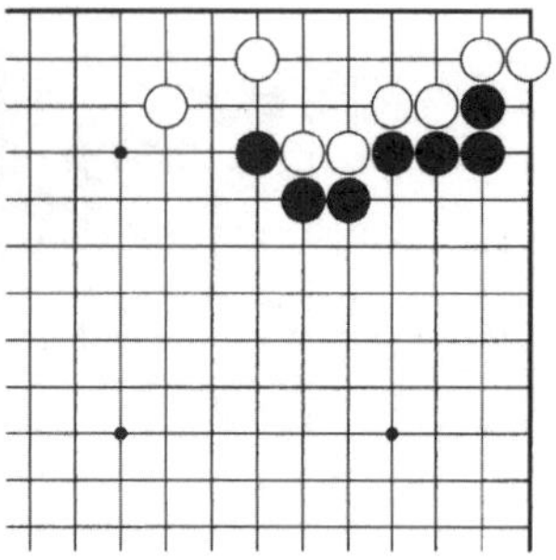

## 간신히

백은 간신히 상변으로 넘어갔지만 우상이 공배가 꽉 차 불안하다.
흑은 어떻게 공격하여야 할까?

解

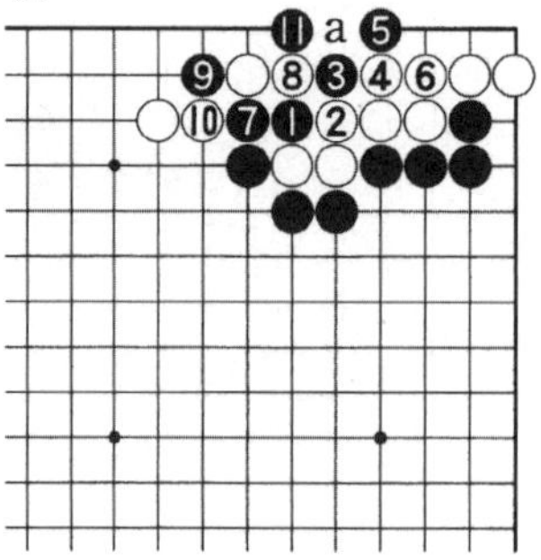

## 패

흑1로 젖혀 백의 응수를 본다. 백2로 이으면 흑3이 매서운 수.
흑5의 젖힘을 선수하고 11까지 패가 난다.
또는 백10으로 a, 흑10.

変

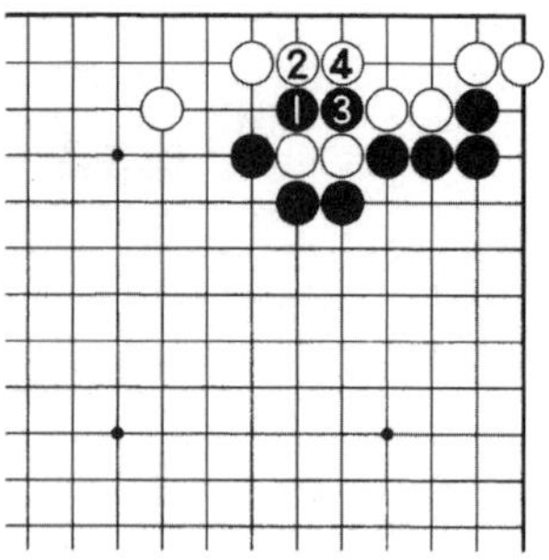

## 벽

백2로 받으면 무난하다.
흑3, 백4로 백은 상변을 건너 무사하다. 단, 백 2점을 따낸 흑은 강력한 벽이 되었다.

제2형 흑번

(1795)

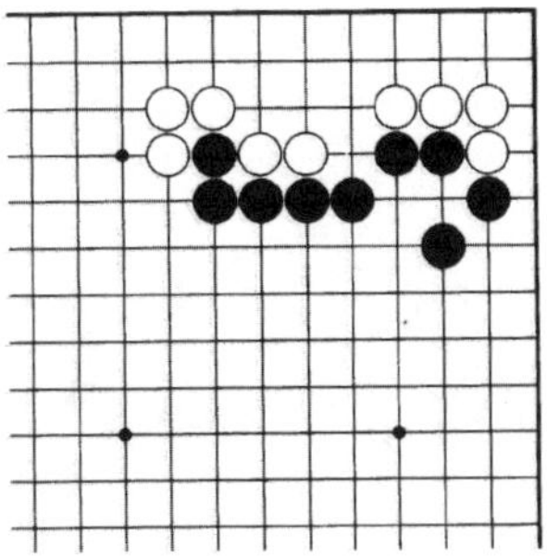

### 방해

귀의 백은 상변과 완전히 연결되지 않았다. 흑은 공배가 꽉 찬 백을 추궁하여 연결을 방해하고 싶다. 백은 넘어갈 수는 있지만 집으로 큰 손해를 본다.

解

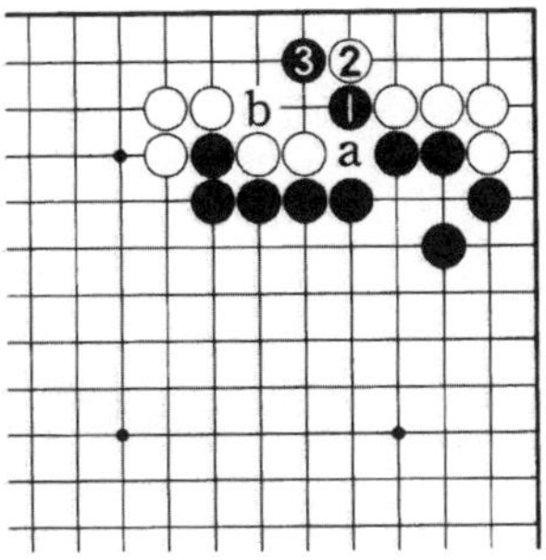

### 환격

흑1의 젖힘이 냉엄하다.
백2라면 흑3으로 막는다.
백a로 끊으면 흑b로 환격이 된다.

変

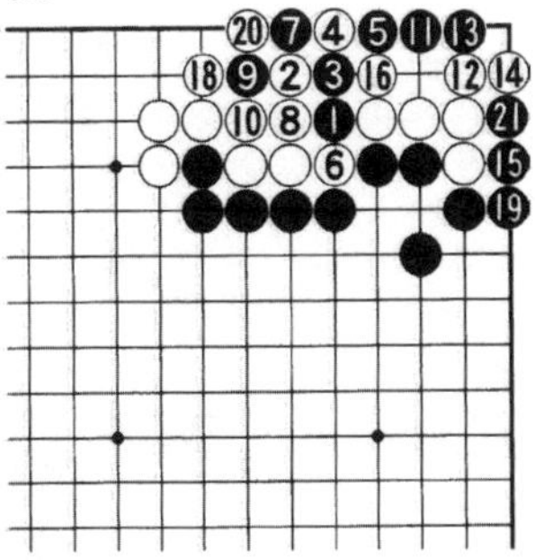

### 빅

백은 2자리로 받는 게 최선이다. 이후 흑3으로 나가고 백4로 젖히는 수가 최강의 버팀이다. 이후 흑11이 좋은 수로 21까지 후수 빅을 만든다.

이단젖힘

살리다 수습하여

제1형 흑번

(1796)

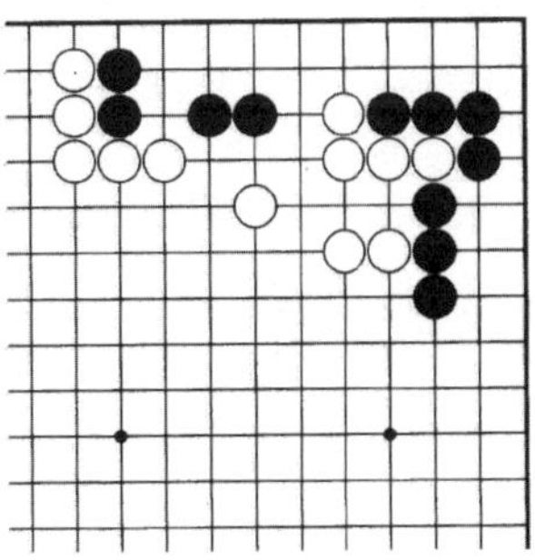

### 비상수단

상변의 흑 4점은 귀와 완벽하게 분리된 것처럼 보이지만 흑에게는 비상수단이 남아 있다.

解

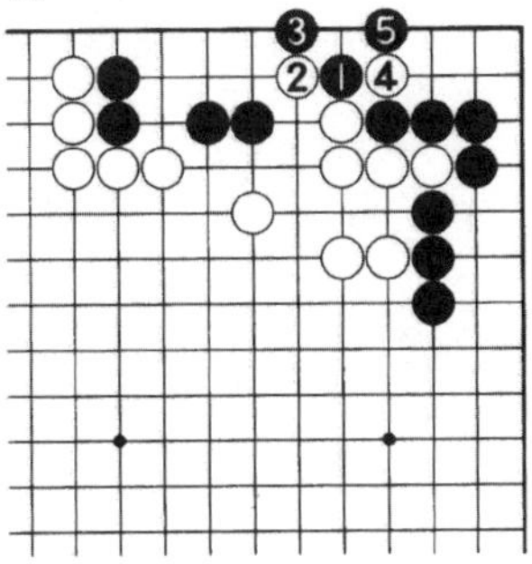

### 패

흑1로 젖히고 백2로 막으면 흑3으로 한 번 더 젖히면 그냥은 끝나지 않는다.
백4, 흑5로 패가 난다.

変

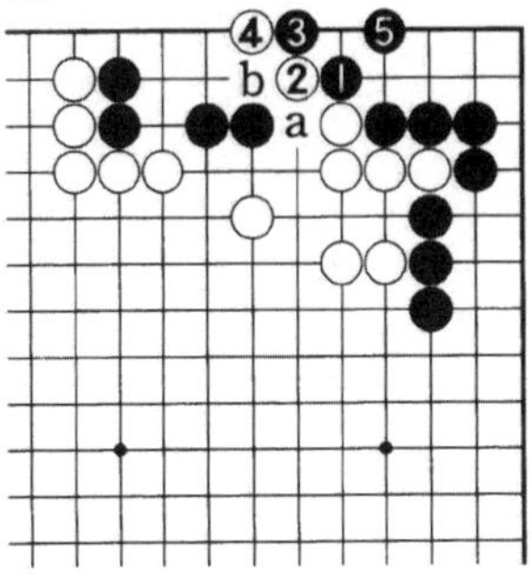

### 건넘

백4로 막아도 흑5로 패가 난다. 백이 패를 지면 흑은 a나 b 한쪽을 끊고 귀에 건너간다.

제2형 흑번

(1797)

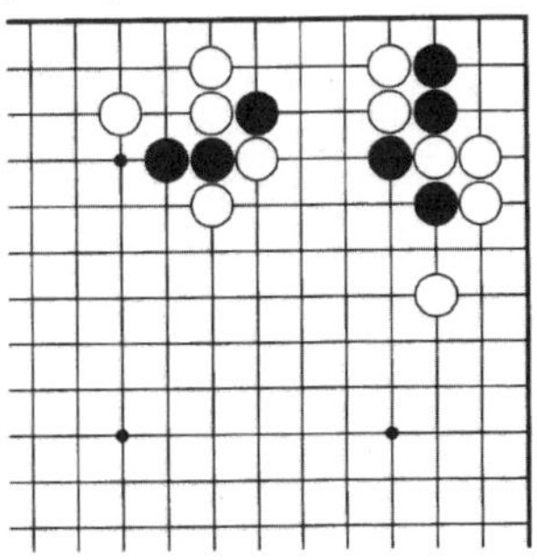

### 크게 바뀐다

상변의 흑을 어떻게 수습해야 할까? 귀의 흑 2점을 움직이는 방법에 따라 백의 응수가 크게 달라진다.

解

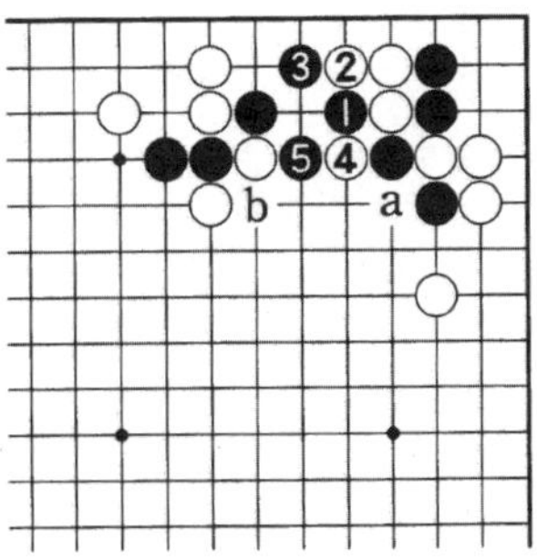

### 성공

흑1로 젖혀서 시작하는 곳이다. 백2로 밀면 흑3으로 막고 흑5로 양단수를 친다.
백a, 흑b로 흑은 수습에 성공한다.

失

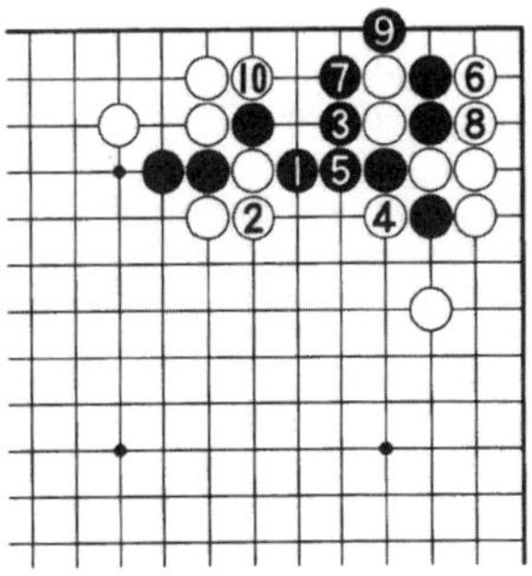

### 흑 위험

흑1의 단수를 서두르면 흑3으로 젖혀도 백은 귀를 움직이지 않는다.
백4부터 흑9로 2점을 버리고 백10으로 구부려 흑을 크게 공격하는 흐름이다.

(1798)

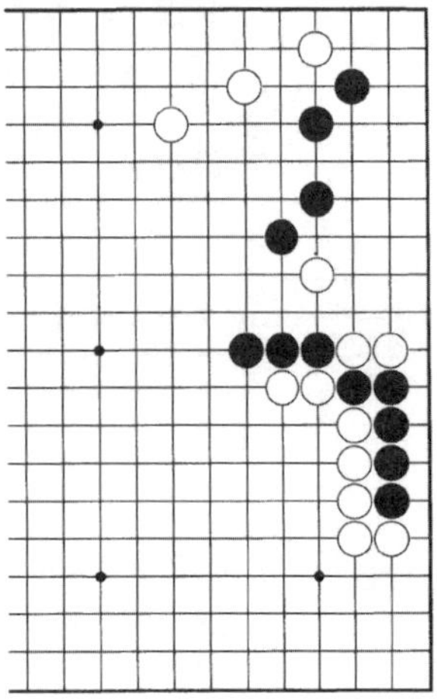

제3형 흑번

## 테크닉

우변의 수상전.
흑 4점을 살리려면 끊고 있는 우변의 백을 공격해야 한다. 백의 수를 메우는 테크닉이 필요하다.

解

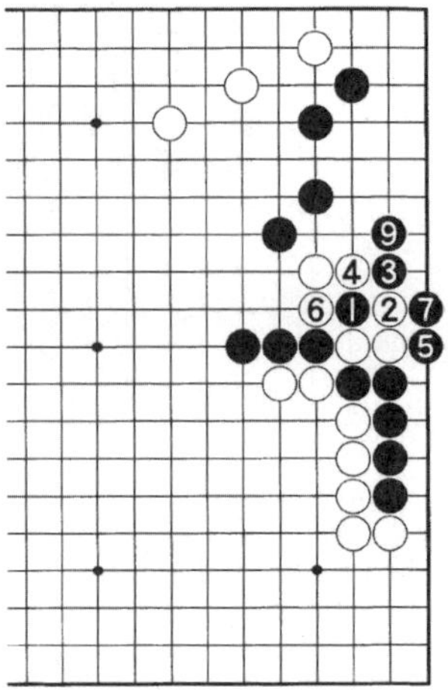

## 건넘

흑1의 젖힘부터 공격을 시작한다. 백2 구부림에 흑3 이단젖힘이 좋다. 백4로 끊고, 흑5, 7로 조인 뒤 9로 우변으로 건너간다.
※⑧→❶

失

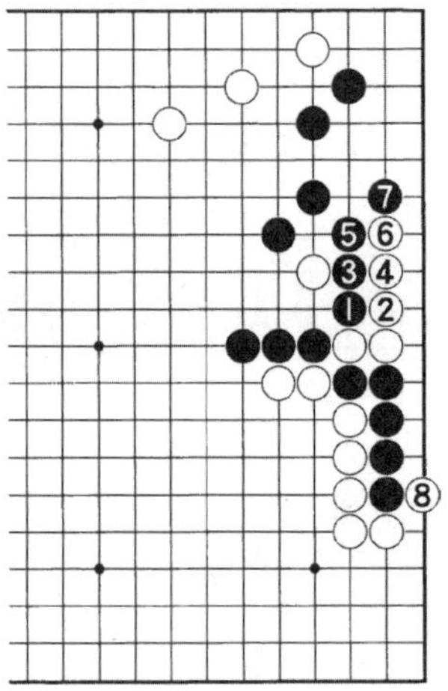

## 백 승

백2 이후 흑3으로 뻗는 것은 실패한다.
백4로 밀어서 흑은 a에 막을 수 없어 흑5로 두어 백은 4수로 늘어버린다. 백8까지 수상전은 백 승.

(1799)

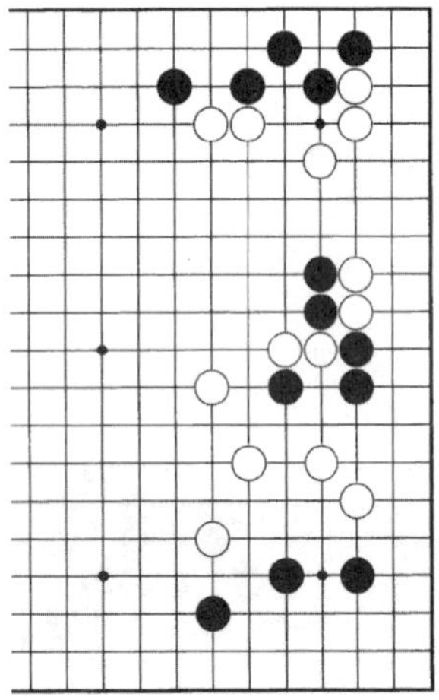

제4형 흑번

## 타개

우변에서 격렬한 싸움이 이어지고 있다.
흑은 사석을 활용하여 이 국면을 타개하고 싶다.
어디서부터 수를 내어야 할까?

解

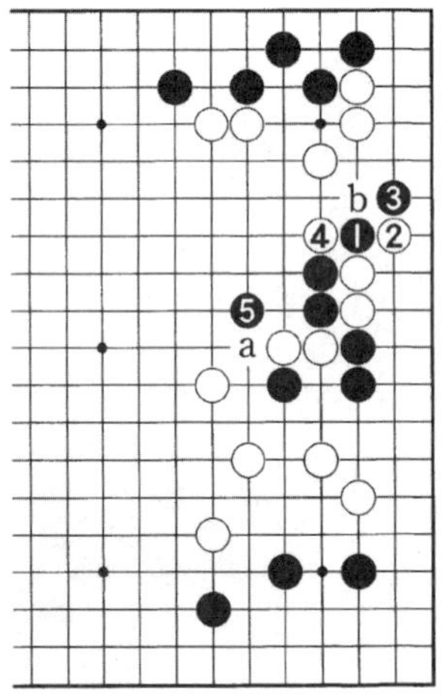

## 결정타

흑1, 3 이단젖힘이 맥으로 결정타에 가깝다. 백4로 중앙을 끊으면 흑의 요청에 따라준 것이다.
흑5로 뛰어 a로 2점을 잡으면 대성공이다. 백a는 흑b로 이어 우변의 백 3점을 잡는다.

変

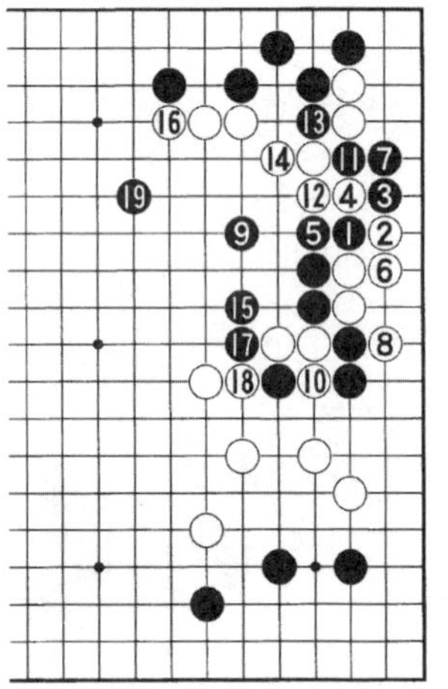

## 흑 유리

백은 4로 끊고 6으로 저항할 수밖에 없다.
흑7로 뻗고 9의 뜀이 선수이다.
백10에 흑11, 13으로 귀를 잡고 19까지 우상의 백을 공격하여 흑이 유리한 전투.

(1800)

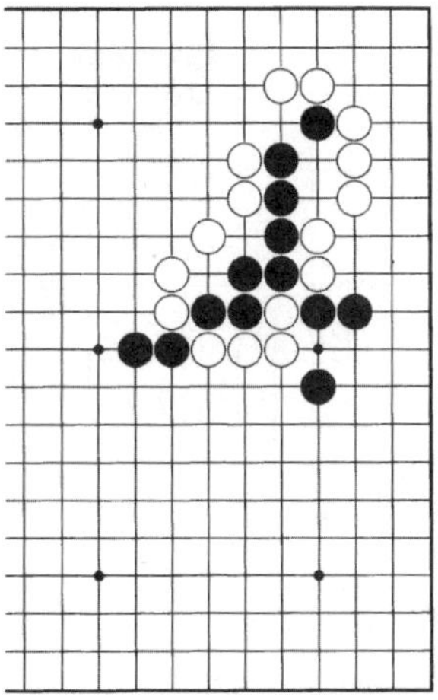

**제5형 흑번**

## 탈출로

우상의 흑 8점을 구하고 싶지만 중앙의 백 4점을 잡는 것 외에는 탈출로가 없다.

백의 공배를 계속 메우면서 공격해야만 잡을 수 있다.

解

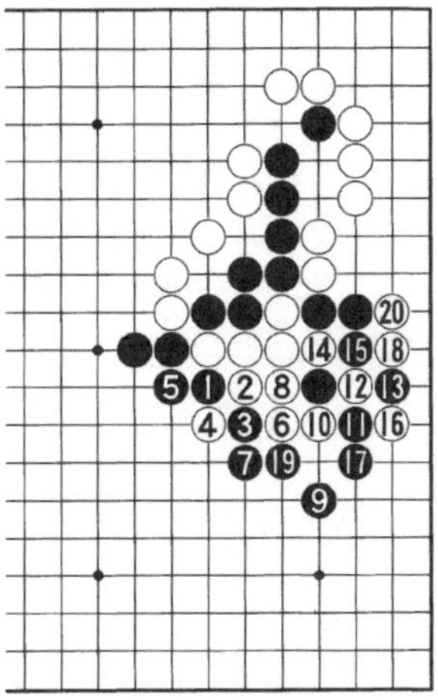

## 패

흑1의 젖힘이 최강의 수.

백은 우형으로 버틸 수밖에 없지만 다음 3의 젖힘도 좋다. 백8 이후 흑9로 씌운 뒤 11이 강수로 우변으로 몰아넣는다. 이후 백은 20까지 패가 최선이다.

変

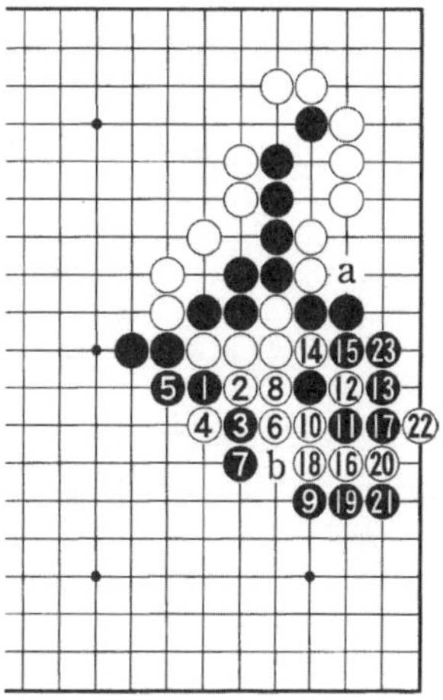

## 백 전멸

정해도 16으로 반대로 단수치는 변화이다. 백이 16으로 나오는 것은 23까지 외길 변화로 이후 백a는 흑b로 뒤로 메워서 백이 전멸한다.

(1801)

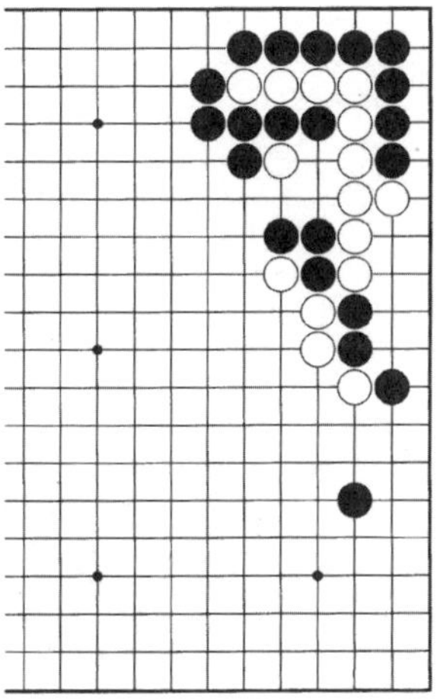

**제6형 백번**

## 수습

우변의 전투.

백의 대마를 중앙으로 탈출시키고 싶다.

백은 우변의 흑을 노려 흑의 저항을 중앙으로 탈출의 계기로 삼아 수습한다.

解

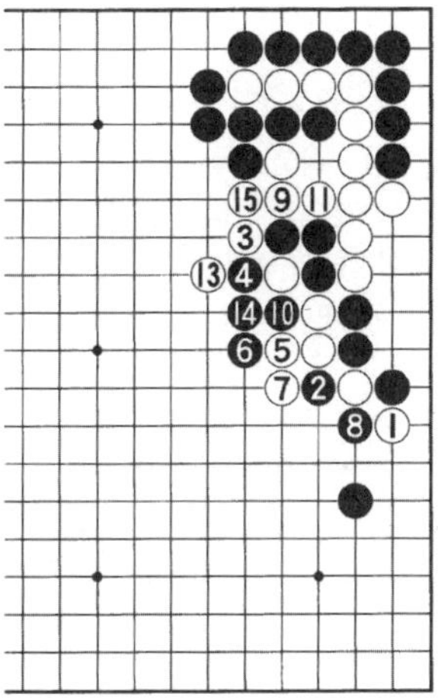

## 탈출

백1의 이단젖힘이 매서운 수이다. 흑2는 중앙의 백 2점을 축으로 잡는 노림이지만 백3으로 젖혀서 막고, 흑4에 백5가 강수이다. 15까지 탈출 성공이다.

※⓬→❹의 오른쪽

失

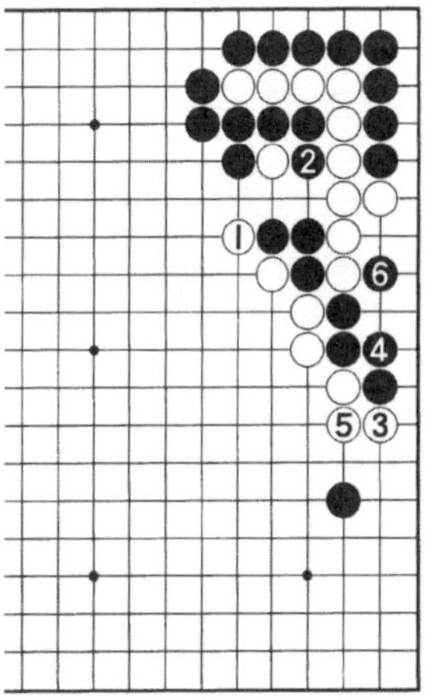

## 백 패배

백1의 젖힘을 먼저 두면 흑2로 받아 백이 실패한다.

백3으로 우변을 공격하여도 흑4, 6으로 굳혀서 백이 죽는다.

(1802)

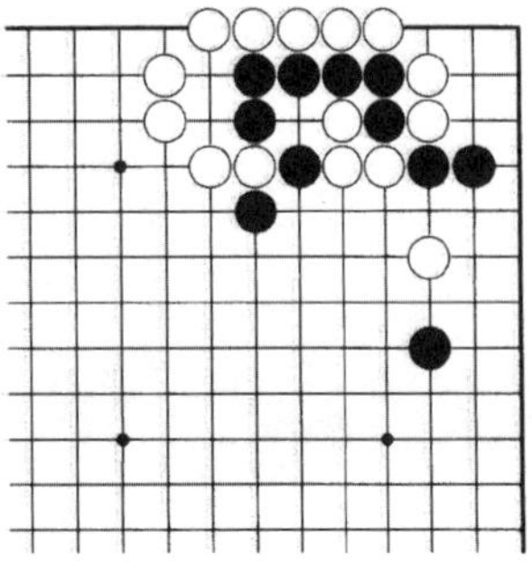

解

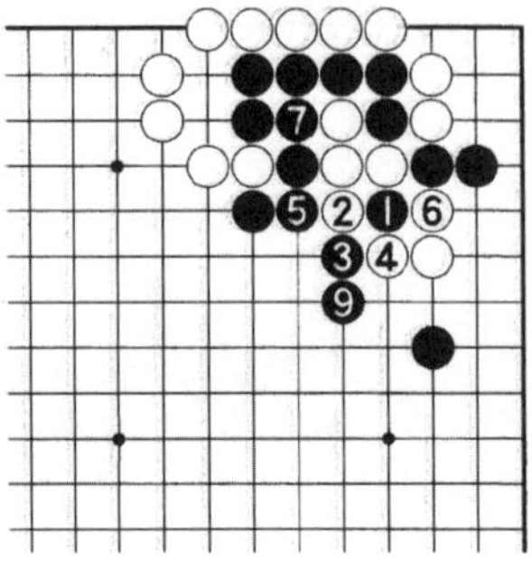

失

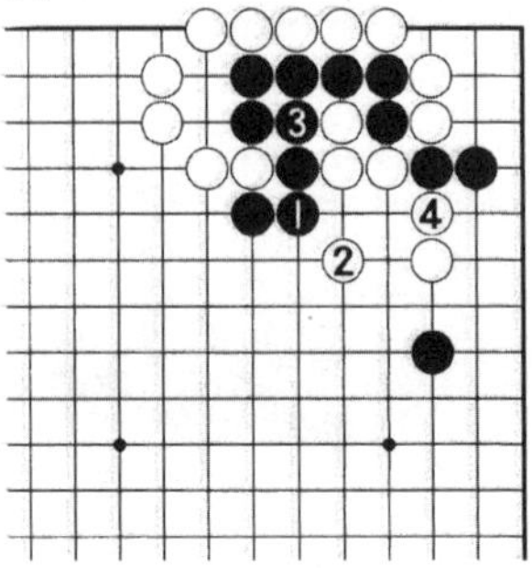

**제7형 흑번**

### 사석

우상귀의 흑이 셋으로 분리되어 수습하기 어려운 모양이다.
흑은 우상의 2점을 버려서라도 바깥을 굳히고 싶다.

### 조여붙이기

흑1, 3으로 이단젖혀 백 3점을 공격하면서 바깥 모양을 만든다. 백8로 이으면 흑9로 뻗어서 우변은 조여붙임이 활용된 모양이다.
※⑧→❶(이음)

### 흑 분열

흑1로 이으면 백2로 모양을 갖추게 되어 백을 가두는 것이 불가능하다. 흑3으로 잇고 백4로 2점을 잡아 바깥 흑과 연결할 수 없는 모양이다.

(1803)

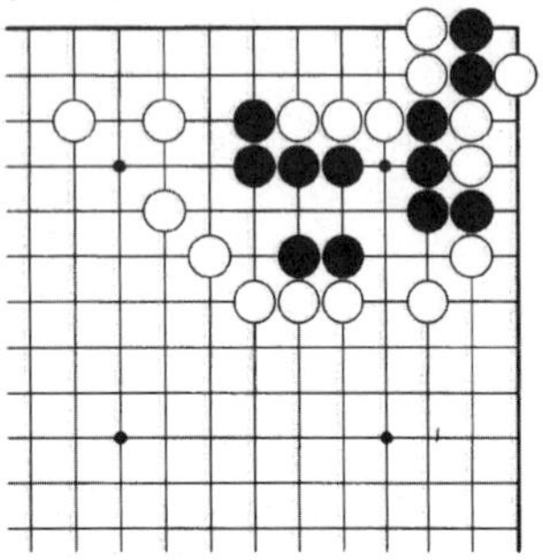

解

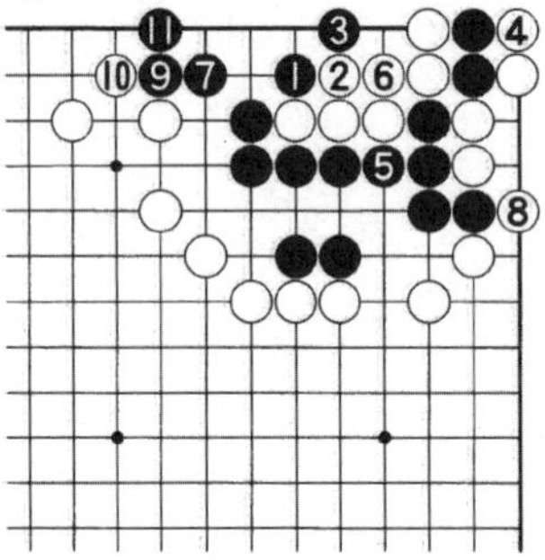

变

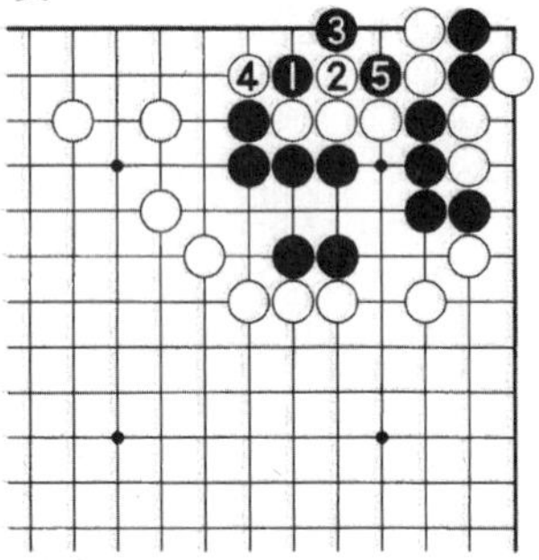

**제8형 흑번**

### 활로

사활 문제.
중앙은 후수 한집이나 상변은 여전히 불안한 모양이다.
흑은 귀의 백의 자충을 노려 살 길을 찾아야 한다.

### 흑 삶

흑1, 3의 이단젖힘이 좋다.
백4로 귀에 받으면 흑5의 단수를 활용하여 중앙은 선수 한집이다.
흑7부터 11까지 상변에서 집이 난다.

### 양단수

백4로 반발하는 변화이다.
흑5로 집어넣어서 양단수가 되면 귀의 백 2점 또는 중앙의 백 4점이 잡힌다.



(1804)

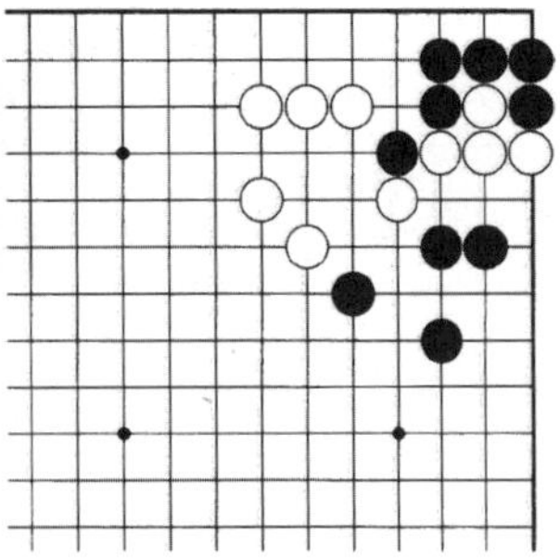

解

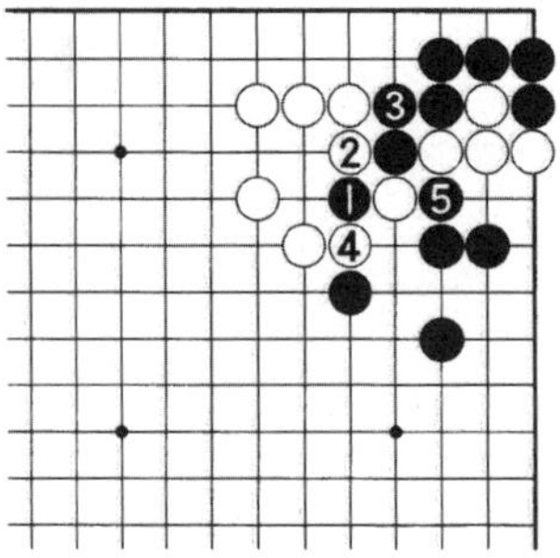

变

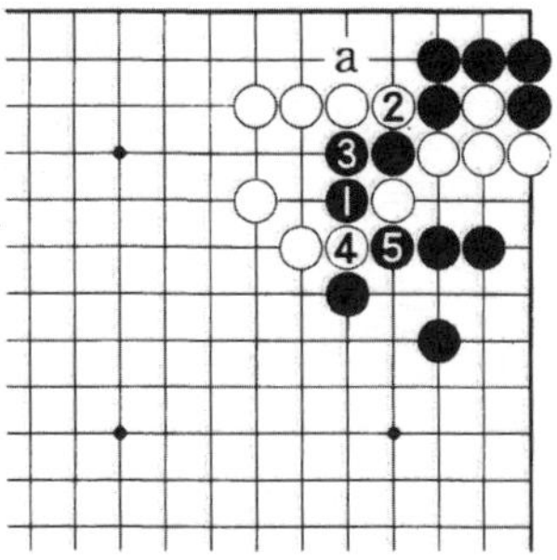


**제1형 흑번**

### 활용하다

우상귀의 흑을 살리는 것은 간단하다.
하지만 백 4점을 잡아 먹으면서 살고 싶다.

### 2곳의 약점

흑1의 이단젖힘이 냉엄하다.
백2, 흑3 이후, 백은 2개의 약점이 생겨 한 수로 막는 것은 불가능하다.
흑5로 끊어 흑이 성공한 그림.

### 흑 승

백2로 끊으면 흑3으로 잇는다. 백4로 공격해도 흑5로 수상전은 흑이 승리한다.
흑1로 a는 백2.

(1805)

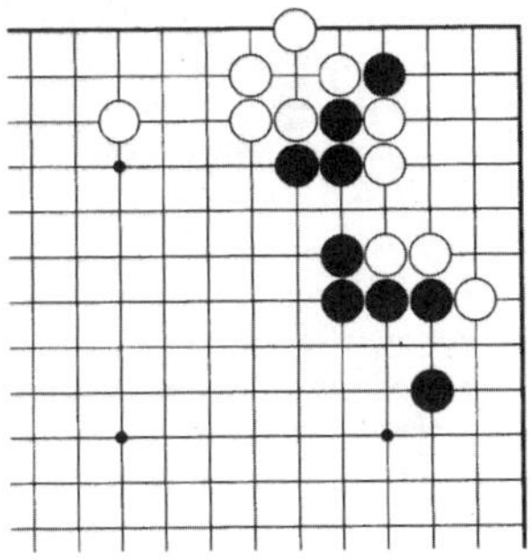

解

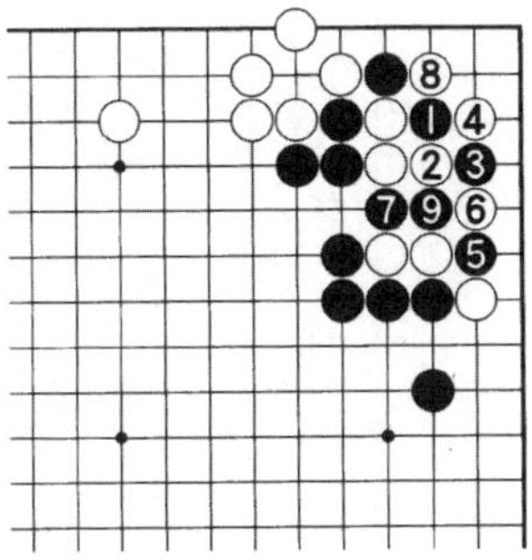

变

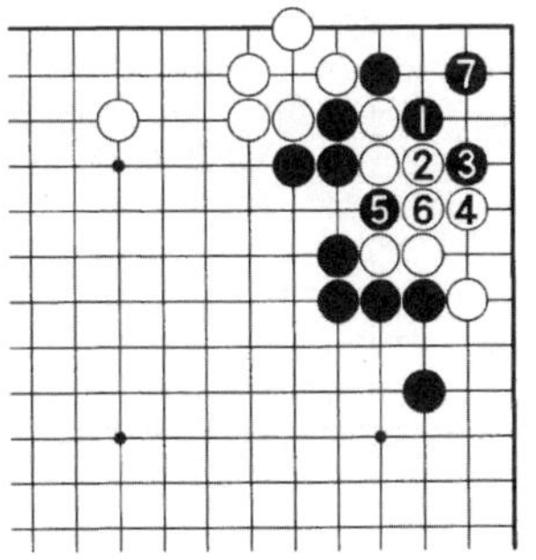

제2형 흑번

## 활력

흑 1점을 끊어 우상귀가 전부 백집처럼 보이지만 이 흑에게는 활력이 남아있다.
흑을 어떻게 움직여 나갈까?

## 3점 잡기

흑1로 젖히고 백2로 막으면 흑3의 이단젖힘이 좋은 맥이다.
백4로 끊으면 흑5로 백이 자충이 되어 오른쪽의 백 3점이 떨어진다.

## 백 무리

백4로 막는 것은 무리이다.
흑5의 단수를 선수해서 백집을 부순 뒤 흑7로 귀에 손을 돌리면 우변의 백은 패를 할 수밖에 없다.

이단젖힘 수상전

(1806)

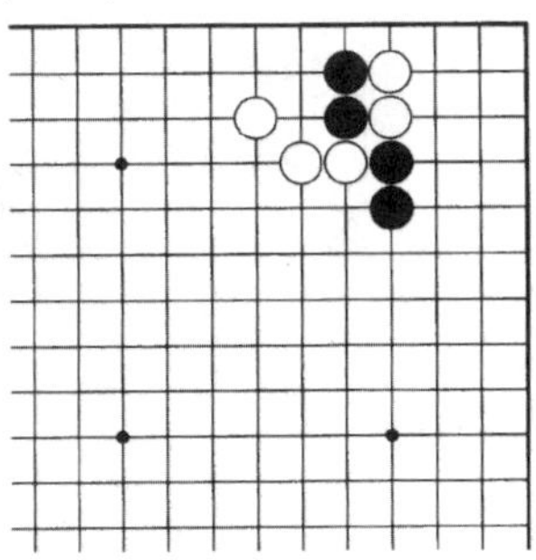

解

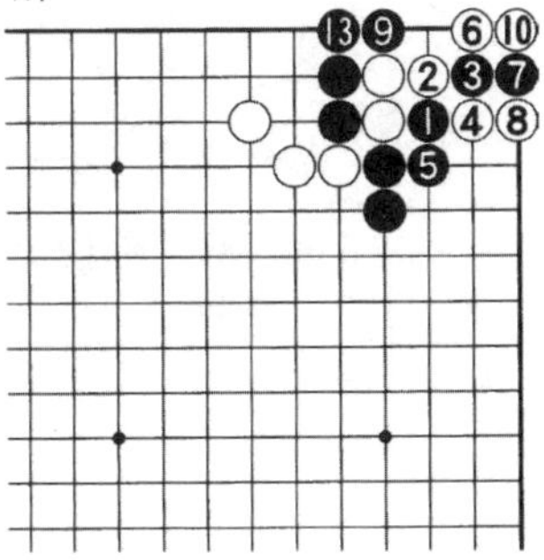

失

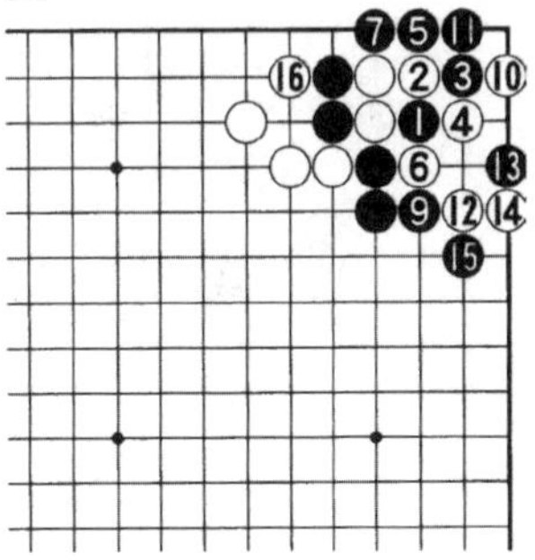

제1형 흑번

## 몰아넣다

우상귀의 수상전 문제.
백 2점의 수를 2수로 만들어 귀로 몰아넣어야 한다.

## 귀삼수

흑1, 3의 이단젖힘이 맥이다.
백6의 단수에 흑7로 2점으로 늘려서 버리고 11로 먹여치고 13까지.
※⓫→❸, ⑫→❼(따냄)

## 흑 실패

흑5, 7로 조이는 것은 백10의 단수를 당해 실패한다.
흑13에 치중하면 백14로 막고 16까지 백 승.
※⑧→❶

(1807)

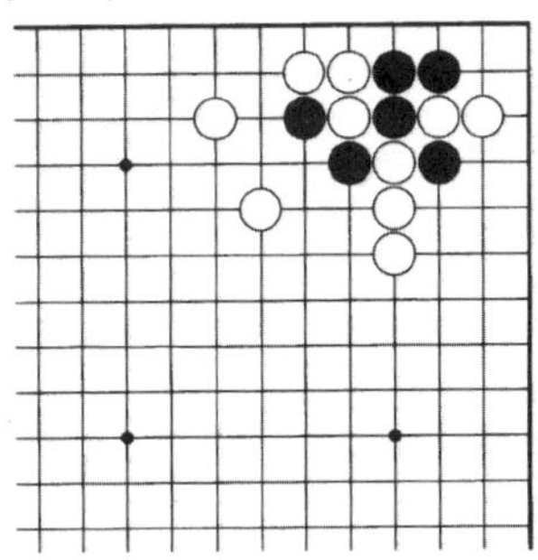

解

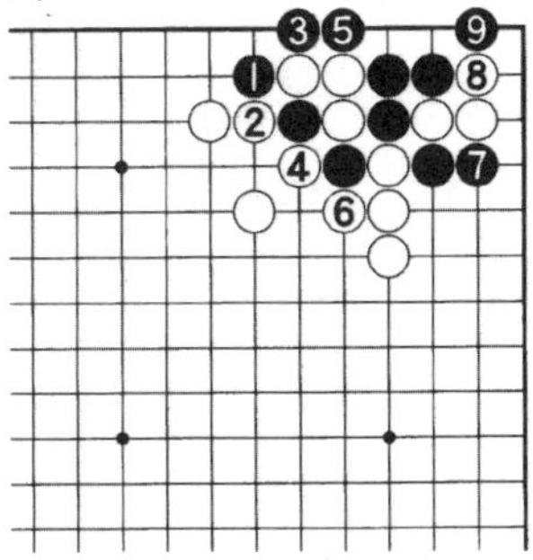

失

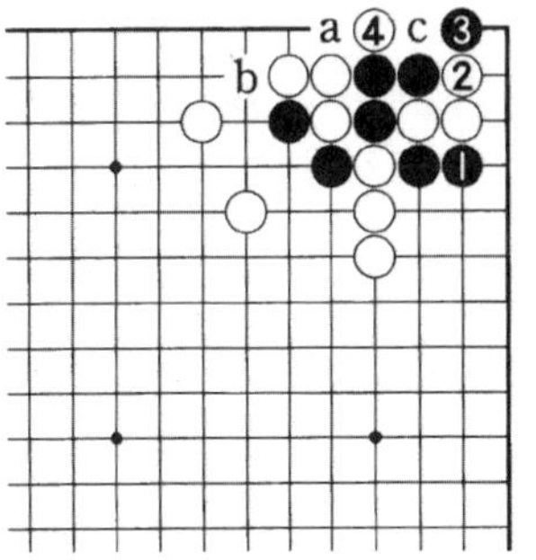

제2형 흑번

## 수

우상의 수상전 문제.
흑을 방치하면 이길 수 없기 때문에 상변의 백을 공격하여 수를 늘릴 연구를 해야 한다.

## 흑 승

흑1로 젖히고 3, 5로 조임이 비상수단이다.
백6에 흑7로 귀를 공격하여 흑의 승리. 흑1의 1점이 흑의 촉촉수를 막았다.

## 흑 실패

흑1로 막으면 백2와 4로 그만이다.
또 흑1로 a, 백b의 교환도 흑1, 백2, 흑3 이후 백c의 공격이 있다.

(1808)

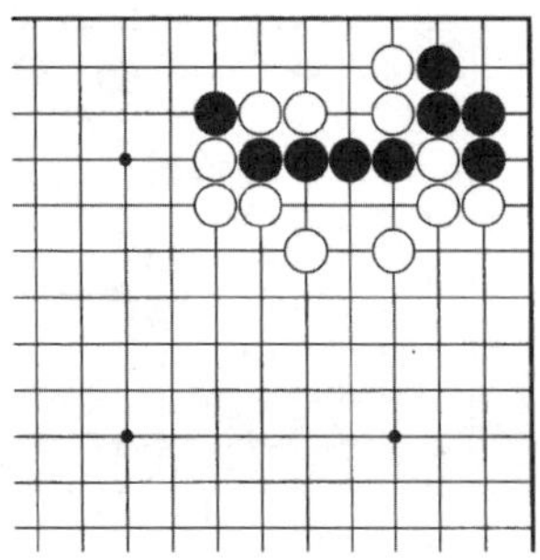

제3형 흑번

## 대활약

상변의 수상전.

상변의 백을 끊고 있는 흑 1점이 크게 활약하여 중앙의 흑을 살려 나갈 수 있다.

解

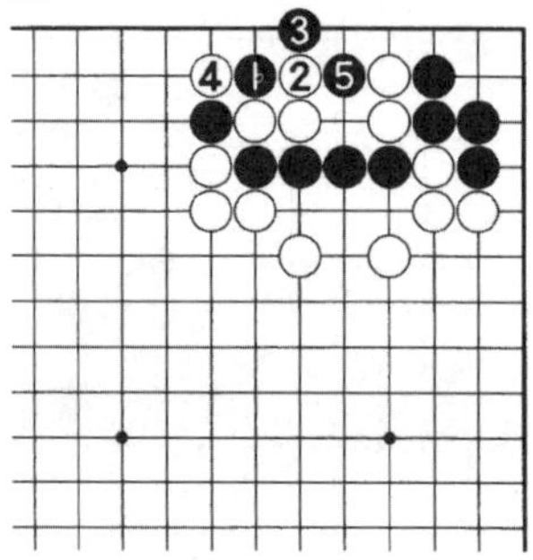

## 촉촉수

흑1로 젖히고 백2로 막을 때 흑3의 이단젖힘이 냉엄하다.

백4로 상변을 끊으면 흑5로 단수쳐서 촉촉수이다.

백4로 5는 흑4로 승리.

失

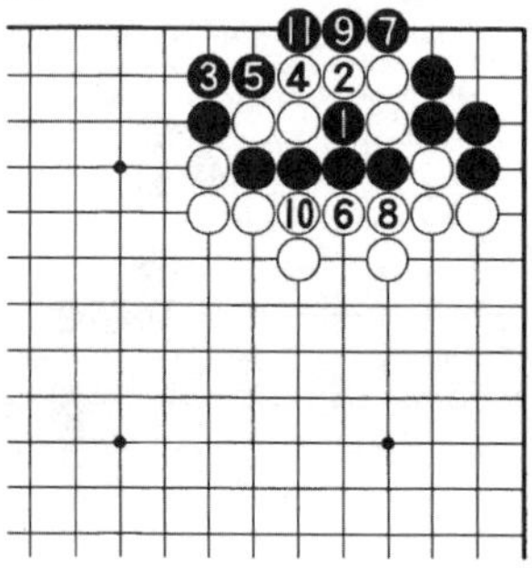

## 실패

흑1로 나가는 것은 실패한다.

흑3의 공격에 백4로 이어 상변의 백의 수는 4수이다. 백10으로 흑 5점은 잡혀서 흑은 상변을 연결시켰을 뿐이다.

(1809)

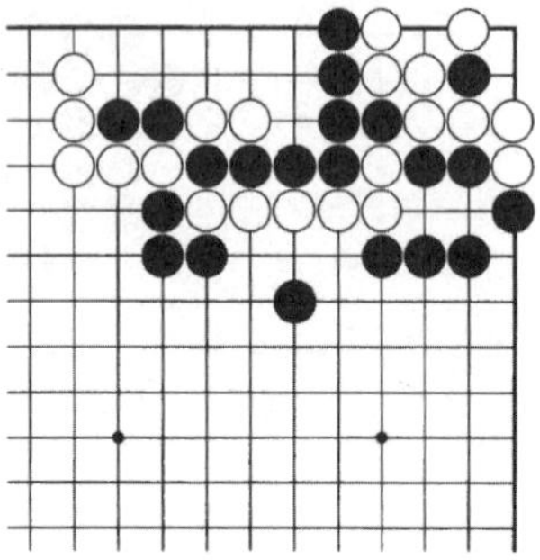

제4형 흑번

## 수를 늘리다

수상전 문제.

상변의 흑은 지금 3수이지만 공배가 꽉 찬 백 2점을 공격하여 수를 늘릴 수 있다.

解

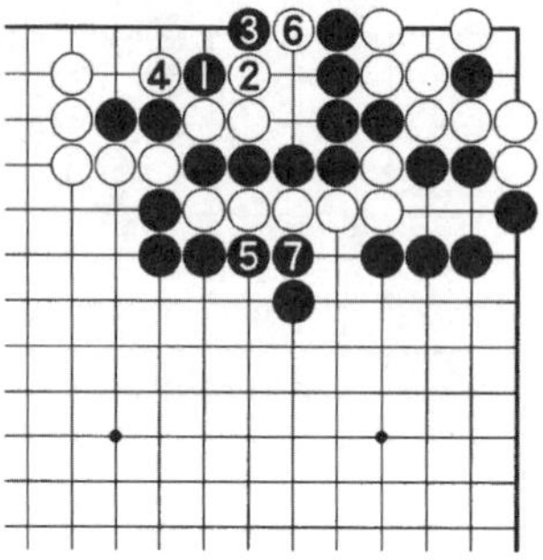

## 흑 승

흑1, 3의 젖힘이 맥으로 백 3점을 자충으로 만들어 흑의 수를 늘린다. 백4 이후 흑5, 7로 공격하면 흑의 한수 승.

变

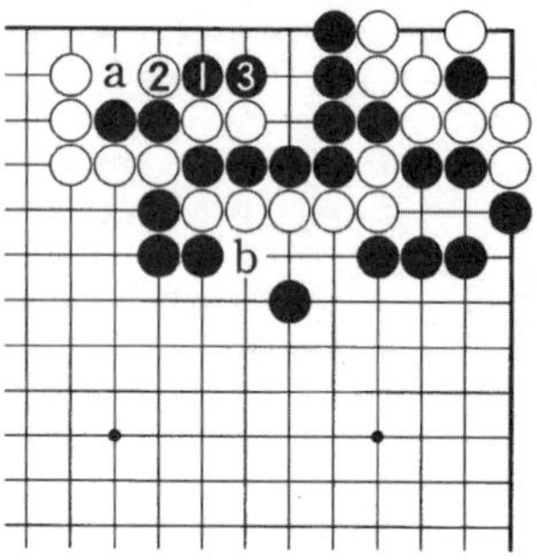

## 흑 승

백2로 흑 2점을 잡으면 흑3으로 단수쳐서 좋다.

백a로 흑 2점을 따내도 흑b로 공격하여 수상전은 흑이 이긴다.

이단젖힘

사활

(1810)

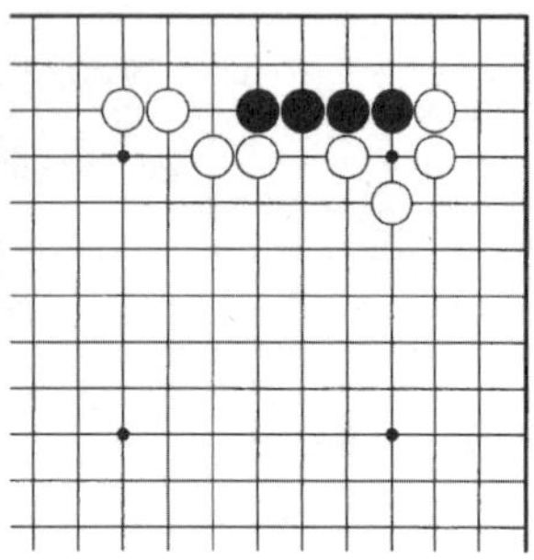

제1형 흑번

## 비상수단

사활 문제.

궁도를 넓혀야 한다.

상변의 백이 튼튼해서 둘 곳은 귀밖에 없지만 보통 방법으로는 실패한다.

解

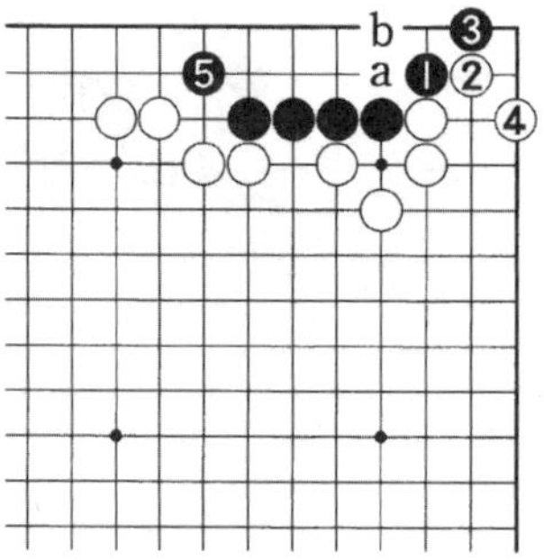

## 패

흑1, 3의 이단젖힘은 비상수단.

백a로 끊으면 흑b로 단수쳐서 패가 난다.

백이 패를 피해 4로 물러나면 흑5로 넓혀서 역시 패가 난다.

变

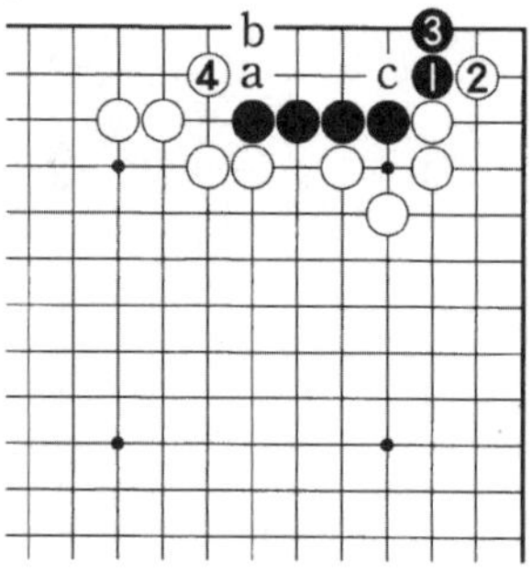

## 흑 죽음

흑1, 3으로 넓히는 변화.

백4로 공격당해서 궁도가 좁아진다. 흑a는 백b.

흑1로 4는 백c로 젖혀 이것도 궁도가 부족하다.

(1811)

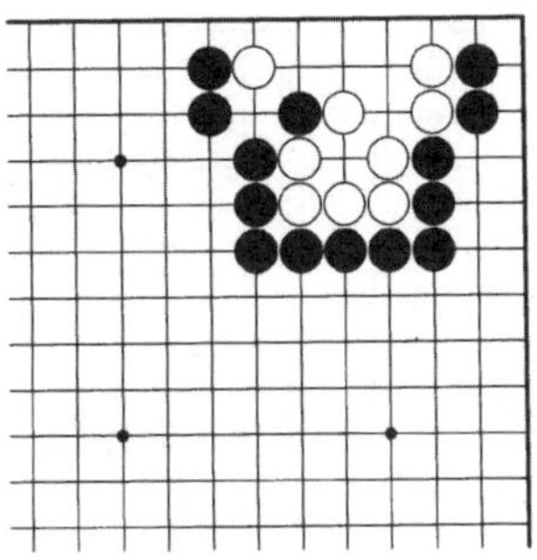

解

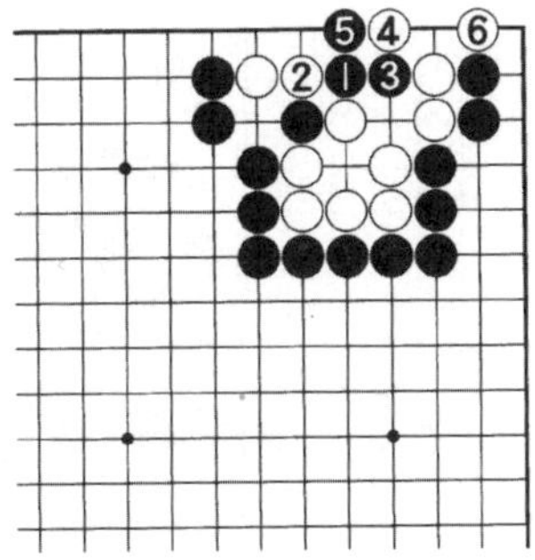

变

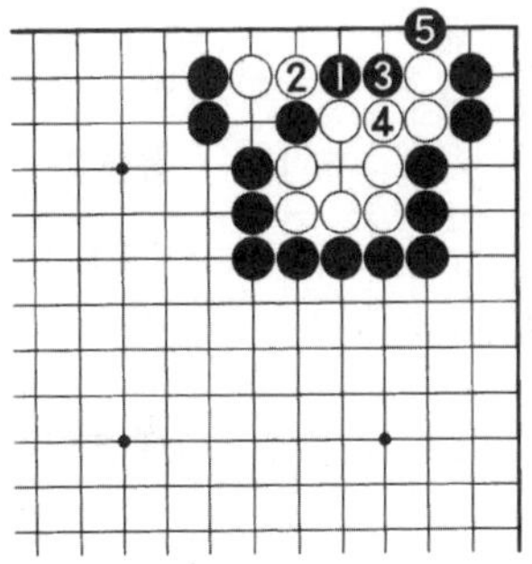

제2형 흑번

**귀를 잡다**

사활 문제.
백이 사는 급소는 집을 부수는 급소이기도 하다.
백의 저항도 염두에 둬야 한다.

**패**

흑1의 젖힘은 옥집을 노리는 맥이다. 백2의 끊음에 흑3으로 치받아 공배가 꽉 찬 백을 추궁하면 백은 4, 6으로 패로 막을 수밖에 없다.

**백 죽음**

백4로 이으면 흑5로 건너서 백이 단수 당한다.
상변의 흑 2점을 촉촉수로 잡을 수 없다. 흑1로 2는 백1. 흑1로 3도 백1로 실패한다.

## 이단젖힘

끝내기

(1812)

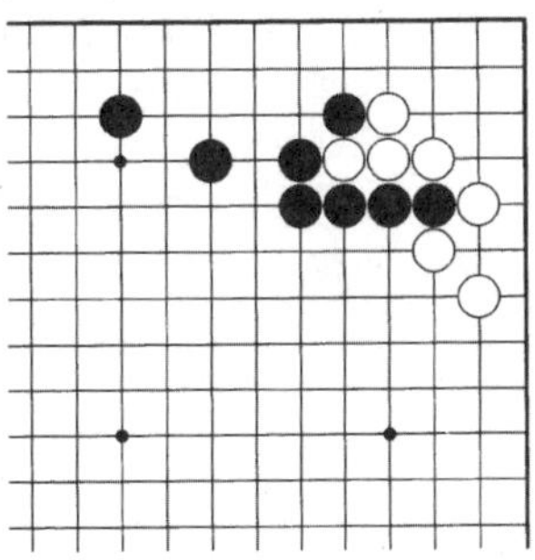

解

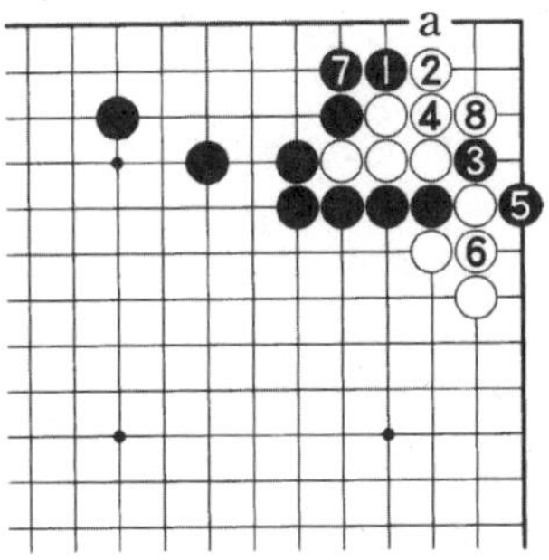

变

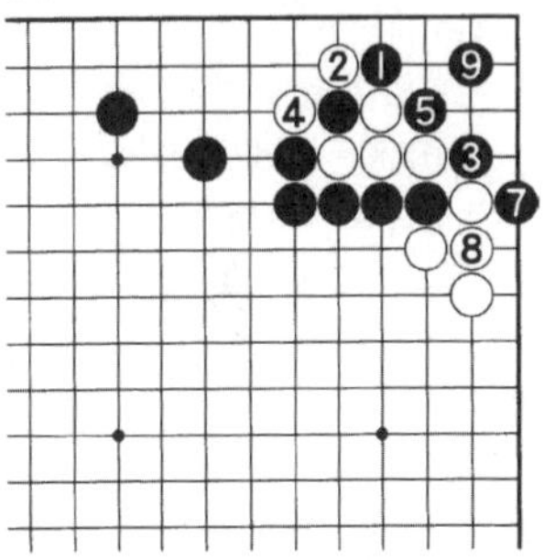

제1형 흑번

**파고들다**

우상귀의 끝내기를 어떻게 두어야 할까?
공배가 꽉 찬 점을 노려 백집을 한 집이라도 더 파고들고 싶다.

**선수끝내기**

흑1의 젖힘이 매서운 수이다.
백2로 막으면 흑3으로 끊고 5를 선수 활용하고 7로 이어서 지킨다. 백8 이후 흑a도 선수이다.

**흑 승**

백2로 반발하면 흑3, 5로 조여 큰일이 일어난다.
흑9로 귀를 지켜서 상변의 백과의 수상전은 흑이 여유롭게 이긴다.
※⑥→④의 오른쪽

(1813)

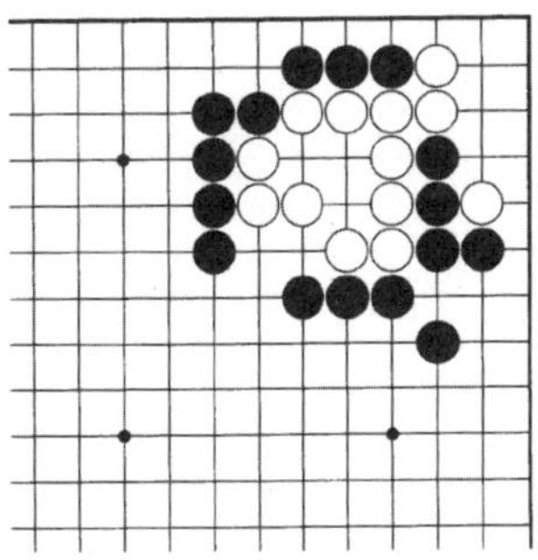

解

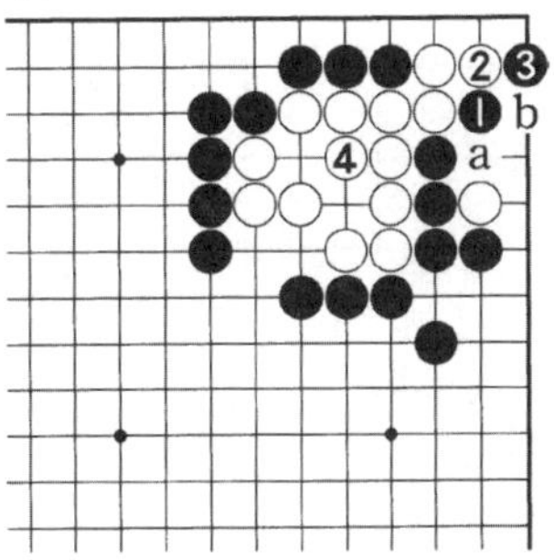

失

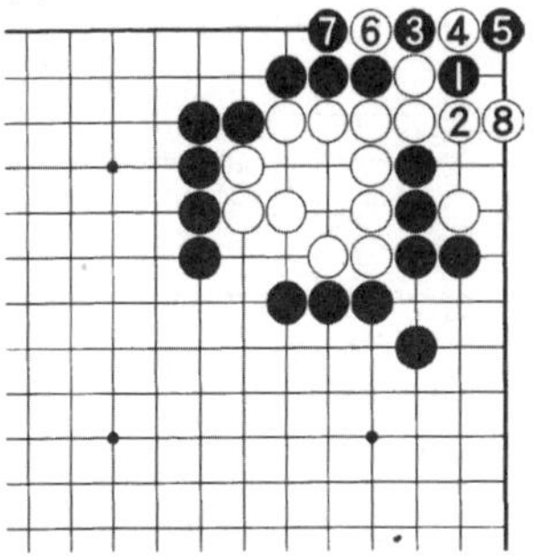

제2형 흑번

**괴롭힘**

우상의 백은 살아 있으나 2집으로 살도록 괴롭힐 수 있다.
귀를 공격하는 상용의 맥은 무엇인가?

**2집**

흑1로 젖히고 백2로 막을 때 흑3의 이단젖힘이 선수로 활용된다.
백a는 흑b. 백은 후수로 4에 두어 살 수밖에 없다.

**흑 실패**

흑1의 붙임은 2와 3의 건넘을 맞보는 수지만 백2로 막아서 8까지 촉촉수로 귀의 흑을 잡는다.

이단젖힘
공격

제1형
흑번

(1814)

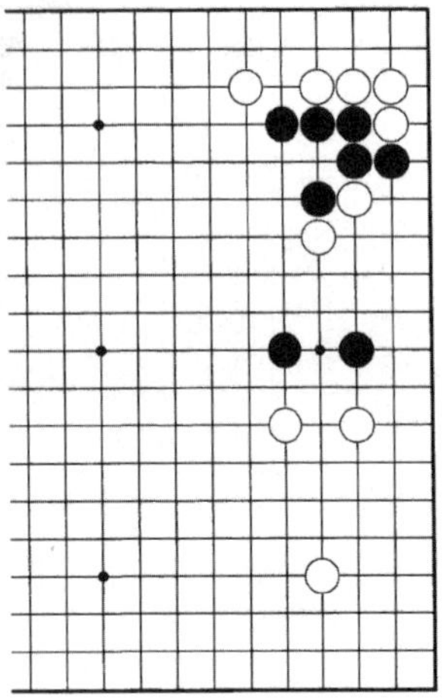

### 세력

우상귀는 화점 정석에서 생기는 변화이다.
우변의 흑집에 백이 수를 내려 고왔다. 흑은 강력한 세력을 이용하여 백을 강하게 공격해야만 한다.

解

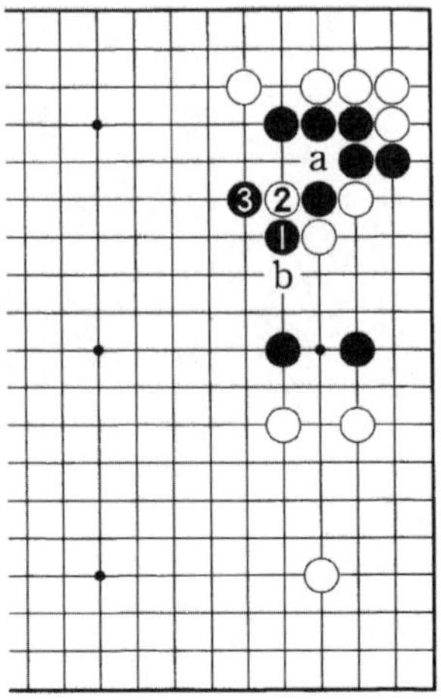


### 되단수

흑1의 젖힘이 냉엄한 수이다.
백2로 끊으면 흑3의 되단수가 상용의 맥이다.
이후, 백a로 따내면 흑b로 뻗어서 우변의 백은 전부 잡힌다.

失

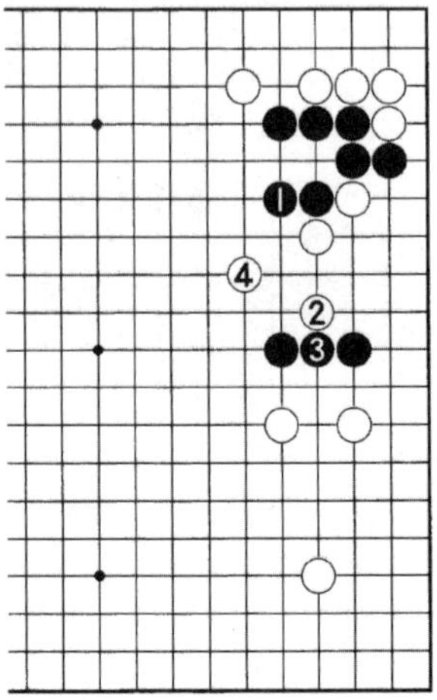

### 깨지다

흑1로 뻗는 수는 활용 당한다.
백은 2로 들여다봐서 우변을 초토화시킬 기반을 마련한다.
백4로 뛰어 흑의 모양이 무너지고 우변의 흑 3점이 백의 공격 목표가 되어버린다.

이단젖힘
안정

제1형
흑번

(1815)

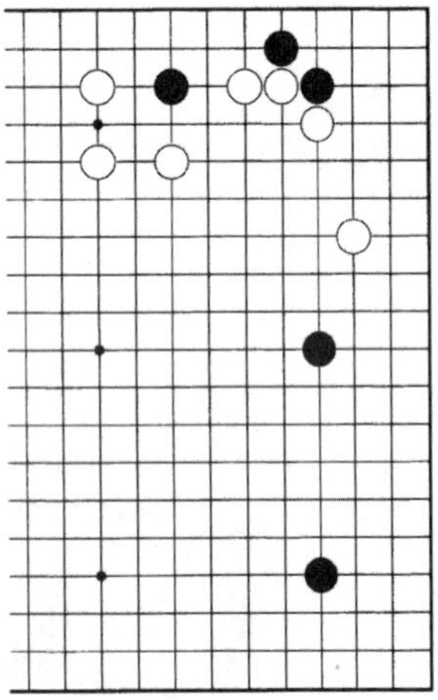

### 수습

우상에 있는 백의 모양을 부수러 간 흑이 맹공을 받고 있다.
흑은 귀에서 수습의 실마리를 구하고 싶다. 이후 어떻게 두어야 할까?

解

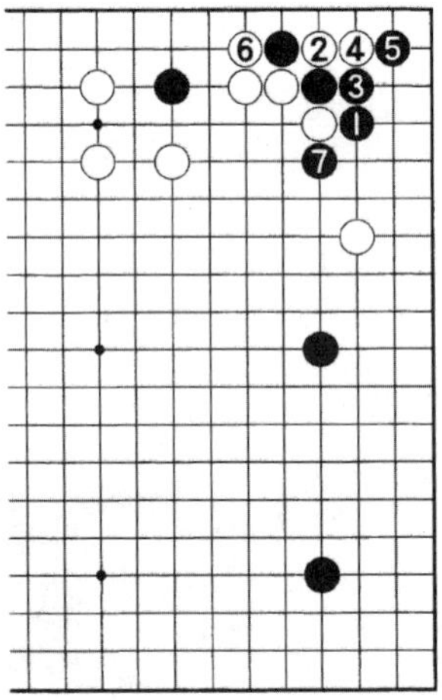

### 흑 상공

흑1의 젖힘이 돌을 최대한 이용한 맥이다.
백2로 끊어 상변의 흑을 잡으면 흑3, 5로 받고 흑7로 돌아와 단수친다. 우변 백이 약해져서 흑이 성공했다고 할 수 있다.

変

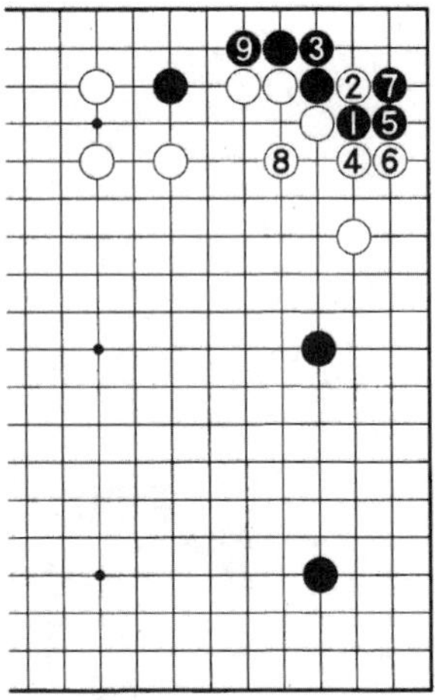

### 귀를 잡다

백2로 끊으면 흑3으로 이어 귀에 집을 만들수 있다.
백4부터 8까지 중앙을 지키면 흑은 9로 귀를 최대한 넓힌다.
흑1로 2, 백1이 되는 모양과는 차이가 크다.

(1816)

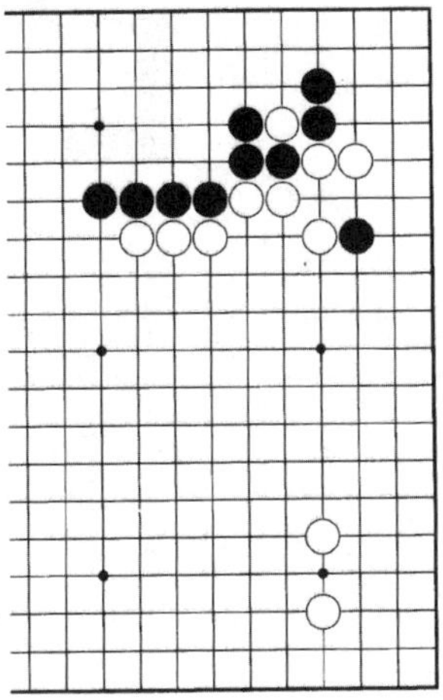

제2형 흑번

### 방해

백은 우상부터 중앙이 강력한 두터움을 만들고 있다. 이후, 우변에 가일수하면 광대한 모양이 완성된다. 그 전에 흑은 백의 모양을 방해하여야 한다.

解

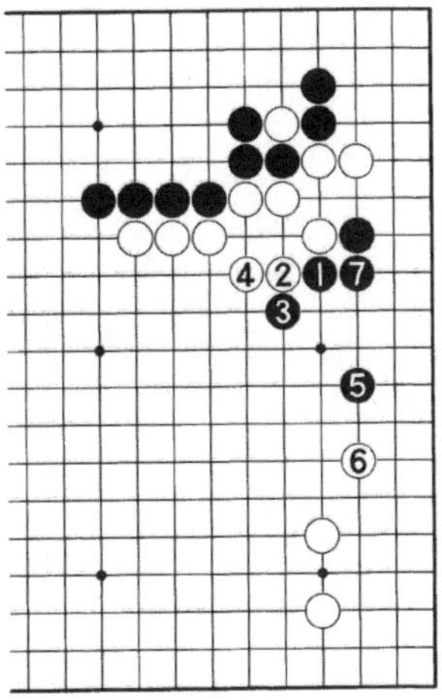


### 안정시키다

흑1의 젖힘이 백의 엷음을 추궁하는 급소이다.
백2로 젖히면 흑3으로 이단 젖혀서 백의 끊는 수를 유혹한다.
백4에는 흑5로 벌리고 흑7까지 우변을 확실하게 정리한다.

変

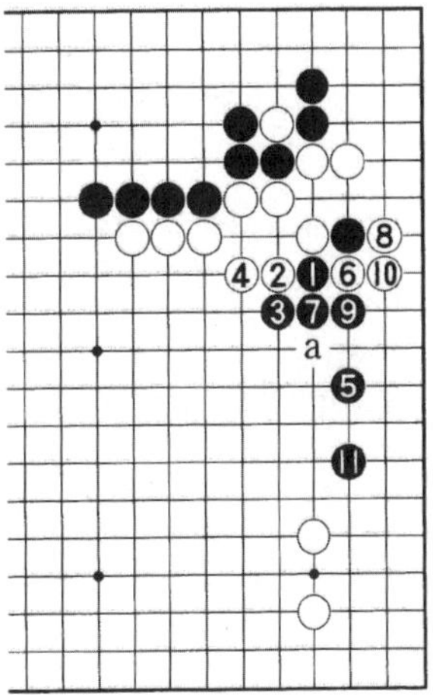


### 견실한 모양

흑5의 벌림에 백6, 8으로 우상의 흑 1점을 잡으면 흑은 9로 단수치고 11로 두어 우하에 확실한 모양을 만든다. 백4로 7로 끊으면 흑6으로 이어 다음에 4의 단수와 a로 잡는 것이 맛보기이다.

(1817)

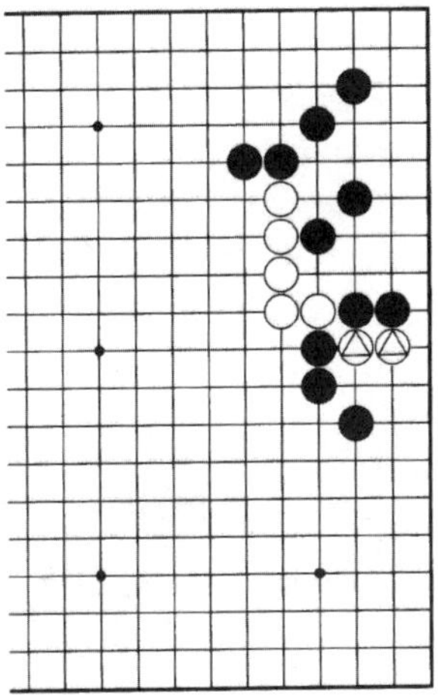

제3형 백번

### 깨뜨리다

흑은 백◬ 2점을 잡았지만 우변이 엷다.
백은 공배가 꽉 찬 흑을 추궁하여 우변의 흑집을 무너뜨리면 살 수 있다.

解

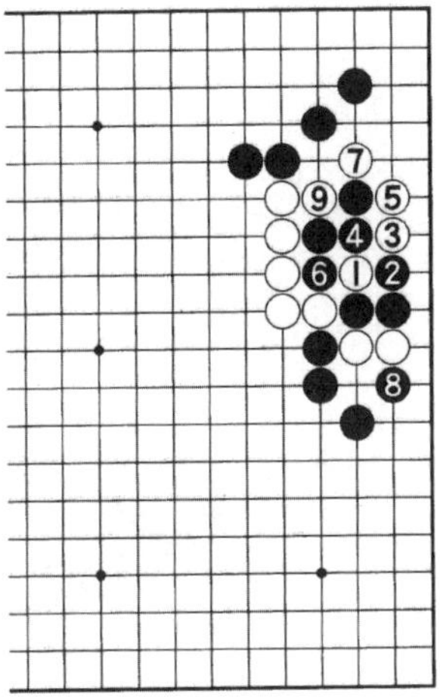


### 촉촉수

백1, 3으로 이단젖혀 흑의 공배를 메우고 흑4로 끊으면 백5로 미는 수가 맥이다.
흑6으로 백 1점을 따내면 백7부터 9로 촉촉수의 모양이다.

変

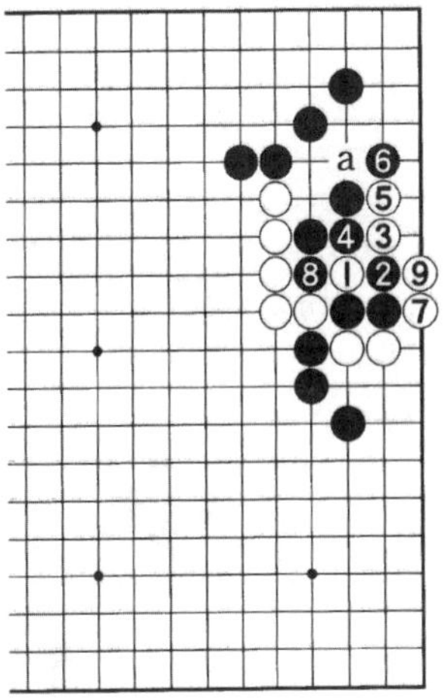


### 회돌이

흑6으로 막는 변화이다.
백7로 단수치고 흑8, 백9로 회돌이쳐 우변의 흑 3점을 잡는다.
흑6으로 a로 뻗으면 백8로 이어 우변의 수상전은 백의 승리.

# 2·1(2선과 1선의 교점)

변의 제1선은 돌에 탄력을 부여하는 성질이 있다. 그리고 귀의 제1선의 '2·1'은 귀는 요술쟁이라고 말하여지는 묘수를 만들어내는 특성이 있다.

2·1은 사활, 수상전에서는 특히 중시하여야 하는 곳이다.

흑1이 2·1의 급소. 귀에 한집, 중앙에 한집을 만들어서 산다.

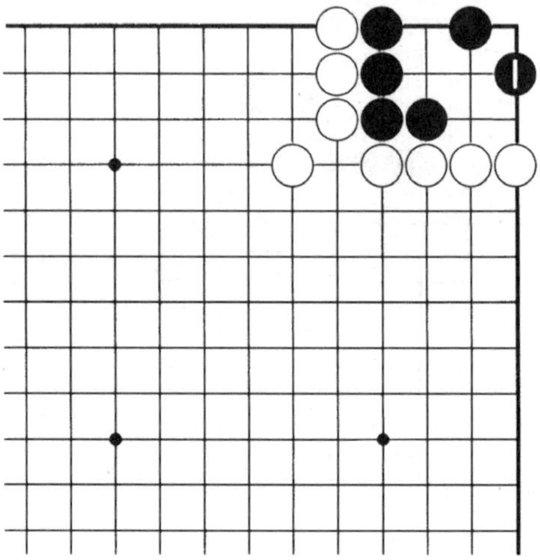



(1818)

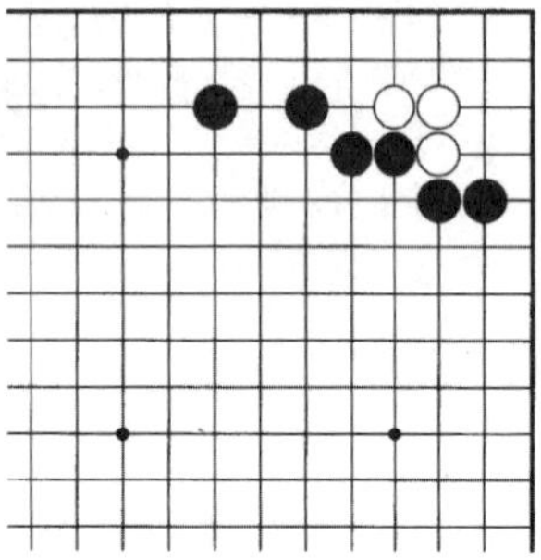

解

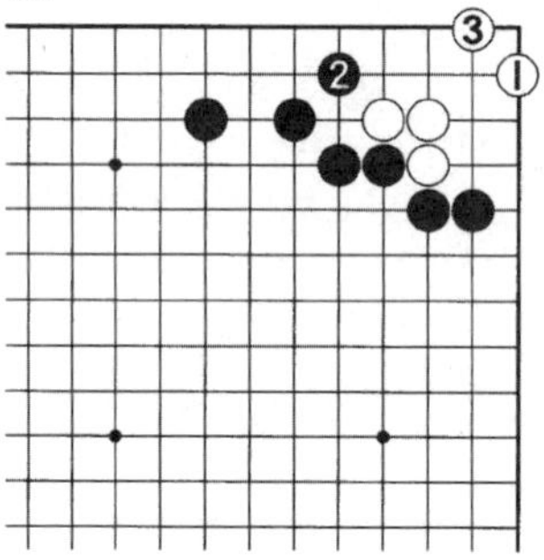


失

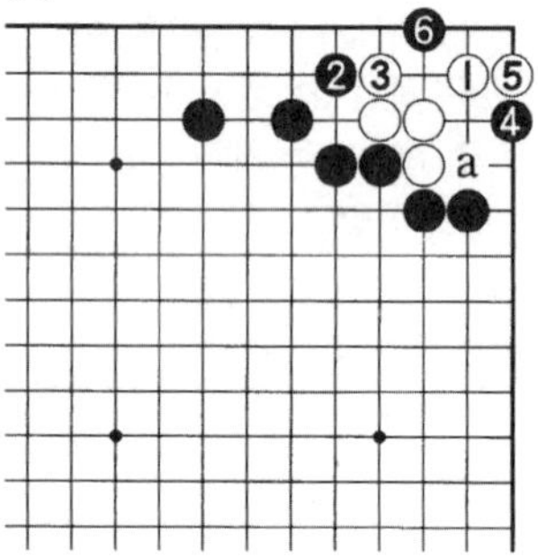


제1형 백번

### 뒷문

사활 문제.

귀의 백은 뒷문이 열려있고 궁도가 좁아져 있다. 흑의 미끄러지는 것을 방지하면서 집을 만드는 급소를 찾아보자.

### 백 삶

백1이 2·1의 맥으로 우변에서 미끄러지는 수를 막고 흑2의 공격에 백3의 입구자로 귀에 한집과 중앙에 한집을 만들어 산다.

### 백 죽음

백1의 입구자는 흑2로 공격당해 4, 6의 미끄러짐을 맞보기 당하여 죽는다. 백3은 흑4, 6.

백3으로 a도 흑4로 죽는다.

(1819)

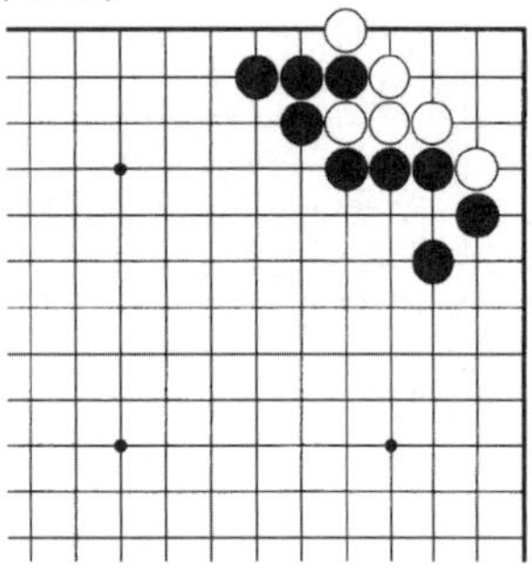

解

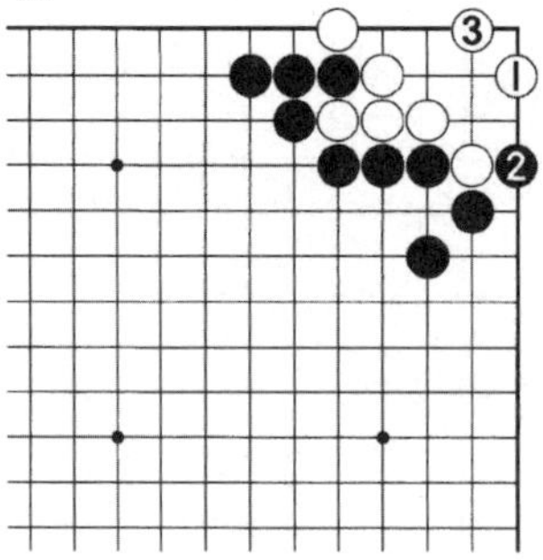


失

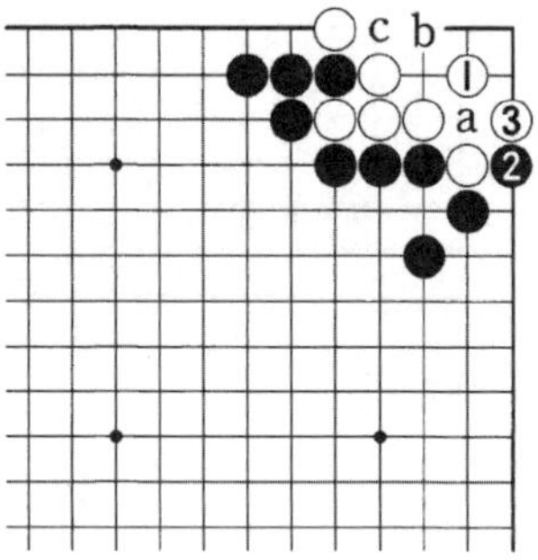


제2형 백번

### 두 종류

사활 문제.

안형의 급소에 두어 산다.

그 급소는 종류가 있어 집에 얽매이면 실패한다.

### 백 삶

백1이 2·1의 급소로 흑2로 젖히면 백3으로 입구자하여 귀에 한집 중앙에 한집으로 살 수 있다.

흑2로 3이면 백2.

### 패

백1로 호구이음은 흑2로 단수쳐서 패가 된다. 백3으로 a는 흑b, 백c, 흑3으로 죽는다.

백1로 a에 이어도 흑2로 궁도가 좁아 백이 죽는다.

## 제3형 백번

(1820)

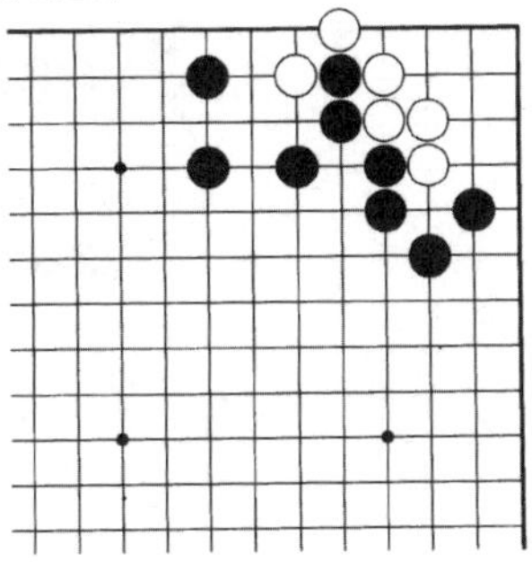

### 귀의 급소

사활 문제.
단순히 궁도를 넓히면 귀의 급소를 빼앗겨 실패한다.
끈질기게 버텨야 한다.

解

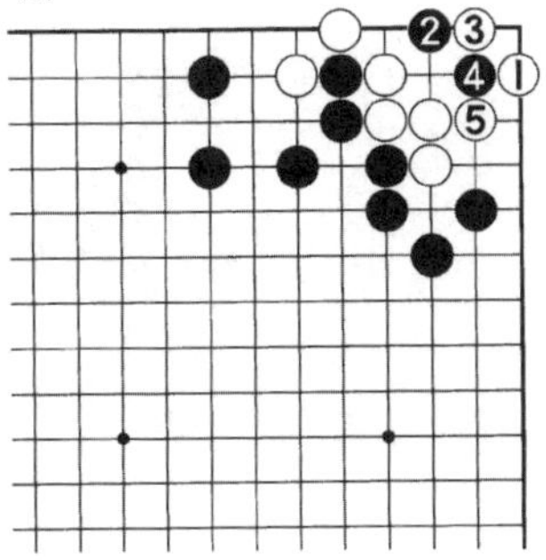

### 패

백1이 2 · 1의 급소이다.
흑2는 궁도사활을 노린 수이지만 백3이 좋은 수로 5까지 패가 난다.

变

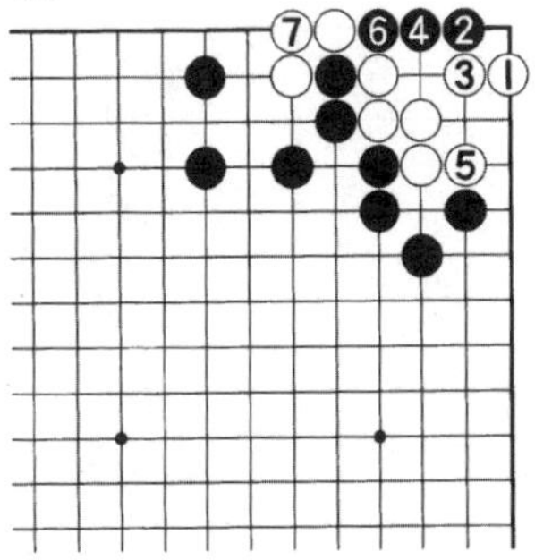

### 백 삶

흑2로 치중하면 백3으로 막아 산다.
흑4에 백5로 우변에 1집을 만들고 흑6으로 끊어도 백7로 이어서 흑 3점을 잡으면 2집이다.

## 제4형 흑번

(1821)

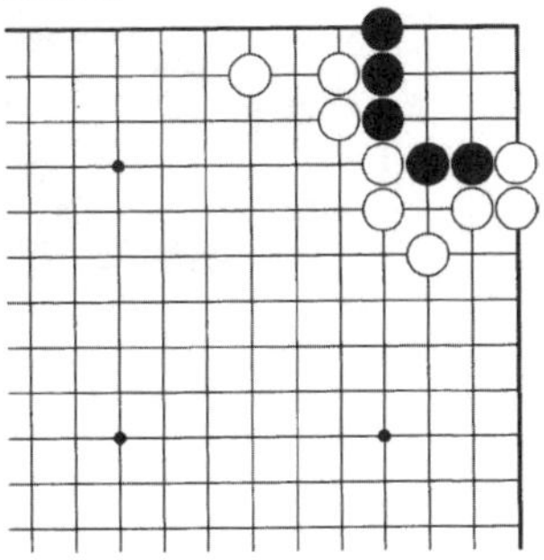

### 탄력

사활 문제.
우변에서 흑집을 침범하여 막을 수 없는 모양이다.
흑은 귀의 특수성에 기댈 수밖에 없다.

解

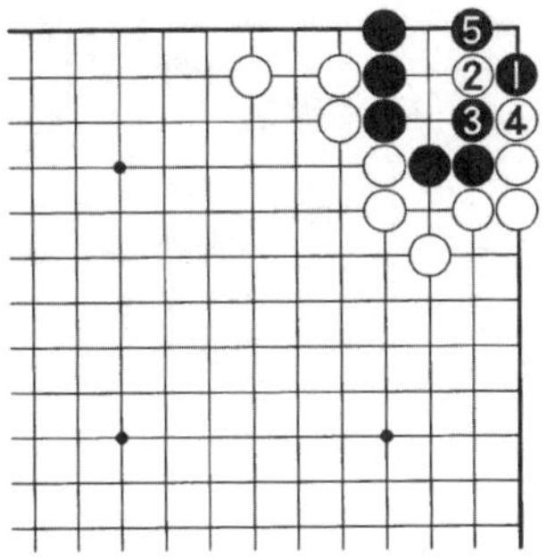

### 패

흑1이 2 · 1의 급소이다.
백2의 공격에 흑3, 5로 패로 버틴다.
흑1로 3은 백1, 흑4, 백2로 그냥 죽는다.

变

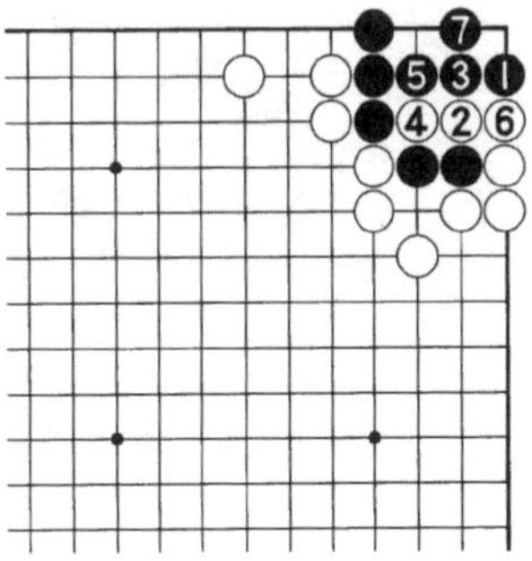

### 흑 삶

백2로 젖히면 흑3으로 밀어 올려 그만이다.
백4, 6으로 2점을 잡아도 흑7로 본체가 깔끔하게 산다.

## 제5형 흑번

(1822)

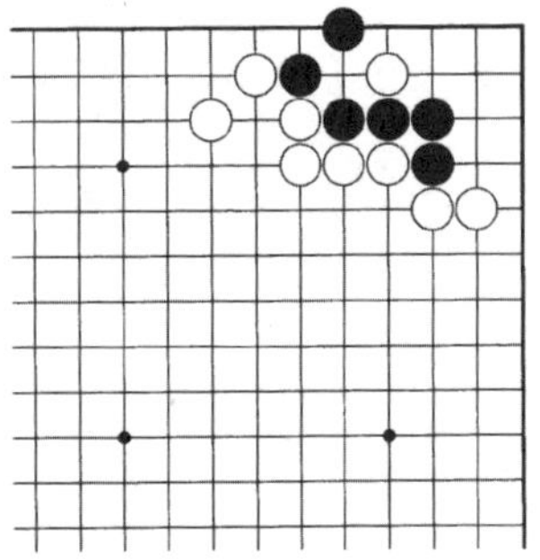

### 넓히다

사활 문제.
귀의 궁도를 넓혀 삶과 동시에 궁도사활의 대책을 준비한다.
백 1점을 잡으러 가면 실패한다.

解

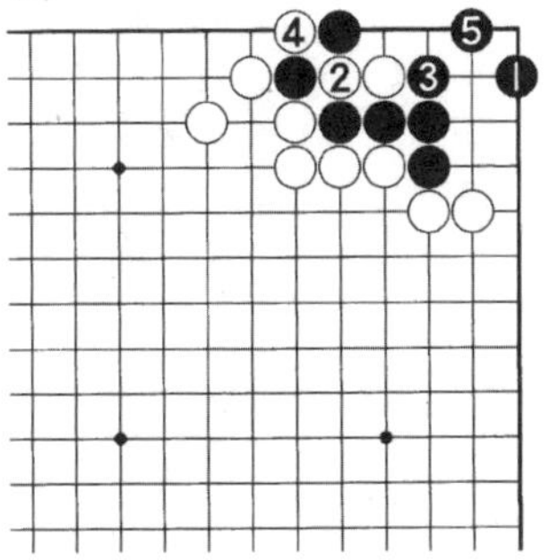

### 흑 삶

흑1이 2 · 1의 맥이다.
백의 비마 달리기를 막는다.
백2로 상변 1점을 살리면 흑3으로 단수, 5로 2 · 1로 웅크려 산다.

变

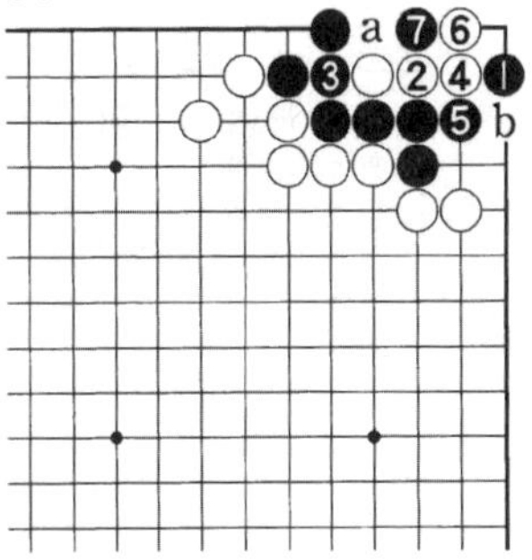

### 흑 삶

백2로 나가 치중을 노리는 변화이다. 흑3으로 잇고 백4, 6으로 오궁도화를 노리지만 흑7로 집어넣어서 살 수 있다.
백a에는 흑b로 승리.

(1823)

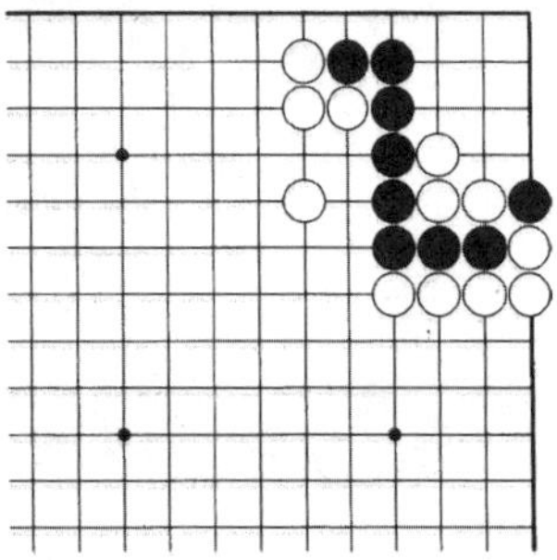

제6형 흑번

### 좁다

사활 문제.
좁은 범위 안에서 백은 우변의 흑 1점을 잡고 건너가고 있다. 백의 모양을 추궁하면서 귀에 집을 만들어야 한다.

解

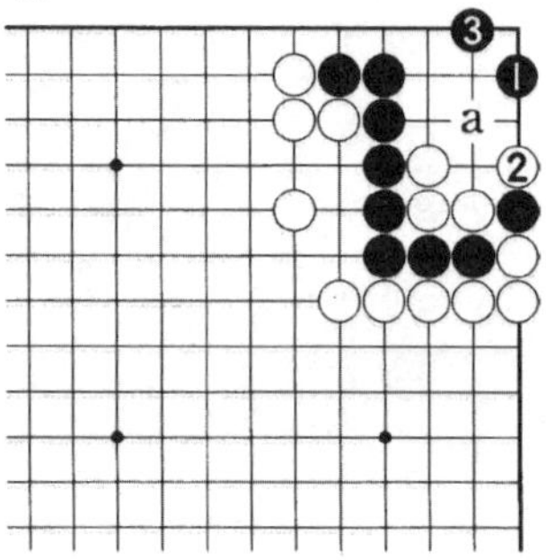

### 흑 삶

흑1이 2·1의 급소이다.
백2로 1점을 따내면 흑3으로 2·1에 두어 귀와 변에 한집씩 확보하여 산다.
흑1로 a는 백2로 실패한다.

变

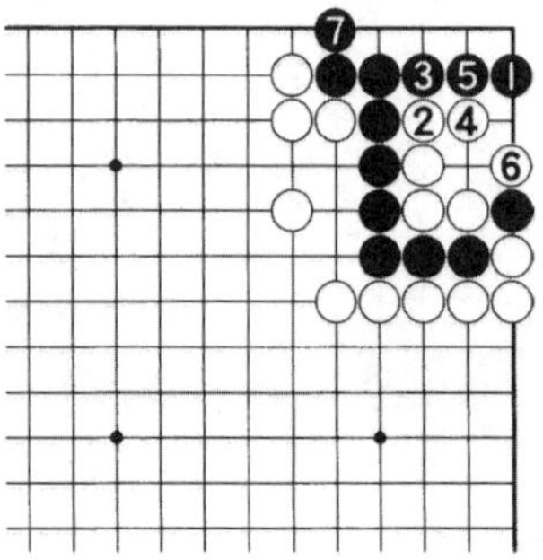

### 맞보기

백2, 4로 흑집을 줄이면 흑5로 이어 다음에 7과 6을 맞보기로 하여 산다.
백2로 4에 두어도 흑5로 같다.

(1824)

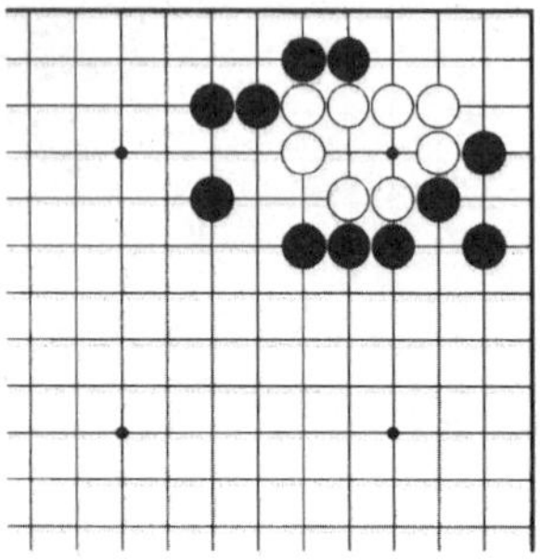

제7형 백번

### 근거

사활 문제.
남은 한집은 귀에서 만들어야 한다. 양쪽에 2선이 열려있는 모양이지만 어느 곳이 버티는 급소인지는 모른다.

解

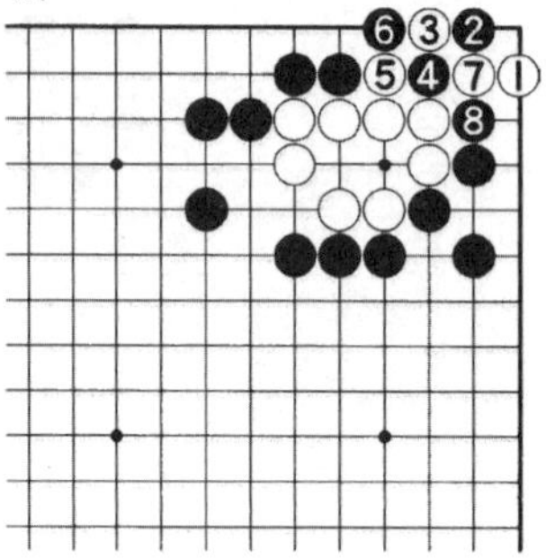

### 패

백1이 2·1의 맥이며 좋은 수이다.
흑2로 미끄러져 상변의 집을 뺏으면 백3부터 7의 촉촉수를 노린다.
흑8로 끊어 패가 된다.

失

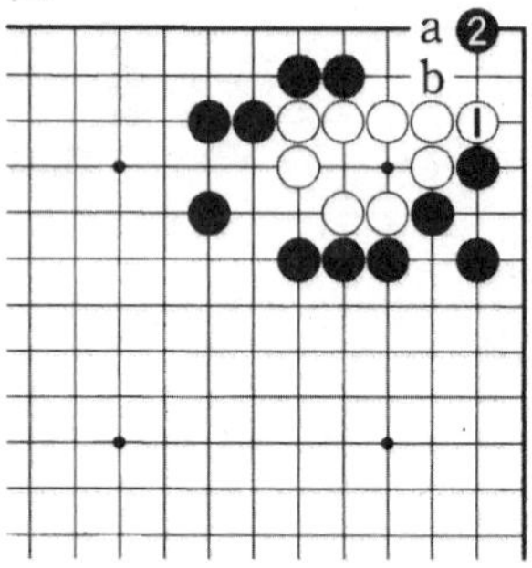

### 백 실패

백1로 막는 것은 흑2로 실패한다.
이후, 백a로 붙여도 흑b로 흑은 촉촉수에 걸리지 않는다.

(1825)

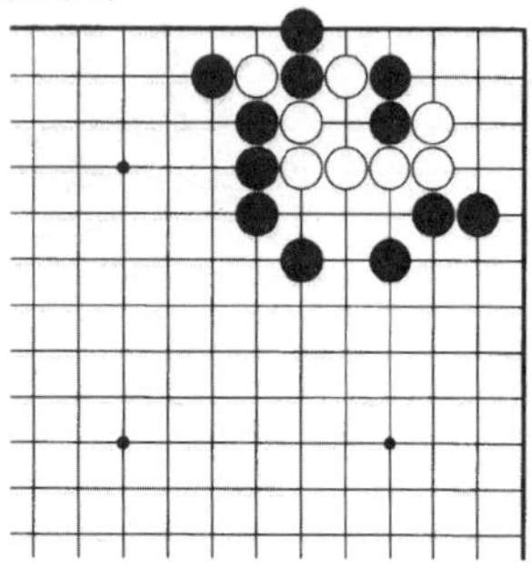

제8형 백번

### 귀의 집

사활 문제.
흑 2점을 잡는 것만으로는 불안하다. 기댈 곳은 귀뿐이다. 흑 2점은 잡지 않아도 좋다.

解

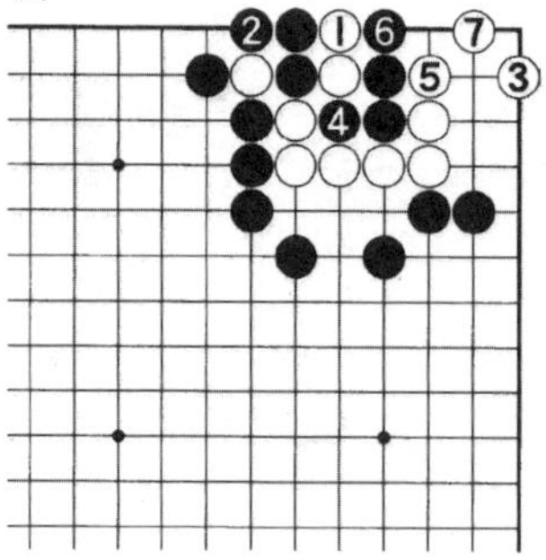

### 백 삶

백1의 단수를 선수 활용하고 3의 2·1이 맥이다.
흑4로 2점을 잡으면 백5, 7로 살 수 있다.
흑4로 5는 백4로 이어 그만이다.

失

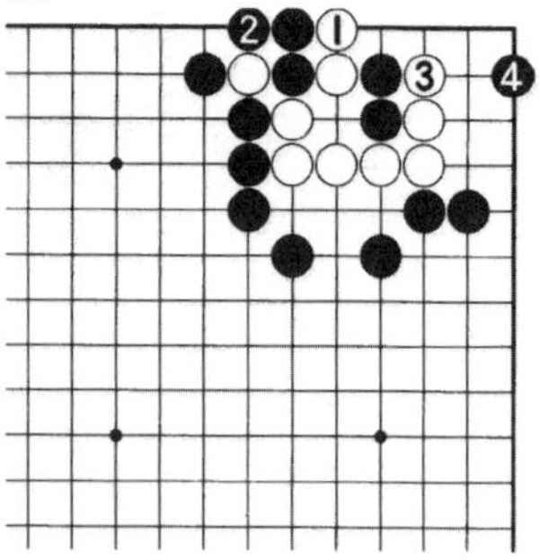

### 백 죽음

백3으로 2점을 잡으려고 하는 것은 흑4로 미끄러짐을 당해 죽는다. 백의 궁도가 좁다.
백1, 흑2 교환을 안 해두고 백4에 두면 흑1로 건너가서 실패한다.

# 빵때림

돌을 반상에서 들어내는 것으로 상대의 돌이 반상에서 자취를 없애면 이후에는 맛도 아무것도 남지 않는다.
흑1이 빵때림. 상변 흑에게 여러 가지 약점이 있지만 가장 큰 약점은 중앙의 4점이다.
흑1로 4점을 살리고 우변에의 침입을 노린다.

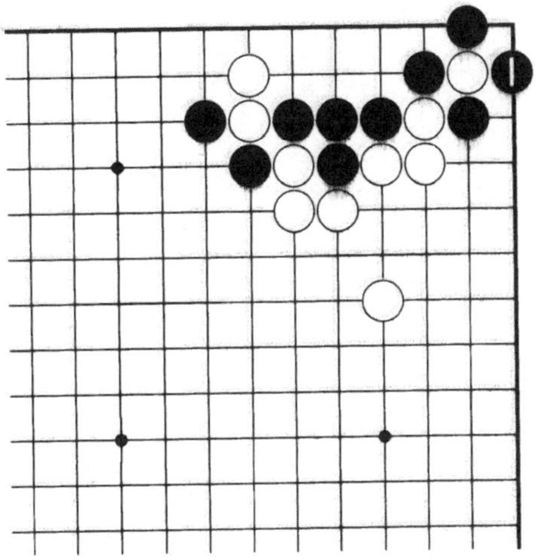


빵때림 정석변화

(1826)

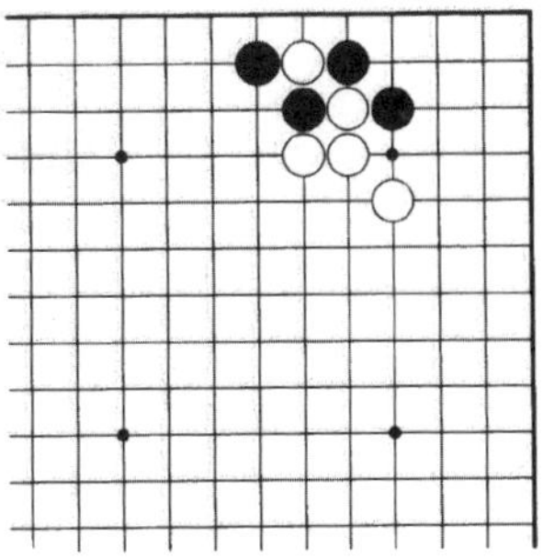

解

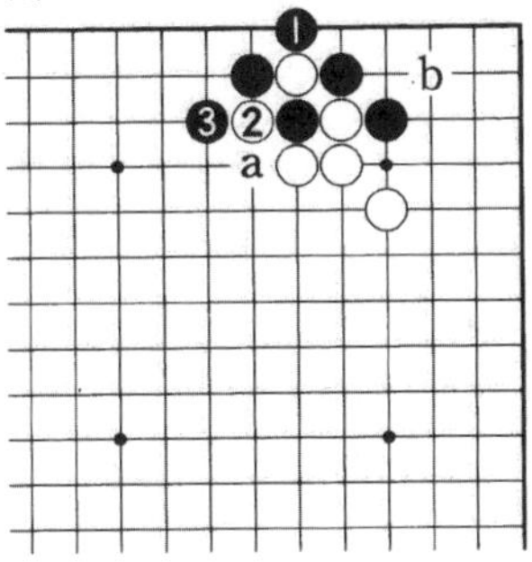


失

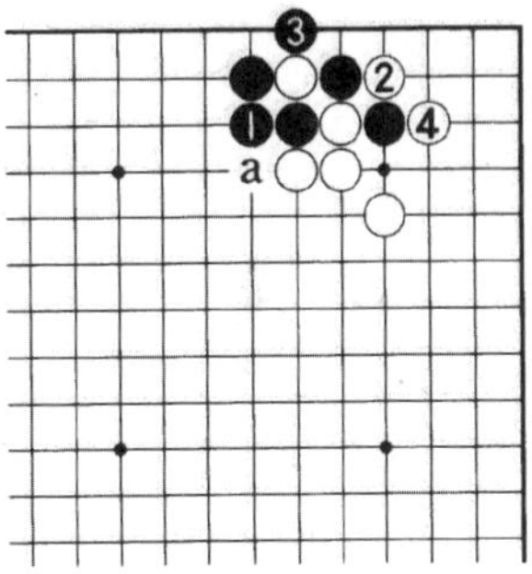


제1형 흑번

## 정석을 벗어남

상변의 전투.
고목 정석의 변화로 백이 상변 흑에게 단수를 쳤다.
정석에서 벗어난 백을 혼내주려면 어떻게 해야 하는가?

## 반발

흑1로 따는 수가 옳은 맥이다.
백2의 단수에는 흑3으로 되단수 쳐 반발한다.
백a로 이으면 흑b로 귀를 굳히고 상변도 차지한 모양이다.

## 활용당하다

흑1로 잇는 것은 활용당한다.
백2로 끊는 것도 선수이고 백4로 귀를 잡어 백이 이득이다.

(1827)

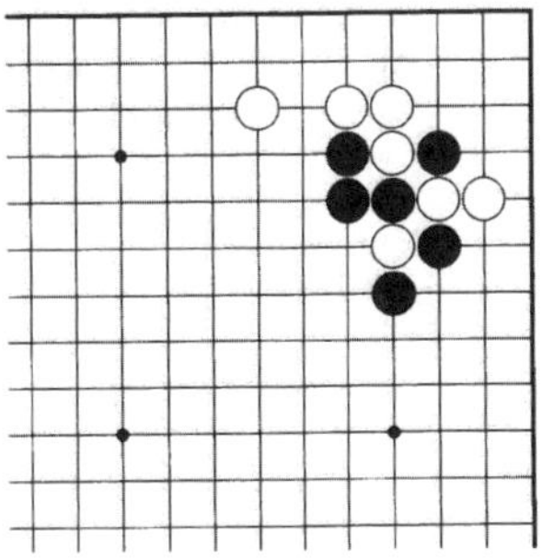

解

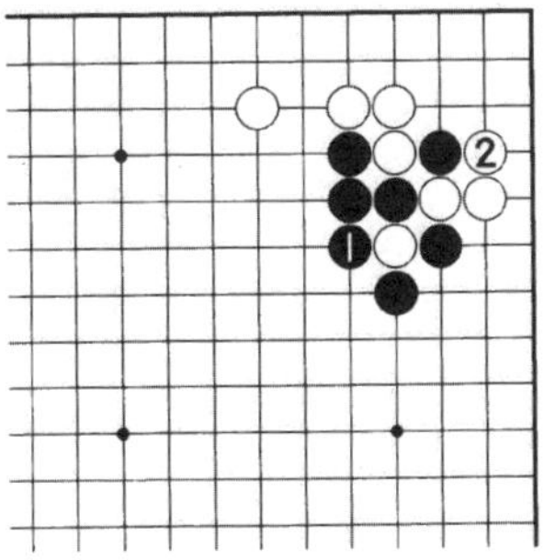


失

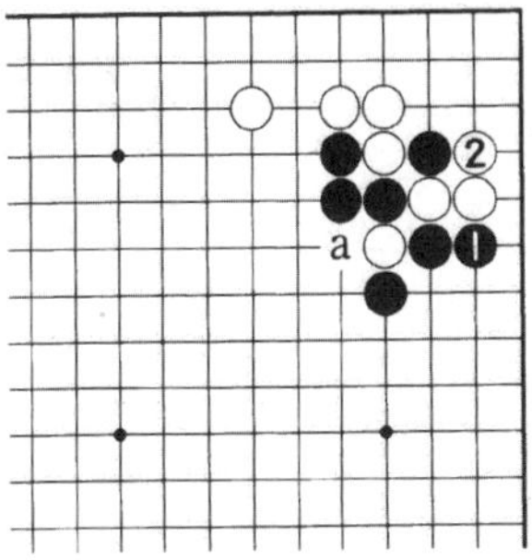


제2형 흑번

## 일단락

우상의 전투.
우상귀는 대사정석의 변화로 흑은 귀를 버리고 중앙에 세력을 만든다.
정석을 일단락시키는 방법을 생각해보자.

## 세력

흑1로 따내는 것이 상형이다.
흑은 축머리 당하는 것을 사전에 막고 백2로 귀를 지키게 하여 선수로 우상에 강력한 세력을 얻었다.

## 흑 실패

흑1로 막는 것도 선수로 활용했으나 속수이다.
백2 이후 백a의 도망이 흑에게는 위협이 됨으로 흑은 a로 따내는 것이 필요하게 된다.

(1828)

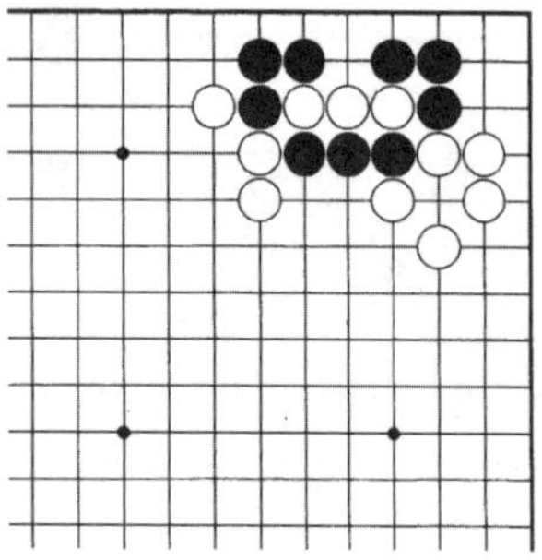

解

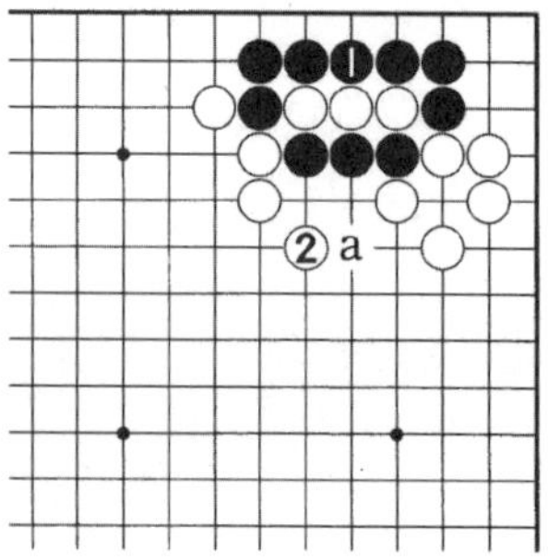


失

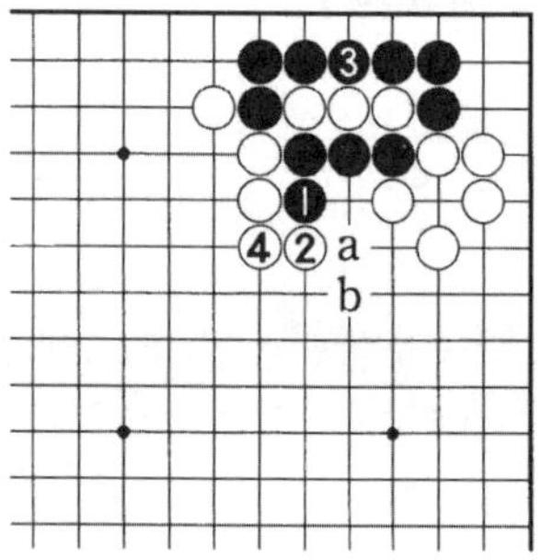


제3형 흑번

### 엷음

상변의 전투.
눈사태 정석의 변화로 흑이 바깥의 백을 직접적으로 절단할 수는 없으나 백의 엷음은 노릴 수 있다.

### 다음 수

흑1로 따내는 수가 좋은 수이다.
백의 응수를 보고 이후 수를 결정한다.
백2로 입구자하면 흑a의 건너붙임이 남았기에 백의 모양이 엷다.

### 흑 속수

흑1은 속수이다.
백2, 흑3 이후, 백4로 밖을 굳힌다.
이후 흑a는 백b로 흑은 다음수가 없다.

빵때림 사활(삶)

(1829)

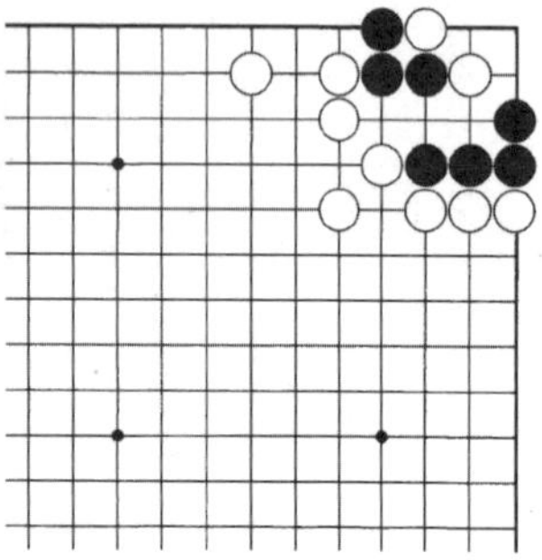

解

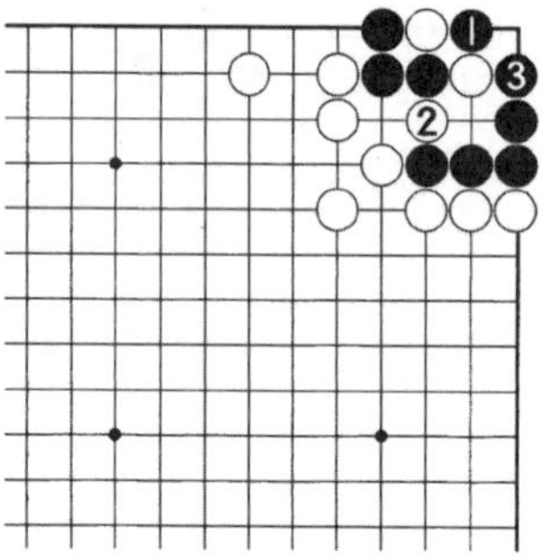


失

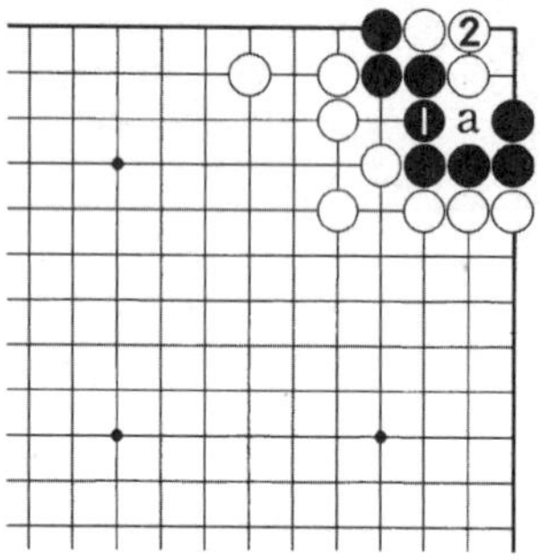


제1형 흑번

### 단순

흑은 자충에 걸렸지만 잘 빠져나갈 수 있는 맥이 있다.

### 착각할 듯한

흑1로 따낸 수가 침착한 수로 계속해서 백2에 흑3을 눈치 챘을지 아닐지.
백2에 환격으로 착각할 듯한 모양이다.

### 흑 죽음

흑1로 한껏 궁도를 넓혀도 백2로 깔끔하게 죽는다.
또한 흑1로 a에 두어도 백2로 역시 죽는다.

(1830)

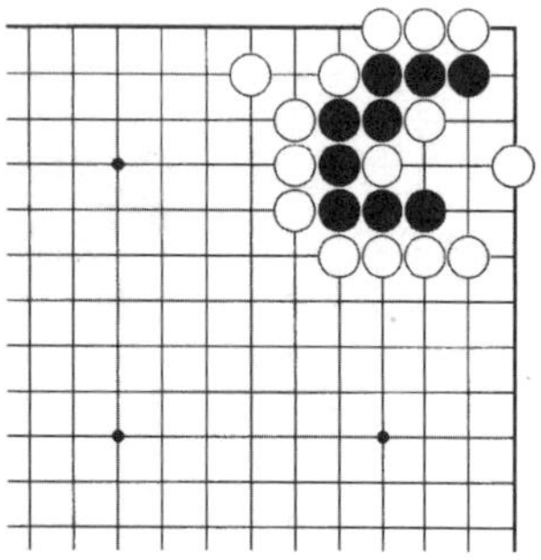

解

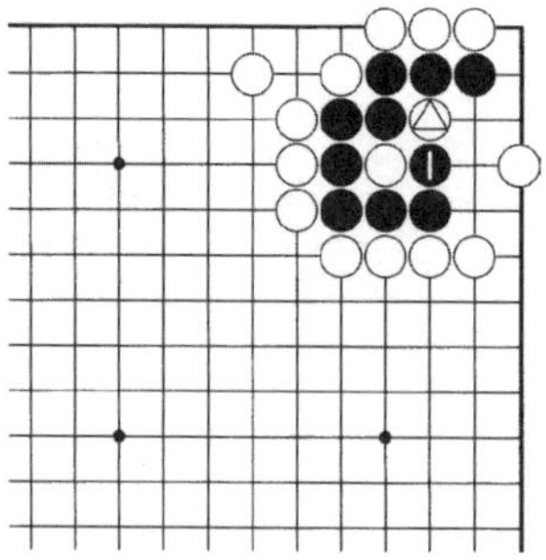


失

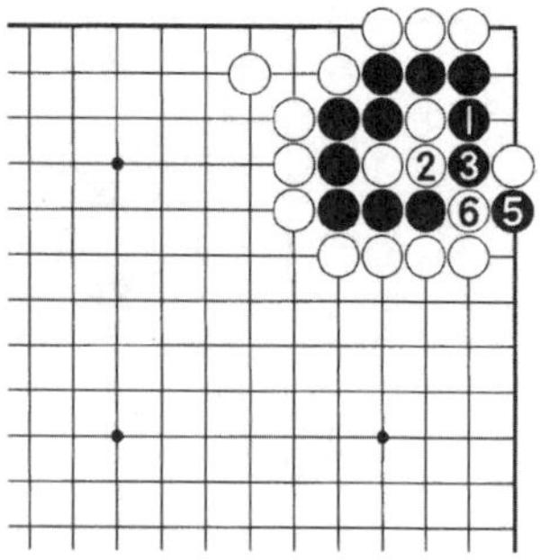


제2형 흑번

### 수읽기

어떻게 해야 살 수 있을까?
공간이 좁아 둘 곳이 제한되어 있지만 차분히 읽어내는 것이 중요하다.

### 단순

단순하지만 흑1로 따내는 것이 중요하다. 이 수로 여기 한집이 된다.
그리고 백△는 도망 불가.
흑1로 다른 곳에 두면 무조건 죽는다.

### 흑 죽음

흑1은 백2로 이어 그만이다.
흑3에는 백4로 집을 빼앗겨 분리된 두집을 만들 수 없다.
※④→②(치중)

(1831)

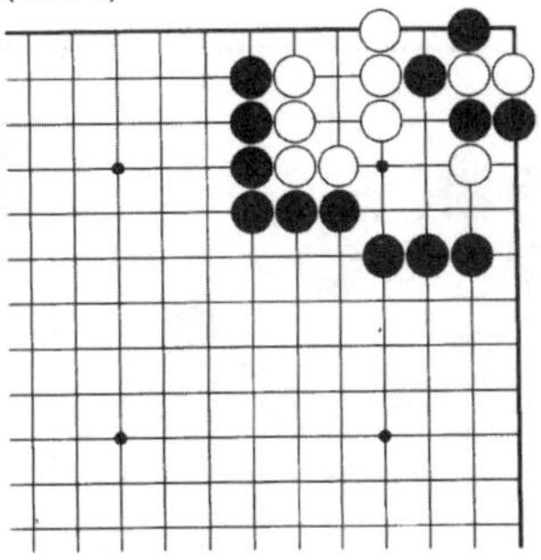

解

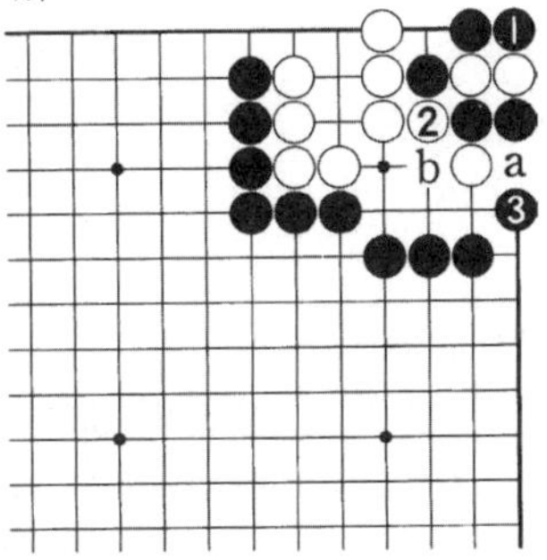

失

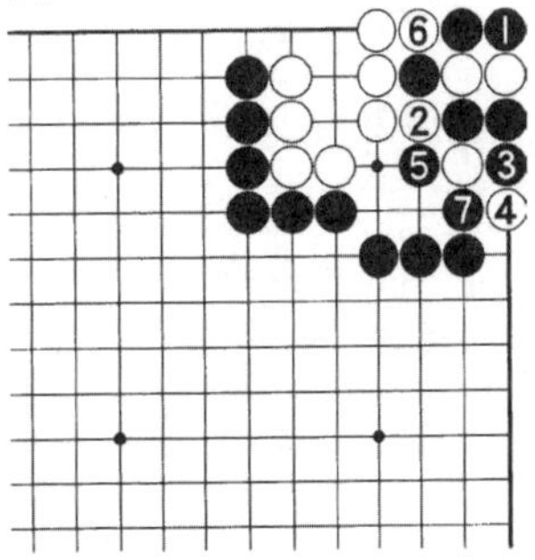

제1형 흑번

## 연결하다

사활 문제.
우상귀의 흑이 우변과 연결할 수 있다면 백은 살 수 없다.
흑은 일부만 살려고 하면 실패한다. 자충에 주의해야 한다.

## 백 죽음

흑1로 따낸 수가 좋은 수로 백2는 촉촉수를 노린 수이다.
흑3의 입구자로 귀에 연결한다.
백a는 흑b로 끊으면 귀는 전부 살 수 있다.

## 촉촉수

흑3으로 나가면 실패한다.
백4로 막아 흑이 자충에 걸린다.
흑5에는 백6으로 귀에 단수치고 백8의 촉촉수로 살 수 있다.
※⑧→❶의 왼쪽 아래(따냄)

(1832)

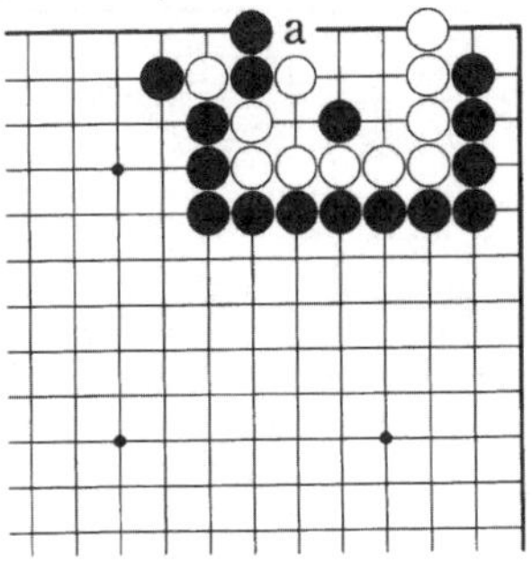

解

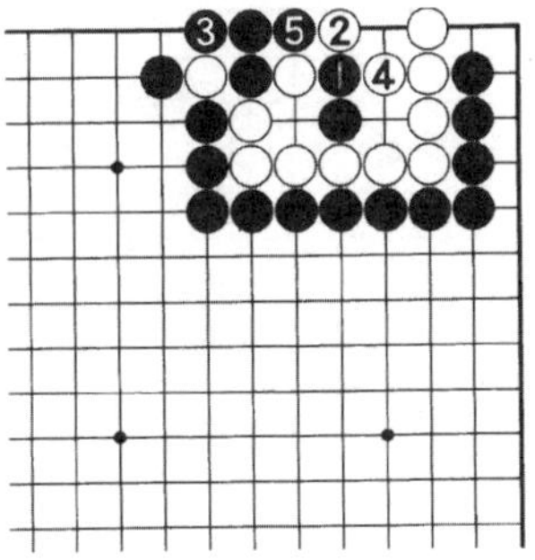

失

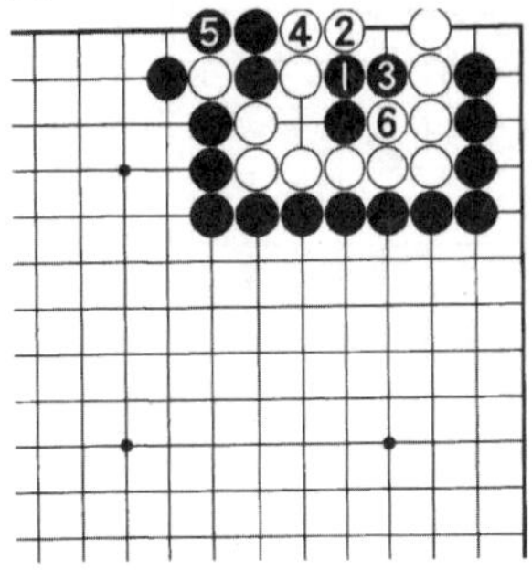

제2형 흑번

## 말은 간단

백a의 단수가 절대 선수라는 것은 자랑이지만 그것을 극복해내면 간단하다.

## 잠자코

흑1은 누가 보아도 급소이다.
백2에는 잠자코 흑3으로 따내는 수가 냉정하며 흑5로 마지막엔 패가 된다.

## 빅은 실패

앞을 서둘러 흑3으로 집을 빼앗으면 백4의 단수이다. 백6까지 빅이 되는 것은 명백한 사실이다. 백4의 자리가 급소임을 알 수 있다.

(1833)

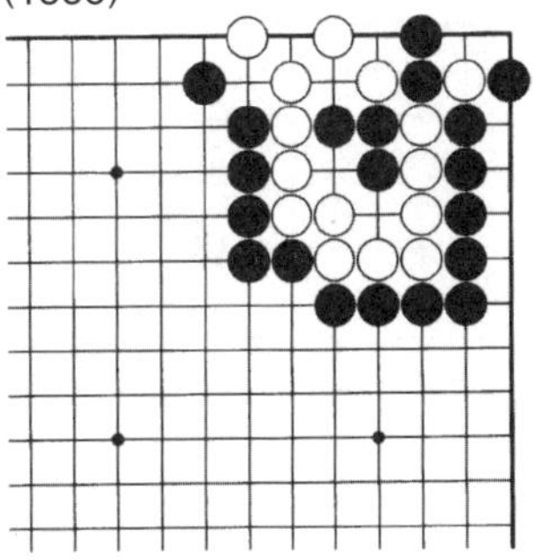

解

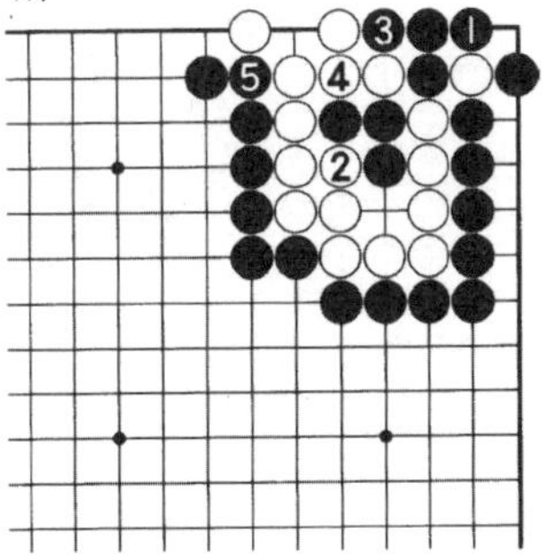

失

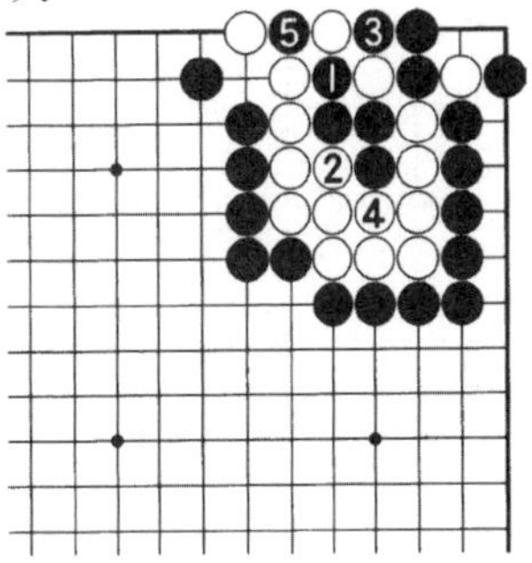

제3형 흑번

## 거북이처럼

거북이처럼 늦은 걸음걸이일지라도 때로는 강력한 힘을 발휘할 때가 있다.
이 그림은 그 전형적인 모양이다.

## 1수만

백을 잡는 수는 흑1의 한 수 뿐이다. 백2에 흑3으로 단수 칠 수 있다는 것이 자랑.
흑1을 발견할 수 있다면 이후는 간단하다.

## 패

토끼처럼 서둘러서 흑1로 단수 치면 실패한다.
백2와 4까지 패를 피할 수 없다.

# 들여다보기

끊을 곳을 엿보는 수이다. '들여다보는 데 잇지 않는 바보는 없다.', '끊길 곳은 들여다보지 마라' 등 관련된 격언이 많다.

모양에 약점이 있지만 끊어도 잘 되지 않을 때 들여다보는 것이 좋다.

흑1이 들여다보고 있다. 백이 a로 이으면 흑b로 백을 가른다. 흑1로 a를 끊으면 백 1점만 공격할 뿐이다.

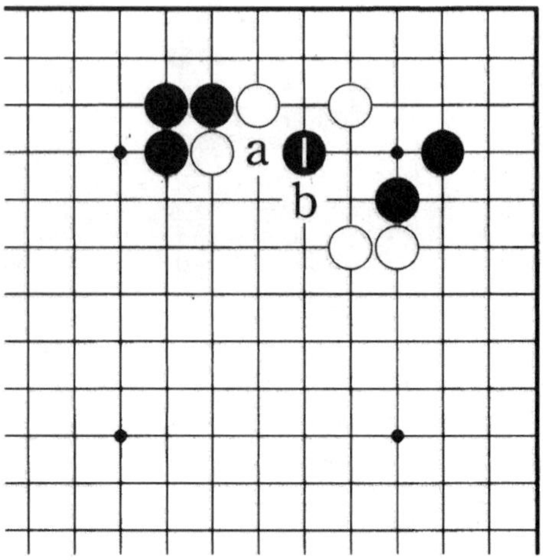




## 제1형 흑번

(1834)

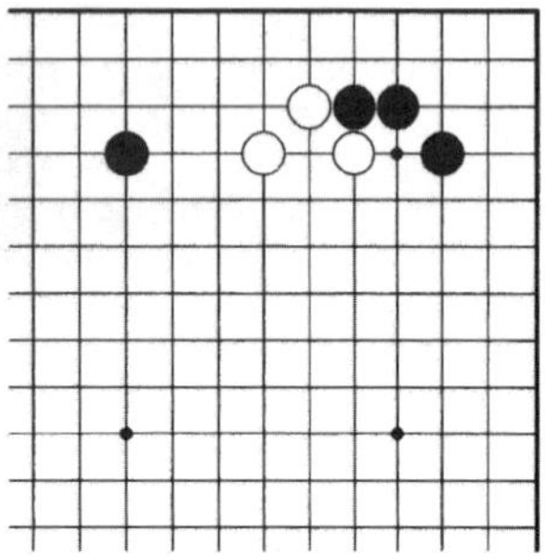

### 공격

한 칸 높은 걸침 정석의 변화이다. 백 3점이 손을 뺐기 때문에 흑은 냉엄하게 몰아붙여야 한다.

解

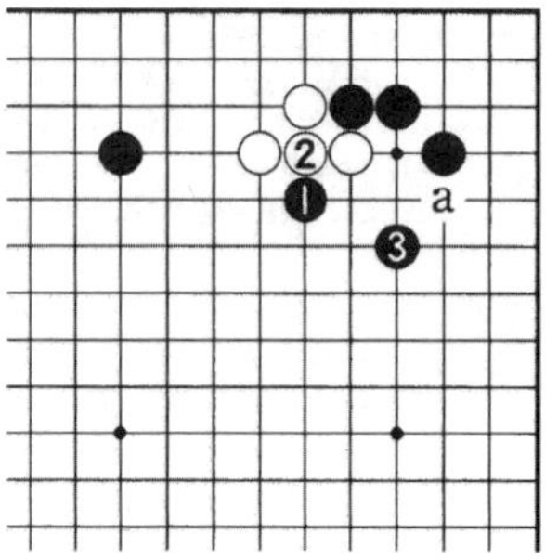


### 무거운 모양

흑1로 들여다봐서 백의 모양을 무겁게 만든다.

백2로 이으면 흑3으로 우상을 굳혀 백a를 막는다. 백이 중앙으로 도망치면 우변이 흑집으로 굳는다.

失

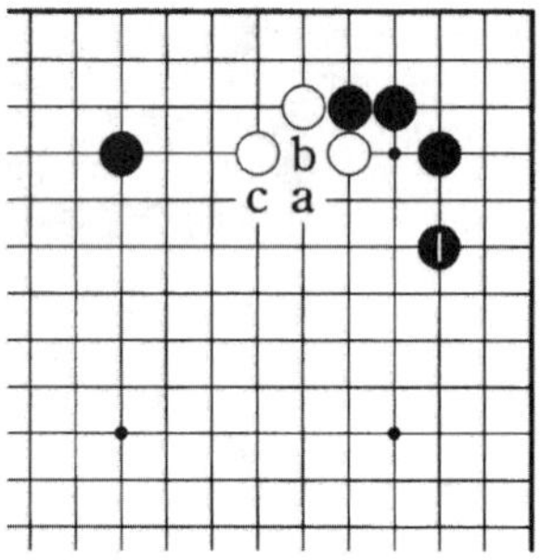


### 흑 불충분

흑1은 견실하게 지키는 수이지만 백을 공격하는 수로는 효과가 부족하다.

이후 흑이 a로 들여다봐도 백은 b로 받지 않고 c로 밀어 올린다.

## 제2형 흑번

(1835)

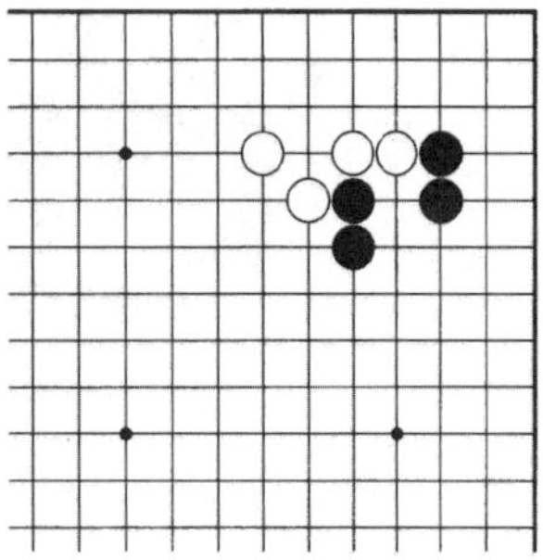

### 수순

한 칸 높은 걸침 정석의 변화이다. 백이 호구 이은 모양이다. 흑은 귀를 튼튼하게 굳히고 싶지만 그전에....

解

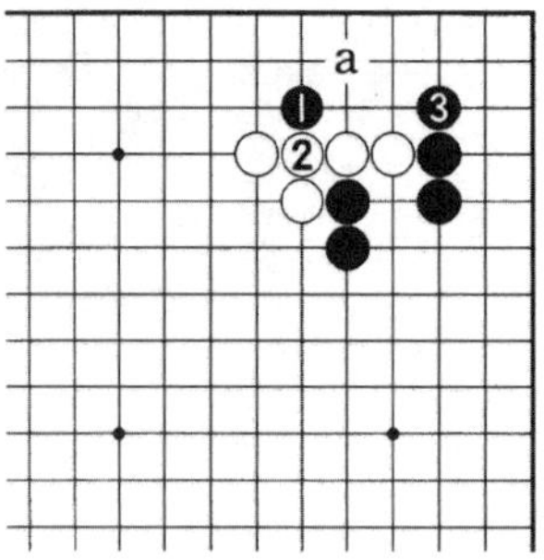


### 무거운 모양

흑1로 들여다보는 수가 수순이다. 백2로 지킨 모양은 무거우며 흑3으로 내려 귀를 굳히면 다음에 흑a의 큰수를 노린다.

変

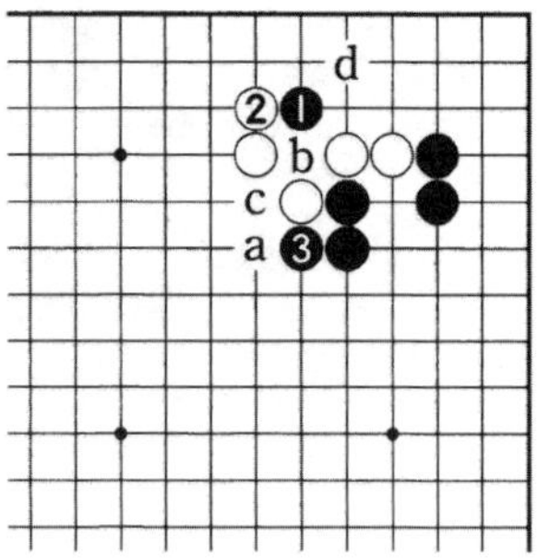


### 흑 충분

백2로 막으면 오른쪽의 2점을 가볍게 보고 있으나 흑3으로 구부려 백은 응수하기 곤란해진다. 백a는 흑b, 백c, 흑d로 2점을 잡는 것이 크다.

(1836)

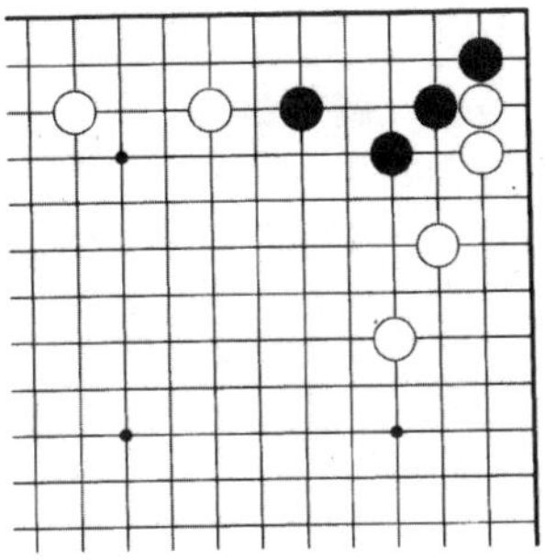

解

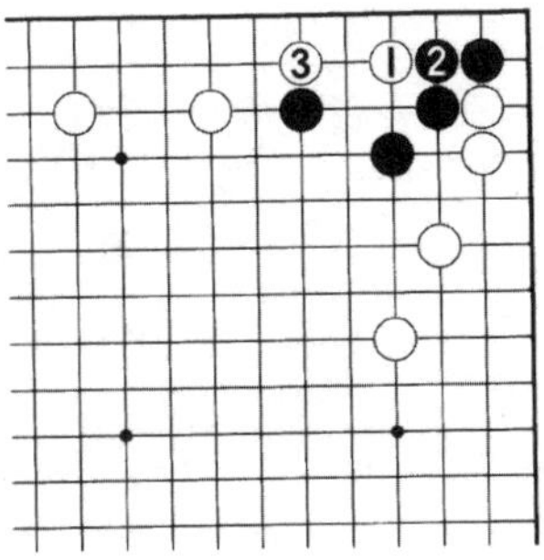

失

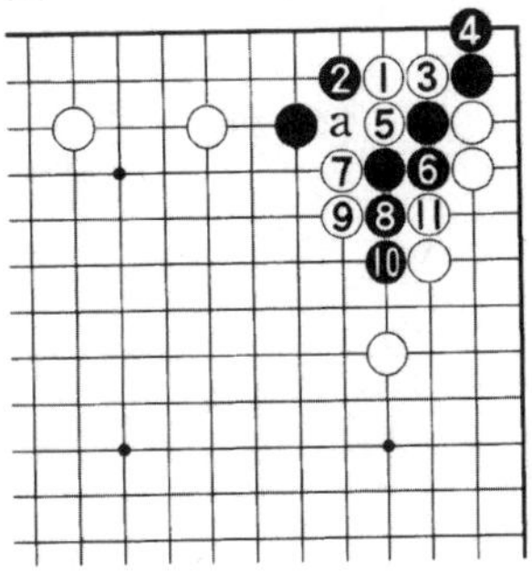

**제3형 백번**

### 공격의 맥

우상은 화점 정석이다.
귀의 흑에는 우변이나 상변의 백이 강해지면 냉엄한 공격의 맥이 생겨나게 된다.

### 흑 미생

백1로 치중하여 들여다본 수가 급소이다.
흑2로 이으면 백3으로 붙여 상변으로 건너가서 귀의 흑은 순식간에 집이 없어진다.

### 흑 망함

흑2로 입구자 붙여 저항해도 백3으로 끊겨서 안 된다.
흑4에 백5, 7로 공격해서 흑은 a로 끊을 여유가 없다.

(1837)

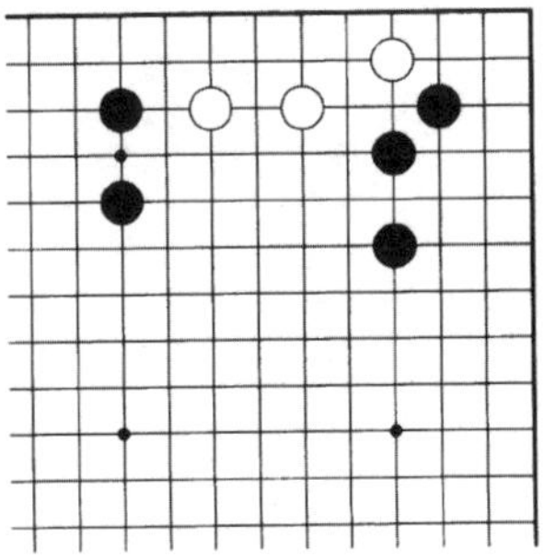

解

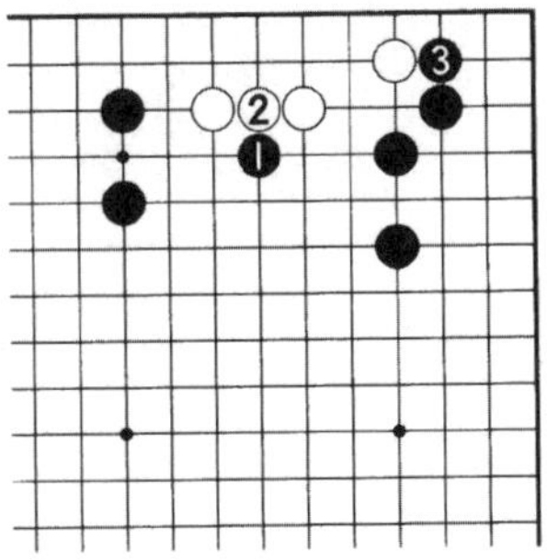

失

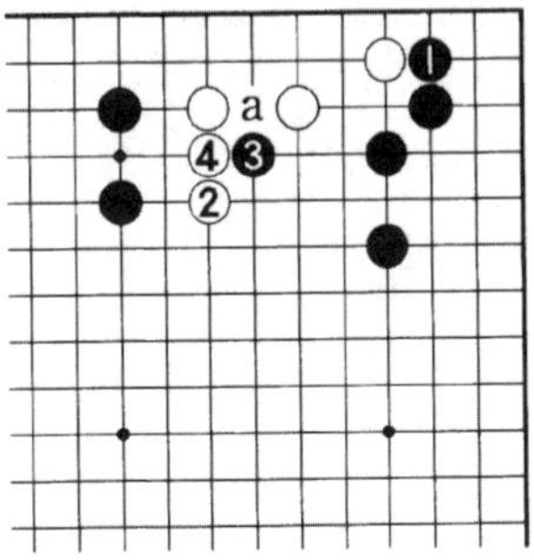

**제4형 흑번**

### 공격

우상귀는 화점 정석이다.
상변의 백 3점을 어떻게 공격할까? 흑은 상변이나 우변의 강한 세력을 이용하고 싶다.

### 흑 호조

흑1로 들여다본 수가 냉엄하다.
백은 무난하게 2로 받는 정도이지만 흑3으로 귀에서 근거를 빼앗아 몰아붙인다.

### 틀린 수순

흑1을 먼저 두면 백2. 수순이 틀렸기 때문에 흑3으로 들여다봐도 백은 a에 받지 않고 4로 이어 중앙으로 나가버린다.

(1838)

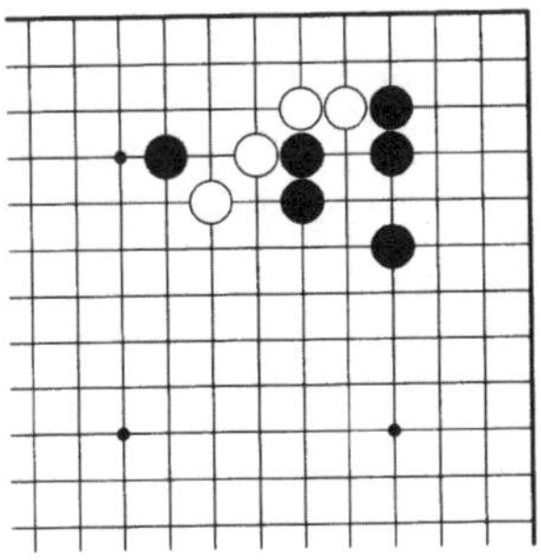

解

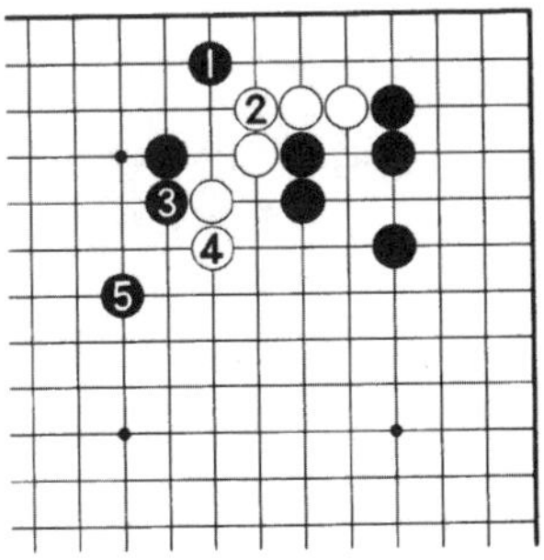

失

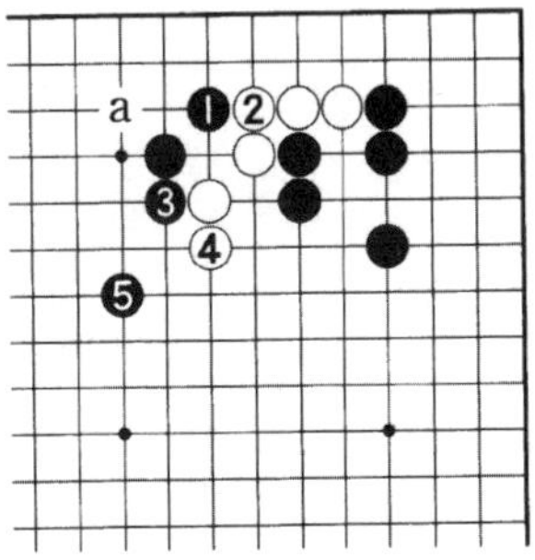

**제5형 흑번**

### 강공

화점 정석에서 생긴 변화이다. 상변에서 중앙으로 진출한 백의 모양이 엷어 흑은 강하게 공격할 수 있다.

### 쾌조

흑1의 날일자가 맥이다.
백2로 잇는 정도로 흑3으로 밀면 상변에 있는 흑의 세력이 강해진다.
백4에 흑5로 공격한다.

### 흑 불충분

흑1로 들여다보는 수는 속맥이다.
백2로 이으면 흑5까지 공격하게 되지만 백a로 반격하는 급소가 남아 있다. 흑은 불충분하다.

(1839)

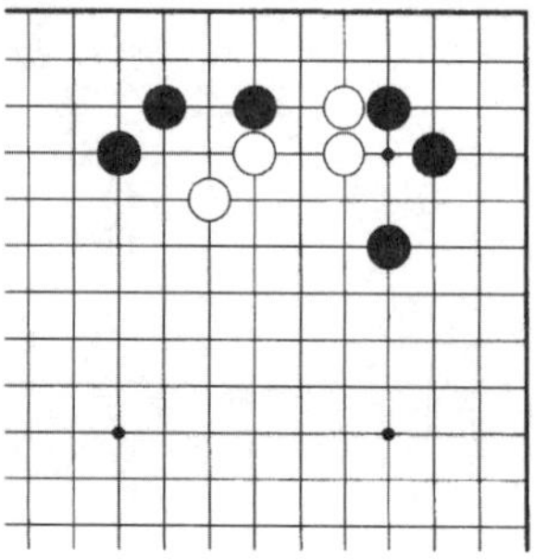

**제6형 흑번**

## 무너뜨리다

세 칸 협공 정석의 변화이다.
우상귀의 흑을 굳혀 상변의 백에게 공격을 지속하는 것이 목적이다.
백의 모양을 무너뜨리고 싶다.

解

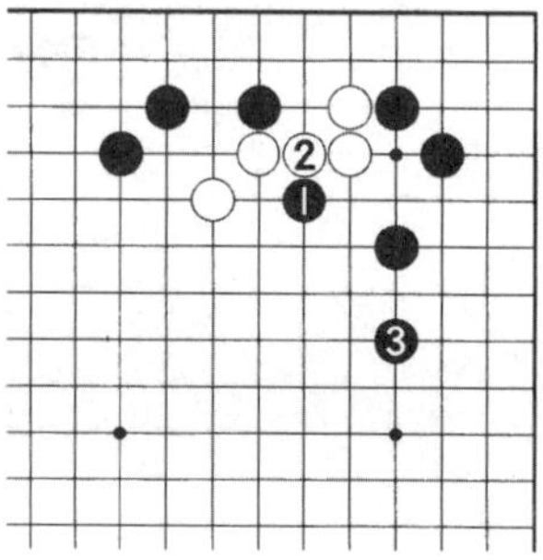

## 백 미생

흑1로 들여다본 수가 모양의 급소이다. 백2로 이을 수밖에 없지만 백은 우형으로 집이 없는 모양이다.
흑3으로 우변을 굳혀 느긋하게 백을 공격한다.

失

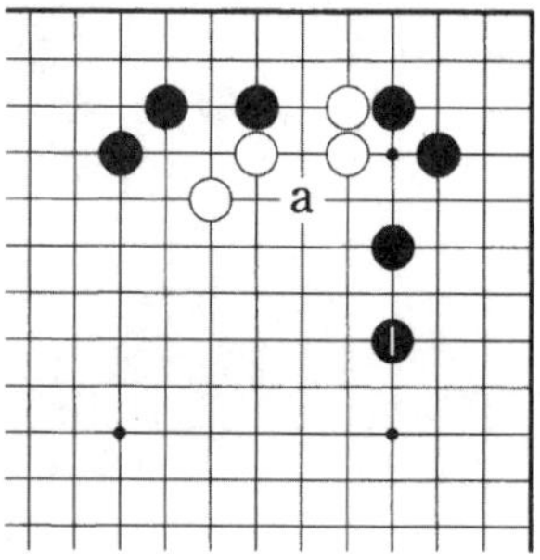


## 아쉽다

흑1은 우상귀를 지키는 좋은 수이다. 하지만 수순이 아쉽다.
하나의 예로 백a로 입구자하면 안형이 풍부해져서 더 이상 흑의 공격이 엄하지 않다.

(1840)

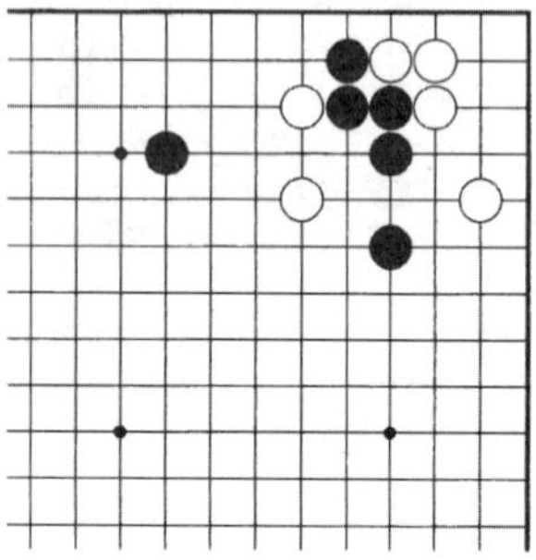

**제7형 흑번**

## 지킴은 공격

우상귀는 화점 정석.
상변에 있는 백 2점을 공격하고 싶다. 튼튼하게 지켜놓는 것이 공격으로 이어진다.

解

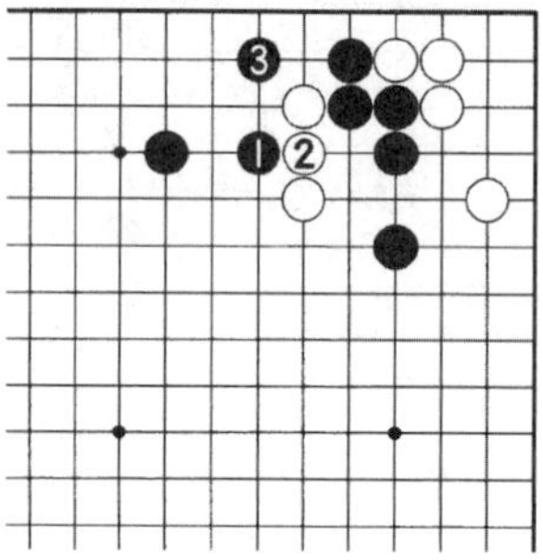

## 뜬 돌

흑1로 들여다보는 것이 수순.
백2로 이으면 흑3으로 뛰어 상변으로 건너간다. 흑은 약한 돌이 아니다. 백 3점은 흑의 세력 안에서 뜬 돌이 되었다.

失

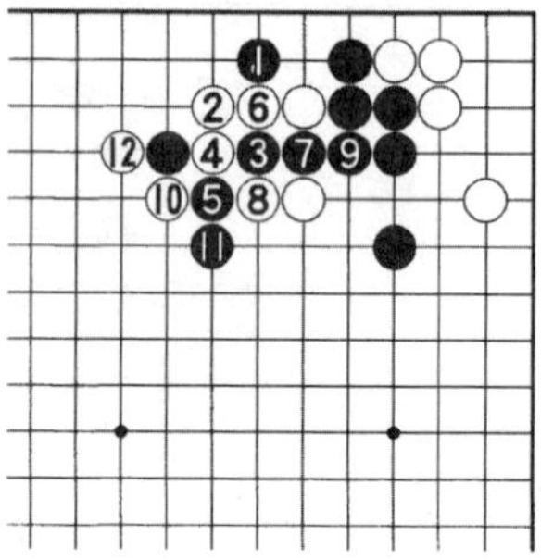

## 백이 강하다

흑1로 뛰면 백2로 건넘을 막아서 실패한다.
흑3으로 들여다봐도 한 발 늦어서 백4, 6으로 흑을 끊는다.
백12까지 상변의 백이 강하다.

(1841)

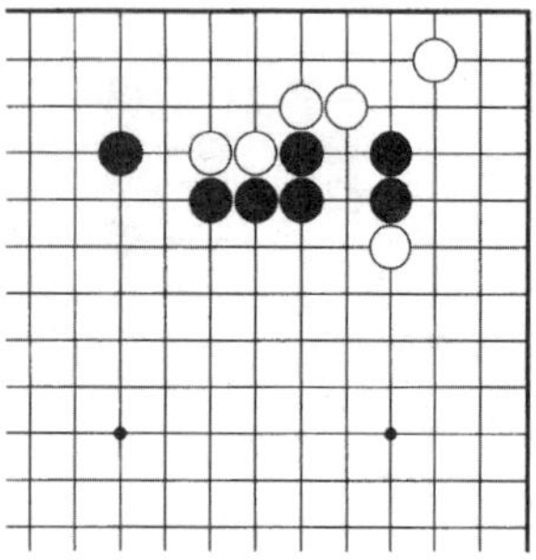

**제8형 흑번**

## 노림

화점 정석의 변화이다.
흑은 상변의 백을 가두고 중앙에 두터움을 쌓고 있다. 이후 상변의 백에 노림수가 있다.

解

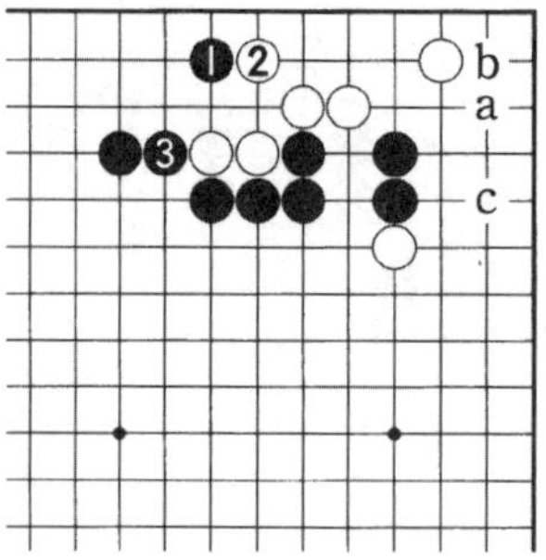


## 흑 좋은 모양

흑1로 들여다본 수가 모양의 급소이다.
백2로 호구치면 흑3으로 치받은 모양이 좋다. 상변은 흑이 두텁다. 귀는 흑a, 백b, 흑c가 활용된다.

変

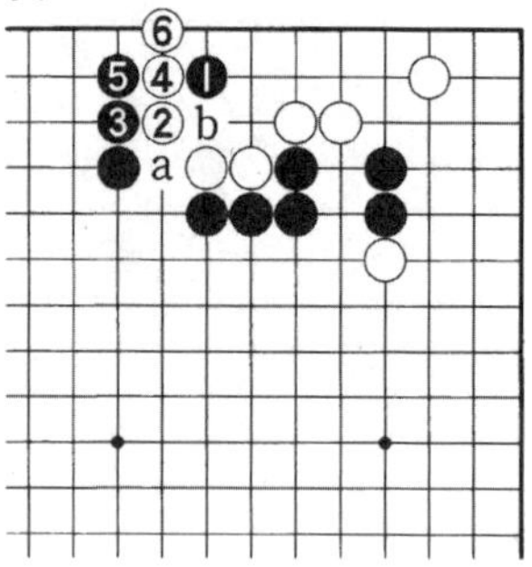


## 두텁다

백2로 입구자하면 흑3, 5로 막아서 바깥이 두터워진다.
백6까지 흑 1점을 잡았지만 흑a, 백b의 활용이 남았다.

(1842)

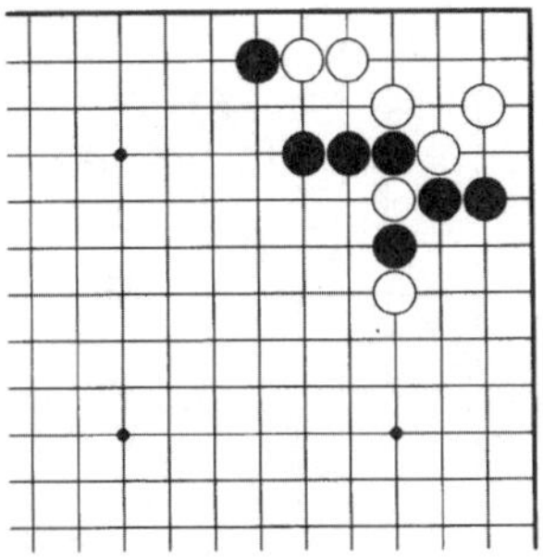

## 제9형 흑번

### 결정짓다

화점 정석의 변화이다.
흑의 외세는 백 1점이 도망치는 수가 남아 완전하지 않다.
흑은 귀의 백을 공격하면서 바깥의 모양을 결정짓고 싶다.

解

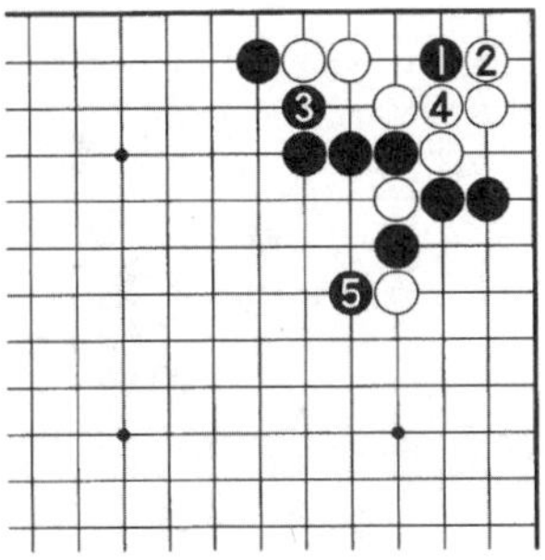

### 두터움

흑1로 들여다봐서 백의 응수를 본다. 백2로 귀를 지키면 흑3을 선수한 뒤 백4에 흑5로 바깥을 완전하게 두터운 모양으로 만든다.

变

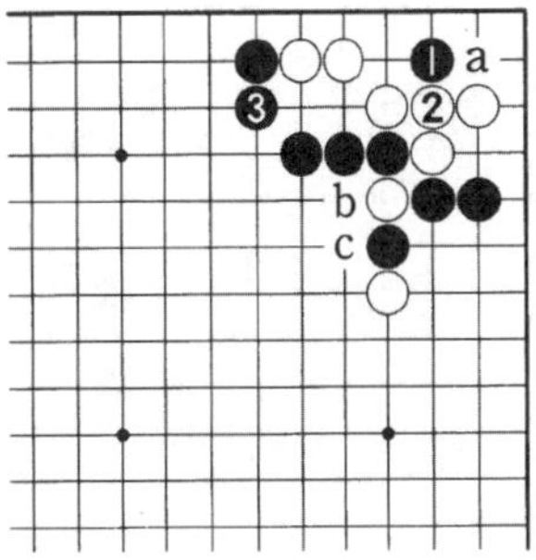


### 손 뺌

백2로 이으면 흑3으로 당겨 중앙을 지킨 뒤 흑a의 공격을 본다. 백a라면 흑은 손뺄 수 있다.
백b는 흑c로 몰아 장문을 두면 된다.

(1843)

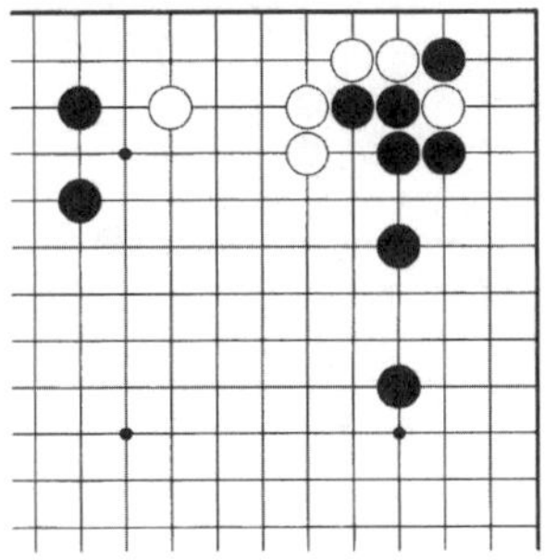

## 제10형 흑번

### 불안정

우상은 화점 정석의 변화로 백은 두 칸을 벌려 정리된 모양처럼 보이지만 아직까지는 불안정하다.

解

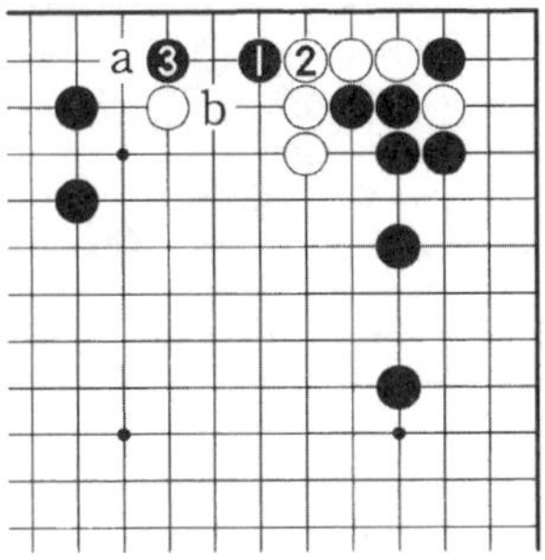


### 근거를 빼앗다

흑1로 들여다본 수가 치중이자 급소이다.
백2로 이으면 흑3으로 붙여 백은 근거가 없다. 백a는 흑b로 부풀려서 좌우가 둘로 나눠진다.

失

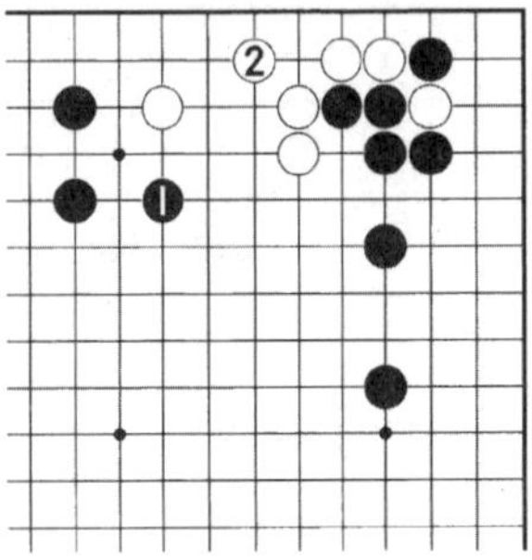

### 완착

흑1로 공격하는 것은 기회를 놓치는 완착이다.
흑은 바깥을 튼튼하게 만들었지만 백2로 안형을 만들면 백에 대한 공격이 되지 않는다.

(1844)

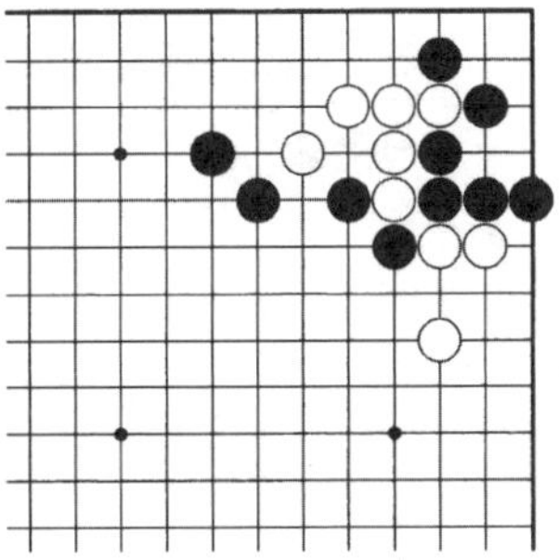

## 제11형 백번

### 깨뜨리다

두 칸 높은 협공 정석의 변화이다.
흑이 상변에 백을 가두려 하지만 무리이다. 백은 다음 수로 포위망을 뚫어야 한다.

解

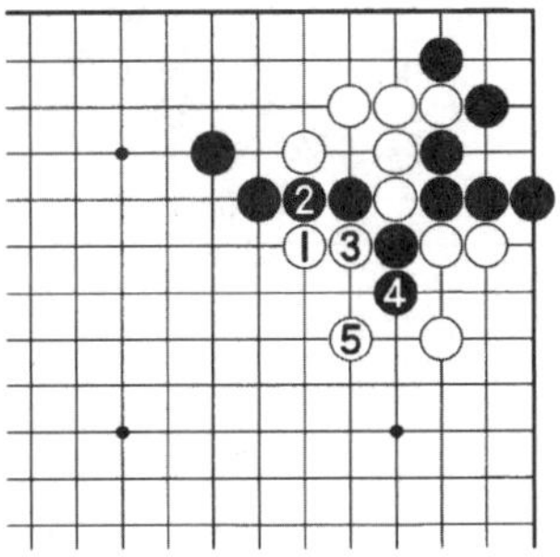

### 백 유리

백1로 들여다보는 수가 묘수이다.
흑2로 이어 1이 악수인 것 같지만 백3으로 끊고 5로 장문 쳐서 흑 2점을 잡는다.
흑이 말려들어간 모양.

失

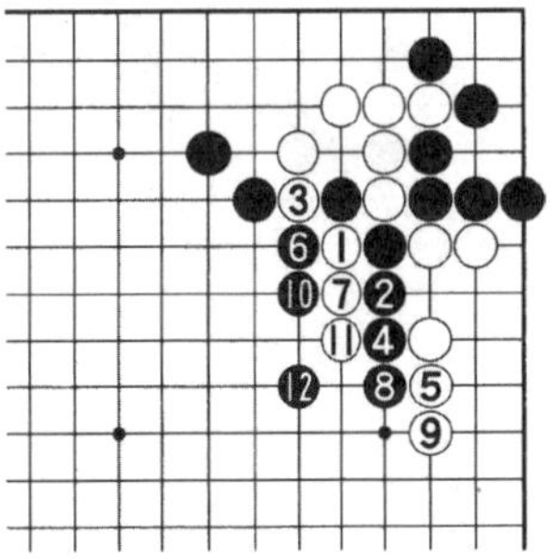

### 백 휘말리다

백1로 끊으면 흑2로 도망쳐서 백이 말려들어 갔다.
백3으로 나가면 흑4를 선수하여 우변을 강화한 뒤 흑12까지 중앙 진출을 막는다.

(1845)

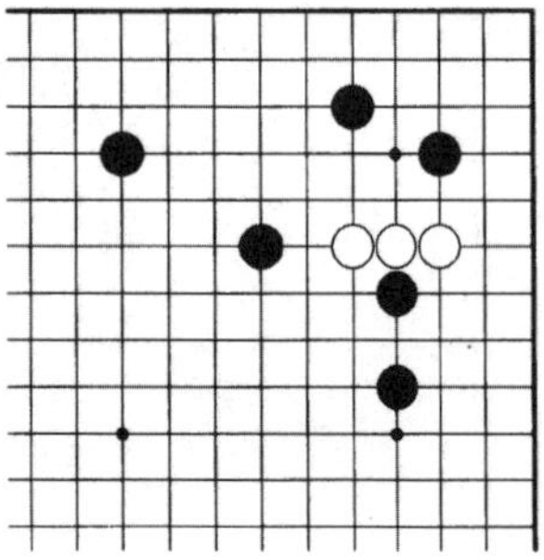

解

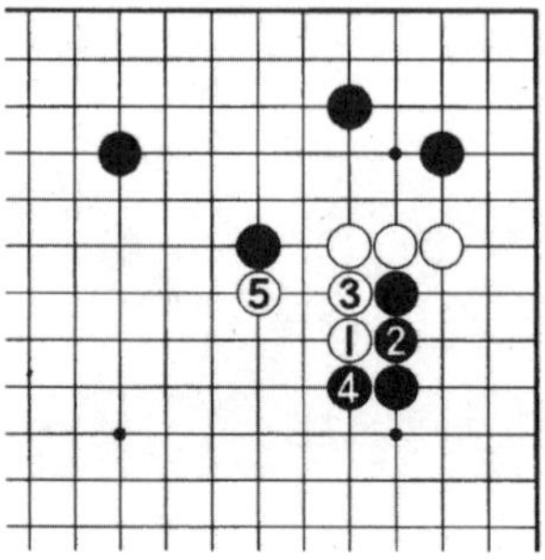

失

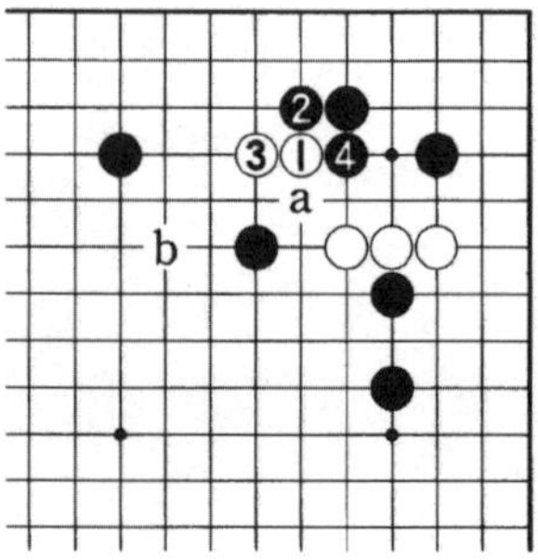

제1형 백번

### 급소

위기에 처한 우상의 백을 어떻게 처리해야 할까?
변이나 귀로 나가도 살 것 같지 않다. 중앙으로 나가기 위한 급소를 찾아보자.

### 나가기 쉽다

백1로 들여다본 수가 급소이다. 흑2로 이으면 백도 3으로 이어 중앙으로 나가기 쉬워진다.
흑4라면 백5로 백은 공격당하지 않는 모양이다.

### 백 괴롭다

백1, 3으로 상변에도 두어도 흑4로 구부려서 실패한다.
백a는 흑b로 중앙의 흑이 강해 백은 괴로워질 뿐이다.

(1846)

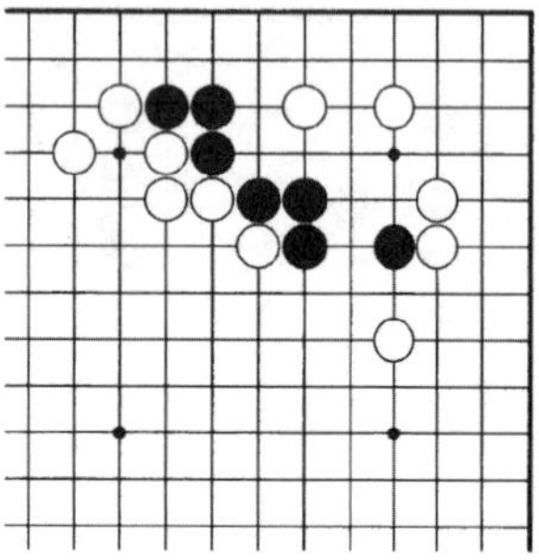

解

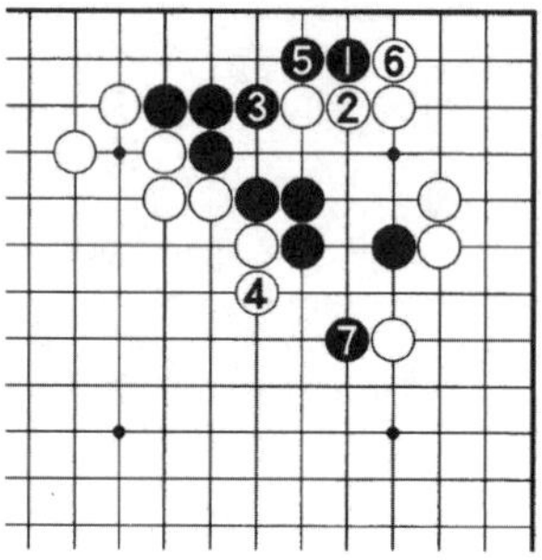

変

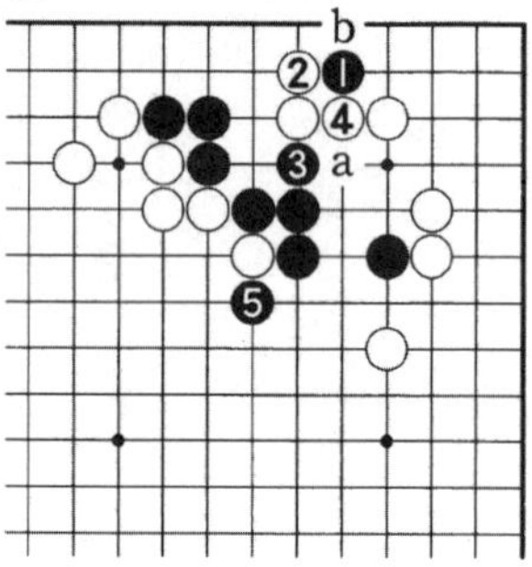

제2형 흑번

### 절박

상변의 흑을 수습하는 문제.
흑은 상변의 3점이 끊기는 것을 막으면서 중앙으로 탈출하려 하는 절박한 모습이다.

### 즐거운 싸움

흑1로 들여다본 수가 맥이다.
백2로 이으면 흑3으로 연결해 5의 건넘을 본다.
백4의 공격에 흑5로 선수 한집이 된다. 흑7로 붙여 나간다.

### 흑 탈출

백2로 막으면 흑3의 호구이음으로 잇는다.
백이 4에 두지 않으면 흑4, 백a, 흑b로 싸움이 안 되는 모양이다. 흑5로 단수쳐서 여유롭게 탈출한다.

(1847)

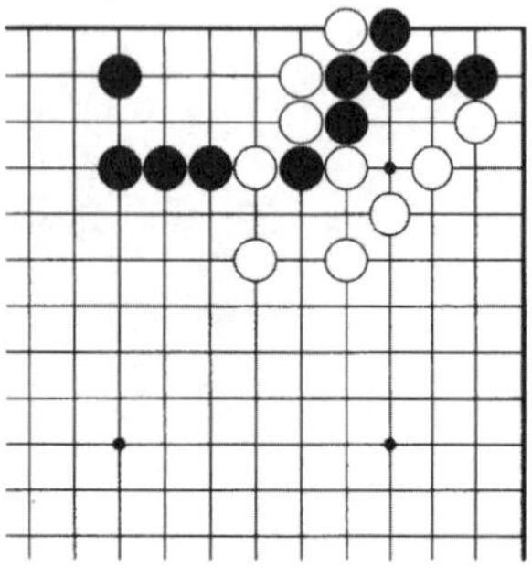

解

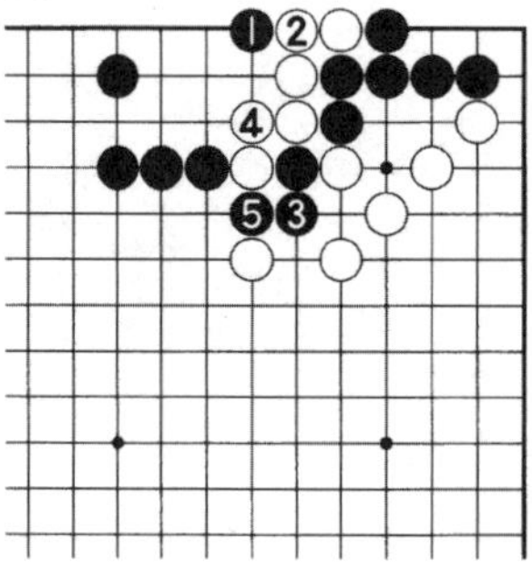

変

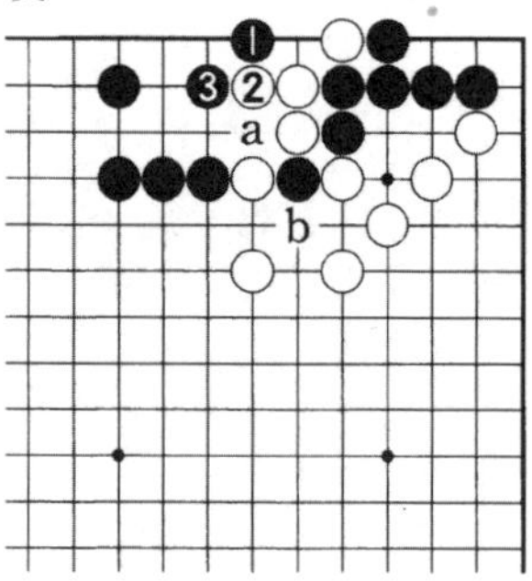

제3형 흑번

### 결점

귀의 흑은 집이 없다.
흑이 살기 위해서는 상변으로 건널 수밖에 없다. 건너가기 위해서는 백의 약점을 찾아야만 한다.

### 맥

흑1의 치중이 자충을 추궁하는 맥이다.
백2로 잇기라도 하면 흑3으로 나가 순식간에 백이 잡혀버린다.

### 건넘

백2로 건넘을 막으려고 해도 흑3으로 젖히면 건너갈 수 있다.
백2로 3에 뛰면 흑a, 백b, 흑2로 이어 연결 성공이다.

제4형 흑번

(1848)

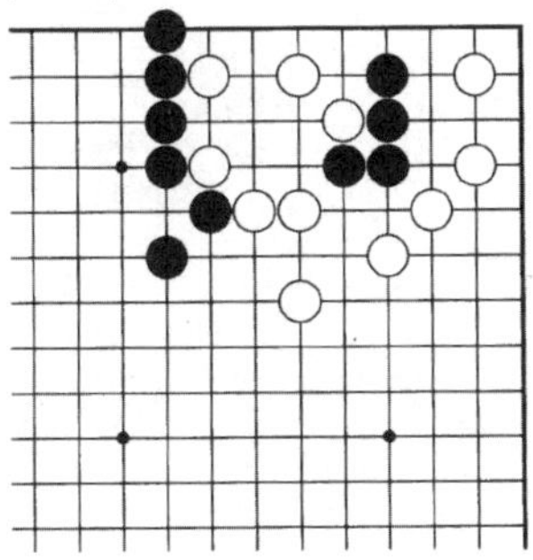

## 줄타기

우상으로 건너가는 문제.
상변과 우상의 흑 사이에는 상당한 거리가 있다. 백의 엷음을 추궁해야 건널 수 있다.

解

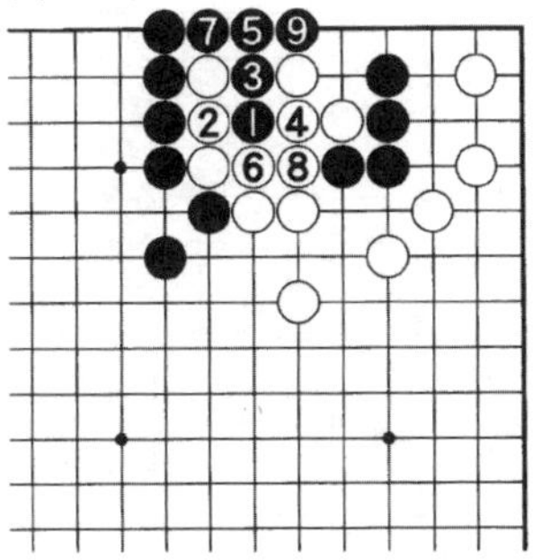

## 맞보기

흑1의 치중은 좌변 백을 공격한다. 백2로 이으면 흑3으로 나가서 백 모양에 많은 약점이 생긴다.
백4로 이으면 흑5로 내려 8과 9를 맞보기 한다.

変

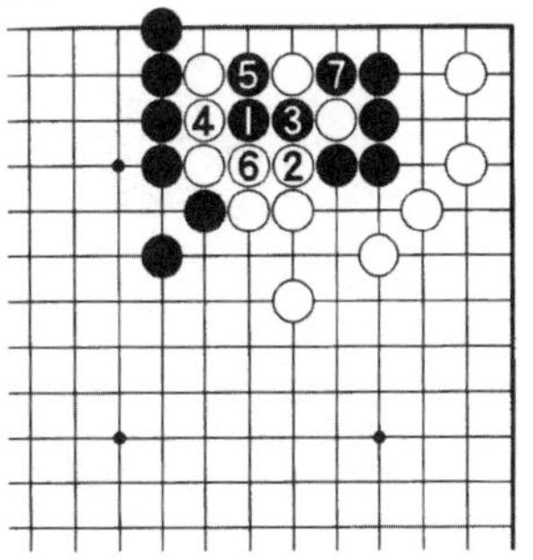

## 흑 삶

백2, 4로 받는 것은 흑5로 백 2점을 잡는 모양이 된다.
흑7까지 백 2점을 잡고 살면 흑은 건널 필요가 없다.

제5형 흑번

(1849)

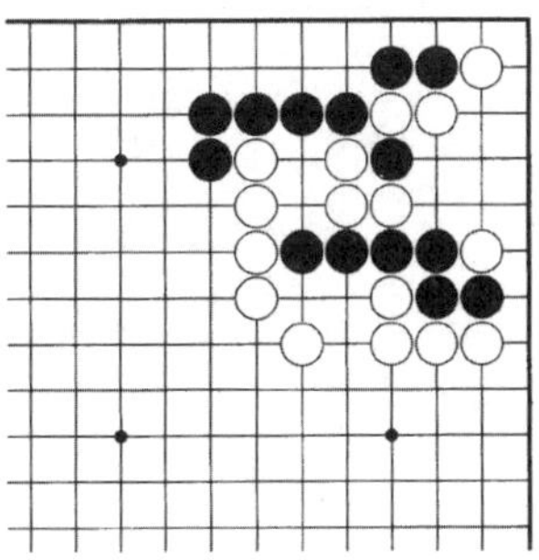

## 살리다

우변의 흑 6점을 살리고 싶다. 우상의 백 3점을 공격하면서 상변의 흑과 연결할 방법을 찾아보자.

解

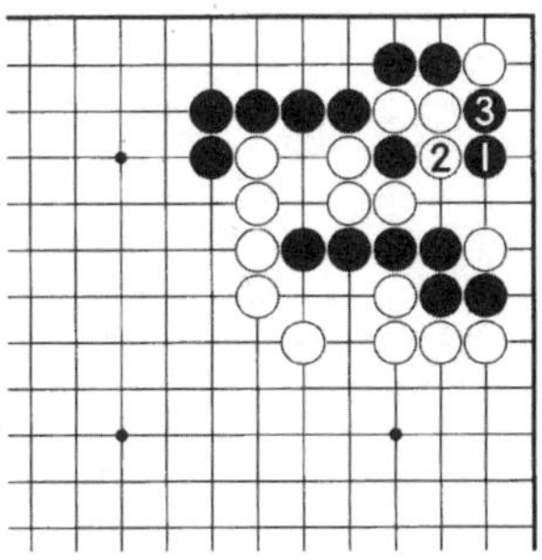

## 연결하다

흑1의 날일자는 우변의 백 1점을 잡고 우상의 백 1점을 끊는 것을 노리는 맥이다.
백2에는 흑3으로 끊어 전체가 연결된다. 백2로 3은 흑2.

失

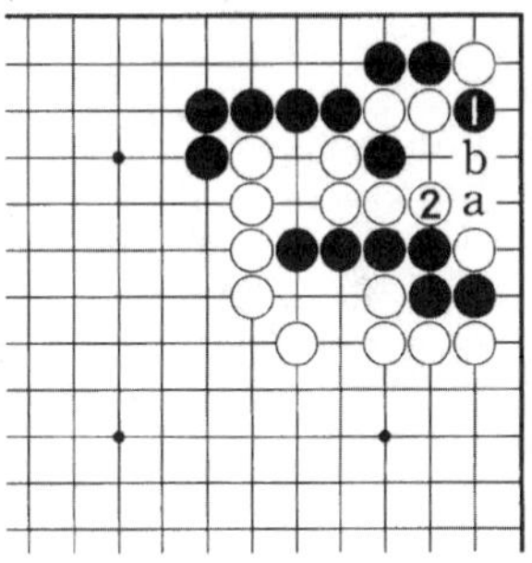


## 흑 실패

흑1로 끊어 백 2점을 단수치면 백은 2점을 사석으로 하여 실패한다.
백2 이후 흑a는 백b로 양단수를 당한다.

들여다보기 공격

제1형 흑번

(1850)

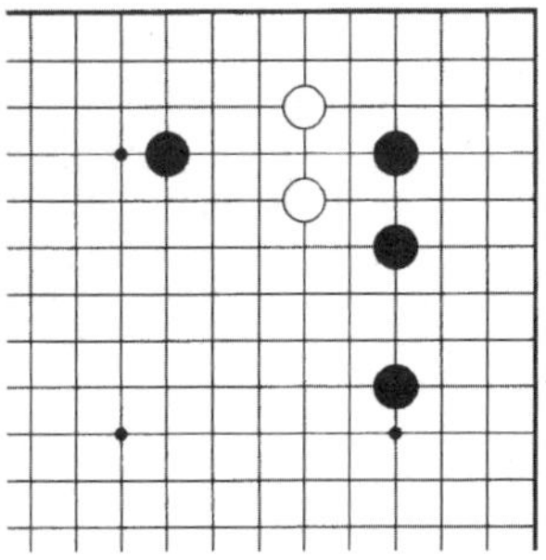

## 수순

우상귀의 백을 잡아야 한다.
백은 근거가 확실하지 않기 때문에 흑의 응수는 정해져있지만 그 전의 수순이 중요하다.

解

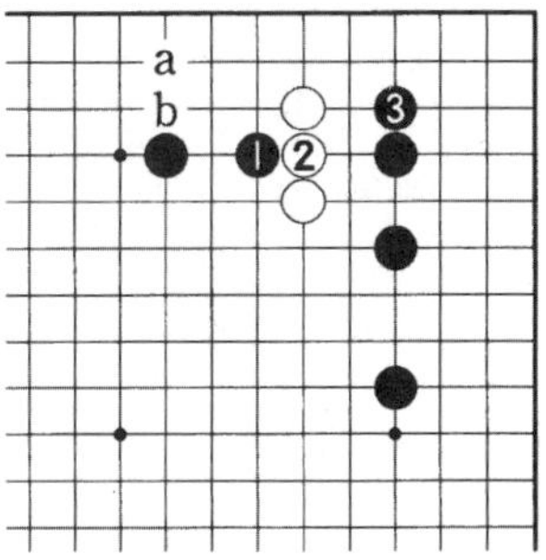


## 무거운 모양

흑1로 들여다보는 것이 중요한 선수이다. 백2로 이은 모양이 무거우며 흑3의 공격이 냉엄하다.
이후, 백a에는 흑b로 상변 돌의 진출을 막는다.

失

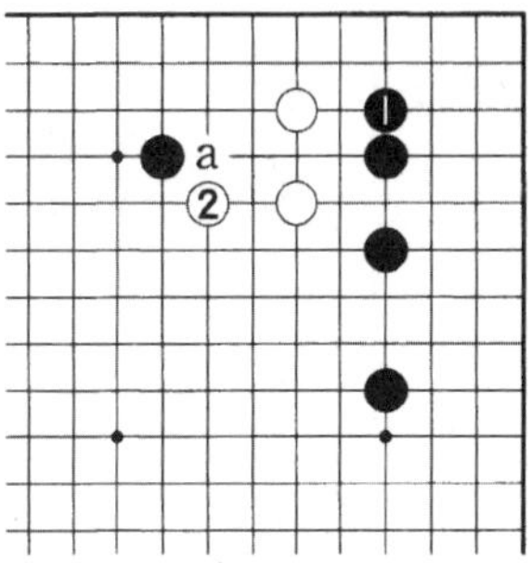


## 백 수습한 모양

흑1은 공격의 급소이긴 하지만 백도 2로 상변에 있는 흑의 어깨를 짚어 수습하는 데 어려움이 없다.
다음에 백a로 막으면 수습 완료.

(1851)

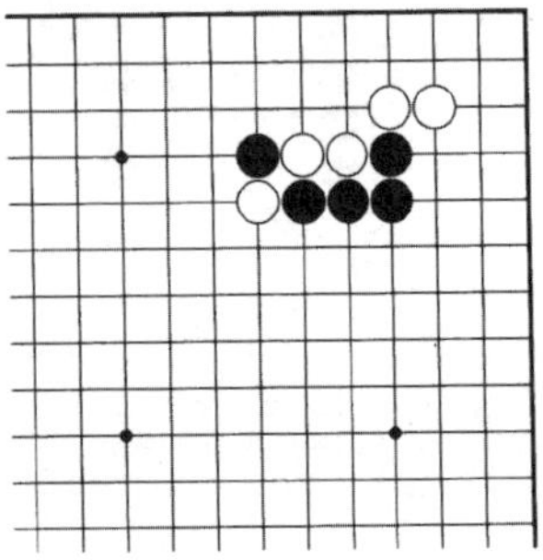

解

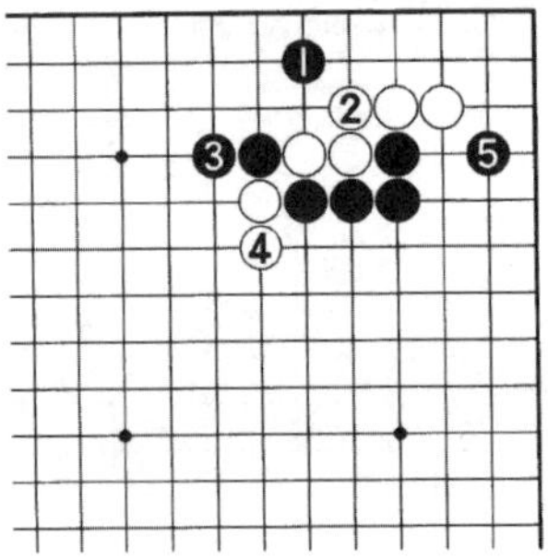


変

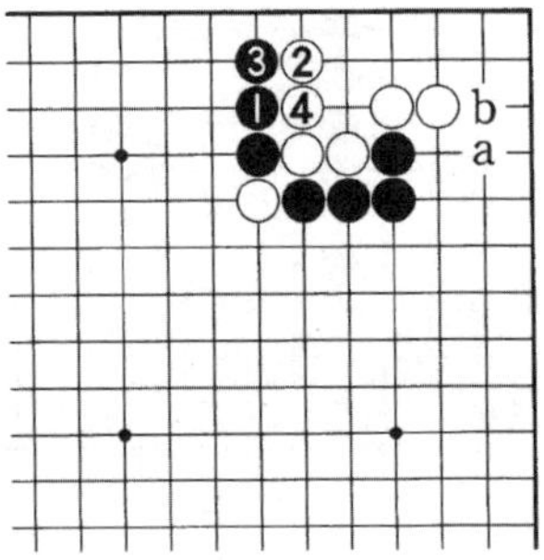


**제2형 흑번**

## 강화

상변의 모양을 결정하는 문제.
흑은 중앙의 백 1점을 공격하기 위해 상변의 1점을 강화해야 한다.

## 흑 유리

흑1은 백 2점을 공격하는 급소이다. 백2로 이으면 흑3으로 뻗어서 상변을 굳히고 백4에 흑5로 귀의 백을 공격하면서 우변을 굳힌다. 흑이 유리한 모양이다.

## 백 좋은 모양

흑1로 뻗으면 백2로 뛰는 수가 좋은 모양이 되어 귀의 백집이 커진다.
흑a는 백b. 귀가 강하기 때문에 상변이나 우변 어느 한 쪽의 흑이 공격을 받는다.

(1852)

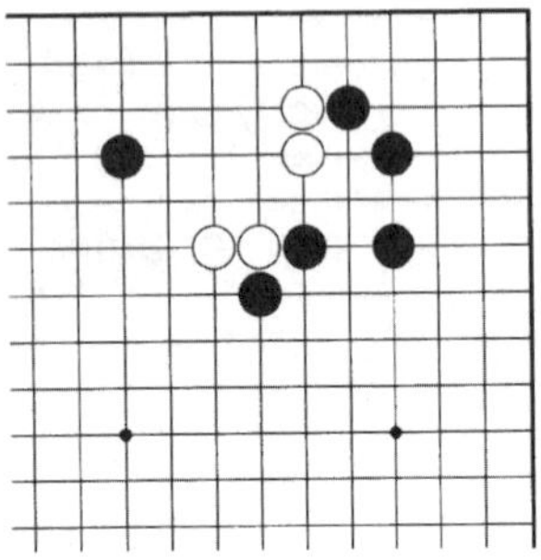

解

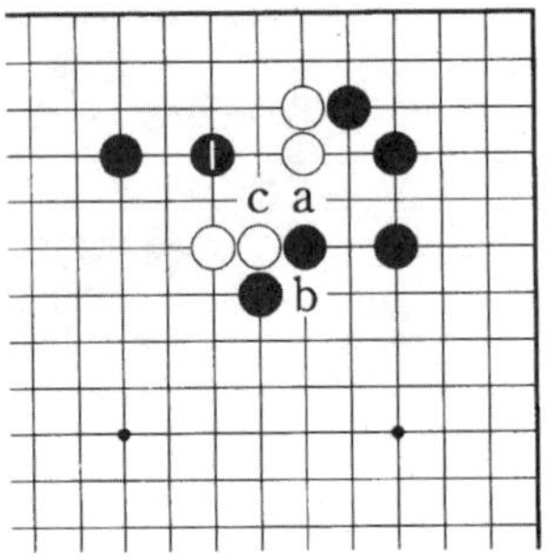


失

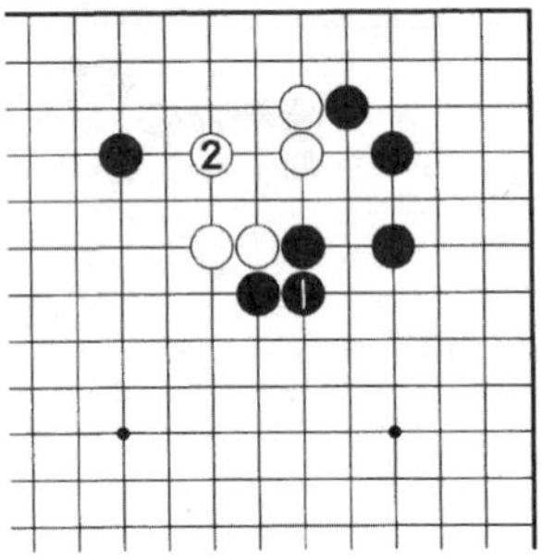


**제3형 흑번**

## 무너뜨리다

우상귀는 접바둑에서 생기는 모양이다.
흑은 백의 모양을 무너뜨리기 위하여 몰아붙여 우변과 상변의 흑을 강화할 수 있다.

## 흑 유리

흑1은 급소의 일격. 백a라면 흑b로 이어 백의 안형을 지우는 들여다본 수가 된다. 백c로 모양을 무너뜨려서 지키면 흑b로 이어서 공격을 계속한다. 흑이 유리한 싸움이다.

## 흑 완착

흑1로 잇는 수는 소극적으로 지키는 완착이다.
백2로 모양을 만들면 안형이 풍부해지며 상변의 흑1점이 강한 돌에 붙어서 약한 돌이 된다.

(1853)

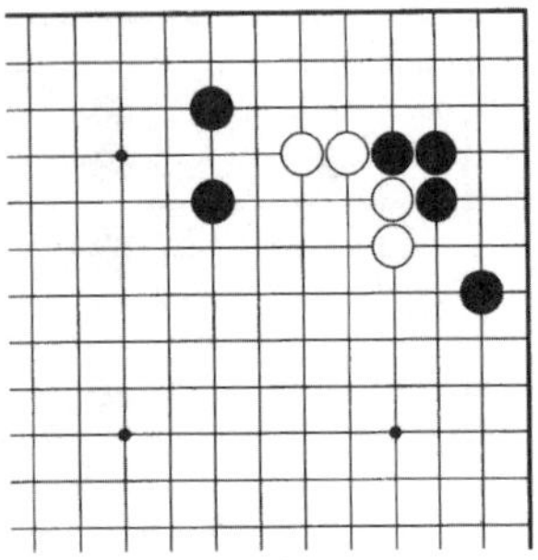

解

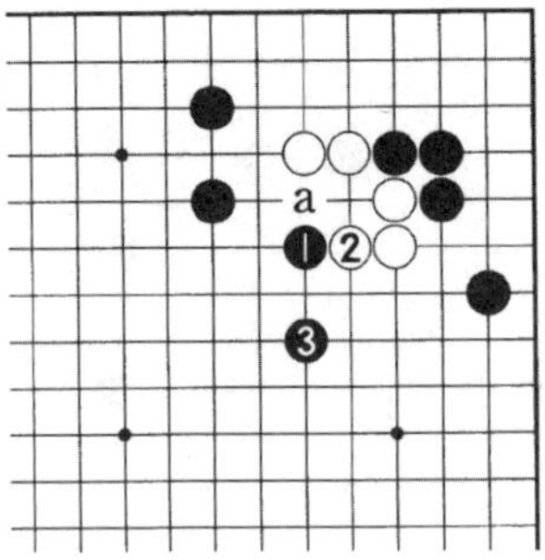


失

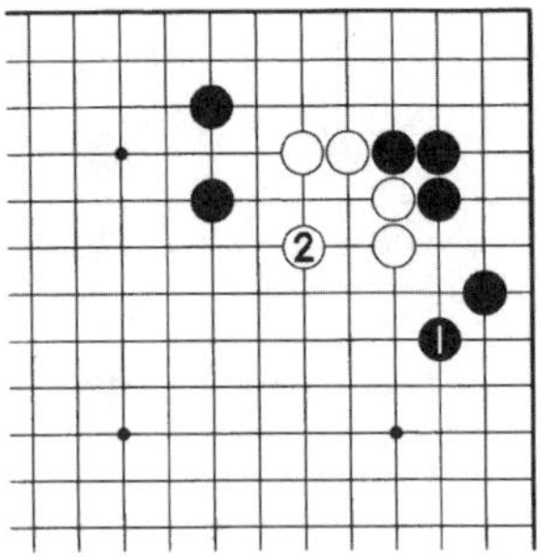


**제4형 흑번**

## 급소

백 4점을 공격하는 문제.
백 4점의 모양을 무너뜨리는 급소에 두면 이후의 싸움을 여유 있게 리드할 수 있다.

## 흑 호조

흑1로 들여다본 수가 급소이다.
백2로 받아도 옥집 모양이다.
흑a가 선수여서 흑의 모양이 강해지며 흑3으로 백을 공격하는 흐름이 좋다.

## 백 좋은 모양

흑1로 우변에서 공격하는 것도 좋지만 압박이 부족하다.
백2로 모양을 만들어 한집을 확보하면 이후의 싸움이 편해진다.

**제5형 흑번**

(1854)

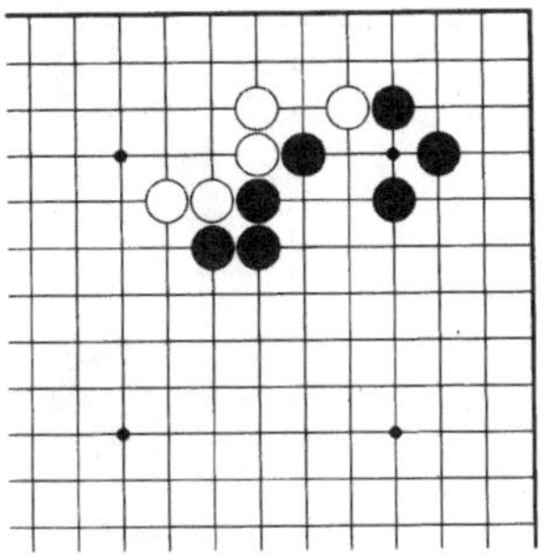

## 결함

우상귀는 흑의 소목에 백이 날일자로 걸쳐 전개된 모양이다.
흑이 튼튼하기 때문에 반대로 백이 손을 뺀 약점이 눈에 띈다.

解

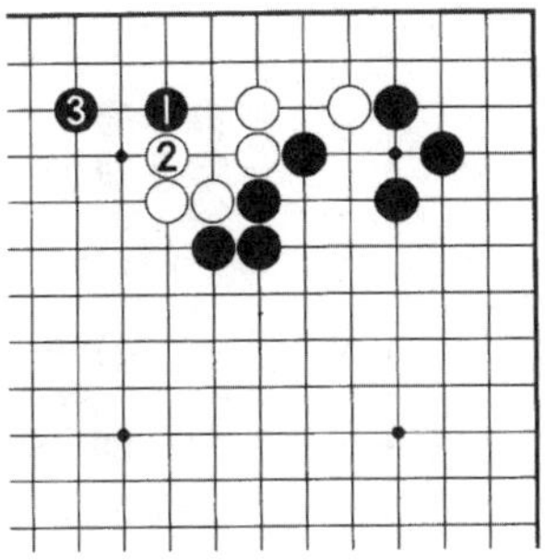

## 백 고전

흑1로 들여다본 수는 백의 모양을 무너뜨리는 급소이다.
백2로 약점을 지켜도 옥집 모양이다. 흑3으로 뛰면 상변의 흑이 강해 백이 괴롭다.

変

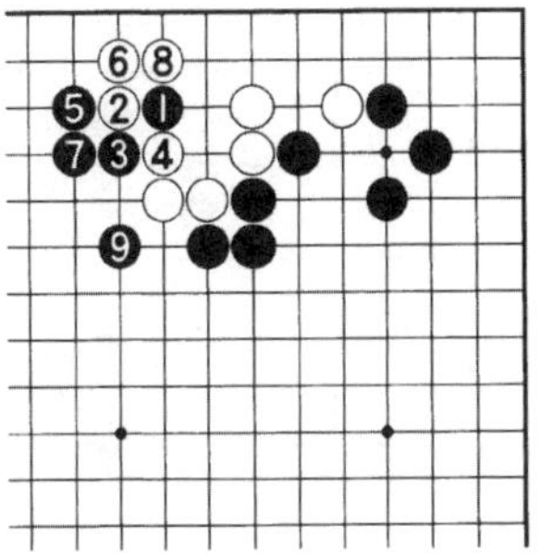

## 봉쇄

백2로 붙여 반격하면 흑3으로 젖혀 싸운다.
흑5, 7로 상변을 굳히고 백8로 흑 1점을 잡아도 흑9로 봉쇄해서 흑이 유리하다.

**제6형 흑번**

(1855)

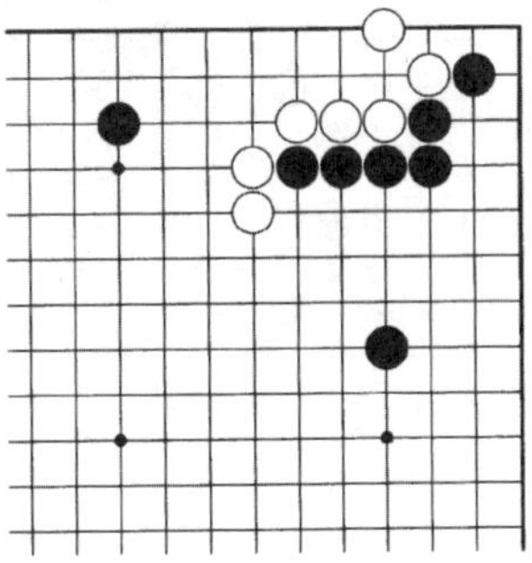

## 공격

상변의 전투.
백의 근거를 빼앗아 중앙으로 몰아붙이고 싶다.
백이 한집밖에 없는 상태가 되면 상변의 흑이 강해진다.

解

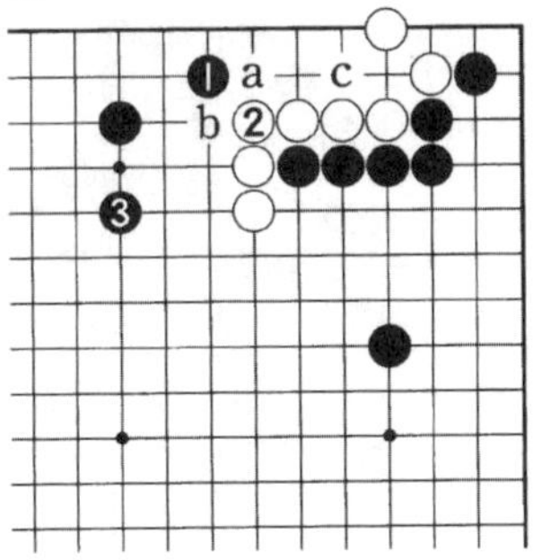

## 한 눈

흑1로 들여다본 수가 급소의 맥이다. 백2가 무난한 응수이다. 이로써 백은 한집밖에 없으므로 흑3으로 몰아붙일 수 있다. 백2로 a는 흑b, 백2, 흑c.

失

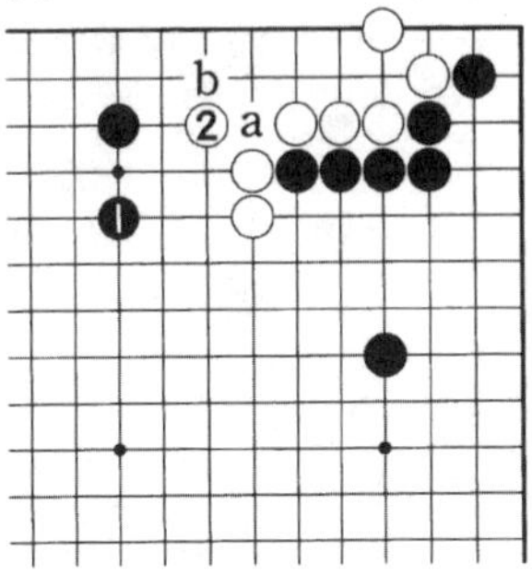

## 흑 느슨하다

흑1로 뛰면 백2로 상변을 굳혀서 공격할 기회를 놓친다.
흑1로 2에 들여다보는 것은 속수이다. 백a 이후 흑b는 흑이 후수를 잡게 된다.

**제7형 흑번**

(1856)

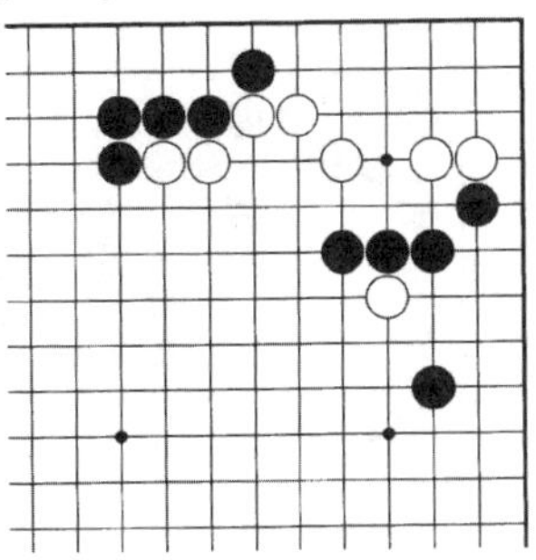

## 부수다

우상의 전투.
귀의 백집은 뒷문이 열려 맛이 나쁜 모양이다.
흑은 백집을 침범하려 하지만 백이 저항하면 중앙을 끊어버린다.

解

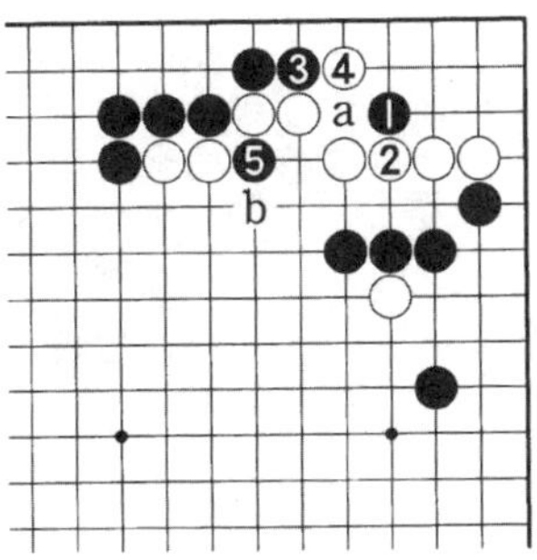

## 흑 성공

흑1로 들여다본 수가 귀의 급소이다. 백2로 잇고 흑3으로 밀면 백4로 막아서 저항하게 되면 흑5로 끊는 수가 냉엄하다. 백a는 흑b로 흑의 성공이다.

失

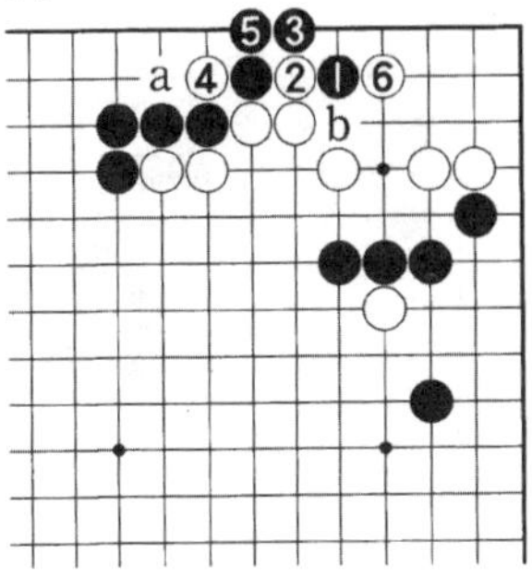

## 끝내기 수

흑1로 뛰어드는 수는 끝내기이다.
백2부터 6까지 흑은 상변으로 건너갔지만 흑a, 백b로 바깥의 백을 끊는 노림이 사라진다.

(1857)

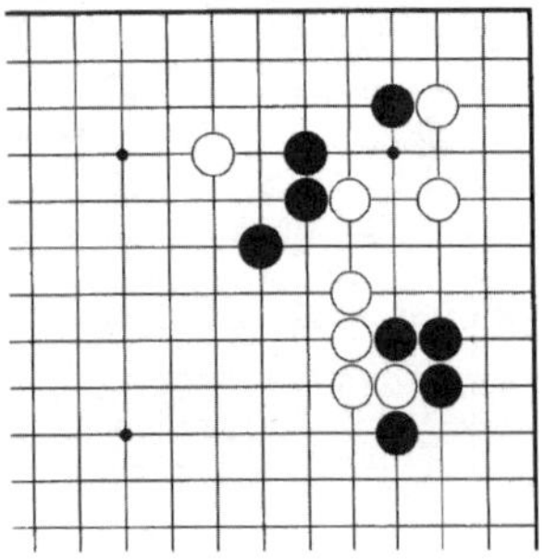

解

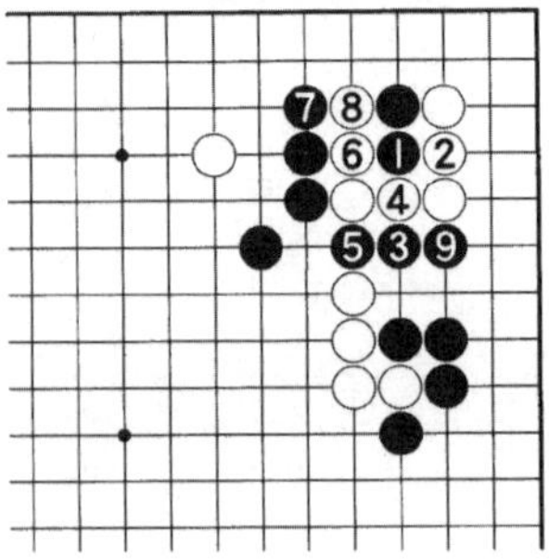

失

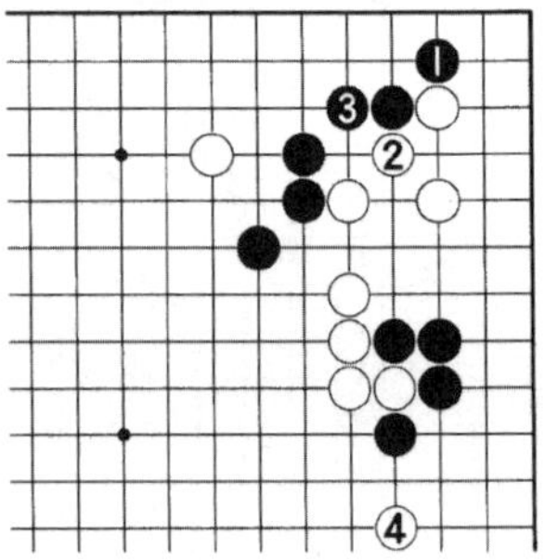

제8형 흑번

### 초점

우상의 전투.
우상귀의 백이 강해지면 우변의 흑이 공격당한다.
우상의 흑을 어떻게 응수하여야 하는가?

### 연결하다

흑1로 나가서 들여다본다.
백2로 잇고 흑3으로 바깥에서 들여다본다.
백4에 흑5로 연결하게 된다. 흑9까지로 중앙의 백 4점은 뜬 돌이 된다.

### 흑 고전

흑1로 젖히면 백2의 선수를 활용당해 실패한다.
흑3 이후, 백은 강력한 우상귀 돌을 배경으로 백4로 공격하여 흑은 고전한다.

(1858)

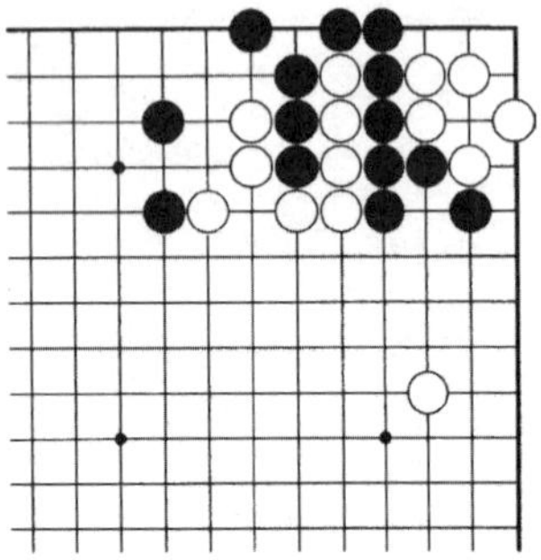

解

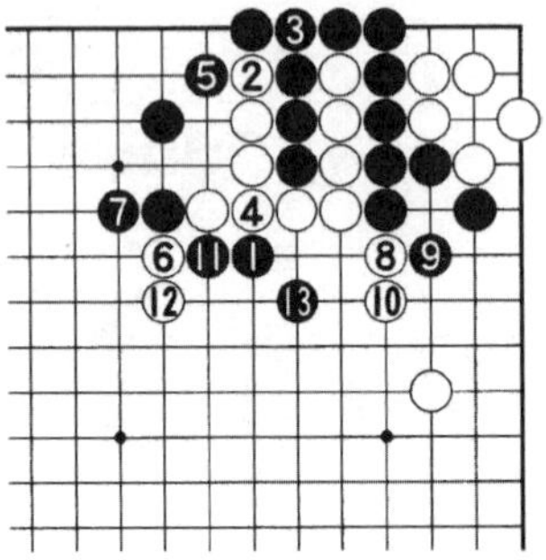

失

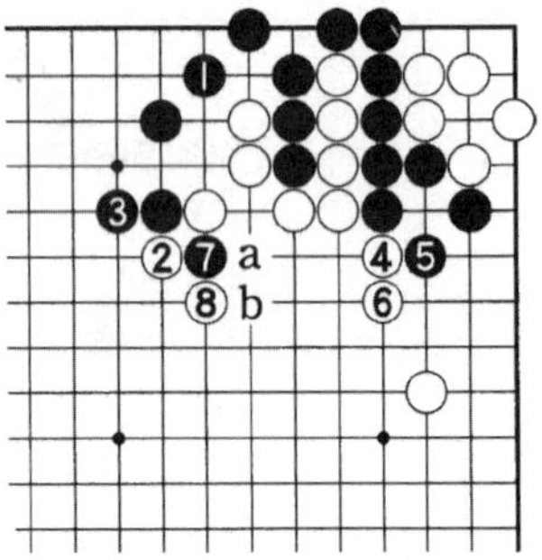

제9형 흑번

### 실마리

상변의 백은 근거가 없는 뜬 돌이다.
흑은 상변으로 건너가기 전에 공격의 실마리를 만들고 싶다.

### 반격

흑1로 들여다본 수가 안형의 급소이다.
백2와 4로 이으면 흑5로 상변으로 건너간다. 백6부터 10으로 중앙에 두면 흑11, 13 공격이 냉엄하다.

### 건넘은 실패

흑1로 단순히 상변으로 건너는 모양이다. 백2부터 6으로 중앙을 넓히고 흑7로 끊으면 백8로 단수쳐서 흑 1점을 잡는다.
흑7로 a는 백b.

(1859)

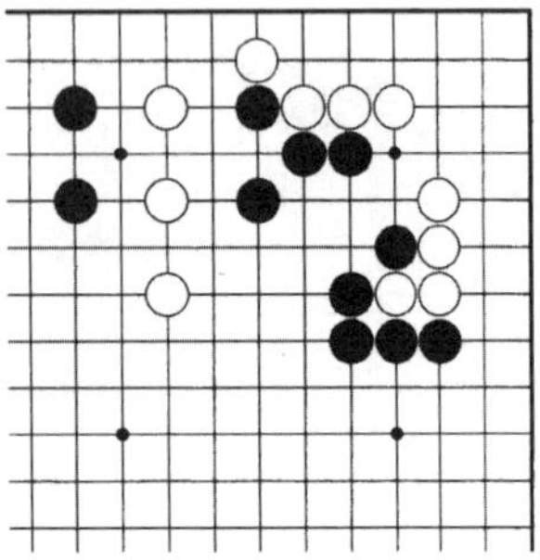

解

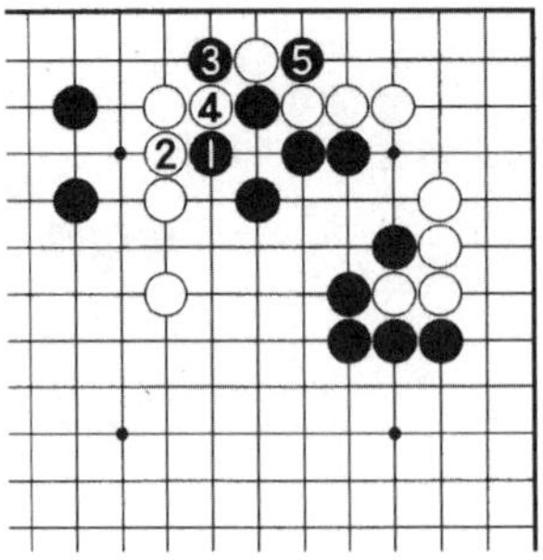

失

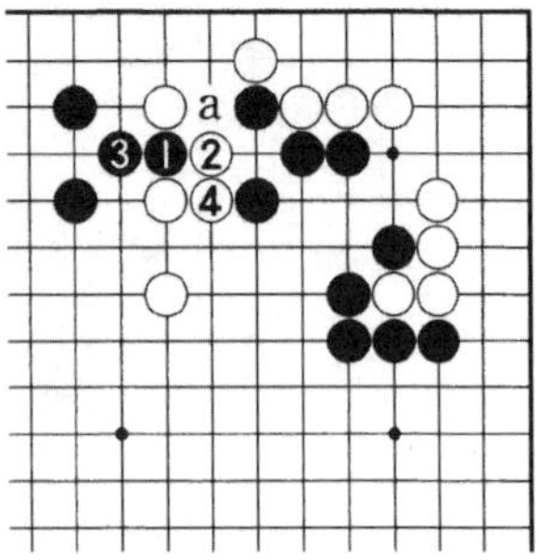

제10형 흑번

### 분리

귀에서 상변으로 건너간 백은 완전하지 않은 모양이다.
상변의 백을 분단시키면 중앙에 있는 흑의 두터움이 빛난다.

### 꽃놀이 패

흑1로 들여다보면 백은 2로 잇는 정도이다.
흑3으로, 젖혀나와서 백4, 흑5로 끊어 패를 낸다.
이 패는 흑의 부담이 적다.

### 흑 불발

흑1의 끼움은 잘 되지 않는다. 백2로 오른쪽에서 받고 흑3, 백4로 이어 흑의 노림은 불발된다.
흑은 a에 둘 수 없는 모양이다.

(1860)

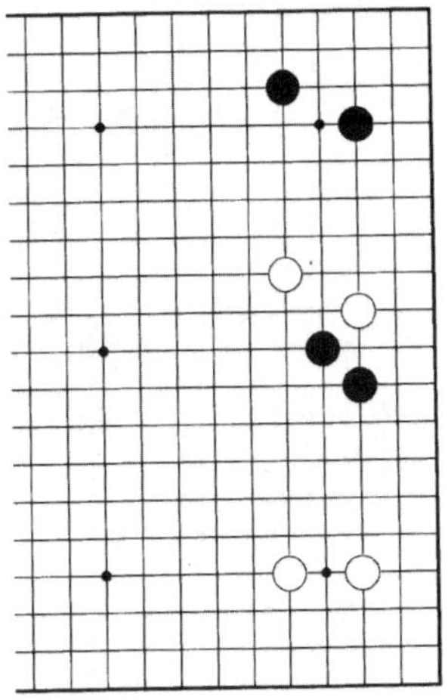

解

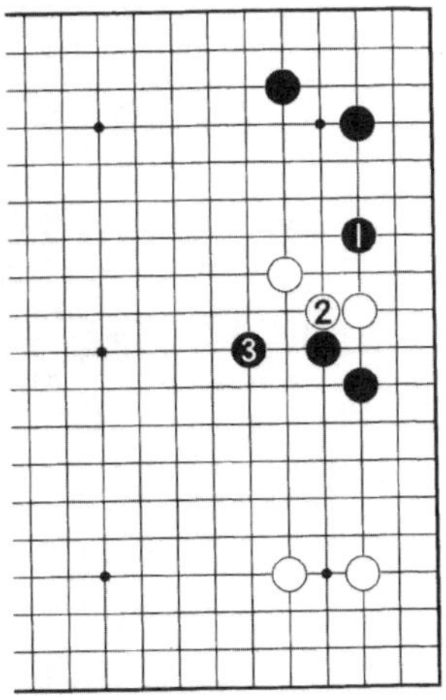

失

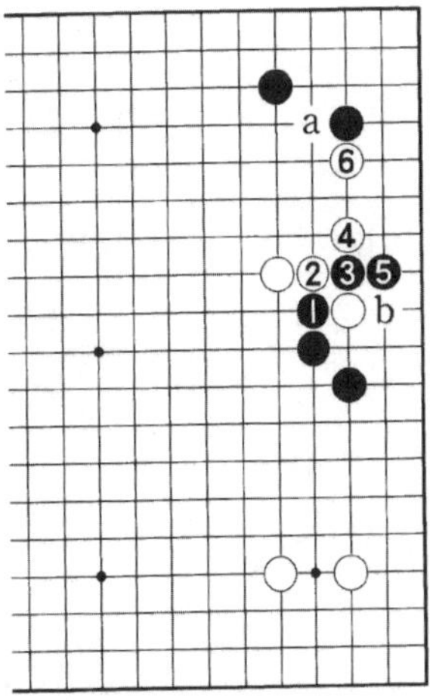


제11형 흑번

### 약한 돌

우변의 공방이 초점이다.
백은 우변의 1점에서 날일자로 도망쳤으나 매우 약한 돌이다. 흑은 우상의 세력을 이용하여 공격을 계속해야 한다.

### 크게 공격

흑1로 들여다보는 수가 매서운 공격이다. 백은 2로 연결하여 도망칠 수밖에 없다.
흑3으로 뛰어 크게 백을 공격한다. 우상의 흑집이 굳혀지고 우변의 흑도 강해진다.

### 백 수습하는 모양

흑1, 3으로 나가끊는 것은 작아서 불만이다.
백4로 단수쳐 백 1점을 버리고 백6으로 우상귀에 붙여 흑a 등으로 받으면 백b로 잡아 우변이 부활한다. 백이 수습한 모양이다.

(1861)

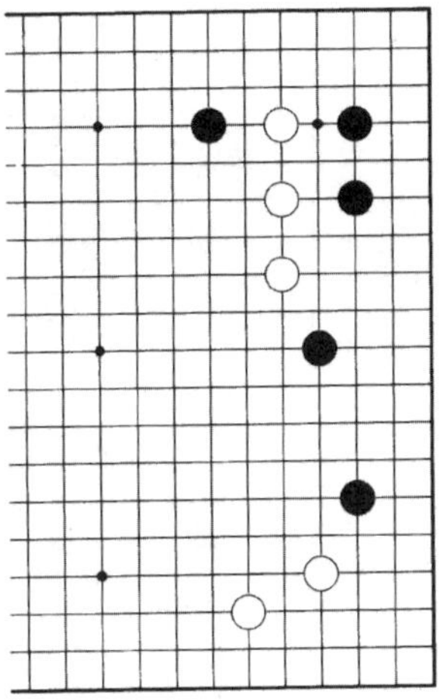

解

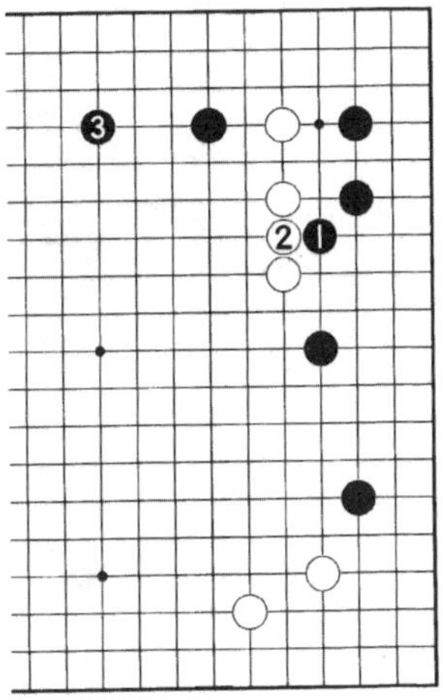

変

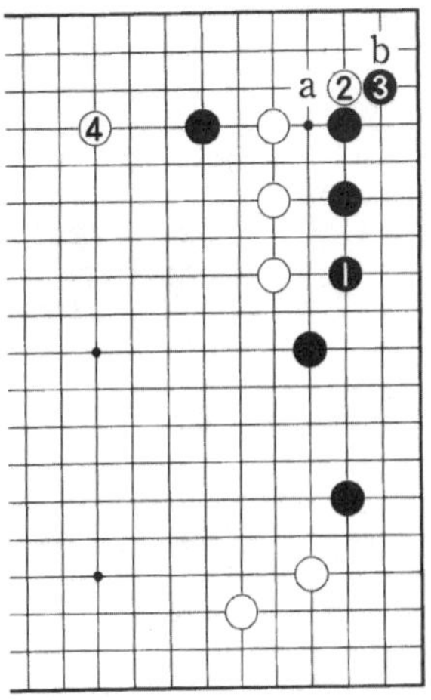


제12형 흑번

### 선수

우상은 한 칸 높은 걸침 정석이다. 이후 흑이 우변을 어떻게 둘 것인가?
우변을 지켜서 집으로 만드는 것은 쉽다. 흑은 선수를 잡아 상변에 손을 돌리고 싶다.

### 상형

흑1로 입구자해서 들여다보는 수가 상형이다.
백2로 잇게 만들어 우변 침입을 막는다. 흑3으로 상변에 손을 돌려 백으로부터 받을 반격을 막고 우상의 백을 크게 공격한다.

### 흑 후수

흑1은 견실하게 지키는 수지만 후수이다.
백2의 붙임은 선수로 상변에 있는 흑의 건넘을 막고 백4로 협공한다. 백은 우상에 a로 당기는 수와 b로 이단젖히는 수중 하나를 선택할 수 있다.

**제13형 흑번**

(1862)

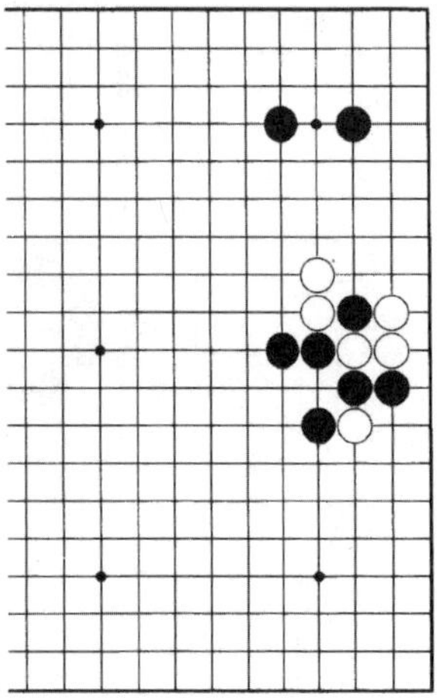

## 공격

우변의 전투.
흑 1점을 잡고 있는 백은 아직 완전히 수습되지 않았다.
흑은 어디서부터 백을 공격해야 할까?

解

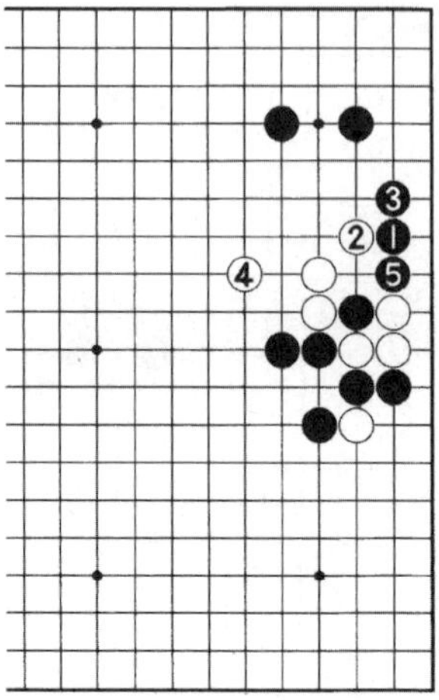

## 집 없음

흑1로 들여다보는 수가 맥이다.
백2의 입구자 붙임에 흑3으로 당겨 백집을 좁힌다. 백4로 중앙으로 나가면 흑5로 치받아 우변은 옥집, 백은 집 없이 도망쳐야 한다.

变

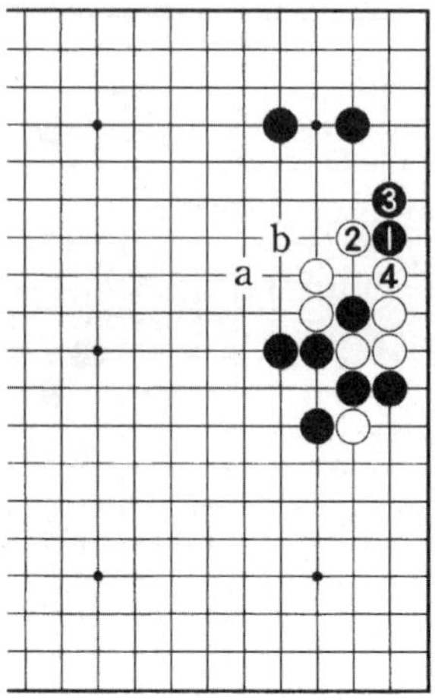

## 백 불리

백4로 받으면 한집을 만들 수는 있지만 백은 후수이다.
흑은 주위의 상황에 따라 a 또는 b로 강한 공격을 할 수 있다.
백이 산다고 해도 좋은 결과를 기대할 수는 없다.

**제14형 흑번**

(1863)

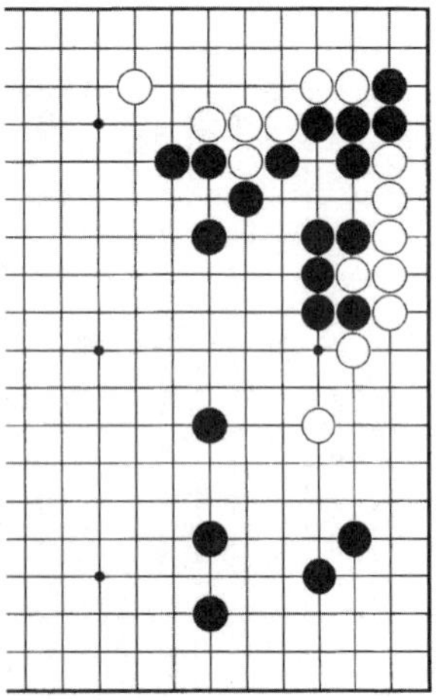

## 공격

우변의 전투.
2선으로 긴 백은 우변의 근거가 확실하지 않아 흑에게 매서운 공격을 받게 된다.
백의 급소를 찾아야 한다.

解

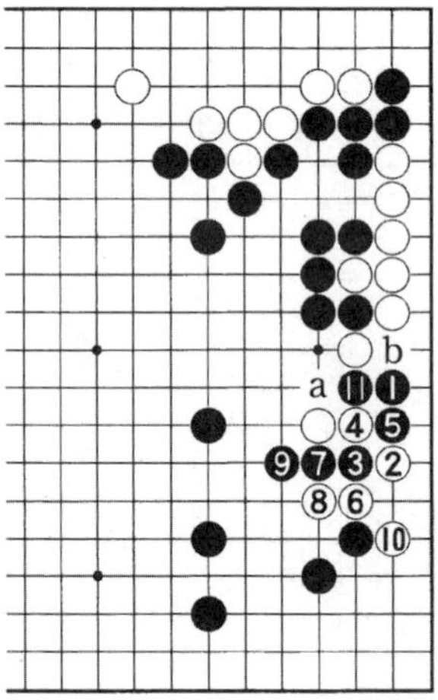

## 백 잡힘

흑1로 들여다본 수가 냉엄하다.
백2로 봉쇄해도 흑3으로 건너붙여 우변을 끊는다. 백6부터 10으로 귀에 두어도 흑11로 탈출해서 우상의 백이 죽는다. 백2로 5는 흑11, 백a, 흑b.

变

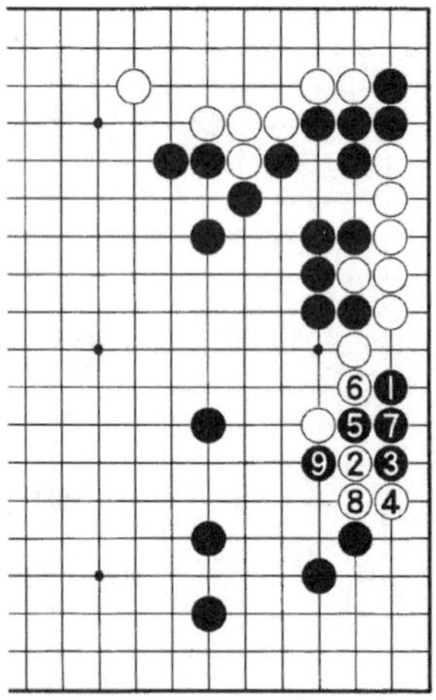

## 백 무리

백2의 입구자로 흑에게 반격하는 것은 무리.
흑3으로 붙이고 백4, 흑5로 바깥의 백이 수습 불가능 상태에 빠진다.
백8은 흑9. 백4로 7은 흑6으로 나가서 백이 안 된다.

## 제1형 흑번

(1864)

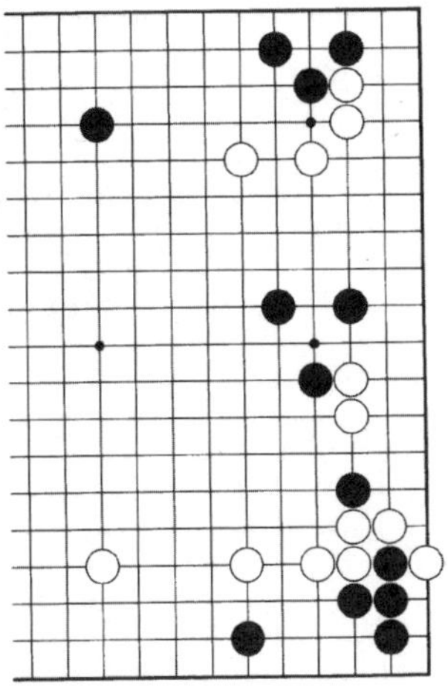

解

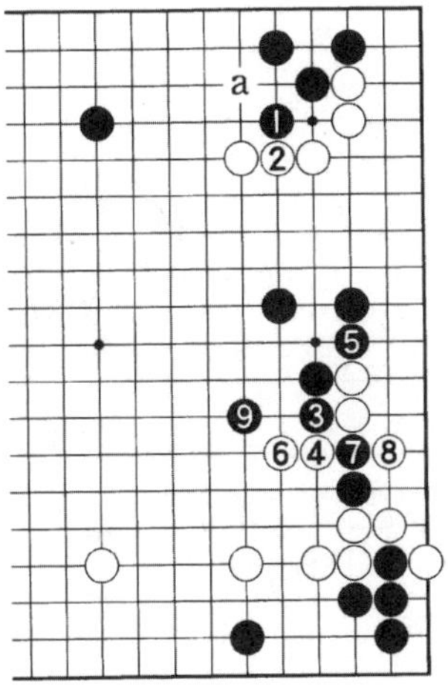

失

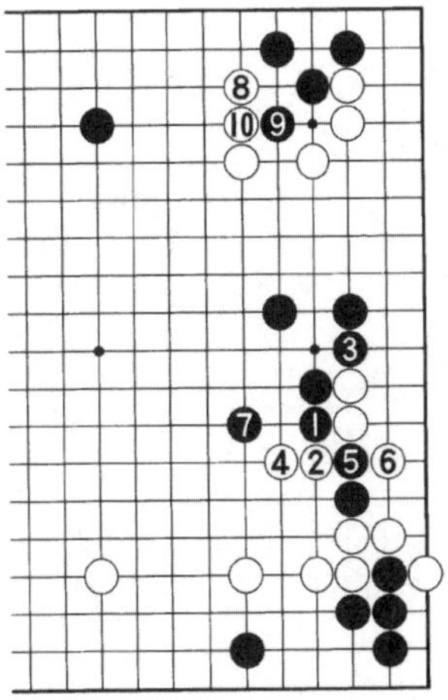

### 수순

우변의 전투.
흑 3점이 백의 세력권 안에서 고립되어 있어서 바로 정리된 모양으로 만들어야 한다. 그전에 해두어야 할 수순이 있다.

### 활용

우상귀의 흑1로 들여다보는 타이밍이 좋다.
우변의 흑을 공격하기 위해서 백은 2로 이을 수밖에 없다. 흑3 부터 9까지 모양을 갖추고 우상귀도 백a의 공격을 막는다.

### 흑 충분

흑1부터 7까지의 수순은 지키기만 한 것. 흑5로 끊어두면 자충의 백을 활용할 수 있지만 우상의 수순을 게을리 했기 때문에 백8이 매서운 공격이 되어 흑이 불충분하다.

## 제2형 흑번

(1865)

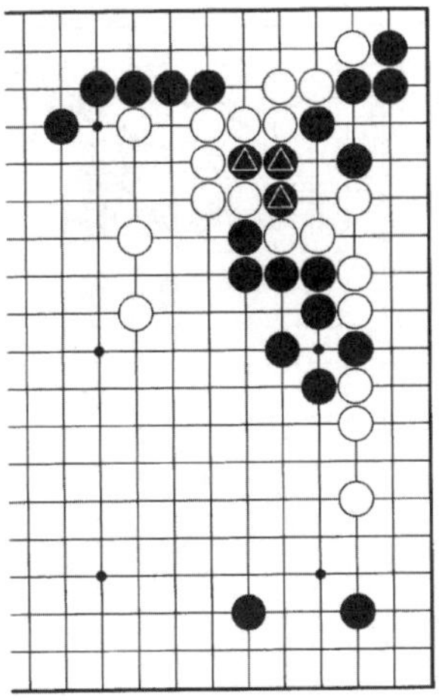

解

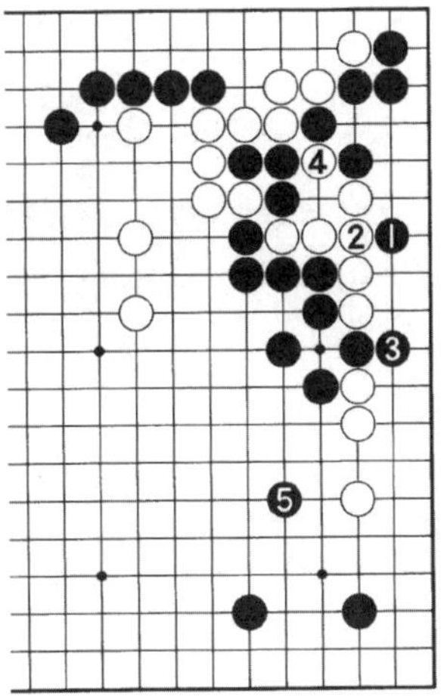

変

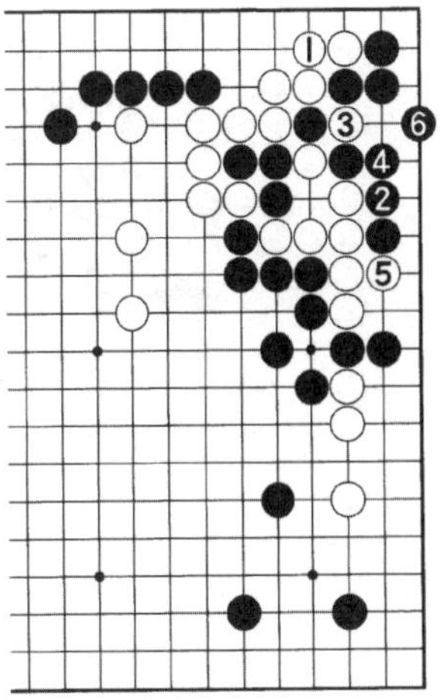

### 최강의 공격

우변의 전투.
흑▲ 3점을 살리려는 것은 문제가 안된다.
단순히 우변을 뚫어도 백은 수습할 수 있을 것 같다. 최강의 공격법을 찾아야 한다.

### 흑 유리

흑1로 들여다보는 것이 수순.
백2로 받게 한 뒤 흑3으로 뚫어서 우하를 분단시키면 백은 4로 흑 3점을 잡을 수밖에 없다. 우상의 흑은 살 수 있어 흑5로 백을 공격해서 흑이 매우 좋다.

### 흑 삶

정해도 이후 우상귀의 흑은 백1로 이으면 흑2로 건너가서 산다. 백3, 5로 우하로 건너지 못하게 막으면 흑6으로 안형의 급소에 두어 귀와 우변에 각각 한집씩 만들어 살 수 있다.

제1형 흑번

(1866)

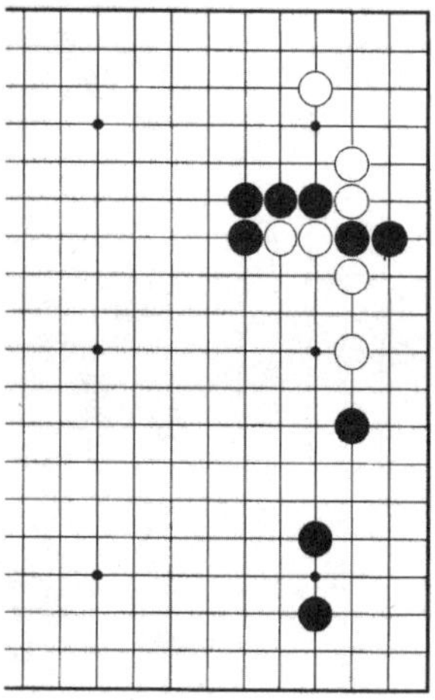

## 바깥을 굳히다

우변의 전투.
우변의 백 4점은 공배가 꽉 차 맛이 나쁜 모양이다.
백을 공격할 맥은 어디에 있는가?
우상의 흑 2점을 버리고 바깥을 싸 바르면 성공이다.

解

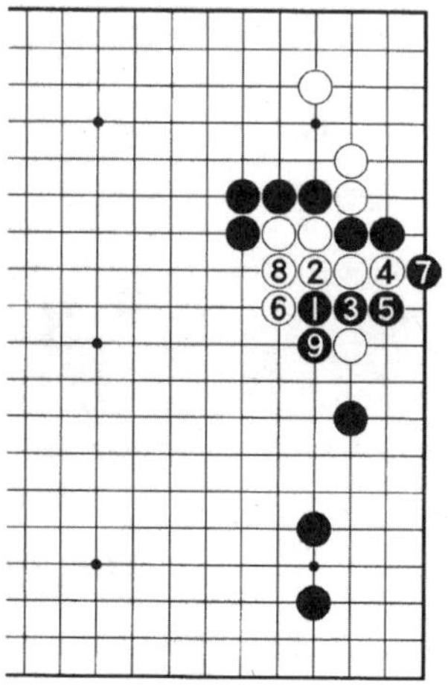

## 흑 두텁다

흑1로 들여다보는 수가 냉엄하다. 백2로 이으면 흑3, 5로 우변을 뚫는다. 우변 흑 2점은 사석.
백6으로 중앙으로 나가려 하면 흑7, 9로 우변의 백 1점을 잡아 흑이 두텁다.

失

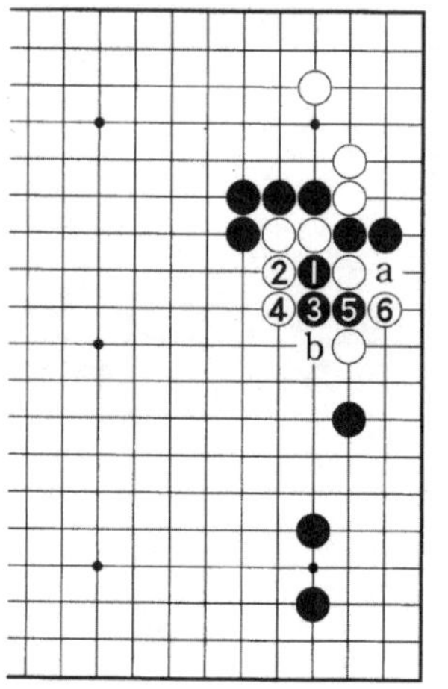

## 흑 불리

흑1의 끊음은 속맥으로 백2, 4로 중앙으로 도망쳐서 나쁘다.
흑5의 단수에는 백6이 매서운 반발. 흑a는 백b로 흑 불리. 흑b로 도망쳐도 백a로 이어 우변의 흑 2점을 잡혀서 흑이 불리하다.

제2형 백번

(1867)

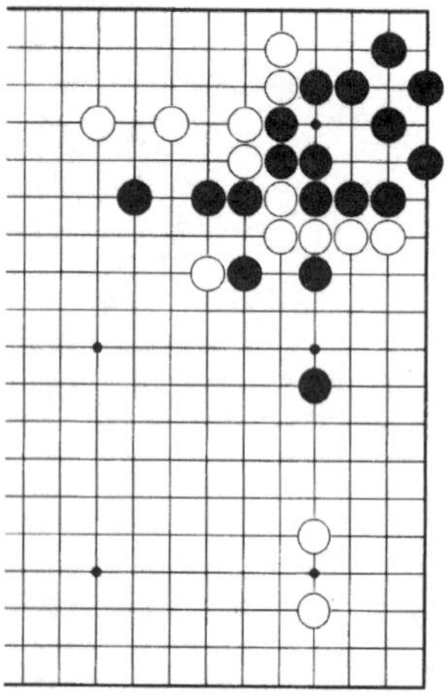

## 반격

우변의 반격.
우변의 백 5점을 우변에 봉쇄하면 흑의 성공이지만 흑은 엷은 모양이다. 백은 반격하여 흑을 분리시키고 우변에 백의 모양을 만드는 것이 가능하다.

解

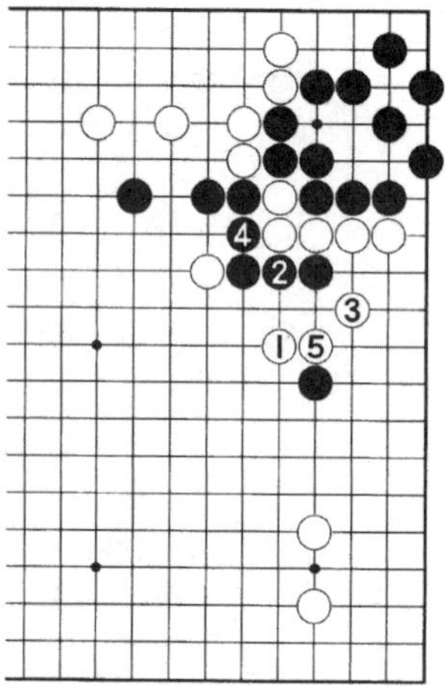

## 백 좋은 모양

백1은 다음에 2로 나가 흑을 끊기 위한 수이다. 흑2에 이으면 백3으로 우변으로 뛰어 백1이 우변에서 날일자로 진출한 모양이 된다. 흑4로 중앙을 지키면 백5로 돌아와서 백이 좋은 모양.

変

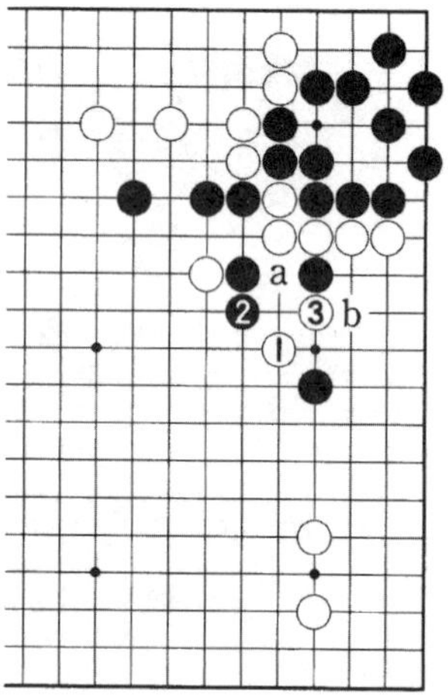

## 백 유리

흑2는 백a를 막는 수지만 이번에는 백3으로 입구자 붙여 중앙으로 연결한다.
흑a라면 백b. 중앙에 흑의 약점이 남아서 정해도보다 흑의 모양이 나쁘다.

(1868)

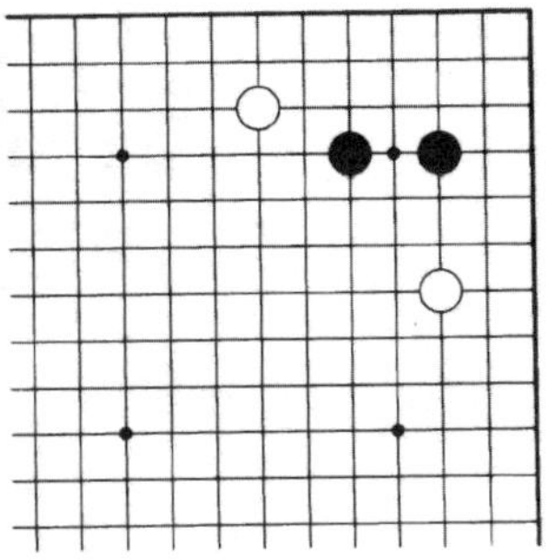

解

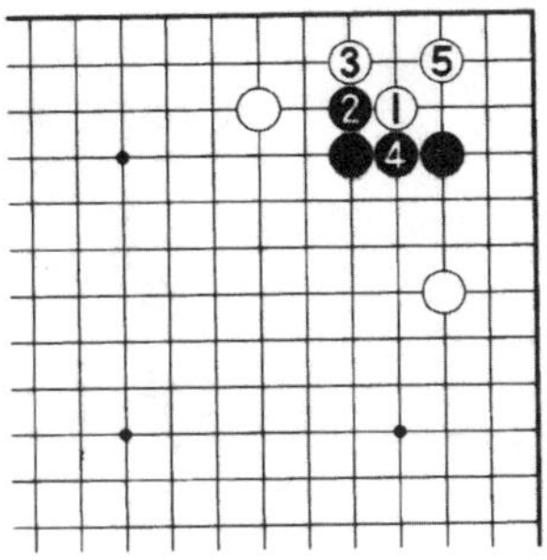

変

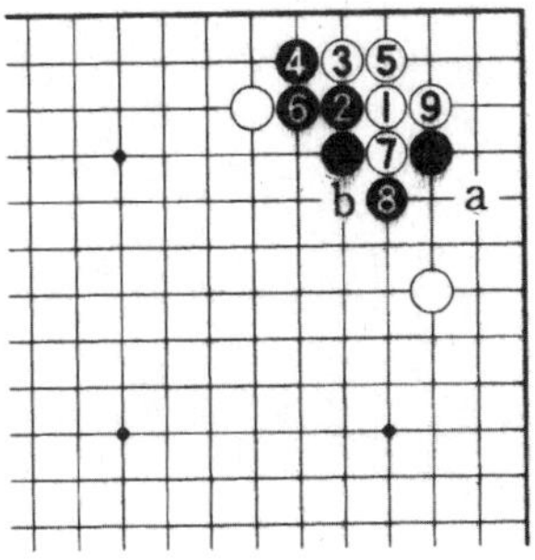

제1형 백번

### 결정짓는 방법

우상귀의 한 칸 굳힘은 뒷문이 열려있어 가일수가 필요하다.
흑이 손을 빼면 백은 어떻게 공격해야 하는가?

### 백 좋다

백1로 들여다본 수가 좋다.
흑2로 막아도 백3으로 젖혀 탄력있는 모양이다.
흑4에 이으면 백5로 흑의 근거를 빼앗는다.

### 흑 불만

흑4로 막으면 백5로 이어 바깥의 흑을 공격한다.
흑6 이후 백7로 나가 흑 모양에 흠집을 내서 9로 살고 a 건넘과 b 끊음을 맞본다.

(1869)

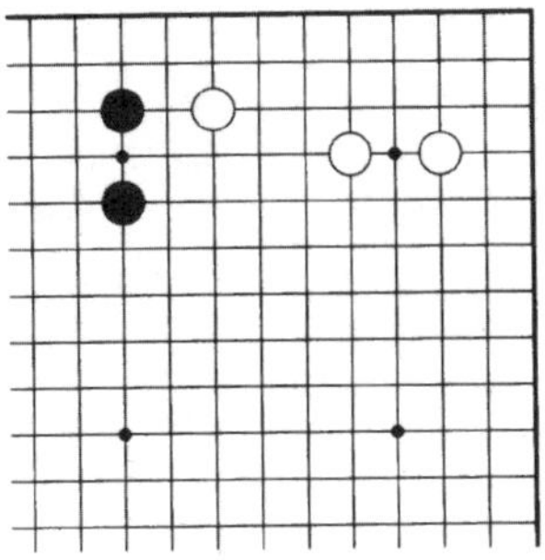

解

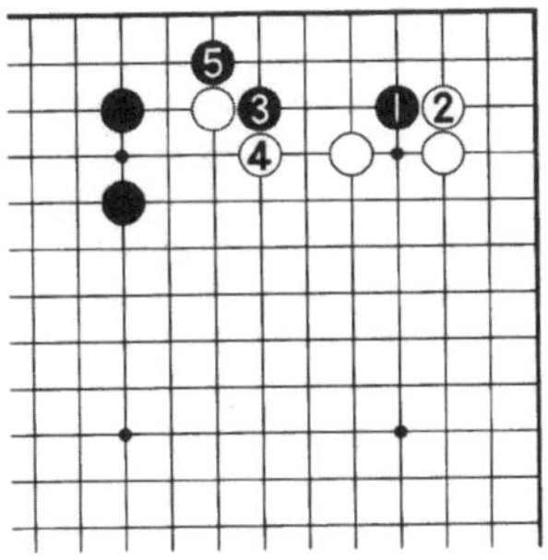

変

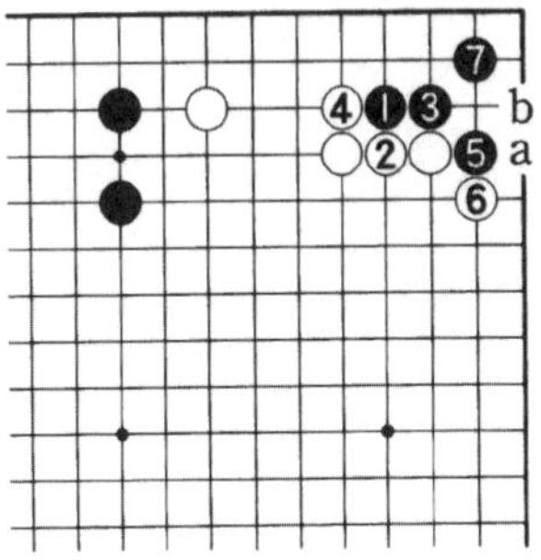

제2형 흑번

### 약점

우상의 백집을 부수고 싶다.
흑은 다양하게 수를 낼 수 있지만 백이 한 칸 뛴 모양의 약점은 하나뿐이다.

### 부수다

흑1로 들여다본 수가 급소이다. 백2로 귀를 지키면 흑은 상변을 부술 실마리를 얻은 셈.
흑3으로 붙이고 백4, 흑5로 상변으로 건너간다.

### 패

백2로 이으면 흑3으로 밀어가 귀에서 수가 난다.
백4로 막으면 흑5, 7로 모양을 갖춰 그냥은 잡히지 않는 모양이다. 백a는 흑b로 패가 난다.

(1870)

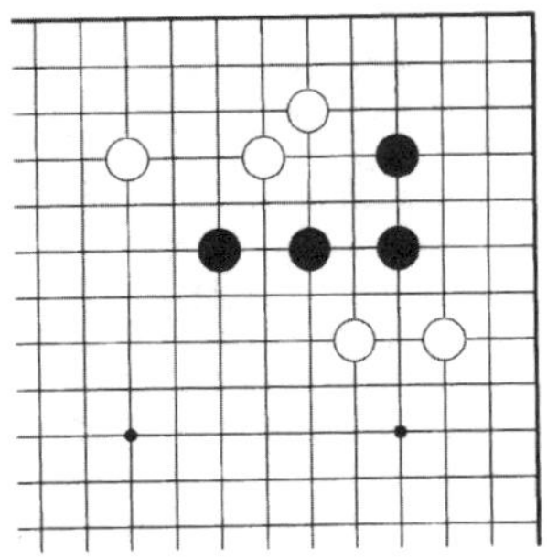

解

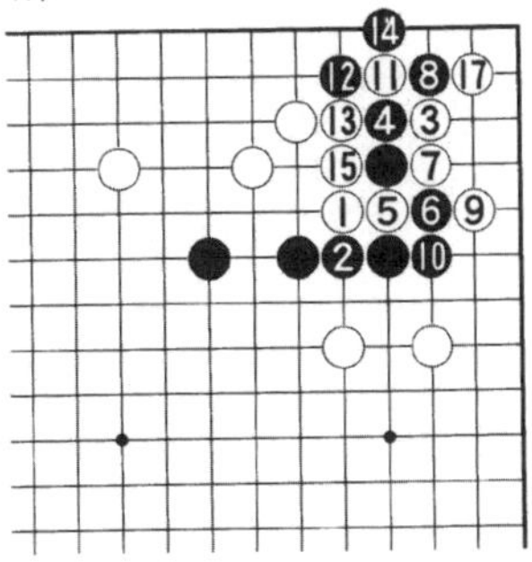

変

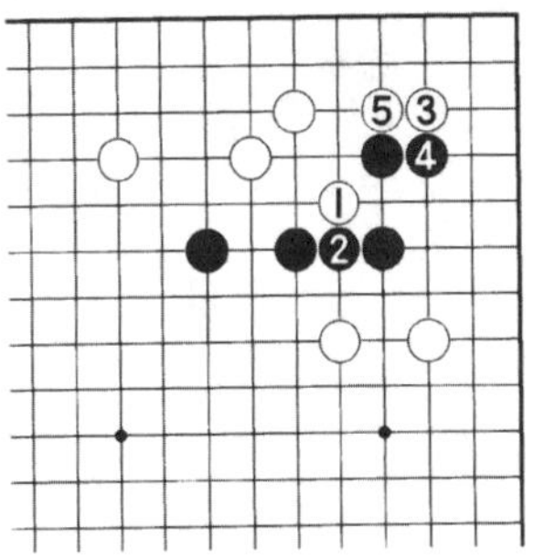

제3형 백번

### 엷음

우상의 문제.
우상귀에서 중앙으로 도망친 흑의 모양이 엷다.
백은 흑의 엷음을 추궁해야 한다.

### 백 유리

백1로 들여다본 수가 좋다.
흑2로 이으면 백3으로 3·3에 침입하고 흑4 이후 백5, 7이 수순이다.
백17까지 백이 유리한 싸움.
※⓰→⑪

### 백 만족

흑4로 받으면 백5로 건너가 귀는 흑집이 없어지게 된다.
귀에서 중앙으로 도망친 흑은 뜬 돌이 되어 우변 백의 공격 대상이 된다.

제4형 백번

(1871)

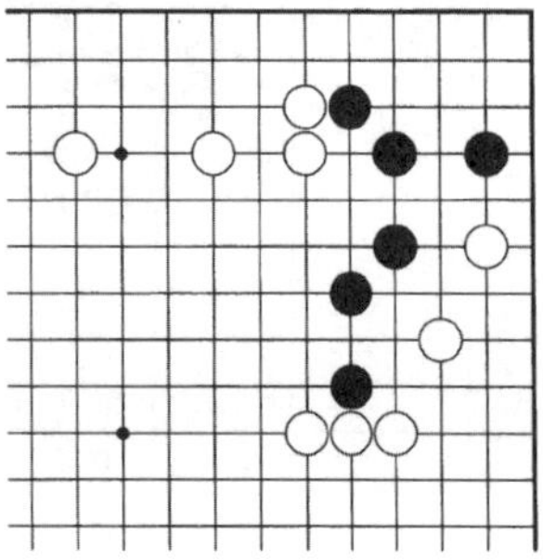

### 엷음

우상의 모양을 결정짓고 싶다. 백은 흑의 엷음을 추궁하면 바깥의 모양을 두텁게 만들 수 있다.

解

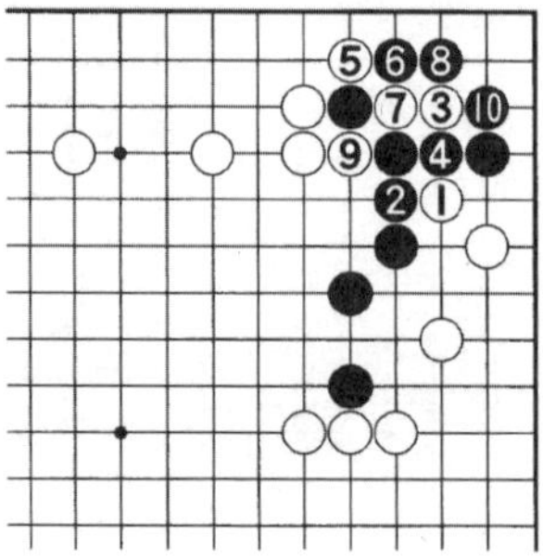

### 수습

백1로 들여다본 수가 맥이다.
흑2로 이으면 백3의 치중이 제2의 노림수.
흑4 이후 백5, 7로 귀를 파고 들어 상변의 백이 굳어진다.

变

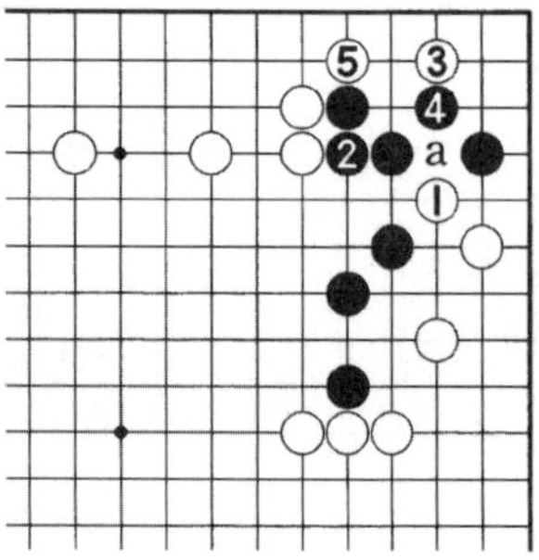

### 맞보기

흑2는 백4를 막는 모양이지만 오히려 맛이 나쁘다.
백3으로 치중하여 상변 건넘과 a의 뚫는 수가 맞보기.
백5까지 흑은 근거가 없다.

제5형 백번

(1872)

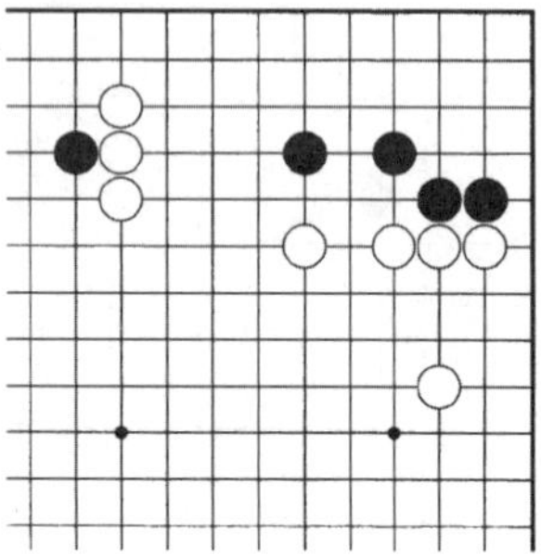

### 뒷문

우상의 전투.
흑이 한 칸 뛰어 귀를 굳힌 것 같이 보이지만 뒷문이 열려 있다.
집으로는 완전하지 않다.

解

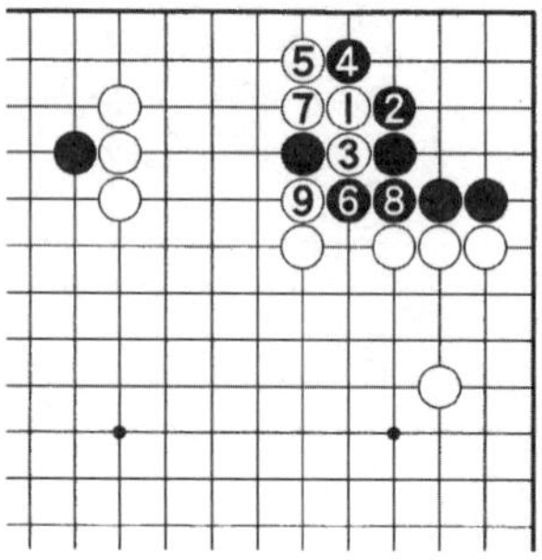

### 분리성공

백1로 들여다본 수가 흑 모양의 급소이다. 흑2로 귀를 지키면 백3으로 나가 1점을 분리시킨다.
흑4 젖힘에 백5가 강수이다.
백9까지 백의 성공이다.

变

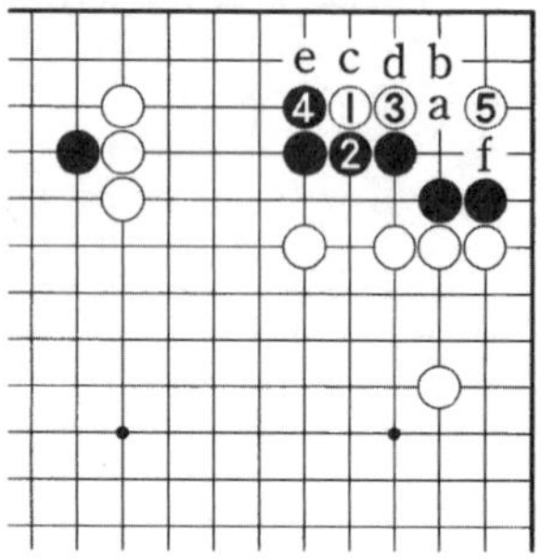

### 백 삶

흑2로 이으면 백3으로 밀어 귀의 집을 부순다.
흑4로 a는 백b.
흑4로 막으면 백5로 뛰고, 흑c, 백d, 흑e는 백f로 살 수 있다.

제6형 흑번

(1873)

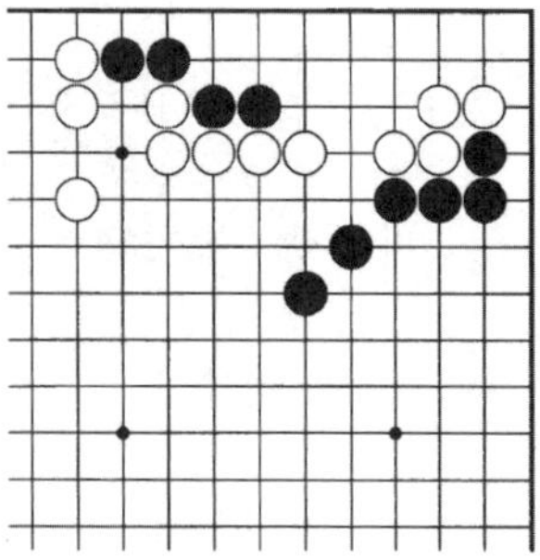

### 집을 부수다

상변의 흑 4점은 잡혀 있으나 백은 우상귀와 연결이 허술하여 귀는 아직 집이라고 할 수 없다.
흑은 어떻게 집을 부숴야 할까?

解

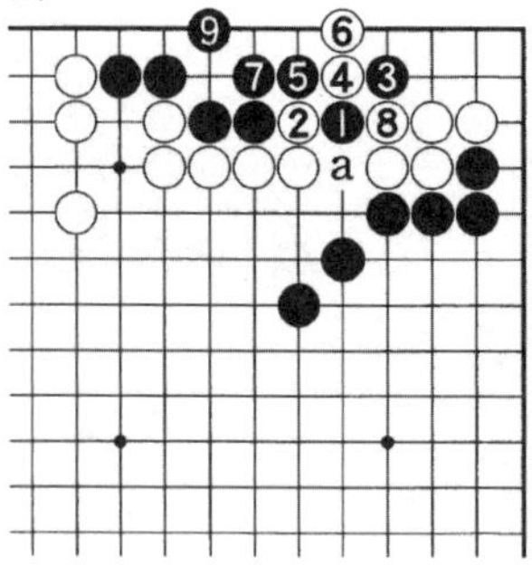

### 맞보기

흑1로 들여다본 수가 급소이다. 백2로 나가면 흑3의 입구자가 좋은 수이다.
백4로 두면 흑5부터 9로 살고, 백4로 5에 두면 흑a로 귀를 끊는다.

失

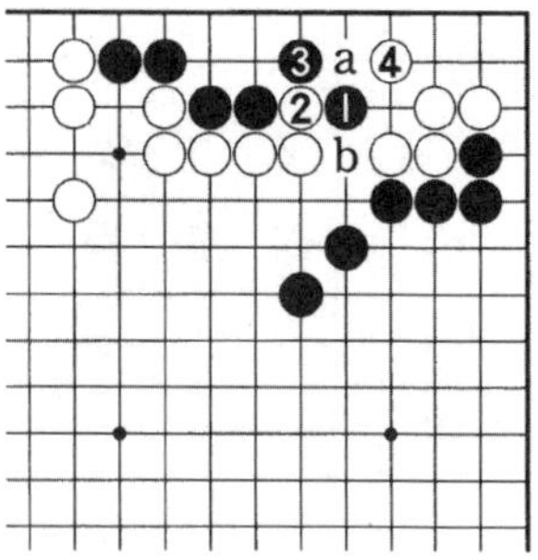

### 수 없음

흑3의 막음은 기껏 찾아온 기회를 날려버리는 악수이다.
백4로 들여다봐서 맛이 없어진다.
흑a는 백b로 흑이 전멸한다.

## 제7형 백번

(1874)

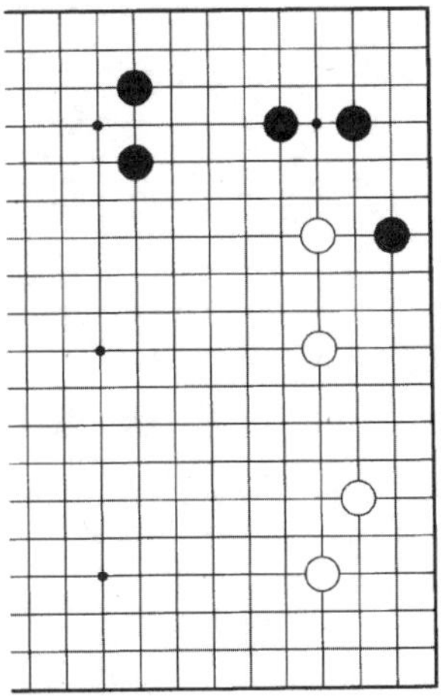

### 귀의 옆음

우상의 문제.

우상귀의 한 칸 굳힘에서 우변으로 미끄러졌다.

집을 빼앗는 좋은 수지만 귀와 연결해야만 하므로 엷어져버린다.

우상귀 흑의 엷은 모양을 노려보자.

解

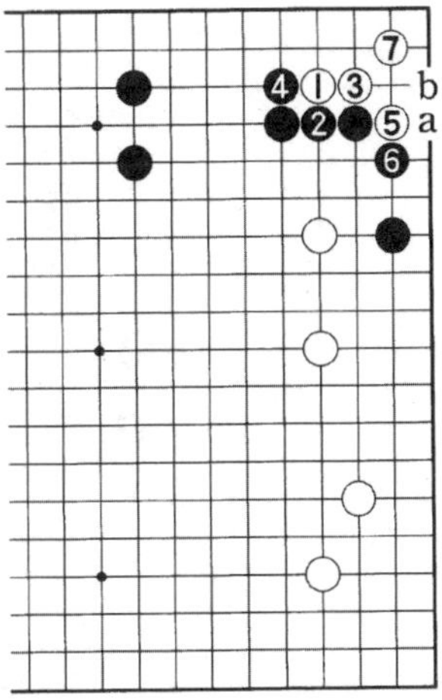


### 귀의 패

백1로 들여다본 수는 귀의 한 칸 뛴 수의 엷음을 노린 상용의 맥이다.

흑2로 잇는 수가 견실하며, 백3으로 밀어 집을 넓히고 백5, 7로 무조건 죽지는 않는다.

흑a는 백b로 패가 난다.

変

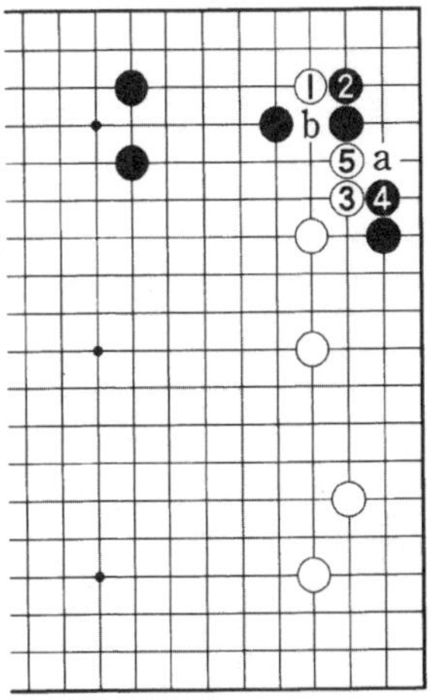


### 맞보기

흑2로 3·3을 지키면 귀에서 사는 것은 어렵지만 백3 입구자가 냉엄한 수가 된다.

흑4로 밀면 백5. a, b의 절단을 맞보기로 하고 있어 흑은 응수하기 곤란해진다.

## 제8형 백번

(1875)

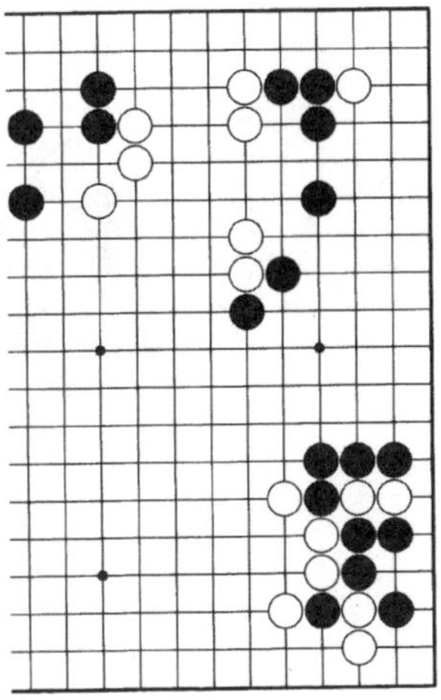

### 결함

귀의 전투.

백 1점은 3·3을 근거로 하고 있기 때문에 어렵지 않게 살 수 있지만 흑의 우변의 결함을 추궁하여 최대한 흑집을 도려내고 살고 싶다.

解

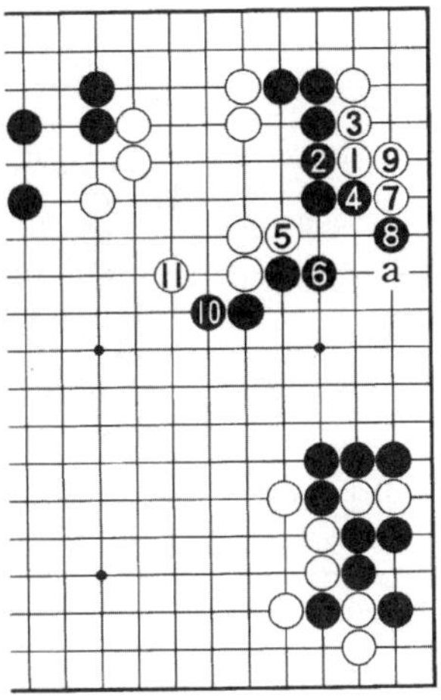


### 활용

백1의 들여다보기를 선수로 활용한다.

흑2로 이으면 백도 3으로 이어 귀의 집을 넓힌다. 흑4에 백5를 활용한 뒤 7, 9로 살고 다음에 a의 붙임을 노린다.

変

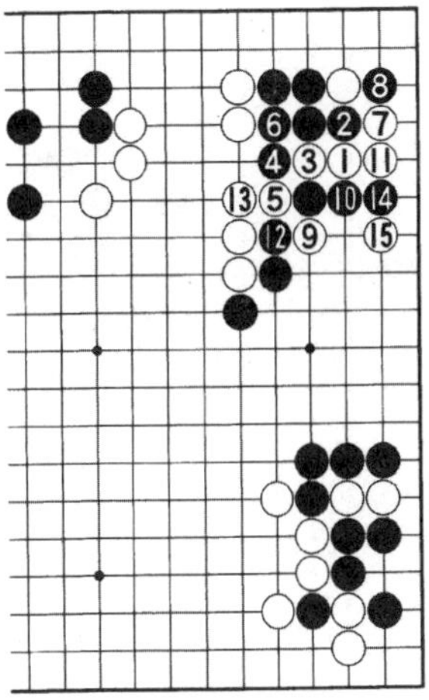

### 부서지다

흑2로 나가서 반발하면 백3으로 나가 끊어 백 모양에 약점이 많아진다. 흑6으로 이으면 백7 부터 11로 이어 우변 흑집이 무너진다. 흑14에는 백15 붙임이 맥이다. 중앙의 흑 2점이 잡힌다.

들여다보기
안정

(1876)

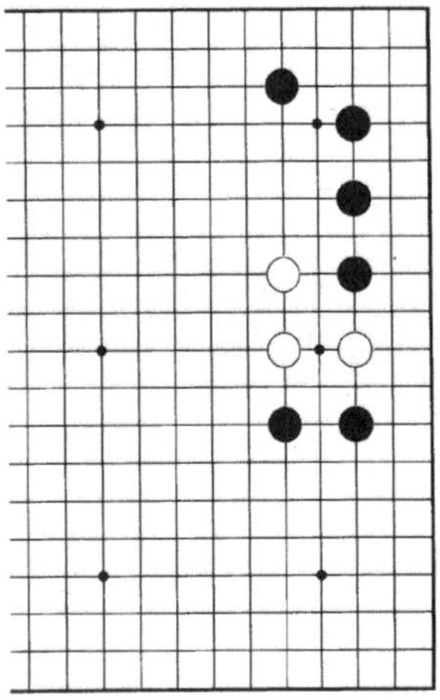

제1형
백번

### 테크닉

우변의 모양을 결정짓고 싶다. 우변에 백 3점의 근거를 만들고 싶다. 그러기 위해서는 위아래에서 다가온 흑의 칼끝을 피할 기술이 필요하다.

解

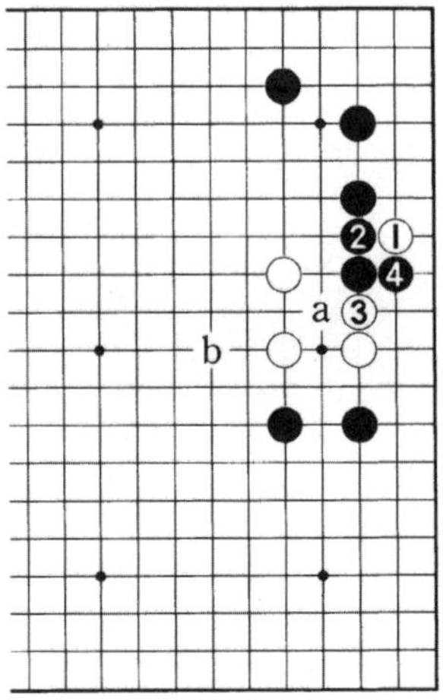

### 사석

백1의 치중이 맥이다. 백은 1점의 사석으로 바깥의 모양을 결정짓는다. 흑2라면 백3으로 치받아 흑a로 들여다보는 수를 막는다. 흑4 이후 백b로 뛰기만 해도 집을 만들기 쉬운 모양이다.

变

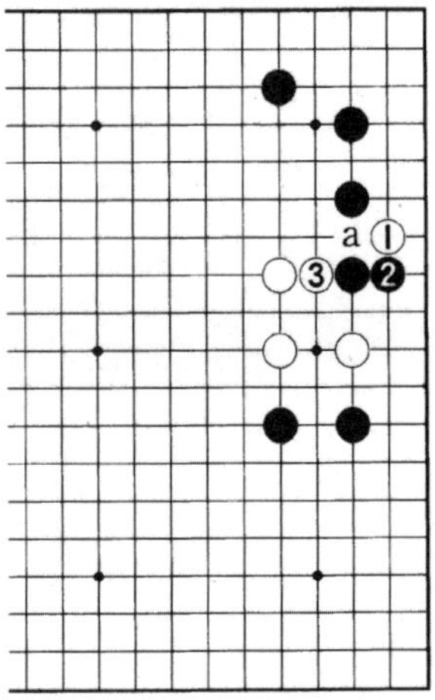

### 수습이 쉽다

흑2로 막으면 백3으로 치받는다. 백a로 나가면 1점이 부활하기 때문에 흑은 a로 지키는 정도이다. 백은 근거를 만들어서 수습하기 쉬워진다.

들여다보기
살리기

(1877)

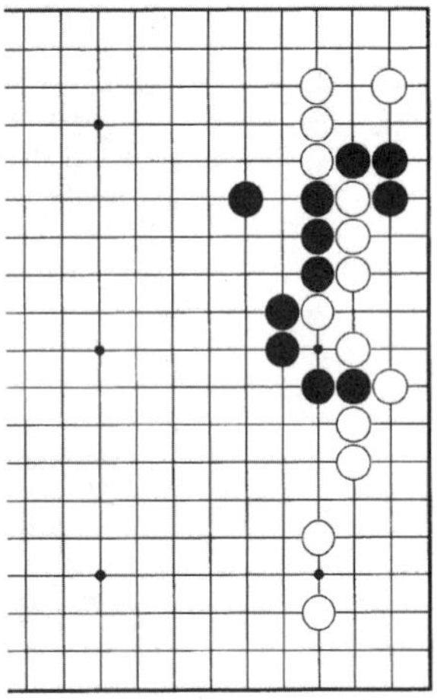

제1형
흑번

### 살리다

우변의 전투.

흑 3점을 봉쇄하는 백집에 약점이 많다.

흑은 백집을 무너뜨려 3점을 살려 나가고 싶다.

解

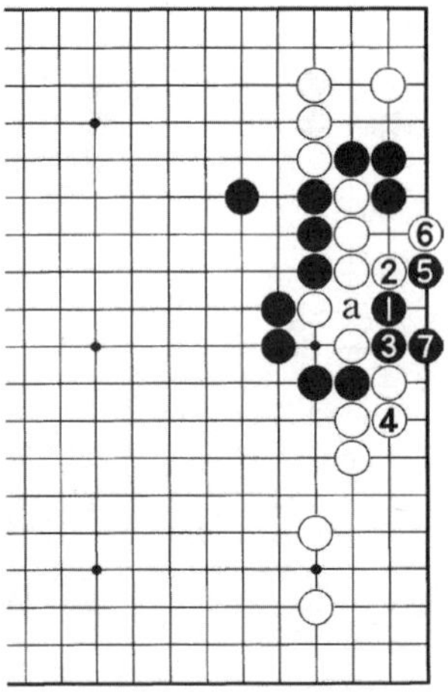

### 큰 패

흑1의 치중이 급소이다.

백2가 최강의 저항으로 흑3을 선수 활용하고 흑5, 7로 패를 내서 성공이다.

흑5로 a에 끊으면 백7로 젖히고 건너가서 흑은 만족할 수 없다.

变

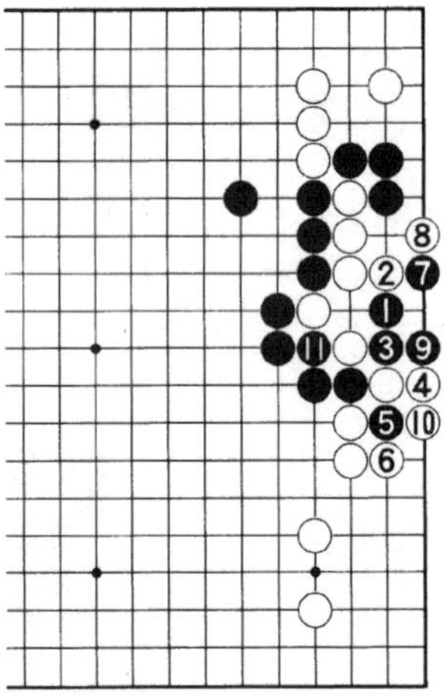

### 백 큰 손해

백4의 뻗음은 우변 돌의 건넘을 노리는 수이다.

흑5로 끊어 백은 피해가 커진다. 백6 이후 흑7, 9를 결정짓고 11로 백 2점을 단수치면 백 5점도 이미 살릴 수 없다.

들여다보기 (살리기 따냄)

# 제1형 흑번

(1878)

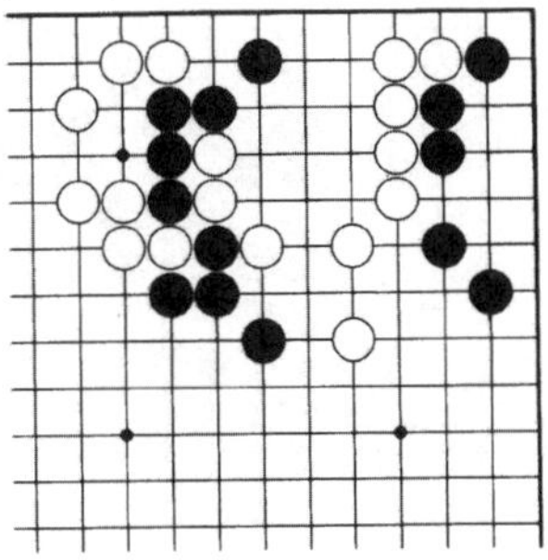

解

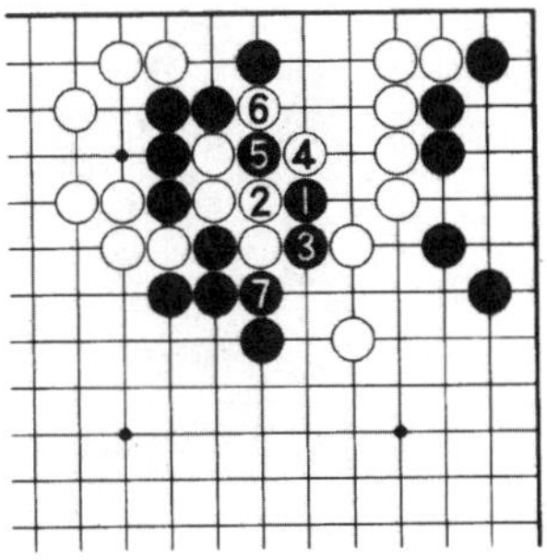

変

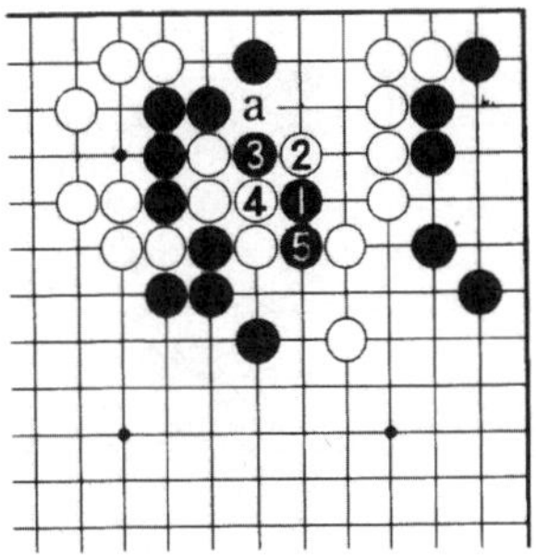

## 2점의 급소

흑을 끊고 있는 상변의 백은 맛이 나쁜 모양이다.

공배가 꽉 찬 백을 추궁하는 급소를 찾아야 한다.

## 촉촉수

흑1로 들여다보는 수가 냉엄하다. 백2로 이으면 흑3으로 나가 좌우를 분단시키고 백4에 흑5로 먹여쳐서 상변을 촉촉수로 잡는다.

## 동형

백2로 붙이면 흑3으로 끼운다. 백4는 흑5로 정해도와 같은 모양이다.

흑1로 4에 끊는 수는 틀린 맥이다. 백3으로 실패한다.

# 제2형 흑번

(1879)

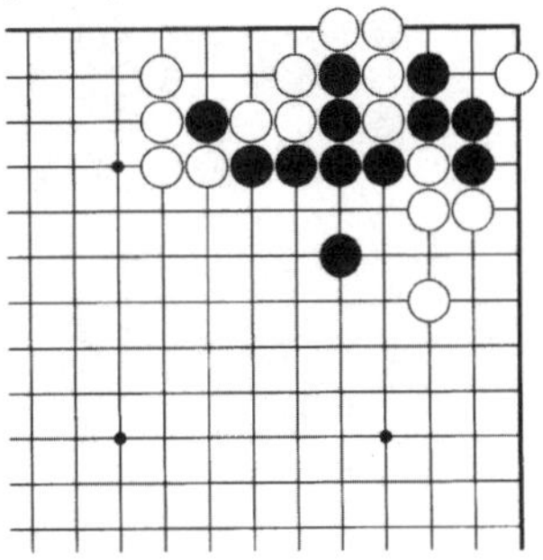

解

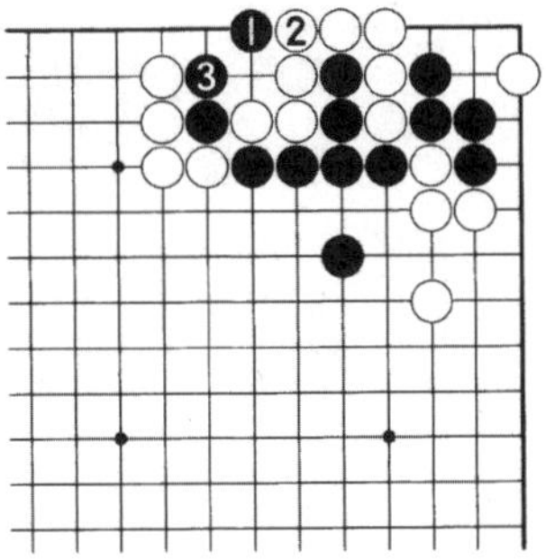

変

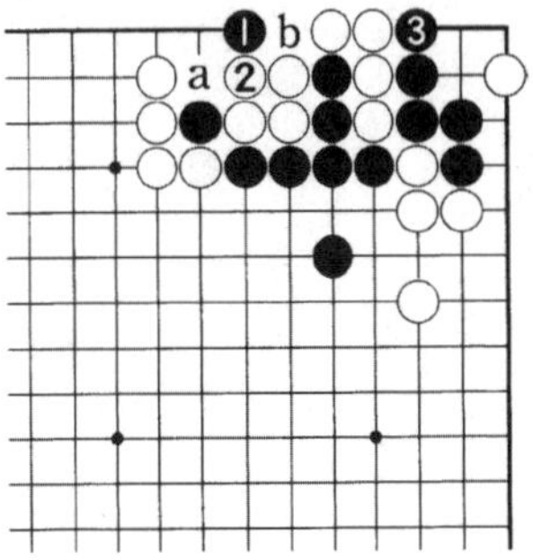

## 부활

흑 4점은 백에게 치중당해 귀에서 살 수 없는 모양이지만 상변의 백이 약하다.

백에게 반격하여 4점을 부활시킬 수 있다.

## 양자충

흑1로 들여다보는 수가 좋다. 백2로 이으면 흑3으로 1점이 도망쳐 나와 백에게는 다음에 둘 수가 없다. 우상귀는 흑집으로 바뀌었다.

## 촉촉수

백2로 받으면 흑3으로 단수쳐 백 4점을 촉촉수로 잡는다.

우상귀의 흑은 백 4점을 잡고 부활. 백2로 a도 흑b로 흑의 성공이다.

들여다보기 수상전

# 제1형 흑번

(1880)

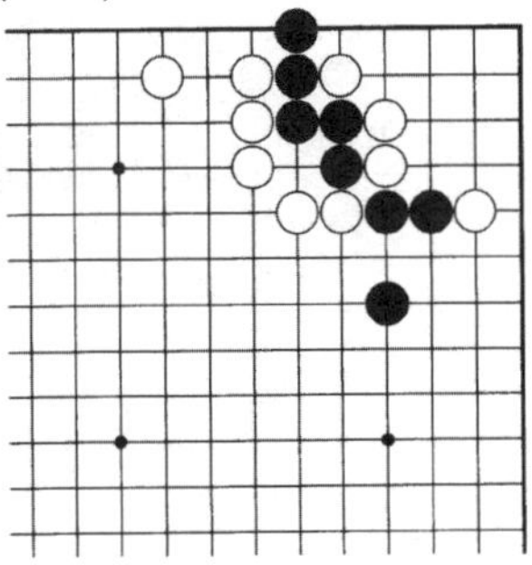

解

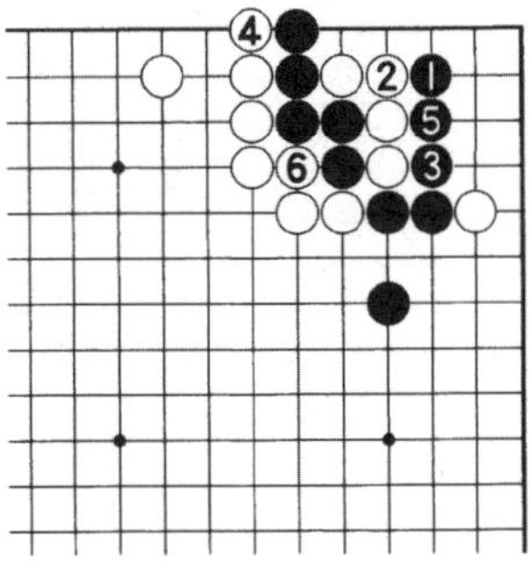

失

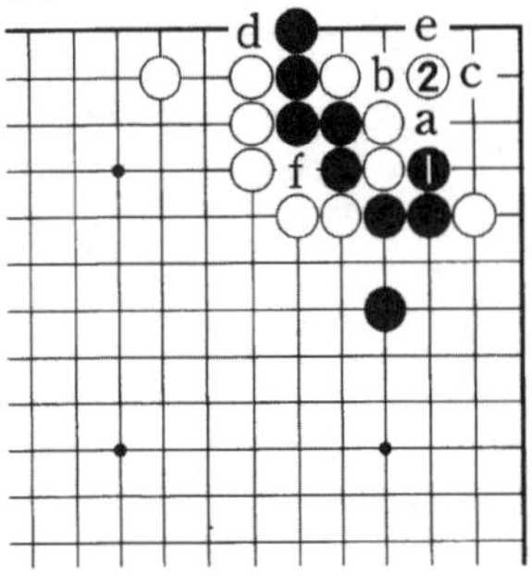

## 정리하다

상변의 수상전.

백 1점을 끊어 잡아 이길 수 있다면 좋겠지만 이길 수 없다면 바깥에서 정리하는 최선의 끝내기를 찾아야 한다.

## 최선의 끝내기

흑1로 들여다본 수가 급소이다. 백2로 이으면 흑이 3자리를 두어 백의 공배를 메운다. 흑은 5까지 선수로 귀를 막는다.

## 흑 손해

흑1로 두는 것은 백2가 좋은 수로 이후 a~f까지 진행이 되는데 정해도보다 흑이 2집 이상 손해를 봤다.

(1881)

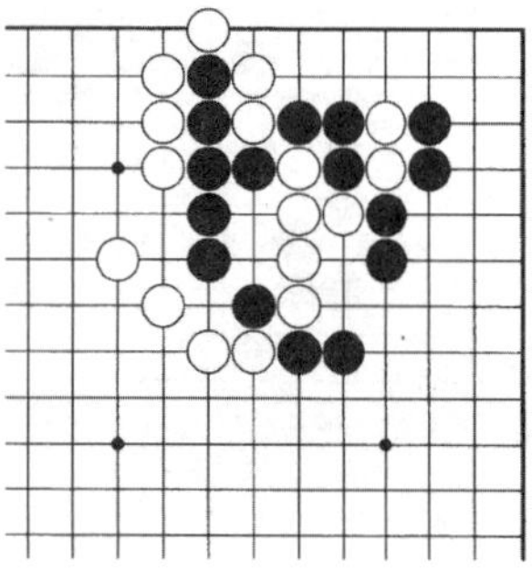

제2형 흑번

## 선수잡기

중앙의 수상전 문제.
상변의 흑 3점을 후수로 살리면 중앙의 흑이 잡힌다.
선수로 해결하는 기술이 필요하다.

解

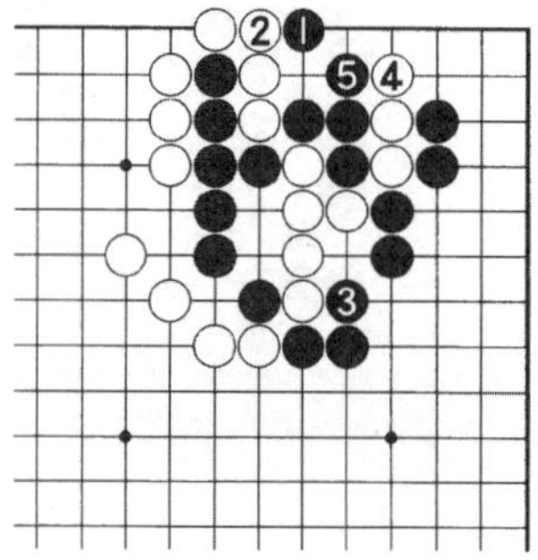

## 맥점

흑1의 치중이 교묘한 맥이다.
백2로 받으면 흑은 상변에서 손을 뺀 뒤 3으로 중앙의 백을 잡는다.
상변은 백4에 흑5로 수상전에서 승리.

失

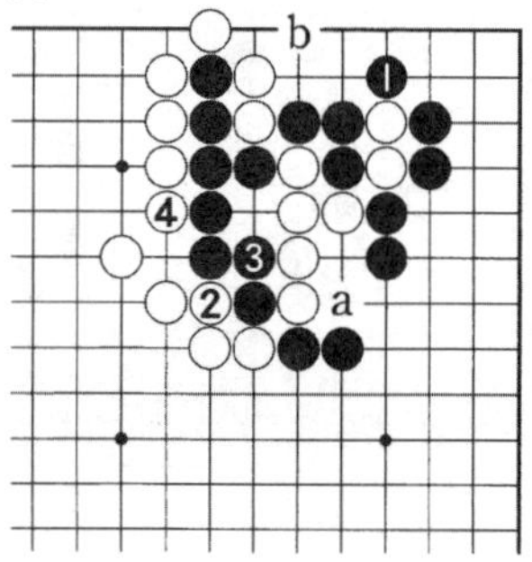


## 흑 패배

흑1로 받는 것은 백2, 4로 공격 당해 흑이 수상전에서 패한다.
또 흑1로 a는 백이 1로 내려 b에 둘 여유가 없다.

들여다보기 살다

(1882)

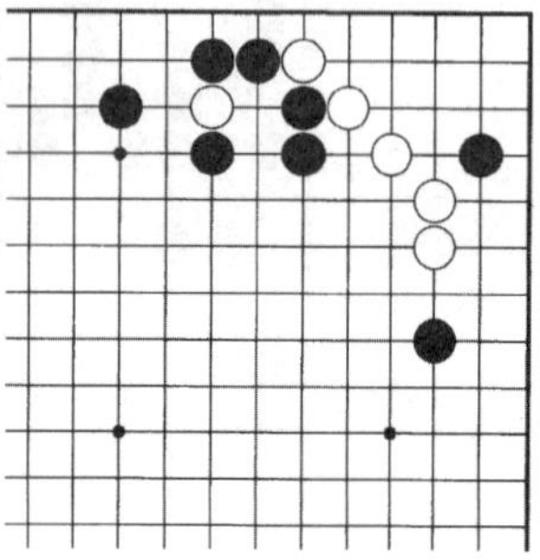

제1형 흑번

## 비상수단

사활 문제.
우상귀에 침입한 흑 1점은 방치하면 잡힌다.
귀에서 살기 위한 비상수단을 찾고 싶다.

解

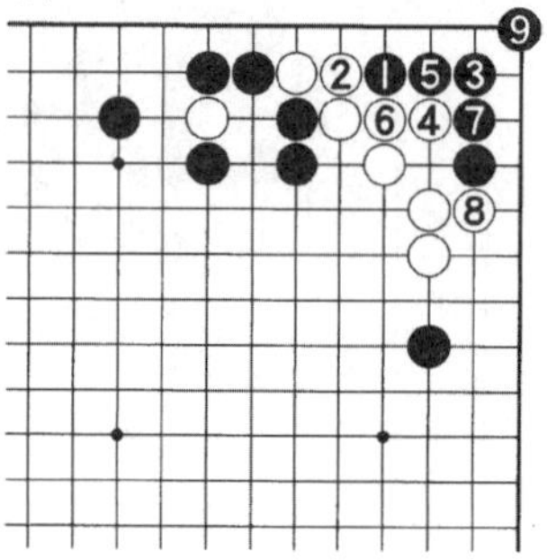

## 흑 삶

흑1로 들여다보는 수는 귀에서 수가 나는 경우 외에는 두지 않는 수이다. 흑은 3으로 뛰어 귀에서 산다. 백4 부터 8의 공격에 흑9는 좌우동형의 중앙.

失

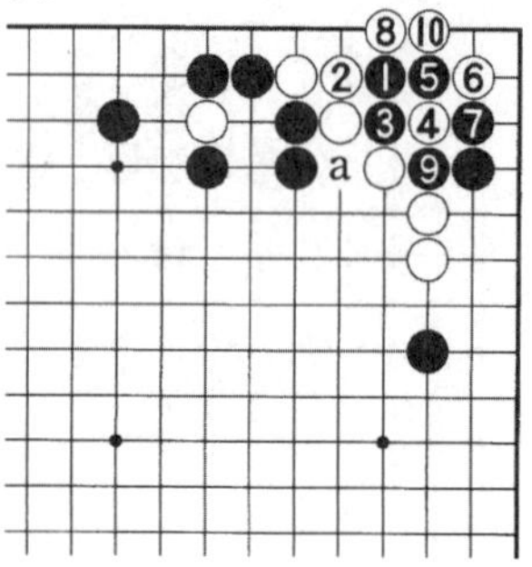


## 흑 실패

흑3으로 치받아 공배를 메우는 것은 반대로 백4, 6으로 공격당해서 실패한다.
백10까지 조여 흑이 3점을 이으면 백은 a로 이어 잡는다.

(1883)

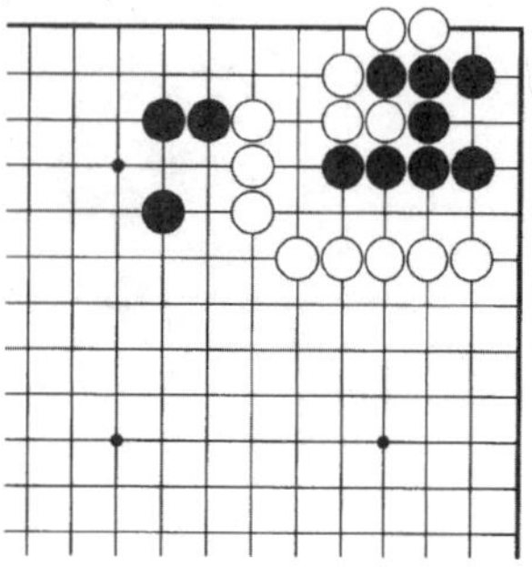

제2형 흑번

## 약점

귀의 흑을 살리고 싶다.
귀만으로는 두 집을 낼 수 없기 때문에 상변에 있는 백의 약점을 노려서 해결한다.

解

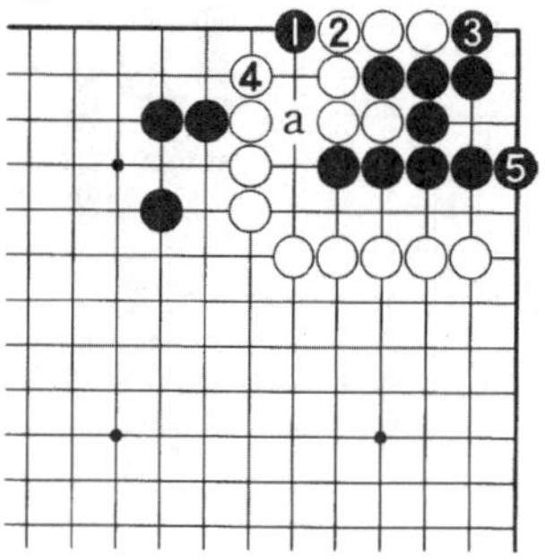


## 맞보기

흑1로 치중해서 공배가 꽉 찬 백을 노린다.
백2로 이으면 흑3으로 막아 5의 삶과 a의 6점 잡는 것을 맞본다.

変

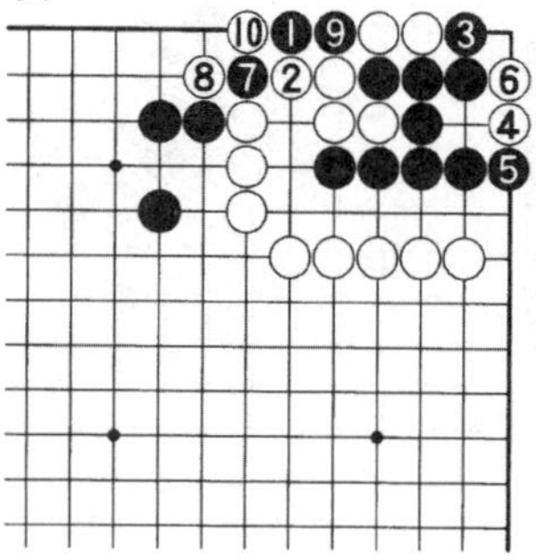

## 흑 삶

백2로 받으면 흑3으로 막고 백6 이후 흑9로 백 3점을 따내는 것이 선수이다. 흑11까지 산다.
백2로 7은 흑4, 백3, 흑9.
※⓫→❾의 오른쪽

(1884)

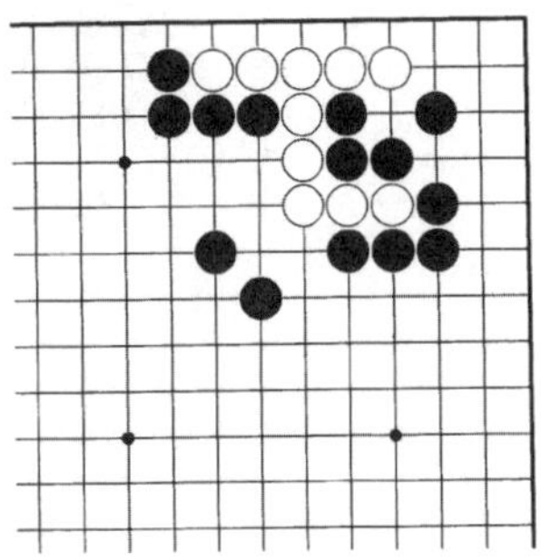

제3형 백번

### 잡히다

사활 문제.
백은 상변만으로는 살 수 없다.
직사궁이 되려면 귀를 차지할 특단의 조치가 필요하다.

解

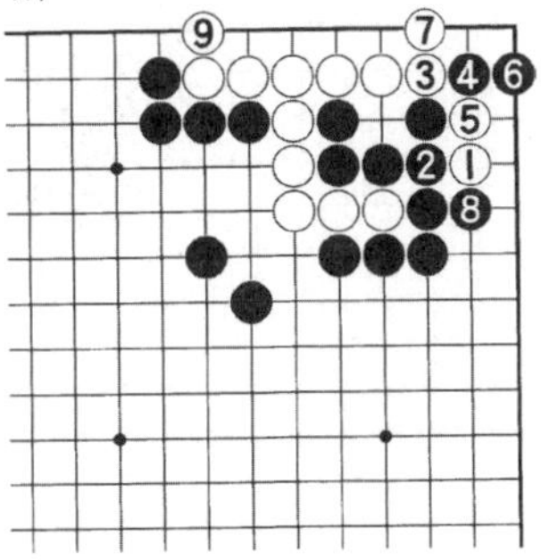

### 백 삶

백1로 들여다본 수가 좋다.
흑2로 받게 해서 백3으로 밀고 흑4에 백5로 끊어서 활용하면 백7의 뻗음이 선수여서 9까지 산다.

失

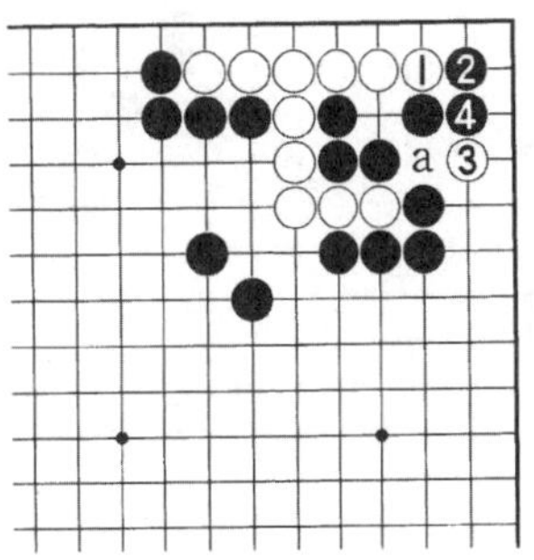

### 백 죽음

백1로 먼저 밀면 3으로 들여다보는 것이 한 발 늦어버린다.
흑4로 이어 백이 죽는다.
백1로 2에 뛰면 흑1, 백3, 흑a까지 백은 살 수가 없다.

(1885)

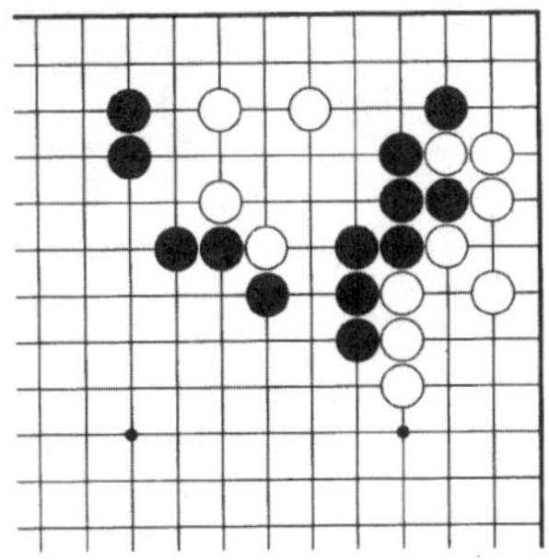

제4형 백번

### 활로

상변의 전투.
백 4점이 흑에 포위당해 바깥으로 탈출할 수 없다.
백은 귀에서 살 길을 구해야 한다.

解

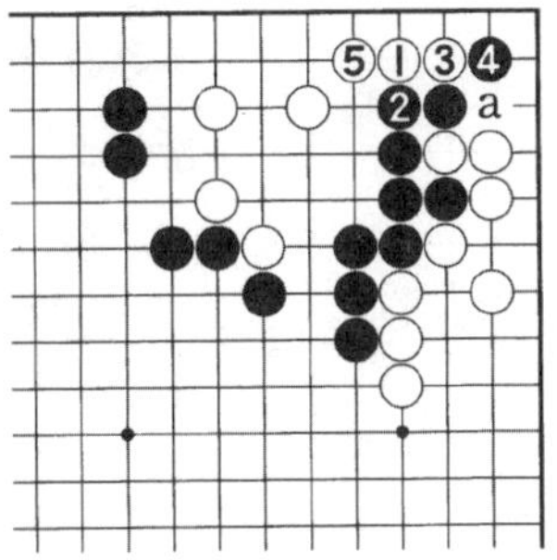

### 백 삶

백1로 들여다보는 것이 이 경우의 맥이다. 흑2로 이으면 백3으로 밀고 들어가 궁도를 넓히고 흑4, 백5로 백은 살 수 있다. 귀는 a에 끊는 수도 남아있다.

失

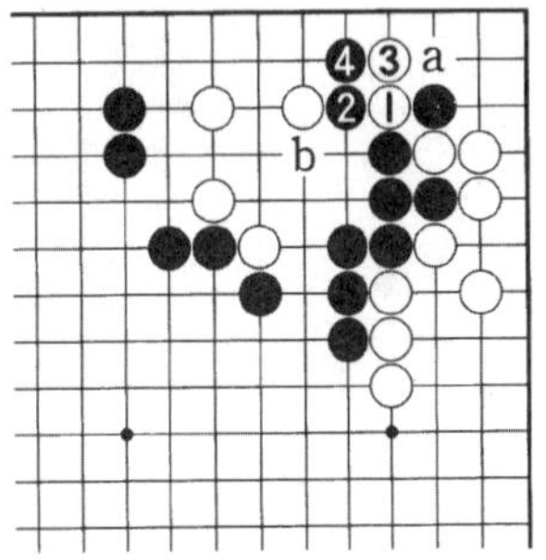

### 큰 손해

귀는 백1로 끊는 것이 평범한 노림이지만 흑2, 4로 흑 1점을 버리고 상변을 크게 잡는다.
백a, 흑b로 백은 손해가 크다.

들여다보기 사활(죽음)

(1886)

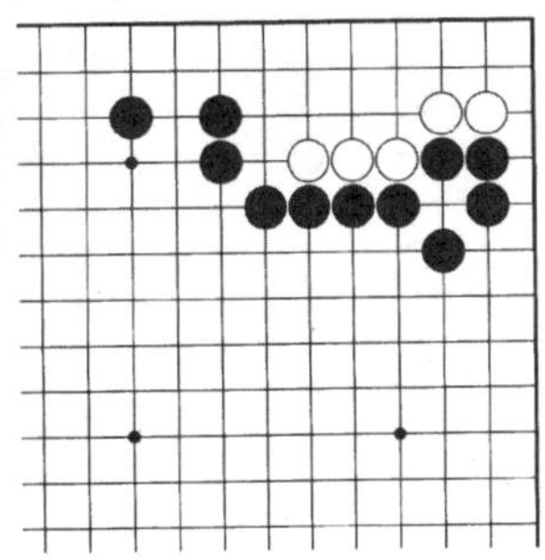

제1형 흑번

### 일격

귀의 백은 상변에 여유가 있는 것처럼 보이지만 급소에 흑의 일격이면 무너진다.

解

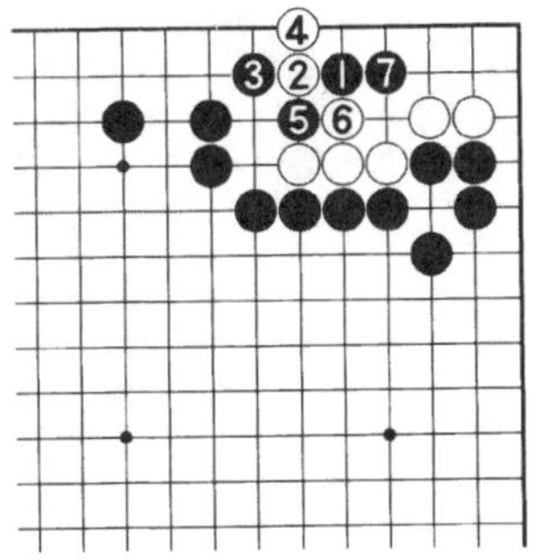

### 흑1이 급소

흑1 자리가 급소이다. 백은 2로 차단할 수밖에 없고 흑은 3, 5가 좋아서 7까지 백이 잡힌다.

変

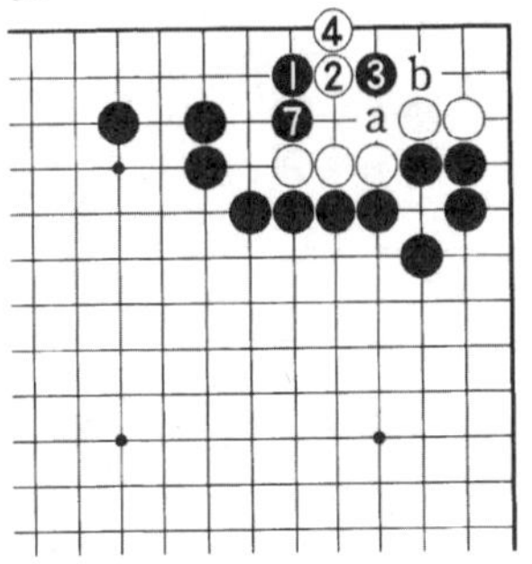

### 흑 실패

흑1로 두는 것은 잘못된 급소이다. 백은 4로 늘어서 살아 있다. 이후 흑a는 백b로 받는다.

들여다보기 끝내기

제1형 백번

(1887)

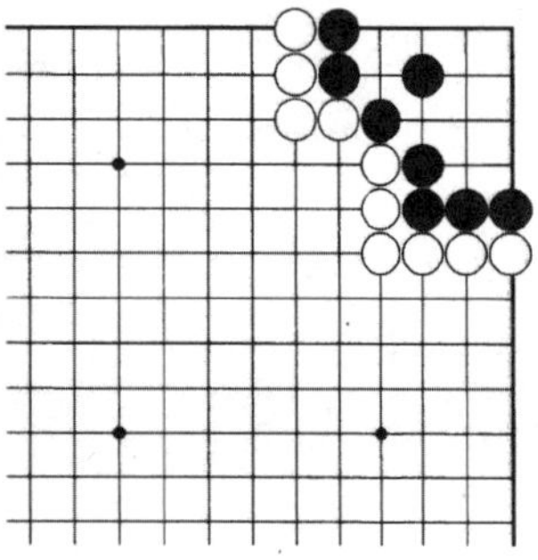

解

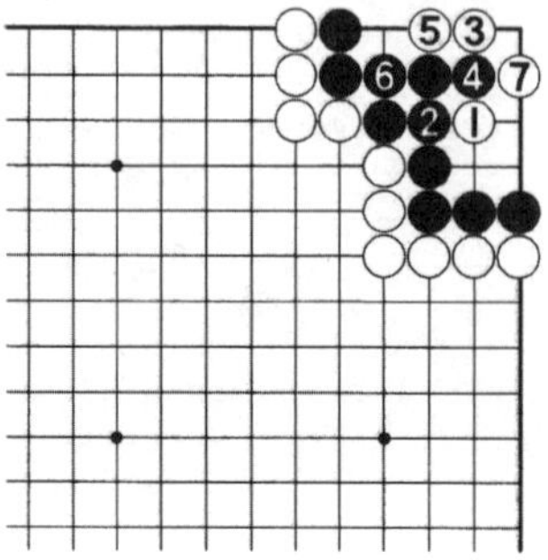

変

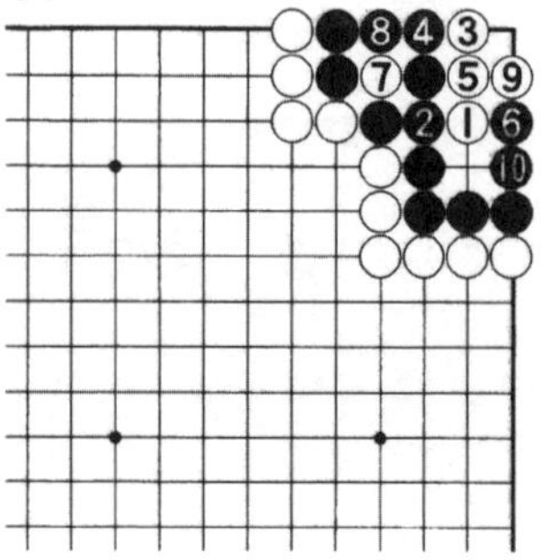

### O집

끝내기 문제.
귀의 흑 12집은 백이 수를 내면 한 집도 없을 수 있다.

### 빅

백1의 치중은 안형의 급소이다. 흑2로 이을 수밖에 없지만 다음의 백3이 상변을 옥집으로 만들려는 수이다.
흑4라면 백5, 7로 빅.

### 흑 후수

흑4로 막으면 한집이 생긴다.
백도 5로 이어 귀에 한집이 된다.
흑6으로 공격하면 백7로 먹여쳐서 흑10까지 빅.
흑은 1집 늘었지만 후수이다.

제2형 흑번

(1888)

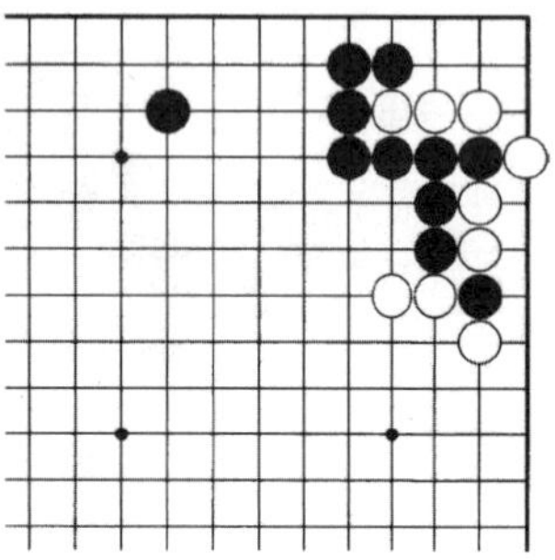

解

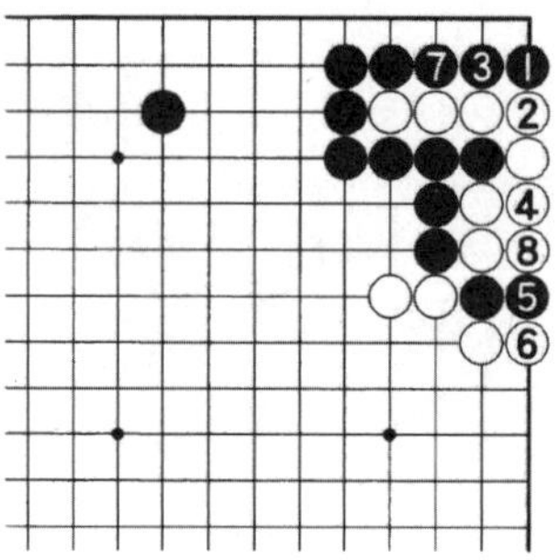

変

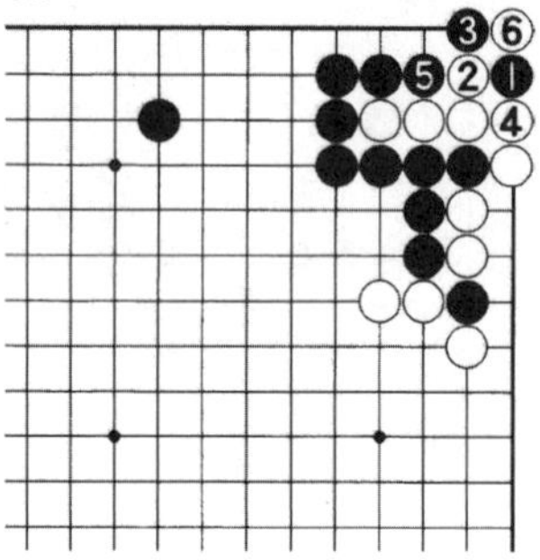

### 근거

끝내기 문제.
귀의 백을 조여붙여 흑집을 만든다.
쌍방의 근거에도 관련된 큰 곳이다.

### 조여붙임

흑1의 치중이 급소이다. 백2로 이으면 흑3으로 막고 7까지 조여붙이는 게 선수이다. 5, 6 교환을 해놓는 이유는 백돌 전체를 미생으로 만들어 놓기 위한 수순이다.

### 꽃놀이 패

백2로 방해하는 것은 자충 때문에 위험하다.
흑3으로 젖혀서 백은 연결 할 수 없다. 흑5로 단수 쳐서 흑이 유리한 꽃놀이패.

제3형 흑번

(1889)

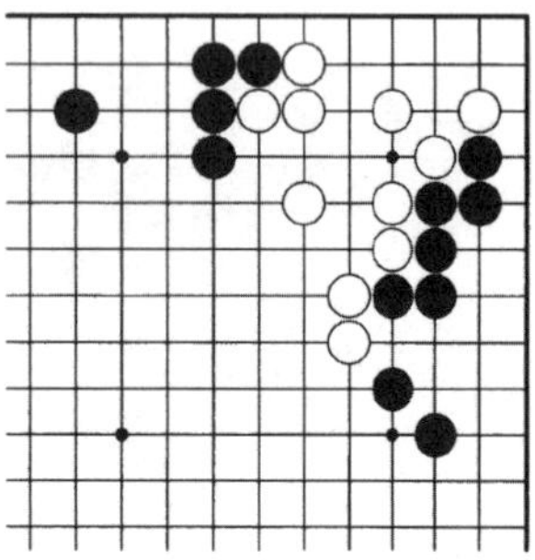

解

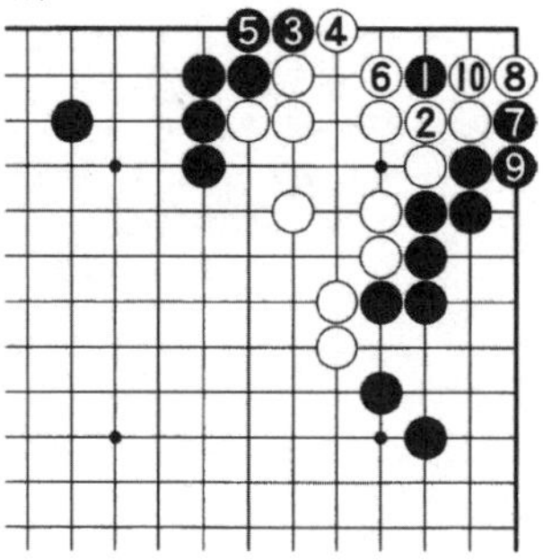

変

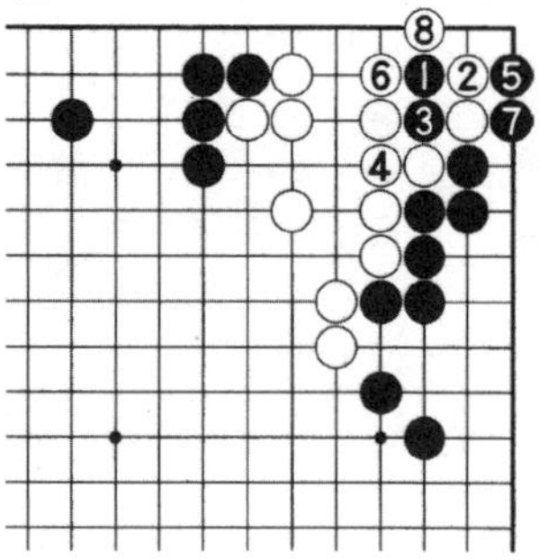

### 4집 줄다

우상귀의 끝내기 문제.
흑이 수순에 최선을 다하면 선수로 귀의 백집을 4집 줄일 수 있다.

### 수순

흑1로 들여다보는 것이 중요한 수순. 백2로 받게 한 뒤 흑3, 5와 7,9의 젖혀잇는 2수가 선수이다. 흑1로 3, 5는 백4, 1로 받는다.

### 1집 득

백2로 저항하면 흑3으로 끊고 5로 붙이는 수가 2·1의 맥이다. 백6으로 패를 피하면 흑7로 건너 정해도보다 흑이 1집 이득 본 결과.

# 뻗음

뻗기는 돌을 연결하여 나가는 기본적인 모양이다. 입구자(마늘모), 한칸 뜀과 같이 끊길 위험이 없다. 단, 돌을 발전시키고자 하면 발이 가장 느리다는 것이 약점이다.
흑1로 뻗는 것은 수를 늘리고 상변에 있는 백의 약점을 들여다본다. 백은 귀의 4점을 살릴 수 없다.

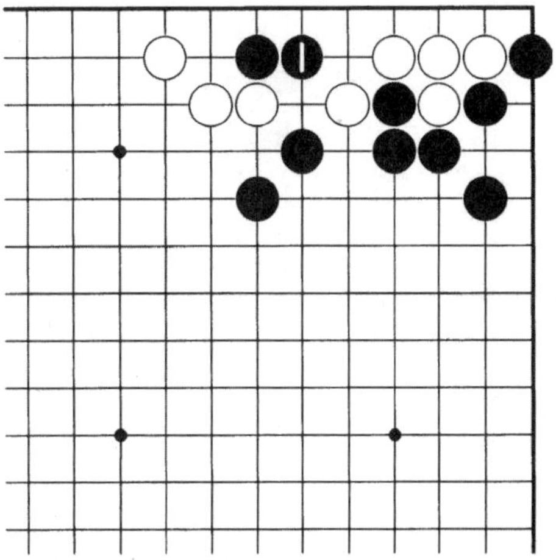

뻗음 지키기

제1형 흑번

(1890)

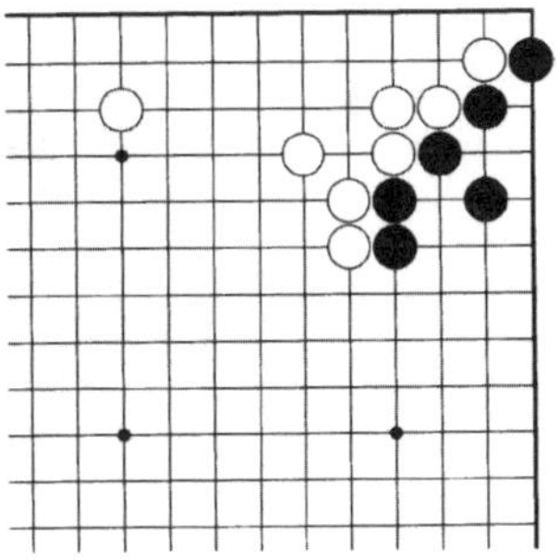

## 경계

우상의 전투.
흑은 백에게 틀어 막히지 않기 위해 우변에 돌을 두어야 한다.
항상 백의 반격을 경계하여야 한다.

解

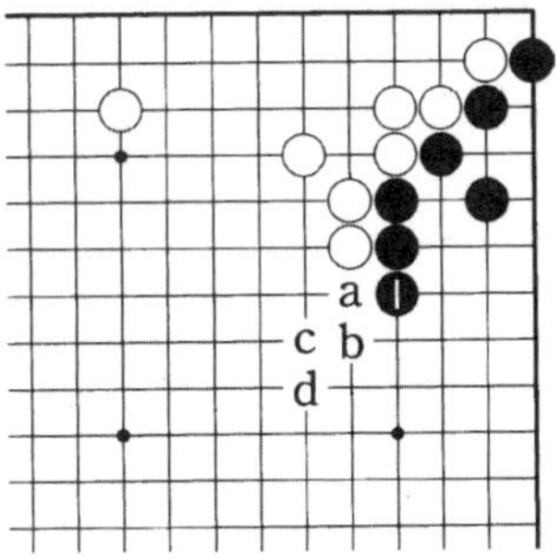


## 정수

흑1의 뻗음이 침착한 응수다.
우변의 집을 넓혀 편한 모양이다.
백a로 밀면 흑b, 백c, 흑d로 우변을 키울 수 있다.

失

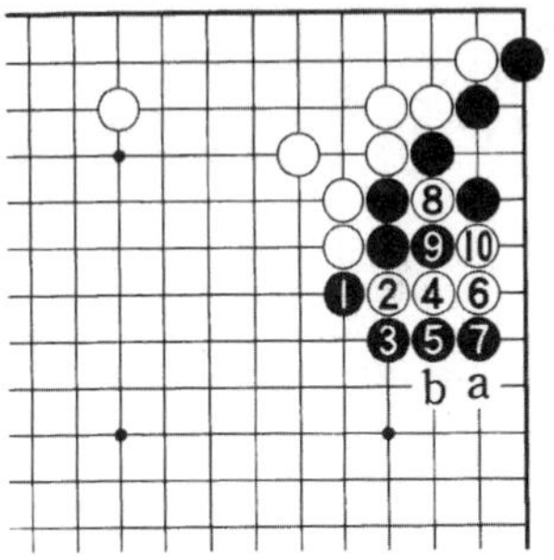


## 흑 망함

흑1의 젖힘은 자충 때문에 위험한 수이다. 백2 끊음이 날카롭다. 흑3, 5로 공격해도 백6으로 곤란하다.
흑7은 백8로 망한다.
흑7로 10은 백7, 흑a, 백b.

제2형 흑번

(1891)

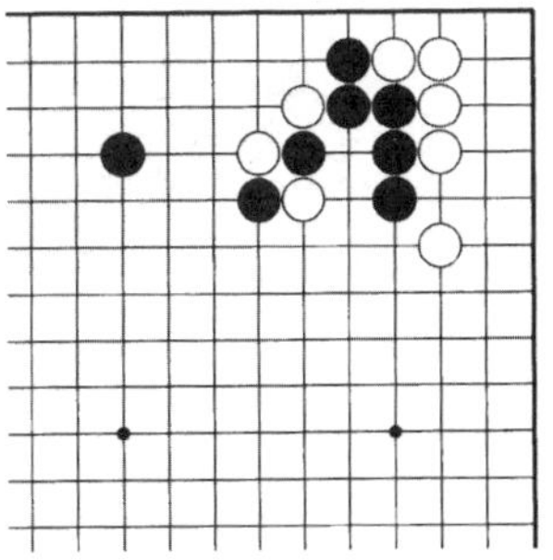

## 단수

상변의 전투.
화점 정석의 변화이다.
백은 상변의 흑집을 깨뜨리려고 흑1점에 단수를 쳤다.
흑은 어떻게 응수해야 하는가?

解

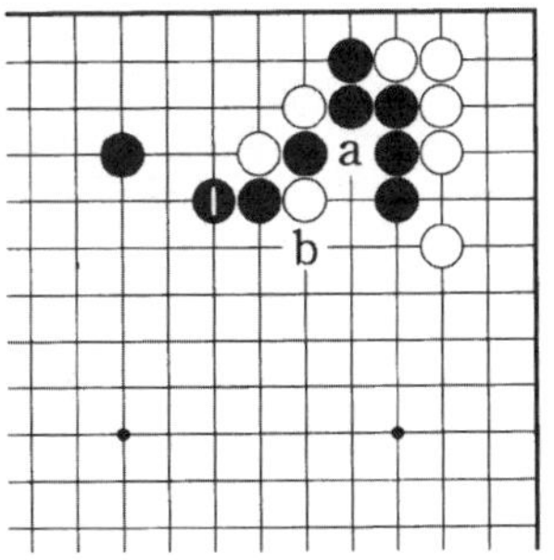


## 잡는다

흑1의 뻗음이 강경한 맥이다.
백a로 따내면 흑b로 막아 상변의 백을 통째로 잡는다.
백b는 흑a로 이어 백 2점을 잡는다.

失

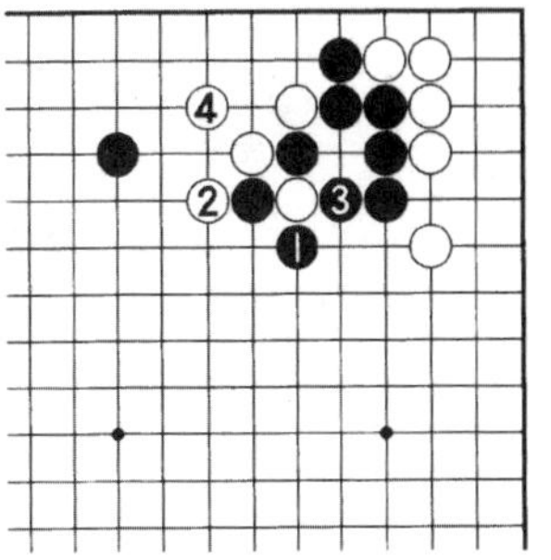

## 흑 불만

흑1의 단수는 백2로 되단수쳐 백이 수습하는 모양을 준다.
흑3으로 1점을 따내면 백4로 호구이음 하여 상변을 무너뜨리게 되어 흑이 불만.

(1892)

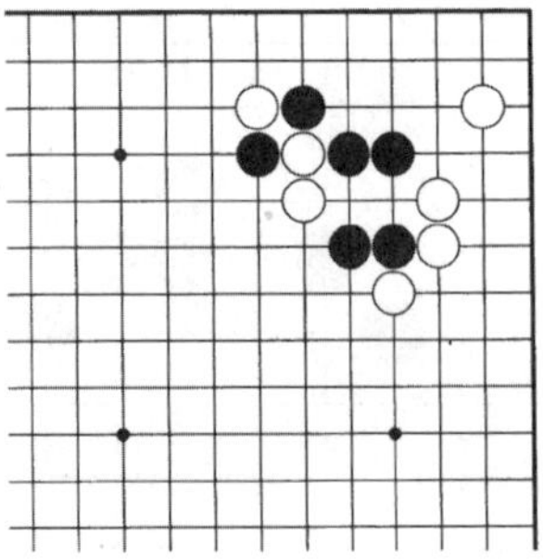

解

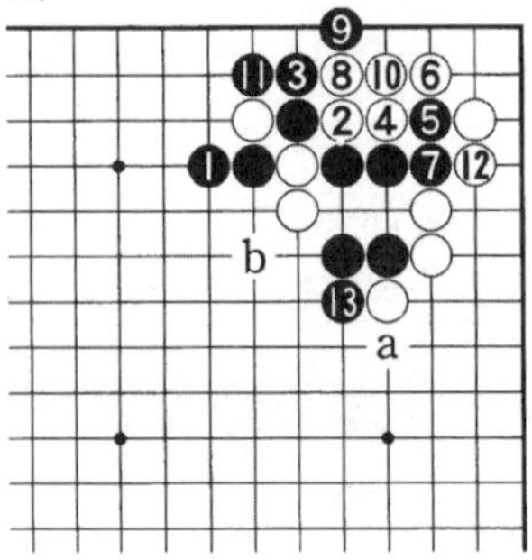


失

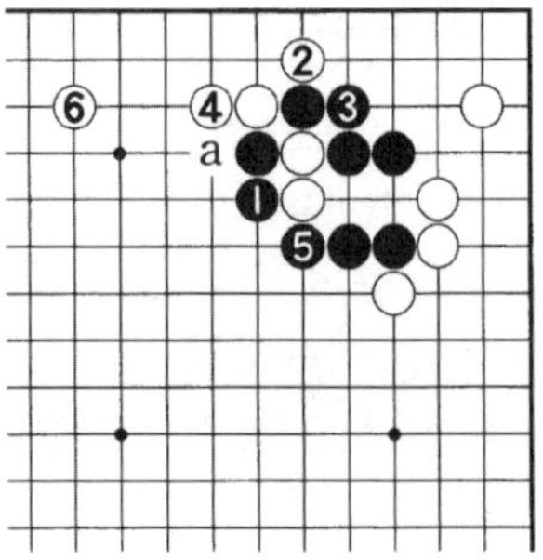


제3형 흑번

## 반격

상변의 전투.
화점 정석의 변화로 상변을 분단하려는 백에게 반격을 하고 싶다. 중앙의 백 2점만 공격하면 실패한다.

## 흑 충분

흑1의 뻗음이 냉엄한 수이다.
백2, 4로 우상과 연결해도 흑11까지 상변 1점을 잡고 백12 이후 흑13으로 중앙을 굳히고 백a, 흑b로 충분하다.

## 흑 불만

흑1로 미는 것은 백2점의 공격과 a의 축 방지를 겸하는 수지만 백2, 4로 중앙을 버려서 좋지 않다. 백6으로 상변이 수습되는 모양이 되었다.

뻗음 공격

(1893)

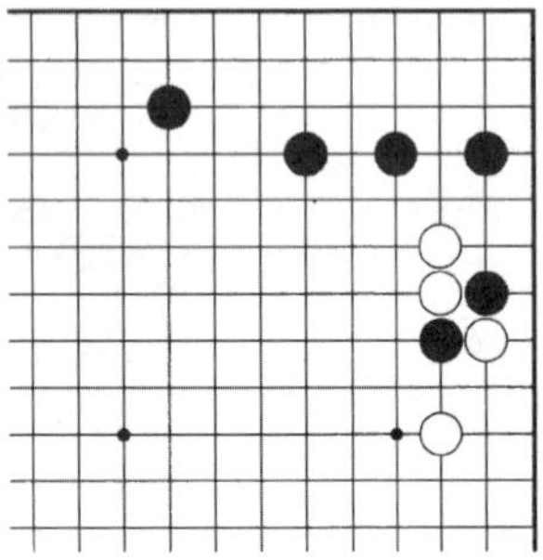

解

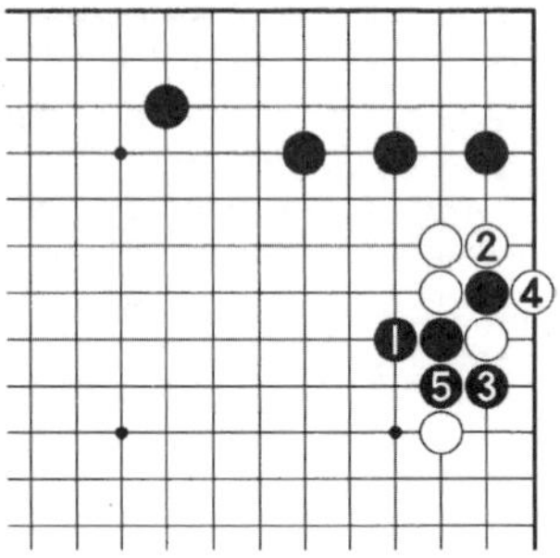

失

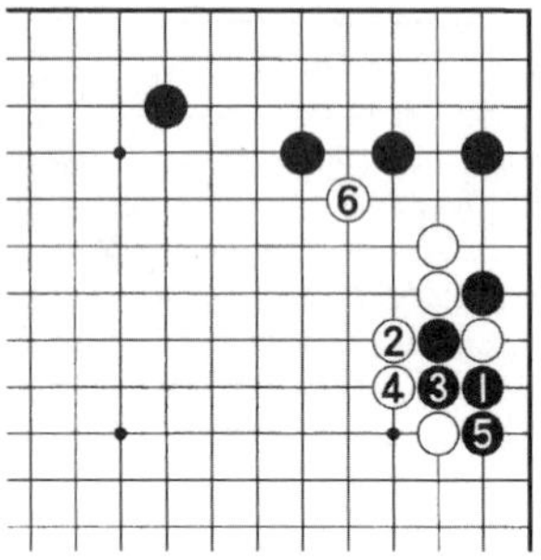

제1형 흑번

## 공격

우변의 전투.
백은 우변을 수습하려고 하지만 우상귀의 흑이 강력하므로 강하게 싸워야 한다.

## 위아래 분단

흑1의 뻗음이 강하게 싸우는 맥이다.
백2로 흑 1점을 잡으면 흑3, 5로 위아래로 백을 분단시킨다.
백2로 3이면 흑2.

## 흑 불충분

흑1로 백 1점을 잡으면 백2, 4로 위아래를 연결시켜버린다.
백6까지 흑은 우변에서 산 것뿐이어서 성과가 없다.

뻗음 따냄

(1894)

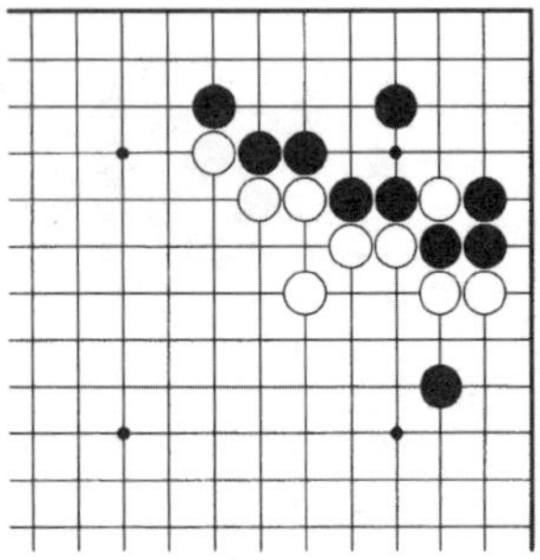

解

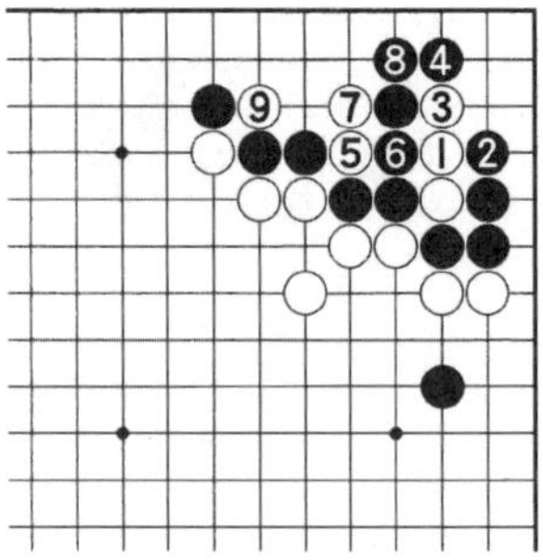

変

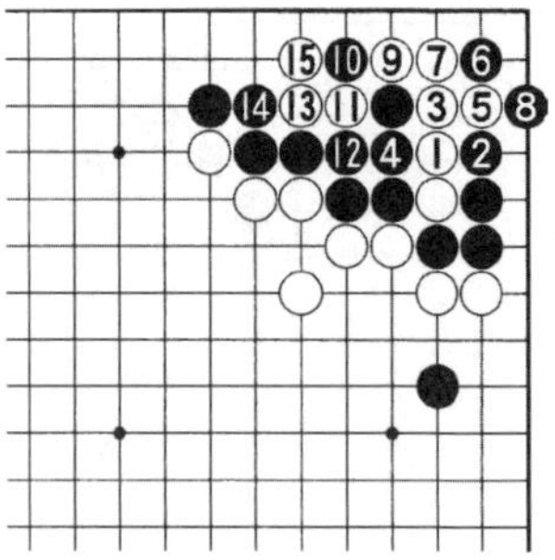

제1형 백번

## 깨뜨리다

우상의 전투.
흑은 귀에서 상변에 이르는 집을 갖고 있지만 백은 흑의 옮음을 노려 귀의 집을 깨뜨린다.

## 2점 잡기

백1로 뻗으면 흑2, 4로 죽지만 3점으로 키워죽이는 맥이 된다.
백5, 7의 단수를 선수하고 백9로 상변에 있는 흑 2점을 잡는다.

## 흑 괴멸

흑4는 백12로 끊는 것을 방지한 수지만 백5로 우변을 공격당하여 실패한다.
흑6, 8의 공격은 백9부터 15까지 흑은 괴멸한다.

(1895)

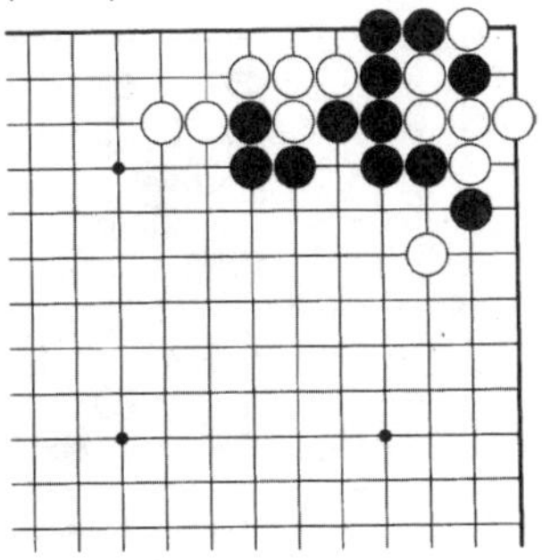

解

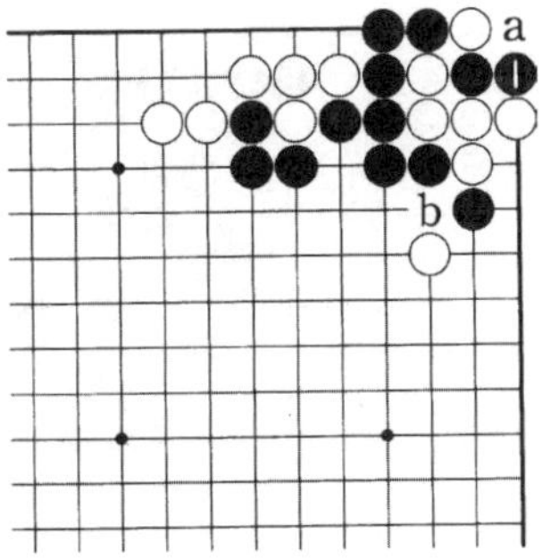

失

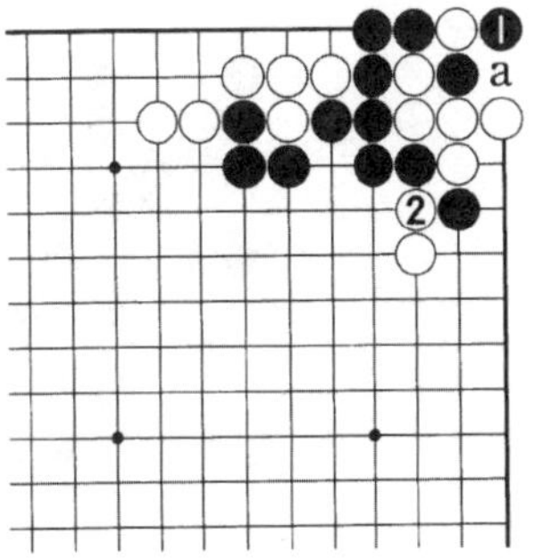

**제2형 흑번**

## 맹점

우상의 전투.
두어보면 간단하다고 생각하여 그것이 맹점이 되어 백을 놓아주는 우를 범할 수도 있다.

## 백 잡힘

흑1로 늘어 2점으로 키워죽이면 그걸로 끝난다.
백 5점이 단수가 된 탓에 백a로 따내면 흑b로 이어 귀의 백은 전멸한다.

## 흑 실패

흑1로 따내면 백2로 끊어 흑의 이익은 거의 없어 실패한다.
흑1로 2, 백a로 백을 살려주는 것이 그나마 낫다고 할 모양이다.

(1896)

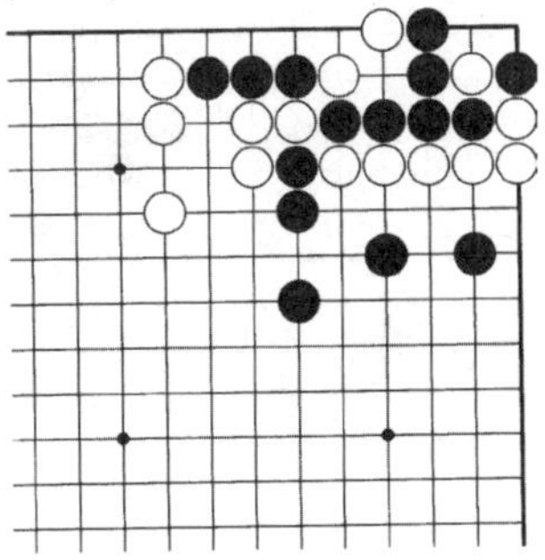

解

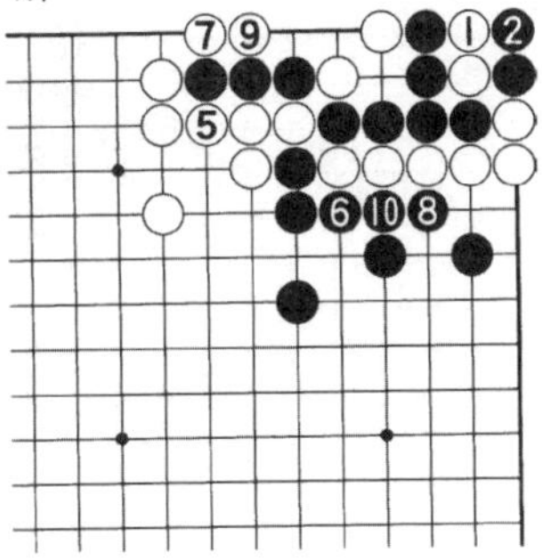

失

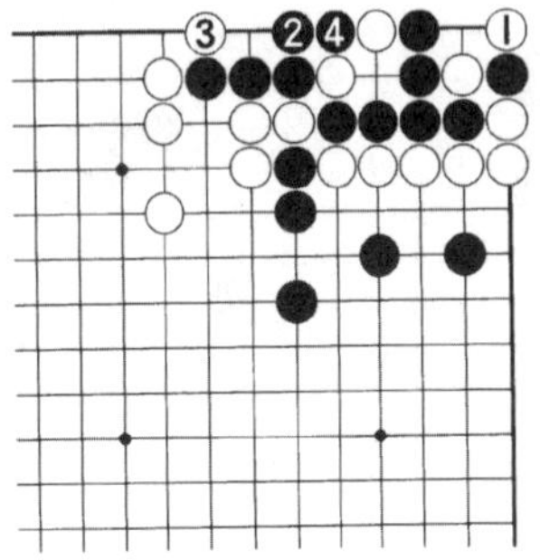

**제3형 백번**

## 최선의 수순

끝내기 문제.
백 6점은 살릴 수 없는 모양이지만 놓고 따게 만들면 흑집은 확 줄어든다.

## 3점 잡기

백1로 2점으로 키워 버리고 흑2에 백3으로 먹여쳐 흑이 자충이 된다.
백5부터 9로 상변 흑 3점을 잡는다.
※③→①의 아래(먹여치기), ❹→①(따냄)

## 백 잡힘

백1로 귀의 흑 1점을 따내는 것은 흑2로 내려 안 된다.
백3, 흑4로 상변의 흑이 살아서 우상의 백이 전부 잡혀버린다.

(1897)

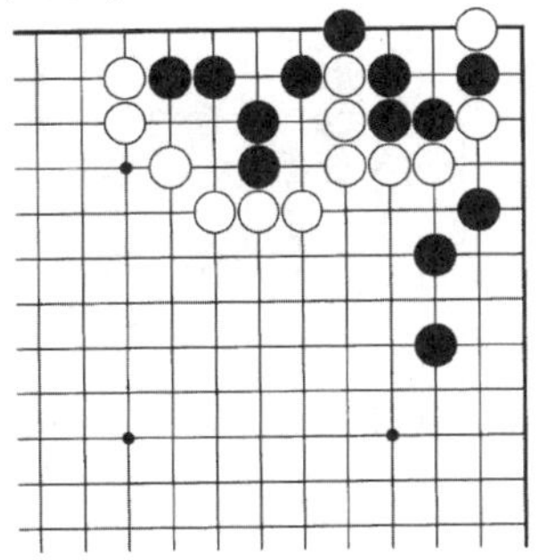

解

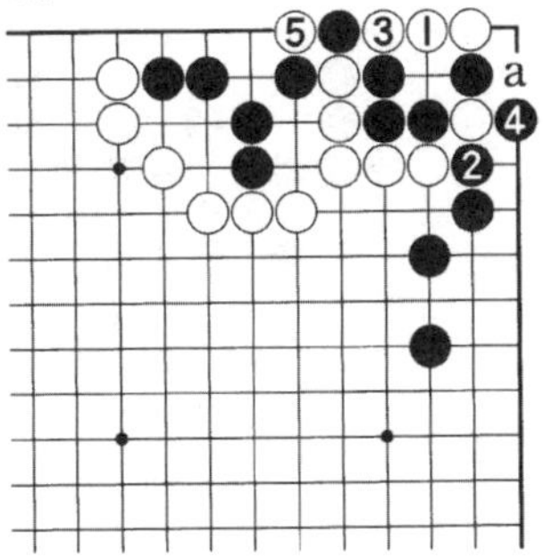

失

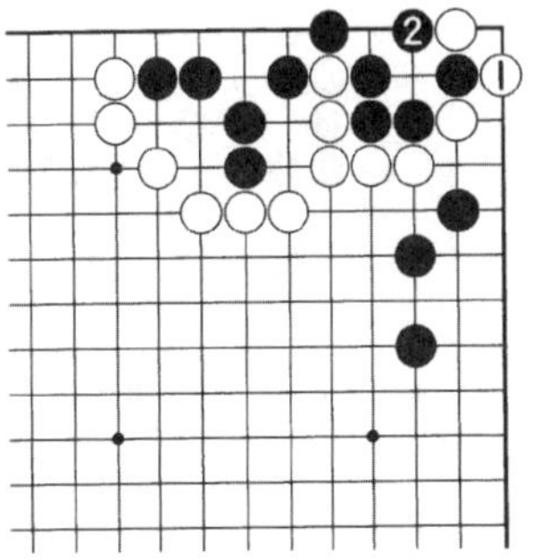

**제4형 백번**

## 무조건

우상의 전투.
귀에서 백의 공격에 흑이 저항하고 있다.
백은 상변을 무조건 잡을 수 있다.

## 5점 잡기

백1로 뻗으면 흑의 다음 수가 없다.
흑2로 끊으면 백3으로 양단수이다.
흑4에 백5로 상변 흑 5점을 잡는다.
흑2로 3은 백a.

## 패

흑1로 단수치면 백2로 저항 할 수 있어서 불만이다.
흑으로는 2단 패의 모양이지만 백은 무조건 잡는 모양이 유리하다.

제5형 백번

(1898)

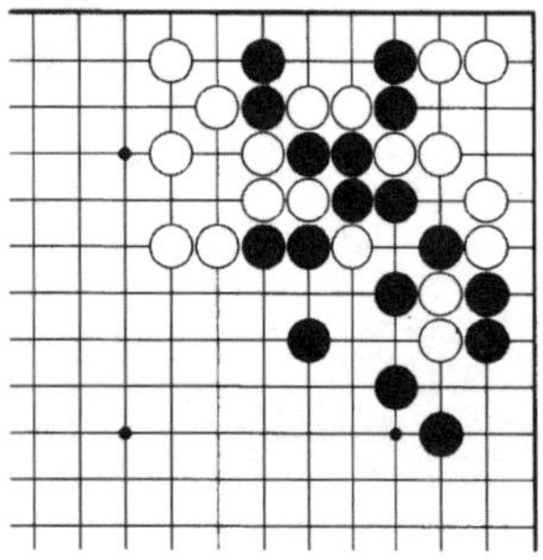

## 결정짓다

복잡한 전투.
상변의 백 2점은 잡혀있지만 중앙의 흑은 자충에 걸려있다. 백은 모양을 결정지어야 한다.

解

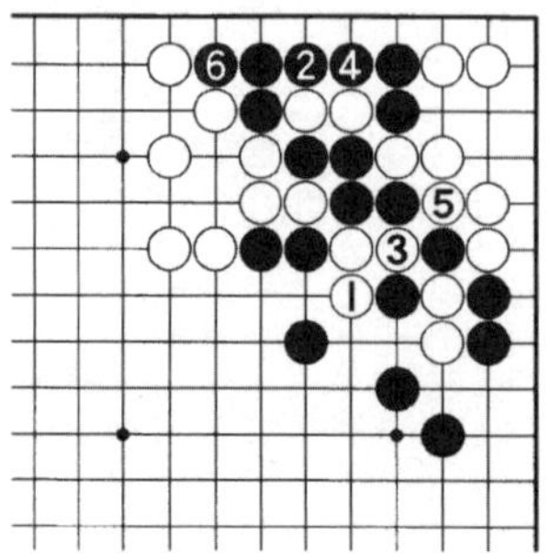

## 두터운 모양

백1로 뻗어 중앙에 결정짓는다. 흑2로 상변의 백 2점을 잡을 수밖에 없고 백3, 5로 흑 1점을 따내 두터워진다.
흑6으로 후수로 살아야 한다.

变

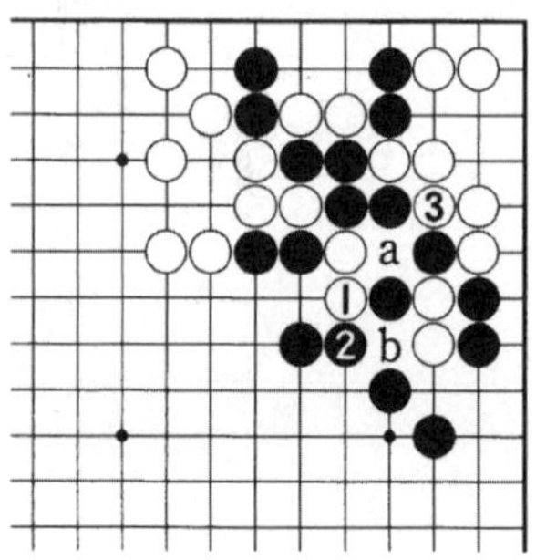

## 흑 괴멸

흑2의 저항은 백3으로 단수쳐서 괴멸 당한다.
흑2로 a는 백b. 또 흑2로 b는 백a.
어느 쪽이든 흑이 망하는 그림이다.

제1형 흑번

(1899)

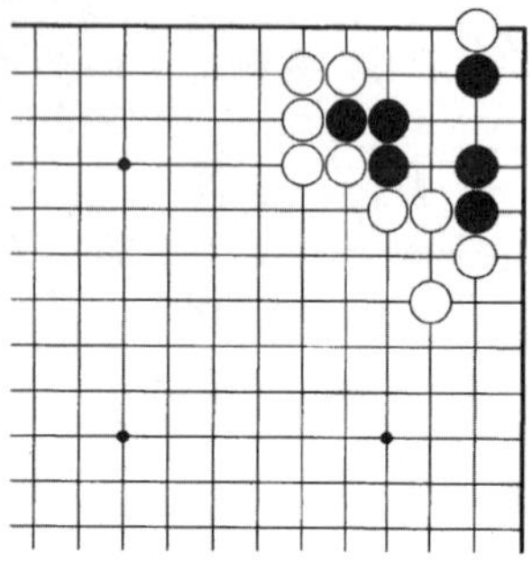

## 사석

사활 문제.
귀의 백 1점을 놓아주면 흑집이 좁아진다.
백 1점을 잡으면 중앙의 흑 3점은 버려도 좋다.

解

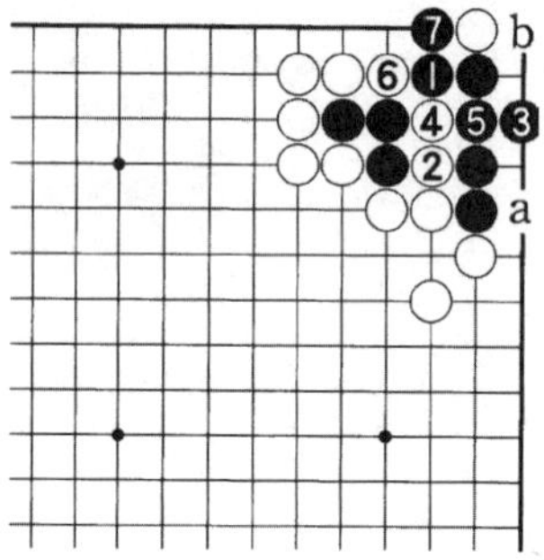

## 흑 삶

흑1로 늘어 귀의 백 1점을 잡는다. 백2로 나가면 흑3이 안형의 급소이다. 중앙 흑 3점을 버리고 흑5, 7로 산다.
백6으로 a는 흑b로 산다.

失

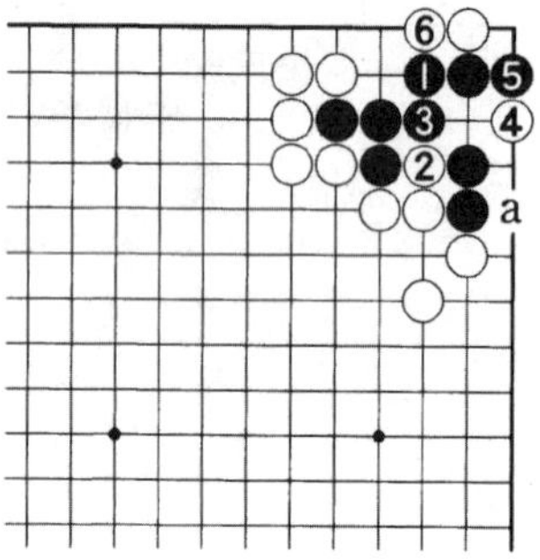

## 흑 죽음

흑3은 궁도를 넓힌 수지만 백4의 치중으로 집이 없다.
흑5에 백6으로 흑은 전멸한다. 흑3으로 6도 백a로 실패한다.

제2형 흑번

(1900)

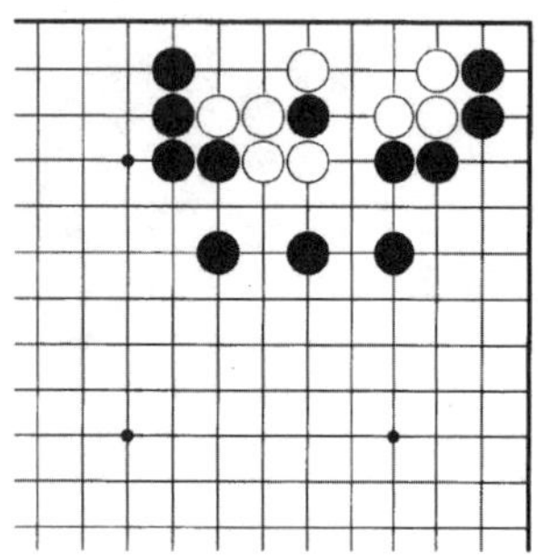

## 자충

사활 문제.
백은 흑1점을 잡고 있으나 우상이 엷다.
흑은 백이 공배가 꽉 찬 것을 노린다.

解

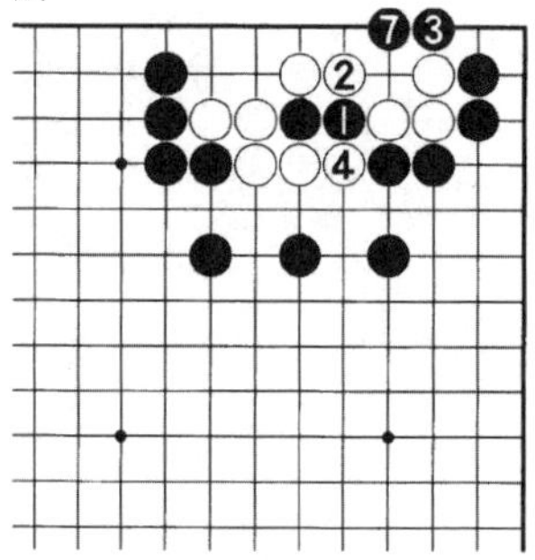

## 백 죽음

흑1로 뻗어서 2점으로 키워 죽는 것이 맥이다. 백2의 단수에 흑3으로 상변에서 백의 자충을 추궁하여 흑7까지 백이 죽는다. ※❺→❶(먹여치기), ⑥→❶의 왼쪽(따냄)

失

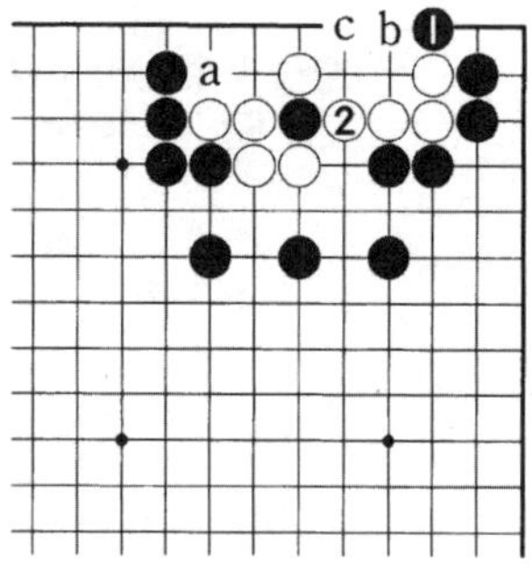

## 백 삶

흑1의 젖힘은 백2로 따내 실패한다. 백은 중앙에 한집을 만들고 흑a라면 백b, 흑b라면 백c로 한집을 내고 산다.

(1901)

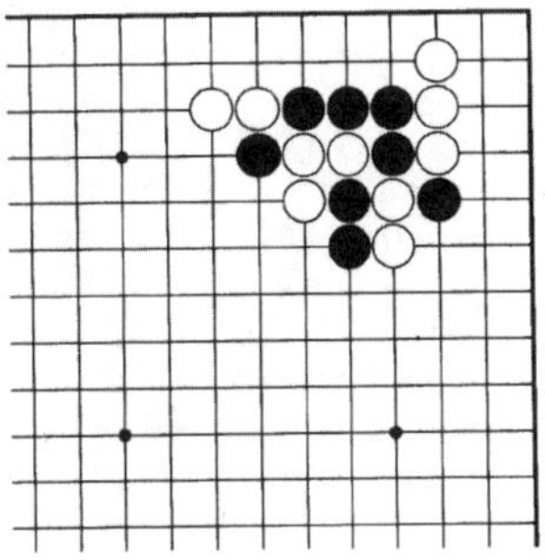

解

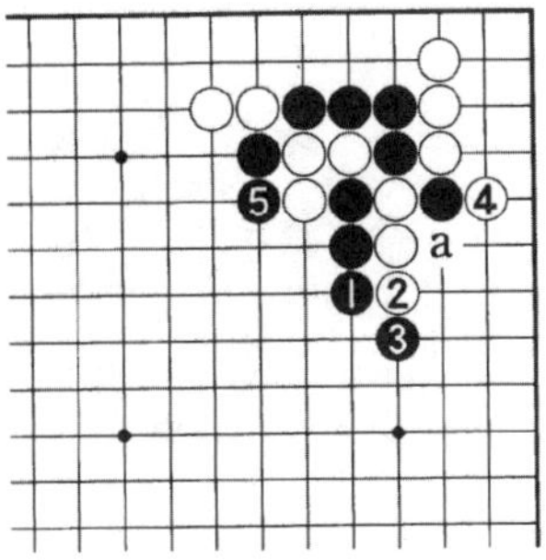

失

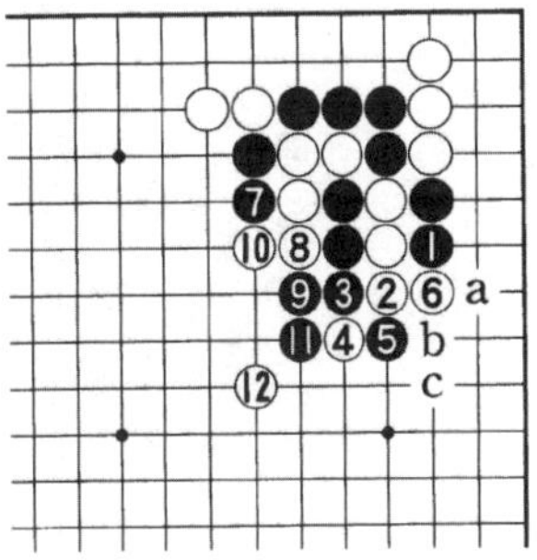

제1형 흑번

## 어느 쪽?

상변의 전투.
흑 4점을 살리기 위해 백 2점과 3점 중 어느 한 쪽을 잡아야 한다.
축은 흑이 유리한 조건이다.

## 축

흑1로 뻗는 수가 좋다.
백2의 저항은 흑3, 5로 단수쳐 축이 된다.
백2로 5는 흑a.

## 진신두(양 축머리)

흑1로 단수치고 3으로 뻗으면 백4의 저항을 받아 안 된다. 흑5부터 11로 흑a, 백b, 흑c의 축을 노려도 한 수로 양쪽 축을 방비할 수 있는 묘수. 진신두 백12로 흑이 안 된다.

(1902)

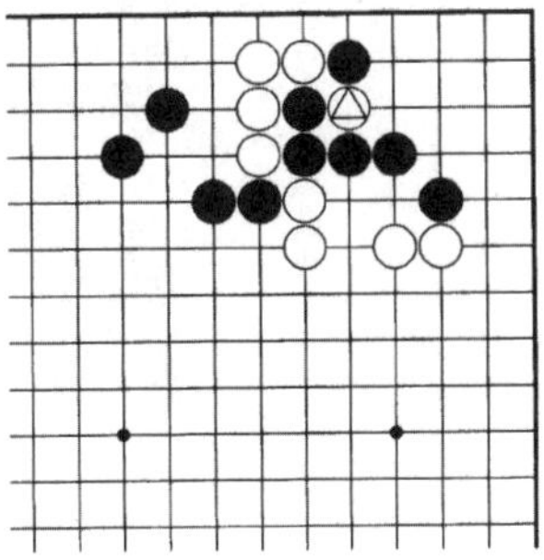

解

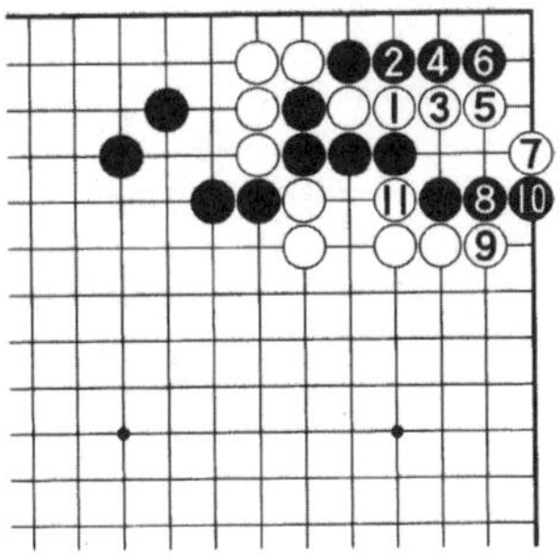

変

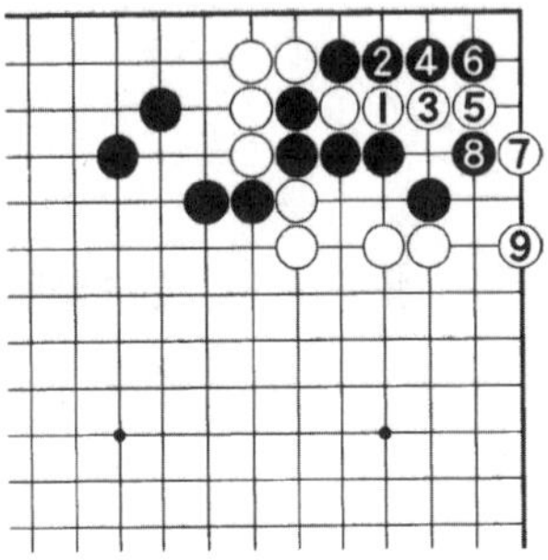

제2형 백번

## 일곱째 수

귀의 전투.
상변의 백 4점을 살리기 위해 백 △1점이 도망쳐 나와 수상전을 벌인다.
일곱째 수가 멋진 수이다.

## 백 승

백1로 뻗어서 1점을 도망쳐 나오는 것이 성립.
흑4, 6으로 귀에서 밀면 백7의 입구자가 좋은 수로 백 11까지 수상전은 백이 승리한다.

## 건넘

흑8로 입구자 붙이면 백9로 뛰어 우변으로 건너간다.
백1 이후 흑2로는 3쪽으로 단수쳐서 귀를 살릴 수밖에 없다.

(1903)

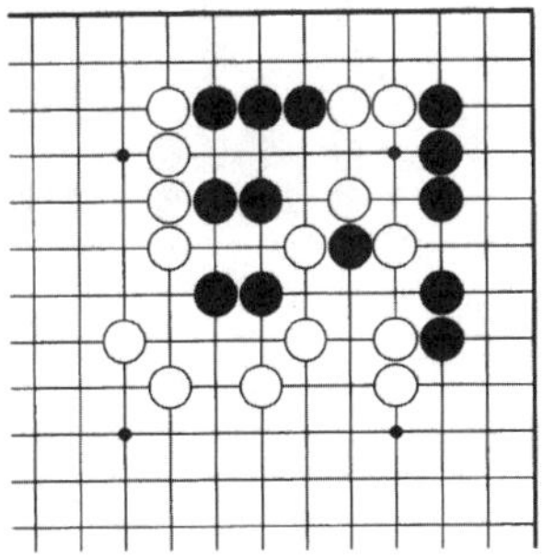

解

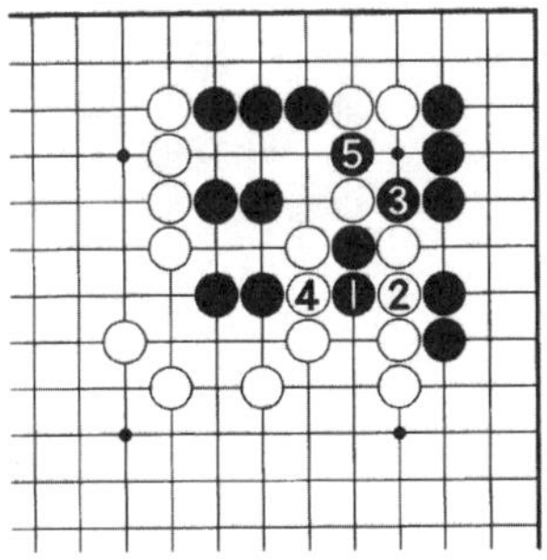

失

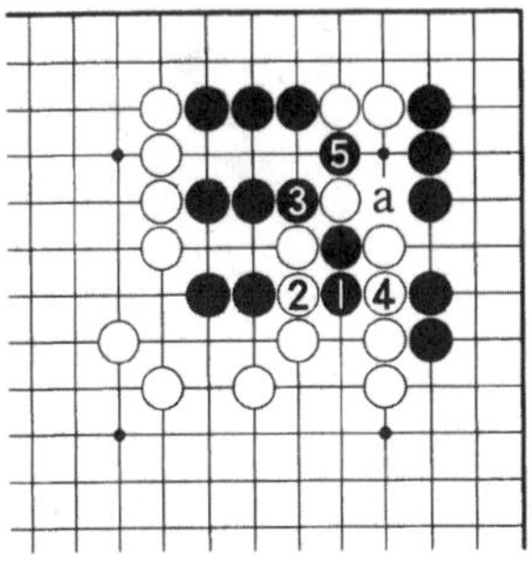

제3형 흑번

## 연결

상변의 전투.
귀와 상변을 분리하고 있는 백은 엷은 모양이다. 흑은 상변의 백 2점을 잡고 우상귀 돌과 연결할 수 있다.

## 분리

흑1로 뻗는 것은 사석의 맥이다.
백2로 이으면 흑3으로 끊고 백4에는 흑5로 단수쳐서 상변 2점을 분리시킨다.

## 2점 잡기

백2로 이으면 흑3.
백4, 흑5로 상변에 있는 백 2점은 살릴 수 없다.
흑1로 3은 백a. 또 흑1로 a는 백5로 이어 흑이 실패한다.

(1904)

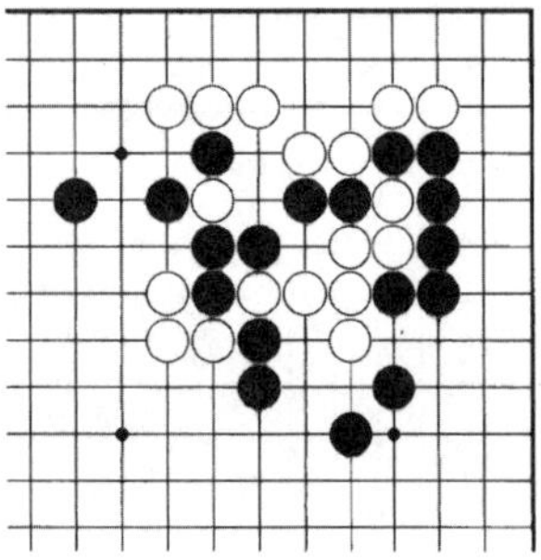

解

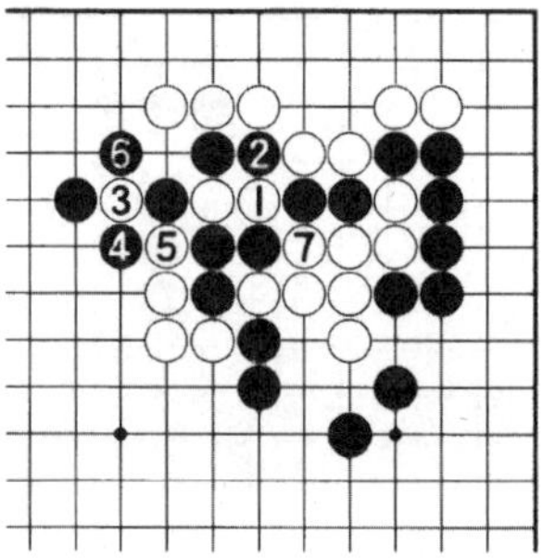

変

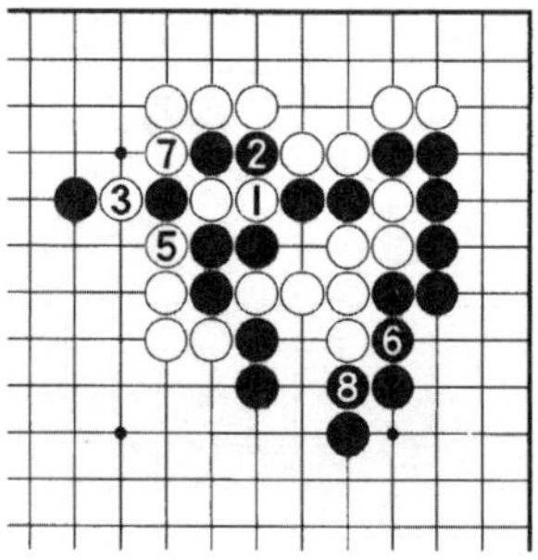

**제4형 백번**

## 자충

상변의 전투.

백 7점을 생환시키기 위해서는 중앙의 백을 공격할 수밖에 없다. 흑의 공배를 어떻게 채워야 할까?

## 촉촉수

백1로 나가 키워 죽이는 맥이 날카롭다.

흑2 이후 백3으로 끼워 흑의 절단을 노린다. 흑4라면 백5, 7로 흑 2점을 촉촉수로 잡는다.

## 유리한 패

흑4로 이은 수는 오른쪽의 백과의 수상전을 노린 수이다.

백5, 7로 바깥에서 공격하여 백9로 따내 백선패가 난다.

※❹→①, ⑨→①의 왼쪽(패)

(1905)

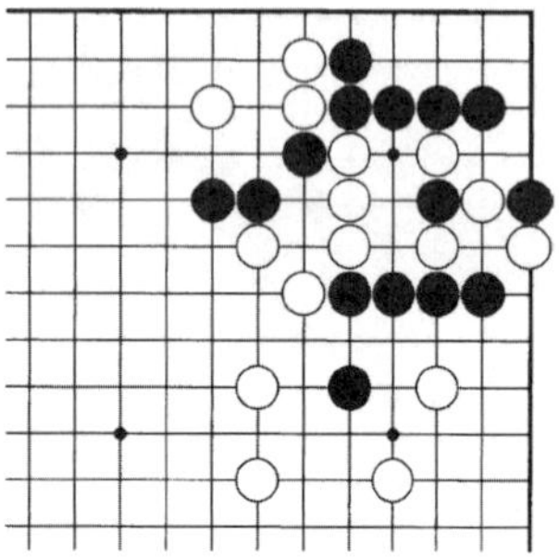

解

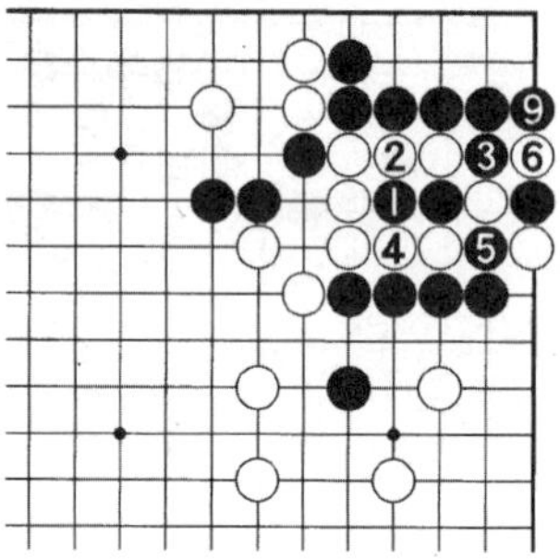

失

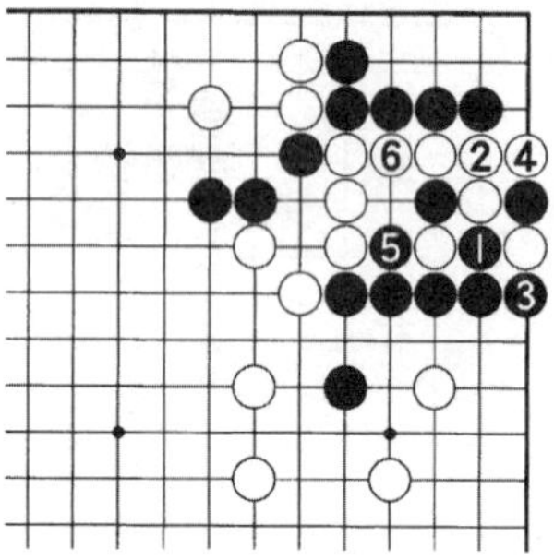

**제5형 흑번**

## 옭다

우변의 전투.

흑을 둘러싸고 있는 우상의 백의 모양이 옭고 흑은 백의 자충을 추궁하여 우상귀와 연결할 수 있다.

## 촉촉수

흑1로 뻗는 수는 2점으로 늘려 죽이는 맥이다. 백2로 이으면 흑3으로 끊어 백을 자충으로 유도한다. 흑9까지 촉촉수이다. ※❼→❶의 오른쪽(먹여치기), ⑧→❶(따냄)

## 흑 잡힘

흑1로 끊으면 백2로 이어 실패한다. 흑3, 5로 백 1점을 잡아 우변에서 살았다고 하더라도 위아래로 분단되어 흑이 불리하다.

(1906)

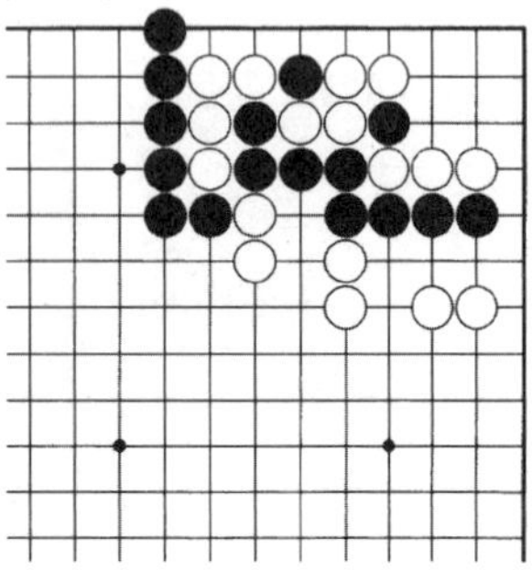

解

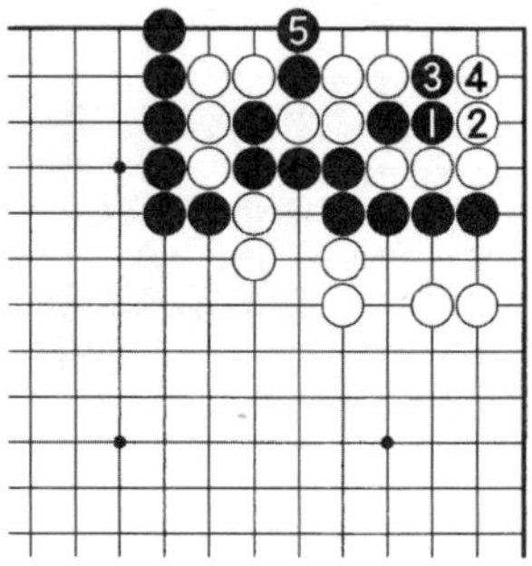

失

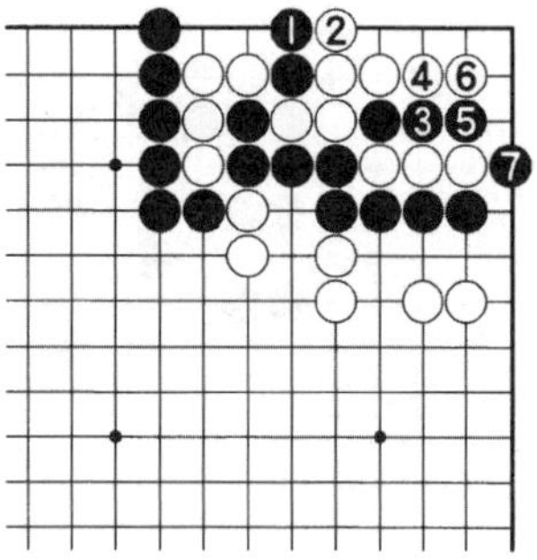

**제6형 흑번**

## 사석

우상의 전투.

흑 8점이 포위당해 있어 상변의 백을 잡는 것 외에 살 길이 없다.

흑의 사석을 이용하는 수순이 중요하다.

## 양자충

흑1, 3으로 나가도 백4까지 잡혀 버리지만 백을 자충으로 만들어 사석을 이용하는 맥이다.

흑5로 내려 백은 양자충.

## 흑 잡힘

흑1의 뻗는 수를 먼저 두면 흑3으로 도망가면 백4, 6으로 3점을 버린다. 흑7로 따도 백8로 치중하여 흑이 전멸한다.

※⑧→❸의 아래(치중)

제7형 백번

(1907)

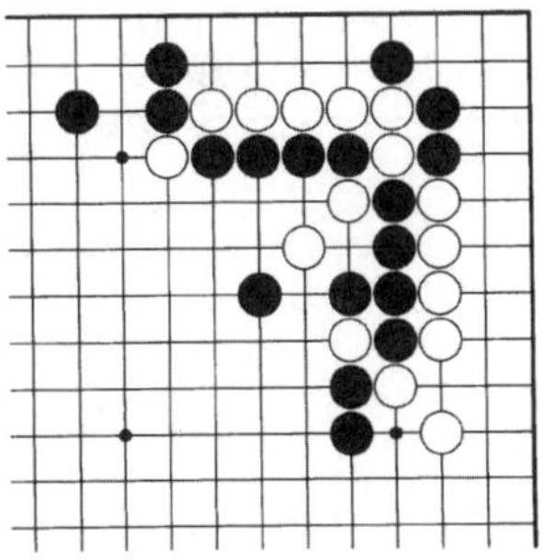

解

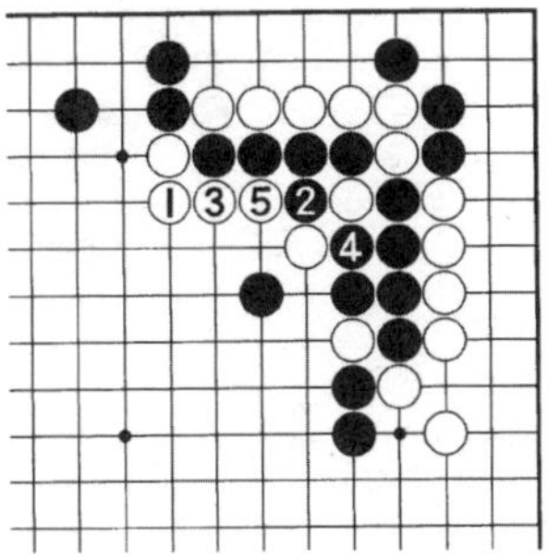

変

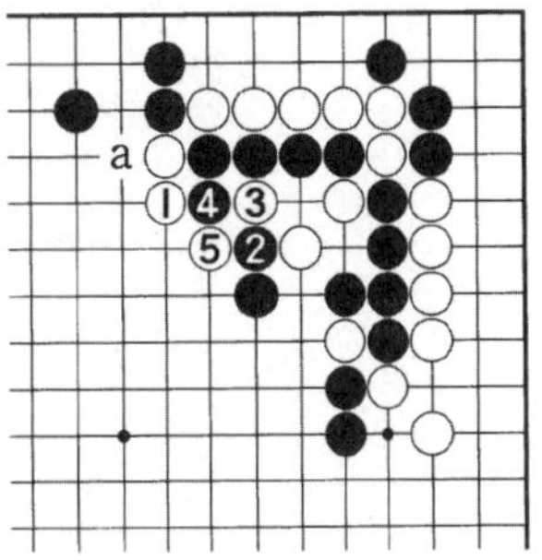


### 자충

상변의 전투.
백 6점을 포위하고 있는 흑 4점이 자충에 걸린 모양이다.
흑 4점을 잡을 기회이다.

### 촉촉수

백1의 뻗음이 흑의 자충을 추궁하는 최선의 수이다.
흑2로 단수치고 도망가면 백3, 5로 흑 5점이 촉촉수이다.

### 환격

흑2로 나가는 것은 백3, 5로 환격의 모양이다.
백1로 4의 젖힘은 흑1, 백a, 흑3으로 단수쳐 중앙으로 탈출 할 수 있다.

뻗음 수상전

제1형 흑번

(1908)

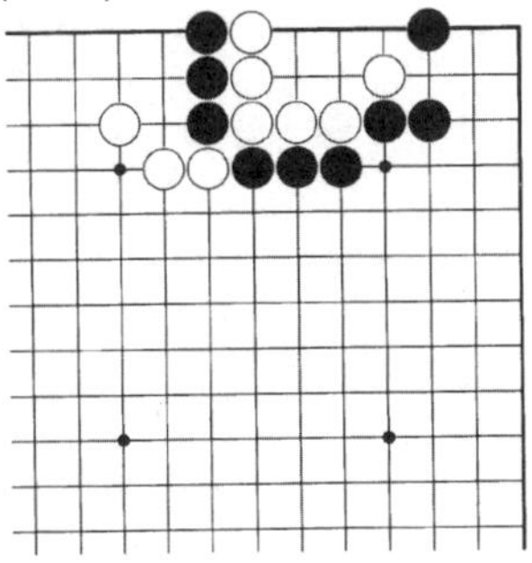

解

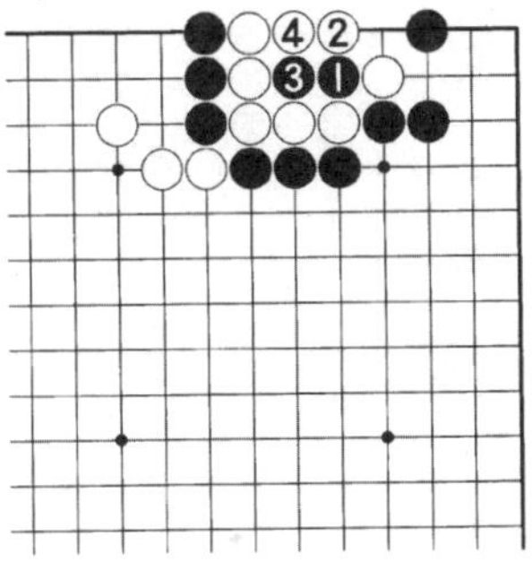

失

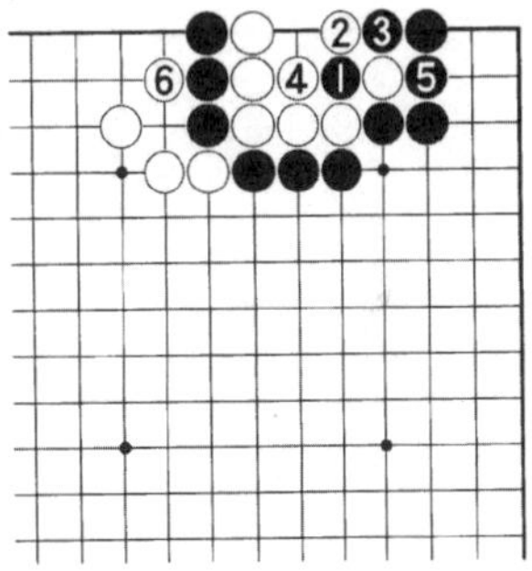

### 비상수단

상변의 수상전.
흑 3점의 공배는 3수이다. 백을 2수로 만들려면 비상수단이 필요하다.

### 흑 승

흑1의 끊음이 백의 공배를 메우는 맥이다.
백2의 단수에 흑3으로 2점으로 키워죽이고 5로 먹여쳐 백의 수는 2수이다. ※❺→❶(먹여치기)

### 패는 실패

흑3으로 단수치면 백4로 따내 무조건 이길 수 없는 모양이다.
흑7까지 패가 된다. 흑3으로 5는 백6으로 흑이 패배한다.
※❼→❶(패)

제2형 백번

(1909)

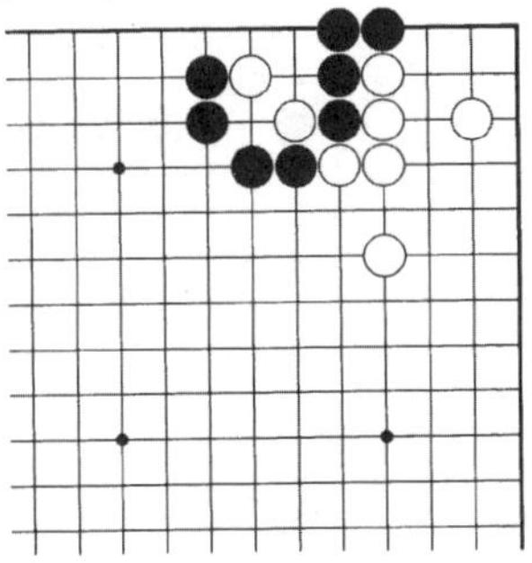

解

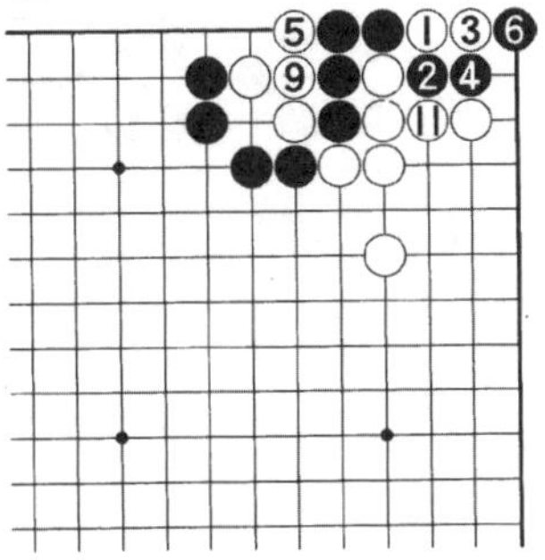

失

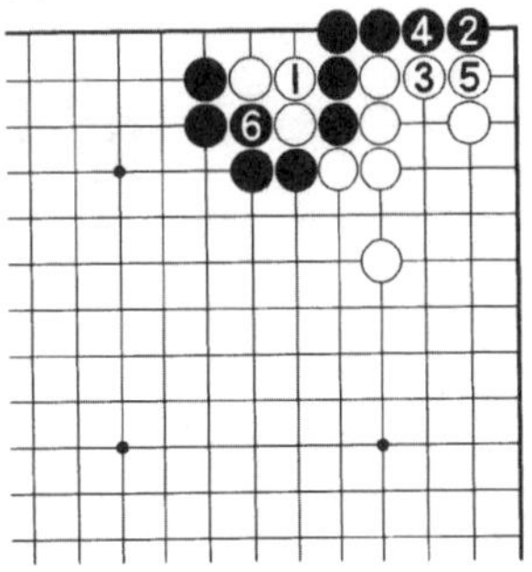

### 사석

상변의 수상전.
흑 4점의 공배를 메우기 위해 귀가 모퉁이라는 점을 이용하는 사석 작전이 필요하다.

### 백 승

백1로 막고 흑2로 끊으면 백3의 뻗는 수가 흑을 자충으로 만드는 맥이다. 이후 백7로 승리한다.
※⑦→①(먹여치기), ❽→③(따냄), ❿→①

### 흑 승

백1로 공격하는 것은 흑2의 뜀이 좋은 수가 된다.
백3, 5로 공격해도 흑6으로 상변을 공격해서 백이 양자충의 모양이다.

(1910)

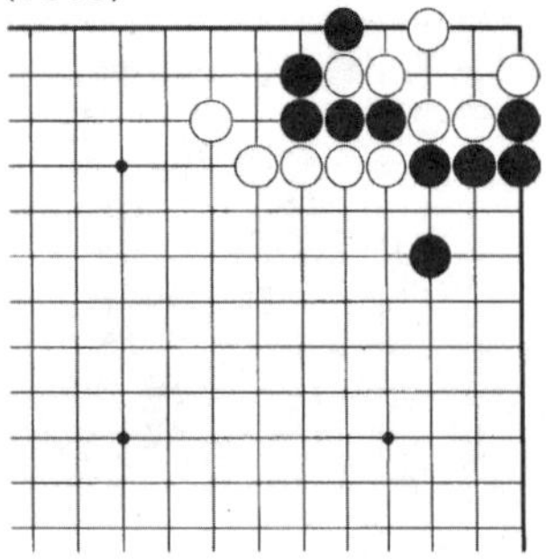

解

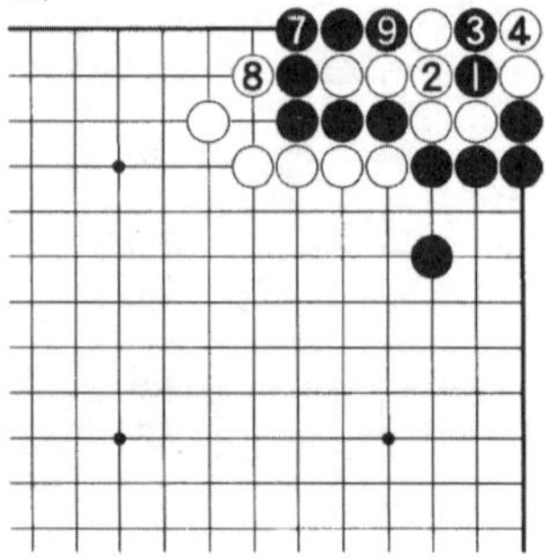

失

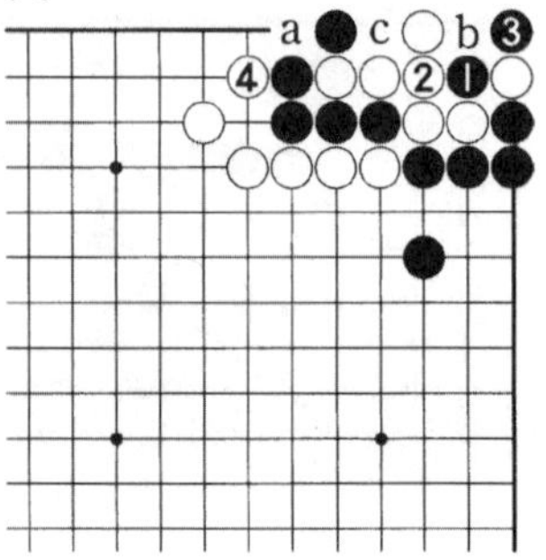

**제3형 흑번**

## 탄력

귀의 수상전 문제.
백은 모양에 탄력이 있어 바깥에서 공격하면 패가 되어버린다.

## 흑 승

흑1로 끊고 3으로 키워 죽이는 맥이 날카롭다.
백4 이후 흑5로 먹여쳐서 백은 2수이다.
※❺→❶(먹여치기), ⑥→❸(따냄)

## 흑 패배

흑3으로 1점을 따내는 것은 실패한다. 백4로 입구자 붙여 간단히 흑이 진다.
흑1로 a는 백b, 흑2, 백1, 흑c, 백4로 패가 난다.

(1911)

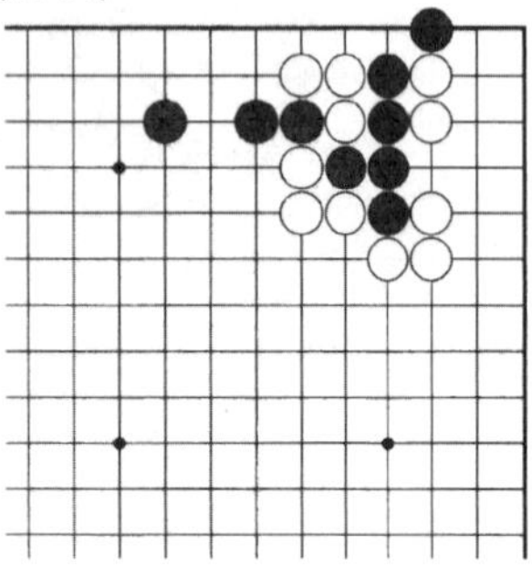

解

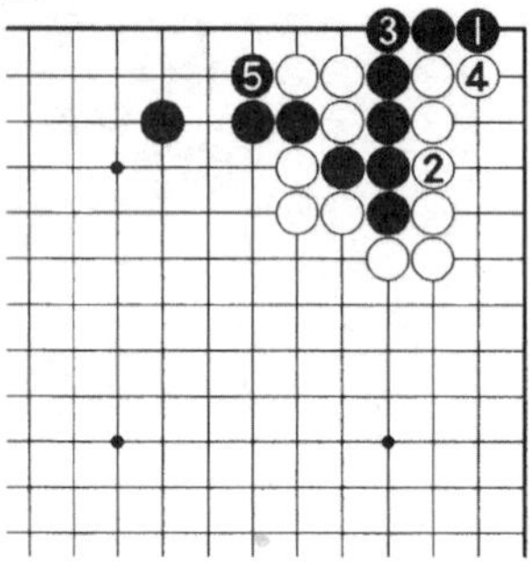

失

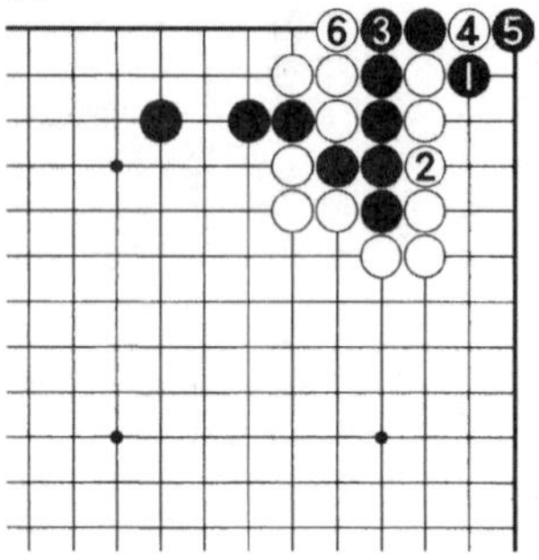

**제4형 흑번**

## 맹점

우상의 전투.
흑의 공배는 2수.
귀가 모퉁이이므로 약간의 맹점이 있다.

## 양자충

흑1로 뻗어서 흑이 이긴다.
백2, 4로 바깥을 메울 수밖에 없지만 흑5로 막아 백에게 다음 수가 없다.

## 촉촉수

흑1의 젖힘은 대악수이다.
백2로 단수치고 4로 먹여쳐서 흑의 공배가 메워진다.
흑5로 따내면 백6으로 촉촉수이다.

(1912)

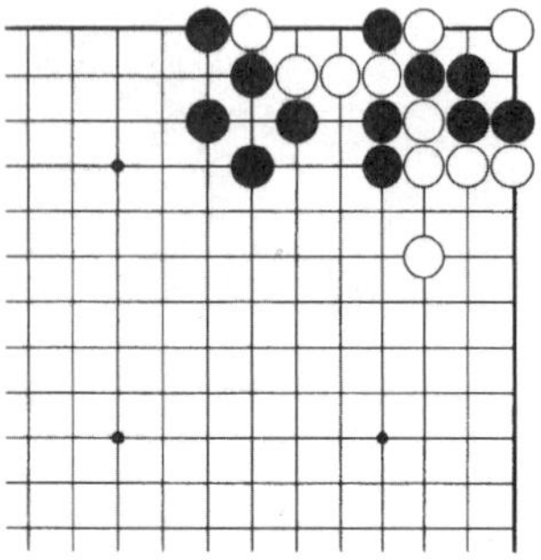

解

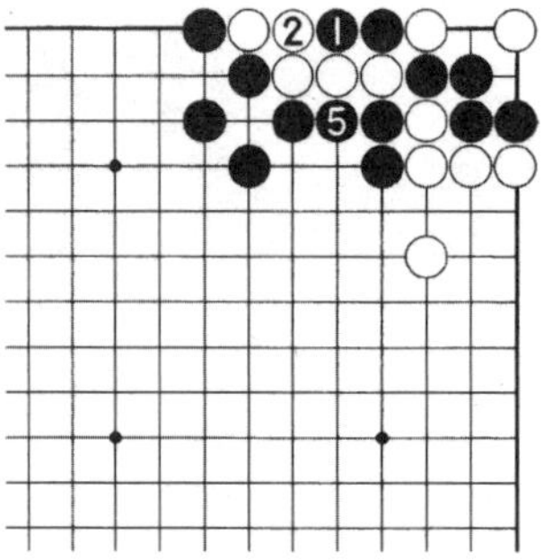

失

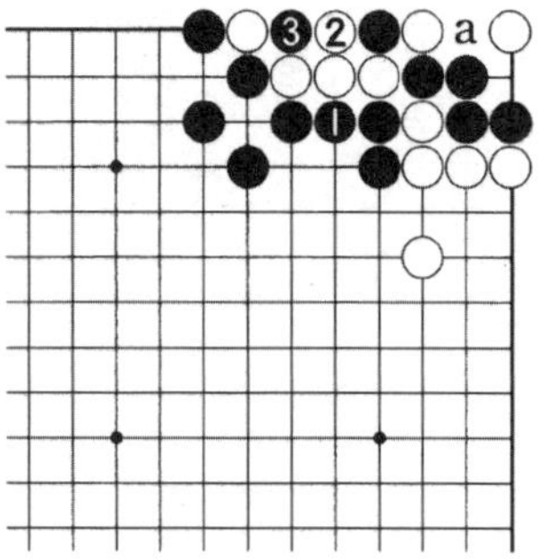

**제5형 흑번**

## 사석

우상의 수상전.
귀의 흑은 자충 때문에 2수뿐이다.
사석을 이용하여 바깥 백을 자충으로 유도한다.

## 흑 승

흑1로 2점으로 키워 죽이는 수가 맥이 좋은 수다. 백2로 따낸 뒤 흑3으로 먹여쳐서 백의 공배가 꽉 찬다. 흑5로 흑의 승리.
※❸→❶의 오른쪽, ④→❶

## 패

흑1로 바깥에서 공격하는 것은 백2로 따내 실패한다.
흑은 3으로 패를 만들 수밖에 없다.
흑1로 3하여도 백2로 받아 패가 난다. 또 흑1로 a도 백2로 패가 난다.

## 제6형 백번

(1913)

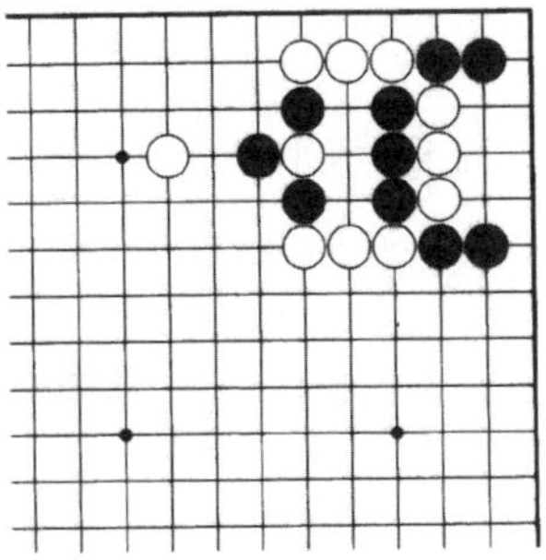

### 자충

우상의 수상전.
백을 끊고 있는 흑 3점이 목표이다. 흑이 품고 있는 백 1점을 이용하여 공배를 꽉 채워야 한다.

解

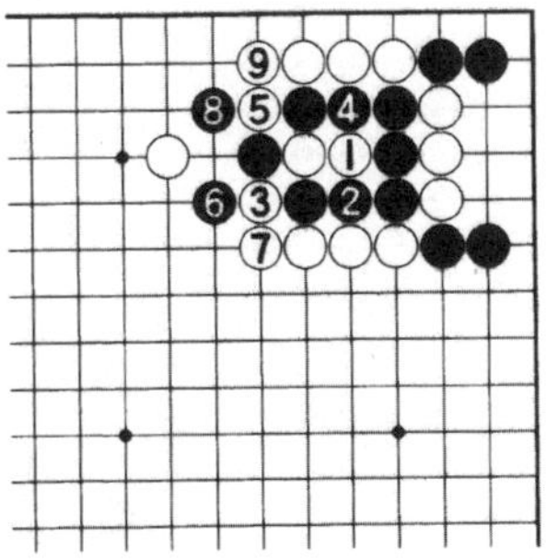

### 백 승

백1로 나가 사석으로 만든다.
흑2는 백3, 흑4는 백5. 흑의 공배를 착실히 메워서 백9까지 흑은 다음의 수가 없다.

失

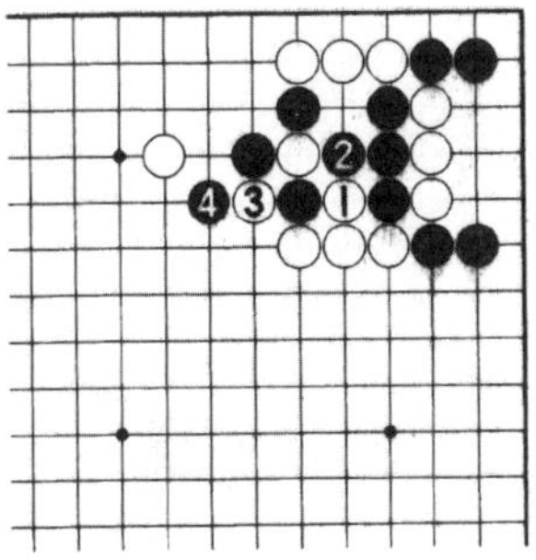

### 패

백1로 나가면 흑2로 빵때려서 공배가 빈다. 백3으로 단수쳐서 패가 난다. 흑4의 저항이 가능하다.
흑1로 3도 백2로 같다.
※⑤→❷의 왼쪽

## 제7형 흑번

(1914)

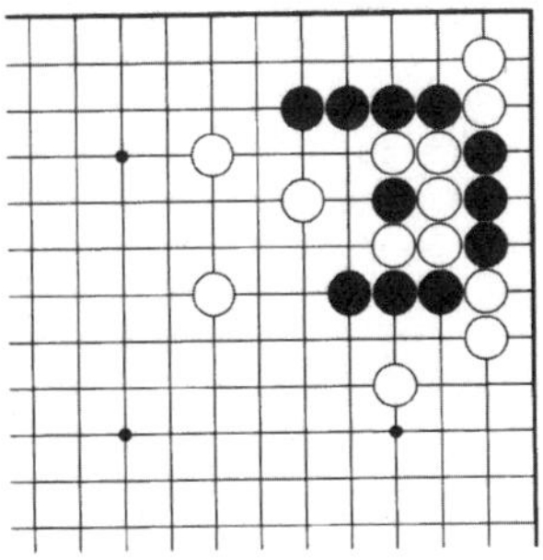

### 사석

우변의 수상전 문제.
흑은 백 5점의 자충을 추궁한 뒤, 사석을 이용하여 잡는다.

解

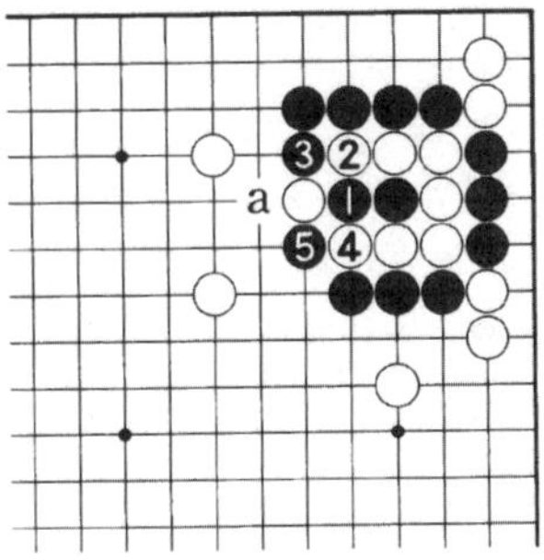

### 흑 승

흑1로 뻗어서 2점으로 키워죽이는 것이 맥이다.
백2, 4로 따낸 뒤 흑5로 젖어 a로 막는 것과 1의 자리에 환격을 맞본다.

変

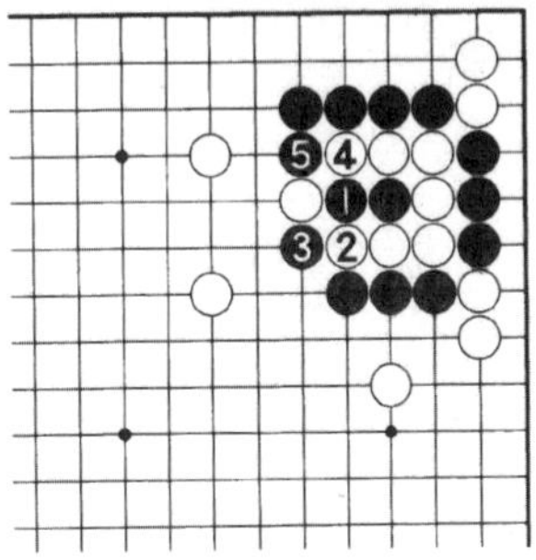

### 동형

백2로 나가도 흑3, 흑5까지 정해도와 같다. 흑1로 2는 백1. 또 흑이 3자리 입구자 붙이면 백5의 쌍립으로 역시 흑이 실패한다.

## 제8형 흑번

(1915)

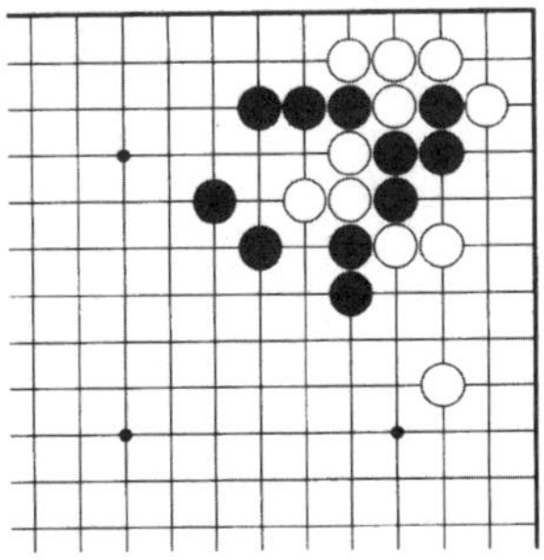

### 17수

우상의 수상전 문제.
흑은 우변에 있는 4점의 수를 늘려야 한다. 백이 강하게 저항하면 해결하는 데까지 17수가 걸린다.

解

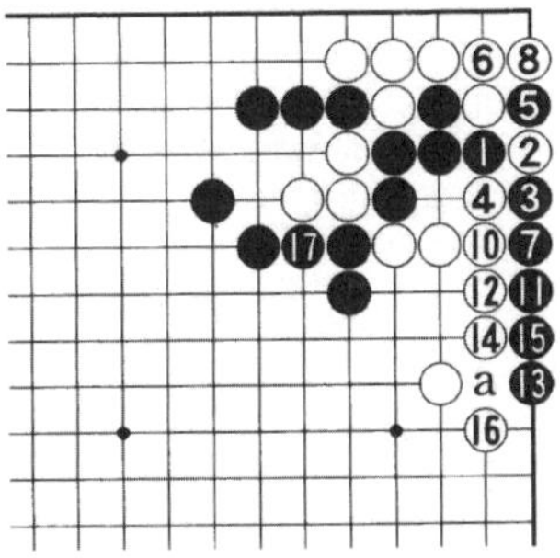

### 흑 승

흑1로 막으면 백2부터 6으로 버틸 수밖에 없다. 흑7로 뻗는 수가 좋다. 흑13으로 수가 늘어나서 17로 승리. 백16으로 a는 흑16.
※❾→②

失

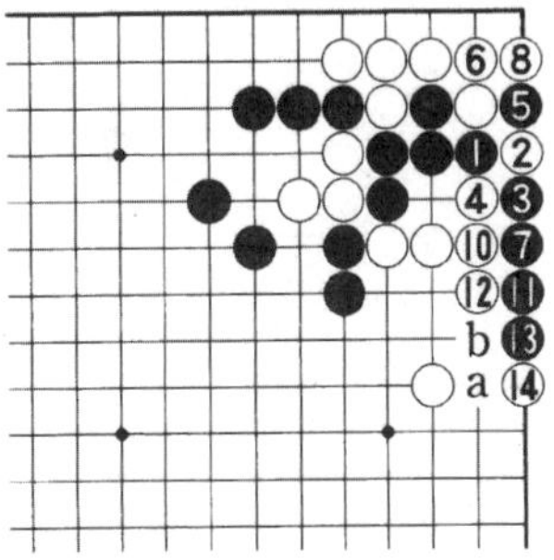

### 백 승

흑13으로 그냥 뻗는 것은 틀린 맥이다.
백14로 붙여 흑a는 백b로 흑은 우변에 갇혀버렸다.
※❾→②

제9형 백번

(1916)

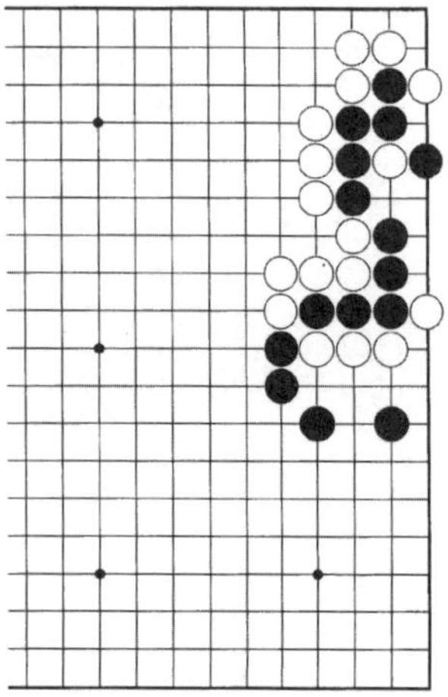

解

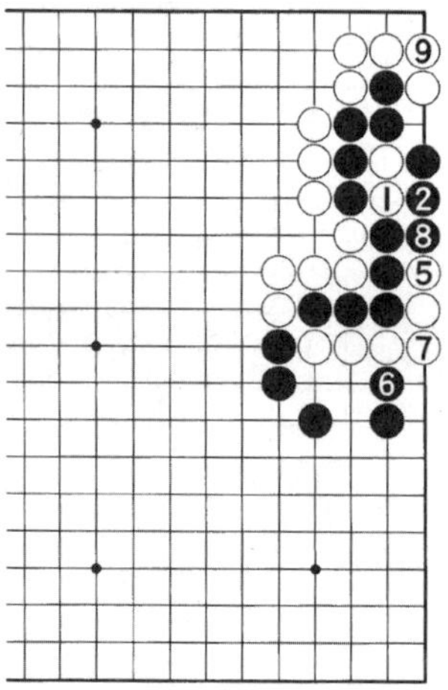

变

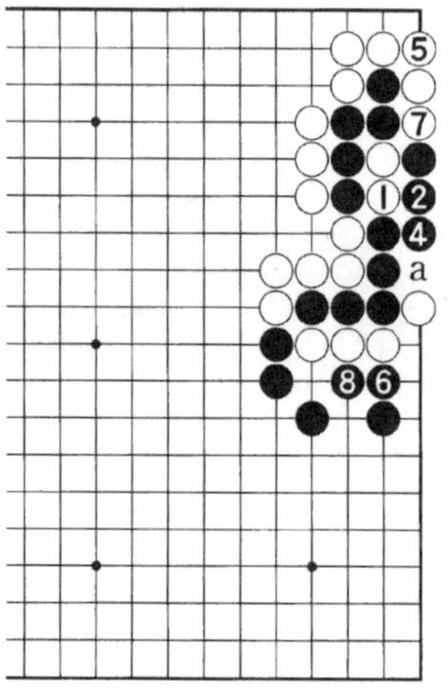


## 상용의 맥

우변의 수상전이 초점.

백 4점은 집이 없는 모양이지만 흑의 수를 3수로 만들면 이길 수 있다. 흑의 공배를 메우는 상용의 맥을 찾아보자.

## 사석

백1로 사석을 만들어 흑의 공배를 메운다.

흑2로 따내면 백3으로 먹여치는 수가 제2탄. 흑4에 백5로 집을 부수고 7과 9로 공격하여 흑은 2 수밖에 되지 않는다. ※③→①(먹여치기), ❹→①의 위(따냄)

## 백 승

흑4는 백5로 공격한다. 백7의 단수에 흑8로 우변을 공격해도 백9로 흑 5점을 따내면서 단수이다.

백1로 a는 흑1로 빵때림 해서 백이 진다. ※③→①(먹여치기), ⑨→①의 위(따냄)

뻗음 분단

제1형 흑번

(1917)

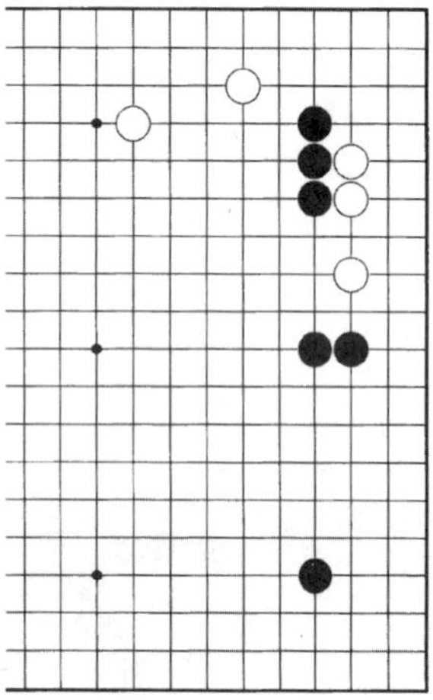

解

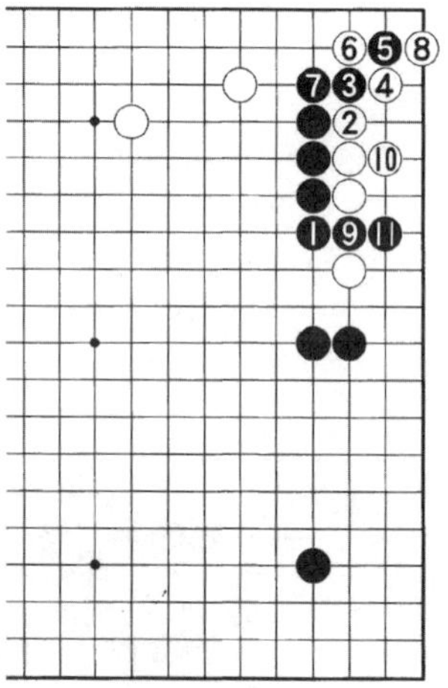

失

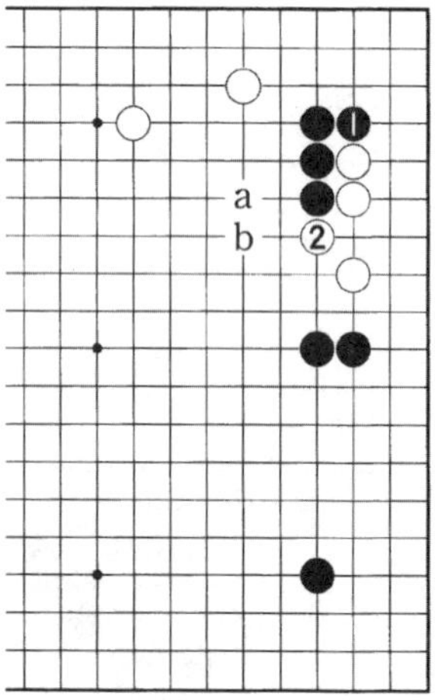


## 상형

우상의 전투.

화점 정석의 변화로 우변에 침입한 백을 공격하는 상형이 있다. 흑은 백을 살려주더라도 바깥을 두텁게 만들고 싶다.

## 흑 충분

흑1로 뻗은 수가 모양의 급소이다. 백2로 밀어 귀에 근거를 마련하면 흑3, 5의 이단젖힘이 좋은 수이다. 백6 부터 10으로 귀를 빼앗아 살아도 흑11로 뚫어서 흑이 충분하다.

## 백 좋은 모양

흑1로 막으면 백2로 좋은 모양을 만들게 해준다. 백은 편하게 중앙으로 도망쳐서 우상귀에 있는 흑의 근거가 불안해진다.

흑a라면 백b로 중앙으로 나가 우변의 흑집이 엷어진다.

제2형 흑번

(1918)

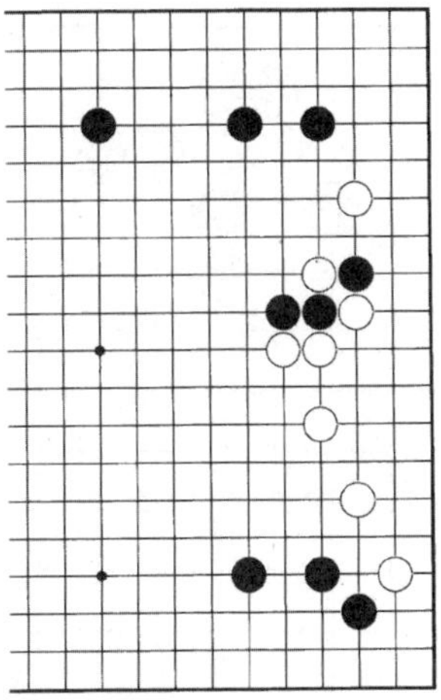

## 최강

흑은 우변의 백집에 손을 대어 백으로부터 강경한 반격을 당하고 있다.
우변을 도려낼지 중앙에 두터움을 만들지 선택해야 한다. 어느 것이 최강의 응수일까?

解

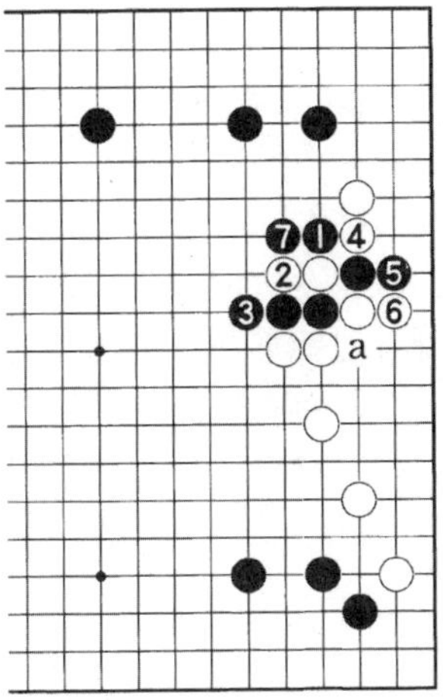


## 맞보기

흑1의 단수 백2, 흑3이 맥이다. 백4로 끊으면 흑5로 내려 a와 7의 축을 맞봐서 흑이 충분하다.
흑3으로 4에 두어 우변을 무너뜨리면 백3으로 2점을 따내 흑이 불리해진다.

変

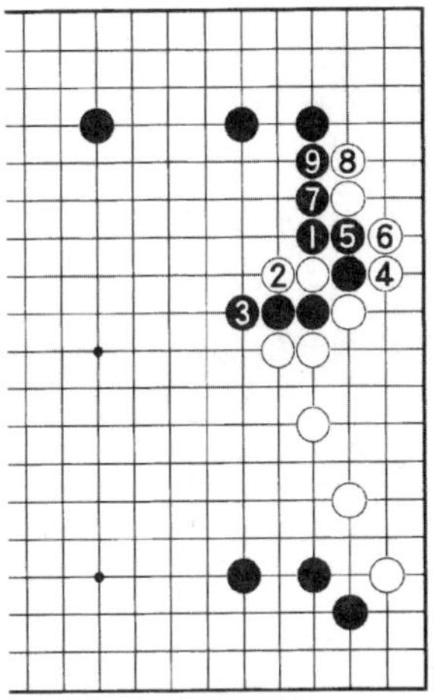


## 흑 유리

백4로 밑에서 받으면 흑5로 잇고 백6, 8로 우변을 건너도 흑9로 중앙을 굳혀 흑이 유리하다.
우변 백은 2선으로 낮은 모양. 흑은 백 2점을 잡아 중앙을 넓힌다.

제3형 흑번

(1919)

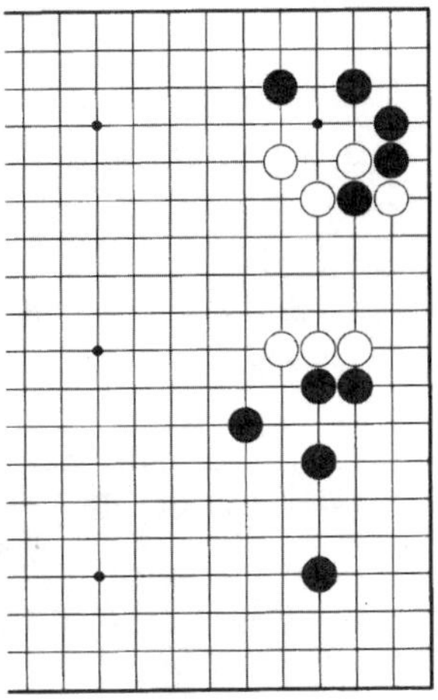

## 도망가다

우변의 전투.
변의 백집을 도려낼지 분리시켜 공격할지 선택해야 한다.
백에게 공격당하지 않는 맥은 무엇인가?

解

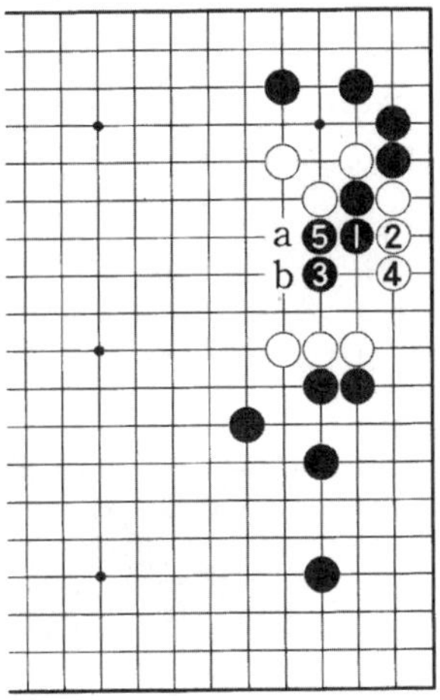


## 탈출

흑1로 나가 도망칠 수 있다.
백2의 젖힘에 흑3의 입구자가 맥이다. 백4, 흑5로 중앙으로 탈출한다.
이후, 백a는 흑b로 백은 그 다음 공격하는 수단이 없다.

失

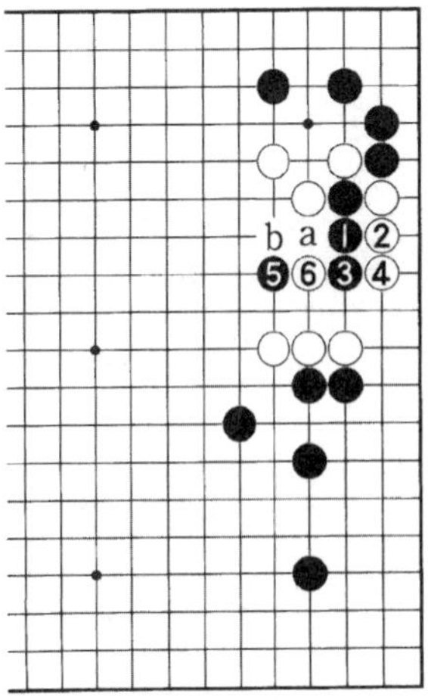


## 흑 실패

흑3으로 뻗으면 백4로 밀어 흑이 살 수 없는 모양이다.
흑5로 뛰어도 백6으로 끼워 흑a는 백b로 조여 흑이 잡힌다..
흑5로 6에 두어도 흑3, 백4 교환이 악수로 백5로 흑이 잡힌다.

# 밀기

돌을 뻗어서 연결하는 모양 중에서 상대의 돌의 아래쪽에서 변에 두는 모양이 밀기.

밀기는 변의 제1선에서 4선까지 있어 제1선은 연결만 제4선은 집을 넓히는 좋은 모양, 제2선, 제3선은 집 빼앗기, 공방이라는 모양으로 크게 구별된다.

흑1은 제2선으로 미는 수이다. 이 수로 중앙의 백 2점은 살릴 수 없다.

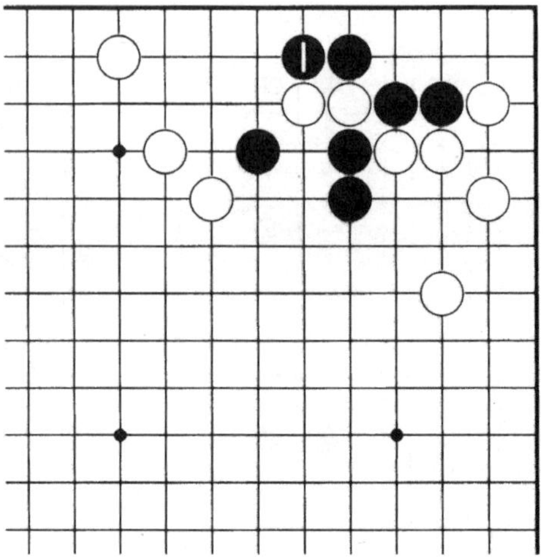

밀기 정석변화

제1형 백번

(1920)

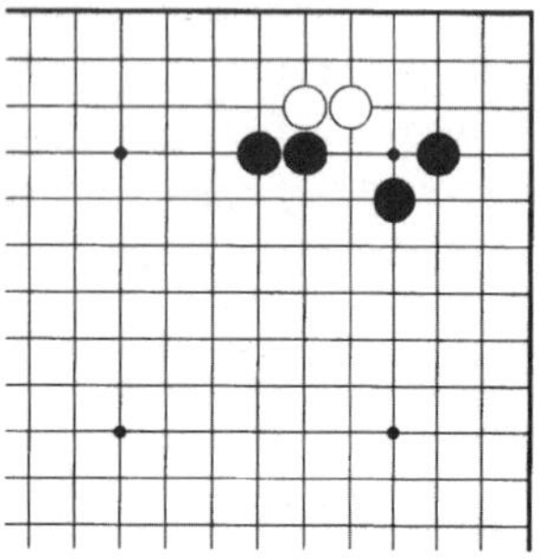

### 무겁다

소목에서 입구자한 정석으로 백은 상변에 응수를 잘못하여 2점이 무거워졌다.

이후 어떻게 응수 하여야 할까?

解

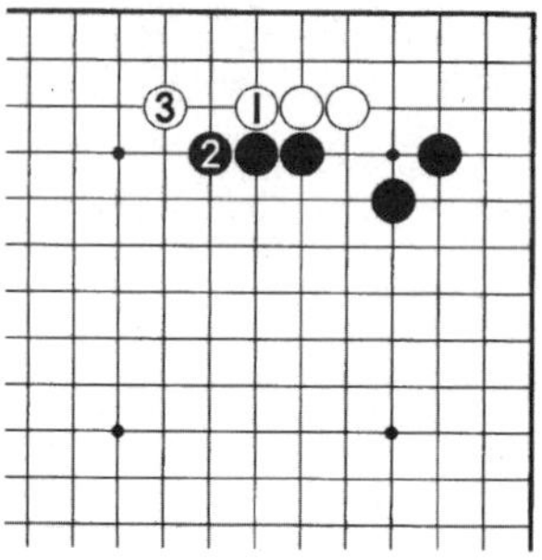

### 안심

백1로 밀 수 밖에 없다.

흑2로 늘고 백3으로 뛰어 상변으로 한발 먼저 진출한다.

중앙 흑의 모양이 두터워졌지만 이 그림이면 백도 일단 안심.

失

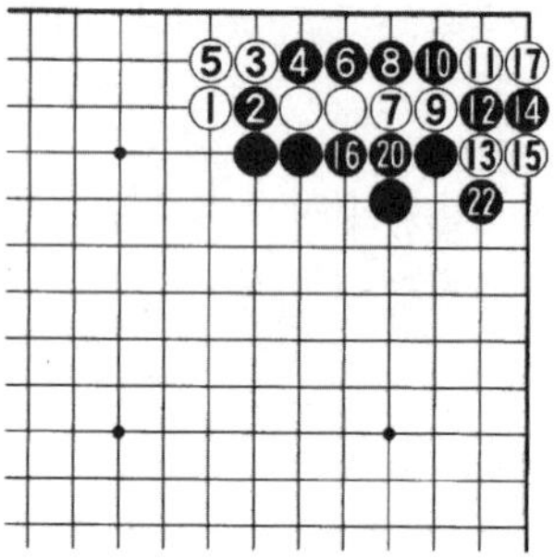

### 백 망함

백1로 뛰면 흑2, 4로 나가끊어 실패한다. 백5로 이으면 흑6 부터 22까지 귀삼수이다.

※⓲→⓬(먹여치기), ⑲→⓮(따냄), ㉑→⓬

제2형 흑번

(1921)

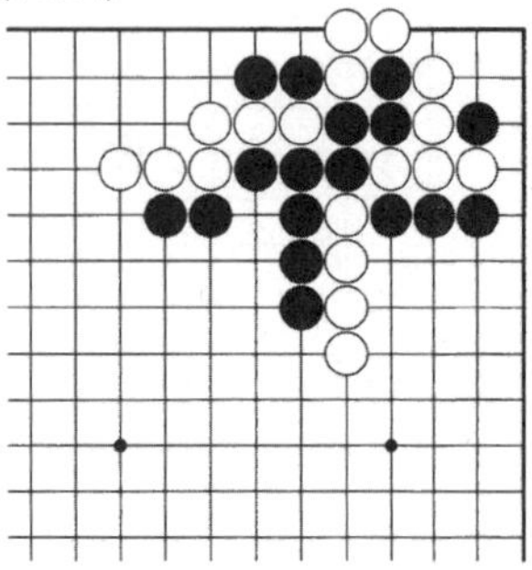

### 귀를 잡다

우상귀는 한 칸 협공 정석의 변화로 귀에 문제가 남아있다.

흑은 백의 자충을 추궁하여 귀의 백 5점을 잡고 싶다.

解

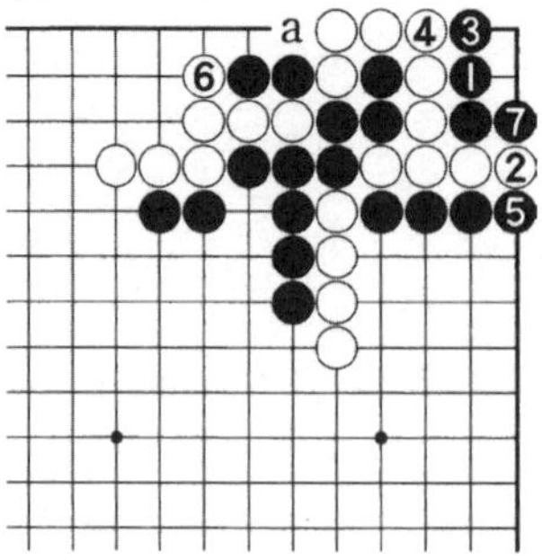

### 백 망함

흑1로 밀고 들어간 수가 백을 자충으로 만드는 강수이다.

백2로 건너지 못하게 막으면 흑3, 5로 공격하여 7과 a의 단수를 맞보기하여 백이 잡힌다.

失

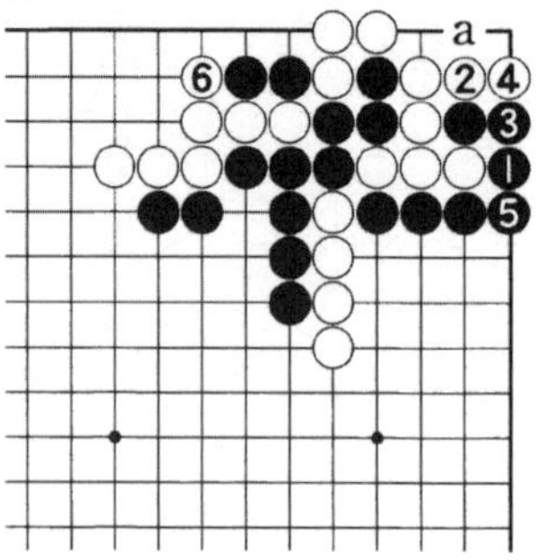

### 양자충

흑1로 건너면 백2로 단수당해서 실패한다.

흑3, 5로 받으면 백6까지 흑은 다음 수가 없음.

흑3으로 4는 백6, 흑a로 패가 난다.

밀기
공격

(1922)

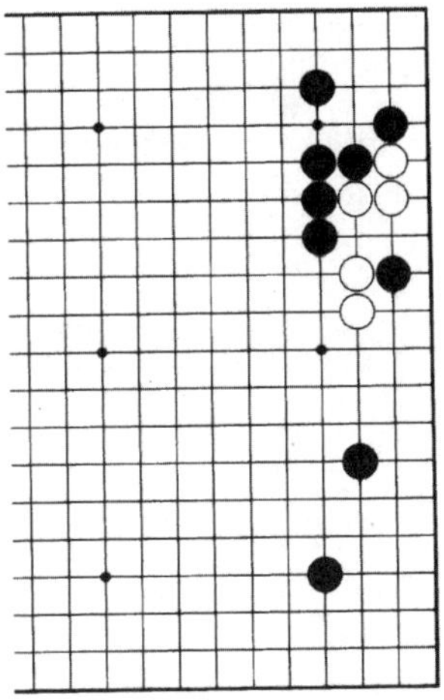

解

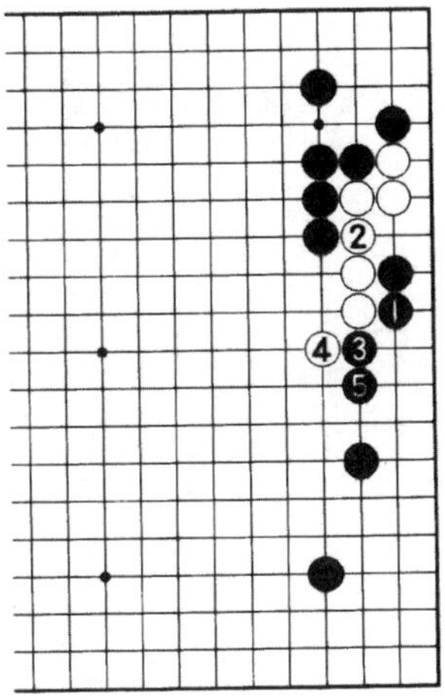

变

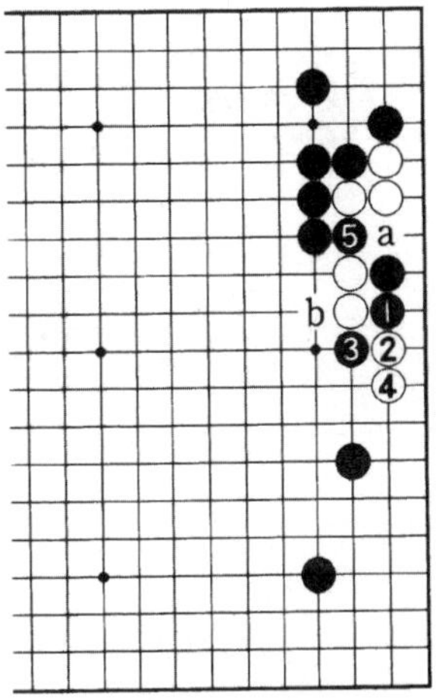

제1형 흑번

## 전부

우변의 전투.
우변의 백을 공격하고 있는 흑은 1점을 잡히면 근거를 빼앗긴다. 백의 근거를 뿌리째 뽑아서 몰아붙이고 싶다.

## 뜬 돌

흑1로 미는 수가 맥이다.
백은 2로 잇는 정도이고 흑3으로 젖혀 2점을 구하면서 우변의 흑집을 넓힌다.
백4, 흑5로 백은 근거가 없어져서 한집도 없는 뜬 돌.

## 백 산산조각

백2로 막으면 흑3으로 끊으면 된다. 백4로 늘어 우변이 끊어져도 흑5로 나가 우상귀의 백 3점을 잡는다. 백a는 흑b로 백은 산산조각난 모양이다.

(1923)

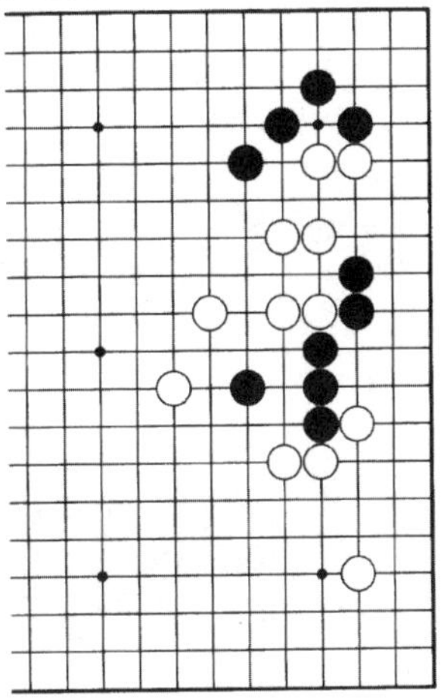

解

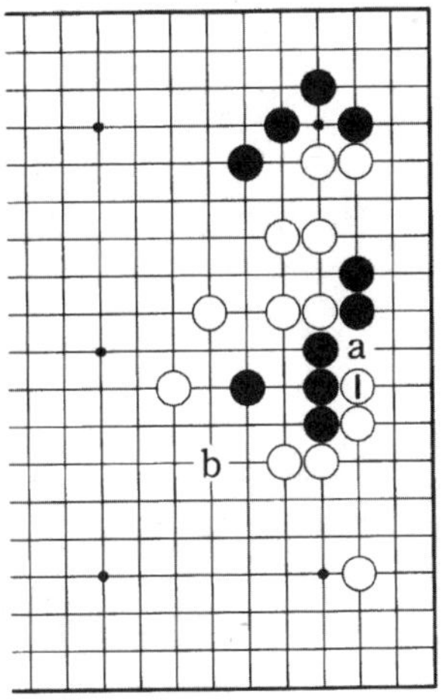

失

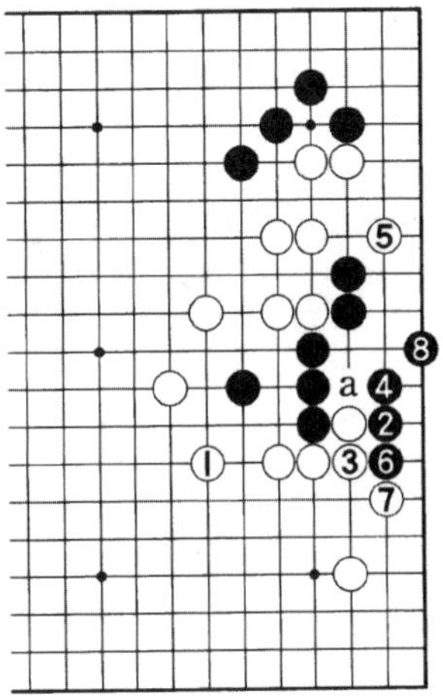

제2형 백번

## 데미지

우변의 전투.
중앙에 도망칠 길이 있어 흑을 전멸시키는 것은 어렵지만 치명적인 피해를 입히는 것은 가능하다.

## 받을 수 없음

백1로 미는 수가 안형의 급소로 흑은 응수 할 수 없는 모양이다. 흑a로 받으면 백b 봉쇄.
우변만으로는 쉽게 살기 힘든 모양이다. 중앙의 흑 4점이 도망가도 백a의 끊음이 크다.

## 흑 삶

백1의 봉쇄는 준비 부족이다.
흑2의 껴붙임이 맥으로 집을 넓힌다. 백은 3으로 잇는 정도이지만 흑은 4로 당기고 8까지 산다. 백3으로 a는 백4.

밀기
결정

(1924)

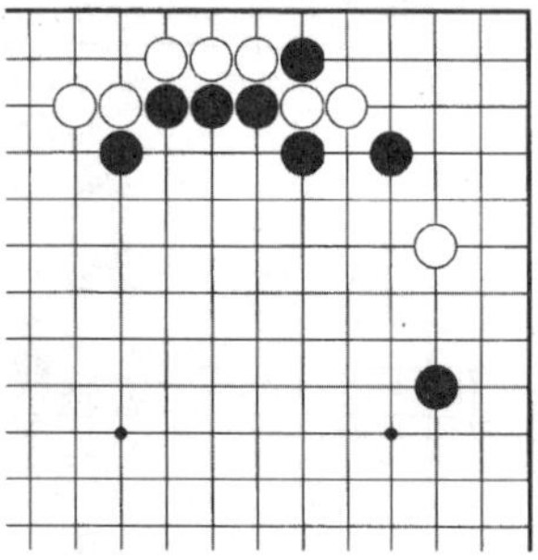

제1형 흑번

## 결정짓는 방법

우상의 전투.
흑 1점은 살릴 수 없는 모양이다. 그러나 흑은 상변이 아닌 우변을 노리고 있어 싸움에서 유리한 모양을 만들어야 한다.

解

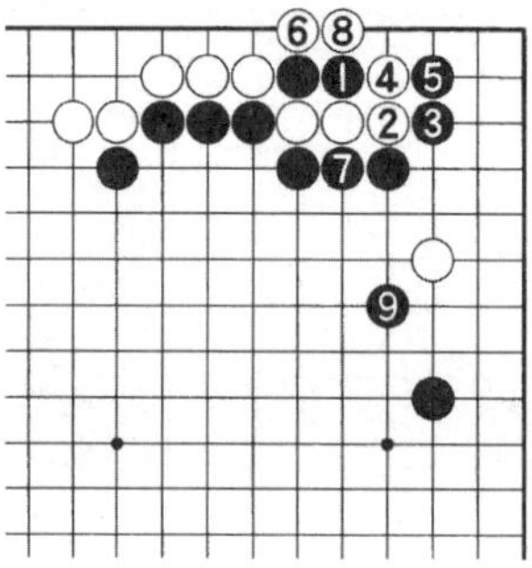

## 흑 성공

흑1로 밀어 모양을 결정짓는 맥이 좋다.
백2에 흑3으로 막고 5, 7로 결정지은 뒤 9로 씌우면 우변은 거의 흑집이다.

失

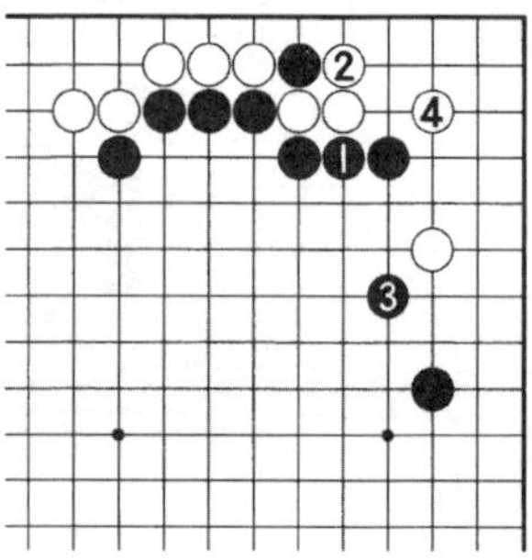

## 흑 불충분

흑1로 이으면 백2로 잡아서 불만이다.
흑3으로 우변으로 돌려 씌워도 백4의 3·3이 남아 있어서 흑집이 크게 깎이므로 실패한다.

(1925)

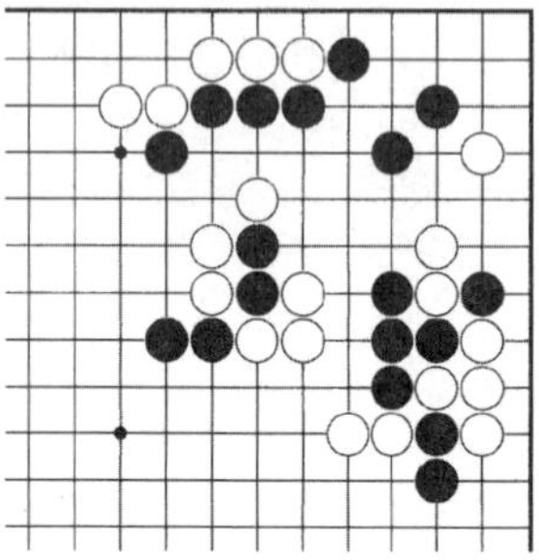

제2형 흑번

## 살리다

우산의 전투.
단수당한 흑 2점을 살리기 위해서 우변의 흑을 두텁게 만들어야 한다.

解

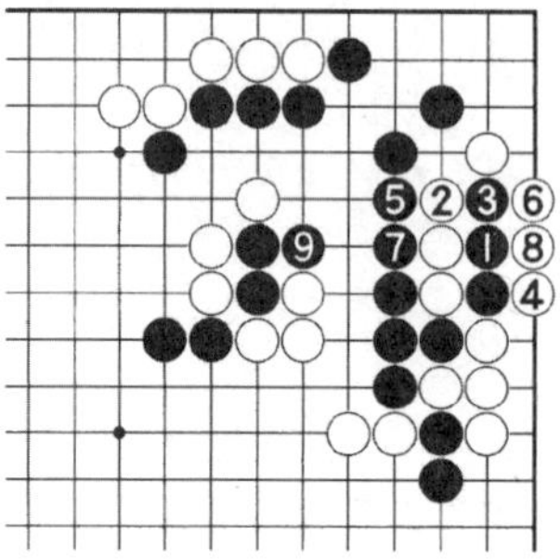

## 사석

흑1로 밀고 백2 이후 흑3으로 찝어 3점으로 키워 죽이는 맥이 좋다. 흑5, 7이 선수이기 때문에 9로 도망치는 것이 성립한다.
중앙은 흑집이 된다.

変

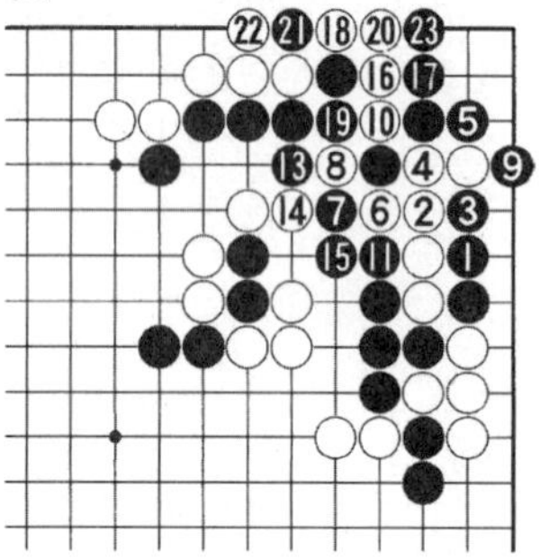

## 백 무리

백4로 잇고 6으로 저항하면 흑5로 막아 백6 이하는 무리이다.
흑7, 9로 조여 백은 포도송이.
흑23까지 백이 전멸한다.
※⑫→⑩의 아래

밀기
타개

(1926)

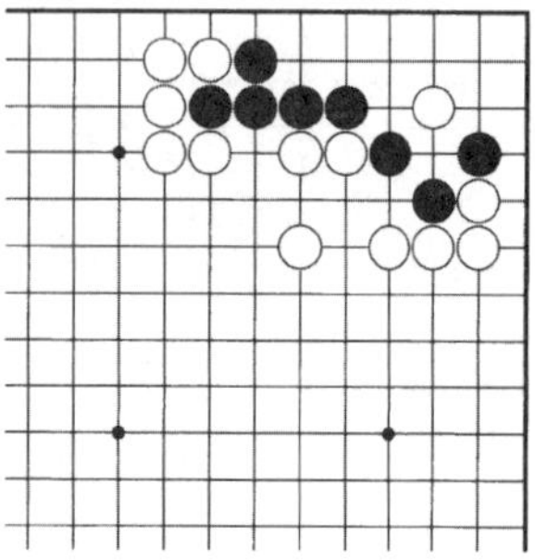

제1형 흑번

## 버티기

귀의 전투.
백 1점이 들여다본 곳은 흑의 급소에 해당한다. 흑은 버틸 수 있을 만큼 버텨서 위기에서 벗어나야 한다.

解

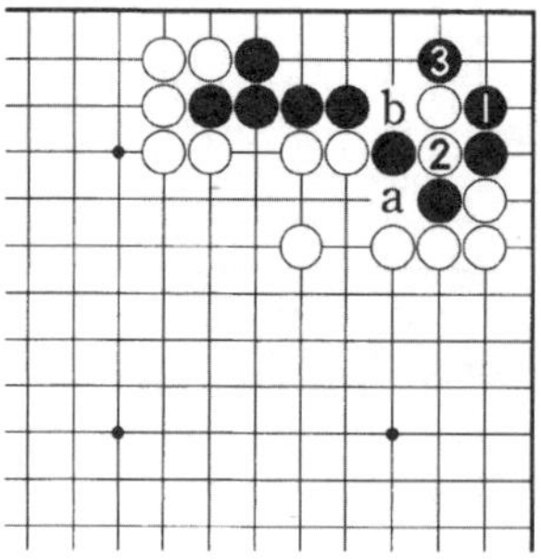

## 흑 충분

흑1로 밀어 버틸 곳이다.
백2로 끊으면 흑3으로 1점을 버리고 귀에서 조이면 된다.
백a, 흑b로 피해가 적다.

変

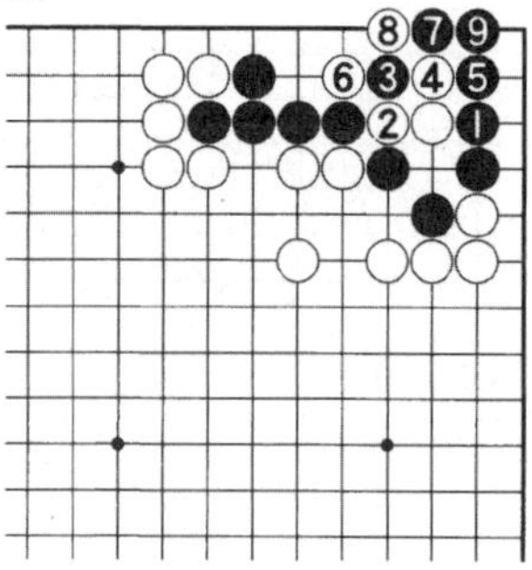

## 촉촉수

백2로 끊는 것은 무리한 저항이다.
흑3으로 젖히고 5로 막아 여유를 주지 않고 공격한다.
백6으로 끊어 1점을 잡아도 흑9까지 촉촉수이다.

(1927)

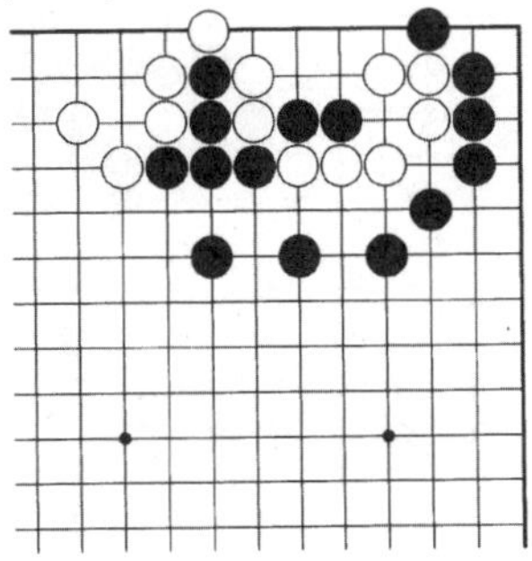

제2형 흑번

## 생환

상변의 전투.
백에게 둘러싸인 흑 2점은 생환할 수 있다.

解

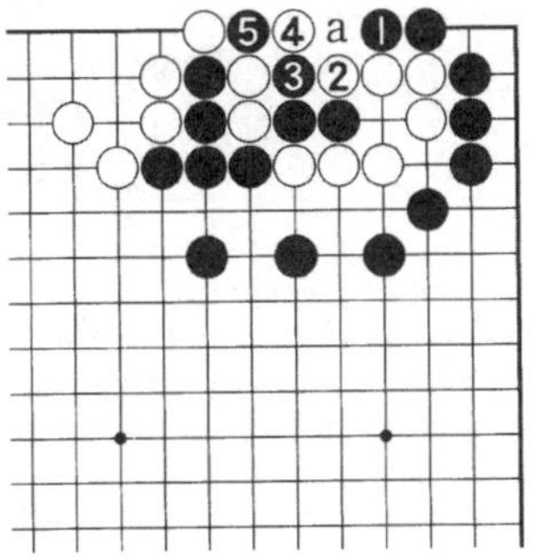



## 생환

흑1로 미는 수가 맥으로 백은 응수가 곤란해진다.
백2는 흑3으로 단수치고 백4, 흑5로 2점을 따내 생환한다. 백2로 a는 흑4. ※⑥→❺의 아래(따냄)

变

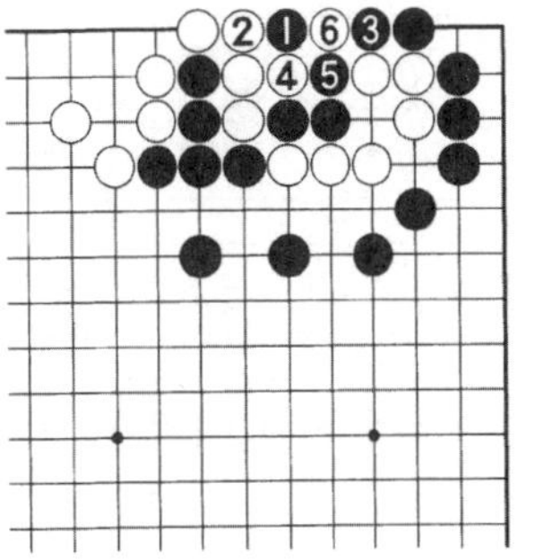

## 패

흑1의 치중도 정해이다.
백2로 받고 흑3으로 밀고 백4, 흑5까지 패가 난다.
흑은 팻감에 따라 정해진다.
백4로 5는 흑4로 백이 잡힌다.

(1928)

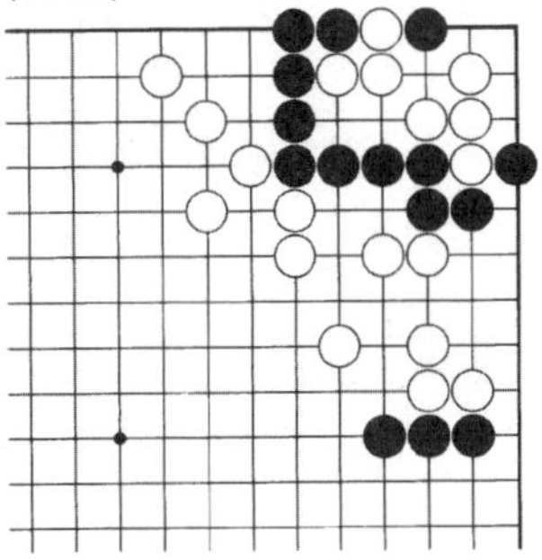

제3형 흑번

## 활용

귀의 전투.
흑은 귀의 백을 공격하여 우변에 활용하도록 만든 뒤, 연결할 수 있다.

解

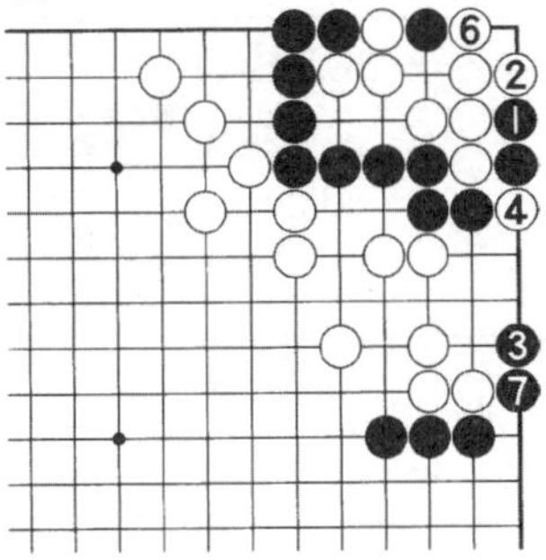

## 건넘

흑1의 미는 수는 백집을 줄이는 상용의 모양이다. 백2 이후 흑3이 묘수이다. 흑5로 백집을 없애서 백6으로 살면 흑7로 건너간다.
※❺→❶의 아래(먹여치기)

失

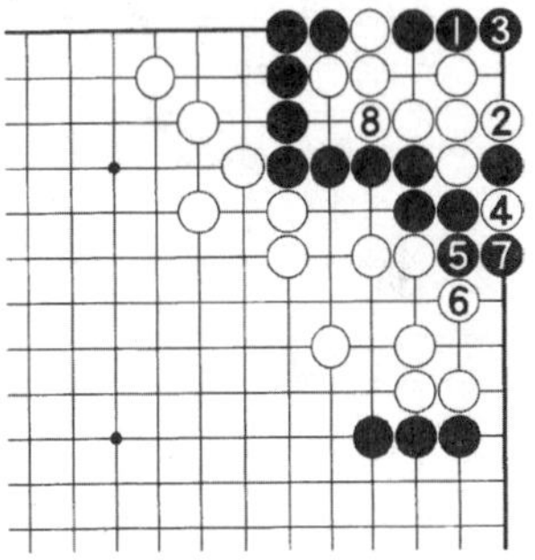

## 백 유리

흑1, 3으로 백의 집을 없애는 변화이다. 백4, 6으로 흑의 건넘을 막아 귀에서 수상전이 벌어지지만 이 패는 백이 유리하다.

밀기 따냄

(1929)

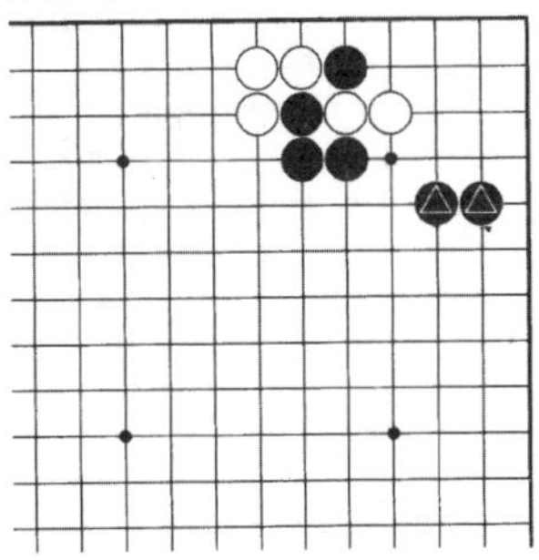

제1형 흑번

## 마무리

우상귀의 수상전 문제.
우변의 흑▲ 2점을 이용하여 백 2점을 마무리 짓고 싶다.

解

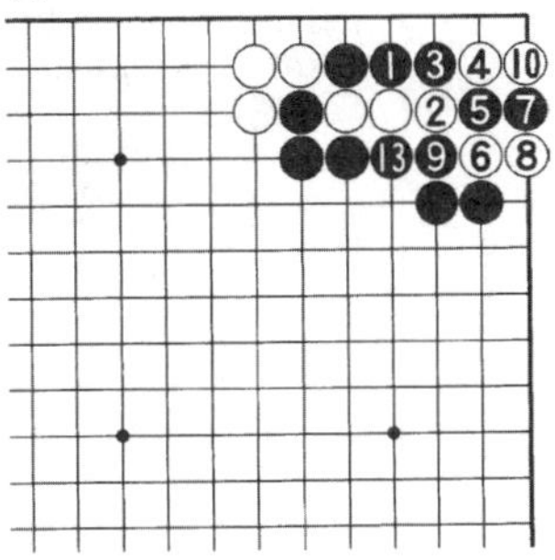

## 흑 승

흑1로 밀어 귀의 백 2점을 잡는다.
백4로 막을 때 흑5, 7의 사석으로 귀삼수이다. 흑13까지 흑 승.
※⓫→❺, ⑫→❼(따냄)

失

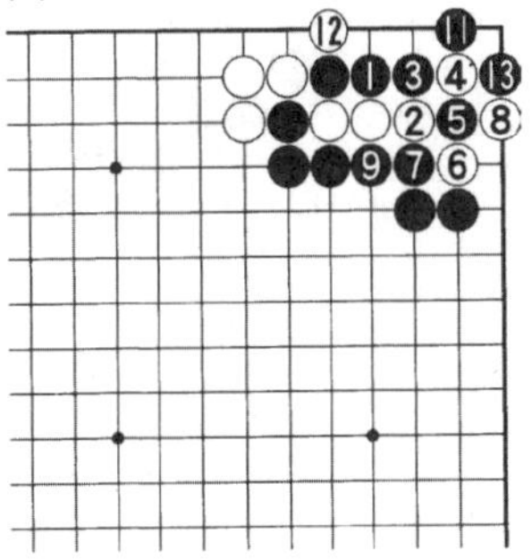

## 패

흑7로 끊으면 백8로 빵때려서 백에 탄력이 생긴다.
백10으로 잇고 나면 흑11, 13으로 패를 하는 수밖에 없다.
※⑩→❺

**제2형 흑번**

(1930)

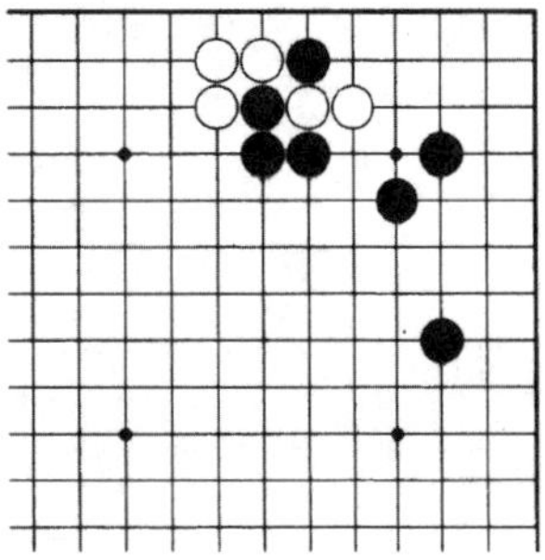

## 2점 잡기

슈사쿠의 입구자 정석에서 생기는 모양이다.
백은 정석을 틀리게 하여 귀의 백 2점을 살릴 수 없다.
흑은 어떻게 공격해야 하는가?

解

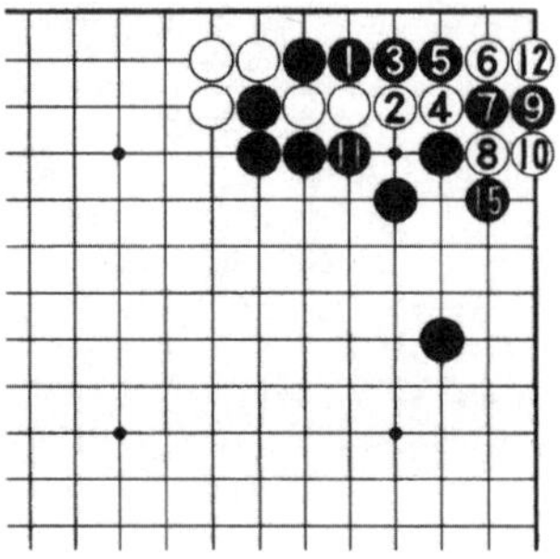

## 흑 승

흑1로 미는 수가 성립한다.
백2, 4로 저항하고 6으로 젖혀 수상전이 되지만 흑7부터 2점을 버려서 귀삼수 모양으로 백을 잡는다.
※⓭→❼, ⑭→❾(따냄)

变

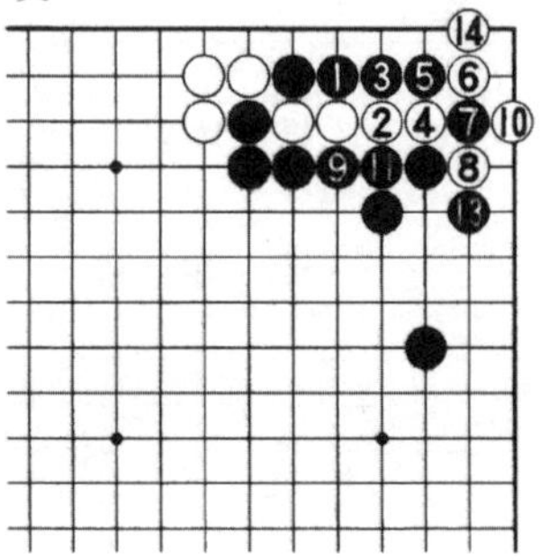

## 경솔

흑9로 조이는 수는 경솔하다.
흑13이라면 백14. 흑13으로 14로 젖혀도 백13에 늘어 흑이 수상전에서 진다.
※⑫→❼

**제3형 백번**

(1931)

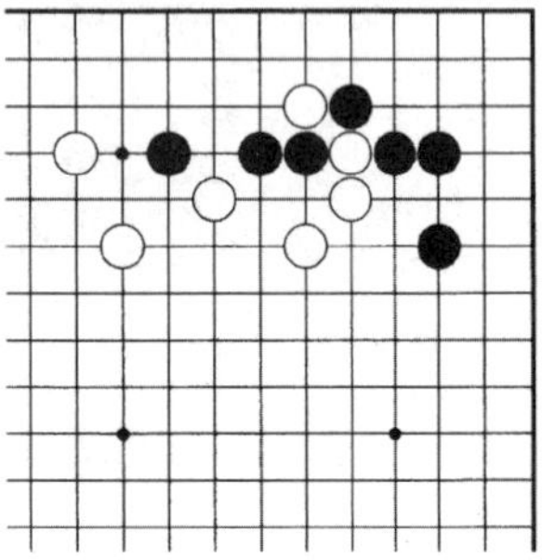

## 무리

상변의 전투.
귀에서 상변으로 이어진 흑집은 백 1점을 무리하게 끊는 모양이다.
이 1점을 부활시키고 싶다.

解

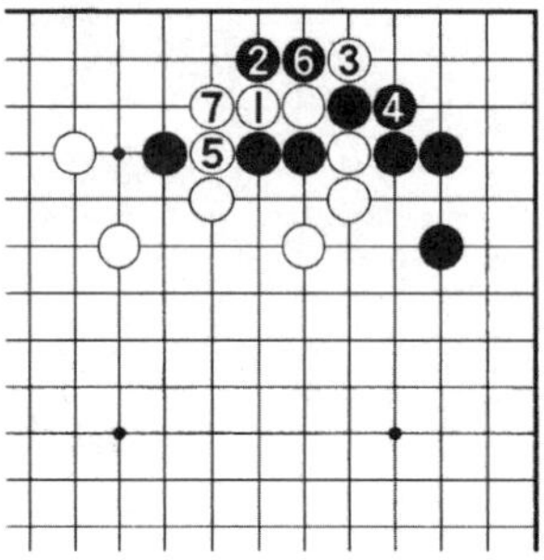

## 백 승

백1로 미는 수가 맥이다.
흑2의 붙임도 수습의 맥이지만 백3으로 단수치고 5로 막아 중앙의 흑 2점은 살릴 수 없다.

变

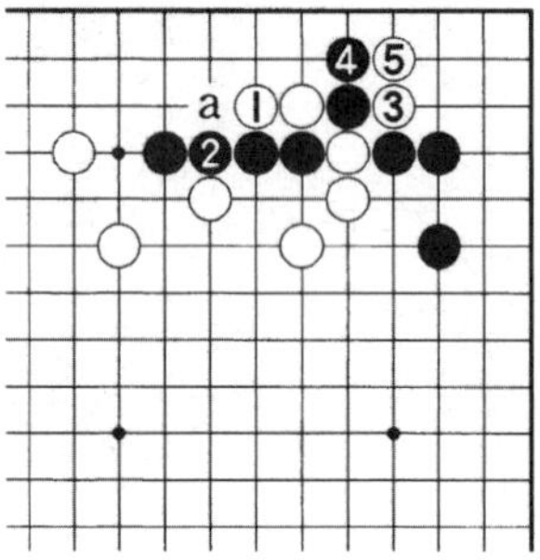

## 2점 잡기

흑2로 이으면 백3, 5로 상변 흑 2점을 잡는다.
흑2로 a로 막아도 백4, 흑3, 백2로 끊으면 백이 승리한다.

**제4형 흑번**

(1932)

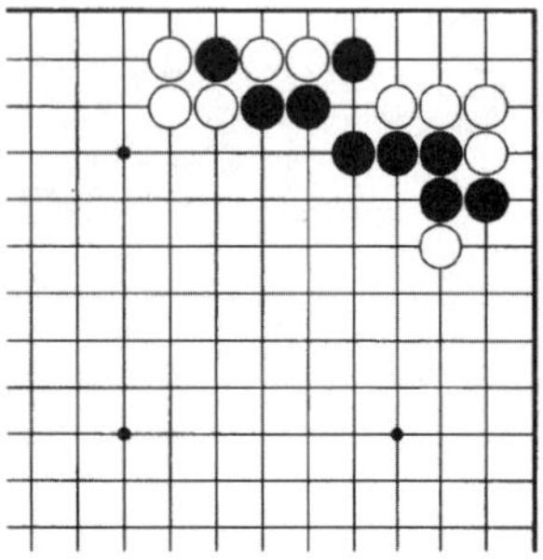

## 4점 잡기

귀의 전투.
백이 건너지 못하게 막고 귀의 백 4점을 무조건 잡고 싶다.

解

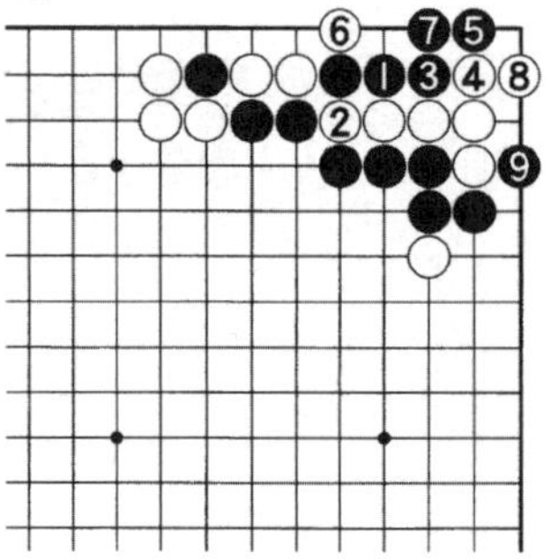

## 흑 승

흑1로 미는 수가 냉엄하고 효과적이다.
백2로 끊으면 흑3으로 밀고 5로 젖혀 귀의 백을 공격하고 백6에는 흑7로 이어 승리한다.

失

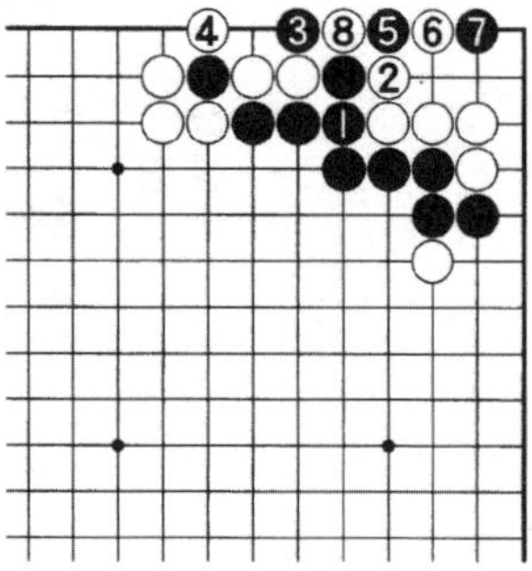

## 패

흑1로 이으면 백2로 막아서 실패한다.
흑3, 5로 백의 건넘을 막고 공격해도 귀의 백집이 넓어서 8까지 패가 된다.

## 제5형 흑번

(1933)

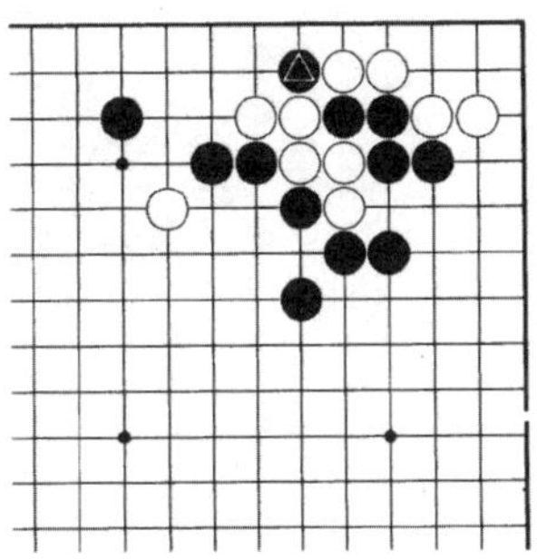

### 공격

상변의 전투.
흑은 백 5점을 잡을 수 있다.
흑▲의 1점을 움직이면 결국에는 축이 된다.

解

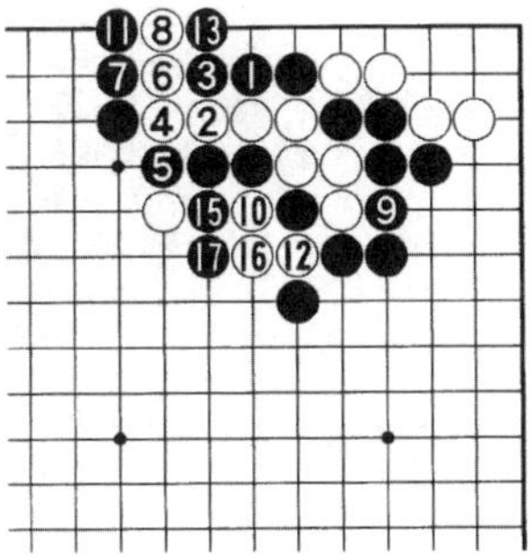

### 축

흑1로 밀어 1점을 살리면서 백을 자충으로 몰아간다.
백10에 흑11, 13으로 조이고 17까지 축이다.
※⑭→⑫의 위

変

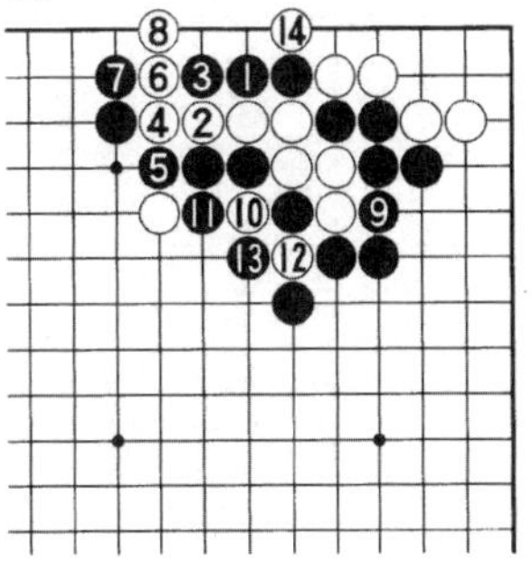

### 중앙이 두텁다

흑이 축이 불리하다고 해도 흑1 부터 9까지의 공격은 변하지 않는다.
백10으로 끊으면 흑11로 변화하여 상변 3점을 버리고 중앙을 두텁게 한다.

## 제6형 백번

(1934)

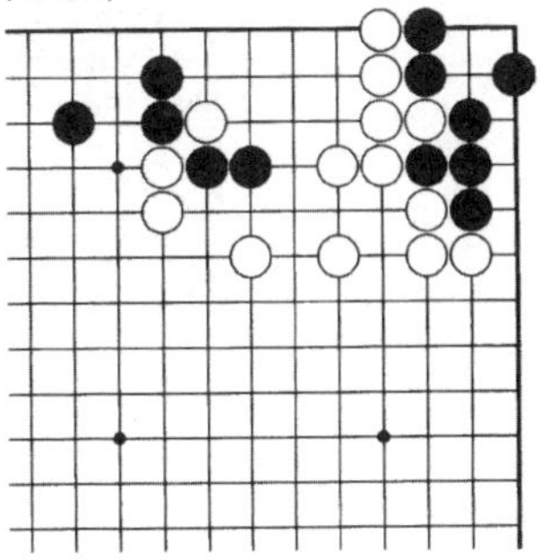

### 아군

상변의 전투.
백 1점을 살려내면 흑 2점이 백의 수중으로 들어온다.
우상 백의 두터움이 강한 아군이 된다.

解

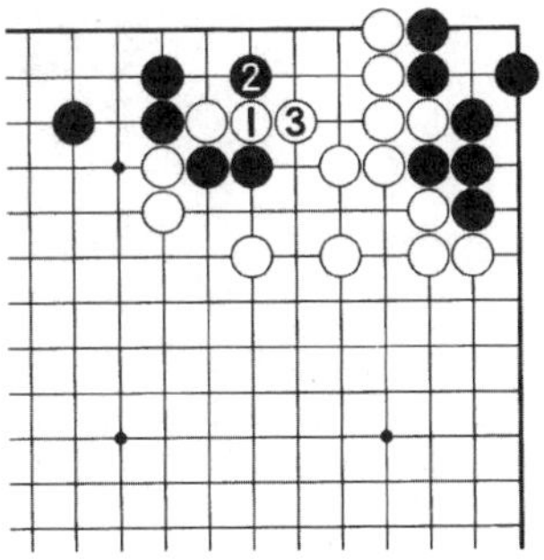

### 2점 잡기

백1로 미는 것이 강경한 수단.
흑은 공격을 포기하고 흑2로 붙여 활용할 수밖에 없다.
백3으로 우상과 연결하여 흑 2점을 잡는다.

変

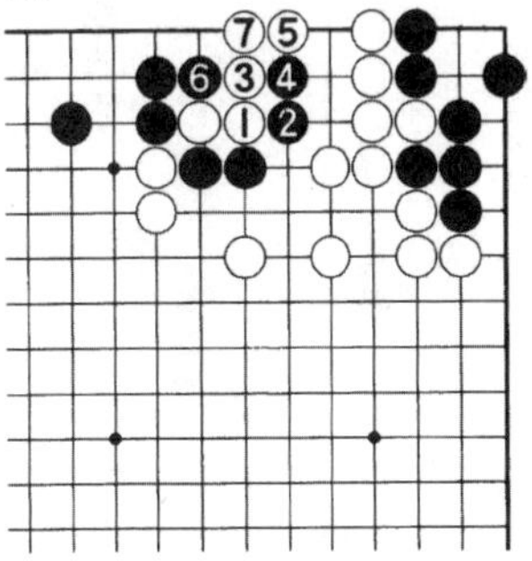

### 흑 무리

흑2로 젖혀 백 2점을 공격하는 것은 백3의 구부림이 좋은 수이다.
흑4에 백5로 우상으로 건너가서 백7까지 흑 4점이 잡힌다.

## 제7형 백번

(1935)

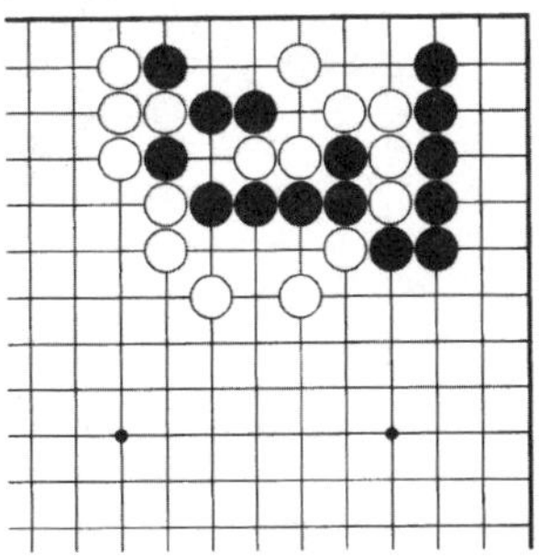

### 건넘

상변의 전투이지만 수상전은 백이 이길 수 없다.
백은 흑의 자충을 추궁하여 상변으로 건너갈 궁리를 해야 한다.

解

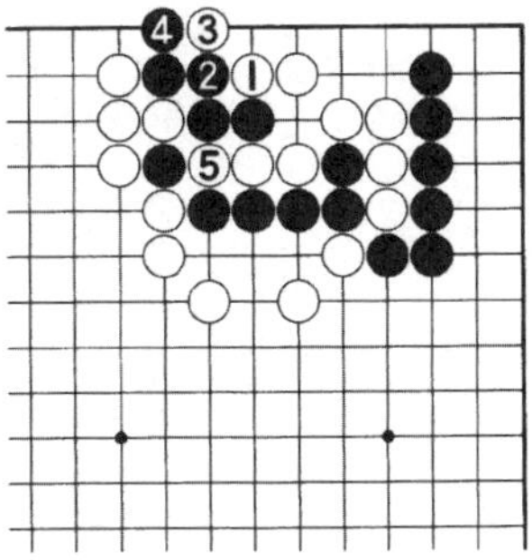

### 흑 전멸

백1로 밀고 흑2로 이을 때 백3으로 젖혀서 흑을 자충으로 만든다.
흑4는 백5로 자충에 걸린 모양.
흑4로 5는 백4로 건너가서 흑이 전멸한다.

失

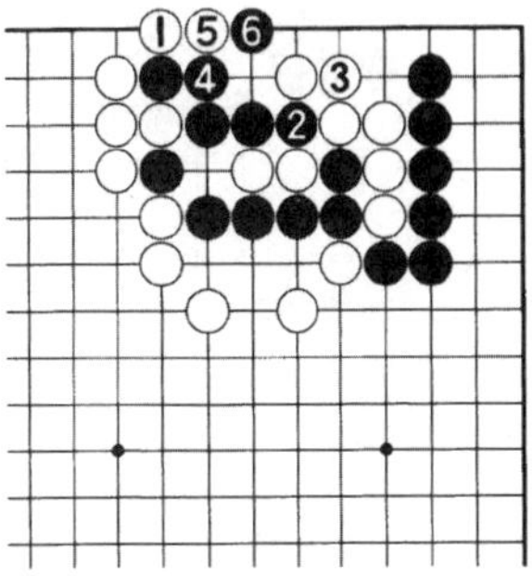

### 역전

백1로 젖히면 흑2로 끊어 실패한다.
백3으로 4점을 살려야 하지만 흑4로 이어 이번에는 백이 잡힌다.

(1936)

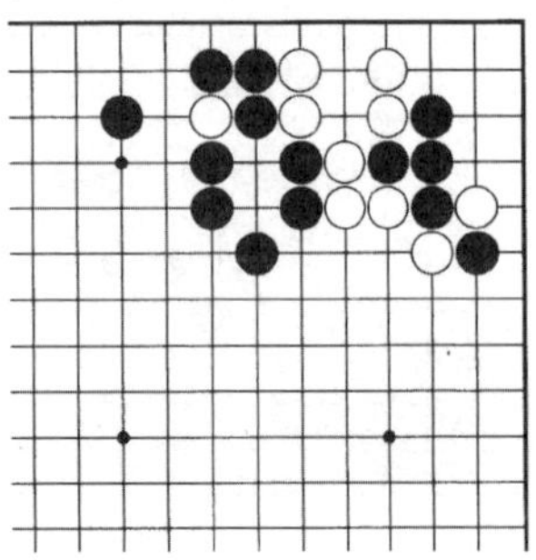

解

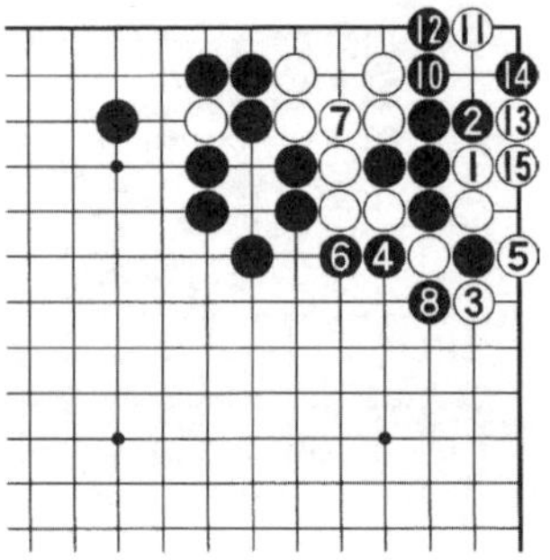

变

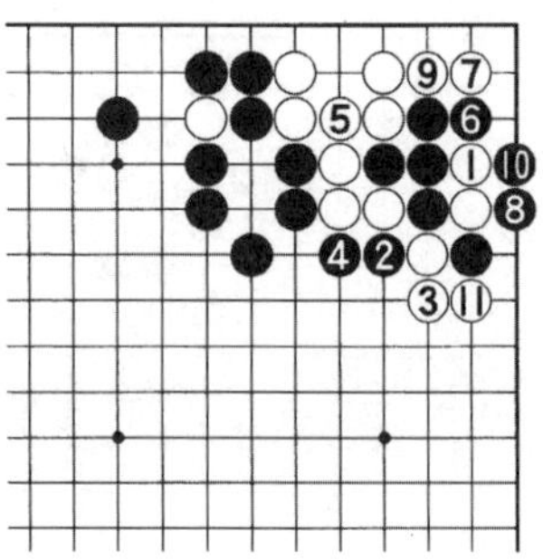

제8형 백번

## 큰 기술

우상의 전투.

백은 귀의 흑 4점을 잡고 싶다. 백이 저항하면 사석을 이용한 멋진 기술이 등장한다.

## 백 승

백1로 미는 수가 좋다.

흑2로 막은 뒤 백3으로 1점을 잡으면 귀의 흑의 공배가 꽉 차서 백15까지 백이 이긴다.

※⑨→⑤의 왼쪽

## 흑 망함

흑2로 먼저 끊으면 흑6으로 막을 때 백7로 공격한다.

백11까지 백은 2점을 버려 우변의 흑을 전멸시켰다.

밀기 수상전

(1937)

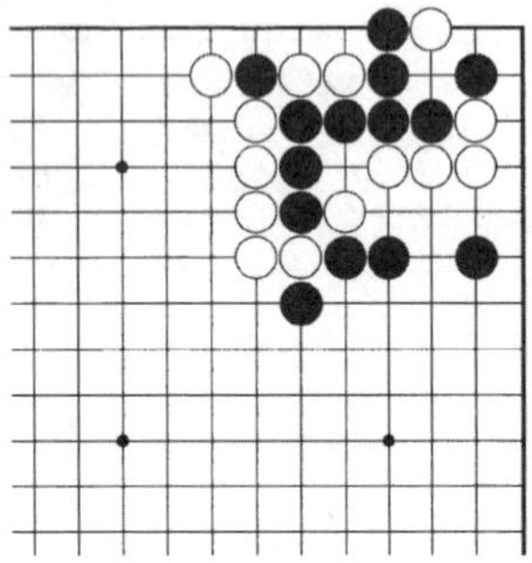

解

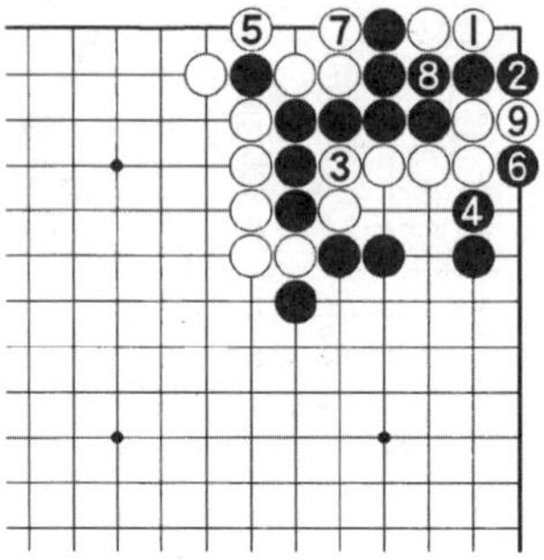

失

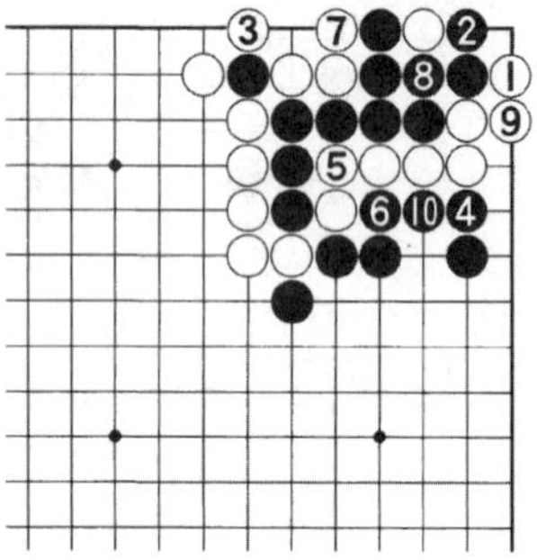

제1형 백번

## 탄력

우상의 수상전 문제.

흑은 집이 있는 모양이지만 귀의 탄력을 지우면 공배의 수가 줄어든다. 백은 집이 없어도 이길 수 있다.

## 백 승

백1로 미는 수가 2·1의 맥이다.

흑2로 뻗으면 흑은 탄력이 없는 모양이 되었다.

백3부터 9로 수상전은 백이 승리한다.

## 유가무가

백1로 젖히면 흑2로 1점을 잡아 유가무가 모양이 된다.

흑10으로 바깥의 공배를 메워서 백은 다음 수가 없다.

(1938)

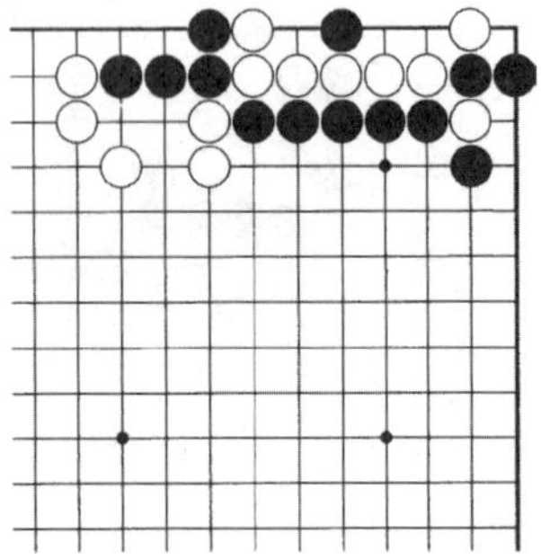

解

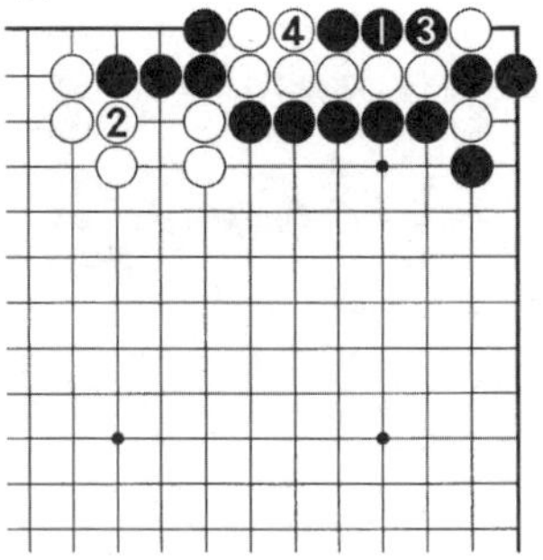

失

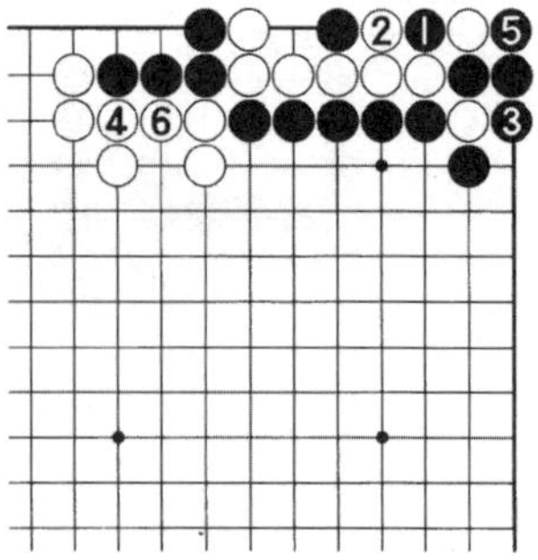

제2형 흑번

## 3수

상변의 수상전 문제.

귀의 백의 수를 3수로 만들어야 한다.

패의 탄력을 주게되면 실패한다.

## 흑 승

흑1로 밀어 백의 탄력을 지운다. 백2에 흑3으로 3점으로 키워죽이고 5로 치중하여 백의 수는 2수이다.

※❺→❶

## 패는 실패

흑1로 먹여치는 수는 악수이다.

백2로 따내 귀에 패의 탄력이 생긴다. 흑3부터 7까지 패가 나서는 흑의 실패이다.

※❼→❶(패)

**제3형 흑번**

(1939)

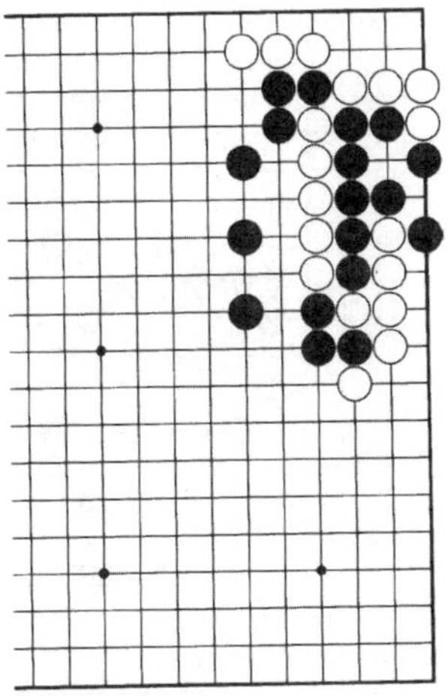

## 공작

우상의 수상전 문제.
백 5점의 수는 4수, 우상의 흑의 수에 공작을 하여 자충으로 만들어야 한다.

解

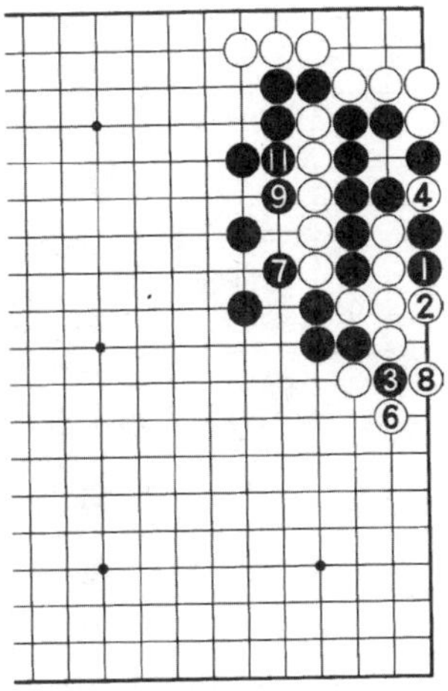

## 흑 승

흑1로 미는 수는 2점으로 키워 죽이는 맥이다. 백2로 막고 단수치면 흑3으로 끊기를 선수하여 우변에서 공격하는 흑의 수가 는다. 흑11까지 수상전은 흑의 승.
※❺→④의 아래(따냄), ⑩→❶(따냄)

失

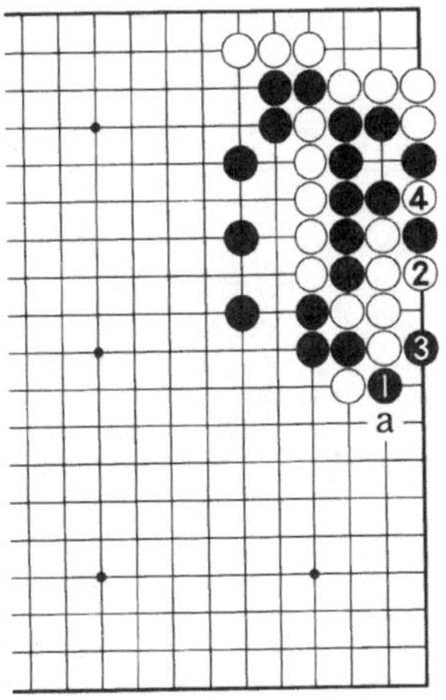

## 패

흑1로 끊으면 백2로 막아버린다.
흑3, 백4로 백 선패가 난다.
백2로 a에 단수치면 흑2로 밀어 정해도와 같아진다.

**제4형 백번**

(1940)

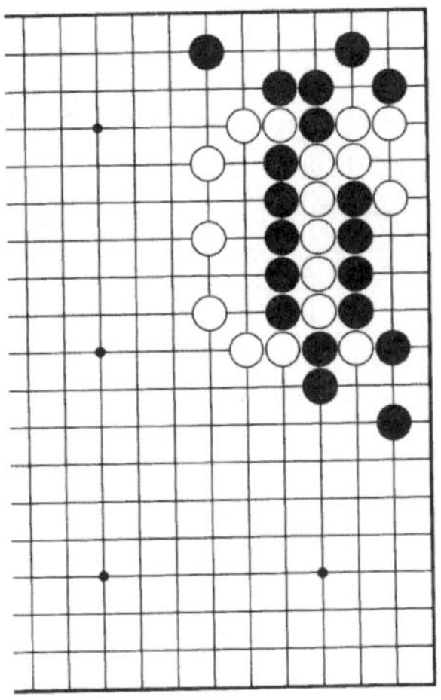

## 6수

우상의 수상전 문제.
중앙의 흑 5점은 5수로 직접 흑의 공배를 메워서 가면 실패한다. 우상의 백을 6수로 만들면 이긴다.

解

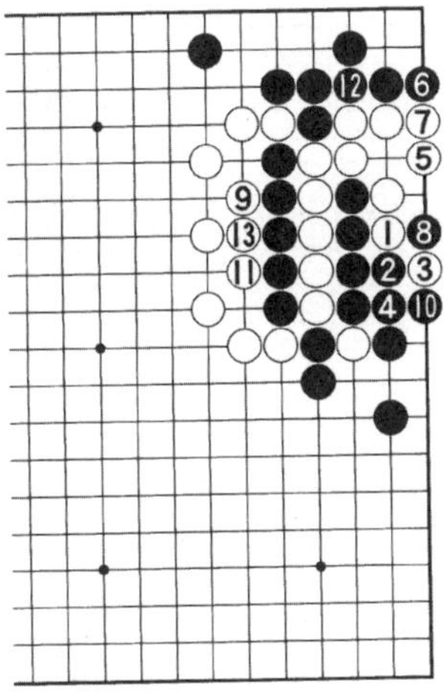

## 백 승

백1로 밀고 3으로 단수치면 흑에 대한 공격의 수가 늘어난다.
백5도 눈의 급소이다. 흑6, 8로 공격해도 백9 이하 13으로 백의 승리.
백5로 9는 흑5로 실패한다.

変

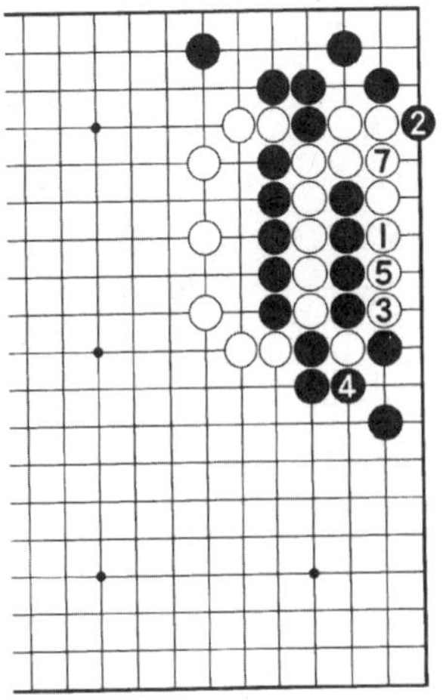

## 조이기

흑2의 젖힘은 백의 집을 부수는 급소지만 백3, 5의 조이기를 선수로 활용하면 수가 늘어난다.
백7로 이어 백은 6수, 중앙 흑은 5수여서 살릴 수 없다.
※❻→❹의 위

**제5형 흑번**

(1941)

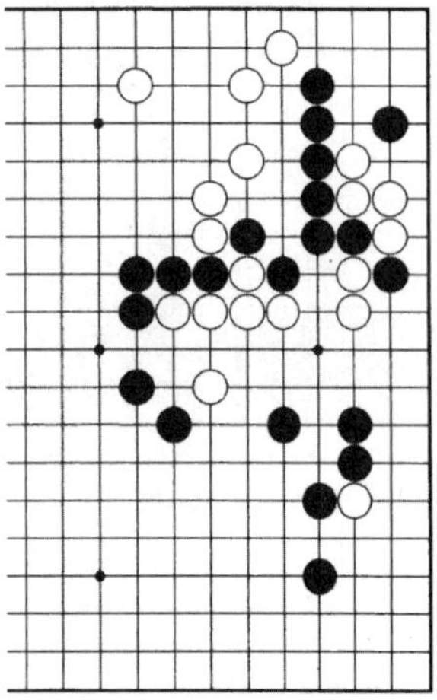

## 사석

우변의 문제.
백은 우변의 흑 1점을 잡고 있지만 중앙과 우변의 연결이 불확실하다.
사석의 맥이 유효하다.

解

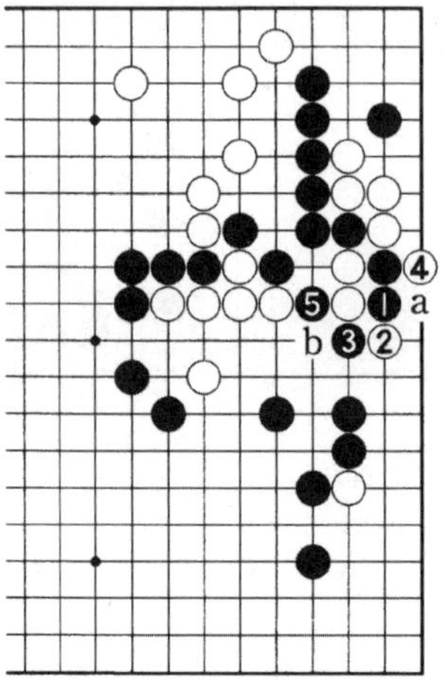

## 맥

흑1로 미는 수가 맥이다.
백2로 막으면 2점이 죽지만 흑3으로 끊어 변화가 생긴다.
백4로 잡으면 흑5로 단수쳐 중앙을 끊는다. 이후 백a에는 흑b로 흑의 성공이다.

失

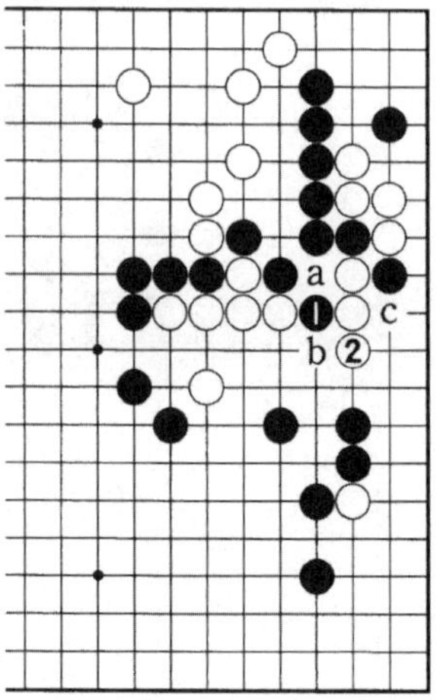

## 절단이 안 된다

흑1로 젖혀서끼우면 백2로 뻗어서 실패한다.
흑a는 백b, 흑a로 b는 백a로 끊어 백을 끊을 수 없다.
또 흑1로 2에 붙이면 백c로 역시 실패한다.

**제6형 백번**

(1942)

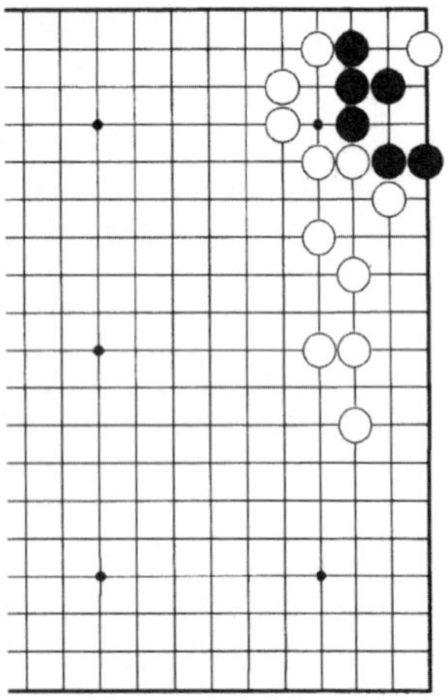

## 치중수

사활 문제.
귀의 흑을 잡기 위해서 궁도사활을 노려야 한다.
흑은 우변의 백의 약점을 노려 저항하지만 백은 멋진 수로 마무리 짓는다.

解

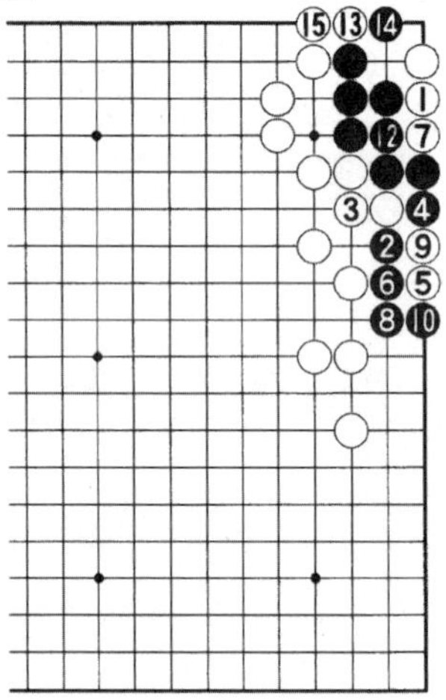

## 흑 죽음

백1로 밀어 궁도 사활을 노린다. 흑2, 4로 수를 늘렸을 때 백5의 치중이 멋지다.
흑6, 8로 저항해도 백15까지 흑이 죽는다.
※⑪→⑨

失

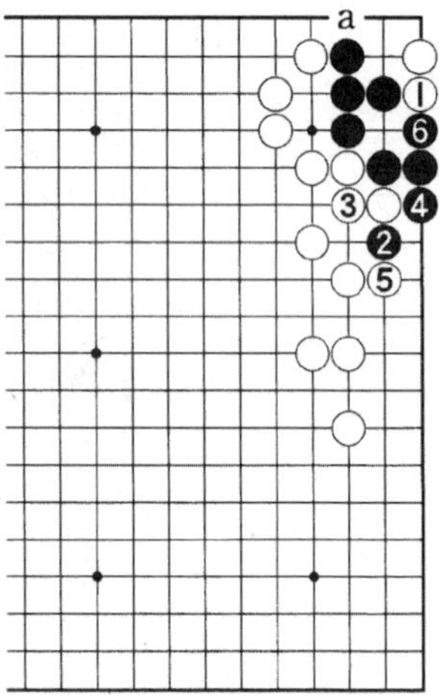

## 흑 삶

백5로 막으면 흑은 6으로 집을 내서 간단히 살아버린다.
백5로 6에 두면 흑a로 궁도를 넓혀 실패한다.

(1943)

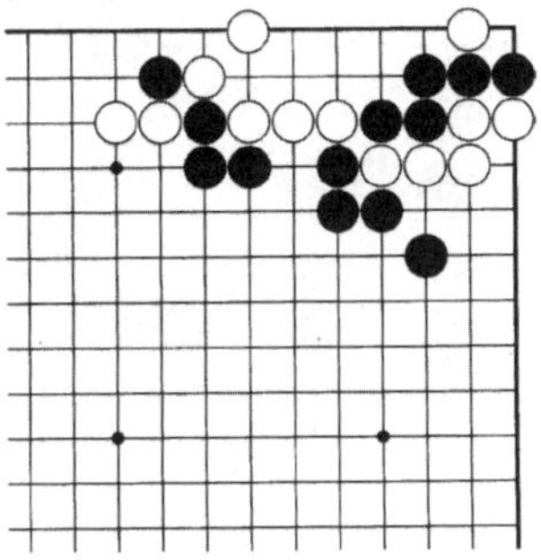

解

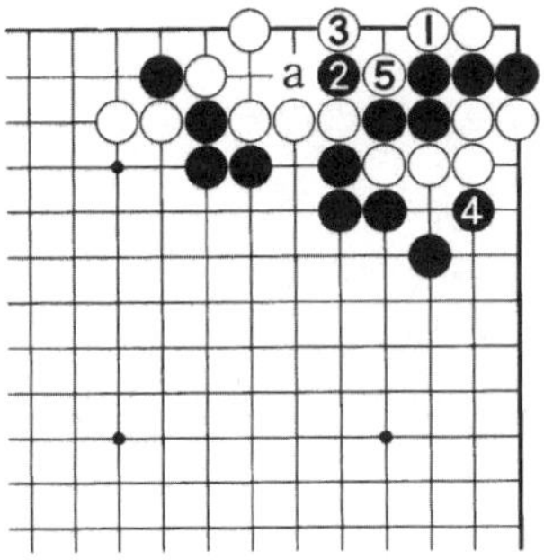

变

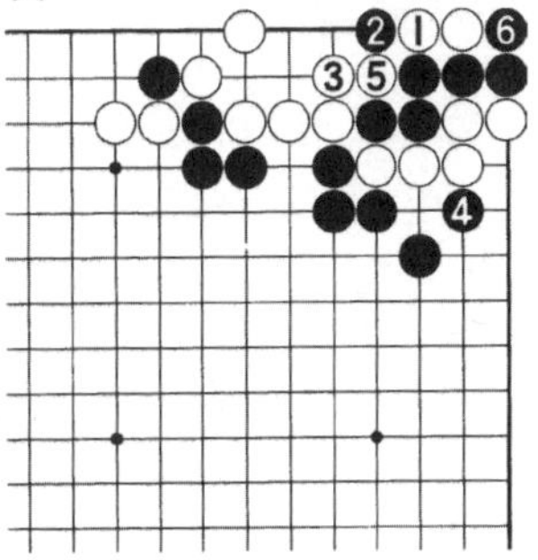

제7형 백번

### 비상수단

우상의 수상전 문제.
우변의 백은 3수이다.
우상귀의 흑의 수를 2수로 만드는 비상수단을 구해야 한다.

### 패

백1로 나가 흑의 공배를 메운 수가 좋은 맥이다.
흑2로 젖혀 저항하면 백3으로 붙이고 5로 집어넣어서 패를 만든다. 흑4로 5는 백a로 승리.

### 백 승

흑2로 막아 백 2점을 잡으면 백3으로 내려서 흑은 2수밖에 되지 않는다. 백7까지 백 승.
백1로 3은 흑4로 진다.
※⑦→①

밀기 사활

(1944)

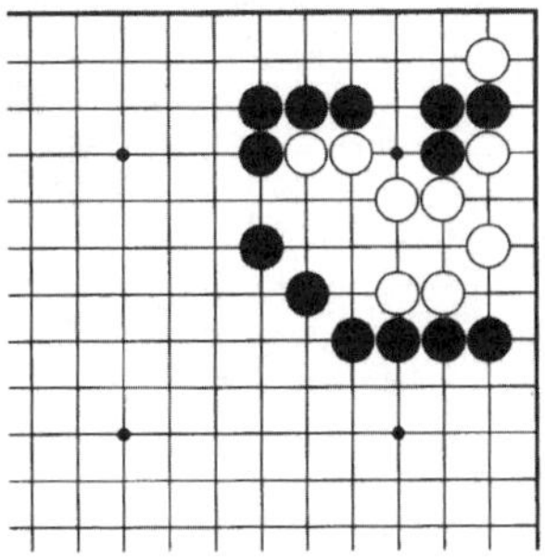

解

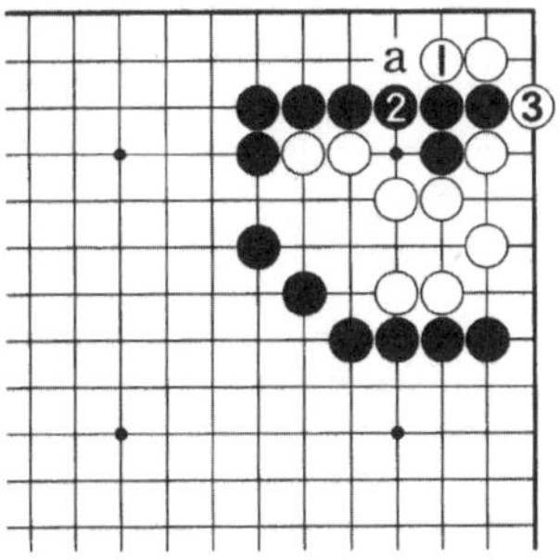

失

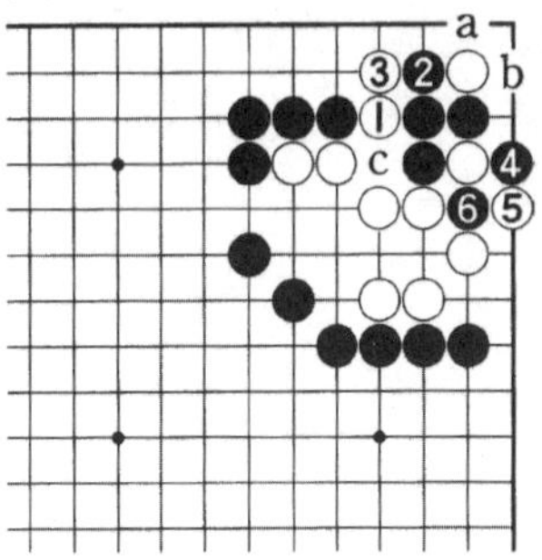

제1형 백번

### 넓히다

우상의 사활문제.
백은 우변만으로 살 수 있지만 귀의 흑을 공격하여 집을 넓히는 것도 가능하다.

### 백 삶

백1로 미는 수가 흑의 자충을 추궁하는 급소이다.
흑2로 잇고 백3으로 건너 귀에 집이 생긴다.
흑2로 a에 막는 것은 후수이다.

### 패는 실패

백1로 끼운 수는 흑3이라면 백2로 끊는 것을 노린 수이다.
흑2, 4로 받아 패가 되지만 이는 백이 실패한다. 백5로 6은 흑a로 단수치고 백b는 흑c.

밀기 끝내기

(1945)

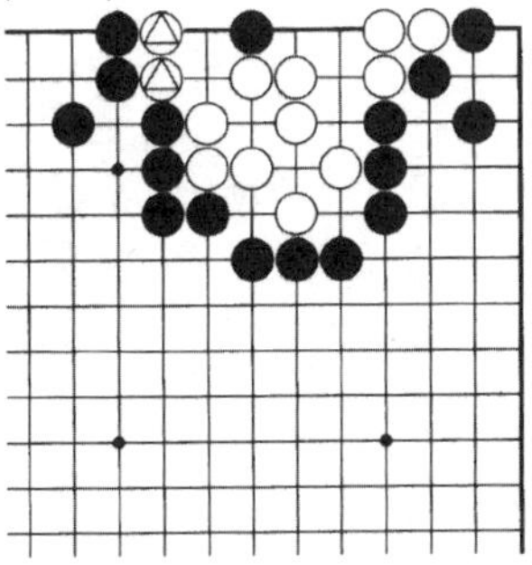

解

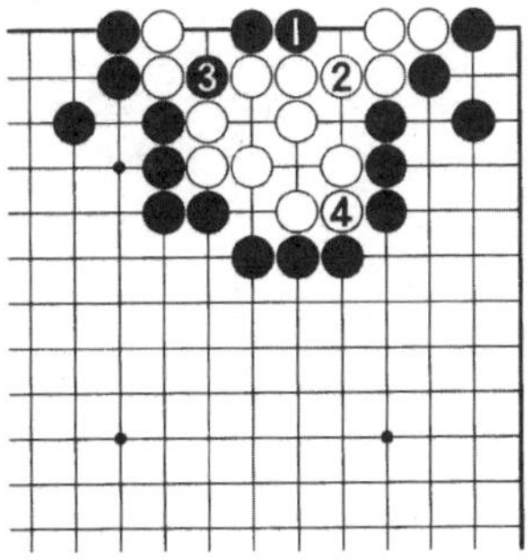

失

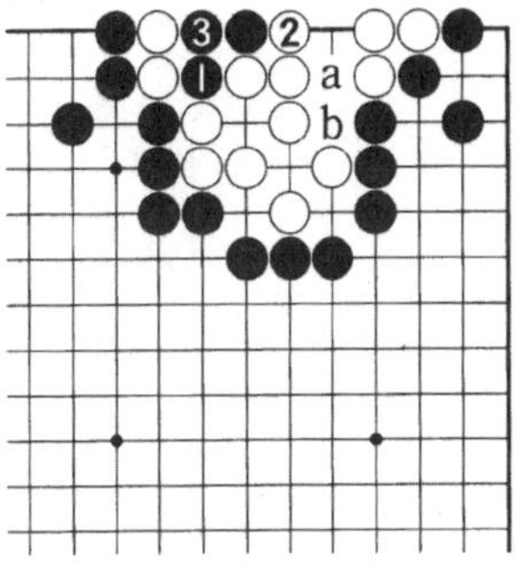

제1형 흑번

### 괴롭힘

끝내기 문제.
상변 백◬ 1점은 쉽게 잡을 수 있지만 흑은 선수 끝내기로 백이 간신히 살 수 있도록 괴롭히고 싶다.

### 급소

흑1로 미는 수가 냉엄하다.
흑은 선수로 상변 집을 부수고 있다. 백2는 흑3으로 백 2점을 잡고 백은 4에 두어 후수로 살아야 한다.

### 흑 후수

흑1로 2점을 잡는 것은 경솔한 수이다.
백2, 흑3을 활용당해 흑이 후수가 된다. 이후 흑a는 백b로 3점을 잡는 것도 후수가 된다.

# 껴붙임

'붙이면 젖힌다'는 것은 상식이지만 젖힘의 응수를 비약시킨 모양이 껴붙임이다.
붙여 있는 돌의 옆으로 발전을 막는 껴붙임은 반대로 아군이 끊길 위험이 있기 때문에 주변의 상황 판단이 필요한 맥이다.
흑1은 백의 집을 뺏는 껴붙임이다.

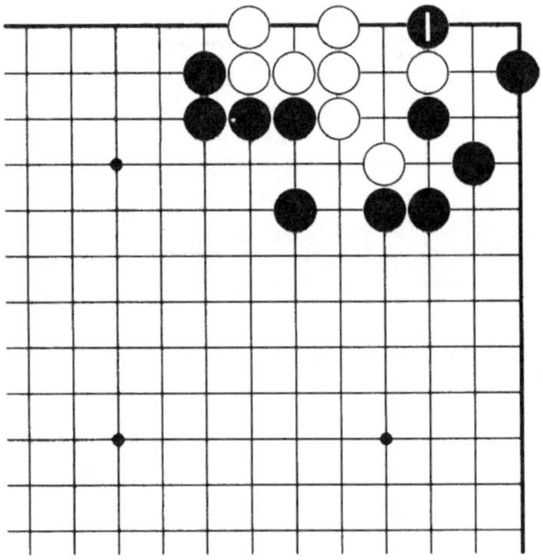

껴붙임 정석·변화

제1형 백번

(1946)

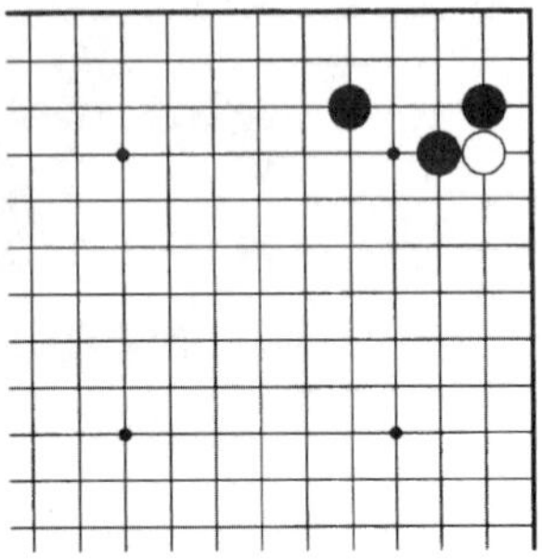

### 결정짓는 방법

우상귀의 날일자 굳힘에 활용하는 문제.
이후 흑의 모양을 결정지어야 한다.

解

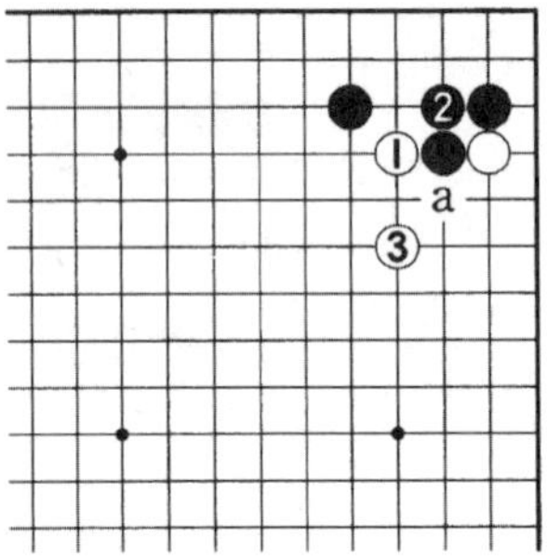

### 맥

백1의 껴붙임이 상용의 맥이다.
흑2로 귀를 굳히면 백3으로 뛰어 가볍게 중앙으로 나가 활용하는 것은 성공이다. 언젠가 백a의 막음이 좋은 곳이 된다.

変

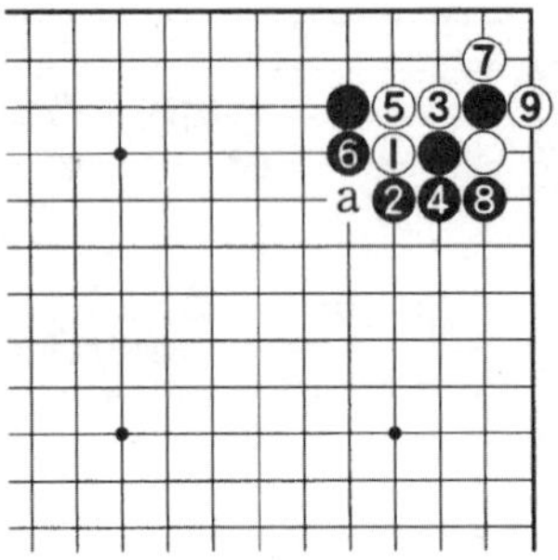

흑2로 젖혀 공격을 이어가면 백3, 5로 귀로 파고든다.
백9까지 흑 1점을 잡고 산다. 흑이 a의 약점을 지키는 것은 후수가 된다.

제2형 흑번

(1947)

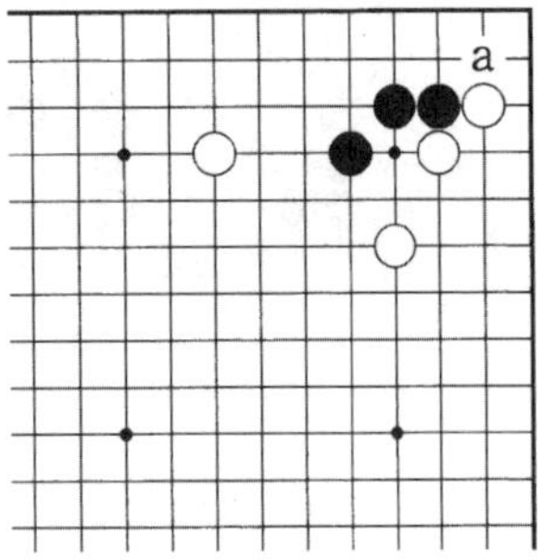

### 변화

한 칸 높은 걸침 정석의 변화이다. 백은 흑 3점을 상변으로 몰아붙이고 있지만 모양이 엷다. 흑a를 두는 것으로는 수습이 불가능하다.

解

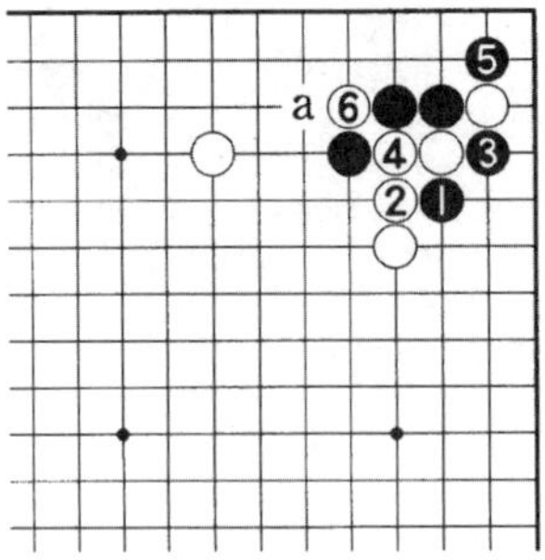

### 삶

흑1의 껴붙임이 날카로운 맥이다.
백2로 막으면 흑3, 5로 귀의 백 1점을 잡고 산다.
백6 이후 흑a로 싸운다.

変

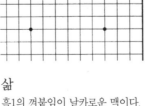

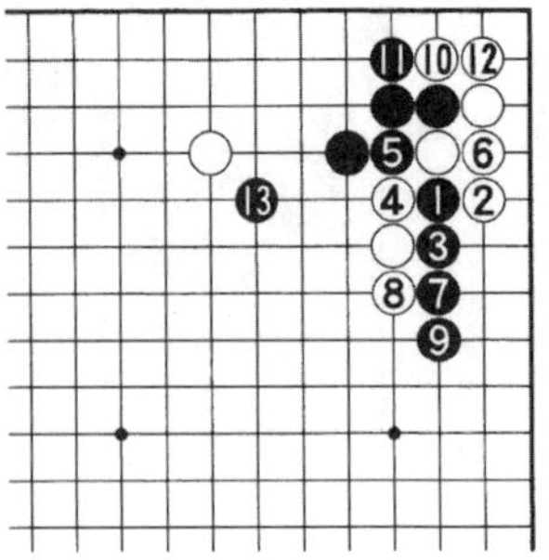

### 흑 유리

백2로 아래에서 받으면 흑3으로 늘어 귀의 백을 살려줘서 충분하다.
흑13으로 상변으로 진출하여 중앙의 백 3점이 약하다.
흑이 유리한 싸움이다.

(1948)

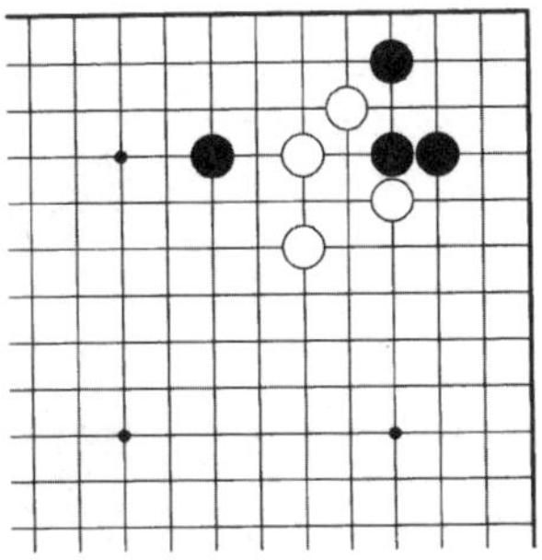

解

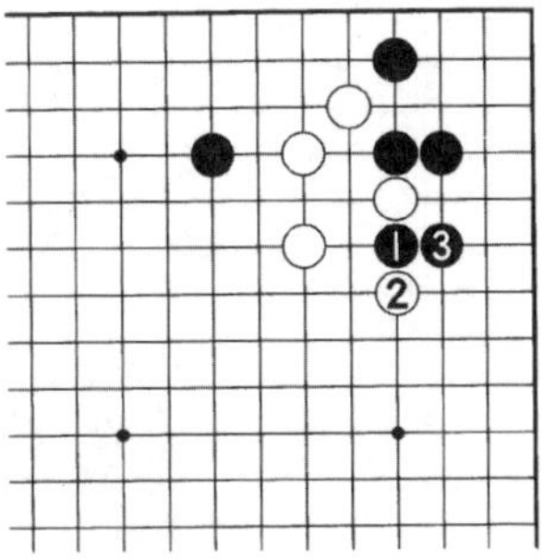

变

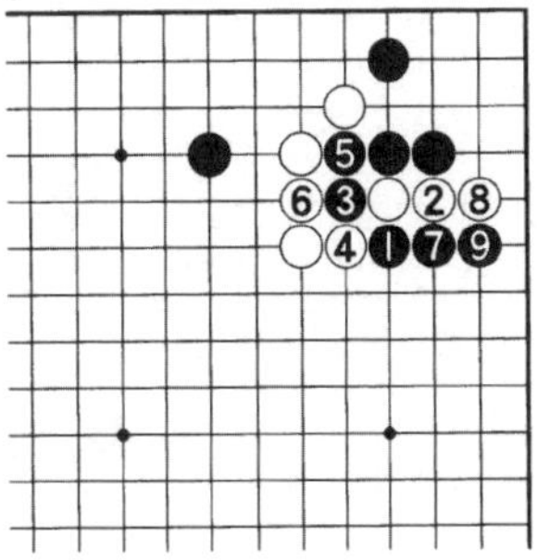

**제3형 흑번**

### 모양 조성

두 칸 높은 협공 정석에서 생기는 모양이다.
흑은 우변에 모양을 만들 수단이 필요하다.

### 단단히

흑1로 껴붙이면 백2, 흑3으로 활용당하지만 흑은 튼튼한 자세를 갖췄다.
흑1로 3은 백1로 모양을 만들게 해줘서 불만.

### 흑 유리

백2로 저항하는 것은 무리이다.
흑3으로 막아 우변의 백 2점은 움직이기 어려워졌다.
백4, 6의 응수에 흑9까지 백 3점을 잡아 흑이 유리하다.

(1949)

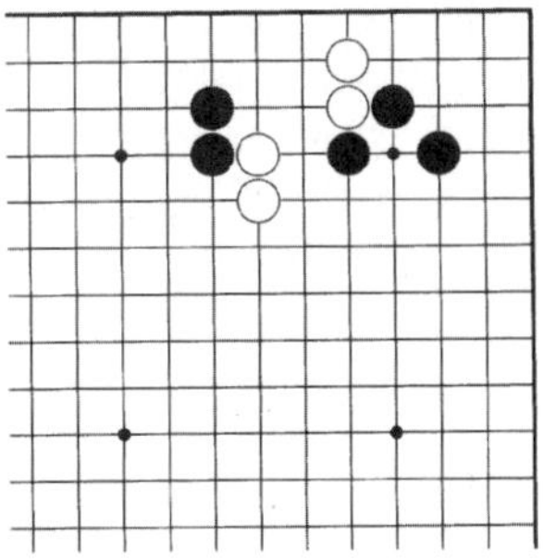

解

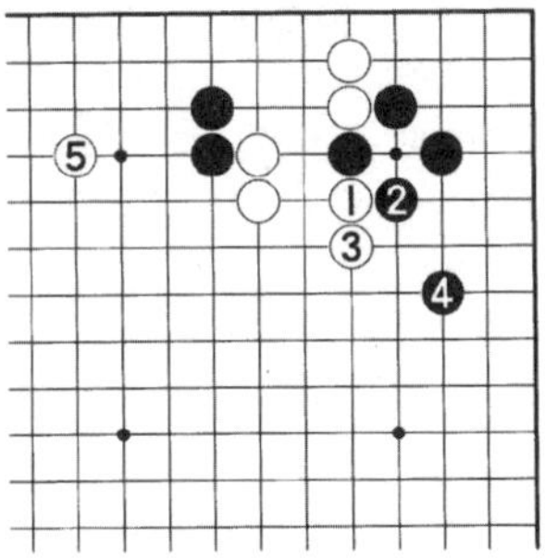

变

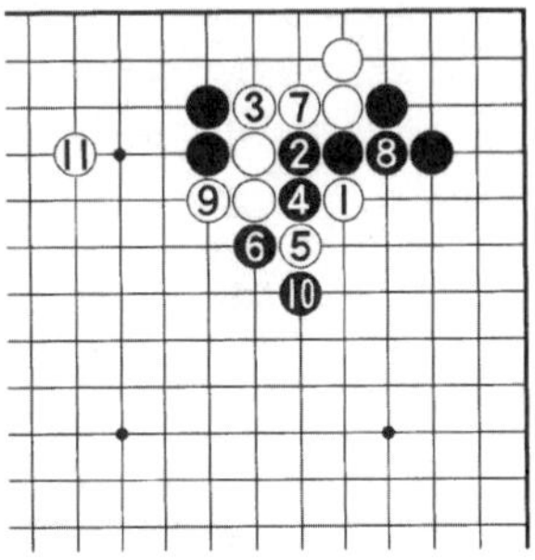

**제4형 백번**

### 수습

두 칸 높은 협공 정석에서 생기는 모양이다.
흑에게 공격당한 백 4점을 수습할 방법을 찾아야한다.

### 세력을 만들다

백1의 껴붙임이 급소이다.
흑2, 4로 귀를 받는 정도이지만 백은 오른쪽 세력을 바탕으로 백5로 상변 흑에게 반격한다.

### 바꿔치기

흑2, 4로 나가 저항하면 백5로 막아서 버틴다.
흑6으로 끊으면 백7의 단수를 선수하고 9로 상변의 흑을 공격해서 바꿔치기가 된다.

(1950)

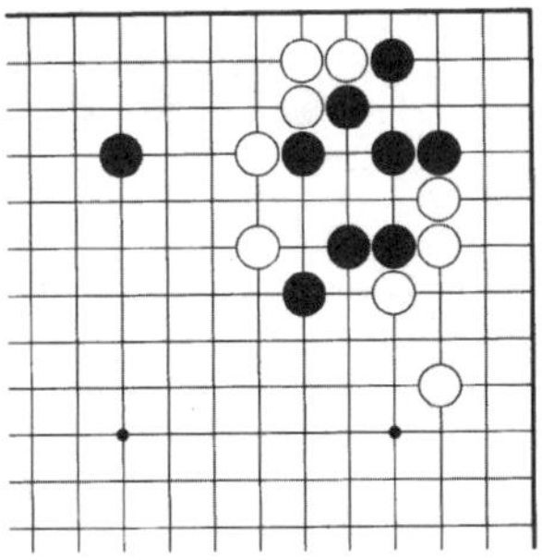

解

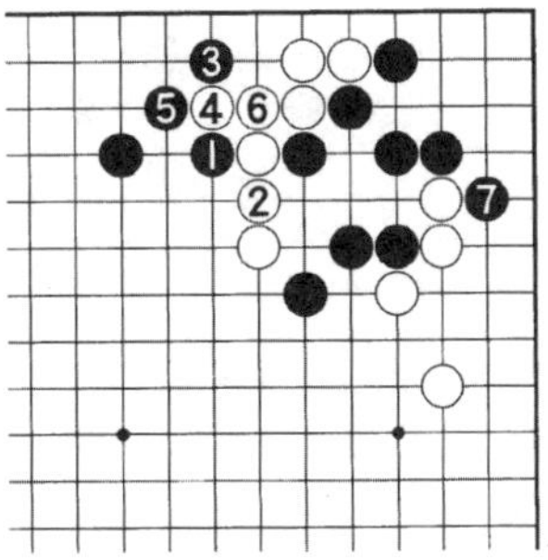

变

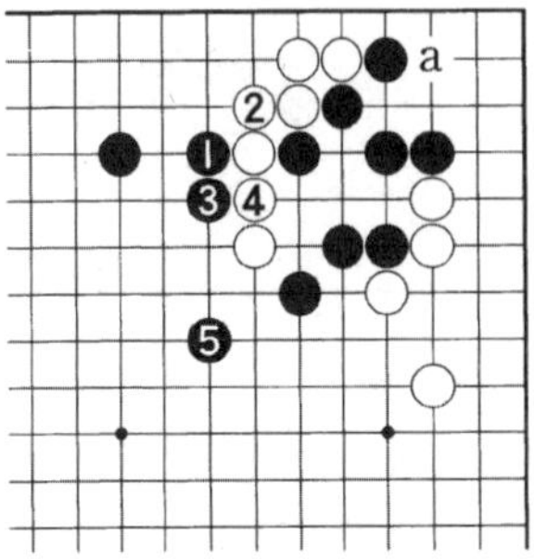

**제5형 흑번**

### 반격

화점 정석에서 생기는 모양이다.
상변의 백은 우상의 흑을 공격하고 있다. 흑은 묵직하게 반격하고 싶다.

### 흑 호조

흑1의 껴붙임이 냉엄한 맥이다.
백2로 이으면 흑3으로 뛰어서 활용한다.
백6까지 상변에 집이 없다. 흑7로 지켜 흑이 좋은 흐름이다.

### 맹공

백2로 위쪽을 지키면 흑3으로 선수하고 5로 날일자하여 백을 향한 공격을 이어간다.

껴붙임 굳힘

제1형 백번

(1951)

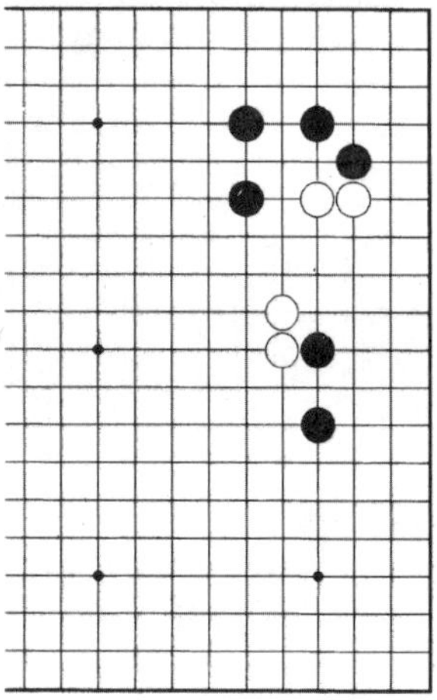

## 굳히다

우상의 백이 흑에게 맹렬히 공격당하고 있다.
중앙으로 진출하면 편하기는 하지만 근거가 없으면 불안하기 때문에 두텁게 만들고 싶다.

解

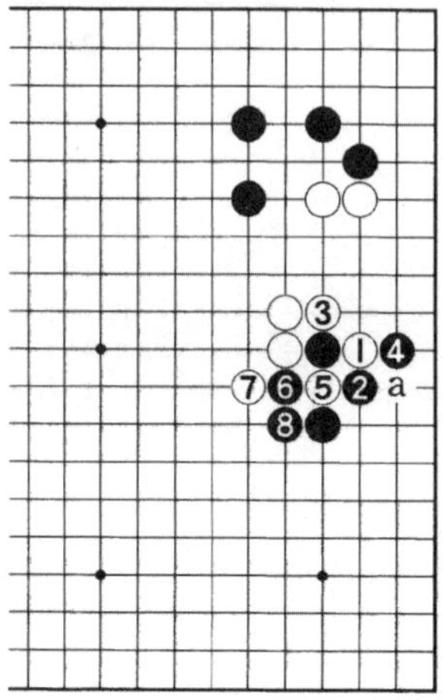

## 안정된 모양

백1의 껴붙임이 모양을 결정짓는 맥이다. 흑2로 받으면 백3으로 단수쳐 흑은 우형이 되어 5로 잇기 힘들다. 흑4부터 8까지 활용하고 이후 백a로 끊기를 남겨서 백이 수습한 모양이다.

失

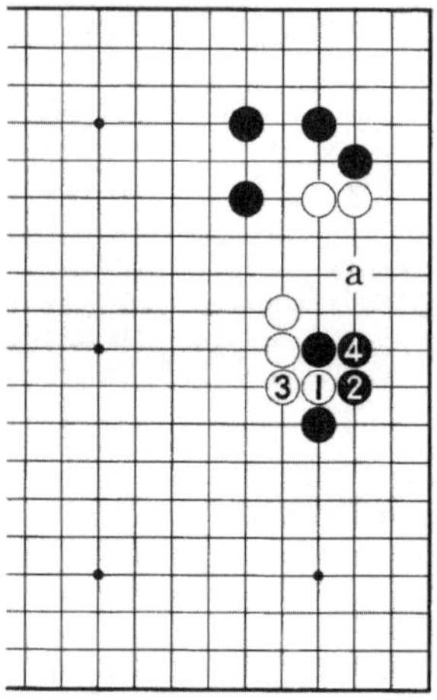

## 불투명

백1의 끼움은 흑2, 백3으로 이어 중앙이 두터워진다.
하지만 백4로 이어 우변의 근거를 잃은 모양이 되어 앞으로 어떻게 될지 불투명하다. 백a로 자세를 잡아도 엷은 모양이다.

껴붙임 수습

제1형 흑번

(1952)

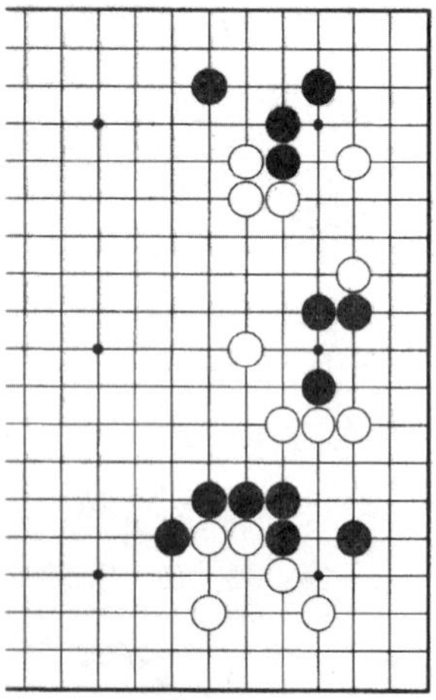

## 침범하다

백에게 포위당한 우변의 흑 3점을 어떻게 수습해야 할까?
백은 하변과 중앙이 두터우므로 백집의 일부를 도려낼 방법을 떠올려야 한다.

解

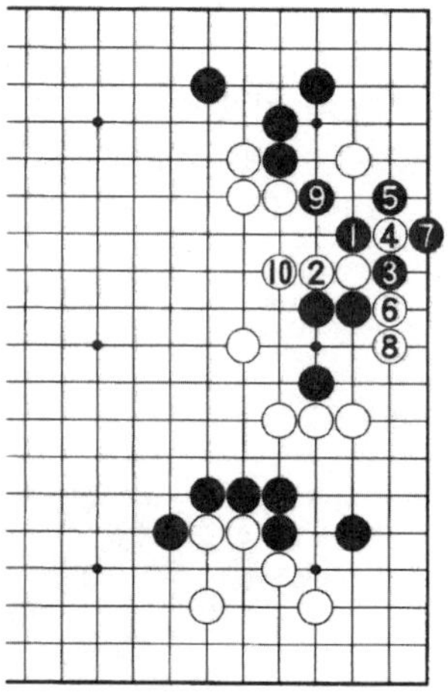

## 흑 성공

흑1의 껴붙임이 좋은 수이다. 흑1로 3은 백1로 흑이 무겁다.
백2, 흑3으로 건널 수 있다. 백4로 끊으면 흑5, 7로 끊은 돌을 잡고 9로 우상귀의 집을 넓혀 성공이다.

変

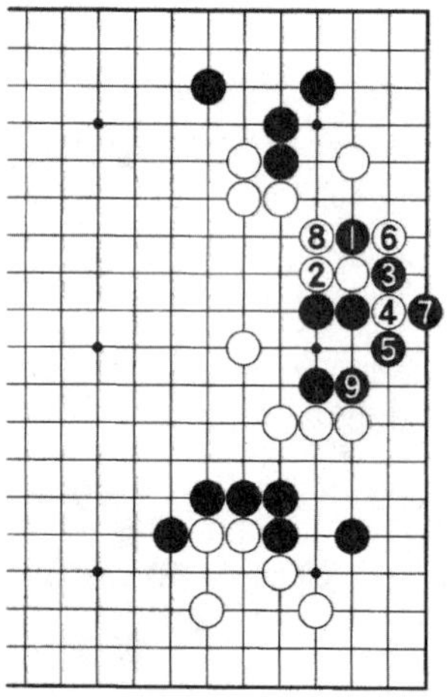

## 흑 삶

백4로 끊으면 흑5, 7로 잡는다. 흑은 집이 생기기 쉬운 모양이 되기 때문에 백8 이후 흑9로 산다. 또한 백2로 3이면 흑2로 막아 백이 엷어지므로 주의가 필요하다.

겨붙임 지키기

(1953)

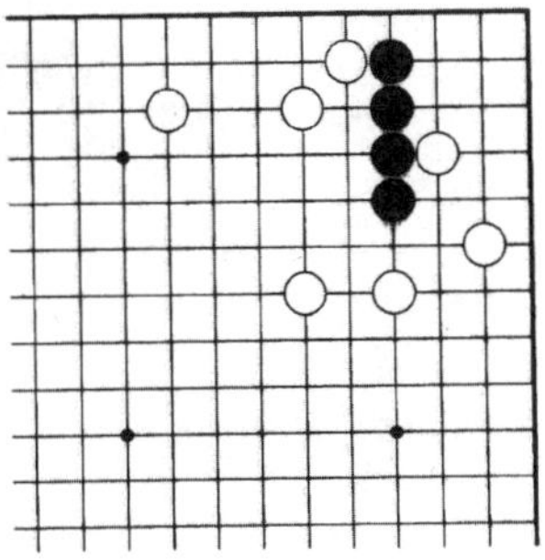

解

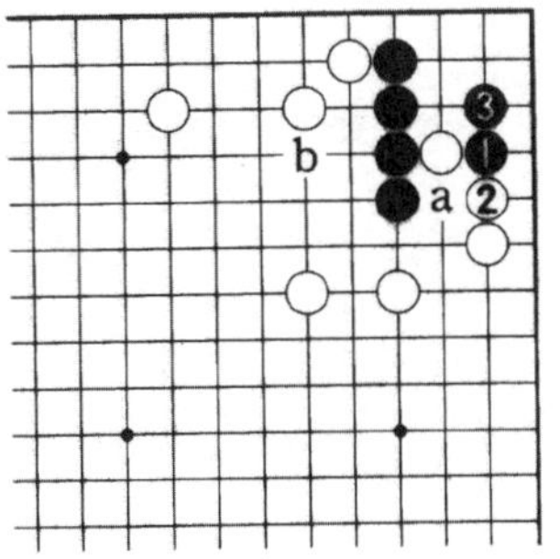

失

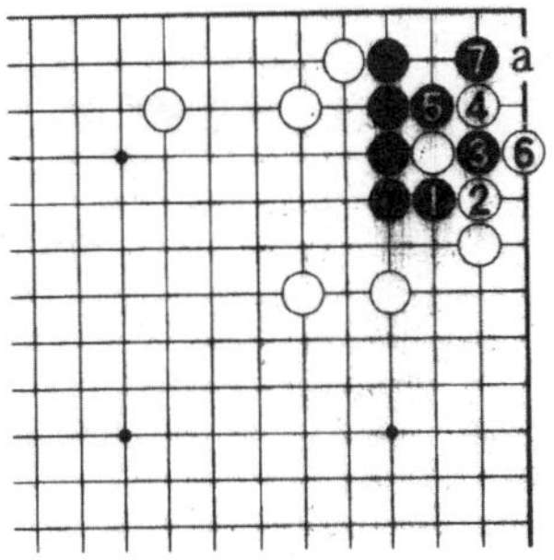

제1형 흑번

### 가능성

귀의 흑 4점은 백에게 근거를 노림을 당하고 있지만 중앙으로 도망쳐도 가능성이 없는 모양이다.
귀를 확실하게 지키고 싶다.

### 흑 삶

흑1의 껴붙임이 좋은 수가 된다. 백2로 치받을 때 흑3으로 당겨 귀에 한집을 확보한다.
다음에 백a는 흑b로 편하게 산다.

### 흑 위험

흑1, 3으로 백 1점을 잡는 것은 백4의 공격을 받는다.
백 6으로 따내고 흑7 이후 백a에 두어 패로 반발할 위험이 있다.

겨붙임 침범

(1954)

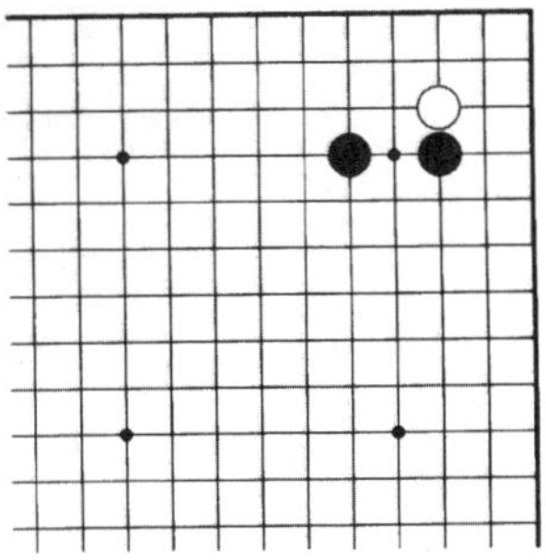

解

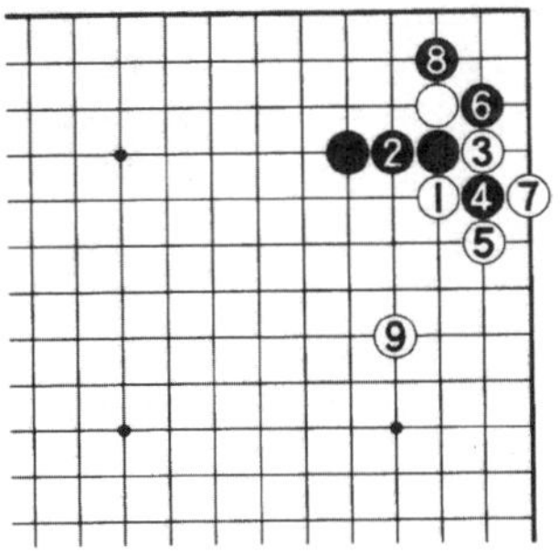

変

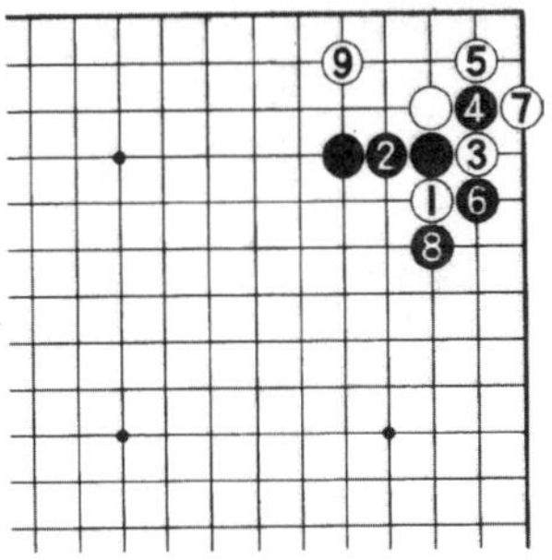

제1형 백번

### 최대

우상은 조금 변칙적인 모양이다. 귀의 백 1점을 최대한 이용하고 싶다.

### 당당

백1의 껴붙임이 날카로운 맥이다.
흑2라면 백3으로 건너서 이후는 흑이 끊은 쪽을 잡고 백9까지 당당한 모양을 만든다.

### 귀에서 살다

흑4로 끊으면 백5부터 9로 살 수 있다.
또한 흑2로 3에 뻗으면 백2로 끼워 수습하기 쉬운 모양이 된다.

(1955)

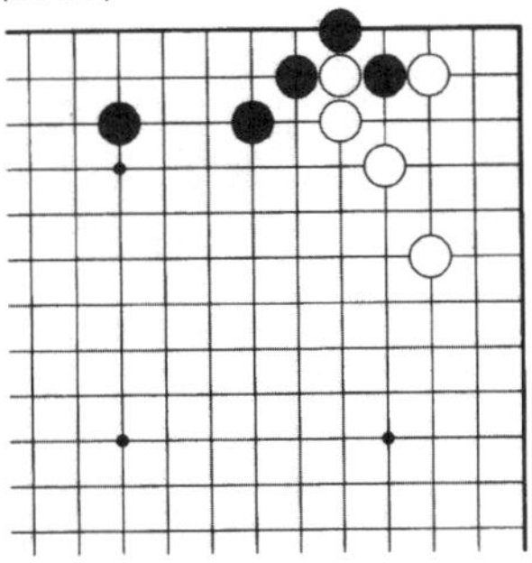

解

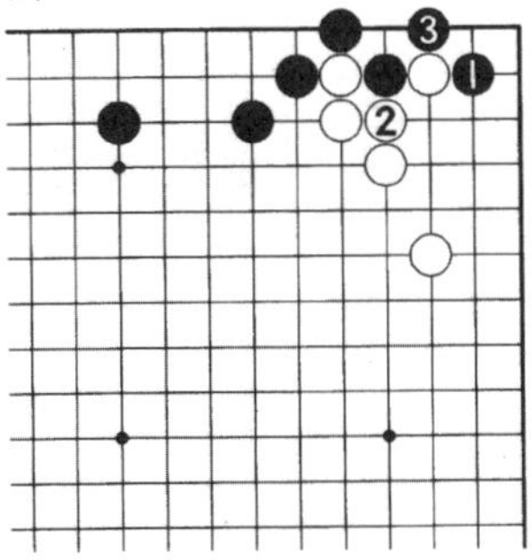

変

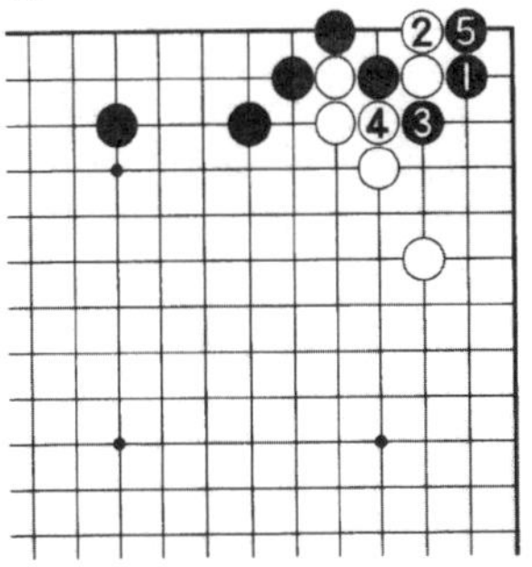

제2형 흑번

### 위협하다

우상귀의 백은 완전하지 않다.
흑은 백의 엷음을 추궁하여 근거를 위협하고 싶다.

### 패

흑1의 껴붙임이 냉엄한 맥이다.
백2의 단수에 흑3으로 패를 만든다.
이 패를 이기면 백은 귀의 근거를 잃게 된다.

### 환격

백2로 뻗으면 패를 방지한 것 같지만 엄청난 악수이다.
흑3, 5로 환격의 모양이다. 귀는 흑집이 되어버렸다.

(1956)

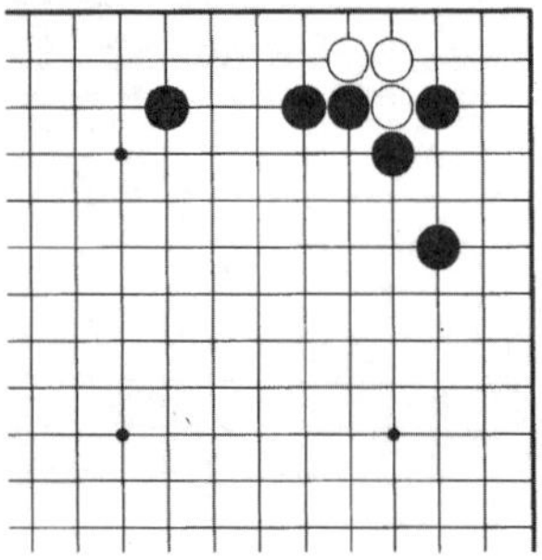

解

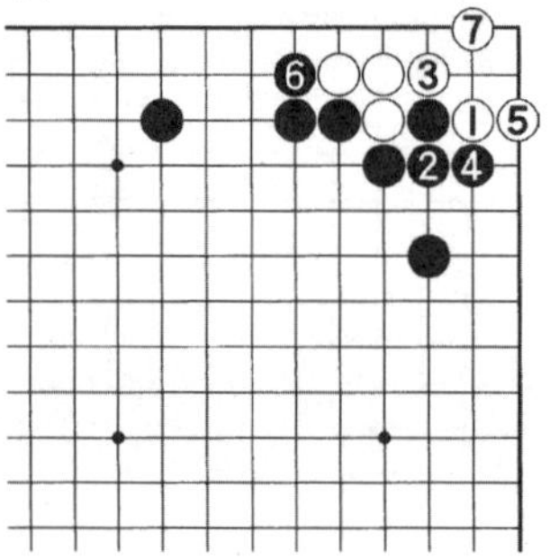

变

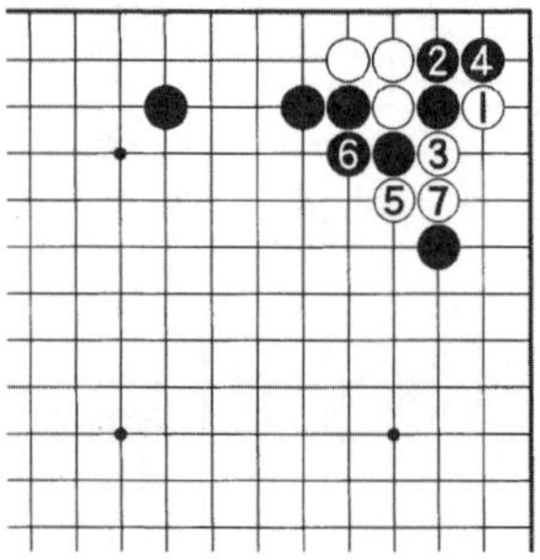

**제3형 백번**

### 귀의 집

귀의 백 3점은 불안한 모양이다. 흑의 엷음 추궁하여 귀의 흑집을 부술 수 있다.

### 껴붙임

백1로 껴붙여 흑의 응수를 본다.
흑2로 이으면 백3으로 귀를 막아 집을 넓히고 백7까지 흑집을 부수고 산다.

### 우변을 깨뜨리다

흑2로 나가면 백3으로 끊는 것이 성립한다.
흑4로 막아 귀의 백 3점은 잡히지만 백5, 7로 우변을 깨뜨려 이 역시 흑집을 파괴한 모양이다.

(1957)

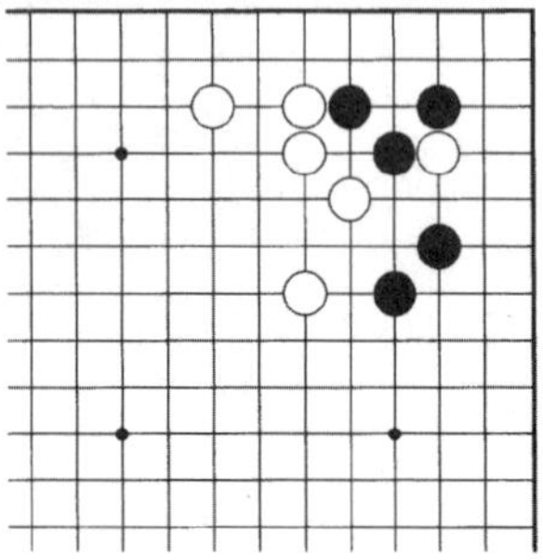

解

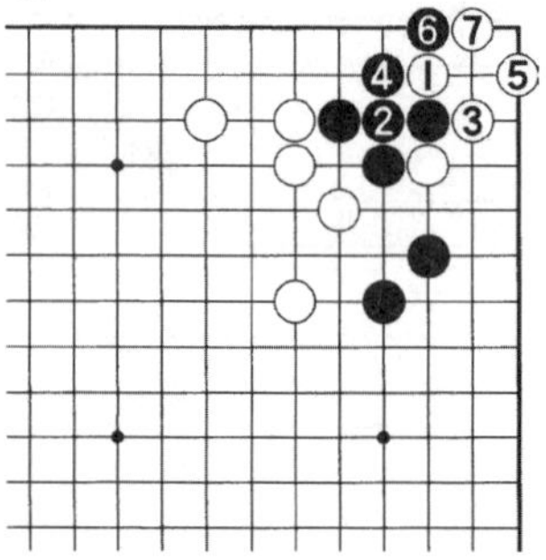

变

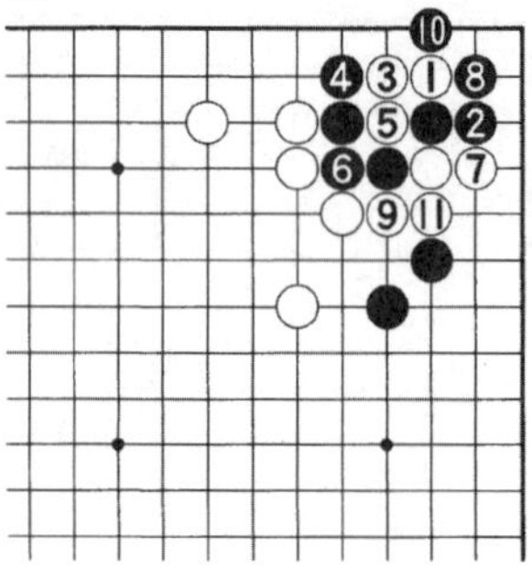

**제4형 백번**

### 활력

우상귀의 백 1점을 제압한 흑은 좋은 모양처럼 보이지만 백에게는 아직 활력이 남아있다.
귀의 흑집을 초토화시키는 맥은 무엇인가?

### 패

백1의 껴붙임이 날카로운 수이다.
흑이 2로 이으면 백3으로 건너가고 흑4, 6의 공격에 백7로 받아 패가 된다.

### 백 대성공

흑2로 뻗으면 백3으로 늘어 흑의 약점을 노린다.
흑8로 귀의 백 3점을 잡아도 백11로 우변을 깨뜨려서 백은 크게 성공한다.

(1958)

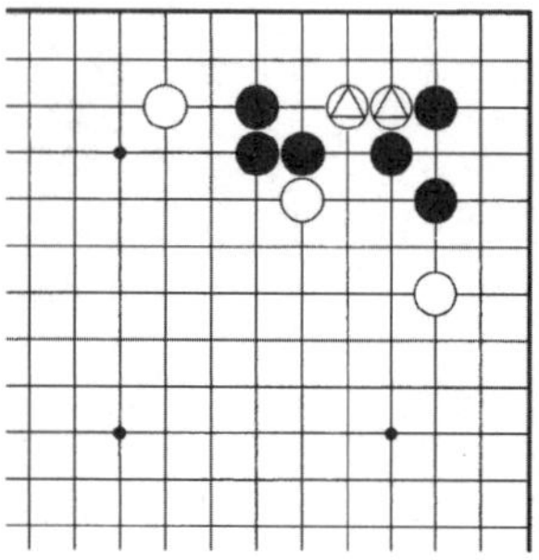

解

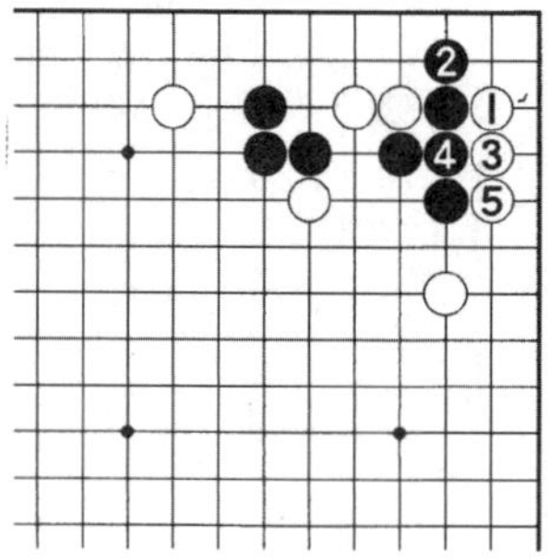

变

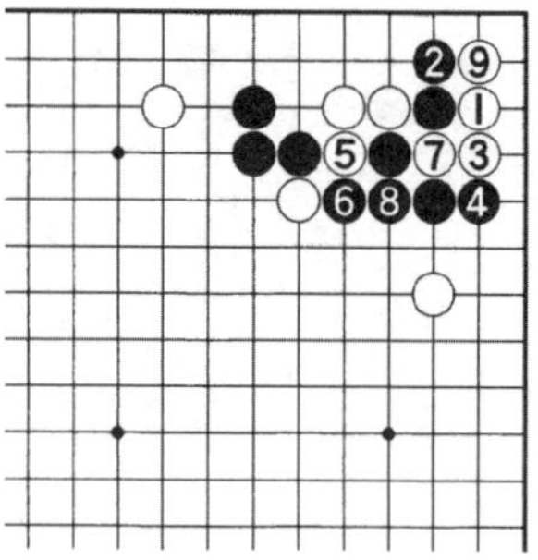

**제5형 백번**

### 귀의 맛

우상의 백◬ 2점은 살릴 수 없지만 뒷맛이 남아 귀에는 이를 이용할 수 있다.
백은 흑집을 도려내려고 한다.

### 도려 냄

백1의 껴붙임이 날카롭다.
흑2로 내리는 정도이지만 백3과 5로 건너서 흑집을 도려냈다.
흑2로 3은 백2로 패가 난다.

### 흑 무리

흑4로 저항하는 것은 무리.
백5로 나가 7로 끊는 것이 선수여서 백9까지 흑 2점을 잡아 귀는 백집이 된다.

## 제6형 흑번

(1959)

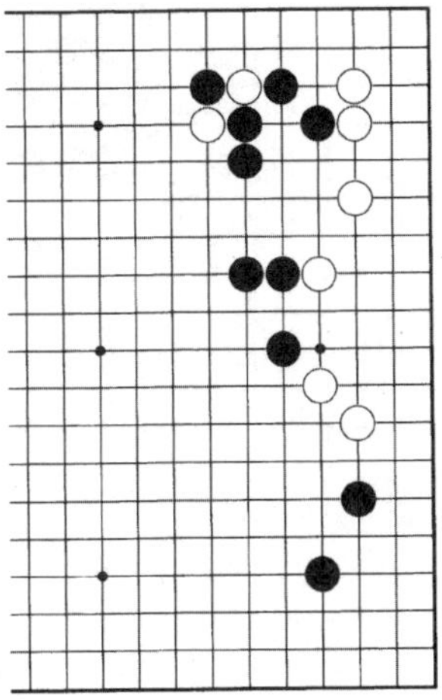

### 옆음을 뚫다

귀에서 우변에 걸친 백집이 정리되면 20집 이상이 확정된다.
백의 모양은 완전하지 않으므로 흑은 백의 옆음을 추궁하여 백집을 깨뜨리고 싶다.

解

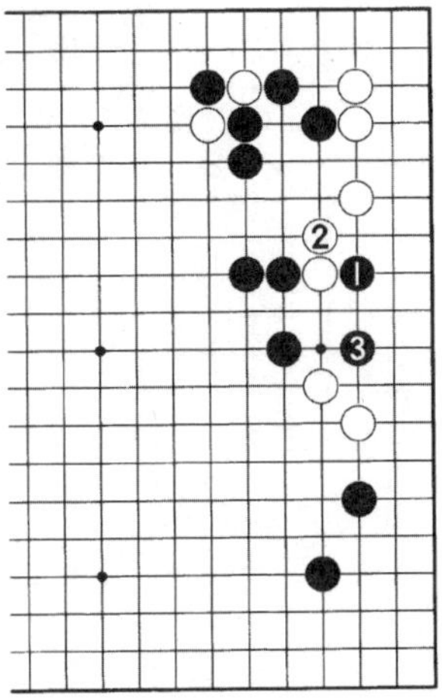

### 우변을 깨뜨리다

흑1의 껴붙임이 급소의 맥이다.
백2로 당기면 흑3. 우변을 무너뜨리고 우하의 백 2점을 공격한다. 흑1로 2는 백1로 안 된다.

变

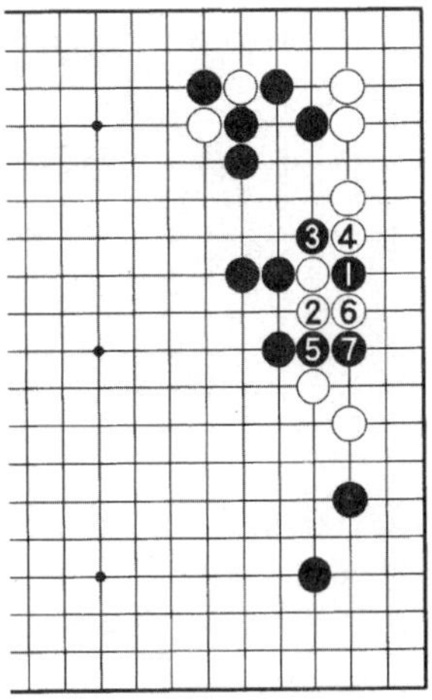

### 뚫다

백2로 나가면 흑3, 백4를 교환하고 흑5로 뚫고 나간다.
백은 6으로 양보할 수밖에 없다. 흑7로 뚫고 나와서 정해도와 똑같이 백 2점이 피해를 입게 된다.

## 제7형 백번

(1960)

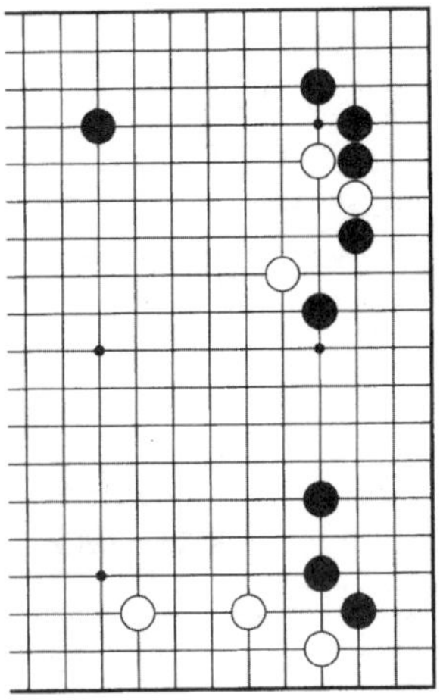

### 의문

우상의 백 3점은 근거를 빼앗겨 괴롭지만 흑의 모양에도 의문점이 있다.
백은 3점을 살리는 대신 우변을 무너뜨리고 싶다.

解

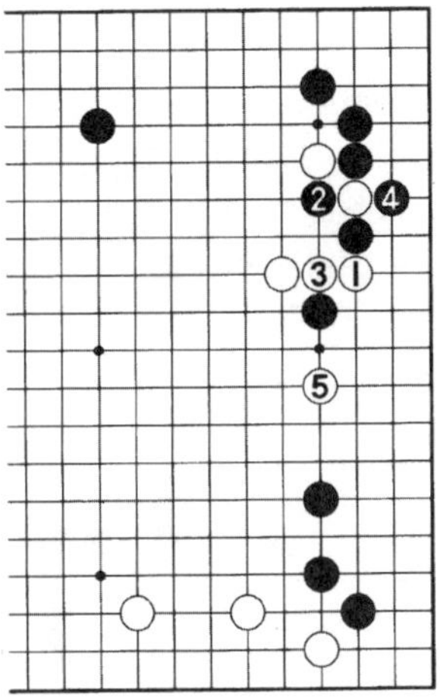

### 뚫다

백1은 건너붙임과 껴붙임의 의미를 품은 수이다.
흑2로 귀를 지키면 백3으로 이어 우변을 뚫은 모양이다. 흑4는 백5로 백이 대활약했다.

变

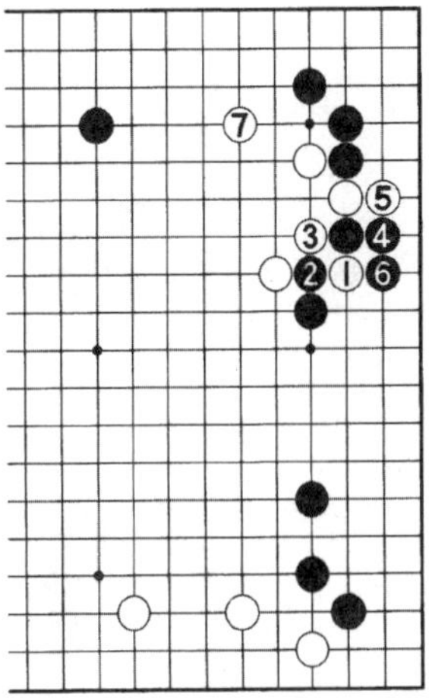

### 관통하다

흑2로 나가면 백3으로 끊는다. 흑4, 백5로 이번에는 위쪽을 뚫게 된다.
백7로 중앙에서 자세를 잡아 귀의 흑에게 공격을 노려 백은 불안하지 않다.

**제8형 흑번**

(1961)

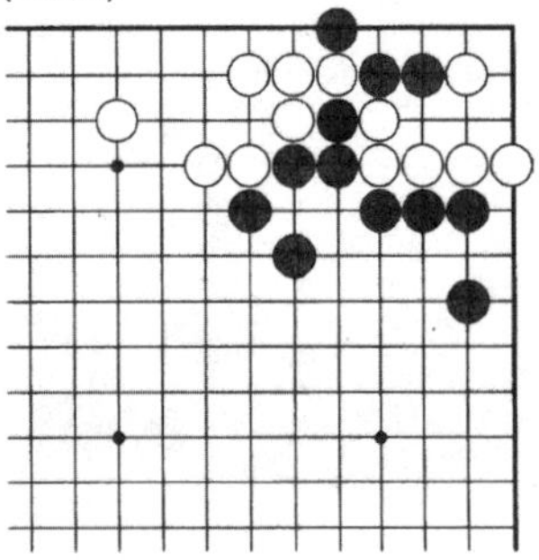

## 무언가 있다

정직하게 두면 백의 수가 더 길지만 귀에는 무언가 찜찜한 구석이 있다.
빅이 되면 흑은 성공이다.

解

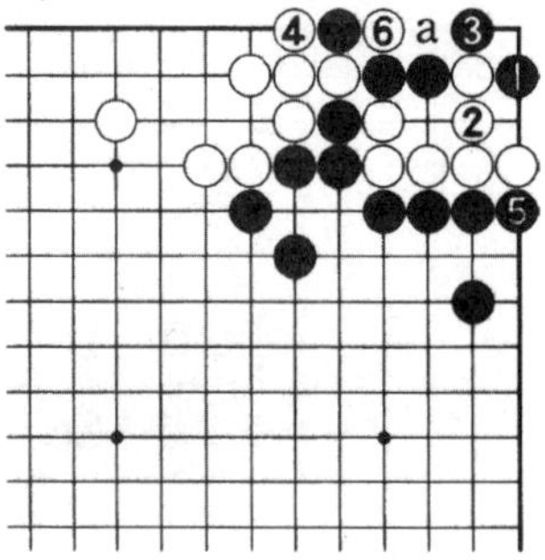

## 빅

흑1의 껴붙임이 좋은 수로 2·1의 맥이다.
백2로 이으면 흑3으로 건너 이후는 흑5로 공배를 메워 빅.
백6으로는 a자리에 두면 선수이다.

失

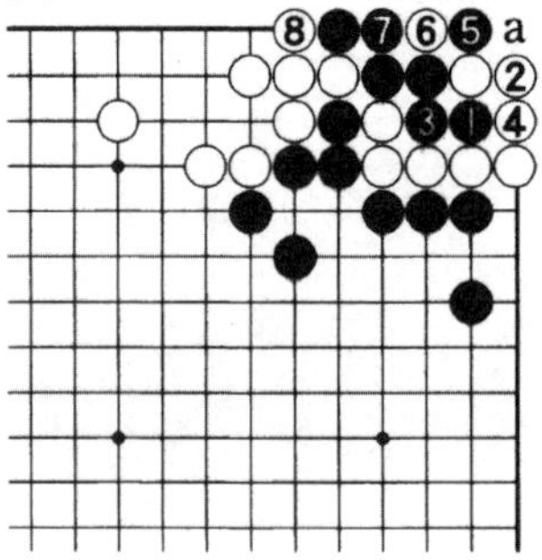

## 흑 패배

흑1의 공격은 백2로 지켜 안 된다.
흑3부터 백8까지 흑이 한 수 패배한다.
백2로 4는 흑2, 백a, 흑5, 백6, 흑7로 패가 난다.

**제9형 백번**

(1962)

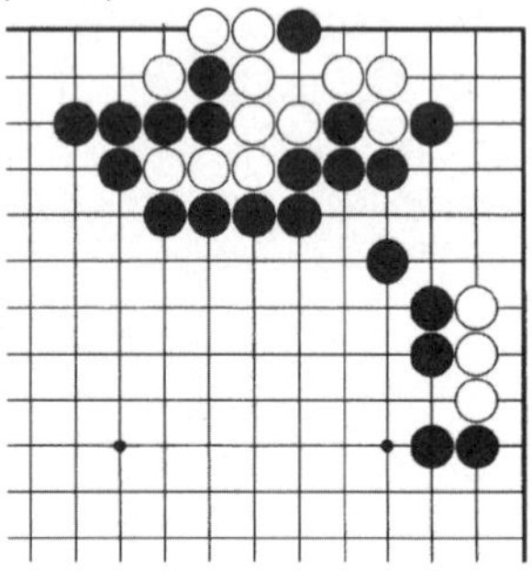

## 파고들다

상변의 흑을 살리는 것은 간단하다.
동일한 삶이라면 우변의 흑집에 파고들고 집을 넓히고 싶다.

解

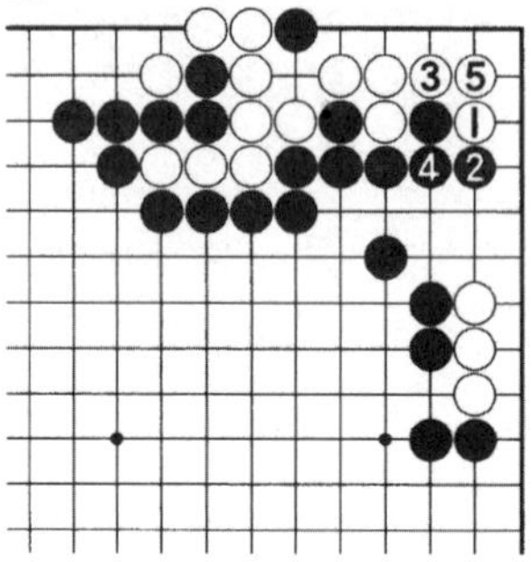

## 상형

백1로 껴붙인 수가 좋은 수이다.
흑2부터 백5까지는 상형이다.
흑2로 3은 백5로 받아 흑4로 돌아와야 한다.

变

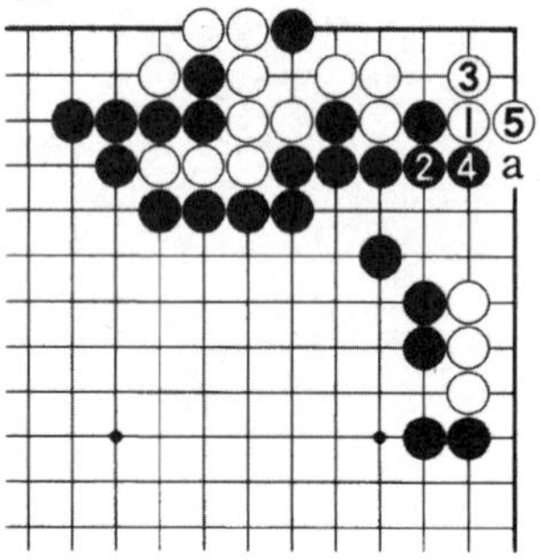

## 흑 느슨한 수

흑2로 이으면 백3으로 당기는 수가 좋다.
흑4, 백5로 되어 다음에 백a로 건너는 수가 남았다.
흑a로 두는 것은 흑이 후수가 된다.

**껴붙임 공격**

**제1형 흑번**

(1963)

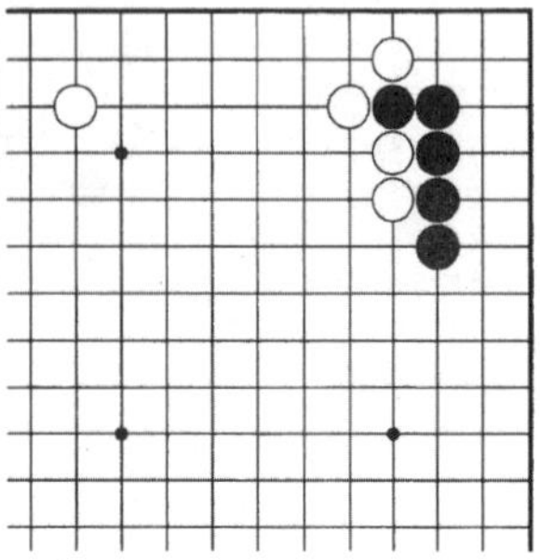

## 공격의 모양

백은 우상에 세력을 만들고 상변에서 규모를 키우고 싶지만 모양이 엷다.

解

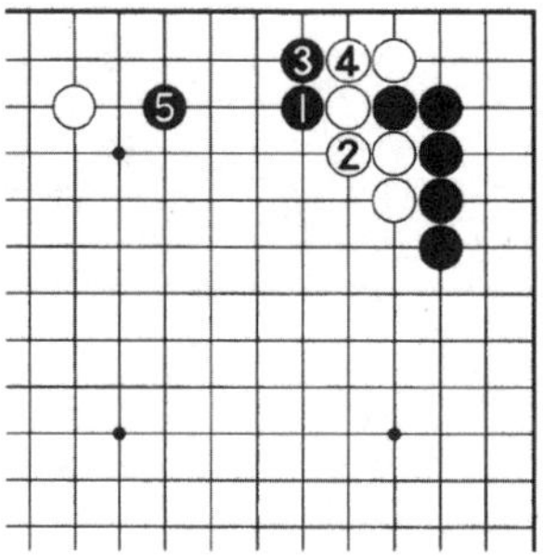

## 백 답답

흑1의 껴붙임이 냉엄하다.
바로 백이 답답해지며 백2로 이으면 흑3으로 선수하고 5로 상변에 뿌리를 내리고 백을 공격한다.

变

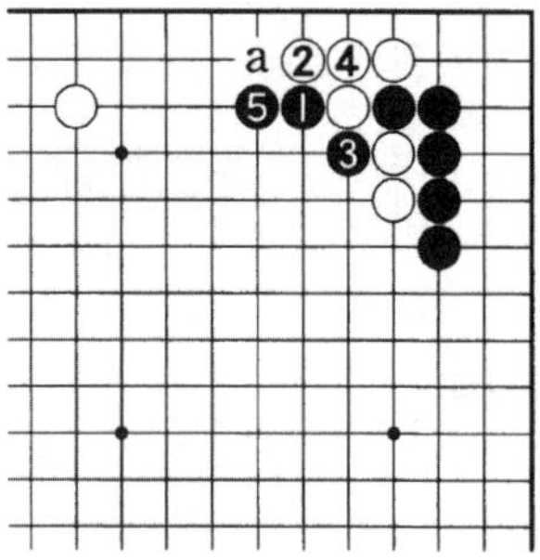

## 2선의 굴복

백2의 젖힘은 흑3으로 끊는다. 백4는 흑5로 상변으로 압박해서 이후 백a로 2선을 밀어서 살아야 한다.

## 제2형 흑번

(1964)

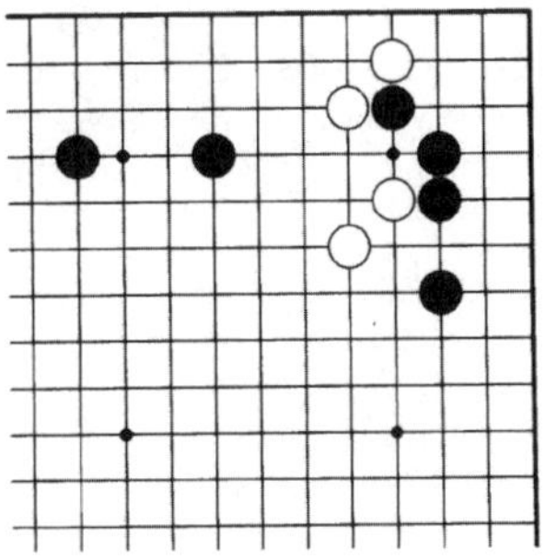

### 찬스

우상의 백을 간단히 정리하게 둘 수는 없다.

지금이 공격할 절호의 기회이다.

解

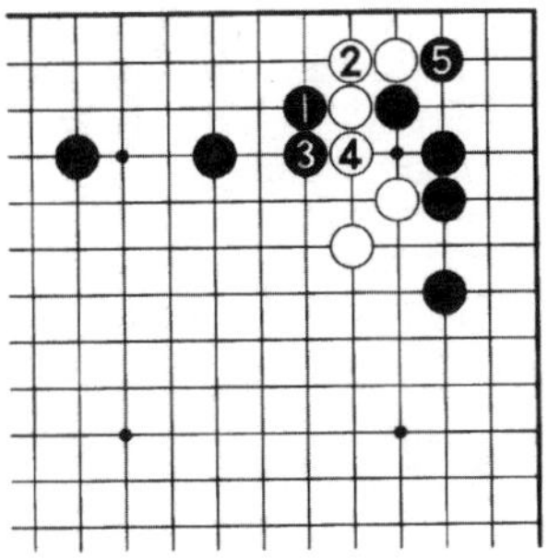

### 집 없음

흑1로 껴붙이는 수가 급소이다. 백2로 이을 때 흑3, 백4를 선수 하고 흑5로 귀를 굳힌다.

백은 집이 없어서 중앙으로 도망칠 수밖에 없다.

失

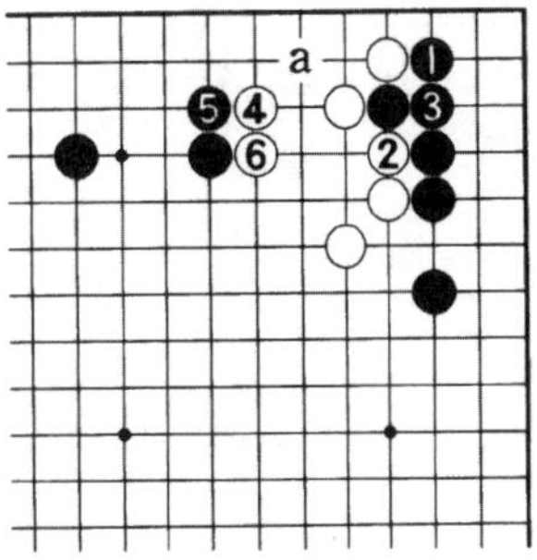

### 백 사는 모양

흑1로 막으면 백2를 선수로 활용당해 백4의 모양을 만들게 한다.

백6으로 밀어 이후 백a면 사는 모양이다.

## 제3형 흑번

(1965)

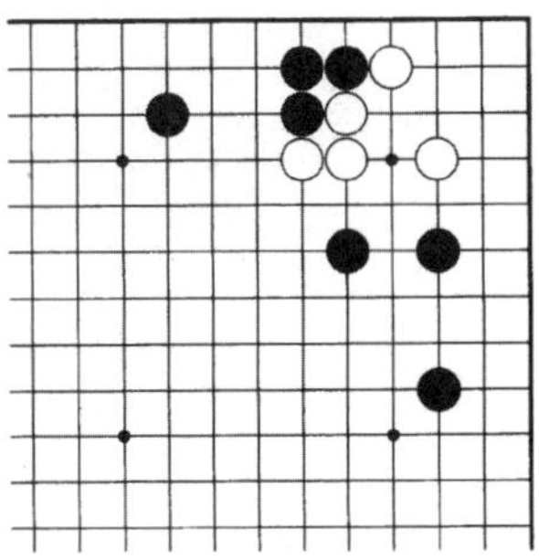

### 노림

우상의 백은 귀를 완전히 지키지 못한 모양이다.

흑은 백집을 뿌리째 뽑아버리고 싶다.

解

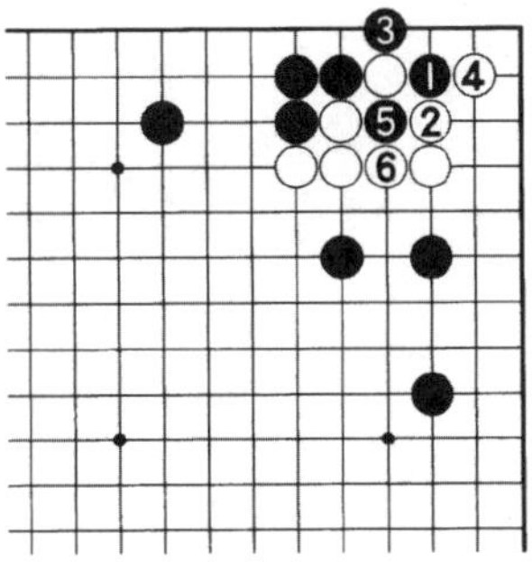

### 한 집

흑1의 껴붙임이 날카로운 맥이다.

백이 2, 4로 양보하면 흑5로 백 1점을 따내서 귀의 백은 한집밖에 없다.

変

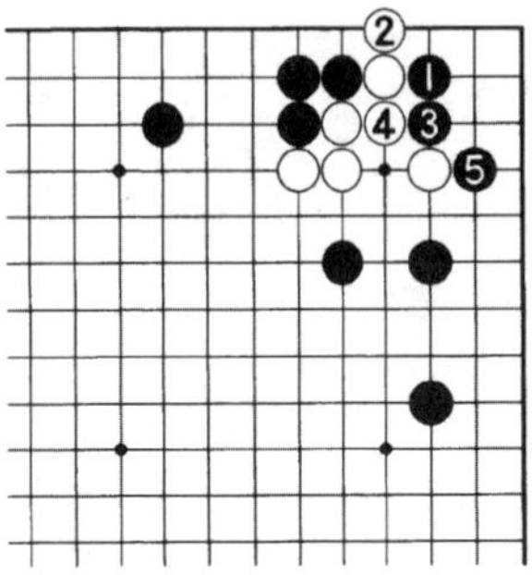

### 건넘

백2로 흑의 건넘을 방해하면 흑3 치받음을 선수로 활용하고 5로 젖혀 우변으로 건너간다.

백집은 0집이 된다. 완전히 뜬 돌이 되었다.

## 제4형 흑번

(1966)

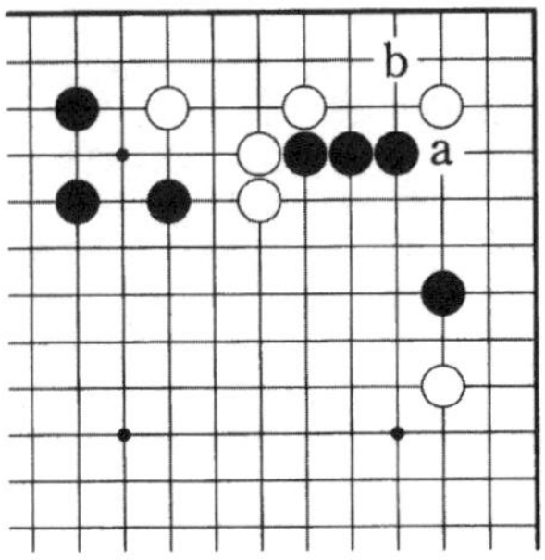

### 반격

백이 우상귀를 파헤치려들자 흑의 근거가 불안해졌다.

흑a는 백b로 불만이다. 귀를 지키기보다 주변 백에게 반격을 하여야 한다.

解

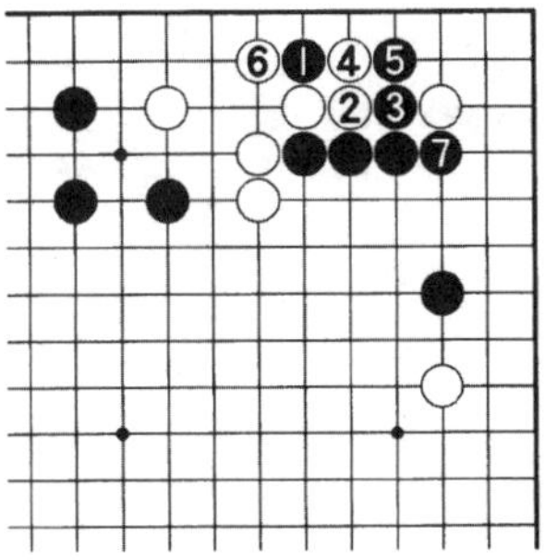

### 흑 성공

흑1의 껴붙임이 좋은 수이다.

상변의 백을 노리면서 우상의 백의 침범에 대한 대책이기도 하다.

백2, 4라면 흑7까지 성공이다.

変

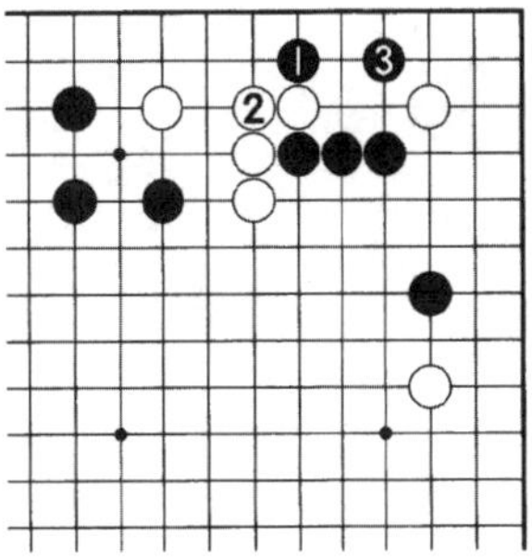

### 흑 충분

백은 우상의 백을 살리기 위해 백2로 잇는 정도이다.

흑3으로 뛰어서 귀를 공격함과 동시에 상변에 있는 백의 근거를 빼앗아 이것도 흑이 충분하다.

제5형 백번

(1967)

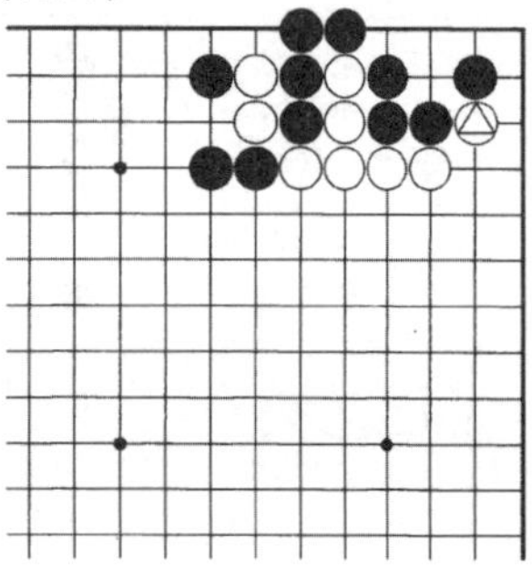

解

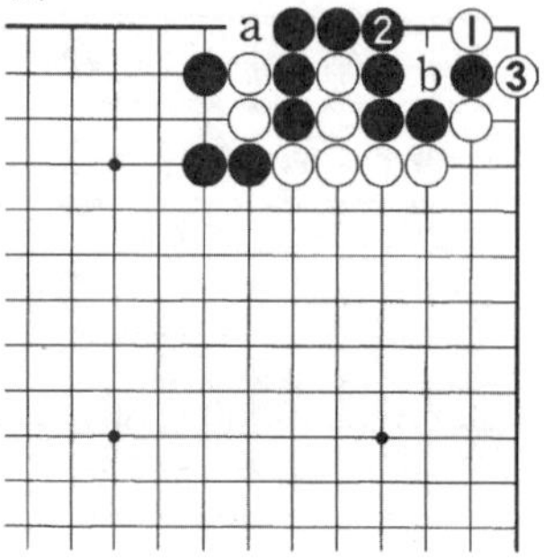


变

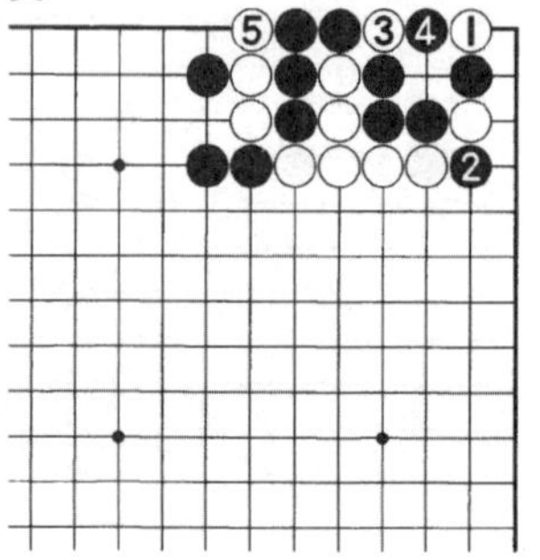

### 타이밍

백◬ 1점을 잡히면 상변의 흑집에 아무런 맛도 남지 않는다. 지금 수를 내야한다.

### 귀의 눈을 빼앗다

백1의 껴붙임이 날카로운 맥이다.
흑은 2로 이을 수밖에 없다.
백3으로 단수쳐 흑a라면 백b.
귀의 흑집을 빼앗았다.

### 흑 무리

흑2로 끊어 반발하는 것은 무리.
백3으로 집어넣고 5로 단수쳐 촉촉수다.
상변이 무너져서는 흑이 불리하다.

제6형 백번

(1968)

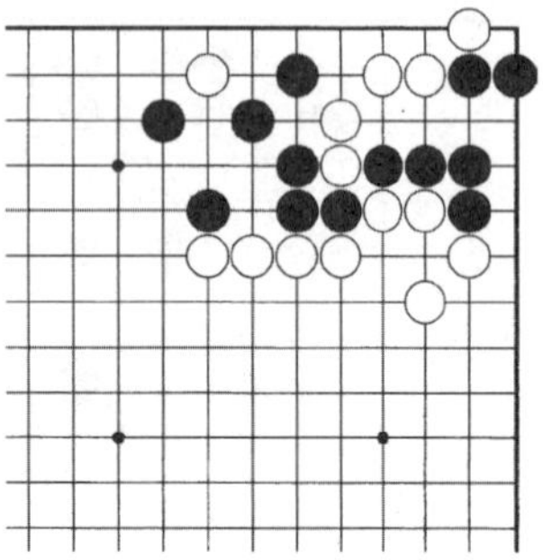

解

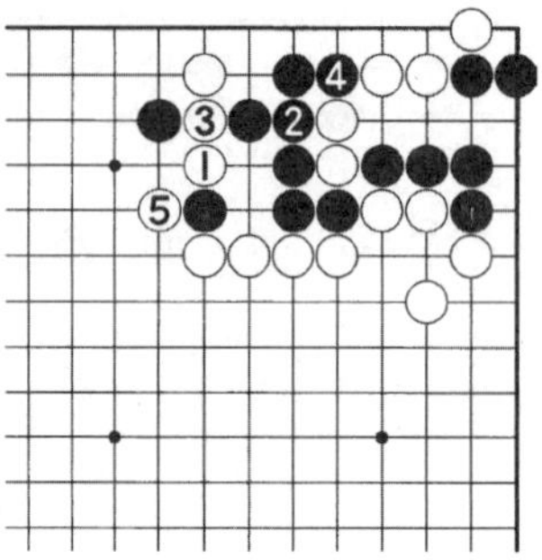

变

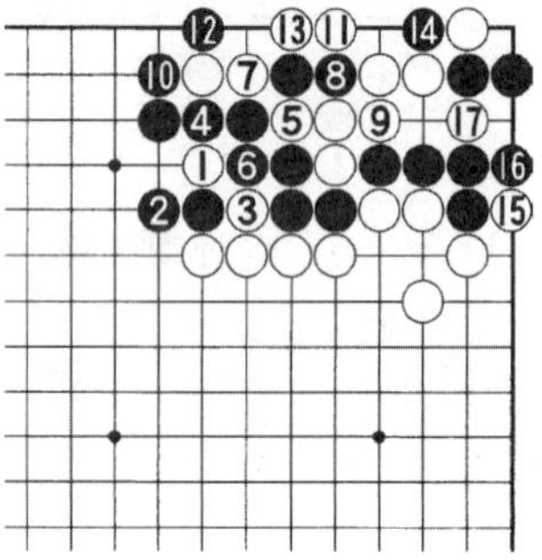

### 격전

우상에서 격렬한 전투가 벌어졌다. 귀의 백 5점을 살릴 수는 없지만 사석으로 멋지게 활용하여 상변에 유리한 모양을 만들고 싶다.

### 관통하다

백1의 껴붙임이 좋은 수로 다음에 2를 노린다.
흑은 2로 지키는 정도이지만 백3, 5로 상변을 뚫어서 좋다.

### 백 승

흑2, 4로 저항하는 것은 백7까지 상변을 끊는다.
흑8부터는 귀와 수상전을 하게 되지만 백17까지 백이 이긴다.

제7형 흑번

(1969)

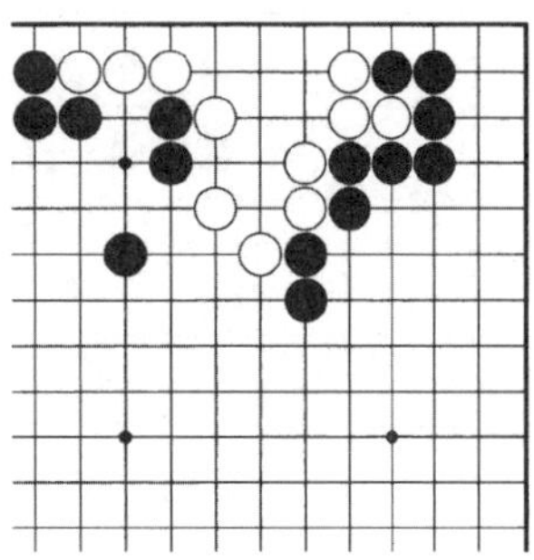

解

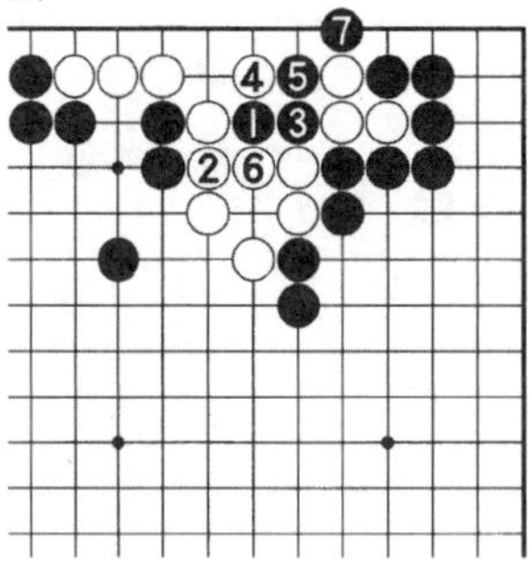

变

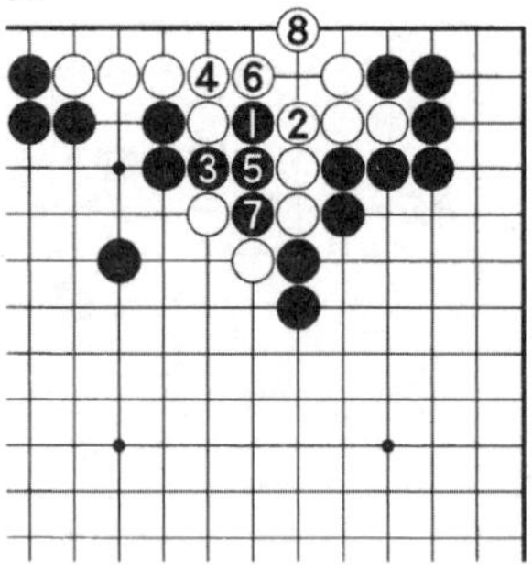

### 분단

상변에서 중앙에 나온 백의 모양이 엷다.
흑은 백집을 무너뜨리거나 상변과 중앙을 분단하고 싶다.

### 3점 잡기

흑1의 껴붙임이 급소이다.
백2로 이으면 흑3으로 끊어 상변 3점을 잡는다.
백 전체의 안형이 불안하다.

### 분단

백2로 이으면 흑3으로 단수치고 흑5로 이어 중앙 끊음과 상변 뚫음을 맞본다.
흑7 이후 백8로 후수로 살아야 한다.

제8형 흑번

(1970)

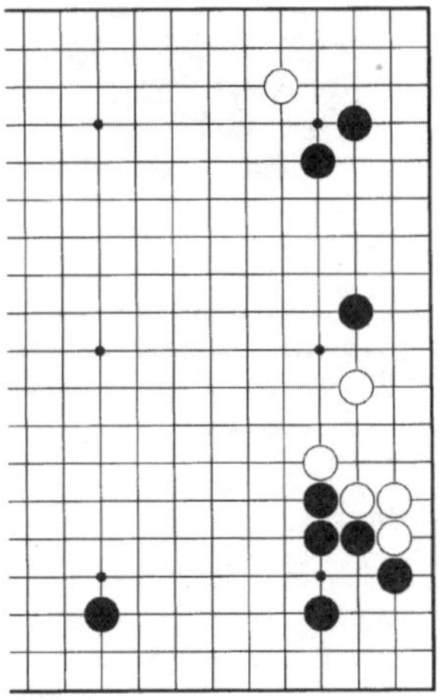

## 모양의 확장

우하의 모양이 아직 결정되지 않았다. 우변의 백을 공격하여 하변의 규모를 키우는 방법은 달라져야 한다.
백의 근거에도 차이가 날 것이다.

解

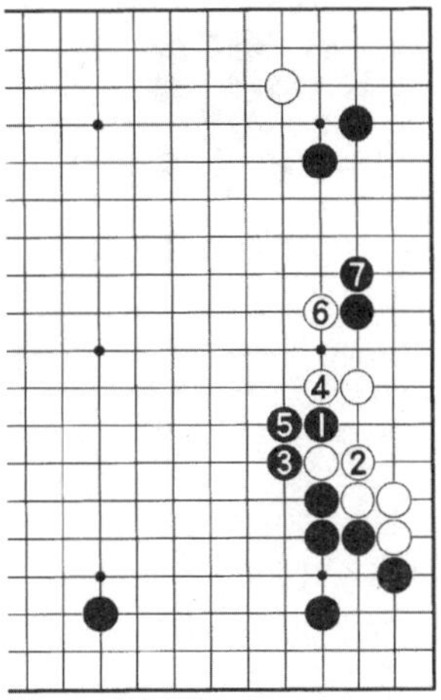

## 3개의 득

흑1의 껴붙임이 냉엄한 맥이다. 백2, 흑3으로 되어 하변의 흑이 규모를 중앙으로 넓혔다.
게다가 우변의 백은 집이 없다. 백4, 6으로 도망치면 우상의 흑집도 굳어진다.

変

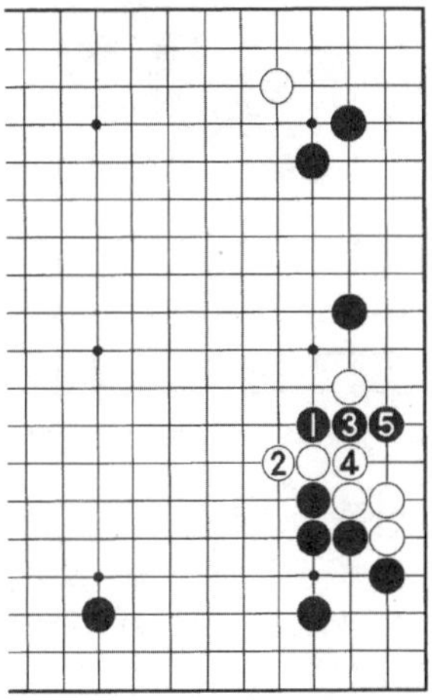

## 뜬 돌

백2로 뚫고 나와서 반발하면 흑도 3, 5로 우변을 뚫게 된다.
우상의 흑집이 튼튼해진다.
백은 완전히 뜬 돌이 되어서 이후 고전을 피할 수 없다.

제9형 흑번

(1971)

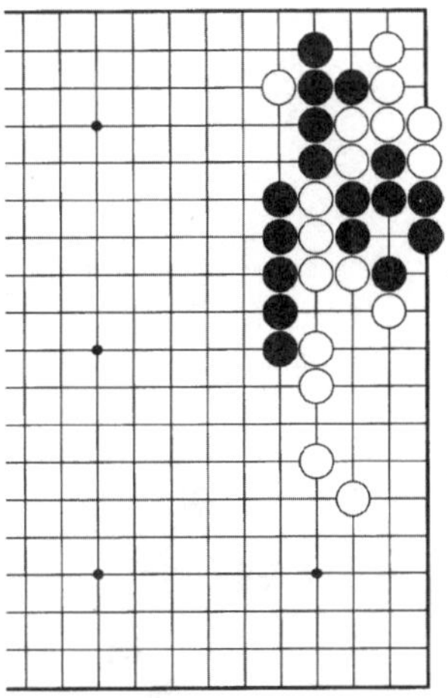

## 사전공작

우상의 수상전 문제.
귀의 백은 4수이다.
우변의 흑을 5수로 만들기 위해 백이 엷은 곳에 사전공작을 해야 한다.
패로는 흑이 만족할 수 없다.

解

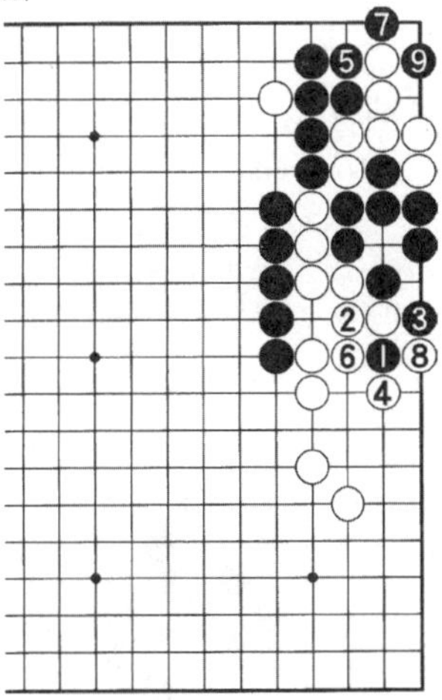

## 흑 승

흑1의 껴붙임으로 우변에 있는 흑의 수를 늘린다.
백2로 잇고 흑3으로 건너 우변의 흑은 5수가 되어 흑5 부터 9까지 한 수 차이로 이긴다. 백2로 3은 흑2로 끊어 백이 망한다.

失

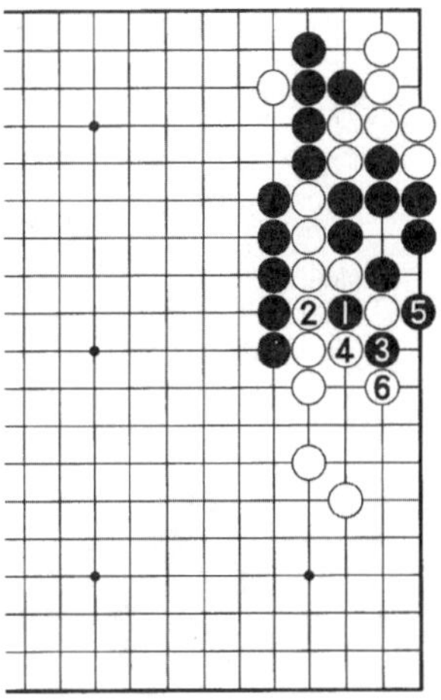

## 패

흑1로 끊는 것은 속맥이다.
백2 이후 흑3으로 단수치면 백4로 따내고 흑의 공배가 채워진다.
흑5, 백6으로 우변의 흑은 패가 붙은 3수이다. 흑이 불리하다.

껴붙임 살리기

(1972)

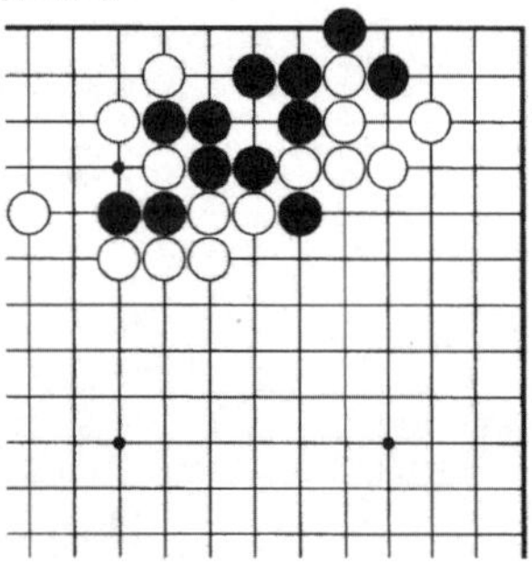

解

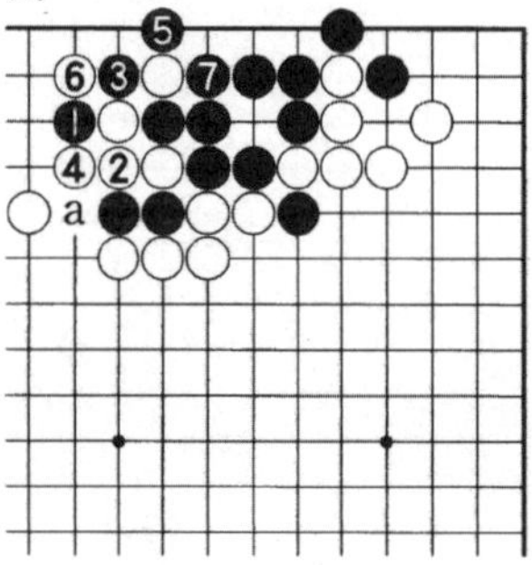

失

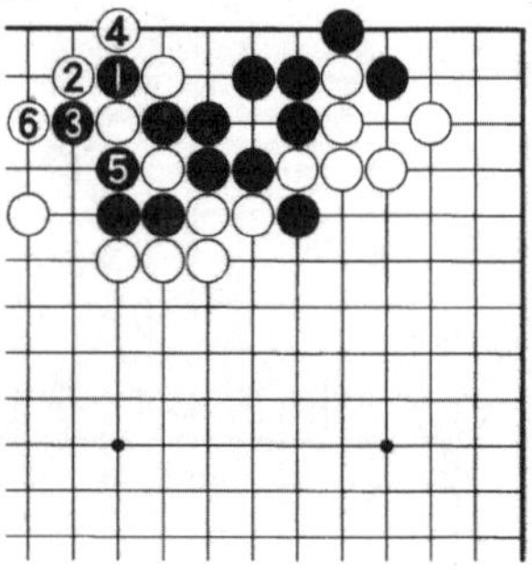

제1형 흑번

## 한쪽을 깨라

상변의 흑은 안형이 없는 모양이다. 둘러싸고 있는 백의 한쪽을 무너뜨리는 것 외에는 살 길이 없다.

## 삶

흑1의 껴붙임이 좋은 수이다.

백2로 이으면 흑3, 5로 백 1점을 잡고 산다.

백2로 3은 흑2, 백4, 흑a.

## 패

흑1로 끊고 3으로 단수치는 것도 맥이지만 백4로 따내서 탄력이 생긴다.

흑5 이후 백6으로 단수쳐 패가 된다.

(1973)

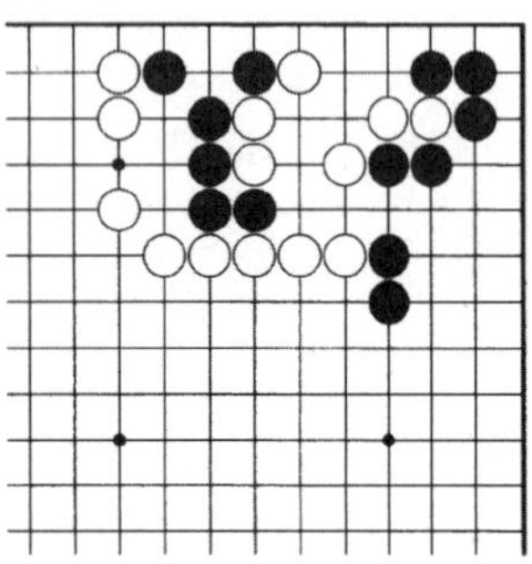

解

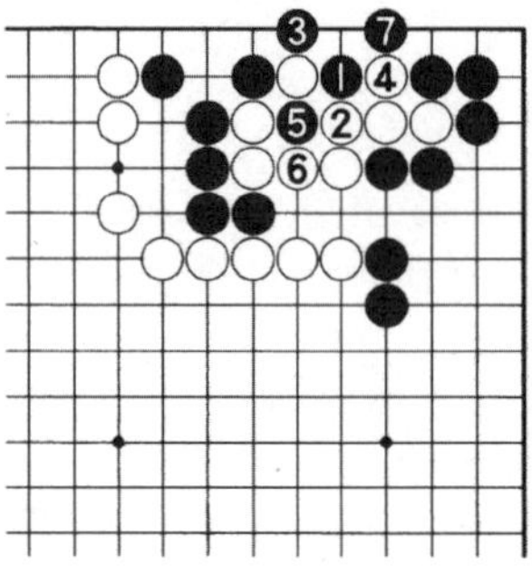

失

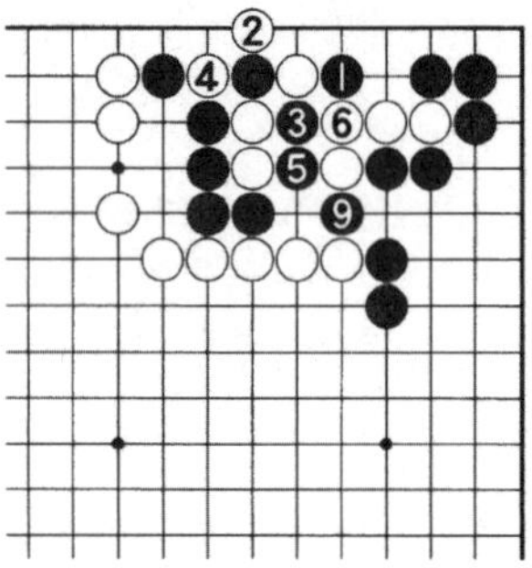

제2형 흑번

## 살리는 길

백에게 둘러싸인 상변의 흑 6점은 우상과 연결하는 것 외에는 살 길이 없다.

백의 자충을 추궁하면 조건 없이 건너갈 수 있을까?

## 해결

흑1의 껴붙임이 좋은 수이다.

백2로 잇고 흑3으로 단수쳐서 해결한다. 흑5로 따낸 뒤 백6으로 7은 흑6으로 백 2점을 따내고 선수로 산다.

## 백 너덜더덜

백2의 단수는 흑3으로 바깥에서 끊고 수습한다. 백4에 흑도 5, 7로 백 2점을 잡으면 백은 너덜너덜해진다.

※❼→②의 아래(따냄), ⑧→❸의 왼쪽(되따냄)

껴붙임 따냄

(1974)

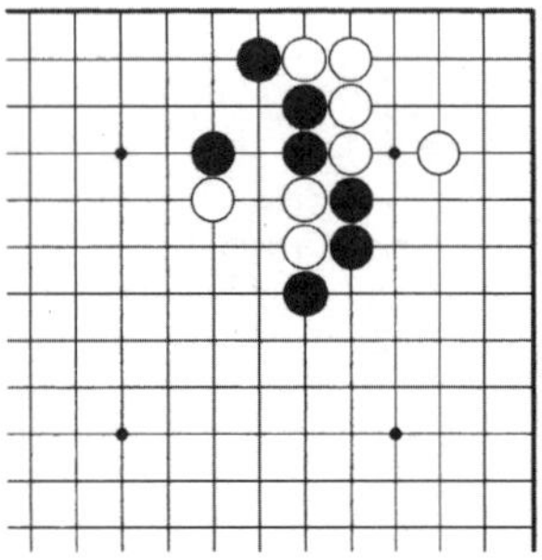

解

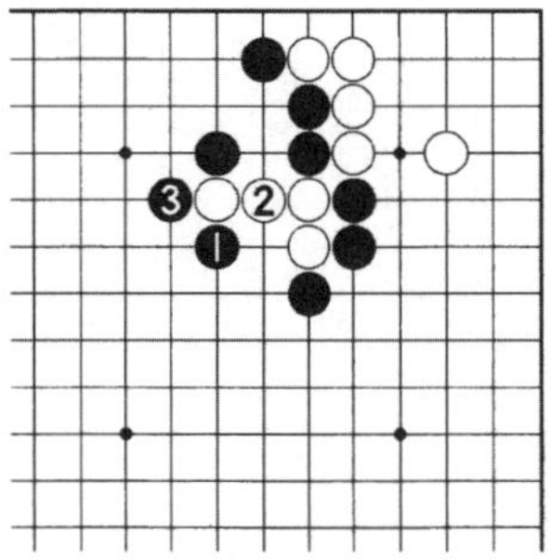

失

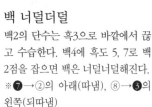

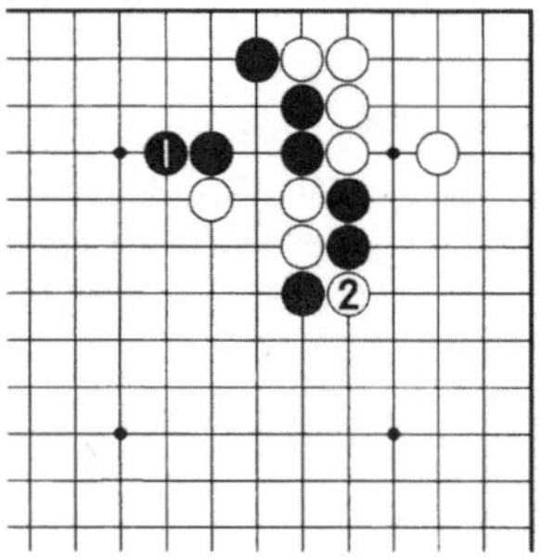

제1형 흑번

## 요석

흑을 끊고 있는 중앙 백은 요석이다. 이 백을 잡으면 중앙의 흑은 강력한 세력으로 바뀐다.

## 2점 잡기

흑1로 껴붙이면 백 2점은 도망칠 수 없다.

백2로 3은 흑2. 이후 어떻게 되든 단수로 잡힌다.

백2로 이으면 흑3.

## 흑 산산조각

흑1로 받았다가는 백2의 반격으로 산산조각난다.

중앙의 백 2점은 흑을 공격하는 역할을 하게 된다.

(1975)

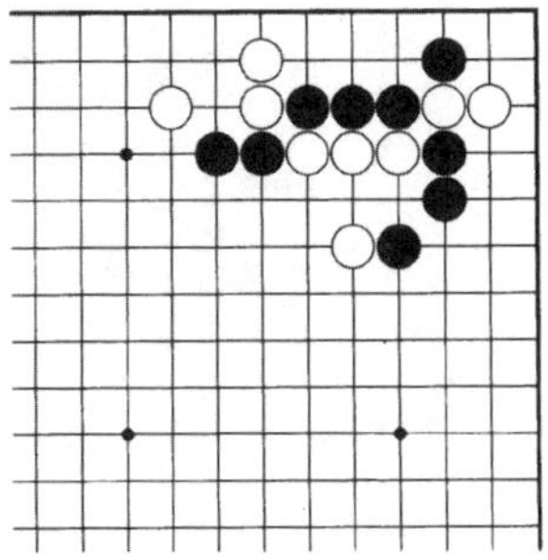

解

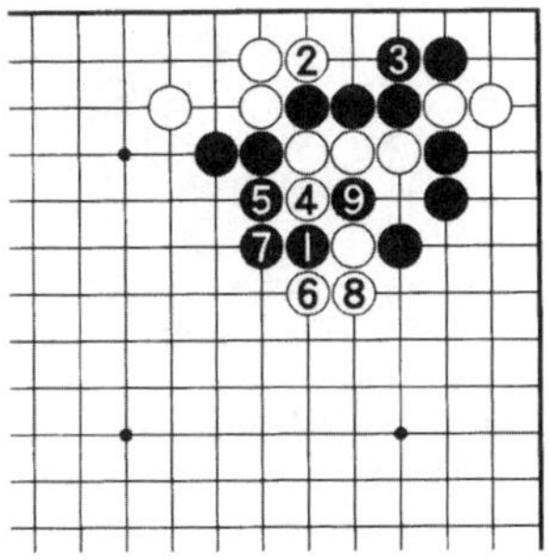

失

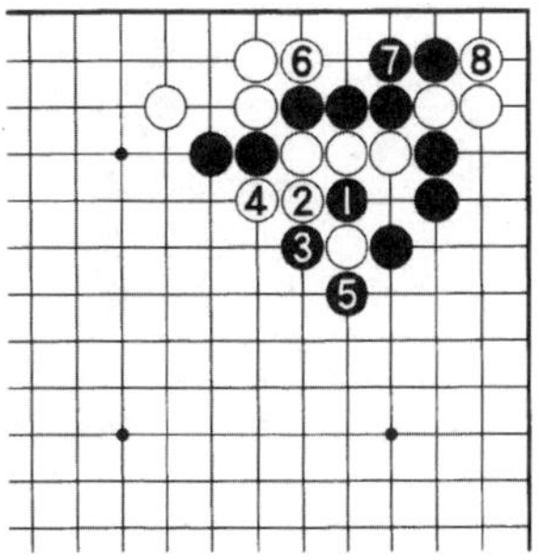

제2형 흑번

## 큰 차이

귀의 백 2점을 잡으면 우상은 편안해지지만 중앙의 백 3점을 잡으면 중앙의 흑이 두터워진다. 전자와 후자의 차이는 크다.

## 환격

흑1의 껴붙임이 맥으로 백은 바깥으로 도망갈 수 없다.

백4로 치받으면 흑5로 공배를 메워서 9까지 환격이다.

## 흑 실패

흑1, 3은 냉엄한 수지만 백4로 밀고 나가서 그만이다.

흑5로 중앙 1점을 따내면 백8까지 귀도 백에 뺏긴다.

(1976)

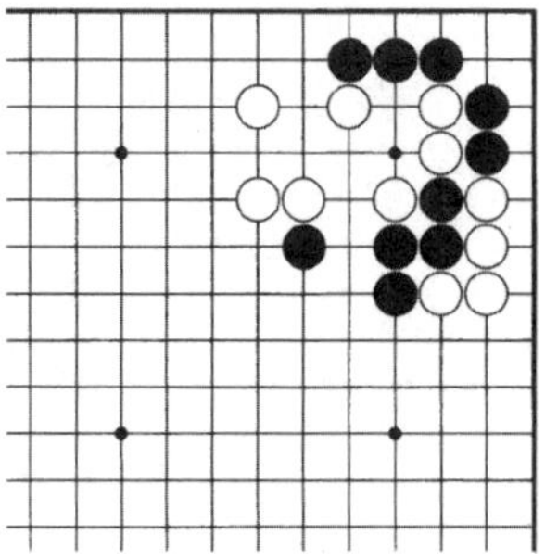

解

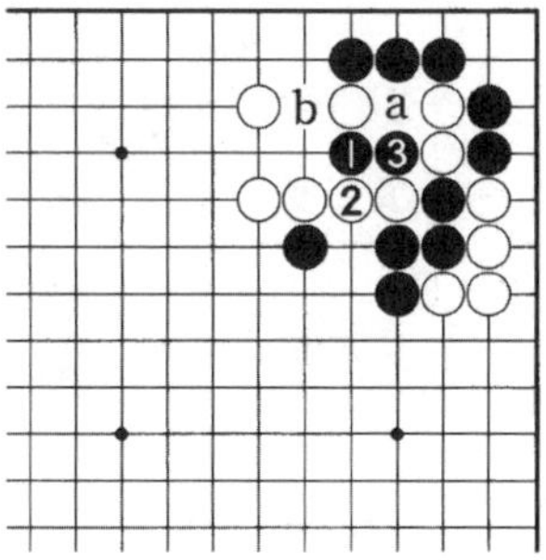

失

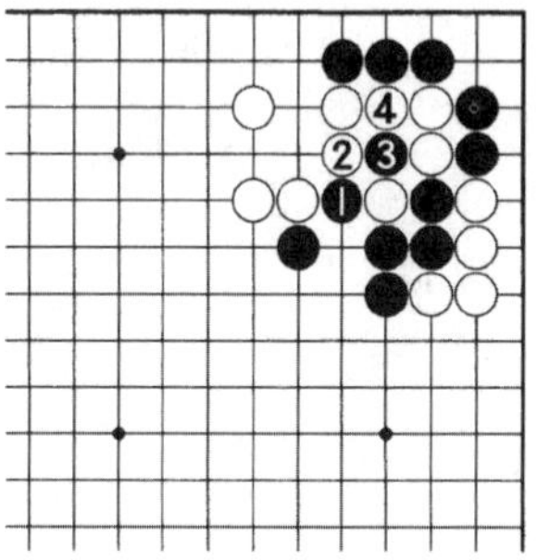

제3형 흑번

## 사치

귀를 살리는 것뿐이라면 간단하다. 그러나 흑은 조금 사치를 부려 요석 2점을 잡아 뽐내고 싶다.

## 붙임 한 방

흑1의 붙임 한 방으로 백은 곤란해진다. 백2로 3은 흑2, 백a는 흑b로 잡힌다.

이는 실전에서도 종종 나온다.

## 잡을 수 없다

흑1로 단수치는 것은 실패한다. 당연 하지만 백2가 좋은 수로 요석인 2점은 잡을 수가 없다.

정해도와의 차이는 비교할 수 없을 만큼 크다.

(1977)

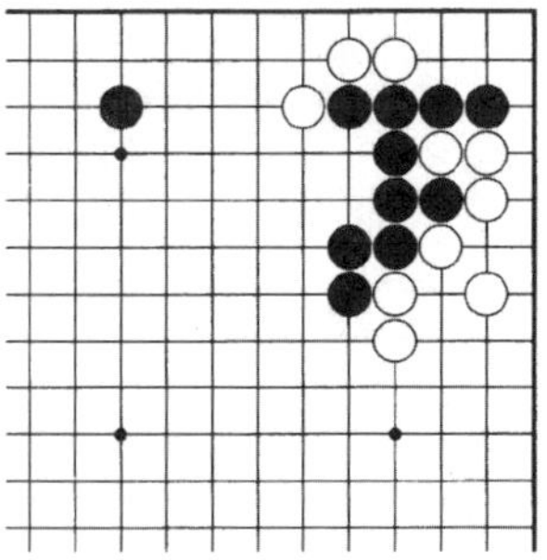

解

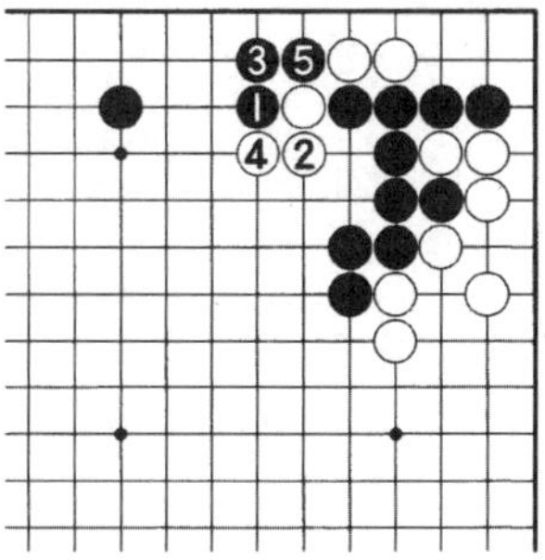

失

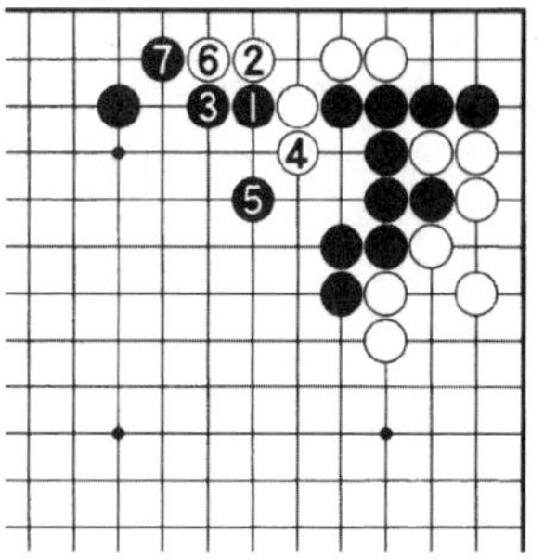

제4형 흑번

## 엄격히

흑의 두터움을 배경으로 상변에 백이 침입한 장면이다.

흑은 엄하게 백을 맹렬히 공격하여야 한다.

## 백 형편없다

흑1의 껴붙임이 냉엄하다.

백2로 늘면 흑3으로 내려 끊음을 엿본다. 백4로 도망치면 흑5.

백이 형편없는 모양이다.

## 백 삶 없음

백2의 젖힘으로 선수하고 4로 나가면 흑5로 씌워 봉쇄한다.

백6, 흑7로 백은 살 수 없는 모양이다.

껴붙임

따냄(살리기)

(1978)

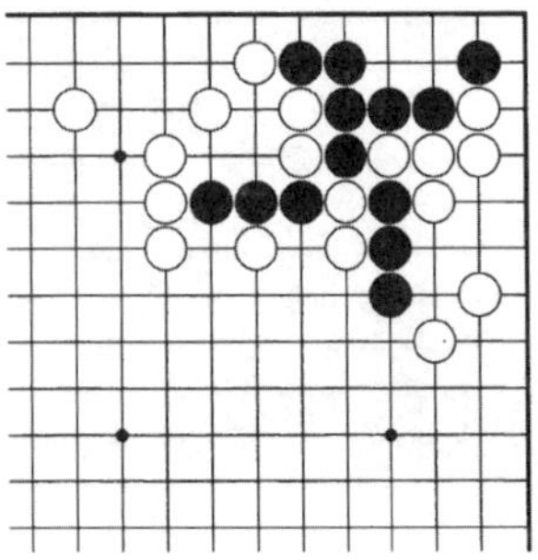

解

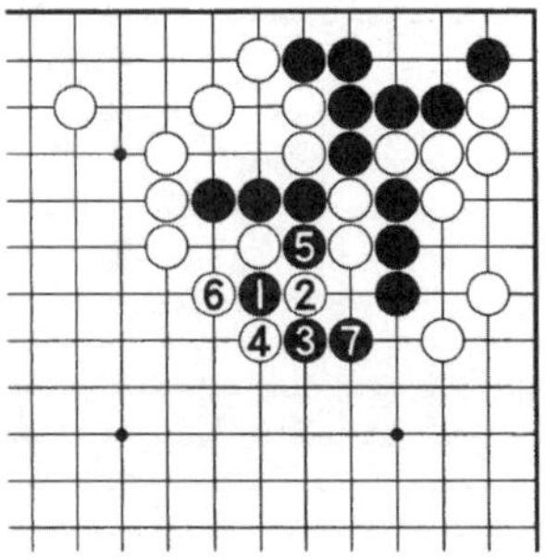

失

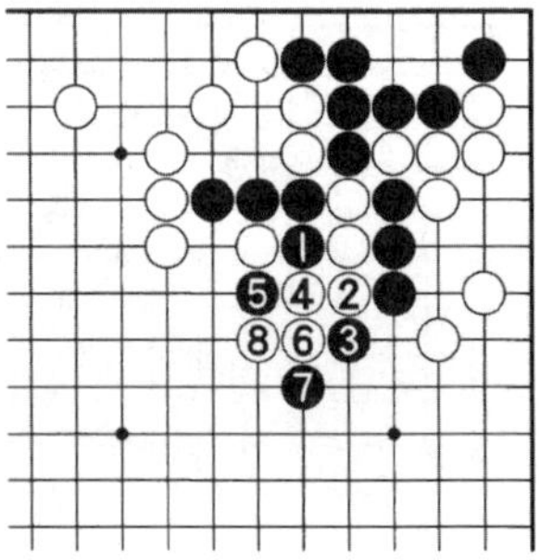

제5형 흑번

### 요석

상변의 흑을 세 개로 나누고 있는 백의 요석을 잡고 싶다.

귀에서 살기만 하면 중앙은 백집이 된다.

### 촉촉수

흑1의 껴붙임이 좋은 수가 된다.

이 수로 요석인 백 2점은 움직일 수 없다.

백2로 부풀리면 흑3. 이하 흑7까지 촉촉수의 맥이다.

### 산산조각

흑1로 단수 처버리면 잡을 수단이 없다.

백2, 4로 도망쳐 나오면 축도 안 되서 흑은 산산조각으로 분열된다.

(1979)

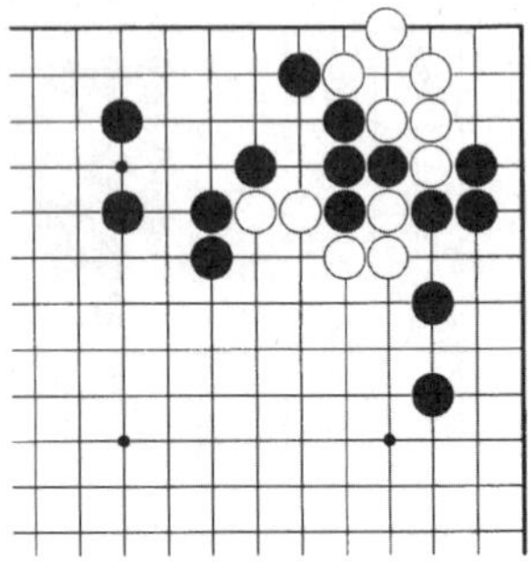

解

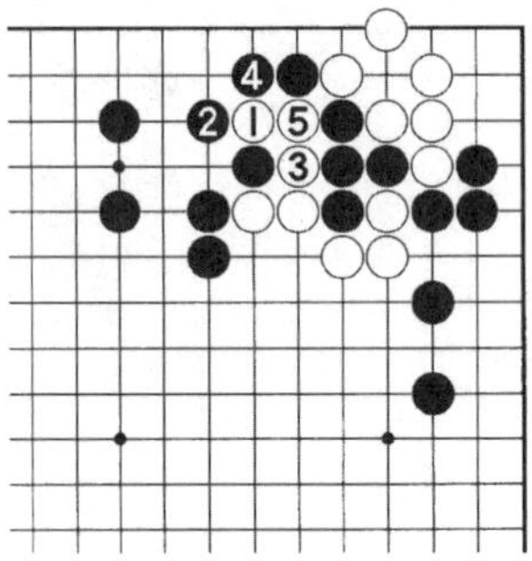

変

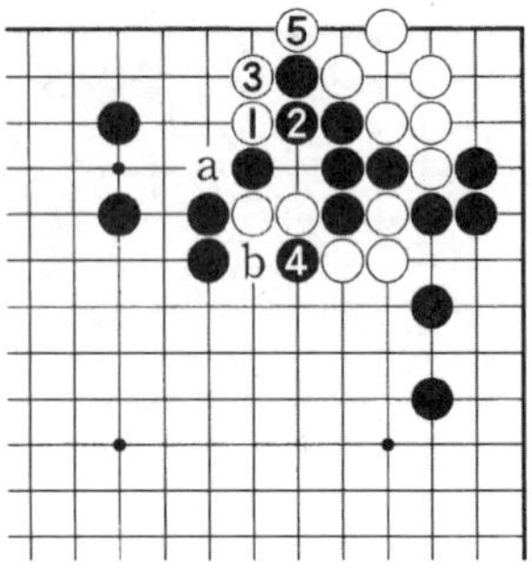


제6형 백번

### 잡고 연결

귀의 백을 살리는 것만으로는 문제가 되지 않는다.

상변에 있는 흑의 약점을 추궁하여 백 전체를 연결하고 싶다.

### 4점 잡기

백1의 껴붙임이 날카로운 맥이다.

흑 4점은 자충에 걸려 더 이상 탈출할 수 없다.

흑2, 4로 받는 정도이지만 백5까지 대성공이다.

### 촉촉수

흑2로 이으면 백3. 흑4 이후 백5로 촉촉수로 흑을 잡는다.

백5로 a에 단수치는 것은 경솔한 수로 흑b의 환격으로 역전된다.

(1980)

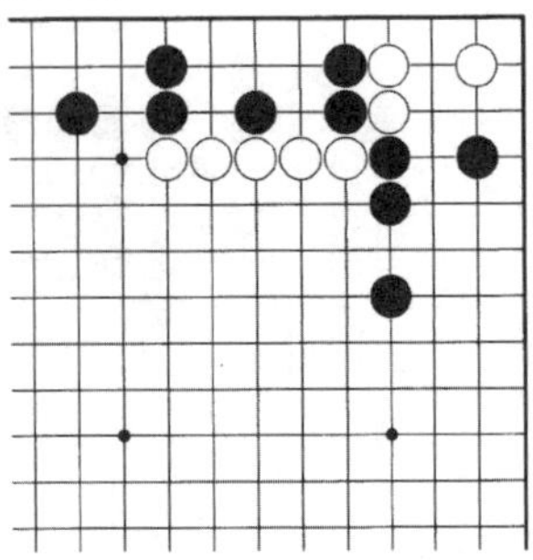

解

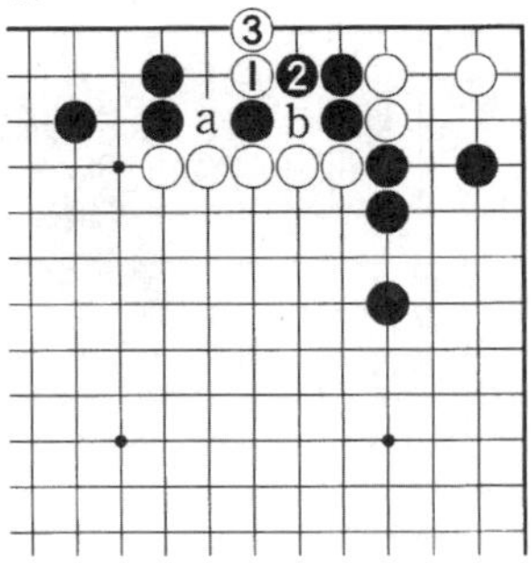


失

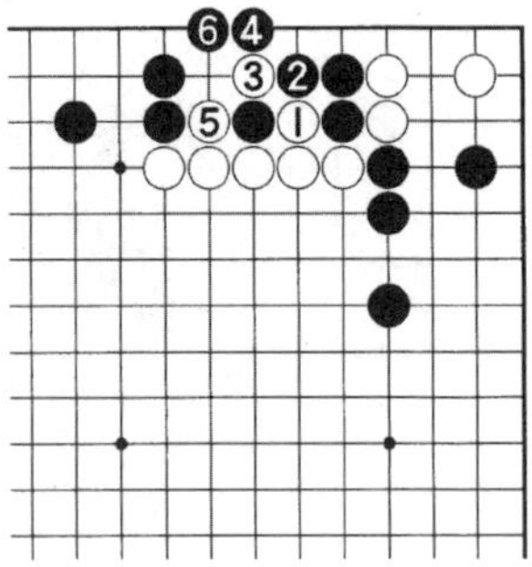

제1형 백번

### 생환

우상귀의 백 3점은 그 자체로는 살 수 없는 모양이다.

상변에 있는 흑의 엷음을 추궁해야만 살길이 있다.

### 붙여 뻗기

백1의 껴붙임이 공격의 급소이다.

흑2로 막았을 때 백3의 뻗음으로 흑의 연결을 끊는다.

이후는 흑a, 백b로 백의 승리.

### 속수

백1로 나가는 것은 속수이다.

흑2, 백3 이후 흑4로 단수치고 6으로 건너간다.

상변의 흑이 연결되어서 귀의 백은 살릴 수 없다.

**제2형 흑번**

(1981)

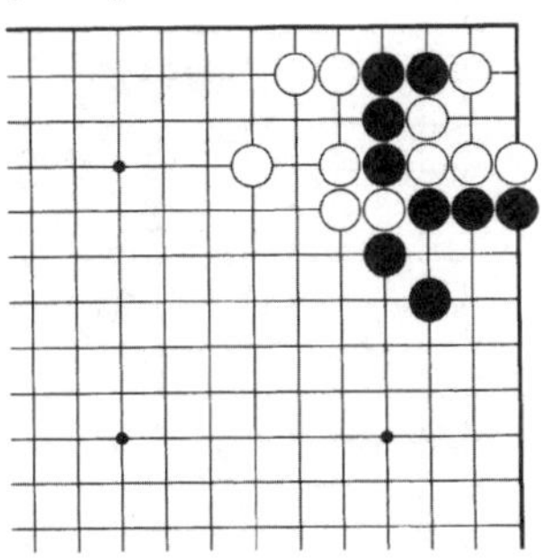

## 유명한 맥

맥은 가는 곳마다 나타난다.
이 문제는 맥 중에서도 상당히 유명하여 모르는 사람이 없을 것이다.

解

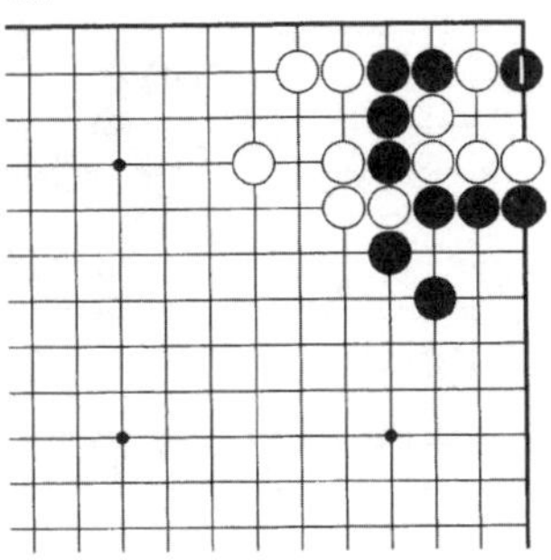

## 2·1

귀의 급소는 2·1이라고 하는 것처럼 이 문제도 흑1이 정답이다. 백은 이후 아무것도 할 수 없다.

失

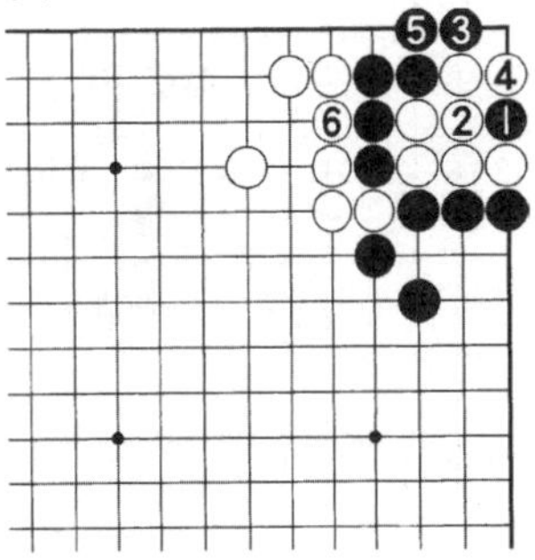

## 흑 실패

초심자가 틀리기 쉬운 흑1과 3.
1의 자리에 집이 생겨서 유가무가가 되어버린다.
누구나 한 번쯤은 경험했을 법한 오답.

**제3형 흑번**

(1982)

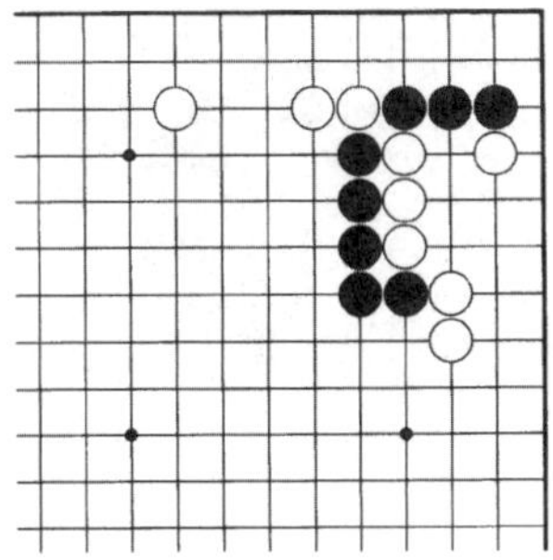

## 잡아먹다

귀의 흑 3점을 살리고 싶다.
그러나 집을 만들어 사는 것은 쉽다. 백을 잡아야 한다.

解

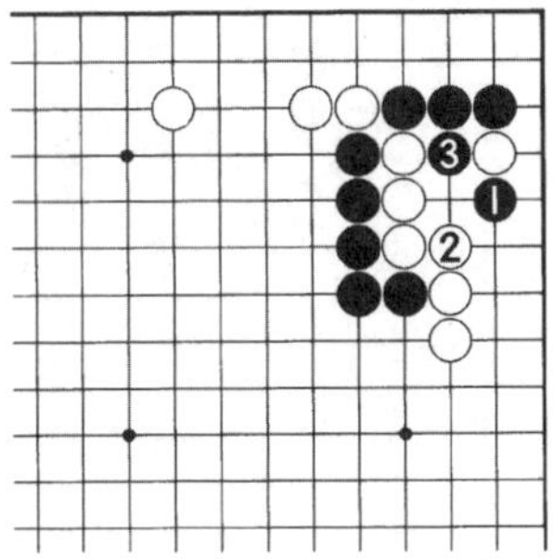

## 1점 잡기

흑1의 껴붙임은 자충에 걸린 백 3점의 정중앙.
백2로 잇고 흑3으로 백 1점을 잡아 귀는 편하게 산다.

変

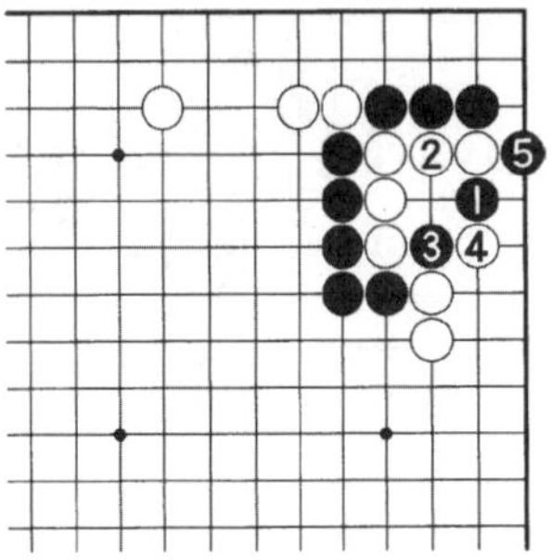

## 환격

백2로 잇는 것은 자충 때문에 무리.
흑3으로 끊고 백4, 흑5로 백 5점이 환격으로 잡힌다.

**제4형 흑번**

(1983)

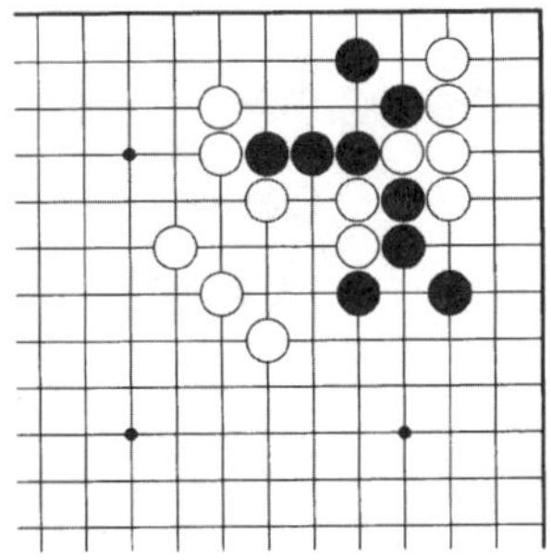

## 제 1수

상변의 흑은 백 2점을 잡으면 중앙에 연결할 수 있다.
백의 도주로를 막는 첫 수가 중요하다.

解

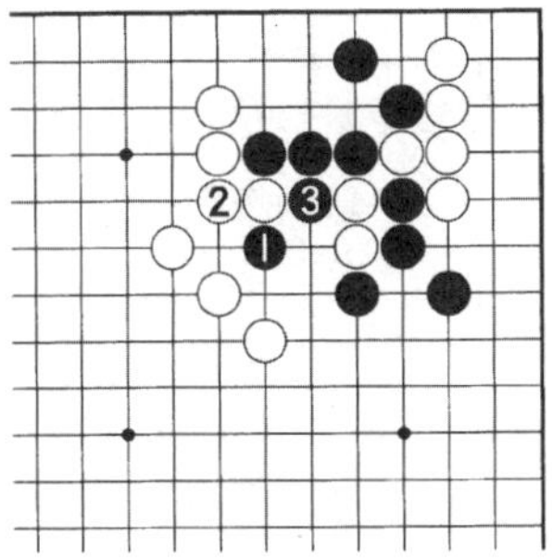

## 속박

흑1의 껴붙임이 맥이다.
이것으로 백 2점은 속박됨.
백2는 흑3, 백2로 3은 흑2로 맞본다.

失

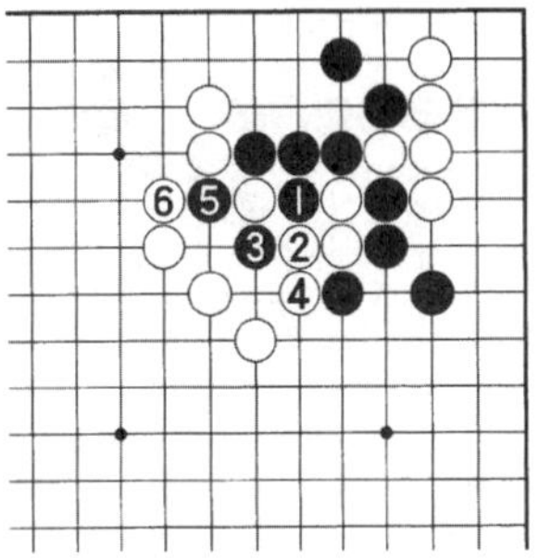

## 흑 잡힘

흑1로 나가 3으로 끊어도 백을 축으로 잡을 수 없다.
백2, 4로 중앙으로 연결하고 흑5로 백 1점을 잡아도 백6으로 전멸한다.

**제5형 흑번**

(1984)

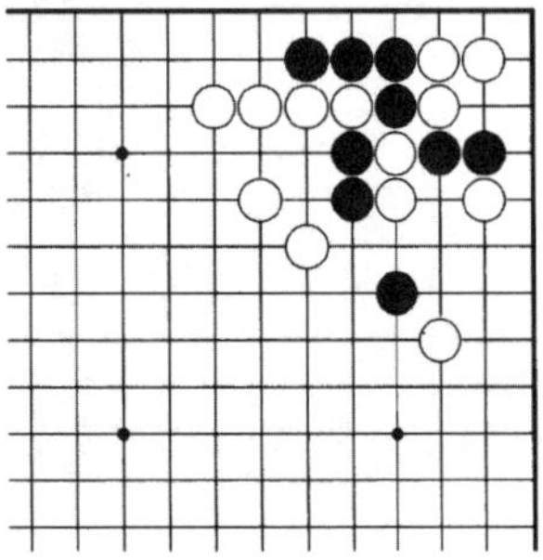

### 산산조각
이대로 방치하면 흑은 산산조각 난다. 하지만 이 위기를 극복할 한 방이 숨어있다.

解

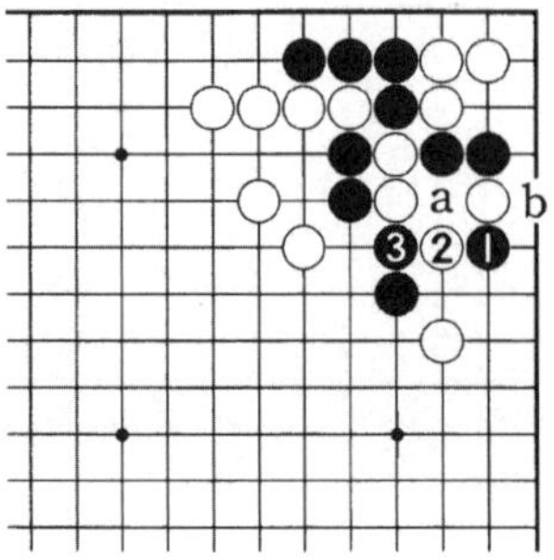

### 백 죽음
흑1로 껴붙인 수가 눈이 번쩍 뜨일 만한 맥이다.
백2에는 흑3 백2로 a는 흑b.
어떻게 두어도 백은 도망칠 수 없다.

失

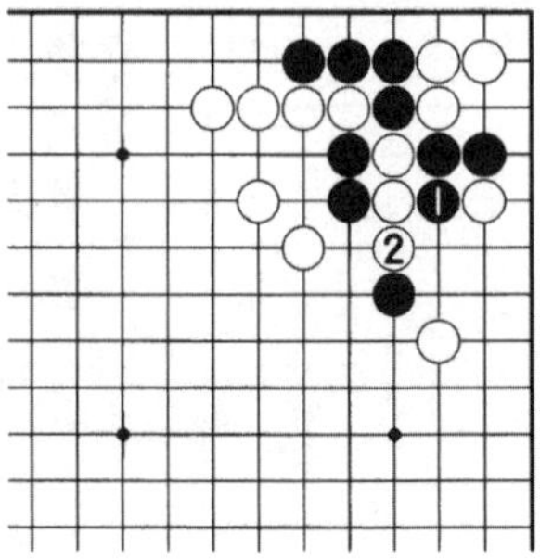

### 쓸모가 없다
흑1로 단수쳐서 나가는 것은 쓸모가 없다.
백2로 도망쳐서 요석인 백 2점을 잡을 수 없게 되었다.

**제6형 백번**

(1985)

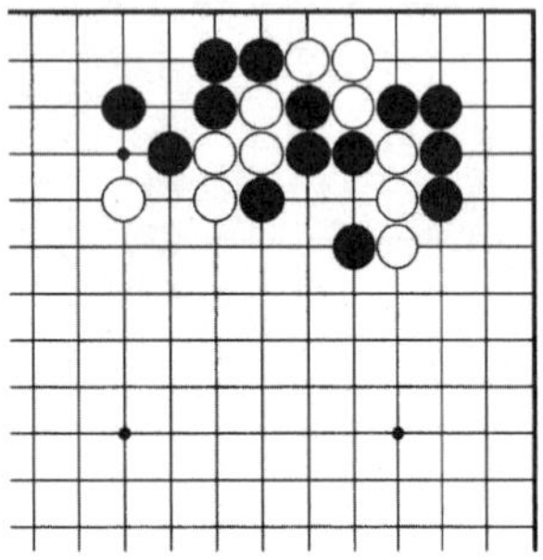

### 가두다
상변의 백은 3수.
중앙의 백을 2수 모양으로 가두면 상변을 살릴 수 있다.

解

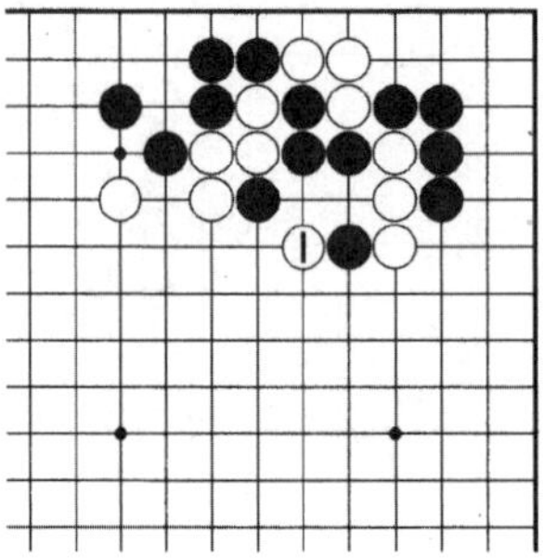

### 속박
백1의 껴붙임이 맥이다.
백을 끊고 있는 흑 3점은 이 수에 속박당해 움직일 수 없는 모양이다.

失

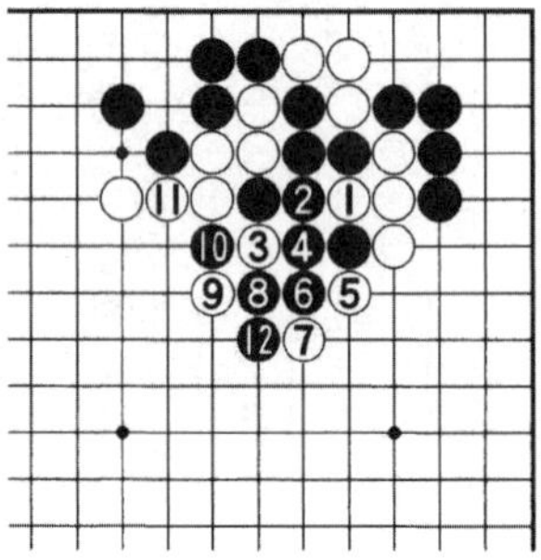

### 속수
백1로 단수치는 것은 속수이다.
흑2로 이으면 이 흑은 더 이상 잡을 수 없다. 백3으로 단수쳐 축으로 몰아보려 해도 흑10으로 백은 실패한다.

**제7형 백번**

(1986)

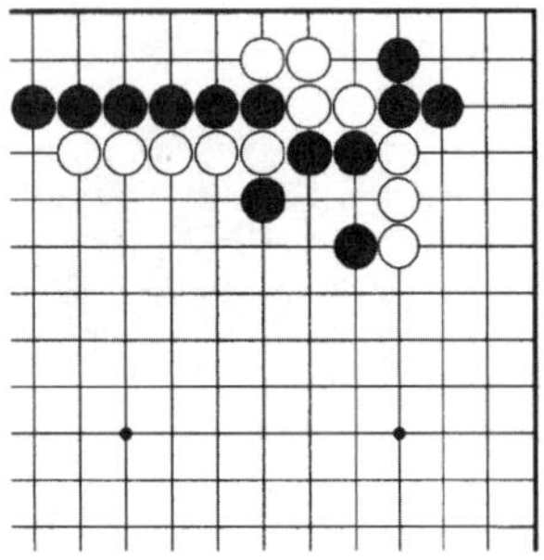

### 수읽기
상변의 백 4점을 살리기 위해 중앙의 흑 4점을 노린다. 상변의 두터움을 이용한다.

解

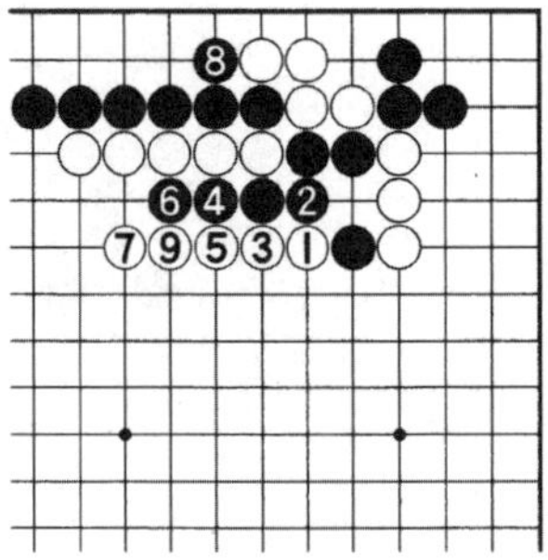

### 붙여서 장문
백1의 껴붙임은 흑의 중앙 도주로를 막은 수이다.
흑2의 이음에 백3, 5로 쫓아 7의 장문으로 마무리한다.
백9까지 흑이 잡힌다.

失

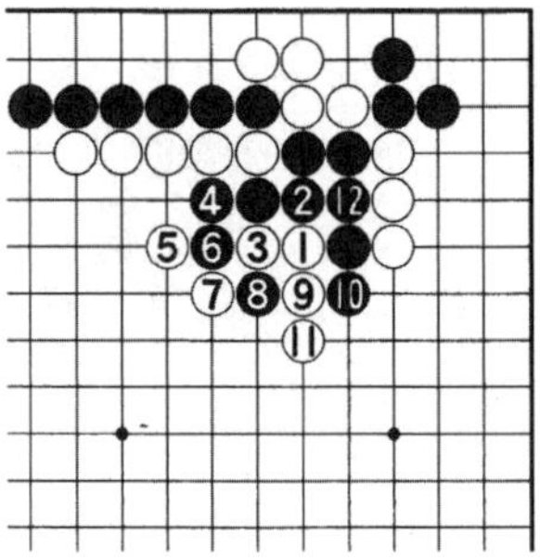

### 경솔
흑4 이후 백5로 장문치는 것은 경솔한 수이다.
흑6, 8로 나가끊어 활용한 뒤 흑12까지 백이 망한다.

## 제8형 흑번

(1987)

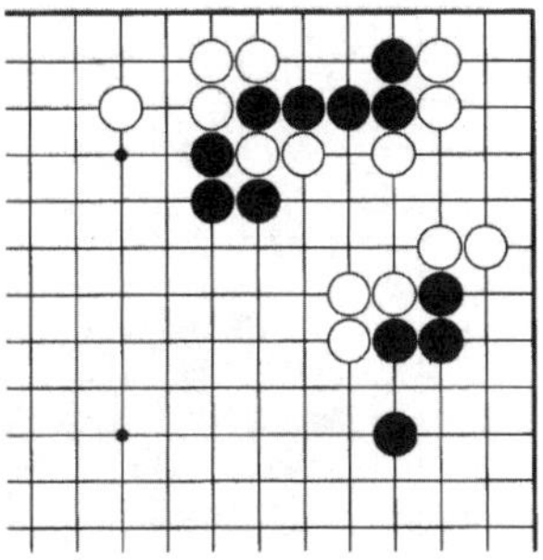

解

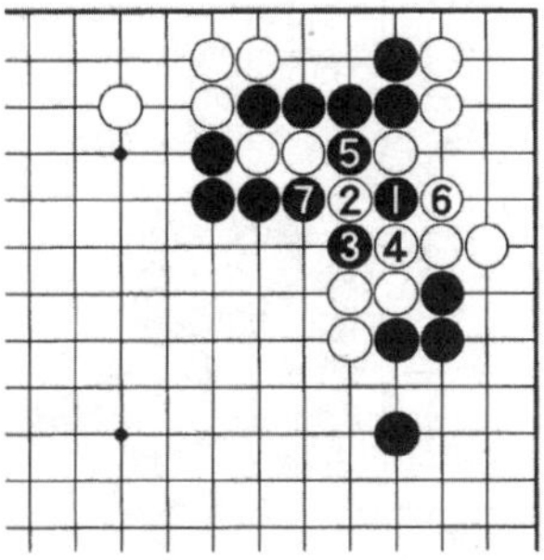

変

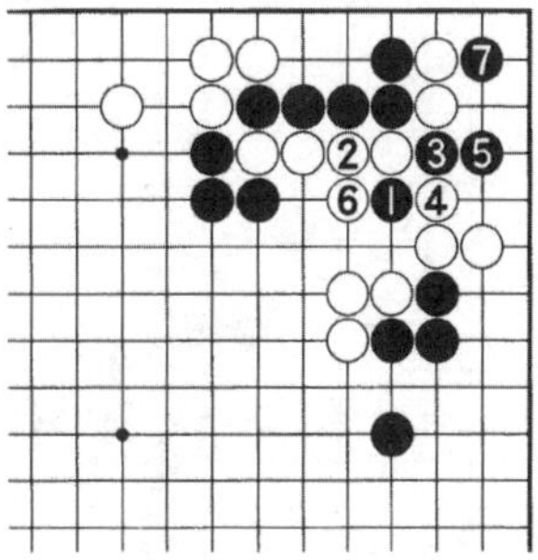

### 방법

우상에 절단 되어있는 흑 5점을 살리기 위해서는 흑을 끊고 있는 중앙이나 귀의 백을 잡아야만 한다.

### 촉촉수

흑1의 껴붙임은 왼쪽의 백 2점의 출구를 막는 좋은 수이다.

백2로 막으면 흑3으로 끼워서 백을 자충으로 이끈다.

흑5로 촉촉수이다.

### 흑 삶

백2로 이으면 흑3으로 끊어 백 4점이 자충의 모양이다.

백4, 6으로 4점을 살리면 흑7로 귀의 백 2점을 잡고 산다.

## 제9형 백번

(1988)

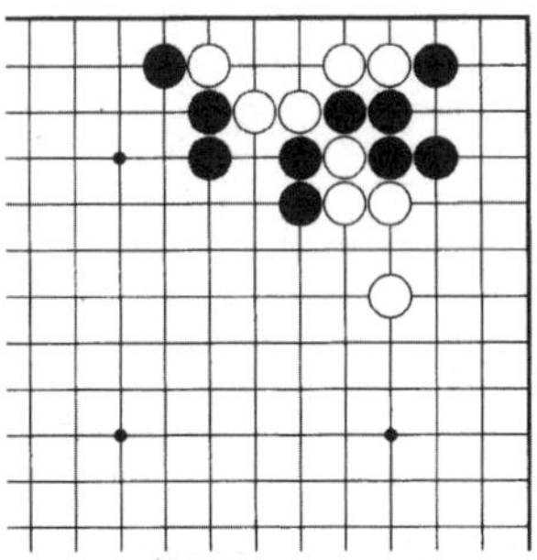

解

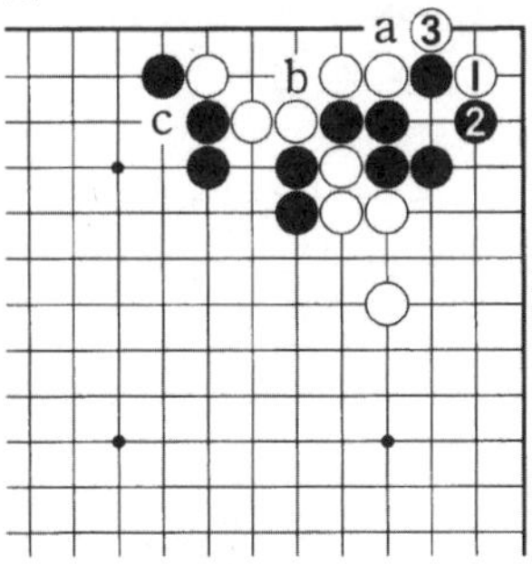

変

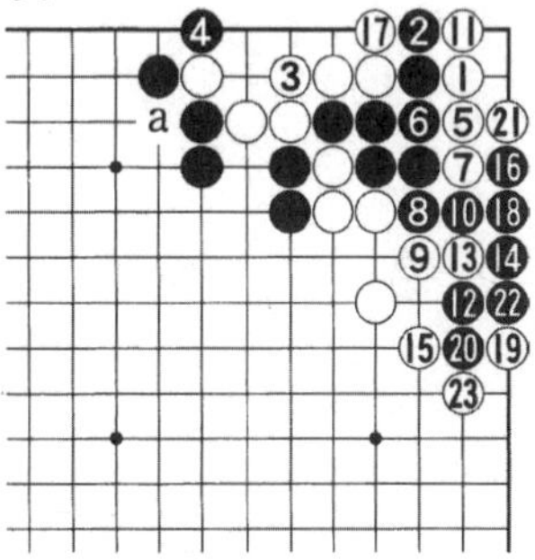

### 거대한 수상전

상변의 백을 살리기 위해 귀의 흑을 공격한다.

흑이 저항하면 거대한 수상전이 벌어진다.

공격의 급소를 찾아야한다.

### 흑 눈 없음

백1로 껴붙이는 수가 급소이다. 흑2로 받으면 백3. 귀의 흑이 집이 없다.

흑2로 a는 백b로 이어 백2와 c를 맞본다.

### 백 승

흑2로 저항하면 백3으로 잇는다.

흑4는 a를 방어한 수로 백은 5로 늘어 귀의 흑을 공격한다.

백11로 귀를 막아 이후 수상전은 백의 승리.

## 제10형 흑번

(1989)

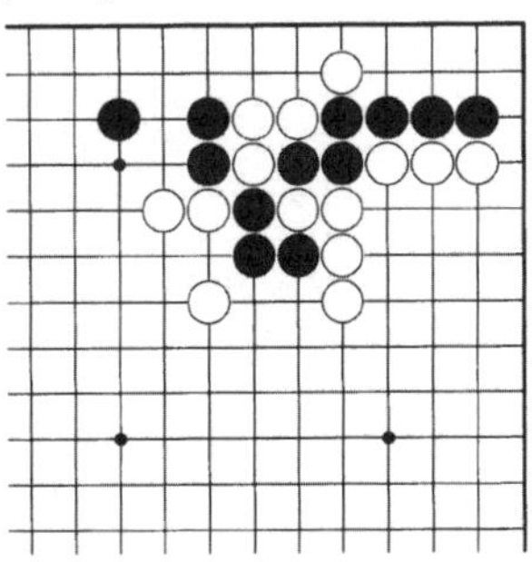

解

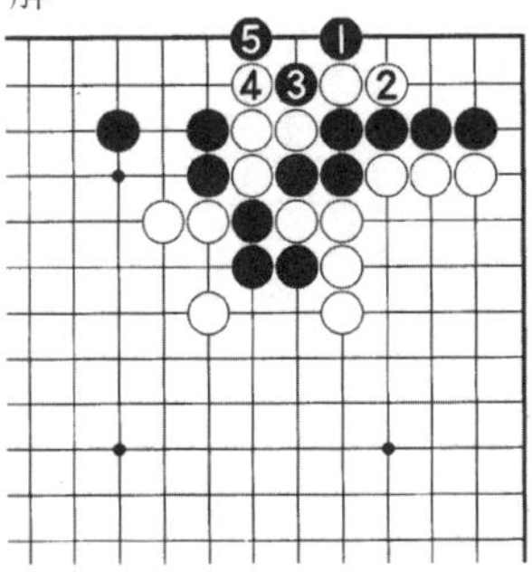

変

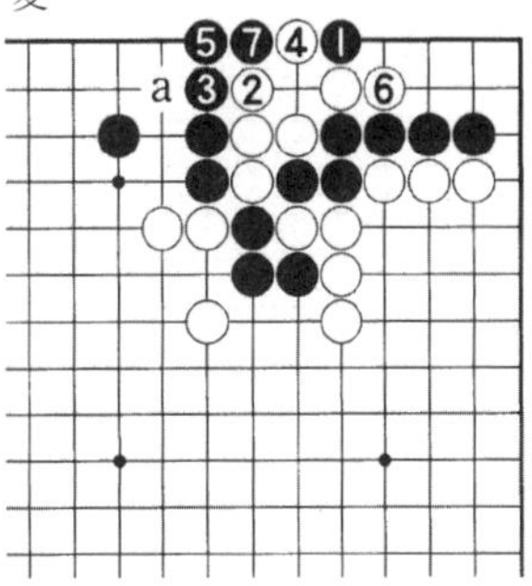

### 수상전

중앙의 흑 3점과 상변에 있는 백 사이에서 수상전이 벌어졌다.

백에 탄력이 있으므로 흑도 무조건 이길 수는 없다.

여유를 주지 않고 공격해야 한다.

### 패

흑1로 1선에서 껴붙이는 것이 급소이다.

백2로 늘고 흑3, 5로 패를 만들면 성공이다.

백2로 3은 흑2로 흑이 이긴다.

### 백 실패

백2로 받는 것은 흑3, 5로 공격하여 수가 늘지 않는다.

흑7까지 흑 승.

또한 백2로 3은 흑a로 백이 한 팻감 손해가 된다.

(1990)

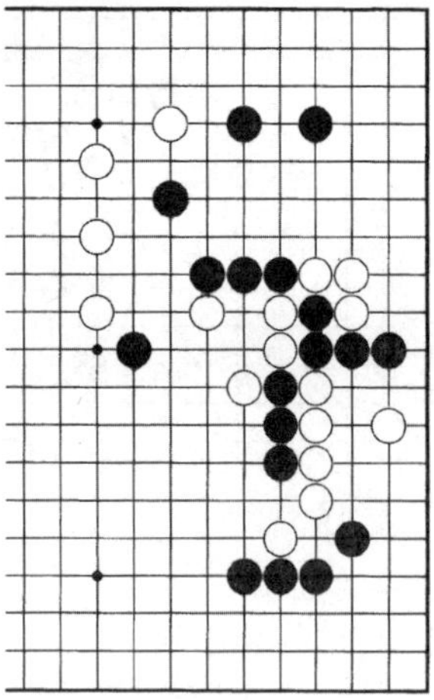

解

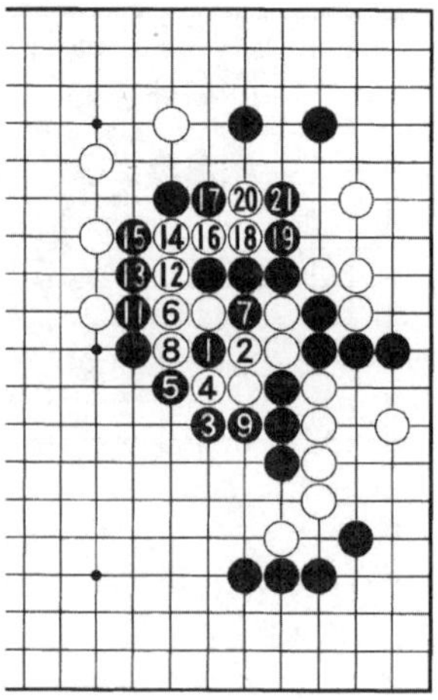

変

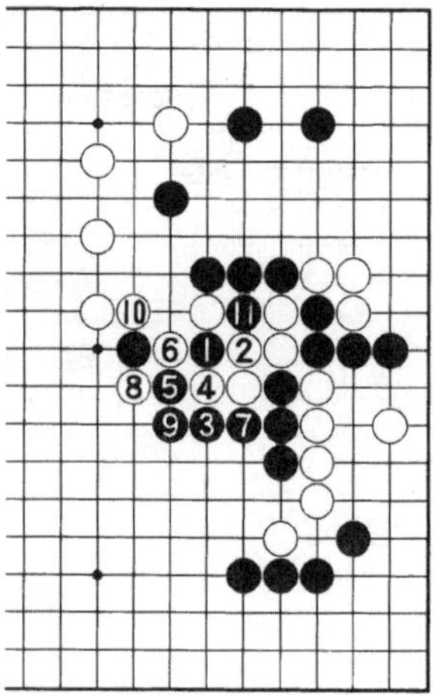

제11형 흑번

## 중앙을 잡다

중앙의 백을 잡을 수 있는 수단이 있다.
백 3점의 탈출로를 막고 흑으로 몰아붙여 축을 만든다.

## 축

흑1의 껴붙임, 백2, 흑3의 장문으로 아래쪽의 도망갈 길을 막으면 백6으로 도망칠 수밖에 없다.
흑7, 9로 중앙의 백을 조이고 11 부터 21까지 외길로 축이 된다.
※⑩→❶

## 촉촉수

흑3의 장문에 백4, 6으로 흑 1점을 잡는 모양.
흑7로 막아 백의 공배를 메우면 촉촉수의 모양이 나온다.
백8, 10 이후 흑11로 백 5점을 잡는다.

(1991)

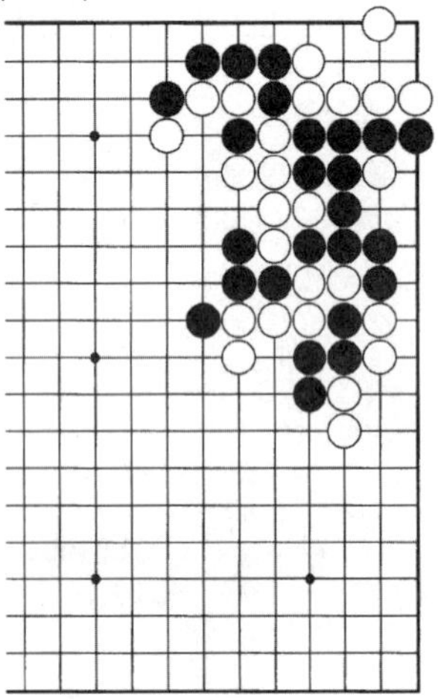

解

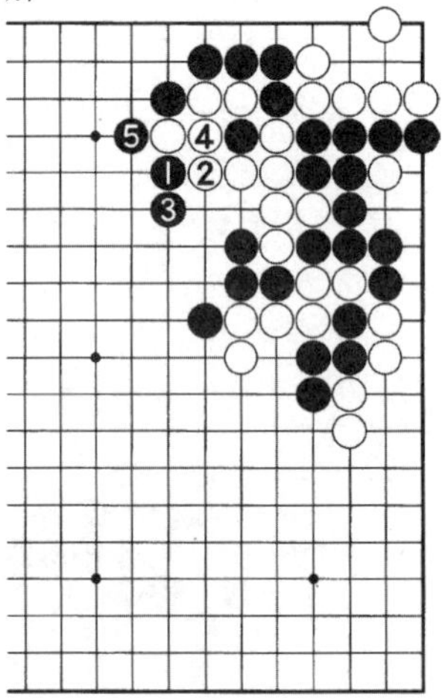

変

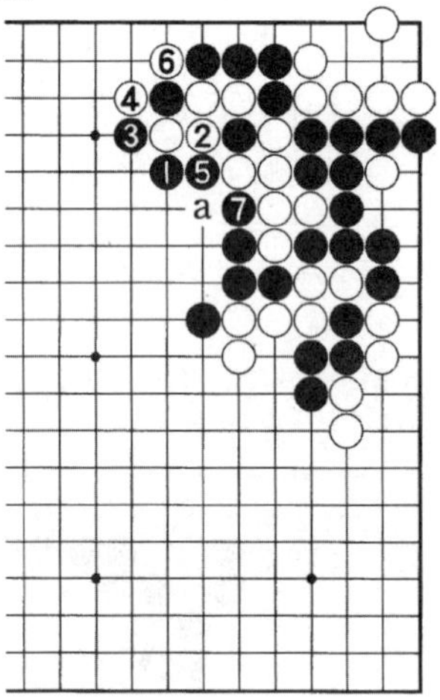

제12형 흑번

## 봉쇄

우상의 전투.
흑은 중앙의 백을 잡고 우변의 흑을 살리고 싶다.
백의 탈출을 막는 급소를 발견해야 한다.

## 11점 잡기

흑1의 껴붙임이 강렬한 맥이다. 백2로 저항해도 흑3으로 늘면 그만이다. 5까지 중앙의 백 11점을 잡는다.
백2로 5에 나가면 흑4로 백 2점을 따내고 그만이다.

## 촉촉수

백2로 잇는 변화이다.
흑3으로 막고 백4로 상변으로 탈출하려고 하면 흑5, 7로 요석인 백 6점을 촉촉수로 잡는다.
흑1로 2에 따내면 백5, 흑1, 백a로 잡을 수 없다.

제13형 백번

(1992)

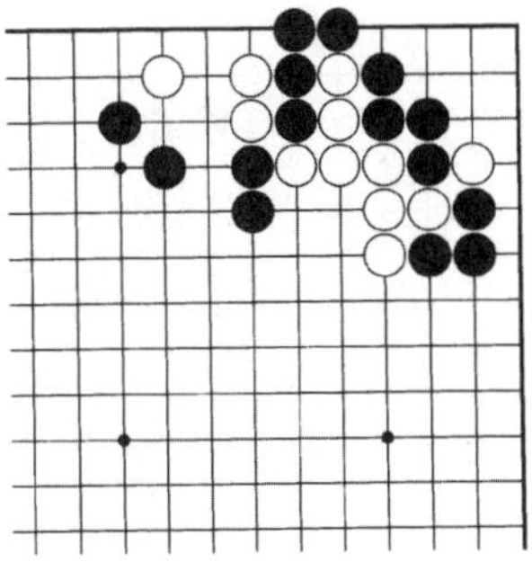

## 역전

우상의 전투.
귀의 백 1점을 방치하여 잡히게 되면 우상은 모두 흑집이 된다.
역전을 위한 수를 내야한다.

解

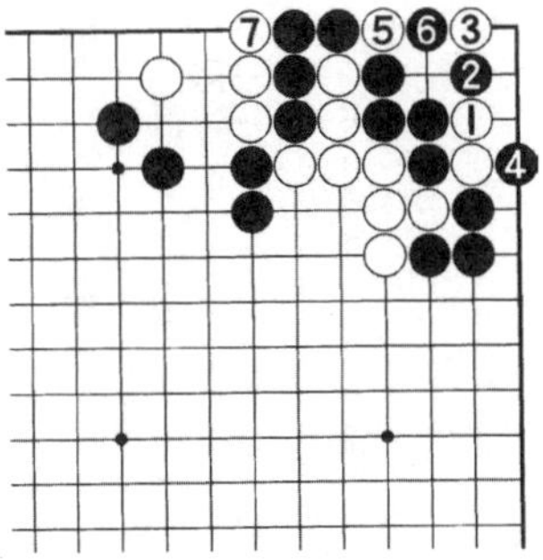

## 촉촉수

백1로 밀고 3의 껴붙임이 날카로운 맥이다.
흑4로 백 2점을 잡으면 백5로 먹여치고 7로 단수쳐서 흑 4점을 촉촉수로 잡는다.

変

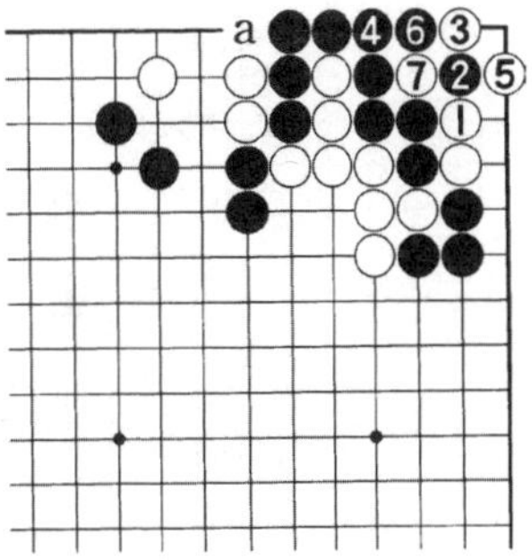

## 큰 패

흑4로 이으면 백5로 단수쳐 백이 유리한 패가 난다.
흑은 귀가 전멸할 수 있는 위험이 있다. 백3으로 4 또는 a를 결정지으면 수가 되지 않는다.

껴붙임 사활(삶)

제1형 흑번

(1993)

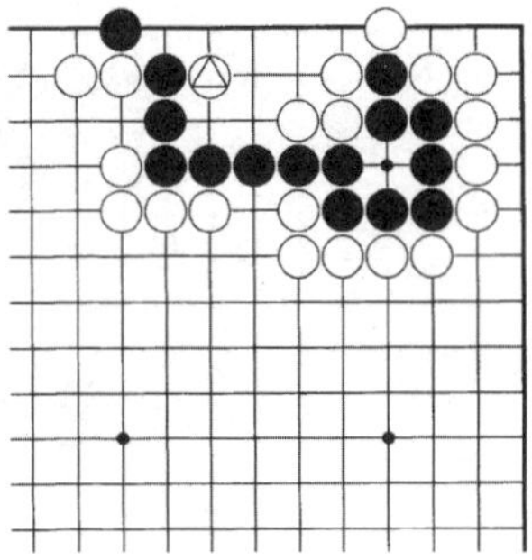

## 의지

사활 문제.
백◬ 1점을 잡아도 옥집이 될 수 있다.
백을 자충으로 만드는 사석에 의지하여야 한다.

解

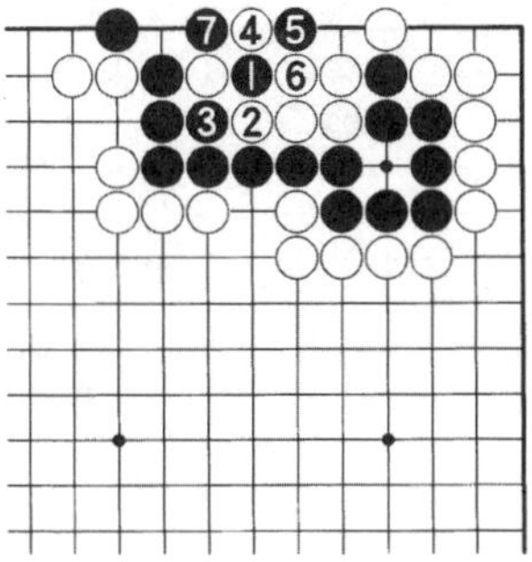

## 패

흑1의 껴붙임이 상용의 수단이다.
백2, 4로 흑 1점을 잡으면 흑5의 단수가 백의 공배를 메우는 좋은 수이다. 흑7로 패가 난다.
흑5로 7은 백5로 죽는다.

失

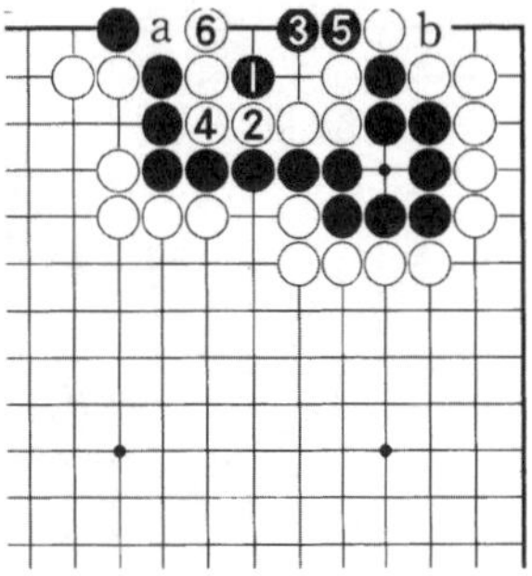

## 흑 전멸

흑3 입구자도 맥이지만 백4, 6으로 저항하여 실패한다.
흑a로 이으면 백b로 이어 흑 전체가 죽는다.

껴붙임 사활(죽음)

제1형 흑번

(1994)

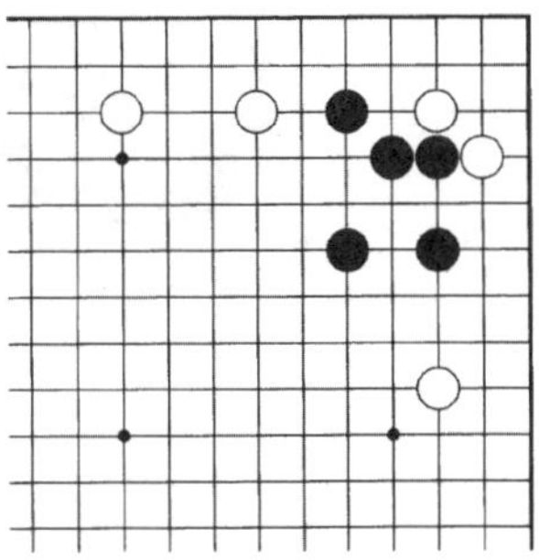

## 필살기

백이 우상귀에서 살기라도 하면 흑이 위험해진다.
필살기가 필요하다.

解

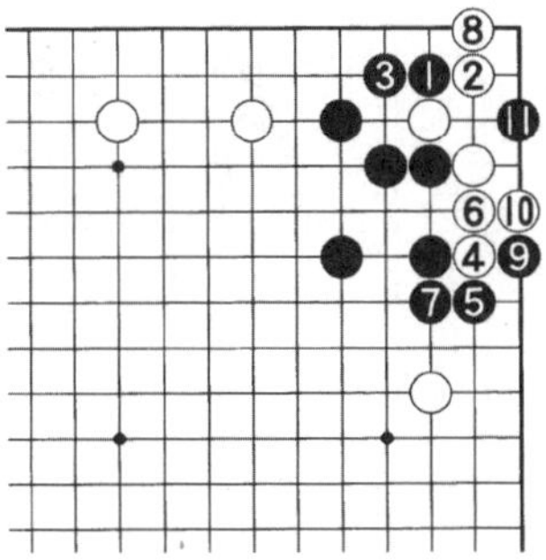

## 백 죽음

흑1로 껴붙여 백의 집을 부순다. 백2로 젖히면 흑3으로 단순히 당기는 것이 좋은 수이다.
백4부터 10까지 집을 넓혀도 흑11의 치중으로 백이 죽는다.

失

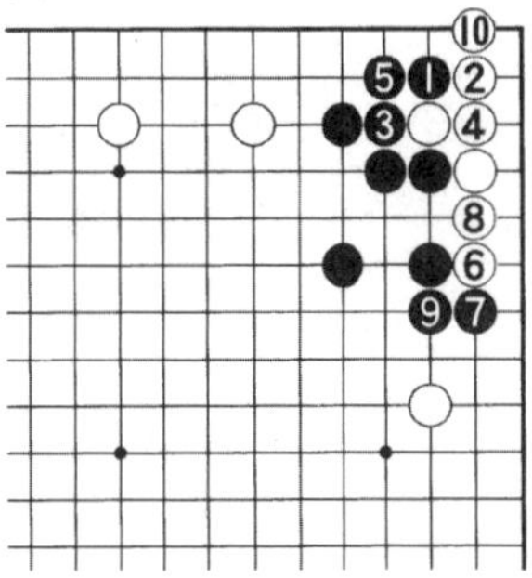

## 대악수

흑1, 백2 이후 흑3으로 단수치는 것은 악수이다.
백4로 잇는 모양이 되면 백6부터 10까지 궁도를 넓혀 산다.

껴붙임 끝내기

(1995)

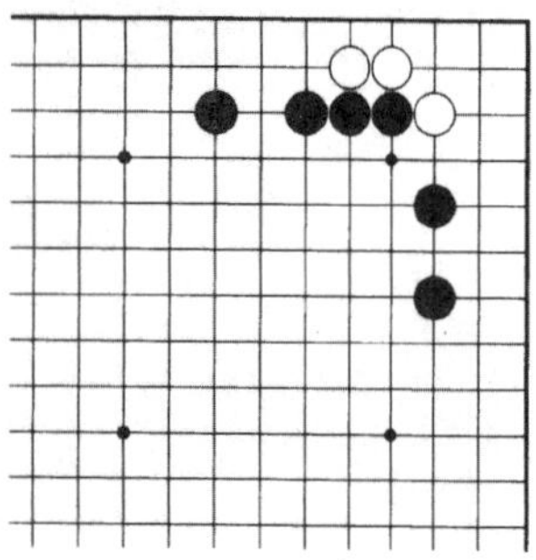

解

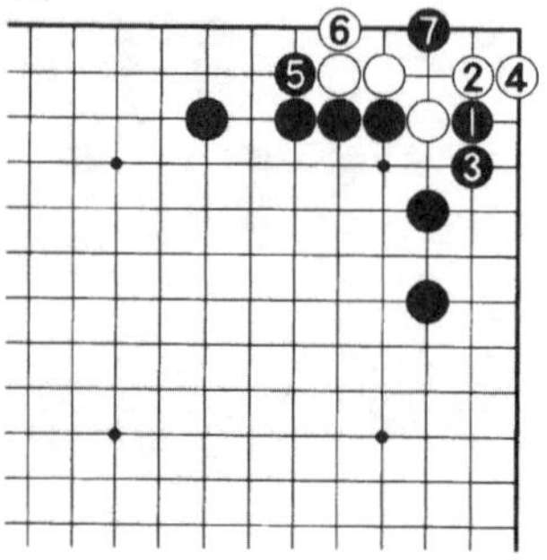

変

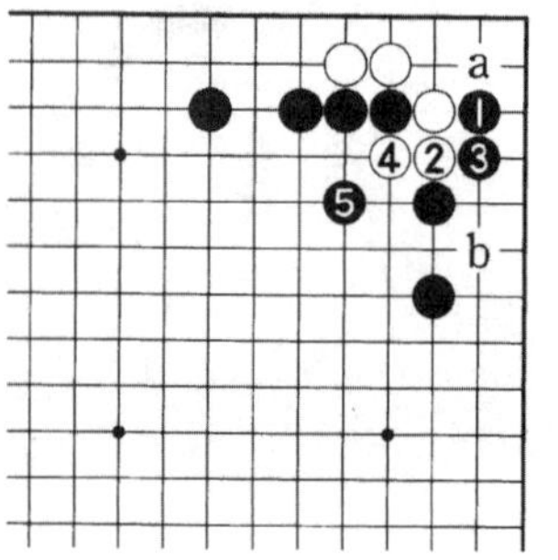


제2형 흑번

### 필살수

3·3을 침범한 백은 살기 쉬우나 바깥의 흑이 강력하여 무조건 살수 없다.
흑은 필살의 수가 있다.

### 백 전멸

흑1의 껴붙임이 냉엄한 맥이다.
백2로 막아 옥집이 된다.
백4, 6으로 궁도를 늘려도 흑7로 백은 전멸한다.

### 봉쇄

백2로 중앙으로 나가려 하는 것은 흑3, 백4 이후 흑5로 씌워 봉쇄 하는 것이 가능하다.
이후 백a는 흑b.

(1996)

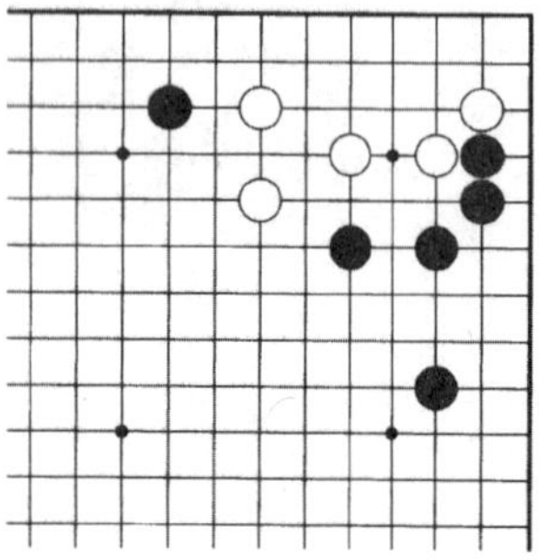

解

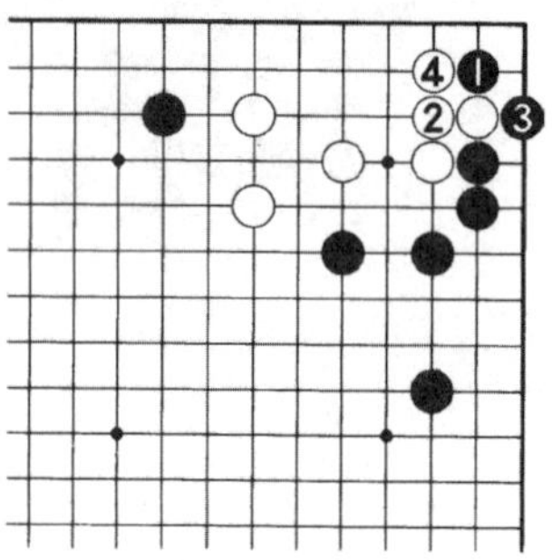

変

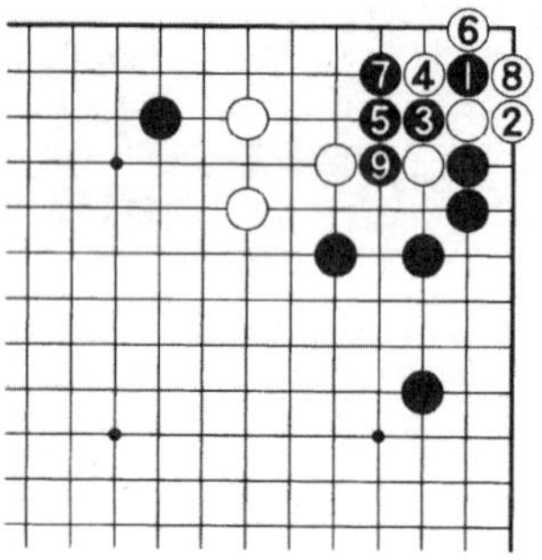

제1형 흑번

### 교묘

우상귀의 끝내기 문제.
백집이 10집 이상으로 보고 있지만 10집 이하가 되느냐는 끝내기 실력에 달려있다.

### 백집 10집 약함

흑1로 껴붙이는 수가 맥이다.
백은 2로 이을 수밖에 없기 때문에 흑3으로 건너가고 귀의 백집이 작아진다.
백집은 10집이 약하다.

### 백 망함

백2의 저항은 무리한 모양이다.
흑3으로 끊고 흑3을 백이 잡을 수 없어 백은 조각난다.
흑9까지 백이 망한 결과다.

(1997)

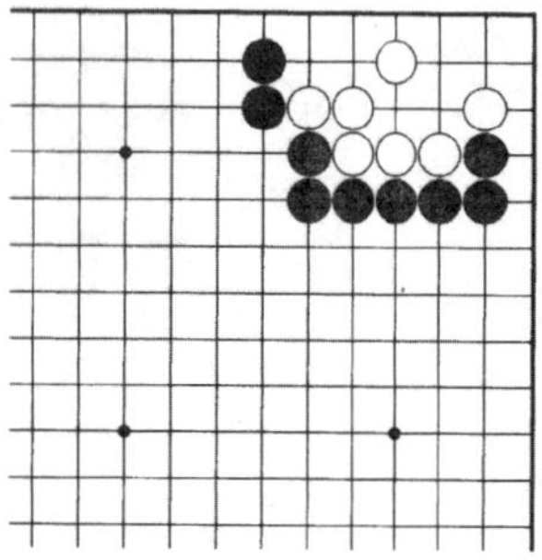

解

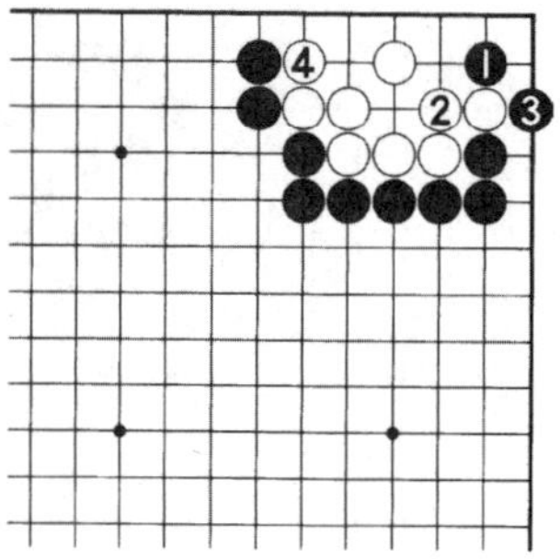

変

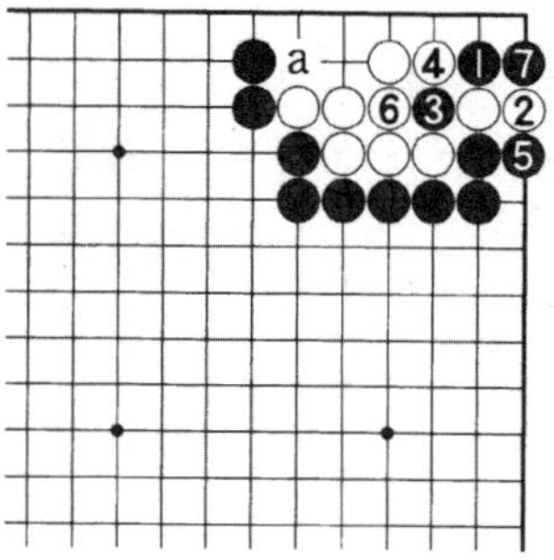


제2형 흑번

### 최소의 집

우상귀의 백은 사활 문제의 불안은 없으나 흑에게 공격을 받으면 최소의 집으로 살아야 한다.
흑의 공격은?

### 3집

흑1의 껴붙임으로 귀의 백집이 없어진다.
백은 2로 이을 수밖에 없어 흑3으로 건너간다.
백4까지 백은 3집이 되었다.

### 백 죽음

백2로 저항 하는 것은 안 된다.
흑3의 끊음과 5, 7로 조여 가운데의 집이 없어진다. 이후, 백이 2점을 이으면 흑a로 백은 죽는다.

## 제3형 백번

(1998)

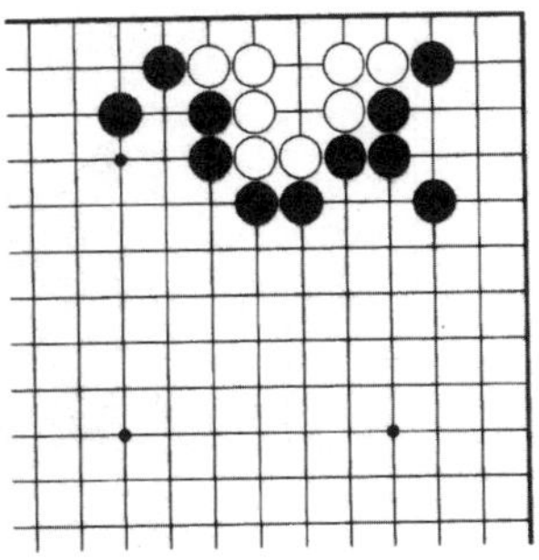

### 생각하다

상변의 백을 살리고 싶다.
여러 가지 사는 방법이 있지만 이득을 볼 수 있는 수를 생각해보자.

解

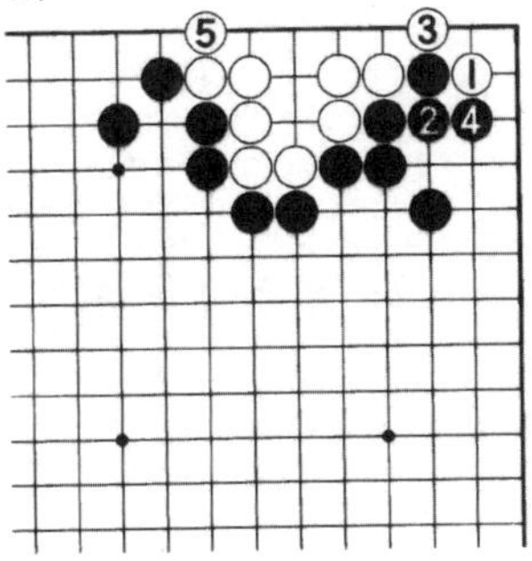

### 귀의 득

백1의 껴붙임은 끝내기의 맥이다. 흑2로 받으면 백3으로 건너서 귀에서 이득을 보고 백5로 살 수 있다.

变

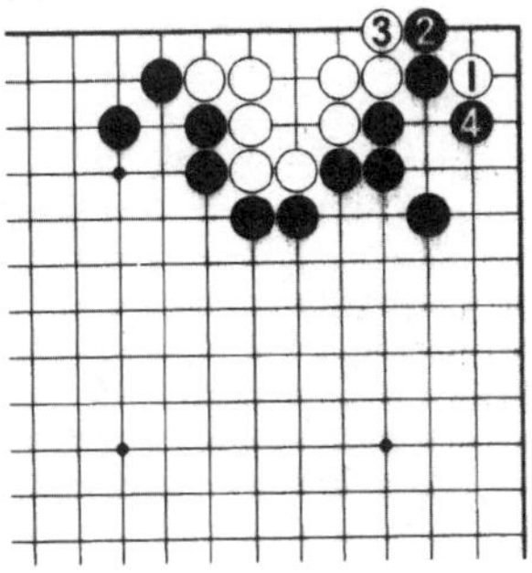

### 선수 삶

흑2로 건너지 못하게 막으면 백3. 흑4로 받으면 백은 선수로 산다. 백1로 2에 젖혀도 선수지만 흑1로 받아 손해를 본다.

## 제4형 흑번

(1999)

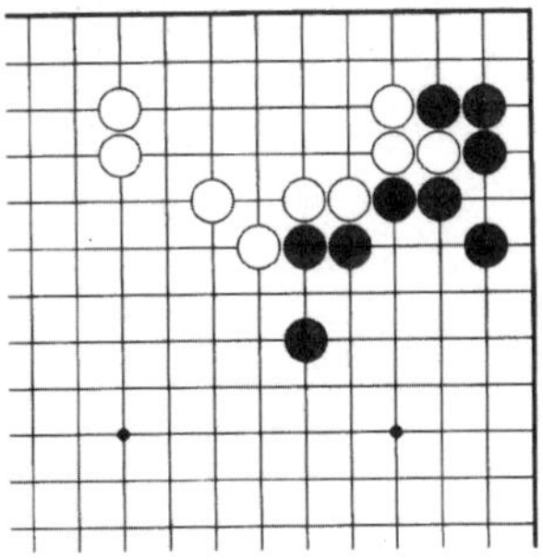

### 큰 끝내기

상변의 백집은 한 눈에 봐도 20집 정도이다. 우상에 있는 백 3점의 공배가 꽉 찼기 때문에 큰 끝내기 수단이 성립한다.

解

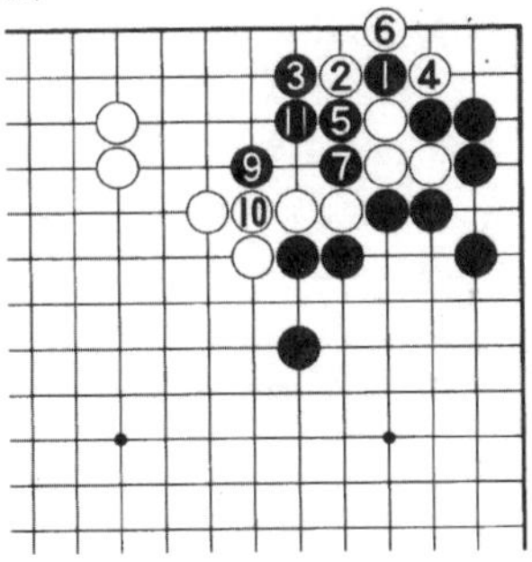

### 백 불리

흑1로 젖히는 수는 백 3점의 공배를 꽉꽉 메운다.
백2로 막으면 흑3의 껴붙임이 날카로운 맥으로 11까지 백이 불리하다.
※⑧→❶

变

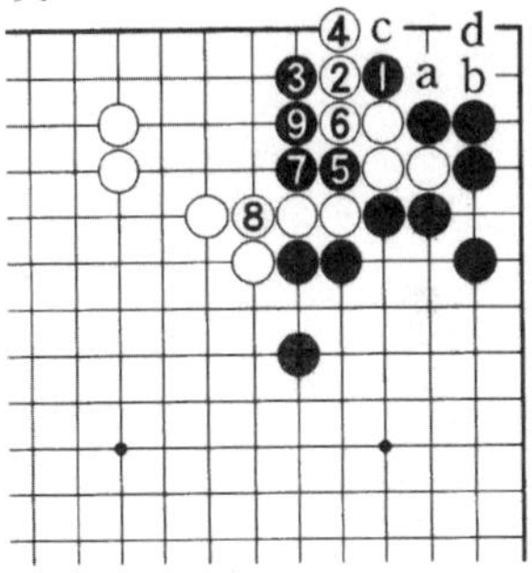

### 흑 승

백4로 저항하면 흑5의 쪽에서 끊어 곤란해진다.
흑9까지 상변의 수상전은 흑의 승리이다.
이후에는 백a, 흑b, 백c, 흑d.

## 제5형 백번

(2000)

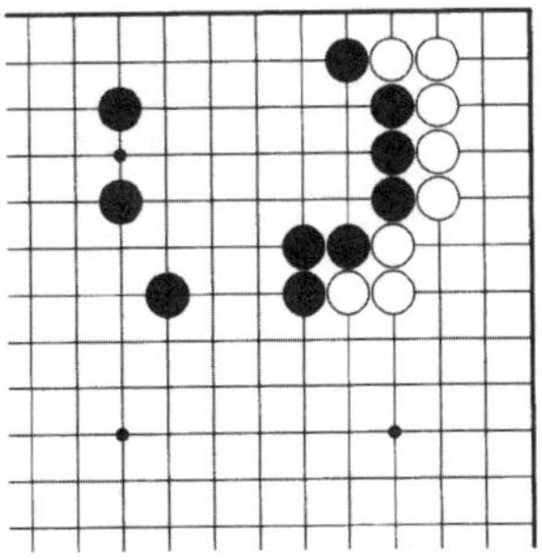

### 결함

흑은 상변의 모양을 굳히고 있으나 제일 큰 지킴에 약점이 있다. 백의 끝내기에 따라 흑집은 10집약까지 줄어든다.

解

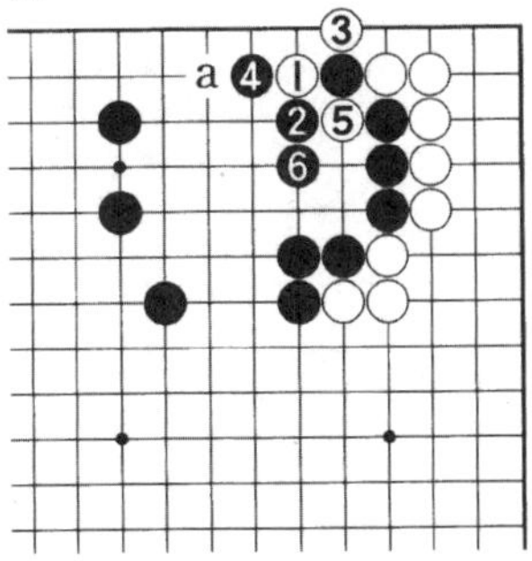

### 따냄

백1의 껴붙임이 맥이다.
흑2, 4로 받는 정도이지만 백5로 따낸다.
흑6 이후 백a의 끝내기가 보인다.

变

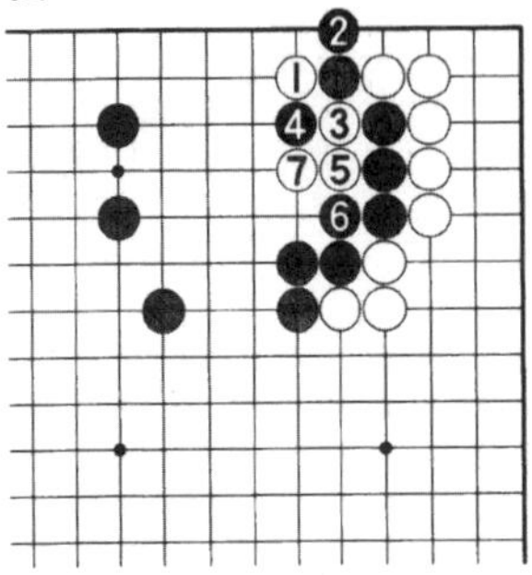

### 흑 망함

흑2로 내려 건넘을 막으려고 하는 것은 백3으로 끊어 피해가 커진다. 백7까지로 흑은 다음 수가 없는 모양이다.

겨붙임 나가기

제6형 흑번

(2001)

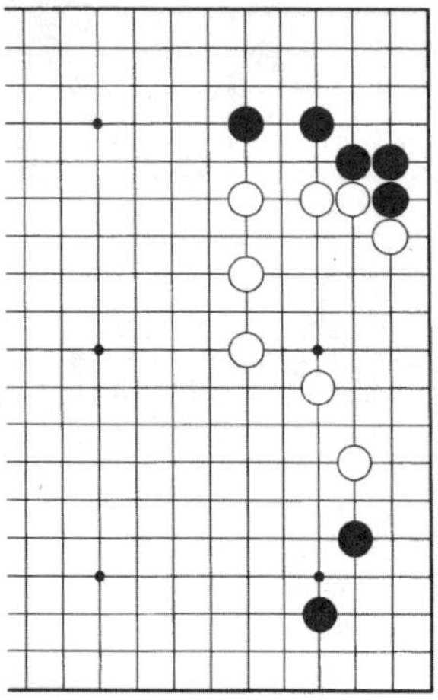

## 문제

변의 끝내기 문제.
우변의 모양이 엷어 이대로 방치하면 백집은 크게 깎인다.
백의 약점을 추궁하는 급소를 찾아야 한다.

解

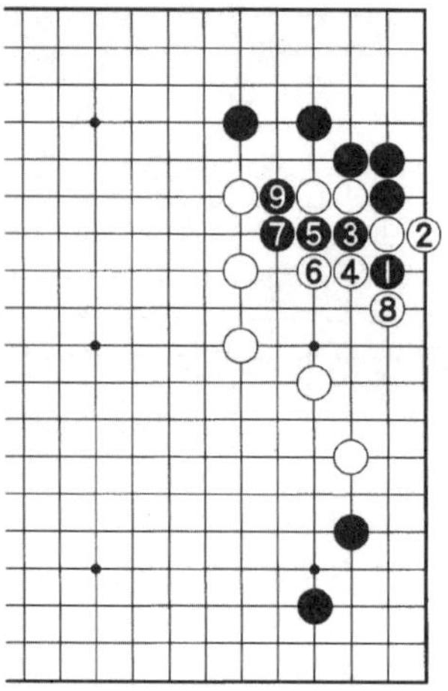

## 2점 잡기

흑1의 껴붙임이 상용의 맥이다. 백2로 저항하면 흑3으로 끊고 흑9까지 백 2점을 잡는다.
백2로 3은 흑2로 건너간다.
우변 백집이 상당히 집이 줄어든 그림이다.

变

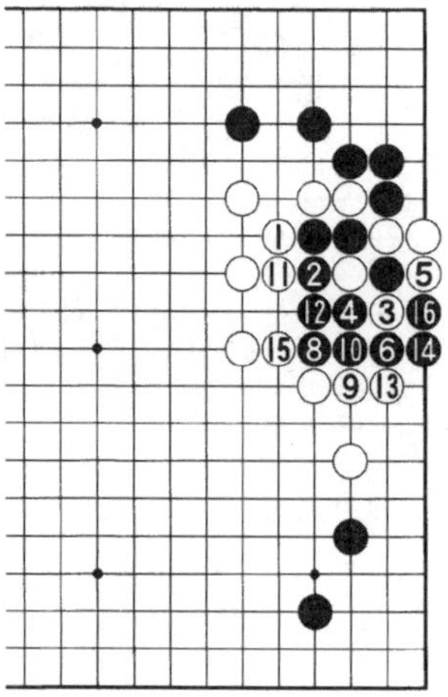

## 백 불리

정해도의 백6으로 1로 단수치고 백3, 5는 패의 비상수단에 호소하지만 흑6, 8로 굳혀서 불리하다. 흑16까지 백은 전부 잡혀 백집이 흑집으로 바뀌었다.
※⑦→❷의 오른쪽

제1형 백번

(2002)

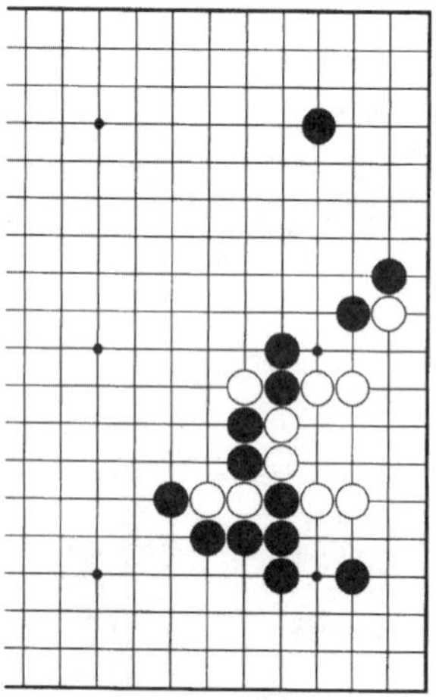

## 무너지다

포위된 백이 바깥에 머리를 내밀기만해도 중앙이나 우변에 있는 흑의 세력권을 무너뜨린다.
백은 출구를 찾아야한다.

解

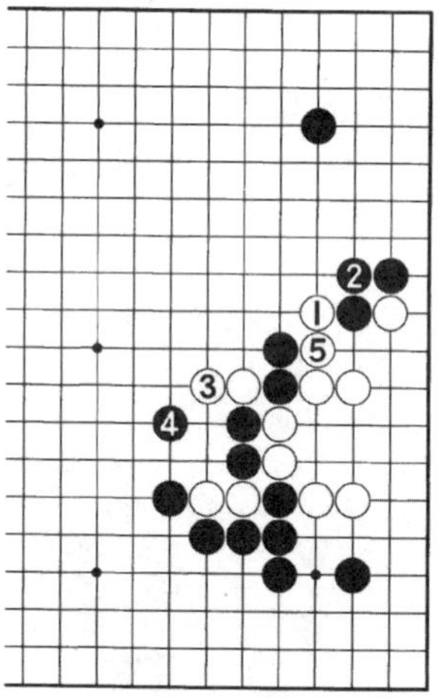

## 머리를 내밀다

백1의 껴붙임이 맥이다.
흑2로 받을 수밖에 없지만 백3으로 선수하고 흑4 이후, 백5로 이어서 머리를 내민다.
흑 2점이 답답한 모양이 되었다.

变

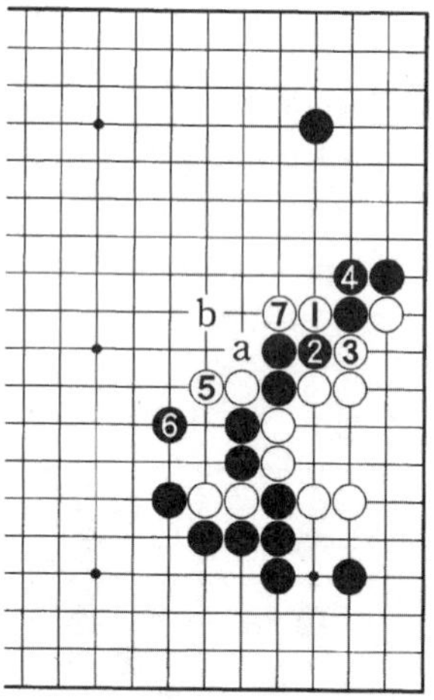


## 장문

흑2로 막는 것은 백3으로 끊어 흑이 자충에 걸린다.
흑4이후 백5, 7로 중앙의 흑 3점은 살릴 수 없다. 다음에 a는 b로 잡힌다.

제2형 흑번

(2003)

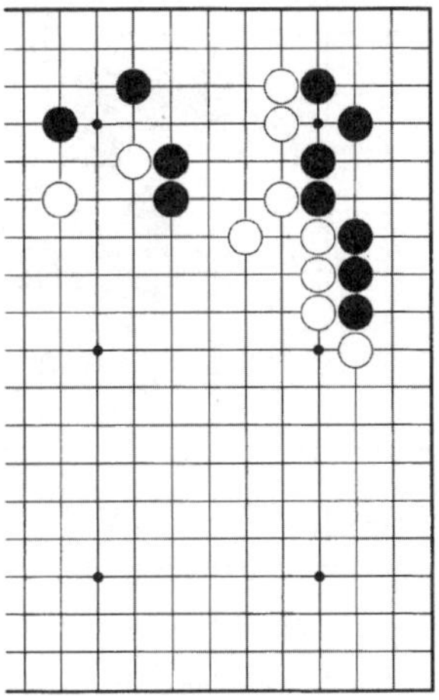

## 반발

우변의 전투.
우상에서 우하로 진출하려 하는 흑을 백이 막으려고 한다.
흑은 2선으로 기지 않고 반발하고 싶다.

解

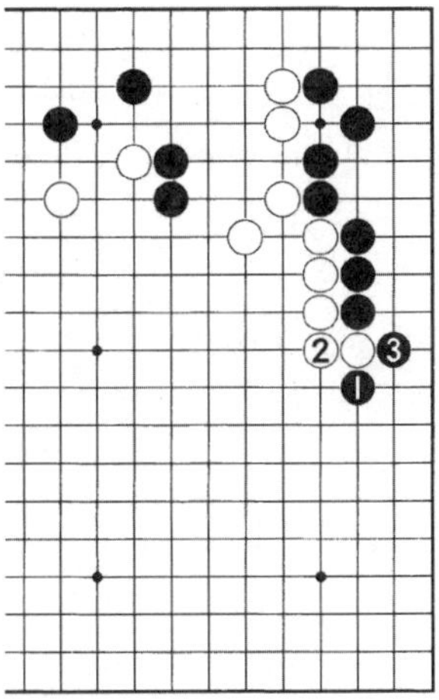

## 머리를 내밀다

흑1의 껴붙임이 상용의 맥이다. 백2로 중앙으로 돌아가면 흑3으로 건너 우변에 머리를 내밀게 된다. 흑1로 3은 백1. 흑이 2선을 기는 것은 상당한 손해이다.

変

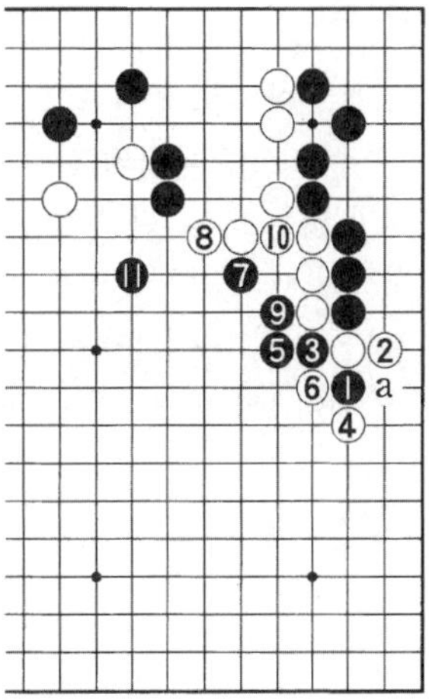

## 흑 호조

백2로 내려 흑의 건넘을 방해하면 이번엔 흑3으로 끊는 수가 냉엄하게 된다. 백4라면 흑5부터 11까지 공격하여 흑의 흐름.
백4로 a는 흑4로 뻗는다.

제3형 흑번

(2004)

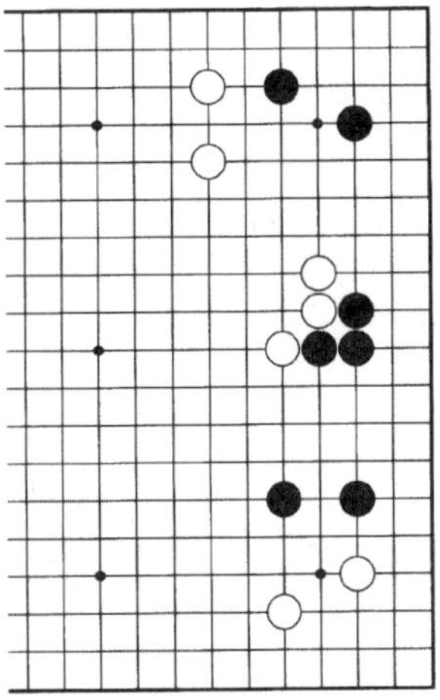

## 연관

우변의 흑을 중앙으로 진출시키는 멋진 맥이 있다.
이에 대항하는 백의 반발도 만만치 않아 싸움은 우상귀까지 이어진다.

解

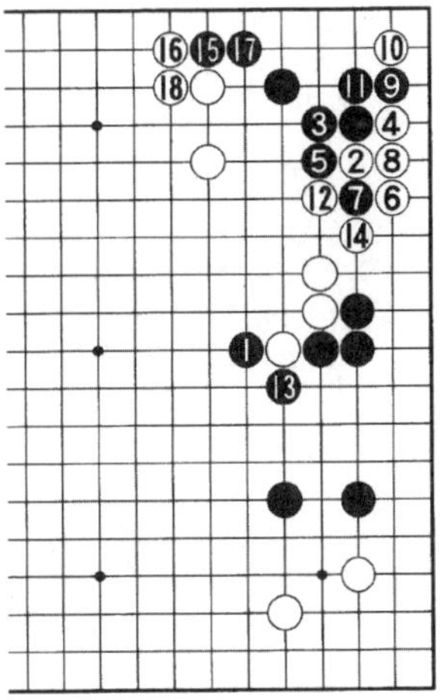

## 맥점

흑1의 껴붙임은 백의 움직임을 억제하는 맥이다. 백2의 붙임은 이후 13의 나감을 보고 있다.
흑3이후 백12까지 우변을 수습하고 흑13으로 손을 돌려 17까지 귀를 단단히 지킨다.

変

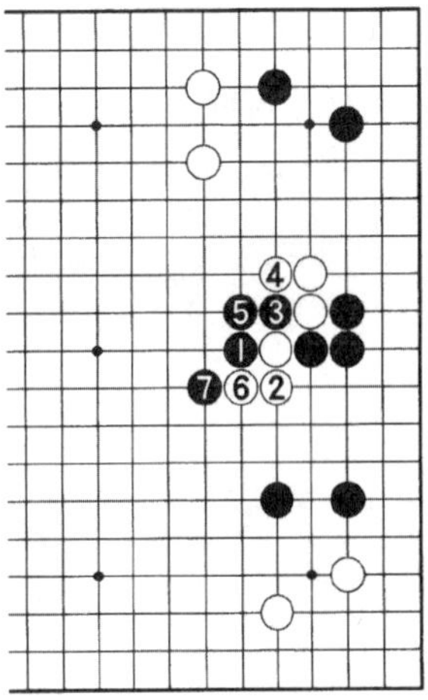

## 백 고전

백2로 늘면 흑3으로 끊어 싸운다.
우변 백이 약하기 때문에 백4로 둘 수밖에 없다. 흑5로 잇고 백6에 흑7의 젖힘이 강수로 백은 힘든 싸움을 맞이한다.

# 젖힘

돌과 돌이 접촉하면 먹느냐 먹히느냐의 싸움이 된다. 주변 상황 때문에 강수를 두지 못한 경우도 있겠지만 많은 경우, 먼저 상대의 세력을 두드리고 있는 모양일 때 젖힘이 냉엄한 맥이 된다.
흑1은 귀의 수상전에서 젖힘이다. 이수로 흑이 이긴다. 백이 1의 점에 두었을 때의 모양과 차이가 크다.

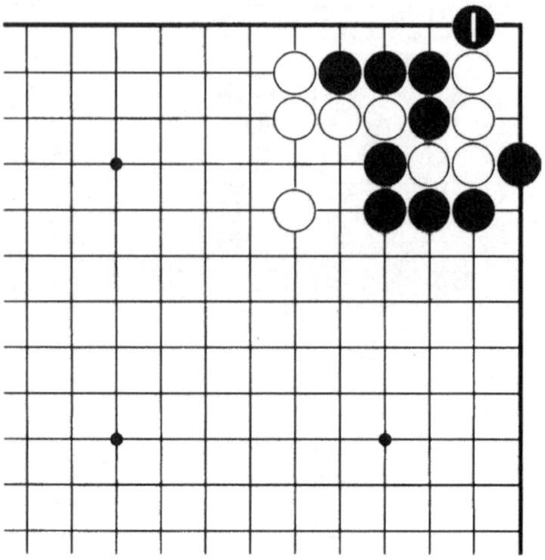





(2005)

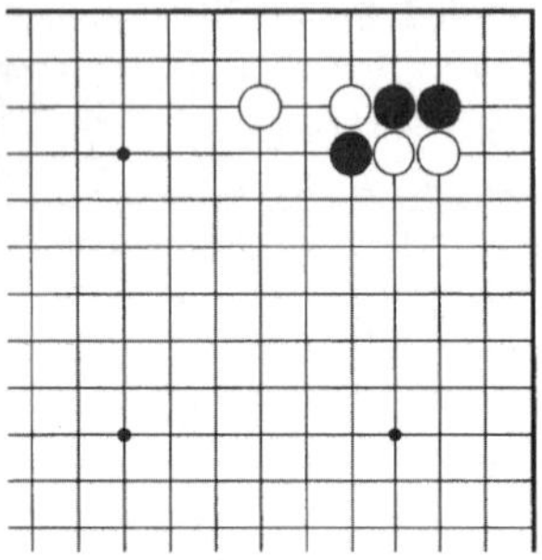

### 정석의 변화

한 칸 높은 걸침 정석의 변화이다. 귀와 중앙의 흑이 연결되면 흑이 유리하게 된다. 백도 저항한다.

解

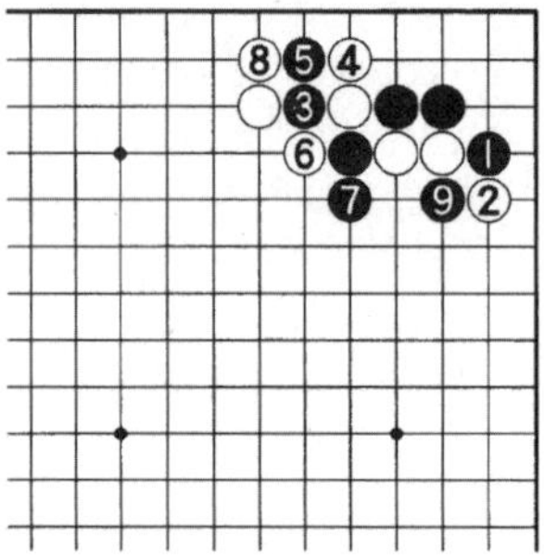

### 흑 유리

흑1로 젖히는 수가 좋은 맥이다. 백2로 막는 것은 악수로 흑3, 5로 상변의 백을 공격해서 백6을 유도하여 흑9로 백 2점을 잡는다.
흑이 유리하다.

变

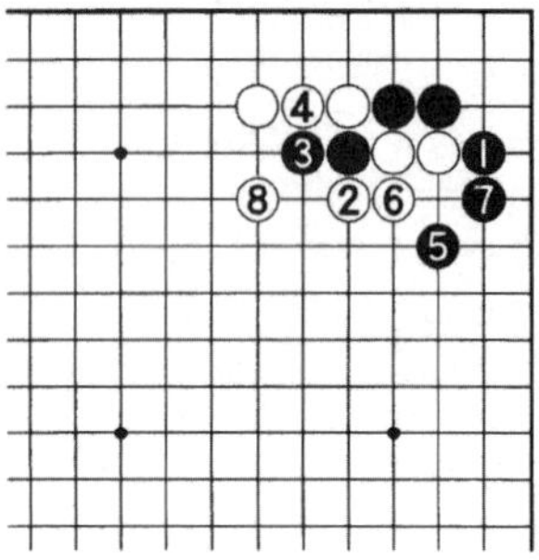

### 정석

백2, 4로 중앙을 공격하는 변화.
흑5로 중앙을 버리고 귀에서 우변으로 진출하면 서로 불만이 없다.



(2006)

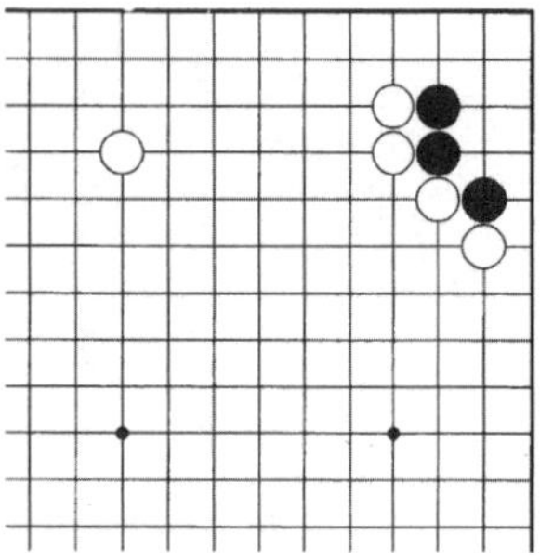

### 반발

우상은 화점 정석이다.
백이 강하게 귀의 흑을 틀어막고 있다.
흑은 이에 반발하여 상변에 있는 백의 모양을 무너뜨리려 한다.

解

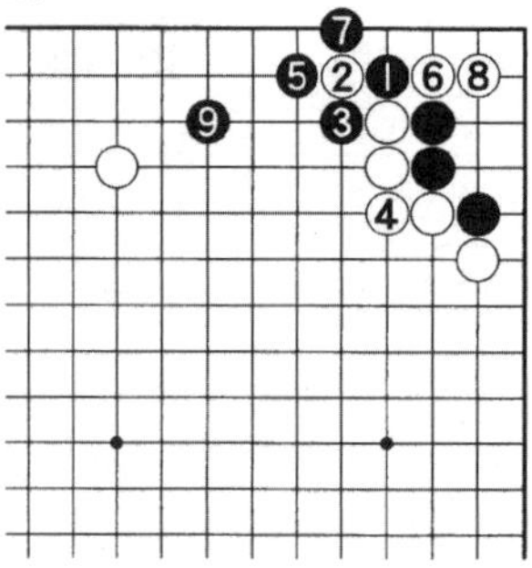

### 바꿔치기

흑1로 젖히고 3으로 끊는 것이 냉엄한 반격이 된다.
백4로 이으면 흑5로 상변에 있는 백 1점을 잡아 귀와 바꿔치기.

变

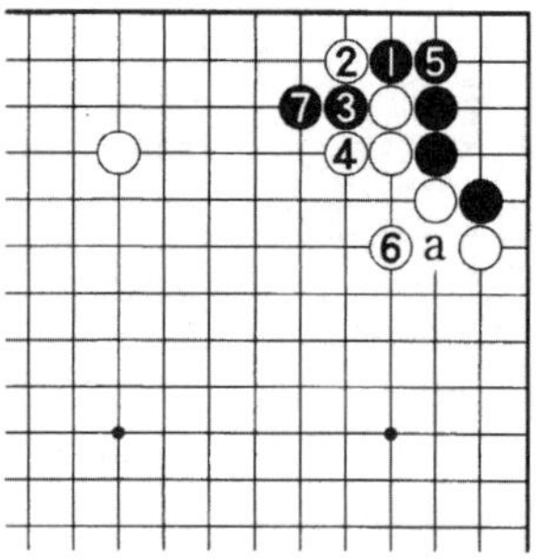


### 흑 유리

백4로 저항하면 흑5로 잇는다. 다음에 a의 끊음이 있기 때문에 백6으로 지키면 흑7로 상변을 나가서 흑이 유리한 싸움이 된다.

**제3형 흑번**

(2007)

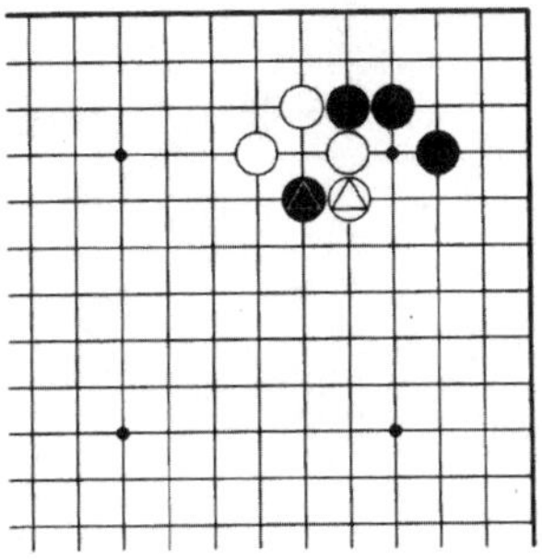

### 대응수단

한 칸 높은 걸침 정석의 변화이다. 흑▲로 들여다보면 백△로 반발하였고 흑도 이에 대응하는 수단을 준비해둬야 한다.

解

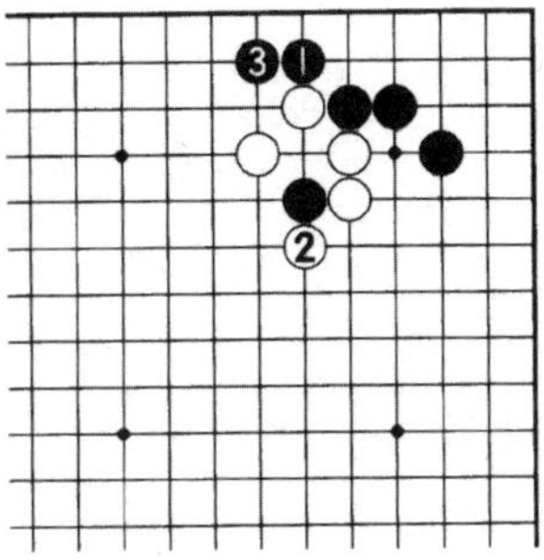

### 정석

흑1로 젖히는 타이밍이 좋다. 백2로 중앙을 지키면 흑3으로 발밑을 도와서 흑집이 커진다. 이것도 정석의 변화 중하나이다.

失

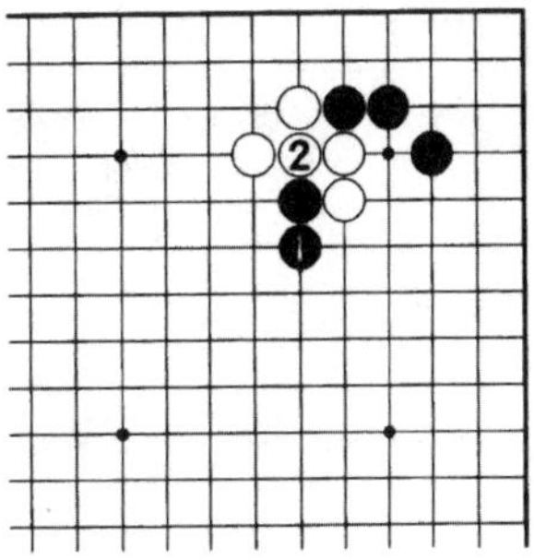

### 무거운 모양

흑1로 뻗어서 들여다본 수에 집착해선 불리해진다. 백2로 이으면 중앙의 흑 2점은 연결이 끊겨 무거운 모양이 된다.

**제4형 백번**

(2008)

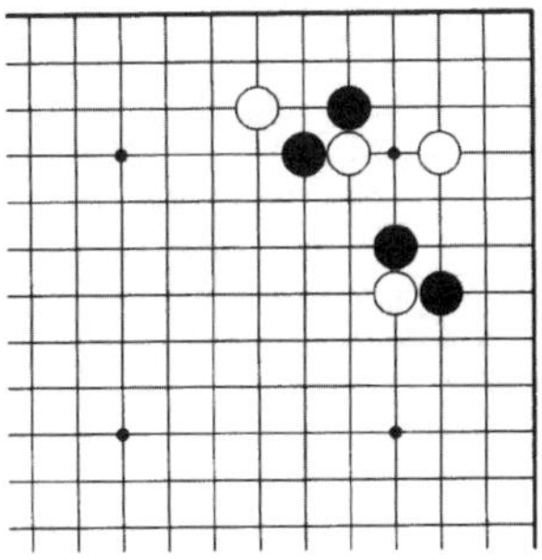

### 연관

한 칸 협공 정석의 변화이다. 흑은 귀를 공격하는 백에게 최대한 저항하고 있다. 백은 우변과 귀를 연관시켜야 한다.

解

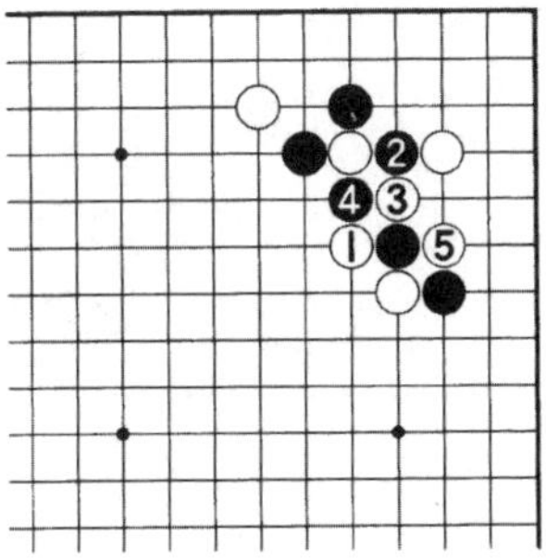

### 백 유리

백1의 젖힘이 알기 쉬운 맥이다. 흑2로 단수치면 백도 3으로 양단수이다. 백5까지 서로 빵때림 한 모양은 상변의 백이 상처가 없어 유리하다.

失

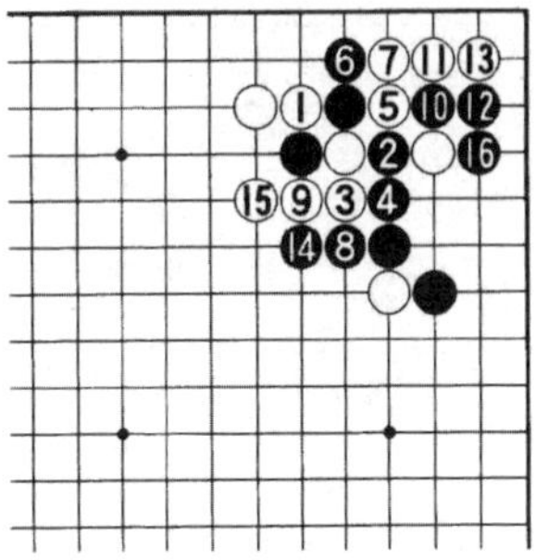

### 흑 충분

백1로 끊으면 흑2, 4로 중앙을 연결해서 우변을 잡는다. 백5, 7로 귀를 잡아도 흑16까지 우변을 굳혀 불만 없는 모습이다.

**제5형 흑번**

(2009)

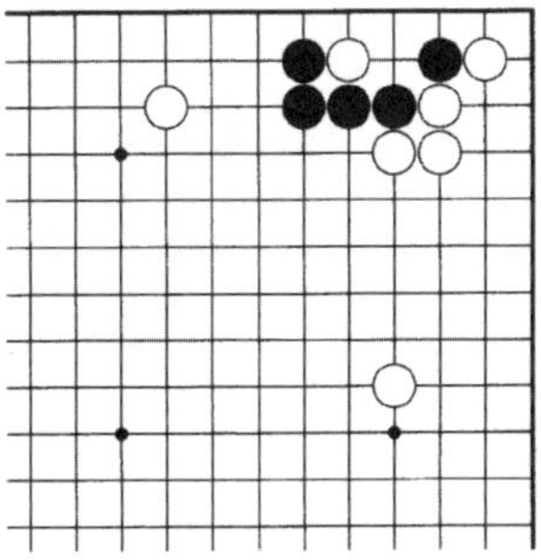

### 근거

화정 정석에서 나온 변화. 귀의 흑은 백에게 협공 당했으나 수습하기 어렵지 않다. 그러기 위해서는 근거를 만드는 것이 우선되어야 한다.

解

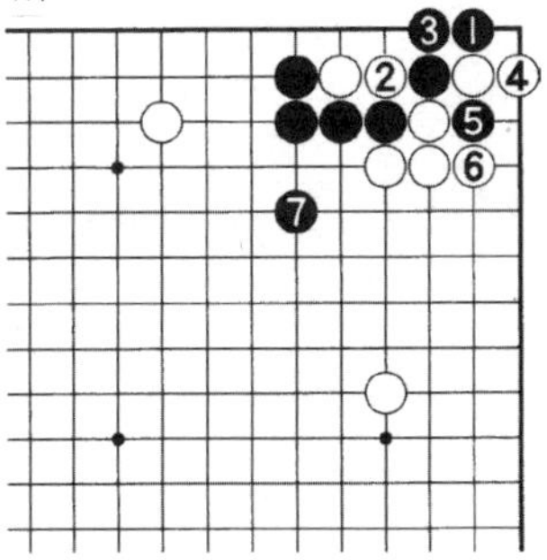

### 흑 강력

흑1로 젖혀 귀의 탄력을 이용한다. 백2, 4로 공격해도 흑5로 끊어 백 2점을 선수로 잡는다. 흑7로 뛰어 강력한 모양이다.

失

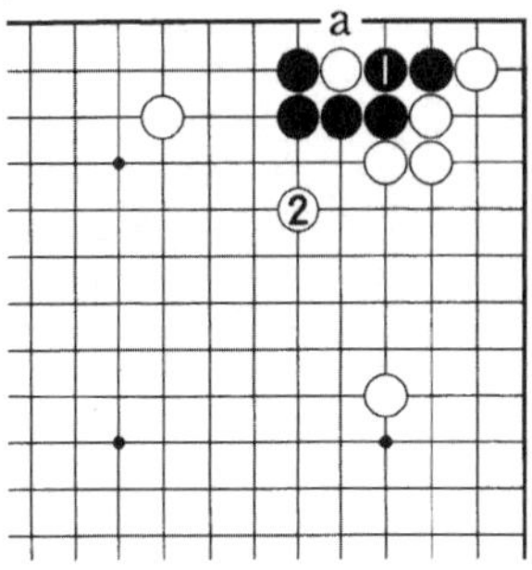

### 흑 불리

흑1로 잇는 수는 대 완착이다. 후수로 물러나서 백2의 공격을 받아 불리해진다. 이후 흑a로 따내면 사는 모양이지만 꽤 괴로운 모양이다.

제6형 백번

(2010)

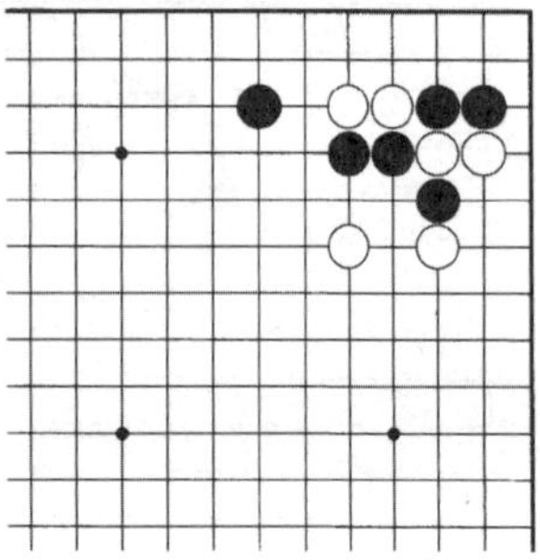

## 찬스

화점 정석에서 생기는 모양이다.
흑이 응수를 잘못하여 백에게 기회가 왔다. 흑을 추궁해야 한다.

解

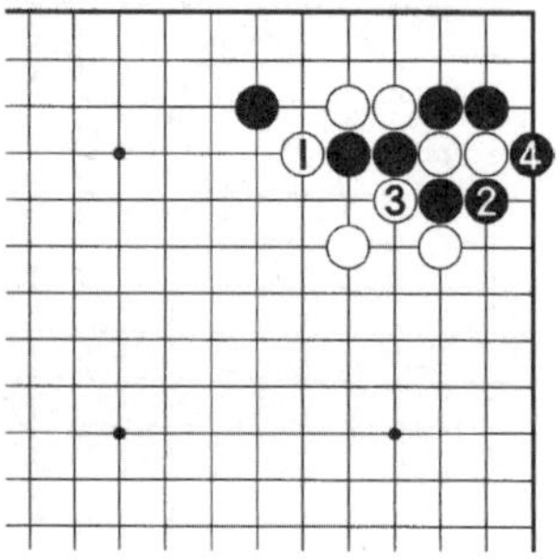

## 상변을 깨뜨리다

우변보다도 상변이 중요하다.
백1의 젖힘에 3까지 상변을 무너뜨리면 백의 성공이다.
상변의 흑 1점이 약해졌다.
※⑤→③의 오른쪽 위

変

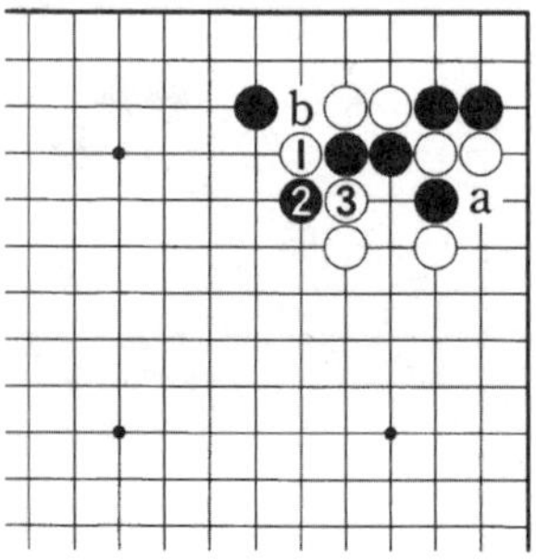

## 흑 불발

흑2라면 백3으로 그만이다.
백1로 a에 받는 것은 흑b로 상변이 굳혀져서 귀는 전부 흑집이 된다.

제7형 백번

(2011)

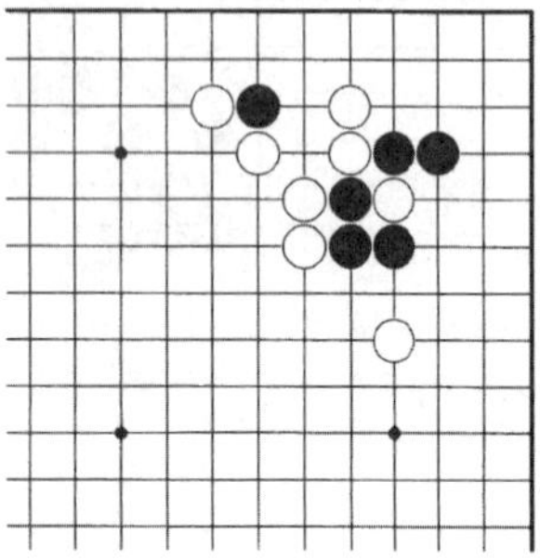

## 봉쇄

우상의 전투.
한 칸 협공 정석에서 생기는 변화로 백은 공배가 꽉 찬 흑을 추궁하여 귀에 가두고 싶다.

解

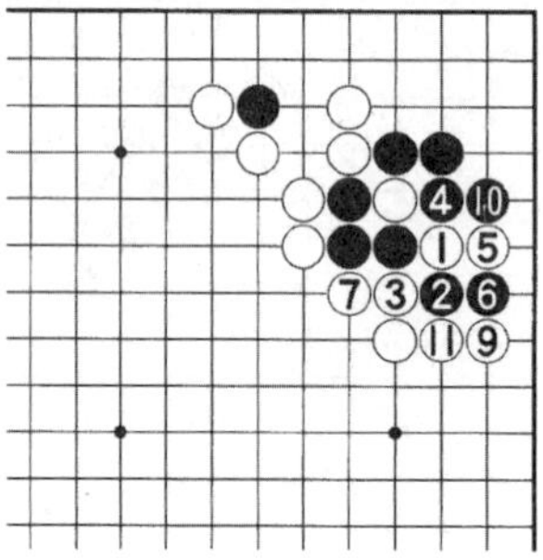

## 두터운 모양

백1의 젖힘이 냉엄한 수이다.
흑2로 막으면 백3으로 끊고 5로 내려 2점으로 키워 죽인다.
백7부터 11까지 두터운 모양이다.
※❽→❹의 왼쪽

変

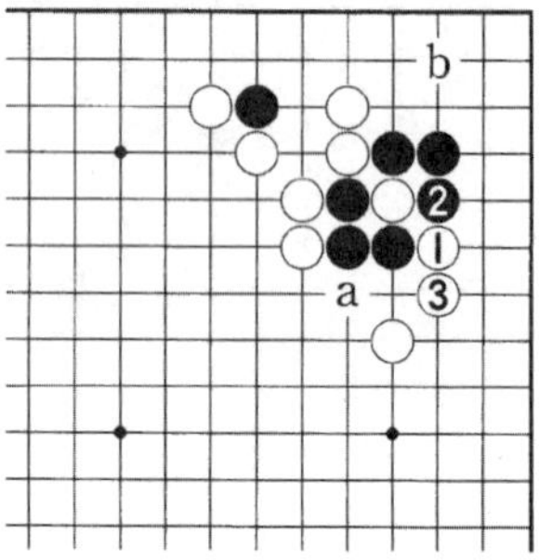

## 옥집

흑2로 따내면 백3으로 당겨 중앙은 옥집이 된다.
흑a로 중앙으로 나가도 백b로 공격당해 뜬 돌이다. 흑이 귀를 지키면 중앙을 막는다.

젖힘 모양 만들기

제1형 흑번

(2012)

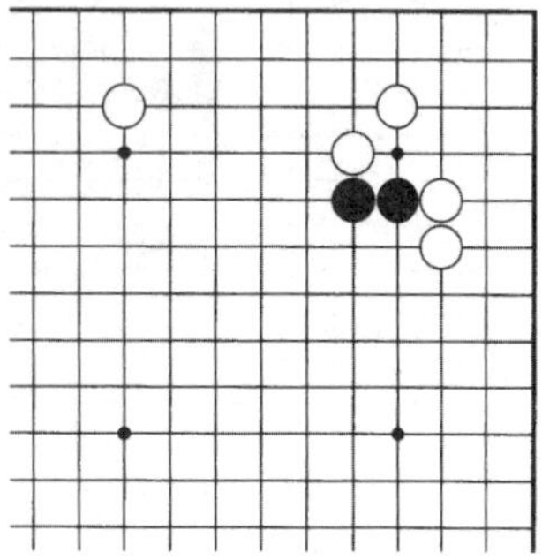

## 뜬 돌

우상의 흑 2점이 뜬 돌인 채로 방치되면 아무 쪽에도 쓸 곳이 없다.
바깥의 모양을 결정지어야 한다.

解

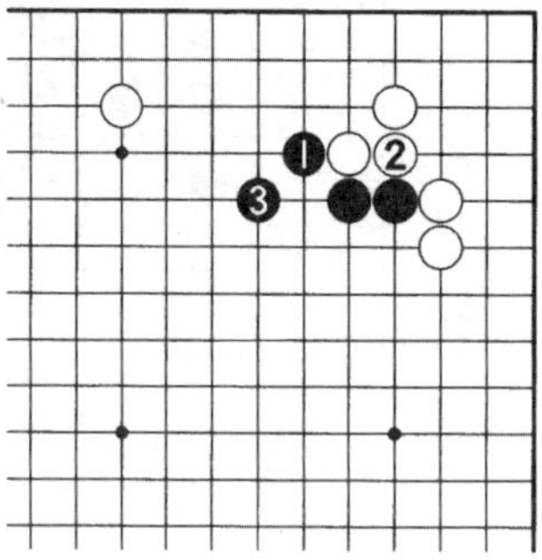

## 정형

흑1로 젖혀서 시작한다.
백2로 귀를 굳히면 흑3으로 모양을 정리해서 상변의 백에 파고든다.
중앙에 약간 두터움이 생겼다.

変

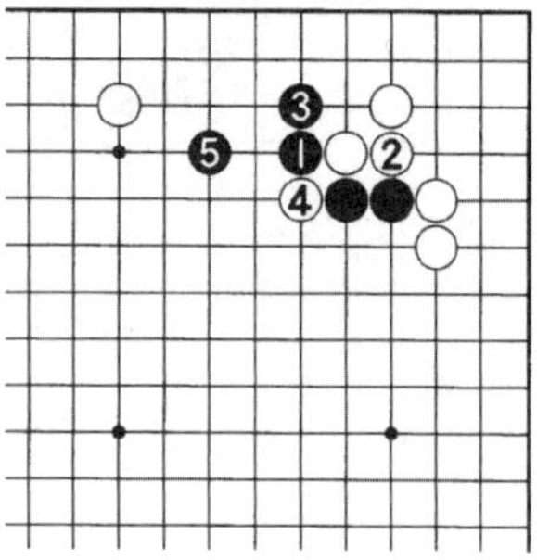

## 사석

주변의 상황에 따라서는 백2의 막음에 흑3으로 내려서는 수도 유력하다.
백4로 끊을 때 흑은 2점을 버리고 흑5로 뛴다.

(2013)

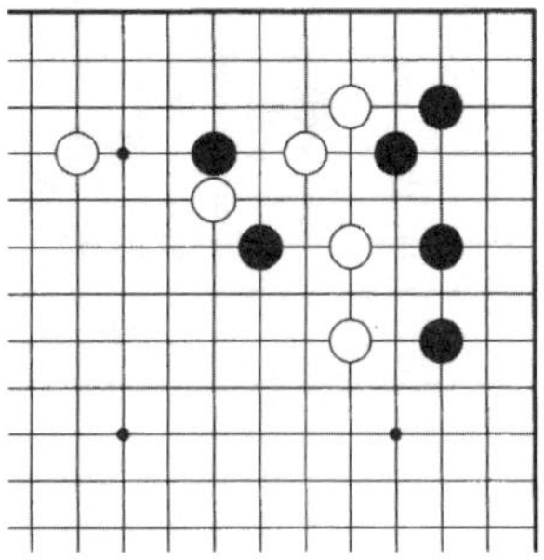

제2형 흑번

## 응수

상변에 있는 백의 세력이 흑을 맹렬히 공격하고 있다.
백이 건너붙이면 흑은 어떻게 응수해야 하는가?

解

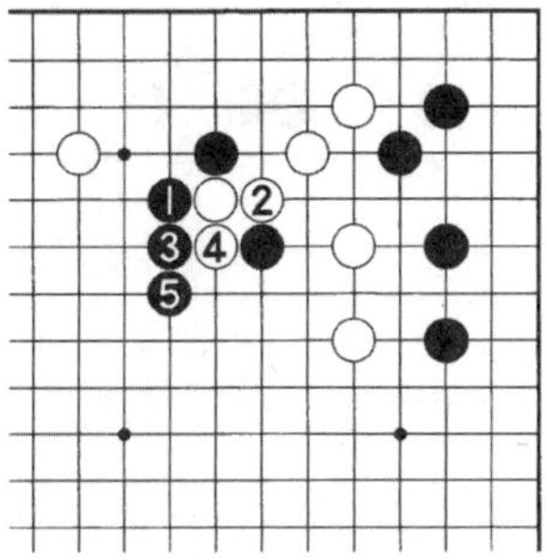

## 상변 강화

흑1로 젖혀서 백의 공격을 주고 받는다. 백2라면 흑3.
1점을 사석으로 하고 흑5로 상변을 강화하면 백 1점이 약해진다.

变

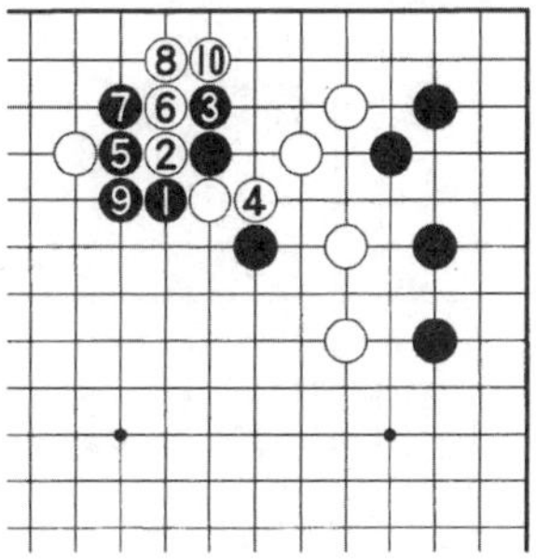

## 흑 충분

백2로 끊으면 흑3으로 저항한다. 다음에 4로 단수치고 중앙으로 나가면 우상의 백이 약해진다. 흑5부터 9까지 중앙이 굳어져서 흑은 충분하다.

(2014)

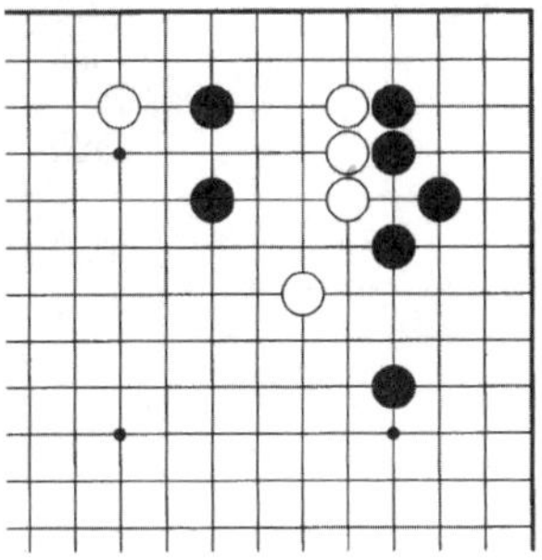

제3형 백번

## 근거 만들기

흑이 우상의 백을 공격하고 있다.
중앙으로 도망치는 것만으로는 항상 뜬 돌이다. 백은 어서 근거를 만들어야 한다.

解

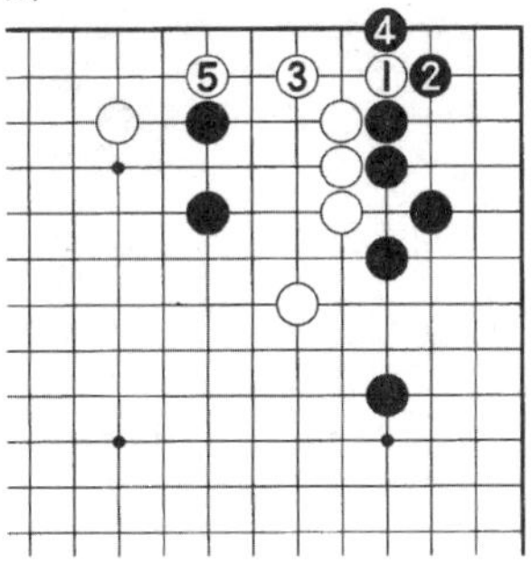

## 안정된 모양

백1로 젖히고 3으로 호구이은 모양이 좋다.
흑4로 단수치면 백5로 붙여 상변으로 건너가서 백은 순식간에 수습된 모양이다.

变

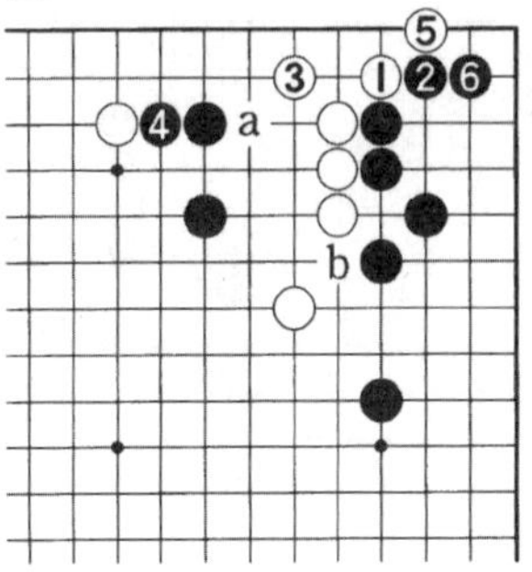

## 백 좋은 모양

흑4로 건너지 못하게 막으면 백5의 젖힘을 선수해서 상변에 안형이 생긴다. (백a로 두면 삶)
흑4로 a는 백b로 상변의 흑이 무거운 모양이다.

(2015)

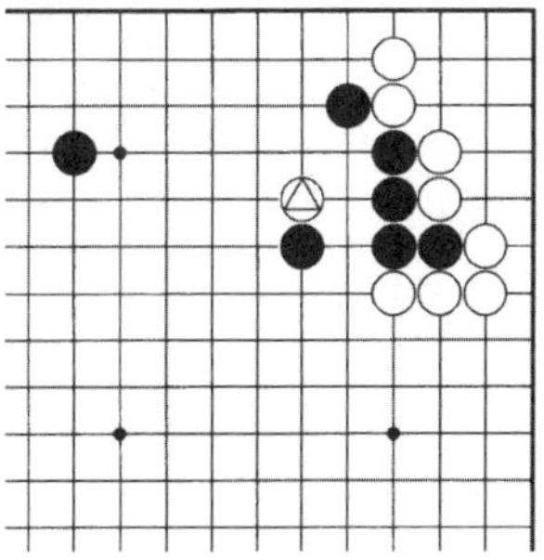

제4형 흑번

## 수습

상변의 백◬ 1점은 흑 4점을 공격하는 급소에 놓여있기 때문에 흑이 응수하는 방법이 어렵다.
경우에 따라서는 흑 4점은 가볍게 본다.

解

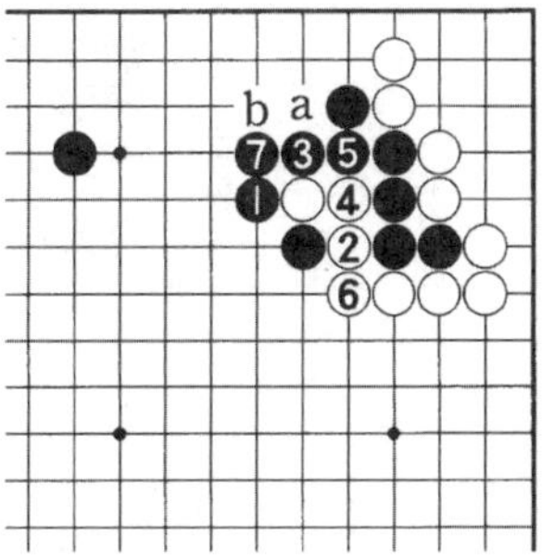

## 몰아넣다

흑1로 젖혀 백을 상변으로 몰아 넣는다. 흑3부터 7로 상변을 굳혀서 충분하다.
백2로 3은 흑7, 백a, 흑b로 흑 4점은 가볍게 본다.

失

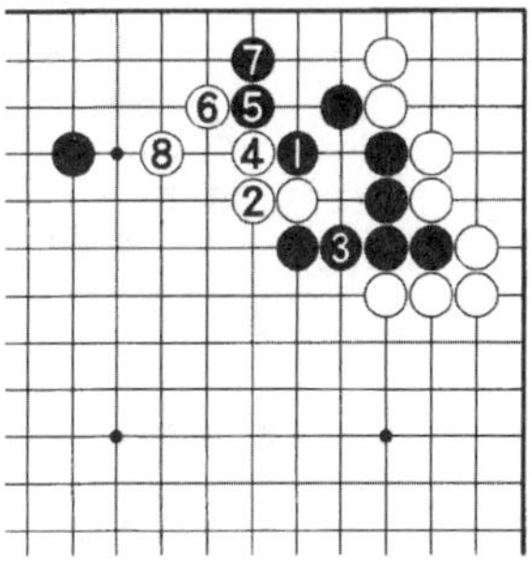

## 무겁다

흑1로 입구자 붙이면 백2로 뻗고 4, 6으로 상변을 깨뜨린다.
백8로 모양을 갖춰서 우상의 흑이 무겁다.
백이 유리한 싸움이라 하겠다.

**제5형 흑번**

(2016)

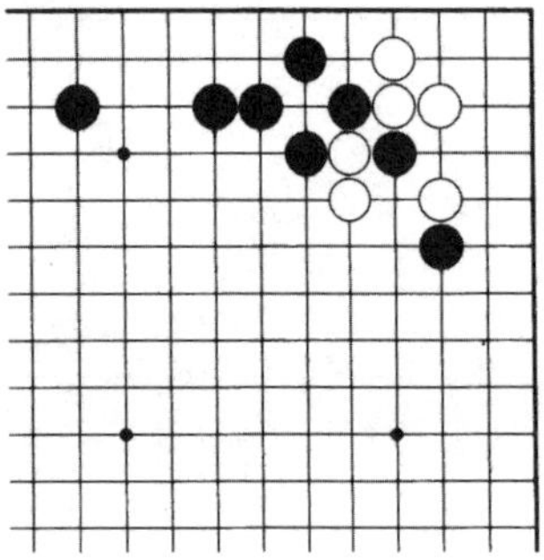

### 봉쇄

우상의 모양을 결정지어야 한다. 백의 공배를 메워 귀에 가두면 성공이다.

解

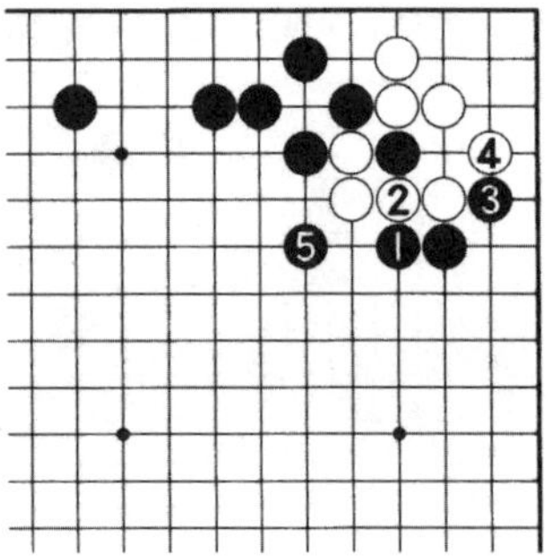

### 봉쇄

흑1로 뻗고 3으로 젖히는 수순이 교묘하다.

백4로 막으면 흑5로 씌워서 결정짓는다. 백은 공배가 차서 흑의 약점을 추궁하기 어렵다.

变

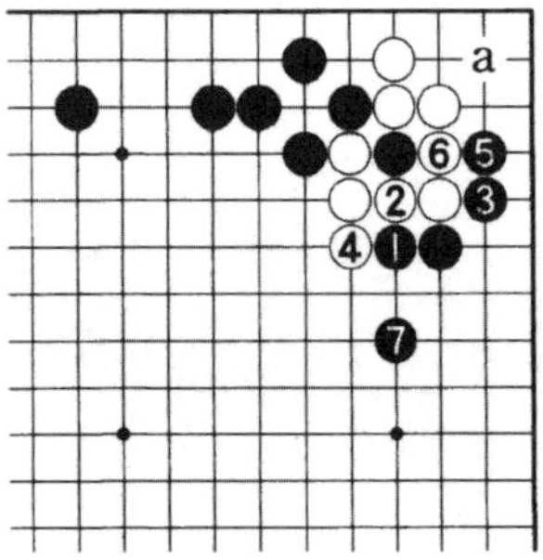


### 백 괴롭다

백4로 바깥으로 나가면 흑5로 하나 밀어두면 귀의 근거가 없어진다.

흑7로 우변을 굳힌다. 이후 흑a의 침입도 남아서 괴롭다.

## 젖힘 지키기

**제1형 흑번**

(2017)

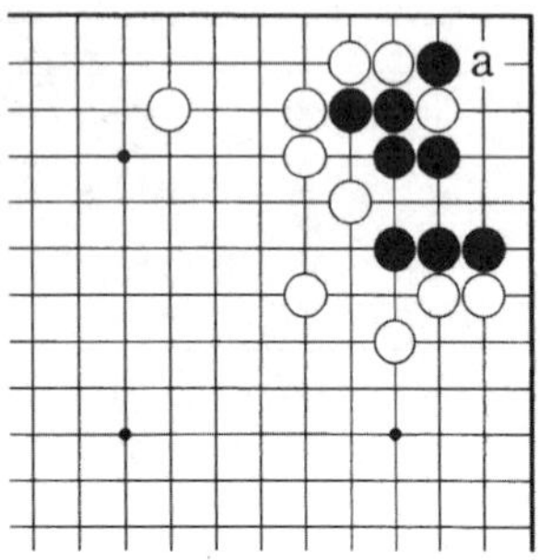


### 선수

우상귀의 가일수 문제.

이대로 손을 빼면 백a로 근거를 빼앗기므로 귀를 지켜야 한다. 흑은 귀를 지키면서 선수를 잡고 싶다.

解

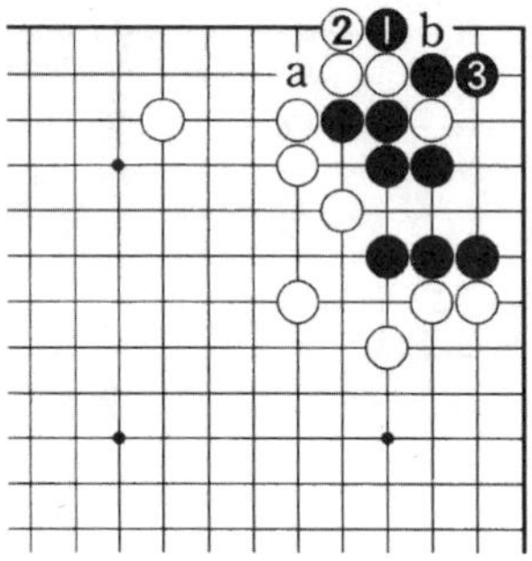


### 활용

흑1의 젖힘을 활용한다.

백2라면 흑3으로 늘어 다음에 a가 남는다.

백b라면 흑은 손을 뺀다. 백2로 a에 받으면 역시 흑은 손을 뺀다.

失

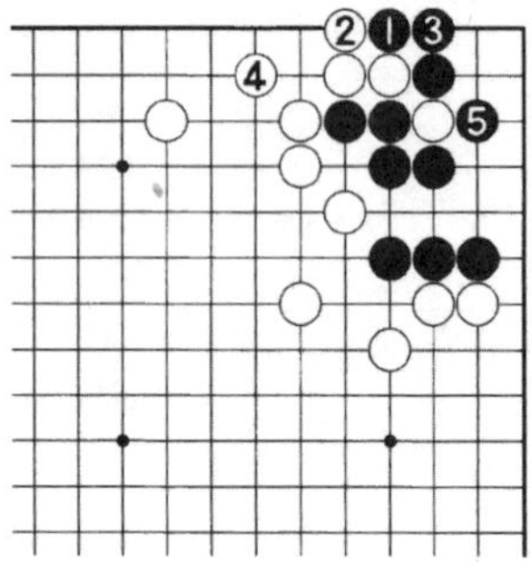

### 흑 후수

흑3으로 잇는 것은 무거운 수이다.

백4 이후 흑5를 생략할 수 없기 때문에 흑이 후수가 된다.

흑1로 5에 두어 따는 것도 역시 후수이다.

**제2형 흑번**

(2018)

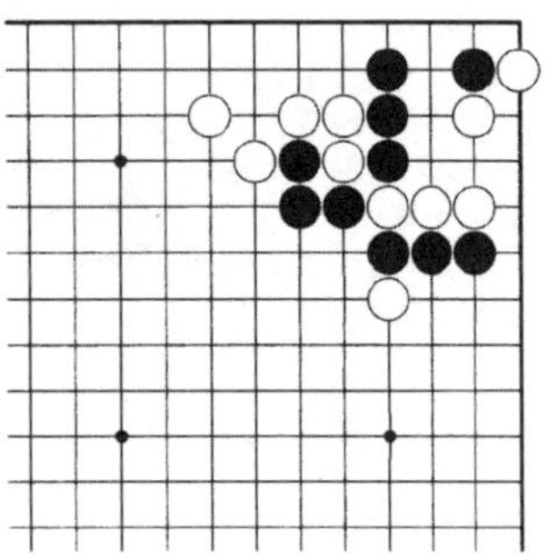

### 바깥이 약하다

우상의 전투.

우상귀의 수상전은 흑이 유리하지만 바깥의 모양이 약하다.

흑은 귀에서 손을 뺄 수 있는지 수읽기를 할 필요가 있다.

解

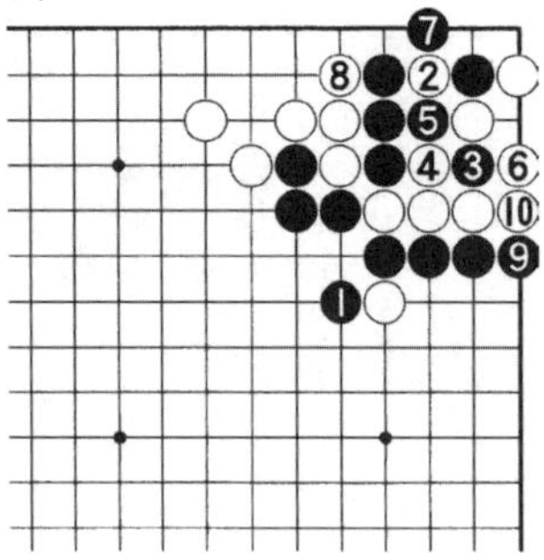

### 흑 충분

흑1로 젖혀 중앙의 모양을 정리한다.

백2로 흑 1점을 단수치면 흑3부터 7까지 따내서 귀는 빅에 가까운 모양이다.

우변이 강해서 흑이 충분하다.

变

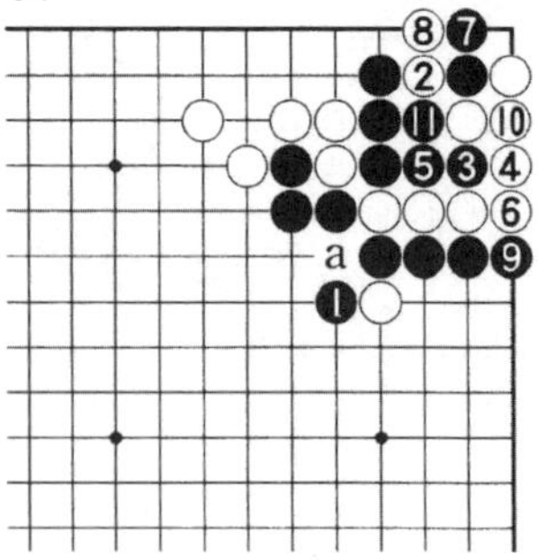


### 흑 승

백4로 아래쪽에서부터 받으면 흑5의 이하 11까지 수상전은 흑의승리.

흑1로 7은 백a로 끊어 바깥의 흑의 맛이 나빠서 좋지 않다.

젖힘 나가기

제1형 백번

(2019)

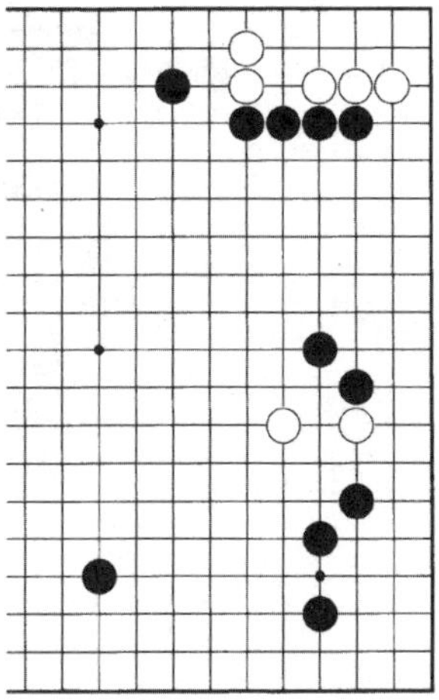

## 과제

흑은 우변에 침입한 백을 공격하고 있다. 이후, 백은 중앙으로 도망칠 수밖에 없다. 흑을 어떤 모양으로 정리하여야 하는가.

解

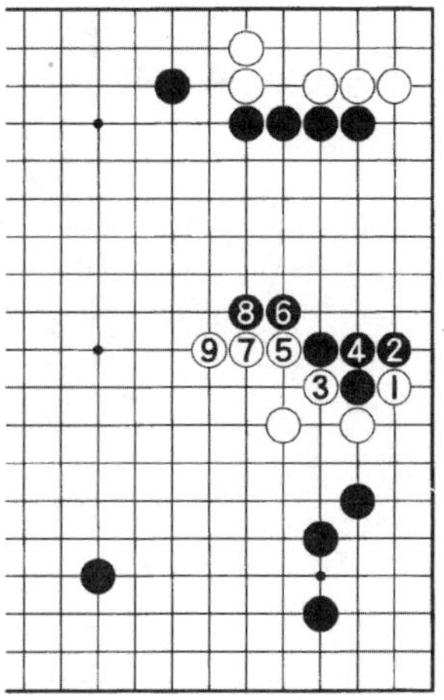

## 견실

백1로 젖히고 3으로 단수쳐서 결정할 곳이다. 우변의 흑의 모양을 강하게 해줘서 일반적으로는 속수지만 우상에 뒷문이 열려서 흑집은 완전히 굳어지지 않았다. 백5부터 9로 견실히 움직인다.

失

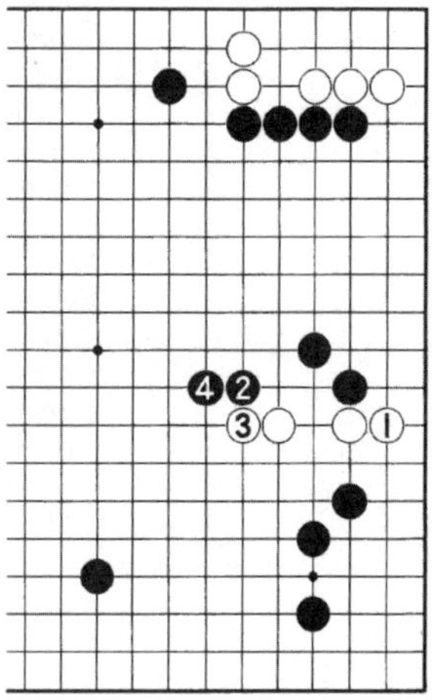

## 백 고전

백1로 뻗으면 우변의 흑집을 뒷문 열린 모양으로 만들었지만 후수여서 흑2, 4로 선제공격을 받으면 백이 고전한다.

젖힘 건넘(살리기)

제1형 흑번

(2020)

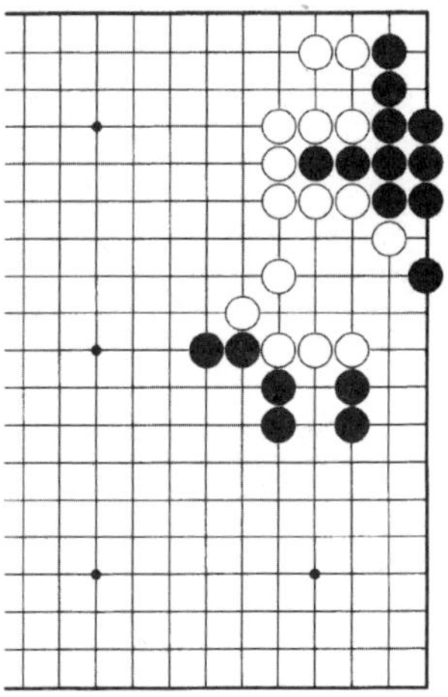

## 연결

귀는 한 집뿐이다.

흑을 살리려면 우변으로 건너가야 한다.

백에게 절단 될 두려움이 있는 약점을 보완하여야한다.

解

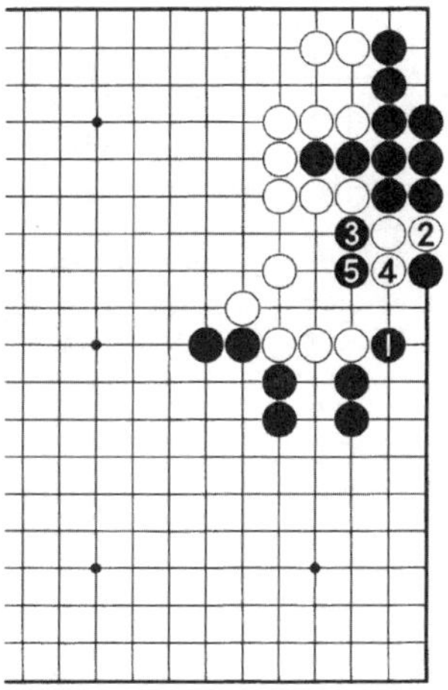

## 백 잡힘

흑1로 젖히는 수가 좋다.

백2로 막으면 흑3으로 간단하다.

백4, 흑5로 백 3점이 단순하게 잡힌다.

백2로 4는 흑2로 이어 건너간다.

変

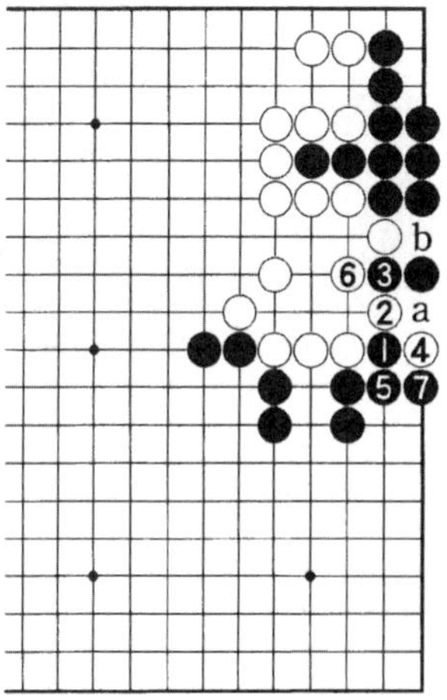

## 수습

백2로 막으면 흑3으로 나가는 수가 수습의 좋은 수이다.

백a로 끊기를 막으면서 우변으로 건너간다. 백4로 젖혀도 흑5로 받고 백6이라면 흑7로 촉촉수.

흑3으로 a는 백b로 실패한다.

제2형 흑번

(2021)

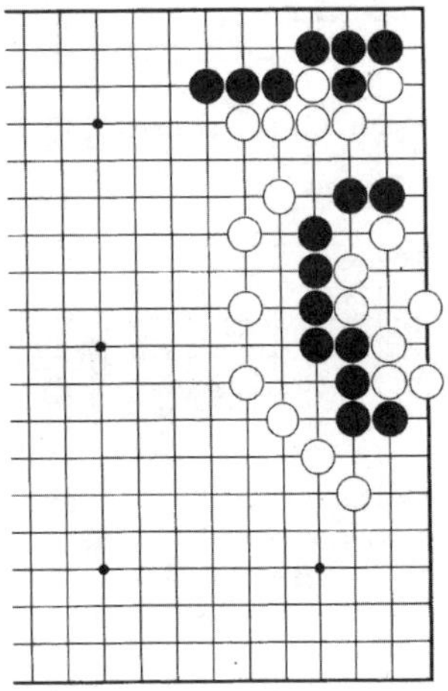

## 사전공작

백에게 포위당한 우변의 흑은 집이 없다.

살기 위해서 우상귀와 연결해야 하지만 그러려면 우변의 백을 공격하는 사전공작이 필요하다.

解

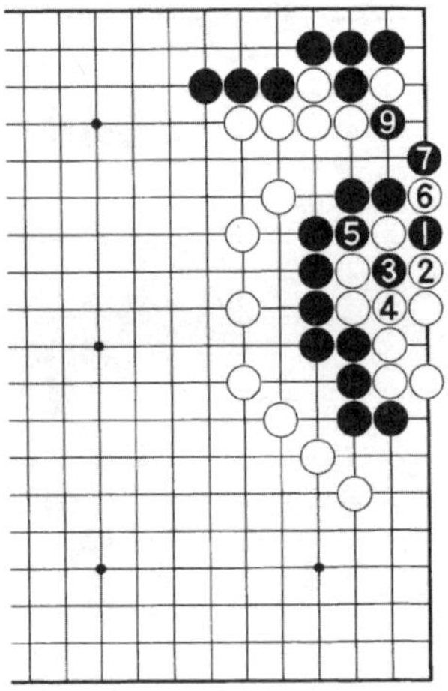

## 건넘

흑1로 젖히는 수가 냉엄한 노림수이다.

백2로 막으면 흑3, 5로 모양을 결정짓는다. 백6에 흑7로 막고 백8로 이으면 흑9로 건넌다.

백8로 9는 흑1로 따내서 우변의 백이 걸린 패가 난다.

变

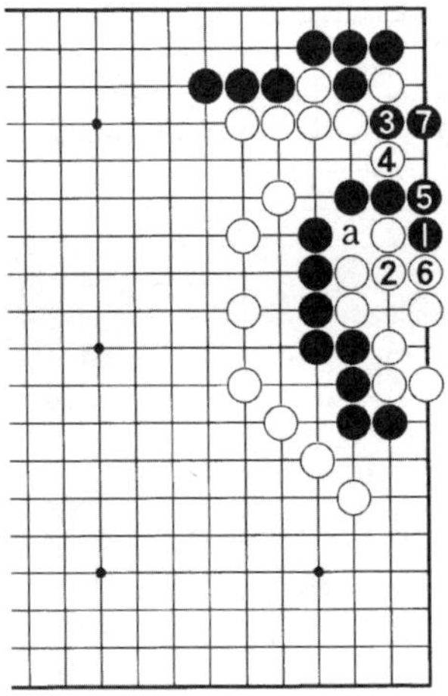

## 건넘

백2로 받으면 흑3 이하 흑5의 내려선 수가 선수여서 귀로 건너간다.

흑3으로 5에 먼저 두어도 같다.

또 흑1로 5는 백a로 흑의 실패.우변의 흑 8점을 살릴 수 없다.

제3형 흑번

(2022)

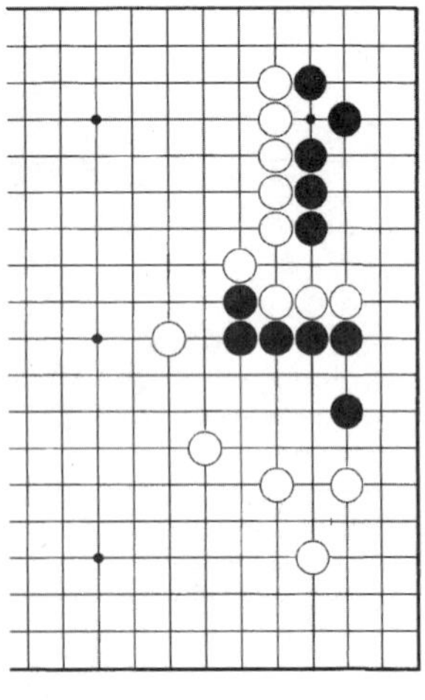

## 안심

백이 우변의 흑 6점을 공격하고 있다. 흑은 중앙으로 도망치는 것보다 우상귀로 건너가는 것이 안전하다. 흑을 끊고 있는 백 3점의 공배가 꽉 찬 점을 추궁해야 한다.

解

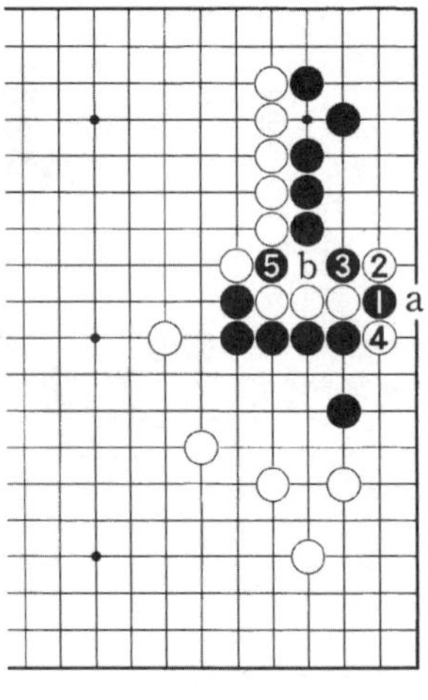

## 환격

흑1로 젖히는 수가 좋다.

백2로 막으면 흑3으로 끊을 수 있다.

백4로 단수치면 흑5로 환격이 되며 백a, 흑b 이후, 백 3점을 버리고 우변에서 살아야 한다.

变

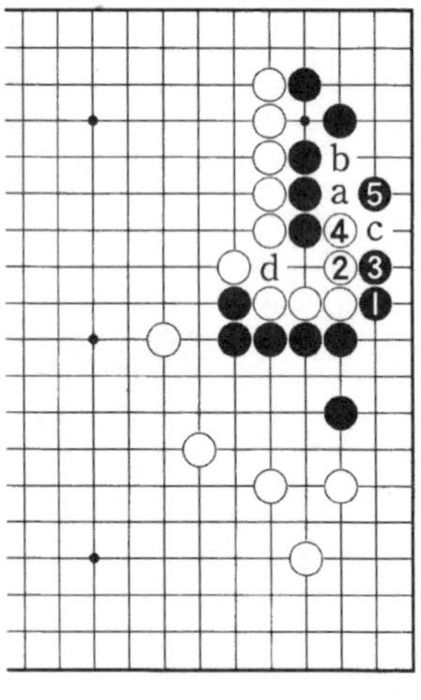

## 건넘

백2로 구부려서 저항해도 흑3, 5로 건너간다.

백이 우변의 흑집을 부쉈지만 흑은 위아래를 연결해서 안심.

이후 백a, 흑b, 백c라면 흑d로 막는다.

(2023)

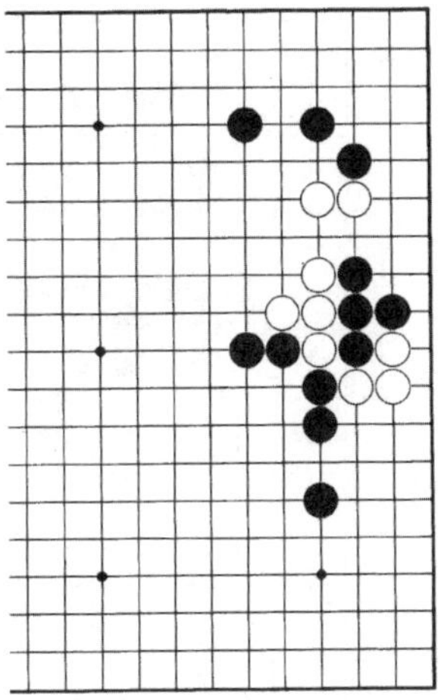

## 제1형 흑번

### 구출법

우변의 흑 4점을 살리고 싶다.
흑은 우하의 백 3점과의 수상전에서 패배하였다. 우상의 백의 엷음을 흑은 노려야 한다.

解

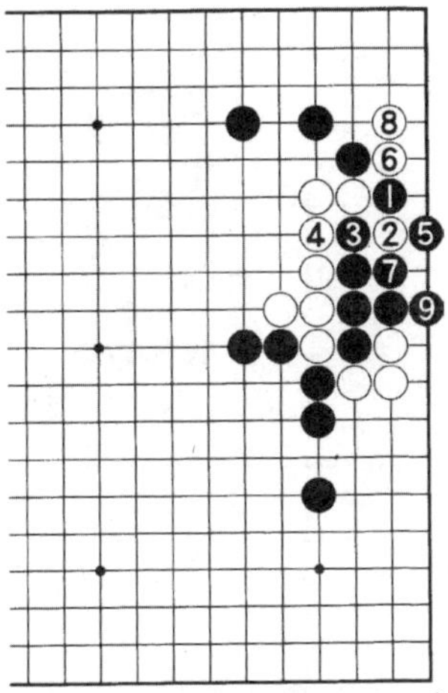

### 백 산산조각

흑1로 젖히는 수가 냉엄한 맥이 된다. 백2로 막으면 흑3의 끊음이 노림수다. 백4로 바깥을 지키면 흑5, 7로 백 1점을 잡고 흑 9로 살아 바깥의 백은 산산조각난다.

变

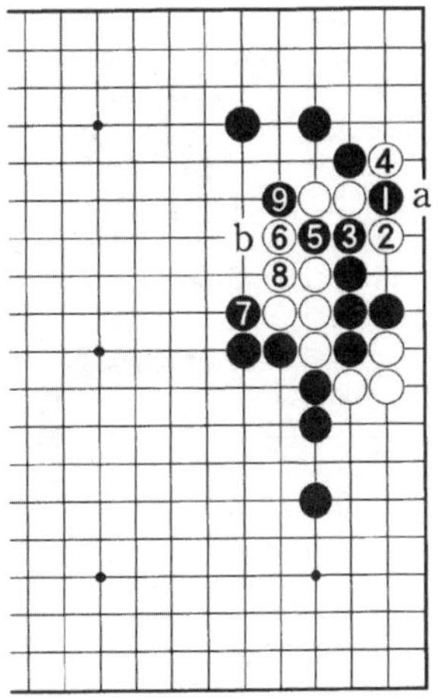

### 5점 잡기

백4로 흑 1점을 잡으면 흑5로 나가서 바깥의 백이 버티기 어려운 모양이다.
백6 이후 흑7로 백4 점은 살릴 수 없다.
흑9 이후에는 백a, 흑b.

(2024)

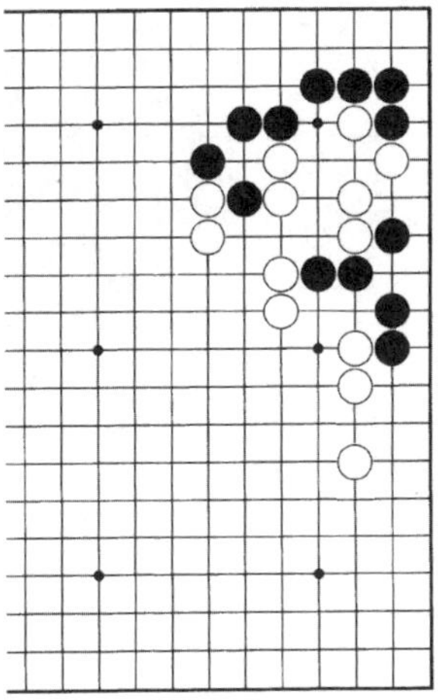

## 제2형 흑번

### 연결

우변의 흑을 어떻게 수습하여야 하는 것이 테마.
흑은 집을 내고 사는 것은 가능하지만 우상귀와 연결하는 쪽이 더 유리하다.

解

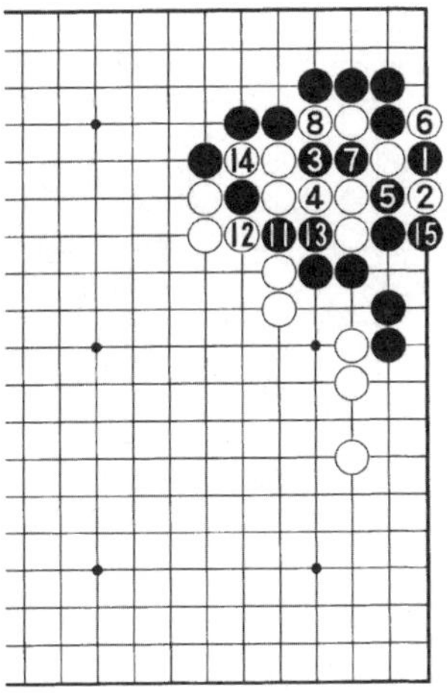

### 촉촉수

흑1로 젖힌 수는 다음의 흑3, 5와 연관된 냉엄한 맥이다.
백6으로 흑 1점을 잡게 만든 뒤 흑7을 사석으로 백을 자충으로 만든다.
흑15까지 촉촉수이다.
※❾→❼(먹여치기), ⑩→❸(따냄)

变

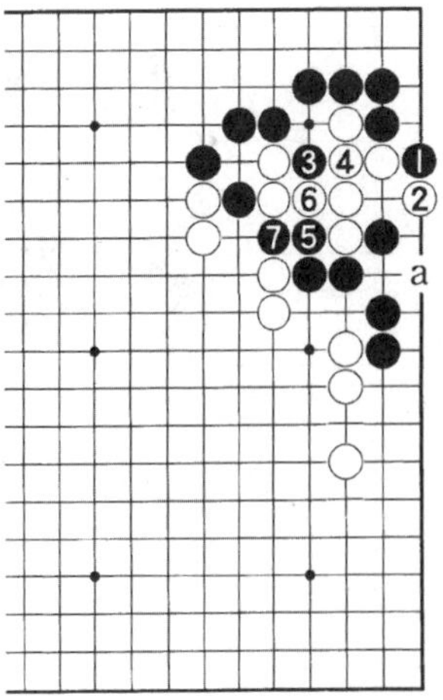

### 백 대악수

흑3으로 젖힐 때 백4로 막는 것은 대 악수이다.
흑5, 7로 우변을 전부 잡을 수 있다.
흑1로 a에 두어 집을 만들어도 살 수 있지만 백에게 건넘을 막혀서 손해를 본다.

제3형 흑번

(2025)

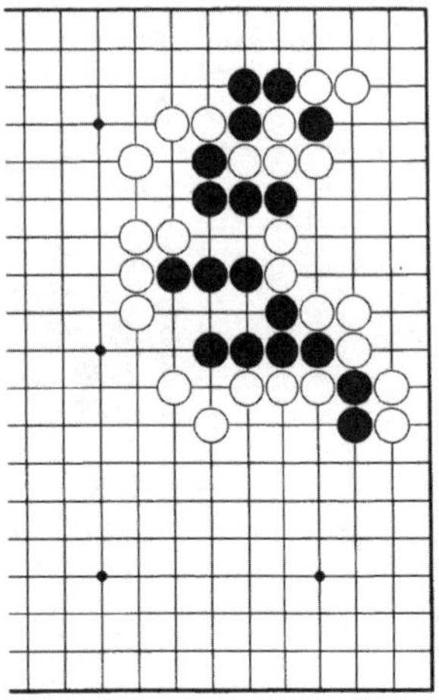

### 수순

중앙의 흑을 살리려면 우변에 있는 백의 엷음을 노려야 하지만 집을 부수기만 해서는 실패한다.
백 2점을 잡는 수순을 연구해보자.

解

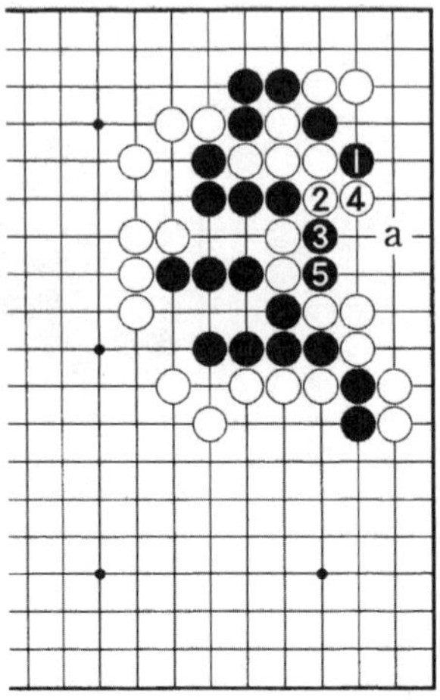

### 흑 삶

흑1로 젖혀 백 4점을 단수친다.
백2로 도망치면 흑3. 백4에 흑5로 흑은 백 2점을 잡고 산다.
흑1로 2에 나가면 백1. 이후 흑4로 나가도 백a로 실패한다.

变

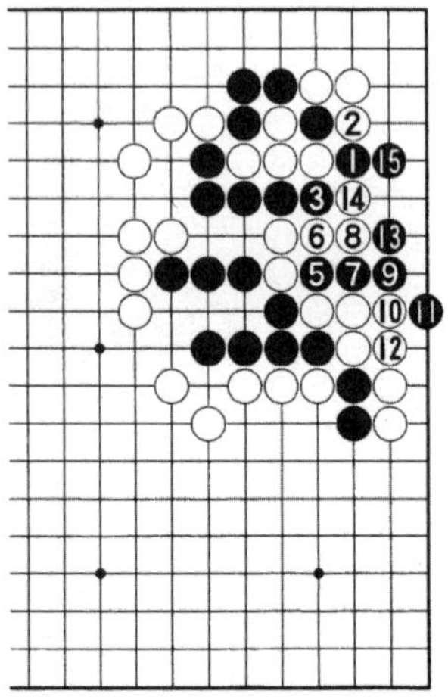

### 백 괴멸

백2로 따내면 흑3으로 조이고 5로 끊어 백 2점을 잡을 수 있다. 백6부터 저항하는 것은 무리로 흑7, 9로 나간 뒤 15로 뻗으면 백 괴멸.
※④→②의 왼쪽

제4형 흑번

(2026)

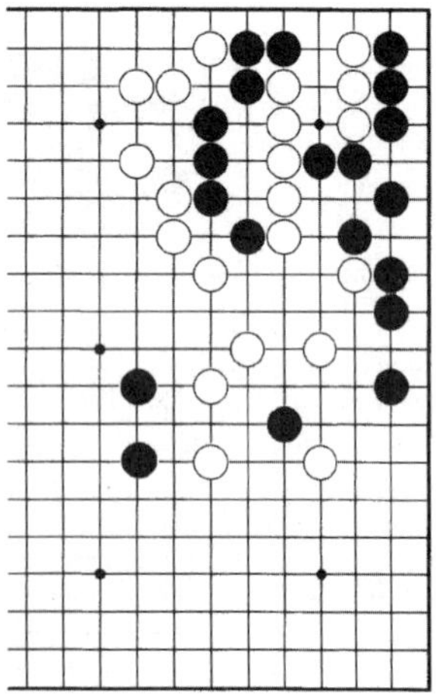

### 반격

상변의 흑 7점을 살리고 싶다. 중앙에도 백의 세력이 있어 도망치더라도 가망이 없다.
흑은 우상의 백에게 반격할 수밖에 없을 것 같다.

解

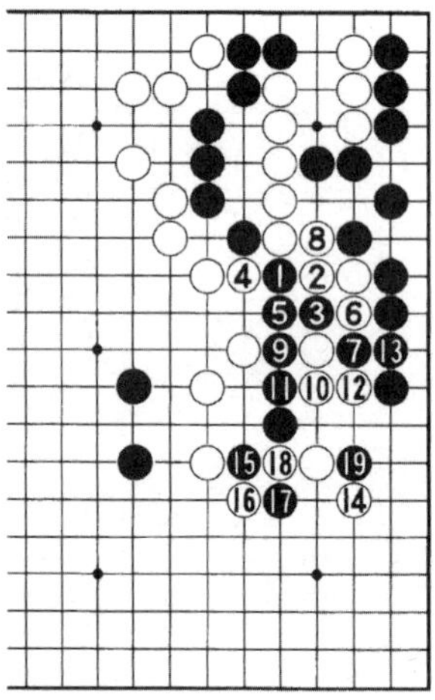

### 흑 승

흑1로 젖히고 백2에 흑3으로 끼우는 강수로 백이 곤란해진다.
백4로 끊어 중앙의 흑을 공격하면 흑7부터 11로 이어 상변의 백을 잡는다.
백12부터는 흑19의 수습.

变

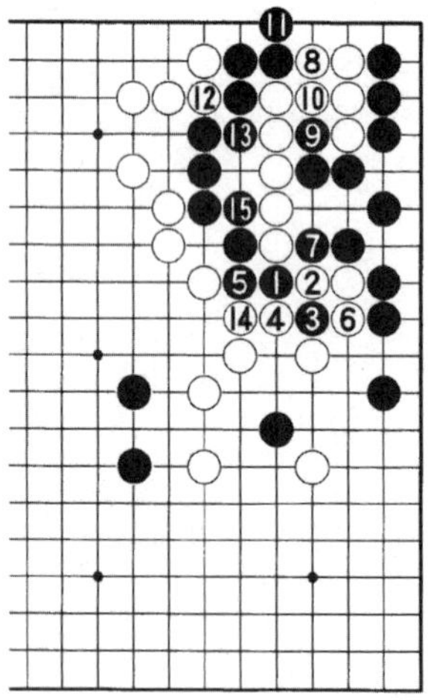

### 2수 승

백4에서 끊으면 흑5로 잇는다.
흑은 6과 7을 맞보기로 해서 백을 끊을 수 있다.
백8부터는 상변의 수상전이지만 흑11로 냉정하게 내려서서 흑의 승리이다.

(2027)

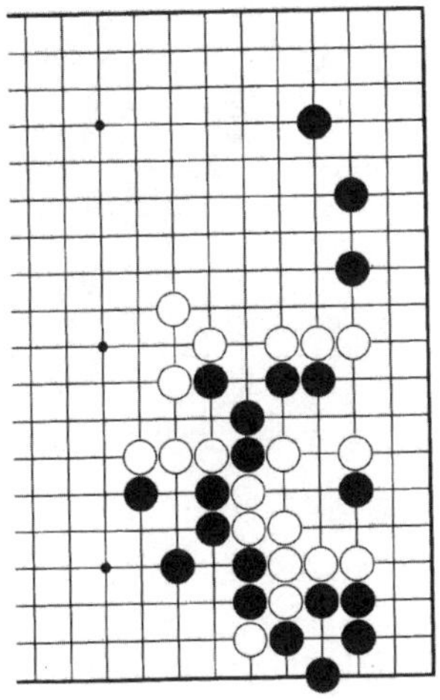

解

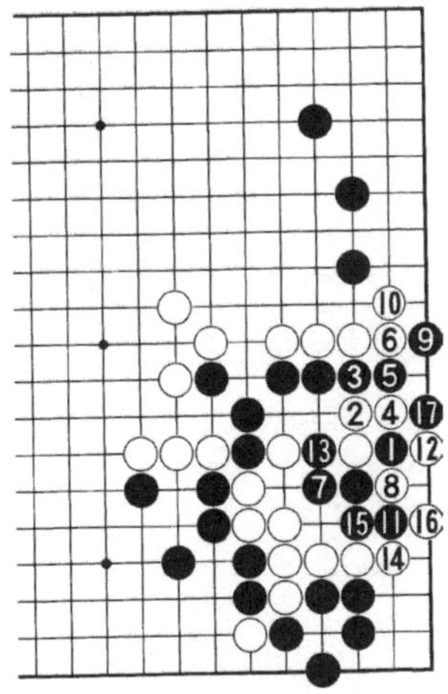

変

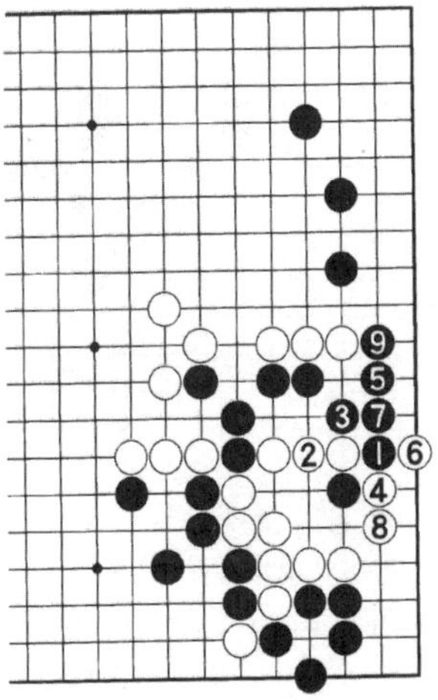

**제5형 흑번**

## 공방

중앙의 흑 5점을 살리고 싶다.
이 흑 5점을 우상귀와 연결하면 우하의 백이 위험해진다.
양쪽 모두 팽팽한 공방을 주고받는다.

## 큰 패

흑1로 젖히는 수가 좋다.
백2로 늘면 흑3, 5로 나가는 흐름이 생기고, 흑7부터 17로 집어넣어서 큰 패가 난다.

## 건넘

백2로 잇는 것은 흑을 공격하기 보다는 우하의 백을 살리는 데 비중을 둔 수 이다.
흑3으로 젖힌 뒤, 백4부터 8로 사는 동안에 흑9로 건너가서 일단락이다. 흑이 성공한 그림.

(2028)

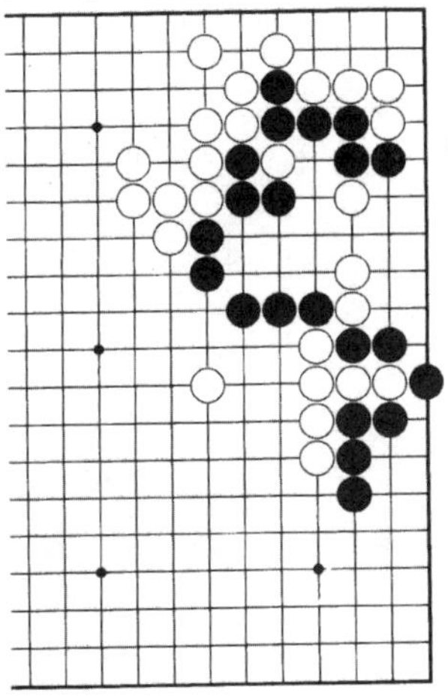

解

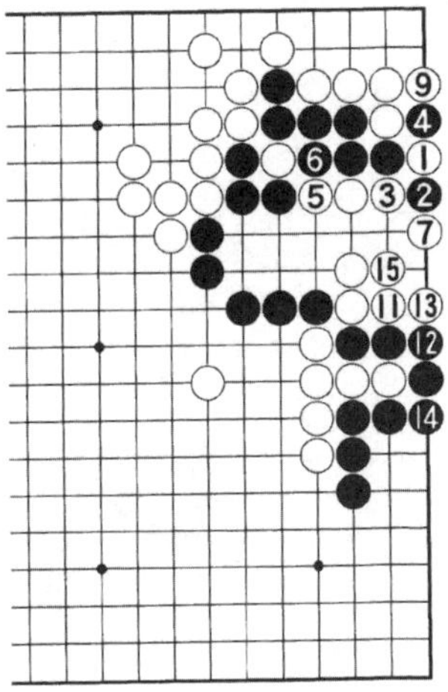

変

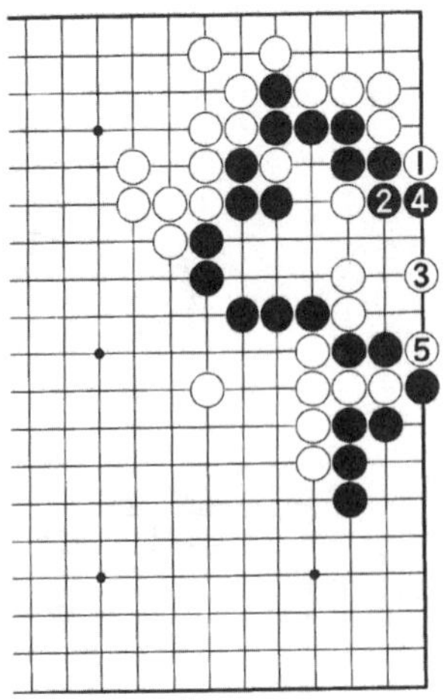

**제6형 백번**

## 대응순서

우변, 흑에게 포위당해 있는 백 3점을 살리고 싶다.
백은 우상귀와 연결하거나 흑집 안에서 사는 수밖에 없으나 흑의 응수에 따라 결정된다.

## 백 삶

백1로 젖히는 수가 교묘한 맥이다.
흑2로 막으면 백3부터 흑10까지 외길 수순의 활용. 백11, 13으로 우하에도 활용하여 백15로 산다.
※❽→①, ❿→❻의 왼쪽

## 촉촉수

흑2로 물러나면 백3으로 뛰어서 위아래로 건너는 것을 맞본다.
흑4로 막으면 백5로 먹여쳐 촉촉수이다.
흑4로 5는 백4로 건너간다.

**제7형 백번**

(2029)

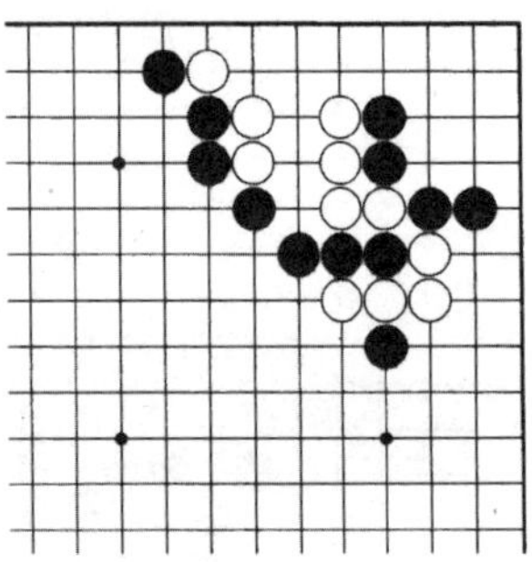

### 노림수

상변의 백을 살려야 한다.
가장 효율 좋은 방법으로 살리고 싶다. 공배가 꽉 찬 귀의 흑을 노린다.

解

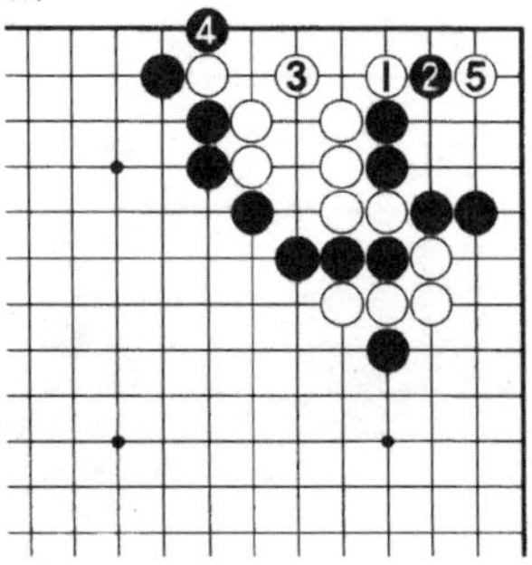

### 괴멸

백1로 젖히고 흑2에 백3으로 호구 이은 모양이 좋다.
흑4로 상변에서 집을 부수면 백5로 껴붙여 귀가 문제가 된다.
흑이 괴멸한다.

変

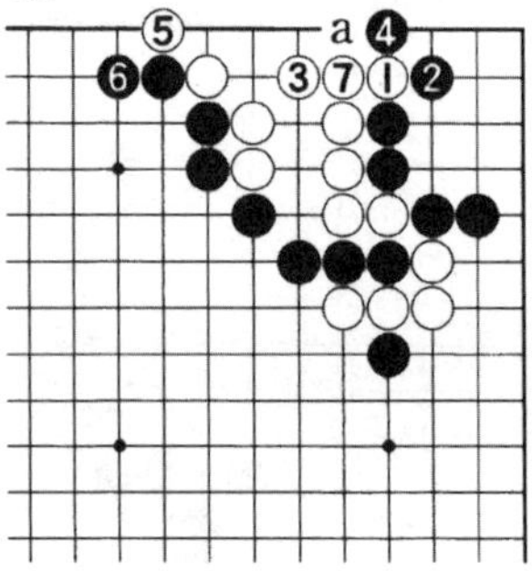

### 백 삶

흑4로 귀를 지켜야 한다. 백5의 젖힘을 활용하고 흑6, 백7로 산다.
백5는 a로 받아 패를 내는 것도 상황에 따라 유력하다.

## 젖힘 이어짐

**제1형 흑번**

(2030)

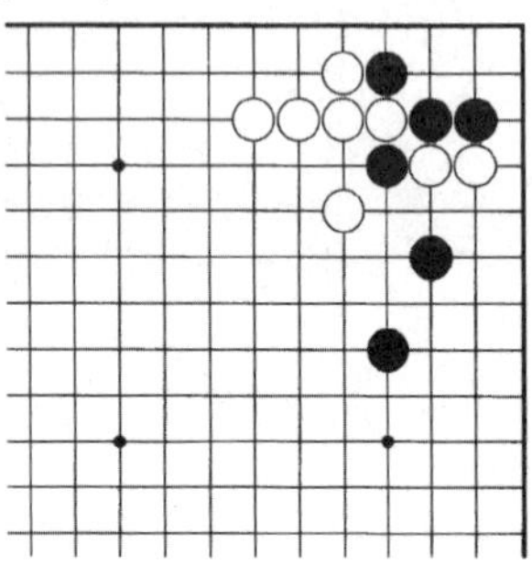

### 연구

흑은 귀에서 독립적으로 사는 것보다 우변과 연결하는 편이 유리하다.
그러기 위한 수를 연구해 보자.

解

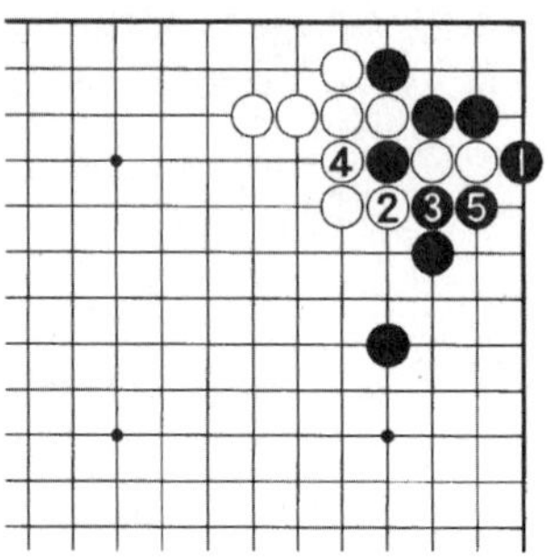

### 건넘

흑1로 젖히면 백 2점의 머리, 백의 공배를 메운다.
백2로 흑 1점을 잡을 수밖에 없다
흑3, 5로 조여 귀와 우변을 건너가는 것이 최선이다.

失

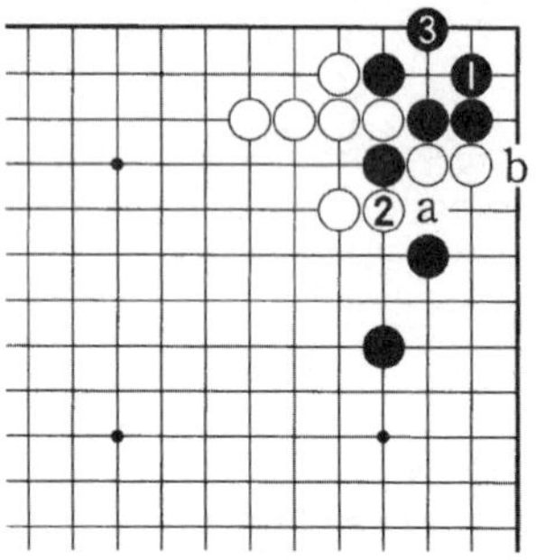

### 불충분

흑1은 백1의 공격을 방어하고 있으나 백2, 흑3으로 사는 것은 우변의 흑이 약해져서 충분하지 않다.
또한 흑1로 a는 백b, 흑2, 백1로 흑이 잡힌다.

**제2형 흑번**

(2031)

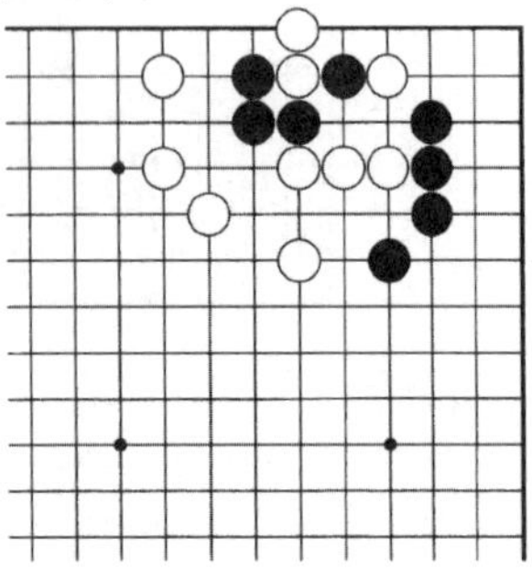

### 시행착오

흑 3점을 귀의 흑과 연결 시켜야 한다.
좁은 범위이기에 몇 번의 시행착오를 거쳐서 해결할 수밖에 없다.

解

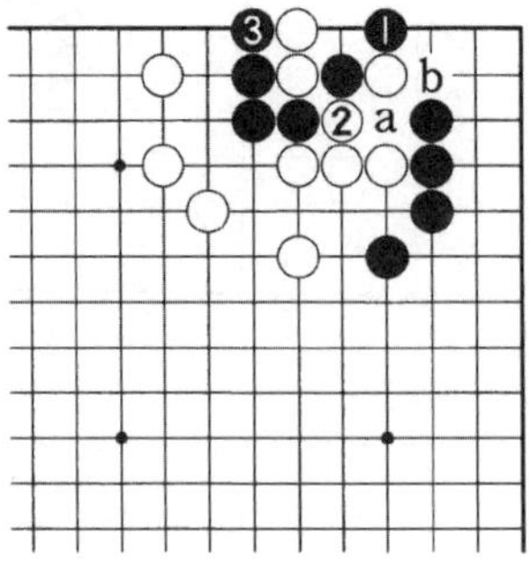

### 맞보기

흑1의 젖힘이 좋은 수로 맥이다.
백2로 단수하면 흑3으로 단수치고 환격의 모양으로 백 2점을 잡고 a, b가 맞보기가 되어 건너간다.

変

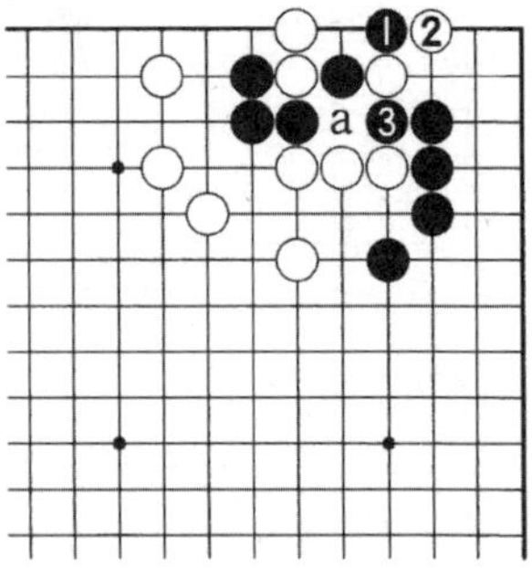

### 백 무리

백2로 막으면 흑3으로 나가서 그만이다.
백 1점을 단수로 하고 있기 때문에 백은 a로 둘 여유가 없다.

제3형 흑번

(2032)

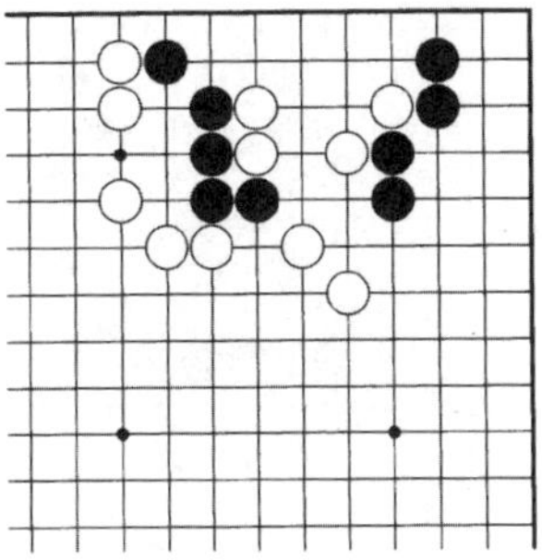

## 포위

상변의 백은 교묘하게 중앙과 연결하여 흑 5점을 포위한 모양이다. 흑은 백의 엷음을 추궁하여 우상귀와 연결해야 한다.

解

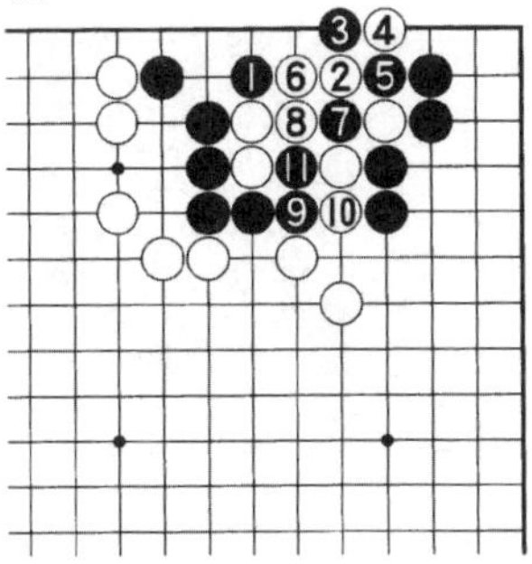

## 큰 패

흑1의 젖힘은 백 2점의 공배를 메우는 급소이다. 백2, 흑3은 쌍방 최선이다.
흑5부터 11로 끊어 패가 난다.
※⑫→❼의 오른쪽(패)

变

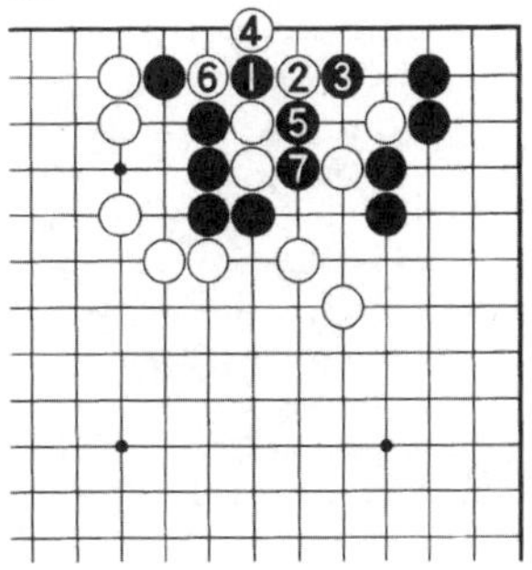

## 연결

백2로 막는 것은 속맥이다.
흑3의 껴붙임이 좋은 수로 백4, 6으로 저항하는 정도이므로 흑7로 단수 쳐 좌우를 연결한다.

제4형 흑번

(2033)

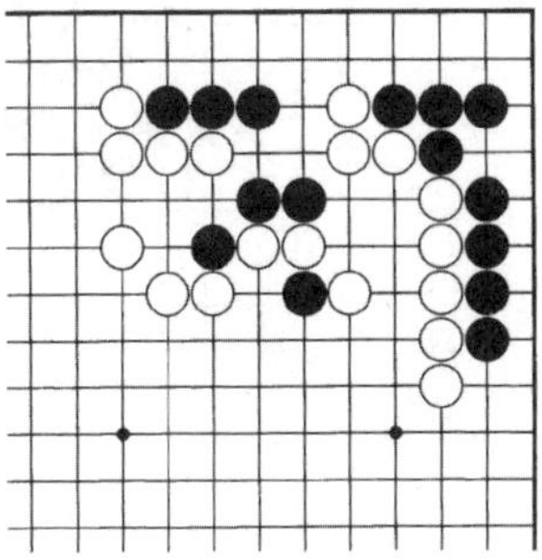

## 자충

상변의 흑을 살리고 싶다.
백이 과하게 두면 자충으로 반대로 흑에게 잡히고 만다.

解

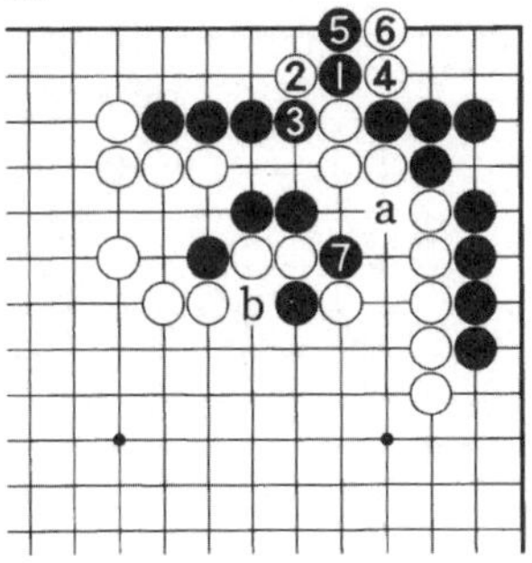


## 백 무리

흑1로 젖혀 흑 3점을 살린다.
백2로 막는 것은 무리.
흑3으로 끊고 백4, 6 이후 흑7로 끊어 a, b가 맞보기.

变

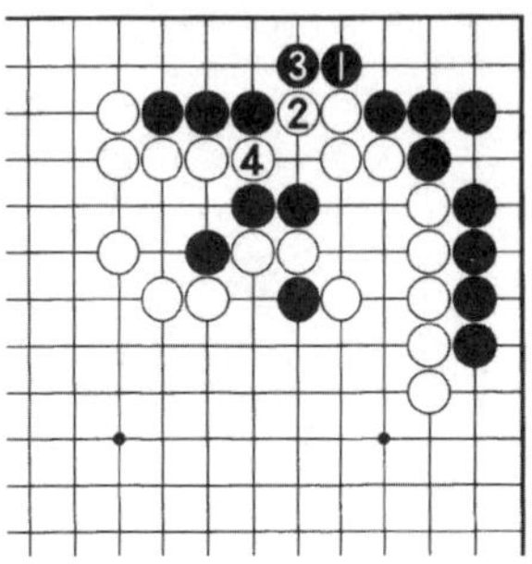

## 건넘

흑1의 젖힘에는 백2로 물러날 수밖에 없다.
흑3으로 건너고 백4로 중앙의 흑 3점을 잡게 되지만 상변의 백집은 크게 줄었다.

젖힘 타개 제1형 흑번

(2034)

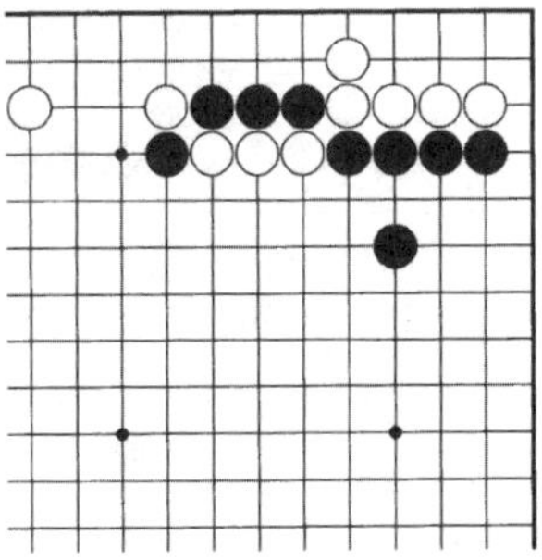

## 최선 최강

상변의 흑 3점을 살리고 싶다.
사는 방법은 여러 가지 있지만 최선의 모양을 만드는 최강의 수가 필요하다.

解

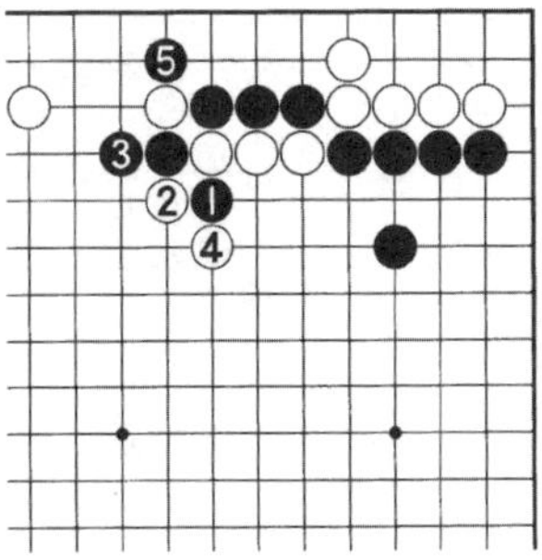

## 흑 성공

흑1로 젖히는 수가 냉엄하다.
백은 2로 끊어야만 중앙을 살릴 수 있다.
백4 이후 흑5로 상변의 백 1점을 잡아서 성공이다.

失

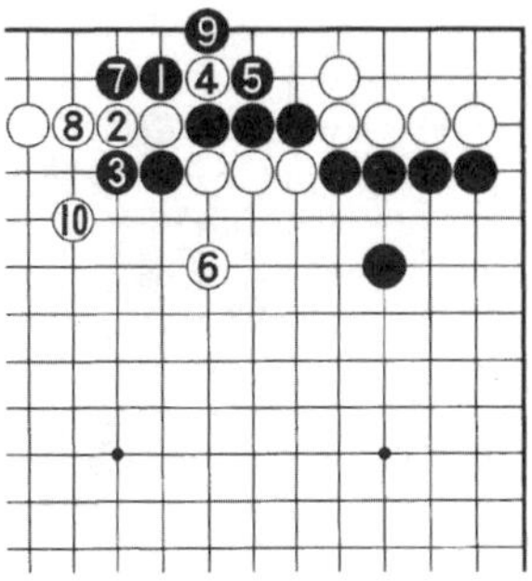

## 흑 수순착오

흑1, 3으로 상변의 백을 먼저 공격하는 것은 백4라는 좋은 수가 있다.
흑5 이후 백6으로 중앙을 살리고 흑이 상변을 살리면 백10으로 공격한다.

제2형 백번

(2035)

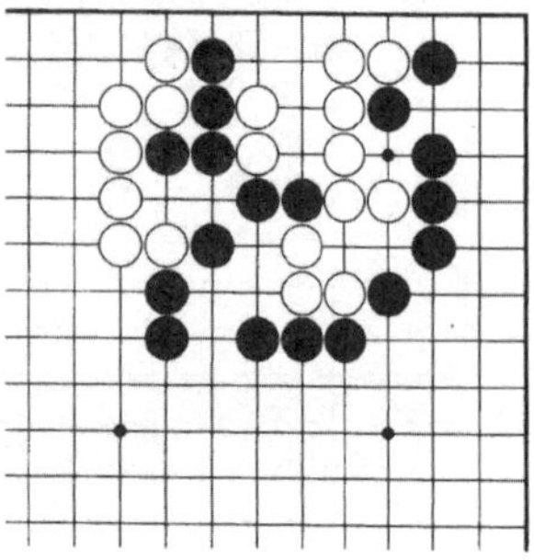

## 그럭저럭

집을 낼 자리가 좁아 우상의 백은 어떻게도 살 수 없을 것 같다.
그러나 백의 약점을 추구하면 어떻게든 될 것 같다.

解

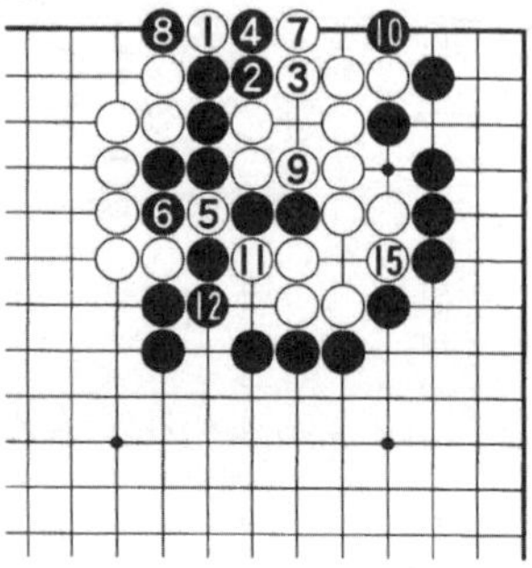

## 백 삶

백1로 젖혀 흑의 공배가 꽉 차는 것을 노린다. 흑2부터 백9까지는 외길로 흑10으로 상변 집을 부수면 백11부터 15로 살 수 있다.
※⑬→⑤(따냄), ⓮→⑤의 오른쪽

变

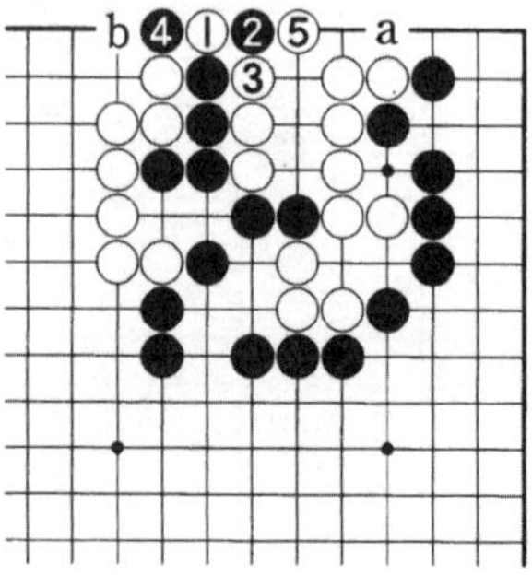

## 맞보기

흑2로 막으면 백3, 5로 1점을 버려서 위쪽에 집을 낸다.
이후, 백은 a로 사는 것과 b로 흑을 촉촉수로 잡는 것을 맞보기 한다.

제3형 흑번

(2036)

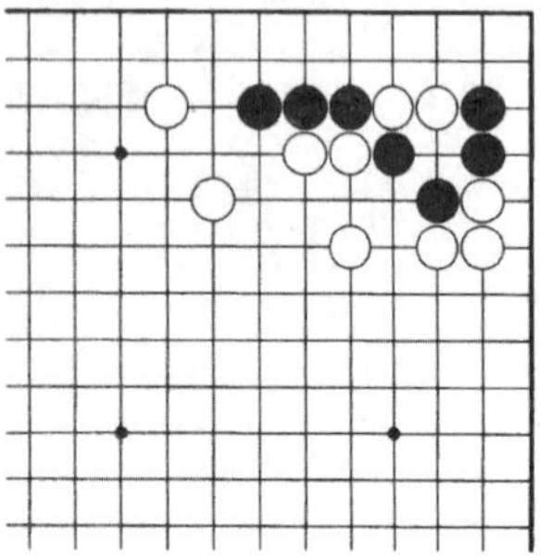

## 최대

귀의 백 2점을 잡지 못하면 흑 전체가 위험해진다.
최대한 버터야 하지만 패가 나면 실패한다.

解

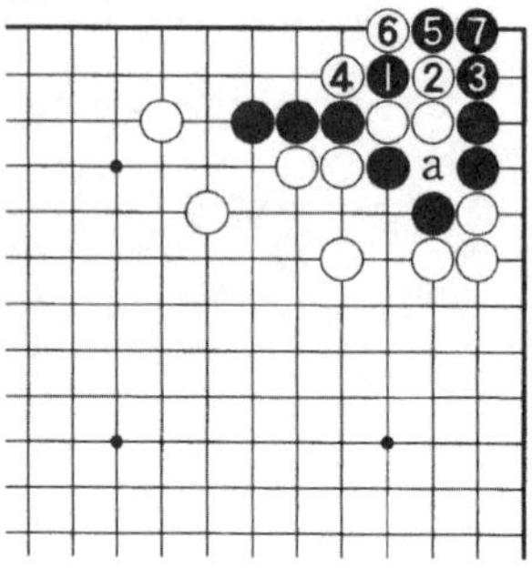

## 흑 승

흑1로 왼쪽에서 젖히는 수가 좋다. 백2로 나가면 흑도 3으로 밀고 백4로 끊으면 흑5와 7로 승리. 흑1로 3은 백a로 손해가 크다.

失

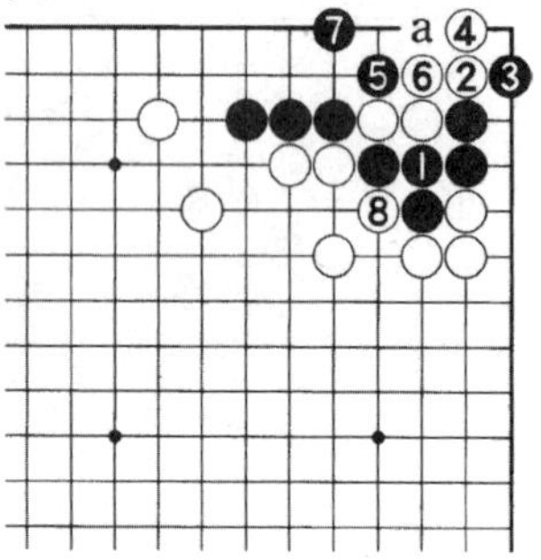

## 흑 불리

흑1로 이으면 백2로 막아서 위험에 처한다.
흑3으로 젖히고 5, 7로 공격하는 정도이지만 백8로 공배를 메우면 흑a로 패는 흑이 불리하다.

젖힘 압박

제1형 흑번

(2037)

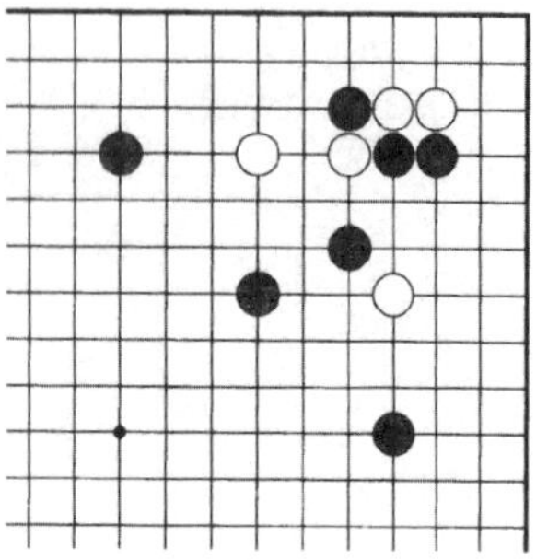

## 공격

우상귀는 백돌이 많아 흑이 수습하기 어렵다.
지키지 않고 공격하여 유리한 모양을 만들어내자.

解

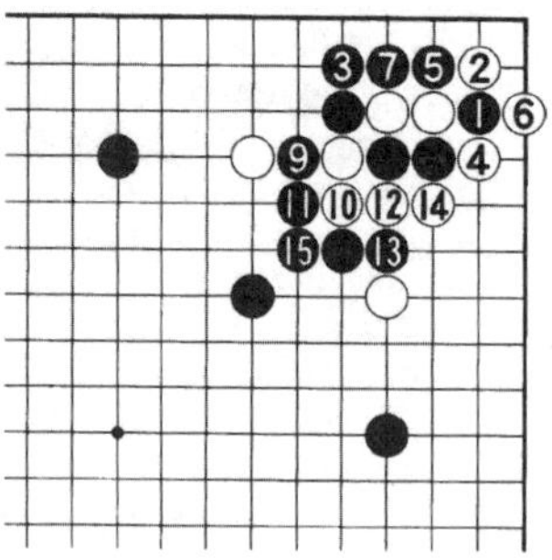

## 두터운 모양

흑1로 젖히는 수가 맥으로 백2에 흑3이 매서운 수이다. 백4, 6으로 귀를 잡으면 흑9부터 15까지 바깥을 결정지어 흑이 두터운 모양이다.
※⑧→❶

变

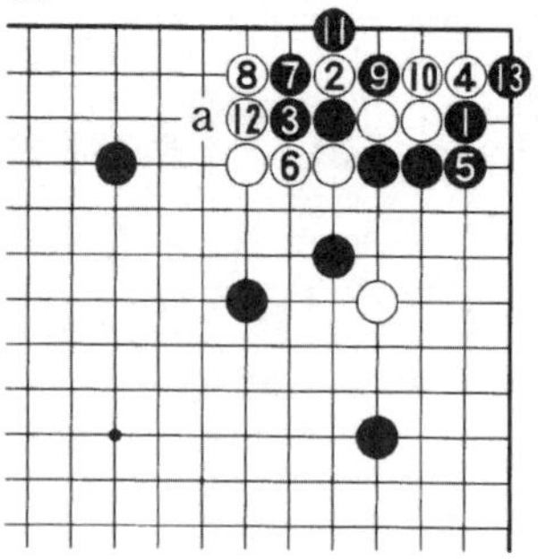

## 실리가 크다

백2로 단수치면 흑3과 5로 바깥의 백을 둘로 나눈다.
백8부터 12로 밖에 두어도 흑13까지 실리가 크다.
백8로 9는 흑a로 엷어서 백 불리.

(2038)

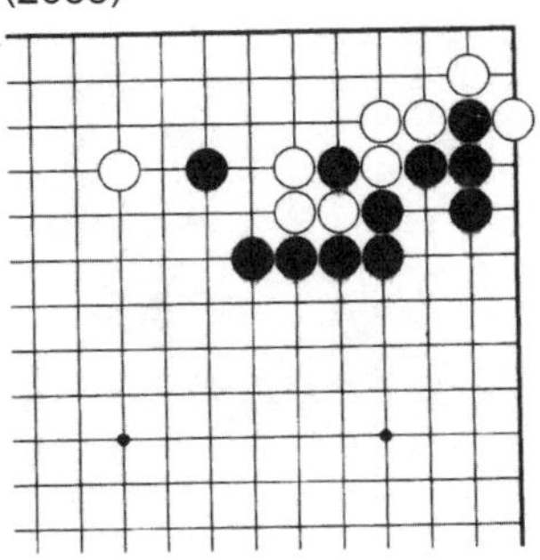

解

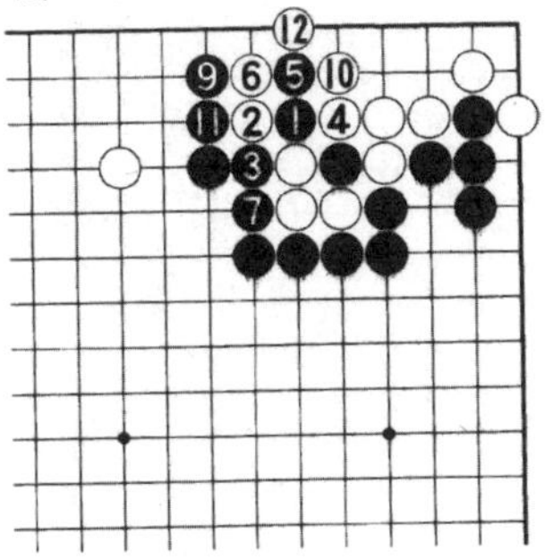

失

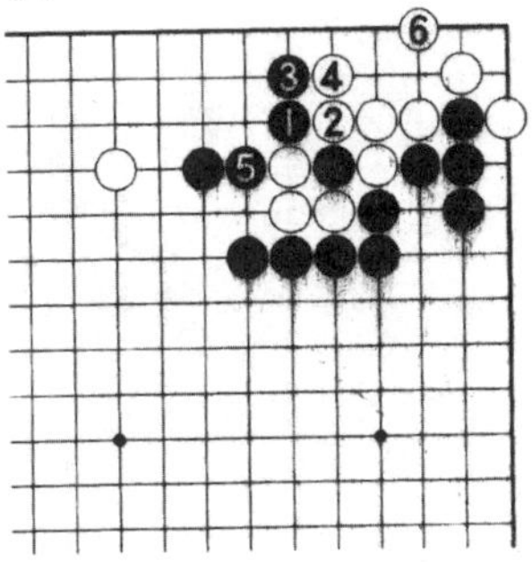

제2형 흑번

## 압축

우상귀의 모양을 결정짓고 싶다.
백의 자충을 추궁하여 백집을 압축한다. 한쪽의 흑은 두터움을 쌓을 수 있다.

## 강대한 두터움

흑1로 젖히는 수가 냉엄하다.
백2로 잡으러 가면 흑3으로 끊고 5로 2점으로 키워 버린다.
백12까지 흑이 매우 두텁다
※⑧→❶의 오른쪽 아래

## 괴롭힘

백2로 따내면 흑3으로 내려 귀를 괴롭힌다.
백4로 받고 흑5로 바깥을 굳혀서 이 모양도 흑이 두터운 모양이다.
귀의 백집은 5집뿐.

(2039)

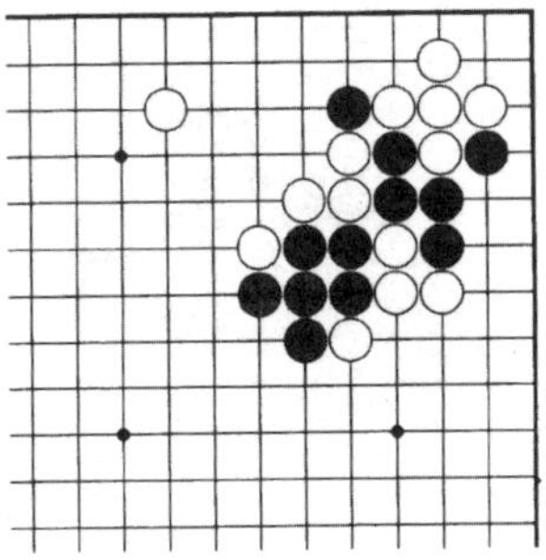

解

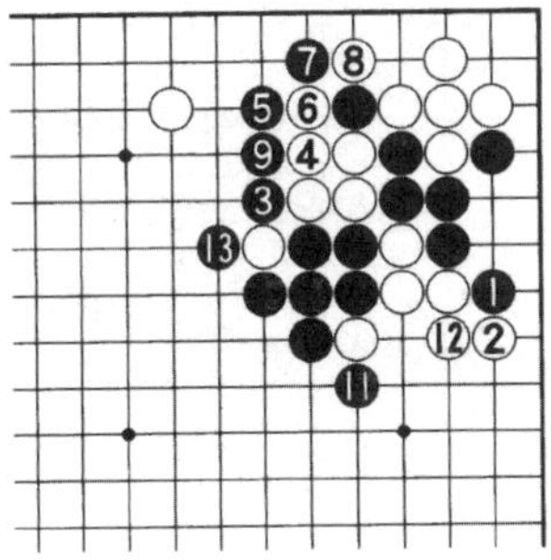

失

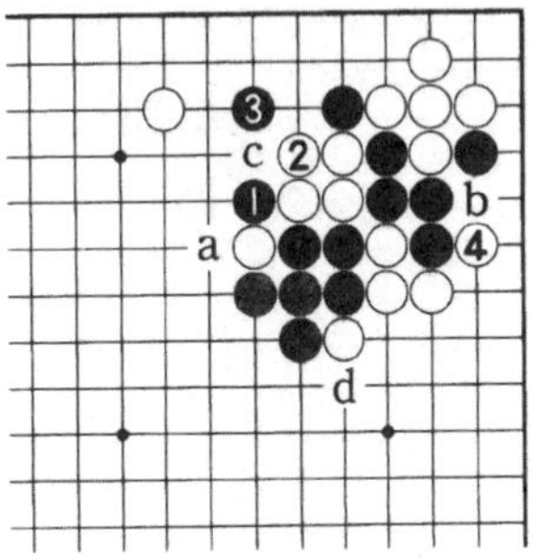

제3형 흑번

## 외세

상변의 모양을 결정짓고 싶다.
우선 우변, 다음에 중앙을 두면 흑은 외세를 굳힐 수 있다.

## 벽

흑1과 백2를 교환하면 우변의 흑은 3수로 늘어난다.
흑3부터 상변을 공격하고 13으로 따내서 두터운 벽이 생긴다.
※⑩→⑥의 오른쪽

## 불충분

우변에 흑이 사전공작을 하지 않고 흑1, 3을 먼저 두면 백4로 잡혀서 흑이 실패한다.
흑a, 백b, 흑c, 백d로 정해도보다 흑이 불만족스러운 결과.

(2040)

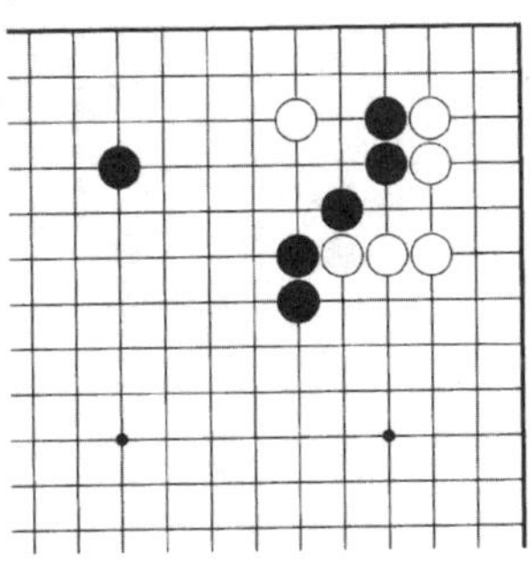

解

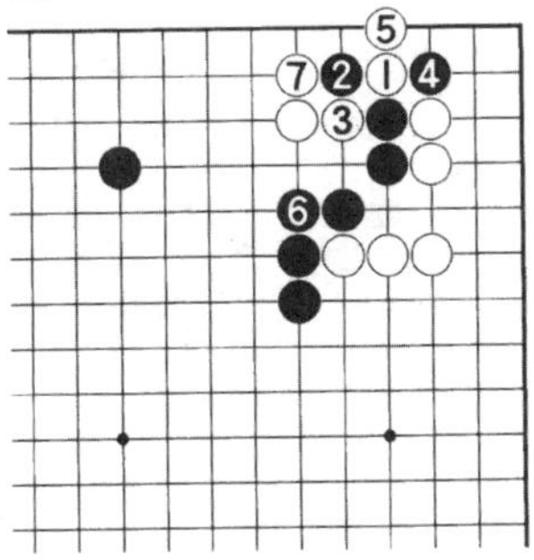

失

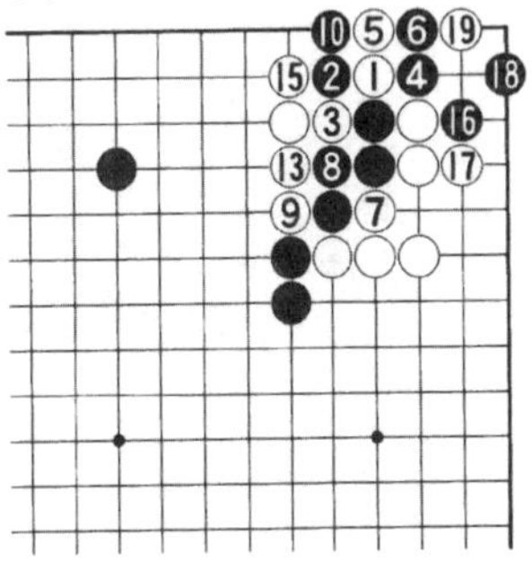

젓힘 침범

제1형 백번

## 서늘하다

흑은 백 1점을 고립시켜서 상변에 큰 모양을 만든 것처럼 보이지만 뒷문 주변이 서늘하다.

## 맥

백1로 젖히고 흑2에 백3의 끊음이 냉엄하다.
흑4로 백 1점을 잡을 수 있지만 백5 이후 흑6으로 양보해서 백7을 허용할 수밖에 없다.

## 흑 전멸

흑6으로 저항하면 백7, 9로 조이고 흑14까지 포도송이가 된다.
백15 이후 19까지 흑이 전멸한다.
※⑪→①, ⓬→⑤(따냄), ⓮→①(이음)

제2형 흑번

(2041)

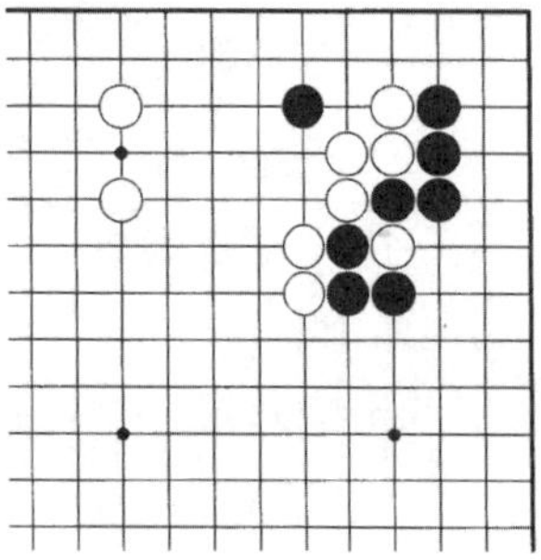

## 중요한 수비

상변에 있는 백의 모양에 중요한 보강을 빠뜨렸다.
흑 1점을 귀와 연결시키면 백집은 초라해 진다.

解

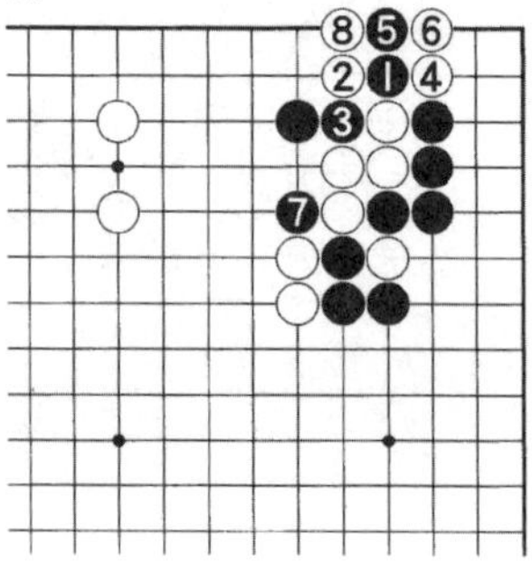

## 건넘

흑1로 젖히고 3으로 끊어 건너간다.
백4, 6의 저항은 흑7과 9로 조여 백 4점은 살 수 없는 모양이다.
※❾→❶

失

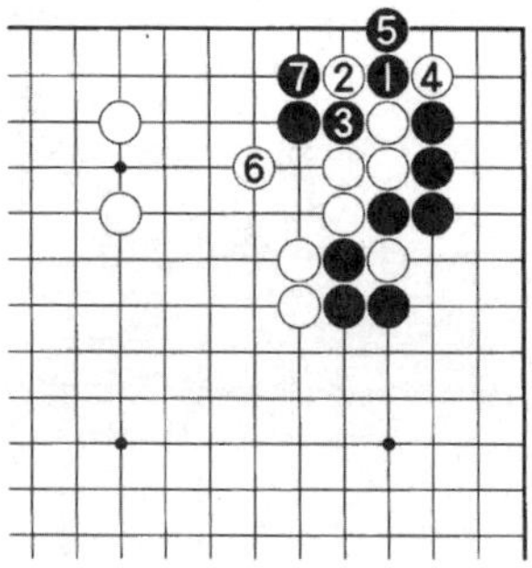

## 상변이 흑집

흑5 이후, 백은 6으로 지키는 정도이다.
흑7로 백 1점을 잡아 상변은 흑집이 되고 백집은 없어졌다.

제3형 흑번

(2042)

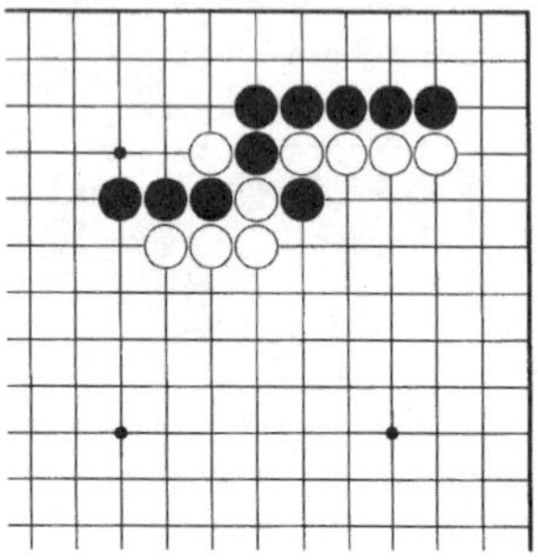

## 급소

우상귀의 모양을 결정짓고 싶다.
백 4점을 끊고 있는 흑 1점을 직접 움직이는 것은 잘되지 않는다.
급소를 찾아보자.

解

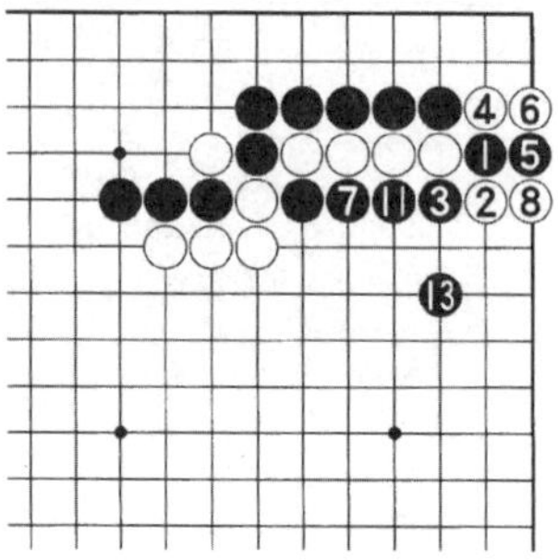

## 백 고전

흑1의 젖힘이 백 4점의 공배를 메우는 급소이다.
백2로 막으면 흑3으로 끊어 사건이 된다. 흑13까지 백이 고전한다.
※❾→❶, ⑩→❺(따냄), ⑫→❶

失

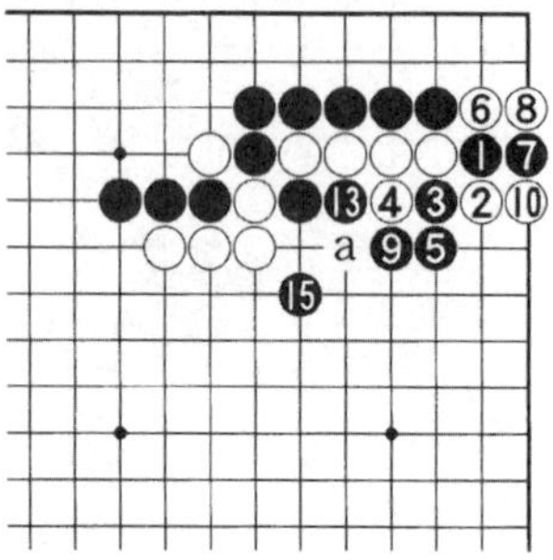

## 백 불리

백4, 흑5 이후에도 흑9로 조이고 흑15까지 백이 불리하다.
백2는 a로 장문 쳐서 흑 1점을 잡는 정도이다.
※⓫→❶, ⑫→❼(따냄), ⑭→❶

제4형 흑번

(2043)

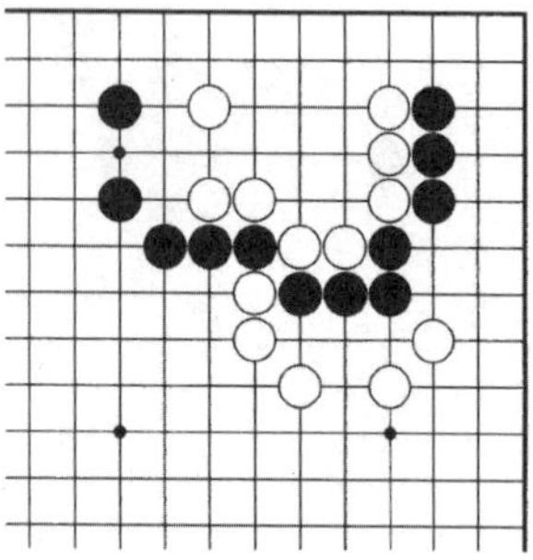

## 좋은 끝내기

상변의 백은 넓은 집의 모양이지만 맛이 나쁜 모양이다.
백의 자충을 추궁하여 냉엄하게 끝내기 하고 싶다.

解

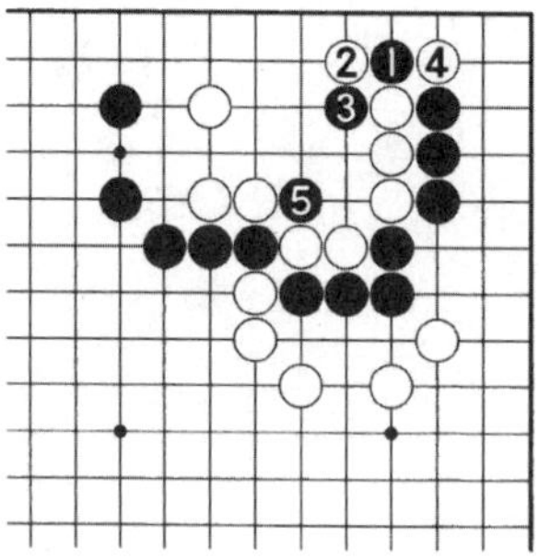

## 백 망함

흑1의 젖힘에 백이 자충의 모양이 된다. 백2라면 흑3으로 끊어 받을 수 없는 모양이다.
백4는 흑5로 백 2점을 잡아서 백집이 줄어든다.

失

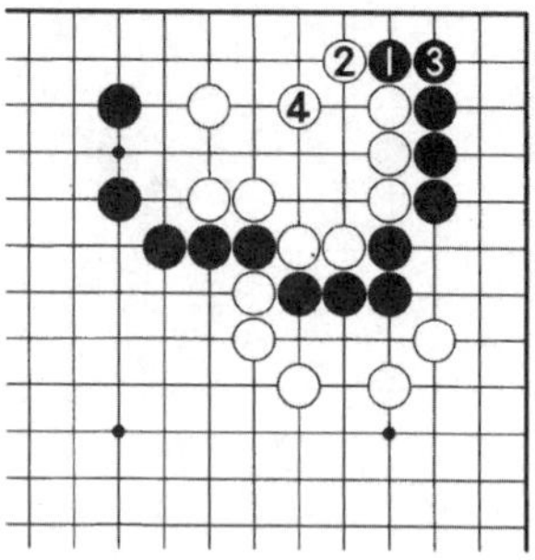

## 완착

흑3의 이음은 완착이다.
백4로 받으면 백은 10집을 만들어서 살게 된다.
귀와 상변을 분단하고 있는 것도 마이너스이다.

## 제5형 흑번

(2044)

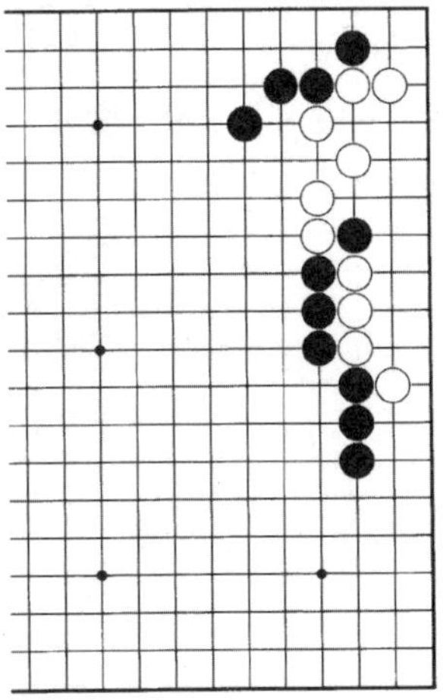

### 활력

백집에 남겨진 흑 1점에는 아직 활력이 남아있다.
흑의 최선의 끝내기를 찾아보자.

解

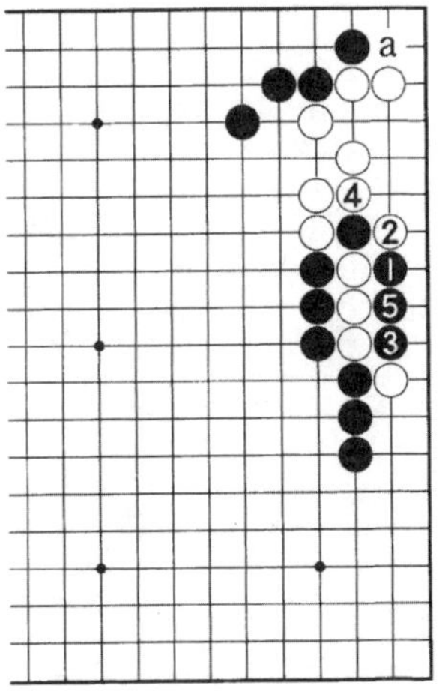


### 조임

흑1로 젖히면 백은 응수하기 곤란해진다.
백2로 끊으면 흑3, 5로 조이고 백6으로 이어도 후수이다. 우상귀를 흑a로 막으면 백은 살아야만 한다.
※⑥→④의 아래

変

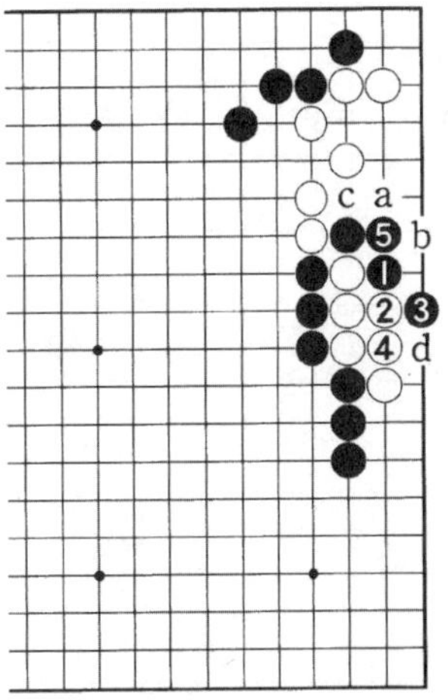


### 백 패배

백2로 저항하면 흑3으로 단수쳐서 안 된다. 백4에 흑5로 백은 수상전에 패배한다.
흑5로 a는 백5, 흑b, 백c, 흑5의 이후, 백d로 막아 한 수 늦은 패가 나지만 이것도 유력하다.

## 제6형 흑번

(2045)

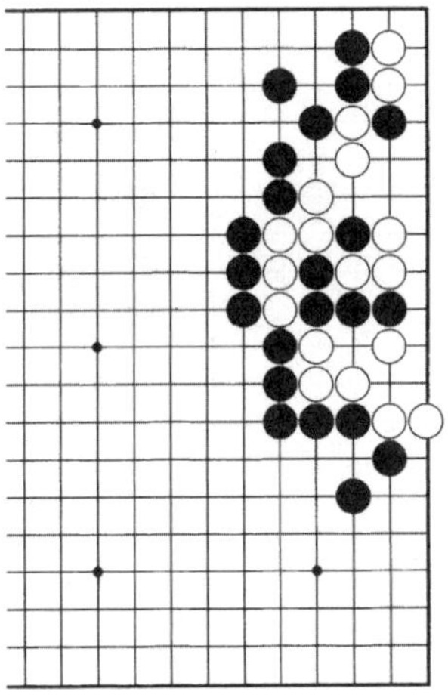

### 연관

흑돌이 백의 수중에 있고 각각은 살릴 수 없는 모양이다.
흩어진 흑돌을 연결시키면 좋은 수가 난다.

解

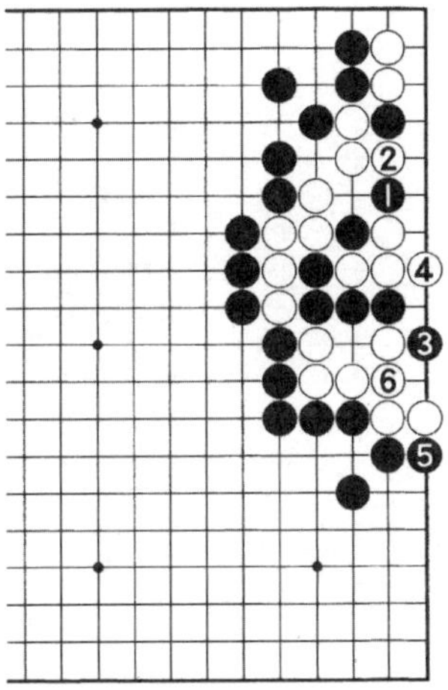

### 빅

흑1로 젖혀 백의 응수를 본다.
백2로 우상의 흑 1점을 잡으면 흑3으로 젖혀 백을 공격한다.
백4 이후 흑5를 선수해서 우변은 빅이 된다.

変

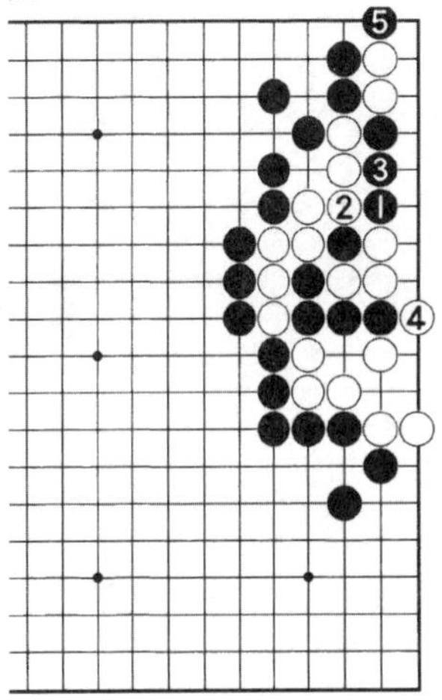

### 귀를 잡다

백2로 흑 1점을 따내면 흑3으로 이어 귀의 흑이 부활한다.
백4로 흑 4점을 잡고 흑은 5로 젖혀 귀를 잡는다.
흑은 정해도보다 손해가 없는 모양이다.

(2046)

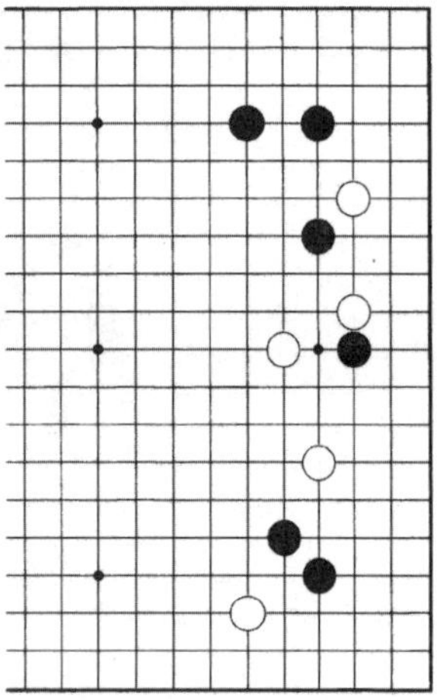

解

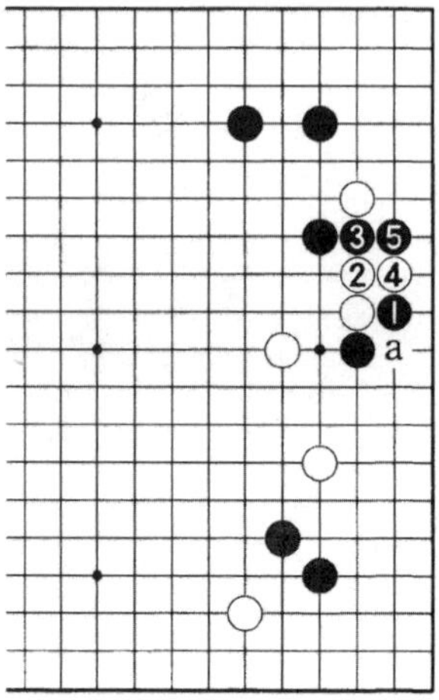

失

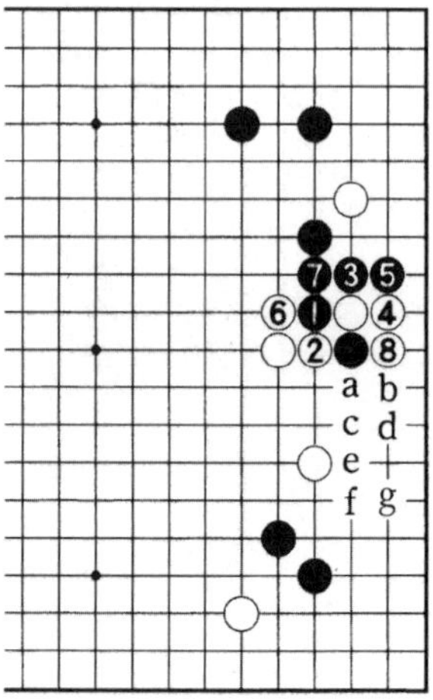

제1형 흑번

### 사석

우상, 우하귀는 흑의 세력권이지만 우변은 백돌이 더 많다.
흑은 우변의 1점을 사석으로 수습하고 싶다.

### 흑 충분

흑1로 젖혀서 시작하고 싶다.
백2로 늘면 흑3, 5로 뚫고 나가는 흐름이 나온다.
우변은 버려도 우상이 커지면 흑은 충분하다.
흑1로 3은 백a.

### 백의 저항

흑1은 백을 공격하는 수지만 백2, 4의 저항으로 잘 되지 않는다. 백8 이후 흑a라면 백b, 흑c, 백d, 흑e, 백f로 흑이 g로 나갈 수는 있지만 모양이 좋지 않다.

(2047)

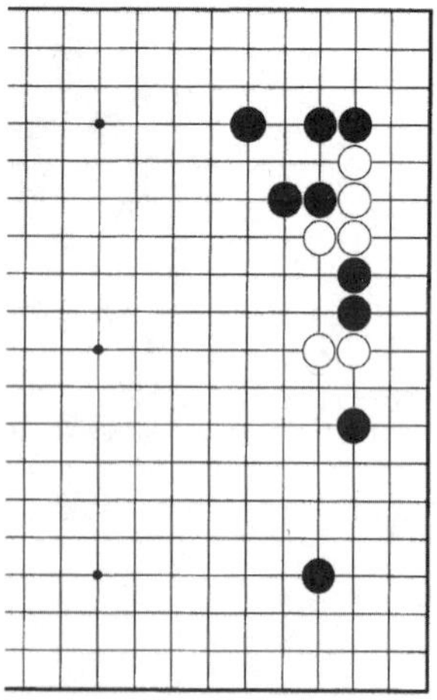

解

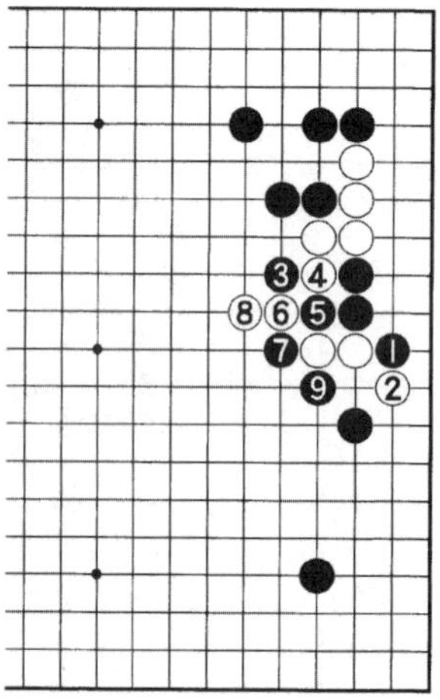

失

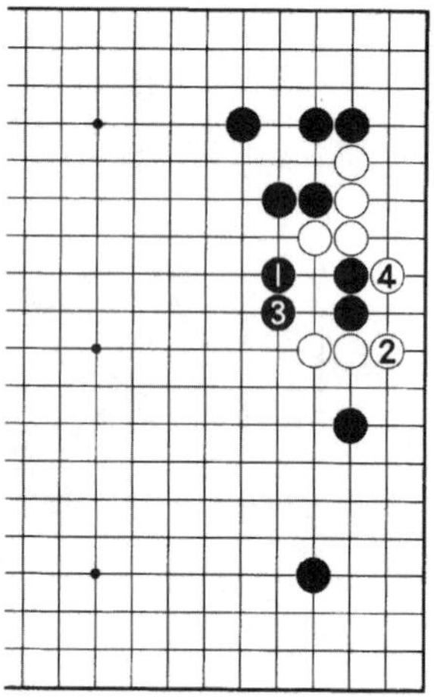

제2형 흑번

### 흑집

우상귀는 화점 정석에서 생기는 모양이다.
백에게 갇힌 흑 2점이 탈출하여 우변의 백을 분단시키면 우변을 흑집으로 만들 수 있다.

### 우변은 흑집

흑1로 젖히는 수순이 중요하다.
백2에 흑3으로 뛰어 중앙으로 나가면 백은 위아래를 연결시킬 수 없는 모양이다.
흑9까지 우변은 흑집이 되었다.

### 백의 건넘

흑이 2로 젖히는 수순을 놓쳐서 1로 뛰면 백2로 내리는 수가 좋다.
흑3으로 중앙으로 도망쳐도 백4로 우변으로 건너가서 흑은 그저 도망쳤을 뿐 백이 강한 돌이 되었다.

(2048)

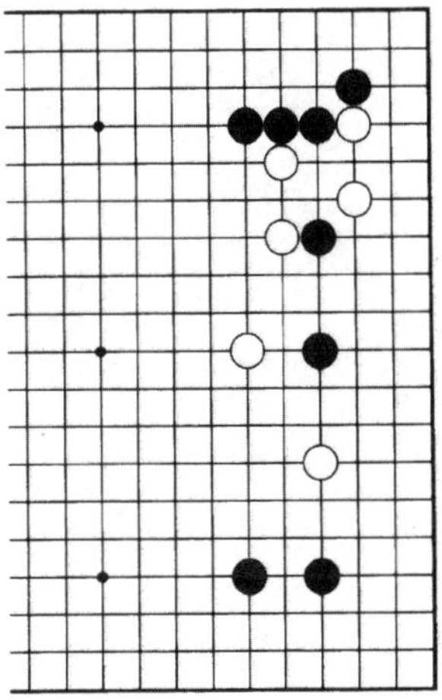

解

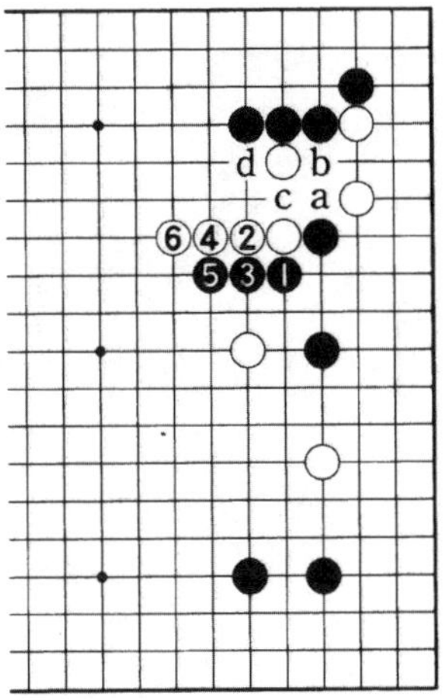


変

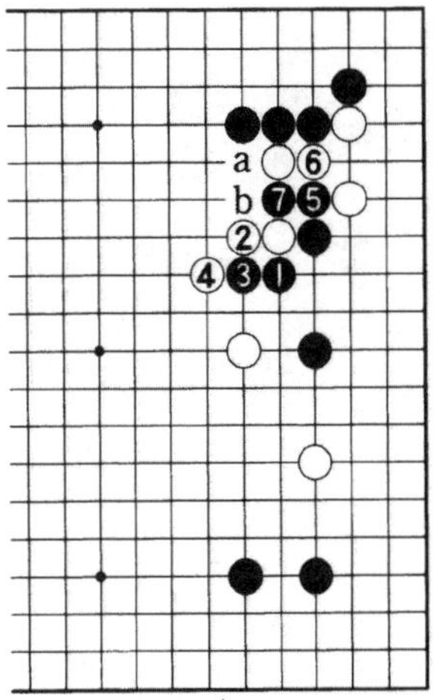


제3형 흑번

## 주도

접바둑의 포석에서 생기는 모양.
우상의 백을 몰아붙여 흑이 유리한 싸움이 되었다. 흑은 편하게 싸움을 주도하고 싶다.

## 분단

흑1로 젖히는 것이 상형이다.
백2로 뻗고 흑3, 5로 밀어 우변을 굳히면서 우변과 우상의 백을 분단시켜 흑이 유리한 싸움.
흑1로 a, 백b, 흑c로 나가면 백d로 귀의 흑의 공배가 메워진다.

## 백 불리

백4로 막아 저항하면 흑5, 7로 나가는 수가 냉엄하다.
백a는 흑b로 백 2점이 단수당해서 백이 불리하다. 백b로 막으면 흑a로 끊는 것이 선수여서 백이 괴롭다.

(2049)

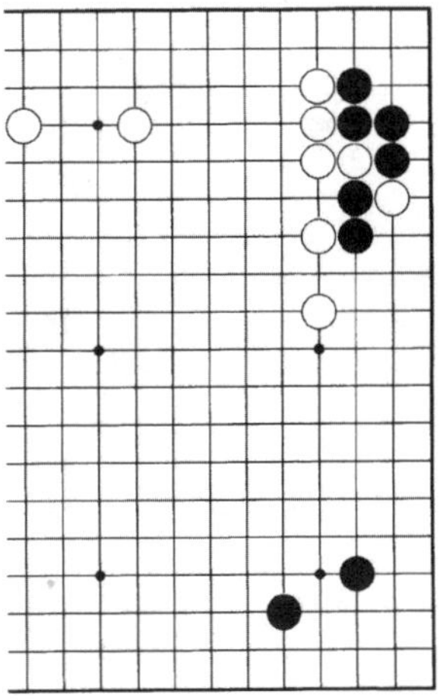

解

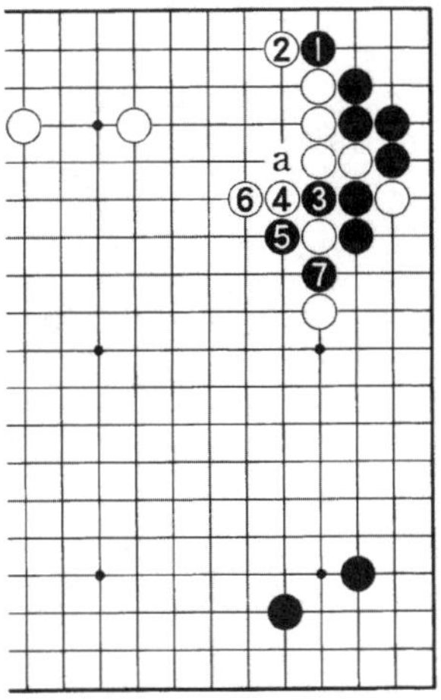


変

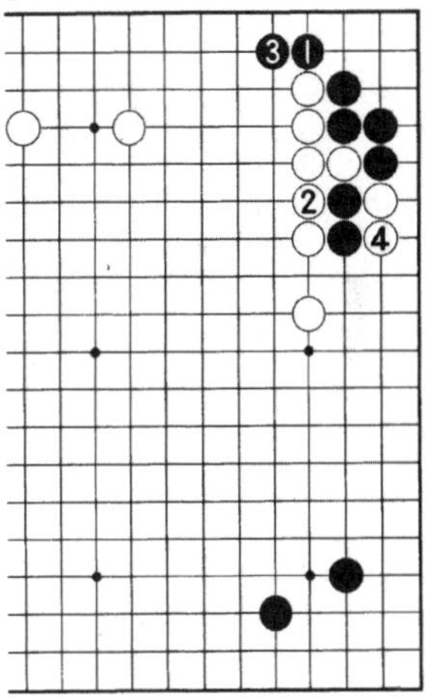

제4형 흑번

## 유리한 국면

유리한 국면
흑은 상변에 있는 백의 모양이 커지는 것을 막으려면 어디에 수를 내어야 할까?
침입하지 않고 유리한 국면을 만들고 싶다.

## 대성공

흑1로 젖히는 것이 좋은 수순.
백2와 교환하고 흑3, 5로 중앙을 끊는다.
백은 a의 약점을 막기 위해 6으로 지키는 정도지만 흑은 7로 따내서 대성공.

## 흑 만족

백2로 중앙을 이으면 흑3으로 뻗는 수가 좋다.
백4로 2점을 잡아도 상변 백집은 사라졌고 두터움이 우변으로 바뀌어서 이 그림 역시 흑이 불만 없는 모양이다.

(2050)

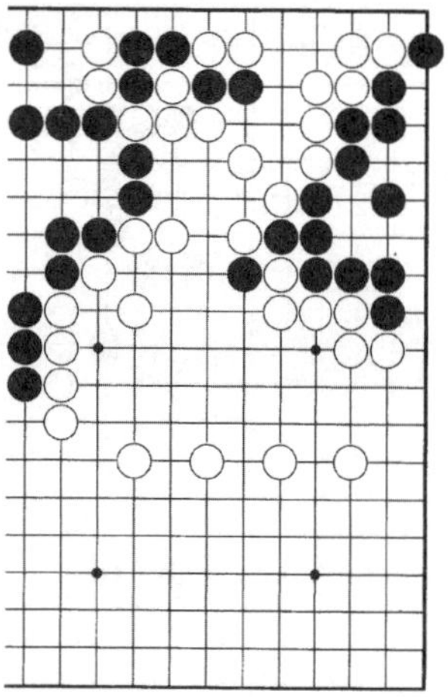

제 15형 흑번

## 부활

중앙의 백집을 목표로 끝내기 한다. 공배가 꽉 찬 백을 추궁해서 중앙을 깨뜨리고 백이 저항하면 상변 또는 중앙의 흑 1점이 부활한다.

解

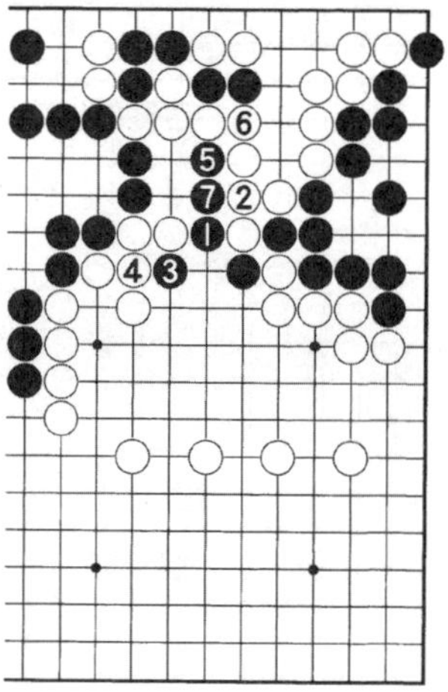

## 중앙 연결

먼저 흑1로 단수쳐 백2를 활용한다. 다음 흑3으로 젖히는 것이 중요한 수순. 백은 양단수를 막기 위해 백4로 이으면 흑5의 찝음이 결정타. 백6으로 상변을 살리면 흑은 7로 중앙을 연결한다.

变

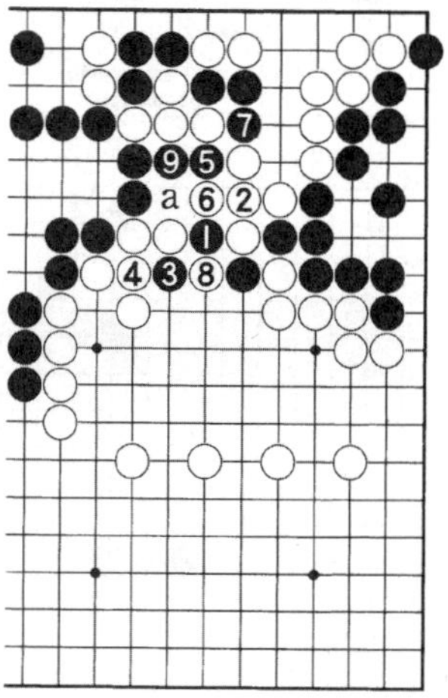

## 촉촉수

흑5로 찝을 때 백6으로 중앙을 잡으면 흑7로 끊어 백 4점을 촉촉수로 잡는다.

백4로 a에 도망치는 것은 흑4로 끊어서 안 된다.

(2051)

젖힘 공격

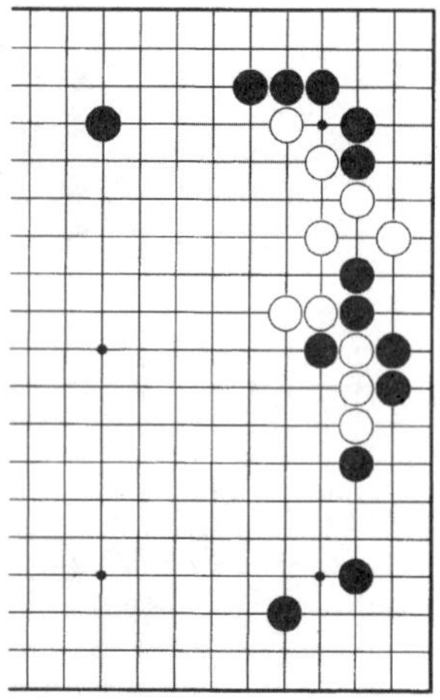

제 1형 흑번

## 정형

우상은 한 칸 높은 걸침 정석의 변화이다.

우변의 흑을 굳히기 위해서 백 3점을 공격해서 잡아야 한다.

상변에 축머리가 기다리고 있다.

解

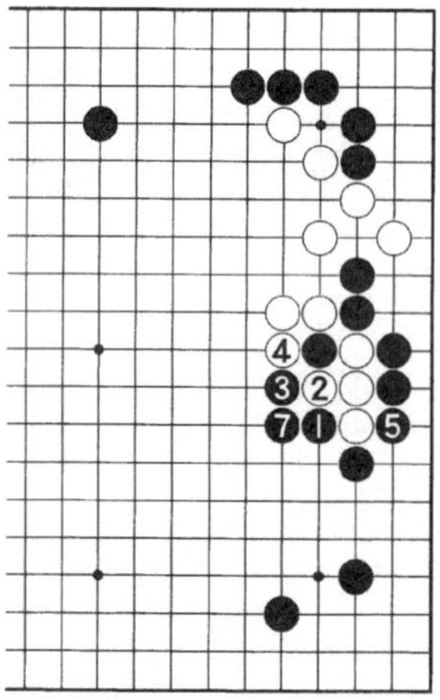

## 조임

흑1로 젖혀 백 3점의 공배를 메운다. 백2로 나가면 흑3으로 막는 수가 냉엄하다. 백은 4로 따낼 수밖에 없고 흑5로 조이고 7로 이어 매우 유리한 모양이다.

※⑥→④의 오른쪽

变

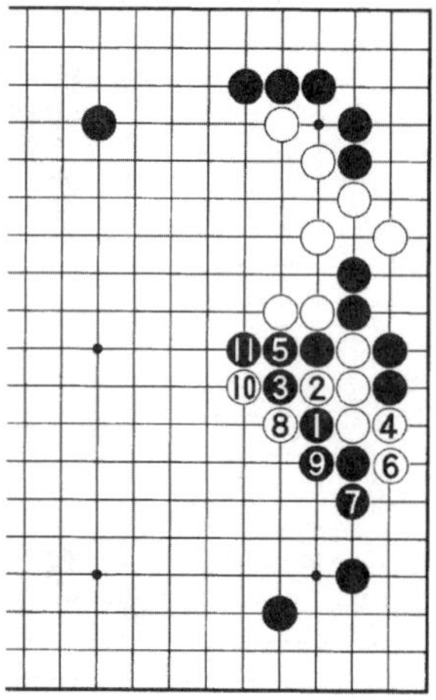

## 백 무리

백4로 나가 흑의 건넘을 막는 것은 무리. 흑5로 이어 우변의 백은 탈출할 수 없는 모양이다.

백6, 흑7 이후 백8, 10으로 중앙을 공격해도 흑11로 도망쳐서 두 손 든 상태.

(2052)

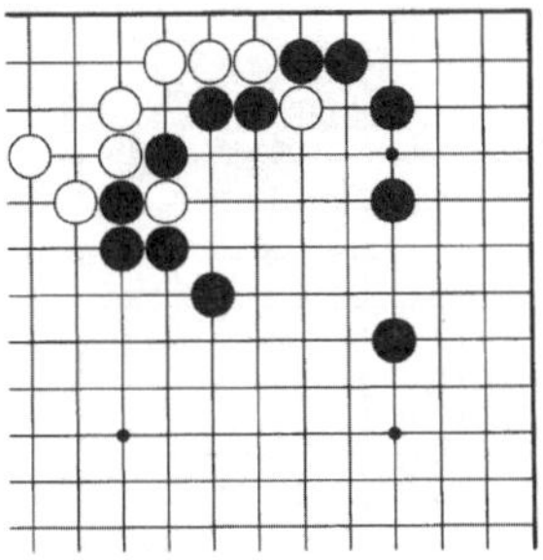

解

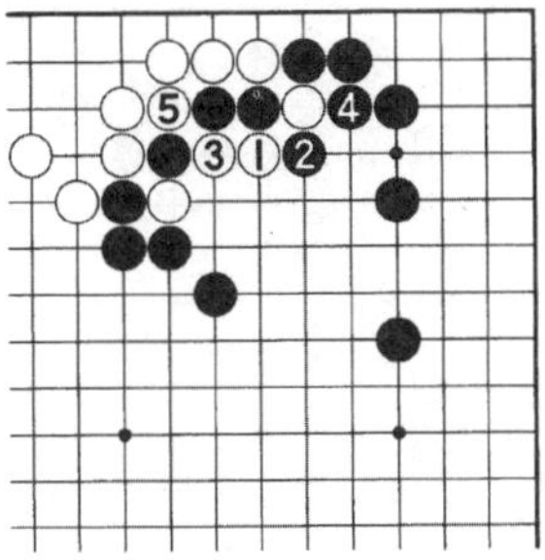

失

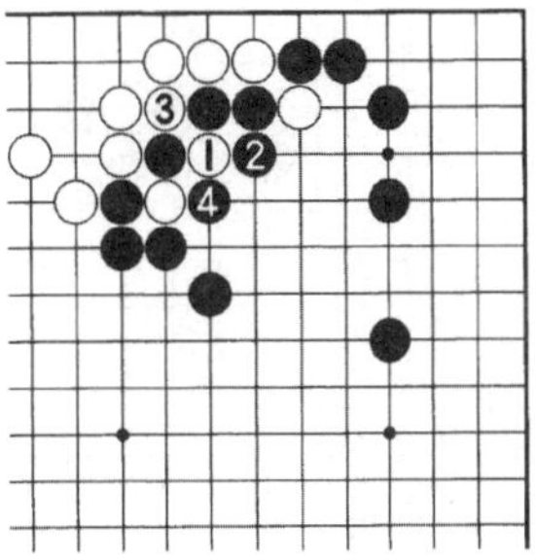

제2형 백번

## 활력

우상의 흑 모양이 크다.
흑이 잡고 있는 백 2점에 아직 활력이 남아있다.
백은 수를 내야 한다.

## 가운데를 부수다

백1로 젖히는 수가 냉엄하다.
흑 3점의 공배가 꽉 차서 흑은 2와 4로 받는 정도이다.
백5로 중앙의 흑집을 깨뜨린다.

## 흑집 건재

백1로 단수치면 흑은 도망갈 수 없다. 그러나 흑2로 되단수치고 백3, 흑4로 바깥을 굳히게 되면 정해도와 차이는 크다.

(2053)

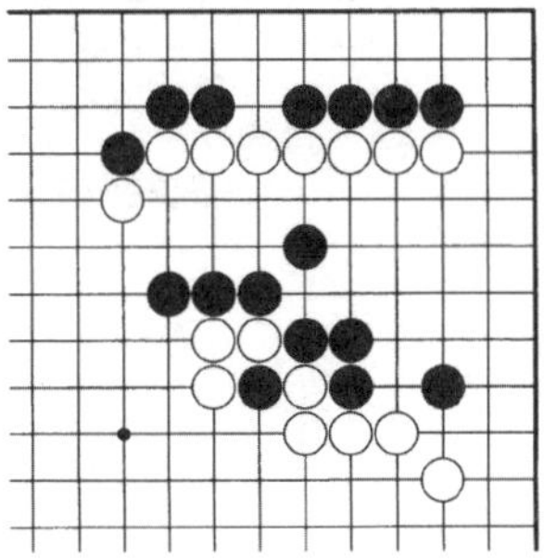

解

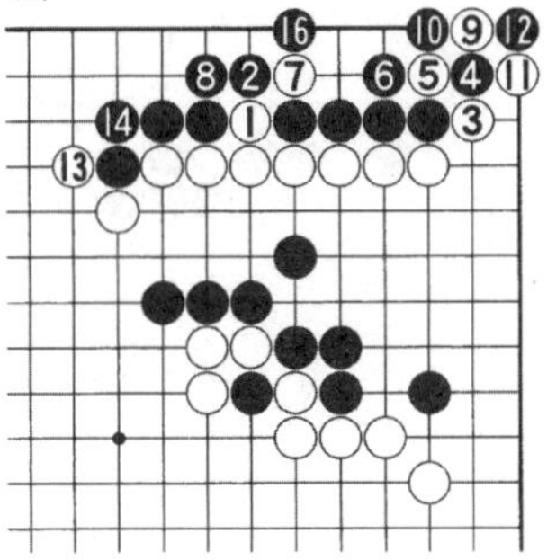

変

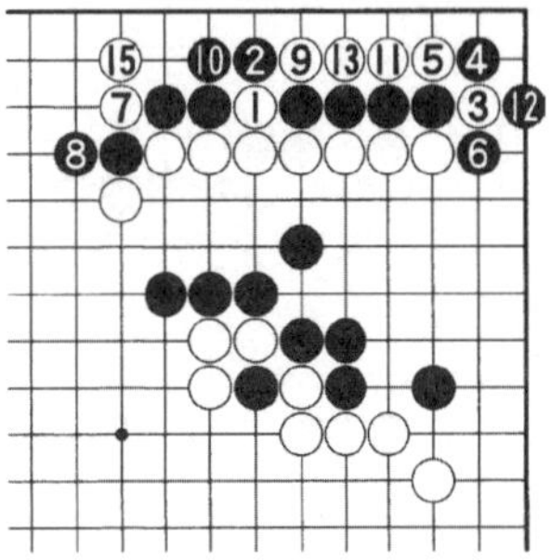

제3형 백번

## 활용

우상의 모양을 결정짓고 싶다.
우상귀에서 상변으로 이어진 흑에게 약점을 만들어 최대한 활용하여 움직이고 싶다.

## 패

백1로 나간 뒤 3과 5로 끊는 수가 냉엄하다.
흑6에 백7부터 17까지의 패로 흑집을 압축시킨다.
※⑮→⑨(패), ⑰→⑤(패)

## 괴멸

흑6으로 끊으면 백7, 9를 활용하고 11로 조인다.
백15까지 흑 괴멸. 흑8로 10은 백8. 흑10으로 13은 백10으로 역시 백이 유리하다. ※⓮→③

(2054)

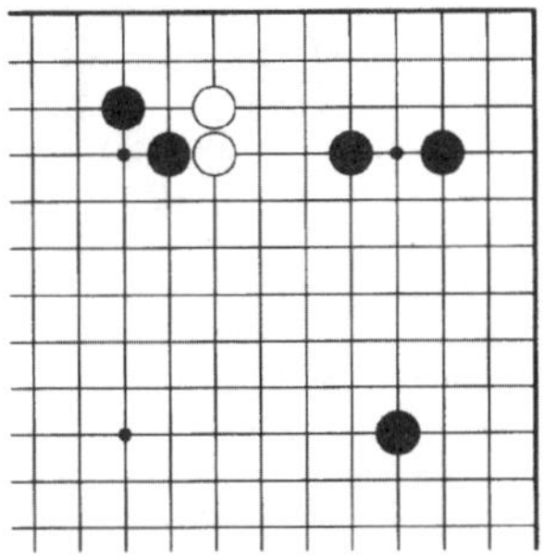

解

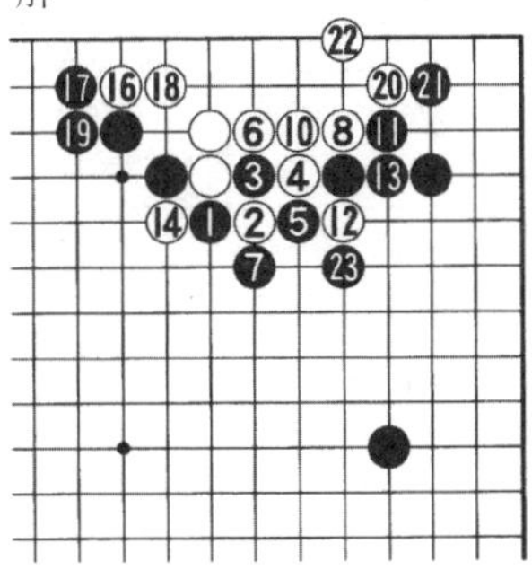

失

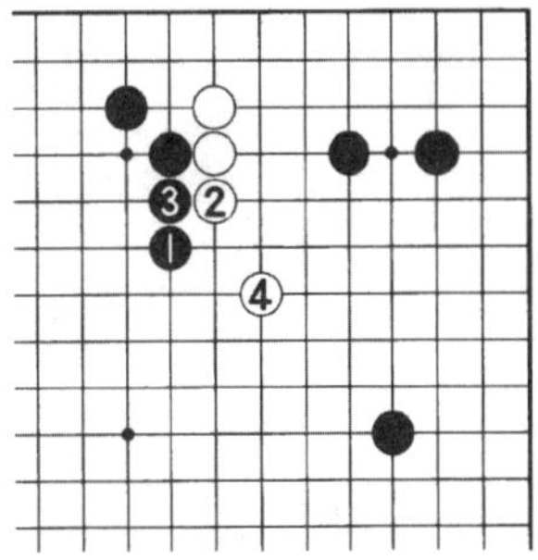

제4형 흑번

## 모양

상변의 백 2점을 공격하고 싶다.
중앙의 진출을 막으면 우변에서 중앙에 이르는 흑의 모양이 생긴다.

## 봉쇄

흑1로 젖히고 3으로 끊는 수가 냉엄하다.
백4에 흑5로 끊어 백은 갇힌 모양이다. 흑23까지 정형 중 하나이다.
※❾→❸(패), ⓯→②

## 흑 완착

흑1로 뛰는 것은 완착으로 백2로 뻗어서 중앙으로 나간다.
백4로 날일자 하면 이후, 흑이 백을 공격해도 흑의 모양과 집이 커지지 않는다.

제5형 흑번

(2055)

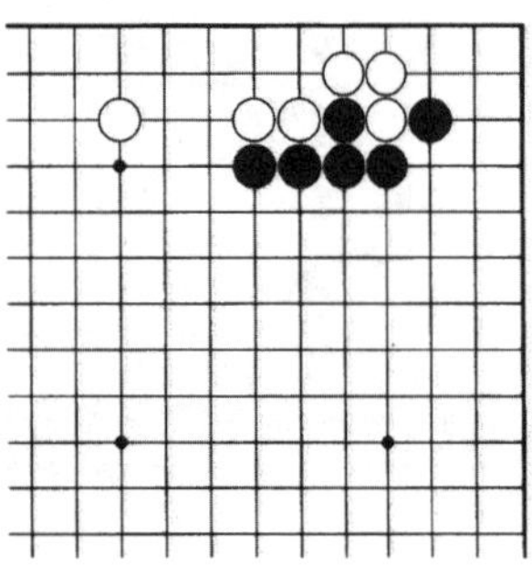

## 진짜

상변의 백 모양은 가짜이므로 한 수를 더 들여서 모양을 정리하지 않으면 진짜가 될 수 없다.
흑에게 기회가 찾아왔다.

解

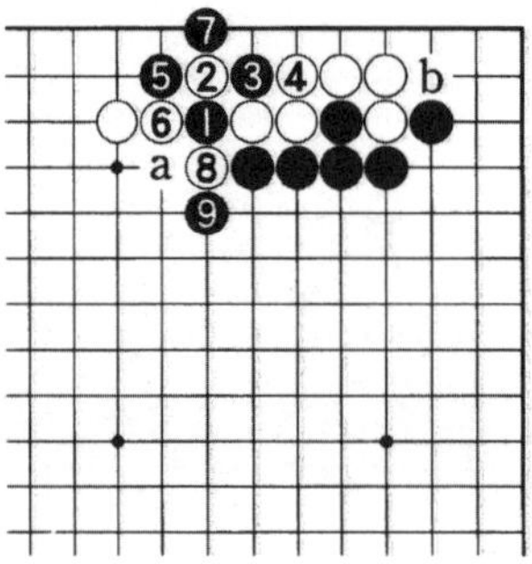

## 큰 패

흑1로 젖혀 백의 2점 머리를 두들긴다. 백2로 받게 한 뒤 흑3, 5로 침입한다.
백8로 끊으면 흑9로 패가 난다. 백a에는 흑b가 날카롭다.

変

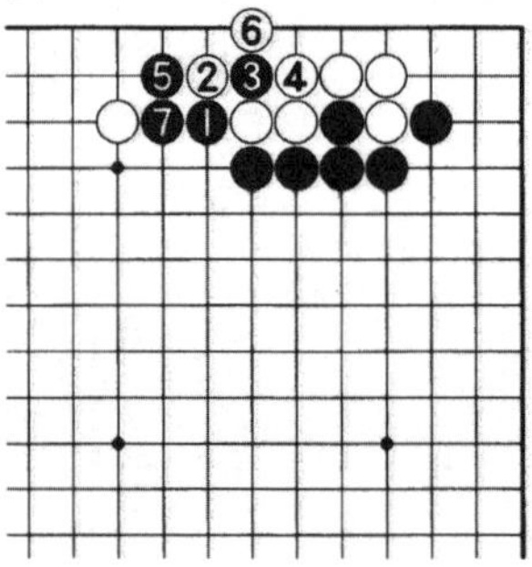

## 백 불리

백6은 패를 피한 수이다.
백은 상변만으로 살았지만 흑7로 이어 백 1점의 위력이 완전히 사라졌다.

제6형 흑번

(2056)

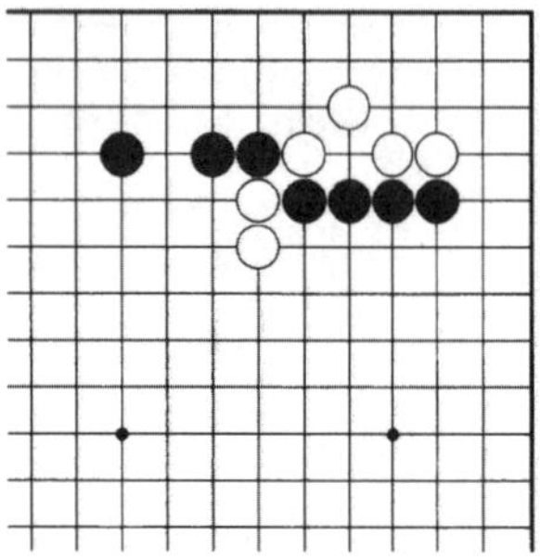

## 혼전

상변의 백은 흑을 둘로 나누고 있다. 흑이 상변과 우변으로 갈라지면 혼전이 된다. 그 전에 귀에서 수를 내야 한다.

解

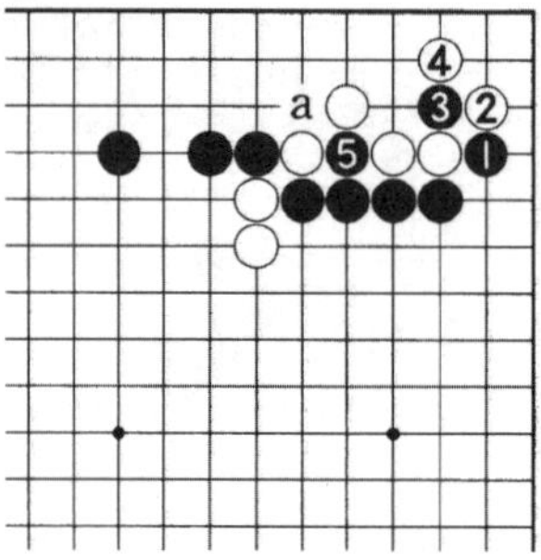

## 대성공

흑1의 젖힘은 백의 자충을 노린 수이다.
백2, 흑3으로 끊어 백은 응수하기 곤란하다. 이후 흑a로 요석을 따내서 흑이 크게 성공한다.

変

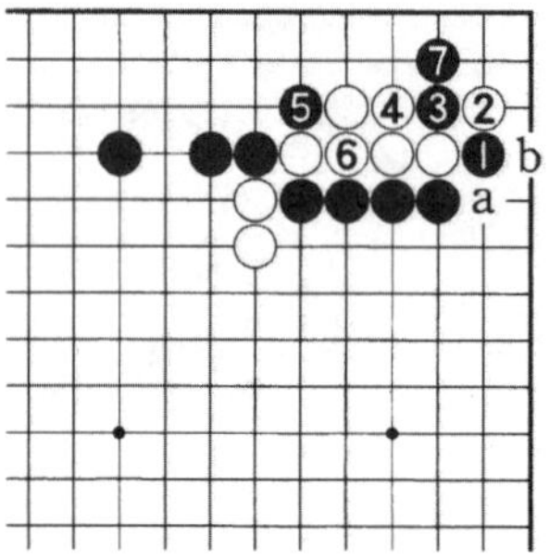

## 백 무리

백4로 강경하게 받아도 흑5로 단수당해 포도송이가 된다.
흑7로 내려 백은 무리한 모양이다.
이후 백a는 흑b부터 시작으로 조인다.

제7형 흑번

(2057)

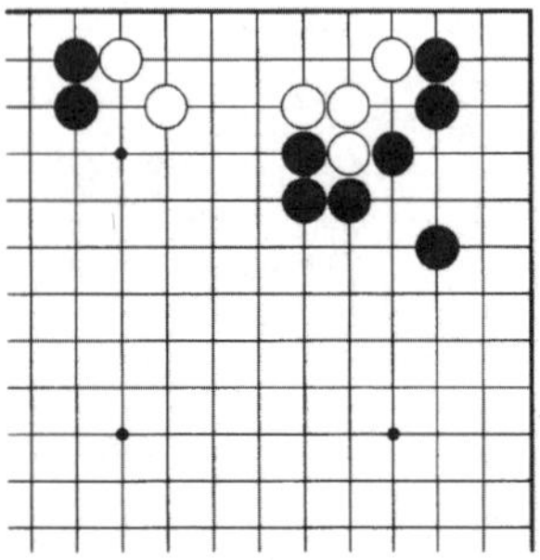

## 미비

흑은 백의 좌우 연결이 완전하지 않은 것과 우상의 공배가 찬 백을 추궁하면 성공이다.

解

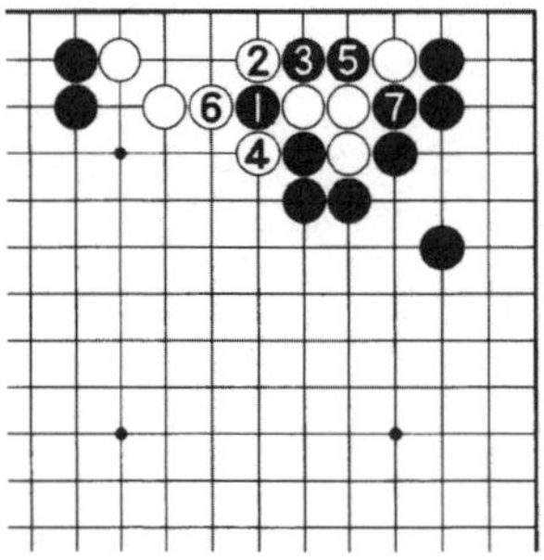

## 조이기

흑1로 젖혀 백2로 받게 한 후 흑3의 끊음이 좋다.
백4라면 흑5, 7로 조여 상변에 있는 백의 근거를 빼앗아버린다. 백은 한 집밖에 없다.

変

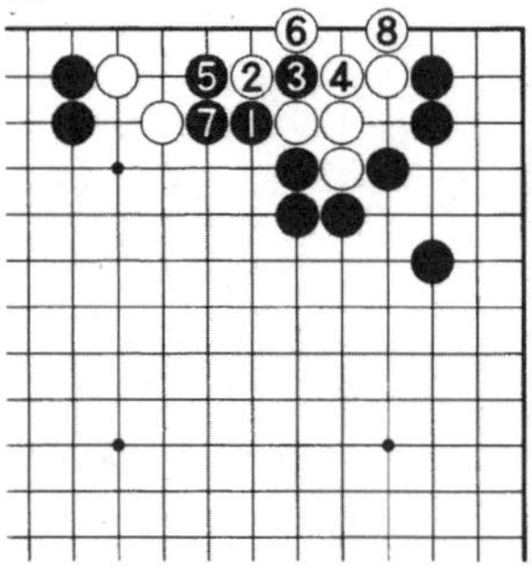

## 흑집

백4로 흑 1점을 잡으면 흑5로 바깥에서 단수친다.
백6, 8로 어떻게든 살았지만 상변은 흑집이 된다.

(2058)

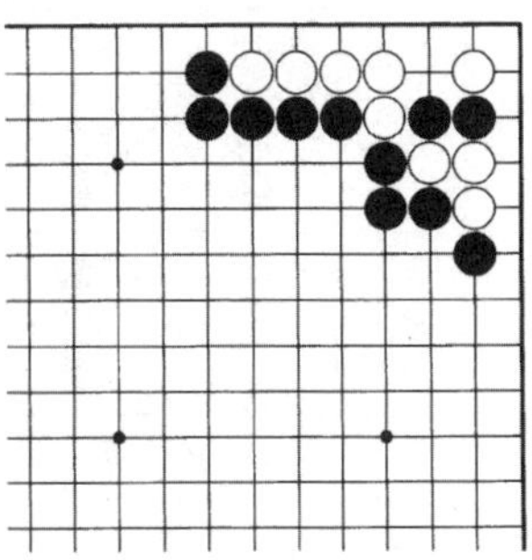

解

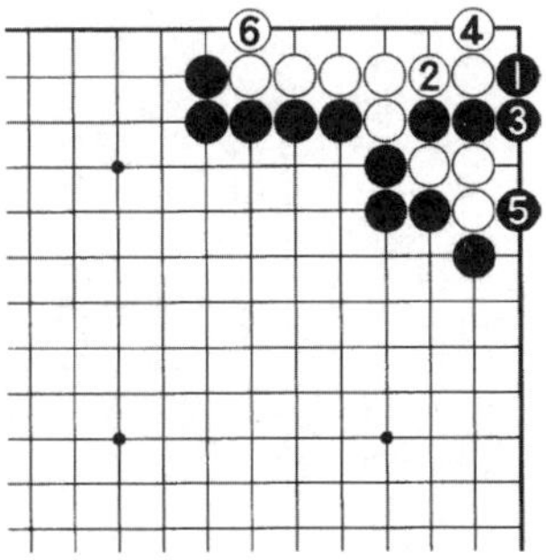

失

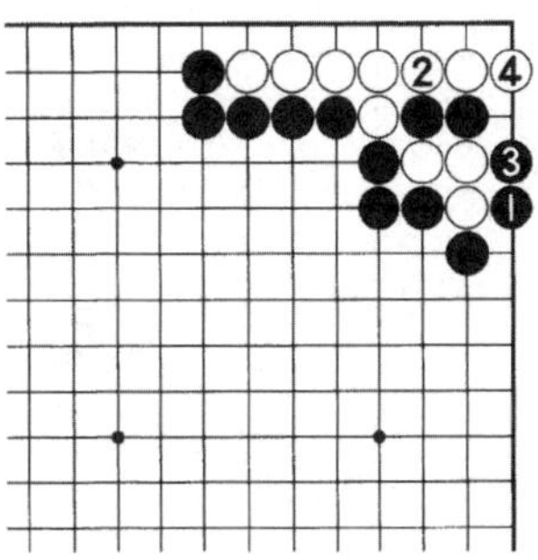

제8형 흑번

## 탄력의 이용

귀의 백을 공격하고 싶다.
백집을 최소화 시키려면 귀의 탄력을 이용해야 한다.

## 4집

흑1로 젖히는 수가 상용의 맥이다.
백2로 단수쳐도 흑3으로 이어 백 3점과의 수상전은 흑이 승리한다. 백6으로 살아도 4집이 된다.

## 6집

흑1로 3점을 잡으러가는 것은 노력이 부족하다.
흑3으로 백 3점을 따내더라도 백4로 내려 백집은 6집이 된다.

(2059)

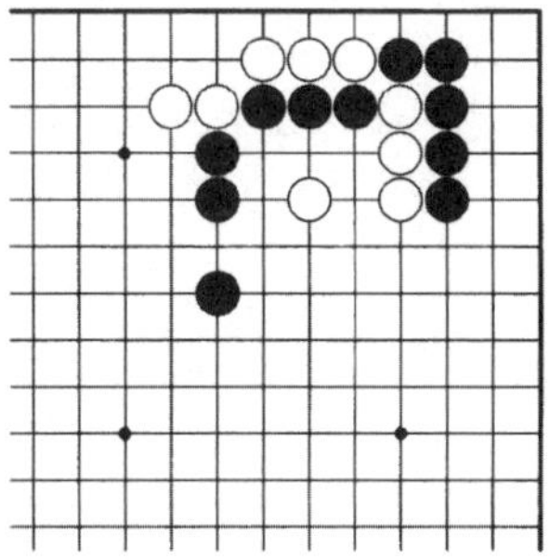

解

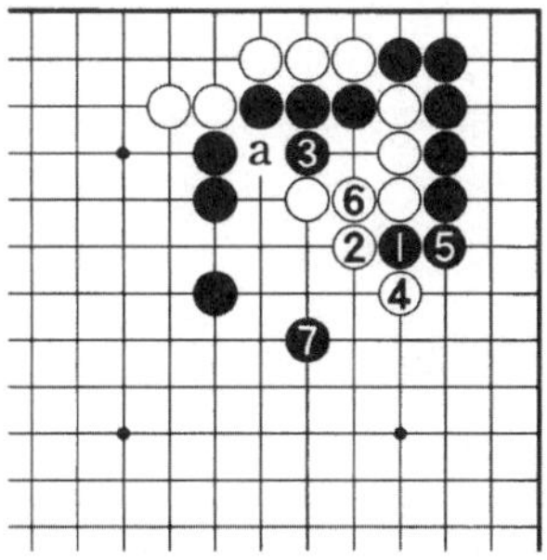

変

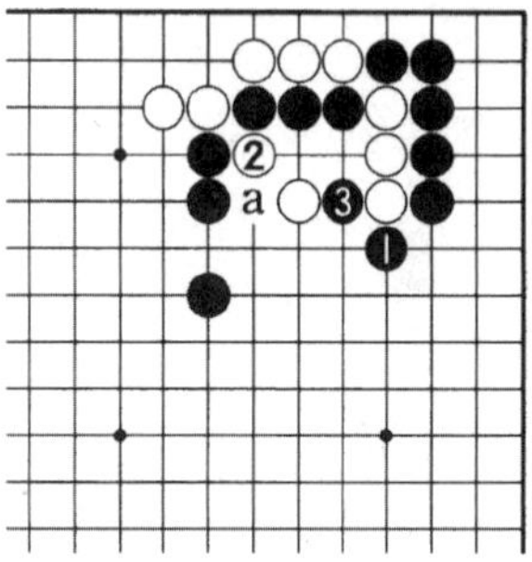

제9형 흑번

## 유리한 모양

상변의 흑은 중앙으로 도망가는 모양이지만 중앙의 백을 강력하게 공격하면 유리한 모양을 만들 수 있다.

## 흑 유리

흑1의 젖힘은 백의 모양을 무너뜨리는 급소이다.
백2로 받으면 흑3으로 a의 약점을 선수로 막는다. 흑7로 공격해서 흑이 싸우기 편하다.

## 흑 좋다

백2로 끊으면 흑3으로 3점을 잡아 백이 안 된다.
백2로 3은 흑a, 백의 모양이 무너져서 흑은 충분하다.
흑1로 a는 후수의 지킴이다.

(2060)

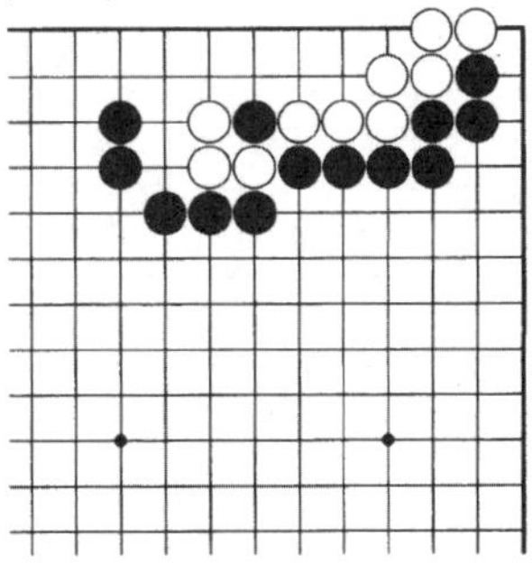

解

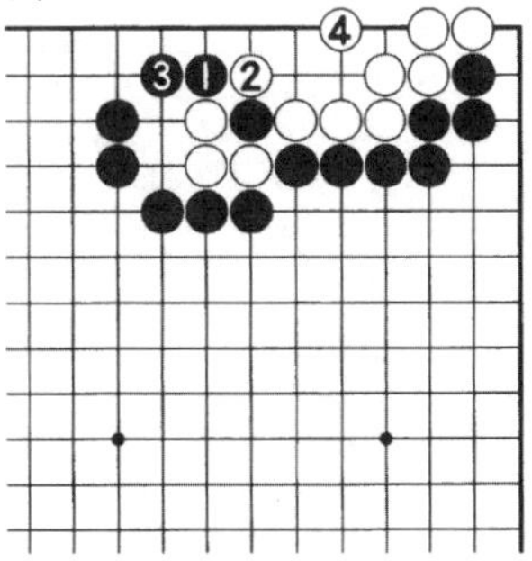

変

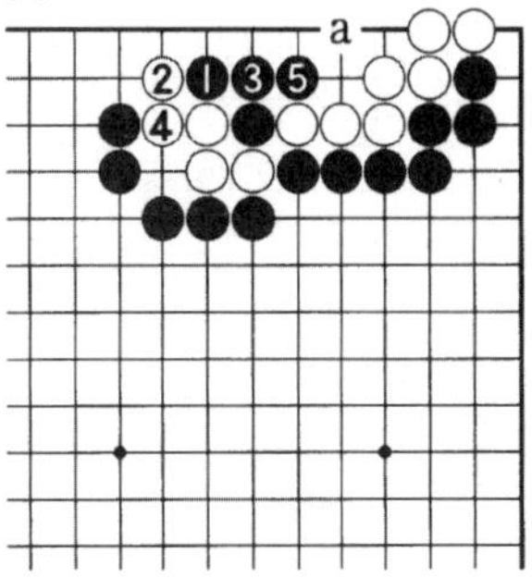

제10형 흑번

## 필사

우상귀의 백을 괴롭히고 싶다.
백은 흑 1점을 잡고 있지만 간신히 숨만 붙어있는 상태가 될지도 모른다.

## 작은 삶

흑1로 젖히는 수가 좋다.
백2로 잡아도 옥집이 된다.
흑3으로 백집을 작게 만들어 백4로 안형의 급소에 두어 간신히 살 수 있다.

## 백 무리

백2의 저항은 무리. 흑3으로 이어 바깥의 백과 수상전이 되지만 백4는 흑5로 백이 전멸한다.
백4로 5, 흑4, 백a에 두어 살 수밖에 없다.

(2061)

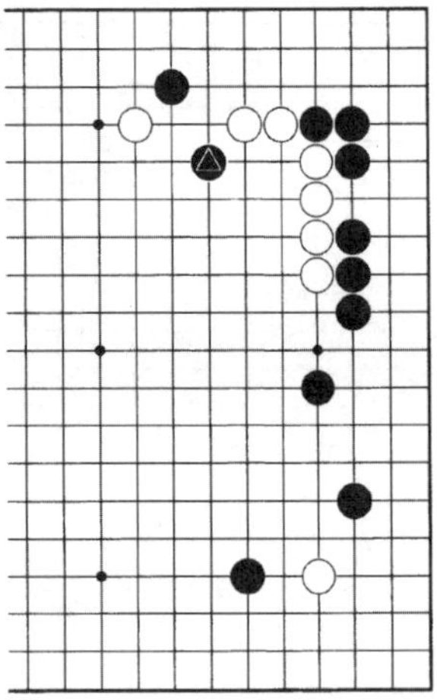

解

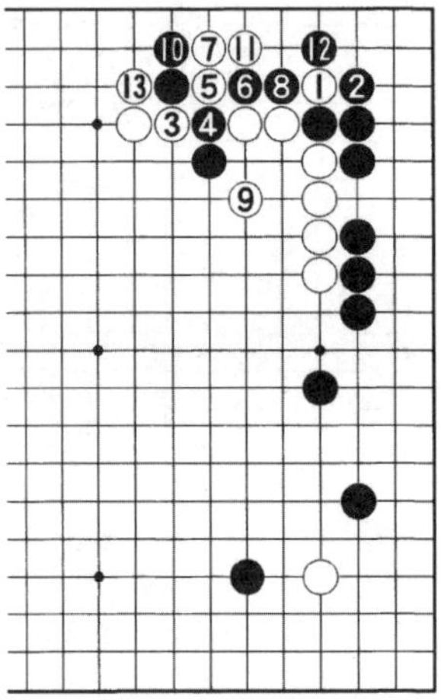

失

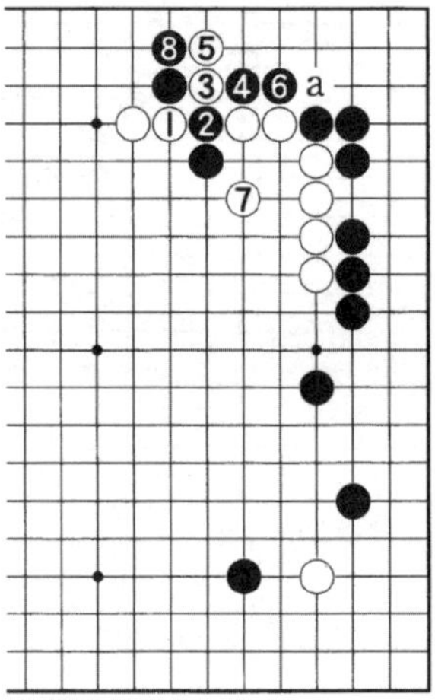

제1형 백번

### 세력

상변에서 중앙으로 진출한 흑▲ 1점이 백을 분단하였으나 백의 세력이 더 강하다.
백은 상변을 확실하게 수습하고 싶다.

### 백 성공

백1로 젖힌 수가 좋다.
흑2로 막으면 활용이 되며 백3, 5로 끊는 수가 좋다.
흑6, 8에 백9로 뛰어 다음에 12가 남아 흑10, 12로 두어도 백13으로 성공이다.

### 백 대실패

백1, 3으로 나가끊는 것은 준비 부족이다. 흑4, 6으로 상변으로 건너가면 백7로 지켜야만 한다.
백은 a에 끊을 여유가 없기 때문에 흑8로 상변을 잡혀서 백의 대실패이다.

(2062)

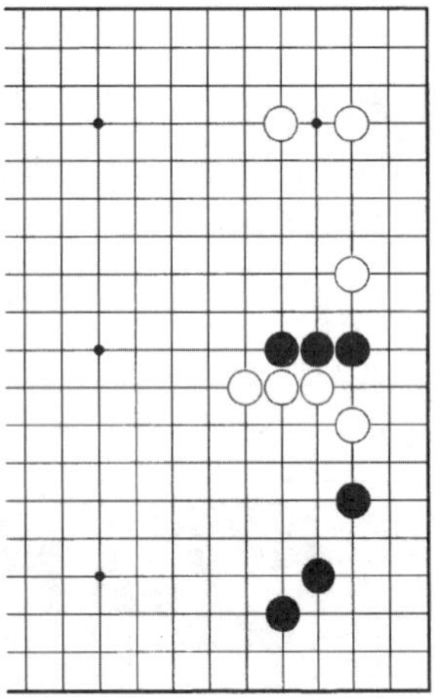

解

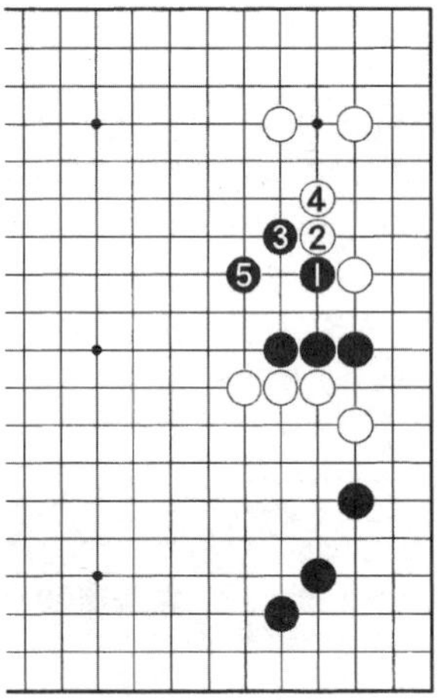

変

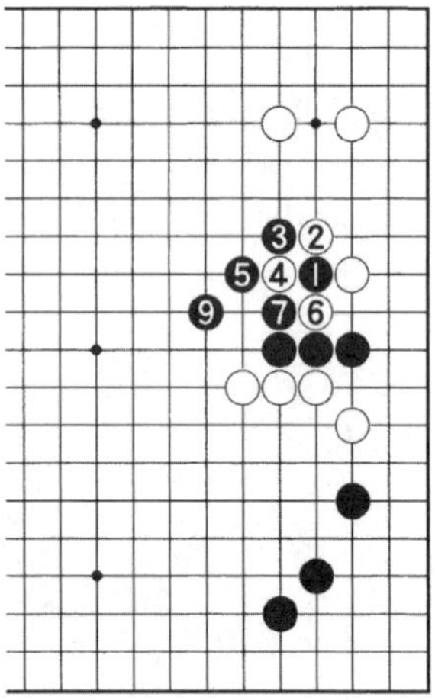

제2형 흑번

### 반격

우상은 백의 세력이다. 흑은 우변의 3점이 공격당하고 있다.
흑은 우변에서 모양을 수습하고아래의 백 4점에게 반격하고 싶다.

### 수습의 맥

흑1로 붙이고 백2로 젖히면 흑3으로 젖히는 수가 수습의 맥.
백4로 당기면 흑5로 호구이음으로 안형이 풍부한 모양을 만들고 아래쪽 백 4점의 공격을 노릴 수 있다.

### 흑 굳히다

백4로 끊어 반발할지도 모른다.
흑은 5, 7로 바깥으로 돌려치고 9로 호구쳐서 흑의 모양을 튼튼하게 만든다.
아래쪽 백 4점이 외롭다.
※⑧→❶

젖힘 따냄

제1형 흑번

(2063)

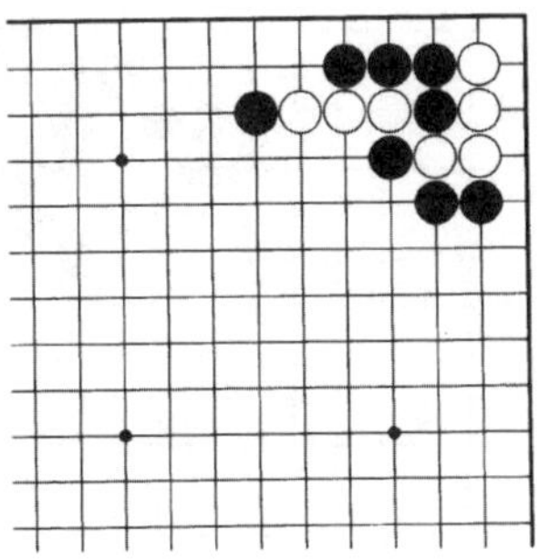

### 절대유리

우상에서 아슬아슬한 싸움이 벌어지고 있다.
흑돌이 많으므로 흑에게 유리한 싸움이 되어야만 한다.

解

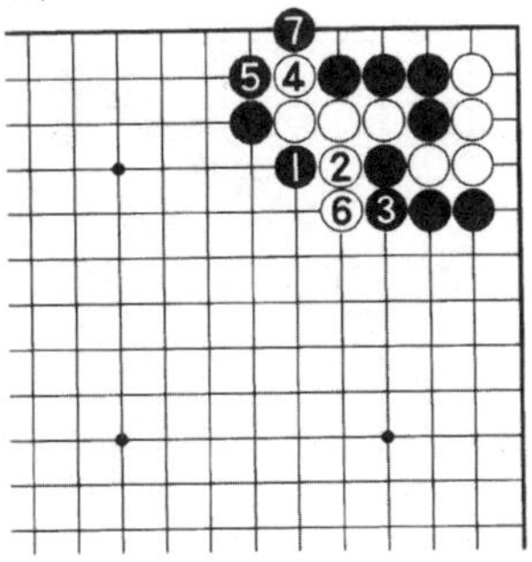

### 백 전멸

흑1로 젖혀 백 3점을 공격한다.
백2에 흑은 3으로 오른쪽의 모양을 굳히고 백4에는 흑5로 추격한다.
흑7로 백은 귀가 죽는다.
백6으로 7은 흑6.

失

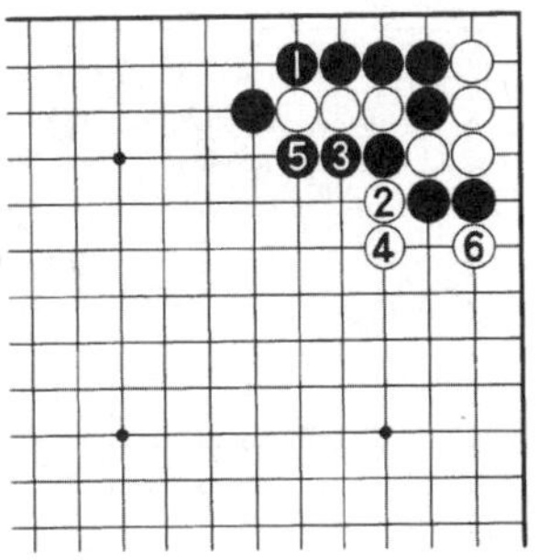

### 백의 여유

흑1로 건너면 상변은 안심이지만 백에게도 여유를 준다.
백2, 4로 우변을 공격해서 5의 축과 6으로 붙이는 수가 맞보기이다.

제2형 흑번

(2064)

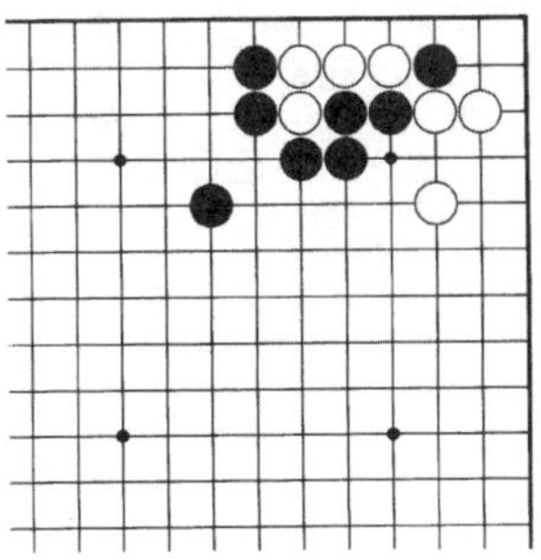

### 승산

귀에서 수상전을 벌이면 흑에게 승산이 없다.
귀와 변의 탄력을 살려 백 4점을 공격해야 한다.

解

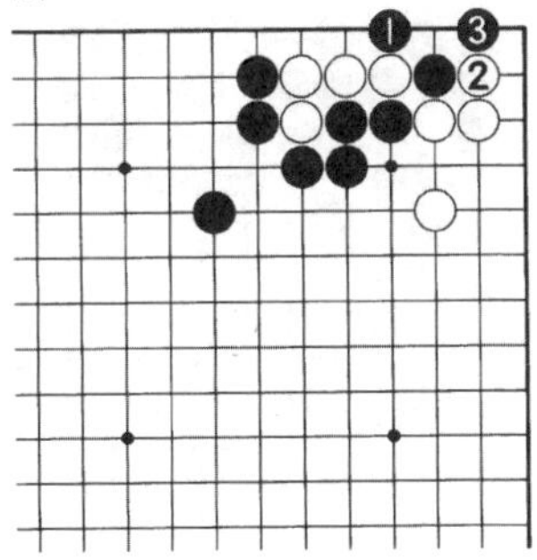

### 패

흑1로 젖혀 공격한다.
백2로 단수치면 흑3으로 젖혀 귀에서 패를 낸다.
백은 어느 쪽에서도 흑의 공배를 메울 수 없다.

失

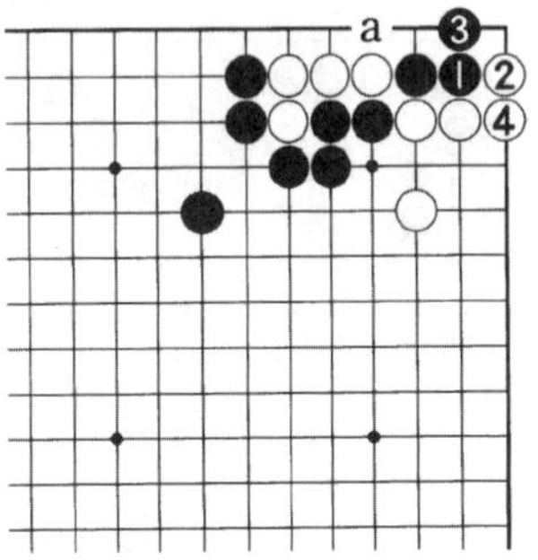

### 흑 실패

흑1로 밀면 백2로 젖혀 실패한다.
흑3과 백4로 흑은 2수이다.
흑1로 3도 백a로 실패한다.

제3형 흑번

(2065)

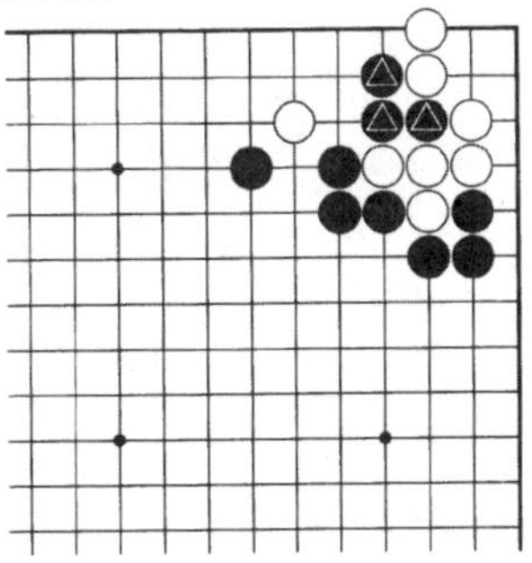

### 수상전

상변의 흑▲ 3점을 그냥 살리는 것은 실패이다.
백을 잡으러 가는 적극성이 필요하다.

解

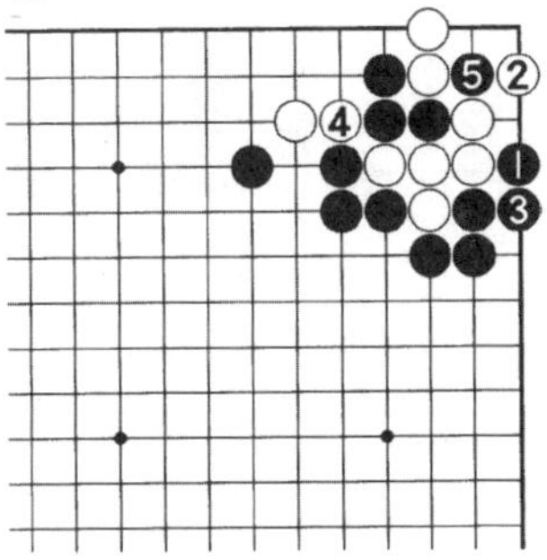

### 흑 승

흑1로 젖혀 백의 공배를 메우면서 잡으러 간다.
백2에 흑3으로 이어 귀는 2수이므로 백4로 끊어도 흑5로 승리.

変

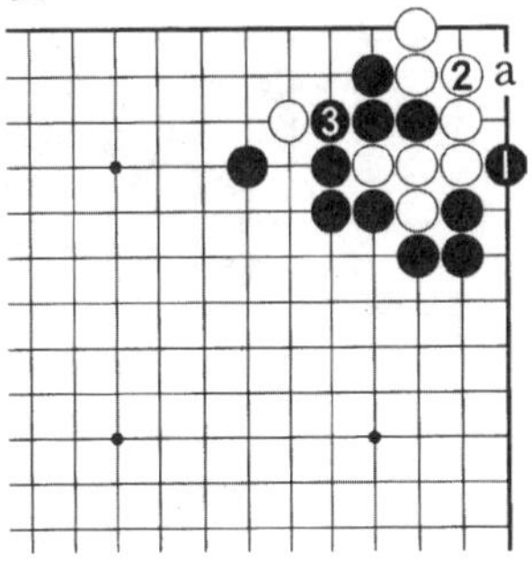

### 백 죽음

백2로 이으면 흑3으로 이어 귀의 백은 그대로 죽은 모양이다.
흑1로 3은 흑이 한 수 논 것으로 백a로 살 수 있다.

(2066)

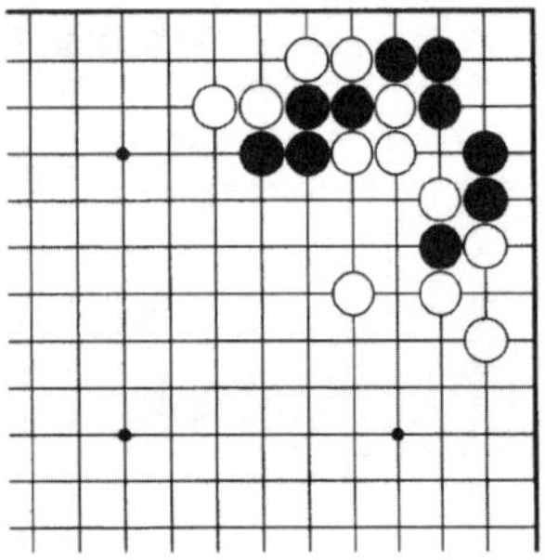

解

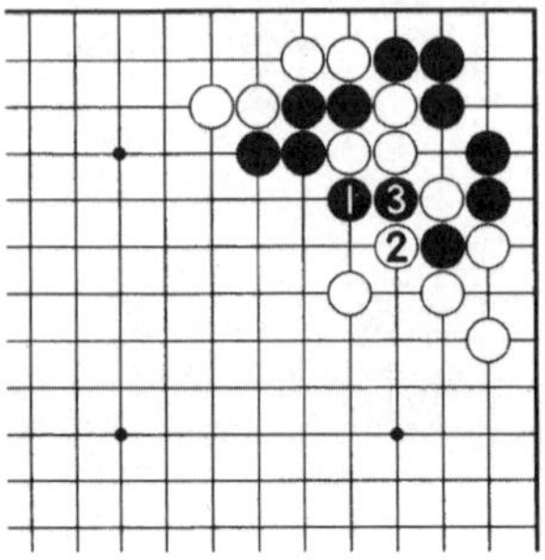

失

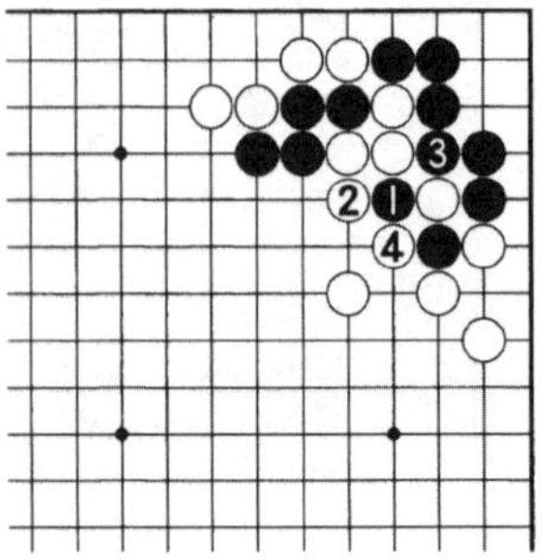

제4형 흑번

### 도망치다

흑 4점이 중앙으로 도망치면 상변이나 우변의 백이 강해진다. 기사회생의 수단이 필요하다.

### 3점 잡기

흑1로 젖히는 수가 강렬하다.
백 3점이 자충이 되어 살릴 수 없다.
백2, 흑3으로 요석을 잡으면 흑이 단연 강한 돌이 된다.

### 백 유리

흑1로 끊으면 백2로 요석을 살려 실패한다.
흑3이면 백4로 바깥을 굳힌다.
중앙의 흑이 더욱 약해진 그림.

(2067)

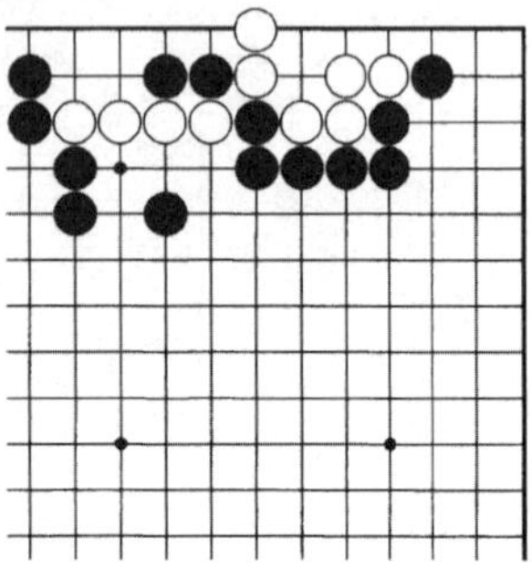

解

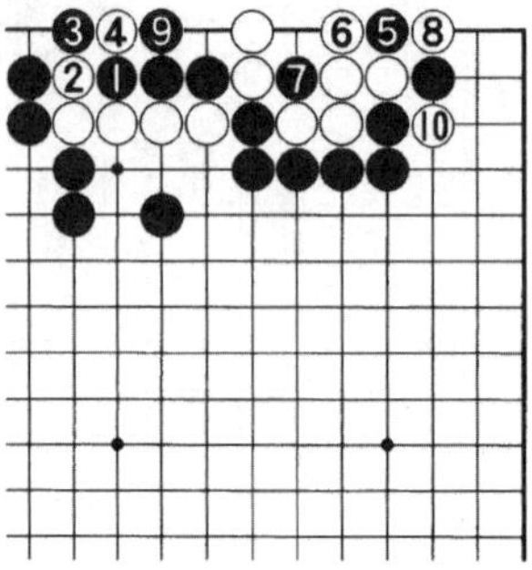

失

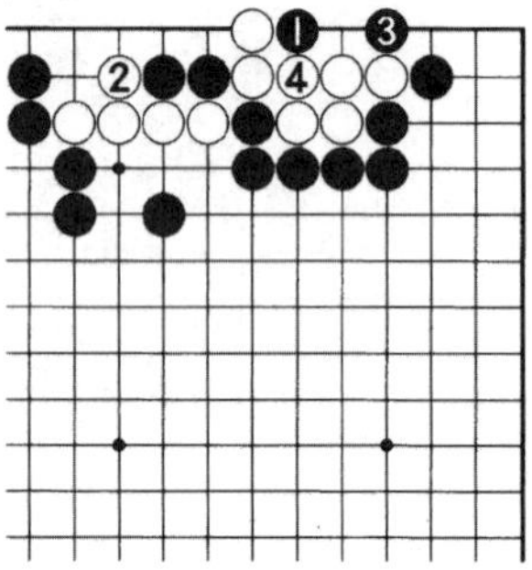

제5형 흑번

### 부활

흑 2점을 잡아 살면 백은 5집 이상 갖게 된다. 흑은 공배가 꽉 찬 백을 공격하여 흑 2점을 되살려야만 한다.

### 흑 성공

흑1, 3으로 백이 4를 두게끔 만들고 흑 5자리 젖히는 수가 좋은 수이다.
흑은 선수로 백 6점을 잡는다.

### 흑 실패

흑1을 먼저 두면 백2로 2점을 잡혀서 실패한다.
흑3으로 젖혀도 백4로 흑 1점을 잡고 산다.
백2로 4, 흑3, 백2로 두어도 같다.

(2068)

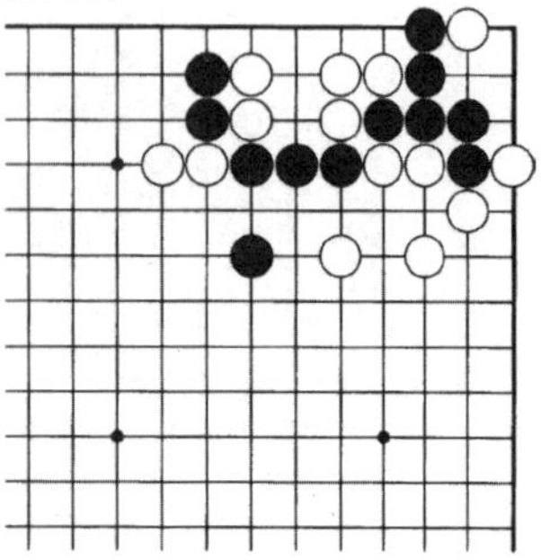

解

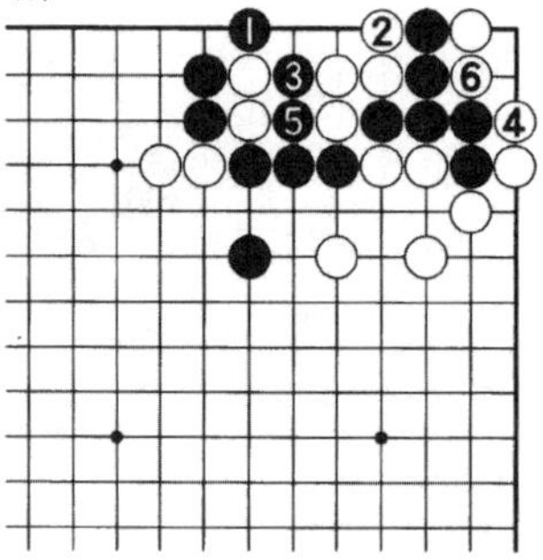

変

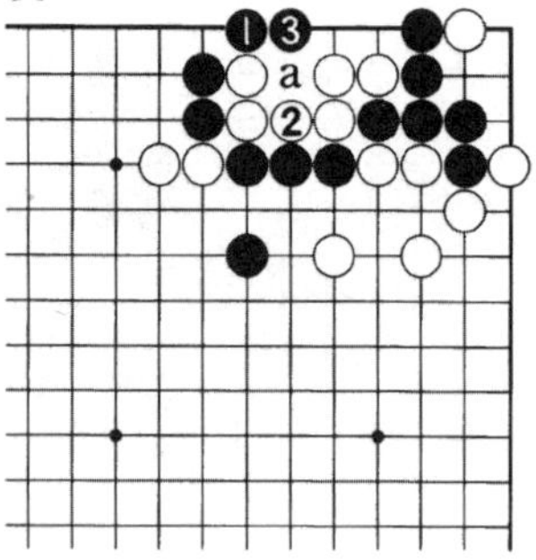

제6형 흑번

### 강화

상변의 백을 공격하고 싶다.
흑은 귀에 잡힌 6점을 이용하여 상변을 강화하고 싶다.

### 2점 잡기

흑1로 젖혀 급소를 공격한다.
백2로 막는 정도이지만 흑3, 5로 백의 자충을 궁하여 백 2점을 선수로 따낸다.

### 역전

백2로 이으면 흑3으로 뻗는다.
귀와 상변의 수상전은 백의 공배가 차버려 역전된다.
백2로 a도 흑3으로 안 된다.

(2069)

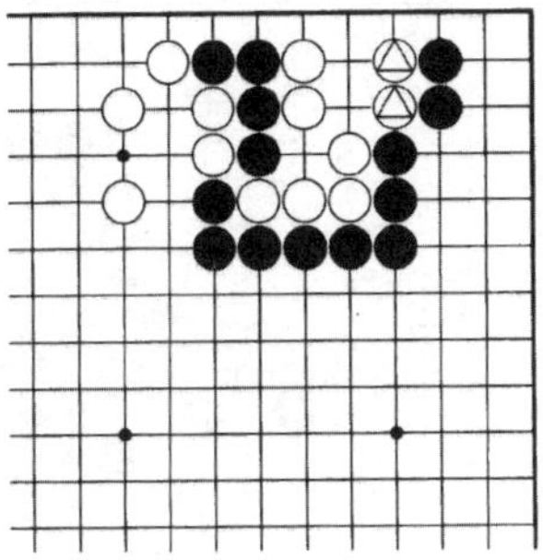

解

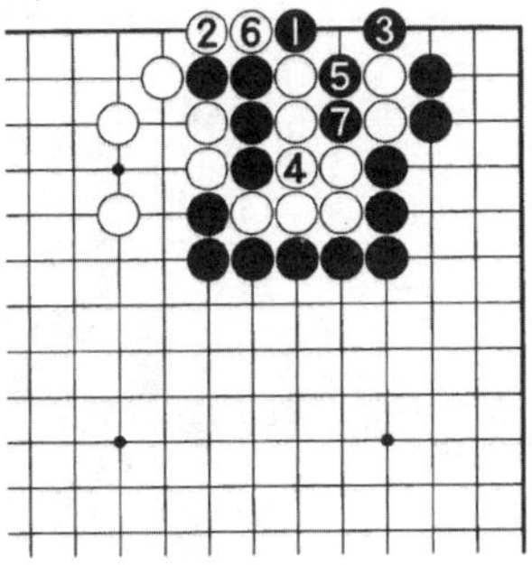

失

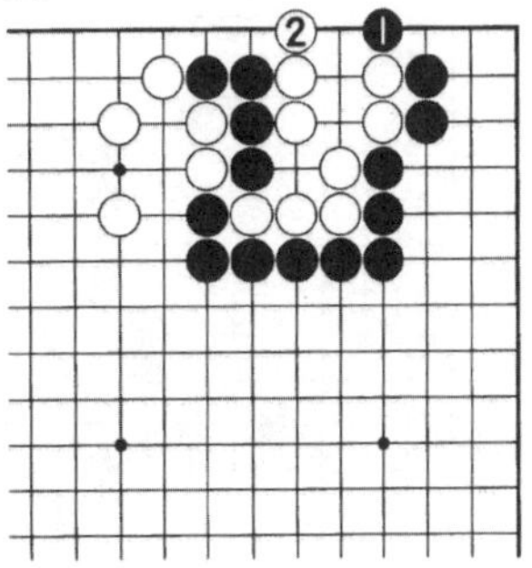

**제7형 흑번**

### 2점 잡기

흑 4점은 완전히 잡혔으나 우상이 백◬ 2점을 잡는데 역할을 할 수 있다.

### 흑 성공

흑1로 젖혀 백이 자충에 걸리기를 노린다.

백은 2로 4점을 잡는 정도이며 흑3으로 바깥에서 젖혀 7까지 백 2점을 잡는다.

### 흑 실패

평범하게 생각할 수 있는 수는 흑1로 젖히는 것이지만 이 상황에서는 실패한다.

백2가 공방의 급소가 되어 백은 2점을 살렸으며 집도 많다.

(2070)

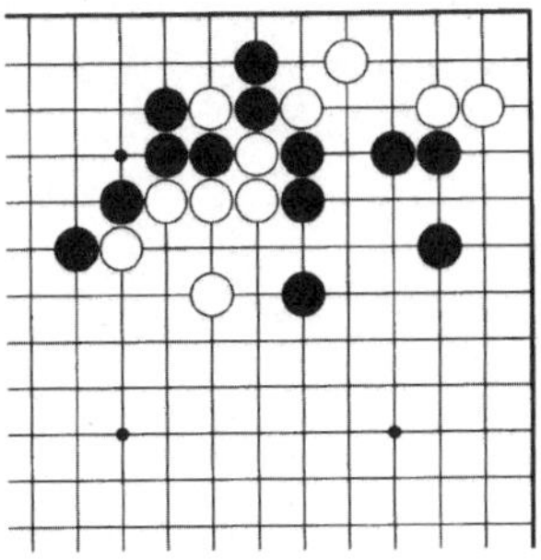

解

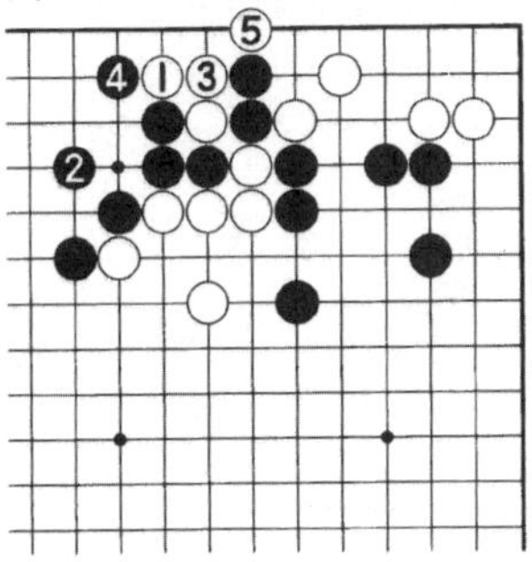

変

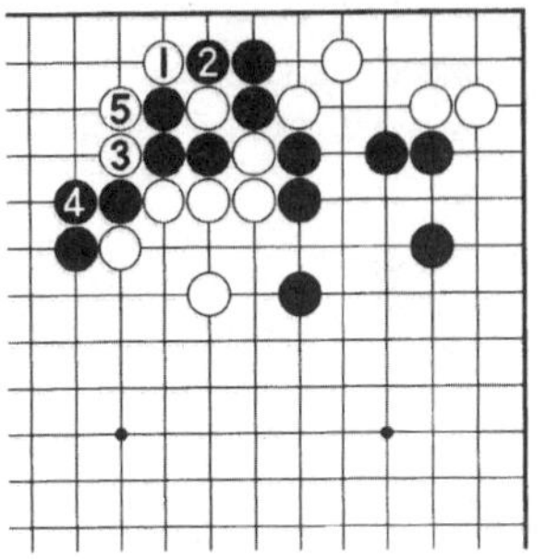

**제8형 백번**

### 기지개

상변의 공방.

흑은 중앙의 백을 몰아붙이고 있다.

흑이 잠시 기지개를 켜면 백은 반격할 기회를 얻는다.

### 2점 잡기

백1로 젖힌 수는 좋은 타이밍의 좋은 수이다.

흑2로 중앙을 지키면 백3으로 이어 상변에 있는 흑 2점을 잡아서 중앙을 안심시킨다.

### 흑 무리

흑2로 상변을 두면 백3으로 끊어 흑이 안 된다.

흑4라면 백5. 상변에 있는 흑 6점이 잡힌다.

흑4로 5는 백4로 빵때림한다.

(2071)

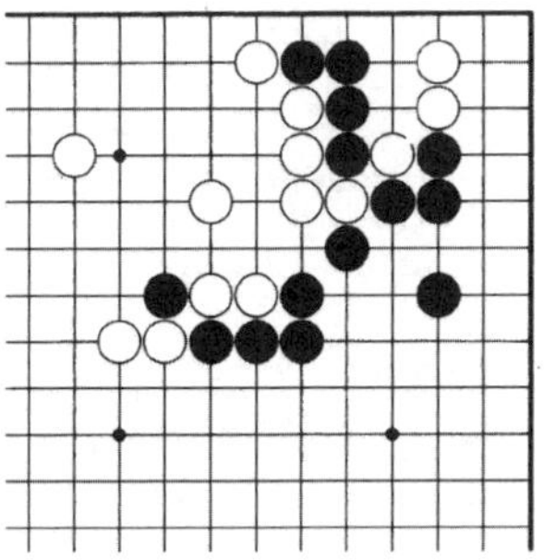

解

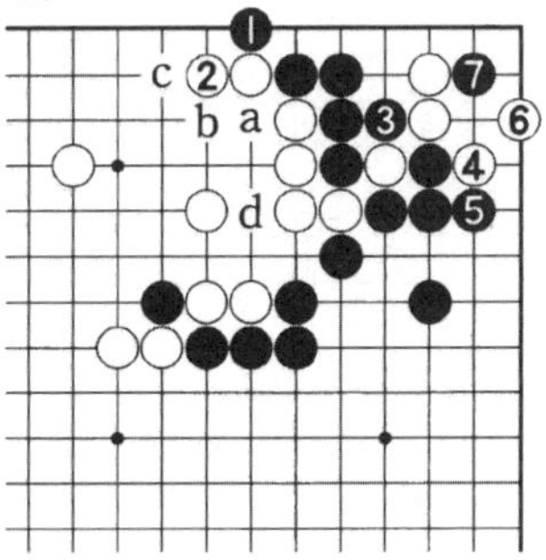


失

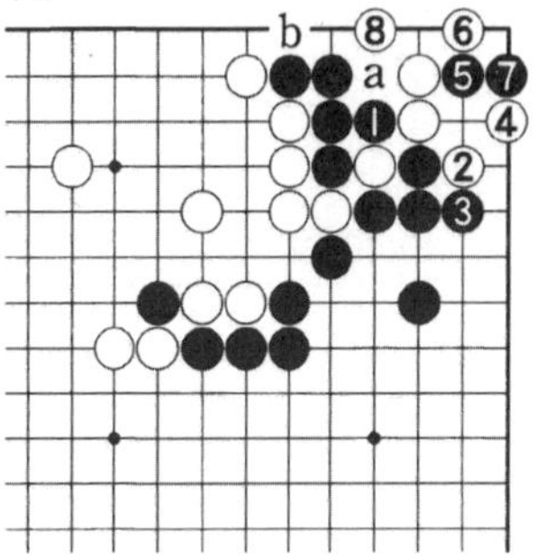


**제9형 흑번**

### 조건부

상변의 흑 4점을 살리고 싶다고 하면 맛이 없다. 귀의 백을 잡으면서 흑 4점을 살려야 한다.

### 백 죽음

흑1로 젖히는 수가 아슬아슬한 활용이다.

백2 이후 백4, 6으로 저항해도 흑7로 백이 죽는다.

백2로 3은 흑a, 백2, 흑b, 백c, 흑d.

### 백 삶

흑1로 따내면 귀의 백이 부활한다.

흑7로 귀의 집을 빼어도 백8로 입구자해서 자충의 흑을 이용해서 산다.

a와 b가 맞보기.

(2072)

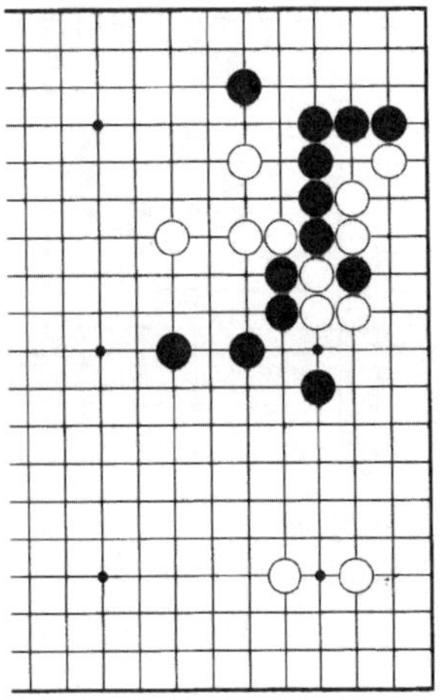

解

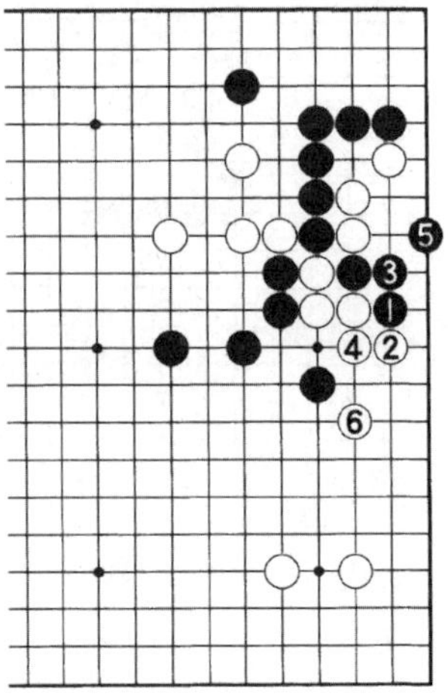

變

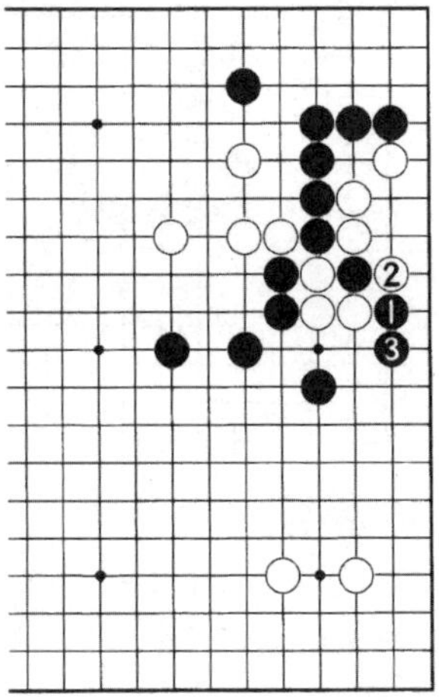

제 10 형 흑번

### 결함이 남다

우변의 백은 흑 1점을 잡아 확실하게 살아 있는 것처럼 보이지만 아직 약점이 남아있다.
흑은 어떻게 공격하여야 할까?

### 3점 잡기

흑1의 젖힘이 급소로 이 1점이 살면 중앙은 옥집이 된다.
백2, 4의 반격에는 흑5의 입구자로 우상의 백 3점을 잡아 흑의 성공이다.

### 백 즉사

백2로 흑 1점을 따내는 것은 경솔하다. 흑3으로 당겨 중앙은 옥집이 된다. 우상에 한 집밖에 없어 백이 죽는다. 1자리의 급소를 지키지 않으면 백 모양은 진짜가 아니다.

(2073)

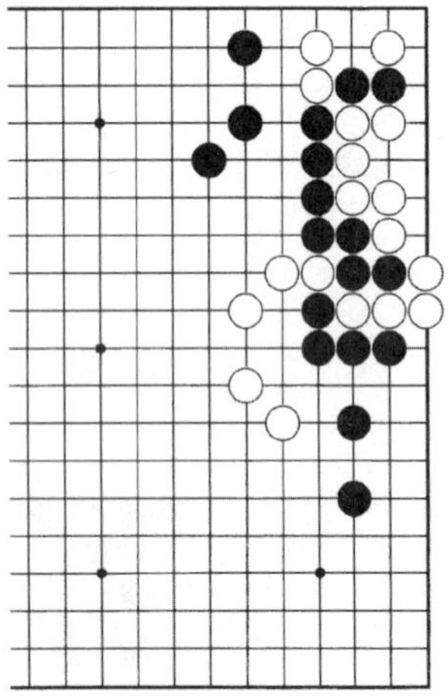

解

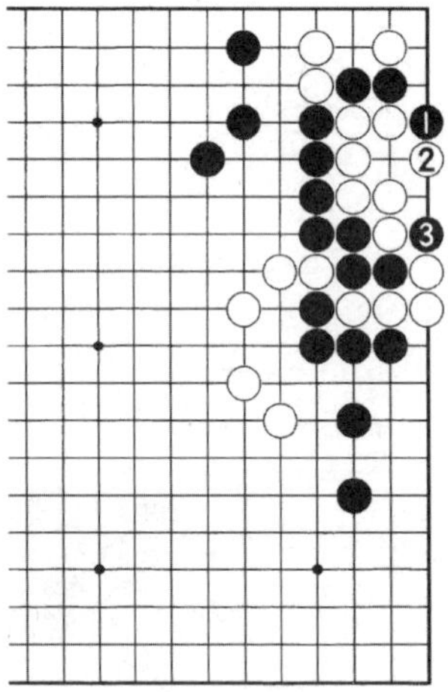

變

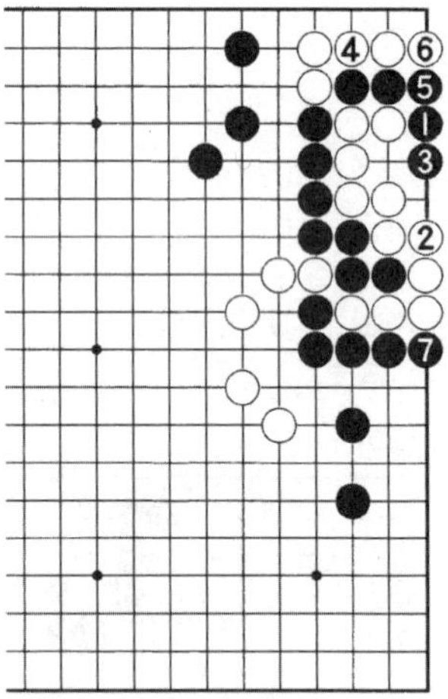

제 11 형 흑번

### 결함

백은 우상귀의 흑 2점을 잡아 우변에서 우상귀까지 연결하였으나 안이하게 방치하여 자충의 결함이 있다.
흑은 어떻게 수를 내어야 할까?

### 촉촉수

자충의 백을 추궁하는 흑1의 젖힘이 좋은 수이다.
백2로 막으면 흑3으로 먹여쳐서 우변 백 4점은 촉촉수로 잡힌다.
흑은 우하와 우상이 연결되어 있다.

### 백 전멸

백2로 3에 두면 우변 4점이 잡히기 때문에 백이 2로 이어 저항하는 모양이다. 흑3으로 뻗어서 귀의 흑 2점이 부활한다. 우변은 흑7까지 빅. 하지만 우상귀의 백이 죽었기 때문에 백은 전멸한다.

제12형 흑번

(2074)

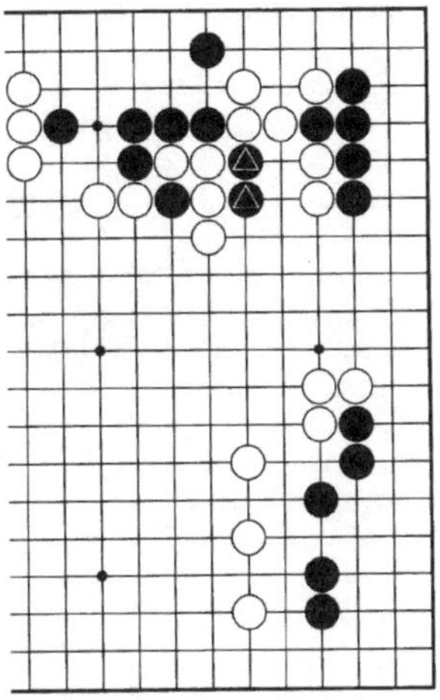

## 중앙의 활용

상변의 전투.
우상귀의 백이 살면 상변에 있는 흑의 생사가 문제가 된다.
흑은 우상귀의 백을 잡기 위해 바깥의 흑▲ 2점을 이용해야 한다.

解

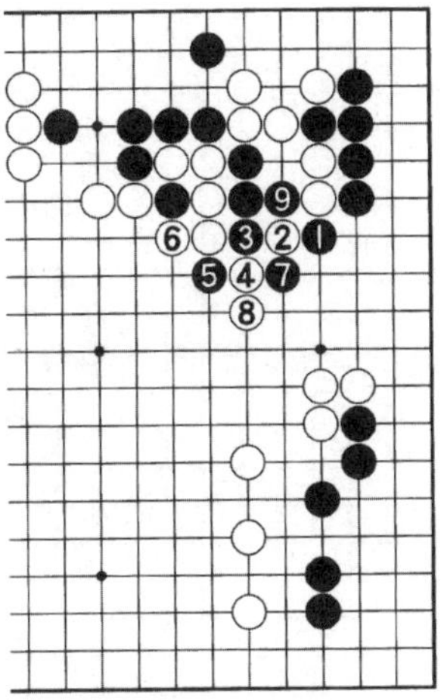

## 백 전멸

흑1로 젖혀 2점 머리를 두들긴다. 백을 자충으로 만들고 백2의 저항에 흑3으로 나간다.
백4로 막으면 흑5의 끊음부터 9로 따기까지 우상귀의 백을 전멸시킨다.

失

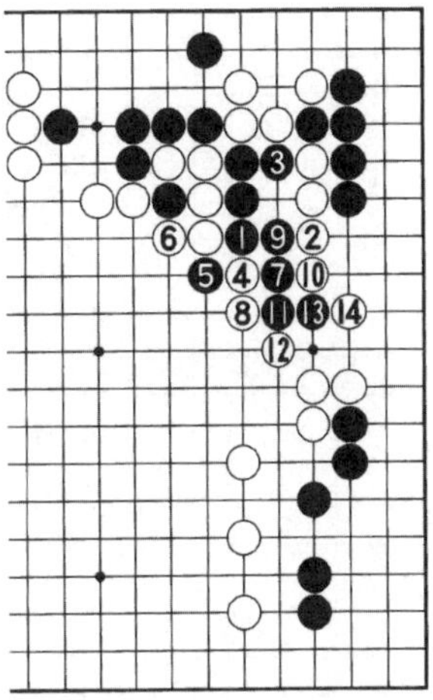

## 흑 실패

흑1로 밀면 백2로 뻗어서 흑이 괴로워진다. 흑3으로 끊는 것은 위험하다. 백4로 공격당해 흑이 자충의 모양. 백14까지 중앙의 흑이 잡힌다. 흑3으로 4는 백3으로 흑이 불리하다.

젖힘

따냄(살리기)

제1형 흑번

(2075)

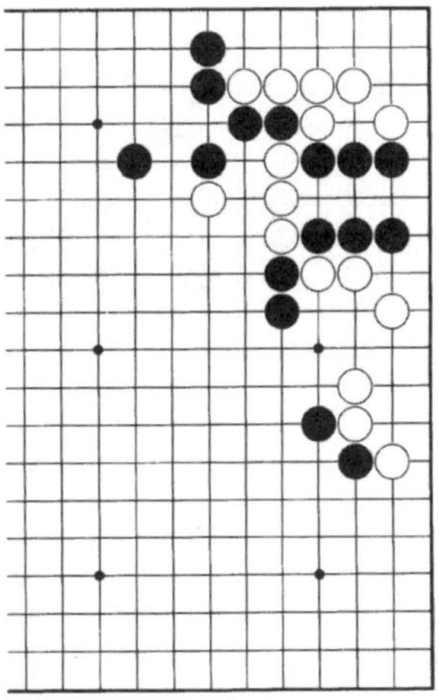

## 중앙

우변의 흑 6점을 살려 나가고 싶다.
흑의 노림은 중앙의 백 4점이다. 어떻게 공격하여야 할까?

解

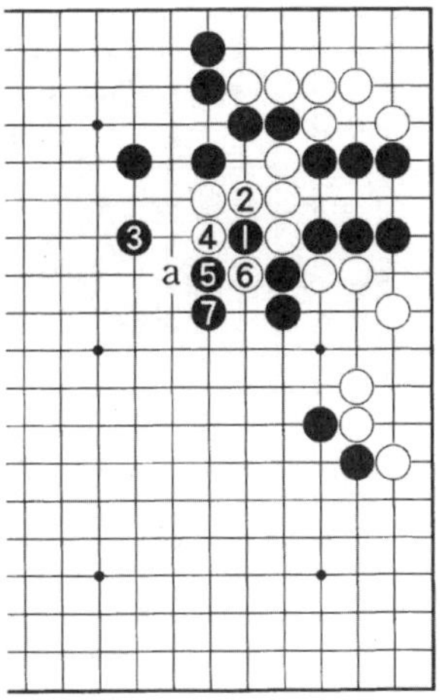

## 봉쇄

흑1로 젖혀 두는 것이 절묘한 타이밍. 백2로 이으면 흑3으로 뛰어 백을 크게 포위한다.
백4, 6에는 흑7까지. 백4로 5는 흑a로 입구자 붙여 가둔다.

变

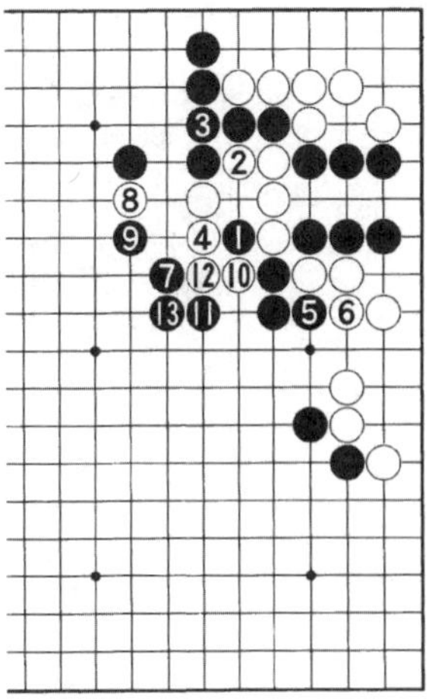

## 흑의 강수

백2로 단수치면 흑3, 백4로 중앙으로 나갈 수 있지만 흑5를 활용하고 7로 씌워 백은 도망칠 수 없는 모양이다.
백8로 붙이면 흑9가 강수로 흑13까지 마무리를 짓는다.

제2형 백번

(2076)

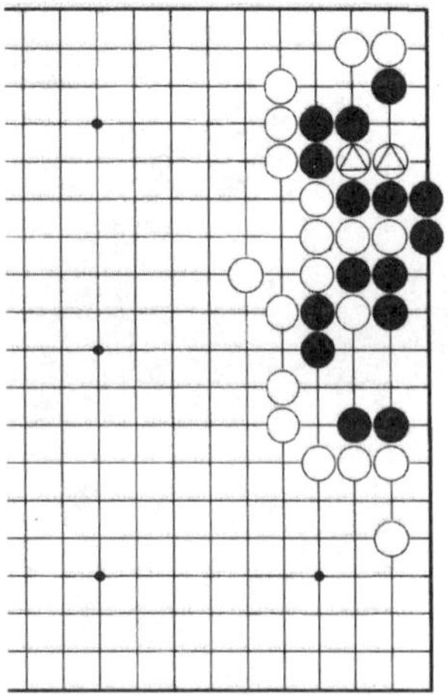

## 약점

우변의 흑집에 수를 내고 싶다. 백의 노림은 흑의 자충이다.

우상귀의 백◎ 2점을 이용하여 촉촉수를 성공시켜야 한다.

解

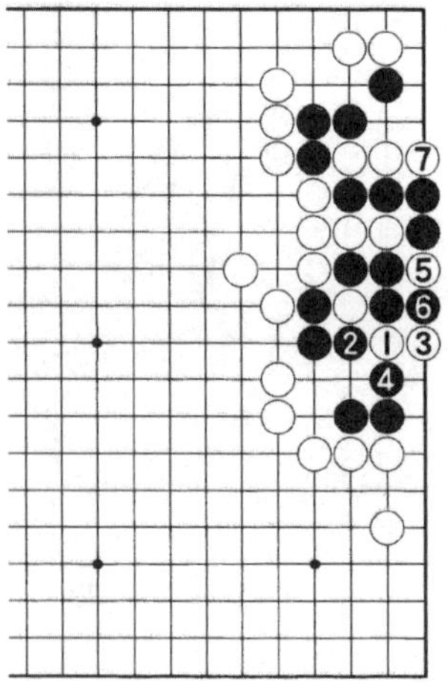

## 촉촉수

백1로 젖히는 수가 급소의 맥이다. 흑2로 따낸 뒤 백3의 뻗음이 묘수이다.

흑4로 받을 수밖에 없지만 백5, 7로 흑 4점이 촉촉수로 잡힌다.

失

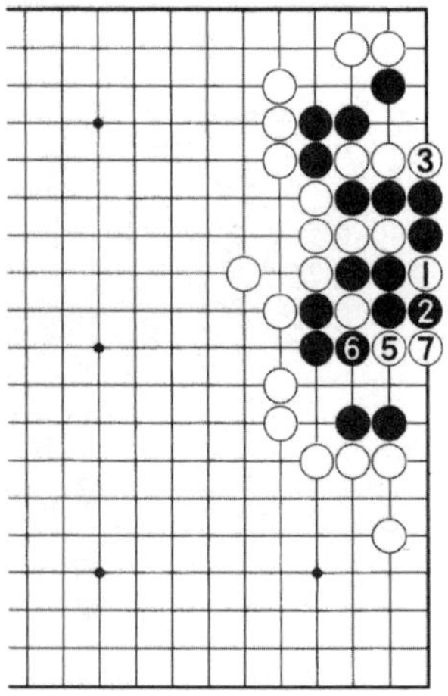

## 속수

백1로 먹여치고 5, 7로 조이는 것은 속수이다.

흑8로 이어 더 이상 백이 공격할 수 없는 모양이다. 백이 자충이 되었다.

※❹→①, ❽→❻의 위

제3형 흑번

(2077)

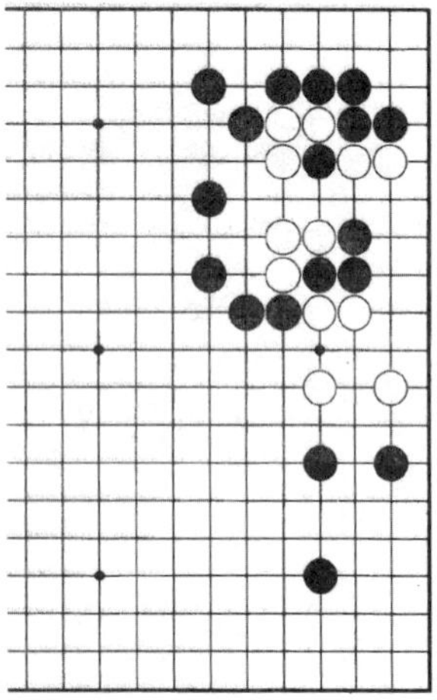

## 부활

우변의 흑 4점을 포위하고 있어도 백은 맛이 매우 나쁜 모양이다.

흑은 흑 4점을 되살려보자.

解

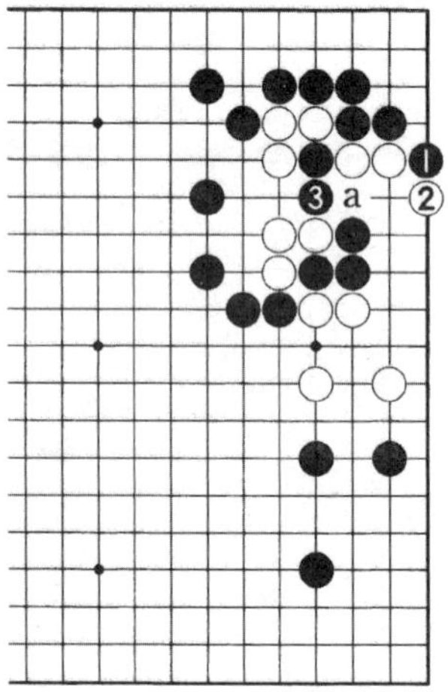


## 전멸

흑1로 젖히는 수가 좋다.

우상의 백 2점의 공배를 메우면서 1선 건넘을 엿본다. 백2로 막으면 흑3으로 나온다. 백은 a에 두지 못하기 때문에 중앙 백 6점은 잡힌다.

백2는 a정도.

変

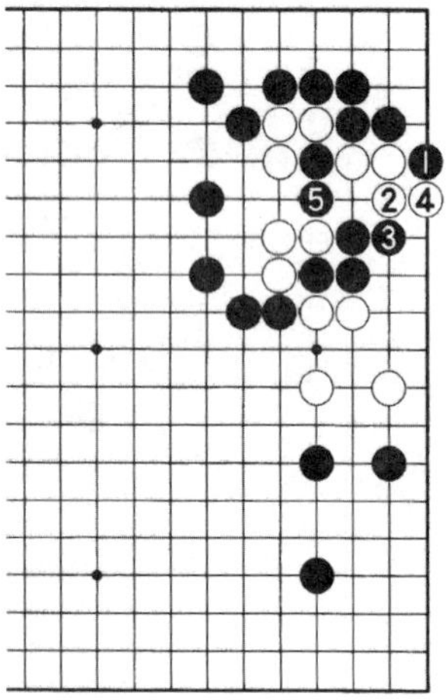

## 저항

백2로 저항해도 백의 모양이 무거워질 뿐이다.

흑3으로 막고 백4에 흑5로 도망쳐서 중앙을 잡는다.

우상의 백도 공배가 꽉 차서 백이 전멸한다.

(2078)

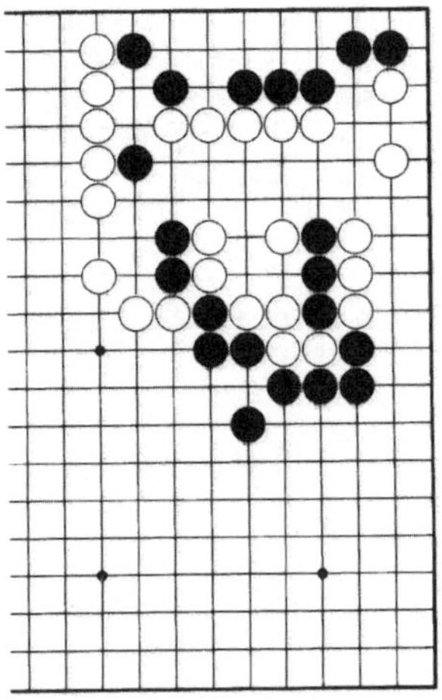

解

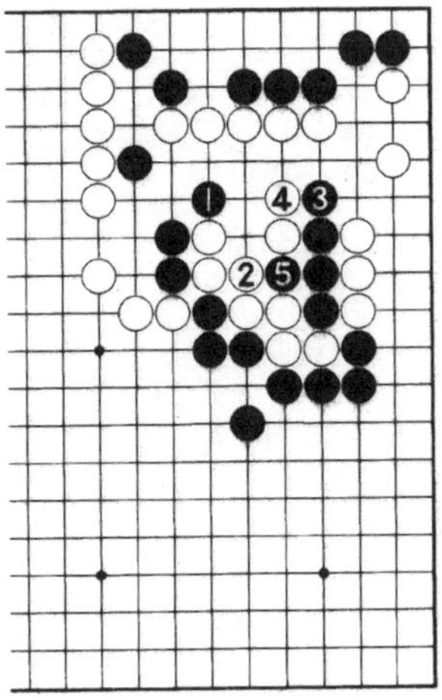

変

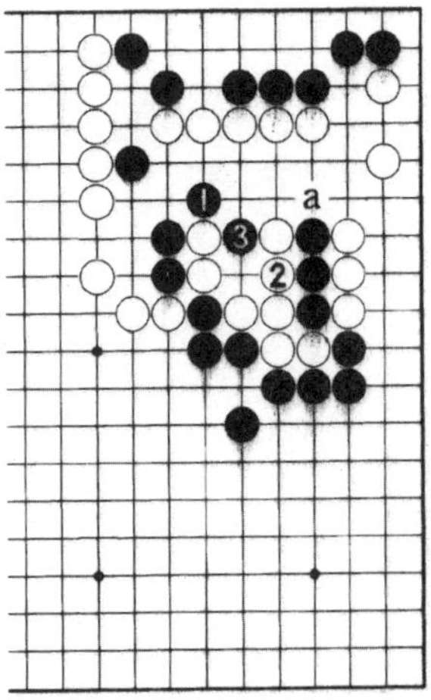

제4형 흑번

### 극의

우변과 중앙의 흑을 끊은 백의 모양에는 약점이 있다.
죽을 각오로 덤벼들면 못 이길 것도 없다.

### 급소

흑1로 젖히는 수가 급소이다.
백 2점의 머리를 두들겨서 순식간에 백이 자충이 되었다.
백2로 이으면 흑3으로 뻗어서 수를 늘린 뒤 5로 단수쳐 백을 잡는다.

### 2점 잡기

백2로 이으면 흑 3점을 단수칠 수 있지만 흑3으로 단수당해 중앙의 2점은 못 살린다.
백2로 a도 흑3.
흑1의 젖힘 외에는 모두 실패한다.

(2079)

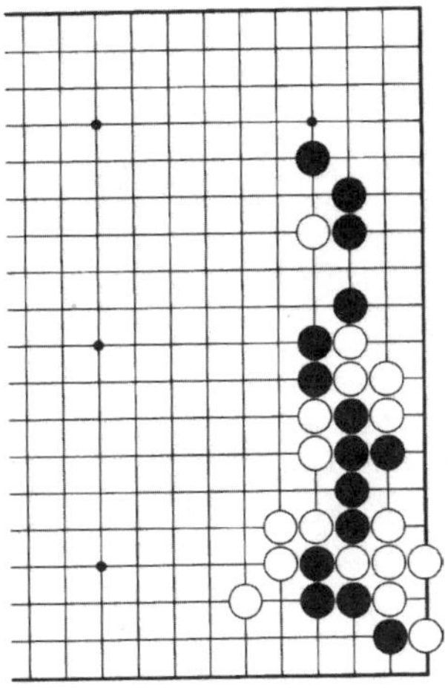

解

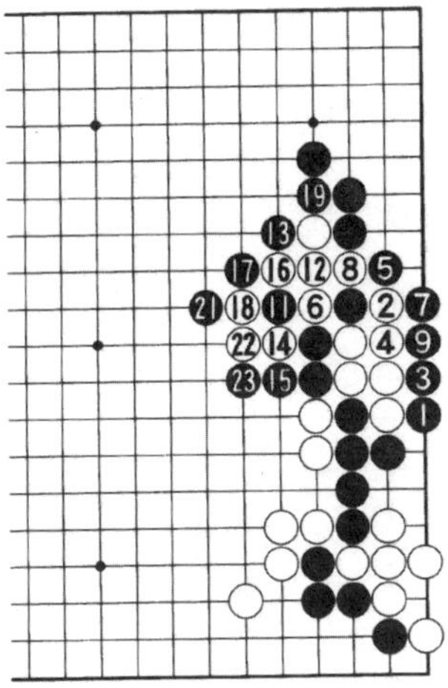

失

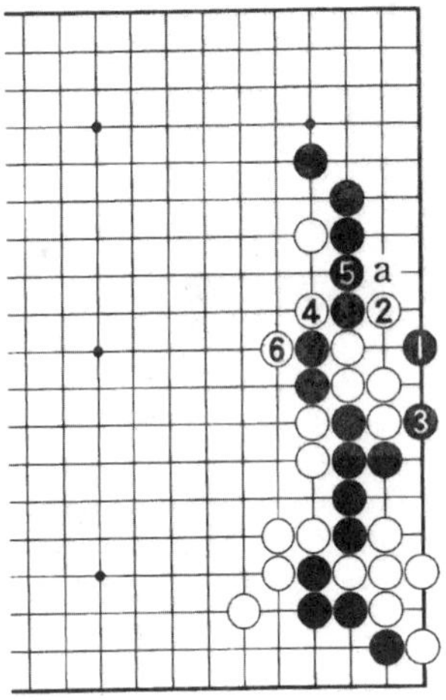

제5형 흑번

### 최후는 축

우하의 흑 5점은 백 4점을 잡아야만 살 수 있다.
백은 우변에서 중앙으로 도망쳐도 결국 축에 몰린다.

### 축

흑1로 젖히고 백2에 흑3, 5로 백을 공배가 꽉 찬 상태로 만들어 중앙으로 몰아낸다.
백10, 12로 포도송이가 된다. 흑13으로 붙여 우상의 진출을 막고 17부터 23으로 축.
※⑩→⑧의 아래, ⑳→⓫

### 때 늦음

흑1로 공격하는 것은 백2로 젖혀서 늦다.
흑3으로 공격해도 백4, 6으로 바깥 흑 2점이 잡혀서 흑은 실패한다.
흑3으로 a는 백4. 흑은 백을 조일 수 없다.

**제6형 흑번**

(2080)

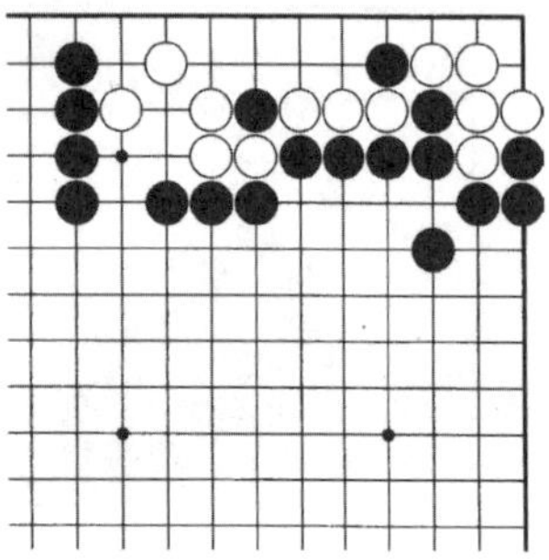

### 이변

상변에서 귀로 걸쳐져 있는 백집에 남겨진 흑 2점에 아직 활력이 남아 있다.
백집에 이변을 일으키려면 변의 탄력을 이용해야 한다.

解

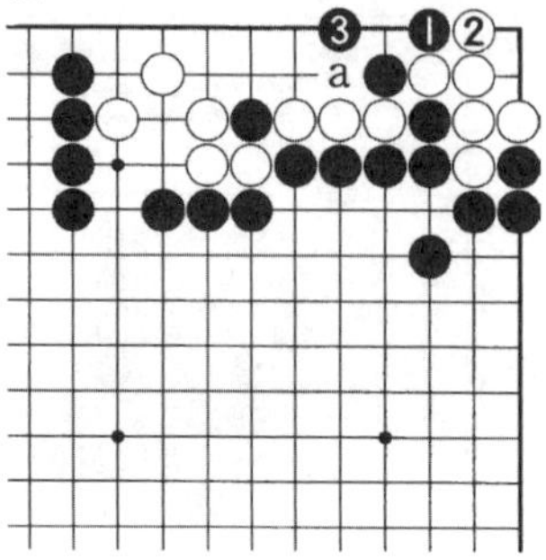

### 패

흑1로 젖혀 귀를 공격해서 백2, 흑3으로 패를 내는 데 성공한다. 백은 공배가 꽉 차서 a에 단수칠 수 없다.

变

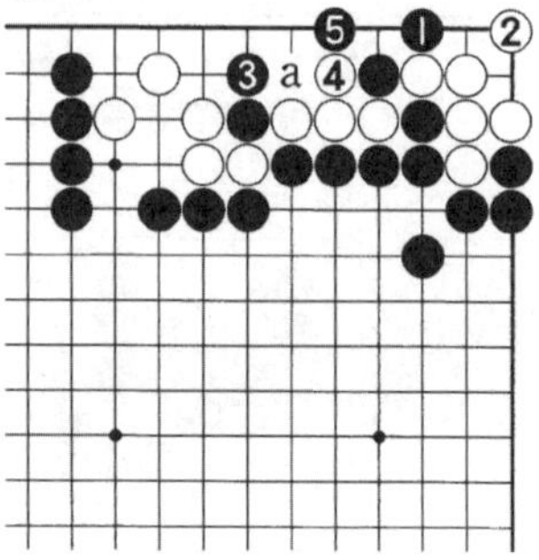

### 큰 패

백2로 집을 만들면 흑3으로 내려 중앙의 백 3점을 공격한다.
흑5까지 전체의 사활이 걸린 큰 패가 난다. 흑3으로 a에 조이는 것은 흑이 실패한다.

**제7형 흑번**

(2081)

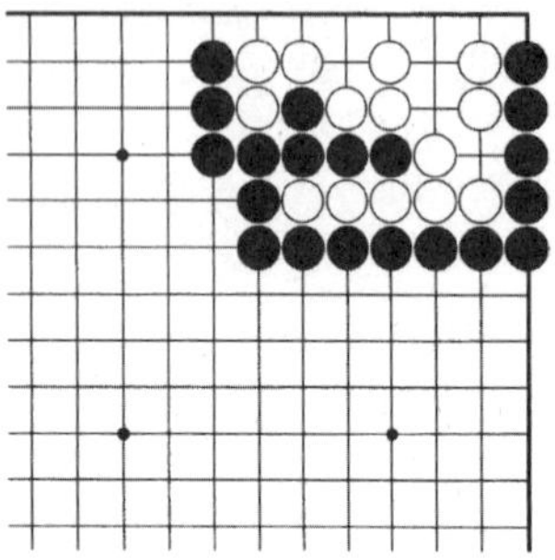

### 자충

백은 안형이 풍부한 모양이므로 죽을 것 같지 않다.
그러나 흑에게 자충을 추궁당하면 일부를 떼어줘야 한다.

解

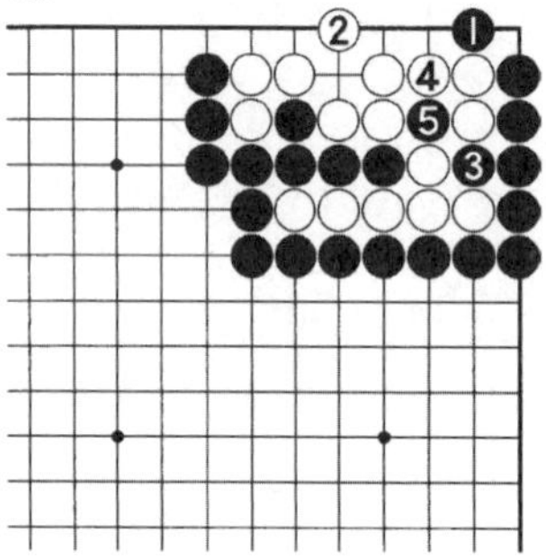

### 흑 성공

흑1로 젖히면 백은 응수하기 곤란해진다.
백2로 집을 내는 것이 최선으로 흑3의 단수에 백4로 살고 흑5까지 중앙의 백 6점을 포기할 수밖에 없다.

变

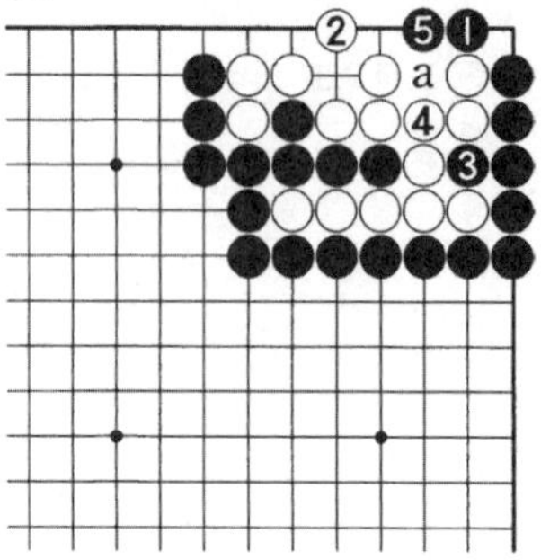

### 맞보기

흑3에 백4로 6점을 살리는 것은 큰 일.
흑5로 뻗어 백은 전멸한다.
백2로 3은 흑a. 또 백2로 5도 흑2로 죽는다.

**제8형 흑번**

(2082)

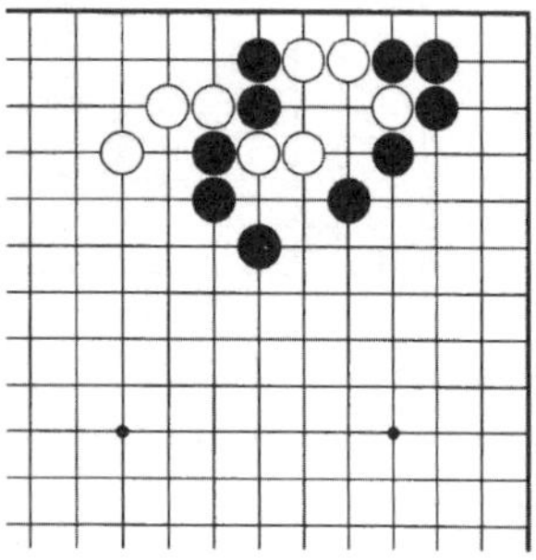

### 변화구

상변의 흑 2점을 살리고 싶다. 백도 정면으로 싸울 수 없으므로 변화구를 던질 수밖에 없다.

解

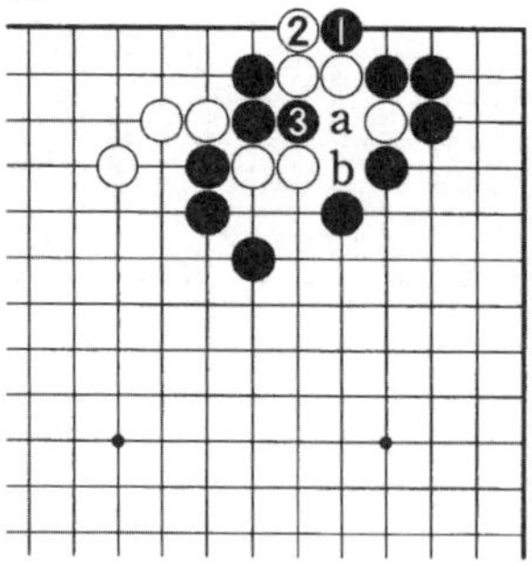

### 흑 승

상변의 젖힘부터 시작해야 할 곳이지만 흑1이 아니면 되지 않는다.
백2로 막으면 흑3으로 나간다.
백a는 흑b로 그만이다.

失

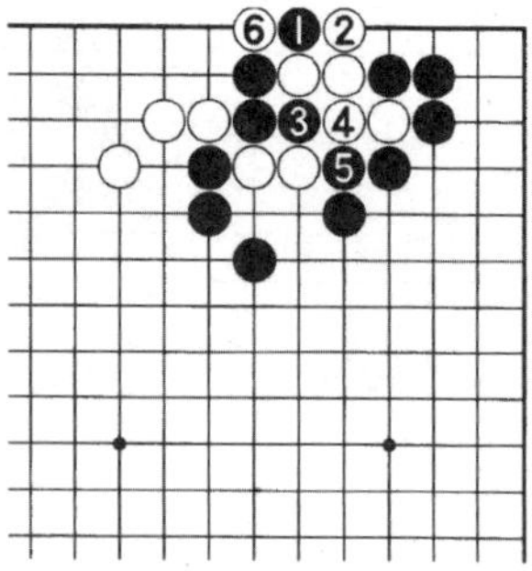

### 흑 실패

흑1로 젖히면 백2로 저항한다.
흑3, 5로 끊어도 백6으로 따내서 흑 3점이 단수당한 모양이다.

제9형 흑번

(2083)

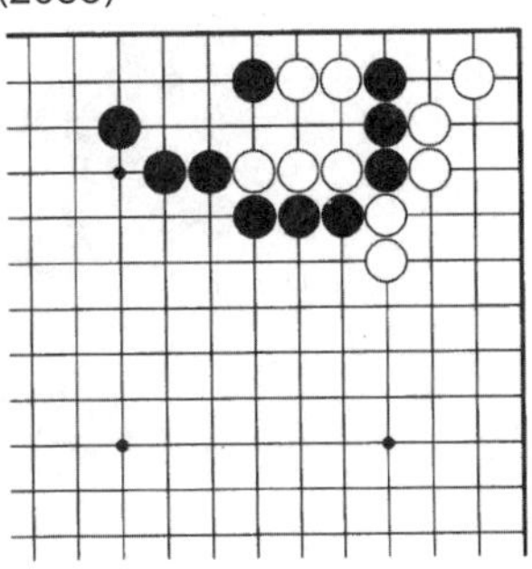

### 수

백에게 포위당한 흑 3점은 3수이지만 왼쪽의 백도 자충에 걸리기 쉬운 모양이다.

解

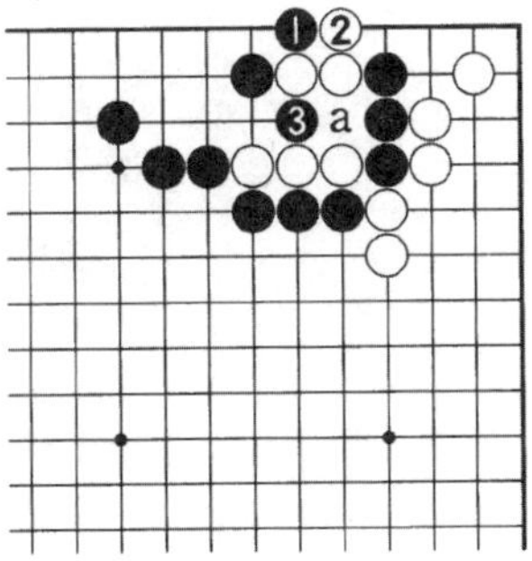

### 흑 승

흑1로 젖혀 건넘을 노린다.
백2로 막으면 백의 공배가 꽉 차서 흑3 또는 a로 공격해서 흑의 승리.

变

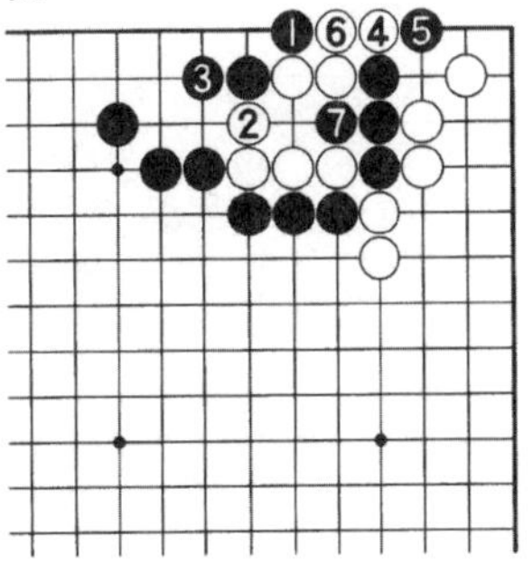

### 백의 저항

백2의 저항에는 흑3으로 받아 아무것도 없다.
백4로 젖히면 흑5와 7까지.
흑1로 6으로 젖히면 백1로 역전패가 난다.

제10형 흑번

(2084)

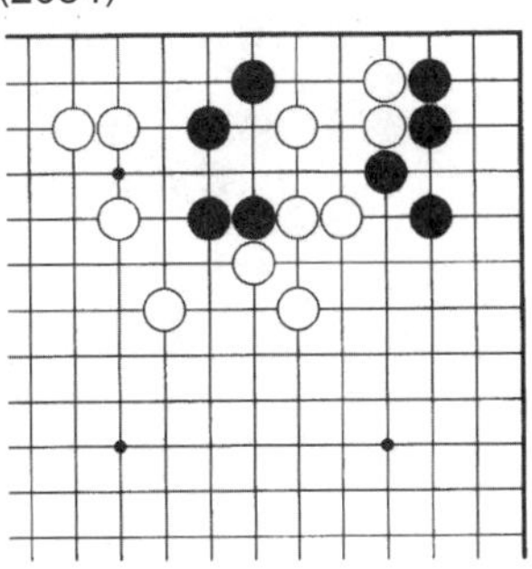

### 연구

상변의 흑 4점을 살리려면 우상귀와 연결할 수밖에 없다.
백의 지킴을 분해하는 연구가 필요하다.

解

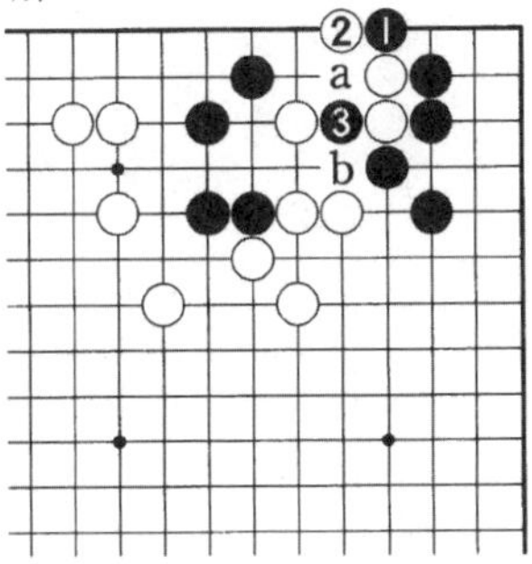

### 절단

흑1로 젖혀서 시작 할 곳이다.
백2로 막으면 흑3으로 백 2점을 단수치고 백a에는 흑b로 백을 끊는다.

变

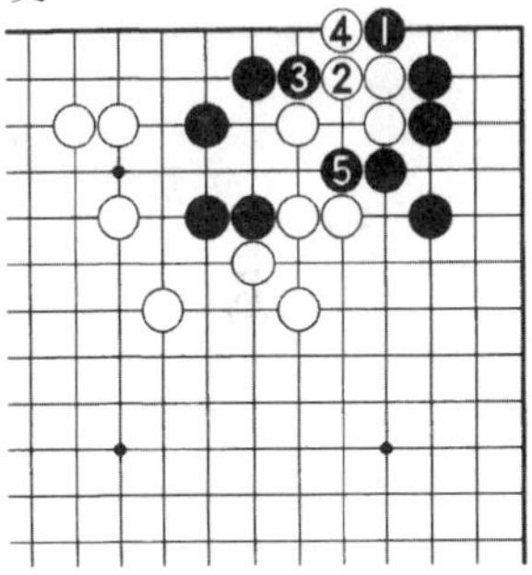

### 양 노림

백2로 구부려서 받으면 흑3.
다음에 백4라면 흑5로 나가서 상변에 있는 백 4점은 도망칠 수 없다.

제11형 흑번

(2085)

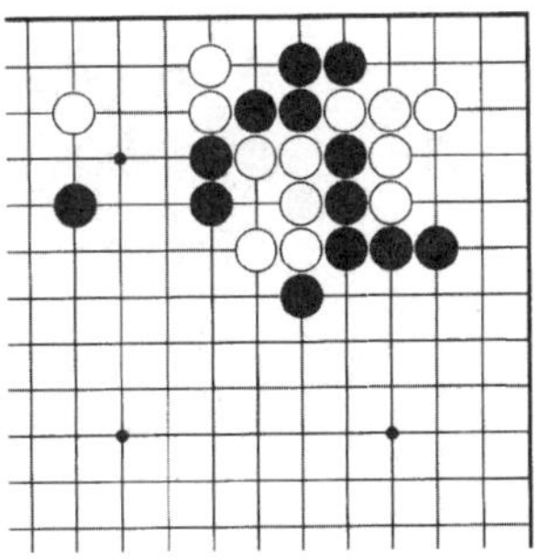

### 용건

그물을 쳐서 중앙의 백 5점을 잡아야 한다.
백의 저항이 심해 그물이 뚫리지만 이후 통째로 잡을 수 있다.

解

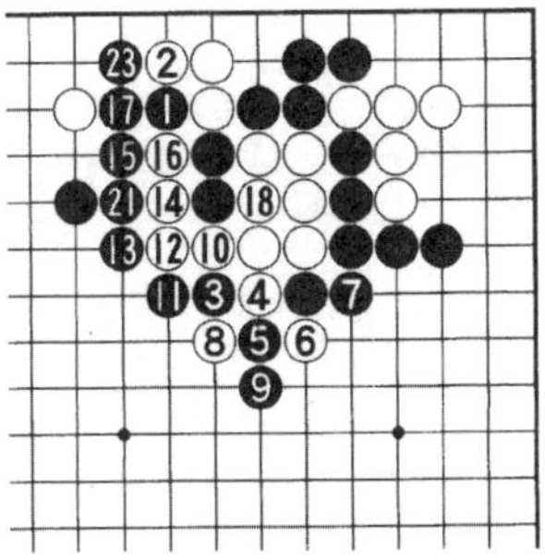

### 백 전멸

흑1로 젖혀서 시작이다. 백2에 흑3으로 씌워 백14까지는 외길. 흑15로 흑 2점을 버리고 23까지 백이 전멸한다. ※⓳→⑯의 오른쪽(먹여치기), ⑳→⑭의 오른쪽(따냄), ㉒→⑯의 오른쪽

变

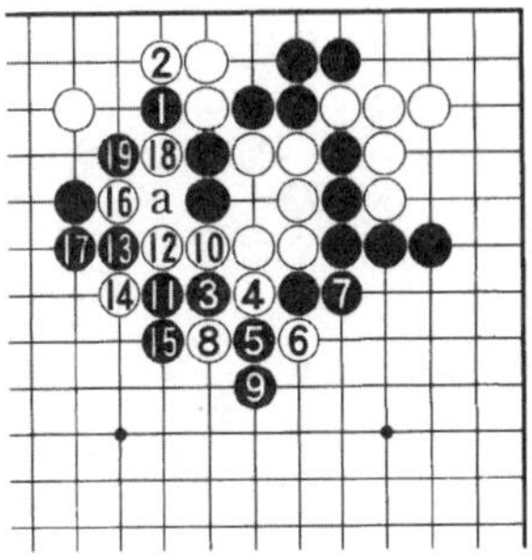

### 흑 승

백14와 16으로 단수를 활용하고 18로 끊어도 중앙에 있는 백의 공배가 꽉 차서 흑19로 단수치면 백은 a에 이을 수 없다.

(2086)

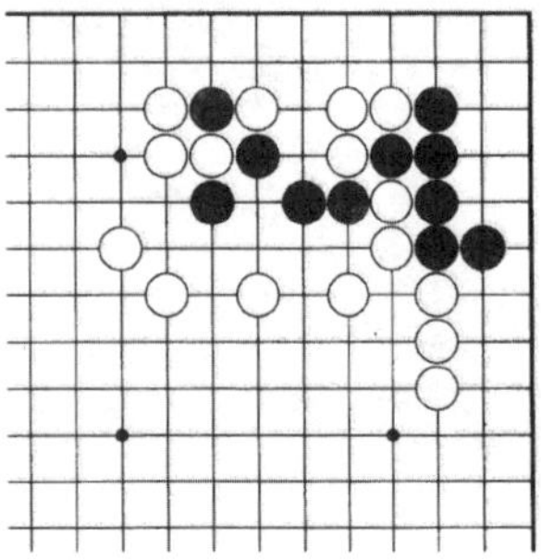

제12형 흑번

## 생환

상변의 전투.
백에게 포위당한 흑 4점은 상변을 부수면 생환할 수 있다.
우상귀의 백 3점의 자충을 노려야 한다.

解

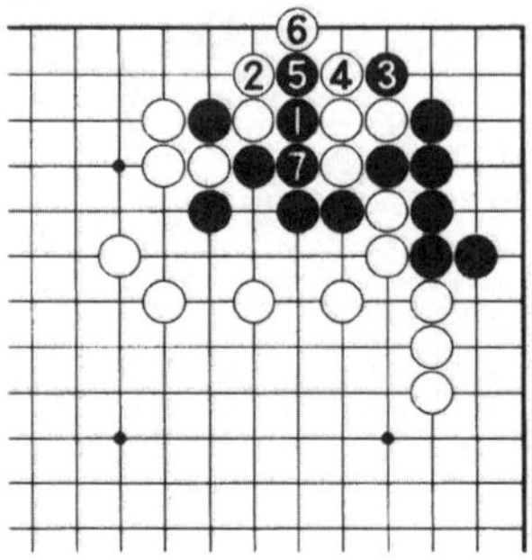

## 촉촉수

흑1로 단수치고 백2에 흑3 젖힘이 냉엄한 맥이다.
백4로 받으면 흑5, 7로 백 4점이 촉촉수이다.
백4로 5는 흑4로 환격.

変

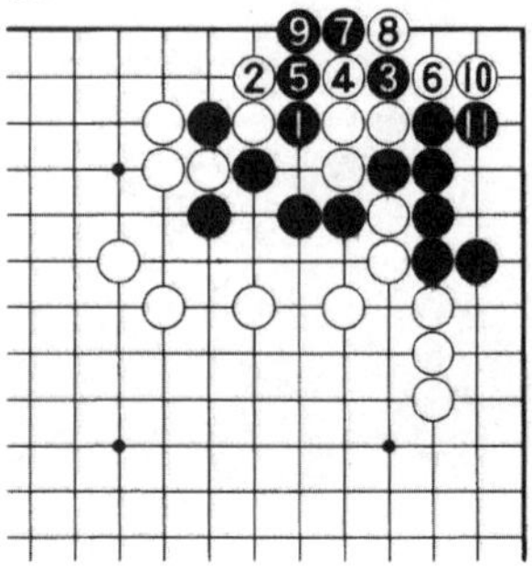

## 흑 승

백6으로 끊어 저항하면 흑7, 9로 조인다.
백10으로 귀로 도망쳐도 흑11로 막아서 흑이 수상전에서 승리한다.

(2087)

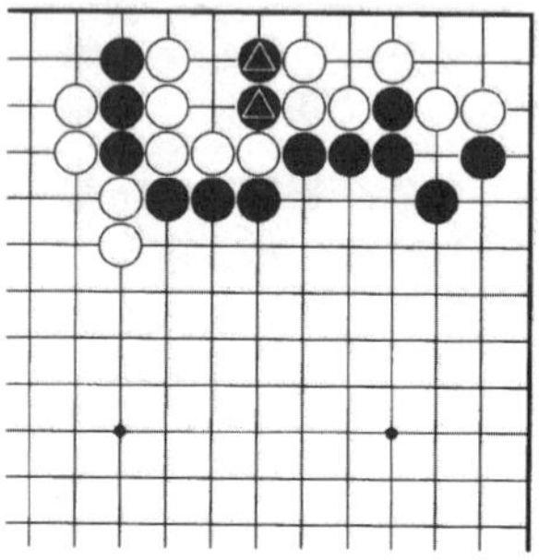

제13형 흑번

## 부활

상변은 백의 집으로 보이지만 백집 안에 있는 흑▲ 2점을 되살려 백집을 무너뜨리고 싶다.
어떻게 수를 내어야 할까?

解

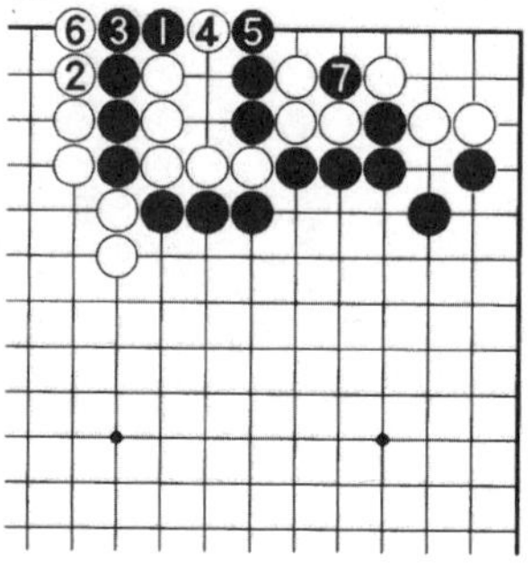

## 강경수단

흑1로 젖히고 백2로 단수칠 때 흑3으로 잇는 것이 강경수단이다.
백4로 단수쳐서 흑 5점을 잡을 수밖에 없으므로 흑5, 7로 촉촉수이다.

変

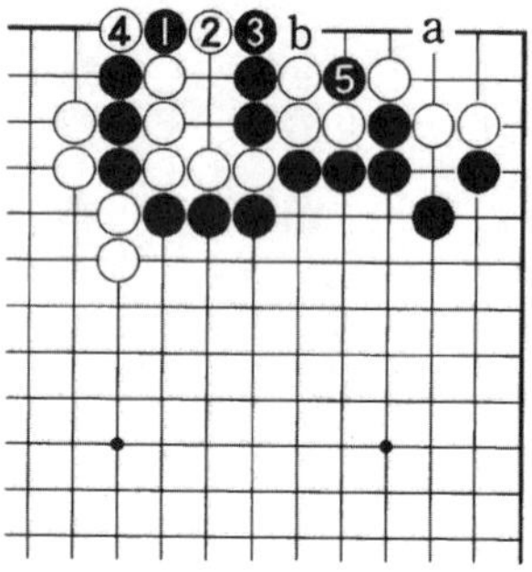

## 촉촉수

백2로 막으면 흑3으로 단수친다.
백4, 흑5로 정해도와 대동소이한 모습이다.
이후 귀는 백a, 흑b로 활용해도 패가 난다.

(2088)

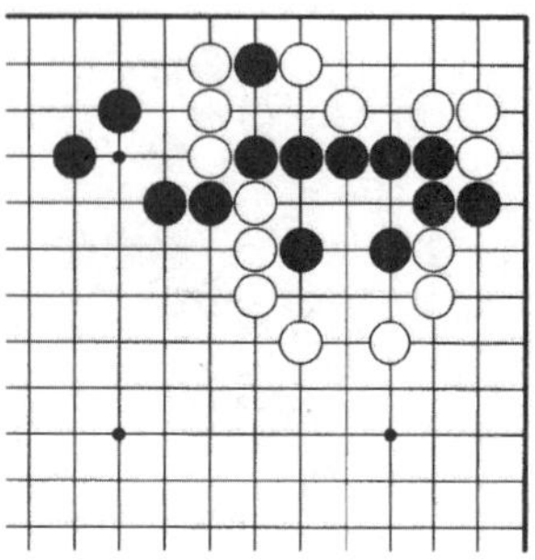

제14형 흑번

## 분기점

우상에 있는 흑의 대마를 살리고 싶다.
백의 엷음을 어떻게 추궁할지가 분기점이 된다.

解

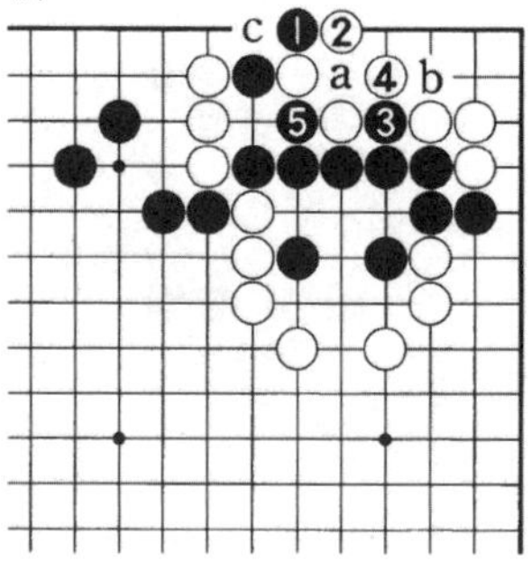

## 패

흑1로 젖히는 수가 좋다.
백2로 막게 한 뒤 흑3, 5로 단수쳐 백의 공배를 메운다.
백a는 흑b. 백c는 흑a로 패가 난다.

変

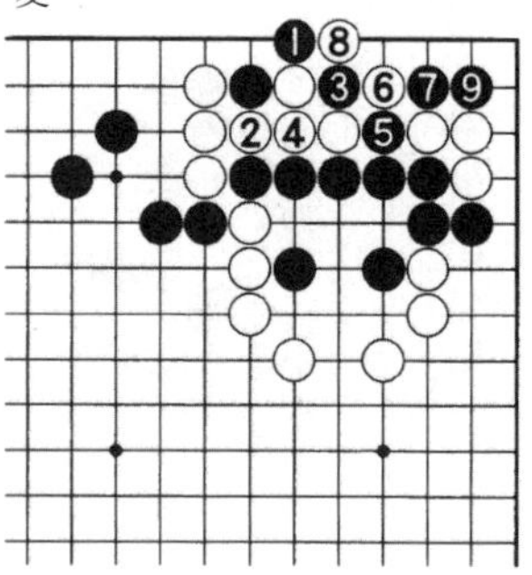

## 흑 삶

백2로 왼쪽 1점을 잡으면 흑3으로 단수친다.
흑5부터 7, 9로 귀의 백 3점을 잡고 살 수 있다.
흑1로 5에 먼저 두면 수가 안 난다.

제15형 흑번

(2089)

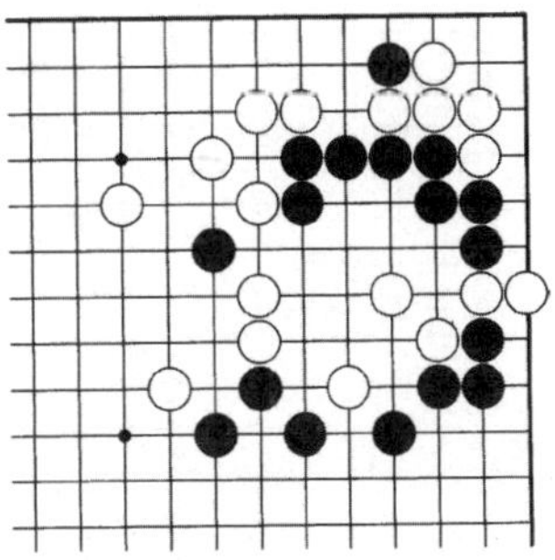

## 자충

우상의 흑은 집이 없는 모양이다. 흑을 살리기 위해 우변 백의 약점을 추궁해야만 한다.

解

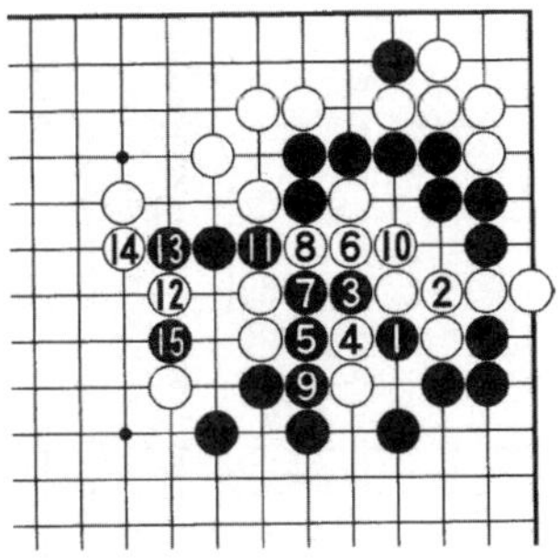

## 6점 잡기

흑1로 단수치고 3으로 젖히는 수가 좋다.

백4로 끊으면 흑5로 끼워서 3의 1점을 살리고 흑11로 끊어 우변의 백을 잡는다. 축은 흑이 유리하다.

变

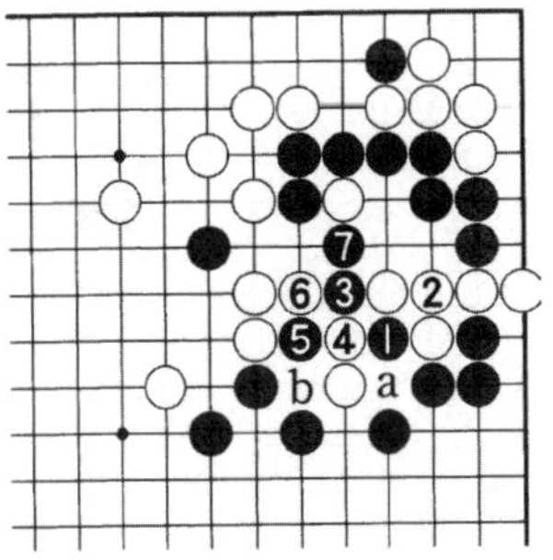

## 백 잡힘

흑3, 5의 수순에 백은 두 손 든 모양이다.

백6으로 중앙을 끊으면 흑7로 도망쳐 다음 a와 b에 잇는 수를 맞보기로 한다.

제1형 흑번

(2090)

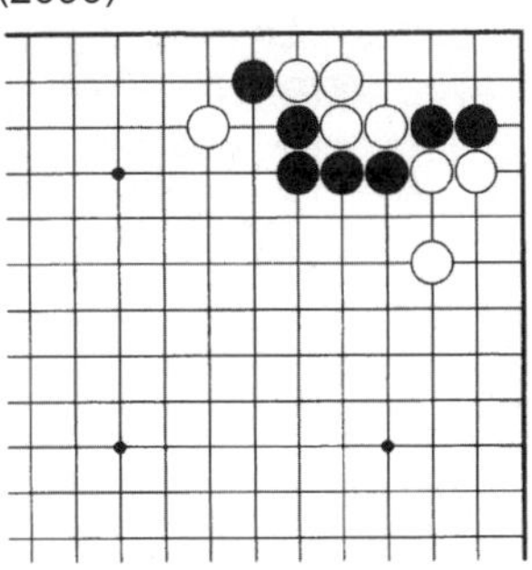

## 존재

상변에 있는 백 4점과 귀의 흑 2점 사이에 수상전이 벌어졌다. 흑 1점이 신경 쓰이지만 이 돌 역시 3수로 같다.

解

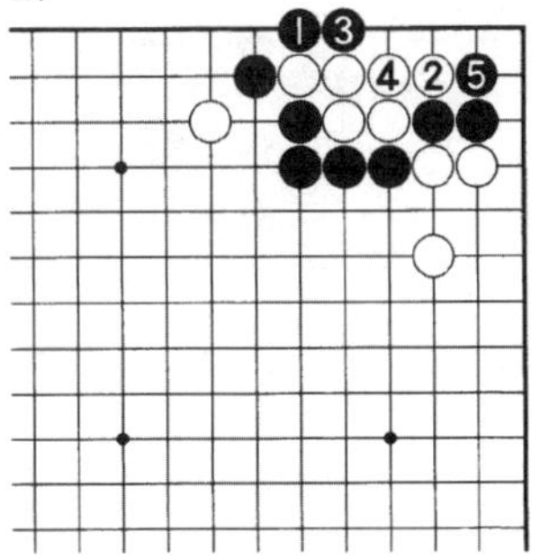

## 흑 승

흑1로 젖혀 백 4점을 곧바로 공격한다. 백의 수는 2수이다.

백2의 젖힘에도 흑3의 단수, 백4, 흑5로 수는 변하지 않는다.

变

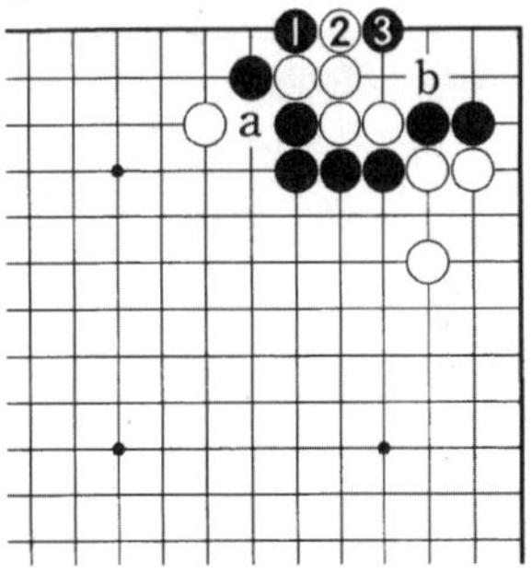

## 그만

백2로 막으면 흑3으로 오른쪽에서 단수쳐서 그만이다.

흑1로 a에 잇기라도 하면 백b로 젖혀 역전 당하므로 주의.

제2형 백번

(2091)

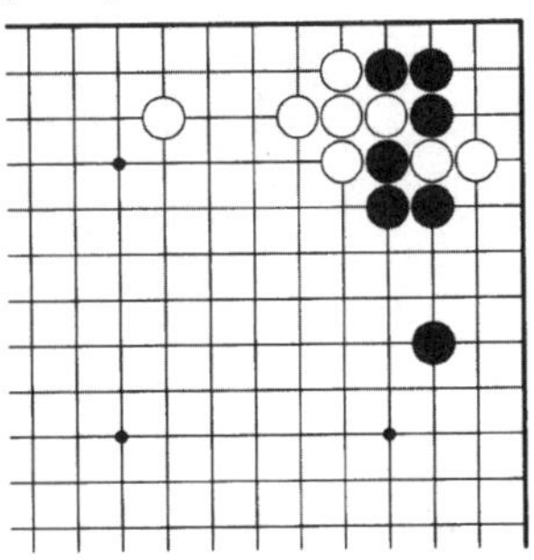

## 엷다

수상전 문제.

백 2점을 둘러싼 흑의 모양이 엷다. 백은 그 엷음을 노려 귀의 탄력을 살리고 싶다.

解

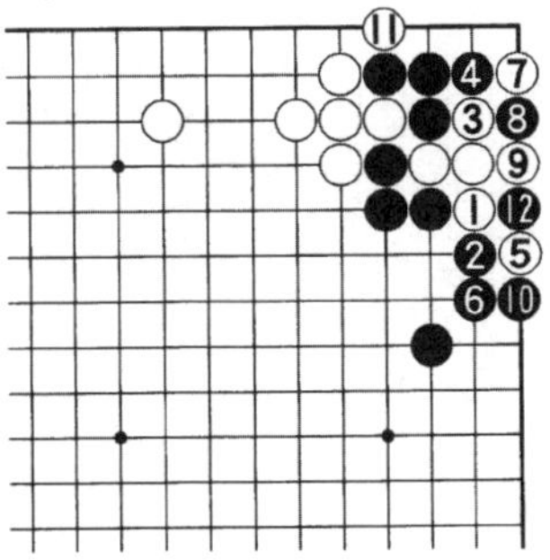

## 생명줄

백1, 3으로 밀어 활용한 다음 백5의 젖힘이 생명줄이 된다.

흑6으로 받게 한 뒤 백7로 젖히면 흑12까지 패가 난다.

变

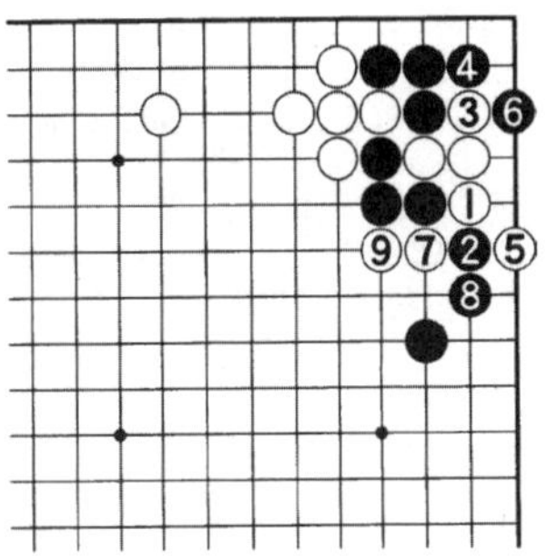

## 축

흑6으로 공격하면 백7로 끊고 9로 바깥의 흑 3점이 축에 몰린다.

백에게 이 축이 불리하면 귀에서는 아무 수도 나지 않는다.

(2092)

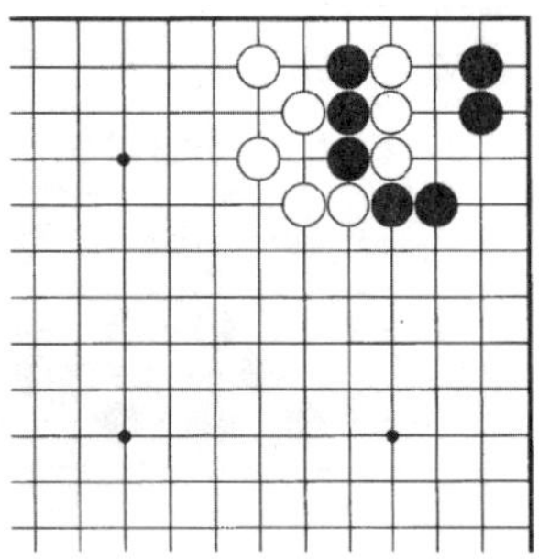

**제3형 흑번**

## 수상전

상변의 수상전.
백 3점을 잡으려면 공배가 4개 비어 있는 백을 2수로 몰아붙여야 한다.

解

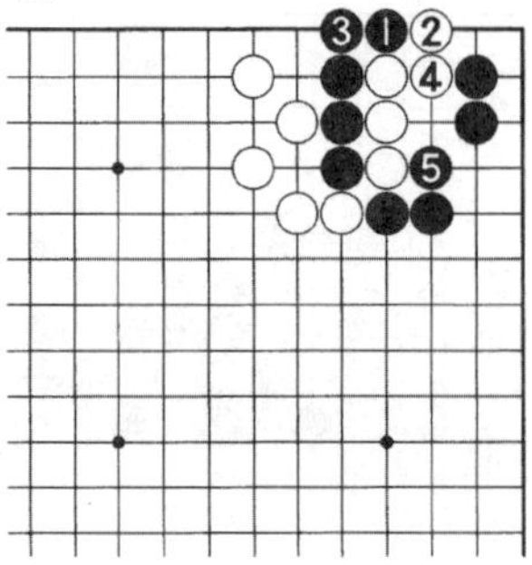

## 흑 승

흑1, 3으로 젖혀잇는 것이 맥이다.
백4로 이어 흑이 건너가지 못하게 막아서 백의 수가 3수가 되어 흑5로 승리한다.

失

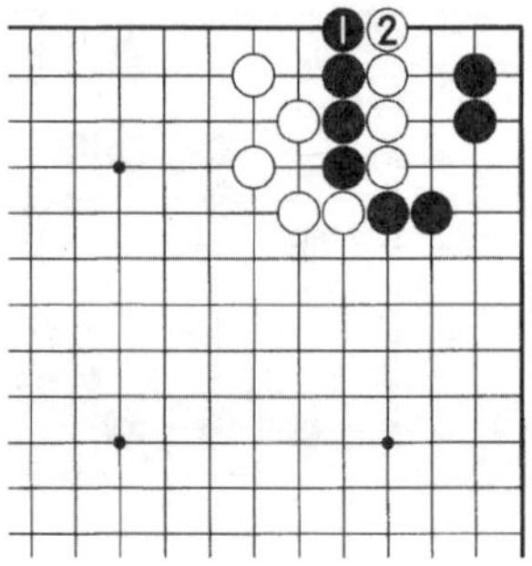

## 흑 패배

흑1의 뻗음은 백2.
백의 공배가 4수이기 때문에 흑의 패배.
백을 귀로 몰아붙이지 않으면 이길 수 없다.

(2093)

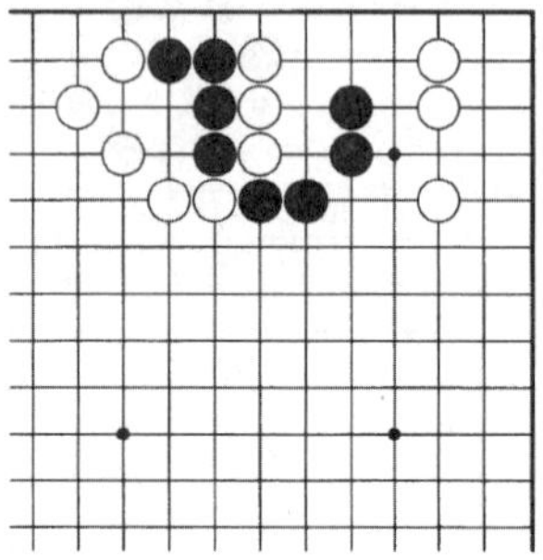

**제4형 흑번**

## 나의 급소

상변에 있는 백3점과 수상전에 돌입했다.
백이 어떻게 두어도 질 수밖에 없는 우리 편의 급소는 어디인가?

解

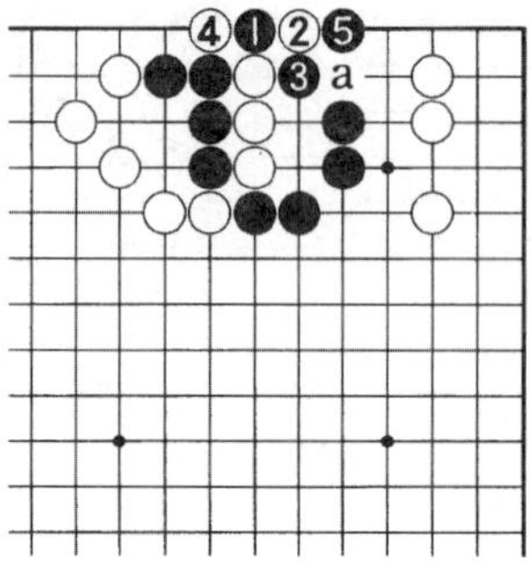

## 패

흑1로 젖히는 수가 우리 편의 급소이다.
백2로 막으면 흑3, 5로 패가 난다.
백2로 3은 흑a, 백2, 흑5로 흑의 승.

失

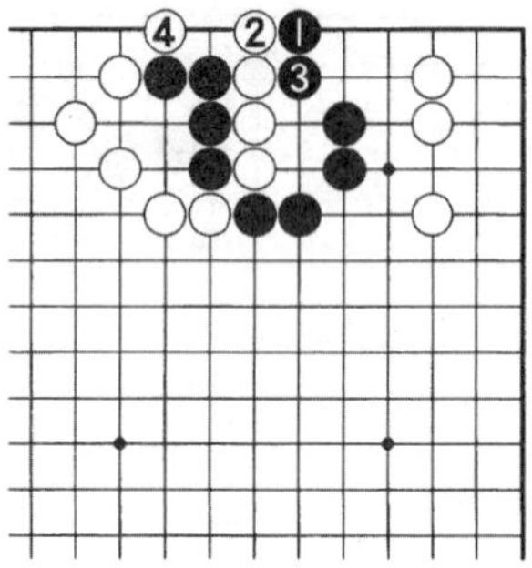

## 자충

흑1로 공격하면 백2로 내려 안 된다. 흑1로 3도 백2.
백에게 2 자리를 빼앗기면 흑은 어떻게 두어도 못 이기는 모양이 된다.

(2094)

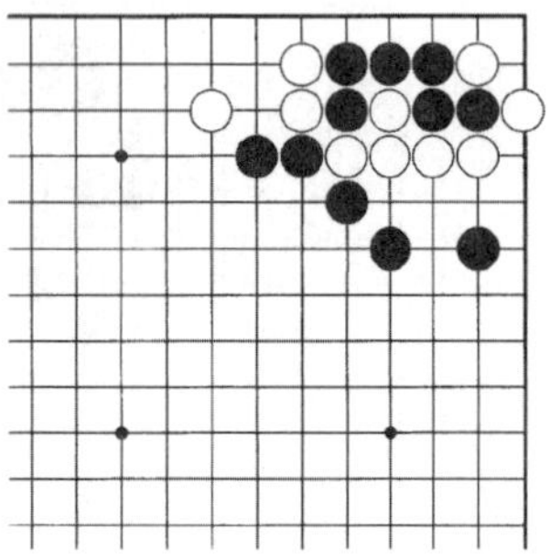

**제5형 흑번**

## 최선

귀의 수상전 문제.
흑에게는 백을 잡는 두 가지 방법 중에 최선의 공격을 선택해야 한다.

解

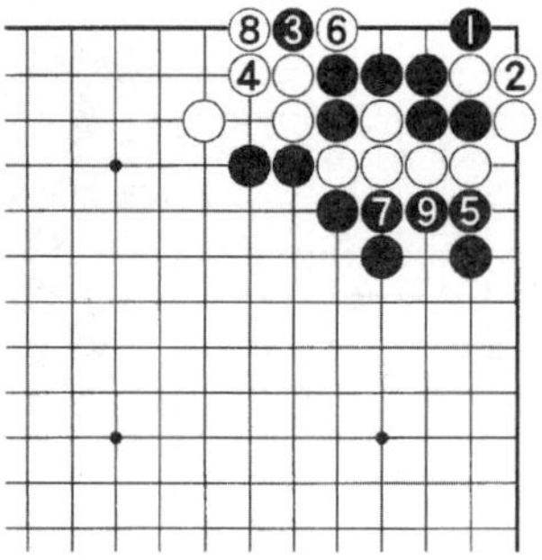

## 공격하여 이김

귀의 흑은 1로 단수치고 3으로 젖혀 4수로 늘린다.
흑5부터 9로 공격해서 수상전은 흑이 승리한다.

失

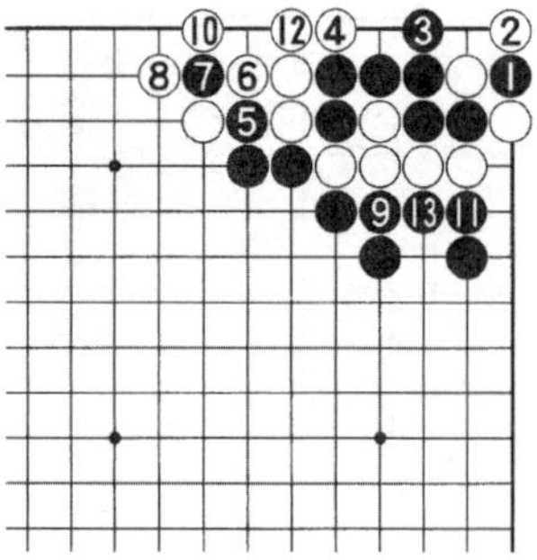

## 흑 손해

흑1로 먹여치고 흑3으로 내려서는 방법도 있다.
백4 이후 흑5, 7로 희생하면 수상전에 승리하나 상변의 백이 살게 되어 흑이 손해다.

(2095)

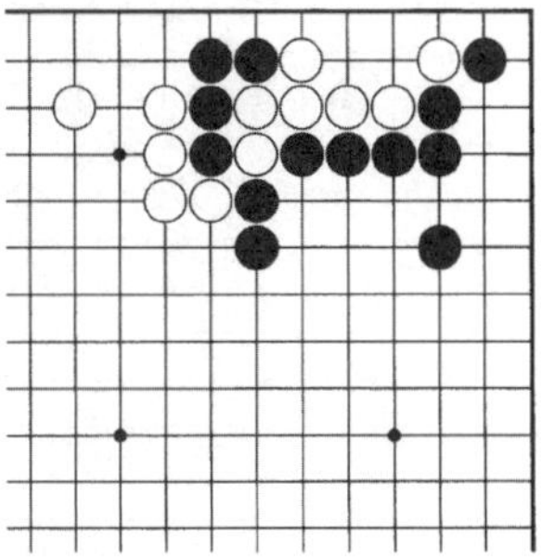

解

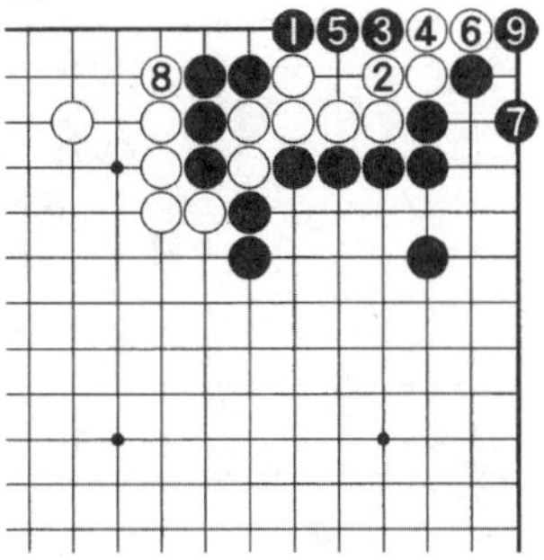

变

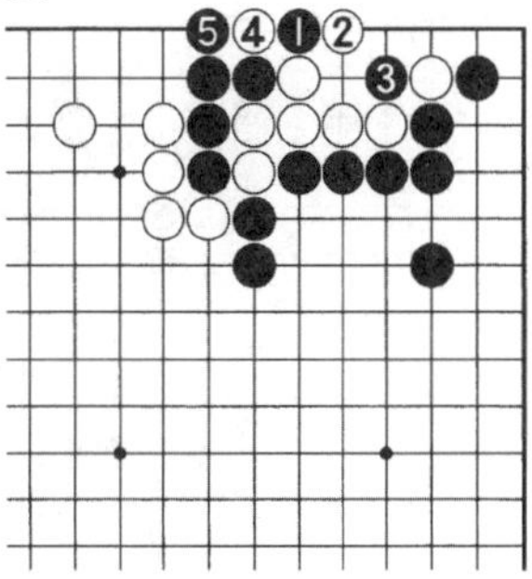

제6형 흑번

### 필쟁점

흑 4점과 귀의 백이 수상전에 돌입했다.
첫 수가 공방의 급소이며 이후의 공방에서 온 힘을 다해야 한다.

### 패

흑1의 젖힘은 피할 수 없다. 백이 이곳에 두게 되면 흑이 패배 한다
백2의 이음에 흑3이 냉엄한 공격으로 백4부터 흑9까지 패가 난다.

### 흑 유리

백2로 막으면 흑3으로 끊어 백의 공배가 꽉 차버린다.
흑5로 막아서 흑 선패가 된다.

(2096)

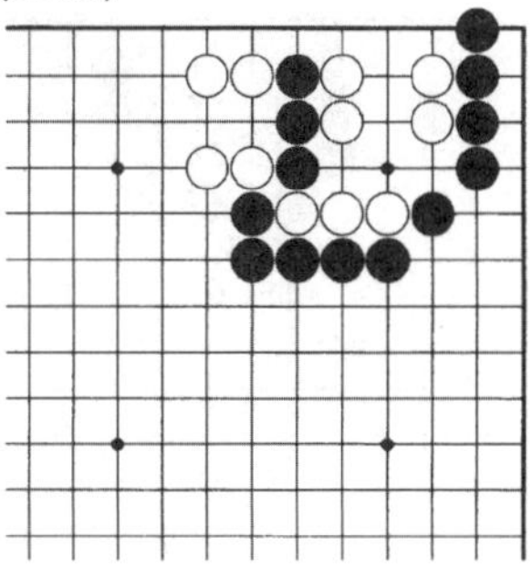

解

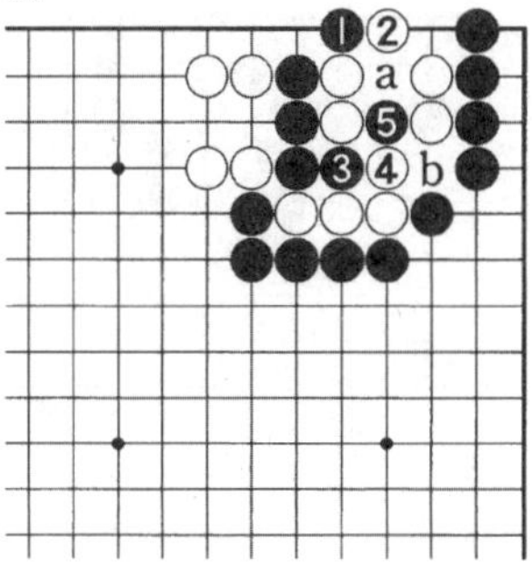


变

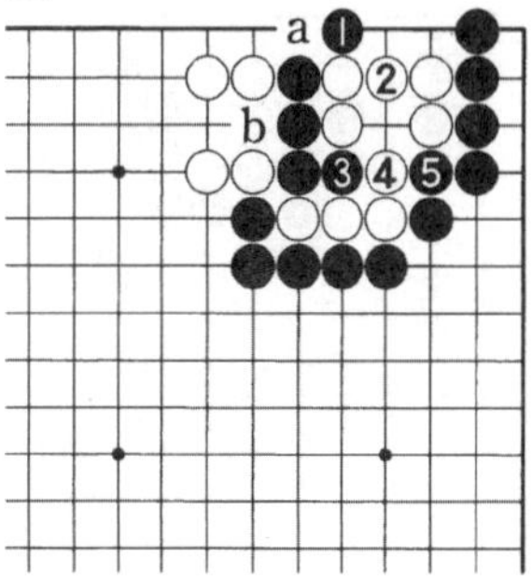


제7형 흑번

### 수상전

상변의 흑 3점은 3수이다.
백이 건너지 못하게 막기만 해서는 수상전에서 이기지 못한다.

### 급소

흑1로 젖히는 수는 백을 자충으로 만드는 급소이다.
백2로 막을 때 흑3, 5가 좋은 수이다. 백a로 양단수를 막으면 흑b의 단수로 백은 이을 수 없다.

### 백 무리

백2로 이으면 흑3, 5로 평범하게 단수친다.
흑1로 a에 뻗어서 건너가는 것을 막으면 백b로 바깥에서 공격당해 수상전에서 진다.

(2097)

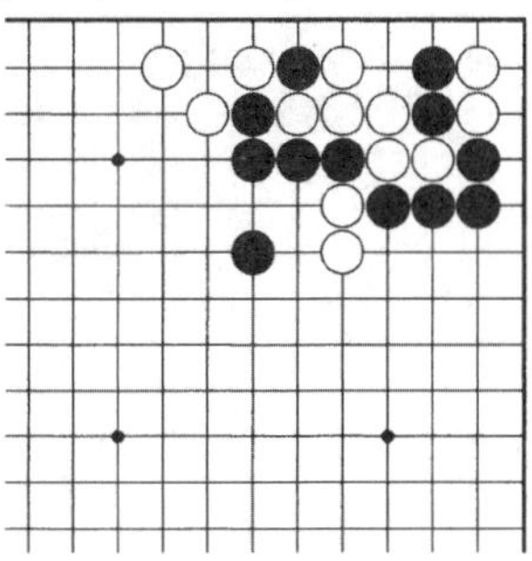

解

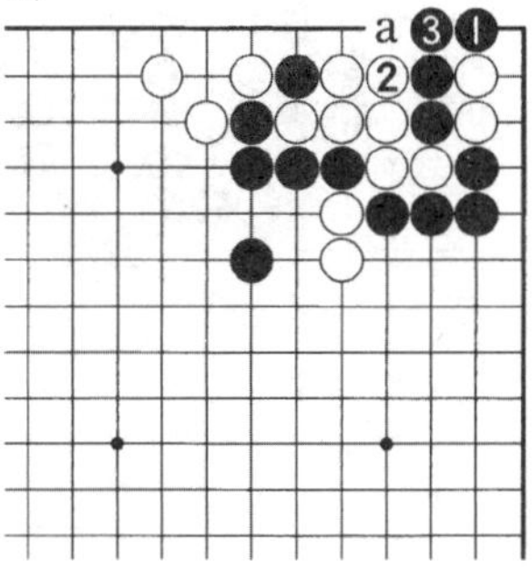


失

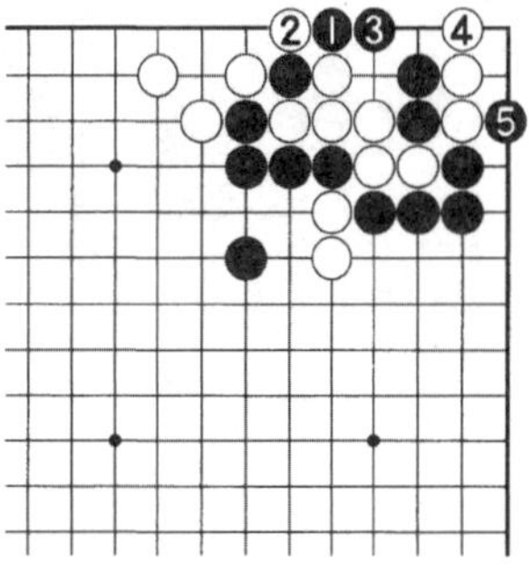

제8형 흑번

### 강력한 아군

우상귀의 수상전이다.
흑은 2수이고 백은 3수이다.
하지만 흑에게는 양자충이라는 든든한 아군이 있다.

### 흑 승

흑1로 젖힐 수밖에 없다.
백2에는 흑3으로 흑 승.
백은 자충 때문에 a에 둘 수 없다.

### 백 승

흑1, 3으로 상변에 두는 것은 백4로 2·1의 급소에 내려 실패한다.
흑5로 공격하여도 흑이 양자충. 백은 손을 뺀다.

제9형 흑번

(2098)

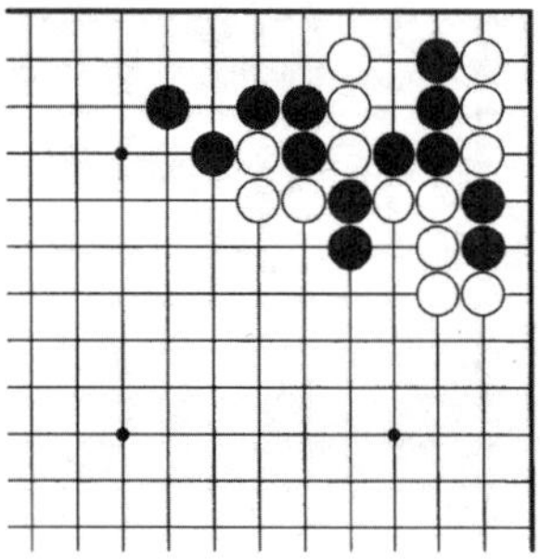

### 아슬아슬

우상의 수상전.
흑과 백 모두 아슬아슬한 모양이다.
안쪽의 공배가 많아 빅이 될 것 같으나 흑이 조금 유리하다.

解

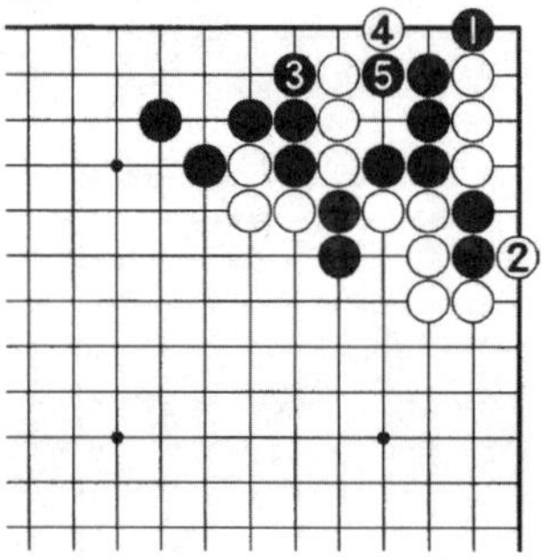

### 흑 승

흑1로 젖혀서 활용한다.
백2로 받게 해서 귀의 공격을 막은 뒤 흑3으로 두는 수순이 좋다.
흑5까지 흑의 수상전 승리.

变

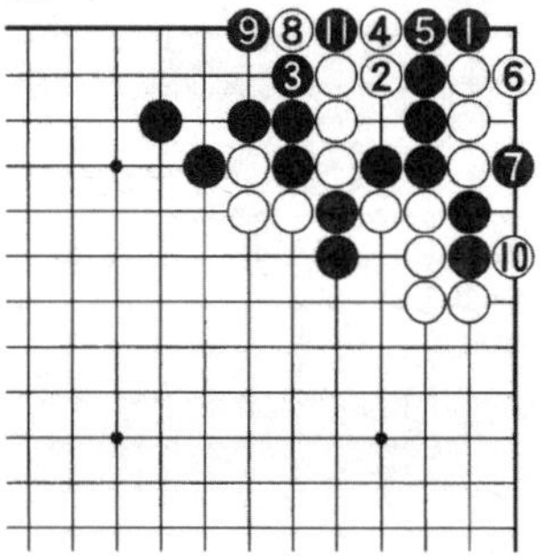

### 한 수 늘어진 패

백2, 4로 저항하면 흑5 이후 백8로 젖혀 패로 버틸 수는 있지만 흑11로 백이 한 수 늦은 패가 난다.

제10형 흑번

(2099)

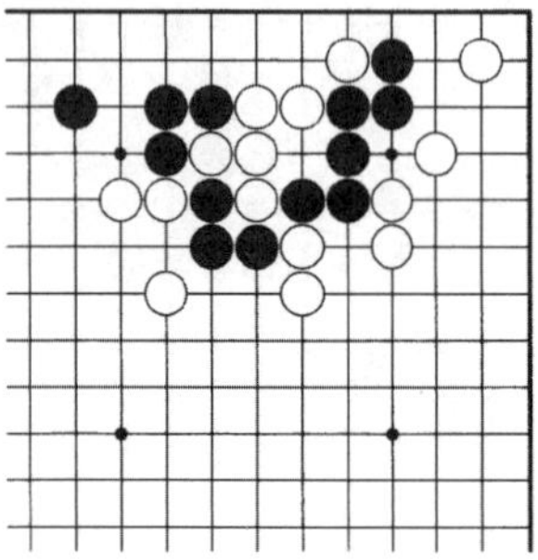

### 강수

중앙의 흑은 3수이다.
자충을 메우면서 상변의 백을 2수로 만드는 수를 궁리해보자.

解

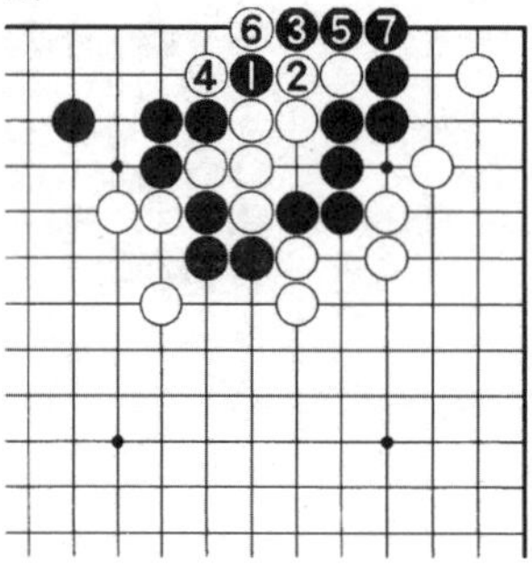

### 강수가 성립

흑1로 젖히고 백2로 이을 때 흑3으로 젖히는 강수가 성립한다. 백4로 끊으면 흑5로 건너서 백의 공배는 2수이다.

失

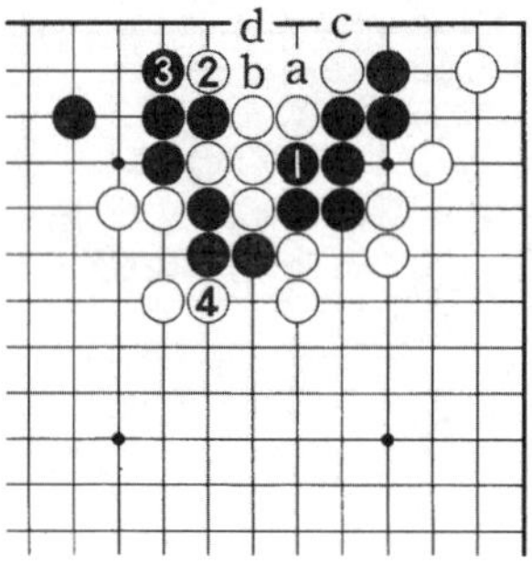

### 흑 패배

흑1로 공격하면 백2로 하나 젖혀서 두어서 실패한다.
흑3 이후 백4로 중앙을 공격해서 흑의 패배. 흑1로 a도 백b, 흑c, 백d로 실패한다.

제11형 흑번

(2100)

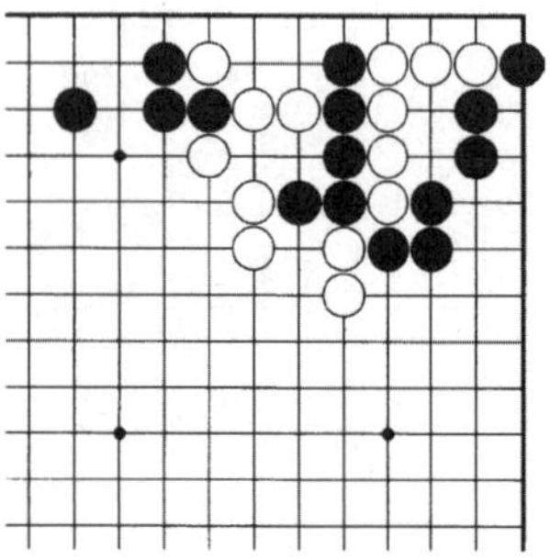

### 승리를 향한

상변의 수상전.
우상에 있는 백의 수가 길다.
흑은 상변에 있는 백의 옆음을 추궁하여 수를 늘리면 승리한다.

解

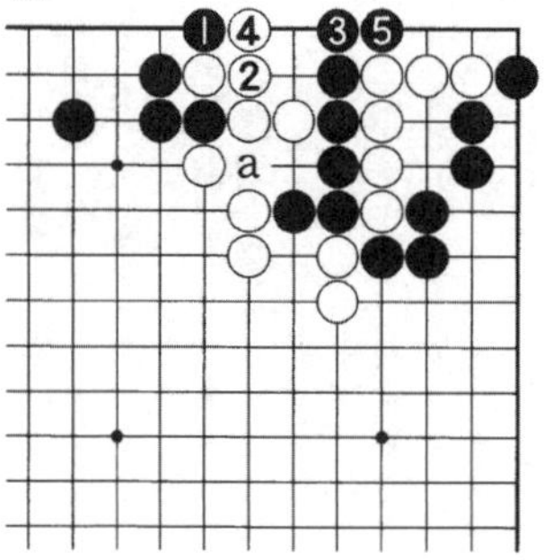

### 흑 승

흑1로 젖히는 수가 교묘하다.
백2로 이어 건넘을 막을 때 흑3 뻗음이 좋은 수이다. 백4는 어쩔 수 없지만 흑5로 공격해서 흑의 승리.

变

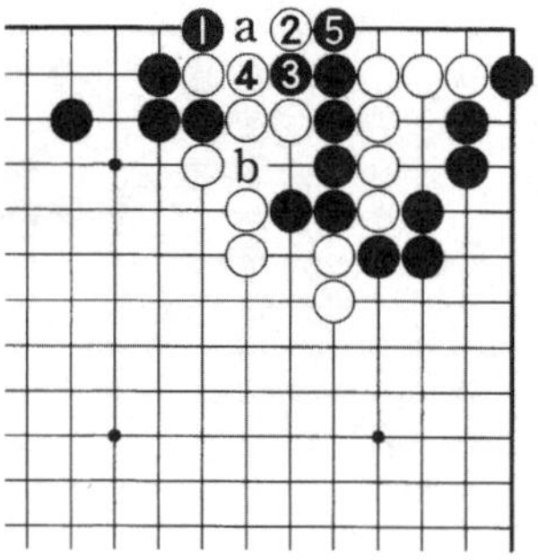

### 환격

백2로 뛰어 건넘을 막으려고 하면 흑3, 5로 결정짓는다.
백a로 이으면 흑b 환격이 기다린다.

**제12형 흑번**

(2101)

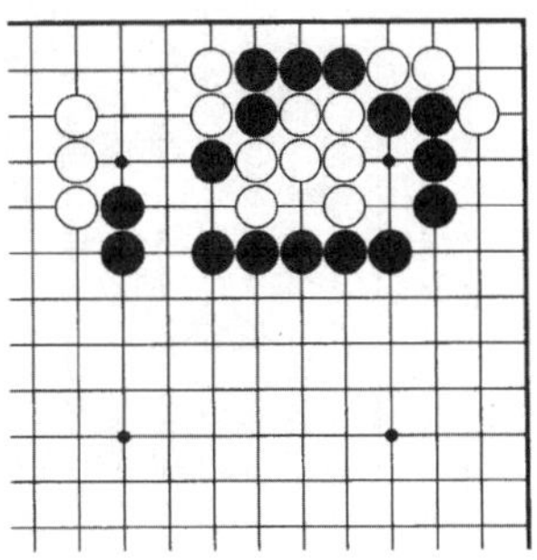

### 수를 늘리다

상변의 흑 4점과 중앙의 백 7점이 수상전에 돌입했다.
흑은 4수가 되지 않으면 수상전에서 이길 수 없다.

解

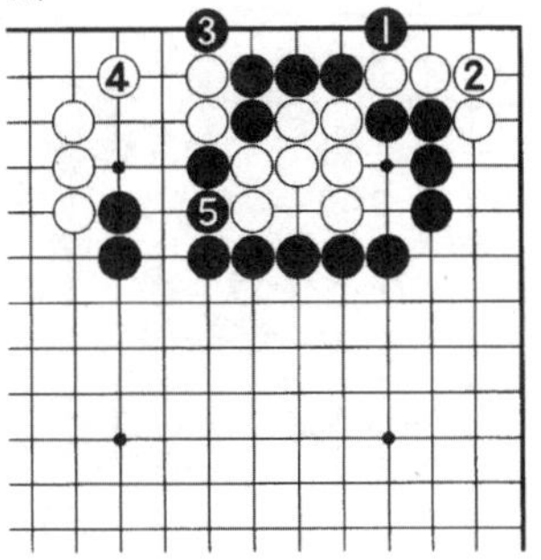

### 흑 승

흑1의 젖힘을 활용하고 한 번 더 3으로 젖힌다.
상변의 흑은 좌우의 젖힘이 활용되고 4수가 되어 흑5까지 수상전은 흑이 승리한다.

变

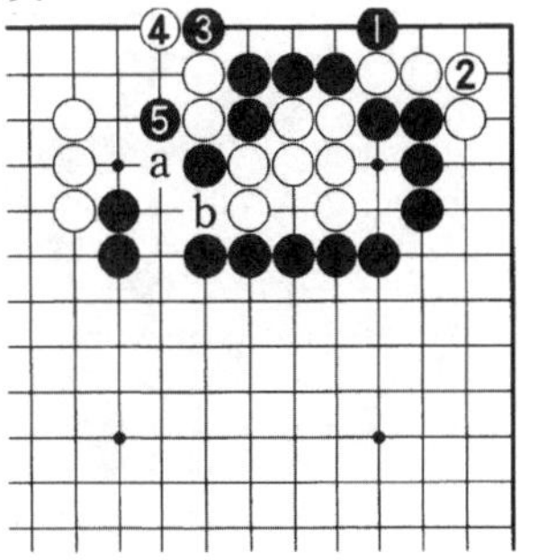

### 그만

백4의 저항은 흑5로 2점을 단수 쳐서 그만이다.
백4로 a는 흑b,
가운데가 자충이기 때문에 수습이 안 된다.

**제13형 흑번**

(2102)

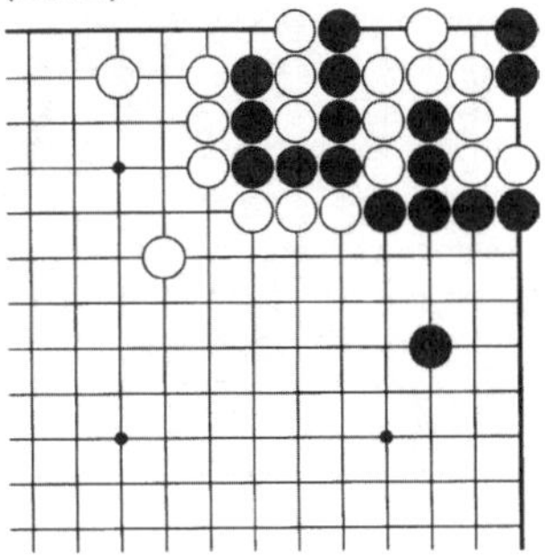

### 기형

대궁, 소궁이다.
흑은 치중하는 수를 늘려 기형적인 빅을 만들어야 한다.

解

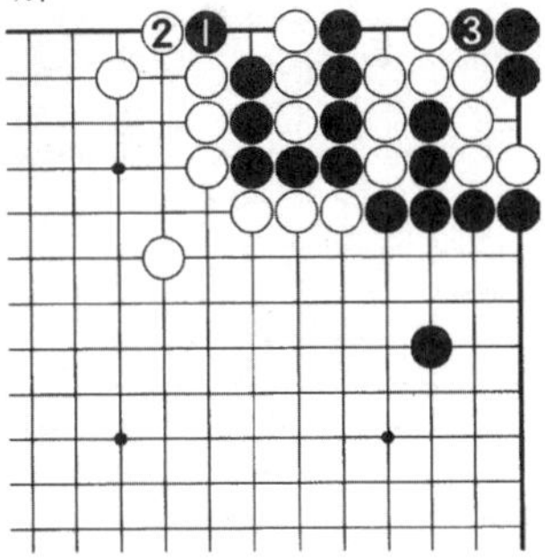

### 빅

흑1의 젖힘을 활용하는 것이 묘수이다.
백2 이후 상변은 손을 빼고 흑3으로 두어서 빅. '젖힌 채로 빅'이라고 말하는 모양이다.

失

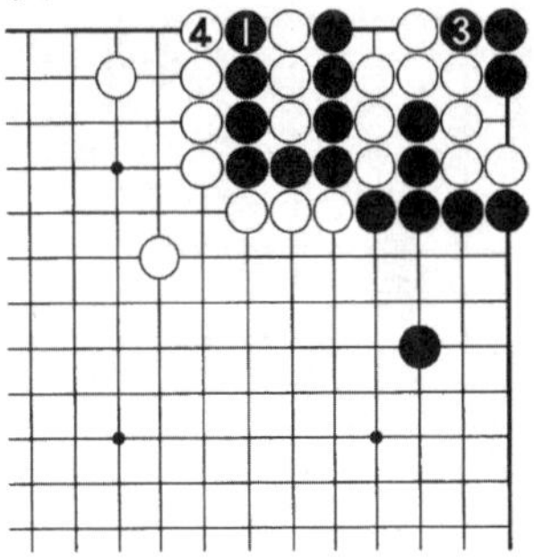

### 흑 패배

흑1로 따내면 백2로 치중을 해서 소궁으로 되고 흑이 진다.
백4 이후 흑은 2수가 된다.
※②→❶의 오른쪽 아래(치중)

**제14형 흑번**

(2103)

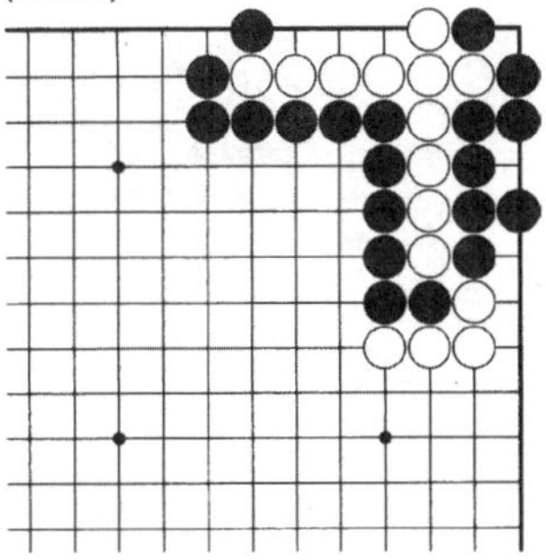

### 무조건

우상의 수상전.
백의 공배가 채워져 흑이 여유로워 보이지만 조건 없이 잡으려면 패의 탄력이 필요하다.

解

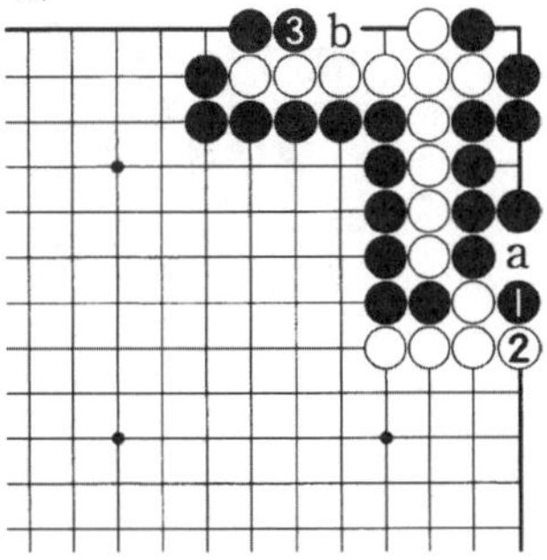

### 양패

흑1로 젖혀 패 모양으로 한다.
백2 이후 흑3이면 백은 자충. 백a에는 흑b.
귀는 양패로 흑이 무조건 이긴다.

失

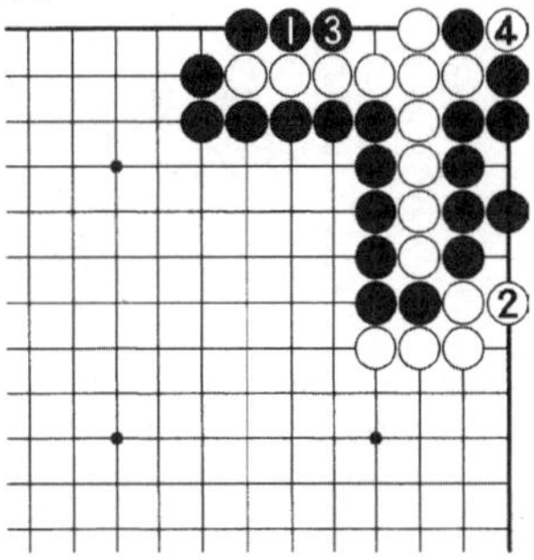

### 늘어진 패

흑1로 공격하면 백2로 패 모양을 지워서 귀의 패만 남는다.
흑3에는 백4로 여유 있는 한 수 늦은 패지만 정해도보다 한참 못하다.

제15형 흑번

(2104)

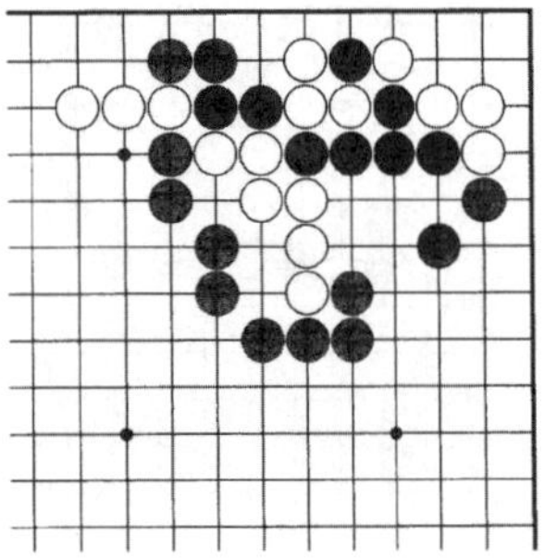

## 수읽기 연구

상변의 수상전.
중앙의 백은 5수이고 상변의 흑은 4수이다.
이대로라면 흑이 지기 때문에 수를 생각해야 한다.

解

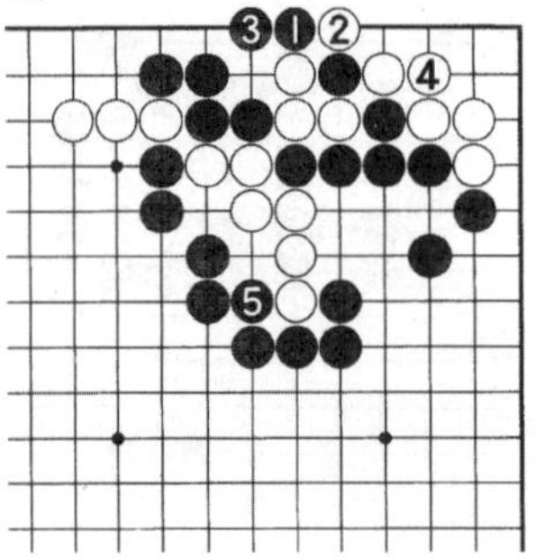

## 흑 승

흑1로 젖히는 수가 좋다.
백2에는 흑3을 활용하면 흑은 수가 1수 늘어난다.
5로 메워서 흑의 한 수 승.

失

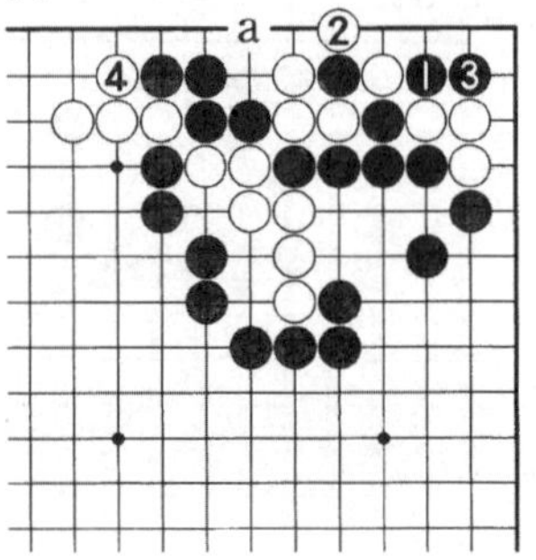

## 백 승

흑1, 3은 중앙을 포기하는 방법.
백4로 막으면 수상전은 백의 2수 승.
또 흑1로 a로 두어도 되지만 정답에 비해 흑이 약간 손해이다.

젖힘 끝내기(방어)

제1형 흑번

(2105)

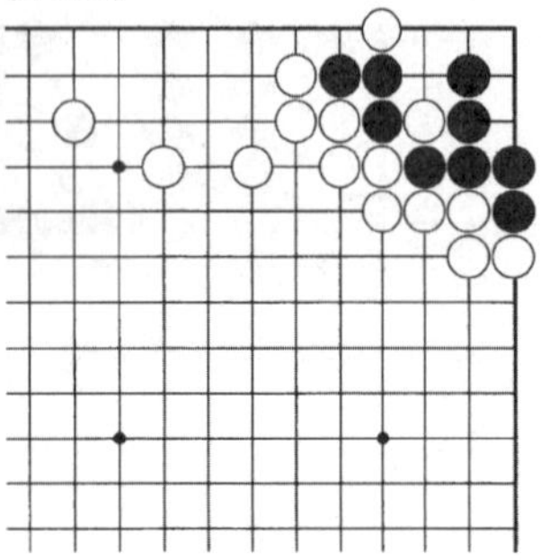

## 수상하다

흑집에 딱 붙어있는 1선의 백 1점이 수상하다.
흑은 손을 빼어 선수로 백을 살려줄 수는 없다.

解

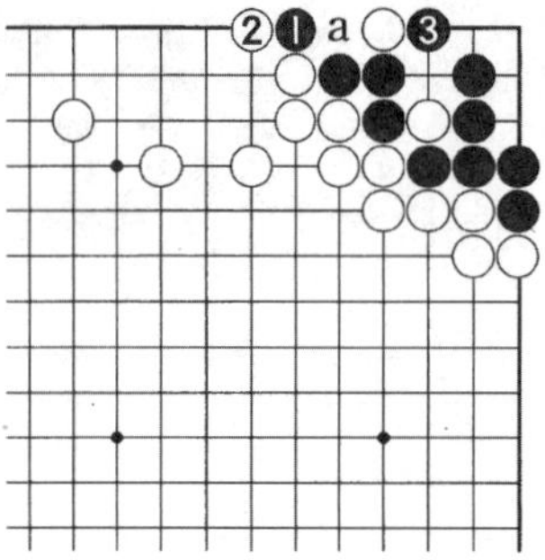

## 선수

흑1의 젖힘은 백2로 막아서 자충처럼 보이지만 다음에 흑3이 좋은 수이다. 백이 손을 빼면 흑a가 선수이다.
백a는 흑1, 백a는 흑이 손을 뺀다.

失

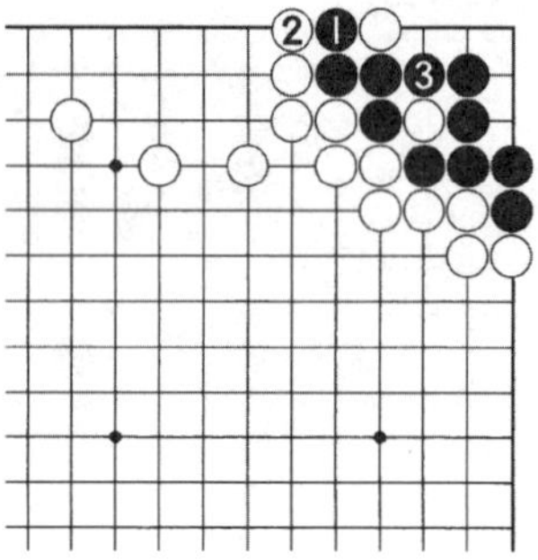

## 2집 차이

흑1로 막는 것은 백2를 선수로 활용 당한다.
흑3으로 된 모양과 정해도를 비교하면 같은 후수라고 해도 2집의 차이가 있다.

제2형 흑번

(2106)

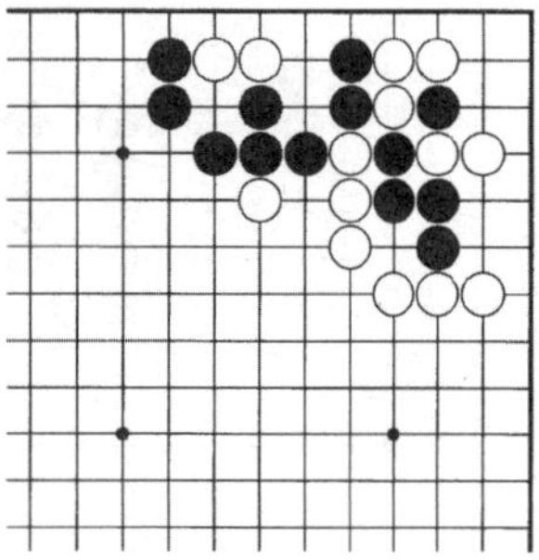

## 건넘 방지

우상귀를 어떻게 끝내야 할까?
변의 백 2점이 귀로 건너가게 보고만 있을 수는 없다. 백이 건너지 못하게 막는 최선의 수가 필요하다.

解

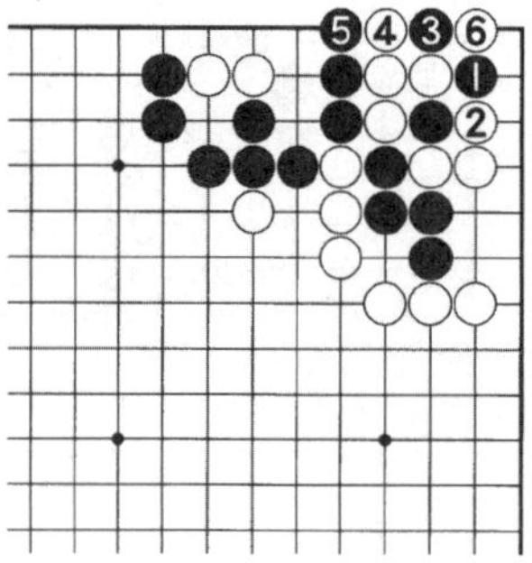

## 사석

흑1의 젖힘부터 두어 갈 곳.
백2에는 흑3을 사석으로 하고 백6까지 선수로 백의 건넘을 막는 것이 된다.
백4를 손을 빼면 흑4.

変

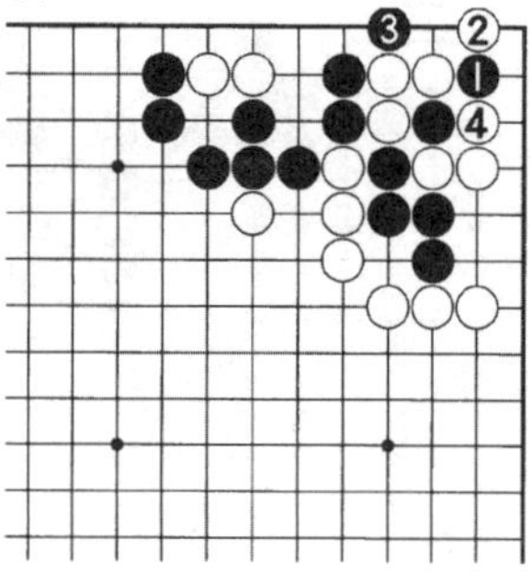

## 이것도 선수

백2로 귀부터 받으면 흑3으로 단수쳐서 그만이다.
백4로 두면 백 2점의 건넘이 없게 되어서 이것도 흑이 선수이다.

제3형 흑번

(2107)

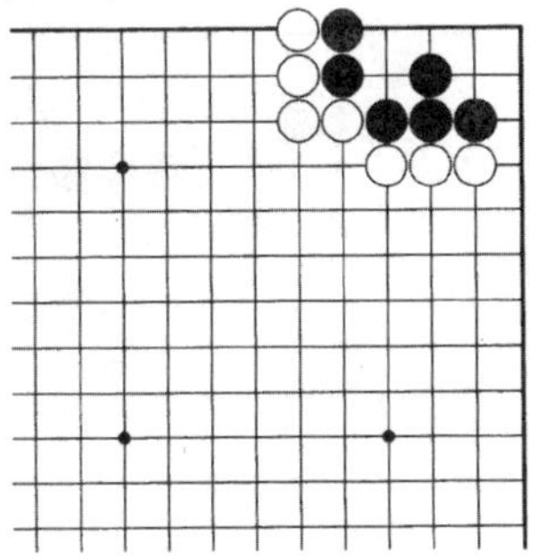

## 가정

우상귀의 끝내기 문제.
우변이 백집이라고 가정하면 흑이 귀에서 어떻게 끝내야 할까.

解

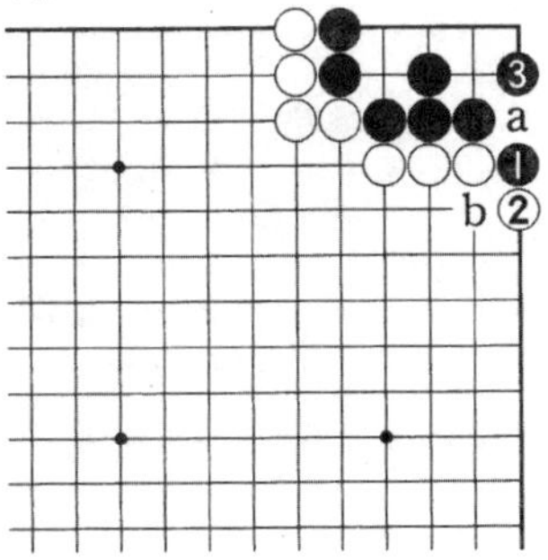

## 패

흑1로 젖히고 백2로 받으면 흑3이 맥이다.
a의 패를 백이 이길수 없으면 백b로 양보할 수밖에 없다.

失

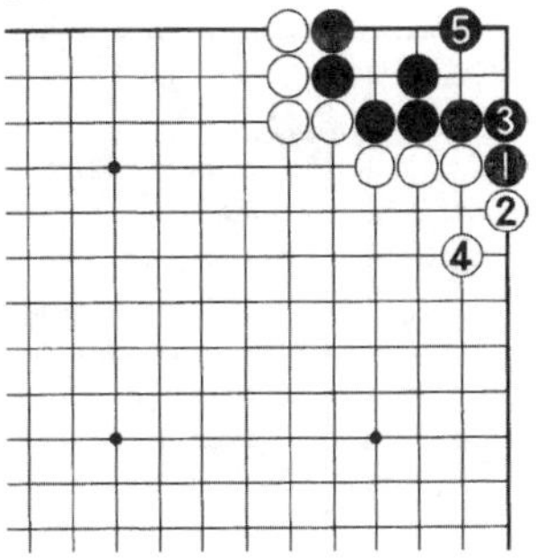

## 후수

흑1과 3은 평범한 방법이지만 백4 이후 흑5로 가일수가 필요하게 된다.
흑5를 생략하면 백5로 귀는 빅이 된다.

제4형 흑번

(2108)

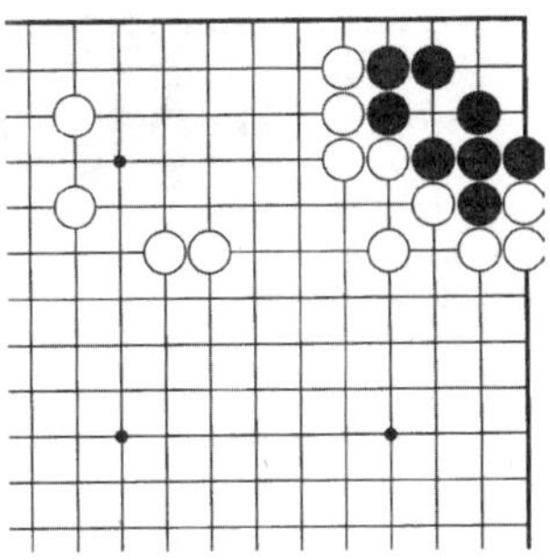

## 바깥이 약하다

흑은 상변의 백집을 어떻게 끝내야 할까.
젖혀 잇는 것이 좋을지 두지 않는 것이 좋을지 고민이다.

解

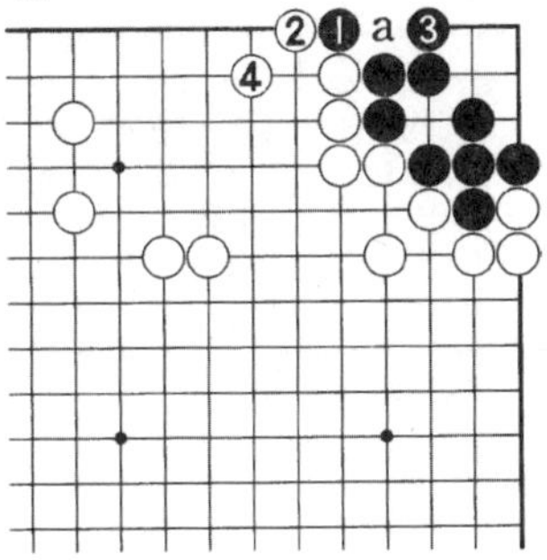

## 2집 감소

흑1로 젖히고 백2이후 흑3이 좋은 수이다.
백이 a의 패를 이길 수 없으면 백4로 받아 백집이 2집 줄어든다. 흑은 선수를 취한다.

失

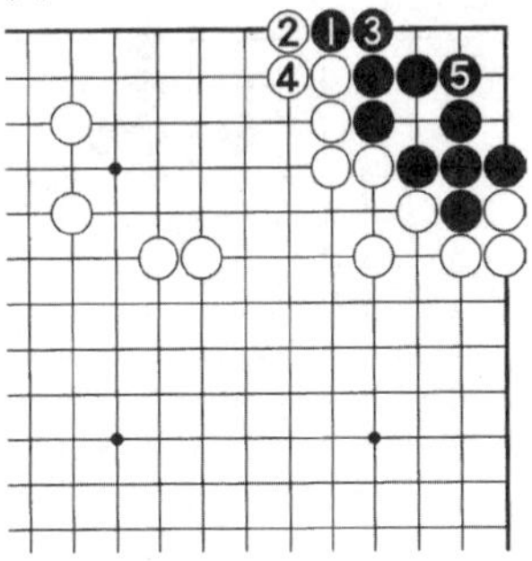

## 후수

흑1과 3은 백4로 받게 해서 똑같이 2집을 줄여도 흑5의 가일수가 필요해서 흑이 후수이다.
흑5를 두지 않으면 백5로 귀의 흑집이 0집이 된다.

젖힘 끝내기(줄이기)

제1형 흑번

(2109)

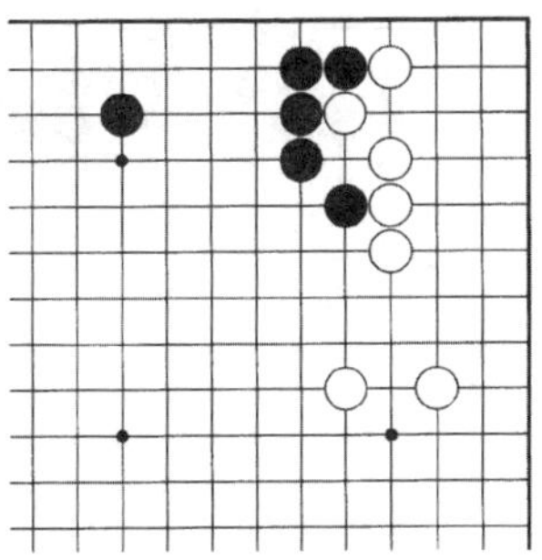

## 평범

우상귀의 끝내기 문제.
흑이 귀에 침입해도 수가 나지 않는다. 평범하게 끝낼 수밖에 없다면 백의 응수가 문제다.

解

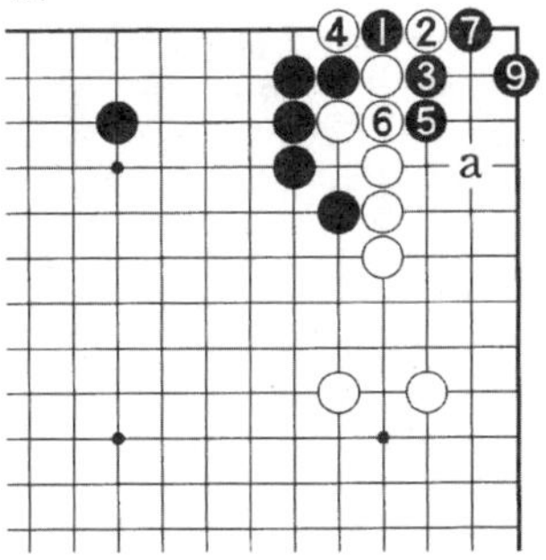

## 흑 삶

흑1로 젖힐 수밖에 없는 곳이다. 백2로 막으면 흑3이 성립해서 9까지 산다. 백8로 a는 흑1로 꽃놀이패
※⑧→❶

変

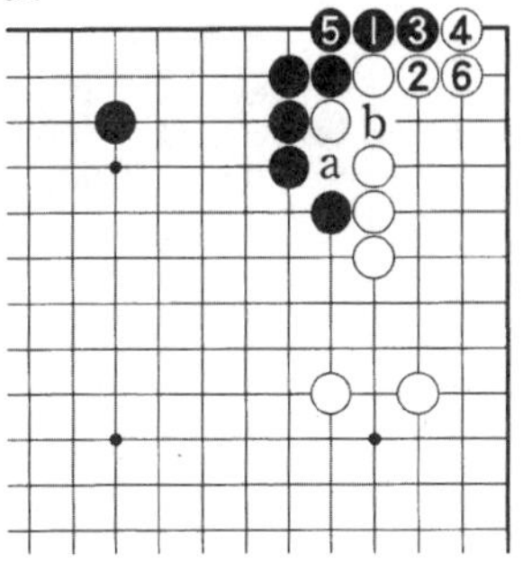

## 어쩔 수 없음

백2로 양보할 수밖에 없다.
흑3, 5로 백집을 끝내기한 모양으로 이후 흑a, 백b로 귀의 집을 계산한다.

(2110)

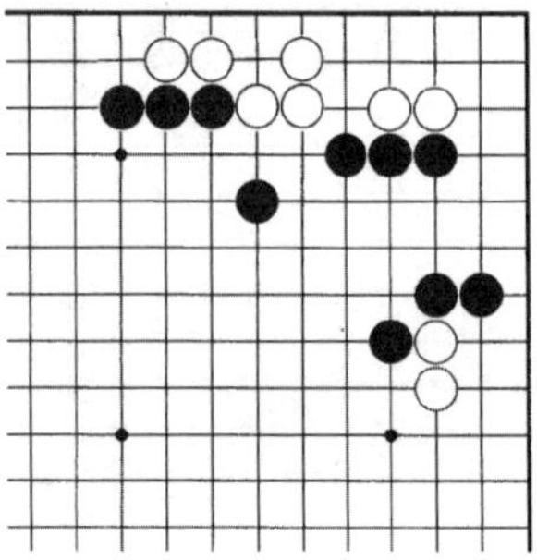

解

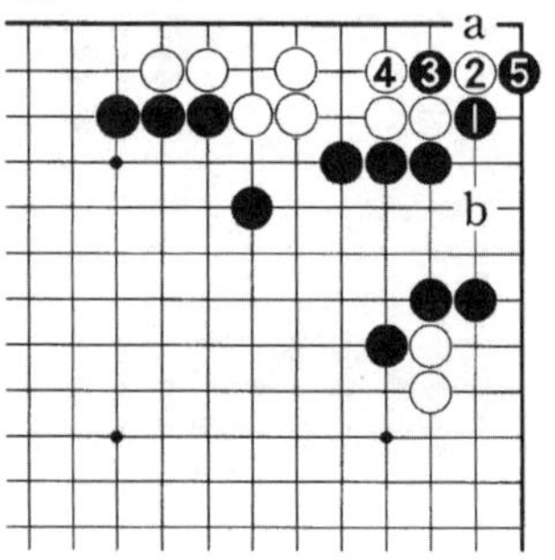

失

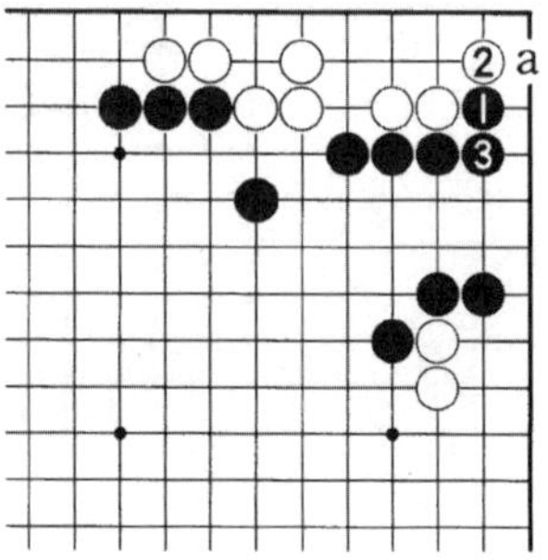

제2형 흑번

## 강한 백

우상귀를 어떻게 끝내야 할까?
백은 상변에 집을 넓혀서 강한 돌이어서 흑은 끝내기의 이득을 목표로 한다.

## 파고들다

흑1로 젖히고 백2로 막을 때 흑3의 끊음이 좋다.
백4이후 흑5로 귀에 파고들 수 있다.
백a에는 흑b.

## 완착

흑1, 3은 시기를 봐서 a에 둔다.
상변의 안형이 넓어서 흑a가 선수가 아니기 때문에 흑3은 완착이라고 할 수 있다.

(2111)

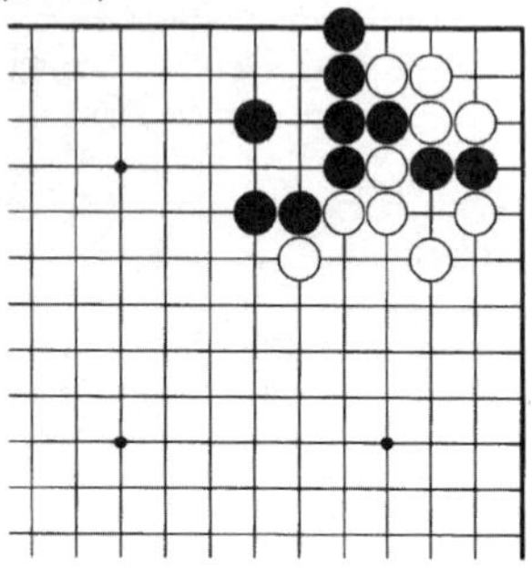

解

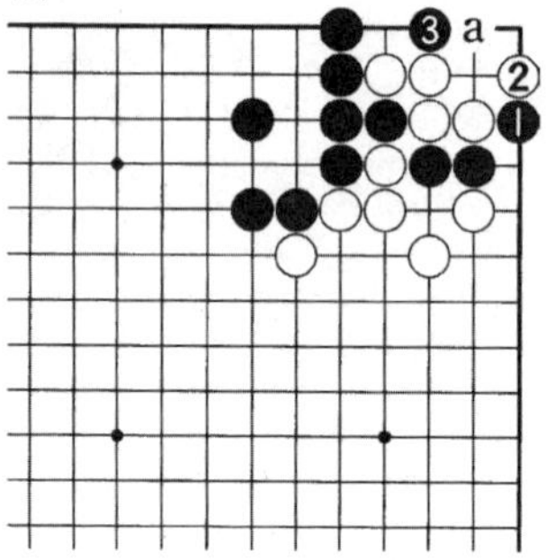

变

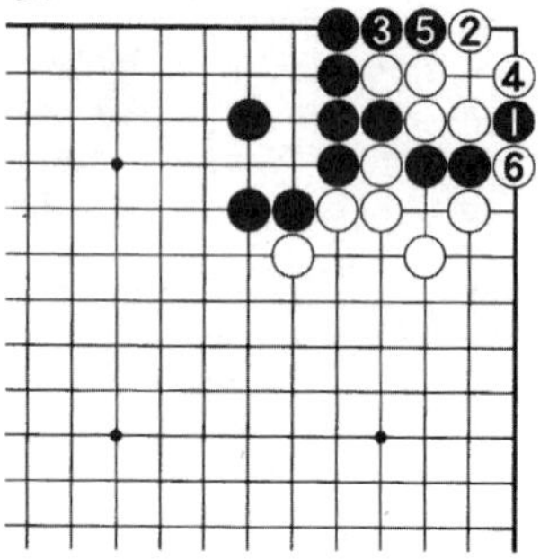

제3형 흑번

## 몇 집?

끝내기 문제.
귀의 백집을 어떻게 줄여야 할까?
그리고 몇 집의 끝내기가 될까?

## 후수 4집

흑1의 젖힘은 백를 자충시키는 맥이다.
백2로 막으면 흑3으로 붙여 흑은 후수이지만 다음에 a의 권리를 반씩 나눠가져 후수 4집이 된다.

## 선수 2집

백2로 받으면, 흑3, 5가 선수가 된다.
흑1로 3, 백5로 막았을 때를 비교하면 2집의 차이가 생긴다.

(2112)

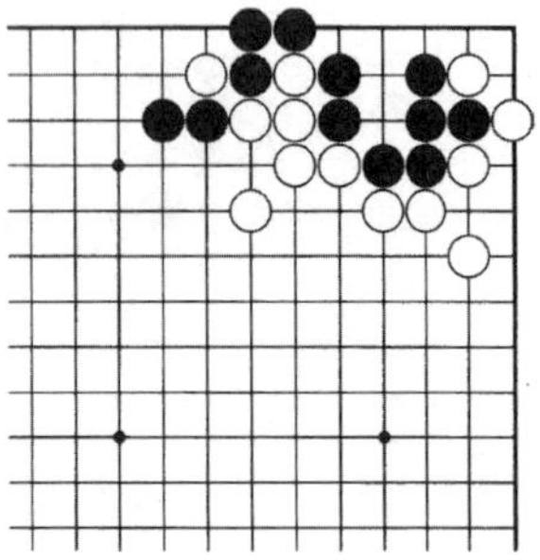

解

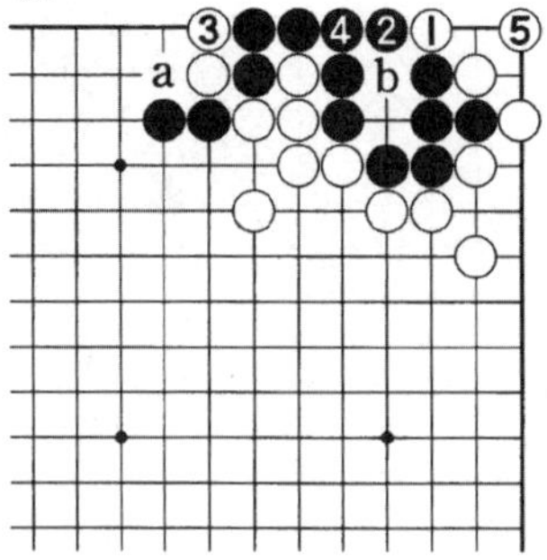

失

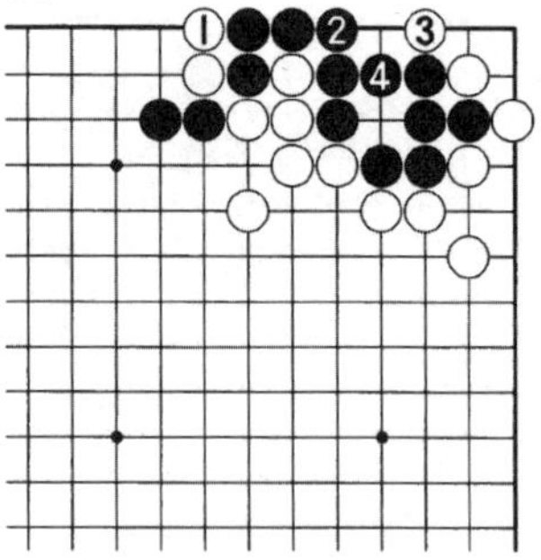

제4형 백번

## 한 순간

끝내기 문제.
우상귀의 흑집은 백의 좋은 수로 한순간에 사라져 버릴지도 모른다.
상변의 백 1점을 이용한다.

## 큰 패

백1로 젖히는 수가 좋다.
백3의 단수를 활용하고 5로 호구이음. 흑a, 백b를 막기 위해 귀에 큰 패가 난다.
흑2로 b는 백4. 흑2로 a는 백b.

## 수 없음

백1로 먼저 단수치는 것은 자충. 흑2로 이으면 백3으로 젖혀도 흑4로 받아 자충을 막는다.

(2113)

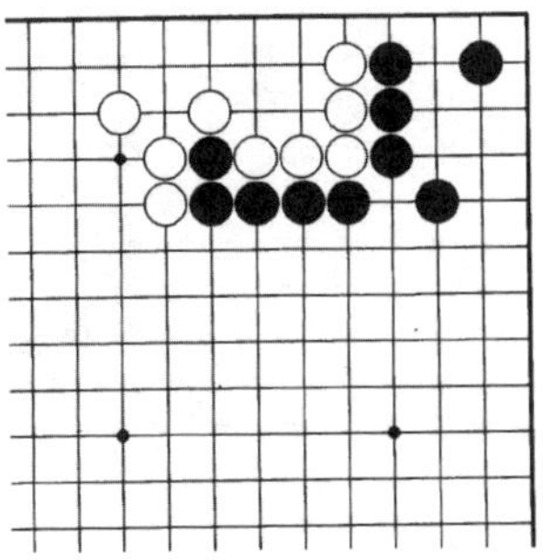

제5형 흑번

### 대응

상변의 백집을 어떻게 끝내기 하여야 할까?

흑이 두는 수는 당연하지만 백이 응수를 잘못하면 추궁 당한다.

解

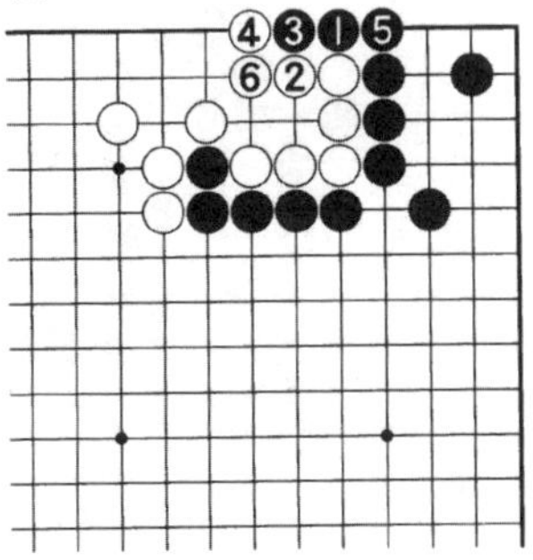

### 선수 4집

흑1로 젖히는 수 외에는 두는 수가 없다.

백2로 신중하게 받으면 흑3부터 백6까지 끝내기가 되는데 백1로 뻗는 모양보다 흑은 4집 이득.

变

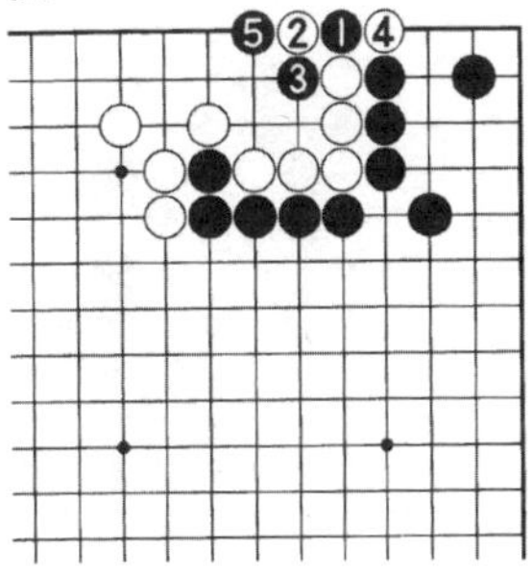

### 꽃놀이 패

백2로 막고 흑4면 백3으로 이어 2집 끝내기를 하려는 것이지만 흑3의 끊음이 강수이다.

백4, 흑5로 흑의 꽃놀이패가 된다.

(2114)

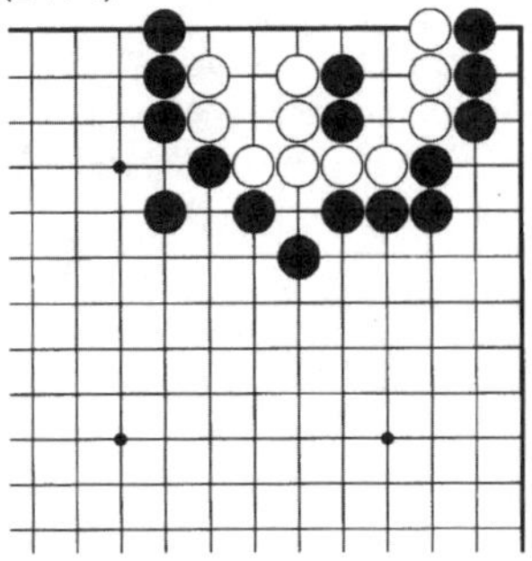

제6형 흑번

### 걱정

상변의 백은 흑 2점을 잡고 있으나 좌상에 있는 흑의 1선 뻗음이 마음에 걸린다.

흑은 어떻게 끝내야 할까?

解

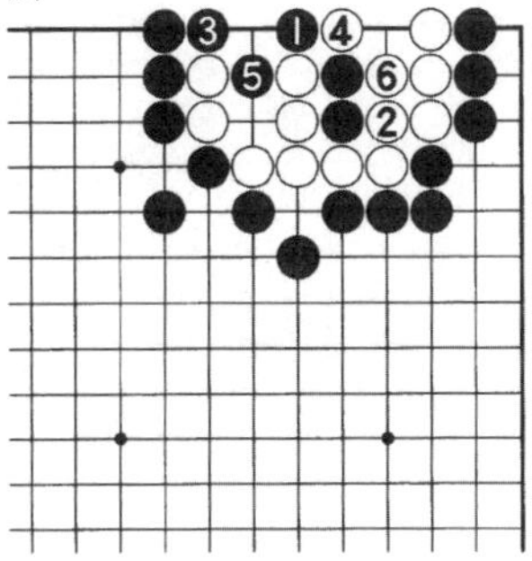

### 좋은 수순

흑1의 젖힘이 좋은 수순이 된다. 백은 2로 이을 수밖에 없는 모양이다.

흑3으로 건너고 백은 6까지 살았지만 백집은 5집 이하.

变

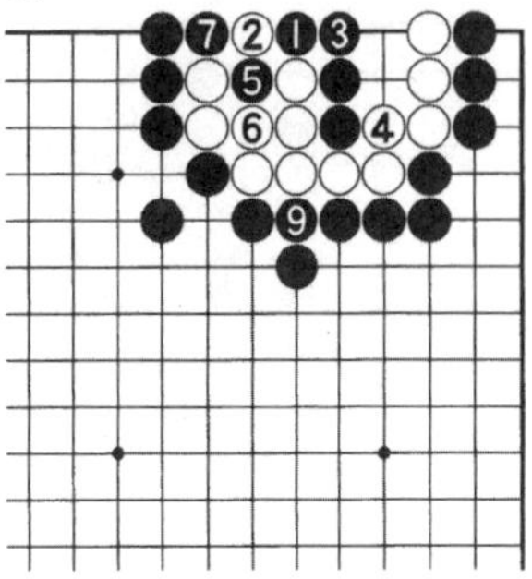

### 빅

백2로 막으면 흑3부터 7로 집을 부숴 손해를 본다.

백집은 1집밖에 없다.

백8로 5에 이어 빅.

※⑧→❺

(2115)

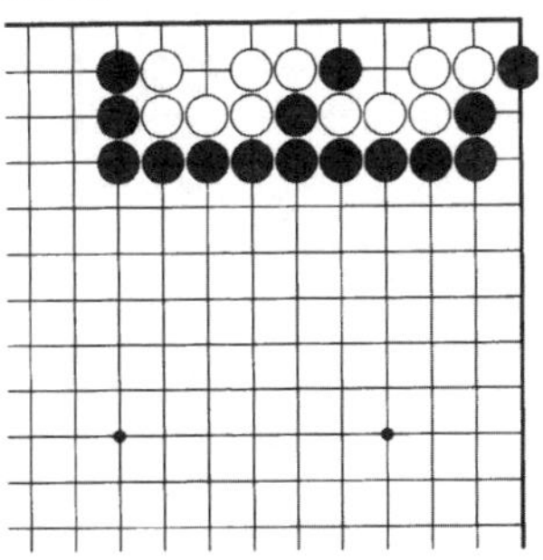

제7형 흑번

### 몇 집?

상변의 백은 정확히 몇 집으로 살아 있을까?

흑 1점을 이용하여 백의 자충을 추궁하고 싶다.

解

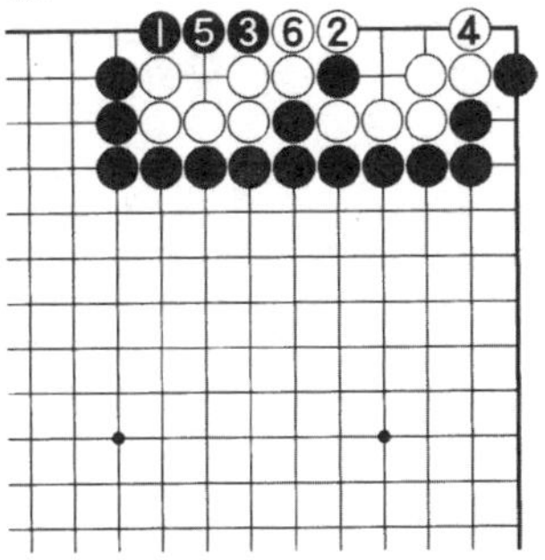

### 4집

흑1로 젖히는 수가 냉엄하다.

백은 자충때문에 2로 1점을 잡는 정도이며 흑5까지 두어서 백집은 4집이 된다.

变

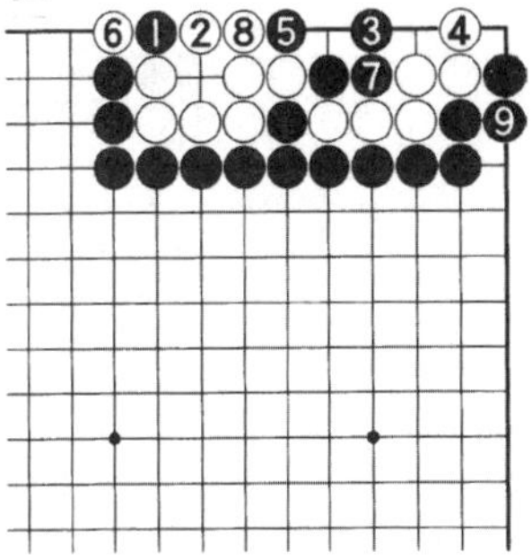

### 큰 패

백2로 막는 것은 위험하다.

흑3의 입구자가 좋은 수가 되고 백4의 저항은 흑5부터 9로 큰 패가 난다. 백4로 5에 살면 흑4로 된다.

젖힘
사활(죽음)

제8형 흑번

(2116)

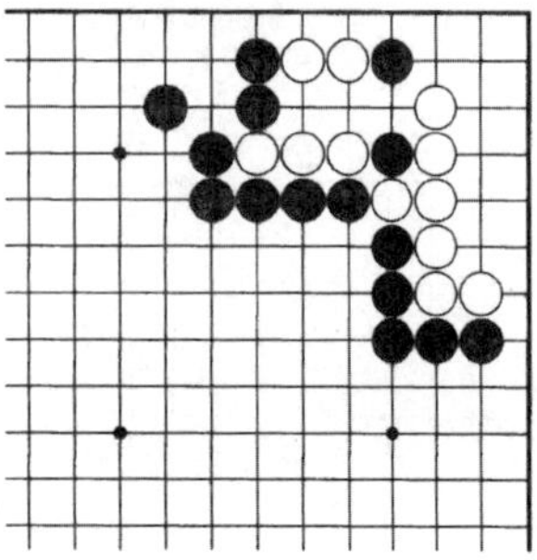

## 일부생환

끝내기 문제.
상변의 흑 2점이 잡혀있지만 백5점이 자충으로 일부분을 살릴 수 있다.

解

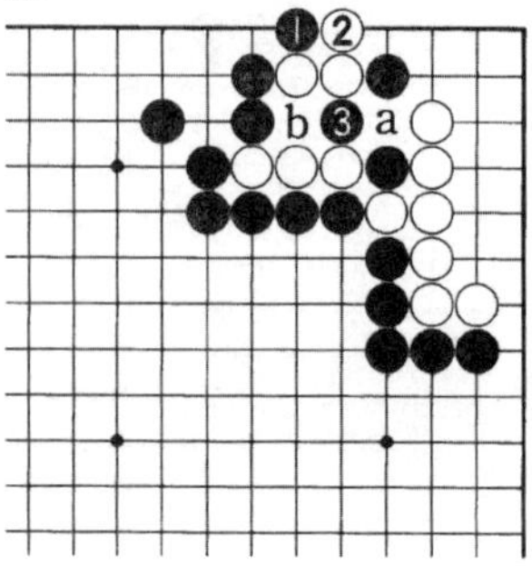

## 수순

흑1로 왼쪽부터 젖힘이 좋은 수이다. 백2로 막으면 백이 자충되어서 흑3이 성립한다.
백a, 흑b로 백은 집으로 손해를 많이 보았다.

変

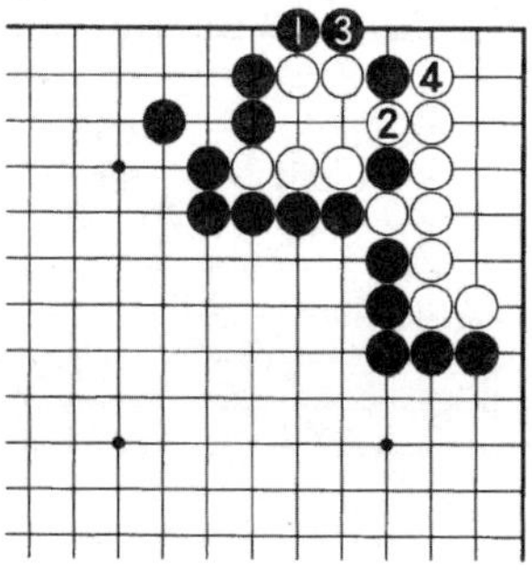

## 흑 성공

백2로 1점을 잡는 정도이다.
흑3으로 건너고 백4 이후 손을 빼더라도 끝내기는 성공이다.

제1형 흑번

(2117)

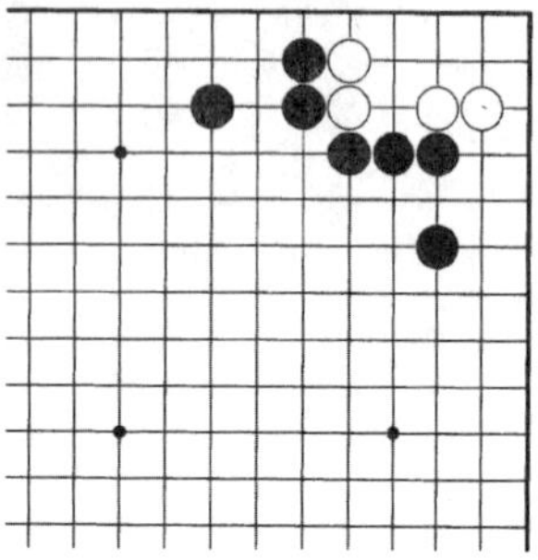

## 차근차근

사활 문제.
백집을 좁히면 좋다.
흑은 자충인 백 2점을 효과적으로 공격하고 싶다.

解

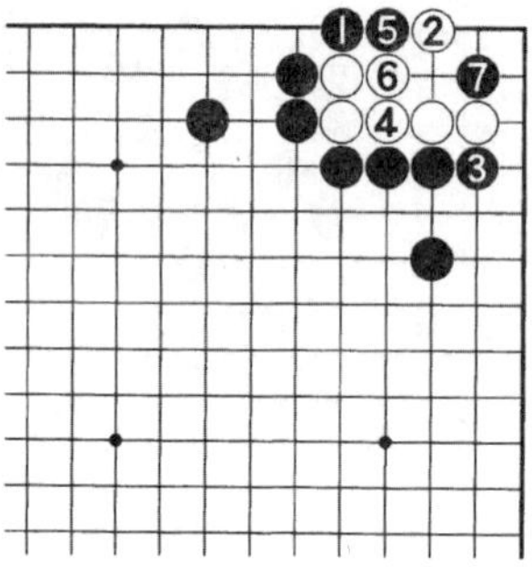

## 백 죽음

흑1의 젖힘이 백의 자충을 추궁한다.
백2로 받으면 백집이 좁아지고 흑3으로 막아서 백은 살 수가 없다.
백4에는 흑5, 7.

変

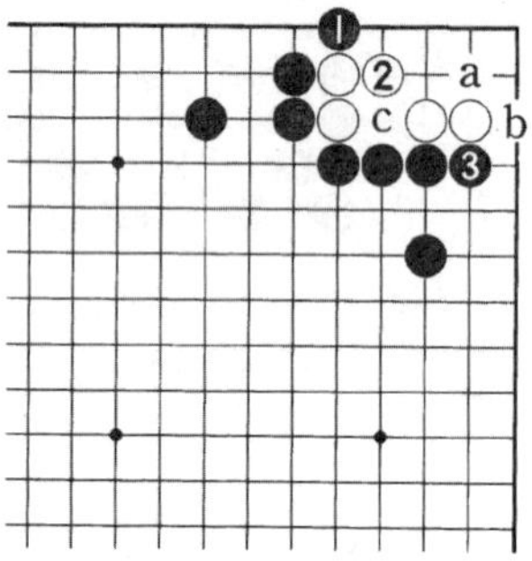

## 백 죽음

백2로 받으면 흑3으로 막아서 그만이다.
이후 백 a는 흑b로 죽는다.
흑1로 3은 백c로 집을 넓혀 백은 죽지 않는다.

제2형 백번

(2118)

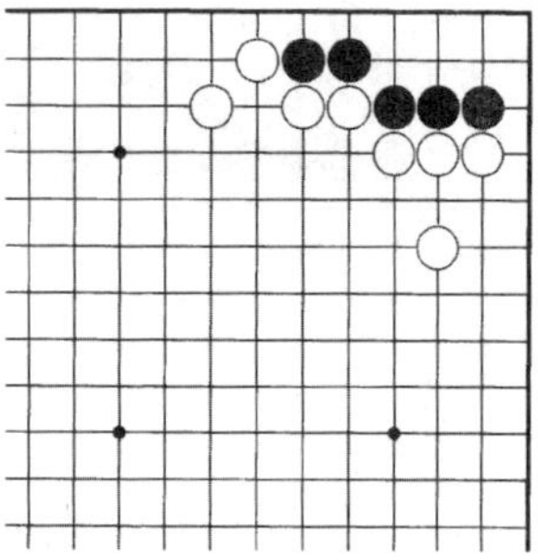

## 기본형

사활 문제.
흑집을 바깥부터 공격하여 축소시키면 치중이 성립한다.
바깥에서 젖혀 치중하여 잡는 기본형이다.

解

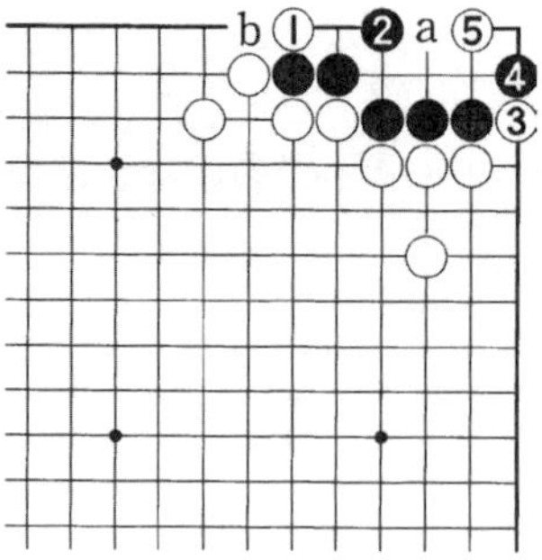

## 백 죽음

백1로 젖혀 흑집을 좁힌다.
흑2에는 백3, 흑4로 받는 정도이며 백5의 치중으로 마무리한다.
이후 흑a에는 백b.

失

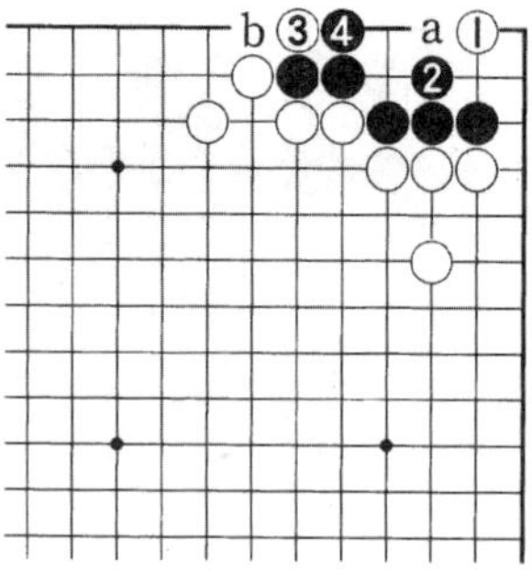

## 탈출

백1의 치중은 흑2로 집을 나눠서 실패한다. 백3으로 젖혀도 흑4로 막아서 흑집이 넓다. 백a는 흑b로 상변으로 탈출하거나 패가 난다.

(2119)

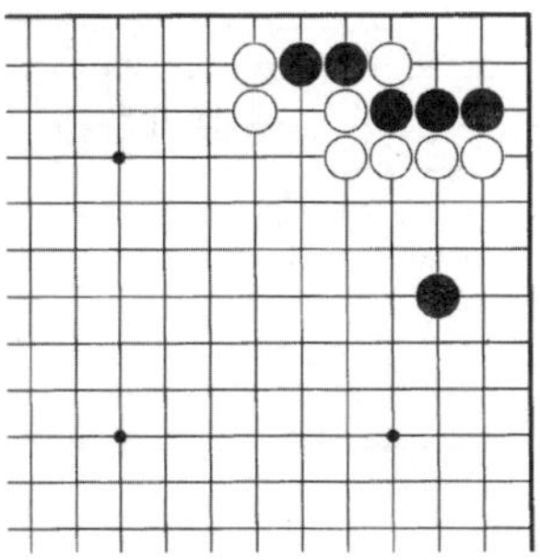

解

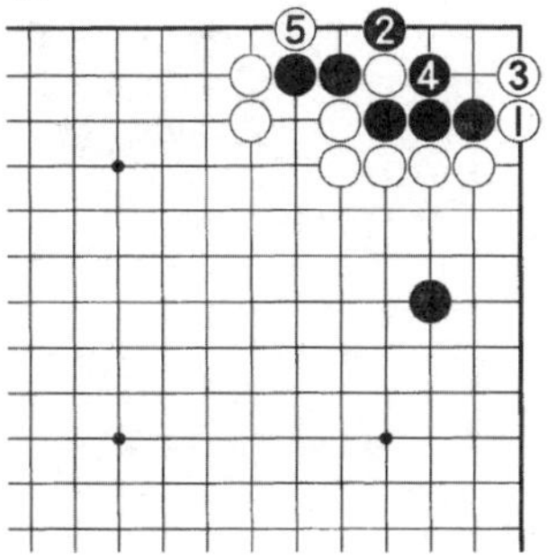

失

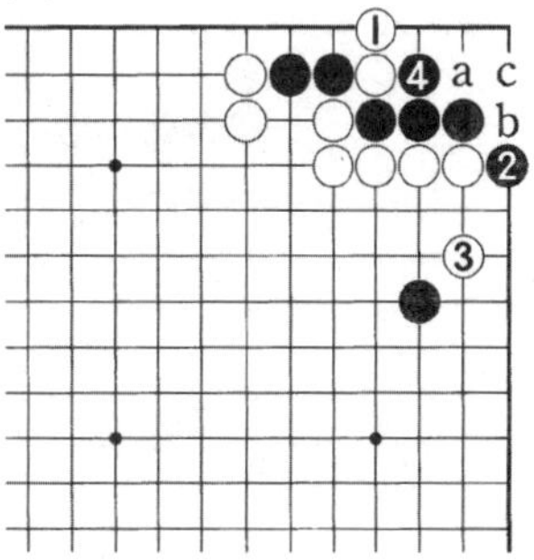

제3형 백번

## 바깥부터

사활 문제.
백 1점을 잡고 있는 흑은 자충의모양이다.
백은 바깥부터 공격하여 흑집을 좁게 만든다.

## 흑 죽음

백1로 젖혀 공격할 곳. 흑2로 백 1점을 잡는 정도이며 백3, 5로 흑은 한 집밖에 없다.
흑2로 4도 백3으로 같다.

## 흑 삶

백1로 뻗으면 흑2로 하나 젖혀 두어서 흑집이 넓어진다.
백3에 흑4로 흑은 살 수 있다.
백1로 4, 흑a, 백b도 흑c.
백1로 a는 패가 난다.

(2120)

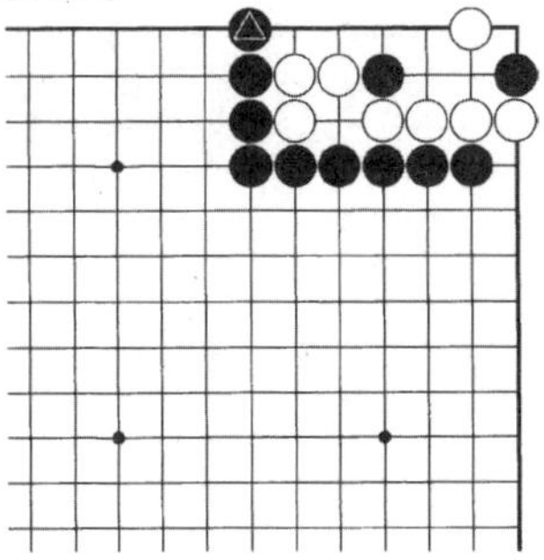

解

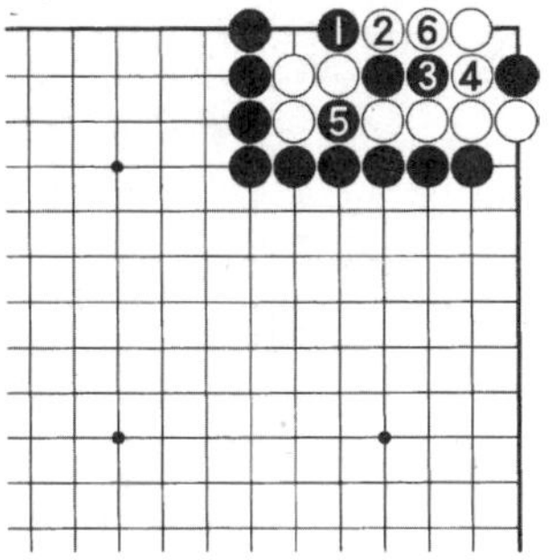

失

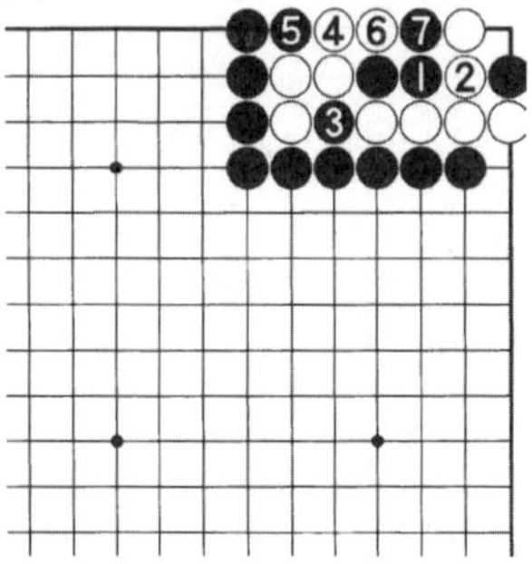

제4형 흑번

## 노타임

흑▲의 뻗음을 보고 느낌이 오지 않으면 안 된다.
답은 노타임으로 알 수 있다.

## 좋은 모양

흑1의 젖힘이 좋은 맥이다. 이런 모양에서의 상용의 수단이다.
백2에는 흑3으로 하나 나가는 것이 중요하며 흑7로 마무리한다.
※❼→②의 아래(먹여치기)

## 속맥

먼저 흑1로 나가는 것은 속맥이다.
흑3에 백4로 두게 되어 곤란한 것은 명백. 흑5로 잡을 수는 있지만 백8로 후절수가 성립하여 백이 산다. ※⑧→❸의 위(후절수)

(2121)

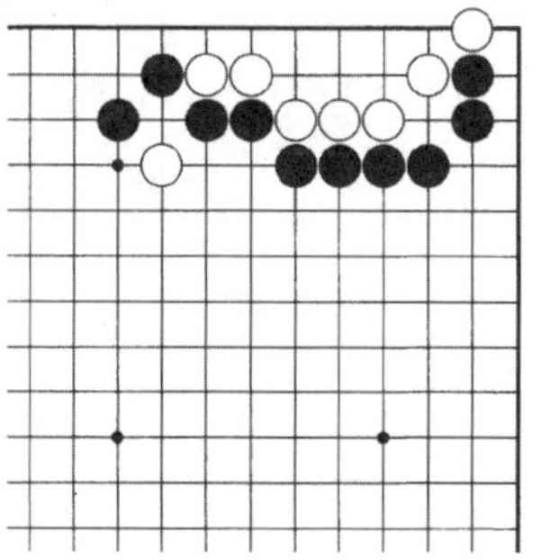

解

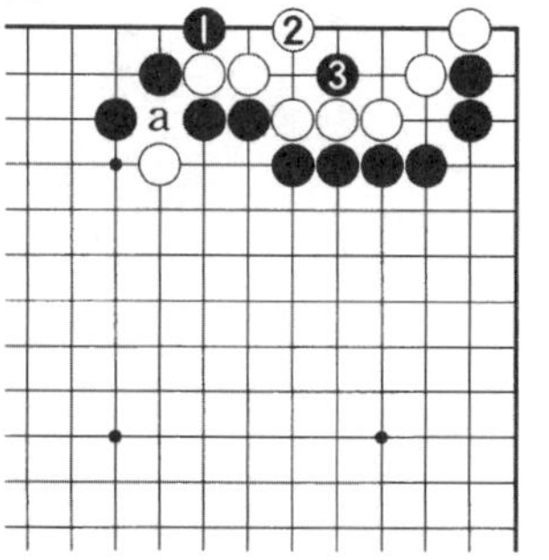

変

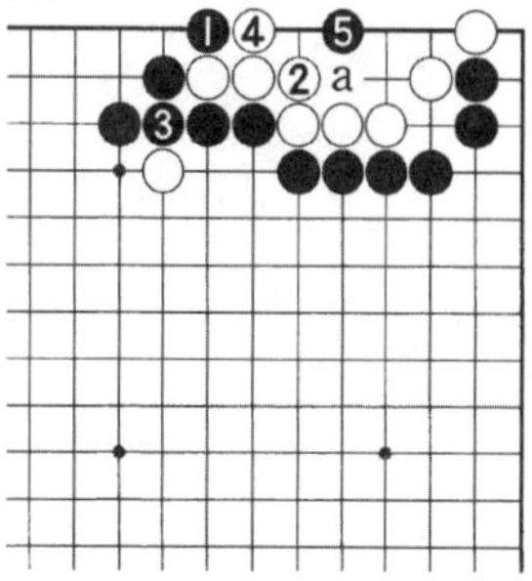

제5형 흑번

## 사석

사활 문제.
흑은 바깥의 약점을 지켜야만하지만 그 전에 백을 공격하여 죽은 돌로 만들면 좋다.

## 젖혀 잡기

흑1로 젖혀 집을 좁힌다.
백2로 받으면 흑3으로 안형의 급소를 빼앗으면 백은 죽는다.
흑 a를 두기 전에 기민한 수순들이다.

## 백 죽음

백2로 잇는 변화이다.
흑도 3으로 이어 백집이 좁아졌다.
백4에는 흑5.
흑1로 3에 이으면 백a로 산다.

**제6형 백번**

(2122)

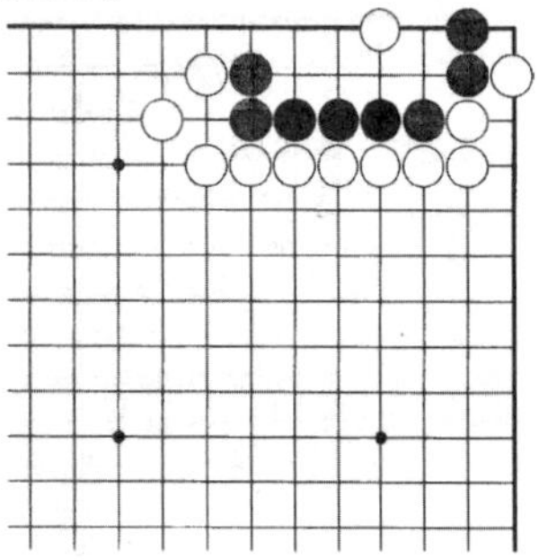

### 수중

사활 문제.
흑집 안에 있는 백 1점을 이용하고 싶다.
치중수를 늘릴지 바깥에서 공격할지 선택해야 한다.

解

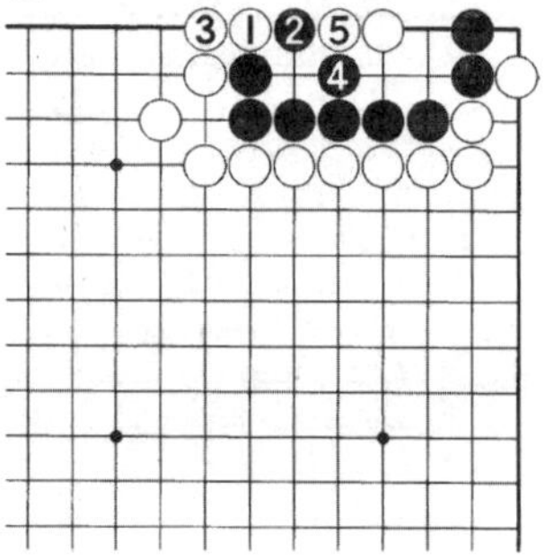

### 패

백1, 3으로 젖혀이음이 맥이다. 바깥에서 흑집을 좁혀서 흑의 응수를 본다.
흑4에 백5로 흑은 패를 하는 방법밖에 없다.

失

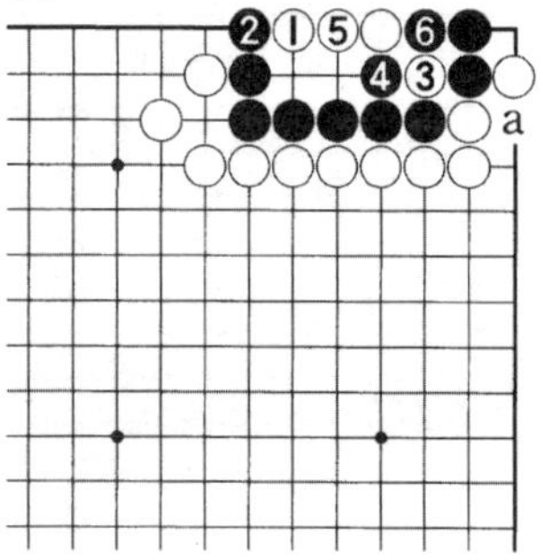

### 백 실패

백1은 치중의 노림이다.
흑2 이후 백3으로 끊는 것은 흑집을 좁히는 맥이지만 a에 잇는 것이 늦었기 때문에 실패가 된다.

**제7형 백번**

(2123)

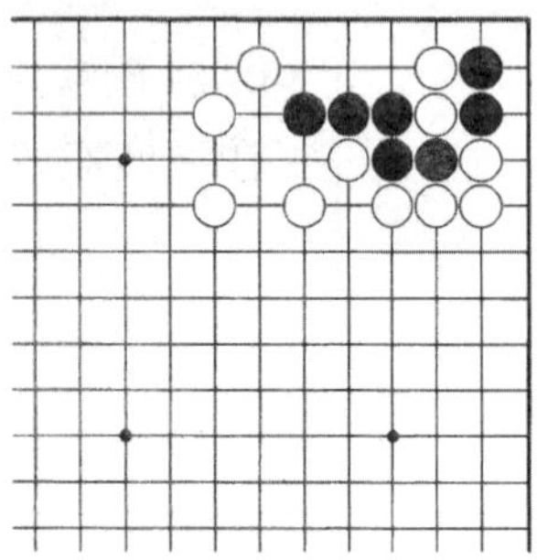

### 탄력

사활 문제.
잡혀있는 백 2점을 이용하여 귀의 탄력을 살린 뒤, 상변에 연결하고 싶다.

解

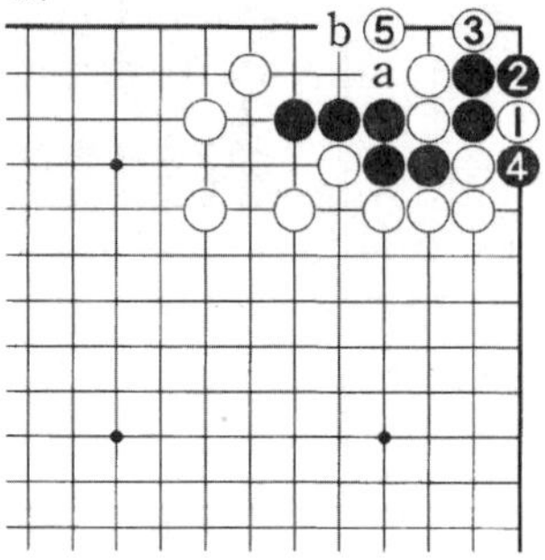

### 흑 죽음

백1로 젖혀 바깥부터 공격한다. 흑2 이후 백3으로 단수치고 5의 입구자가 맥으로 흑a, 백b로 되따내는 모양으로 귀의 흑집을 없앤다.

失

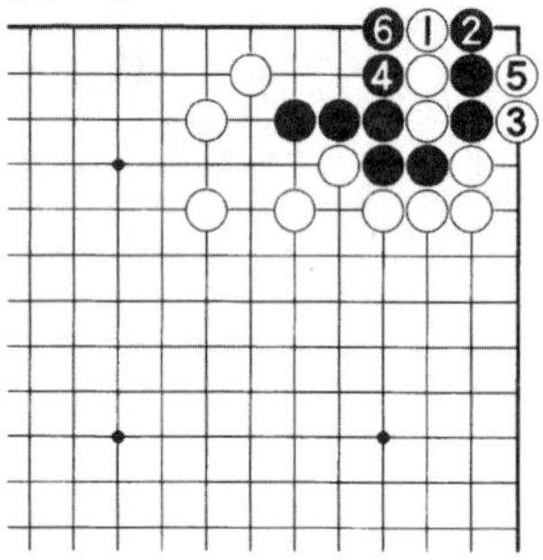

### 흑 삶

백1로 뻗으면 흑2로 두어서 흑6까지. 백 3점이 잡혀 안 된다.
백1로 5에 붙여도 흑3, 백2로 패도 실패한다.

**제8형 백번**

(2124)

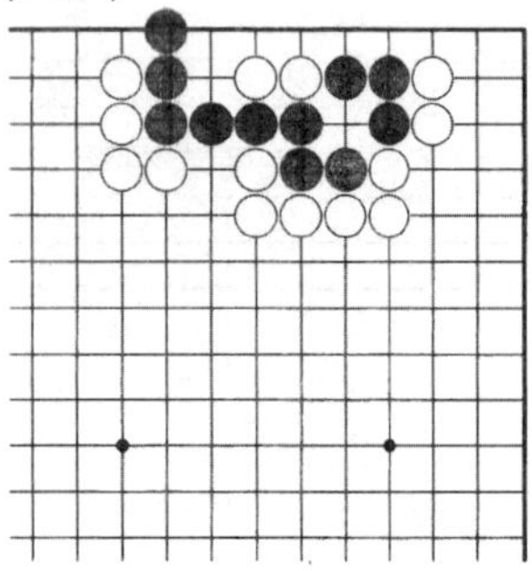

### 수중

사활 문제.
흑은 안형이 있고 백 2점을 잡고 있지만 백은 흑의 집 안에서 치중 하는 수를 노린다.

解

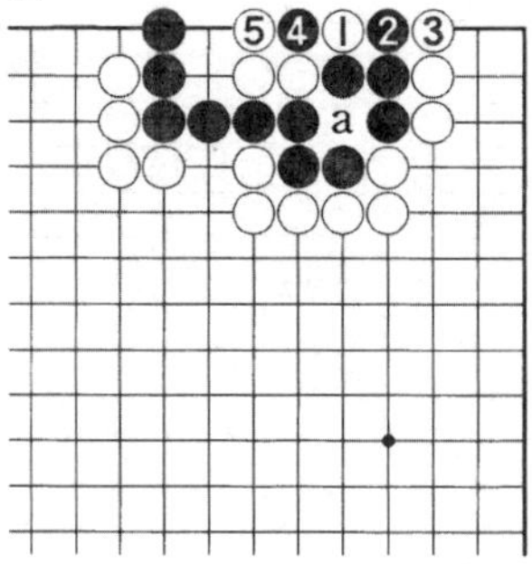

### 만년패

백1로 젖혀 흑의 자충을 추궁한다.
흑2에는 백3으로 바깥에서 공격하고 백5로 막아 흑이 a에 이으면 만년패의 모양이다.

失

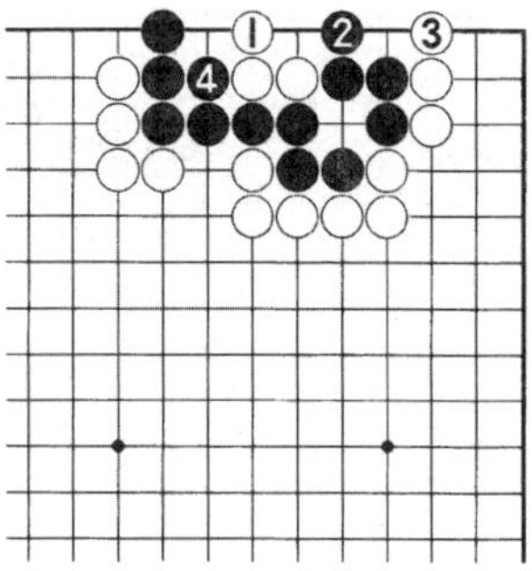

### 빅은 실패

백1의 뻗음은 흑2로 상변의 탄력을 지워서 실패한다.
백3에는 흑은 손을 빼도 된다.
어차피 흑4로 백의 공배를 메워서 빅.

제9형 흑번

(2125)

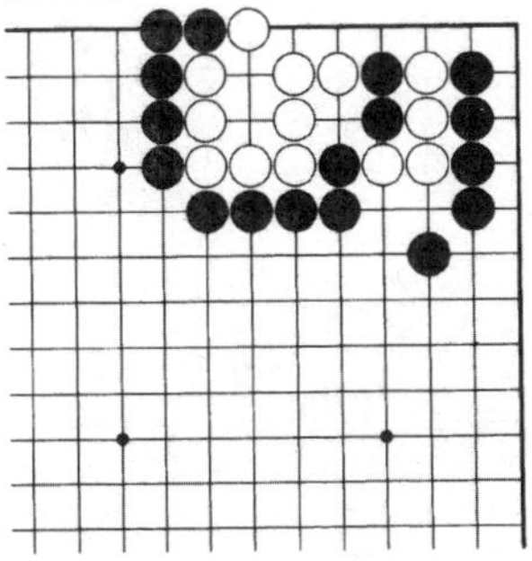

### 첫걸음

자충은 세심한 주의가 필요하다. 공배를 메우는 모양에 민감해지는 것이 실력 향상의 첫걸음이다.

解

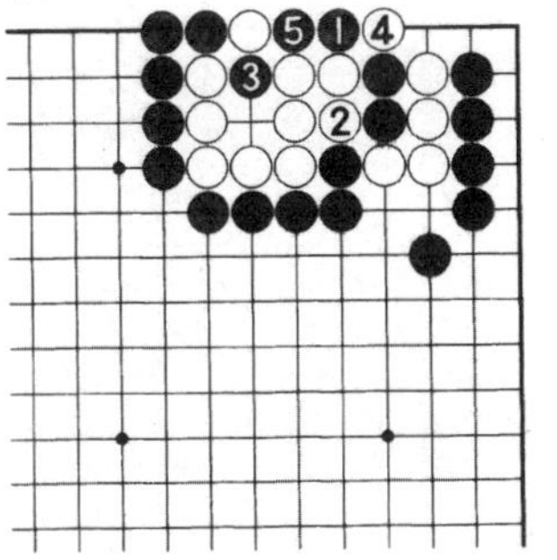

### 백 전멸

백 4점을 잡는 것만으로는 부족하다.
흑1로 젖히면 백은 전멸.
백2에는 흑3이 좋은 수순으로 백은 두 집을 낼 수 없다.
※⑥→❺의 왼쪽(따냄), ❼→❺

失

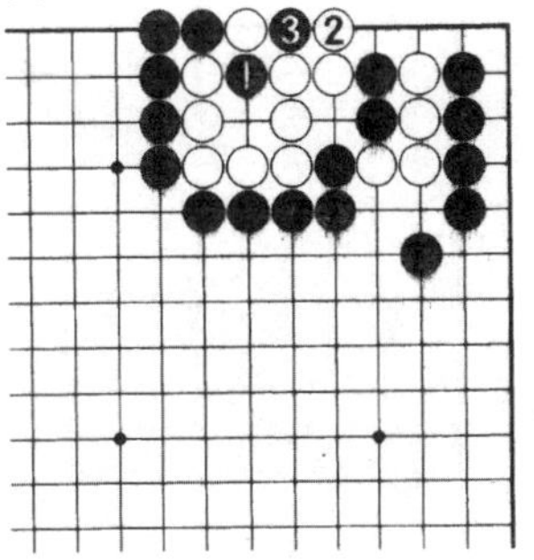

### 패는 실패

흑1로 두고 싶지만 백2로 버티는 수가 좋아서 패가 나버린다.
하지만 흑1이 번뜩 떠오른다면 대단한 실력을 가진 것.

제10형 흑번

(2126)

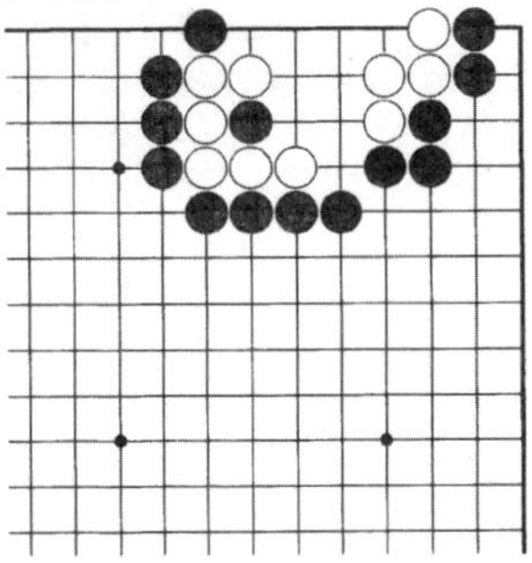

### 부수다

사활 문제.
백의 집이 넓다.
흑은 자충을 추궁하여 백집을 침범하면서 집을 빼앗고 싶다.

解

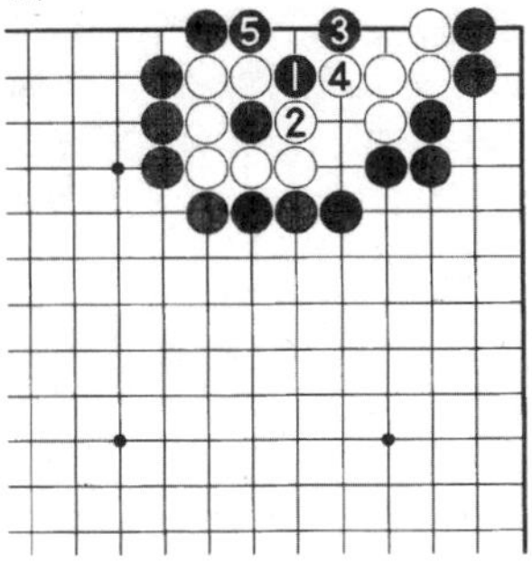

### 패

흑1로 젖히는 수는 백을 자충으로 유도하는 맥이다.
백2로 따내면 흑3의 입구자가 좋은 수로 5까지 패가 난다.

失

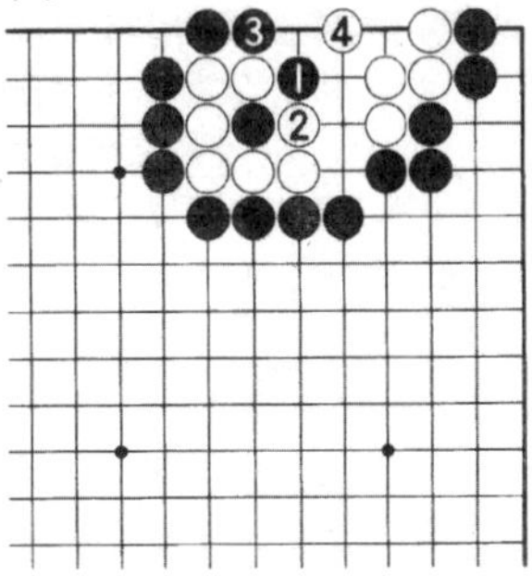

### 백 삶

흑3으로 건너가는 것은 실패한다.
4의 자리가 백에게도 급소로 백은 좌우를 연결하면서 각각 한 집씩 확보했다.

젖힘 괴롭힘

제1형 흑번

(2127)

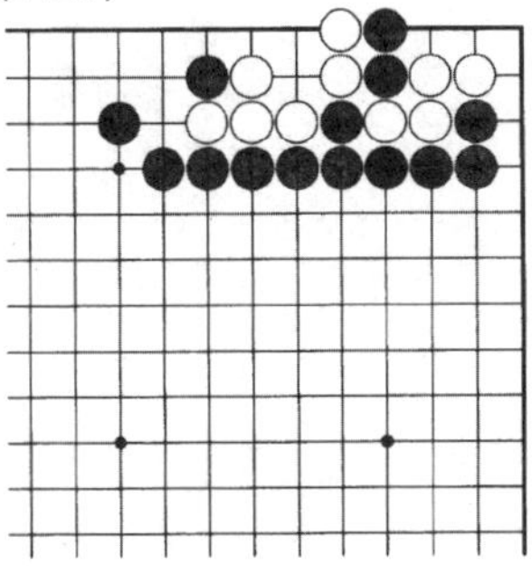

### 공격

귀의 흑 2점을 잡은 백은 집도 넓어 여유롭게 사는 것 같으나 공배가 꽉 차있다. 흑에게 공격 찬스가 쥐어졌다.

解

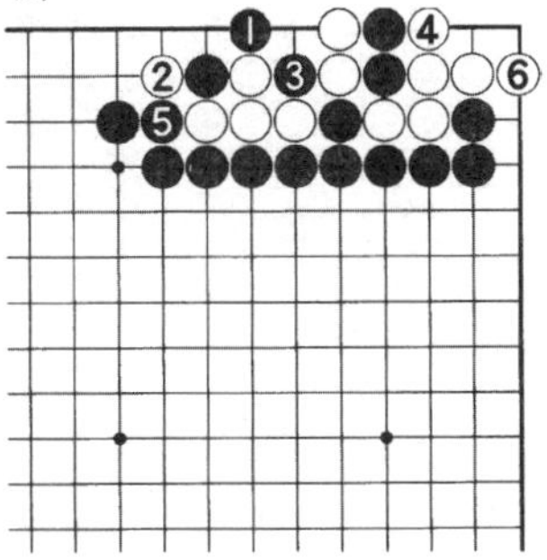

### 양단수

흑1의 젖힘 한 방으로 백은 양 손을 들게 된다.
백2로 저항하면 흑3으로 집어넣어 양단수이다.
상변에 있는 백4점이 잡힌다.

変

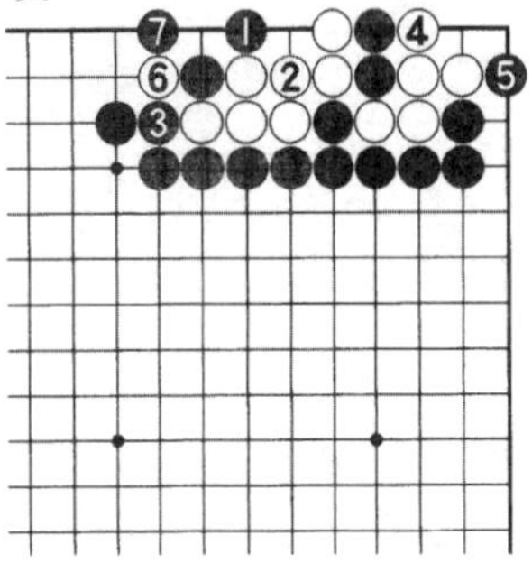

### 큰 패

백2로 이어 4점을 살리는 것은 흑3으로 단수를 선수활용하고 5로 젖혀 백 전체가 공격당한다.
흑7까지 백 전체의 사활이 걸린 패가 된다.

(2128)

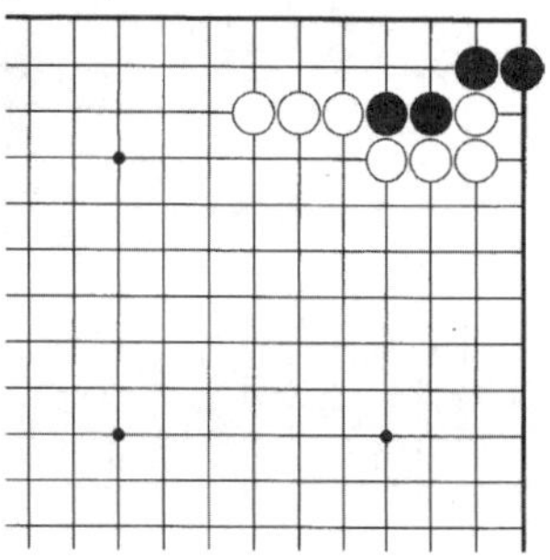

解

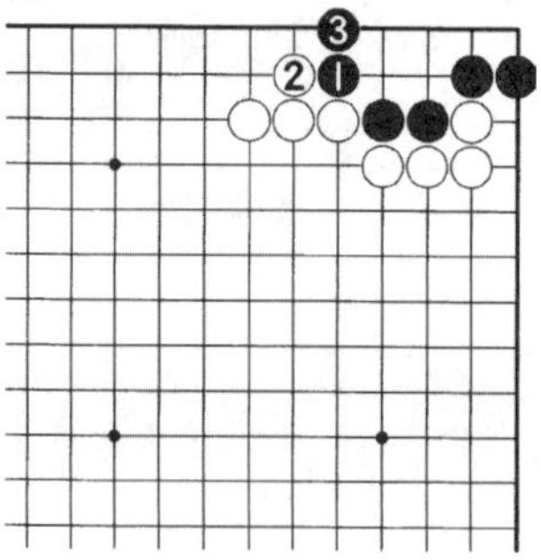


失

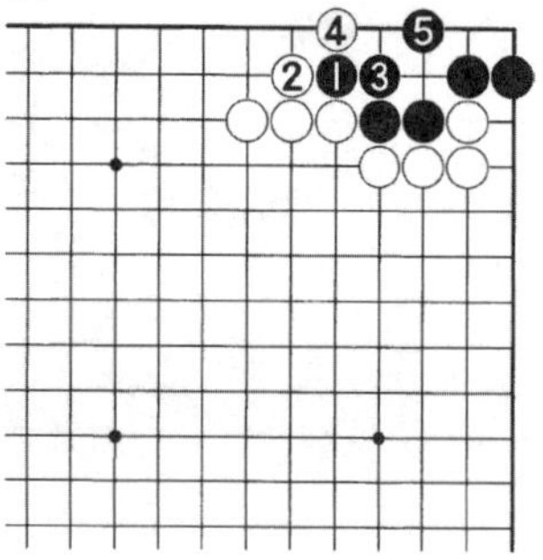


제1형 흑번

### 최대한

사활 문제.
귀의 흑을 살리는 것은 쉽다.
다만 집을 최대한 넓혀서 살아야 한다.

### 흑 5집

사활 문제보다 끝내기 문제에 가깝다.
흑1로 젖히고 3으로 뻗는 것이 최선이다.
흑집은 5집이 된다.

### 흑 3집

흑1, 3으로 젖혀 이어도 살 수 있지만 이 수는 백4의 젖힘을 당해버린다.
흑5에 두어 살면 흑집은 3집으로 줄어든다.

(2129)

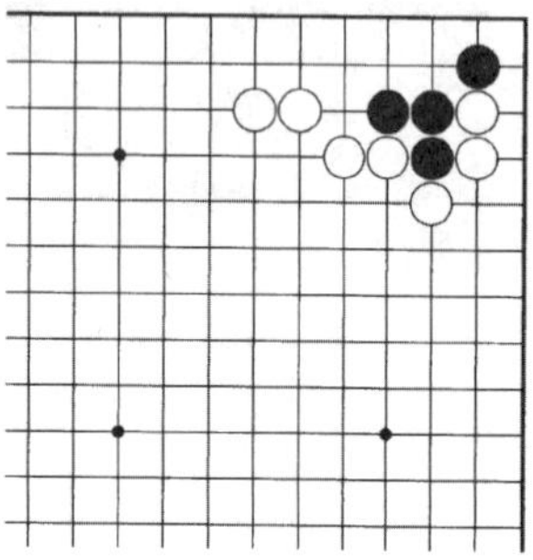

解

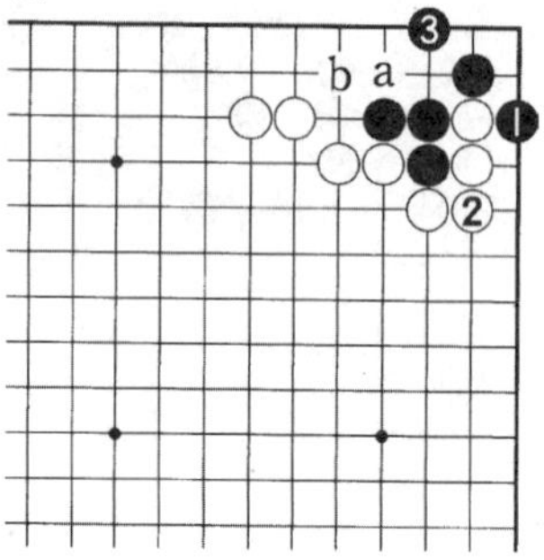


失

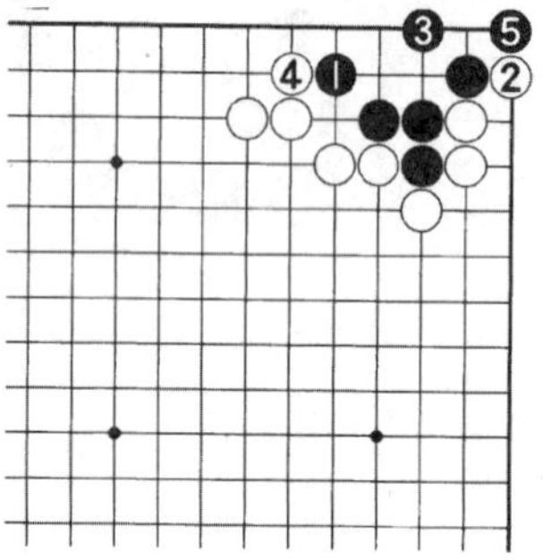


제2형 흑번

### 귀의 활용

사활 문제.
흑은 집을 넓히기보다 귀를 움직임을 살려 집을 만드는 것이 좋다.

### 흑 삶

흑1로 젖히는 수가 좋은 수로 3의 입구자가 맥이다.
이후 백a로 붙이면 흑b로 젖혀 백 1점을 잡아서 집을 만든다.

### 패

흑1의 입구자는 집을 넓히는 수지만 백2로 젖혀 집이 좁아져버린다.
흑3으로 받고 5로 먹여쳐서 간신히 패를 내야 된다.

(2130)

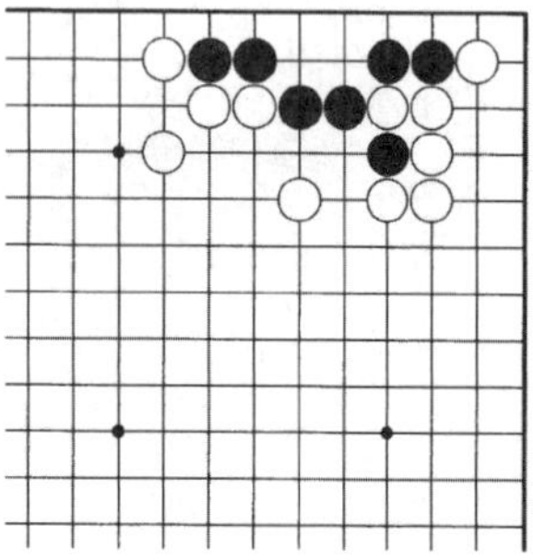

解

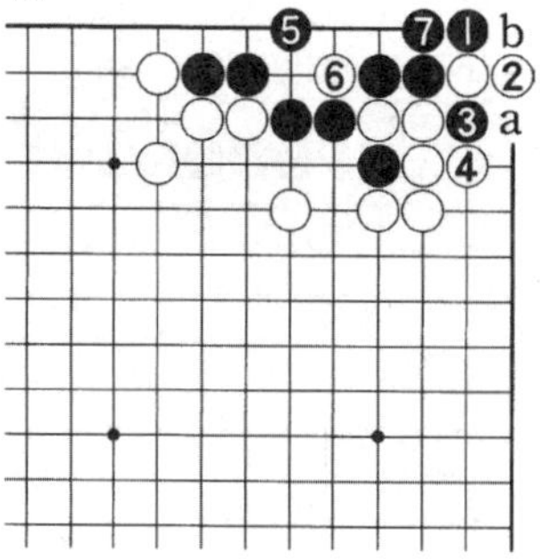


失

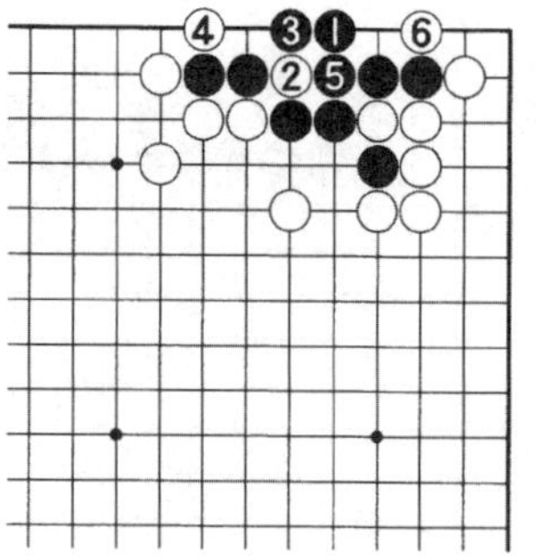


제3형 흑번

### 탄력

사활 문제.
흑집은 좁으나 귀의 탄력과 비어 있는 공배를 이용하면 수를 낼 수 있다.

### 흑 삶

흑1로 젖히고 백2라면 흑3으로 끊고 5, 7이 좋은 수이다. 무조건 산다.
백2는 a로 호구이음하여 흑5, 백6, 흑7, 백b로 패를 노리는 것이 좋다.

### 흑 죽음

흑1로 호구이음하면 백2로 끊어 실패한다.
흑3, 5로 백 1점을 잡아도 흑은 후수. 백6으로 죽은 모양이다.

제4형 흑번

(2131)

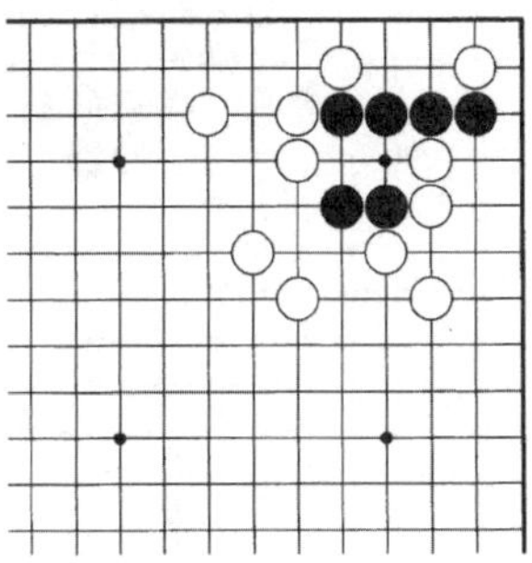

## 잡는 방향

사활 문제.
귀의 백 1점을 잡는 방법은 여러 가지가 있다.
집을 만드는 급소를 찾고 백의 저항까지 생각해보자.

解

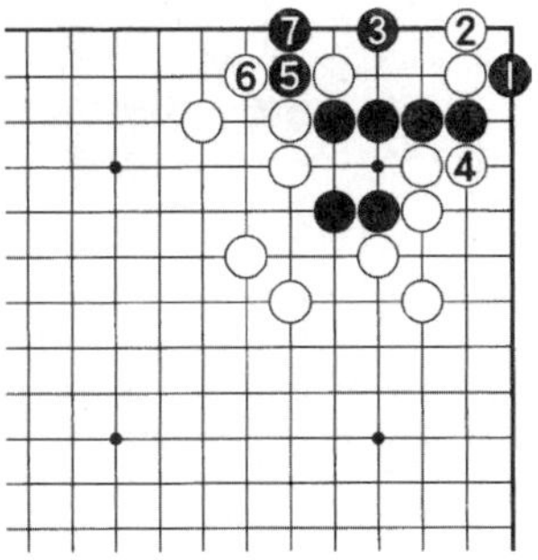

## 흑 삶

흑1의 젖힘은 2·1의 맥이다.
백2로 귀를 한집으로 만들면 흑3으로 뛰어 백의 건넘을 막는다. 이후에는 4와 5의 끊는 수를 맞보기로 해서 살 수 있다.

変

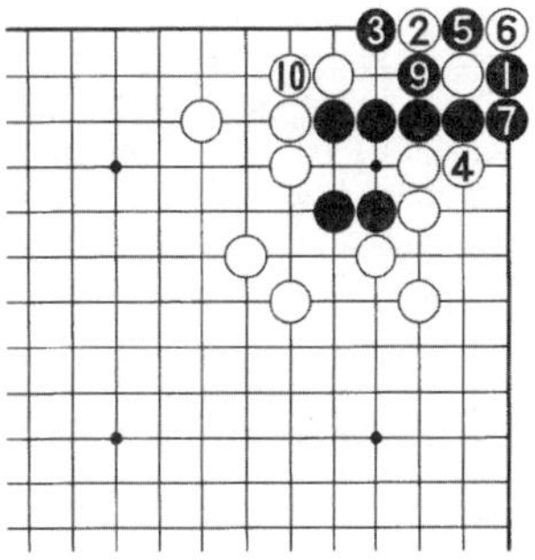

## 흑 삶

백2로 입구자하면 흑3으로 붙인다.
흑5, 7은 착수금지를 노린 수이다.
백8 이후 흑은 11자리로 집을 내고 산다.
※⑧→❺, ⓫→❺

제5형 흑번

(2132)

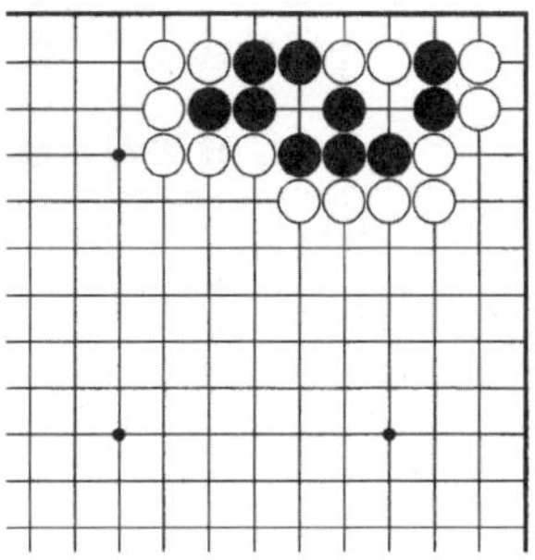

## 호구

흑의 사활 문제.
흑은 공배가 꽉 차서 이러지도 저러지도 못하는 상황이지만 호랑이 굴에서 탈출하는 맥이 숨어 있다.

解

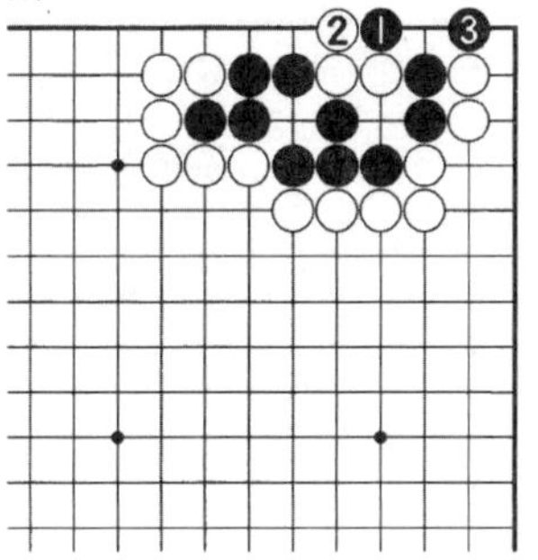

## 패

흑1로 젖히고 백2로 막을 때 흑3으로 귀에 젖혀 패를 낸다.
귀의 탄력을 이용하는데 이 방법 외에 살릴 길이 없다.

失

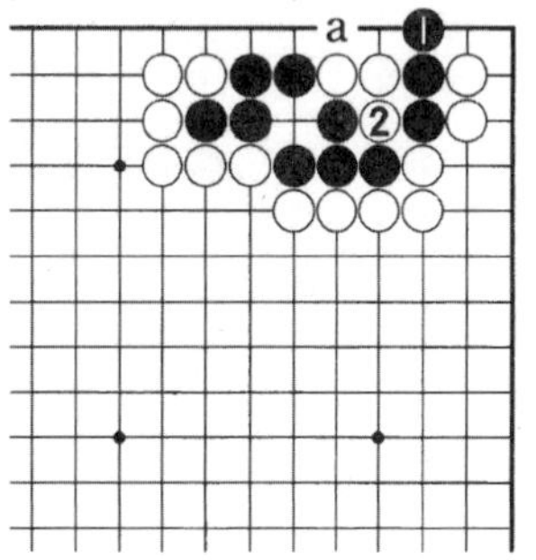

## 촉촉수

흑1로 건넘을 막아도 백2로 끊어 실패한다.
흑1로 a는 백1로 2점을 촉촉수로 잡힌다.

제6형 흑번

(2133)

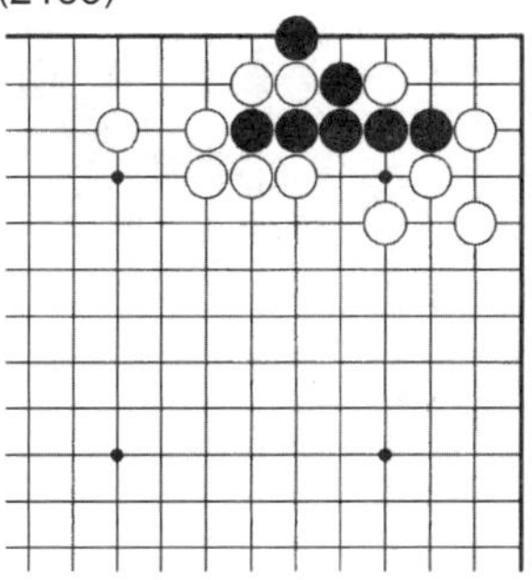

## 탄력

상변의 흑은 한 집도 없어 보이지만 귀의 탄력과 백의 자충을 이용하면 살 수 있다.

解

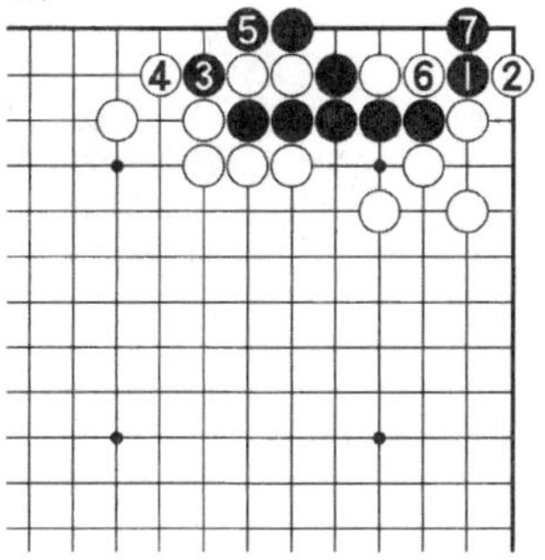

## 4점 잡기

흑1로 젖혀 활용해두는 것이 중요한 수순이다.
백2로 받으면 흑3, 5로 백 2점을 잡고 귀도 7로 뻗어서 2점을 잡고서 산다.

変

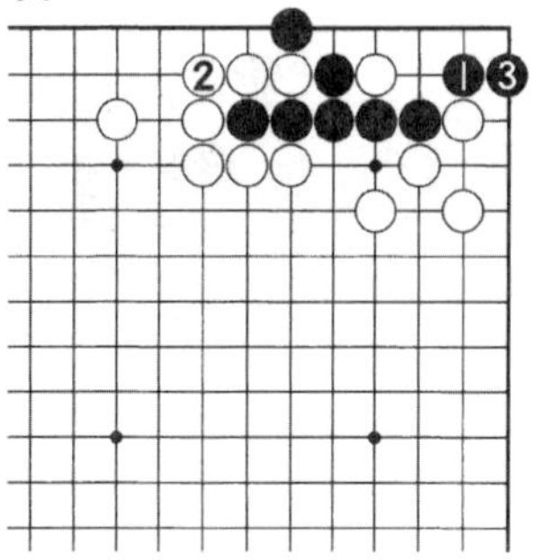

## 흑 삶

흑1로 젖히면 귀에서 선수로 한 집이 나므로 백은 2로 상변 2점을 잇는 정도이다.
흑은 3으로 뻗어서 살 수 있다.

(2134)

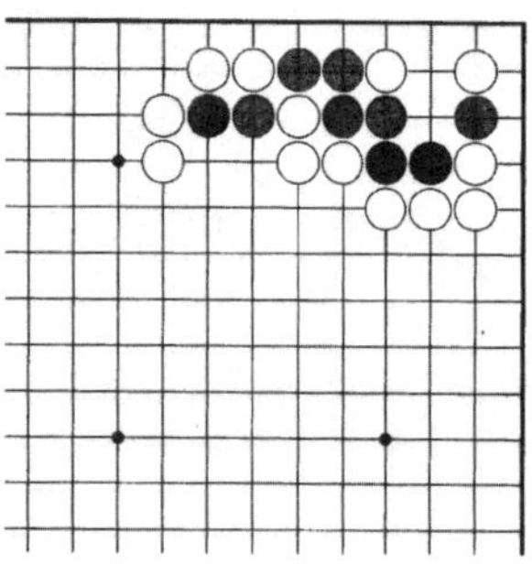

제7형 흑번

## 순환의 모양

사활 문제.
흑은 귀의 백 2점을 잡아야 살 수 있으나 백의 저항도 만만치 않아 순환하는 모양이 생긴다. 패와 닮은 모양이다.

解

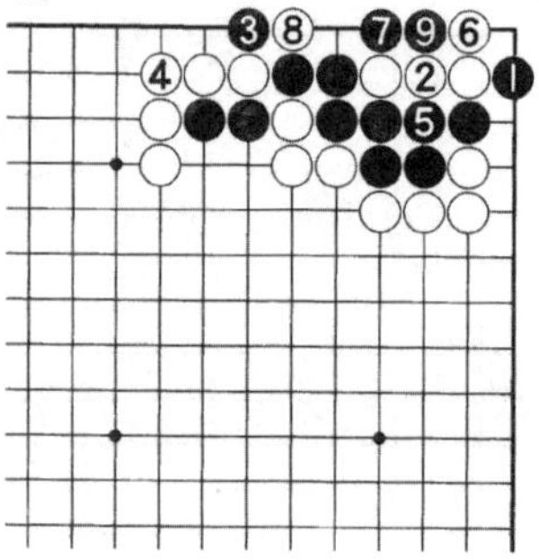

## 장생

흑1로 젖히고 백2에 흑3으로 젖히는 수가 중요한 활용이다.
백6으로 궁도사활을 노리면 흑7, 9로 오궁도화를 막아서 장생 모양이다.

失

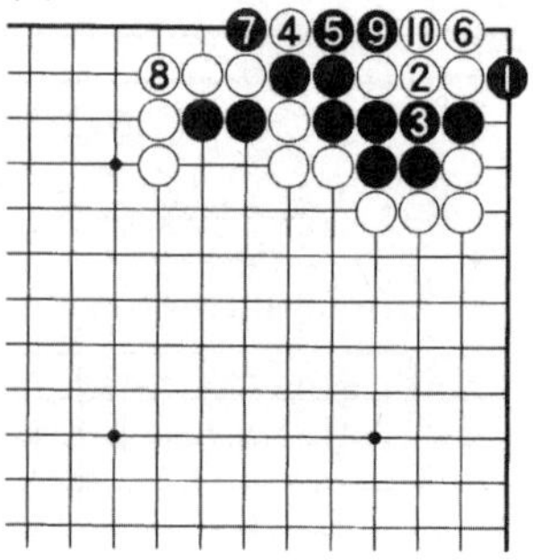

## 흑 죽음

흑3으로 잇는 수를 먼저 두면 백4의 젖힘을 활용당해 흑5, 백6으로 흑이 죽는다.
정해도의 장생은 서로 양보하지 않으면 무승부가 된다.

(2135)

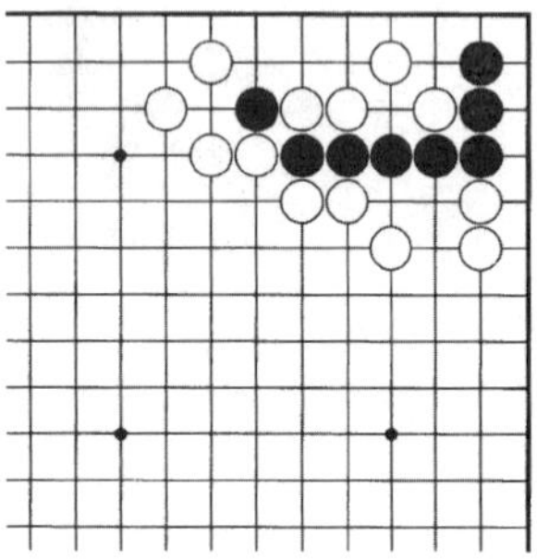

제8형 흑번

## 기사회생

귀의 흑이 살기 위한 궁도가 절대적으로 부족한 것처럼 보이지만 상변의 흑 1점을 이용하면 기사회생할 수 있다.

解

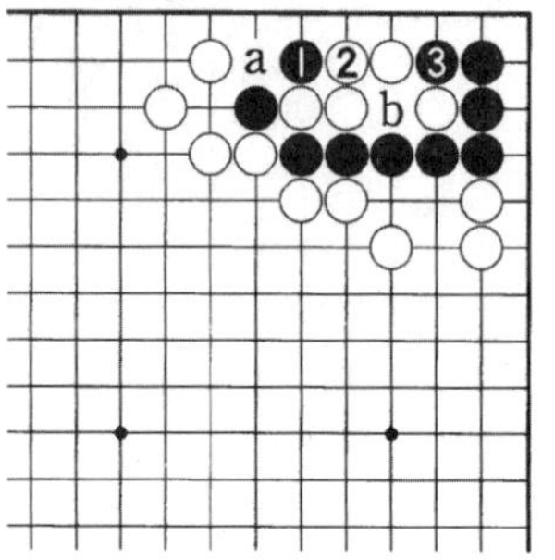

## 흑 삶

흑1로 젖혀 백의 응수를 보는 수가 좋다.
백2로 구부리면 흑3으로 백 1점을 잡고 살며 백2로 a는 흑b의 양단수로 산다.

変

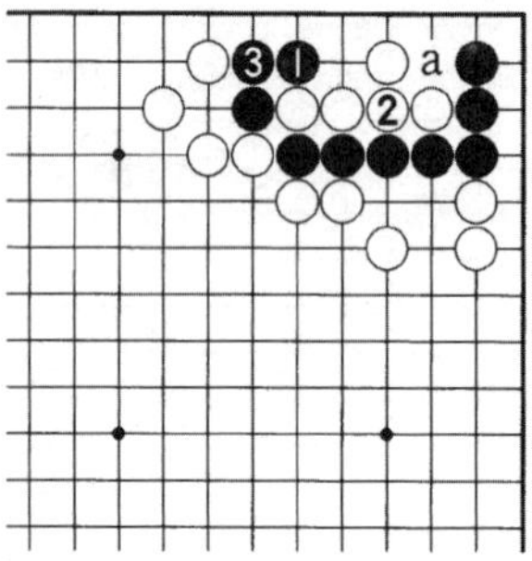

## 수상전

백2로 이으면 흑3으로 수상전이 벌어지는데 흑이 4수여서 이긴다.
흑1로 a는 백2로 실패한다.
또 흑1로 2도 백a로 역시 흑이 실패한다.

(2136)

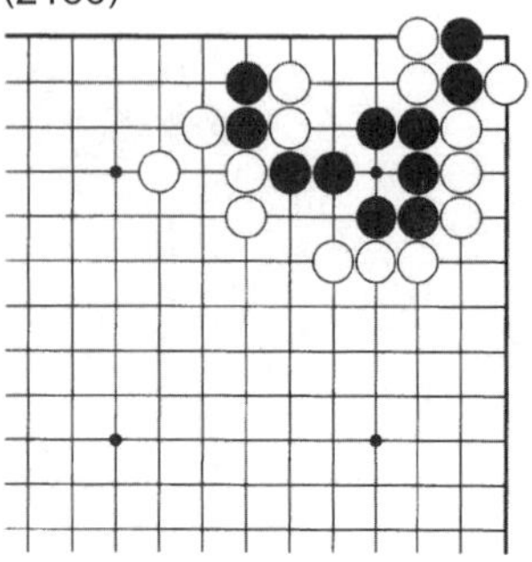

제9형 흑번

## 연관

사활 문제.
좌우의 흑 2점이 각각 잡혀있다. 이 2점을 연관시키면 한쪽은 살릴 수 있다.

解

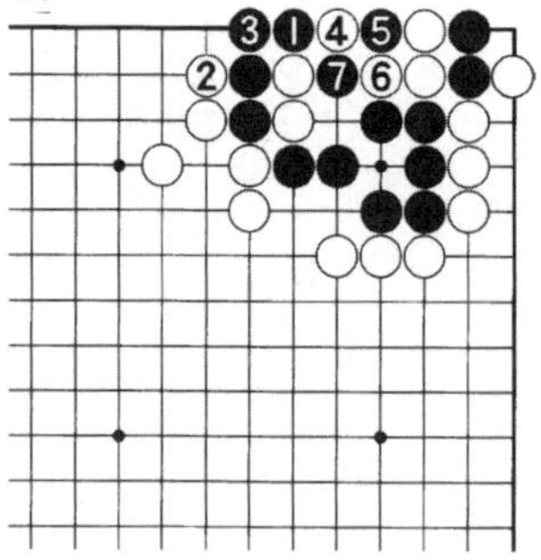

## 양단수

흑1로 젖히고 백2, 흑3으로 백에게 잡히는 맥이 좋다.
백4로 막으면 흑5, 7로 먹여쳐 연관시키는데 환격 모양이 되어서 양단수로 한쪽을 잡고 산다.

変

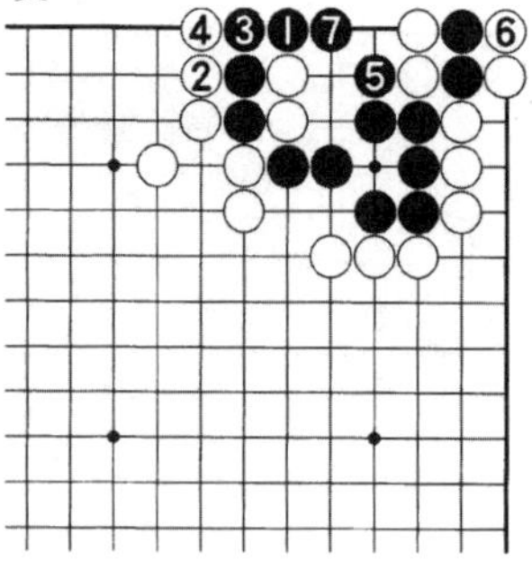

## 흑 삶

백4로 단수치면 흑도 5로 단수친다.
백6으로 귀를 따내면 흑7로 4점을 살려 살 수 있다.
흑1로 5에 먼저 단수치는 것은 실패한다.

(2137)

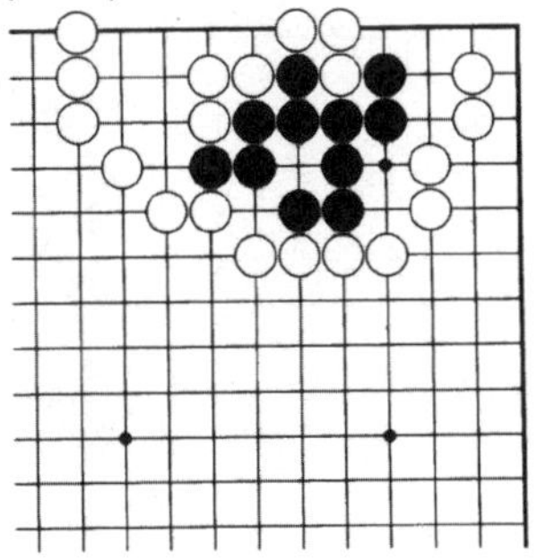

解

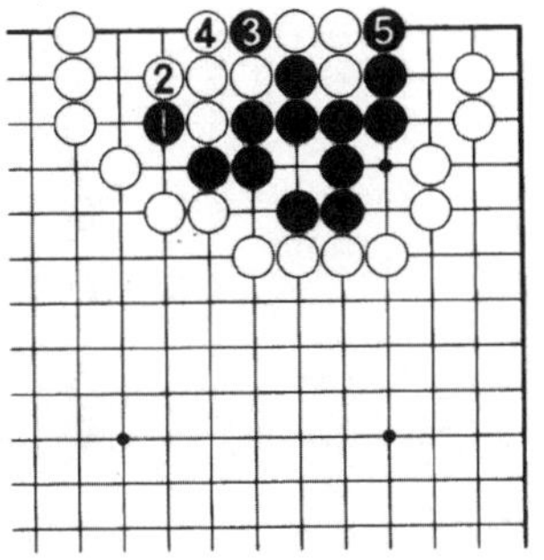

变

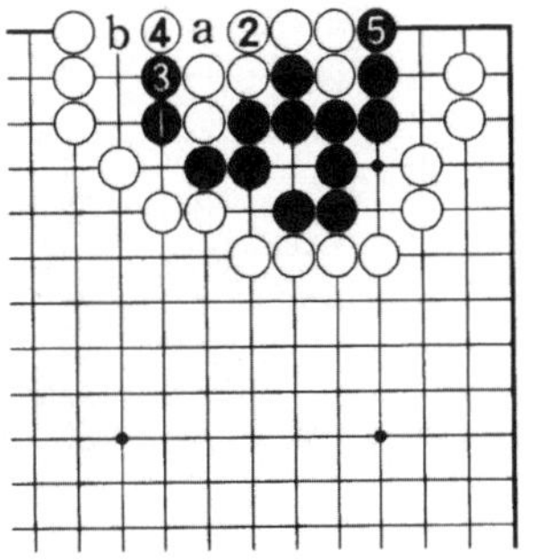

제10형 흑번

## 수순

사활 문제.
흑은 가운데에 한집이 있으나 상변의 백 3점을 촉촉수로 몰아 떨궈서 살고 싶다. 문제는 수순이다.

## 촉촉수

흑1로 젖혀 백의 응수를 본다. 여기서는 백2로 받을 수밖에 없다.
흑3으로 먹여치고 5로 단수쳐서 촉촉수로 3점을 잡는다.

## 촉촉수

백2로 이으면 흑3으로 나가 5로 단수쳐서 백 7점을 잡는다.
흑1로 2, 백a 이후 흑1로 젖혀도 백b나 4로 흑이 실패한다.

(2138)

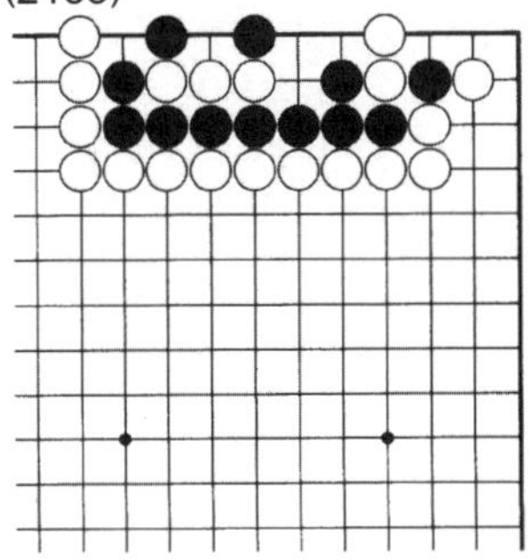

解

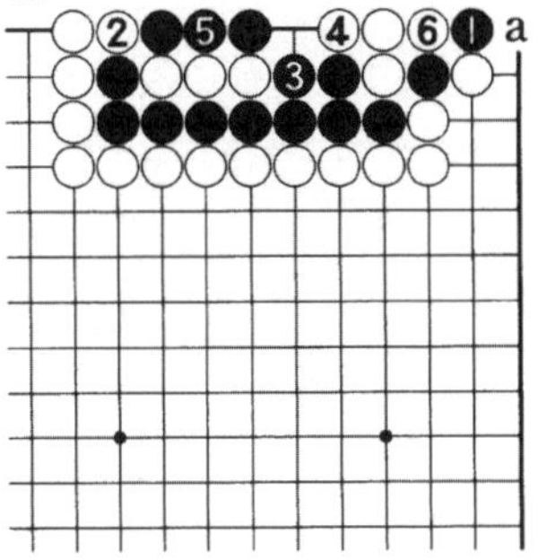

失

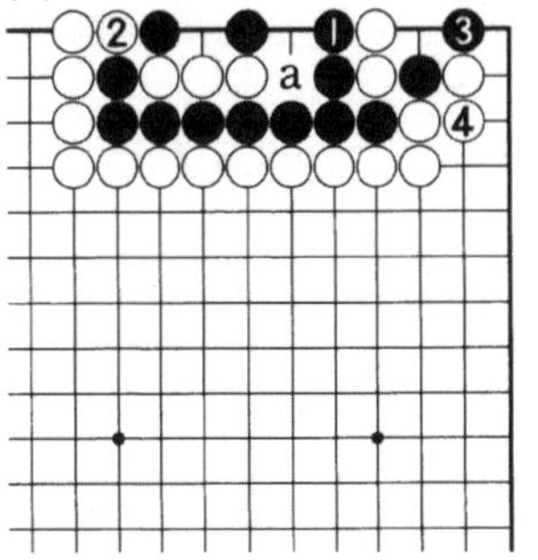

제11형 흑번

## 수순

사활 문제.
백 3점을 잡는다고 살 수는 없다. 귀의 백 2점을 공격하여 백이 움직이길 기다리는 수순으로 해결해 보자.

## 흑 삶

흑1로 젖히는 수가 좋다.
백2로 끊으면 흑3, 5로 백 3점을 따내고 7로 집을 내서 산다.
백2로 6은 흑4, 백a, 흑3으로 살 수 있다. ※❼→❺의 아래

## 흑 실패

흑1로 단수치면 백2로 끊어 실패한다.
자충 때문에 흑은 a에 둘 수 없어 흑3으로 귀의 백 2점을 선수로 잡아도 살 수 없다.

(2139)

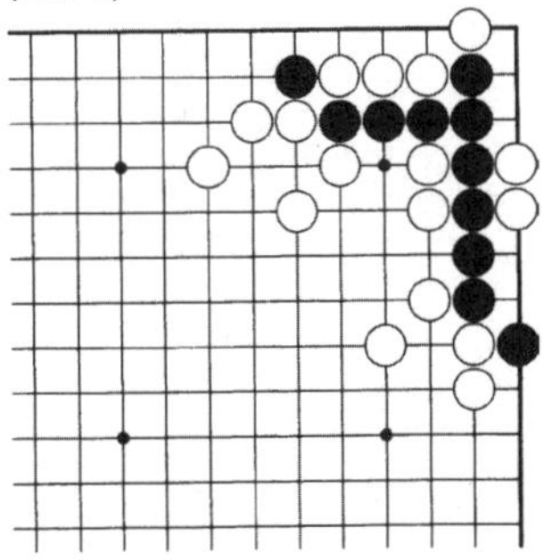

解

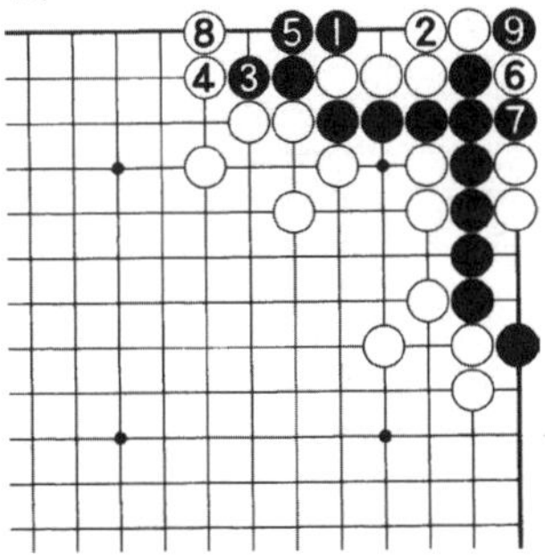

变

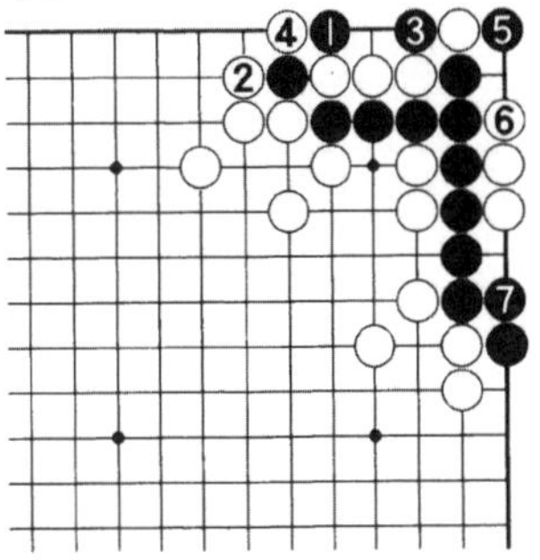

제12형 흑번

## 여러 가지

귀에는 여러 가지 수단이 숨어 있다.
이 문제 또한 맹점을 찌르는 맥이 숨어 있다.

## 중요한 사석

흑1로 젖힌 수가 사석을 이용하는 맥이다.
백2에는 흑3, 5로 잇고 9까지 패를 낸다.
잡혀있는 돌을 이용한다는 것은 통쾌한 일이다.

## 빅

백2로 잡으면 단순히 흑3과 5로 1점을 따낸다.
백6, 흑7로 빅이 된다.

(2140)

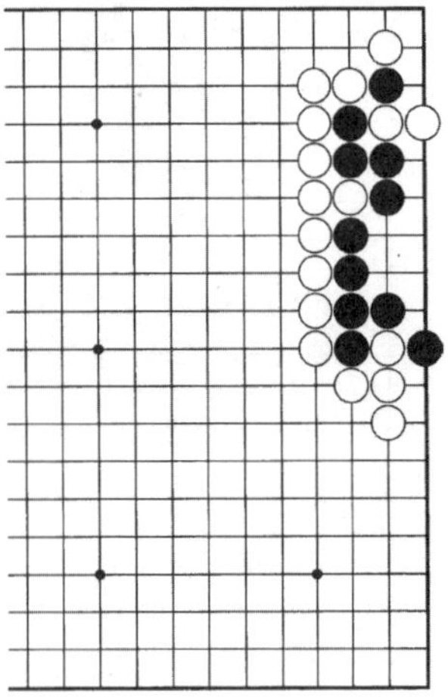

解

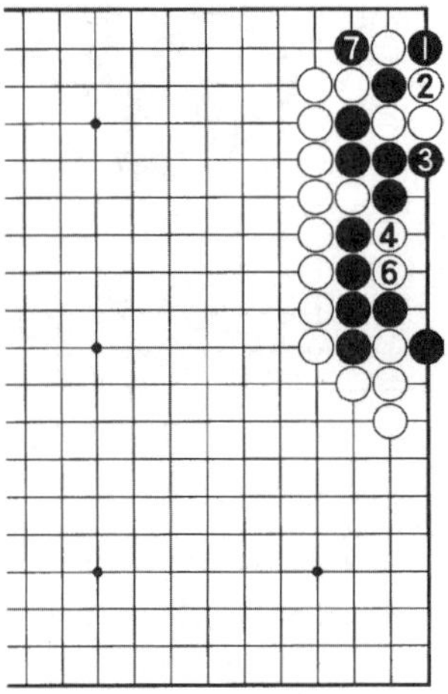

变

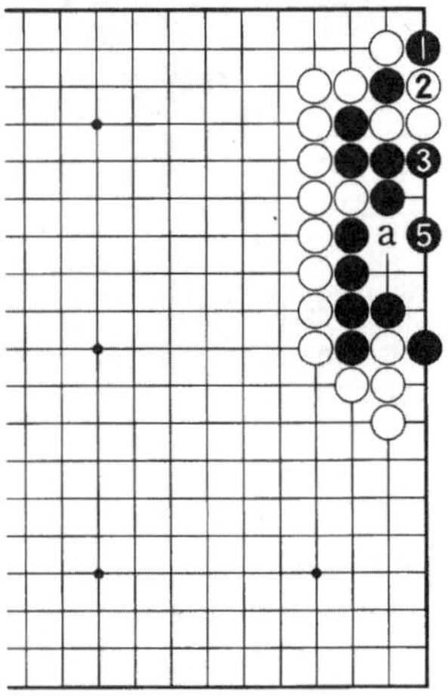

제13형 흑번

## 활용

사활 문제.
백에 활용이 있으므로 어떻게든 살 수 있을 것 같다.
활용하는 수순에도 기술이 필요하다.

## 흑 삶

흑1의 젖힘이 맥이다. 백 2점을 환격으로 공격하는 맥이 되고 백2로 따내면 흑3으로 단수이다.
백4로 끊어 흑 5점을 잡으면 흑5와 7로 귀를 잡고 산다.
※❺→②의 왼쪽(따냄)

## 흑 삶

백2 이후 백4로 잇는 변화이다.
흑5로 산다.
흑1로 3의 단수는 백a로 끊어 흑2로 백 2점을 잡을 수밖에 없다. 흑1로 5는 백3, 역시 죽는다.
※④→②의 왼쪽

(2141)

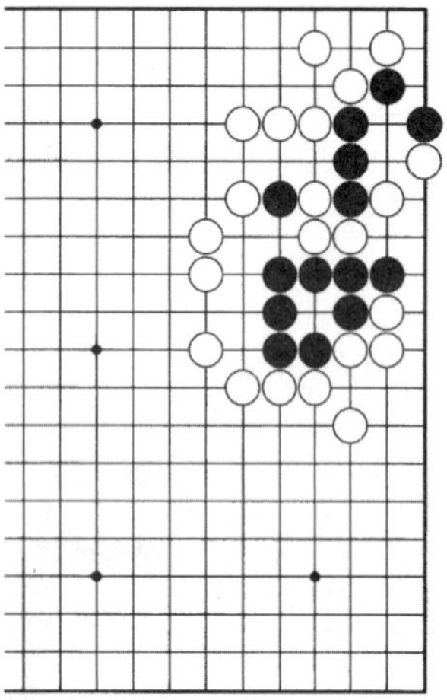

解

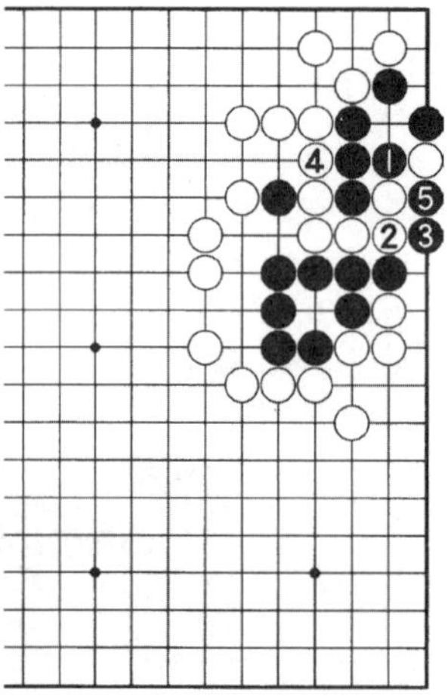

失

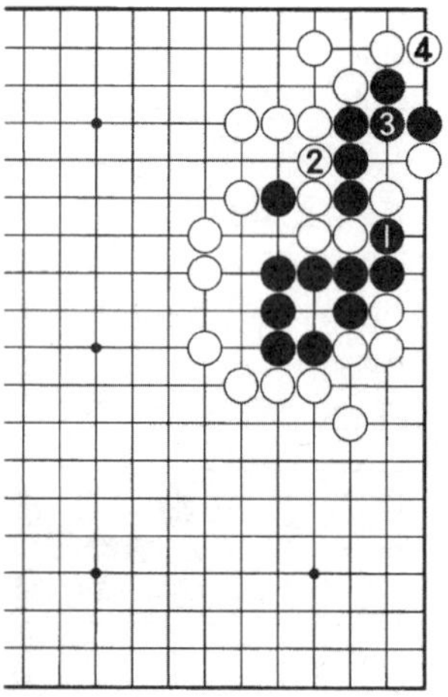

제14형 흑번

## 연결하다

사활 문제.
우상의 흑은 자충에 걸리기 쉬운 모양이다.
흑은 우변의 백을 잡거나 집을 내어 우변의 흑과 연결하는 것 외에는 살 길이 없다.

## 흑 삶

흑1의 단수는 백을 자충으로 유도한다. 백2로 이으면 흑3으로 젖히는 수가 맥이다.
흑5로 백 1점을 따내서 우변을 건너간다. 백4로 5는 흑4로 나가서 백을 통째로 잡는다.

## 흑 전멸

흑1로 끊으면 백2로 이어 흑 3점이 자충이 되어 흑3으로 이을 수밖에 없다.
백4로 뻗어서 수상전에서 흑이 전멸한다.

# 젖혀끼움

일반적으로 끼운다는 것은 한 칸 뛴 사이를 끊으려는 노림수를 말하지만 뛴 돌과 접촉하는 아군이 없어 단순한 수단일 뿐이다.
젖혀끼움은 끼움과 같은 노림수를 가지면서 주변에 아군이 있는 상태를 말한다.
흑1을 젖혀 끼워 백의 공배를 메웠다. 백은 흑1을 잡아도 수상전에서 패배한다.

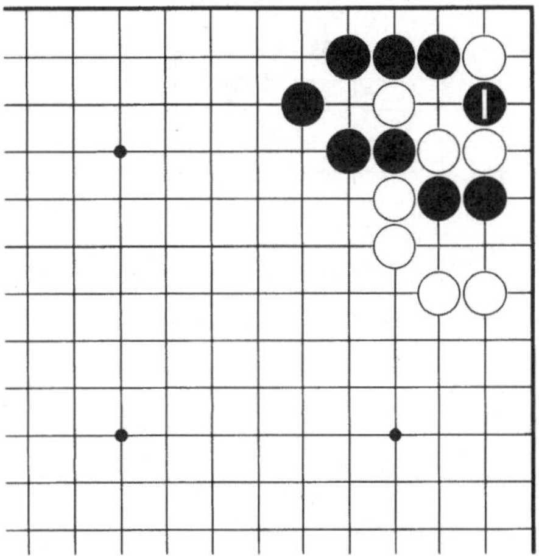



(2142)

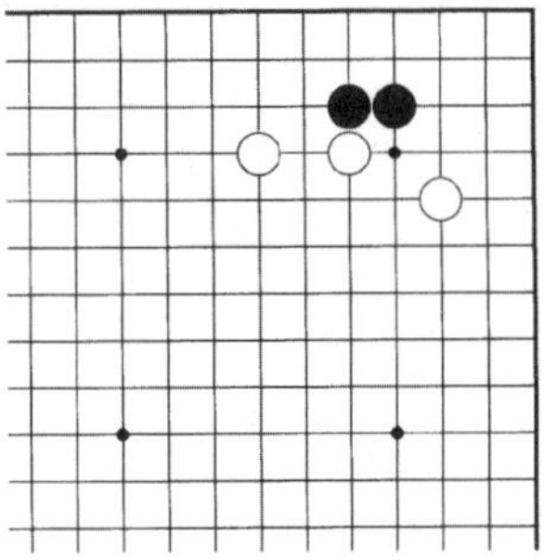

解

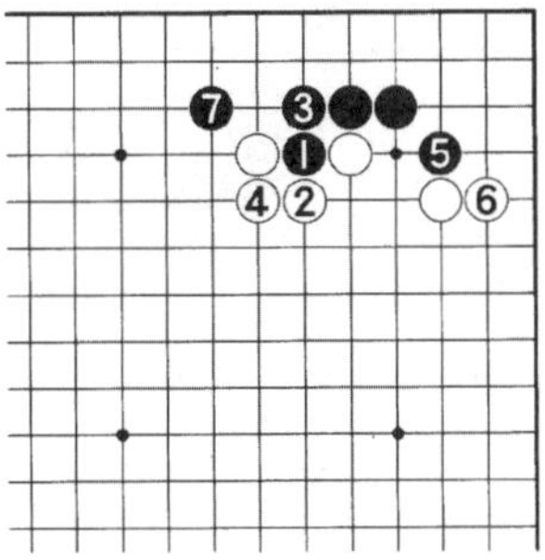

变

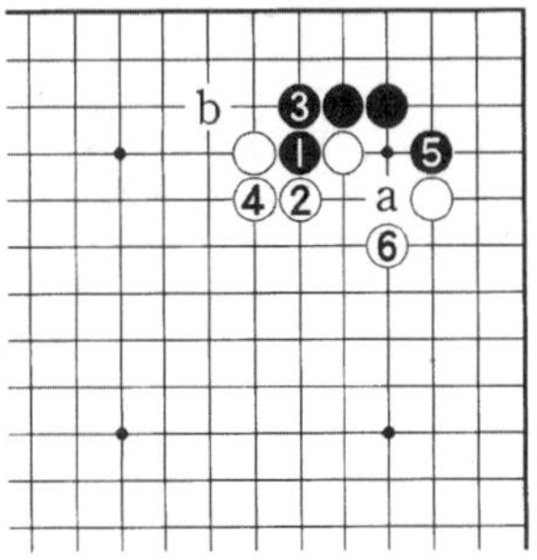




## 외목

외목 정석이다.
백의 씌움은 중앙에 세력을 넓히기 위한 수이다.
흑은 발빠르게 상변으로 진출하고 싶다.

## 정석

흑1의 끼움이 상용의 맥이다.
백2, 흑3으로 백 모양에 두 개의 약점이 생긴다.
백4 이후 흑5를 선수하고 흑7로 상변으로 진출한다.

## 선수

백6으로 받는 것은 흑a를 막은 수이다.
흑은 귀가 튼튼하기 때문에 b의 뜀을 생략할 수 있다.
이것도 정석이다.

(2143)

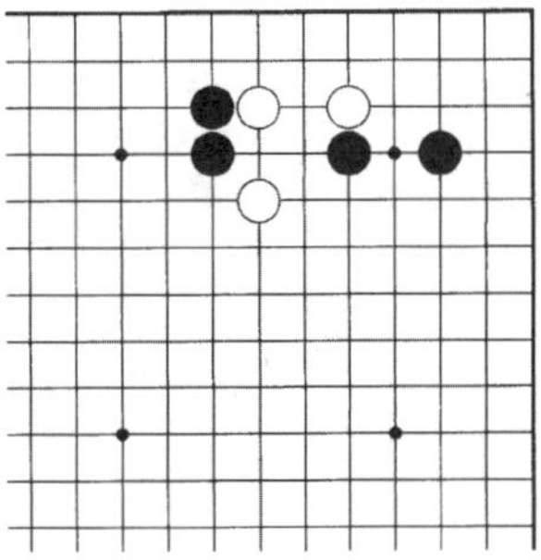

解

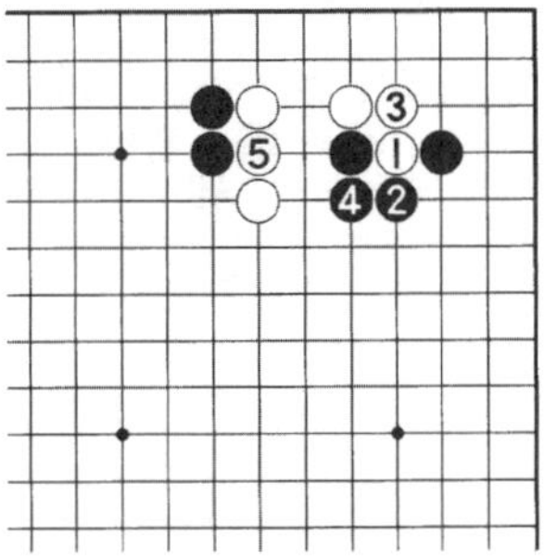

失

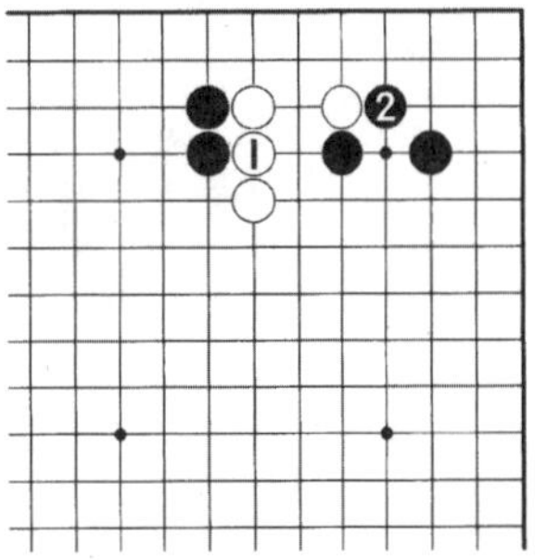



## 모양 정리

두 칸 높은 협공 정석의 변화이다.
백 3점이 엷으므로 모양을 어떻게 정리하는 게 좋을지 생각해보자.

## 흐름

백1의 끼움이 냉엄하다.
흑의 엷음을 추궁하며 백은 모양을 만드는 흐름을 구한다.
흑2, 4로 중앙에 두면 백5.
상변에 근거가 생긴다.

## 근거 없음

백1로 이으면 흑2로 막아서 백은 근거가 없는 모양이 된다.
흑은 귀를 굳혀서 백을 공격하면서 상변도 굳혀나간다.

제3형 흑번

(2144)

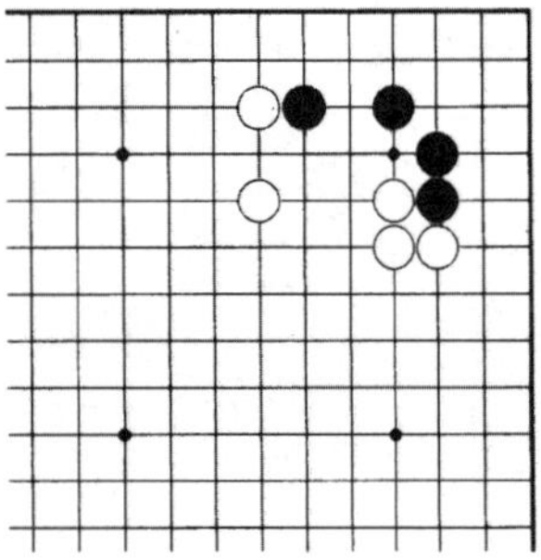

## 가두다

한 칸 높은 걸침 정석의 변화이다.
우상귀의 흑을 가두려는 백에게 흑은 어떻게 대응해야 하는가?

解

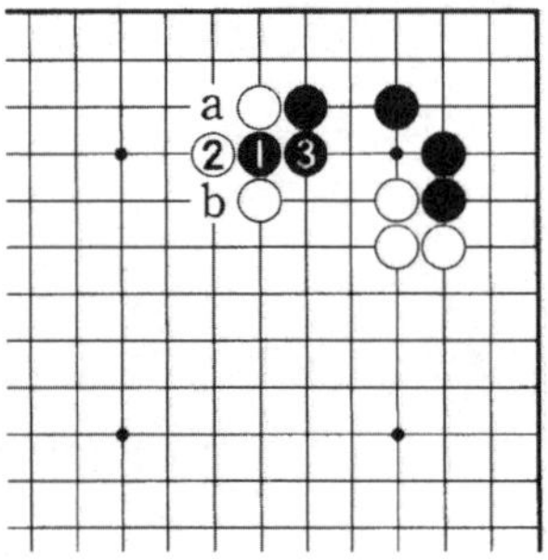


## 모양 부수기

흑1의 끼움이 백의 모양을 무너뜨리는 맥이다.
백2, 흑3으로 귀는 튼튼해지고 다음에 a, b의 두 개의 약점을 노린다.

失

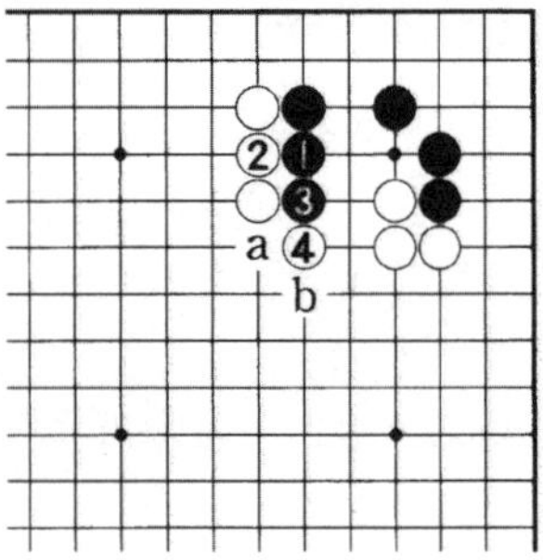


## 백 충분

흑1로 뻗으면 효율이 부족하다. 백2로 이어 상변이 두터워지면 4로 막은 뒤 흑a로 끊어도 백b로 뻗어서 충분히 싸울 수 있다.

제4형 흑번

(2145)

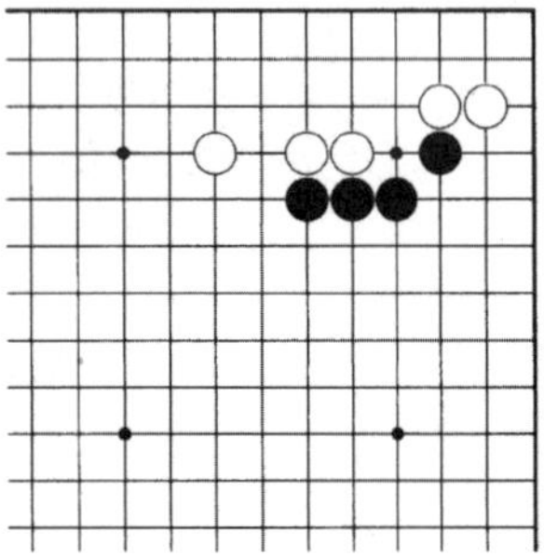

## 중앙의 결정 방법

우상은 한 칸 높은 걸침 정석의 변화이다.
이후 흑이 중앙의 모양을 결정지으려면 어떻게 두어야하는가?

解

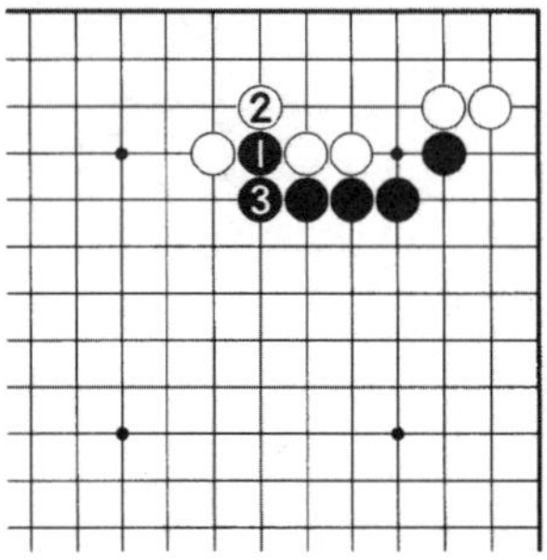


## 두 개의 약점

흑1의 끼움이 상용의 맥이다.
백2, 흑3으로 중앙을 강화하면 백에겐 두 개의 약점이 생긴다.
어느쪽을 보충해도 옳다.

変

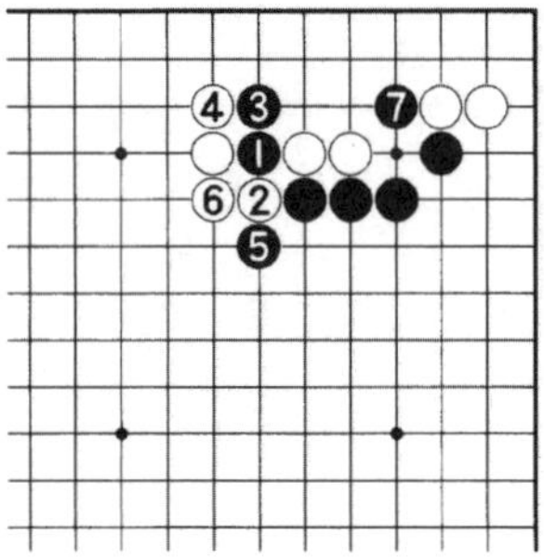


## 양 노림

백2로 바깥에서 단수치면 흑3으로 나가고 2점을 버린다.
백6에는 흑7로 젖혀 귀와 상변을 맞본다.

제5형 흑번

(2146)

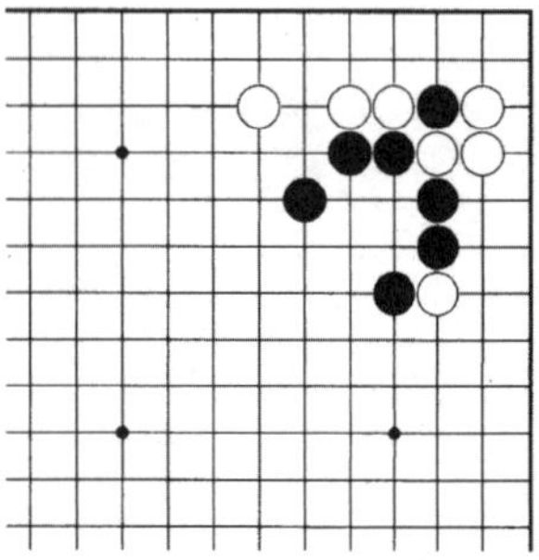

## 정석 이후

한 칸 높은 걸침 정석의 변화로 정석이 일단락된 이후 흑에게는 유력한 노림이 있다.
백의 약점을 어떻게 추궁해야 하는가?

解

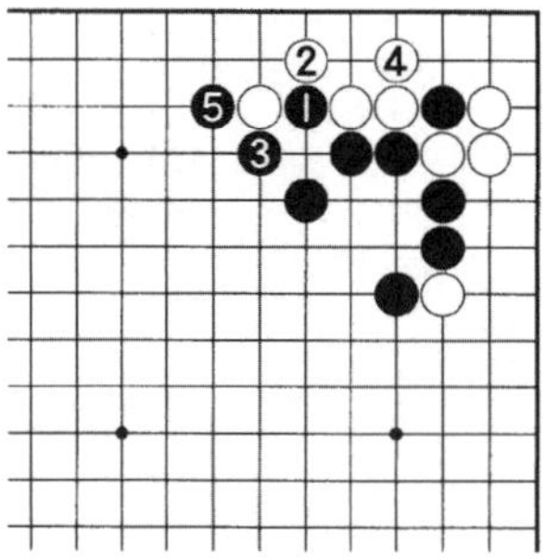


## 패 노림

흑1로 끼우고 백2에는 흑3으로 부풀린다.
흑이 팻감이 풍부할 경우 백4로 양보하게 만든 뒤 흑5로 두들길 수 있다.

変

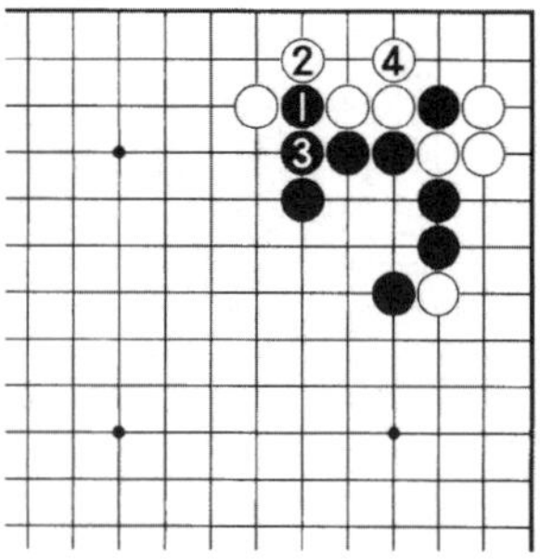


## 맛을 없앰

흑3으로 이은 모양이 무겁다.
백4로 양보한다고 해도 상변에는 이후의 노림이 없어 맛이 없어 졌다.

**제6형 흑번**

(2147)

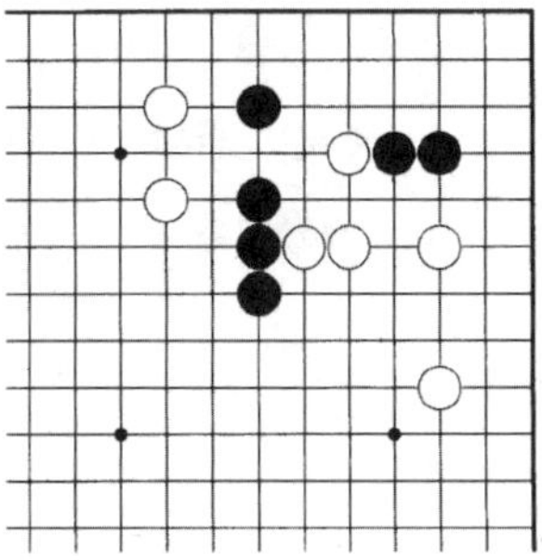

### 화점 정석

화점 정석에서 생기는 모양이다.
흑은 상변에서 잘못 대응하면 끊어진다. 어디부터 결정짓고 가야 할까?

解

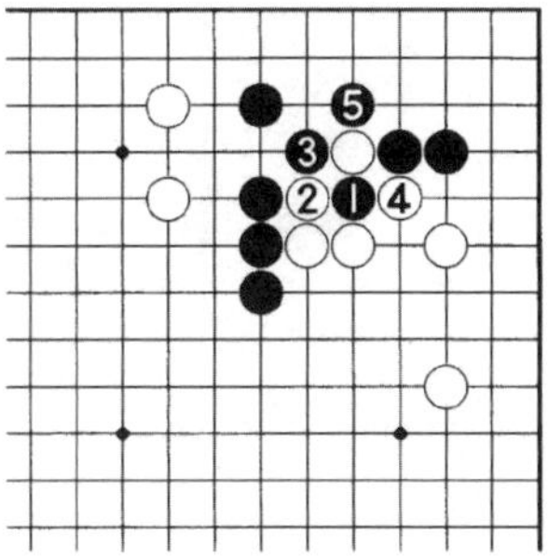

### 최강

흑1의 끼움이 최강으로 수습하는 맥이다.
백2의 단수에 흑3으로 끊어 4 와 5를 맞보기 한다.
흑5까지 흑집을 굳힌다.

失

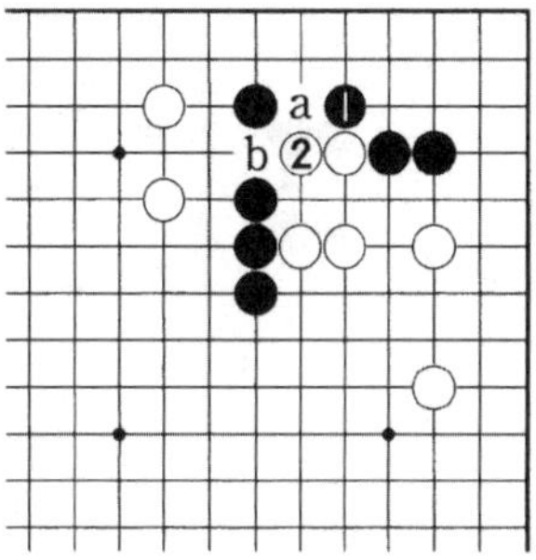

### 대악수

흑1의 젖힘은 큰 실수이다.
백2로 뻗어서 중앙과 상변의 어느 한 쪽은 끊긴다,
흑a는 백b. 흑b는 백a로 흑집이 뚫린다.

**제7형 흑번**

(2148)

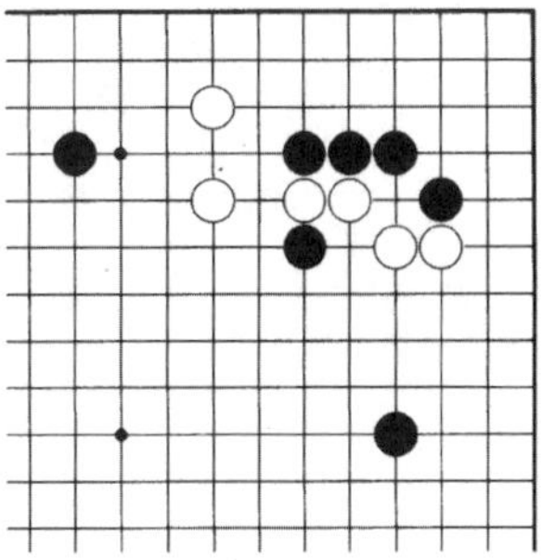

### 반격

화점 정석의 변화로 백은 흑을 억지로 귀에 가두려고 한다.
흑은 어떻게 반격해야 할까?

解

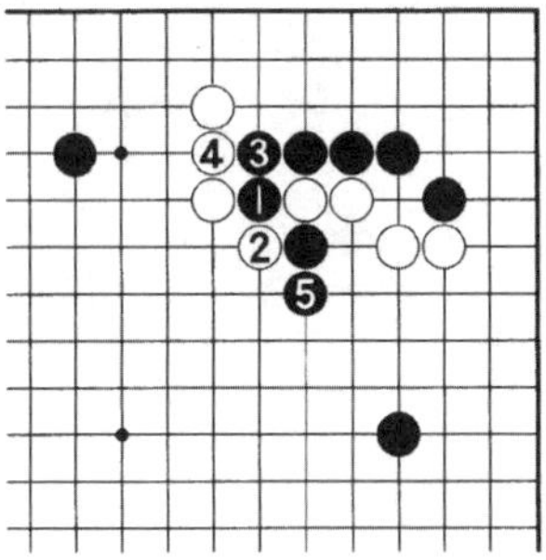

### 흑 유리

흑1의 끼움은 백 모양에 약점을 만드는 맥이다.
백2, 4로 상변을 굳혀도 흑5로 우변을 공격해서 흑이 유리한 싸움이다.
백2로 3은 흑2로 백 불리.

失

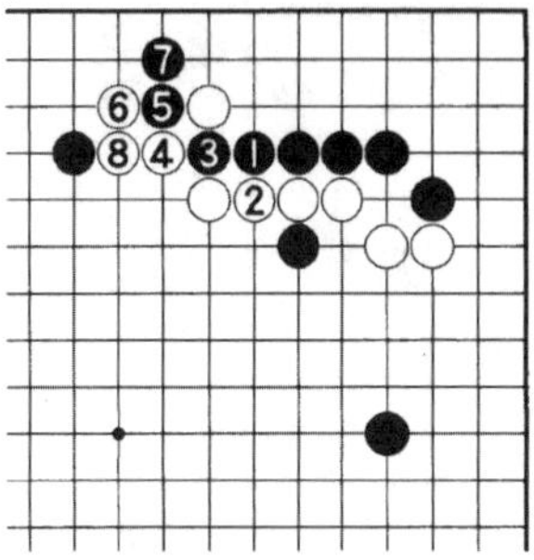

### 백 두텁다

흑1로 뻗으면 백2로 이어 중앙의 백이 강력한 벽으로 바뀐다.
흑3, 5로 상변을 끊어도 백8까지 백이 두터운 모양이다.

**제8형 흑번**

(2149)

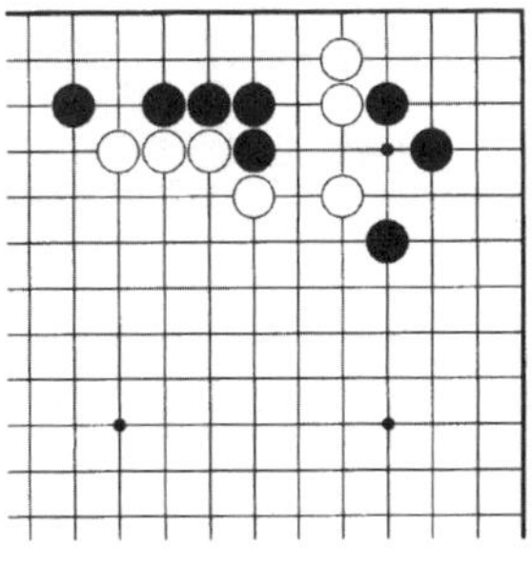

### 미완성

한 칸 높은 협공 정석의 변화로 백은 정석을 완성시키지 않은 채로 손을 뺐다.
흑은 이를 어떻게 추궁하여야 하는가?

解

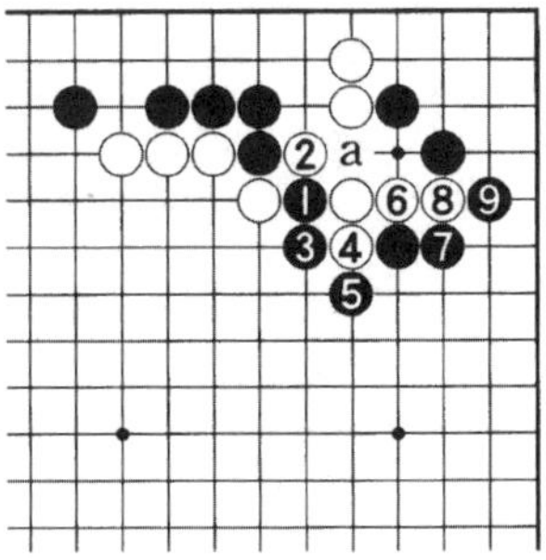

### 백 괴멸

흑1의 끼움이 날카롭다.
백2로 끊으면 흑3으로 뻗어서 9까지 강경하게 봉쇄하는 것이 성립한다.
a의 환격이 있어서 백 괴멸.

变

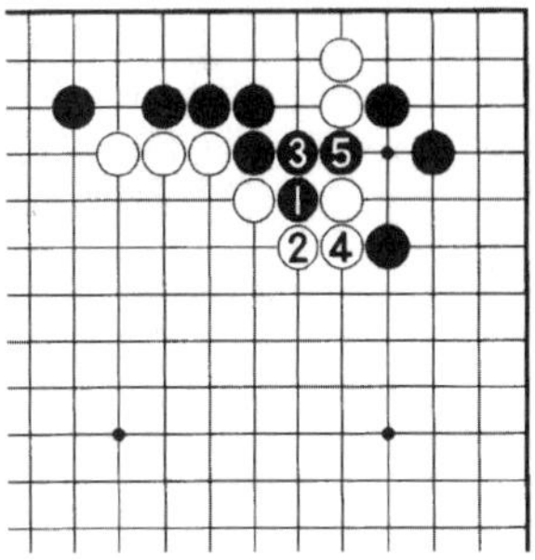

### 실리가 크다

백2, 4로 바깥을 지키면 흑5로 귀의 백 2점을 잡은 실리가 크다.
백은 흑1이 놓이기 전에 1 또는 3으로 지켜두어야만 한다.

젖혀끼움

건넘

(2150)

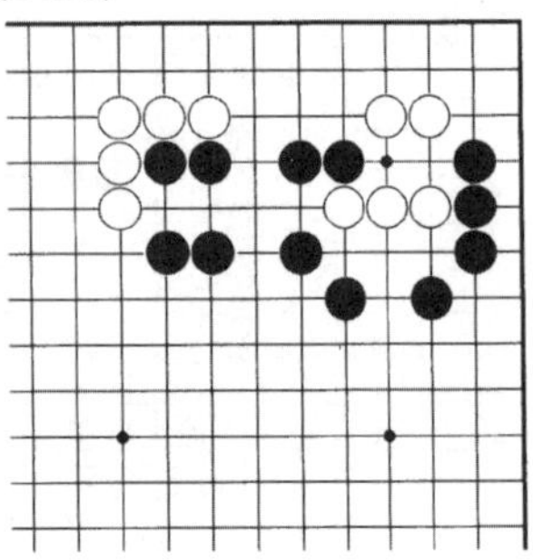

解

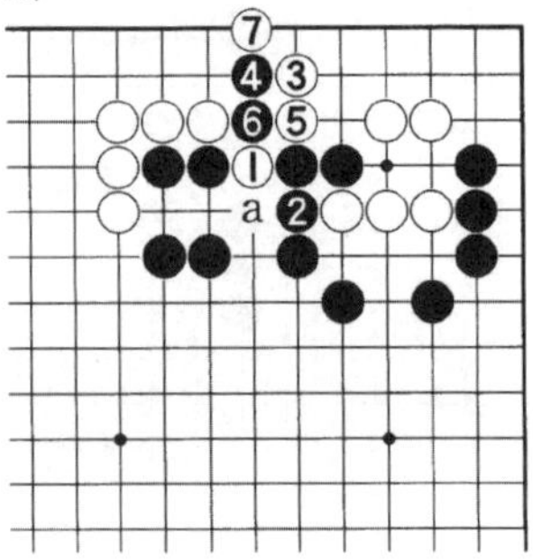

失

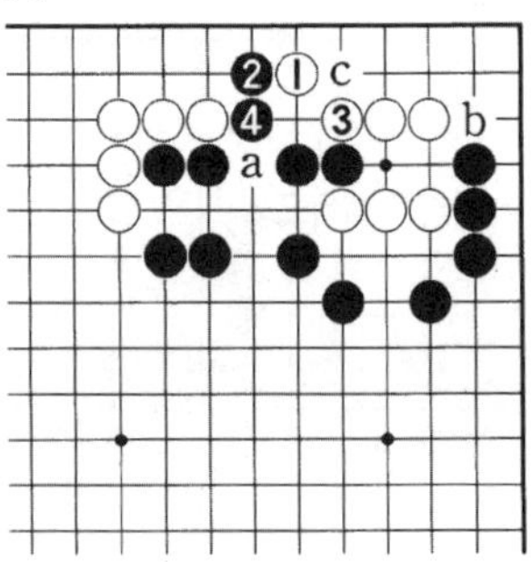

제1형 백번

## 효율

우상귀의 백은 귀만으로 살 수 있지만 상변으로 건너가는 것이 가장 효율적이다.

## 건넘

백1의 끼움이 흑 모양의 급소이다.
흑2로 잇는 정도이지만 백3으로 날일자하고 5, 7로 건넌다.
흑2로 6은 백4, 또 a라면 백6.

## 백 실패

백1로 단순히 날일자하여 건너려고 하면 흑2로 붙여 실패한다.
이미 a에 끼우는 것은 늦다.
흑4 이후, 백은 b로 사는 정도이다.
백3으로 4는 흑c.

(2151)

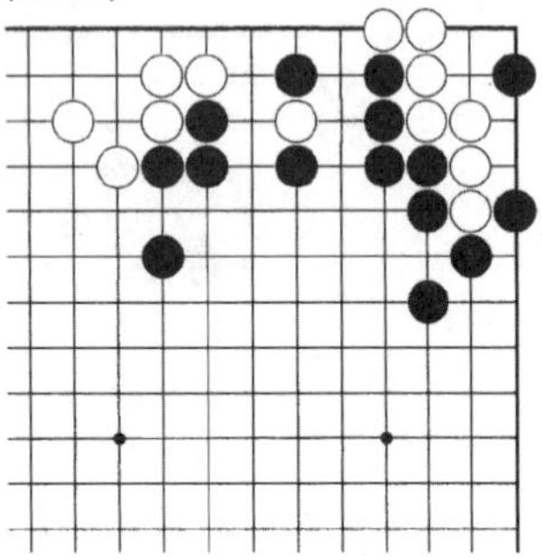

解

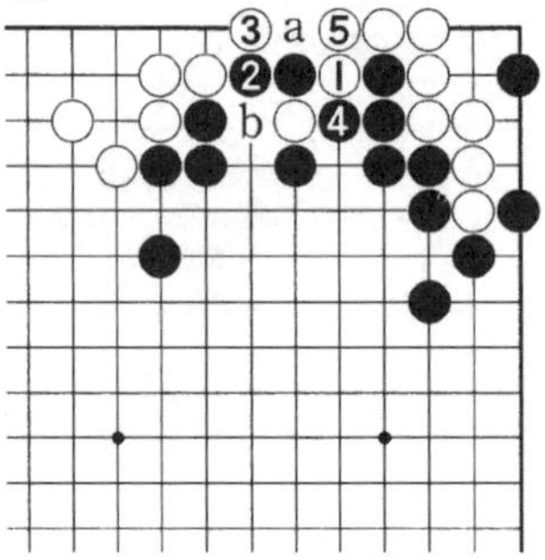

失

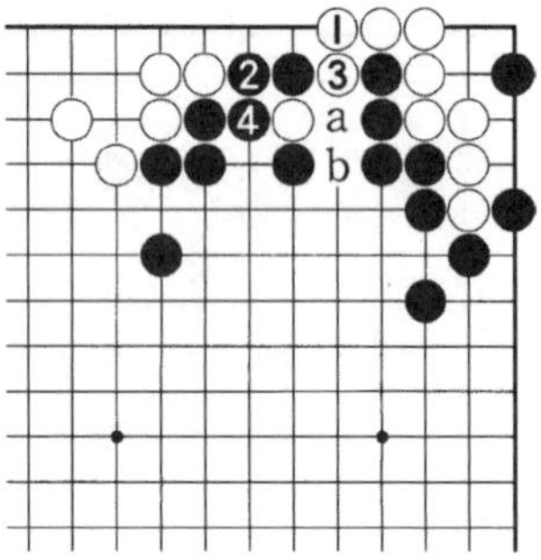

제2형 백번

## 삶이 없다

상변의 전투.
우상귀의 백은 살 수 없는 모양이다. 따라서 상변의 백과 연결할 수 밖에 없다.

## 건넘

백1로 끼우는 수가 맥이다.
흑2로 치받으면 백3으로 젖혀 자충을 노린다. 흑a는 백b.
흑4로 끊으면 백5로 이어 건너간다.

## 백 잡힘

백1로 나가면 흑2로 치받아 실패한다.
백3으로 나가도 흑a로 두어 주지 않는다.
흑4이후 백a에는 흑b.

(2152)

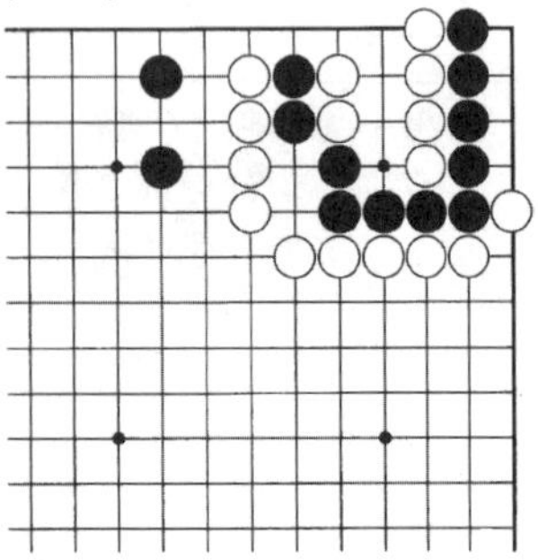

解

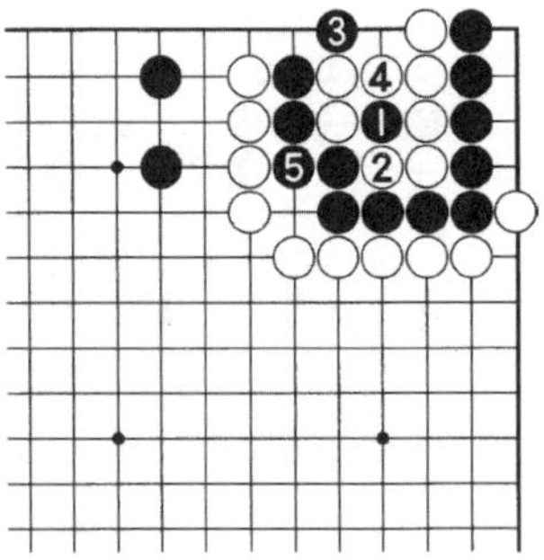

変

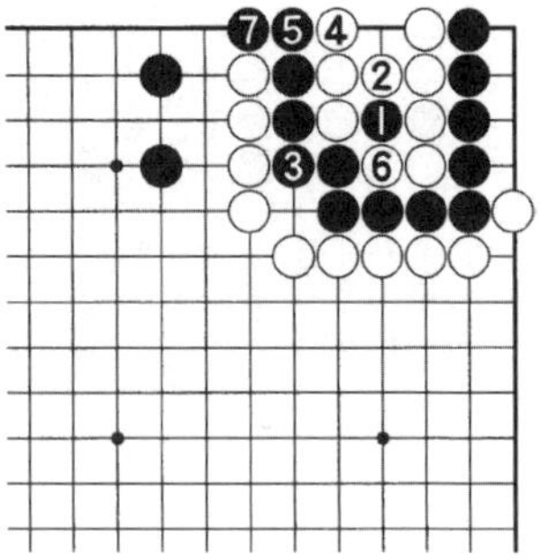

제3형 흑번

## 저항

사활 문제.
백이 상변에 건너가면 귀의 흑은 전멸한다.
건넘을 막는 맥과 백의 최강의 저항은 무엇인가?

## 끼움

흑1의 끼움이 맥이다.
백2로 흑 1점을 잡으면 흑3으로 단수치고 5로 이어 백의 건넘을 막고 흑은 살 수 있다.

## 건넘

백은 2로 받을 수밖에 없다.
흑3으로 이으면 백4로 집을 낸다.
흑5로 막고 7로 상변으로 건너는 사이 백도 6으로 살 수 있다.

젖혀끼움 봉쇄

(2153)

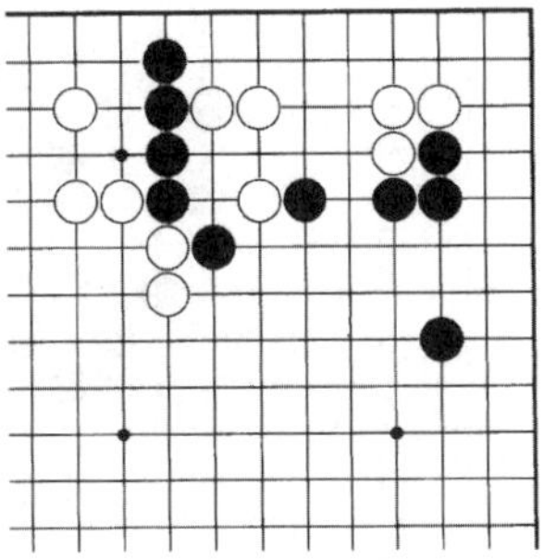

解

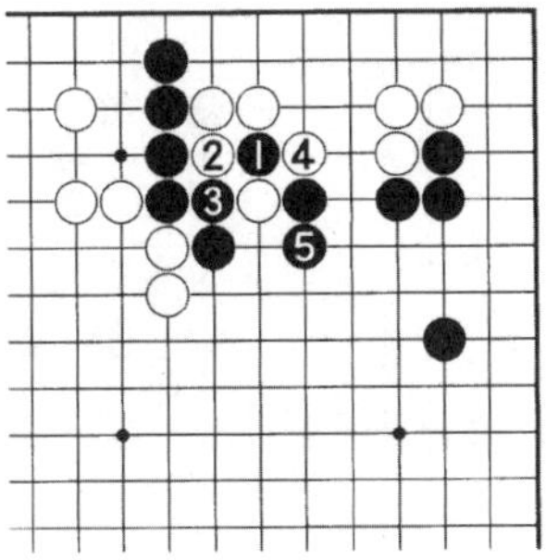

変

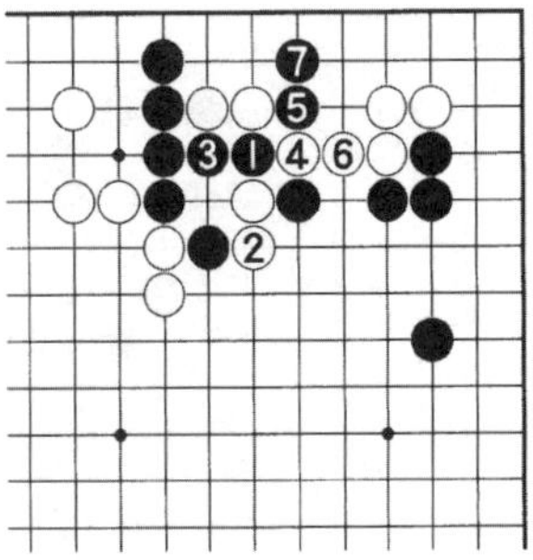

제1형 흑번

### 일석이조

상변의 전투.
흑 3점이 중앙으로 도망치는 것은 간단하지만 그와 동시에 백의 중앙 진출을 막는 일석이조의 수는 생각보다 간단하지 않다.

### 가두다

흑1의 끼우는 수가 맥이다.
백2로 단수치면 흑3으로 중앙을 이어 백 1점을 단수친다.
백4에는 흑5로 뻗어서 귀의 백을 가둔다.

### 백 무리

백2로 반격하면 흑3으로 이어 백이 무리.
백4로 끊을 수밖에 없는데 흑5, 7로 상변의 백 2점을 잡고 산다.
백이 불리한 갈림.

젖혀끼움 이어짐

(2154)

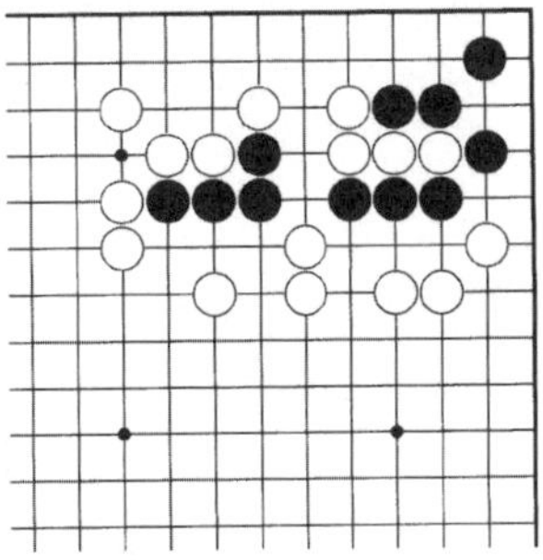

解

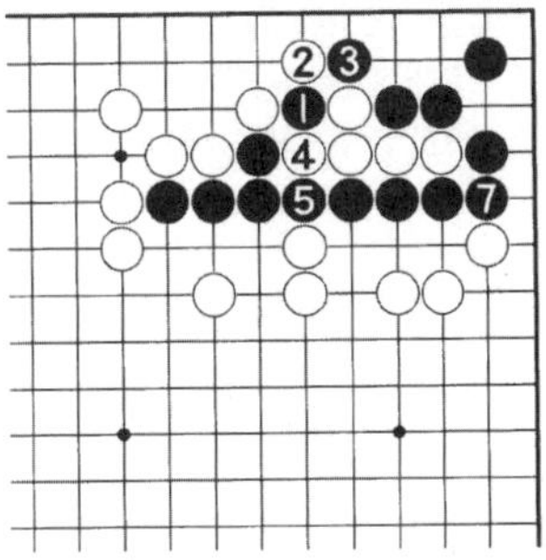

失

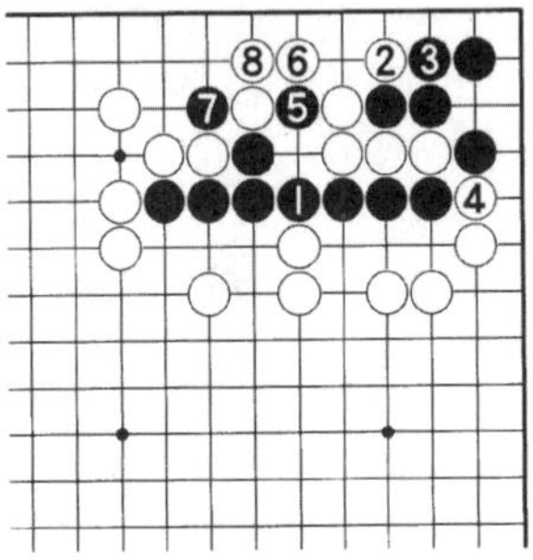

제1형 흑번

### 2개의 약점

중앙의 흑은 두 개의 약점을 지켜야 한다.
상변에 있는 백의 엷음을 추궁하여 해결해보자.

### 흑 성공

흑1의 끼움이 좋은 수이다.
백2로 막으면 흑3, 5로 조여 중앙의 약점을 선수로 막고 흑7로 이어 성공이다.
※⑥→❶

### 흑 실패

흑1로 이으면 백2로 일단 활용해서 실패한다.
흑3은 백4로 끊어 중앙의 8점이 잡힌다. 흑3으로 4는 백3으로 흑 전체가 집이 없다.

(2155)

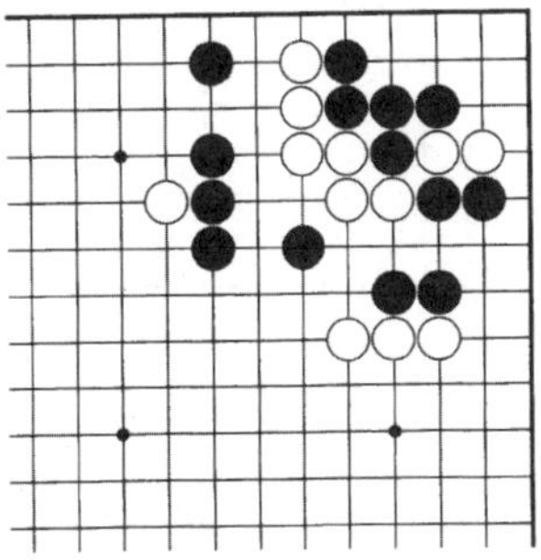

解

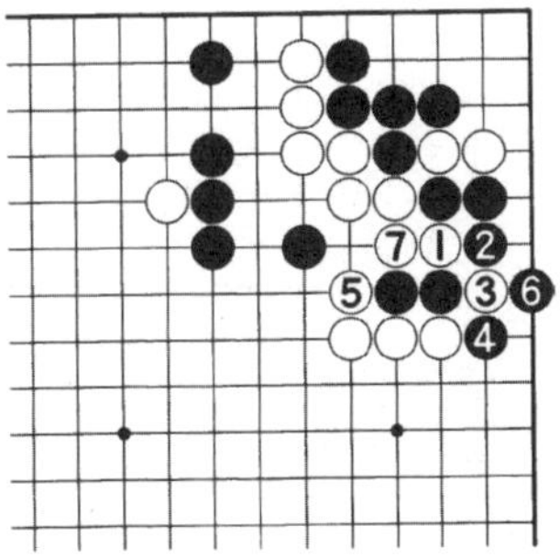

変

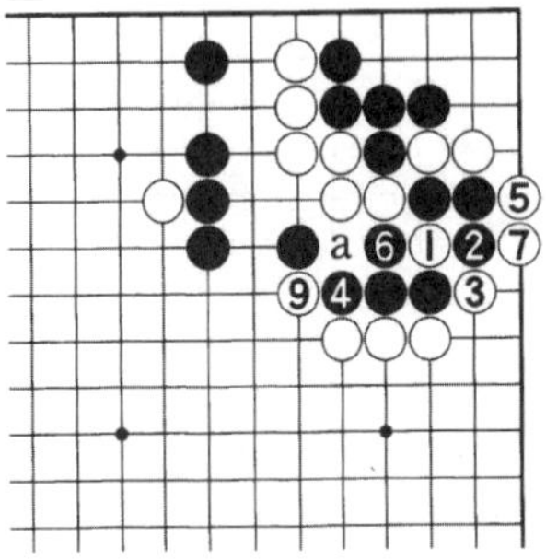

제2형 백번

### 엷음

상변의 백 6점에게는 집이 없다.
백을 살리기 위해서는 우변에 있는 흑의 엷음을 노려 중앙의 백과 연결해야 한다.

### 연결

백1로 끼우고 3으로 끊는 수가 날카로운 맥이다.
흑4로 끊으면 백5로 나가서 2점을 단수친다.
흑6, 백7로 중앙으로 연결한다.

### 흑 전멸

흑4로 6은 백a로 촉촉수를 당하는 모양이다. 흑4로 연결하면 백5, 7로 조여서 흑이 포도송이 모양이 되고 9로 단수쳐서 흑이 전멸한다.
※❽→①

(2156)

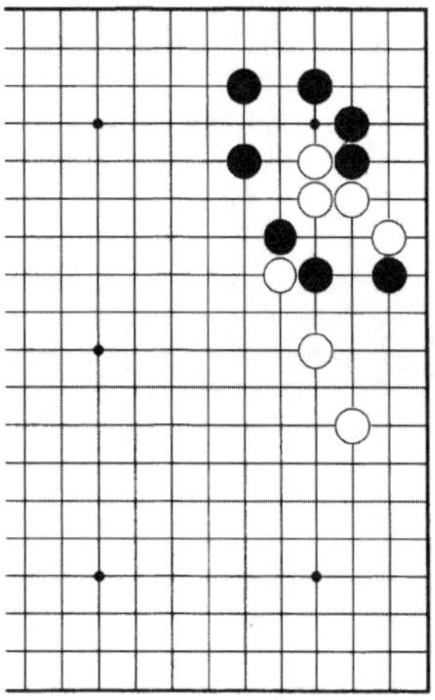

解

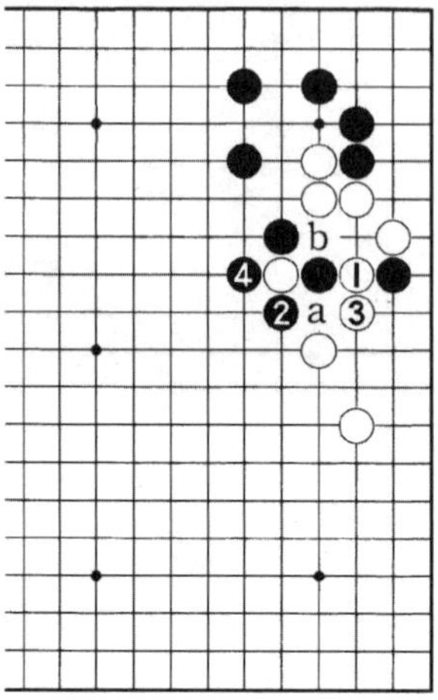

变

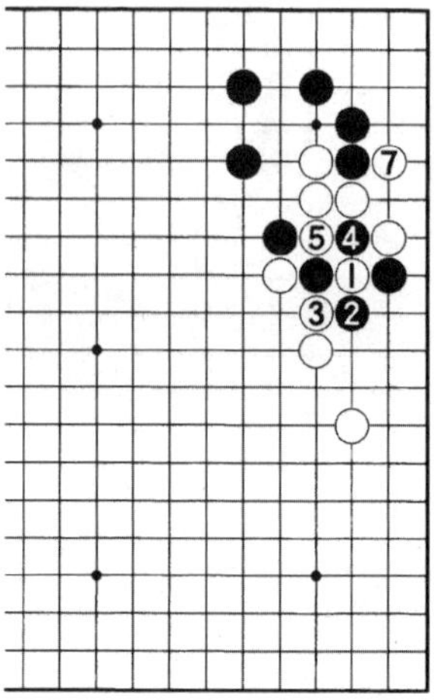

**제3형 백번**

## 연결

한 칸 높은 걸침 정석의 변화이다. 우변의 백집이 무너지면 백이 고전한다. 다소 희생을 치르더라도 연결해야 한다.

## 당연

백1의 끼움이 맥이다.
흑2의 단수에 백3으로 연결하고 흑4로 빵때림 하는 것이 당연한 갈림.
백3으로 4는 흑a, 백3, 흑b로 백이 불리하다.

## 잡히다

흑2로 막는 것은 과한 수이다.
백3으로 끊고 흑4, 백5로 흑을 끊어 흑은 포도송이 모양이 된다.
백7로 젖혀 흑 5점을 잡는다.
※❻→①

(2157)

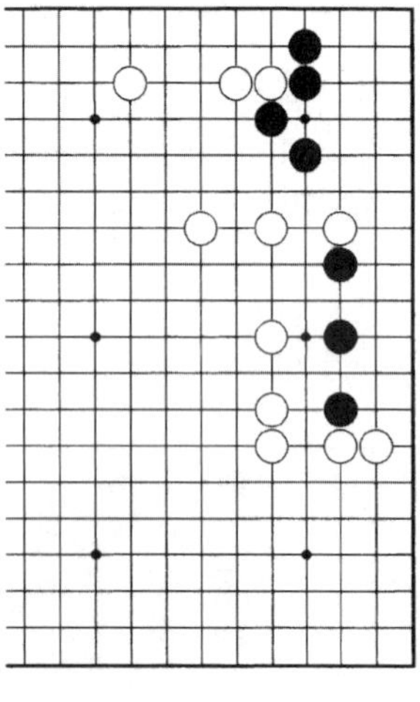

解

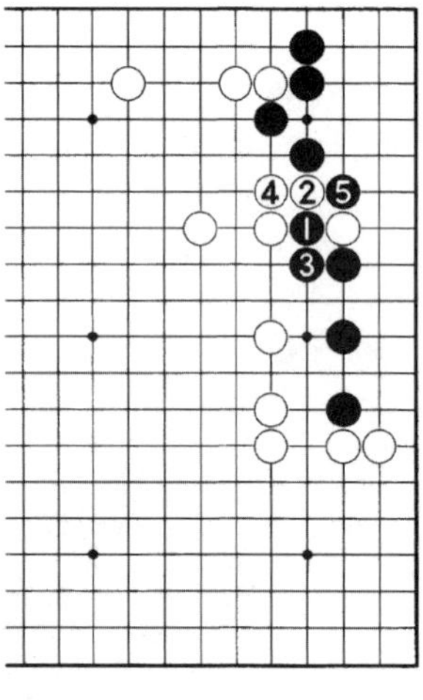

变

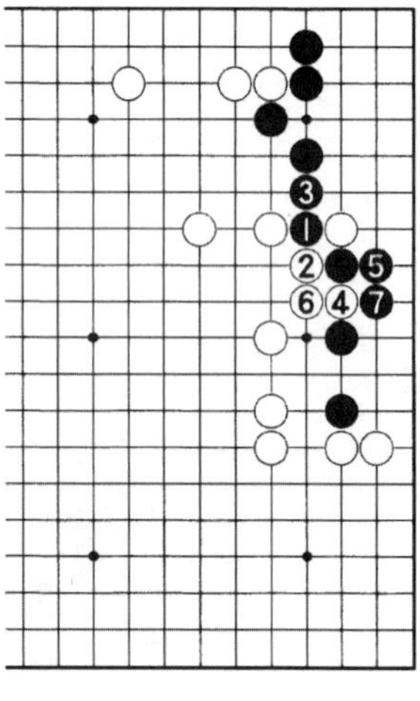

**제4형 흑번**

## 묘책

귀와 우변의 흑이 끊어질 위험에 처해있다. 2선으로 기어서 연결하는 것은 불리하다.
발상을 전환하여 백을 공격하면서 위기를 벗어날 묘책을 생각해보자.

## 백을 분리

흑1로 끼워서 백을 끊는 것을 노린다.
백2, 흑3이 되면 백에게도 2개의 약점이 생겨서 한 수로는 지킬 수 없다.
흑5로 끊어 우변은 전부 흑집이 된다. 위아래를 모두 지켰다.

## 성공

백2로 끊으면 흑3으로 이으면 된다.
백4로 단수쳐도 흑5. 이후 백7로 나가는 것은 흑6으로 끊어 잡혀버린다.
백6, 흑7로 우변을 연결해서 흑 성공이다.

(2158)

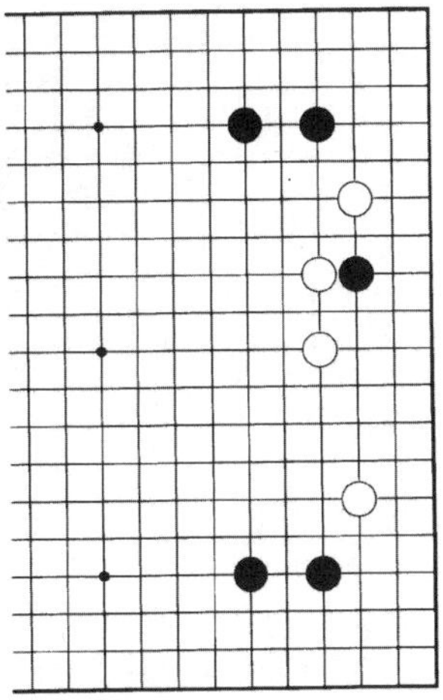

解

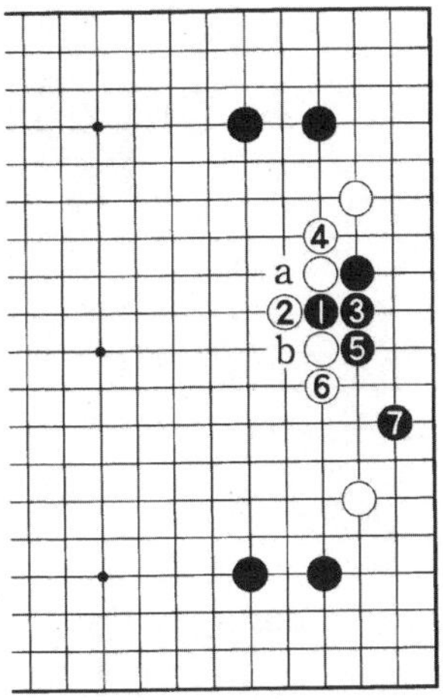

変

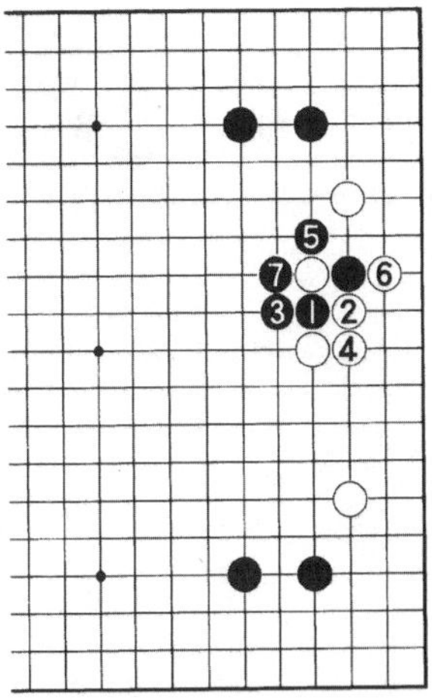

제1형 흑번

### 반발

접바둑 포석에서 나온 모양으로 우변에 침입한 흑 1점을 수습해야 한다.

백은 흑을 우변에 가둬 중앙을 두텁게 만들려고 한다. 흑은 반발해야 한다.

### 사는 모양

흑1로 끼워서 백의 응수를 본다.

백2로 막으면 흑3으로 이어 바깥의 백 모양에 약점을 만든다.

백4로 뻗으면 흑5, 7로 사는 모양이다. 백은 a, b에 약점이 있어서 엷다.

### 흑 유리

백2로 아래쪽에서 끊으면 흑3으로 뻗으면 된다.

백4로 이으면 흑5, 7로 백 1점을 잡아서 두터워진다. 백4로 6은 흑4로 끊어 화점의 백을 잡고 역시 흑이 유리하게 갈린다.

(2159)

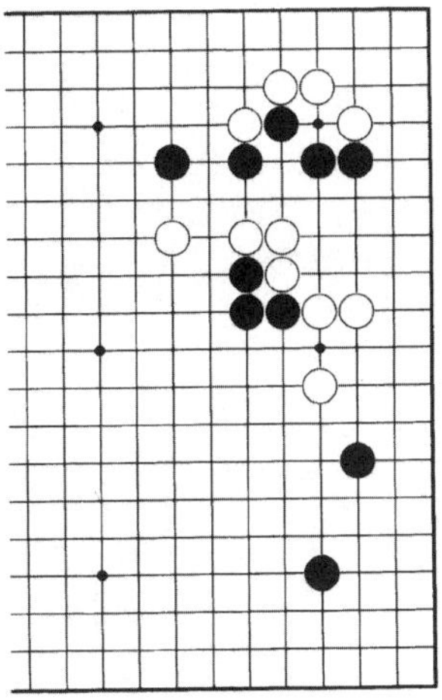

解

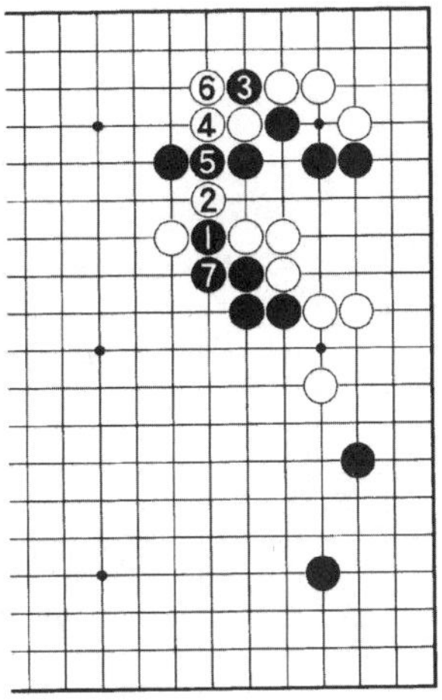

失

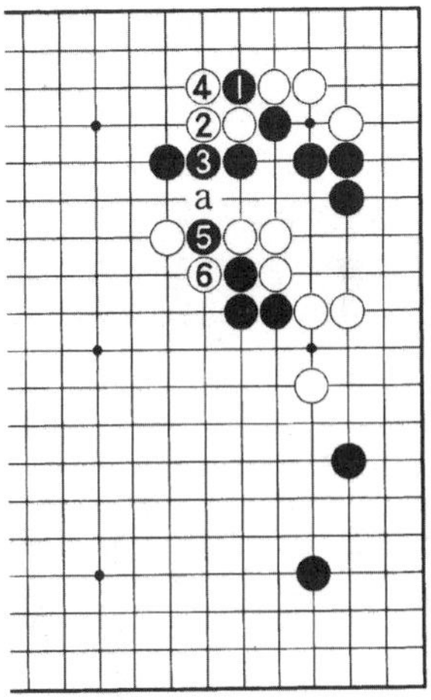

제2형 흑번

### 반격

우상은 세 칸 높은 협공 정석의 변화이다.

우상귀의 흑을 공격하기 위해 백은 중앙으로 무리하게 뛰어나갔다.

흑은 어떻게 반격해야 할까?

### 흑 성공

흑1의 끼움이 냉엄한 수이다.

백2라면 흑3으로 끊어 백4, 흑5로 잇는 흐름이 나오며 흑7로 이어 중앙을 끊는다. 흑이 성공한 모양이다. 백2로 7은 흑2로 중앙의 백이 고립된다.

### 수순착오

흑1과 3은 수순 착오.

흑5로 끼워도 이번에는 백이 a에 두어주지 않는다. 백6으로 끊어 흑a로 이으면 우형이 되므로 우상의 흑 전체가 무겁다.

젖혀끼움

탈출

(2160)

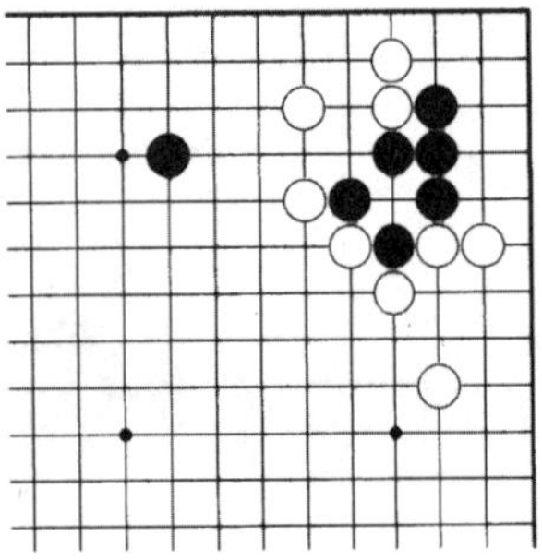

解

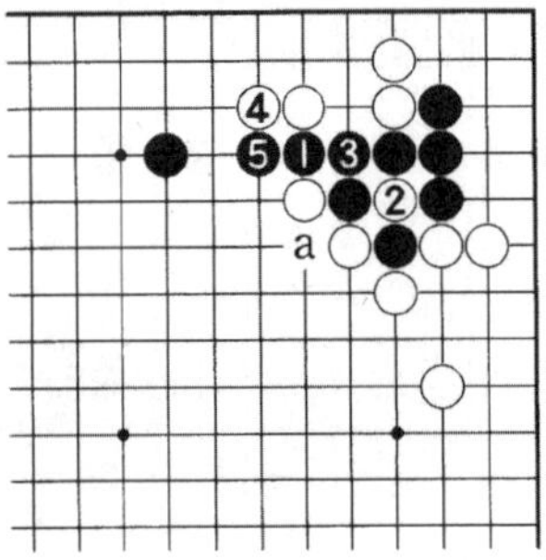


失

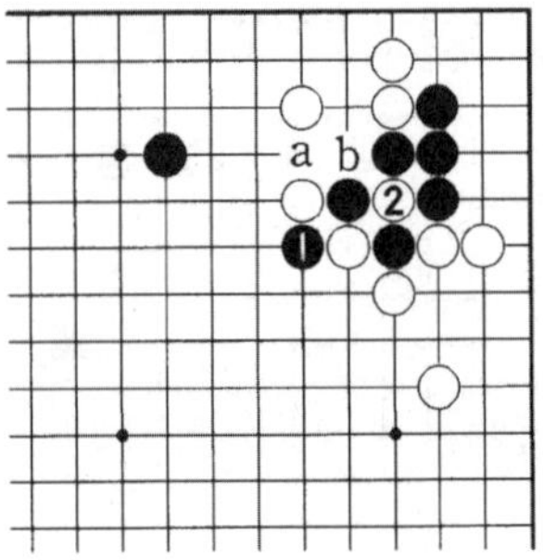


제1형 흑번

### 탈출

우상귀의 흑은 귀만으로는 살 수 없다.
중앙에 있는 백의 약점을 노려서 상변으로 탈출하고 싶다.

### 양단수

흑1의 끼움이 맥이다.
백2로 따내서 a의 양단수를 막으면 흑3으로 이어 상변의 백이 약해진다.
백4, 흑5로 여유롭게 탈출한다.

### 팻감 부족

흑1로 끊으면 백2로 패를 따내서 흑이 a로 끼울 여유가 없다.
흑b로 이으면 백a로 막아 전멸한다.
백으로서는 꽃놀이 패.

(2161)

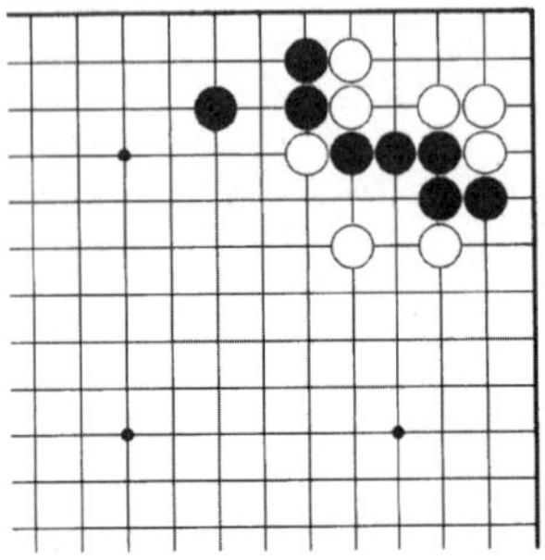

解

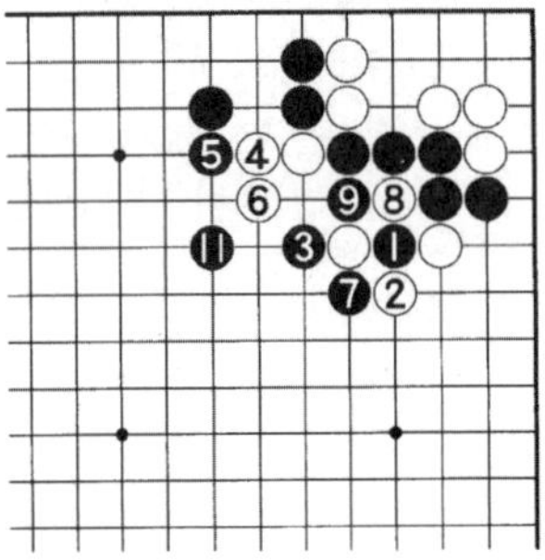

失

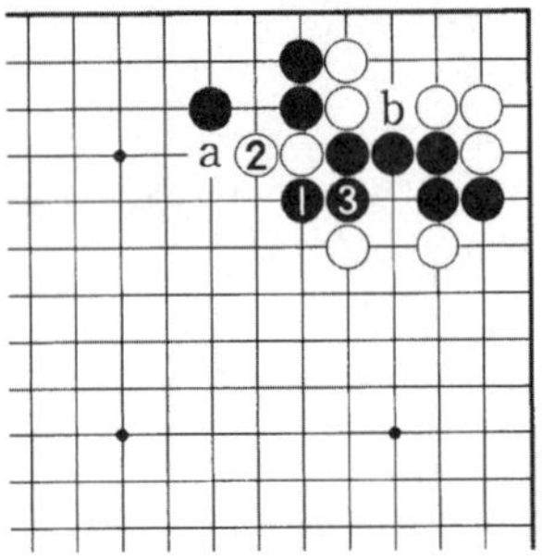


제2형 흑번

### 수습하다

흑을 끊고 있는 백 1점에 대한 대책이 필요하다.
흑은 상변에 영향을 주지 않도록 우변만으로 수습하고 싶다.

### 맞보기

흑1로 끼우고 백2에는 흑3의 붙임이 좋은 수이다.
백4, 6으로 도망치면 흑9를 결정짓고 10으로 2점을 따는 것과 11의 장문을 맞본다. ※⑩→❶

### 속맥

흑1, 3은 속맥으로 우변의 백에게 영향을 주지 못한다.
백a로 2점을 살린 후에 b로 귀를 살려 백이 싸우는 모양이 된다.

(2162)

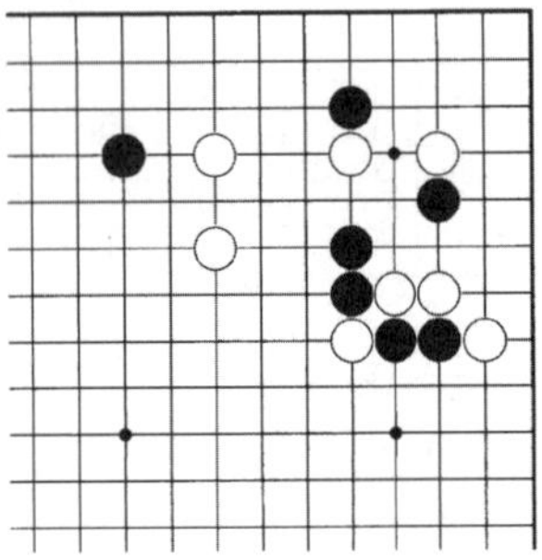

解

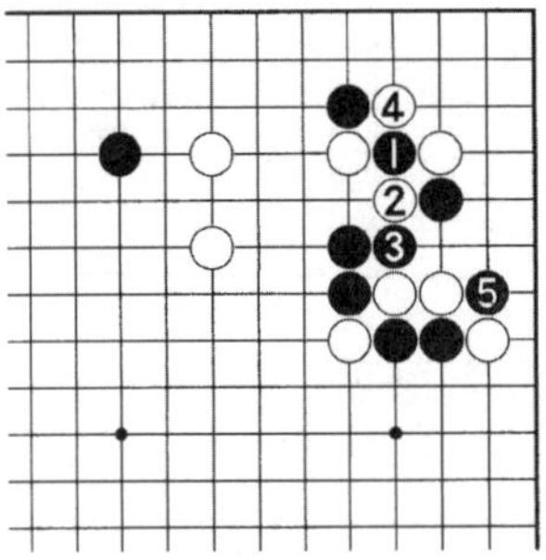

変

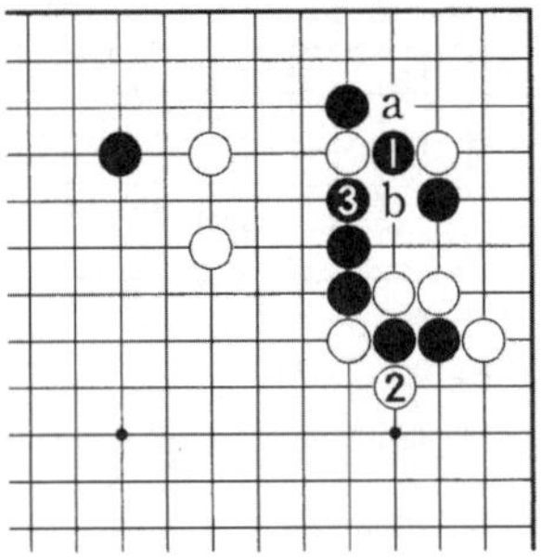


젖혀끼움

분단

제1형 흑번

### 연관

우상귀의 흑은 몇 개로 분할되어 하나하나가 약하다.
그러나 약한 돌이 서로 연관되면 백의 모양이 무너진다.

### 흑 만족

흑1로 끼워서 귀의 백을 양분하면 반대로 흑이 강력한 돌로 변한다.
백2의 저항에는 흑3, 5로 우변의 백 2점을 잡고서 만족의 모양이다.

### 흑 유리

백2로 우변의 흑을 잡으면 흑3으로 모양을 정리하고 귀는 흑집으로 변한다.
또한 백2로 a는 흑b로 이어 백쪽에 약점이 많아서 흑이 유리.

(2163)

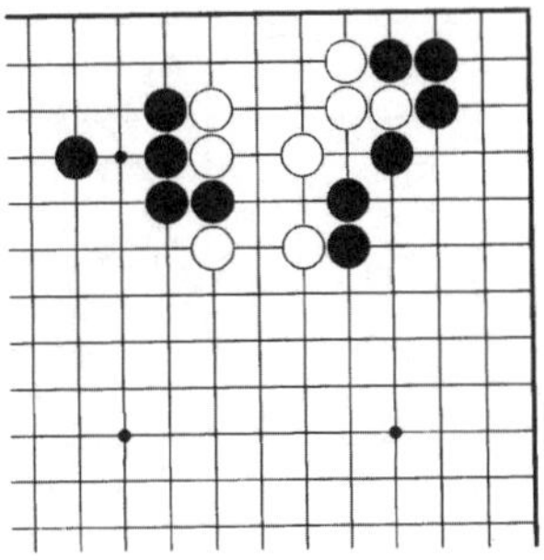

解

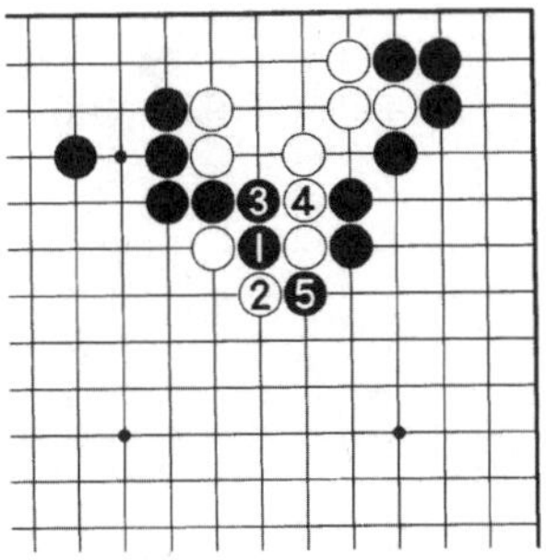

失

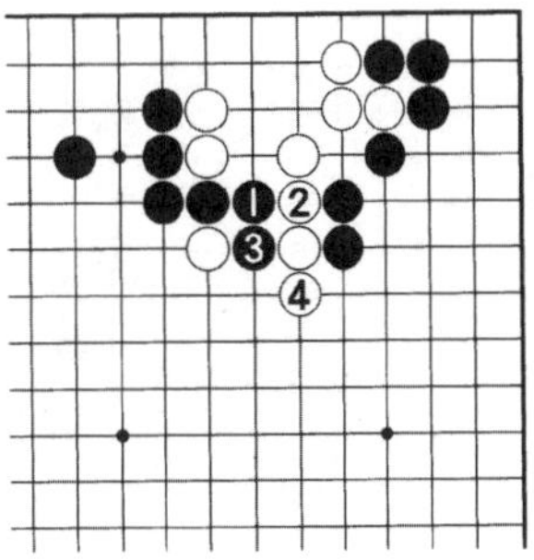

제2형 흑번

### 일발
상변의 백을 가두면 흑은 중앙에 두터움을 쌓는다.
한 수가 결정타가 될 수 있다.

### 백 전멸
흑1의 끼움이 좋은 수이다.
백2, 4는 무리로 흑5로 중앙을 끊어서 상변의 백이 죽는다.
백2는 3으로 단수치고 살 수밖에 없다.

### 흑 실패
흑1로 나가는 것은 백2로 이어서 실패한다.
흑3, 백4로 슬금슬금 중앙으로 나가서 좌우의 흑이 엷어진다.
흑1로 4도 백3으로 안 된다.

## 젖혀끼움 뚫기

(2164)

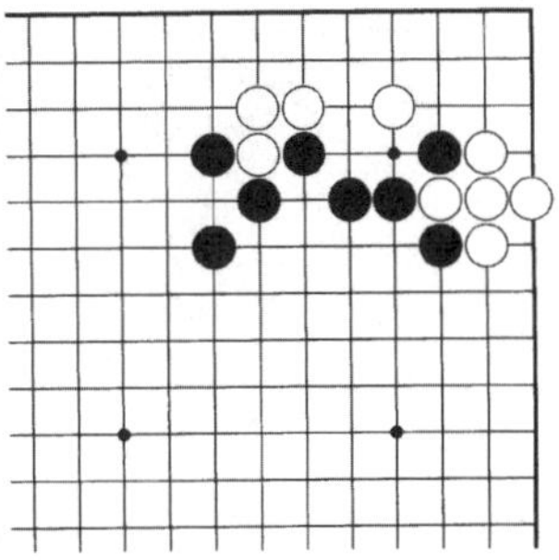

解

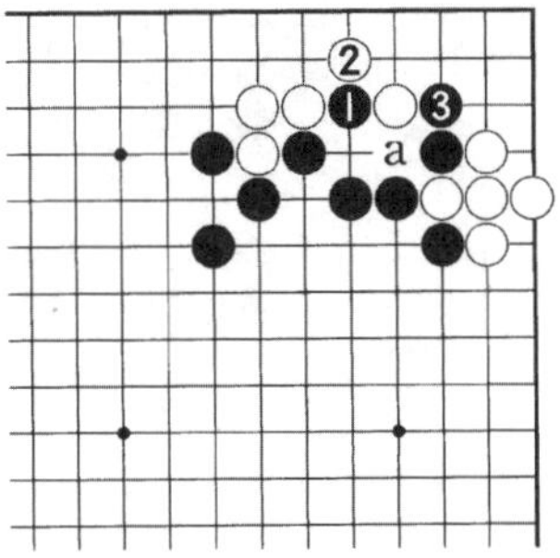


失

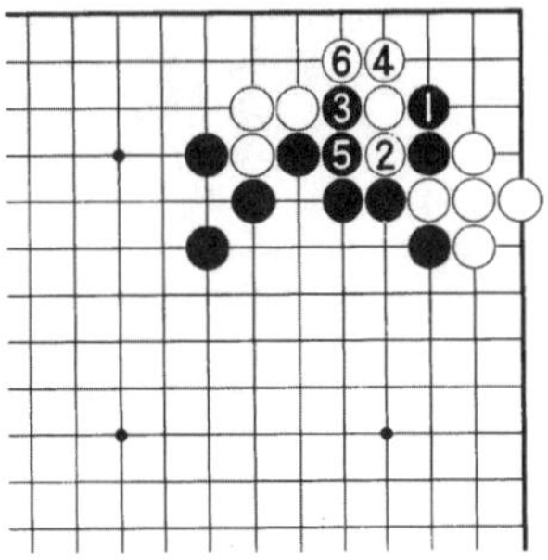

제1형 흑번

### 테크닉
귀의 백은 구멍이 뚫려있어 엷은 모양이지만 직접 무너뜨리려면 잘 되지 않는다.
맥의 위력을 빌리면 간단하다.

### 분단
흑1로 끼우는 수가 좋다.
백2에 흑3으로 나가면 백은 a로 끊을 수 없다.
좌우를 분단당해서 백은 최악의 모양이 된다.

### 흑 실패
흑1로 나가는 것은 백2로 실패한다.
흑3으로 끼워도 백4로 받으면 맥도 효과를 발휘하지 못한다.
백6까지 우상의 흑 2점이 잡힌다.

(2165)

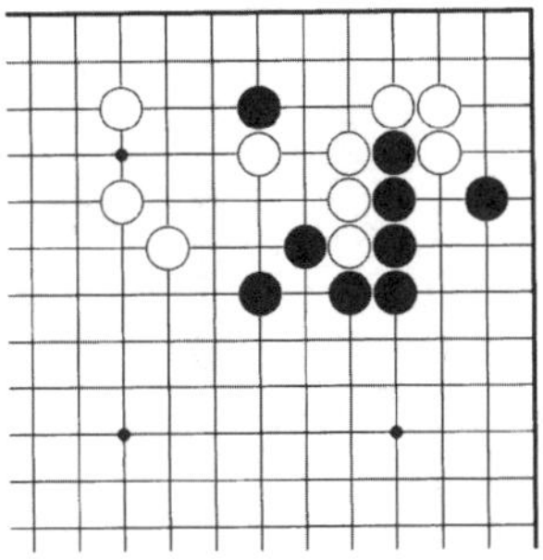

解

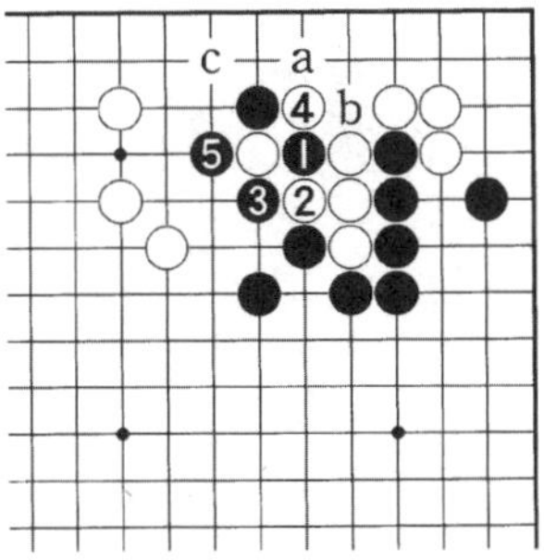


失

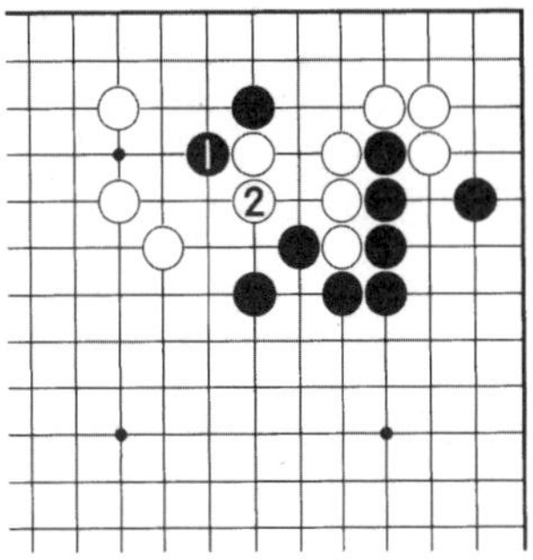

제2형 흑번

### 수습
상변의 흑 1점을 어떻게 수습할까?
상변만으로 사는 것은 무리가 따르기 때문에 백의 약점을 추궁하는 연구가 필요가 있다.

### 패
흑1의 끼움이 백 3점의 공배를 메우는 맥이다.
백2, 4 이후, 흑5로 패가 난다. 백이 1에 이으면 이후 흑a, 백b, 흑c로 살아버린다.

### 흑 잡힘
흑1로 젖히면 백2로 뻗는다. 이대로 잡힌 모양이다.
이후에는 상변 집이 좁아서 아무리 발버둥쳐도 흑은 살 수가 없다.

제1형 흑번

(2166)

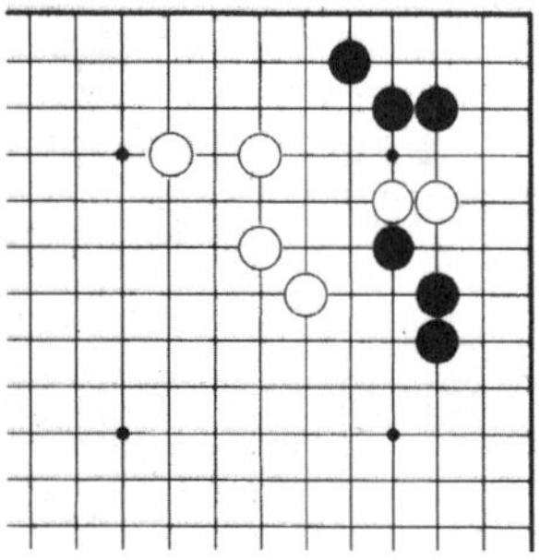

## 2점 잡음

우변에서 중앙으로 도망친 백 2점을 어떻게 포획할까?
백돌의 움직임을 봉쇄하는 맥이 필요하다.

解

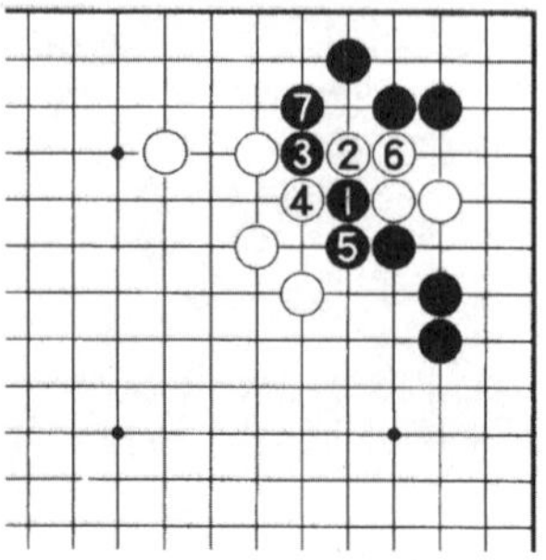

## 끊는 맥

흑1로 젖히고 백2로 받으면 흑3으로 끼우는 수가 묘수이다.
백4로 끊으면 흑5로 이어서 6과 7이 맞보기가 된다.
백4로 5는 흑4.

失

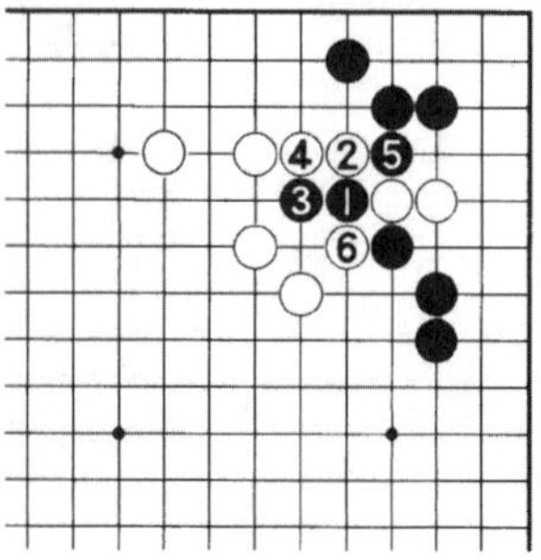

## 불발

흑3으로 뻗으면 백4로 이어 실패한다.
흑5로 끊어도 백6으로 반대로 흑 2점이 잡힌다.

제2형 백번

(2167)

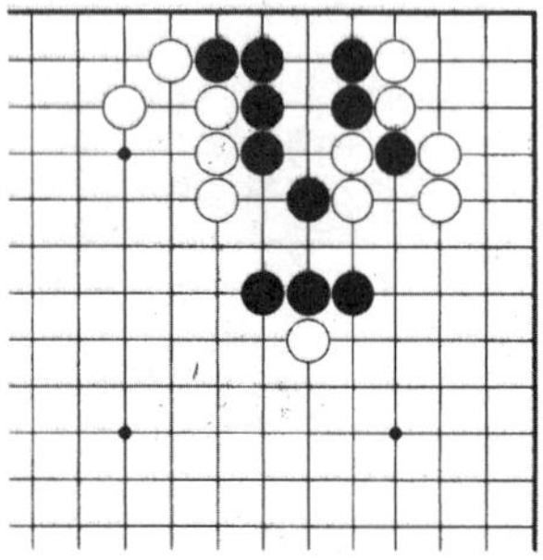

## 가짜

상변에서 중앙으로 연결된 흑 모양은 진짜가 아니다.
백이 위아래를 끊으면 상변은 전부 백집이 된다.

解

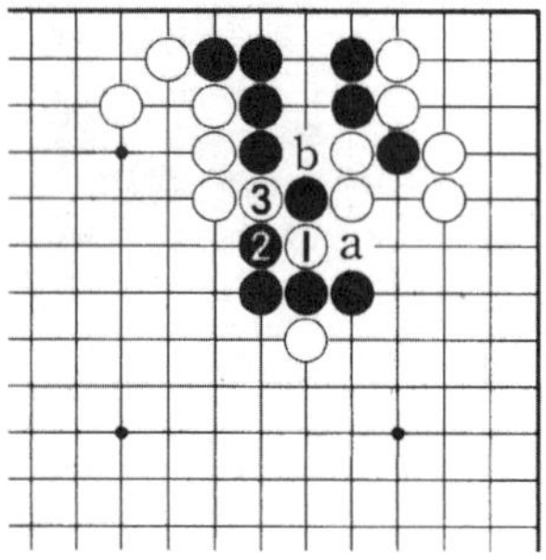

## 절단

백1의 끼움이 맥이다.
흑2로 막을 수밖에 없다.
백3으로 끊어 다음에 흑a는 백b, 흑b는 백a로 흑은 끊기는 것을 막을 수 없다.

失

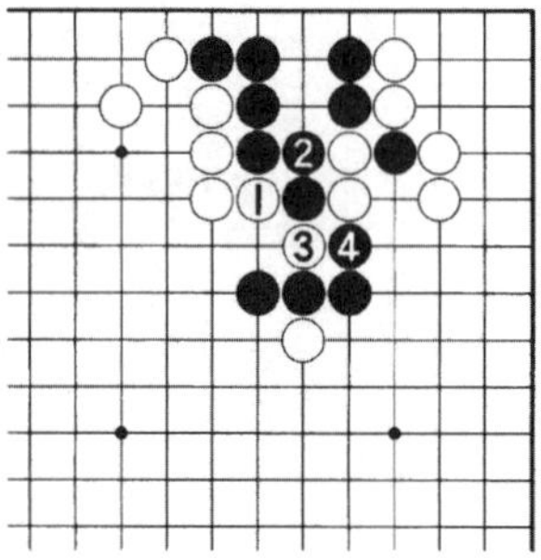

## 속수

백1로 모양을 결정짓는 것은 속수이다.
2와 3의 두 곳이 맞보기인 것 같지만 흑2로 이으면 다음에 백3으로 끊어야 하는데 흑4로 양단수이다.

제3형 흑번

(2168)

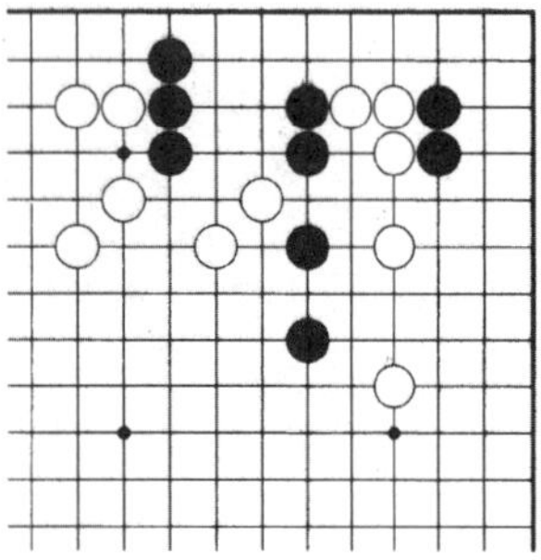

## 반격

우상의 전투.
백은 흑을 들여다볼 때를 노려 백에게 반격한다.

解

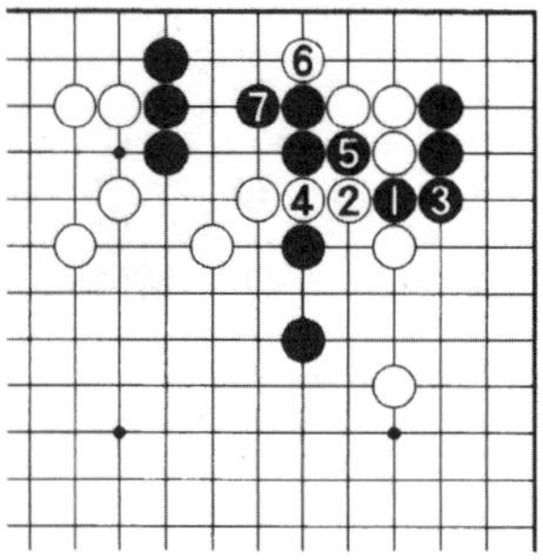

## 상변을 잡다

흑1의 끼우는 수가 맥이다.
백2는 흑3으로 귀를 굳히면서 백의 모양을 무너뜨린다.
백4로 이으면 흑5로 끊어 상변의 백을 잡는다.

变

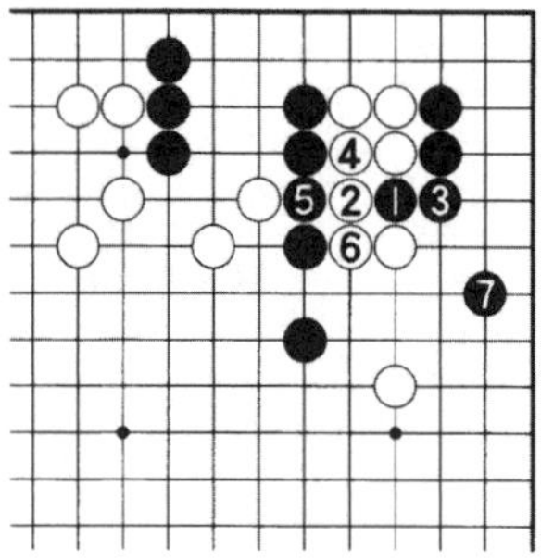

## 선수

백4로 이으면 흑5로 이어 흑이 선수가 되며 7의 좋은 자리에 손을 돌린다.
흑1로 단순히 5에 잇는 것은 백3으로 두어서 귀의 흑이 공격을 당한다.

(2169)

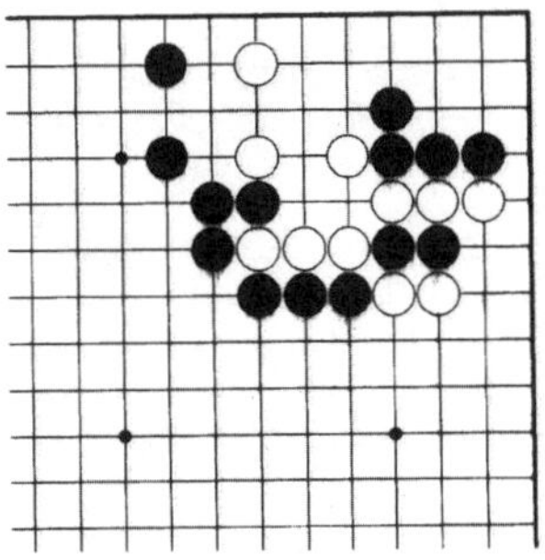

解

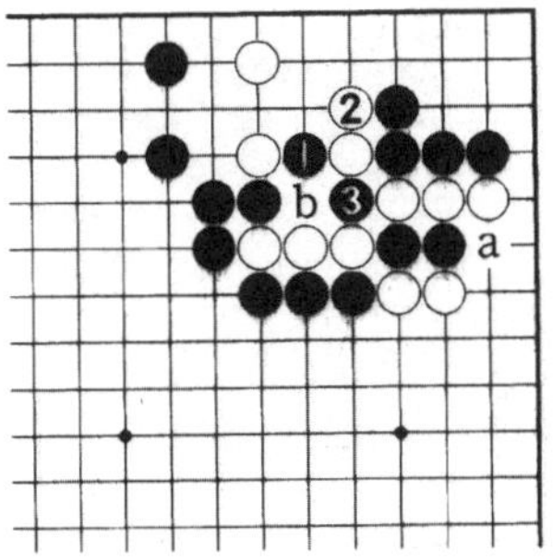

失

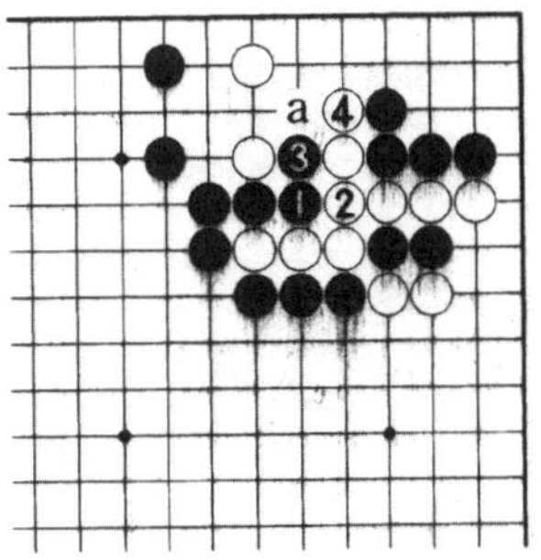

**제4형 흑번**

### 타겟

상변과 우변의 백을 끊고 싶다.
공배가 꽉 찬 중앙의 백 3점이 흑의 공격 목표가 된다.

### 환격

흑1의 끼우는 수가 맥이다.
백2로 나가면 흑3으로 집어넣어서 백 3점이 환격에 걸린다.
백a, 흑b로 상변은 흑집이 된다.
백2로 3은 흑2.

### 한 줄 차이

흑1, 3은 속수로 백4로 나가 끊을 수 없게 된다.
흑1로 a도 백3.
1줄의 차이가 속수와 틀린 맥이 된다.

(2170)

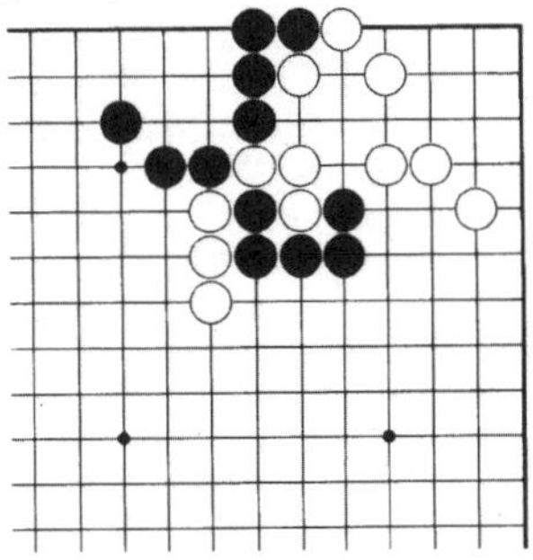

解

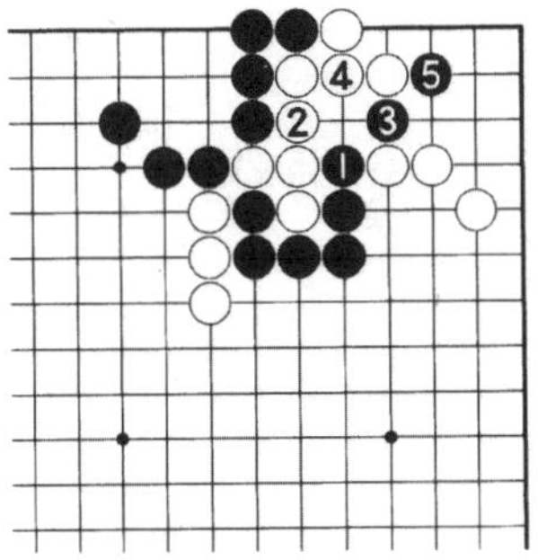

失

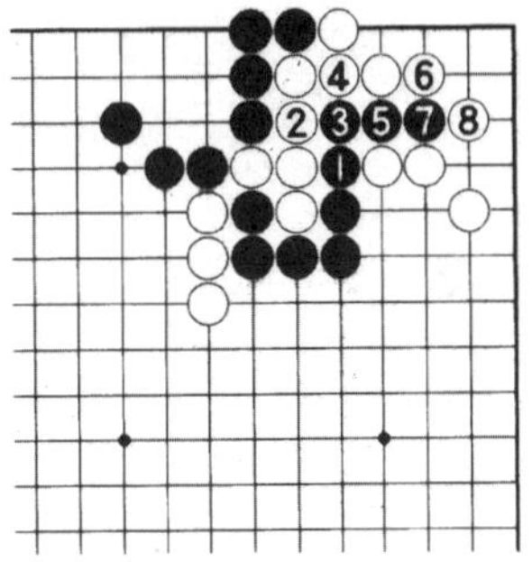

**제5형 흑번**

### 모두 잡다

중앙의 문제.
흑 5점을 끊고 있는 상변의 백은 맛이 나쁜 모양이다. 흑은 백 3점을 공격하여 백이 저항하면 괴멸시켜야 한다.

### 백 괴멸

흑1로 중앙에서 단수칠 곳이다.
백2로 이으면 흑3으로 끼우는 수가 맥이다.
백4로 이어 환격을 막으면 흑5로 백은 괴멸한다.

### 흑 속수

흑3으로 단수치는 것은 속수로 실패한다.
백4로 잇고 흑5, 7로 나갈 때 백8까지 연결하면 백은 전체가 살아버린다.

(2171)

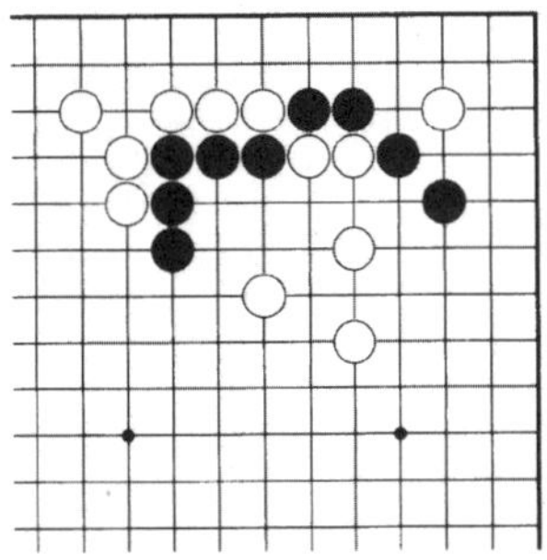

解

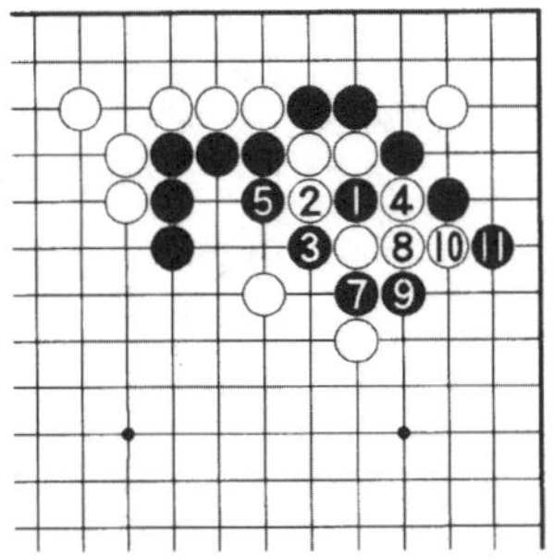

失

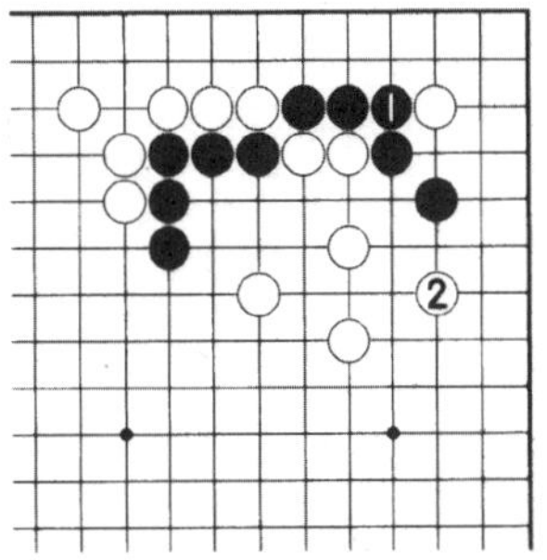

**제6형 흑번**

### 무효

귀를 절단당하면 참을 수 없다.
중앙을 끊고 있는 바깥의 백의 모양을 추궁하여 백의 노림수를 무효로 만든다.

### 축

흑1로 끼우고 백2에 흑3으로 조이는 수가 맥이다. 백6으로 이은 모양은 포도송이가 되어서 흑7부터 11까지 축으로 백을 잡는다.
※⑥→❶

### 완착

흑1로 잇는 것은 기회를 날려버리는 완착이다.
백2로 우변을 막아서 귀의 백 1점에 활력이 남는다.
중앙의 흑도 뜬 돌.

제7형 흑번

(2172)

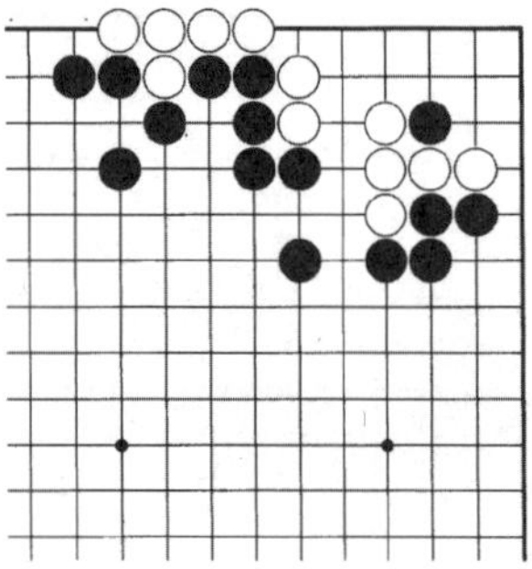

### 자충

상변으로 파고든 백 5점을 잡고 싶다. 공배가 꽉 찬 백을 추궁해보자.

解

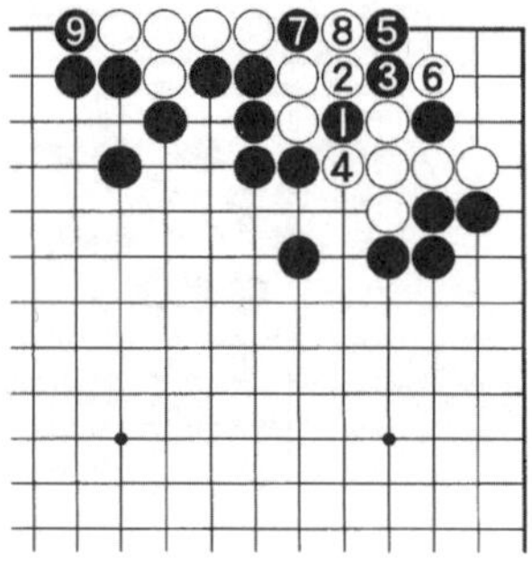

### 촉촉수

흑1로 끼우고 3으로 끊는 맥이 냉엄하다.

백4의 따냄에는 흑5의 뻗음이 좋은 수이다. 백6으로 귀를 지키면 흑7, 9로 백 5점은 촉촉수이다.

変

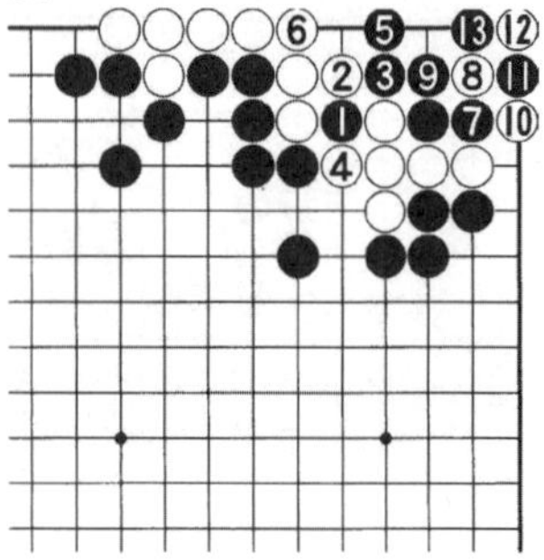

### 큰 패

흑5의 뻗음에 백6으로 저항하는 것은 귀가 위험하다.

흑7로 막으면 백은 8, 10으로 집을 부술 수밖에 없는데 흑11, 13으로 큰 패가 난다.

제8형 흑번

(2173)

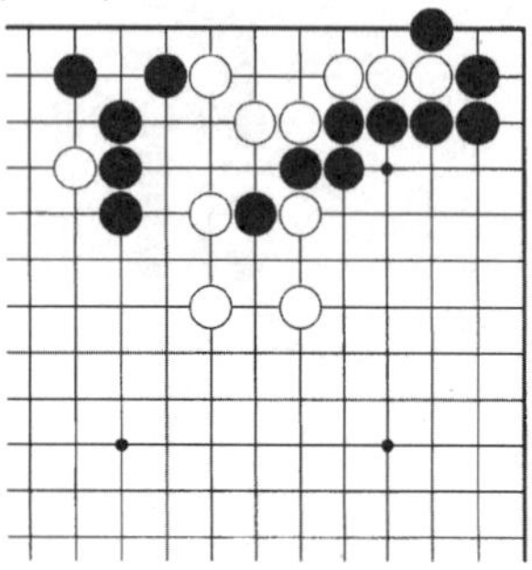

### 강수

흑 1점을 껴붙여 상변의 백을 중앙으로 진출시키려고 하지만 백 모양은 진짜가 아니다.

흑의 강수는?

解

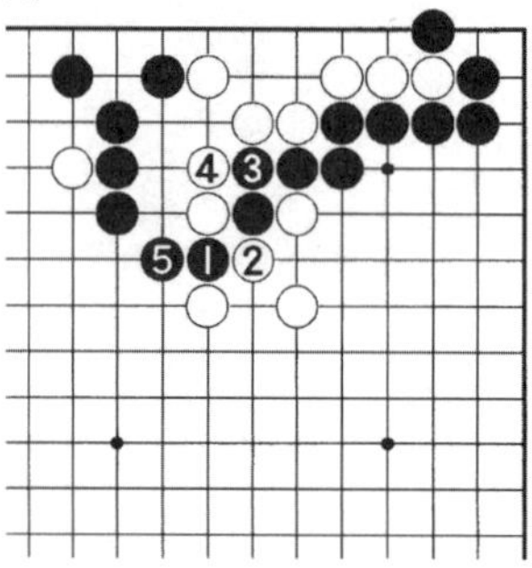

### 급사

흑1의 끼움이 날카로운 맥이다.

백2로 단수치면 흑3으로 이어 4와 5를 맞본다.

흑5로 끊으면 상변의 백이 죽는다.

変

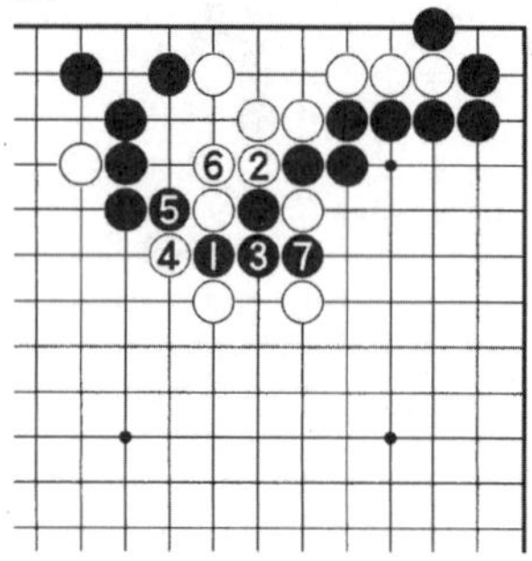

### 백 전멸

백2로 단수쳐도 흑3으로 나가서 잘 되지 않는다.

백4에는 흑5, 7로 중앙으로 나가면 상변의 백이 전멸한다. 흑1 이외의 맥 이외에는 끊을 수 없다.

제9형 흑번

(2174)

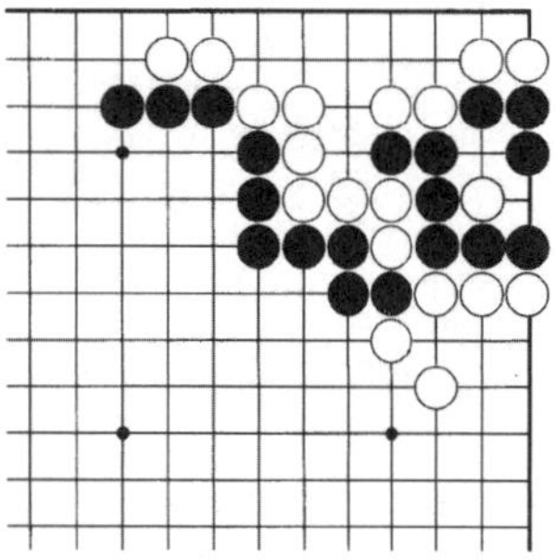

### 수습

공배가 꽉 차 있는 백의 약점을 추궁하여 우상귀의 흑을 살리고 싶다.

解

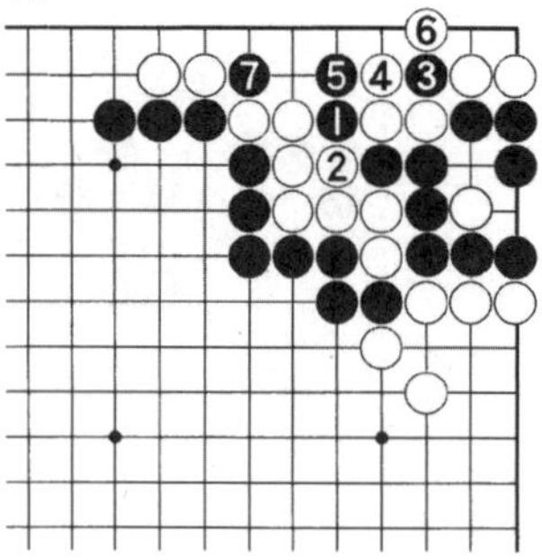

### 떨어지다

흑1로 끼워서 시작한다. 백2로 끊으면 흑3으로 귀를 끊어 큰일이 일어난다.

백4와 흑5로 백의 왼쪽이 잡힌다.

백4로 5는 흑4.

変

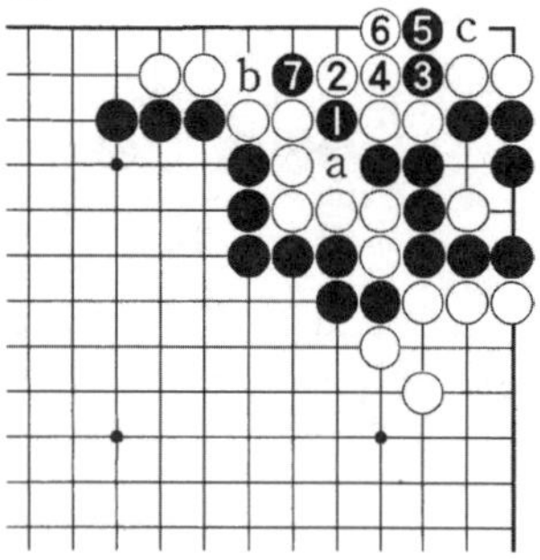

### 촉촉수

백2로 받아도 흑3으로 끊는다.

흑5 이후 백6은 무리.

흑7로 끊어 백a, 흑b로 촉촉수이다.

백6으로 a, 흑c가 될 곳이다.

(2175)

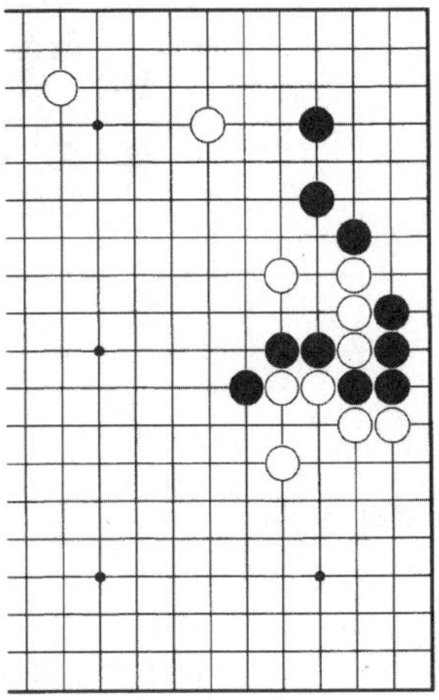

解

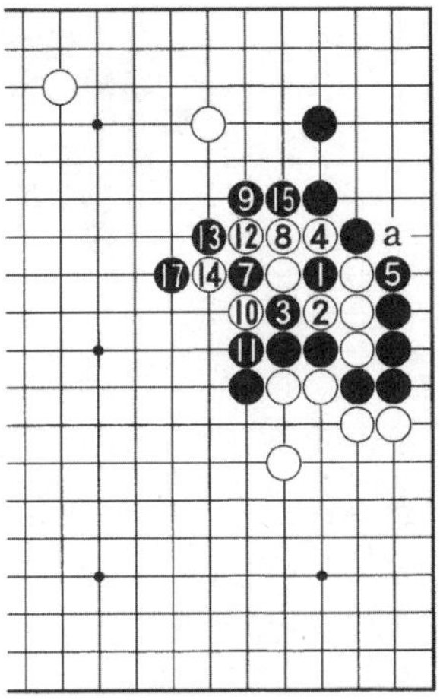


変

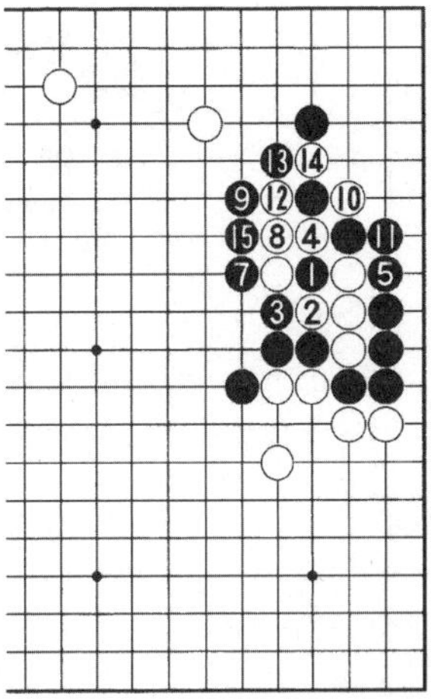

**제10형 흑번**

## 공격하는 방법

우변의 전투.
흑을 끊고 중앙으로 도망친 백 4점을 공격하고 싶다.
흑이 평범하게 건너가면 중앙의 흑이 공격당한다.

## 회돌이 축

흑1로 끼우고 백2에는 흑3으로 조이기가 성립한다. 백4에는 흑5로 조이고 흑7로 포도송이를 만들어 백을 회돌이하면 흑17까지 축에 걸린다. 백4로 5는 흑a.
※⑥→❶, ⑯→❼

## 축

흑9로 씌울 때 백10으로 끊기를 활용하고 12로 나가면 흑13으로 막고 15로 역시 축이 된다.
※⑥→❶

(2176)

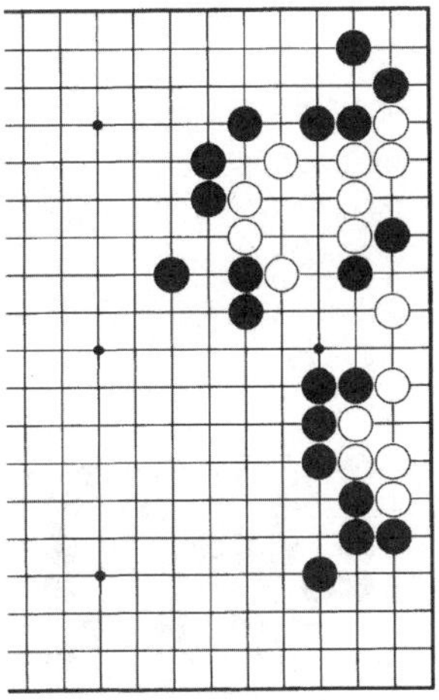

解

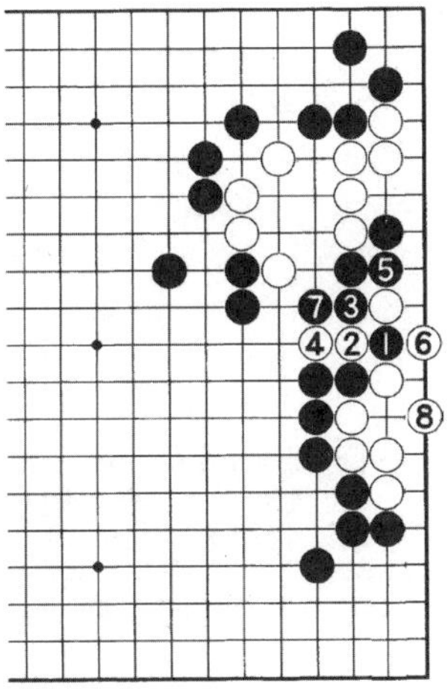

変

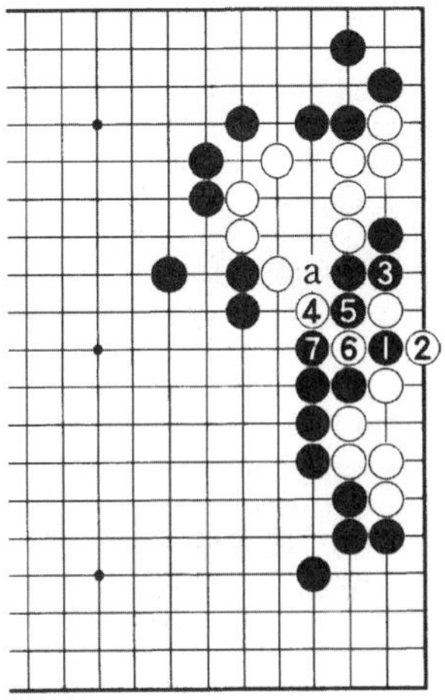


**제11형 흑번**

## 엷음

우변의 백은 위아래가 연결된 것처럼 보이지만 아직 모양이 확실하지 않다.
백의 엷음을 노려 패가 난다면 큰 성공을 거둘 수 있다.

## 분단

흑1의 끼움이 날카로운 맥이다.
백2에는 흑3으로 끊고 백4라면 흑5, 7로 상변을 끊는다.
백2로 5에 두어 1점을 잡으면 흑6으로 뻗어서 우하의 백이 잡힌다.

## 꽃놀이 패

백2로 받으면 흑3으로 이어 그냥은 끝나지 않는 모양이다.
백4, 6으로 두면 흑이 편한 꽃놀이 패가 나서 흑의 대성공이다.
흑1로 3은 백5로 흑이 실패한다.
백4로 5는 흑4, 백a, 흑6.

제1형 백번

(2177)

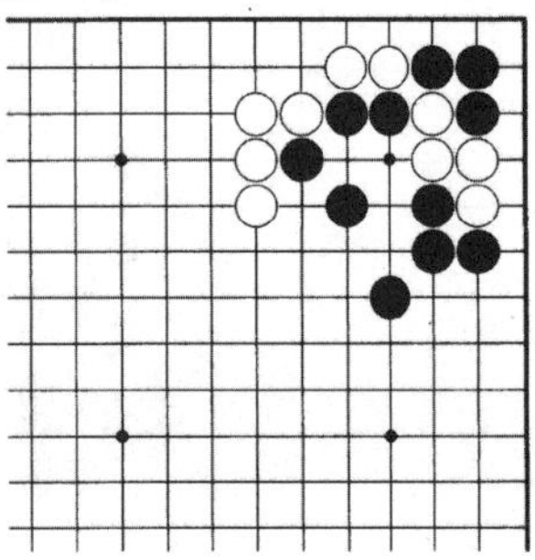

## 부활

백 4점은 우상귀의 흑에게 잡혀있지만 중앙의 흑에게도 중대한 약점이 있어 여유롭게 부활할 수 있다.

解

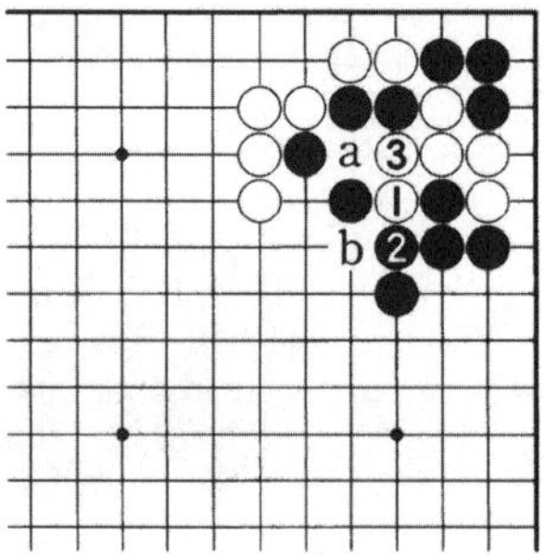

## 촉촉수

백1의 끼움이 맥이다.
흑2로 a는 흑b로 환격.
흑2로 단수쳐도 백3으로 이어 백 2점이 단수 당했다.
촉촉수 모양이다.

变

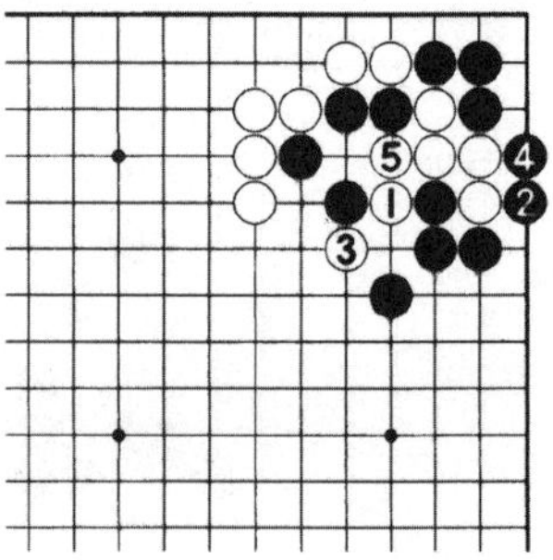

## 4점 잡음

백1에 대해서 흑은 2로 받을 수밖에 없다
백3에 흑4로 건너서 귀를 살리고 백은 중앙의 흑 4점을 잡는 갈림.

제2형 흑번

(2178)

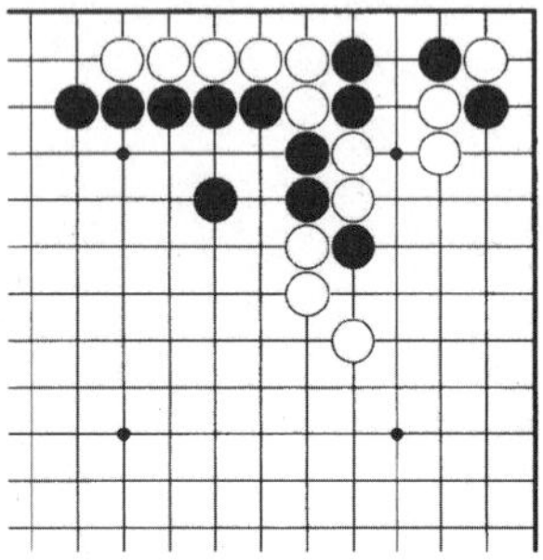

## 결점

흑은 귀에서 작게 사는 것으로는 만족하지 못한다.
백의 약점을 찔러 귀에서 크게 살고 싶다.

解

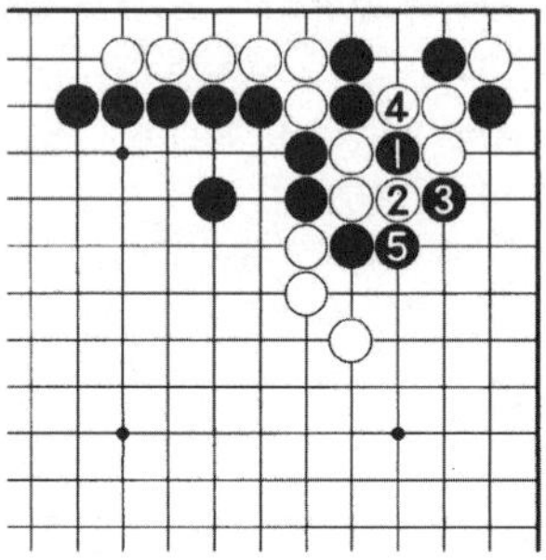

## 3점 잡음

흑1로 끼워서 공배가 꽉 찬 중앙의 백 2점을 추궁한다.
백2로 나가면 흑3이 냉엄하다. 흑5로 단수쳐서 백 3점을 잡는다.

变

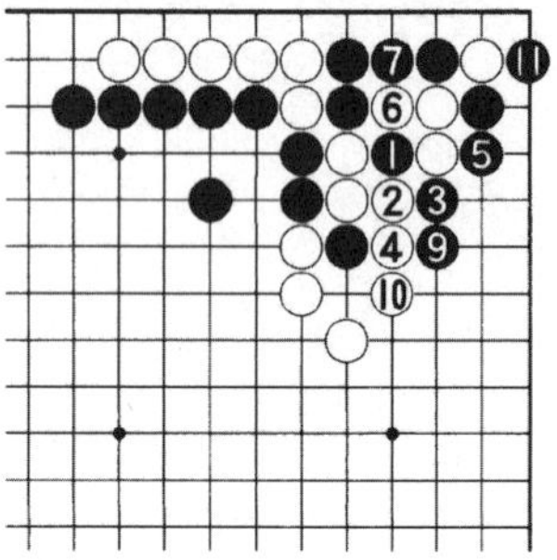

## 백 망함

백4로 도망치면 흑5, 7로 귀의 백 2점을 공격하여 흑11까지 귀에서 크게 살아버린다.
상변의 백도 괴로운 모양이다.
※⑧→❶

제3형 흑번

(2179)

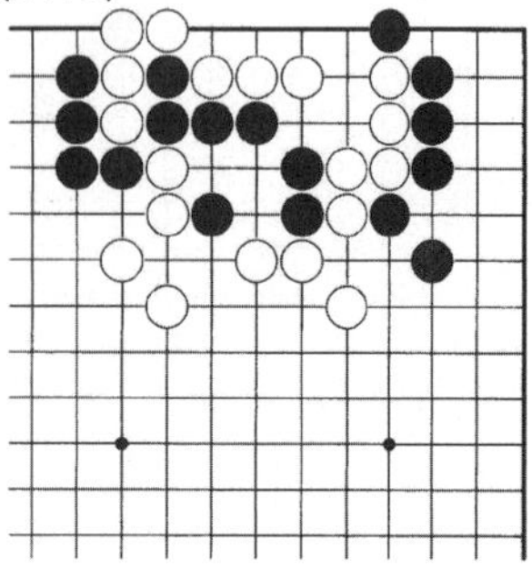

## 사전공작

중앙의 흑을 살리기 위해 상변의 백 4점을 촉촉수로 잡고 싶다. 사전공작을 어떻게 하느냐에 따라서 성패가 갈린다.

解

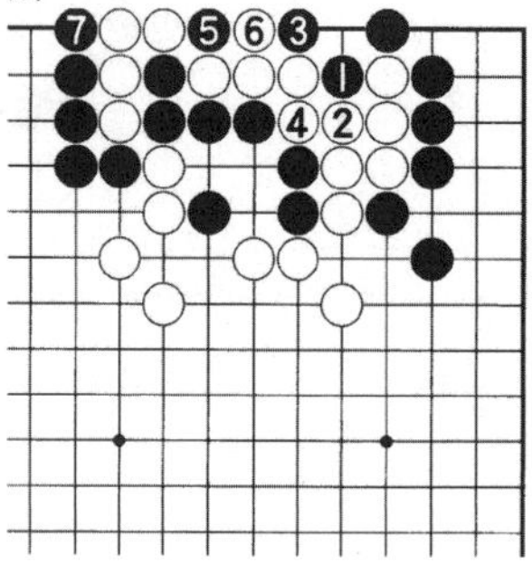

## 패

흑1의 끼움이 백의 모양을 무너뜨리는 급소이다.
백2에는 흑3으로 젖혀 패가 난다.
백이 패에 지면 백4로 잇고 흑은 5, 7로 촉촉수로 백을 잡는다.

变

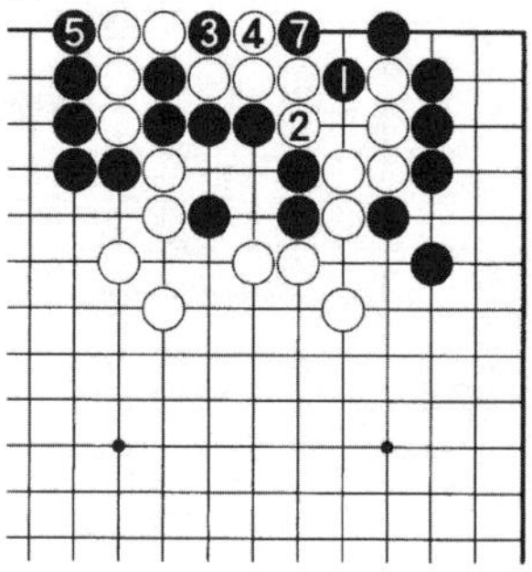

## 큰 패

백2로 받는 것은 흑3, 5를 선수하고 7로 집어넣어서 큰 패가 난다.
※⑥→❸

**제4형 흑번**

(2180)

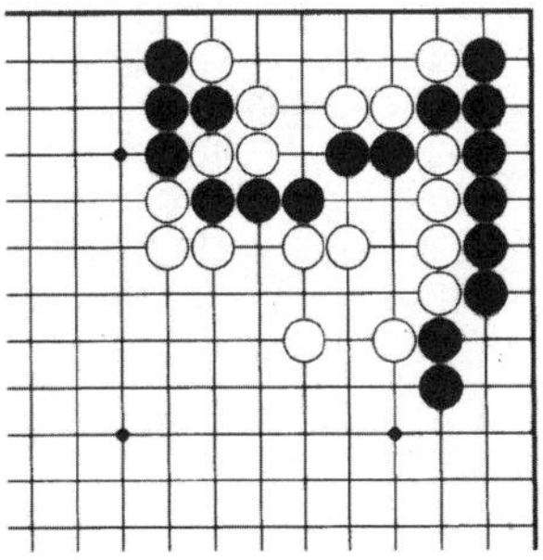

## 급소

중앙의 흑 5점과 상변의 백 사이에서 수상전이 벌어졌다.
흑은 백의 급소를 빼앗아 수를 줄인 뒤, 자충으로 유도하면 이길 수 있다.

解

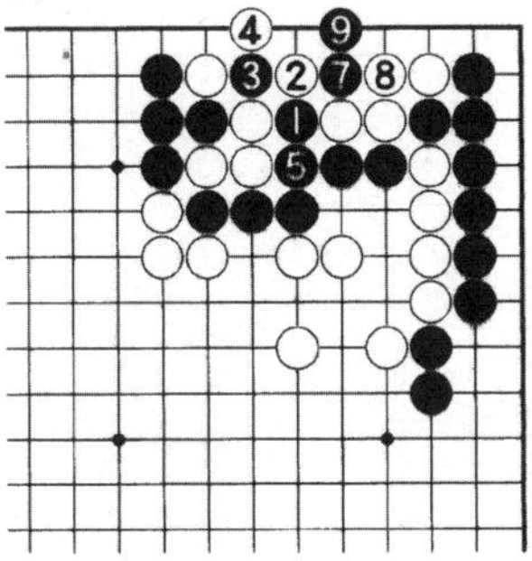

## 양자충

흑1로 끼우고 백2로 막으면 흑3, 5로 백을 자충으로 이끈다.
흑7, 9로 끊어 양자충으로 만들면 흑의 승리.
※⑥→❸

失

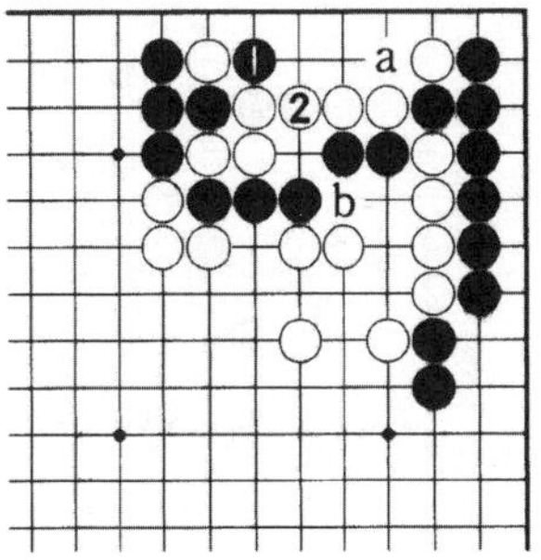

## 흑 패배

흑1로 끊으면 백2로 급소에 두어서 실패한다.
이후 흑a로 공격해도 백b로 수가 부족하다
흑1로 a하여도 백2로 같다.

**제5형 흑번**

(2181)

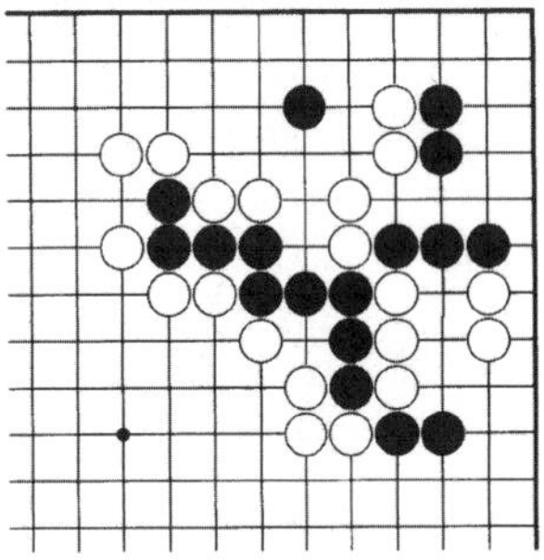

## 백의 옯음

중앙의 흑 9점을 살리고 싶다. 우변의 백과 수상전은 안 된다. 상변에 있는 백의 옯음을 노릴 수밖에 없다.

解

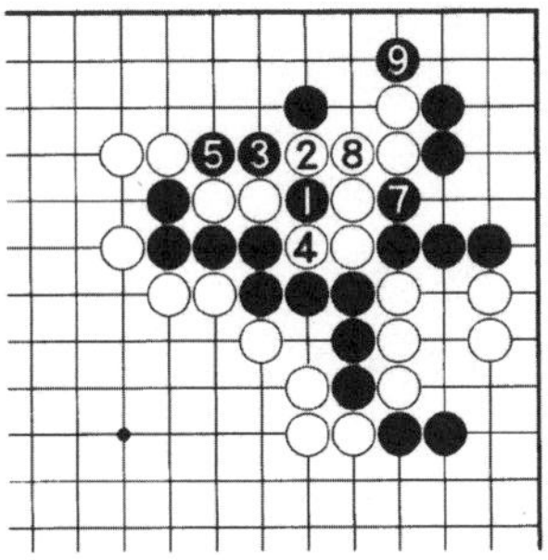

## 촉촉수

흑1의 끼움이 백 2점의 공배를 메우는 급소이다.
백2로 받으면 흑3으로 끊어 백을 조이고 흑7로 촉촉수이다.

变

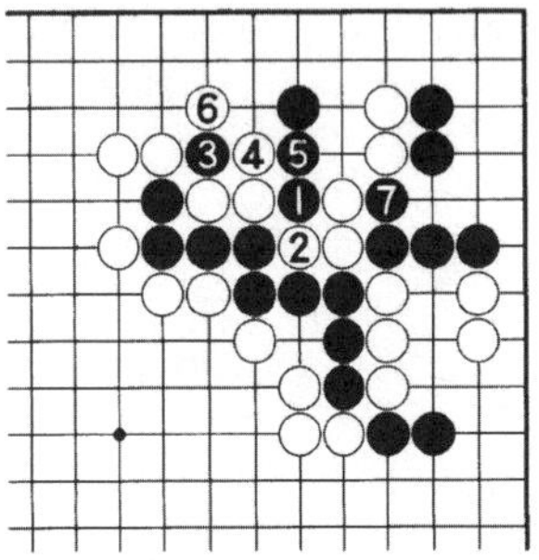

## 생환

백2로 끊으면 흑도 3으로 끊어 백을 단수친다.
백4라면 흑5, 7로 요석 백 3점을 잡고서 생환한다.
백4로 5는 정해도로 환원.

**제6형 흑번**

(2182)

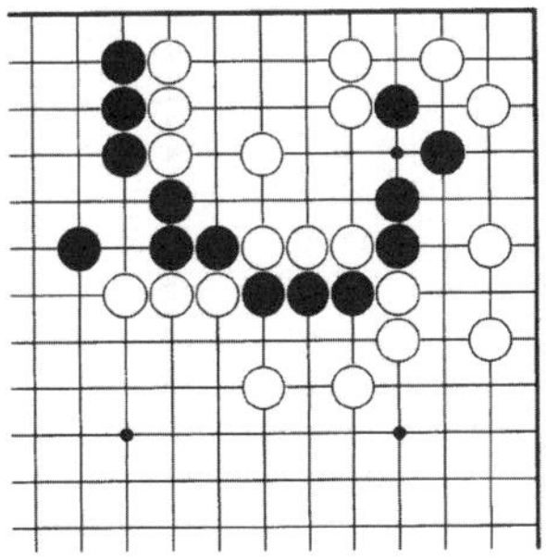

## 요석

우상의 전투.
귀의 흑은 살기 어려워 보이지만 요석인 백 3점을 잡으면 간단하게 해결된다.

解

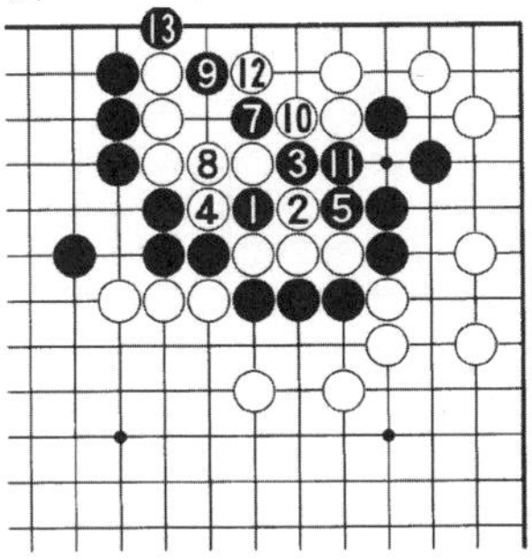

## 환격

흑1로 끼워서 백의 공배를 메우고 3, 5로 조여 백을 포도송이로 만든다. 백6으로 이으면 흑7부터 13까지 환격.
※⑥→❶

失

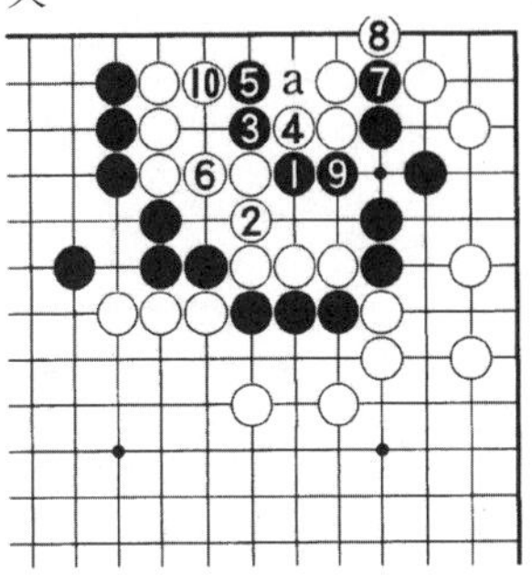

## 흑 패배

흑1로 붙이면 백2로 이어 실패한다. 흑3은 백4로 끊고 10까지 흑의 패배.
흑3으로 4에 나가는 것은 백3, 흑a, 백9로 역시 흑이 망한다.

(2183)

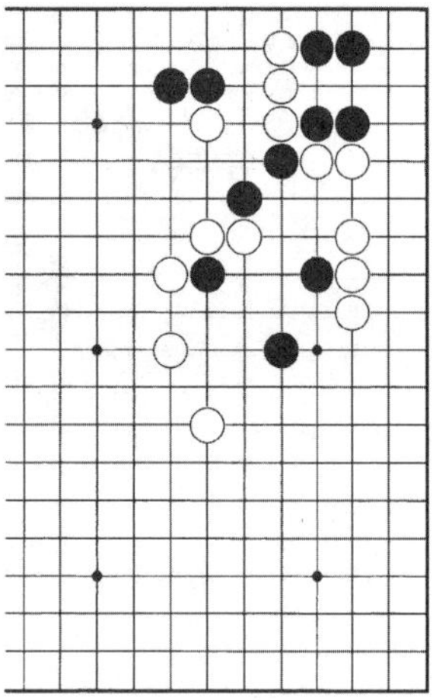

解

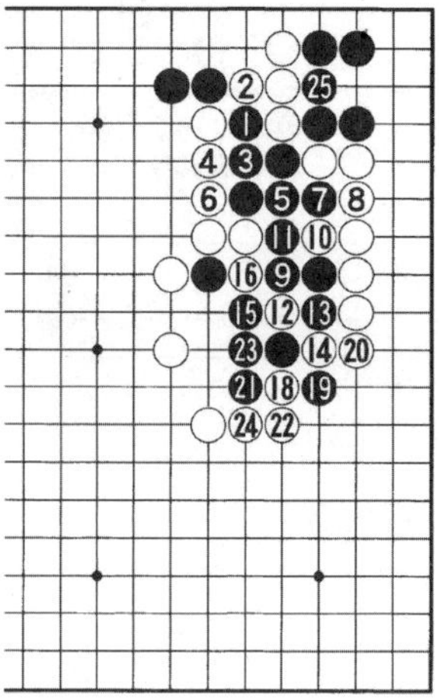

失

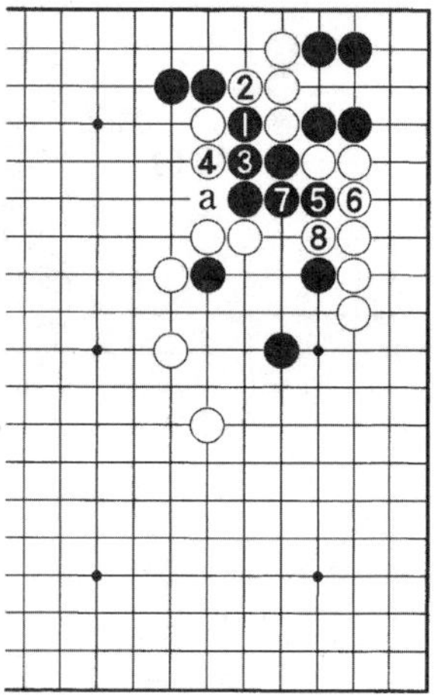

제7형 흑번

## 수상전

중앙에 흩어져있는 흑을 이용해서 상변의 백 3점을 잡고 싶다. 흑은 백의 조임을 수순을 버텨내고 수를 늘리면 수상전에서 이길 수 있다.

## 빈삼각

흑1로 끼워서 끊을 수밖에 없다.
백2, 4로 중앙의 흑의 공배를 메워서 공격한다. 흑5가 우형이지만 좋은 수로 백6 이후, 흑7, 9로 쌍립서고 25까지 흑 승.
※⓱→⑫

## 역전

흑5를 선수하는 것은 대악수.
백6, 흑7 이후, 백은 a에 두지 않아도 되기 때문에 백8로 흑의 출구를 막아 역전당해 버린다.
흑7로 8은 백7로 먹여쳐서 촉촉수이다.

(2184)

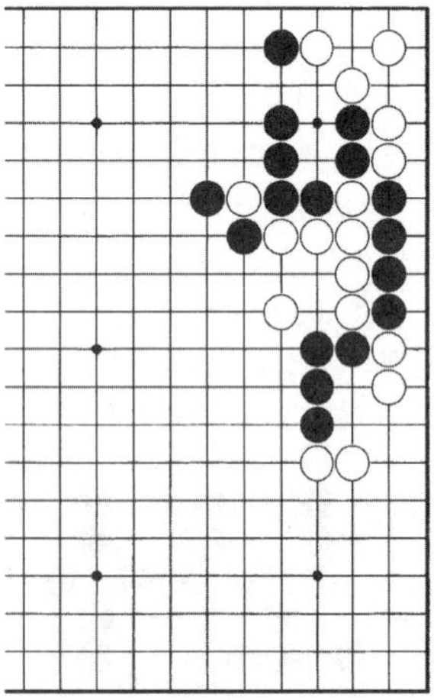

解

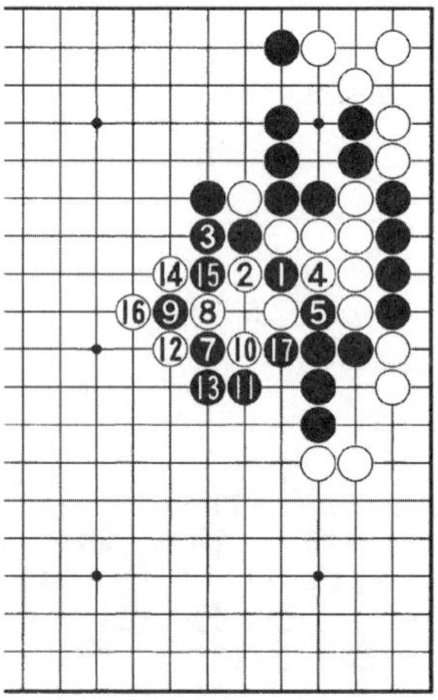

变

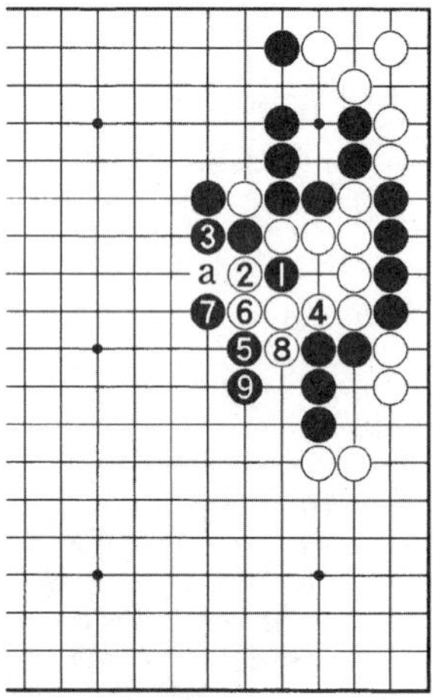

제8형 흑번

## 수상 전

우변의 백은 흑 4점을 잡은 것처럼 보이지만 중앙의 백의 맛이 나쁘다. 흑은 4점의 수가 긴 것을 이용하면 백을 이길 수 있다.

## 촉촉수

흑1의 끼움이 백의 공배를 메우는 급소이다.
백2, 4로 1점을 잡아도 흑5로 단수쳐서 백은 포도송이가 된다.
흑7로 씌우고 이후는 백의 출구를 막아서 촉촉수이다.
※⑥→❶

## 한수 승

백4로 이으면 흑5의 씌움이 맥이 된다. 백6으로 이어도 흑7로 막아 흑의 한 수 승.
백6으로 a는 흑6으로 끊어 백이 안 된다. 흑1로 5에 씌우기라도 하면 백1로 흑이 실패한다.

(2185)

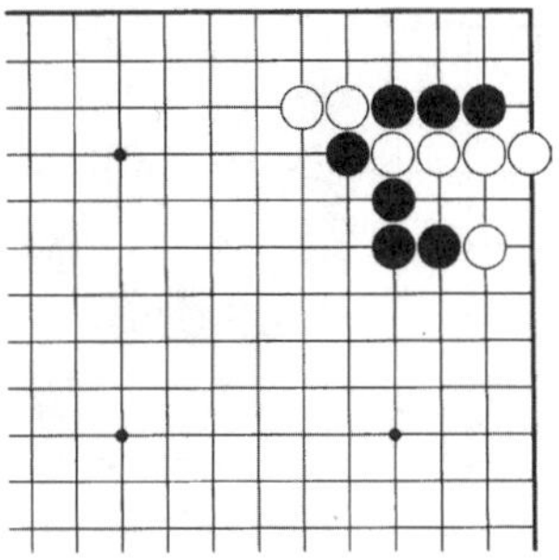

解

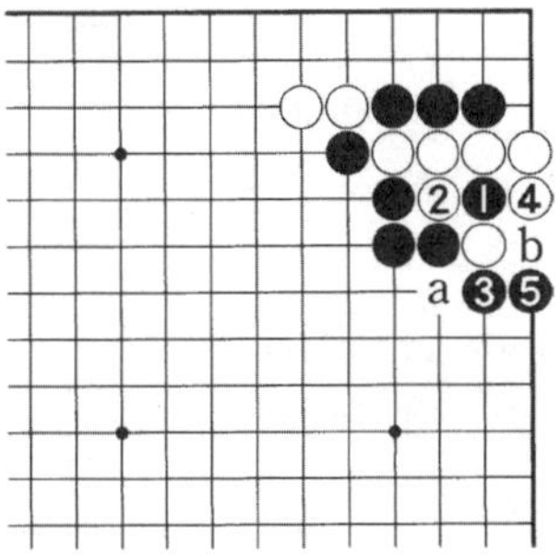

失

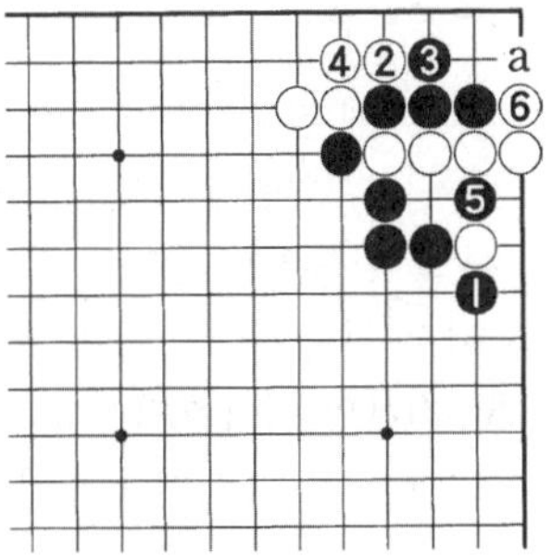

제9형 흑번

### 최강수

우상의 수상전 문제.
귀의 흑을 살리는 것만으로는 바깥의 흑이 약해져서 불만이다. 백을 공격하여 잡는 최강의 수가 필요하다.

### 패

흑1로 끼워서 백의 수를 줄이는 맥이다.
백2, 4로 흑 1점을 잡으면 흑5로 공격한다. 이후에는 백a, 흑b로 천지대패가 난다.

### 흑 불만

흑1로 막는 것은 백에게 여유를 주는 수이다. 백2, 4로 젖혀이어 6까지 수상전은 백의 승리
흑5로 6은 백a로 붙여 역시 백의 승리이다.

(2186)

젖혀끼움 사활

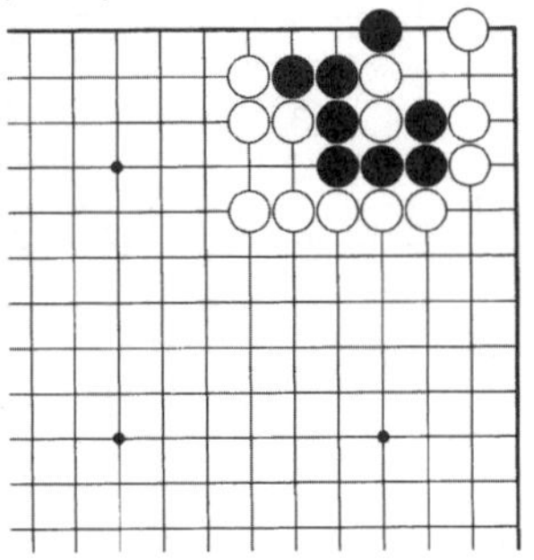

解

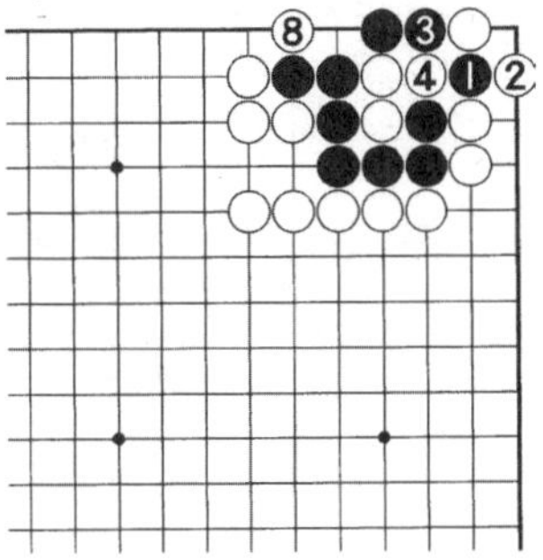

失

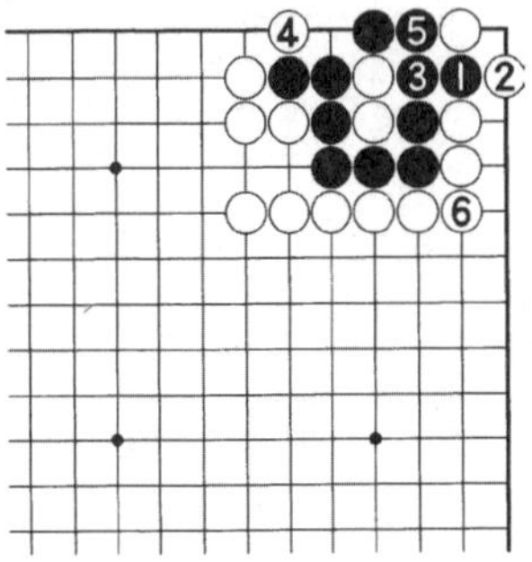

제1형 흑번

### 수를 만들다

사활 문제.
백 2점을 정직하게 따내는 것은 실패한다.
2점을 잡아도 귀의 백이 자충에 걸리도록 잡아야 수를 낼 수 있다.

### 패

흑1, 3이 냉엄한 맥이다.
백4에는 흑5로 백 3점을 되 따낸 뒤 7로 단수쳐서 패가 난다.
※❺→❶(따냄), ⑥→④(따냄), ❼→④의 왼쪽(단수치기), ❾→❶(패)

### 흑 죽음

흑1, 3으로 두어서는 아무 수도 안 난다.
백4로 흑집을 빼앗으면 흑5로 단수쳐도 백6으로 지켜서 흑의 헛수고로 끝난다.

(2187)

젖혀끼움 끝내기

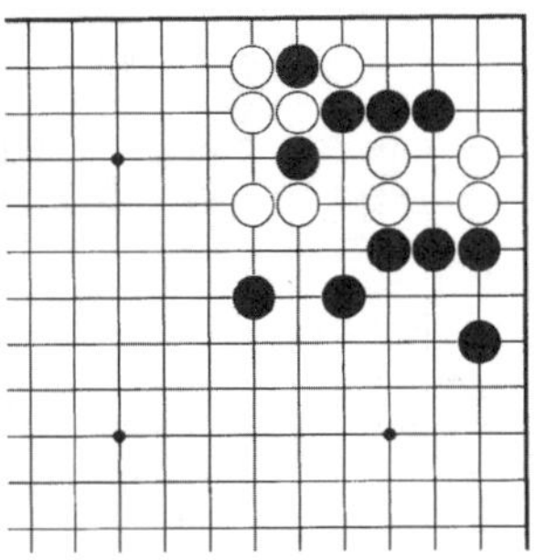

解

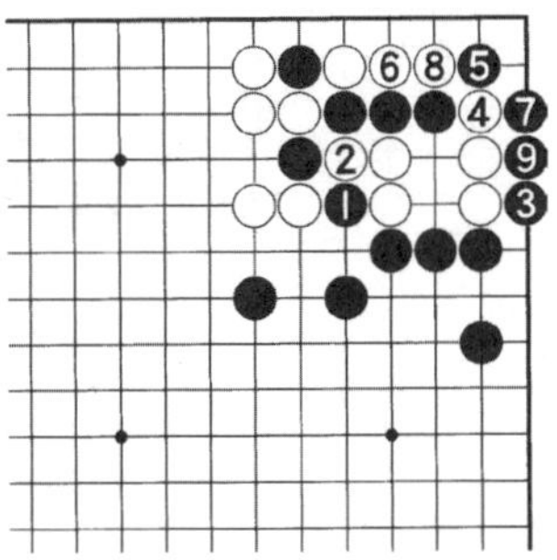

変

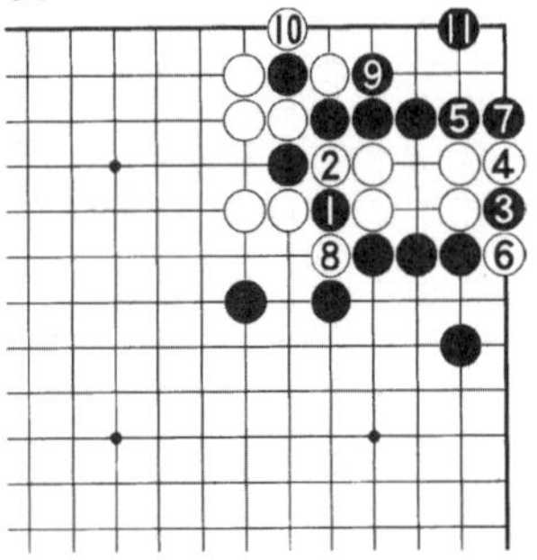

제1형 흑번

### 대활약

우상의 끝내기 문제.
우상귀의 흑 5점이 잡혀있는 모양이나 끝내기에서 크게 활약한다.

### 큰 끝내기

흑1로 끼워서 백2와 교환해 두면 백의 공배를 메운 모양이다.
흑3으로 젖히면 백4로 받을 수밖에 없기 때문에 흑5부터 9까지의 끝내기가 크다.

### 부활

백4로 막으면 자충 때문에 흑5로 수가 난다.
흑7로 막는 수가 선수여서 흑11까지 귀의 흑이 부활.

# 젖혀나가기

상대에게 끊길 위험이 있지만 그것을 알고서 젖혀 나가는 모양을 말한다. 끊긴 1점은 상대의 돌도 함께 끊어 많은 수를 만들어 낸다.
흑1로 젖혀 나가는 수가 좋다. 백이 a로 끊으면 흑b로 좌우의 백이 자충으로 백은 3점을 잡을 수 없어 죽는다. 백b로 이어도 흑이 a로 이으면 백이 죽는다.

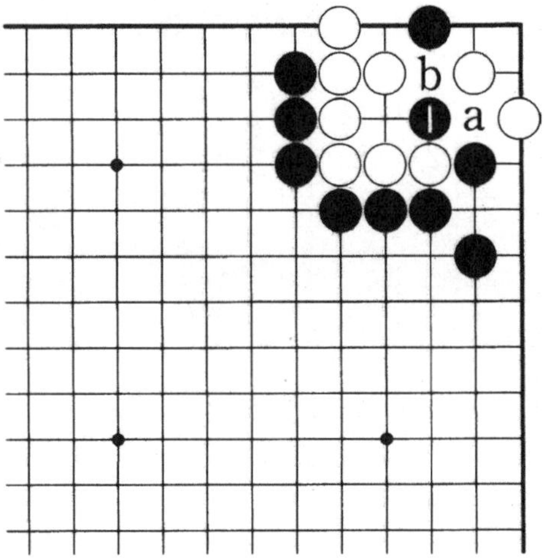





(2188)

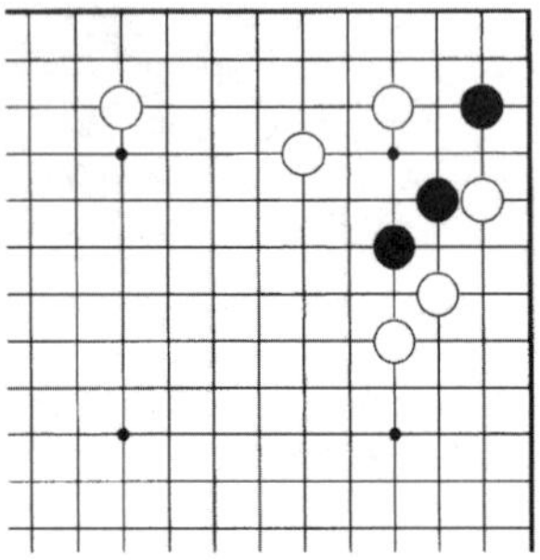

### 콤비
두 칸 높은 협공 정석의 변화이다.
백은 우상에 있는 흑의 근거를 공격하고 있다.
흑이 수습하려면 제1수와 제3수의 콤비네이션이 필요하다.

解

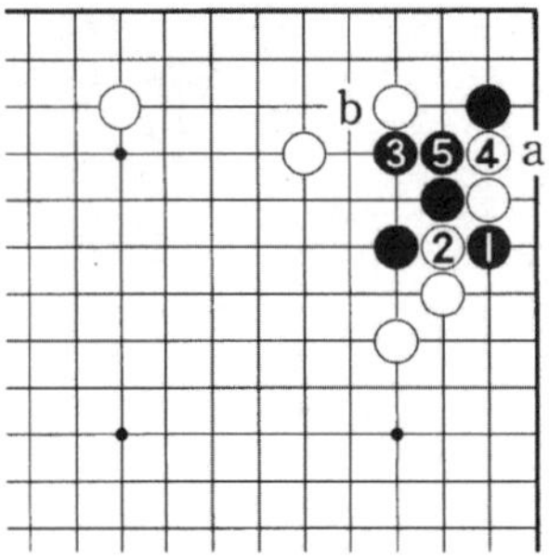

### 맞보기
흑1로 젖히고 백2로 끊게 만든 뒤 흑3이 좋은 수이다.
백4에 흑5로 받아 a, b를 맞봐서 흑 전체가 근거를 만들면서 연결하였다.

失

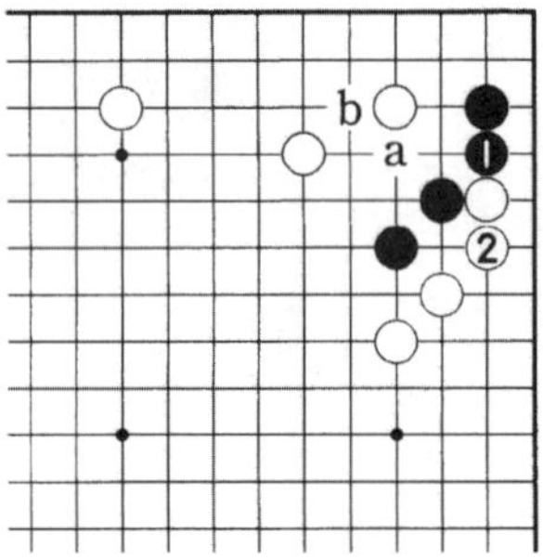

### 흑 고전
흑1로 막는 것은 악수이다.
백2로 당겨서 흑의 근거가 사라진다.
흑a는 백b로 흑의 고전.



(2189)

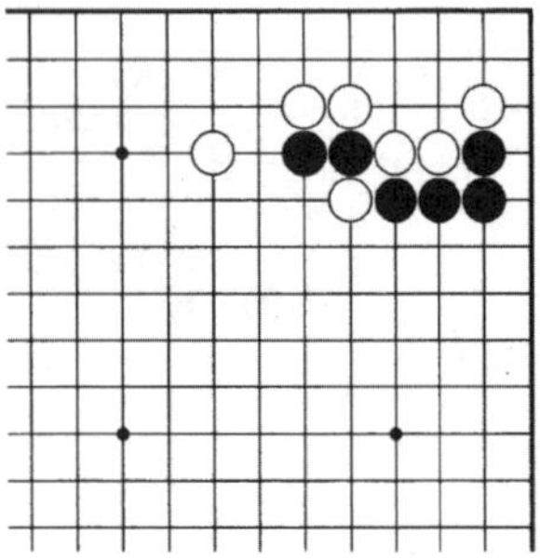

### 정형
두 칸 높은 협공 정석의 변화이다.
흑은 우상의 모양을 정리하고 싶다.

解

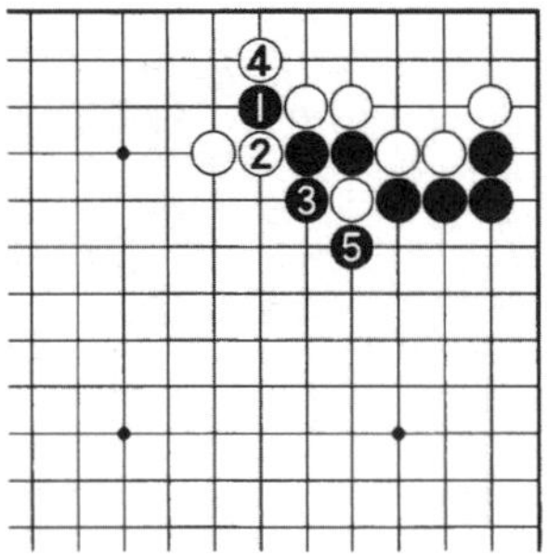

### 따냄
흑1 젖힘이 최선이자 최강.
백은 2로 끊고 4로 잡을 수밖에 없지만 흑은 5로 백 1점을 따내서 우변에 강력한 두터움이 생겼다.

变

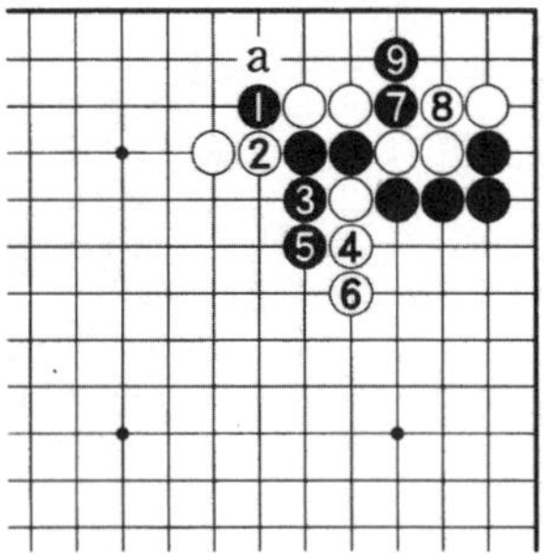

### 백 불리
백4로 도망치면 흑5로 한 번 밀어두고 7로 끊고 9로 귀를 잡혀서 백이 안 된다.
백2로 a는 흑2로 백이 싸우기 어려운 모양이다.

젖혀나가기
굳힘

제1형 흑번

(2190)

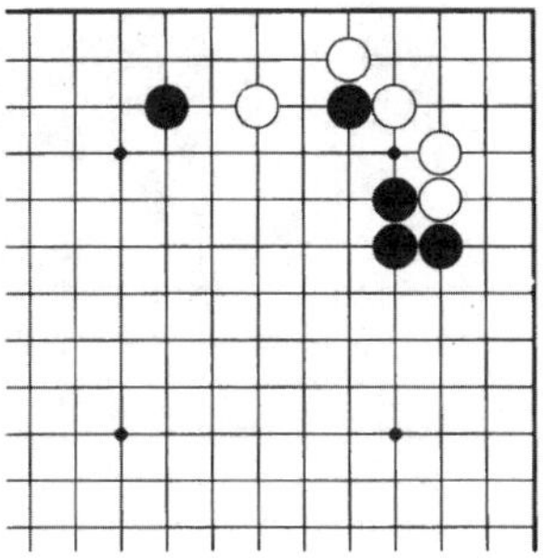

### 활용

우상귀에 있는 백의 엷음을 노렸으나 그 이후가 문제이다.
좌우의 백을 연결해주더라도 바깥을 두텁게 만들면 성공이다.

解

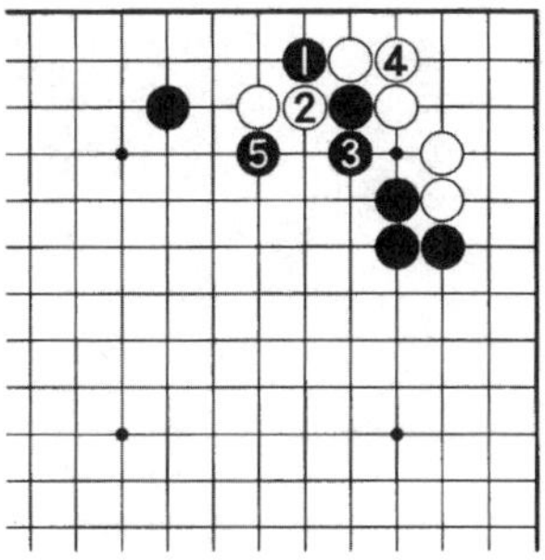

### 젖혀나가기

흑1로 젖히는 수가 좋다.
백2로 끊으면 흑3으로 나가 귀의 약점을 본다.
백4라면 흑5로 붙여 바깥의 흑이 두터워진다.

変

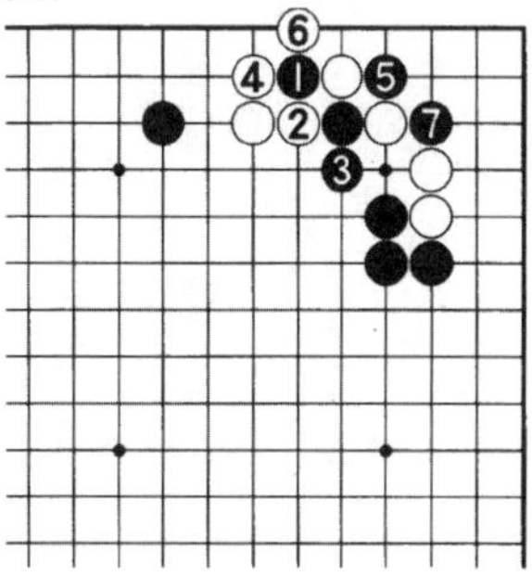

### 귀를 잡다

백4로 상변을 잡으면 흑5, 7로 귀를 잡혀 백집의 손해가 너무나도 크다.
흑1로 2, 백1은 바깥의 흑이 약해서 실패한다.

제2형 백번

(2191)

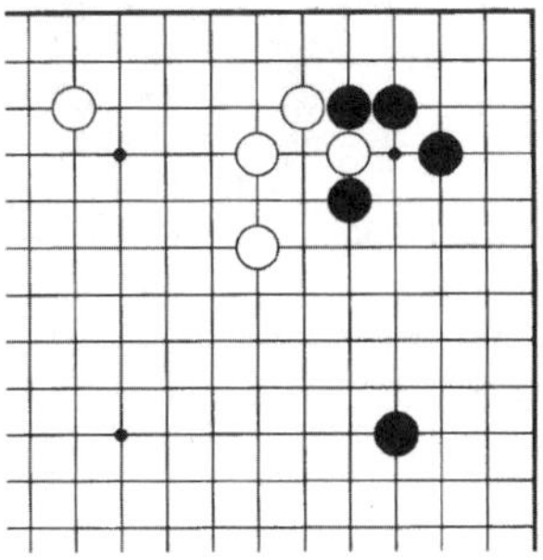

### 강화하다

우상의 모양이 확실히 정해지지 않았다.
우변 흑의 엷음을 노려 상변의 백을 강한 모양으로 만들고 싶다.

解

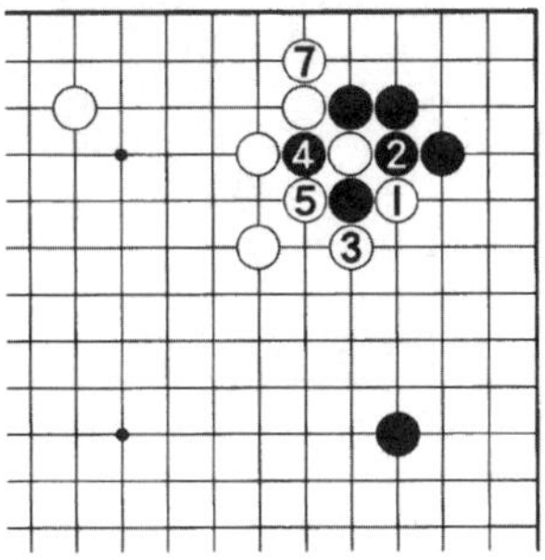

### 백 좋은 모양

백1로 젖혀나가는 수가 매섭다. 흑2로 끊으면 백3, 5 단수이다. 흑6으로 이은 모양은 포도송이로 백7까지 백의 모양이 좋다.
※❻→❹의 오른쪽

変

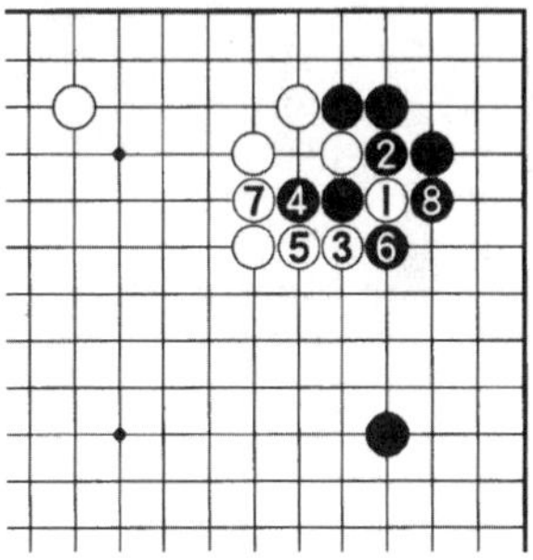

### 두터운 모양

흑4로 나가 백의 단수를 방지하고 백5에 흑6으로 끊으면 우변이 굳지만, 백은 7의 단수를 선수하여 중앙과 상변이 두터운 모양이 된다.

젖혀나가기
타개

제1형 흑번

(2192)

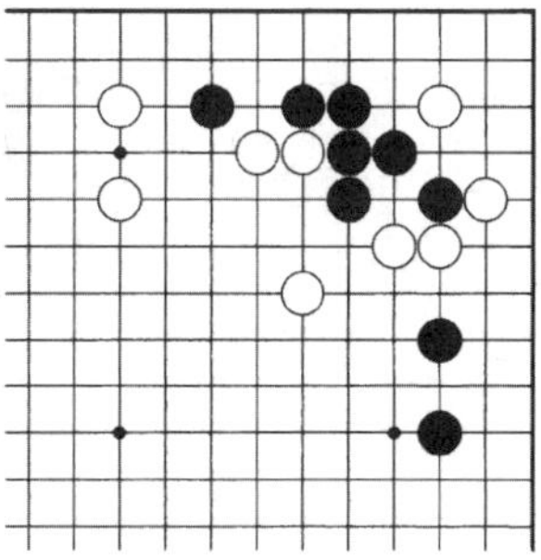

### 귀를 지키다

우상귀의 전투.
백은 3·3에 침입하여 흑의 근거를 노리고 있다. 흑은 최대한 버텨서 귀를 지켜야 한다.

解

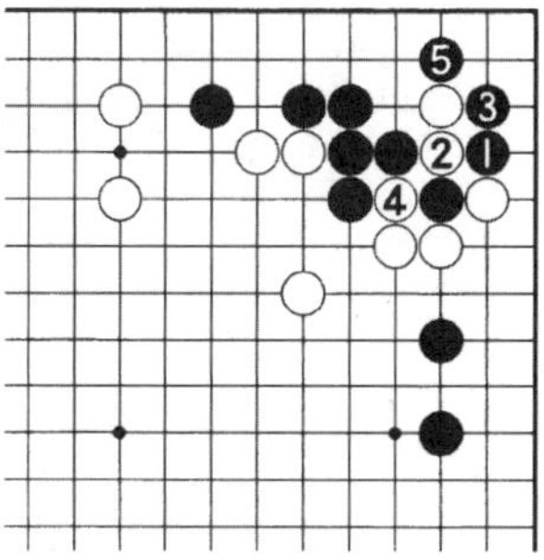

### 피해근소

흑1로 젖히고 백2 끊음에 흑3으로 민다.
백은 4로 흑 1점을 따낼 수밖에 없는데 흑5로 젖혀 귀로 건너가면 적은 피해로 지켜냈다.

変

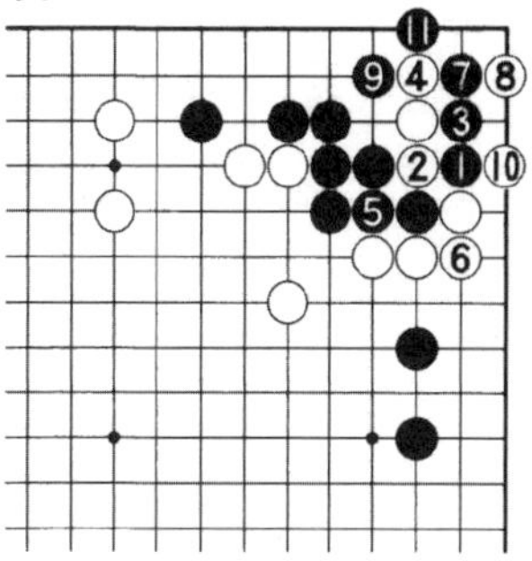

### 수상전 승

백4로 내려 저항하면 흑5로 이으면 된다.
백6으로 우변 1점을 살리면 흑7 부터 11까지 백 3점과의 수상전에서 이긴다.

제2형 백번

(2193)

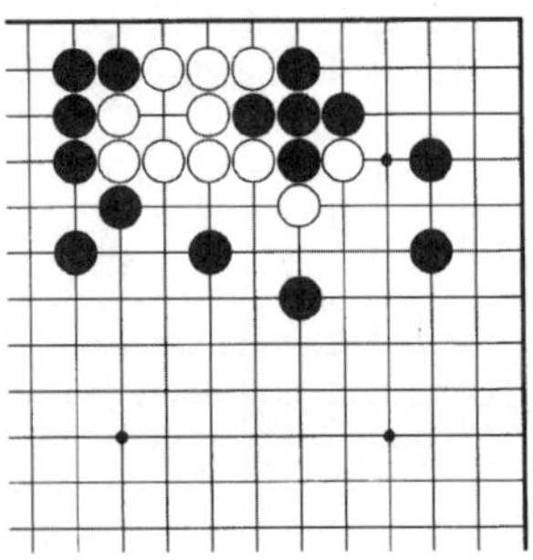

### 활로

상변의 백은 흑에게 완벽히 둘러싸여 있다.
살기 위해 상변에 있는 흑 5점을 노려야 한다.

解

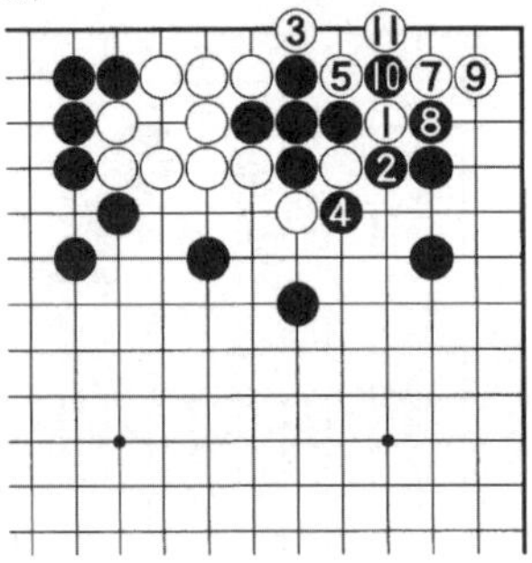

### 패

백1로 젖혀 흑 5점을 공격한다. 흑2로 끊으면 백3, 5로 조이고 9로 귀로 늘어 패라는 비상수단에 기댄다.
※❻→❹의 위

变

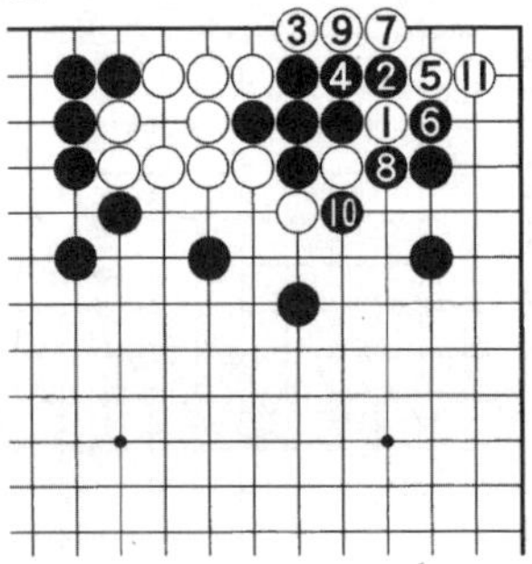

### 백 삶

흑2로 받으면 백3의 단수를 선수하고 5로 이단젖힌다.
흑6부터 10까지 백 2점을 따낼 수밖에 없지만 백11로 나가 살 수 있다.

젖혀나가기

건넘

제1형 흑번

(2194)

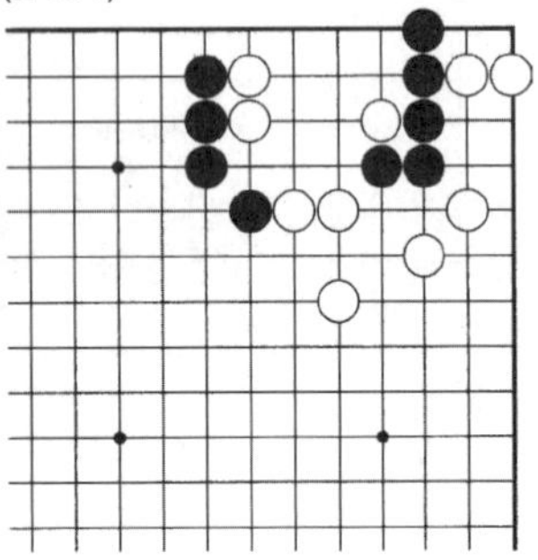

### 강한 돌

우상의 흑은 그 자체로 살 수 있으나 상변으로 건너가서 강한 돌이 되는 쪽이 낫다.

解

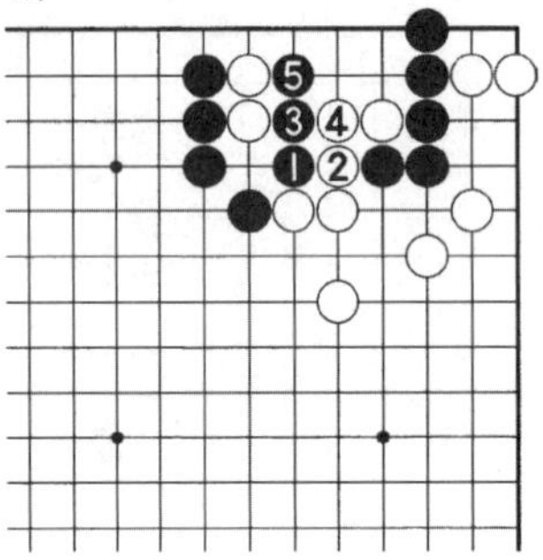

### 건넘

흑1로 젖히고 3과 5로 상변으로 나간다.
속맥인 것 같지만 우상귀 뻗음을 이용하여 흑은 제1 선을 타고 건너간다.

失

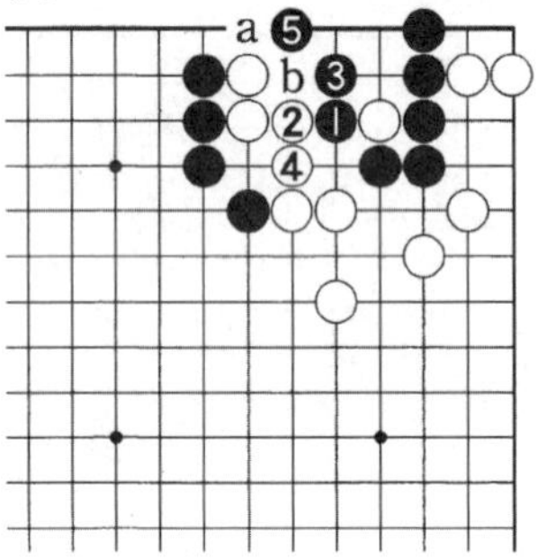

### 괴롭다

흑1, 3으로 백 1점을 잡으면 흑은 산다.
백4에 흑5. 이후, 백a, 흑b가 되는데 상변의 흑과 연결하지 못해 흑이 괴로운 모양이다.

젖혀나가기

탈출

제1형 백번

(2195)

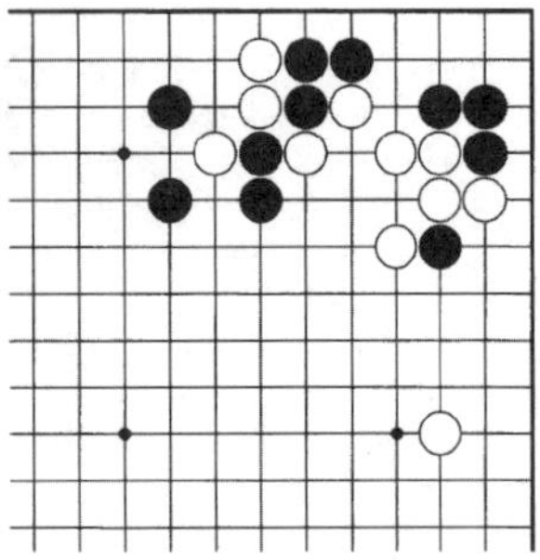

### 실마리

상변의 백을 이대로 방치할 수는 없다.
귀의 흑의 약점을 이용하여 탈출의 실마리를 구해야만 한다.

解

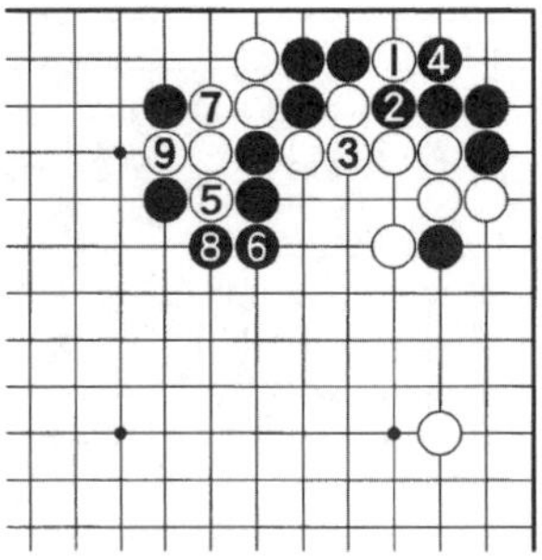

### 탈출성공

백1의 젖힘이 좋다.
흑2, 4로 잡으면 백3으로 이어 바깥을 굳히고 백5로 한 번 나가둔다.
백7, 9로 나가 탈출 성공이다.

失

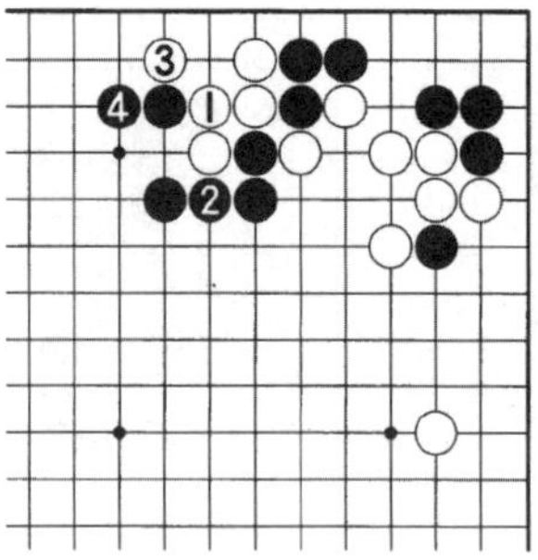

### 백 죽음

백1로 잇는 수는 무겁다.
흑2로 이으면 바깥이 튼튼해지며 백3, 흑4로 백은 탈출이 불가능하고 동시에 죽는다.
백1로 2는 흑1.

(2196)

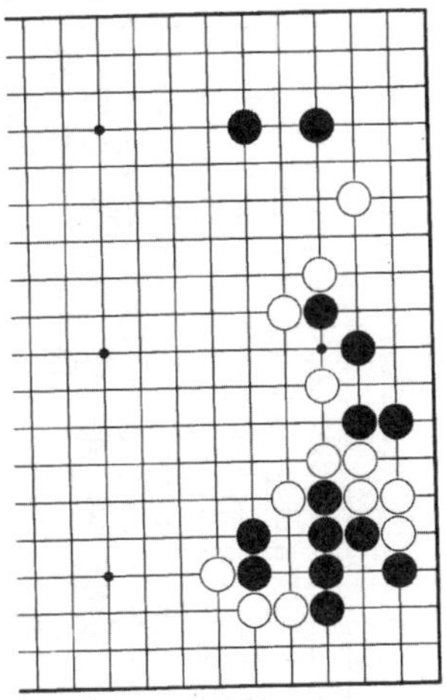

解

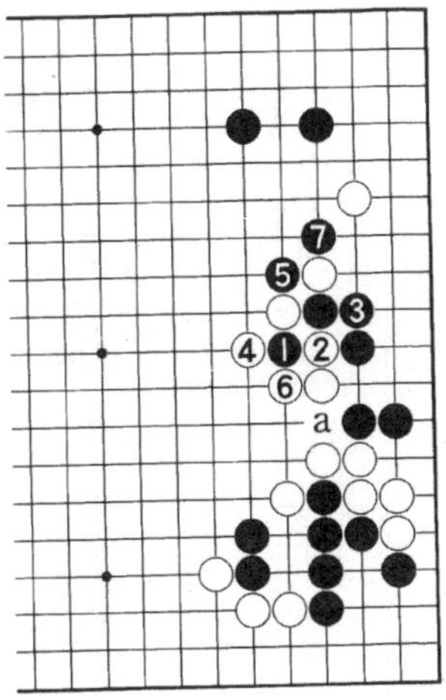


変

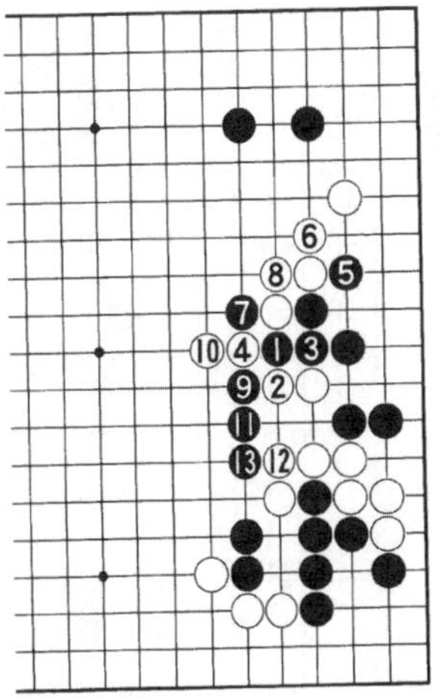

제2형 흑번

## 결과

백에게 제압당한 흑 4점을 탈출시키고 싶다.
우변에서 사는 것보다 적극적으로 백의 약점을 추궁하면 좋은 결과를 얻을 수 있다.

## 대성공

흑1로 젖혀나가는 수가 냉엄하다.
백2로 끊으면 흑은 3으로 이어 a를 노린다. 백4는 흑a를 막은 수이다.
흑5, 7로 우변의 백 1점을 잡아 크게 성공한다.

## 흑 승

백2로 받으면 흑3으로 이어 바깥의 백 모양에 약점이 많아진다. 흑5의 젖힘을 선수하여 수를 늘린 뒤 흑7부터 13으로 우하의 백을 가두면 수상전은 흑이 이긴다.

(2197)

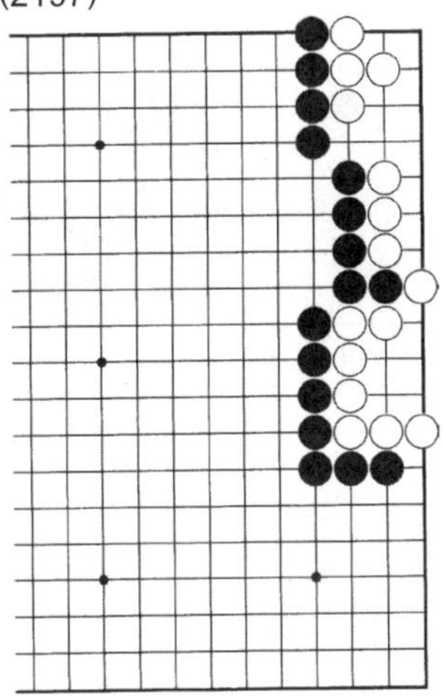

解

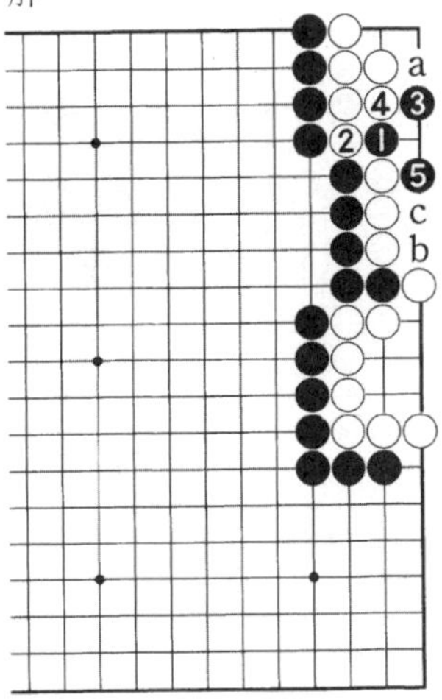


変

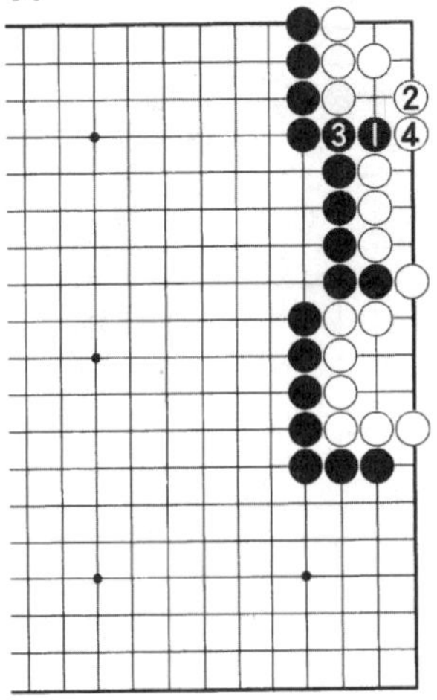

젖혀나가기 줄이기

제1형 흑번

## 결함

백에게 약점이 있는 것 같다.
백이 버티면 전체의 사활이 걸릴지도 모른다.

## 패

흑1의 젖힘이 성립한다.
백2로 끊으면 흑3 입구자가 맥이다. 백4, 흑5로 패.
백4로 a로 귀에 집을 내면, 흑b로 먹여치고 백c, 흑5로 패를 낸다.

## 백 11집

우변에서 패가 나면 백 전체의 사활이 문제가 되므로 백은 단순히 사는 것이 무난하다.
백2의 입구자가 좋은 응수로, 흑3으로 이어 우변 백집은 11집이 된다.

(2198)

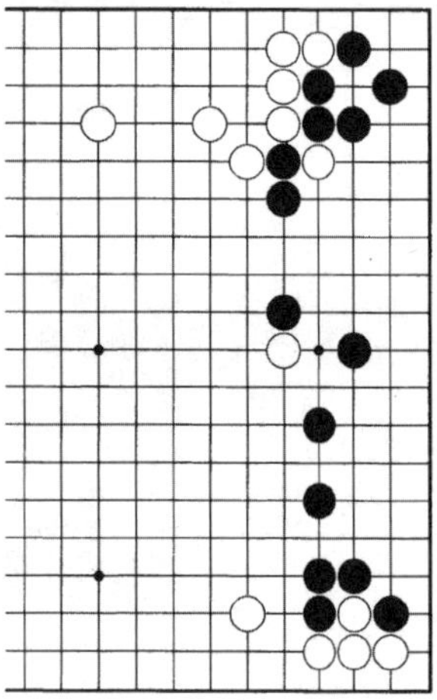

解

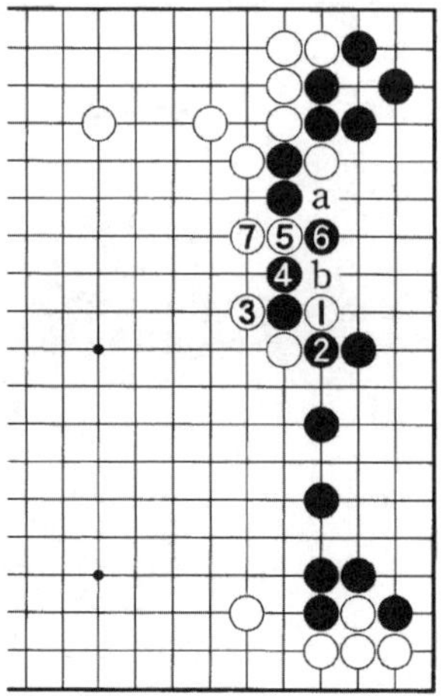

变

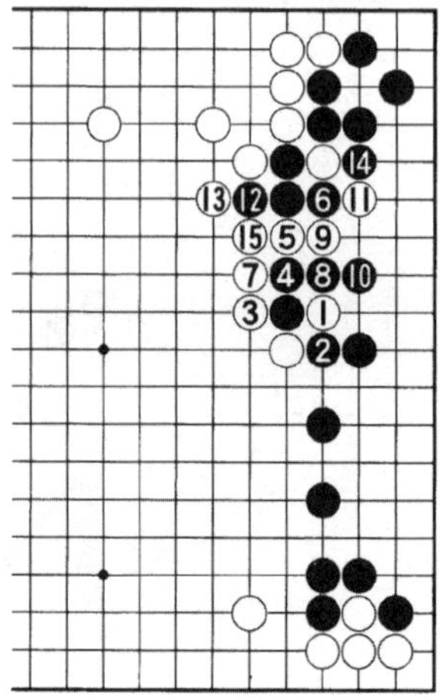

제1형 백번

### 찬스

우상귀에서 우변으로 이어진 흑집이 크다.
흑은 백의 삭감에 최대한 버텨보았으나 모양이 엷어 백에게 기회가 찾아왔다.

### 2점 잡기

일단 백1로 젖힐 곳이다. 흑2로 끊을 때 백3이 묘수를 품은 수이다. 흑4에 백5로 끼워 흑의 모양이 무너져버린다.
백7 이후 a와 b의 2점 잡는 것이 맞보기가 된다.

### 비참하다

백5 끼움에 흑6으로 저항하면 백7의 단수부터 흑8, 백9로 계속 단수 친다.
흑10으로 나갈 때 백11부터 15로 조이면 우변 흑집이 무너져서 흑은 비참한 모양이다.

(2199)

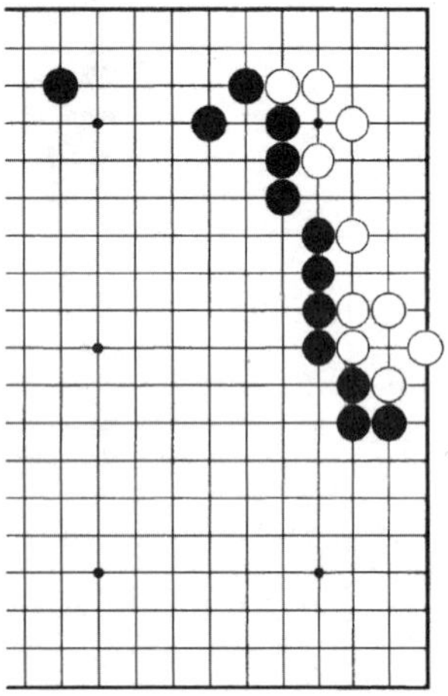

解

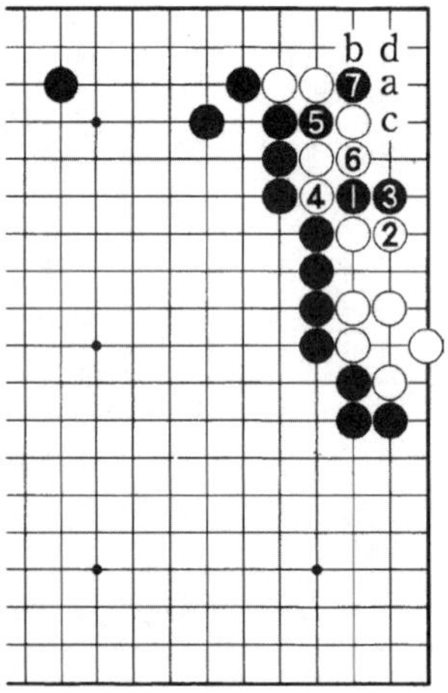

失

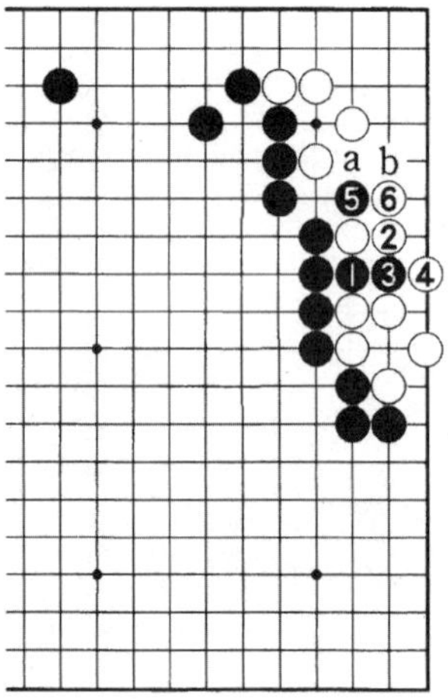

제2형 흑번

### 구멍

우변의 백은 구멍이 뚫려있는 모양이다.
우변과 귀를 연결하여 백집으로 굳어지는 것을 보고만 있을 수는 없다.

### 귀를 잡다

흑1로 젖혀나가는 수가 매섭다. 백2로 내리면 흑3으로 막아 백4 끊음을 기다린다.
백4라면 흑5, 7로 끊는다.
이후에는 백a, 흑b, 백c, 흑d로 흑집은 10집도 넘게 늘어났다.

### 수순전후

흑1로 먼저 나가는 것은 실패한다. 백2로 내리고 흑3에 백4로 건너간다. 이후 흑5에 백6으로 받는다. 흑a는 백b로 백집은 20집에 가깝다.

젖혀나가기 공격

제1형 흑번

(2200)

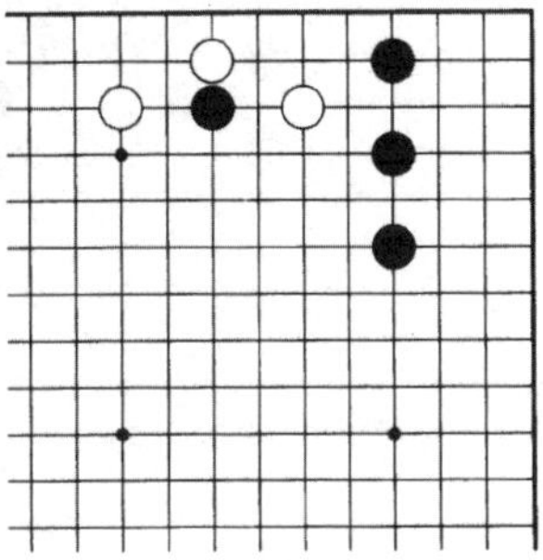

### 함정

포석 단계에서 생기는 모양이다. 백은 상변에 붙여 건너려 하지만 함정이 있다.

解

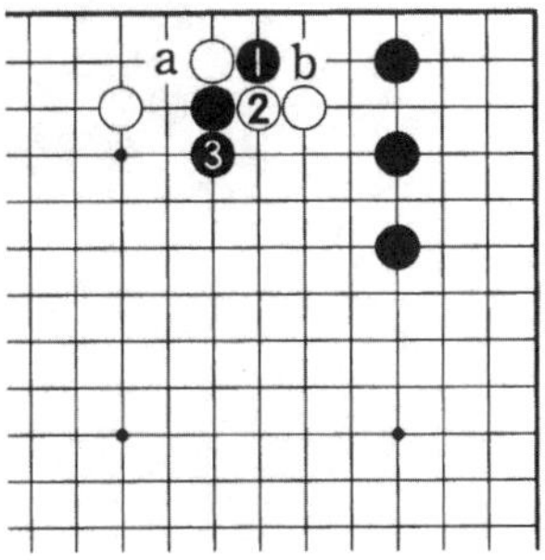

### 분단

흑1로 젖혀나가는 수가 냉엄하다.
백2로 끊으면 흑3으로 뻗는 수가 성립한다.
다음에 백a는 흑b.
우상으로 건너가 백을 분단한다.

失

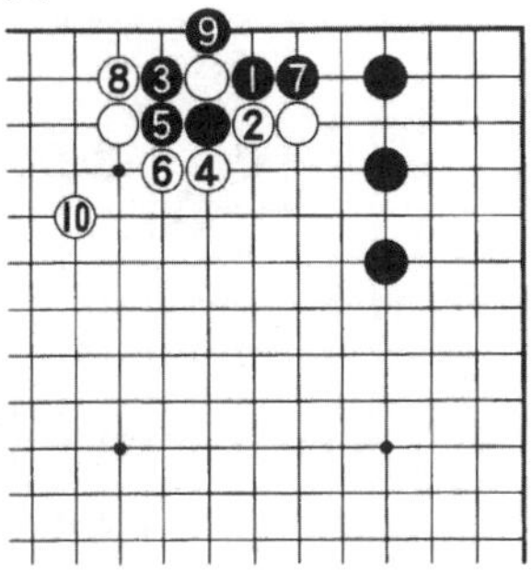

### 흑 불충분

흑3으로 잡는 것은 불만이다.
백이 수습한 모양이 되었다.
백4, 6으로 막아 좌우를 연결하고 10으로 모양을 갖춰 상변에 백 세력이 생겼다.

젖혀나가기 따냄

제1형 흑번

(2201)

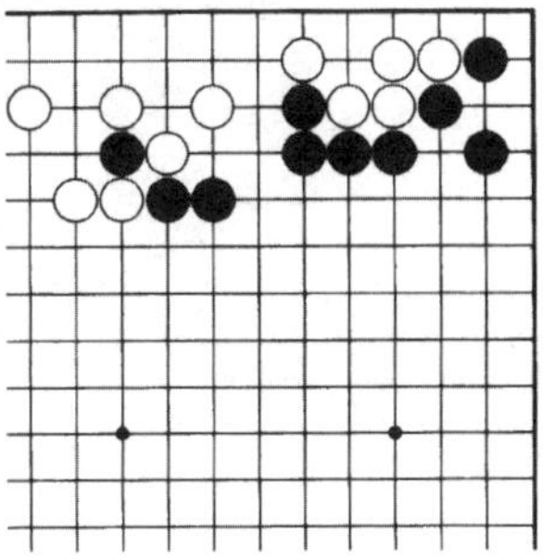

### 연관

우상에서 상변으로 건너간 백의 모양이 엷다.
상변 흑1의 점은 백의 공배를 메우는 역할을 하여 좌우를 연관시킨다.

解

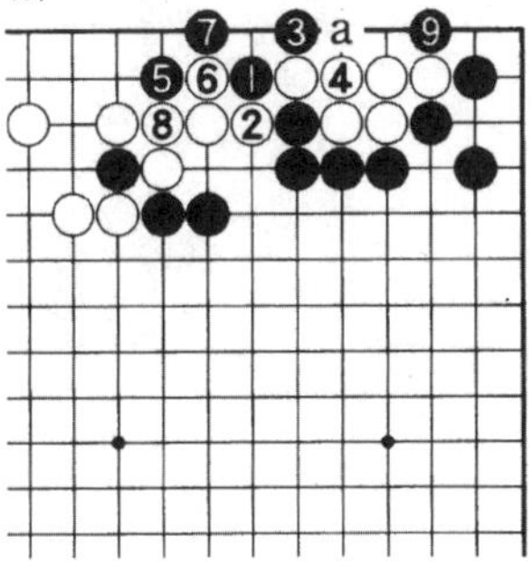

### 패

흑1로 젖혀나가 3의 단수를 활용한 뒤 다음의 흑5로 뛰는 수가 제2의 노림수이다.
백6, 흑7 이후 흑9로 패가 난다.
백8로 a, 흑8의 변화도 패.

変

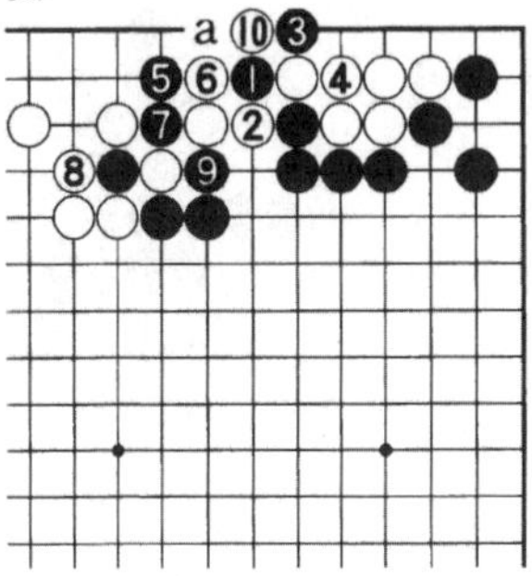

### 이것도 패

흑7로 단수치는 것도 생각할 수 있다. 백8로 따내고, 흑9, 백10으로 상변이 살고 중앙에서 패싸움이 날 수도 있다.
백8로 9는 흑a로 패가 난다.

제2형 흑번

(2202)

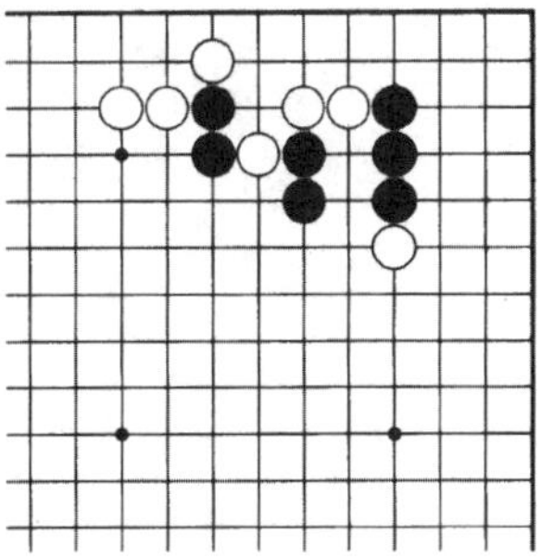

### 수읽기가 필요

흑은 상변의 백을 공격하고 있다.
좌우를 분단시키고 싶다. 수읽기가 중요하다.

解

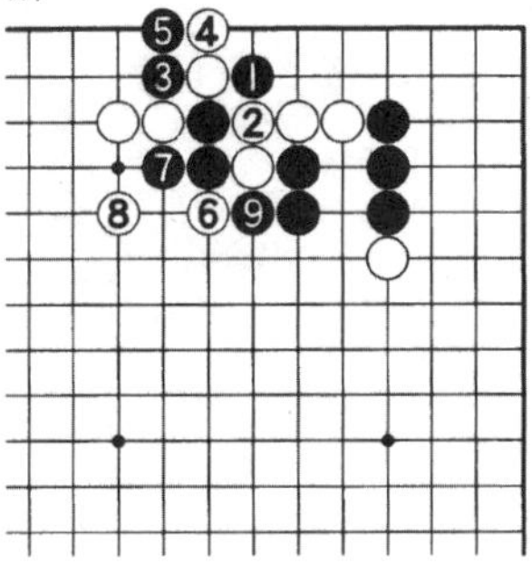

### 백 무리

흑1로 젖혀나가는 수가 성립한다.
백2로 끊고 흑3, 5로 상변 백 1점을 잡는다. 백6, 8로 공격해도 흑9로 끊어 수상전이 된다. 계속해서…

変

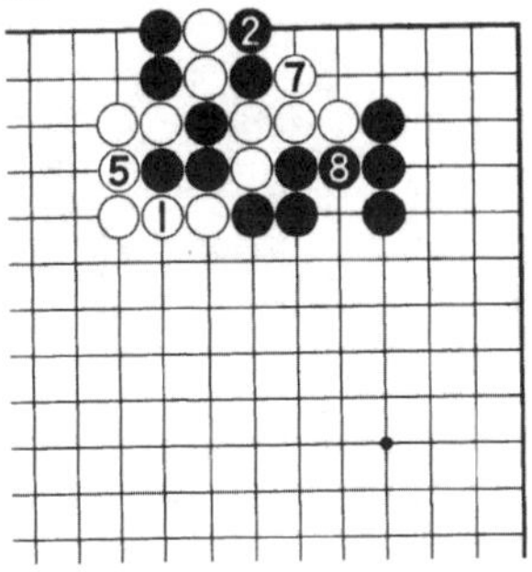

### 흑 승

백1로 단수치고 5까지 조여 흑8까지 승리.
※③→❷의 왼쪽 아래, ❹→❷의 왼쪽 아래(따냄), ❻→❷의 왼쪽 아래

제3형 흑번

(2203)

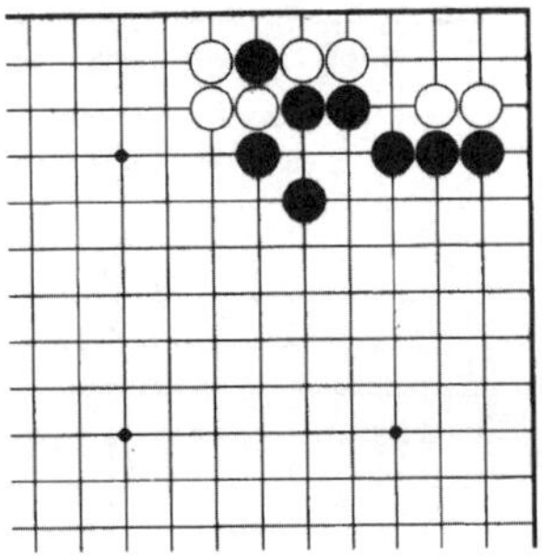

## 끝내기 이상

귀의 백 2점을 공격해야한다.
여기는 변의 탄력을 살려서 끝내기 이상의 것을 생각해보자.

解

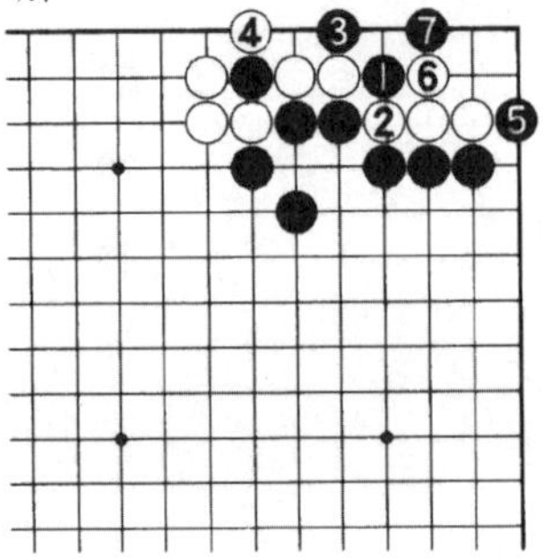

## 패

흑1로 젖혀 귀의 백을 노린다. 백2로 끊으면 흑3, 백4는 필연. 흑5로 젖혀 백 2점의 공배를 메워서 흑7까지 패가 난다.

変

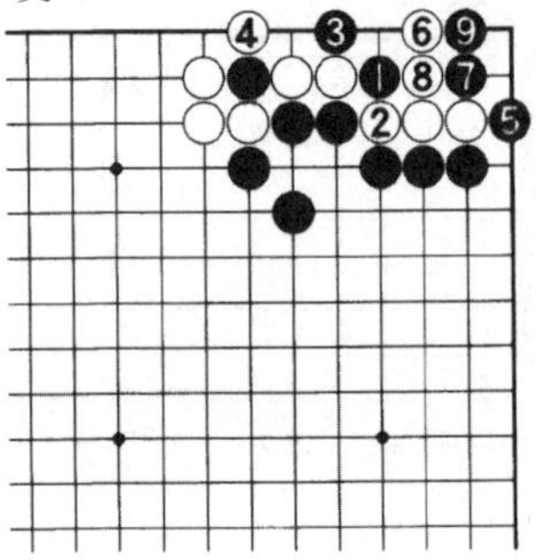

## 환격

백6 뎀은 패를 막으려는 의미이지만 대 악수이다.
흑7, 9로 공격해 환격으로 백을 무조건 잡는다.

젖혀나가기
따냄(살리기)
제1형 흑번

(2204)

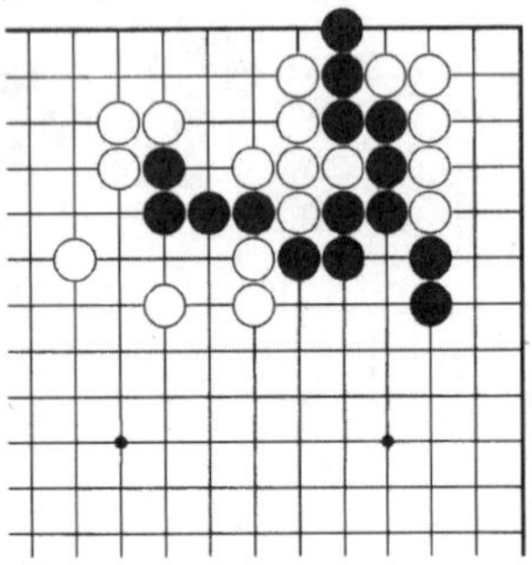

## 살리다

중앙의 흑 4점은 상변 흑의 뻗음을 결정수로 끊겨져있는 백 6점을 잡고 흑을 살려 나갈 수 있다.

解

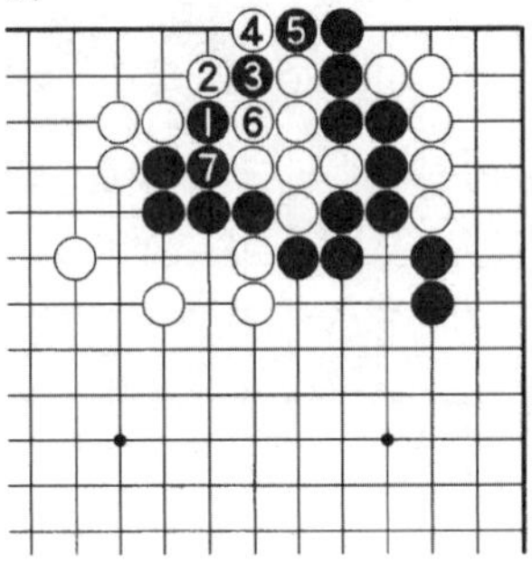

## 촉촉수

흑1로 젖혀 나갈 수밖에 없다. 백2 이후 흑3으로 끼워 강경하게 끊는다.
백4에 흑5, 7로 촉촉수이다.

失

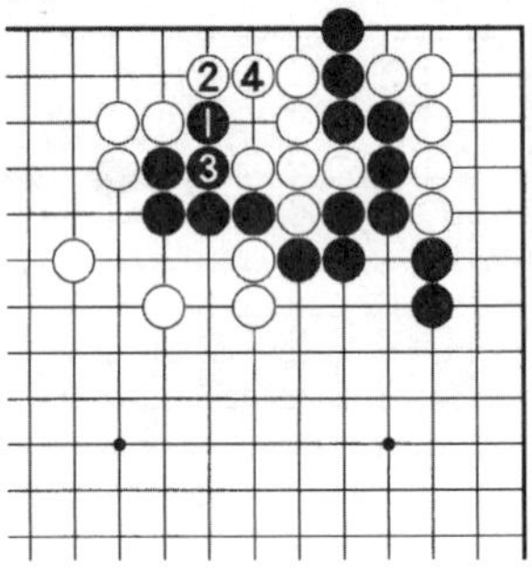

## 착각

백2 이후, 흑3으로 잇는 것은 돌파력이 부족하다.
흑3으로 4는 양단수를 당해서 실패구나 하는 착각 때문이다.
백4로 이어 아무 수도 안 남.

젖혀나가기
사활
제1형 백번

(2205)

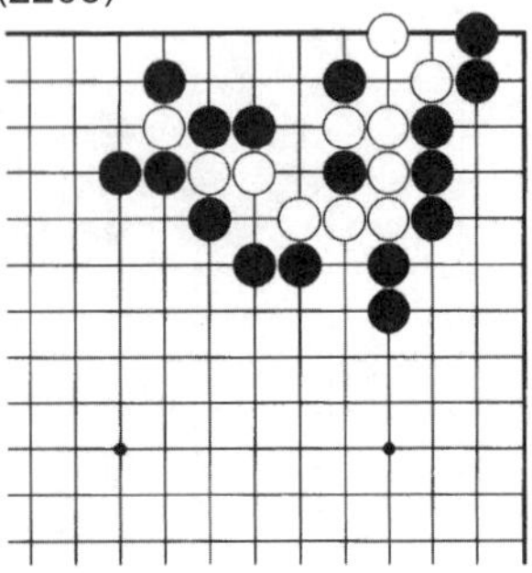

## 자충

사활 문제.
백은 상변에 있는 흑 1점을 잡고 중앙의 흑 1점이 도망치는 것까지 막아야 비로소 두 집을 내고 살 수 있다. 자충을 노린다.

解

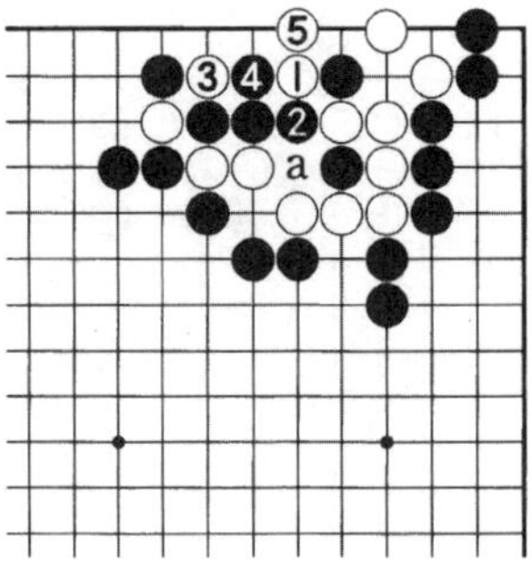

## 흑 삶

백1로 젖히고 흑2에 백3의 끊음이 묘수이다.
흑4의 단수에 백5로 나가면 흑은 자충 때문에 a에 잇는 것이 불가능하다.

失

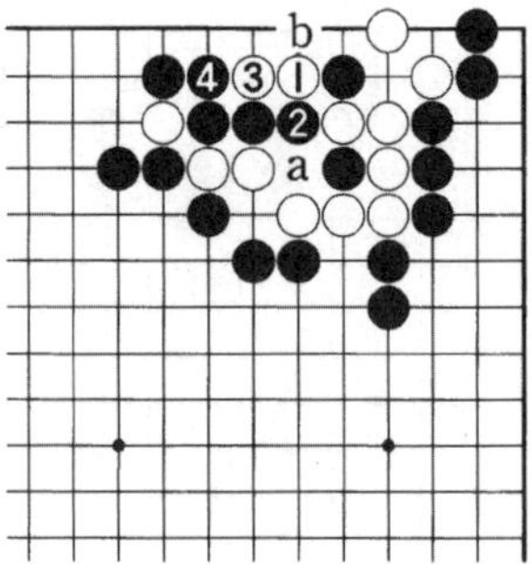

## 백 죽음

백3으로 밀면 흑4로 이어서 그만이다.
상변에 있는 흑 1점을 잡아도 흑a로 이으면 죽는다.
백3으로 a는 흑b.

(2206)

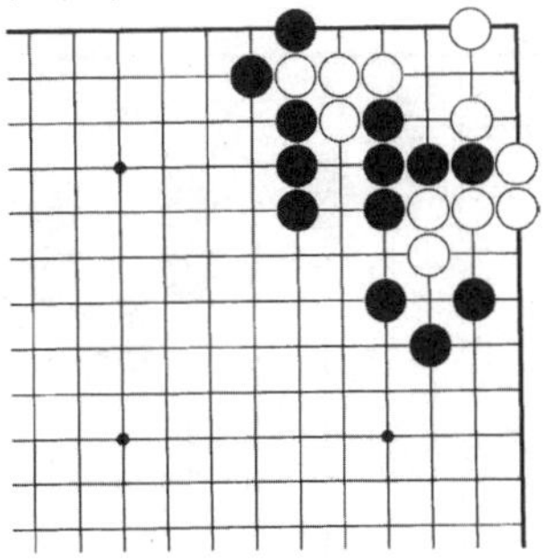

解

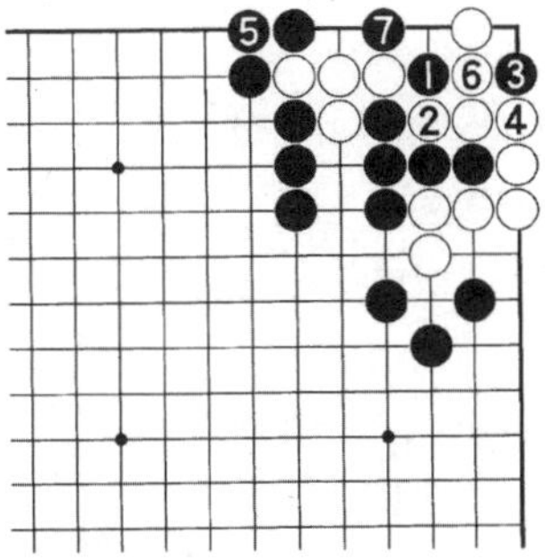

失

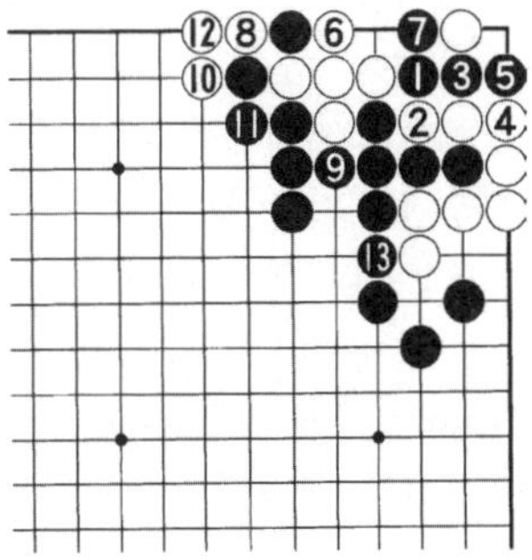

제2형 흑번

## 자충

사활 문제.
백을 상변으로 탈출시키면 실패한다.
백의 집을 부수려면 자충을 노릴 수밖에 없다.

## 백 죽음

흑1로 젖히고 백2에 흑3으로 치중을 선수하고 5로 잇는다.
백6으로 집을 둘로 나누면 흑7로 젖혀 상변은 옥집이 된다.

## 백 삶

흑3으로 단수치면 백4 이후 흑5로 치중 할 수밖에 없다.
백6으로 집을 넓힌 뒤 14까지 흑 4점을 잡아서 백이 살아버린다.
※⑭→⑥의 왼쪽

젖혀나가기

끝내기

(2207)

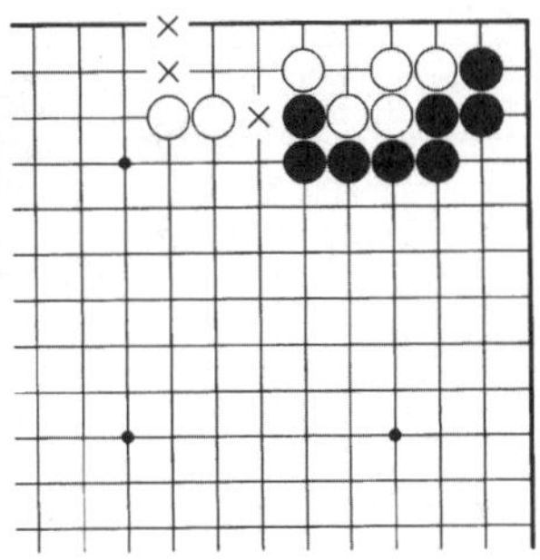

解

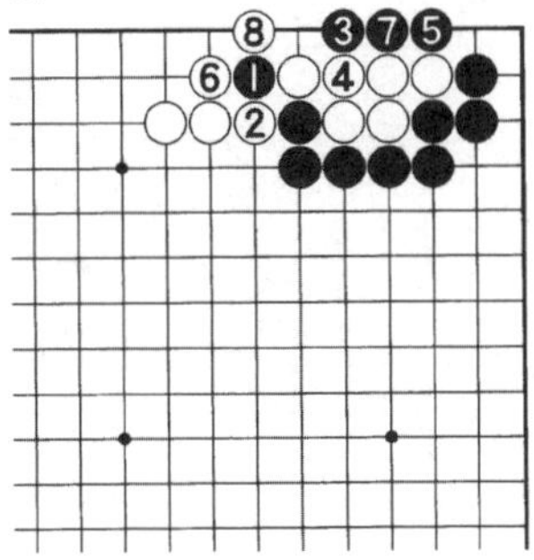

失

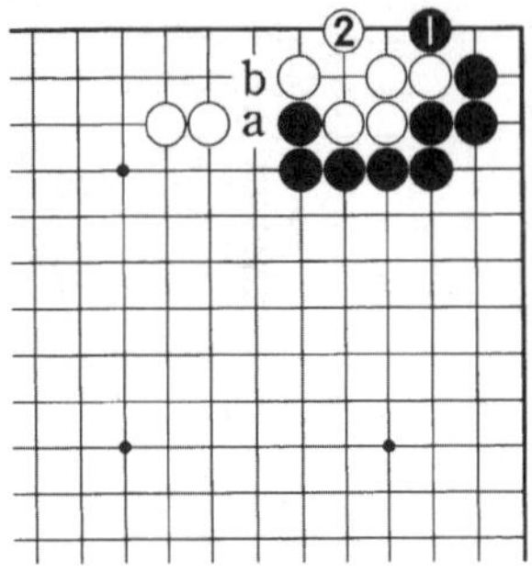

제1형 흑번

## 비교

상변의 끝내기 문제.
×× 표시 안의 백은 몇집?
세어서 비교해보면 차이를 확실히 알 수 있다.

## 3집

흑1 젖힘은 사석을 이용하는 맥이다.
백2에 흑3 치중이 좋은 수로 흑5, 7을 선수로 활용한다.
백집은 3집이 된다.

## 5집

흑1로 단순히 젖히면 백2가 좋은 수이다.
이것으로 백집은 흑a, 백b로 된다고 보면 5집이 된다.
정해도와 비교하면 2집 차이가 난다.

(2208)

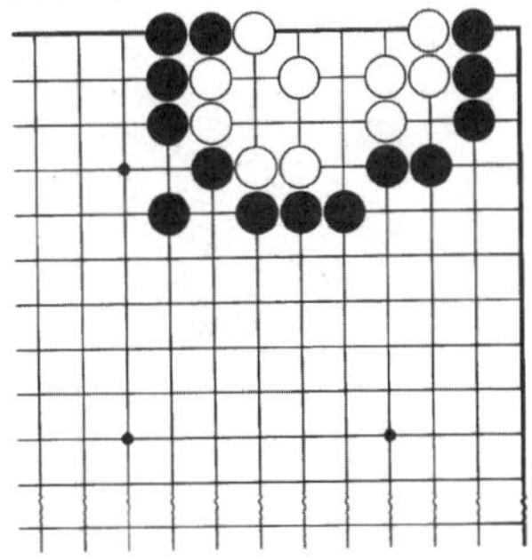

解

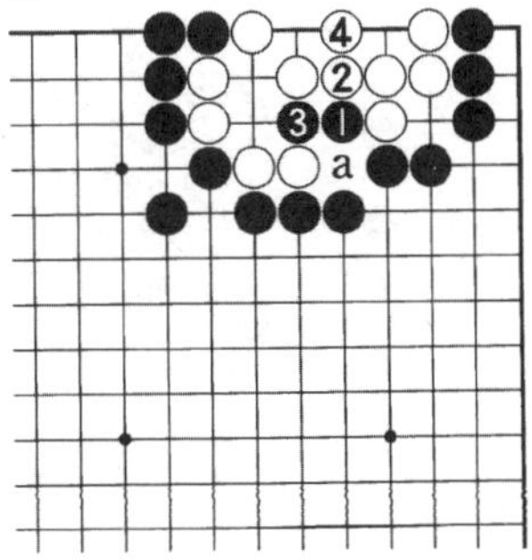

変

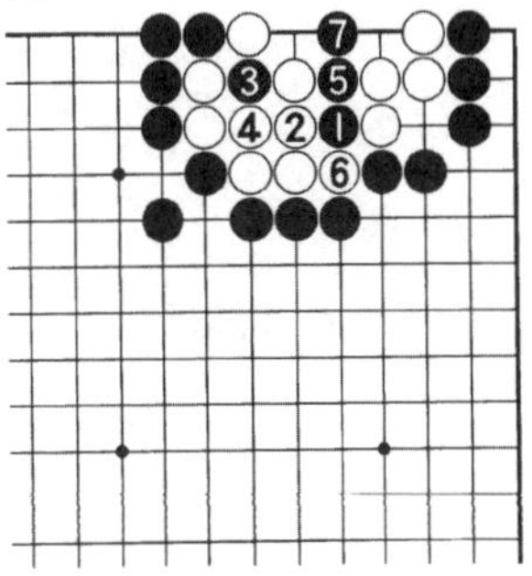

제2형 흑번

## 2집

튼튼하게 굳힌 백이지만 자충의 약점이 있어 백집은 2집까지 줄어든다.

## 2집

흑1로 젖혀나가는 수가 무섭다.
공배가 꽉 찬 백은 a에 끊을 수 없다.
백2와 흑3의 공격에 백4로 산다.
백 2점을 잡는 것도 남아있다.

## 백 전멸

백2로 잇는 것은 위험하다.
흑3의 먹여침이 묘수이다. 백의 공배가 꽉 차서 흑5로 나갈 수 있다.
흑7까지 백은 전멸한다.

# 당기기

뻗기, 늘기처럼 돌을 연결하지만 뻗기는 적극적이지만 당기기는 활용 당하기 쉬워 소극적으로 지키는 모양이다. 그러나 보이는 것과는 달리 상대에게 흐름을 내주지 않는 방법으로 통한다.
흑1로 당긴 수는 후수이지만 귀의 백을 잡는 최강의 수이다. 소극적으로 보일 수 있어도 상대에게 흐름을 주지 않아 효과적이다.

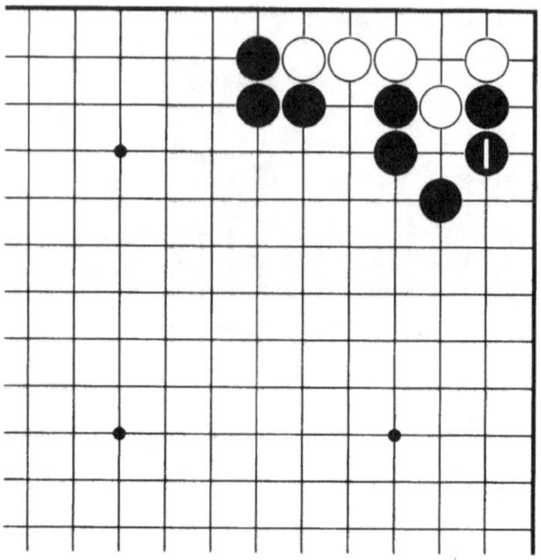

당기기 정석변화

(2209)

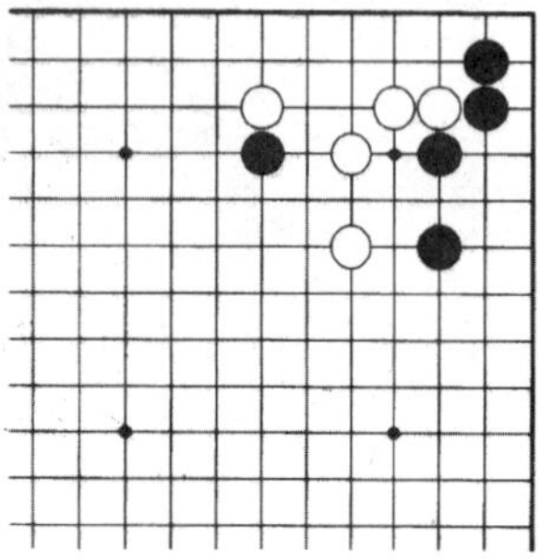

제1형 흑번

### 공격을 속행

상변의 전투.
한 칸 높은 협공 정석의 변화로 백은 상변에 근거를 구하고 있다. 흑은 백의 수습을 막고 공격을 계속하고 싶다.

解

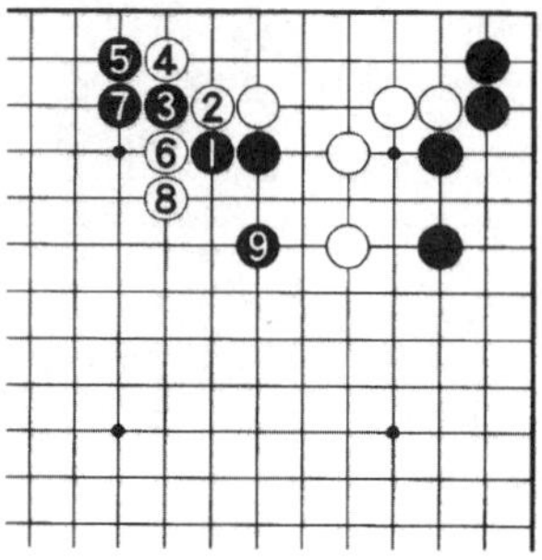

### 백 고전

흑1로 당김은 백이 수습할 리듬을 주지 않는 맥이다.
백2로 밀면 흑3, 5로 막는다.
백6, 8로 저항해도 흑9로 백이 고전한다.

失

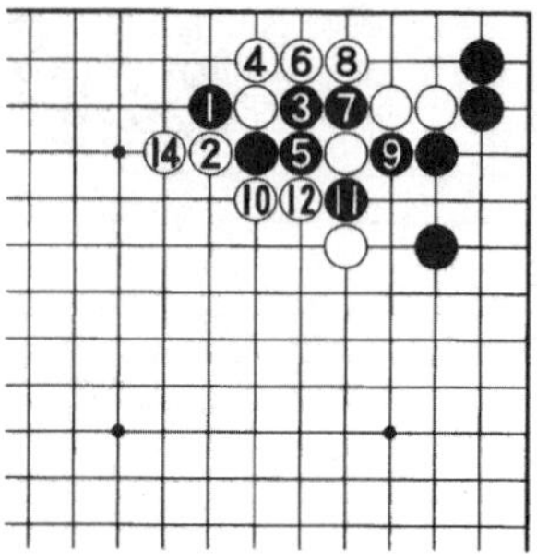

### 백 좋은 모양

흑1로 막으면 백2로 맞끊는 수가 수습의 맥이다.
흑3부터 9로 중앙의 백 1점을 끊어도 백10부터 14까지 모양을 정리해 버린다. ※13→7의 아래

당기기 지키다

(2210)

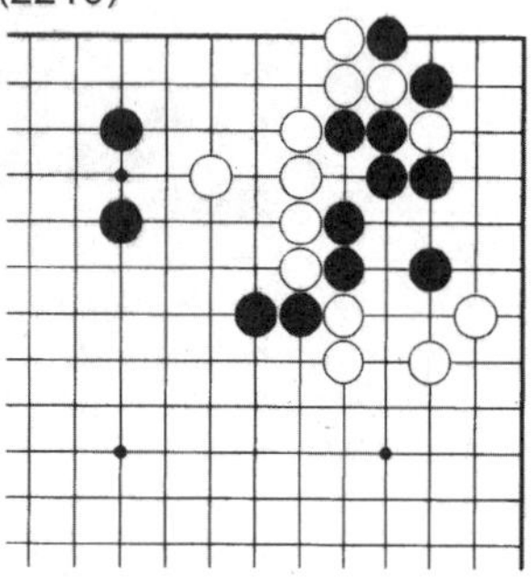

제1형 흑번

### 귀의 해결

상변의 전투.
백은 흑의 귀의 근거를 노리고 있다. 귀를 선수로 지키는 방법을 궁리해보자.

解

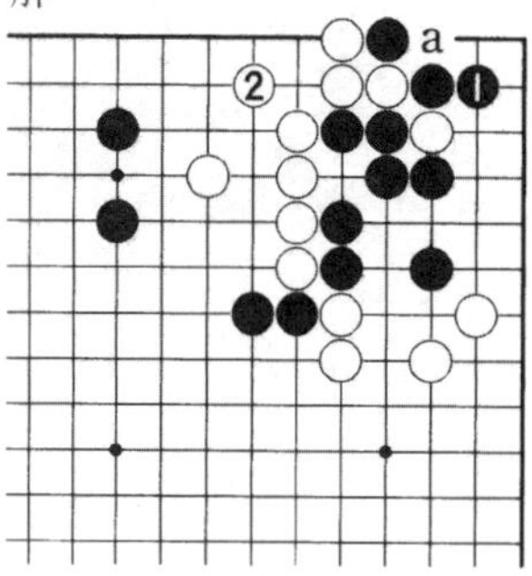

### 흑 선수

흑1의 당김이 효율적인 맥이다. 백a로 따도 후수고 2의 들여다봄이 남아서 백은 2로 지키는 정도이다.
흑은 선수로 귀를 굳혔다.

失

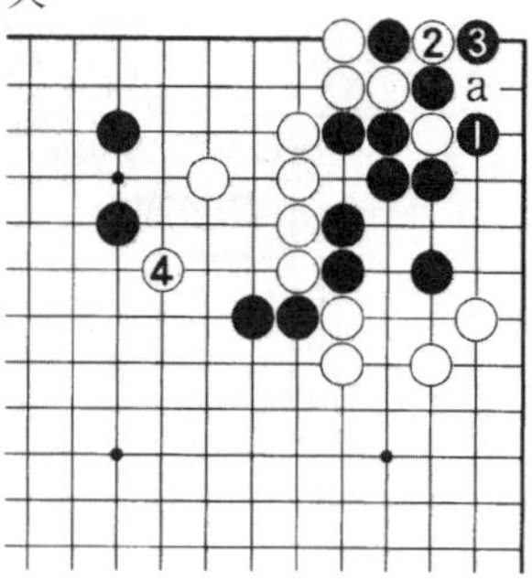

### 흑 후수

흑1로 따내면 백2가 선수이다. 백a를 막기 위해 흑3으로 지키면 백은 4로 중앙으로 도망치면서 중앙의 흑 2점에게 반격한다.

제2형 백번

(2211)

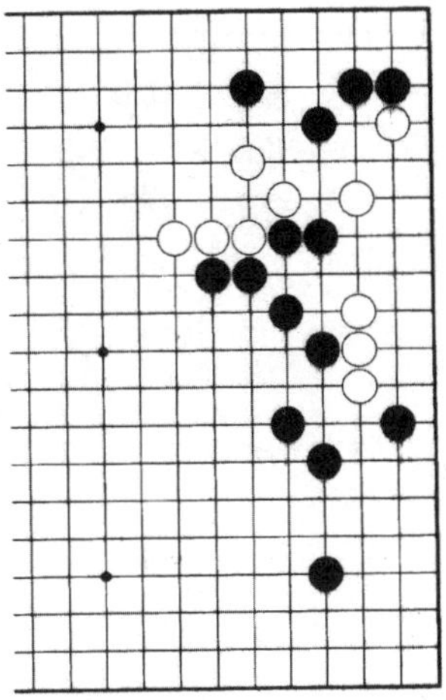

## 두개를 노리다

우변의 전투.
흑은 중앙 절단과 우변 차단을 노리고 있다.
백은 한 수로 흑의 노림을 막고 싶다.

解

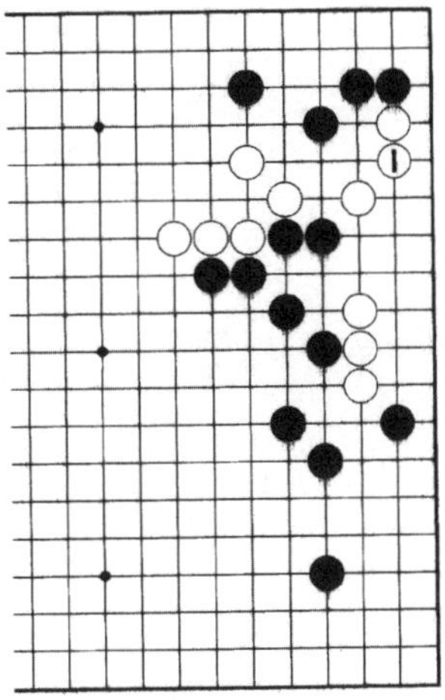

## 일석삼조

백1로 당기는 수가 좋은 모양.
우변으로 건너감과 중앙의 연결 두 가지를 한 수로 해결한다.
귀의 1점을 살려 끝내기의 의미도 있어서 말하자면 일석삼조의 수이다.

失

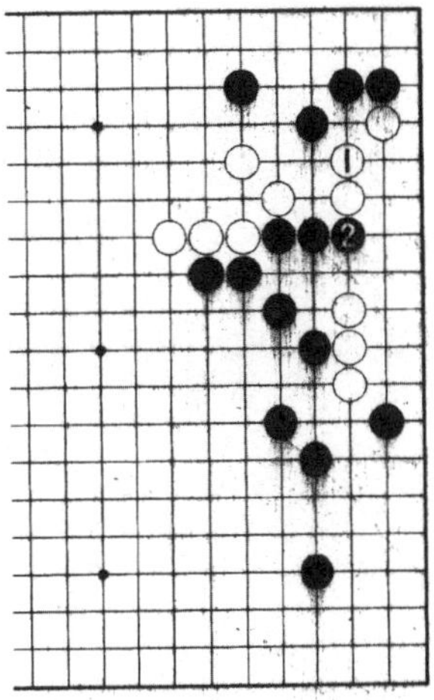

## 백 뜬 돌

백1로 늘면 중앙 연결과 1점을 살리는 일석이조의 수지만 가장 중요한 우변 연결이 안 된다.
흑2로 위아래를 분단시키면 백 3점은 구할 수 없는데다 백은 뜬 돌이다.

당기기 수상전

제1형 백번

(2212)

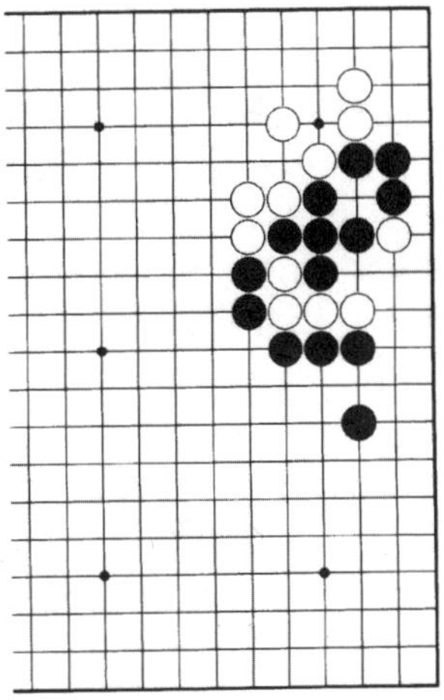

## 자충을 보류

우변의 수상전 문제.
흑은 포도송이지만 백도 공배가 꽉 찬 모양이다.
언제든지 둘 수 있는 공배를 확보해두면 유리하게 이끌 수 있다.

解

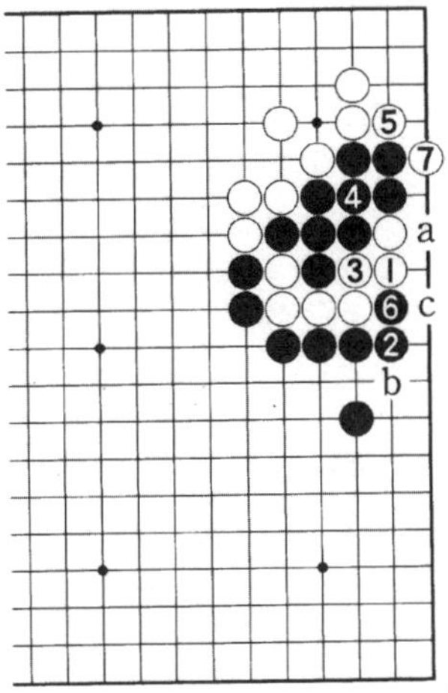


## 백 승

백1로 당긴 수가 좋다.
흑은 포도송이 모양이기 때문에 단수칠 수 없다.
흑2로 내리면 백3의 단수, 5, 7로 공격하여 백의 승. 흑2로 a는 백2, 흑b, 백c.

失

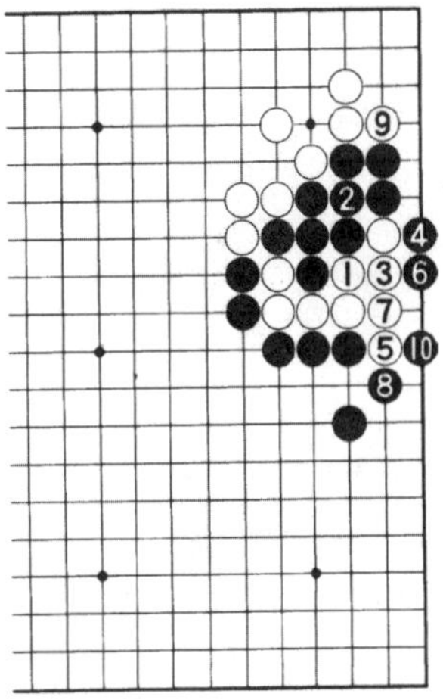

## 백 패배

백1의 단수는 대 악수이다.
흑2로 이으면 백3으로 지켜야 한다. 백은 수상전 중에 공배가 메워지는 모양이다.
흑4로 공격하면 백이 한 수 부족하다.

# 되젖힘

상대돌이 접촉하고 있는 한 칸 뜀의 약점은 끼워젖힘이나 단수를 당하는 것이다.
되젖히기는 한 칸 뜀을 보강하는 최강의 모양으로 급소가 된다.
흑1은 지키기보다도 백을 공격하는 젖히기이다. 이 수로 백 3점의 공배가 꽉 차서 잡힌 모양이다.

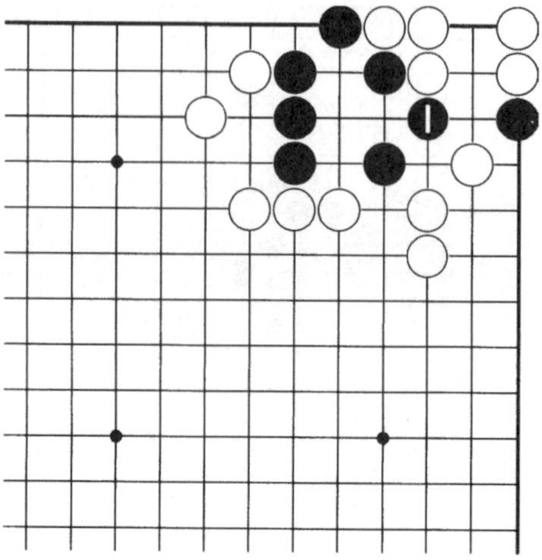

되젖힘 정석·변화

(2213)

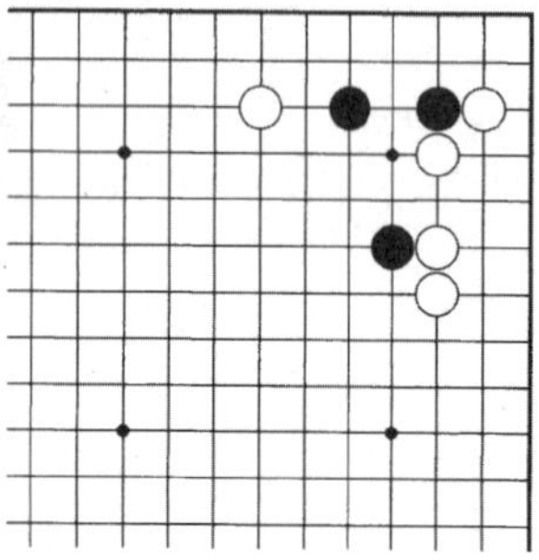

解

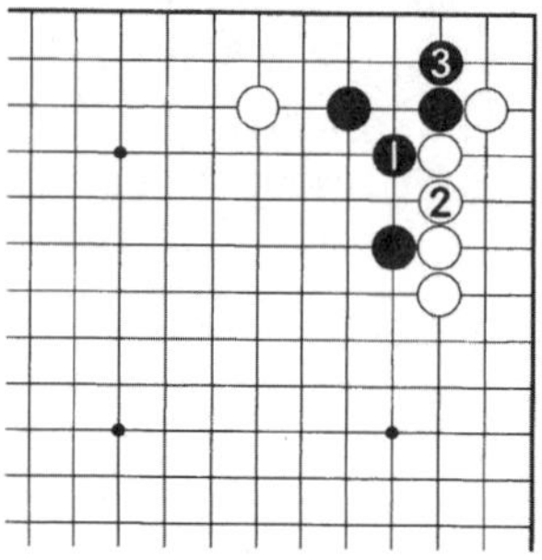

变

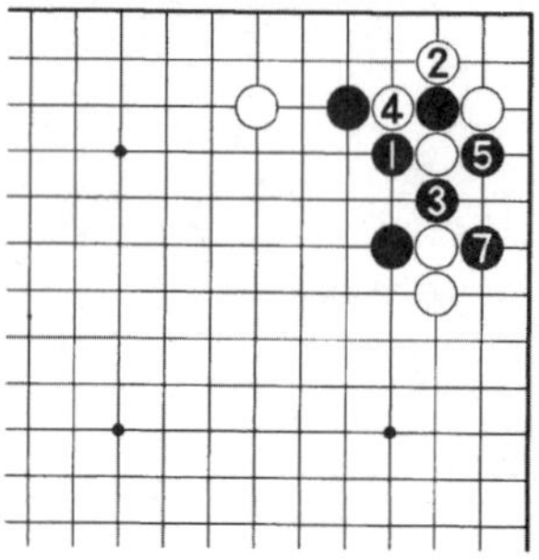

제1형 흑번

## 정석

액에도 여러 가지가 있지만 이것은 모양을 정리하는 맥이다.
정석이기 때문에 알고 있는 사람도 많을 것이다.

## 보기 좋은 정형

흑1의 되젖힘이 급소로 백2에는 흑3의 뻗음이 냉정한 수이다.
흑3은 상황에 따라 손을 빼기도 한다. 이 모양은 흑이 충분하다.

## 이것도 만족

백2로 되단수치면 흑5, 7로 백 2점을 끊는 것이 중요하다.
이 모양도 흑의 만족이라고 하겠다.
※⑥→②의 아래

(2214)

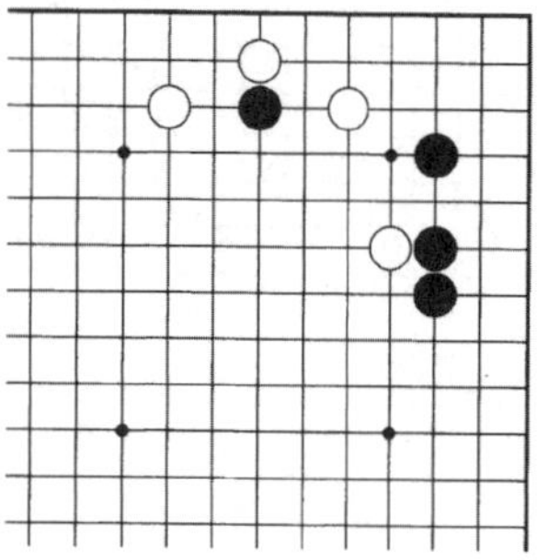

解

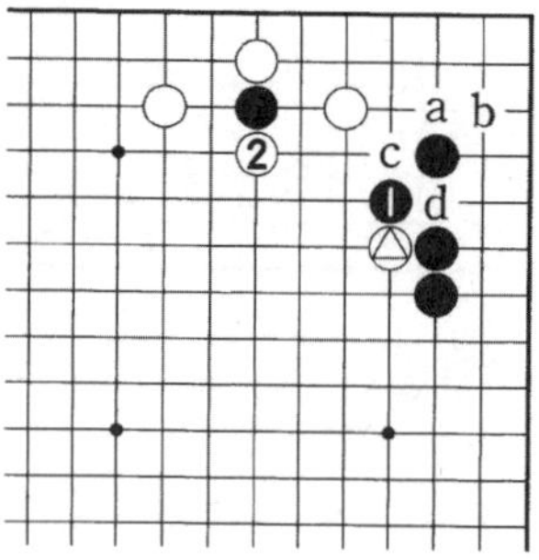

失

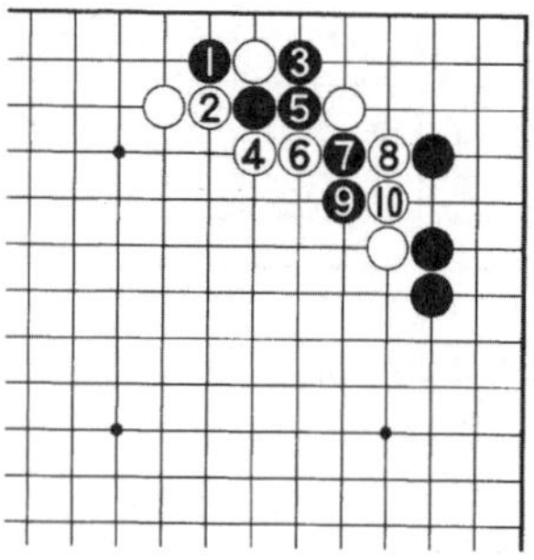

제2형 흑번

## 돌의 모양

맥이라기보다 돌의 모양이다. 다음 한 수로 센스가 여실히 드러난다.

## 악수로 만들다

흑1로 되젖혀 백△를 악수로 만드는 것이 당연하면서 좋은 수이다.
흑1을 손을 빼면 백a, 흑b, 백c, 흑d로 굳어져서 백의 모양이 좋아진다.

## 말리다

흑1로 과격하게 싸우는 것은 백의 주문에 멋지게 말려들어간 꼴.
백10자리에 흑돌이 있었다면 하고 후회해도 이미 지나간 일.

되젖힘

(2215)

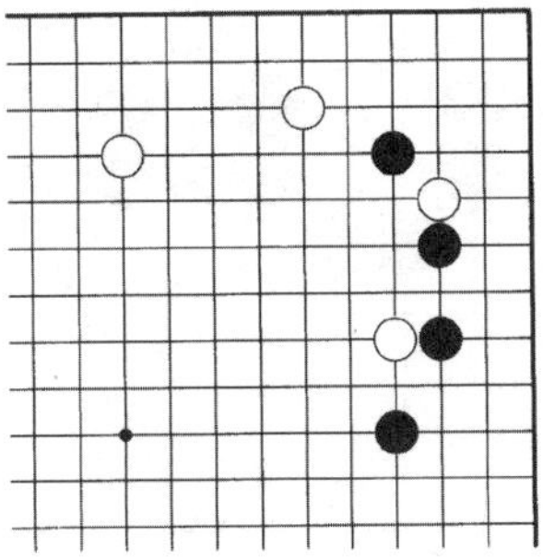

解

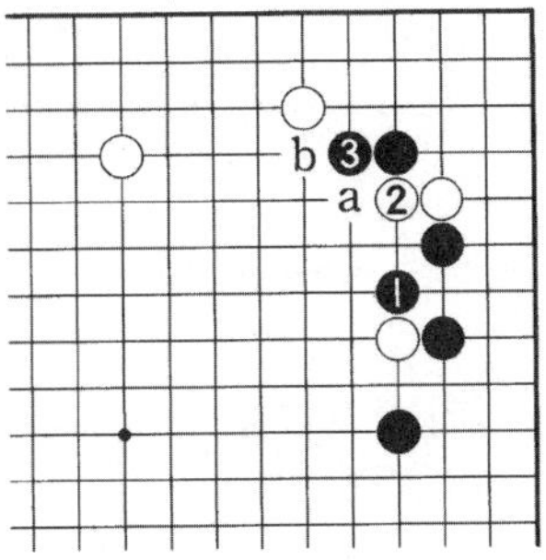

失

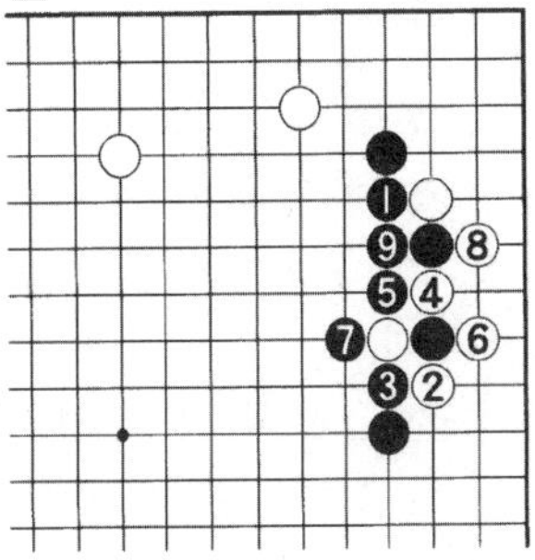

제3형 흑번

**전투**

우사의 전투.
우변의 흑집을 무너뜨리기 위해 백이 사전에 공작을 하고 있다. 흑은 유리한 싸움을 하고 싶다.

**백 고전**

흑1로 되젖힌 수가 좋은 수이다.
귀는 백2로 나가면 무너지지만 흑3으로 백 2점이 공격당해서 고전한다. 백a는 흑b로 상변의 백도 영향을 받는다.

**집이 사라짐**

흑1로 막으면 백2 이하의 흐름을 주게 되어 실패한다.
백4로 단수치면 흑5부터 9로 중앙을 두텁게 만들 수는 있지만 우변의 집이 사라진다. ※⑩→④의 아래

(2216)

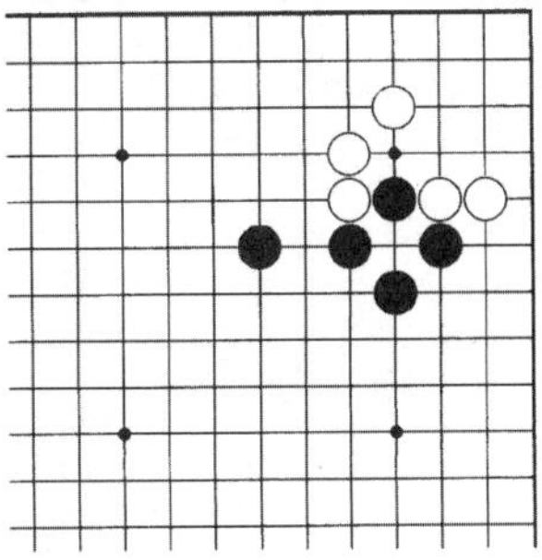

解

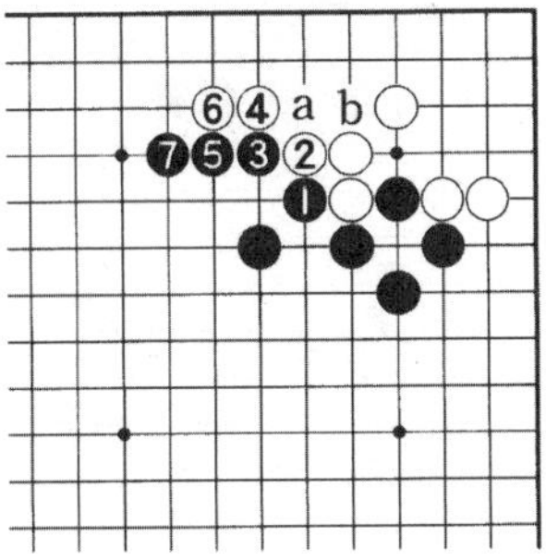

失

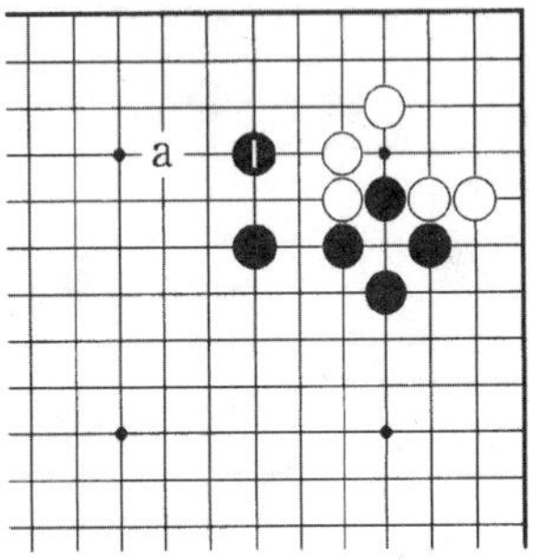

제4형 흑번

**결정짓다**

상변의 문제.
우상의 정석 이후 흑은 귀의 백을 몰아붙여 상변의 모양을 결정짓는 좋은 수가 있다.

**두텁다**

흑1로 부풀린 수가 냉엄하다.
백2를 손을 빼면 흑2.
백2부터 6으로 받으면 흑7로 뻗어서 두텁다.
흑a, 백b는 선수 활용이다.

**완착**

흑1의 뜀은 백에게 영향이 없는 완착이다. 이후의 노림이 없다.
백은 손을 빼서 a의 방향에서 흑의 엷음을 노리게 된다.

(2217)

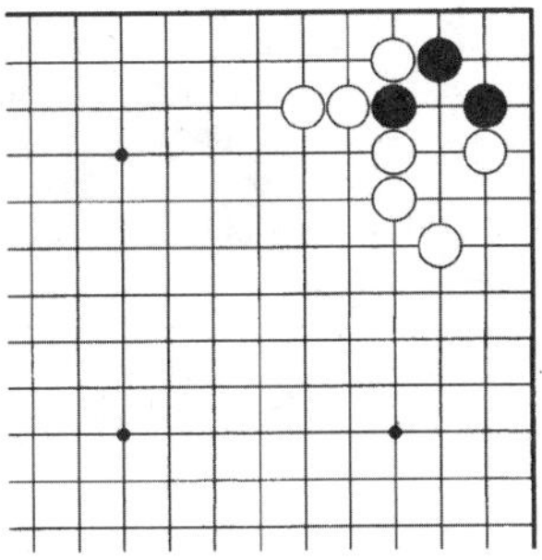

解

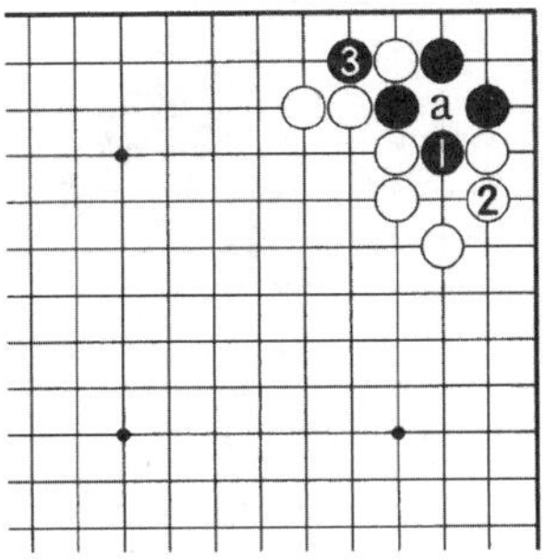

変

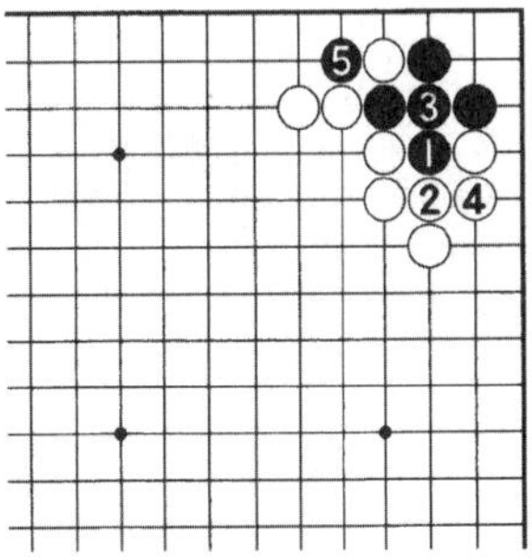

사활

제1형 흑번

**단수**

사활 문제.
단수에 잇는 것이 평범한 발상이지만 흑이 살기 위해서는 발상을 전환하여야 한다.

**패**

흑1의 패로 받는 수가 맥이다.
패를 이기지 못하면 백은 2로 물러날 수밖에 없다.
흑3으로 상변을 끊어 다시금 패에 목숨을 건다.

**흑 삶**

백2의 단수는 흑3으로 잇는다.
4와 5의 끊는 수를 맞보기로 하여 흑은 살 수 있다.
흑1로 3에 이으면 백5.
이후 흑1은 백4로 죽는다.

# 웅크리기

상대의 돌을 공격하는 경우 공배를 메우면서 접촉하면 효과가 올라간다.
하지만 내 돌이 약할 때 공배를 메우는 것은 자살행위이다.
웅크림은 소극적으로 한 발 물러서 지키는 모양이다. 상대와의 간격을 완충지대로 만들어 공격을 막거나 집을 만들기도 한다.
흑1로 웅크려서 집을 만들면 수상전은 유가무가가 된다.

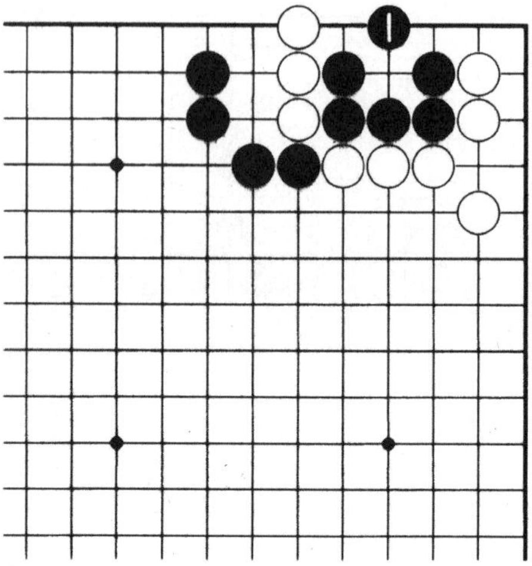

웅크리기 정석변화

제1형 백번

(2218)

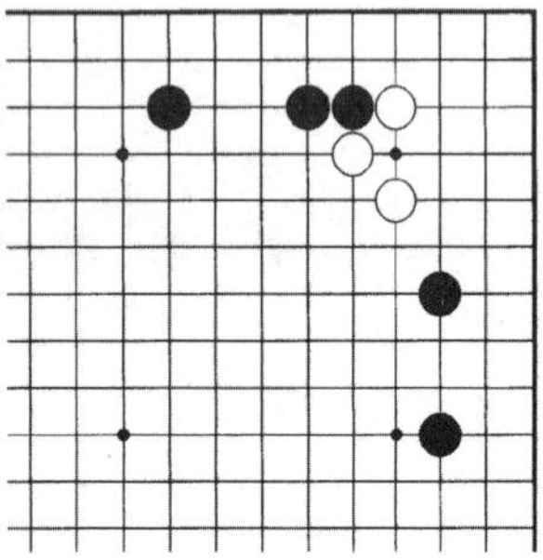

解

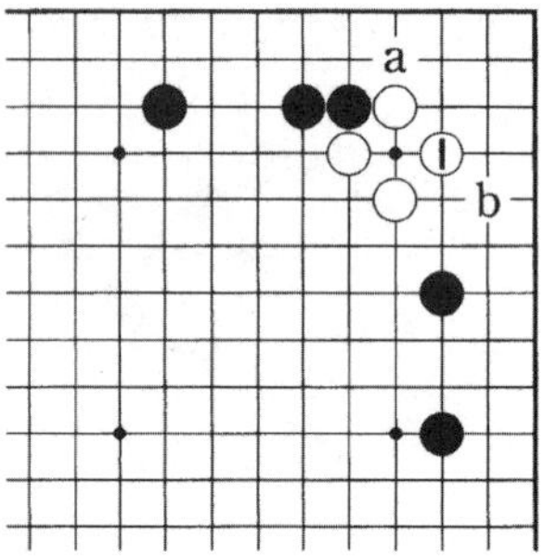


失

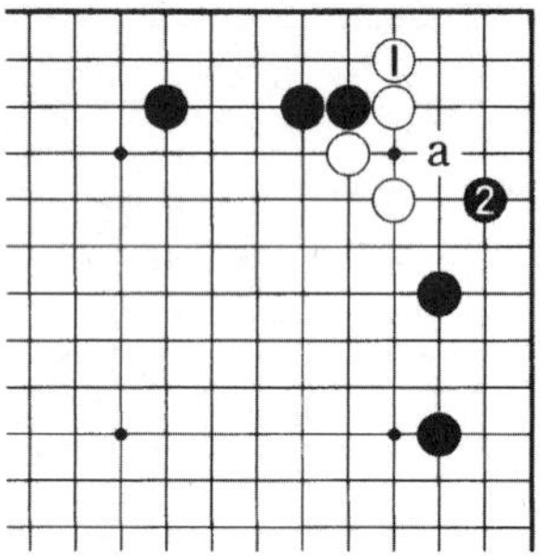


## 뒷문

우상이 전투.
백의 소목 한 칸 굳힘 정석에 생긴 모양으로 흑은 귀의 침입을 노리고 있다.
백은 귀를 지켜야 한다.

## 강력

백1의 웅크림이 좋은 수로 빵때림 모양과 같다.
귀의 백이 강해서 흑a 또는 b로 근거를 위협해도 불안하지 않다.

## 백 불만

백1의 뻗음은 상변에 강한 응수지만 우변에 뒷문이 열려있다.
흑2로 미끄러지면 곤란해진다.
백a로 받는 것은 1의 수가 불만이다.

(2219)

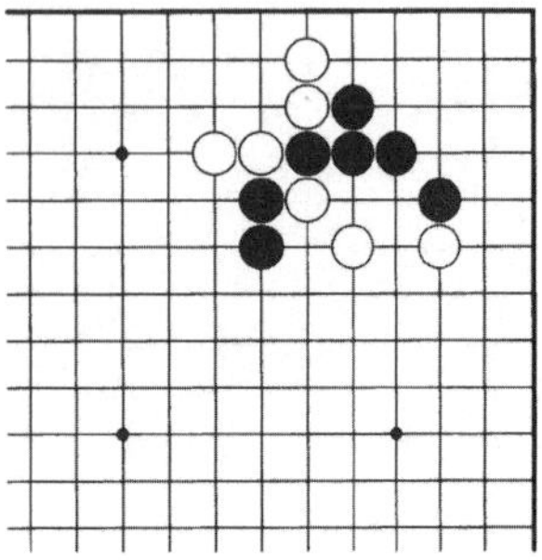

解

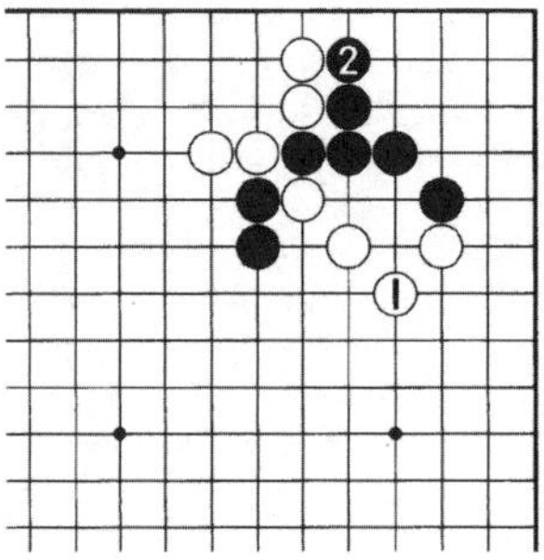

失

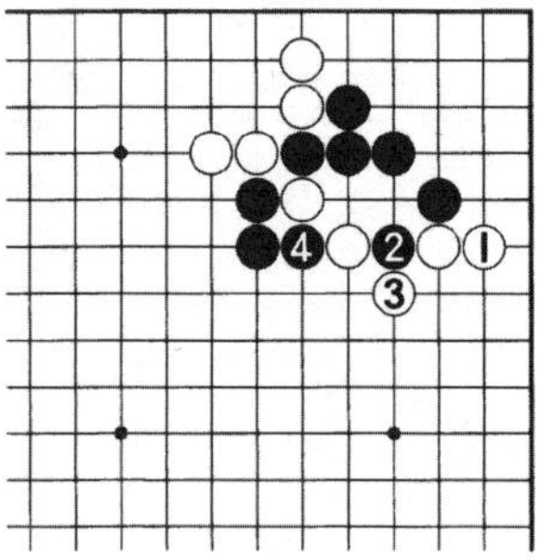

제2형 백번

## 가두다

우상의 전투.
귀의 모양은 붙여막기 정석의 변화로 백은 흑을 완전히 귀에 가둔 뒤 중앙의 싸움을 유리하게 이끌고 싶다.

## 공격목표

백1의 입구자가 수비의 모양이다.
귀는 중앙으로 진출할 수 없어져 흑2로 귀를 지킬 수밖에 없다.
중앙의 흑 2점은 백의 공격 목표가 된다.

## 탈출

백1의 뻗음은 귀에 노림을 품은 수이지만 중앙의 모양이 약해서 흑2로 끼우고 4로 단수쳐 백 1점을 잡고 중앙으로 머리를 내민다.

**제3형 백번**

(2220)

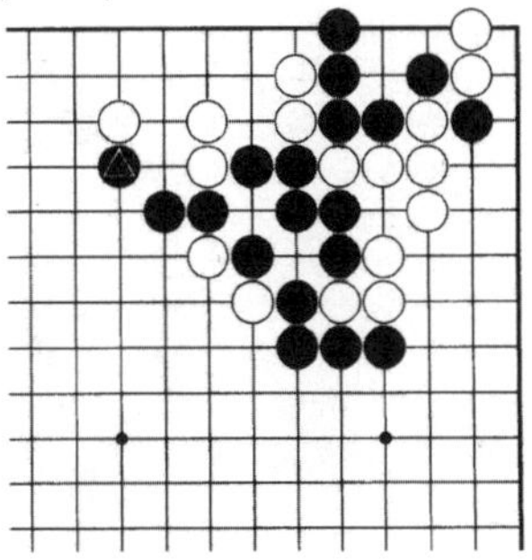

解

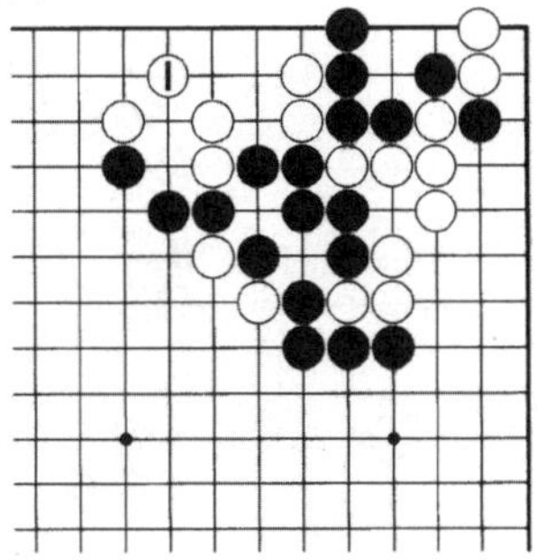

失

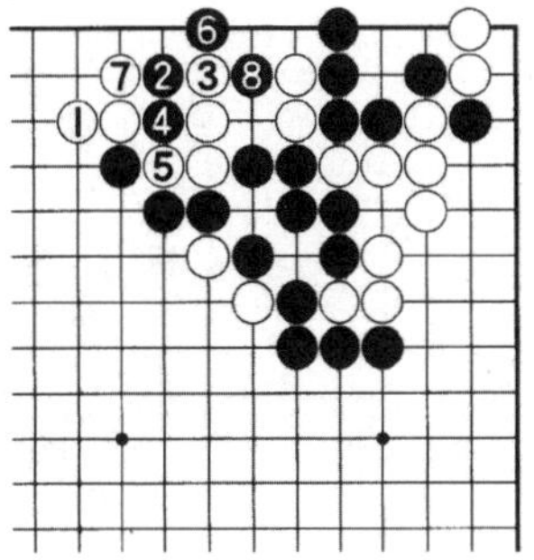

### 모양 만들기

상변의 전투.
백은 귀의 흑을 잡고 있다.
흑▲ 이후 상변을 흑에게 봉쇄당하지 않도록 모양을 만들어야 한다.

### 일석이조

백1로 웅크려 굳히면 우상 백에 대한 간접 보강도 되어 일석이조의 수. 백은 귀, 우변, 상변에 이르는 집으로, 흑의 중앙 두터움에 충분히 대항한다.

### 역전

백1로 느는 것은 지키는 수가 안 된다. 흑2 치중이 날카로운 수로 백3, 5로 저항해도 흑6으로 젖혀 공수가 역전된다.
흑8로 흑의 승리.

**웅크리기 살다**

**제1형 흑번**

(2221)

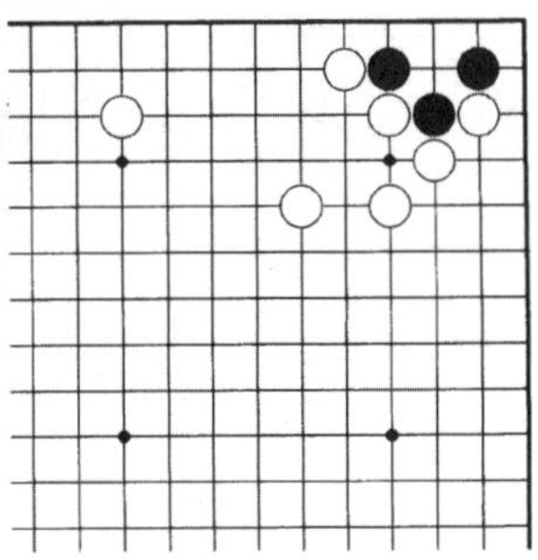

解

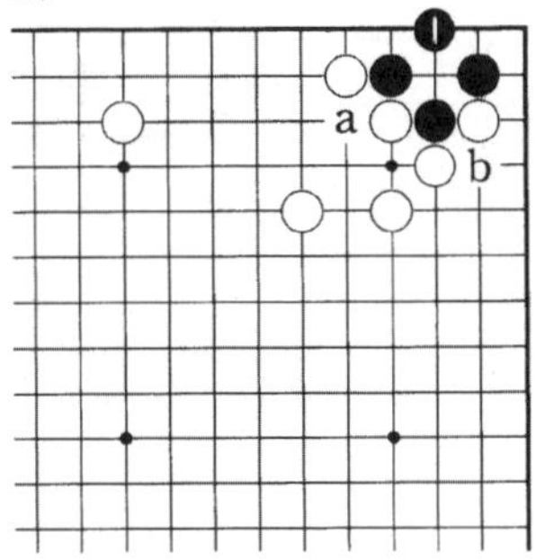

失

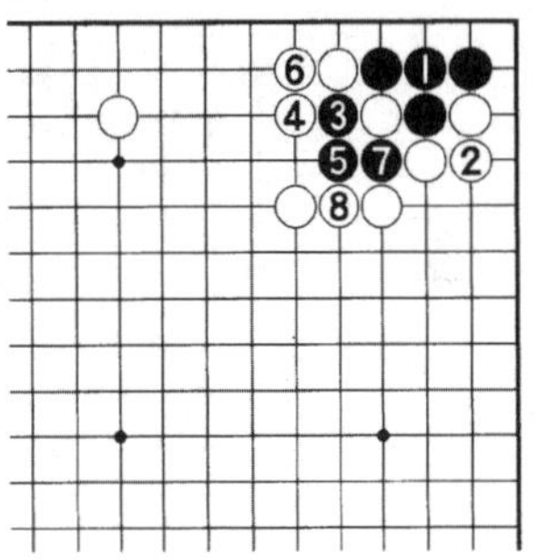

### 단수

우상의 전투.
흑 1점이 단수당한 모양이다.
바깥에 있는 백의 옭음에 현혹당하지 않도록 주의한다.

### 패

흑1의 웅크림이 맥이다.
패 모양이 되면 다음에 a, b로 끊는 압력이 생겨 백이 편한 패는 되지 않는다.

### 흑 전멸

흑1로 이으면 백2로 받으면 그만이다.
흑3으로 끊어도 백4, 6으로 바깥을 굳히고 가운데는 옥집으로 전멸한다.

**웅크리기 따냄**

**제1형 흑번**

(2222)

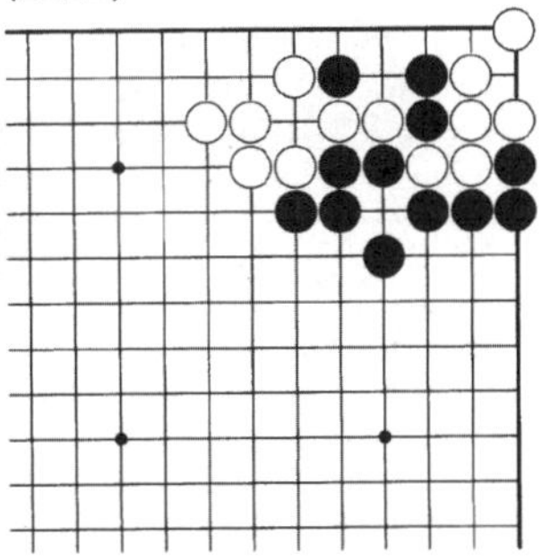

解

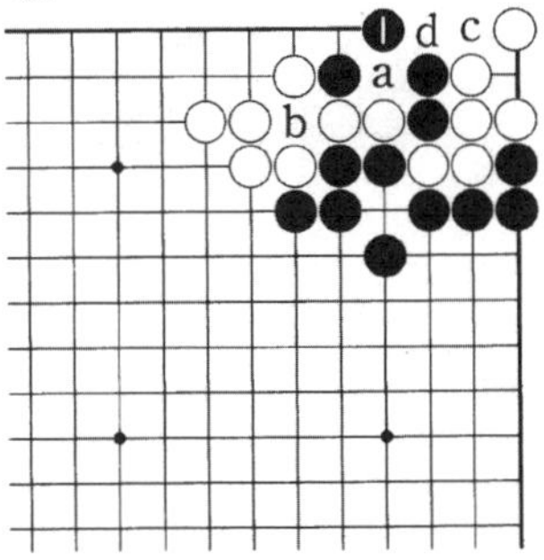

失

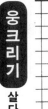

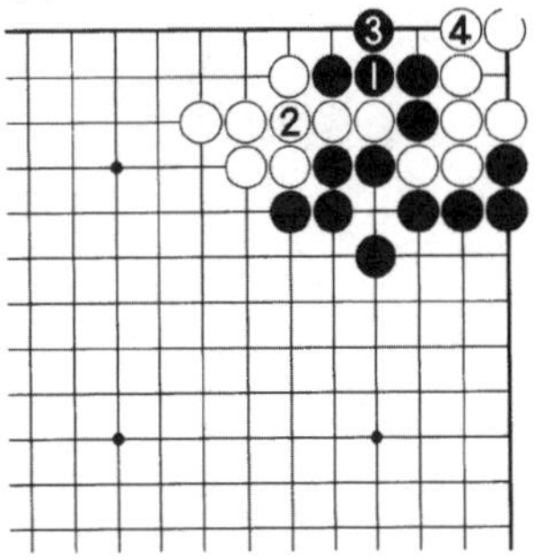

### 탄력

귀의 문제.
흑 3점은 자충에 걸려 더 이상 수가 없는 것처럼 보이지만 귀의 백을 공격하는 탄력이 남아있다.

### 패

흑1의 웅크림이 좋은 맥이다.
백a로 단수칠 수 없기 때문에 백b, 흑c의 패가 되는 수가 있다.
백이 손을 빼면 흑d.

### 유가무가

흑1로 단수치는 수는 스스로 공배를 메우는 것이어서 악수이다.
흑3으로 웅크려도 백4로 지켜서 유가무가가 된다.

(2223)

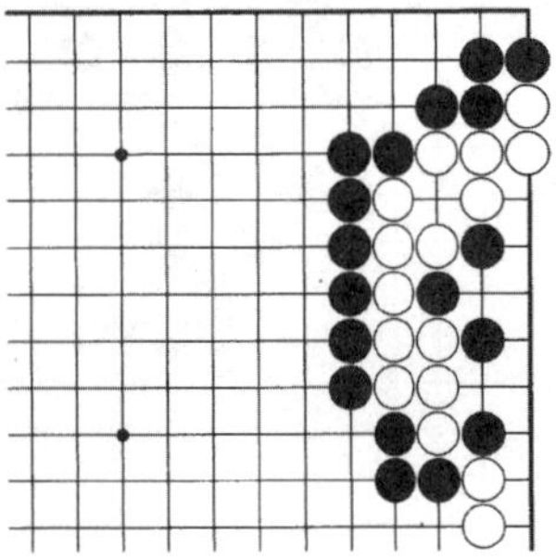

解

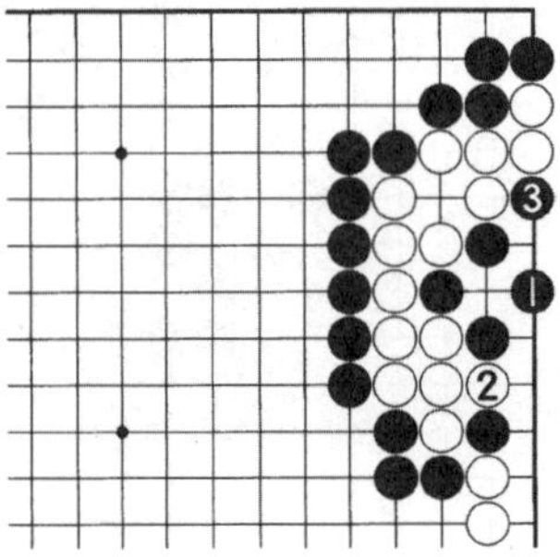

失

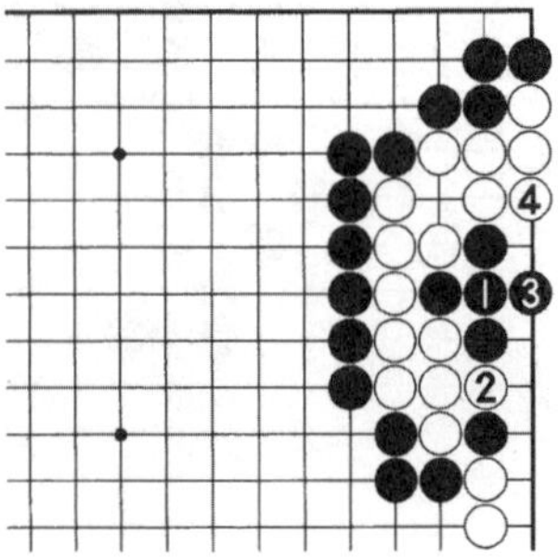

제2형 흑번

**노림**

우변의 전투.
백집 안에 있는 흑 4점은 이대로 손을 놓아야 하는 걸까?
집 안에서 수를 내야 한다.

**패**

흑1로 웅크리면 탄력있는 모양이 된다. 백2로 아래쪽을 지키면 흑3으로 먹여쳐서 패가 난다.
백2로 3에 두는 것은 흑2로 두어 역시 패가 난다.

**자충**

흑1로 이으면 백2로 아무 수도 나지 않는다.
흑3으로 웅크려도 흑은 포도송이.
자충으로 백4로 잇는 것은 수가 되지 않는다.



(2224)

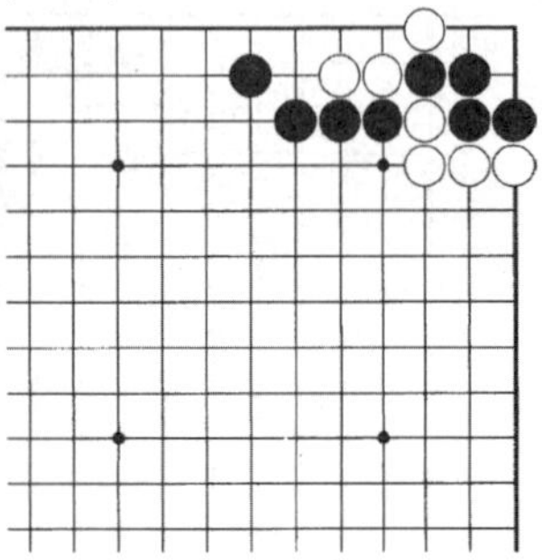

解

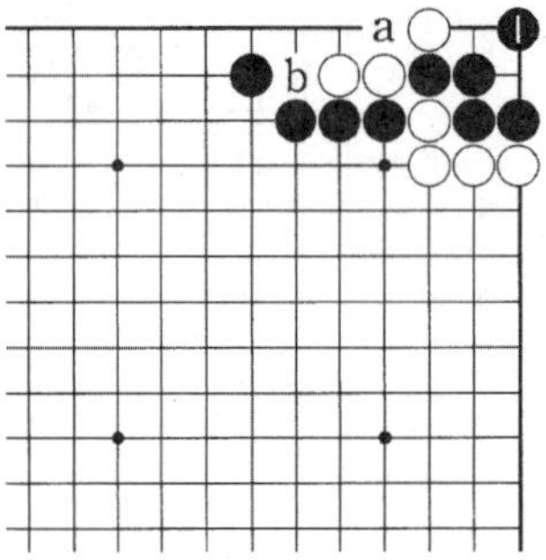


失

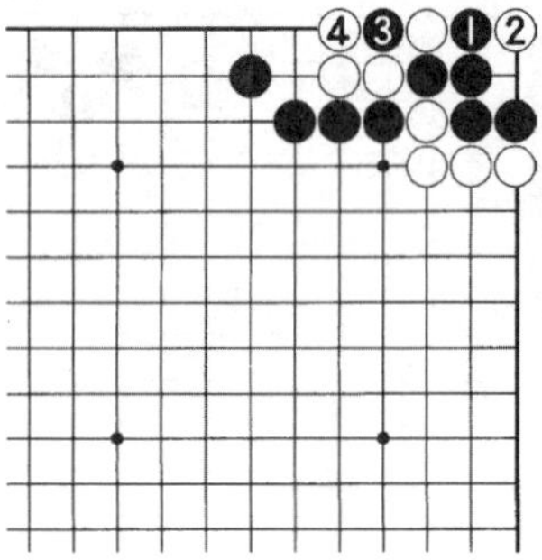

제1형 흑번

**무조건**

귀의 수상전 문제.
백 3점을 조건 없이 잡으려면 유가무가로 만들 수밖에 없다.

**웅크림**

흑1의 웅크림이 급소의 맥이다.
귀에 1집을 만들고 백a로 이으면 흑b로 막아서 백의 다음 수가 없다.

**패**

흑1로 막는 수는 실패한다.
백2로 먹여쳐서 단수치면 흑3, 백4로 막아서 백이 유리한 패가 된다.

(2225)

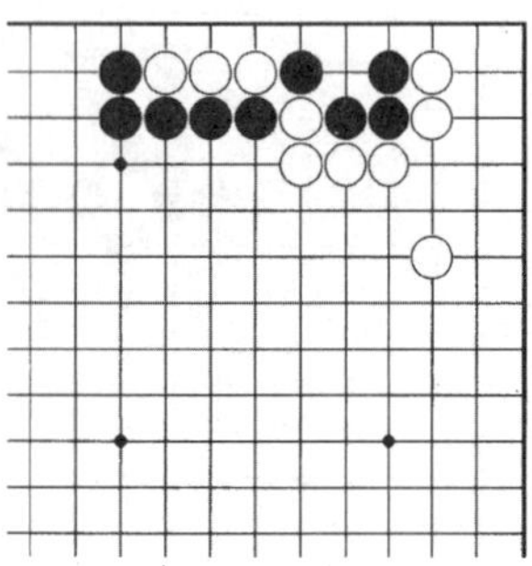

解

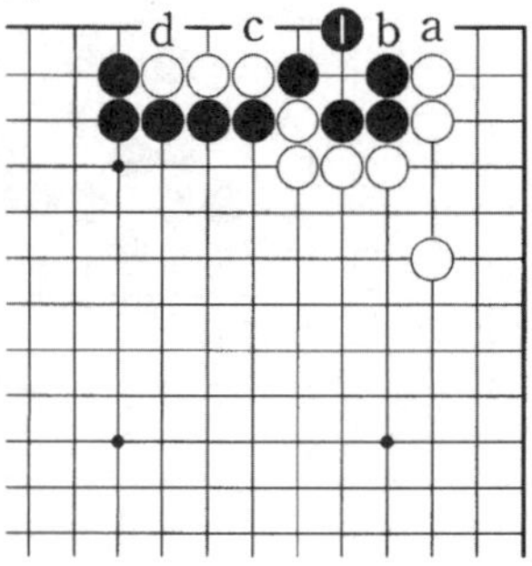


失

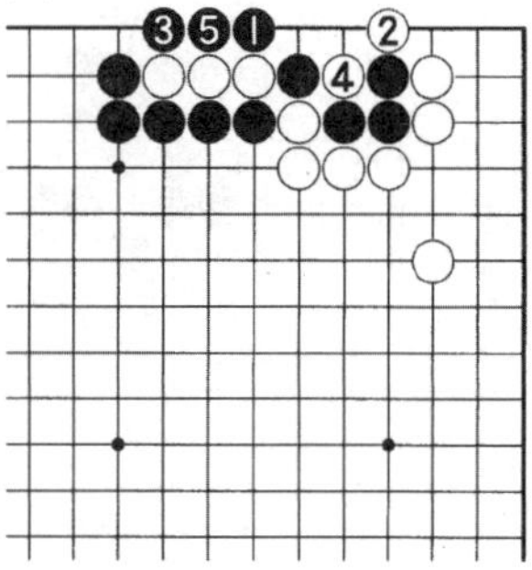

제2형 흑번

**이용**

상변의 수상전 문제.
흑 4점은 자충에 걸렸지만 백 3점과의 싸움에서 이길 수 있다.

**유가무가**

흑1로 집을 만들면 흑이 이긴다.
백a는 흑b, 백c에는 흑d.
유가무가 모양으로 백은 흑을 단수칠 수 없다.

**흑 실패**

흑1로 젖히면 백2로 3점을 잡을 수 있지만 백2의 단수부터 4로 3점을 선수로 잡혀서 실패한다.
흑 3점을 그냥 보내줘서는 득이 안 된다.

**제3형 흑번**

(2226)

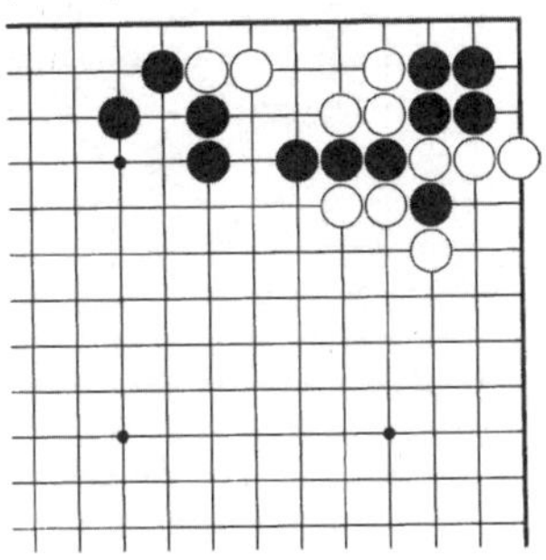

### 싸우다

우상의 전투.

귀의 흑은 우형이지만 바깥의 백에게 선수를 행사할 수 있어 모양에 탄력이 있다.

강하게 싸움을 할 수 있다.

解

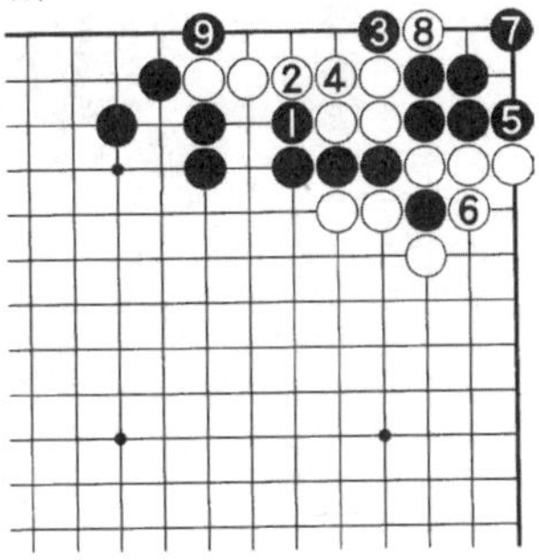

### 흑 승

흑1부터 백6까지 외길. 흑7로 웅크리는 수가 좋은 수이다.

백8로 옥집을 만들어도 흑9로 상변에 있는 백의 집을 빼앗아 흑이 승리한다.

失

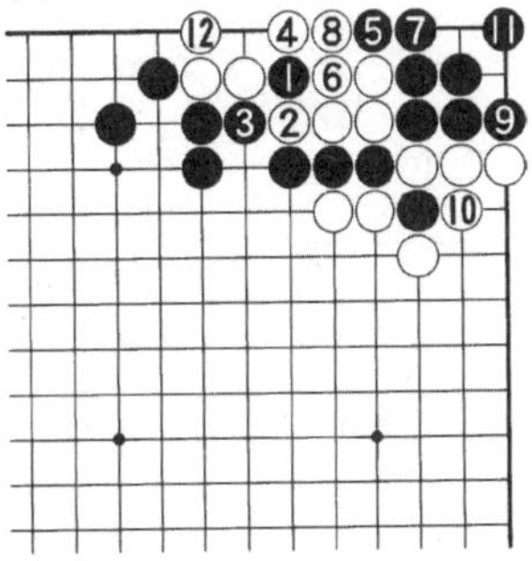

### 백 삶

흑1로 건너붙이면 흑7로 잇는 것이 선수의 맥이지만 백도 집이 생긴다.

흑11로 살아도 백도 12로 살아서 흑이 실패한 그림이다.

**제4형 흑번**

(2227)

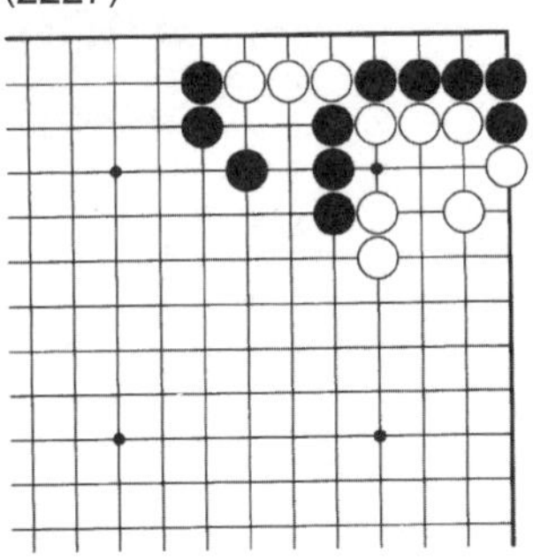

### 양자충

귀의 수상전 문제.

백은 5수나 되지만 흑은 모양에 집이 있으므로 백을 양자충으로 만들 수 있다.

解

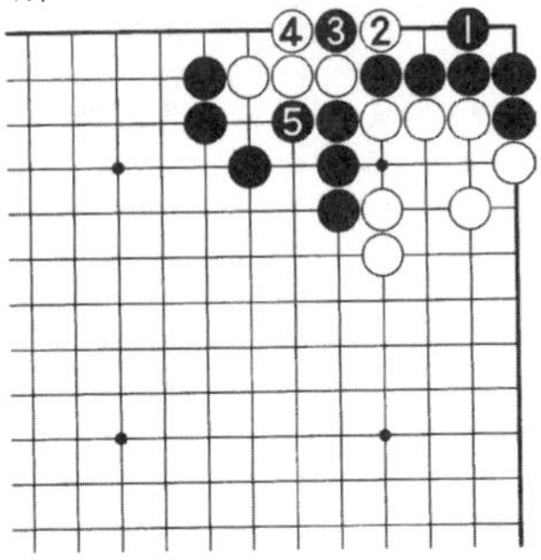

### 유가무가

흑1로 집을 만드는 것이 수를 늘리는 맥이다.

백2로 젖히면 흑3으로 먹여쳐서 백을 자충으로 이끈다.

흑5까지 유가무가가 된다.

失

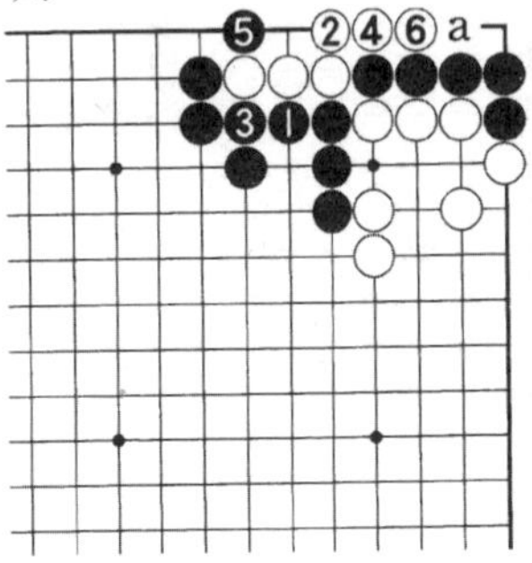

### 백 역전

흑1로 단순히 바깥에서 공격하는 것은 백2로 뻗어서 역전된다.

흑3, 5로 공격해도 백6까지 흑의 양자충.

흑3으로 a도 백4로 안 된다.

**제5형 흑번**

(2228)

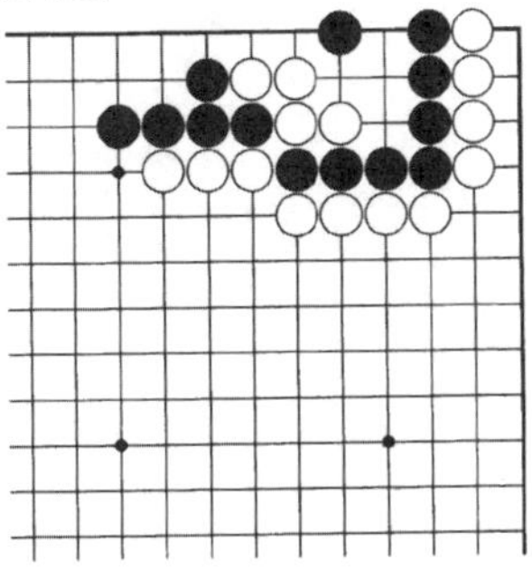

### 건넘

상변의 수상전 문제.

흑은 자충에 걸리는 것을 피하면서 상변으로 건너가 백 4점을 통째로 삼키고 싶다.

解

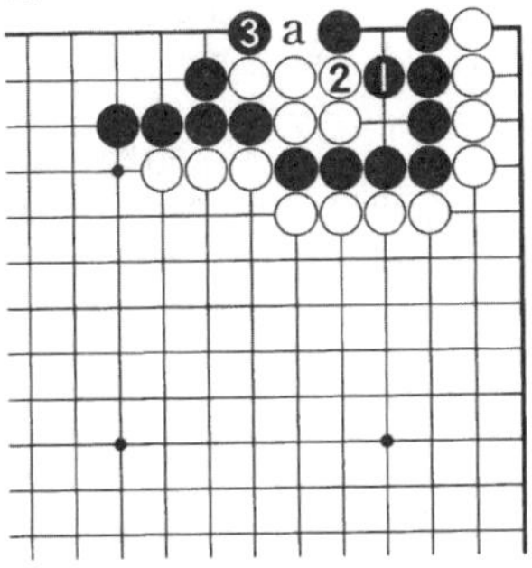

### 흑 승

흑1로 기다리는 수가 좋은 수이다.

백2로 흑집을 무너뜨리면 흑3으로 젖혀 건너간다.

백2로 a는 흑2로 유가무가가 된다.

失

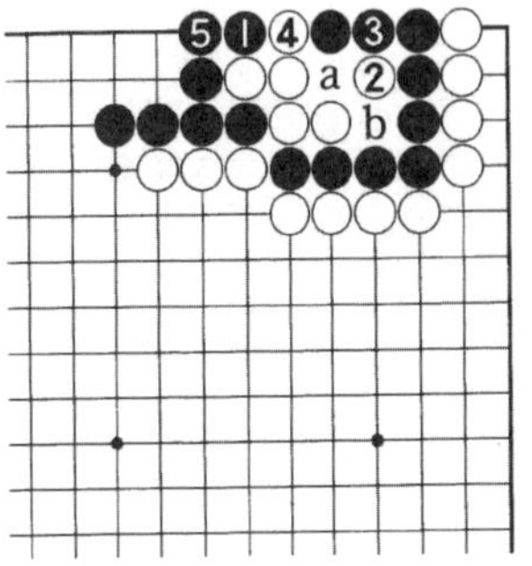

### 후수 빅

흑1로 젖히면 백2의 입구자 붙임이 좋은 수로 흑3부터 5까지 흑이 후수인 빅이 된다.

흑3으로 a는 백b로 촉촉수를 당한다.

(2229)

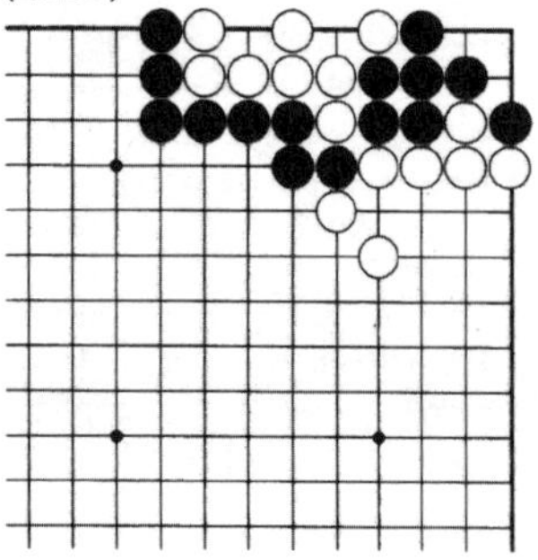

解

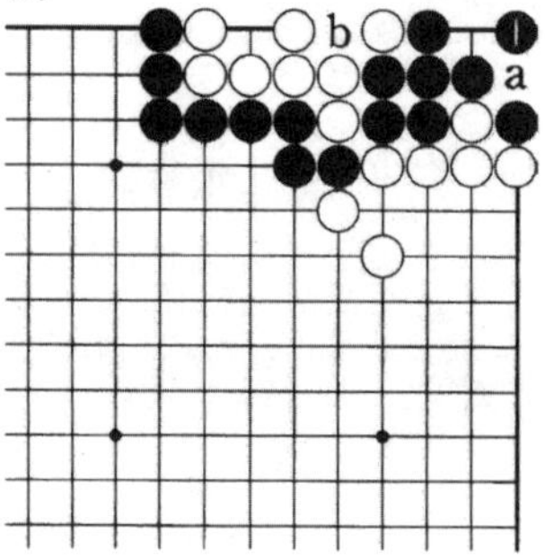


失

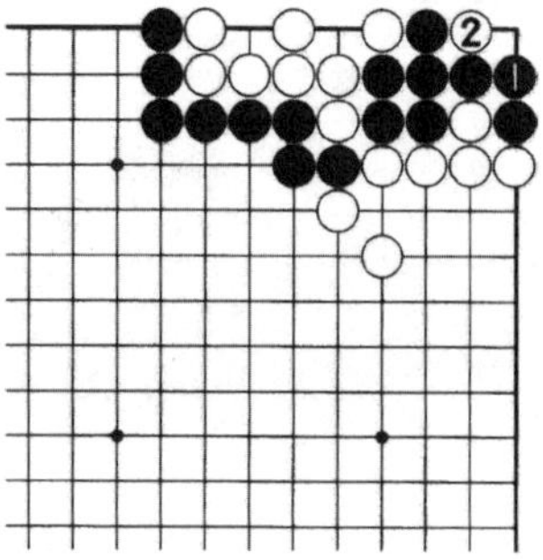

제6형 흑번

### 무조건
귀와 상변의 수상전.
상변의 백은 패이지만 흑은 무조건 가까운 모양으로 백을 잡는다.

### 양패
흑1의 웅크림이 맥이다.
백a에는 흑b.
백은 양패 때문에 흑을 잡을 수 없다.

### 단패
흑1로 이으면 백2로 패가 된다.
이럴 거라면 흑1은 손을 빼고 백1로 두게 만드는 쪽이 낫다.

웅크리기 사활(삶)

(2230)

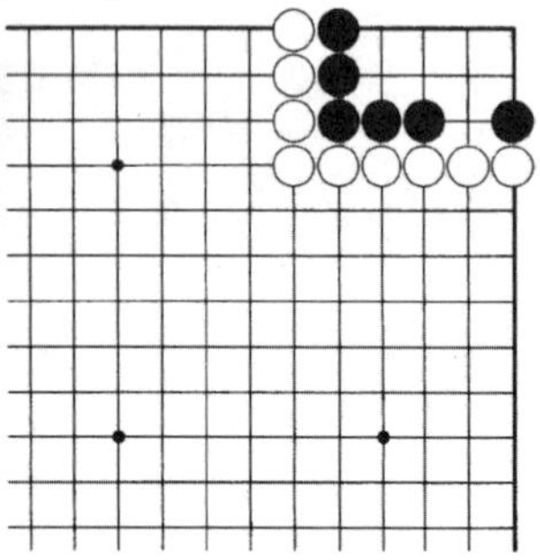

解

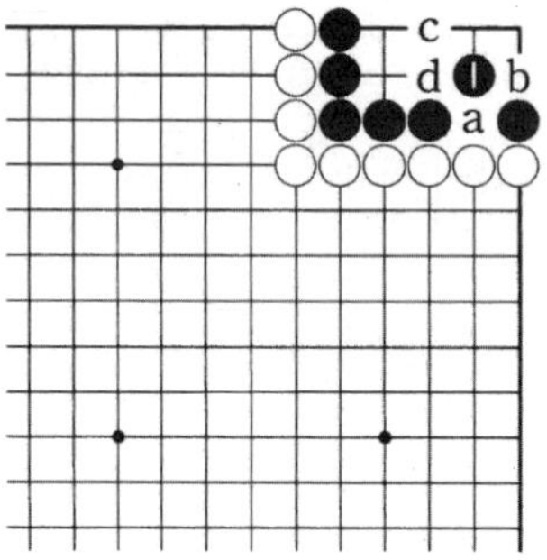


失

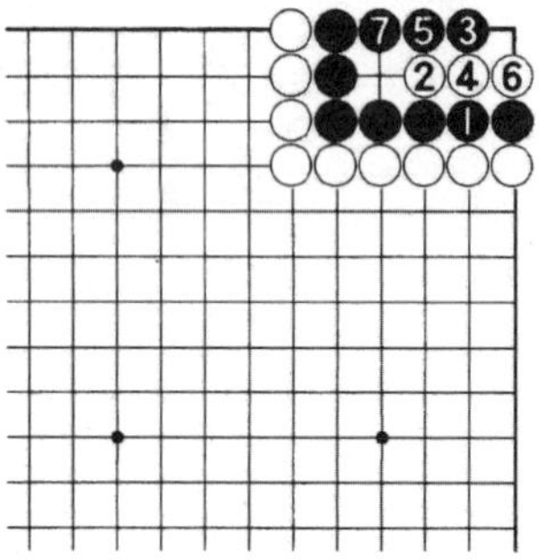

제1형 흑번

### 갈림길
우상의 흑을 살리고 싶다.
궁도를 넓힐지 집을 만들기 쉬운 급소에 둘 것인지 선택해야 한다.

### 흑 삶
흑1로 웅크리는 것이 정수이다.
백a에 단수치면 흑b로 이어 살 수 있다.
백c로 치중하면 백a, 흑b를 상정하여 흑d로 받으면 그만이다.

### 빅
흑1로 궁도를 넓히는 것은 완전하지 않다.
백2로 붙이면 흑3으로 2·1에 두어도 백4부터 흑7까지 빅이 된다.

(2231)

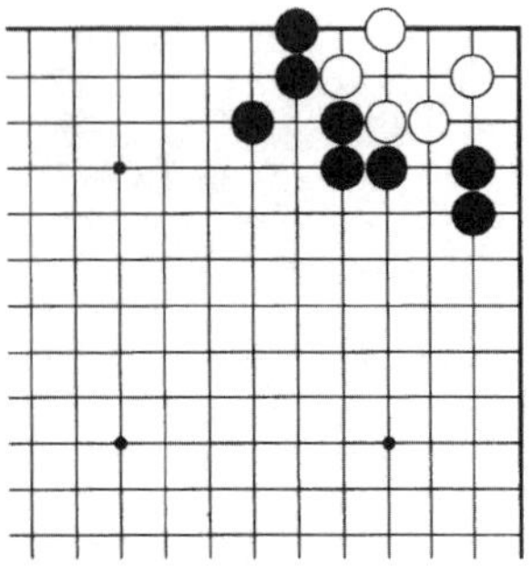

解

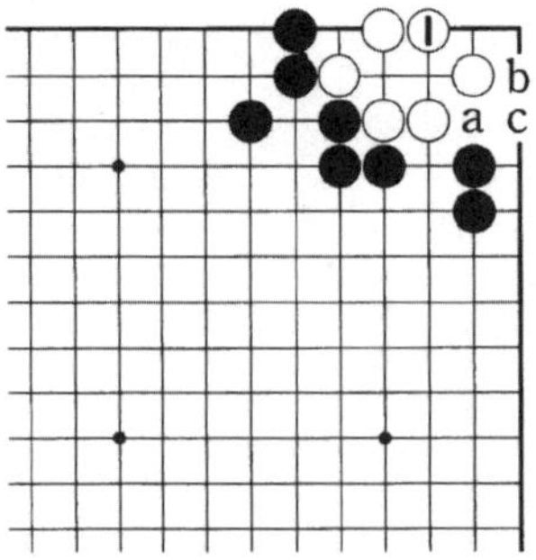


失

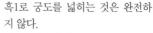

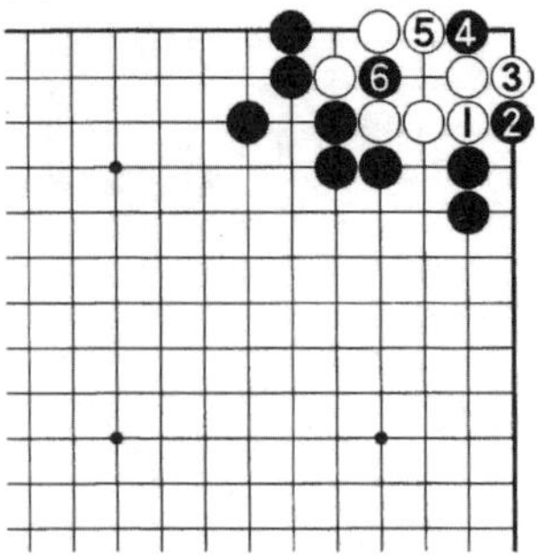

제2형 백번

### 둘로 나누다
사활문제.
범위는 좁으나 귀의 집은 넓게 보인다.
이 집을 두 개로 나누어 분리된 두 집을 만들고 싶다.

### 백 삶
백1이 집을 둘로 나누는 급소이다.
흑a는 백b. 백은 귀와 중앙에 한 집씩. 흑a로 b로 붙여도 백c로 잡으면 그만이다.

### 자충
백1은 궁도를 넓히는 수이지만 실패한다. 흑2로 젖히고 4로 치중하여 자충 모양으로 이끌어 흑6으로 백이 죽는다. 백1로 3으로 두어도 흑4로 같다.

제3형 흑번

(2232)

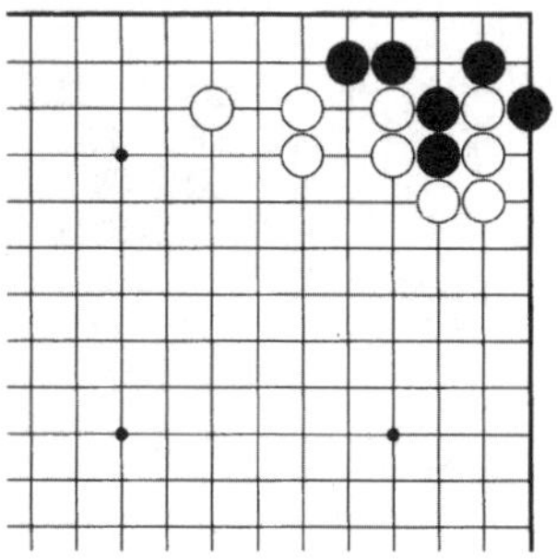

## 단수

사활 문제.
귀의 좁은 범위에서 2점이 단수당해 있는 모양이다.
궁도를 넓히는 것만으로 살 수 없을 때를 대비하여 수를 내야 한다.

解

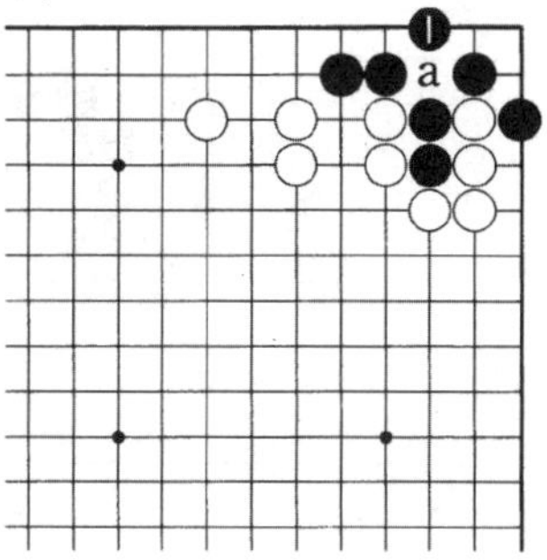

## 흑 삶

흑1의 웅크림이 안형의 급소.
귀와 상변에 각각 한 집씩 만들어서 살 수 있다.
백a로 따도 되따내기가 활용되는 모양이다.

失

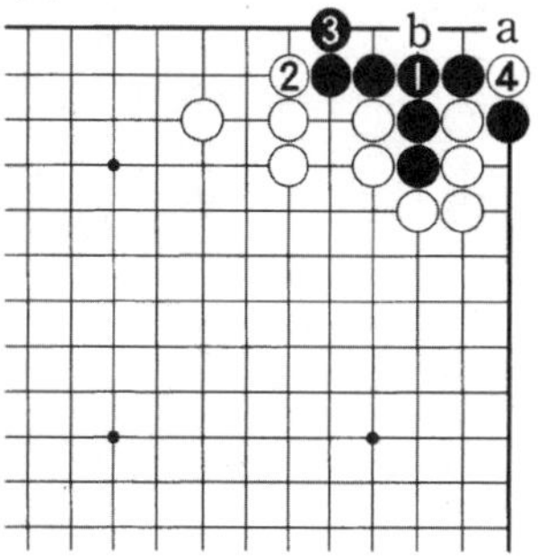

## 흑 죽음

흑1로 이어 궁도를 넓히려는 것은 실패한다.
백2, 4로 집을 좁혀오면 흑이 a로 따도 백b로 치중당해 죽는다.

제4형 흑번

(2233)

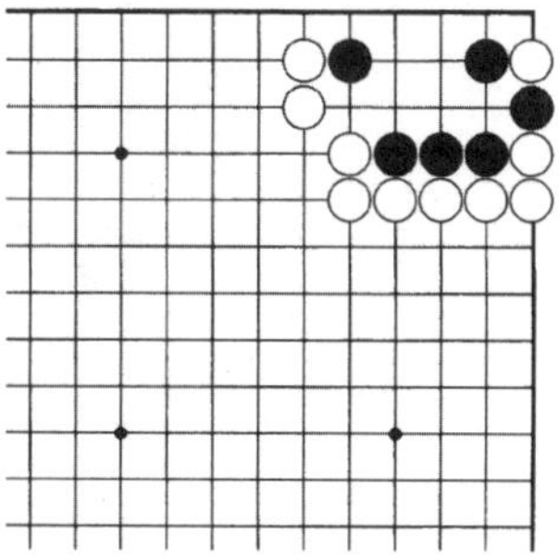

## 주의

사활 문제.
백 1점은 먹여치는 맥이다.
귀의 흑을 자충에 이끄는 노림수를 주의해야 한다.

解

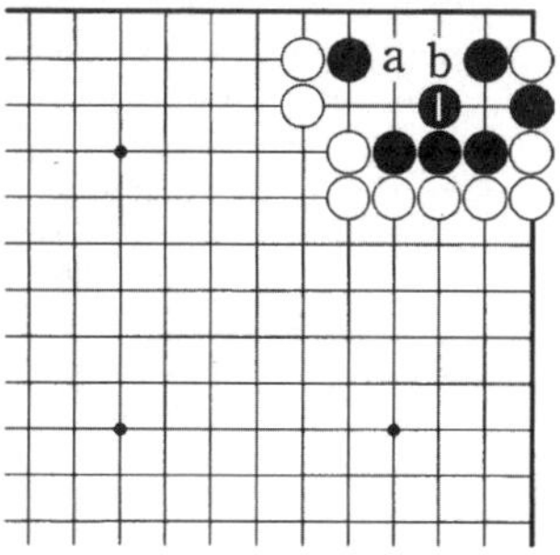

## 패

흑1로 웅크려 패 모양을 만든다.
흑은 자충의 위협이 있기 때문에 패의 탄력에 의해 수습하여야 한다.
백a는 흑b.

失

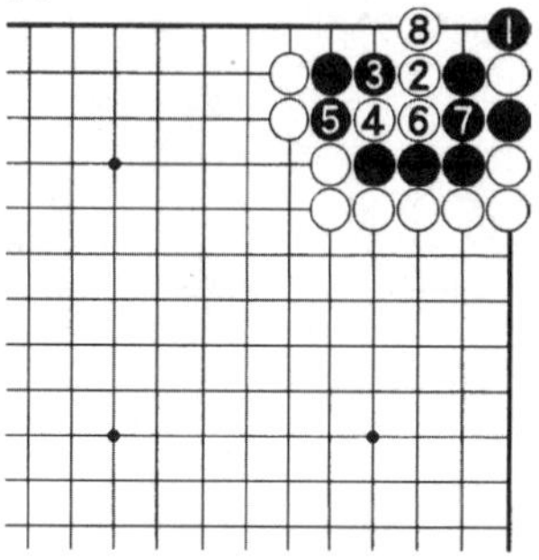

## 흑 전멸

흑1로 따내는 것은 백2로 붙여 자충을 추궁 당하게 된다.
흑3에는 백4부터 8. 흑은 양자충으로 전멸한다.

제5형 백번

(2234)

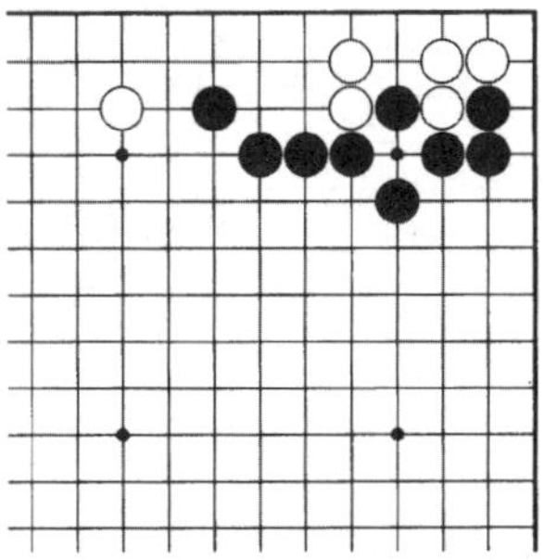

## 결함

사활 문제.
귀의 백 5점은 궁도를 넓히는 것만으로 살려고 하는 것은 약점이 있어서 무리다. 약점이 있는 상태에서 집을 만들려면 어떻게 해야 하는가?

解

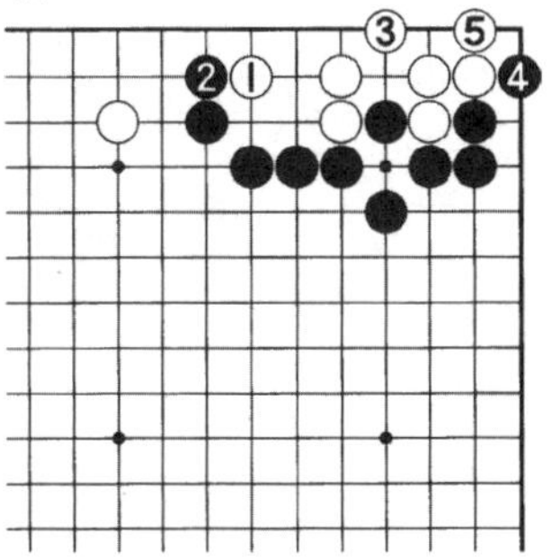

## 백 삶

백1의 뜀을 선수하여 상변에 궁도를 넓히고 흑2 이후 백3으로 안형의 급소에 웅크려서 살 수 있다.
흑4에는 백5로 받아 그만이다.

変

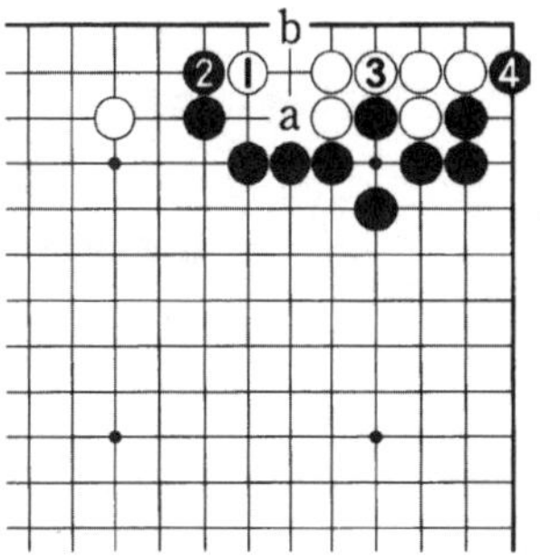

## 백 죽음

백3으로 이어서는 살 수 없다.
흑4로 젖혀 백집을 좁히고 백a는 흑b.
또한 흑4로 a에 먼저 두면 백4로 살아버린다.

제6형 흑번

(2235)

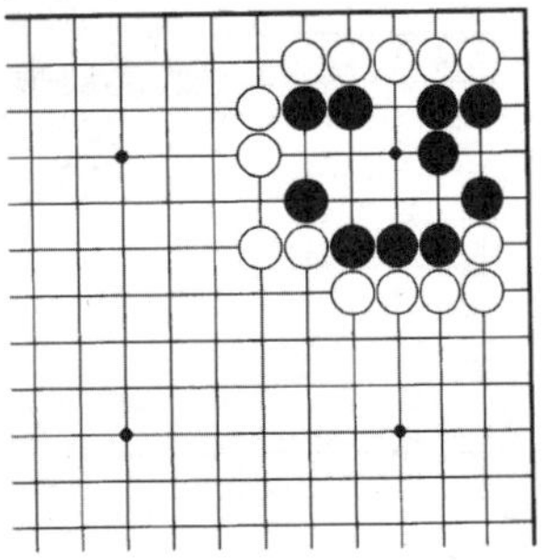

## 선수 한 집

우변에 후수 한 집이 있으므로 중앙에서 선수로 한 집을 내야 한다.
급소를 찾으면 매우 간단하다.

解

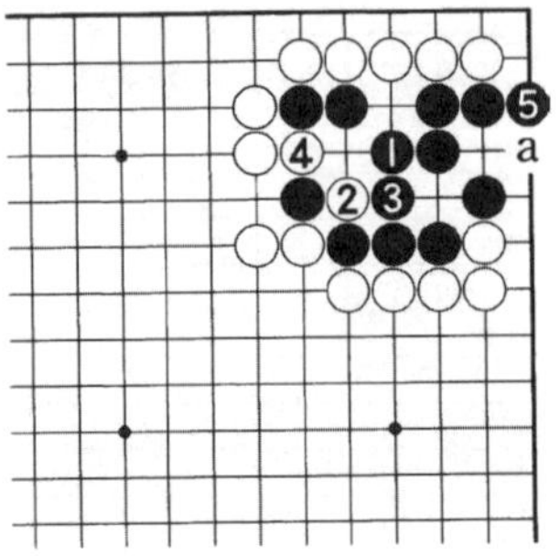


## 우형

우형으로 보이지만 흑1의 웅크림이 급소이다.
백4로 a면 다음에 흑4로 중앙에 2집이 있는 것이 흑1과 3의 의미.

失

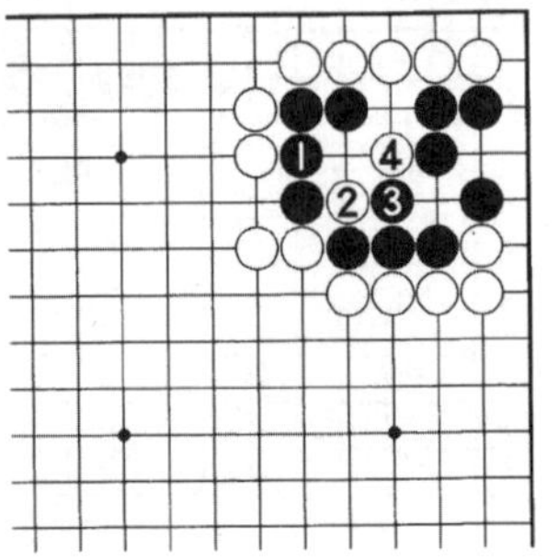

## 통렬

흑1로 품을 넓히는 것은 백2로 끊는 것이 통렬하다.
흑3에는 백4로 중앙에 한 집도 나지 않는다. 또한 흑3으로 4는 백3으로 단수가 선수가 된다.

제7형 백번

(2236)

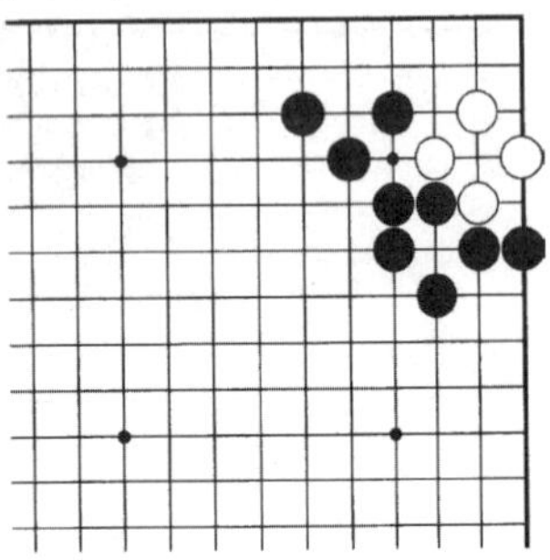

## 급소

사활 문제.
백의 집은 바깥의 흑이 강해서 불안하다.
그러나 귀에는 집을 만들기 쉬운 급소가 남아있다.

解

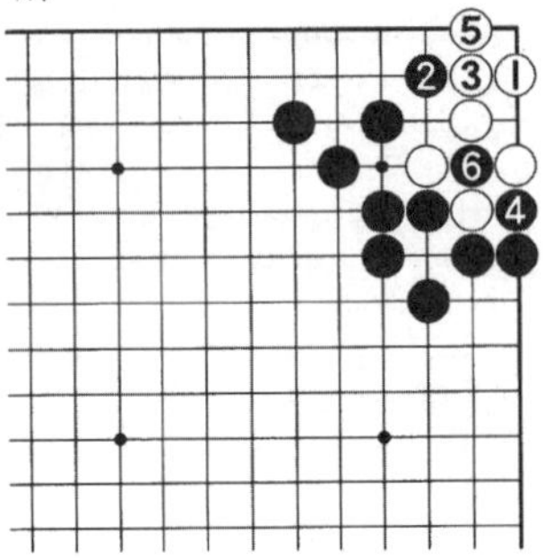

## 패

백1의 웅크림이 2·1의 맥이다.
귀에는 탄력이 있어 흑2, 4로 공격할 수밖에 없으며 흑6까지 패가 난다.

失

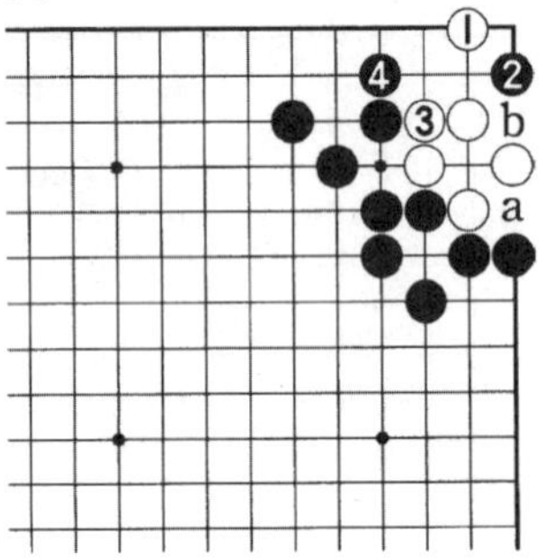


## 백 죽음

백1로 뛰는 것은 흑2로 2·1의 급소를 당해 실패한다.
백3에는 흑4.
귀는 흑a, b가 맞보기로 한 집 밖에 없는 모양이다.

제8형 백번

(2237)

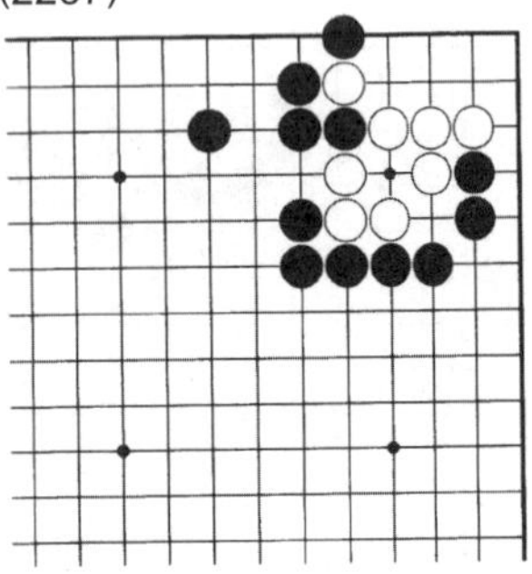

## 뒷문

사활 문제.
상변의 백집에 침입의 여지가 있다.
이곳에서 선수로 한 집을 만들면 살 수 있지만 무조건 사는 것이라고 할 수 없다.

解

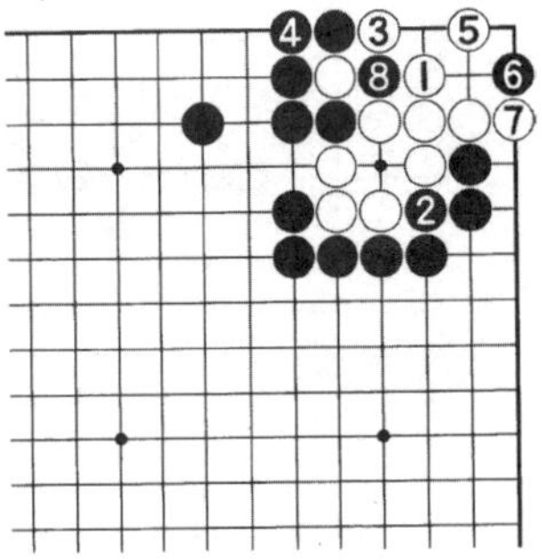

## 패

백1은 패의 탄력을 만드는 웅크려 잇는 맥이다.
흑2로 중앙의 집을 부수면 백3으로 막아서 패가 난다.
흑2로 8은 백2로 산다.

失

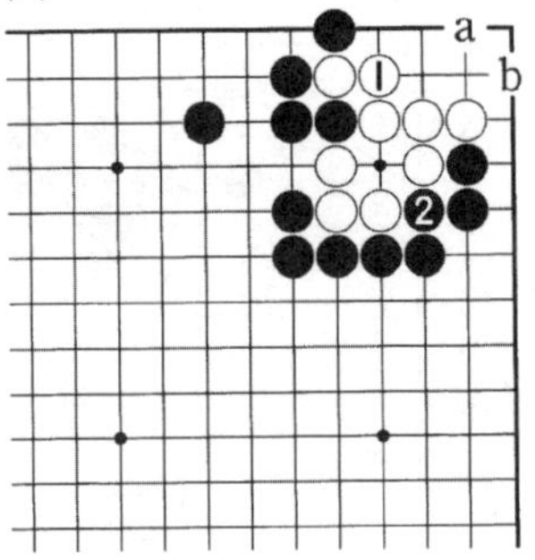


## 백 죽음

백1로 이으면 흑2로 두어 그만이다.
귀의 백의 궁도가 절대적으로 부족하다.
백1로 a에 두어도 흑b로 치중해서 백이 죽는다.

(2238)

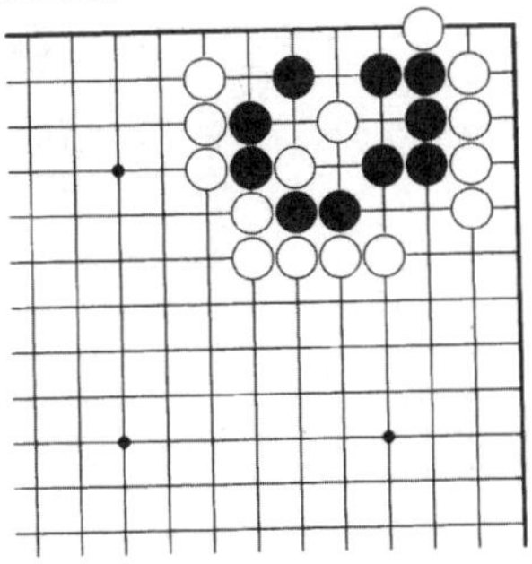

解

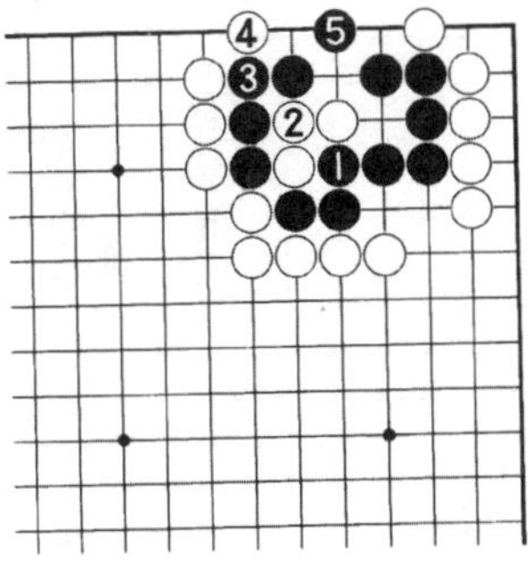

失

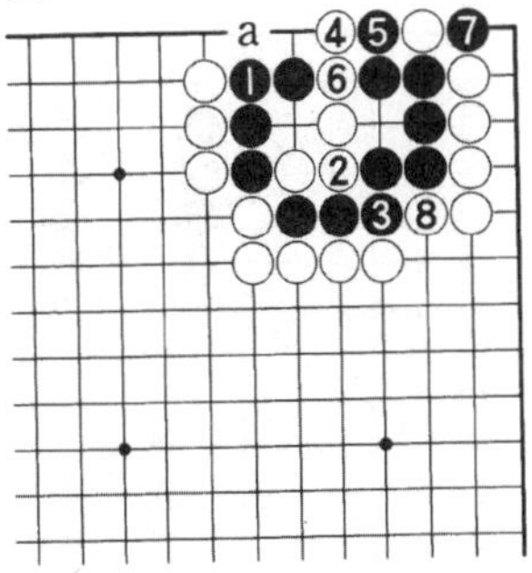

제9형 흑번

### 공존

사활 문제.

백 2점은 궁도사활을 노리는 눈엣가시이지만 흑은 모양을 잘 꾸며서 빅을 만들 수 있다.

### 빅

흑1로 단수치고 3으로 이어 삶을 노린다.

백4의 젖힘에 흑5의 웅크림이 좋은 수이다. 백은 치중수를 늘리지 않고도 빅이다.

### 흑 죽음

흑1을 먼저 두는 것은 백2로 단수쳐서 안 된다.

백4, 6으로 흑에게 더 이상의 저항수단이 없다. 백4로 a도 흑이 죽는다.

(2239)

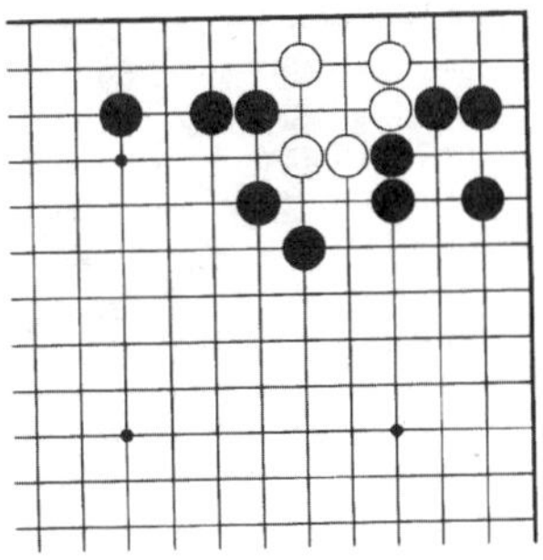

解

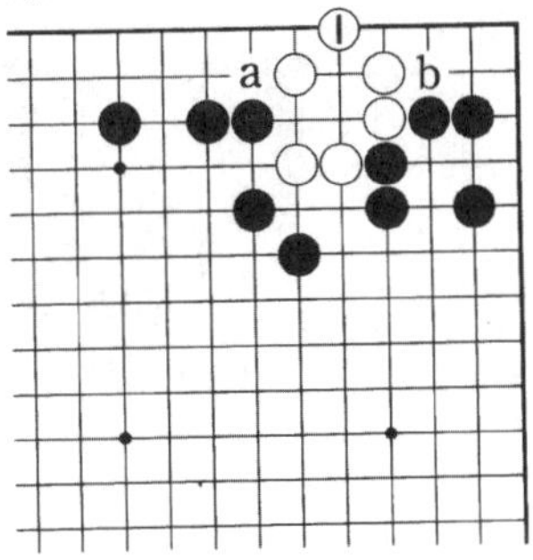

失

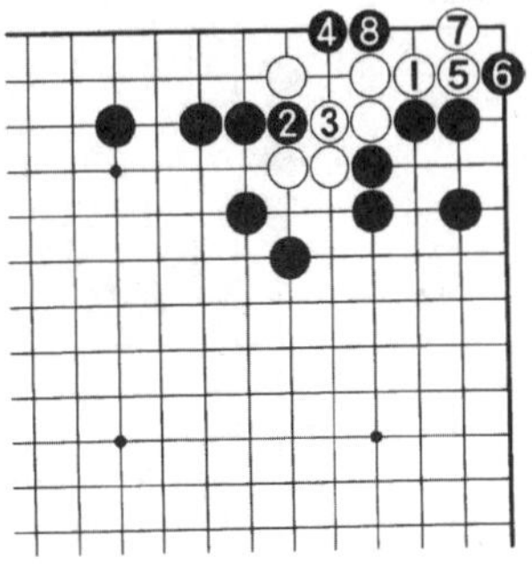

제10형 백번

### 한계

사활 문제.

백집의 발전은 제한되어 있다. 궁도를 넓히는 것이 불가능하다면 안형의 급소에 의존할 수밖에 없다.

### 맞보기

백1의 웅크림이 상용의 맥이다.

중앙 쪽에 1집을 확보하고 a와 b로 좌우에 한 집을 맞본다.

'좌우동형은 중앙에 수 있다' 의 모양이다.

### 백 죽음

백1로 궁도를 넓히는 것은 흑2, 백3이후 흑4로 급소를 선점당해서 안 된다.

백5, 7로 궁도를 넓혀도 흑8의 치중으로 죽는다.

(2240)

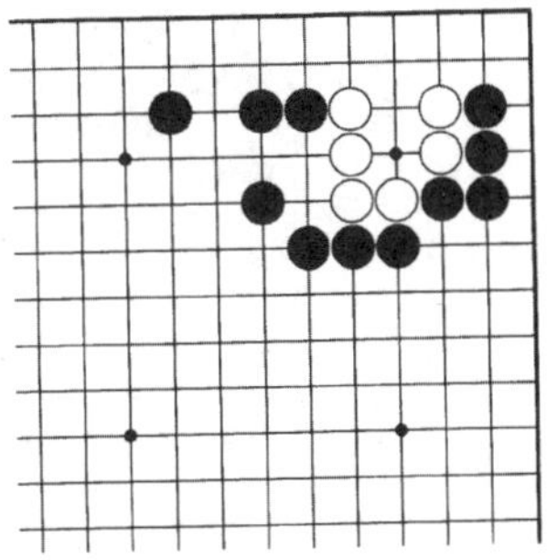

解

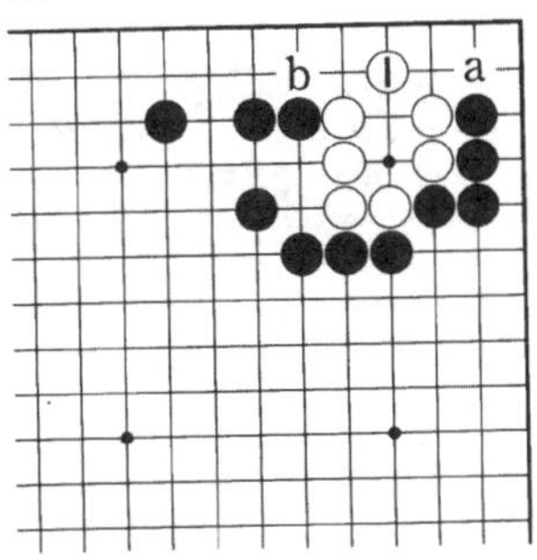

失

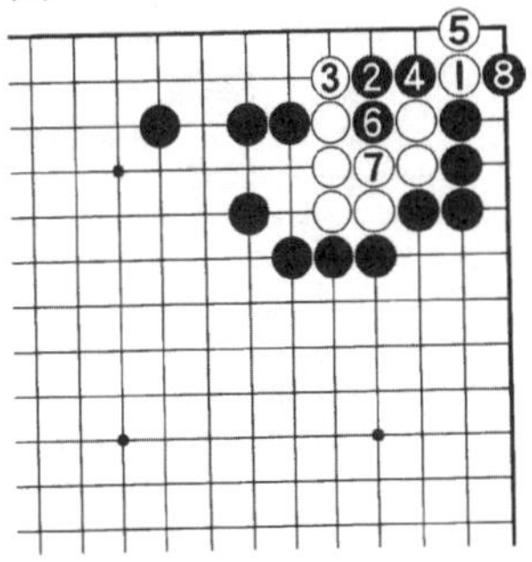

제11형 백번

### 동형의 중앙

사활 문제.

궁도를 넓혀야 할지, 집의 급소를 노려야할지 선택해야 한다. '좌우동형은 중앙이 급소' 라는 격언을 떠올릴 때다.

### 백 삶

백1의 웅크림이 맥이다.

중앙에 한 집 확보함과 더불어 좌우에 각각 한 집을 맞보기로 가진다.

흑a는 백b, 또 흑b는 백a.

### 치중수

백1의 젖힘은 궁도를 넓히는 수지만 흑2로 급소를 공격당해 실패한다.

백3 이후 흑4, 6으로 선수하고 흑8까지 죽는다.

(2241)

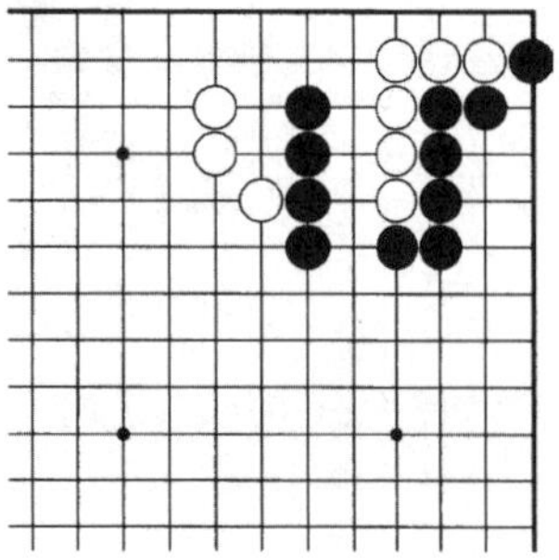

解

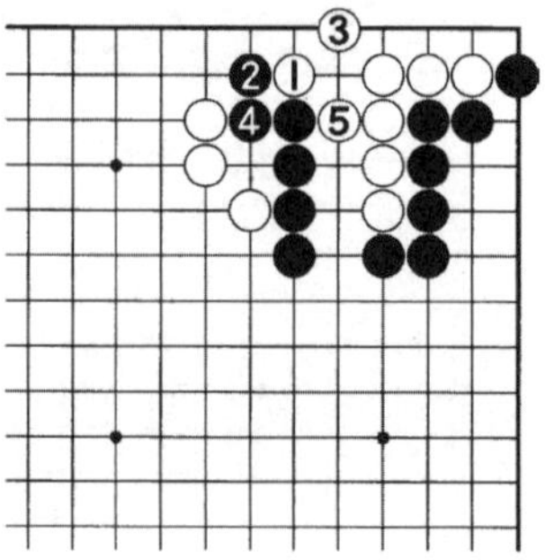

失

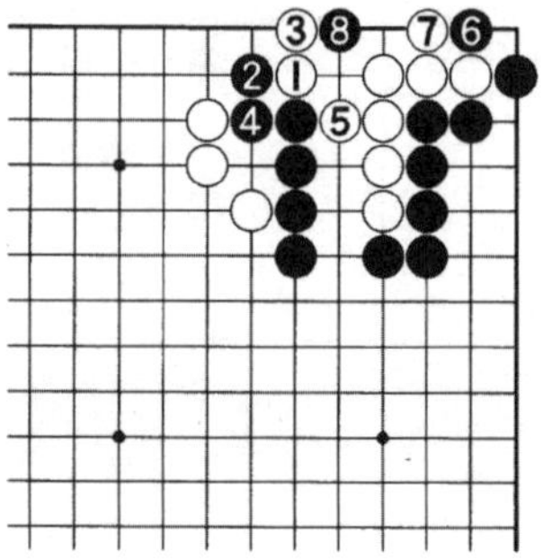

**제12형 백번**

## 활용

사활 문제.
현재로는 우상귀의 백은 집이 없지만 상변의 백을 선수로 활용하여 살 수 있다.

## 흑 삶

백1로 붙이고 3으로 웅크림이 맥이 된다.
흑4로 이어서 백의 끊음을 방지하면 백5로 집을 내서 산다.
흑4로 5는 백4.

## 틀린 맥

백1 이후 3으로 내리는 수는 틀린 맥으로 좋지 않다.
흑4로 이으면 백은 한 수로 사는 모양이 아니다.
백5는 흑6, 8로 죽는다.

(2242)

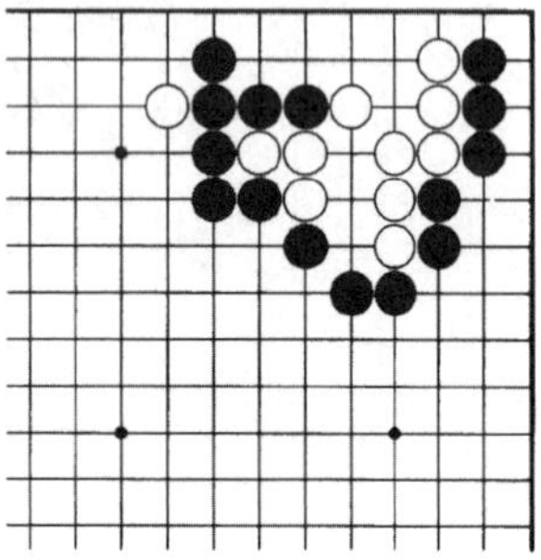

解

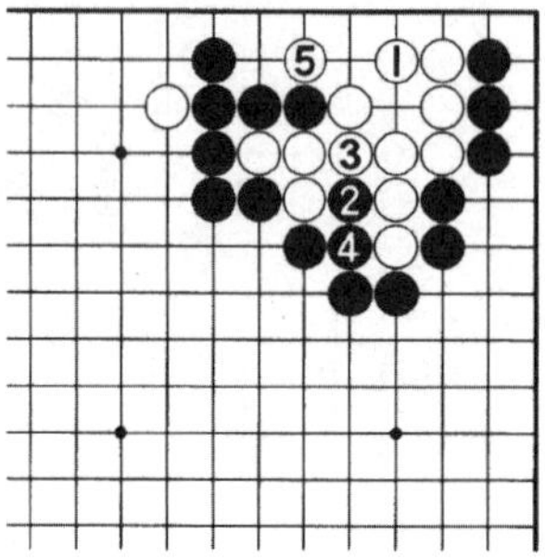

失

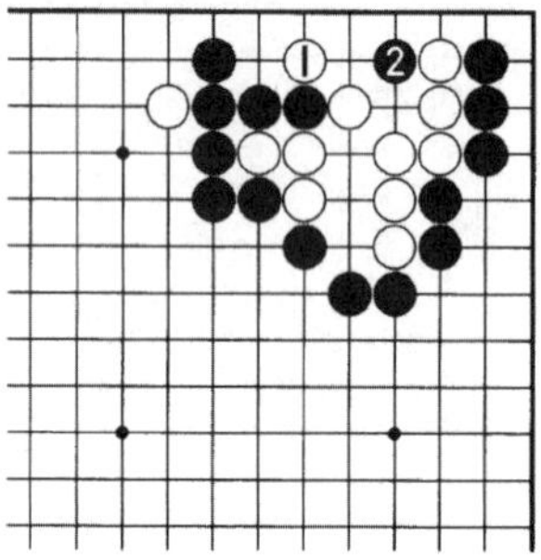

**제13형 백번**

## 맞보기

사활 문제.
백은 중앙과 상변, 양쪽에 한 집씩 만들지 않으면 살 수 없다. 한 집을 확보한 뒤, 맞보기를 생각하면 된다.

## 백 삶

백1이 냉정한 수로 중앙과 상변의 집을 맞본다.
흑2, 4로 중앙을 공격하면 백5로 상변을 두어 살 수 있다.

## 백 죽음

백1로 젖혀 궁도를 넓히면 흑2로 안형의 급소를 빼앗긴다.
상변이 후수 한 집이 되므로 백은 금방 죽는다.

(2243)

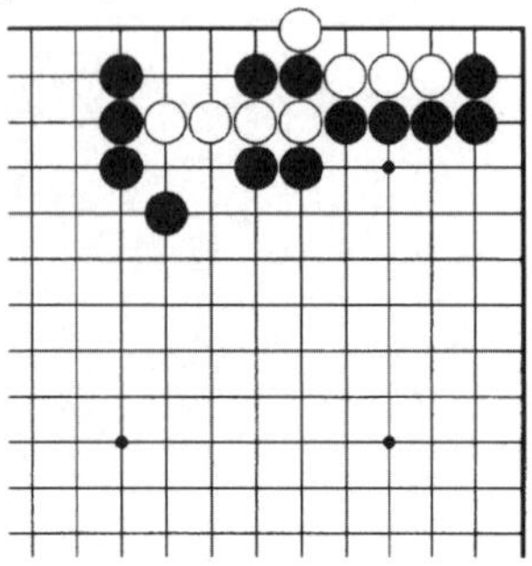

解

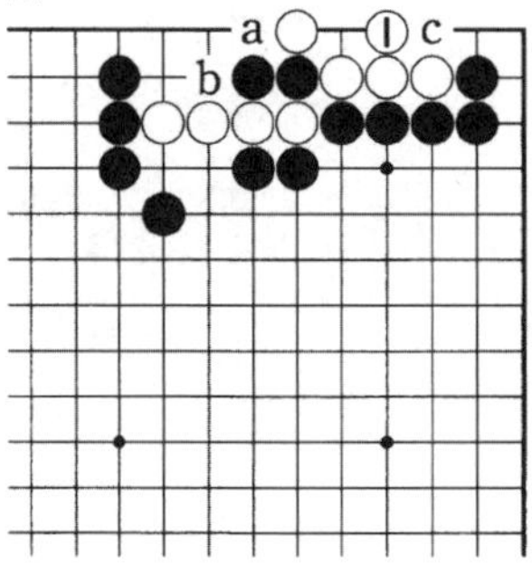

失

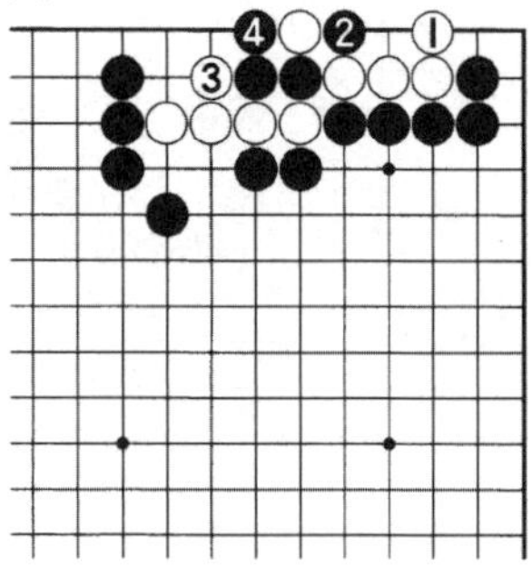

**제14형 백번**

## 탄력

사활 문제.
흑 2점을 잡는 것으로는 우상의 백 3점의 자충 때문에 한 집밖에 나지 않는다.
백은 탄력있는 모양을 만들고 싶다.

## 패

백1로 웅크리면 그냥은 죽지 않는 모양이다.
흑a에 백b로 흑은 패를 할 수밖에 없다.
백1로 b는 흑c로 젖혀 죽는다.

## 오궁도화

백1로 궁도를 넓히는 변화이다. 흑2로 먹여치고 백3, 흑4로 백 1점을 잡으면 오궁도화로 죽는다.

(2244)

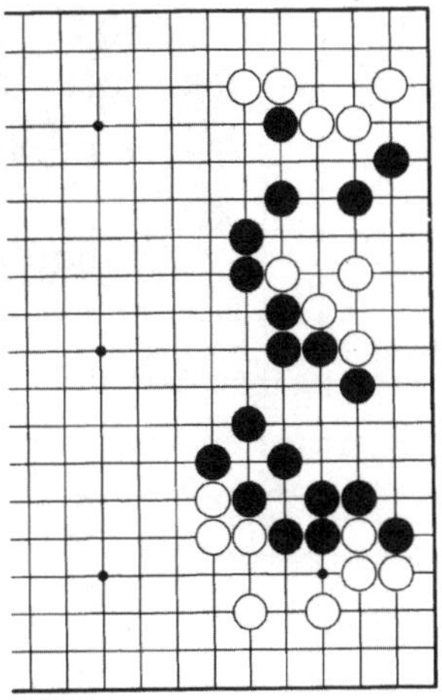

解

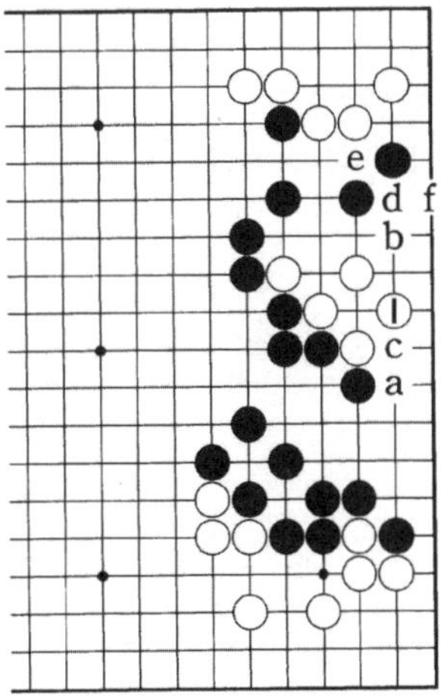

失

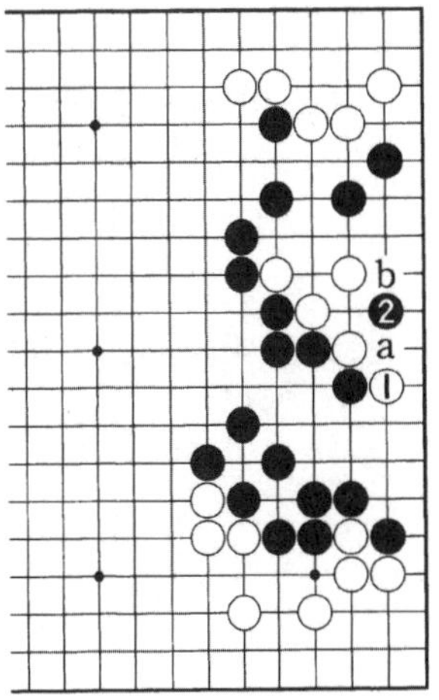

제1형 백번

## 실마리

우변의 전투.

흑에게 둘러싸인 우변의 백은 좁은 집 안에서 실마리를 찾아야만 살 수 있다.

## 맥

백1로 집을 만드는 수가 맥.

백은 빵따낸 모양이어서 탄력이 있으며 이후 흑a로 내리면 백b, 흑c, 백d, 흑e, 백f까지 사는 것과 건넘을 맞본다. a로 c로 단수치면 백a로 끊어 패가 된다.

## 백 죽음

백1의 젖힘은 흑a, 백2로 패를 노린 수이지만 흑2로 치중하면 그만이다.

백a로 이으면 흑b로 건너서 백 전체가 집이 없는 모양이 된다.

(2245)

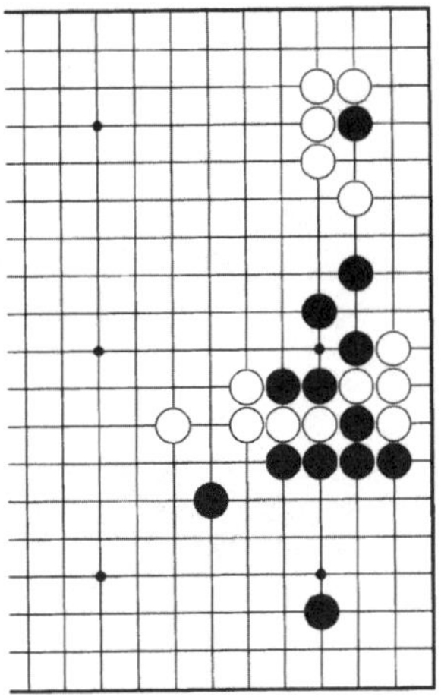

解

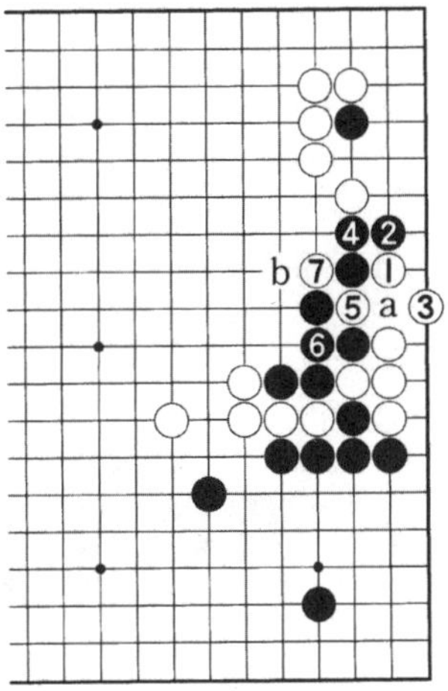

変

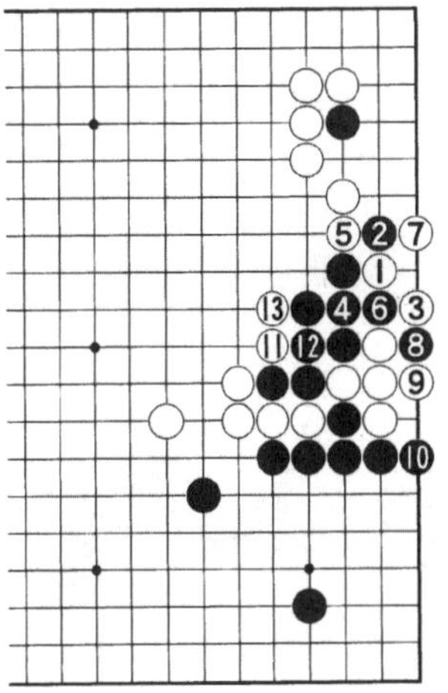

제2형 백번

## 반격

우변의 전투.

우변의 백 4점은 우상과 멀어서 이대로라면 죽은 돌이 될 것 같다. 흑의 모양이 엷은 것을 노려서 반격해야 한다.

## 큰 패

백1로 붙이고 3의 웅크림이 맥.

흑4로 이으면 백5로 먹여쳐서 패. 흑6이면 백7로 끊어 패가 크게 난다.

백3으로 a는 흑4, 백5, 흑b로 백은 전멸한다.

## 역시 패

흑4로 잇는 변화이다.

백5로 끊고 흑6으로 단수치면 백7로 받아 이것도 패가 된다.

흑8, 10으로 촉촉수를 노리면 백11, 13으로 바깥을 공격한다.

# 먹여치기

'어려운 상황에서는 죽을 각오로 덤벼야만 비로소 성공할 수 있다'는 병법에 따라 더 큰 이득을 위해 뒤를 노리는 맥이다.
단수 칠 수 있는 모양에 뛰어들어 상대를 우형으로 만들거나 자충 또는 옥집을 유도하여 활로를 줄이는 것을 '먹여친다'고 말한다.
흑1로 먹여쳐서 백은 전멸한다.

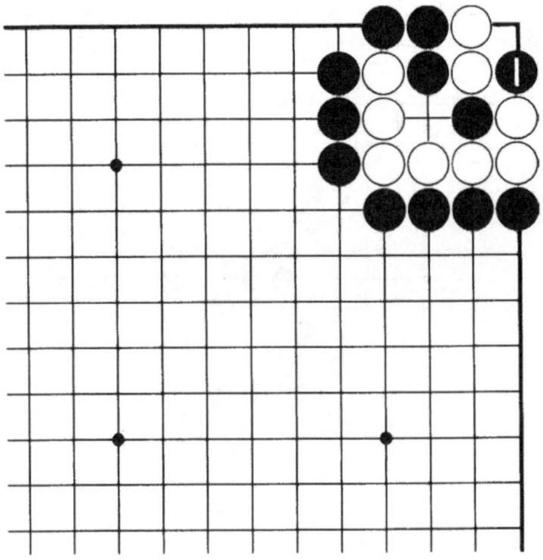

먹여치기 연결하다

(2246)

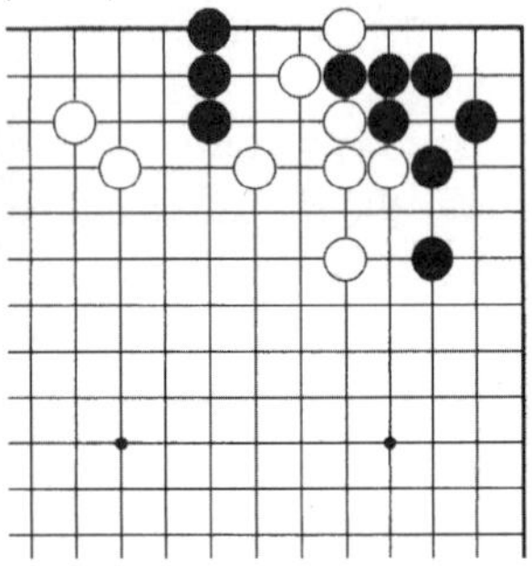

제1형 흑번

## 이용하다

상변의 전투.
흑 3점은 1선 뻗음을 이용하여 우상귀와 연결할 수 있다.
백의 옆음을 노려야 한다.

解

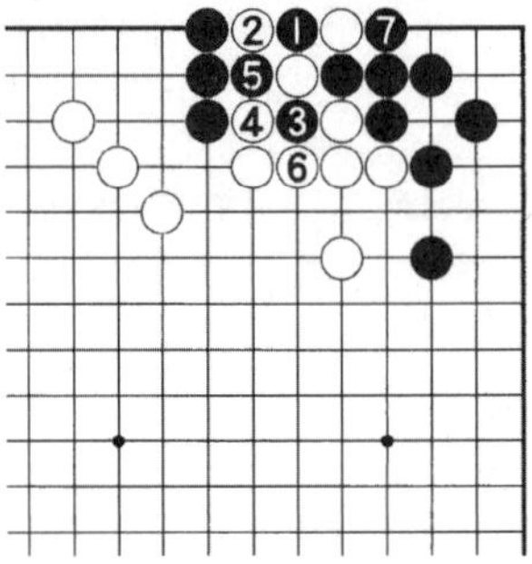

## 촉촉수

흑1의 먹여침이 백을 자충으로 이끄는 맥이다.
백2로 잡게 한 뒤 흑3으로 끊어 백4에는 흑5, 7로 촉촉수이다.

失

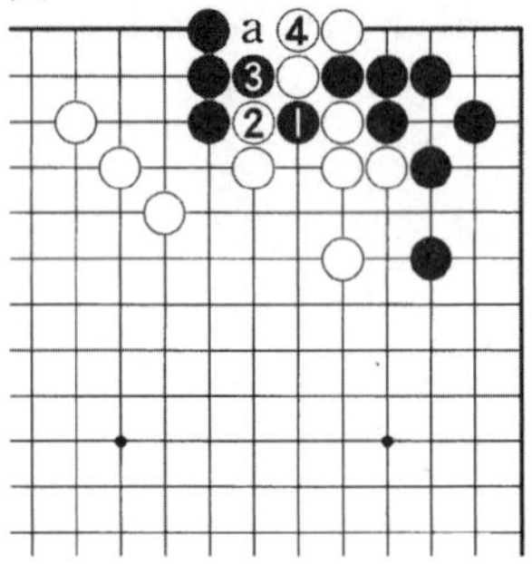

## 틀린 수순

흑1을 먼저 두는 것은 약간 손해이다. 흑3으로는 4로 먹여치고 백3, 흑a로 건너가지만 약간 손해이다.
흑3으로 끊는 것은 백4로 실패한다.

먹여치기 살다

(2247)

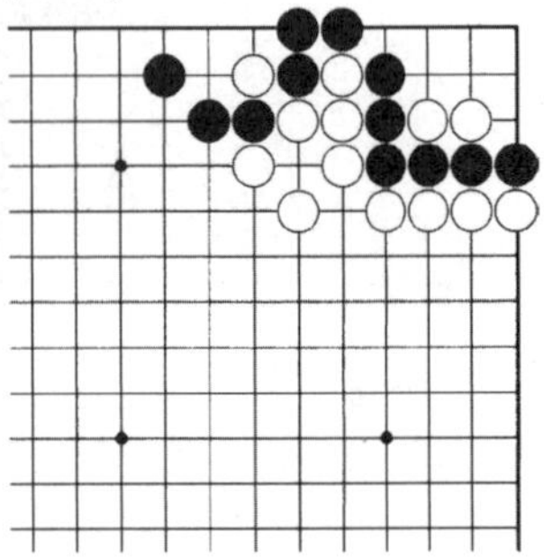

제1형 백번

## 좁은 집

귀의 전투.
백 2점을 둘러싸고 있는 흑집은 공배가 꽉 차서 맛이 나쁘다.
백은 귀의 좁은 집안에서 살 수 있다.

解

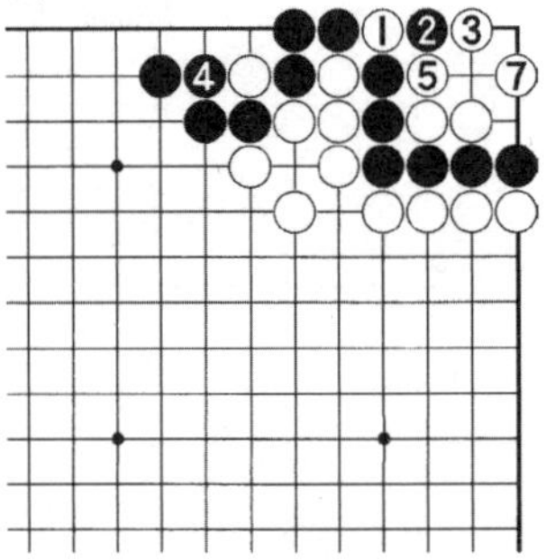

## 백 삶

백1로 먹여치는 것은 아슬아슬하다. 흑2 이후 백3으로 붙여서 촉촉수를 노린다. 흑4, 6으로 지키고 백7로 산다.

※❻→①

变

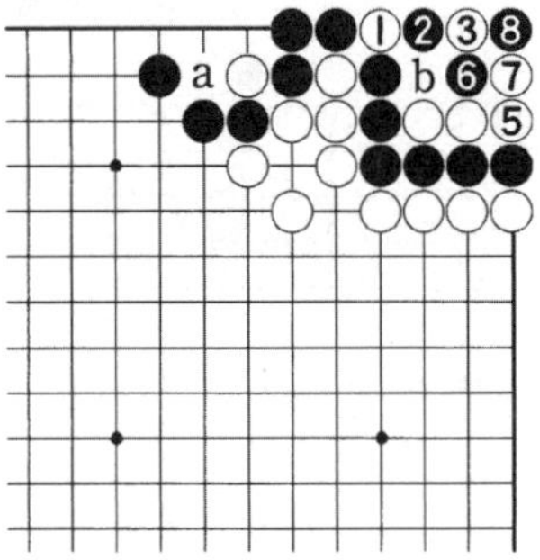

## 꽃놀이 패

흑4로 이으면 백5로 막는다.
흑6으로 a는 백b로 산다.
흑6은 백7로 백의 꽃놀이패이다.
흑의 부담이 크다.

※❹→①

먹여치기 따냄

(2248)

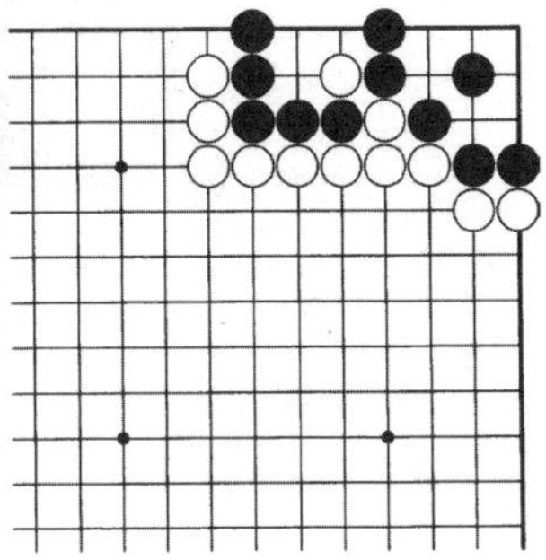

解

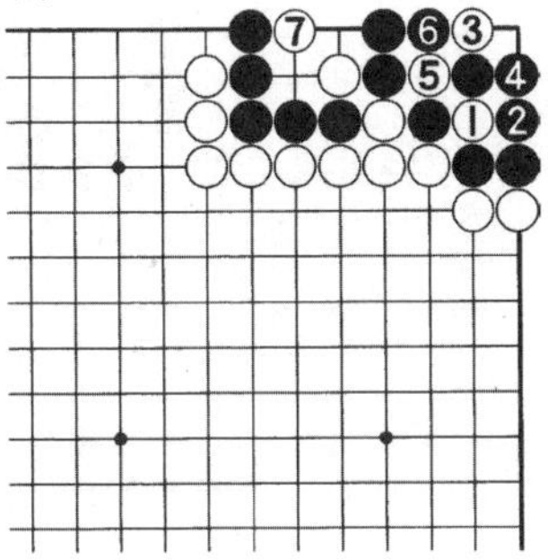

変

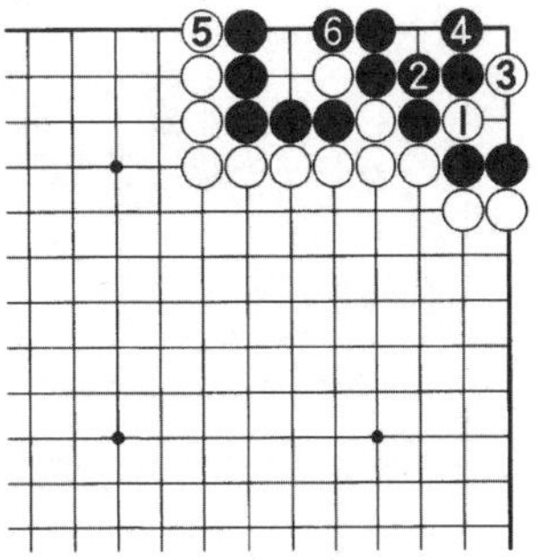

제1형 백번

### 지중의 수

우상의 흑은 살아 있지만 자충의 냄새가 난다.
흑집 안에서 수를 내려면 그곳은 어디일까?

### 5점을 잡다

백1로 먹여친 뒤 백3의 붙임이 모양의 급소이다.
2·1의 맥으로 흑4로 패를 막으면 백5, 7로 상변의 흑 5점을 잡는다.

### 선수잡기

흑2로 이으면 백3으로 젖혀 우변의 흑 2점을 잡는 것이 모양이다.
흑은 4, 6으로 후수로 살아야만 한다.

(2249)

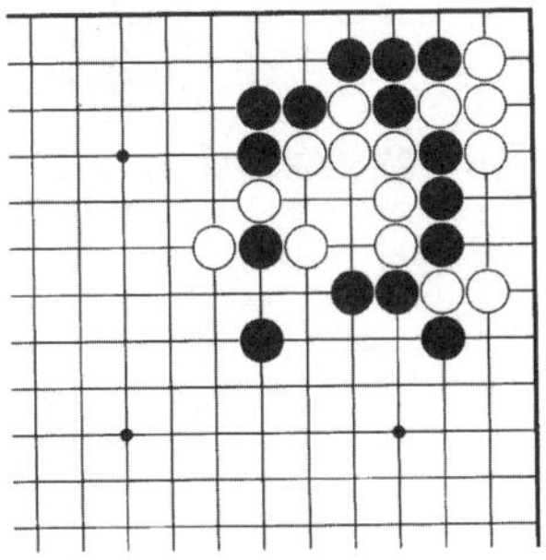

解

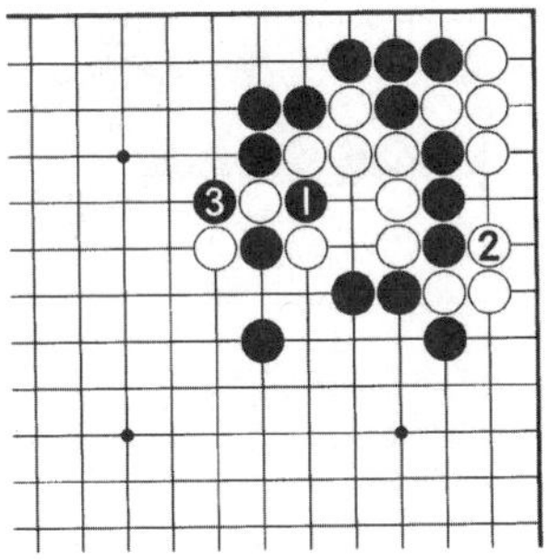

変

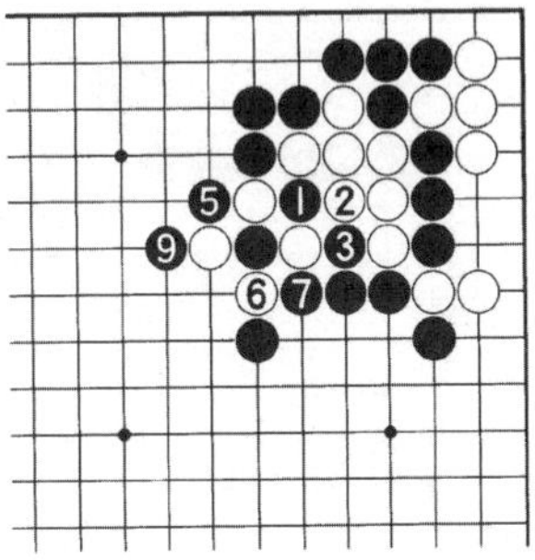

제2형 흑번

### 중앙을 두텁게

우변의 흑은 2수이다.
중앙 백과의 수상전은 이길 수 없지만 백의 중앙 진출을 막고 중앙에 흑을 두텁게 만들 수는 있다.

### 빵때림

흑1의 먹여침이 맥이다.
백은 중앙을 움직이지 않고 백2로 우변을 잡을 수밖에 없다
흑3으로 빵따내면 중앙이 두텁다.

### 백 망함

백2로 따내면 흑에게 말린 꼴. 흑3으로 단수쳐서 백이 포도송이가 된다. 5부터 9로 축에 몰려서 한 순간에 망해버린다.
※④→❶, ⑧→❼의 왼쪽 위

먹여치기 수상전

(2250)

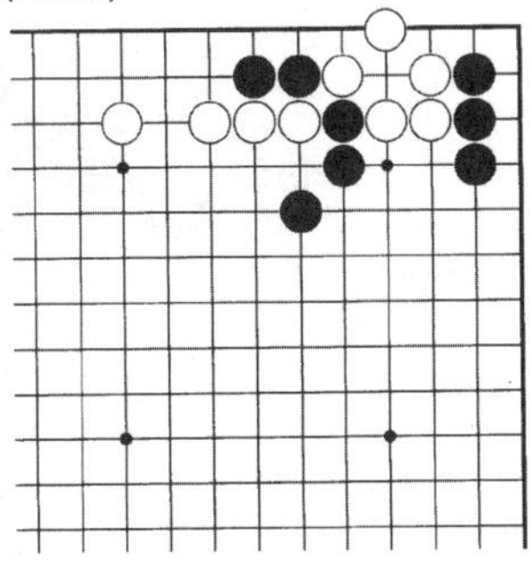

解

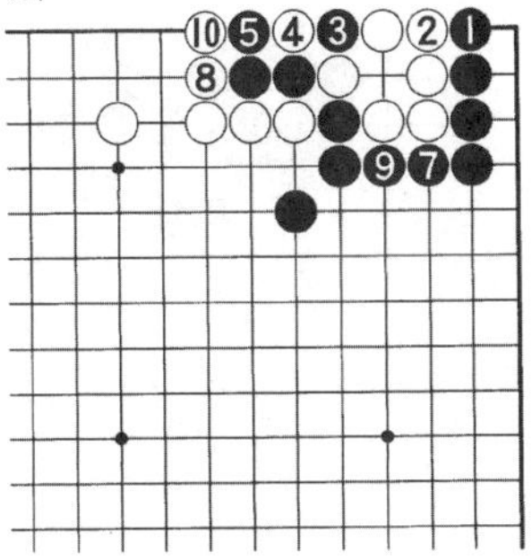

失

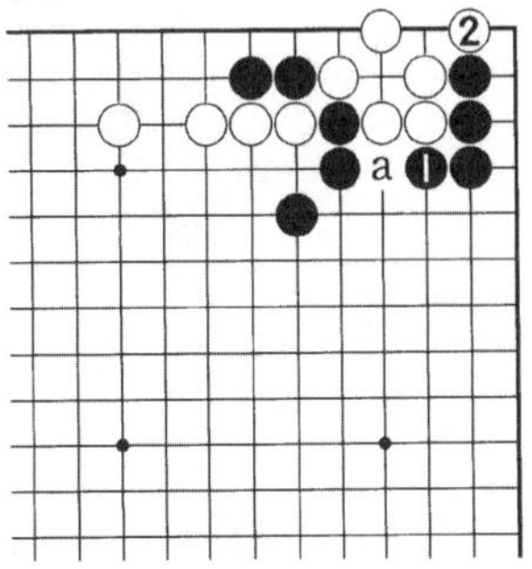

제1형 흑번

### 보강

상변의 전투.
우상의 흑은 백에게 끊길 위험이 있다.
선수로 튼튼하게 보강해야 한다.

### 조여 붙이기

흑1, 백2를 활용하여 백은 자충이 된다.
흑3으로 먹여치고 흑5에 백6으로 받게하여 선수로 바깥을 조여붙인다.
※⑥→❸

### 흑 불만

흑1은 백2로 젖혀 백의 수가 늘어버린다.
흑a로 중앙을 굳혀도 백이 손을 빼서 흑은 불만이다.

(2251)

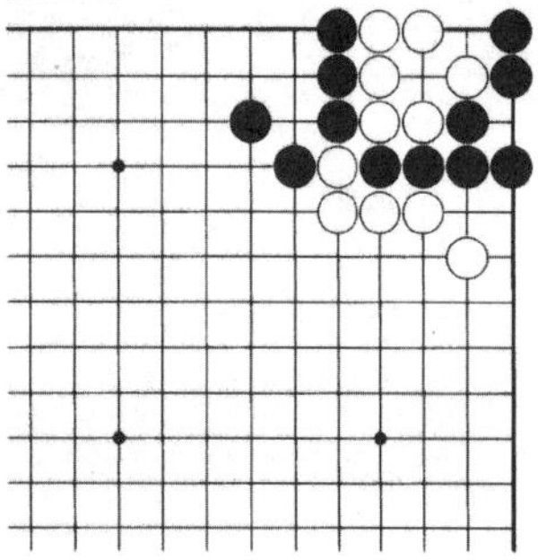

解

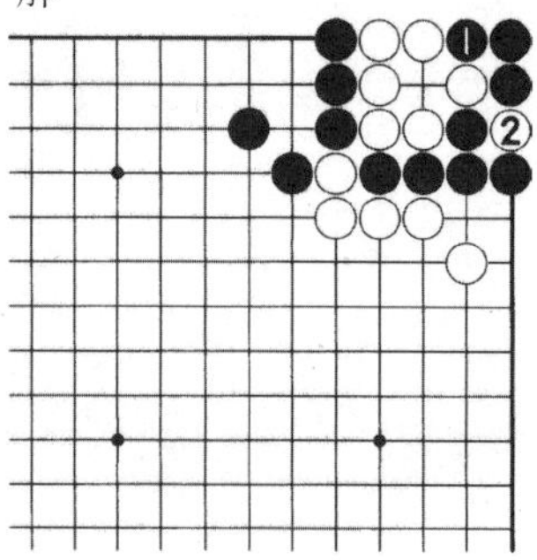

失

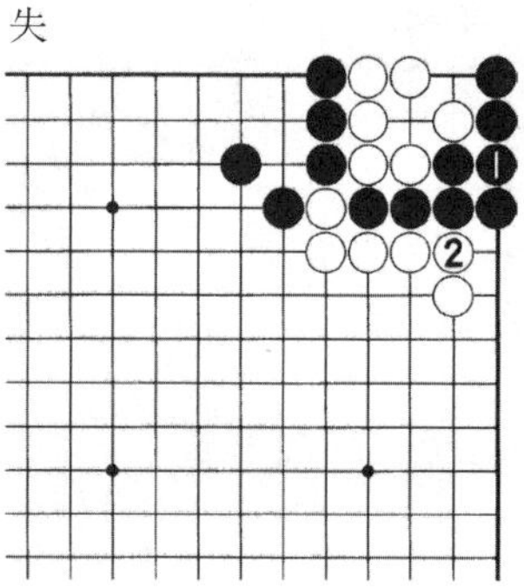

**제2형 흑번**

## 요물

우상귀의 수상전 문제.
백에게 집이 있어서 어떻게 해도 안 될 것처럼 보이지만 귀는 요물이다.

## 패

흑1로 3점으로 키워서 죽인다.
흑3으로 1에 먹여치고 5로 따내서 패가 난다.
※❸→❶(먹여치기), ④→❶의 오른쪽(따냄), ❺→②의 위(패)

## 양자충

흑1로 이어야 제대로 된 공격 같지만 백2로 끝난다.
유가무가에다 흑은 자충.

(2252)

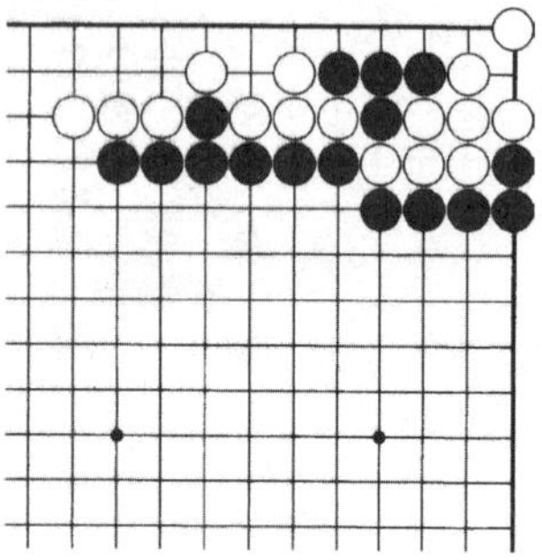

解

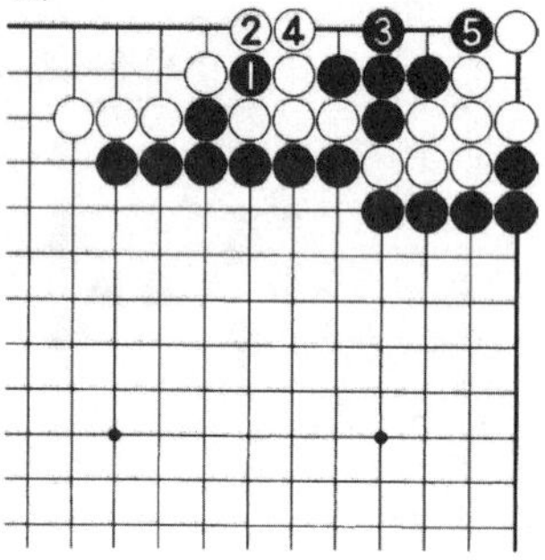

変

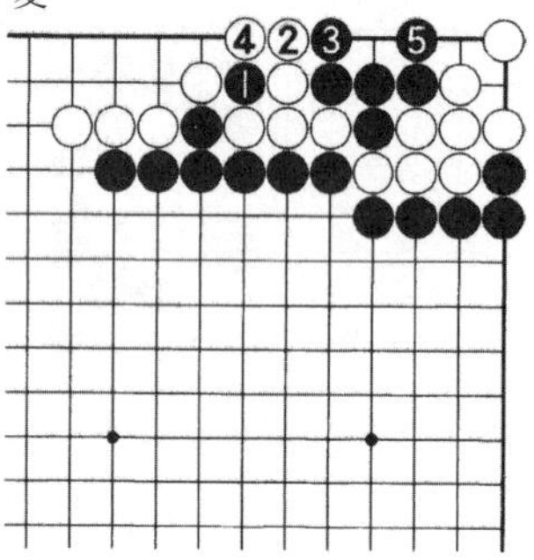

**제3형 흑번**

## 노림

흑 4점은 백에게 잡힌 것 같지만 아직 잡히지 않았다.
왼쪽에서 어떻게 수를 내느냐에 달렸다.

## 맞보기

흑1로 먹여쳐서 백의 응수를 본다.
백2로 따내면 흑3이 강렬하다.
좌우로 패를 맞본다.
백4에는 흑5.

## 백 최선

백2로 내리는 것이 최선일지도 모른다.
흑3, 5로 한 집을 내서 귀는 빅.
이 모양도 흑으로서는 충분하다.

(2253)

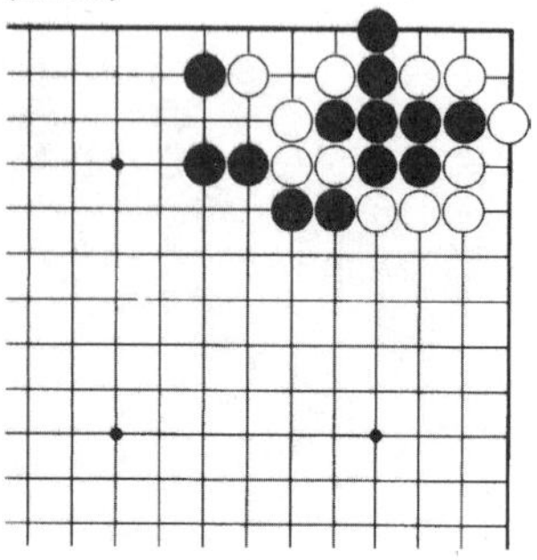

解

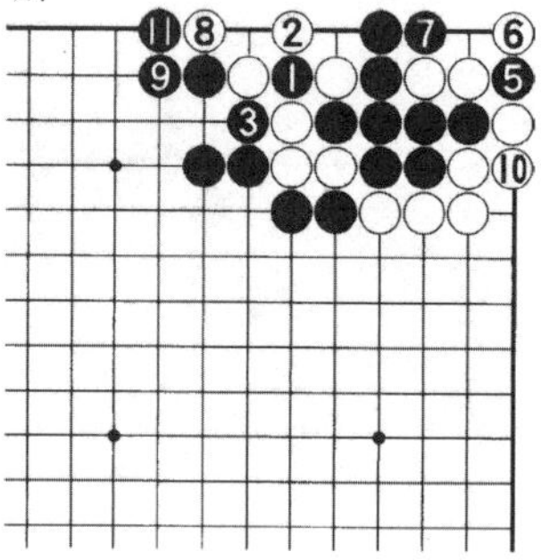

変

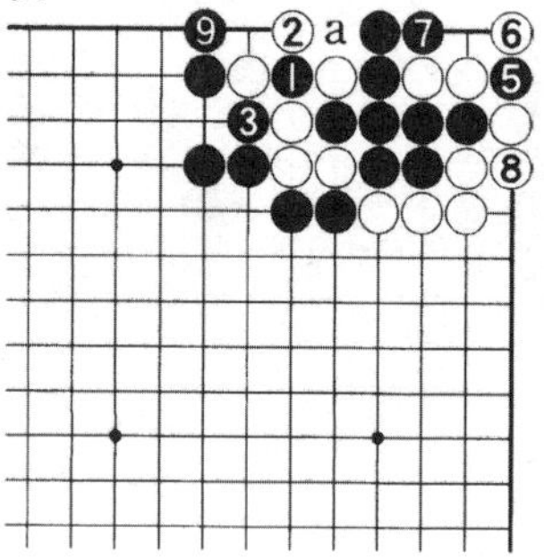

**제4형 흑번**

## 약점

우상의 수상전 문제.
흑의 수는 2수이다.
바로 단수당하는 모양이지만 백에게도 자충의 약점이 있다.

## 패

흑1로 먹여치고 3으로 단수쳐서 백은 자충.
흑5, 7로 백이 귀에서 공격하는 것을 막으면 백은 8로 젖혀 패를 낸다.
※④→❶

## 백 실패

흑7 이후 백8로 공격하는 것은 백의 수상전 패배.
흑1로 3에 단수치면 백1로 이어 a와 7의 단수를 맞본다.
※④→❶

(2254)

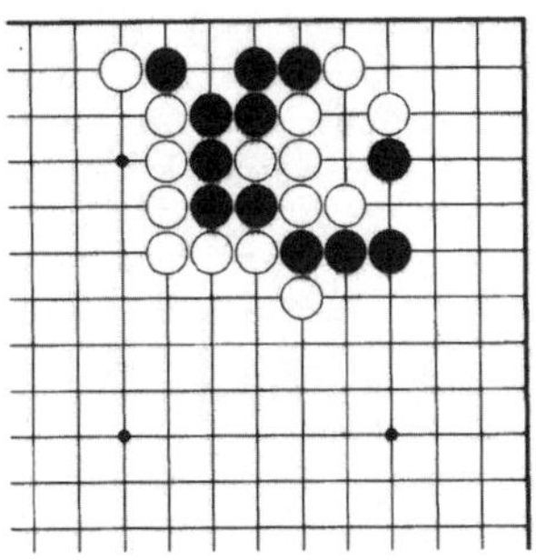

解

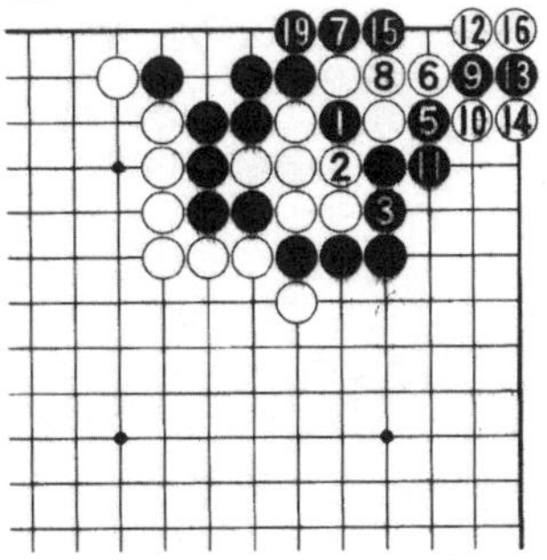

变

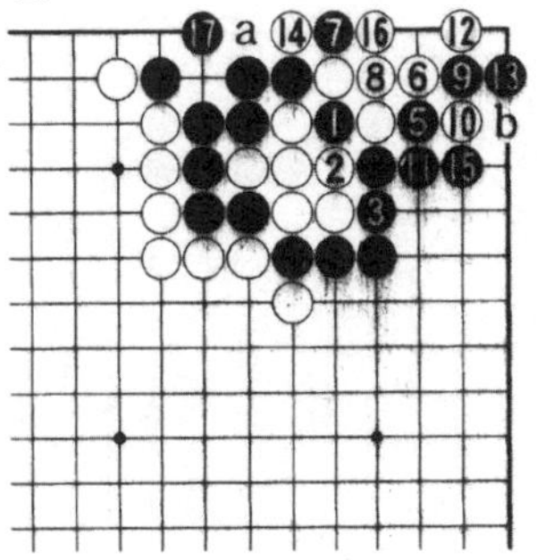

제5형 흑번

### 몰아넣기

상변의 수상전 문제.
흑은 우상의 백을 포도송이로 만든 뒤 우상귀로 몰아서 잡고 싶다.

### 백 전멸

흑1로 먹여쳐서 백의 수를 줄인다. 흑7까지 백을 귀에 몰아넣고 흑9 부터 13으로 사석을 이용해 백을 잡는다. ※④→❶, ⓱→❾(먹여치기), ⑱→⓭(따냄)

### 흑 승

백14로 먹여치면 흑15, 17로 받아 유가무가가 된다.
흑15로 a는 백 b로 귀를 잡아서 반대로 흑이 잡힌다.
※④→❶

(2255)

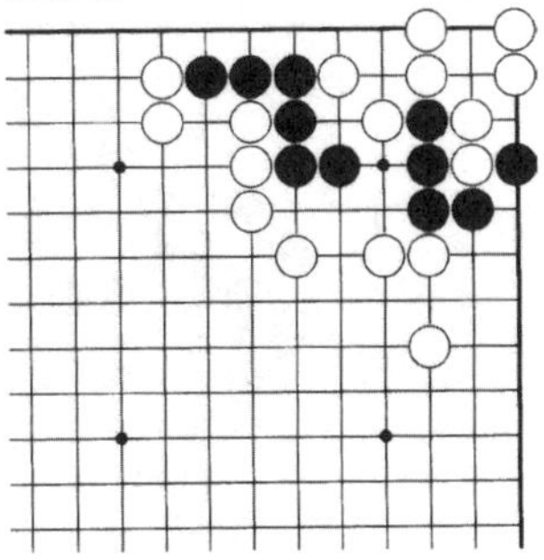

解

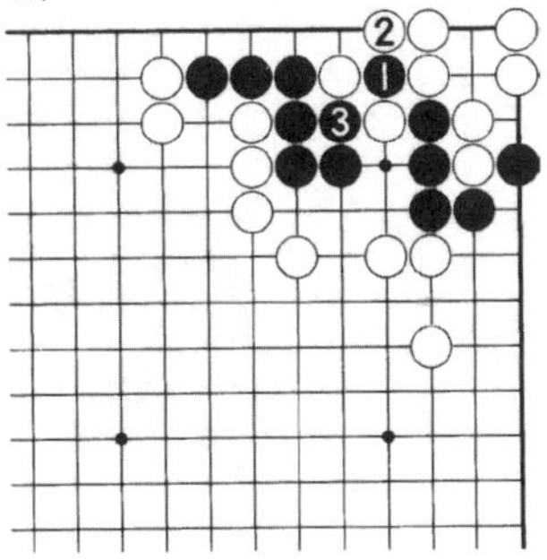

失

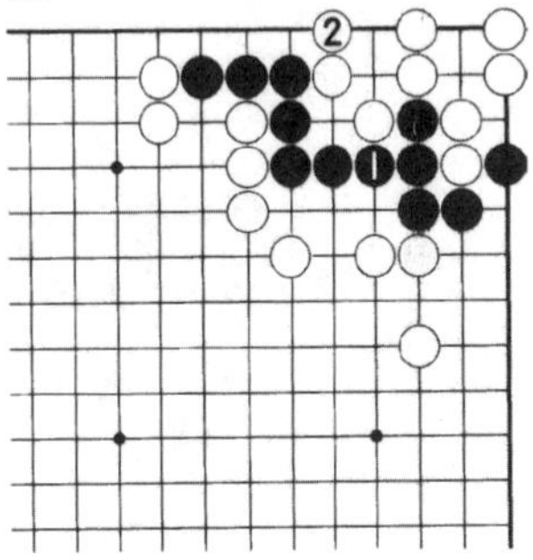

제6형 흑번

### 일석이조

우상의 전투.
백은 흑을 끊고 귀에서 살고자 하지만 흑은 양쪽을 한 수로 해결할 수 있다.

### 귀를 잡다

흑1의 먹여치는 수가 맥이다.
백2로 따내면 흑3으로 찝어 백은 옥집이 된다. 동시에 흑을 끊는 수도 막는다. 우상귀의 백은 전멸한다.

### 흑 즉사

흑1로 이어서는 수가 안 난다.
백2로 내려 귀가 살아버리면 흑은 밖으로 탈출할 수도 없고 집도 없어서 대마가 죽는다.

(2256)

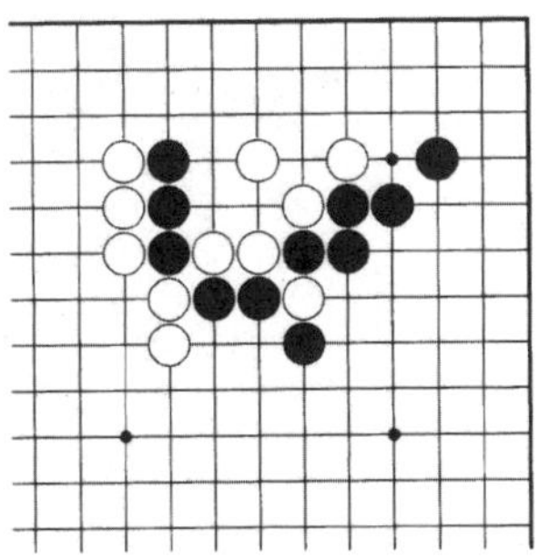

解

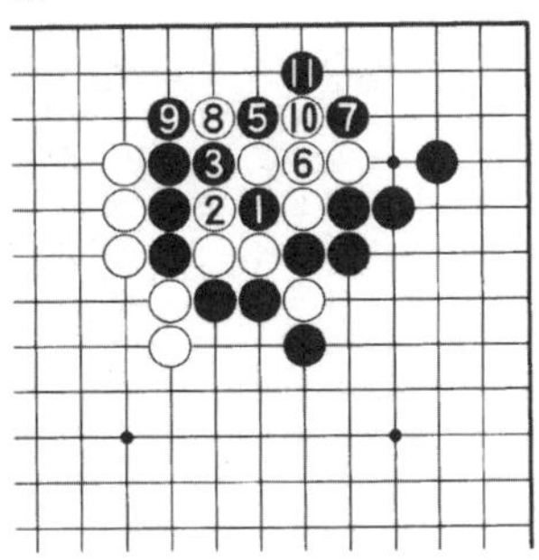

失

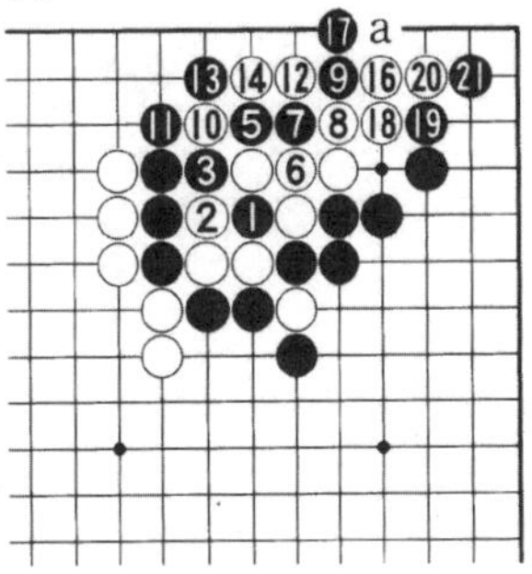

제7형 흑번

### 요석

상변의 전투.
공배가 꽉 찬 백을 잡으면 상변의 흑 3점이 강력한 돌로 바뀐다.

### 포도송이

흑1로 먹여치고 3, 5로 조여 백을 포도송이로 만든다.
흑7의 붙임이 제2탄. 백8, 10은 흑11로 축으로 몬다.
※④→❶

### 백의 저항

흑7의 공격은 백8로 저항하면 흑9부터 21로 흑이 이기긴하지만 맛이 나쁘다.
정해도가 훨씬 깔끔하다.
※④→❶, ⓯→⑩

제1형 흑번

(2257)

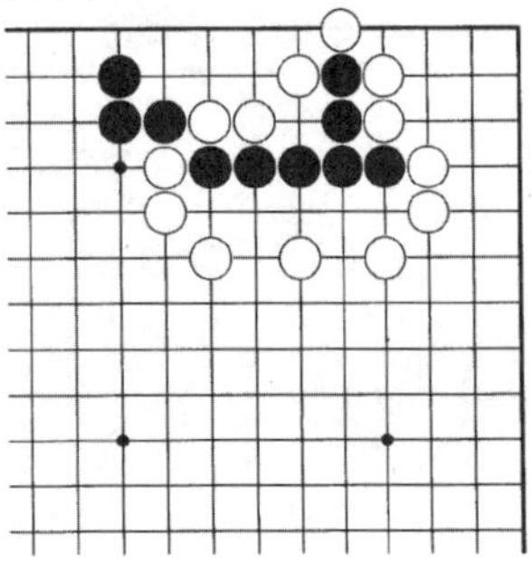

## 생환

상변의 전투.
백에게 포위당한 흑 7점은 상변의 백을 촉촉수로 몰아 살 수 있다.
수순을 잘 짜 맞춰야 한다.

解

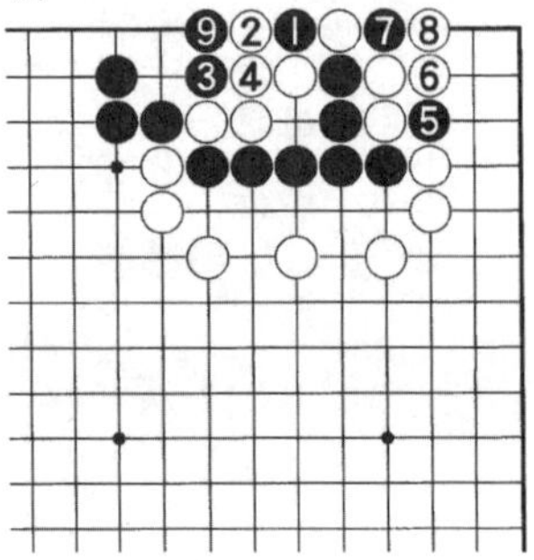

## 촉촉수

흑1로 먹여치는 것이 수순.
백2 이후 흑3으로 결정짓고 5로 끊어 촉촉수 모양이다.
백2로 7은 흑4.

失

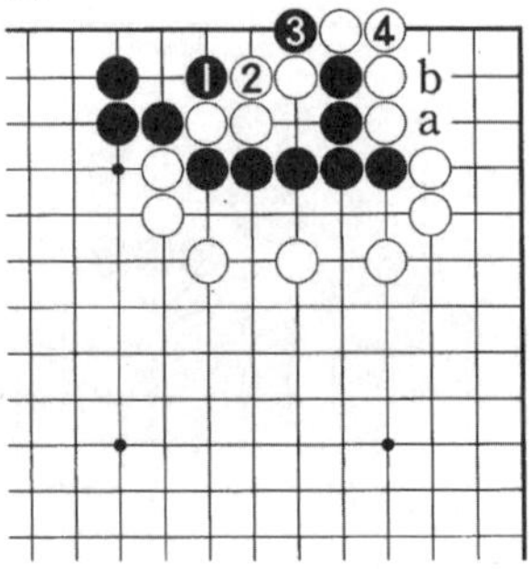


## 흑 실패

흑1로 먼저 젖히면 실패한다.
백2로 잇고 흑3의 먹여침에 백4로 이어버린다.
흑a는 백b로 흑이 수상전에서 진다.

제2형 백번

(2258)

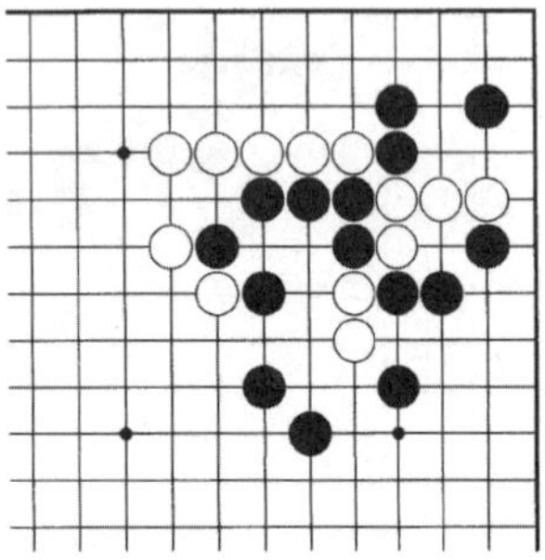

## 잡다

중앙의 전투.
흑에게 양분된 우변과 중앙의 백은 중앙의 흑에 상처를 내고 싶다.

解

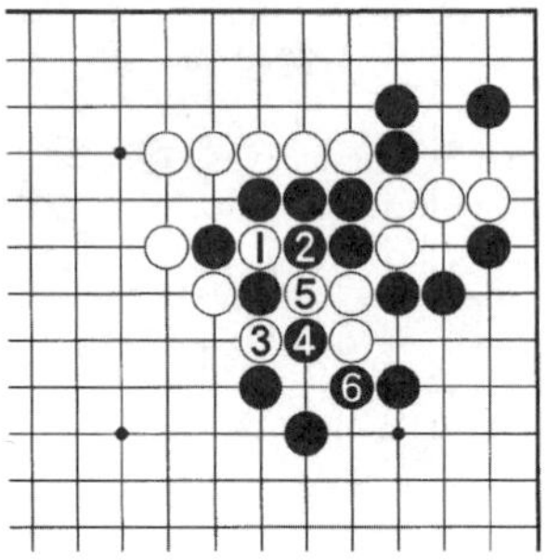

## 패

백1의 먹여침이 맥이다.
백은 1점을 버려 흑을 포도송이 모양으로 만든다.
흑2에 백3, 5로 결정짓고 7까지 패가 난다. ※⑦→①(패)

变

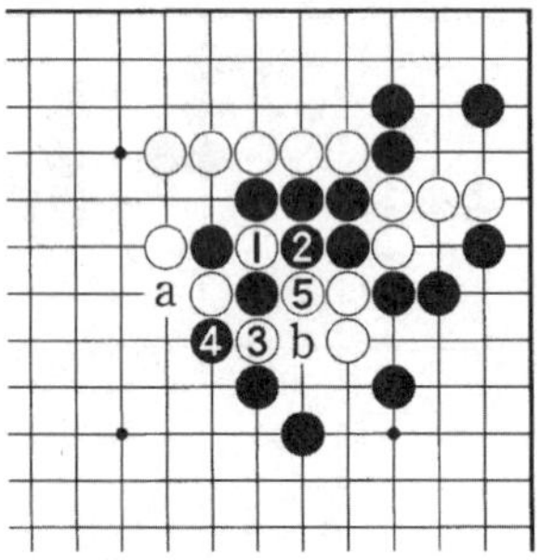


## 흑 실패

흑4의 끊음은 백을 양단수치는 수지만 백5로 단수당해서 실패한다.
흑이 a나 b 중 한 곳을 따도 본체인 5점이 촉촉수로 잡힌다.

제3형 백번

(2259)

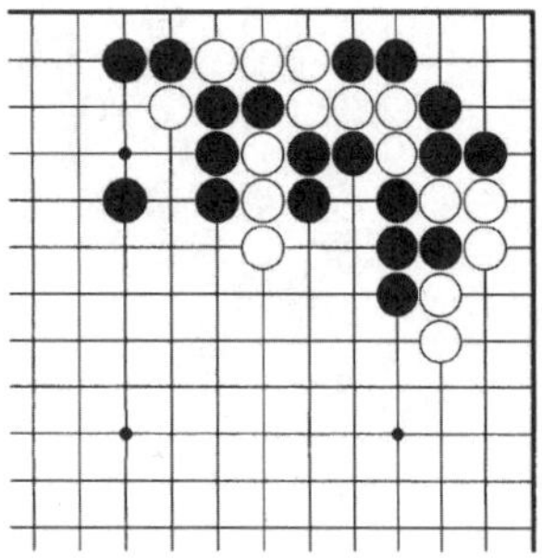

## 신중

상변의 백은 3수이다.
공배가 꽉 찬 중앙의 백을 추궁하여 2수로 몰아붙여야 한다. 첫 수가 중요하다.

解

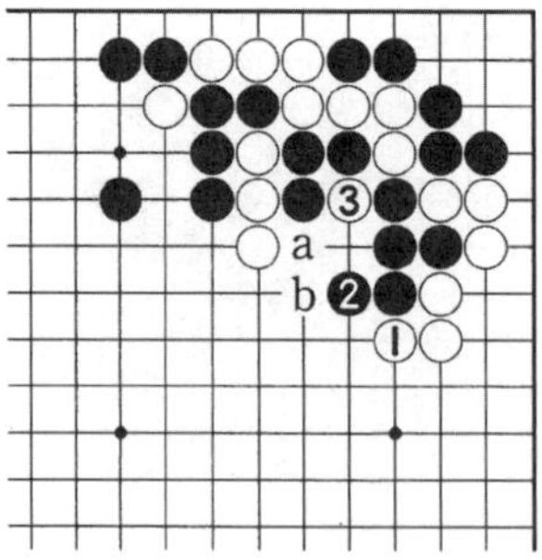


## 백 승리

백1의 꼬부림은 흑의 공배를 메우는 활용이다.
흑2로 받게 하고 백3으로 먹여치는 수가 흑의 숨을 멈추게 한다.
흑2로 a는 백b.

失

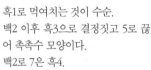

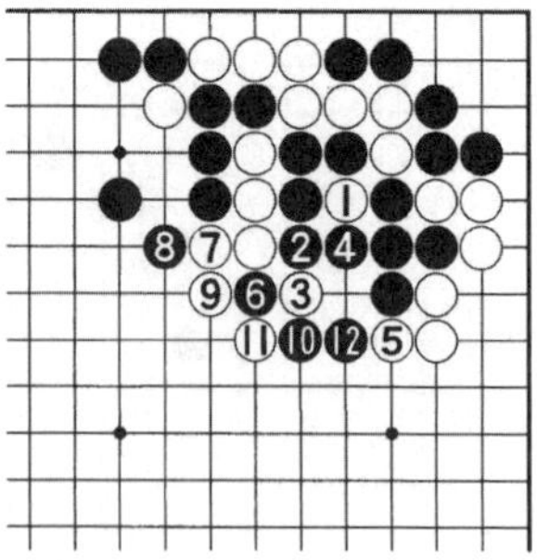

## 백 패배

백1의 먹여침을 먼저 두면 흑2로 실패한다.
백3, 5의 공격에는 흑6 부터 12의 끈질긴 저항이 있어 흑이 승리한다.

(2260)

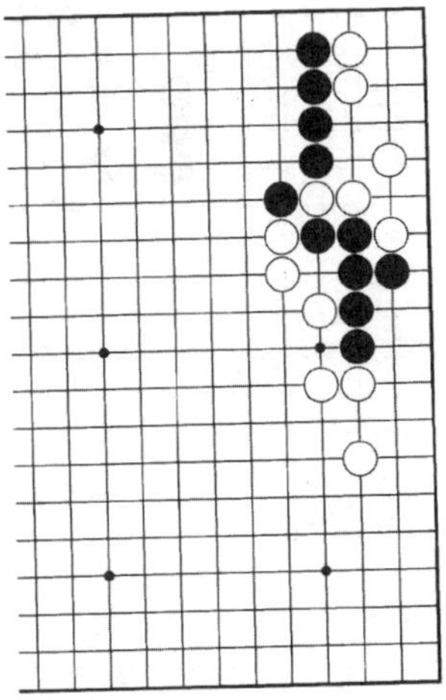

解

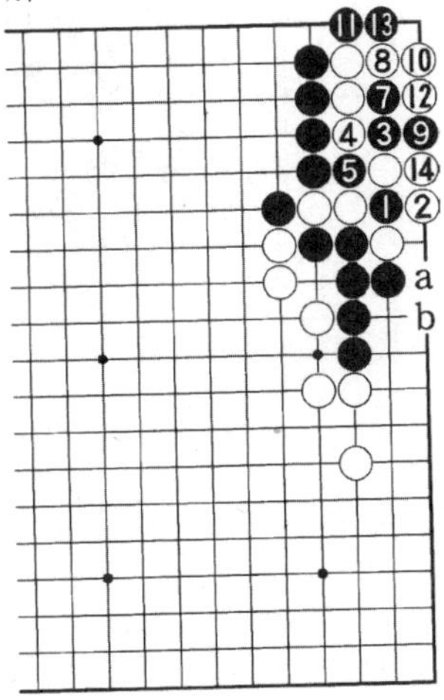


変

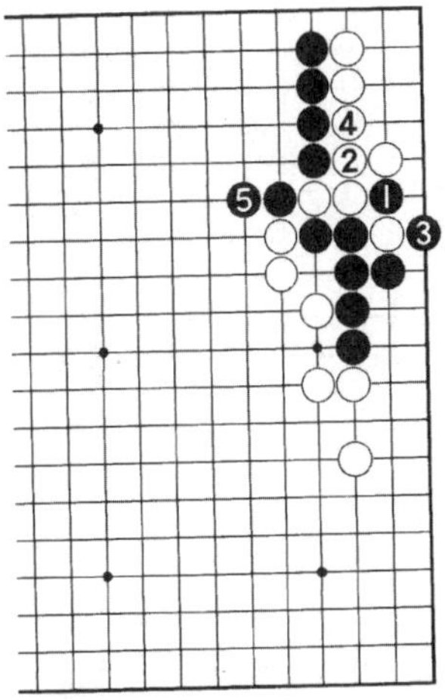

제4형 흑번

## 수읽기

우상의 전투.

우변의 흑 6점을 수습하려면 우상의 흑을 공격하는 수밖에 없다.

귀와의 수상전은 15수 이상의 수읽기가 필요하다.

## 흑 유리

흑1의 먹여침이 백의 공배를 메우는 맥. 백2로 따게 한 뒤 흑3으로 건너붙여 3점으로 키워 죽인 뒤 15까지 치중.

이후 백a로 공격하면 흑b로 흑이 유리한 패가 난다.

※⑥→❶, ⓯→❸(치중)

## 흑 충분

백2로 이으면 무난하지만 흑3으로 백 1점을 따내고 산다.

백도 4로 귀에 가일수해서 살릴 수밖에 없으며 흑5로 뻗어서 상변의 모양을 정리하면 흑은 충분하다.

(2261)

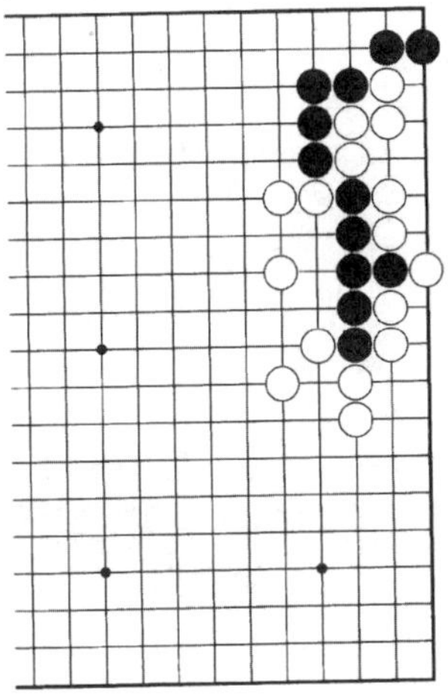

解

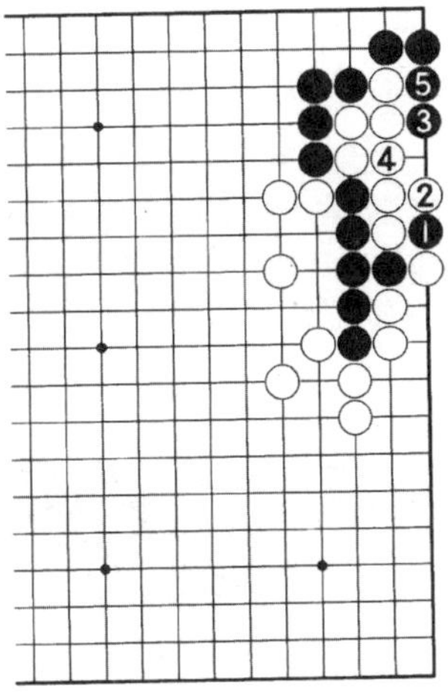

失

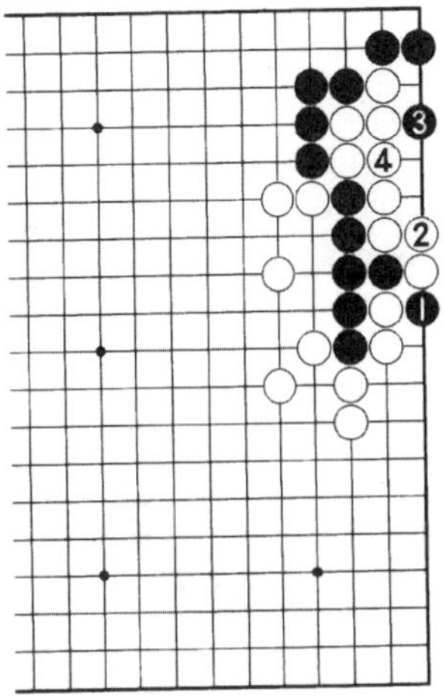

제5형 흑번

## 수순

우변의 전투.

백에게 포위당한 흑 6점은 우상귀의 백 4점을 촉촉수로 잡으면 살릴 수 있다.

백을 자충으로 만드는 수순이 중요하다.

## 촉촉수

흑1의 먹여침이 중요한 수순.

백2로 딴 뒤 흑3으로 붙여 공배가 꽉 찬 백을 추궁한다.

흑5로 이어 백 8점은 촉촉수이다.

## 흑 틀린 수순

흑1로 먹여치면 백2로 이어 실패한다.

흑3과 백4로 백의 수가 늘어나버린다.

흑1로 3에 붙여도 백2로 이어 안된다.

## 제1형 백번

(2262)

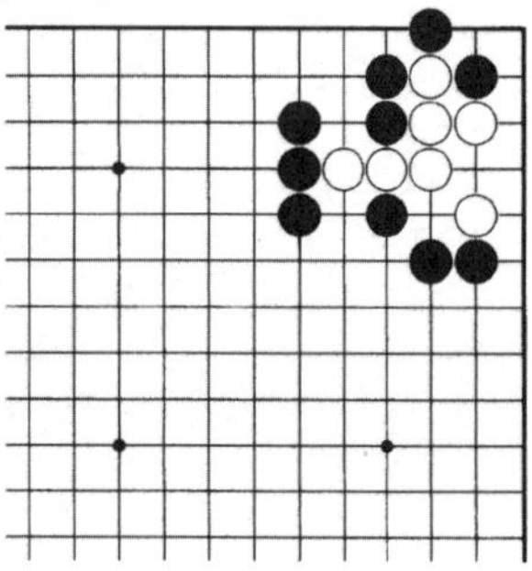

解

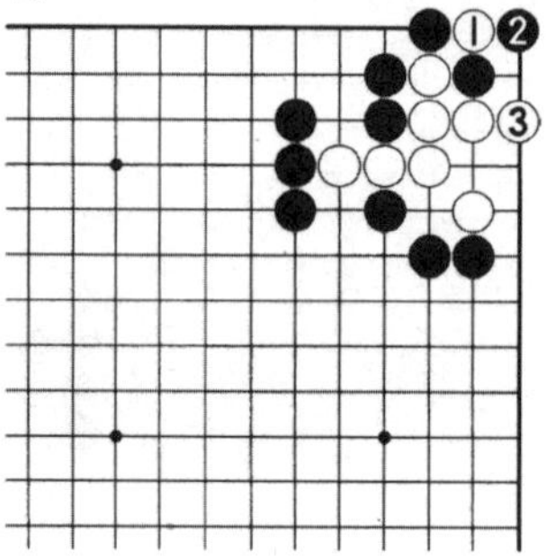

失

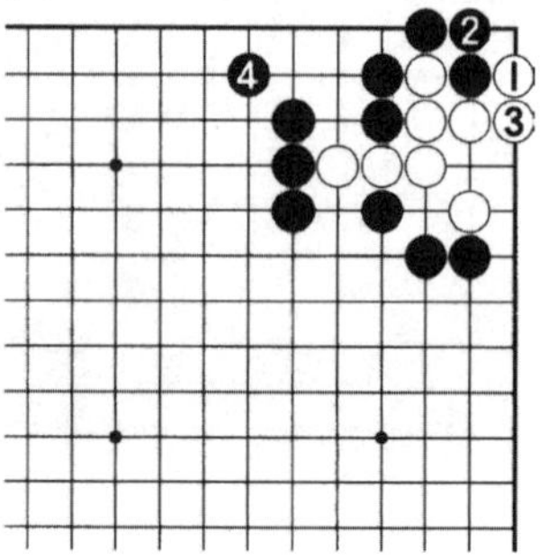

### 촉촉수
사활 문제.
귀의 백을 살리려면 귀에서 상변으로 건너간 흑을 공격하여 촉촉수를 만들 수밖에 없다.

### 백 삶
백1로 먹여쳐서 시작한다.
흑2 이후 백3으로 뻗어서 흑 2점을 촉촉수로 잡으면 귀와 우변에 각각 한 집씩 내고 산다.

### 백 실패
백1의 단수는 흑2로 그만이다.
백3에는 흑4로 입구자하여 귀의 촉촉수를 막고 흑집이 더욱 커진다.

## 제2형 흑번

(2263)

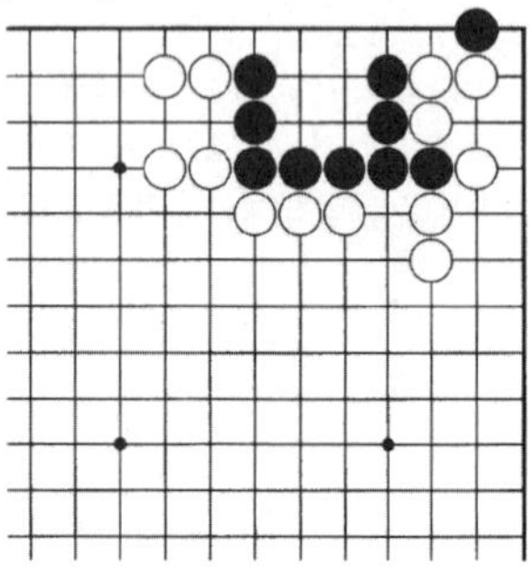

解

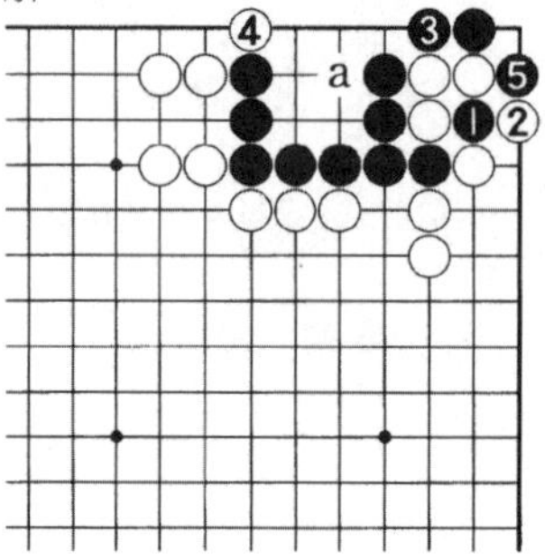

变

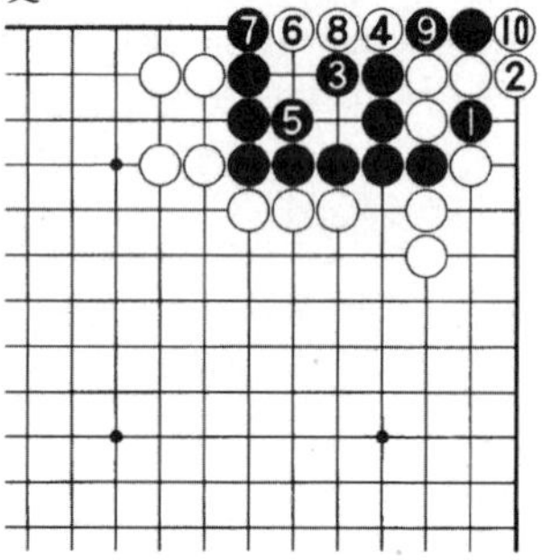

### 귀의 특수성
이대로라면 흑은 공간이 부족하다.
귀의 특수성에 기대는 것 외에는 남은 길이 없다.

### 맥
흑1의 먹여침이 많은 맛을 내포한 맥이다. 백2에는 흑3으로 흑5와 집을 내는 것을 맞보기 한다.
흑3에 돌이 오면 흑a로 산다.

### 촉촉수
먹여침에 백2로 받으면 흑3이 급소이다.
백4로 집을 부수러 와도 흑5부터 11까지 촉촉수가 성립한다.
※❾→⓫

## 제3형 흑번

(2264)

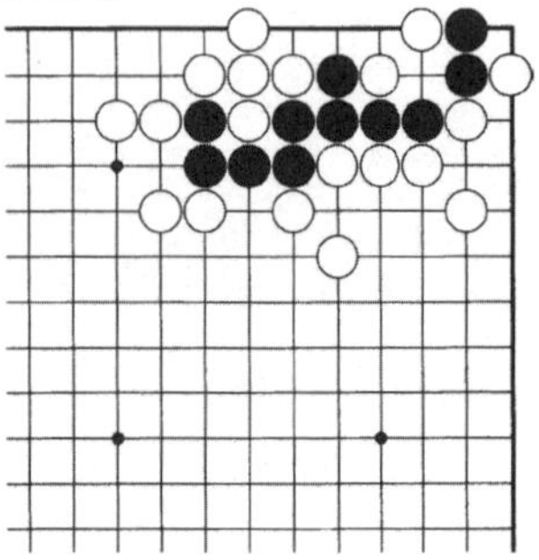

解

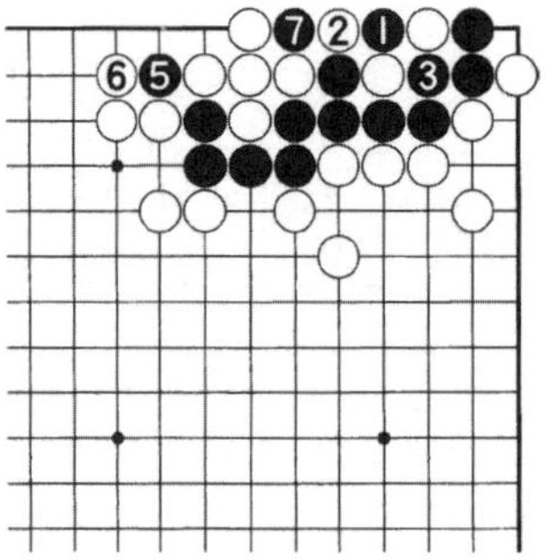

失

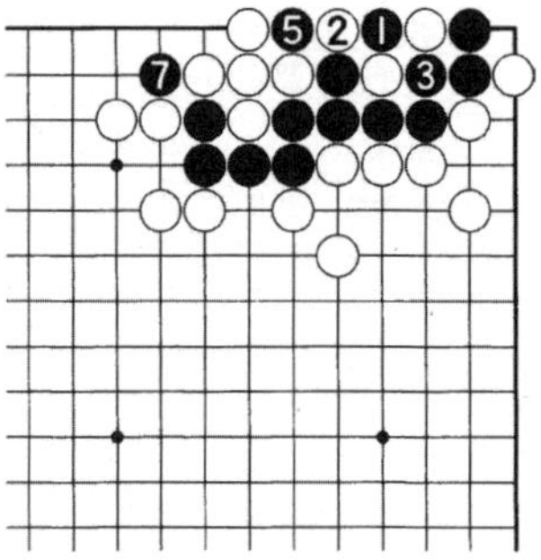

### 간단한 것처럼
그냥 보기에는 여유롭게 촉촉수가 될 것 같지만 고민할 필요가 있다.

### 치중은 없다
흑1의 먹여침이 멋진 수이다.
백4가 비범한 수지만 흑5가 멋진 반격으로 백6에는 흑7로 따내면 백은 1에 치중할 수 없다.
※④→❶, ⑧→②(따냄), ❾→❶

### 틀린 수순
정해도 흑5로 끊지 않고 따내면 백은 4로 치중.
흑에게는 분리된 두 집을 만들 공간이 없다.
※④→❶, ⑥→❶, ⑧→②(따냄)

(2265)

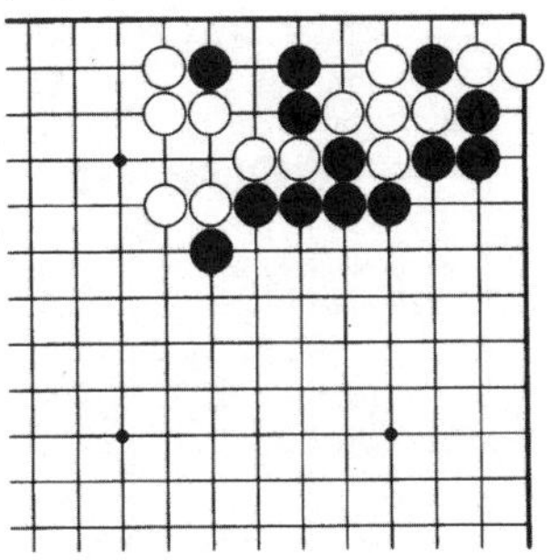

解

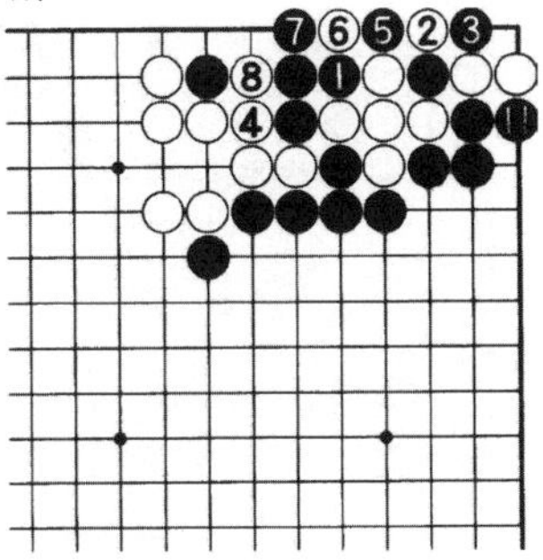

变

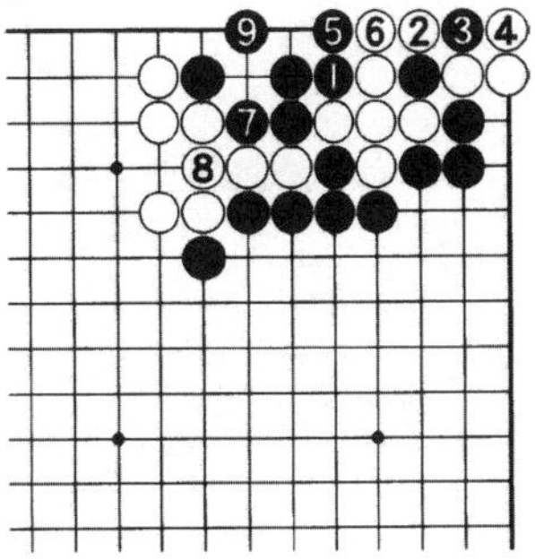



### 활용에 의지

사활 문제.
상변의 흑 3점에게는 아직 활력이 남아있다.
귀의 약점을 잘 이용해야 한다.

### 패

흑1과 3의 먹여침이 묘수이다. 백4로 집을 부수면 흑5로 먹여치고 7로 막아 패가 난다.
※❾→❺(패), ⑩→②의 아래, ⑫→⑥(패)

### 흑 삶

백4로 1점을 따내면 흑5의 뻗음을 선수하고 흑7, 9로 산다. 흑3을 두지 않고 5에 두면 백7을 당해 실패한다.

(2266)

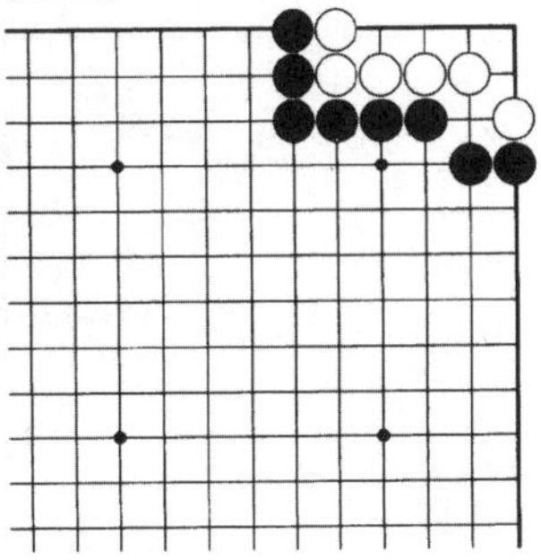

解

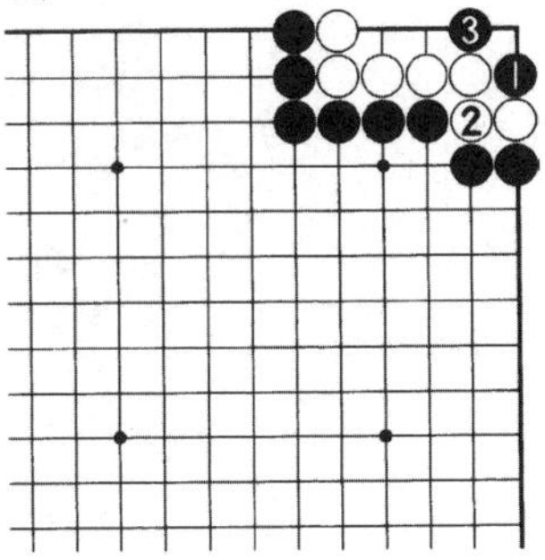

变

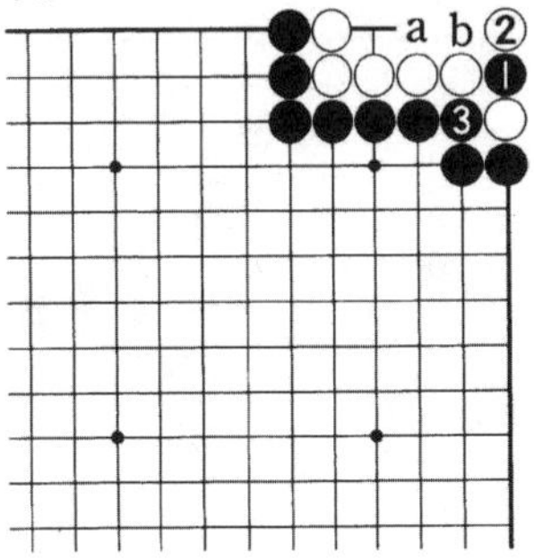



### 변화

사활 문제.
바깥에서 공격하면 직사궁이 된다.
귀는 좁지만 변화할 여지는 충분하다.

### 1수 늘어진 패

흑1의 먹여침이 맥이다.
백2로 이어 집을 넓히면, 흑3으로 젖혀 한 수 늦은 패를 낸다.

### 단패

백2로 따내면 흑3으로 단수쳐서 단패가 난다.
백a에 흑1로 따내서 흑 선패가 난다. 흑1로 3은 백1로 살 수 있다. 흑1로 a는 백 b로 역시 살 수 있다.

(2267)

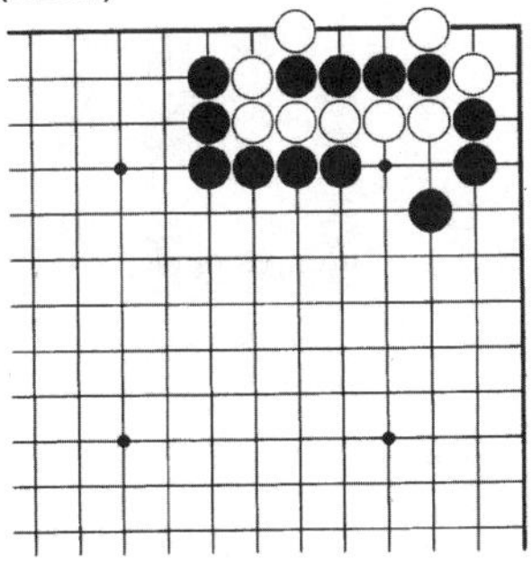

解

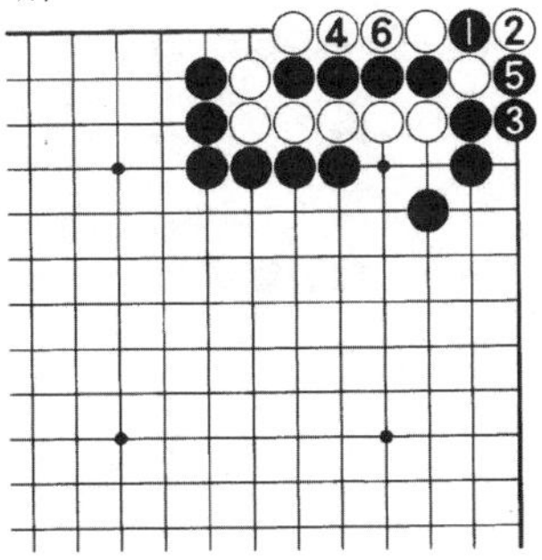

失

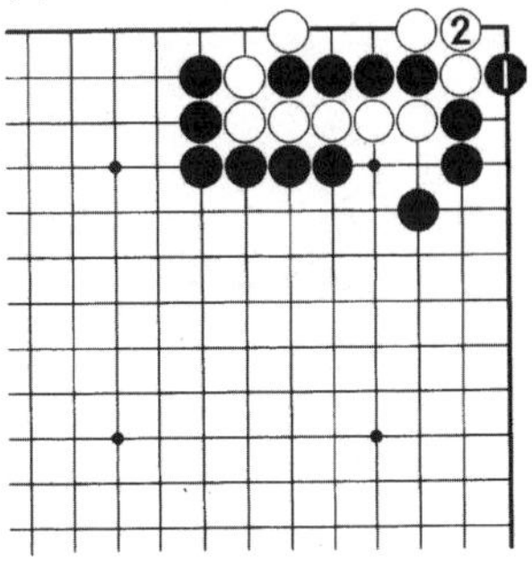



### 자충

사활 문제.
흑 4점은 수상전에서 패했다.
백은 이대로 산 것 같지만 자충의 맛이 남아 있다.

### 패

흑1의 먹여침이 백을 자충으로 이끄는 맥이다. 백2 이후 흑3, 5로 공격하고 7로 따내서 패가 난다.
※❼→❶(패)

### 백 삶

흑1로 단수치면 패를 만드는 수순이 사라진다. 백2로 이어 아무 맛도 없는 모양이다. 백은 흑 4점을 잡고 직사궁으로 산다.

(2268)

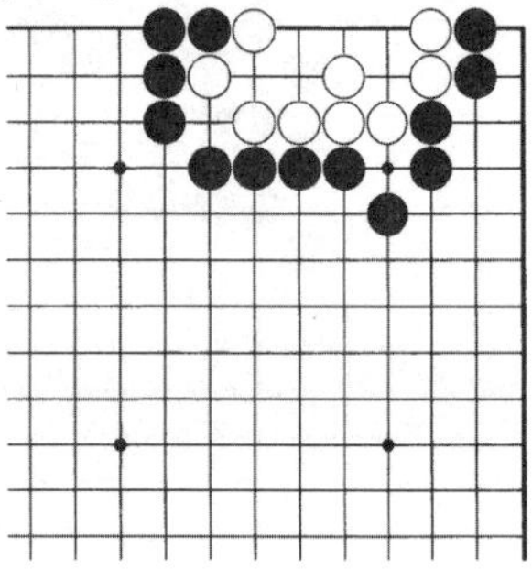

**제3형 흑번**

### 공작

사활 문제.
평범하게 바깥을 공격하면 백은 5집을 내고 산다.
흑은 치중을 노리기 전에 공작 할 필요가 있다.

解

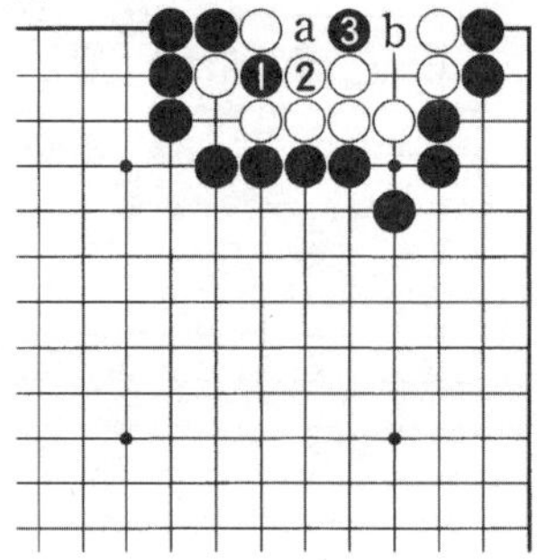

### 백 죽음

흑1 먹여침이 맥이다.
백2로 따게 한 뒤 흑3으로 치중하여 상변을 후수 한 집으로 만든다.
백a는 흑b.

失

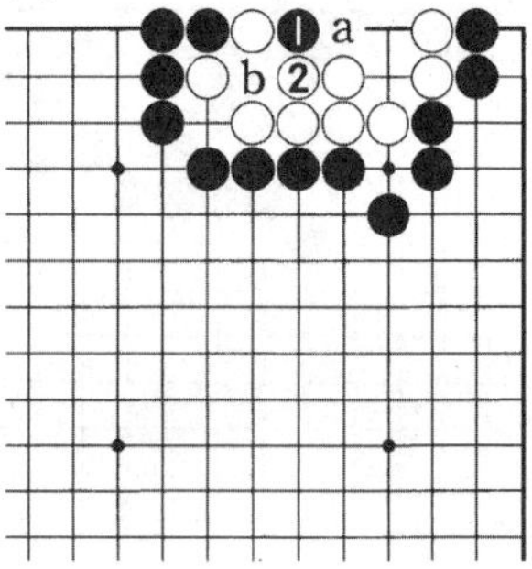

### 패

흑1로 단수치면 백2로 받아 패가 난다.
흑1로 a는 백1로 받아 흑이 안 된다.

(2269)

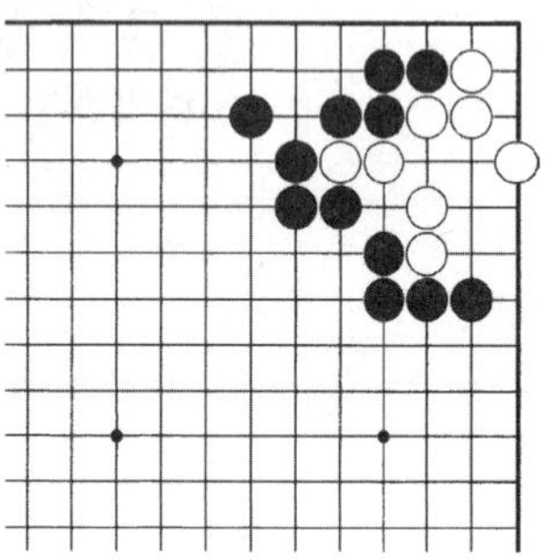

**제4형 흑번**

### 사석

사활 문제.
백은 귀에 한 집이 있다. 흑은 중앙의 한 집을 부수면 성공이다. 사석을 이용하여 공배가 꽉 찬 백을 노린다.

解

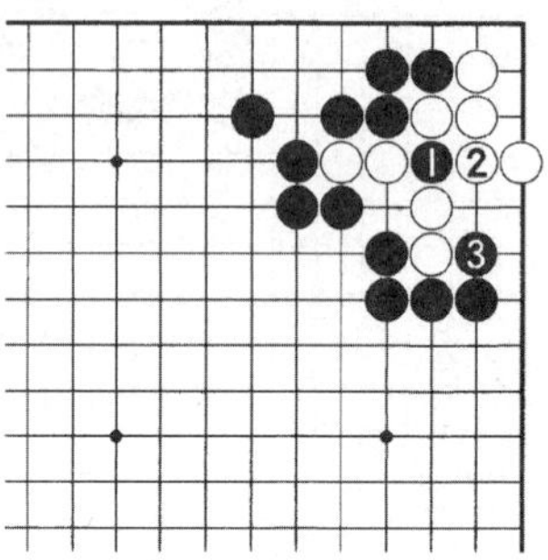

### 백 죽음

흑1의 먹여침이 맥이다.
백2로 잡게 한 뒤 흑3으로 밀어 중앙 한 집을 없앤다.
귀에 한 집밖에 없어서 백이 죽는다.

变

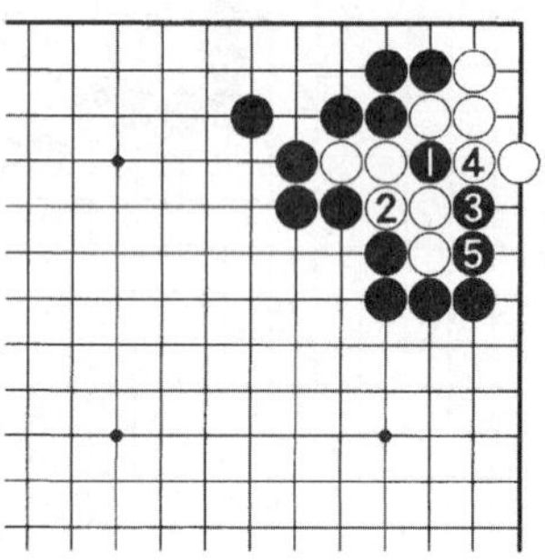

### 조임

백2로 이으면 흑3으로 단수하고 5로 조여 그만이다.
흑1로 3은 백5.
또 흑1로 5에 먼저 두면 백3으로 막아서 실패한다.

(2270)

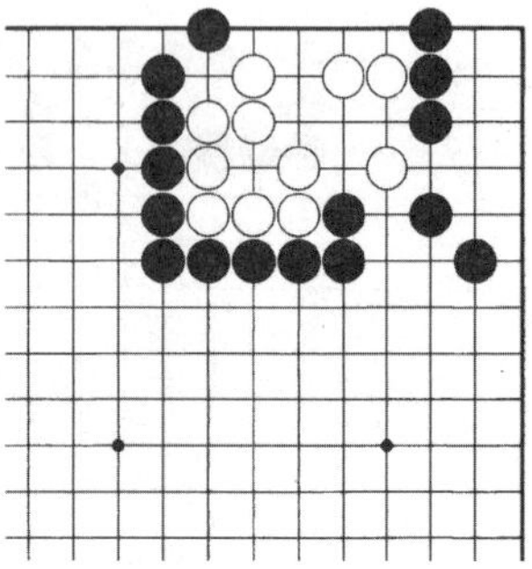

**제5형 흑번**

### 맥의 위력

백은 안형이 풍부한 모양이지만 흑도 중요한 자리에 돌이 놓여있다.
맥의 위력을 보여주자.

解

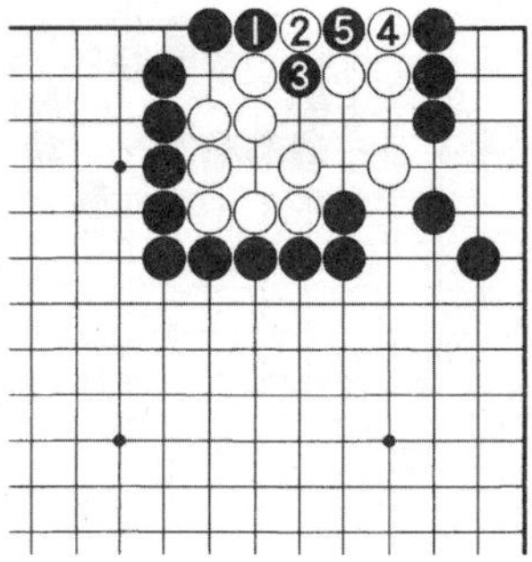

### 최강

흑1, 3이 정해.
백4로 버티는 것이 최강으로 패가 난다.
백2로 2이외의 자리에 두는 것은 패조차 나지 않는다.

变

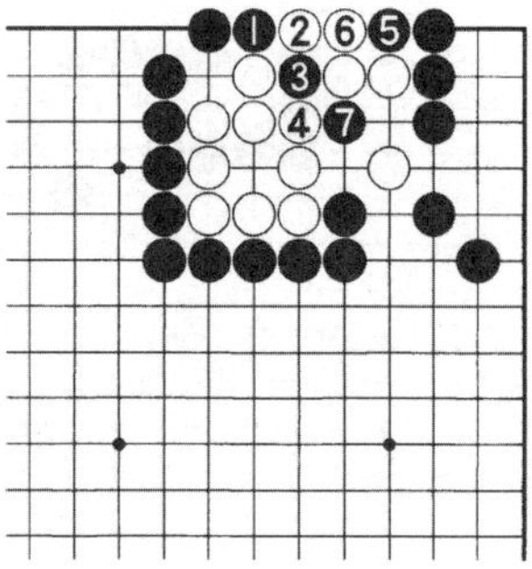

### 모두 급소

백4로 1점을 따내면 흑5, 백6으로 교환한 뒤 흑7로 결정 짓는다.
흑돌은 모두 백을 잡기 위한 급소에 놓여 있다.

(2271)

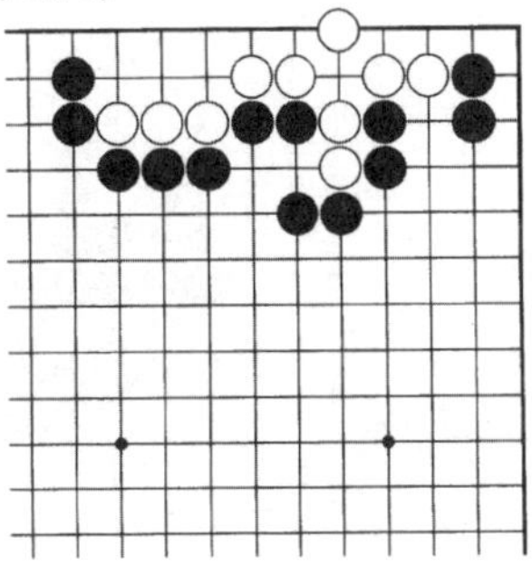

解

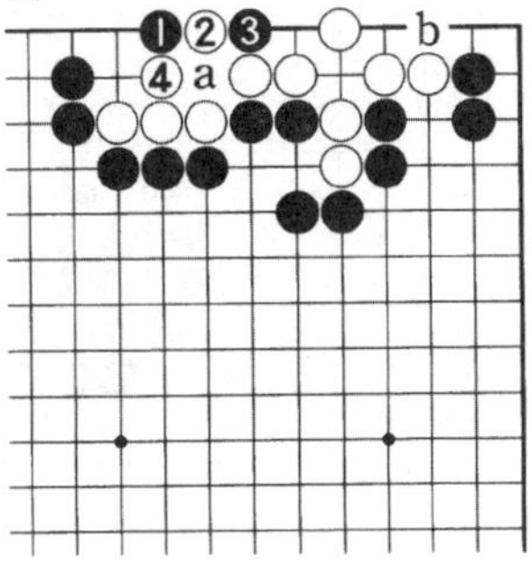

失

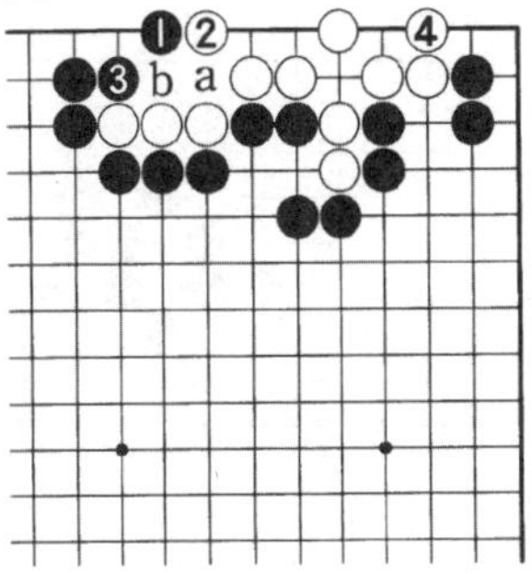

제6형 흑번

## 넓다

사활 문제.
상변 백집이 넓은 것 같지만 왼쪽의 집을 후수 한 집으로 만들어야 한다. 백에게도 탄력이 있어 조건 없이는 안 된다.

## 패

흑1 날일자는 백 3점의 한가운데 급소. 백2의 입구자 붙임에 흑3의 먹여 치는 수가 맥이다.
백4로 패를 할 수밖에 없다.
백4로 a는 흑b.

## 백 살다

흑3으로 두면 백 3점은 환격으로 잡을 수는 있지만 백4로 살아버린다.
흑1로 2까지 미끄러지는 것은 백1로 실패한다. 흑a는 백b.

(2272)

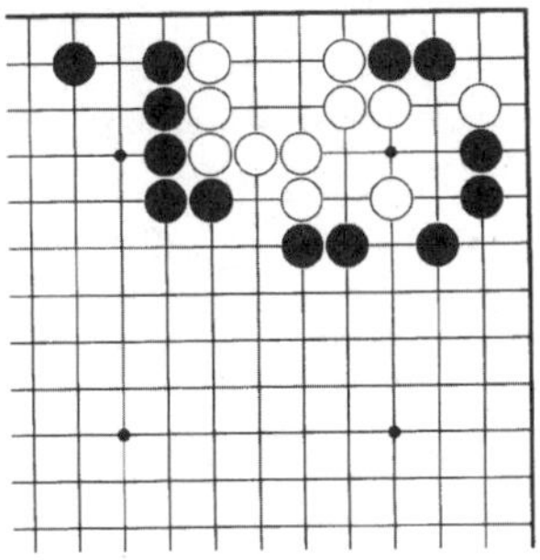

解

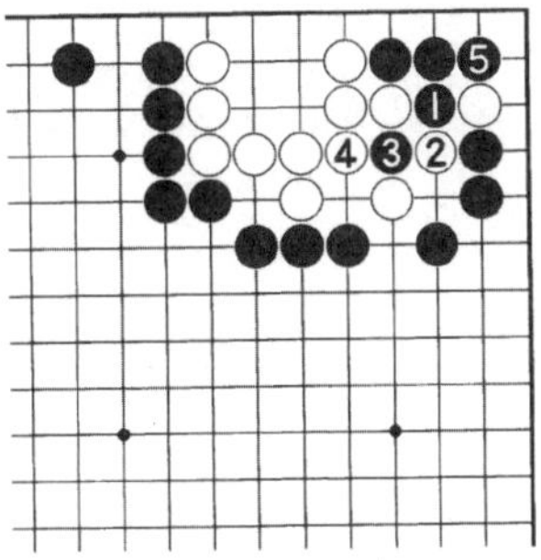

失

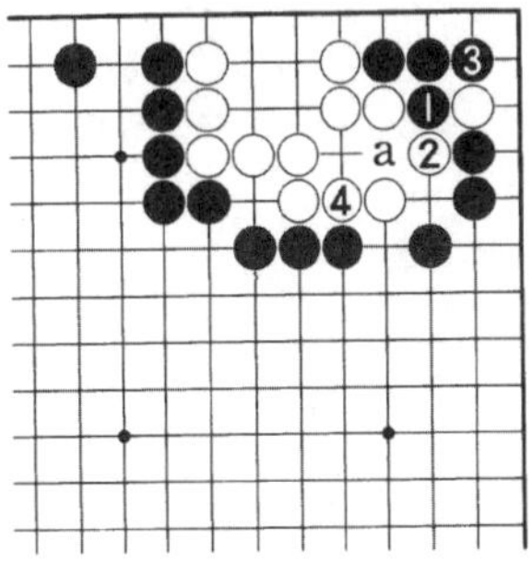

제7형 흑번

## 수순

사활 문제.
귀의 흑 2점을 살리는 동시에 중앙의 백집을 부수는 수순을 생각해 보자.

## 백 죽음

흑1로 나갈 수밖에 없다.
백2로 막을 때 흑3으로 먹여치는 수가 좋다. 백4로 따도 중앙은 옥집이 된다.
흑5로 귀를 지켜서 백이 죽는다.

## 흑 실패

흑1과 3으로 지키면 백4로 집을 내서 실패한다.
흑a를 타이밍 좋게 선수하지 않으면 백이 살아버린다.

(2273)

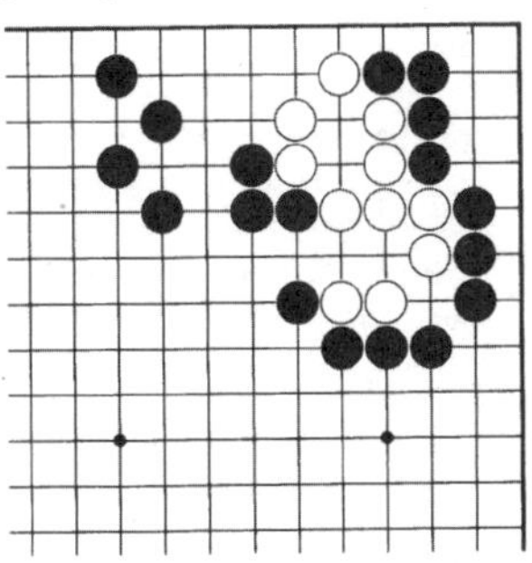

解

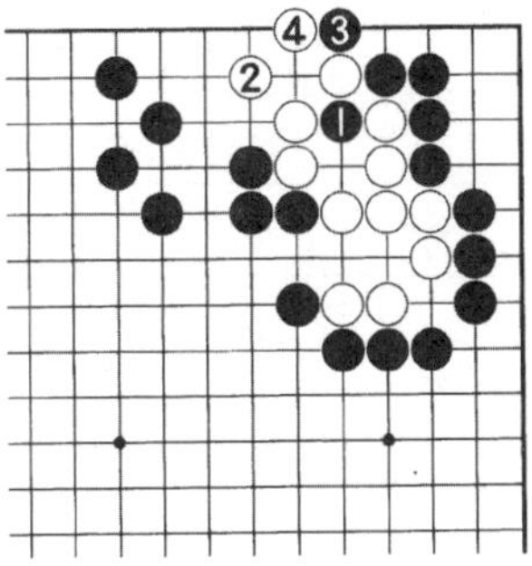

失

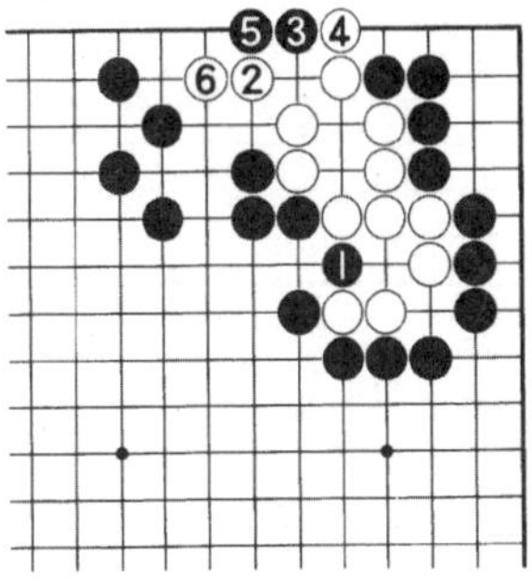

제8형 흑번

## 사석

사활 문제.
백은 상변과 중앙에 여유롭게 집을 낸 것 같으나 흑에게도 사석의 숨은 묘수가 있다.

## 패

흑1의 먹여침이 맥이다.
백2로 호구로 이어 집을 만들면 흑3으로 단수쳐 백4로 패를 낼 수밖에 없다.

## 백 삶

흑1로 중앙 집을 부수면 백2로 상변에 두어 살아버린다.
흑3으로 치중하면 백4와 6으로 상변에서 집을 내서 살 수 있다.

먹여치기 끝내기

제9형 백번

(2274)

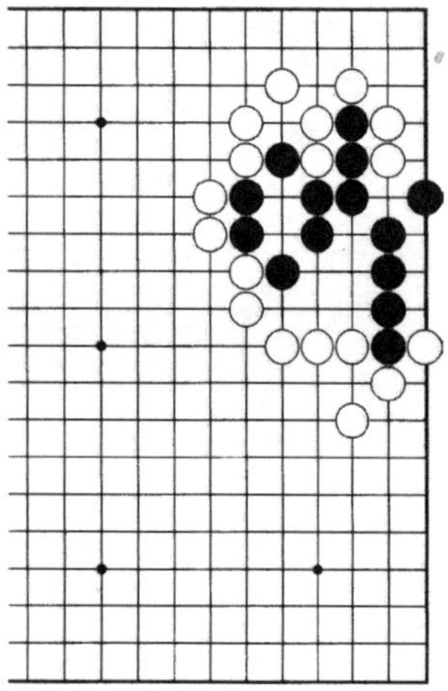

解

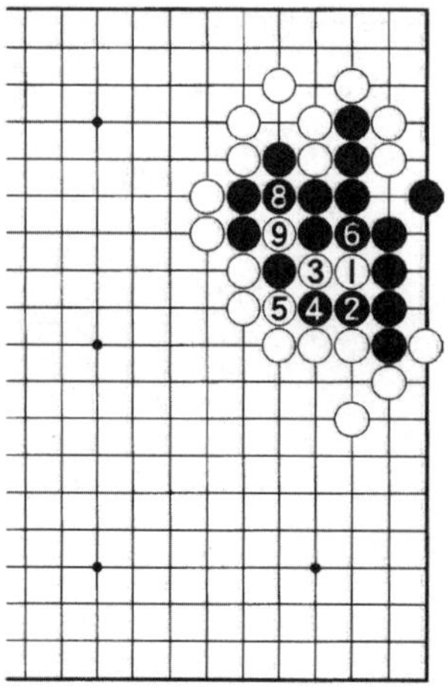

変

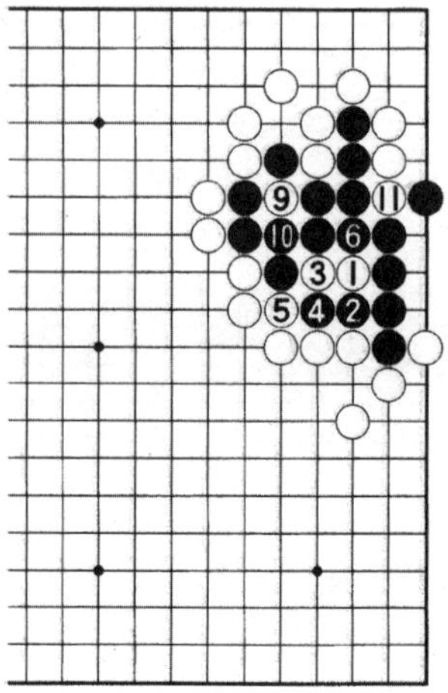

### 옭음

우변의 사활 문제.
우변과 중앙에 각각 후수 한 집씩 가진 모양이지만 중앙에 있는 흑의 옭음을 추궁하면 수를 낼 수 있다.

### 패

백1, 3으로 중앙의 집을 노릴 곳이다. 흑4로 백 2점을 잡으면 백5로 단수치고 7로 먹여치는 수가 좋다.
흑은 8로 받아 패를 할 수밖에 없다.
※⑦→③(먹여치기)

### 흑 전멸

흑8로 1의 곳의 백 1점을 따내면 백9로 먹여쳐서 흑은 전멸한다.
백11까지 흑은 한 집뿐.
백1로 9에 먼저 두면 흑11로 산다.
또 백1로 11이면 흑9로 산다.
※⑦→③(먹여치기), ❽→①(따냄)

제1형 흑번

(2275)

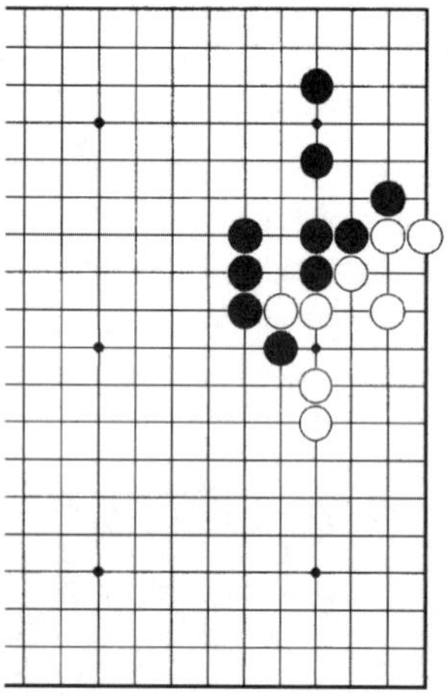

解

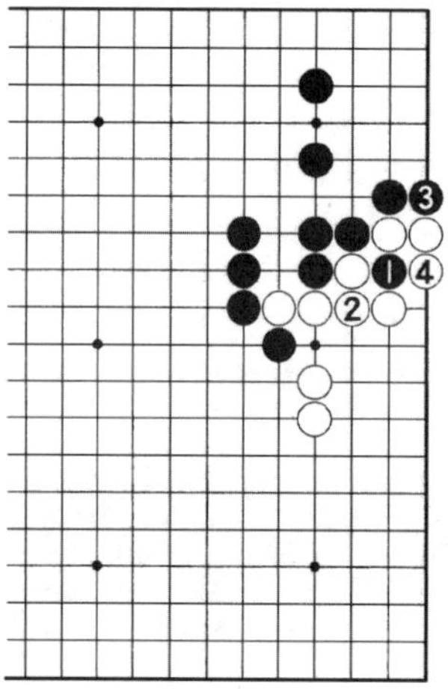

変

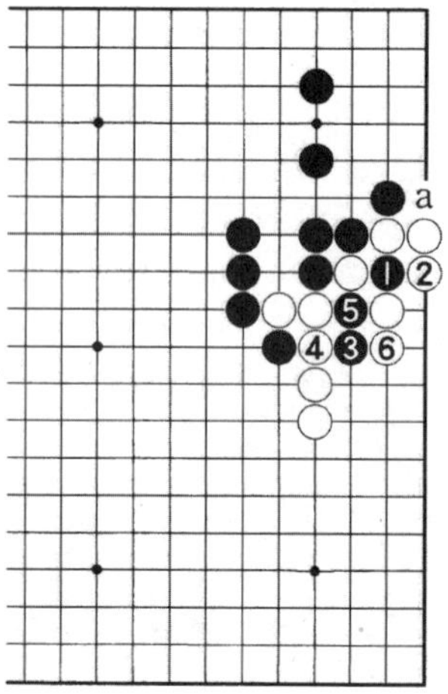

### 결정짓는 방법

끝내기 방법.
우상의 흑집에는 백의 큰 끝내기가 남아있다.
집을 지키기 위해서 흑은 모양을 어떻게 결정지어야 할까?

### 선수

흑1 먹여침이 좋은 수순이 된다.
백은 2로 잇는 정도이지만 흑3의 단수가 선수이다.
흑1의 사석이 활용되어 백의 노림이 없어진다.

### 노림의 맥

백2로 따내면 흑3의 들여다 본 수가 준비된 노림이다.
백4로 이으면 흑5로 단수쳐 패가 난다. 흑1로 먼저 a에 막으면 백은 4자리로 받아서 정해도보다 손해다.

(2276)

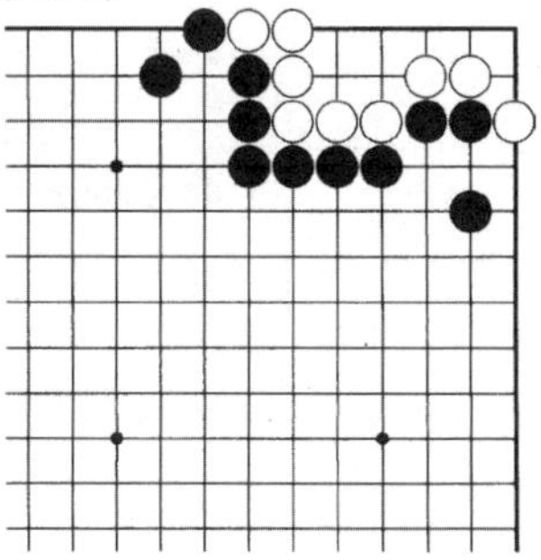

解

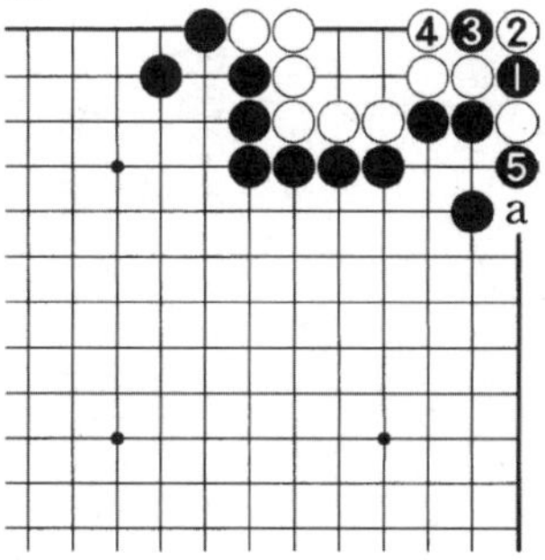


失

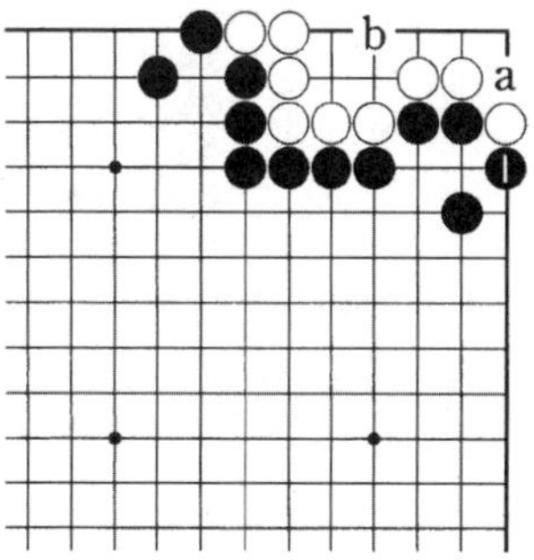


제2형 흑번

## 권리

끝내기 문제.

우상의 백의 끝내기에 흑은 막을 수 있지만 후수이다. 간단한 기술로 선수를 잡을 수 있다.

## 흑 선수

흑1의 먹여침이 백의 집을 좁히는 맥으로 3도 묘수이다.

백4에 흑5로 막는 수가 선수여서 백a를 막는다.

※⑥→❶

## 흑 후수

흑1로 막으면 백은 손을 뺀다.

이후, 흑a로 백 1점을 따도 백b로 산다.

정해도와는 6집 차이가 나지만 흑이 후수이다.

(2277)

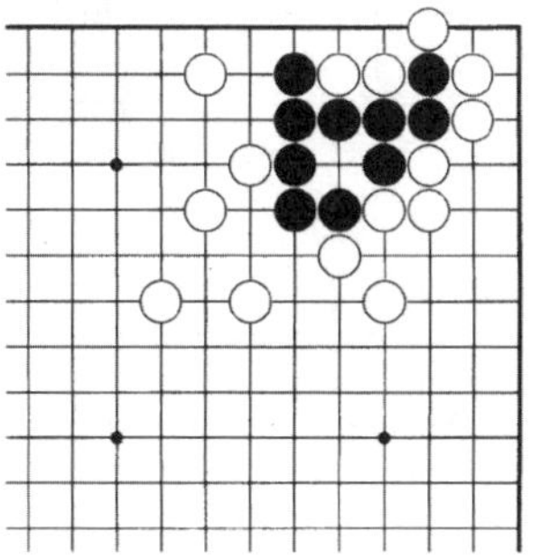

解

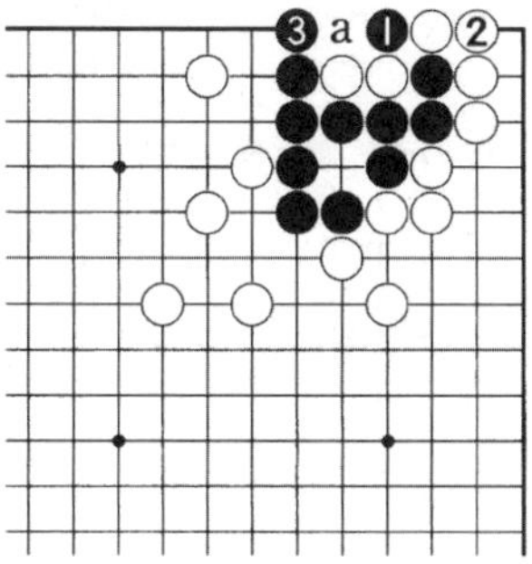


失

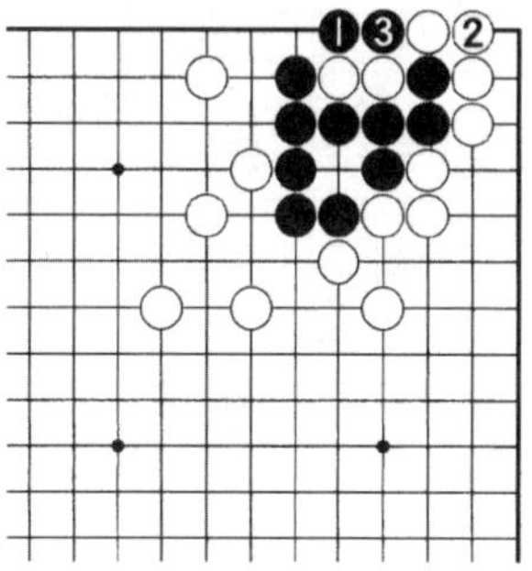


제3형 흑번

## 잡는 방법

가일수 문제.

사는 것은 간단하지만 백 2점을 잡는 방법에 따라 집에 차이가 난다.

바깥 백의 활용에도 연관된다.

## 환격

흑1의 먹여침이 맥이다.

백2는 흑3으로 환격의 모양.

흑3의 뻗음이 상변에 활용되고 있다.

백2로 a는 흑3으로 촉촉수이다.

## 흑 손해

흑1의 단수는 백2, 흑3으로 백 2점을 잡아 사는 데는 문제가 없지만 정해도와 비교하면 1집 적다.

또 상변 백에 대한 활용도 없다.

(2278)

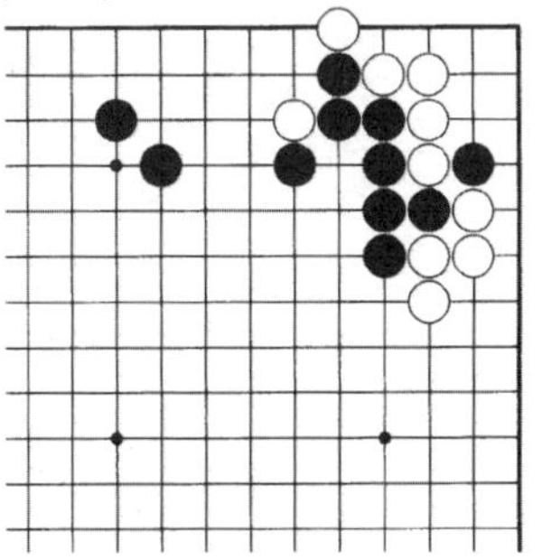

解

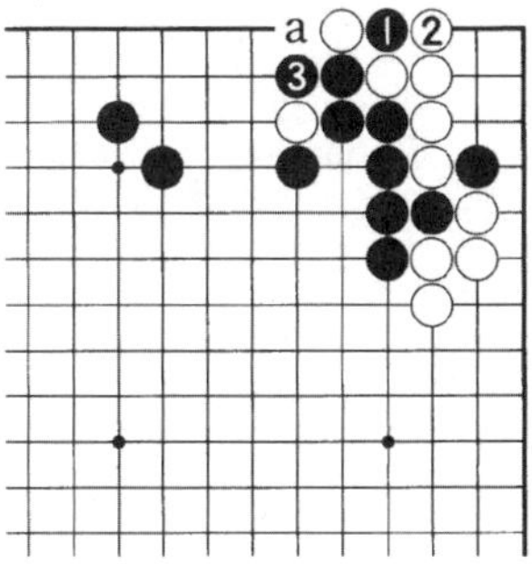


変

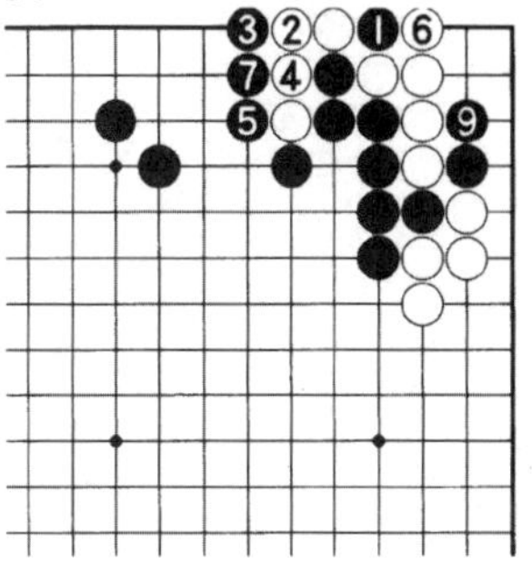


제4형 흑번

## 끊은 모양

끝내기 문제.

백이 상변에 젖히면 어떻게 받을 것인가?

귀의 백을 끊고 있는 흑 1점을 이용한다.

## 좋은 수순

흑1로 먹여치는 수순이 좋다.

백2로 잡게 하여 흑3으로 밀어서 받으면 백은 a의 끝내기를 할 수 없다. 흑1로 a는 백1로 이어 1집 이상 손해를 본다.

## 백 무리

백2로 나가면 흑3, 5로 단수쳐서 백이 촉촉수이다.

백8은 무리. 흑9로 나가 귀의 백이 전멸한다.

※⑧→❶

(2279)

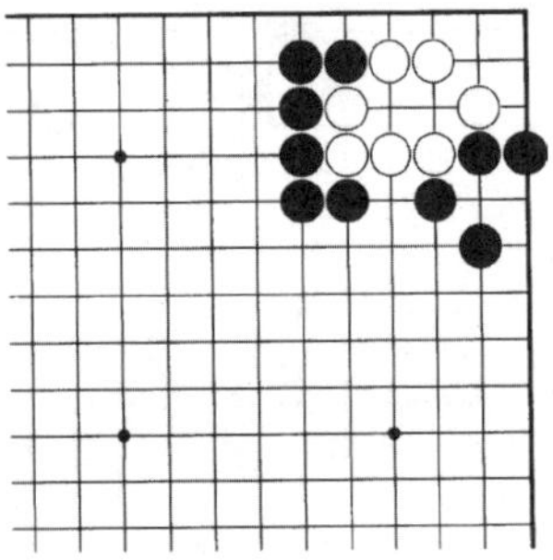

解

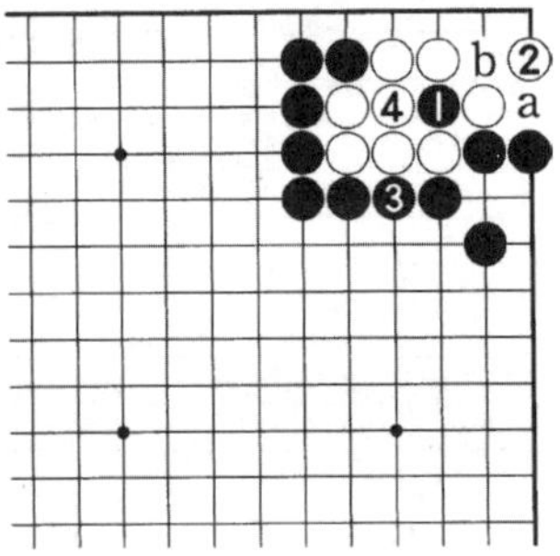

失

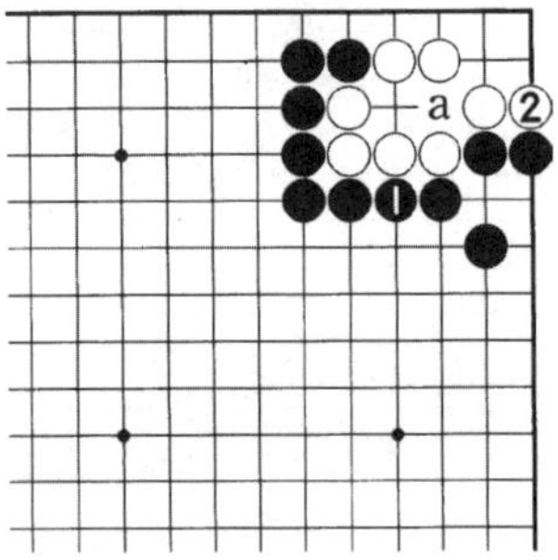

**제5형 흑번**

## 최선의 공방

끝내기 문제.
우상의 백집에 끝내기를 하면서 바깥의 흑도 강화시키고 싶다. 흑과 백의 최선의 공방은 무엇인가?

## 백 6집

흑1의 먹여침이 맥이다.
백2로 귀를 굳혀서 살릴 수밖에 없다. 흑3이 선수이다.
백2로 a는 흑b로 백이 죽는다.
백2로 4는 흑2로 역시 백이 죽는다.

## 흑1집 손해

흑1로 바깥을 굳히는 수는 다음에 a의 먹여침을 봐서 선수지만 백2로 받아 정해도와 1집 차이가 난다.

(2280)

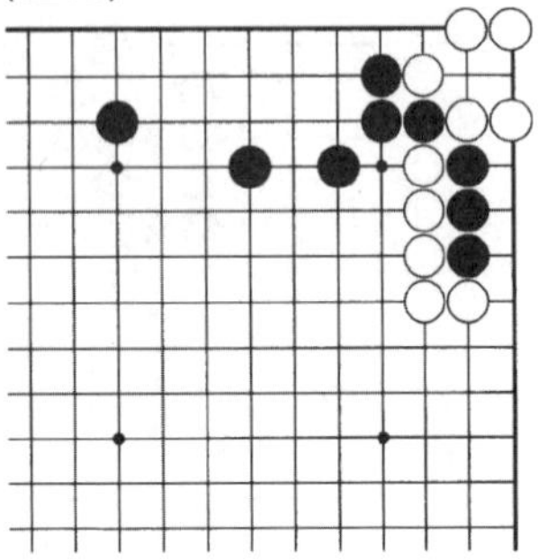

解

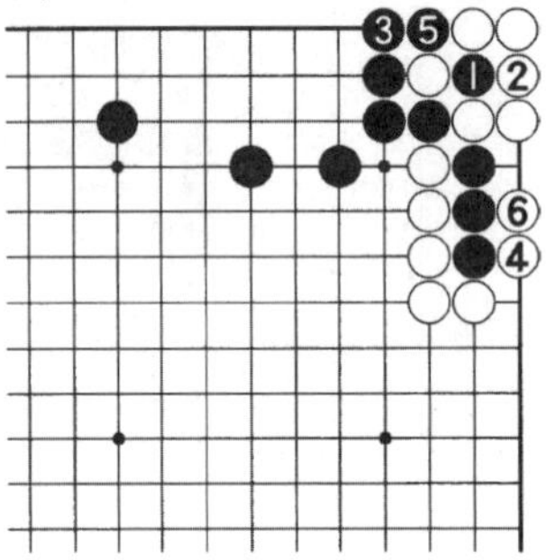

失

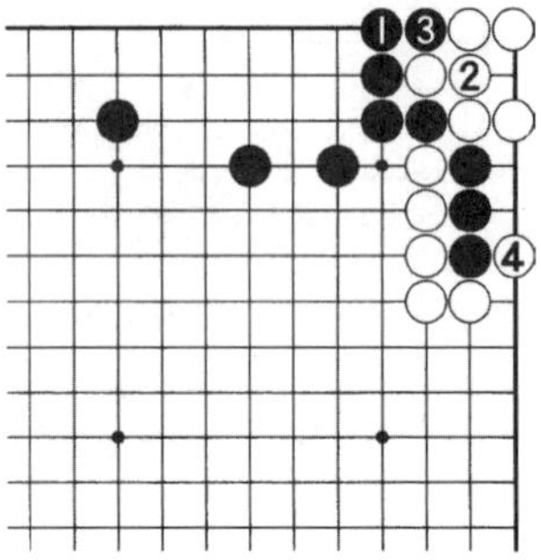

**제6형 흑번**

## 선수끝내기

끝내기 문제.
흑 3점을 잡고 있는 백집은 몇 집인가?
백을 공배를 꽉 차게 만들어 선수로 끝내기 하고 싶다.

## 놓고 따다

흑1의 먹여침이 맥이다.
백2 이후 흑3으로 내리면 백은 5로 집을 내는 것이 불가능하다.
백4와 6으로 흑 3점을 놓고 따내면 흑의 성공이다.

## 백 3집 증가

흑1로 내리면 백2로 집을 만들어서 실패한다.
흑3으로 공격하여 공배를 메워도 백4로 젖혀 유가무가가 된다.
백집이 3집 많아졌다.

(2281)

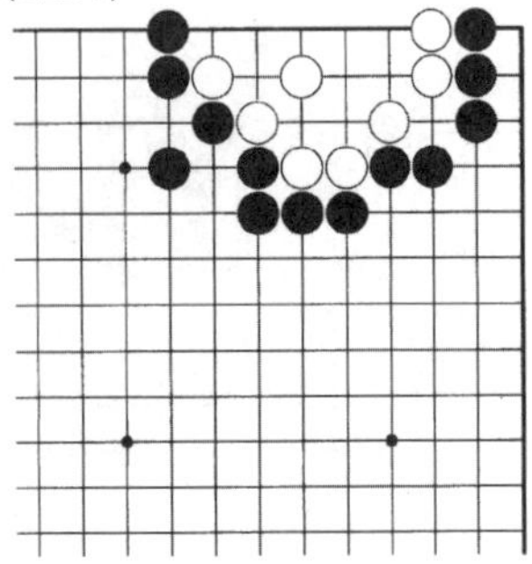

解

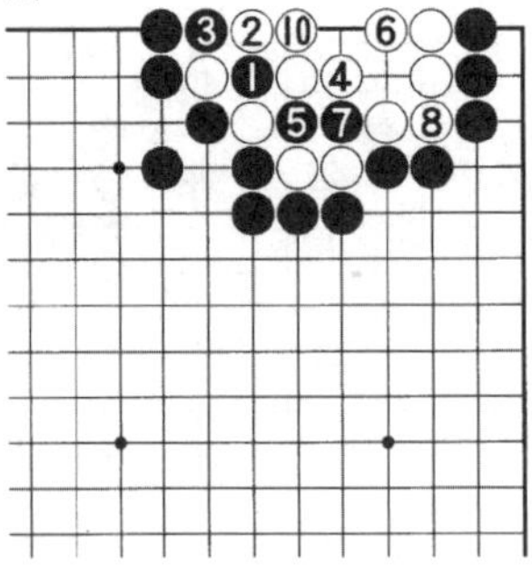

変

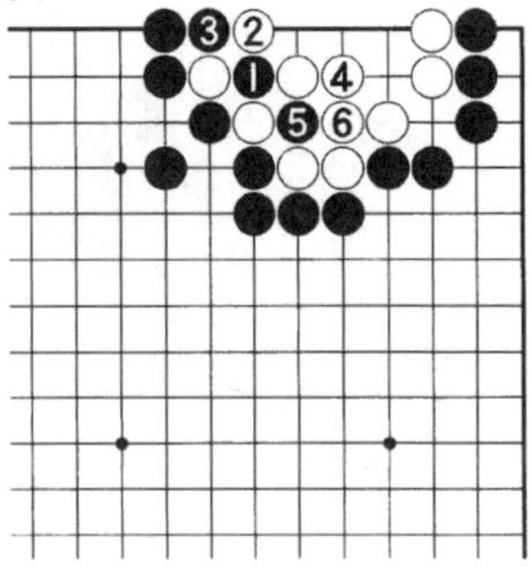

**제7형 흑번**

## 위험한 모양

끝내기 문제.
백은 안형이 풍부한 것 같지만 공배가 꽉 차서 위험하다.

## 괴로운 삶

흑1의 먹여침이 백의 공배를 메우는 맥이다. 백2에 흑3으로 단수쳐서 백은 1에 이을 수 없다. 백4부터 10까지 2집만 내고 산다.
※❾→❶(따냄)

## 패

흑5의 먹여침에 백6으로 따내는 것은 무리.
흑7로 1의 곳의 패를 따내서 백 전체의 집이 없어졌다.
흑1로 3은 백1로 실패한다.

# 빈삼각·구부림

돌이 직선으로 나열해 있으면 뻗음 또는 늘음이라고 하는 돌의 모양으로 늘어 있는 돌부터 좌우로 구부리는 수를 빈삼각 또는 구부림이라고 한다.
빈삼각은 상대의 돌에 붙여서 자충이 되기 때문에 때로는 자신의 자충이 되기도 한다.
흑1은 빈삼각이다. 귀의 백이 자충이 되었다.

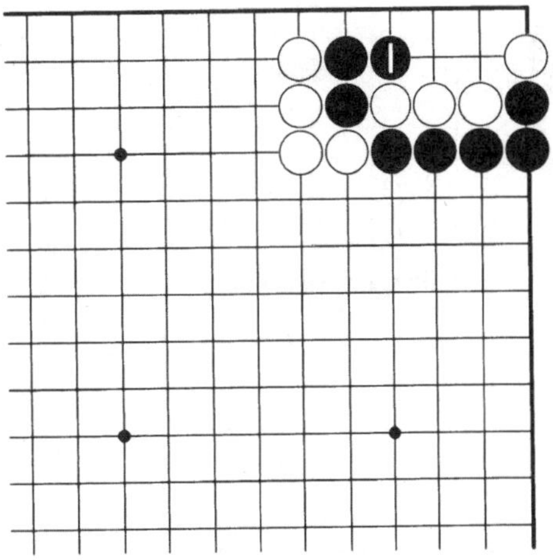



(2282)

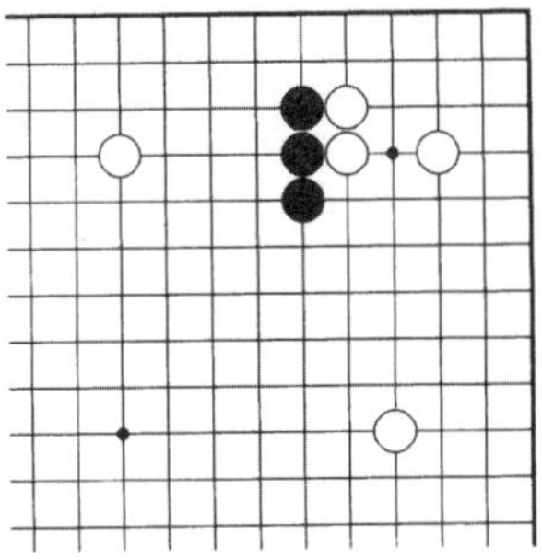

解

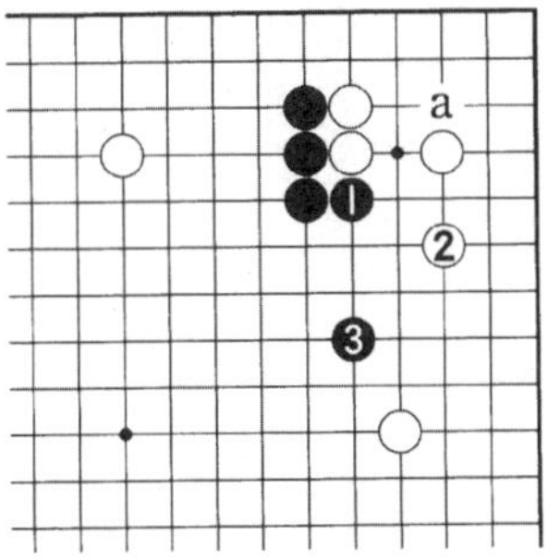

失

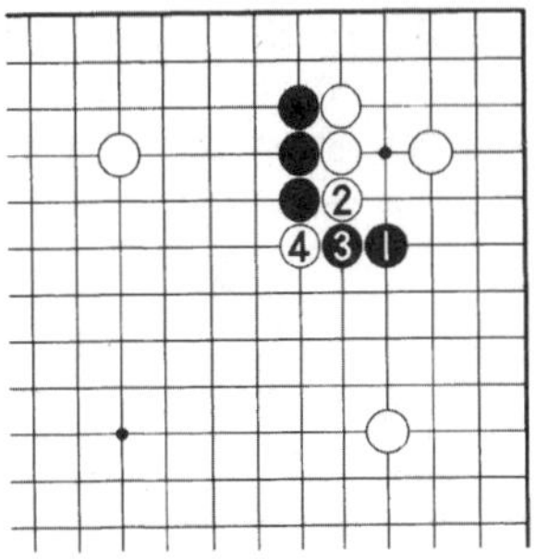

제1형 흑번

## 뒷맛

두 칸 높은 협공 정석의 변화이다. 흑은 중앙으로 도망칠 수밖에 없지만 귀의 백에게 뒷맛을 남기고 싶다.

## 흑 충분

흑1의 구부림은 두터움을 만드는 급소이다.
백2로 귀를 지켜도 흑a의 맛이 생긴다. 흑3으로 중앙을 굳혀서 흑도 충분하다.

## 흑 고전

흑1의 날일자는 엷은 수로 백2, 4로 직접 끊어 곤란해진다.
귀의 백이 튼튼해졌기 때문에 흑은 순식간에 괴로운 싸움이 된다.

(2283)

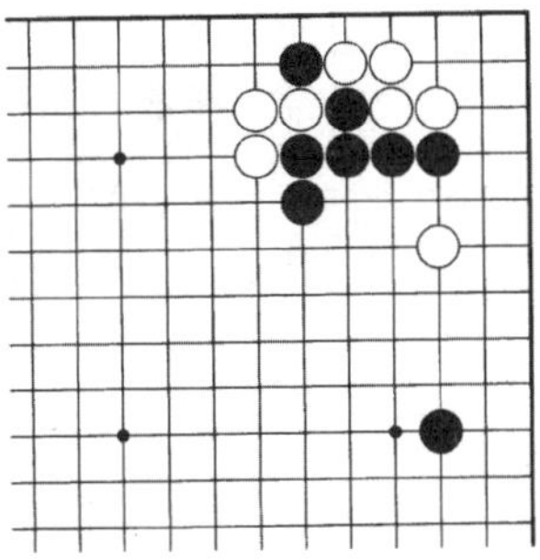

解

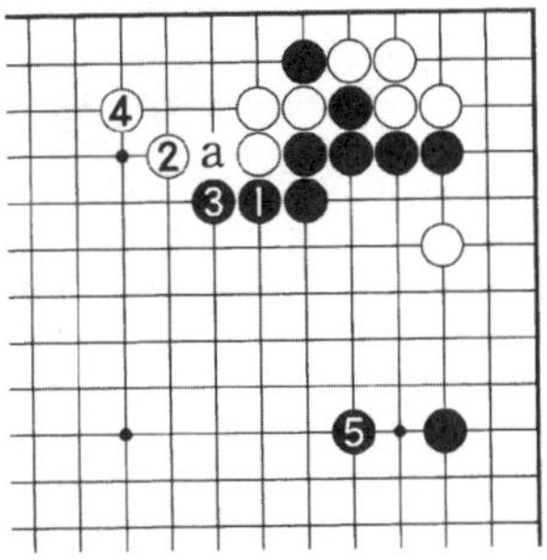

失

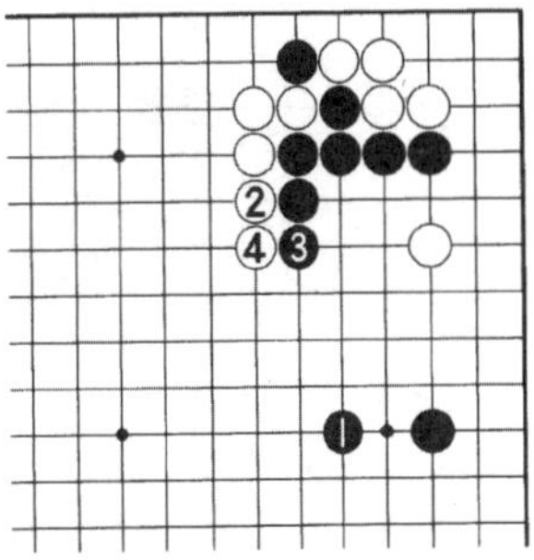

제2형 흑번

## 세력의 급소

우상의 전투.
화점 정석의 변화로 쌍방 세력의 삭감과 확장에 관련된 급소가 남아있다. 상변의 흑 1점을 이용하고 싶다.

## 급소

흑1이 급소이다. 백2를 생략하면 흑a의 젖힘이 냉엄하다. 백2로 받으면 흑3으로 뻗는 것도 선수 활용이다. 흑5로 우변을 굳혀서 흑이 유리한 싸움이다.

## 쌍방 급소

흑1로 먼저 뛰면 백2로 중앙의 급소를 두게 된다.
흑3은 백4. 우변의 백 1점을 잡은 규모가 작다.

(2284)

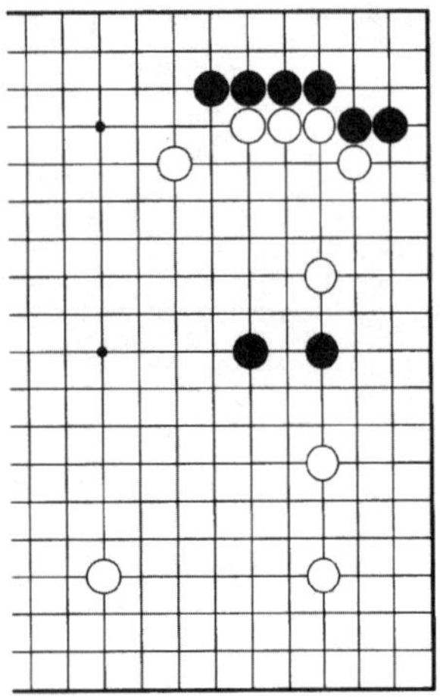

解

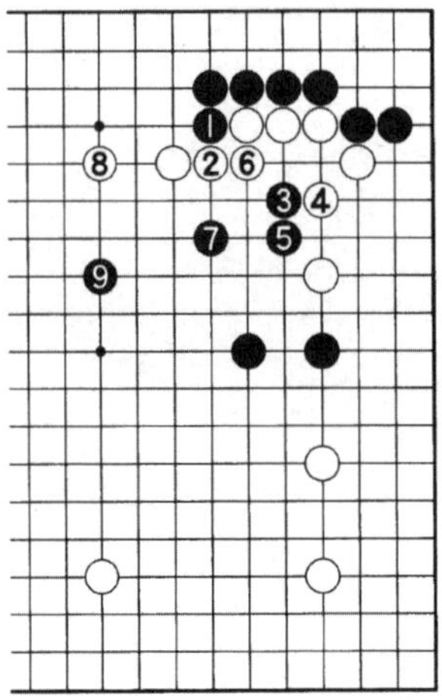

失

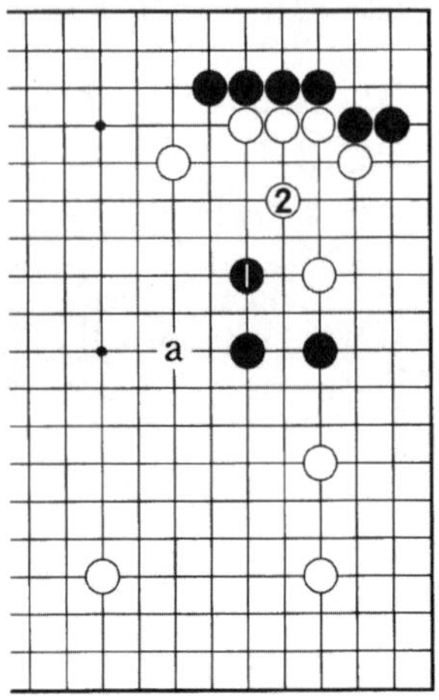


제1형 흑번

### 공격은 수비

우변의 흑 2점이 뜬 돌이다. 이곳을 안정시키기 위해 우상의 백에게 수를 내고 싶다.
백의 모양을 부수는 공격이 최선의 수비가 되기도 한다.

### 흑 좋은 모양

흑1의 구부림은 속맥 같지만 백 3점을 자충 시키는 급소가 된다. 백2면 흑3으로 들여다봐서 모양을 무너뜨리고 흑5로 늘은 수가 선수이다. 흑7, 9로 중앙의 모양이 좋아졌다.

### 백 좋은 모양

흑1의 구부려서 뛴 수는 매우 평범한 발상.
백은 2로 모양을 정리해서 안형을 확실히 한다.
흑 3점은 아직 무방비 상태. 흑a로 뛰어도 아직은 뜬 돌이다.

(2285)

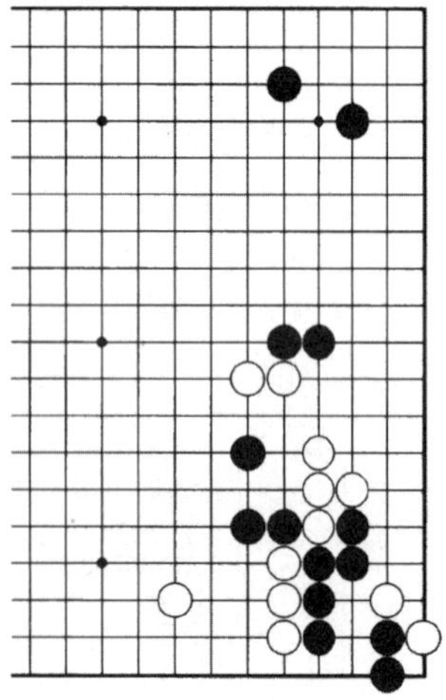

解

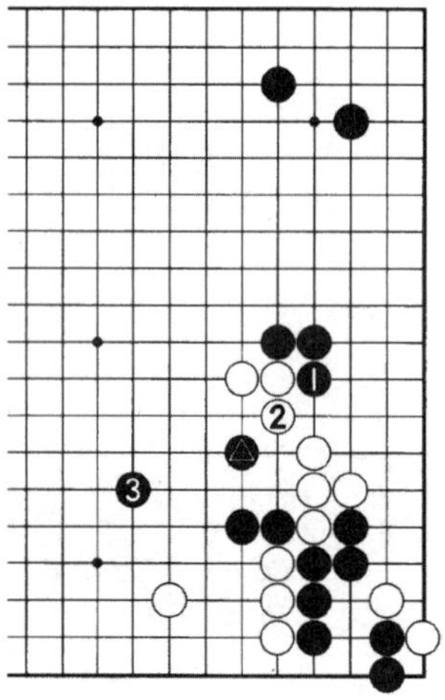

失

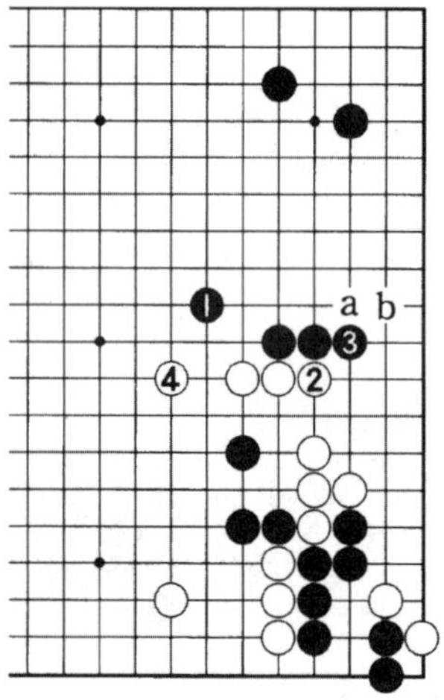


제2형 흑번

### 급소

우변의 전투.
우하의 흑은 살아있으나 백에게 활용 당한다. 흑은 중앙의 3점을 이용하여 우변과 하변을 공격해 우상의 모양을 키우고 싶다.
공격의 급소는 어디인가?

### 백 우형

흑1의 구부림은 백의 모양을 무너뜨리는 급소. 백은 2로 빈삼각으로 연결할 수밖에 없다. 흑▲에 급소를 빼앗겨서 백은 집이 없는 모양. 흑3으로 중앙에 전개해서 위아래의 약한 돌을 노린다.

### 백 좋은 모양

흑1의 날일자는 기회를 놓친다.
백2의 막음으로 백은 단단한 모양이다. 흑3을 생략하면 백3, 흑a, 백b로 순식간에 백의 근거가 생긴다.
백4로 뛰어서 중앙의 흑이 괴롭다.

빈삼각

살다

(2286)

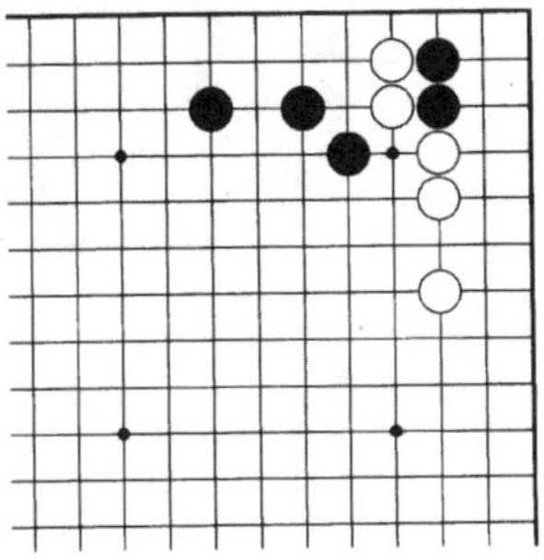

解

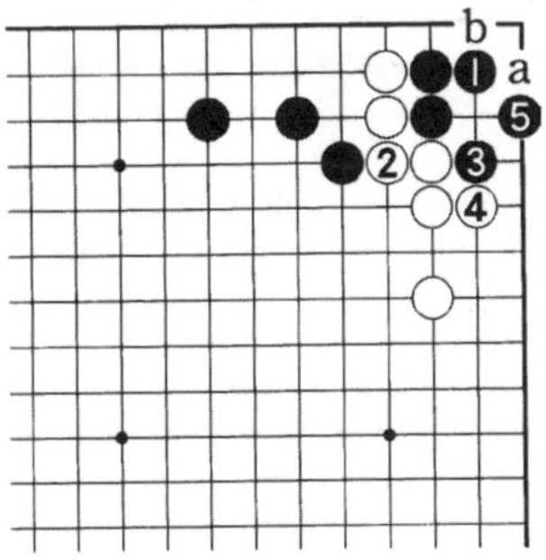

失

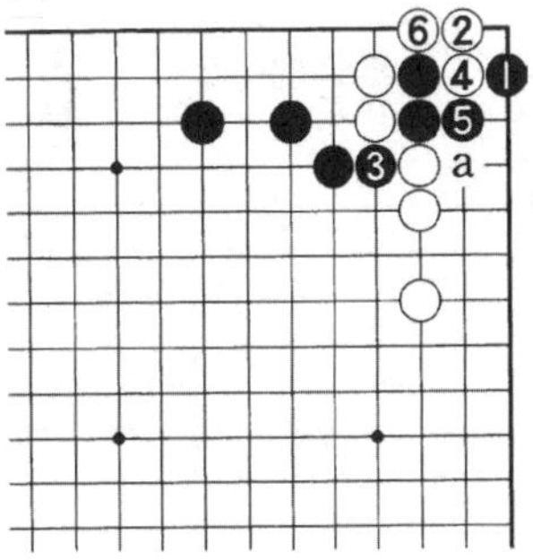

제1형 흑번

### 살리다

귀의 전투.

백 2점을 직접 끊으면 불리하다. 흑은 귀에서 살면 성공이다.

백이 무리하게 공격하면 반격하여 백을 잡는다.

### 흑 삶

흑1의 구부림이 맥이다.

귀의 수를 늘려서 사는 것을 본다.

백2로 2점을 살리면 흑3, 5로 살 수 있다. 백2로 a는 흑2, 백 b로 패가 나지만 백 불리.

### 흑 패배

흑1의 뜀은 백3으로 이으면 흑a로 젖혀 산다는 생각이나 백2가 매서운 수이다.

흑3으로 끊어도 백4, 6으로 공격당해 백이 이긴다.

(2287)

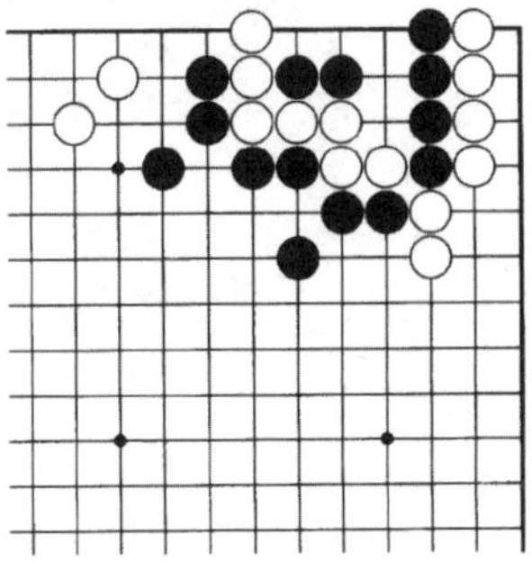

解

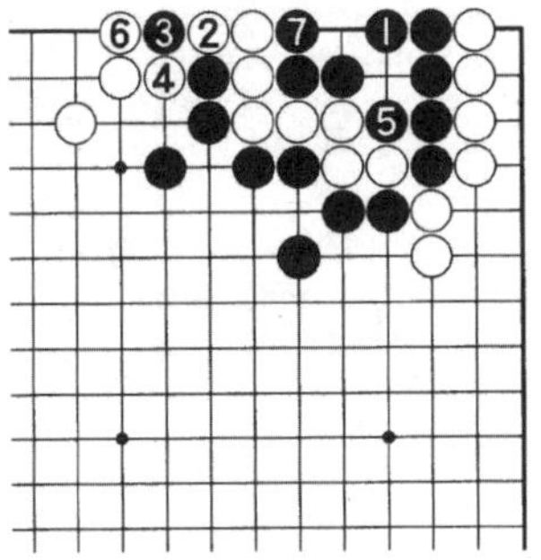

失

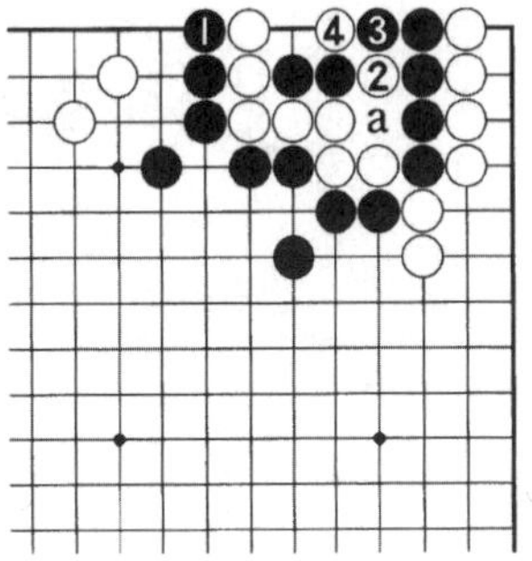

제2형 흑번

### 살리다

상변의 전투이지만 흑은 백을 잡는 것이 불가능하다.

백을 상변에 연결해줘도 선수로 살면 충분하다.

### 선수 삶

흑1의 구부림이 수를 늘리는 급소이다. 백2로 왼쪽으로 건너가면 흑3으로 막아서 1점을 버리고 5와 7로 조여 선수로 산다.

※⑧→❸

### 흑 무리

흑1로 백의 건넘을 막는 것은 무리이다.

백2로 끼우고 흑3에 백4로 먹여쳐서 환격 모양이 된다.

흑3으로 4는 백a.

(2288)

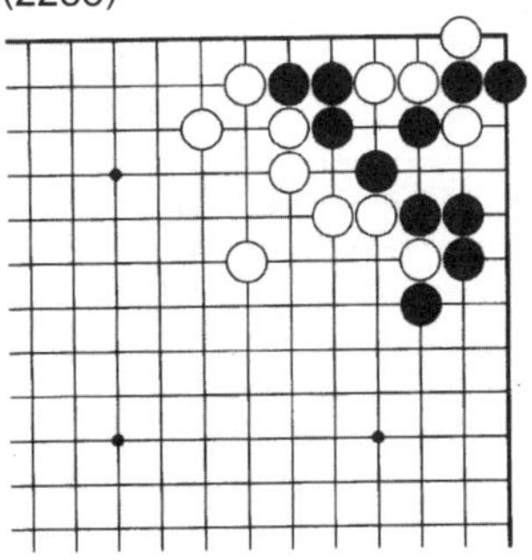

解

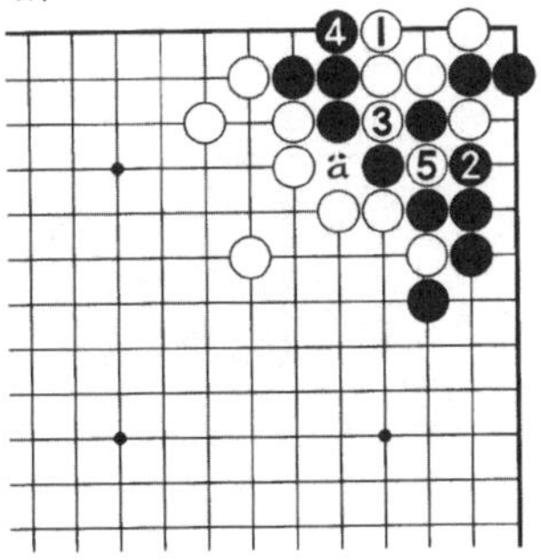

変

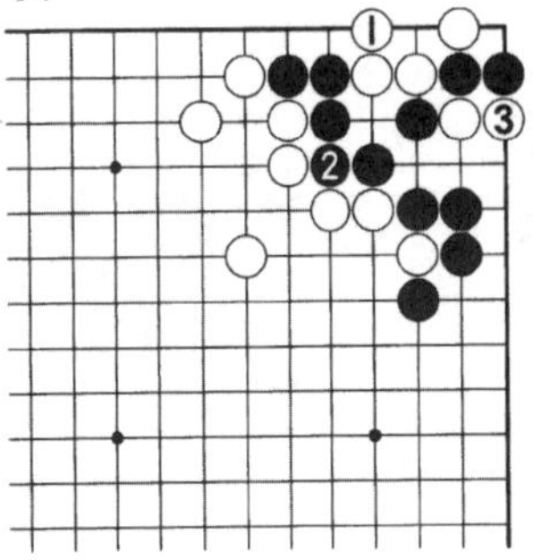

제3형 백번

### 냉정

귀의 전투.

흑 2점을 잡으면 실패한다.

흑의 약점을 노려 삶을 엿보는 냉정함이 요구된다.

### 패

백1의 구부림이 맥이다.

흑2로 귀를 받으면 백3으로 단수쳐서 패가 난다. 흑4로 5에 이으면 백a로 끊어 흑 3점을 잡는다.

### 백 삶

흑2로 3점을 살리면 백3으로 흑 2점을 잡아서 산다. 백1로 3으로 먼저 잡는 것은 흑1로 젖혀 사는 것도 건너는 것도 불가능하다.

빈삼각 건넘

(2289)

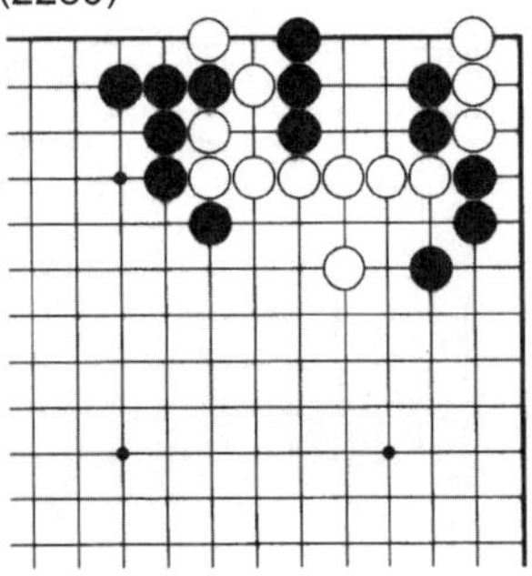

제1형 흑번

## 3점 잡기

상변의 문제.
흑 3점은 상변에 건너가 있으나 오른쪽의 2점도 살려나와 귀의 백 3점을 수중에 넣고 싶다.

解

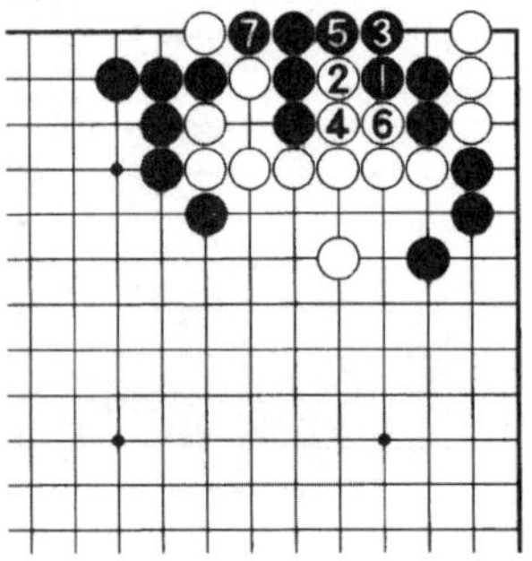

## 건넘

흑1의 구부림은 수를 늘리는 최선의 모양이다.
백2로 끼우면 흑3으로 뻗어서 백의 조임을 피한다.
흑7까지 귀는 흑집이 된다.

失

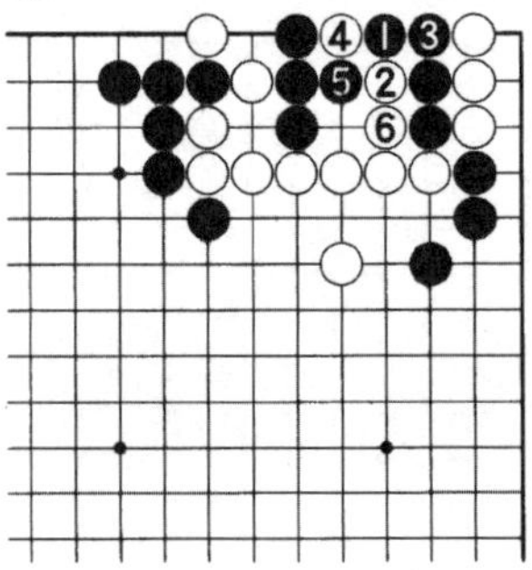

## 흑 잡힘

흑1의 입구자에는 백2의 붙임이 냉엄한 맥이다.
흑3 이후 백4로 먹여치고 6으로 조여 흑 4점은 살릴 수 없다.
백2로 6은 흑2로 백이 실패한다.

(2290)

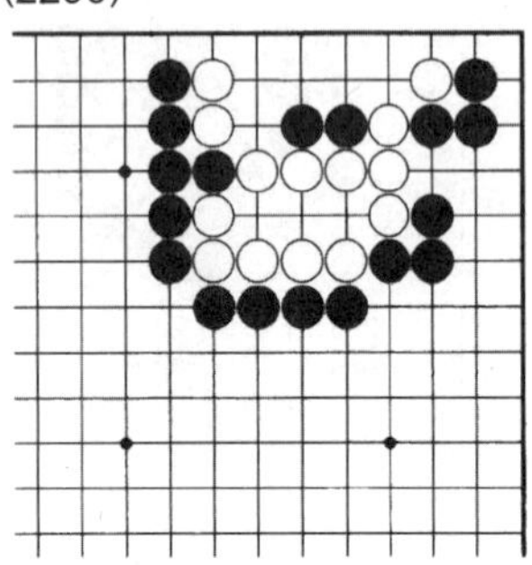

제2형 흑번

## 백 2집

상변의 전투.
흑 2점을 살리면 백은 후수로 집을 내야 한다.
흑은 상변의 백집을 2집으로 만들 수 있다.

解

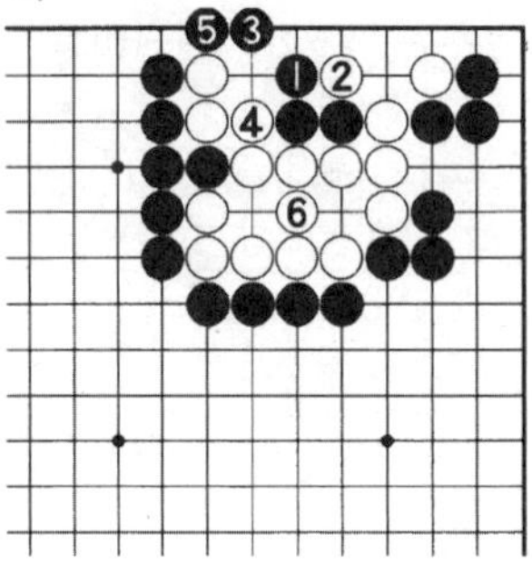

## 건넘

흑1의 구부림이 좌우를 맞보는 맥이다.
백2로 오른쪽을 지키면 흑3으로 입구자하여 상변으로 건너간다.
백4로 5는 흑4로 끊는다.

失

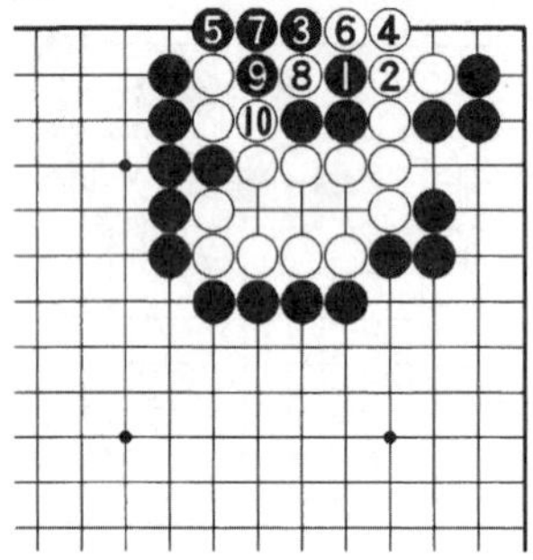

## 촉촉수

흑1로 구부리고 3으로 입구자하면 백4로 뻗어서 실패한다.
흑5 이후 백6으로 바깥에서 찝어 흑 3점은 촉촉수로 잡힌다.

빈삼각 타개

(2291)

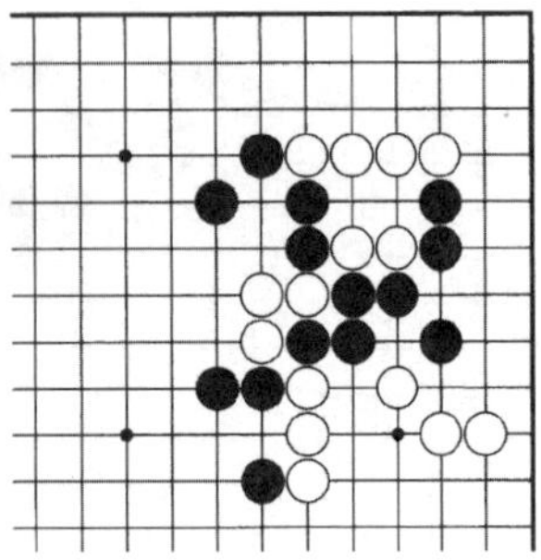

제1형 백번

## 우변을 잡다

중앙의 전투.
백 3점이 탈출하면 우변의 흑이 죽은 돌이 되어 우변은 모두 백집이 된다.
백은 자충이 두렵다.

解

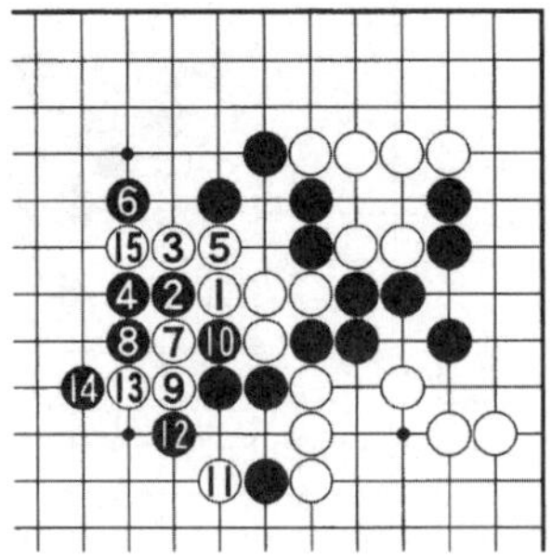

## 탈출

백1의 구부림은 흑에게 조이는 흐름을 주지 않는 맥이다.
흑2의 붙임에는 백3, 5로 상변으로 머리를 내밀고 백7부터 3점을 버리고 15로 탈출한다.

失

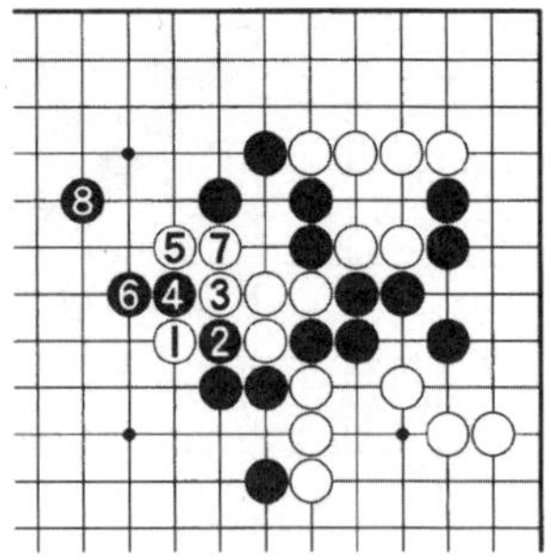

## 백 잡힘

백1로 뛰면 흑2, 4로 끊어 실패한다.
중앙의 공배가 꽉 차서 흑8까지 잡힌다.
백1로 4는 흑3으로 간단히 실패한다.

(2292)

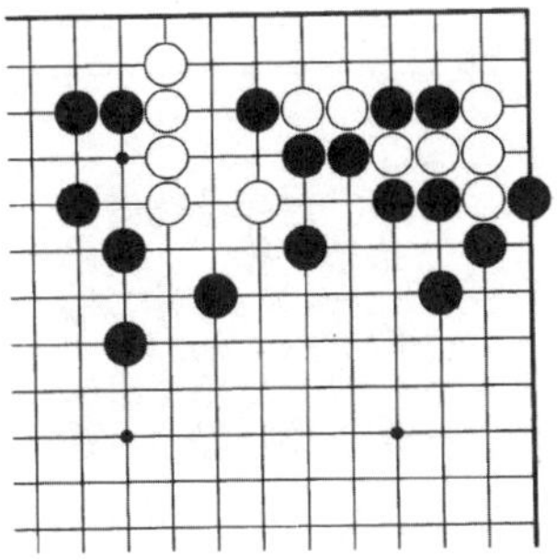

解

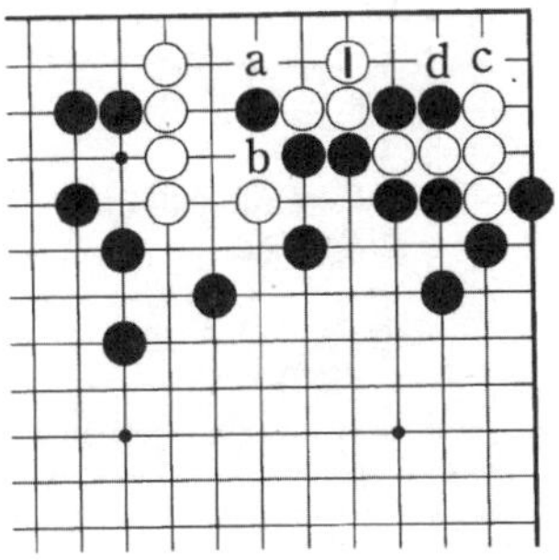

失

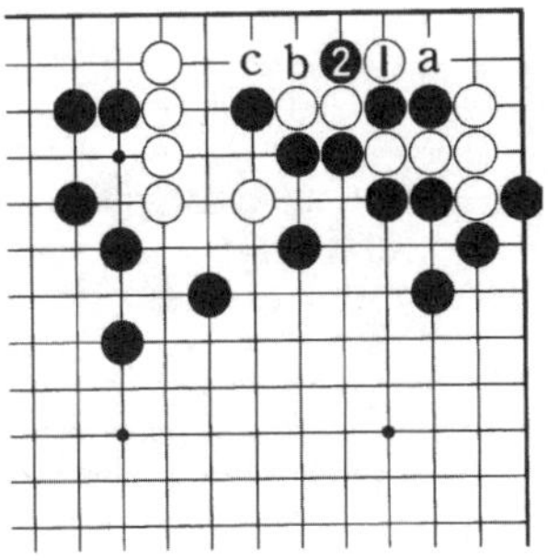

**제2형 백번**

### 전체
상변의 전투.
백은 귀의 흑 2점을 잡고 상변도 건너가 전체를 연결할 연구를 해야 한다.

### 저항 없음
백1의 구부림으로 흑이 저항할 방법이 없다.
상변은 흑a라면 백b. 귀도 흑c라면 백d. 흑은 백을 끊을 수 없다.

### 백 실패
백1로 흑 2점을 단수하는 것은 흑2의 끊음이 생긴다.
백a는 흑b로 단수쳐서 상변으로 건너가는 것이 없어진다. 백b는 흑c. 상변의 백이 살 길이 없다.

**빈삼각 살리기**

(2293)

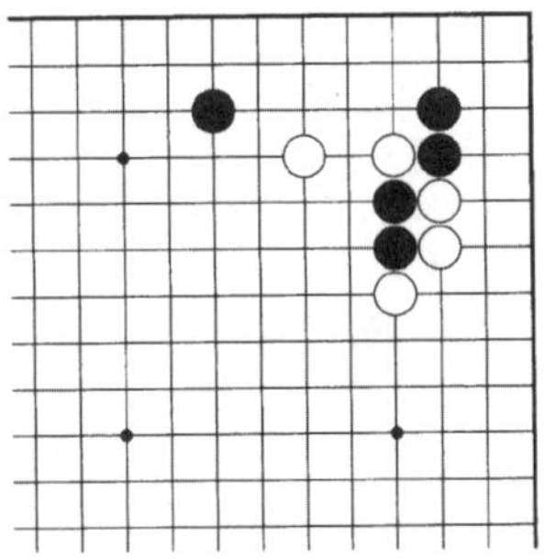

解

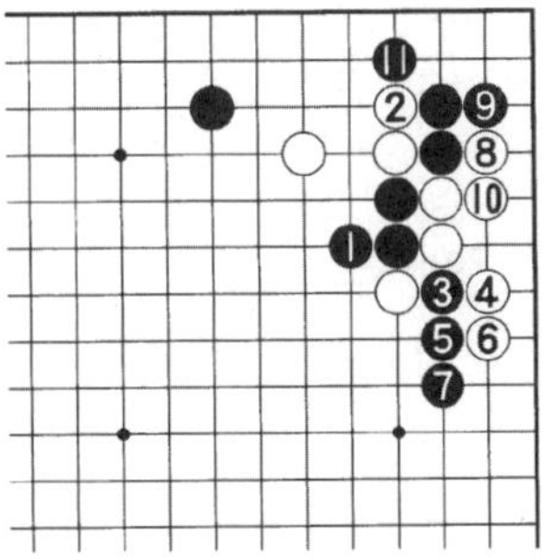

失

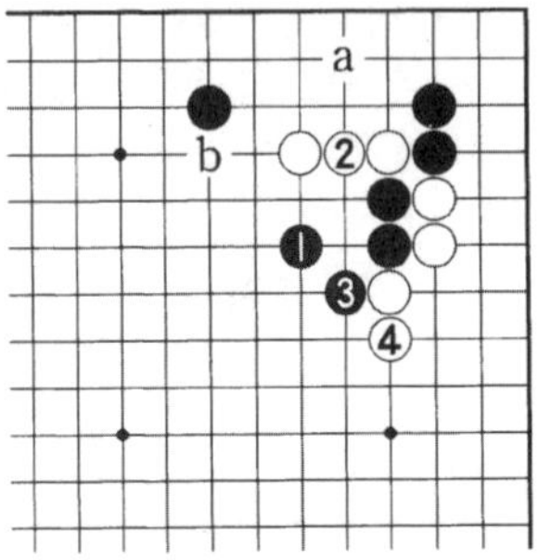

**제1형 흑번**

### 살리는 방법
우상의 전투.
흑 2점의 공배가 꽉 차있다. 이 돌을 어떻게 살리느냐에 따라 이후의 싸움에서 우열이 갈린다.

### 흑 유리
흑1의 구부림이 가장 확실하게 살리는 수이다.
백2로 상변을 굳히면 흑3으로 끊어 우변의 백을 공격하면서 귀를 살린다. 흑이 유리한 싸움.

### 백 유리
흑1의 뜀은 엷은 모양으로 백2로 잇는 수가 선수이다.
흑3, 백4 이후 흑a는 백b로 밖으로 나가서 백이 유리한 싸움이 된다.

**빈삼각 따냄**

(2294)

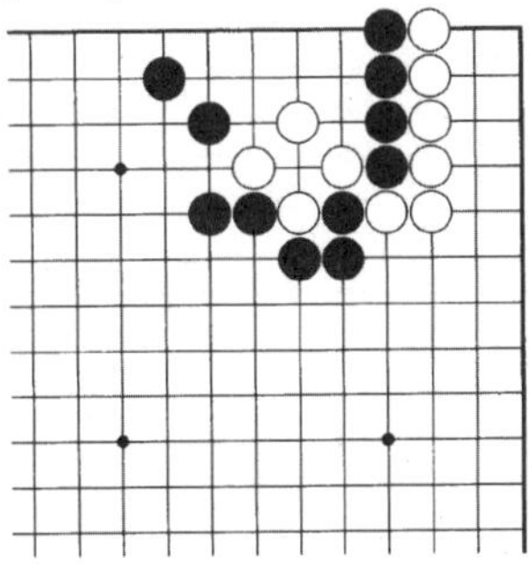

解

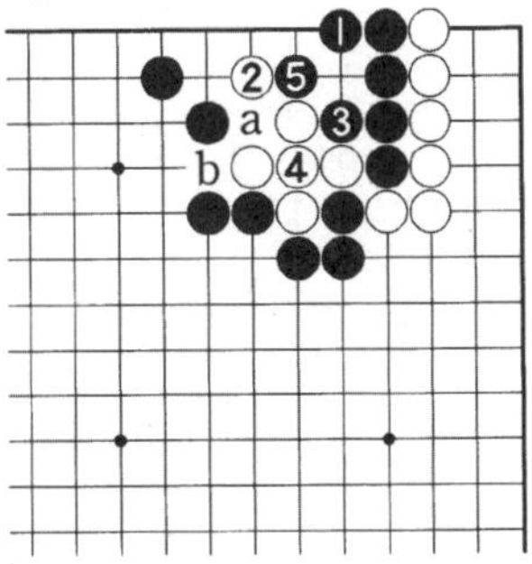

失

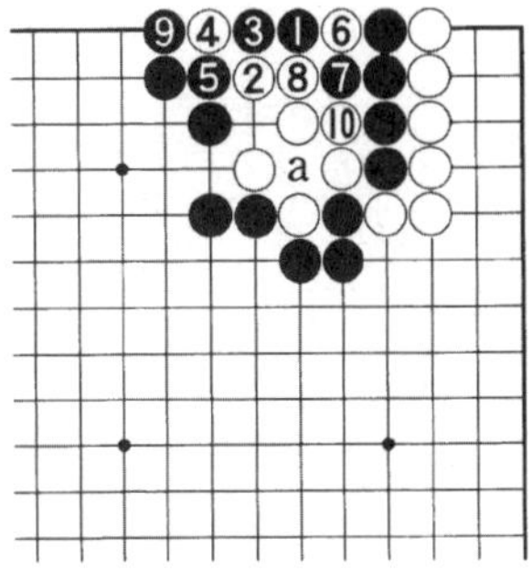

**제1형 흑번**

### 백을 잡다
흑을 끊은 백 4점이 튼튼하게 보이지만 흑 4점은 공배가 꽉 찬 상황을 극복하면 반대로 백을 잡을 수 있다.

### 흑 승
흑1의 구부림이 좋은 수이다.
백2로 흑이 건너지 못하게 막으면 흑3의 단수와 5로 집을 내서 백을 잡는다. 백a는 흑b.

### 흑 잡힘
흑1로 뛰면 백2로 실패한다.
흑3, 5도 백6으로 촉촉수에 걸린다.
흑3으로 10, 백a, 흑8은 백6으로 먹여쳐서 흑이 안된다.

빈삼각 따냄(살리기)

제1형 흑번

(2295)

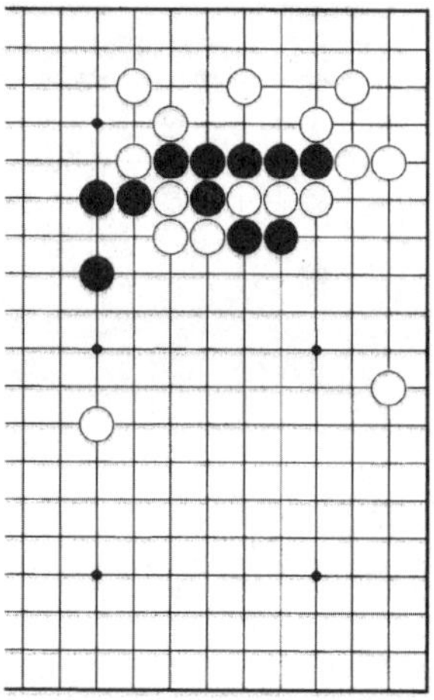

## 연결

상변의 문제.
백에게 둘러싸인 흑 6점은 3수이다. 바깥의 백을 잡으면 흑이 생환한다. 중앙과 우변 양쪽을 노려 연결시켜야 한다.

解

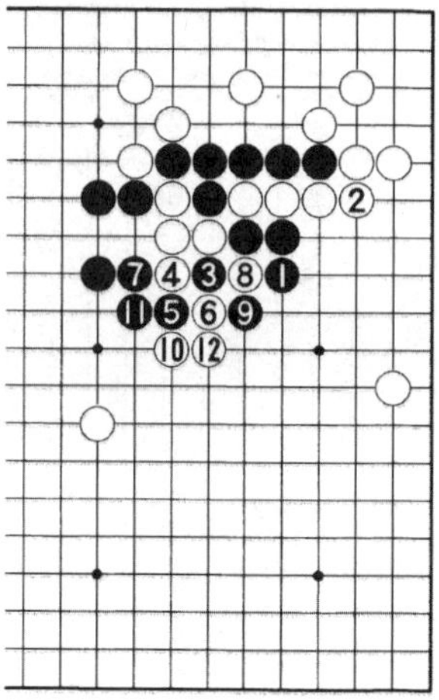

## 패

흑1의 구부림이 좋은 수이다.
다음에 2로 끊어 백 3점을 축으로 잡는다. 백2로 이으면 흑3, 5로 중앙의 3점의 공배를 메우고 흑9로 단수해서 흑의 유리한 패가 난다.
※⓭→❸(따냄)

变

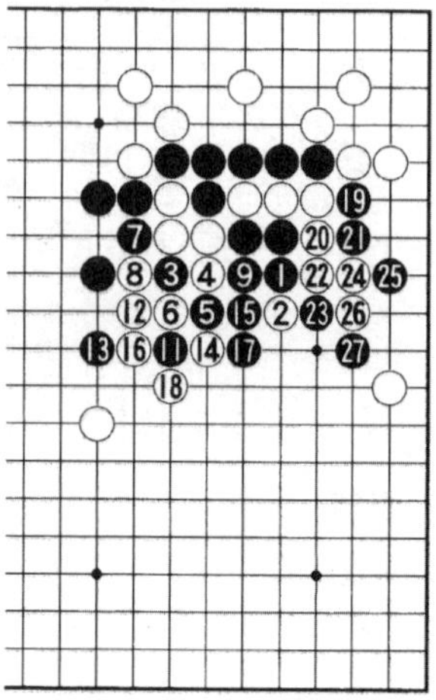

## 백 전멸

백2의 붙임은 흑19로 끊는 축을 막고 중앙의 지킴도 겸한 강수이지만 이번에는 흑3, 5의 공격으로 바뀐다.
흑17의 단수를 활용하여 우변은 19부터 축.
※⑩→❸

제2형 흑번

(2296)

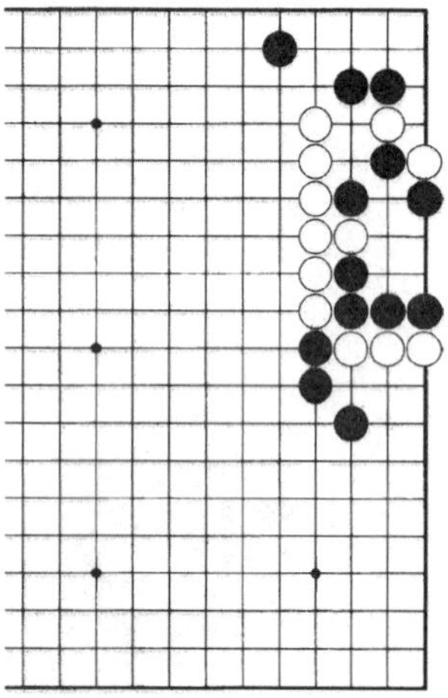

## 살리다

우변의 전투.
백 3점을 잡기 위해 우변에 있는 흑의 수를 늘려야 한다.
자충의 흑 4점을 살리는 맥은 무엇인가?

解

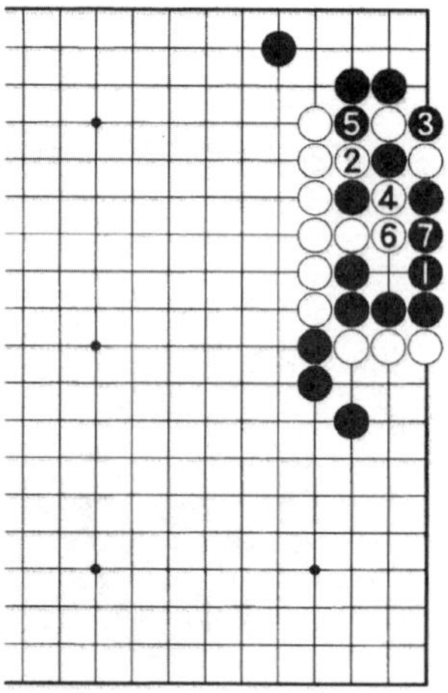

## 건넘

흑1의 구부림이 자충을 방지하는 맥이다.
백2의 단수와 백4로 따내도 흑은 3, 5로 받아 별일은 없다.
흑7까지 우상귀로 건너가서 백 3점을 잡는다.

失

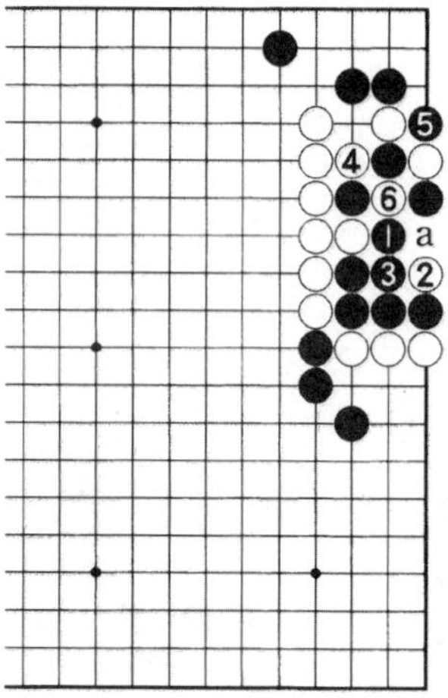

## 패

흑1은 집을 넓혀 눈을 만들고 있지만 수상전에서는 도움이 되지 않는다. 백2가 공배를 채우는 급소가 된다.
흑3 이후 백4, 6으로 따내서 패가 난다.

제3형 백번

(2297)

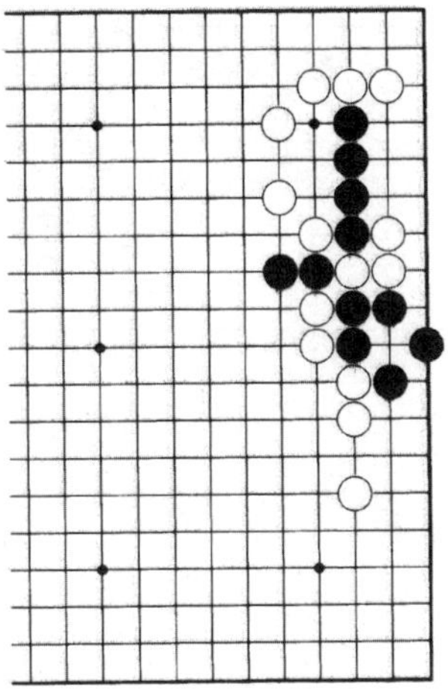

## 살리다

우변의 전투.
백 3점을 살리고 싶다. 우상의 흑 4점과의 수상전은 백이 불리하다. 중앙의 흑 2점도 공격하기 힘든 모양. 우변의 흑을 노려야 한다.

解

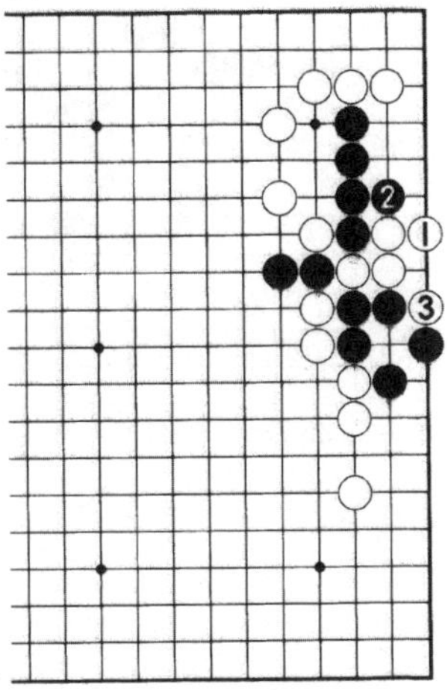

## 패

백1의 구부림은 1선에 뻗은 모양이다.
흑2로 백이 건너지 못하게 막으면 백3으로 먹여쳐서 패가 난다.
흑이 패에서 지면 우변은 전부 백집이 된다.

变

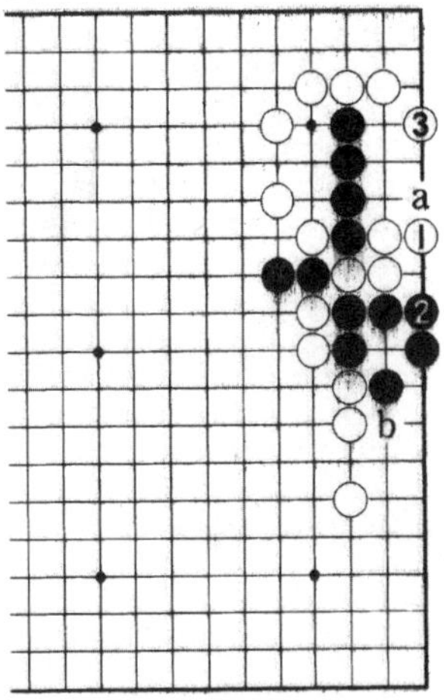

## 백 건넘

흑2로 패를 막으면 백3으로 입구자하여 우상귀로 건너간다.
백3은 a로 두어도 된다.
우변의 백이 살면 흑 4점이 잡혀서 흑은 b로 두어 후수로 살아야 한다.

제4형 흑번

(2298)

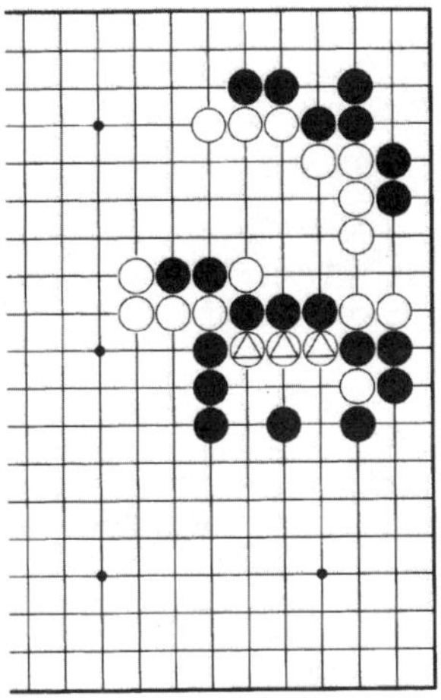

## 3수

중앙의 전투.
백◬ 3점은 3수이다. 흑은 백에게 끊겨 활로가 부족해졌다.
흑의 수를 3수로 늘려 수상전에서 이기는 맥은 하나뿐이다.

解

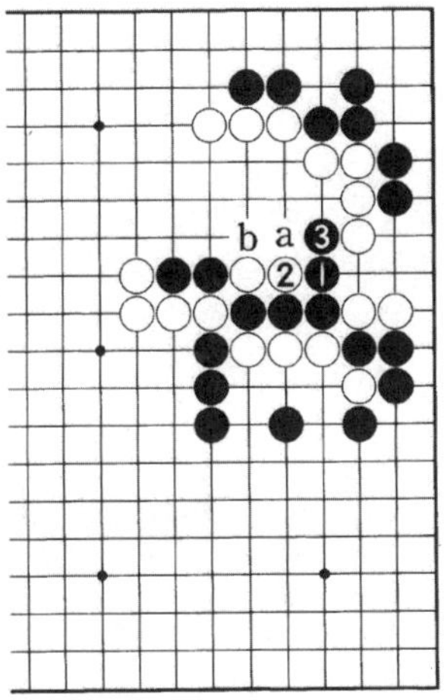

## 흑 승

흑1의 구부림이 수를 늘리는 맥이다. 중앙의 백이 3수이기 때문에 백2로 수를 메우면 흑3으로 늘어서 흑 승.
흑3으로 a는 백b로 패배. 흑1로 a도 백b로 안 된다.

变

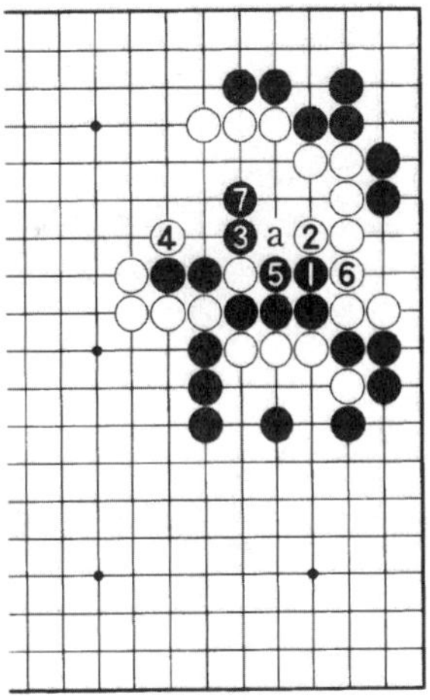

## 흑 승

백2로 막아 공배를 메우면 흑3으로 1점을 잡고 백4, 6으로 공격하면 흑7로 나가서 수가 늘어난다.
백4로 a는 흑5. 다음에 4와 7을 맞보기로 하여 흑이 이긴다.

(2299)

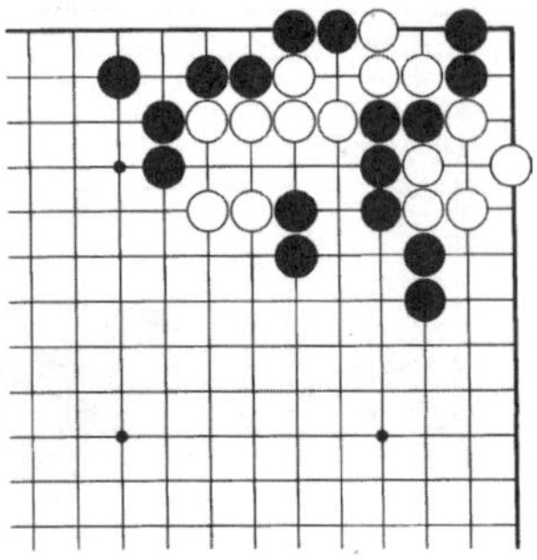

제5형 흑번

## 공격하여 잡다

우상의 전투.
귀의 흑 2점을 이용하여 우변의 백 집에서 수를 내고 싶다.

解

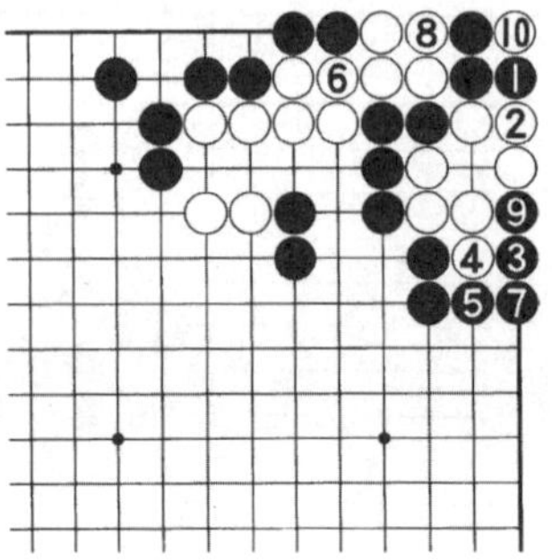

## 촉촉수

흑1로 구부려서 수상전이 시작된다. 백2에 흑3으로 뛰어서 백4로 받게 하고 흑9로 백 4점을 촉촉수로 잡는다. 흑11까지 백은 한 집으로 아직 미생이다. ※⓫→❶의 왼쪽(끊기)

变

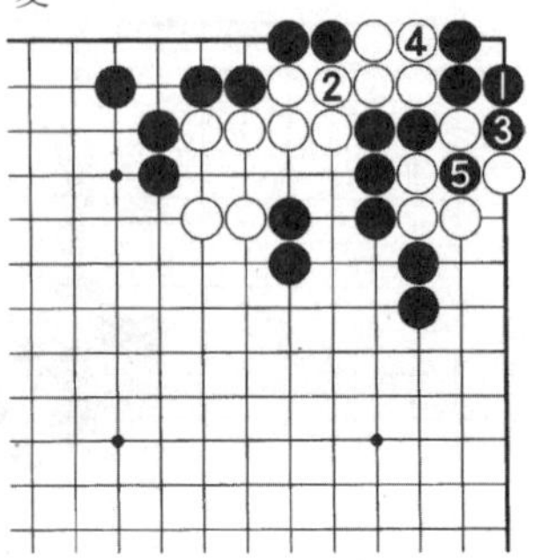

## 패

백이 2로 잇는 것은 흑3, 5로 패가 된다.

(2300)

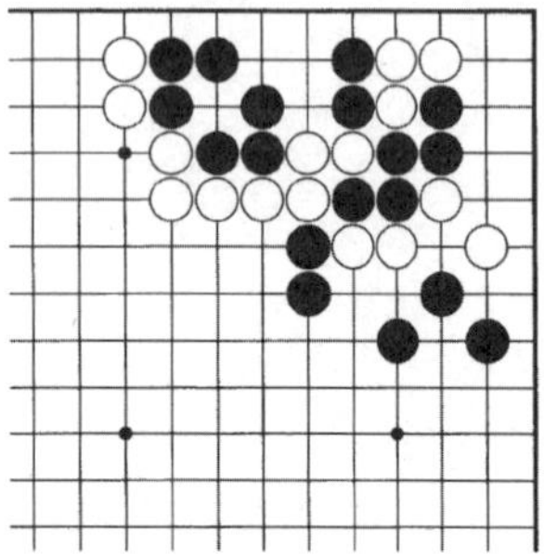

제6형 흑번

## 전멸

우상의 전투.
흑 5점을 살리는 것은 간단하지만 동시에 우상귀의 흑까지 전멸시켜야 한다.

解

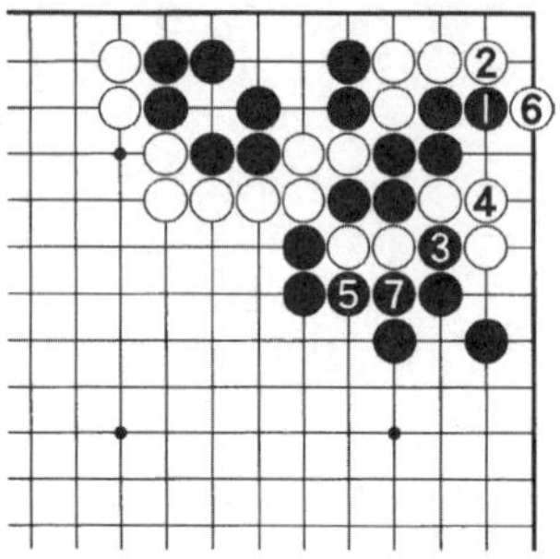

## 백 죽음

흑1의 구부림은 귀에 파고들어 백 집을 좁힌다.
백2에 흑3, 5로 2점을 잡는다.
백6으로 우변을 건너가도 백은 살 수 없는 모양이다.

失

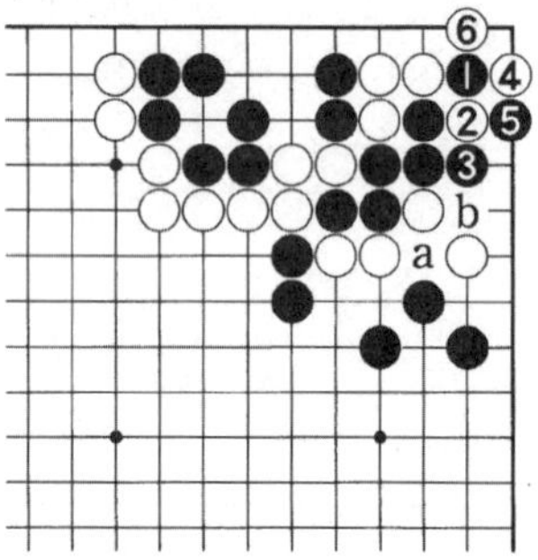

## 패는 실패

흑1로 젖히면 백2로 끊고 4로 단수쳐서 패가 난다.
또 흑1로 a, 백2, 흑b는 백6으로 호구쳐서 살 수 있다.

(2301)

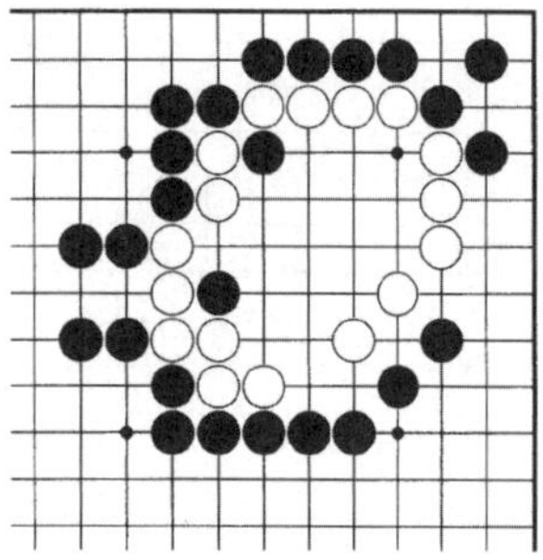

제7형 흑번

## 집 안

백집 안에서 수가 난다.
백은 공배가 꽉 찬 모양이지만 흑도 손해가 나면 움직일 수 없다.

解

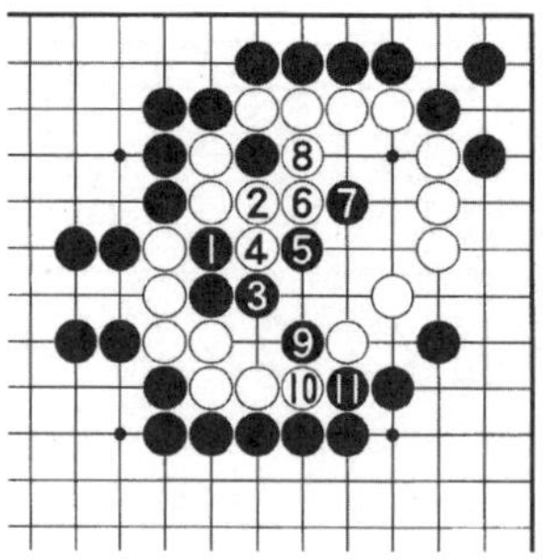

## 7점 잡기

흑1로 끊고 백2에 흑3의 구부림이 좋은 수이다.
백4로 접으면 흑5, 7로 선수 활용하고 11까지 끊어 백 7점을 잡는다.

变

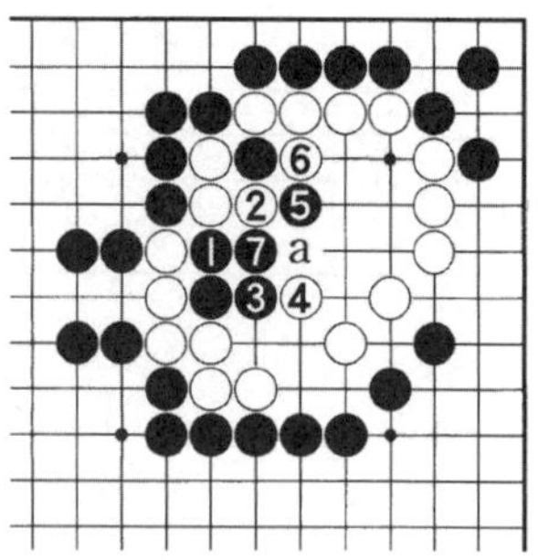

## 촉촉수

백4의 붙임은 흑5, 7로 조여 백 3점을 촉촉수로 잡는다.
흑3으로 5는 백7, 흑3, 백a로 흑도 공배가 메워져서 실패한다.

## 제1형 흑번

(2302)

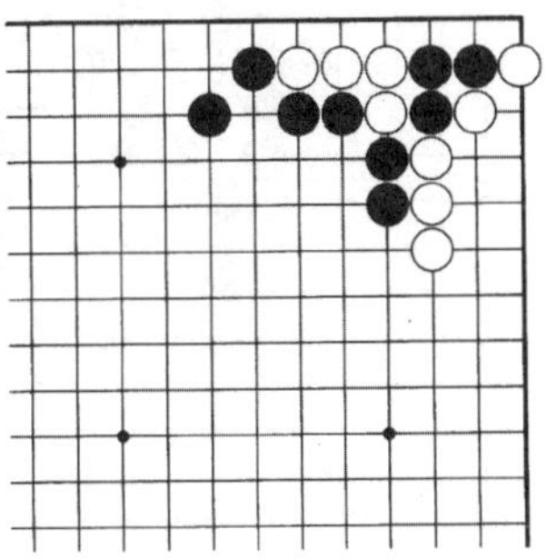

### 귀의 특성

귀의 수상전 문제.
흑 3점은 2수이지만 귀의 특수성을 살려 수를 늘릴 수 있다.

解

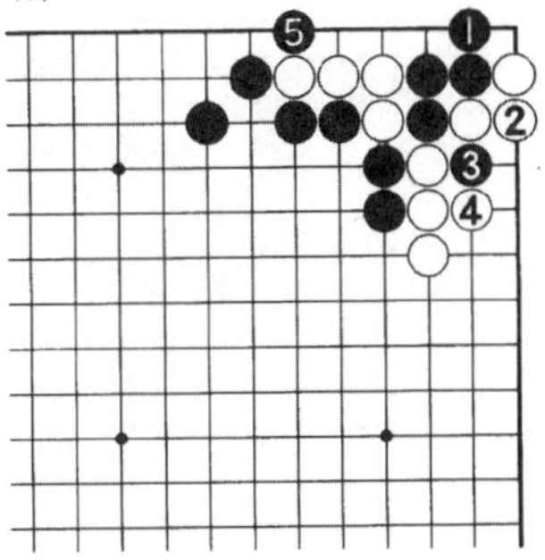

### 흑 승

흑1의 뻗음은 2·1의 급소.
귀의 수를 늘리고 백2의 공격에 흑3으로 끊기를 선수하여 양자충으로 만든다.
흑5까지 수상전 승리.

失

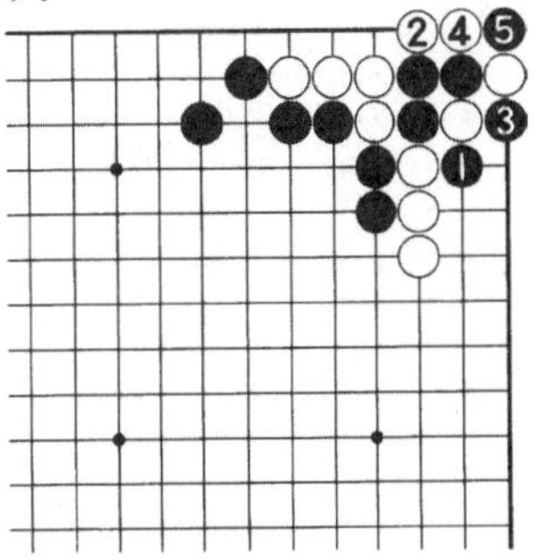

### 패는 실패

흑1로 끊으면 백2로 단수쳐서 나쁘다.
흑3에 백4로 백은 귀의 탄력에 기대서 패를 낸다.

## 제2형 백번

(2303)

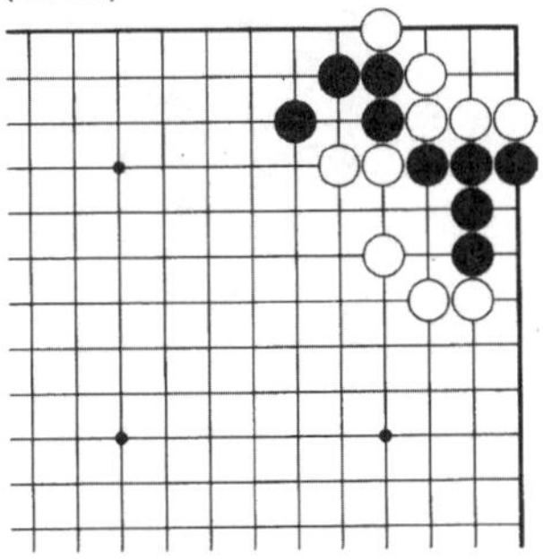

### 5수

귀와 우상의 흑의 수상전.
귀의 백은 자충에 걸리기 쉬운 모양이다. 5수로 만들면 이길 수 있다.

解

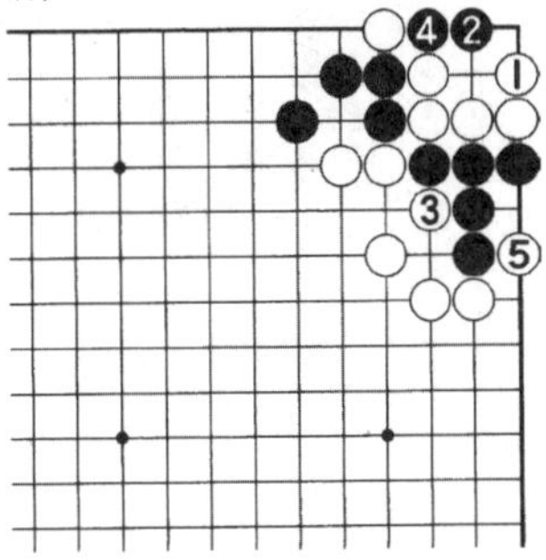

### 백 승

백1의 구부림이 수를 늘리는 급소이다.
흑2로 안에 둔 뒤 백3, 5로 바깥에서 공격해 흑에게는 다음 수가 없어서 백이 이긴다.

失

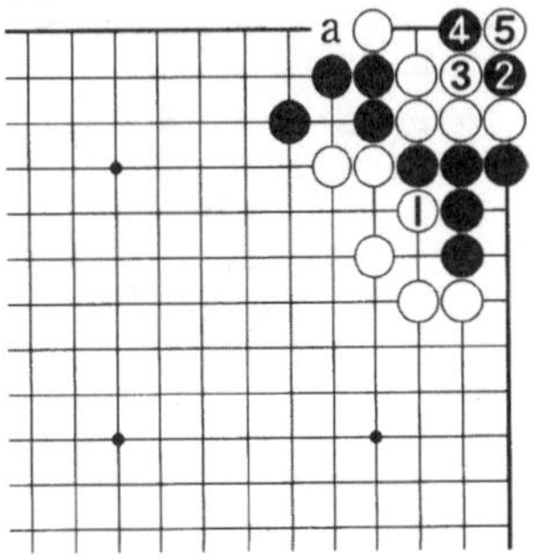


### 패

백1로 바깥부터 공격을 서두르면 흑2로 급소에 두어서 실패한다. 백3의 단수에 흑4로 젖혀 패가 난다.
백3으로 4도 흑a로 패,

## 제3형 흑번

(2304)

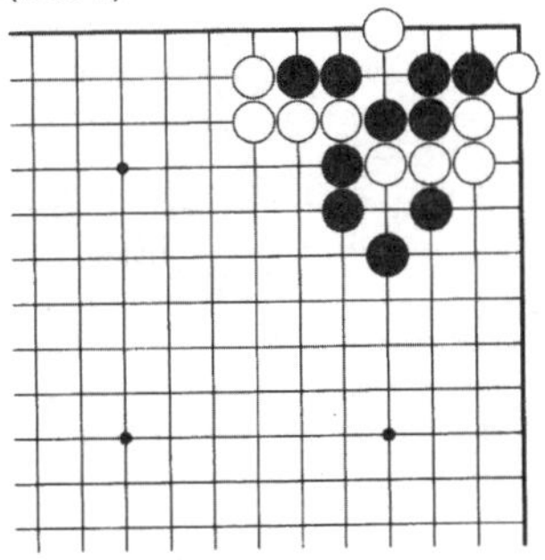

### 고목정석

귀의 수상전 문제.
고목 정석의 변화로 백이 흑을 무리하게 공격할 때, 혼쭐내줄 수 있는 급소는 어디인가?

解

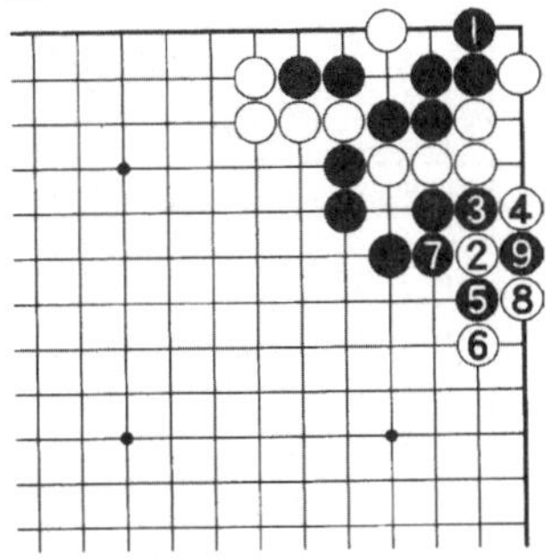

### 패

흑1의 구부림은 2·1의 급소이다.
귀의 수가 늘어서, 백은 2로도 망칠 수밖에 없는데 흑3, 5로 공격하고 흑9까지 흑 선패가 난다.

変

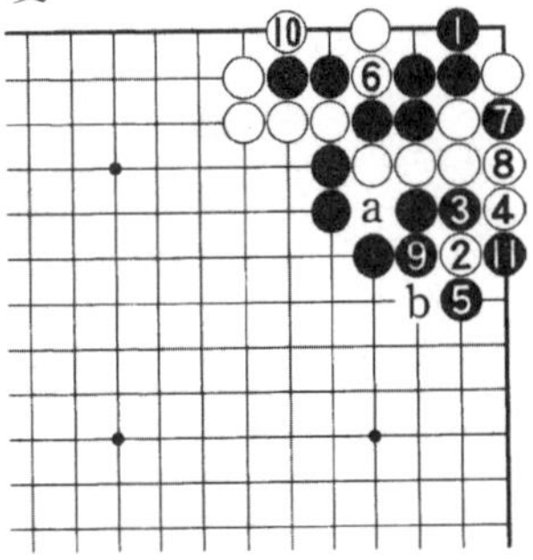


### 백 죽음

백6으로 끊어 공격하여 수상전을 노리는 것은 흑7, 9로 공격 받아서 백이 죽는다. 흑11까지 백은 양자충. 백6으로 9는 흑a, 백 b, 흑8.

(2305)

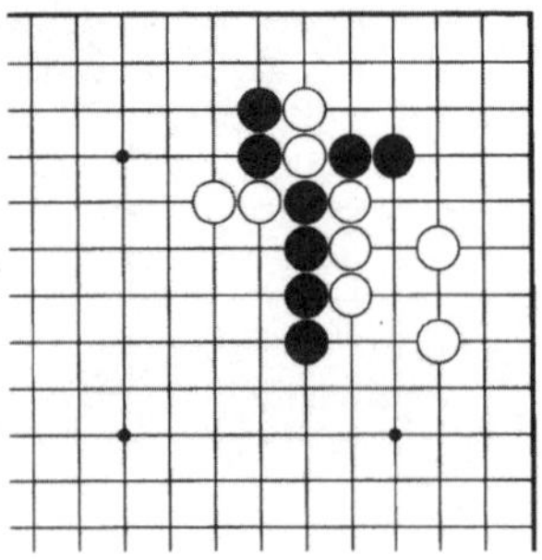

解

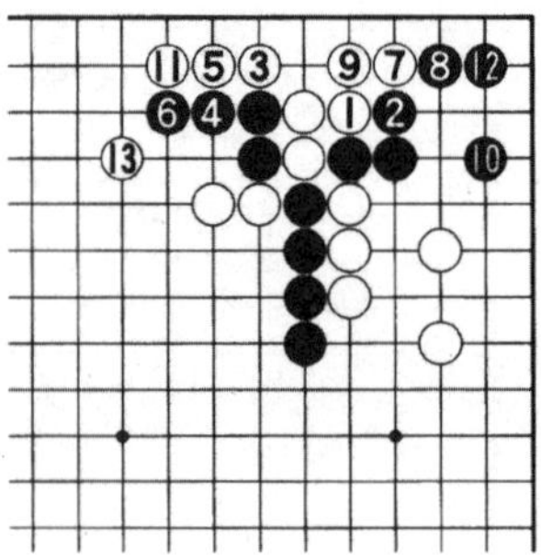

失

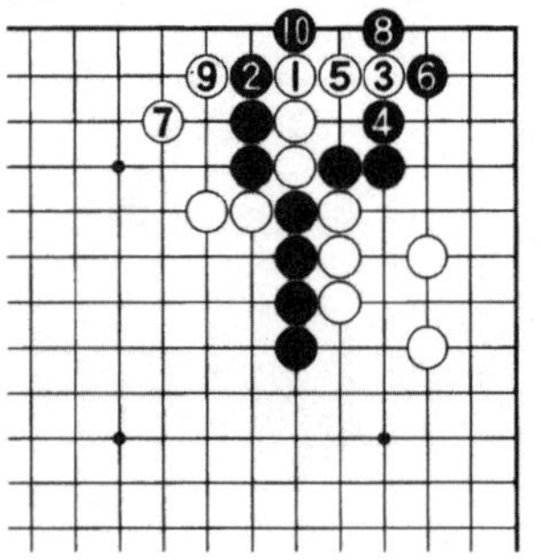

제4형 백번

### 생환

상변의 수상전.
백 2점은 공배가 적은 모양이지만 귀와 상변의 흑 2점을 공격하여 잡는다.

### 백 승

백1의 구부림은 귀의 흑의 공배를 메우는 냉엄한 수이다.
흑2로 받게 해서 백3으로 젖혀 상변의 흑을 공격하면서 산다. 백13까지 상변은 백집이 된다.

### 백 잡힘

백1의 뻗음은 흑2로 막아서 공수가 역전된다.
백3으로 뛰어도 흑4, 6으로 공격해 수상전은 백이 이길 수 없다.

(2306)

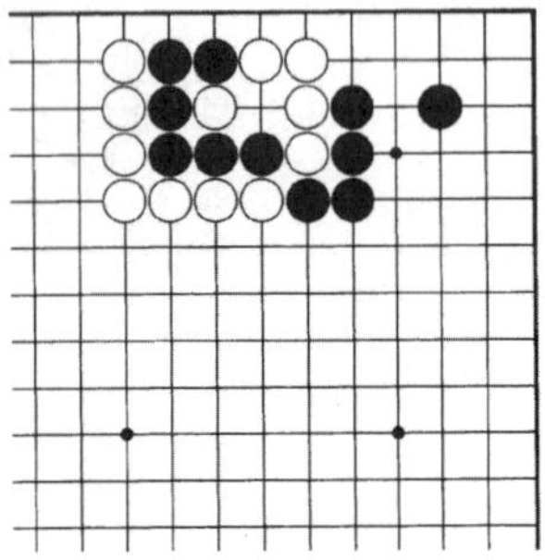

解

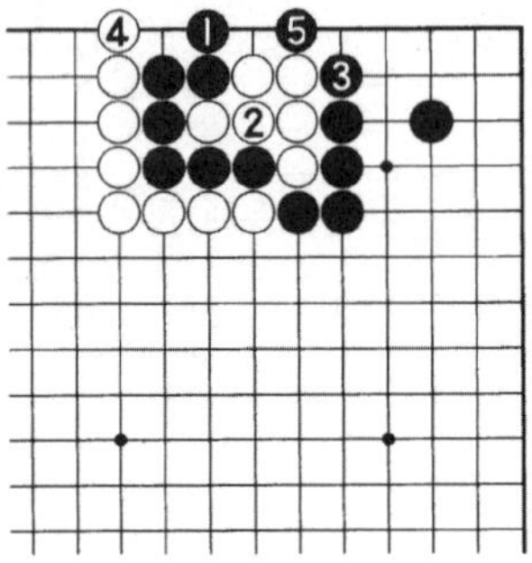

失

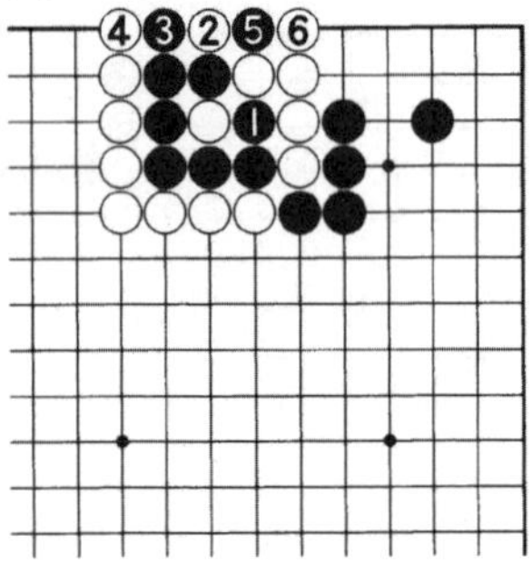

제5형 흑번

### 탄력

상변의 수상전.
백의 수가 길지만 흑은 집이 나는 모양이다.
유가무가를 만들고 싶다. 그 전에 백의 탄력을 지워야 한다.

### 흑 승

흑1의 구부림이 급소이다.
백2로 이으면 흑3으로 막아서 백은 자충의 모양.
백4, 흑5로 한 수 승.

### 패

흑1로 따내면 유가무가를 노리는 수지만 백2로 젖혀 실패한다.
백6까지 백 선패가 나버린다.

(2307)

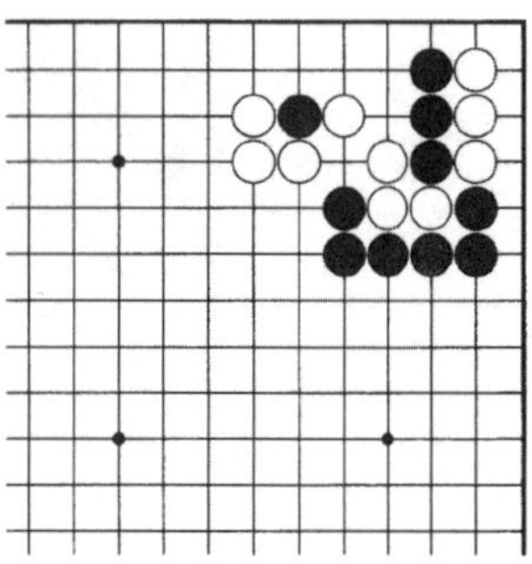

解

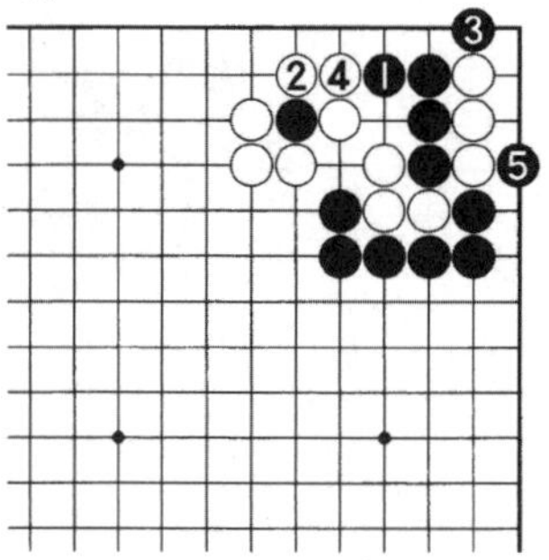

変

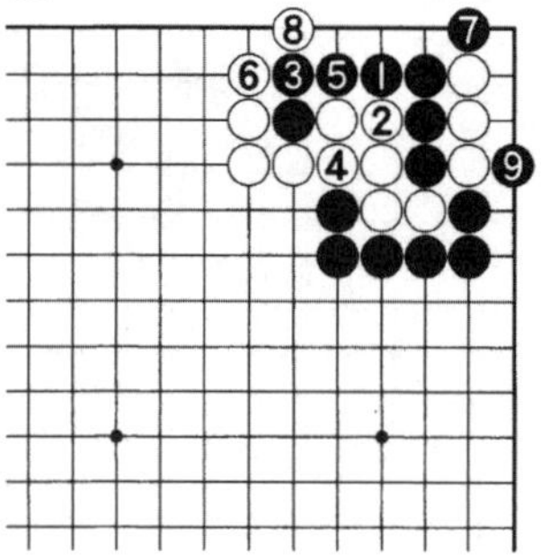

제6형 흑번

### 바깥의 약점

우상귀의 수상전.
흑 3점의 공배는 3수이지만 바깥 백의 약점을 추궁하여 수를 늘리면 귀의 백 3점을 잡을 수 있다.

### 흑 승

흑1의 구부림이 좋은 수이다.
백2로 1점을 따내는 정도이지만 흑은 수가 늘어났기 때문에 3으로 젖혀 수상전은 흑의 승리.

### 백 손해

백2로 흑의 공배를 메우면 흑3으로 나간다. 백은 4로 이을 수밖에 없는데 흑도 5로 이어 수를 늘린다. 흑9까지 되면 정해도보다 백이 손해이다.

**제7형 백번**

(2308)

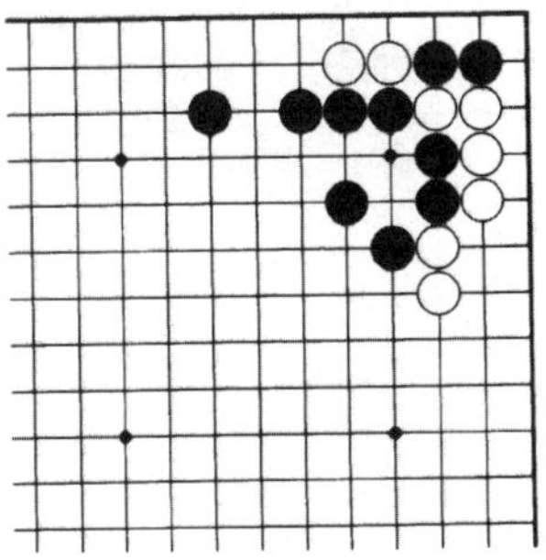

## 탄력

우상의 수상전 문제.
흑, 백 양쪽 모두 3수이므로 백이 편하게 이길 것 같지만 귀의 흑에는 탄력이 있어 신중하게 두어야 한다.

解

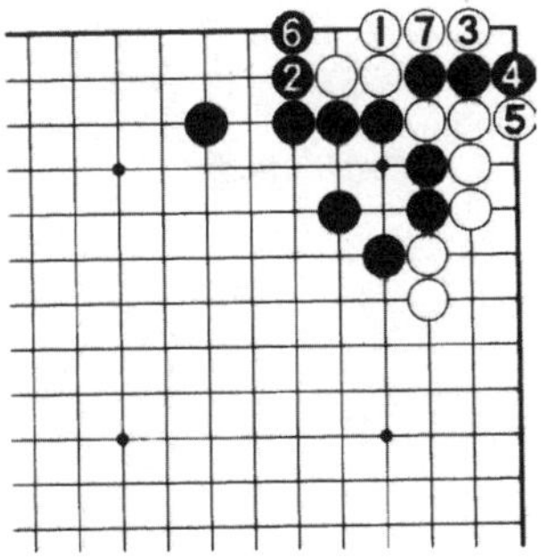

## 백 승

백1의 구부림이 탄력을 지우는 좋은 수이다. 흑2로 바깥에서 공격할 수밖에 없다. 백3으로 붙이고 5로 막아 흑의 다음수가 없다. 백7까지 백이 이긴다.

失

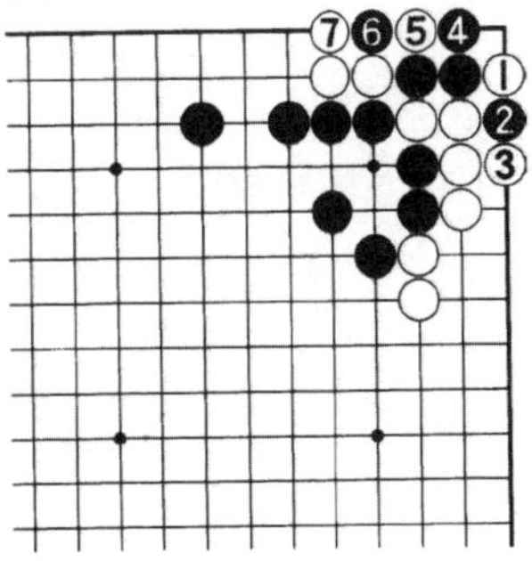

## 패

백1로 젖히면 흑2로 먹여쳐서 좋지 않다.
흑4로 2·1에 두면 탄력이 생겨서 백은 5, 7로 패를 할 수밖에 없다.

**제8형 백번**

(2309)

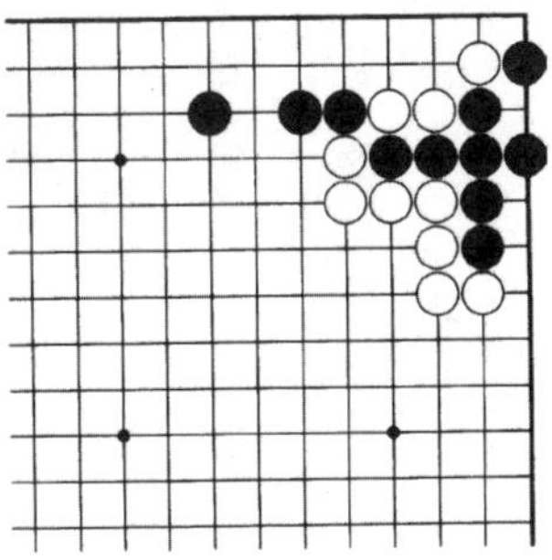

## 어느 쪽

귀의 수상전.
흑은 탄력 있는 모양으로 수도 길다. 백이 집을 만들어 빅이 되면 성공이다. 흑이 강하게 공격하면 패로 버틴다.

解

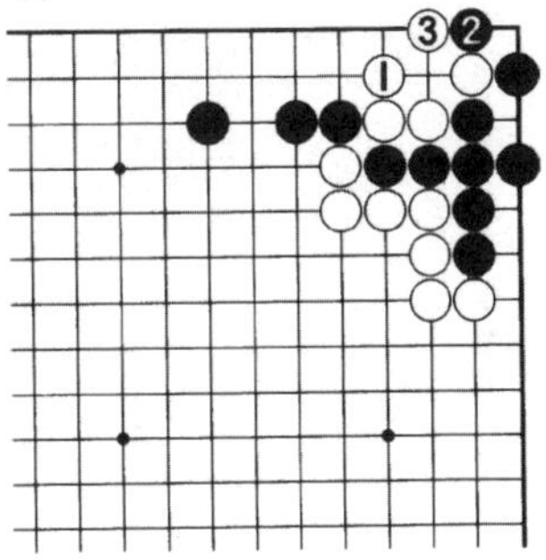

## 패

백1의 구부림이 탄력을 만드는 맥이다.
귀의 백은 호구이은 모양이 되어 흑2로 단수치면 백3으로 막아서 패가 난다. 흑2로 3은 백2로 빅이 된다.

失

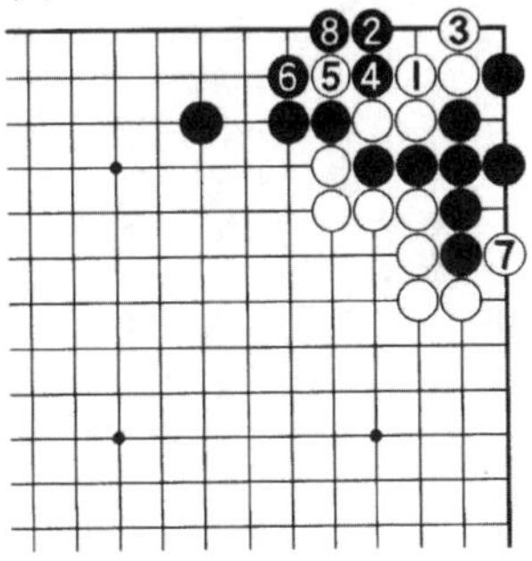

## 흑 승

백1로 이으면 흑2 치중이 공격의 급소이다.
백3으로 뻗어서 수를 늘려 수상전을 노려도 흑4부터 8로 흑이 이긴다.

**제9형 백번**

(2310)

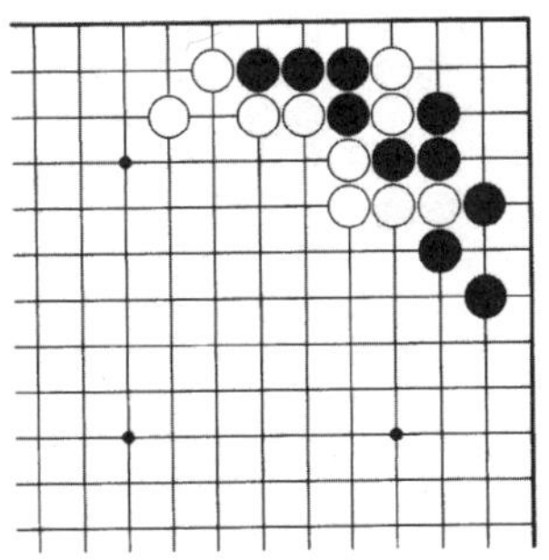

## 호각이상

우상의 수상전 문제.
백 2점의 공배는 2수뿐이지만 상변의 흑 4점과 싸우고 싶다.

解

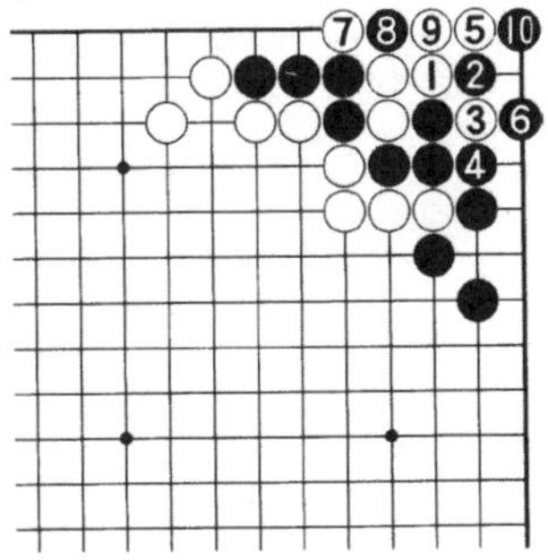

## 패

백1로 구부리고 흑2에 백3, 5로 단수를 선수활용한 뒤 7로 젖히면 수가 난다.
흑은 8, 10으로 패를 할 수밖에 없다.

変

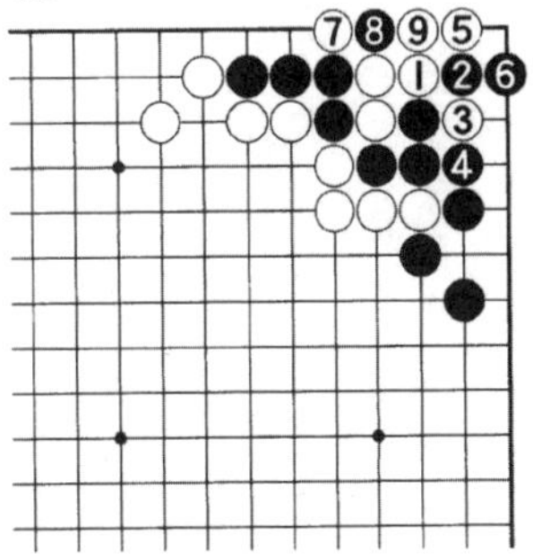

## 양자충

백5의 단수에 흑6으로 나가는 수는 악수이다.
백7로 젖히고 9로 따내서 흑이 양자충에 걸린다.

(2311)

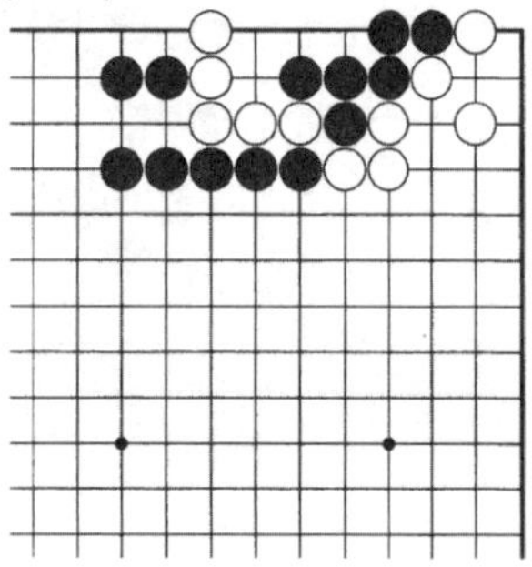

解

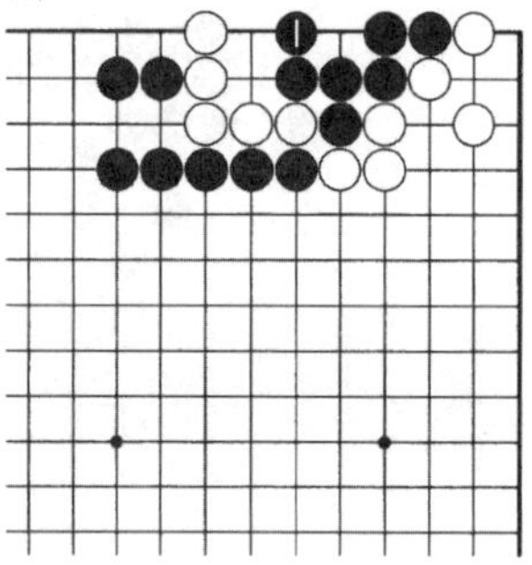

失

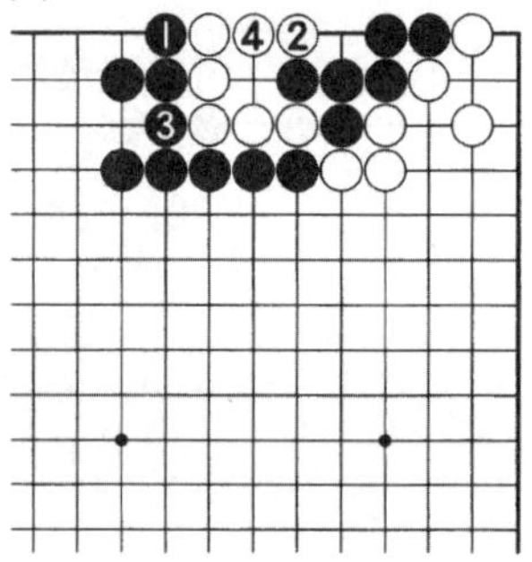

제 10형 흑번

## 허공의 공격

상변의 수상전 문제.
흑은 공배가 꽉 찬 모양이지만, '유가무가는 불상전'을 떠올리자.

## 유가무가

흑1로 구부려서 집을 만들면 끝나는 모양이다.
백의 바깥 공배가 비어있어도 '유가무가는 불상전'으로 흑이 이긴다.

## 빅

흑1로 바깥에서 공격하면 백2가 좋은 수로 흑3, 백4로 빅이 된다.

(2312)

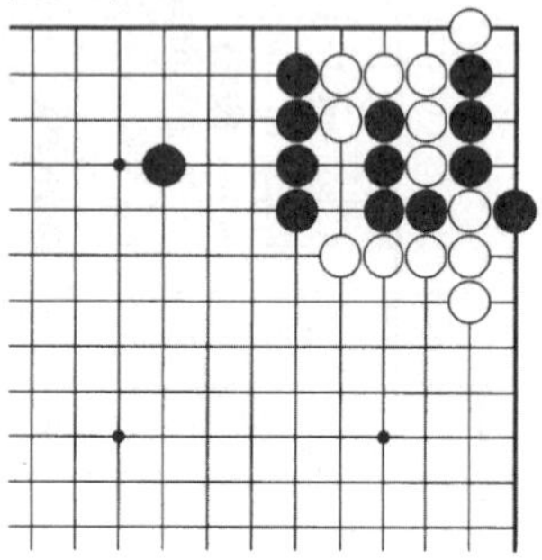

解

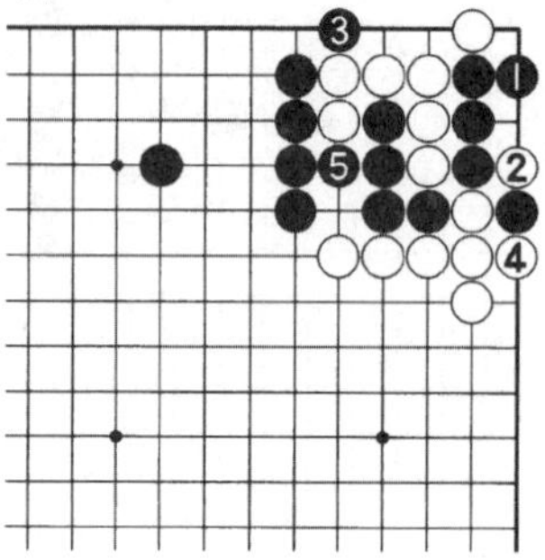

変

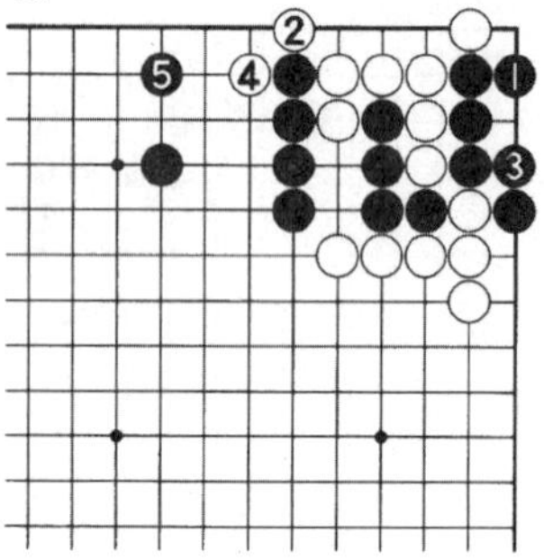

제 11형 흑번

## 탄력

귀의 수상전 문제.
흑 3점의 수는 3수지만 귀의 탄력을 이용하면 4수인 백을 공격하여 이길 수 있다.

## 흑 승

흑1의 구부림이 수를 늘리는 2·1의 급소이다.
백2로 옥집을 만들면 흑3, 5로 바깥에서 공격해서 수상전은 흑이 이긴다.

## 유가무가

백2로 젖힐 때 흑이 4로 받으면 백의 수가 는다.
흑3으로 집을 내서 백4에는 흑5로 유가무가로 흑이 이긴다.

(2313)

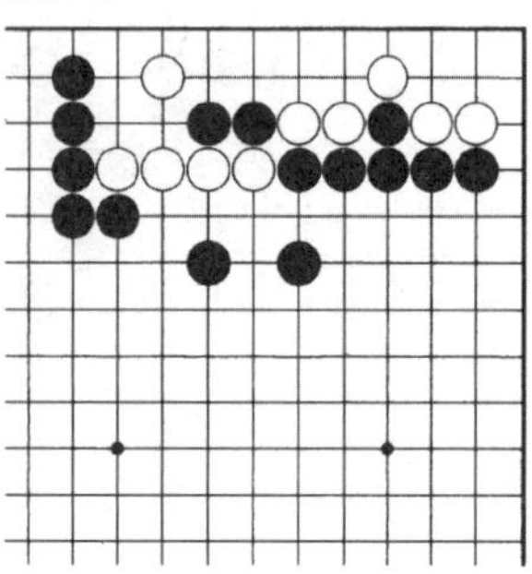

解

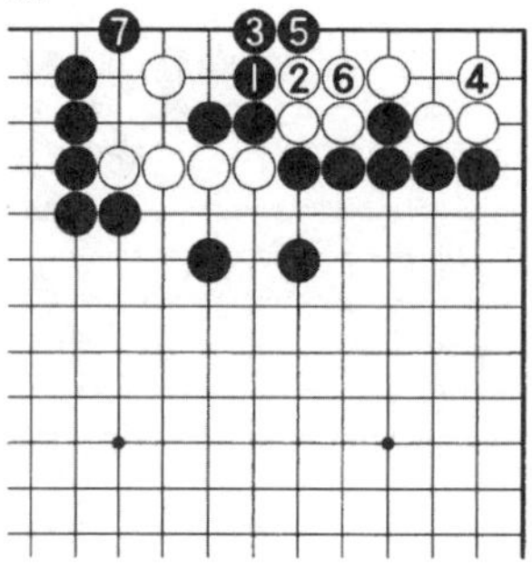

失

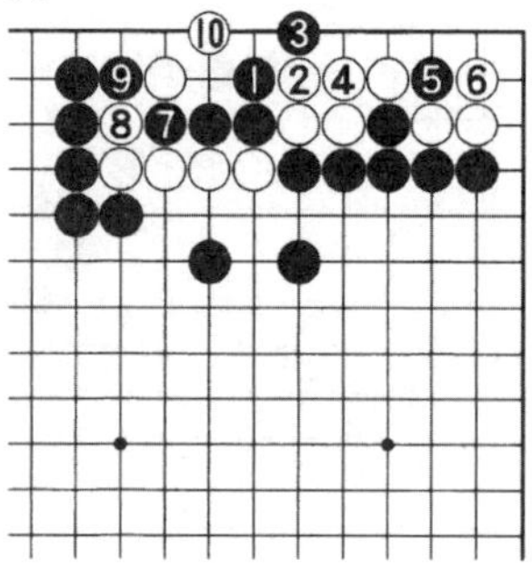

제 12형 흑번

## 5점 잡기

상변의 수상전 문제.
흑 2점의 수를 늘리면 상변의 백 5점을 잡을 수 있다.

## 흑 승

흑1로 구부리고 백2로 내릴 때 흑3의 뻗음이 수를 늘리는 활용이다.
백4, 6으로 귀를 지킨 뒤 흑7로 입구자하여 상변의 백을 잡는다.

## 흑 패배

흑3의 단수는 속수여서 나쁘다.
흑5로 끊고 7, 9로 상변의 백을 공격해도 백10의 입구자로 반대로 흑이 잡힌다.

(2314)

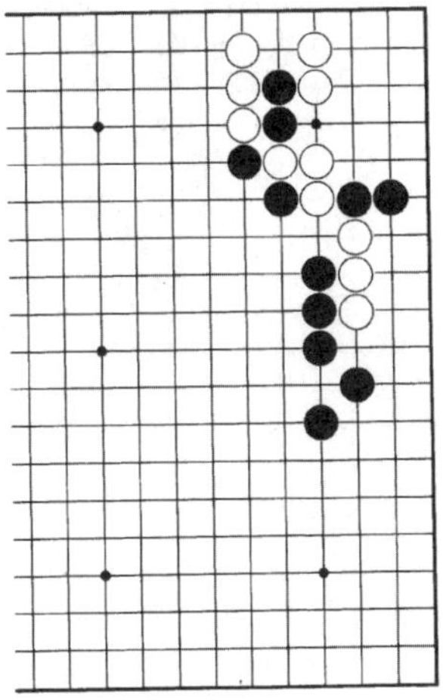

解

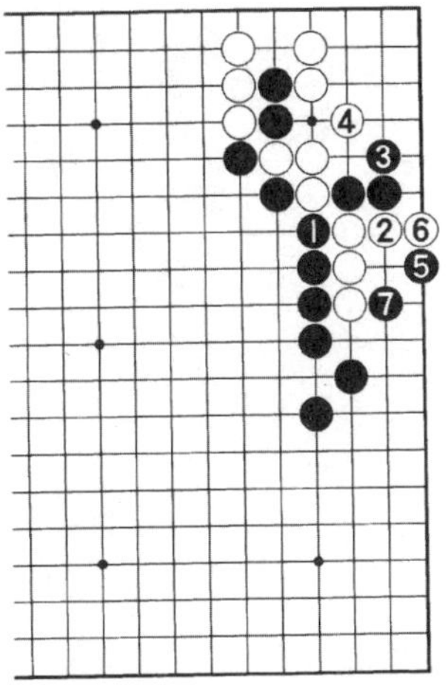

变

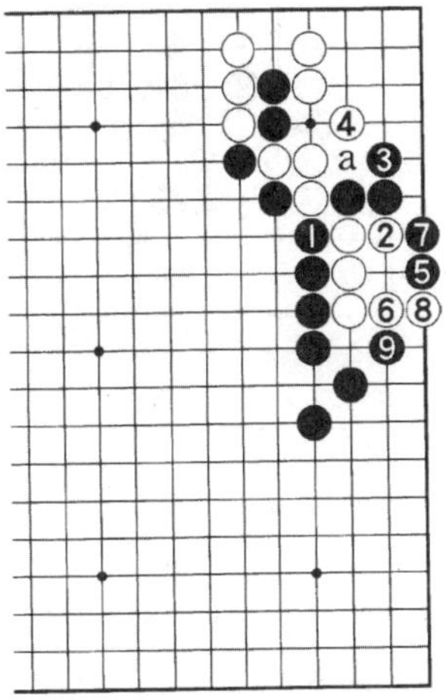

제13형 흑번

## 위험

귀와 우변, 백은 양쪽의 흑을 잡고 있는 것처럼 보이지만 우변의 백 3점은 위험한 상태이다. 흑은 이를 잡을 수 있다.

## 백을 잡다

흑1로 끊을 수밖에 없다. 백2로 막아 중앙 3점의 축을 막고 우변에 있는 흑의 공배를 메운다.

흑3이 좋은 수이다. 우변의 수를 늘려서 5와 7로 공격해 우변의 백을 잡는다.

## 흑 승

흑5의 치중에 백6과 8로 저항하면 흑9로 두면 된다.

흑3으로 5에 치중하면 백a, 흑7, 백3으로 단수치고 흑이 이을 때 백6으로 구부려 반대로 흑이 잡힌다.

(2315)

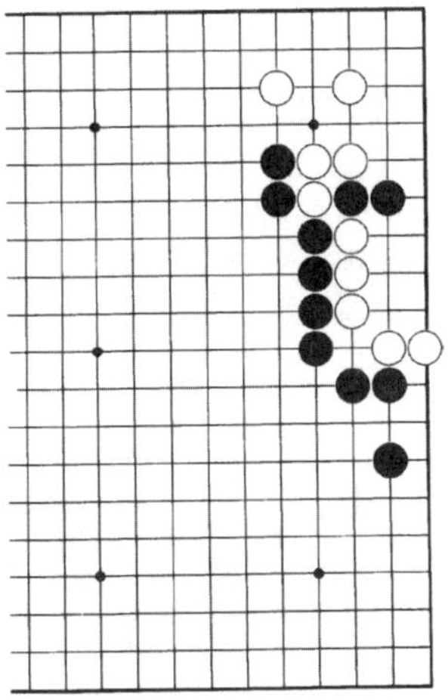

解

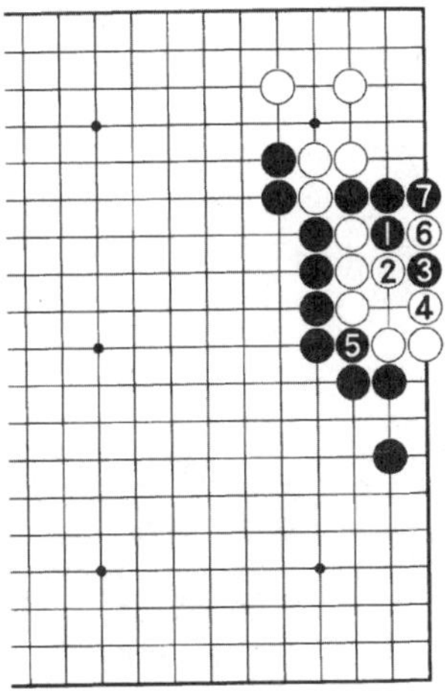

失

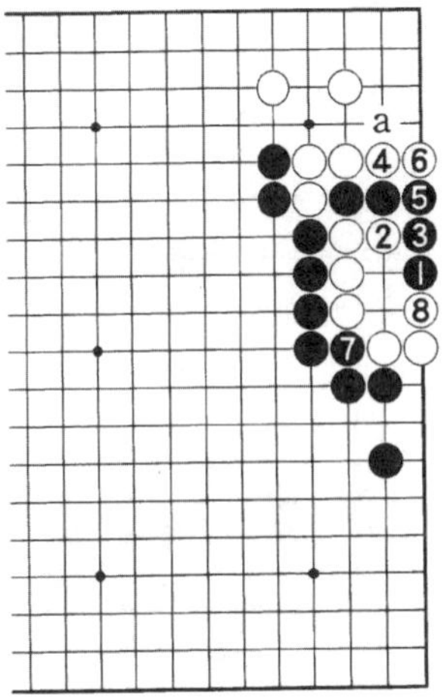

제14형 흑번

## 수내기

우변의 수상전 문제.

흑 2점에는 아직 활력이 남아 있다. 우변의 백은 집이 있는 모양이지만 바깥 공배가 메워져서 수가 난다.

## 패

흑1로 구부려서 백의 공배를 메울 곳이다.

백2로 막으면 흑3으로 젖히고 5의 단수가 날카로운 공격이다.

백6 이후 흑7로 막아서 패가 난다.

## 수상전 패

흑1의 날일자는 백2부터 6으로 바깥에서 공배를 메워서 실패한다.

흑7로 찝어도 백8로 단수쳐서 수상전에서 진다.

흑1로 4로 구부리면 백a로 막아 대악수이다.

(2316)

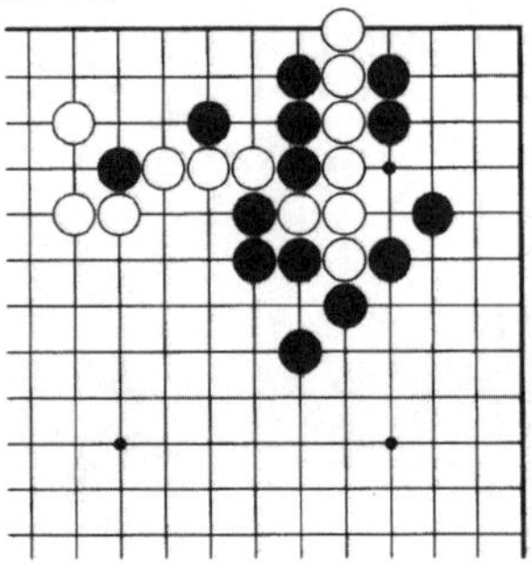

제 15 형 흑번

## 7점 잡기

상변의 수상전 문제.
흑은 수를 늘려야 백 7점을 잡고 살 수 있다.

解

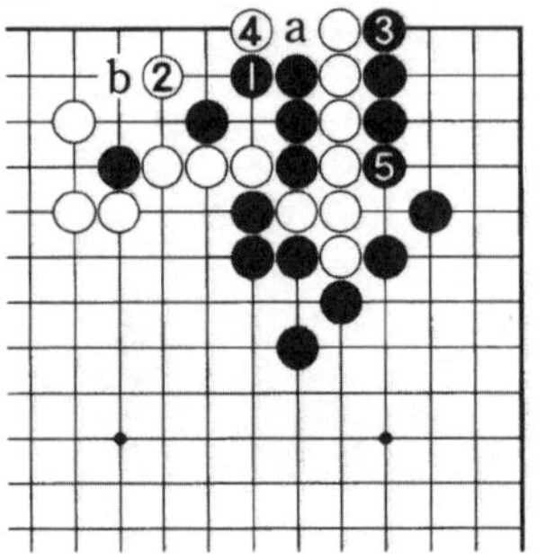

## 흑 승

흑1로 구부리는 수가 수를 늘리는 맥이다.
백2로 상변에서 공격하고 흑3, 5 로 공배를 메워서 승리한다. 백2로 a의 공격은 흑b의 날일자로 좋다.

失

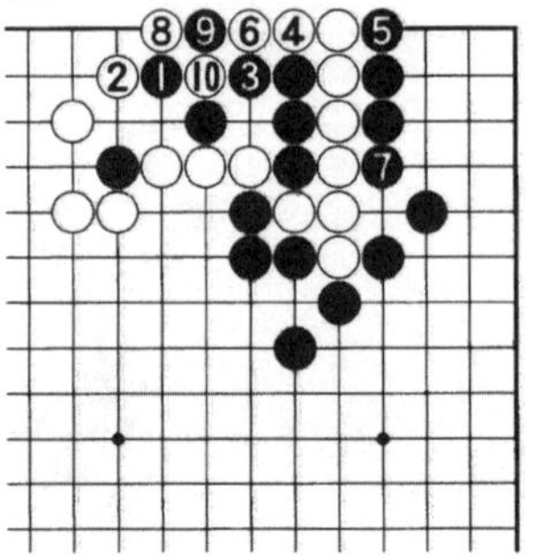

## 패는 실패

흑1의 입구자는 백2로 날일자 붙여서 수가 늘지 않는다.
흑3 이후 백4부터 8로 건너고 흑9로 패가 나서 흑이 실패한다.

(2317)

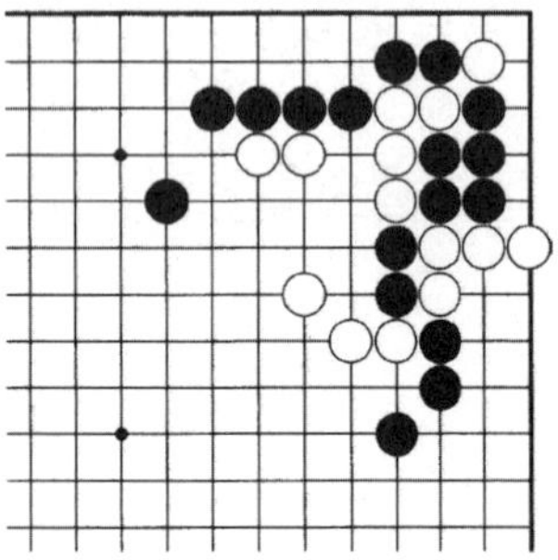

제 16 형 흑번

## 3수

우변의 수상전 문제.
백에게 둘러싸인 흑 2점은 탈출이 불가능하지만 수를 3수로 늘리면 우변의 백을 잡을 수 있다.

解

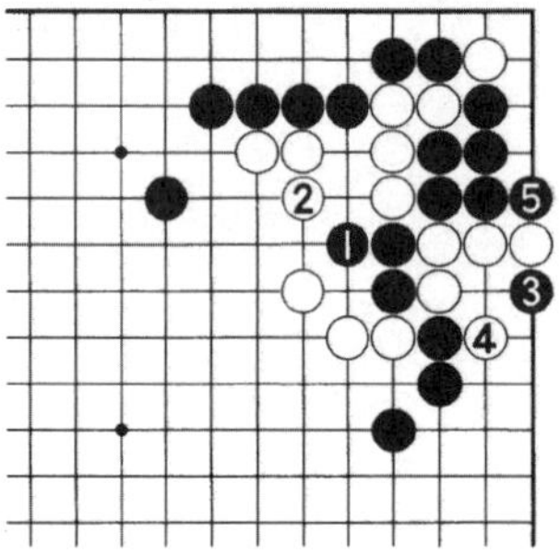

## 흑 승

흑1의 구부림은 수를 늘리는 맥이다.
백2로 받는 정도이지만 흑의 수는 3수로 늘어났다.
흑3, 5로 우변을 공격해서 이긴다.

変

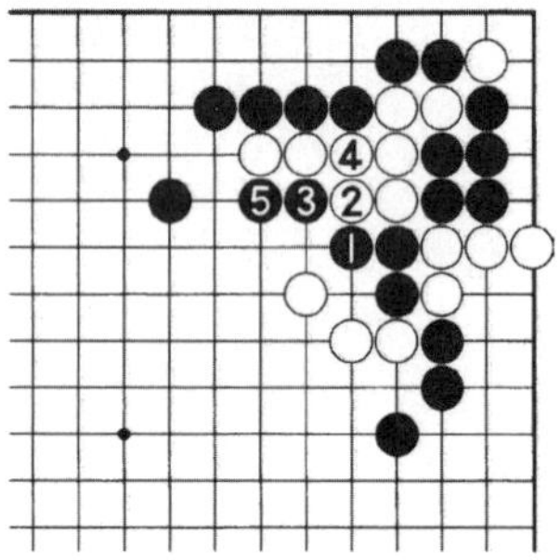

## 백 전멸

백2로 흑의 공배를 메워 저항하면 흑3으로 단수치고 5로 몰아서 중앙의 백이 전멸한다.
흑1로 2에 단수치는 것은 실패한다.

(2318)

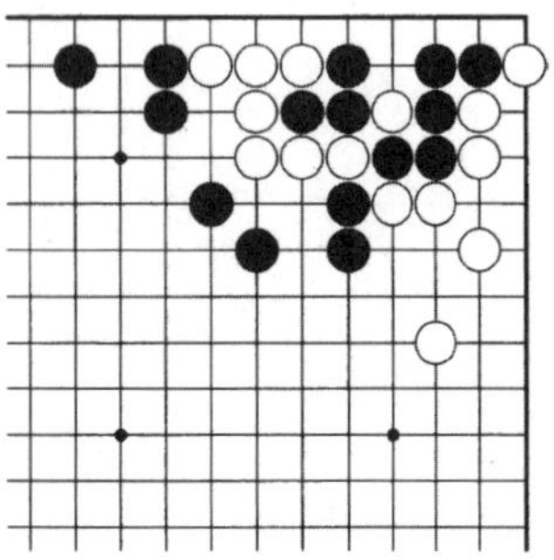

제 17 형 흑번

## 보검

수상전.
백의 수는 7수. 흑의 수가 적어 보이지만 유가무가라는 보검이 있다.

解

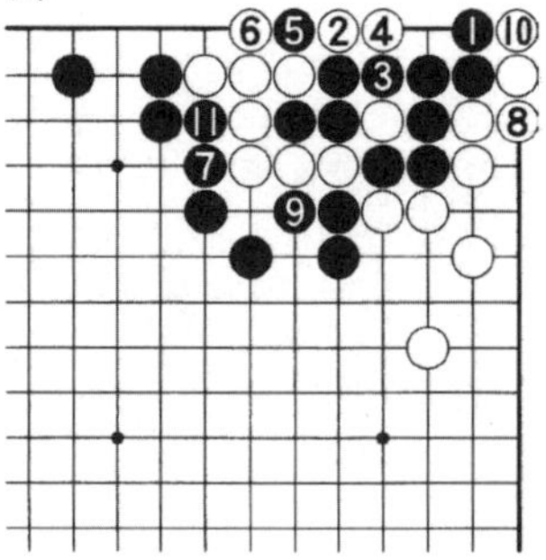

## 흑 승

흑1의 뻗음은 2·1의 급소이다. 백2, 4로 상변 집을 부수면 흑5로 먹여쳐서 백의 공배를 메운다.
흑11까지 유가무가로 흑 승.

失

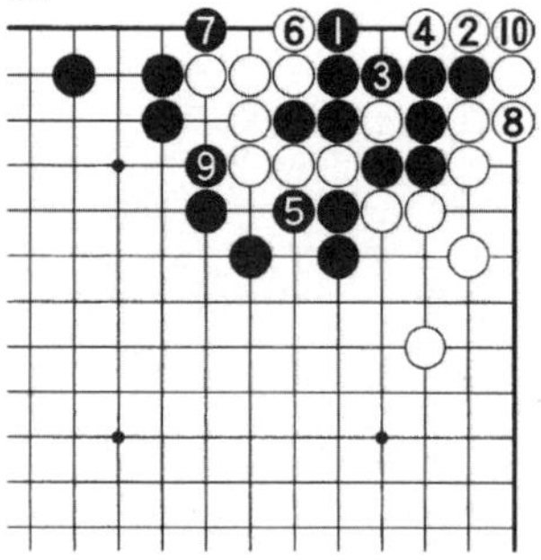

## 흑 실패

흑1의 뻗음은 백2로 젖혀 실패한다.
흑3, 백4로 상변의 백은 5수, 흑은 4수이다.
흑3으로 4는 백3으로 3수 늦은 패가 난다.

(2319)

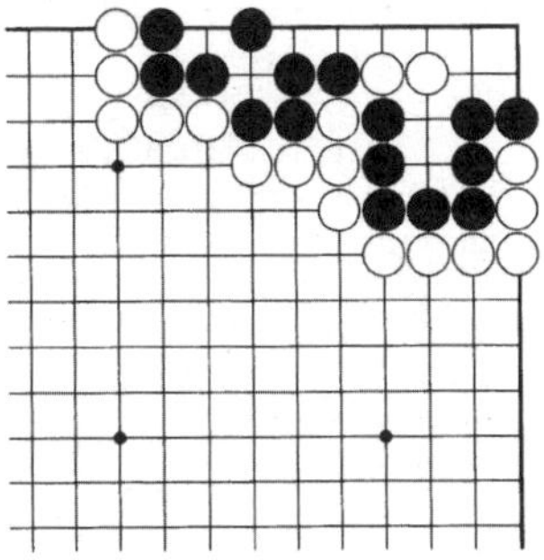

解

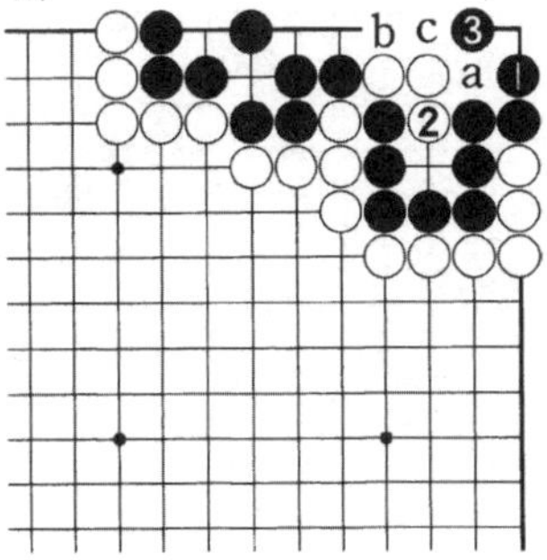

失

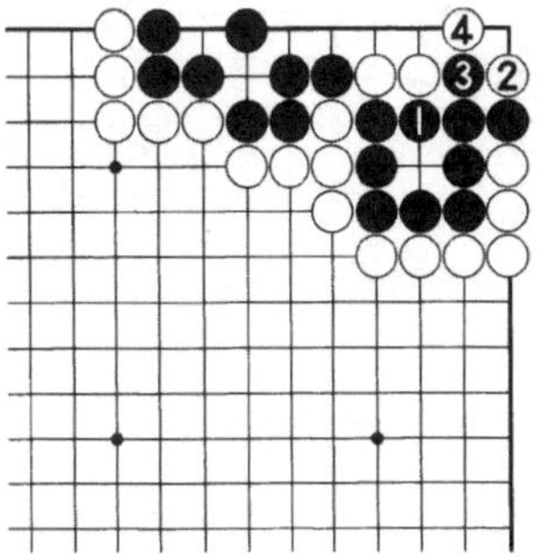

**제18형 흑번**

### 자충
귀의 수상전 문제.
귀의 흑은 공배가 꽉 차서 괴로운 모양이지만 유가무가로 이길 수 있다.

### 흑 승
흑1의 구부림은 2·1의 맥이다. 백2로 흑의 집을 부수면 흑3으로 입구자해서 백a는 흑b.
또 백a로 c는 흑a. 유가무가로 이긴다.

### 패는 실패
흑1로 집을 만드는 것은 백2로 붙여 실패한다.
백은 귀의 2·1에 두어 탄력 있는 모양으로 흑3, 백4로 패가 난다.

(2320)

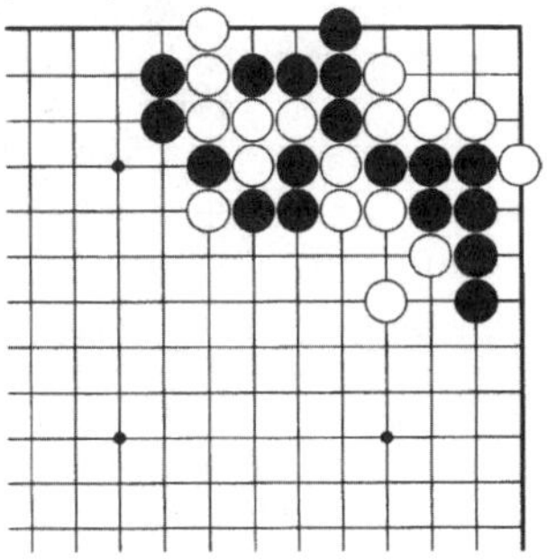

解

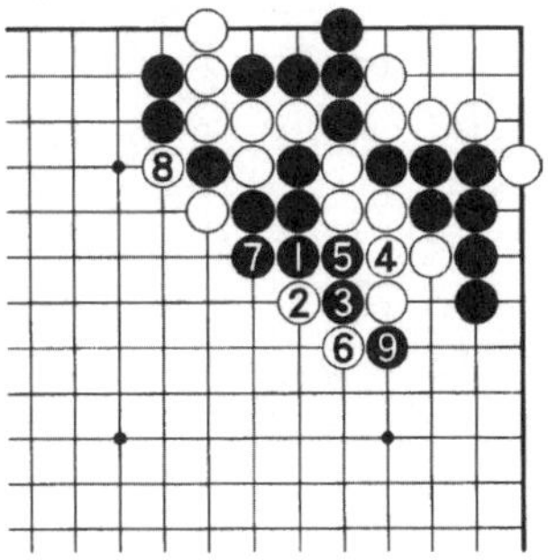

失

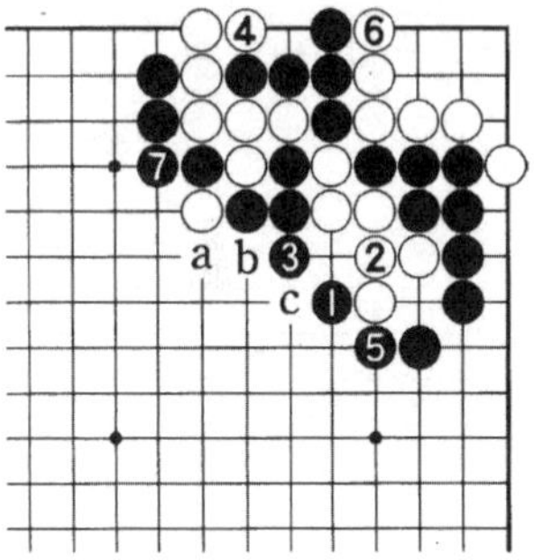

**제19형 흑번**

### 집 만들기
상변의 수상전.
흑은 중앙의 3점을 살려 상변이나 중앙의 백을 잡고 상변의 흑 5점을 살려온다.

### 패
흑1의 구부림이 최선의 수이다.
백2로 붙여 조이기를 막으면 흑3으로 끼우고 7로 도망쳐서 다음에 8의 이음과 9로 끊음을 맞본다.

### 백 승
흑1의 붙임은 백을 공격하는 급소지만 백2로 이으면 다음 수가 없다.
흑3은 백4, 6으로 흑의 패배.
흑3으로 a는 백7, 흑5는 백3, 흑b, 백c.

(2321)

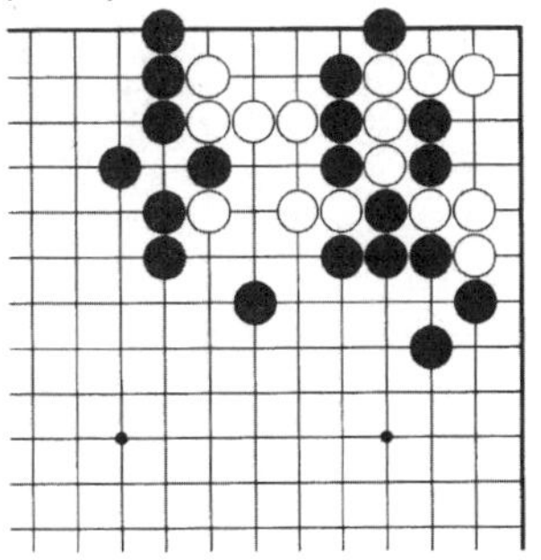

解

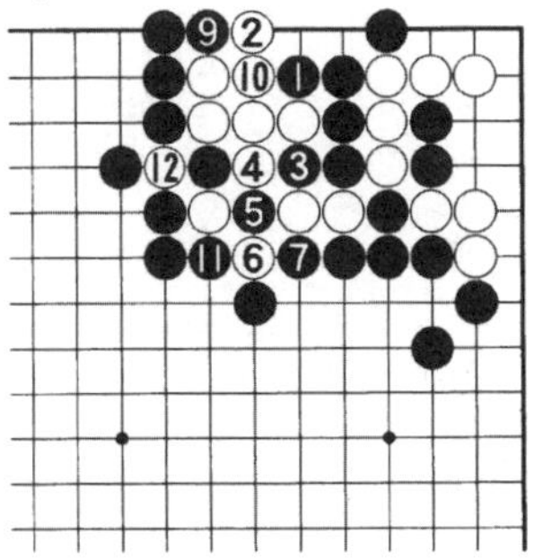

変

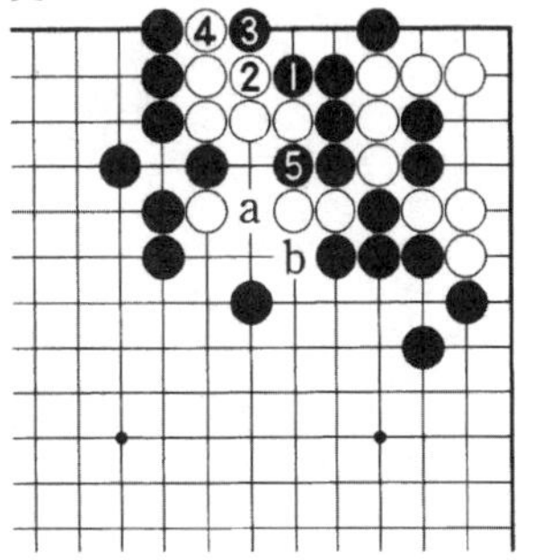

**제20형 흑번**

### 효율
상변의 수상전 문제.
백을 끊고 있는 흑 3점을 움직여서 최선의 공격을 찾아보자.

### 패
흑1의 꼬부림이 급소이다.
백은 2자리로 받는 게 최선이고 흑3, 5가 좋은 수로 11까지 패가 난다.

### 자충
백2로 흑의 공배를 메우는 것은 흑3으로 젖혀 백도 자충에 걸린다. 흑5까지 백이 죽는다.

제1형 백번

(2322)

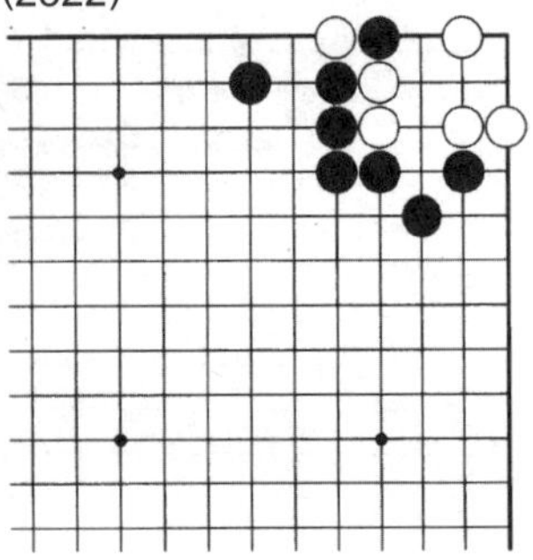

解

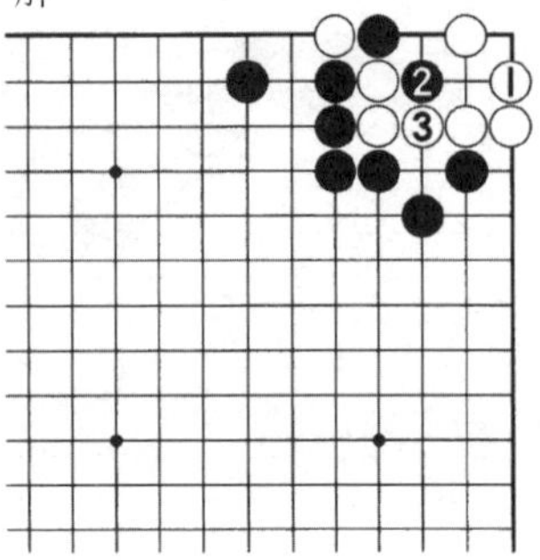

失

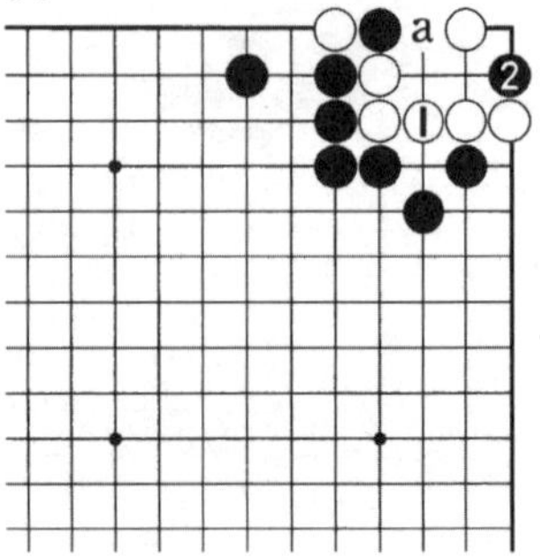

**좁다**
사활 문제.
백집이 매우 좁아서 둘 곳도 적다. 집을 넓히려고 하는 것은 어떻게 하여도 안 되는데.

**백 삶**
백1의 구부림은 우형이지만 2와 1의 맥이다.
귀에 한 집을 만들고 중앙도 흑2라면 백3으로 한 집을 더 낸다.

**치 중수**
백1로 집을 넓히면, 흑2로 치중당해 실패한다.
백1로 a에 두어도 흑2로 그만이다.
'적의 급소는 나의 급소' 이다.

제2형 백번

(2323)

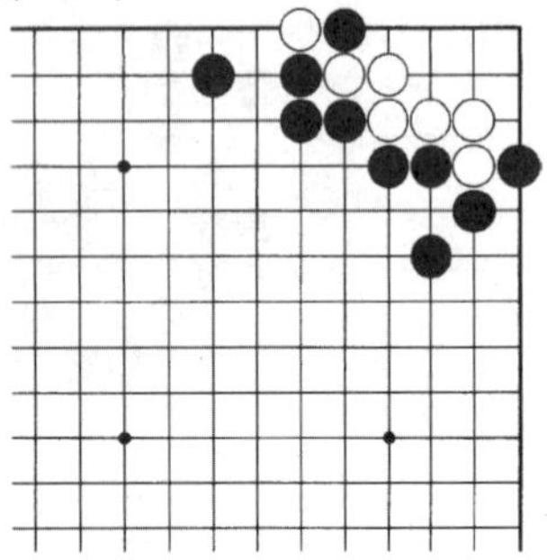

解

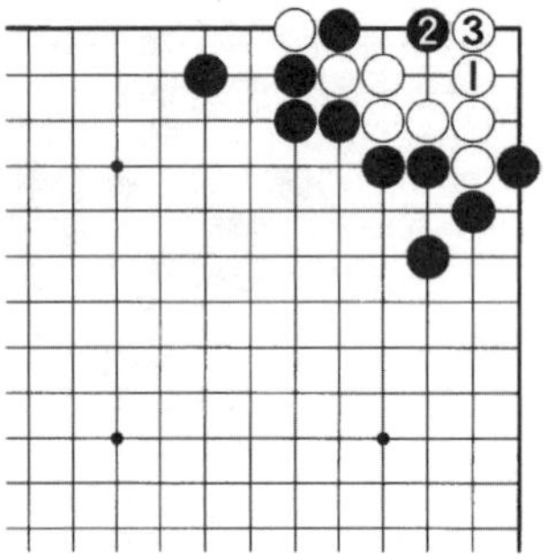

失

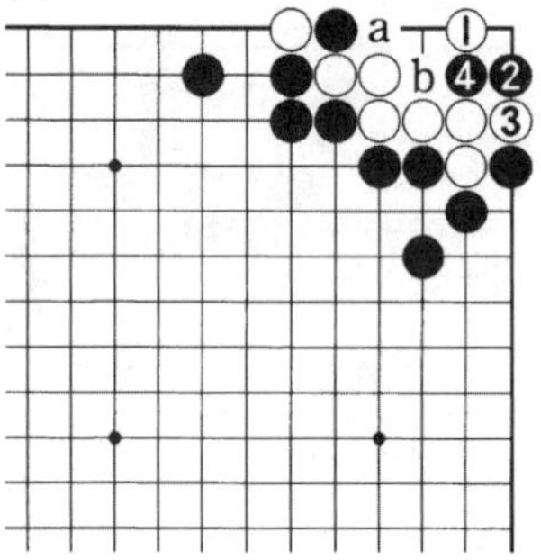

**생명줄**
사활 문제.
1선의 백 1점이 생명줄이다.
백은 좁은 집을 둘로 나눠서 살 수 있다.

**백 삶**
백1의 구부림이 급소이다.
흑2로 치중하면 백3으로 막는다.
귀와 상변을 나눠서 한 집씩 확보한다.

**백 죽음**
백1로 뛰면 흑2로 2·1의 급소를 빼앗긴다.
백3으로 건넘을 막을 수밖에 없는데 흑4로 나가 백의 궁도가 좁아져서 백a, 흑b로 죽는다.

제3형 흑번

(2324)

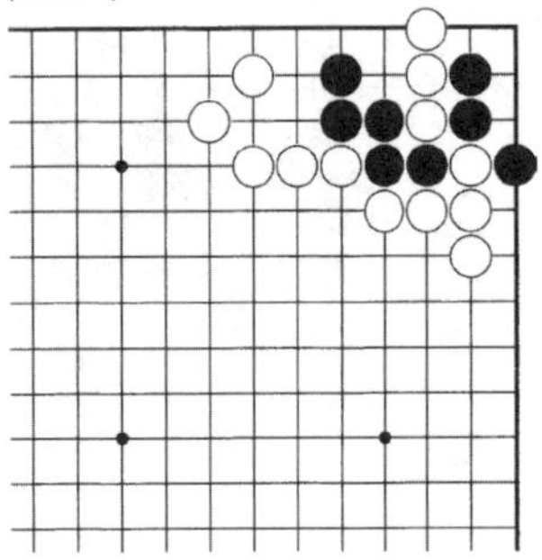

解

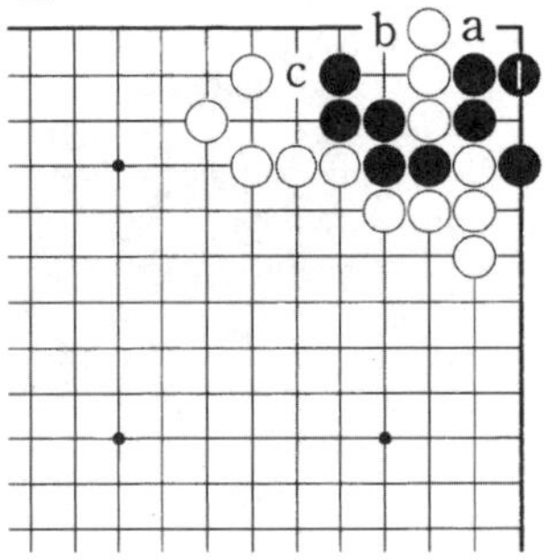

失

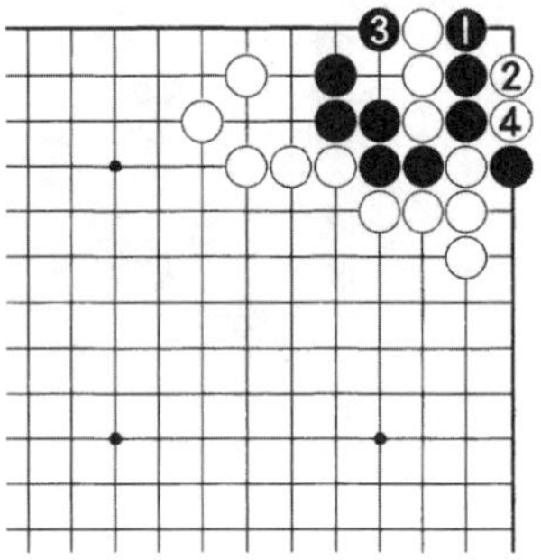

**공간**
사활 문제.
백 3점을 잡는 것은 간단하지만 동시에 공간을 넓혀서 사는 것도 생각해야 한다.

**흑 삶**
흑1의 구부림이 맥이다.
백a는 흑b로 공격하여 백 4점을 잡고 산다.
백a로 c에서 공격하면 흑a로 그만이다.

**흑 죽음**
흑1로 직접 백 3점을 공격하는 것은 실패한다.
백2 치중이 급소로 흑3, 백4로 죽는다.
흑1로 3도 백2로 패가 된다.

(2325)

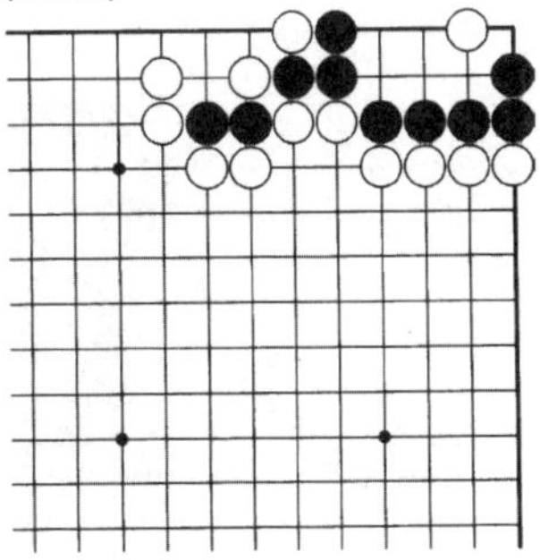

解

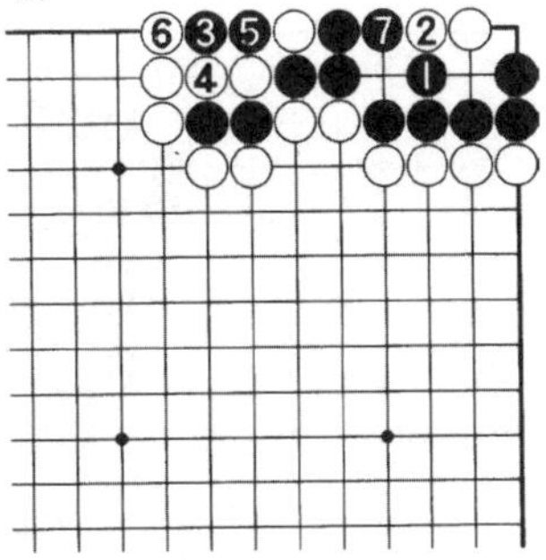

变

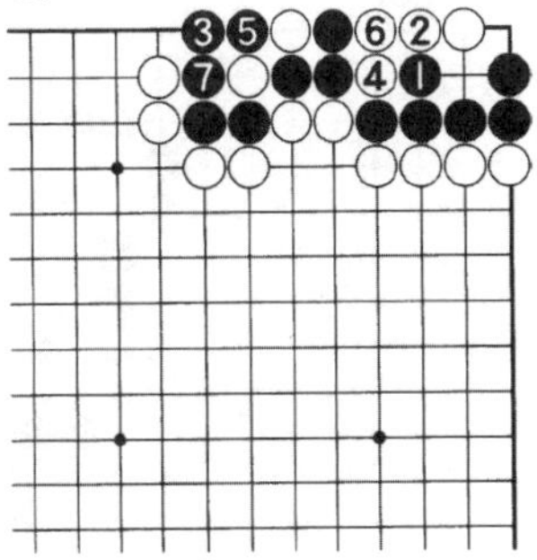

제4형 흑번

### 무조건

사활 문제.

흑은 공배가 꽉 찬 모양이지만 수를 늘리면서 백 1점을 잡는다면 조건 없이 살 수 있다.

### 흑 삶

흑1로 구부리고 백2로 옥집을 노릴 때 흑3 치중이 좋은 수이다.

백4에 흑5로 백 1점을 따내서 상변의 수를 늘린 뒤 흑7로 살 수 있다.

### 빅 과 삶

백4, 6으로 귀에서 빅을 내면 흑7로 따내서 전체가 산다.

흑3으로 5는 백3으로 받아 패가 난다.

(2326)

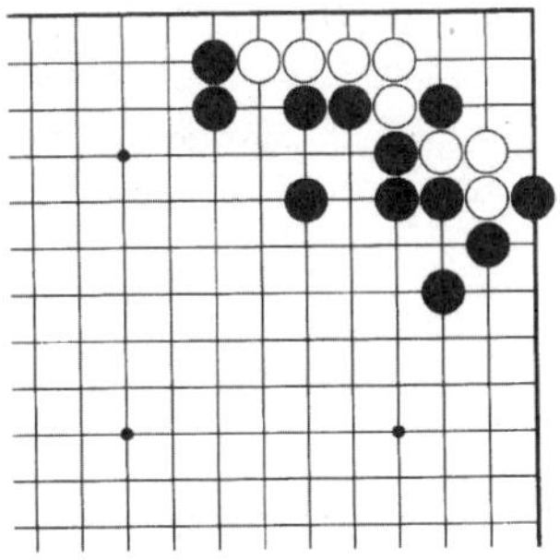

解

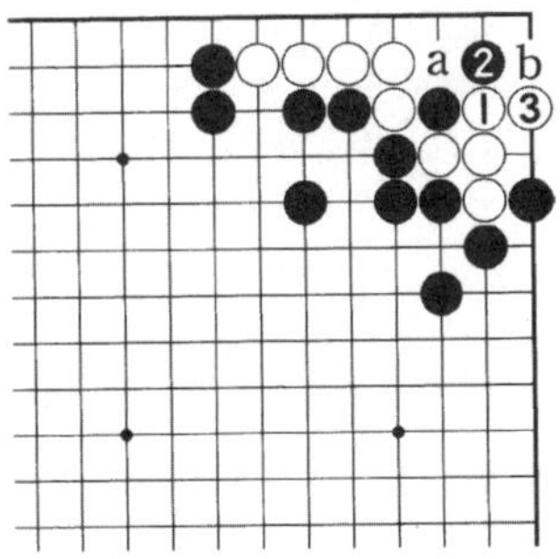

失

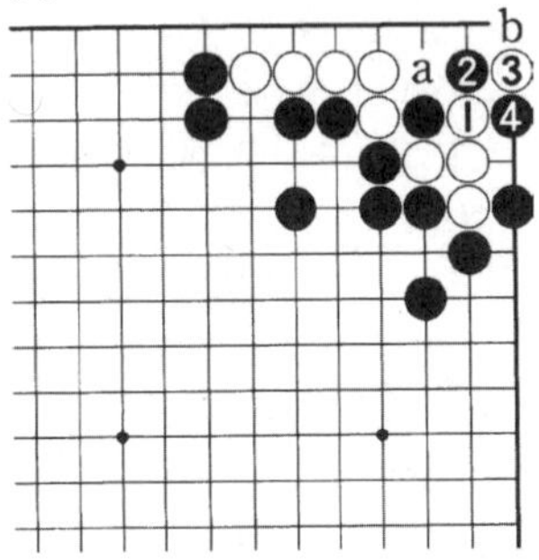

제5형 백번

### 귀의 집

흑 1점을 잡는 것으로는 해결되지 않는다.

흑의 저항을 막아 귀를 전부 집으로 만들지 못하면 생사가 바뀌어버린다.

### 백 삶

백1로 단수치고 흑2의 저항에 백3의 구부림이 좋은 수이다.

흑a로 이어도 백b로 구부려서 귀의 수상전이 불안하지 않다.

백은 귀를 집으로 하여 산다.

### 백 전멸

백3 젖힘은 대악수이다.

흑4로 먹여치는 것이 환격이 되어 백a, 흑 b로 귀를 건너가면 백이 전멸한다.

(2327)

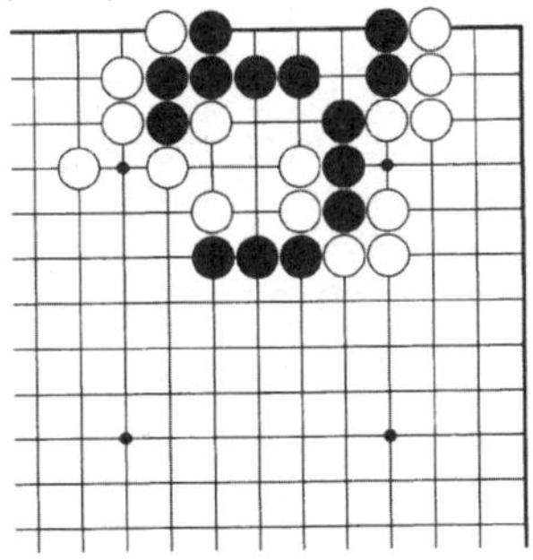

解

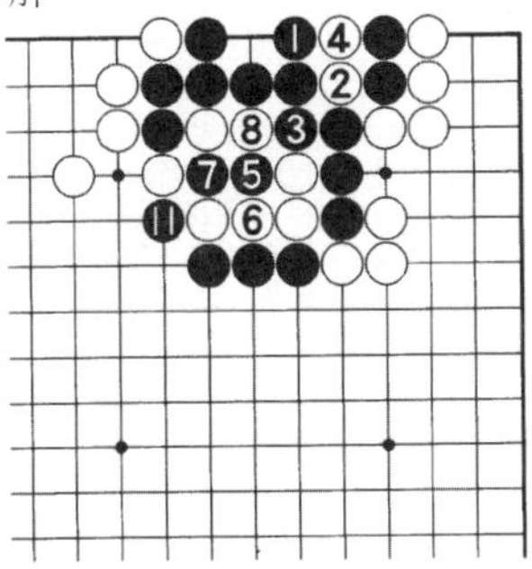

失

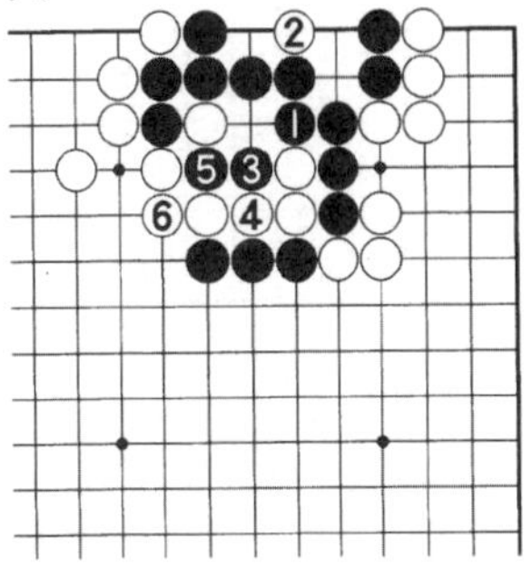

제6형 흑번

### 가운데 결점

사활 문제.

상변의 흑의 집은 좁지만 중앙에 있는 백의 약점을 노리면 살 수 있다.

### 흑 삶

흑1로 구부려서 집을 낸다.

백2에는 흑3으로 잇고 백4로 따낼 때 흑5부터 11까지 백을 잡고 산다.

※❾→❼(먹여치기), ⑩→❺(따냄)

### 흑 죽음

흑1을 먼저 두면 백2를 당해 실패한다.

상변 집이 후수 한 집으로 흑3, 5로 가운데에 집을 만들어도 백6으로 받아 한 집만 난다.

(2328)

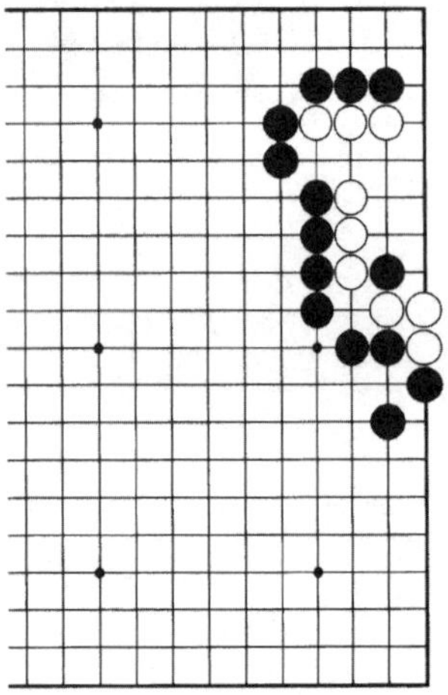

解

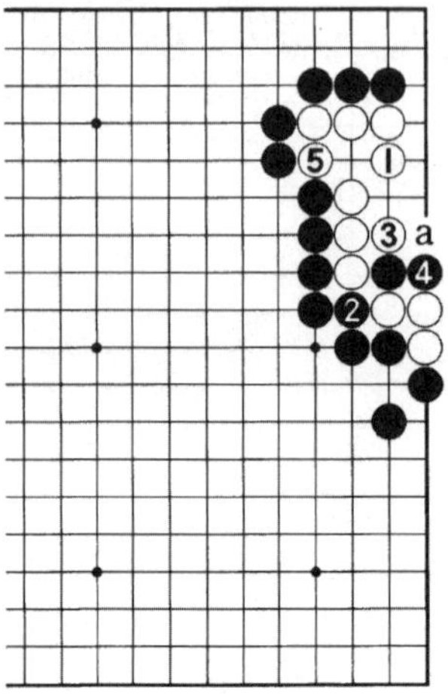


変

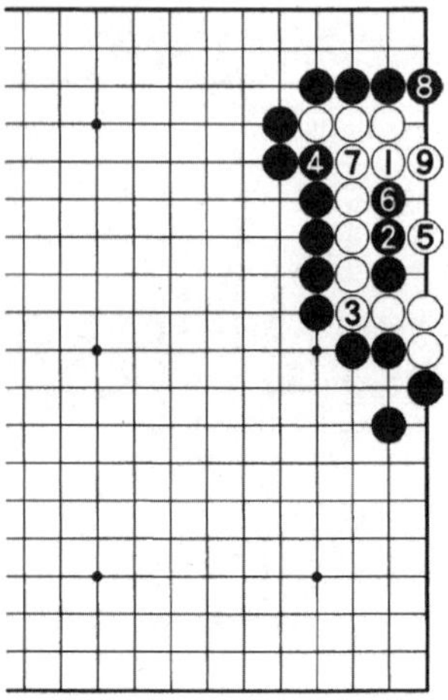

제7형 백번

### 사석

사활 문제.
흑 1점을 잡아도 살 수 없다.
그렇다면 백 3점을 사석으로 삼는다. 백은 좁은 궁도에서 작게 살 수 있다.

### 백 삶

백1의 구부림이 안형의 급소.
흑2로 백 3점을 잡으면 백3으로 단수치고 5로 집을 내서 산다.
백1로 2는 흑1. 또 백1로 a는 흑2, 백4, 흑1로 백은 실패한다.

### 빅

흑2로 저항하면 백3으로 이어 흑 2점을 잡는다.
흑4로 집을 부수면 백5로 붙여 궁도사활을 방지하여 백9까지 빅으로 산다.

빈삼각 끝내기

(2329)

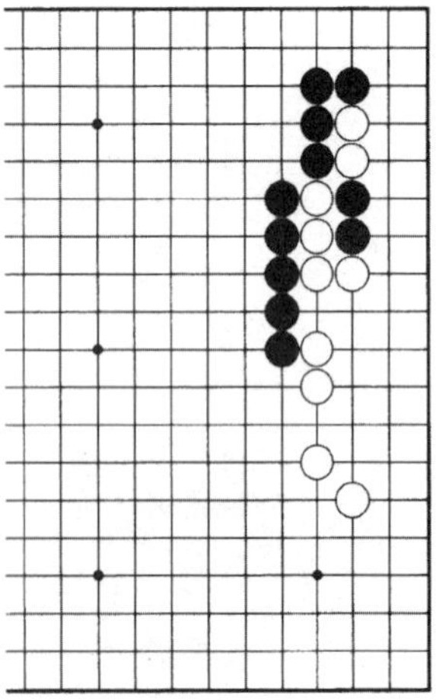

解

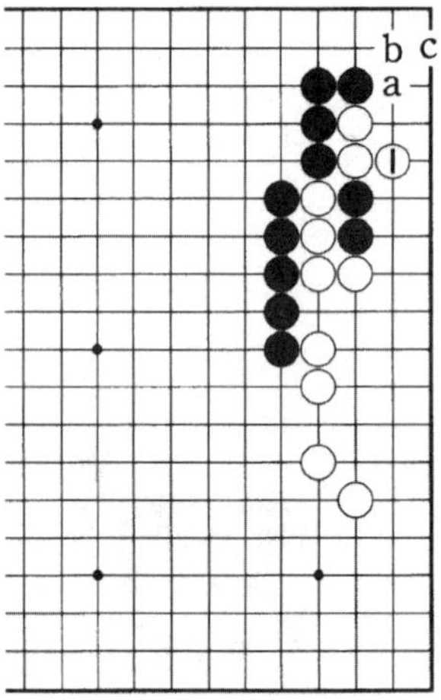


失

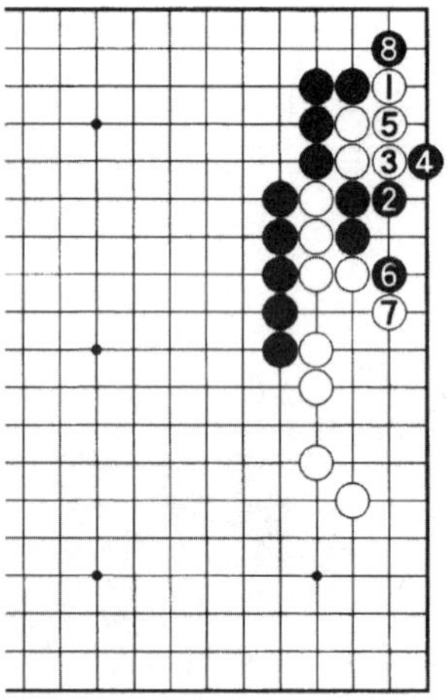

제1형 백번

### 끝내기 권리

우상의 끝내기 문제.
백은 흑 2점을 잡을 수 있는데 귀의 흑집에 선수 끝내기할 권리를 얻을 수 있도록 하는 방법을 연구해보자.

### 선수활용

백1의 구부림이 귀에서 끝내기를 보는 맥이다.
흑a로 귀를 받으면 백은 선수로 흑 2점을 잡은 것이 된다.
또 흑이 손을 빼면 백a, 흑b, 백c의 젖힘이 선수이다.

### 흑 승

백1로 젖히면 반대로 흑2를 당해서 큰일이 일어난다.
백3으로 막으면 흑4, 6으로 활용 당해 흑의 수가 늘어난다.
흑8까지 반대로 백 5점이 잡힌다.

(2330)

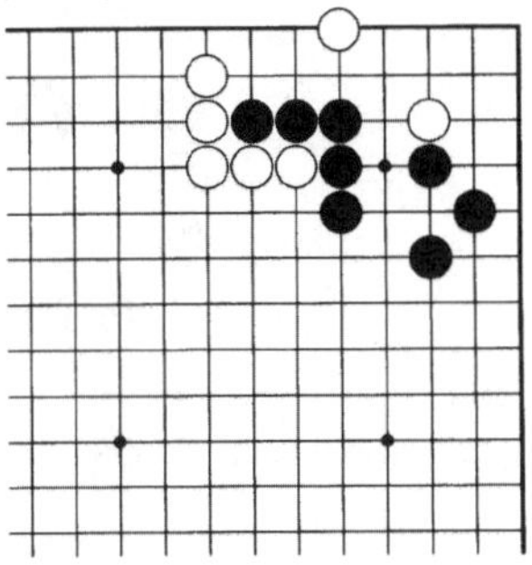

제2형 흑번

## 방어

귀의 끝내기 문제.
상변의 비마 끝내기가 귀의 백 1점과 연결하면 흑집이 사라진다.
흑의 최선의 방어방법은 무엇인가?

解

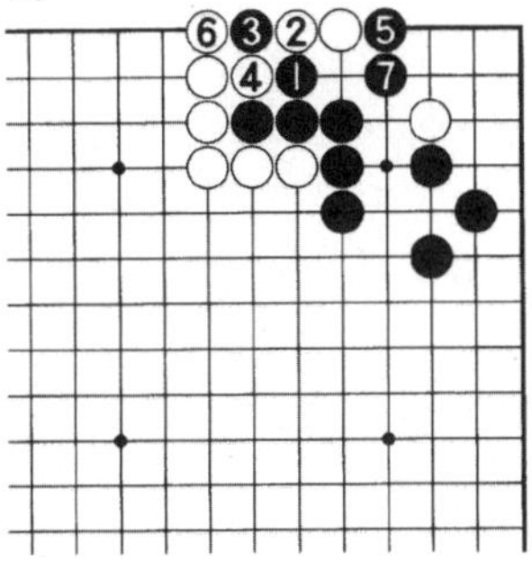

## 사석

흑1로 구부리고 백2에 흑3으로 1점을 버리는 맥이 좋다.
백4 이후 흑5로 단수치고 7까지 귀의 백을 잡는다.
흑1로 5는 백7로 위험하다.

変

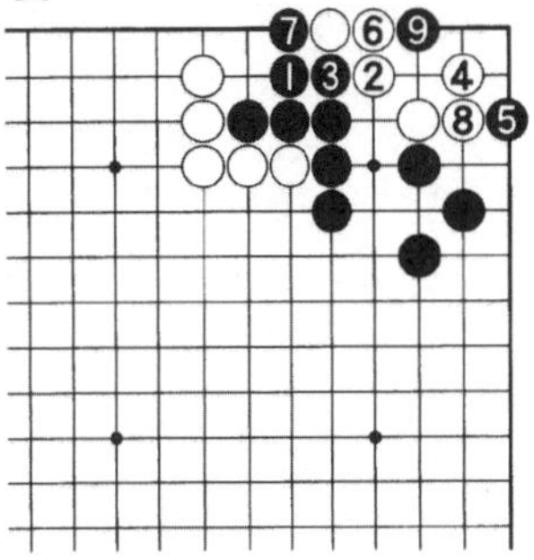

## 백 무리

백2로 귀의 집을 넓혀 저항하면 흑3부터 7로 백의 건넘을 막으면 된다.
흑9까지 백은 한 집뿐. 손해를 키울 뿐이다.

(2331)

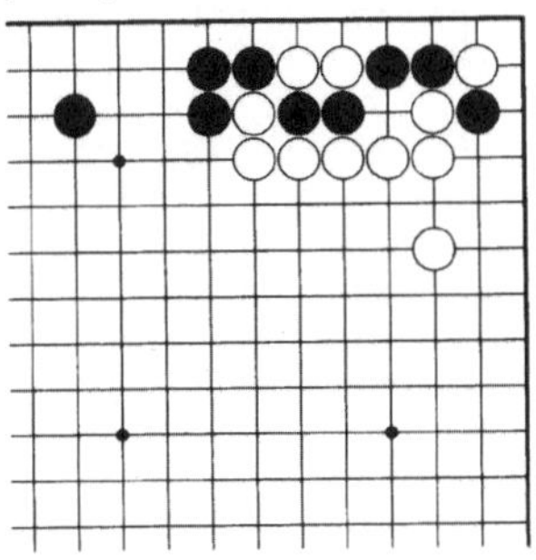

제3형 흑번

## 생환

상변의 전투.
귀의 흑 2점을 생환시키는 것은 간단하지만 집에서 손해를 보지 않는 최선의 수를 선택하고 싶다.

解

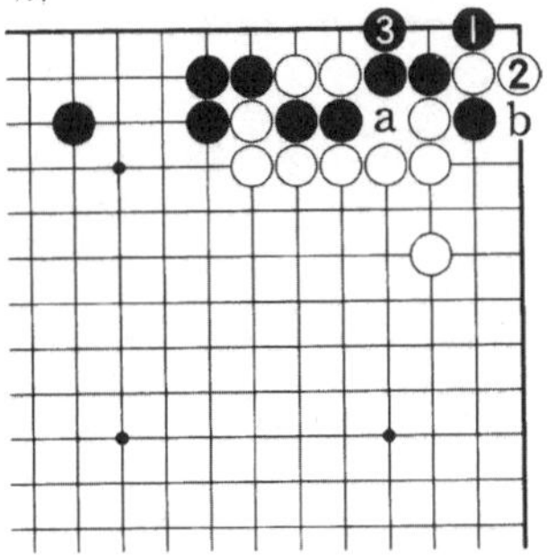

## 흑 삶

흑1로 단수치고 3으로 구부리는 수가 좋다.
다음에 a로 2점을 잇는 것과 b로 잡는 것을 맛본다.
흑은 살아있다.

失

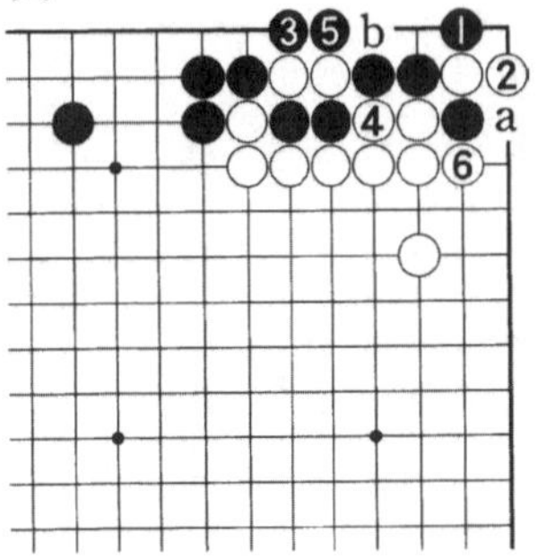

## 집이 손해

흑3으로 젖혀도 귀의 2점을 살릴 수는 있다.
하지만 백6으로 잡혀서 집으로 손해를 본다. 또 흑3으로 a로 2점을 잡으면 백b로 전멸한다.

(2332)

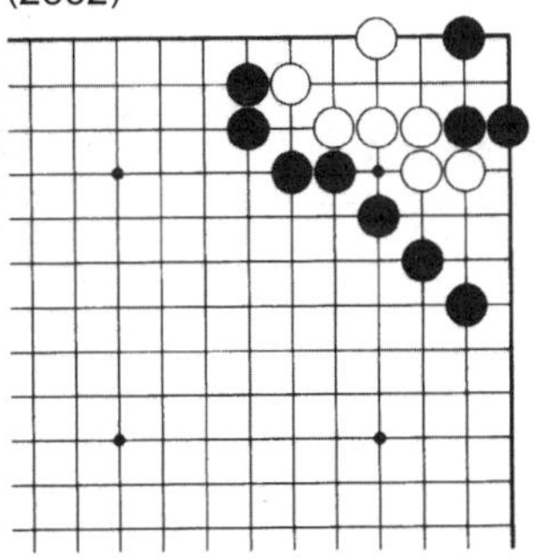

빈삼각 사활(죽음)

제1형 흑번

## 치중수

사활 문제.
귀의 흑을 우변과 연결시키는 것만으론 실패한다. 백집을 축소시켜야 한다. 백이 건너지 못하게 막으면 궁도사활로 대응한다.

解

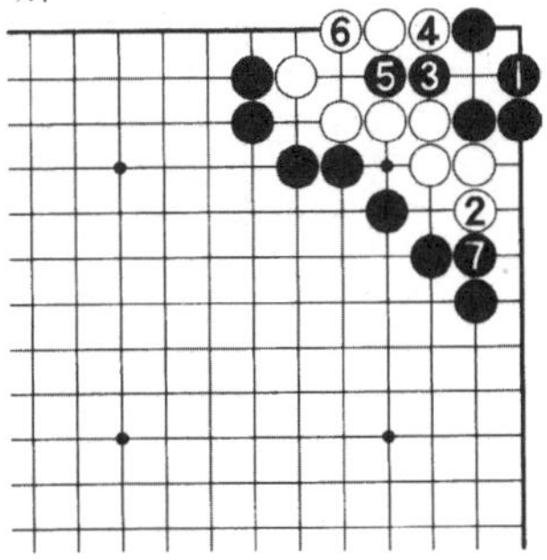

## 백 죽음

흑1의 구부림은 안형의 급소이다.
백2로 건너지 못하게 막으면 흑3으로 부풀려서 백4를 유도한다.
흑5, 백6에 흑7로 매화육궁.

変

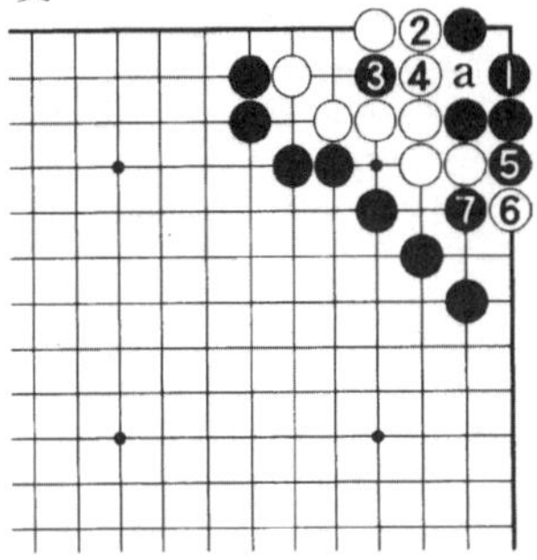

## 흑3 묘수

백2에는 흑3이 묘수이다.
백4 이후 흑5, 7로 건너 백이 죽는다.
흑3으로 5는 백6, 흑7은 백a, 흑4, 백3으로 패가 난다.

# 옆구리붙임 · 배붙임

상대의 돌에 딱 붙이는 맥은 그 돌을 살리기보다는 다른 수와 연관시켜 두는 경우가 많다.
그런 붙임 중에서 옆구리붙임은 상대의 돌이 2개 이상일 때 사석의 의미가 더욱 강하다.
흑1은 백 4점의 옆구리에 붙은 모양으로 배 부분에 위치해 있어 배붙임이라고도 부른다.

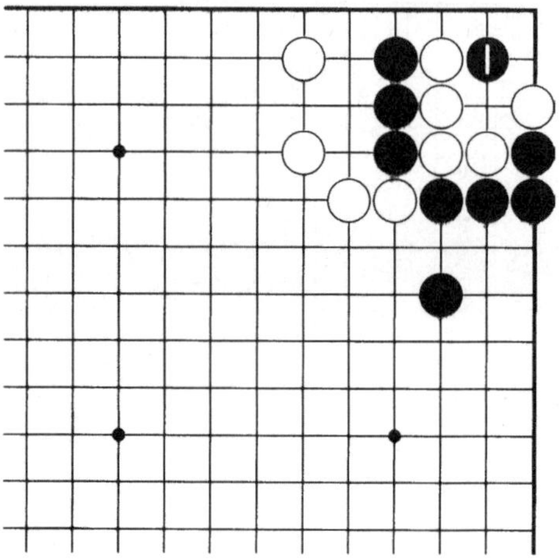





(2333)

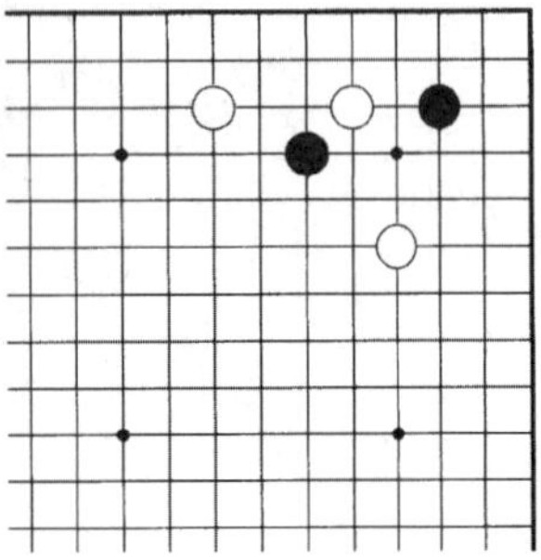

## 연구

3·3 정석에서 생기는 모양이다.
귀와 중앙의 흑을 연결하려고 하는데 백에게 피해를 입히는 모양을 궁리해야 한다.

解

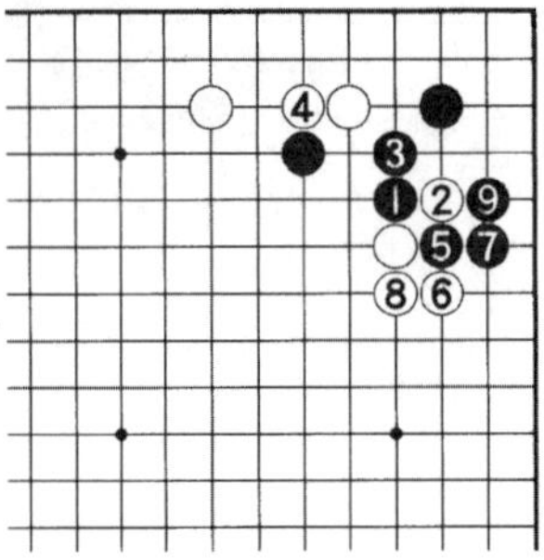

## 끊음

흑1 붙임이 맥이 된다.
백2, 흑3으로 중앙을 연결하면 백4로 상변을 받고 흑5로 끊어 9까지 우변에 근거를 마련한다.

变

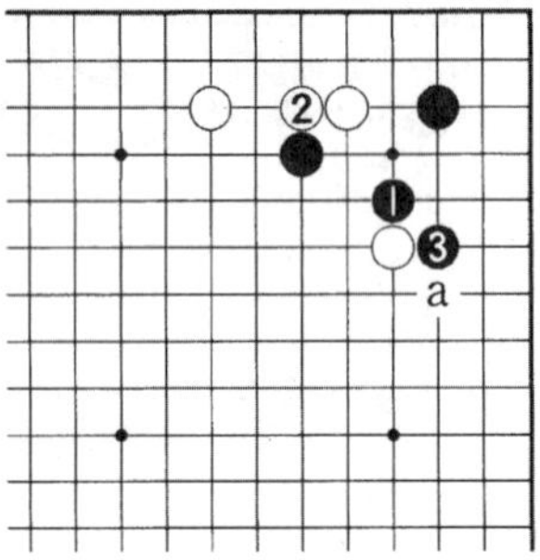


## 단단히

백2로 곧바로 상변에 두면 흑3으로 젖혀 충분하고 우상도 튼튼하다.
이후, 백은 a를 노려도, 정해도와 닮은 모양이 된다.



(2334)

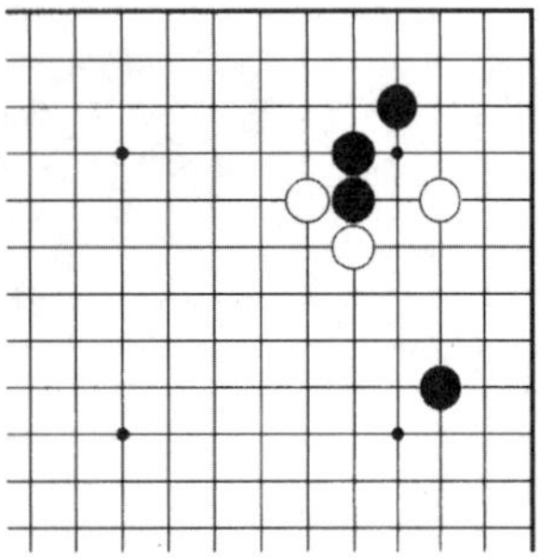

## 테크닉

세 칸 협공 정석에서 생기는 모양이다.
흑에게 공격당하고 있는 백 3점을 수습하기 위해서 약간의 테크닉이 필요하다.

解

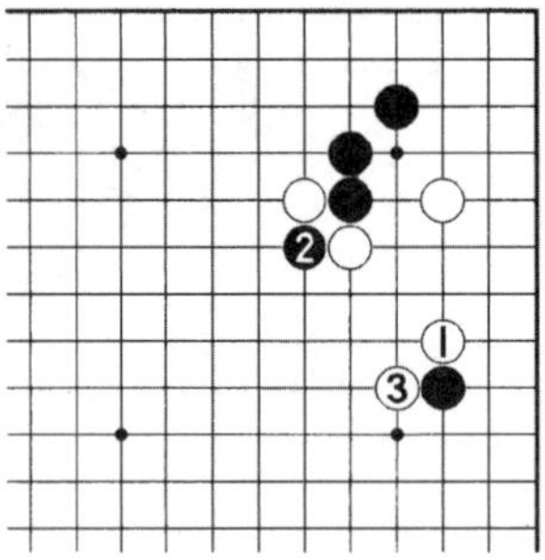

## 안정되다

백1로 흑돌에 붙이는 것이 정석이다.
흑2로 중앙을 끊으면 백3으로 우변 1점을 틀어막아 수습한다.
일종의 바꿔치기.

变

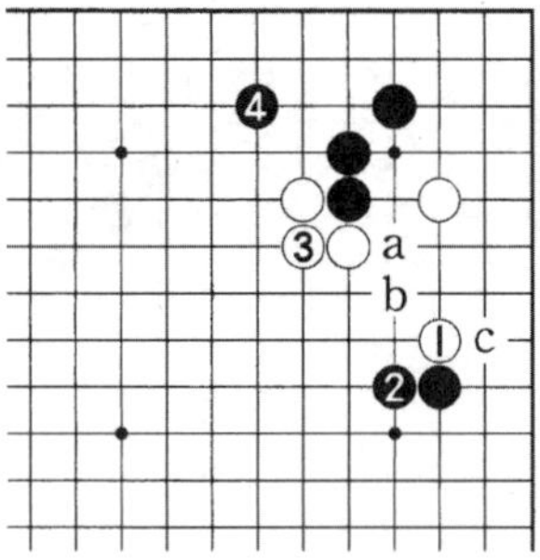


## 연결하다

흑2로 받으면 백3으로 잇는다.
우변은 흑a로 두어도 백b로 받아 불안하지 않다.
흑4로 상변을 지키면 이후 백c가 좋은 수가 된다.

제3형 백번

(2335)

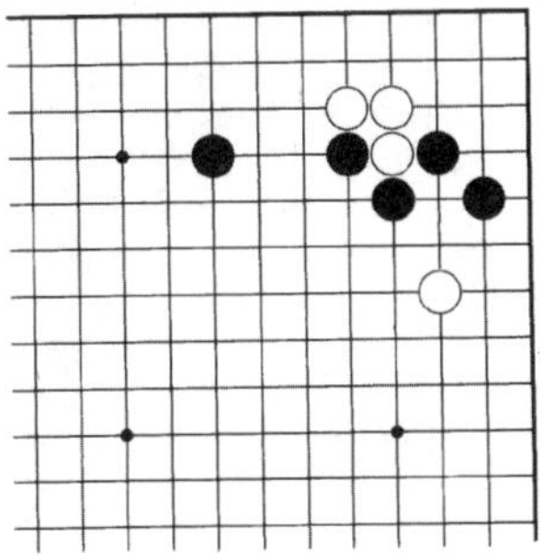

## 최선의 모양

두 칸 높은 협공 정석에서 생기는 모양이다.
우상의 백 3점을 상변으로 진출시키는 최선의 모양은 무엇인가?

解

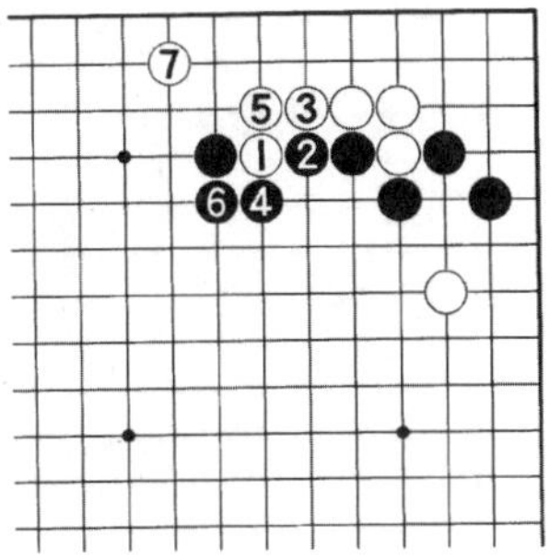

## 즐거운 삶

백1의 붙임이 맥이다.
흑2로 치받으면 백3으로 받아 흑2점의 공배를 메운다.
백7까지 상변에서 편하게 산다.

変

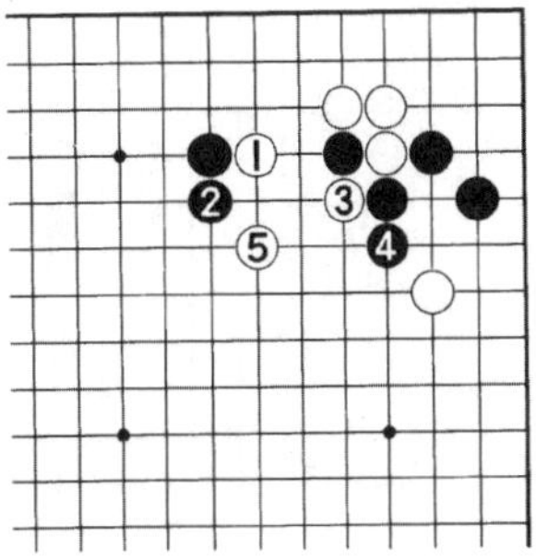

## 중앙진출

흑2로 상변을 받으면 백3으로 끊어서 흑 1점을 잡는다.
흑4에 백5로 중앙으로 진출하여 좌우 흑이 약해졌다.

제4형 흑번

(2336)

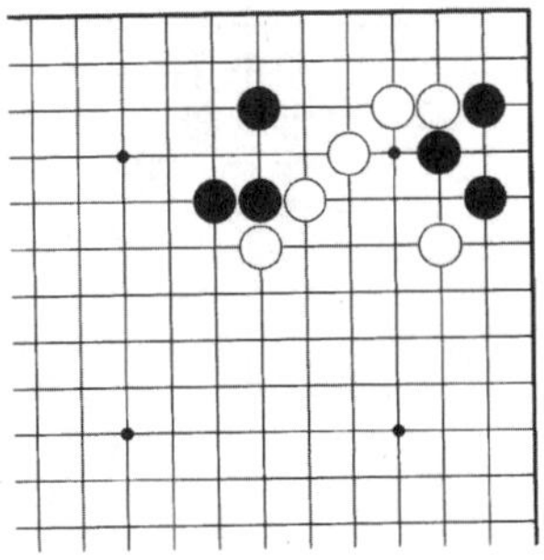

## 수습

한 칸 높은 걸침 정석의 변화이다.
우상의 흑 3점이 공격당하고 있다.
흑은 이후 위기를 어떻게 수습하여야 할까?

解

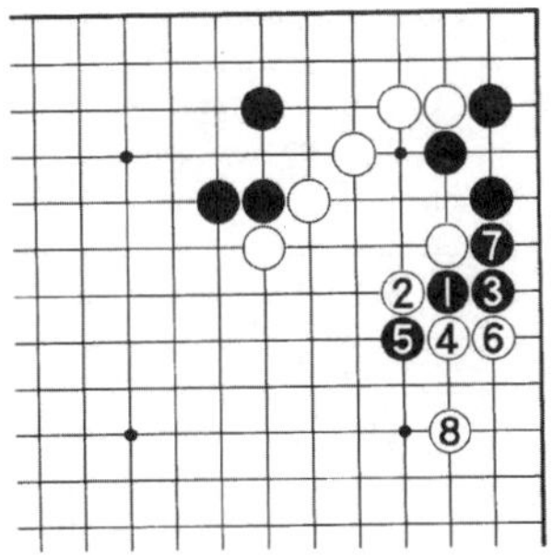

## 정석

흑1의 붙임이 상용의 맥이다.
백2의 젖힘에 흑3으로 내려 근거를 만든다.
백4는 강수이지만 흑5로 반발하여 싸운다.

変

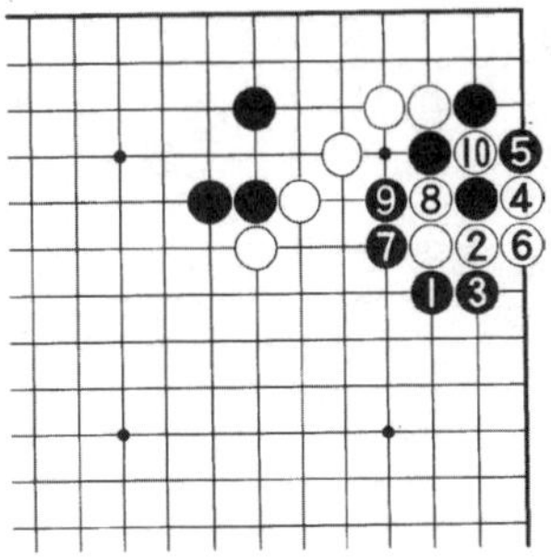

## 패

백2로 나가면 흑3으로 막는다. 백4, 6으로 버티고 백8, 10까지 패가 난다.
백4로 7은 흑6으로 흑이 편한 모양이다.

옆구리붙임 멈춤

제1형 백번

(2337)

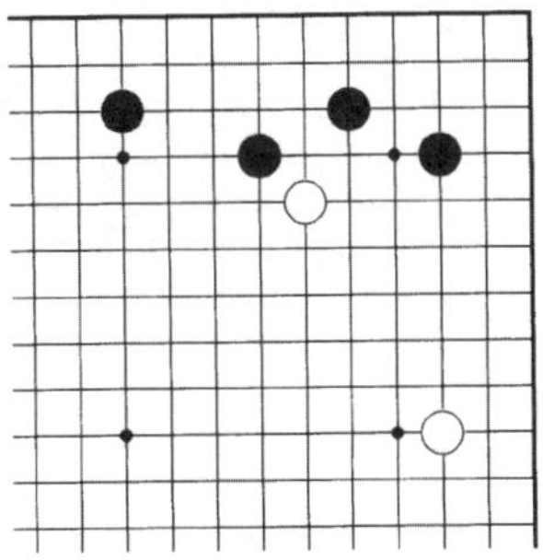

## 모양을 결정하다

상변의 백 1점을 움직여서 백은 우상을 어떻게 결정지어야 할까?

解

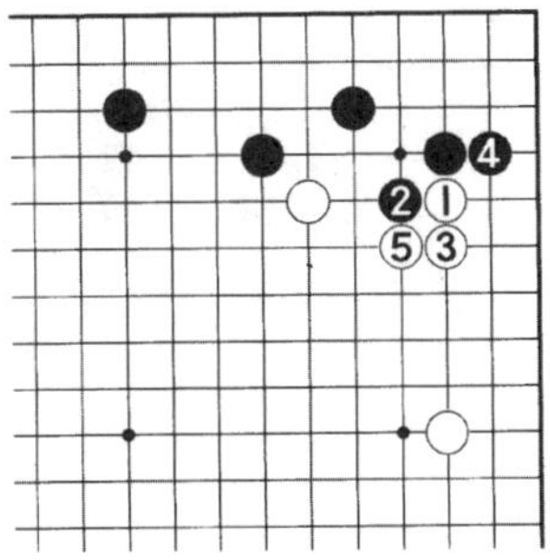

## 안정된 모양

백1의 붙임이 상변의 활용과 연관된 수이다.
흑2로 젖히고 4로 귀를 지키면 백5의 구부린 수가 절호점으로 우변이 수습된 모양이다.

変

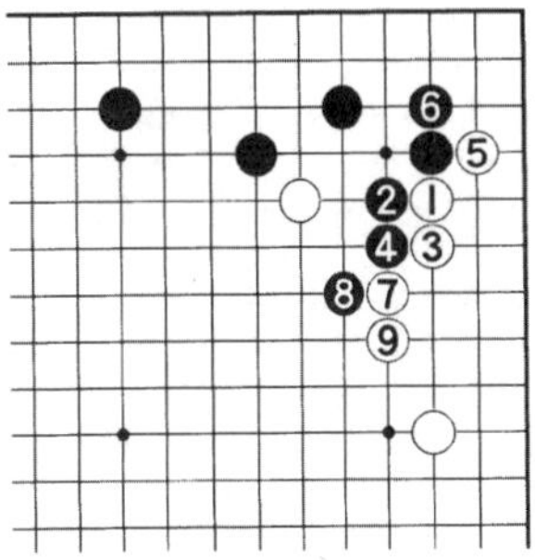

## 삼키다

흑4로 막으면 알단 백5의 젖힘을 선수한다.
흑6 이후 백7, 9로 젖히고 늘어서 백은 흑집에 파고들면서 우변을 차지하게 된다.

제2형 흑번

(2338)

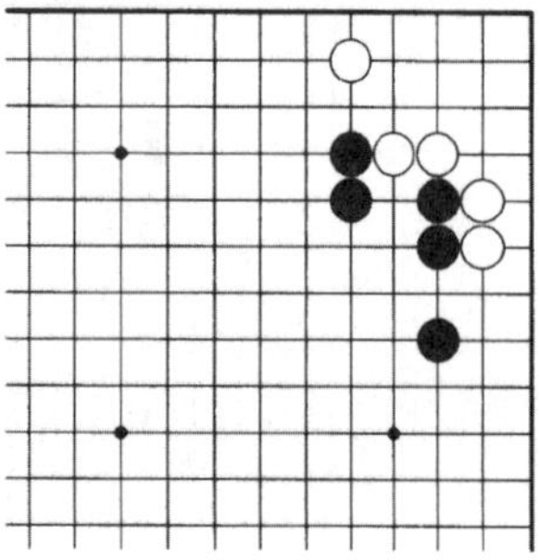

### 선봉

귀에서 상변으로 날일자하여 진출한 백의 선봉을 막고 싶다.

解

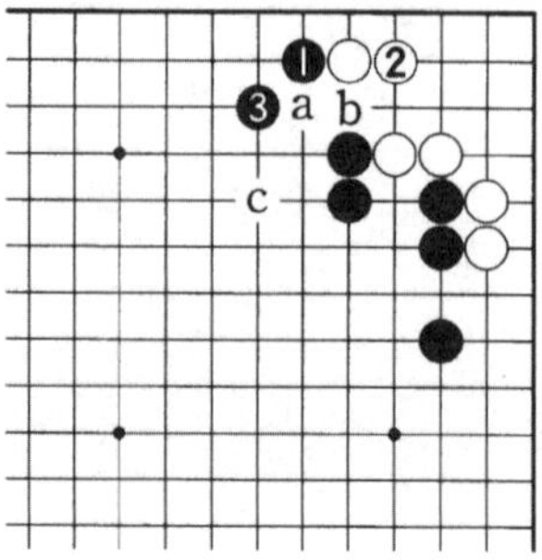


### 모양

흑1의 붙임이 날카롭다.
백2로 a는 흑b로 백이 무리.
백2로 당기면 흑3의 입구자가 바깥을 굳히는 모양.
다음에 백b엔 흑c.

失

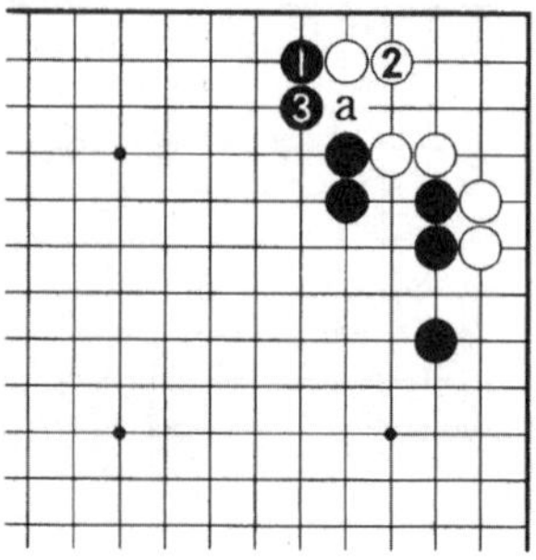


### 둔하다

백2로 a에 치받는 것은 속수로 흑3으로 막아서 백이 자충의 위험이 생긴다.
백2에 흑3으로 받는 것은 움직임이 둔하다.

옆구리붙임 수습

제1형 흑번

(2339)

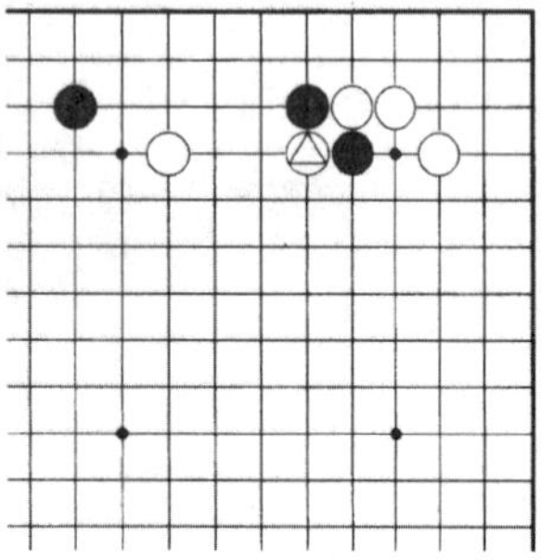

### 수습

흑을 두 개로 나누고 있는 백◬ 1점에게는 흑이 활용할 수 있는 여지가 남아있다.
수습하는 맥을 떠올려보자.

解

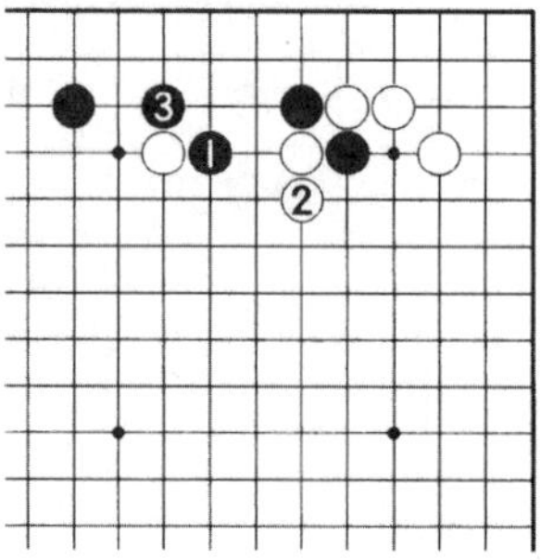


### 백을 분리

흑1의 붙임은 오른쪽의 백을 향한 활용을 엿본 수이다.
백2로 늘면 흑3으로 상변에 있는 백 1점을 분리시켜 움직임을 막는다.

变

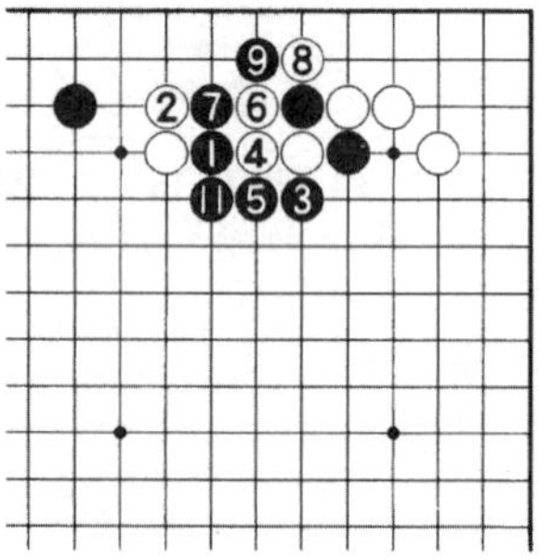


### 흑 만족

백2로 저항하는 것은 흑3으로 우상을 활용한다.
흑11까지 좌우로 갈라놓아 흑의 모양이 강해진다.
※⑩→⑥의 오른쪽

제2형 흑번

(2340)

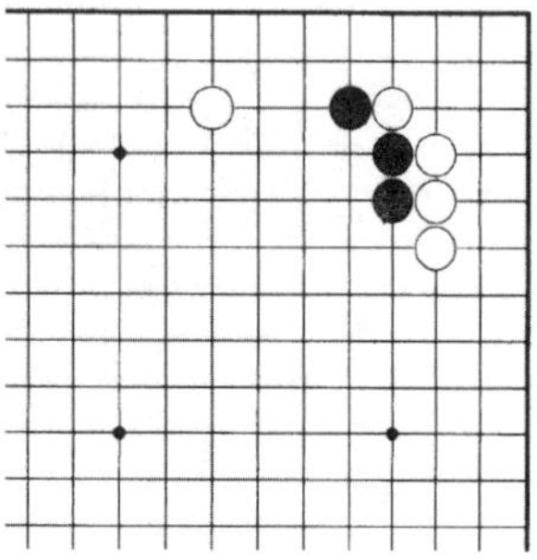

### 약점을 노림

흑 3점은 백에게 공격당하고 있는 모양이지만 백의 약점을 노리면서 편하게 수습하는 모양을 만들 수 있다.

解

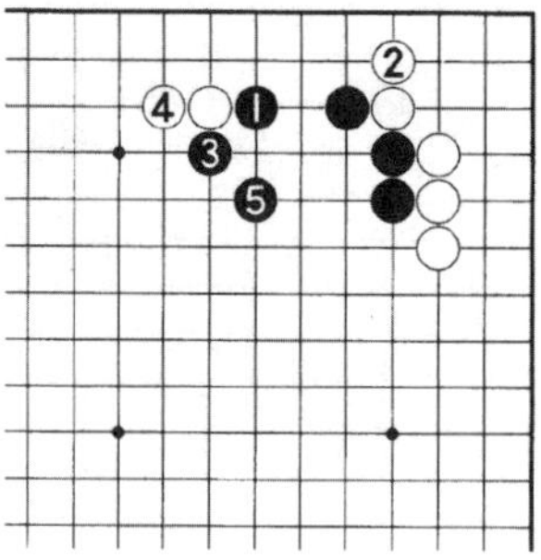


### 안정된 모양

흑1의 붙임은 귀의 백의 약점을 노린 수이다.
백2로 귀를 지키면 흑3으로 젖히고 5로 모양을 만든다. 안형이 풍부하게 정리된 모양이다.

变

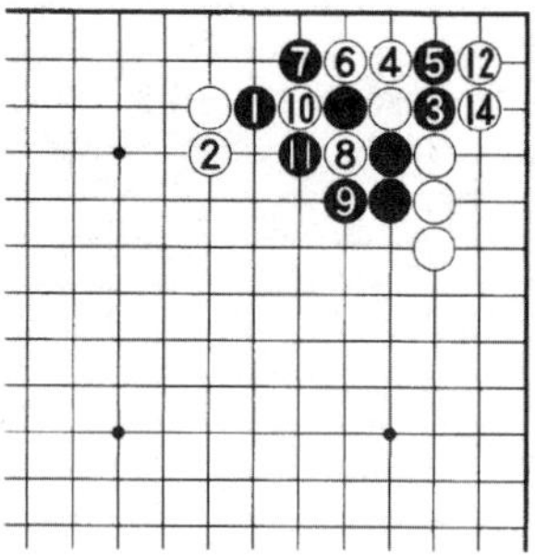


### 사는 모양

백2로 왼쪽에서 받으면 흑3으로 끊어 귀의 백을 공격한다.
흑7, 9가 좋은 수로 흑11로 단수쳐서 백 2점을 잡아 살아있는 모양이다.
※⓭→⑩의 오른쪽(따냄)

**제3형 백번**

(2341)

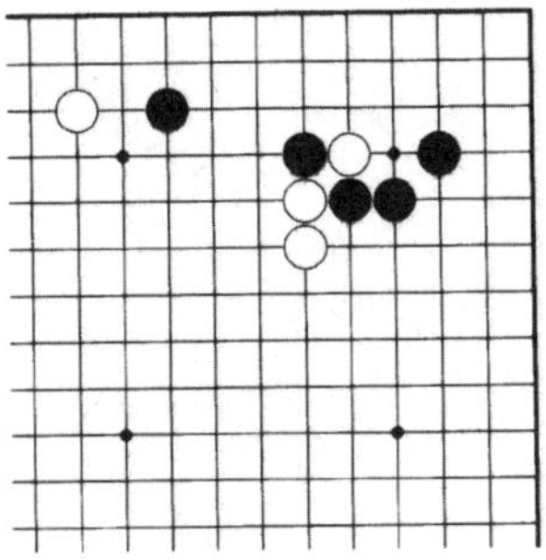

## 활용을 노려보다

우상에 백을 끊고 있는 흑 1점을 잡는 것은 불가능하지만 이곳을 왼쪽 싸움에 이용한다.

解

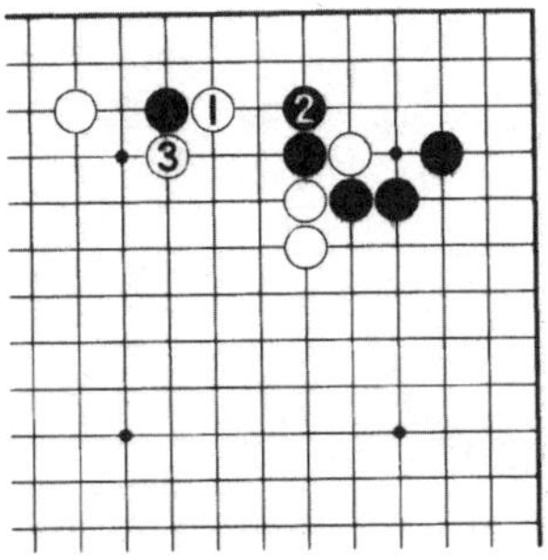

## 상변강화

백1의 붙임이 좌우의 활용을 엿보는 맥이다.

흑2로 귀를 지키면 백3으로 상변에 있는 흑 1점을 틀어막아 상변의 백이 강해진다.

变

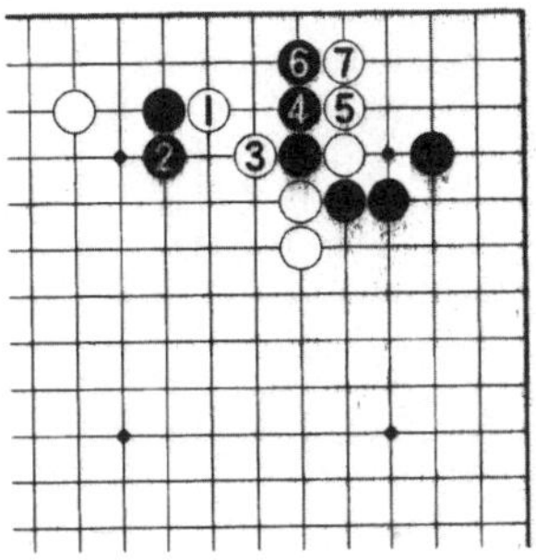

## 흑 무리

흑2의 저항은 백3으로 흑의 무리이다. 흑4, 6으로 도망쳐도 백7까지 흑 3점이 잡힌다.

바깥으로 연결할 수도 없는 모양이다.

**제4형 흑번**

(2342)

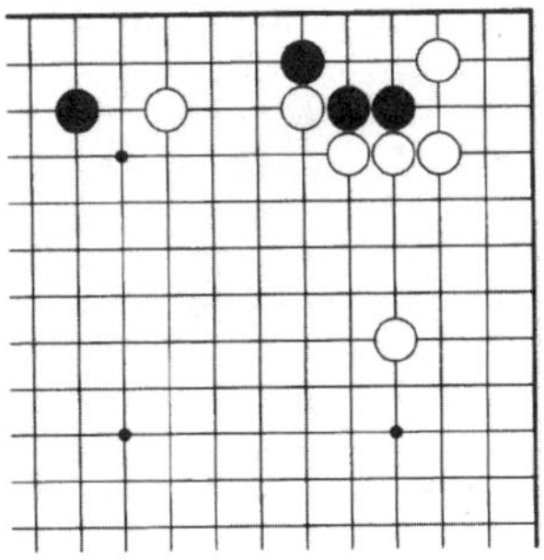

## 포위망 속

우상의 흑 3점은 상변의 백집을 줄인 것 같지만 아직 백의 포위망 속에 있다.

상변으로 탈출시키는 수단은 어떤 것이 있는가?

解

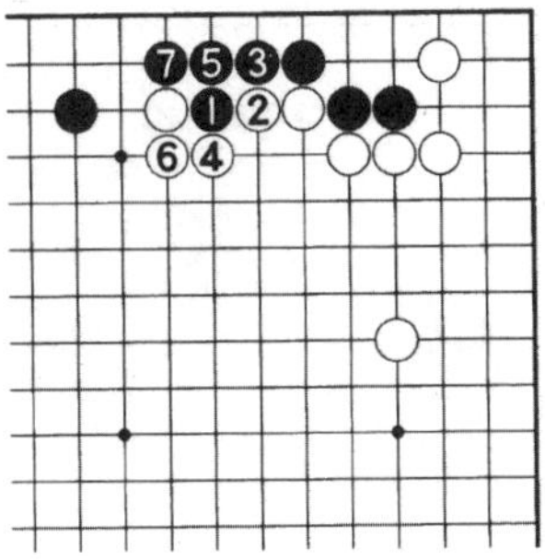

## 건넘

흑1의 붙임이 좋은 수이다.

백2, 4로 압박해도 백은 자충에 걸린 모양이다.

흑7로 좌우로 무사히 건넌다.

失

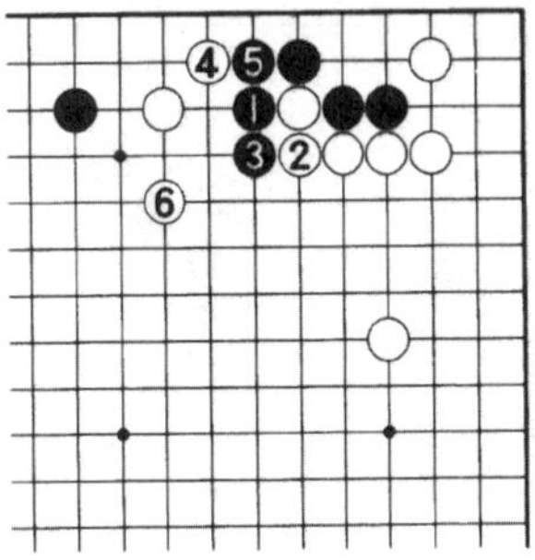

## 흑 양분

흑1 단수는 백2로 이어 다음에 흑에게 좋은 수가 없다.

흑3으로 밀어도 백4 6으로 상변을 둘로 나뉘어져 공격당한다.

**제5형 백번**

(2343)

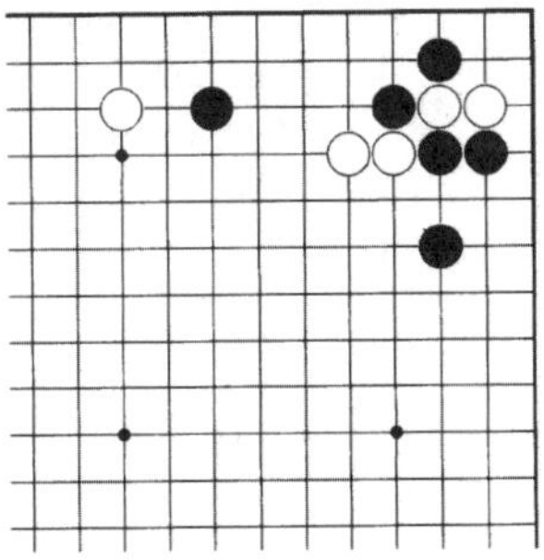

## 이용

귀의 백 2점을 이용해야 한다. 귀의 백을 살리는 것보다 상변 싸움에 이용하는 것을 생각한다.

解

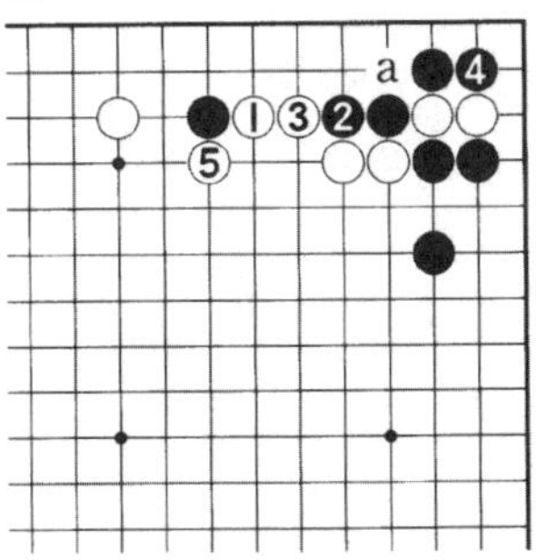


## 안정되다

백1로 붙여 상변 흑 1점을 공격한다. 다음에 a로 끊기를 노린다.

흑2, 4로 귀를 지키면 백은 5로 상변에 있는 흑 1점을 잡고 안정된다.

失

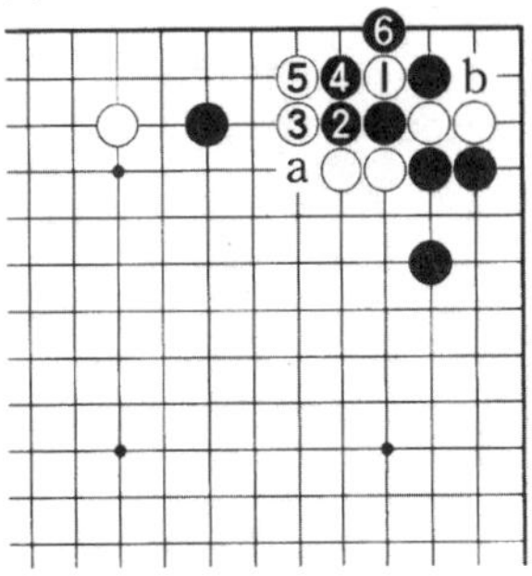


## 약간 부족

백1부터 흑6까지 활용하는 모양은 a에 약점이 남고 상변에 있는 흑 1점에게 주는 영향이 별로다. 또 백3을 b에 두어 살면 바깥 백이 위험하다.

## 제6형 흑번

(2344)

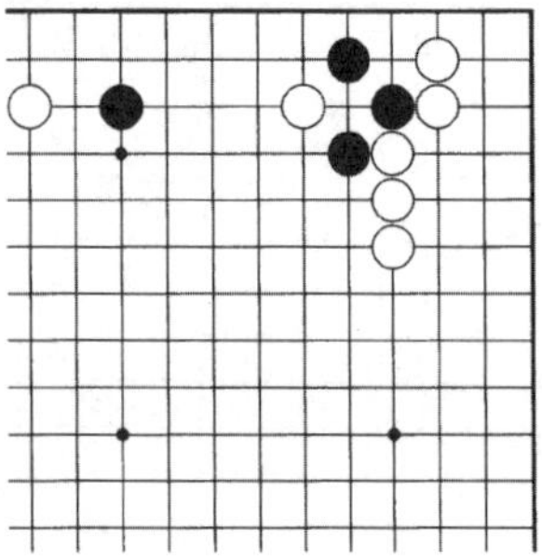

### 반발

백이 우상의 흑을 들여다봐서 흑의 모양을 무겁게 하여 상변 전체를 공격하려고 한다.
따라서 흑의 대책은 백에게 반발하는 것이다.

解

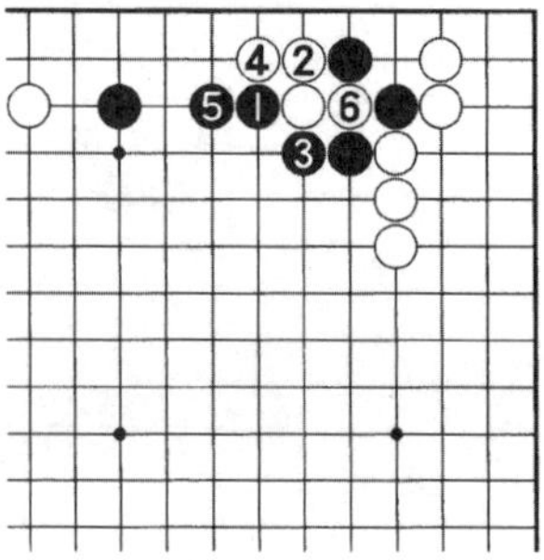

### 안정되는 모양

흑1의 붙임이 날카로운 수습책.
백2로 나가면 흑3으로 막아 바깥 모양을 정리한다. 우상 흑 2점을 사석으로 삼아 흑5까지 수습한 모양이다.

変

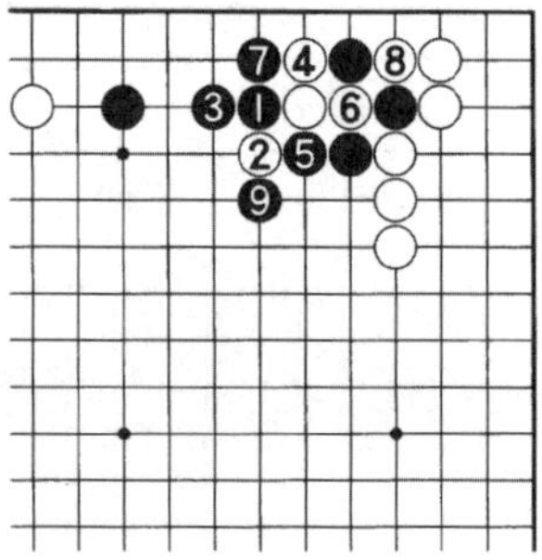

### 귀보다 상변

백2로 젖히면 흑3으로 당기고 다음에 4와 5를 맞보기 한다.
백4부터 흑9까지 귀보다 상변을 수습하는 것이 중요하다.

## 제7형 흑번

(2345)

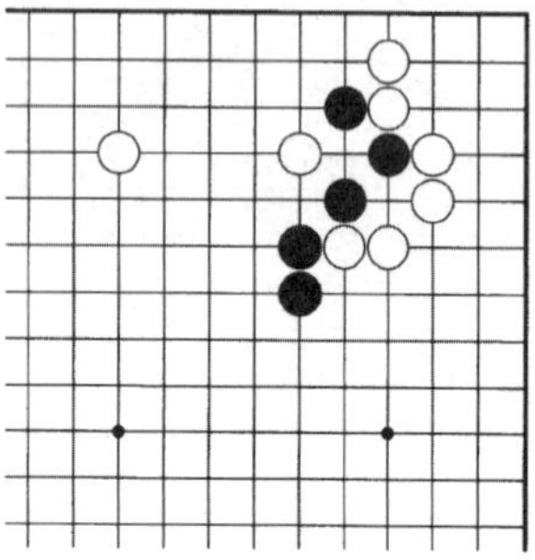

### 꼬리

중앙에 떠 있는 흑의 꼬리를 끊으려고 하여 백이 들여다본 장면이다. 흑은 어떻게 모양을 만들어야 할까?

解

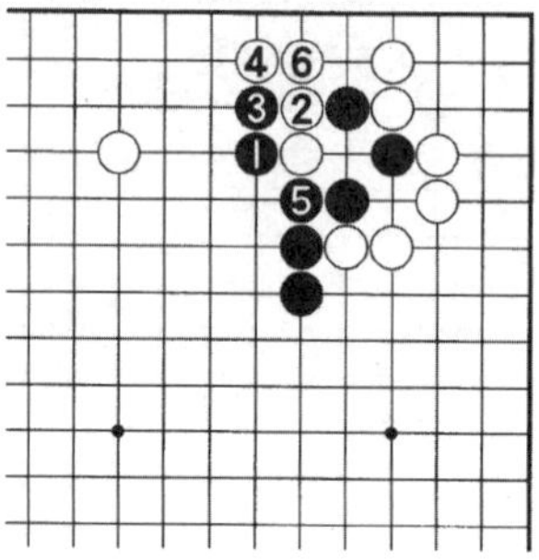

### 수습의 맥

흑1의 붙임이 수습하는 맥이다.
백2라면 흑3으로 막아 바깥을 굳힌다.
백4의 젖힘에는 흑5를 결정지어 모양을 만든다.

変

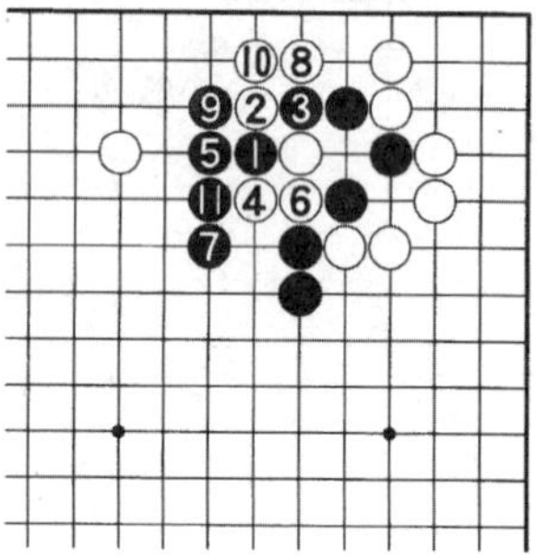

### 흑 충분

백2 로 젖히면 흑3으로 끊는다.
백4, 6으로 우상을 잡아도 흑7의 장문으로 바깥을 조이는 흐름이 나와 흑이 충분하다.

## 제8형 백번

(2346)

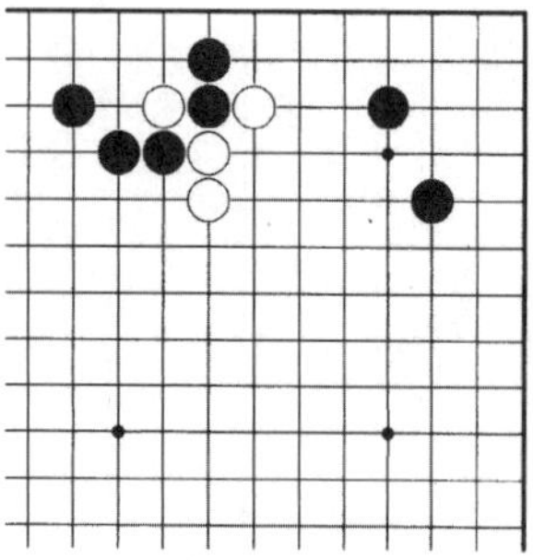

### 수습 방법

흑은 상변의 백 1점을 잡고 근거를 만들었지만 아직 모양이 결정되지 않았다.
백은 우상에 주목한다.

解

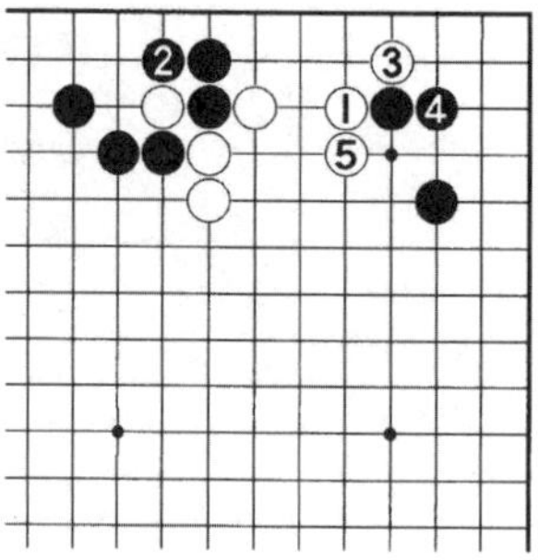

### 안정되다

백1의 붙임은 2로 막아서 2점 잡는 것을 노린다.
흑2에는 백3으로 젖혀 활용하고 흑4, 백5로 상변을 수습한다.

変

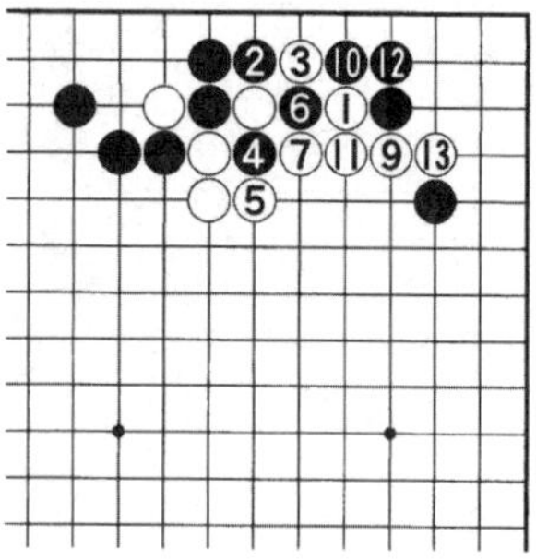

### 백 성공

흑2로 구부려 반발하면 백3으로 막고 흑4의 끊음에 백5, 7로 바깥에서 결정한다. 백13까지 우상귀를 뚫어서 백이 성공한 그림.
※❽→❻의 왼쪽

옆구리붙임
압박

제1형
흑번

(2347)

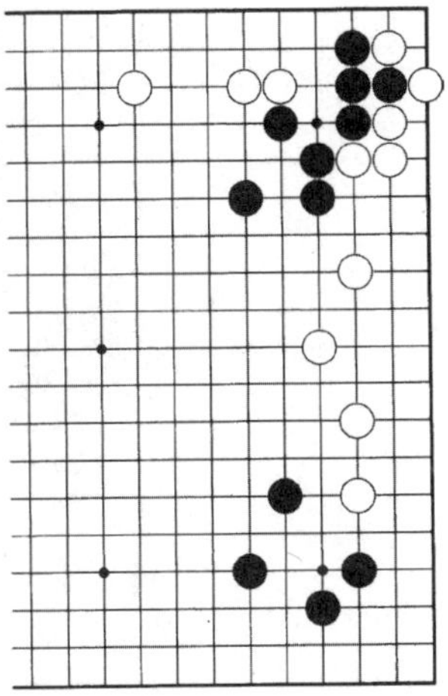

## 침범하다

우변의 백은 확실하게 굳혀져 있는 것 같지만 우상 사이에 엷음이 있다.

백집에 침입하여 우상의 흑을 강화시키는 급소는 어디일까?

解

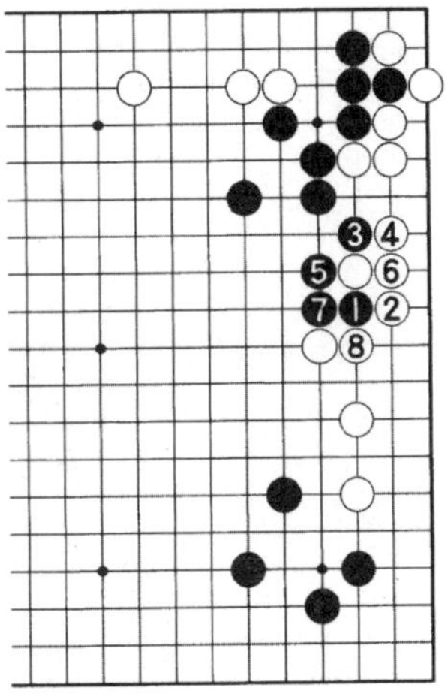

## 2선에 압박

흑1로 붙이는 수가 날카로운 노림을 품었다. 백2로 받게 해서 흑3, 5를 선수하여 중앙을 두텁게 한다. 백8까지 백은 2선으로 긴 모양이다. 백2로 7은 흑3으로 우상이 잡힌다.

变

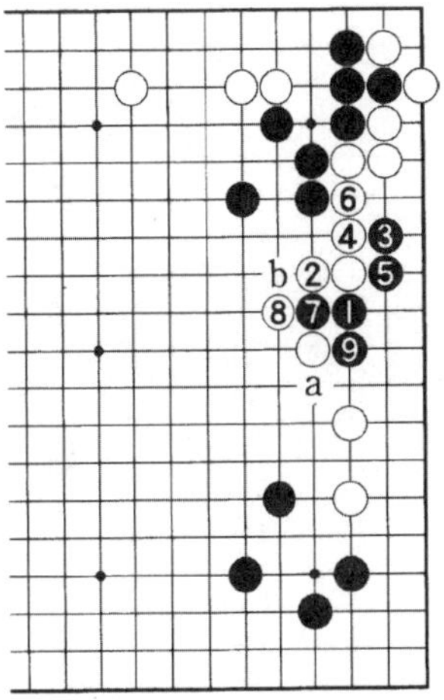

## 흑 삶

백2로 반발하면 흑3의 치중이 좋은 수가 된다.

백4, 6으로 연결할 수밖에 없는데 흑은 우변에 근거가 생겨서 흑9로 밀어서 a와 b로 끊음을 맞본다.

옆구리붙임
분단

제1형
흑번

(2348)

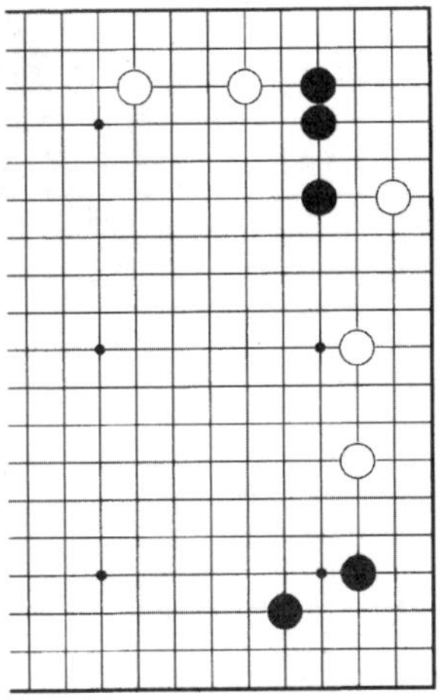

## 반격

우변의 백은 엷은 모양이지만 일단 우상귀에 있는 흑의 근거를 빼앗았다.

흑은 백이 뻗어간 곳에 반격할 기회.

解

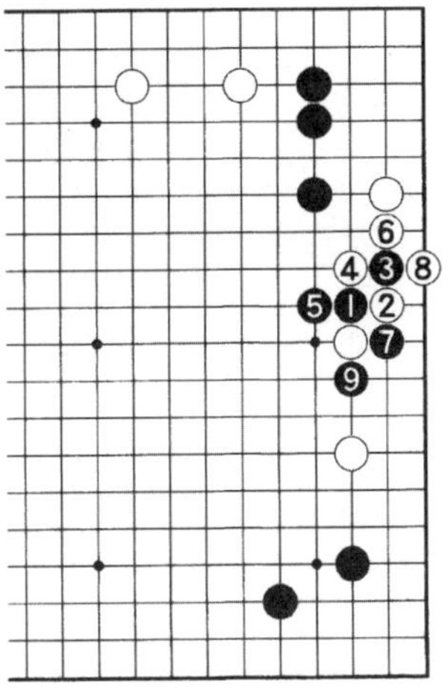

## 우하분단

흑1의 붙임이 날카로운 맥이 된다.
백2에 흑3으로 강하게 막아 백4, 6으로 흑 1점을 잡아 우상을 살리면 흑은 7로 끊고 9의 축으로 우하를 분리시킨다.

变

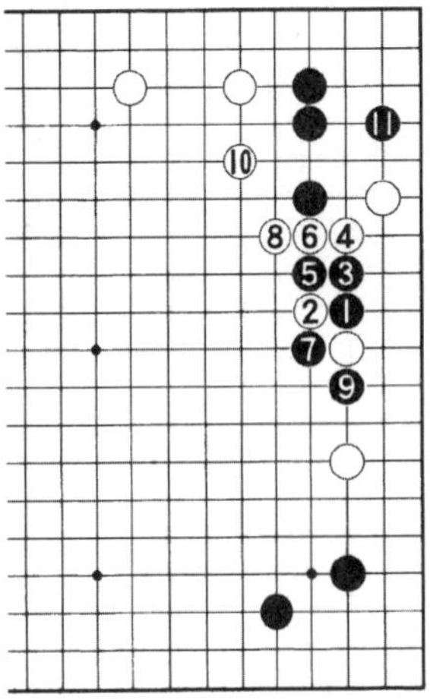

## 백 불리

백2로 위에서 젖히는 것은 흑3으로 당긴다.

백4, 6은 강경한 중앙 돌파. 하지만 우하의 백은 지독하게 당한다. 흑11까지 우상을 살리면 백이 불리한 갈림.

(2349)

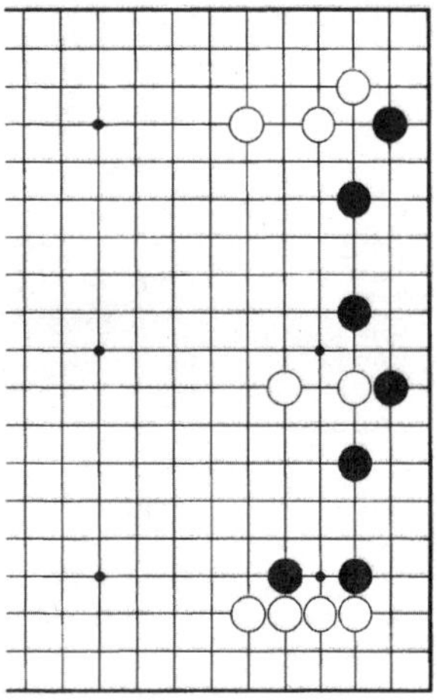

解

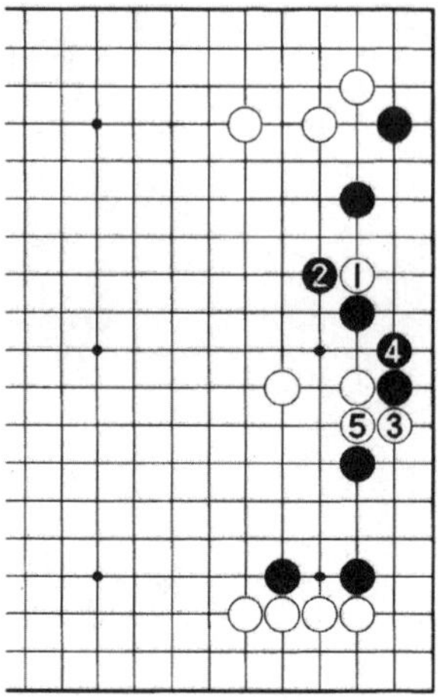

変

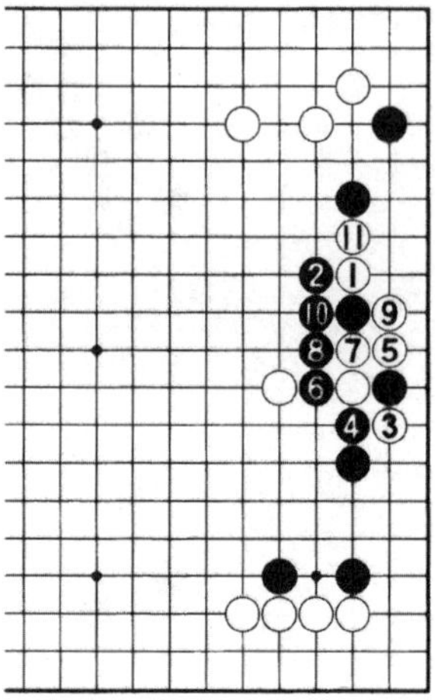

제2형 백번

## 관련된 맥

우변의 흑은 위아래로 연결된 것 같지만 확정집은 아니다.
백이 우변의 흑집을 무너뜨리기 위해선 최선의 수를 생각해야 한다.

## 백 충분

백1의 붙임이 노림을 품은 활용이다. 흑2로 위아래를 연결하려고 하면 백3으로 젖혀 우변을 무너뜨린다. 흑4는 백1을 악수로 만드는 수지만 백5로 무너뜨려서 백이 충분하다.

## 즐거운 삶

흑4의 끊음은 기세이다.
백5, 7로 우변의 흑 1점을 잡아 산다. 흑8 이후 백9로 단수치면 백1, 흑2의 활용이 작용하여 백11까지 편하게 산다.

(2350)

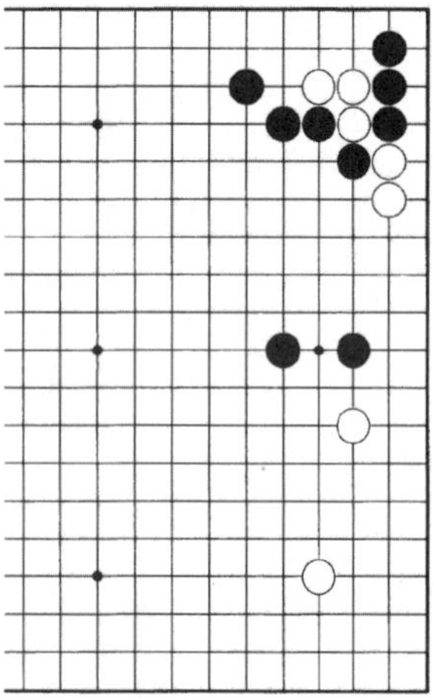

解

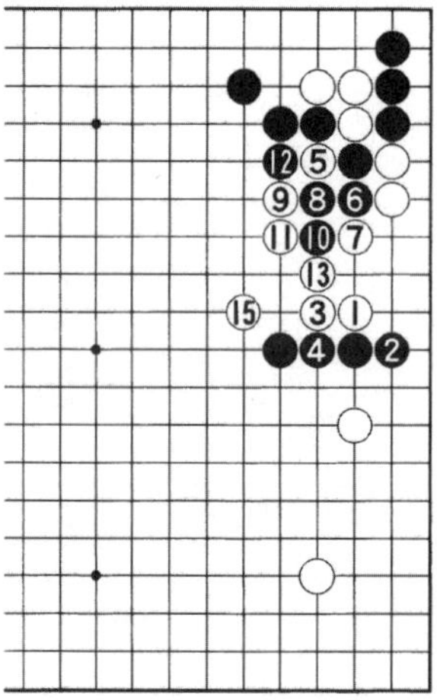

変

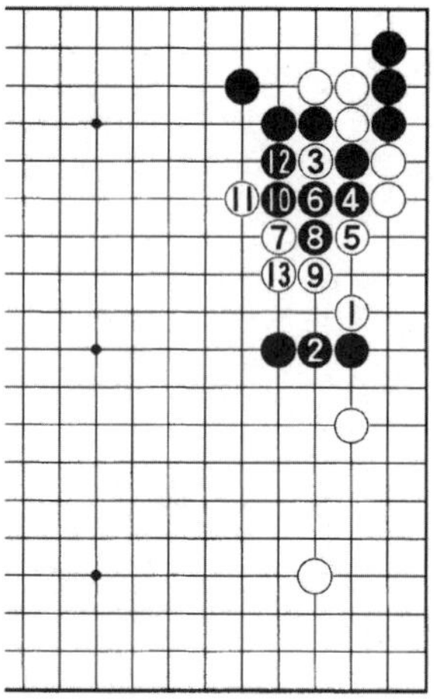

옆구리붙임 안정

제1형 백번

## 활력

우상귀의 백 3점은 잡혀있지만 우변 2점은 주변에 활용할 것들이 있어 아직은 활력이 충분하다.
백은 어디서부터 수습의 실마리를 찾아야 할까?

## 중앙으로 나가다

백1로 붙여 흑의 응수를 본다. 다음에 2로 젖혀 넘어가면 백은 충분하다. 흑2, 4로 저항하면 백5로 끊어 우상의 흑을 공격하여 13까지 조여 중앙으로 진출한다.

※⓮→⑤

## 반격의 모양

흑2의 이음은 백에게 큰 영향을 주지 못한다. 백은 3부터 7로 씌워 중앙으로 나갈 모양을 만든다. 흑8로 10은 백11.
백13까지 모양을 정리, 우변의 흑 3점에게 반격태세를 갖춘다.

제2형 흑번

(2351)

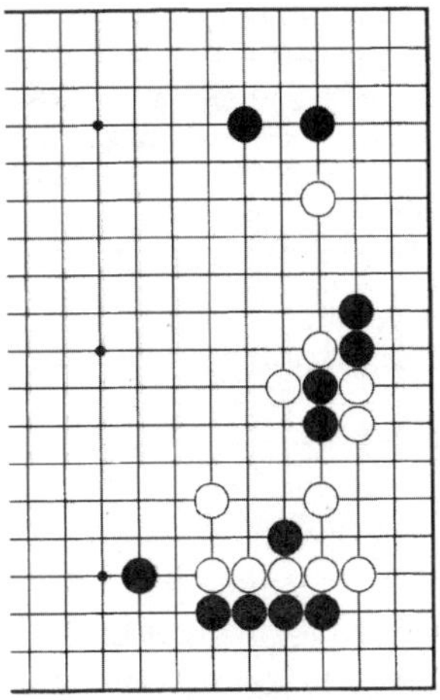

## 미끼

우하의 백은 매우 강력해서 흑이 정면에서 싸우는 것은 바람직하지 못하다.

흑은 우변 4점을 미끼로 삼아 우상에서 유리한 모양을 만들면 된다.

解

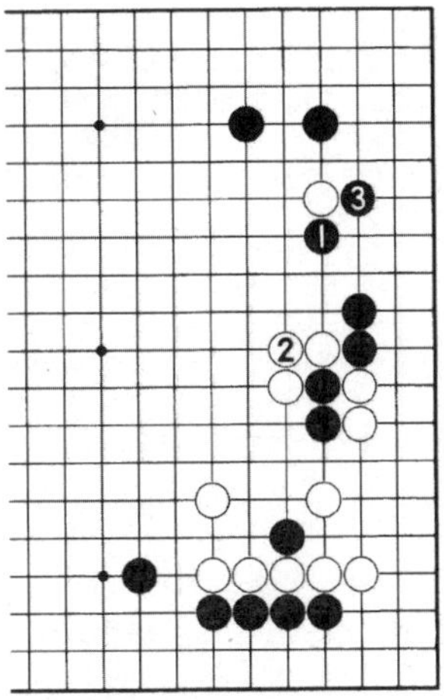

## 우변연결

흑1 붙임은 백2로 끊기를 노린 상용의 맥이다.

백2의 이음은 견실하게 받아서 이곳을 지키지 않으면 우상에서 싸울 수 없다. 흑3으로 젖혀 우변과 우상을 연결한다.

変

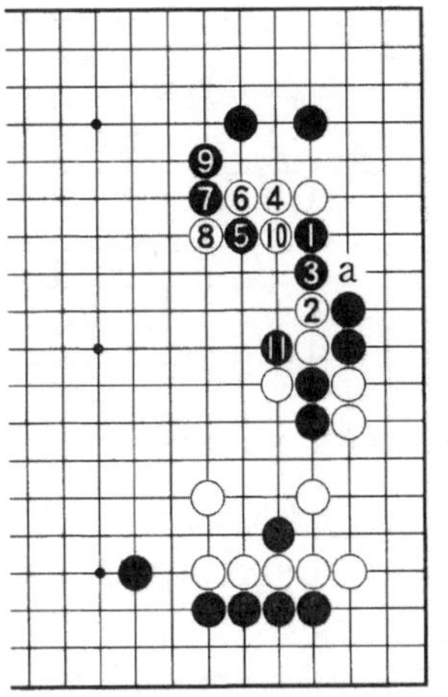


## 백 무리

백2로 버티면 흑3으로 치받아 2점의 공배를 메우면서 백a에 대비한다. 백4는 무리수로 흑5 부터 9까지 봉쇄한다.

백10으로 나가려고 하면 흑11로 끊어 백은 응수가 곤란하다.

제3형 백번

(2352)

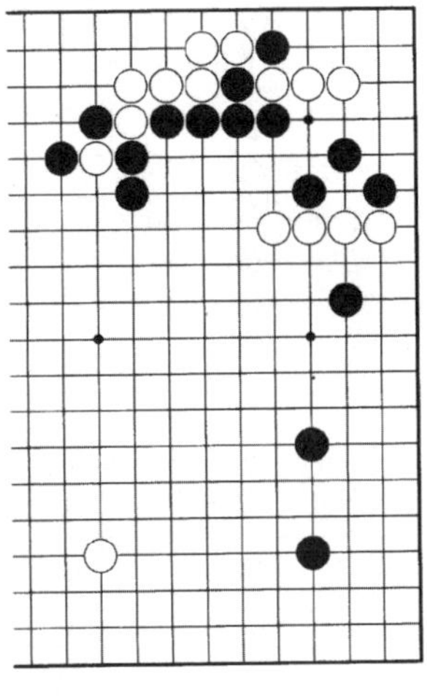

## 반격

우변의 백 4점은 단조로워 이대로 근거 없이 방치하여 공격 목표가 되게 만들 수는 없다.

4점을 두터운 돌로 바꾸기 위해 우변의 흑 1점에 반격을 하고 싶다.

解

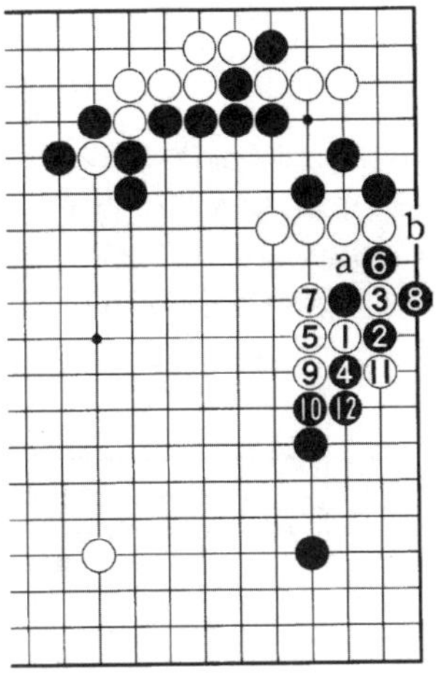


## 바깥을 굳히다

백1의 붙임은 흑 1점을 공격하는 강수이다. 흑2의 젖힘에 백3으로 맞끊어 흑4부터 8까지 백 1점을 잡을 때 백9로 바깥을 굳힌다.

흑12이후 백a나 b가 선수여서 백돌은 강하다.

変

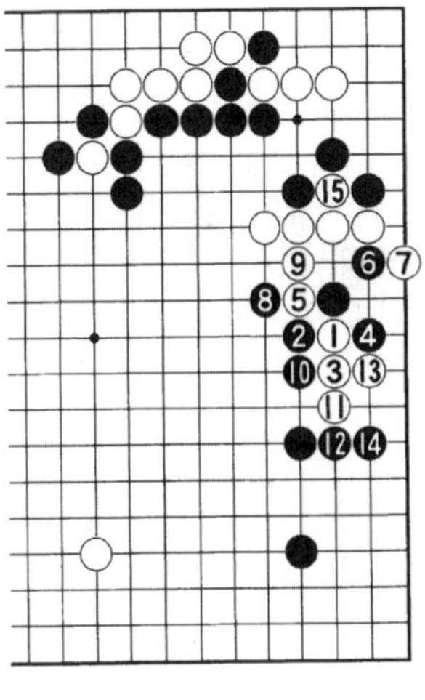

## 백 삶

흑2, 4로 공격하면 백5로 끊어 흑이 무리.

흑6으로 저항해도 백7로 젖혀 우변의 흑 3점을 살릴 수 없다.

흑14로 궁도사활을 노리면 백15로 살아서 충분하다.

제1형 흑번

(2353)

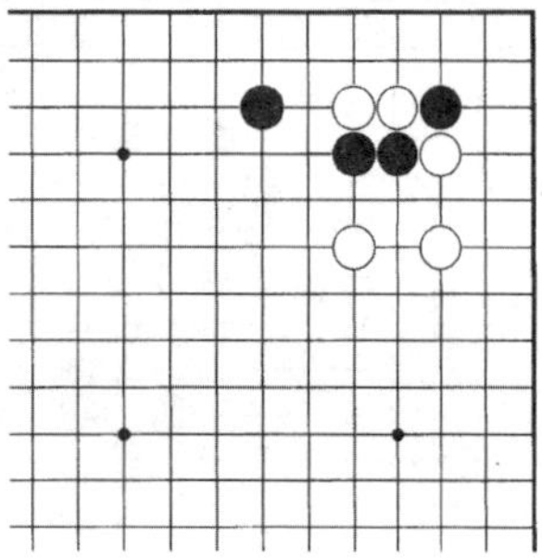

### 주도권

화점 정석에서 생기는 모양이다.
지금 상변에 있는 백 2점을 매섭게 공격하지 않으면 오히려 흑이 공격받을 것이다.

解

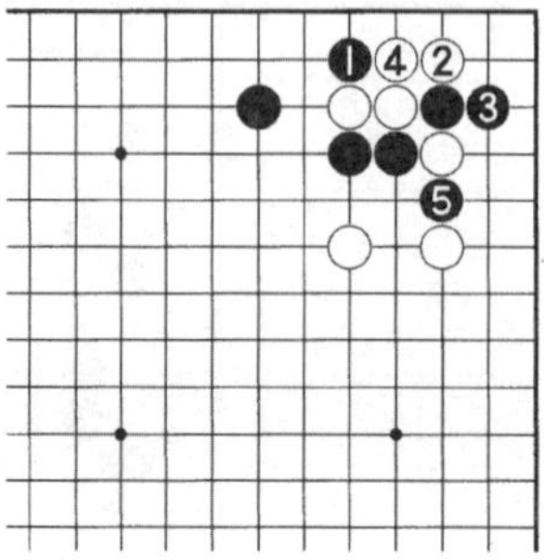

### 강한 외세

흑1의 붙임이 좋은 수이다.
백2, 4로 귀에 두면 흑5로 바깥의 백 1점을 잡고 외세를 강화시킨다.

失

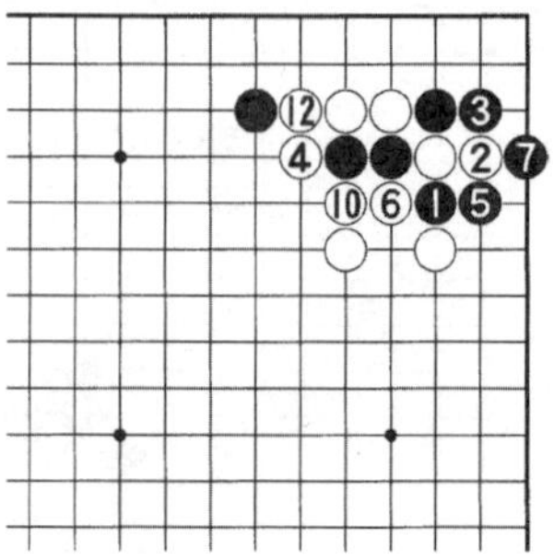

### 흑 불리

흑1, 3으로 오른쪽 백 1점을 공격하는 것은 백4로 상변이 무너진다.
백12까지 흑이 불리하다.
※⑧→②의 왼쪽(먹여치기), ❾→②(따냄), ⓫→②의 왼쪽

제2형 흑번

(2354)

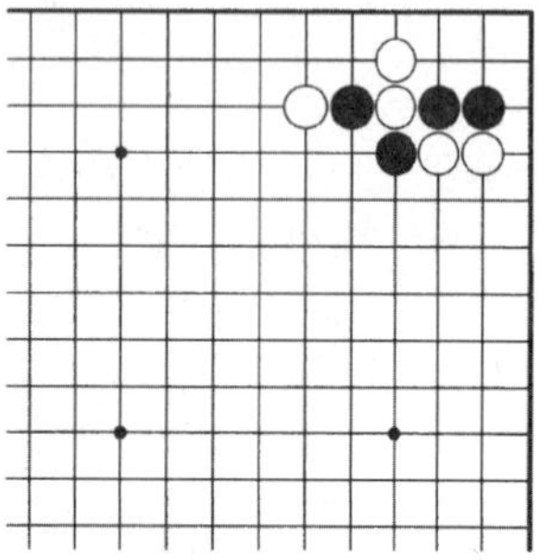

### 활용한 모양

귀에서 치열한 싸움이 벌어지고 있는데 백의 돌이 많아 흑이 조금 괴롭다.
귀의 흑 2점을 살리는 효율적인 모양을 찾아보자.

解

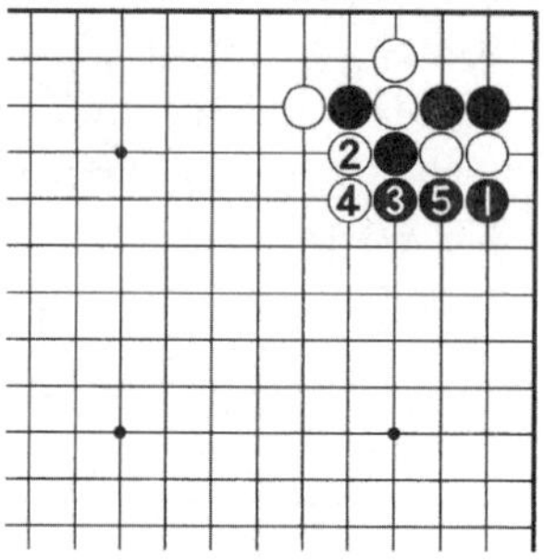

### 맥

흑1의 붙임이 맥이 된다.
백은 우변을 포기하고 백2로 끊어 흑 1점을 잡는 정도이다.
흑도 5까지 실리를 얻는다.

変

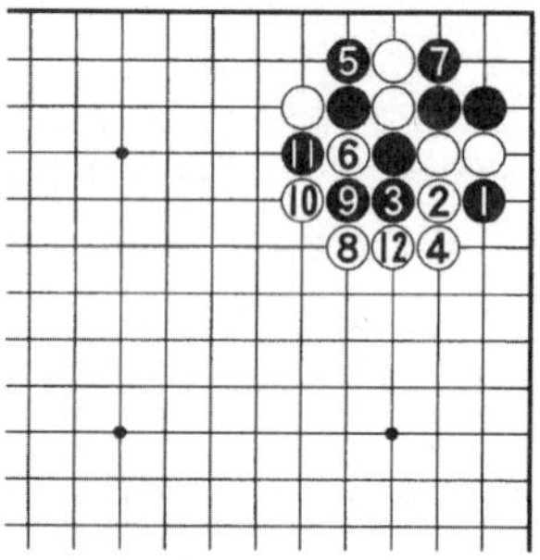

### 흑 충분

백2, 4로 우변을 살리면 흑5로 막아 귀의 백 2점을 잡는다.
백6부터 12까지 조임을 받아도 흑이 충분한 모양이다.
※⓭→⑥

제3형 흑번

(2355)

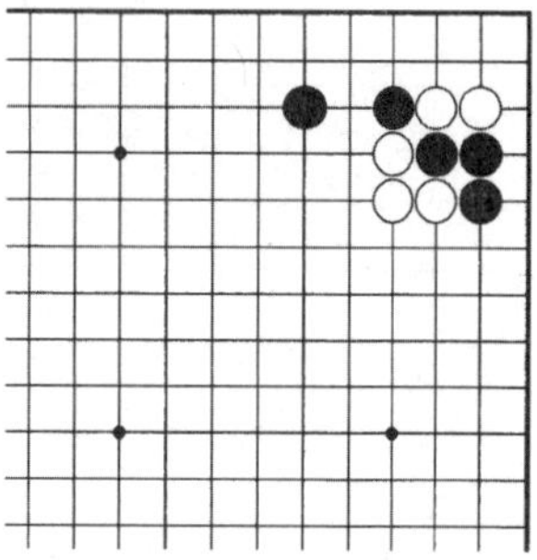

### 수습

우변의 흑 3점과 상변의 흑1점 중에 어느 쪽은 잡힐 것 같지만 귀의 백 2점을 공격하여 위기를 극복해야 한다.

解

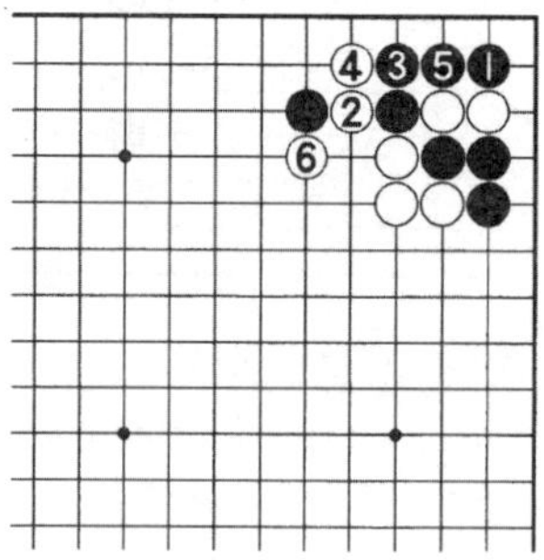

### 흑 충분

흑1의 붙임이 위기를 수습하는 맥이다.
백은 귀를 버리고 2, 4로 상변을 뚫는 정도이다.
백6까지 흑이 충분한 갈림.

変

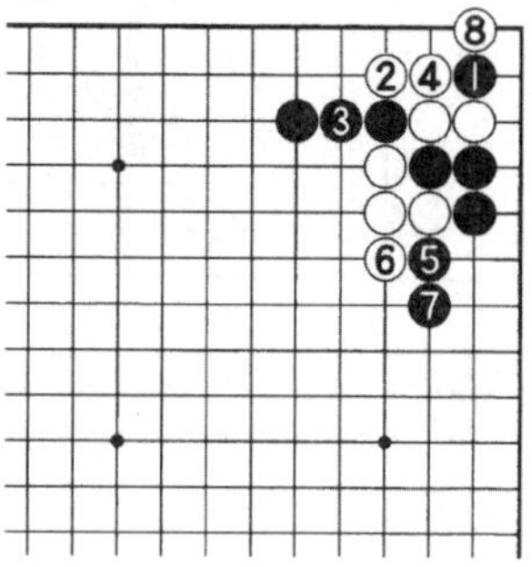

### 흑 충분

백2로 단수치고 4로 이어 귀의 백 2점을 살리면 흑5, 7로 우변 3점이 도망친다.
백8로 귀에서 살고 흑은 상변이나 우변을 지켜서 충분하다.

(2356)

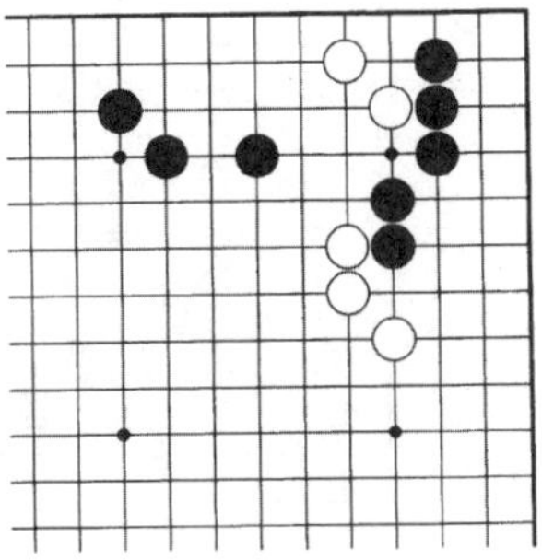

解

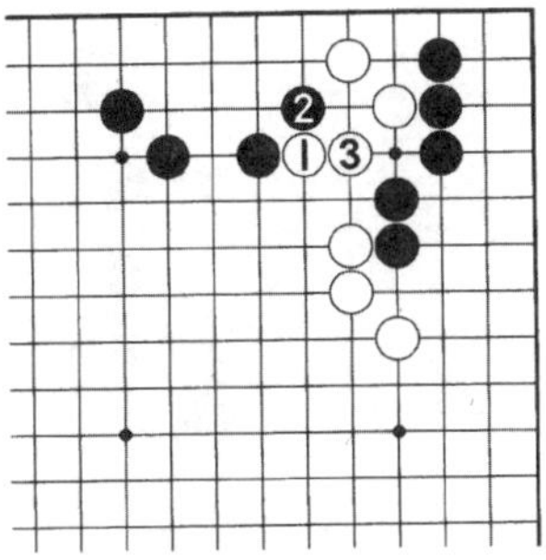

変

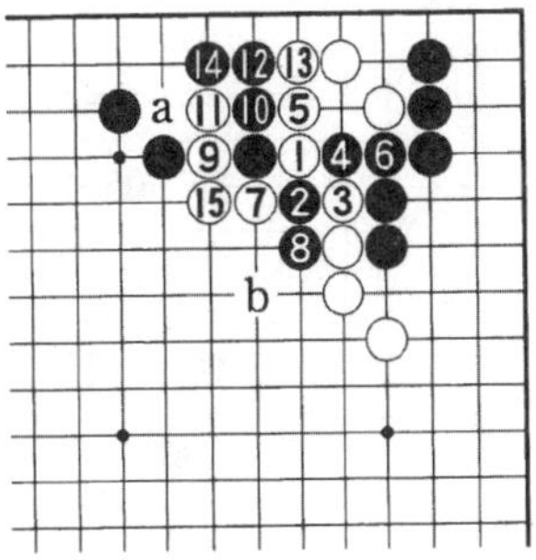

**제4형 백번**

### 전부

우상의 백 3점이 이대로 전부 잡히면 큰일이 난다.
중앙으로 연결하는 방법을 찾아야 한다.

### 도망가다

백1로 옆구리붙이는 수가 맥이다.
흑2로 아래에서 젖히면 백3으로 당겨 전체가 연결되면서 도망쳐서 성공한 모양이다.

### 저항

흑2, 4로 강력하게 끊으면 백5로 저항한다.
흑6 이후 백7부터 15까지 상변을 공격하여 흑은 수습하기 힘든 모양이다. 흑a는 백b.

(2357)

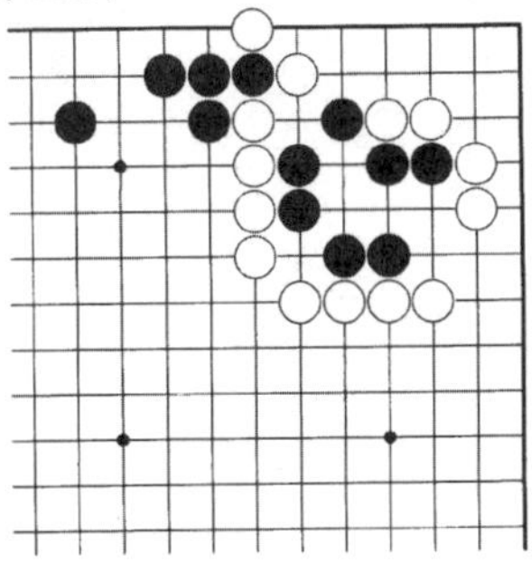

解

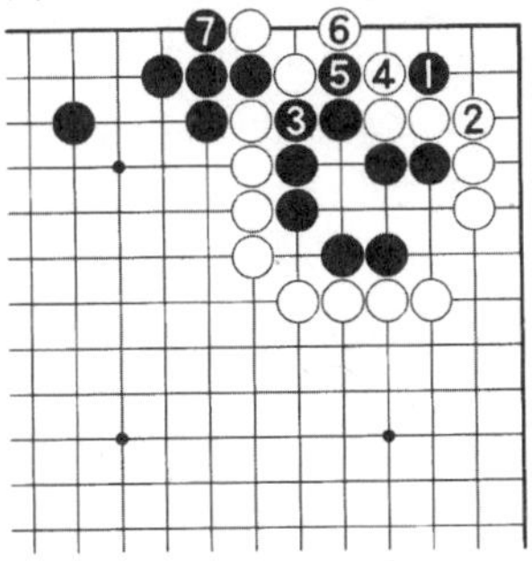

変

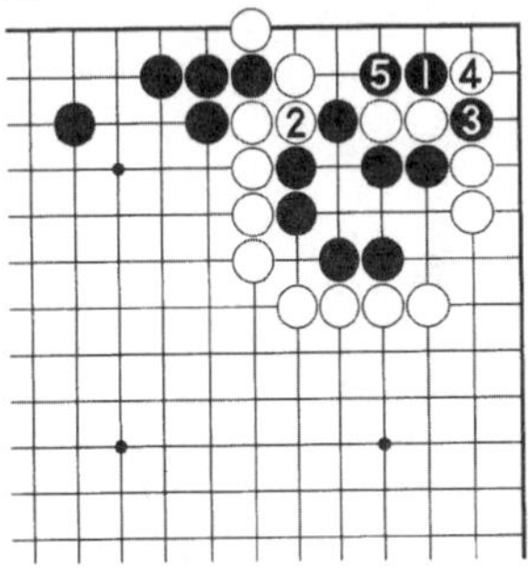

**제5형 흑번**

### 살리다

우상의 흑은 중앙에 한 집을 가졌을 뿐이다.
살기 위해서는 상변의 흑과 연결하거나 귀의 백 2점을 잡을 수밖에 없다.

### 연결

흑1의 붙임이 좋은 수이다.
백2로 이으면 흑3으로 끊어 상변에 있는 백 2점을 잡으면서 상변과 연결한다.
흑7까지 촉촉수이다.

### 흑 삶

백2로 왼쪽의 백을 살리면 흑3으로 끊어 2점을 잡는다.
백4에는 흑5로 따내 옥집이 될 일은 없다.

(2358)

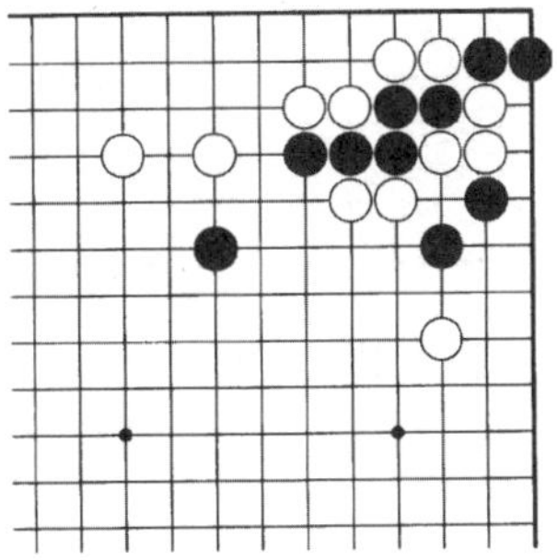

解

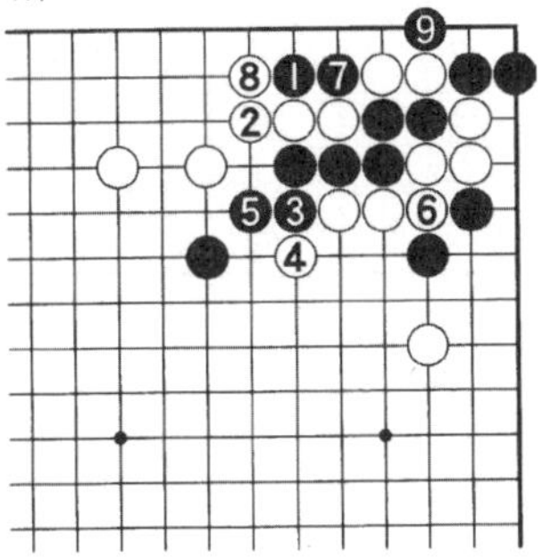

変

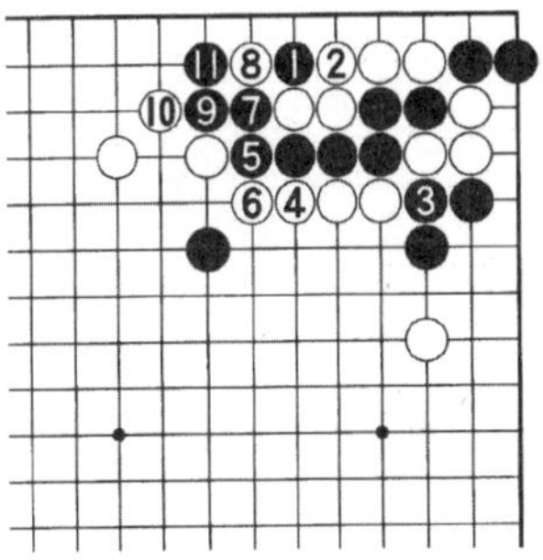

**제6형 흑번**

### 일석이조

우상의 전투.
귀를 끊기고 중앙 5점도 축이 되기 일보 직전이다. 귀와 중앙 양쪽을 살리는 일석이조의 수를 궁리해야 한다.

### 묘수

흑1의 배붙임이 묘수이다.
백은 2로 느는 정도지만 흑은 3, 5로 중앙의 흑을 살리고, 백6 이후 흑7, 9로 백 2점을 잡고 연결한다.

### 백 실패

백2로 이으면 흑3 끊음이 성립한다.
백4, 6으로 축으로 쫓아도 흑11 까지 흑1의 1점이 작용하여 백이 실패한다.

**제7형 백번**

(2359)

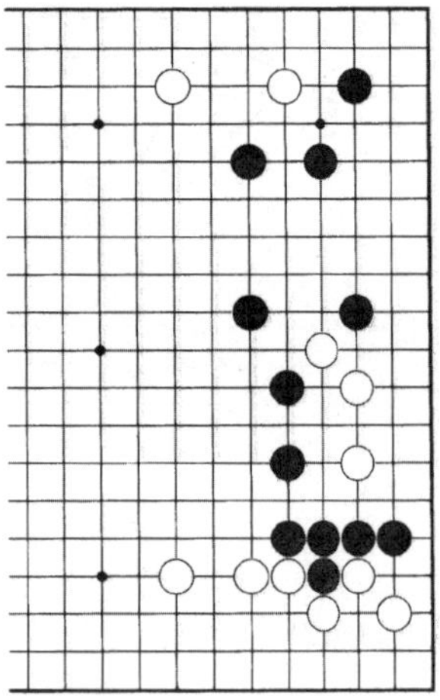

## 위험한 상태

우변의 흑 3점이 공격당해 위험한 상태에 처해 있다.
백이 수습 하려면 어디에 두어야 하는가?

解

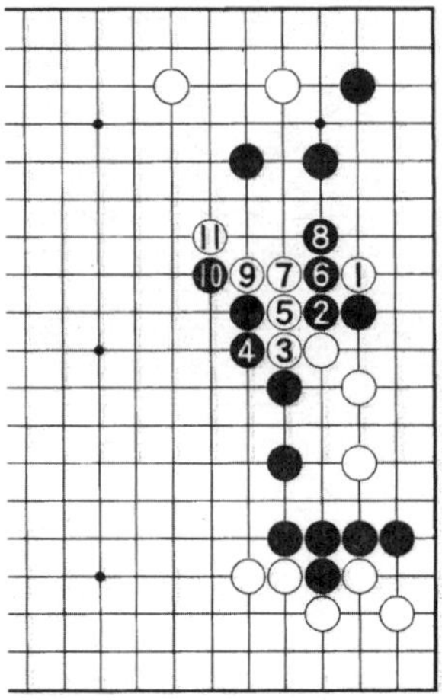

## 탈출

백1로 붙여 흑의 응수에 따라 도망칠 흐름을 찾는다. 흑2로 나가면 백3, 5로 나가서 우변의 흑이 자충이 되기 때문에 백7로 뚫을 수 있다 백11까지 탈출에 성공한 모양.

変

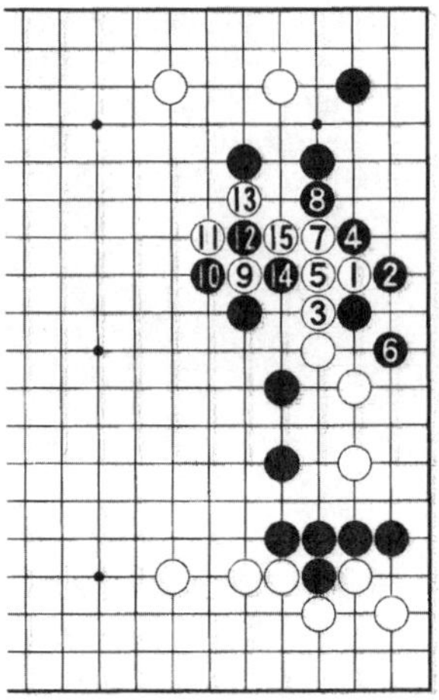

## 패

흑2로 아래에서 받으면 백3으로 막아 우변의 흑 모양에 약점이 생긴다. 흑6 이후, 백7로 미는 수를 선수하고 중앙에 백9, 11로 두어서 수습한다.
백15까지 단수쳐서 패가 난다.

**제8형 흑번**

(2360)

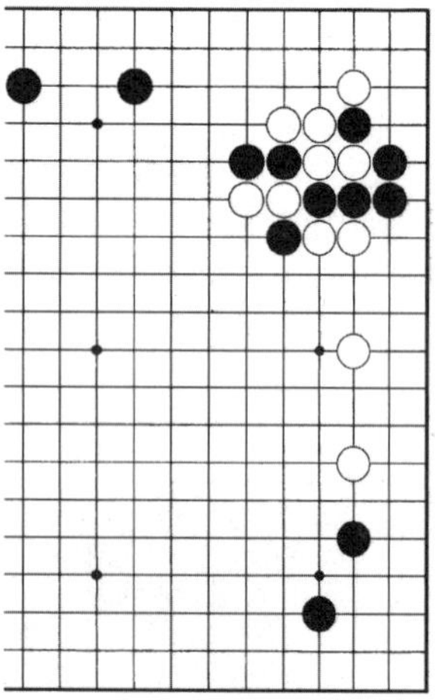

## 산산조각

우상의 흑은 산산조각의 상태.
수습하기 어려울 것 같지만 백에게는 자충이라는 약점이 있어 흑 4점을 편하게 살릴 수 있을 것 같다.
최선의 수를 궁리해야 한다.

解

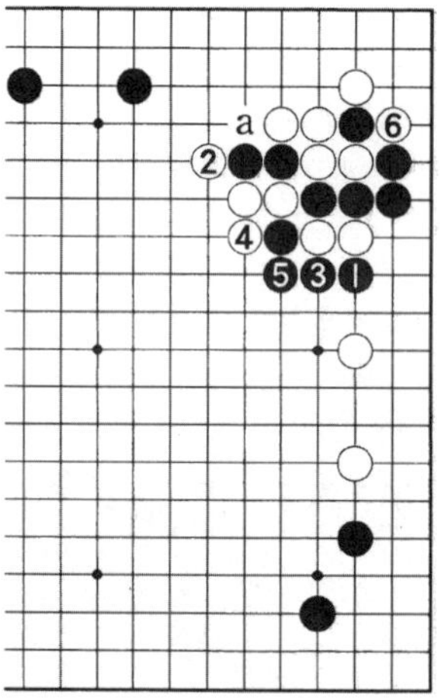

## 2점 잡기

흑1의 붙임이 좋은 수로 백 2점은 움직일 수 없다. 백2로 상변의 흑 2점을 공격하면 흑3으로 백 2점을 잡는다.
백4, 6으로 결정지어도 흑은 충분하다. 백6에서 손을 빼면 흑a.

失

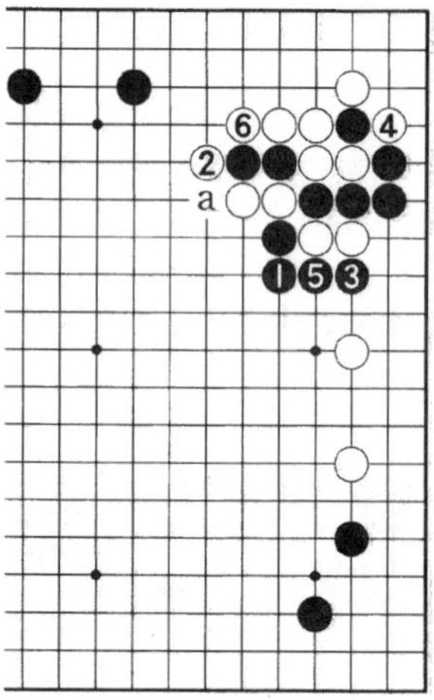

## 흑 손해

흑1로 먼저 느는 수는 정해도와 비교했을 때 4자리가 선수로 들어서 흑이 손해다.

(2361)

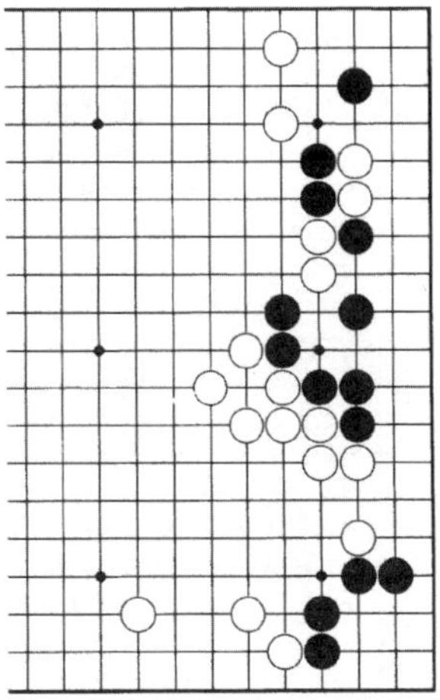

解

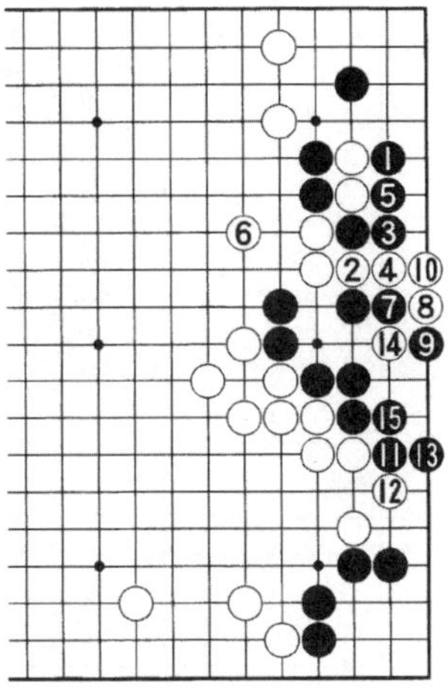

失

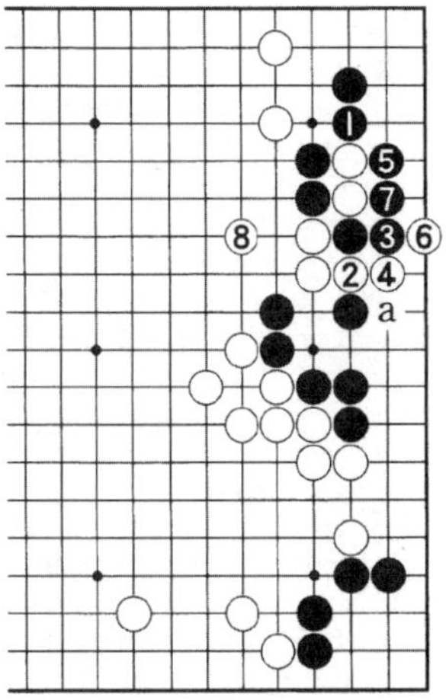

제9형 흑번

## 눈엣가시

우상의 백 2점은 흑에게 있어 눈엣가시이다. 하지만 위아래의 흑이 산산조각이 나더라도 맥을 이용해 귀를 살리고 우변도 살 수 있다. 백 2점을 잡을 방법을 생각해야 한다.

## 흑 삶

흑1의 배붙임이 좋은 수이다.

백2, 4로 뚫고 나오면 흑5로 잡고 백6의 봉쇄에 흑7로 막는다.

흑15까지 건너가는 것과 사는 것을 맞보기로 한다.

## 흑 즉사

흑1로 두어도 백 2점을 잡을 수는 있지만 이 방법은 흑5 이후 백6의 단수가 선수여서 반대로 흑a의 막는 수를 두지 않는다.

백8로 봉쇄한 시점에서 우변 흑이 죽는다.

(2362)

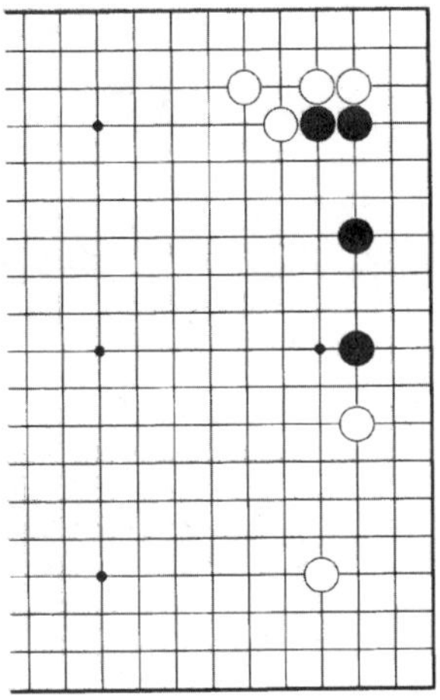

解

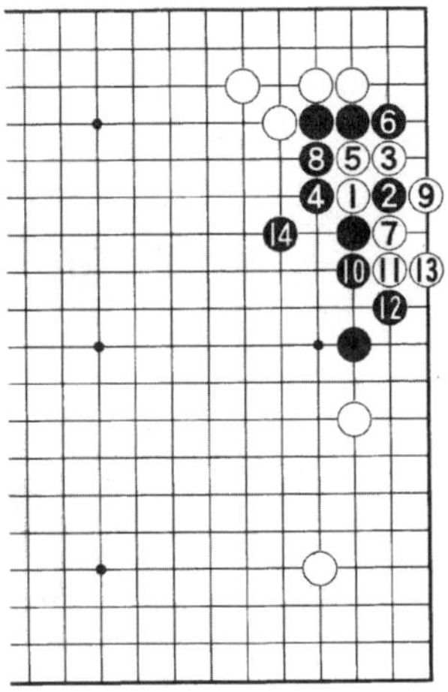

变

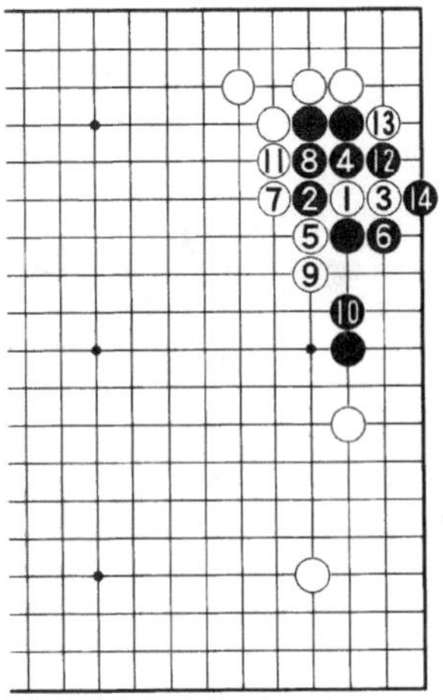

옆구리붙임 침범

제1형 백번

## 나쁜 모양

우변에 벌려져 있는 흑은 돌 수가 많은 것에 비해 약한 돌이다.

이유는 우사의 백 2점은 공배가 차 있는 나쁜 모양이다. 백은 이 점을 노려 공격해야 한다.

## 백 삶

백1의 붙임은 귀의 흑 2점을 노린 맥이다.

흑2에는 백3으로 막아서 흑은 5로 끊을 수 없다.

흑4, 6으로 공격하면 백7부터 13으로 흑집을 전부 도려내고 산다.

## 중앙이 두텁다

흑2에 백3으로 내리는 것도 유력한 맥이다. 흑4에 백5로 끊어 우변은 사석이다. 백7부터 흑14까지 백은 중앙을 두텁게 한다.

흑4로 5는 백13으로 흑집을 도려낸다.

(2363)

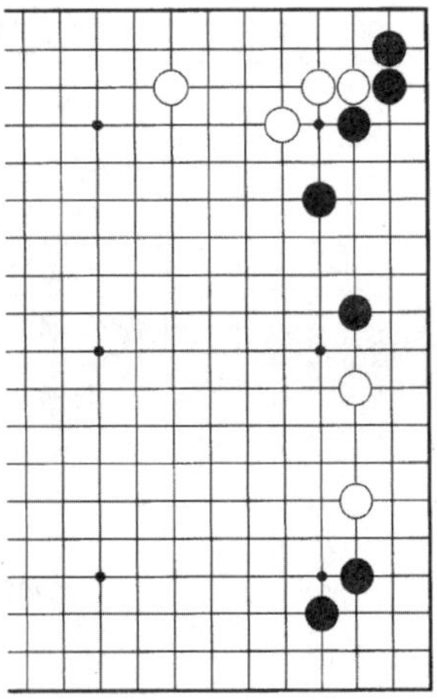

解

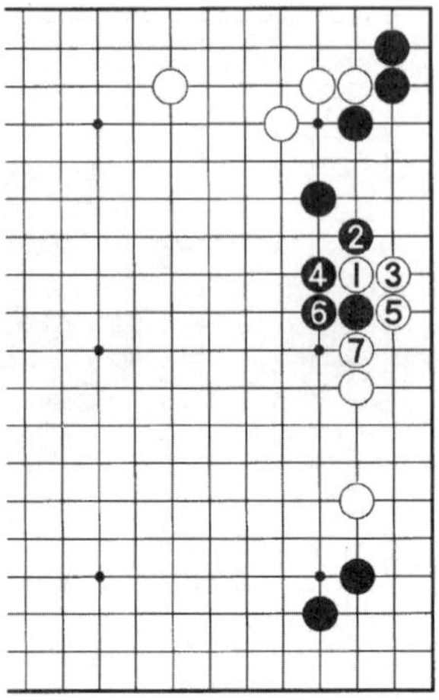

変

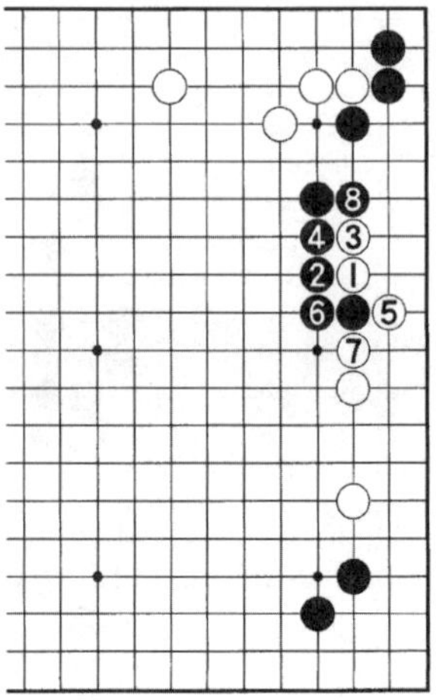

제2형 백번

## 근거만들기

우변의 백은 두 칸 벌린 상태이지만 아직 근거가 확실하지 않다.
우상에서 있는 흑의 엷음을 노려서 더 튼튼한 근거를 만들고 싶다.

## 맥

백1의 옆구리붙임이 상용의 맥이다. 흑2로 입구자 붙여 연결을 도모하면 백3으로 내리고 5와 7로 건넌다. 백은 우변의 집을 넓히고
확실하게 사는 모양을 갖췄다.

## 흑 괴로움

흑2로 막으면 백3으로 뻗는다.
흑4로 잇고 백5로 젖혀 건너간다.
흑8까지 후수이고 흑이 괴로운 모양이다.

(2364)

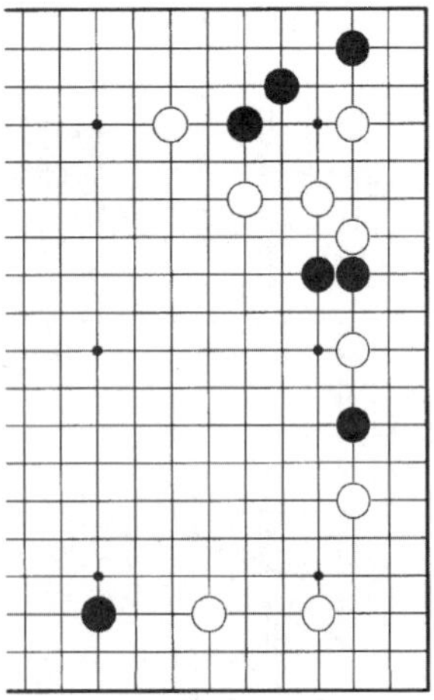

解

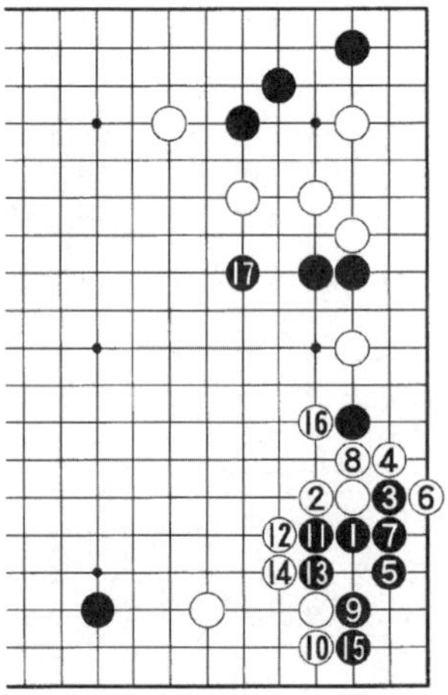

変

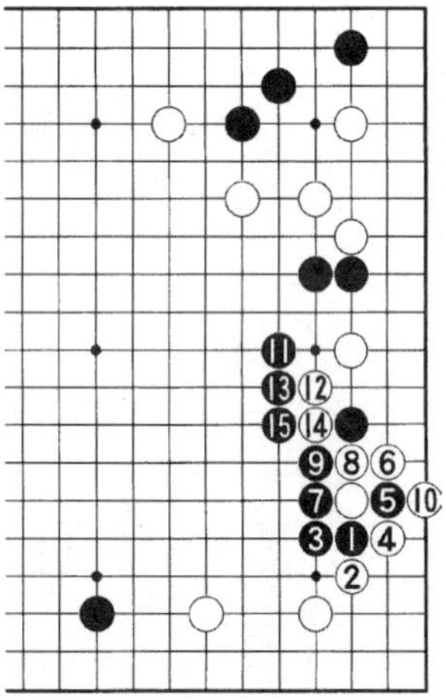

제3형 흑번

## 추궁

우변의 흑이 백에게 공격당하고 있는데 한 수로 전멸당할 리는 없다.
흑은 우하 백의 엷음을 추궁하면서 우변을 지키고 싶다.

## 귀를 부수다

흑1의 붙임은 백집을 도려내는 맥이다. 백2로 늘면 흑3, 5로 귀에 뿌리를 내리고 흑15까지 살아버린다. 백16에 흑17로 우변으로 도망쳐 나와 흑이 효율적으로 둔 그림.

## 바깥이 굳다

백2, 4는 귀의 집을 지키는 수이다. 흑5로 끊어 1점을 사석으로 삼으면서 흑7, 9로 바깥을 밀고 나간다. 흑11부터 15까지 바깥을 굳히면 흑의 불만은 없다.

## 제4형 흑번

(2365)

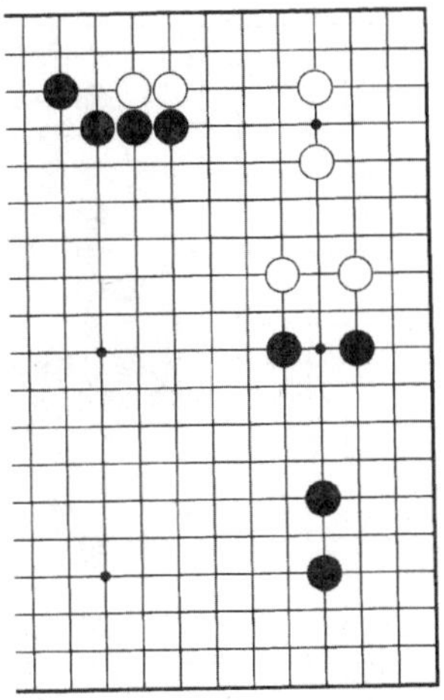

### 수순

우상귀의 백은 오붓하게 정리되어 있는데 상변에 있는 백2점과의 거리가 멀다.
흑은 어디서부터 손을 대야할까.

解

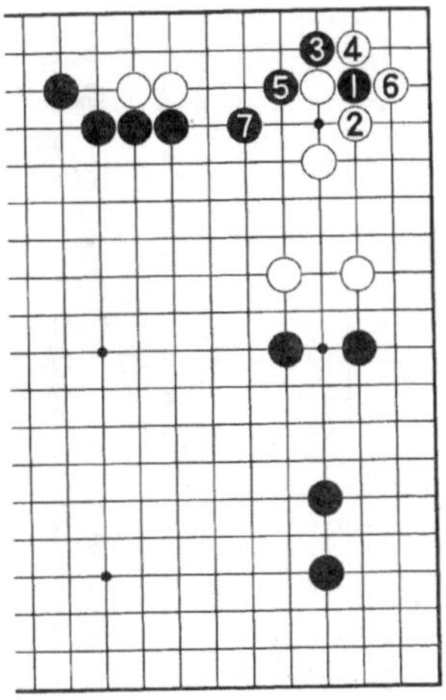

### 2점 잡기

흑1의 붙임은 백의 응수를 엿보는 상용의 맥이다. 백2, 4는 귀의 집을 지키는 수, 흑5로 선수하고 상변에 세력을 만든다.
흑7로 입구자하여 백 2점은 도망칠 수 없다.

变

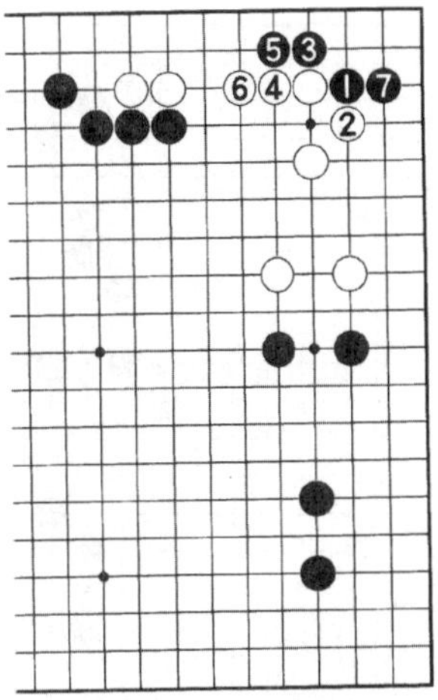

### 흑 삶

흑3의 젖힘에 백4로 받으면 상변은 연결된다.
흑5 이후 6으로 젖히는 것을 백은 참을 수 없기 때문에 백6으로 늘면 흑7로 뻗어서 귀에서 살아버린다.

## 제5형 흑번

(2366)

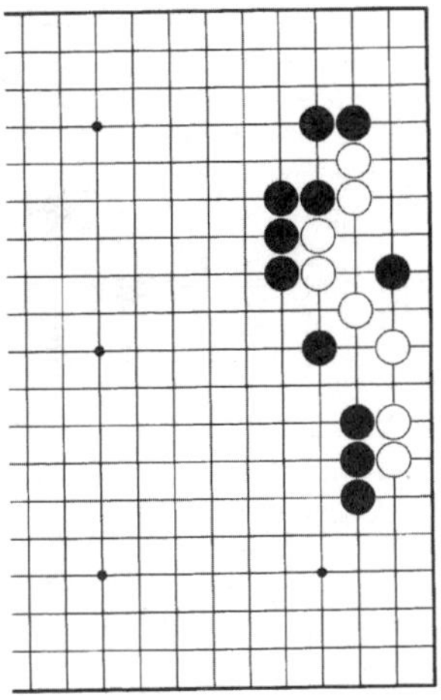

### 전체의 눈

우변 백집 안에 있는 흑 1점을 이용한다.
백집은 넓은 것 같지만 흑 1점을 이용하면 전체의 안형을 위아래로 만들 수 있을지도 모른다.

解

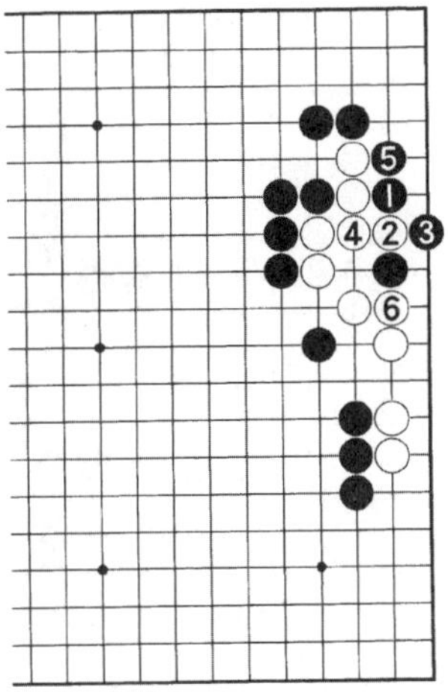

### 건넘

흑1의 붙임이 맥이 된다.
백2, 4로 받고 흑5로 건너서 흑 1점을 우상으로 연결한다.
이후, 백은 6으로 막아 살아야만 한다.

变

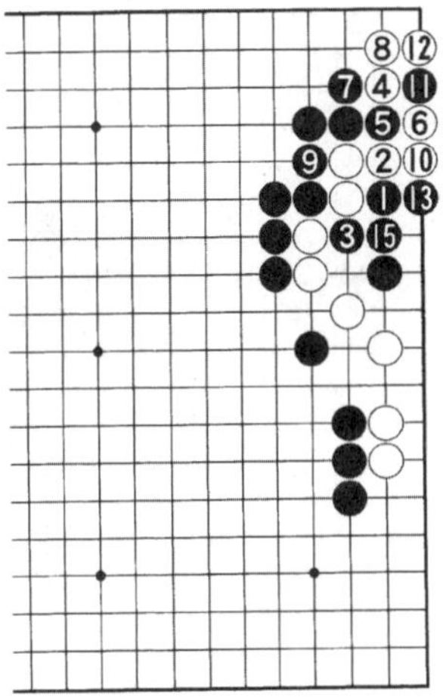

### 백 전멸

백2로 흑을 막는 것은 무리.
흑3으로 끊어 우상의 백의 수가 적다. 백4로 귀로 도망쳐도 흑5부터 15까지 백의 수는 3수에 불과해 백은 전멸한다.
※⑭→⓫

제6형 백번

(2367)

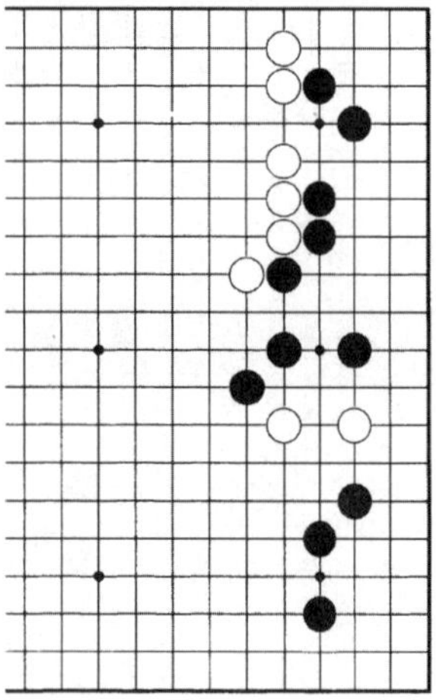

## 반격

우변의 백 2점은 꽤 괴로운 모양이다. 중앙으로 도망쳐도 우하에 버티고 있는 흑이 강해서 승산이 없다.
우상의 흑집에 반격하는 수는 없는지 생각해보자.

解

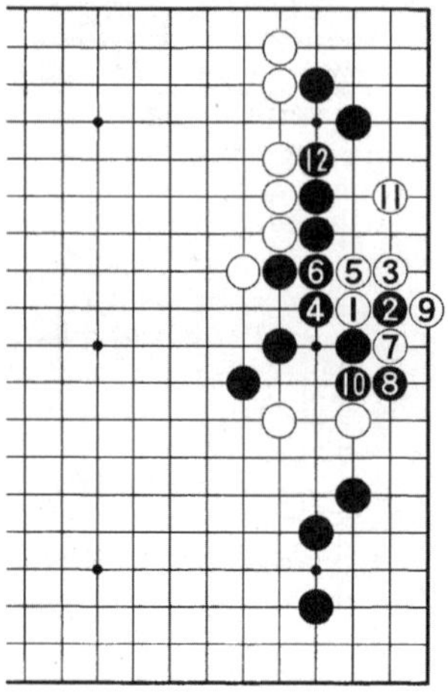

## 백 삶

백1의 붙임이 흑의 옮음을 노리고 우하 백과 연관된 맥이다.
흑2로 건너지 못하게 막으면 백3으로 저항한다. 흑은 4, 6으로 중앙을 지키는 정도로 백7부터 11까지 우변에서 살면 성공이다.

変

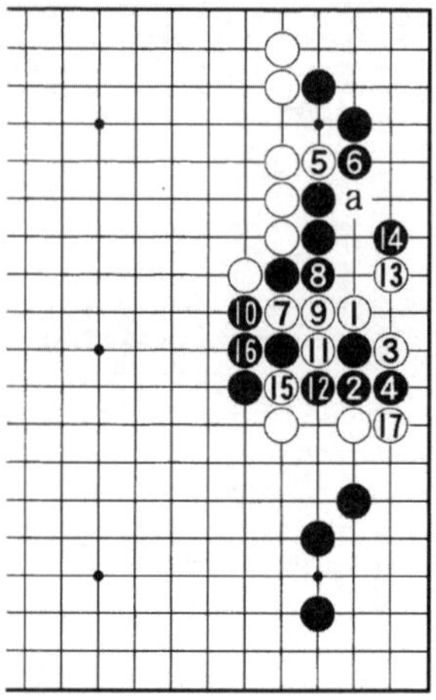

## 4점 잡기

흑2로 치받아 건너지 못하게 막으면 백3, 5를 선수하고 7로 단수쳐서 우변에 자리 잡는다. 흑10으로 끊으면 백13의 맥을 둔다. 흑14로 백a를 막으면 백15, 17로 우변의 흑 4점을 잡는다.

제7형 백번

(2368)

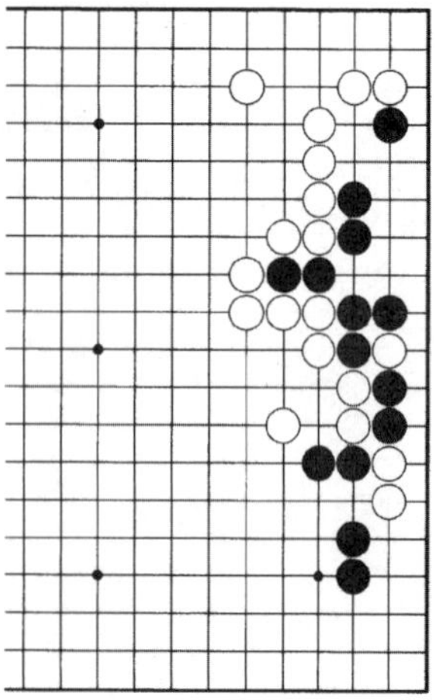

## 자충

우상의 흑 1점만 잡는 것은 간단하다. 그러나 우변의 흑집을 집어삼키는 큰 끝내기가 있다.
그러기 위해서는 흑의 자충을 추궁하는 맥을 발견하지 않으면 안 된다.

解

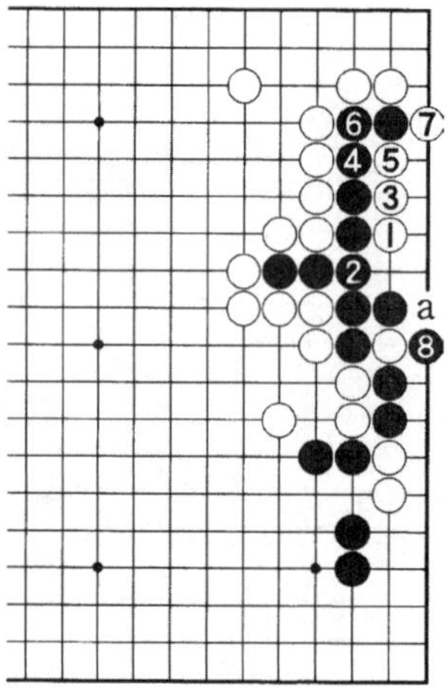

## 도려내다

적의 집 깊숙이 백1의 배붙임이 좋은 수이다.
흑2로 이으면 백3으로 밀고나가 도려낸다. 백7로 건너면, 백a를 피하기 위해 흑8로 따내지 않으면 안 된다.

変

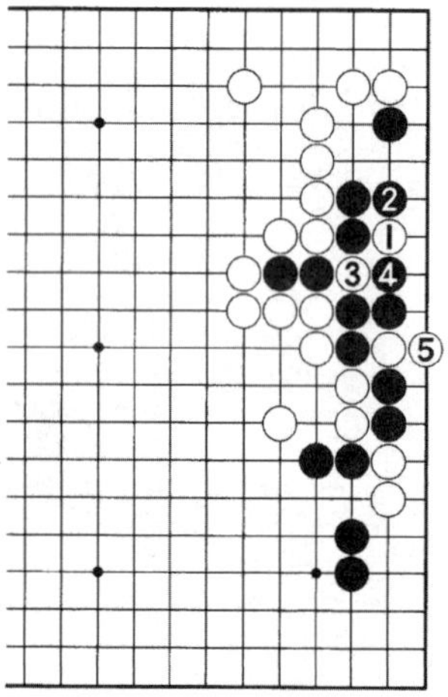

## 백 성공

흑2로 막기라도 하면 백3, 흑4 이후 백5로 내려서 큰일이 일어난다.
자충에 걸려 흑 2점은 저항할 수단이 없다. 우하 백이 부활해서 흑집이 붕괴된다.

(2369)

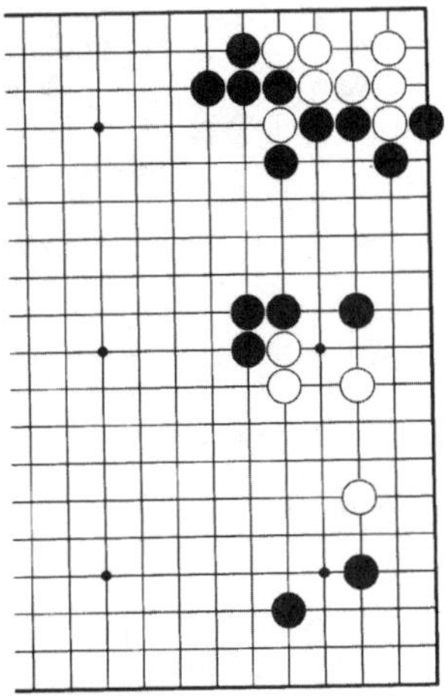

解

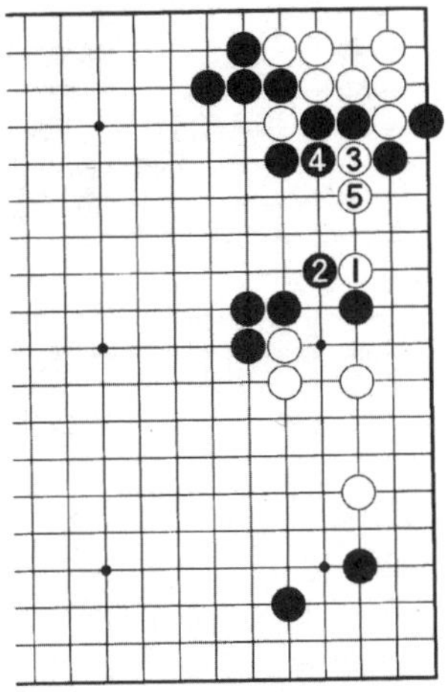

変

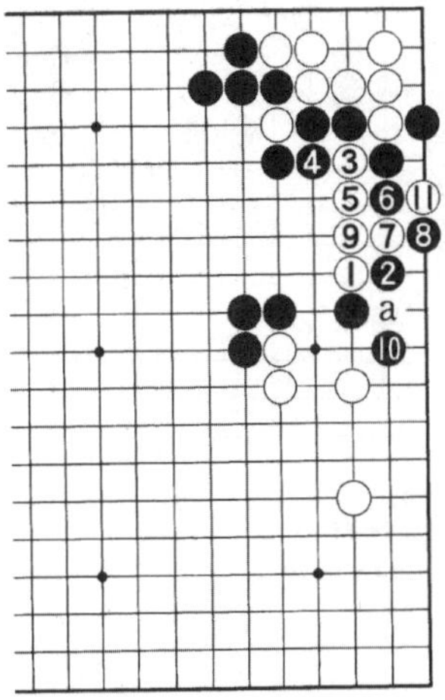

제8형 백번

## 테크닉

우상의 흑은 중앙에 대규모로 발전했는데 집으로서는 불완전 하다.
흑의 약점을 노려서 우변의 흑집을 무너뜨리려면 테크닉이 필요하다.

## 2점 잡기

백1의 붙임이 날카로운 맥이다.
백의 노림은 3으로 끊는 수이다.
흑2로 받기라도 하면 백3, 5가 성립한다.
우상의 흑 2점은 도망칠 수 없다.

## 촉촉수

흑2로 젖혀도 백3으로 끊는다.
백5 이후 흑6, 8로 건너가도 백11까지 촉촉수로 끌고 간다.
흑2로 5에 지키면 백a로 건너간다.

(2370)

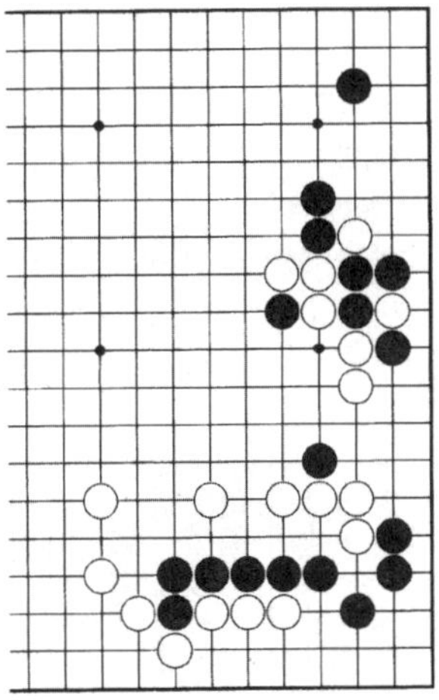

解

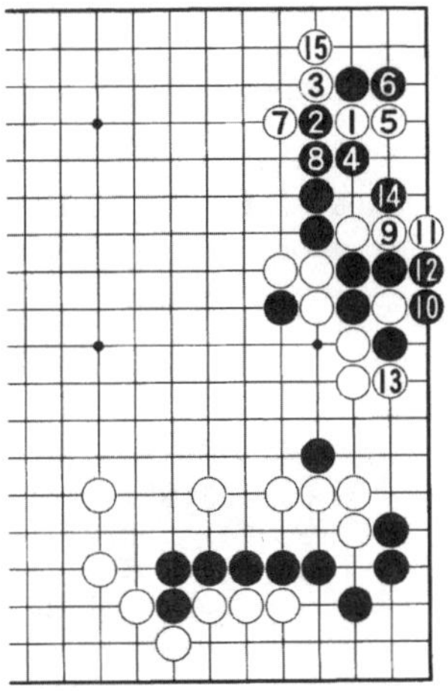

変

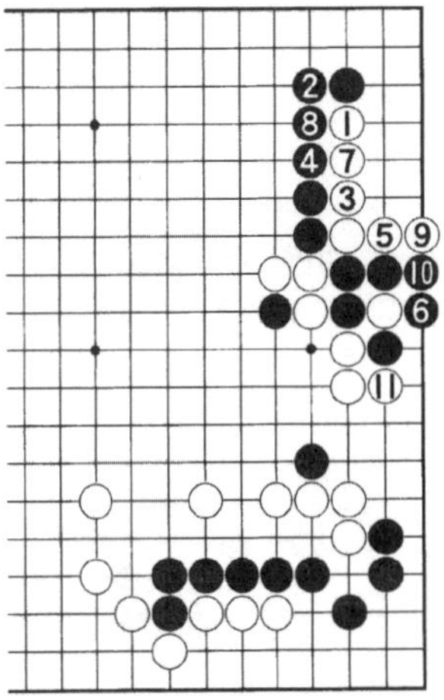

제9형 백번

## 우변의 맛

우상의 백을 어떻게 처리해야 할까?
흑은 우변의 백 2점을 잡았다고 해도 아직 맛이 남아있다. 백은 우상귀를 초토화시키고 싶다.

## 활용한 모양

백1의 붙임이 냉엄하다.
흑2로 막아서 백을 잡으려 하면 백3으로 맞끊어 수습한다.
흑4, 6으로 백 2점을 잡으면 백은 9부터 우변을 활용하여 흑을 중복시키고 15로 손을 돌린다.

## 흑 위험

흑2는 백의 수습을 방해하는 수지만 백3으로 나와 위험하다.
흑4 이후 백5, 7로 굳혀 백11까지 백이 유리한 수상전이 된다.

옆구리붙임 살다

제1형 흑번

(2371)

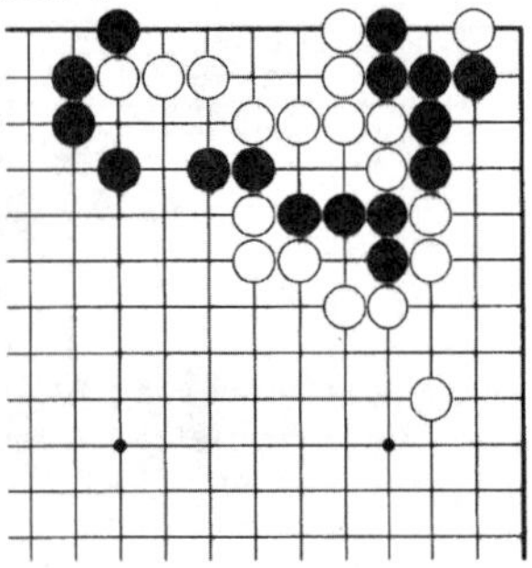

### 양쪽

귀의 흑을 살리면서 중앙의 흑 4점도 살리고 싶다.
두 가지를 가능하게 만드는 수를 발견해보자.

解

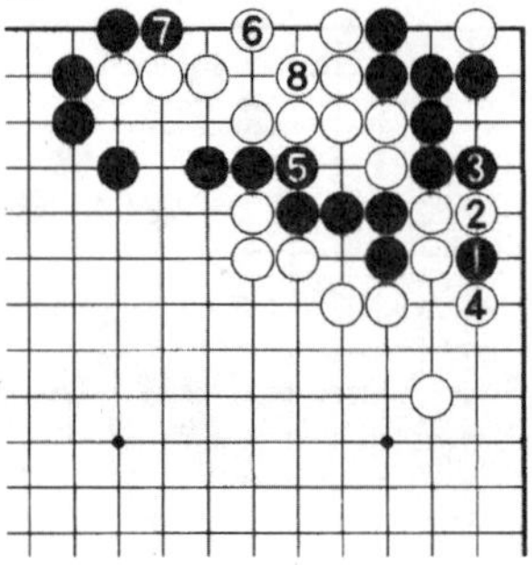

### 선수 삶

흑1의 붙임이 좋은 수이다.
백2에 흑3이 선수가 되어 귀를 살려 흑5에 둘 수 있다.
백8로 간신히 산다.

失

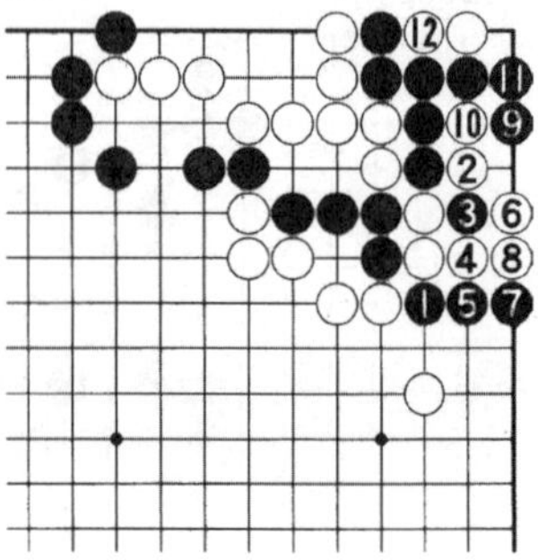

### 흑 전멸

흑1로 끊으면 백2로 실패한다.
흑3부터 11로 공격해도 백12로 우상귀는 빅이 되지만 우하의 흑 3점을 살릴 수 없기 때문에 전멸한다.

옆구리붙임 공격

제1형 흑번

(2372)

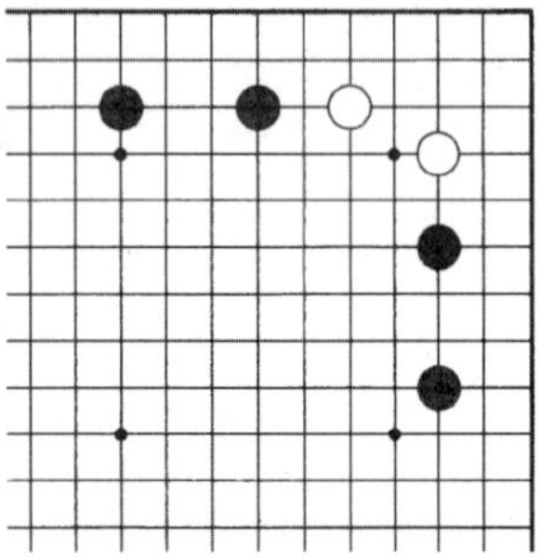

### 견고한 진영

날일자로 굳혀 견고한 진영을 구축하고 있어도 바깥에서 흑이 공격하면 근거가 이상해진다.
흑이 백을 공격하는 수는?

解

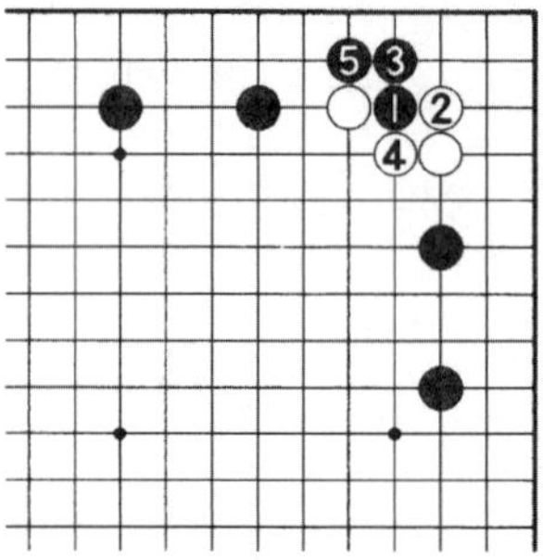

### 근거를 빼앗다

흑1의 붙임이 냉엄하다.
백2로 3·3을 막으면 흑3으로 뻗는다. 백4에는 흑5로 건너 백은 순식간에 근거를 빼앗겼다.

変

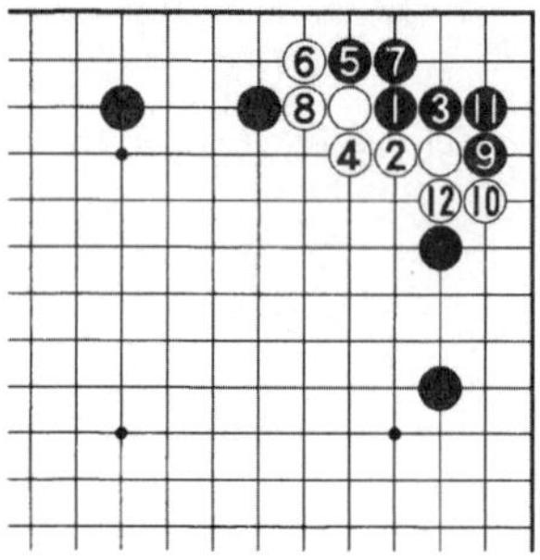

### 흑 삶

백2로 막으면 흑3으로 귀에 밀고 들어간다.
백4로 잇고 흑5로 젖혀이어 백12까지 선수로 귀에서 살고 바깥 백에 대한 공격을 노린다.

옆구리붙임 따냄

제1형 백번

(2373)

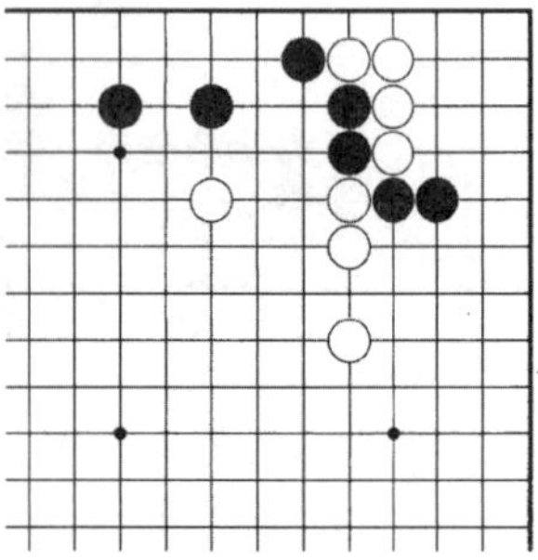

### 요석

우상귀의 백을 살리고 싶다.
많은 방법이 있겠지만 백을 끊고 있는 흑 2점을 잡는 것이 최선이다.

解

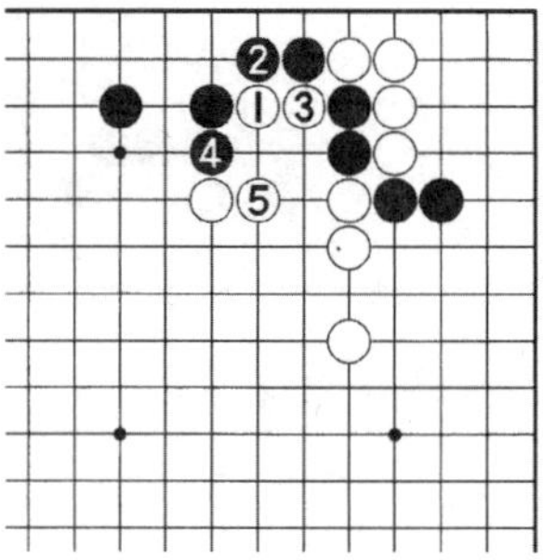

### 결정타

백1의 붙임 한 방이 결정타.
흑2로 건너면 백3으로 끊어 두 점을 잡는다.

変

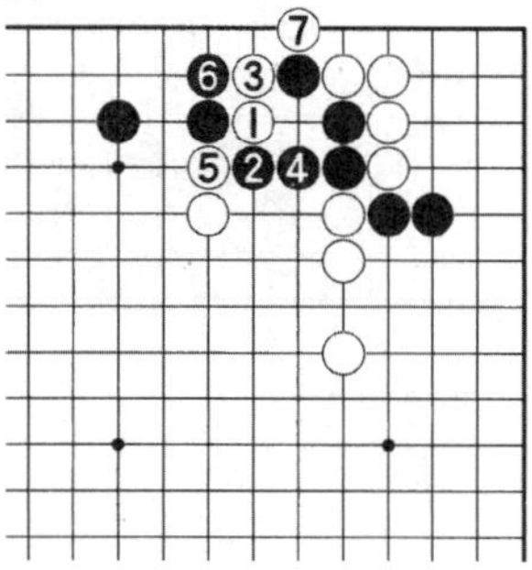

### 흑 탈출불가

흑2의 반발은 백3으로 두는 수가 좋은 수이다.
다음에 4로 잡는 것과 5로 끊는 수가 맞보기로 흑4로 이어도 탈출은 불가능하다.

(2374)

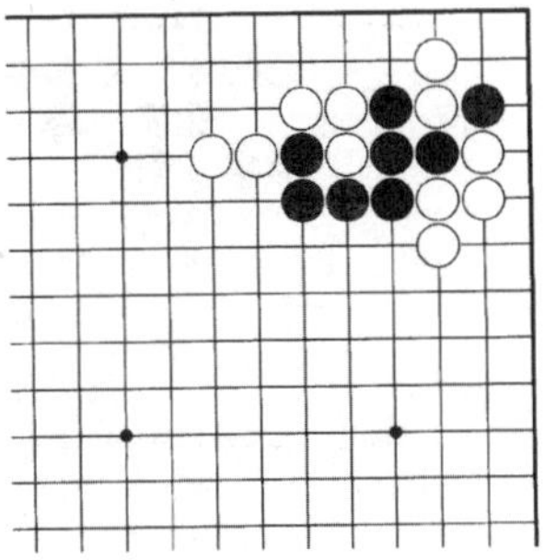

**제2형 흑번**

### 어느 한 쪽
상변을 뚫는 것은 간단하다.
귀와 상변에 있는 백중 어느 한 쪽을 잡을 수 없을지 생각해보자.

解

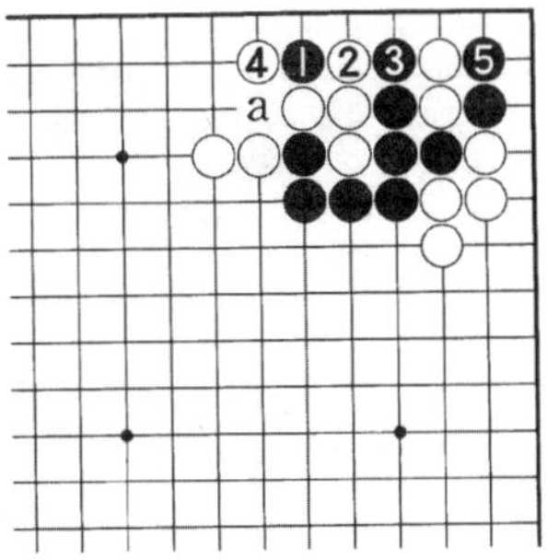

### 양 노림
흑1의 붙임이 맥이다.
백2라면 흑3으로 뚫고 나가 다음에 a로 4점 잡는 것과 5로 2점 잡는 것이 맞보기가 된다.
백4에 흑5로 성공이다.

変

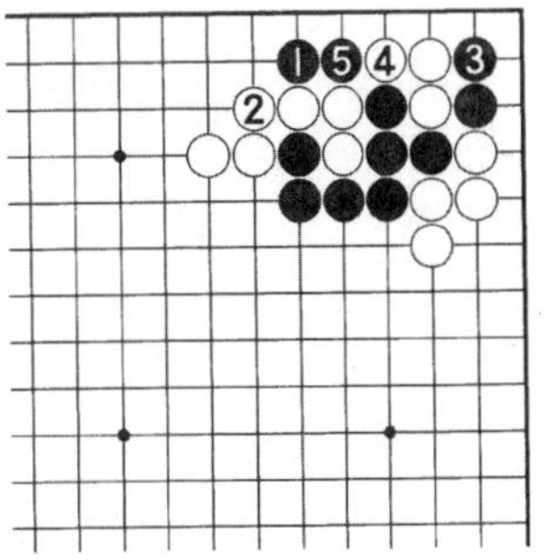

### 활용
백2로 받으면 흑3으로 귀를 틀어막아서 백 2점을 잡는다.
백4는 흑5로 흑 승.
흑1의 활용이 작용한 결과.

(2375)

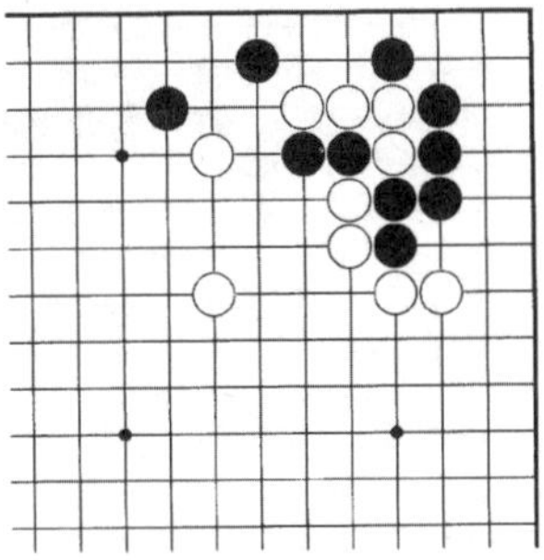

**제3형 흑번**

### 집안의 2점
백의 포위망 속에 있는 흑 2점이 도망치면 상변의 백이 반대로 잡히게 되는 것은 명백하다.

解

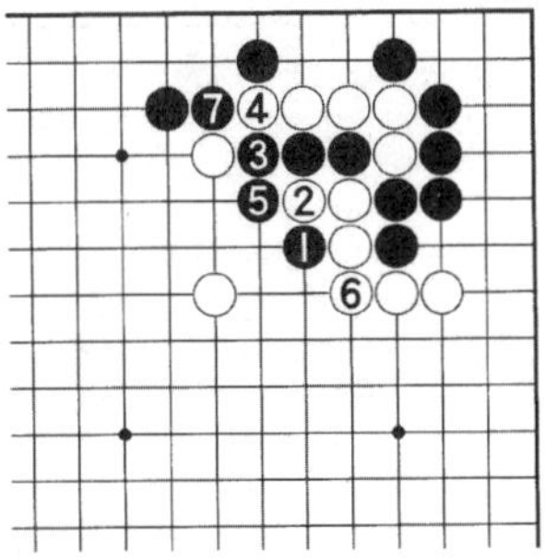

### 백을 잡다
흑1의 붙임이 여러 노림을 품은 맥이다.
백2, 6으로 중앙의 백을 살리면 흑7로 끊어 상변의 백을 잡는다.

失

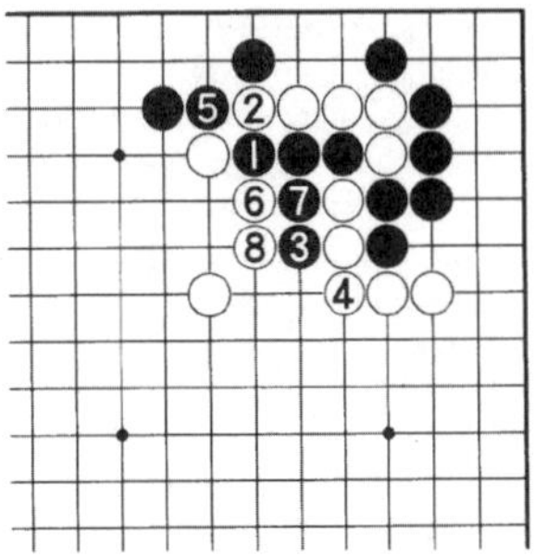

### 흑 잡힘
흑1을 먼저 두면 자충되어 잘 되지 않는다.
흑3, 백4 이후 흑5로 끊으면 백6, 8로 흑이 잡힌다.

(2376)

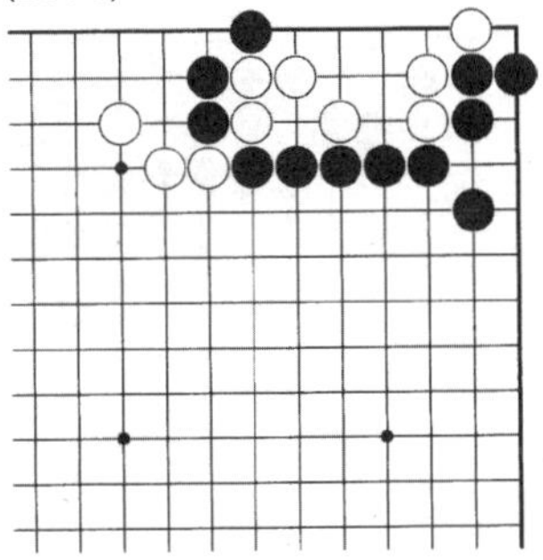

**제4형 흑번**

### 이등분
우상의 백과 상변의 흑3점 사이에는 흑이 열세인 것을 알 수 있지만 백의 귀의 반쪽을 잡을 수는 있다.

解

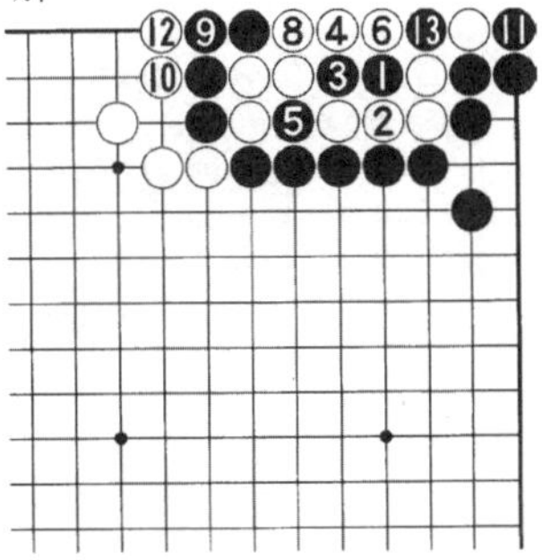

### 패
흑1로 붙이면 다음의 흑3으로 젖어 2점을 사석으로 이용하는 모양으로 백의 수가 줄어든다. 흑13까지 흑이 유리한 패가 된다.
※❼→❸(먹여치기)

変

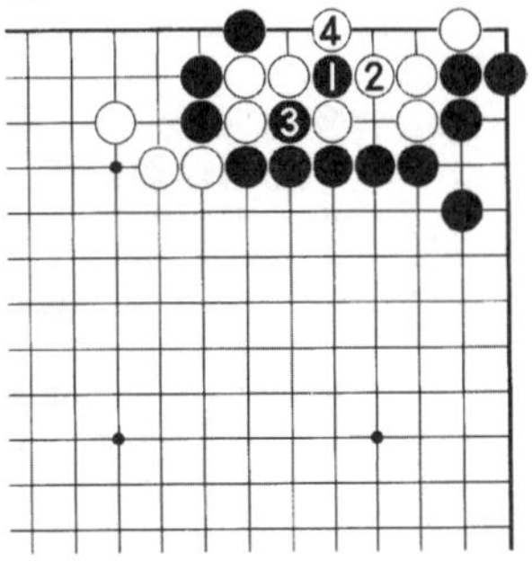

### 흑 실패
흑1로 젖는 수는 백2로 단수쳐서 실패한다. 흑3으로 단수쳐도 백4로 받아서 아무 수도 안 난다.

(2377)

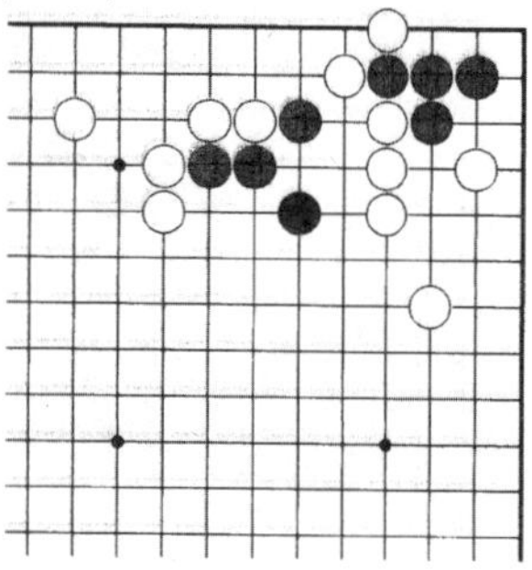

解

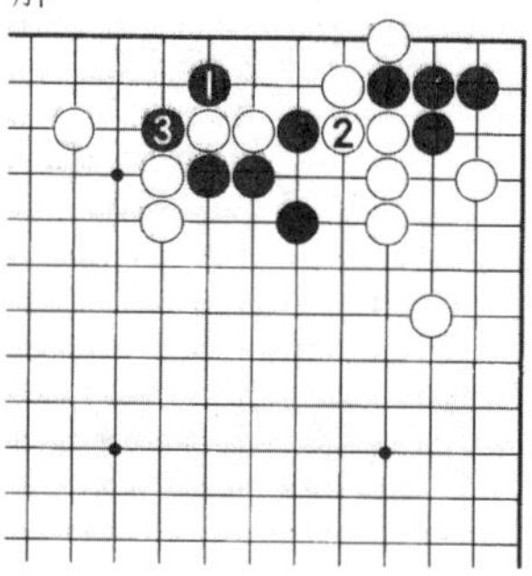

変

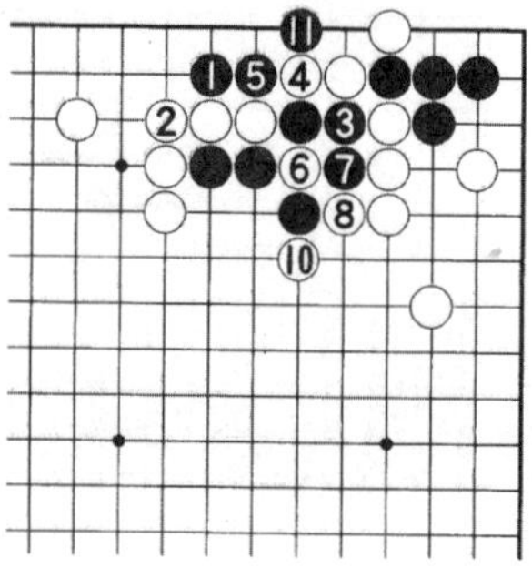

제5형 흑번

### 백의 결점

귀의 흑 4점이 잡히고 상변 4점도 뜬 돌인 상황이지만 백의 약점을 추궁하는 맥이 남아있다.

### 좌우를 노리다

흑1의 붙임으로 좌우 백의 약점을 노린다.

백2로 우상을 지키면 흑3으로 2점을 잡는다. 흑은 근거가 생기고 상변의 백은 약해진다.

### 부활

백2로 이으면 흑3으로 끊어 귀가 부활한다.

백4 이후 6, 8로 조여도 흑11까지 전체가 산다.

※❾→⑥

(2378)

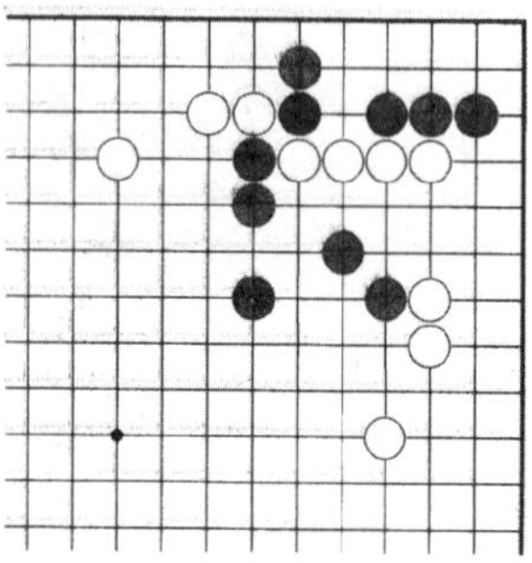

解

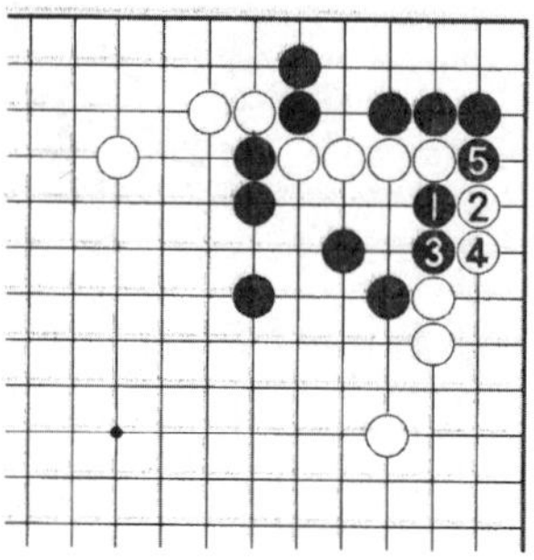

変

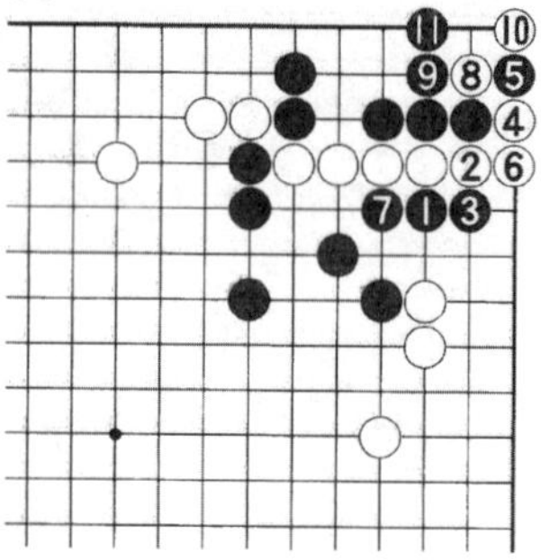

제6형 흑번

### 4점 잡기

우상의 모양은 화점 정석에서 생긴 변화이다.

흑을 끊고 있는 백 4점을 잡을 수단이 있다.

### 절단

흑1의 붙임이 냉엄한 맥이다.

백2로 젖히면 흑3으로 치받고 백4, 흑5로 끊는다.

백2로 3은 흑2.

### 흑 승

백2의 뻗음도 흑3으로 막아서 안된다.

백4부터 10으로 귀의 흑을 공격해도 흑11까지 유가무가로 수상전에서 흑이 이긴다.

(2379)

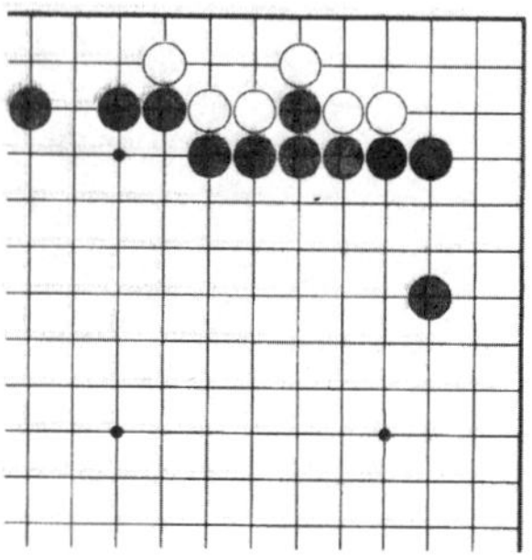

解

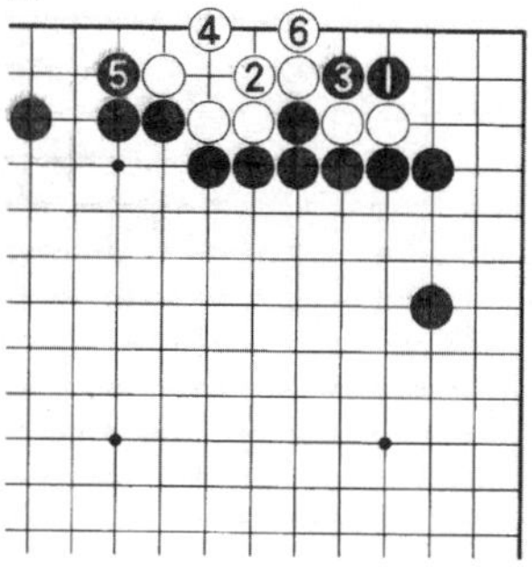

変

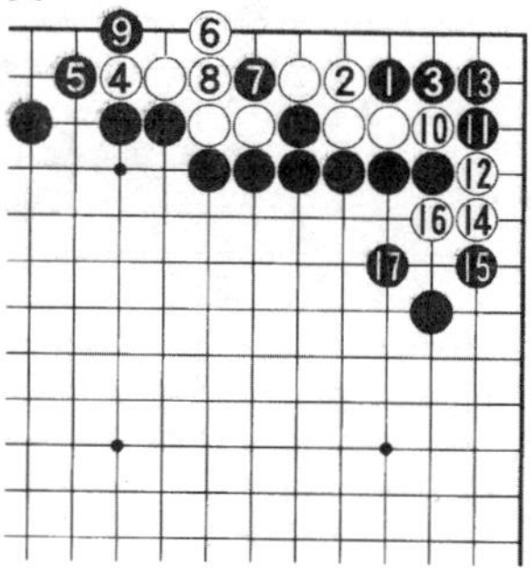

제7형 흑번

### 잡는 방법

상변의 백은 약점이 많아서 전부를 구할 수는 없다.

단, 흑도 공격 방법을 조금 다르게 해야 한다.

### 최소의 삶

흑1의 붙임이 날카롭다.

백2로 잇는 정도이다.

흑3으로 끊어 귀를 잡고 상변의 백 4, 6으로 최소한의 집만 내고 살게 된다.

### 백 전멸

백2로 이으면 흑3으로 당겨 백 전체에 집이 없어진다.

흑9로 한 집을 없애면 백10부터 귀를 공격해도 흑17까지 백은 전멸한다.

(2380)

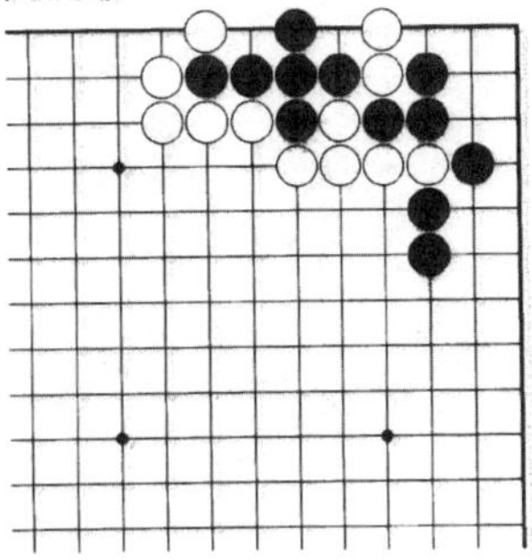

解

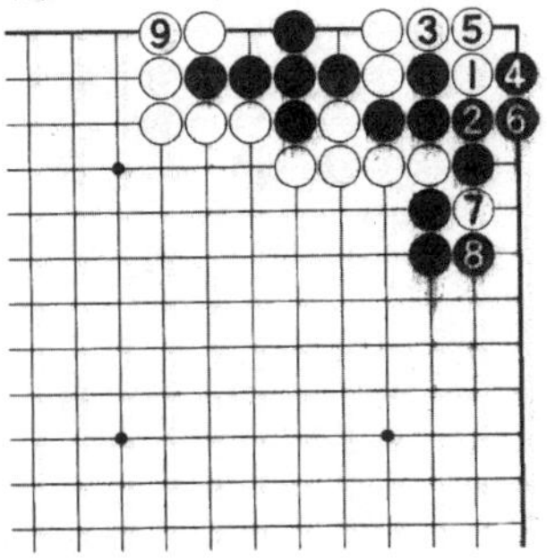

変

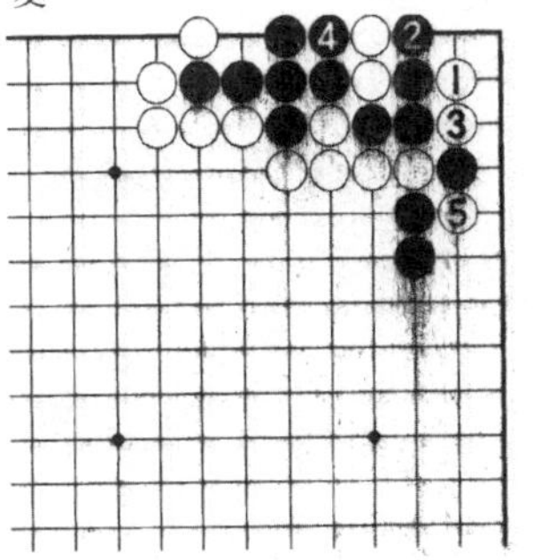

**제8형 백번**

### 결함

흑집은 귀의 백 2점을 잡고 우변까지 넓혀져 있지만 흑에게는 중대한 약점이 있다.
흑집을 백집으로 바꾸는 수를 생각해 내자.

### 6점 잡기

백1의 붙임이 좋은 수로 흑2로 이을 수밖에 없지만 백3으로 건너서 상변의 흑 6점을 잡으면서 귀의 백을 살린다.

### 흑 무리

흑2로 2점을 잡으면 백3으로 끊어서 실패한다.
백5까지 흑의 돌은 한 집밖에 없어 전멸한다.
우상의 흑은 근거마저 사라졌다.

(2381)

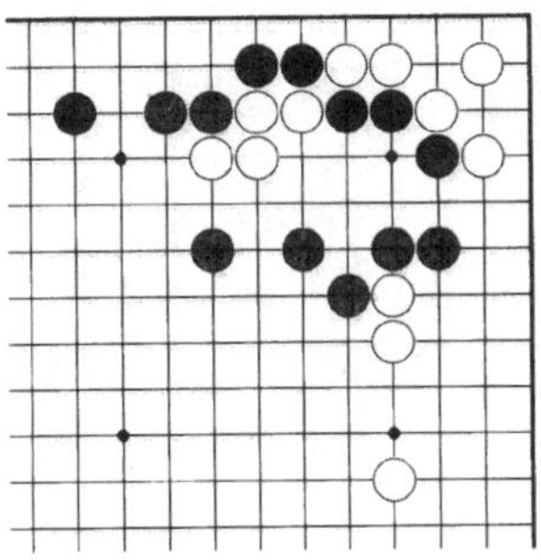

解

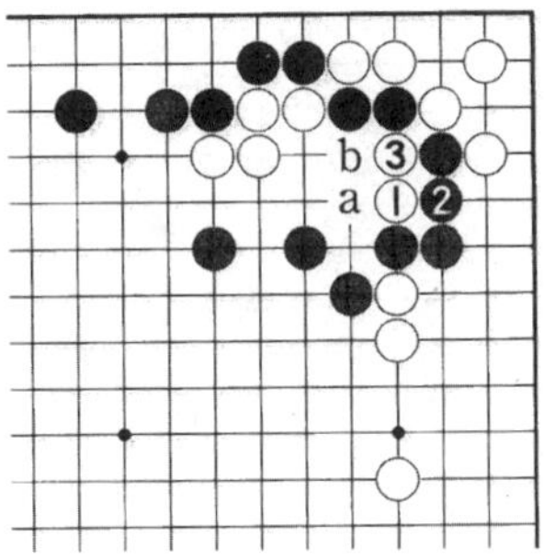

変

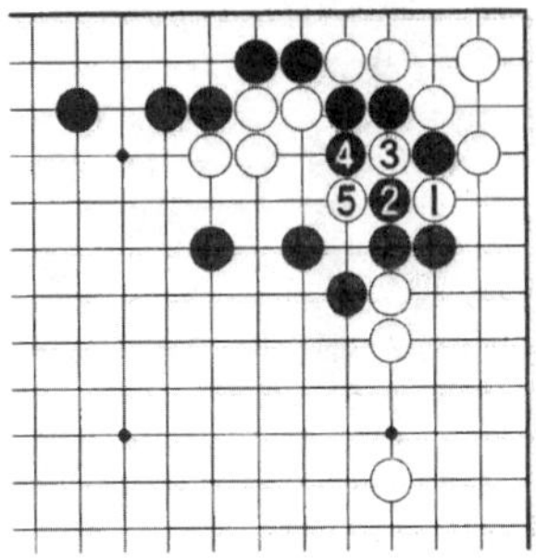

**제9형 백번**

### 급소는

백 4점을 끊고 있는 흑의 모양에는 중대한 약점이 있다.
흑을 잡는 급소는 어디일까?

### 2점 잡기

백1로 붙이면 흑 2점은 도망칠 수 없다.
바깥의 흑이 많아 착각할 지도 모르겠지만 흑2, 백3으로 그만이다.
흑2로 a는 백b.

### 패

백1로 단수치는 것은 흑2, 4로 받아 패가 난다.
1과 2는 한 줄 차이지만 헛수와 맥으로 갈리게 된다.
※❻→①의 위(패)

(2382)

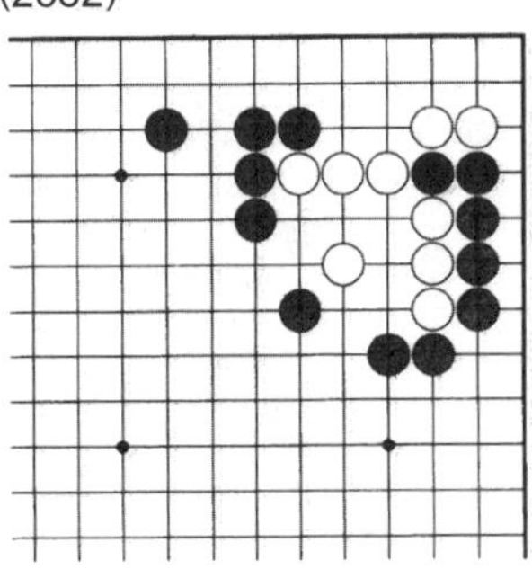

解

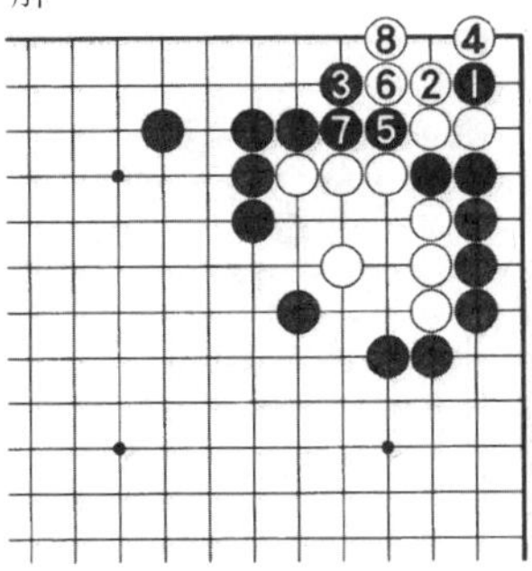

変

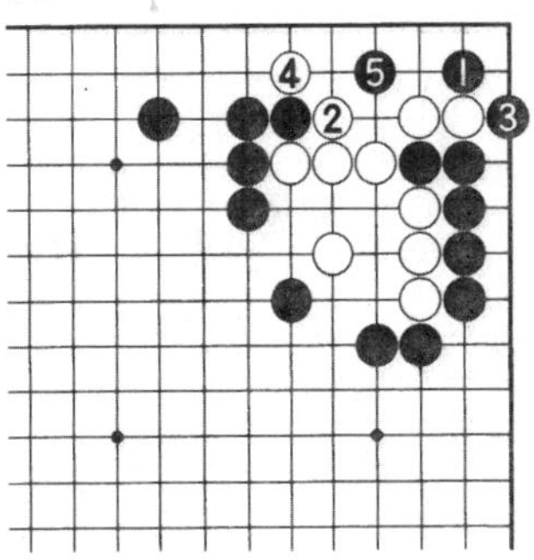

**제10형 흑번**

### 초점

백을 전멸시킬 수는 없지만 맥을 두어서 중앙의 백 7점을 잡을 수 있다.
귀의 집을 어떻게 공략하는가가 초점.

### 중앙을 잡다

흑1의 붙임이 묘수이다.
귀로 건넘과 5로 끊음을 맞본다.
백2라면 흑3, 5로 중앙7점을 잡는다.
백2로 3은 흑2로 전멸한다.

### 백 전멸

백2로 연결하는 모양은 흑3으로 건너서 백 전체의 집이 없어진다.
백4라면 흑5의 급소로 그만이다.
백4로 5는 흑4로 뻗는다.

제 11 형 흑번

(2383)

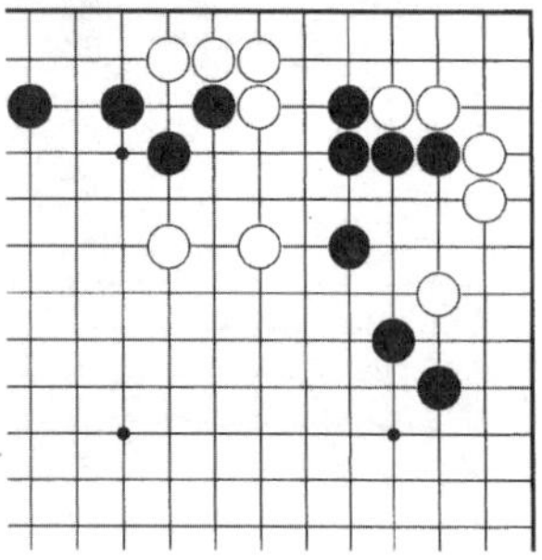

## 선수로

상변에 있는 백 4점은 귀로 건너가는 것과 중앙의 연결을 맞보고 있는 모양이다.
백의 건넘을 선수로 막을 수는 없을까?

解

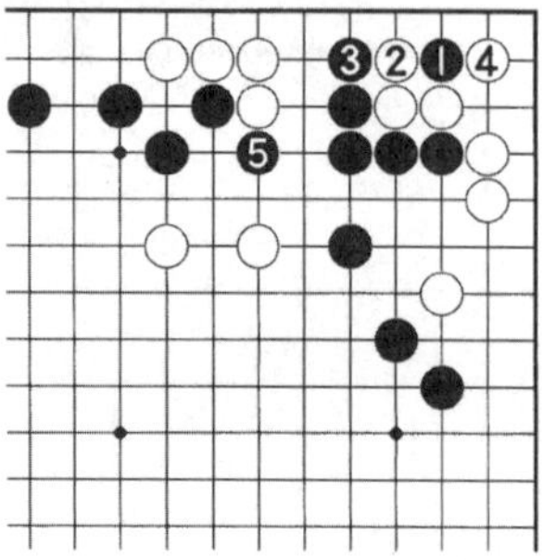

## 대성공

흑1의 붙임이 맥의 좋은 수이다.
백2, 흑3 이후 백4로 지키는 것이 필수이므로 흑은 백의 건넘을 선수로 막은 것이 되었고
흑5로 4점을 잡아 대 성공이다.

变

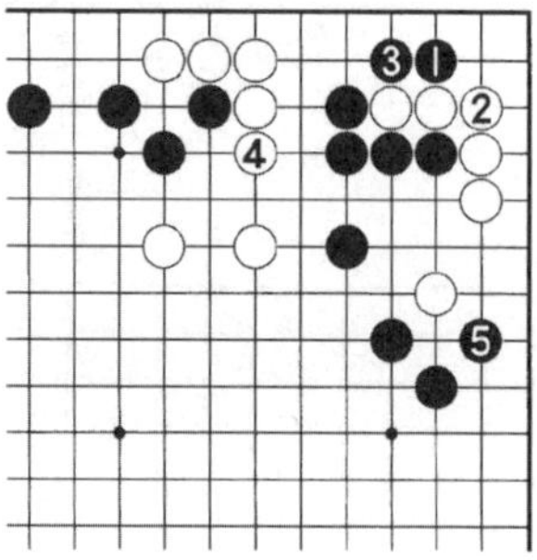

## 귀를 잡다

백2로 이으면 흑3으로 건너고 다음에 4를 엿본다.
백4라면 흑5. 우상의 백은 집이 없어서 죽는다.
귀는 흑집이 된다.

제 12 형 흑번

(2384)

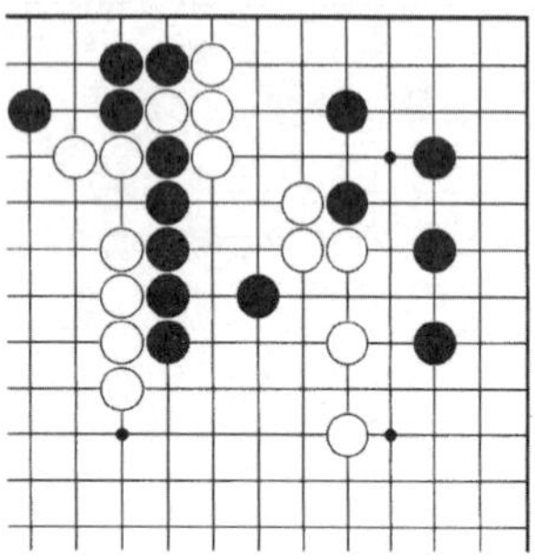

## 요석을 잡다

상변에 있는 백 4점을 잡으면 중앙에 떠 있는 흑이 강한 돌로 바뀌어서 반대로 좌우의 백을 공격하게 된다.

解

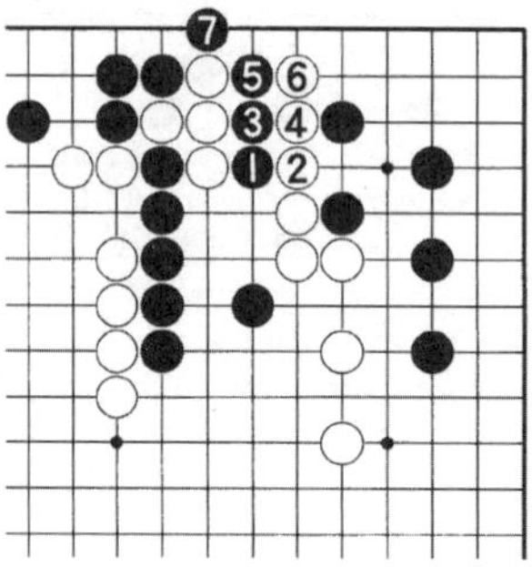

## 4점 잡기

흑1의 붙임이 백을 끊는 맥이 된다.
백2로 나가면 흑3으로 나가서 흑7까지 백 4점을 잡고 백의 위협에서 벗어난다.

失

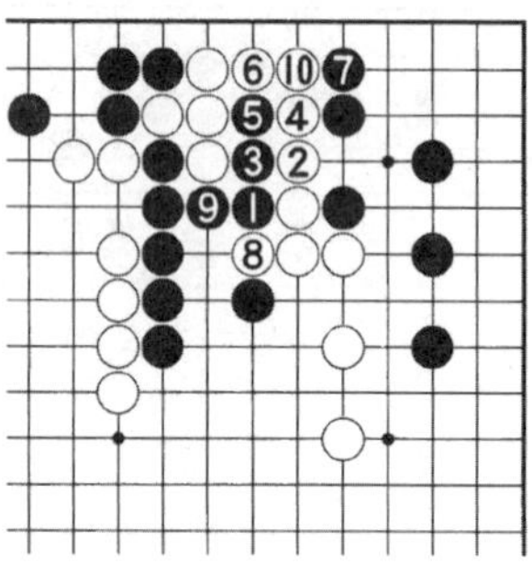

## 흑 실패

흑1로 붙이면 백2로 한 발 먼저 나가서 잘 되지 않는다.
흑5로 나가도 백6으로 연결하고 백10까지 흑이 실패한 그림이다.

제 13 형 흑번

(2385)

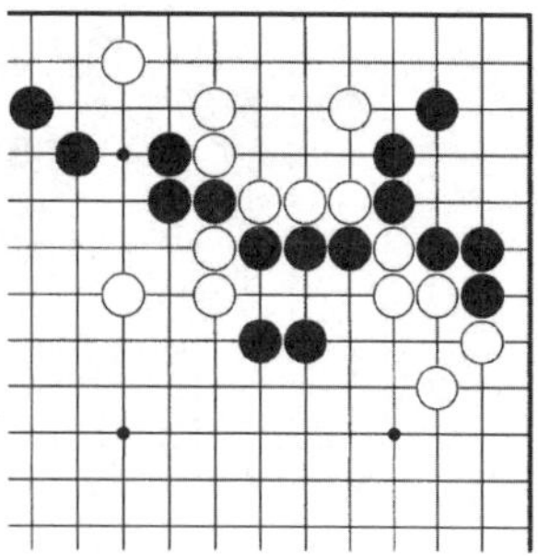

## 요석

상변에 있는 백의 삶은 불안하지 않지만 완전한 모양이라고는 할 수 없다.
흑을 끊고 있는 백의 요석에 주목하자.

解

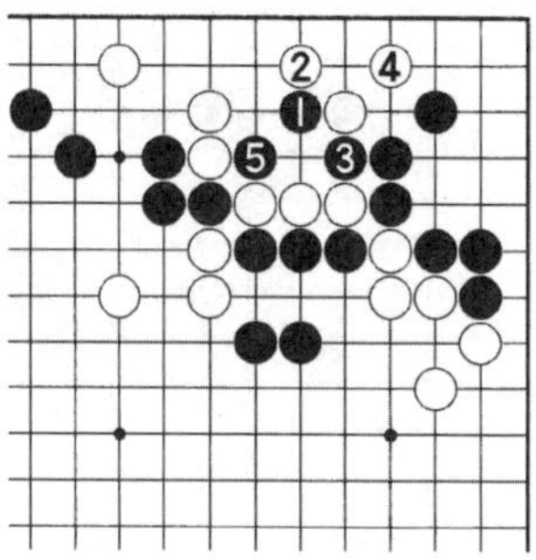

## 맥점

흑1의 붙임이 맥으로 백 3점의 정중앙이다.
백2, 4로 사는 정도이지만 흑은 3, 5로 백 3점을 잡고 전체를 연결한다.

变

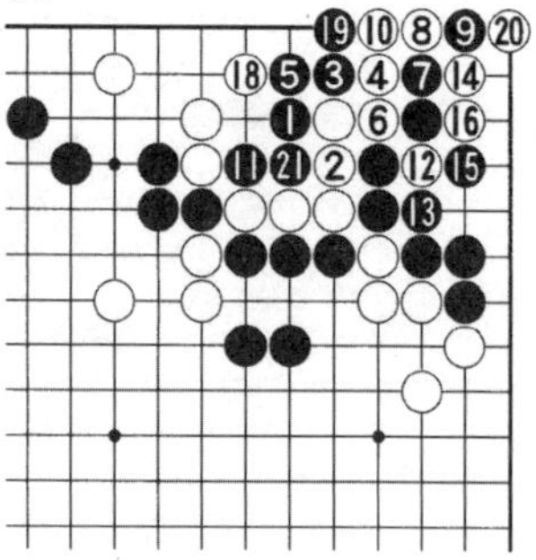

## 백 망함

백2로 저항하면 흑3부터 7까지 근거를 빼앗아 전체의 사활과 연관된다.
흑11로 끊고 21까지 촉촉수로 백이 전멸한다.

(2386)

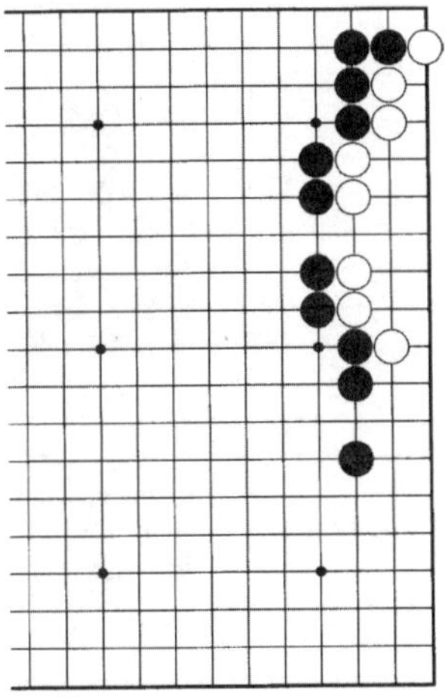

解

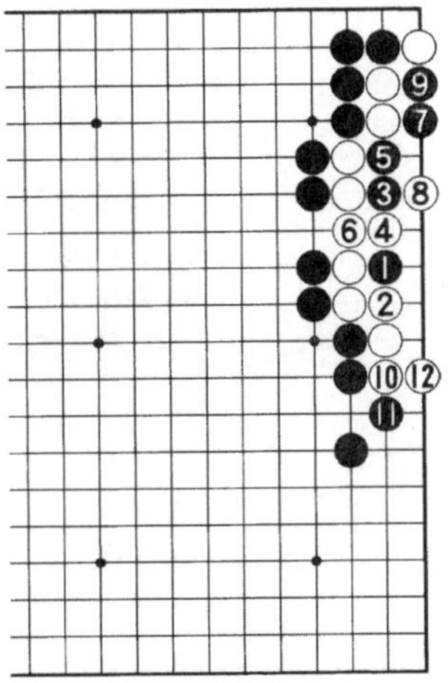

変

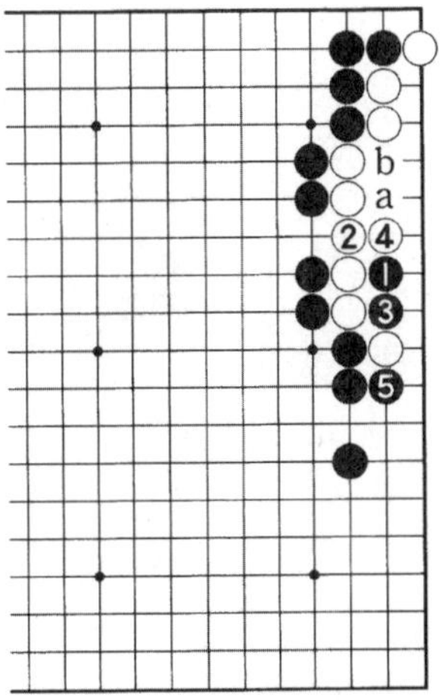


제14형 흑번

### 불완전

우변의 백집은 완전하지 않다.
흑의 공격으로 백은 위아래 중 한 쪽은 잡히고 한쪽은 간신히 사는 모양이 된다.

### 귀를 잡다

흑1의 붙임이 날카로운 맥이다.
흑1로 3으로 붙이는 수도 있다.
백2로 받으면 이번에는 흑3으로 위쪽에 붙이고 흑5로 끊어 귀를 잡는다. 백은 12까지 후수로 살 수 있다.

### 백 죽음

백2로 잇는 것은 흑3으로 끊어서 큰일이 된다. 백4, 흑5로 우상에서 살 수 없다. 흑1로 a는 백b, 흑1의 붙임, 백4, 흑3 이후, 백은 귀에서 살 수 있다.

(2387)

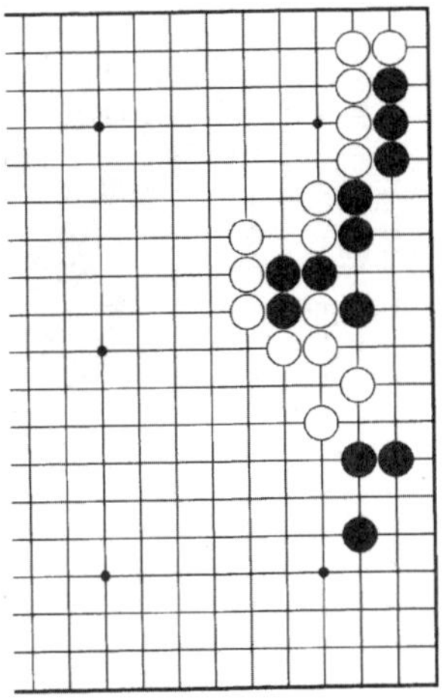

解

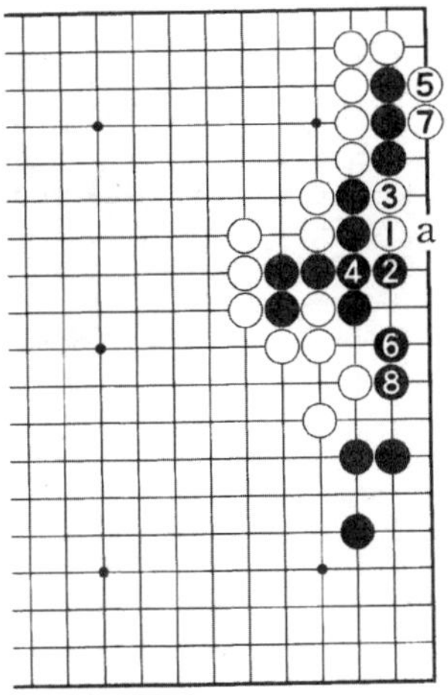


変

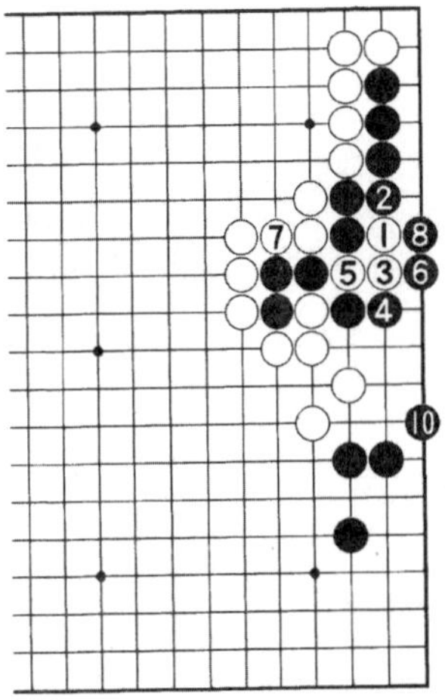

제15형 백번

### 괴롭힘

우상의 흑을 어떻게 괴롭힐까?
흑을 잡을 수는 없지만 명줄만 간신히 남게 만드는 것은 가능하다.

### 3점 잡기

백1의 배붙임이 좋은 수이다.
흑2로 막으면 백3으로 끊고 5로 젖혀 우상의 3점을 공격한다.
흑6, 8로 살릴 수밖에 없다.
흑6으로 a는 백6으로 우상의 흑이 전멸 한다.

### 간신히

흑2로 이으면 백3으로 는다.
흑은 4로 막아서 중앙의 흑 3점을 버릴 수밖에 없다. 흑10까지 목숨만 건져서 건넌다.
백은 중앙이 두터워졌다.
※❾→❺의 왼쪽

(2388)

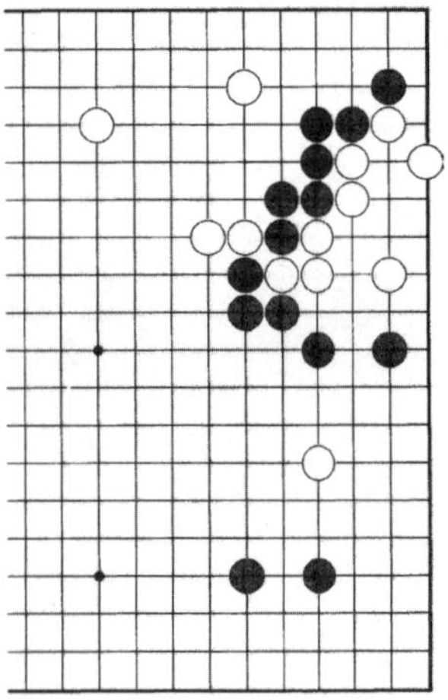

解

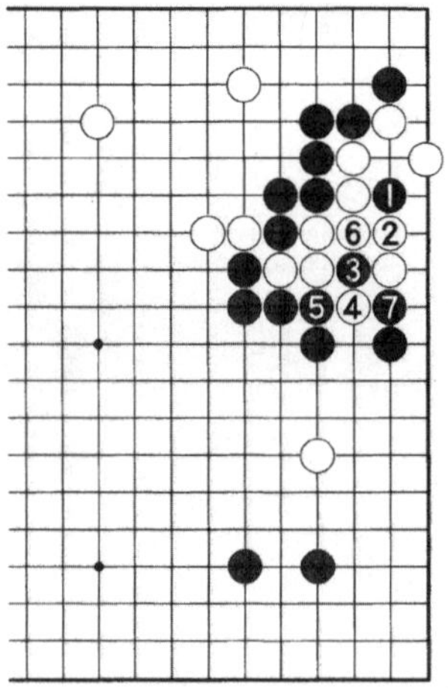

变

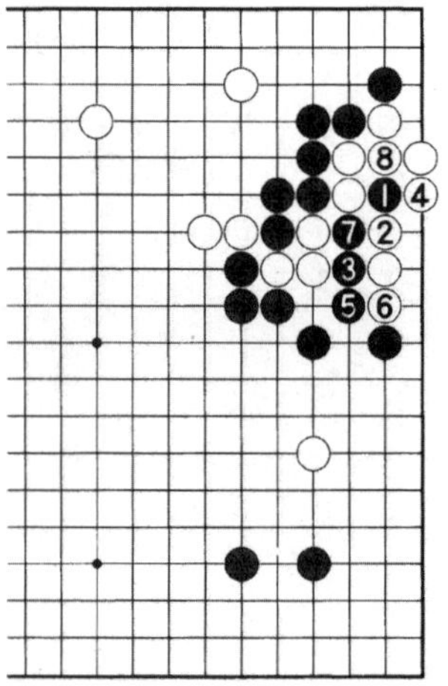

제16형 흑번

## 불완전

접바둑 포석 단계에서 생기는 모양이다.

우변의 백은 귀의 흑을 공격하고 있지만 아직 완전한 모양은 아니다. 흑은 백을 괴롭혀서 마음을 놓고 싶다.

## 백 죽음

흑1의 붙임이 날카로운 맥이다. 백2로 받으면 흑3으로 중앙 쪽의 집을 없앤다.

백4부터 흑7까지 가운데가 옥집이 되어서 백이 죽는다.

## 3점 잡기

흑3의 끼움에 백4로 두면 어떻게든 살 수 있다

하지만 흑5 이후 백6으로 받아야 하므로 흑7로 백 3점 잡는 것이 선수로 우상부터 우변의 흑이 매우 두터워진다.

(2389)

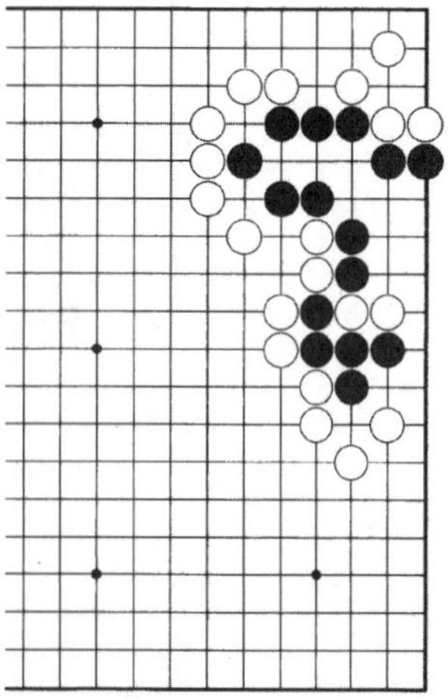

解

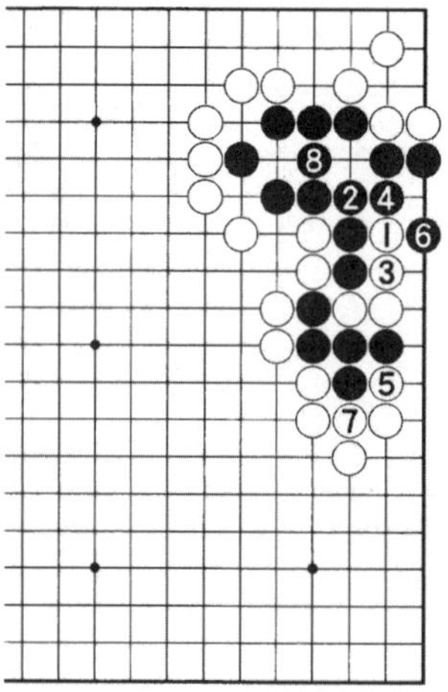

变

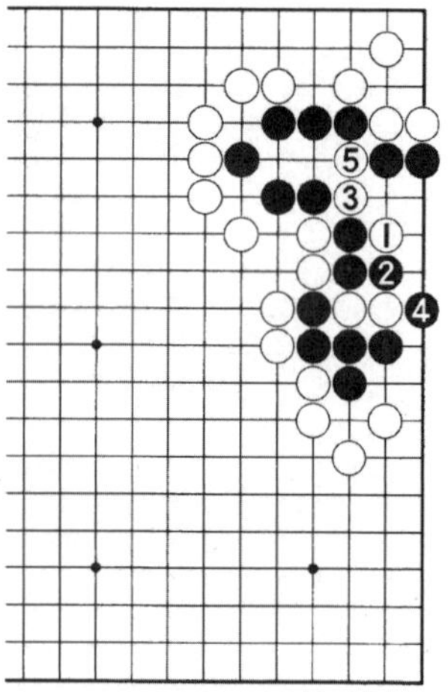

제17형 백번

## 2점 부활

흑은 우변의 백 2점을 잡았지만 우상 전체의 생사는 다른 이야기로 생각해야 한다.

즉, 백은 흑 전체를 노려서 2점을 부활시킬 수 있다.

## 백 승

백1의 붙임이 좋은 수로 흑으로서는 단숨에 곤란해진다.

흑2로 받을 수밖에 없다. 백3으로 이어 아래쪽 흑과의 수상전에서 승. 흑은 8까지 후수로 살아야 한다.

## 흑 전멸

흑2로 2점을 잡는 변화는 흑이 무리이다.

백3의 단수, 5로 끊어 우상의 흑 2점이 살지 못한다. 흑은 위아래 전부 전멸한다. 역시 백1로 3에 끊으면 흑1로 실패한다.

제 18 형 백번

(2390)

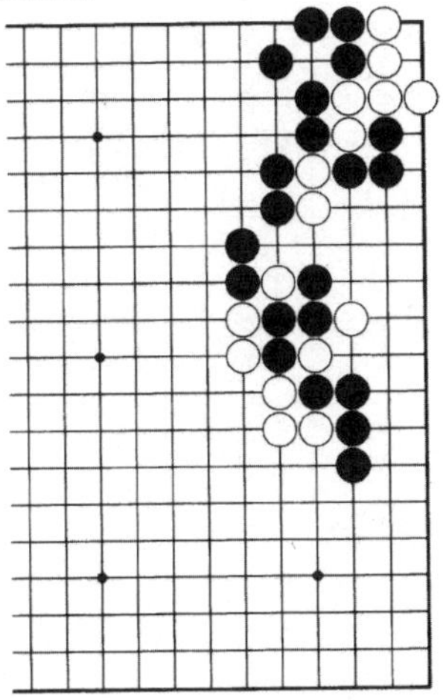

## 산산조각

우상귀에서 우변에 걸쳐 있는 백은 산산조각의 모양이다.

이대로 잡히면 흑은 50집 정도가 된다.

흑의 자충을 추궁하여 흑집 안에서 수를 낼 수는 없을까?

解

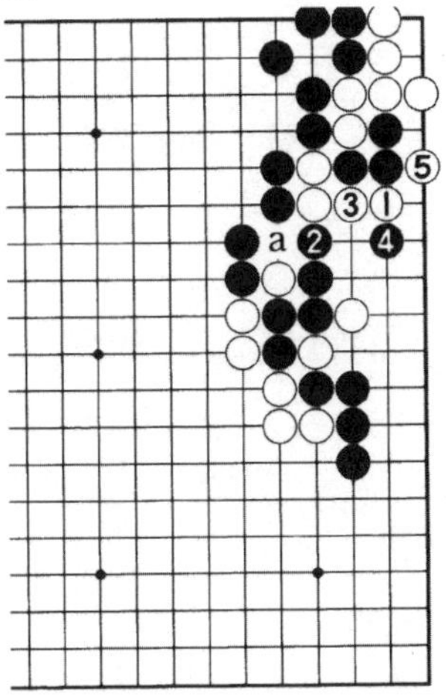

## 4점 잡기

백1로 붙여서 시작한다. 흑2로 중앙을 지키고 백3으로 이어 우상의 흑 3점을 잡는다. 흑2의 받는 수를 보고 백의 다음 수를 정한다. 백1로 2는 흑a로 따내서 아무 수도 안 된다.

变

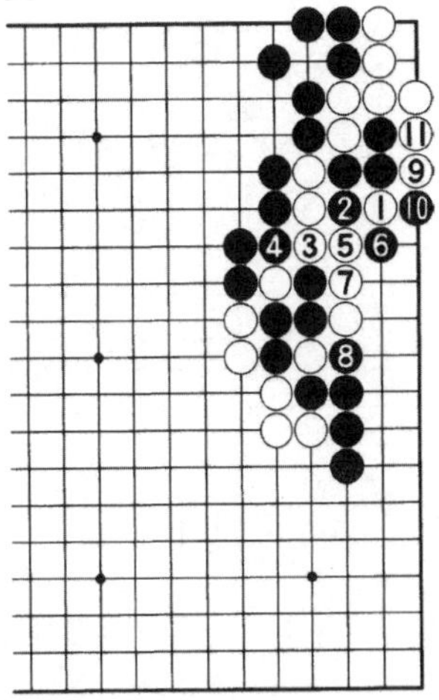

## 촉촉수

흑2로 나가면 백3, 5로 도망친다. 흑6으로 끊을 수밖에 없는데 백은 7로 이음을 선수하고 우상을 9, 11로 두어 촉촉수로 흑을 잡는다.

옆구리붙임

따냄(살리기)

제 1 형 흑번

(2391)

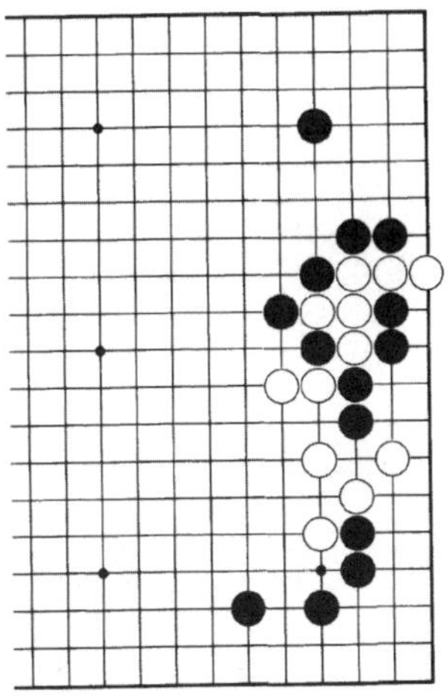

## 탈출

한 칸 높은 걸침 정석에서 생기는 모양이다.

우변에 갇힌 흑 4점을 어떻게 탈출시켜야 할까? 우변의 백 6점을 향한 공격을 생각해보자.

解

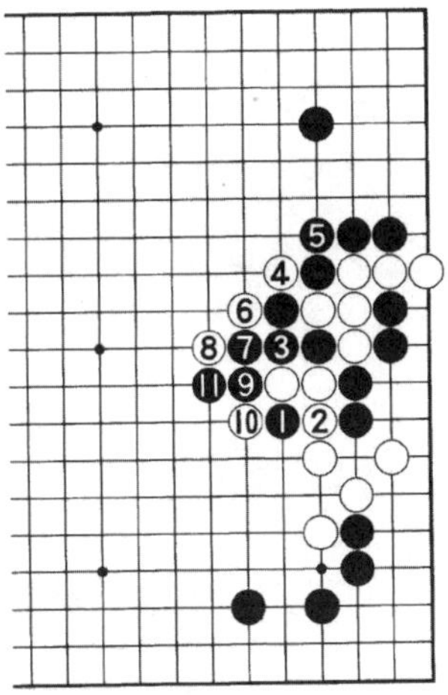

## 축단수

흑1은 백 2점에 붙인 수지만 중앙을 엿본 의미도 있다.

백2는 당연한 것 같지만 흑3의 이음이 성립하여 백이 망한다.

흑1의 돌이 작용하여 축이 성립하지 않는다.

失

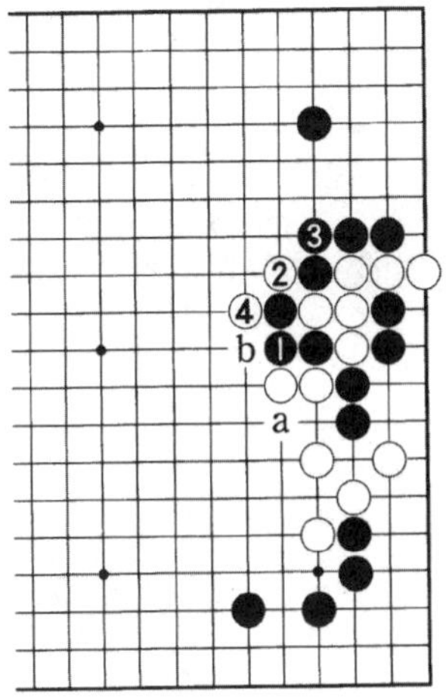

## 축

흑1로 이으면 백2로 끊고 4로 단수쳐 흑 3점이 축으로 잡힌다. 이 때 흑a로 붙이면 백b.

우변의 흑이 중앙으로 도망쳐도 중앙에서 본 손해가 너무 크다.

**제2형 흑번**

(2392)

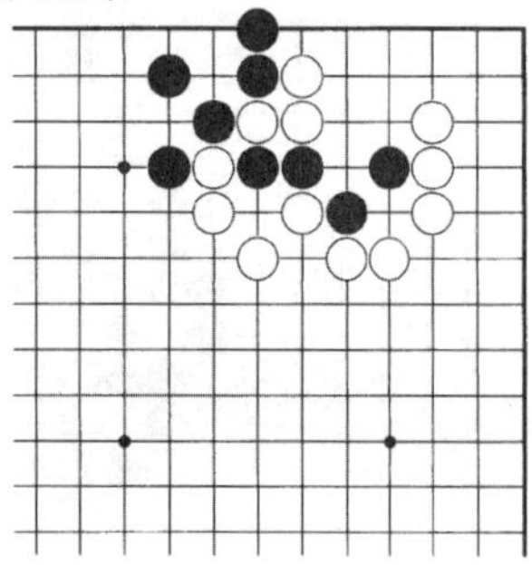

## 공격하여 이기다

백의 수중에 있는 흑 4점이 생환하려면 상변의 백 3점과 싸워 이겨야 한다.

상변 흑의 내려선 돌이 도움이 될 것이다.

解

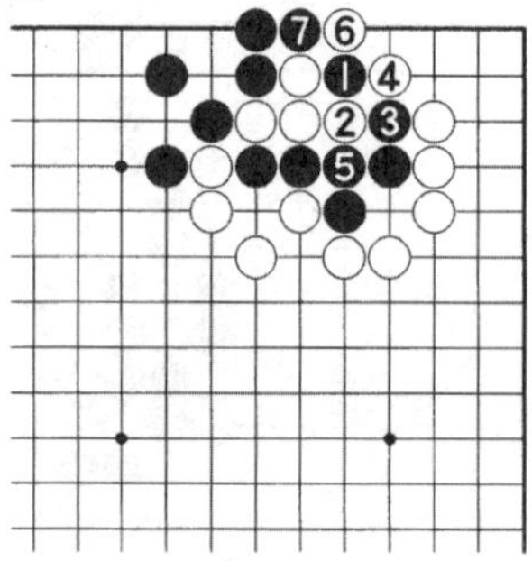

## 촉촉수

흑1의 붙임은 백의 공배를 메우는 맥이다.

백2, 4로 흑 1점을 잡아도 흑3부터 7로 백 4점은 촉촉수에 걸린다.

失

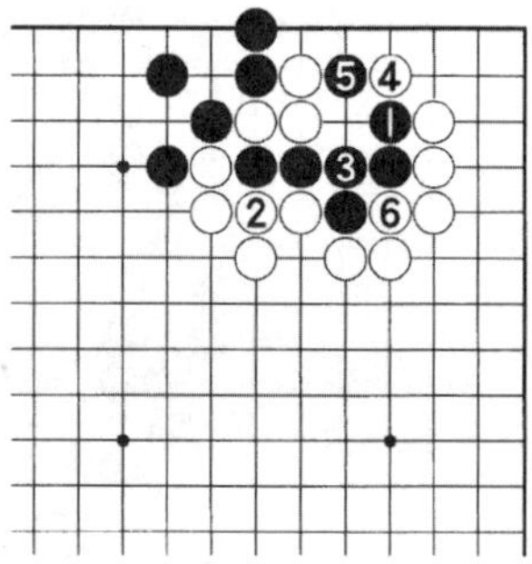

## 자충

흑1로 나가 백의 건넘을 막으려 하는 것은 백2의 단수를 두게 해서 흑이 자충이 된다.

백6까지 흑이 반대로 잡히게 된다.

**제3형 흑번**

(2393)

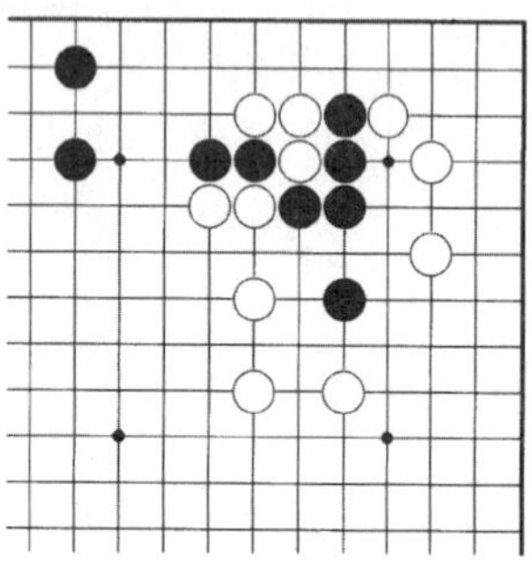

## 아슬아슬

상변의 백 3점은 흑 2점을 잡는 것과 귀로 건너가는 것을 보고 있지만 흑은 양쪽을 방해하는 아슬아슬한 수가 있다.

解

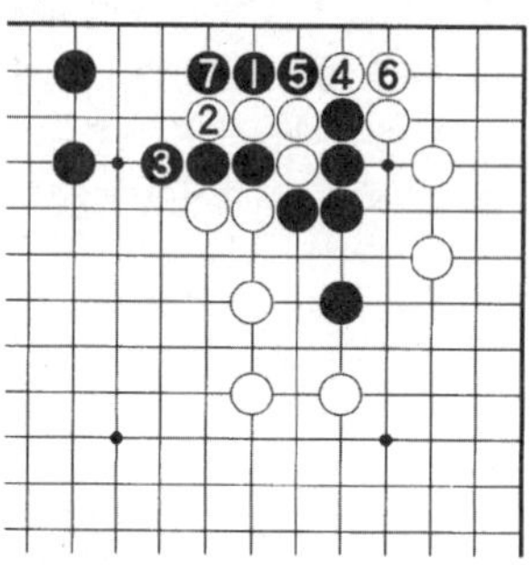

## 좋은 방어

흑1의 배붙임이 좋은 수이다.

이것으로 흑 2점의 축을 막고 있기 때문에 백2, 4로 상변을 건너려고 하여도 흑5로 끊어서 건너갈 수 없다.

变

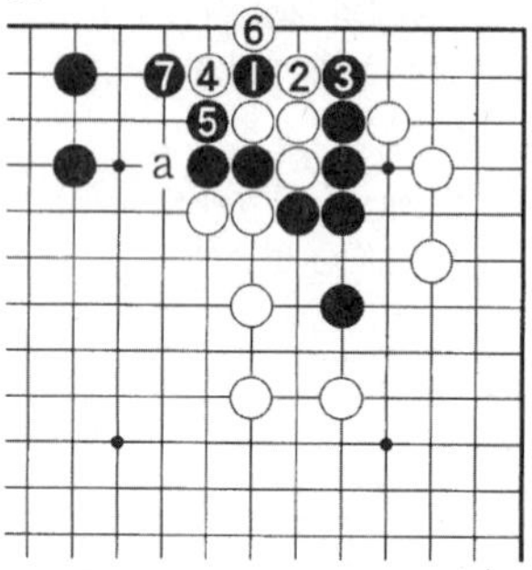

## 백 잡힘

백2로 이어 나오면 흑도 3으로 나오게 된다.

흑1이 활용되어 백a의 축이 불리하다. 백4로 흑 1점을 잡아도 흑5, 7로 백이 잡힌다.

**제4형 흑번**

(2394)

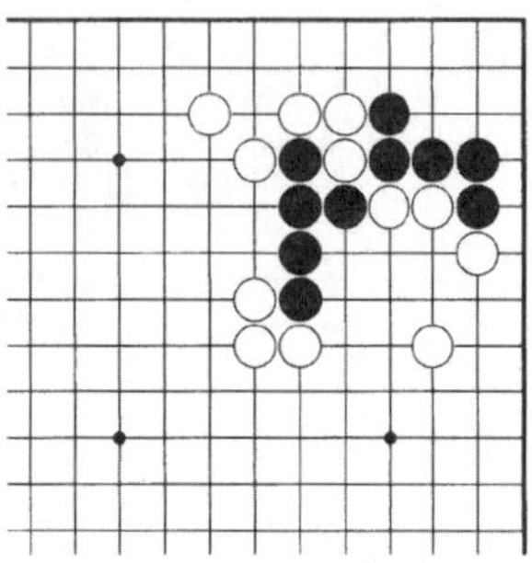

## 맥 1수

중앙의 흑 5점이 갇혀 있다.

이 흑 5점을 살리려면 우변 백의 엷음을 뚫는 것보다 좋은 수는 없다.

解

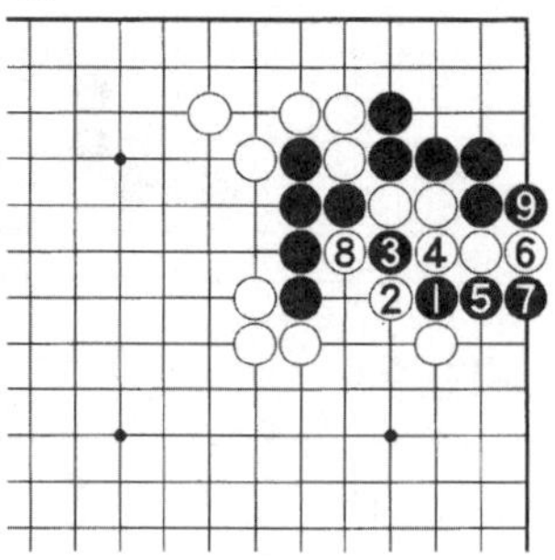

## 회돌이

흑1의 붙임은 백의 자충을 추궁하는 맥이다.

백2로 막으면 흑3의 단수부터 5, 7로 조여 흑9의 회돌이로 백을 잡는다.

失

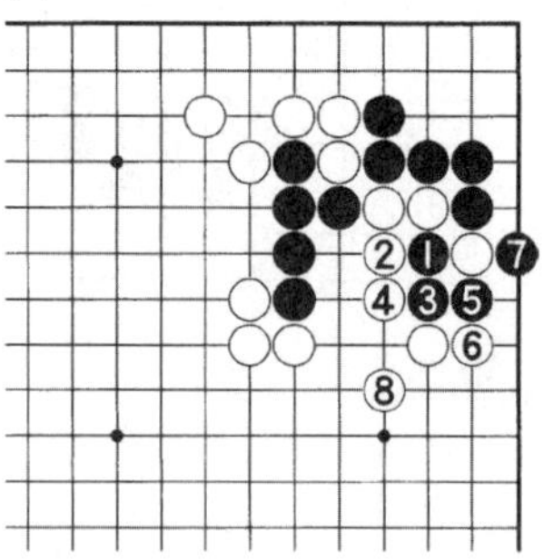

## 속수

흑1로 직접 끊는 것은 속수이다. 백2, 4로 단수치고 우변의 백 1점을 사석으로 버리고 백8까지 본체 가운데의 흑 5점을 잡는다.

(2395)

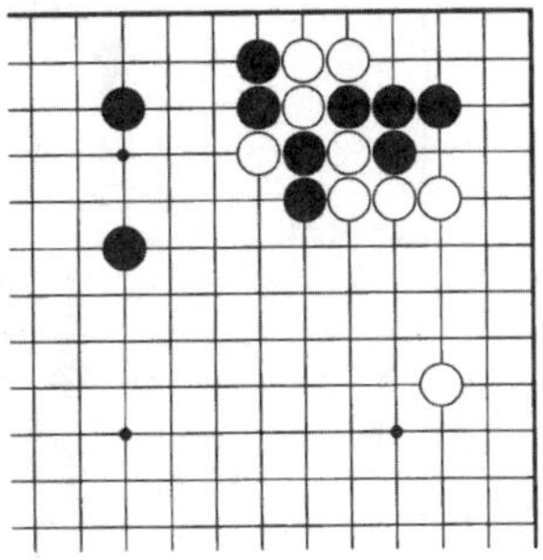

제5형 백번

## 3수

상변의 백의 수는 3수.
백이 중앙의 흑 2점이나 상변의 흑 2점을 공격하여 잡기 위해서는 1수의 여유도 용서 할 수 없다.

解

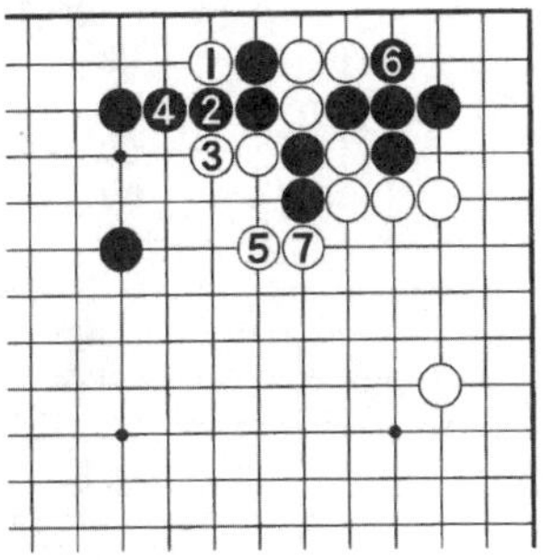

## 자충

백1의 배붙임이 흑의 공배를 메우는 냉엄한 수이다.
흑2, 4로 받게 하여 중앙을 굳히고 백5로 씌워서 흑 2점을 먼저 잡을 수 있다.

変

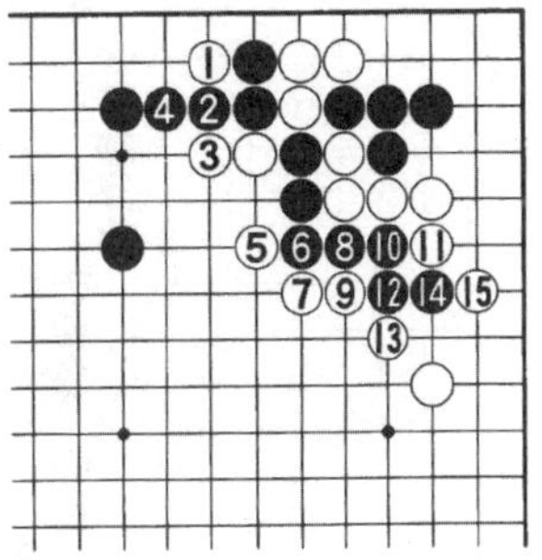

## 빈축

흑6으로 도망가는 것은 손해를 크게 한다.
백7로 막고 9 이하로 막으면 백15까지 빈축이 된다.

(2396)

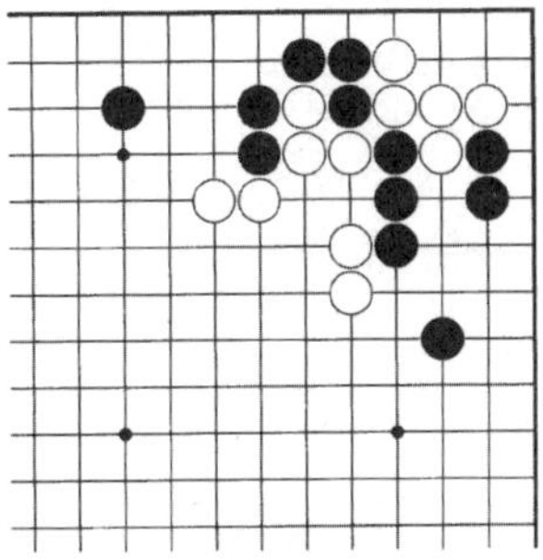

제6형 백번

## 기사회생

우상의 백은 이대로는 죽은 돌이다.
그러나 바깥쪽의 흑의 모양이 이상하므로 백의 기사회생의 수가 있을 것 같다.

解

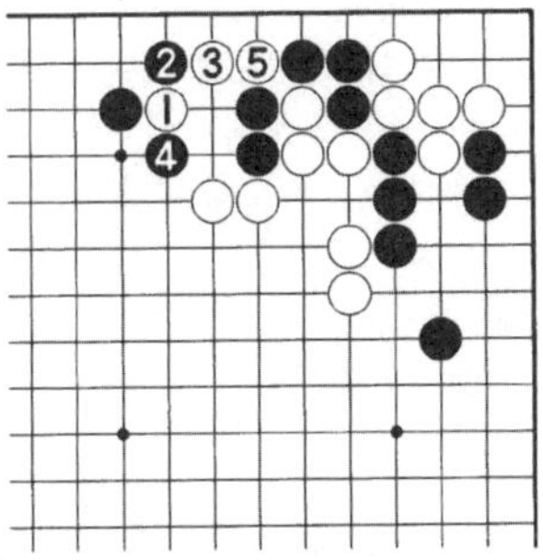

## 3점 잡기

백1의 붙임으로 오른쪽의 자충을 노린다.
흑2의 젖힘에는 백3으로 막는 것이 좋은 수이다. 흑4, 백5로 상변의 흑 3점이 잡힌다.

変

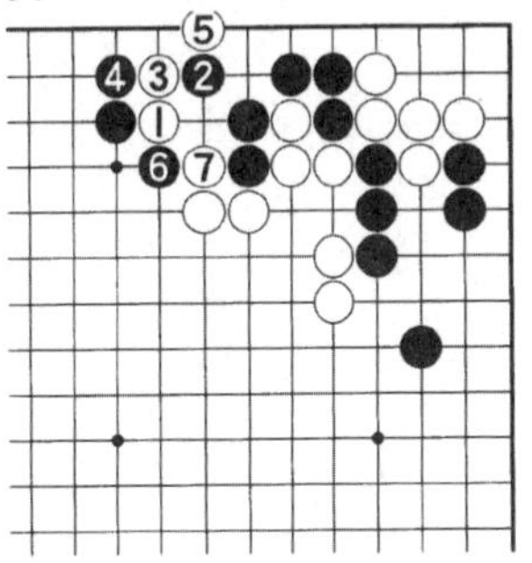

## 붙여나가기

흑2의 입구자에 백3으로 나가 흑이 건너가는 것을 막는다.
흑4, 6에는 백5, 7. 흑은 자충으로 백을 끊을 수 없다.

(2397)

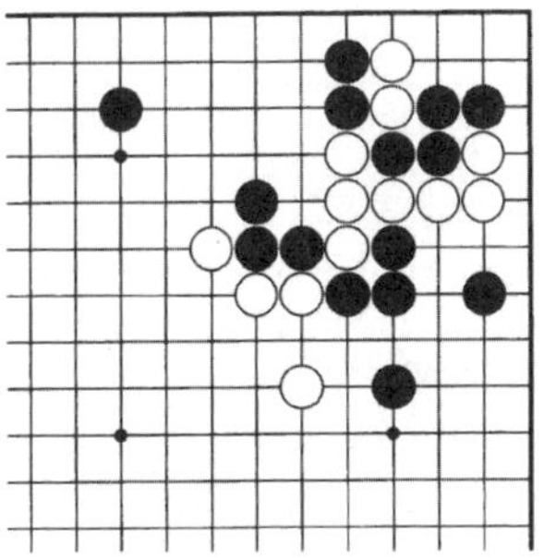

제7형 백번

## 결정적인 수

우상의 백 7점을 탈출 시키고 싶다.
흑의 약한 중앙의 3점에 대한 공격이 결정적인 수가 된다.
거기에는 맥을 반복하여 사용하여 나간다.

解

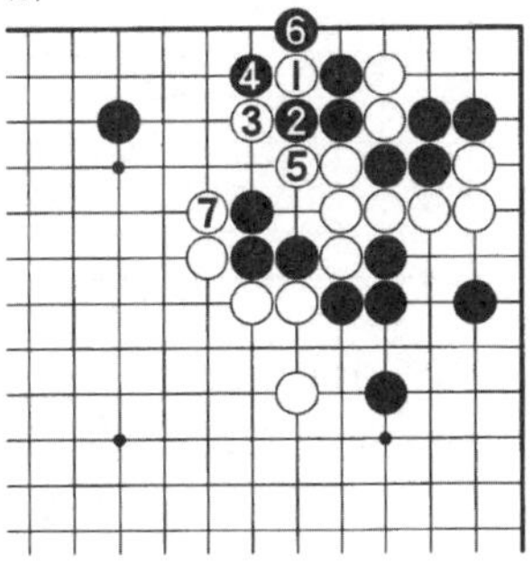

## 배붙임

백1로 상변의 흑 2점에 붙이는 맥이 날카롭다.
흑2에 백3의 젖힘도 맥이다. 흑4에 백5로 결정짓고 중앙의 흑을 백7로 몰아 잡는다.

変

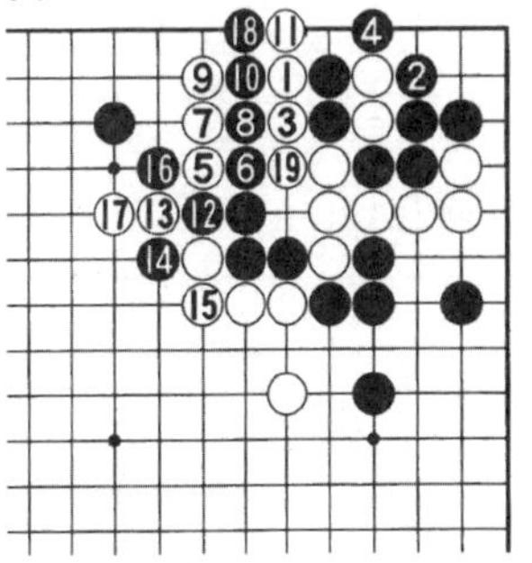

## 발버둥

흑2, 4로 받는 것은 백5의 씌움이 결정적이다.
흑6 이하의 저항도 백11로 흑의 건넘을 막고 17까지 발버둥도 끝난다.

## 제8형 백번

(2398)

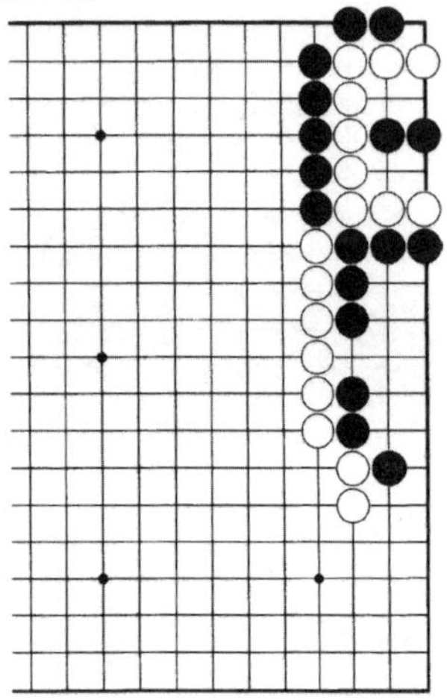

### 부활

우상의 백은 흑에게 치중당해 죽어 있다.

이 백을 부활시키려면 우변의 흑을 공격할 수밖에 없다. 흑을 공격하는 급소는 어디일까?

解

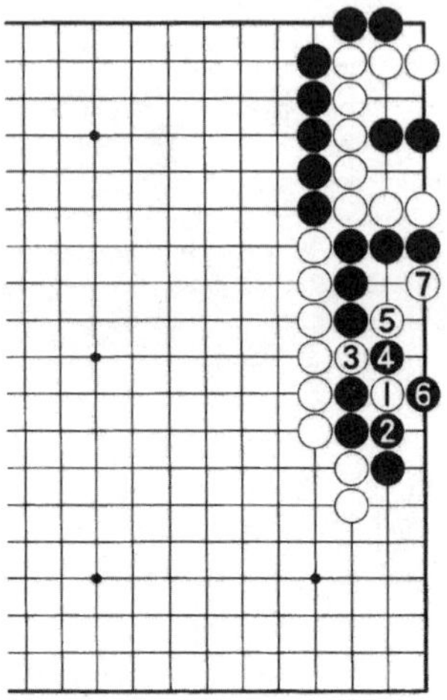

### 5점 잡기

백1의 붙임이 맥으로 흑은 끊길 곳이 많다.

흑2로 이으면 백3으로 나가 백5, 7로 우변의 흑 5점을 잡는다.

백은 편하게 우상을 살린다.

失

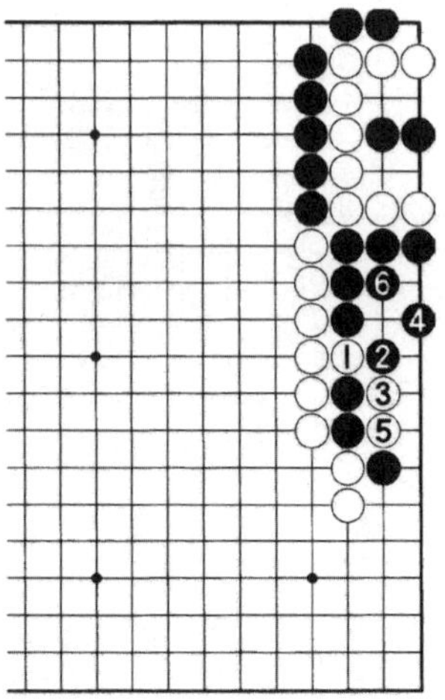

### 백 속맥

백1로 나가 3으로 끊는 것은 속맥이다.

흑4로 받고 백5는 흑6으로 살아 우상의 백을 잡는다.

백1로 3이면 흑2로 받아도 백5로 흑의 삶은 없다.

## 제9형 백번

(2399)

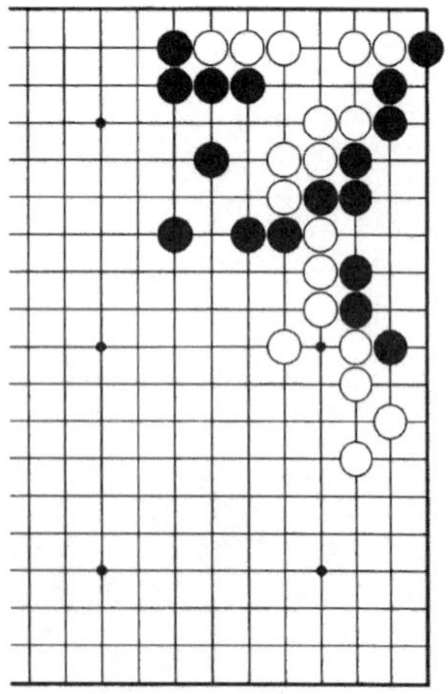

### 옆음

우상의 전투.

귀의 백은 살 수 없다. 백은 우변의 백을 공격하면서 살게 되는 데 흑의 옆음을 추궁하는 강렬한 수가 있다.

解

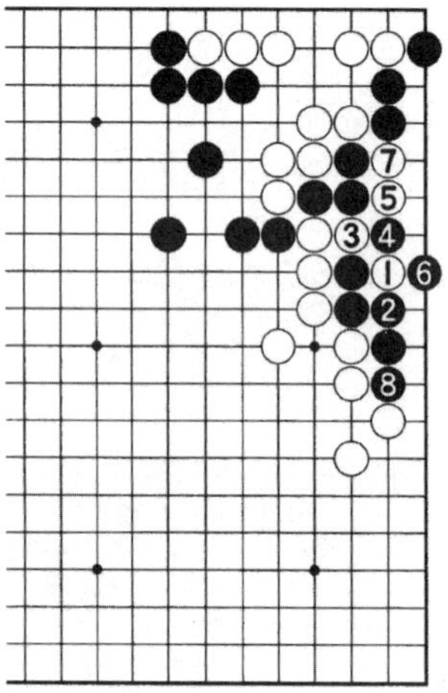

### 귀를 잡다

백1의 배붙임이 좋은 수이다. 흑2로 이으면 백3으로 나가서 우변의 흑을 깨뜨린다. 백5로 끊어 양단수가 되고 백7까지 우상귀의 흑을 잡는다.

흑2로 4는 백2로 흑이 전멸한다.

失

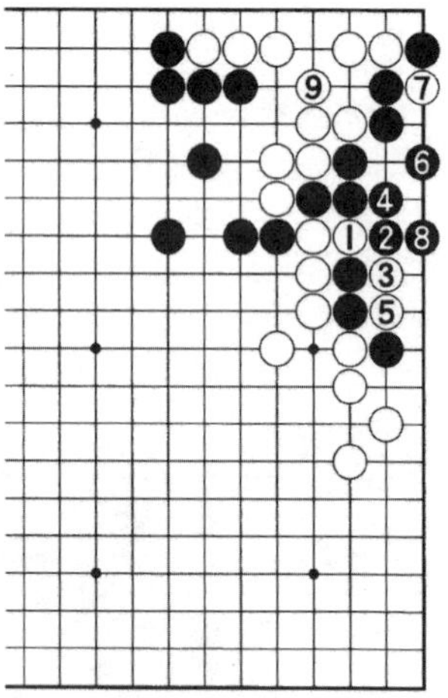

### 백 불충분

백1, 3으로 우변을 무너뜨릴 수 있지만 흑4의 저항을 당해 불만.

흑6, 8로 귀의 흑을 살린다.

백9까지 상변을 살려야만 하는데 정해도보다 5집 이상 손해이다.

옆구리붙임 수상전

제10형 흑번

(2400)

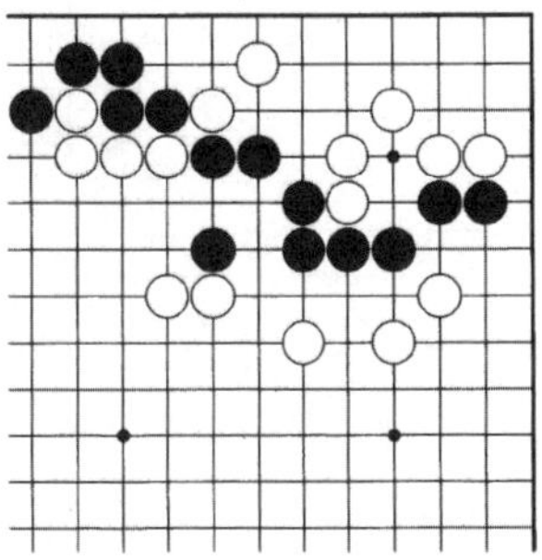

## 탈출

우상의 흑 대마에게는 집이 없다.
흑은 백의 옆음을 추궁하여 탈출하게 되는데 한 수만 틀려도 지옥으로 떨어진다.

解

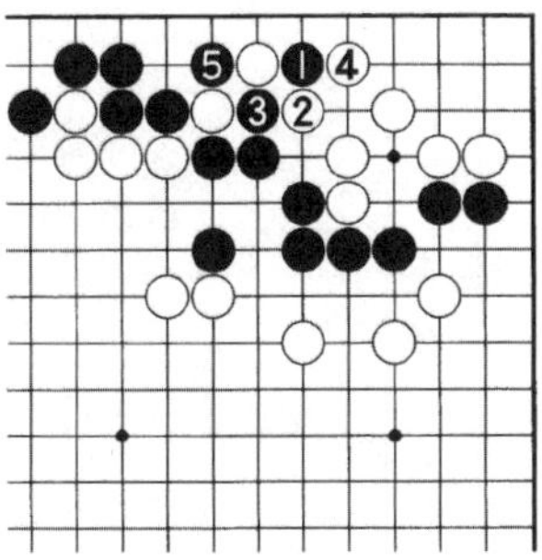

## 건너붙임

흑1의 건너붙임이 좋은 수이다.
백2 젖힘에 흑3 단수, 백4에는 흑5로 1점을 잡고 탈출한다.
백4로 5는 흑4로 수상전은 흑이 승리한다.

失

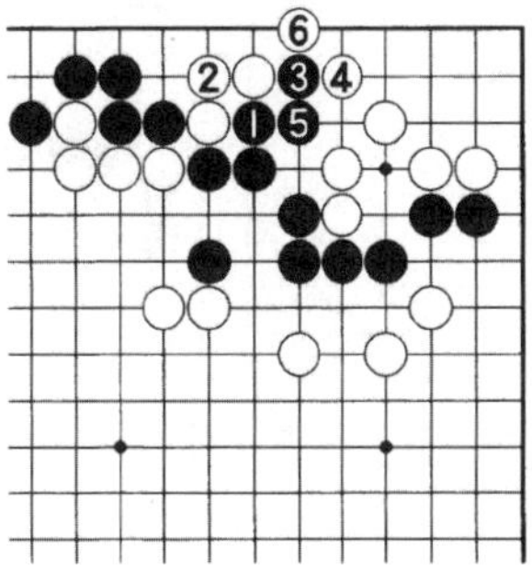

## 흑 전멸

흑1로 단수치면 백2의 저항이 있다.
흑3으로 막아도 백4로 입구자 붙여 상변을 건너가서 흑 대마는 전멸한다.

제1형 흑번

(2401)

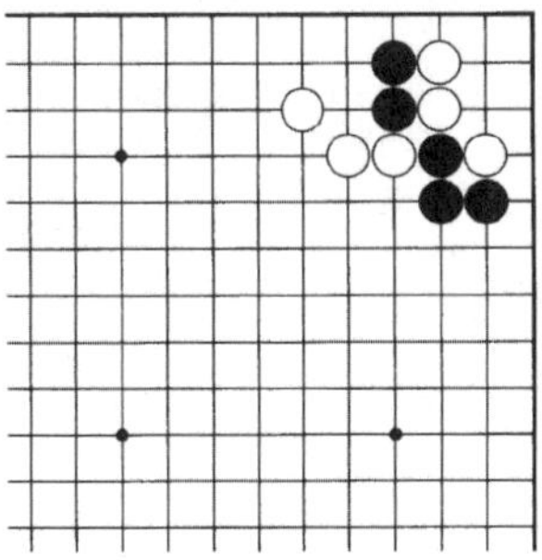

## 급소

귀의 수상전.
흑이 이기기 위해서는 백의 수가 늘어나지 않도록 급소를 억제하는 맥을 사용해야 한다.

解

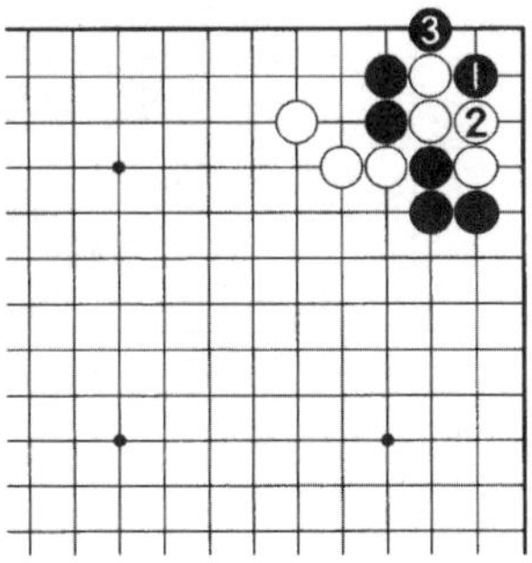

## 1수 승

흑1의 배붙임이 급소이다.
백은 2로 이을 수밖에 없다.
흑3으로 건너서 백은 2수이다. 흑의 한 수 승이 된다.

失

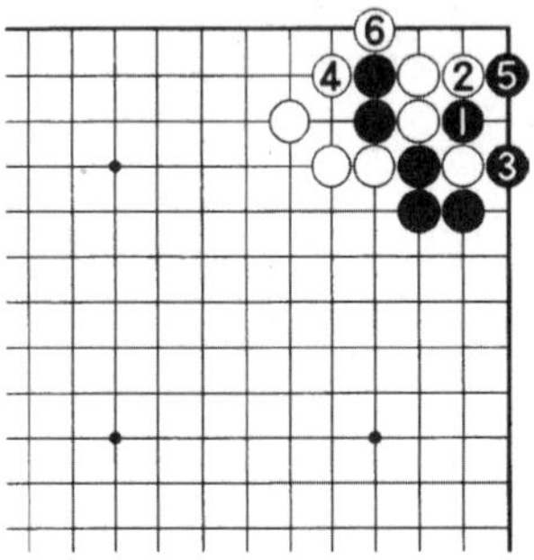

## 흑 패배

흑1로 끊는 것은 백 1점만을 공격하는 수이다.
백2로 단수쳐서 백의 수가 늘어나기 때문에 백6까지 흑이 패한다. 백4로 5도 있다.

제2형 흑번

(2402)

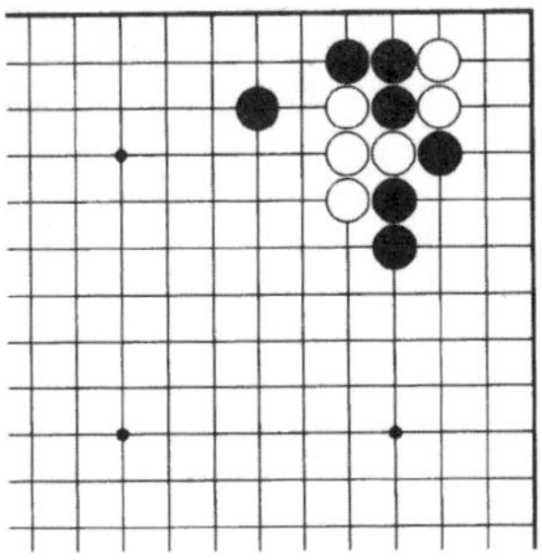

## 양쪽

귀의 수상전.
상변의 흑 3점과 우변의 흑 1점의 양쪽을 살리는 맥을 찾아야 한다.

解

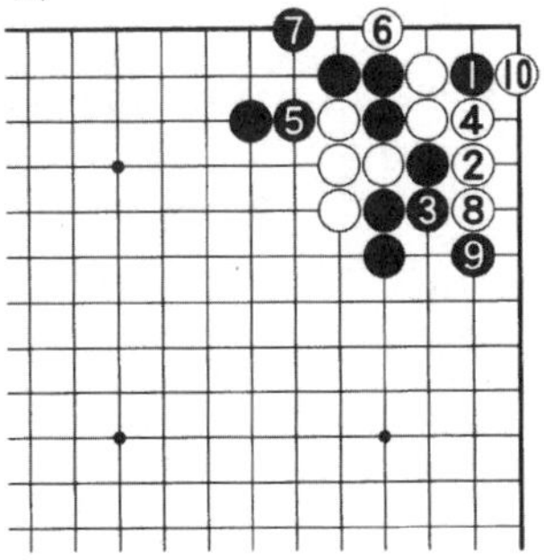

## 맥

흑1의 배붙임이 냉엄하다.
백2, 4로 귀를 지키면 우변의 흑 1점이 살게 되고 흑5로 돌아 올 수 있다. 백10 이후 중앙의 백을 느긋하게 공격한다.

変

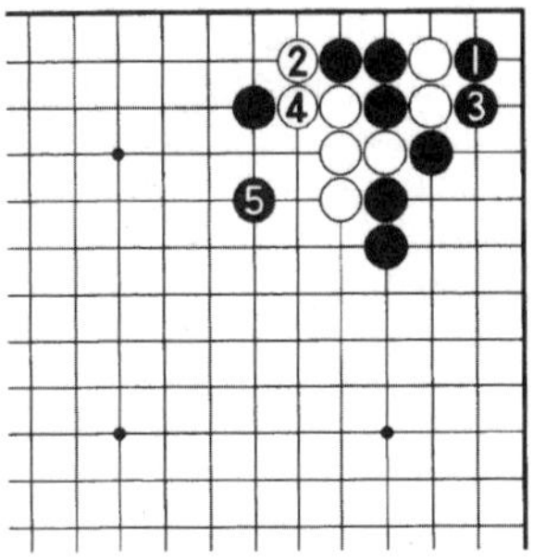

## 흑 호조

백2로 막으면 흑3으로 귀를 차지해도 좋다. 백 4로 이어 상변을 깨도 흑5로 뛰어서 백 6점을 크게 공격한다. 흑 호조.

(2403)

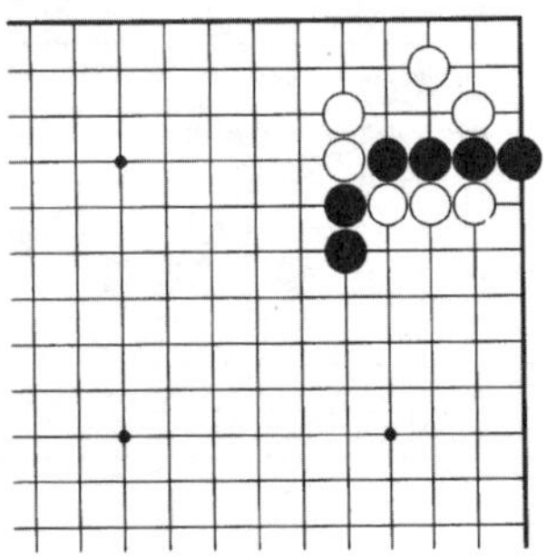

解

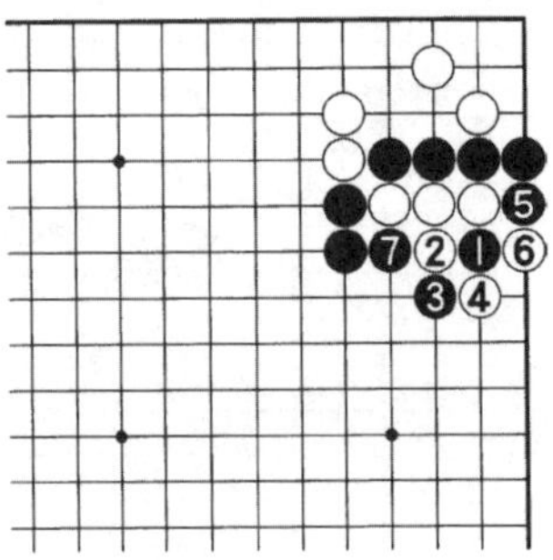

失

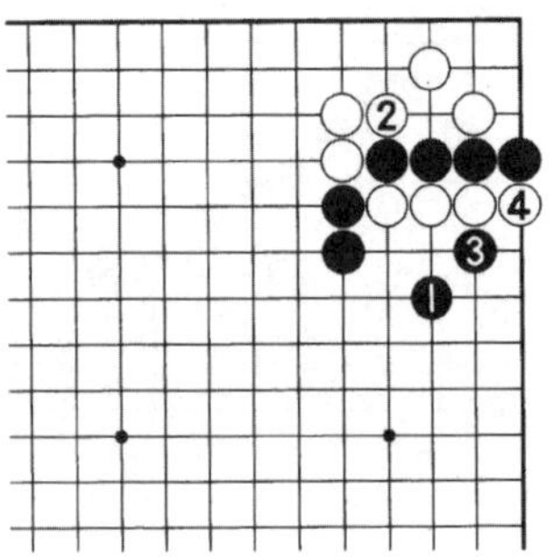

제3형 흑번

### 채우다

우변의 수상전.
백과 흑 모두 4수이기 때문에 흑은 느긋할 수 없다.
빨리 수를 채우지 않으면 패배한다.

### 촉촉수

흑1로 붙여서 메우는 것이 맥이다. 승리하려면 백은 우변으로 도망치는 수밖에 없다. 그러나 백2라면 흑3으로 젖혀 막는 것이 좋은 수로 흑7까지 촉촉수이다.

### 느슨

흑1의 봉쇄는 느슨하다.
백2로 공배를 메워서 수상전은 명확하게 백이 한 수 승.
흑1의 수가 헛된 돌이 되었다.

(2404)

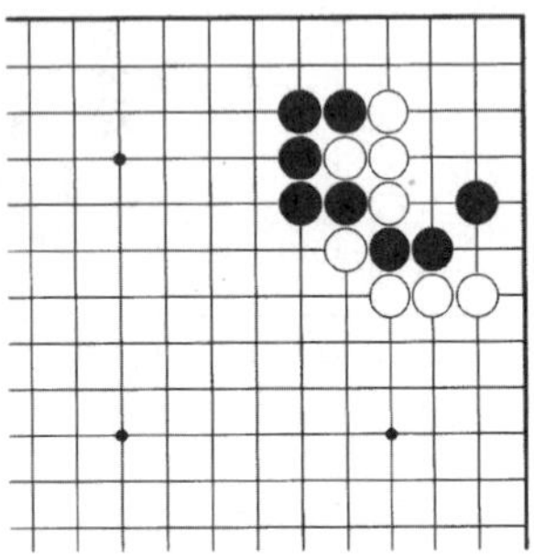

解

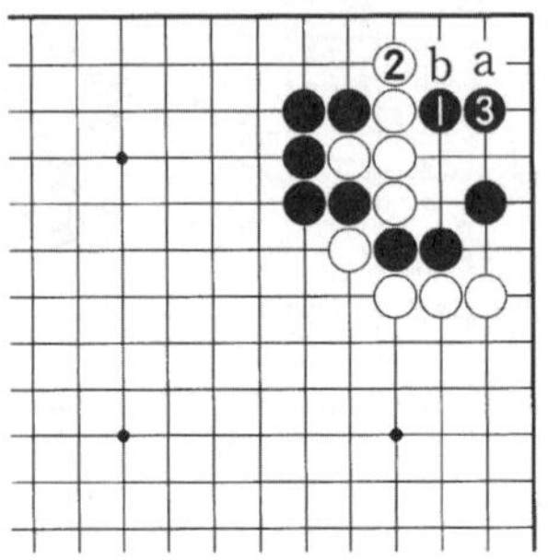

変

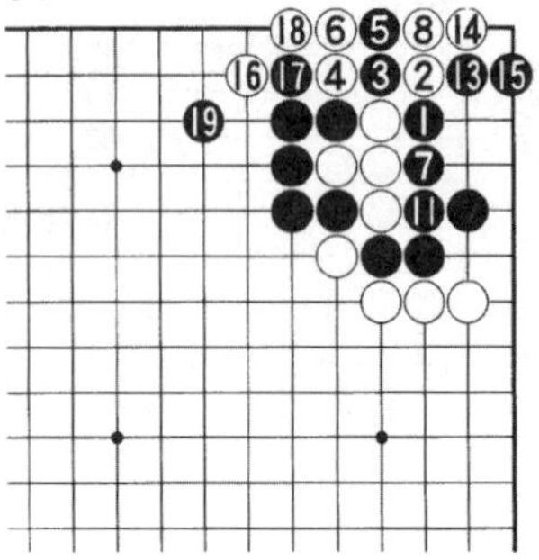

제4형 흑번

### 위험한 붙임

귀의 수상전.
흑도 백도 공배가 채워져 아슬아슬한 모양이다.
최후까지 수읽기를 꼼꼼하게 해야 한다.

### 흑 승

흑1의 붙임이 묘수이다.
백2로 수는 늘지만 흑3으로 귀를 확고히 해서 유가무가모양이다.
백a는 흑b, a로 b는 흑a로 흑 승.

### 백 잡힘

백2로 젖히면 흑3으로 끊는다.
흑5, 7로 조임을 활용하고 흑19까지 백이 잡힌다.
※❾→❸(먹여치기), ⑩→❺(따냄), ⑫→❸

(2405)

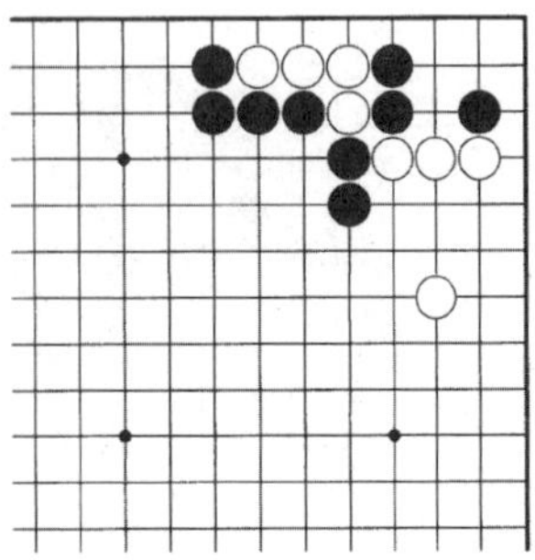

解

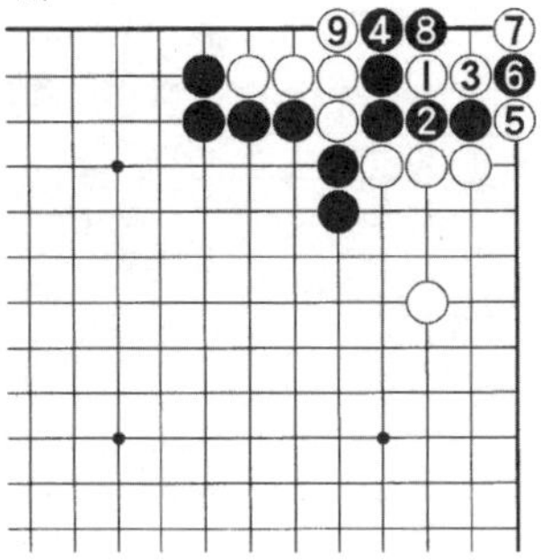

失

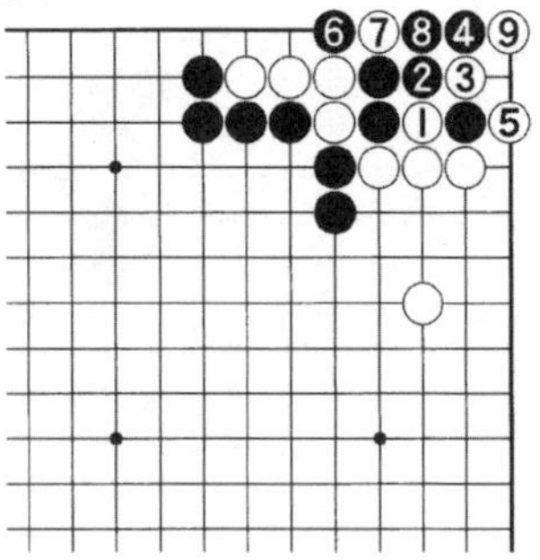

제5형 백번

### 무조건

귀의 수상전.
흑 3점을 공격해서 백 4점을 살리고 싶지만 간단히 생각하면 패가 된다. 백은 패가 나면 실패한다.

### 백 승

백1의 붙임이 좋은 수이다.
흑2의 이음에 백3, 5로 공배를 채워간다. 흑은 발버둥 쳐도 2수밖에 없어 백9로 승리한다.

### 패

백1, 3은 상식적인 공격방법.
하지만 흑6으로 젖혀 조건 없이 잡을 수는 없다.
백7, 9로 패가 나서 백이 불리하다.

(2406)

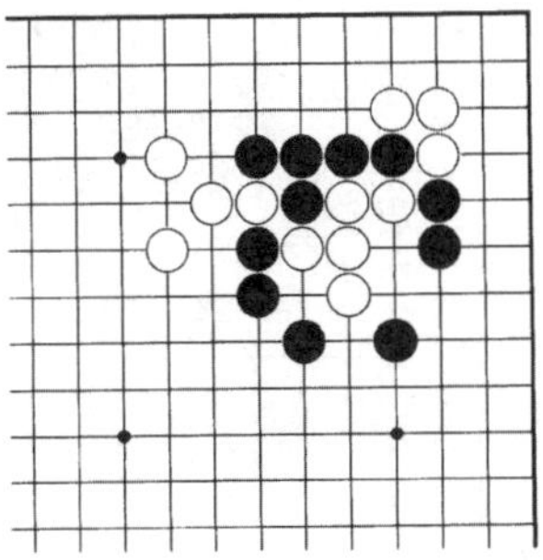

解

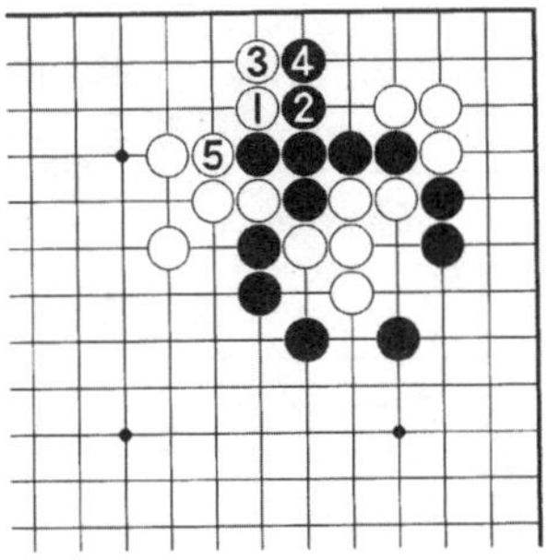

失

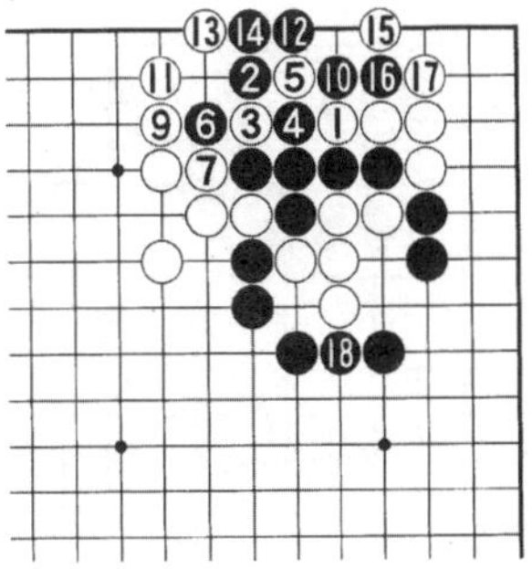

**제6형 백번**

### 수상전

중앙의 백은 4수, 상변 흑도 4수이다. 백은 한 수도 늦추지 않고 공격을 퍼부어서 이겨야 한다.

### 수는 3수

백1의 붙임이 냉엄하다.

흑2에는 백3으로 쫓고 흑4의 막음에는 백5로 공배를 채운다.

흑은 3수 이상으로 수가 늘지 않는다.

### 흑 승

백1로 공배를 채우는 것은 흑2의 뜀이 좋은 수로 수가 늘어난다. 백3, 5로 공격해도 흑10부터 18까지 흑 승.

※❽→③

(2407)

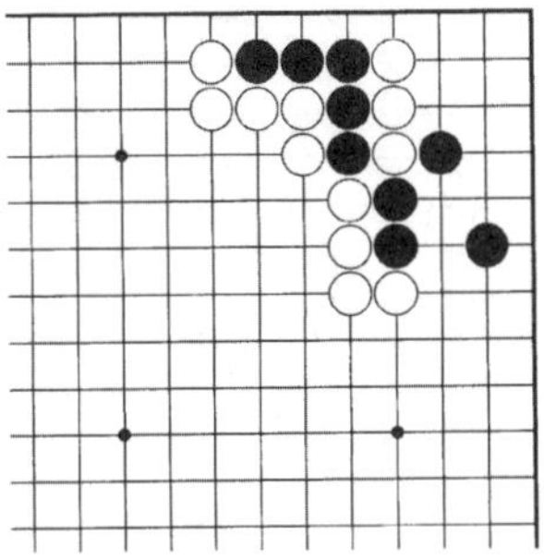

解

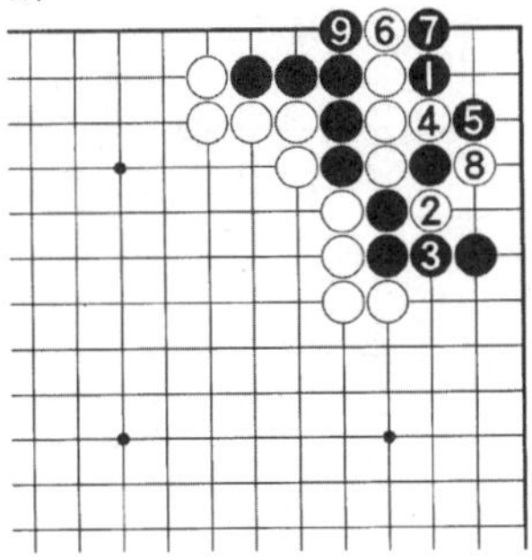

失

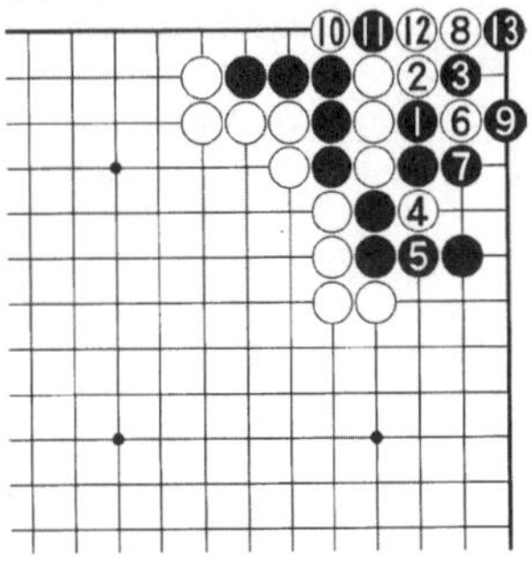

**제7형 흑번**

### 무조건

상변에서의 수상전.

흑도 백도 3수이다. 흑은 간단하게 이길 것 같지만 1수만 틀려도 무조건이라고 할 수 없다.

### 촉촉수

흑1의 배붙임이 최선의 공격이다.

백2로 끊고 4로 도망치려고 하면 흑5로 막고 이후에는 7과 9로 촉촉수이다.

### 패

흑1로 막으면 백2부터 8의 젖힘이 활용되어 진다.

백10으로 젖혀 탄력이 생긴다.

흑은 13으로 집어넣어서 패를 만들 수밖에 없다.

(2408)

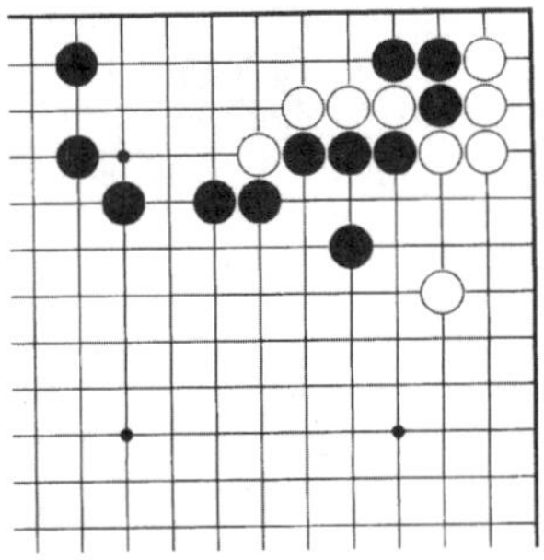

解

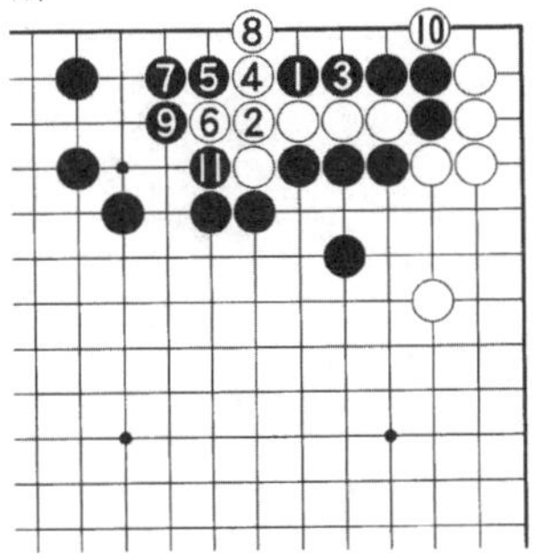

失

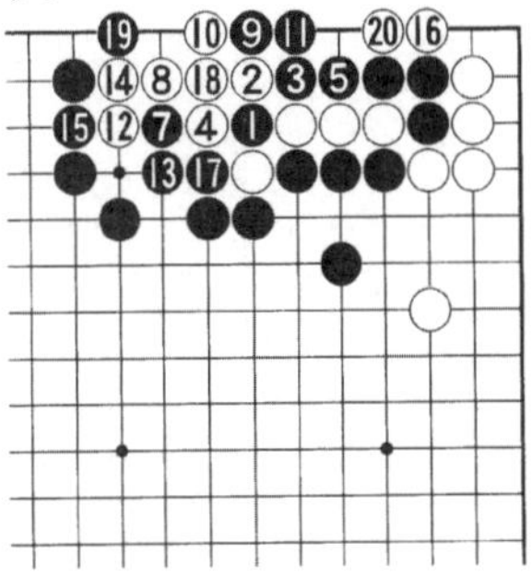

**제8형 흑번**

### 수상전

상변의 수상전.

흑 3점은 옹색하지만 백도 상변은 탈출이 불가능한 모양이다. 1수도 긴장을 풀어서는 안 된다.

### 흑 승

흑1로 붙이는 수가 맥이다.

백2에 흑3으로 잇는다.

흑5부터 백의 수를 3수로 하여 흑11까지 1수 승리 한다.

### 흑 패배

흑1로 끊어서 조여가면 흑7 이후 백8로 젖혀 수가 늘어난다.

백20까지 흑이 반대로 잡힌다.

※⑥→❶

제9형 흑번

(2409)

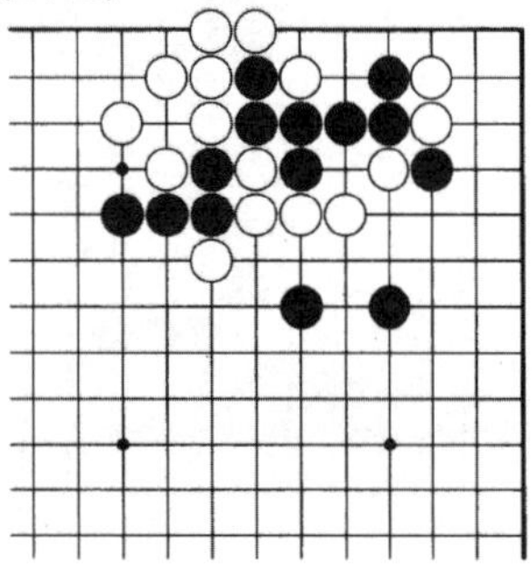

### 7점 생환

우상의 수상전 문제.
흑은 귀의 백 2점을 공격하여 상변의 7점을 살릴 수 있다.

解

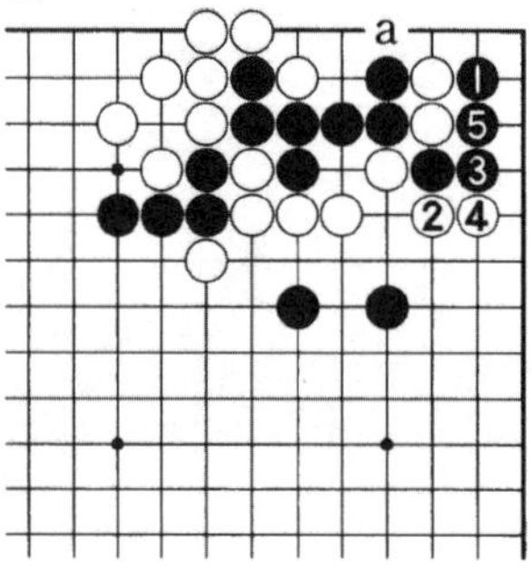

### 흑 삶

흑1의 배붙임이 맥이다.
백은 2와 4로 결정하고 귀의 백 2점을 버리는 수밖에 없다.
흑1로 3의 뻗음은 백a로 공격할 수 있어서 흑이 진다.

变

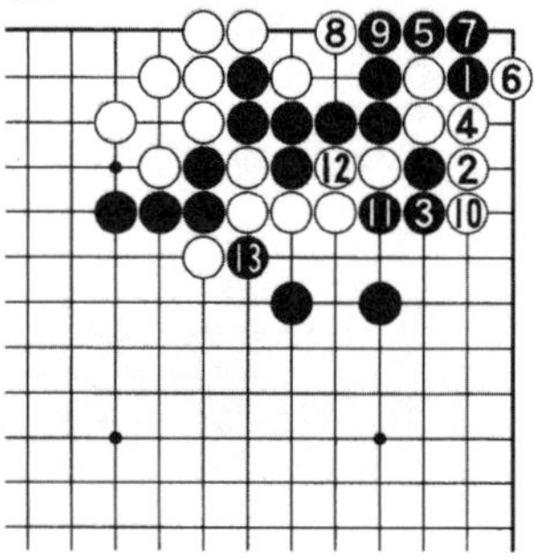

### 백 무리

백2, 4로 저항하는 변화이다.
흑5로 건너가고 흑의 수가 4수로 늘어난다.
백10의 밀기는 흑11, 13으로 공격해서 백이 망한다.

옆구리붙임

줄이다

제1형 백번

(2410)

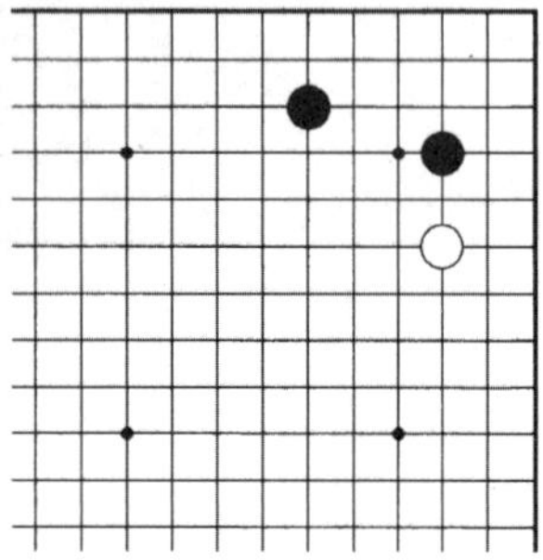

### 허를 찌르다

우변으로 걸치고 있는 백 1점을 이용해서 눈목자 벌림의 간격을 어떻게 뚫을 것인가?

解

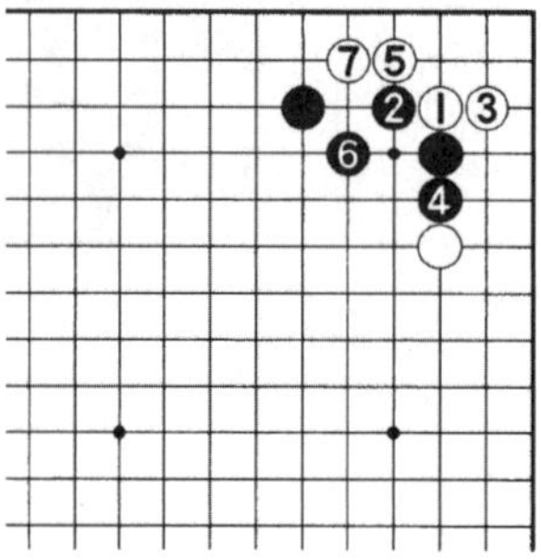

### 백 삶

백1의 붙임이 급소가 된다.
흑2에 막으면 백3으로 뻗어서 우변으로 건너가는 것을 노린다.
흑4 이후 백5, 7로 살 수 있다.

变

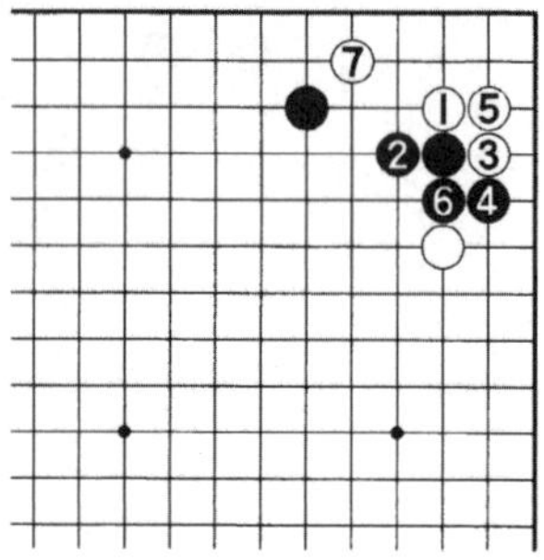

### 백 삶

흑2의 뻗음은 백3, 5로 젖혀 이음을 활용한다.
흑6 이후 백7로 살 수 있다.
이 모양은 화점의 날일자 굳힘에 3.3을 침범한 모양과 같다.

제2형 백번

(2411)

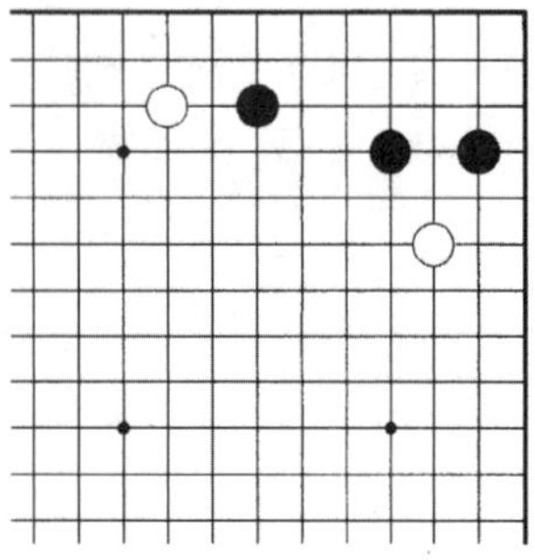

### 줄이다

우상귀의 흑집을 줄이고 싶다.
흑집을 무너뜨리기보다 집을 깎아 상변에 백의 근거에 더한다는 느낌이다.

解

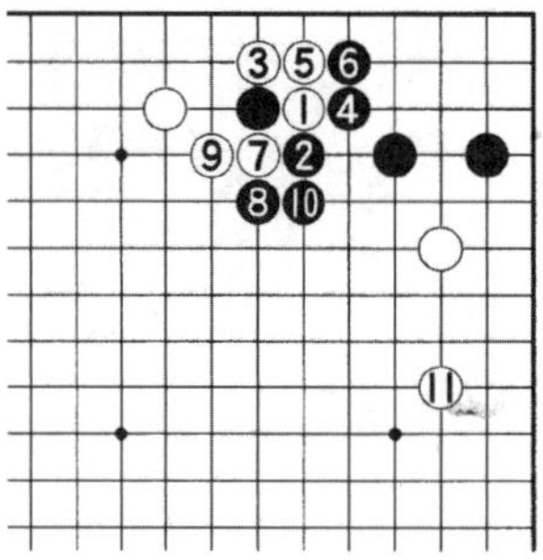

### 안정되다

백1의 붙임이 상용의 맥이다.
흑2로 막으면 백3으로 젖히고 흑은 4, 6으로 막아 귀를 굳힌다.
백7부터 9로 상변을 정리한다.

变

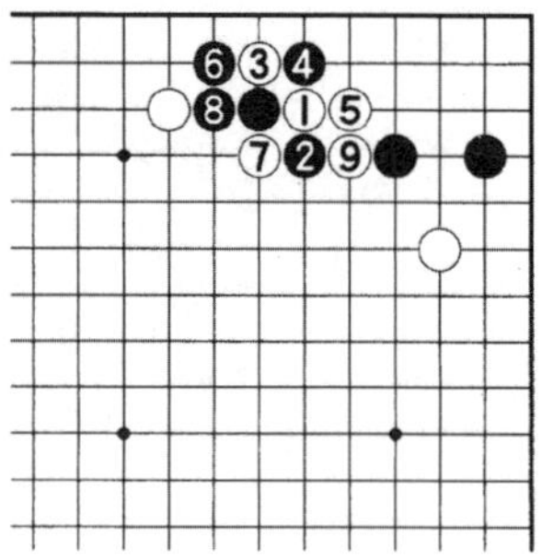

### 흑 무리

흑4로 끊어 백의 건넘을 방해하는 것은 무리. 백5 이후 흑6, 8로 상변에 손이 돌아가 백9로 뚫어서 흑을 좌우로 분리시킨다.

(2412)

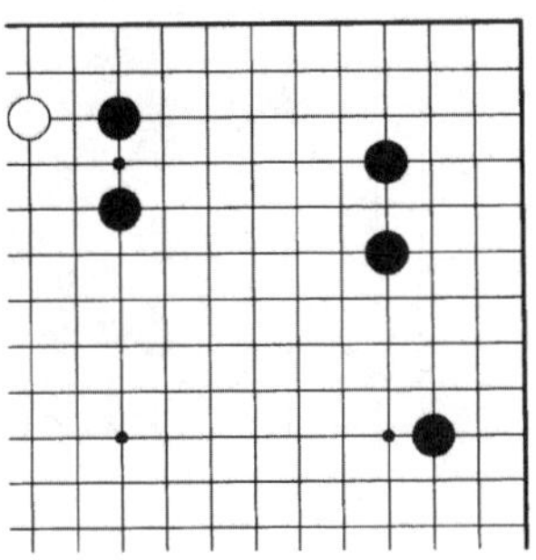

**제3형 백번**

### 상용의 맥

포석 단계에서 중반으로 이어지는 장면이다.

우상귀에 백으로 수를 두는 상용의 맥이 있다.

解

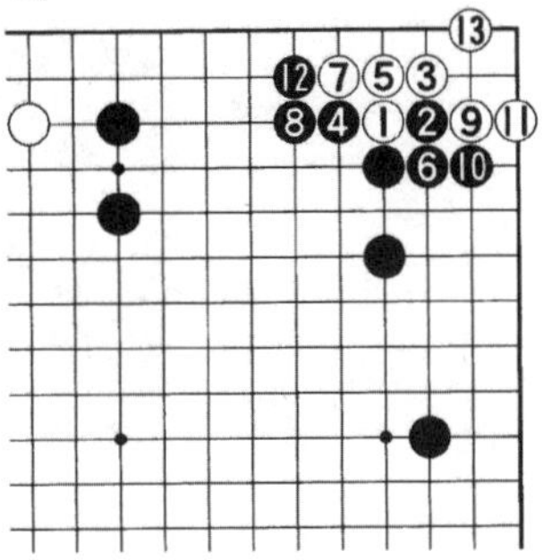

### 백 삶

백1의 붙임이 흑집에 침범하는 급소이다.

흑2로 막으면 백3으로 젖혀서 수습하는 수를 찾는다. 흑4, 6으로 공격하면 백7부터 13까지로 산다.

变

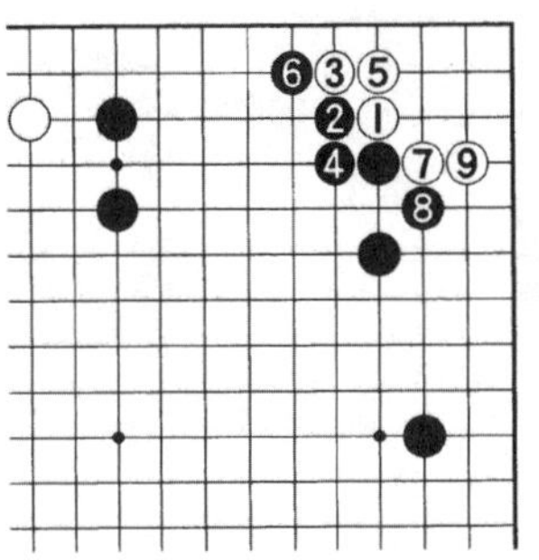

### 백 삶

흑2로 막아도 백3의 젖힘이 묘수가 된다.

흑4로 이어 바깥을 굳히고 백은 5로 이어 상변과 귀를 맞보기로 한다. 백9까지 귀에서 산다.

(2413)

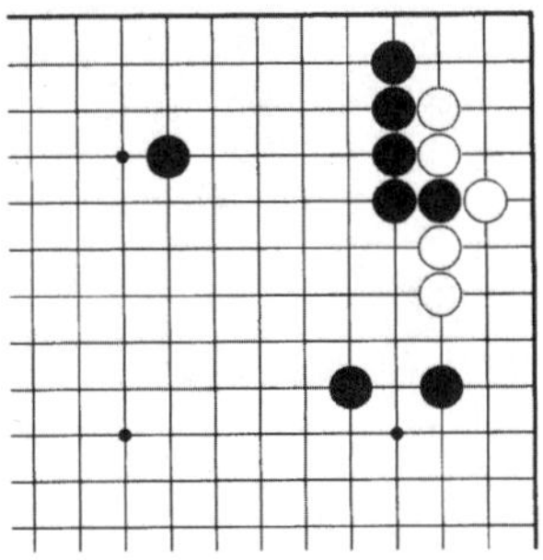

**제4형 흑번**

### 공격

우상의 백은 귀와 변에 집을 가져 편안히 살아있는 것처럼 보이지만 날카로운 흑의 공격을 받으면 삶이 위태로워진다.

解

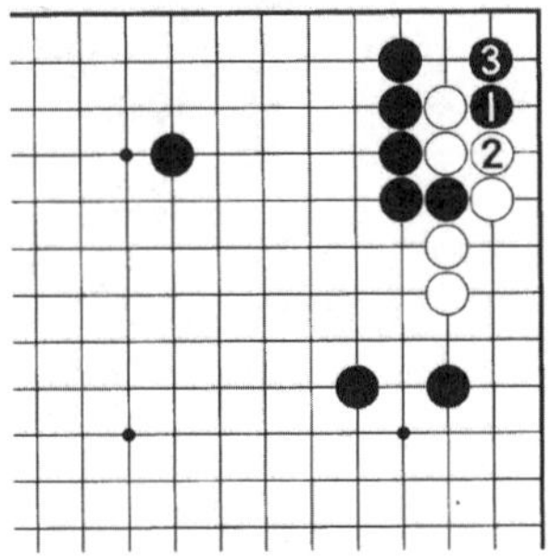

### 묘수

흑1의 붙임이 백집을 도려내면서 안형을 빼앗는 묘수이다.

백2로 이을 수밖에 없고 흑3으로 당겨 귀의 백집이 없어진다. 동시에 안형도 사라진다.

失

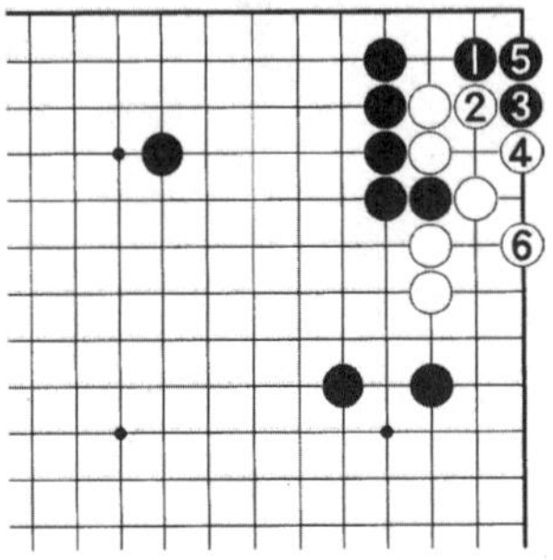

### 백 삶

흑1은 파고들어가는 것이 부족하다. 백2로 막아 백의 안형에 여유가 생긴다.

흑3, 5로 공격해도 백6으로 살 수 있다.

(2414)

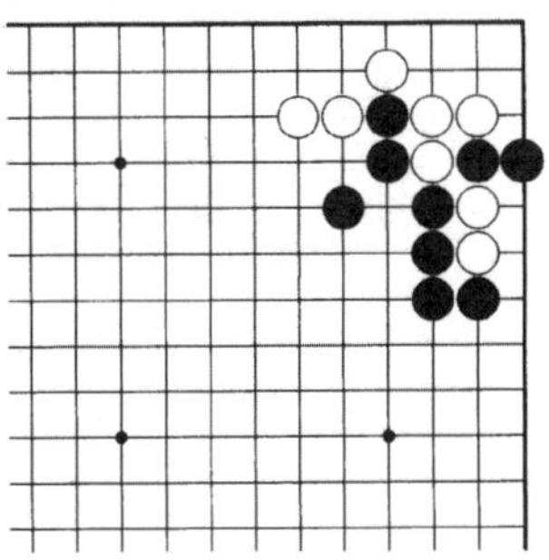

**제5형 흑번**

### 실수

귀에서 상변으로 백은 확실하게 근거를 갖고 있는 것 같지만 약간 빠뜨린 것이 있다.

解

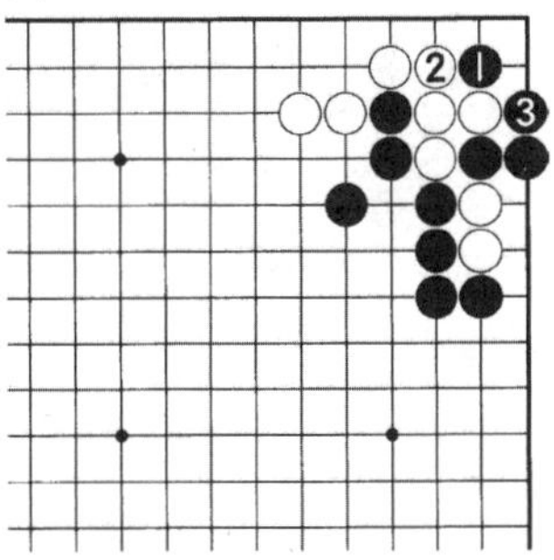

### 맥

흑1의 배붙임이 아슬아슬하게 활용되는 수이다.

백2로 이으면 흑3으로 건너 백이 갖고 있던 귀의 집이 사라졌다.

变

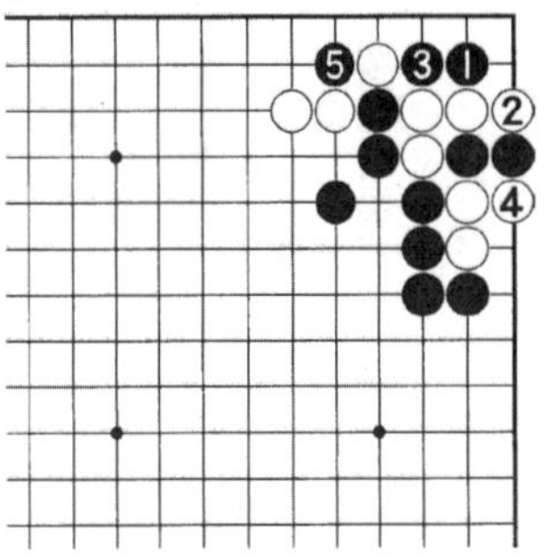

### 백 무리

백2로 흑 2점을 단수치는 수는 무리다. 흑3, 5로 상변을 무너뜨려 백이 크게 손해를 보게 된다. 흑1로 두기 전에 백2의 단수가 필요했다.

제1형 흑번

(2415)

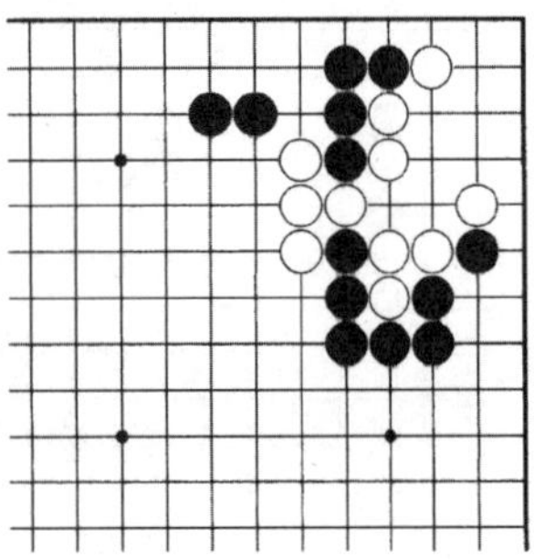

## 백집을 도려내다

귀의 백은 넓은 집을 갖고 있는 것 같지만 자충으로 맛이 나쁜곳이 있다.
백집을 도려내는 급소는 어디인가?

解

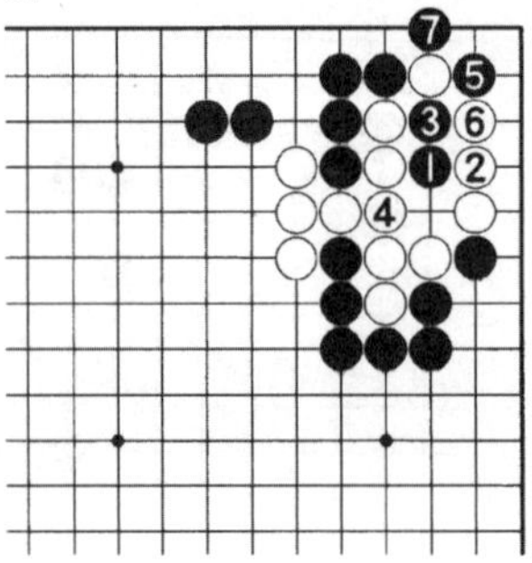

## 노림

흑1의 붙임이 날카로운 노림.
백2로 오른쪽의 약점을 지키면 흑3, 5로 귀의 1점을 잡는다.
귀의 집이 없어져서 백은 최소한의 삶도 힘들어졌다.

变

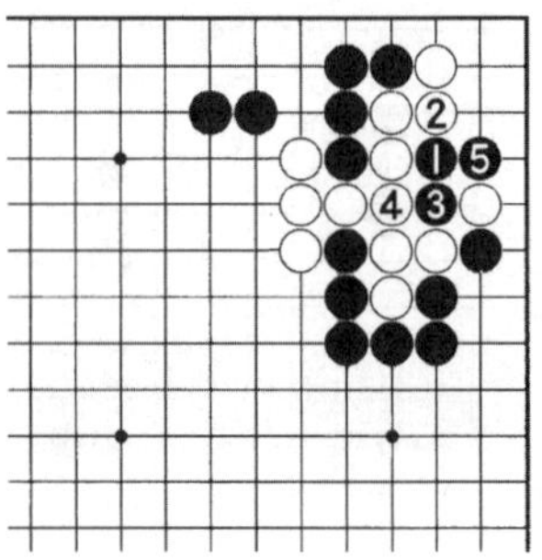

## 1점 잡기

백2로 이으면 흑3으로 끊고 5로 백 1점을 잡는다.
귀의 집이 확실하지 않기 때문에 이후, 백은 흑에게 공격당하게 된다.

제2형 백번

(2416)

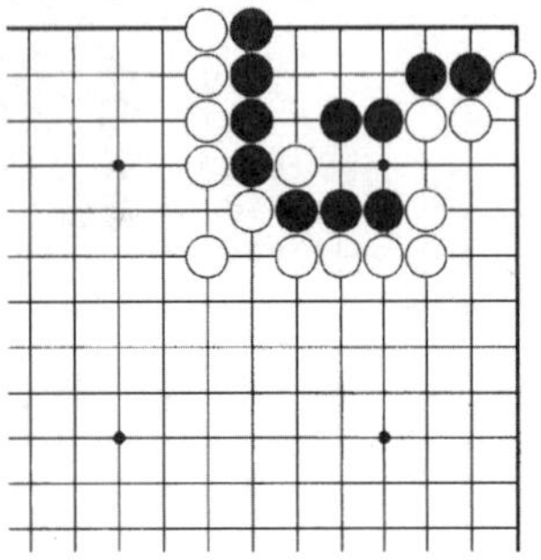

## 노리다

흑은 백 1점을 잡고 있지만 이 백에게는 활력이 있어 흑을 잡으려는 엄청난 노림이 숨어있다.

解

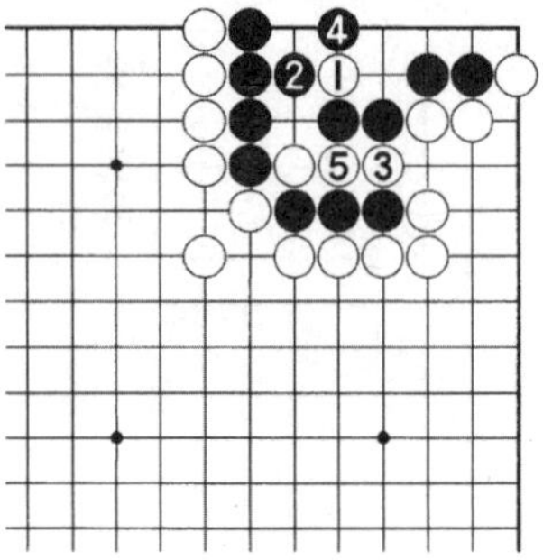

## 3점 잡기

백1의 배붙임이 좋다.
흑2로 받아 상변을 살리는 정도이다.
백3 이후 흑4로 살고 백은 3점을 잡는다.

变

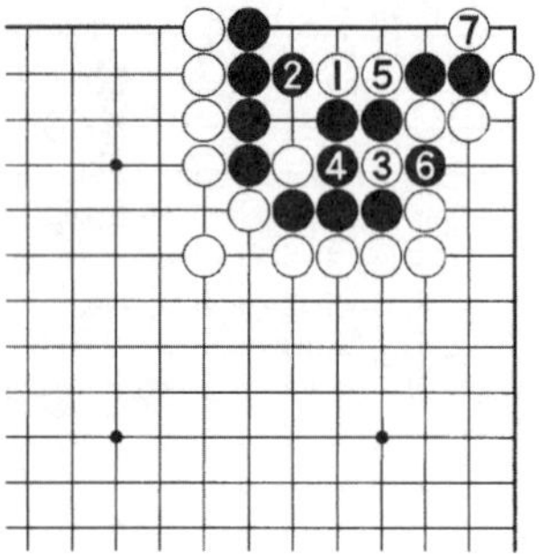

## 흑 죽음

흑4로 중앙의 3점을 살릴 수는 없다.
백5로 단수치고 흑6, 백7로 귀의 흑을 잡으면 흑은 한 집밖에 없어 죽게 된다.

제3형 흑번

(2417)

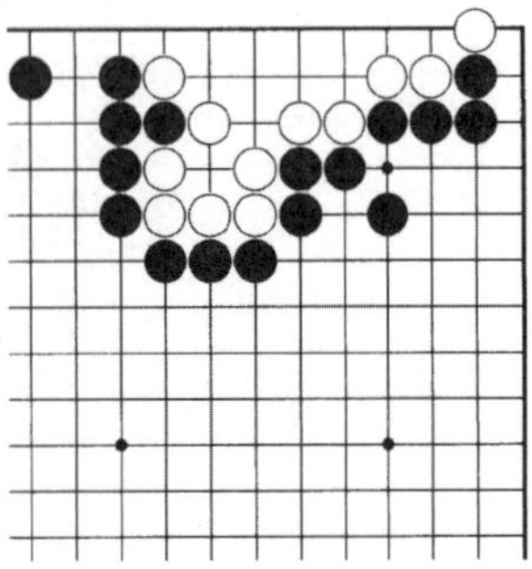

## 급소

급소 같은 곳이 반짝반짝 빛나고 있지만 진짜 급소일까. 귀의 백 3점을 잡으면 성공이다.

解

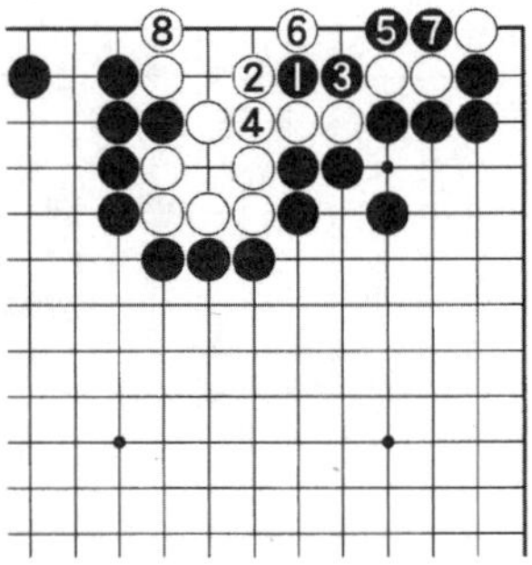

## 3점 잡기

흑1의 배붙임이 급소이다.
백2, 4로 받으면 흑5로 귀의 백을 잡는다.
백8까지 후수로 살 수밖에 없다.

失

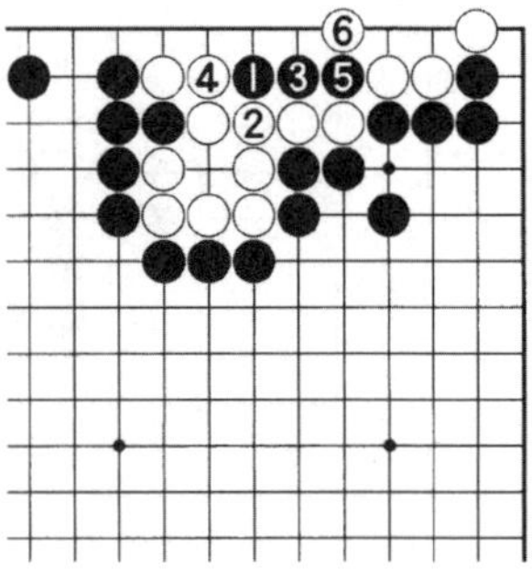

## 흑 실패

흑1은 백2로 이어 손해가 적다.
흑3으로 나가는 것은 무리로 백4, 6으로 잡힌다.
흑3으로 4, 백3이 될 곳이다.

(2418)

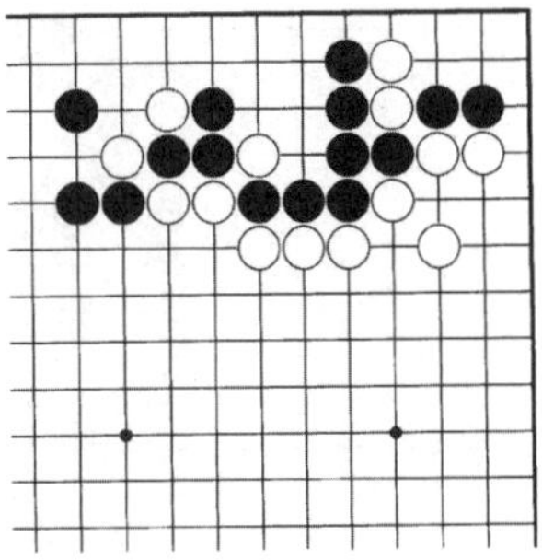

제4형 백번

## 깨뜨리다

상변의 흑집을 무너뜨리는 문제.
흑 3점과 우상의 7점은 자충 때문에 맛이 나쁘다.
어디서부터 두어야 할까?

解

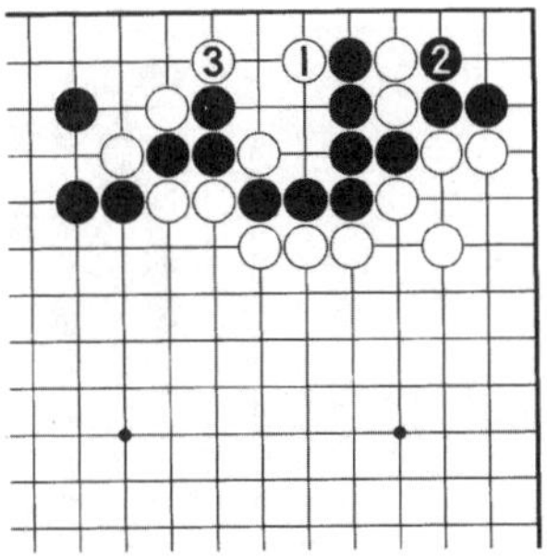

## 촉촉수

백1의 붙임이 좌우를 노리는 좋은 수이다.
흑2로 백 2점을 잡으면 백3으로 단수쳐서 흑 3점은 촉촉수로 된다.

变

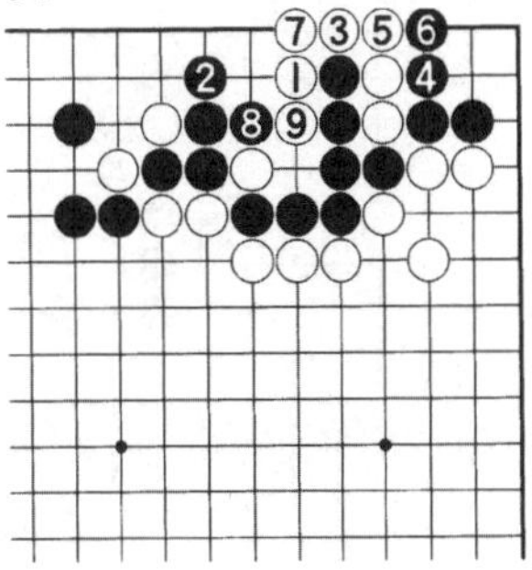

## 환격

흑2로 왼쪽을 지키면 백3으로 건너서 흑 7점을 공격하여 이후 백7까지로 흑은 살릴 수 없다. 환격으로 흑이 잡힌다.

(2419)

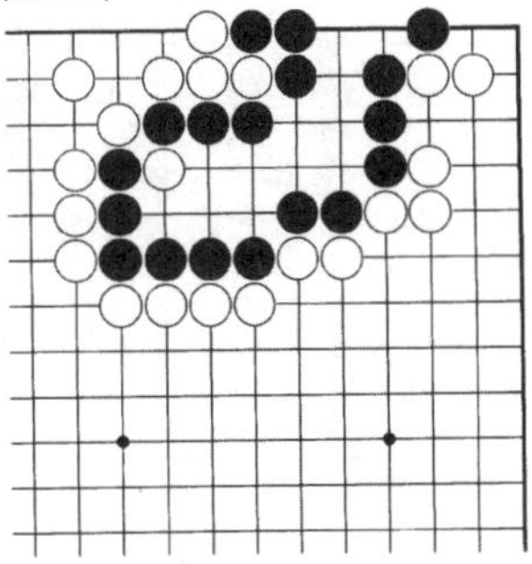

제5형 백번

## 집안의 수

흑집 안에 있는 백 1점에게는 아직도 숨이 남아있다.
흑집을 크게 깎아 낼 수 있다.

解

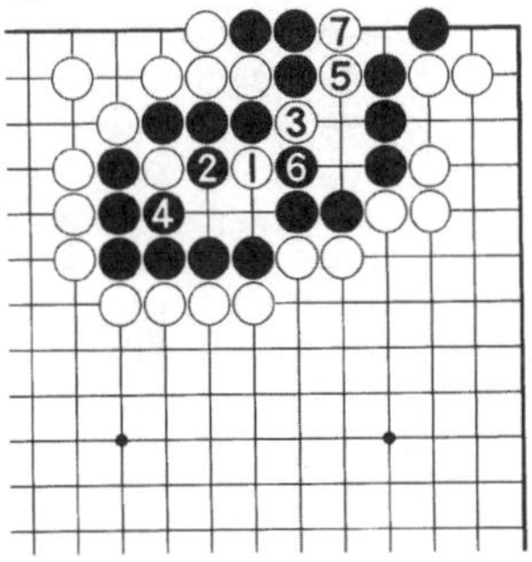

## 흑 0집

백1의 붙임이 좋은 맥이다.
흑2로 나가면 백3으로 끊고 5, 7로 상변의 흑 3점을 잡는다
앞뒤계산을 해보면 흑집은 0집이 된다.

变

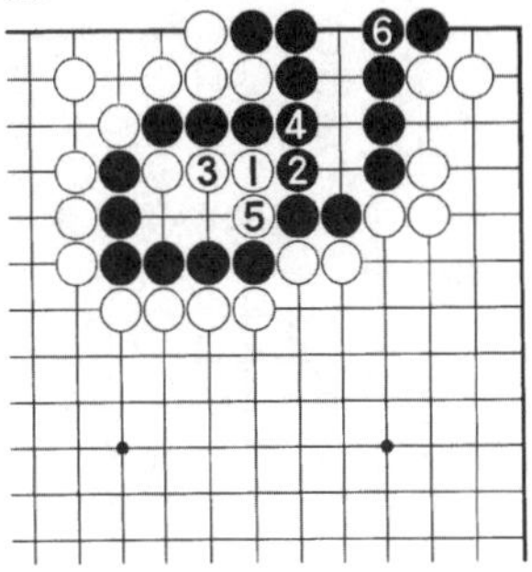

## 흑 후수 삶

흑2로 받으면 백3으로 단수치고 5로 끊어 중앙은 빅이 된다.
흑6으로 직사궁을 만들고 살지만 이 그림은 흑이 후수다.

옆구리붙임 끝내기

(2420)

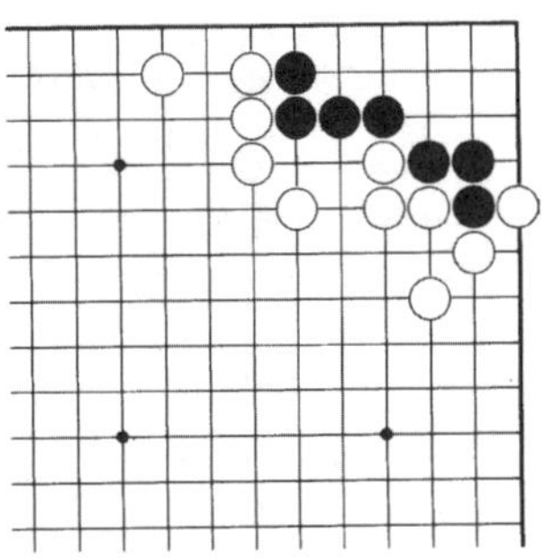

제1형 백번

## 몇 집?

귀의 끝내기 문제.
생사는 불안하지 않지만 흑집은 백에게 끝내기로 크게 깎이게 된다.
흑집을 몇 집까지 깎을 수 있을까?

解

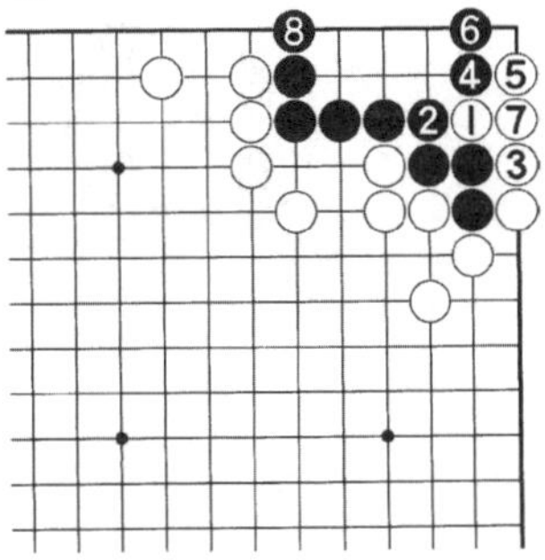

## 흑 5집

백1의 붙임이 이런 장면에서 좋은 수이다.
흑2에는 백3으로 연결하고 흑4의 단수에 백5로 꽃놀이패로 버틴다.
흑은 6과 8로 양보하는 정도이다.

失

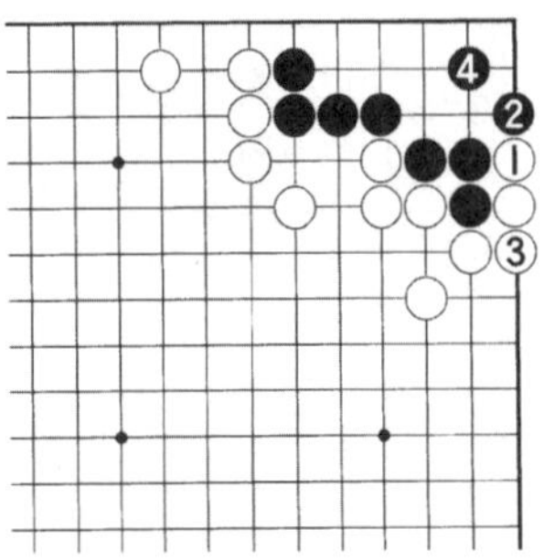

## 6집 손해

백1, 3은 평범한 끝내기.
흑4까지 귀의 흑집은 11집으로 정해도의 선수 끝내기보다 6집이나 많은 결과.

제2형 백번

(2421)

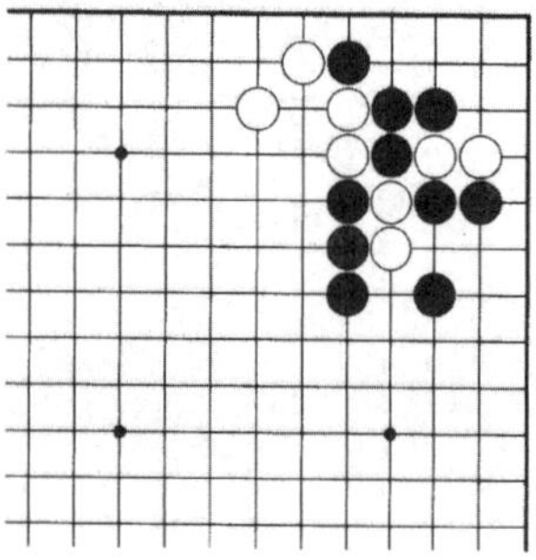

## 귀의 끝내기

우상귀의 끝내기 문제.
중앙의 백 2점이 2수이므로 귀에 잡힌 백 2점을 이용해도 수상전에서는 승산이 없다.

解

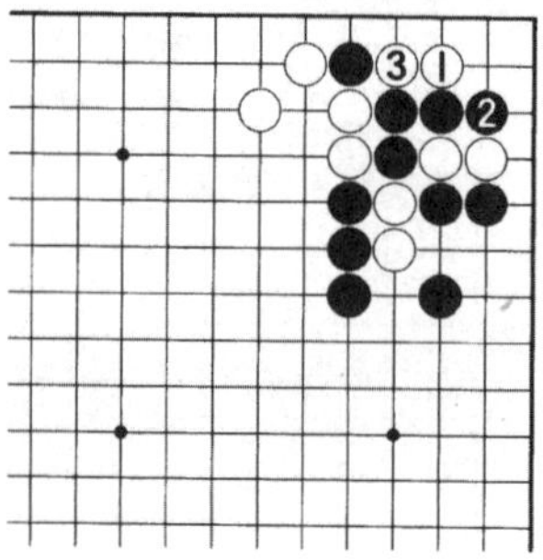

## 맥점

백1의 배붙임이 좋은 수가 된다. 흑2로 받게 만들어 백3으로 잡아 백1이 효과를 발휘하였다.
백1로 3은 흑1로 단수당해 귀의 흑집이 크다.

変

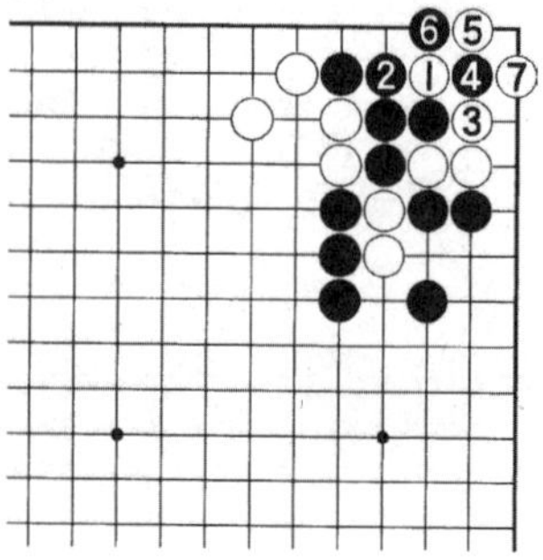

## 꽃놀이 패

흑2로 이어 저항하면 백3으로 흑을 자충으로 만든다.
흑4부터 백7까지 백이 편한 꽃놀이 패를 쥔다.

제3형 흑번

(2422)

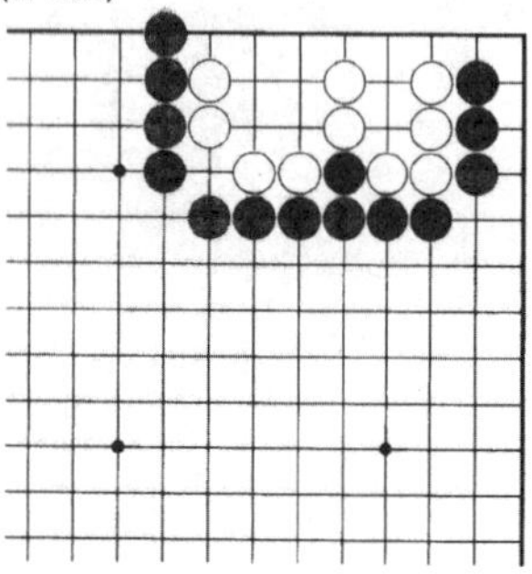

## 몇 집?

상변의 백집을 몇 집으로 봐야 할까?
실제로 백집을 계산해보면 0집이 되고 거기에다 후수가 된다.

解

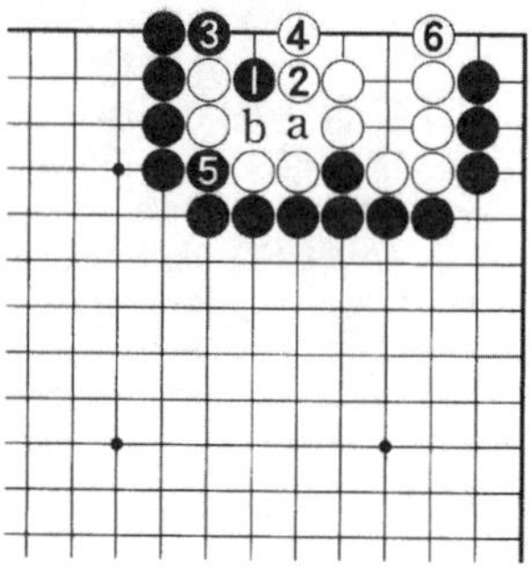

## 백집 0집

흑1의 붙임이 백의 자충을 추궁하는 수가 된다.
백2로 받는 정도이지만 흑3, 5로 백 2점을 잡는다. 백은 6이후 백a, 흑b로 후수로 살 수 있다.

変

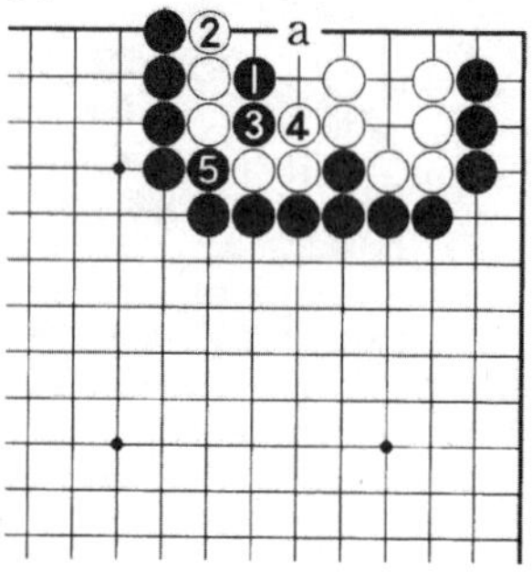

## 백 전멸

백2로 건넘을 막는 것은 자충에 걸려 백 전체가 위험해진다.
흑3의 공격, 백4, 흑5로 백이 전멸한다.
백4로 a도 흑5로 양단수이다.

제4형 백번

(2423)

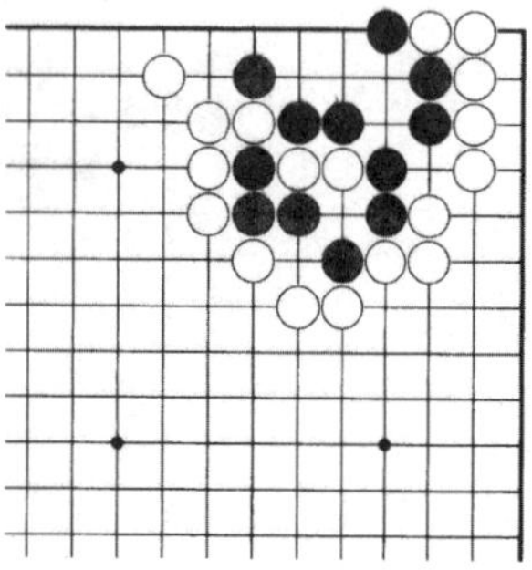

## 급소

상변의 흑에게는 약점이 있지만 직접 공격해도 잘 되지 않는다. 흑집을 줄이는 급소는 어디일까?

解

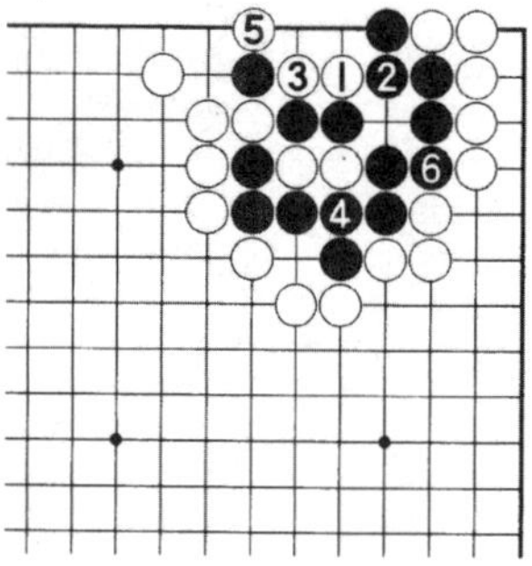

## 백1이 급소

백1의 붙임이 급소이다.
다음에 흑은 2, 6으로 후수로 살아야 한다.

失

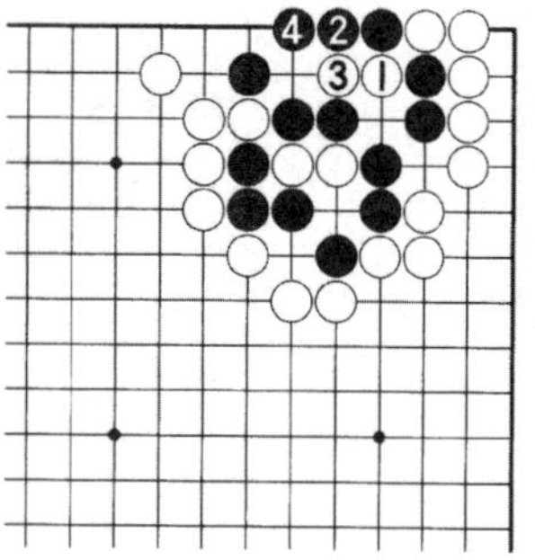

## 백 실패

백1로 끊는 것은 잘 되지 않는다.
흑2, 4로 도망치고 백은 자충에 걸리기 때문에 더 이상 쫓는 것은 불가능하다.

# 끼움

'한 칸 뜀에 악수 없다'라고 하여 변에서 중앙으로, 또는 변에서 변으로 한 칸 뛰는 것이 돌이 연결하는 기본형이라고 해도 좋다.
다만, 때로는 한 칸 뛴 사이를 추궁하는 강렬한 맥이 생긴다. 한 칸 뛴 사이에 끼우는 맥으로 상대의 모양을 부수고 나의 돌을 강화하는 등 여러 가지 활용이 있다.
그림은 흑1의 끼움으로 수상전에서 승리한다.

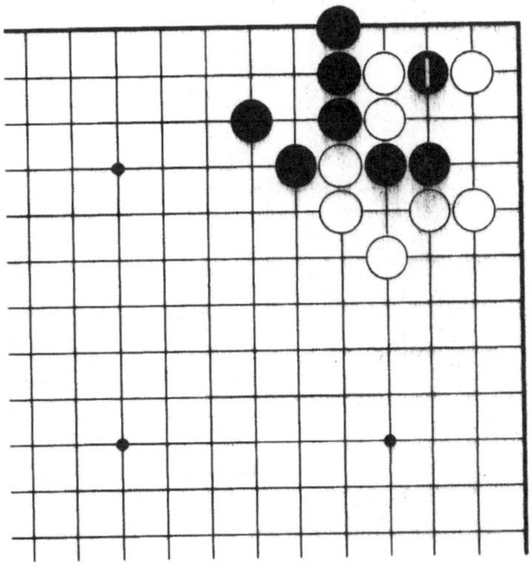

끼움 정석변화

(2424)

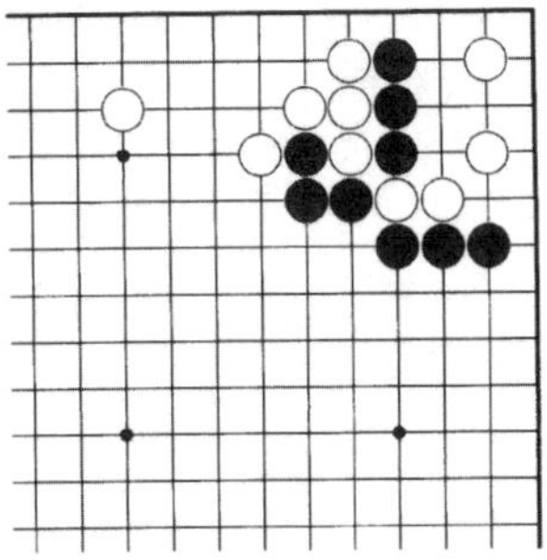

解

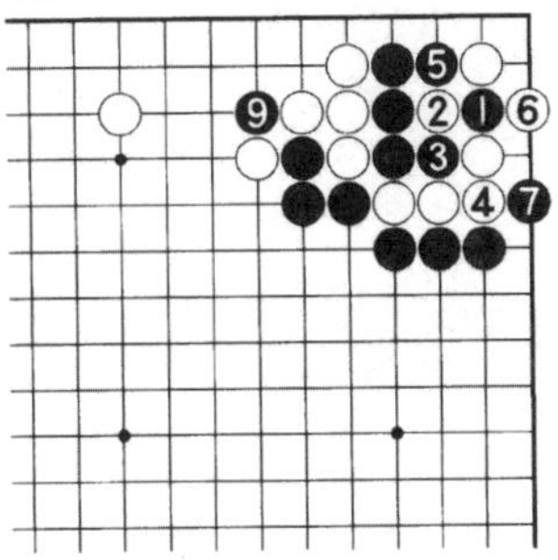

失

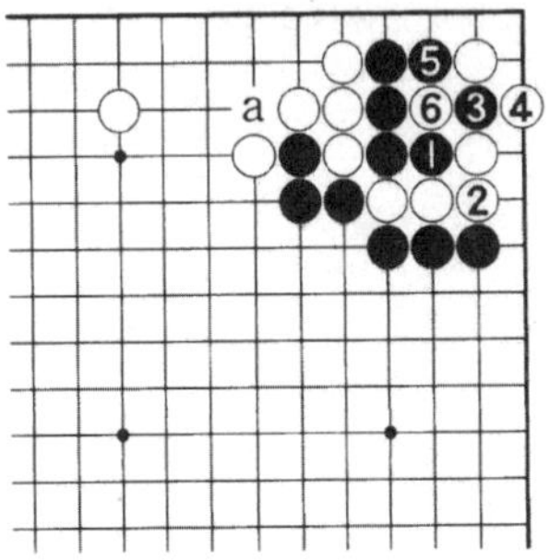


제1형 흑번

## 수상전

화점 정석에서 생기는 모양이다.
우상의 흑 3점과 백 4점 사이의 수상전은 흑 쪽이 유리한 입장이다.

## 흑 유리

흑1로 끼우면 백의 공배가 한 번에 줄어든다.
백2부터 6의 저항은 흑7로 패가 되고 9의 팻감이 있어서 흑이 유리하다. ※⑧→②(패)

## 흑 불리

흑1의 단수는 속수이다.
백4 이후 흑5로 패로 만드는 것은 백선 패가 되어서 백6 이후 흑a의 팻감을 쓸 수 없다.

(2425)

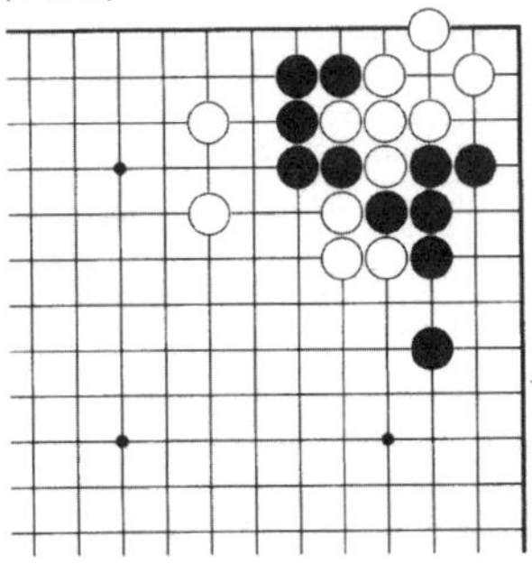

解

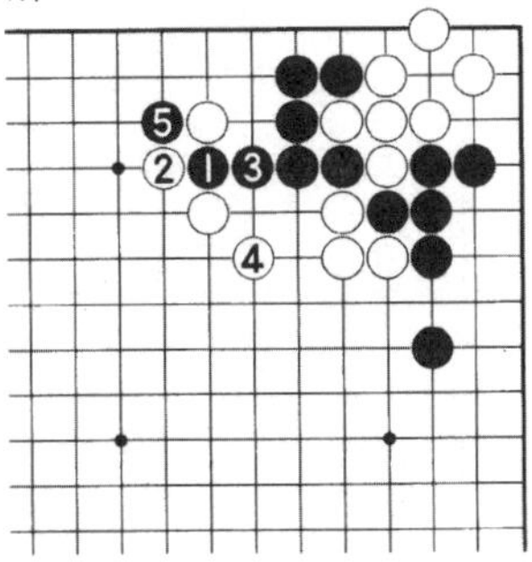

失

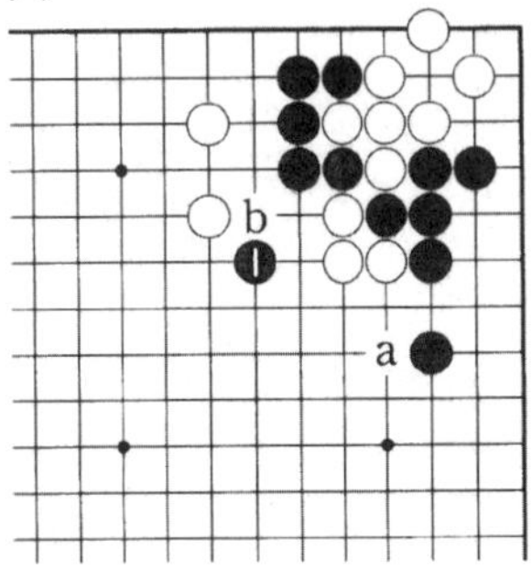


제2형 흑번

## 대사정석

대사정석에서 나타나는 변화이다.
상변의 흑 5점을 살리기 위해서는 백의 엷음을 추궁해야 한다.

## 떵떵거리다

흑1로 끼우는 수가 좋은 수이다.
백2로 막고 흑3으로 이으면 백 모양에 약점이 생긴다.
백4로 지키면 흑5로 끊어 성공한다.

## 위험

흑1은 바깥으로 탈출하기 위한 수지만 안형이 확실하지 않기 때문에 위험한 수.
백a로 붙여 우변을 강화하면 백b의 절단이 있다.

(2426)

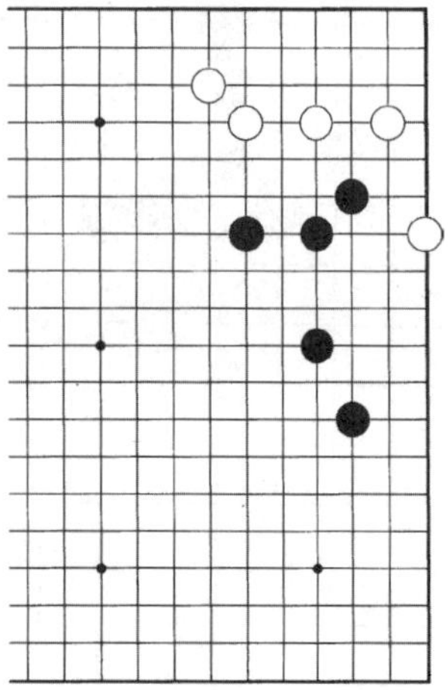

解

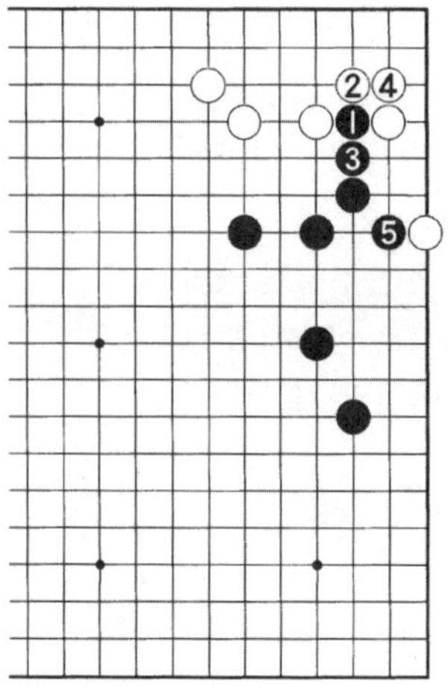

变

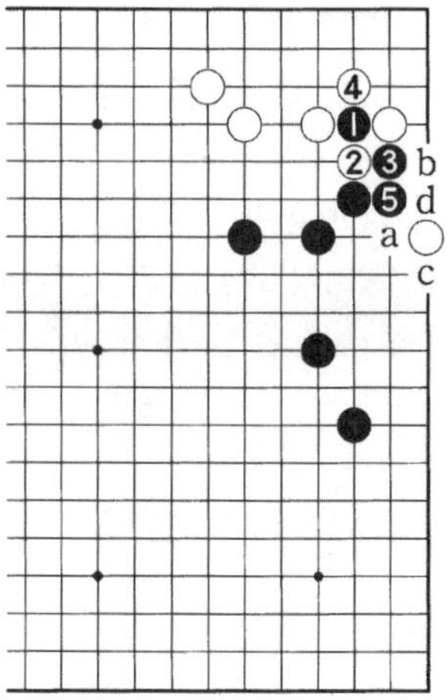


제1형 흑번

## 활용

우변의 흑집에 미끄러져 들어온 백을 어떻게 처리할까?
우상귀의 백이 튼튼하기 때문에 흑은 백을 중복시켜 활용하고 싶다.

## 응수를 보다

흑1의 끼움은 백의 응수를 타진하는 맥이다.
백2로 귀에서 받으면 흑3으로 잇고 백4로 받는 것까지 귀의 백집을 깎는다. 흑5로 입구자붙여 활용한 모양이다.

## 백 잡히다

백2로 받으면 흑3의 끊음이 선수로 활용되어 백4, 흑5로 우변의 백 1점을 잡는다.
흑1로 a에 입구자붙이면 백b, 흑c, 백d로 두어서 이후 흑1에는 백2가 성립한다.

(2427)

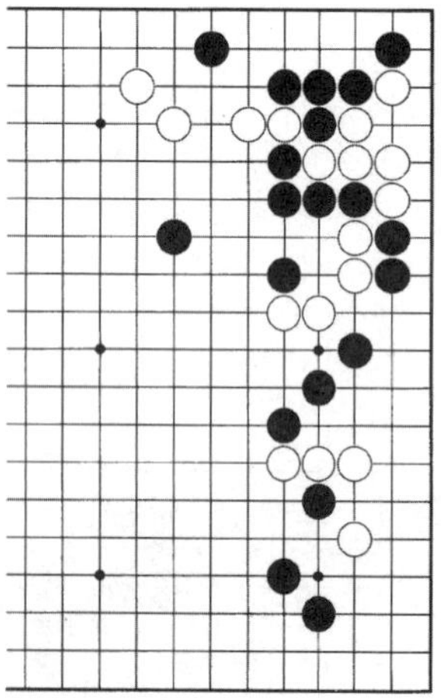

解

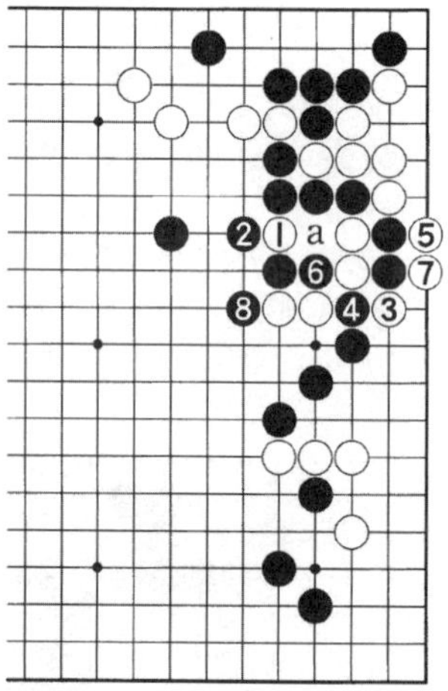


失

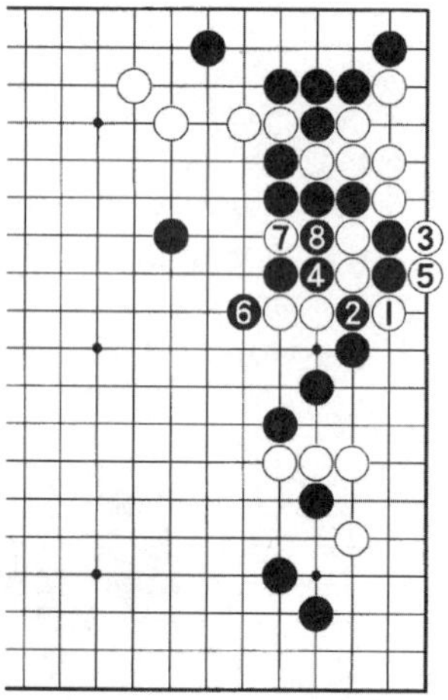

제2형 백번

## 활용

우변의 전투.
백은 우변의 흑 2점을 잡고 우상을 수습할 수 있다. 단, 그 전에 두어둬야하는 수가 있다. 중앙의 흑을 두텁게 만들어 주지 않는 중요한 활용은?

## 양단수

백1의 끼움이 선수로 활용하는 맥이다. 흑2와 교환하는 것만으로 역할을 다한다.
백3부터 7까지 흑 2점을 잡은 뒤 흑8이면 백a로 양단수이다.
흑2로 a는 백6이 선수이다.

## 흑 두텁다

백1부터 5까지 중앙을 활용을 하지 않고 우변을 따내는 변화.
흑6으로 백 2점을 잡아서 중앙이 두텁다.
백7에는 흑8로 이어 아무것도 안 된다.

(2428)

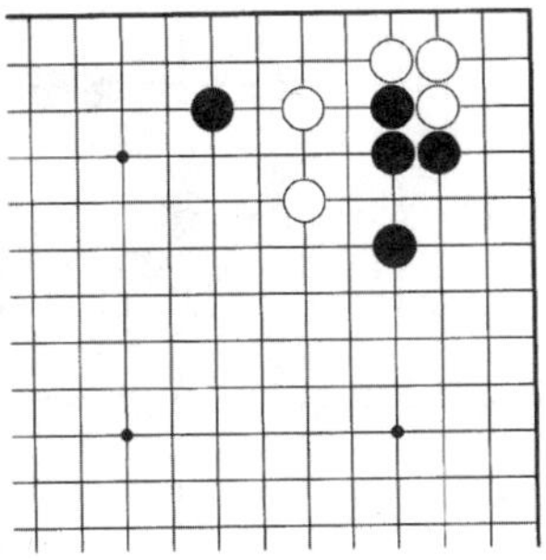

제1형 흑번

## 수순

화점 정석의 변화.
3·3에서 상변으로 건넌 백의 모양이 엷다.
흑은 귀와 중앙을 분단시킬 수 있지만 수순에 주의해야 한다.

解

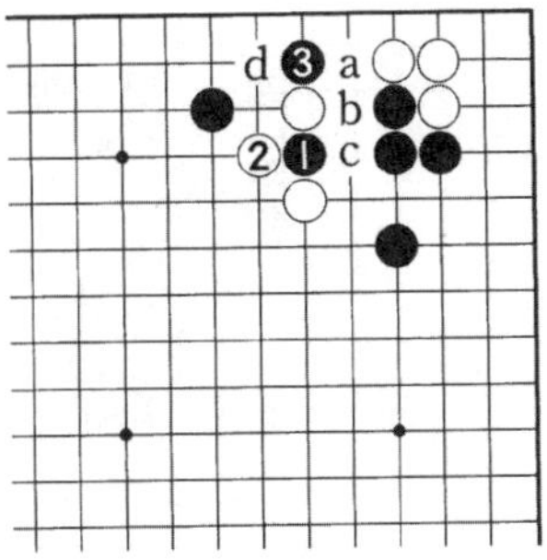

## 좋은 수순

흑1의 끼움이 좋은 수순이다.
백2의 단수에 흑3으로 붙여서 중앙과 귀를 분리 시킨다.
이후 백a는 흑b, 백c, 흑d로 귀의 백은 죽음이 남았다.

失

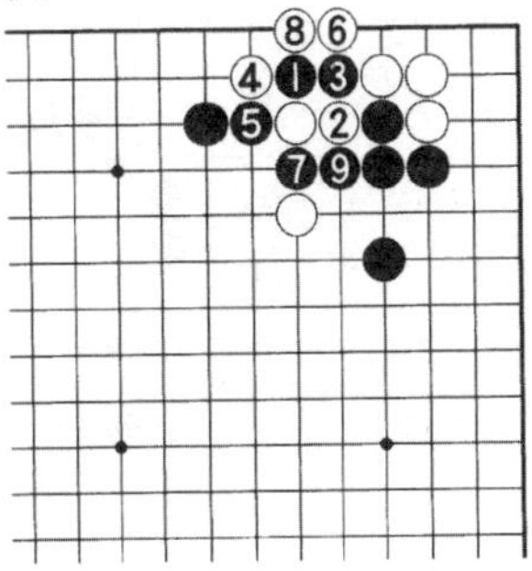

## 실패

흑1의 붙임을 서두르면 백2로 받아 실패한다.
흑3부터 9까지 분단에는 성공하지만 귀의 백집이 10집을 넘는 데다 흑이 후수이다.

(2429)

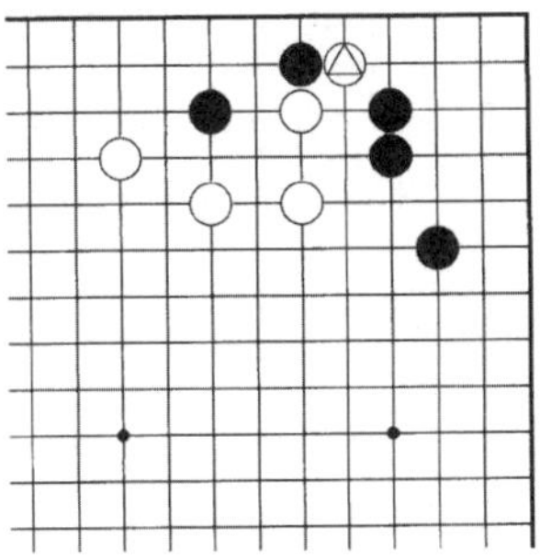

제2형 흑번

## 반격

백이 △로 젖혀 흑의 건넘을 방해하려고 한다.
흑은 냉엄하게 반격하여 상변을 굳히고 싶다.

解

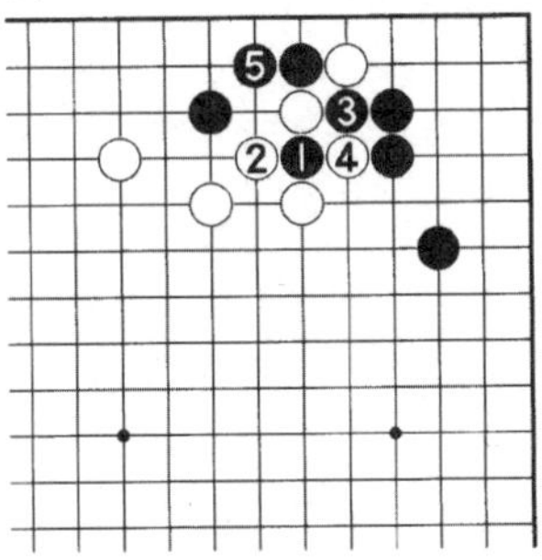

## 잡히다

흑1의 끼움이 백을 절단하는 맥이다.
백2로 단수치면 흑3으로 끊으면 된다. 백4, 흑5까지 귀의 백 1점을 잡고 상변의 흑이 안정된다.

変

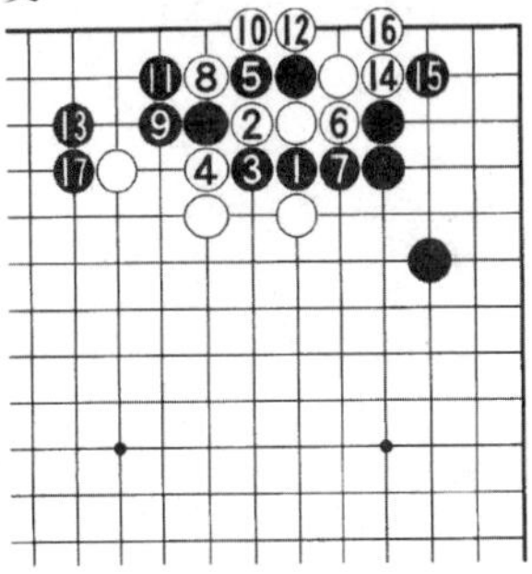

## 흑 유리

백2의 저항은 흑3부터 7로 바깥을 굳히는 모양이다.
백8, 10으로 상변의 흑 2점을 잡아도 흑13, 17로 상변에 진출해서 흑이 유리한 갈림이다.

(2430)

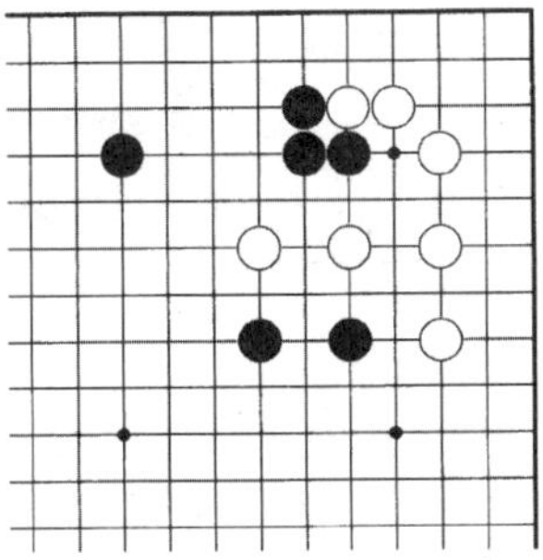

제3형 흑번

## 약점

우상의 전투.
귀에서 우변, 그리고 중앙으로 진출한 백의 모양에는 큰 약점이 있다.
흑은 무엇을 노리고 있는가?

解

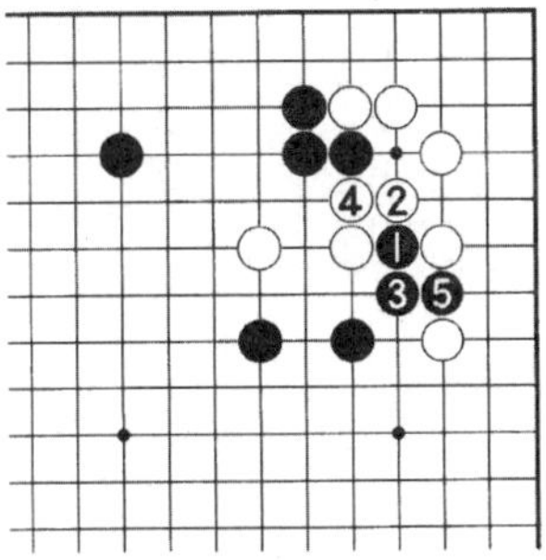

## 관통

흑1의 끼움이 백의 모양을 엷게 하는 맥이다.
백2, 4로 중앙을 연결하면 흑5로 뚫어서 우변을 무너뜨릴 수 있다.
백4로 5는 흑4.

変

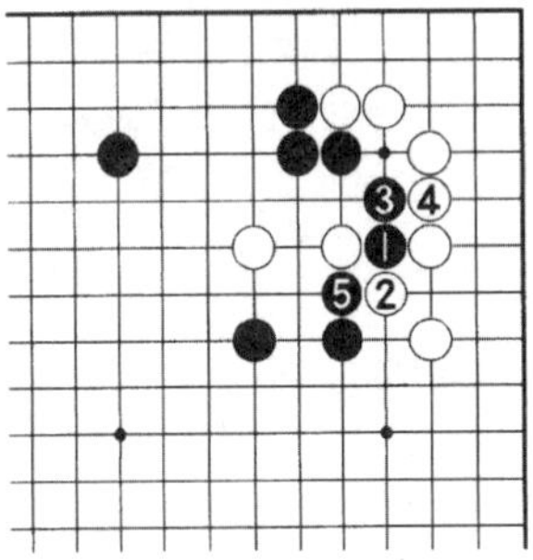

## 흑 유리

백2라면 흑3으로 좋다. 백4에는 흑5로 중앙의 백 2점을 절단하여 흑이 유리한 전투가 된다.
백4로 5는 흑4로 뚫어서 귀가 불안해진다.

제4형 흑번

(2431)

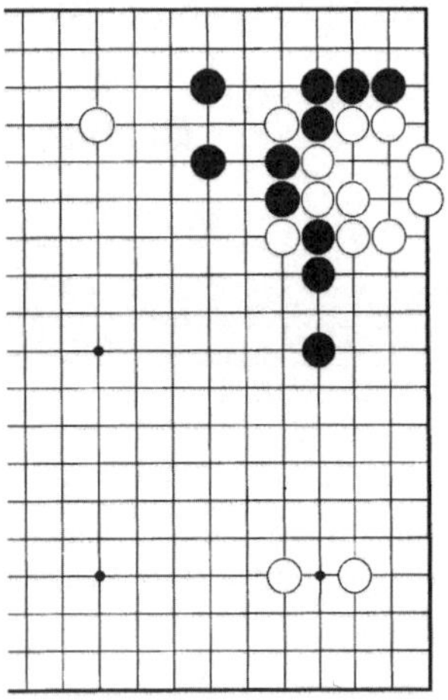

## 분단

우변의 전투.
백 1점을 끊어 우변으로 진출한 흑은 엷은 모양이다.
백은 흑의 엷음을 추궁하여 흑을 분단시킬 수 있을까?

解

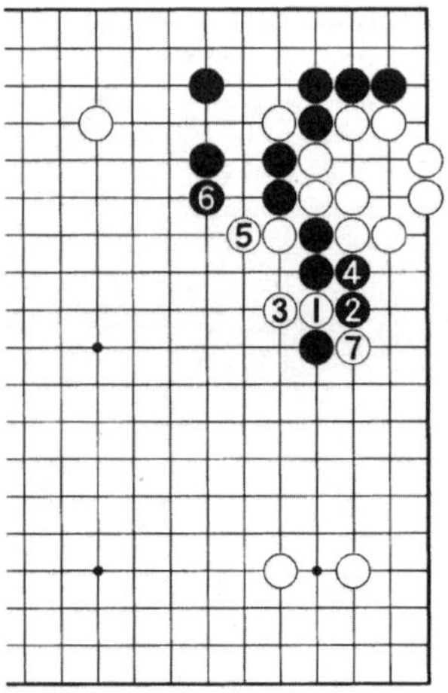

## 4점 잡기

백1의 끼움이 날카로운 맥이다.
흑2로 우변에서 받으면 백3으로 나가서 우변 흑에게 2개의 약점이 생긴다. 흑4로 이으면 백5, 흑6 이후 백7로 끊어 우변의 흑이 잡힌다.

変

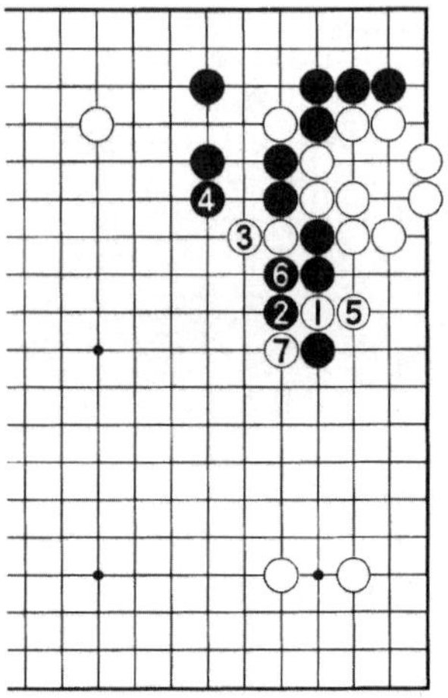

## 우변은 백집

흑2로 위에서 받으면 백3, 흑4 이후 백5로 늘어 이것도 역시 흑에게 약점이 2개 생긴다.
흑6에는 백7로 끊어 흑이 4점을 구한다 해도 우변은 백집이 된다.

제5형 백번

(2432)

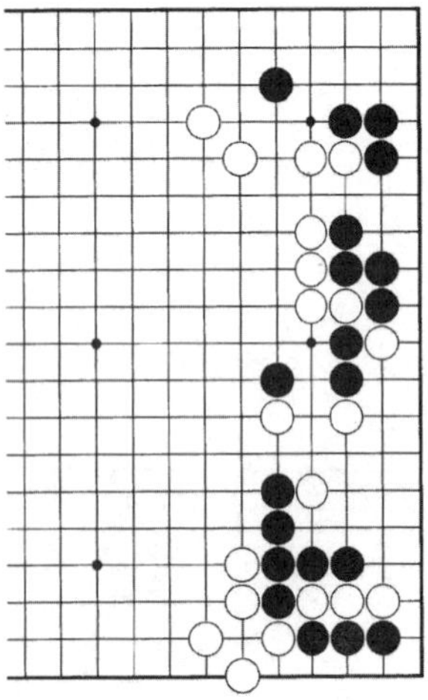

## 두터움을 만들다

우변의 전투.
우변의 백을 중앙으로 도망치게 하는 것이라면 간단하다.
백은 흑의 자충을 추궁해서 중앙에 두터움을 만들 수 있다.

解

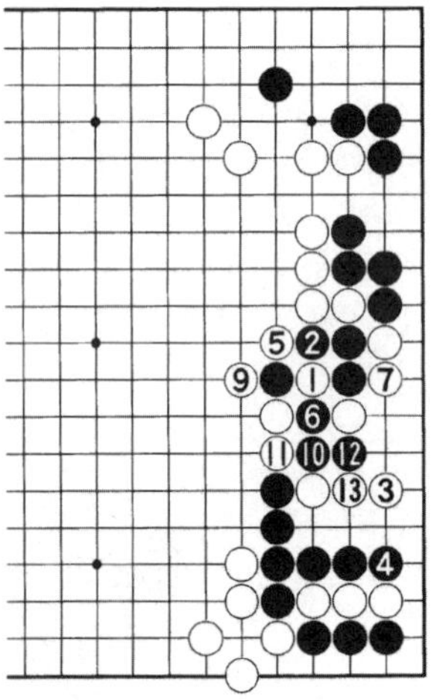

## 축

백1로 끼우는 것이 수순이다.
흑2와 교환하고 다음의 백3이 냉엄한 노림수. 흑4로 우하를 살리면 백5, 7로 우변의 흑을 조여 백13까지 축으로 몰아 잡는다.

※❽→①

変

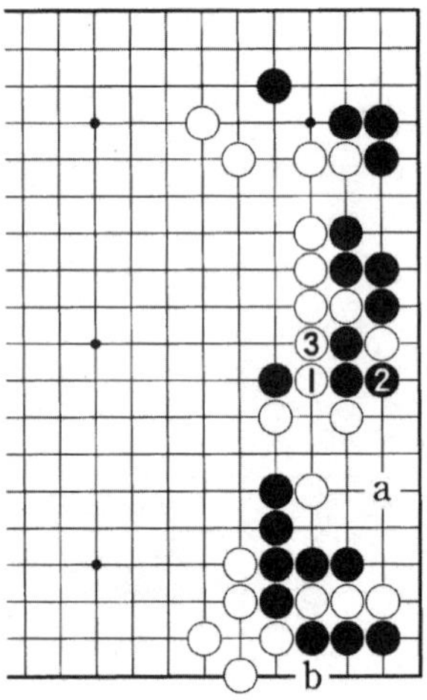


## 백 충분

흑2로 받으면 백3으로 이어 중앙이 두터워져서 백이 충분하다.
우하의 흑에는 백a보다 b로 젖혀서 활용하는 쪽이 흑집을 줄이는 수단이다.

(2433)

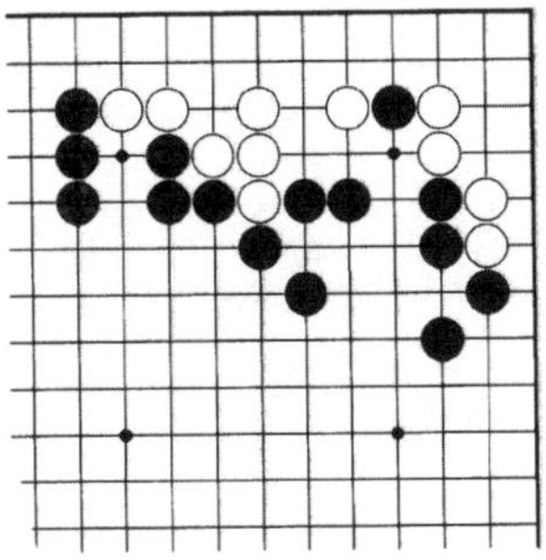

解

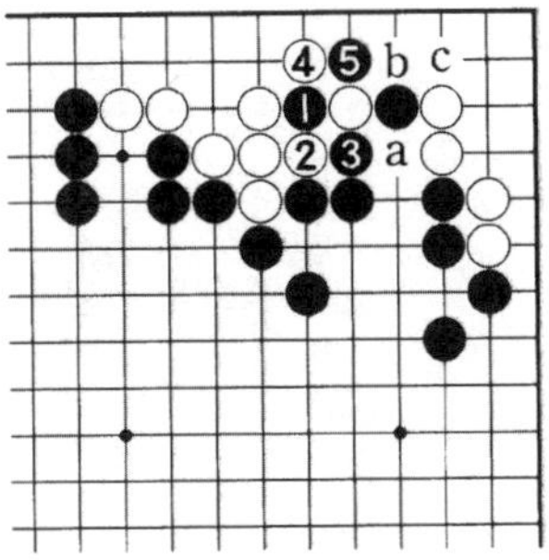

变

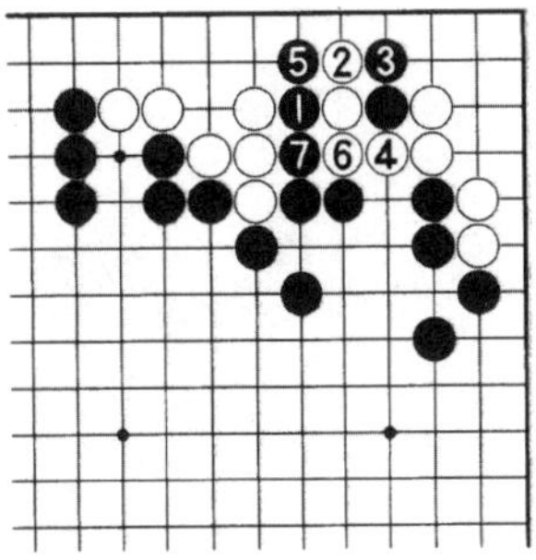

제6형 흑번

### 테크닉

백은 상변과 귀의 연결이 아직 완전하지 못하다.
흑이 좌우를 분단시키려면 테크닉이 필요하다.

### 패

흑1의 끼움이 교묘한 맥이다.
백2로 막으면 흑3으로 끊고 백4, 흑5로 패가 난다.
다음에 백이 1로 이으면 흑a, 백b, 흑c.

### 대성공

백2의 저항에는 흑3으로 나가는 수가 좋다.
백4로 막으면 흑5로 나가서 상변의 백을 잡는다.
흑이 크게 성공한 그림.

끼움

수습·타개

(2434)

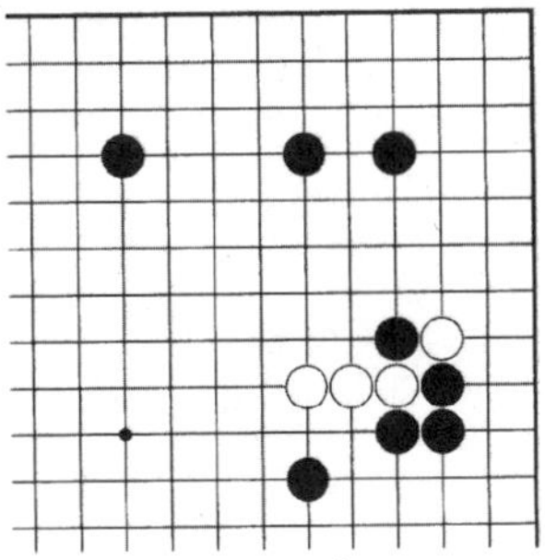

解

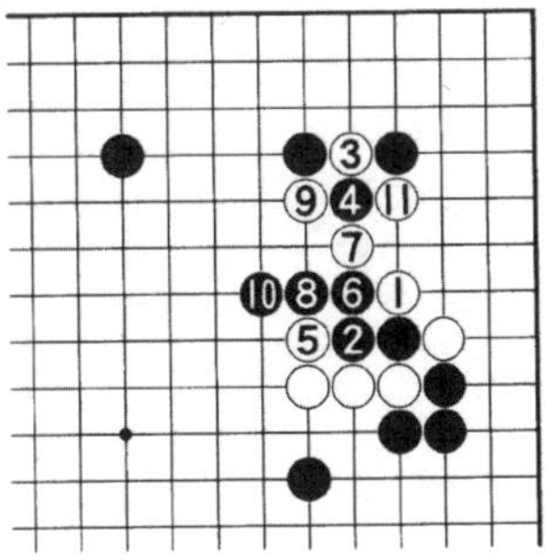

变

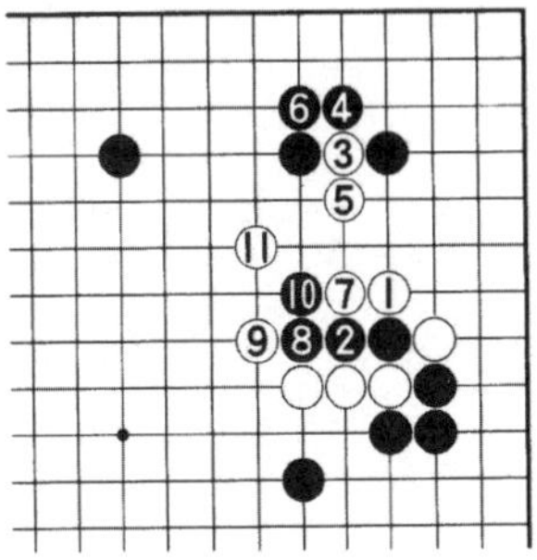

제1형 백번

### 수습

흑에게 절단당한 백은 축이 불리하다.
백은 귀의 흑의 약점을 추궁하여 흑 1점을 공격하여 수습하는 모양을 만들 수 있다.

### 빵때림

백1, 흑2를 활용하여 흑의 모양을 무겁게 한 후 백3의 끼움이 날카로운 맥이다.
흑4라면 백5부터 9를 단수를 선수 활용하여 백11까지 빵때림한다.

### 장문

흑4로 귀를 받으면 백5.
흑6으로 귀의 약점을 지키게 만든 뒤 백7부터 11까지 흑 4점을 장문으로 잡는다.
흑6으로 7은 백6으로 수습.

(2435)

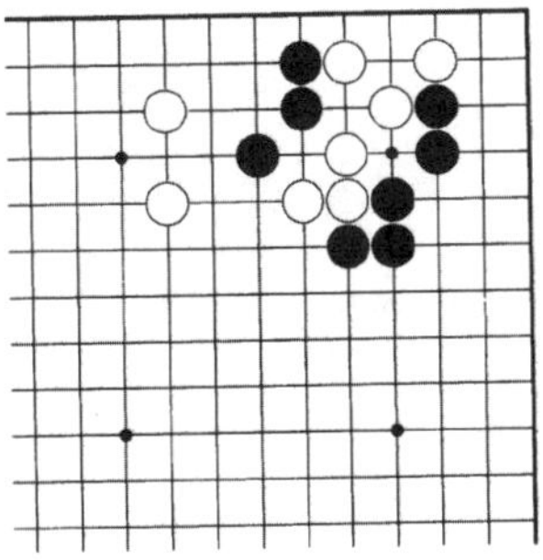

解

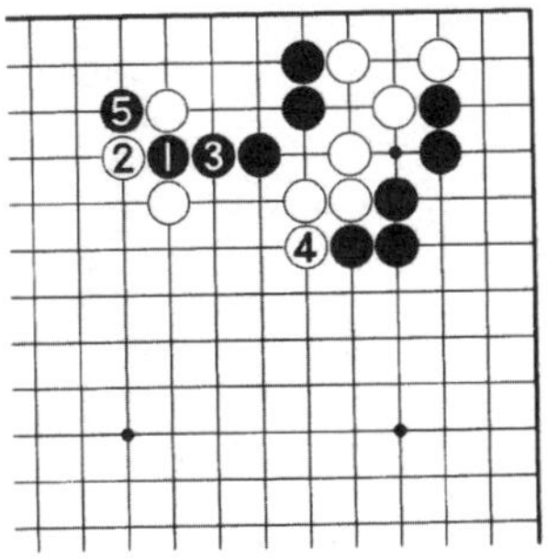

变

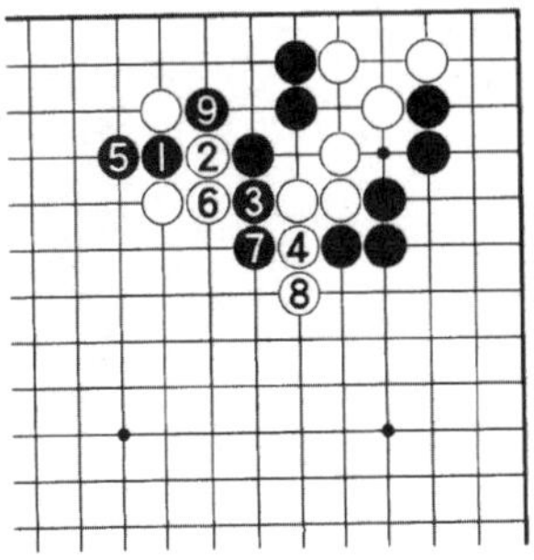

제2형 흑번

### 반격

상변의 전투.
흑 3점을 공격해서 백의 흐름인 것 같지만 백은 엷은데다 우상도 약하다.
흑은 냉엄하게 반격하고 싶다.

### 맥

흑1의 끼움이 날카롭다.
백2에는 흑3으로 이어 백의 약점이 많아지며 백4는 흑5로 편하게 수습한다. 흑1로 3은 백1. 백의 모양이 튼튼하다.

### 흑 유리

백2의 단수는 흑3부터 7로 나가게 된다.
백4 이후 흑5로 늘면 백에게 2개의 약점이 생겨서 흑9까지 끊어 흑의 유리한 싸움이다.

제3형 흑번

(2436)

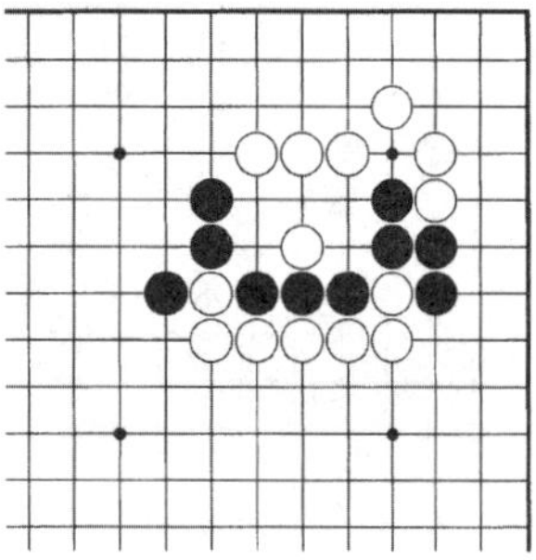

## 희생

중앙의 흑 3점과 우변의 4점을 비교하면 우변 쪽이 훨씬 크다.
우변을 살리기 위해선 3점을 희생하면 좋다는 말이다.

解

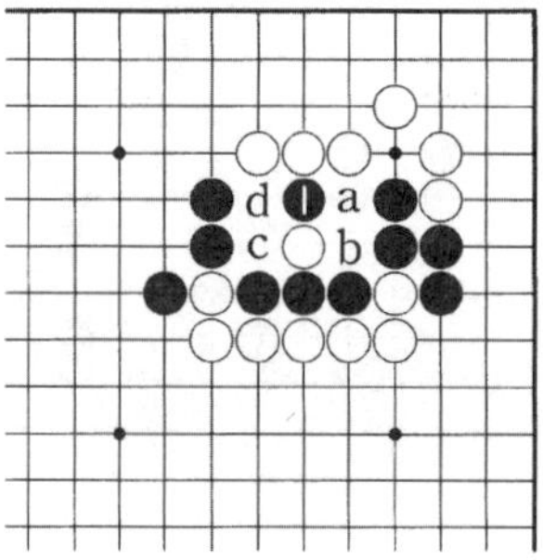

## 연결

흑1의 끼움이 맥이다.
백a는 흑b로 이어 백은 c로 끊을 수 없다.
백은 b로 끊고 흑a, 백c, 흑d가 될 곳이다.

失

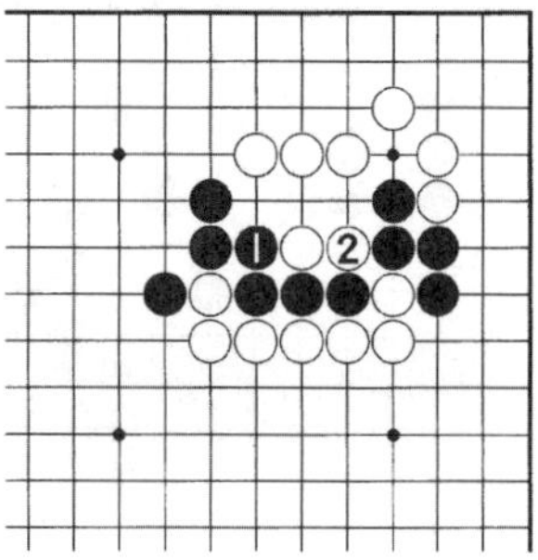

## 최악

흑1로 잇는 것은 최악의 수법.
흑 3점은 살려도 백2의 쌍립으로 우변의 흑 4점이 끊어져 흑의 완벽한 실패이다.

제4형 흑번

(2437)

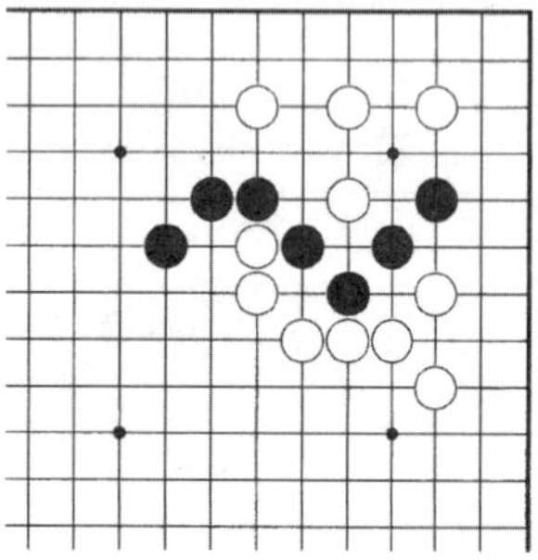

## 위기

백이 들여다봐서 우변의 흑이 끊길 위기 상황에 처해있다.
좌우의 약점을 한 번에 막으려면 사석을 이용하여야 한다.

解

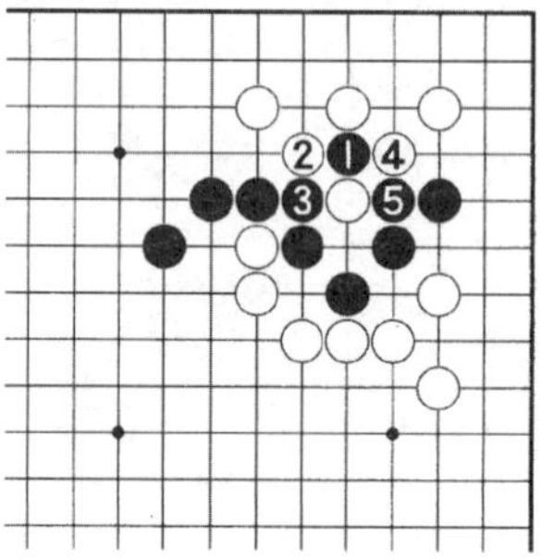

## 무사

흑1의 끼움이 좋은 수이다.
백2의 단수에 흑3으로 왼쪽을 잇고 백4에는 흑5로 오른쪽을 이어 전체가 무사히 연결된다.
백2로 3은 흑2.

失

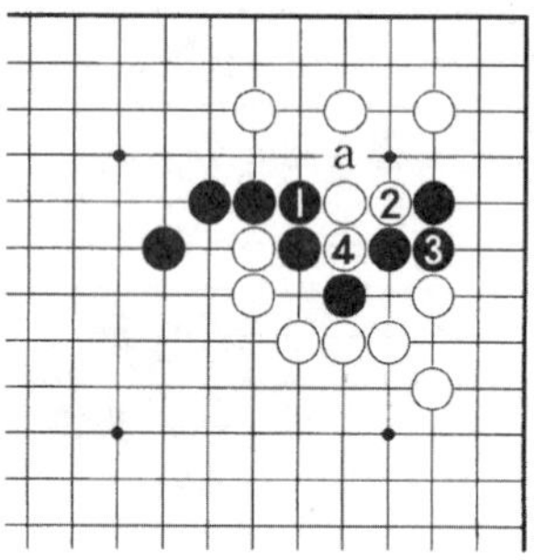

## 실패

흑1로 왼쪽을 잇는 것은 실패한다.
백2로 치받아 흑a로 끼울 기회가 없어진다.
흑3으로 이으면 백4로 잡힌다.

제5형 흑번

(2438)

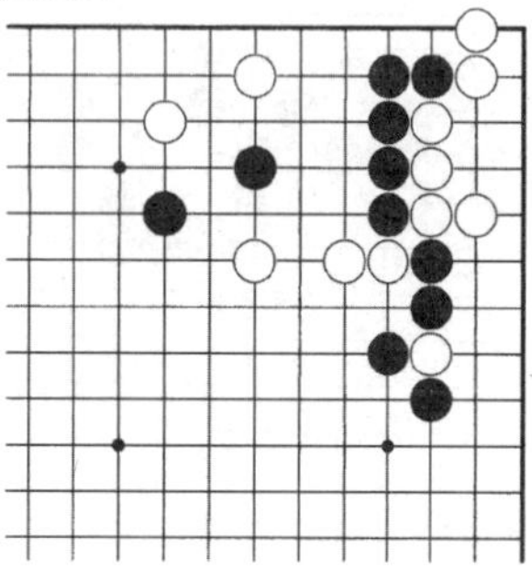

## 안정되다

상변의 전투.
우상의 흑은 근거를 빼앗겨 불안한 모양이다. 정리하는 모양을 만들려면 중앙의 백을 공격하는 것이 유력한 방법이다.

解

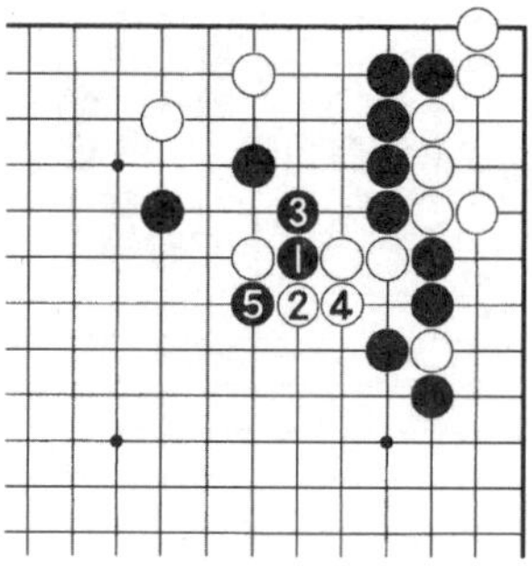

## 흑 두텁다

흑1의 끼움이 냉엄하다.
백2와 4로 바깥을 지키면 흑5로 끊어 추격한다. 백이 4점을 도망가더라도 상변의 흑이 두터워진다.

変

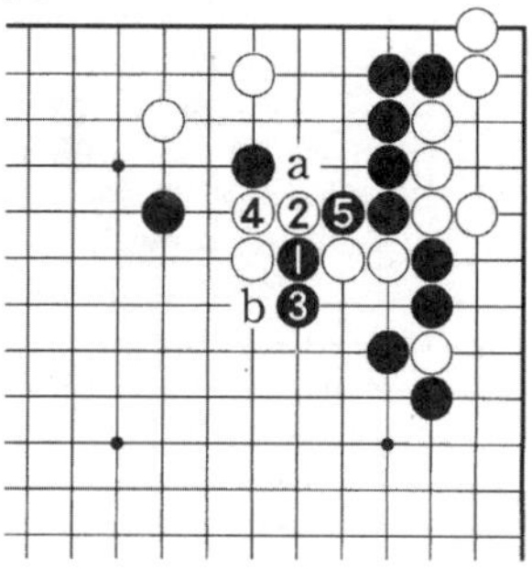

## 2점 잡기

백2와 4로 위쪽을 이으면 흑5로 끊어 백 2점을 잡고 우상의 흑은 안심한다. 상변의 흑은 가벼워서 백a는 흑b 정도로 충분하다.

(2439)

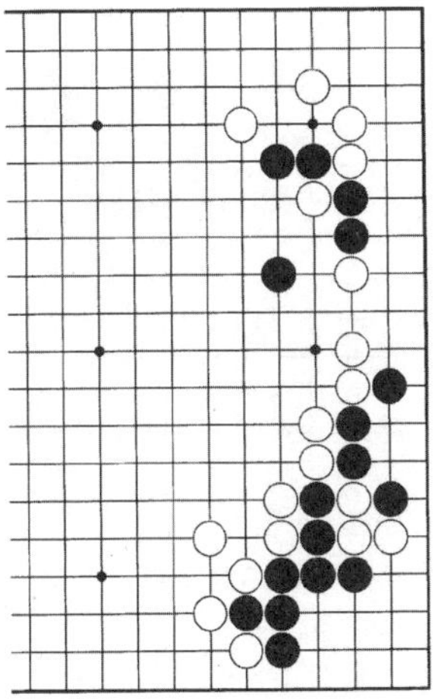

解

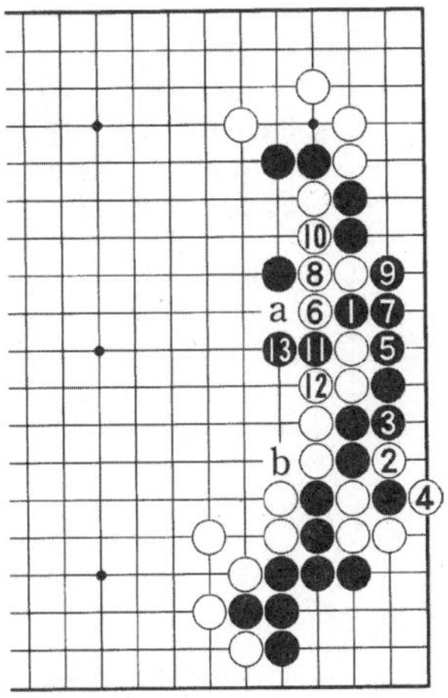

变

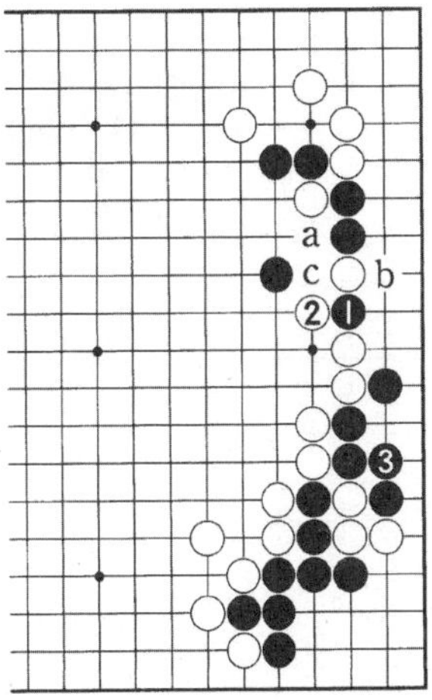

제6형 흑번

## 연관

우변의 전투.
우하의 백을 잡으면 우변의 백이 도망친다.
흑은 우변과 우하를 연관시켜서 싸움을 끌고 가는 수단을 발견하여야 한다.

## 흑 유리

흑1의 끼움이 좋은 수로 백2와 4로 우하귀를 두면 흑5로 건넌다. 백10은 무리. 흑11, 13으로 끊은 뒤 백a면 흑b. 우변과 귀의 흑이 살아있기 때문에 흑이 유리한 싸움.

## 선수활용

백2로 받으면 흑3으로 귀를 잡아 선수로 백a를 막는다.
흑1로 단순히 3으로 두면 백a, 흑b, 백c로 흑이 우변을 건너도 중앙의 백이 두터워져 흑이 좋지 않다.

(2440)

끼움 따냄

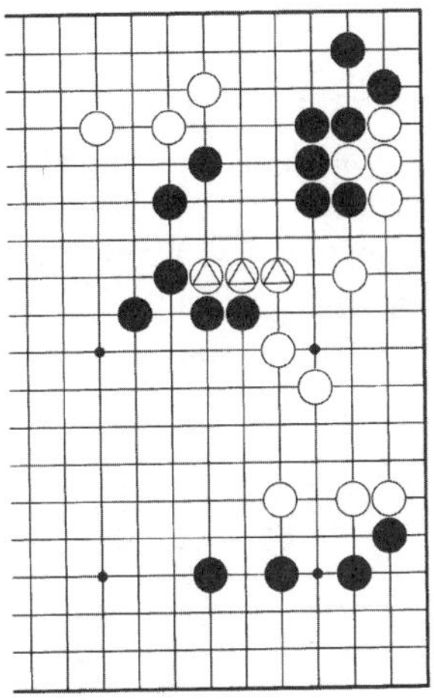

解

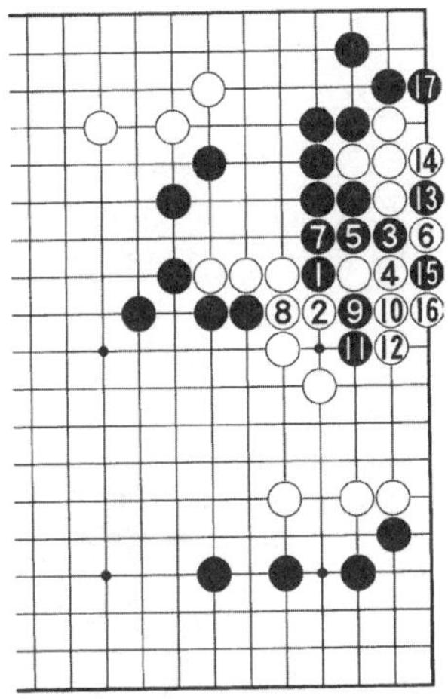

变

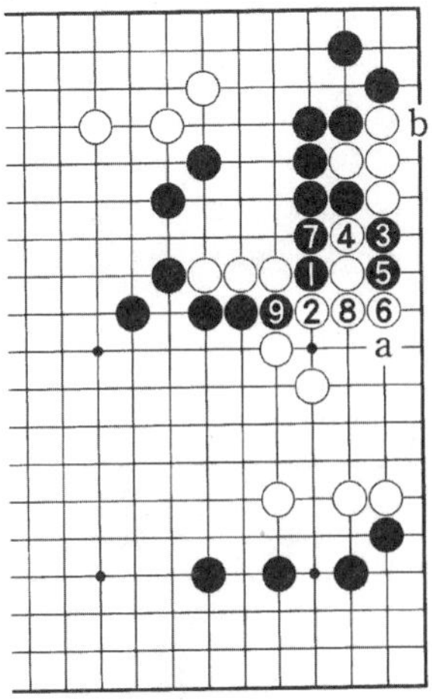

제1형 흑번

## 타겟

우변의 전투.
우상에서 우하로 연결한 백은 중앙이 엷어서 완전한 집이라고 할 수 없다. 흑은 중앙의 백△ 3점을 공격목표로 삼아 우변의 백집을 초토화시키고 싶다.

## 촉촉수

흑1의 끼움으로 백의 모양에 약점을 만든다. 백2로 막을 때 흑3으로 젖혀 나오는 것이 수순.
백4, 6으로 저항하면 우상의 백이 약해져서 흑17까지 우상의 백 5점을 촉촉수로 잡는다.

## 3점 잡기

백4로 저항하면 흑5로 미는 수가 좋아진다. 백6에 흑7이 선수여서 흑9로 중앙의 백 3점을 잡는다.
백6으로 8로 지키면 흑6, 백a, 흑b로 우상의 수상전에서 흑이 이긴다.

(2441)

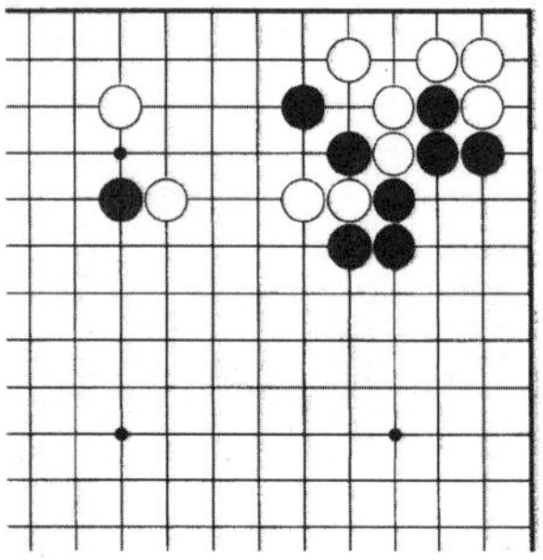

돌파구

상변의 전투.
백은 우상의 흑 2점을 잡아서 상변을 크게 포위하려 하고 있다.
흑은 어디에 돌파구를 만들까?

解

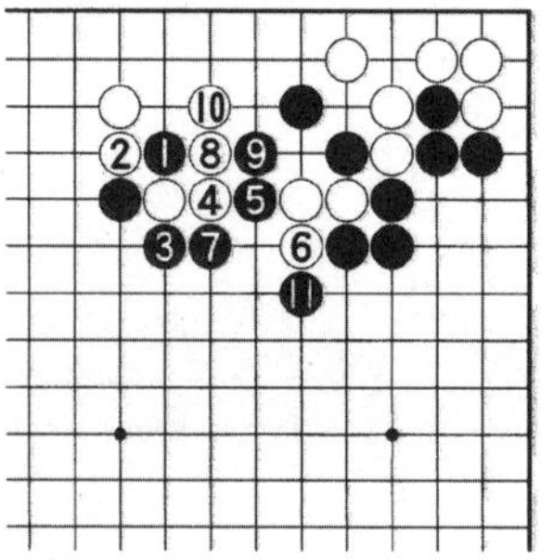

3점 잡기

흑1로 젖히고 백2부터 4로 받게 한 뒤 흑5의 끼움이 맥이다.
백6으로 오른쪽을 받으면 흑7로 단수치고 11까지 막아서 백 3점을 잡는다.

変

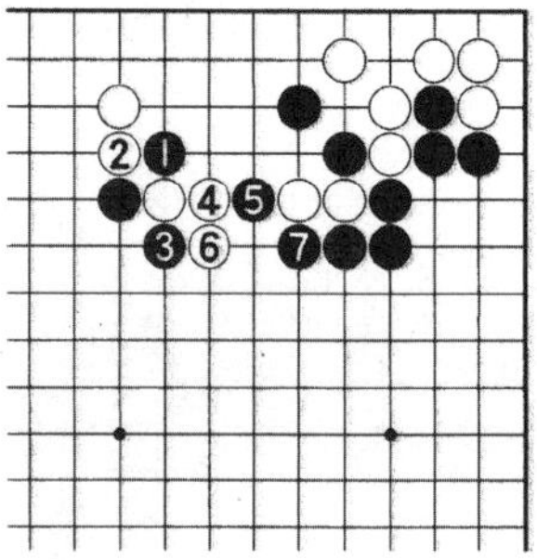

2점 잡기

백6으로 왼쪽을 살리면 흑7로 백 2점을 잡는다.
흑이 강력한 돌로 바뀌며 백은 상변의 집을 잃고 귀에서 간신히 산다.

제2형 흑번

(2442)

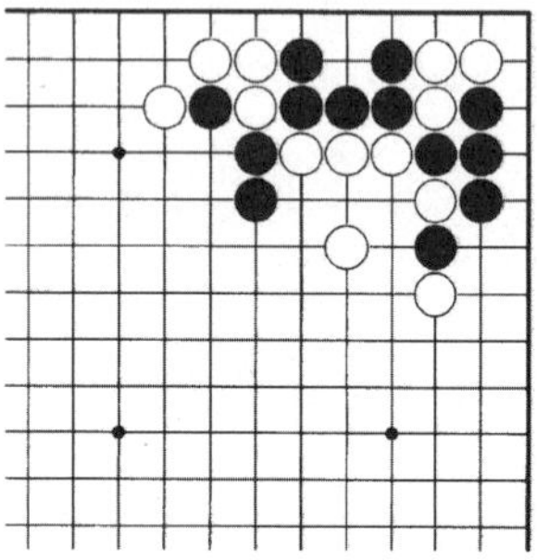

붕괴

눈사태 정석의 변화로 백은 중요한 보강을 빠뜨렸다.
흑은 한 수로 백 전체를 붕괴시킨다.

解

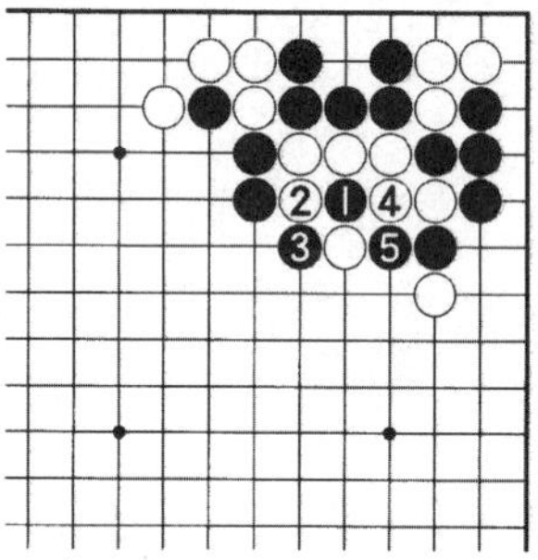

촉촉수

흑1의 끼움이 냉엄하다.
백2로 나가면 흑3으로 끊어 단수이다. 백4로 흑 1점을 잡아도 흑5로 촉촉수가 된다.

変

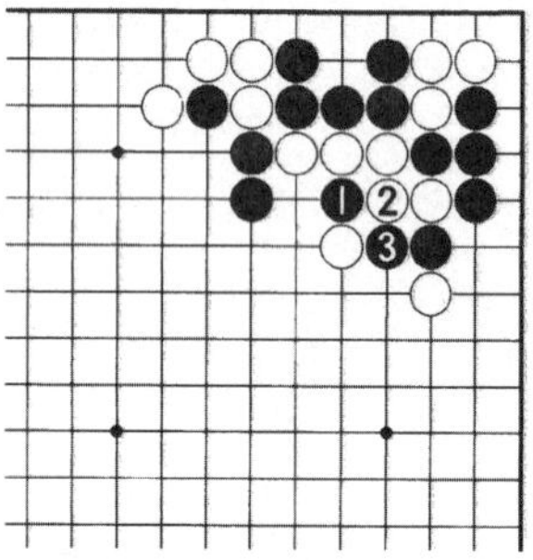

호리병

백2로 이어도 흑3으로 정해도로 환원된다.
모양은 조금 달라도 '호리병'이라 불리는 모양과 같아서 백 3점을 구할 수 없는 모양이다.

제3형 흑번

(2443)

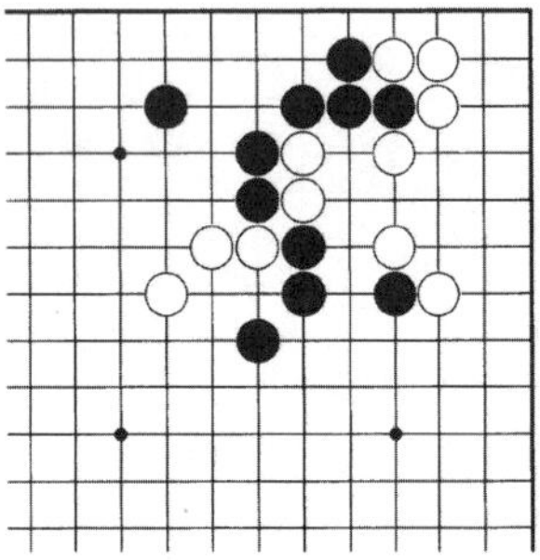

연결

흑은 백을 양분하고 백도 중앙을 끊고 있는 것으로 보인다.
위아래의 흑이 연결되면 중앙의 백은 뜬돌이 된다.

解

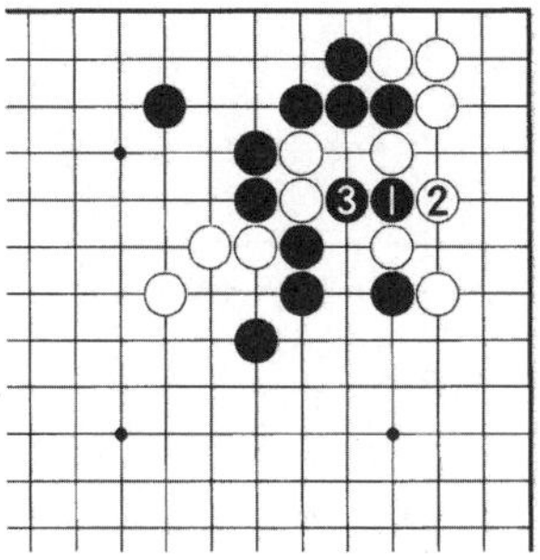

2점 잡기

중앙을 절단한 백 2점은 요석이지만 흑1의 끼움으로 이 요석을 잡을 수 있다.
백2, 흑3으로 2점은 도망칠 수 없다.

変

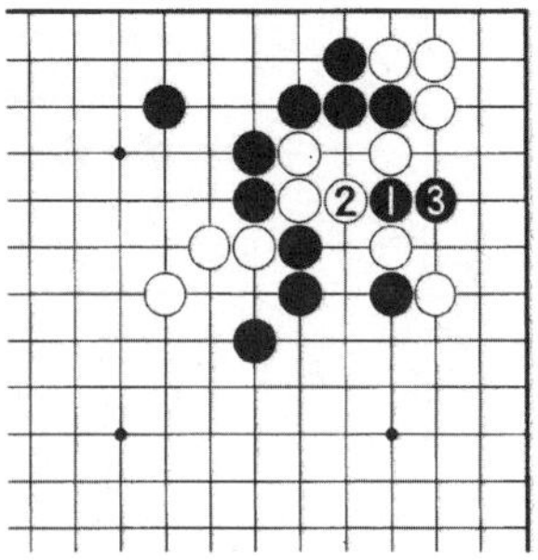

그만

백2로 단수쳐도 흑3으로 나가서 그만이다. 요석을 잡으면 흑에게 두려울 것이 없다. 백에게 중앙의 3점은 큰 부담으로 남는다.

제4형 흑번

(2444)

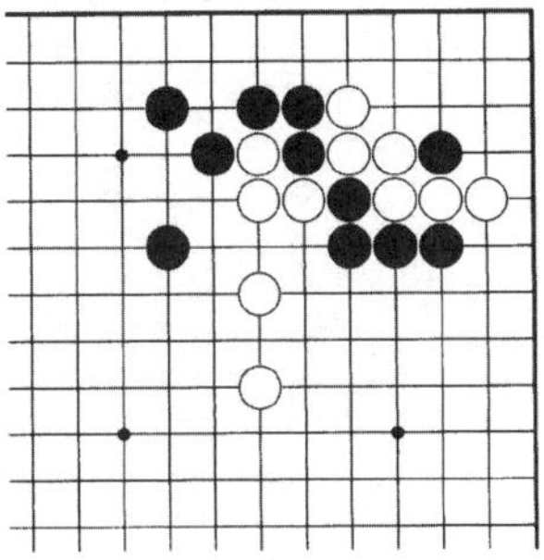

제5형 흑번

## 3점 잡기

중앙의 전투.
우변의 흑 4점은 고립되어 있지만 끊고 있는 요석 백 3점을 잡아서 편하게 위기를 모면할 수 있다.

解

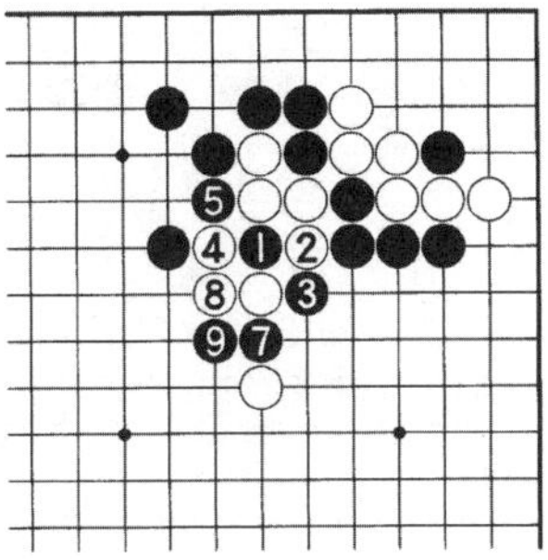

## 축

흑1의 끼움은 백의 공배를 메우는 맥이다.
백2로 도망치려해도 흑3으로 끊고 5로 단수쳐서 축으로 쫓는다.
※⑥→❶

失

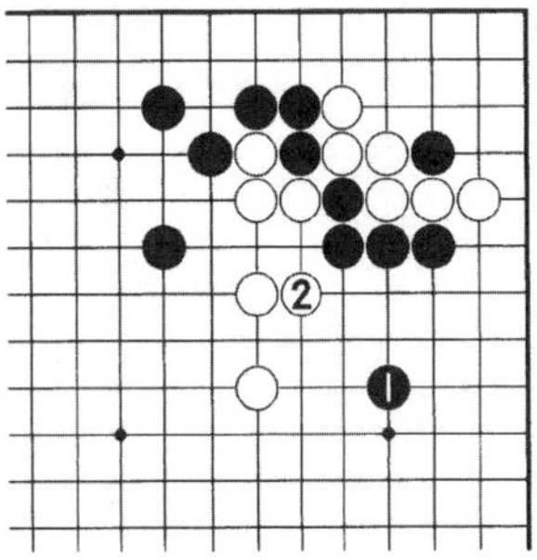

## 기회를 잃다

흑1의 지킴은 정해도와 같은 찬스를 놓친 것.
백2로 굳혀서 백 3점을 잡을 수 없게 되고 우변의 흑이 공격을 받게 된다.

(2445)

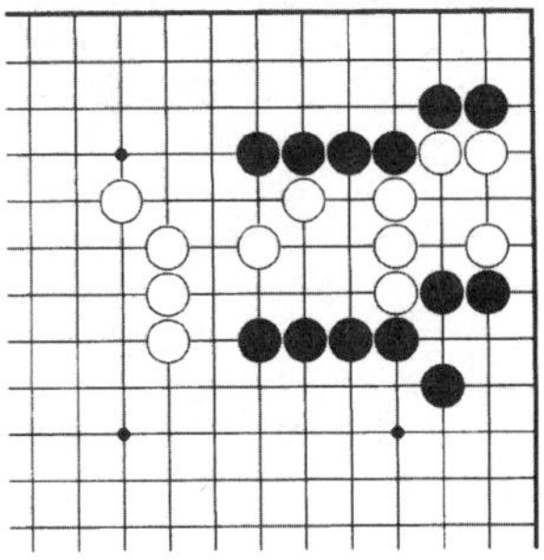

제6형 흑번

## 절단

상변과 중앙에 늘어서있는 흑 4점을 이용하여 중앙으로 진출한 백을 끊어 잡는 것이 가능하다.

解

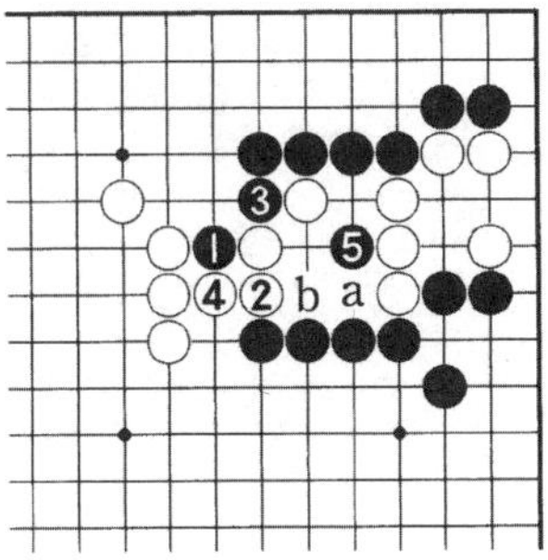

## 맞보기

흑1의 끼움이 냉엄하다.
백2로 늘면 흑3으로 젖어서 4와 5를 맞본다.
이후 백a는 흑b.

变

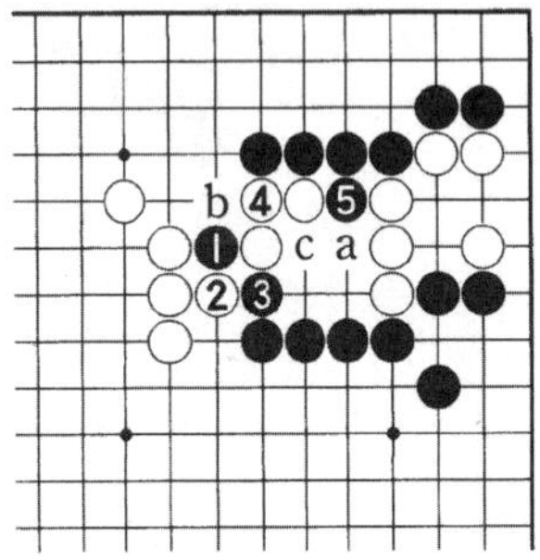

## 흑 성공

백2로 단수치면 흑3으로 끊으면 된다. 백4로 빈삼각해도 흑5로 이후 백a면 흑b 단수이다.
백4로 b로 따내면 흑c로 젖는 수가 있다.

(2446)

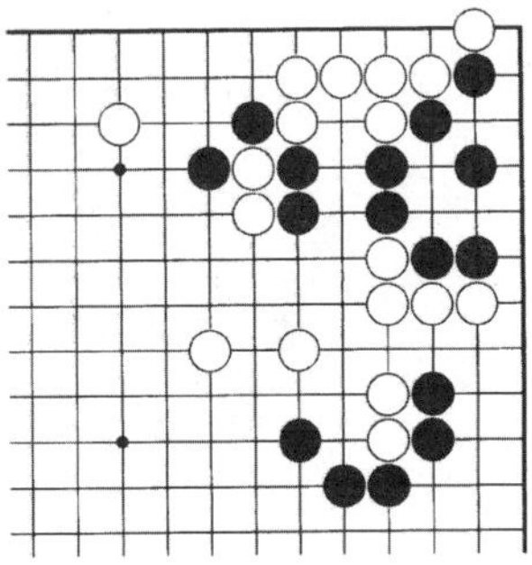

제7형 흑번

## 연관

상변의 흑을 끊고 있는 백 2점은 축이 유리하지만 자충에서 자유롭지 못하다. 흑은 우변에 있는 백의 엷음을 연관시켜 공격해야 한다.

解

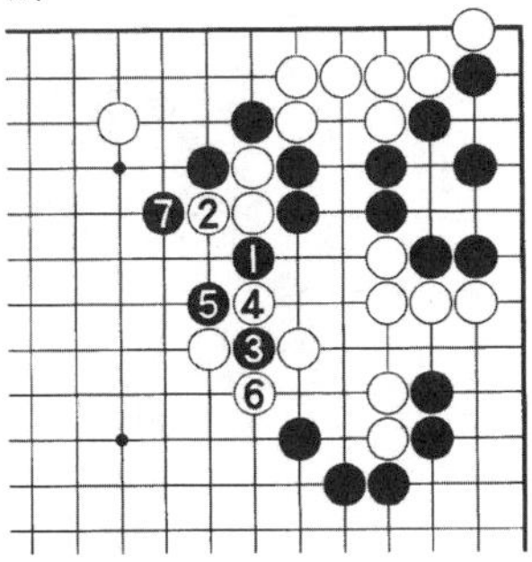

## 3점 잡기

흑1로 단수쳐서 백을 무겁게 하고 3의 끼움이 날카로운 수이다.
백4의 단수에는 흑5로 되단수쳐서 백6, 흑7로 백 3점을 잡는다.

变

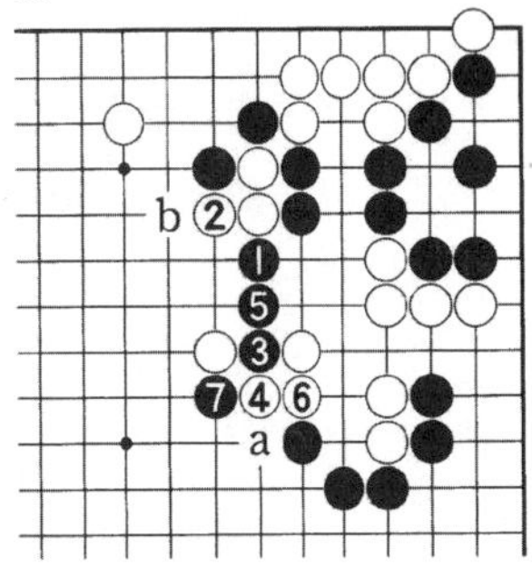

## 양 노림

백4로 바깥에서 받는 것은 흑5로 이어 백 모양에 약점을 남긴다.
흑7로 끊어 a의 봉쇄와 b의 축을 맞보기 한다.

끼움
봉쇄

(2447)

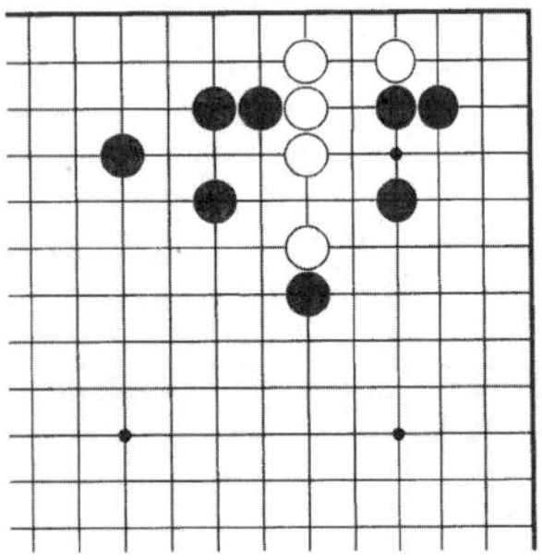

제1형 흑번

## 봉쇄

상변에서 중앙으로 나온 백은 집이 없는 모양이다.
흑이 봉쇄에 성공하면 우상은 완전히 흑집이 된다.

解

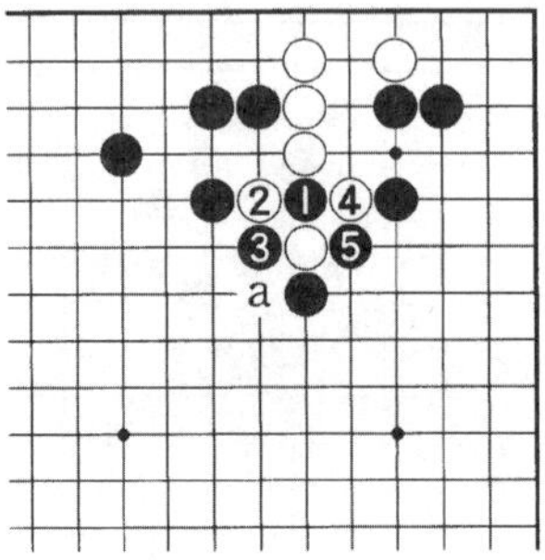

## 큰 패

흑1의 끼움이 좋은 수이다.
백2의 단수에 흑3으로 끊고 흑5가 무서운 수로 봉쇄에 성공한다.
백은 a로 끊어 패를 할 수밖에 없다.

失

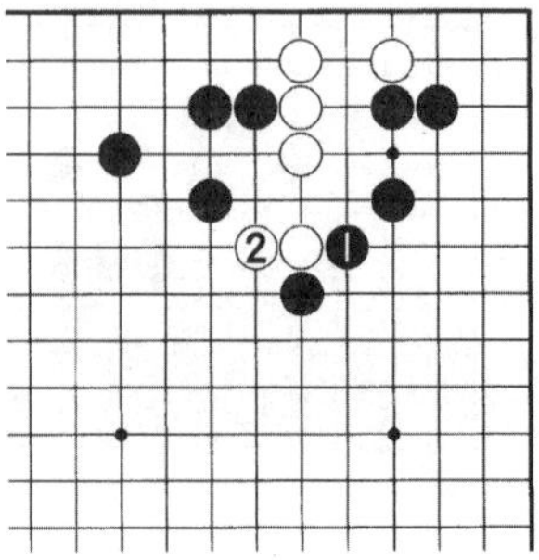

## 흑 실패

흑1로 우변의 출구를 막으면 백2.
이 백을 잡는 것은 쉽지 않다.
또 흑1로 2에 두어도 백1로 반대로 우상의 흑이 약해진다.

끼움
탈출

(2448)

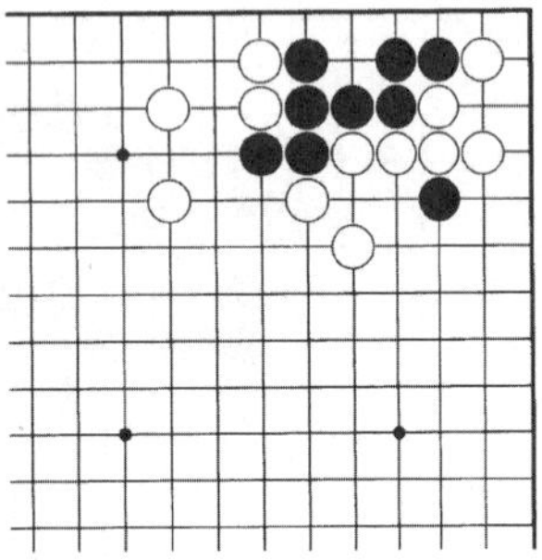

제1형 흑번

## 포위망

우상의 흑 8점이 백에게 포위당해 있지만 백의 포위망이 약하다.
흑은 어디서부터 중앙으로 탈출을 그릴까?

解

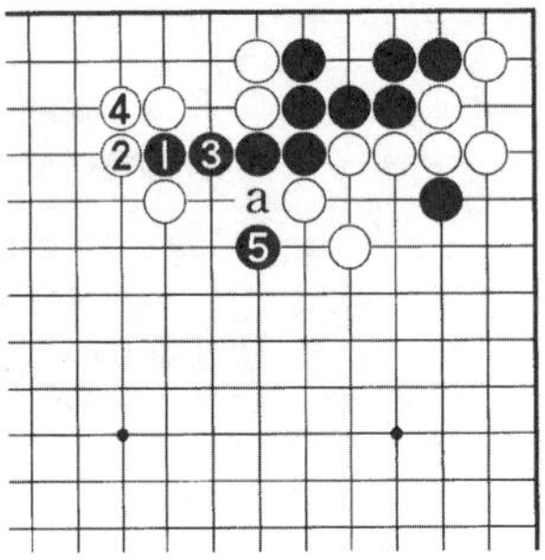

## 탈출

흑1의 끼움이 날카로운 맥이다.
백2로 막으면 흑3으로 이어 4로 끊는 것과 5의 탈출을 맞본다.
백2로 3은 흑a로 타고 나온다.

失

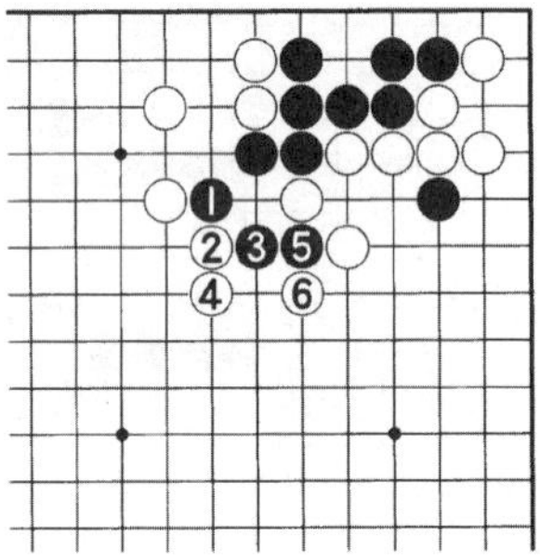

## 전멸

흑1의 입구자붙임은 백2로 강하게 막는다.
흑3에는 백4와 6으로 흑은 탈출 불가능한 모양이다.
상변은 전멸이다.

끼움
깨다

(2449)

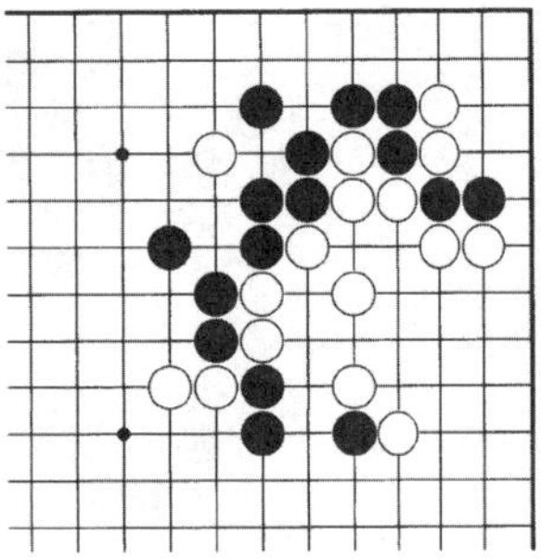

제1형 흑번

## 반격

우변의 전투.
중앙의 흑 3점을 공격하고 있는 우상의 백은 자충에 걸린 모양이다.
흑에게 반격할 찬스가 왔다.

解

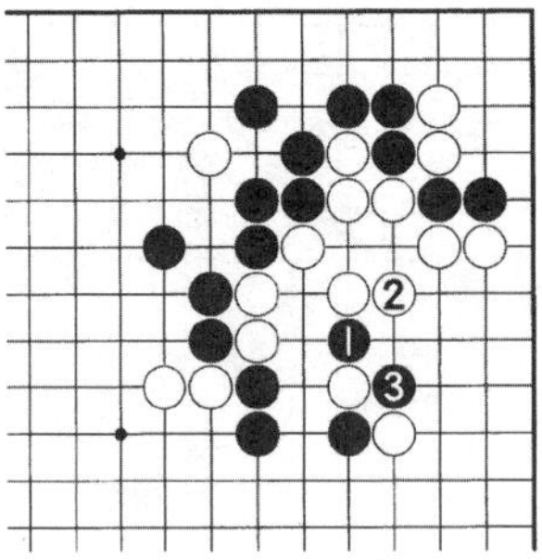

## 깨뜨리다

흑1의 끼움이 날카로운 맥이다.
백은 자충을 피하기 위해 백2로 막는 정도이지만 흑3으로 잡아서 백집을 깨뜨리고 강력한 외세로 바뀐다.

変

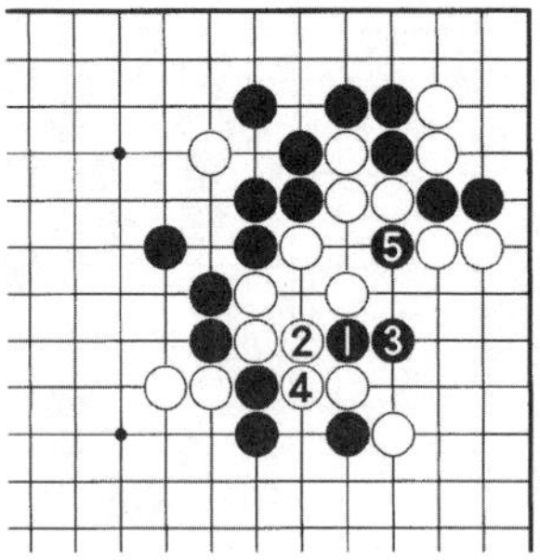

## 백 붕괴

백2의 단수는 흑3으로 늘면 그만이다. 백4의 이음은 무리수로 흑5로 끊어 촉촉수이다.
백집이 무너진다.
백4로 5는 흑4.

**끼움**

**따냄(살리기)**

(2450)

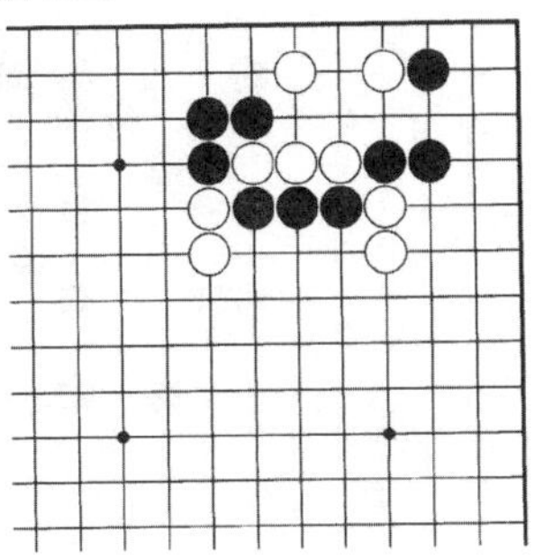

**제1형 흑번**

## 수

중앙의 흑 3점은 탈출을 꿈꾼다. 상변의 백과 수상전에서 백의 어디를 어떻게 공격하면 수를 줄일 수 있을까?

解

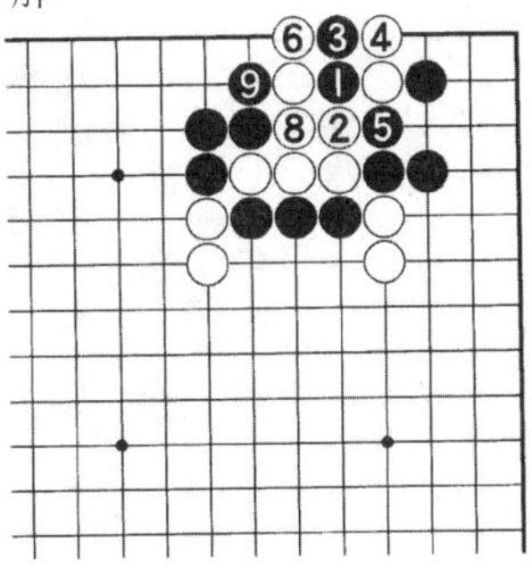

## 흑 승

흑1로 끼우는 것이 상용의 맥이다. 백2로 단수치면 흑3으로 2점을 키워 죽인다. 흑9까지 자충되어 백은 2수로 줄어든다.

※❼→❶(먹여치기)

变

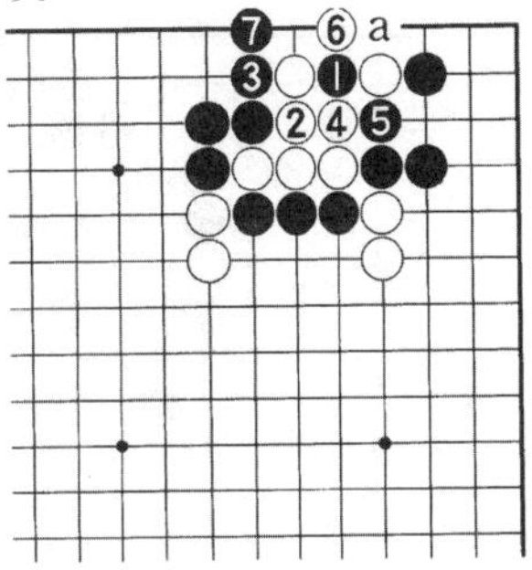

## 흑 승

백2로 이으면 흑3으로 막으면 그만이다.

백4, 6으로 흑 1점을 잡더라도 흑7로 뻗으면 흑이 이긴다.

역시 백2로 5는 흑a.

(2451)

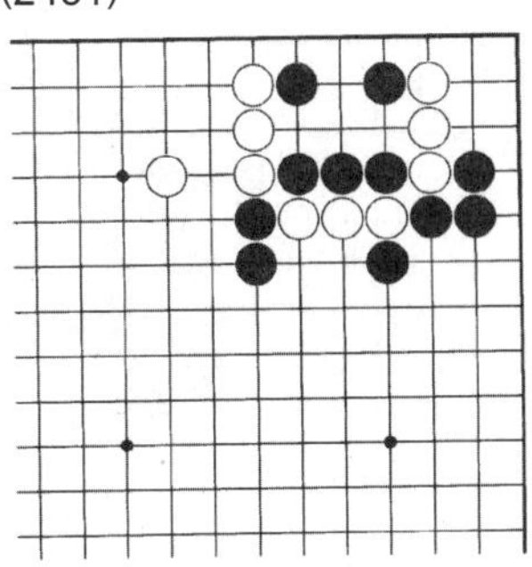

**제2형 백번**

## 백집

귀의 백 3점은 괴로워 보인다. 그러나 흑의 엷음을 추궁하여 귀와 상변을 연결하면 상변을 백집으로 만들 수 있다.

解

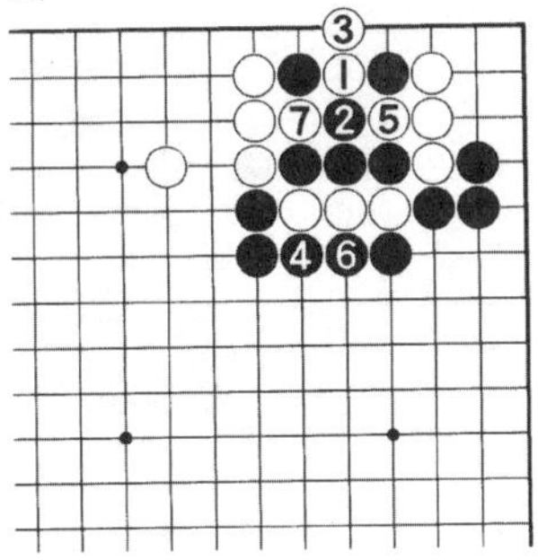

## 상변을 잡다

백1로 끼우는 수가 냉엄하다.

흑2로 단수치면 백3으로 뻗어 2점을 키워 죽인다.

흑은 4로 중앙의 백 3점을 잡고 백은 7까지 상변을 얻는다.

变

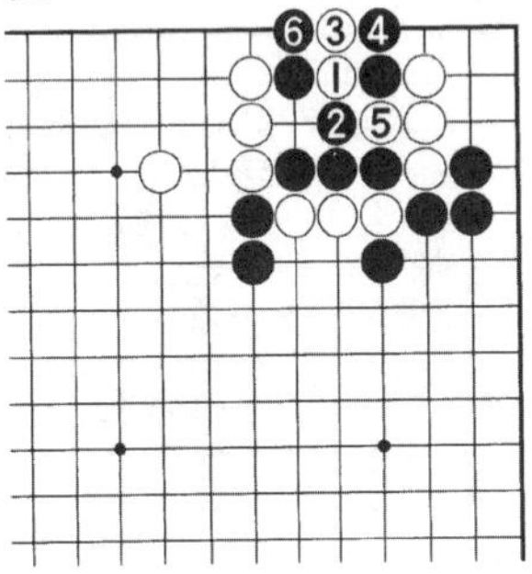

## 흑 무리

흑4로 무리하게 쫓으면 백5로 단수쳐서 조이는 모양이 된다.

백7로 먹여쳐 상변의 흑이 전멸한다.

※⑦→①(먹여치기)

(2452)

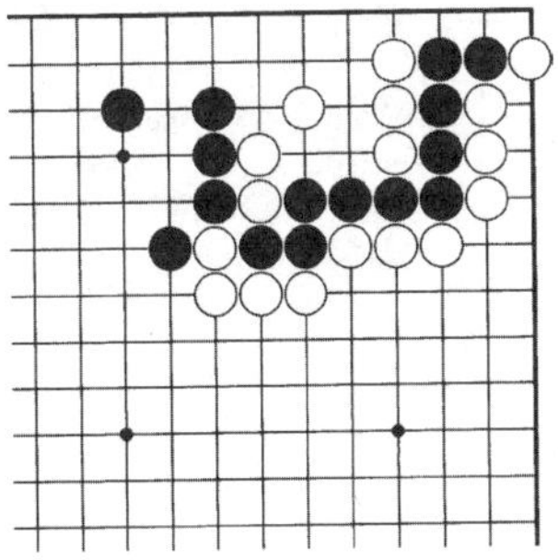

**제3형 흑번**

## 풍전등화

흑 10점은 자충에 걸려 운신하기조차 힘들어 보인다. 백 6점의 약점을 찌르는 것만이 유일한 방법이다.

解

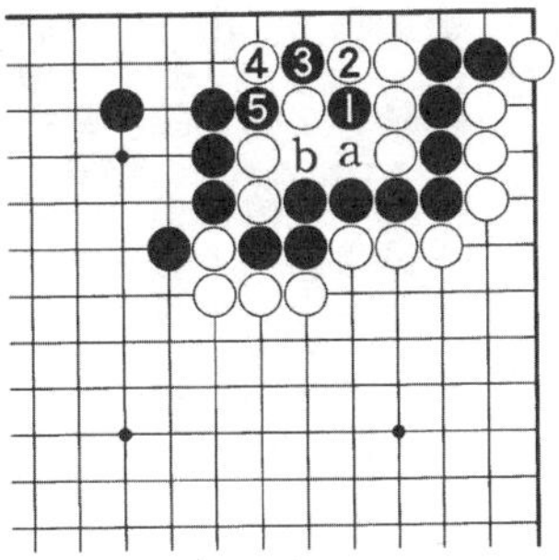

## 끼움

흑1의 끼움이 통렬하다. 역으로 백의 자충을 뚫는 좋은 수로 백2에는 흑3이 중요하다.

백4로 a는 흑b로 단수쳐서 1수 승.

失

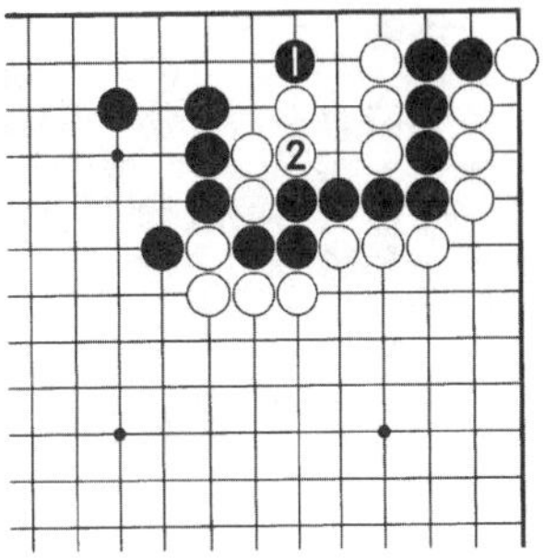

## 1수 부족

흑1로 밑붙이는 것도 좋은 맥이다. 그러나 백2가 급소이므로 이후에 흑이 어떻게 두어도 1수가 부족하다.

제4형 백번

(2453)

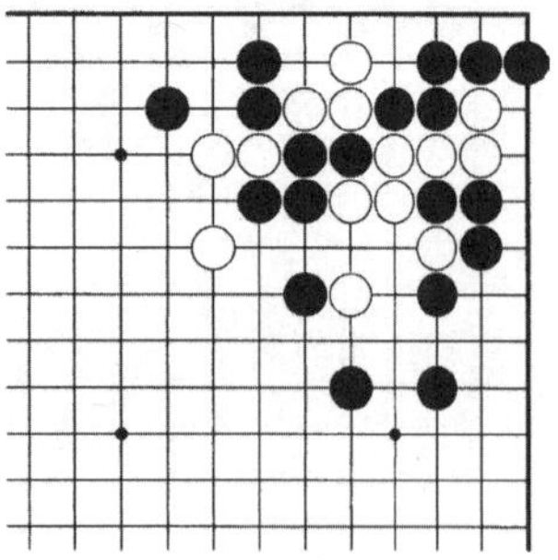

## 요석

우상의 백을 3분할하는 흑 4점은 요석 중의 요석이다.

우상의 흑집을 백집으로 바꾸고 싶다면 이 흑 4점을 잡아보자.

解

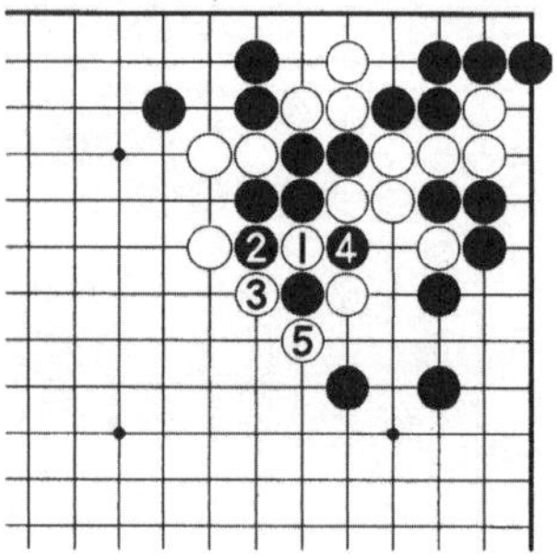

## 큰 패

백1로 끼우고 흑2, 백3으로 흑의 공배를 메운다.

흑4 이후 백5로 단수치면 천지대패가 난다.

失

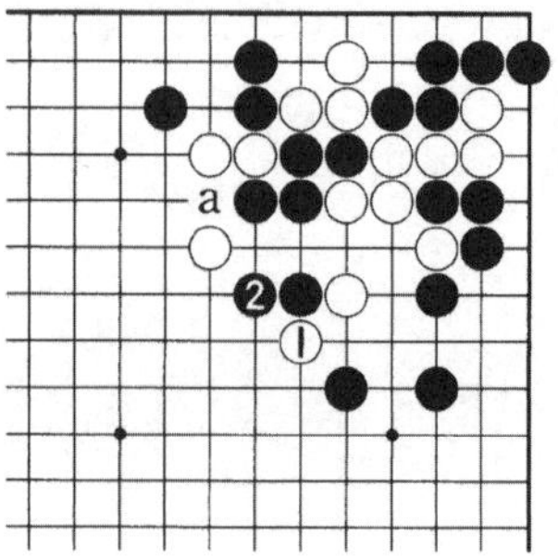

## 공중분해

백1은 흑2로 도망쳐 실패한다. 또 백1로 2의 입구자 붙임도 흑a로 달아나 백이 공중분해 된다.

제5형 흑번

(2454)

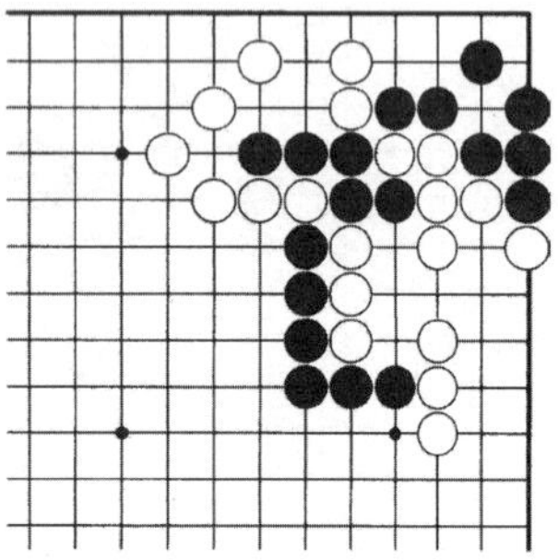

## 생환

우상의 전투.

흑 5점을 포위하는 우변의 백은 약점이 있다.

흑은 백을 잡으면 생환할 수 있다.

解

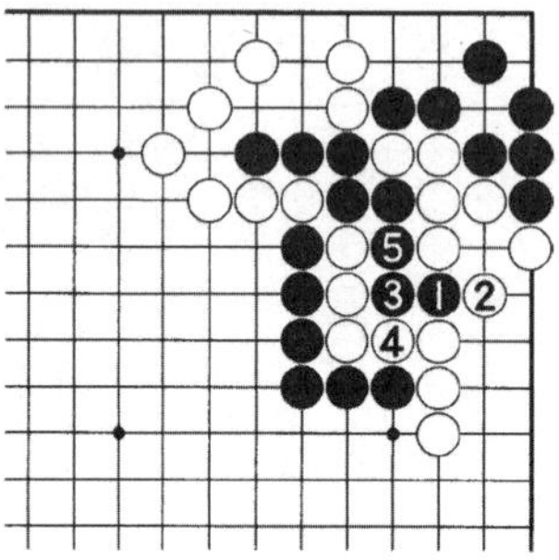

## 촉촉수

흑1로 끼우는 수가 백 3점의 정중앙의 급소의 맥이다.

백2에 흑3으로 도망 나오면 백은 자충에 걸린다. 흑5로 백 5점을 촉촉수로 잡으면 살 수 있다.

变

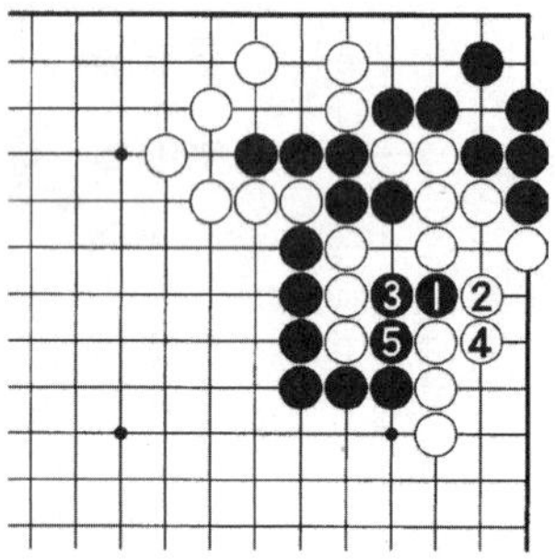

## 중앙을 잡다

백2, 4로 우변을 받으면 흑5.

백 3점을 잡으면 중앙의 흑 5점이 안심한다.

중앙의 흑이 살아 있기 때문에 정해도보다 흑이 유리한 모양이다.

제6형 흑번

(2455)

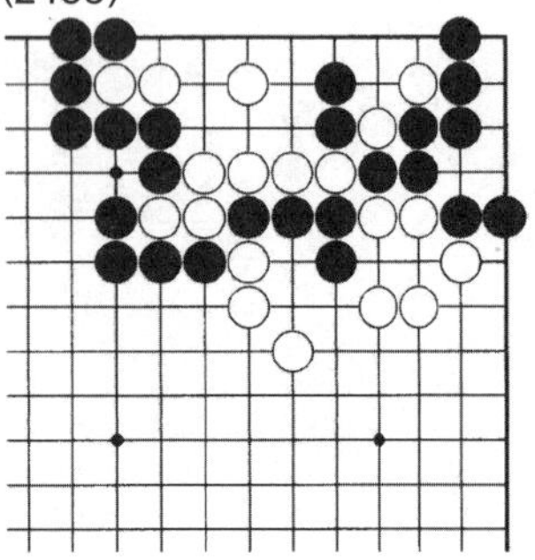

## 2수

상변의 수상전.

중앙의 흑은 3수이므로 상변의 백을 2수로 몰아붙여야 한다.

패가 되면 성공이다.

解

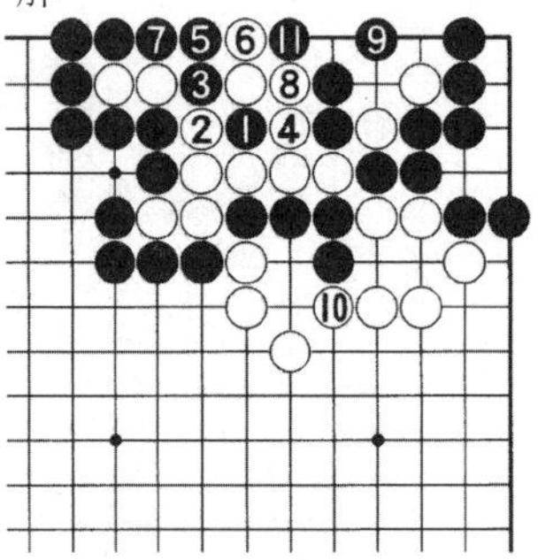

## 패

흑1로 끼워 백의 수를 줄인다. 흑3, 5로 후속타를 때리면 백6과 8로 상변에 수를 늘리더라도 흑9로 호구쳐서 흑11까지 패가 된다.

失

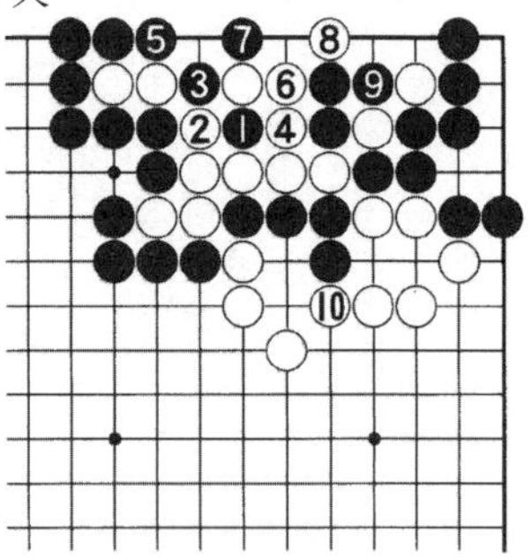

## 흑 패배

흑5로 따내면 백6으로 지켜 실패한다.

흑7로 젖히면 백도 8로 되젖혀 선수하고 백10으로 수상전에서 이긴다.

제7형 흑번

(2456)

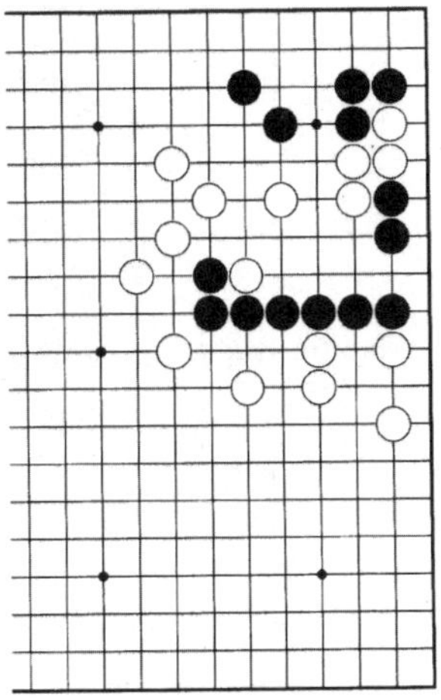

## 절단

우상의 전투.
우변에 있는 흑의 대마는 우하 방향으로는 탈출이 불가능하다. 우변에서만 살기도 쉽지 않아 흑은 우상의 백 4점을 끊고 싶다.

解

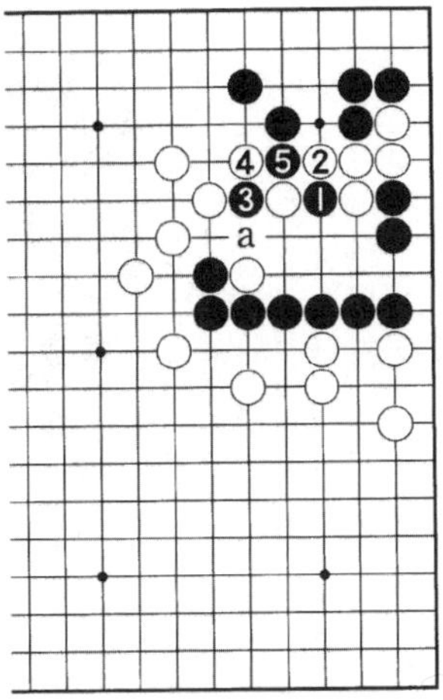

## 맥

흑1로 끼우는 것이 필살의 맥이다. 백2로 위쪽에서 단수치면 흑3으로 또 끼워서 백이 응수할 수 없다. 백4라면 흑5.
백4로 a는 흑4로 당겨 우변을 끊는다.

变

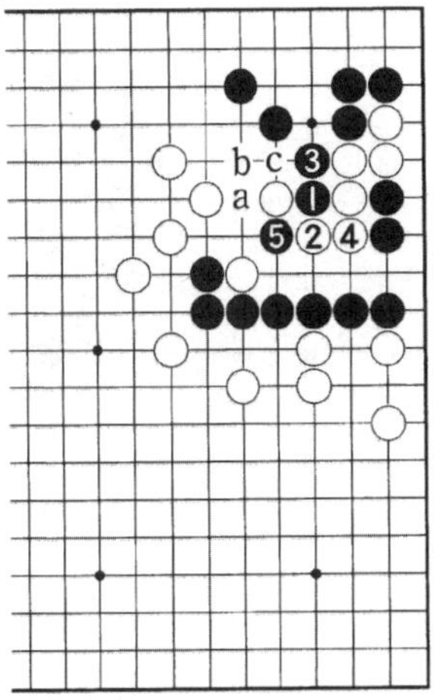

## 2개의 단점

백2로 막으면 흑3으로 당겨서 백에 2개의 단점이 생긴다.
흑5까지 백이 잡힌다.
흑1로 a, 백b 교환을 해두면 이후 c 자리가 선수로 들어 흑이 안 된다.

제8형 흑번

(2457)

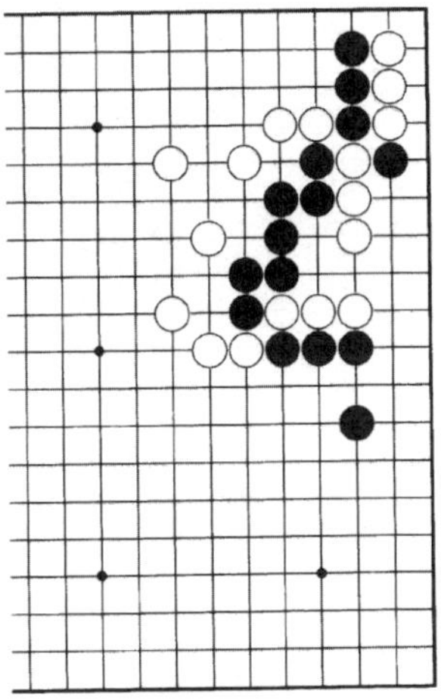

## 수상전

중앙의 흑 7점을 무사히 탈출시키려면 우변의 백을 노려야 한다.
백의 자충을 추궁하여 수상전에서 이길 방법을 찾아보자.

解

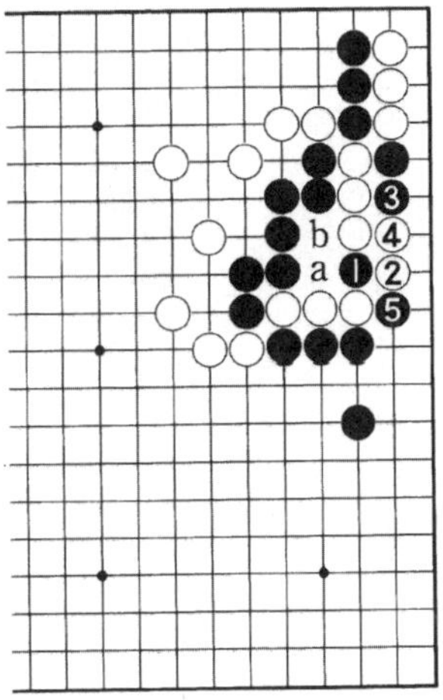

## 촉촉수

흑1로 끼우는 것이 냉엄하다.
백2로 아래로 받으면 흑3으로 밀어 백이 자충에 걸린다. 백4로 받으면 흑5로 단수쳐서 백 3점은 촉촉수가 된다. 백4로 a는 흑4.
흑3으로는 b, 백3, 흑5도 있다.

变

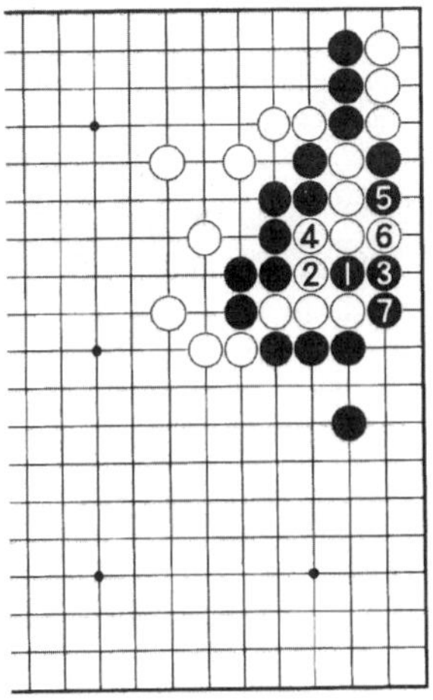

## 백 망함

백2를 가운데에 단수치는 것도 자충이 되어 실패한다.
흑3으로 뻗고 백2로 단수한 4점은 도망칠 수 없다.
백이 4로 이으면 흑5, 7로 공격하여 우변의 백을 잡는다.

**제9형 흑번**

(2458)

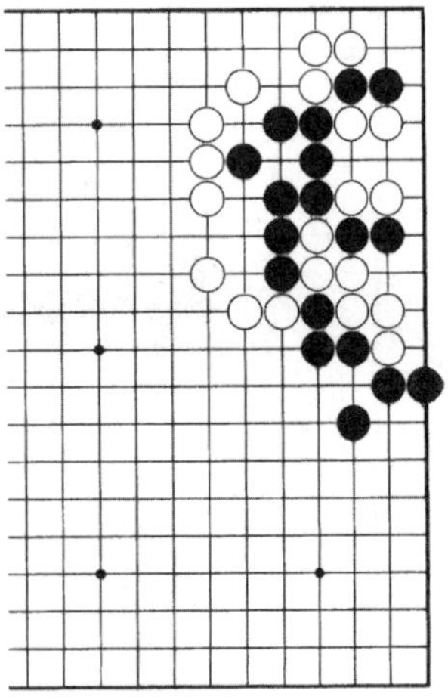

## 생환

우변의 전투.
우상과 우변의 흑 2점은 각각 잡힌 모양이다. 중앙의 흑을 살리고 싶다면 두 곳을 연관시켜보자.

解

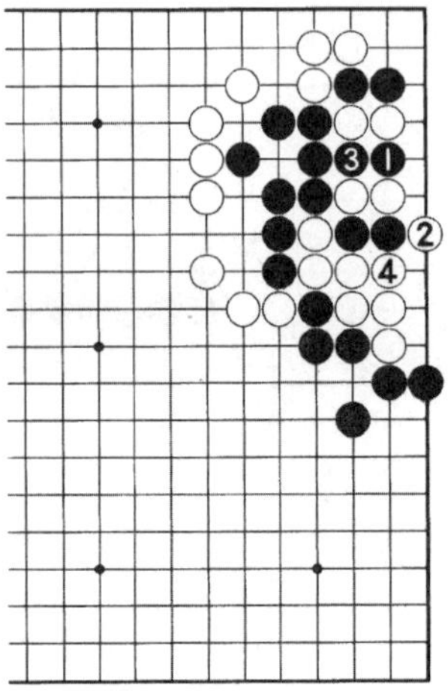

## 각생

흑1로 끼우는 수가 백의 공배를 메우는 맥이다.
백2로 우변의 흑 2점을 잡으면 흑3으로 단수하여 상변의 백 2점을 잡아 산다. 흑은 불만이 없는 모양이다.

变

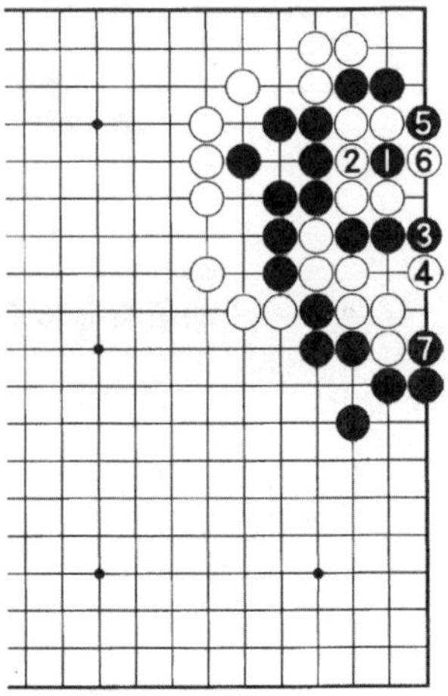

## 7점 잡기

백2로 잡는 변화이다.
흑3으로 뻗는 수가 다음의 좋은 수로 백4의 공격에 흑5의 선수활용이 있다. 흑7까지 백은 저항할 수 없다. 우변의 7점을 잡으면 정해도보다 더 유리하다.

**제10형 백번**

(2459)

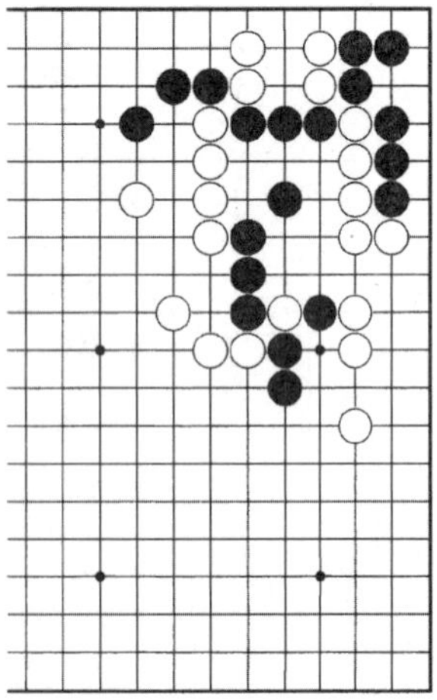

## 살리다

상변의 전투.
상변의 백 4점은 끊고 있는 흑 3점을 잡으면 살릴 수 있다.
백은 흑의 촉촉수를 노려 저항하는 중앙의 7점을 전멸시킨다.

解

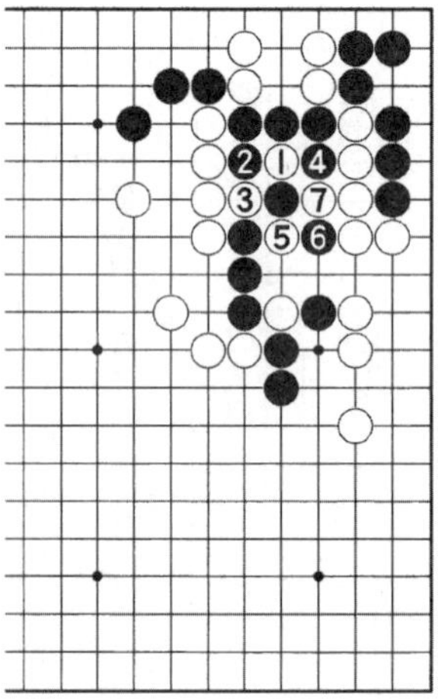

## 촉촉수

백1로 끼우는 것은 상용의 맥이다.
흑2에는 백3으로 끊고 흑4 이후 백5로 끊는 것이 냉엄한 제2탄의 맥이다.
백7로 끊어 상변의 흑 5점을 촉촉수로 잡는다.

变

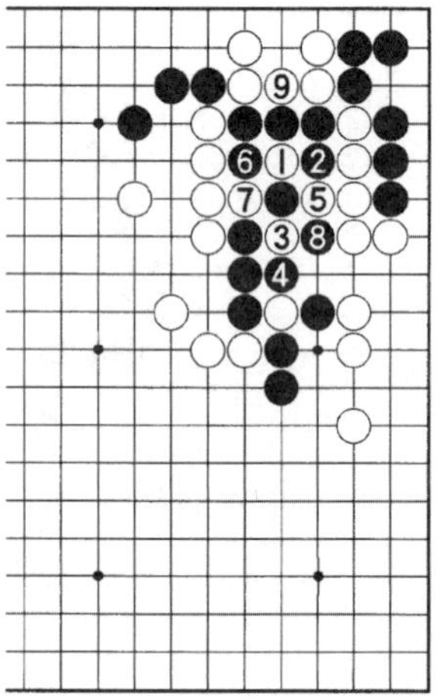

## 백 승

흑2로 단수치면 백3이 좋은 수가 된다.
흑4에는 백5, 7로 정해도와 같은 촉촉수가 되지만 흑4로 7에 이으면 백5, 흑6, 백4로 이어 상변과의 수상전은 백이 이긴다.

## 제1형 흑번

(2460)

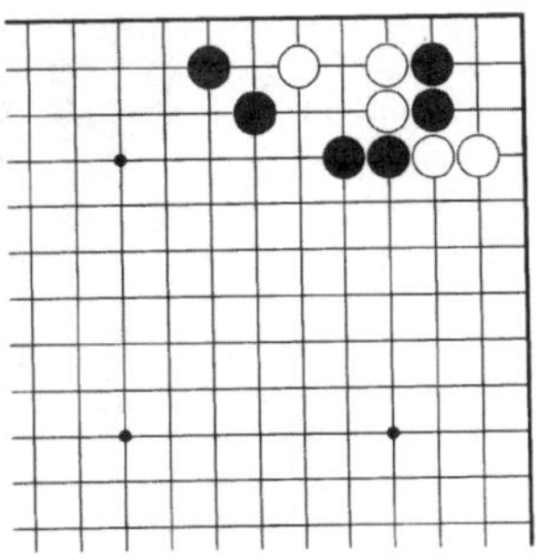

### 2수

귀의 수상전.
흑 2점의 수는 3수이다.
상변에 있는 백을 2수로 몰아붙일 방법은 없을까.

解

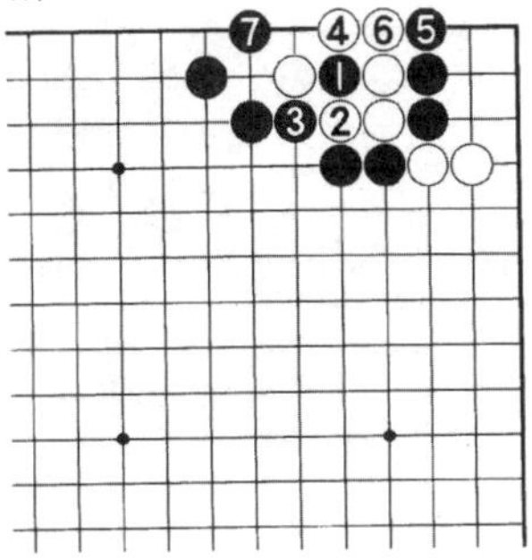

### 흑 승

흑1로 끼워 백의 공배를 메우는 맥이다.
백2, 4로 흑 1점을 잡으면 흑은 5, 7로 백을 2수로 줄이고 공격하여 잡는다.

失

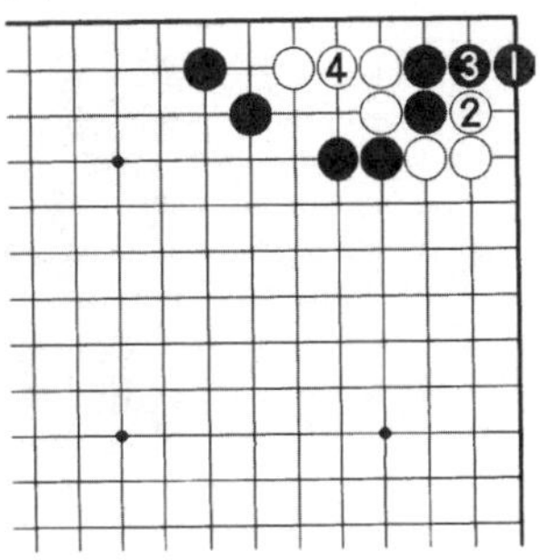

### 흑 패배

흑1로 귀의 수를 늘리는 것은 백2를 선수하고 백4로 이으면 흑이 수상전에서 패배한다.
백은 6수, 흑은 4수로 차이가 크다.

## 제2형 흑번

(2461)

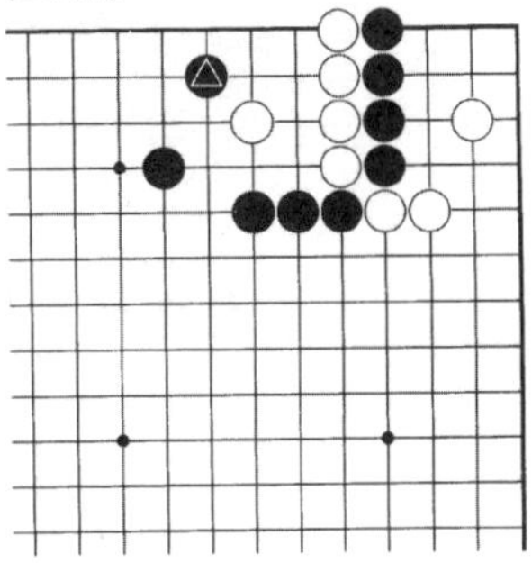

### 수상전

상변의 수상전 문제.
흑도 4수이고 백의 본체도 4수이다. 이기고 지는 것은 흑▲를 어떻게 이용하느냐에 달렸다.

解

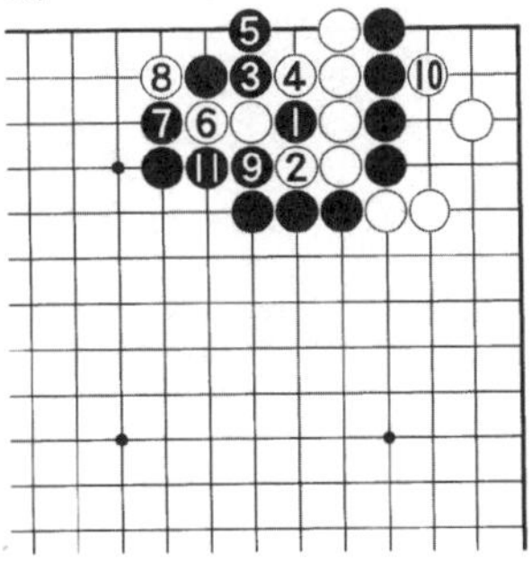

### 흑 승

흑1로 끼워 백의 수를 줄인다. 백2, 4로 흑 1점을 잡고 6, 8로 저항하더라도 흑11까지 수상전에서 이긴다.
흑5가 좋은 수이다.

失

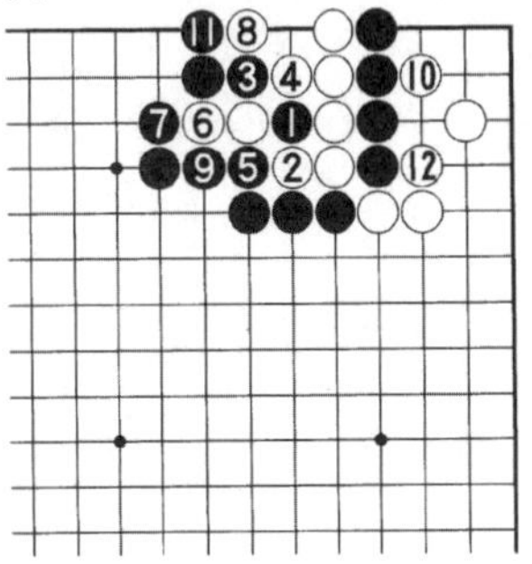

### 패는 실패

흑5로 중앙에 서두르면 백6 이후 8로 젖혀서 패가 된다.
흑9에 두어야하므로 백10, 12의 공격이 성공한다.

## 제3형 흑번

(2462)

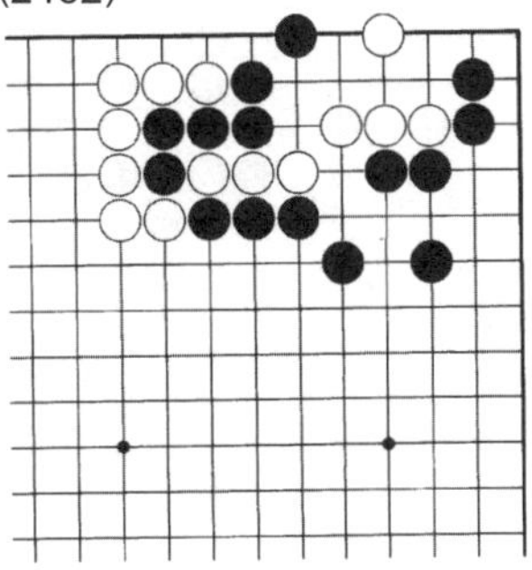

### 급소의 발견

상변의 수상전 문제.
백의 수를 줄일 수 있는 급소가 있다. 그것만 찾으면 이후는 간단하다.

解

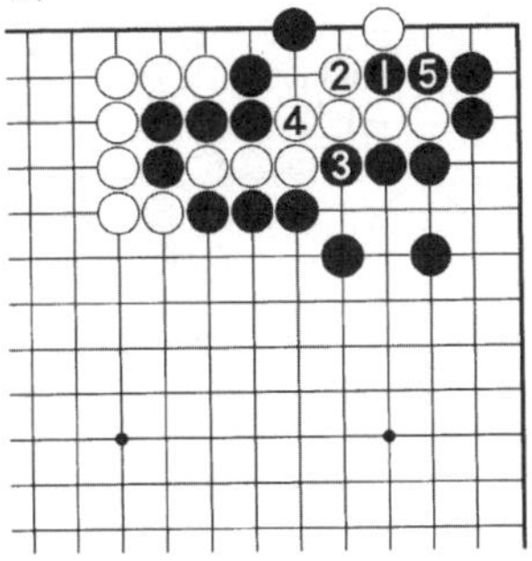

### 흑 승

흑1의 끼움이 백의 공배를 줄이는 맥이다.
백2로 막으면 흑3으로 단수를 선수 활용하고 5로 이어 수상전에서 흑이 승리한다.

変

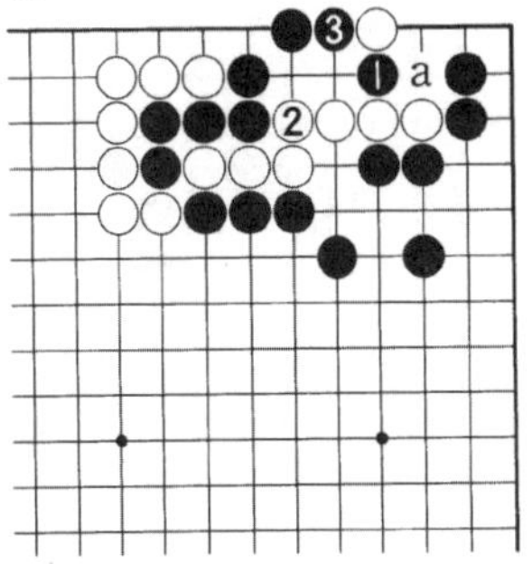


### 건넘

백2로 잇는 것은 흑3으로 백 1점을 잡고 우상으로 건너간다.
백2로 a는 흑2. 흑1로 a에 나가면 백2로 수상전에서 흑이 진다.

제4형 흑번

(2463)

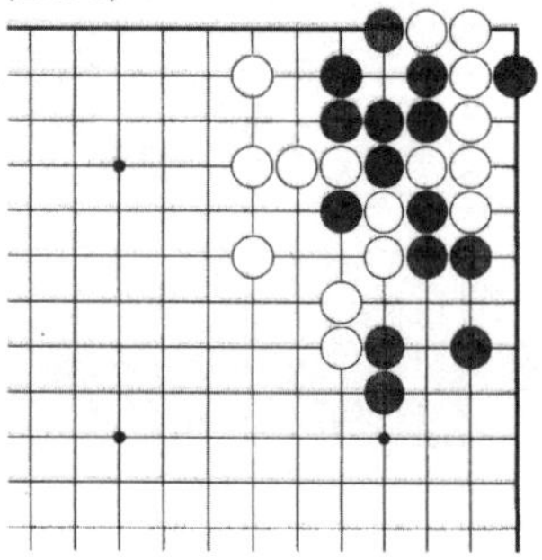

## 묘수

우상귀의 수상전 문제.
무조건 귀의 백을 잡기 위해서는 묘수가 필요하다. 첫 번째 수와 세 번째 수를 주목하자.

解

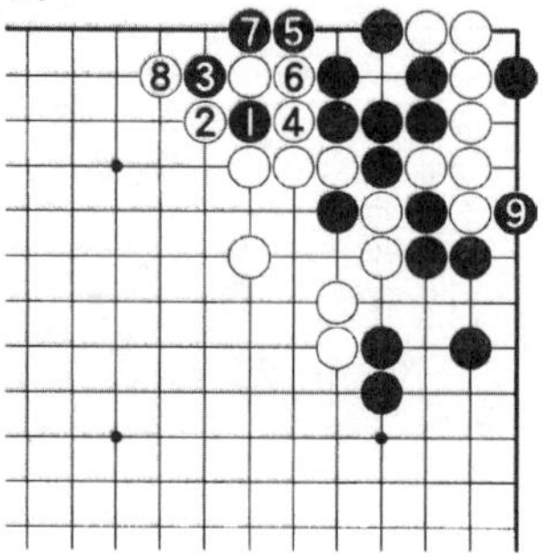



## 흑 승

흑1로 끼우고 백2 이후 흑3으로 끊는 수가 묘수이다.
백은 4로 잡을 수밖에 없다. 흑5, 7로 상변의 수를 늘려 흑9까지 수상전에서 흑이 승리한다.

失

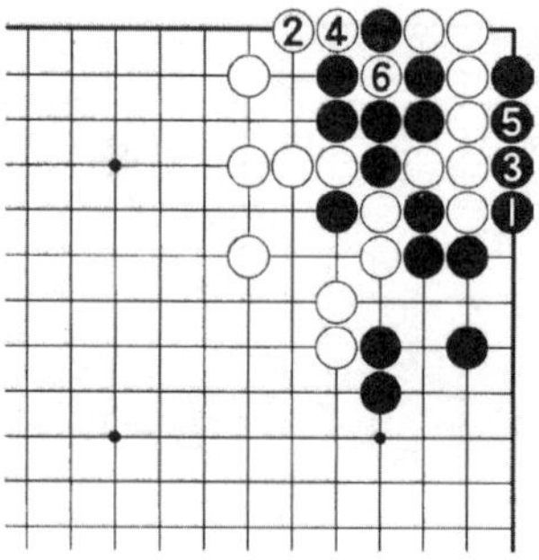



## 불리한 패

단순히 흑1, 3으로 공배를 메우고자 하면 실패한다.
백4로 단수를 치면 백이 유리한 백 선패가 난다.

끼움 살다

제1형 흑번

(2464)

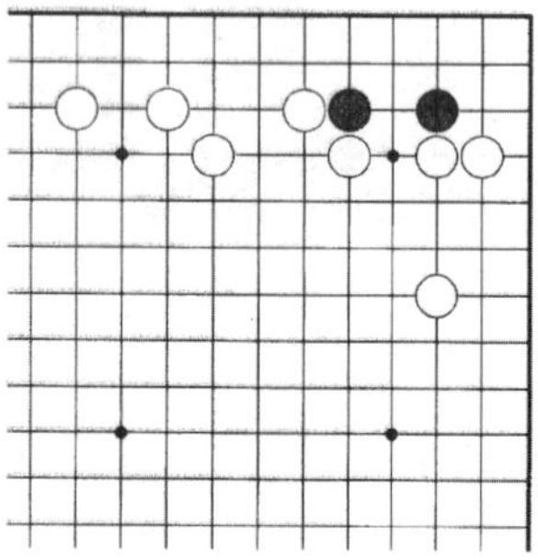

## 끈질기다

우상의 흑 2점은 3·3을 점령하고 있어 의외로 끈질기다.
흑은 이후 어떻게 수를 내야 할까?

解

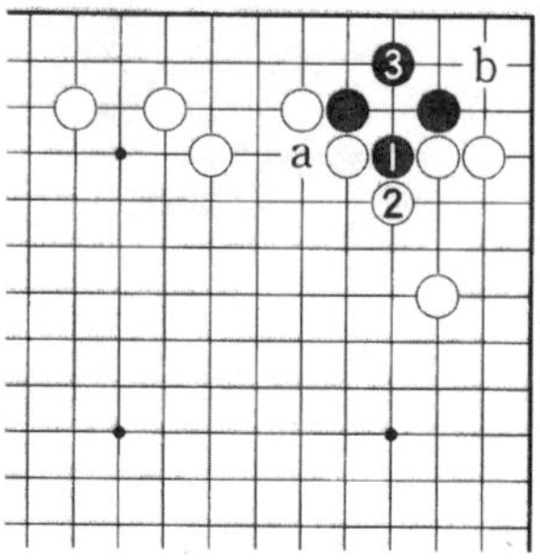



## 패

흑1로 끼워 백의 모양에 약점을 만드는 상용의 맥이다.
백2 이후 흑3으로 웅크리고 백a로 밖을 지키면 흑b.

失

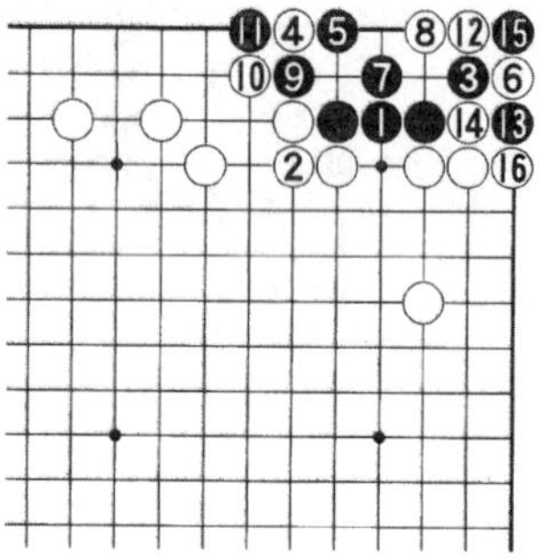



## 흑 죽음

흑1, 3은 탄력 있어 보이지만 백4부터 8의 강수를 두면 실패한다.
흑11까지 상변을 따내더라도 백16까지 흑이 죽는다.

제2형 백번

(2465)

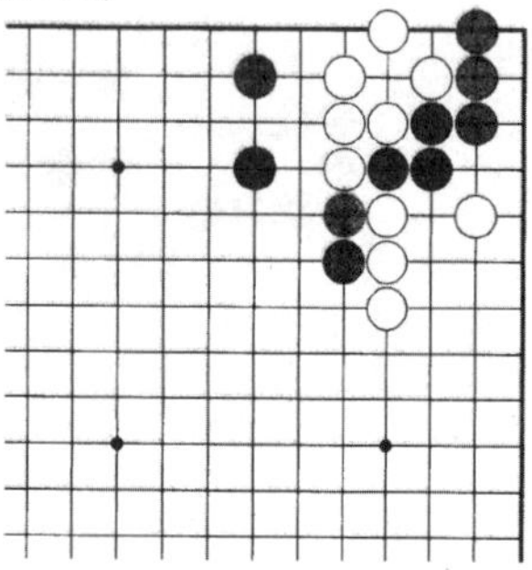

## 탈출일까 삶일까

백은 흑을 피해 바깥으로 도망치고 싶다.
우변에 영향을 주지 않고 상변에서만 사는 것이 유리하므로 그에 맞는 탈출의 맥을 찾아보자.

解

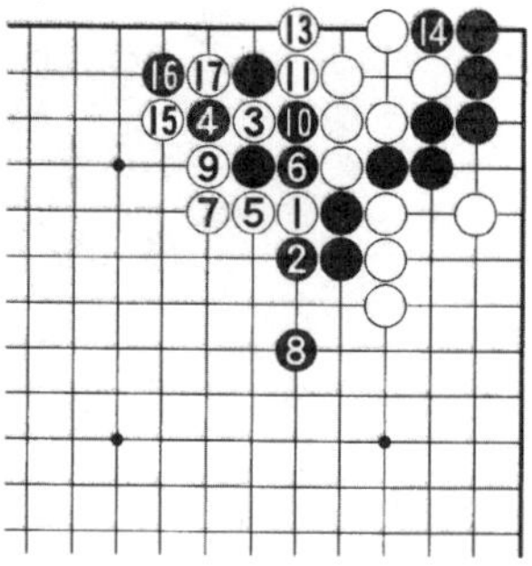



## 수습의 맥

백1로 젖히고 백3의 끼움이 수습의 맥이다.
흑4로 막으면 백5로 나가 상변을 끊는다. 흑8부터 백17까지 타개할 수 있다. ※⓬→③

失

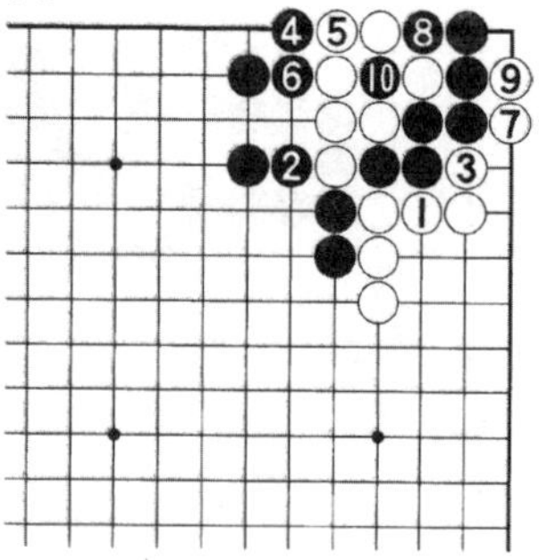



## 불리한 패

백1로 막아 귀에서 수상전을 벌이면 흑2부터 10까지 백이 불리한 패가 난다.

(2466)

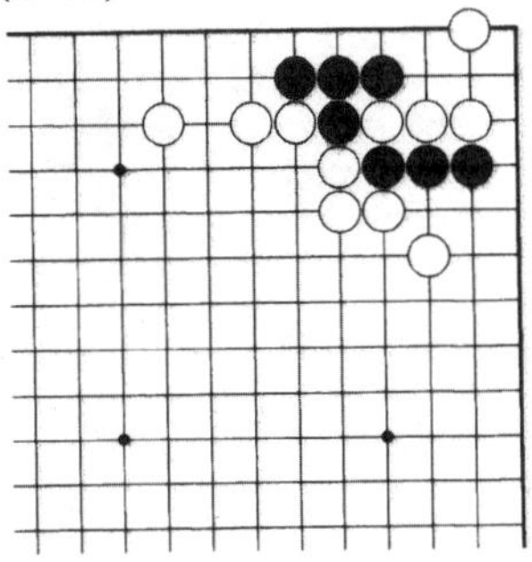

解

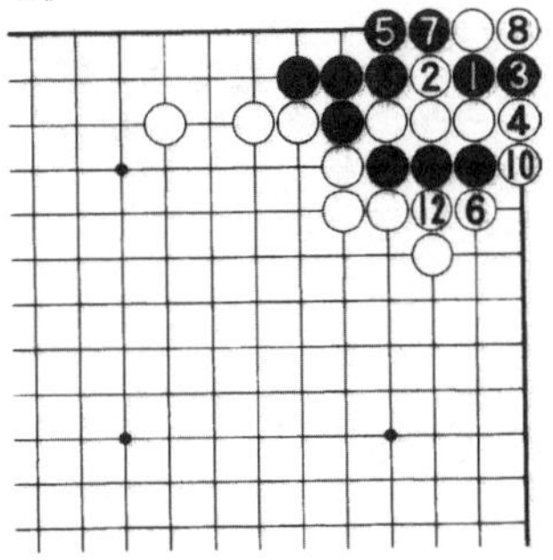

失

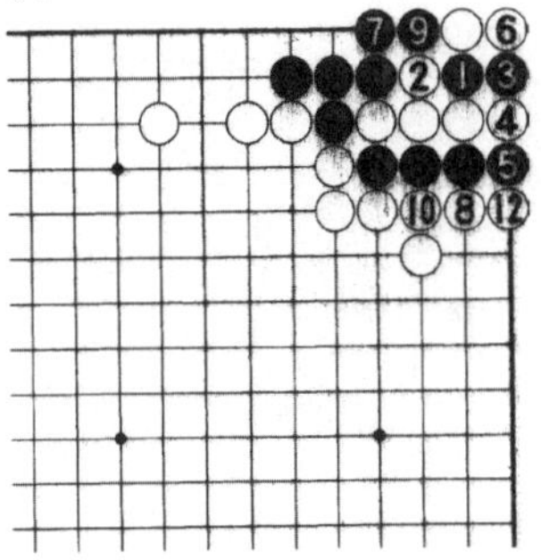

**제3형 흑번**

## 낯이 익다

이 모양은 낯이 익지 않은가?
마지막까지 수를 정확히 읽어야 한다.
수읽기의 힘이 포인트이다.

## 포인트

흑3이 첫 번째, 5로 뻗는 것이 두 번째 포인트.
※❾→❶(먹여치기), ⓫→❸(따냄), ⓭→❶의 위

## 흑 잡힘

흑5로 단수치는 것은 실패한다.
흑13으로 따낼 때 백14로 먹여치면 죽는다.
※⓫→❶(먹여치기), ⓭→❸(따냄), ⑭→❶의 위

(2467)

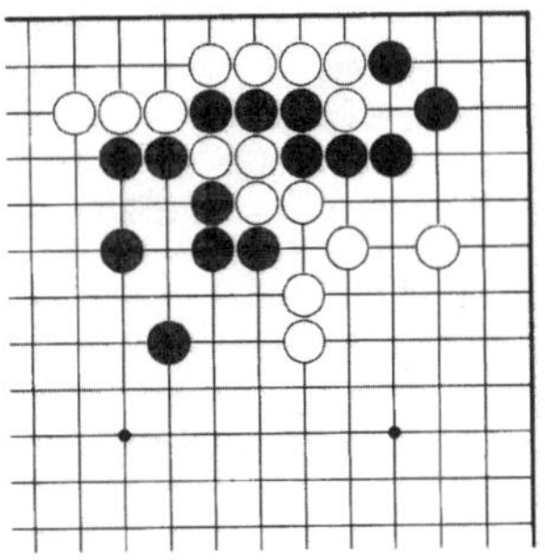

解

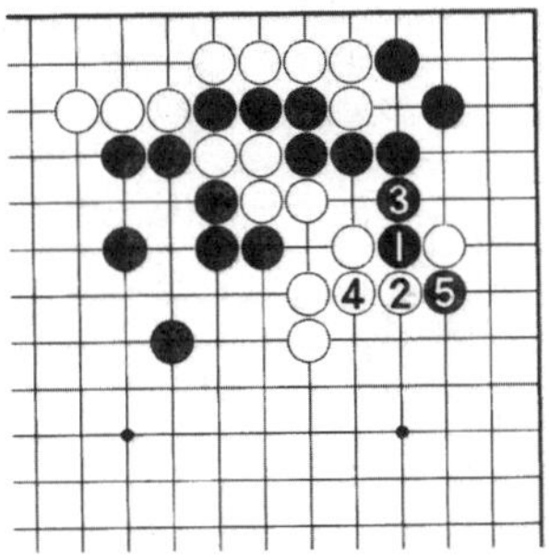

失

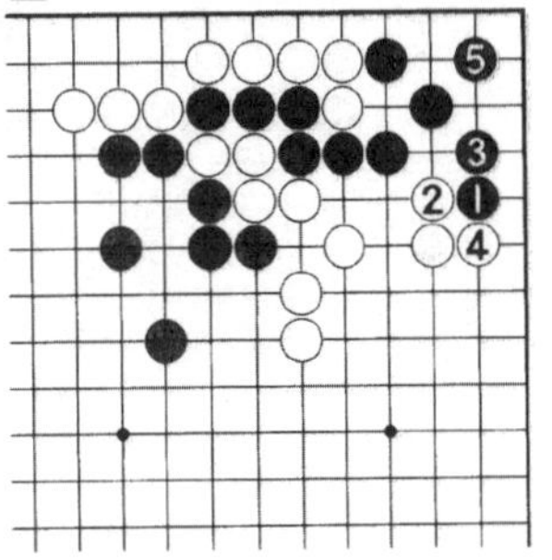

**제4형 흑번**

## 집의 삶

우상귀의 흑을 살리고 싶다.
여러 가지 방법이 있지만 백의 약점을 추궁하여 궁도를 넓히자.

## 삶

흑1로 끼우는 수가 냉엄하다.
백2로 받는 정도이다. 또 흑3으로 이으면 백4, 흑5로 끊어 백 1점을 잡고 살 수 있다.

## 불충분

흑1로 날일자하여 소극적으로 살 수 있다. 백2, 4로 공격당해 흑5까지 귀에서 간신히 산다.
우변의 백이 강하게 되어 정해도에 비해 흑이 불만이다.

(2468)

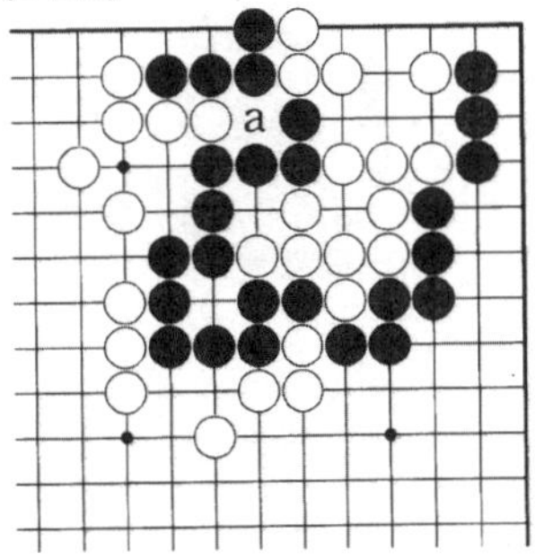

解

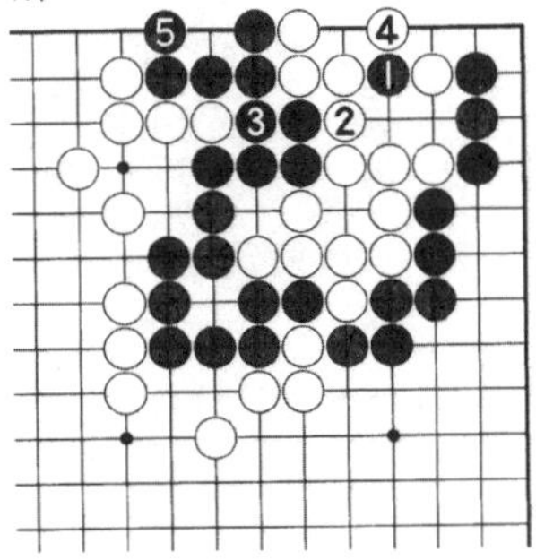

変

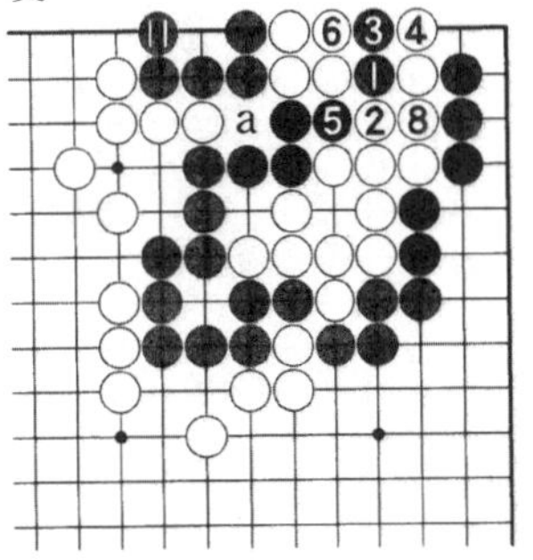

**제5형 흑번**

## 공작

상변의 공방이 복잡하다.
흑이 단순하게 a에 두어 연결하는 것은 안 좋다. 우변의 백에 미리 공작을 해두는 편이 좋다.

## 각생

흑1로 끼우는 수가 좋다.
백2로 이으면 흑도 3으로 위아래를 연결한다. 백4, 흑5로 각생한다.
흑1과 백2의 교환이 작용했다.

## 후절수

백2로 단수를 치면 흑3으로 뻗는다. 이하 백은 후절수로, 흑은 a에 잇지 않아도 살 수 있다.
※❼→❶(먹여치기), ❾→❸(따냄), ⑩→❶의 왼쪽(끊기)

끼움
사활(삶)

(2469)

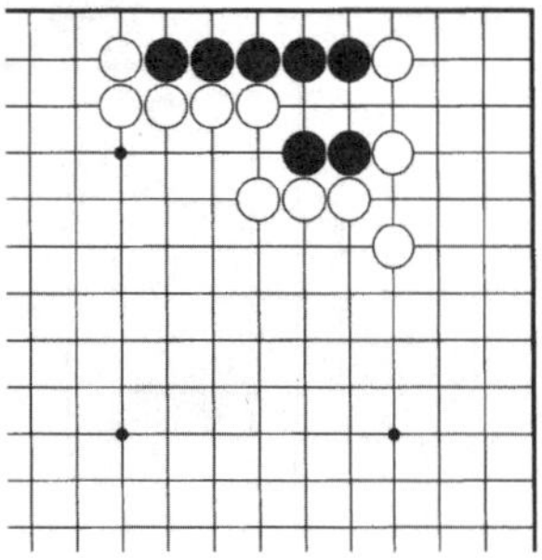

解

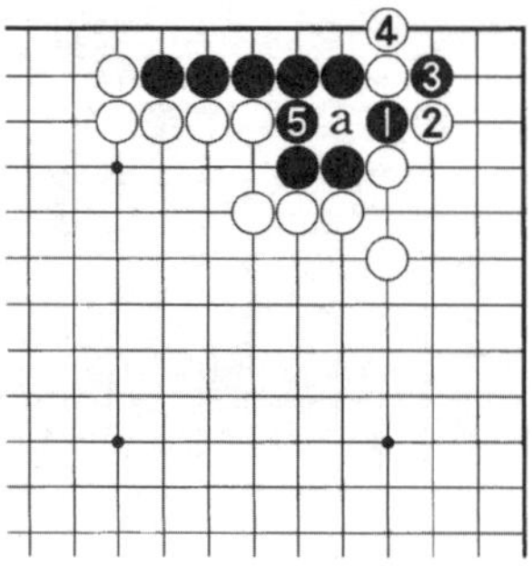


失

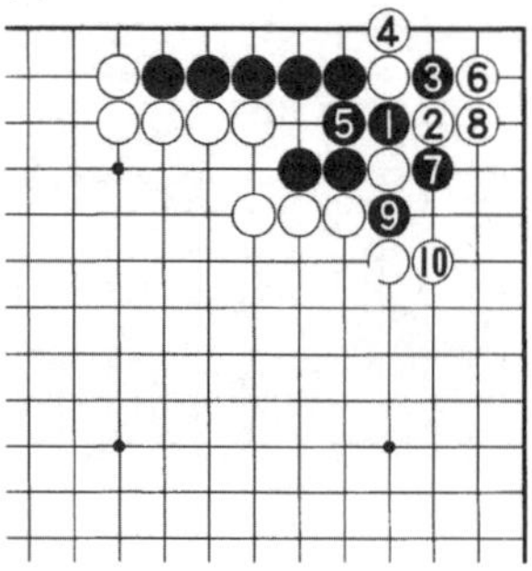


제1형 흑번

### 약점을 만들다

사활 문제.

흑이 귀에 진출하는 것은 쉬운 일이지만 집을 만들려면 백의 모양에 약점을 내야 한다.

### 패

흑1로 끼우고 3으로 끊는 수가 맥이다.

백4로 뻗어 저항하면 흑5로 이어 패를 낸다. 백4로 a도 흑4로 건너 패가 난다.

### 흑 전멸

흑5의 이음은 다음에 7의 양단수를 보고 있으나 백6으로 받아 실패한다.

흑7, 9로 백 1점을 따내더라도 백10이면 흑은 전멸한다.

(2470)

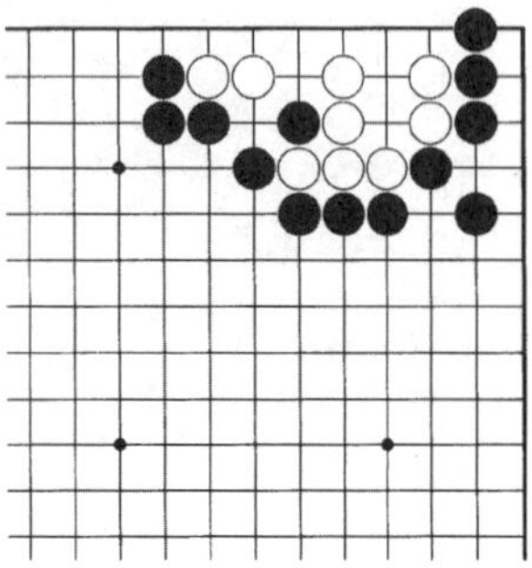

解

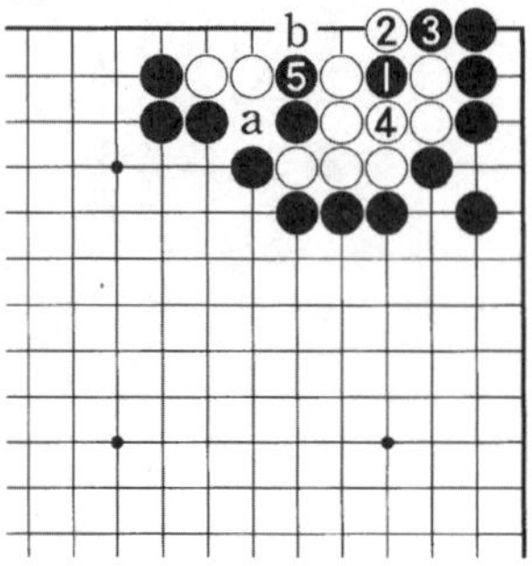


失

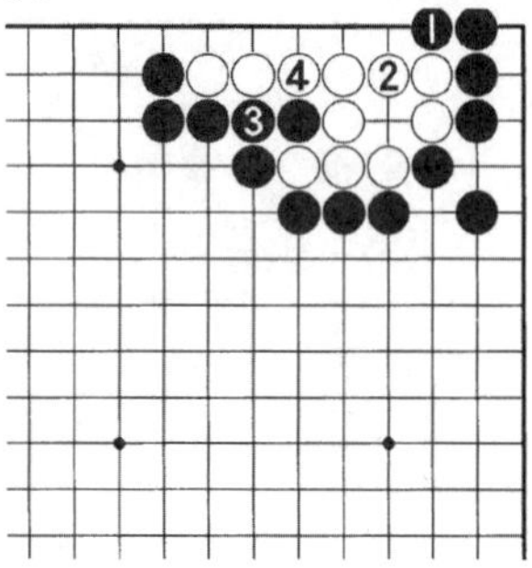


제2형 흑번

### 양자충

백의 사활 문제.

흑 1점을 살리는 것만으로는 안 된다. 백을 양자충으로 만들어야 한다.

### 백 죽음

흑1로 끼우는 수가 맥이다.

백2, 4로 잡으면 백의 공배가 메워지고 흑5로 나갈 수 있다.

이후 백a, 흑b로 양자충이 된다.

### 백 삶

흑1의 공격으로는 백2로 이으면 실패한다.

흑3, 백4까지 백은 산다.

흑1로 3에 두더라도 백4로 이어 살아남는다.

(2471)

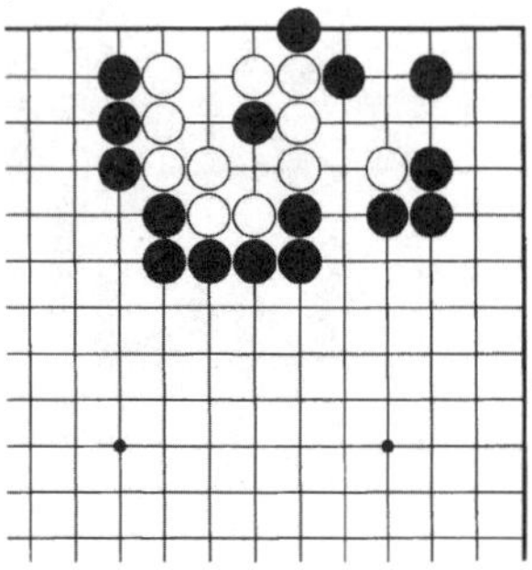

解

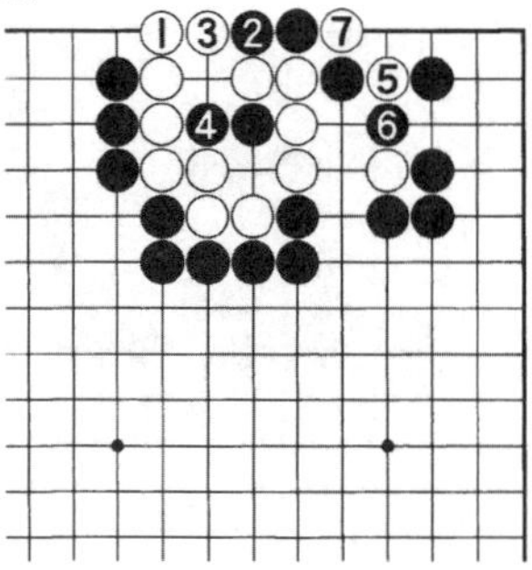


失

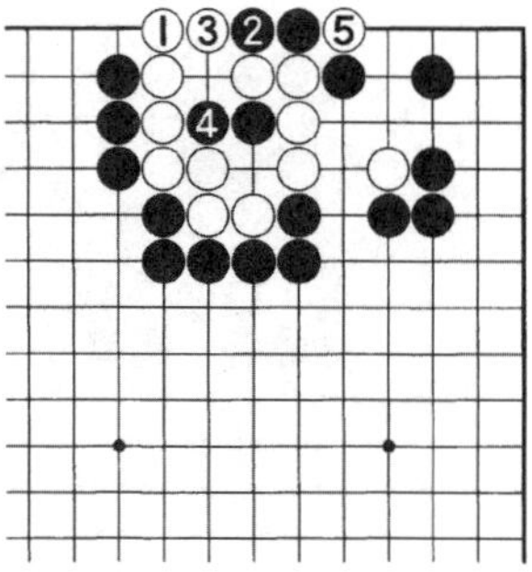


제3형 백번

### 희망

2집의 공간이 없는 백. 희망을 버리면 안 된다.

오른쪽의 흑에게서 실마리를 찾으면 살 수 있을지도 모른다.

### 백5가 묘수

백1이 준비공작으로 흑4까지 교환해둔다.

백5가 진귀한 수로 흑6은 어쩔 수 없지만 백7까지 흑은 옥집을 만들 타이밍을 잡지 못한다.

### 백 틀린 수순

백이 5로 먼저 따내는 것은 흑6으로 먹여쳐서 죽는다. 백 실패.

※❻→⑤의 왼쪽

(2472)

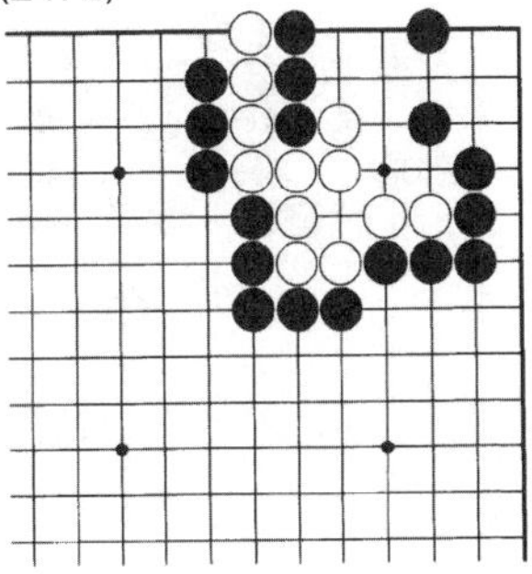

제4형 백번

## 양쪽

사활 문제.
흑 3점을 잡더라도 중앙의 집을 지켜야 살 수 있다. 양쪽의 조건을 한 번에 해결하는 수는 무엇인가?

解

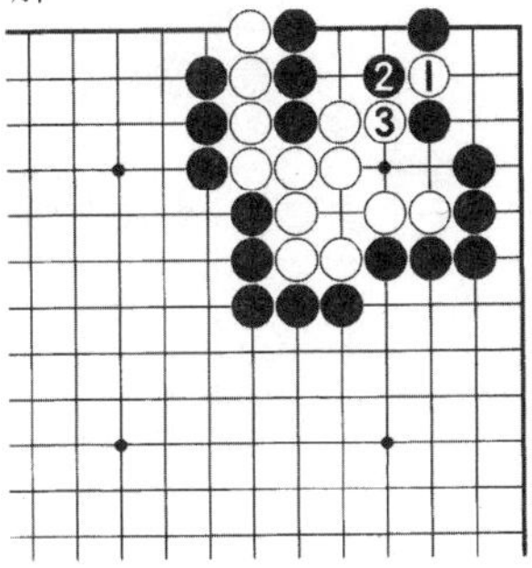


## 맥

백1이 날카로운 맥이다.
흑2로 단수치면 백3으로 끊고 중앙의 한 집과 상변의 흑 3점을 잡는 것을 맞보기로 하여 살 수 있다.

変

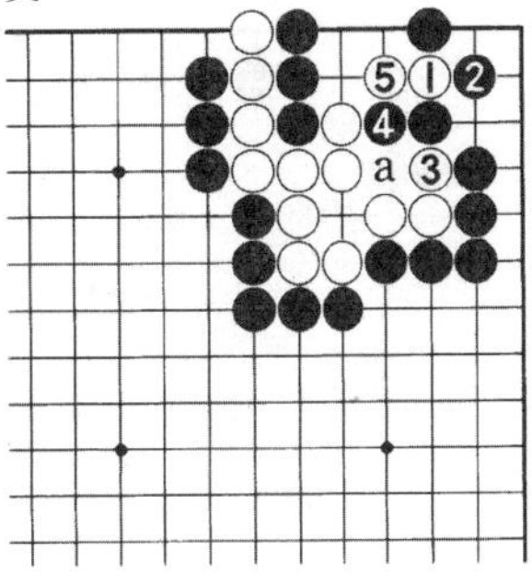


## 백 삶

흑2를 바깥부터 막는 변화.
백3의 젖는 수가 맥이 된다. 흑4에는 백5로 그만이다.
백3으로 5는 흑a로 실패한다.

끼움

사활(죽음)

(2473)

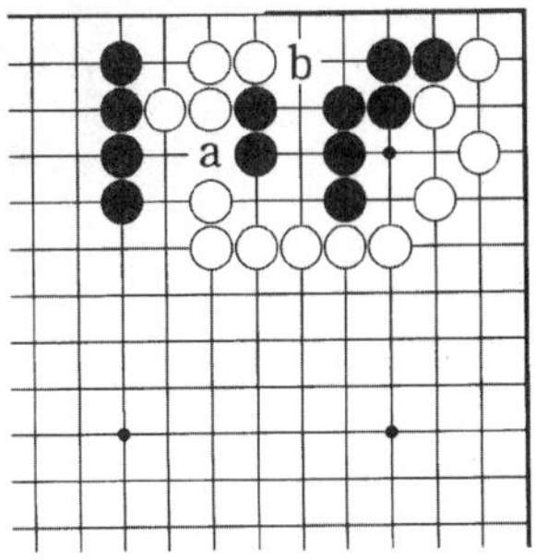


제1형 백번

## 맞보기

흑은 a와 b를 맞보기로 하여 간신히 사는 것처럼 보이지만 다음 백의 한 수로 항복시킬 수 있다.

解

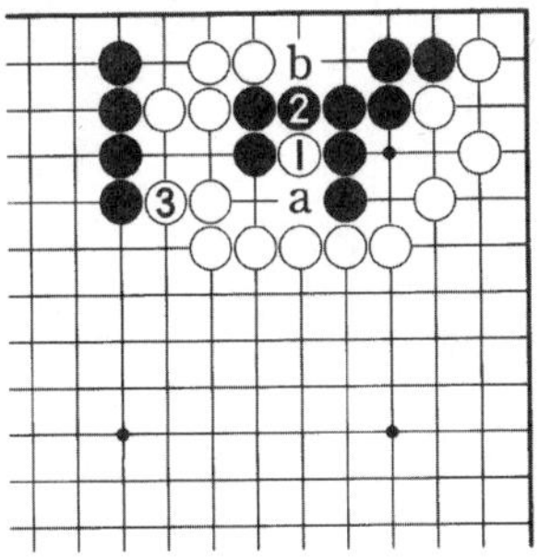


## 백1이 묘수

백1이 기묘하다. 흑은 2로 받을 수밖에 없어 백3으로 돌아간다.
이것은 문제도와 반대로 백a와 b가 맞보기가 되어 흑의 죽음이 명백해진다.

失

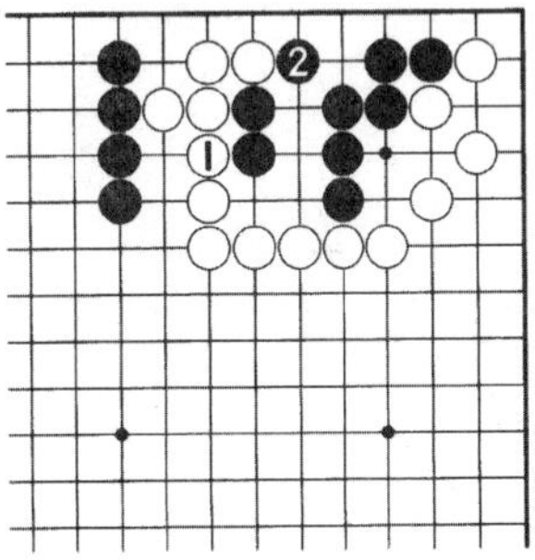


## 백 실패

백1로 잇고 안심하지 말자.
흑이 2로 막으면 흑에는 아무런 맛이 남지 않는다.

(2474)

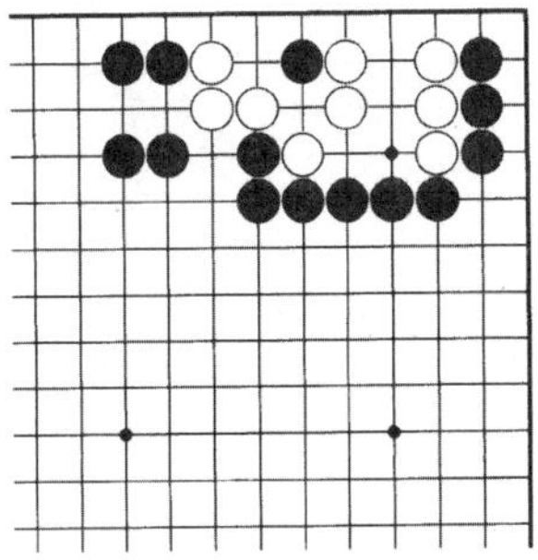

제2형 흑번

## 집이 넓다

사활 문제.
상변의 백은 궁도가 넓기 때문에 처음부터 궁도사활을 노리면 실패한다.
어떻게 공격해야 할까?

解

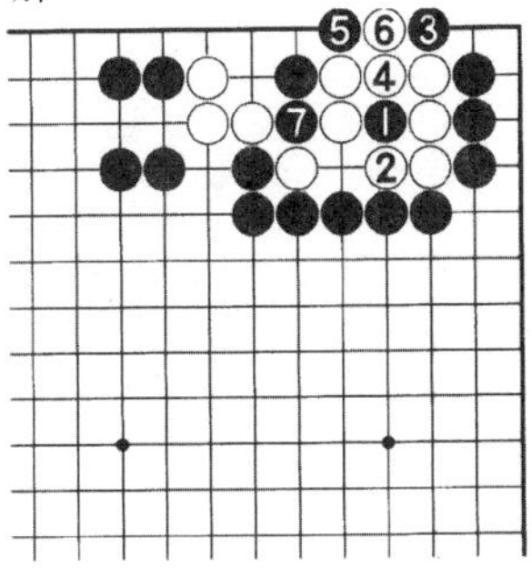


## 백 전멸

흑1로 끼우는 수가 백의 수를 줄이는 맥이 된다.
백2로 잡으면 흑3으로 젖히고 5, 7까지 중앙의 백 1점이 촉촉수에 걸린다.

変

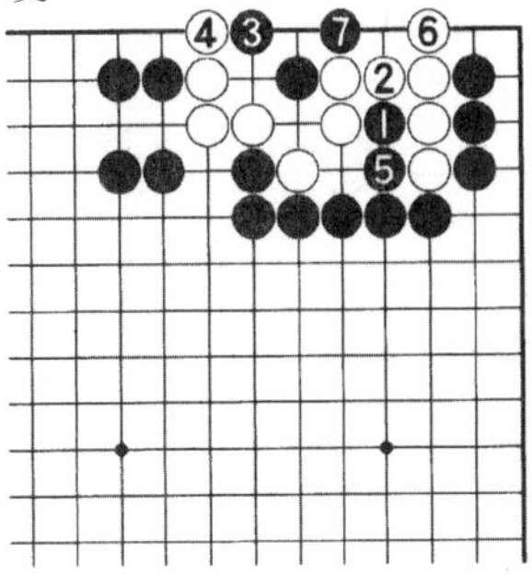


## 오궁도화

백2로 아래에서 받으면 흑3으로 입구자하여 궁도사활을 만든다. 흑5로 이어 백은 한 집.
백6에 흑7로 오궁도화로 이끈다.

제3형 흑번

(2475)

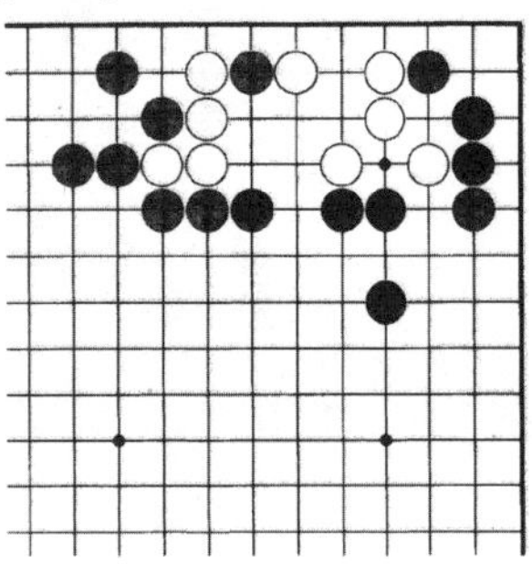

## 치중수

사활 문제.
백은 흑 1점을 잡고 있고 오른쪽에도 한 집을 갖고 있다.
하지만 약점이 있어 흑이 치중하여 공격하면 죽는다.

解

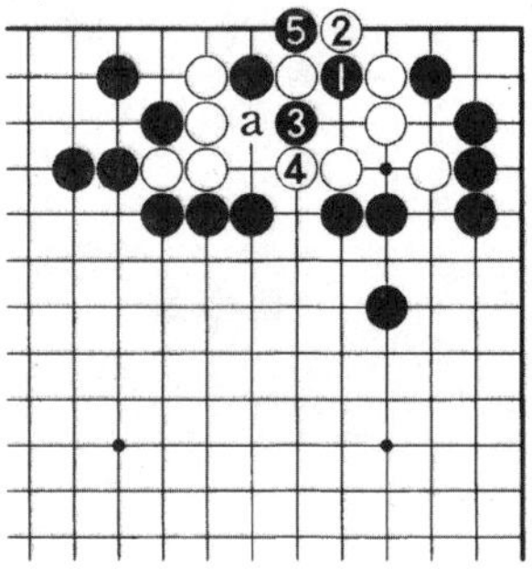

## 백 전멸

흑1로 끼우는 것이 맥이다.
백2로 단수쳐서 흑이 건너지 못하게 막으면 흑3으로 단수쳐 a를 노린다. 백4는 흑5로 따내면 백이 전멸한다.

変

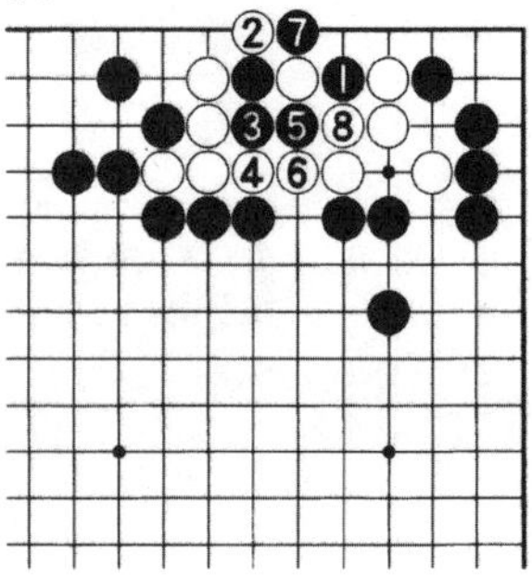

## 매화육궁

백2로 왼쪽을 단수치는 변화이다.
흑3, 5로 도망나가 치중을 노린다.
흑7로 따내고 9로 매화육궁.
※❾→❼의 아래

끼움

끝내기(줄이기)

제1형 백번

(2476)

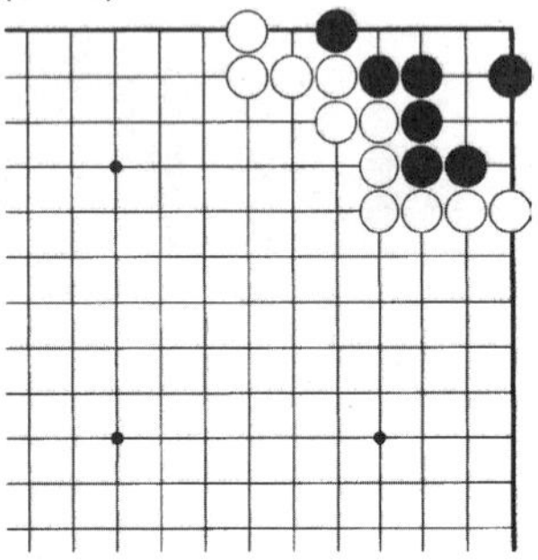

## 1집의 차이

끝내기 문제.
이 장면에서 종국을 맞이한다고 하자. 1집의 차이가 승패를 가른다면 귀의 흑집을 몇 집으로 세어야 할까?

解

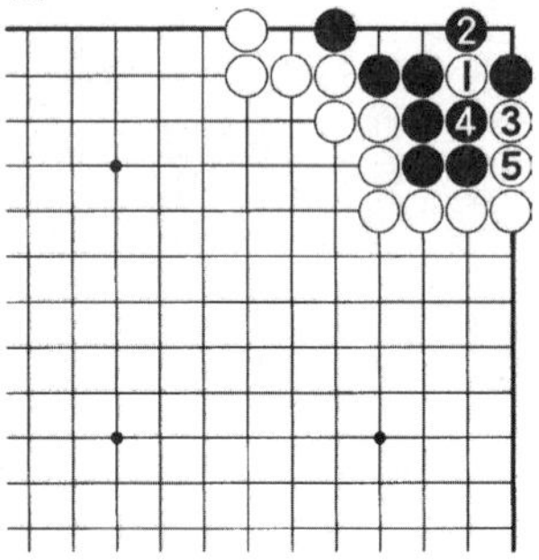

## 흑 4집

백1로 끼우는 수가 맥이다.
흑2로 2·1에 두어 집을 내고 백은 3으로 단수쳐 흑4, 백5로 끝내기한다.
귀의 흑집은 4집이 된다.

変

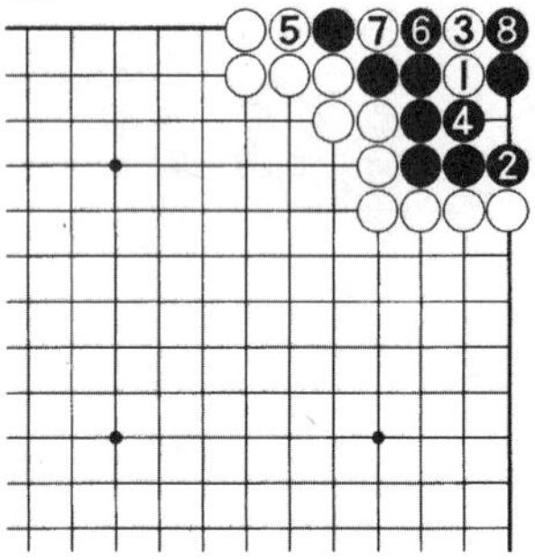

## 변함이 없다

흑2로 집을 넓히는 것도 유력하지만 집의 크기는 달라지지 않는다. 백3 이후 백5, 7로 흑 1점을 따내면 9로 패를 잇는 것까지 집 차이가 변함이 없다. ※⑨→⑦의 왼쪽

제2형 흑번

(2477)

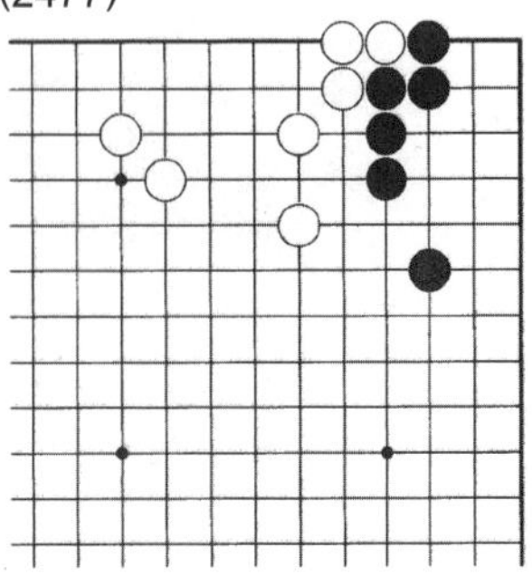

## 모양을 결정짓다

흑은 선수로 모양을 결정짓고 싶다.
그 전에 상변의 백집을 어떻게 끝내야 할까?

解

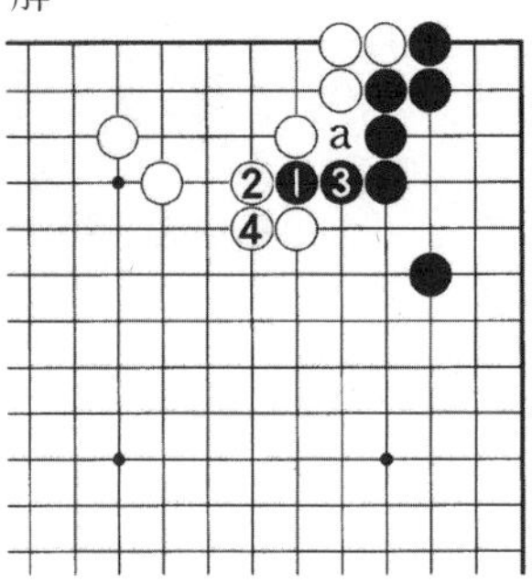

## 선수끝내기

흑1로 끼우는 수가 끝내기의 맥이다.
백은 2, 4로 후수로 받는 정도밖에 할 수 없다.
백2로 3은 흑a.

失

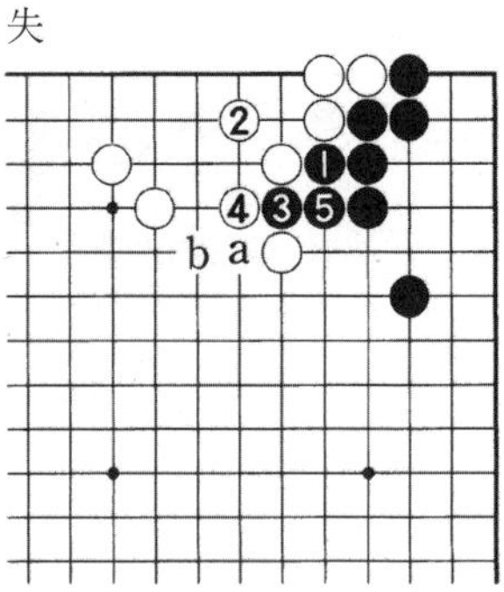

## 흑 대악수

흑1, 백2를 먼저 활용하는 수는 대악수이다. 흑3, 5에는 백이 손을 뺄 수 있다. 흑a에는 백b로 단수쳐서 상변의 백집에는 수가 없다. 백의 모양이 확실하게 된다.

# 실전의 맥

1603년부터 1992년의 현재까지 프로의 실전보에 나오는 맥을 모았다.
실려 있는 기보는 용어별('단수치기'부터 '끼움'까지)로 분류하고 거기에 연대가 오래된 것부터 실었다. 기보 하나당 맥 하나를 해설하였으므로 실전에서 쓰인 맥이 어떤 것인지 감상해보자.
책 마무리의 색인에는 수순을 기입하지 않은 기보를 전술별로 기재하여 놓았으니 문제형식으로 생각하고 싶은 독자는 이용할 수 있다.

## 흑을 무겁게 하는 단수 백번

단수

- 1986년
  흑/ 오오타케 히데오(大竹英雄) 기성
  백/ 조치훈(趙治勳) 9단

(2478)

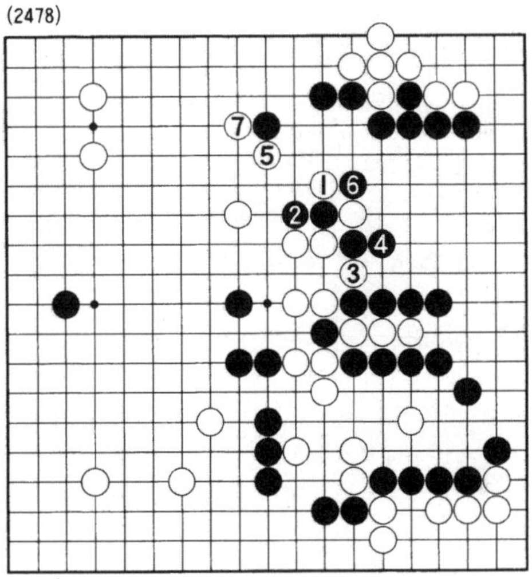

중앙의 공방. 우변의 흑집은 넓지만 지금으로써는 일방가의 모양이다.
백1로 단수를 쳐도 축이 불리하여, 흑2로 도망가더라도 백5가 축머리가 된다. 흑7로 늘면 백이 6으로 이어 흑 2점을 잡는다.
흑6, 백7로 백은 상변을 막아 좌상에 위치한 집의 크기를 늘린다.

## 수습의 찝기 백번

찝기

흑/ 요다 노리모토(依田紀基) 7단
백/ 아베 요시테루(安倍吉輝) 9단

(2479)

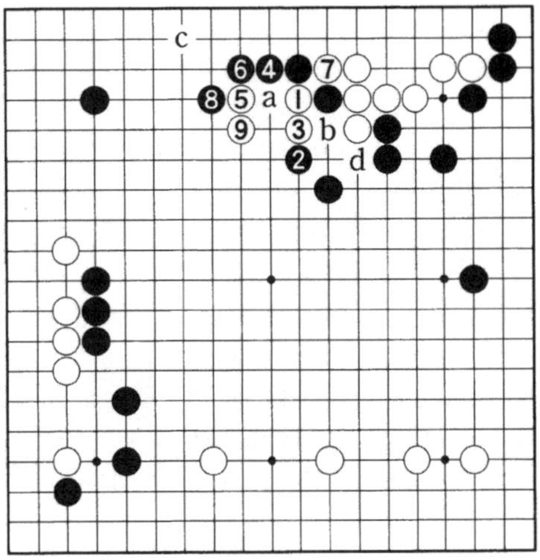

우상은 중국식 포석에서 나온 모양이다. 흑은 안에 침입한 백에게 공격을 퍼붓고 있다. 백이 1로 찝는 수가 좋다. 흑은 급한 공격을 포기하고 2에 입구자하여야 한다.
백3부터 9까지 안정되어 백은 충분하다. 백이 3으로 a에 늘고 흑4, 백5, 흑b, 백7, 흑6, 백8, 흑c 이후 백d로 나와 중앙의 흑을 절단할 수도 있다.

## 머리붙임의 좋은 수순 백번

5자/ 히나야 류호(雛屋立甫)
/ 혼인보 도사쿠(本因坊道策)

좌변에서 중앙으로 도망가는 백의 대마를 어떻게 수습하여야 할까?
백1로 끊는 수가 좋은 수. 흑2로 나가기를 유도한 뒤 백3으로 머리붙이면 흑의 자충을 추궁한다.
흑4부터 8까지 끊으면 백9가 매섭다. 백11로 따내고 흑이 잡힌다. 흑10으로 11은 백a, 흑10, 백b, 흑3, 백c.

(2480)

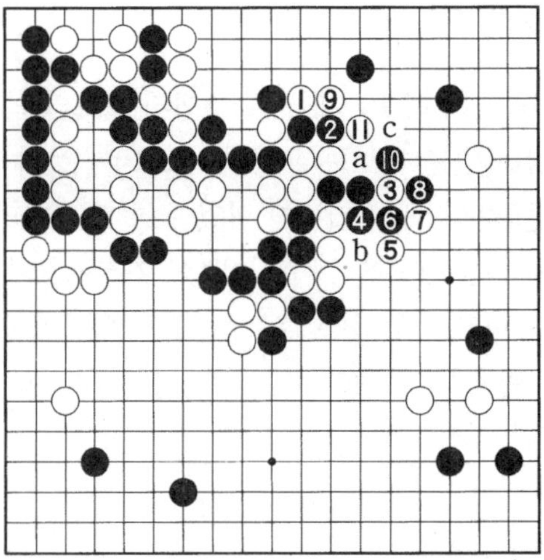

## 치열한 공격의 붙임 백번

선/ 하야시 몬뉴(林 門入)
/ 이노우에 인세키(井上因碩)

백1과 흑2의 활용은 중앙의 흑을 선수로 끊는다. 백3으로 단수를 친 뒤 5에 붙여 위아래의 흑을 바꿔치는 맥이다.
흑6, 8로 저항하면 백9로 단수치고 11로 이어 가운데의 흑 8점을 잡는다.
흑에게 빵때림을 당해도 하변의 백이 안정되어 백이 성공한다.

(2481)

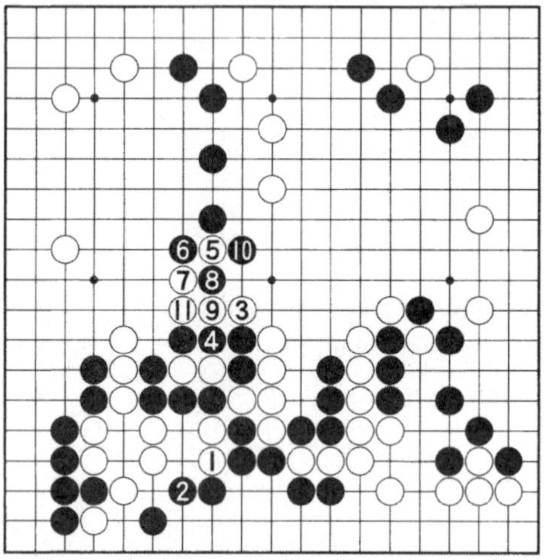

## 봉쇄의 코붙임 흑번

■ 1884년 십번기
흑/ 미즈타니 누이지(水谷縫次)
백/ 타카하시 키네사부로(高橋杵三郎)

상변의 전투는 우상의 흑 모양을 지우려는 백 1점을 둘러싼 공방이다.
흑은 1로 머리에 붙여 백2를 유도하고 흑3으로 우변 방향의 진출을 막는 맥이다.
백은 4부터 8까지 흑 1점을 잡고 우변에 있는 흑 1점의 퇴로를 끊으면 크게 성공한다.
흑9부터 11까지 상변을 결정지어 우상의 모양이 크다.

(2482)

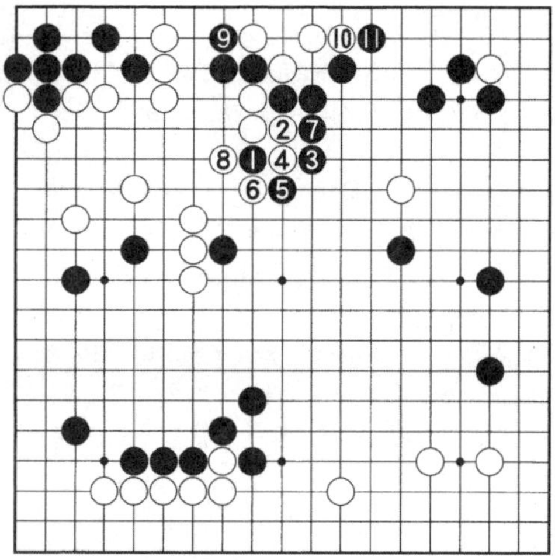

## 잡을 부수는 붙임 백번

■ 1963년 명인전
흑/ 사카타 에이오(坂田栄男) 본인방
백/ 후지사와 히데유키(藤沢秀行) 명인

하변의 모양을 지워 흑이 우세하지만 우변이 엷다. 백1의 붙임이 묘수이다. 흑2로 나오면 백5, 7로 이어 선수한다. 흑8로 지키게 한 뒤, 하변 백9에 돌아가서 형세불명이 되었다. 흑2로 5에 받으면 백4로 젖혀 끼우는 수가 맥. 흑a로 끊으면 백6으로 뻗어 선수로 중앙을 막는다.

(2483)

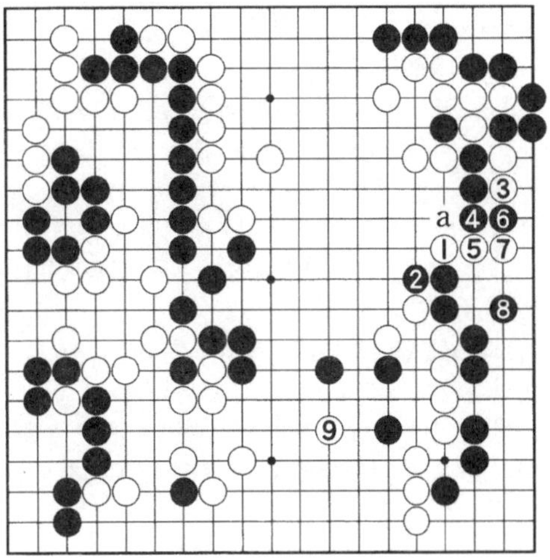

## 강렬한 공격 백번

■ 1976년 본인방전
흑/ 린 하이펑(林海峰) 9단
백/ 가토 마사오(加藤正夫) 10단

좌하의 흑이 타겟이다. 좌상에 백의 세력이 기다리고 있으므로 백은 강력한 공격을 할 수 있다. 백1의 붙임이 냉엄하다. 흑2는 좌변을 버리기 전의 활용이다. 백3 이후 흑은 4로 2점을 살려 6점을 버리고 흑6으로 좌변을 깼으나 백이 7로 돌아가 두터워졌다.
백1로 5에 나가는 것은 흑a, 백7, 흑b로 실패한다.

(2484)

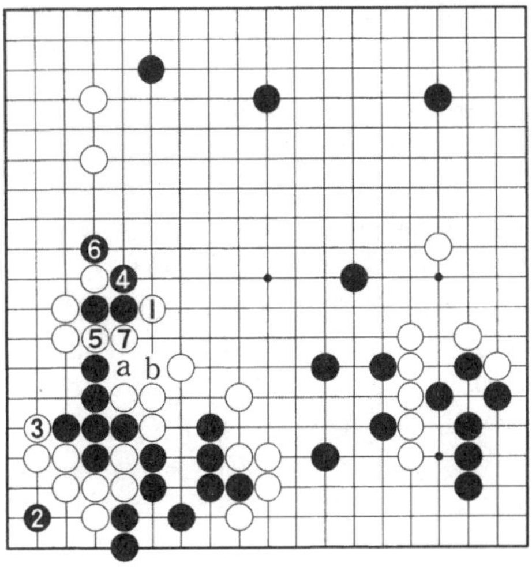

## 탈출의 코붙임 백번

■ 1977년 명인전
흑/ 사카타 에이쥬(坂田栄寿) 본인방
백/ 후지사와 히데유키(藤沢秀行) 9단

백1의 코붙임은 흑의 움직임을 재촉하여 하변의 백을 탈출시키려고 하는 노림이다.
흑2로 받으면 백3으로 막아 흑을 자충시킨 뒤 11까지 도망간다. 백15로 승.
흑2로 3으로 나오면 백2, 흑a, 백b, 흑c로 하변이 살아도 백d로 뚫고 나와 탈출할 수 있다.

(2485)

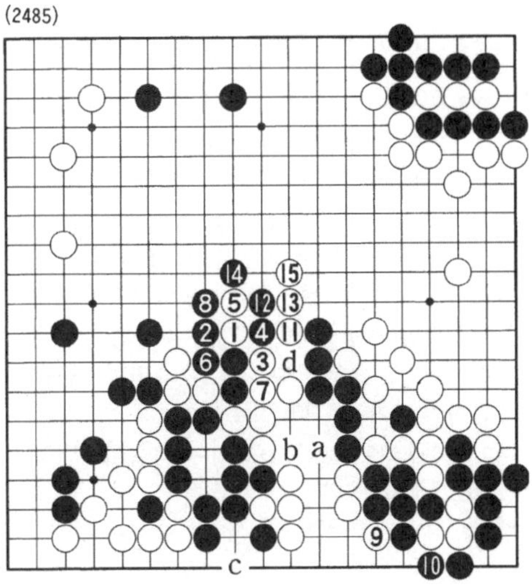

## 모양을 결정하는 코붙임 흑번

- 1980년 기성전
  흑/ 후지사와 히데유키(藤沢秀行) 기성
  백/ 린 하이펑(林海峰) 9단

흑의 침입은 없는 모양이지만 좌변의 모양을 결정하고 싶다. 흑은 선수로 중앙에 세력을 더하면 만족스럽다.
흑1의 코붙임이 맥이다. 백2로 젖히면 흑3으로 이단젖힌다.
좌변을 깨면 주변이 흑의 세력이므로 백은 4부터 8로 물러날 수밖에 없다. 흑5부터 9까지 사석 활용으로 중앙이 강해진다.

(2486)

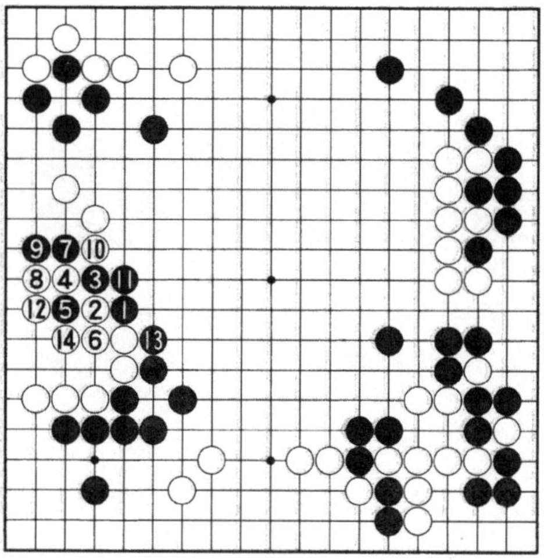

## 필살의 끊음 흑번

- 1982년 기성전
  흑/ 고바야시 고이치(小林光一) 9단
  백/ 이시이 쿠니오(石井邦生) 9단

좌상부터 좌하에 있는 흑의 대마에는 집이 없다. 그러나 백의 포위에도 큰 약점이 있다.
흑1의 코붙임이 결정타가 된다. 백2로 5를 지키면 흑2로 막아서 백이 자충되어 편하게 수습할 수 있다.
백2로 나가면 흑3으로 끊는 수가 필살의 수다. 흑15까지 외길 수순으로 백16으로 저항해도 흑27까지 중앙의 백은 살 수 없다.

(2487)

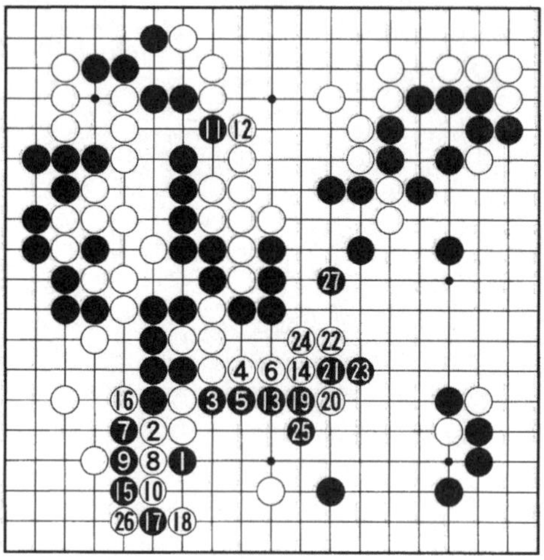

## 들여다보기를 노리는 붙임 흑번

- 1986년 명인전
  흑/ 조치훈(趙治勳) 명인
  백/ 고바야시 고이치(小林光一) 10단

좌변의 흑이 뜬 돌로 변했다. 백의 공격목표에 만족하면 상변에 있는 흑집에 방해가 된다.
흑1의 붙임이 냉엄하다. 백2로 젖히는 것은 당연하지만 흑3으로 들여다보면 좌변과 중앙의 절단이 맞보기가 된다.
백4로 반발하여 흑은 5로 이어 좌하의 백 5점을 잡고 정리하였다.
백4로 6은 흑a로 상당히 불리한 모양이다.

(2488)

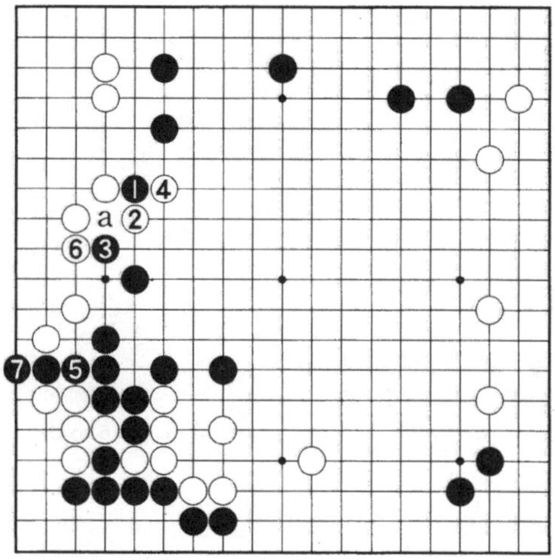

## 근거를 빼앗는 치중 흑번

■ 1683년 어성기
2점/ 야스이 슌치(安井春知)
/ 혼인보 도사쿠(本因功道策)

하변의 공방에 주목.
백은 우하를 굳혀 하변의 흑에 대한 공격을 노린다. 엷은 하변의 백도 흑을 공격하면 자연스럽게 강화된다.
흑1의 냉엄한 치중은 백의 근거를 빼앗는다. 백2로 3은 흑2로 밀어 백의 근거가 없다.
백이 2로 저항하면 흑3으로 밀어 올려 좌하를 분단시킨다. 흑이 유리한 싸움이 된다.

(2489)

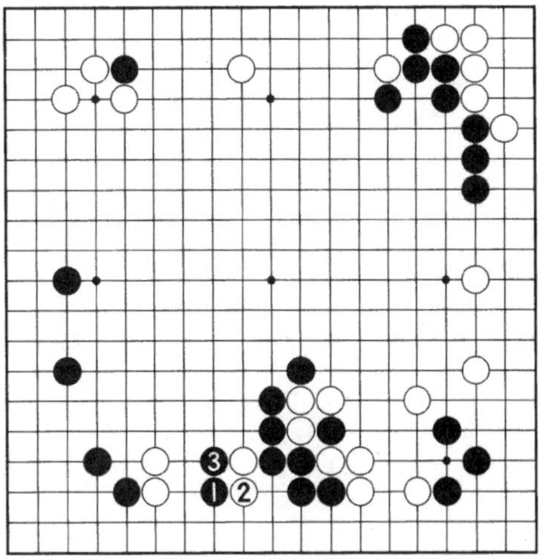

## 사석의 묘착 백번

■ 1835년
선/ 아카보시 인테츠(赤星因徹)
/ 혼인보 죠와(本因坊丈和)

좌상의 백이 공격받고 있다. 백은 이곳에서 선수를 잡아 우변에 돌아가고 싶지만 이대로는 부실해서 안심할 수 없다.
백1은 좌상을 강화하는 맥으로 묘수라고 불린다. 백a로 뻗으면 좌하귀에 활용되기 때문에 흑은 2, 4로 보강한다. 좌상귀의 백은 흑b의 공격을 막고 우변 백5의 큰 곳에 선착한다.

(2490)

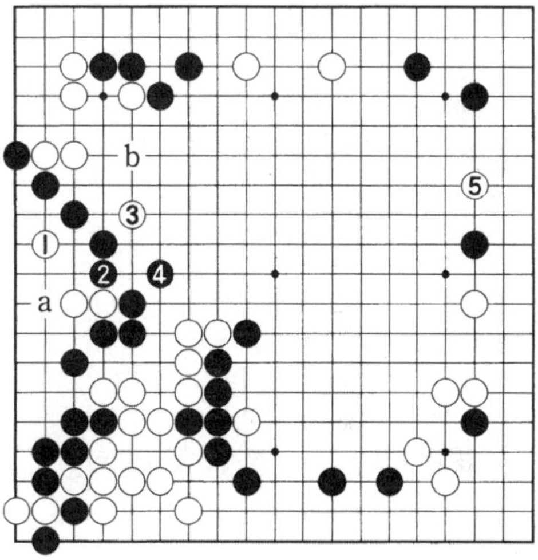

## 백의 대마를 잡는 치중 흑번

■ 1852년
선/ 카츠타 에이스케(勝田栄輔)
/ 이노우에 인세키(井上因碩)

상변의 흑1, 3의 활용은 백4로 따내어 손해를 보지만 흑이 노리는 것은 좌변이다. 흑5 이후, 흑7로 치중하면 좌하의 백 10점은 살 수 없다. 백a는 흑b. 흑3의 1점이 활용된다.
백은 c로 받아 흑a를 허용할 수밖에 없다.

(2491)

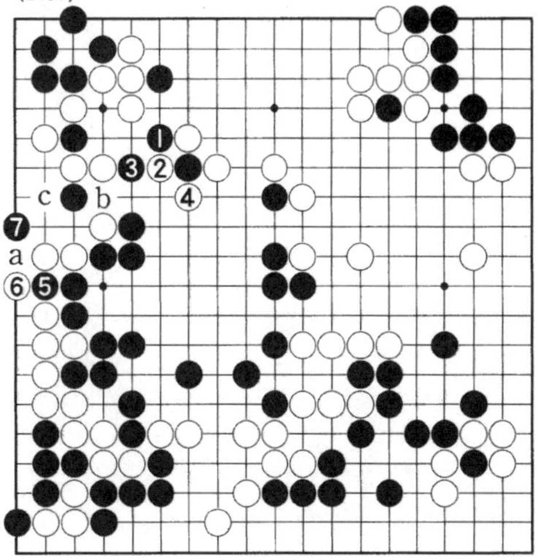

(2492)

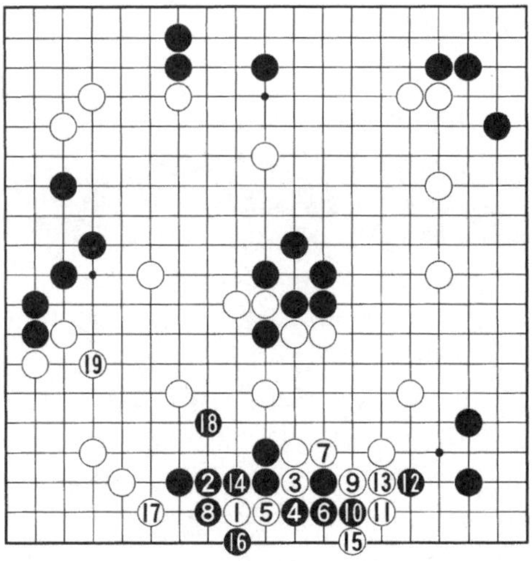

## 사석 노림의 치중 백번

■ 1933년
흑/ 코스기 테이(小杉 丁) 4단
백/ 우 칭위안(吳淸源) 5단

하변의 흑은 튼튼하게 안정되어 있지만 백은 1의 치중이 좋다.
흑2로 5는 백2로 입구자붙여 좌하의 백집이 넓어진다. 흑2부터 6까지 백 2점을 잡지만 백7부터 흑16까지 하변을 결정짓고 백17의 공격을 선수로 두어 바깥이 굳어진다.
백의 사석이 성공하였다.

(2493)

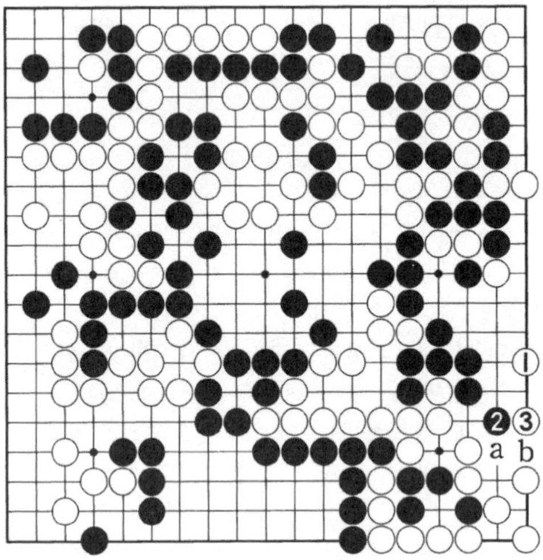

## 반집승의 1선 침입 백번

■ 1979년 본인방전
흑/ 린 하이펑(林海峰) 9단
백/ 가토 마사오(加藤劍正) 본인방

끝내기 문제. 바둑이 대단히 미세하지 않고 흑이 유망하다고 보았다.
백1의 치중이 절묘한 끝내기이다.
흑2의 입구자에 백3으로 붙여 건넌다. 흑a는 백b로 귀의 흑을 튼튼하게 잡고 있는 백을 절단할 수 없다. 백1로 다른 어떤 수를 내더라도 흑이 1의 위치에 두어야하므로 실패한다. 반집차로 백이 이긴다.

(2494)

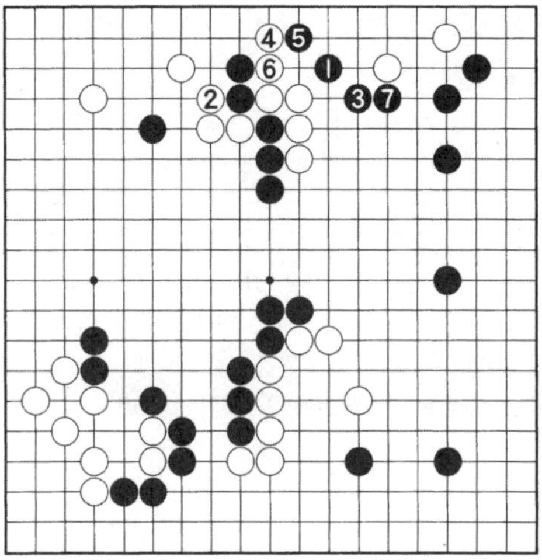

## 집을 부수는 치중 흑번

■ 1989년 아시아선수권
흑/ 타케미야 마사키(武宮正樹) NHK배
백/ 고바야시 사토루(小林覚) 9단

상변 전투에 주목.
백은 흑 2점을 포위하였다. 흑1의 치중은 수습의 급소이다. 상변에 있는 흑 2점의 수가 늘어나면 흑2로 중앙의 백 2점을 절단한다.
백2로 지키면 흑3으로 우상의 백 2점을 분단할 수 있어 충분하다. 흑7까지 실리가 크다.
백2로 3으로 저항하는 것은 흑4의 입구자 모양이 좋아서 백은 수습이 되지 않는다.

## 우변 봉쇄의 치중 　　흑번

- 1991년 십단전

흑/ 조치훈(趙治勳) 본인방
백/ 타케미야 마사키(武宮正樹) 10단

우하의 격전이 중앙으로 발전하고 있다.
흑1의 입구자 압박이 좋은 맥이다. 백은 2로 우변의 흑을 잡을 수밖에 없다.
흑은 3, 5로 늘어 하변의 백을 잡고 백6, 8로 지키게 한 뒤 흑9로 우변으로 돌아가서 막아 최대한 활용한다.
흑1로 9는 백1로 실패한다. 백2로 9는 흑a, 백b, 흑3, 백6, 흑8로 백이 망한다.

(2495)

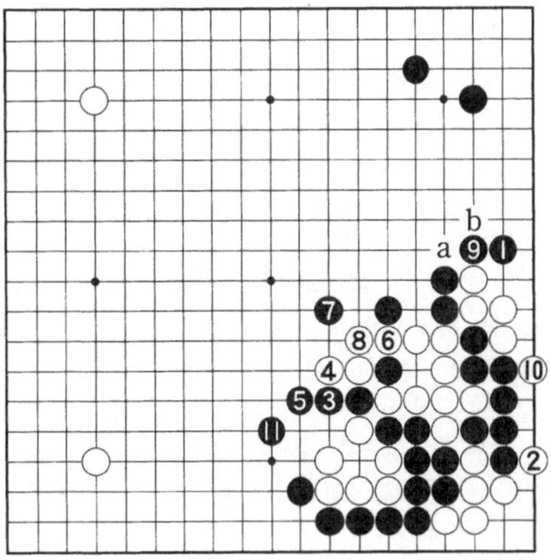

## 철저하게 집을 만들다 　　백번

누름

- 1843년

흑/ 오오타 유조(太田雄蔵)
백/ 혼인보 슈와(本因坊 秀和)

흑은 우변을 활용하여 백을 3선으로 압박하면서 하변의 중앙을 두텁게 하고 있다.
백1로 받는 수는 하변을 완전한 집으로 삼고 있지만 1인자인 슈와가 아니면 둘 수 없는 수라고 불린다.
흑a, 백b, 흑c로 중앙을 둘러싼 뒤 백d로 지워 결과는 백이 2집 이긴다.
흑c는 e로 넓게 두면 좋은 모양이다.

(2496)

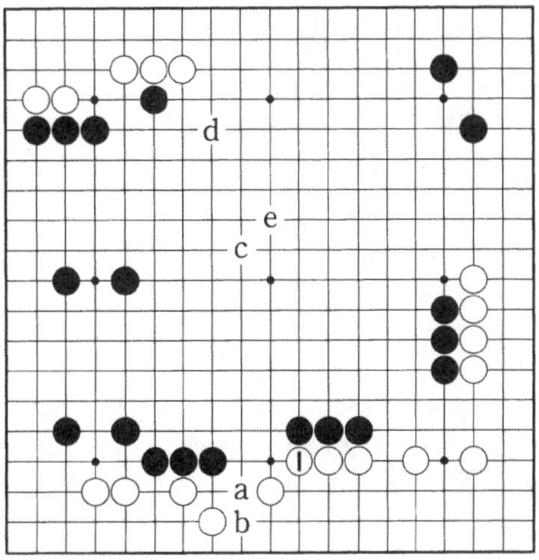

## 조임을 결정짓는 씩움 　　흑번

걸침

흑/ 기타니 미노루(木谷 実) 9단
백/ 사카타 에이오(坂田栄男) 9단

중앙의 공방이 심하다. 흑은 좌하의 백을 노려 중앙을 두텁게 하고 있는 국면이다.
흑1의 씩움은 백 2점의 움직임을 재촉하고 바깥의 모양을 결정한다. 백2부터 흑13까지는 외길이 된다. 백 4점 방향에 조임을 활용하여 중앙이 두터워지고 좌하의 백에 대한 공격을 노릴 수 있다.
※⑫→❶

(2497)

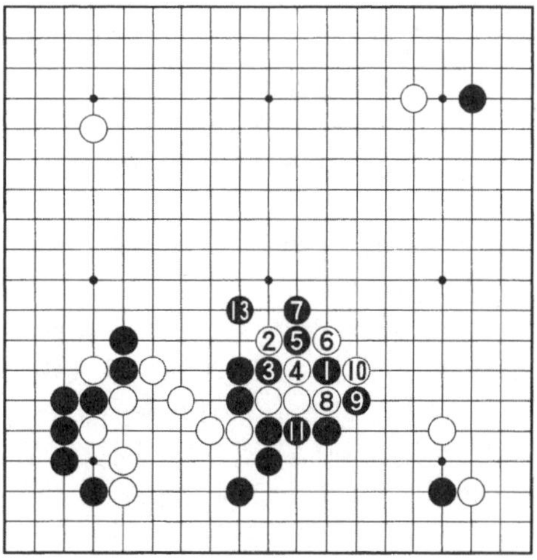

## 공격의 씌움 흑번

■ 1963년 특별대국
선/ 오오타케 히데오(大竹英雄) 5단
/ 우 칭위안(吳淸源) 9단

상변이 싸움터가 되었다.
흑은 백 2점을 공격하여 1로 씌웠다. 우상의 날일자를 활용하여 냉엄하다.
백2는 뻗기를 요구하는 붙임이다. 흑3으로 막으면 백4로 상변에 붙인다. 흑5로 젖혀 나오면 백6 이후 흑7로 근거를 빼앗아 백을 중앙으로 몰아낸다. 흑11로 상변을 차지하면 15까지의 공격은 성공한다.

(2498)

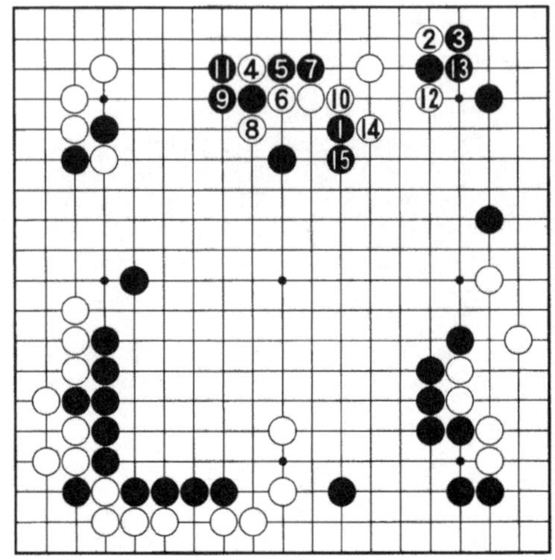

## 중앙을 두텁게 하는 사석 흑번

■ 1989년 천원전
흑/ 가노 요시노리(加納嘉德) 9단
백/ 켄모치 죠(釼持 丈) 3단

좌상은 2칸 높은 협공 정석의 변화이다.
흑을 양분하고 있는 백◬ 1점이 강해지면 흑은 괴로운 싸움이 된다.
흑1의 씌움은 상변을 버리기 위한 노림이다. 백2에는 흑3으로 막아 중앙에 세력을 만들고 백4, 6에는 흑7로 이어 8과 9를 맞보기로 한다. 이것으로 흑은 충분하다. 백4로 6은 흑4, 백a, 흑8의 이단젖힘으로 상황이 좋아진다.

(2499)

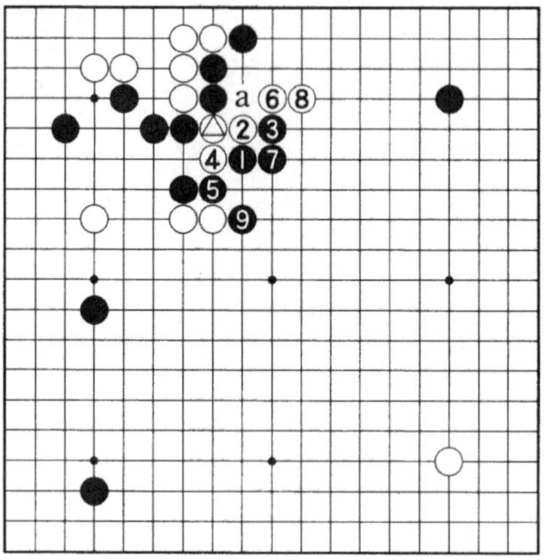

## 사석 대작전 흑번

■ 1960년 본인방전
흑/ 사카타 에이오(坂田栄男) 9단
백/ 후지사와 히데유키(藤沢秀行) 8단

백은 중앙을 살리고 상변의 흑의 모양을 깨뜨려 최대한 버티려 한다.
흑1은 상변을 분단하는 급소지만 백은 2로 돌아가 우상의 흑이 위험에 빠진다. 단, 흑은 3, 5로 바깥을 결정지으려는 사석의 대작전이다.
흑11로 씌워 백은 탈출이 불가능해진다. 백12부터 18까지 조여붙여 잡았으나 흑이 19, 21로 중앙을 잡고 하변의 백을 공격하여 흑이 우세하다.

(2500)

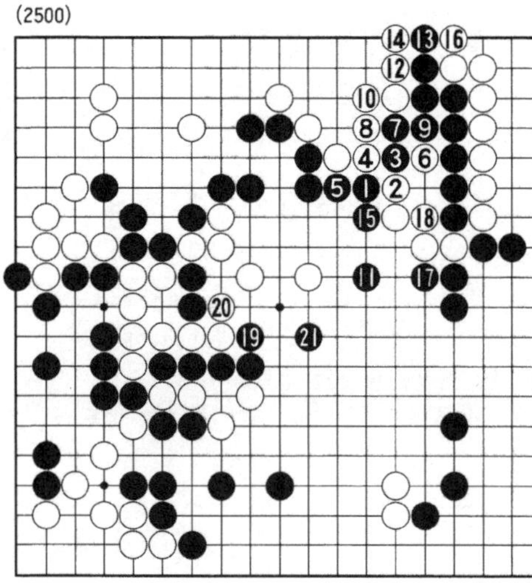

## 조이기 대작전　　　　　　백번

■ 1980년 명인전
흑/ 조치훈(趙治勳) 8단
백/ 오오타케 히데오(大竹英雄) 명인

백의 노림은 중앙, 흑 3점에 대한 공격이지만 백1의 젖힘부터 9로 씌워 상변을 조인다. 흑14가 나가면 백15를 활용하여 백17, 19가 기정의 방침(백17로 상변을 살려도 흑a에 젖히면 중앙의 백 세력이 사라지므로) 백은 상변을 버리고 27로 중앙의 흑을 공격하고 좌하의 세력도 효과적이다.

※㉒→①

(2501)

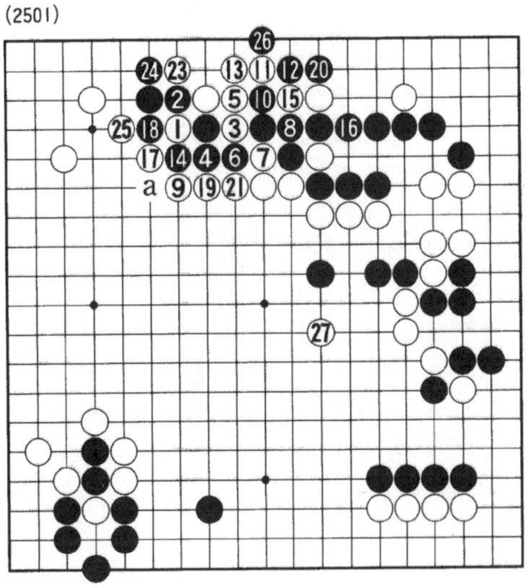


## 수습의 호구이음　　　　　　백번

호구이음

■ 1683년 어성기
2점/ 야스이 슌치(安井春知)
/ 혼인보 도사쿠(本因坊道策)

좌하의 전투. 백은 흑에게 3부분으로 나누어져 산산조각이 났다. 백은 귀를 활용하여 세 곳의 돌을 이용해야 한다.

백1, 3으로 호구치는 것이 강수이다. 흑4를 생략하면 백4로 건너가 중앙의 흑을 약화시킨다. 흑4 이후 백5가 냉엄하다.

흑6으로 7은 백a로 흑이 불리하다. 흑6은 백7로 끊어 수습한다.

(2502)

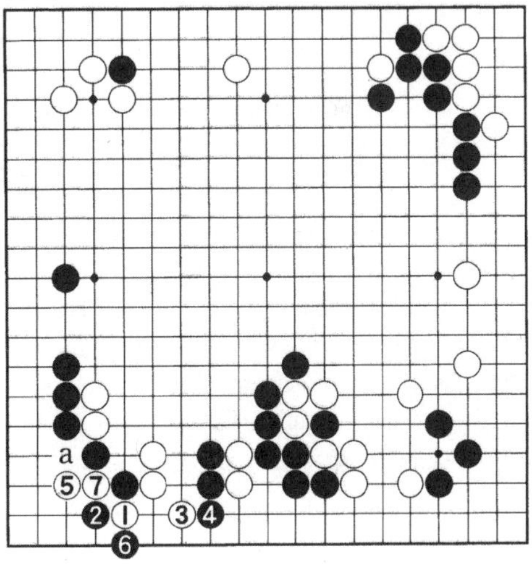


## 근거를 빼앗는 입구자　　　　　　흑번

입구자·어깨짚음

■ 1977년 기성전
흑/ 린 하이펑(林海峰) 명인
백/ 쿠보치 슈치(窪內秀知) 9단

좌하의 흑은 백 2점을 따내어 모양이 두텁다. 흑은 하변의 백 3점이 여유로운 모습을 보고 싶지 않다.

흑1의 마늘모 붙임은 백의 근거를 빼앗는 강수. 백2로 밀면 흑3으로 백을 뜬 돌로 만든다. 백이 4로 도망가도 아직 확실하게 살아 있는 것이 아니므로 우변의 흑집에 침입할 수 없다.

(2503)

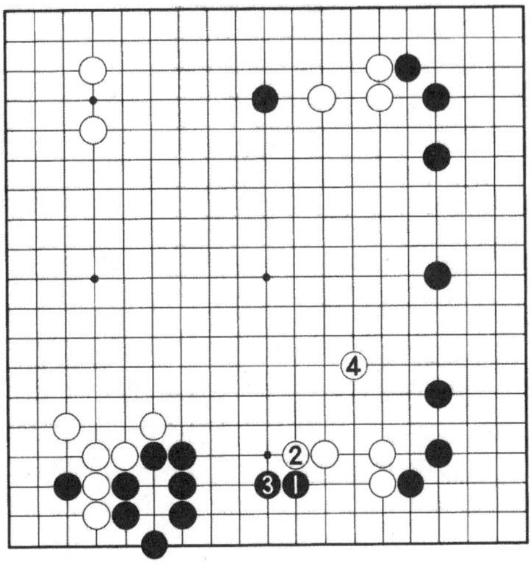

## 안정의 입구자 백번

■ 1981년 본인방전
흑/ 린 하이펑(林海峰) 9단
백/ 조치훈(趙治勳) 명인

우하의 백 2점을 안정시키기 위해 백1이 다가서는 수는 집을 최대한 넓히는 맥이다.
흑2부터 8로 바깥을 굳혀 부분적으로 흑이 유리하지만 우변에 있는 흑의 두터움이 중복된다.
백11로 젖히고 흑12로 치중하면 백13으로 꼬부려 서 수습한다. 백15까지 살아 백1 이하의 수단이 성공하였다.

(2504)

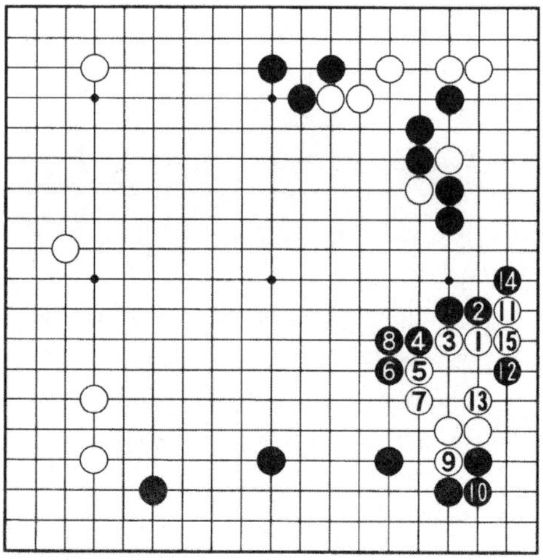

## 냉엄한 침입 흑번

■ 1982년
흑/ 후지사와 히데유키(藤沢秀行) 기성
백/ 린 하이펑(林海峰) 9단

좌하의 흑 1점이 가볍다. 흑 모양의 원점이 되는 우하를 굳히고자 한다.
흑1의 냉엄한 침입의 맥으로 백은 2로 막아 우변과 연결한다. 흑은 3으로 당겨 건너가고 백4에는 흑5로 백의 근거를 빼앗는다. 흑은 우하의 집을 넓힐 수 있어 충분하다.
백6을 생략하면 흑a가 냉엄한 공격이 된다.

(2505)

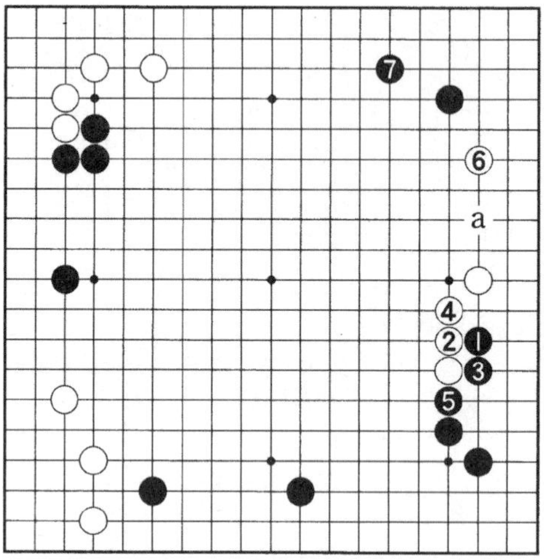

## 두터운 어깨짚기 흑번

■ 1983년 기성전
흑/ 후지사와 히데유키(藤沢秀行) 기성
백 /조치훈(趙治勳) 명인

중국식 포석에서 나오는 모양이다.
백은 하변을 세 번 뛰어 흑의 공격을 막고 좌하 또는 우변의 흑 방향을 압박하고자 한다.
흑1로 어깨를 짚는 것이 두텁다. 백이 2로 밀면 흑은 3으로 늘어 안형을 확실히 하면서 좌변의 백을 압박한다. 이 흑이 강력해지면 중앙의 백은 약해진다.

(2506)

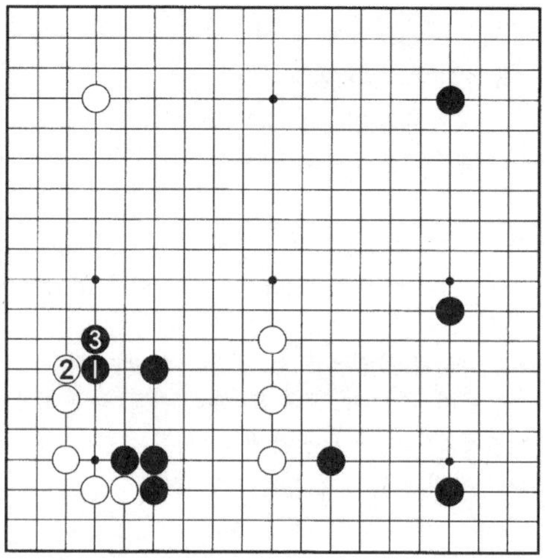

## 전투하기 전의 활용 　　흑번

■ 1983년 본인방전
흑/ 린 하이펑(林海峰) 9단
백/ 조치훈(趙治勳) 본인방

(2507)

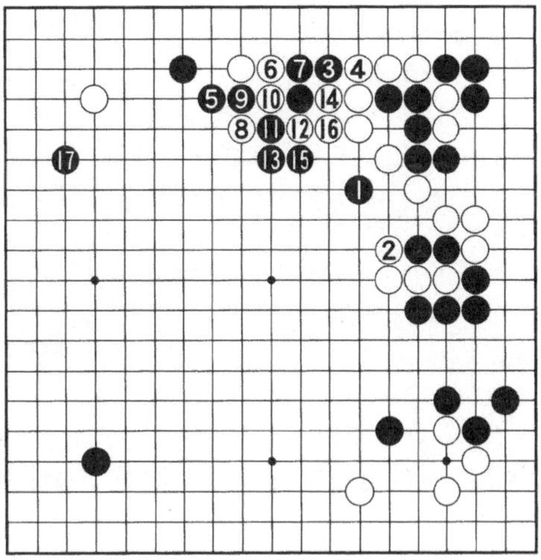

백은 우변과 좌상의 세력을 배경으로 상변의 흑 방향에 침입하였다.
흑1은 모양의 급소이다. 직접적으로는 우변의 흑 2점을 2로 살려 나오는 노림으로 상변에 있는 흑을 응원한다. 흑3으로 입구자하고 5로 반격한다. 백은 6부터 16까지 필사적으로 저항하여 흑 3점을 잡았지만 흑은 바깥이 강해져 17의 공격으로 손을 돌리게 되어 충분하다.

## 우주류의 어깨짚기 　　흑번

■ 1988년 후지쯔배
흑/ 타케미야 마사키(武宮正樹) 본인방
백/ 린 하이펑(林海峰) 9단

(2508)

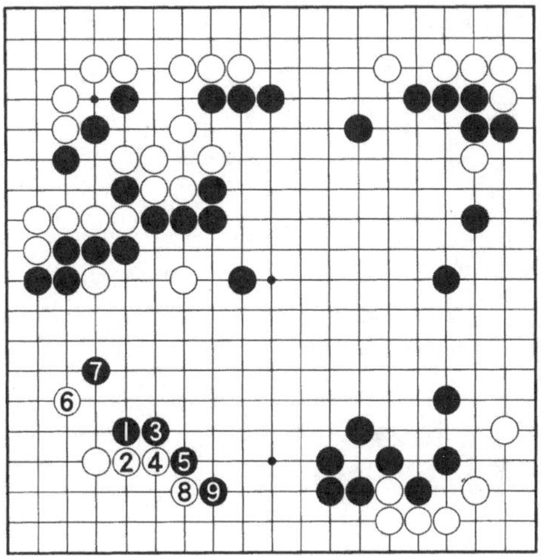

우하의 공방.
'귀 4개를 빼앗기면 바둑을 두지 마라'라는 말이 있다. 현재 백은 그 중 3개의 귀를 차지하고 있다. 흑1은 화점에 어깨를 짚어 중앙을 둘러싸는 우주류의 비법이다. 백은 2부터 8로 크게 4개의 귀를 차지하였으나 흑이 9로 이단젖혀 중앙에 크고 넓은 모양을 만들었다.
네 귀는 중앙에 미치지 못한다.



## 선수를 잡는 끊기 　　백번

■ 1676년
선/ 야스이 치테쓰(安井 知哲)
/ 혼인보 도사쿠(本因坊道策)

(2509)

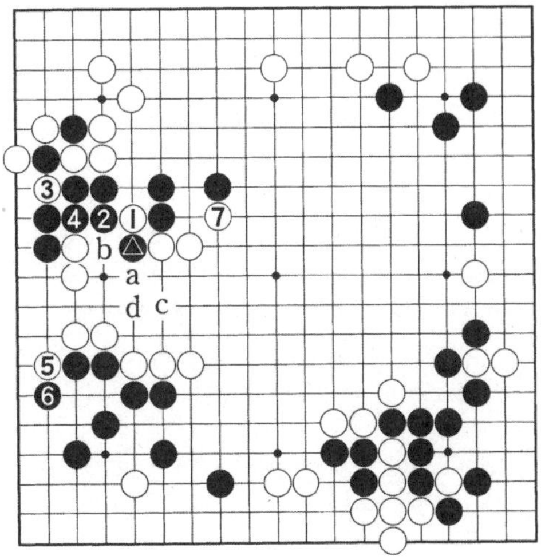

흑은 ▲로 젖혀 좌변의 모양을 정리하려 한다. 백a는 흑b로 집이 된다.
백1로 끊으면 흑은 2로 잡을 수밖에 없으므로 백은 3, 5를 활용하여 쌍방 세력의 접점, 백7의 입구자 붙임에 돌아올 수 있다. 흑a라면 백c로 좋다. 백1을 생략하면 흑d의 들여다보기가 냉엄해 백의 모양이 무너진다.

## 패를 노리는 끊기 흑번

■ 1835년
선/ 아카보시 인테츠(赤星因徹)
/ 혼인보 죠와(本因坊丈和)

우하는 대사정석의 변화이다.
백을 끊고 있는 흑1은 백2와 흑3으로 패를 노리고 있다. 백2로 a는 흑6, 백3, 흑b가 남는다. 또 백4로 a는 흑6으로 패가 된다. 백은 4로 지키고 6으로 귀를 차지한다.
이 반동은 흑7부터의 공격이 되었으나 백이 뜬 돌이므로 흑의 공격은 미지수로 선악이 분명하지 않다.

(2510)

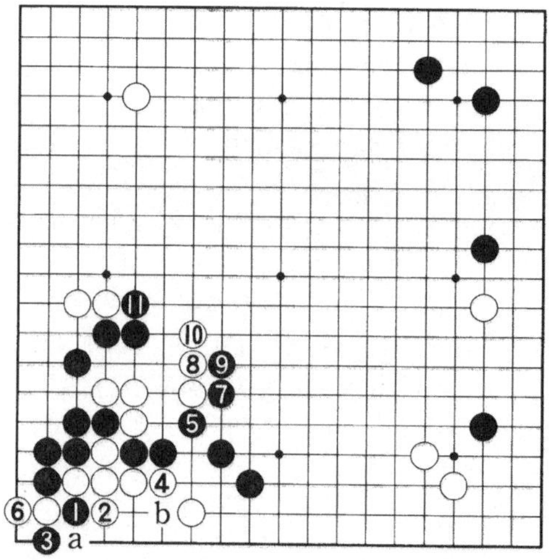


## 하나 끊어둔 효과 백번

■ 1929년 시사신보
선/ 우 칭위안(吳淸源) 3단
/ 기타니 미노루(木谷 實) 4단

상변 백◬ 2점이 절단을 노리고 있다.
백5로 받는 것은 보통이지만 그전에 백1로 끊는 것이 냉엄한 맥이다.
흑은 2로 받을 수밖에 없어 백은 3을 선수로 활용하여 끊고 백5에 돌아와 우세해진다.
흑2로 4는 백a로 단수당하여 흑b, 백6의 중앙절단을 선수로 활용한다.

(2511)

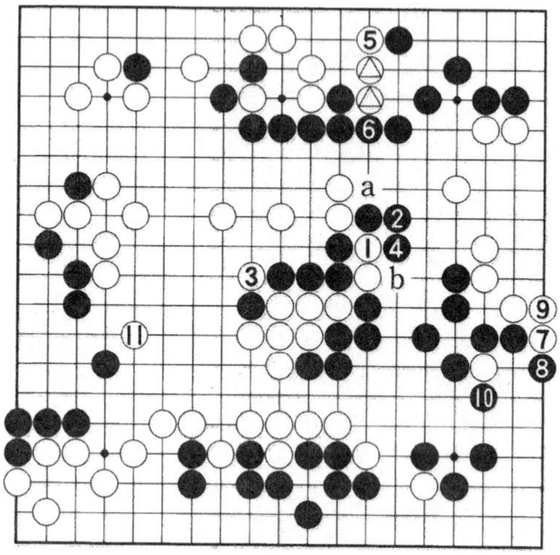


## 활용의 끊음 백번

■ 1953년 십번기
흑/ 후지사와 쿠라노스케(藤沢庫之助) 9단
백/ 우 칭위안(吳淸源) 9단

하변의 백이 공격받고 있다. 백은 어떻게 하변을 강화해야 하는가?
백1로 끊는 것이 맥이다. 흑이 손을 빼면 백a로 붙여 탈출하여 좌하의 흑이 심하게 무너져 내린다. 흑은 2로 이을 정도이다. 백11로 따내는 수가 선수의 권리.
백3부터 9까지 하변을 강화하여 백1의 끊음이 기민하게 활용 되었다.

(2512)

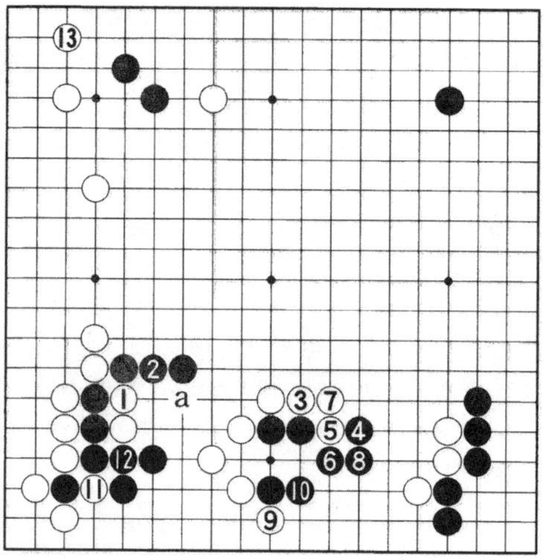

## 모양을 결정짓는 끊음 백번

- 1964년 명인전
  흑/ 린 하이펑(林海峰) 7단
  백/ 기타니 미노루(木谷 実) 9단

백은 상변의 모양을 결정하고자 한다.
백1로 끊는 수가 흑2의 씌움을 막는 선수 활용이 된다. 흑2의 단수에 백3으로 도망가면 흑은 4로 받을 수밖에 없다. 백5, 흑6까지 백이 선수를 잡는다. 이후 a는 백의 권리가 된다.
백1로 a는 속수이다. 흑4로 5는 백6으로 상변의 집이 무너진다.

(2513)

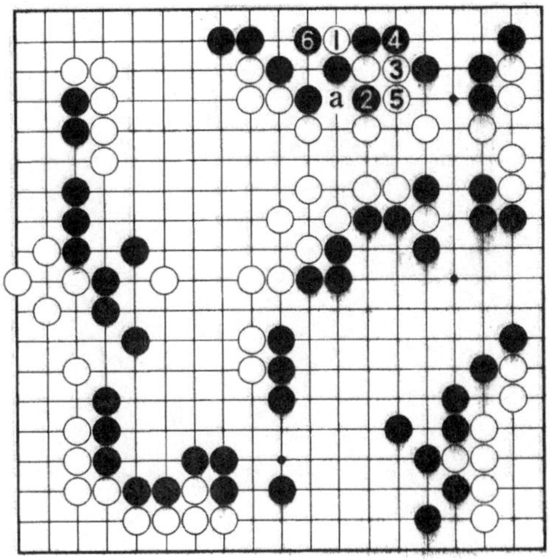

## 부수기전의 수순 백번

- 1966년 선수권전
  흑/ 오오히라 슈조(大平修三) 9단
  백/ 사카타 에이쥬(坂田栄寿) 선수권자

우변에 있는 흑의 모양이 넓고 백은 어디부터 부숴야 할까?
백1로 끊는 것이 수순이다. 흑2로 버티면 백은 3의 치중이 노림의 맥이다.
흑4로 a로 공격하면 백b, 흑c, 백d 이후 백10으로 밀어 귀를 부수면서 살아난다. 흑4라면 백5부터 15까지 사는 모양이다.

(2514)

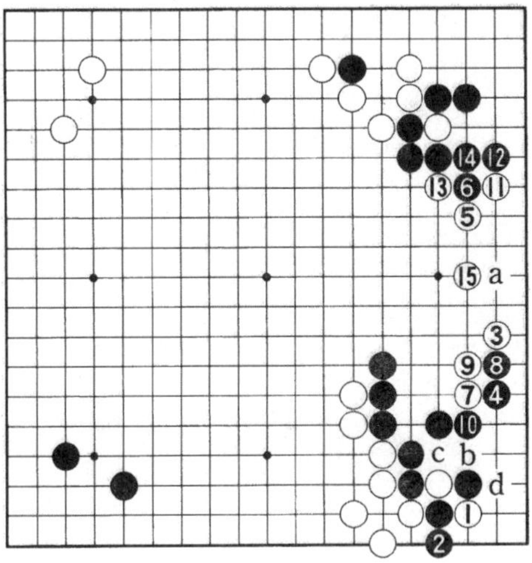

## 조임을 결정짓는 끊음 흑번

- 1966년 선수권전
  흑/ 오오히라 슈조(大平修三) 9단
  백/ 오오타케 히데오(大竹英雄) 7단

흑 5점을 잡고 있는 우하의 백은 약점이 많다.
흑이 1로 끊으면 바깥의 백 방향에 반격을 개시한다. 백은 2로 공배를 메우고 잡으러 갈 수밖에 없다. 흑이 3으로 막으면 백4, 6으로 백이 수상전을 이기지만 흑9부터 조여 중앙의 흑이 강력해진다. 흑19로 우변에 있는 백을 공격하여 승세를 굳힌다.
※⑯→❾

(2515)

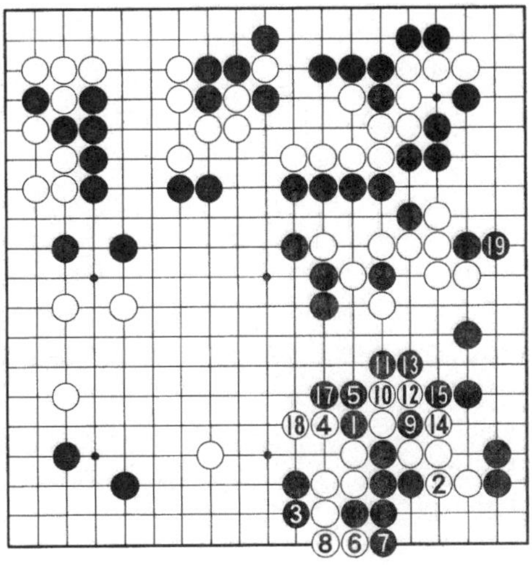

## 젖혀끊음의 강수 흑번

- 1970년 프로10걸전
  흑/ 하시모토 우타로(橋本宇太郎) 9단
  백/ 가토 마사오(加藤正夫) 육단

좌변의 흑을 조여 좌상의 백을 매듭지으면 백이 유망하지만 흑은 백의 약점을 추궁하여 분쇄한다.
흑1로 젖히고 3으로 끊는 수가 백의 자충을 추궁하는 맥이다. 백4 이후 흑5, 7로 끊어 중앙의 백 4점은 살릴 수 없다.
백10으로 중앙을 살리면 흑11로 a와 b가 맞보기가 된다. 백10으로 11은 흑10으로 흑의 승리.

(2516)

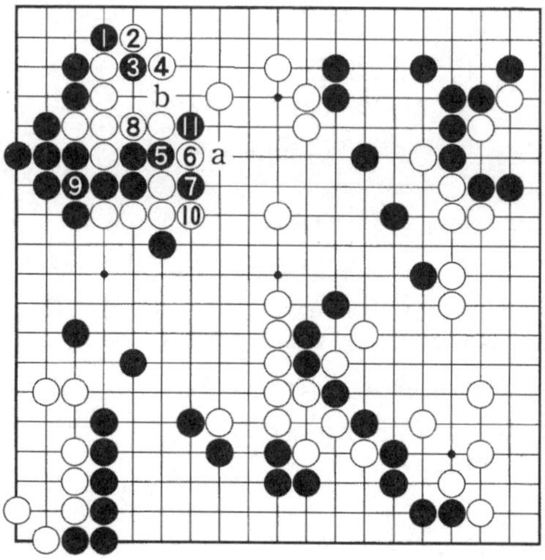

## 탈출을 도와주는 끊기 흑번

- 1983년 본인방전
  흑/ 다케미야 마사키(武官正樹) 9단
  백/ 조치훈(趙治勳) 기성

좌변의 흑과 중앙의 백의 아주 큰 수상전.
중앙의 백은 우하의 흑이 두터워 탈출이 불가능하다. 수도 5수 이상 되지 않는다. 거기에 흑1의 끊음이 좋은 수로 백2로 단수치면 흑이 3으로 뛰어 잡히지 않는다.
백4, 흑5로 흑은 상변에 머리를 내밀고 있다. 수는 5수 이상이 되어 중앙의 백이 괴멸한다.

(2517)

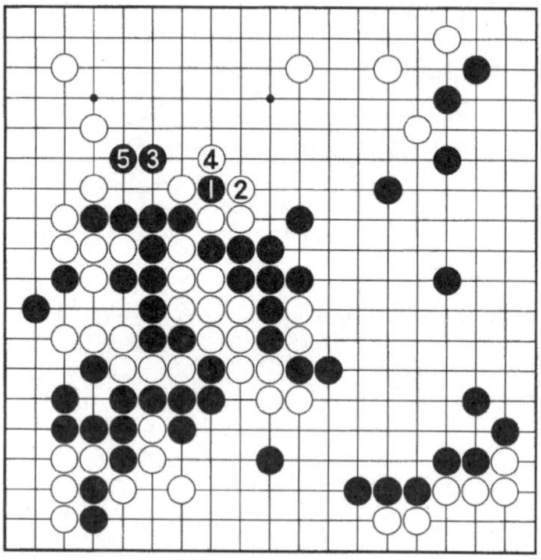

## 들여다보기의 강수 흑번

- 1984년 명인전
  흑/ 오오타케 히데오(大竹英雄) 9단
  백/ 가토 마사오(加藤正夫) 본인방

백은 좌변과 하변의 흑을 끊고 있다.
흑1부터 3의 입구자가 수습의 강수로 백이 4, 6으로 하변을 활용하여 8로 중앙에서 도망쳤으나 흑9부터 15로 조여 무겁다. 백4로 흑13을 끊는 것은 무리이다.
흑은 17로 하변을 굳히고 19로 중앙을 지켜 싸우기 쉽다.
※⑯→❶

(2518)

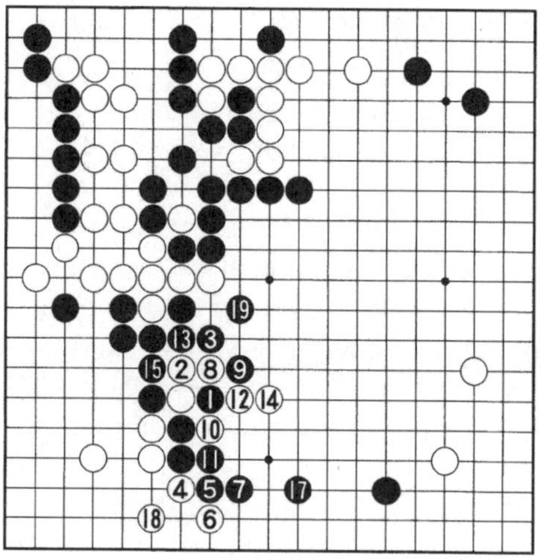

## 공수역전의 미끄러짐 백번

■ 1670년 어성기
선/ 야스이 산테쓰(安井算哲)
/ 혼인보 도사쿠(本因坊道策)

좌변의 백과 좌하의 흑이 서로 다투고 있다. 흑은 a로 끊으려 하지만 이 노림은 백1이 미끄러져 불발된다.
흑b로 건너지 못하게 막으면 백a 이후 c로 하변부터 대마에 집이 없다.
흑4를 후수로 받아야 하지만 백5, 7로 상변을 정비하여 우변의 흑집이 작아진다.

(2519)

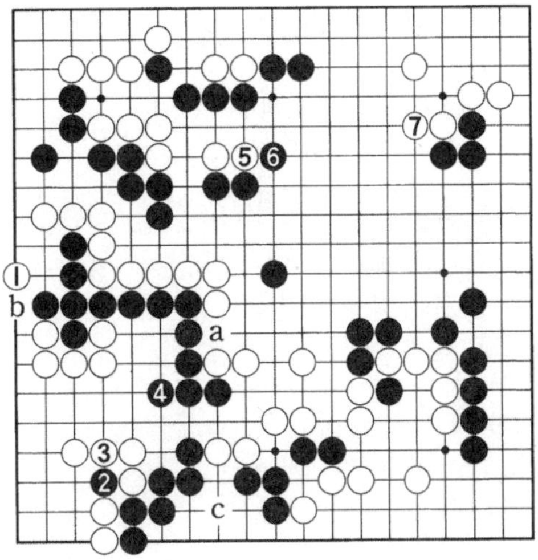

## 중앙경영의 날일자 백번

■ 1677년 어성기
선/ 야스이 치테쓰(安井 知哲)
/ 혼인보 도사쿠(本因坊道策)

우변의 백 1점은 우상의 흑이 강력하여 중앙으로 도망쳐도 쉽게 공격당한다.
백1은 중앙 경영의 수로 이후 백2로 입구자하면 우하의 흑을 공격할 수 있다. 흑2가 입구자로 나오면 백3의 날일자를 아낌없이 활용하여 우변의 백 1점은 사석이 된다. 백5로 하변을 키워 백모양의 골이 깊다.

(2520)

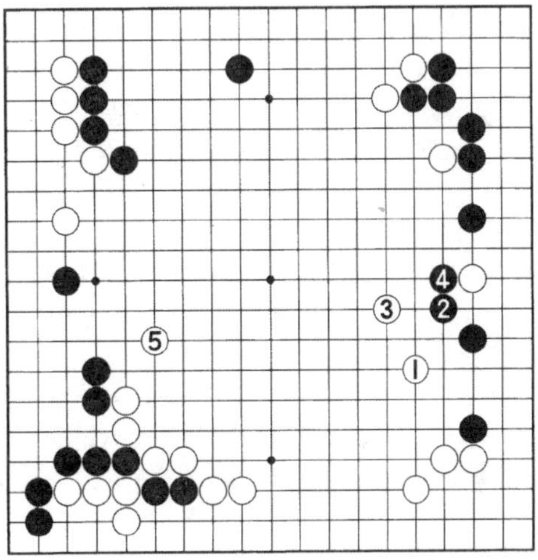

## 백을 깔아내리는 활용 흑번

선/ 이노우에 인세키(井上因碩)
/ 야스이 슌치(安井春知)

흑은 상변의 백을 뭉쳐 우상과 좌상을 굳히려 한다. 흑1, 3이 연관된 맥으로 백6 이후 흑7부터 1점을 버려 바깥을 결정짓는다. 백12로 반발해도 흑35까지 유리하게 갈린다. 백12로 13은 흑17, 백12, 흑25, 백19로 흑이 충분하다.
※⓯→❾(패), ⑱→⑥(패), ㉑→❾(패), ㉔→⑥(패), ㉗→❾(패), ㉜→⑥(패), ㉟→㉕(따냄)

(2521)

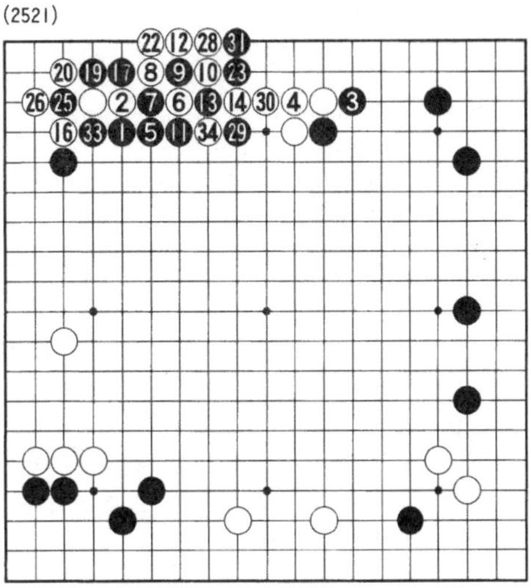

## 기민한 선수끝내기 　흑번

■ 1898년
선/ 타무라 야스히사(田村保寿)
/ 혼인보 슈에이(本因坊秀栄)

(2522)

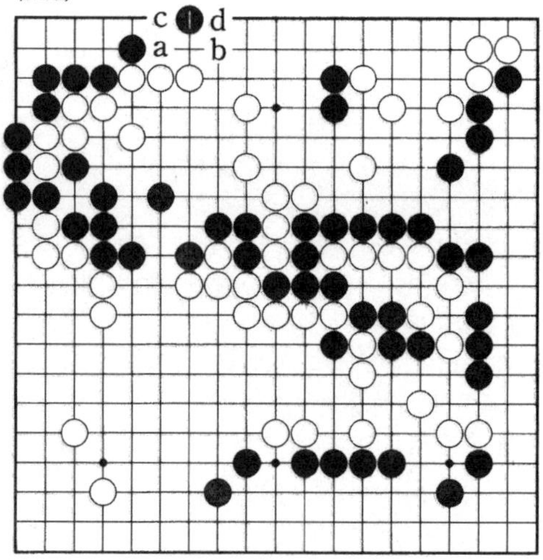

끝내기 문제.
좌상의 흑은 백이 a로 막는 것이 선수인지 아닌지 미묘하다. 백은 상변의 흑 2점을 잡아 상변을 집으로 확정한다.
흑1로 미끄러진 수가 기민한 끝내기로 백b로 지키면 흑c, 백d로 선수 끝내기를 둘 수 있다. 백a로 막는 것과는 4집 차가 난다.
흑1로 d는 백c로 흑이 안 된다.

## 집을 부수는 날일자 　흑번

■ 1976년 기성전
흑/ 후지사와 히데유키(藤沢秀行) 천원(天元)
백/ 타케미야 마사키(武宮正樹) 본인방

(2523)

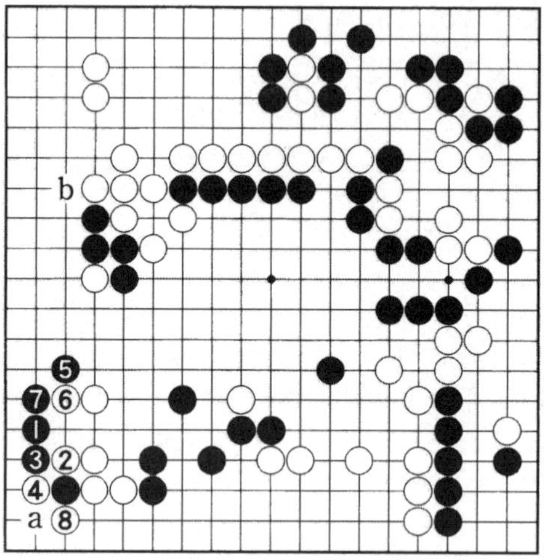

좌하귀의 전투 문제.
좌하귀의 백집이 크게 확정되면 흑이 불리하다. 흑1의 날일자는 백8로 뻗는 것과 흑5의 날일자를 양노림하여 집을 부수는 맥이다.
백이 2, 4로 귀를 잡으면 흑5로 좌변을 건너가 흑집을 늘리고 거기에 흑a의 공격을 노린다. 백8은 후수로 흑은 b로 젖혀 최대한 버틴다.

## 공격의 날일자와 쌍점 　흑번

■ 1977년 본인방전
흑/ 가토 마사오(加藤正夫) 10단
백/ 타케미야 마사키(武宮正樹) 본인방

(2524)

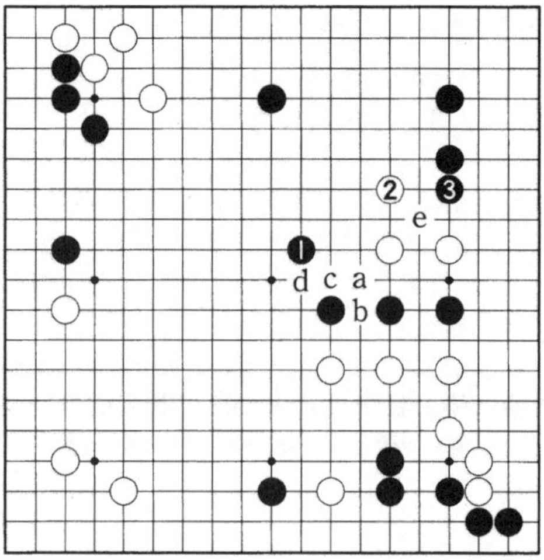

우변에서 중앙의 전투가 초점.
흑1의 날일자는 우변의 백 2점을 크게 포위하려는 노림이다. 백a의 입구자에는 흑b, 백c, 흑d로 막아 싸운다.
백이 2로 뛰면 흑3의 쌍점은 급소가 된다. 백을 흑3의 자리에 붙이면 안정되어 편안하다. 흑3 이후 e의 들여다보기를 노리고 백을 공격하면 우상의 흑집이 굳는다.

## 건넘을 막는 난전 백번

■ 1982년 본인방전
흑/ 고바야시 고이치(小林光一) 9단
백/ 조치훈(趙治勳) 본인방

흑이 우변의 백을 공격하고 있다.
백1은 우변에 있는 흑이 건너지 못하게 막고 도리어 흑을 공격하고자 한다.
백3으로 귀를 살리면 귀의 흑이 근거를 잃는다. 흑은 6으로 붙여 상변에 나가 14까지 살 수 있다. 흑16으로 끊어 어려운 싸움이 된다.
※⑰→❽의 왼쪽(패)

(2525)

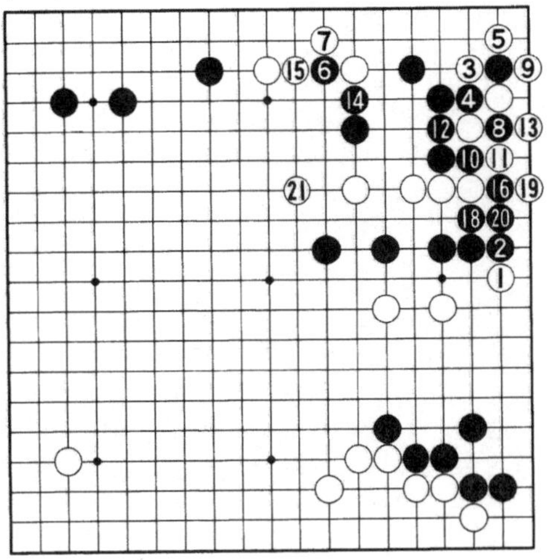

## 치열한 날일자 흑번

■ 1984년 신인왕전
흑/ 이마무라 토시야(今村俊也) 6단
백/ 하시모토 유지로(橋本雄二郎) 5단

우변에서 중앙에 걸친 격전이다.
흑의 약한 돌은 우변에서 중앙으로 나간 돌 뿐이지만 우상과 우변에 있는 백의 대마가 튼튼하지 못하다.
흑1의 날일자는 매서운 맥이다. 백은 2로 6의 끊음을 막고 흑3 이후 백4로 우변을 지키지만 흑이 5, 7로 우상을 포위하여 백은 괴롭다.

(2526)

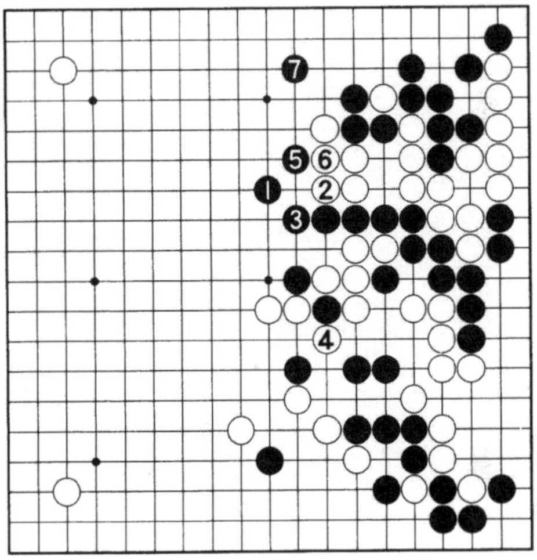

## 삭감의 날일자 흑번

■ 1989년 명인전
흑/ 고바야시 고이치(小林光一) 명인
백/ 아와지 슈조(淡路修三) 9단

백은 상변의 모양을 키웠다.
흑1의 입구자는 삭감의 표본으로 이 흑 1점이 살면 상변에 있는 백의 모양이 작아져 흑의 우세가 결정된다.
백2로 퇴로를 막았으나 흑3으로 뛰어 붙인 뒤 7로 날일자하여 수습할 수 있는 모양이 되었다. 이후 백a는 흑b로 상변에 뿌리를 내려 안정된다.

(2527)

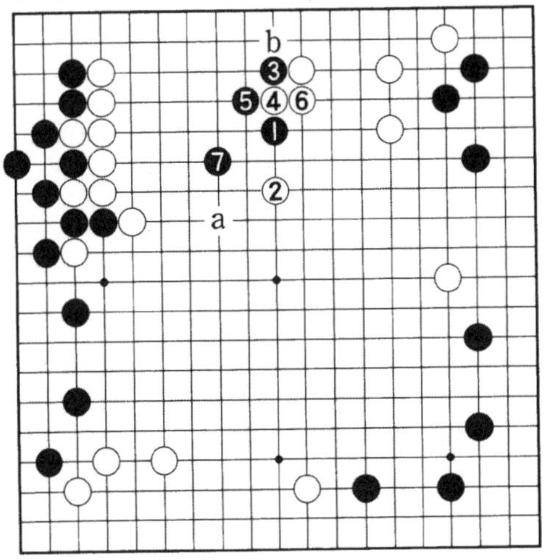

## 공격의 입구자 흑번

■ 1807년
선/ 카도노 마츠노스케(葛野松之助)
/ 나가사카 이노스케(長坂猪之助)

흑은 우상의 백을 살려주고 좌변의 백 방향을 공격하는 것으로 손을 돌린다. 흑1의 입구자는 스케일이 큰 사석의 맥이다.
백2는 가벼운 수이지만 흑3이 입구자 붙여 무거운 모양이 된다. 흑은 5, 7로 막아 17로 우변을 굳히고 좌변 19에 손을 돌려 중앙의 모양을 넓힌다. 백a의 노림을 막으면 흑이 유리한 싸움이 된다.

(2528)

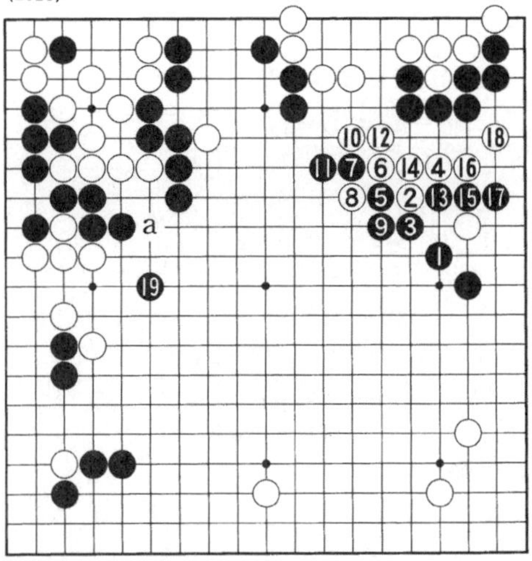

## 진출을 막는 입구자 백번

■ 1822년
선/ 도야마 산세쓰(外山算節) 5단
/ 혼인보 죠와(本因坊丈和)

좌하의 중앙에 백이 세력을 만들고 상변도 중앙이 두텁다. 우하귀도 백이 선착하였다. 우상귀를 결정지어야하는 상황에서 백1의 입구자는 절호점이 된다. 우변 방향을 향한 흑의 진출을 막고 흑2에는 백3으로 우하귀를 지켜 반상의 우상에서 중앙에 걸쳐 큰 모양을 만든다.
백1로 a, 흑1의 정석은 백이 순식간에 불리해진다.

(2529)

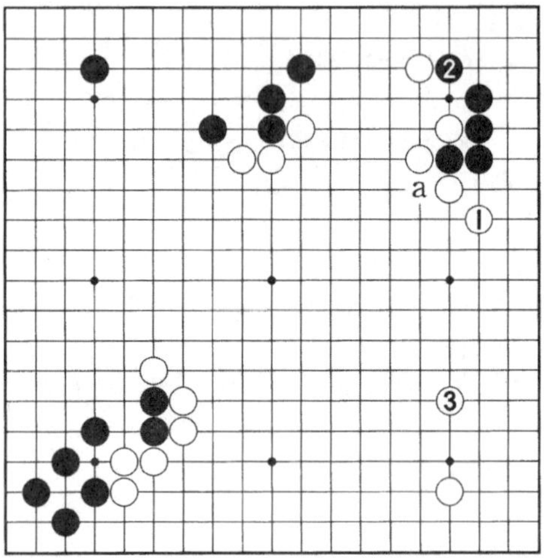

## 벽 만들기의 입구자 흑번

■ 1950년 십번기
흑/ 우 칭위안(吳淸源) 9단
백/ 하시모토 쇼(橋本昭宇) 본인방

우하의 백 2점은 귀와 우변을 끊는 요석이다. 흑이 이 돌을 잡을 수 없다면 귀와 우변 양쪽을 살리는 것이 어렵다.
흑1의 입구자가 맥으로 백은 2, 4로 나갈 수밖에 없다. 흑이 5로 이어 백 4점을 자충시키면 백 6으로 지킨다.
흑이 7로 씌워 백 4점을 공격하면 우변이 강력한 벽이 되어 흑의 모양을 완성한다.

(2530)

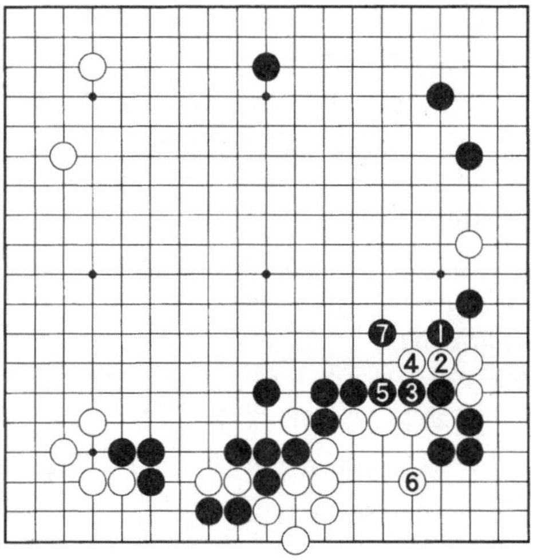

(2531)

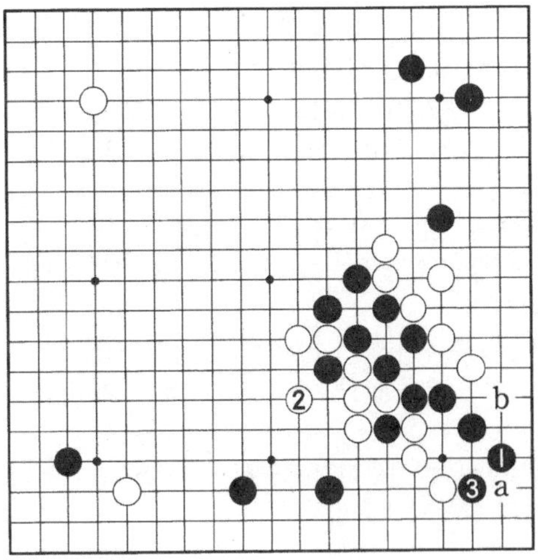


## 근거를 만드는 입구자 흑번

■ 1970년 명인전
흑/ 후지사와 히데유키(藤沢秀行) 9단
백/ 린 하이펑(林海峰) 명인

우하에서 중앙까지 싸움이 전개되었다.
흑은 옥집으로 연결되어 중앙에 나오기 때문에 백이 귀를 결정지으면 촉촉수의 우려가 있다. 흑1의 입구자는 근거를 만드는 맥으로 백a로 붙여도 흑b로 인해 눈이 된다. 백2로 중앙을 지키면 흑3으로 입구자 붙여 귀에서만 살게 된다.

(2532)

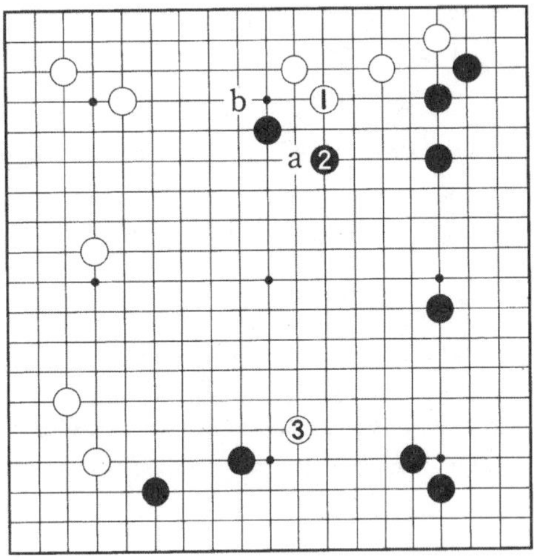


## 모양에 대항하는 입주자 백번

■ 1979년 명인전
흑/ 가토 마사오(加藤剣正) 본인방
백/ 린 하이펑(林海峰) 9단

중국식 포석으로 흑은 하변과 상변에 손을 돌려 우변의 큰 모양으로 넓혔다. 상변에 있는 백1의 입구자는 중앙 진출을 노린다. 흑2에서 손을 빼면 a가 반격을 하고 흑2에 두어도 a가 건너 붙인다. 백1로 b는 활용되며 흑1로 상변이 저위에 깔려 우변에 있는 흑의 모양이 깊어진다. 백3으로 흑의 모양을 삭감한다.

(2533)

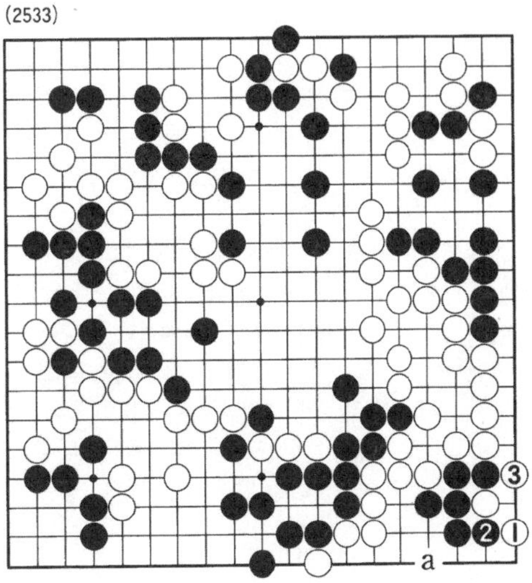


## 「2 · 1」의 급소 백번

■ 1983년 천원전
흑/ 조치훈(趙治勳) 기성
백/ 이시이 쿠니오(石井邦生) 9단

우하의 생사에 초점이 맞춰져있다.
우하에서 격렬한 전투가 벌어져 백은 상변을 희생하여 우변의 흑 6점을 따내었다. 이후 우하의 흑 에 대한 공격이 남았다.
백1의 입구자는 2 · 1의 급소로 흑2로 단수치면 백3으로 패가 난다. 백1로 3은 흑1로 완생 하지만 흑2로 3은 백a에 미끄러져 흑이 죽는다. 백이 우하의 흑을 잡아 미세한 바둑이 된다.

## 집을 도려내는 입구자 백번

■ 1984년 십단전
흑/ 가토 마사오(加藤正夫) 10단
백/ 고바야시 고이치(小林光一) 9단

(2534)

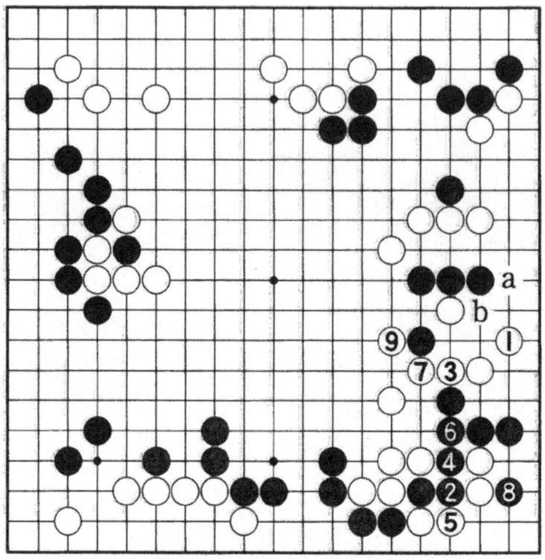

우변에 있는 흑의 엷음을 노려 백이 침입하였다. 백1의 입구자는 흑집을 도려내는 냉엄한 맥이다.
흑2는 응수타진의 수로 백4면 흑5로 잡는 수가 있어 우변을 양보한다. 흑3, 백a, 흑b의 타협이다.
백은 3으로 반발하여 흑4부터 바꿔쳤으나 백9까지 백이 약간 유리하다.

## 안형을 노리는 입구자 흑번

■ 1986년 십단전
흑/ 가토 마사오(加藤正夫) 명인
백/ 이시다 요시오(石田芳夫) 9단

(2535)

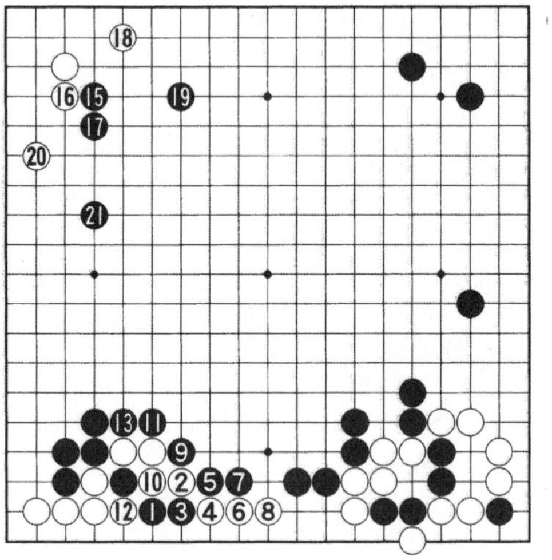

백은 실리를 흑은 중앙 쪽에 세력으로 갈려있다.
흑1의 입구자는 좌하의 백을 공격하는 좋은 맥이다. 백2로 3은 흑2, 백10, 흑4로 백 1점을 잡아 좌하에 있는 백의 눈을 노린다.
흑3으로 밀고 5로 끊어 하변을 버리고 중앙에 세력을 만들어 흑21까지 좌하와 호응하여 모양의 골이 깊어진다.
※⑭→⑫의 위

## 기민한 활용 백번

■ 1988년 기성전
흑/ 고바야시 고이치(小林光一) 기성
백/ 가토 마사오(加藤正夫) 명인

(2536)

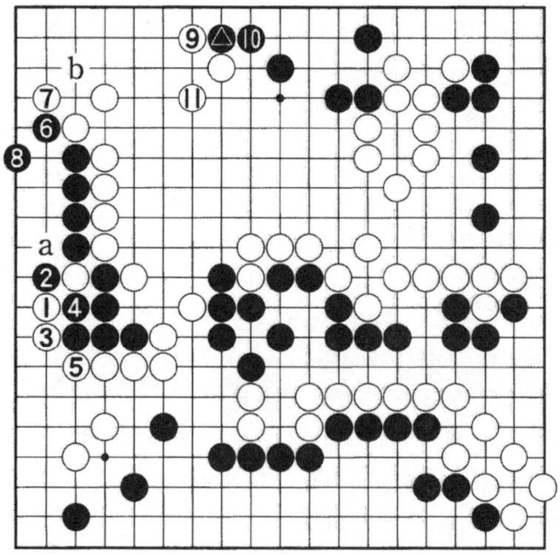

흑은 상변에 흑▲을 붙여 안정시키려고 한다.
백은 1의 입구자를 기민하게 활용한다.
흑2로 3은 백a로 수상전에서 패배한다. 흑은 2로 단수치고 4로 받는 수밖에 없다. 백은 5를 선수로 두어 좌하의 집을 지킨다.
좌상 흑b의 노림은 백11로 막는다. 백1로 9, 흑10, 백11은 흑이 5자리를 먼저 두게 된다.

## 활용을 노리는 입구자 흑번

■ 1988년 십단전
흑/ 타케미야 마사키(武宮正樹) 본인방
백/ 왕 리청(王立誠) 9단

좌하에서의 전투이다. 백은 하변 방향의 벌림을 이용하기 위해 좌하귀에 붙여 끊어 흑을 좌변에 몰아붙이려 한다. 여기에 흑1의 입구자가 맥이다.
백2, 4로 귀를 굳히면 흑5로 들여다보고 7의 단수를 활용하여 백을 포도송이 모양으로 만든다. 백12까지 양쪽 모두 불만이 없다.
흑1로 2는 백8로 이어 흑은 불만이다.

(2537)

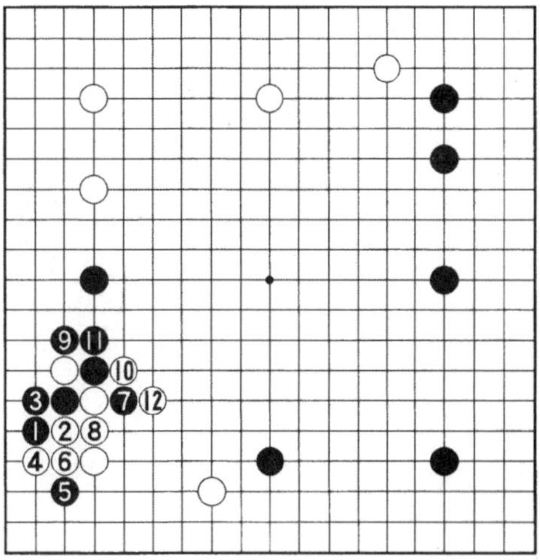

## 수습의 입구자 붙임 백번

■ 1980년 명인전
흑/ 오오타케 히데오(大竹英雄) 명인
백/ 조치훈(趙治勳) 8단

하변에서의 공방으로 흑이 하변 백 3점을 강하게 끊었다. 백1의 입구자 붙임이 묘수로써 흑이 2로 손을 빼면 백a로 조임이 냉엄하다.
흑2 이후 백3부터 9까지 나가면 흑이 응수하기 곤란해진다. 흑b는 백c로 중앙의 흑 5점을 잡혀 실패한다. 흑c, 백b, 흑d 이후 백e로 백이 우세하다.

(2538)

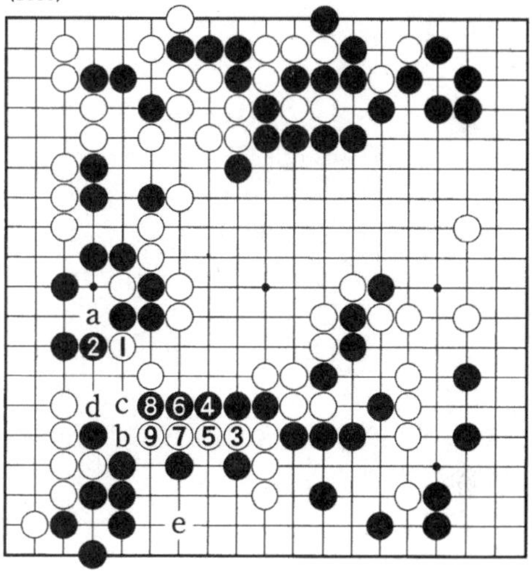

## 공격의 입구자 붙임 흑번

■ 1985년 본인방전
흑/ 타케미야 마사키(武宮正樹) 9단
백/ 고바야시 고이치(小林光一) 10단

흑은 상변의 모양을 초토화시키러 온 백을 공격하고 싶다.
흑1의 입구자 붙임은 이후 3과 연관된 냉엄한 맥이다. 백이 4로 반발하지만 흑5로 뚫어 좌상귀를 굳히고 백6 이후 흑7로 상변을 지켜 백에게 공격을 퍼붓는다. 백4로 5에 받으면 흑4로 단수쳐 백을 2선에 압박할 수 있다.

(2539)

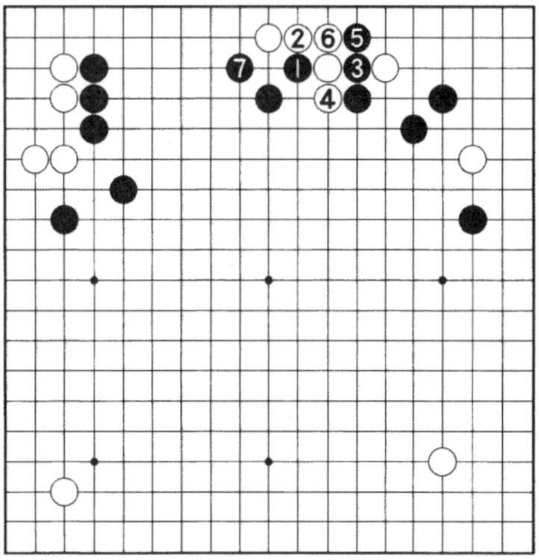

## 선수를 잡는 입구자 붙임 백번

■ 1985년 천원전
흑/ 조치훈(趙治勳) 기성
백/ 고바야시 고이치(小林光一) 10단

우상의 전투. 흑은 ▲로 입구자하여 우변의 흑 1점이 도망쳐 나오면 선수로 활용할 예정이었으나 패착이 되었다.
백1의 입구자 붙임이 좋은 수로 흑a라면 흑이 후수를 잡고 백은 b로 젖혀 흑 3점을 잡는다.
흑이 우상귀에서 손을 빼 백a로 손을 돌렸다. 흑▲를 중앙 c에 두었다면 어려운 바둑이 되었을 것이다.

(2540)

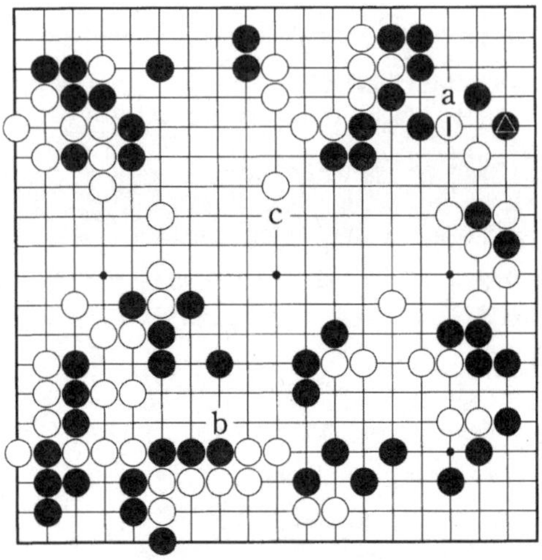

## 강경 절단 흑번

■ 1988년 명인전
흑/ 고바야시 고이치(小林光一) 기성
백/ 가토 마사오(加藤正夫) 명인

바둑판의 왼쪽은 백, 오른쪽은 흑으로 세력권을 나누고 있다. 백은 우변의 흑을 지우려 한다.
흑1로 입구자 붙이고 3으로 끊는 수가 강수. 백은 4부터 8로 중앙을 지키고 흑은 우변의 실리를 얻은 후 a에 손을 돌린다.
백4로 흑7의 저항은 우하의 백이 약해 무리한 싸움이 된다.

(2541)

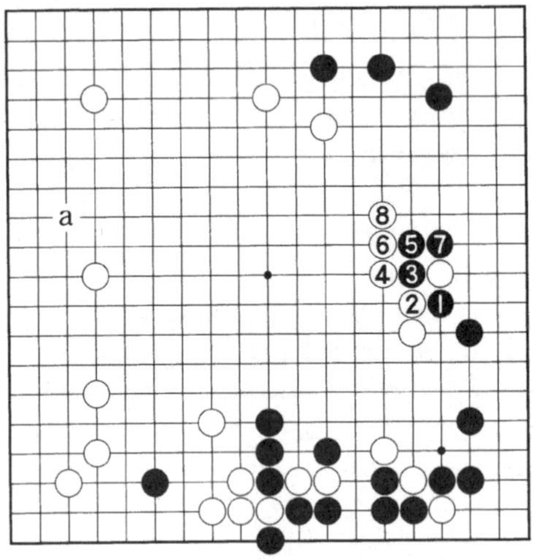

## 모양을 결정짓는 입구자 붙임 흑번

■ 1989년 응씨배
흑/ 조훈현(曺薰鉉) 9단
백/ 녜 웨이핑(聶衛平) 9단

좌상귀의 싸움이 초점이다. 흑1의 입구자 붙임은 모양을 결정짓는다.
백이 2로 당기면 흑3으로 막아 백을 귀에 가둔다. 백은 4와 6으로 살 수밖에 없으므로 좌상귀에 있는 흑이 강해진다.
흑은 7로 좋은 자리에 손을 돌린다. 단순히 흑1로 3에 막으면 백1의 늘기가 활용되어 후수가 된다.

(2542)

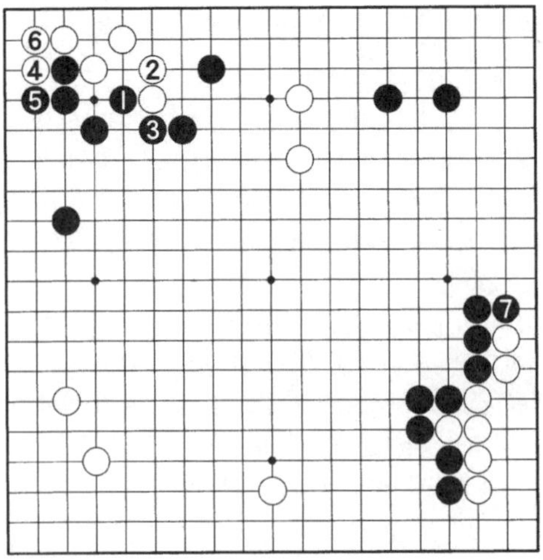

## 집을 넓혀 사는 맥　　　　　　백번



■ 1965년 명인전
흑/ 린 하이펑(林海峰) 9단
백/ 후지사와 히데유키(藤沢秀行) 9단

우하에 있는 백의 사활이 문제이다.
우하귀의 백은 1로 뻗는 것 외에는 살 길이 없다. 흑2의 공격에 백이 3으로 결정짓고 자충되기를 기다린다. 흑4부터 8까지 공격해도 백은 13까지 살아 우위를 점한다.
백1로 5의 집을 넓히는 것은 흑1, 백a, 흑9, 백3, 흑13으로 죽는다.

(2543)

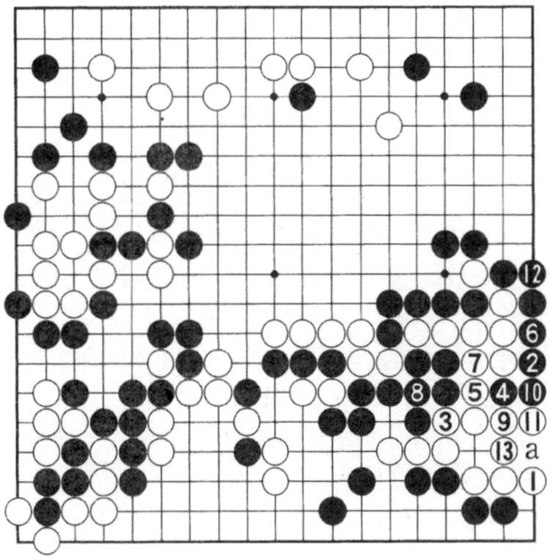

## 뻗음의 묘수　　　　　　흑번

■ 1983년 왕좌전
흑/ 조치훈(趙治勳) 기성
백/ 이시다 요시오(石田芳夫) 9단

백은 좌하귀의 흑을 잡았다고 착각하여 큰 손해를 입었다.
흑이 1로 뻗은 수가 묘수로 흑 8점을 살리고 하변 백 12점을 전부 잡았다.
이후 백a는 흑b로 건너서 그만이다. 백b로 막는 것은 흑a로 이으면 백은 5수가 되어 수상전에서 패배한다.

(2544)

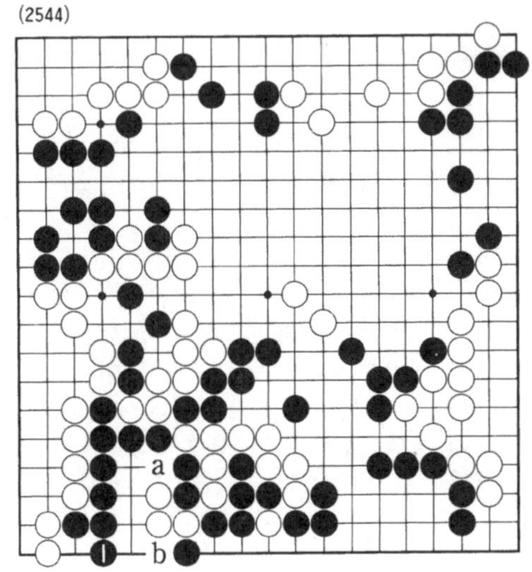

## 공격의 급소 뻗기　　　　　　백번

■ 1991년 아시아선수권
흑/ 왕 밍완(王銘琬) 8단
백/ 조 다유엔(曹 大元) 9단

좌상에서의 수상전 문제이다.
백1의 뻗음이 묘수다. 흑2부터 6으로 백 2점을 잡은 뒤 백7로 먹여쳐 흑의 공배를 메운다.
백15까지 백의 한 수 승이 된다.
백1로 3에 뻗으면 흑1로 젖혀 백a, 흑2, 백11, 흑14, 백9로 패가 난다.
※⑦→❷의 왼쪽(먹여치기), ❽→③(따냄)

(2545)

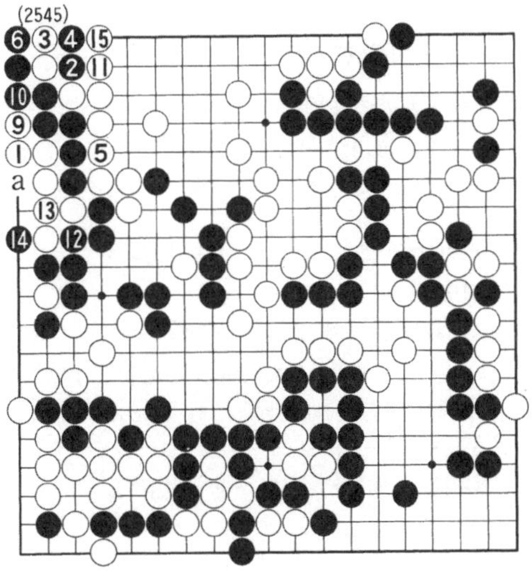

밑붙임

## 현실적인 붙임 　　백번

■ 1957년 최고위전
흑/ 사카타 에이오(坂田栄男) 최고위
백/ 기타니 미노루(木谷 実) 9단

흑이 좌변의 백을 공격하고 있다. 백이 근거를 잃어 중앙으로 도망치면 하변에 있는 흑의 모양이 커져서 확정지가 될 수 있다.
백1, 3을 붙임은 근거를 만드는 현실적인 맥이다. 백5로 당기면 흑a로는 백b로 끊어 귀를 부순다. 백7로 당기면 좌변에 활용한 흑 1점이 공중에 뜬 모양이 된다.

(2546)

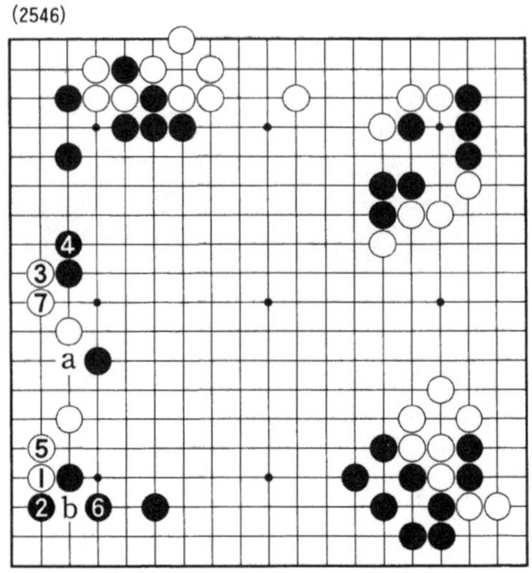

## 귀를 지키는 붙임 　　백번

■ 1975년 천원전
흑/ 오오히라 슈조(太平修三) 9단
백/ 후지사와 히데유키(藤沢秀行) 9단

우하의 백을 안정시키기 위해 백1의 붙임이 맥이다. 흑2에 백3으로 당기면 백a의 끊음이 남아 백이 확실히 살 수 있다.
백1로 3에 뛰면 흑1로 막을 수 있어 귀는 완전하지 않다. 우변의 흑집도 늘어난다. 백1로 b에 나가는 것은 흑c로 늘어 중앙의 백집이 엷어져 좋지 않다.

(2547)

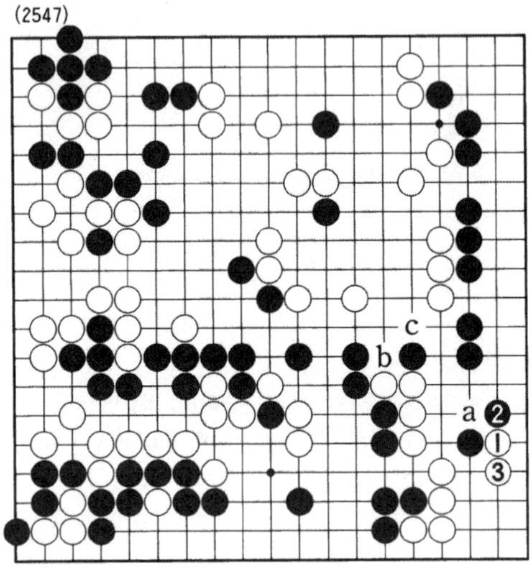

## 중앙을 삭감하는 맥 　　백번

■ 1977년 명인전
흑/ 이시다 요시오(石田芳夫) 9단
백/ 하시모토 우타로(橋本宇太郎) 9단

상변에 있는 흑의 모양이 넓다. 백은 어디서부터 침입하여야 할까?
백1에 붙여 하변의 흑에게 응수타진을 한다. 흑2, 4에 백5로 8, 흑7, 백a는 흑5로 귀를 버려 중앙의 백에게 반격한다. 백은 5, 7을 활용하여 하변을 크게 한 뒤 9로 붙여 a로 잇기를 노린다. 흑10이라면 백11로 막아 좌변을 부순다.

(2548)

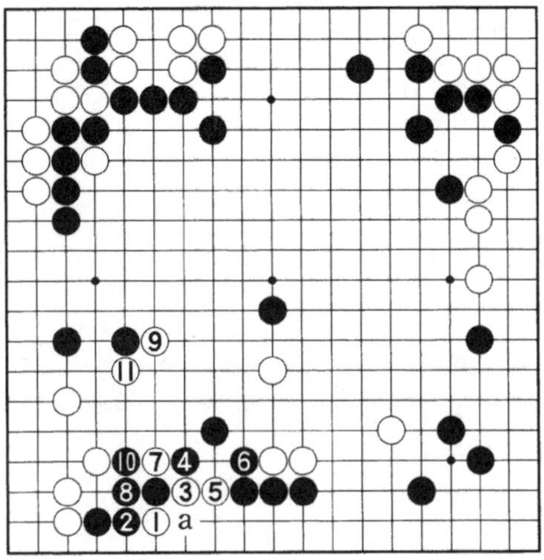

(2549)

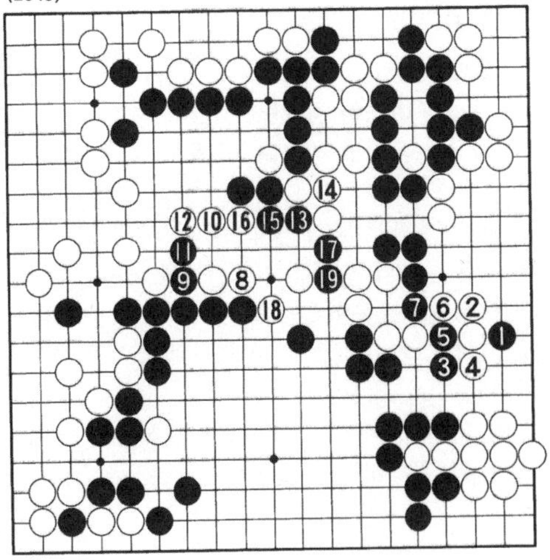

## 중앙을 노리는 붙임 흑번

■ 1980년 본인방전
흑/ 타케미야 마사키(武宮正樹) 9단
백/ 가토 마사오(加藤劍正) 본인방

흑은 중앙의 백을 노리고 있다.
흑은 1의 붙임이 결정타. 우변에 있는 백집을 초토화 시킨 뒤 중앙의 백을 노린다.
백2로 4에 당기면 흑2로 젖혀 우변의 백집이 크게 줄어든다. 백2는 기세이다.
흑3을 활용한 뒤 5, 7로 중앙을 끊는다. 백8 이하로 저항하여도 흑19까지 망한다.

(2550)

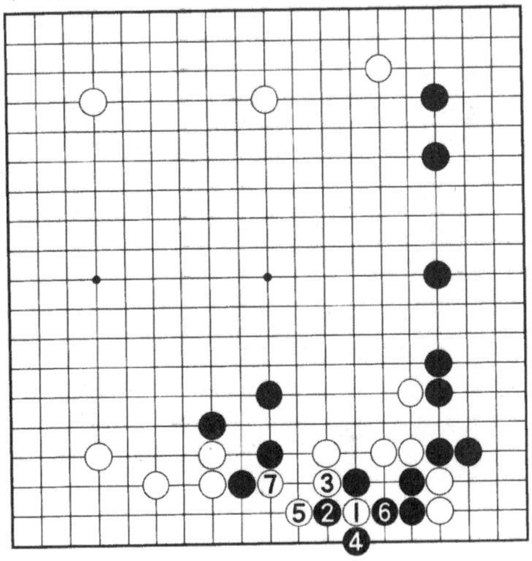

## 붙임의 사석 백번

■ 1988년 명인전
흑/ 가토 마사오(加藤正夫) 명인
백/ 고바야시 고이치(小林光一) 기성

우하의 전투. 흑이 모양을 부수러 온 백을 공격하고 있다. 백1의 붙임이 맥이다.
백 1점을 버리는 대신 바깥의 모양을 결정한다. 흑은 2로 막고 백3으로 끊으면 흑4, 6으로 따낼 수밖에 없다. 백7로 호구를 쳐서 좌하로 연결한다. 백1로 3은 흑1로 백이 건널 수 없는 모양이다.

(2551)

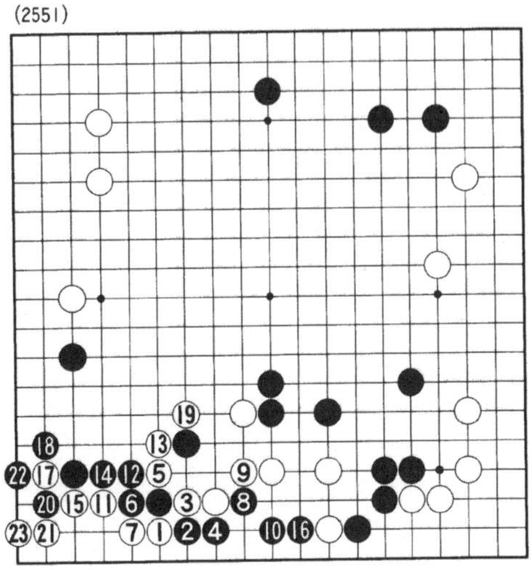

## 안정을 요하는 최강의 붙임 백번

■ 1991년 기성전
흑/ 가토 마사오(加藤正夫) 9단
백/ 고바야시 고이치(小林光一) 기성

흑이 하변의 백을 공격하고 있다.
백1의 붙임은 흑7이라면 백2로 당겨 쉽게 모양을 안정시킨다.
흑2로 젖혀오는 수는 강수이다. 4로 밀고 백도 5의 단수부터 11과 13까지 좌하를 무너뜨려 최강으로 응전한다.
백17이 좋은 수로 흑17의 뻗는 공격을 막고 중앙 19로 손을 돌려 백이 성공한다.

## 공배 이음의 묘수 흑번

■ 1812년
흑/ 야스이 치토쿠(安井知得)
백/ 혼인보 겐죠(本因坊元丈)

이음

(2552)

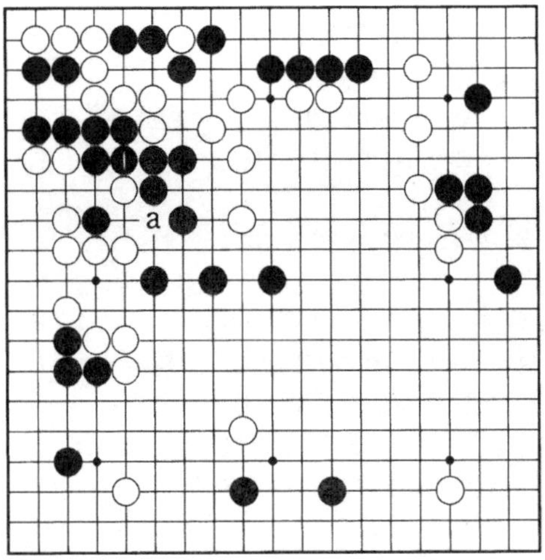

좌변에서 중앙으로 도망치는 흑은 연결에 아무런 장애가 없다. 이후의 큰 곳으로는 우하에 걸치는 정도가 보통이지만 흑은 1로 잇는 것을 선택하였다. 백1로 끊을 수 없으므로 공배의 묘수라고 불린다. 흑1이 없으면 백a에 당해 중앙의 흑이 엷어진다. 흑은 중앙을 안정시키면 지지 않는다고 생각하고 있다.

## 붙임의 승착 백번

■ 1986년 명인전
흑/ 고바야시 고이치(小林光一) 명인
백/ 가토 마사오(加藤正夫) 왕좌

(2553)

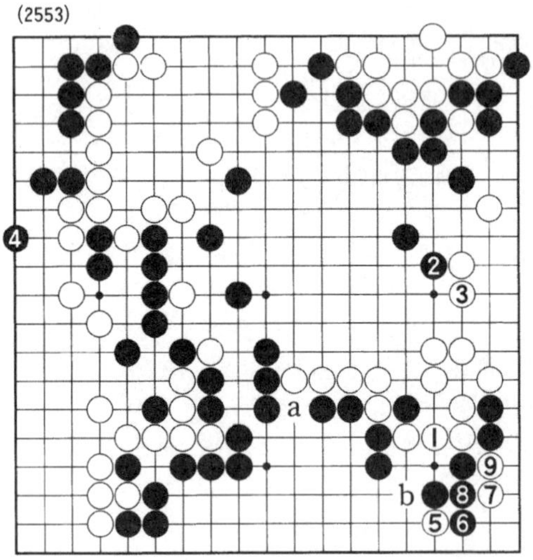

난해한 끝내기가 이어지고 있다. 백1로 이어 승리를 확정지었다.
흑에게 1을 빼앗겨 1점을 잡히는 것의 차이만은 아니다. 백은 5에 붙이려 하고 있다.
흑6으로 7을 받으면 백이 a로 나가 중앙이 자충이 된다. 백은 b로 젖혀 하변에서 살 수 있다.

## 중앙을 두텁게 하는 좋은 수 백번

■ 1706년
흑/ 야스이 센토쿠(安井仙角)
백/ 혼인보 도치(本因坊道知)

치받음

(2554)

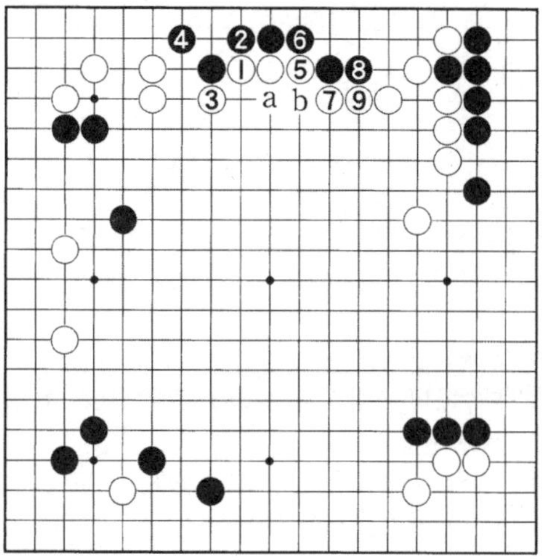

상변의 흑이 두텁다. 흑은 상변을 수습하고 밑에 붙여 건너려 한다.
백1의 치받는 수가 좋은 수로 흑2가 건널 수 있도록 허용하지만 백3으로 막고 5부터 9까지 중앙을 두텁게 하면 좌변의 흑을 공격하려 하고 넓은 바둑이 되었다.
백1로 2는 흑1, 백6, 흑a, 백5, 흑b로 흑의 모양이 좋아진다.

## 맞보기의 치받기 　　　　백번

■ 1967년 선수권선
흑/ 사카타 에이쥬(坂田栄寿) 10단
백/ 후지사와 히데유키(藤沢秀行) 9단

좌변의 백 3점이 약하다. 집으로 앞선 백은 모양을 안전하게 수습하고 싶다.
백1로 치받으면 좌변만으로 집을 만드는 2로 막는 수와 중앙으로 연결하는 3의 두 칸 뜀을 맞보기로 하고 있다.
백3은 우변의 흑 방향에 공격을 하려하므로 흑이 공격하기 어려운 모양이 된다. 백은 7부터 11로 좌우를 연결하여 승세를 확정짓는다.

(2555)

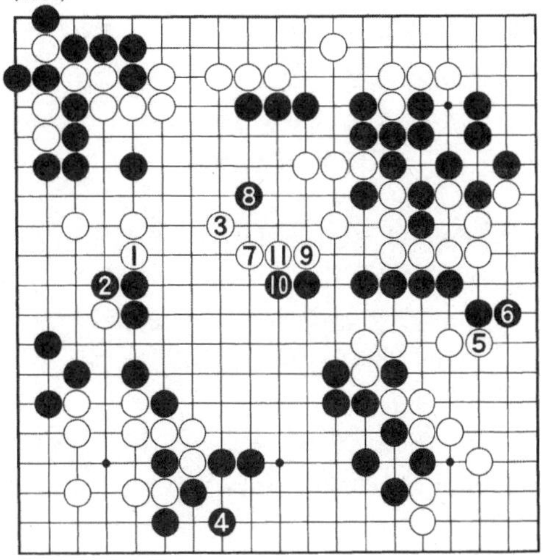

## 모양을 결정짓는 붙임 　　　　백번

■ 1669년 어성기
선/ 혼인보 도에츠(本因坊道悦)
/ 야스이 산치(安井算知)

좌상의 모양을 결정짓기 위한 백1이 냉엄하다.
흑2로 5는 백4로 이단 젖히는 흐름이 좋다. 흑2로 젖히면 백3으로 치받고 5로 나가 사석을 만들면 좌변이 강한 모양이 된다.
백11로 굳혀 좌변의 흑 1점을 잡아 백집을 완성한다.

(2556)

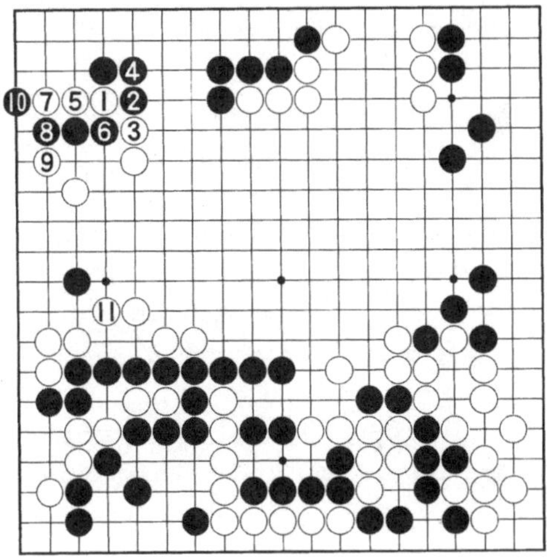

## 껴붙임을 노린 붙임 　　　　흑번

■ 1685년
선/ 혼인보 도테키(本因坊道的)
/ 야스이 슌치(安井春知)

상변의 흑 5점을 어떻게 수습하여야 하는가?
흑1의 붙임은 백2로 젖히면 흑3으로 껴붙이는 것을 노린 수.
백4로 나가면 흑5로 젖혀 백6에는 흑7로 모양 좋게 중앙으로 진출한다.
백2로 상변의 4자리에 밀면 흑a로 젖혀 중앙의 백이 괴롭다.

(2557)

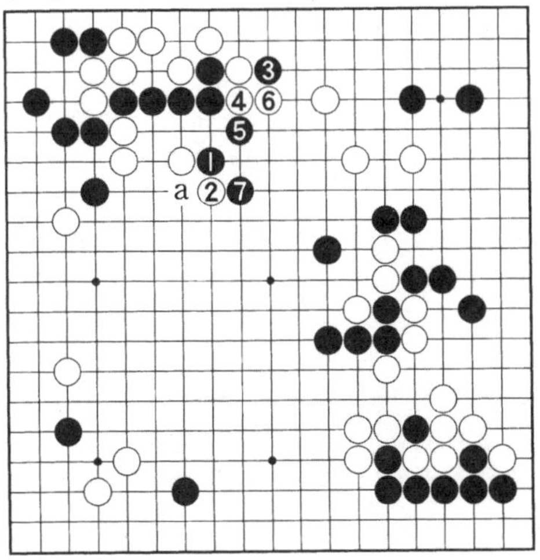

(2558)

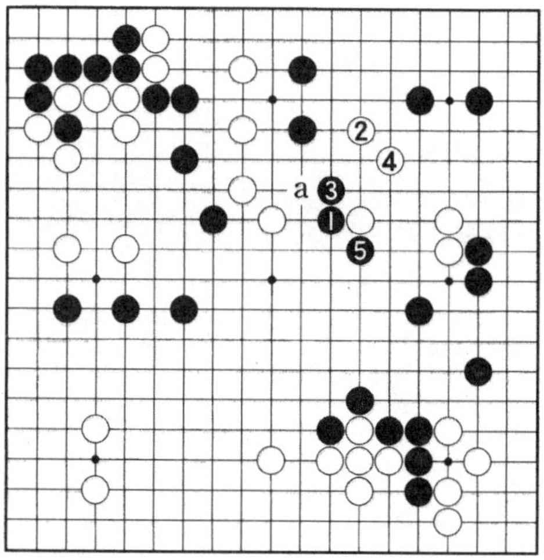

## 분단의 붙임 흑번

■ 1853년 삼십번기
흑/ 혼인보 슈사쿠(本因坊秀策)
백/ 오오타 유조(太田雄蔵)

백은 우상귀의 한 칸 뜀이 중심인 흑의 모양을 삭감하고 있지만 약하다.
우변에서 상변으로 이어지는 백이 완전히 연결되면 도리어 강해지기 때문에 흑은 1로 붙여 좌우를 끊는다.
백은 2, 4로 우변만으로 살고자 했으나 흑5로 공격할 수 있어 괴롭다. 백2로 3은 흑a.

(2559)

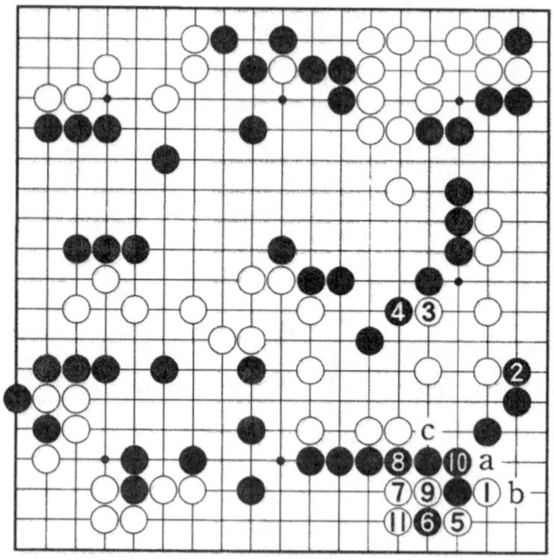

## 3·3에 붙여 도려내기 백번

■ 1861년 십번기
흑/ 무라세 슈호(村瀬秀甫)
백/ 혼인보 슈사쿠(本因坊秀策)

튼튼하게 갖추어 확정지처럼 보이는 우하귀에 백1로 붙이는 수가 있다.
흑2로 밀어 우변을 끊고자 하여도 백3으로 붙이면 한 번에 수습이 가능하다. 백5부터 11까지 하변의 흑집을 전부 부순다.
흑2로 a는 백5 자리 젖혀 흑이 b자리에 두면 백9, 흑10, 백8, 흑7 다음 c자리가 선수로 중앙 백돌 연결을 확실하게 한다.

(2560)

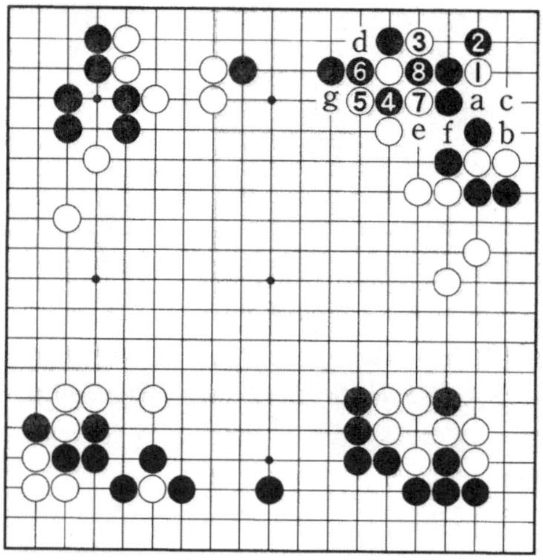

## 응수타진의 붙임 백번

■ 1827년
/ 세키야마 토라노스케(関山虎之助)
/ 혼인보 죠와(本因坊丈和)

우상귀의 전투. 백은 바깥을 결정짓기 위해 백1로 붙였다.(흑a로 받으면 활용된다.) 흑2는 최강의 응수이다.
백3으로 젖혀가는 것이 좋다. 흑4로 8은 백b, 흑c, 백d, 흑4, 백6, 흑5 이후 백e로 엿보고 g로 끊어 흑이 망한다. 흑4부터 8까지 받으면 상변에 백d의 끊음이 남는다. 백이 점수를 따낸다.

## 수습의 붙임　　　　　　　　흑번

■ 1946년 명인전
흑/ 기타니 미노루(木谷 実) 9단
백/ 후지사와 호사이(藤沢朋斎) 9단

백은 좌하에서 중앙으로 도망쳐온 흑을 크게 포위하고 있다.
흑1의 붙임은 수습의 맥이다.
백2로 젖히고 4로 반격하면 흑5, 7로 좌변을 부수는 것이 기세이다. 백8 이후 흑9, 11로 바꿔쳐서 흑이 충분하다.
백2로 5에 받으면 흑7, 백a, 흑8, 백b, 흑2로 이어 사는 모양이 된다.

(2561)

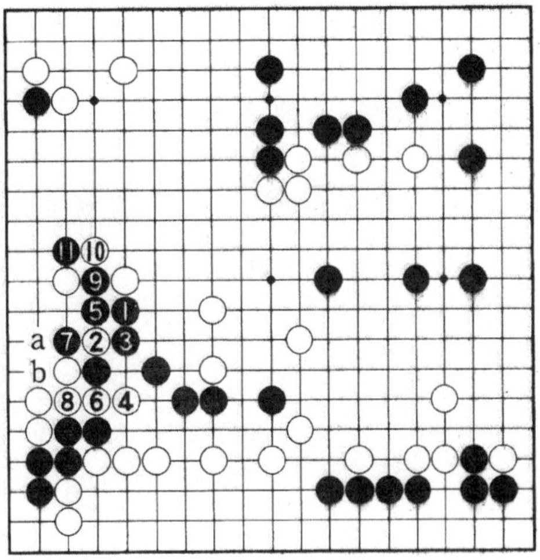

## 중앙을 두렵게 하는 붙임　　　　　백번

■ 1955년 매일신보 3번기
흑/ 타카가와 카쿠(高川秀格) 본인방
백/ 우 칭위안(呉清源) 9단

중앙에서 격전이 이어지고 있다. 백은 상변의 대마를 수습하기만 해서는 승산이 없다.
백1로 붙이는 수가 맥이다. 흑2로 이으면 백3으로 밀고 흑4, 백5로 중앙의 흑을 무겁게 한다.
백7로 이어 중앙이 강력해진다. 흑8 이후 백9, 11로 끊어 패를 만든다.
백1로 3은 흑5로 실패. 또 흑2로 5는 백2로 흑이 안 된다.

(2562)

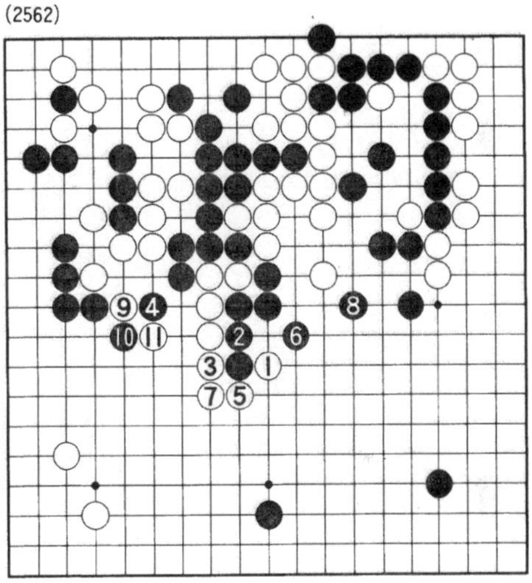

## 강력한 붙임　　　　　　　　백번

■ 1959년 기원제일위전
흑/ 미야시타 히데히로(宮下秀洋) 8단
백/ 후지사와 히데유키(藤沢秀行) 8단

좌상에서의 공방이다. 백은 흑의 근거를 빼앗고 있으므로 강력한 공격을 하고 싶다.
백1로 붙이는 수가 강렬한 맥이다. 흑이 5로 이으면 백a로 흑이 무거운 모양이 된다.
흑2로 도망가면 들여다보는 백3을 활용하고 5, 7로 흑 1점을 끊어 상변을 두텁게 한다.
백9로 단수쳐서 성공한다.

(2563)

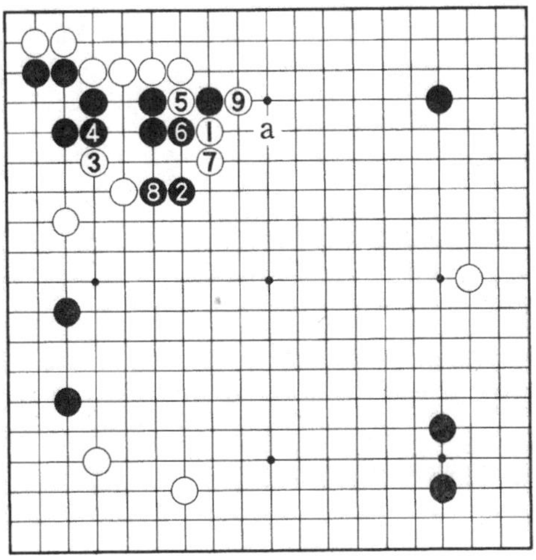

## 수습을 위한 붙임의 묘수 백번

■ 1960년 최고위전
흑/ 후지사와 히데유키(藤沢秀行) 9단
백/ 사카타 에이오(坂田栄男) 9단

(2564)

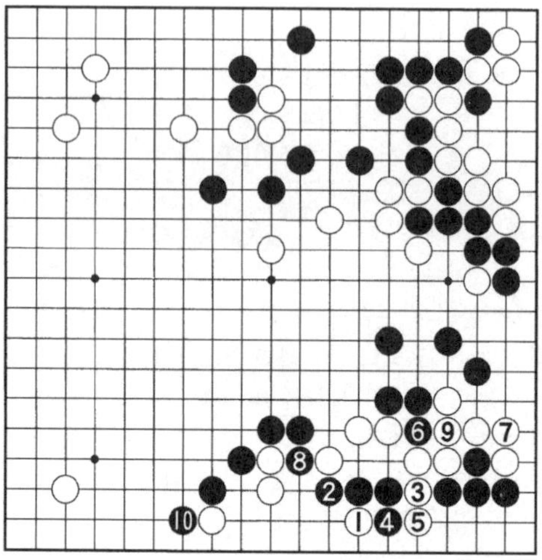

우하에서의 싸움이다. 백은 우하에서 하변으로 도망친 돌을 수습하고자 한다.
백1의 붙임이 좋은 수이다. 흑8로 나가 끊는 것을 막는다.
흑2로 반발하면 백3으로 나가 백은 우하 흑은 하변을 잡는 바꿔치기가 되어 백이 성공한다. 흑2는 4로 받아 백을 살려주는 편이 좋다.

## 눈목자를 부수는 붙임 흑번

■ 1976년 명인전
흑/ 카지와라 타케오(梶原武雄) 9단
백/ 후지사와 히데유키(藤沢秀行) 9단

(2565)

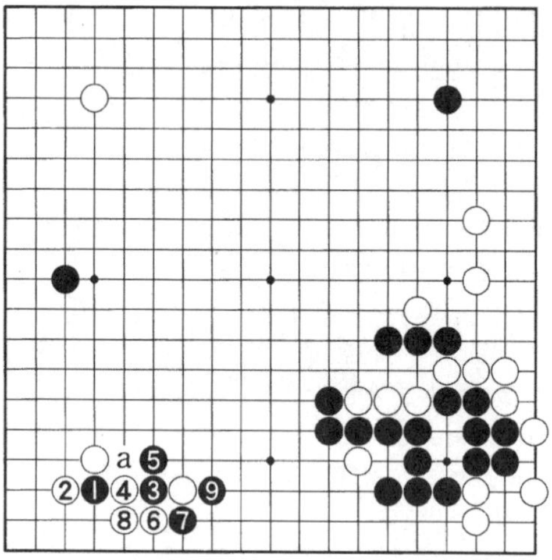

흑은 우하가 매우 두터우므로 좌하의 백집을 부수기 위해 하변과 연관시키고 싶다.
흑1로 붙인 뒤 백이 2로 막으면 흑3으로 붙여 좌하를 깬다. 백4로 귀를 잡으면 흑5부터 9까지 백 1점을 축으로 잡아 하변을 흑집으로 만든다.
흑3으로 4는 백a로 막혀 우하에 있는 흑의 두터움이 사라지므로 흑이 충분하지 않다.

## 호쾌한 사석 흑번

■ 1976년 기성전
흑/ 오오타케 히데오(大竹英雄) 명인
백/ 하시모토 쇼지(橋本昌二) 9단

(2566)

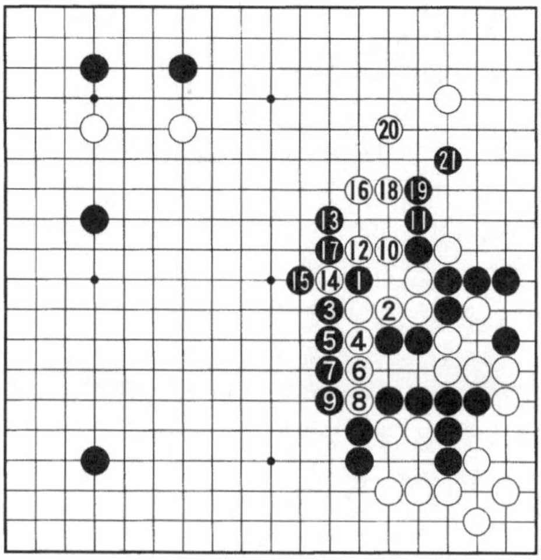

백은 우변과 중앙의 흑을 분단하여 공격의 주도권을 쥐려 한다. 흑1로 붙여 반격하는 수가 좋다.
백2로 이으면 흑3부터 9까지 우하의 흑 8점을 버리는 호쾌한 작전을 시도한다. 백이 봉쇄를 피해 10, 12로 나올 때 흑13으로 씌우는 것이 결정적이다. 흑의 두터움이 강력하여 백의 실리를 넘어 형세가 알기 쉽게 된다.

## 읽기를 노리는 붙임 흑번

- 1979년 명인전
  흑/ 오오타케 히데오(大竹英雄) 명인
  백/ 사카타 에이오(坂田栄男) 9단

하변에서의 싸움이다. 백은 좌하귀의 흑을 공격하여 하변의 백을 타개하려고 하지만 흑1의 붙임이 수를 엮는 좋은 수. 백2로 3은 흑2로 끊는다. 백이 2로 이으면 흑3으로 젖혀 싸움을 주도한다.
백4부터 8까지 도망치면 흑9로 추격하여 좌하의 손해를 만회한다.
흑1로 a는 백2로 흑은 다음 수가 없다.

(2567)

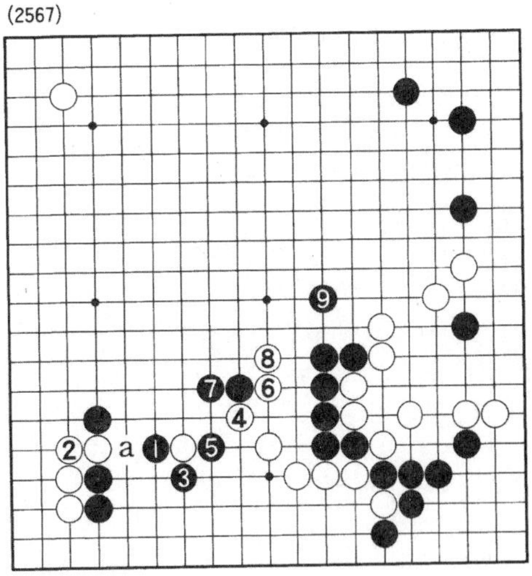

## 죽이는 준비의 붙임 백번

- 1986년 본인방전
  흑/ 린 하이펑(林海峰) 9단
  백/ 고바야시 고이치(小材光一) 기성

백1의 붙임은 중앙 절단을 막는 맥이다.
흑이 a로 나가면 백b로 모양을 정리한다. 흑은 2로 당겨 중앙을 강하게 만들었으나 백3으로 우변의 흑 대마는 살릴 수 없다.
흑2는 c를 끊고 살아야했다. 백3 이후 흑a로 나오면 백b, 흑d, 백e, 흑f로 끊으면 백g로 장문이 된다.

(2568)

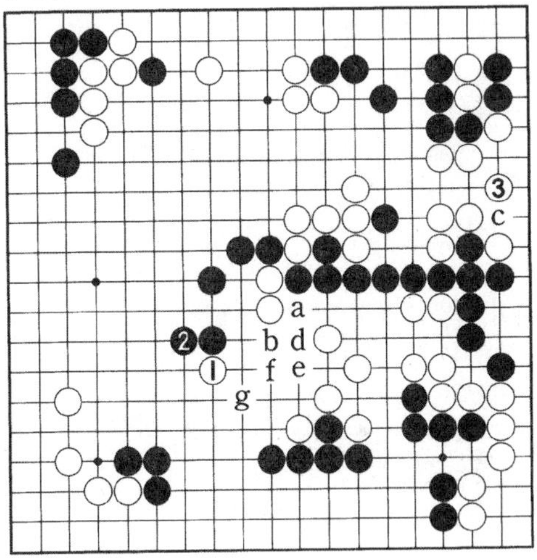

## 반격의 붙임 흑번

- 1987년 기성전
  흑/ 고바야시 고이치(小林光一) 기성
  백/ 타케미야 마사키(武宮正樹) 본인방

흑 5점을 크게 공격하고 있는 상변의 백은 엷다. 흑1로 붙여 반격하면 백을 끊을 수 있다. 백2로 a는 흑b로 받고 백3 이후 흑c부터 g까지 상변에 수를 만든다.
백2, 4로 받으면 흑5로 주객이 전도된다. 도리어 백이 공격당한다.

(2569)

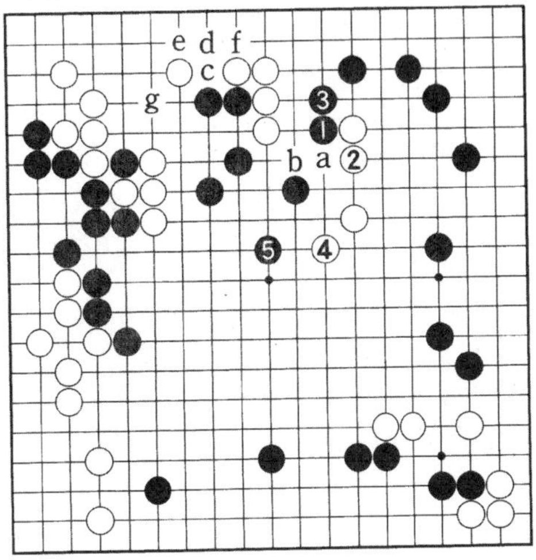

## 치열한 공격의 붙임 흑번

■ 1987년 기성전
흑/ 가토 마사오(加藤正夫) 명인
백/ 고바야시 고이치(小林光一) 기성

우변의 백 2점이 뜬 돌이다. 흑은 중앙에 공격을 퍼붓고 싶지만 백에는 약한 돌이 하나 더 있다. 흑1로 강하게 붙여 중앙의 백을 공격하고 우변을 노린다. 백2, 4로 우변을 지키면 흑5로 막는다. 하변의 백이 괴롭다. 백은 8까지 우변을 지키고 흑9로 잡히는 것으로 타협을 볼 수밖에 없다.
백이 불리하다.

(2570)

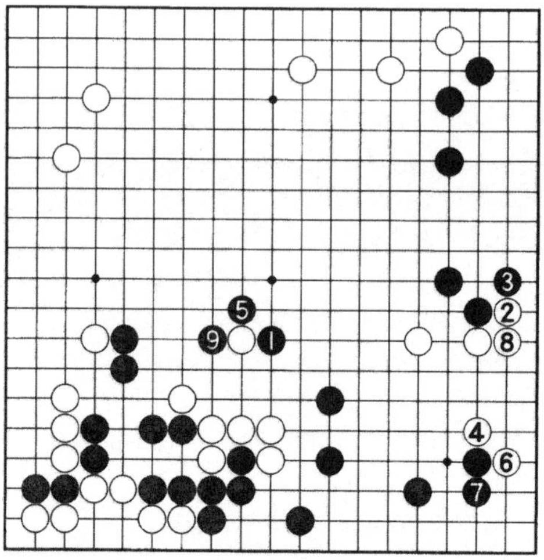

## 수습의 붙임 흑번

■ 1991년 기성전
흑/ 고바야시 고이치(小林光一) 기성
백/ 가토 마사오(加藤正夫) 9단

하변에 있는 백의 모양을 부수려는 흑1이 냉엄한 맥이다. 백은 2로 구부려 중앙과 연결하는 동시에 흑을 크게 공격하려 한다.
흑3이 수습의 맥. 흑7로 단수를 활용하여 9로 도망친다.
백10이라면 흑11로 끊고 13, 15로 중앙으로 도망쳐 삭감은 일단 성공한다.
백10으로 11은 흑13, 백14, 흑10.

(2571)

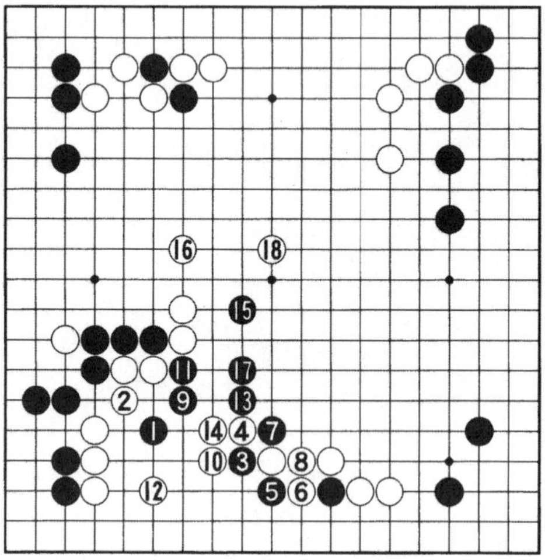

## 움직임을 봉쇄하는 붙임 백번

■ 1991년 본인방전
흑/ 조치훈(趙治勳) 본인방
백/ 고바야시 고이치(小林光一) 기성

우하에서의 싸움이 복잡하다. 백은 1로 붙여 흑의 움직임을 막고 중앙의 백 3점을 살린다.
흑은 2로 우상을 굳히고 좌상을 흑4로 끊어 전전한다. 우하의 팻감이 패싸움을 유리하게 만든다. 흑2로 a는 백b, 흑c 이후 부호 순으로 관통이 되어 중앙의 흑이 무거워진다.

(2572)

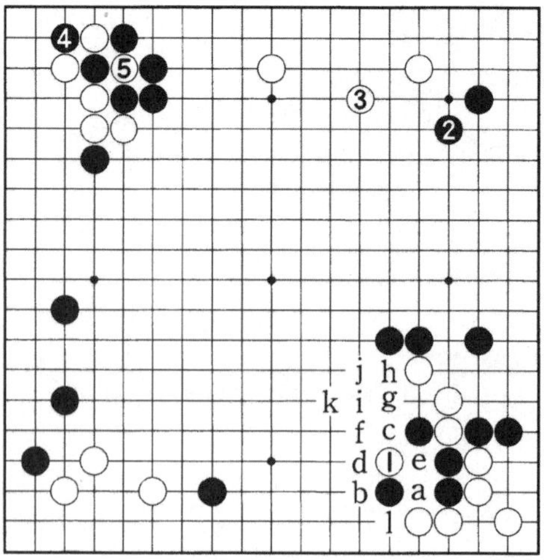

## 일석이조의 붙임 흑번

■ 1985년 신인왕전
흑/ 왕 밍완(王銘琬) 6단
백/ 코마츠 히데키(小松英樹) 5단

(2573)

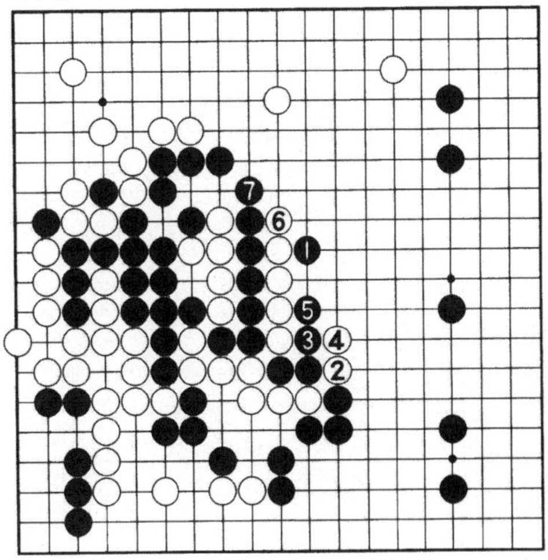

중앙에서의 격전이다. 백은 중앙의 흑 6점을 축으로 잡는 수와 2점에 장문을 씌우는 수를 맞보고 있다. 어느 쪽으로도 흑은 망하는 모양이다.
흑1의 붙임은 양쪽을 수습하는 일석이조의 수이다.
백이 2로 끊으면 흑3, 5로 도망치고 백2로 7에 단수치는 축도 막는다.

## 백집을 부수는 붙여끊기 흑번

■ 1958년 최강결정전
흑/ 사카타 에이오(坂田栄男) 9단
백/ 우 칭위안(呉清源) 9단

(2574)

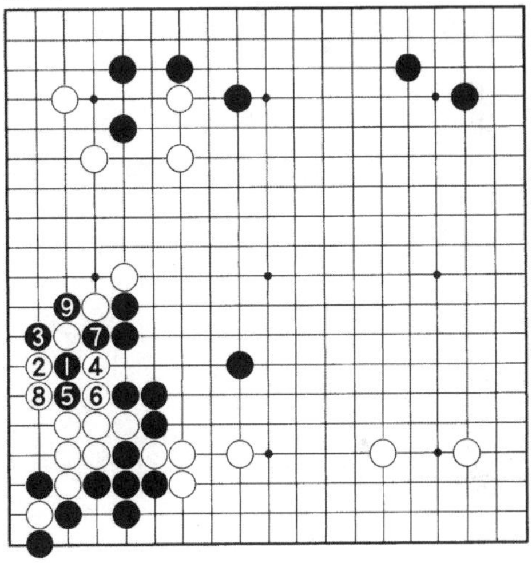

좌변의 백집은 좌하귀의 백이 무겁기 때문에 엷은 모양이다.
흑1, 3으로 붙여 끊는 것이 강렬하다. 백4로 단수치면 흑5로 느는 수가 최강으로 백6, 흑7로 끊어 좌변을 무너뜨린다.
백은 8로 흑 2점을 따지만 흑9의 양단수를 허용할 수밖에 없다. 백8로 9는 흑8.

## 수습의 붙여끊기 백번

■ 1961년 왕좌전
흑/ 마에다 노부아키(前田陳爾) 8단
백/ 사카타 에이오(坂田栄男) 9단

(2575)

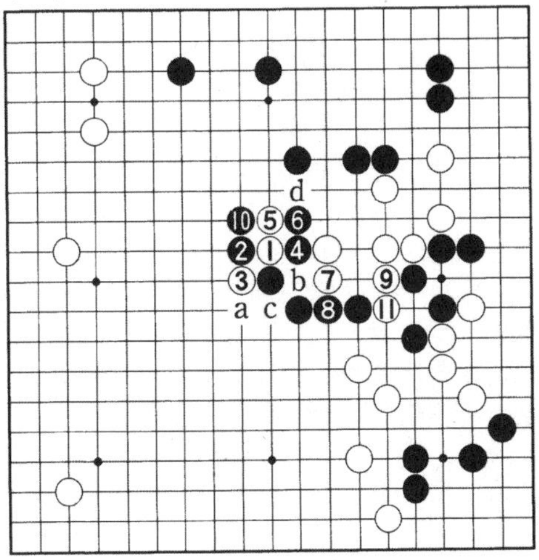


우변의 백이 흑의 맹공을 받고 있으나 백의 탈출로는 중앙뿐이다.
백1로 붙이고 흑2로 막으면 백3으로 끊는 수가 수습의 맥이다.
흑은 4, 6으로 반격했으나 백7, 9로 결정되어 곤란하다. 흑4로 a는 백10으로 단수를 쳐 중앙으로 나가는 흐름이 생긴다. 흑10으로 11은 백b, 흑c, 백d로 흑 2점은 살 수 없다.

## 맞끊어 수습 흑번

■ 1972년 프로십걸전
흑/ 이시다 요시오(石田秀芳) 본인방
백/ 이와타 타츠아키(岩田達明) 9단

(2576)

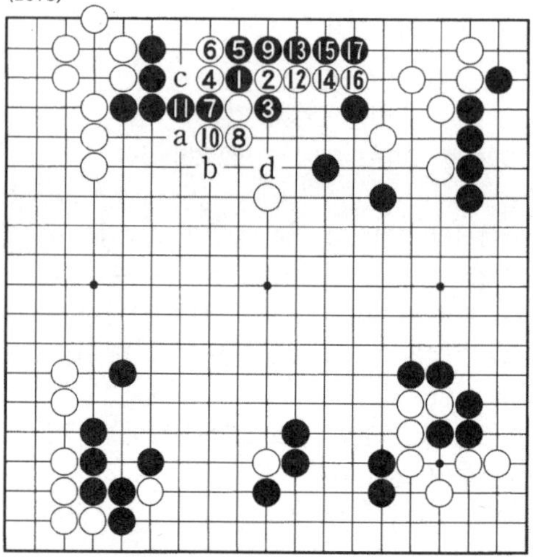

좌상의 흑 4점을 어떻게 수습하여야 하는가? 흑1로 붙이고 백2로 막으면 흑3으로 맞끊는 수가 수습의 맥이다.
백4, 6으로 공격하면 흑7, 9로 저항한다. 백은 10으로 단수를 치고 16을 중앙에 두어 흑을 살린다. 흑은 불만이 없는 모양이다. 백10으로 11, 흑10, 백a, 흑b, 백c는 흑d로 중앙이 잡혀 백이 불리하다.

## 붙여끊어 바깥을 굳히다 백번

■ 1974년 명인전
흑/ 이시다 요시오(石田芳夫) 본인방
백/ 후지사와 히데유키(藤沢秀行) 9단

(2577)

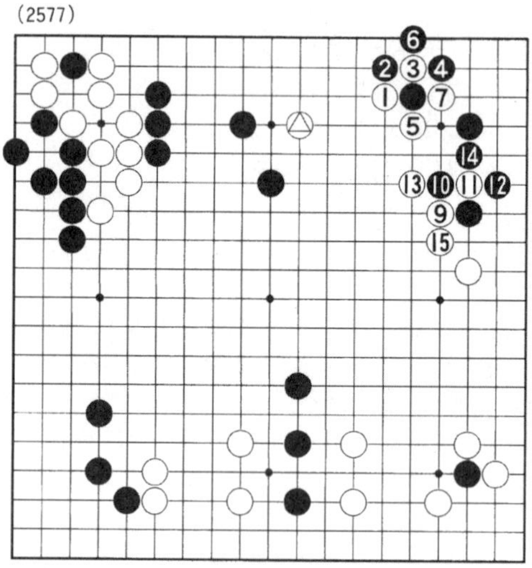

상변에 고립된 백 1점을 수습하기 위하여 백1의 붙임이 맥이 되었다. 흑2로 젖히면 백3으로 맞끊어 1점을 버리고 바깥을 굳힌다. 다음에 백9, 11로 같은 수법으로 두어 우변을 굳힌다.
백15까지 상변의 백△ 1점이 가벼운 모양이다. 상변에는 흑의 큰 집이 되기 어렵다.
※❽→③

## 붙여끊어 집을 굳히다 흑번

■ 1982년 기성전
흑/ 후지사와 히데유키(藤沢秀行) 기성
백/ 린 하이펑(林海峰) 9단

(2578)

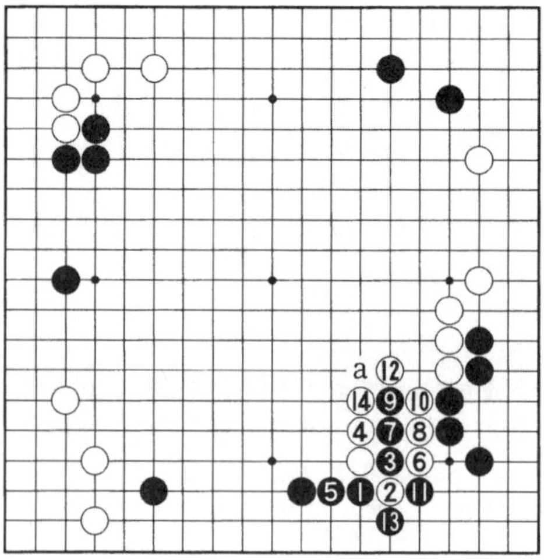

싸움은 하변. 백 1점이 고립되어 있으나 좌하와 우변의 백이 견고하여 공격할 수 없다.
하변에 집을 만들기 위해 흑1로 붙이고 3으로 맞끊는 수가 맥이다. 흑15까지 실리를 얻고 하변을 안정시켜 만족한다. 이후 흑a의 노림수가 있다.
※⓯→②

## 응수타진의 붙여끊기 백번

- 1984년 기성전

흑/ 소노다 유이치(苑田勇一) 9단
백/ 린 하이펑(林海峰) 본인방

우상의 백은 7로 밀거나 8로 단수치는 두 가지의 수가 있다. 백1로 붙이면 흑의 응수를 볼 수 있다. 흑이 2로 젖히면 백3으로 끊고 흑이 9방향을 잡으면 백a, 흑b, 백6을 활용하여 상변의 흑을 공격한다. 귀에 백8이 남아있다.
흑4, 6으로 상변을 지키면 백7로 밀고 9로 당겨 상변이 안정된다.

(2579)

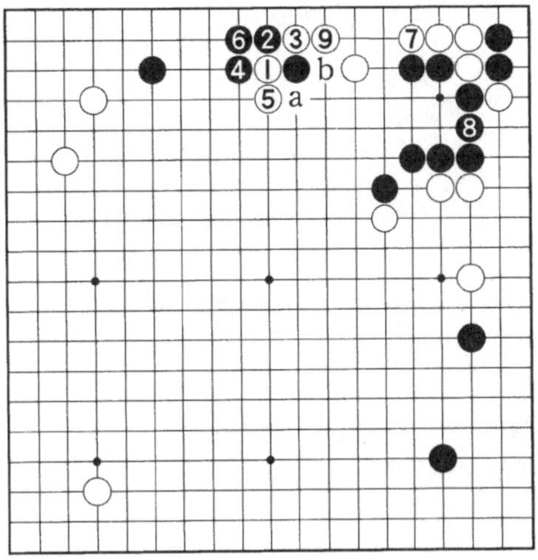

## 수습의 붙여끊기 흑번

- 1991년 왕좌전

흑/ 후지사와 히데유키(藤沢秀行) 명예기성
백/ 하네 야스마사(羽根泰正) 왕좌

우상의 백은 귀에 근거를 만들어서 강력하다. 백은 협공으로 상변의 흑을 공격하려 하지만 흑1로 붙여 수습한다.
백2로 젖히면 흑3으로 맞끊고 백의 응수를 기다린다. 백4부터 10까지 상변을 잡는 정도지만 흑은 11까지 상변을 두텁게 하여 충분하다. 우상의 백은 집이 중복되어 우상귀의 백이 약하다.

(2580)

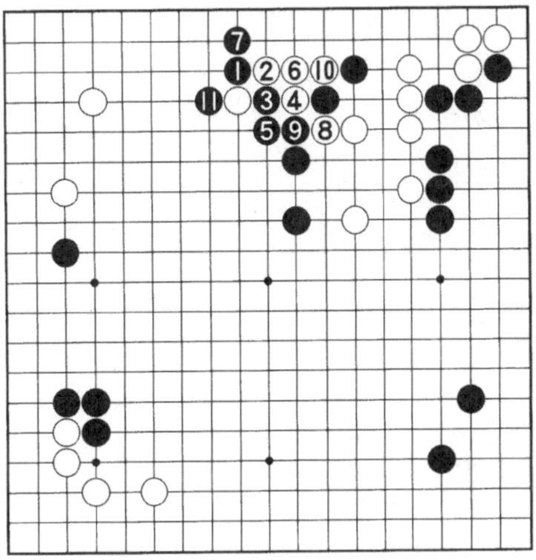

건너붙임

## 건너붙여 절단 흑번

- 1989년 명인전

흑/ 고바야시 고이치(小林光一) 명인
백/ 아와지 슈조(淡路修三) 9단

우하에 있는 흑의 군힘이 바깥에서 압박당하여 흑이 귀를 응수하면 활용 당한다.
흑1로 건너붙이는 것이 좋은 반격이다. 백2를 흑3으로 끊고 백4로 굳히면 흑5, 7로 우변의 백을 공격하여 우상에 있는 흑의 세력이 작용한다. 흑9가 좋은 모양이므로 백이 괴롭다.
백4로 a는 흑4로 나가면 하변의 백이 약해진다.

(2581)

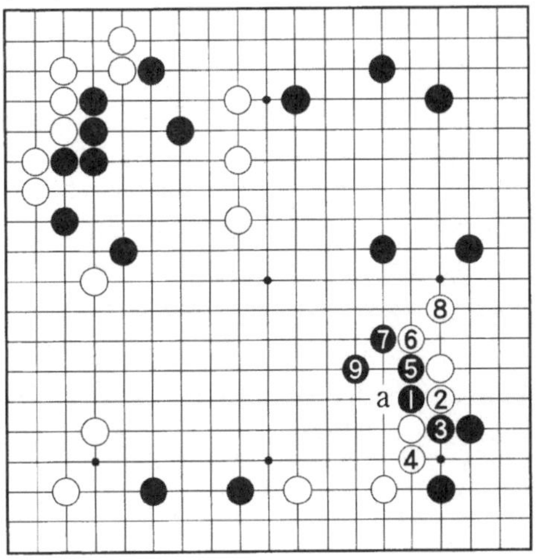

## 집을 부수는 건너붙임 흑번

■ 1991년 아시아선수권
흑/ 왕밍완(王銘琬) 8단
백/ 조 다유엔(曹 大元) 9단

좌하의 집을 둘러싼 싸움으로 흑1의 건너붙임이 날카롭다.
백2로 받으면 흑3의 이단젖힘이 냉엄하여 백4부터 8로 받은 뒤 흑9로 산다. 실전에서는 백2를 4로 받고 흑6으로 끊어 백a로 단수를 치면 흑b로 끊고 백c, 흑7, 백d, 흑8, 백2, 흑e로 하변의 백이 전멸한다.

(2582)

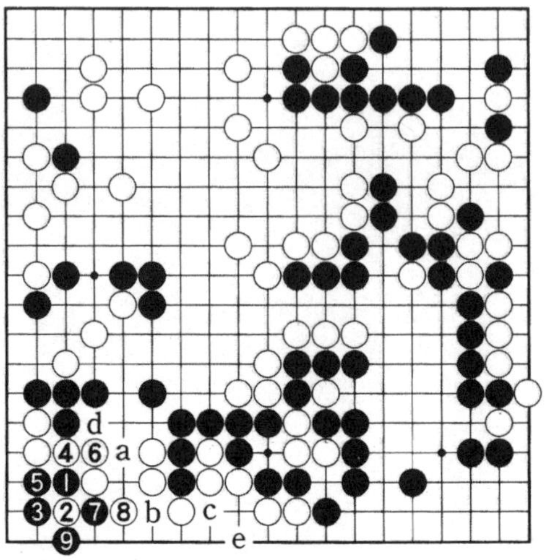

## 잇기 전의 활용 백번

선/ 카기오 리겐(鹿鹽 利玄)
/ 혼인보 산사(本因坊算砂)

백3으로 잇기 전에 1로 나가는 것은 중요한 수순이다. 흑은 2로 막을 수밖에 없으므로 백5로 흑을 끊는다.
백5부터 흑10까지 활용하면 백은 집을 만들기 쉽다. 백11로 대담하게 공격한 뒤, 백13, 15로 중앙에 세력을 만들고 하변을 31로 결정지어 중앙이 백의 모양이 되었다.

(2583)

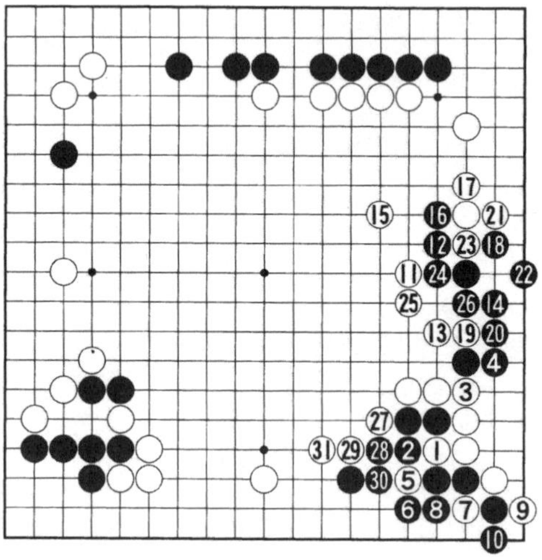

## 사석을 늘려서 응수타진 백번

■ 1895년 사상회
선/ 타무라 야스히사(田村保寿)
/ 혼인보 슈에이(本因坊秀栄)

백1로 나가는 수가 묘수로 잡힌 돌을 늘리는 것처럼 보이지만 흑은 잡는 방법에 망설인다.
흑2로 단수를 치고 백3으로 입구자를 활용하여 7로 뻗어 중앙의 흑 3점을 잡아 백이 성공한다.
흑2로 a는 백4, 흑6, 백b. 또 흑2로 6은 백2로 좌변을 건널 수 있다.

(2584)

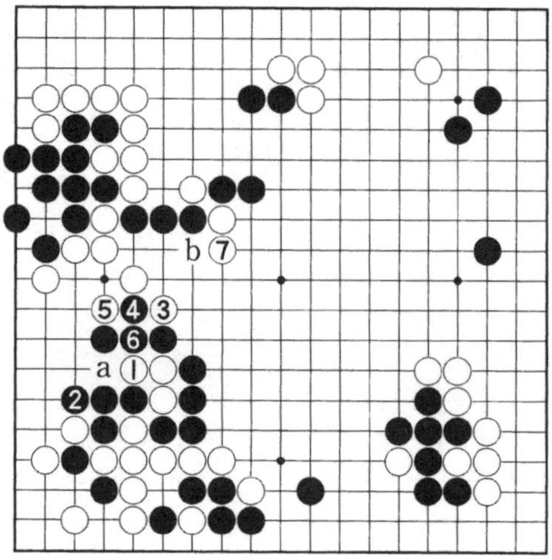

(2585)

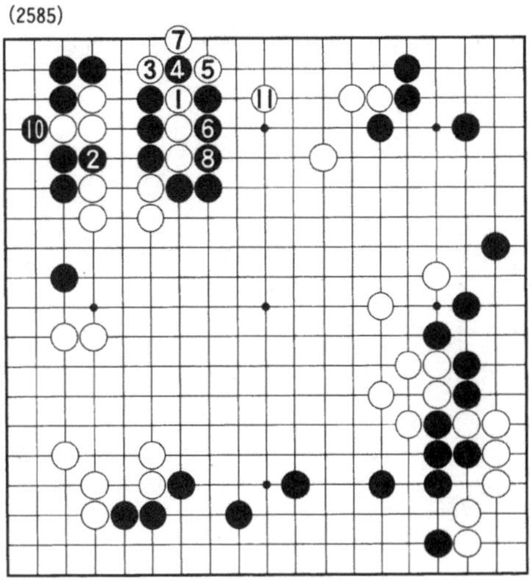

## 돌을 버리다 백번

흑/ 후쿠이 마사아키(福井正明) 8단
백/ 카미무라 쿠니오(上村邦夫) 8단

좌상에서의 싸움이다. 백이 2의 점에 이으면 흑10으로 흑이 안심한다. 싸울 기회가 찾아왔다. 백1로 나가는 것은 사석의 좋은 맥이다.
흑이 2로 나가면 백3으로 젖혀 흑의 자충을 노린다. 흑4부터 8까지 조이고 10으로 지키면 백은 11로 상변을 굳혀 충분하다. 흑2로 4, 백3, 흑6은 백10으로 좌상을 뚫어 백이 유리하다.
※⑨→❹

(2586)

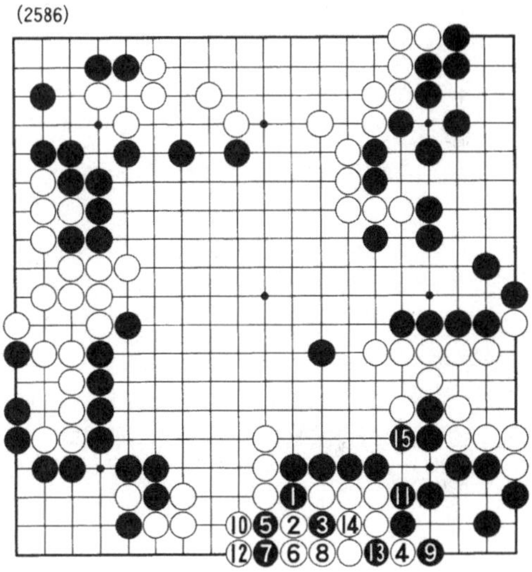

## 모양을 결정짓는 나가끊기 흑번

나가끊기

■ 1826년 어성기
선/ 이노우에 인세키(井上因碩)
/ 야스이 센치(安井仙知)

우하에 있는 흑의 모양이 확실하지 않다.
흑1, 3으로 나가 끊는 수는 모양을 결정짓는 맥이다. 백이 4로 따내면 흑5, 7을 활용하여 우하의 백을 자충시킨다.
흑9, 11로 막는 것이 선수로 15까지 흑의 모양이 좋다. 흑1로 4는 백15로 흑이 손해다.

(2587)

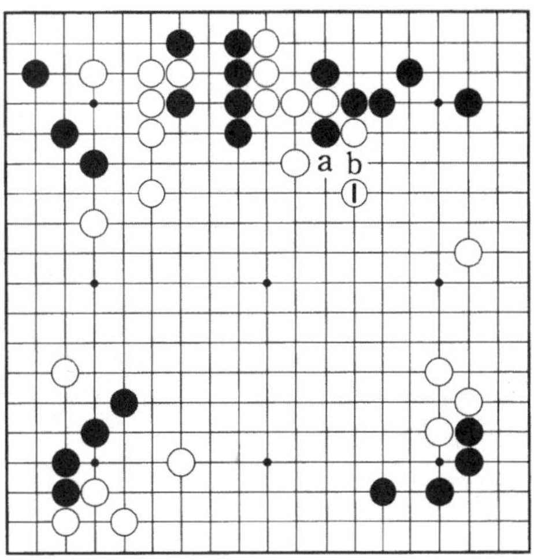


## 발빠른 뜀 백번

뜀

■ 1970년 프로십걸전
흑/ 오오타케 히데오(大竹英雄) 10단
백/ 가토 마사오(加藤正夫) 6단

상변의 백을 강화하고 싶다. 중앙에 발 빠르게 전개하여 흑을 공격하고 우변의 백과 연관된 모양의 확대를 노리는 수단이 필요하다.
백1로 뛰면 좋은 모양이 된다. a나 b로 흑 1점을 잡는 것은 무겁다. 백1 이후 흑b는 백a로 끊어 중앙의 모양만 강력해질 뿐이다.

## 건넘을 노리는 한 칸 뜀 백번

■ 1980년 기성전
흑/ 조치훈(趙治勳) 명인
백/ 오오타케 히데오(大竹英雄) 10단

(2588)

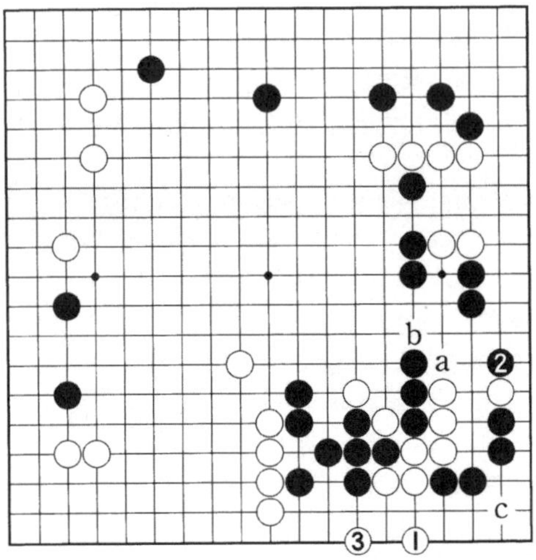


우하에서의 싸움이다. 흑에게 포위된 백은 중앙으로 탈출할 수 없다.
타개하려면 백1로 뛰어야 한다. 우하귀의 흑을 공격했을 때, 흑이 2로 귀를 지키면 백3으로 뛰어 하변을 건넌다.
흑2로 3에 두면 백a의 밀기를 활용하여 흑b, 백c로 귀를 잡는다.

## 가볍게 뛰는 맥 백번

■ 1985년 명인전
흑/ 고바야시 고이치(小林光一) 10단
백/ 요다 노리모토(依田紀基) 6단

(2589)

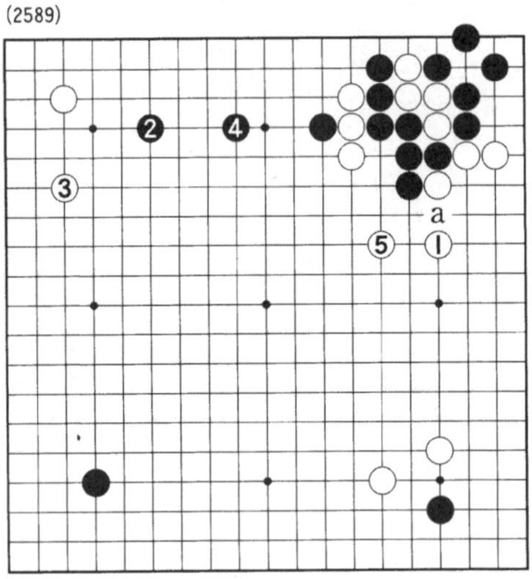


우상귀는 가지와라 정석으로 백은 귀를 버리고 바깥을 중시한다.
백1로 뛰는 것은 귀에 구애받지 않아 가볍지만 백a로 뻗으면 무거워 흑의 공격목표가 된다. 흑2, 4로 상변을 전개하여 상변의 백 3점을 노려도 백5로 우변을 넓히면 발 빠른 포석이 된다.

## 선수 한 눈의 뜀 흑번

■ 1986년 본인방전
흑/ 왕밍완(王銘琬) 6단
백/ 고바야시 고이치(小林光一) 명인

(2590)

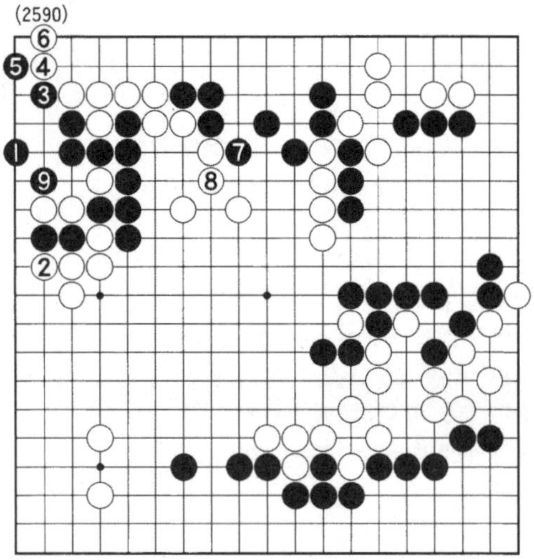


좌상의 생사가 문제이다. 백은 좌상의 공격을 기대하였으나 흑이 1로 뛰어 타개한다. 백2로 받으면 흑3, 5로 젖혀 선수로 한 집을 만든다.
흑9 이전에 부풀리는 것이 수순으로 좌상의 흑은 5집을 만들어 살아남고 하변에 큰 확정지도 있어 승세를 잡는다.

## 자충을 추공하는 뜀 백번

- 1989년 명인전
  흑/ 린 하이펑(林海峰) 9단
  백/ 조치훈(趙治勳) 본인방

흑은 하변의 집을 최대한 넓혀보았으나 아직 엷다. 백1로 뜀이 맥이다. 흑은 a로 받는 정도지만 백은 백b, 흑c, 백d, 흑e, 백f, 흑g로 하변을 줄일 수 있다.
흑a로 h에 나가는 것은 백e로 끊어 자충이 된다. 흑이 중앙을 지키면 백b로 뻗어 좌하의 흑 3점을 잡을 수 있다.

(2591)

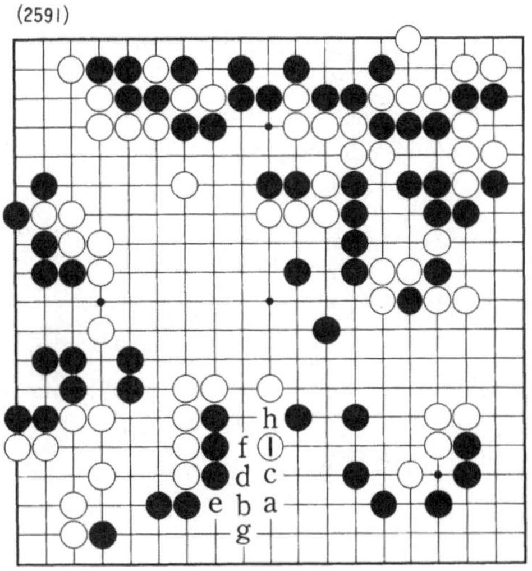

## 좋은 모양을 유도하는 뜀 흑번

- 1989년 십단전
  흑/ 이마무라 토시야(今村俊也) 8단
  백/ 후지사와 히데유키(藤沢秀行) 명예기성

우상에서의 싸움이다. 흑 3점은 자충이지만 백을 공격하는 요석이기도 하다. 어떻게 움직이느냐에 따라 우열이 결정된다.
흑1로 뛴 수가 모양의 급소이다. 백은 2로 단수를 쳐 나갈 수밖에 없다. 흑은 5로 나가 편안한 모양이다. 백은 6, 8을 활용하고 10으로 상변을 지켰으나 흑은 11로 손이 돌아와 싸우기 쉬워진다. 흑1로 3은 백5로 흑이 무겁다.

(2592)

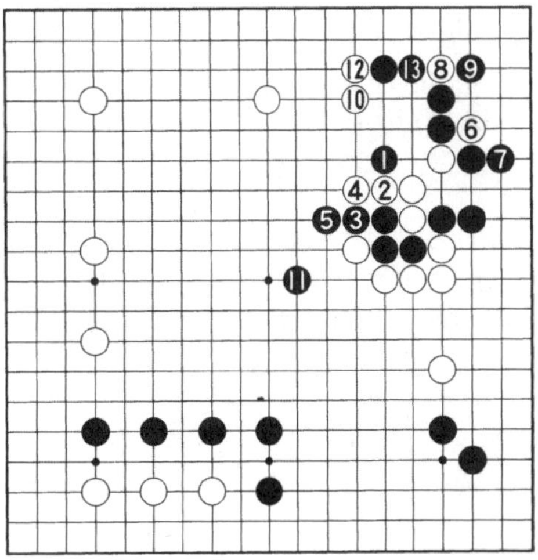

## 수습의 뛰어붙임 백번

뛰어붙임

- 1787년
  흑/ 야스이 센치(安井仙知)
  백/ 혼인보 레츠겐(本因坊烈元)

백1은 실전에서 둔 수이다. 백이 중앙의 흑 4점을 잡았으나 흑2로 붙여 상변의 백 5점이 잡혀서는 백은 불만이다.
백1은 a의 붙임이 묘수로 흑4, 백2, 흑b, 백c로 저항하여 흑d, 백e, 흑1, 백f, 흑g, 백h로 백이 전부 막는다. 흑이 헛되었다.

(2593)

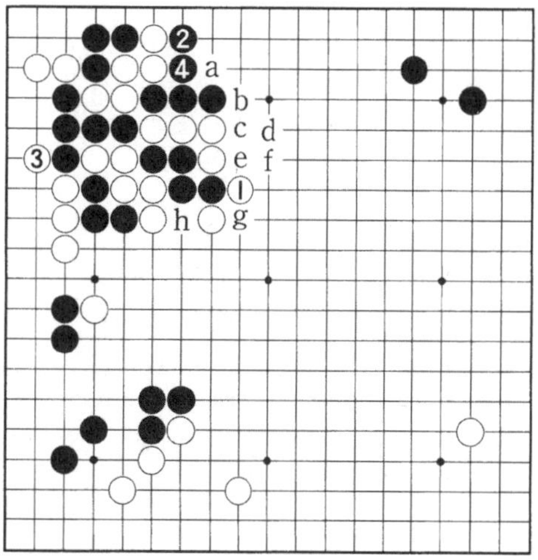

## 자충을 막는 쌍점 흑번

- 1820년
  선/ 혼인보 죠와(本因坊丈和)
  / 야스이 센치(安井仙知)

좌상귀의 흑과 좌변의 백은 중앙으로 도망치는 수와 집을 만들어 사는 수를 맞보고 있다.
흑1의 쌍점은 자충을 막는 맥으로 좌하의 백 5점을 노려 다음에 a를 냉엄하게 한다. 백2에는 흑3으로 좌상을 강화하여 백b, 흑c로 중앙에 나가면 흑이 순조롭다.

(2594)

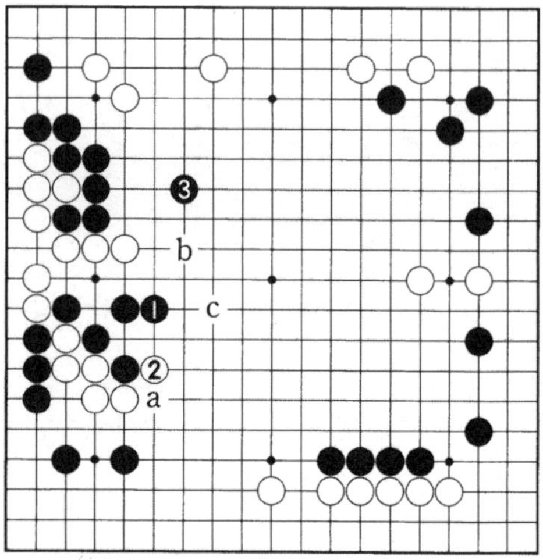

## 양노림의 쌍점 흑번

- 1959년 본인방전
  흑/ 야마베 토시로(山部俊郎) 8단
  백/ 사카타 에이오(坂田栄男) 9단

좌변의 흑을 봉쇄하면 백이 일방적으로 유리하다. 흑1은 쌍점의 맥으로 다음에 a로 씌워 백 3점을 잡는 수와 상변에 흑3으로 뛰어 백 2점을 공격하여 잡는 수를 양노림하고 있다.
백2 이후 흑3부터 15까지 백 3점을 잡아 좌변에 있는 흑의 대마를 편하게 수습할 수 있다.

(2595)

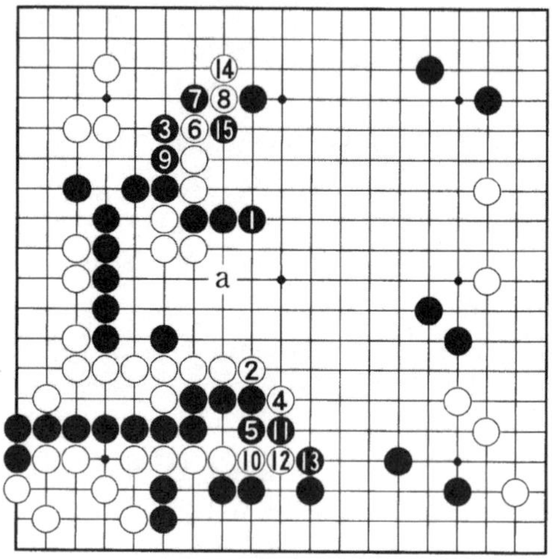

## 공방을 겸한 쌍점 백번

- 1982년 본인방전
  흑/ 고바야시 고이치(小林光一) 9단
  백/ 조치훈(趙治勳) 본인방

우하는 한 칸 협공 정석의 변화이다.
흑은 우변에 집을 쌓아 중앙의 백 방향을 공격하고자 한다. 하지만 중앙의 흑도 강하다고 할 수 없다. 백1의 쌍점은 공방을 겸한 맥으로 a로 끊지 못하게 막고 하변의 집을 굳힌다. 흑2로 모양을 만들면 백은 3으로 밀어 중앙을 강화하고 5로 공방에 좋은 수를 둔다.

(2596)

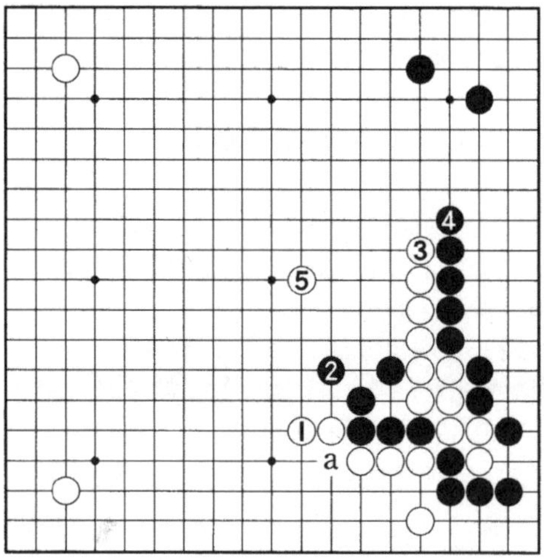

## 노림을 품은 쌍점 흑번

■ 1985년 본인방전
흑/ 타케미야 마사키(武宮正樹) 9단
백/ 린 하이펑(林海峰) 본인방

좌하에서의 싸움이다. 흑은 1로 쌍점하여 a가 끊을 것을 대비한다. 이 수는 좌하귀의 백 방향에 강렬한 노림을 포함한다.
백2, 4로 우상에 전환한 후 흑5로 붙이는 것이 좋다. 백b는 고심의 한 수이나 흑이 흑c와 백d, 흑e로 좌하귀의 백집을 부수어 흑이 유리한 싸움이 된다.

(2597)

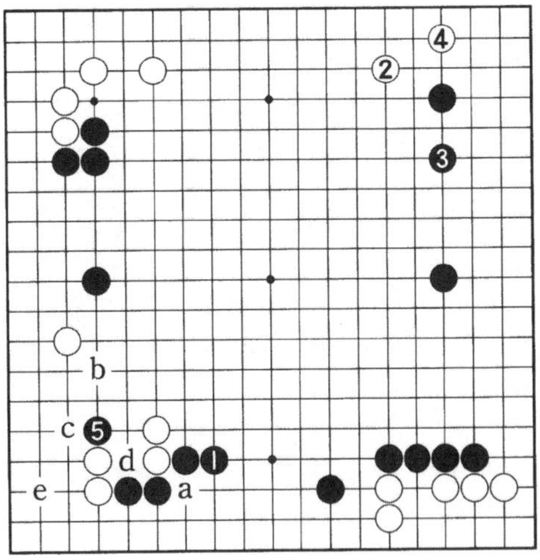

## 눈의 급소의 쌍점 백번

■ 1986년 명인전
흑/ 가토 마사오(加藤正夫) 왕좌
백/ 조치훈(趙治勳) 기성

좌하는 두 칸 높은 협공정석의 변화이다. 백은 흑 3점의 근거를 빼앗아 공격하려 한다. 백1의 쌍점은 흑의 안형을 빼앗는 급소이다.
흑2로 입구자하여 귀에서 살고자 하면 백3으로 건너붙이는 수가 냉엄하다. 백5 이후 흑은 6, 8로 귀를 버리고 중앙으로 도망칠 수밖에 없다. 백은 13까지 순조롭다.
백1로 6은 흑a, 백b, 흑1로 백이 곤란하다.

(2598)

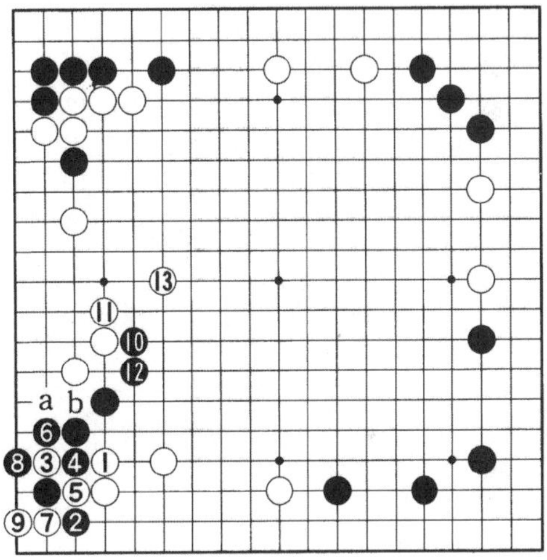

이단젖힘

## 중앙절단의 이단젖힘 백번

■ 1792년
선/ 코노 모토토라(河野元虎)
/ 야스이 센치(安井仙知)

종반의 끝내기에 돌입했다. 백1의 날일자는 흑a를 막는 좋은 수이다. 끝내기로써는 큰 수라고 말할 수 없으나 무서운 노림을 숨기고 있다.
흑2로 미는 수는 백2로 단수를 치는 것과 3집 차이가 된다. 하지만 백3, 5로 이단젖혀 중앙이 절단되면서 순식간에 바둑을 결정지었다. 흑은 중앙의 8점을 살릴 수 없다.

(2599)

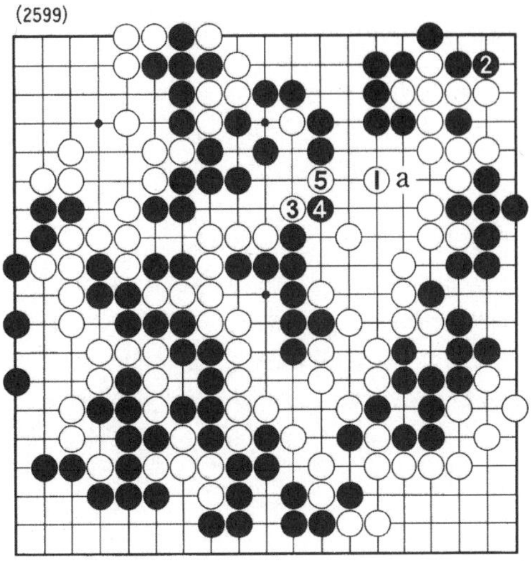

## 수습의 이단젖힘 흑번

■ 1978년 십단전
흑/ 하시모토 우타로(橋本宇太郎) 9단
백/ 후지사와 히데유키(藤沢秀行) 기성

상변의 백의 모양을 부수려는 흑을 어떻게 타개하여야 하는가?
흑1이 이단젖히는 맥이다. 백2, 4의 강경수단은 흑5의 두점머리에 얻어맞아 6으로 받을 수밖에 없게 된다.
흑은 상변의 3점을 버리고 7, 9로 좌상을 부순다. 백10이후 흑11로 백의 약점을 노리고 백a, 흑b로 안전한 모양이다.

(2600)

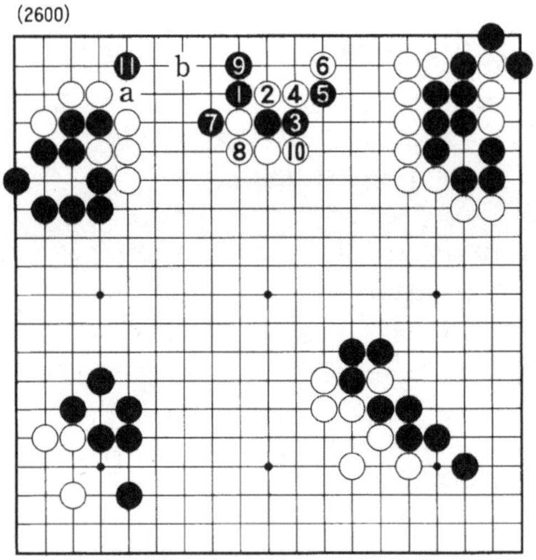

## 중앙의 끊기를 보는 이단젖힘 백번

■ 1988년 기성전
흑/ 타케미야 마사키(武宮正樹) 본인방
백/ 치노 타다히코(茅野直彦) 9단

흑이 중앙의 백을 공격하고 있다. 흑▲은 a에 받는 것이 옳다.
백은 1로 이단젖혀 우변의 흑을 공격한다. 흑b로 끊으면 백c, 흑d로 단수당해 응수하기가 곤란해진다. 흑은 우변과 중앙, 어느 한쪽을 잡아도 중앙의 백에 대한 공격을 하지 못해 이길 수 없다.

(2601)

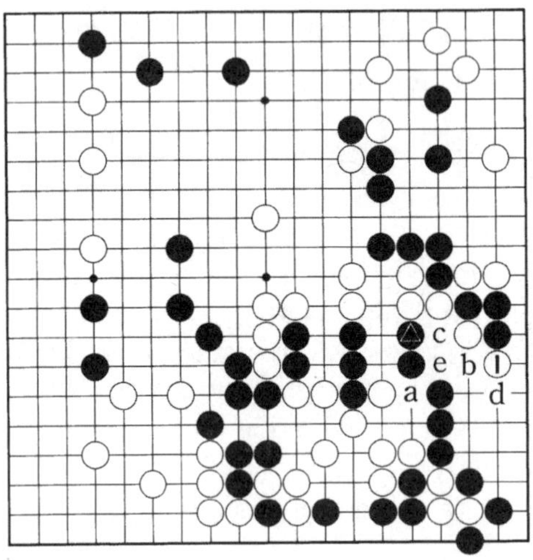

## 빵때림 30집 흑번

따내기

■ 1942년 십번기
흑/ 우 칭위안(吳淸源) 7단
백/ 카리가네 쥰이치(雁金準一) 8단

좌상에서 싸움이 벌어지고 있다.
백은 상변에 기대어 좌상에 있는 흑의 대마를 노리고 있다. 흑1로 끊고 3으로 단수치는 것은 좌상의 흑 8점을 버리기 위한 노림이다.
백4로 끼우면 흑5로 맛이 좋게 빵때린다. 백6으로 좌상을 잡혀도 흑은 7로 귀를 굳히면 되니 불만이 없다.

(2602)

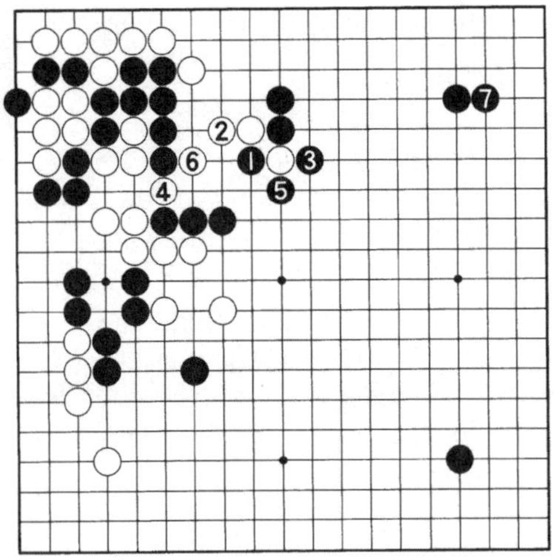

들여다보기

## 부수기의 들여다보기 흑번

■ 1798년 어성기
흑/ 혼인보 겐죠(本因坊元丈)
백/ 야스이 센치(安井仙知)

흑이 우변을 굳히면 백도 우하의 모양을 굳히므로 부술 기회를 놓친다.
흑1로 들여다보는 수는 백의 응수를 보고 부수는 맥이다. 백2로 3은 귀에 수를 남겨 활용한 셈이다. 백2로 우변을 끊으면 흑도 3부터 7까지 부수는 모양이 된다. 흑은 a로 뻗는 것이 선수이므로 백b를 두려워하지 않는다.

(2603)

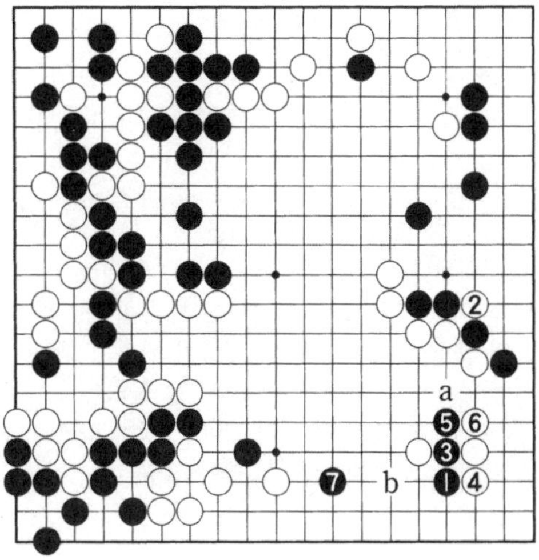


## 들여다 보기에 잇는 수 없다 백번

■ 1853년 삼십번기
흑/ 혼인보 슈사쿠(本因坊秀策)
백/ 오오타 유조(太田雄蔵)

좌변에서 치열한 경쟁이 계속된다.
백1의 들여다보기가 흑을 무겁게 하는 활용. 흑3으로 이으면 백이 a로 뛰어서 다소 활용한 모양이 된다.
흑이 2로 반발하였다. 백3으로 6이라면 흑3으로 이어 백이 활용당하는 모양이다. 백3으로 뚫고 흑4부터 8까지 백1의 1점을 되돌려 보내면 중앙과 연결된다.

(2604)

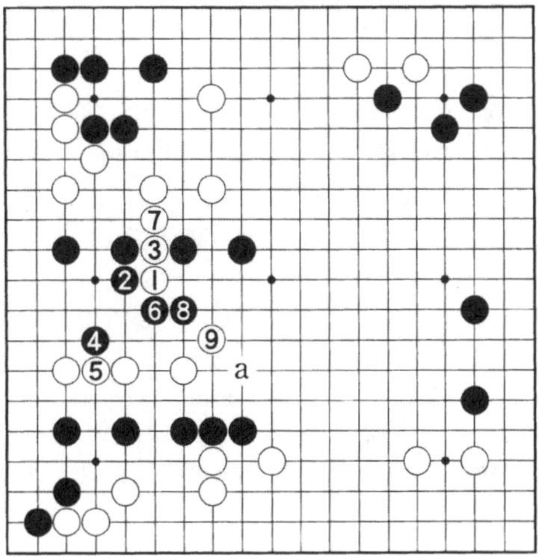


## 싸움의 들여다보기 흑번

■ 1951년 십번기
흑/ 우 칭위안(吳清源) 9단
백/ 혼인보 쇼지(本因坊昭宇)

좌상귀부터 중앙으로 머리를 내밀고 있는 흑이 강력하여 좌상에 있는 백의 모양을 위협하고 있다. 흑1로 어깨를 짚어 응수타진을 하면 백은 2로 강하게 저항한다. 흑은 3으로 들여다보며 이빨을 드러낸다.
백4는 귀의 3점을 버리기 위해 움직인다. 흑은 5, 7로 위아래의 백을 양분하여 싸움의 기회를 쥔다.

(2605)

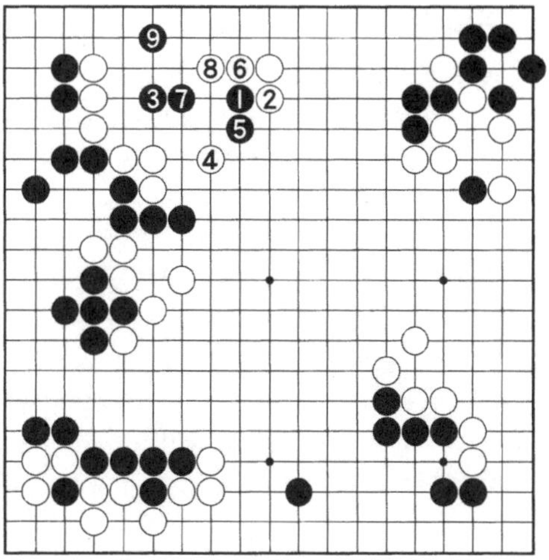

## 타이밍 좋은 들여다보기 백번

■ 1955년 십번기
흑/ 사카타 에이오(坂田栄男) 8단
백/ 우 칭위안(吳淸源) 9단

좌상의 백이 강력한 벽을 만들었다. 흑은 하변을 강화하여 좌변에 진출하려 한다.
백1의 입구자가 좋은 타이밍이다. 흑이 2로 이으면 백3으로 노린다. a의 끊음이 엄하기 때문에 흑4로 받으면 백5로 늘어 좌변을 둘러싼다.
흑2로 a를 이으면 백2, 흑b, 백c로 끊어 하변에 있는 흑의 모양을 지운다. 백이 안정되어 충분하다.

(2606)

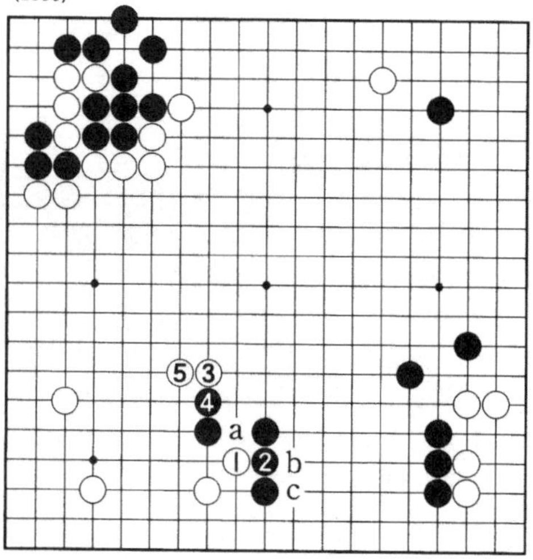

## 모양을 부수는 들여다보기 백번

■ 1962년 명인전
흑/ 후지사와 히데유키(藤沢秀行) 8단
백/ 사카타 에이오(坂田栄男) 9단

좌하에 있는 백의 모양을 없애고 흑은 중앙으로 도망친다. 백은 어떻게 공격하여야 할까?
백1로 날일자한 후 3으로 들여다봐 흑의 모양을 무너뜨린 뒤 무겁게 만들고 싶다.
흑4로 저항하면 a의 절단을 노리면서 좌변을 굳히는 백5가 좋은 수가 된다. 흑6 이후 백7부터 13까지 좌변을 확정지로 만든다. 흑4로 a는 우형이다.

(2607)

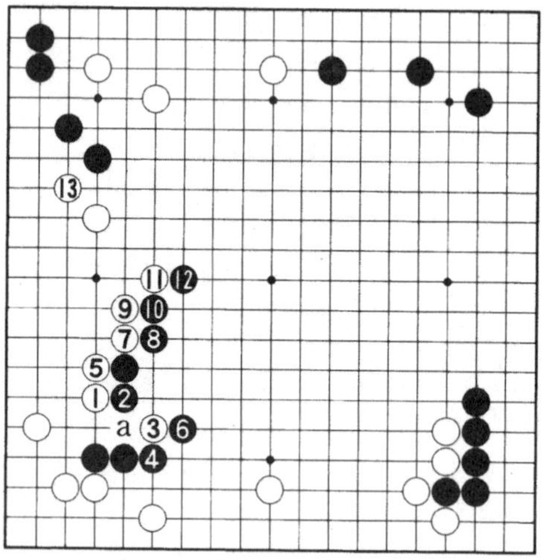

## 공격의 들여다보기 백번

■ 1963년 명인전
흑/ 후지사와 히데유키(藤沢秀行) 명인
백/ 사카타 에이오(坂田栄男) 본인방

백1로 들여다보는 수가 강렬하다. 중앙의 흑집을 빼앗는다. 흑은 2부터 6까지 하변을 지켜야 한다. 이 때, 백7로 밀고 11까지 상변을 건너 흑의 엷음을 노린다. 백은 13으로 중앙을 굳히면 우세해진다.
백1을 4로 두어 건너면 흑a로 중앙이 두터워지기 때문에 백이 만족스럽지 않다. 역시 흑2로 4는 백5, 흑3, 백2로 흑 무리.

(2608)

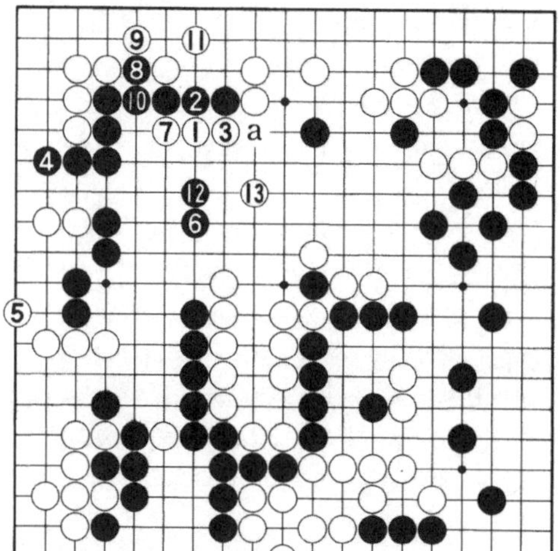

## 균형을 깨는 뻗기 흑번

늘기

■ 1987년 기성전
흑/ 가토 마사오(加藤正夫) 9단
백/ 조치훈(趙治勳) 기성

흑은 세 개의 귀를 차지하여 확정지가 많다. 백은 우변에 모양을 만들었으나 우하에 있는 흑에 대한 공격이 난해하다.

흑1로 뻗는 수는 집의 균형을 무너뜨리는 절호점이다. 흑a로 단수를 치면 백b로 이어 중앙의 흑이 위험하다. 백은 2부터 10까지 공격하지만 흑11로 도망쳐 대마불사한다.

(2609)

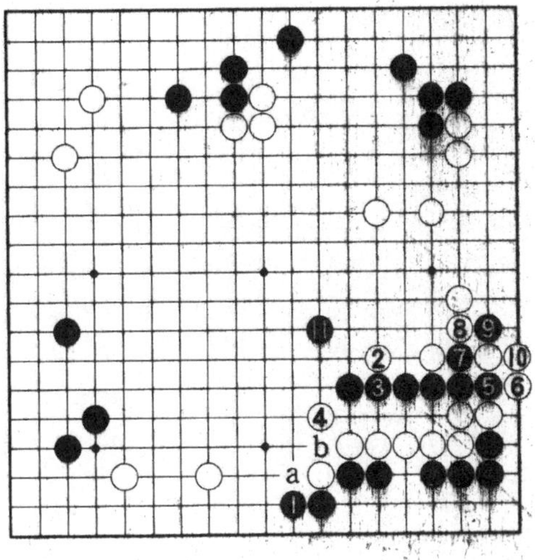

## 수습의 껴붙임 흑번

껴붙임

■ 1850년 어성기
흑/ 혼인보 슈사쿠(本因坊秀策)
백/ 이토 쇼와(伊藤松和)

좌변에서 중앙으로 도망나온 흑에 대한 공격이 흑의 바람이다. 흑1의 껴붙임이 강수이다.

백2로 부풀리면 흑3으로 단수쳐서 패가 난다. 이 패를 백이 지면 안 된다. 흑은 중앙 탈출을 팻감으로 써 싸움이 쉬워진다.

흑1로 3은 백1로 흑이 괴롭다. 백2로 3은 흑2로 뻗어 흑이 편한 모양이다.

(2610)

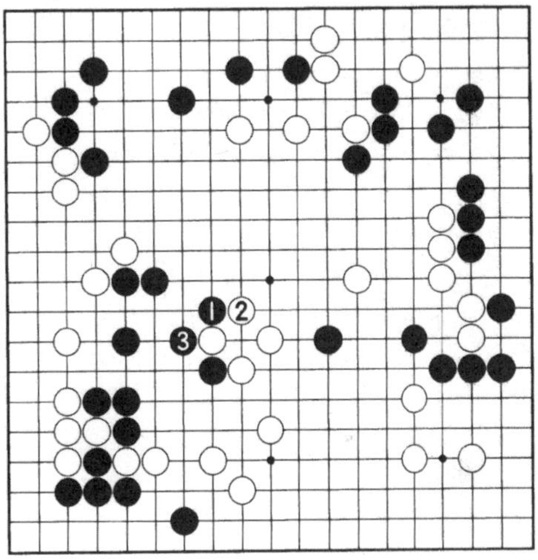

## 수습의 껴붙임 흑번

■ 1962년 특별기전
흑/ 후지사와 히데유키(藤沢秀行) 8단
백/ 하시모토 쇼지(橋本昌二) 9단

흑1로 껴붙이는 것이 맥이다. 흑1로 2에 젖히면 백1로 당겨 흑a로 궁색한 모양이 된다.

백의 당긴 지점 1에 흑이 두면 백은 2로 저항할 수밖에 없다.

흑3부터 9로 씌우면 모양이 가벼워져 우상의 흑을 수습하여 상변의 흑에게도 원군을 보낼 수 있다.

(2611)

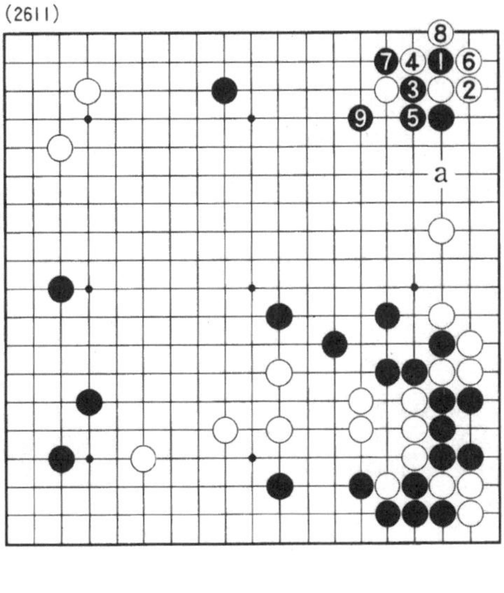

## 자충의 껴붙임 백번

- 1980년

  흑/ 조치훈(趙治勳) 기성

  백/ 오오타케 히데오(大竹英雄) 명인

우하에서의 수상전으로 백 6점이 잡히면 끝난다. 백1의 껴붙임이 흑의 자충을 추구하는 묘수이다. 흑2의 꼬부림에는 백3의 붙임을 준비하고 있다. 이후 흑a, 백b, 흑c, 백d로 흑은 3에 이을 수 없기 때문에 패가 된다.

(2612)

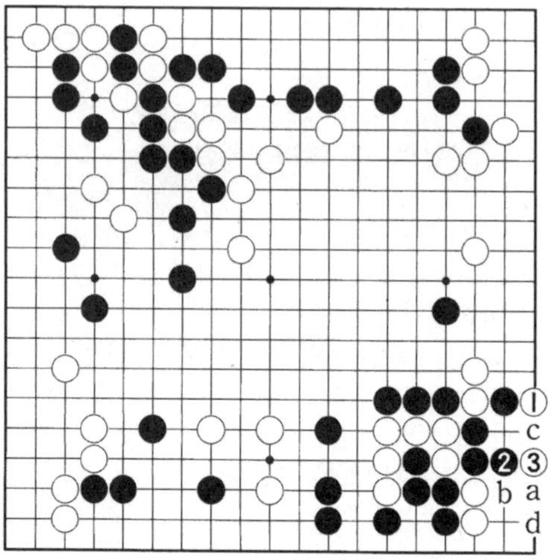


## 사석을 이용한 강화 백번

- 1989년 명인전

  흑/ 조치훈(趙治勳) 본인방

  백/ 이시다 요시오(石田芳夫) 9단

우하에서의 치열한 경쟁이다.

백1로 나간 뒤 3으로 껴붙인 수는 흑의 응수를 보는 맥이다.

흑이 4로 나가면 백은 5, 7을 사석으로 9를 선수 활용하고 11로 공격한다. 우하는 a가 선수이므로 강력하다. 흑2로 5는 백b, 흑2, 백c로 백은 더욱 강력하다.

흑4로 5는 백4로 막아 중앙이 두텁다.

(2613)

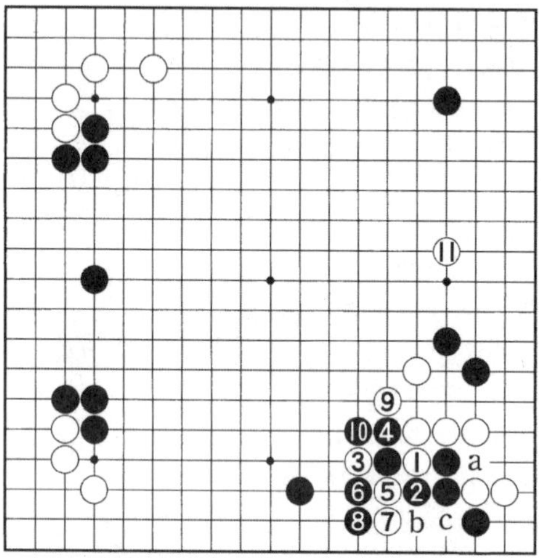


## 모양을 부수는 젖힘 흑번

젖힘

- 1971년 명인전

  흑/ 카지와라 타케오(梶原武雄) 9단

  백/ 린 하이펑(林海峰) 9단

우하에서의 싸움이다. 흑1의 젖힘은 귀에 있는 백의 모양을 무너뜨리는 맥이다. 백이 2로 저항하면 흑3으로 잇고 백이 4, 6으로 귀를 지키더라도 흑a로 뻗으면 귀의 백을 잡을 수 있다.

백2로 3으로 따내면 흑2로 단수쳐서 백이 포도송이가 된다. 흑은 하변을 선수로 강화하여 충분한 모양이다.

(2614)

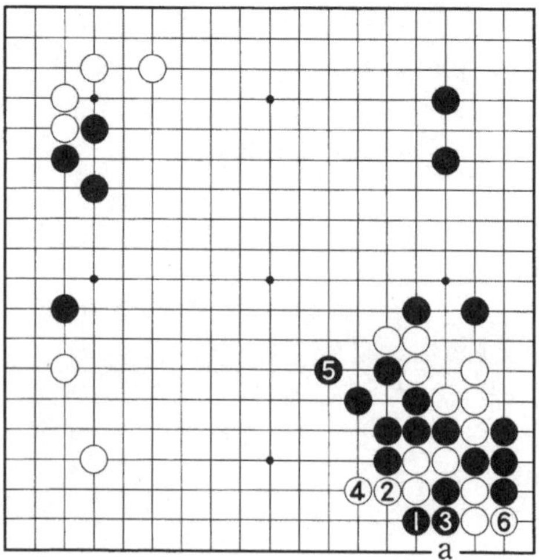

## 귀삼수 백번

■ 1986년 명인전
흑/ 고바야시 고이치(小林光一) 명인
백/ 가토 마사오(加藤正夫) 왕좌

흑이 우변에 침입하였다. 백은 반격을 하고 싶다. 백1로 단수를 치고 3으로 젖혀 흑의 자충을 추궁한다. 흑4부터 백11까지 귀삼수가 된다. 흑은 12로 뛰어 백 전체를 공격하고 있다. 흑14 이후 백a도 유력하다. 백13, 15로 조이는 것도 두터워서 충분하다.
※⑪→③, ⓮→⑦(따냄)

(2615)

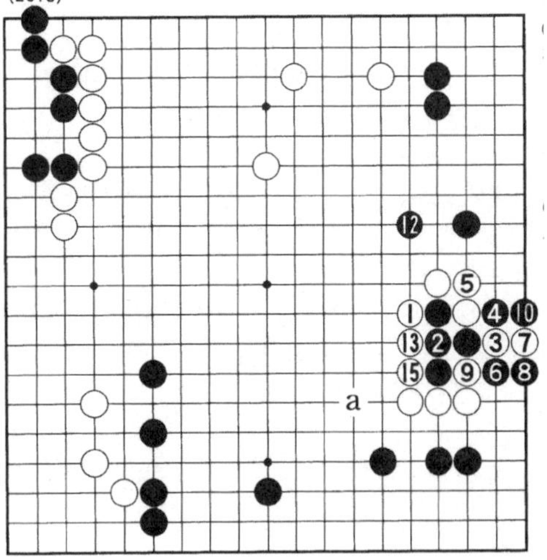

## 젖힘 한 번의 수습 백번

■ 1990년 명인전
흑/ 오오타케 히데오(大竹英雄) 9단
백/ 타케미야 마사키(武宮正樹) 9단

흑은 상변의 백을 분단하여 중앙으로 뛰어 나갔다. 백이 어떻게 수습하여야 할까?
백1로 젖히는 것이 맥이다. 흑2로 중앙에 손을 돌리면 백3을 근거의 요점에 두어 안정된다. 백은 7까지 상변의 흑을 공격하는 모양이다. 흑2로 3에 받는 것은 백2, 흑a, 백b로 끊고 흑c, 백d, 흑e는 백f로 흑이 불리해진다.

(2616)

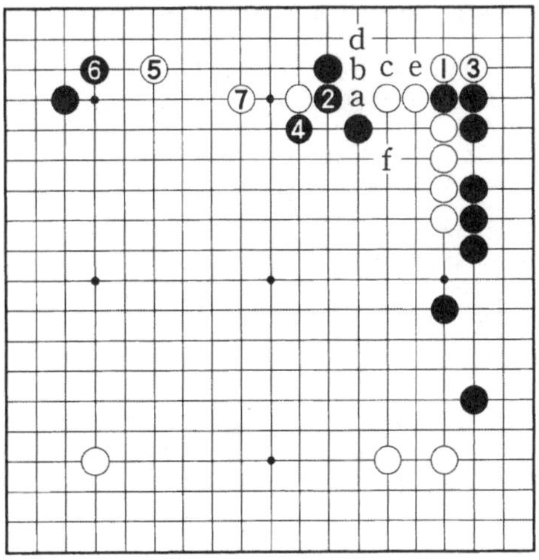

## 필살의 젖힘 백번

■ 1949년 기성전
흑/ 가토 마사오(加藤正夫) 왕좌
백/ 요코타 시게아키(横田茂昭) 6단

좌상의 사활 문제. 평상시라면 흑은 백 1점을 잡아 살아있는 모양이겠지만 지금은 백이 바깥의 세력을 더하고 있는 상황이다.
백이 1로 젖히면 흑은 죽은 모양이 된다. 흑2부터 상변에 맛을 만들고 싶지만 백9까지는 수가 없다. 귀는 흑10에 백11로 좋다. 백1로 10에 뻗으면 흑a로 끊은 곳부터 부호 순으로 백j까지 활용하여 흑i로 백은 실패한다.

(2617)

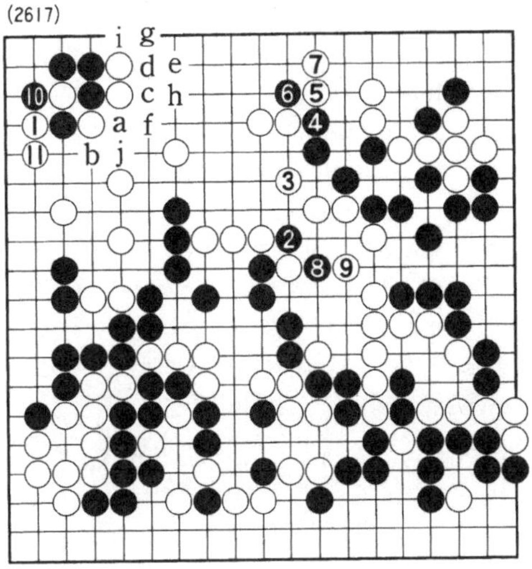

(2618)

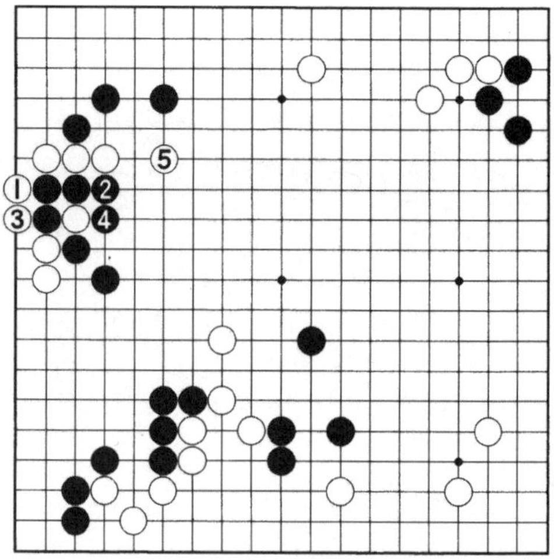

## 건넘의 맥　　　　　백번

흑/ 후지사와 히데유키(藤沢秀行) 명예기성
백/ 하시모토 쇼지(橋本昌二) 9단

좌변에 있는 흑의 모양은 백 3점을 잡으면 큰 확정지로 변한다. 백1로 젖힘은 흑의 자충을 추궁하는 냉엄한 수이다.
흑2, 4로 받을 수밖에 없기 때문에 백은 5로 뛰어 백의 불안은 없다. 좌변의 흑집이 작아진다.
흑2로 3은 백4로 뻗어 흑을 잡는다.

(2619)

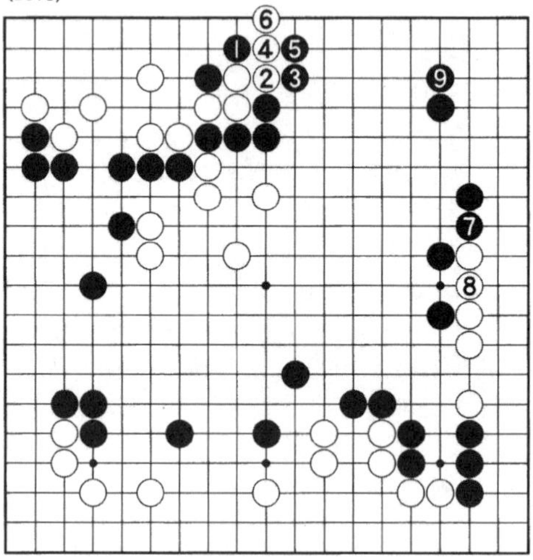

## 모양을 결정짓는 젖힘　　　　　흑번

흑/ 이마무라 토시야(今村俊也) 8단
백/ 카타오카 사토시(片岡 聡) 9단

흑은 우상귀의 집을 굳히고 싶지만 상변에 뒷문이 열린 모양이다. 상변을 먼저 결정해야 한다.
흑1의 젖힘은 백의 자충을 추궁한다. 백은 2, 4이지만 흑은 흐름 좋게 3, 5로 막을 수 있다. 백6 이후 흑7부터 9까지 철주로 우상의 확정지가 커진다.
흑1로 2는 백1. 상변은 뒷문이 열린다.

(2620)

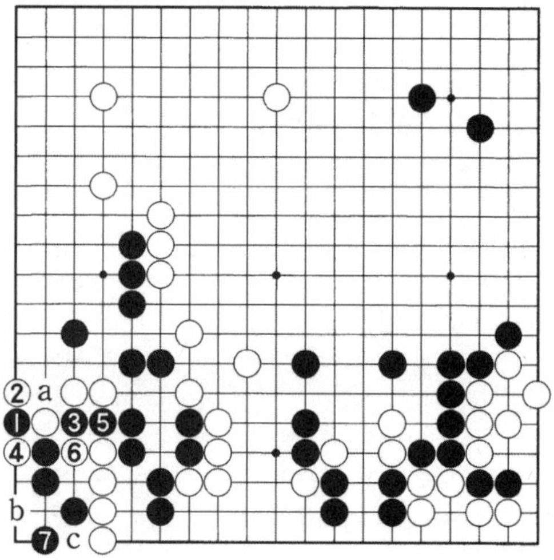

## 승부를 결정짓는 젖힘　　　　　흑번

- 1988년 기성전
  흑/ 노부타 시게히토(信田成仁) 5단
  백/ 온다 야스히코(恩田烈彦) 5단

좌하귀에서의 수상전 문제이다.
귀의 흑이 살면 좌하의 백이 전멸하므로 여기가 승부처이다.
흑1로 젖히는 수가 맥이다. 백2로 막으면 흑3으로 단수를 활용하고 5로 이어 하변의 백을 끊는다. 흑7로 2·1의 급소에 두어 흑의 승리. 백2로 a는 흑b, 백7, 흑c, 백4와 흑5로 좋다.

## 약점을 추궁하는 끼움 　　흑번

젖혀끼움

■ 1976년 명인전
흑/ 가토 마사오(加藤正夫) 10단
백/ 야마베 토시로(山部俊郎) 9단

백은 중앙의 흑 6점을 포위하였지만 하변의 백에 약점이 있어 불안한 모양이다. 흑1은 필연으로 흑3에 끼우고 5로 단수쳐 백을 자충으로 만든다. 백6으로 10은 흑6으로 단수, 백3, 흑19로 백이 패배한다. 백6으로 이으면 흑7, 9로 공격한다. 백10 이후 흑11부터 23으로 단수치면 흑25로 천지대패가 난다.
※㉔→❸, ㉕→㉒의 왼쪽(패)

(2621)

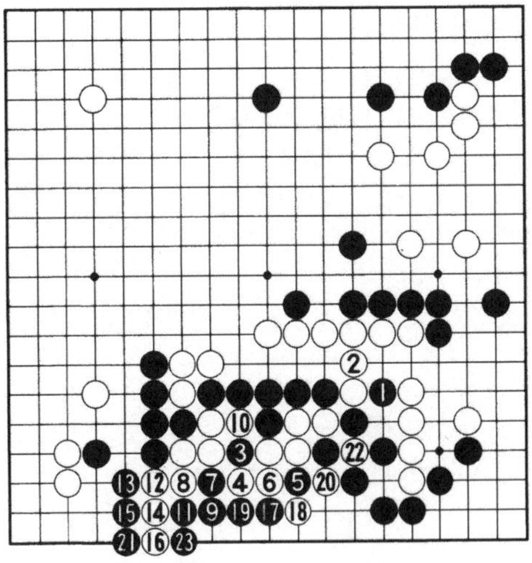

## 큰 눈사태의 안쪽 꼬부리기 　　백번

꼬부림

■ 1957년 최강전
흑/ 우 칭위안(吳清源) 9단
백/ 타카가와 카쿠(高川 格) 본인방

좌하의 백a는 흑4로 좌상을 두게 된다.
백1부터 큰 눈사태 정석이 시작되어 흑6의 안쪽에 꼬부리는 신수가 두어진다. 백7은 9, 흑10은 흑18로 좋다는 것이 현재의 결론이다.
백6을 8에 두는 정석은 흑9, 흑18, 백b, 흑20, 백c, 흑d, 백14로 위의 흑 3점을 잡아 이 포석에서는 흑이 불리하다.

(2622)

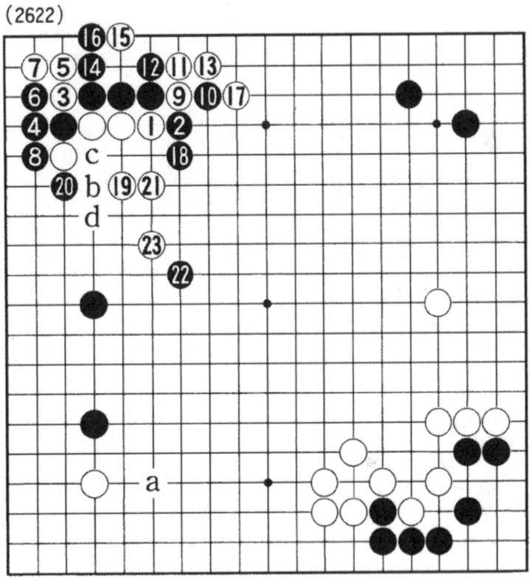

## 냉엄하게 움직여 나오기 　　흑번

■ 1971년 명인전
흑/ 이시다 요시오(石田秀芳) 본인방
백/ 호시노 토시(星野 紀) 8단

우변의 흑은 아직 살아있지 않으나 가일수 하는 것은 불리하다.
흑1로 움직여 나오는 것이 좋다. 백은 3점이 잡혀서는 안되기 때문에 6의 후수로 지켜야 한다.
6을 생략하면 흑a로 상변의 백이 전멸한다.
흑이 7로 뛰어 중앙의 4점을 공격하면 우변의 흑은 살 필요가 없다.

(2623)

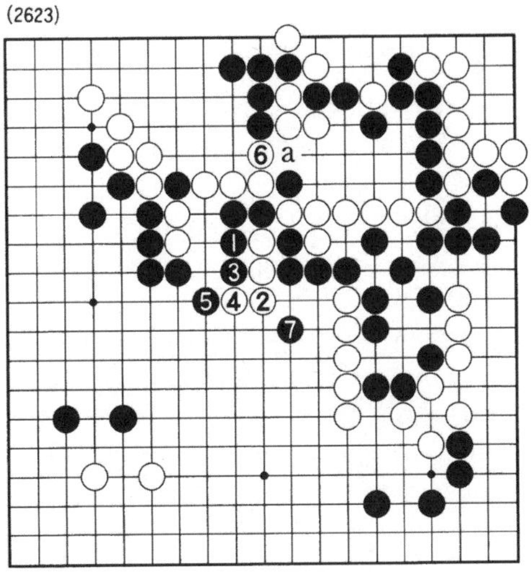

## 강렬한 구부림 공격 백번

- 1988년 응씨배

  흑/ 린 하이펑(林海峰) 9단

  백/ 조훈현(曹薰鉉) 9단

하변은 치열한 격전지가 되었다. 백1의 구부림이 좋은 수였다.
흑2로 중앙을 지킬 때 백3으로 씌워 4점을 잡으면 성공이다.
흑2로 a는 백2로 끊어 a의 1점을 살릴 수 없다. 또 흑2를 3에 두면 백2로 젖혀 중앙의 흑 2점은 백에게 공격당하는 괴로운 돌이 된다.

(2624)

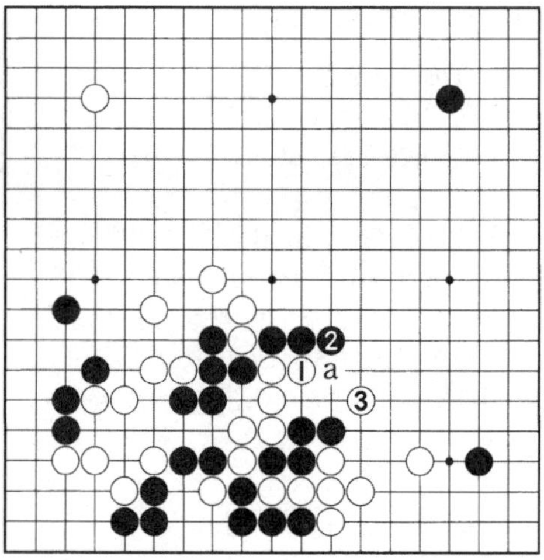

## 부수기의 맥 백번

- 1668년

  선/ 야스이 치테쓰(安井 知哲)

  / 혼인보 도사쿠(本因坊道策)

좌변에 있는 흑의 세력이 강력하여 하변에 있는 흑의 모양이 커질 것 같다.
좌하에 있는 백◎ 2점이 도망쳐도 승산은 없다. 백1의 붙임은 a로 끊기를 노린 맥으로 흑은 2로 밀어 a가 끊을 것을 대비하고 백은 3, 5로 하변의 흑 1점을 잡아 흑의 모양을 미연에 지운다.

(2625)

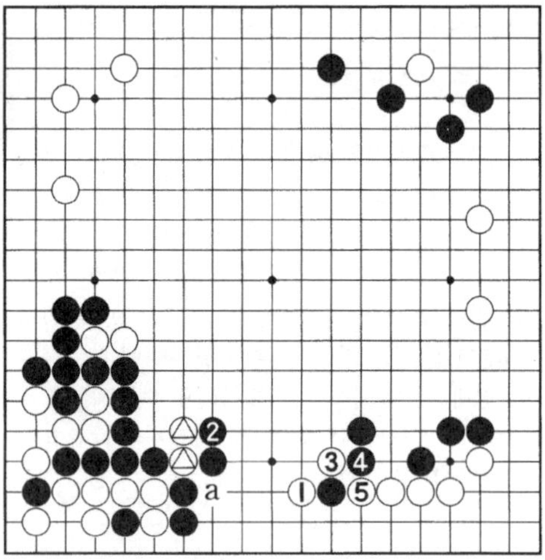

## 모양을 결정짓는 붙임 백번

선/ 한석(閑碩)

/ 쿠와하라 도세츠(桑原道節)

상변에 있는 흑이 백의 공격목표이다. 좌하귀에 있는 백의 안형이 확실치 않기 때문에 수비가 필요하다.
백1의 붙임이 모양을 결정짓는 맥이다. 흑이 2로 받으면 활용하여 백3, 흑4 이후 대망의 백5로 공격에 들어간다.
단순히 백1을 3에 호구치면 흑4 이후 a로 들여다보기가 냉엄하다.

(2626)

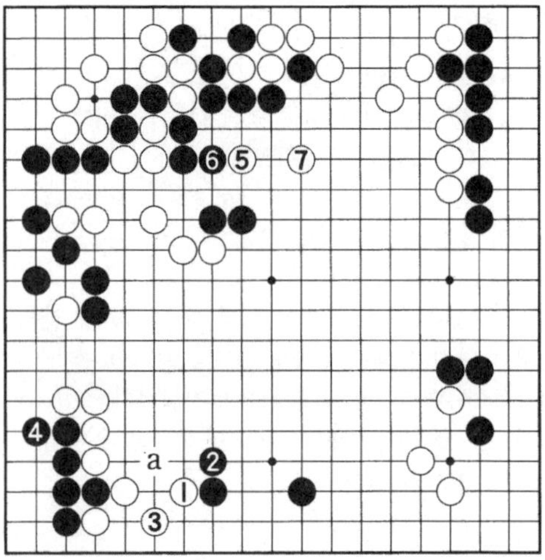

## 선수를 잡는 붙임 백번

■ 1841년

흑/ 혼인보 슈와(本因坊秀和)

백/ 이토 쇼와(伊藤松和) 상수

우상귀의 백을 안정시켜야 한다.
백1의 붙임이 선수를 잡는 맥이다.
흑2, 백3 이후 흑은 4로 끊거나 a의 젖힘이 남는다. 흑4로 이으면 백은 선수로 상변을 벌린다.
백5부터 우변의 흑을 저위부터 압박하고 9까지 최대한 활용한다. 백1을 3에 두면 흑b, 백c, 흑d로 흑이 간명하다.

(2627)

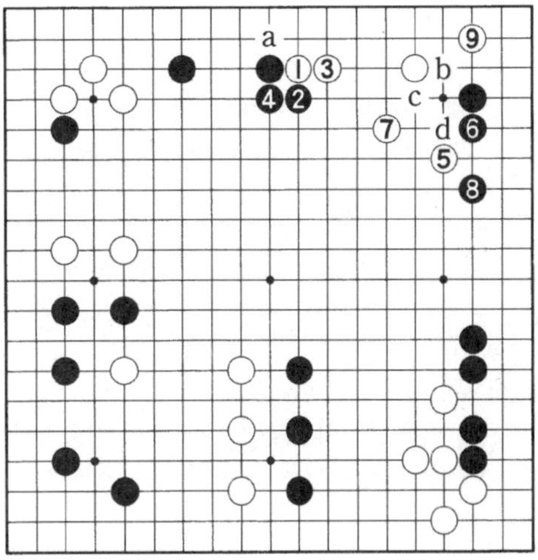

## 배붙임의 수습 흑번

■ 1853년

흑/ 혼인보 슈사쿠(本因坊秀策)

백/ 오오타 유조(太田雄藏) 7단

우하의 흑이 분단되어 있다. 흑이 하변을 지키면 우하귀가 위험하다. 흑1의 배붙임이 맥이다.
백은 2, 4로 뚫는 정도밖에 할 수 없지만 흑은 5로 귀를 안정시켜 10집 이상의 집을 만든다.
하변은 백6이 봉쇄하여 흑7, 9로 산다.
흑1로 3으로 뻗으면 백a로 중앙의 2점이 잡혀 흑이 손해를 본다.

(2628)

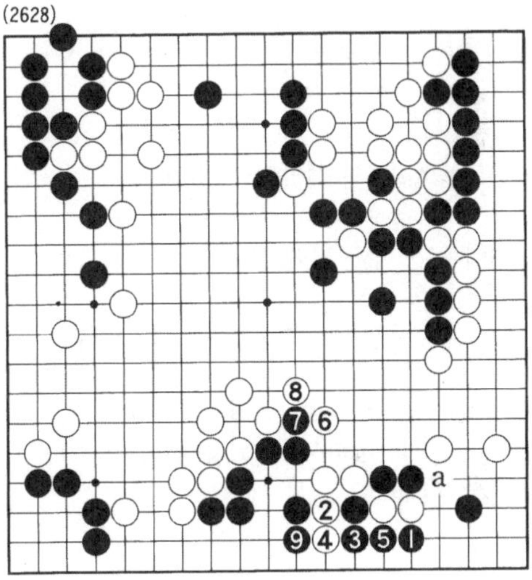

## 붙임의 묘수 백번

■ 1883년

선/ 이와사키 켄조(巖崎健造) 5단

/ 미즈타니 누이지(水谷縫次) 6단

좌변에서의 싸움이다. 백1의 붙임은 활용의 묘수이다.
흑이 2로 받으면 백a, 흑b, 백c의 끊음이 활용되고 흑d 이후 백e의 붙임으로 끝내기가 크게 다르다.
흑2로 c에 받으면 백f로 젖혀 흑g, 백h, 흑i, 백j, 흑4, 백k, 흑l 이후 백m의 붙임이 활용되어 3과 5가 맞보기가 되어 흑이 괴멸한다.

(2629)

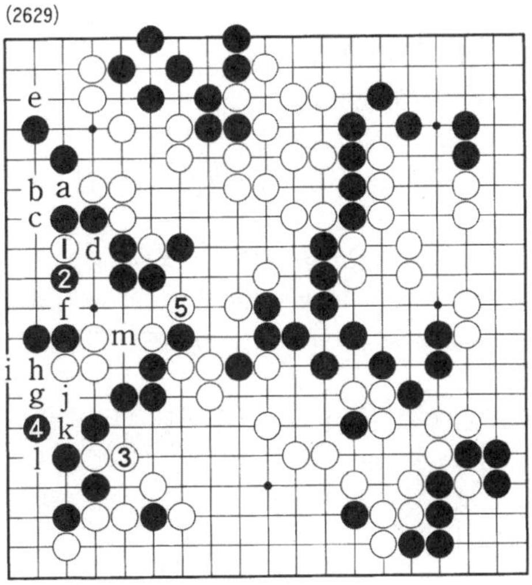

## 분리책의 붙임 백번

■ 1960년 본인방전
흑/ 혼인보 슈카쿠(本因坊秀格) 8단
백/ 후지사와 히데유키(藤沢秀行) 8단

(2630)

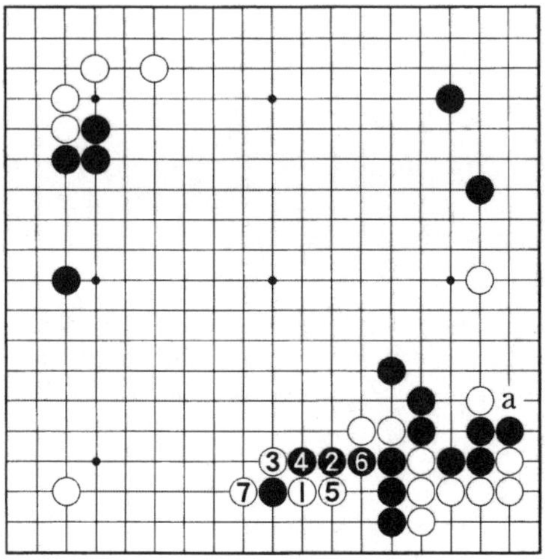


우변의 백은 a로 막는 수가 선수이므로 수습하기 쉬운 모양이다. 흑을 끊고 있는 중앙의 백 2점을 움직일 수밖에 없으나 우변의 흑이 강하기 때문에 정면으로 싸우면 불리하다.
백1의 붙임이 흑을 분단하는 맥이다.
흑은 2로 뛰어 중앙의 백을 분단할 수밖에 없다.
백은 3부터 7까지 하변의 흑 1점을 잡아 충분.

## 응수타진의 붙임 흑번

■ 1972년 십단전
흑/ 하시모토 우타로(橋本宇太郎) 10단
백/ 사카타 에이오(坂田栄男) 9단

(2631)

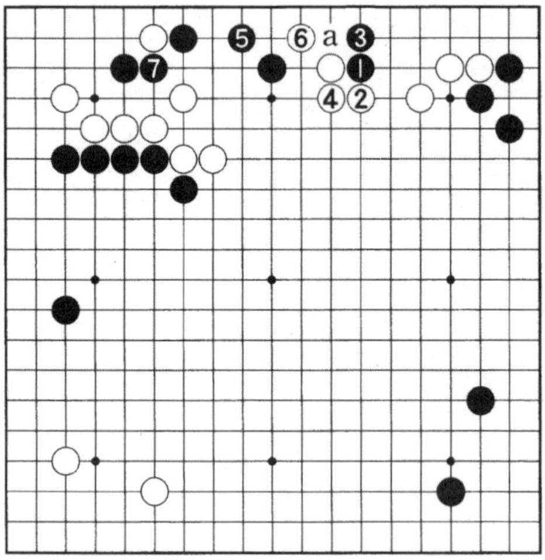


상변에 있는 흑이 엷다. 백은 좌상의 흑 1점을 끊기 위해 흑을 노리고 있다.
흑1로 붙여 우상부터 백의 응수를 타진한다.
백2, 4로 받을 때 흑5로 입구자하여 a로 건너는 수와 7의 끊는 수를 맞보게 한다.
흑7로 끊으면 상변만으로도 산다. 백6으로 7도 흑a로 집이 많다.

## 활용을 보는 붙임 백번

■ 1975년 명인전
흑/ 이시다 요시오(石田芳夫) 명인
백/ 오오타케 히데오(大竹英雄) 9단

(2632)

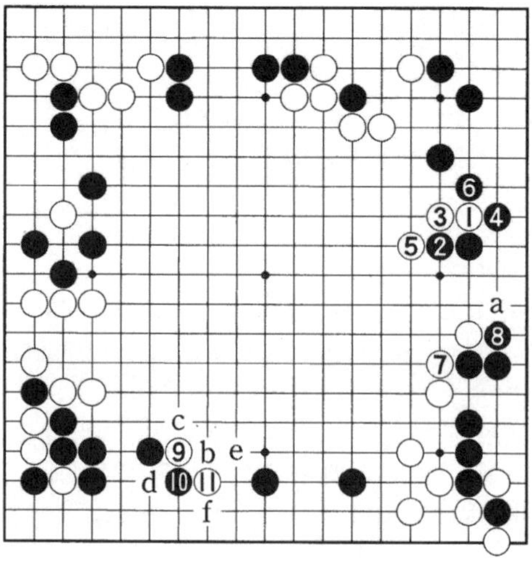


우하의 흑에게 공격을 보류하고 백1로 붙인 수가 좋은 수이다. 흑2부터 6까지 받으면 백7, 흑8 이후 백a를 방지할 수밖에 없으므로 활용 당한다.
백9, 11이 축머리를 본 제2탄. 흑b, 백c, 흑d는 백e로 축에 걸린다. 흑은 d를 f에 두어 백 1점을 잡고 백은 d로 끊어 흑집을 줄이고 바깥을 두텁게 한다.

## 절단을 막는 붙임의 활용 　　백번

- 1977년 십단전
  흑/ 마가리 레이키(曲 励起) 9단
  백/ 후지사와 히데유키(藤沢秀行) 기성

우상귀의 백이 공격당하고 있다. 백1의 붙임은 가벼운 수습의 맥이다. a로 끊을 것을 막는다. 흑2로 뻗으면 백에게 흐름을 주지 않으나 백3으로 이어서 백1의 활용이 통하는 모양이다. 흑4, 6으로 귀를 굳히고 백의 근거를 빼앗은 뒤 백은 중앙으로 도망쳐 느긋한 바둑이 된다.

(2633)

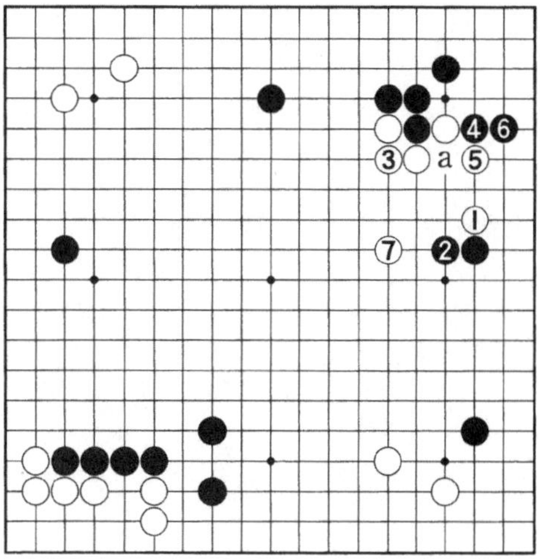

## 절단의 끼움 　　백번

끼움

- 1706년 십번기
  선/ 혼인보 도치(本因坊道知)
  / 이노우에 인세키(井上因碩)

상변의 전투. 산재되어 있는 백 5점은 이대로 가면 완전히 뜬 돌이 된다. 중앙으로 도망치는 것도 가망이 없다.
백1로 끼우는 수가 강수. 흑2, 4로 지키게 하면 백5로 끊어 중앙의 흑 1점을 분단한다. 백11까지 상변만으로 사는 모양이다. 흑2로 3은 백2로 뻗어 흑이 도리어 위험에 빠진다.

(2634)

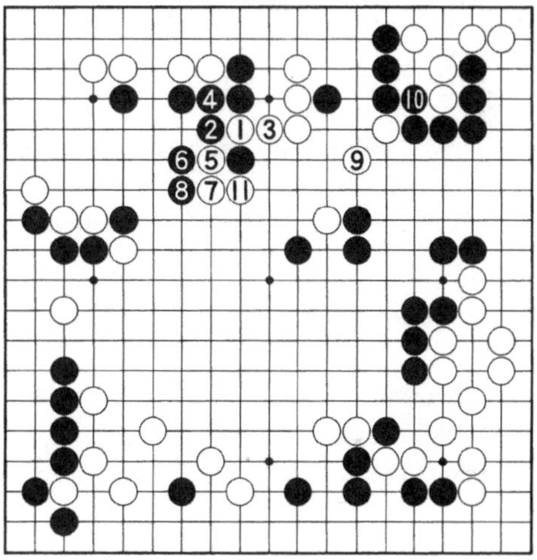

## 수습의 끼움 　　백번

- 1968년 본인방전
  흑/ 사카타 에이쥬(坂田栄寿) 본인방
  백/ 린 하이펑(林海峰) 명인

좌상에서 백이 수를 잘못 보았다. 중앙의 백이 위험에 빠졌으므로 백1로 끼우는 수가 맥이다. 흑2부터 6까지 받게 하여 백7로 빈삼각으로 선수하여 중앙의 백은 집이 있다. 백11로 지켜 승리를 결정짓는다.
흑은 백1로 두기 전에 a로 입구자 붙여 b의 패를 둘 기회가 있었다.

(2635)

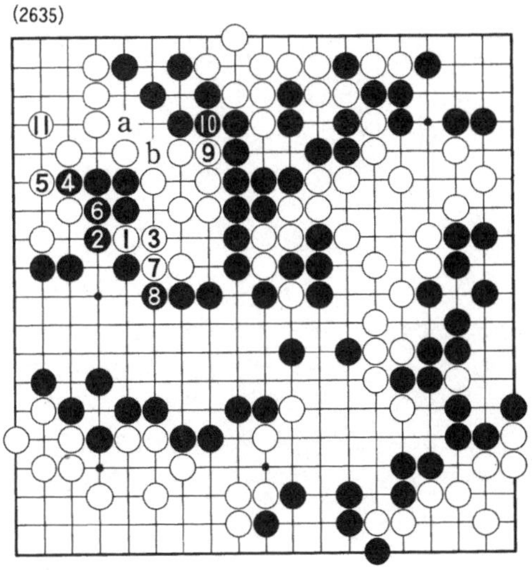

## 얽기를 노리는 끼움 백번

■ 1975년 십단전
흑/ 가토 마사오(加藤正夫) 8단
백/ 조치훈(趙治勳) 6단

백1로 단수를 쳐도 축이 되지 않는다. 하지만 흑2 이후 백3으로 끼우는 것이 강렬하다. 흑4, 6으로 축을 막아도 백7부터 11까지 파고들어서 위아래를 엮는다.
백은 23까지 우변을 부수고 29로 뛰어 성공한다.

(2636)

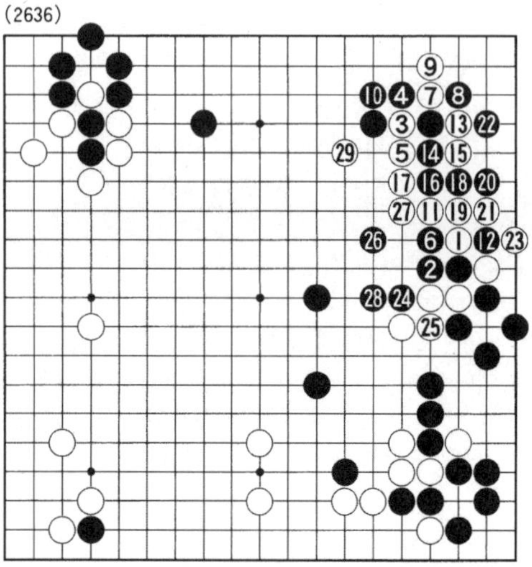

## 모양을 정리하는 끼움 흑번

■ 1975년 선수권전
흑/ 조치훈(趙治勳) 6단
백/ 사카타 에이오(坂田栄男) 선수권자

흑은 좌변에서 중앙으로 뛰어나간 3점과 하변에서 중앙으로 도망친 8점이 모두 약하다. 흑1로 끼우면 백이 들여다본 것을 선수로 해소하려는 맥이다.
백2라면 흑3으로 당기고 5로 붙여 중앙의 모양을 정리한다.
백2로 3은 흑a, 백2로 흑이 선수를 잡는다.

(2637)

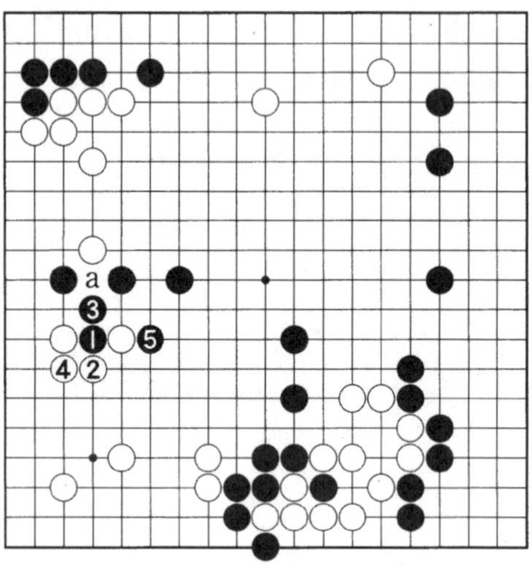


## 백을 뜬 돌로 만드는 집 만들기 흑번

■ 1980년 명인전
흑/ 린 하이펑(林海峰) 9단
백/ 타케미야 마사키(武宮正樹) 본인방

좌하에서의 싸움이다.
좌변의 백 1점은 좌하의 흑 방향에 공격이 들어오면 편하게 타개할 수 있다. 그러나 반대로 좌하의 흑이 강해지면 백 1점을 노려서 잡을 수 있다.
흑1은 좌하귀에 확실한 집을 만들어 백 1점을 뜬 돌로 만드는 급소이다. 흑이 1에 두지 않으면 백1로 들여다봐서 모양을 무너뜨린다.

(2638)

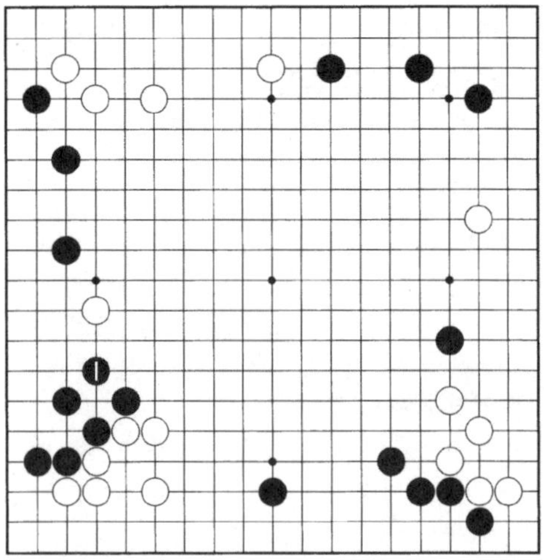

# 색인

※첫번째 숫자는 4분의 1도, 두번째는 2분의 1도, 세번째는 실전도 페이지를 나타낸다.

## 침입하다

(84) 흑번

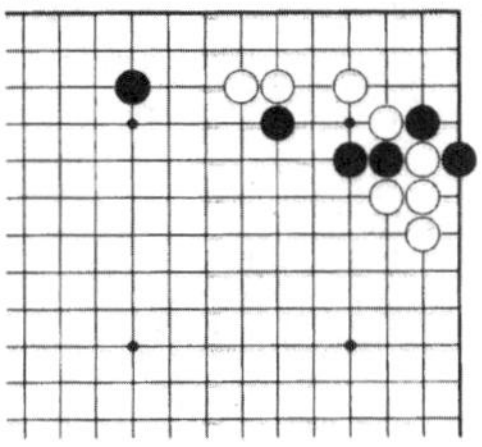

(113) 흑번

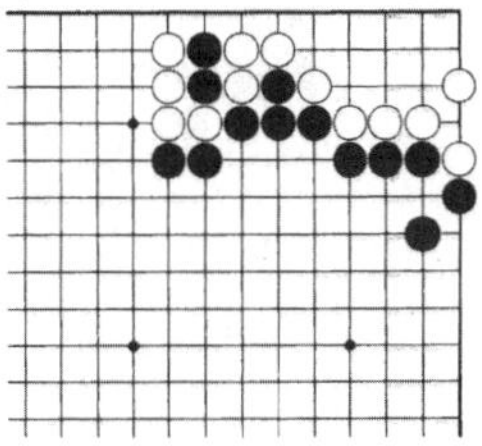

(152) 흑번

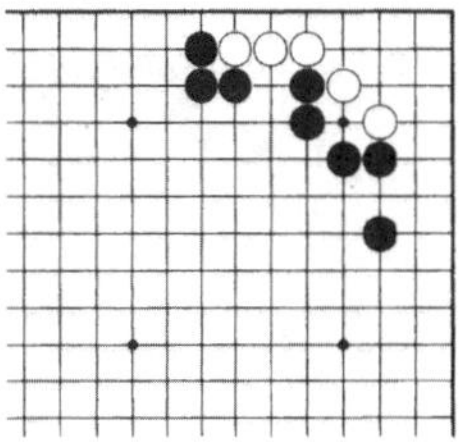

(168) 흑번

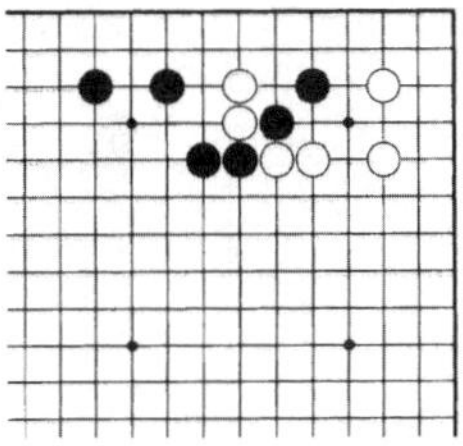

(169) 흑번

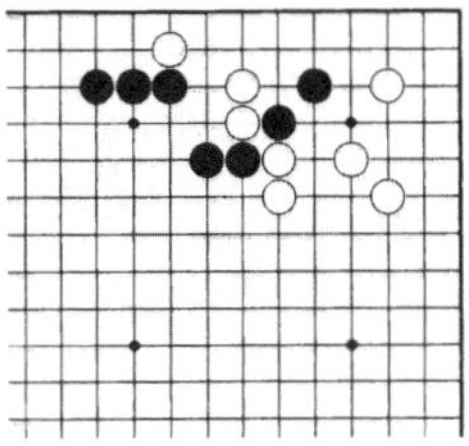

(173) 흑번

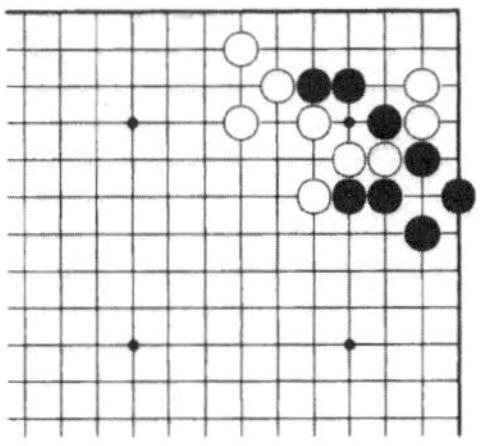

(184) 흑번

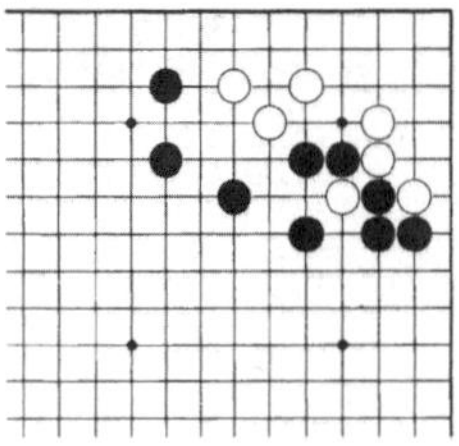

(238) 흑번

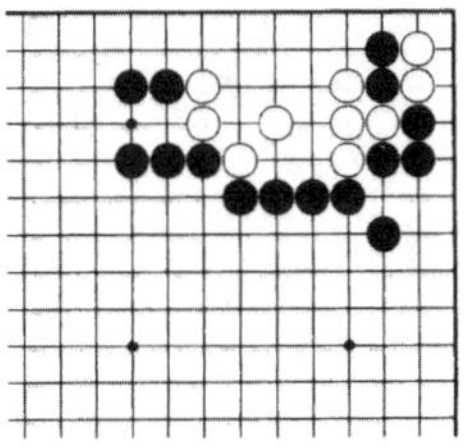

(255) 흑번

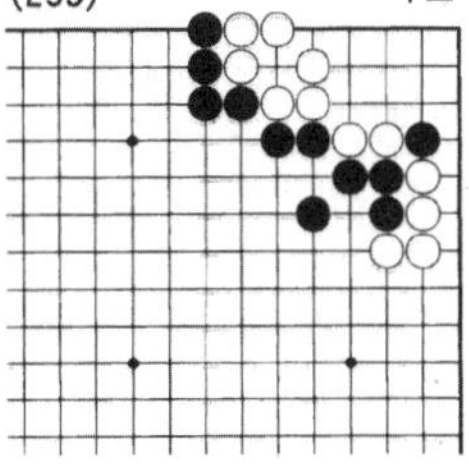

(276) 흑번

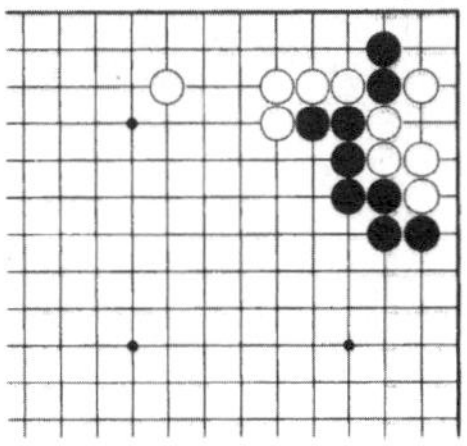

(291) 흑번

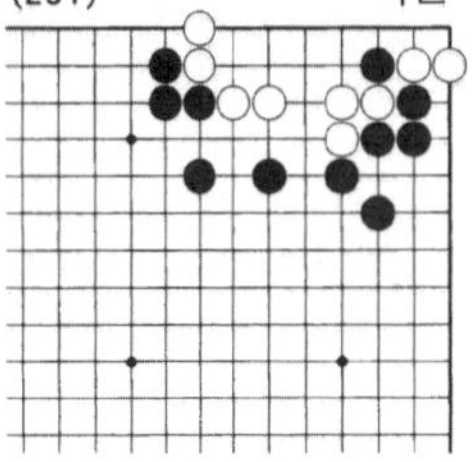

(293) 흑번

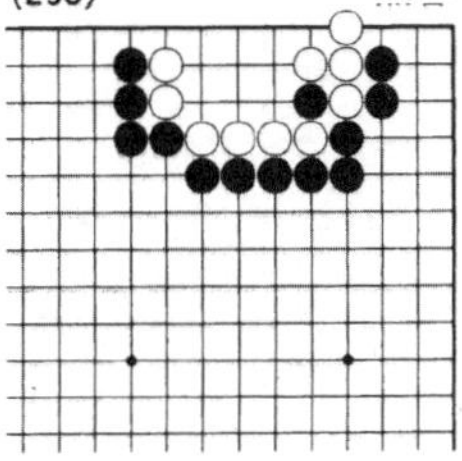

(294) 흑번

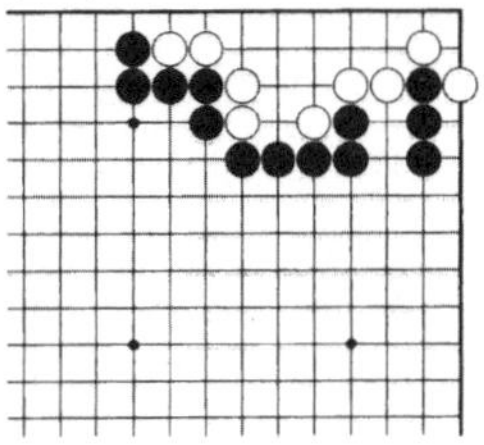

(295) 흑번

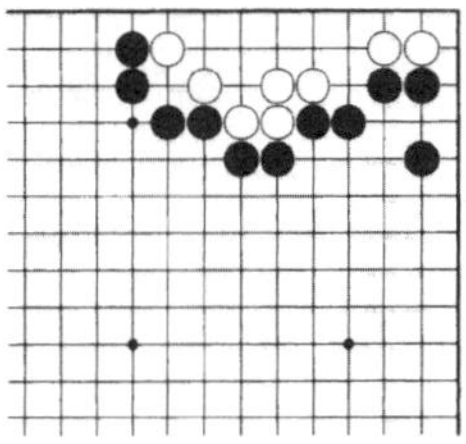

(296) 흑번

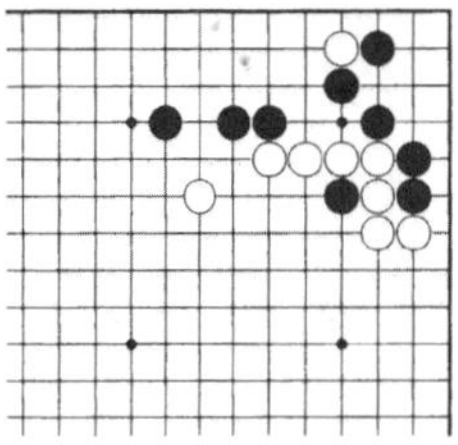

(297) 흑번

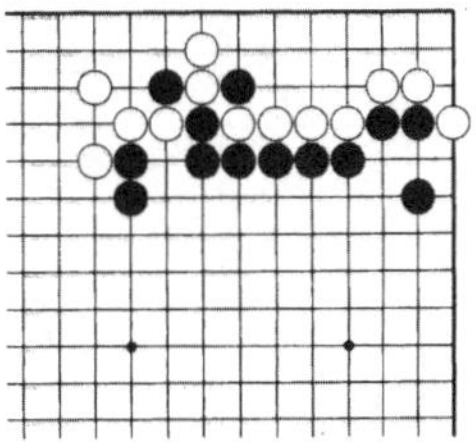

(351) 흑번

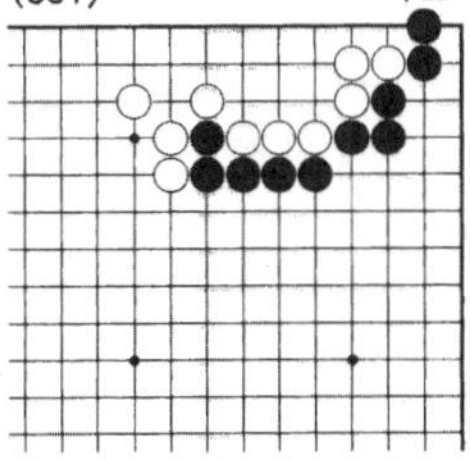

(377) 백번

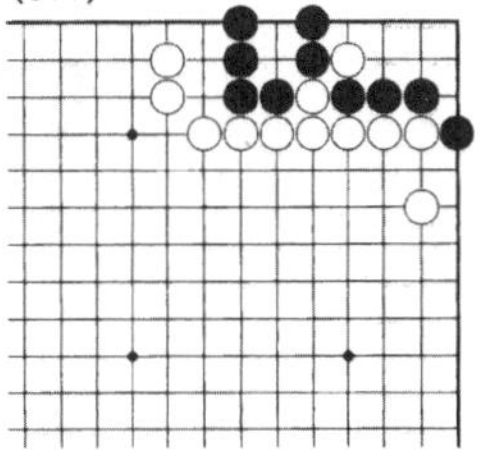

(378) 흑번

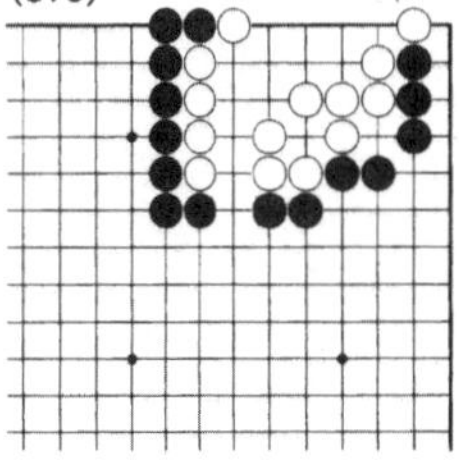

(386) 흑번

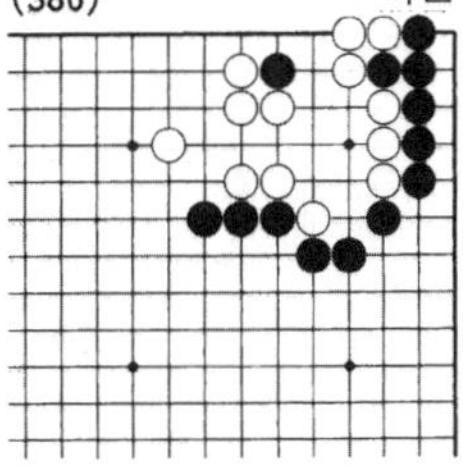

(389) 흑번

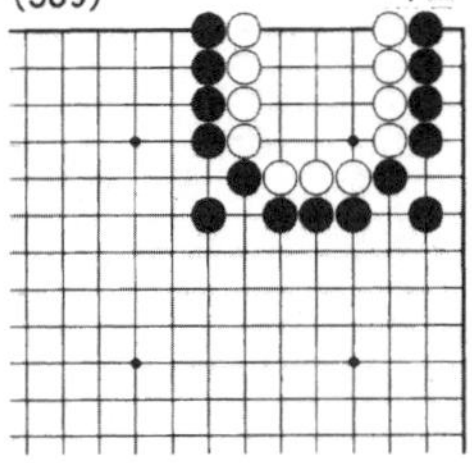

(403) 흑번

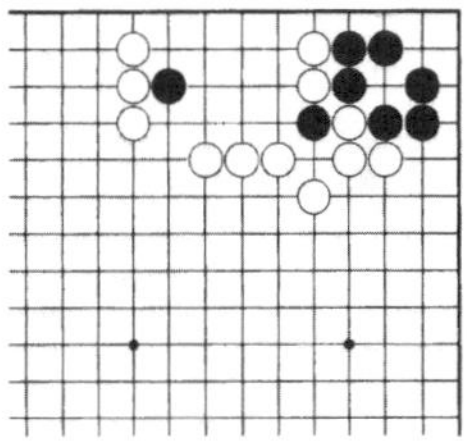

(637) 백번

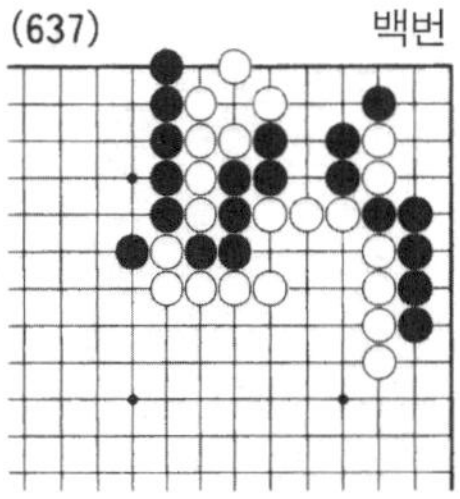

(691) 흑번

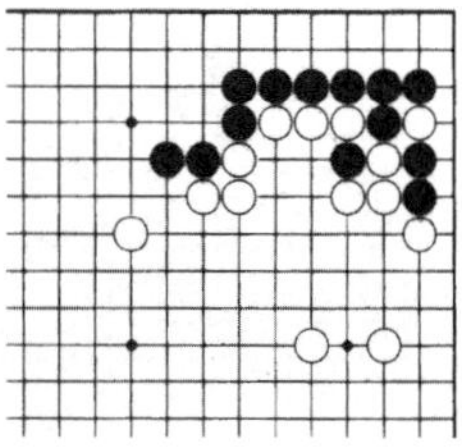

(696) 흑번

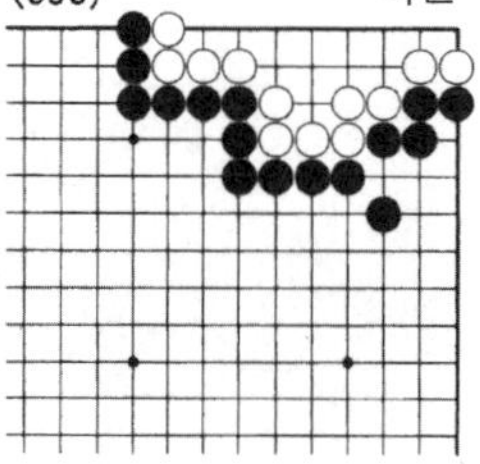

(698) 흑번

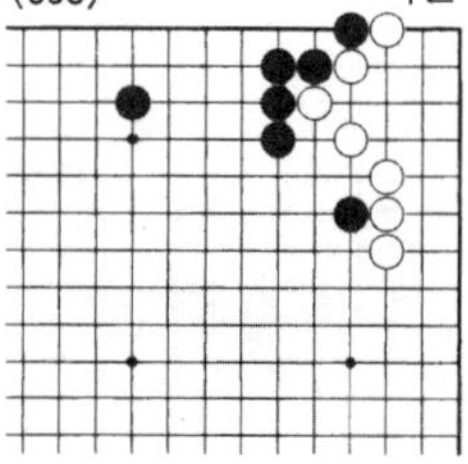

(702) 백번

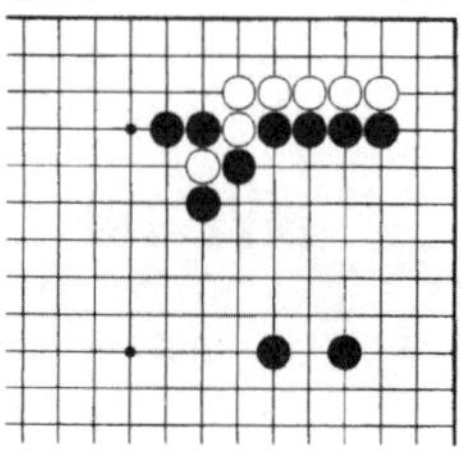

(886) 백번

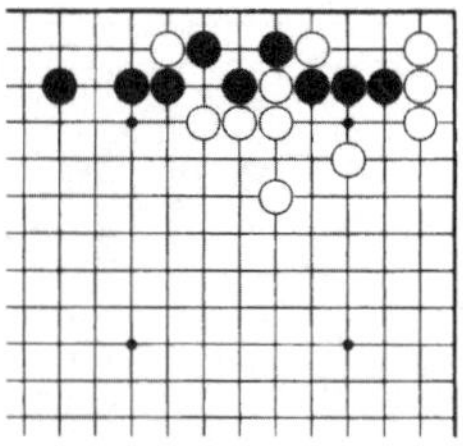

(1015) 백번

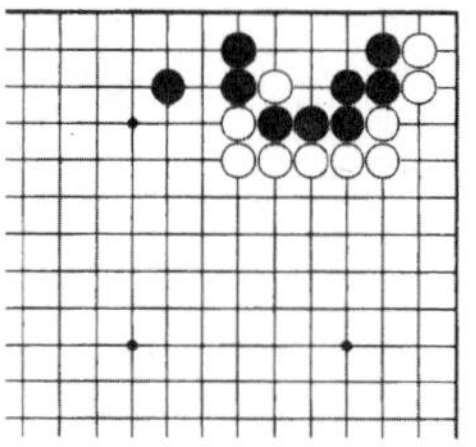

(1020) 백번

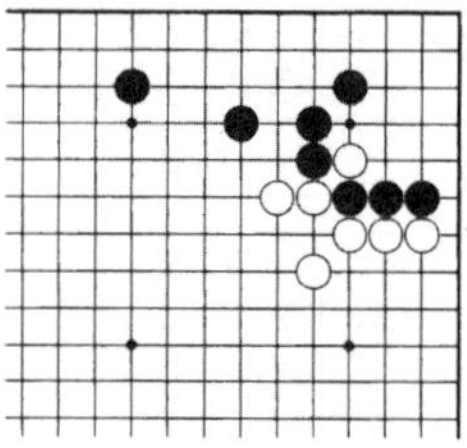

(1078) 흑번

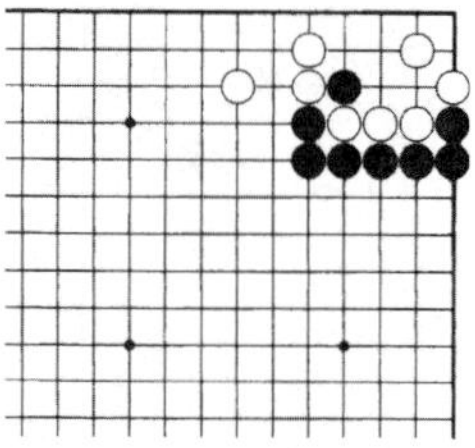

(1108) 백번

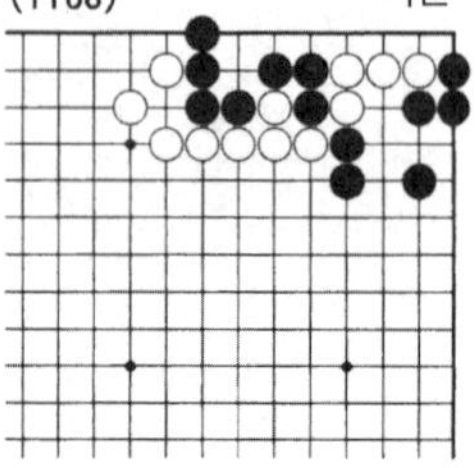

(1121) 백번

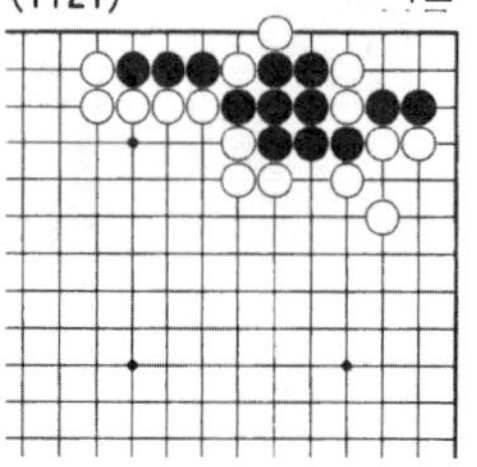

(1191) 흑번

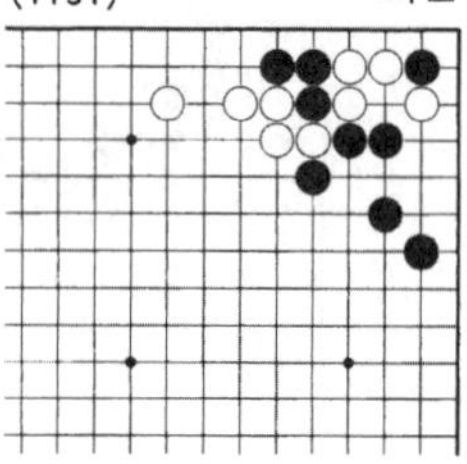

(1220) 백번

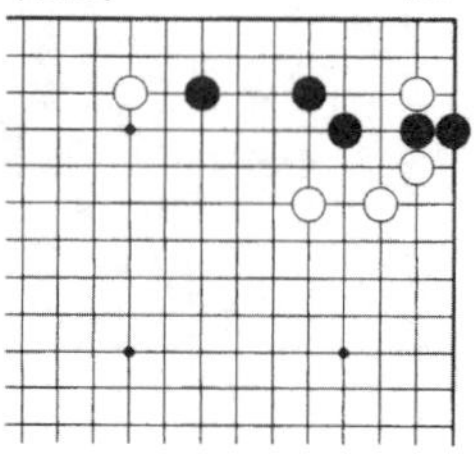

(1221) 백번

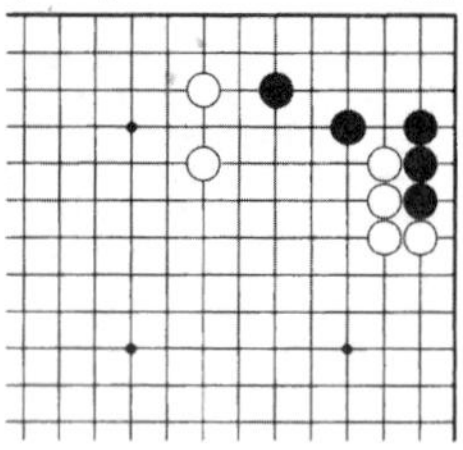

(1222) 백번

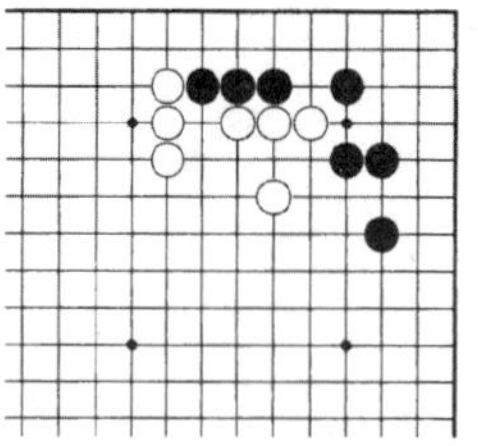

(1223) 백번

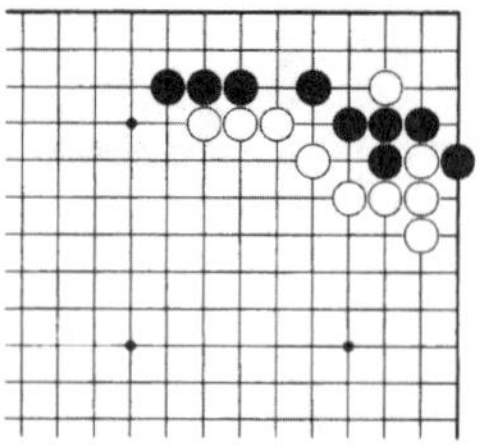

(1224) 흑번

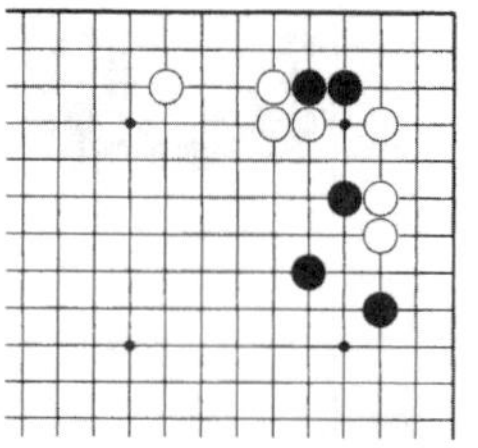

(1225) 흑번

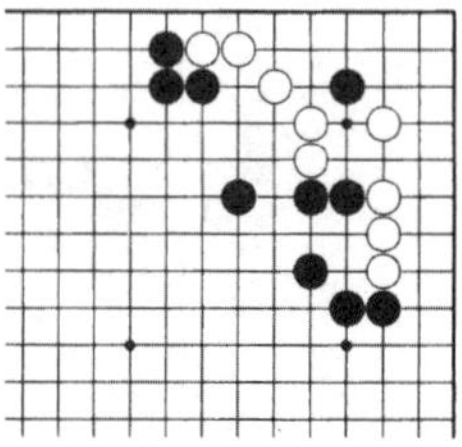

(1236) 백번

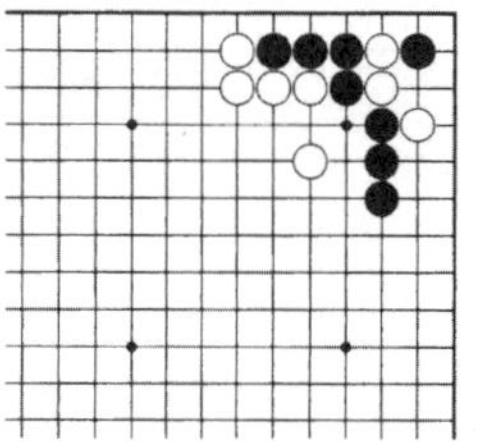

(1319) 백번

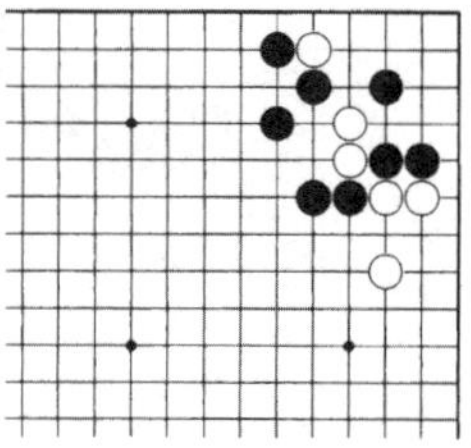

(1321) 흑번

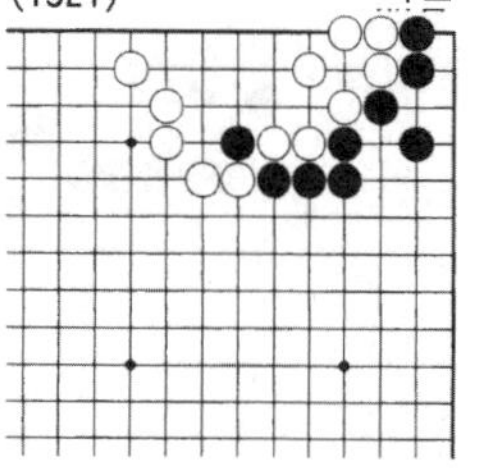

(1323) 백번

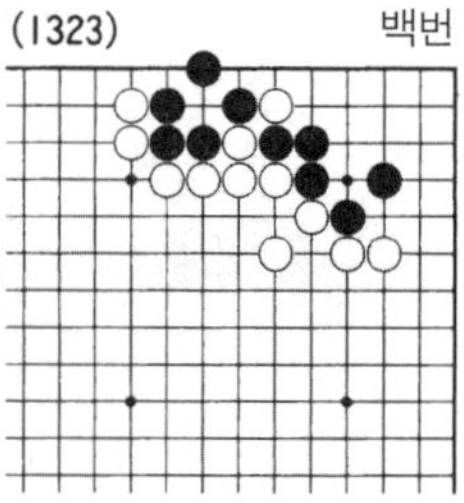

(1324) 흑번

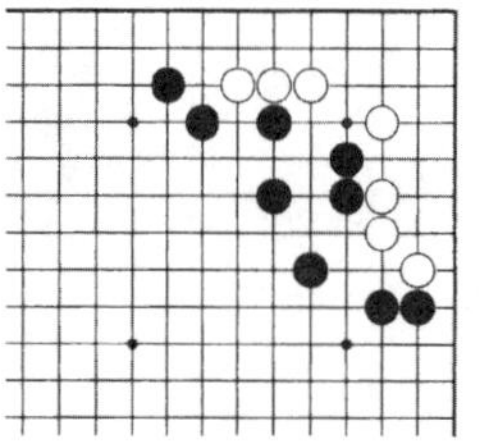

(1337) 흑번

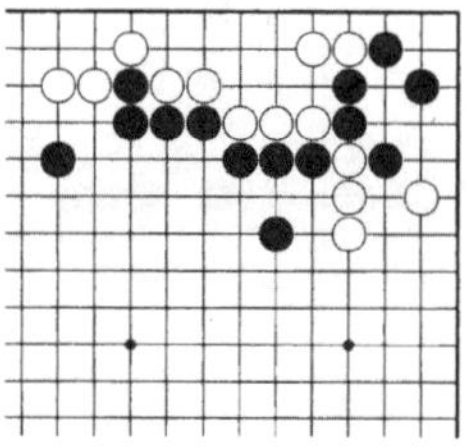

(1344) 백번

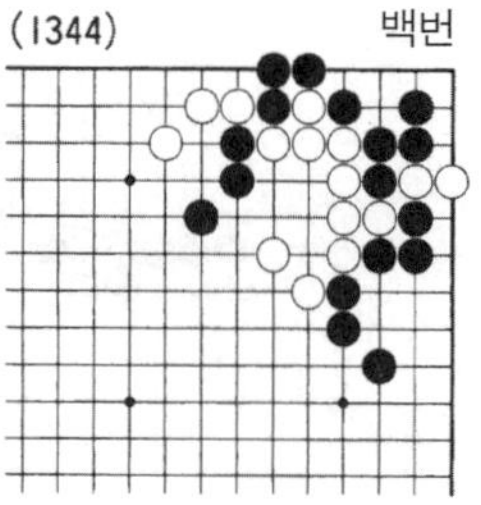

(1397) 백번

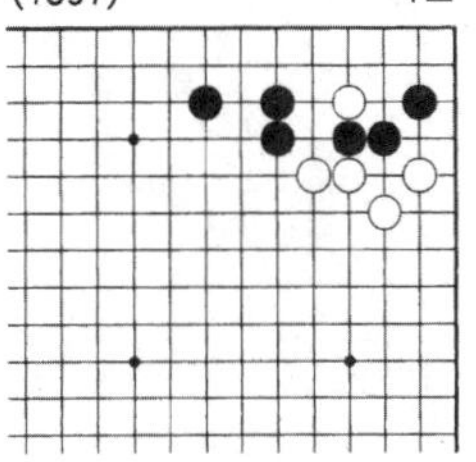

(1401) 백번

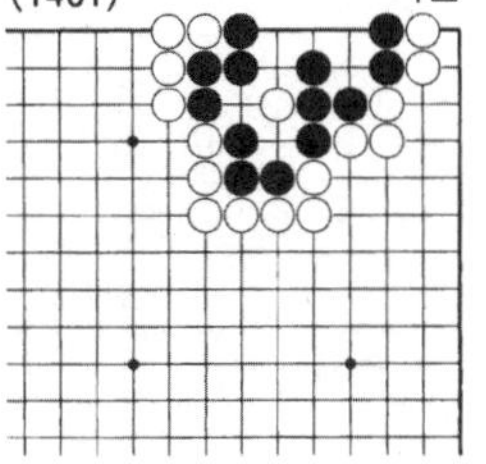

(1402) 백번

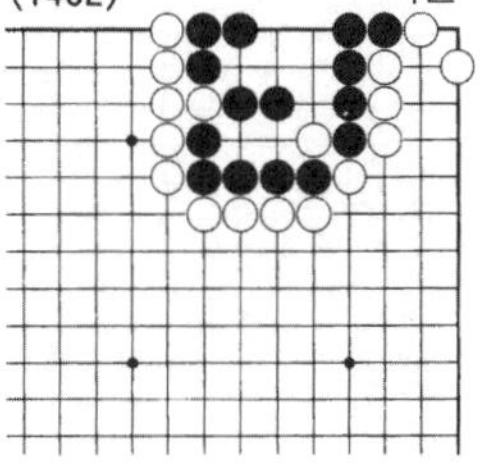

(1405) 흑번

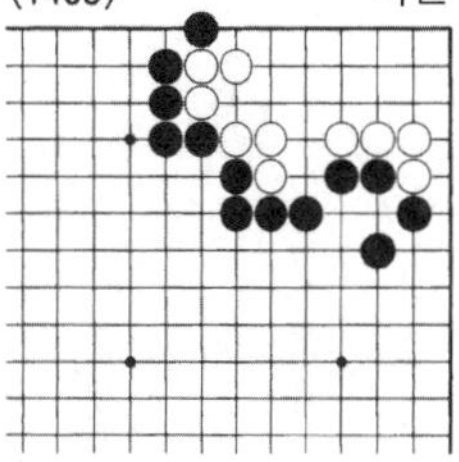

(1406) 백번

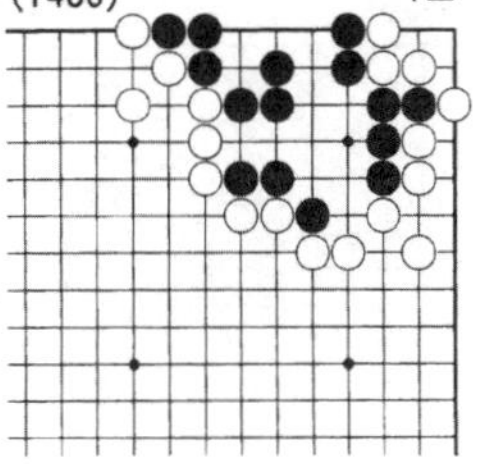

(1412) 흑번

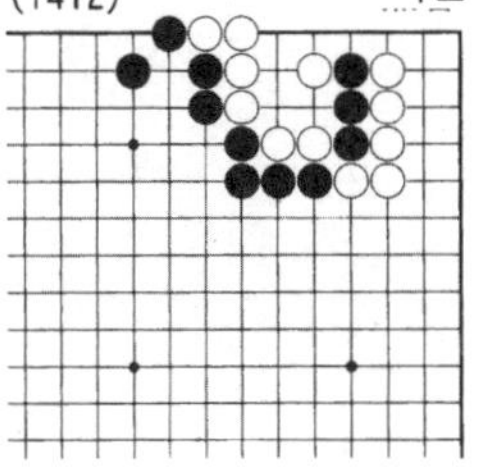

(1413) 백번

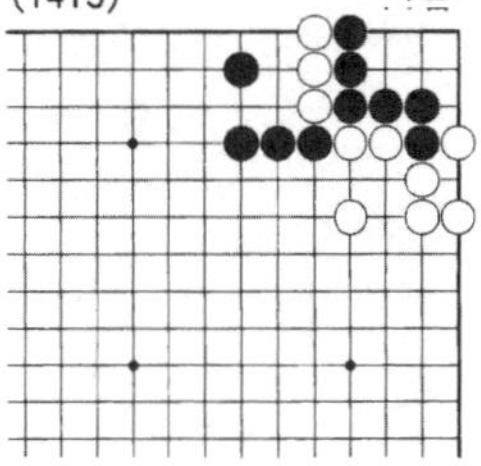

(1414) 백번

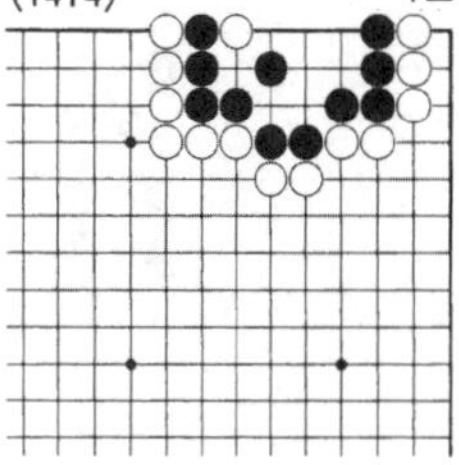

(1495) 백번

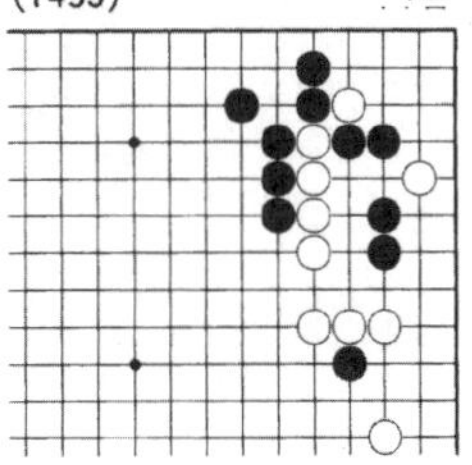

(1739) 백번

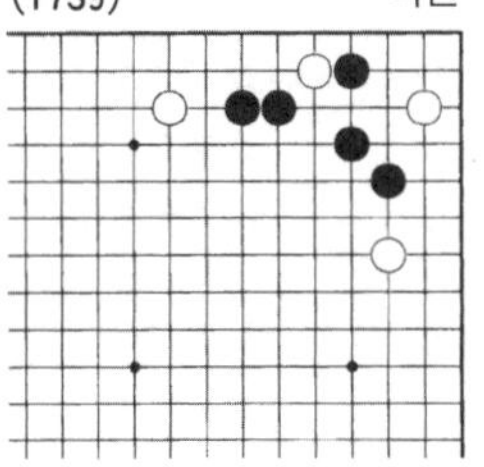

(1764) 백번

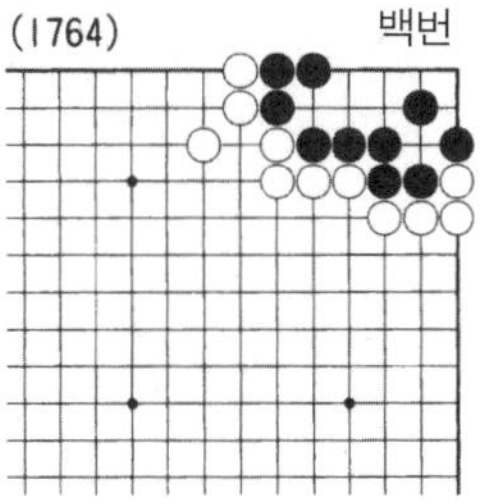

(1856) 흑번

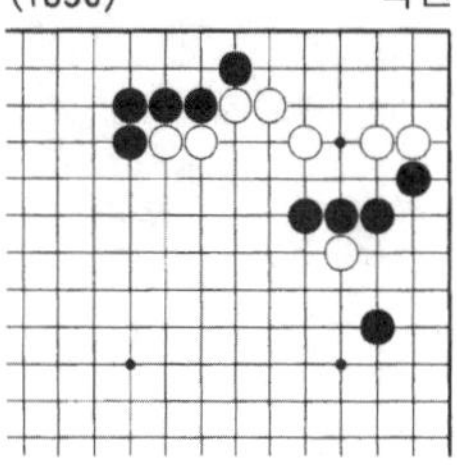

(1869) 흑번

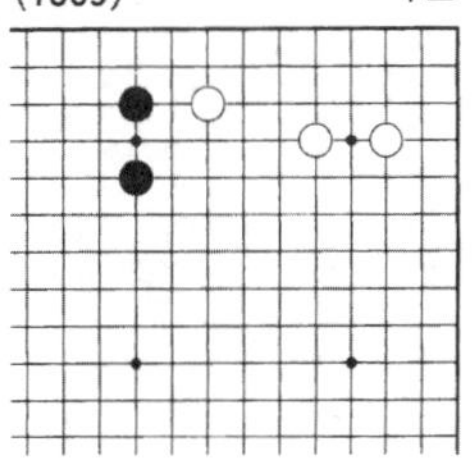

(1872) 백번

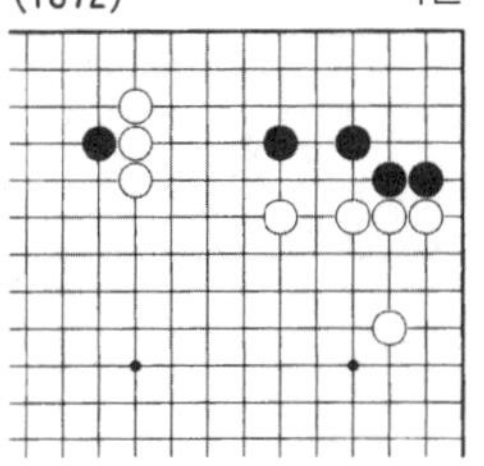

(1896) 백번

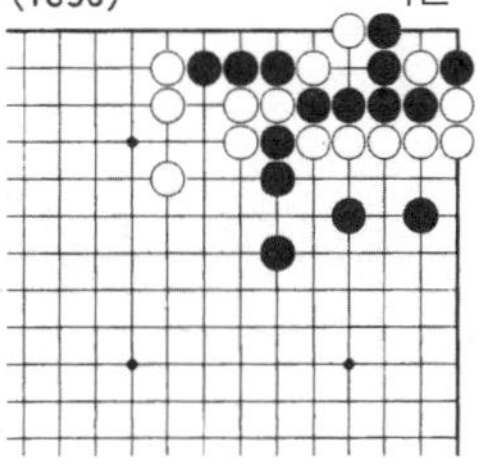

(1957) 백번

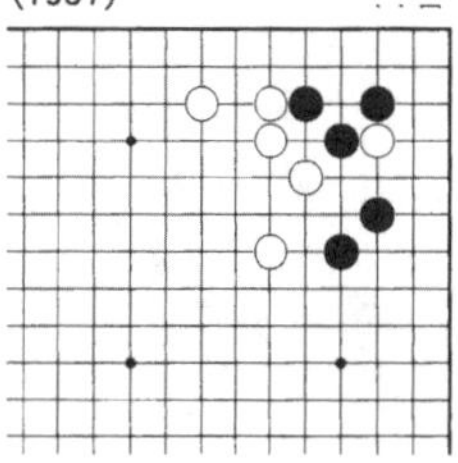

(1958) 백번

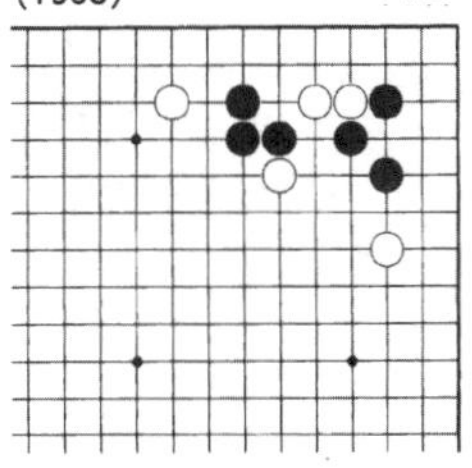

(1961) 흑번

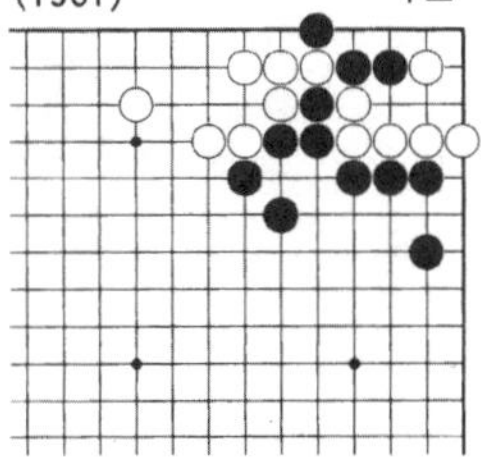

(1992) 백번

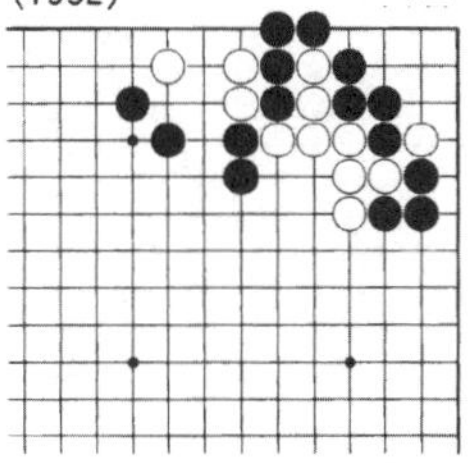

(2091) 백번

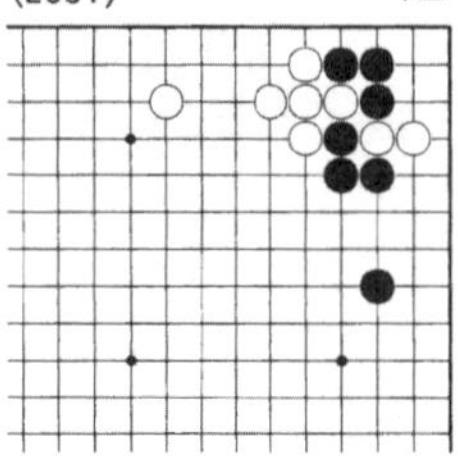

(2187) 흑번

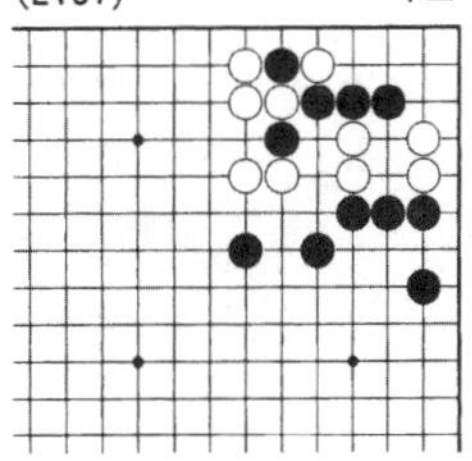

(2247) 백번

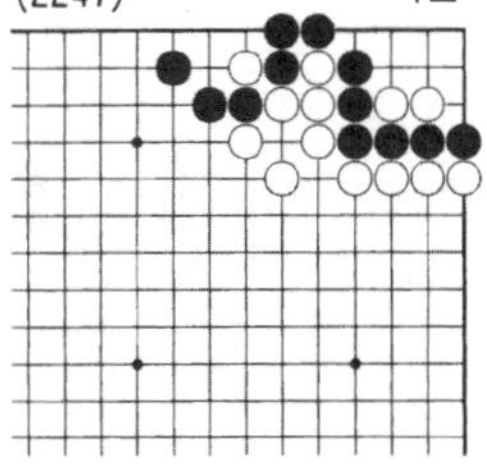

(2248) 백번

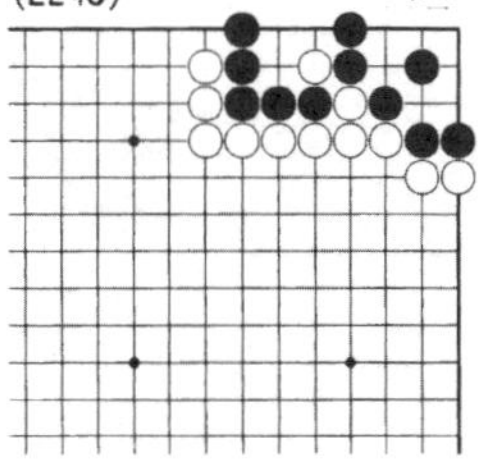

(2410) 백번

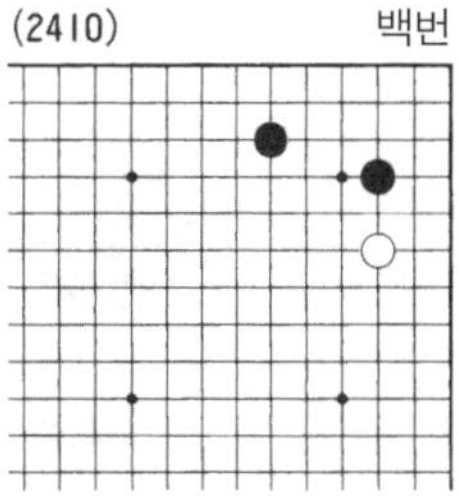

(2411) 백번

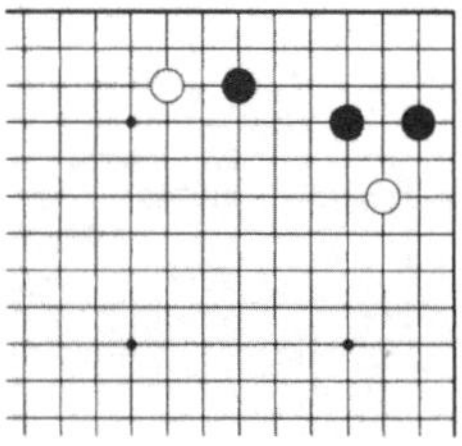

(2412) 백번

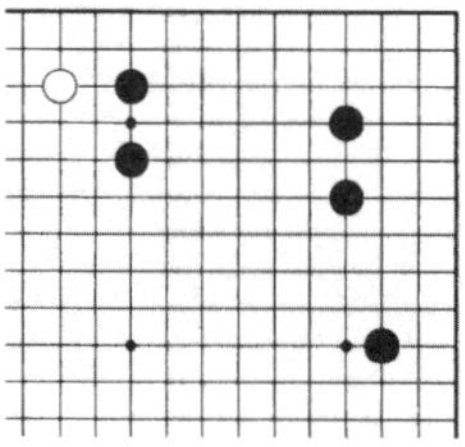

(2415) 흑번

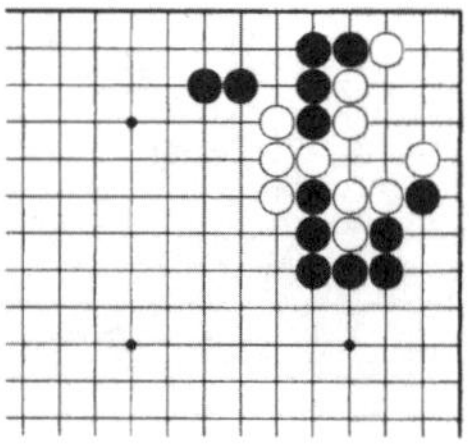

(2419) 백번

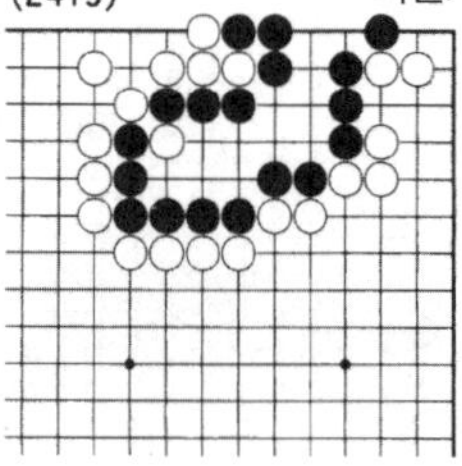

(2421) 백번

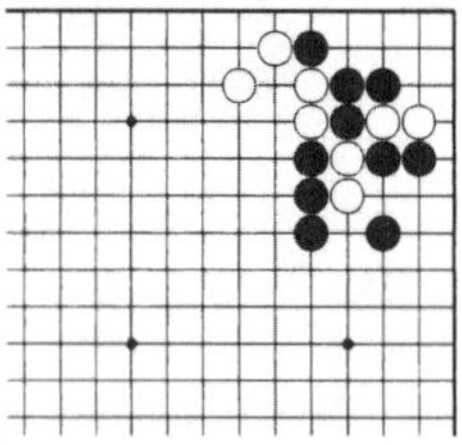

(2464) 흑번

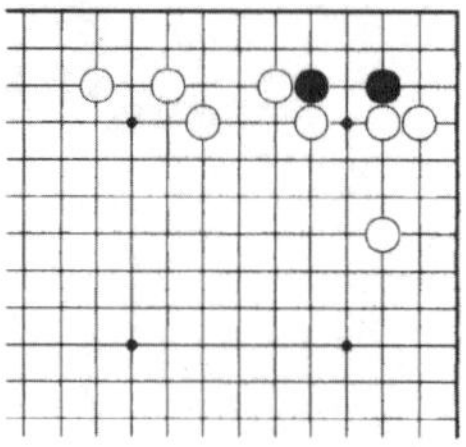

**살다**

(92) 백번

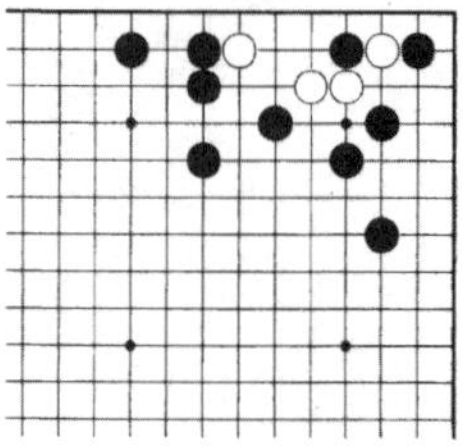

(93) 백번

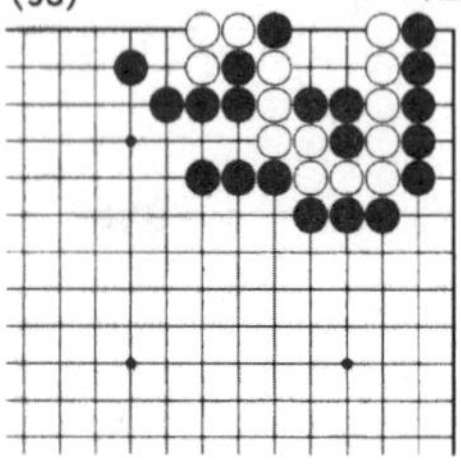

(142) 흑번

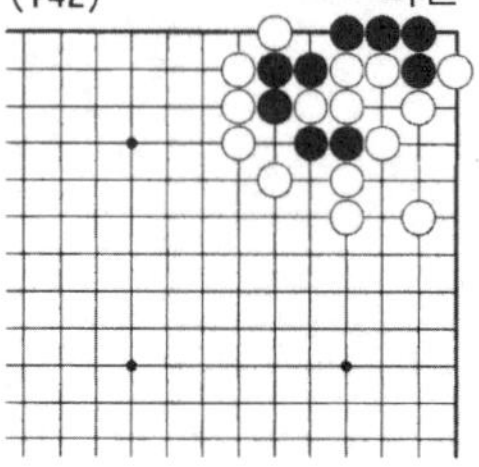

(143) 흑번

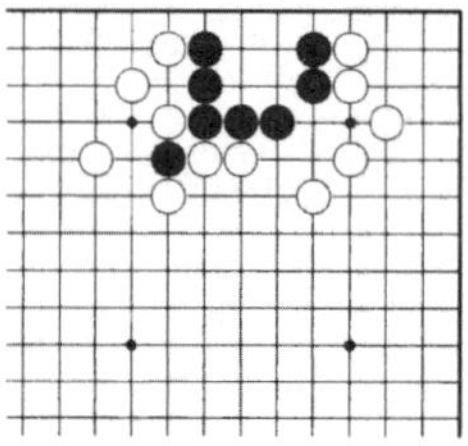

(144) 흑번

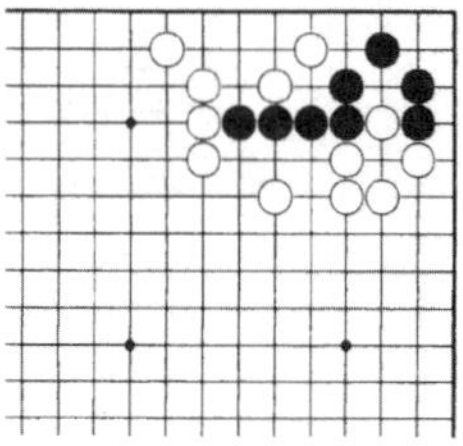

(172) 흑번

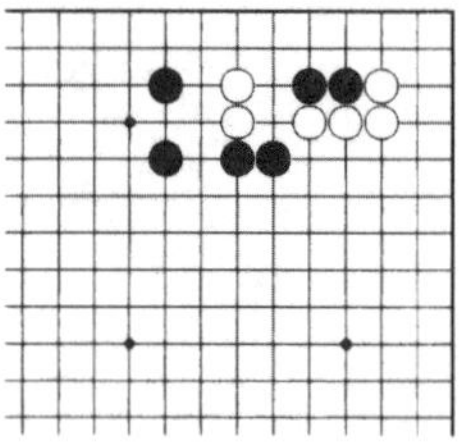

(301) 백번

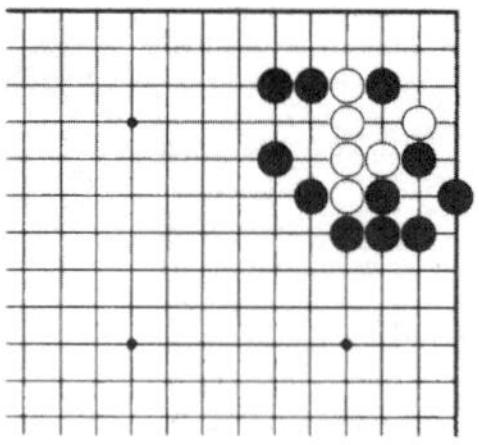

(302) 백번

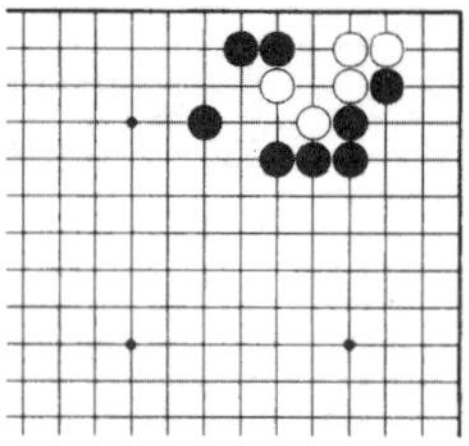

(303) 백번

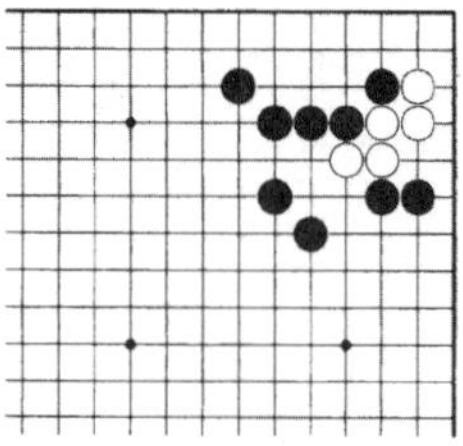

(304) 흑번

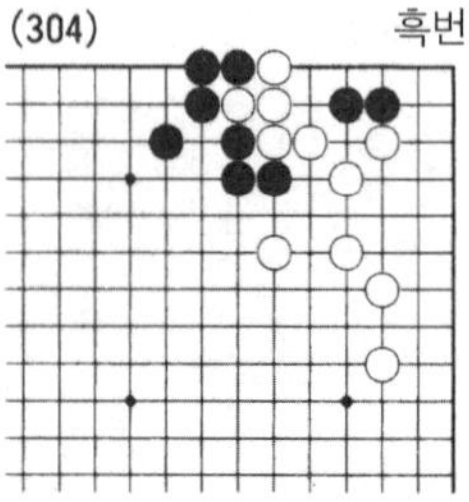

(305) 흑번

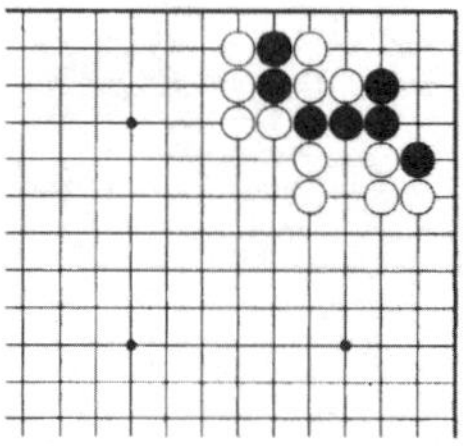

(306) 흑번

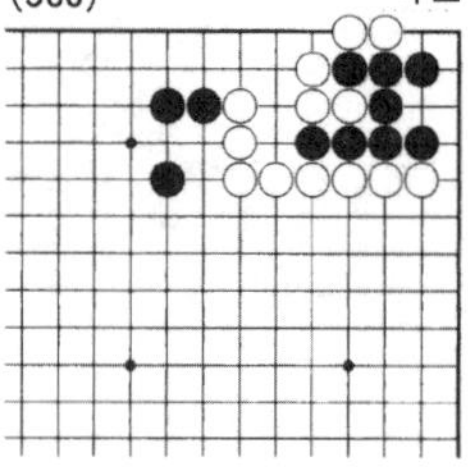

(308) 흑번

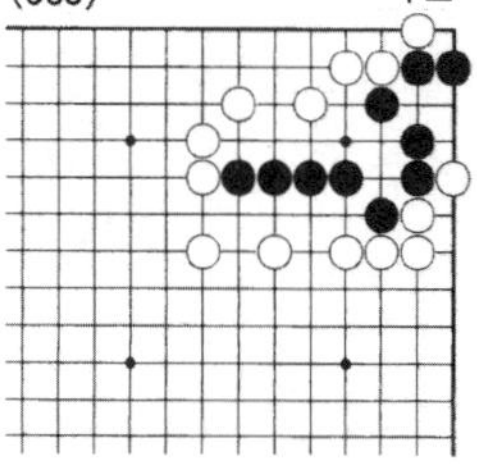

(309) 흑번

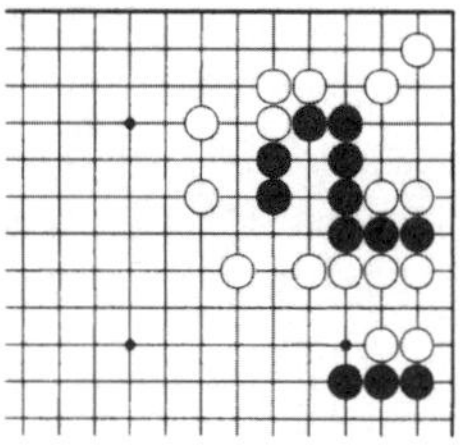

(327) 흑번

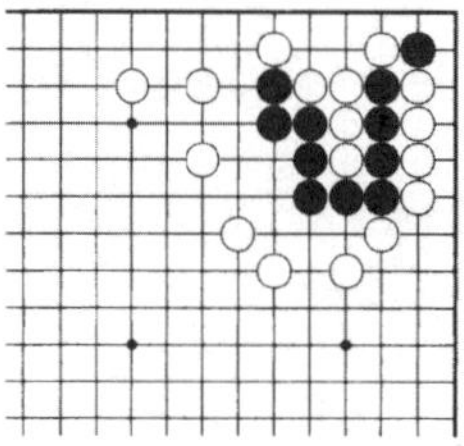

(399) 백번

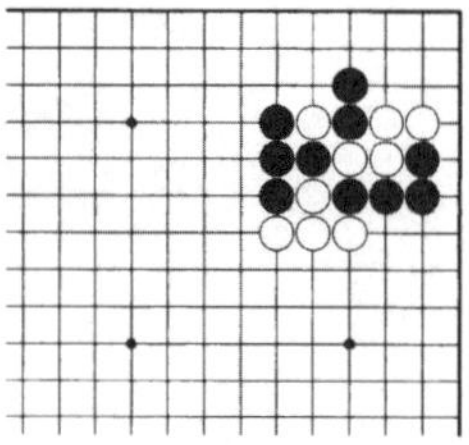

(415) 백번

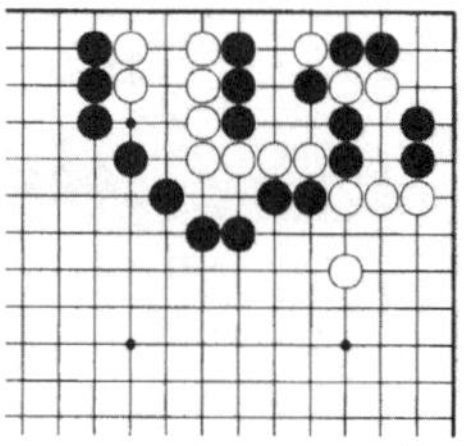

(416) 흑번

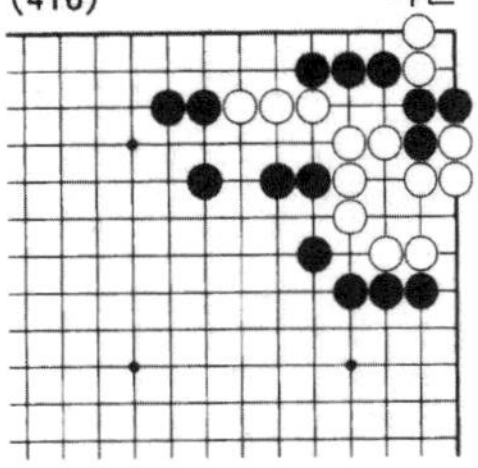

(515) 흑번

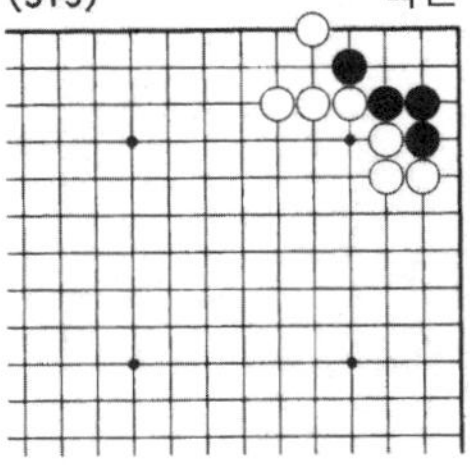

(517) 백번

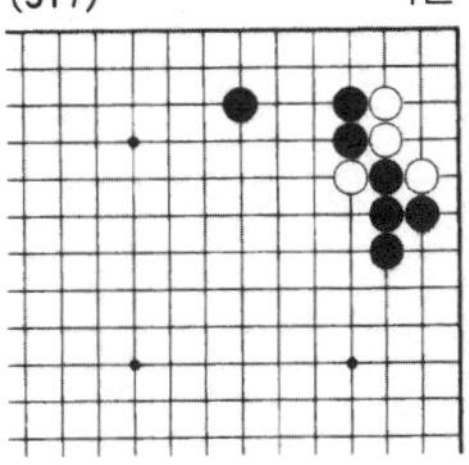

(518) 흑번

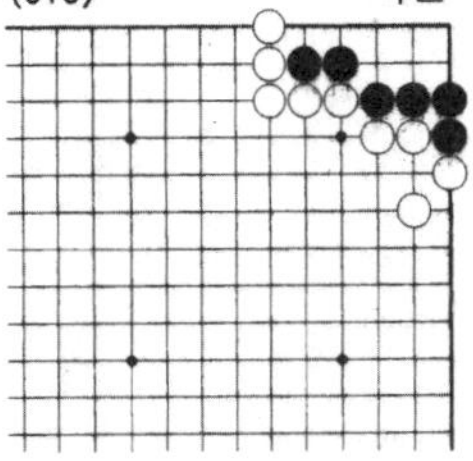

(519) 흑번

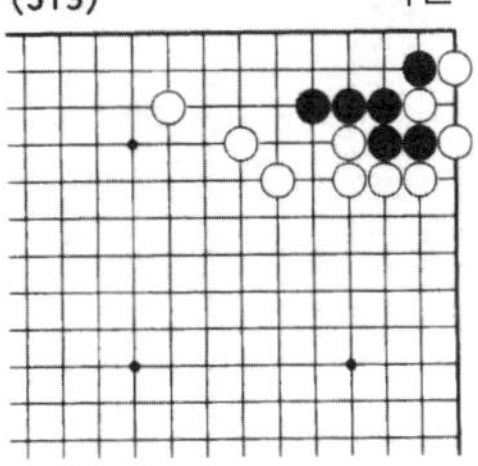

(521) 백번

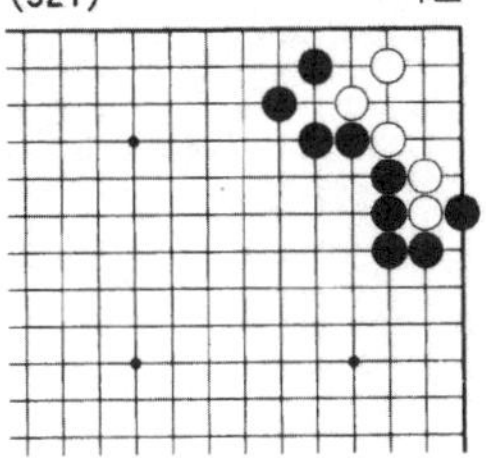

(522) 백번

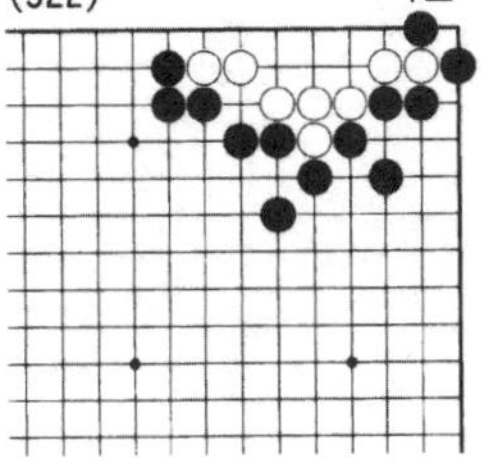

(524) 흑번

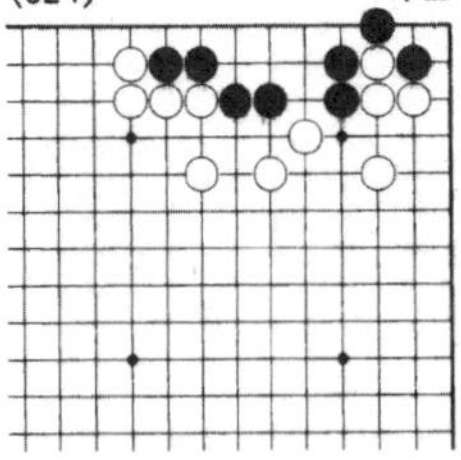

(712) 흑번

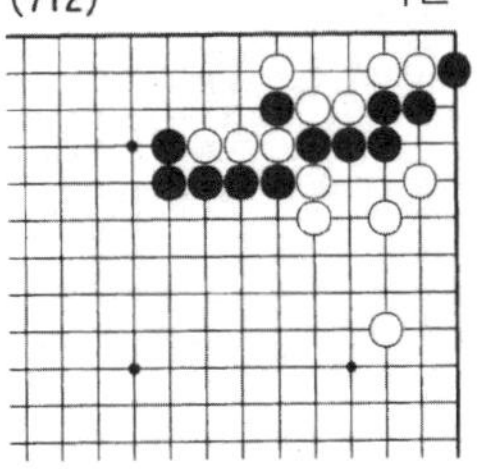

(715) 흑번

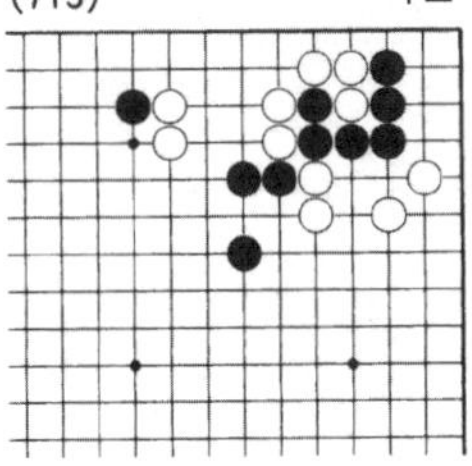

(716) 흑번

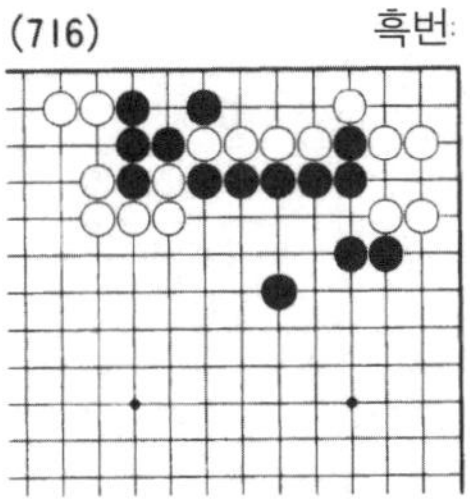

(717) 흑번

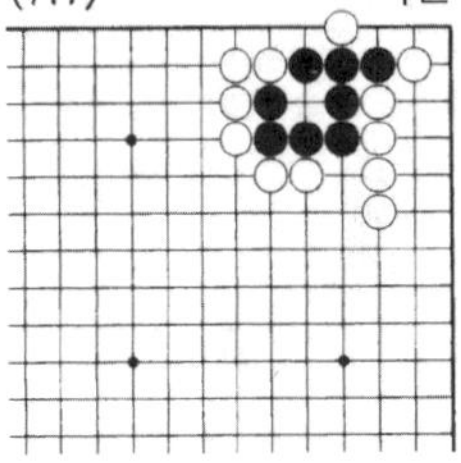

(718) 흑번

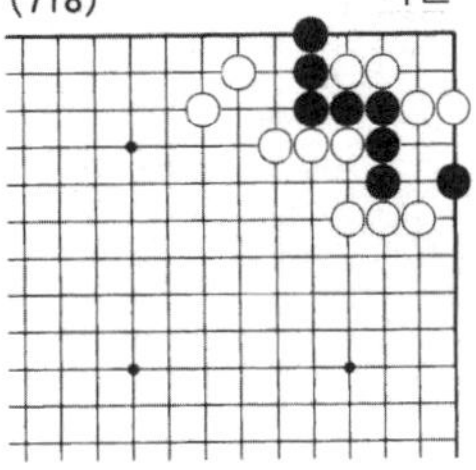

(720) 흑번

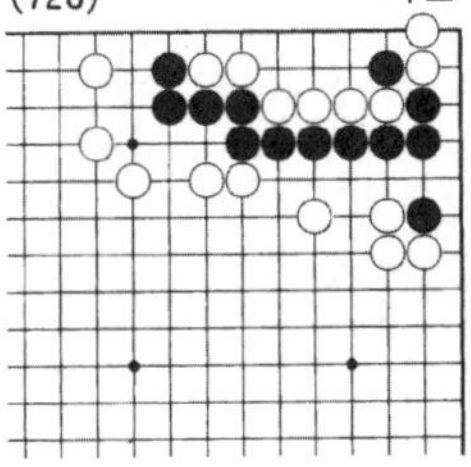

(721) 흑번

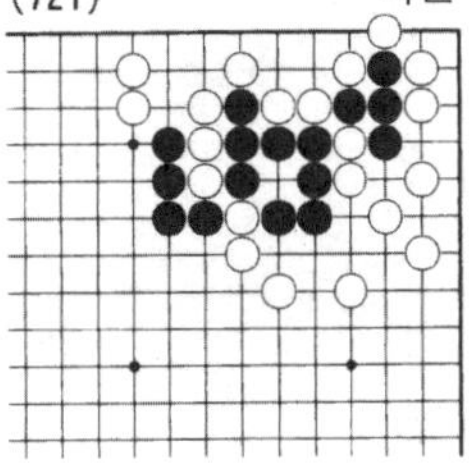

(724) 흑번

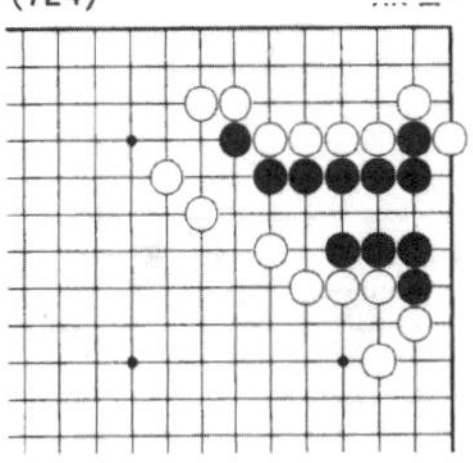

(726) 흑번

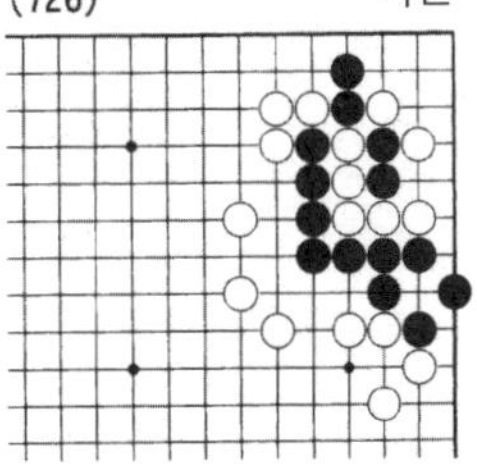

(727) 백번

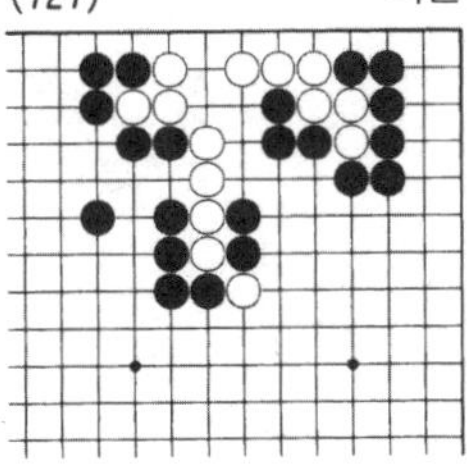

(813) 백번

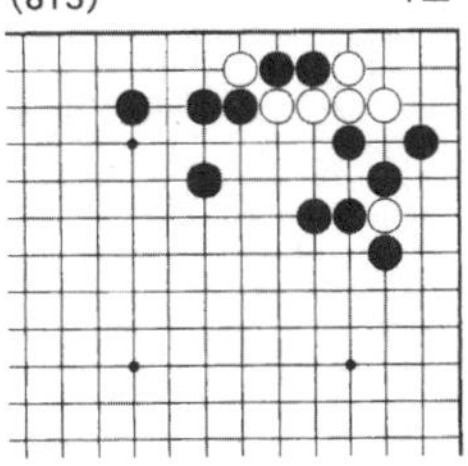

(826) 백번

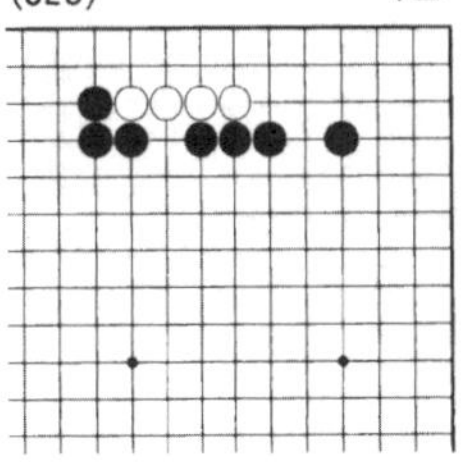

(827) 백번

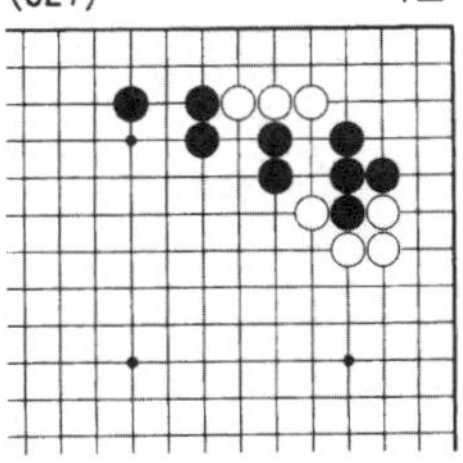

(845) 백번

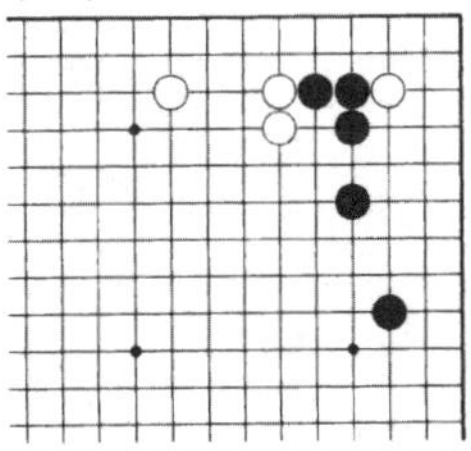

(901) 흑번

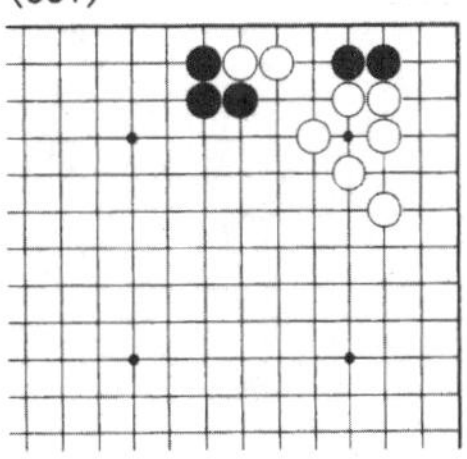

(926) 흑번

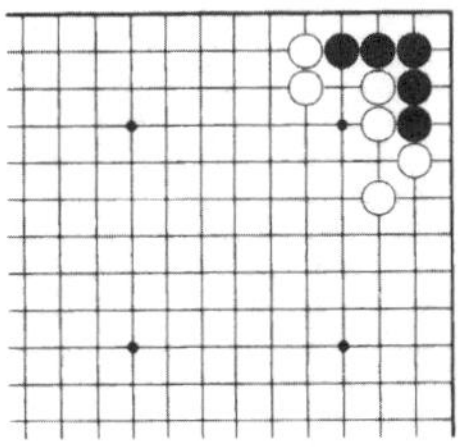

(927) 백번

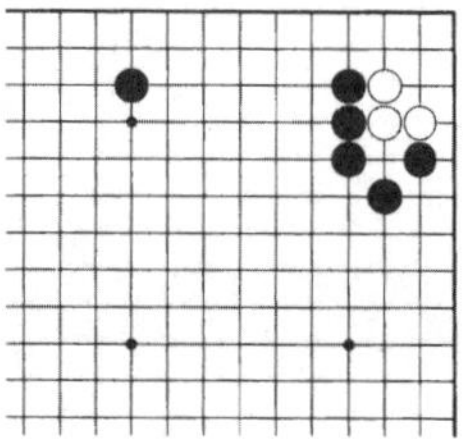

(928) 흑번

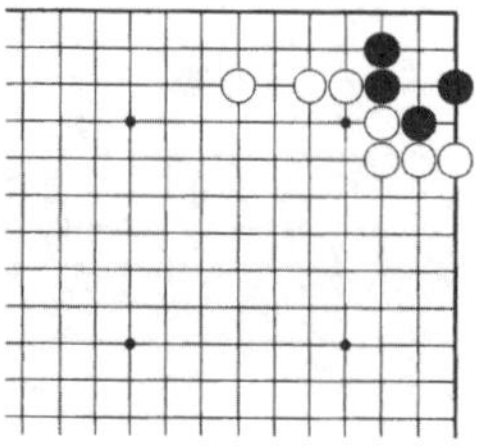

(929) 백번

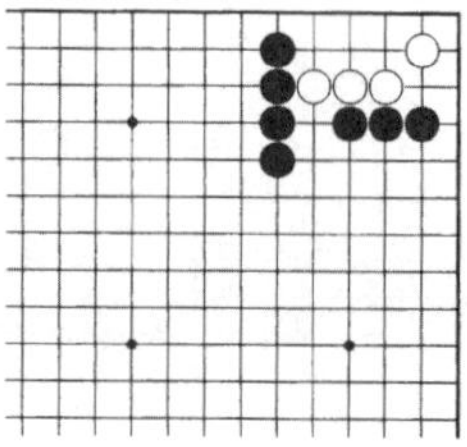

(930) 백번

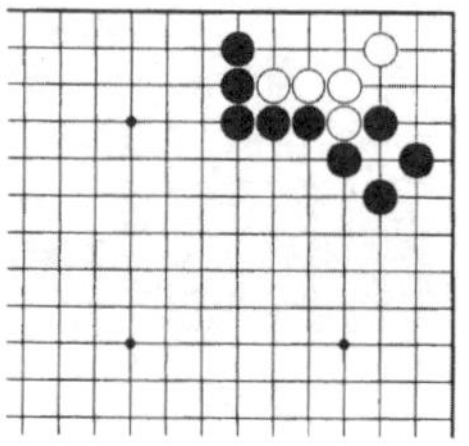

(932) 백번

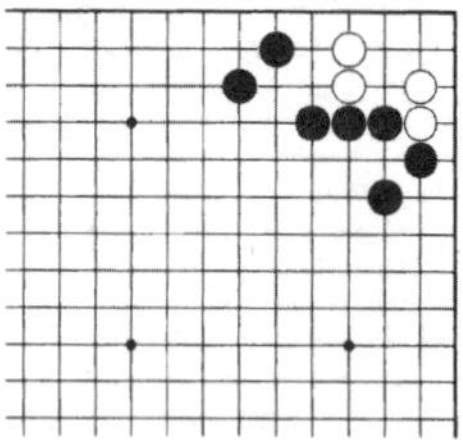

(933) 백번

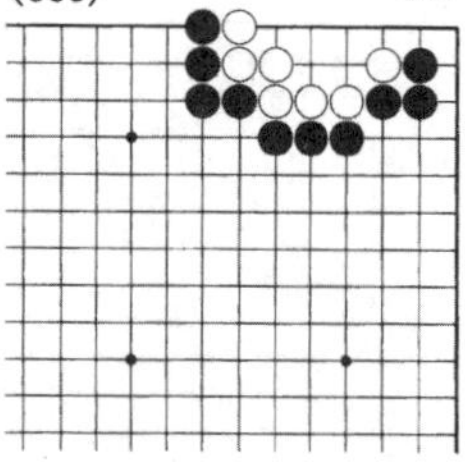

(934) 백번

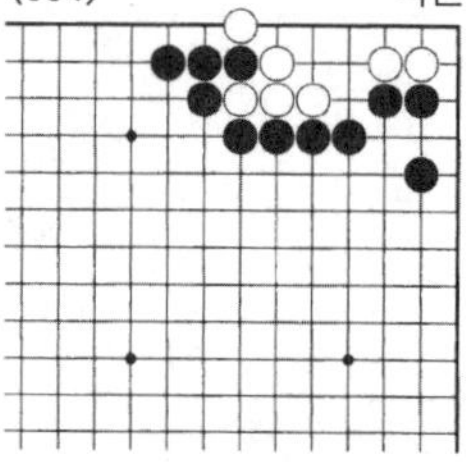

(935) 흑번

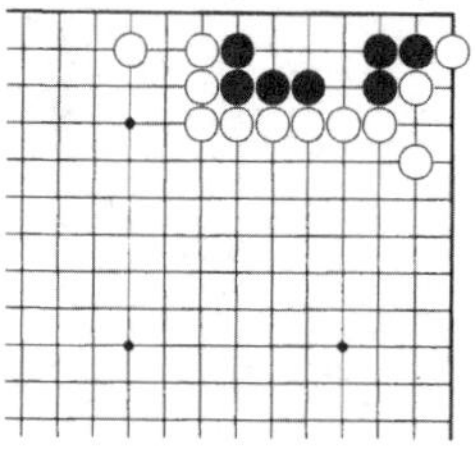

(936) 백번

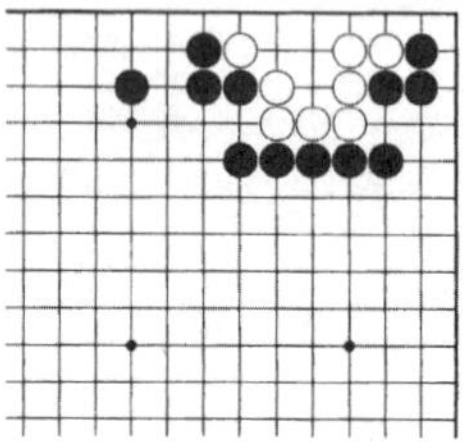

(937) 백번

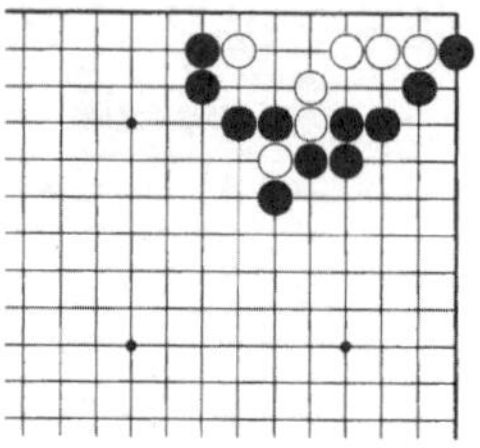

(938) 백번

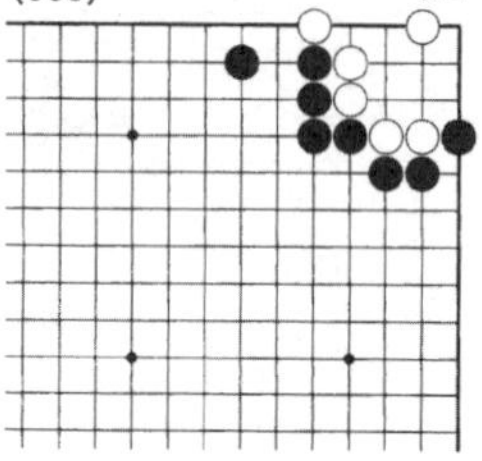

(939) 백번

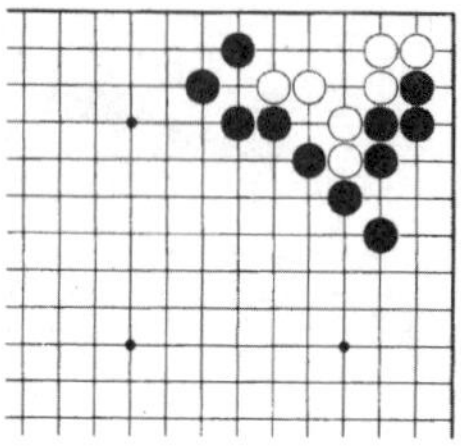

(940) 백번

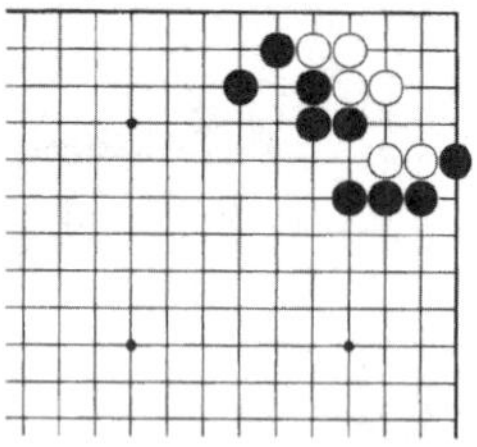

(941) 흑번

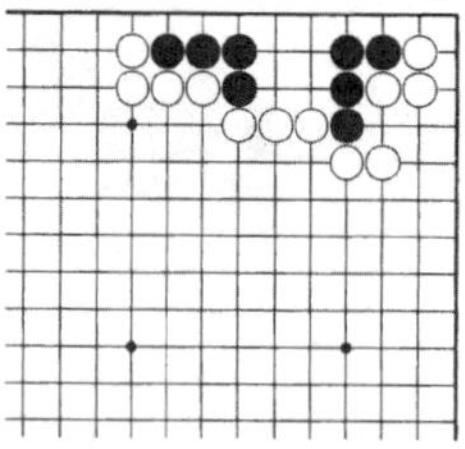

(942) 흑번

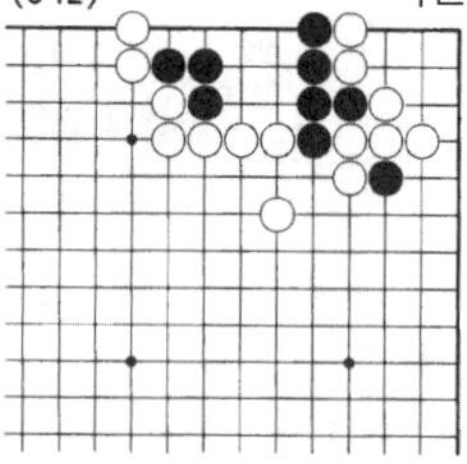

(943) 백번

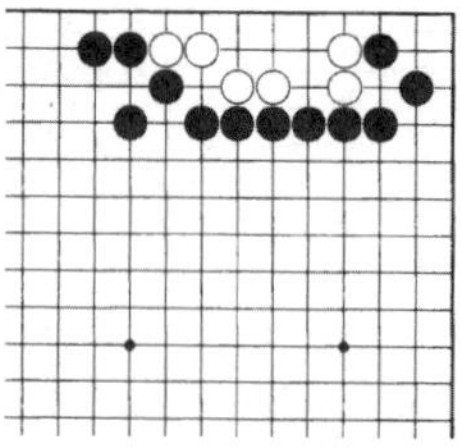

(944) 흑번

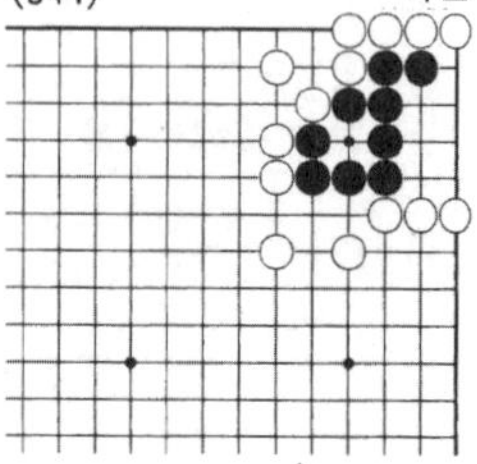

(945) 흑번

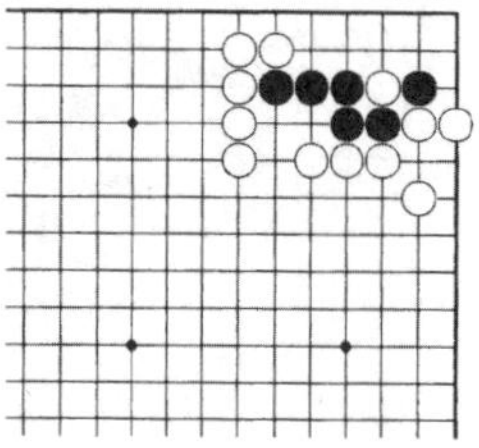

(946) 흑번

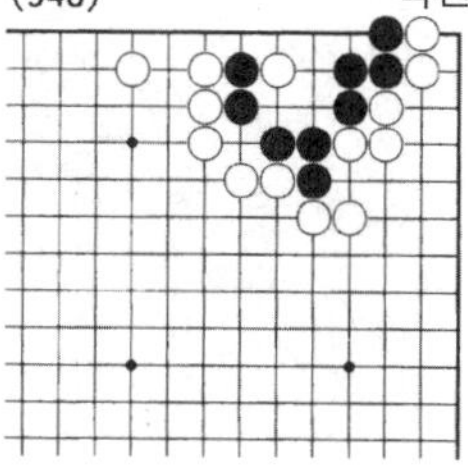

(947) 흑번

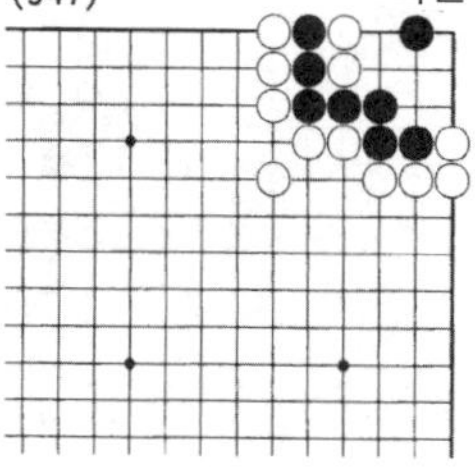

(948) 흑번

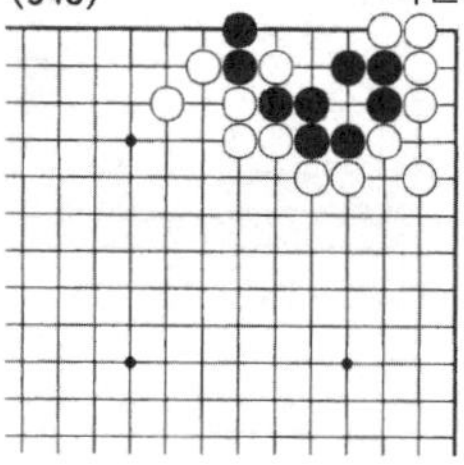

(949) 흑번

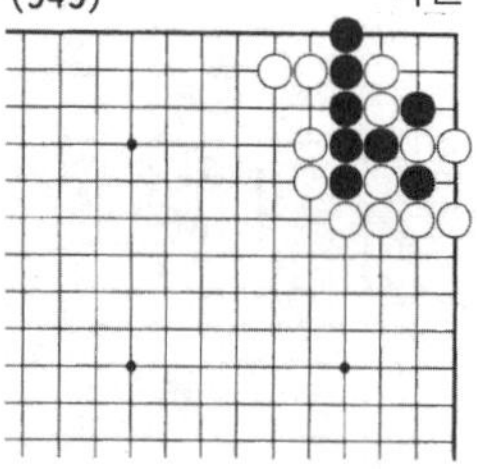

(950) 백번

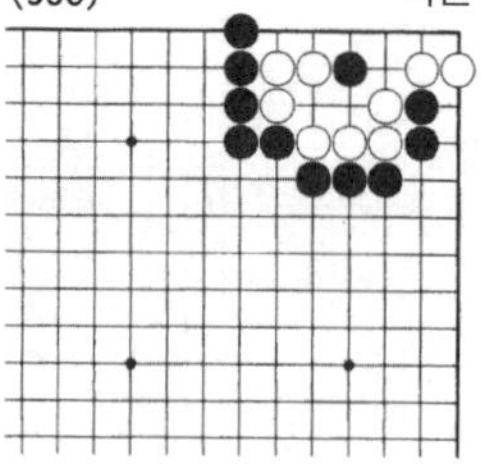

(951) 백번

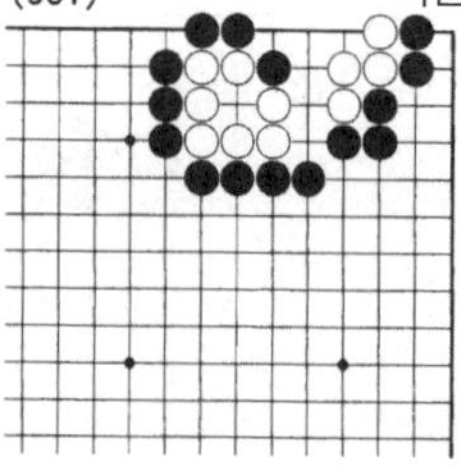

(952) 백번

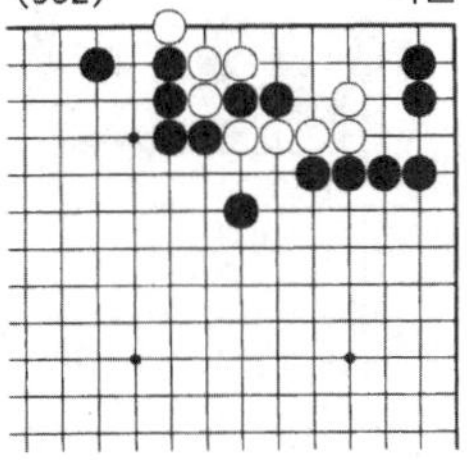

(953) 백번

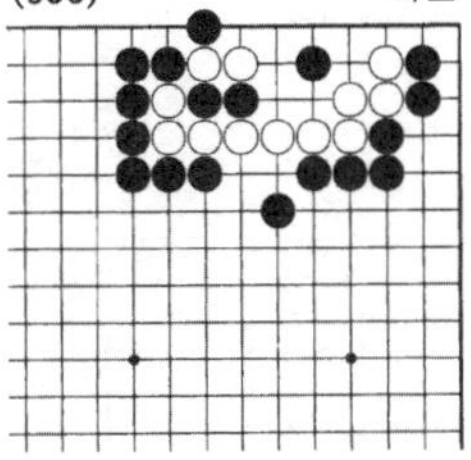

(954) 백번

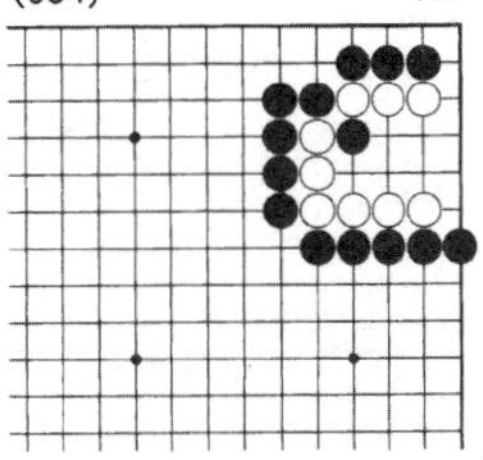

(955) 백번

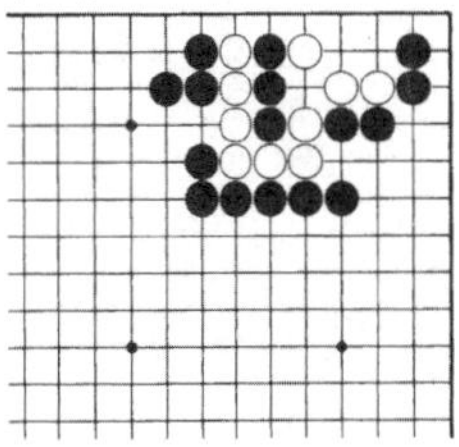

(958) 흑번

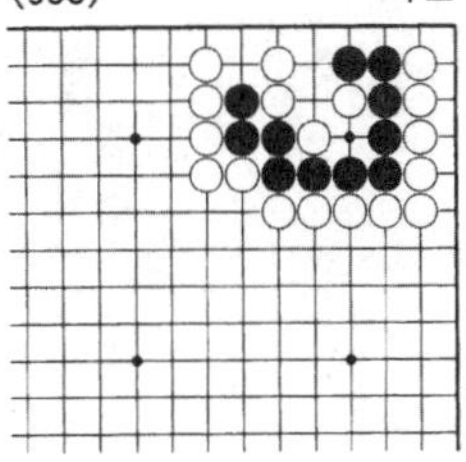

(963) 백번

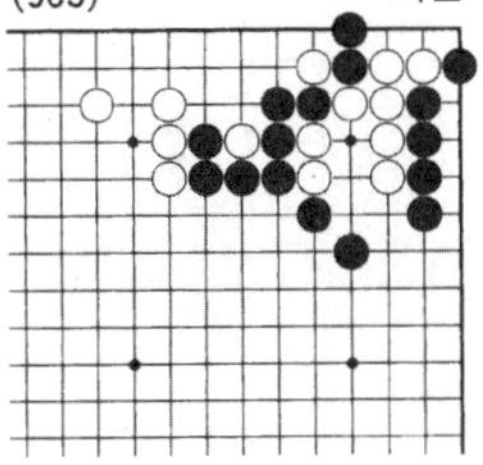

(964) 백번

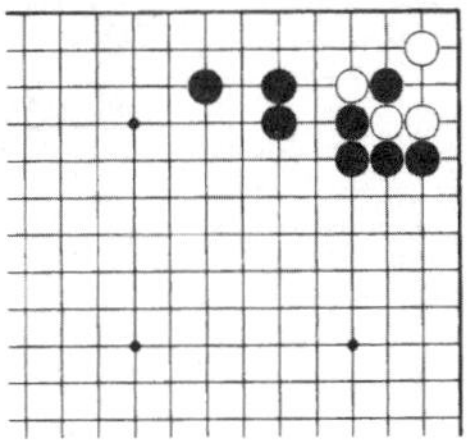

(965) 흑번

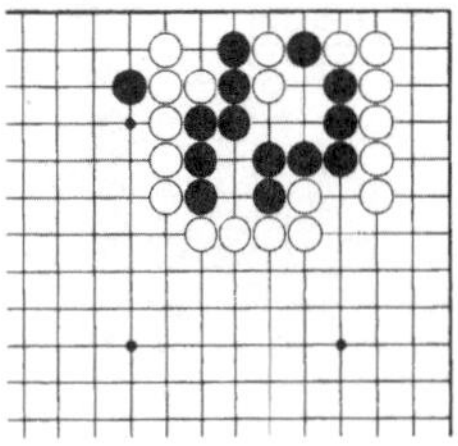

(966) 흑번

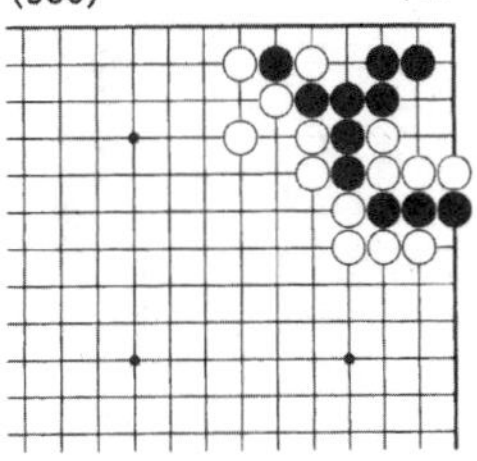

(967) 백번

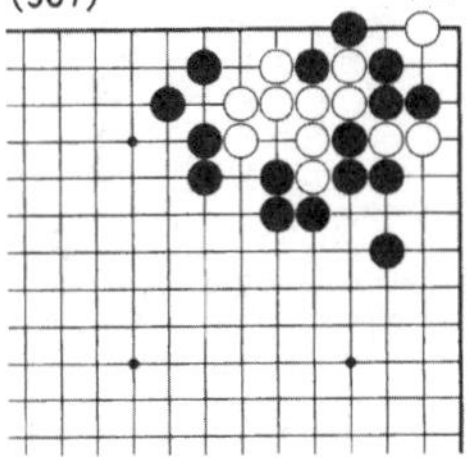

(969) 흑번

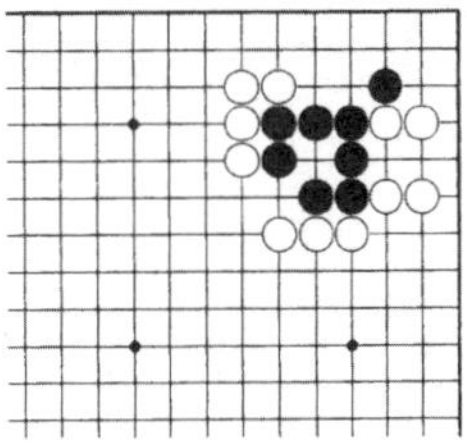

(970) 흑번

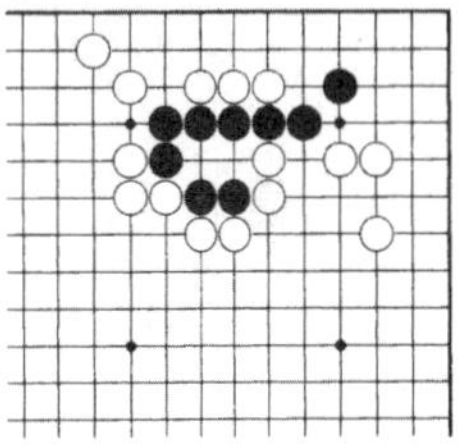

(1010) 백번

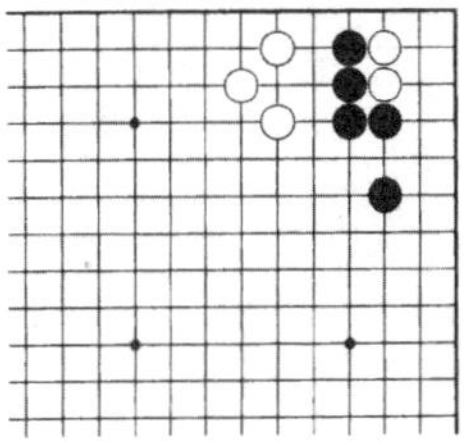

(1104) 백번

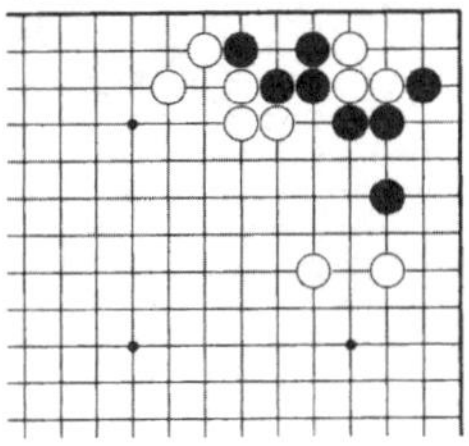

(1170) 백번

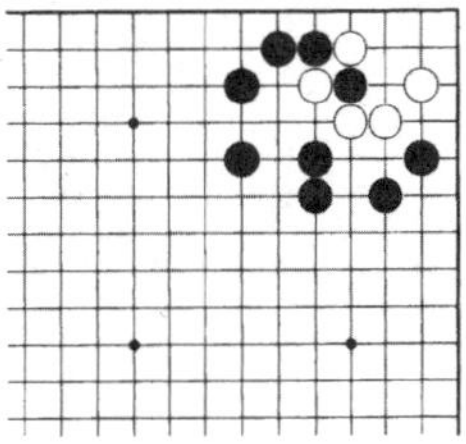

(1171) 백번

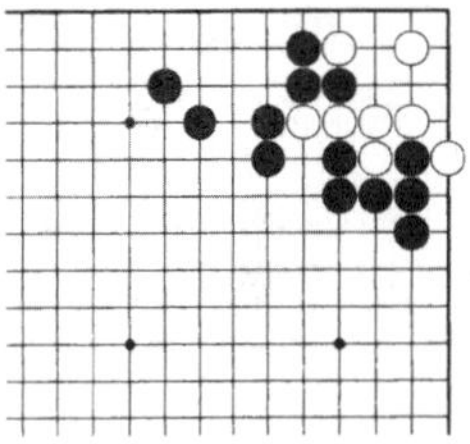

(1173) 흑번

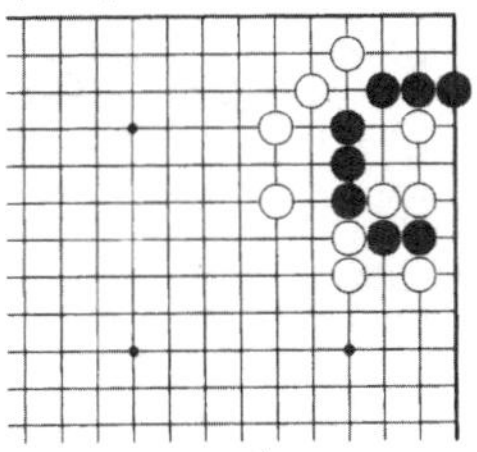

(1174) 흑번

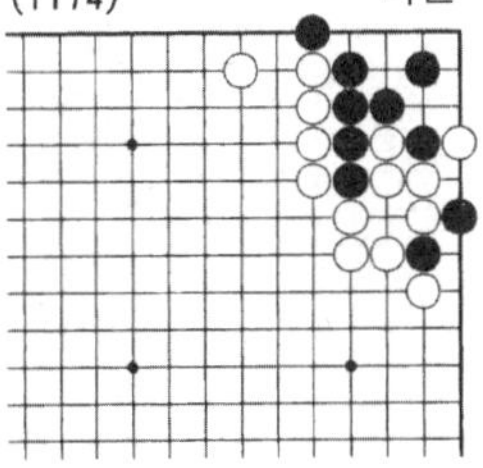

(1175) 백번

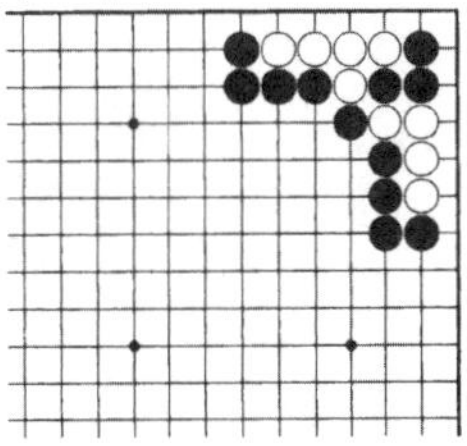

(1338) 백번

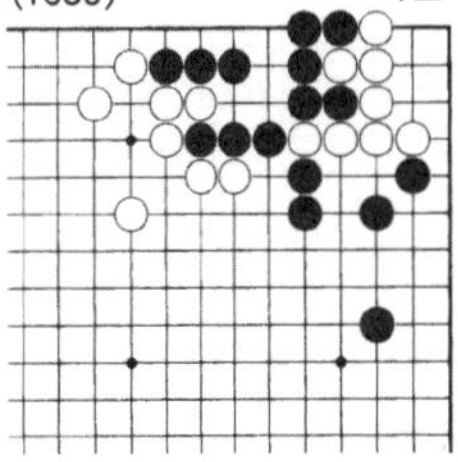

(1384) 흑번

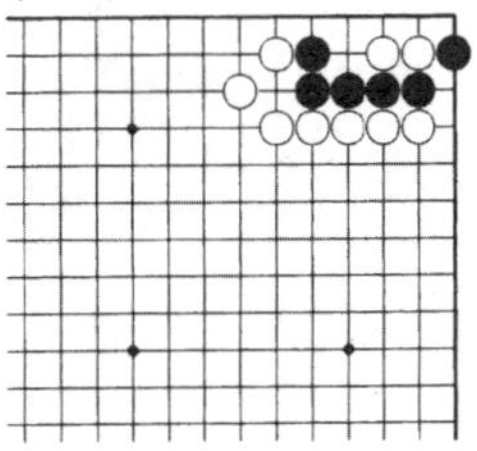

(1385) 흑번

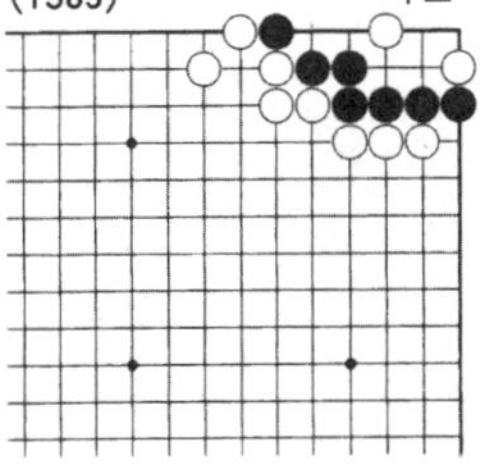

(1386) 흑번

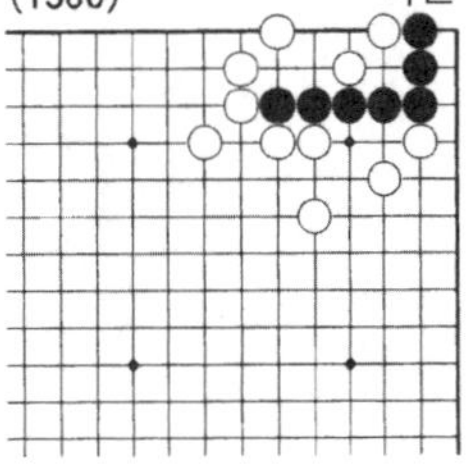

(1387) 흑번

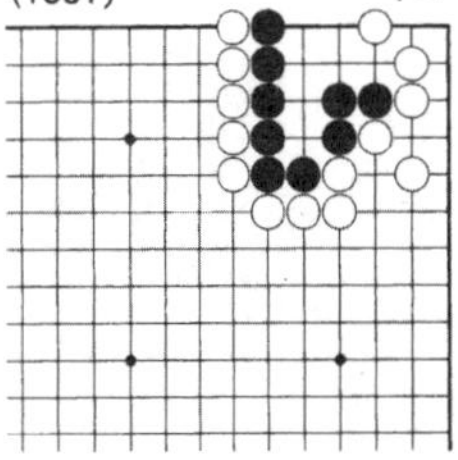

(1388) 흑번

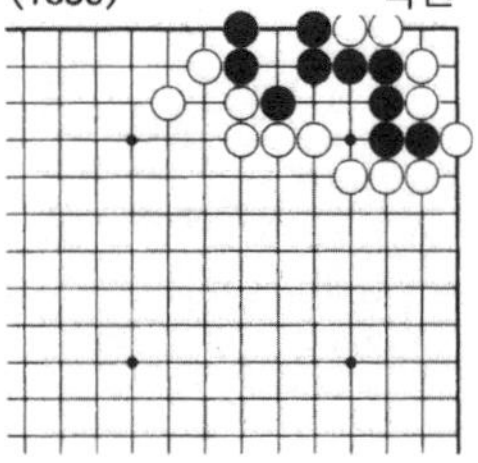

(1389) 흑번

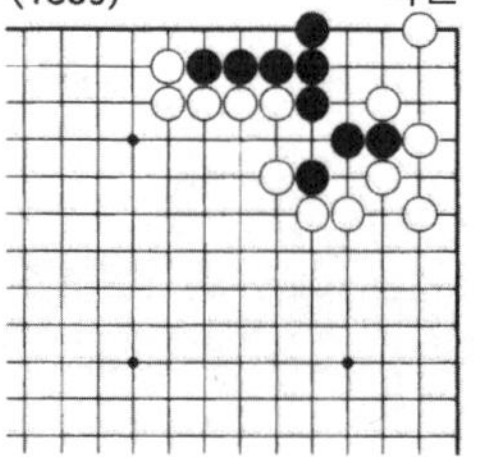

(1390) 백번

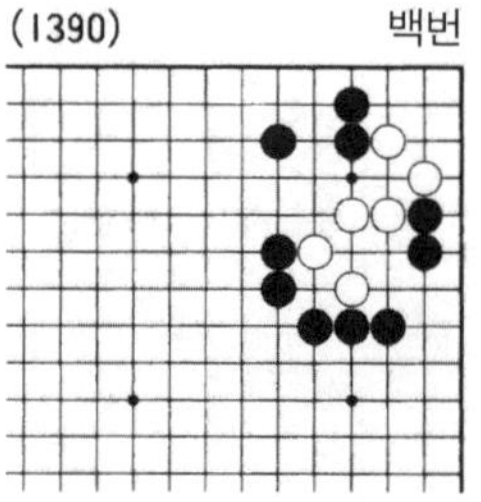

(1391) 백번

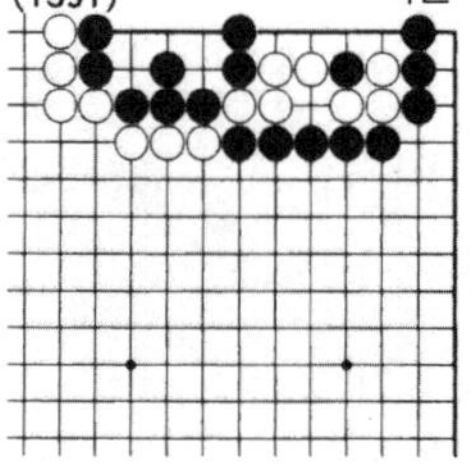

(1395) 흑번

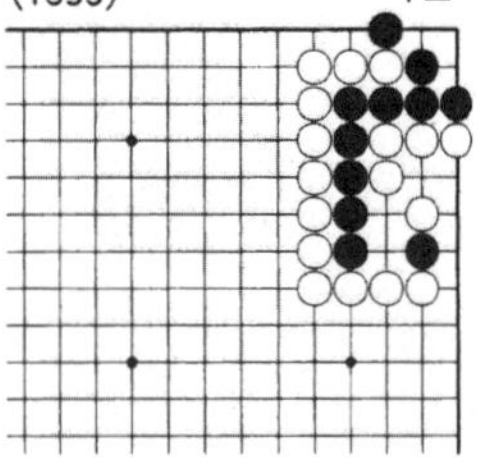

(1505) 흑번

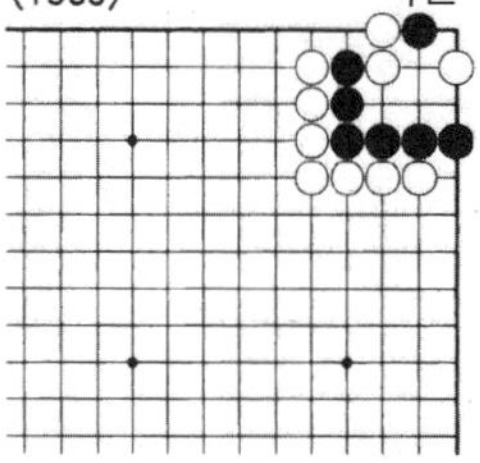

(1549) 흑번

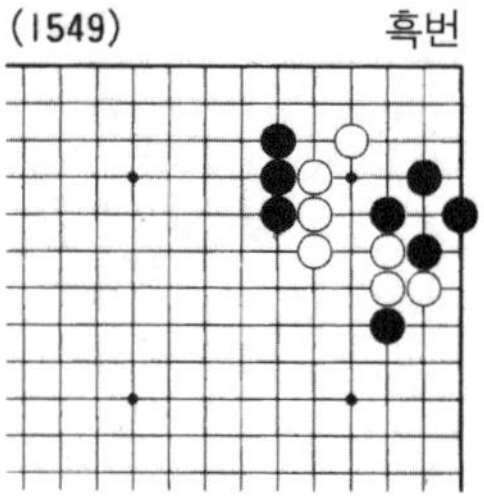

(1566) 흑번

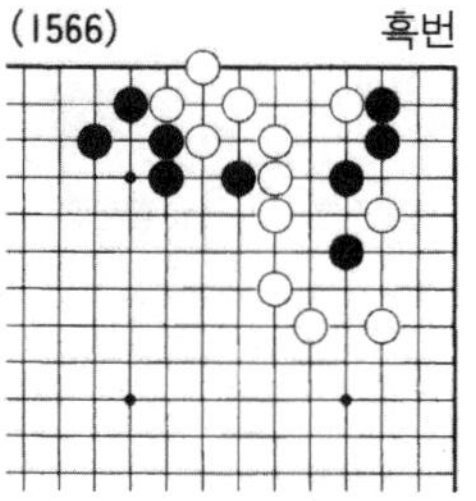

(1639) 흑번

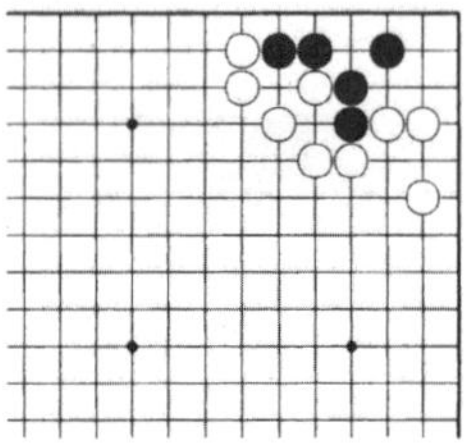

(1640) 흑번

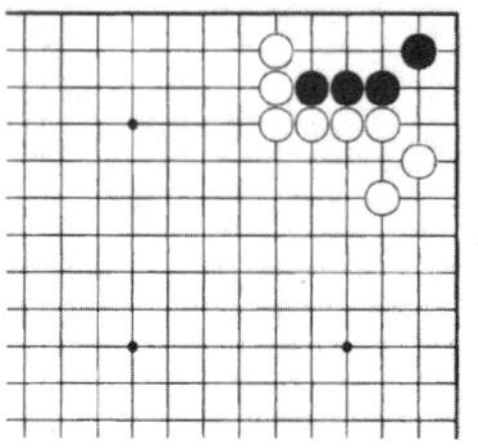

(1641) 백번

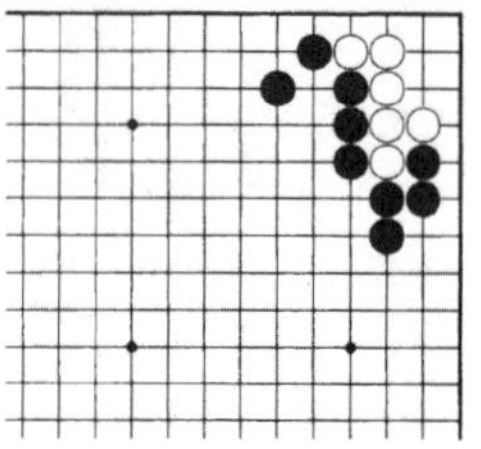

(1642) 흑번

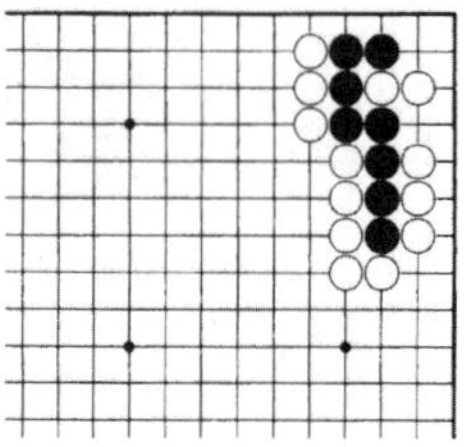

(1643) 백번

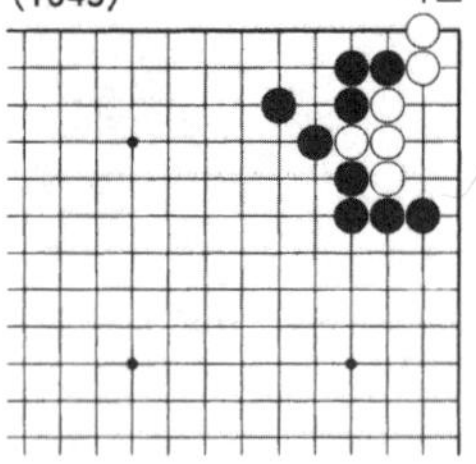

(1644) 백번

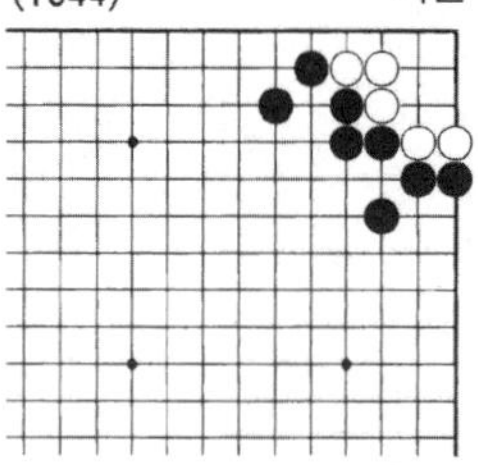

(1645) 흑번

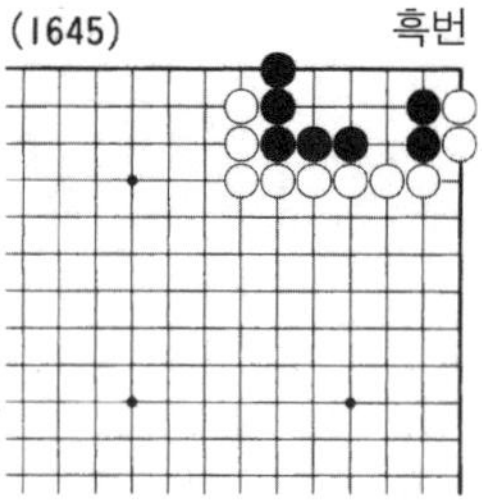

(1646) 흑번

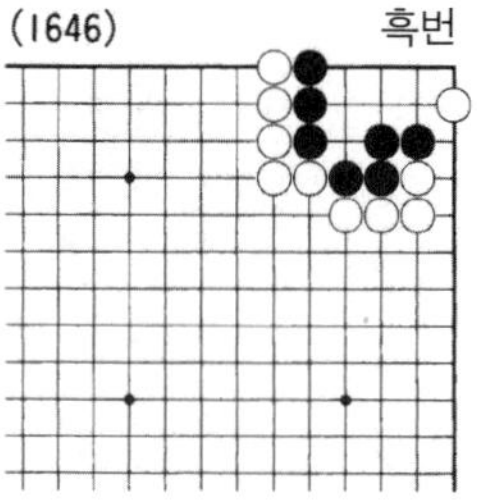

(1647) 백번

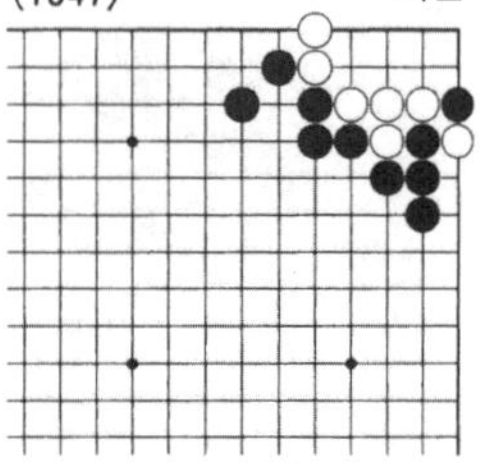

(1648) 백번

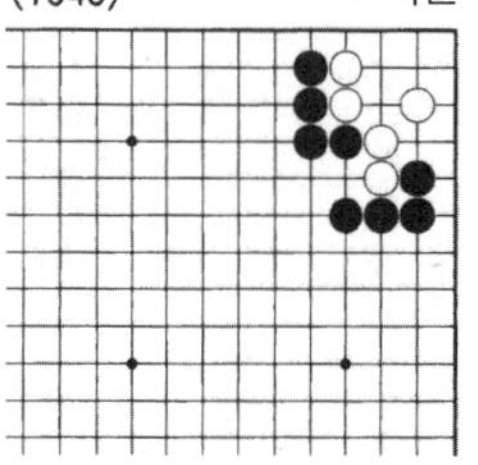

(1649) 흑번

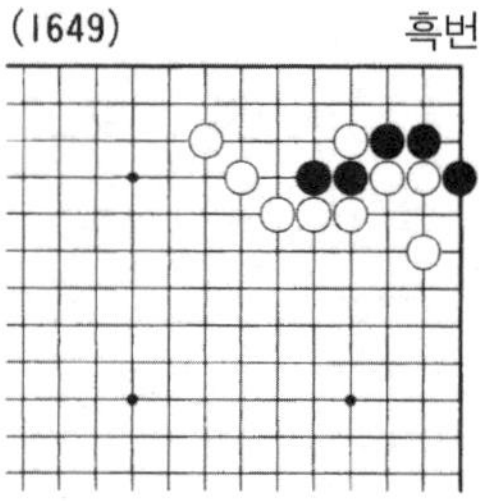

(1650) 흑번

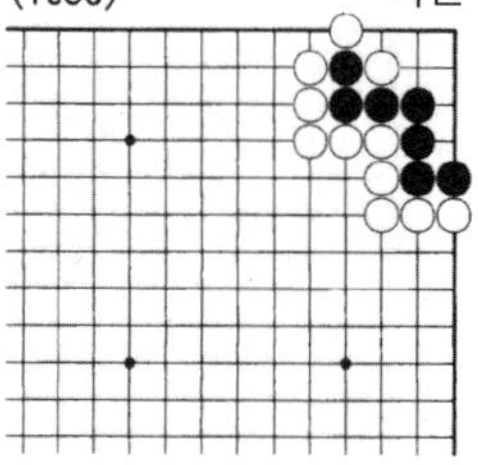

(1651) 백번

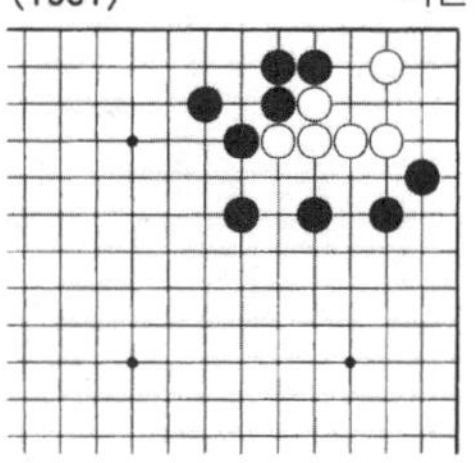

(1653) 백번

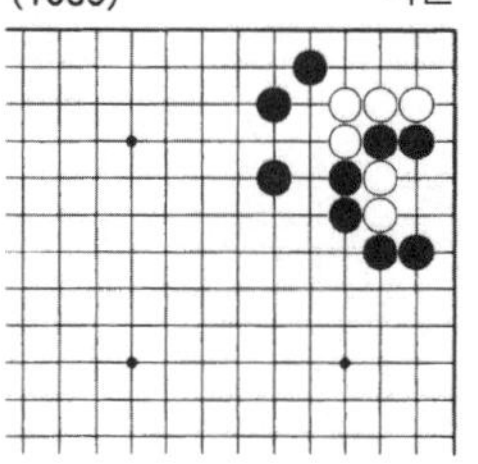

(1654) 흑번

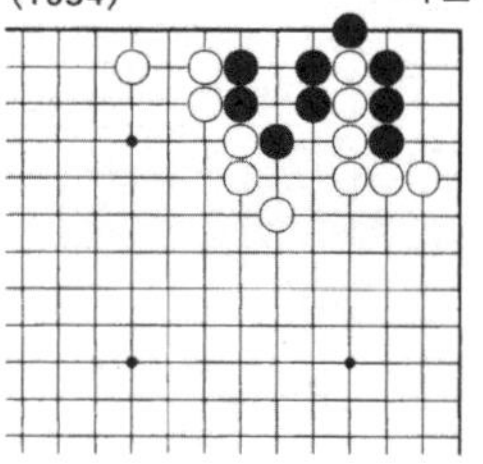

(1655) 백번

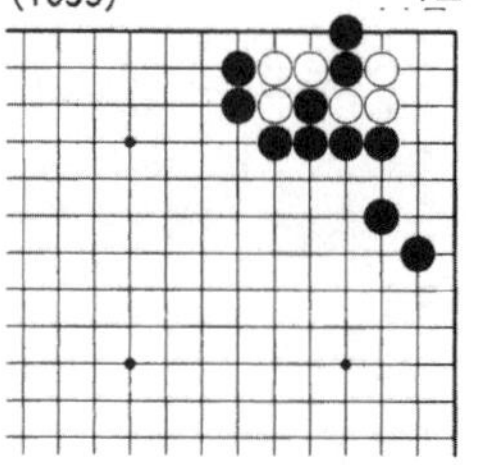

(1656) 백번

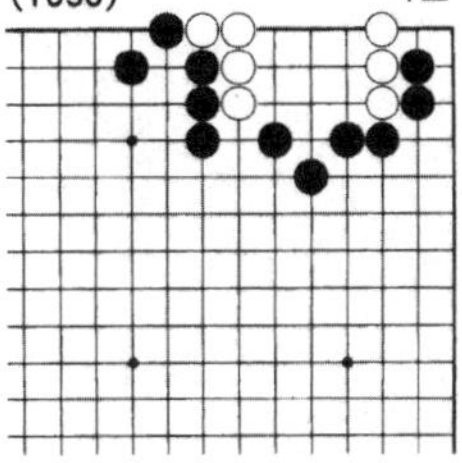

(1657) 백번

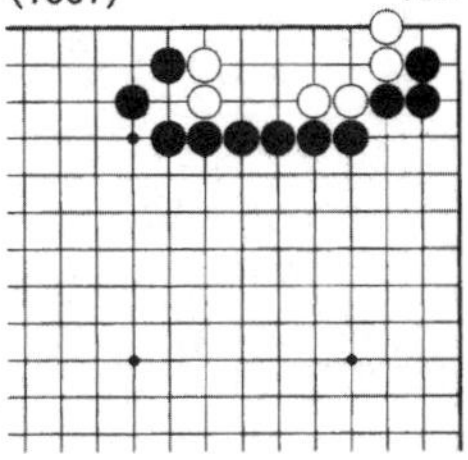

(1659) 백번

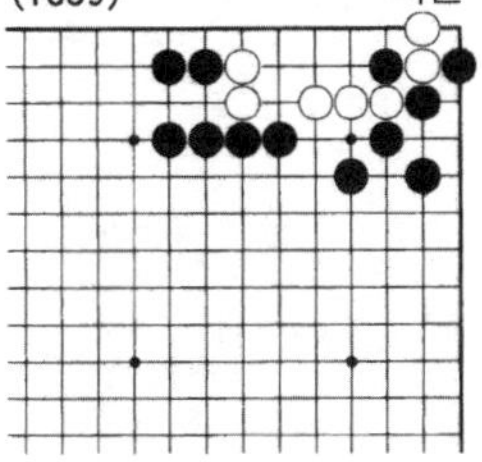

(1660) 백번

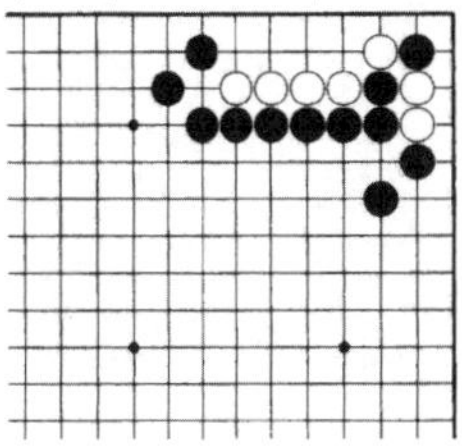

(1661) 백번

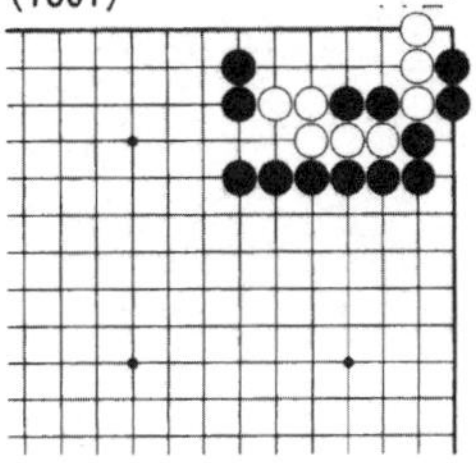

(1662) 흑번

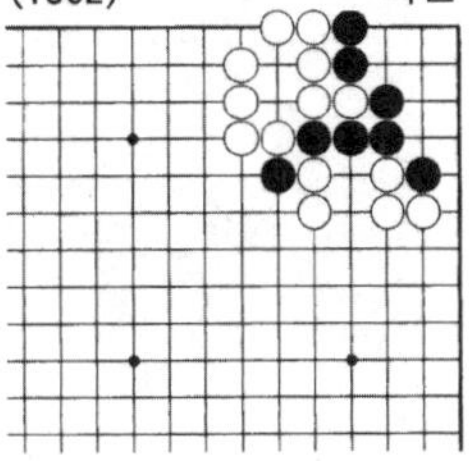

(1663) 백번

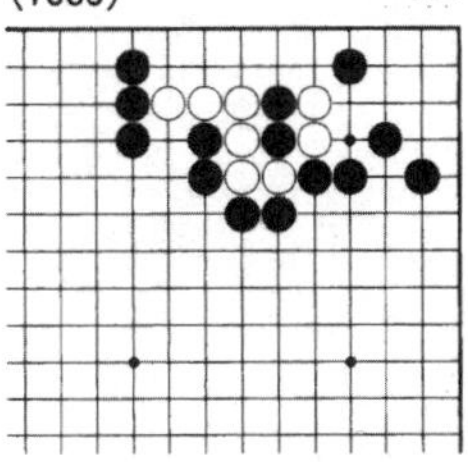

(1664) 흑번

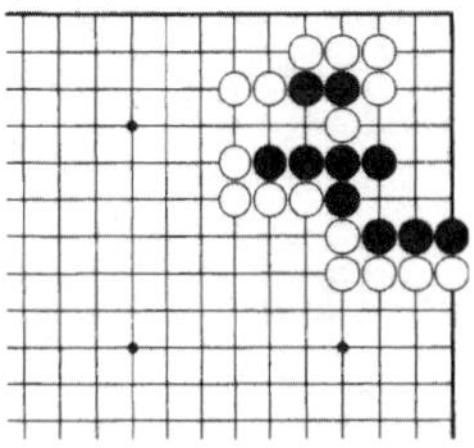

(1665) 흑번

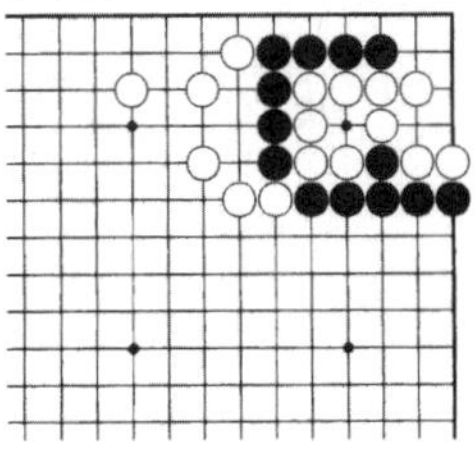

(1666) 백번

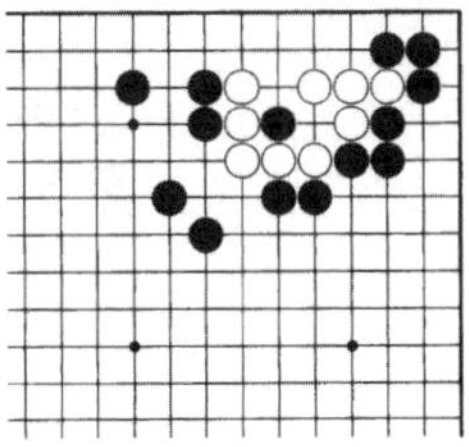

(1667) 흑번

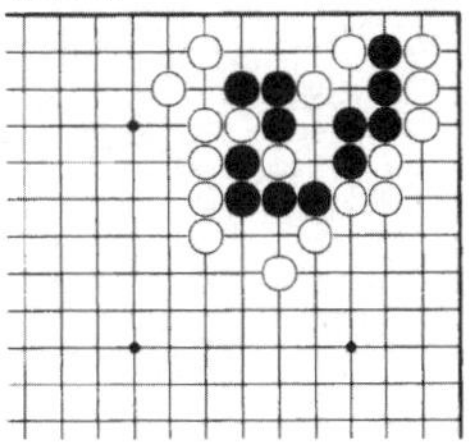

(1668) 흑번

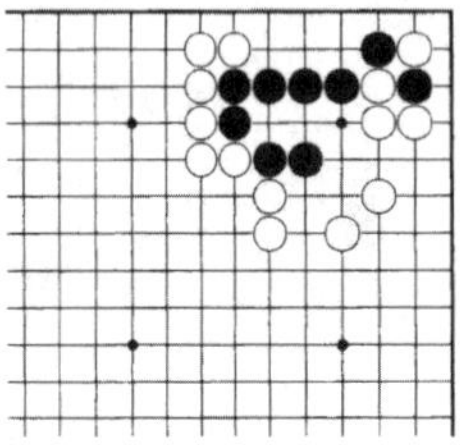

(1669) 흑번

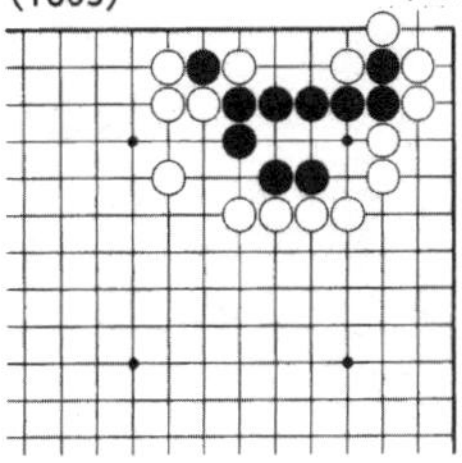

(1670) 흑번

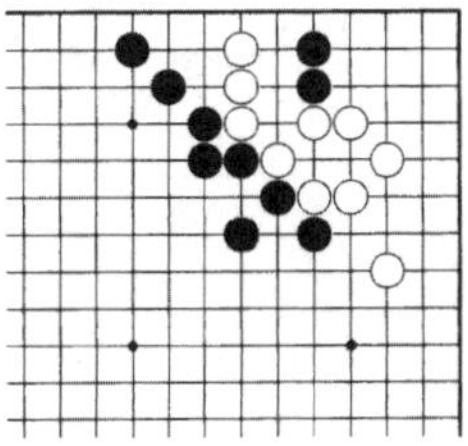

(1671) 백번

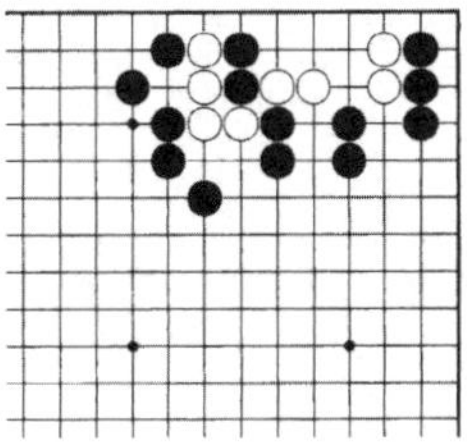

(1672) 백번

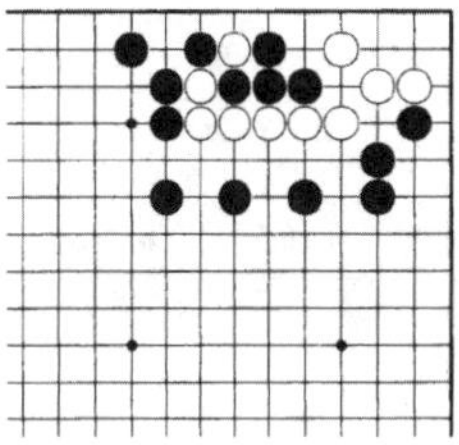

(1700) 흑번

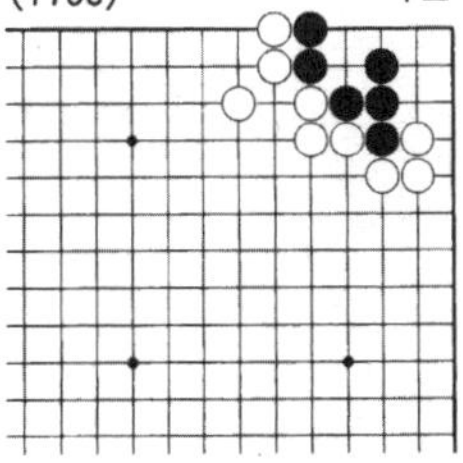

(1762) 흑번

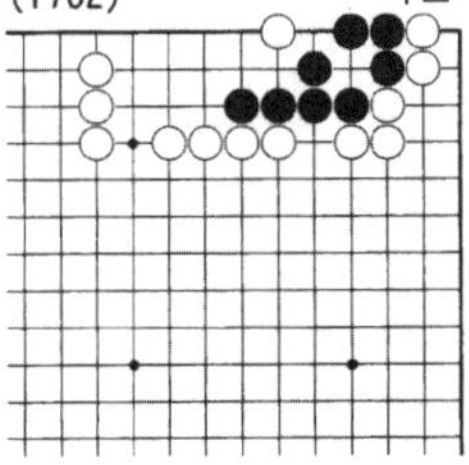

(1784) 흑번

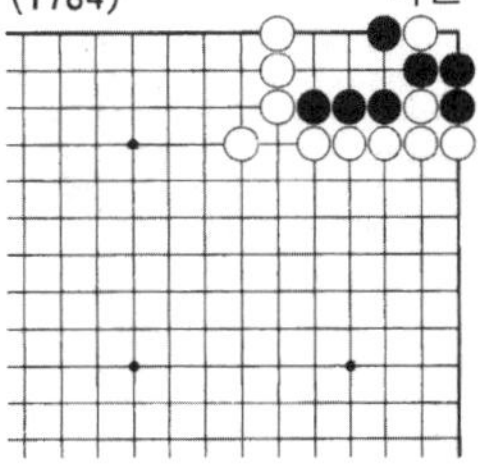

(1785) 흑번

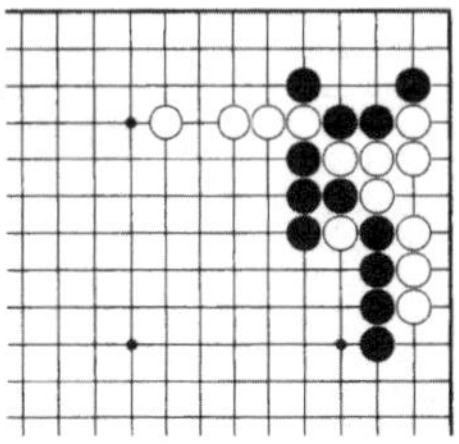

(1803) 흑번

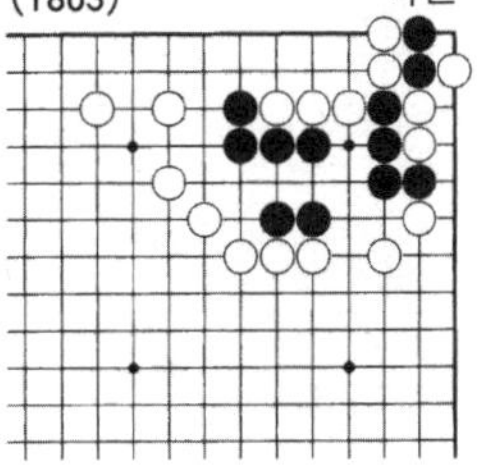

(1818) 백번

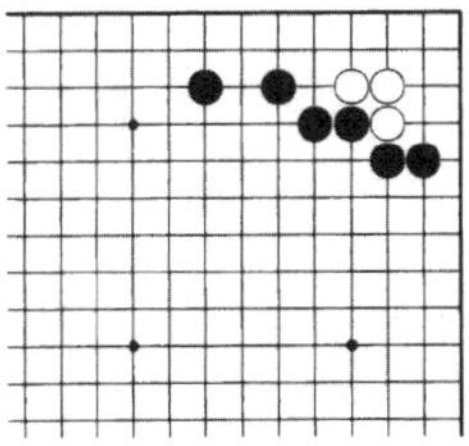

(1819) 백번

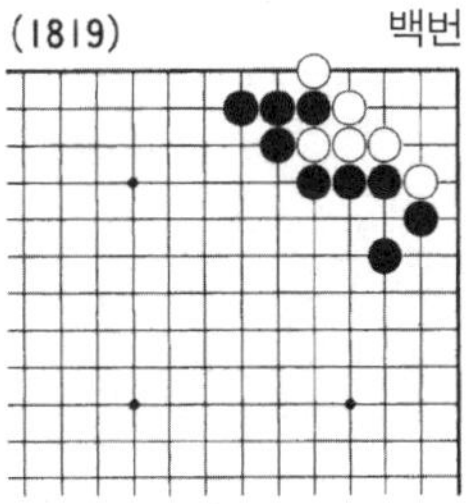

(1822) 흑번

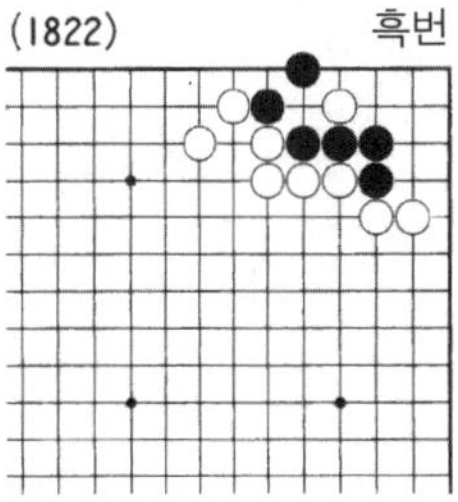

(1823) 흑번

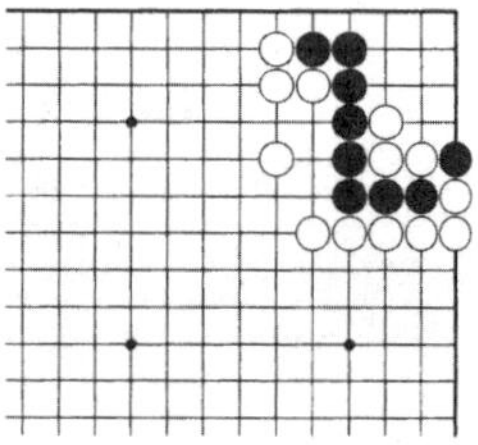

(1825) 백번

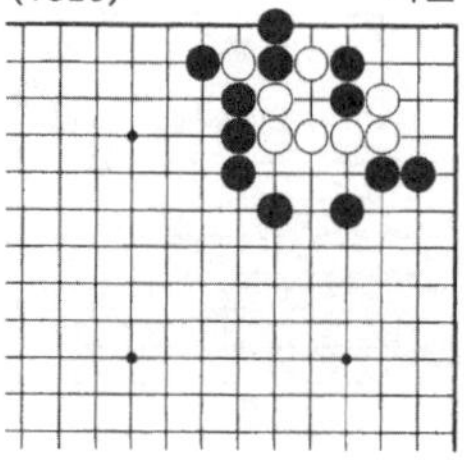

(1829) 흑번

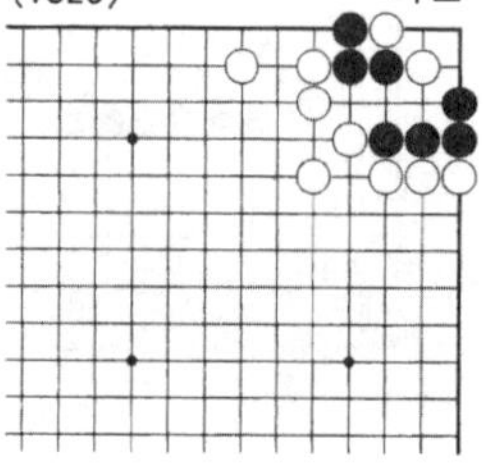

(1830) 흑번

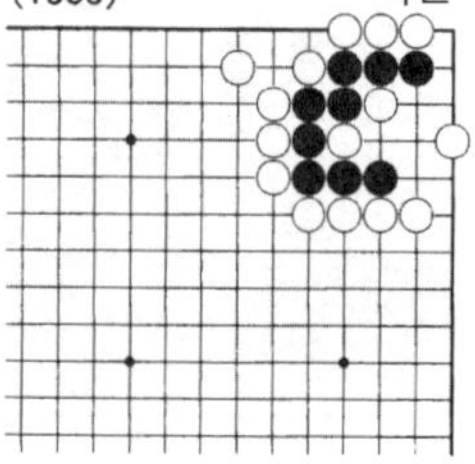

(1873) 흑번

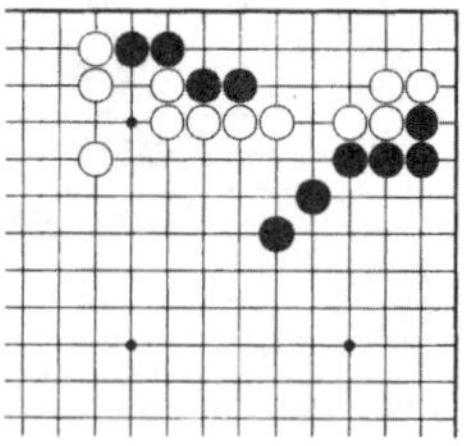

(1883) 흑번

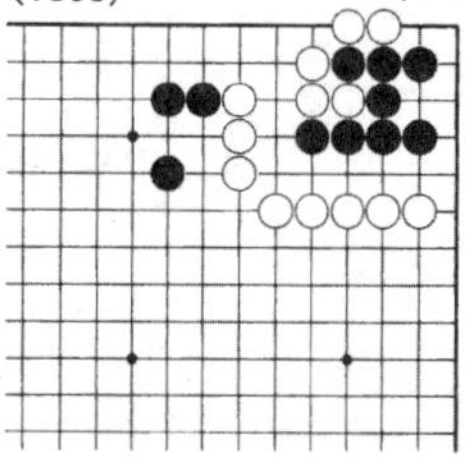

(1885) 백번

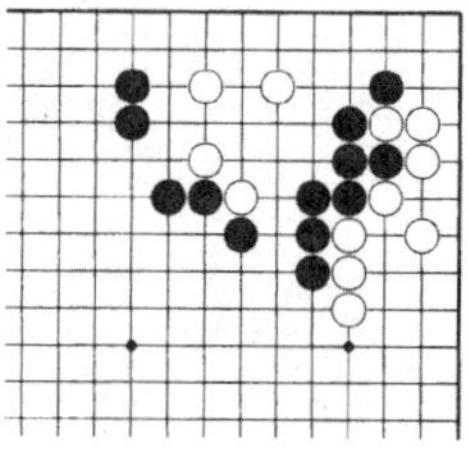

(1899) 흑번

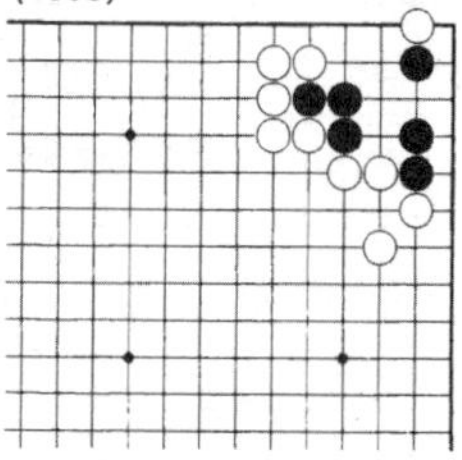

(1944) 백번

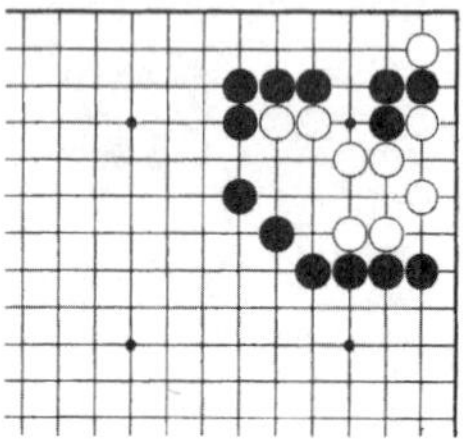

(1962) 백번

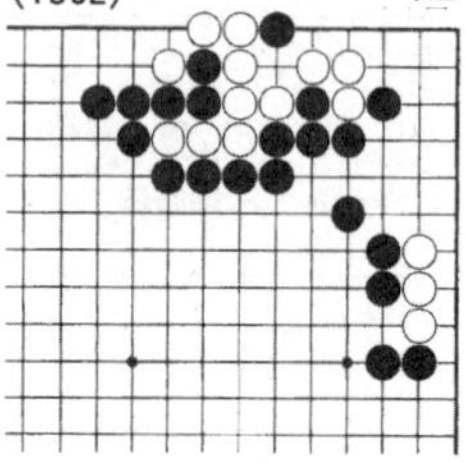

(1982) 흑번

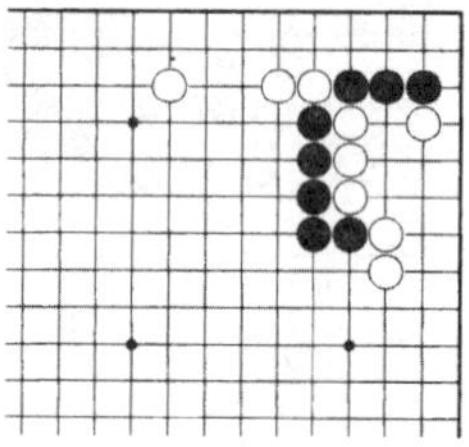

(1998) 백번

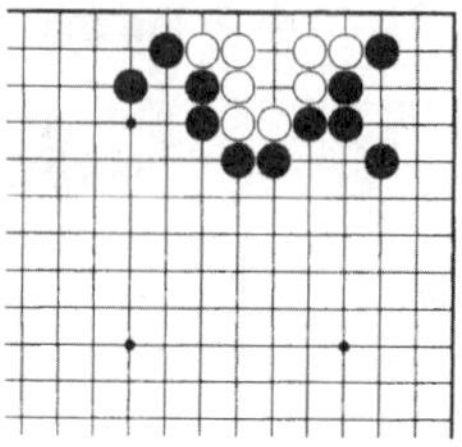

(2035) 백번

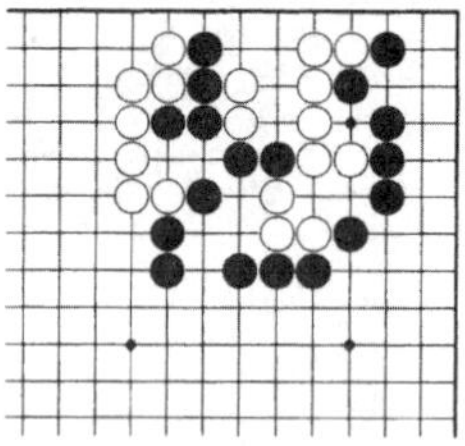

(2129) 흑번

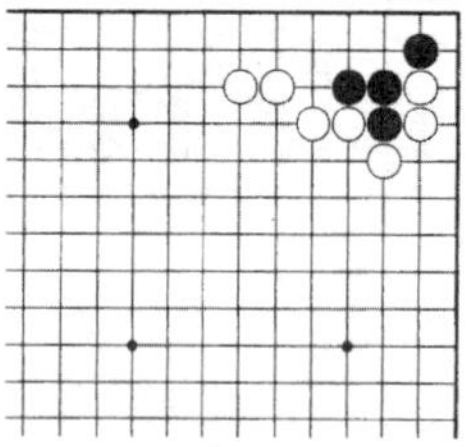

(2130) 흑번

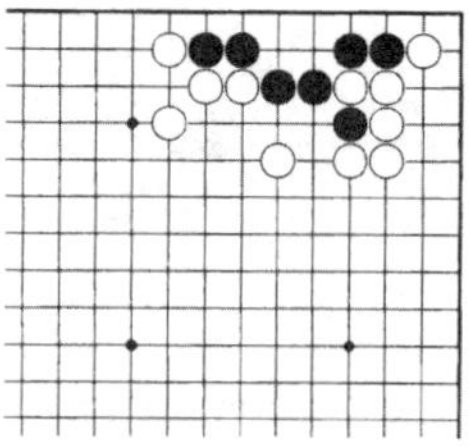

(2131) 흑번

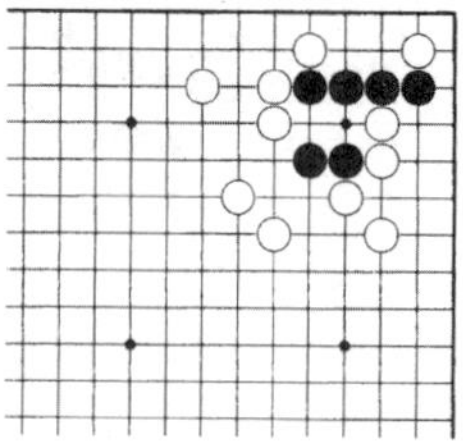

(2135) 흑번

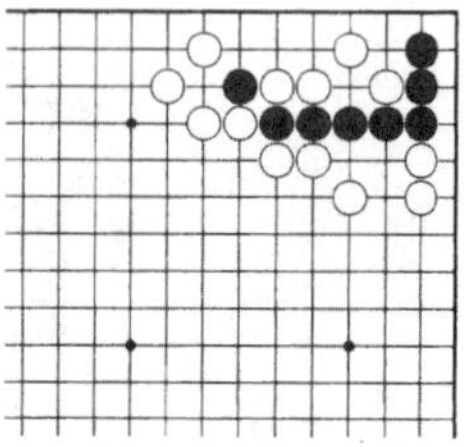

(2136) 흑번

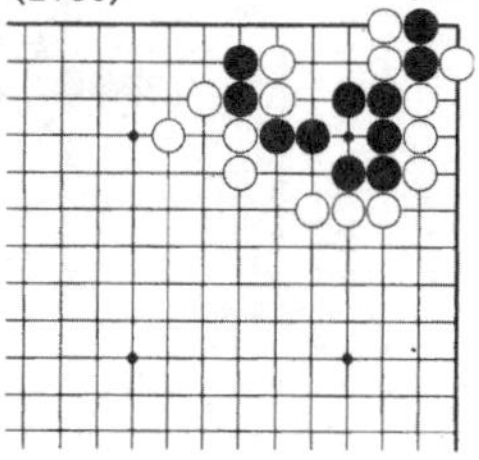

(2138) 흑번

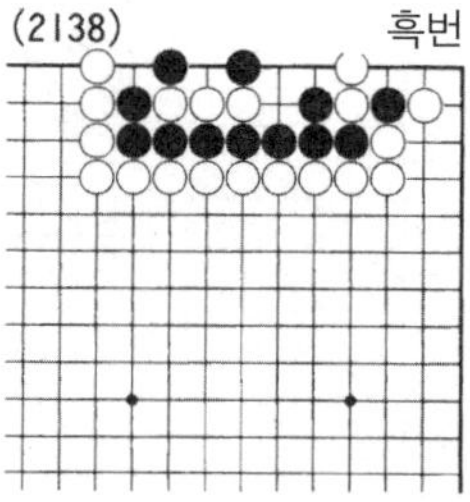

(2139) 흑번

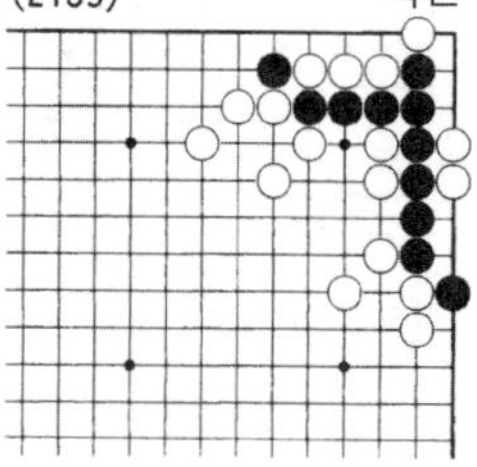

(2193) 백번

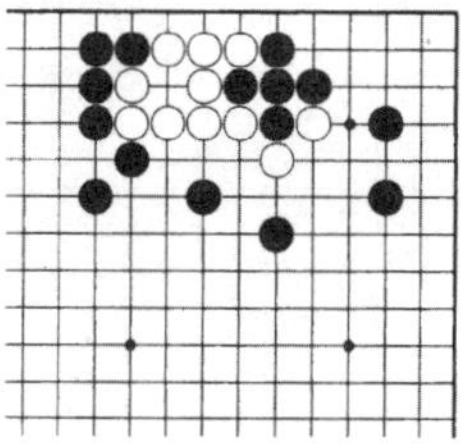

(2230) 흑번

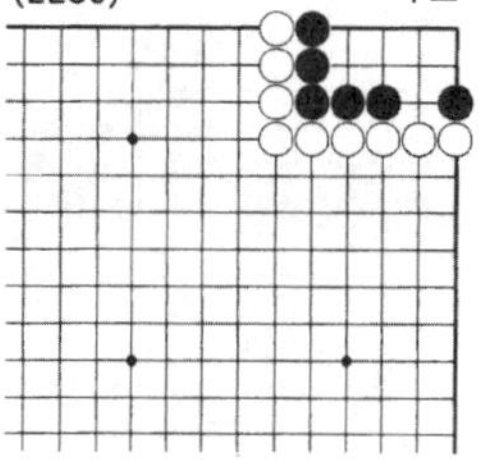

(2231) 백번

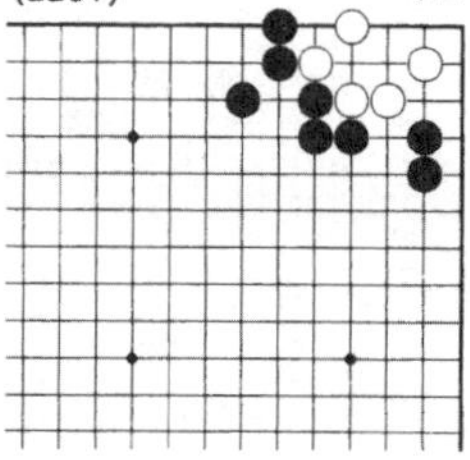

(2232) 흑번

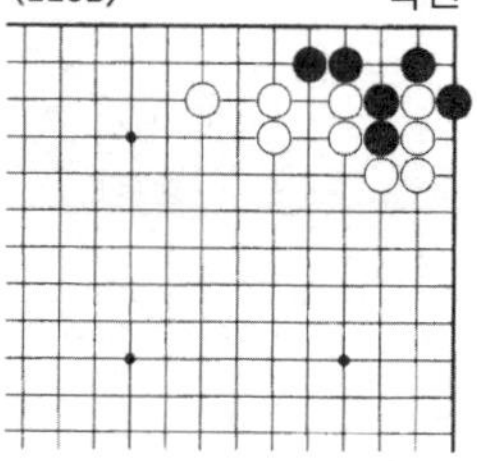

(2234) 백번

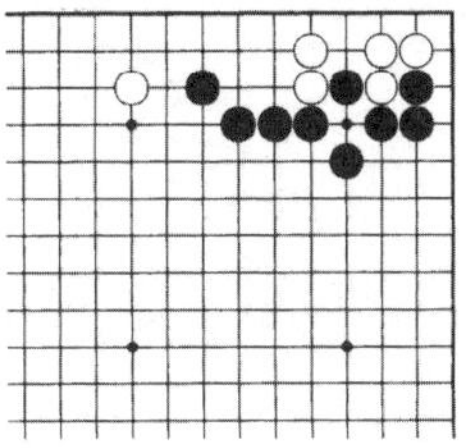

(2235) 흑번

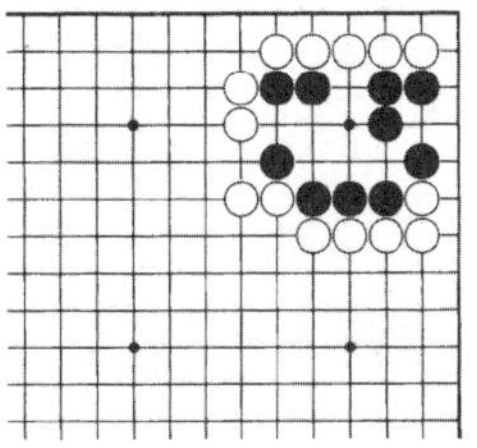

(2238) 흑번

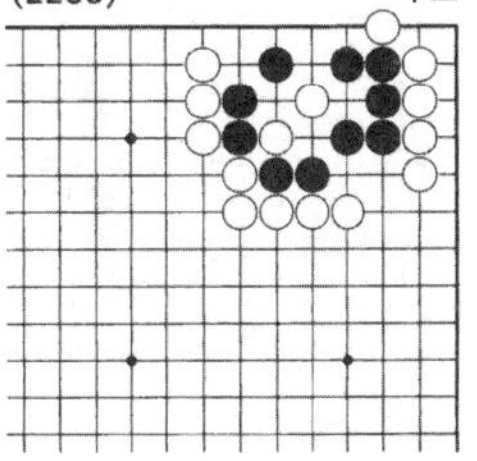

(2239) 백번

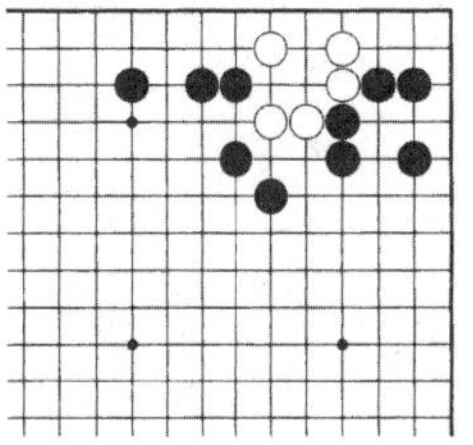

(2240) 백번

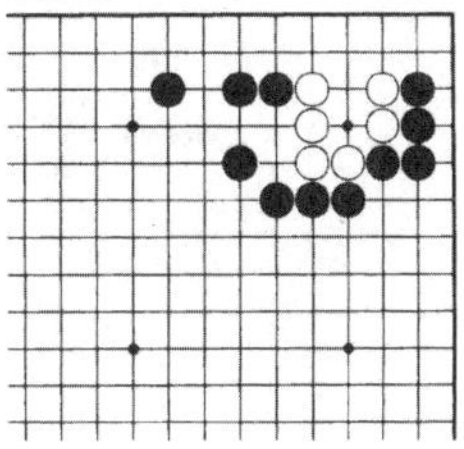

(2241) 백번

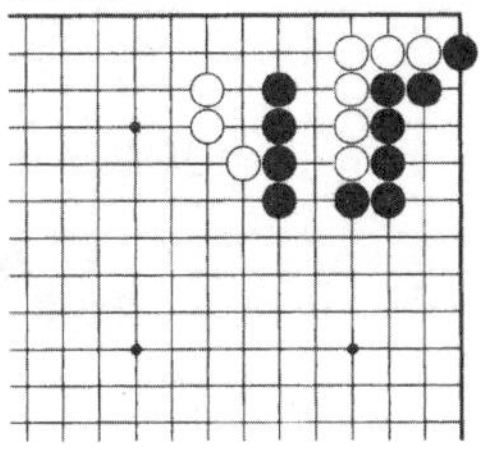

(2242) 백번

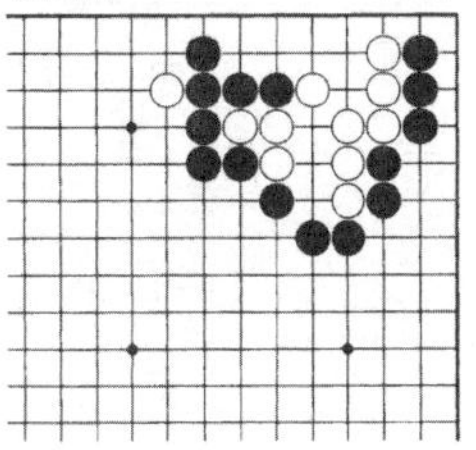

(2264) 흑번

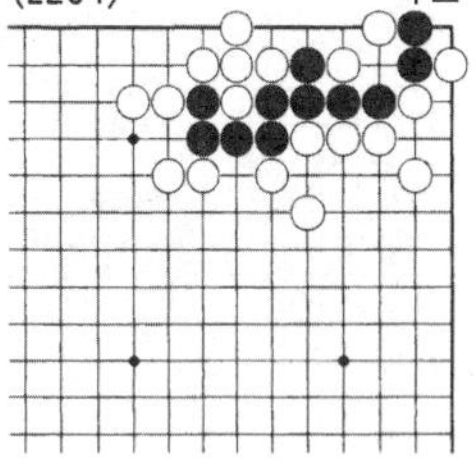

(2286) 흑번

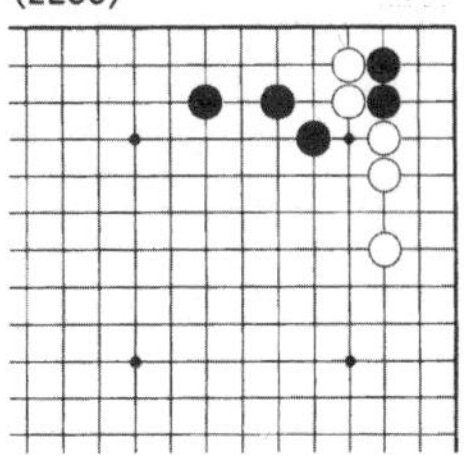

(2287) 흑번

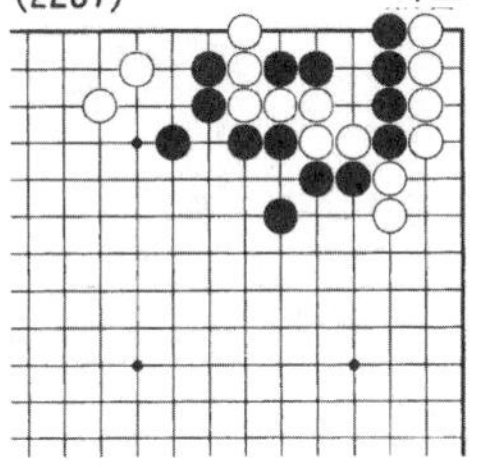

(2288) 백번

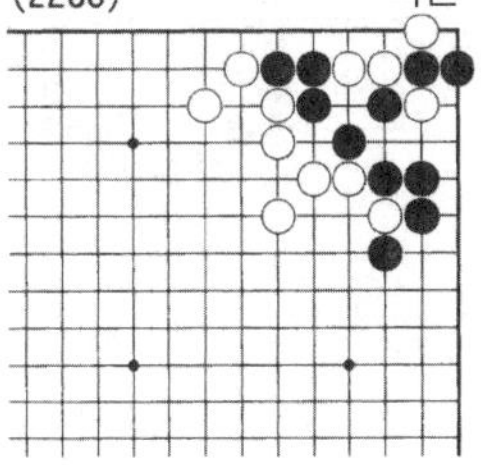

(2322) 백번

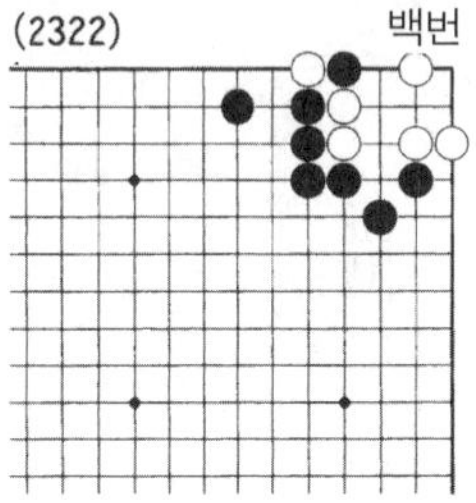

(2323) 백번

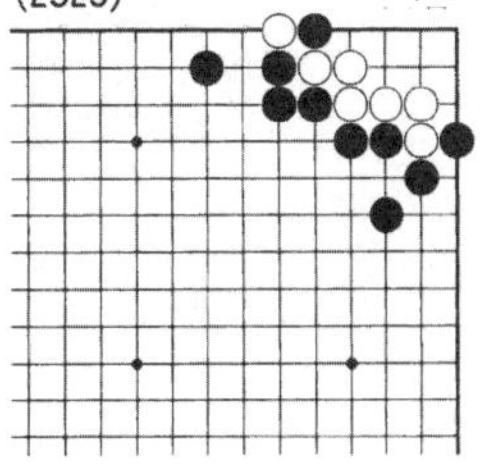

(2324) 흑번

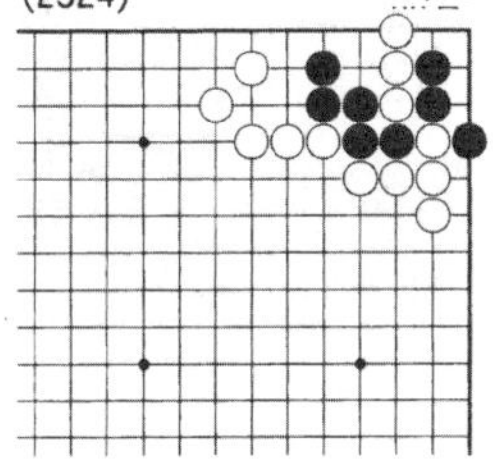

(2325) 흑번

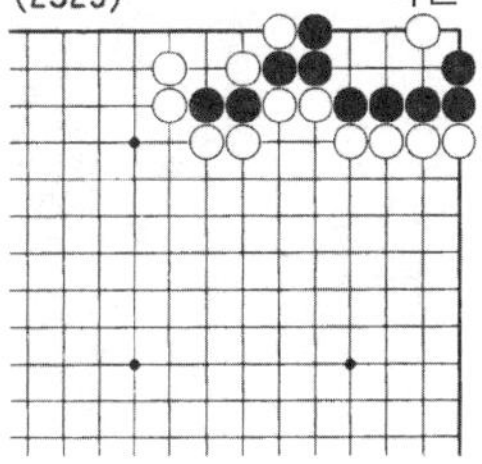

(2326) 백번

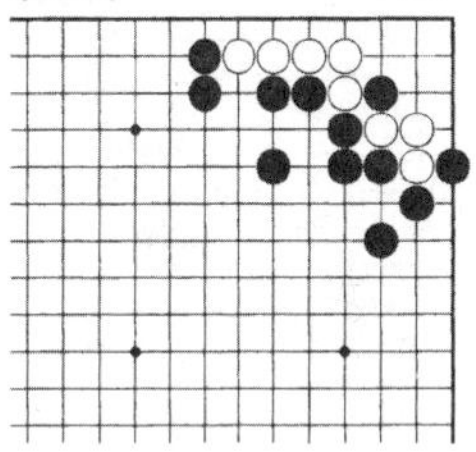

(2327) 흑번

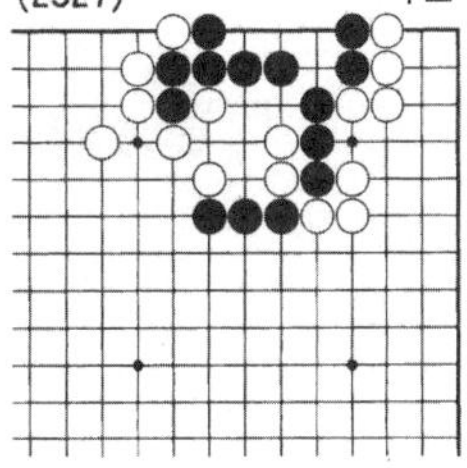

(2357) 흑번

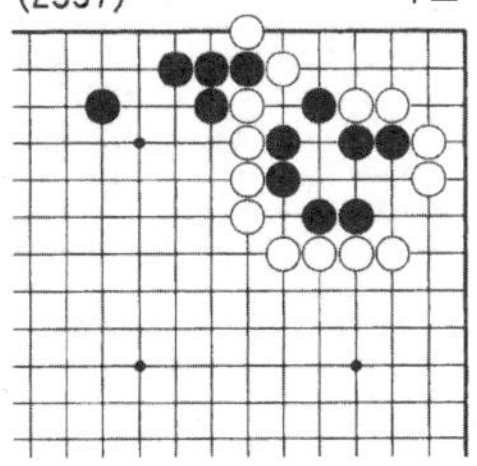

(2471) 백번

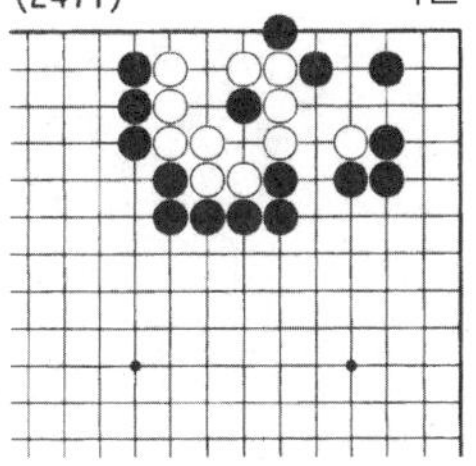

## 괴롭히다

(8) 백번

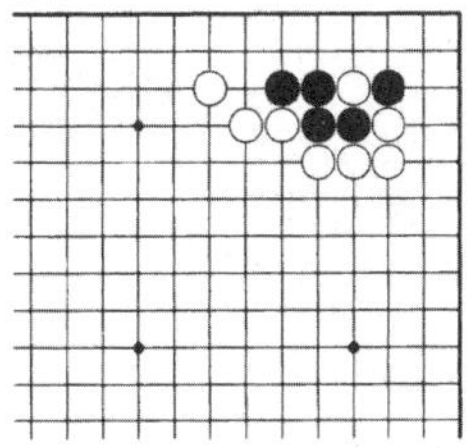

(156) 흑번

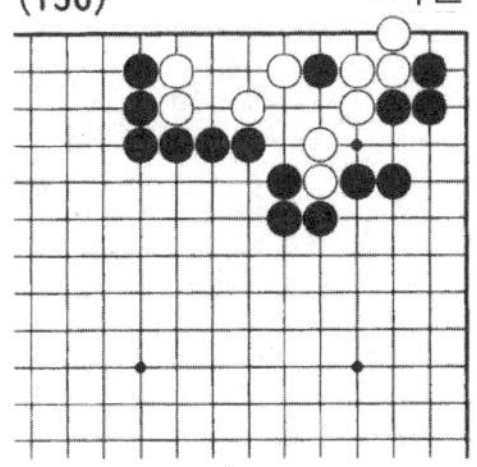

(191) 흑번

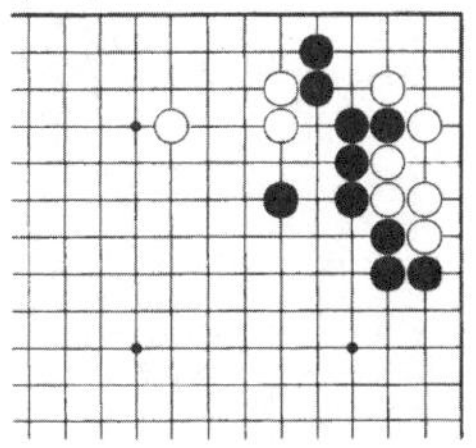

(214) 흑번

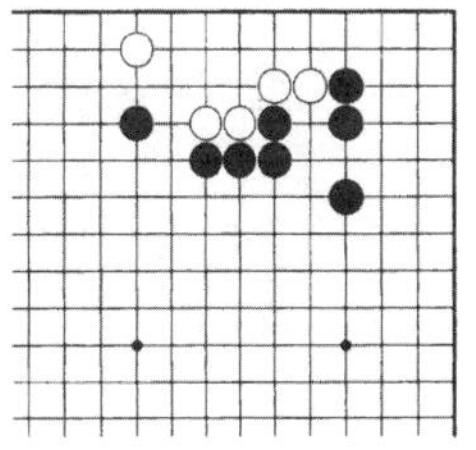

(231) 흑번

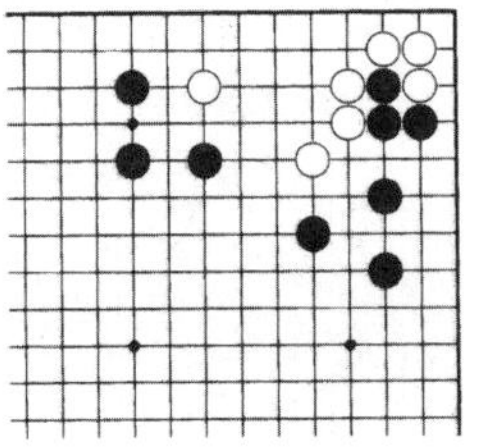

(237) 흑번

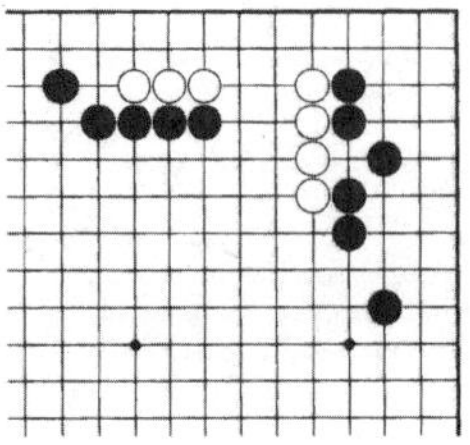

(245) 흑번

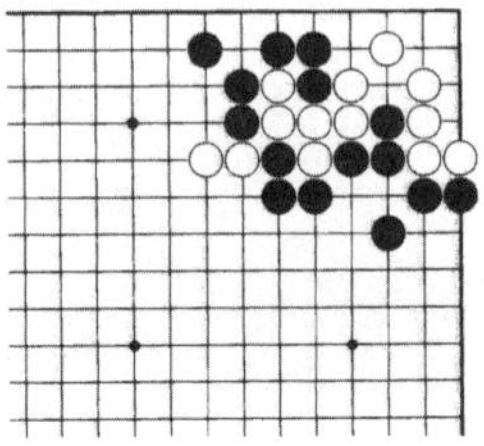

(283) 백번

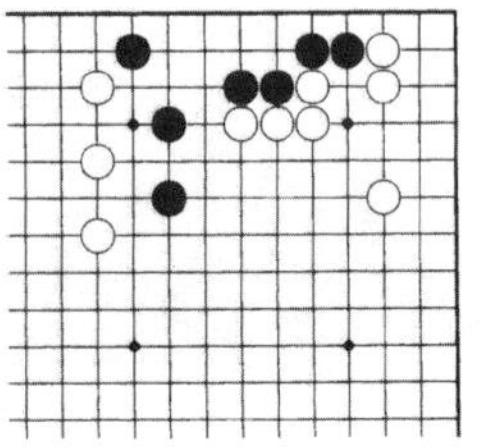

(286) 백번

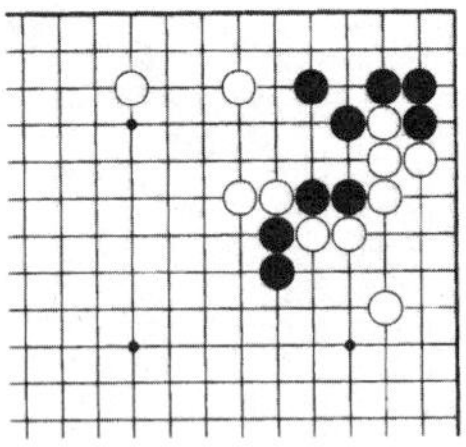

(287) 백번

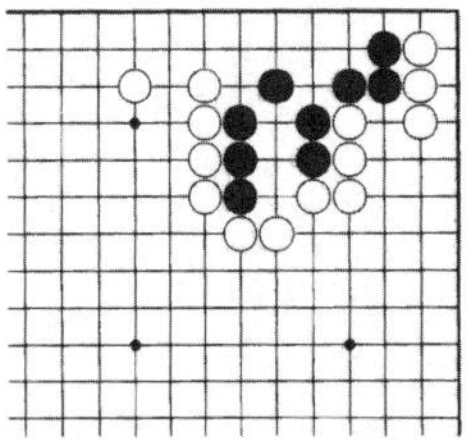

(288) 흑번

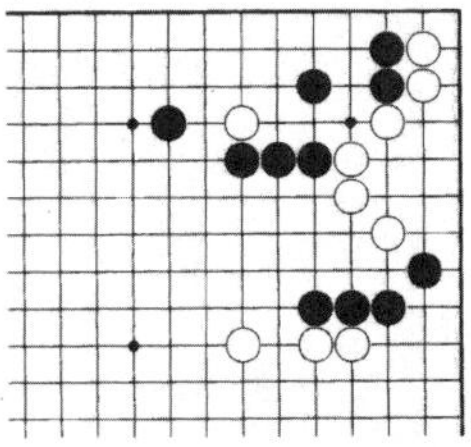

(290) 흑번

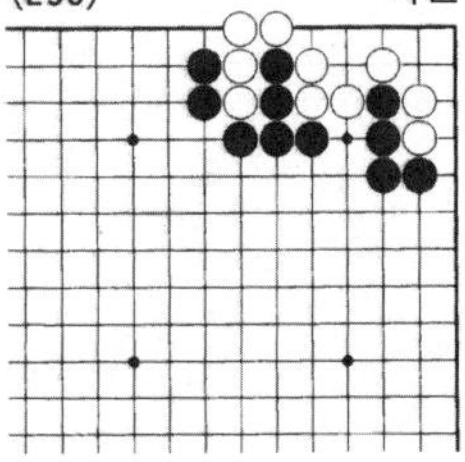

(292) 흑번

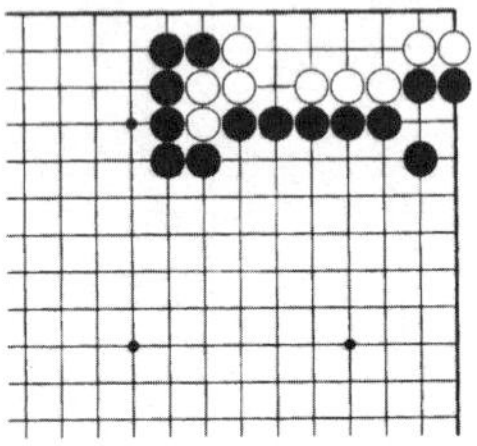

(350) 흑번

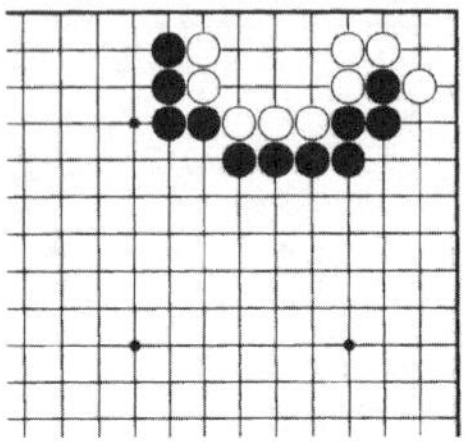

(383) 흑번

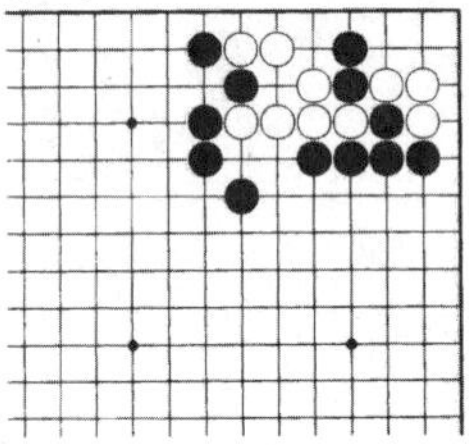

(388) 흑번

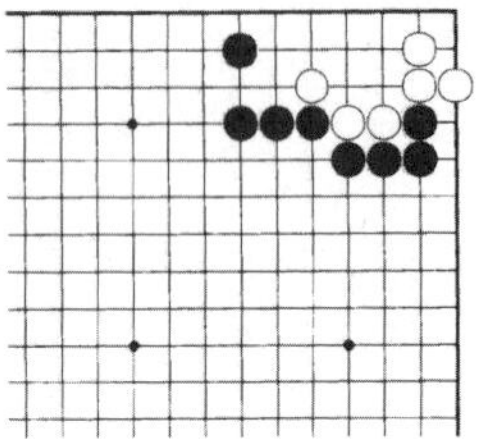

(398) 흑번

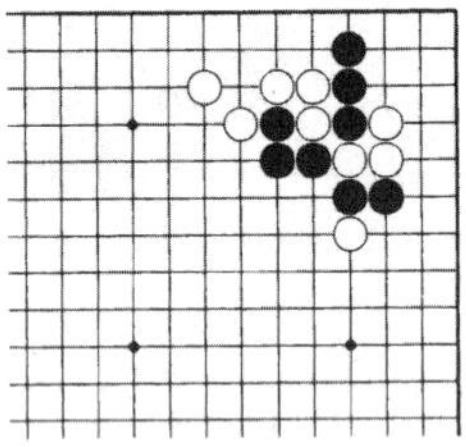

(420) 흑번

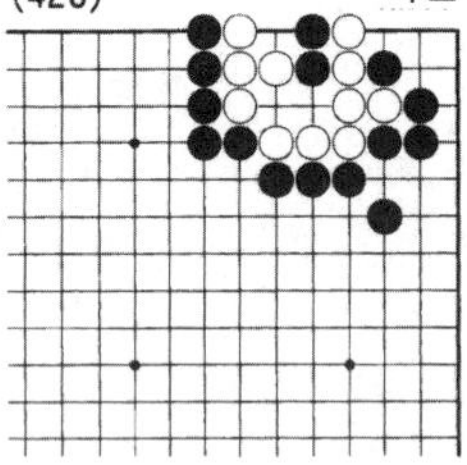

(665) 흑번

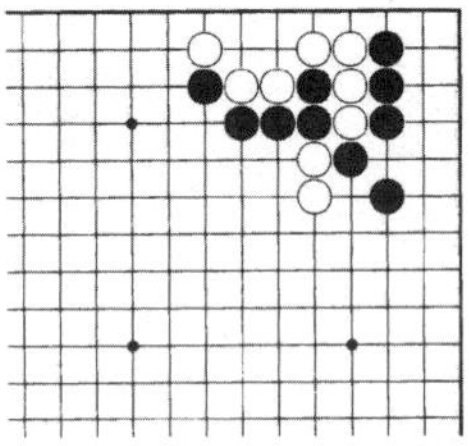

(667) 백번

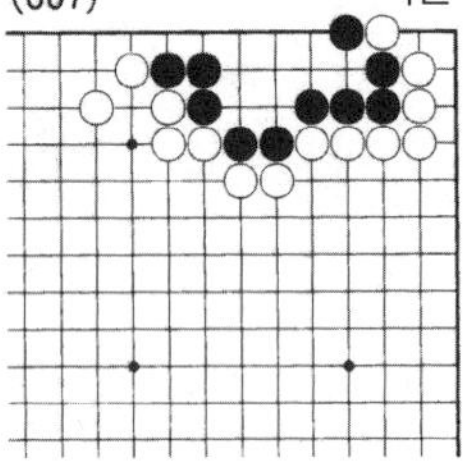

(688) 흑번

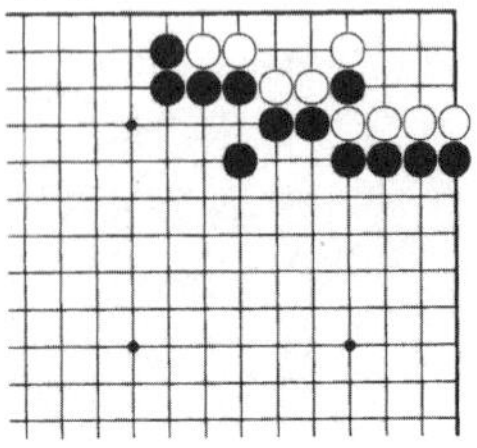

(689) 흑번

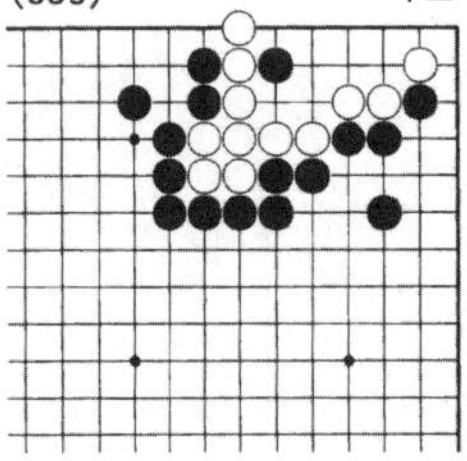

(805) 흑번

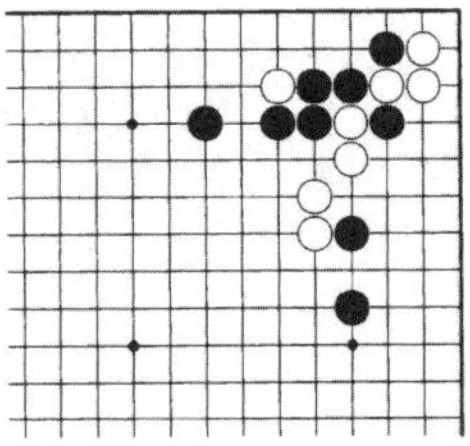

(821) 흑번

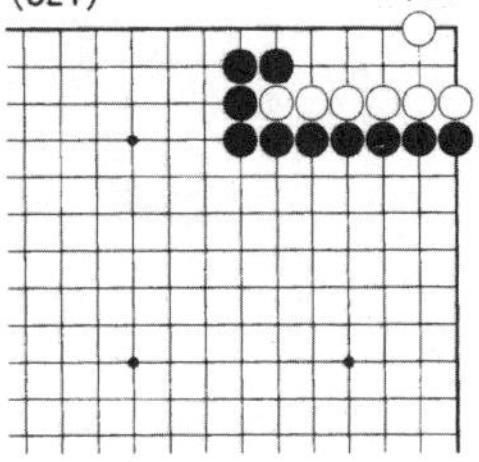

(829) 흑번

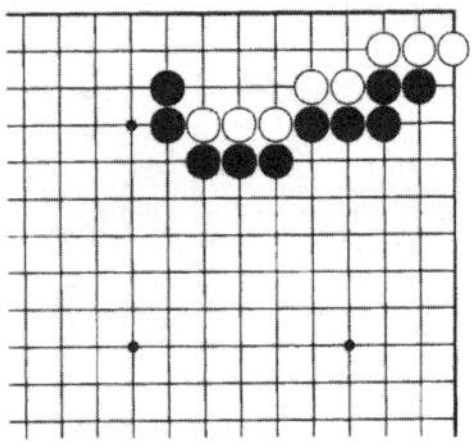

(974) 백번

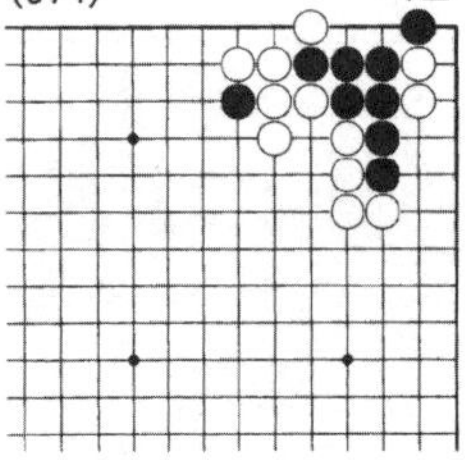

(984) 흑번

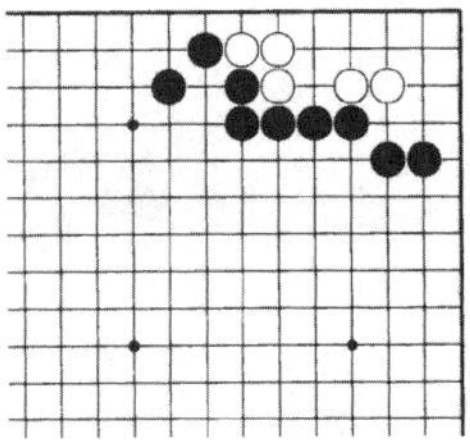

(1011) 백번

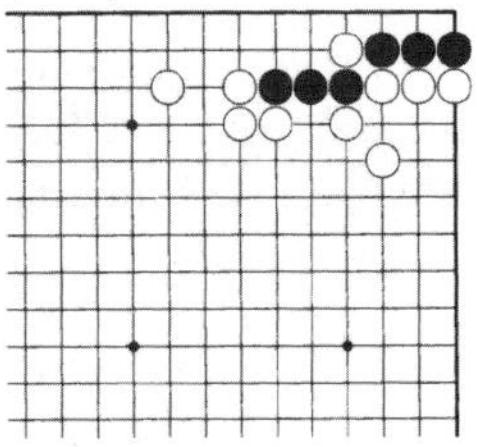

(1012) 백번

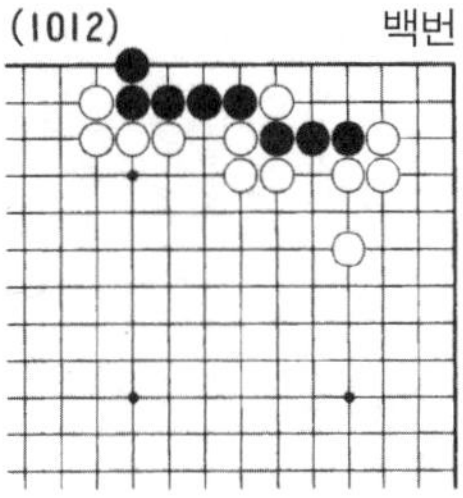

(1034) 흑번

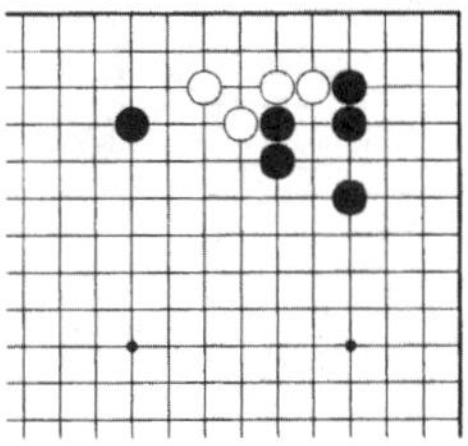

(1185) 백번

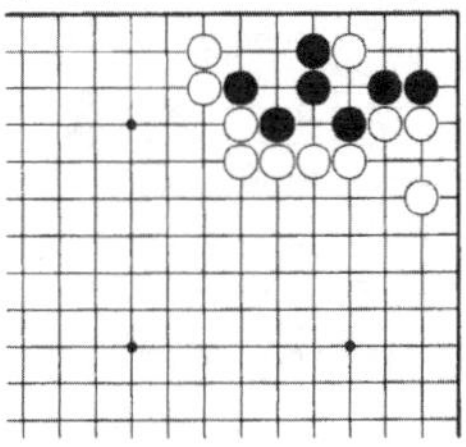

(1186) 흑번

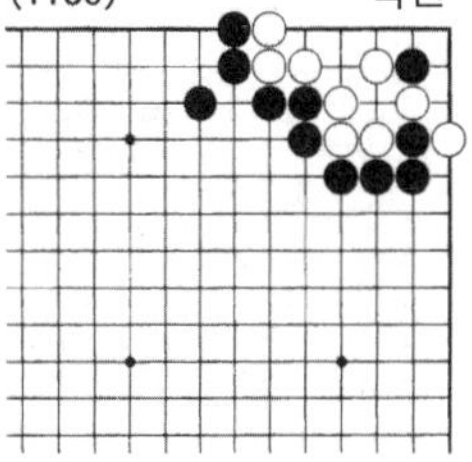

(1190) 백번

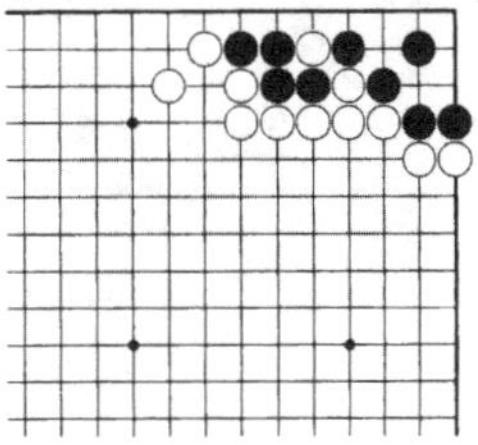

(1193) 흑번

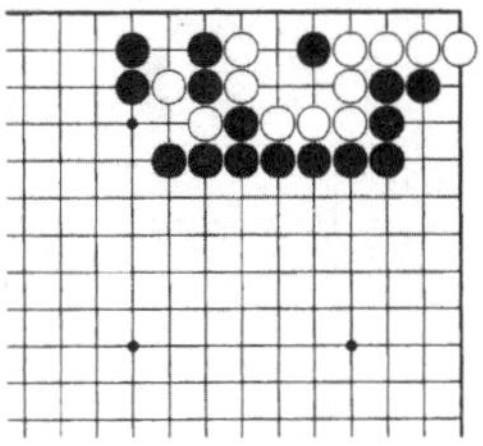

(1216) 백번

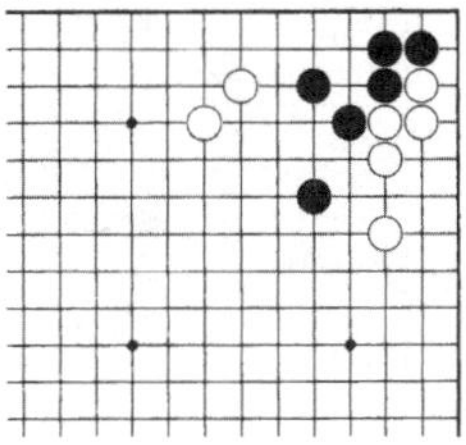

(1217) 백번

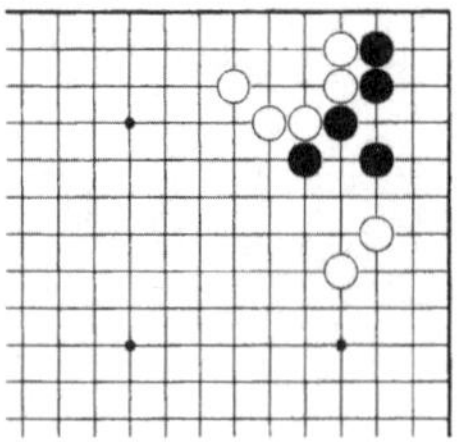

(1219) 흑번

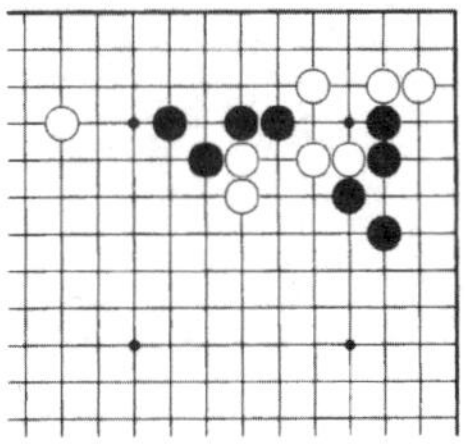

(1282) 흑번

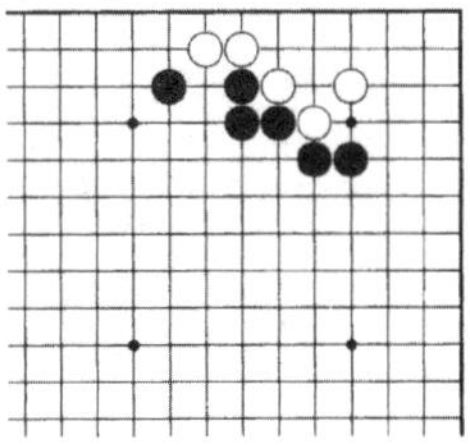

(1303) 흑번

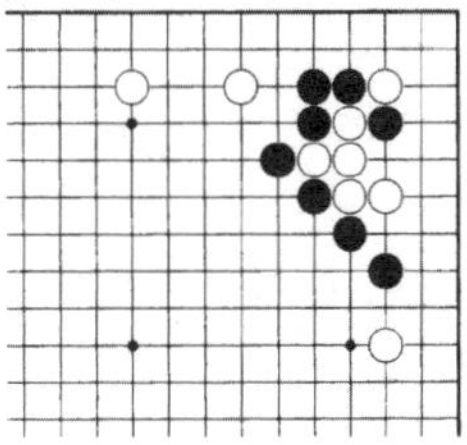

(1304) 흑번

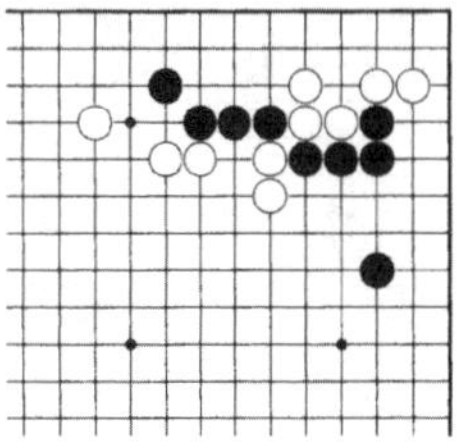

(1335) 흑번

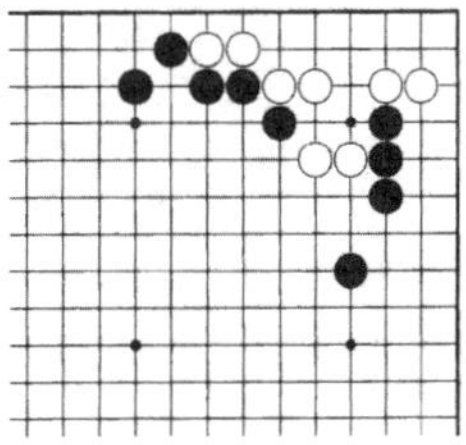

(1339) 흑번

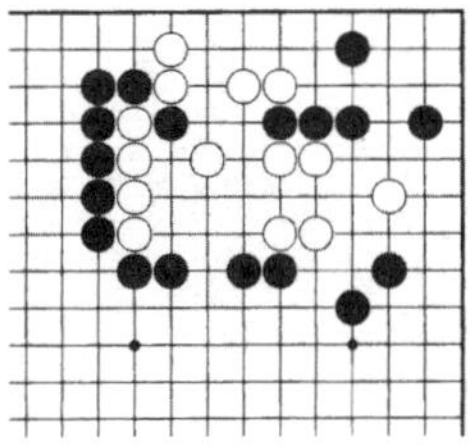

(1368) 흑번

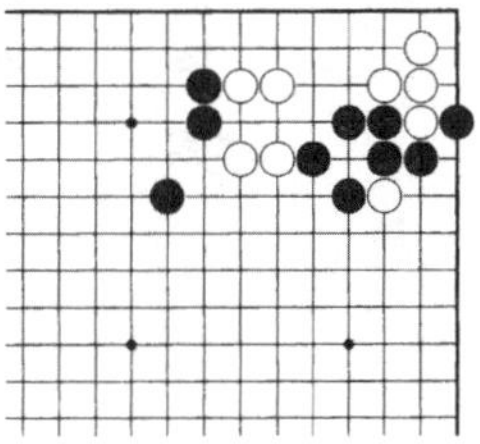

(1369) 흑번

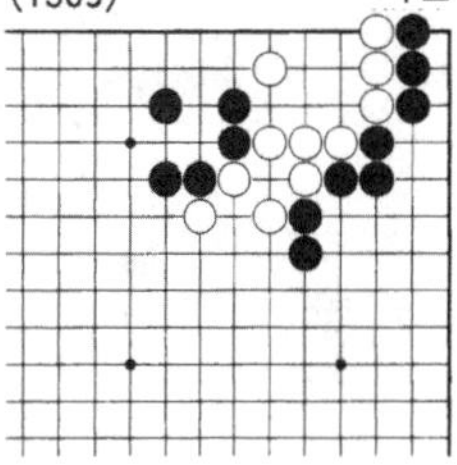

(1371) 백번

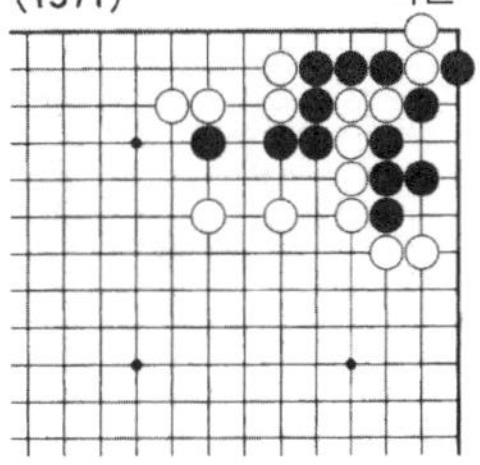

(1398) 백번

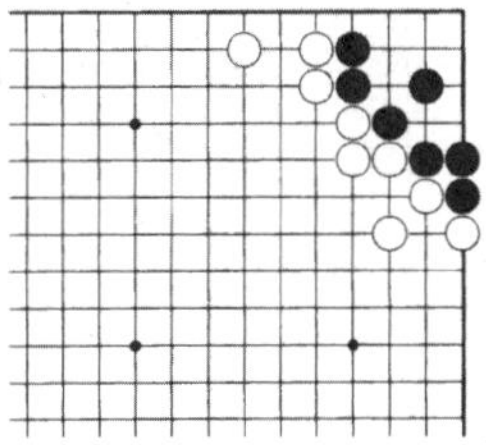

(1399) 백번

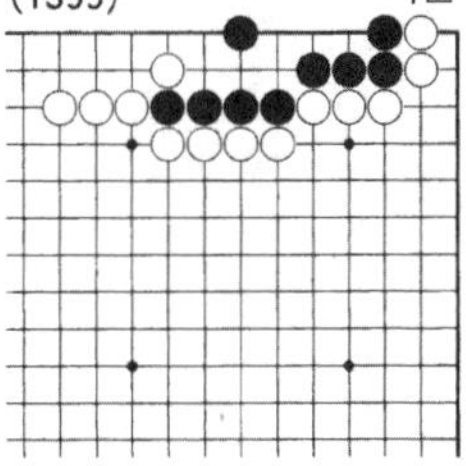

(1400) 흑번

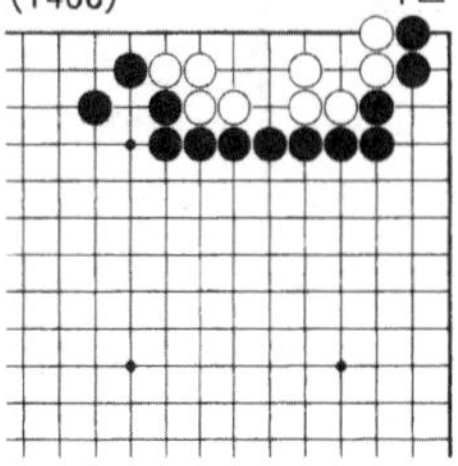

(1409) 백번

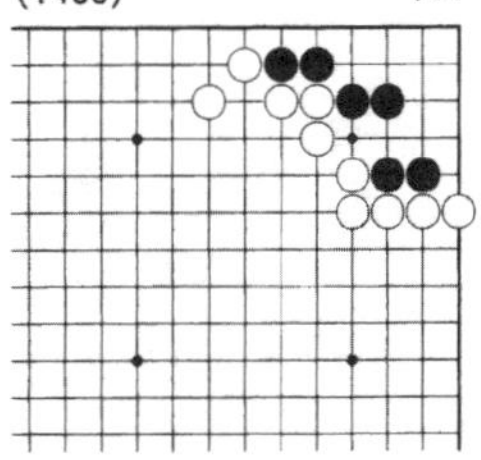

(1410) 흑번

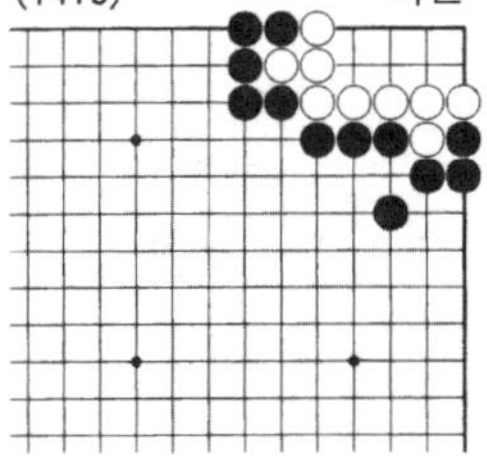

(1518) 흑번

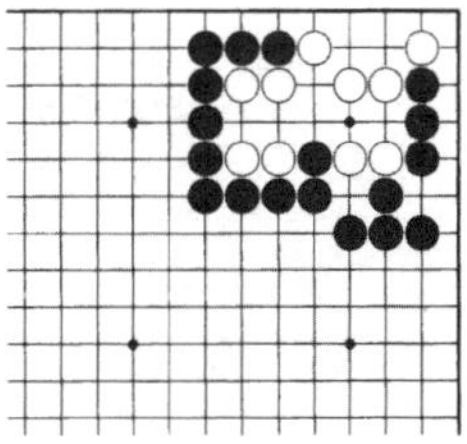

(1603) 흑번

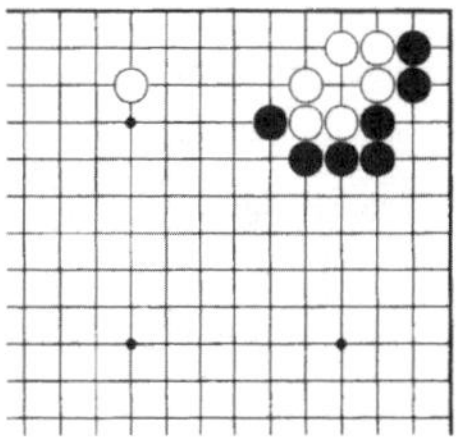

(1604) 흑번

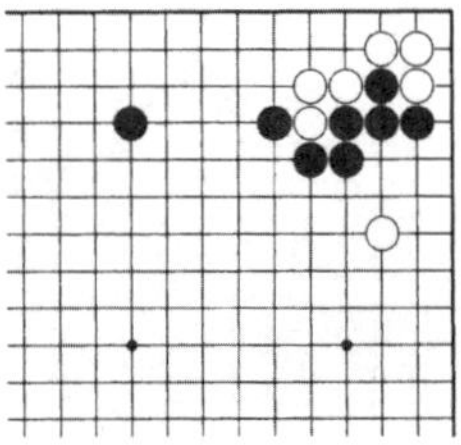

(1608) 백번

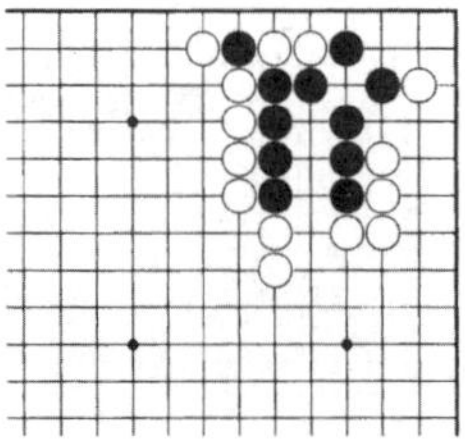

(1609) 흑번

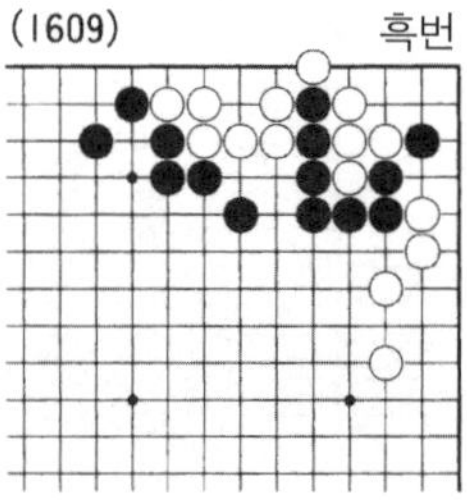

(1713) 백번

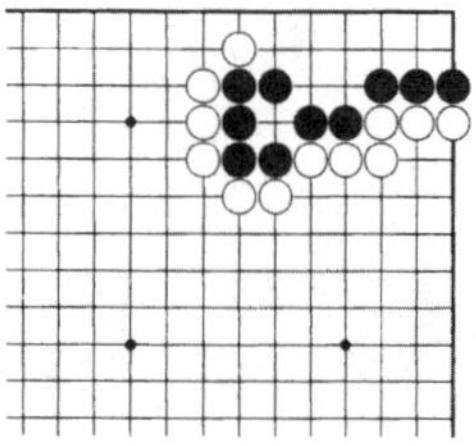

(1731) 흑번

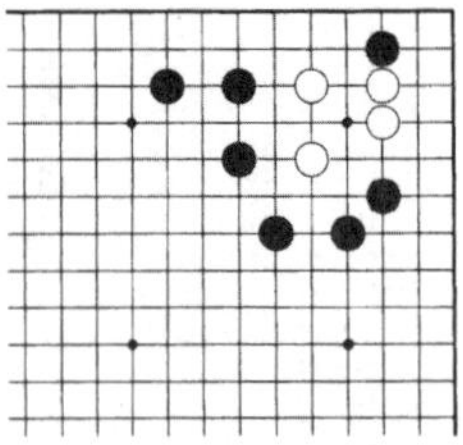

(1813) 흑번

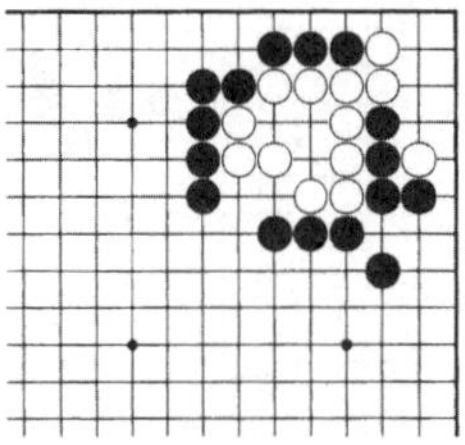

(1882) 흑번

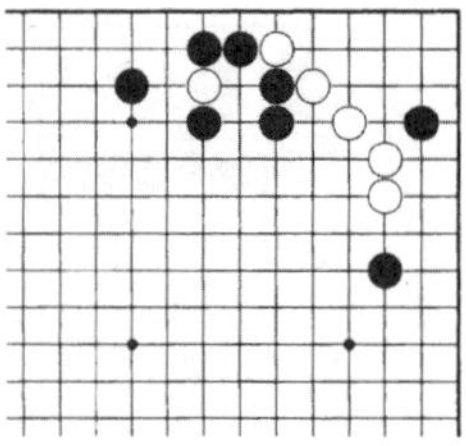

(1945) 흑번

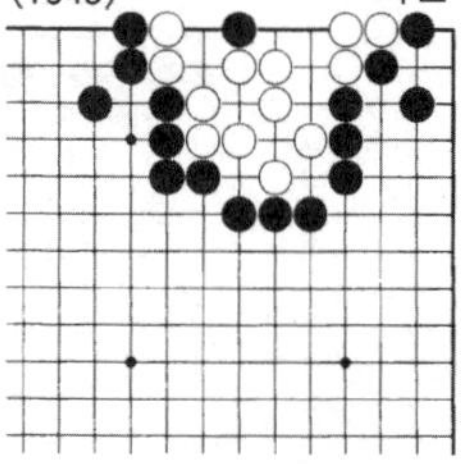

(1965) 흑번

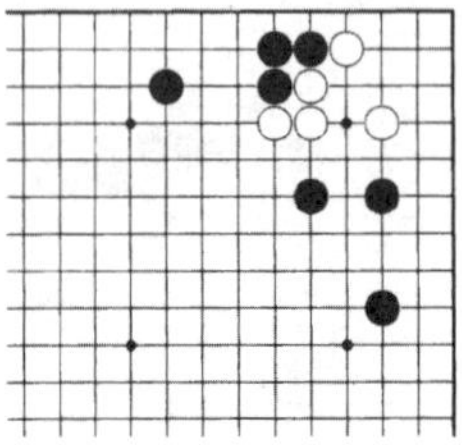

(1997) 흑번

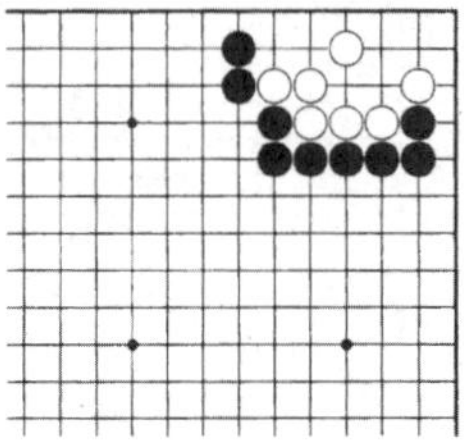

(2043) 흑번

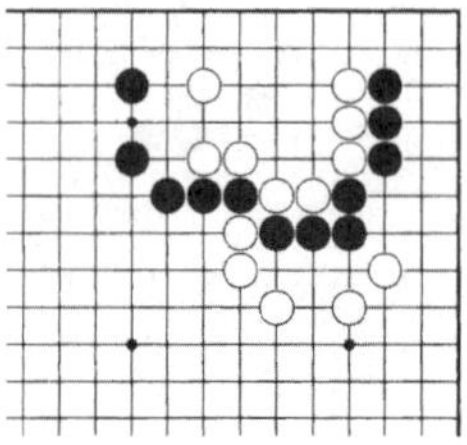

(2056) 흑번

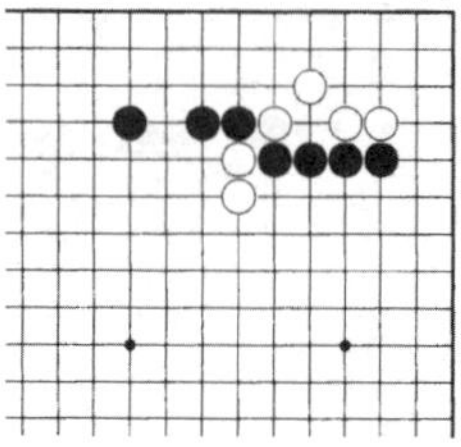

(2058) 흑번

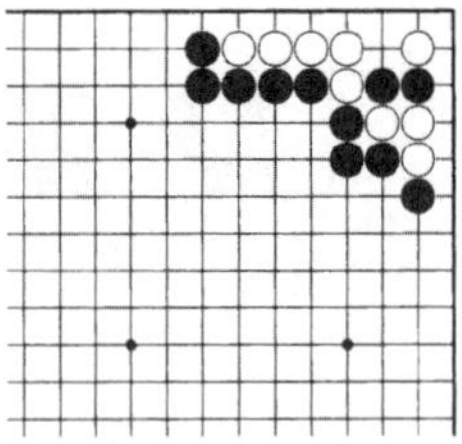

(2060) 흑번

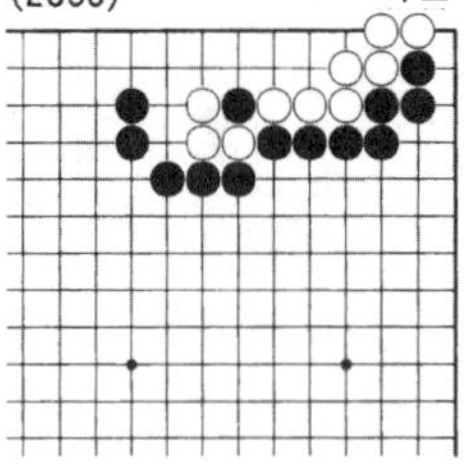

(2081) 흑번

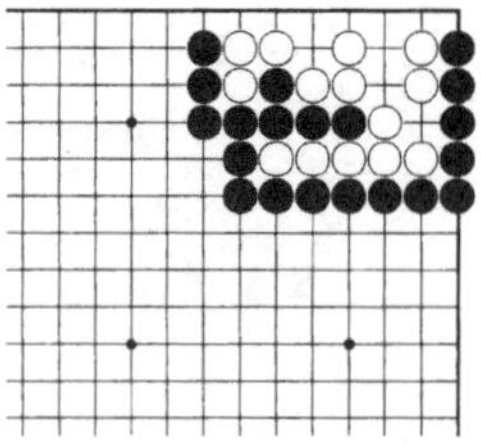

(2114) 흑번

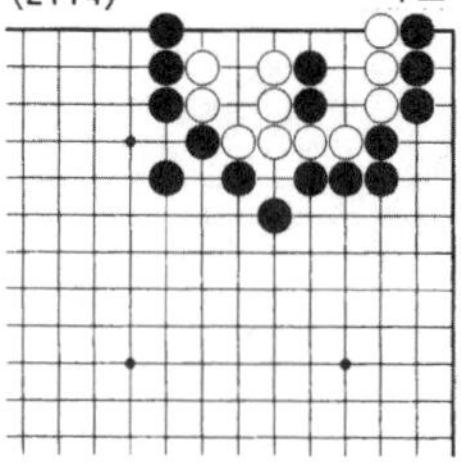

(2124) 백번

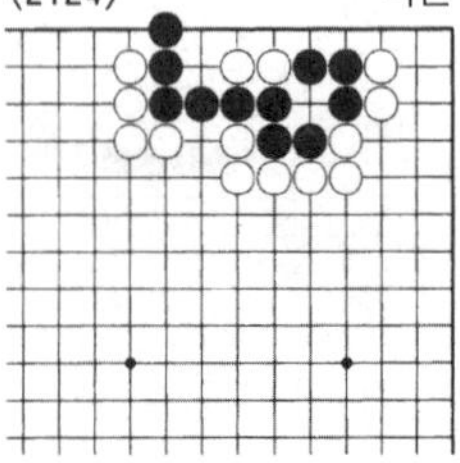

(2208) 흑번

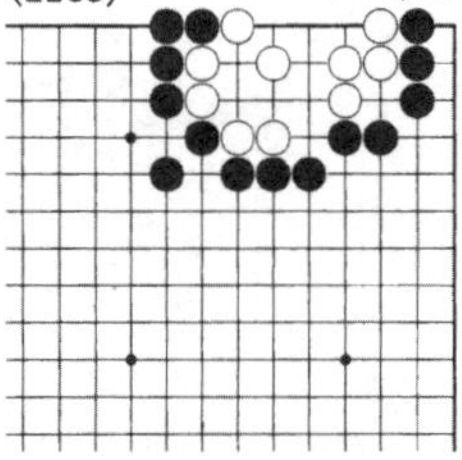

(2281) 흑번

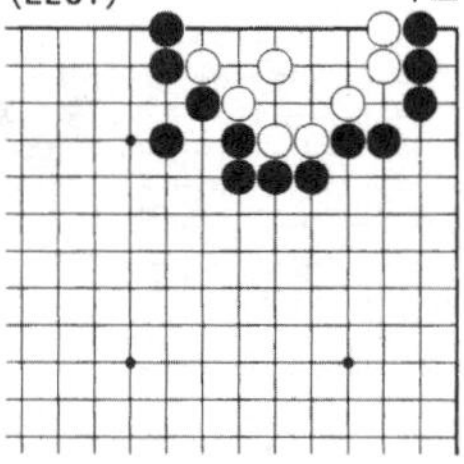

(2290) 흑번

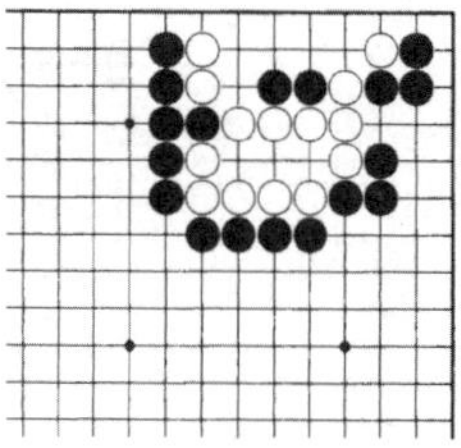

(2372) 흑번

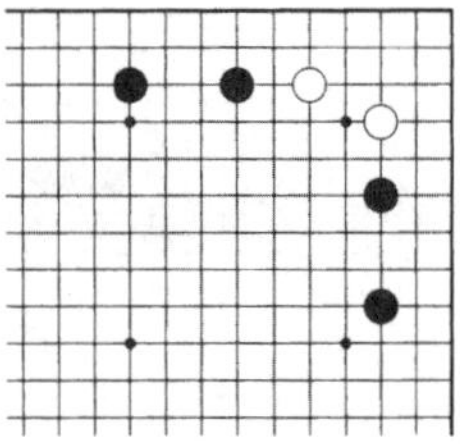

(2379) 흑번

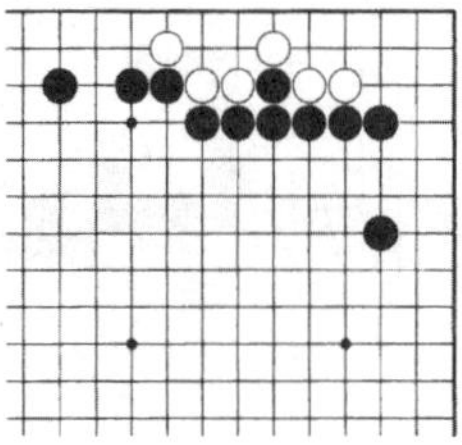

(2382) 흑번

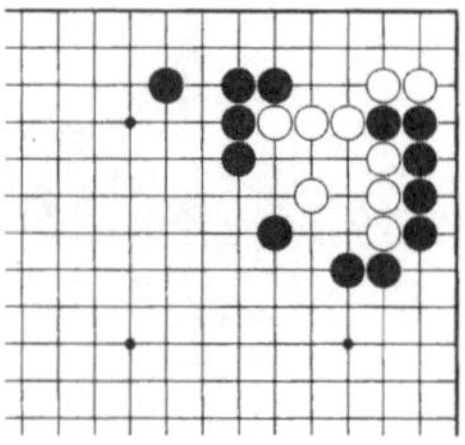

(2385) 흑번

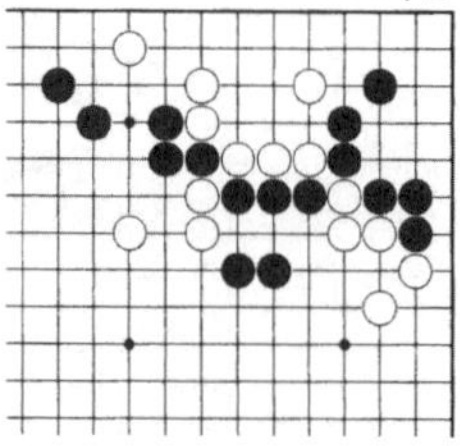

(2416) 백번

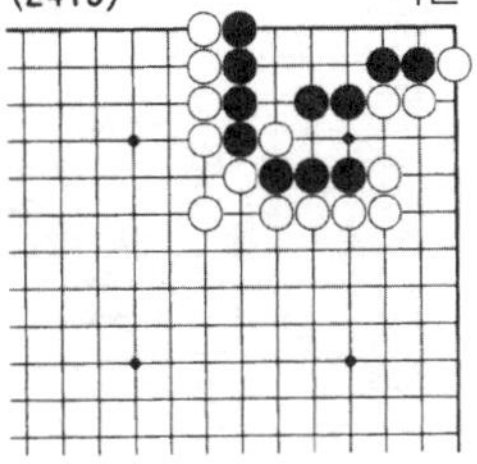

(2417) 흑번

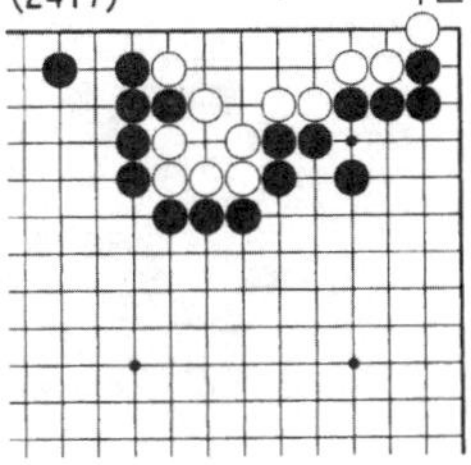

(2420) 백번

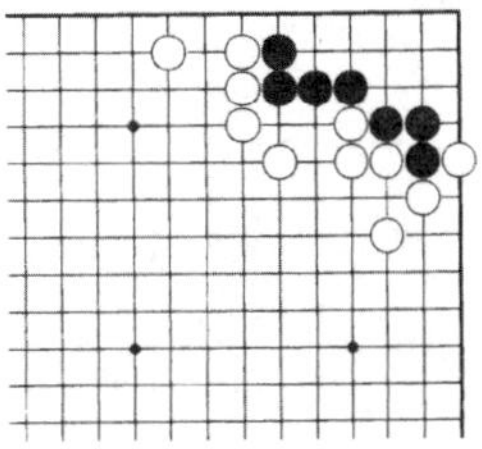

(2422) 흑번

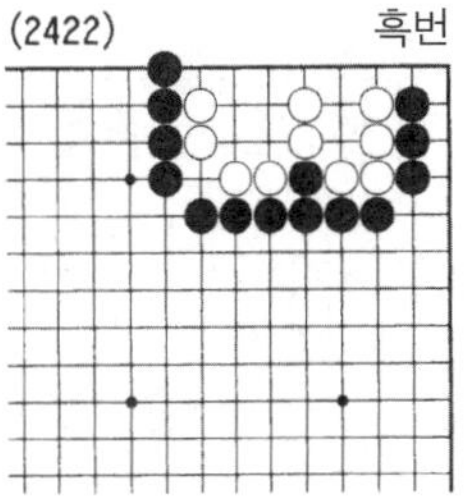

(2423) 백번

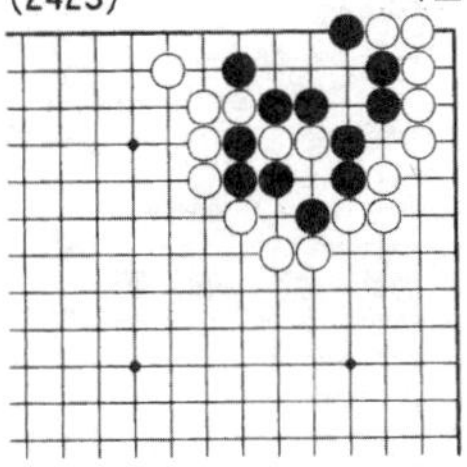

받다

(501) 흑번

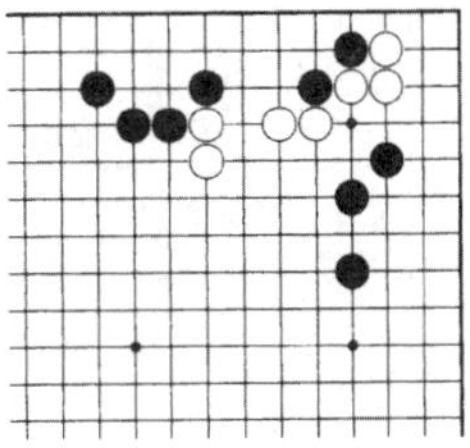

(505) 흑번

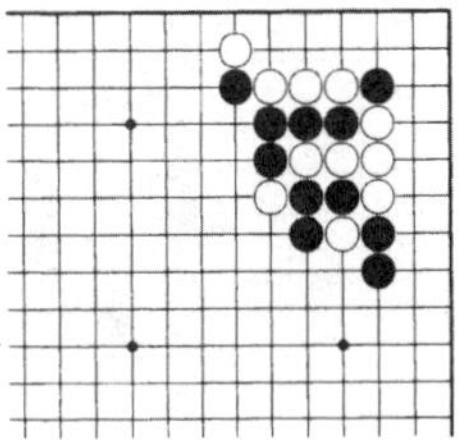

(529) 흑번

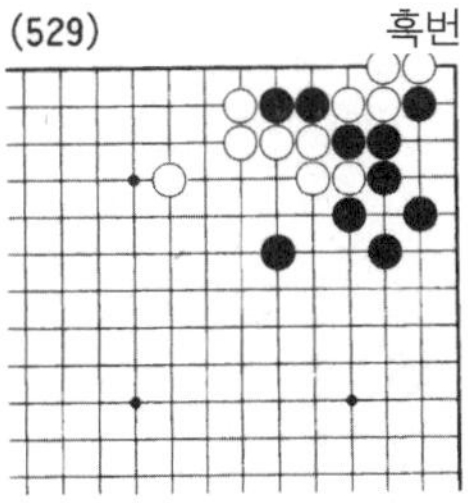

(790) 흑번

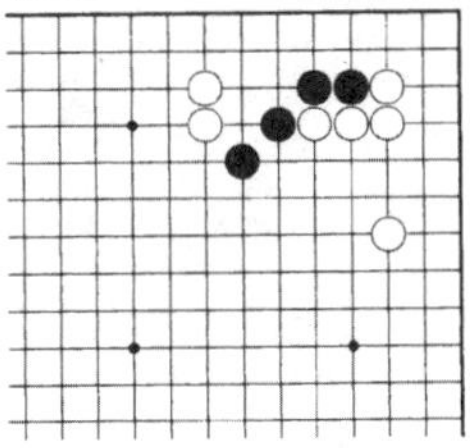

(839) 백번

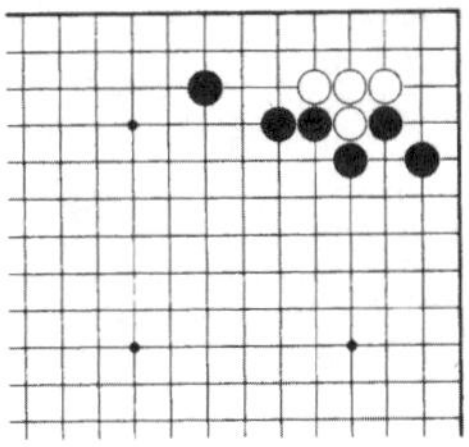

(1233) 흑번

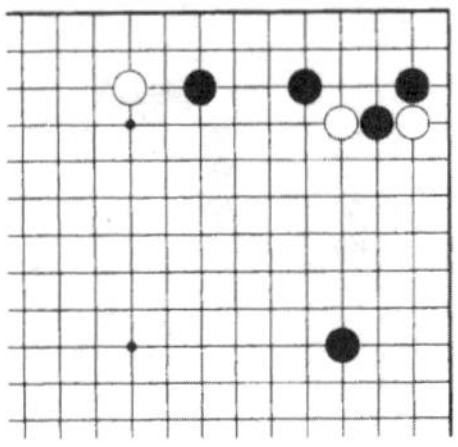

(1269) 흑번

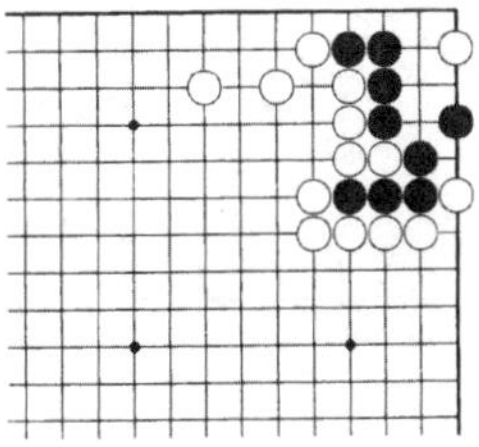

(1540) 백번

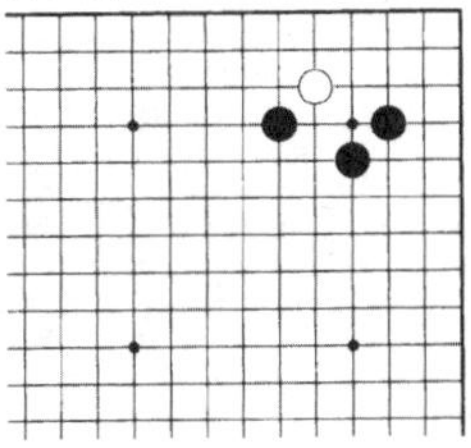

(1541) 백번

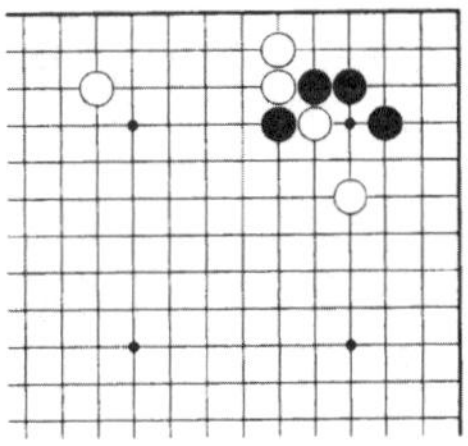

(1543) 흑번

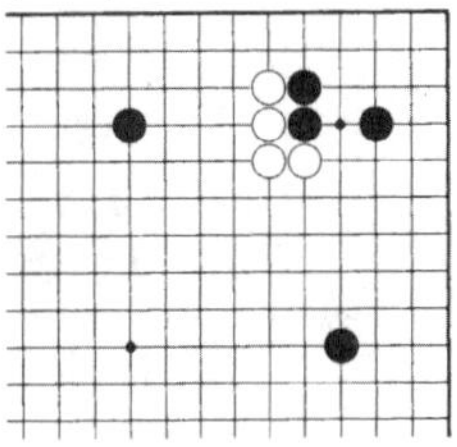

(1552) 백번

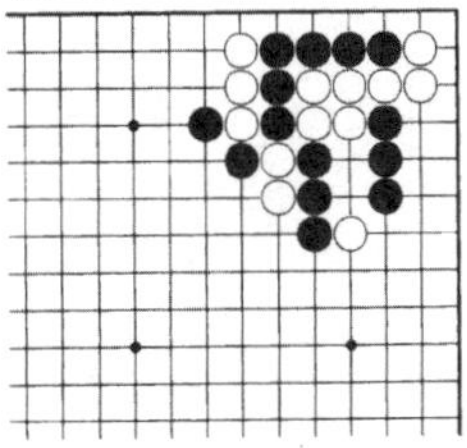

(1558) 흑번

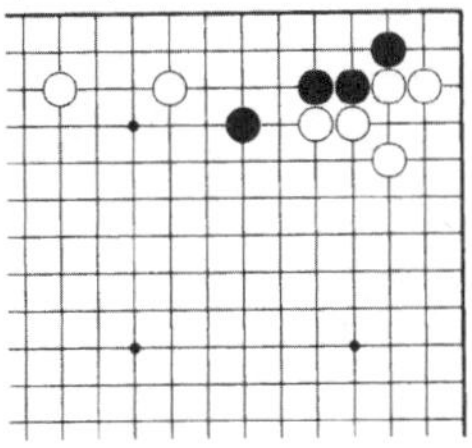

(1559) 백번

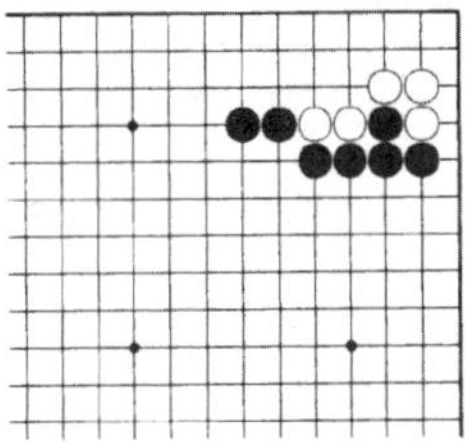

(1562) 흑번

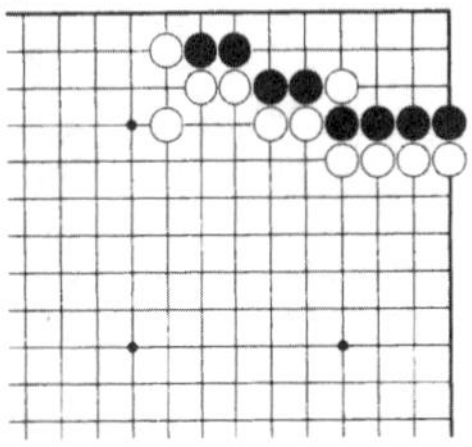

(1563) 흑번

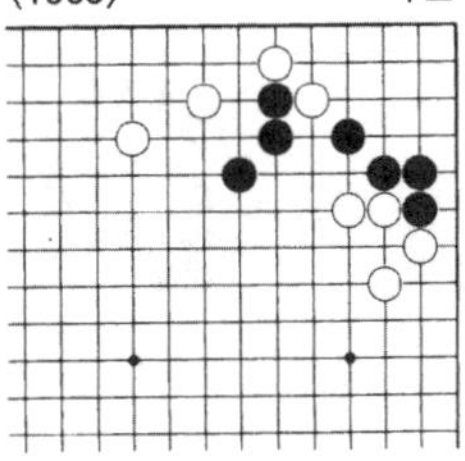

(1583) 흑번

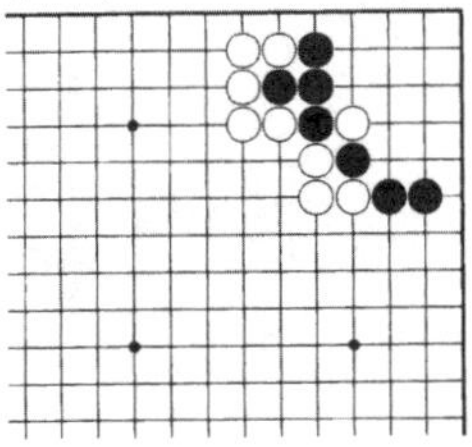

(1584) 흑번

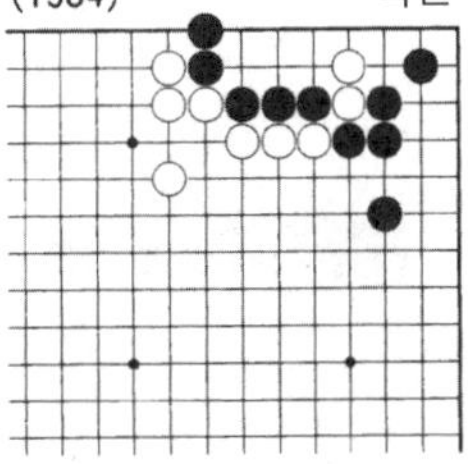

(1706) 흑번

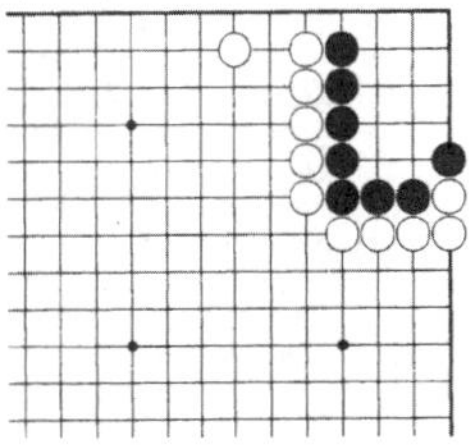

(2105) 흑번

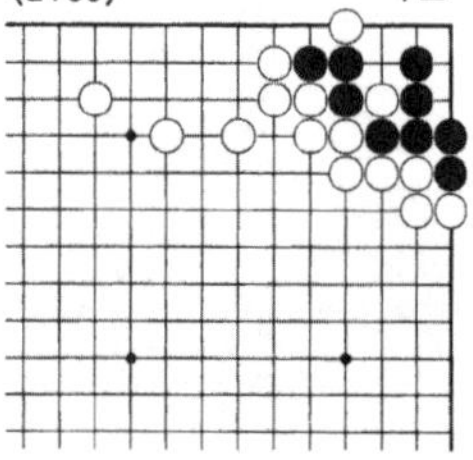

## 환격

(21) 흑번

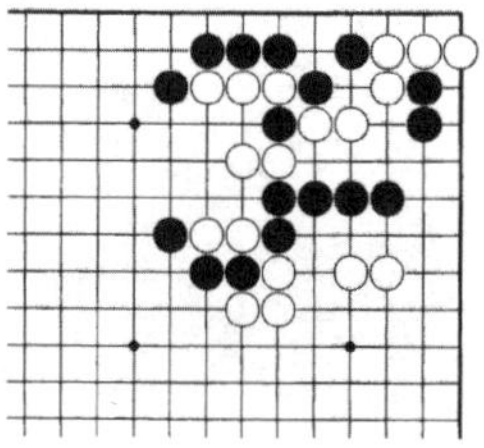

(91) 흑번

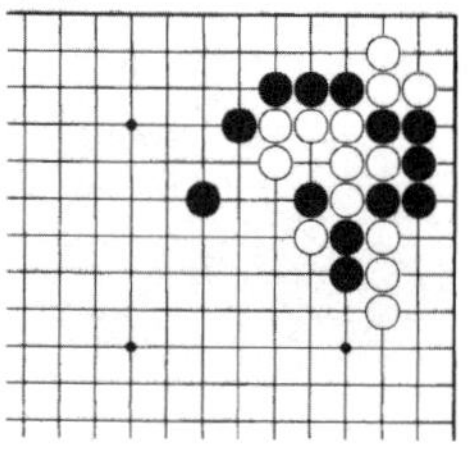

(131) 흑번

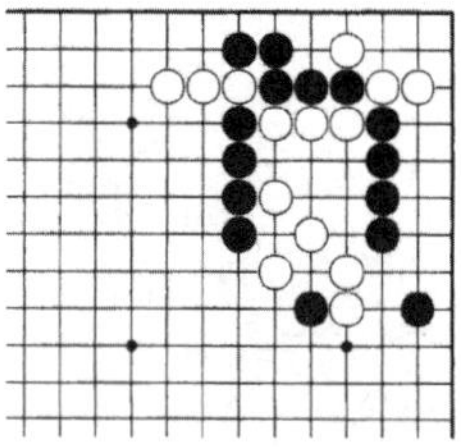

(622) 흑번

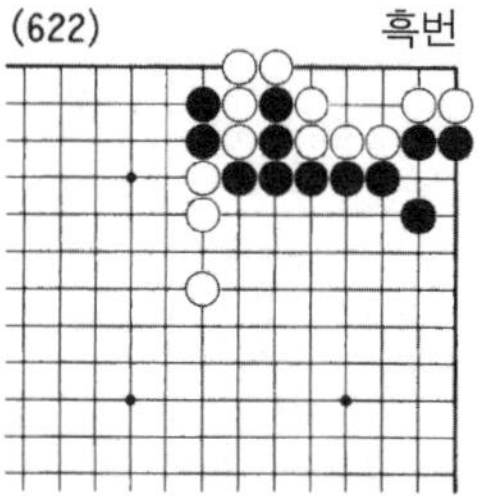

(653) 흑번

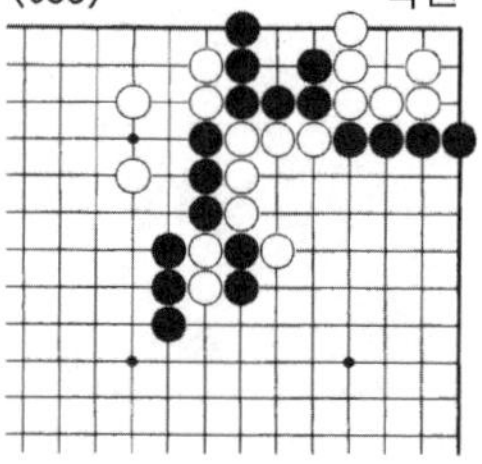

(1356) 백번

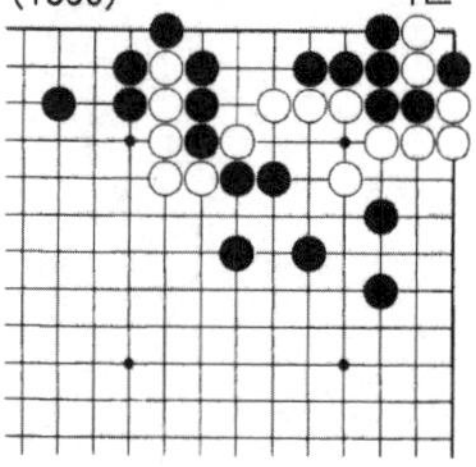

(1451) 흑번

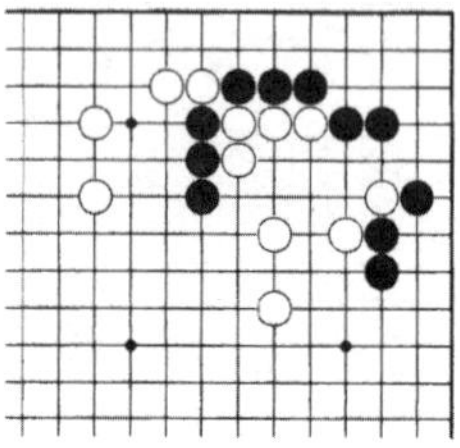

(1975) 흑번

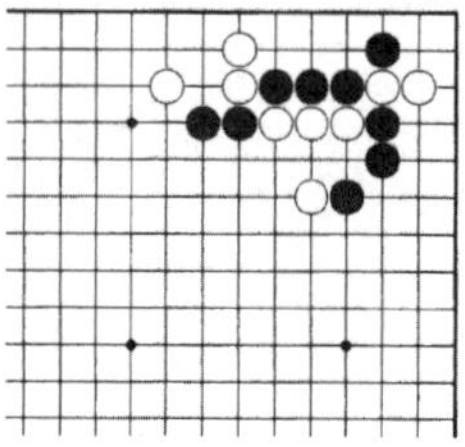

(2182) 흑번

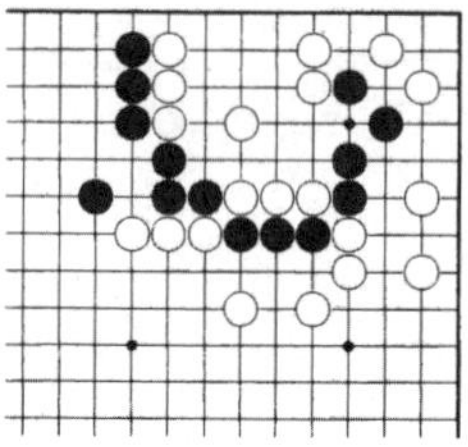

## 찌르다

(216) 흑번

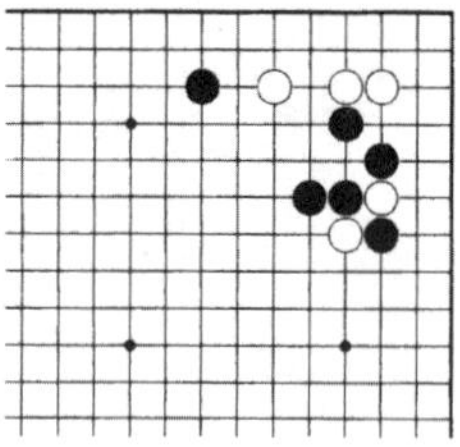

(217) 흑번

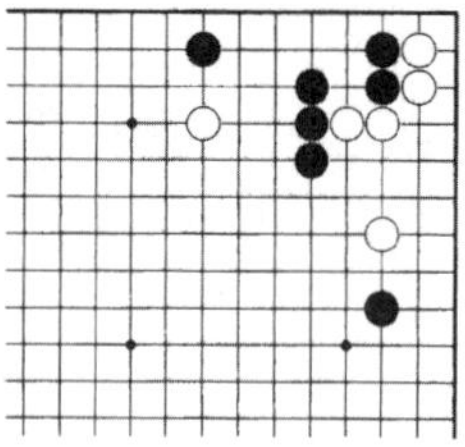

(222) 흑번

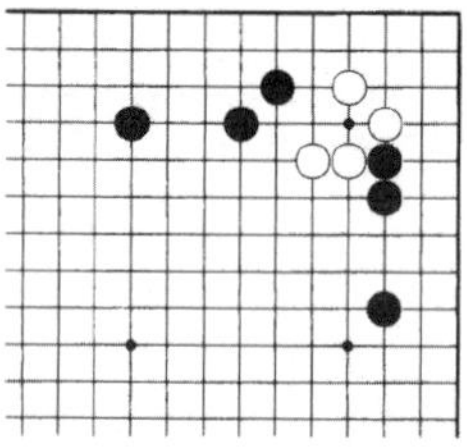

(229) 흑번

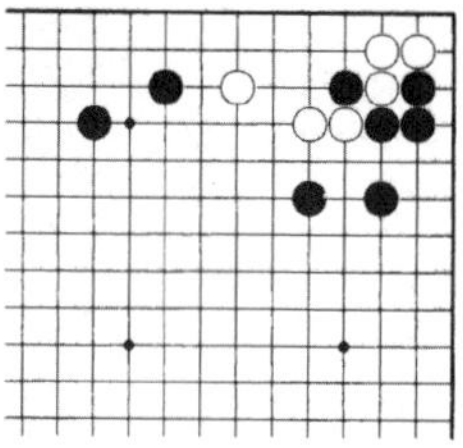

(235) 흑번

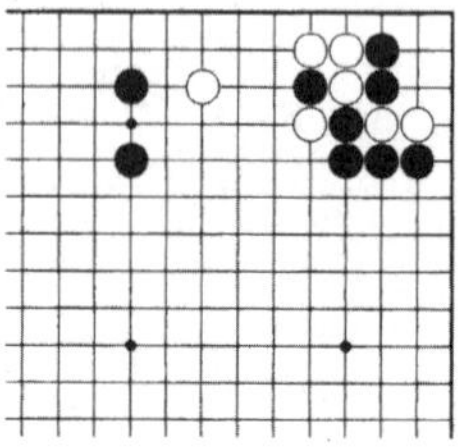

(236) 흑번

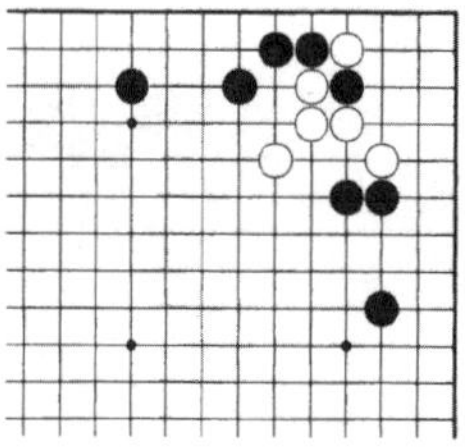

(1591) 백번

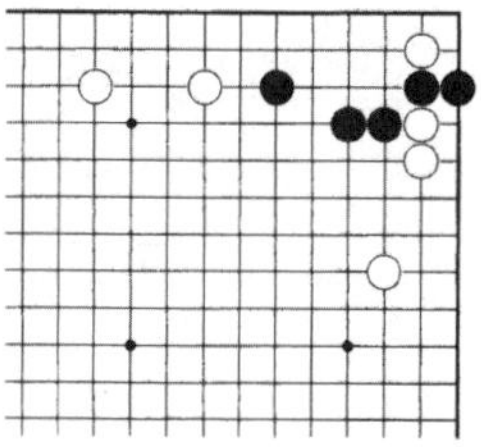

(1836) 백번

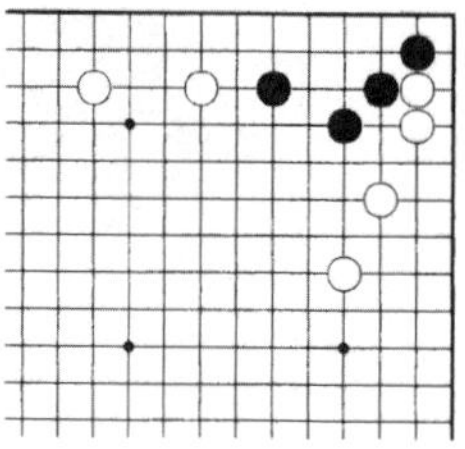

(1843) 흑번

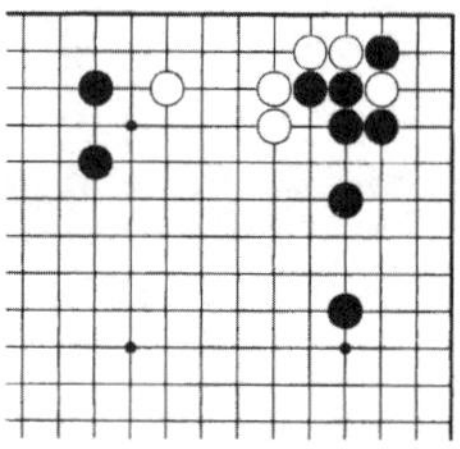

## 촉촉수/연단수

(19) 흑번

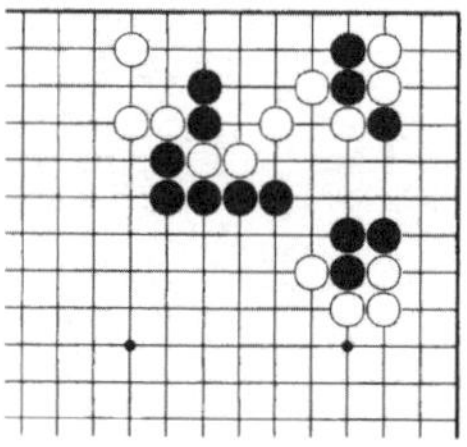

(112) 흑번

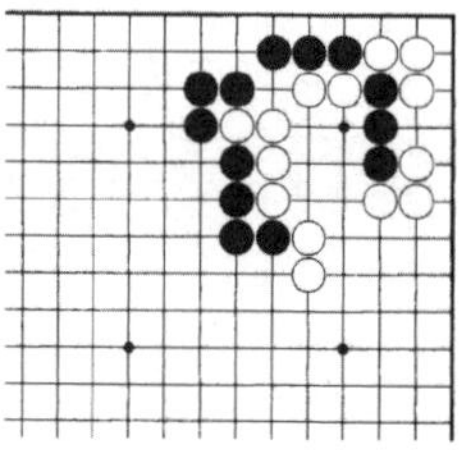

(126) 흑번

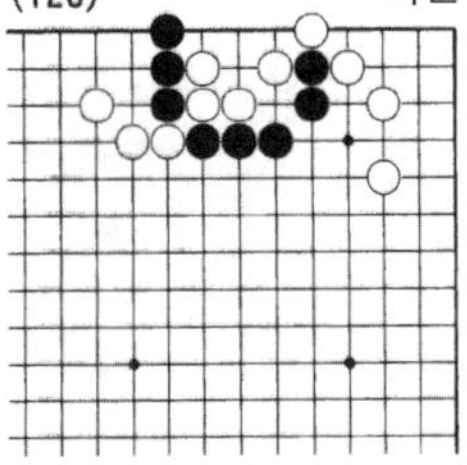

(252) 흑번

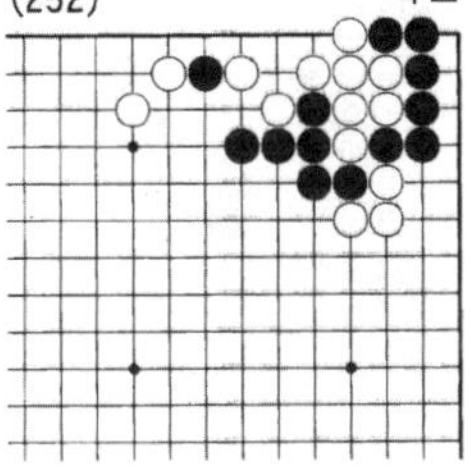

(274) 흑번

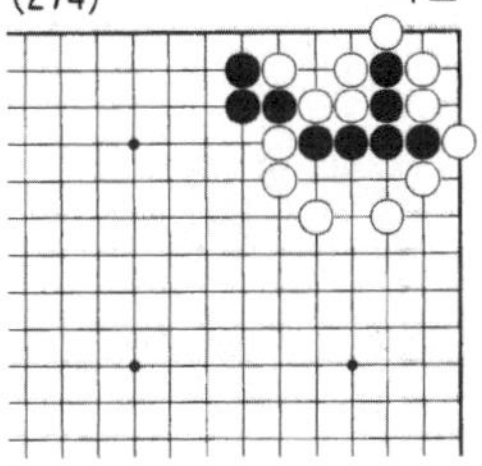

(319) 흑번

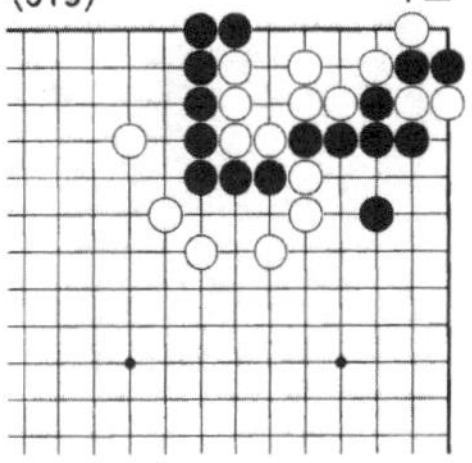

(427) 흑번

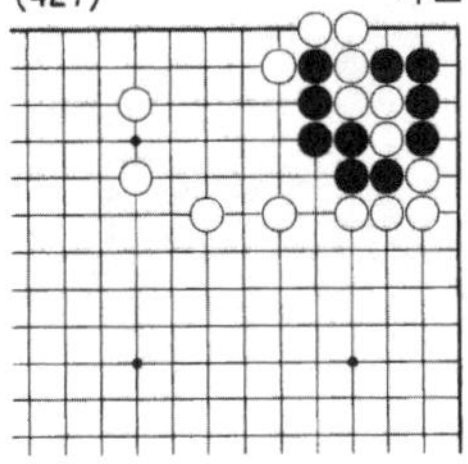

(460) 흑번

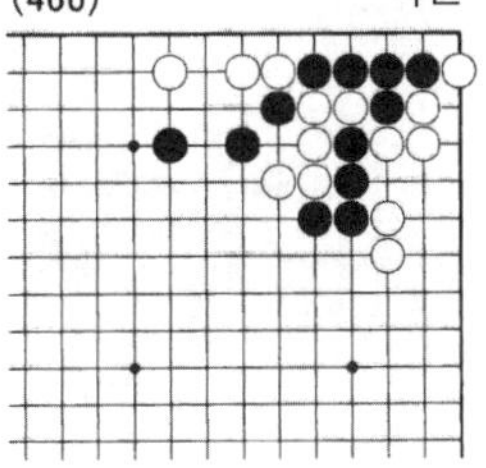

(463) 흑번

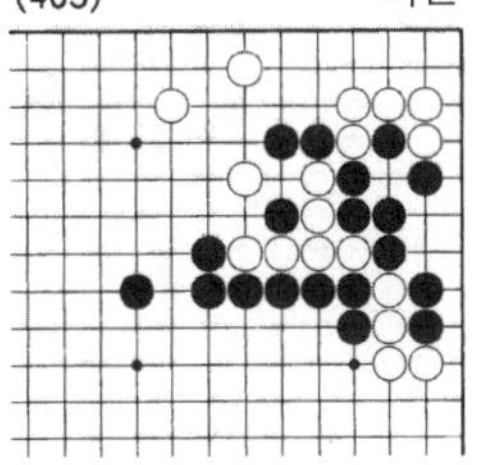

(471) 흑번

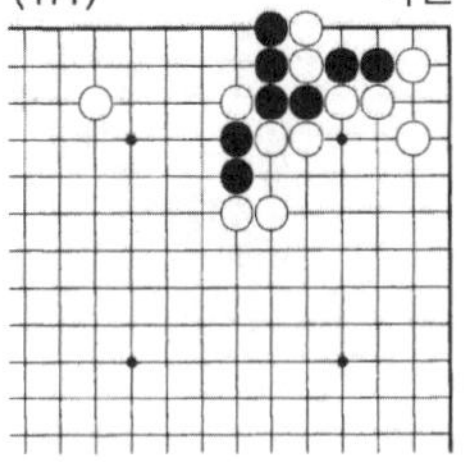

(472) 흑번

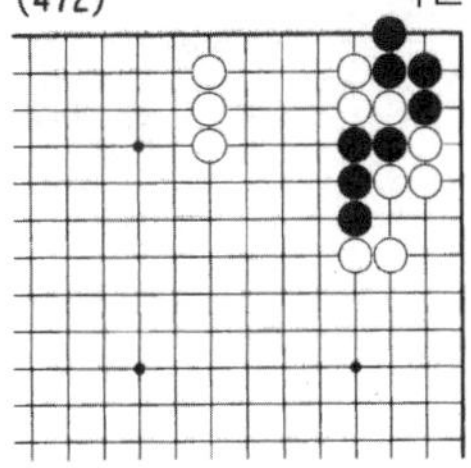

(614) 흑번

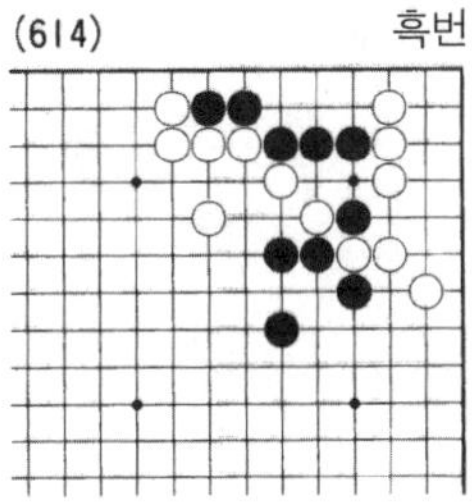

(615) 백번

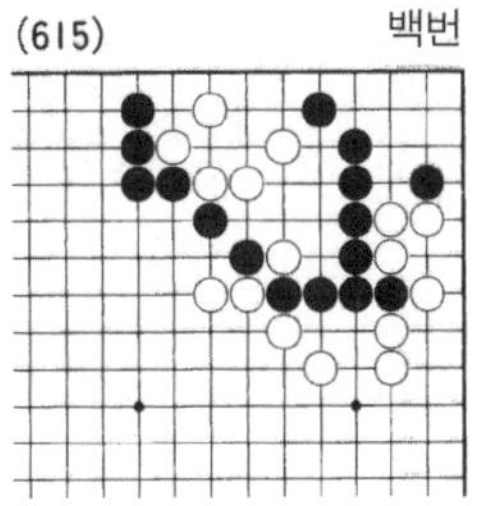

(626) 백번

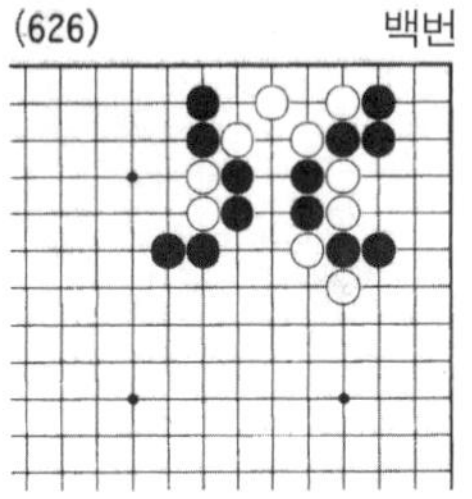

(629) 흑번

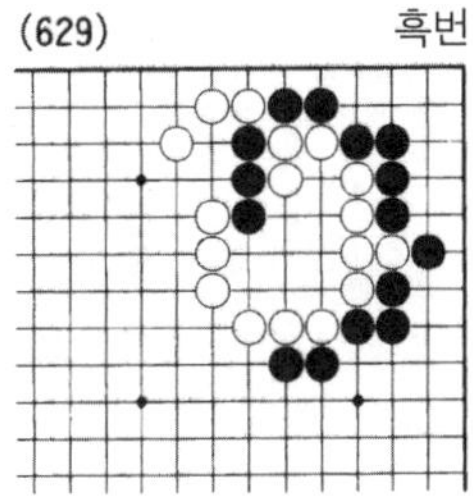

(630) 흑번

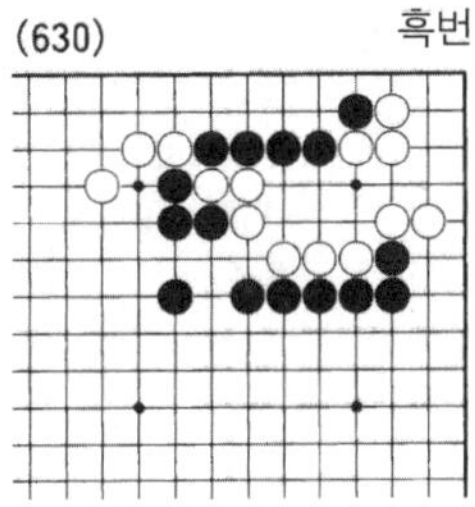

(633) 백번

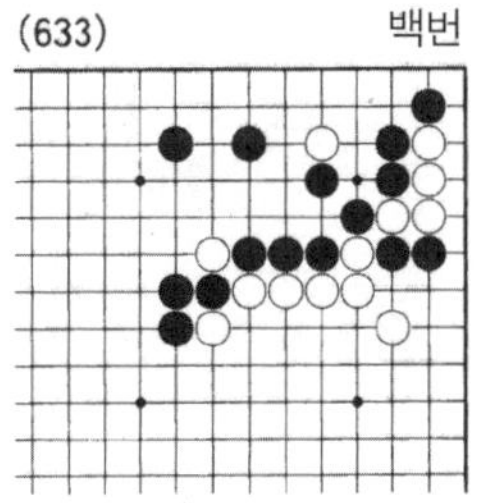

(634) 백번

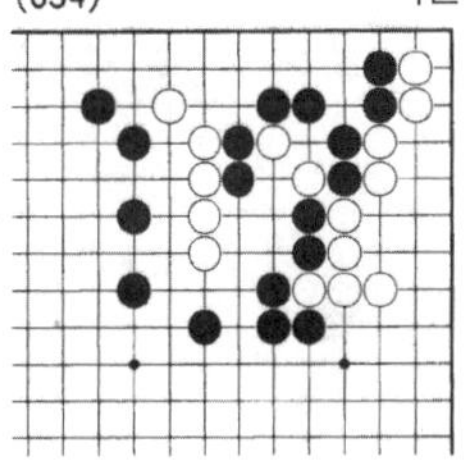

(655) 흑번

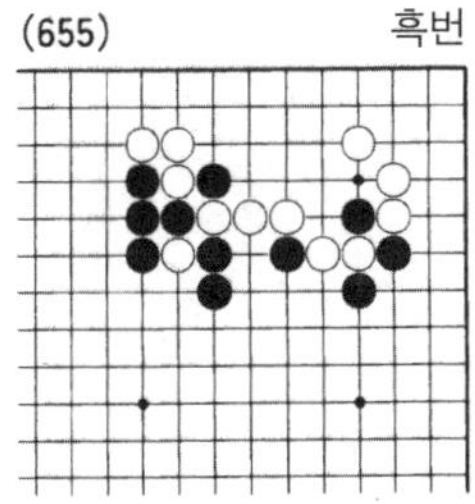

(676) 백번

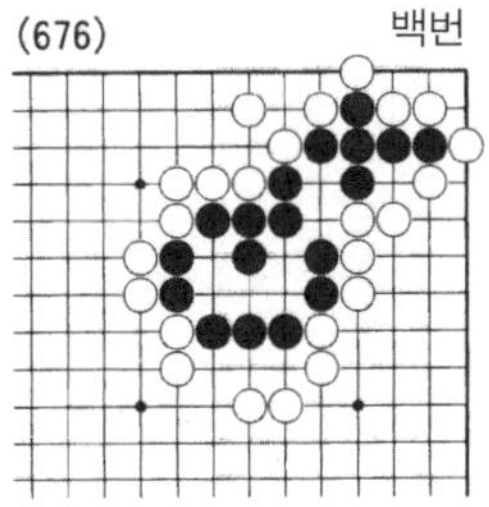

(885) 흑번

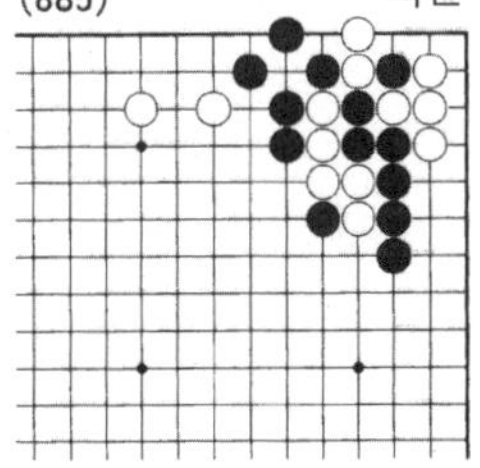

(1037) 흑번

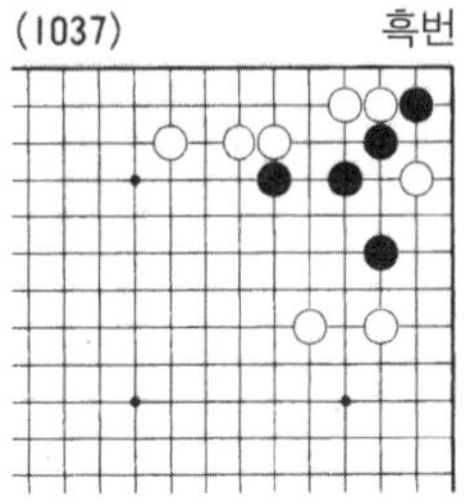

(1151) 백번

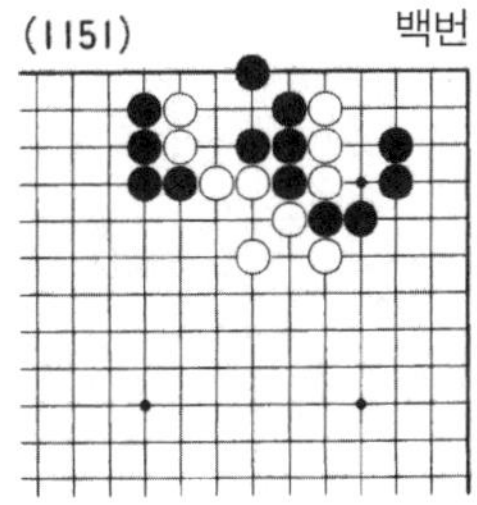

(1152) 백번

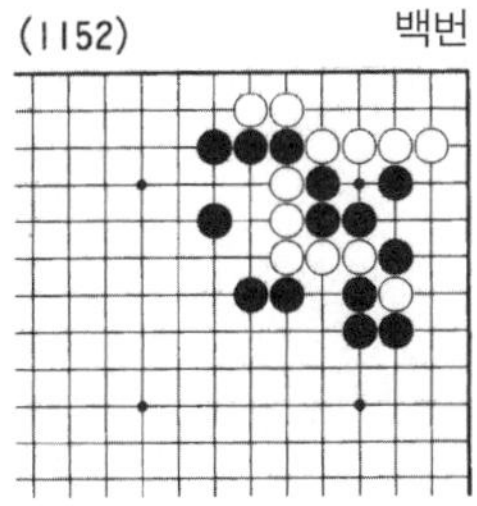

(1340) 백번

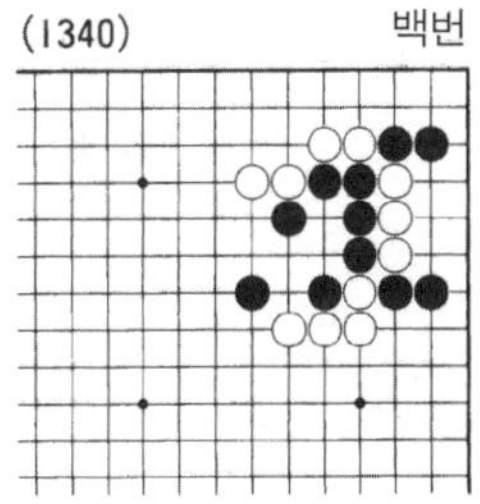

(1343) 백번

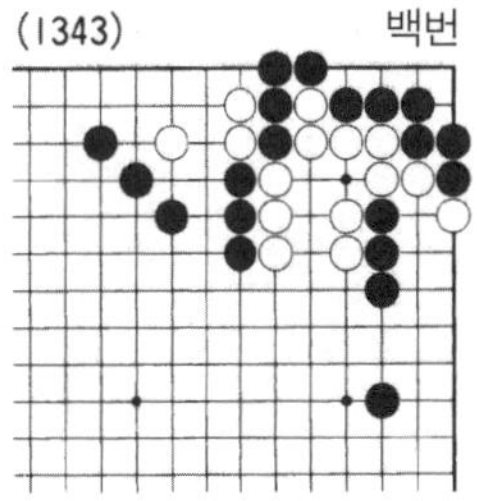

(1345) 백번

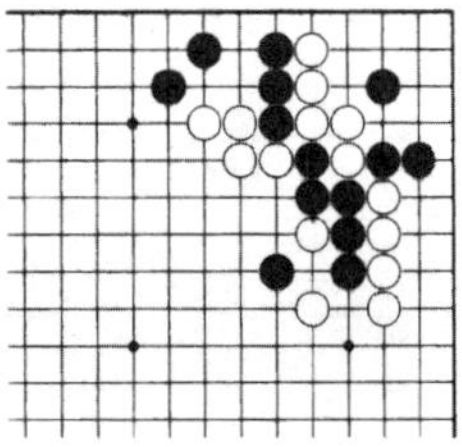

(1431) 흑번

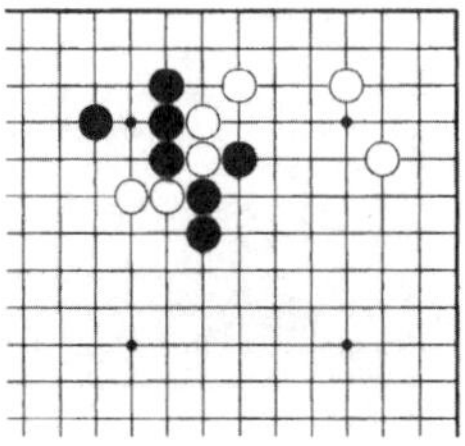

(1538) 흑번

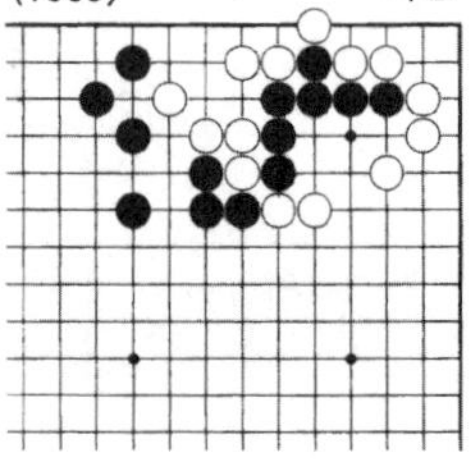

(1539) 흑번

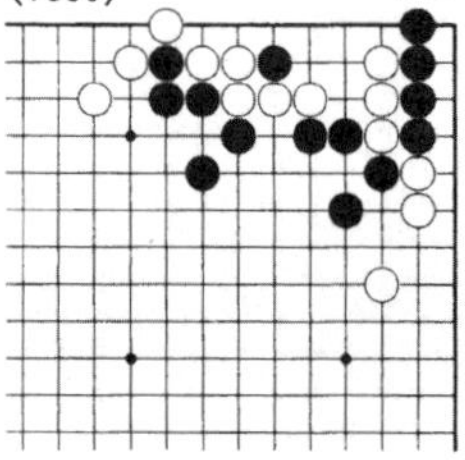

(1757) 백번

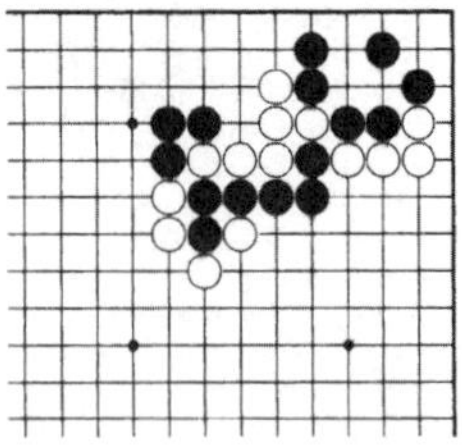

(1879) 흑번

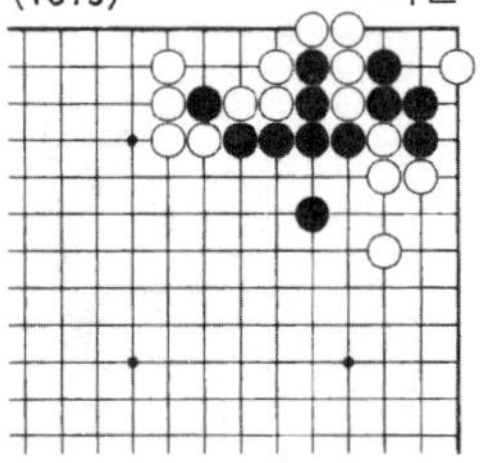

(1904) 백번

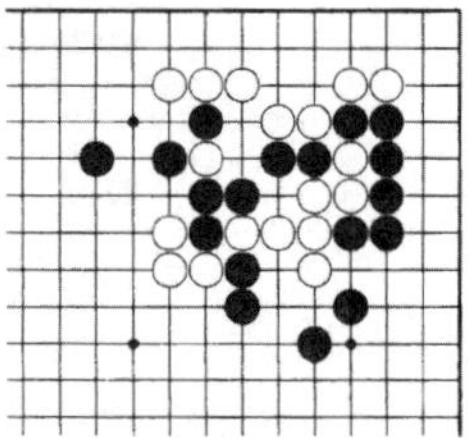

(1978) 흑번

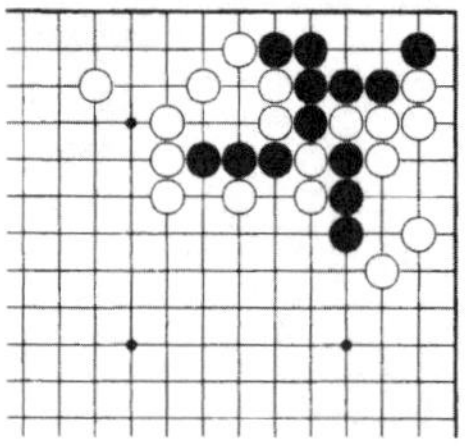

(2066) 흑번

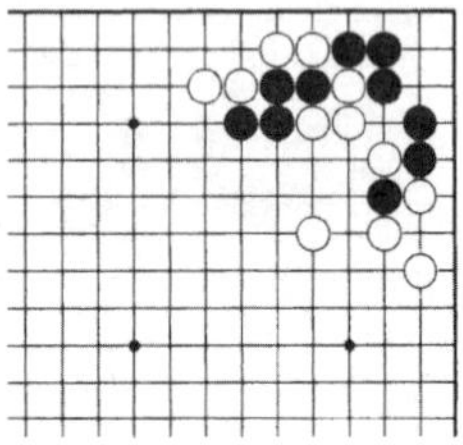

(2068) 흑번

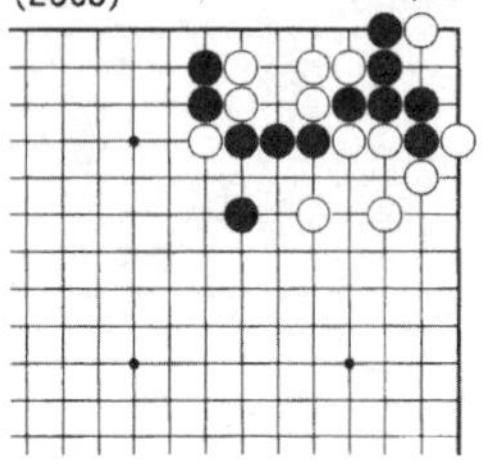

(2087) 흑번

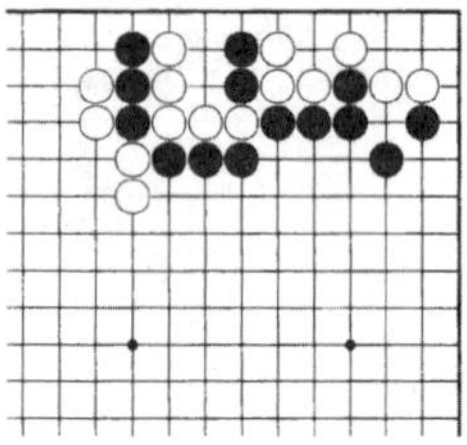

(2112) 백번

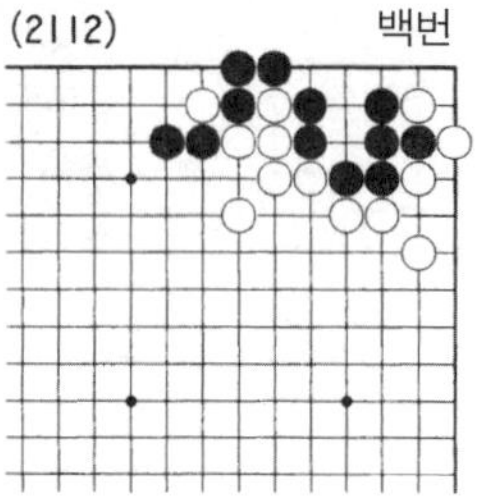

(2137) 흑번

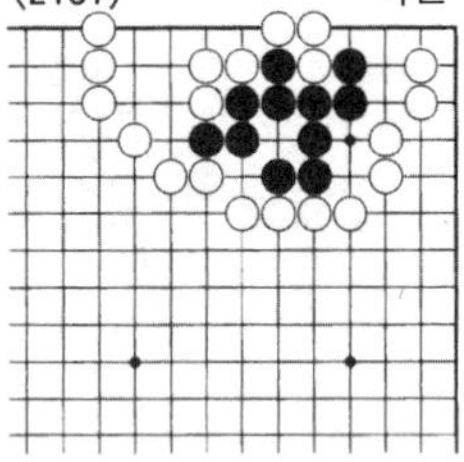

(2257) 흑번

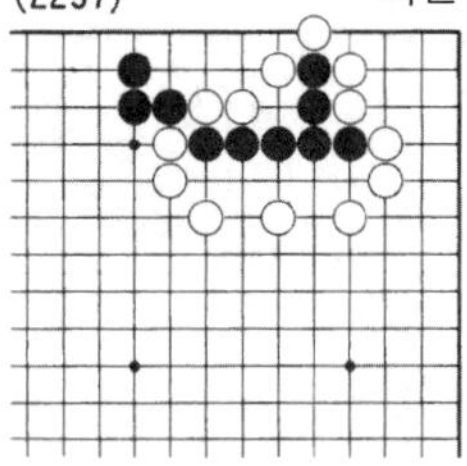

(2262) 백번

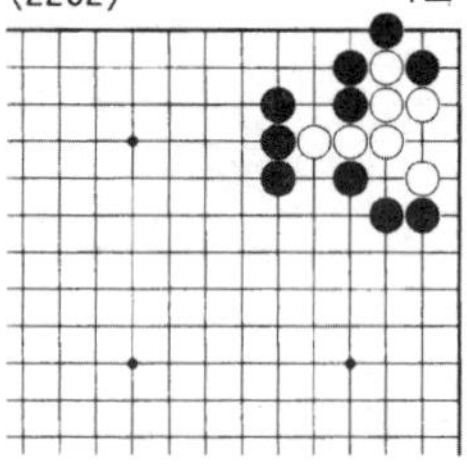

(2403) 흑번

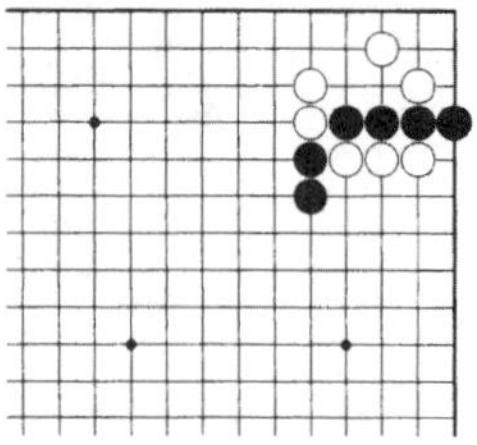

(2442) 흑번

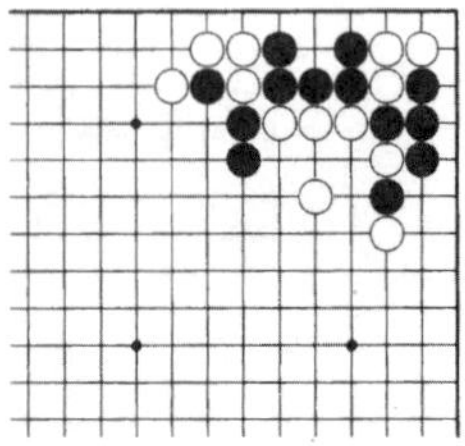

(2454) 흑번

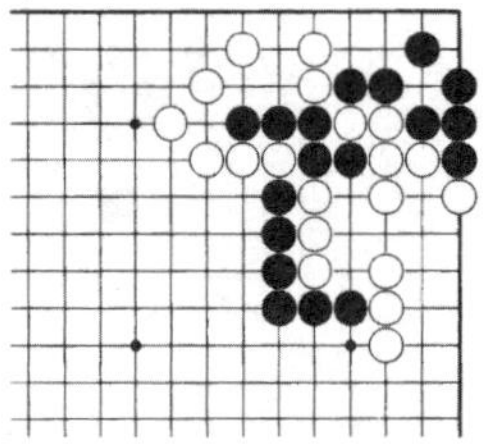

## 안정되다

(83) 흑번

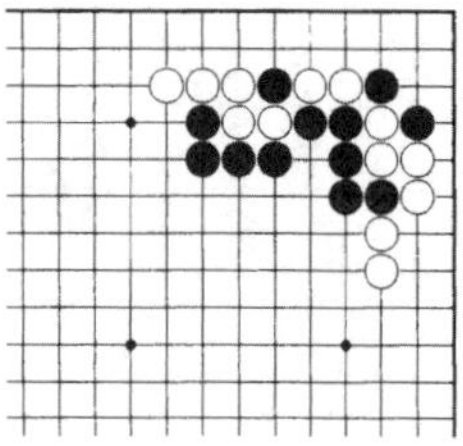

(394) 흑번

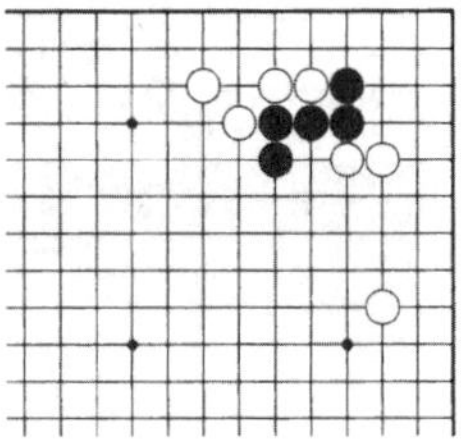

(438) 흑번

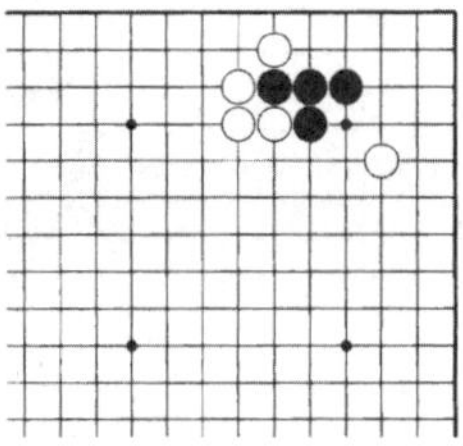

(489) 흑번

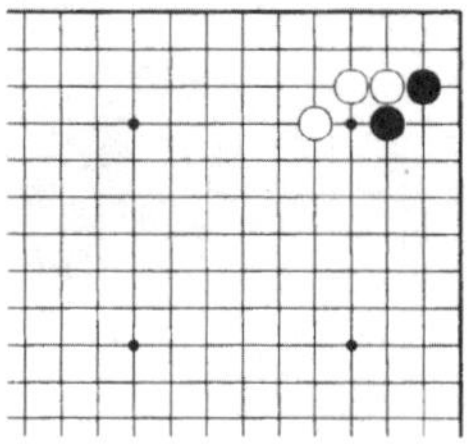

(701) 흑번

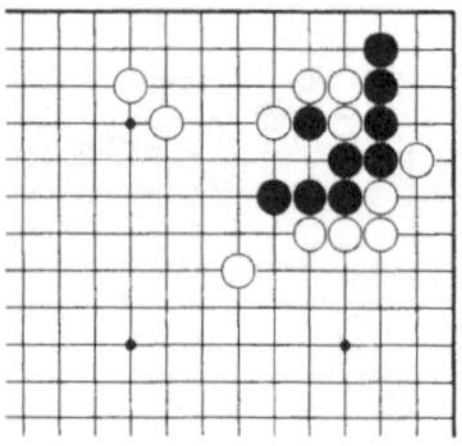

(768) 흑번

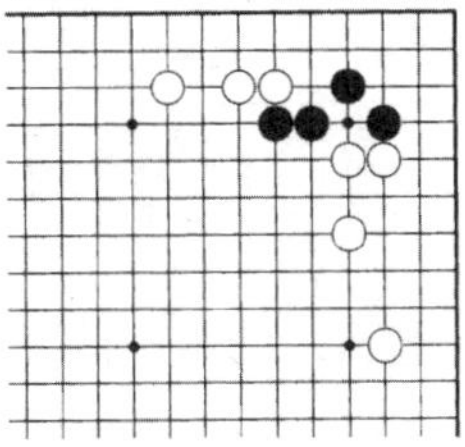

(769) 백번

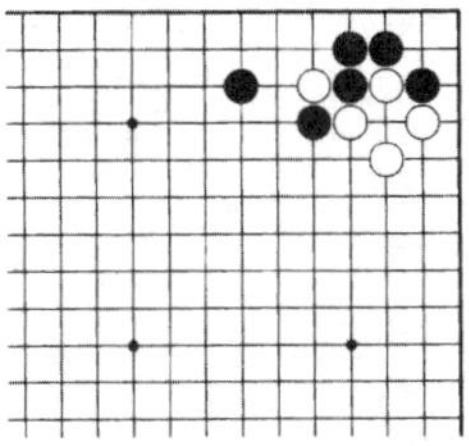

(823) 백번

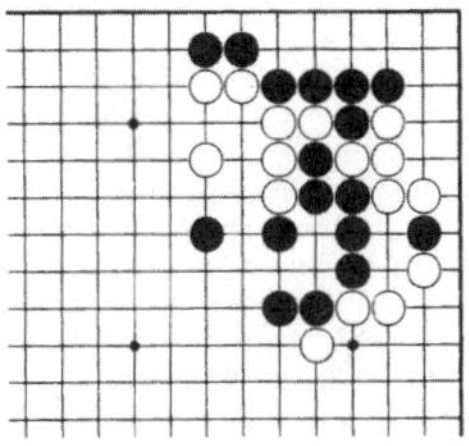

(1029) 백번

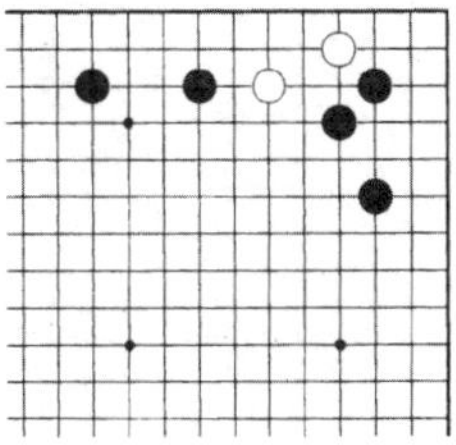

(1031) 백번

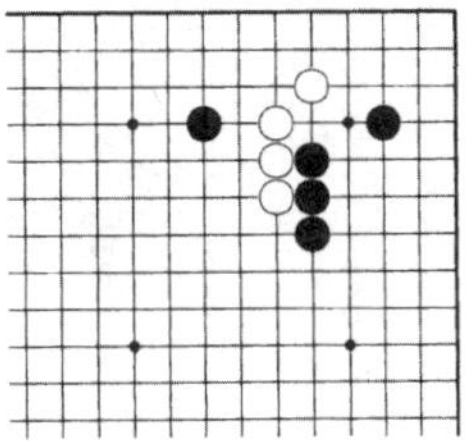

(1197) 백번

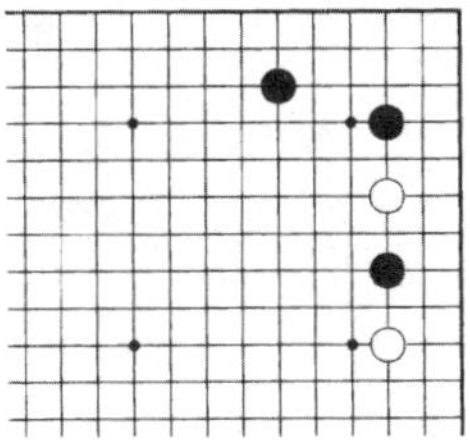

(1235) 백번

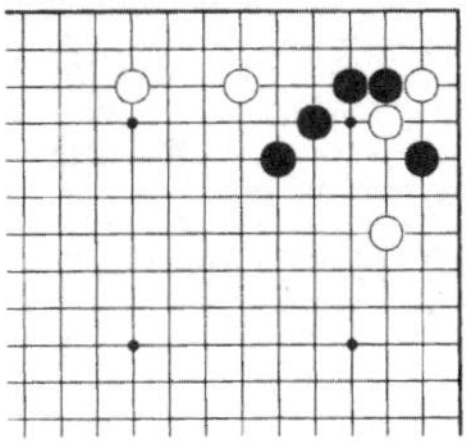

(1281) 백번

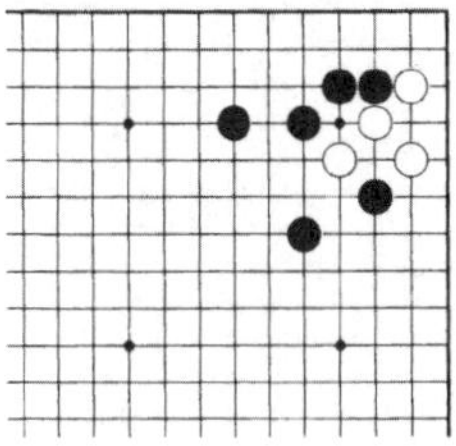

(1493) 흑번

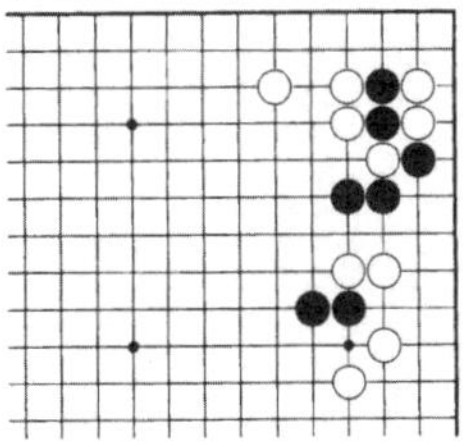

(1529) 흑번

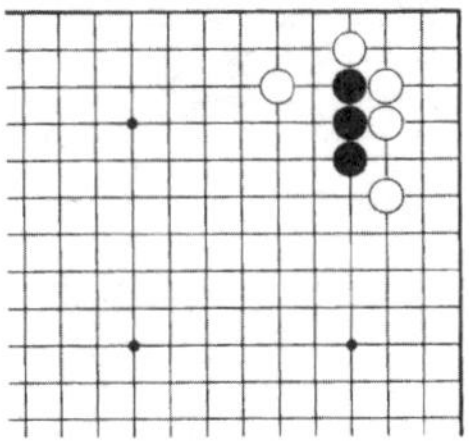

(1560) 흑번

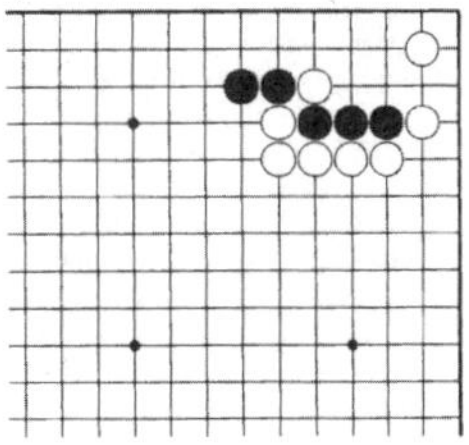

(1947) 흑번

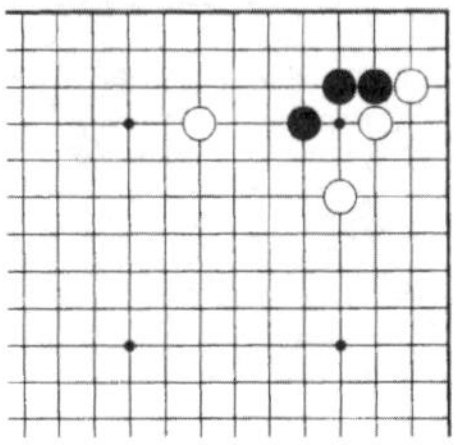

(1953) 흑번

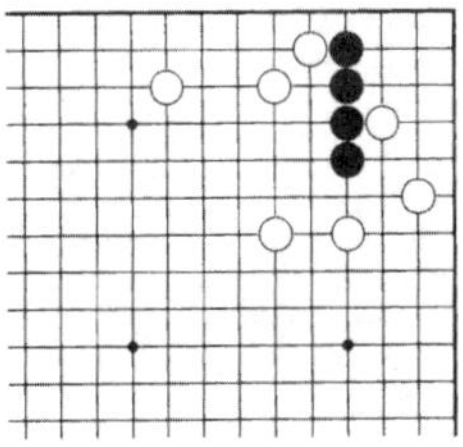

(2009) 흑번

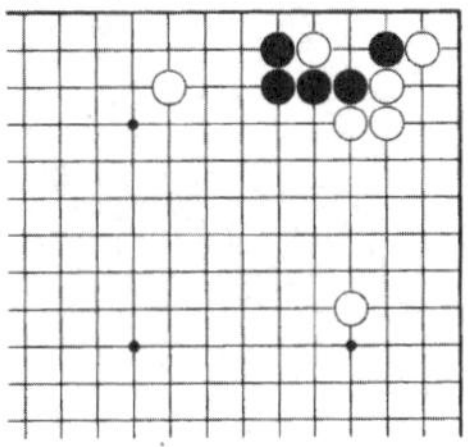

(2218) 백번

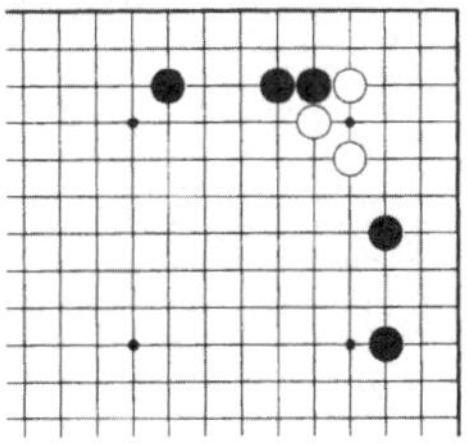

(2425) 흑번

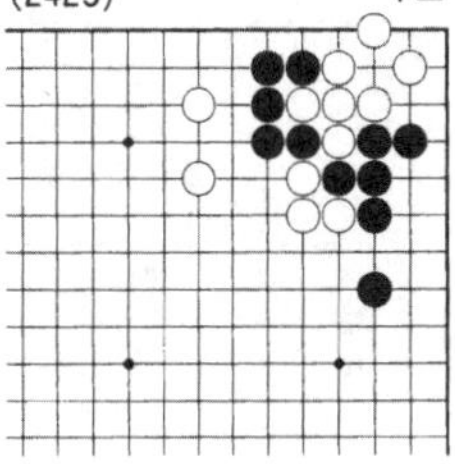

(2438) 흑번

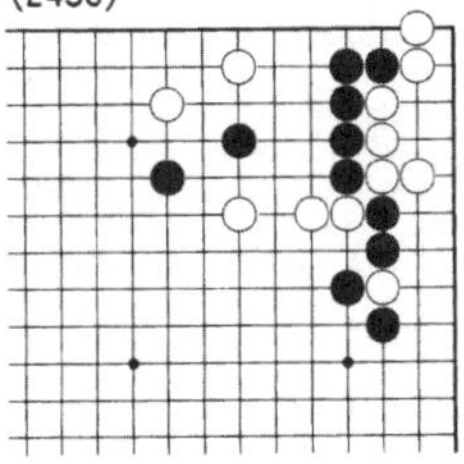

(2467) 흑번

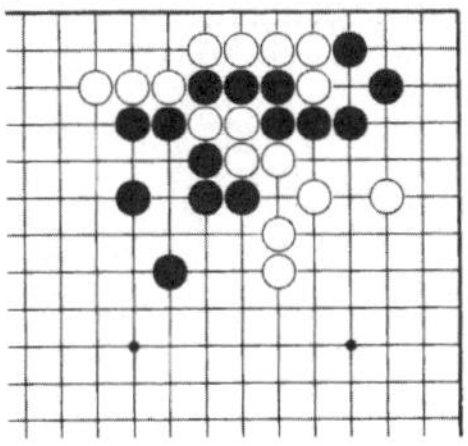

## 모양을 정비하다

(102) 흑번

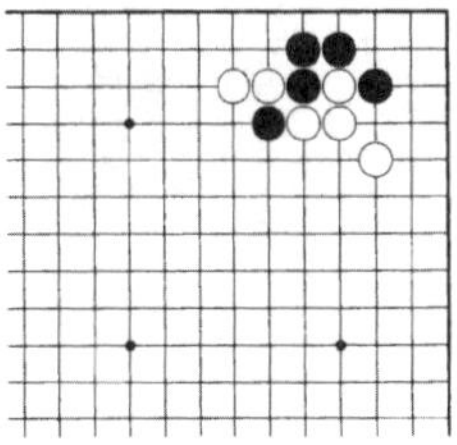

(157) 흑번

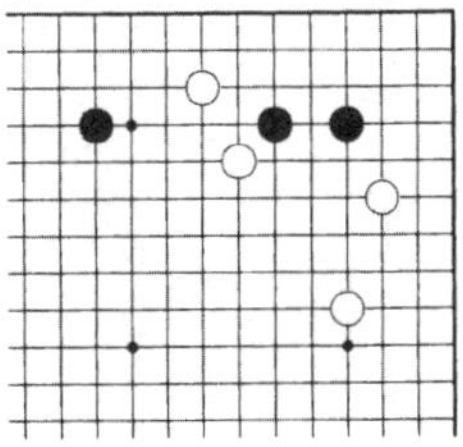

(166) 흑번

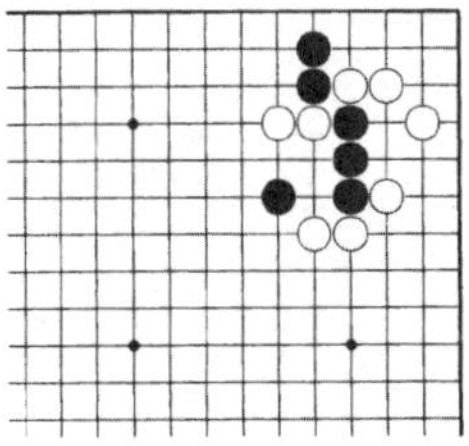

(190) 흑번

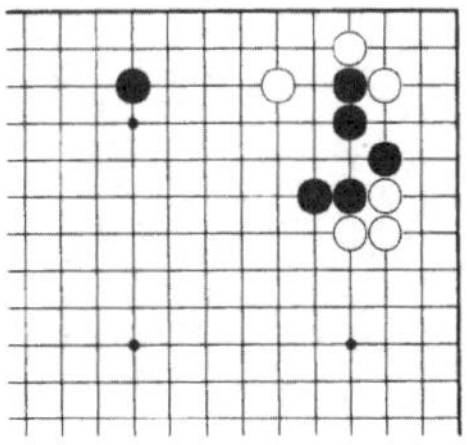

(192) 흑번

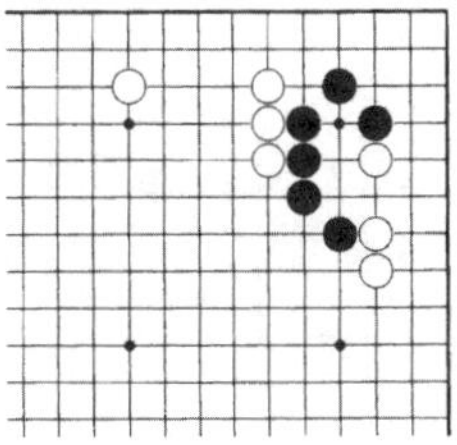

(195) 흑번

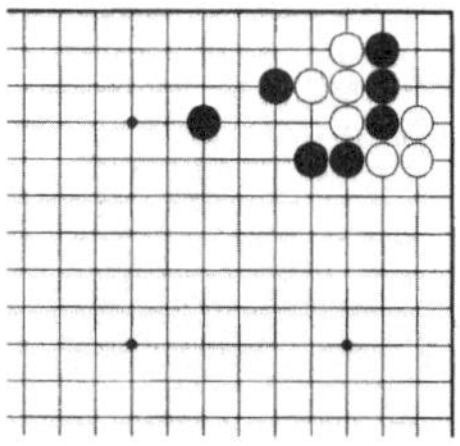

(421) 흑번

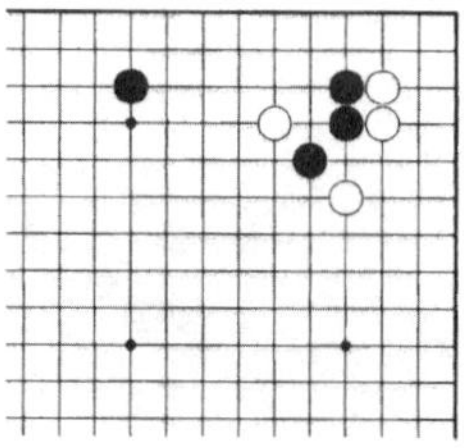

(434) 백번

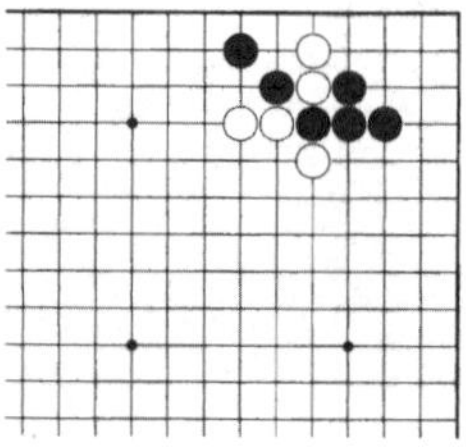

(435) 흑번

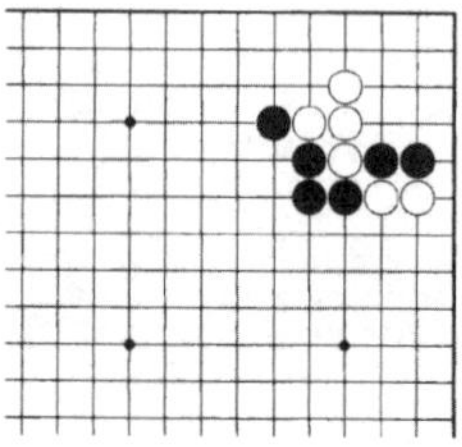

(445) 흑번

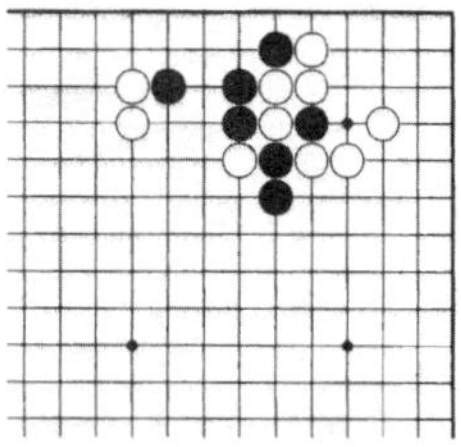

(535) 흑번

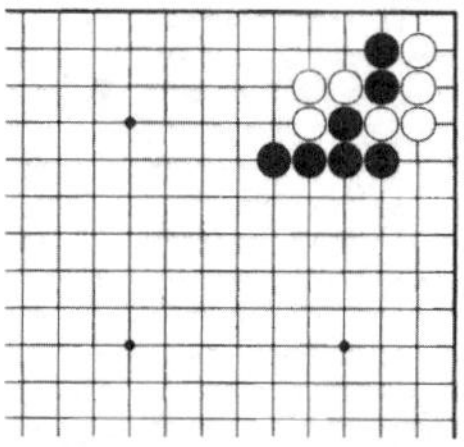

(547) 흑번

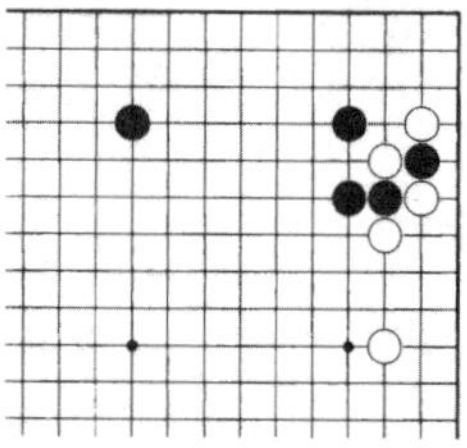

(603) 흑번

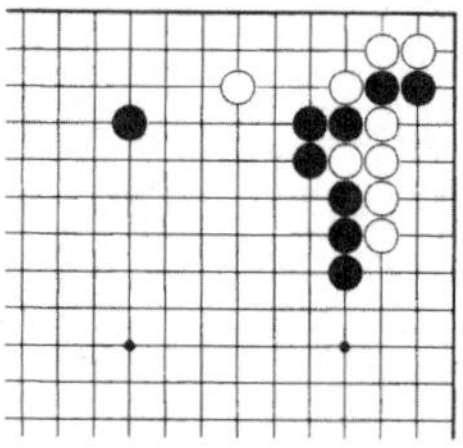

(606) 흑번

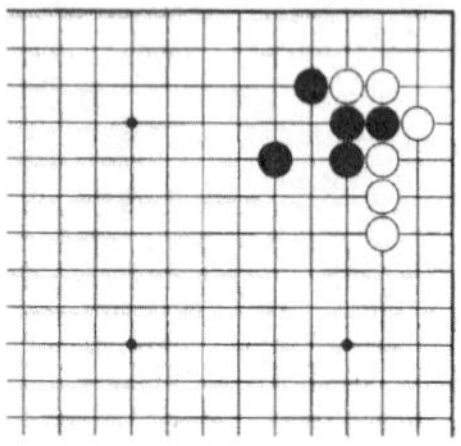

(664) 백번

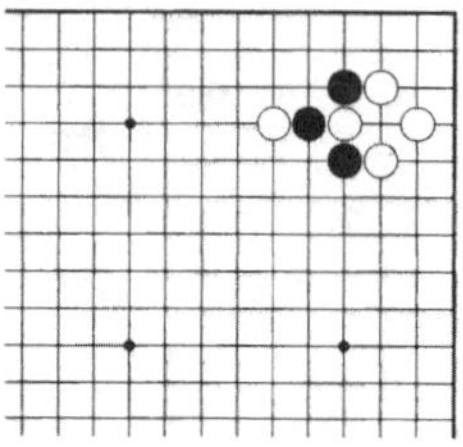

(840) 흑번

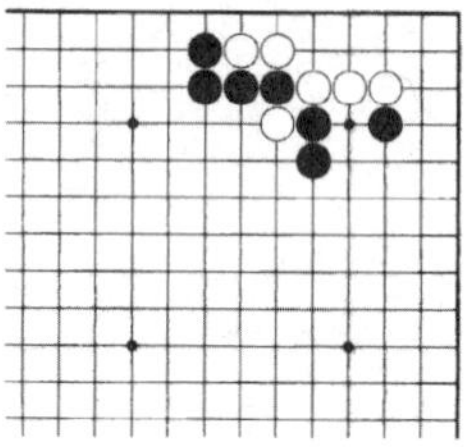

(844) 흑번

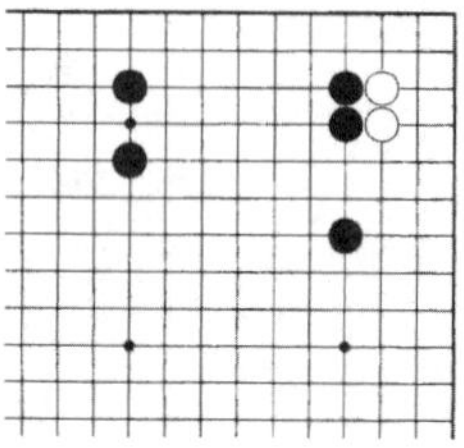

(873) 흑번

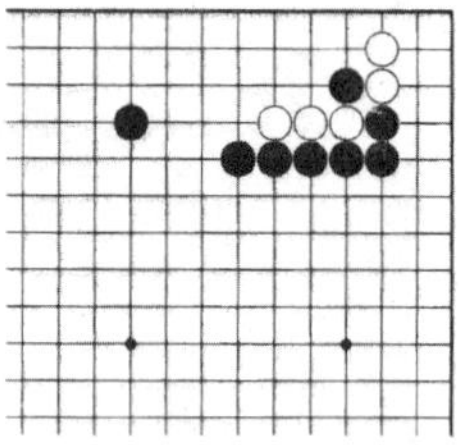

(1026) 흑번

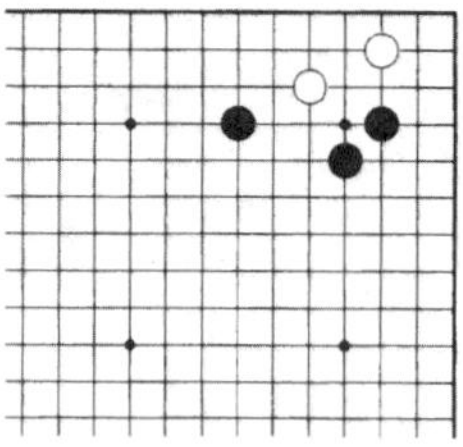

(1256) 흑번

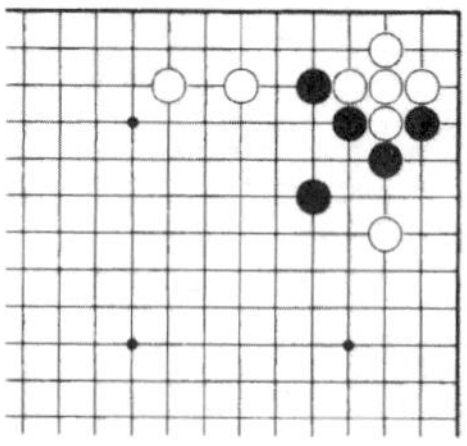

(1277) 흑번

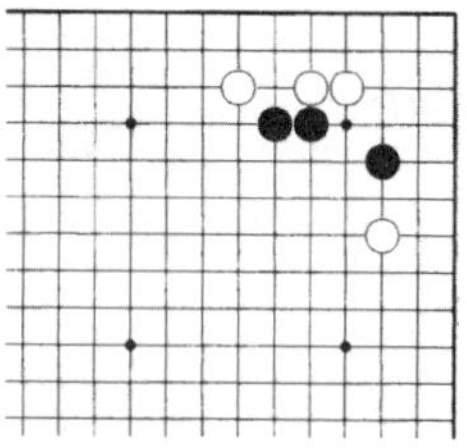

(1424) 흑번

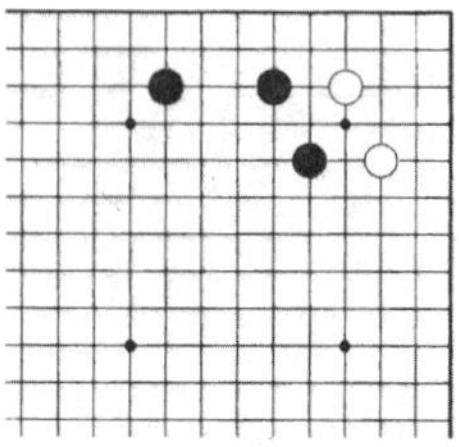

(1526) 흑번

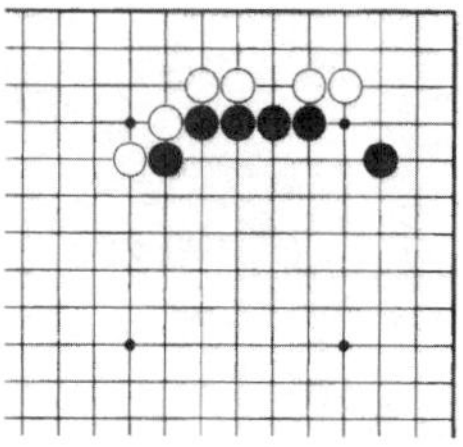

(1719) 흑번

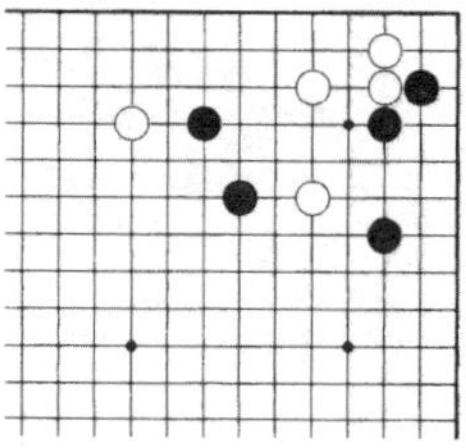

(1725) 백번

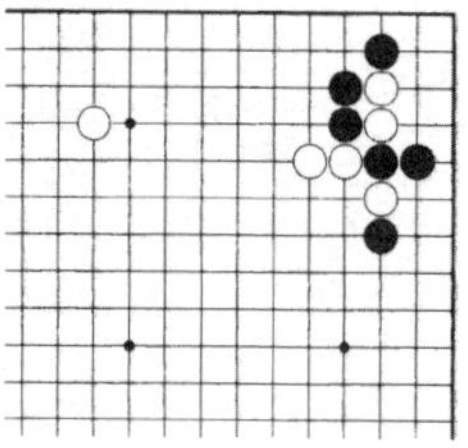

(1726) 흑번

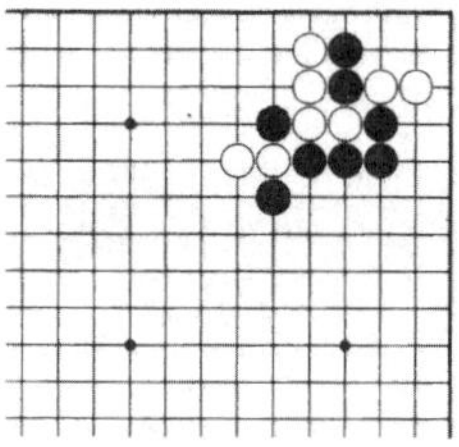

(1790) 흑번

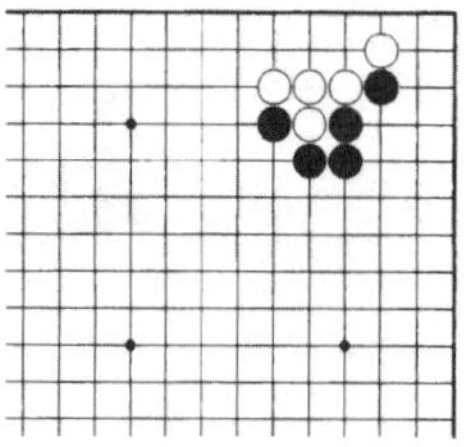

(1851) 흑번

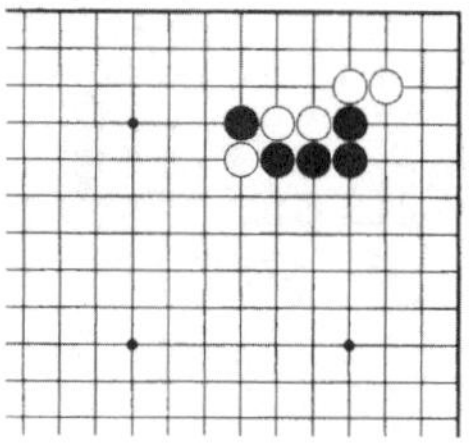

(1871) 백번

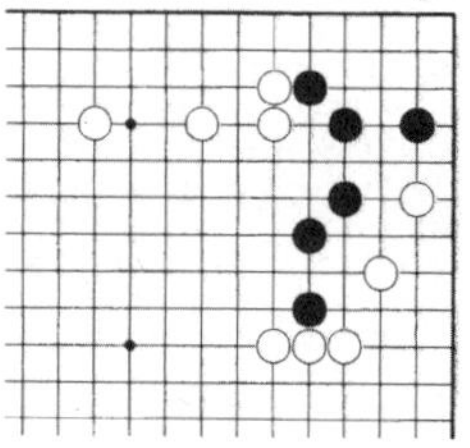

(1924) 흑번

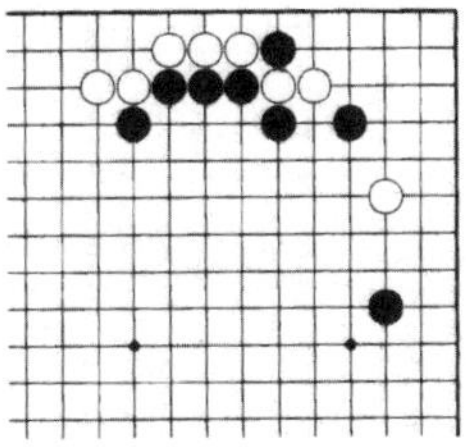

(2038) 흑번

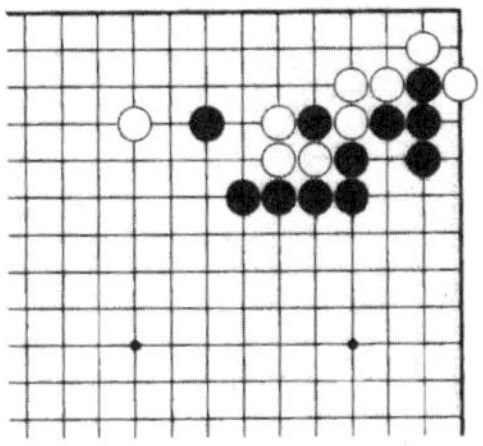

(2053) 백번

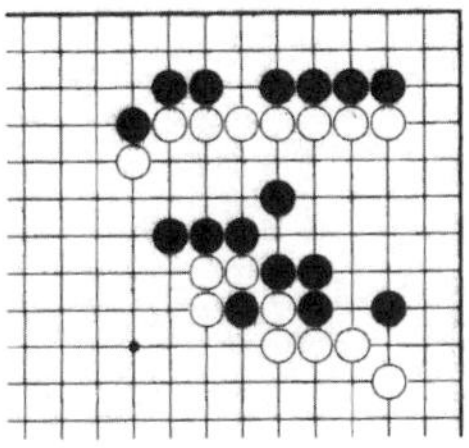

(2145) 흑번

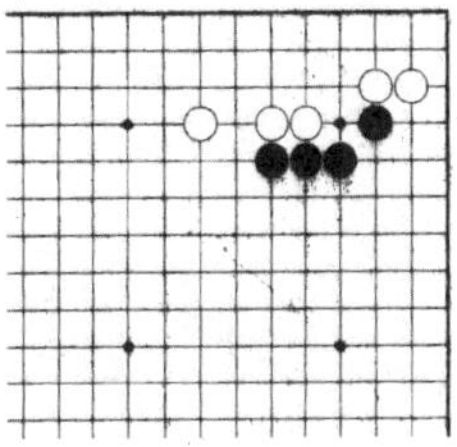

(2216) 흑번

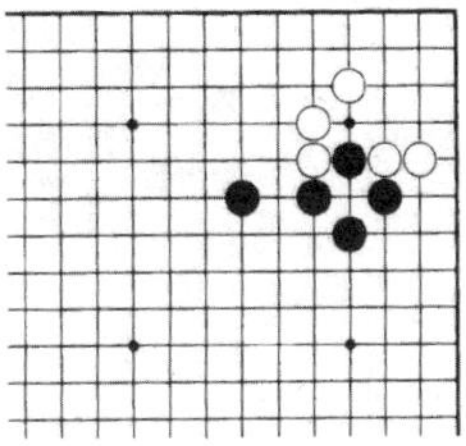

(2337) 백번

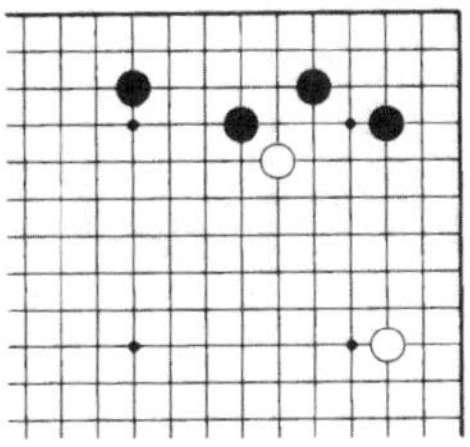

## 모양을 무너뜨리다

(239) 흑번

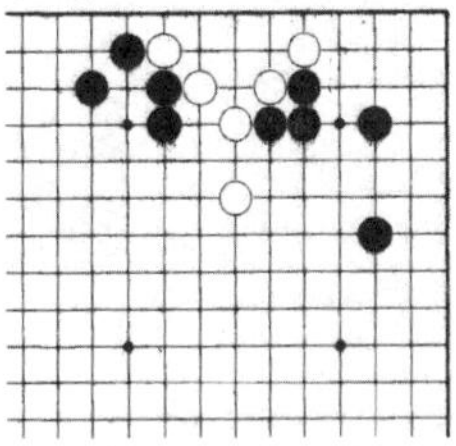

(285) 흑번

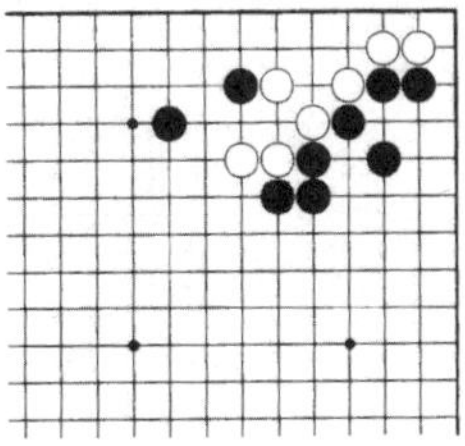

(422) 흑번

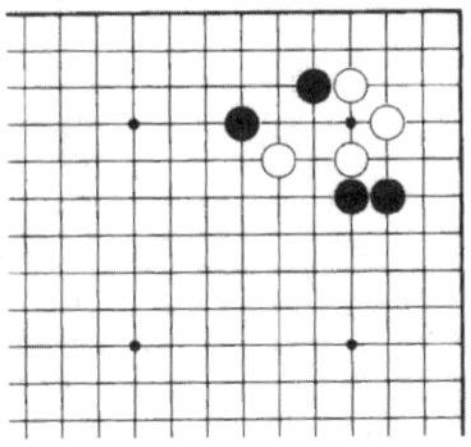

(1234) 흑번

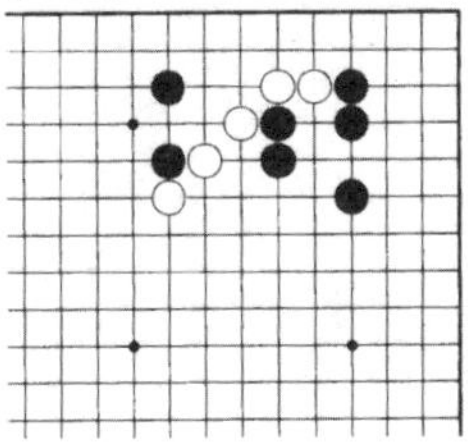

(1367) 백번

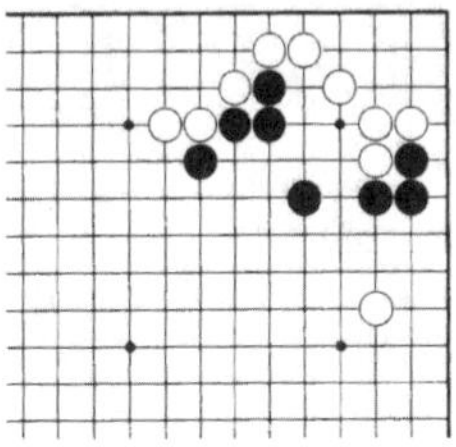

(1839) 흑번

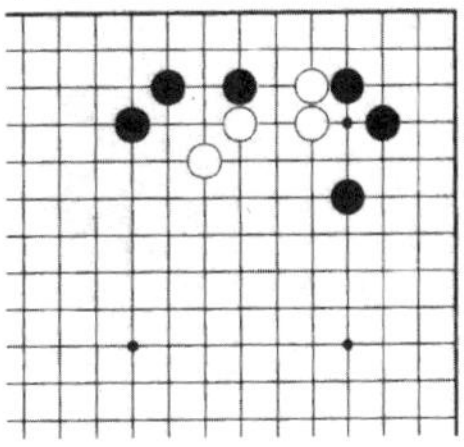

(1852) 흑번

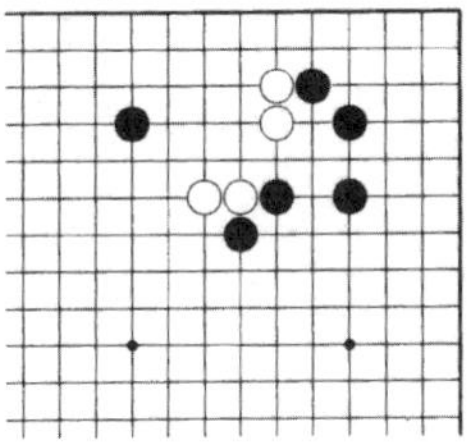

(1853) 흑번

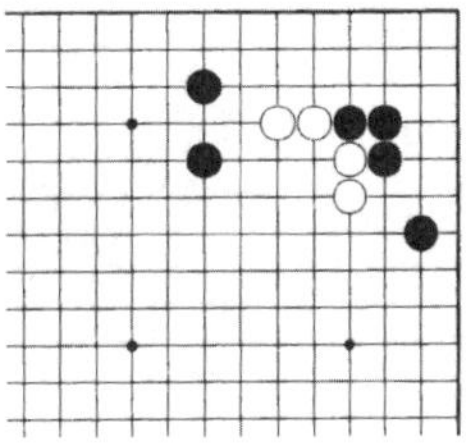

(1854) 흑번

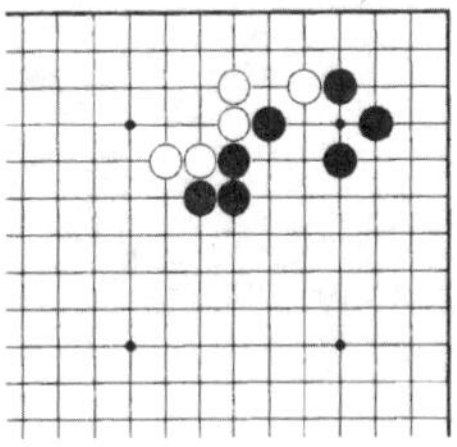

(2059) 흑번

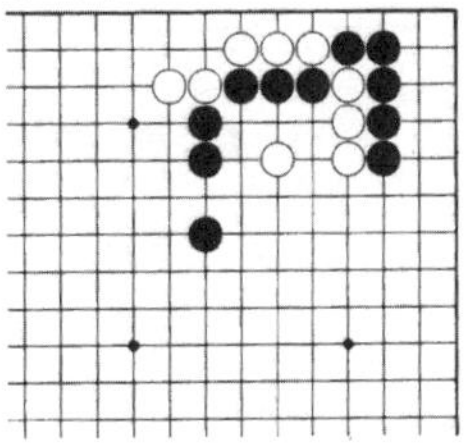

(2144) 흑번

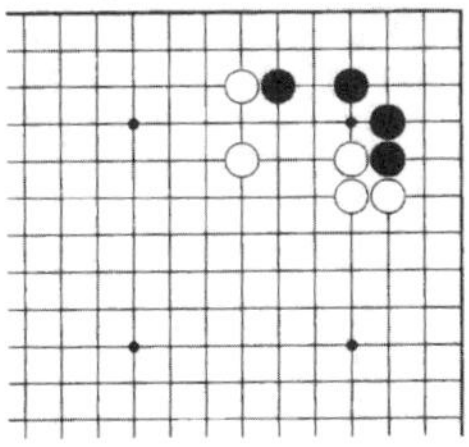

## 굳히다

(161) 흑번

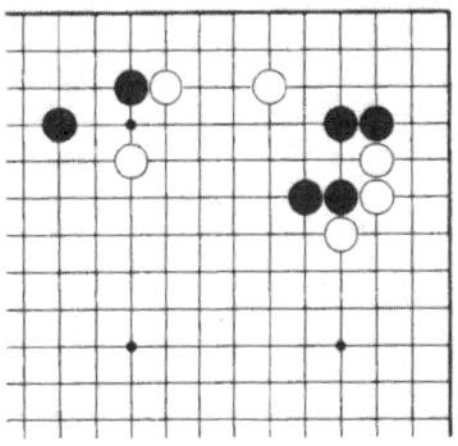

(201) 흑번

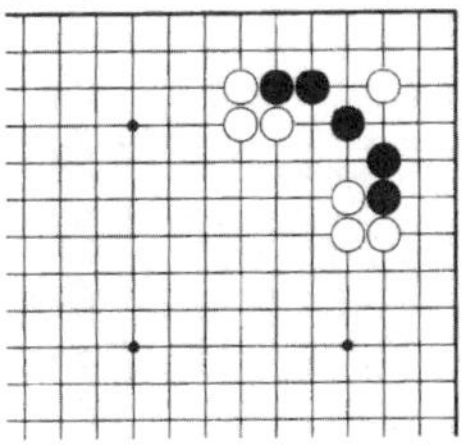

(440) 흑번

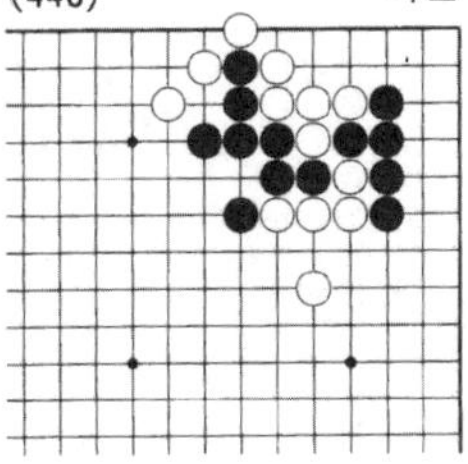

(801) 흑번

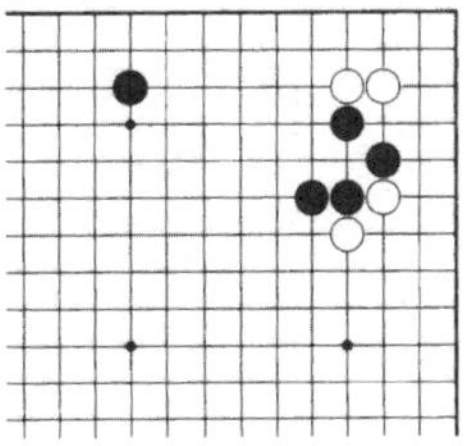

(802) 흑번

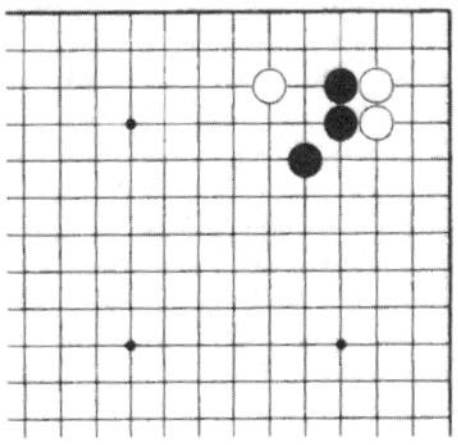

(835) 흑번

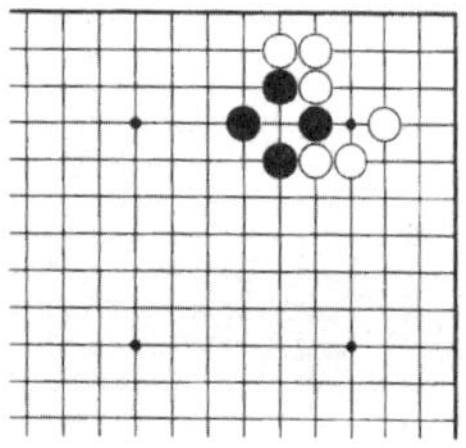

(1230) 흑번

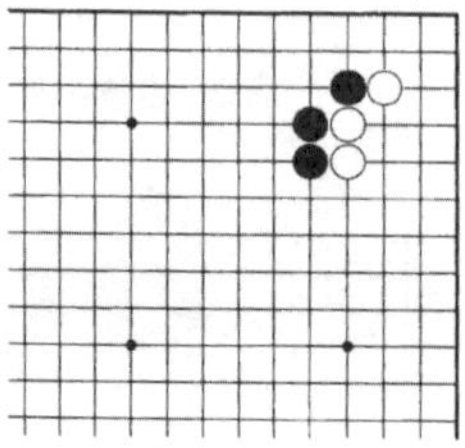

(1278) 백번

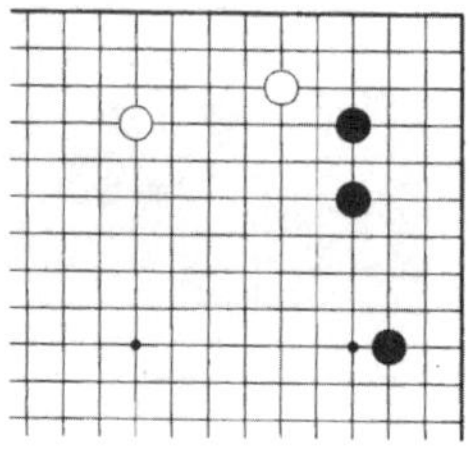

(1826) 흑번

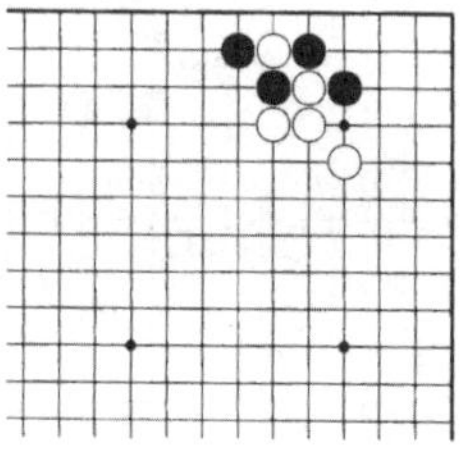

(1827) 흑번

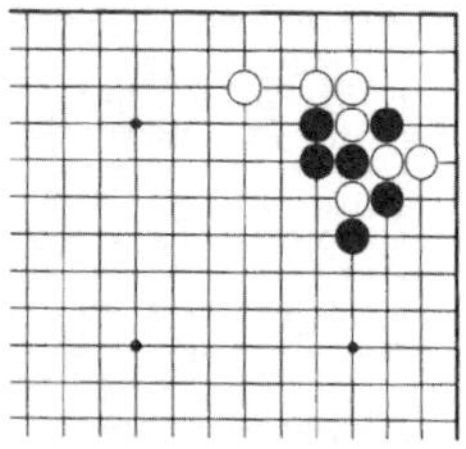

(2283) 흑번

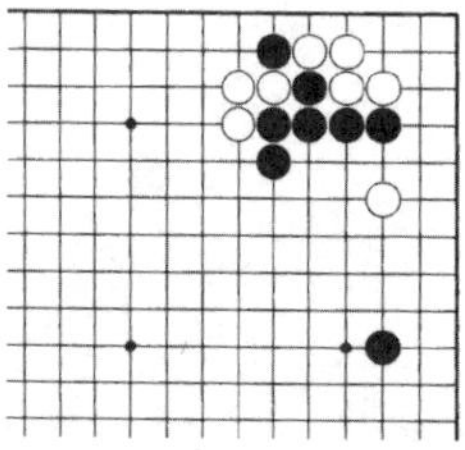

**활용하다**

(94) 백번

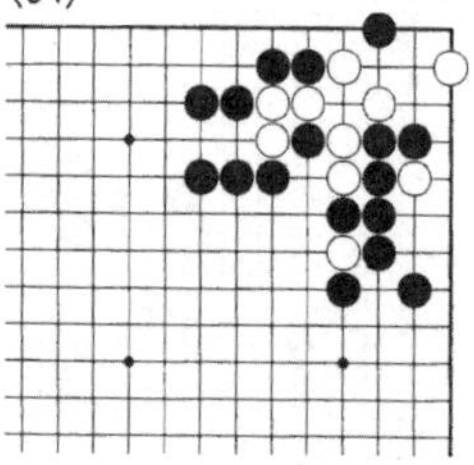

(213) 흑번

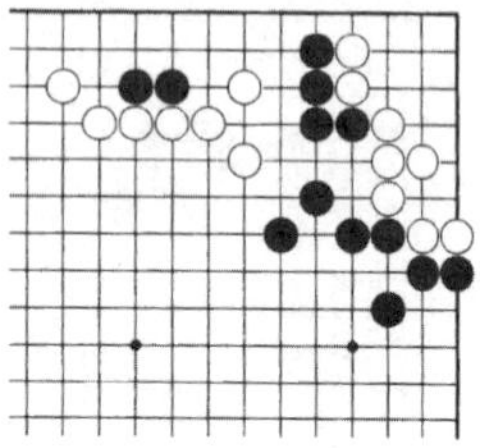

(550) 흑번

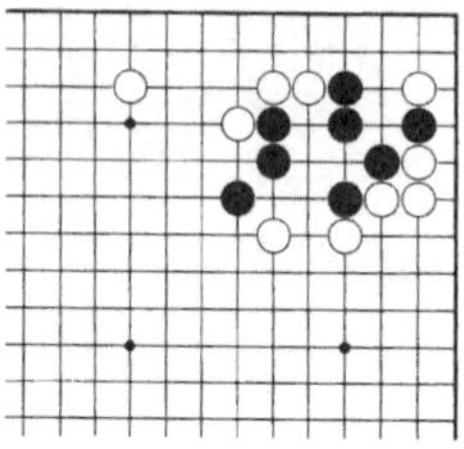

(553) 흑번

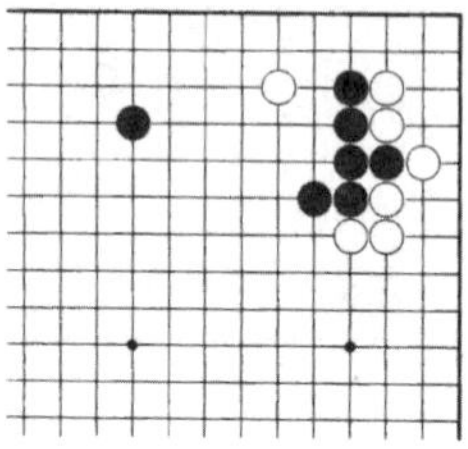

(554) 흑번

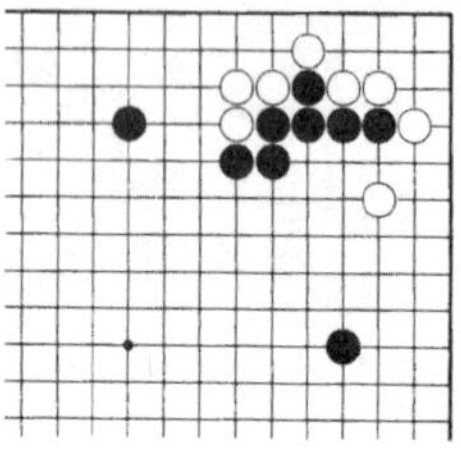

(565) 흑번

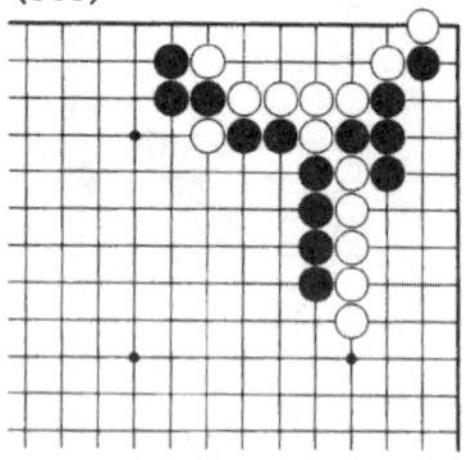

(568) 흑번

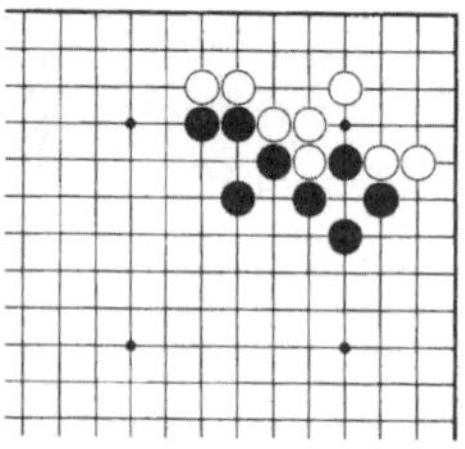

(571) 흑번

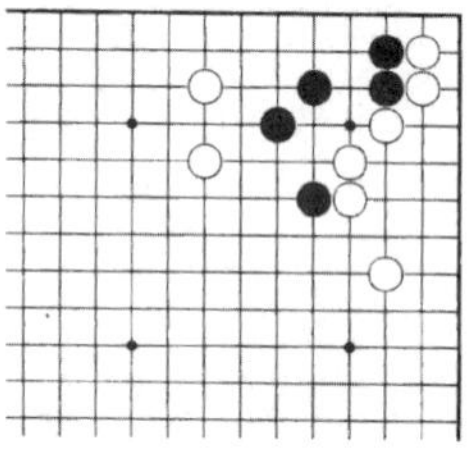

(573) 흑번

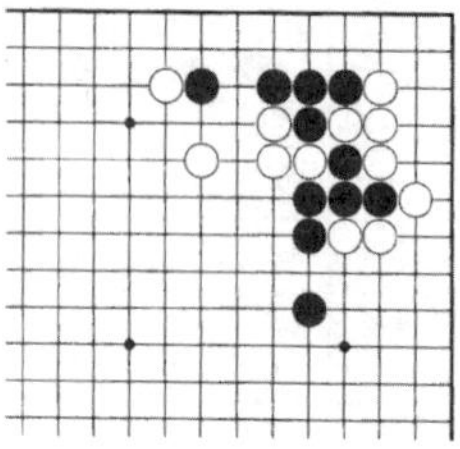

(574) 흑번

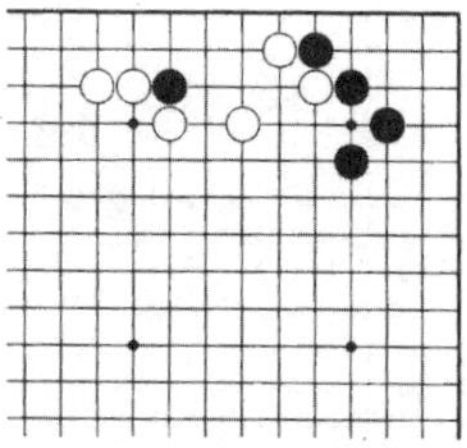

(575) 흑번

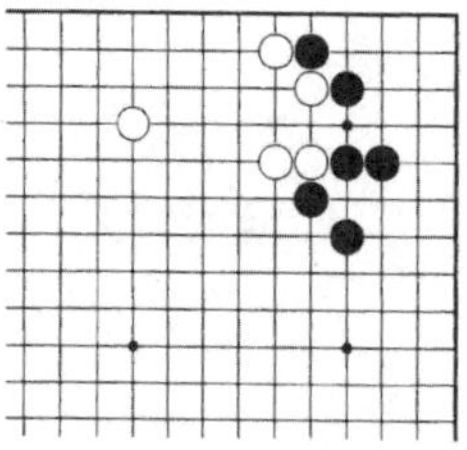

(576) 흑번

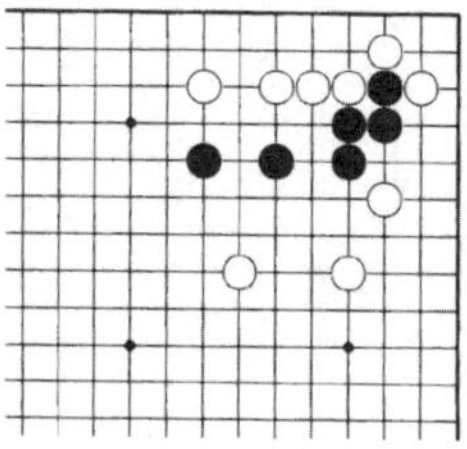

(577) 백번

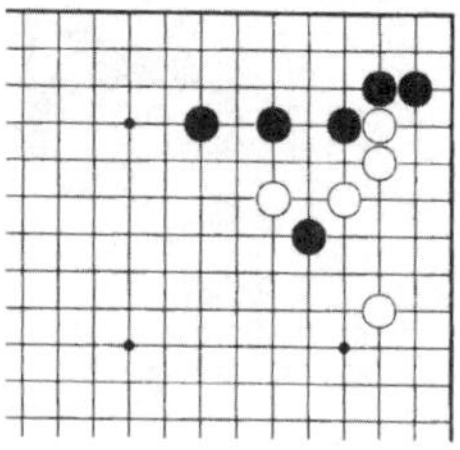

(578) 백번

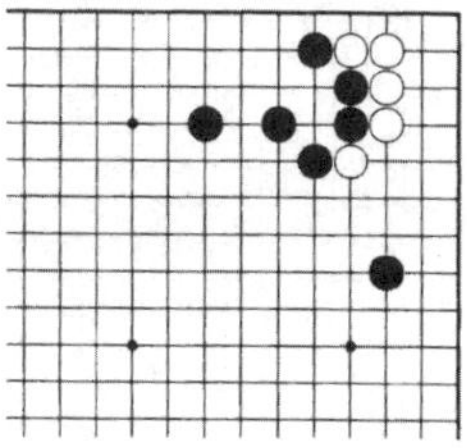

(579) 흑번

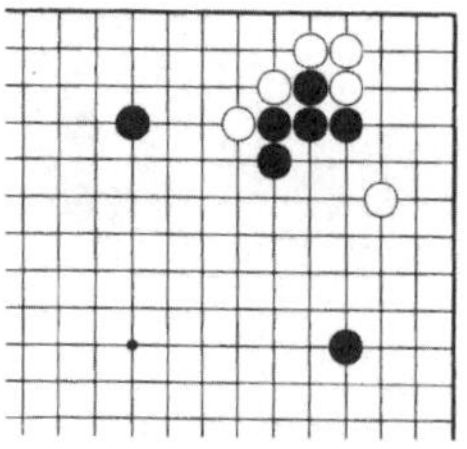

(580) 백번

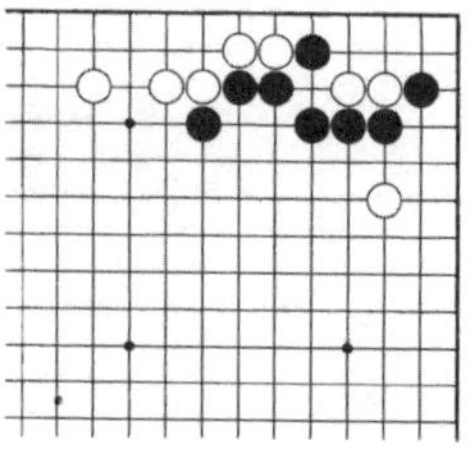

(581) 백번

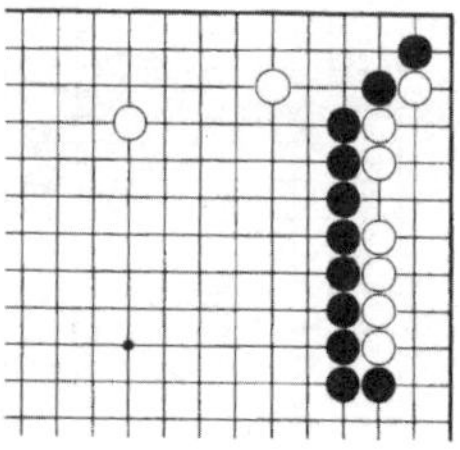

(586) 백번

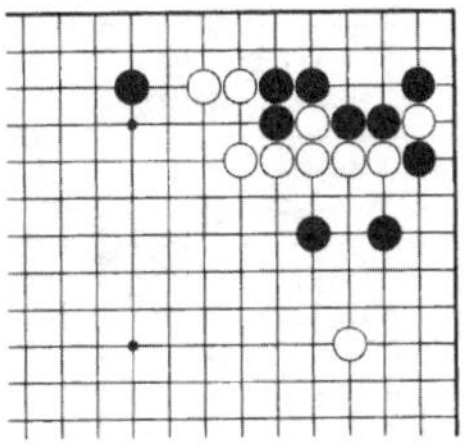

(587) 흑번

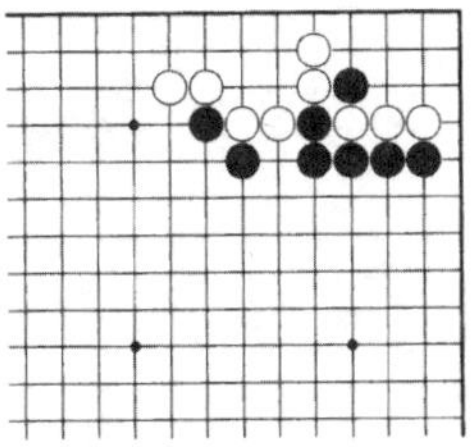

(588) 흑번

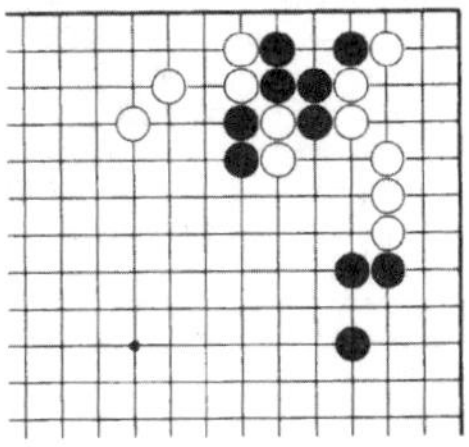

(591) 흑번

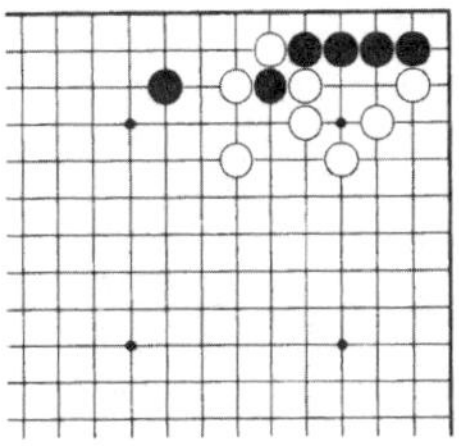

(592) 백번

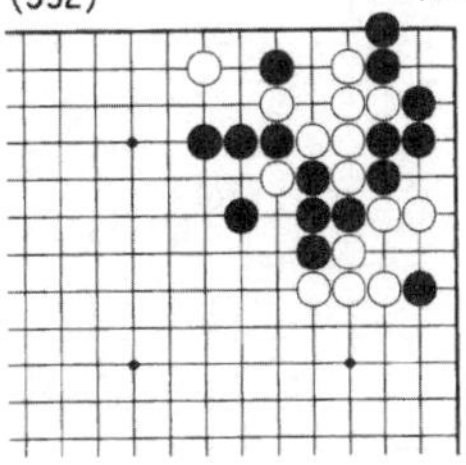

(607) 흑번

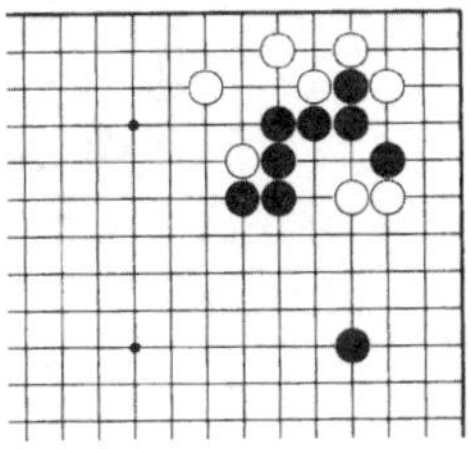

(756) 흑번

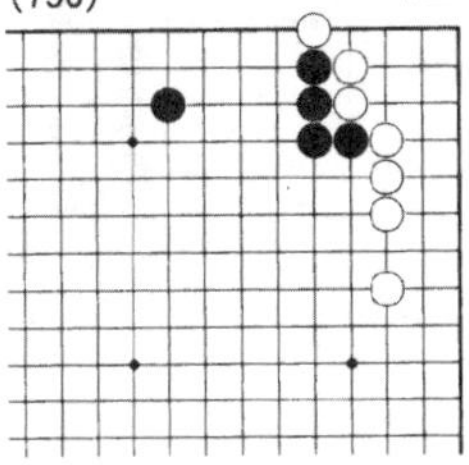

(757) 흑번

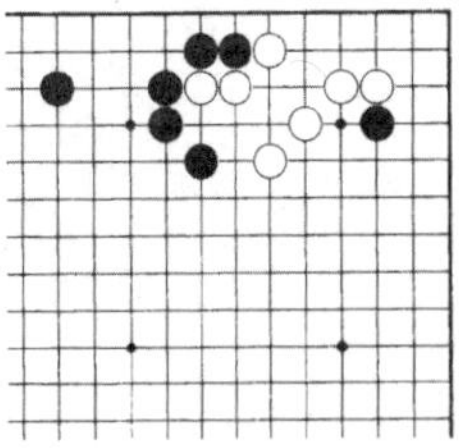

(758) 흑번

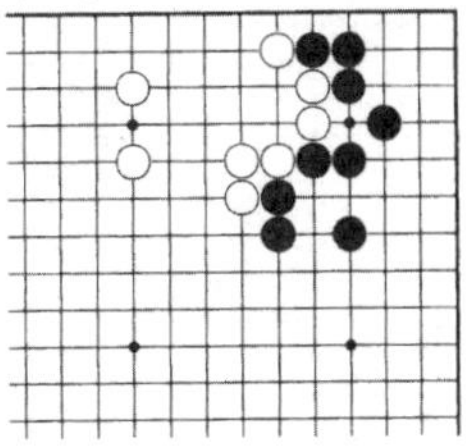

(759) 흑번

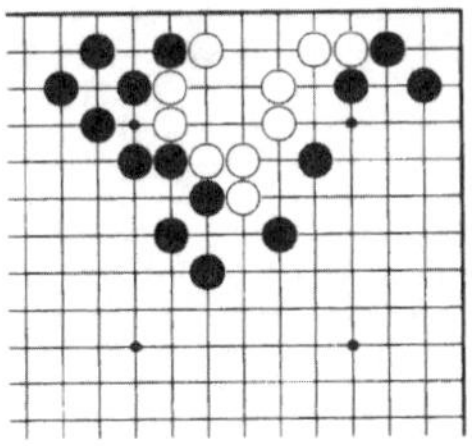

(760) 백번

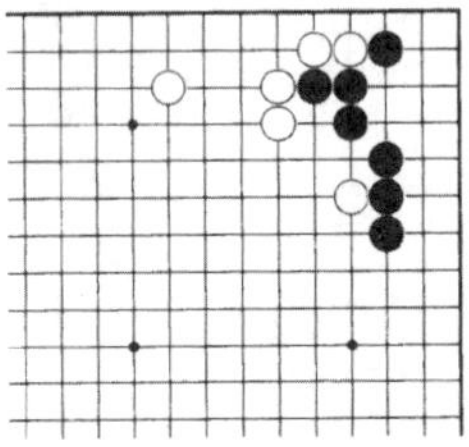

(763) 흑번

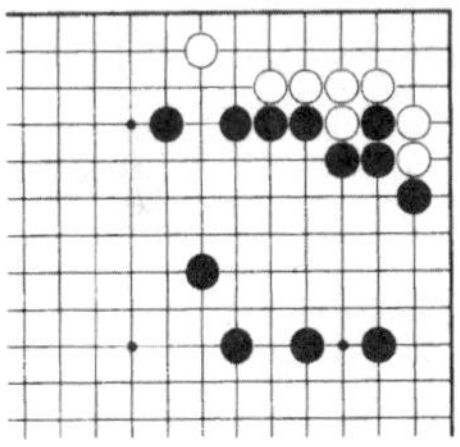

(764) 백번

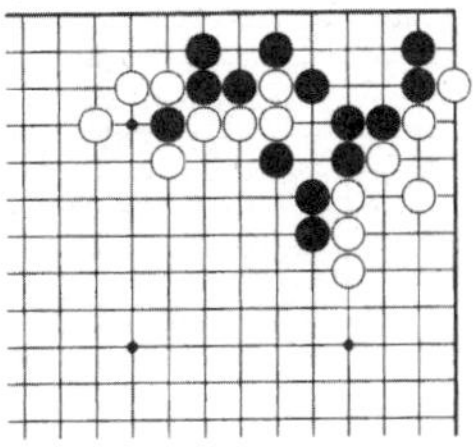

(811) 백번

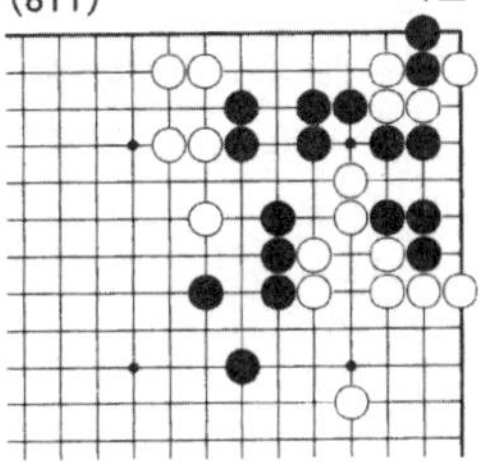

(1346) 백번

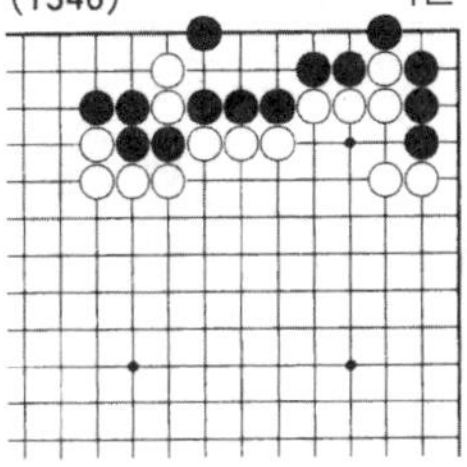

(1425) 백번

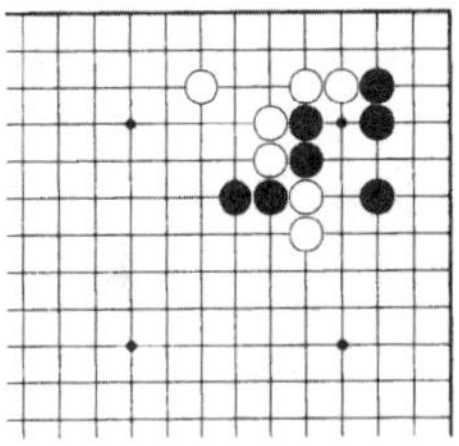

(1547) 흑번

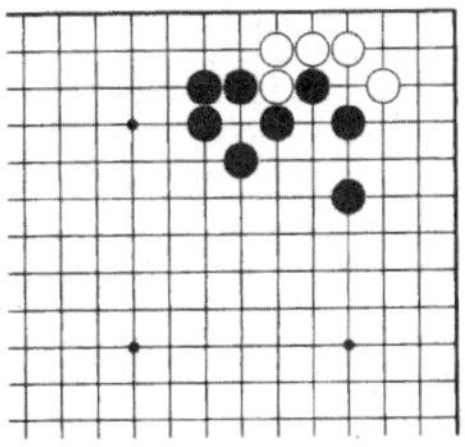

(1624) 흑번

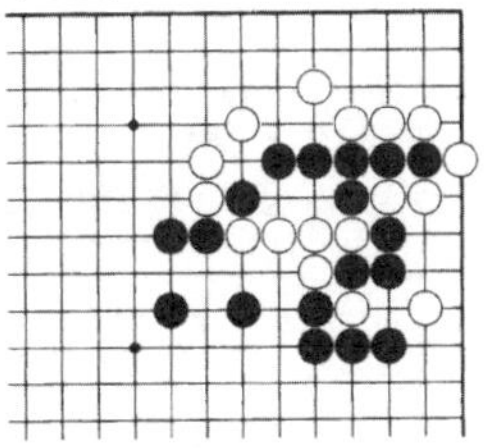

(1760) 백번

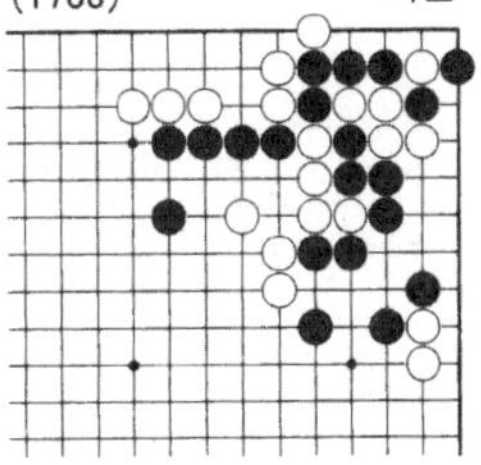

(1858) 흑번

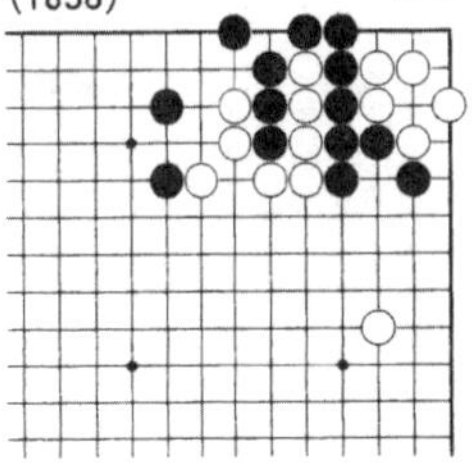

(1884) 백번

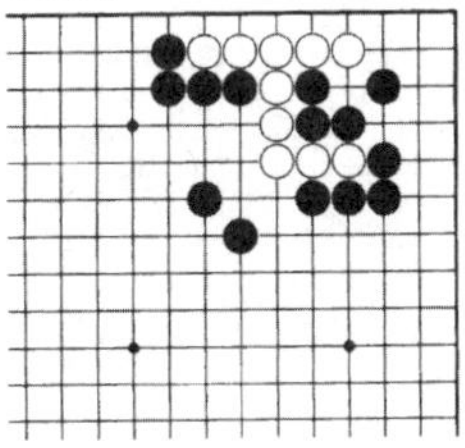

(1946) 백번

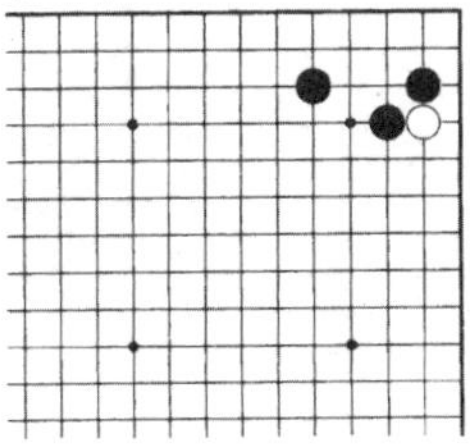

(2110) 흑번

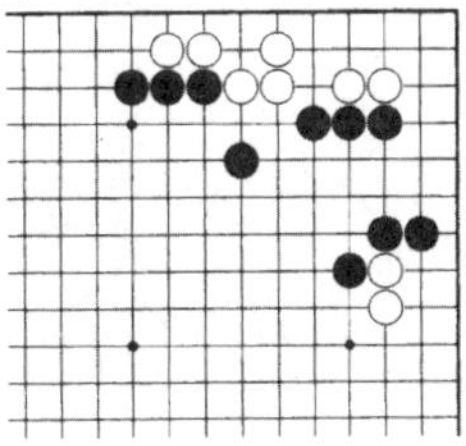

(2133) 흑번

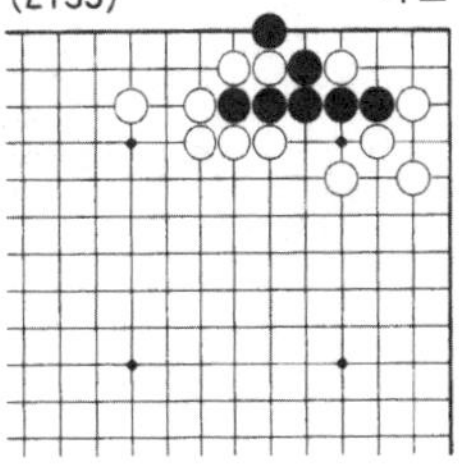

# 패

(11) 흑번

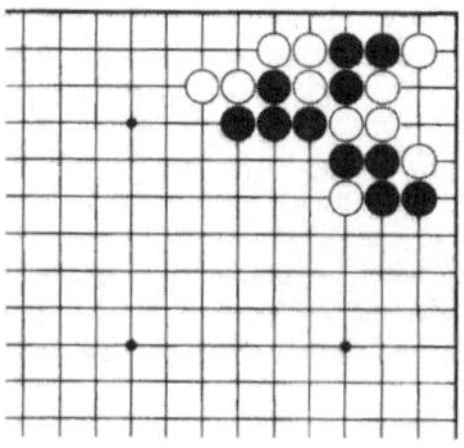

(141) 흑번

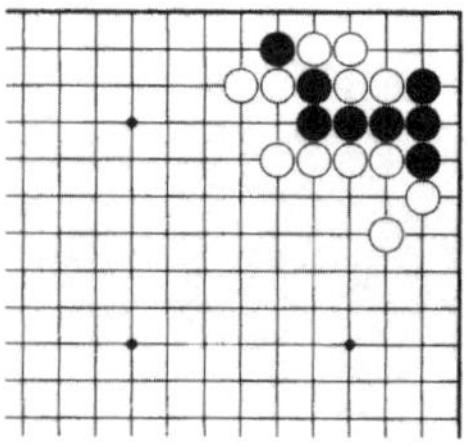

(145) 백번

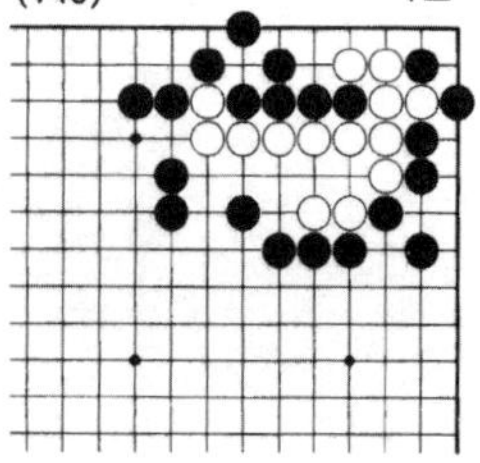

(300) 백번

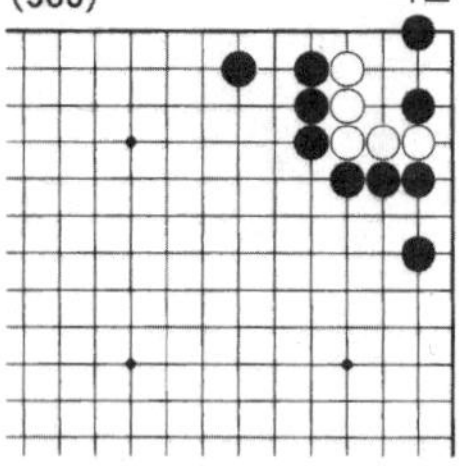

(307) 흑번

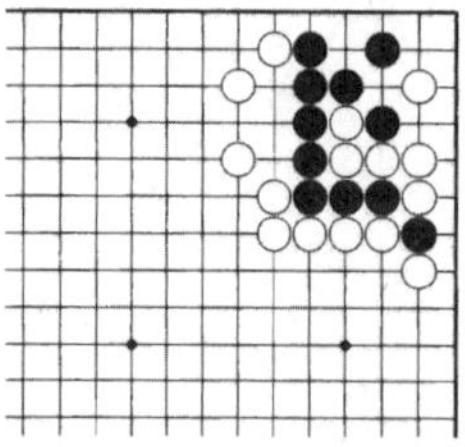

(315) 흑번

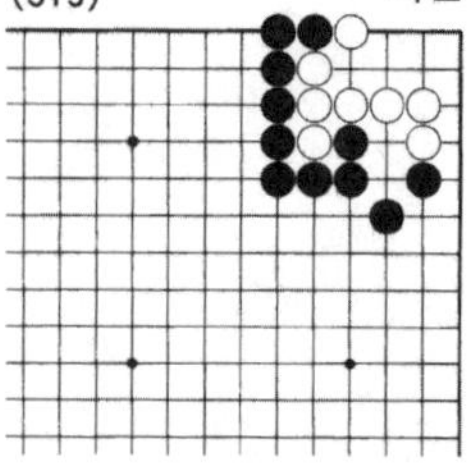

(317) 흑번

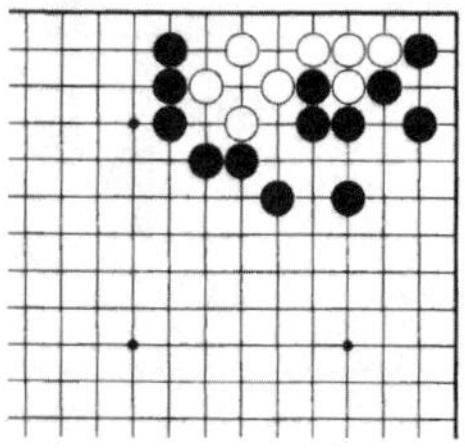

(320) 흑번

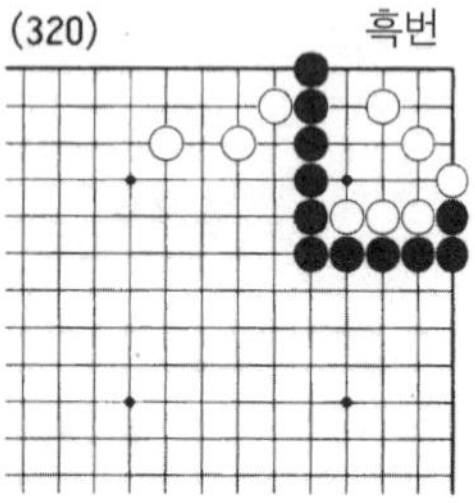

(325) 흑번

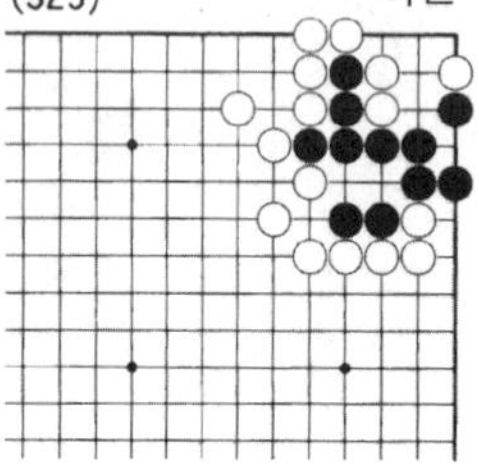

(330) 백번

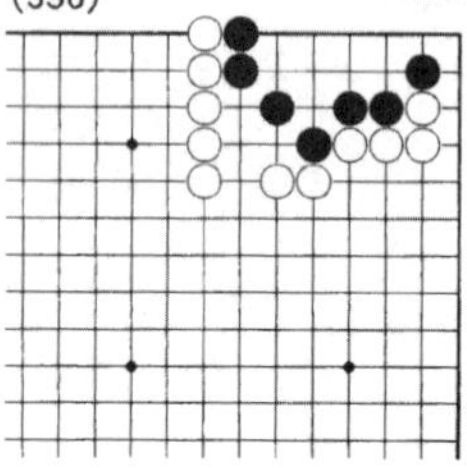

(334) 백번

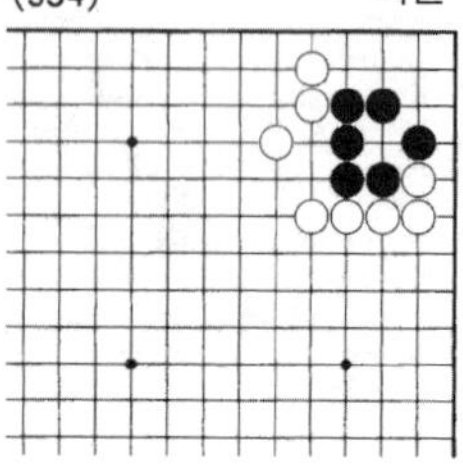

(340) 백번

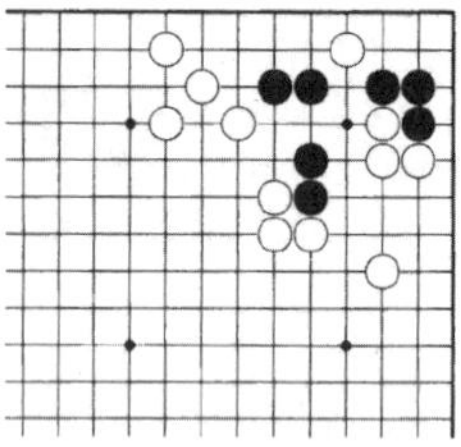

(514) 백번

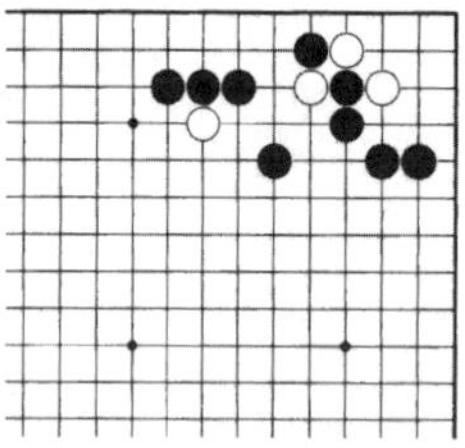

(516) 흑번

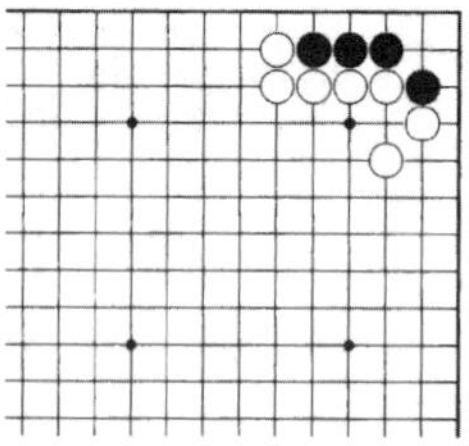

(520) 흑번

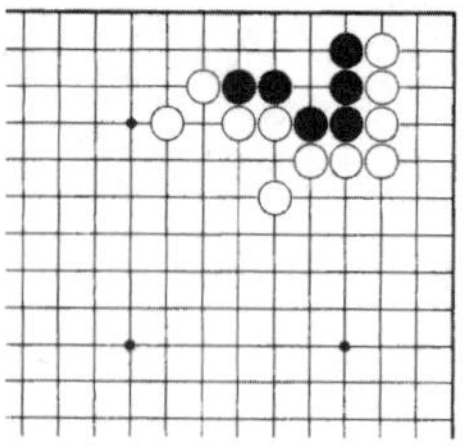

(523) 흑번

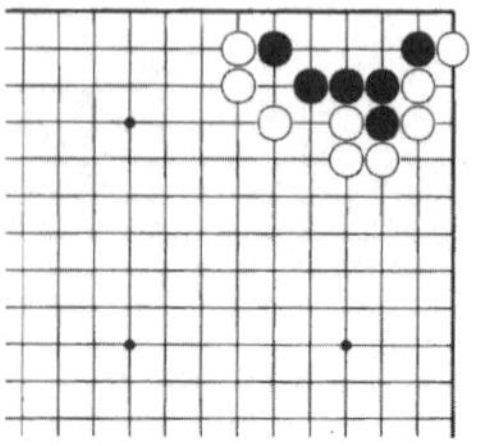

(525) 흑번

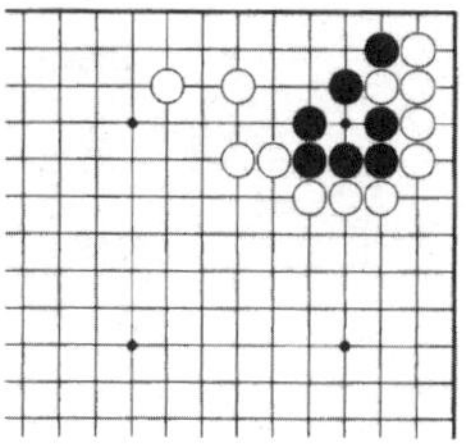

(526) 흑번

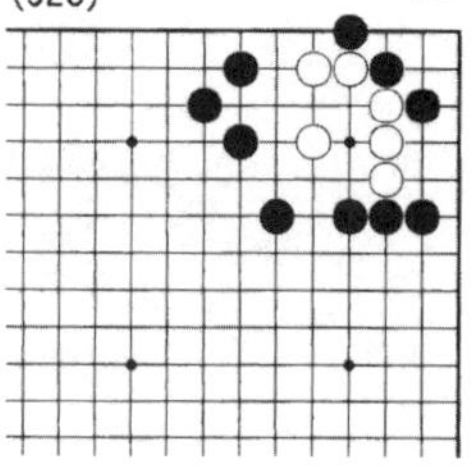

(677) 흑번

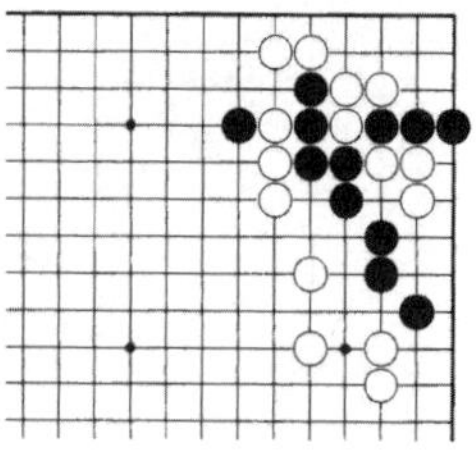

(719) 백번

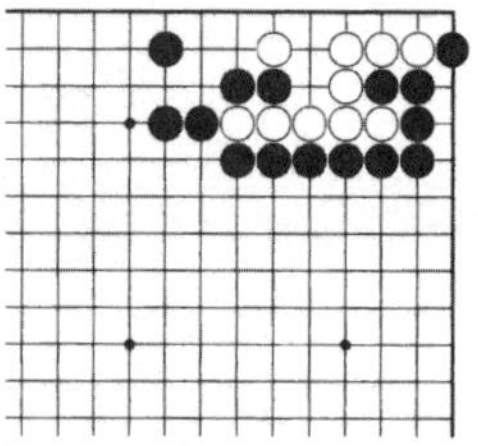

(725) 백번

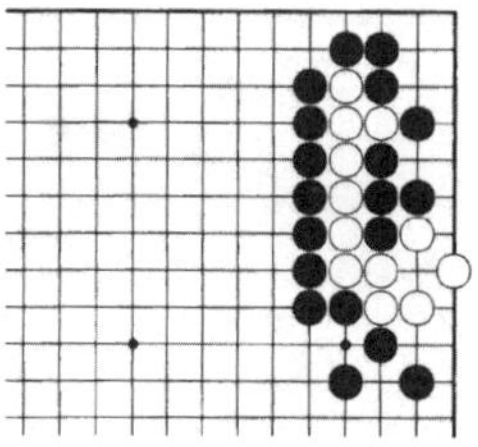

(919) 흑번

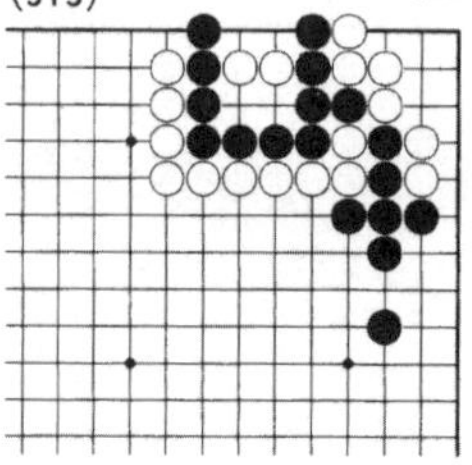

(931) 백번

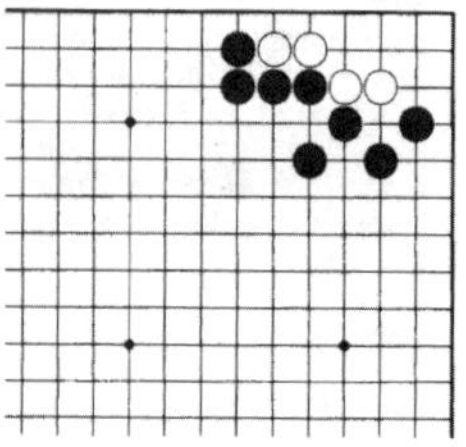

(959) 백번

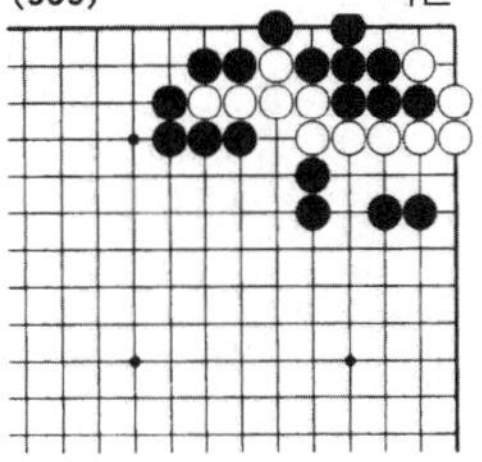

(960) 흑번

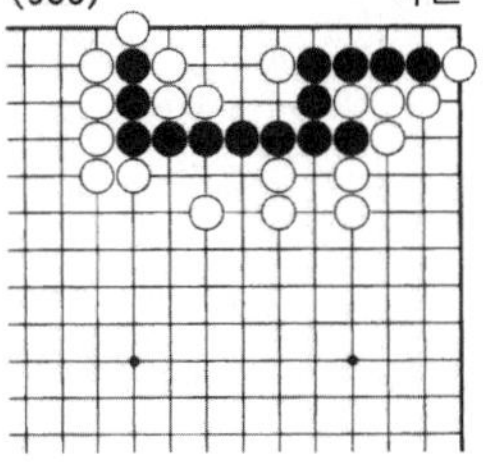

(961) 흑번

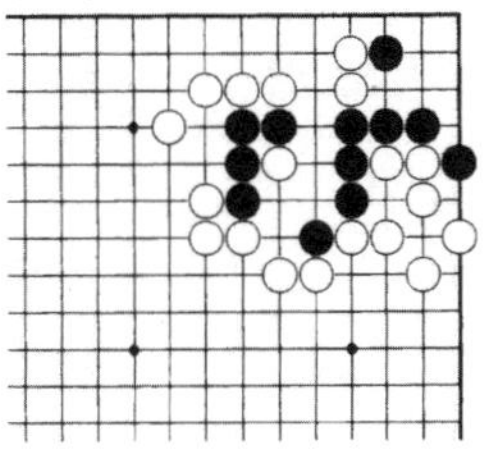

(962) 흑번

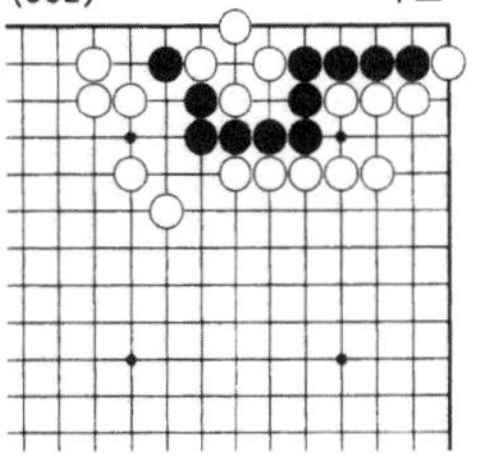

(968) 흑번

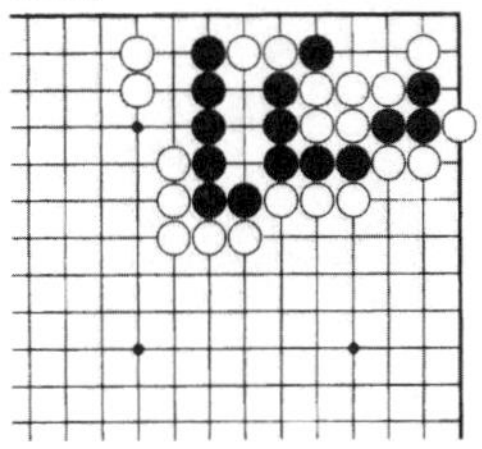

(971) 흑번

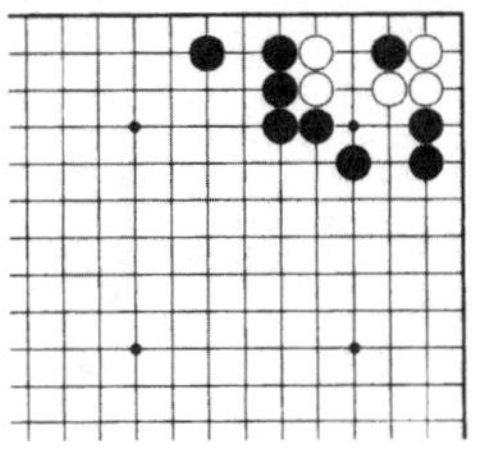

(972) 흑번

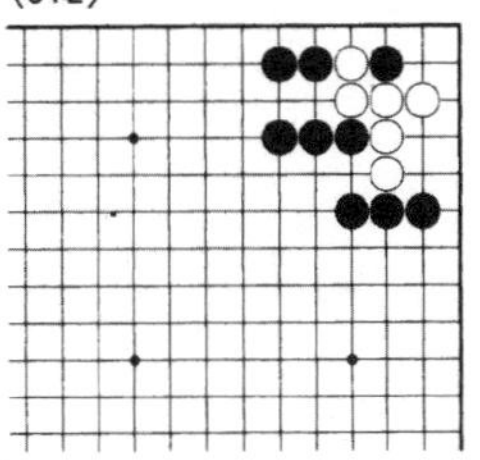

(975) 흑번

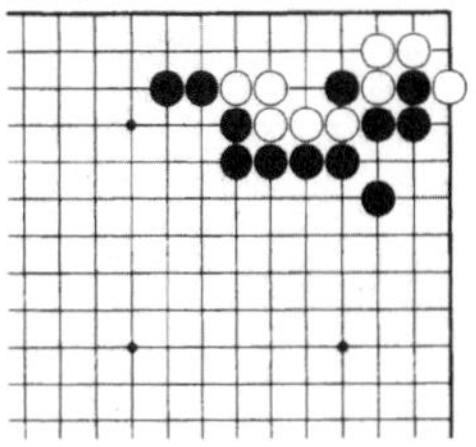

(977) 백번

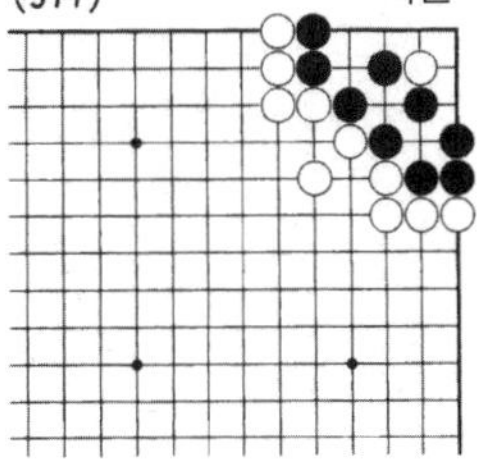

(983) 흑번

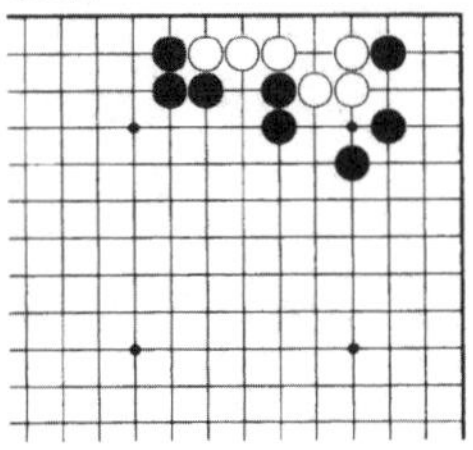

(998) 흑번

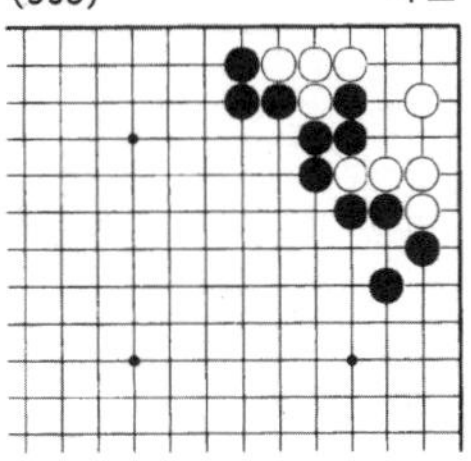

(1537) 흑번

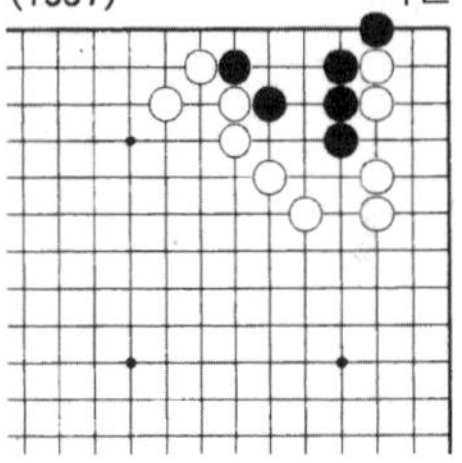

(1652) 백번

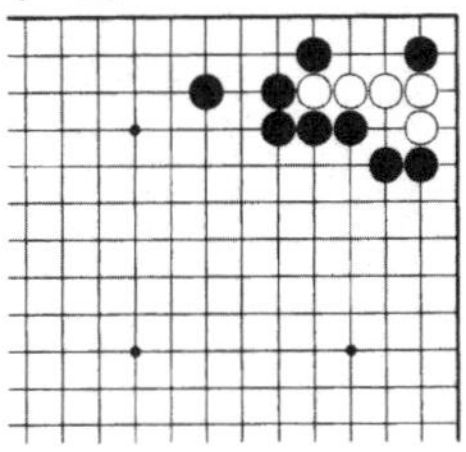

(1674) 백번

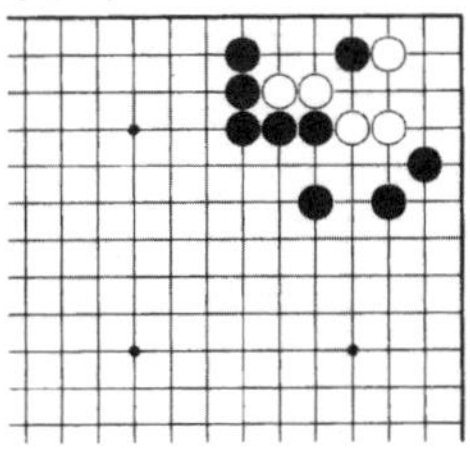

(1675) 흑번

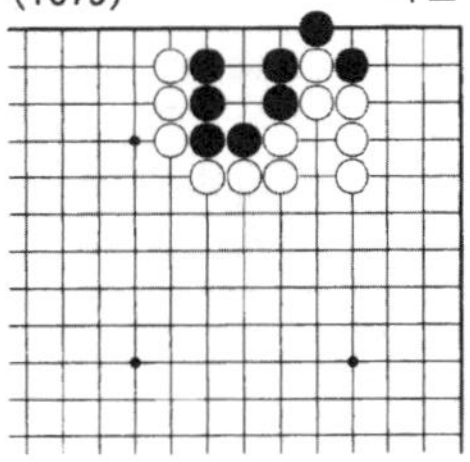

(1676) 흑번

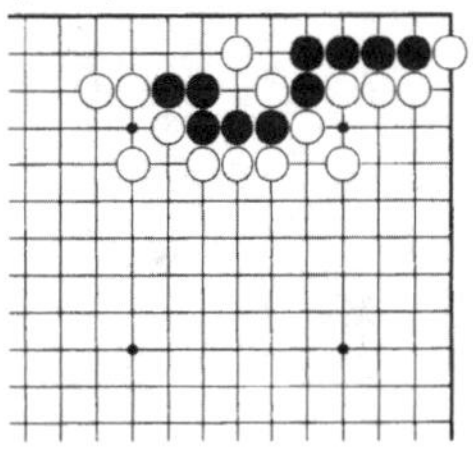

(1677) 백번

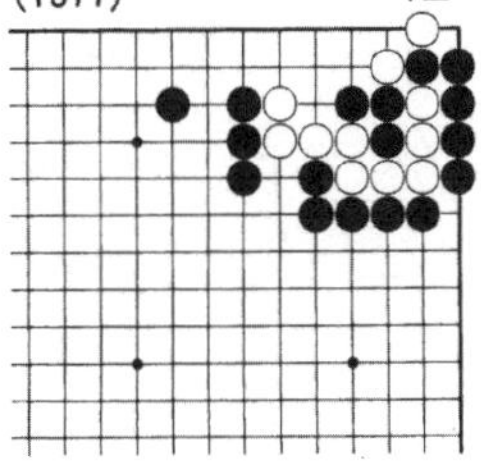

(1678) 백번

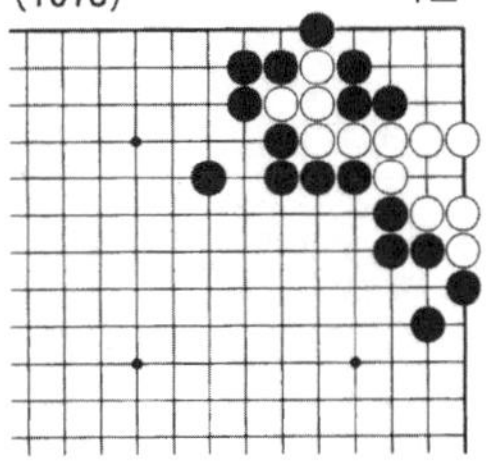

(1810) 흑번

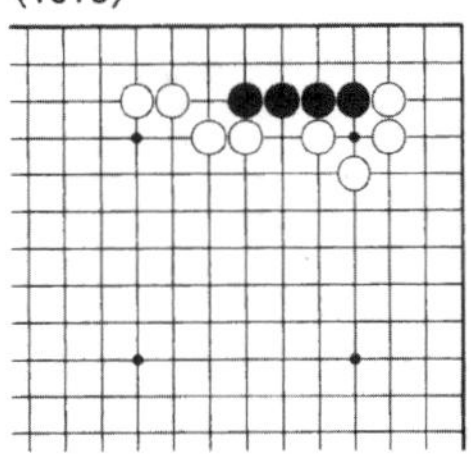

(1811) 흑번

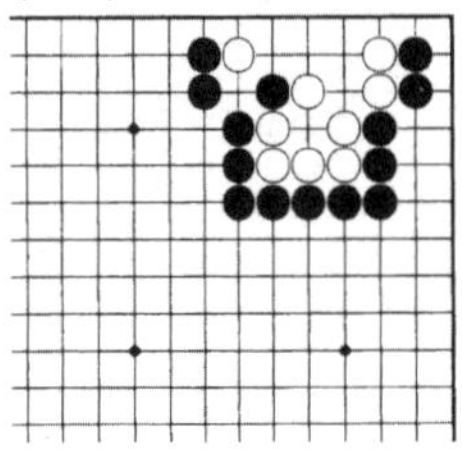

(1820) 백번

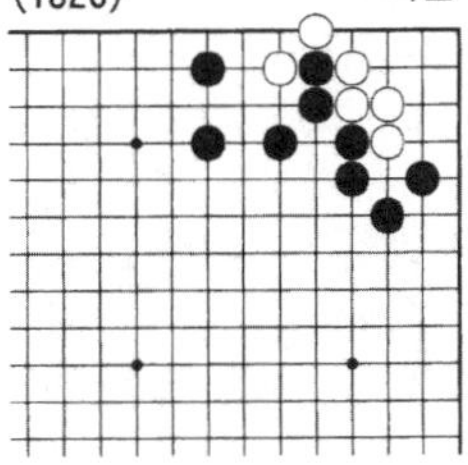

(1821) 흑번

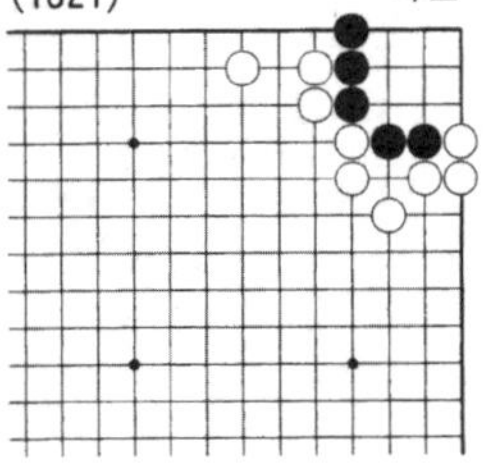

(1824) 백번

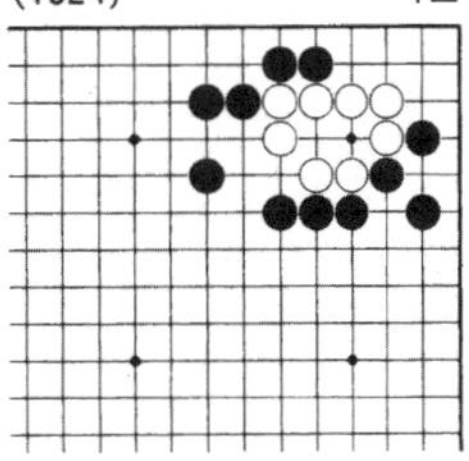

(1832) 흑번

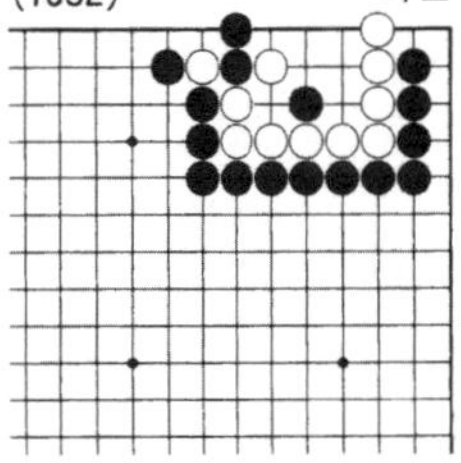

(1886) 흑번

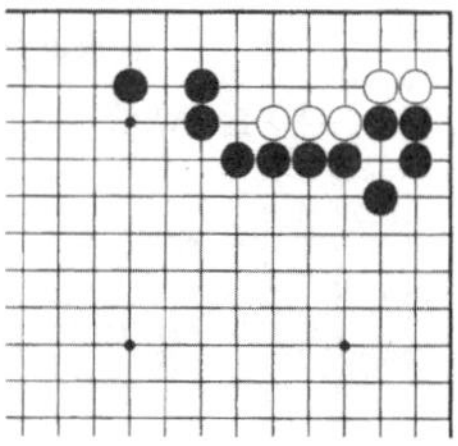

(1993) 흑번

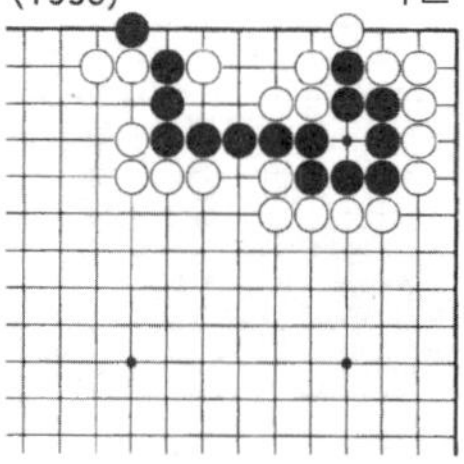

(2122) 백번

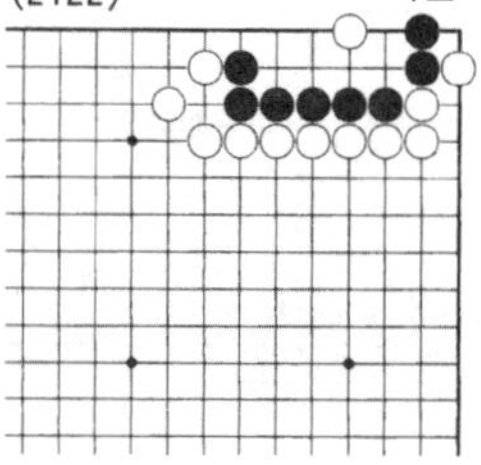

(2126) 흑번

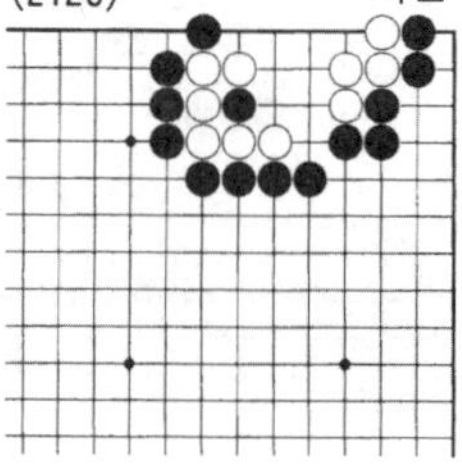

(2186) 흑번

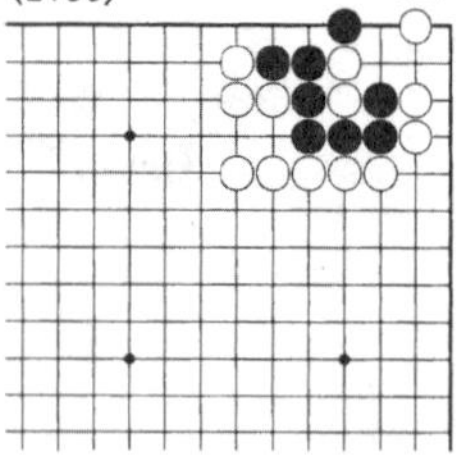

(2217) 흑번

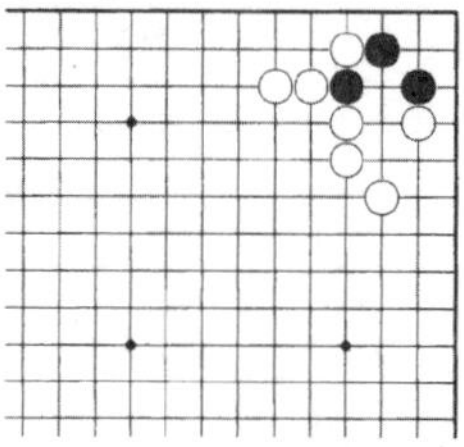

(2223) 흑번

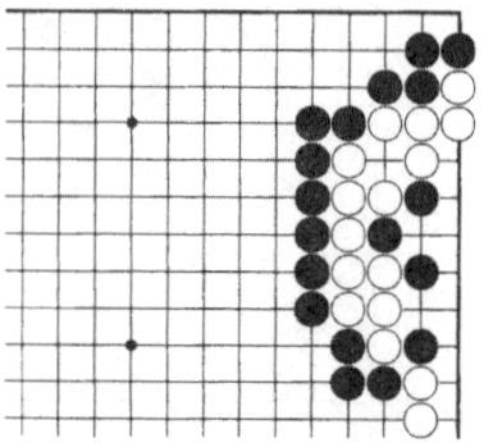

(2229) 흑번

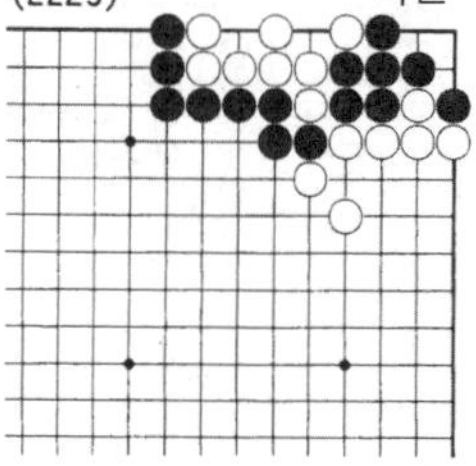

(2233) 흑번

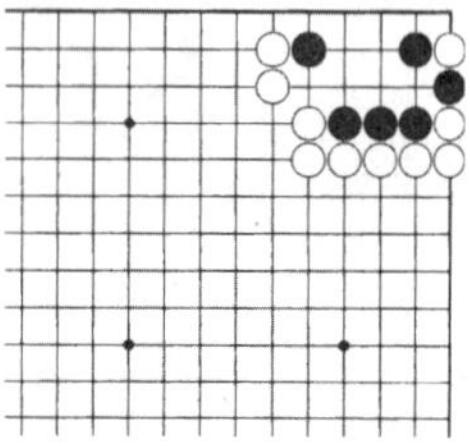

(2236) 백번

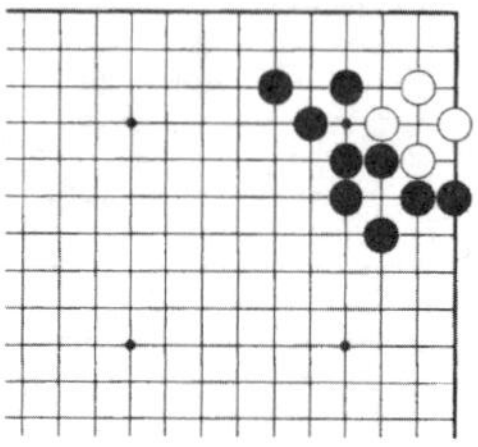

(2237) 백번

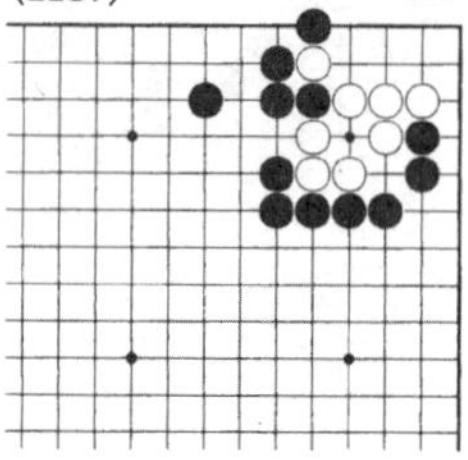

(2243) 백번

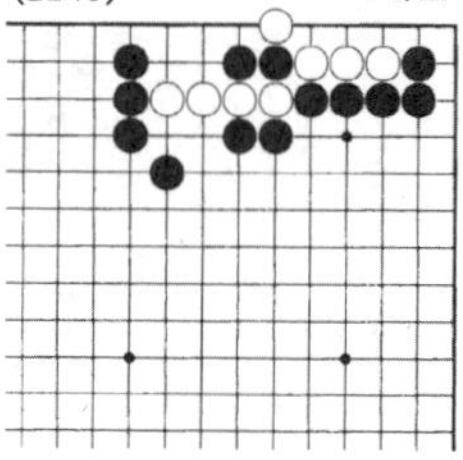

(2263) 흑번

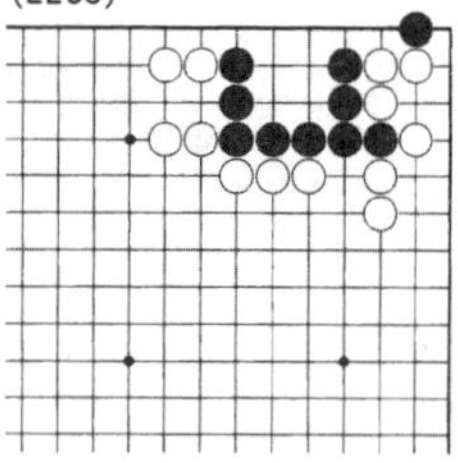

(2265) 흑번

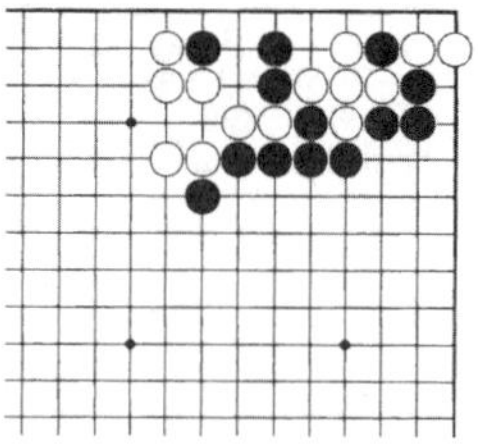

(2266) 흑번

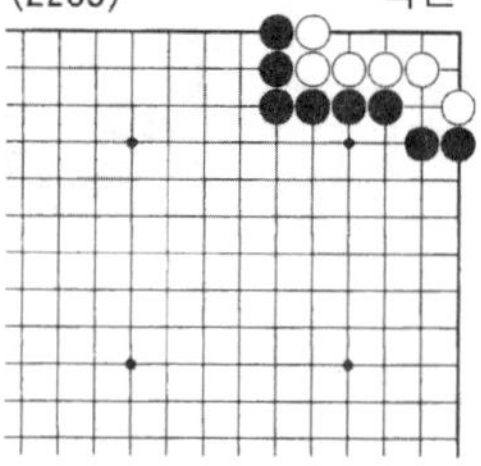

(2267) 흑번

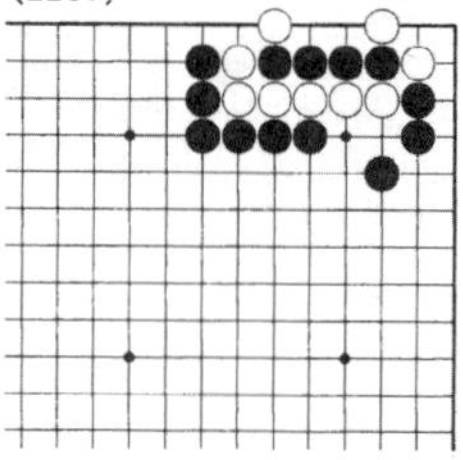

(2271) 흑번

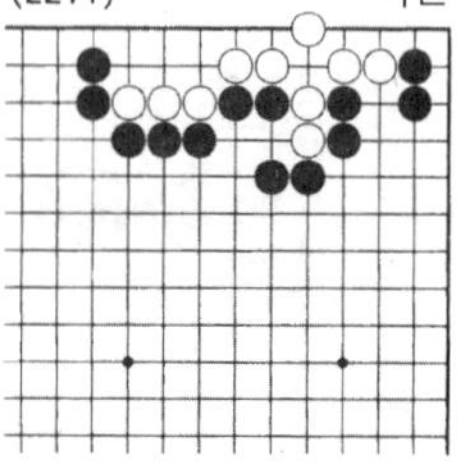

(2469) 흑번

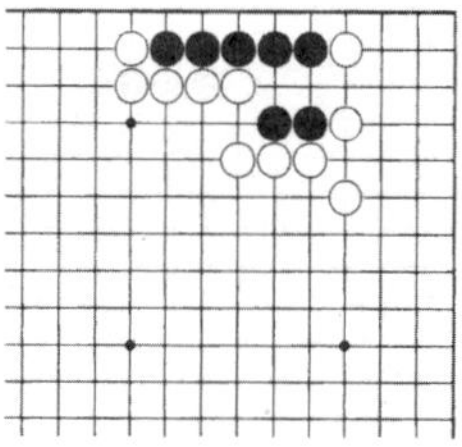

**잡다**

(10) 흑번

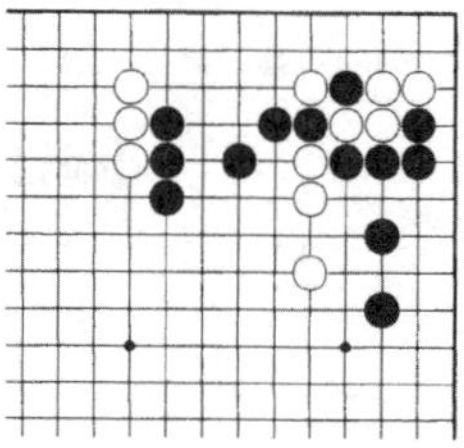

(28) 백번

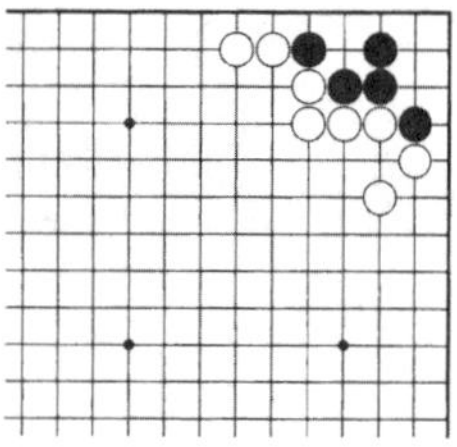

(29) 흑번

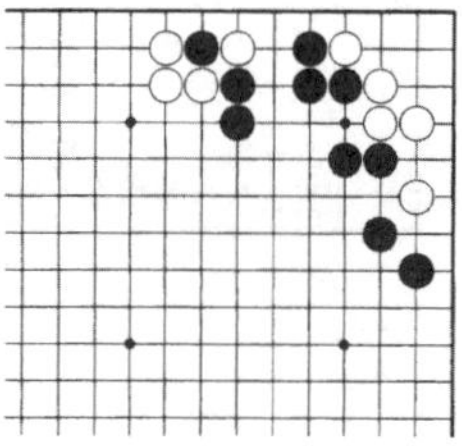

(31) 흑번

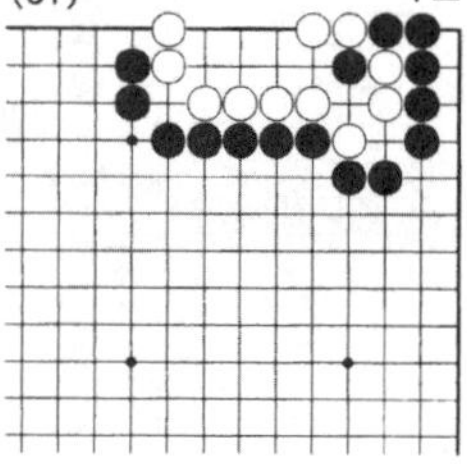

(95) 흑번

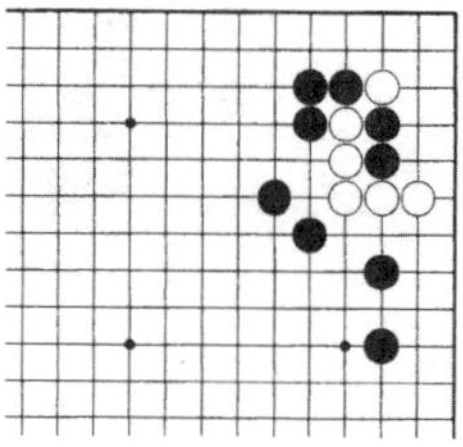

(146) 백번

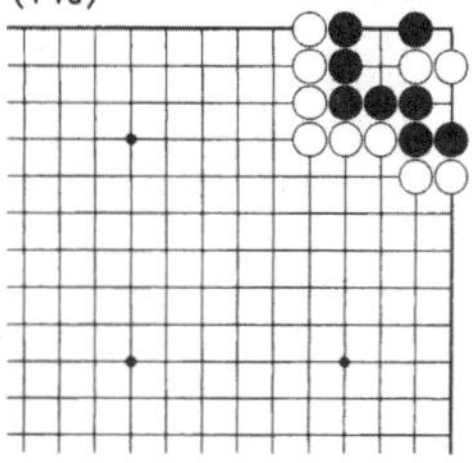

(147) 흑번

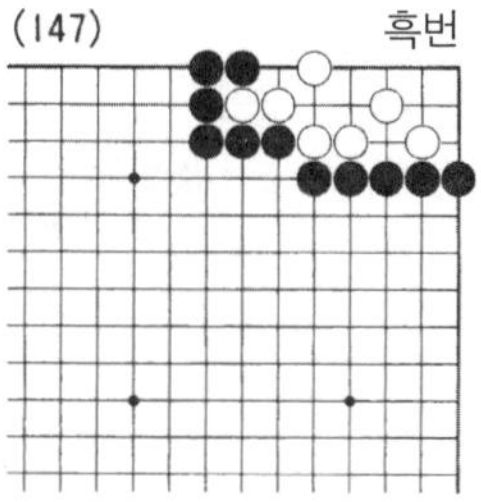

(149) 흑번

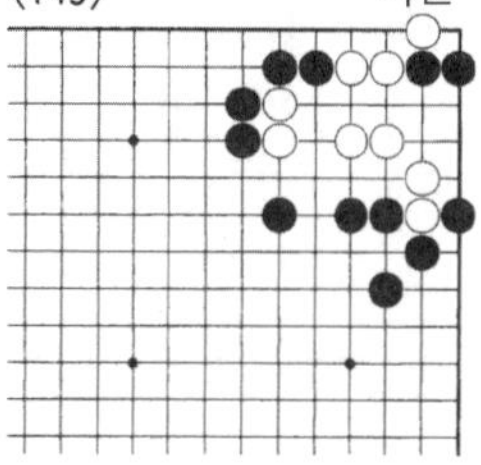

(150) 백번

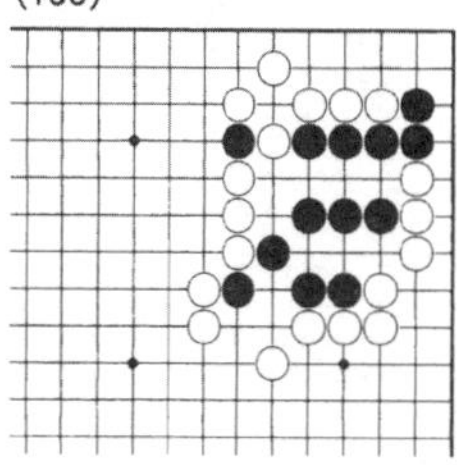

(280) 흑번

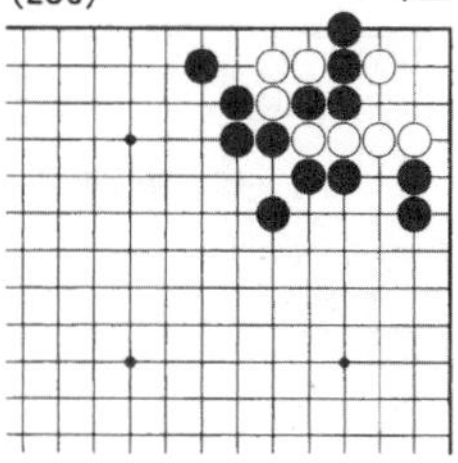

(310) 백번

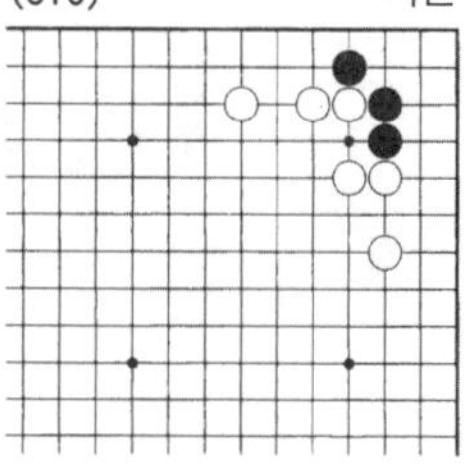

(311) 흑번

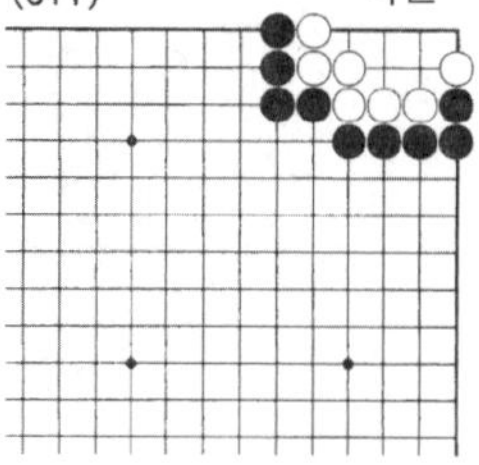

(312) 흑번

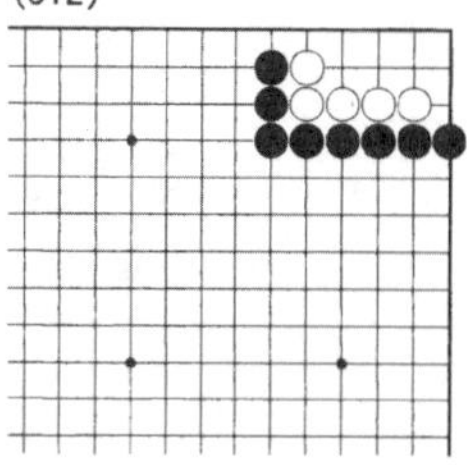

(313) 흑번

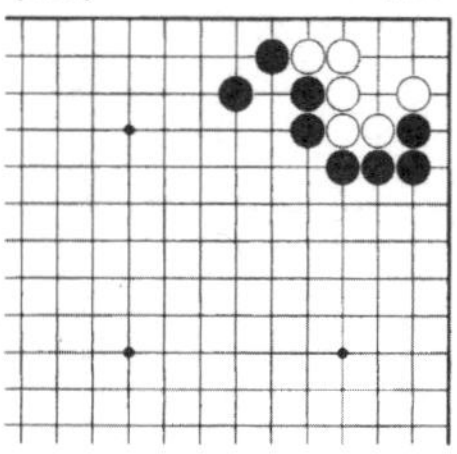

(314) 백번

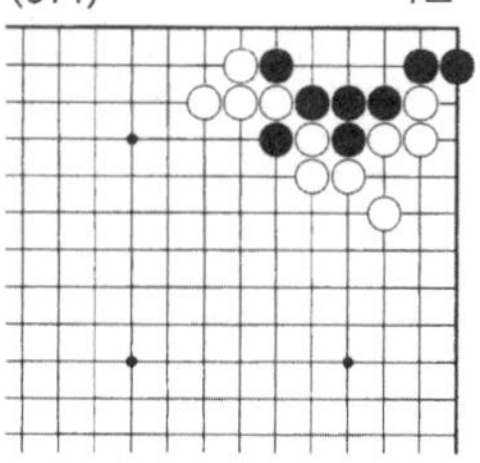

(316) 백번

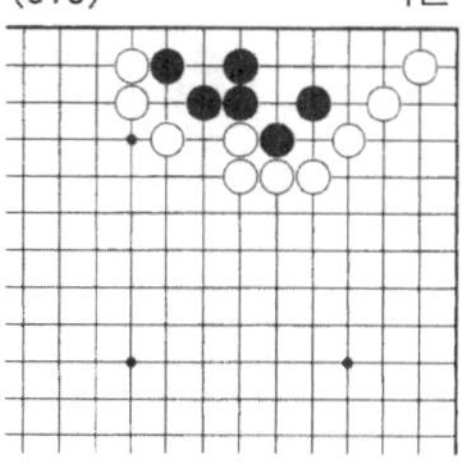

(321) 흑번

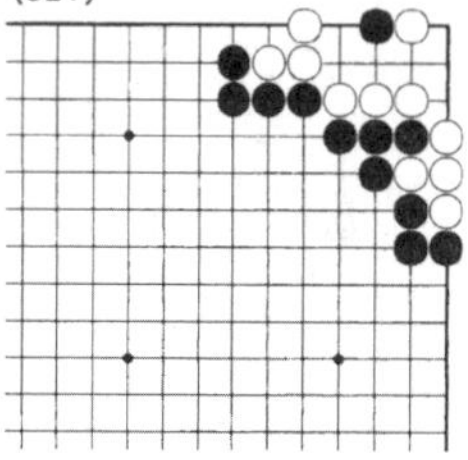

(322) 흑번

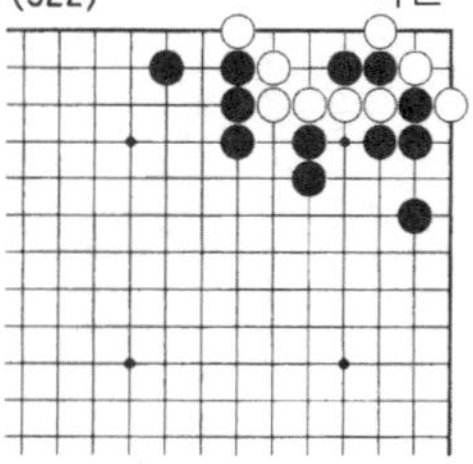

(323) 흑번

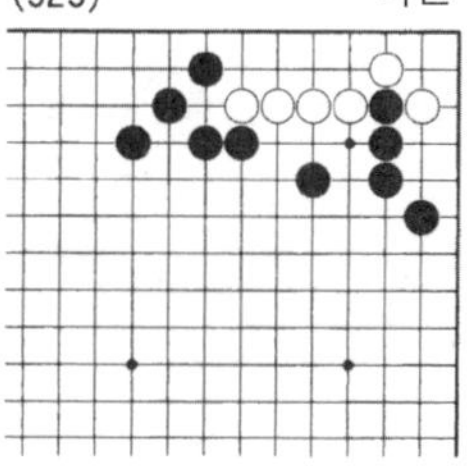

(324) 백번

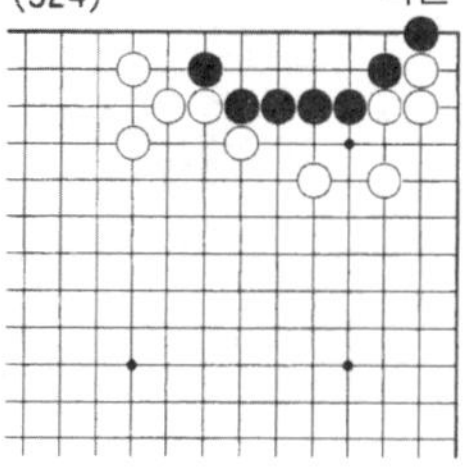

(326) 흑번

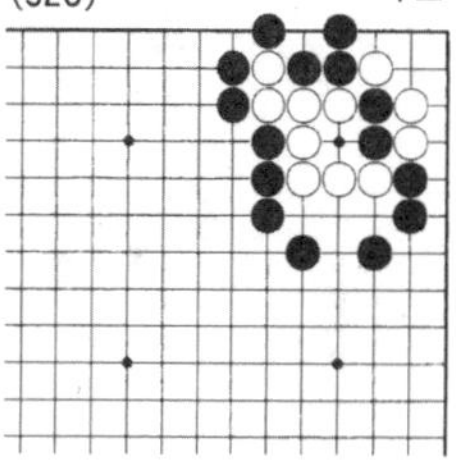

(329) 백번

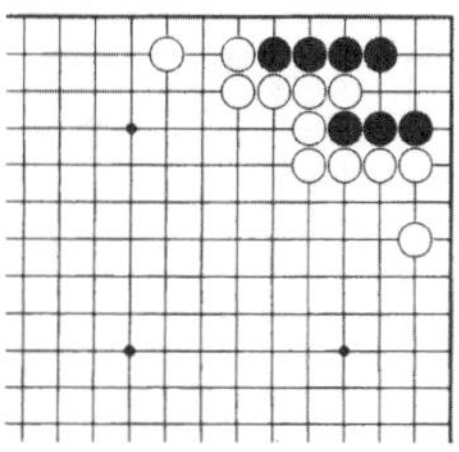

(332) 흑번

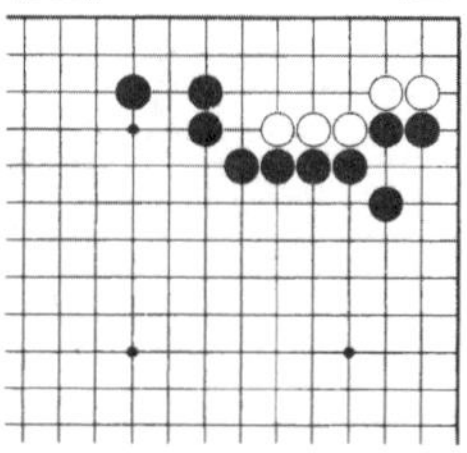

(333) 흑번

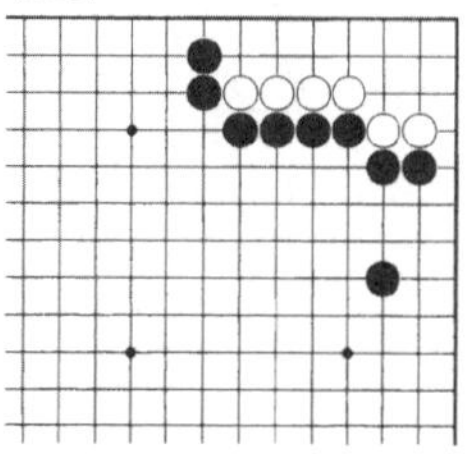

(335) 백번

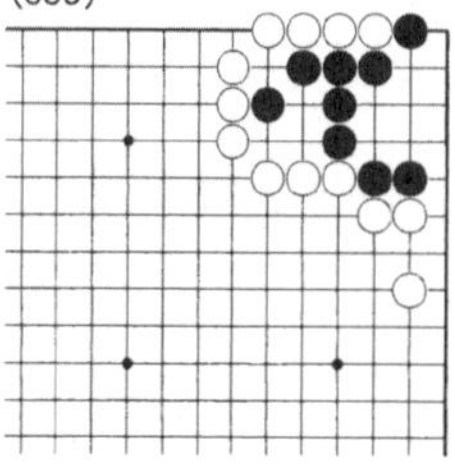

(337) 흑번

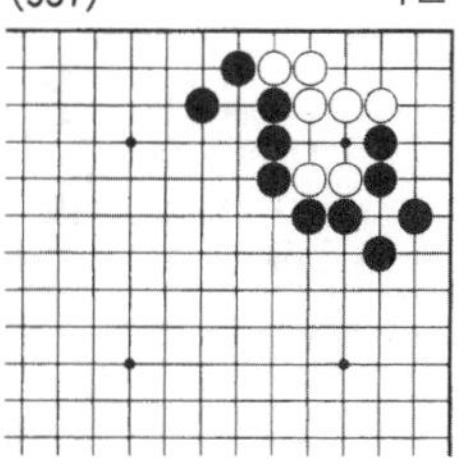

(339) 흑번

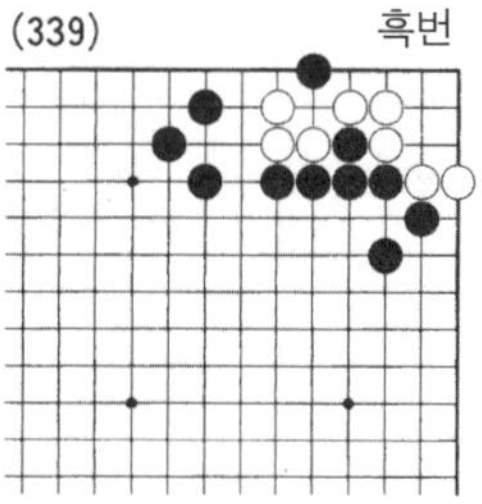

(341) 백번

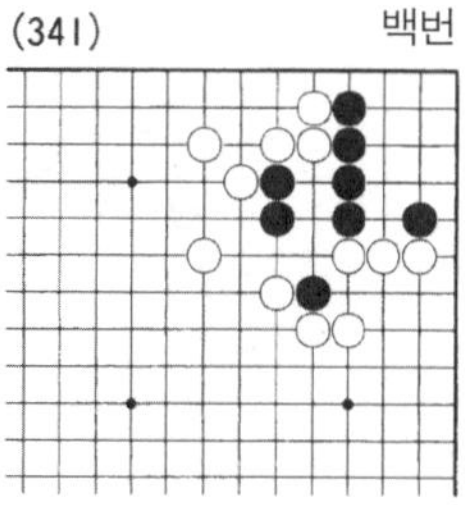

(739) 백번

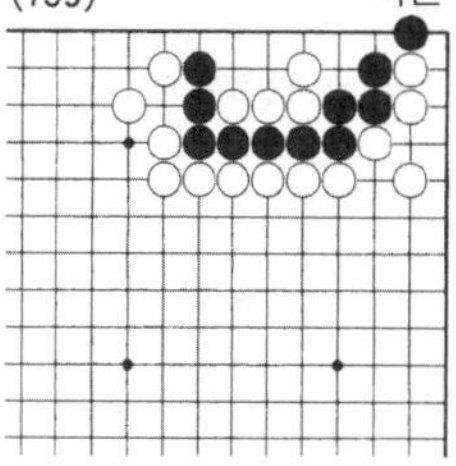

(745) 흑번

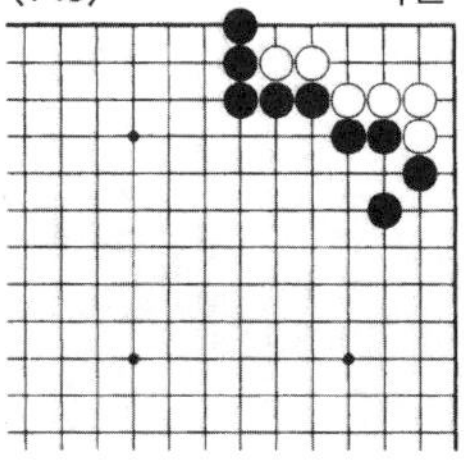

(746) 흑번

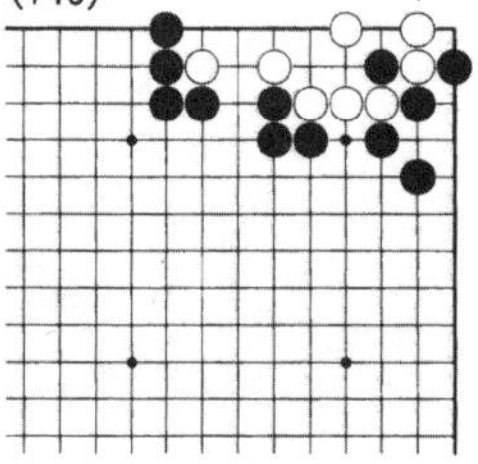

(748) 흑번

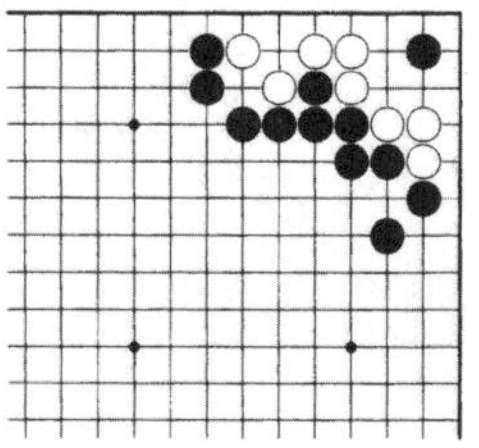

(749) 흑번

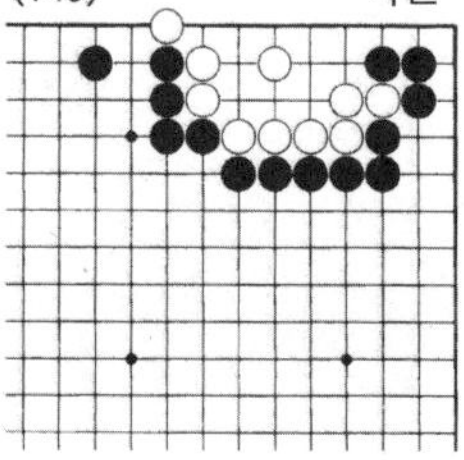

(774) 흑번

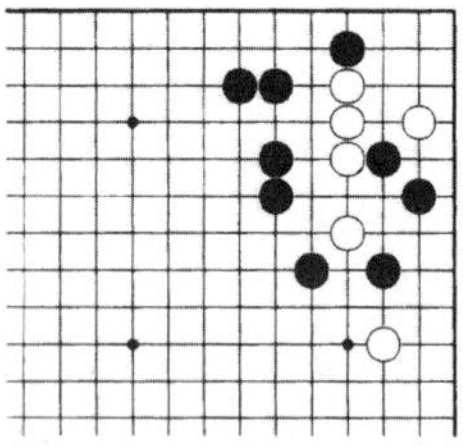

(775) 백번

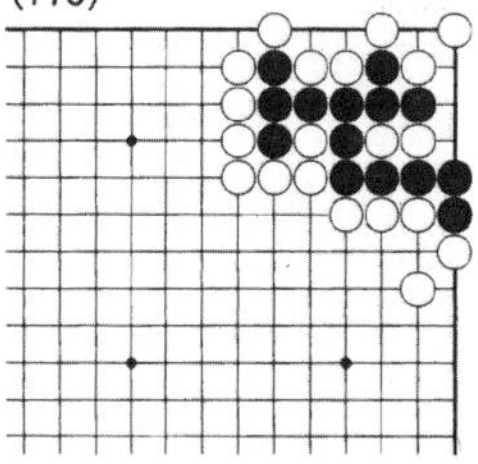

(814) 흑번

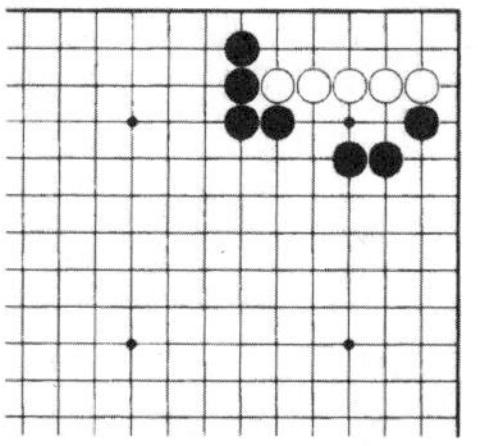

(815) 흑번

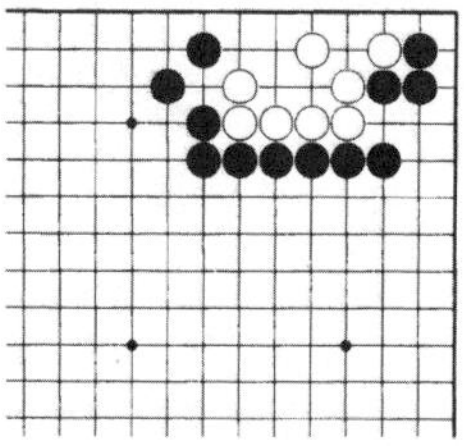

(816) 흑번

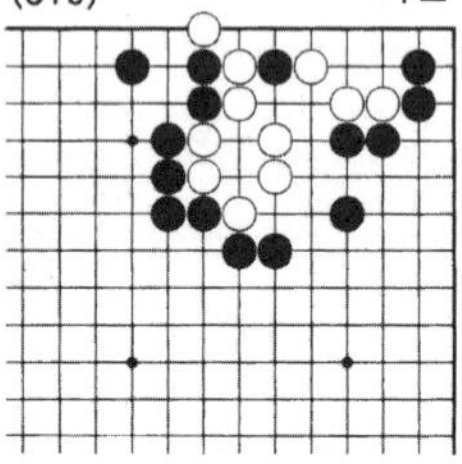

(973) 백번

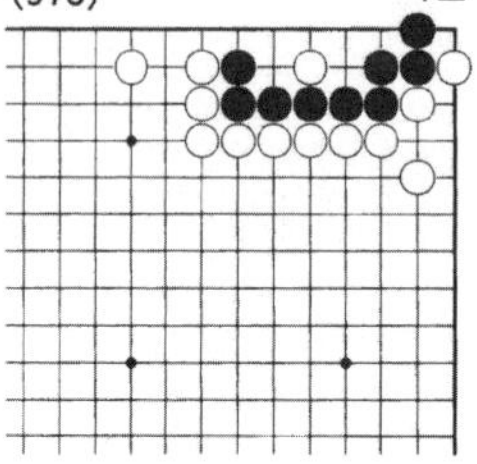

(976) 흑번

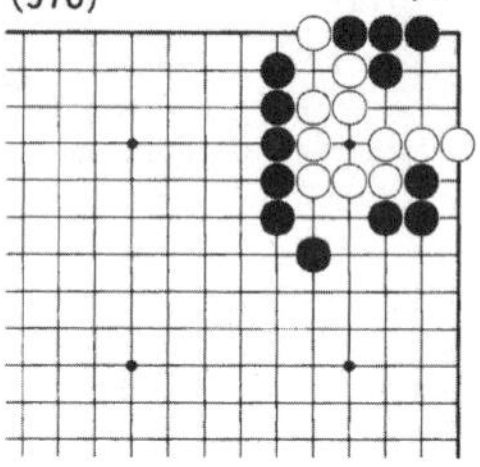

(978) 백번

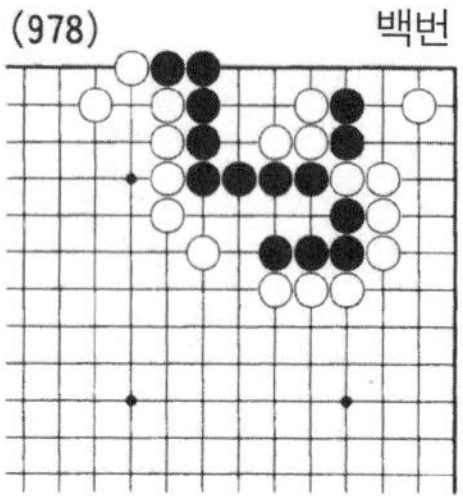

(981) 흑번

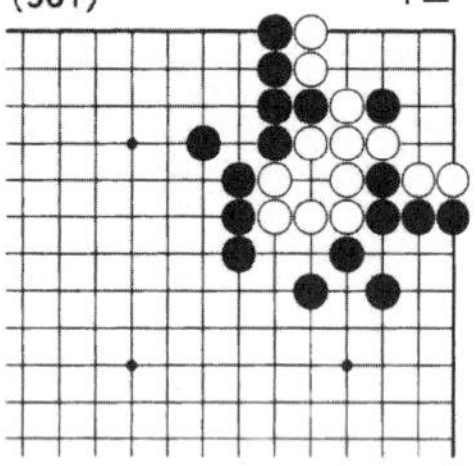

(982) 흑번

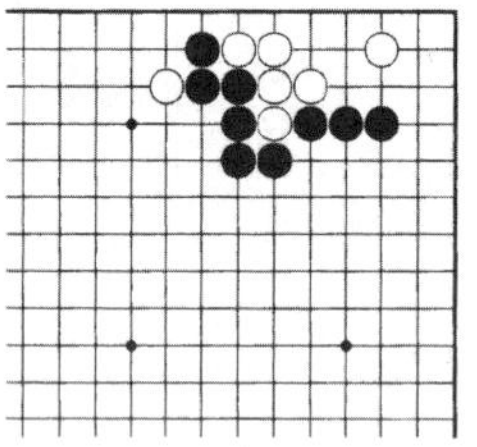

(985) 흑번

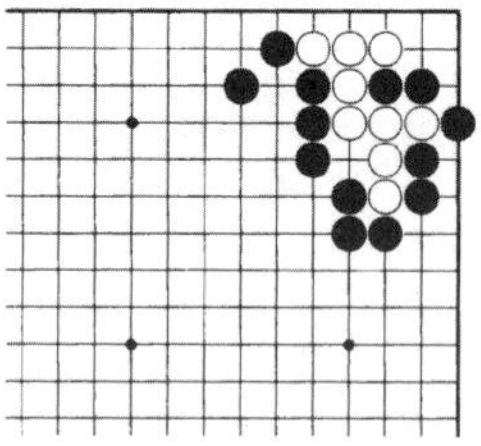

(986) 흑번

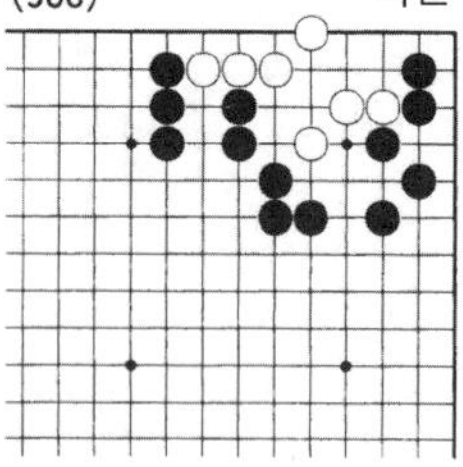

(987) 흑번

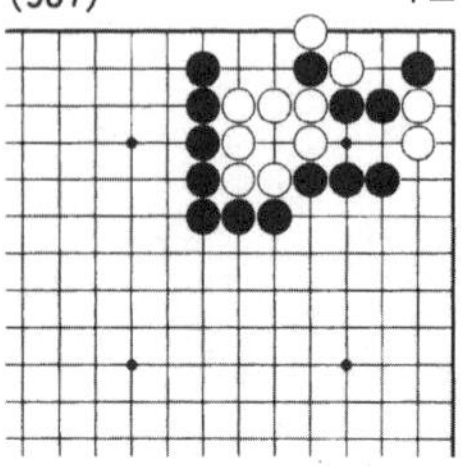

(988) 흑번

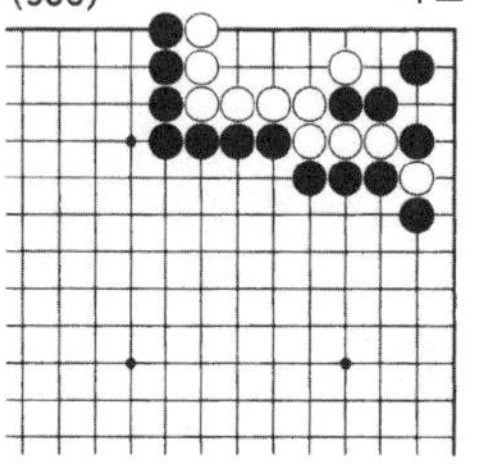

(989) 흑번

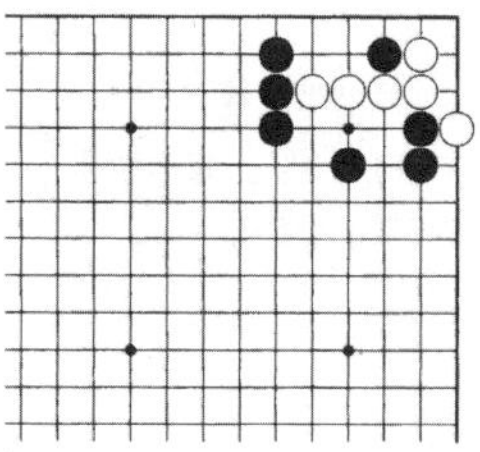

(990) 흑번

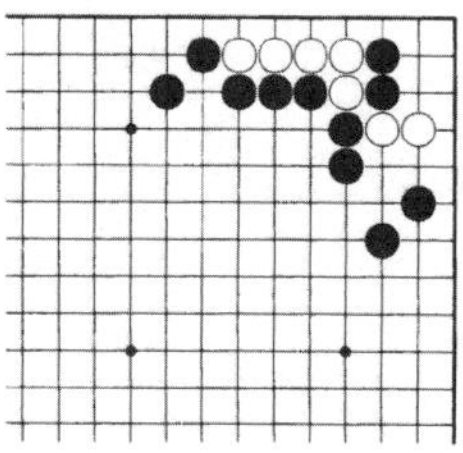

(991) 백번

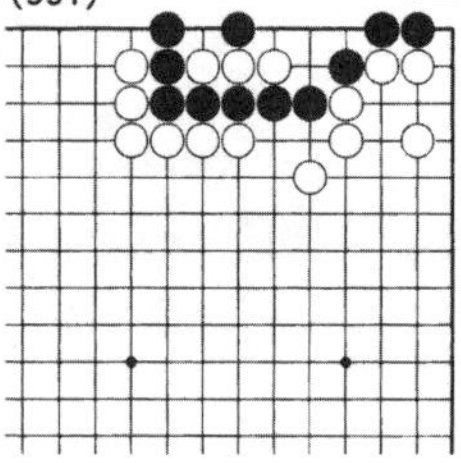

(992) 흑번

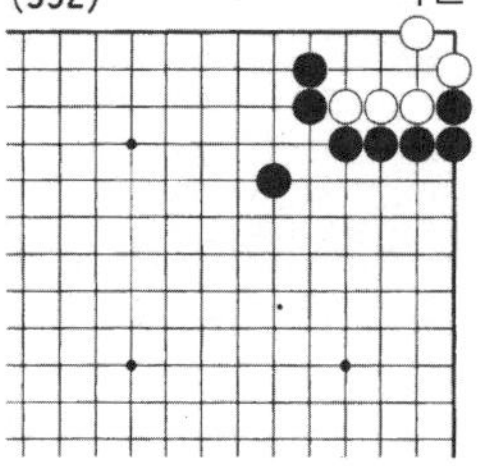

(993) 흑번

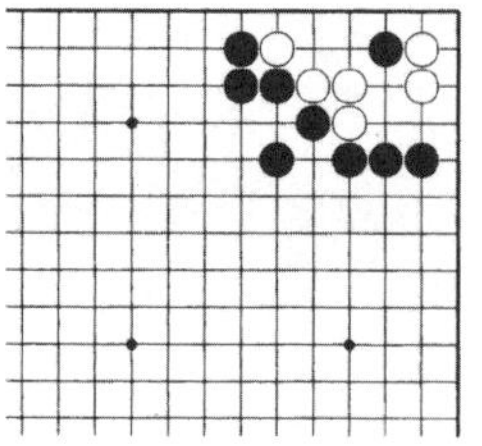

(994) 흑번

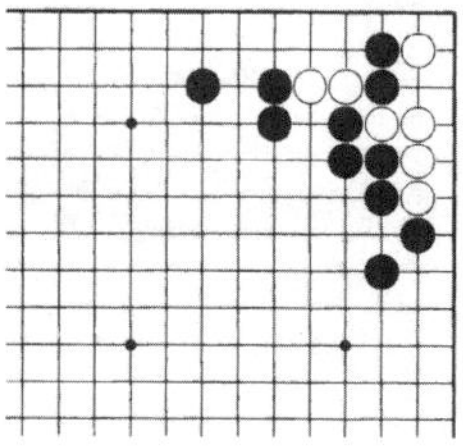

(995) 백번

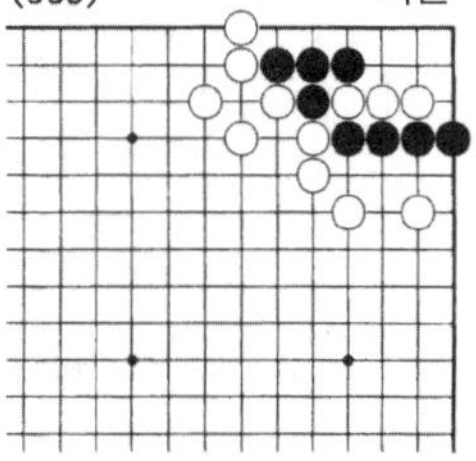

(996) 흑번

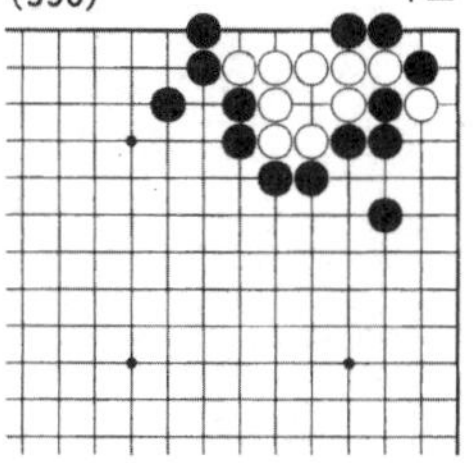

(997) 흑번

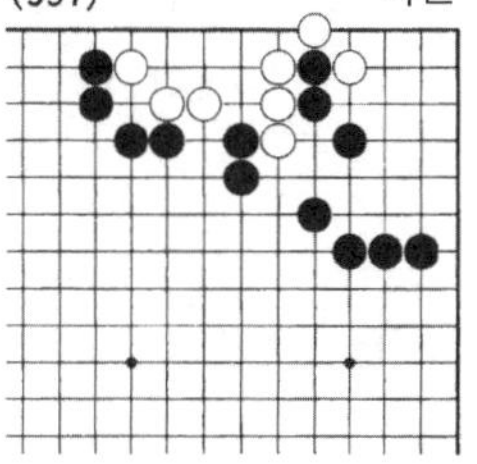

(999) 흑번

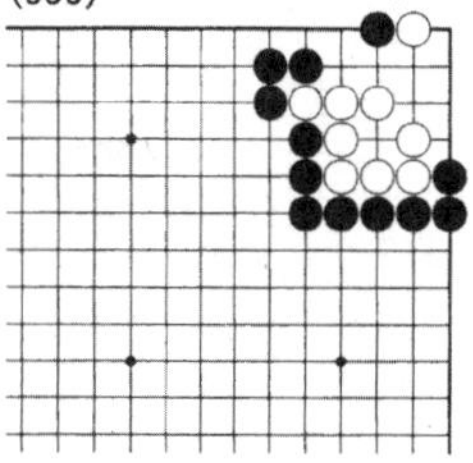

(1000) 백번

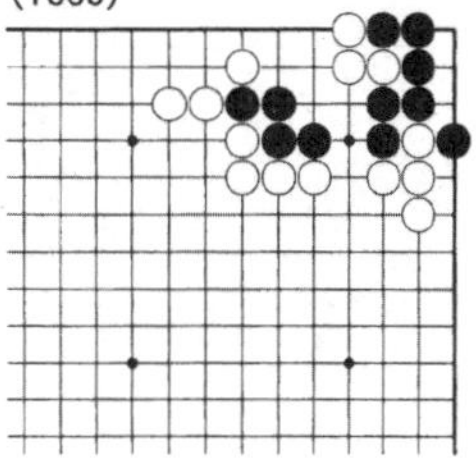

(1071) 흑번

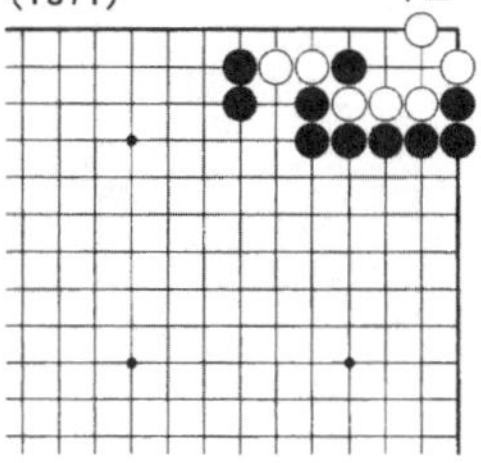

(1072) 흑번

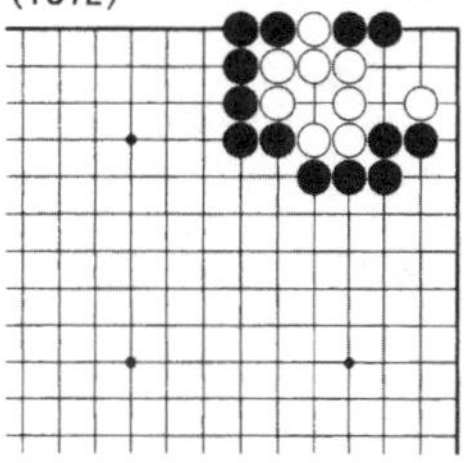

(1074) 흑번

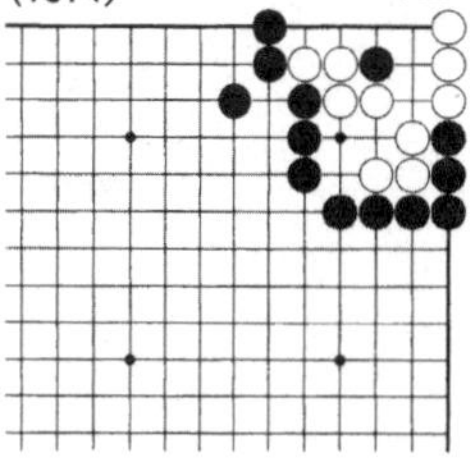

(1075) 흑번

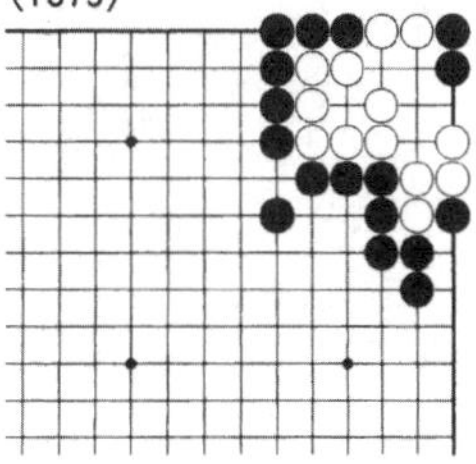

(1076) 흑번

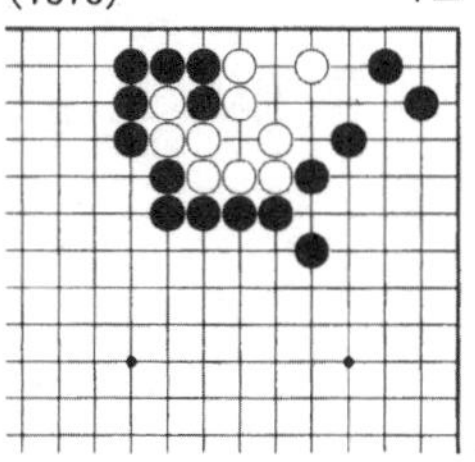

(1077) 흑번

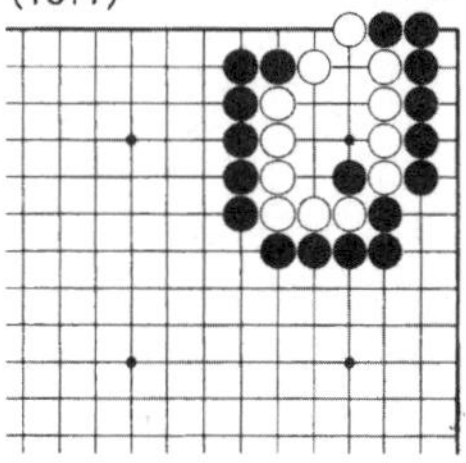

(1177) 흑번

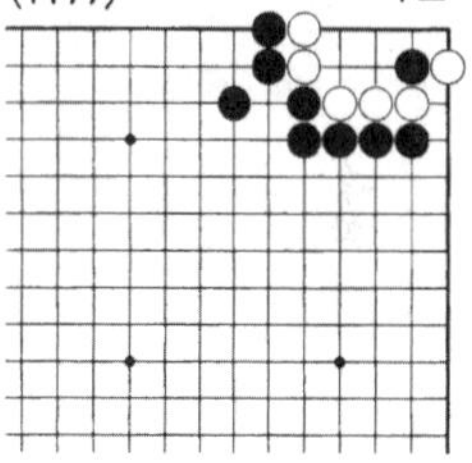

(1178) 흑번

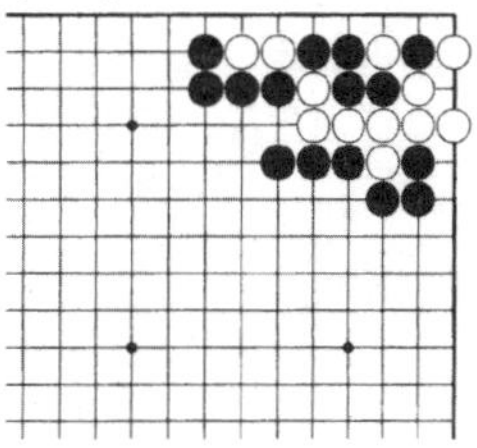

(1179) 백번

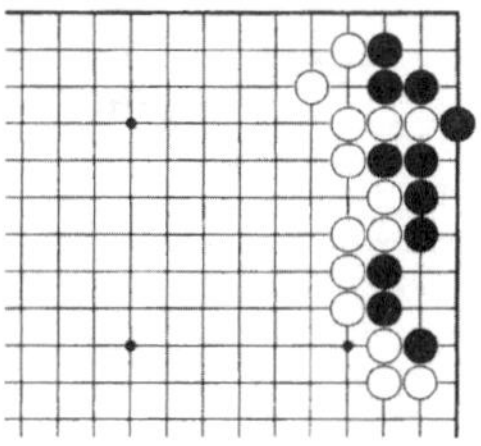

(1242) 흑번

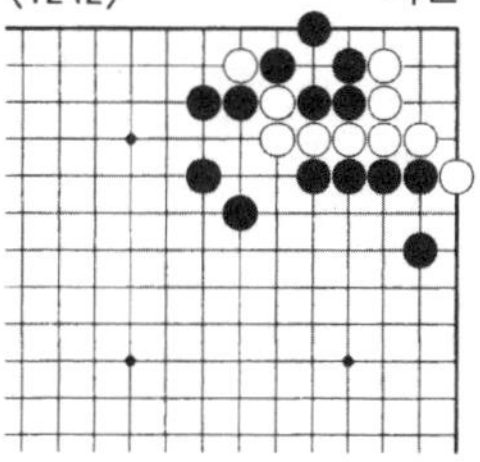

(1247) 백번

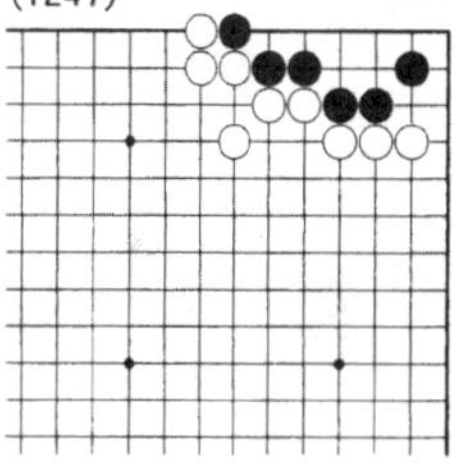

(1248) 흑번

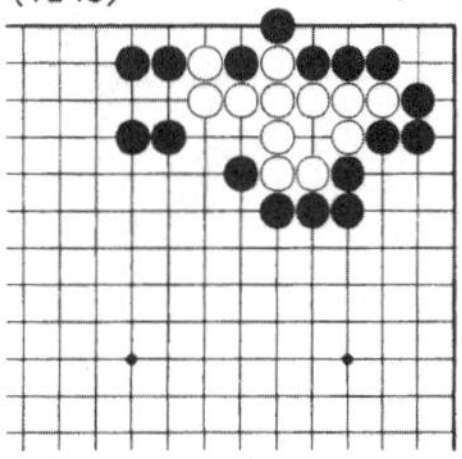

(1250) 흑번

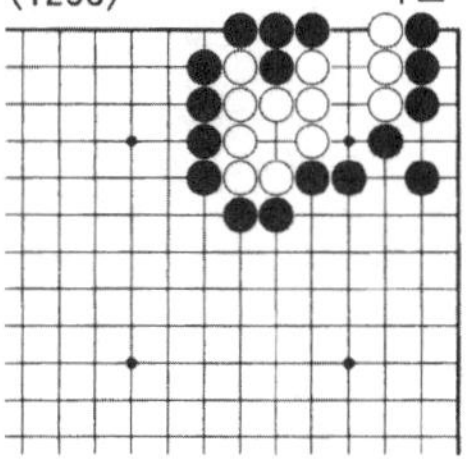

(1251) 흑번

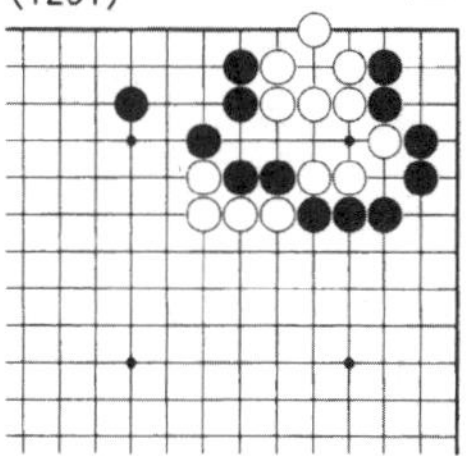

(1252) 흑번

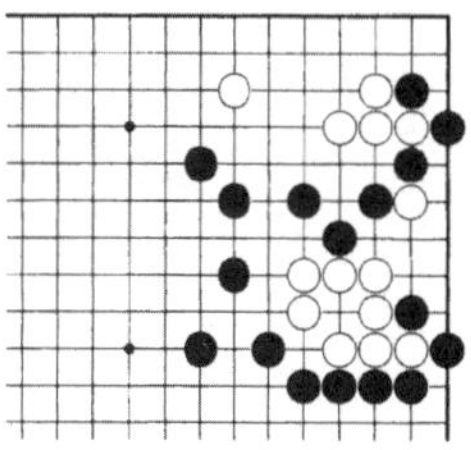

(1392) 백번

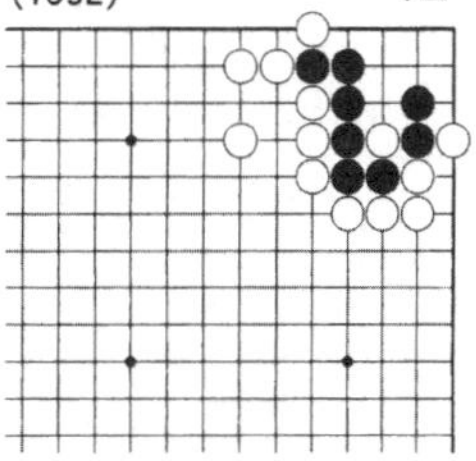

(1393) 백번

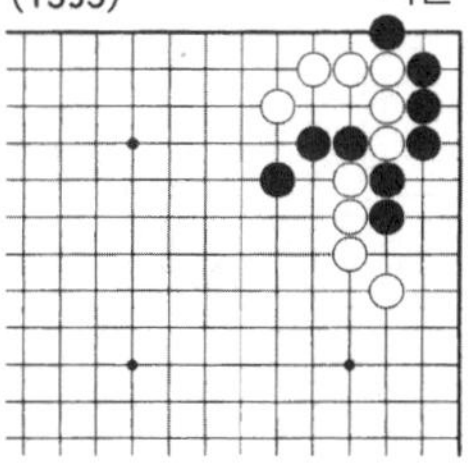

(1394) 흑번

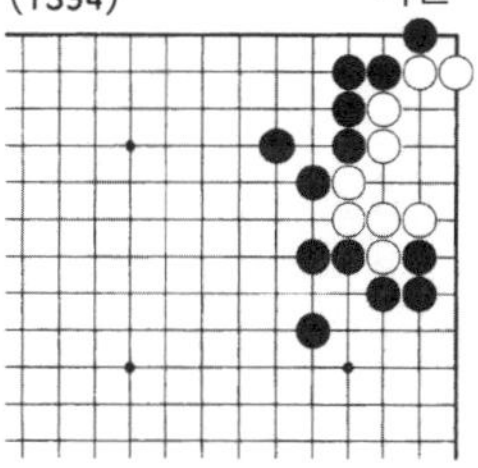

(1396) 흑번

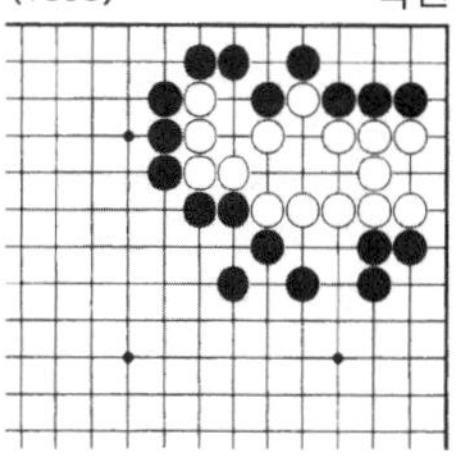

(1507) 흑번

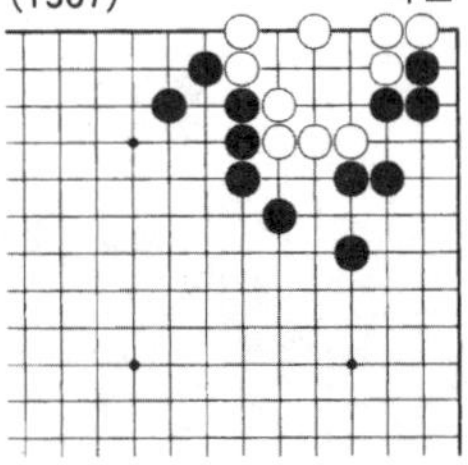

(1508) 흑번

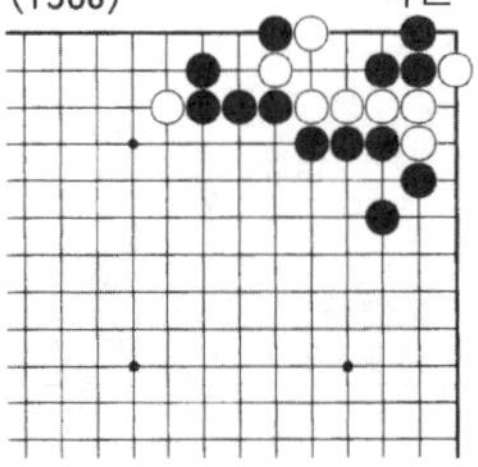

(1509) 백번

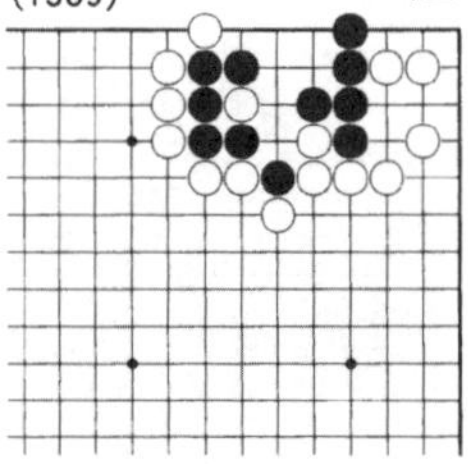

(1510) 흑번

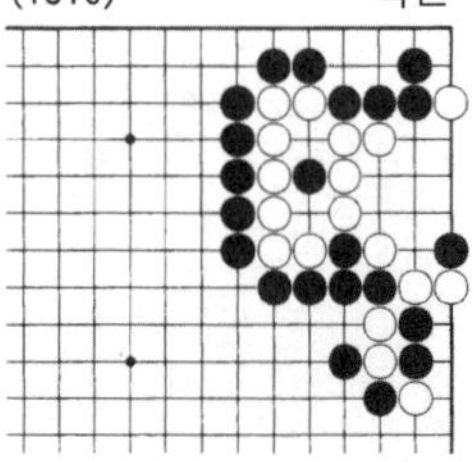

(1622) 흑번

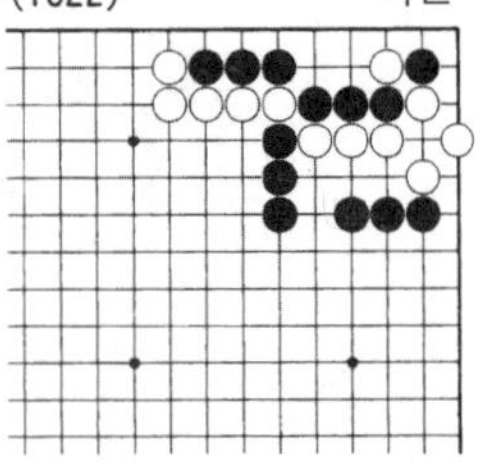

(1628) 백번

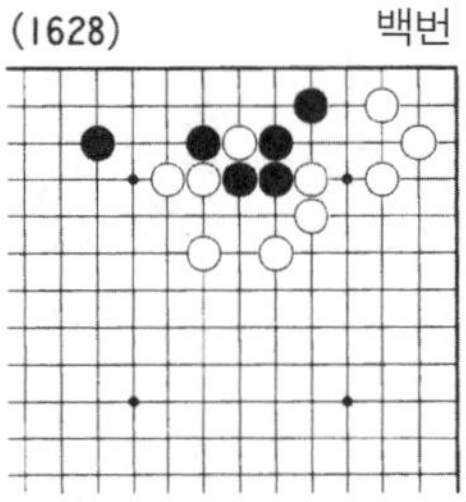

(1673) 흑번

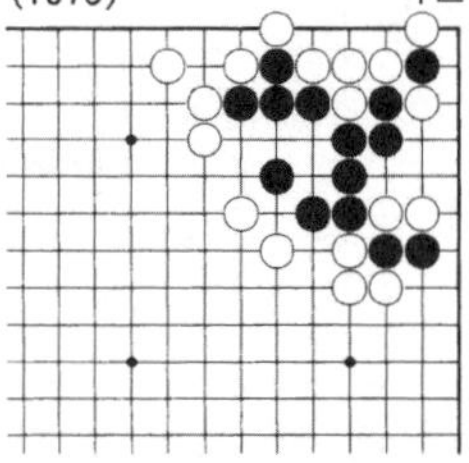

(1681) 백번

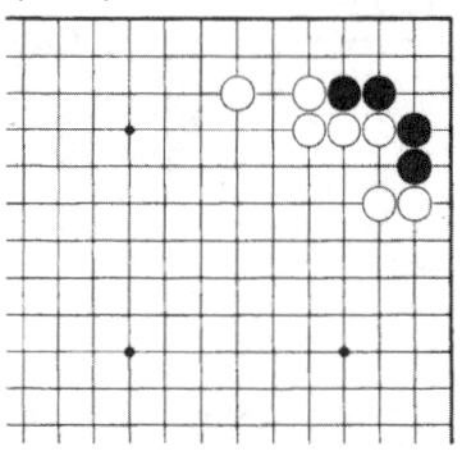

(1682) 흑번

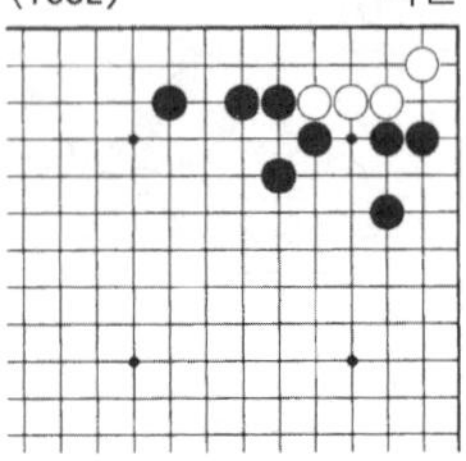

(1683) 흑번

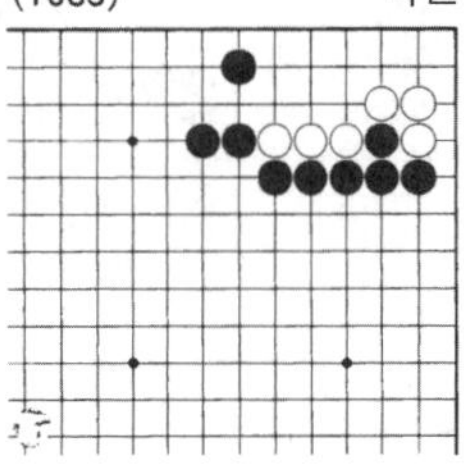

(1684) 흑번

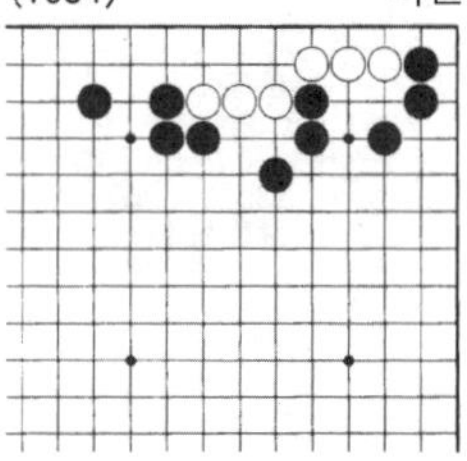

(1685) 흑번

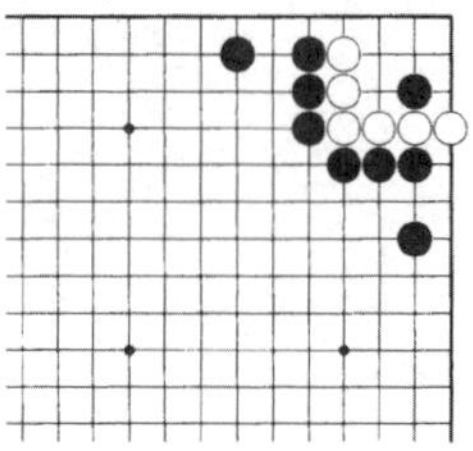

(1686) 백번

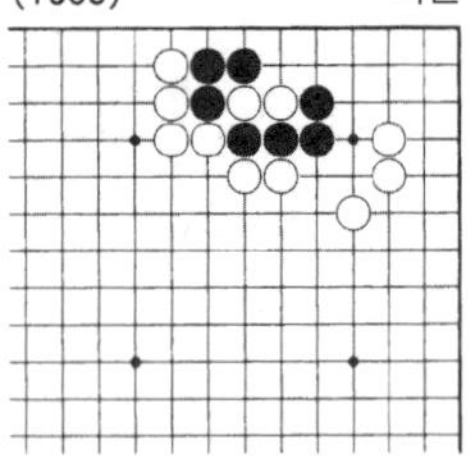

(1687) 흑번

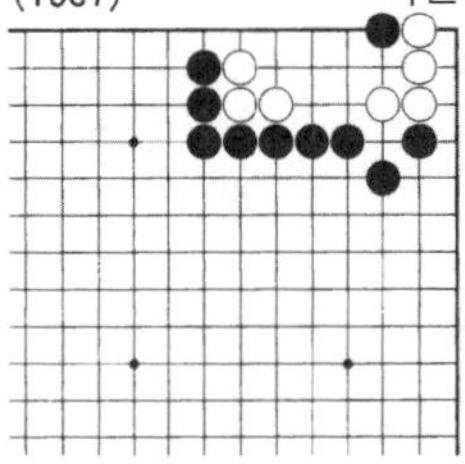

(1688) 흑번

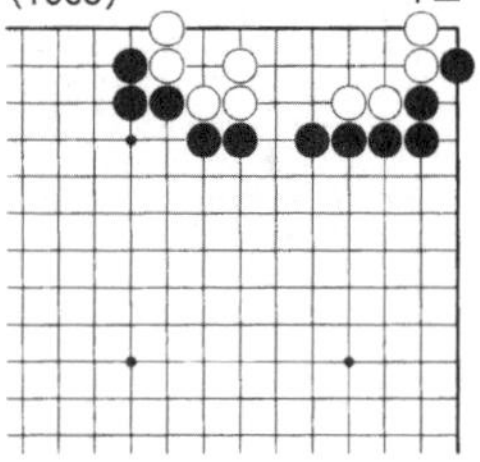

(1689) 흑번

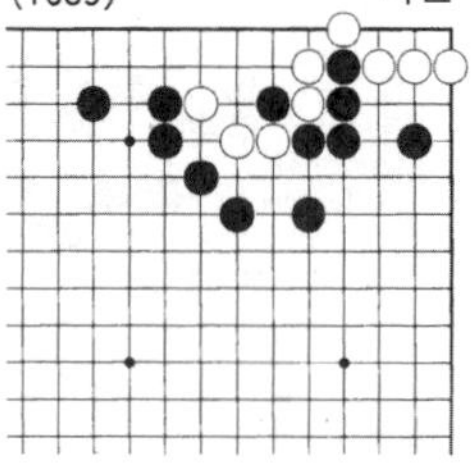

(1692) 흑번

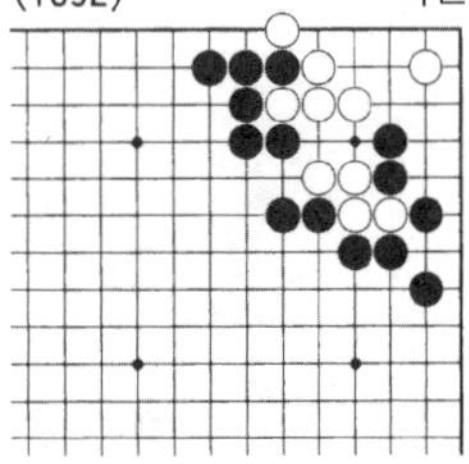

(1693) 흑번

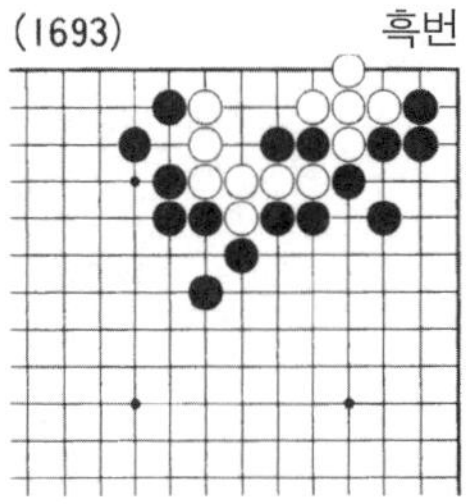

(1831) 흑번

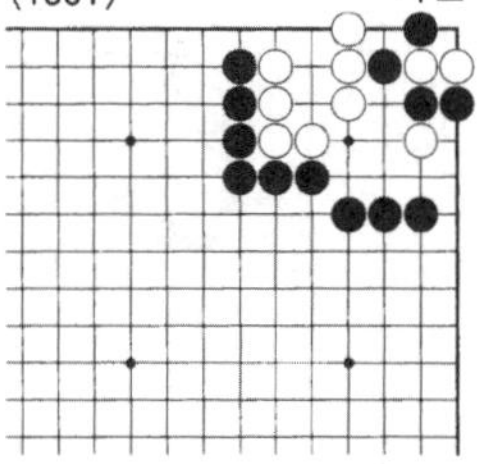

(1833) 흑번

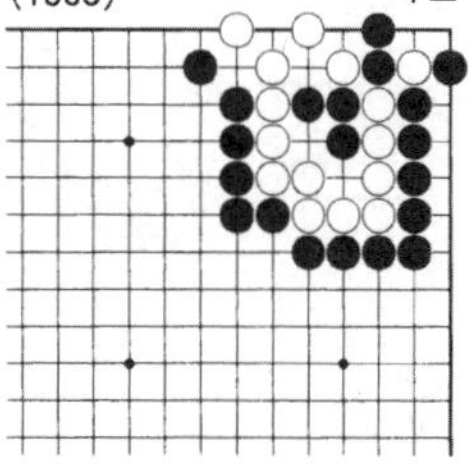

(1994) 흑번

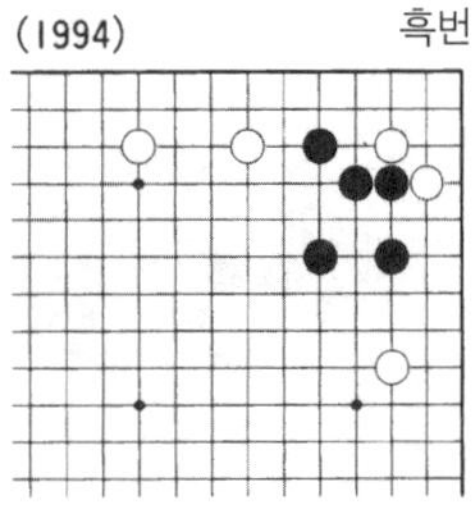

(1995) 흑번

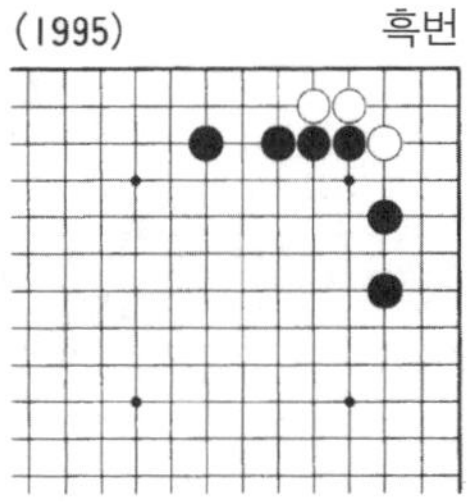

(2071) 흑번

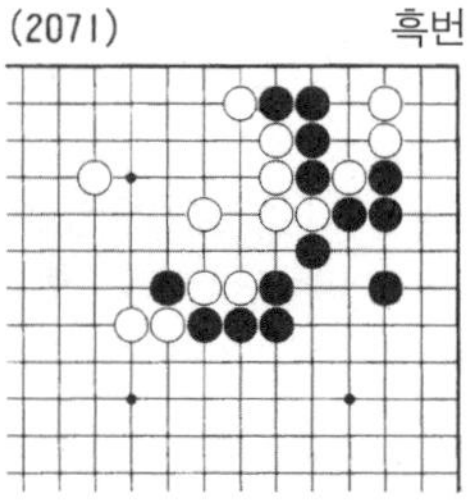

(2117) 흑번

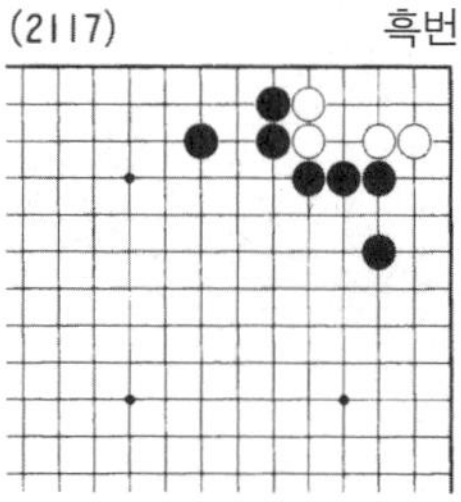

(2118) 백번

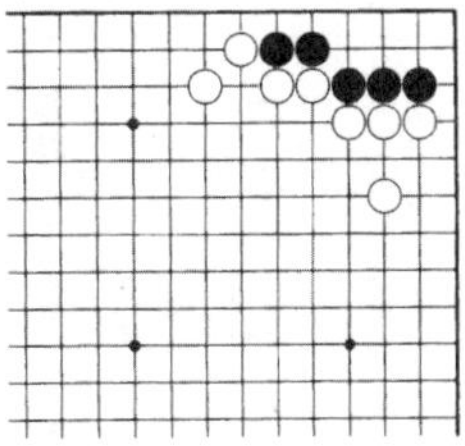

(2119) 백번

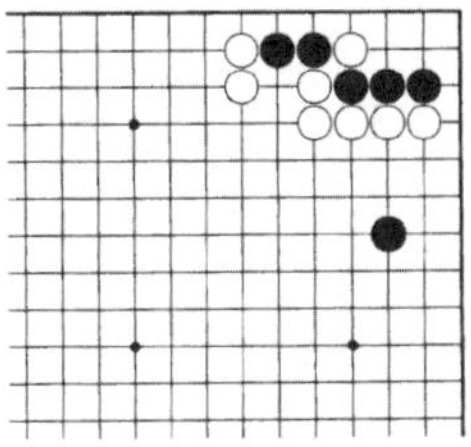

(2120) 흑번

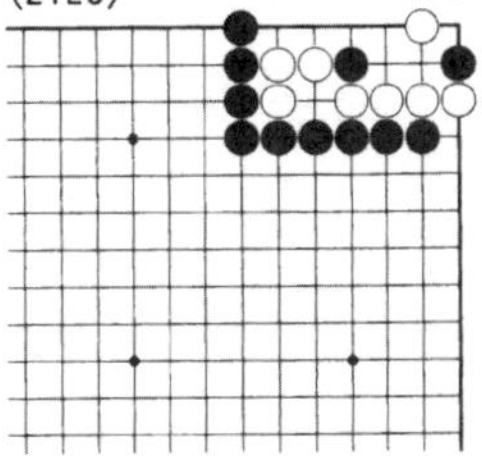

(2121) 흑번

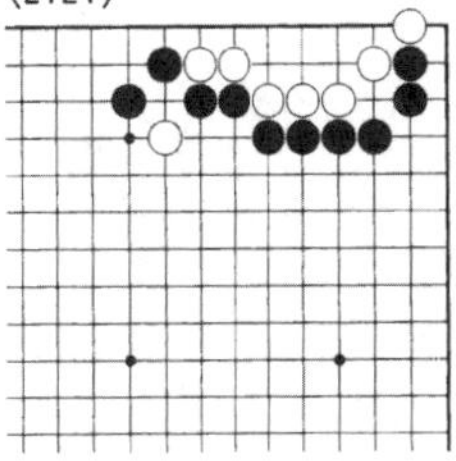

(2123) 백번

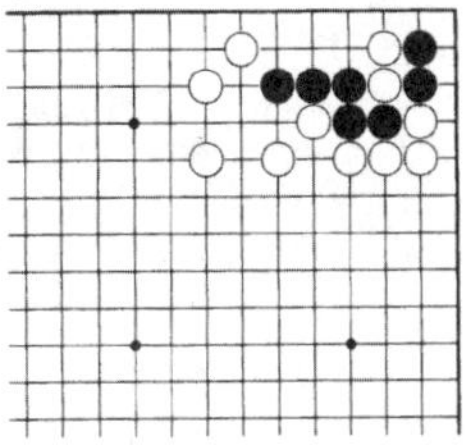

(2125) 흑번

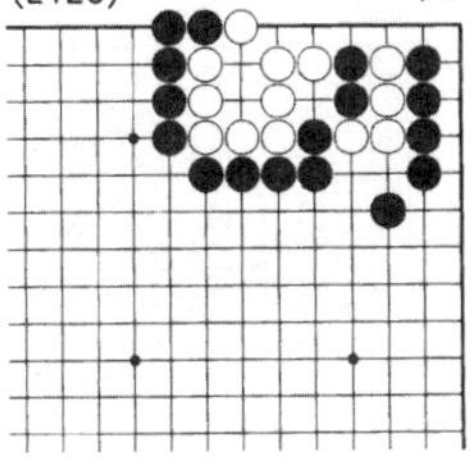

(2206) 흑번

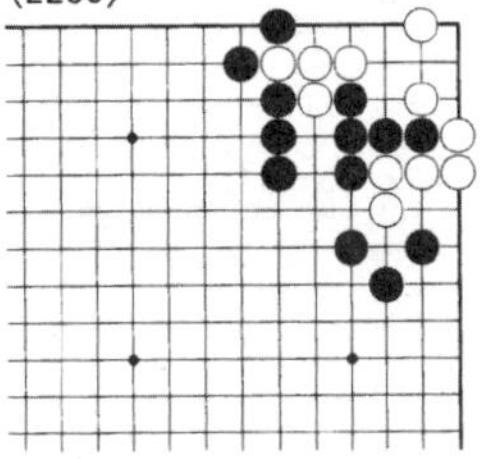

(2268) 흑번

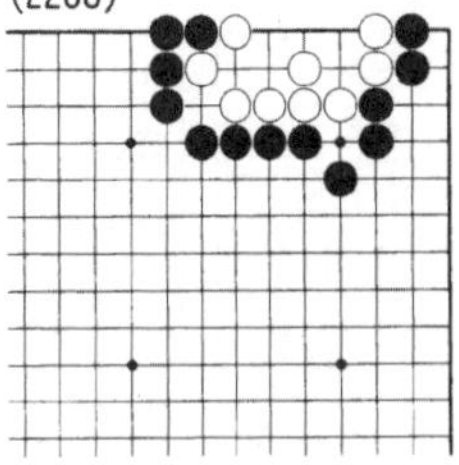

(2270) 백번

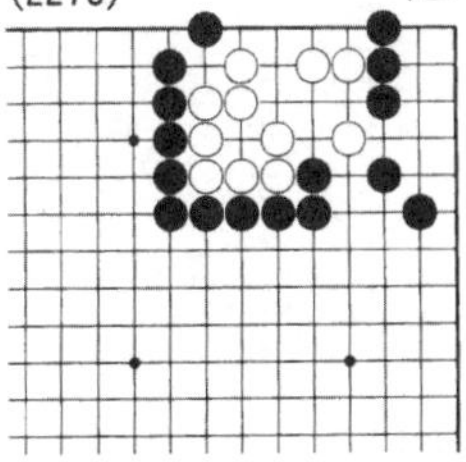

(2272) 흑번

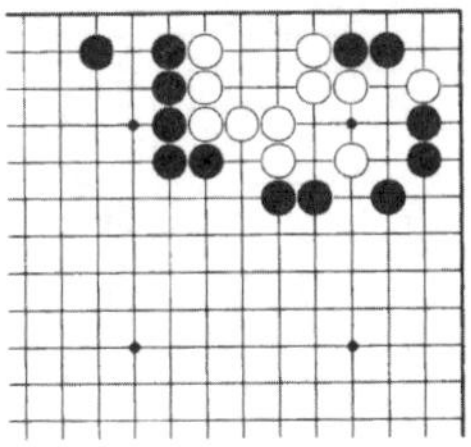

(2300) 흑번

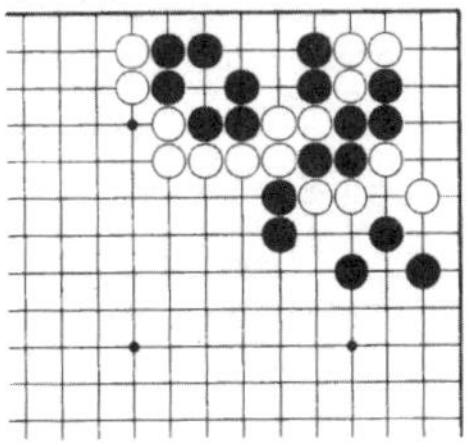

(2332) 흑번

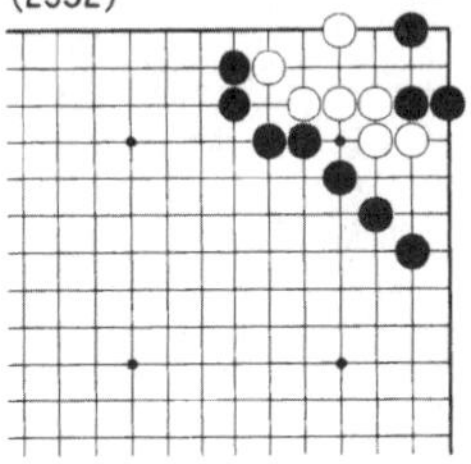

(2466) 흑번

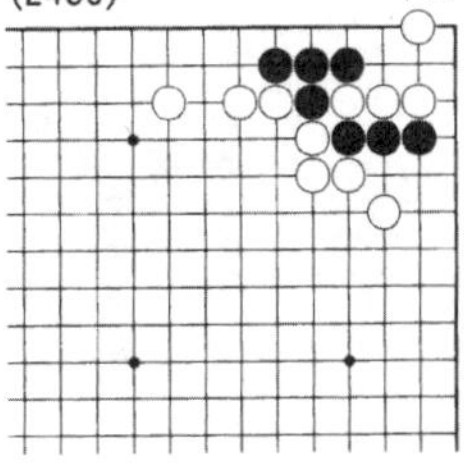

(2470) 흑번

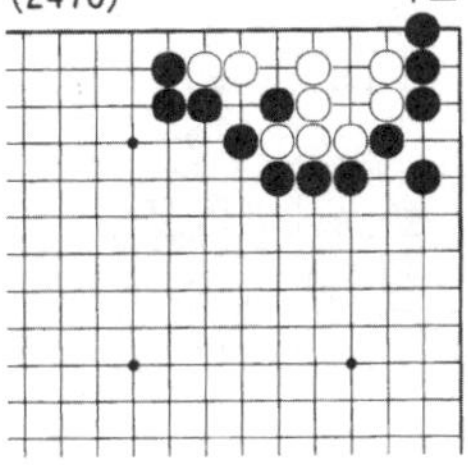

(2473) 백번

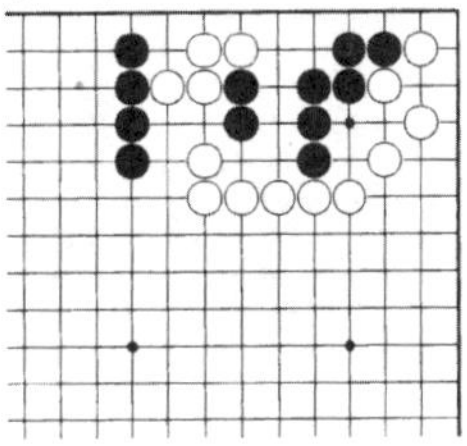

(2474) 흑번

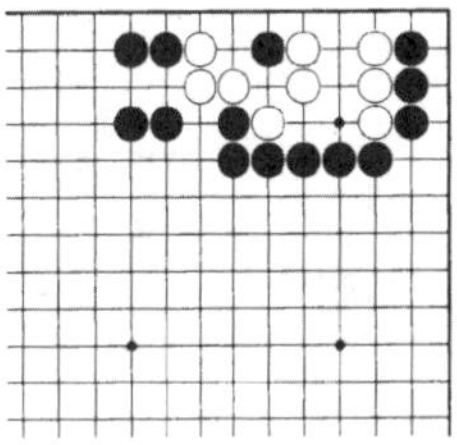

(2475) 흑번

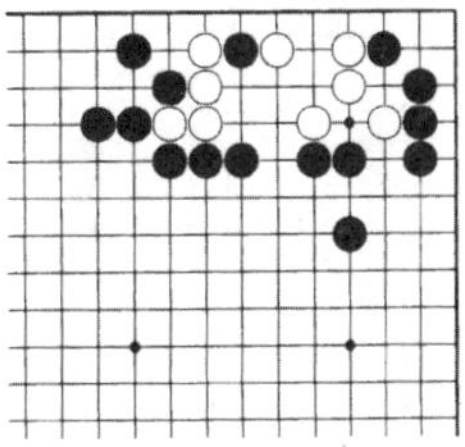

## 수습하다

(100) 흑번

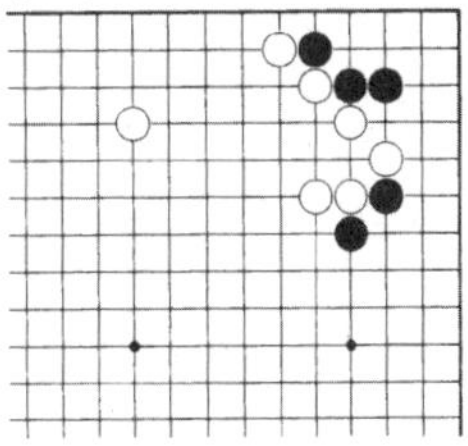

(101) 흑번

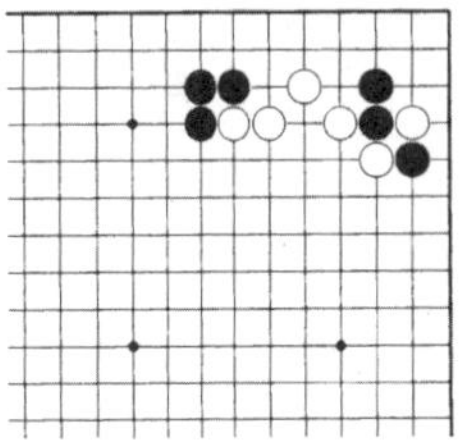

(158) 흑번

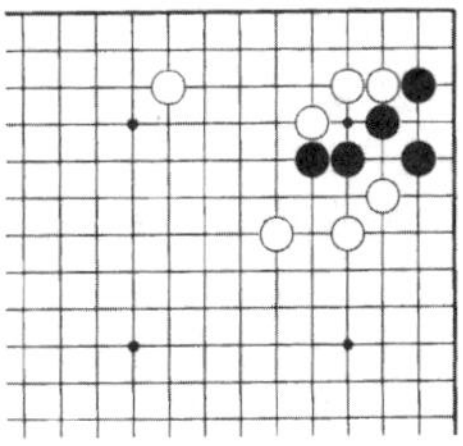

(162) 백번

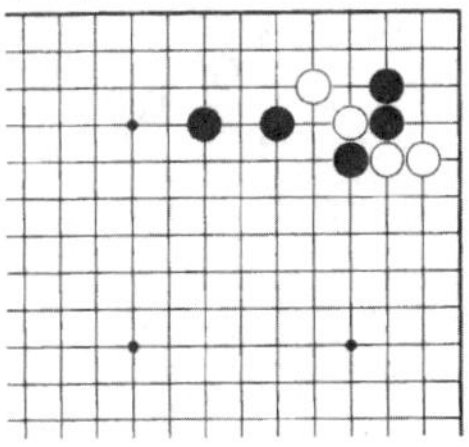

(163) 백번

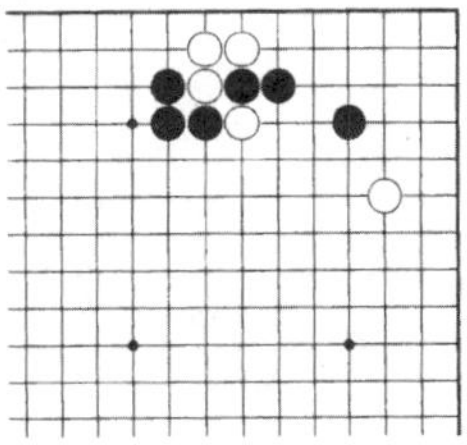

(224) 흑번

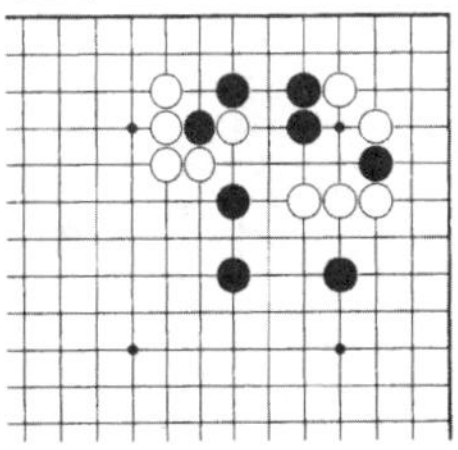

(432) 백번

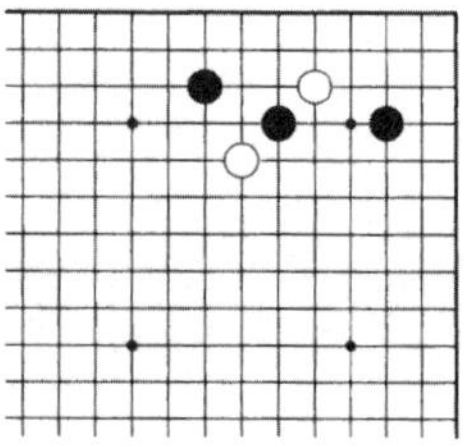

(498) 흑번

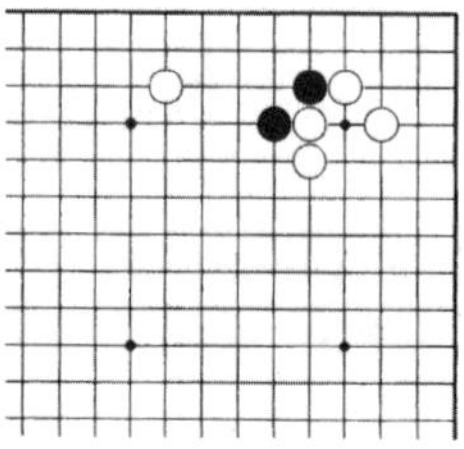

(499) 흑번

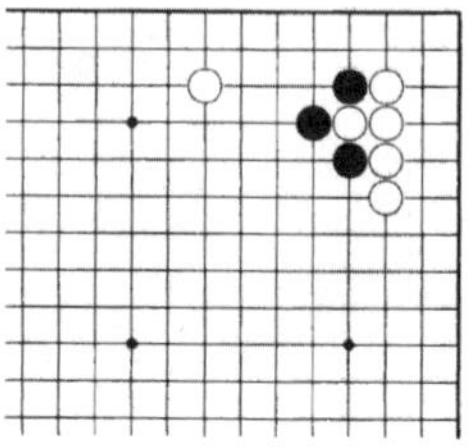

(500) 백번

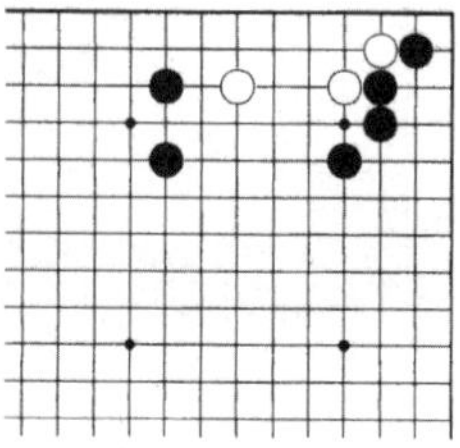

(557) 흑번

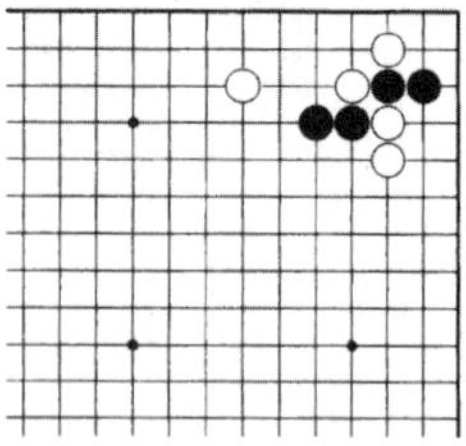

(569) 흑번

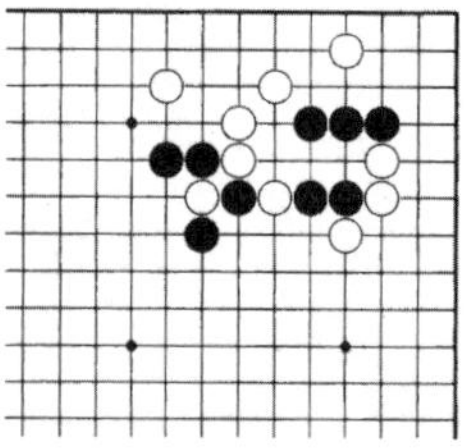

(589) 백번

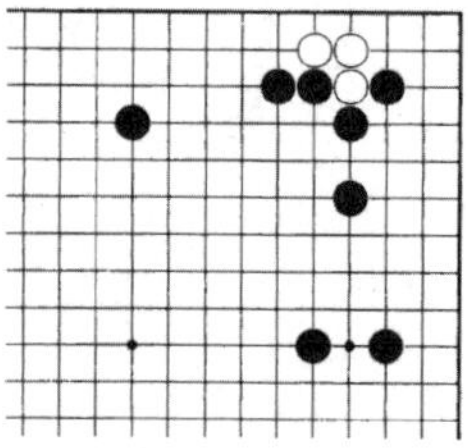

(765) 흑번

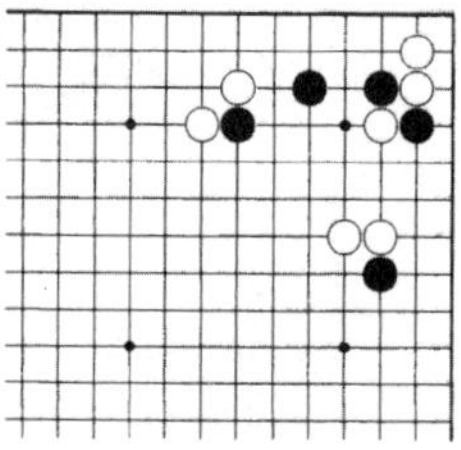

(831) 백번

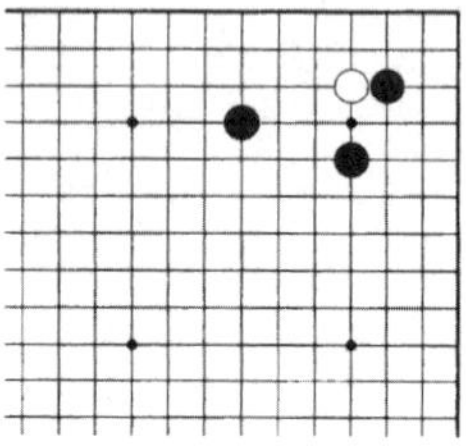

(1028) 흑번

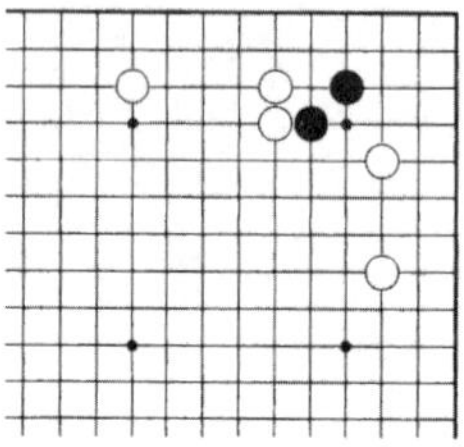

(1030) 흑번

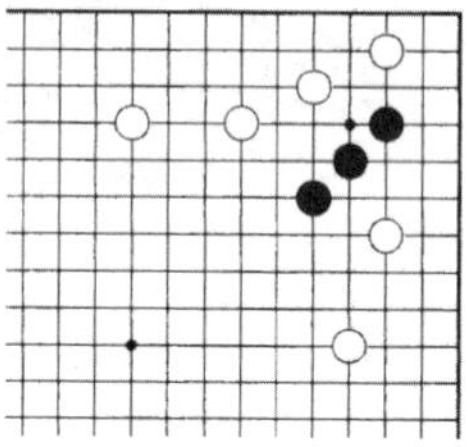

(1201) 흑번

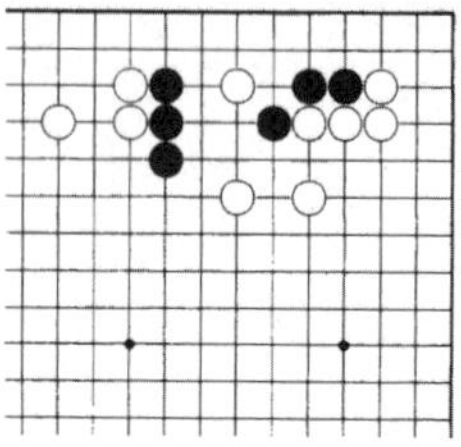

(1202) 백번

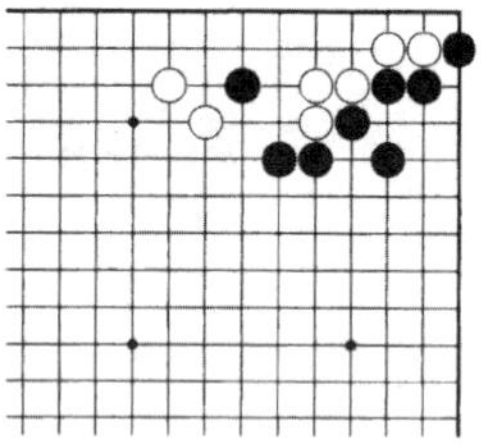

(1211) 백번

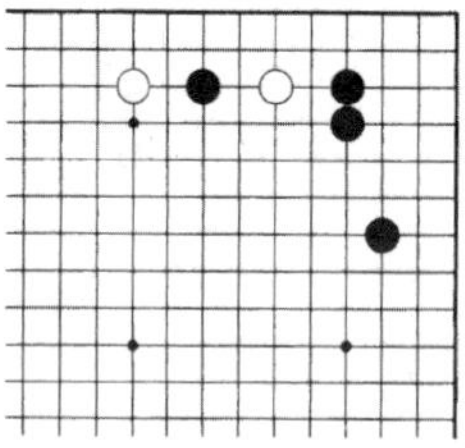

(1212) 백번

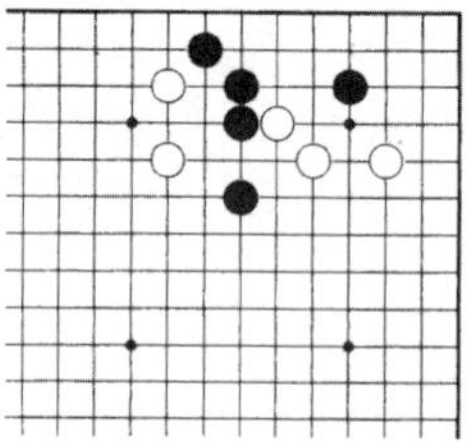

(1215) 백번

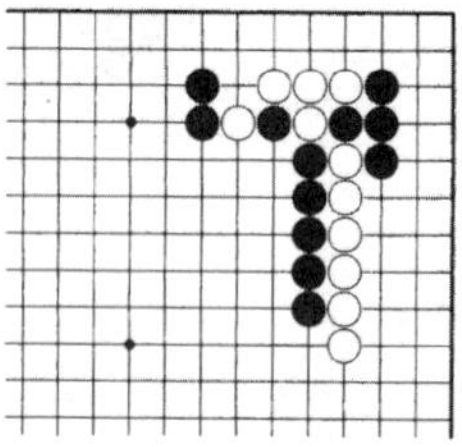

(1273) 흑번

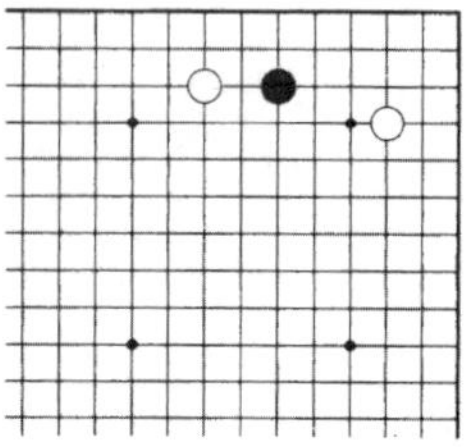

(1274) 백번

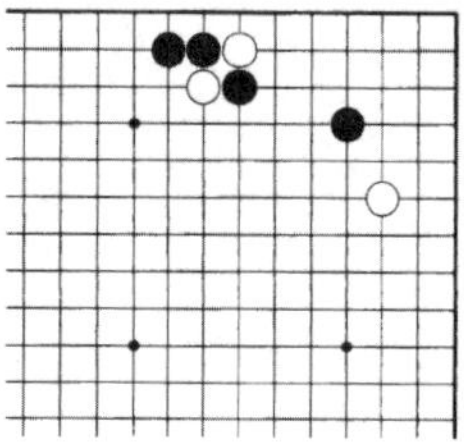

(1276) 백번

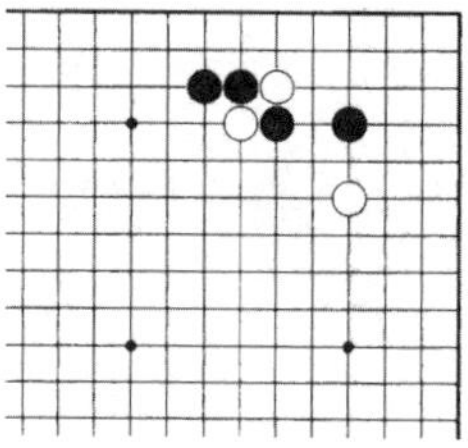

(1279) 흑번

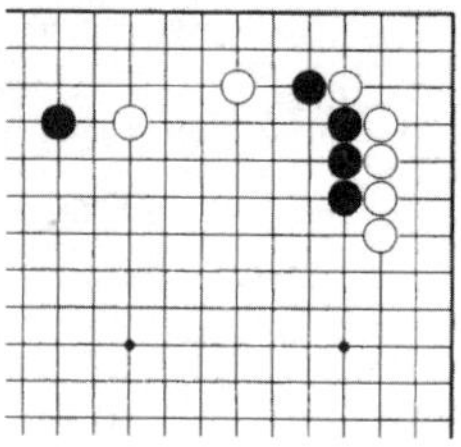

(1280) 백번

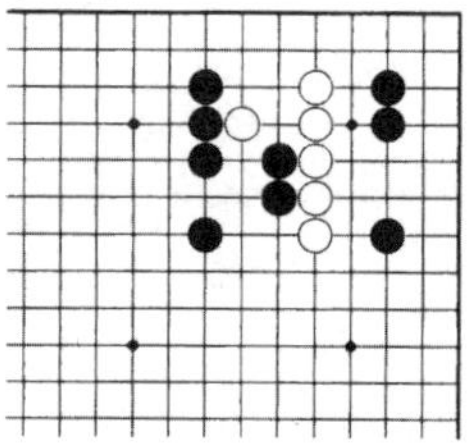

(1301) 흑번

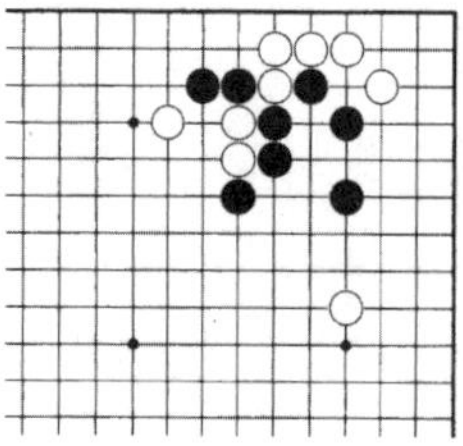

(1316) 백번

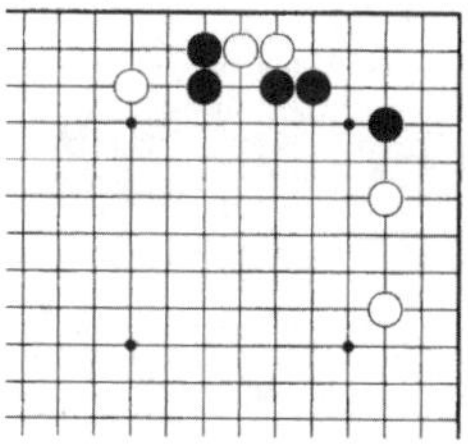

(1422) 흑번

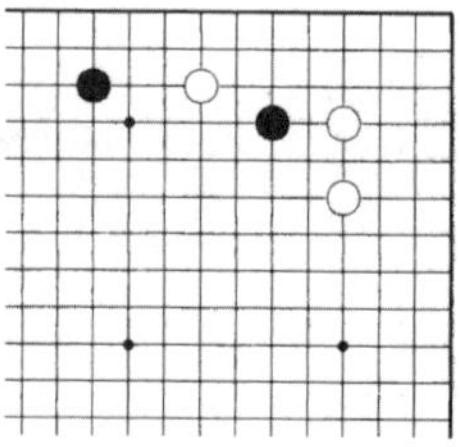

(1527) 흑번

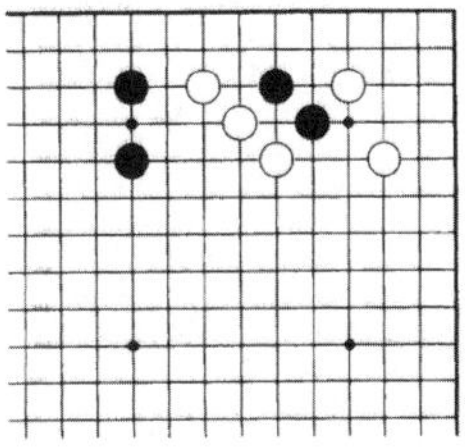

(1550) 백번

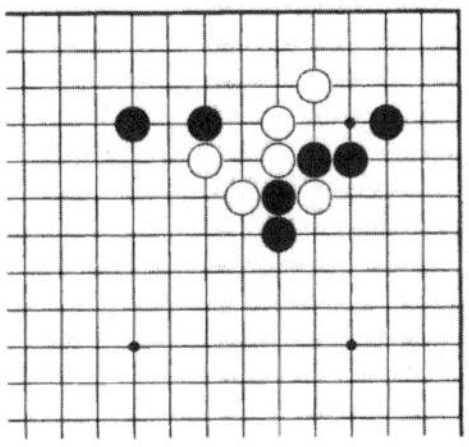

(1716) 백번

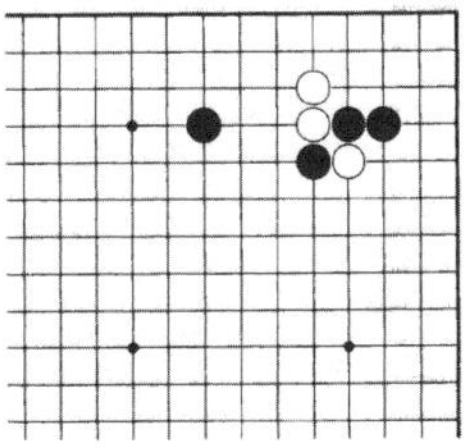

(1717) 백번

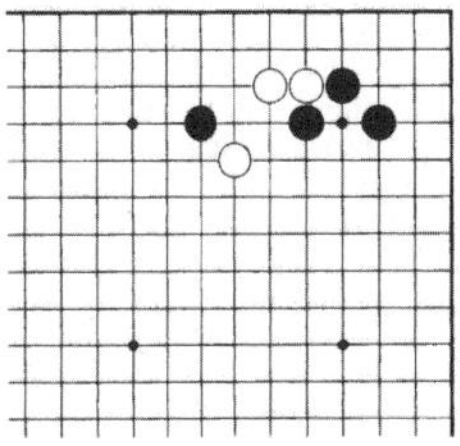

(1721) 백번

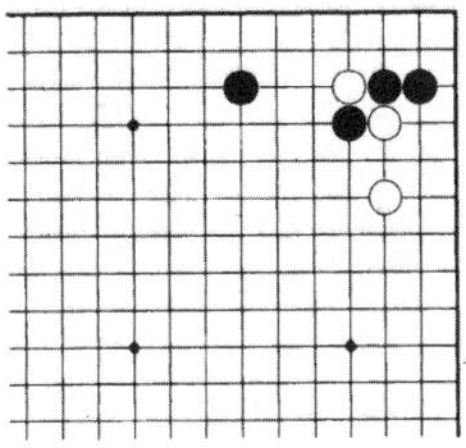

(1722) 흑번

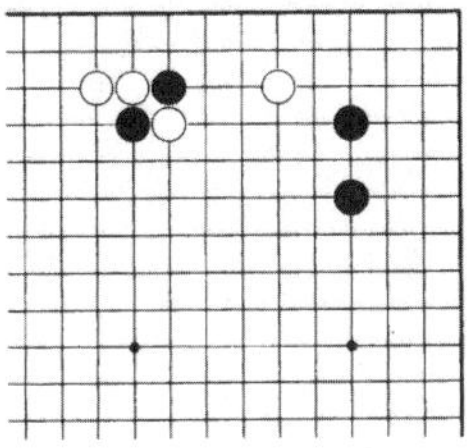

(1723) 흑번

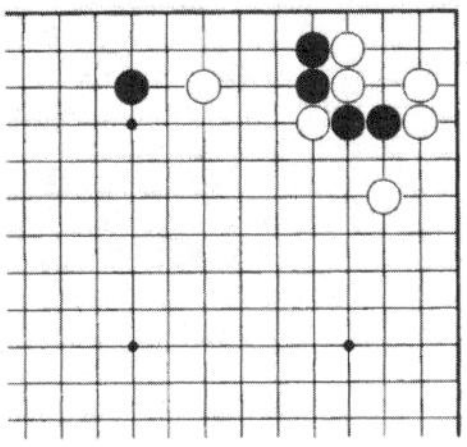

(1724) 백번

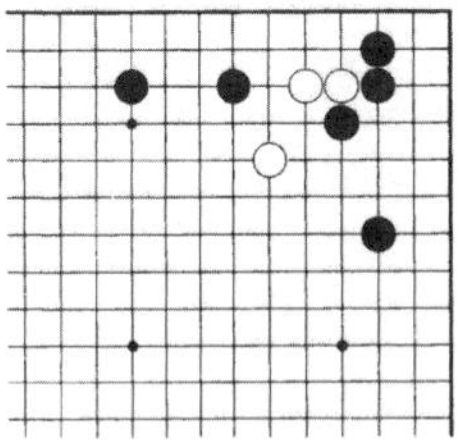

(1761) 흑번

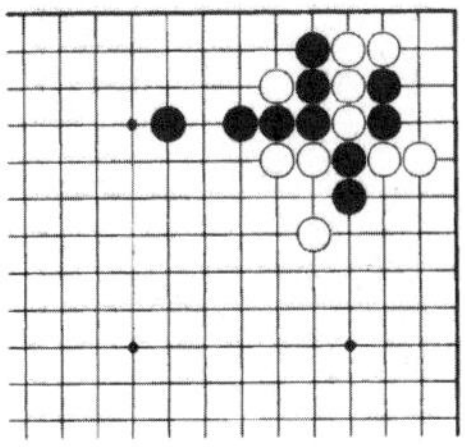

(1797) 흑번

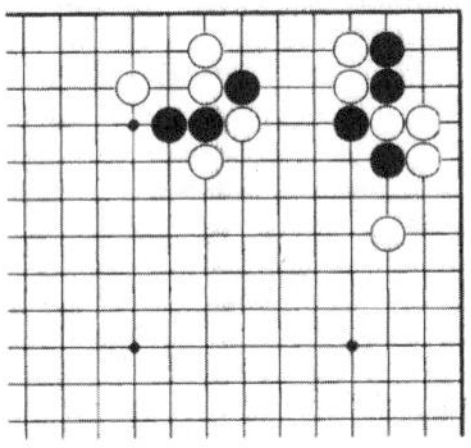

(1949) 백번

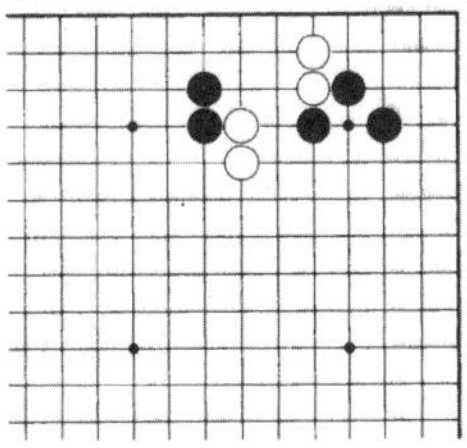

(1954) 백번

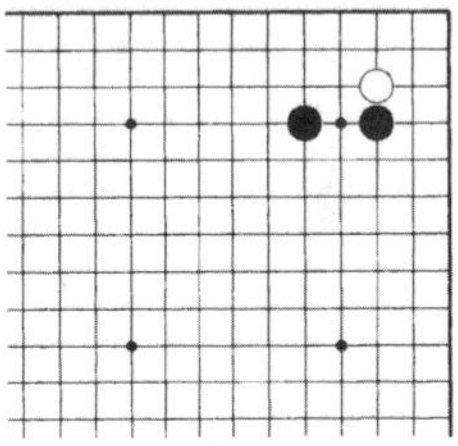

(1956) 백번

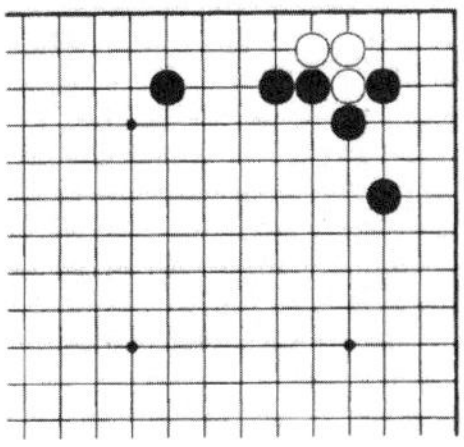

(2005) 흑번

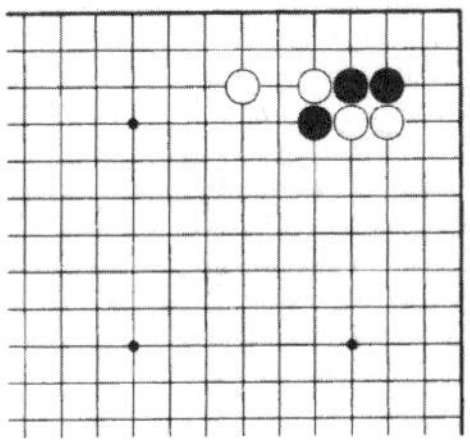

(2006) 흑번

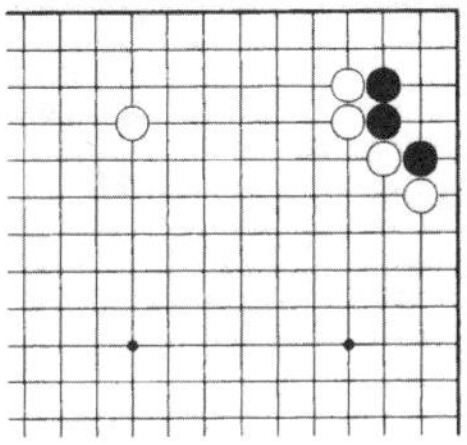

(2013) 흑번

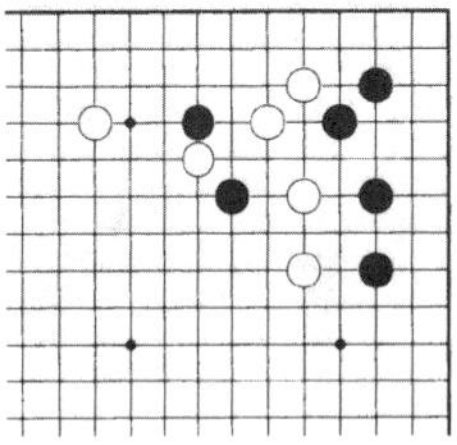

(2034) 흑번

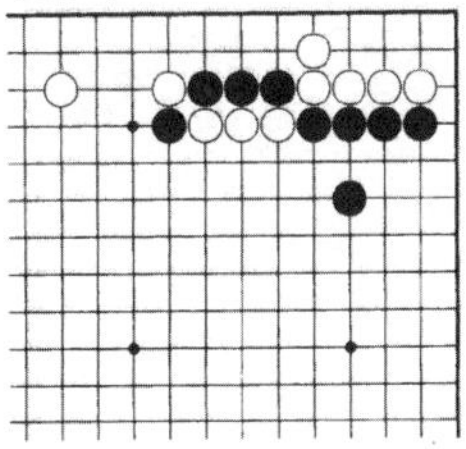

(2162) 흑번

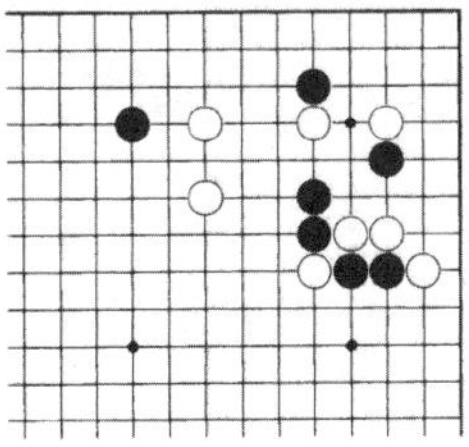

(2165) 흑번

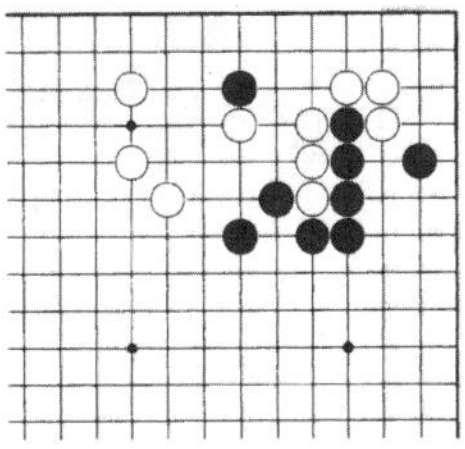

(2188) 흑번

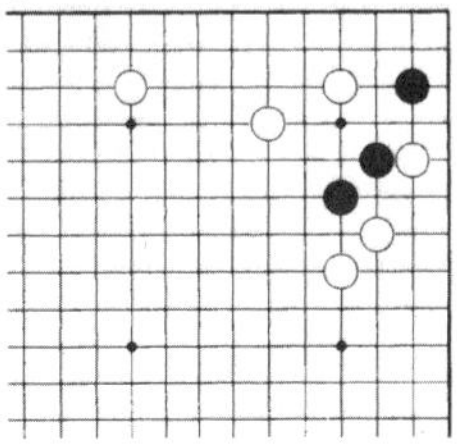

(2221) 흑번

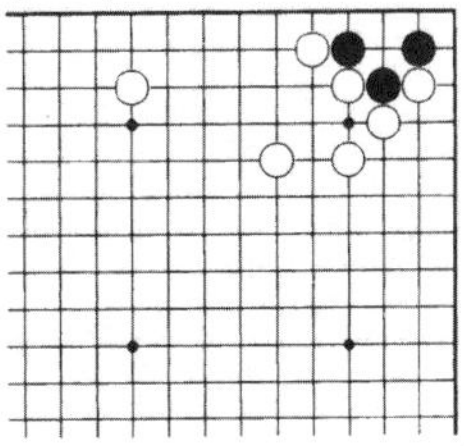

(2333) 흑번

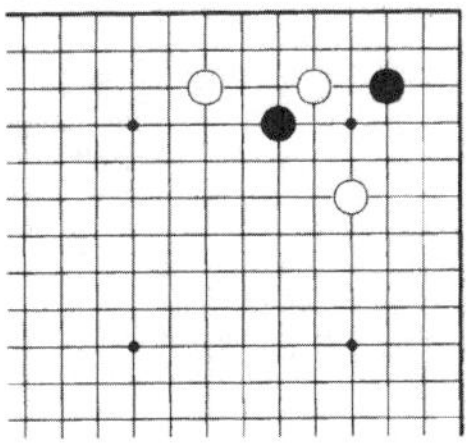

(2334) 백번

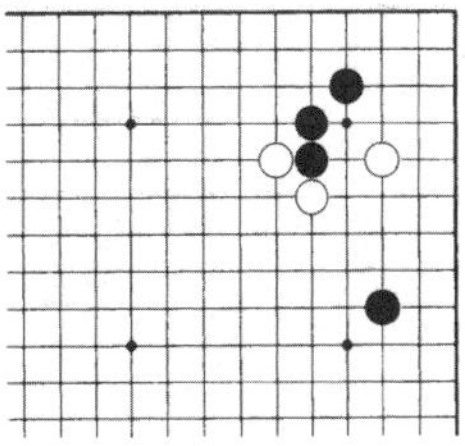

(2335) 백번

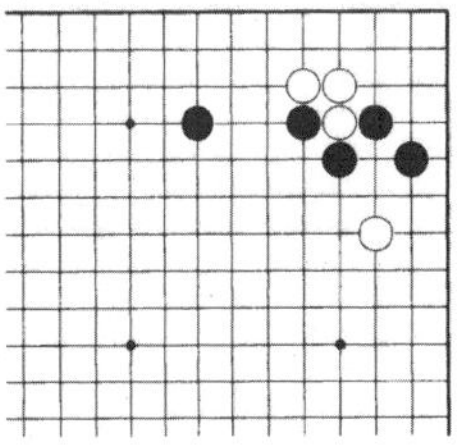

(2336) 흑번

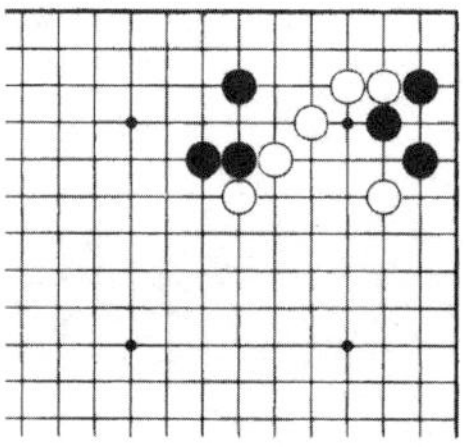

(2339) 흑번

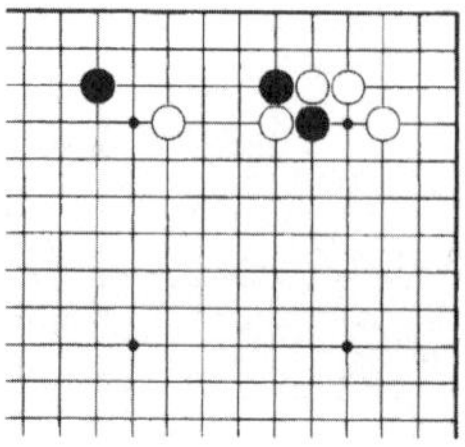

(2340) 흑번

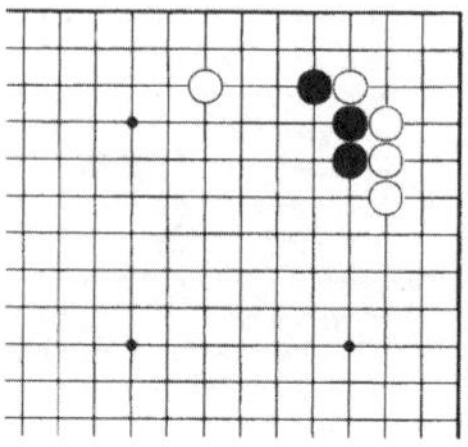

(2341) 백번

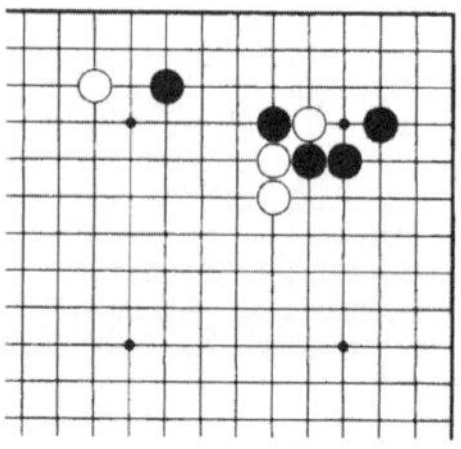

(2342) 흑번

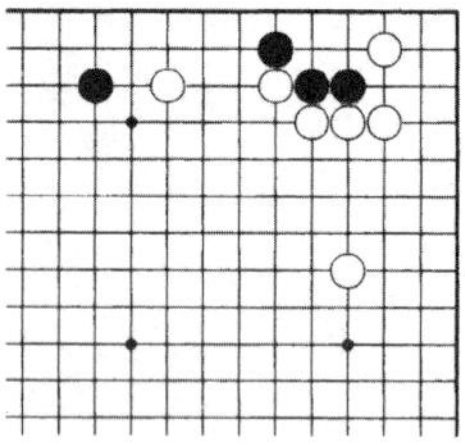

(2343) 백번

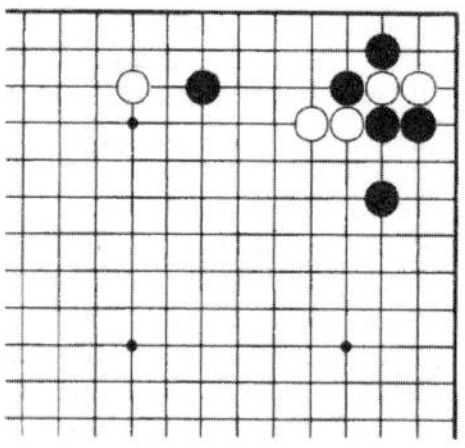

(2344) 흑번

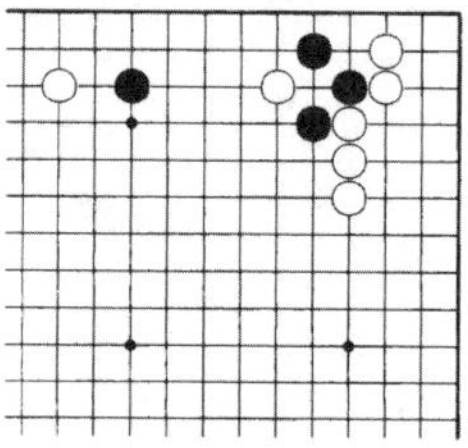

(2345) 흑번

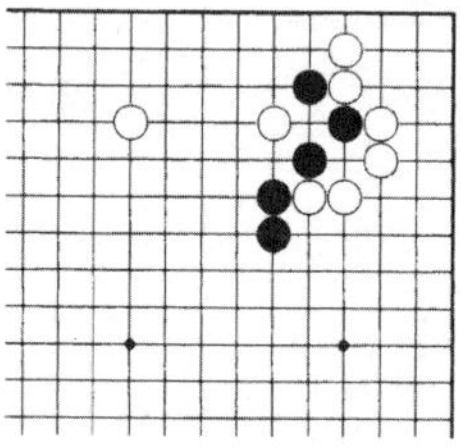

(2346) 백번

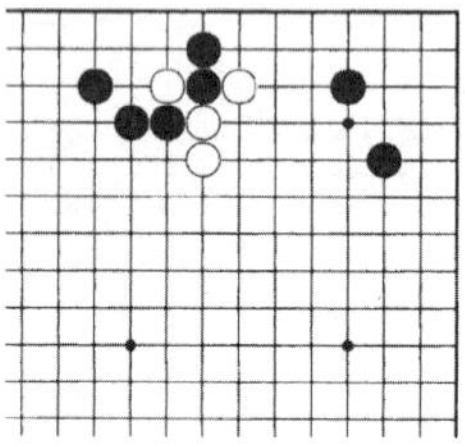

(2354) 흑번

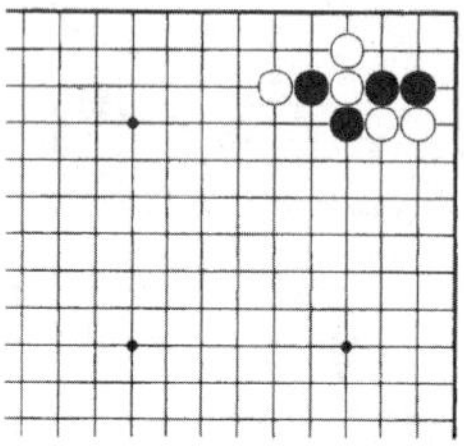

(2355) 흑번

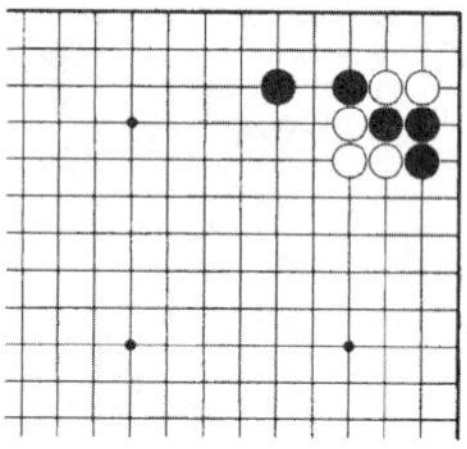

(2402) 흑번

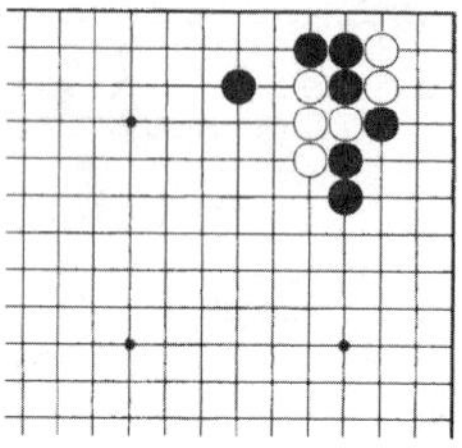

(2434) 백번

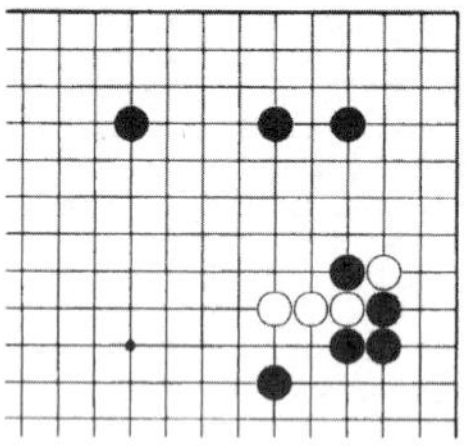

(2441) 흑번

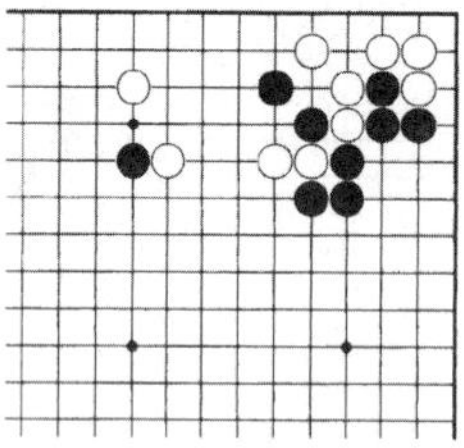

## 축·빈축

(1) 흑번

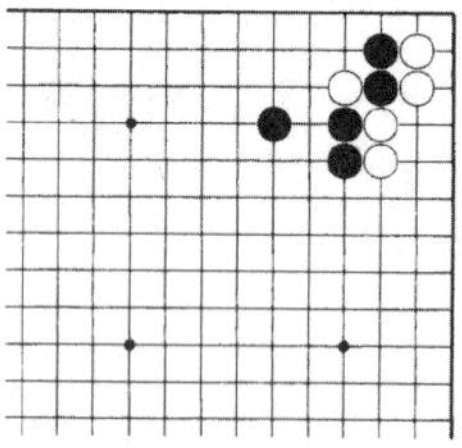

(2) 흑번

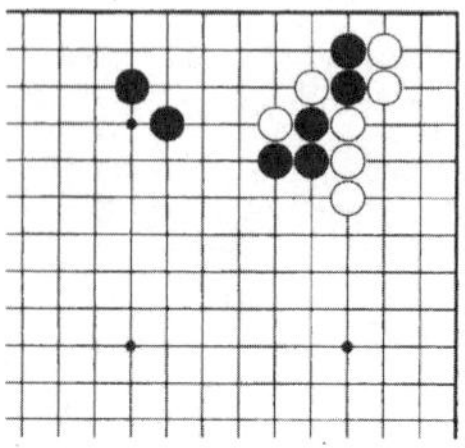

(3) 흑번

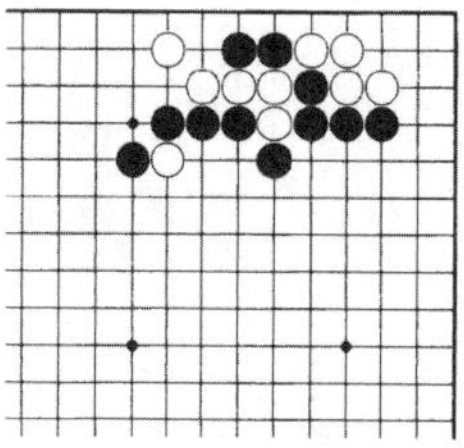

(16) 흑번

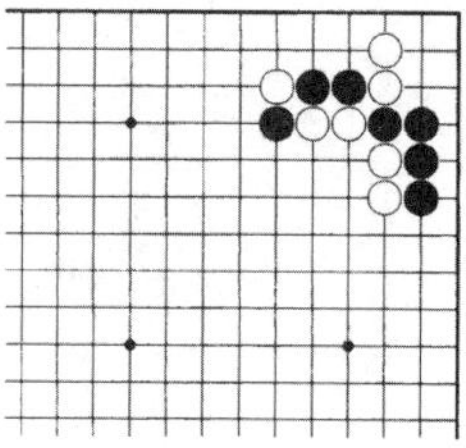

(17) 흑번

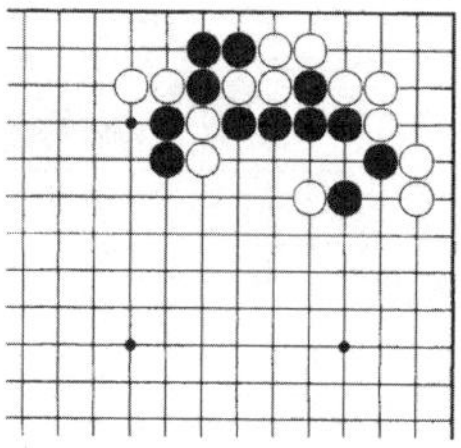

(18) 흑번

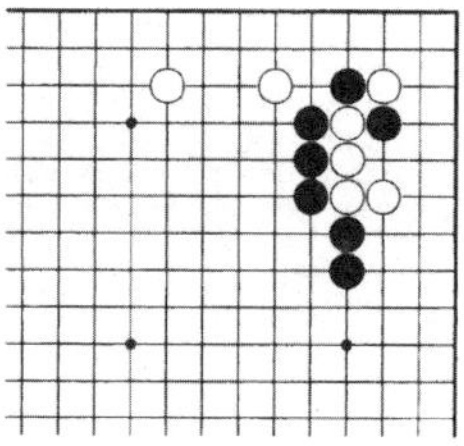

(27) 흑번

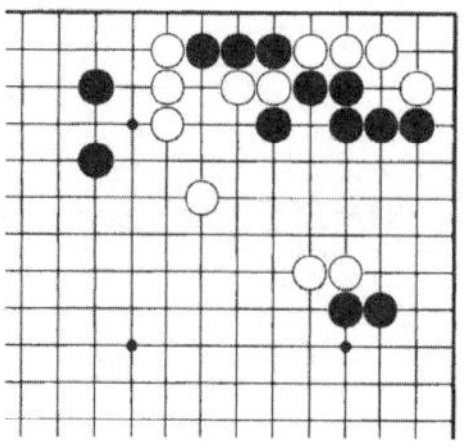

(48) 흑번

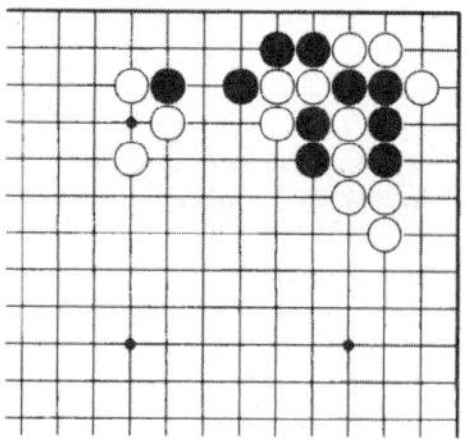

(57) 흑번

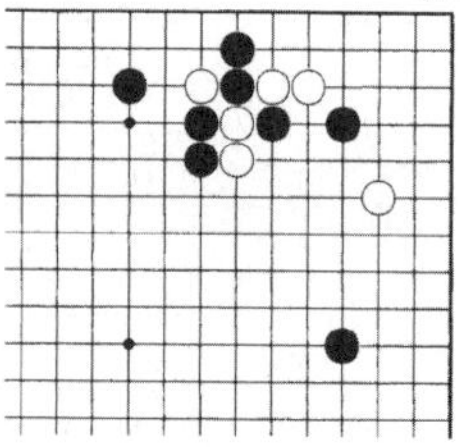

(66) 흑번

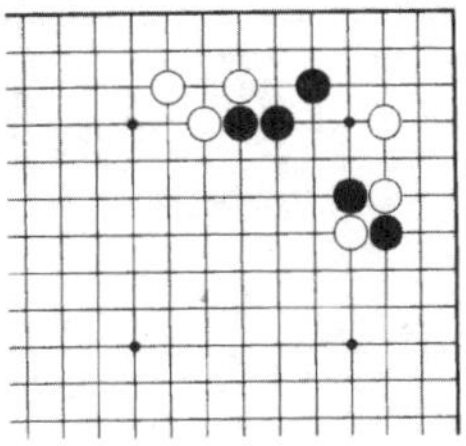

(129) 흑번

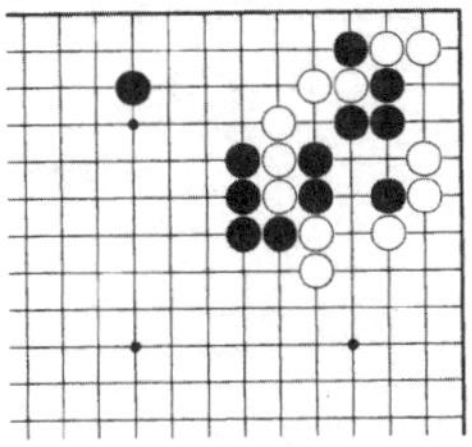

(176) 백번

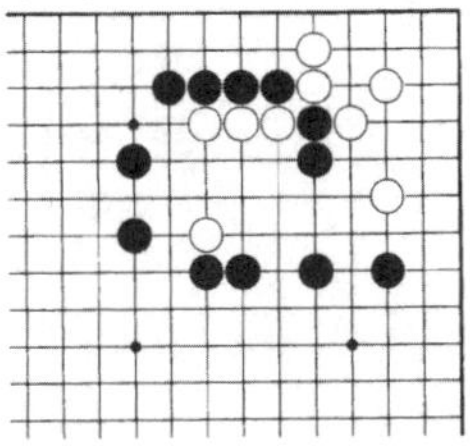

(181) 흑번

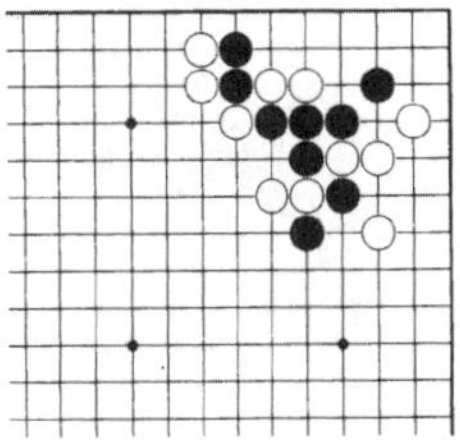

(439) 흑번

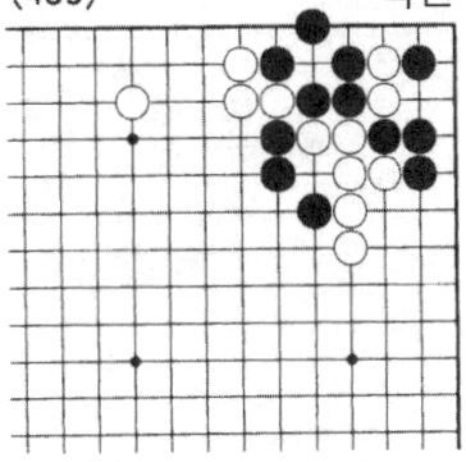

(457) 흑번

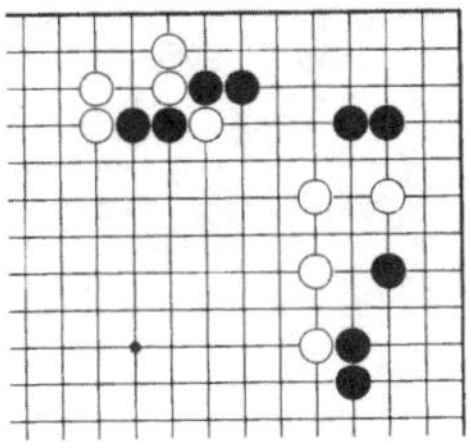

(466) 흑번

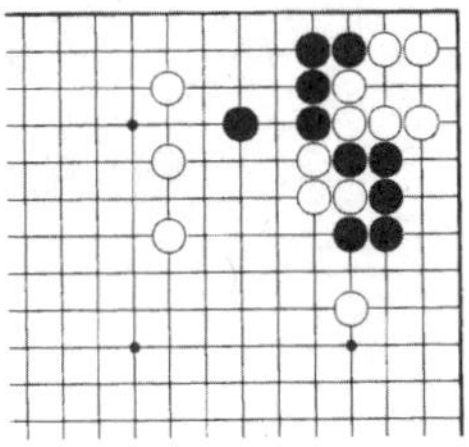

(478) 흑번

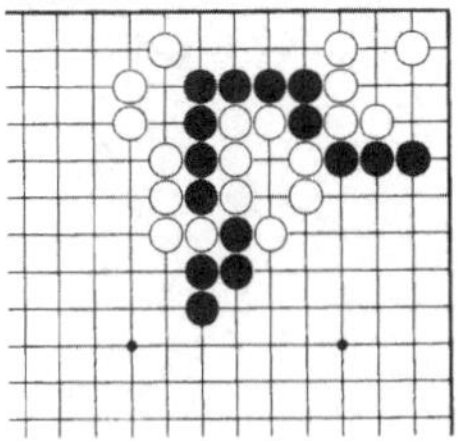

(654) 백번

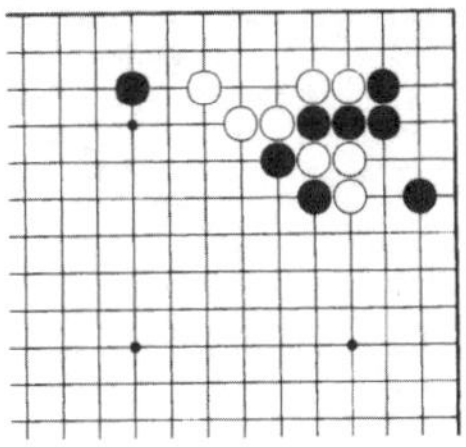

(656) 백번

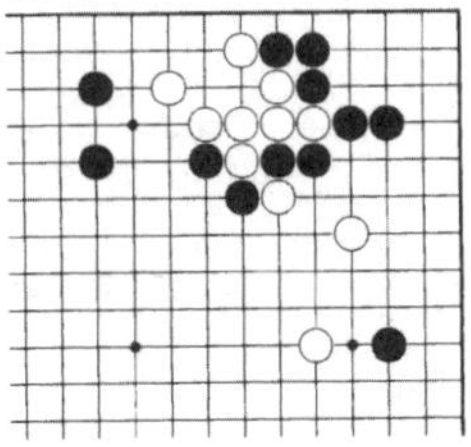

(657) 흑번

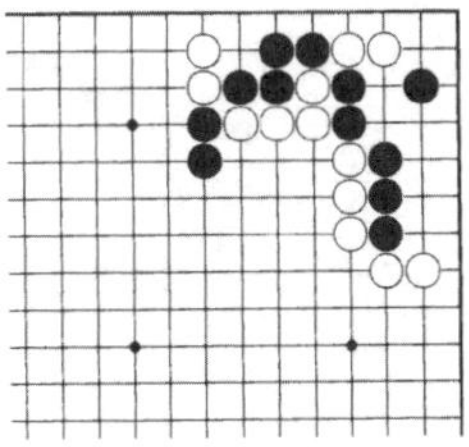

(1115) 흑번

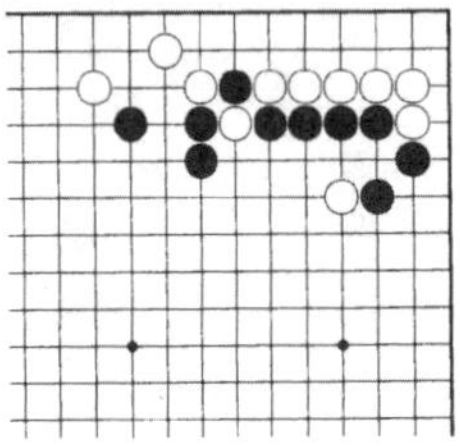

(1122) 백번

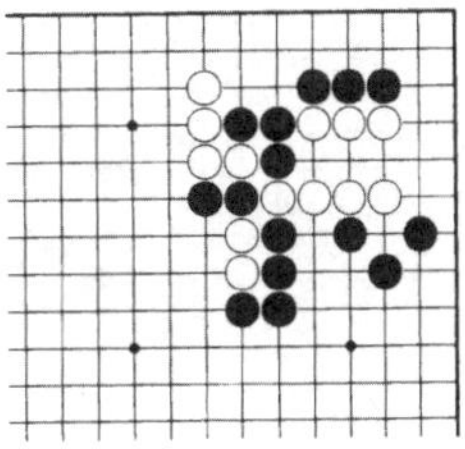

(1332) 흑번

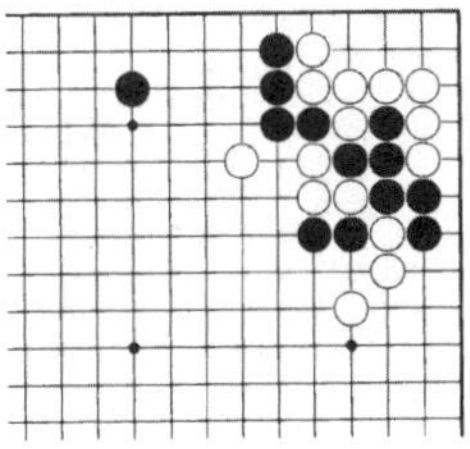

(1637) 흑번

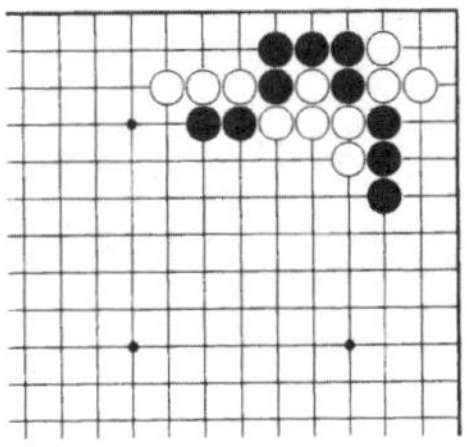

(1748) 흑번

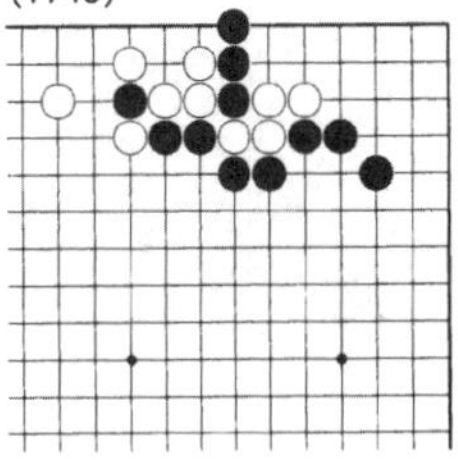

(1749) 흑번

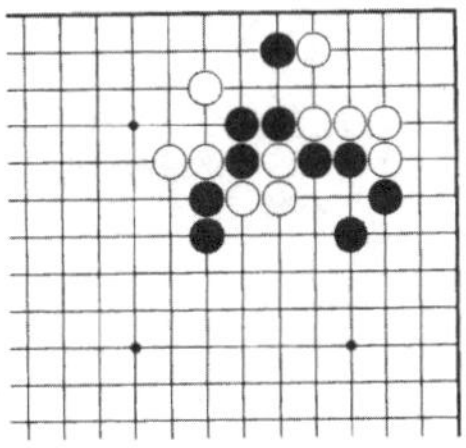

(1933) 흑번

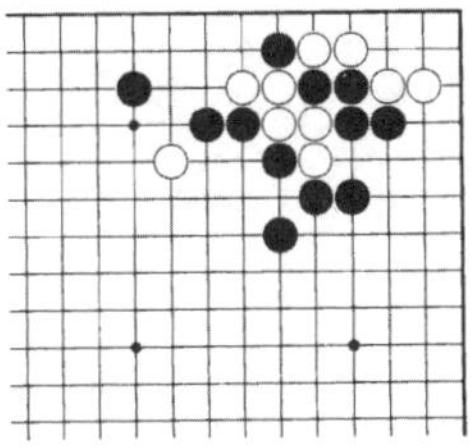

(2171) 흑번

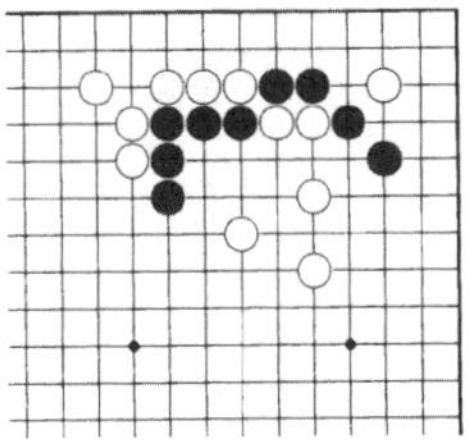

(2444) 흑번

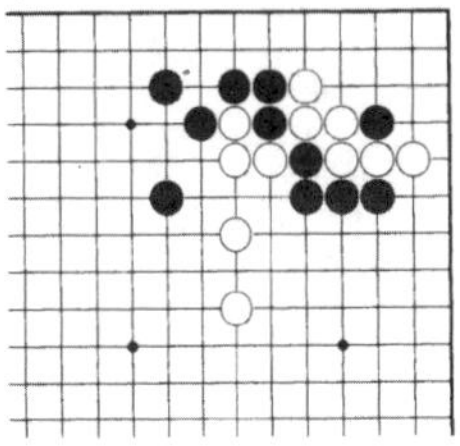

(2446) 흑번

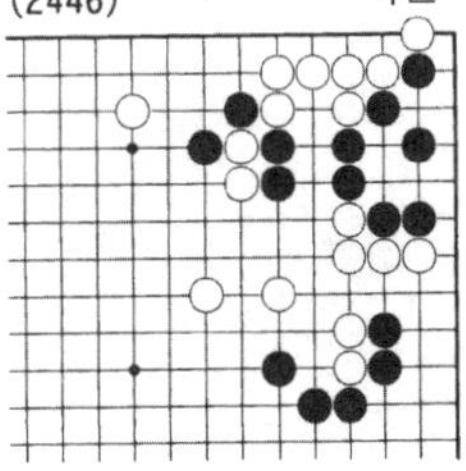

## 타개하다

(108) 흑번

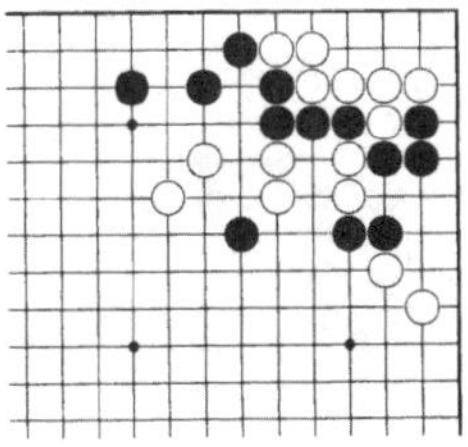

(425) 흑번

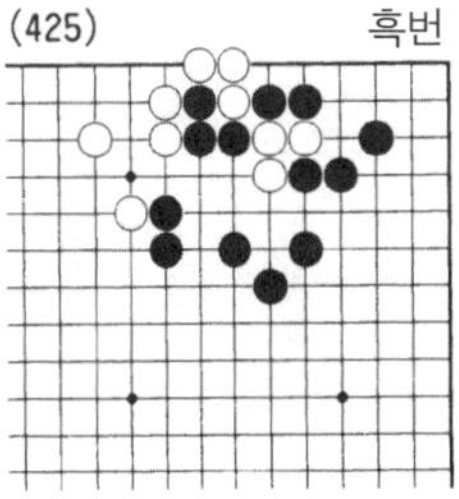

(455) 흑번

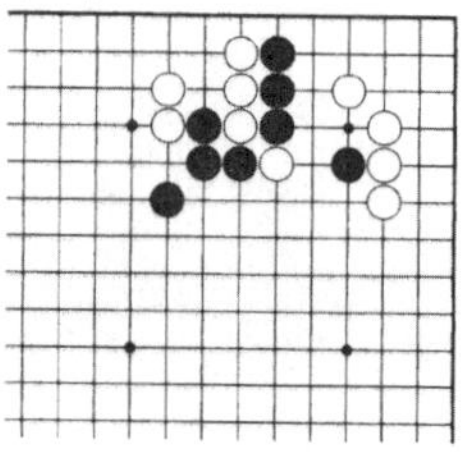

(470) 백번

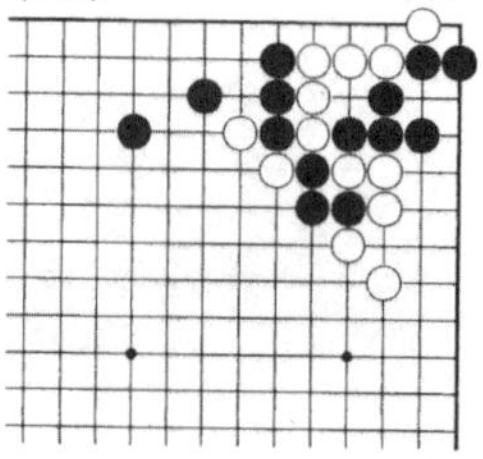

(700) 흑번

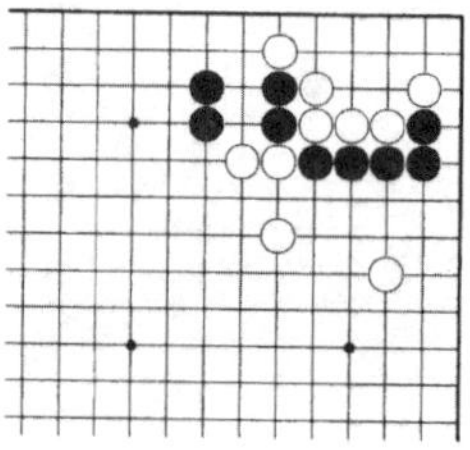

(810) 흑번

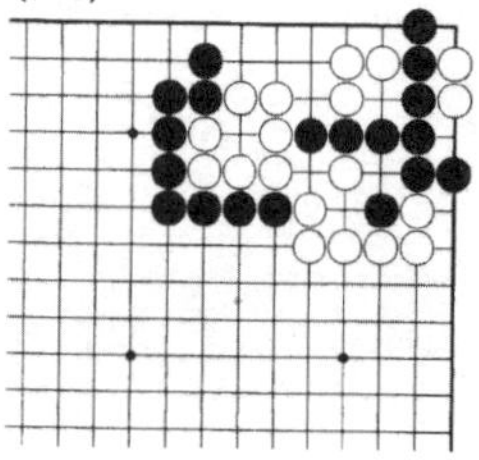

(1055) 흑번

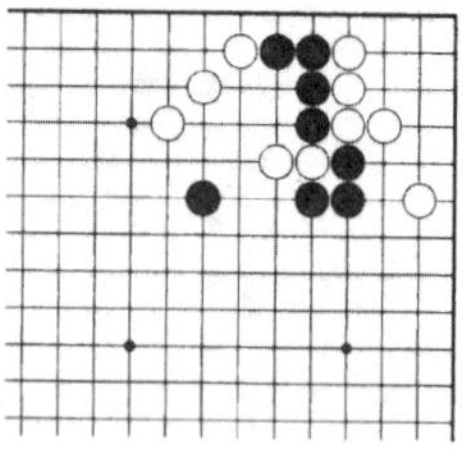

(1083) 백번

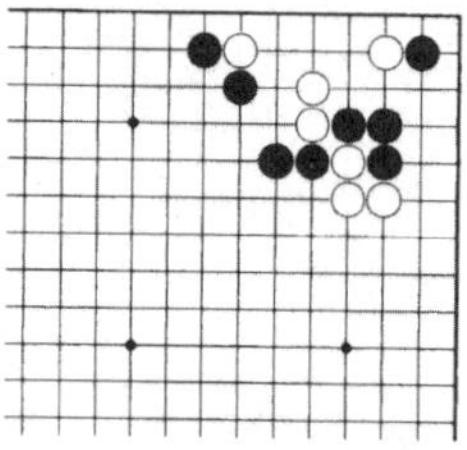

(1097) 백번

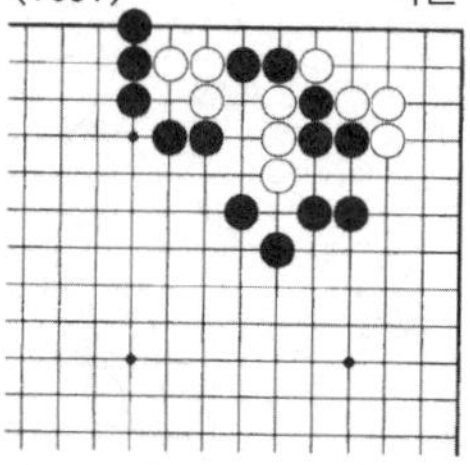

(1105) 백번

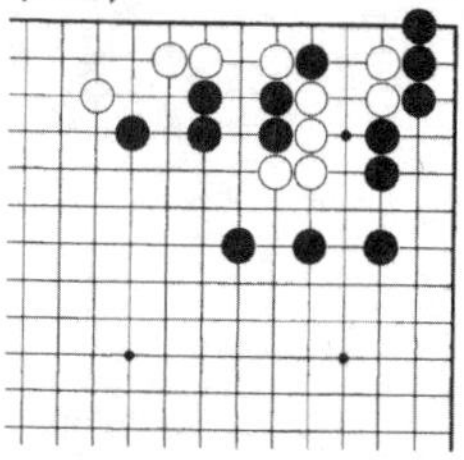

(1214) 흑번

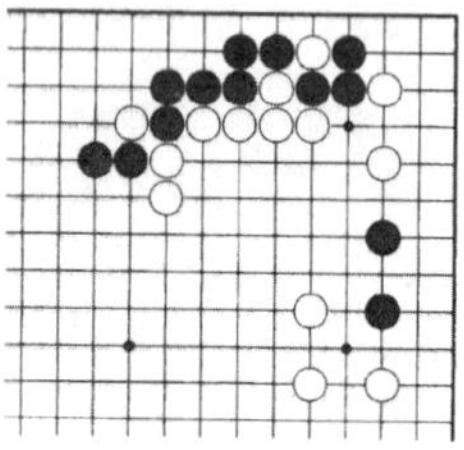

(1308) 흑번

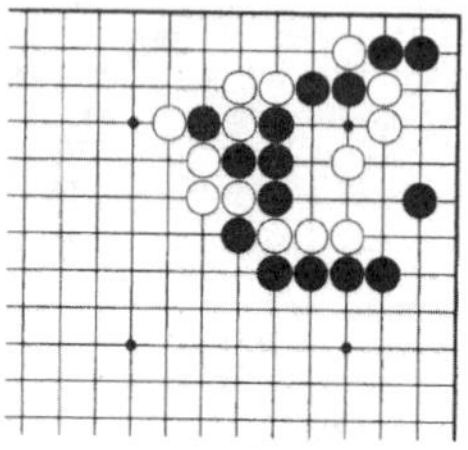

(1311) 흑번

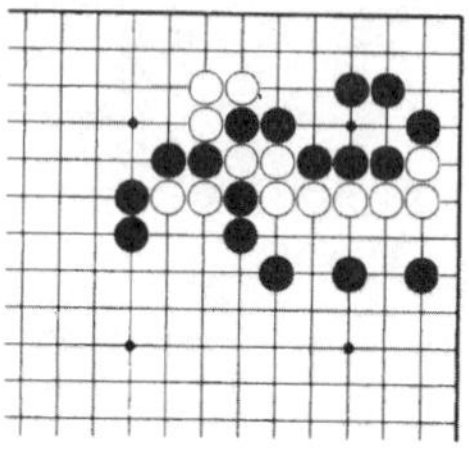

(1312) 흑번

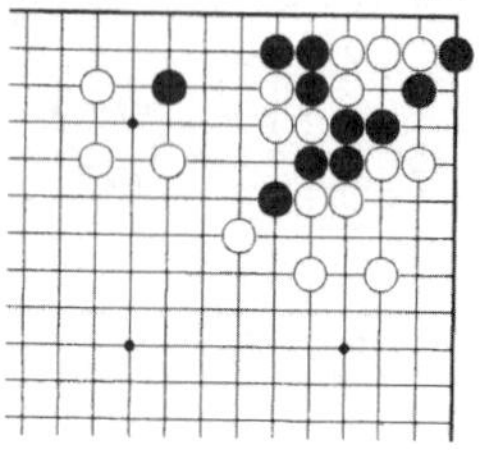

(1313) 백번

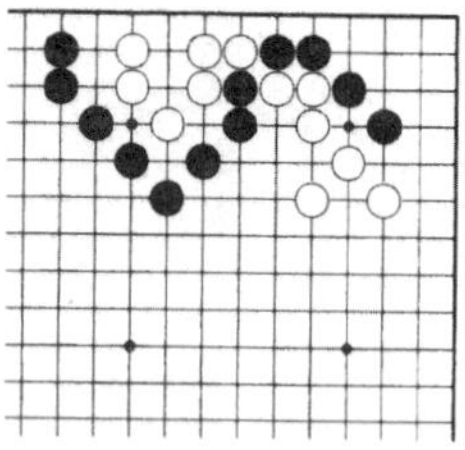

(1341) 흑번

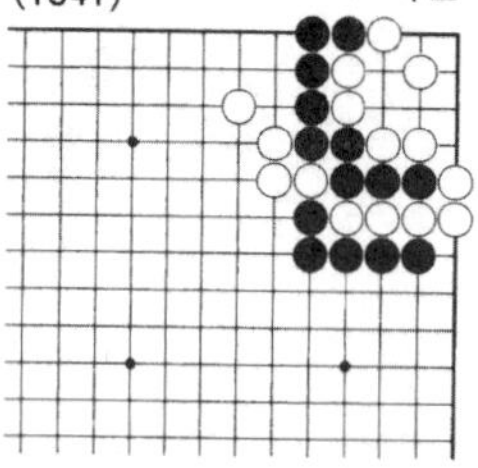

(1352) 흑번

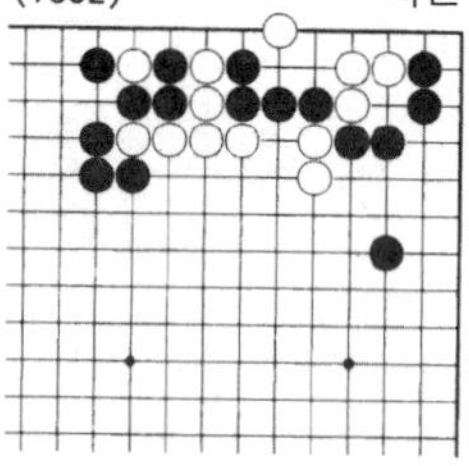

(1354) 흑번

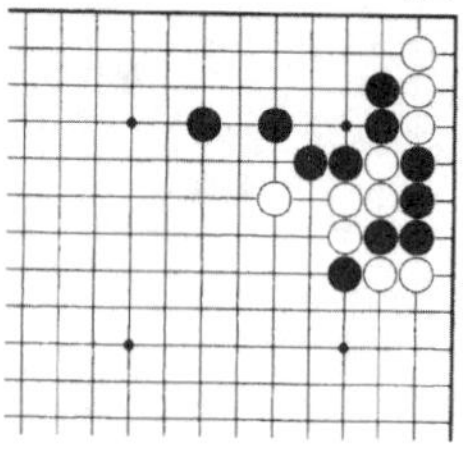

(1434) 흑번

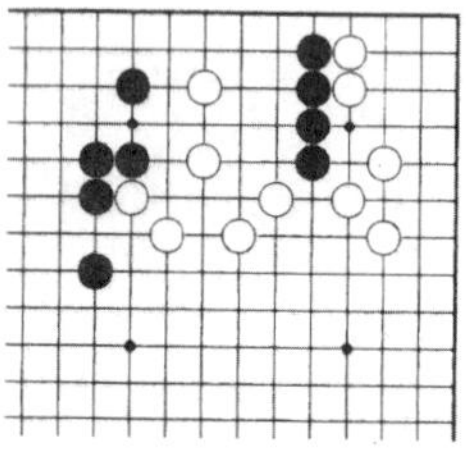

(1437) 흑번

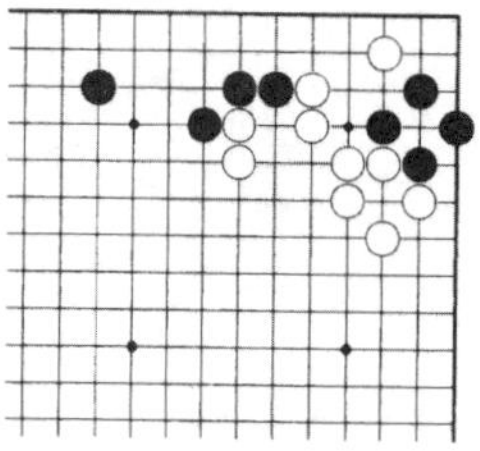

(1447) 백번

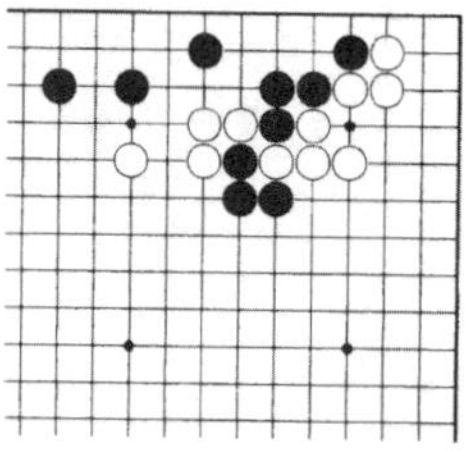

(1482) 흑번

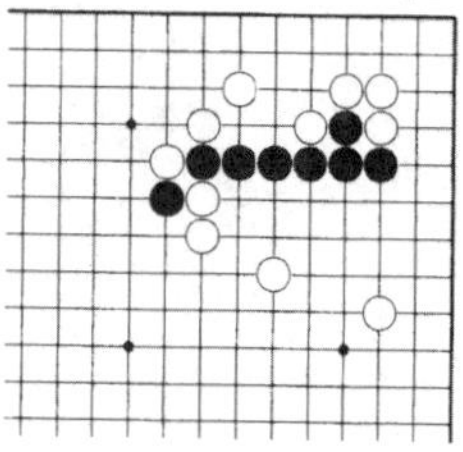

(1587) 백번

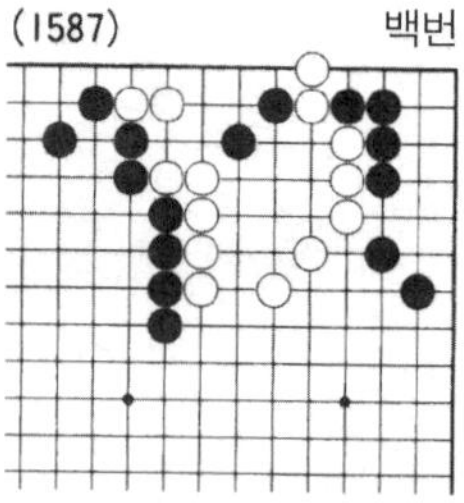

(1590) 흑번

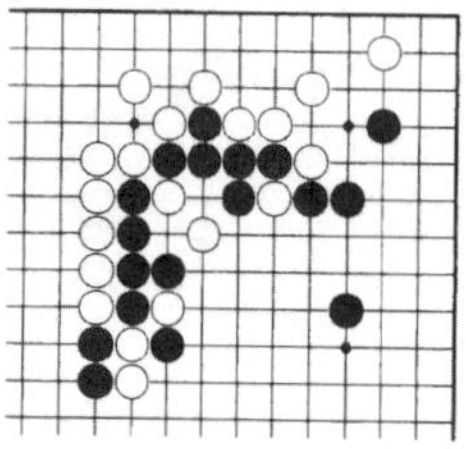

(1734) 흑번

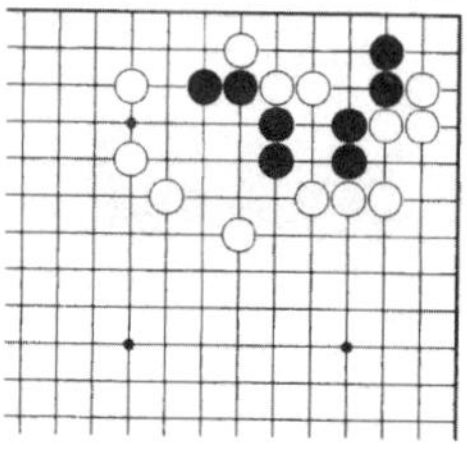

(1735) 백번

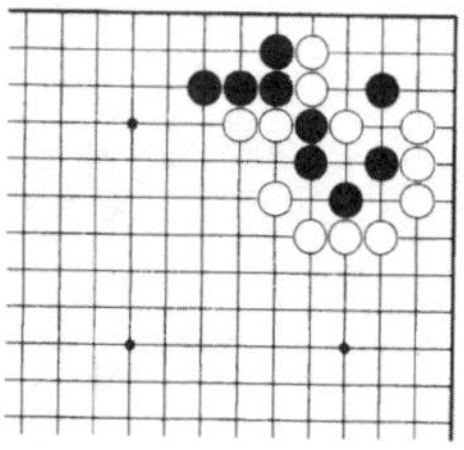

(1737) 백번

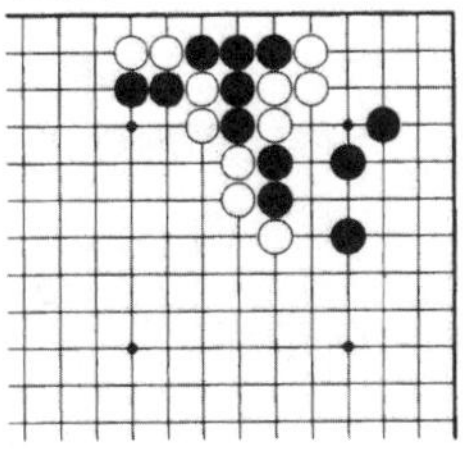

(1738) 흑번

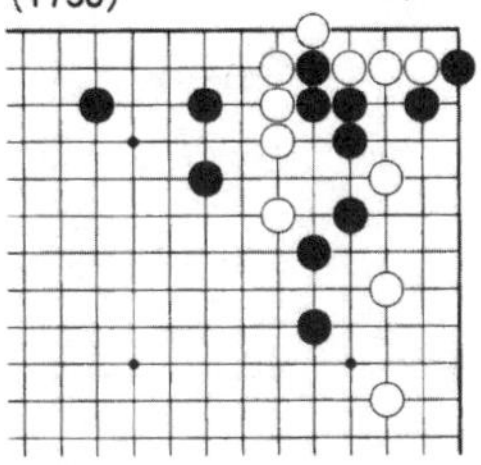

(1807) 흑번

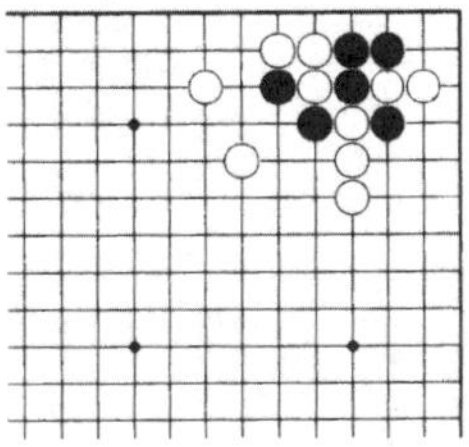

(1845) 백번

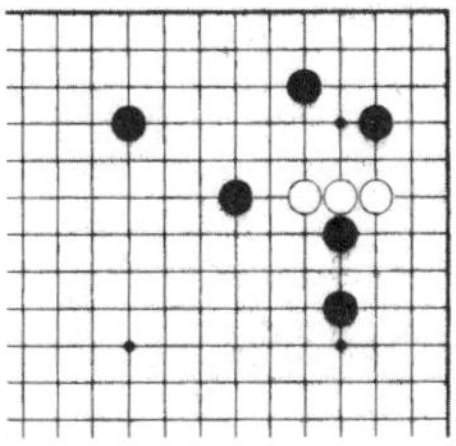

(1846) 흑번

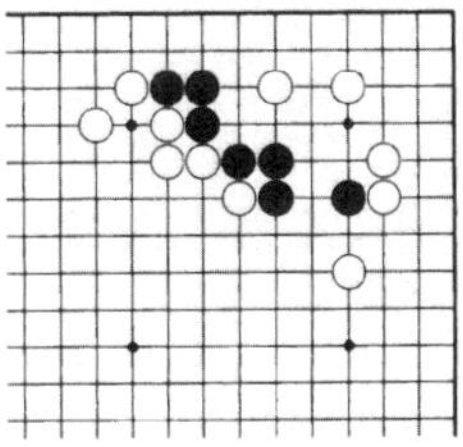

(2088) 흑번

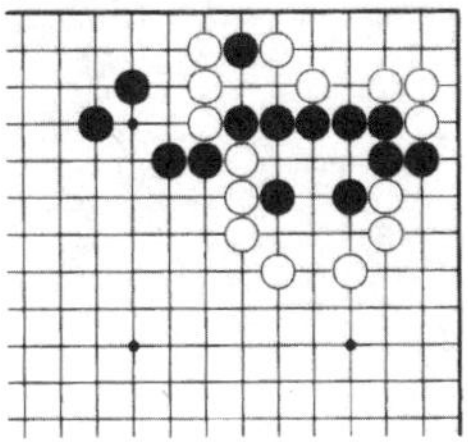

(2132) 흑번

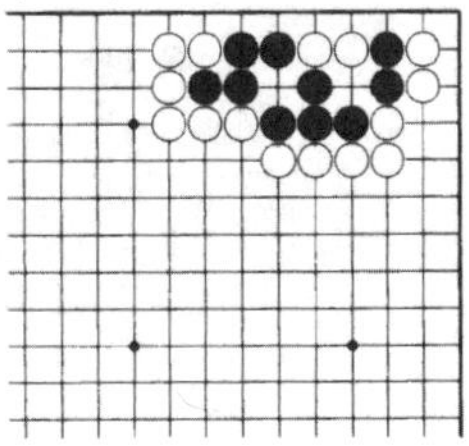

(2134) 흑번

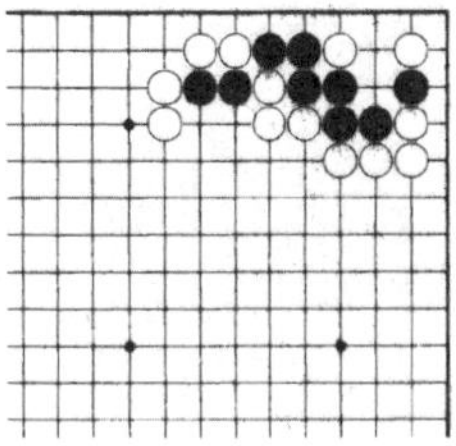

(2154) 흑번

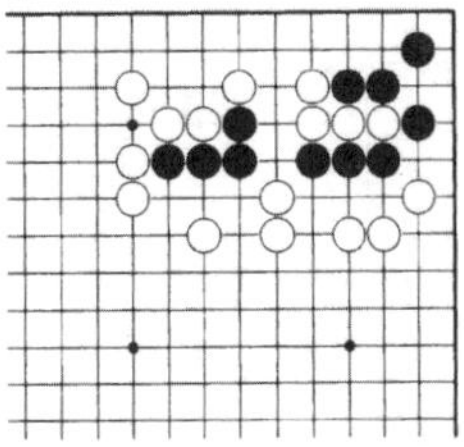

(2252) 흑번

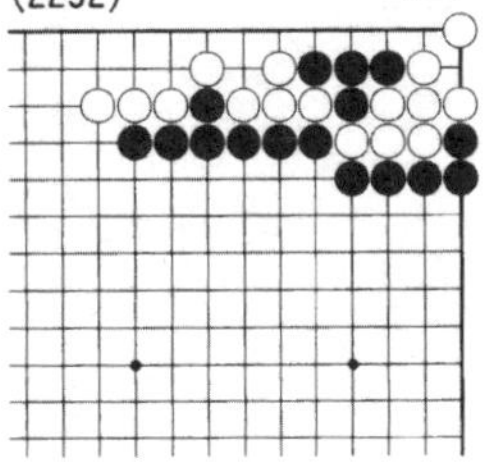

(2353) 흑번

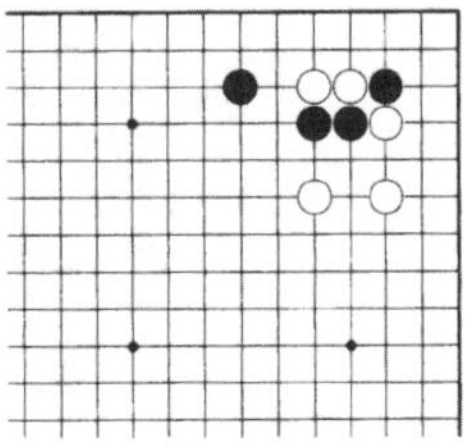

(2358) 흑번

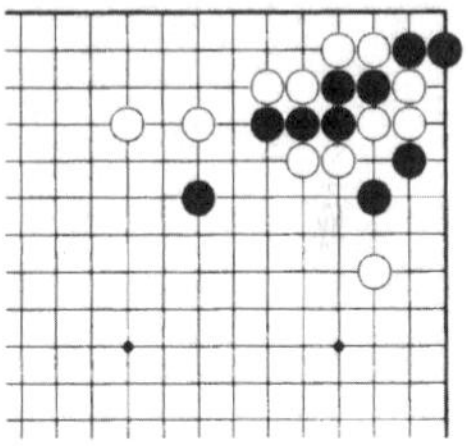

(2371) 흑번

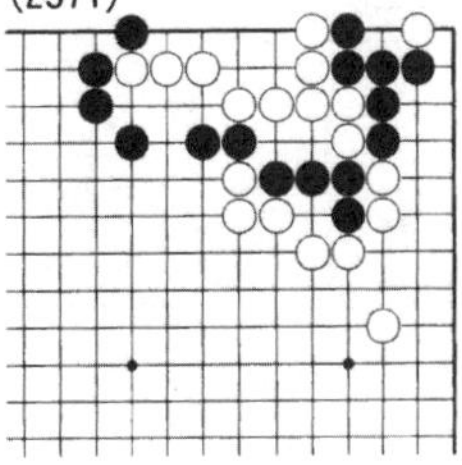

(2393) 흑번

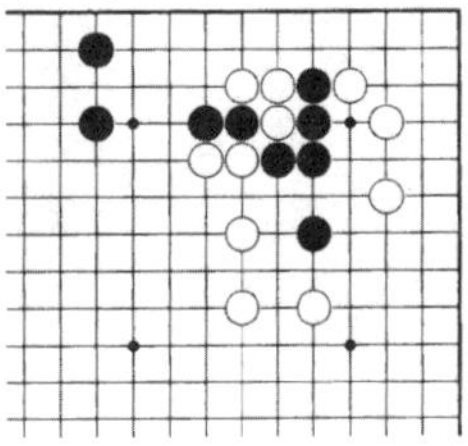

(2396) 백번

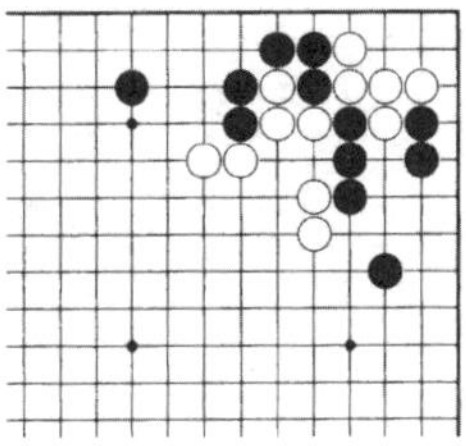

(2468) 흑번

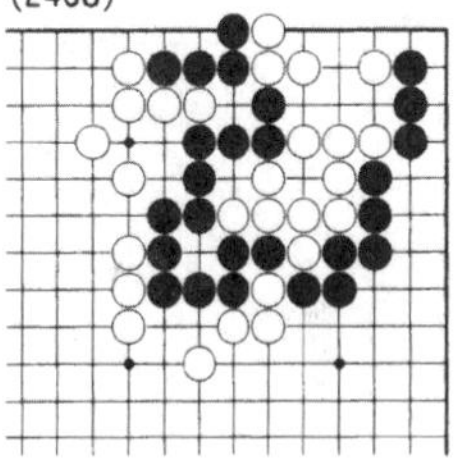

## 조임을 막다

(838) 흑번

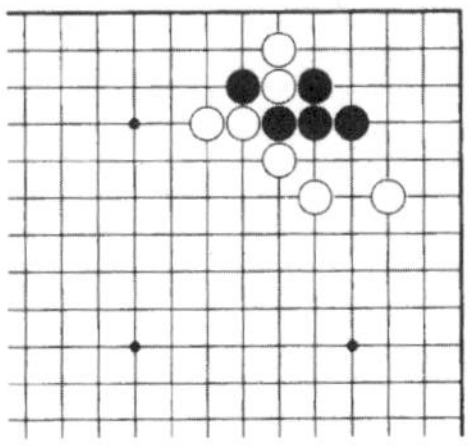

(850) 백번

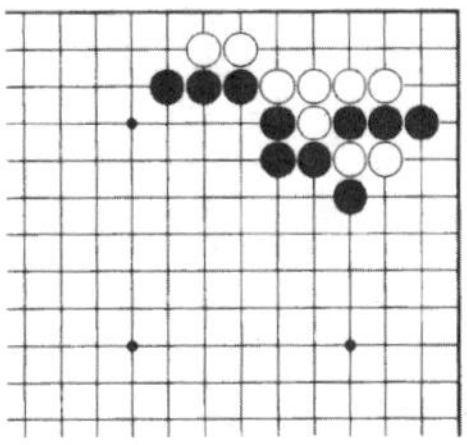

(852) 흑번

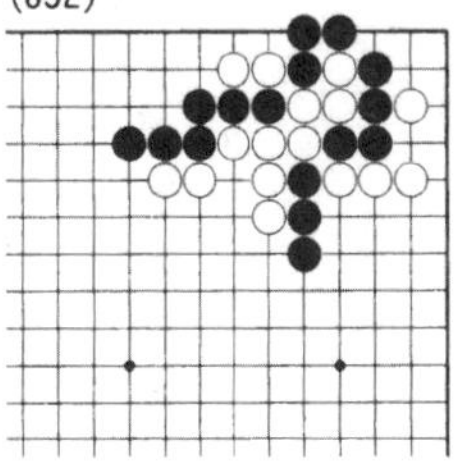

(887) 흑번

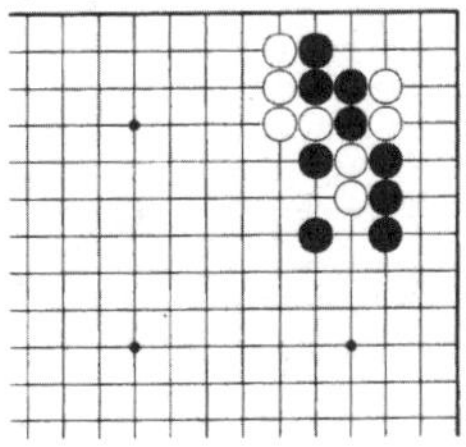

## 조이다

(4) 흑번

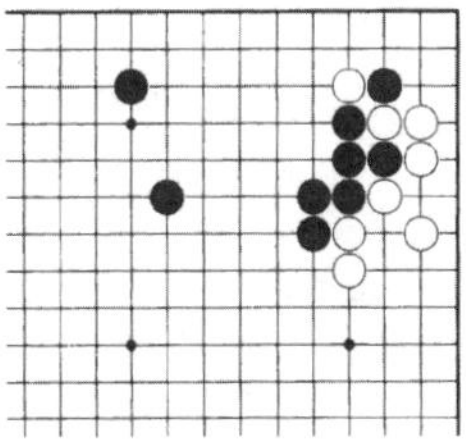

(9) 흑번

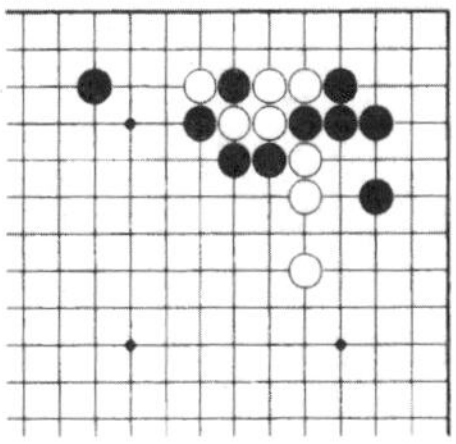

(12) 흑번

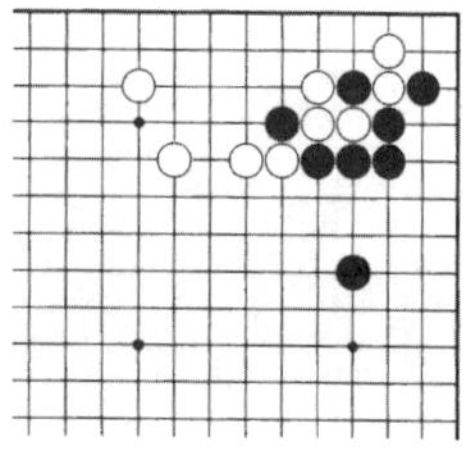

(14) 흑번

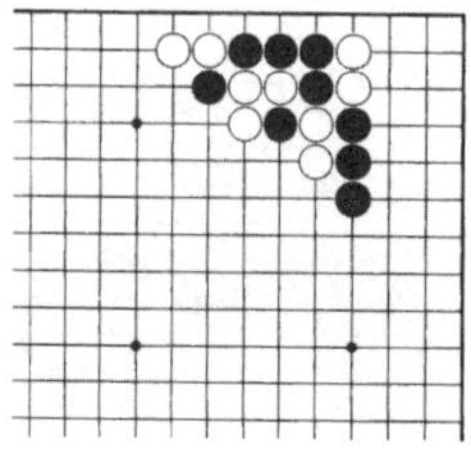

(15) 흑번

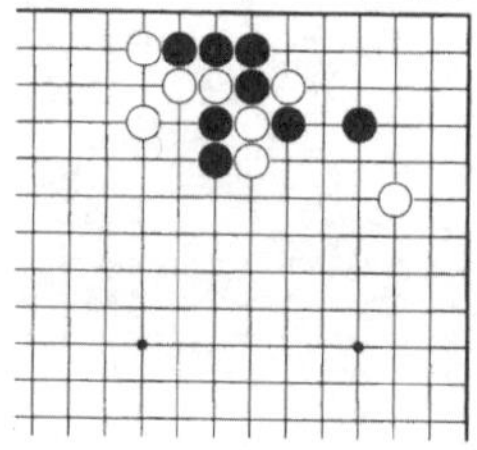

(22) 흑번

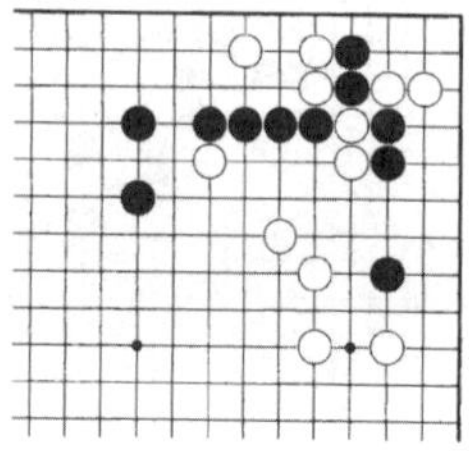

(33) 흑번

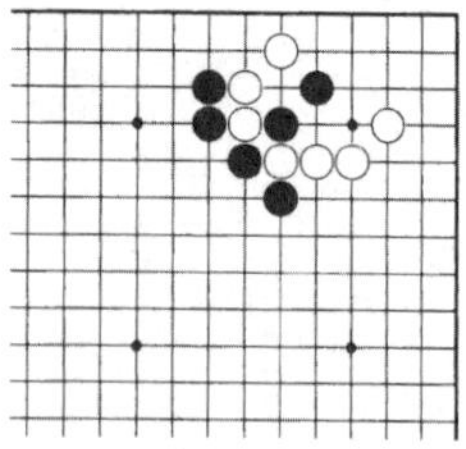

(37) 흑번

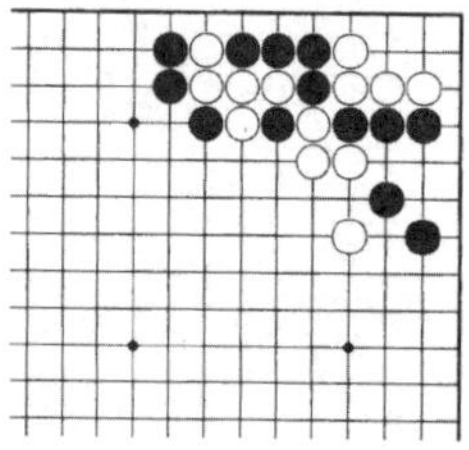

(38) 흑번

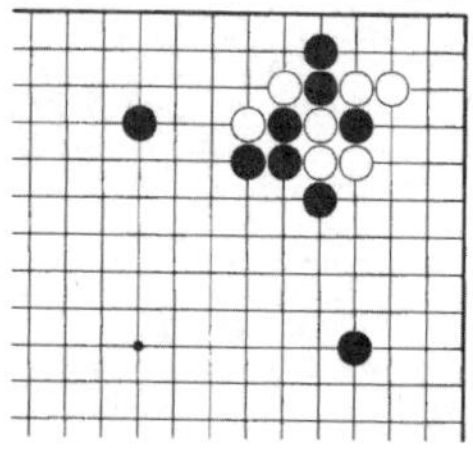

(56) 흑번

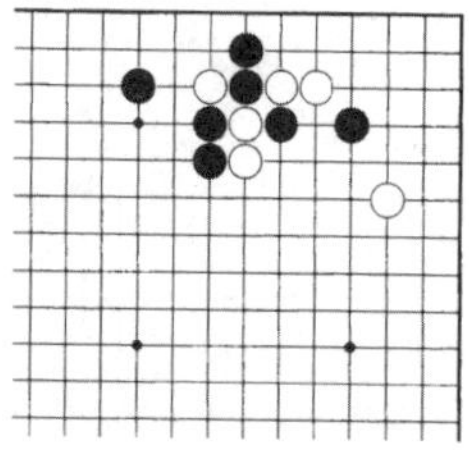

(68) 흑번

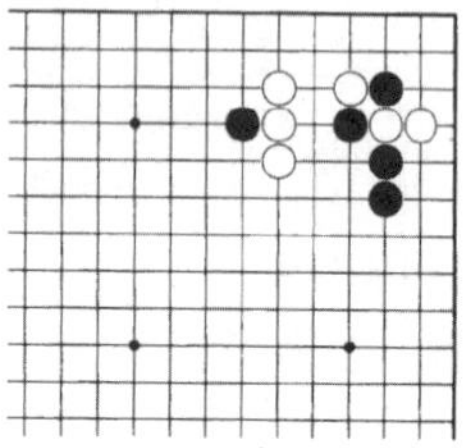

(71) 흑번

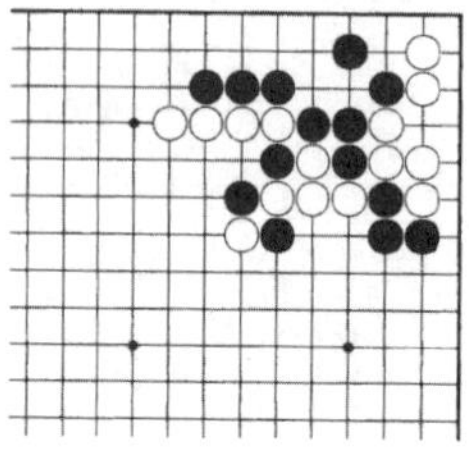

(136) 흑번

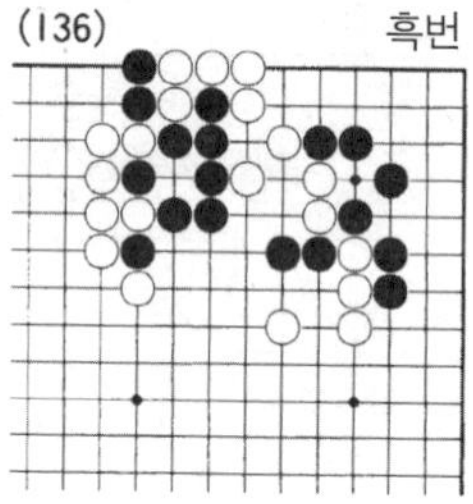

(167) 흑번

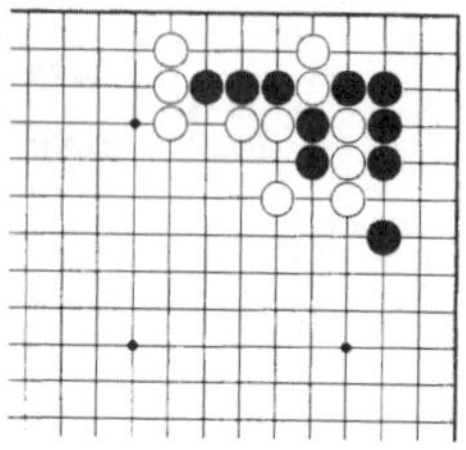

(270) 흑번

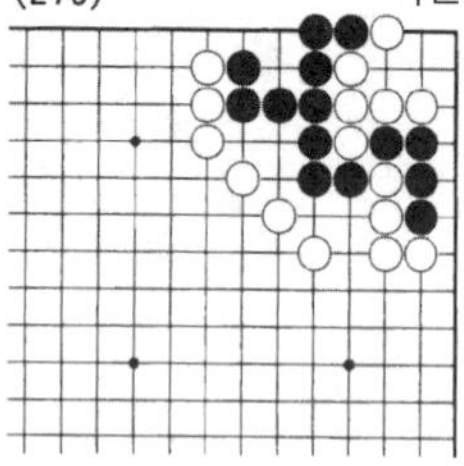

(400) 흑번

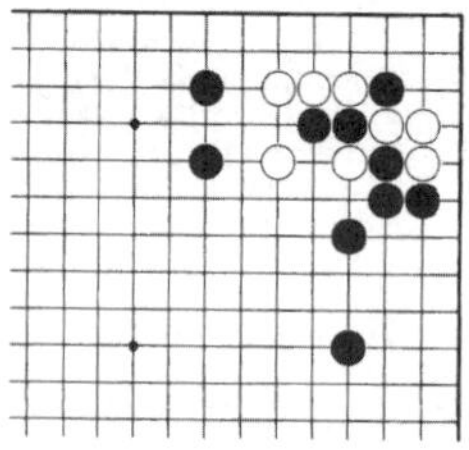

(401) 백번

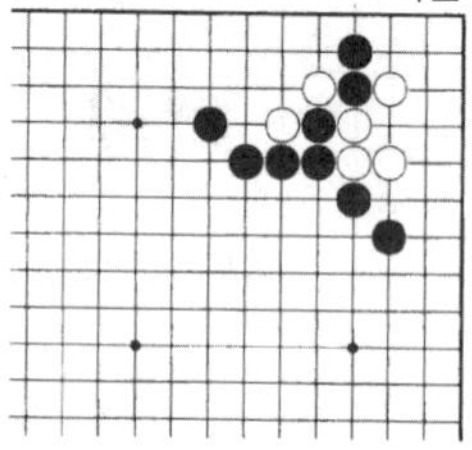

(402) 흑번

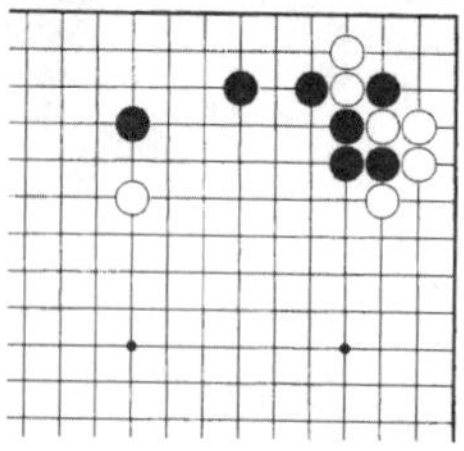

(451) 흑번

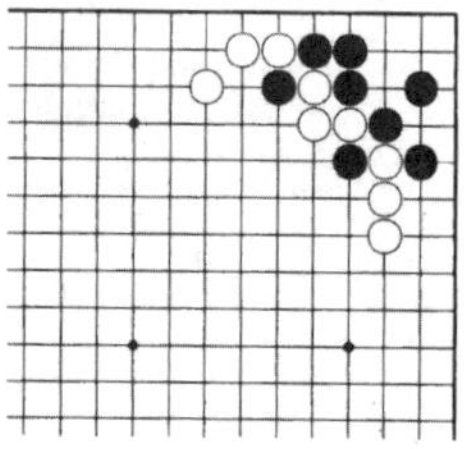

(546) 백번

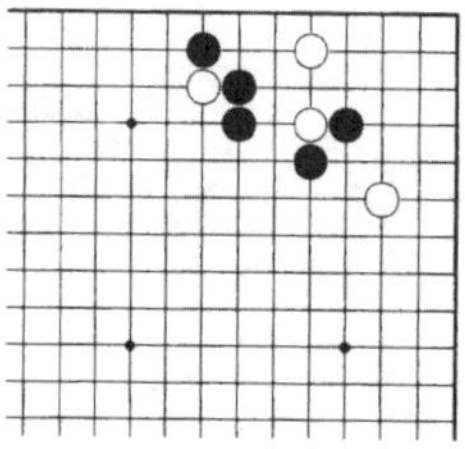

(556) 흑번

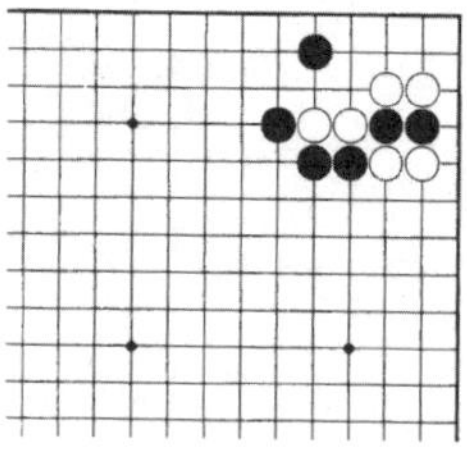

(559) 흑번

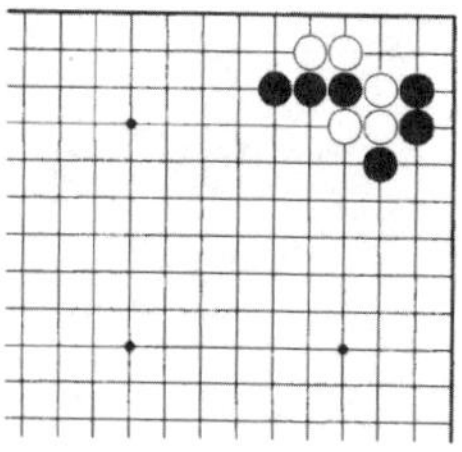

(560) 흑번

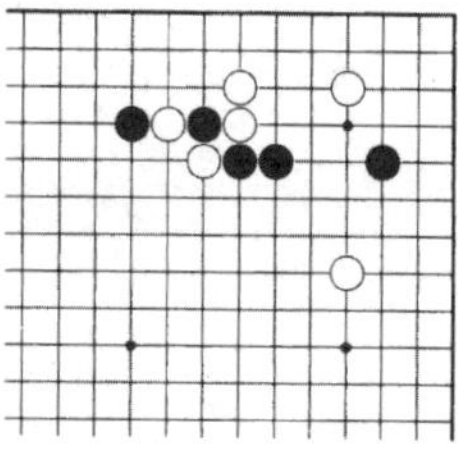

(561) 흑번

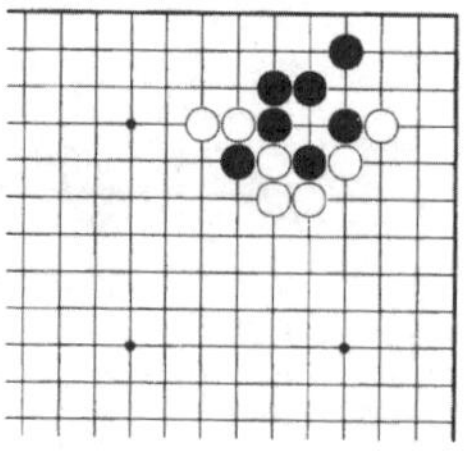

(598) 흑번

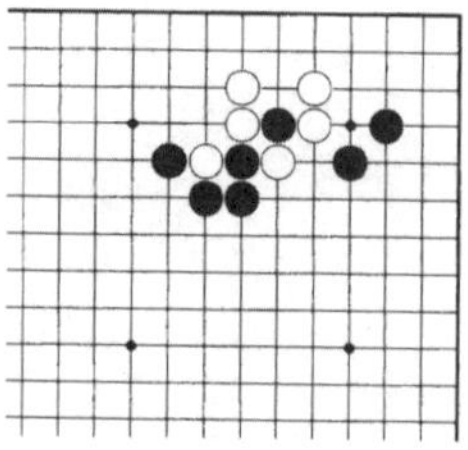

(599) 흑번

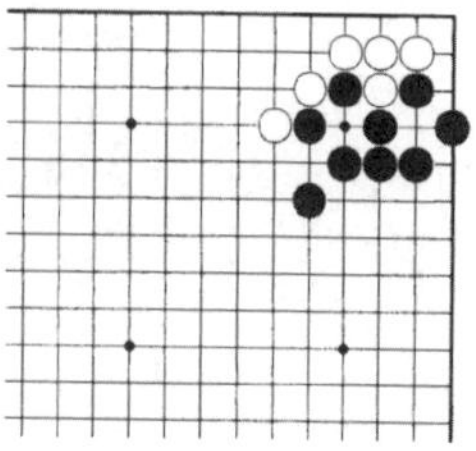

(600) 흑번

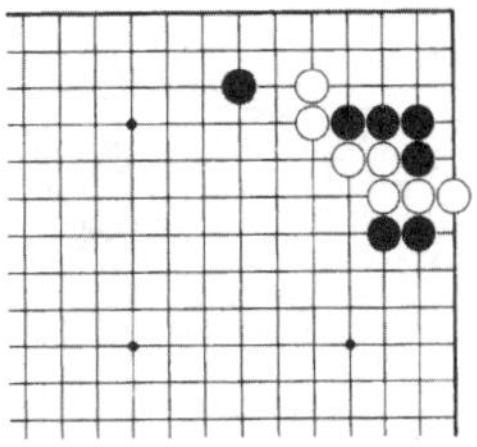

(601) 흑번

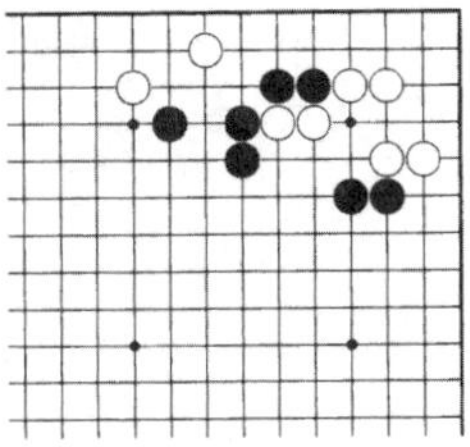

(605) 흑번

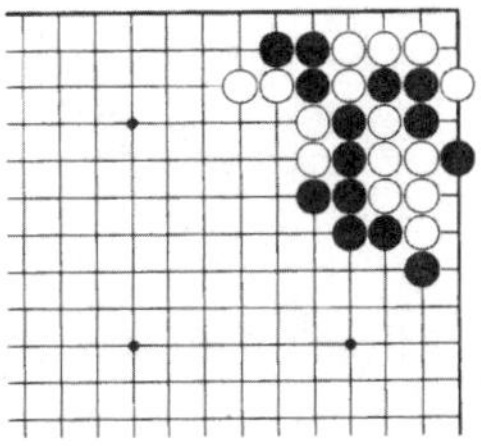

(642) 흑번

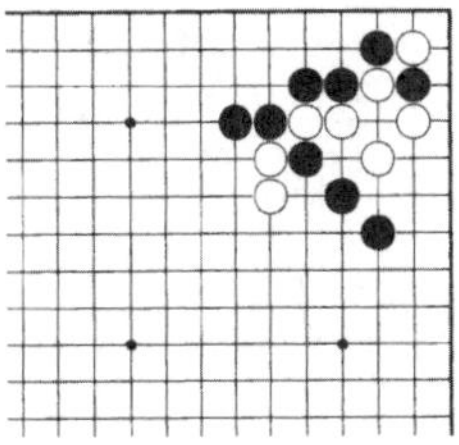

(643) 흑번

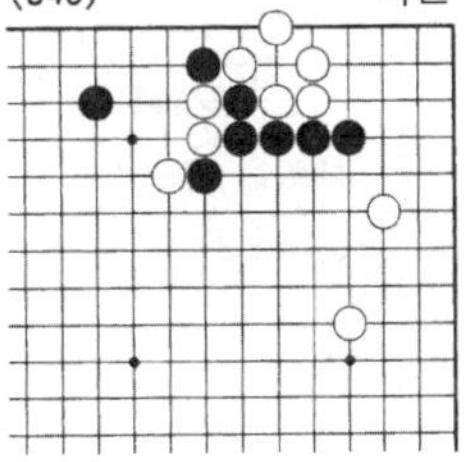

(659) 흑번

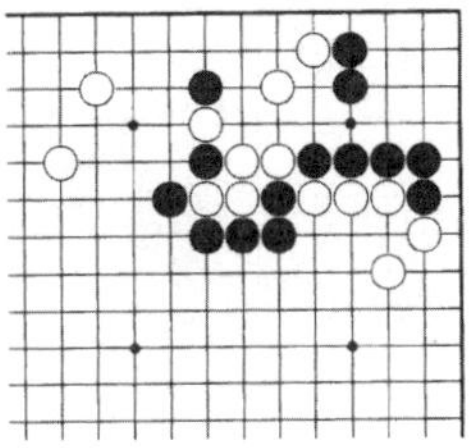

(666) 흑번

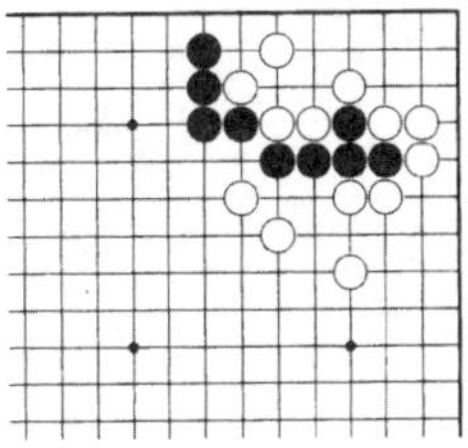

(671) 백번

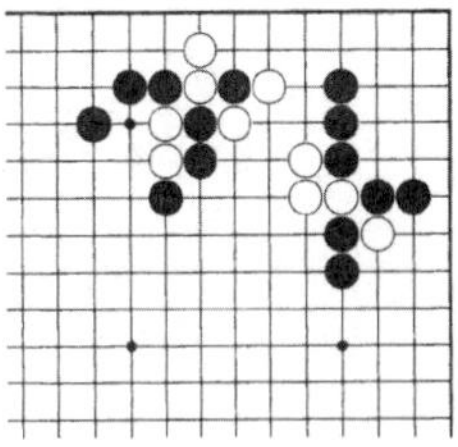

(673) 흑번

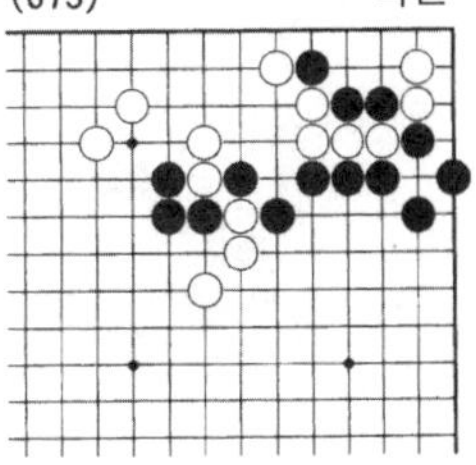

(697) 백번

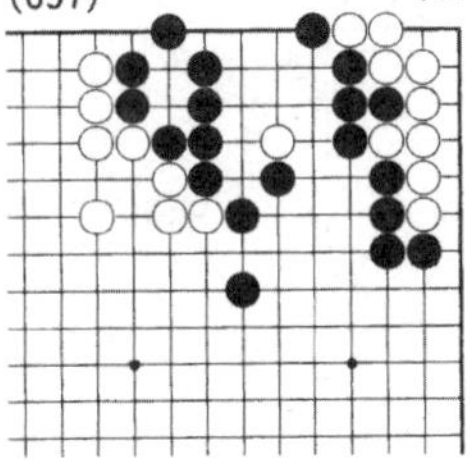

(699) 흑번

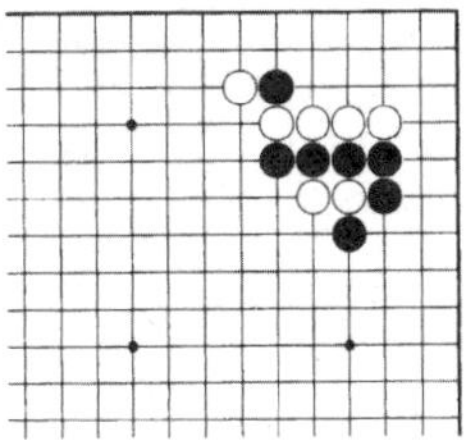

(750) 백번

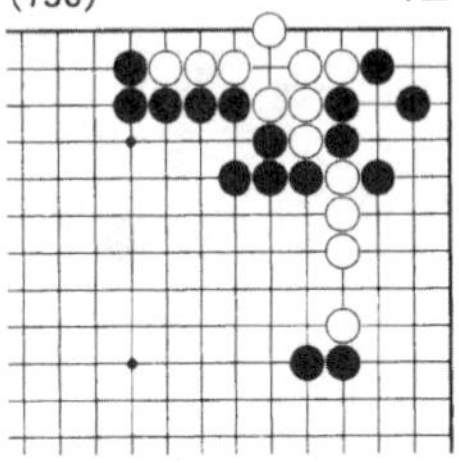

(772) 백번

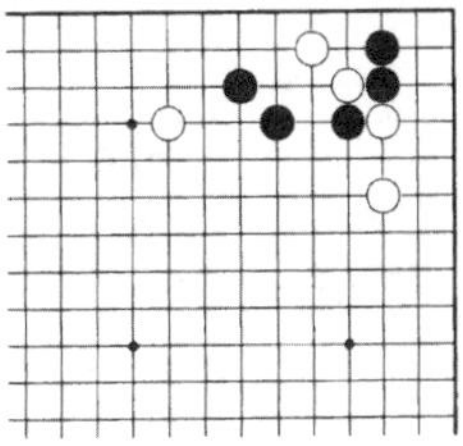

(803) 흑번

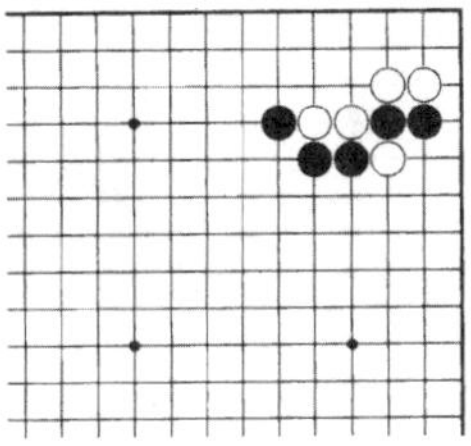

(828) 흑번

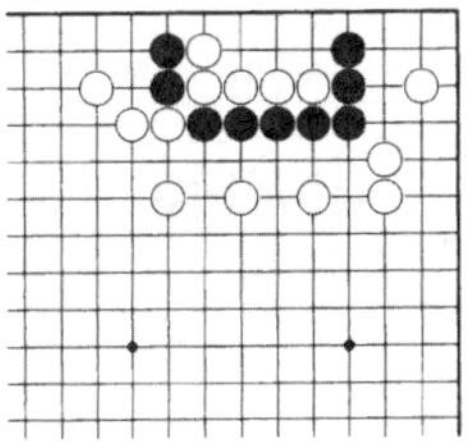

(1081) 흑번

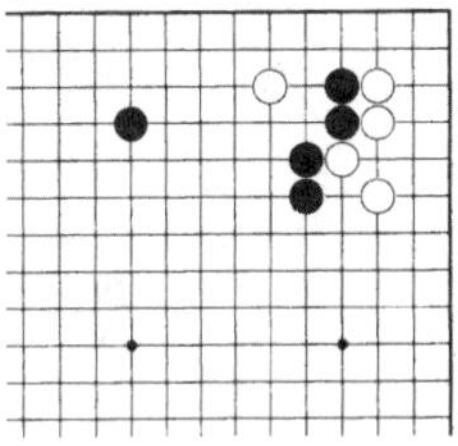

(1237) 흑번

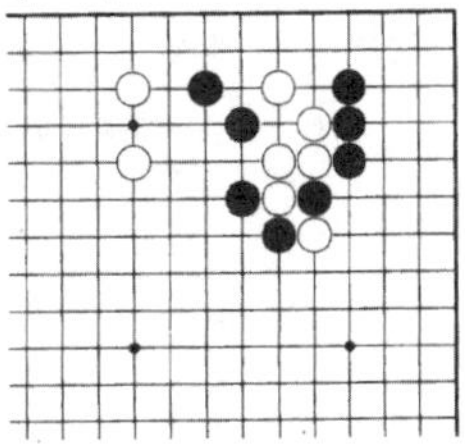

(1268) 백번

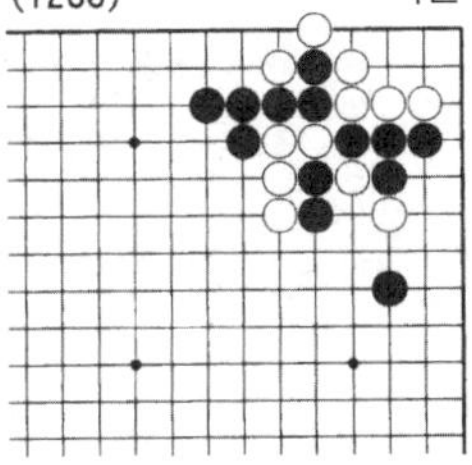

(1315) 흑번

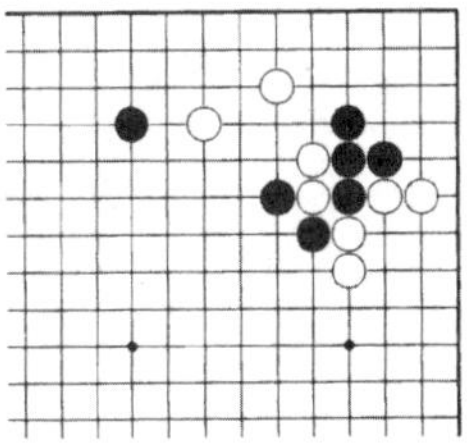

(1318) 백번

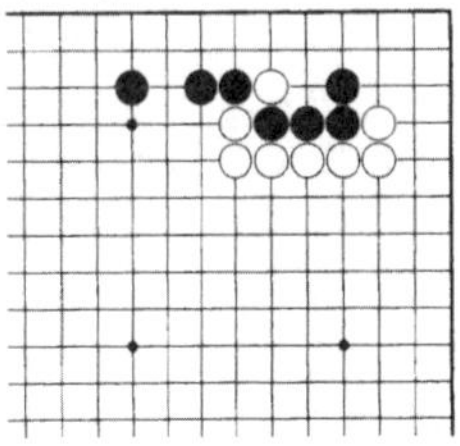

(1426) 백번

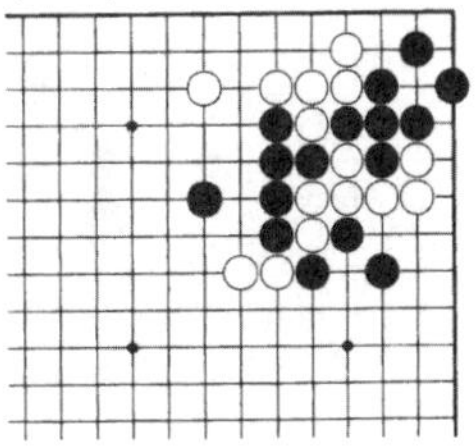

(1433) 백번

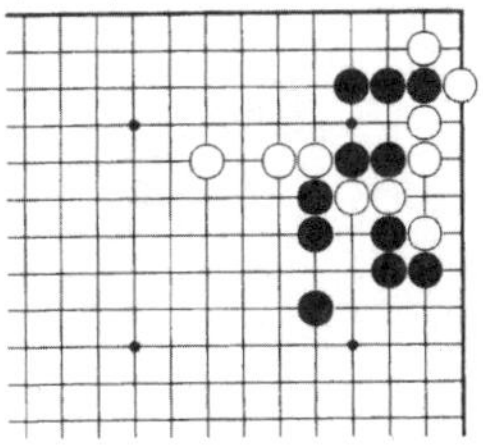

(1607) 흑번

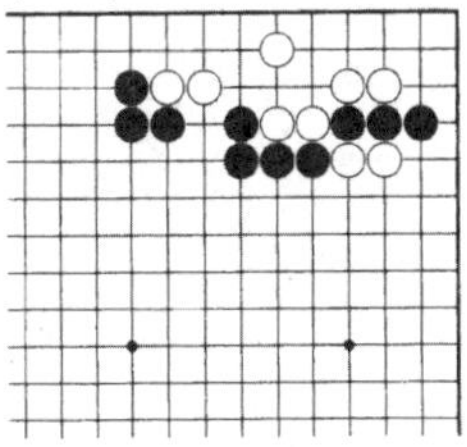

(1765) 백번

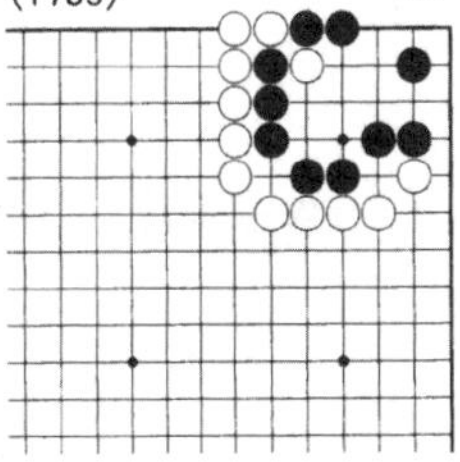

(1802) 흑번

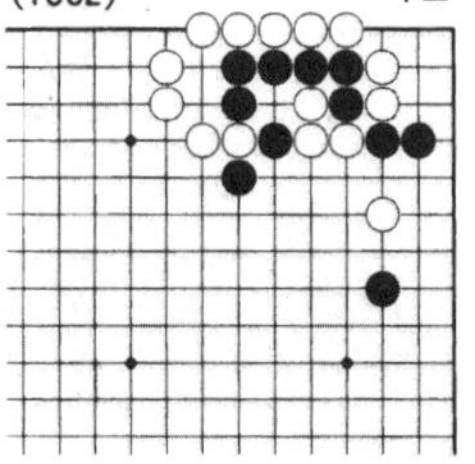

(1891) 흑번

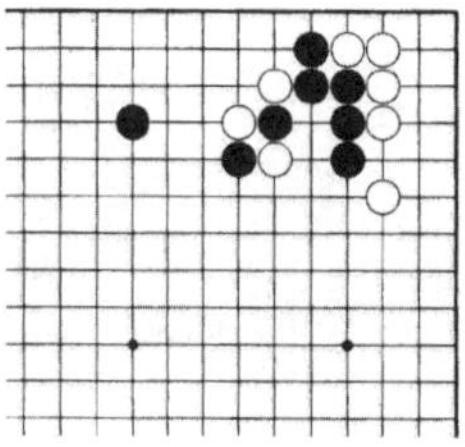

(1913) 백번

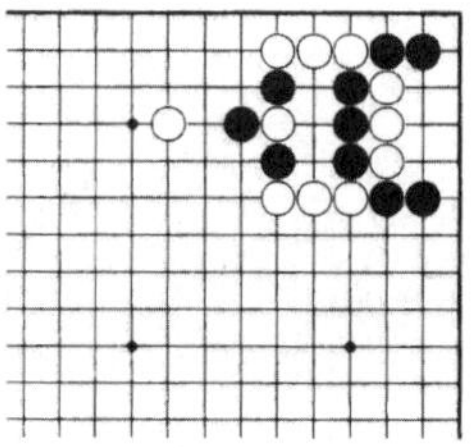

(1914) 흑번

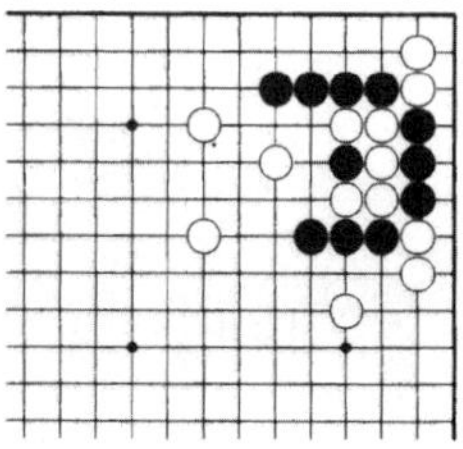

(1968) 백번

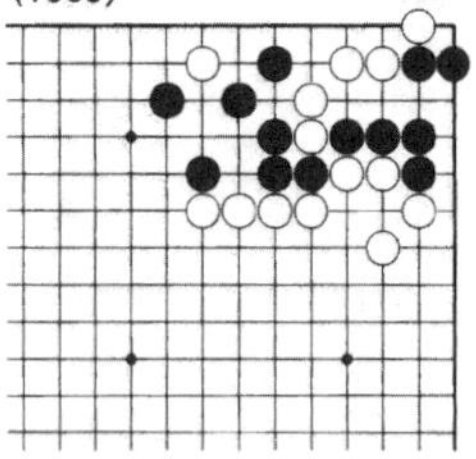

(2011) 백번

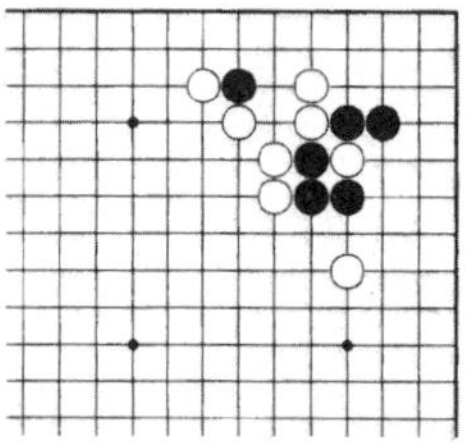

(2039) 흑번

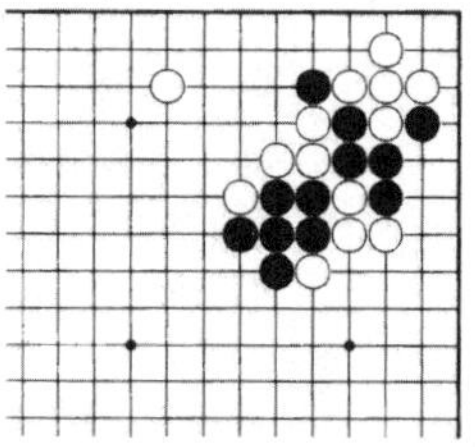

(2042) 흑번

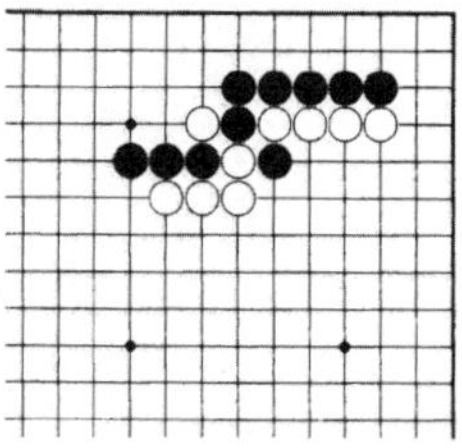

(2070) 백번

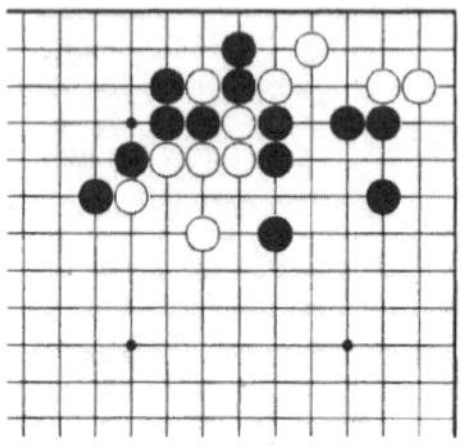

(2249) 흑번

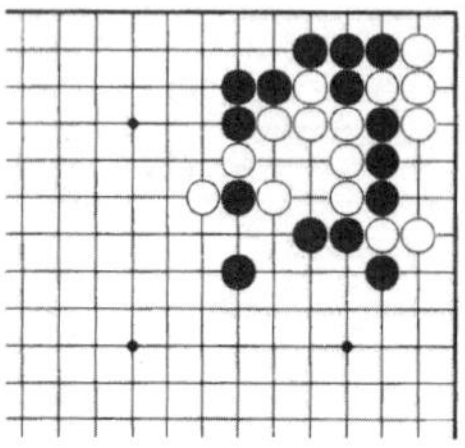

(2254) 흑번

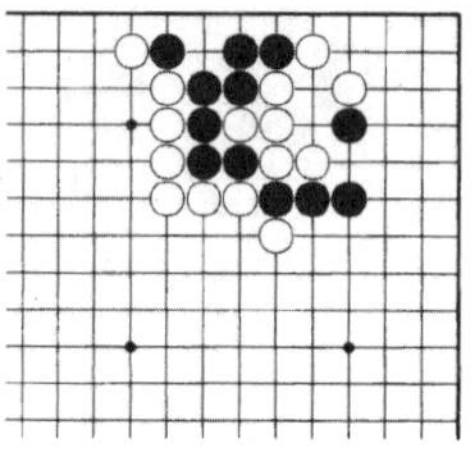

(2256) 흑번

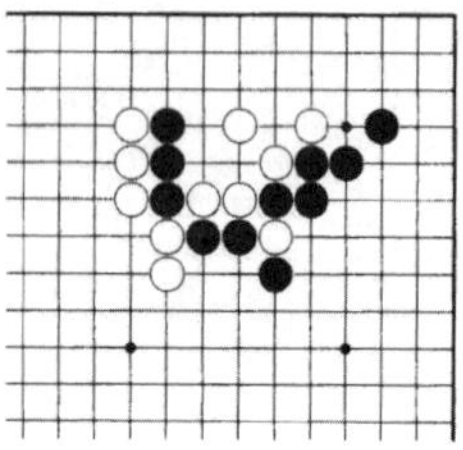

(2453) 백번

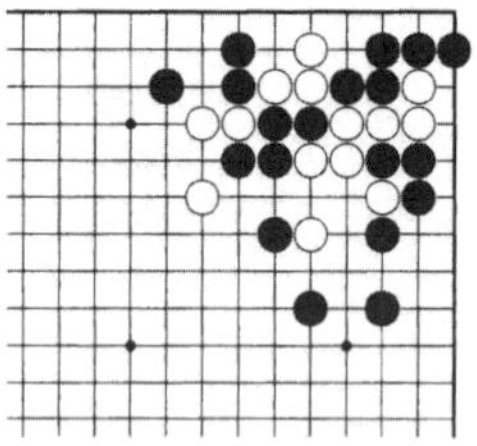

## 조여붙이다

(193) 흑번

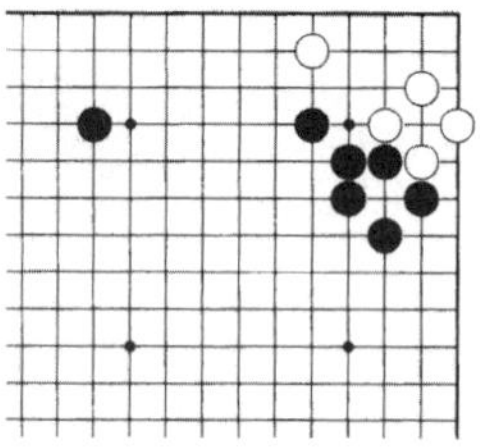

(194) 흑번

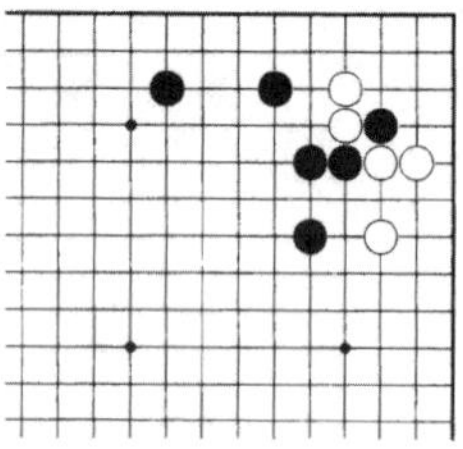

(359) 흑번

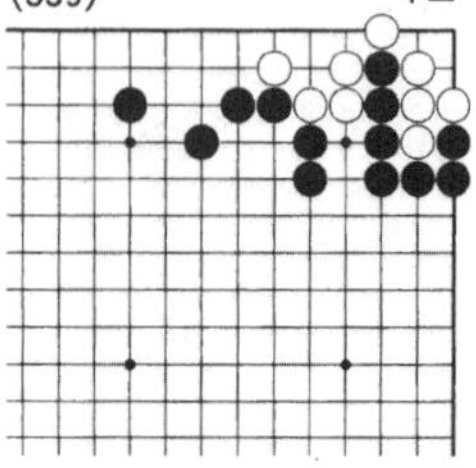

(446) 흑번

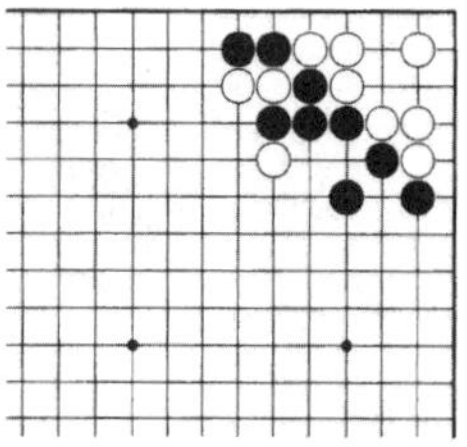

(541) 백번

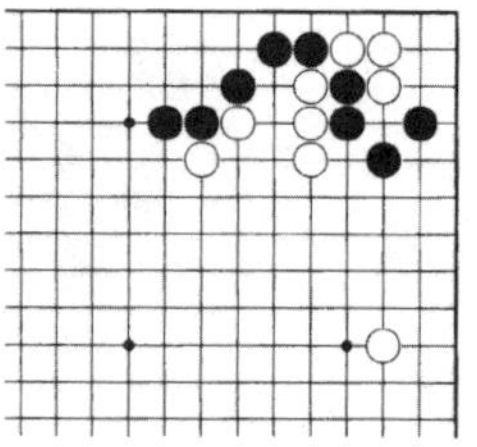

(2250) 흑번

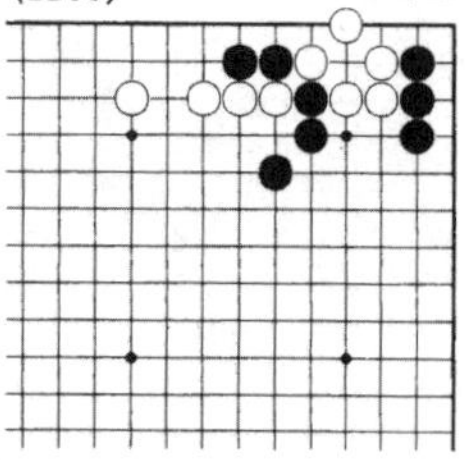

## 진출하다

(442) 흑번

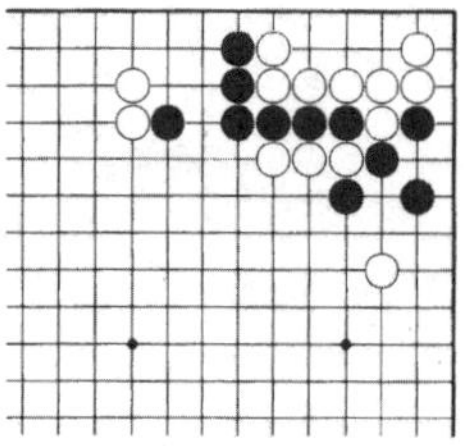

(542) 백번

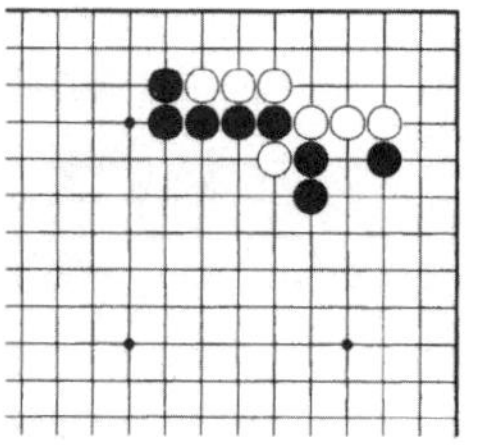

(590) 흑번

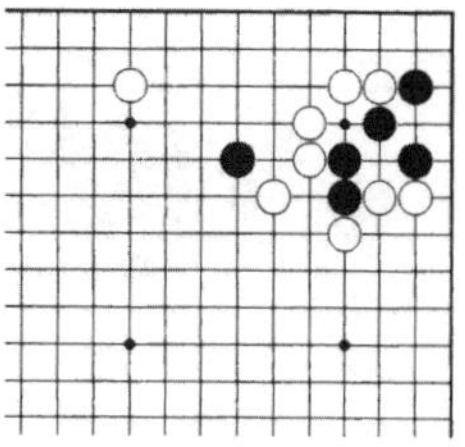

(778) 흑번

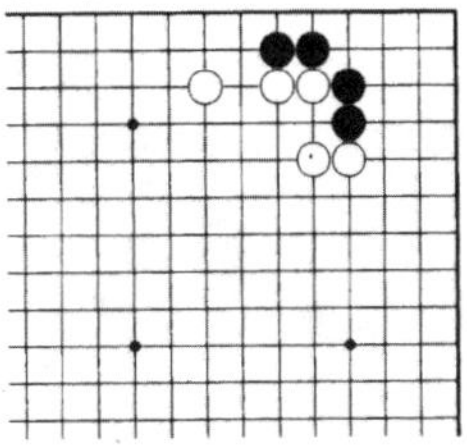

(779) 백번

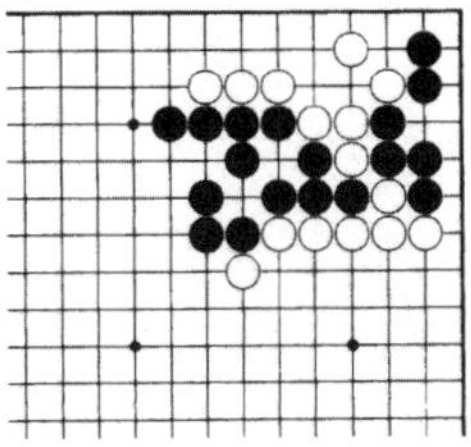

(784) 백번

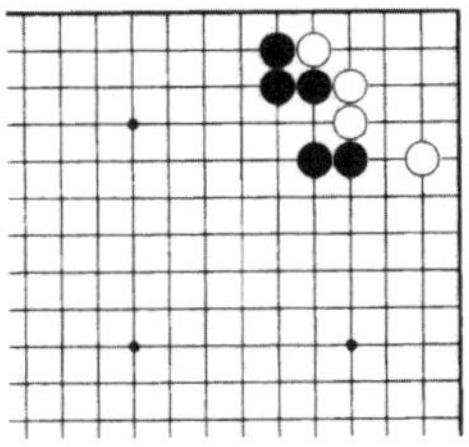

(785) 백번

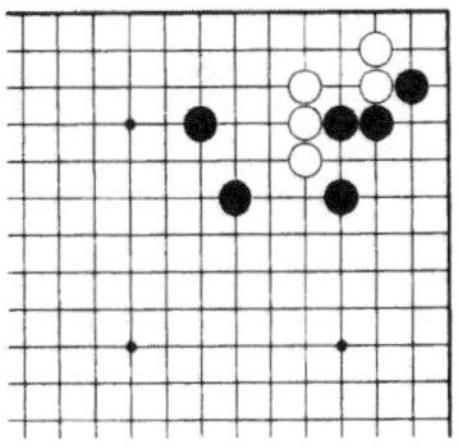

(787) 백번

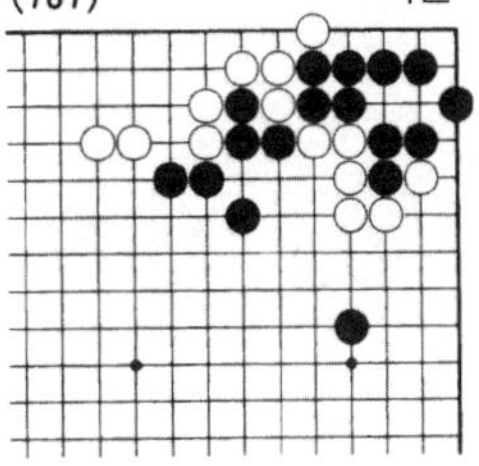

(858) 백번

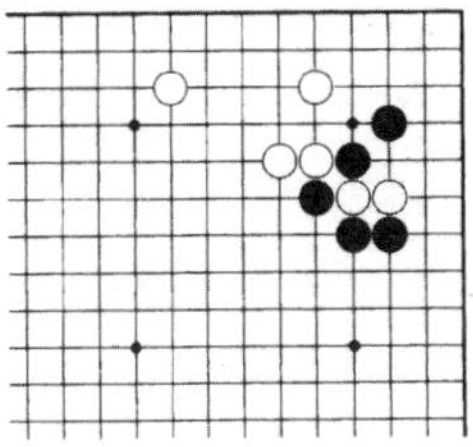

(1275) 흑번

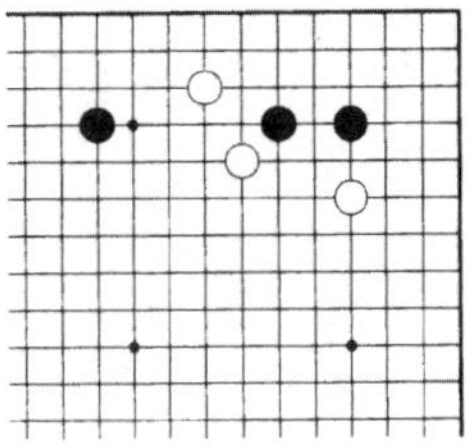

(1299) 백번

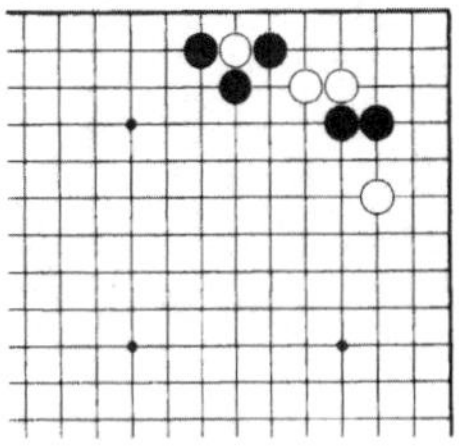

(1477) 흑번

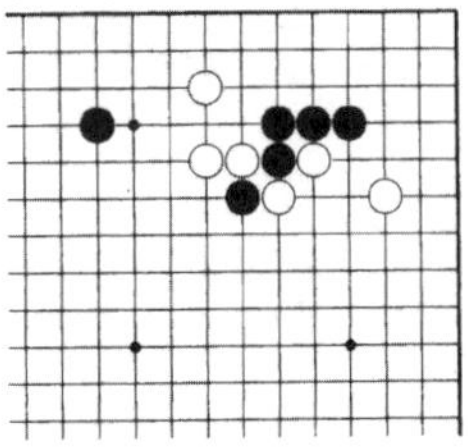

(1544) 흑번

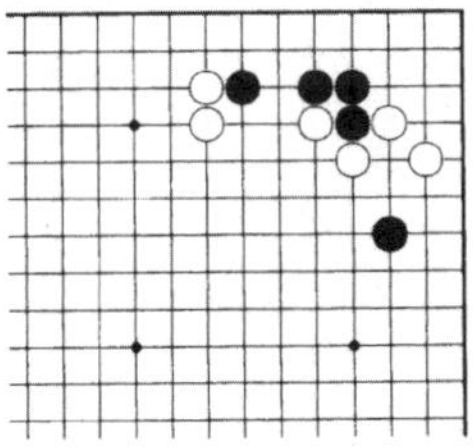

(1565) 흑번

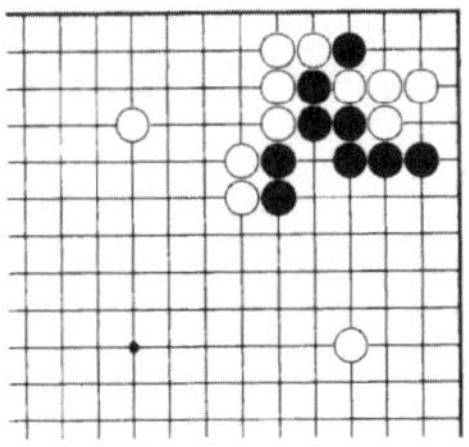

(1571) 백번

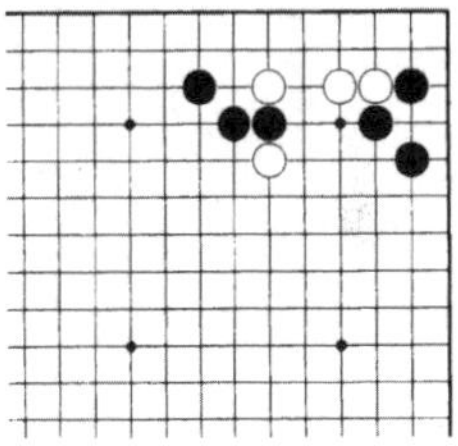

(1575) 흑번

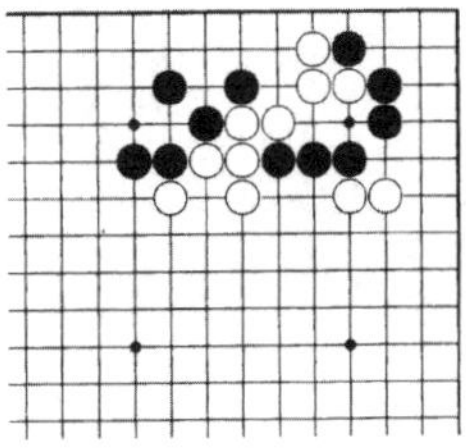

(1718) 흑번

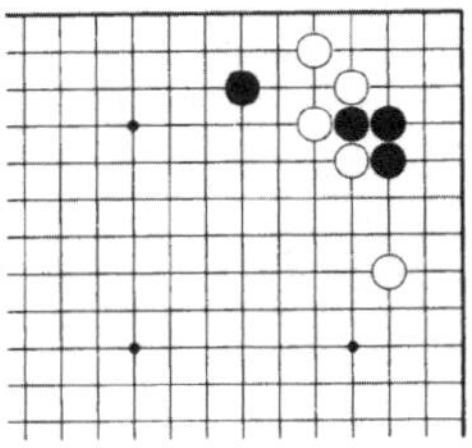

(1920) 백번

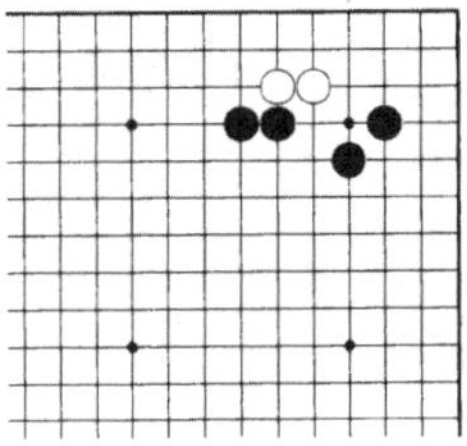

(2142) 흑번

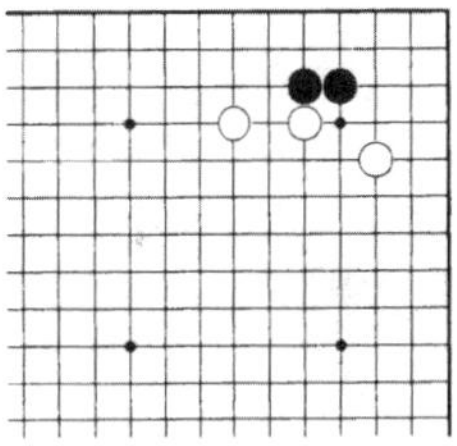

## 사석

(79) 흑번

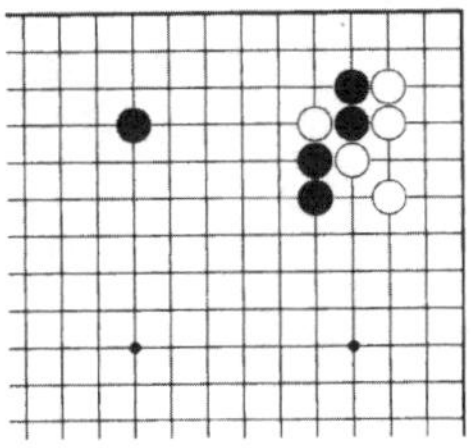

(90) 흑번

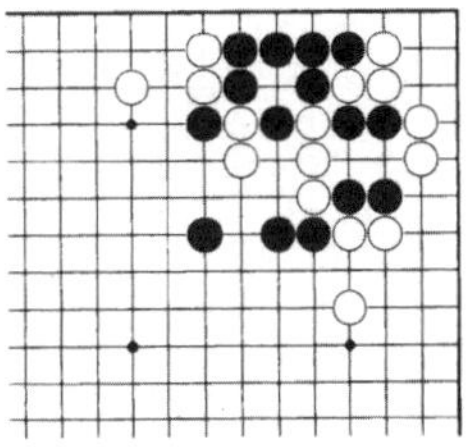

(128) 흑번

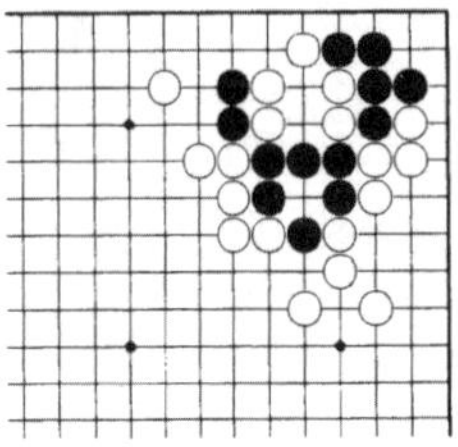

(137) 흑번

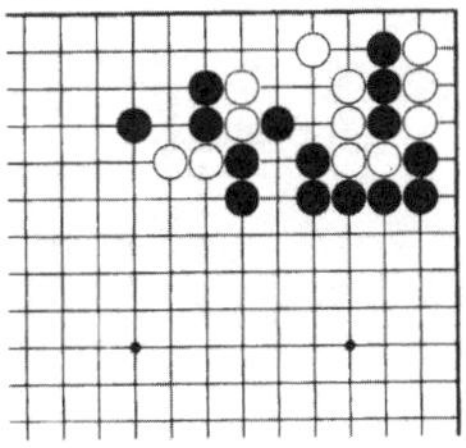

(318) 흑번

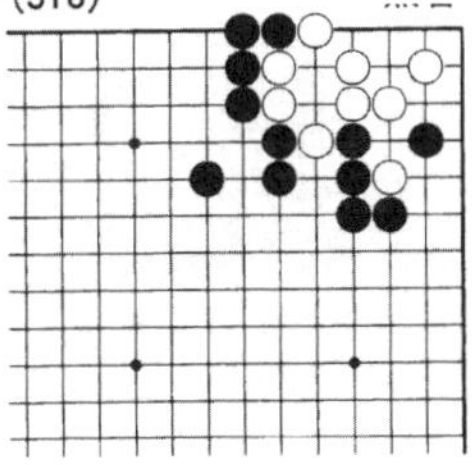

(331) 흑번

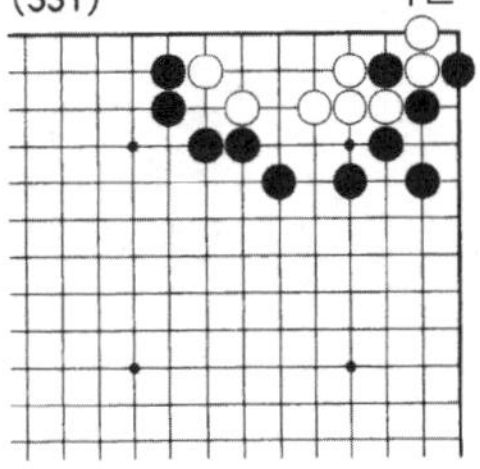

(338) 흑번

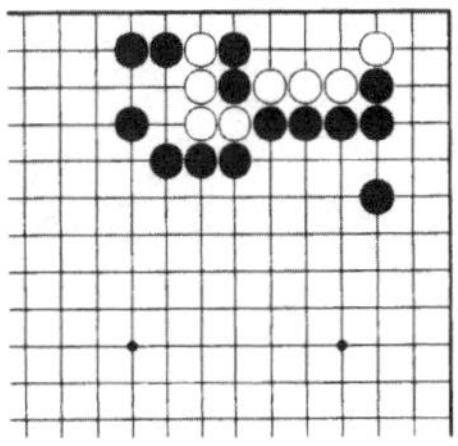

(417) 흑번

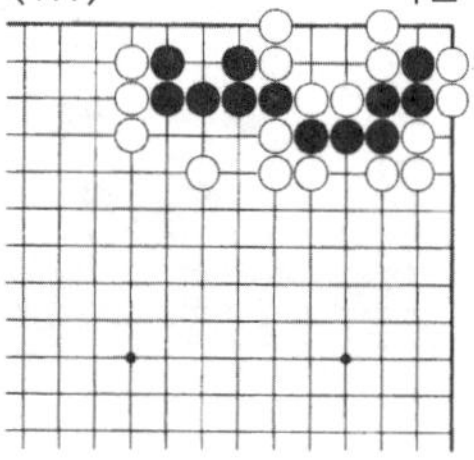

(585) 흑번

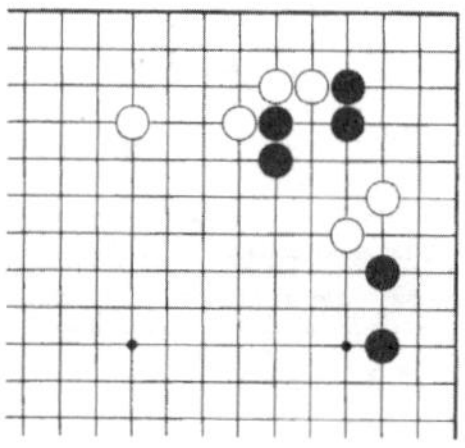

(602) 흑번

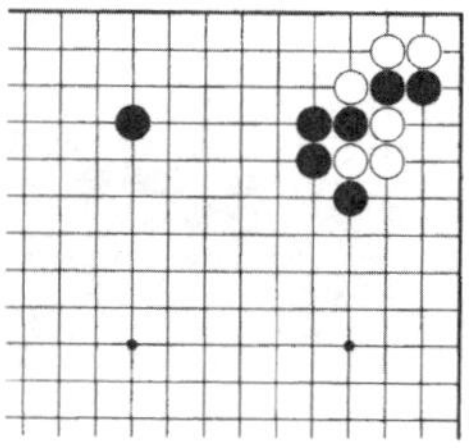

(678) 백번

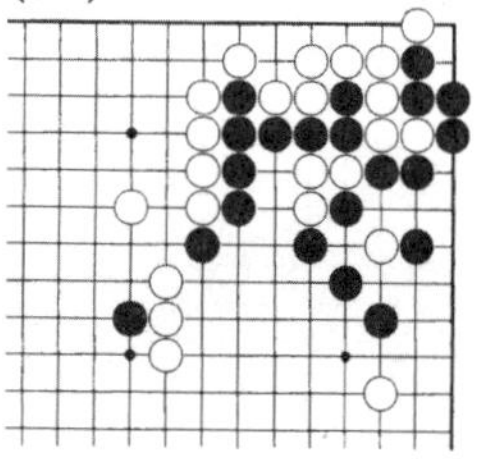

(706) 흑번

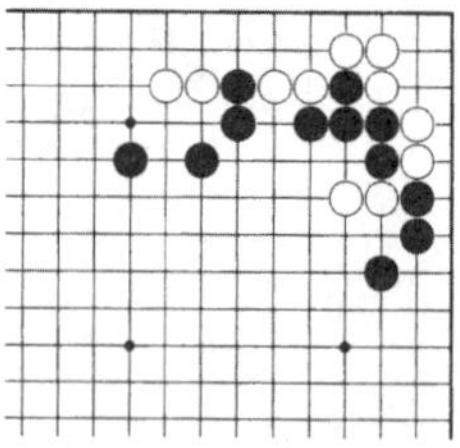

(710) 흑번

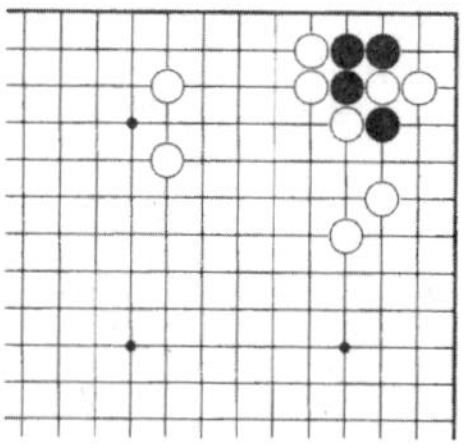

(713) 흑번

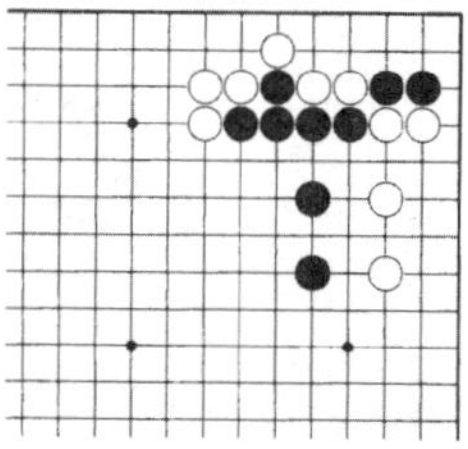

(714) 흑번

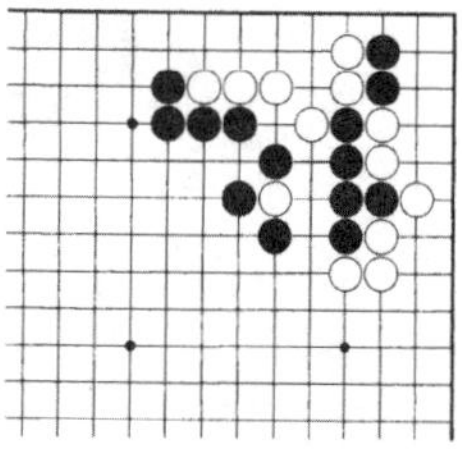

(728) 흑번

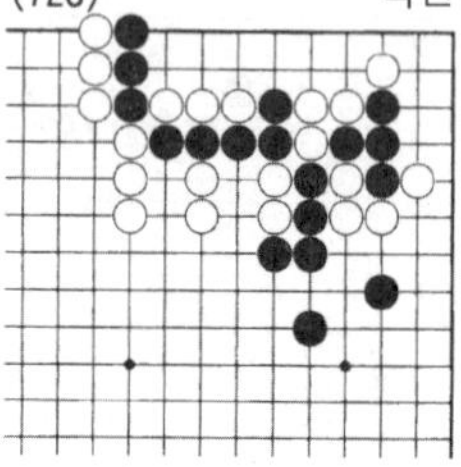

(729) 흑번

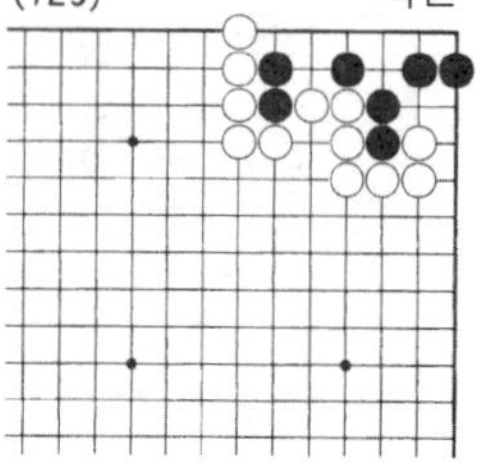

(730) 흑번

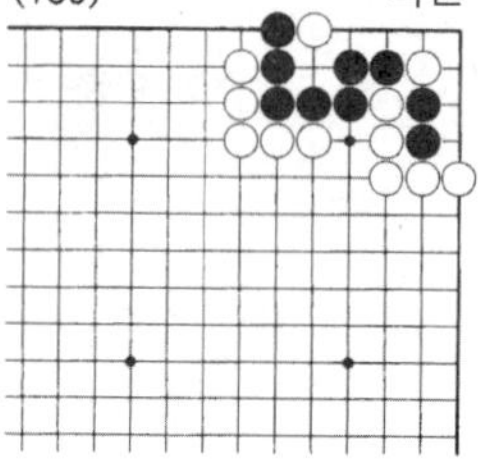

(731) 흑번

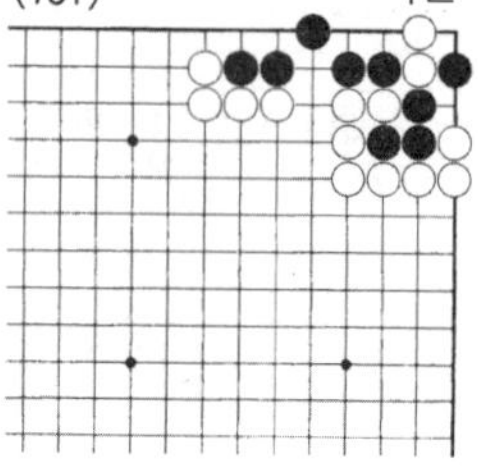

(732) 흑번

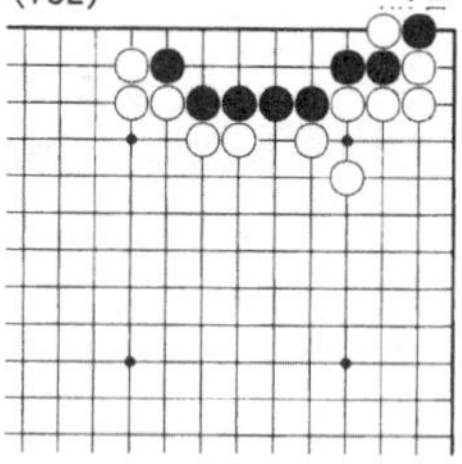

(733) 흑번

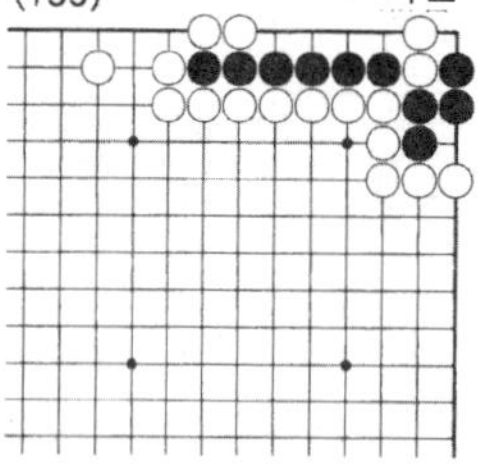

(734) 흑번

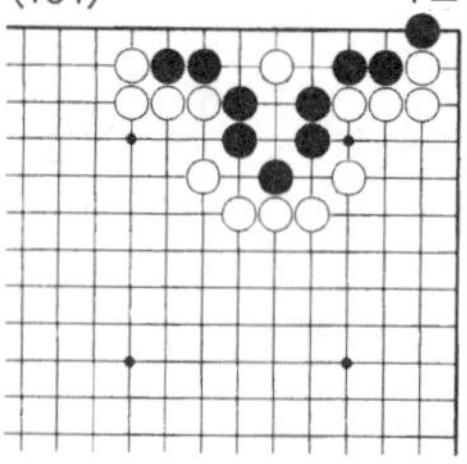

(735) 흑번

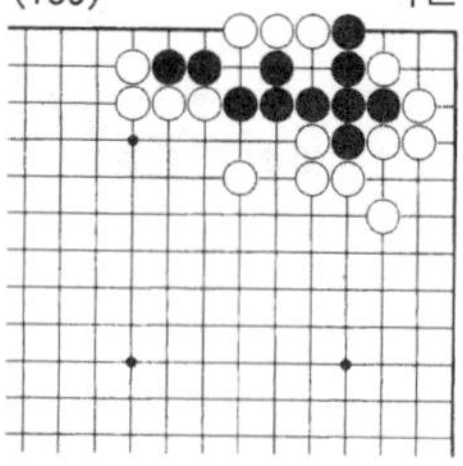

(736) 흑번

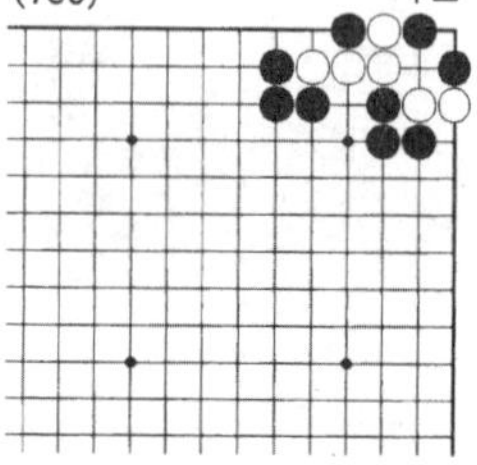

(737) 흑번

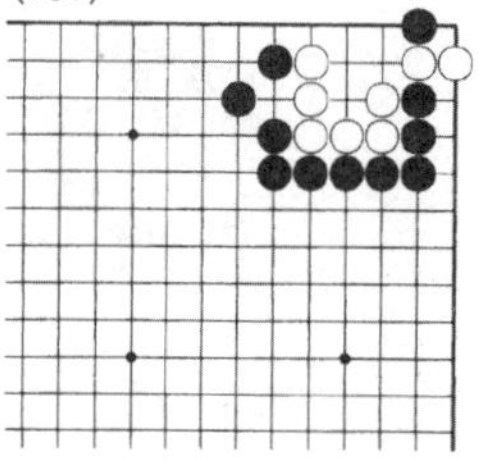

(738) 흑번

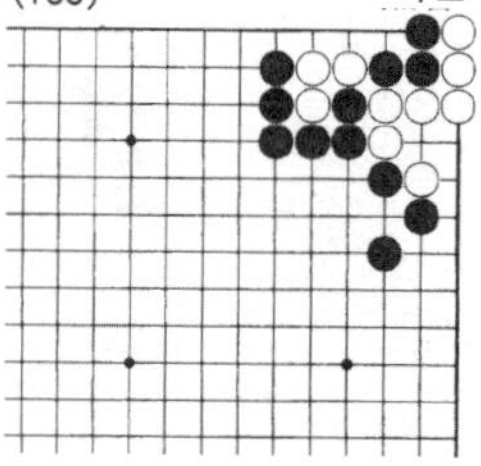

(740) 흑번

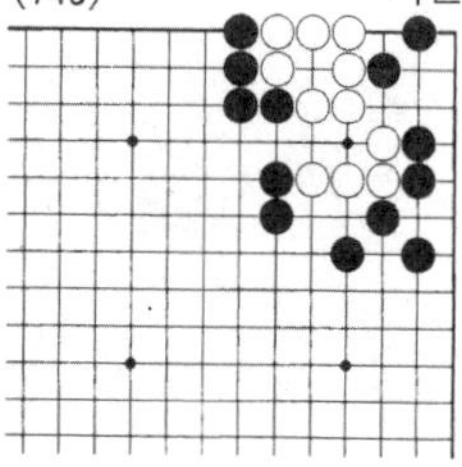

(741) 흑번

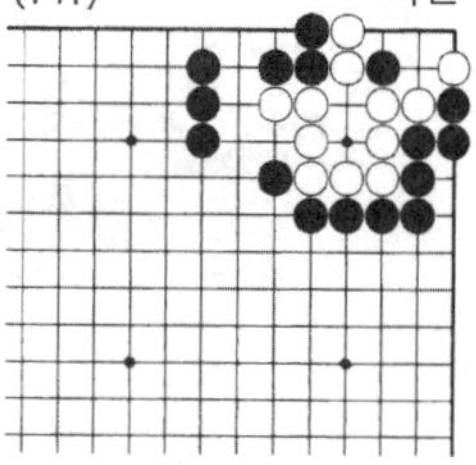

(742) 흑번

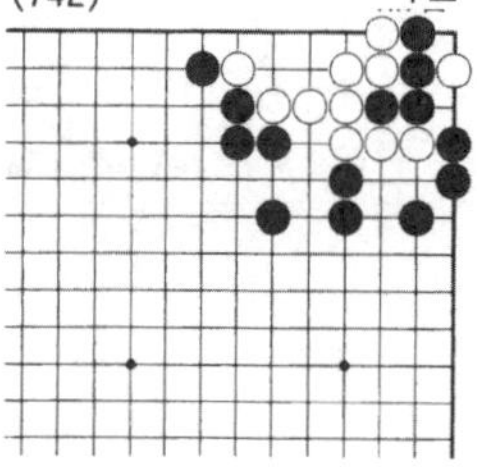

(743) 흑번

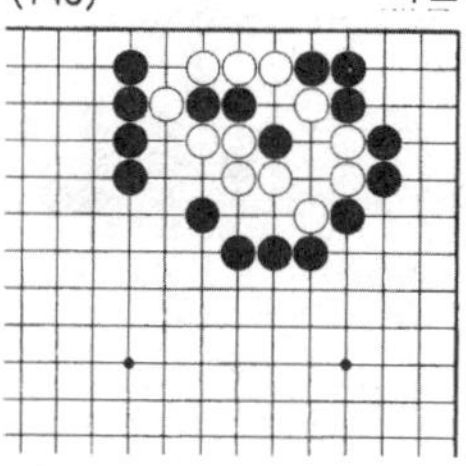

(744) 흑번

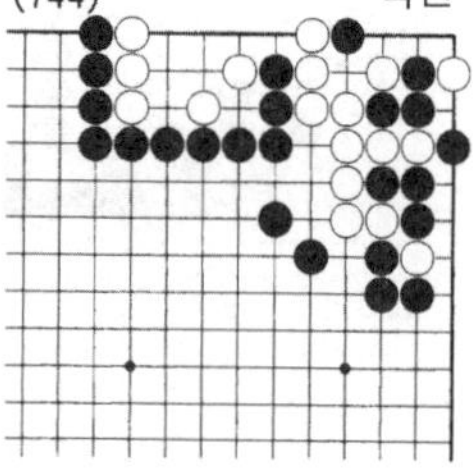

(747) 흑번

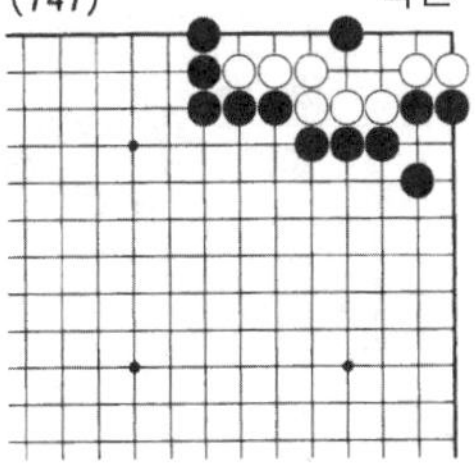

(1098) 흑번

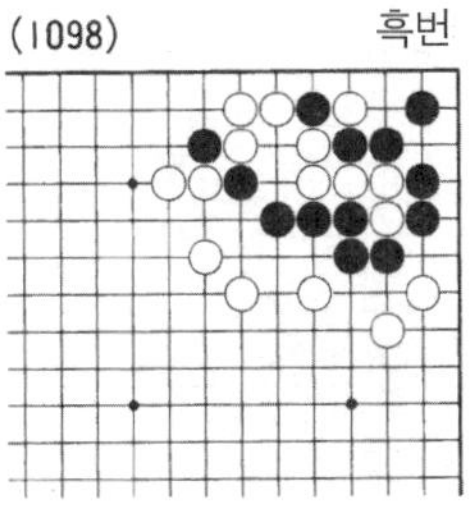

(1114) 백번

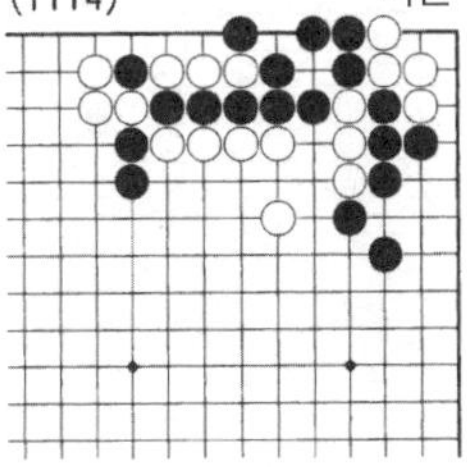

(1167) 백번

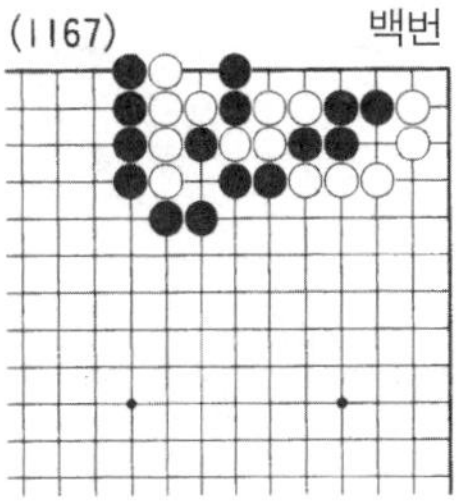

(1172) 백번

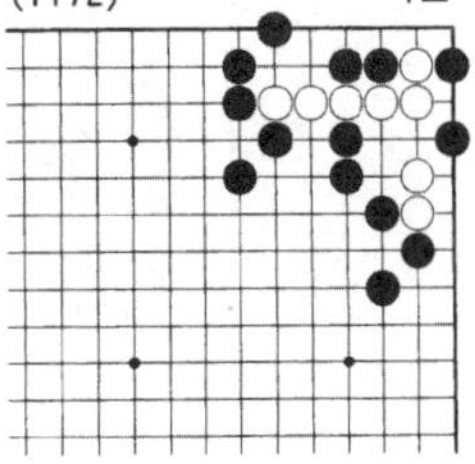

(1180) 흑번

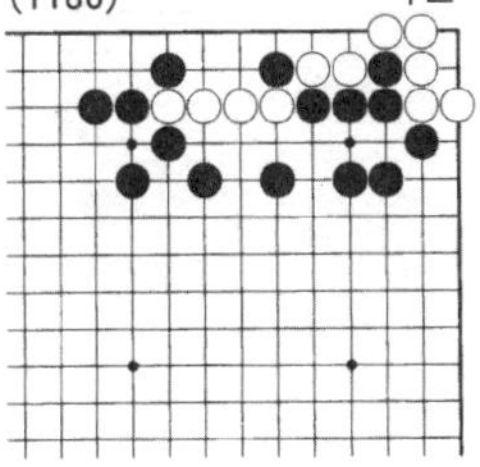

(1249) 흑번

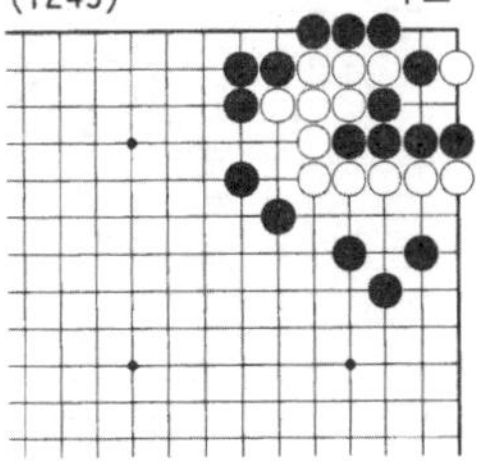

(1485) 흑번

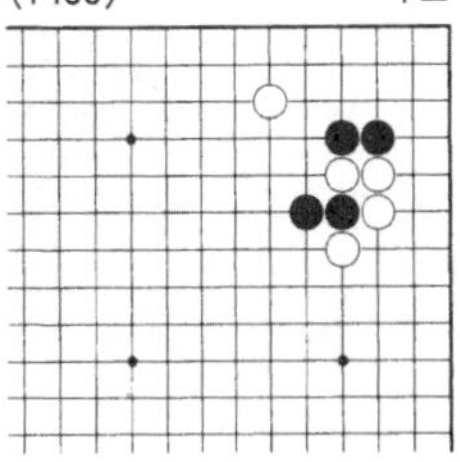

(1506) 백번

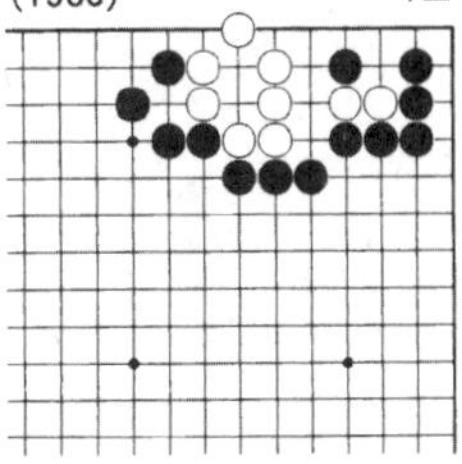

(1658) 흑번

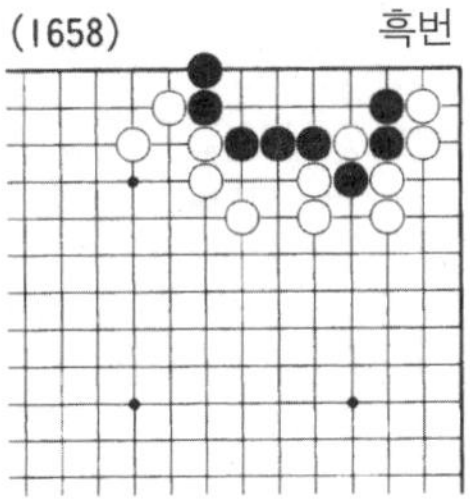

(1900) 흑번

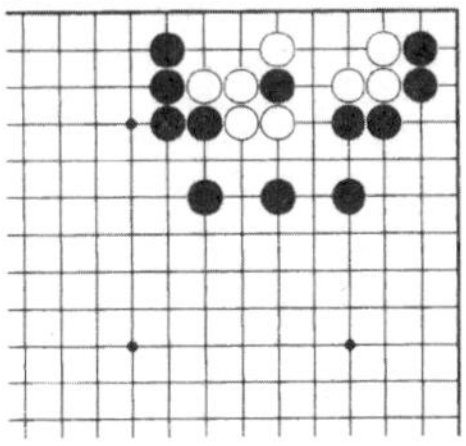

(1906) 흑번

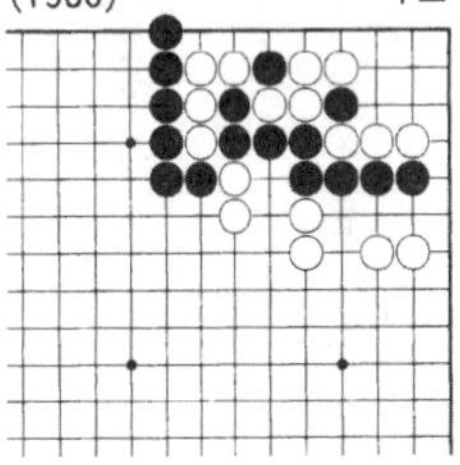

(1912) 흑번

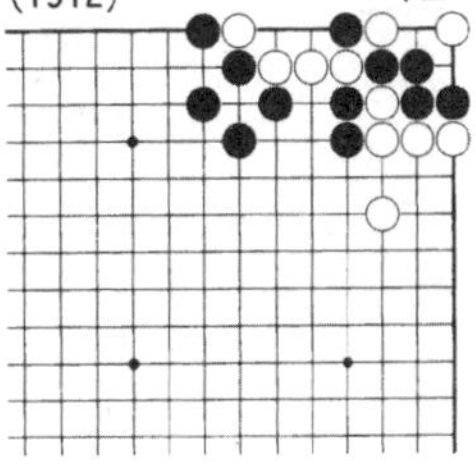

(1924) 흑번

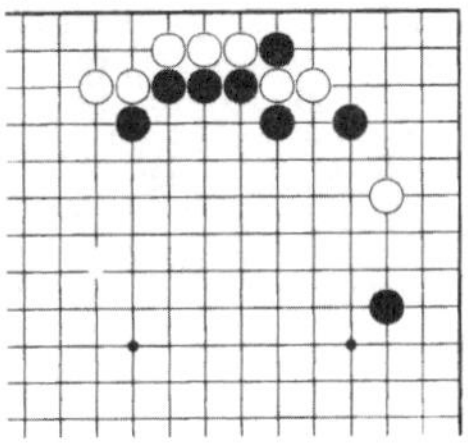

(2269) 흑번

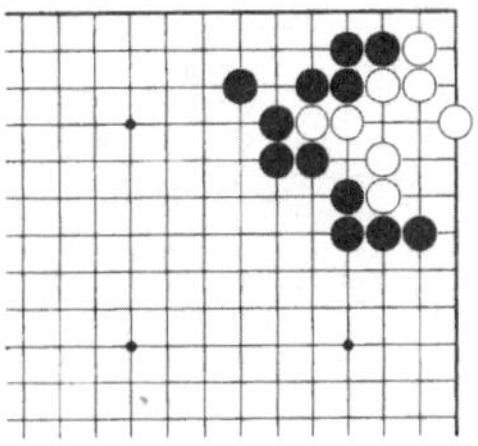

(2273) 흑번

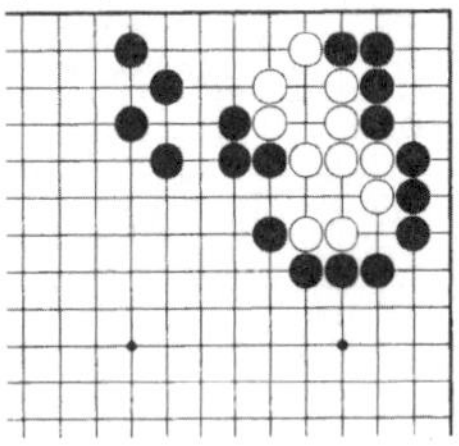

(2395) 백번

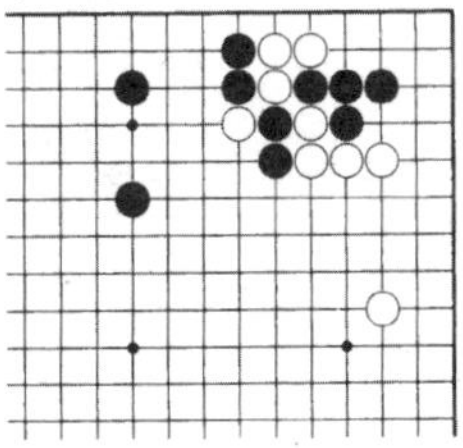

(2397) 백번

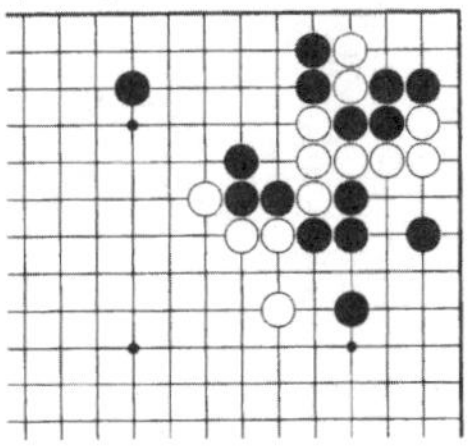

## 정형
## (모양을 잡다)

(34) 흑번

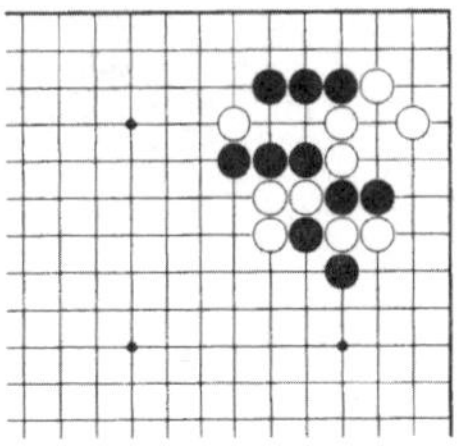

(41) 흑번

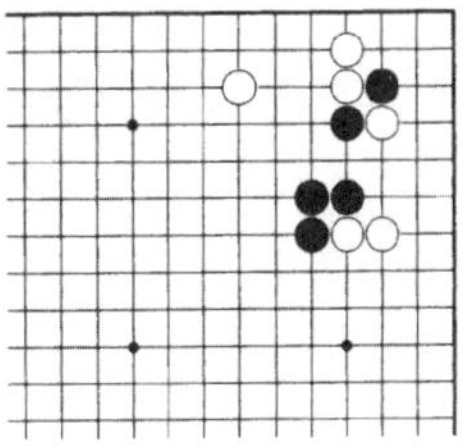

(43) 흑번

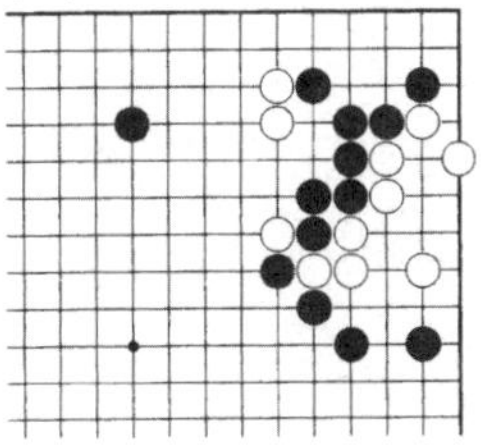

(51) 흑번

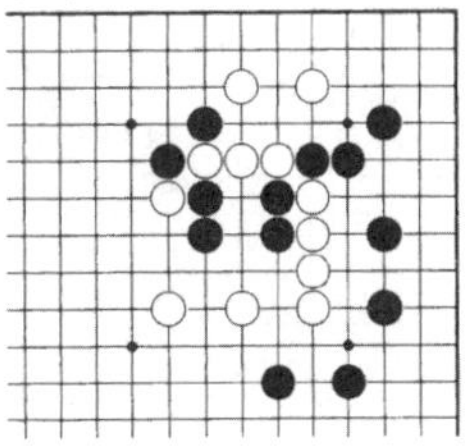

(52) 흑번

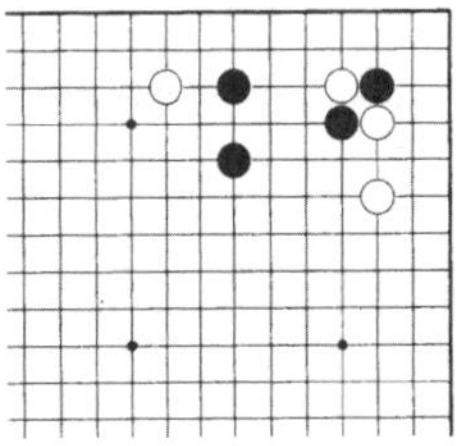

(58) 흑번

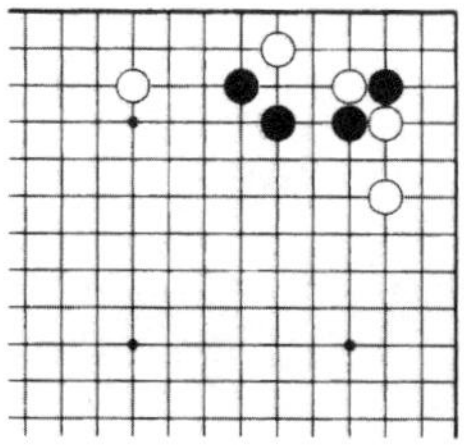

(61) 흑번

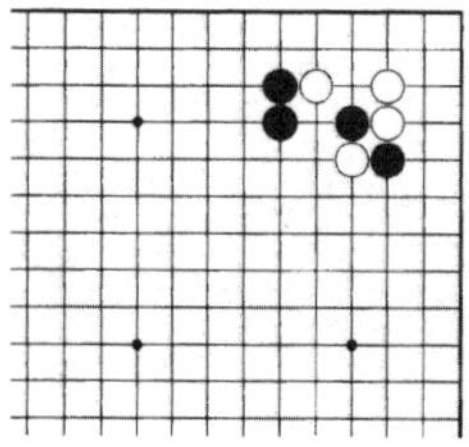

(62) 흑번

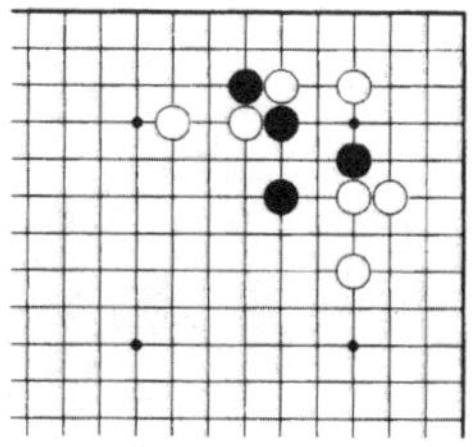

(67) 백번

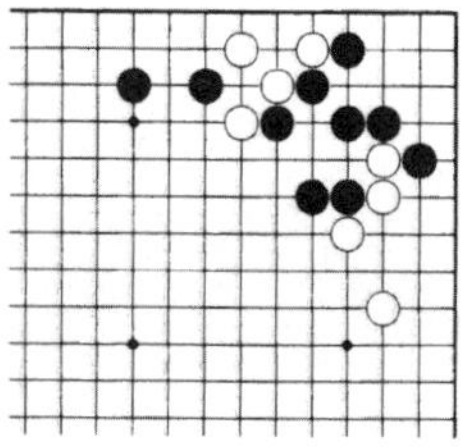

(75) 흑번

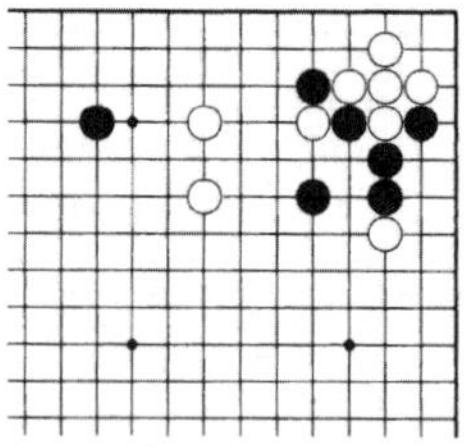

(76) 흑번

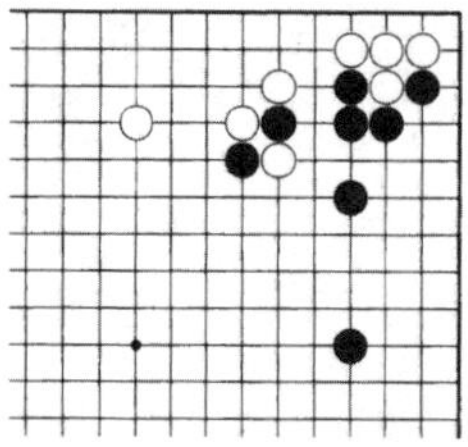

(98) 흑번

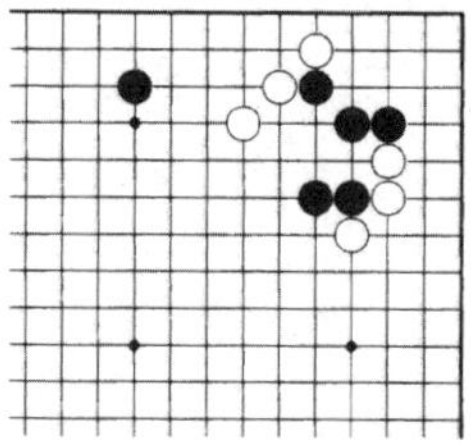

(99) 흑번

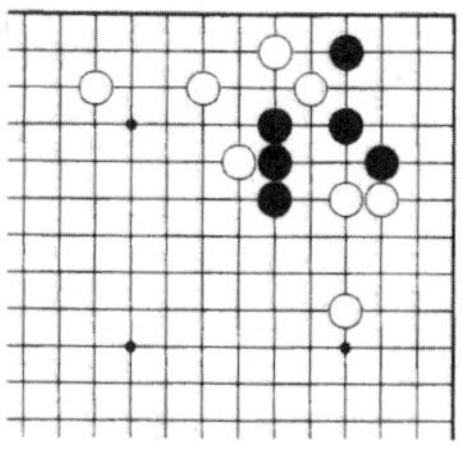

(104) 흑번

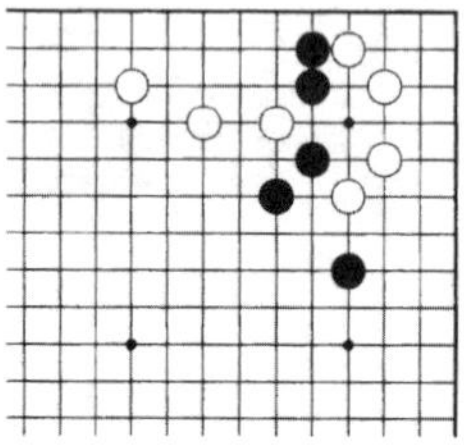

(431) 백번

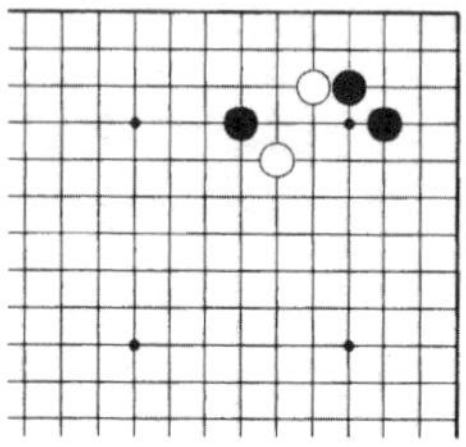

(433) 백번

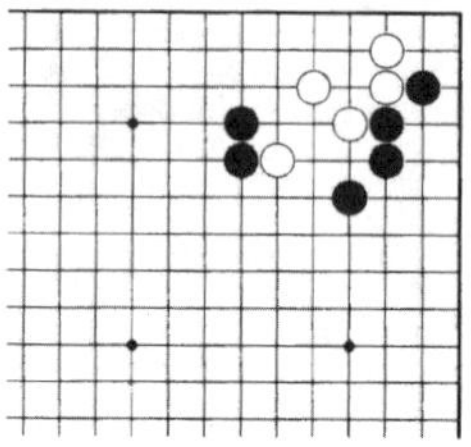

(443) 흑번

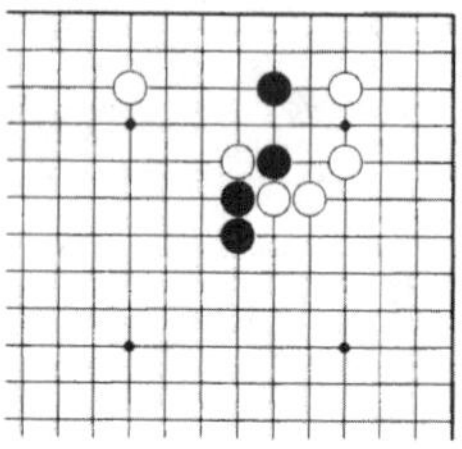

(444) 흑번

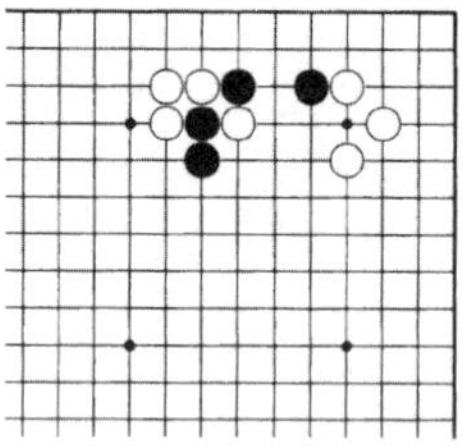

(452) 흑번

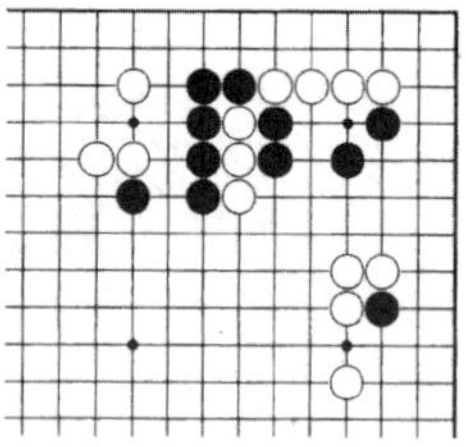

(493) 흑번

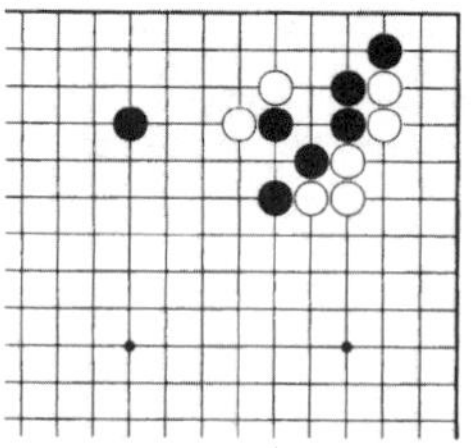

(495) 흑번

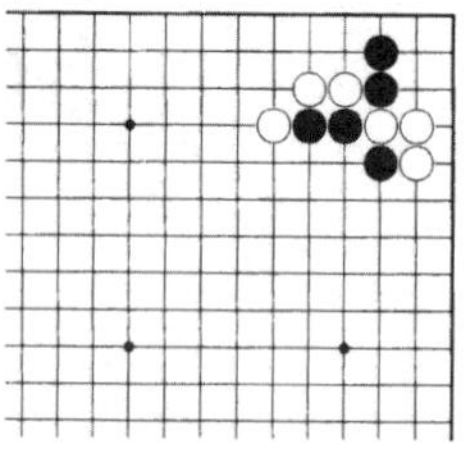

(504) 흑번

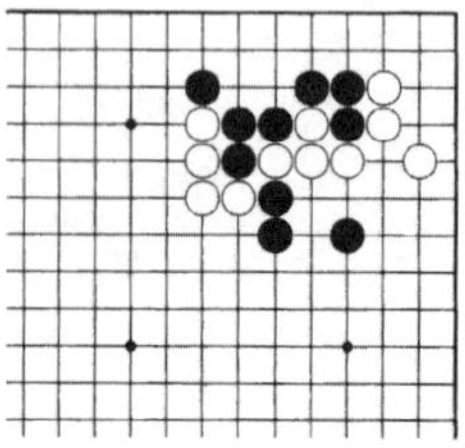

(558) 흑번

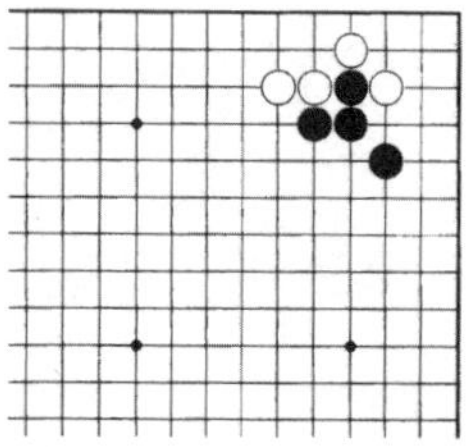

(570) 흑번

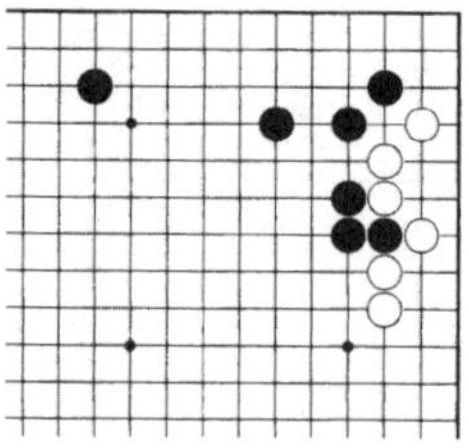

(604) 백번

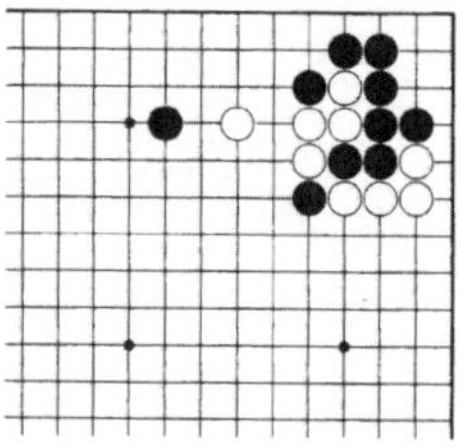

(762) 흑번

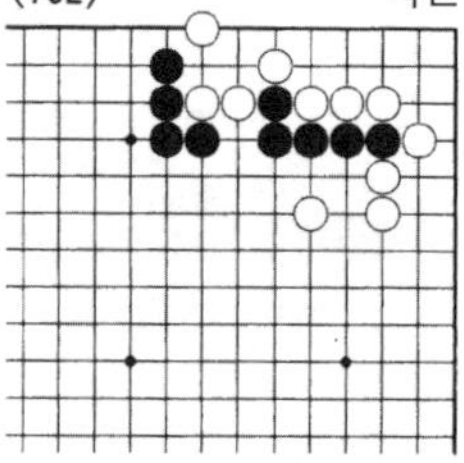

(770) 백번

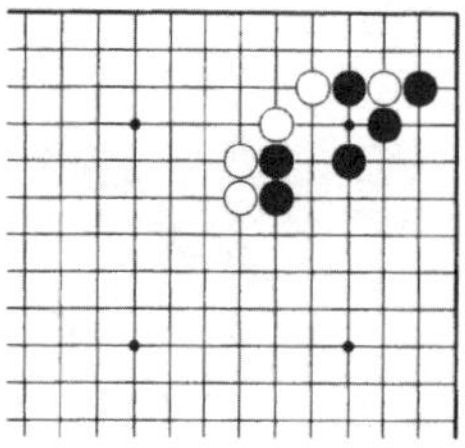

(786) 흑번

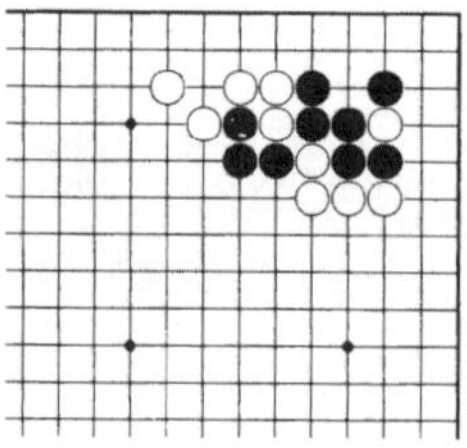

(788) 백번

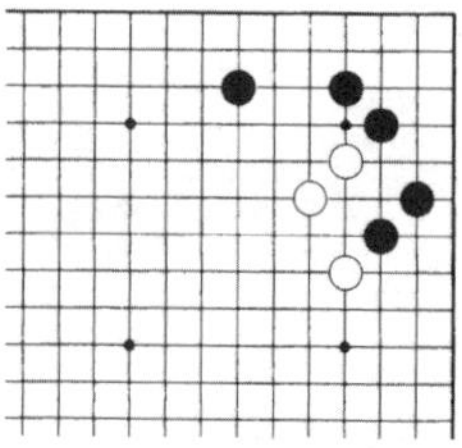

(789) 백번

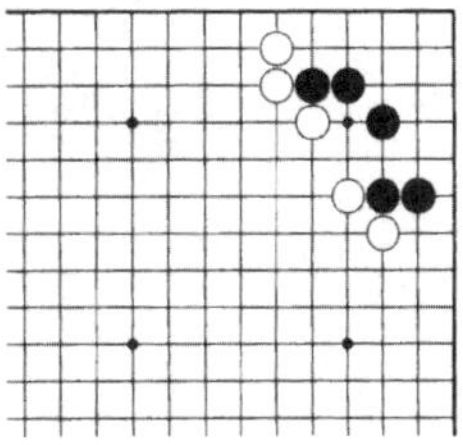

(834) 백번

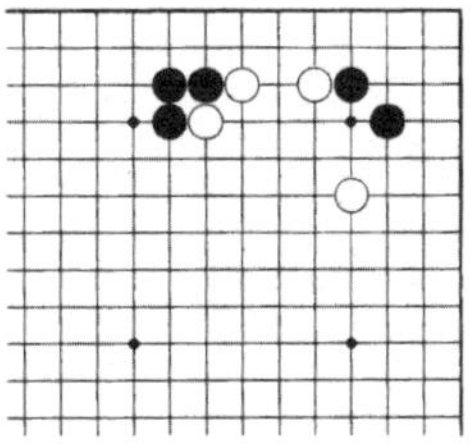

(841) 흑번

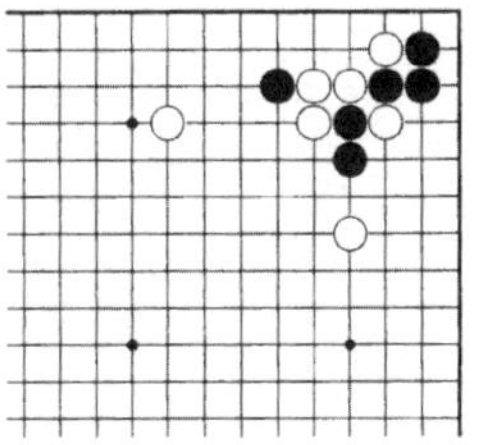

(842) 백번

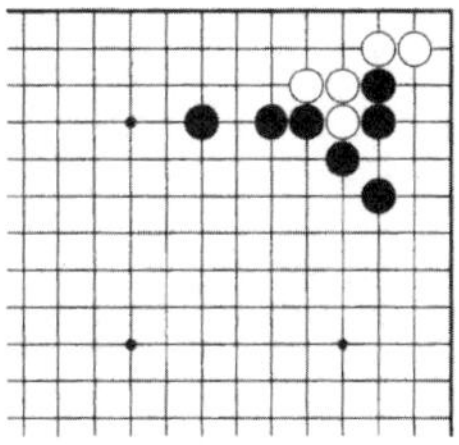

(847) 백번

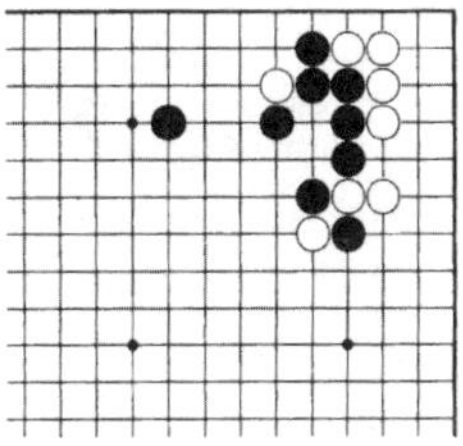

(1045) 흑번

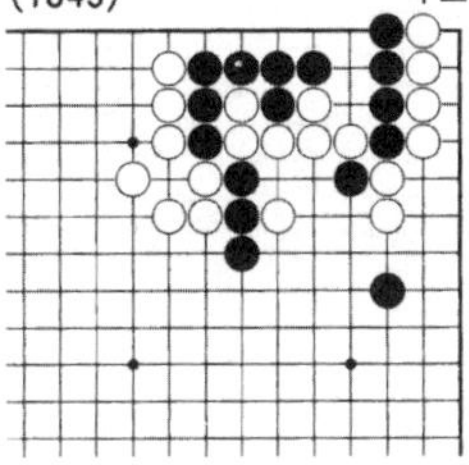

(1080) 백번

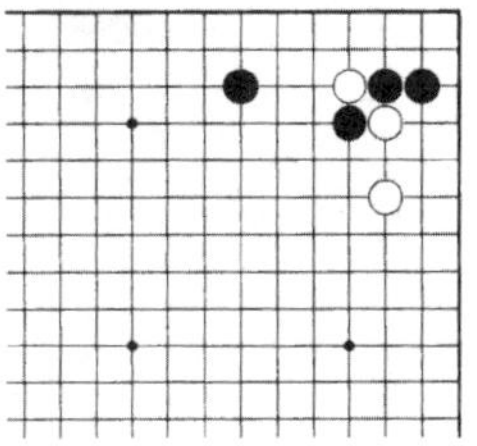

(1082) 백번

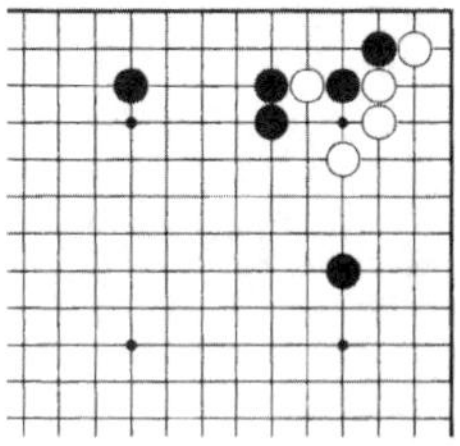

(1226) 흑번

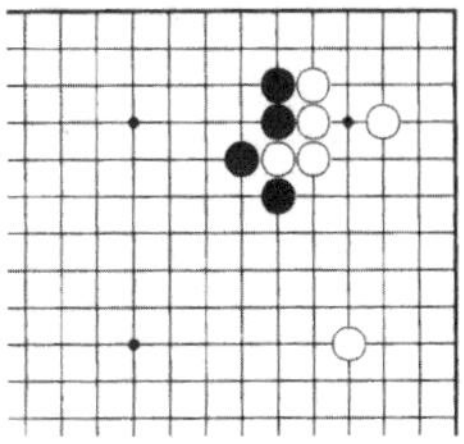

(1231) 흑번

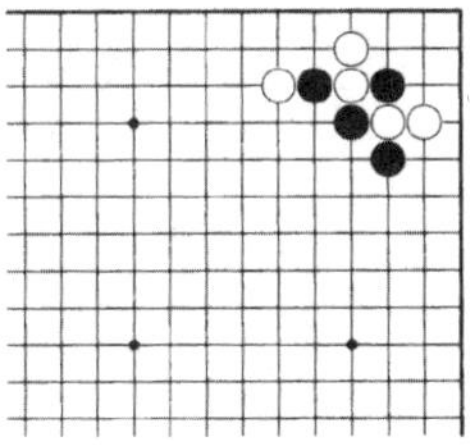

(1240) 흑번

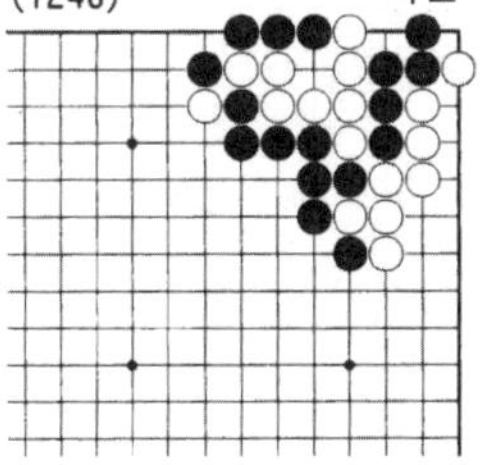

(1254) 흑번

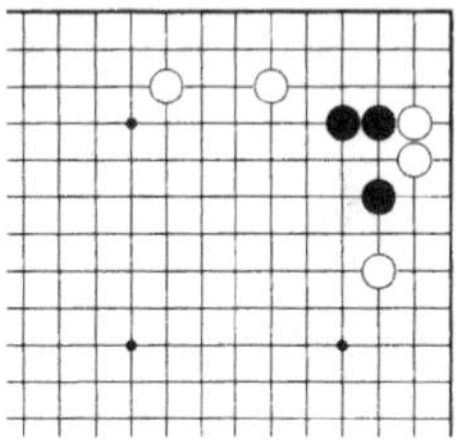

(1283) 흑번

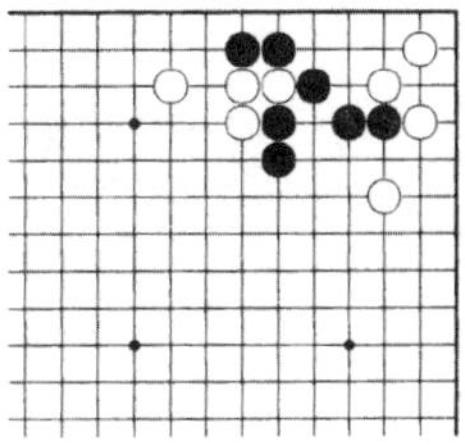

(1300) 백번

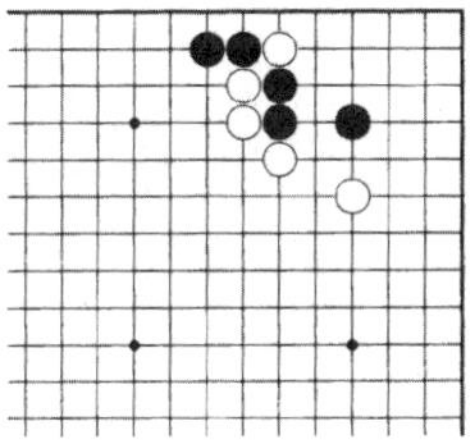

(1302) 흑번

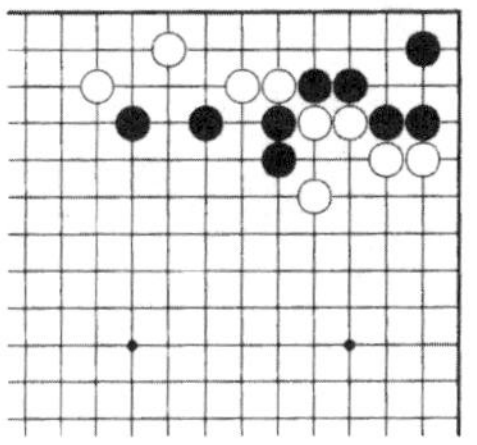

(1310) 흑번

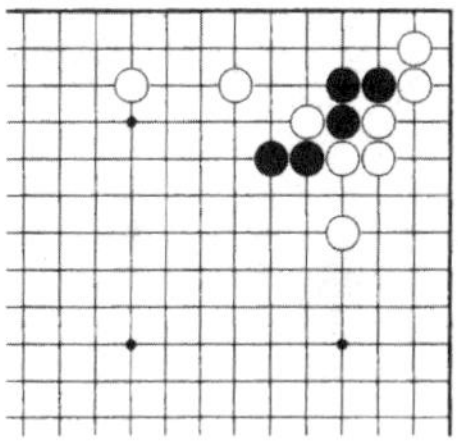

(1456) 백번

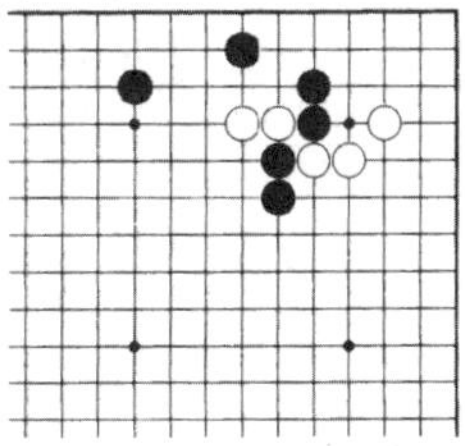

(1525) 흑번

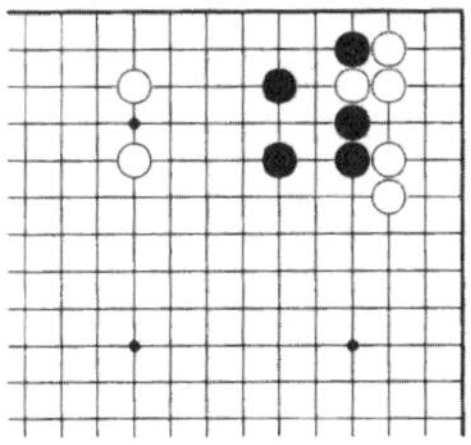

(1528) 흑번

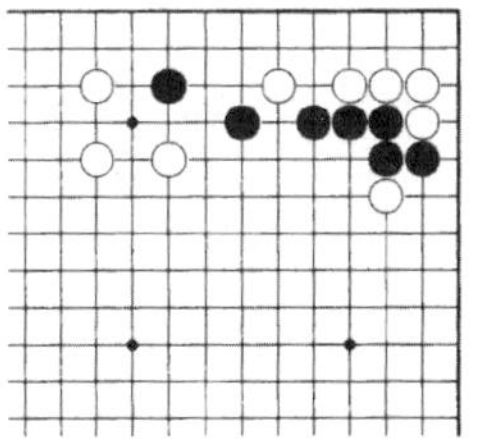

(1542) 흑번

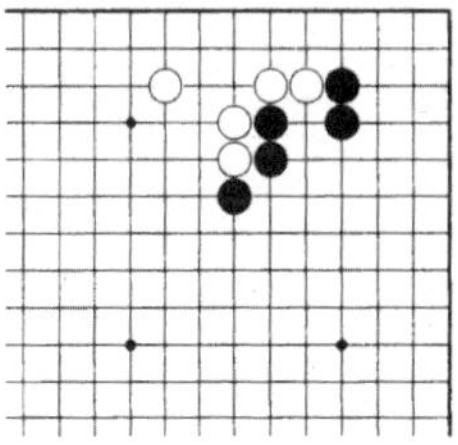

(1546) 백번

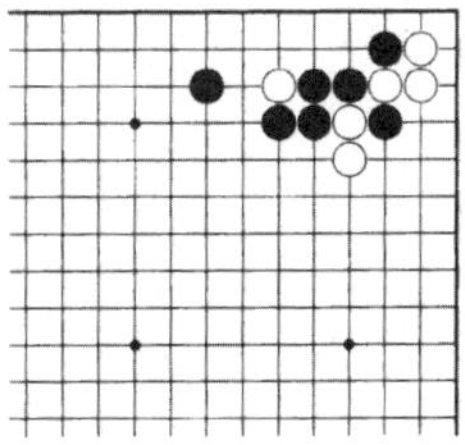

(1548) 백번

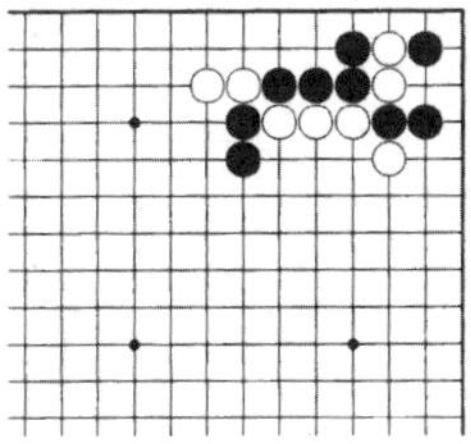

(1572) 백번

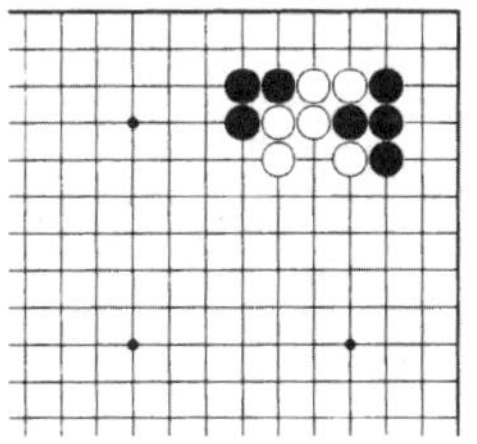

(1573) 백번

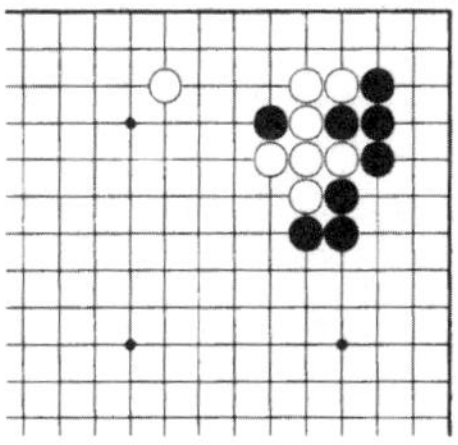

(1576) 흑번

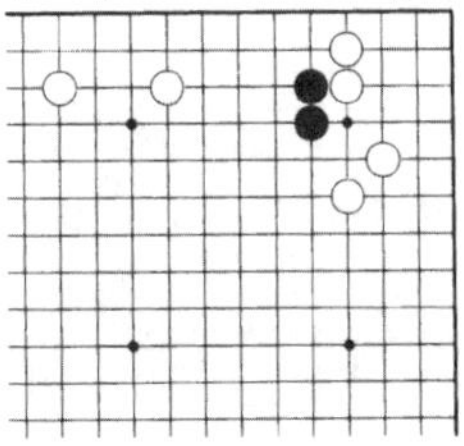

(1577) 백번

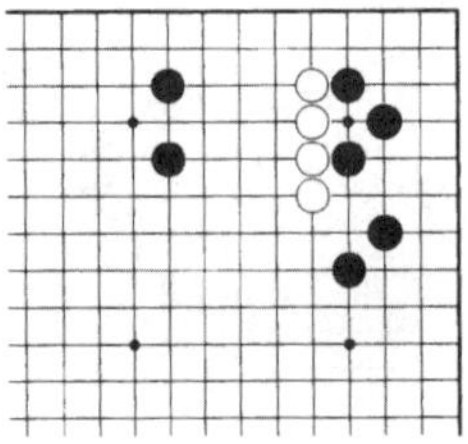

(1770) 흑번

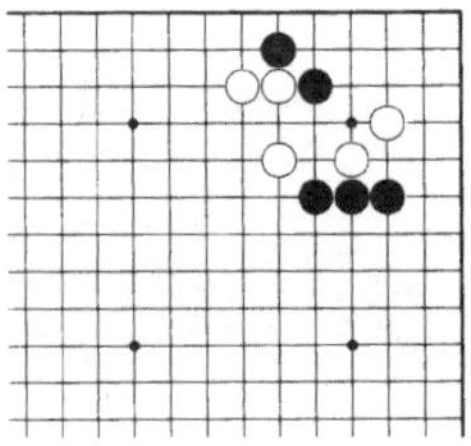

(1775) 흑번

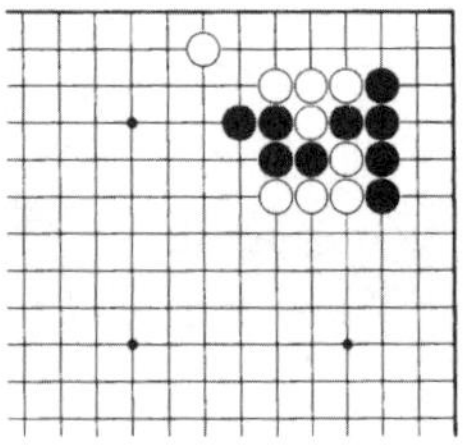

(1776) 흑번

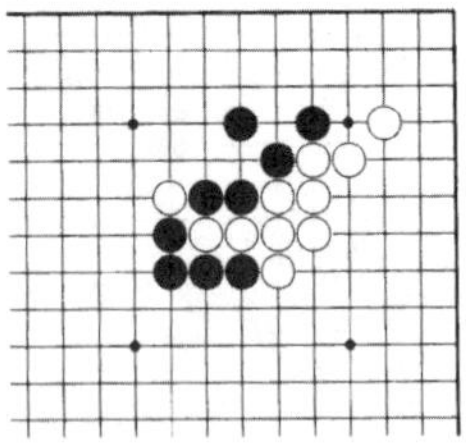

(1782) 흑번

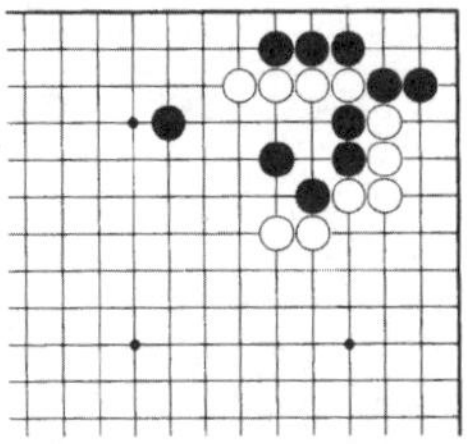

(1793) 흑번

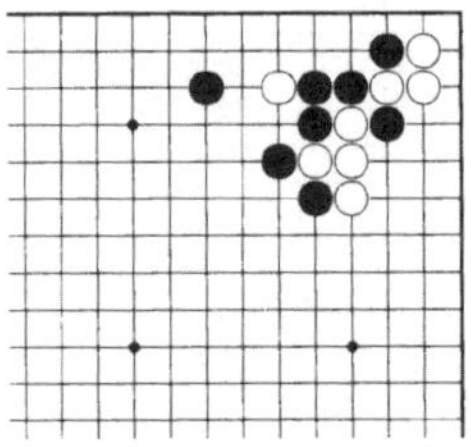

(1841) 흑번

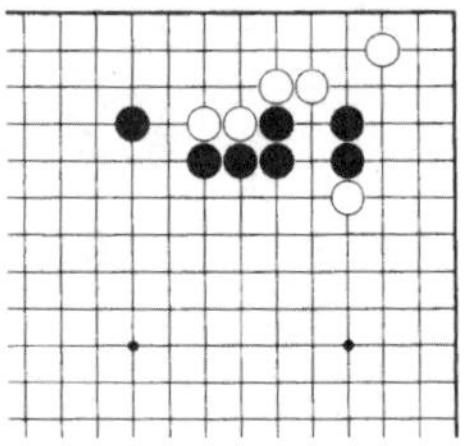

(1890) 흑번

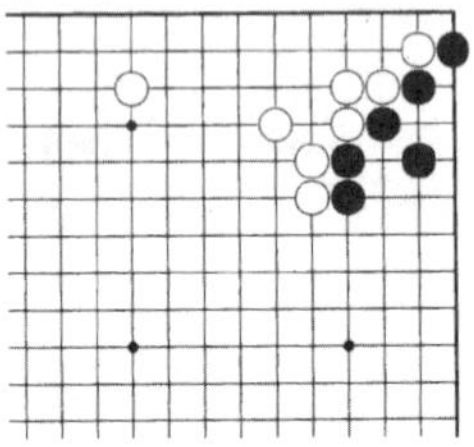

(1948) 흑번

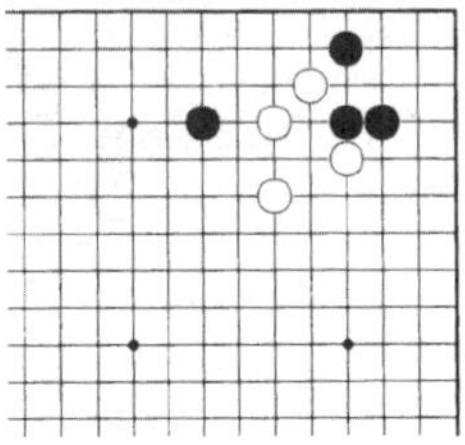

(2008) 백번

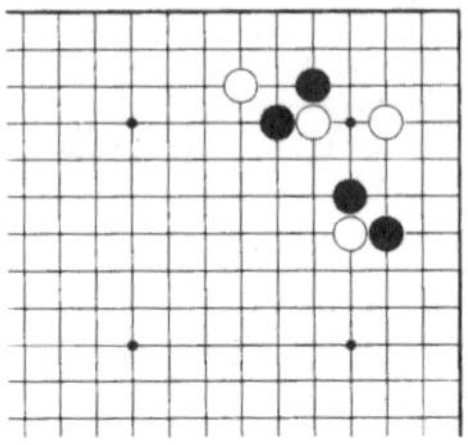

(2012) 흑번

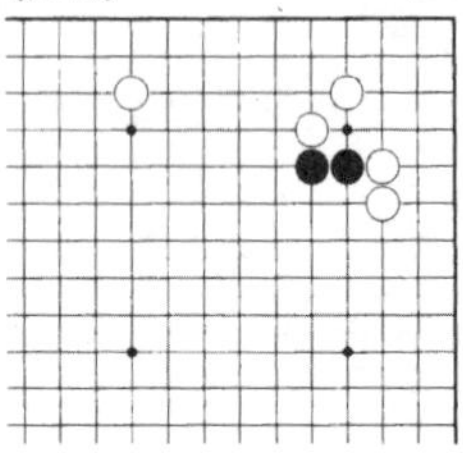

(2014) 백번

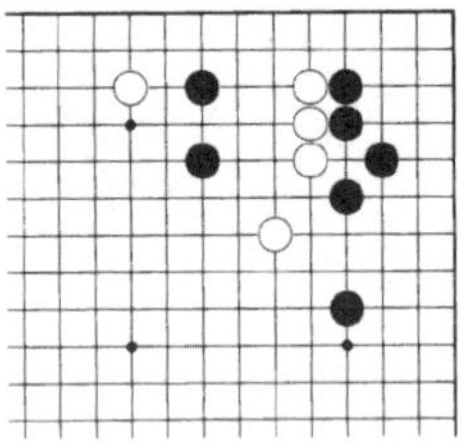

(2015) 흑번

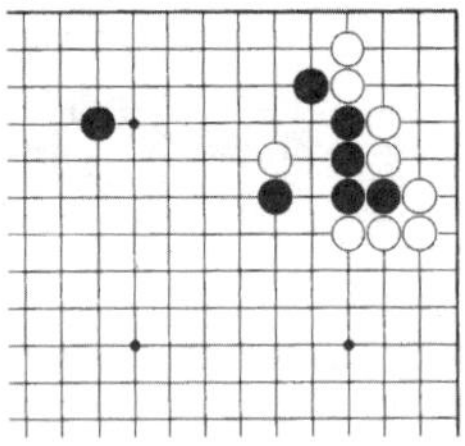

(2018) 흑번

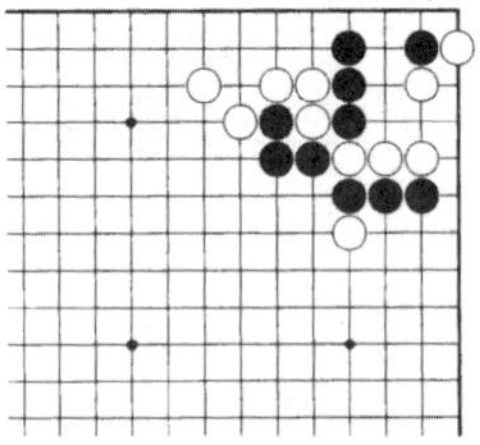

(2029) 백번

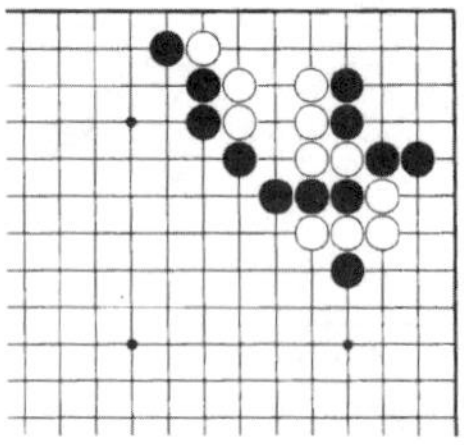

(2037) 흑번

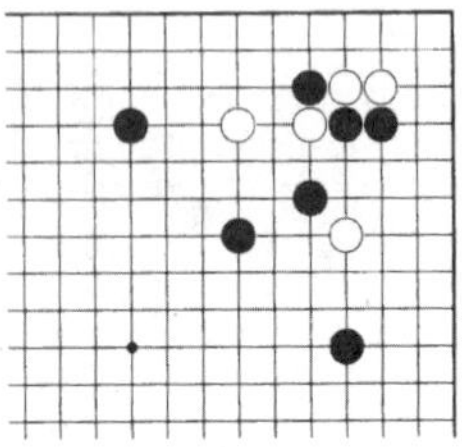

(2143) 백번

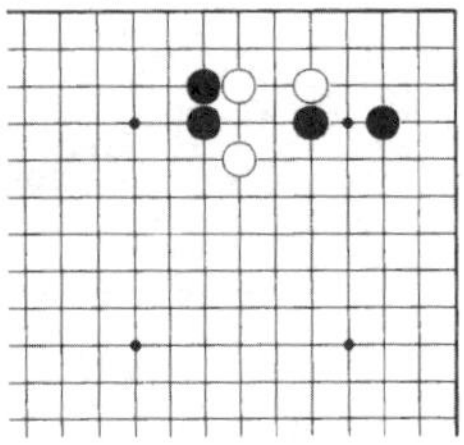

(2189) 흑번

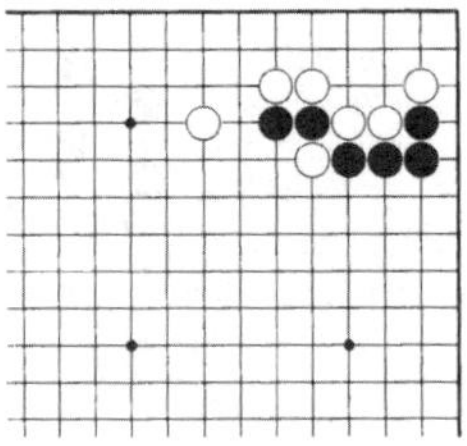

(2191) 백번

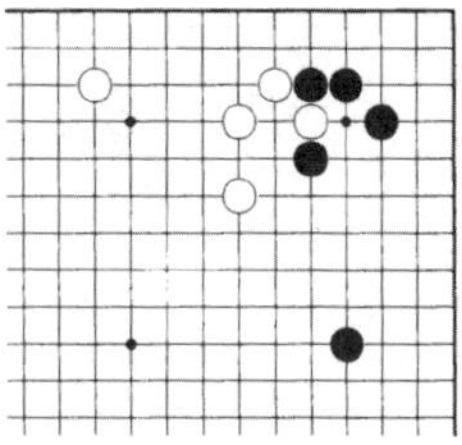

(2213) 흑번

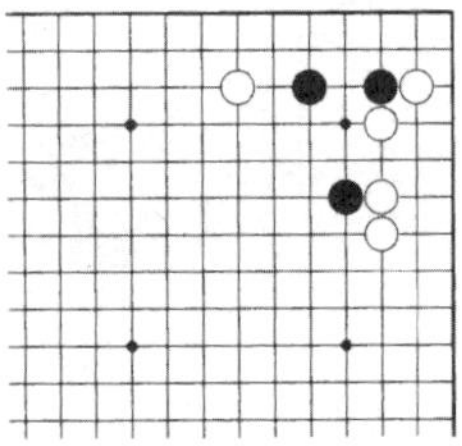

(2214) 흑번

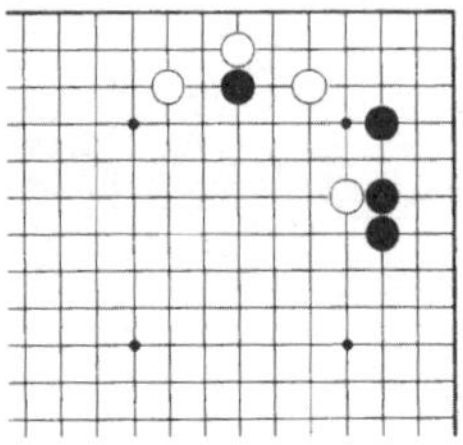

(2220) 백번

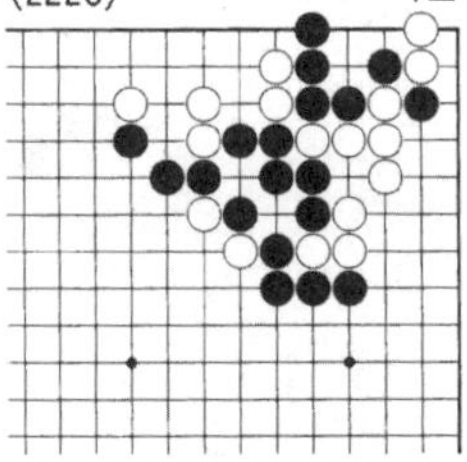

(2282) 흑번

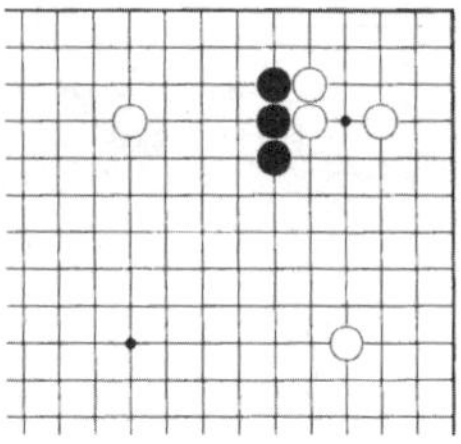

# 끊다

(139) 흑번

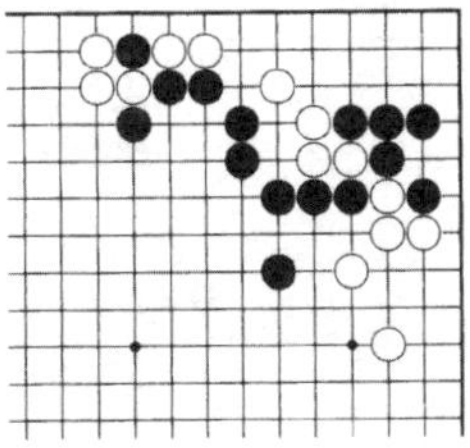

(140) 흑번

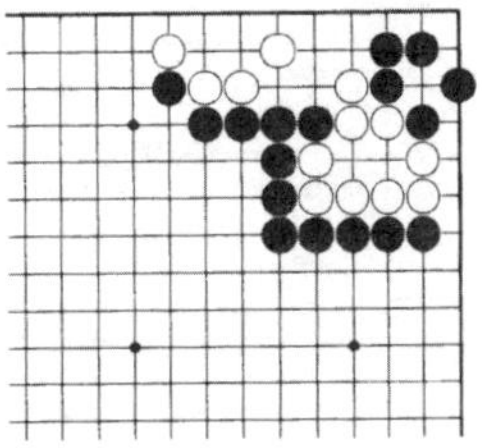

(249) 백번

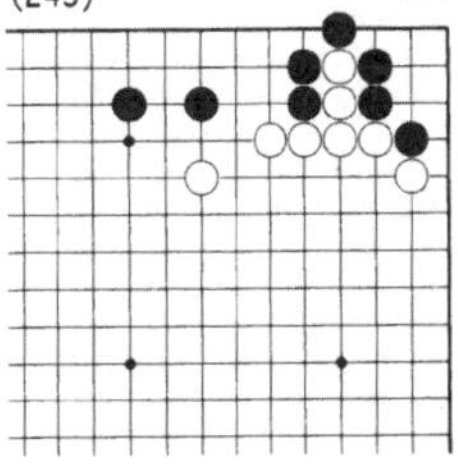

(254) 흑번

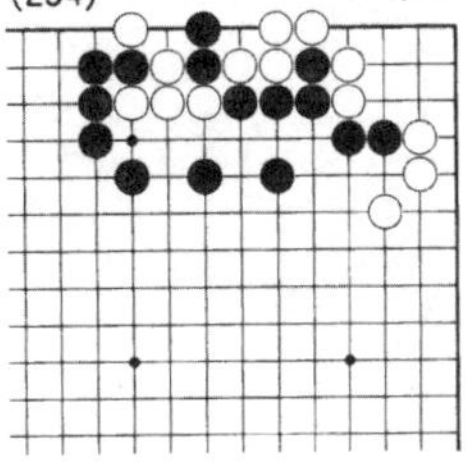

(328) 흑번

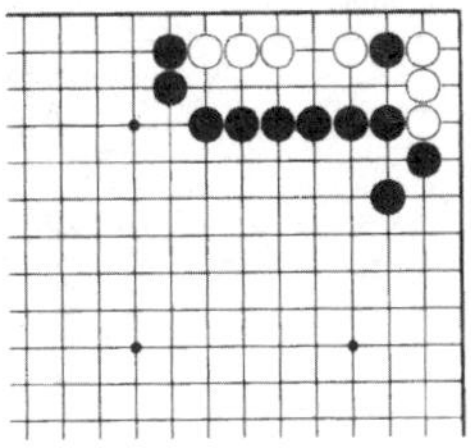

(564) 흑번

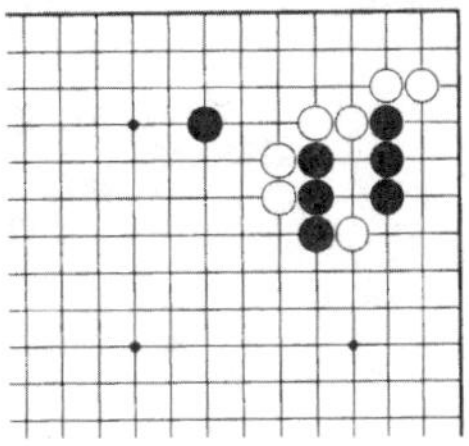

(632) 흑번

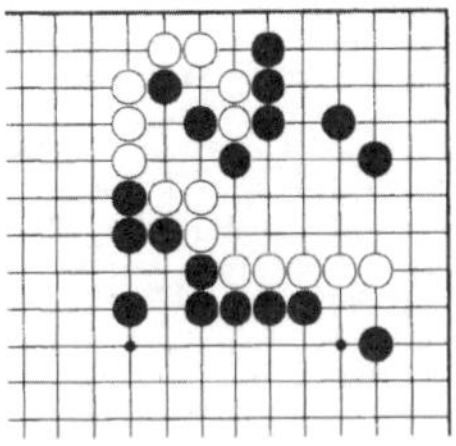

(674) 흑번

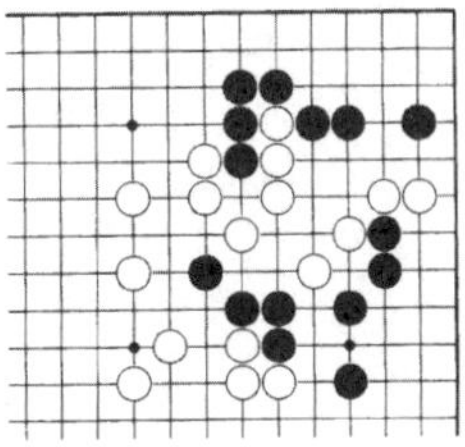

(771) 흑번

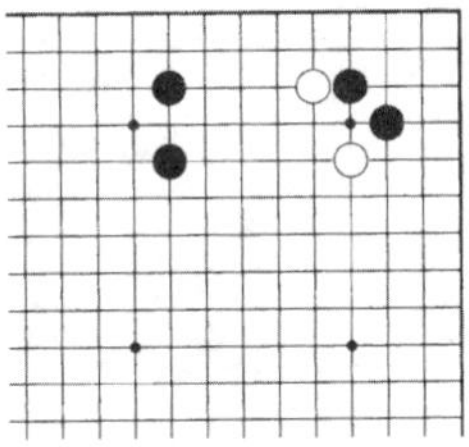

(808) 흑번

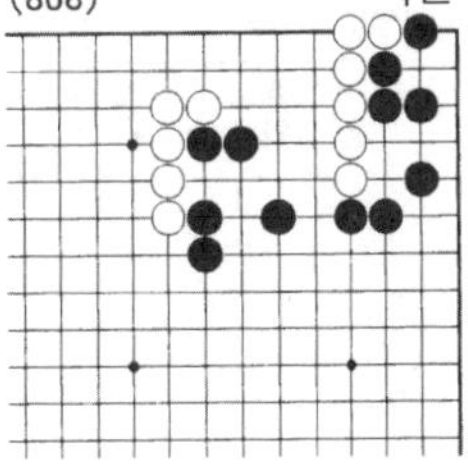

(1035) 흑번

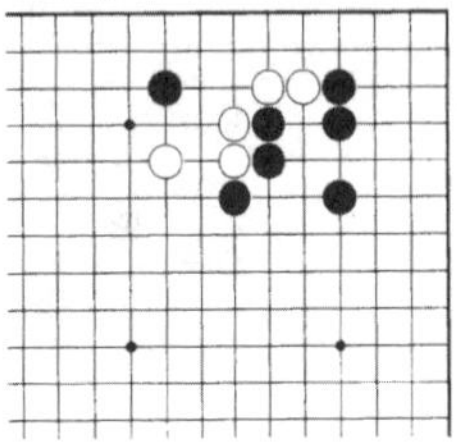

(1057) 흑번

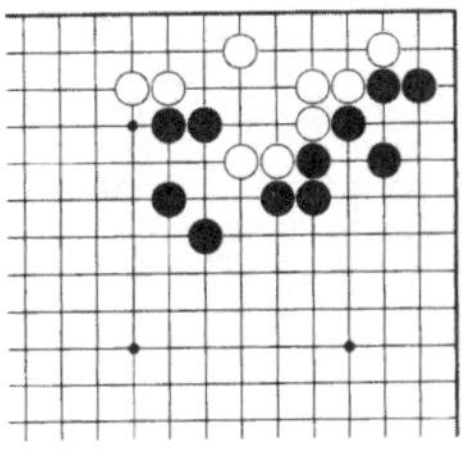

(1062) 흑번

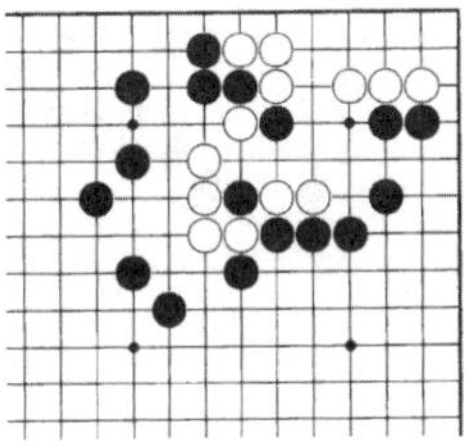

(1148) 흑번

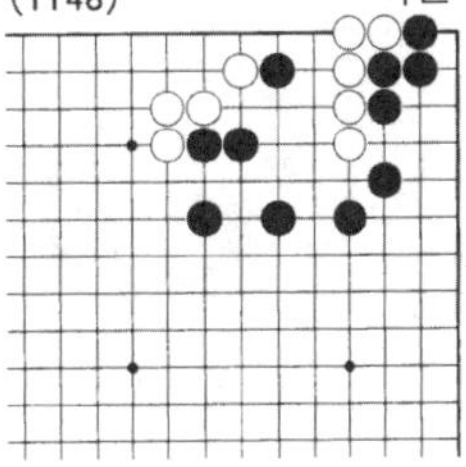

(1149) 백번

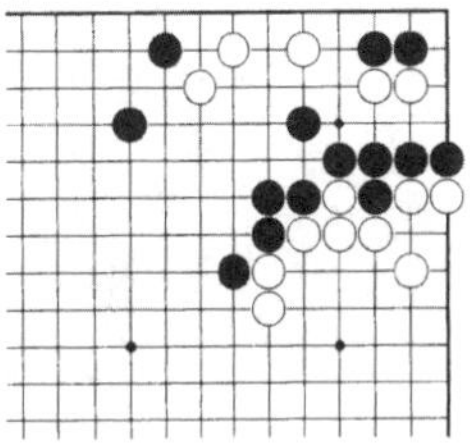

(1192) 백번

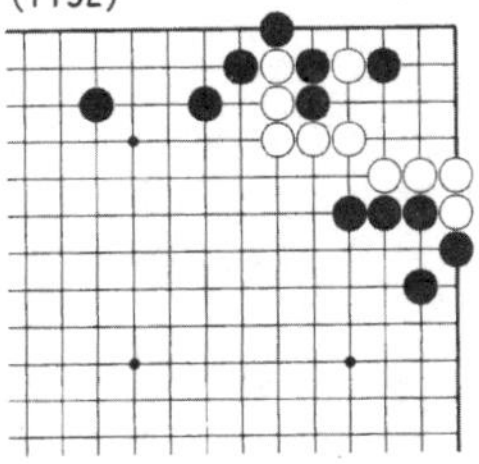

(1325) 흑번

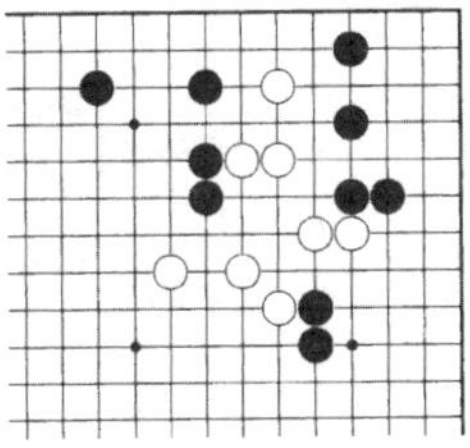

(1326) 백번

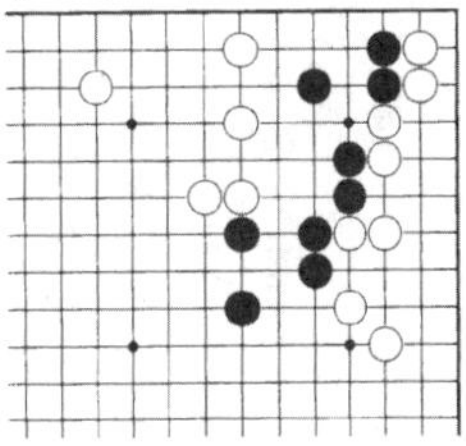

(1327) 백번

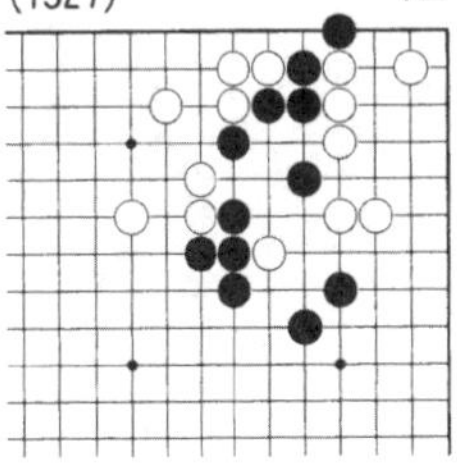

(1328) 흑번

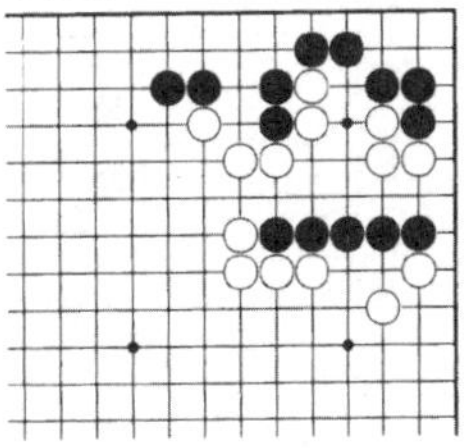

(1329) 흑번

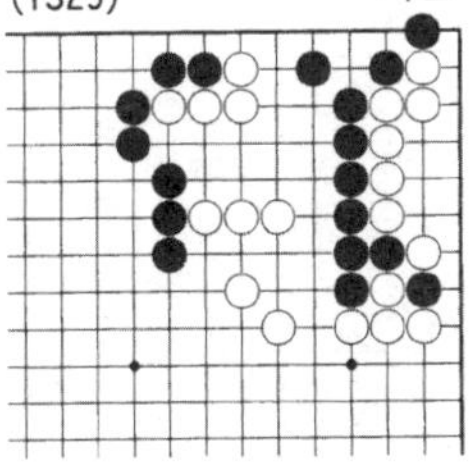

(1440) 백번

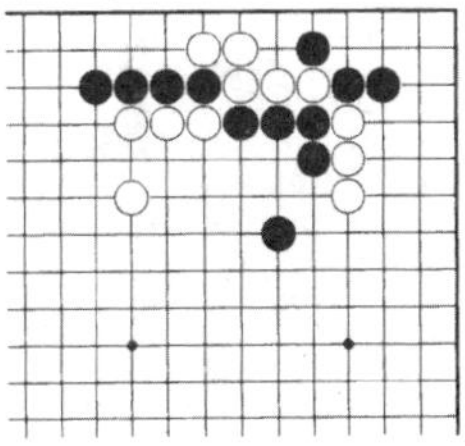

(1442) 흑번

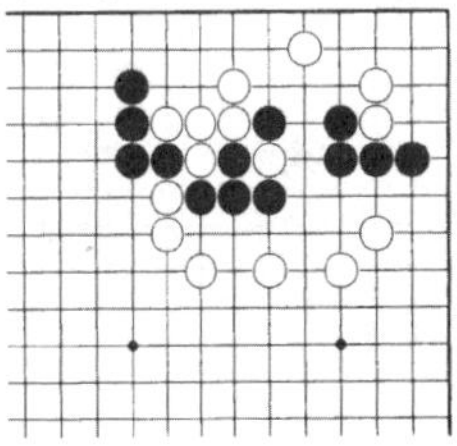

(1444) 흑번

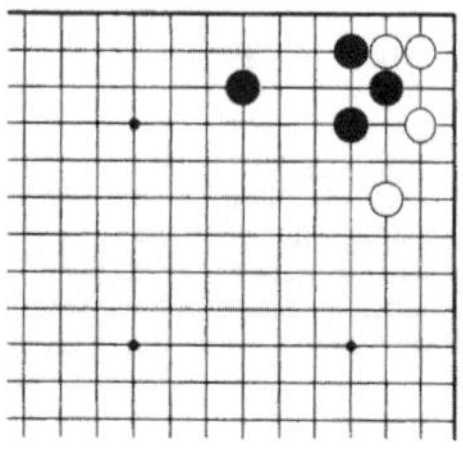

(1449) 흑번

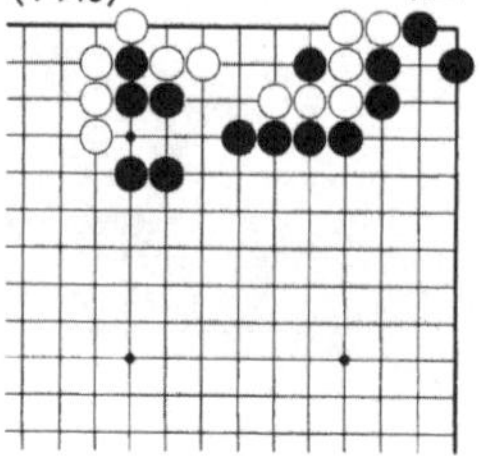

(1450) 흑번

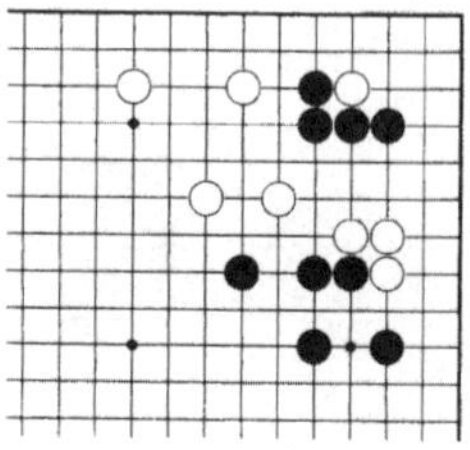

(1520) 흑번

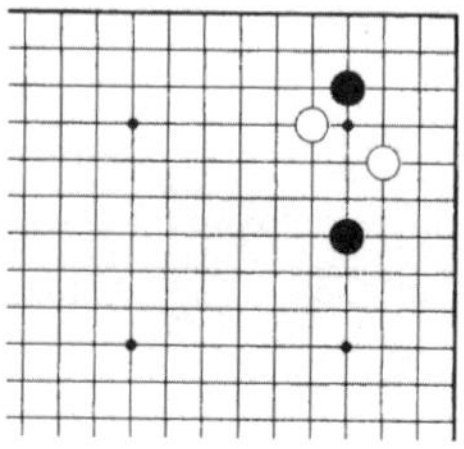

(1745) 흑번

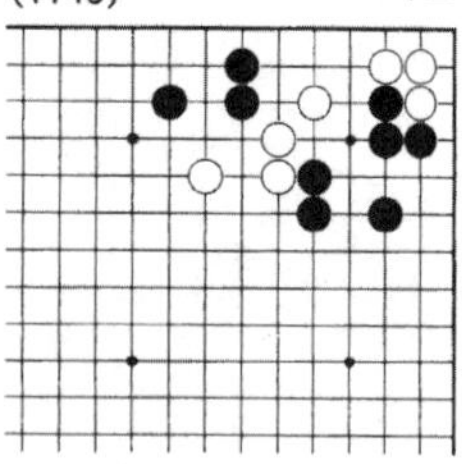

(1747) 흑번

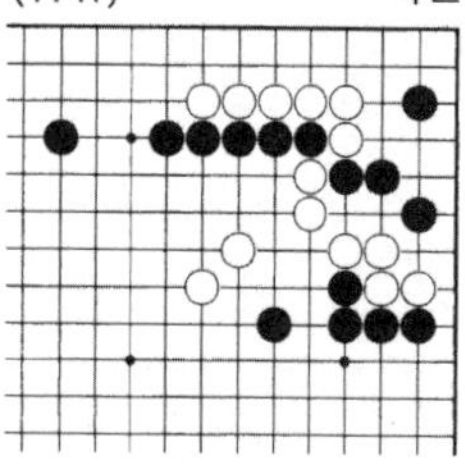

(1804) 흑번

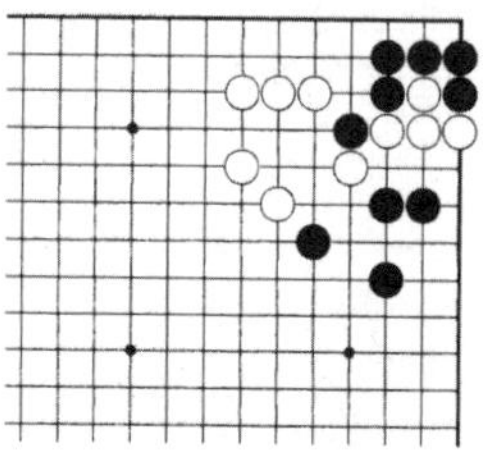

(1895) 흑번

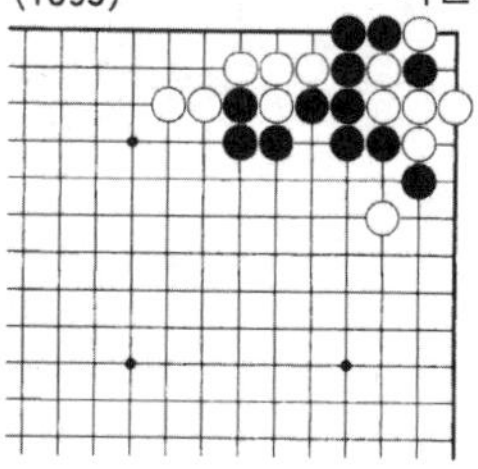

(1903) 흑번

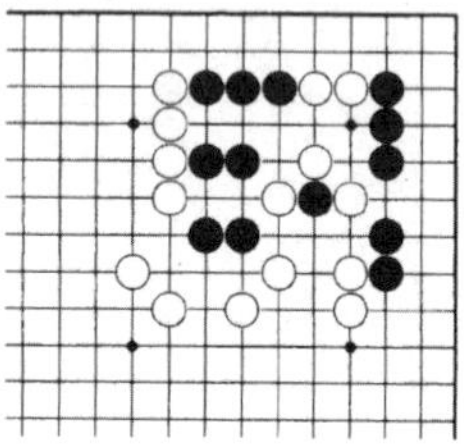

(1980) 백번

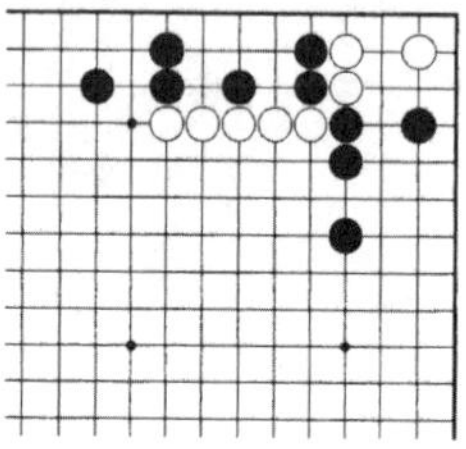

(2089) 흑번

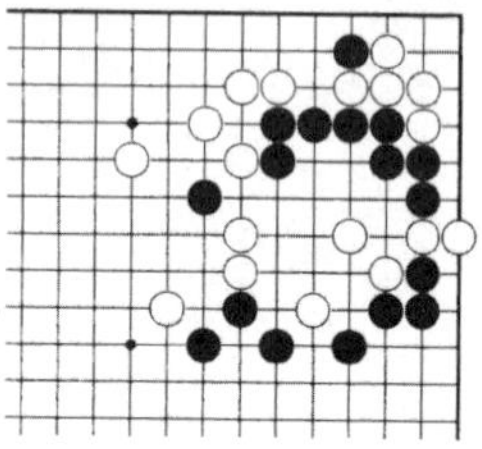

(2166) 흑번

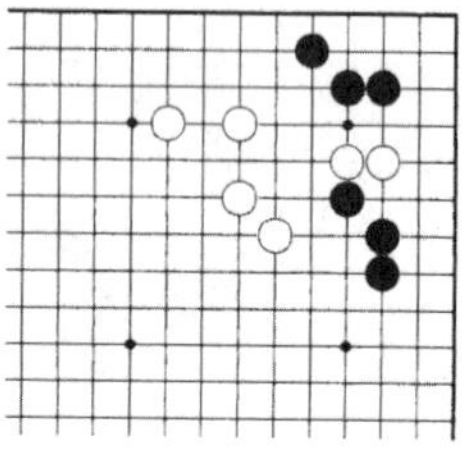

(2167) 백번

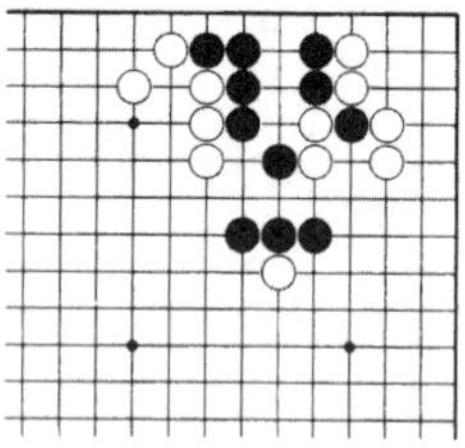

(2169) 흑번

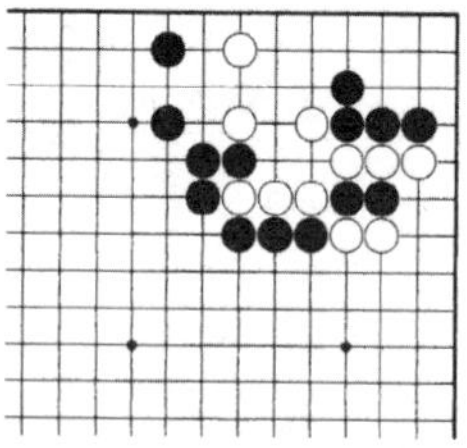

(2173) 흑번

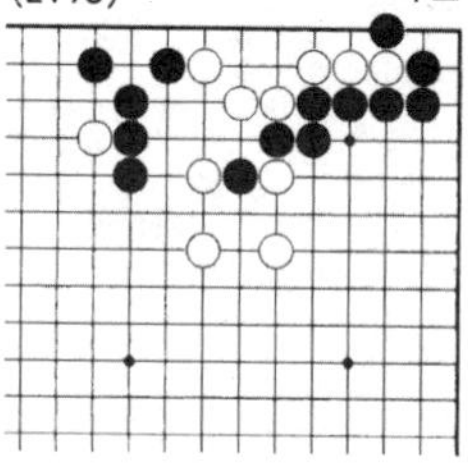

(2373) 백번

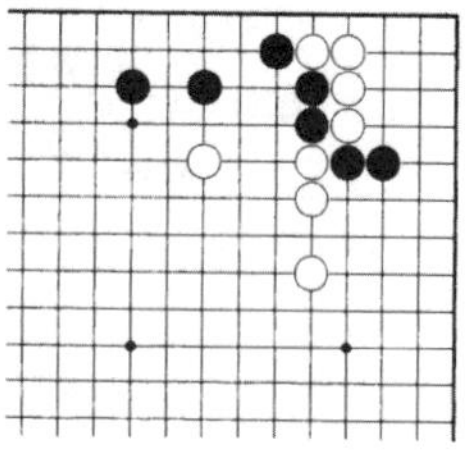

(2378) 흑번

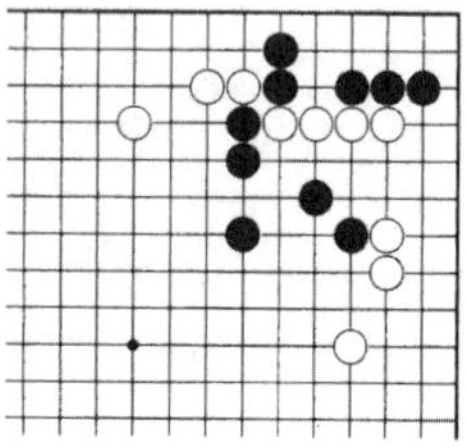

(2384) 흑번

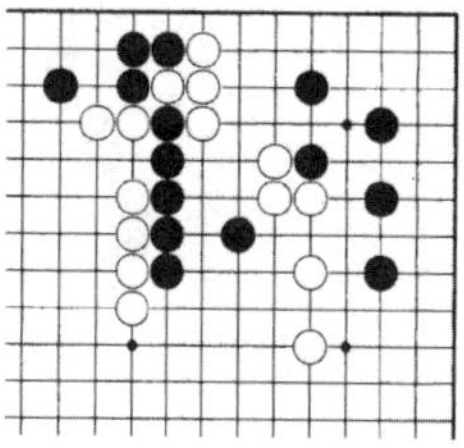

(2445) 흑번

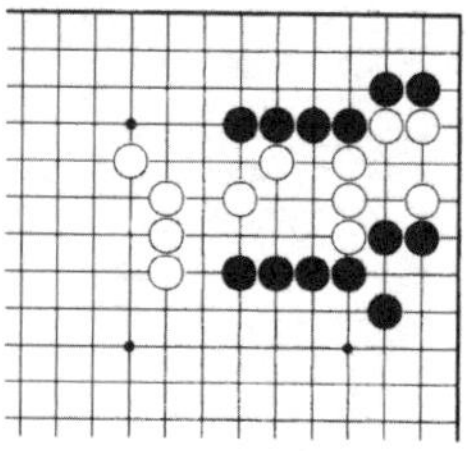

## 수싸움

(5) 흑번

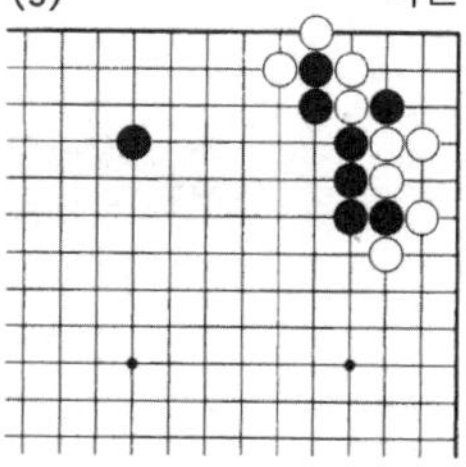

(30) 흑번

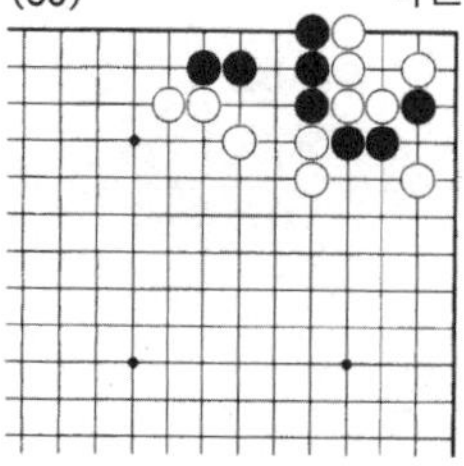

(63) 흑번

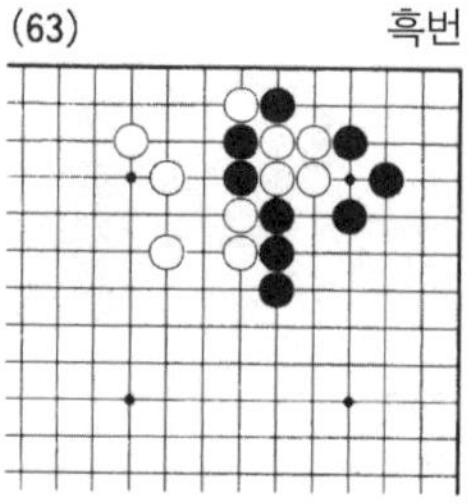

(259) 흑번

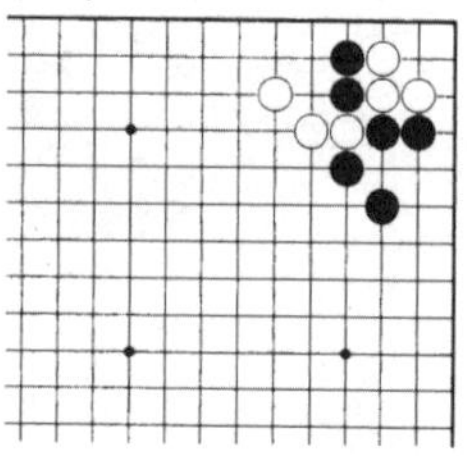

(260) 흑번

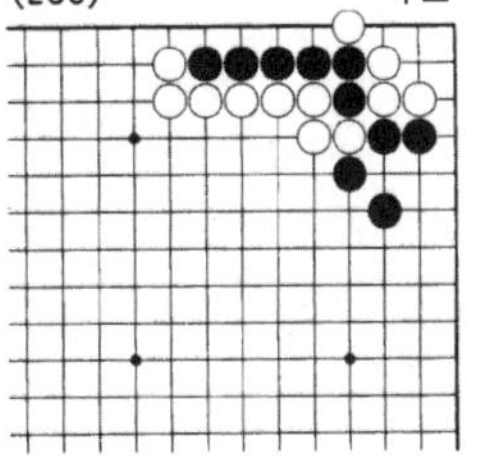

(261) 백번

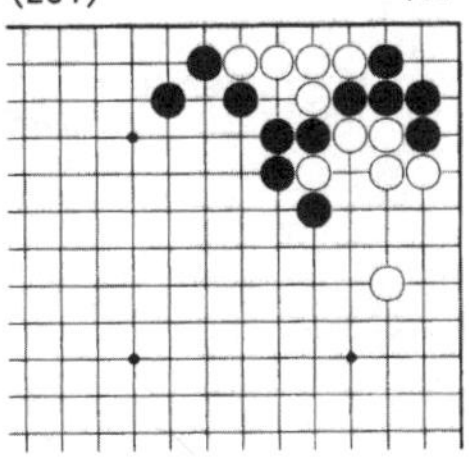

(262) 흑번

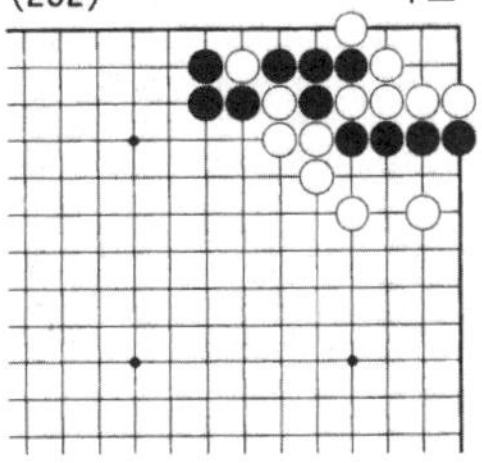

(263) 흑번

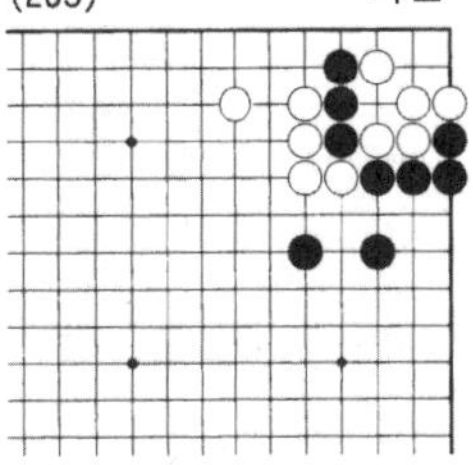

(265) 흑번

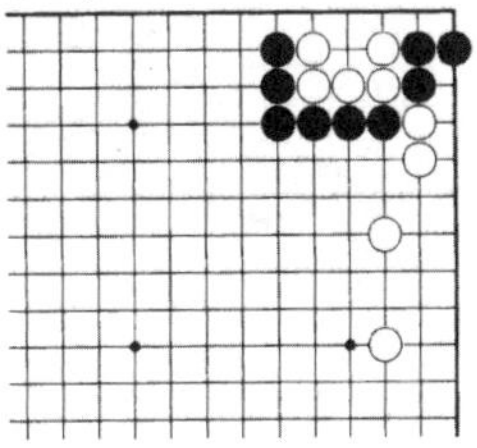

(266) 흑번

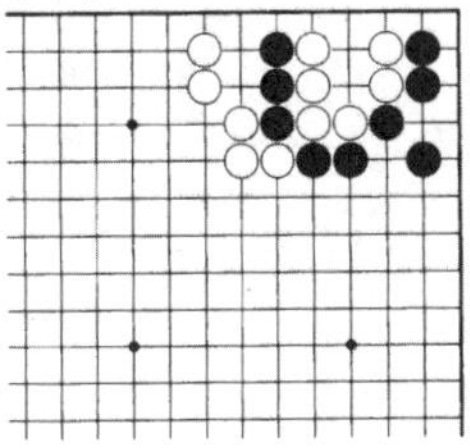

(267) 흑번

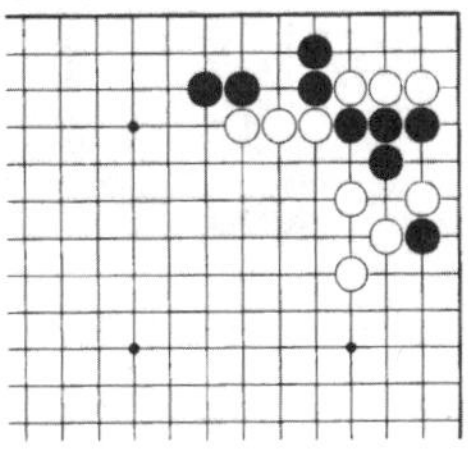

(268) 흑번

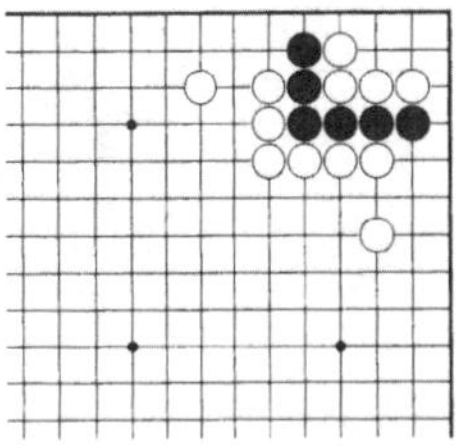

(269) 흑번

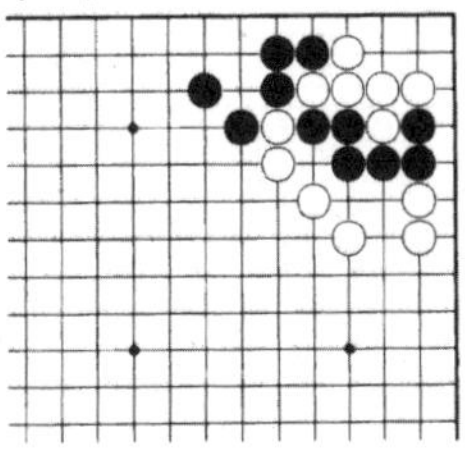

(271) 흑번

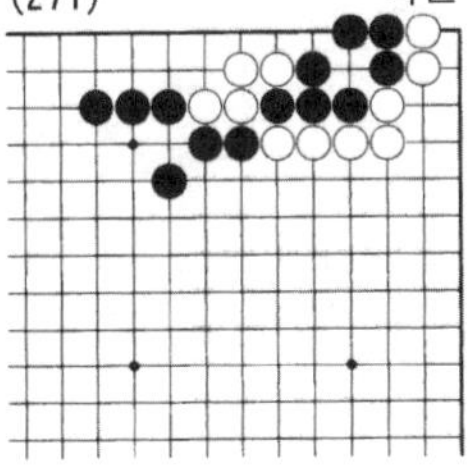

(272) 흑번

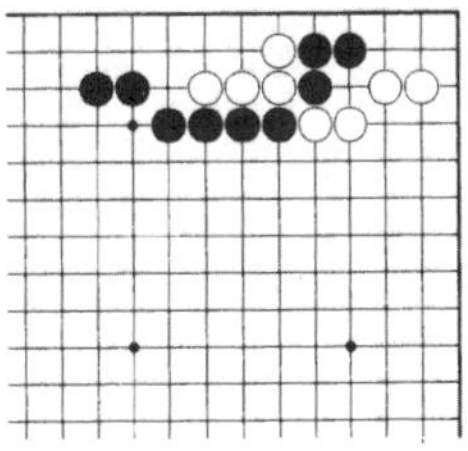

(273) 흑번

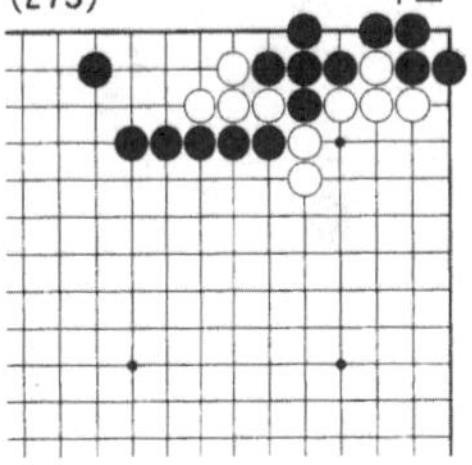

(275) 흑번

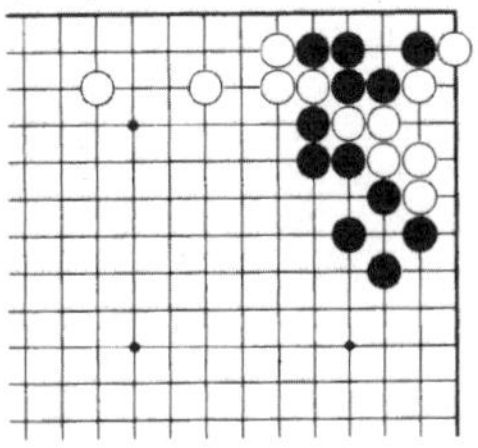

(277) 흑번

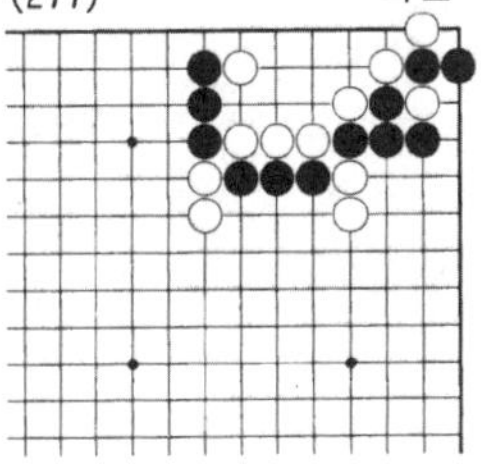

(278) 흑번

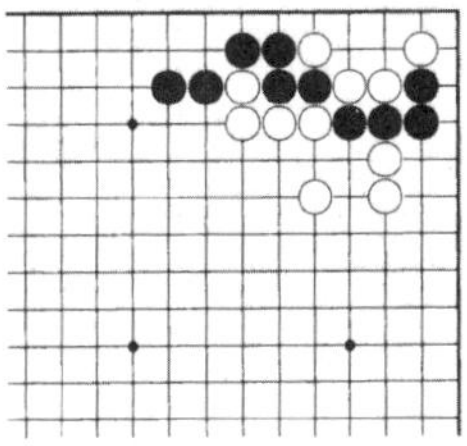

(279) 흑번

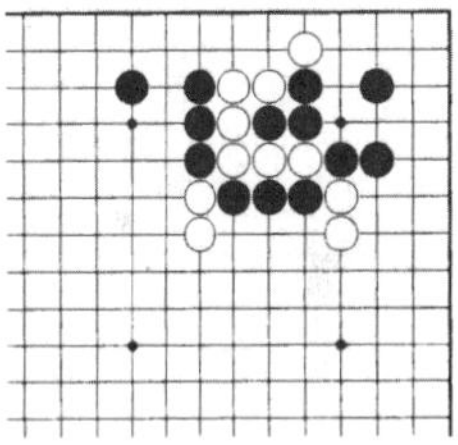

(405) 백번

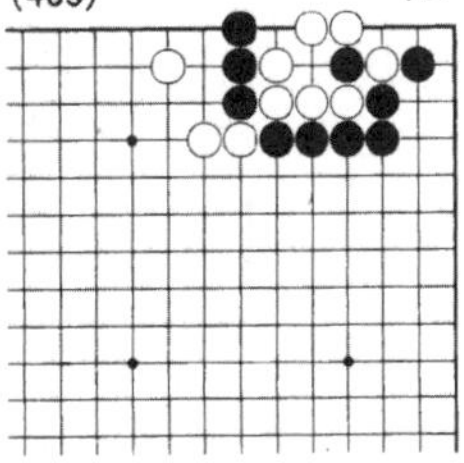

(406) 백번

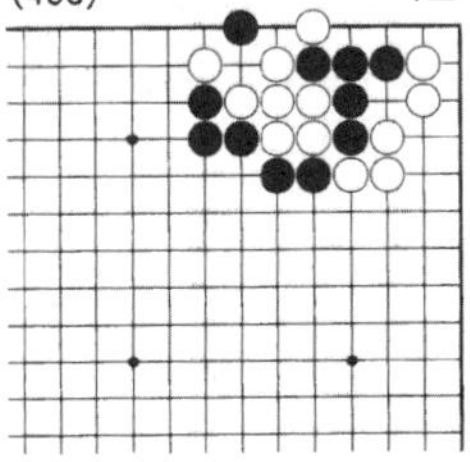

(407) 백번

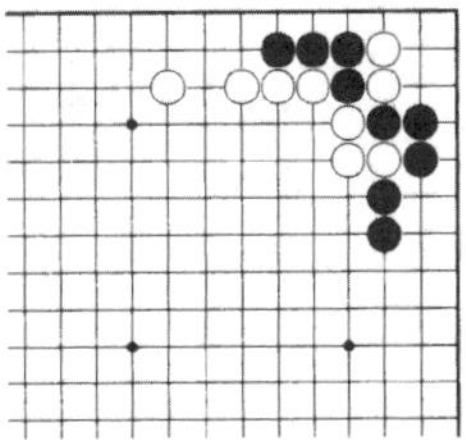

(413) 백번

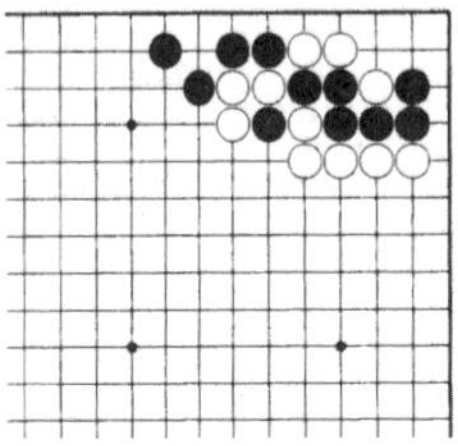

(414) 흑번

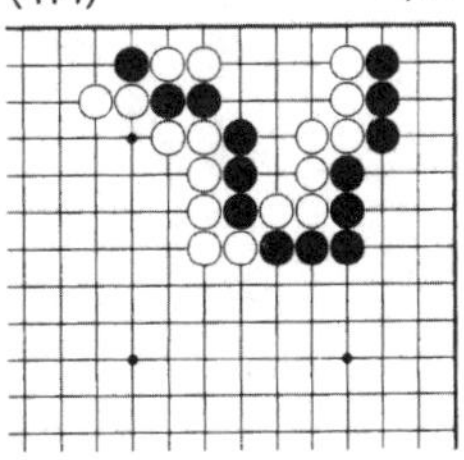

(419) 흑번

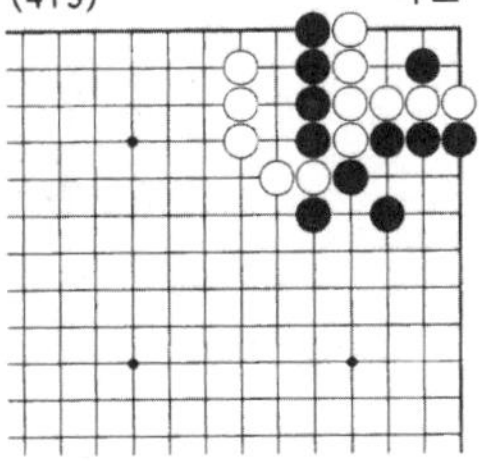

(509) 흑번

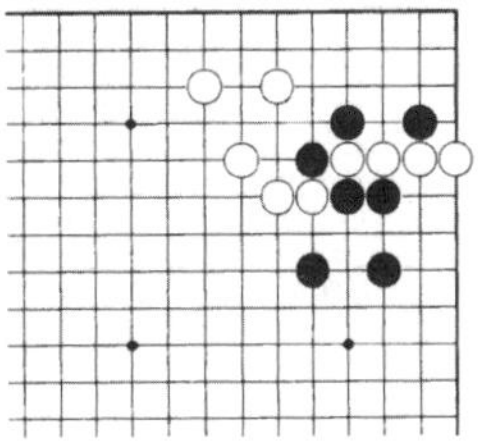

(512) 흑번

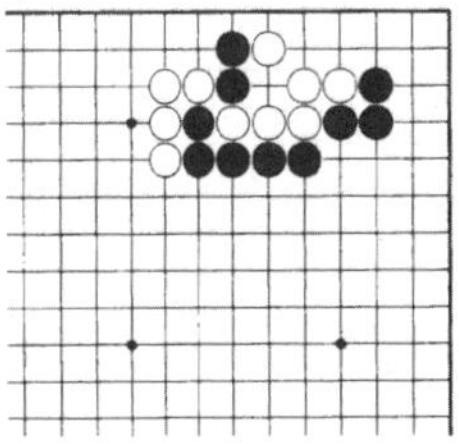

(513) 흑번

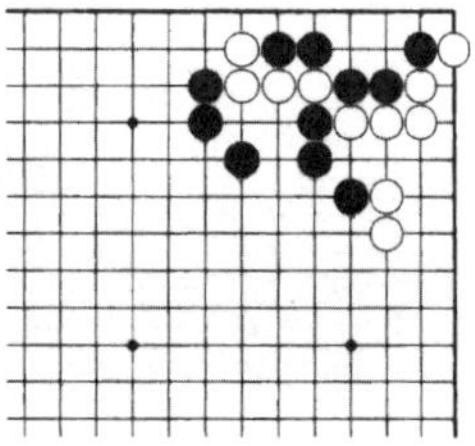

(644) 백번

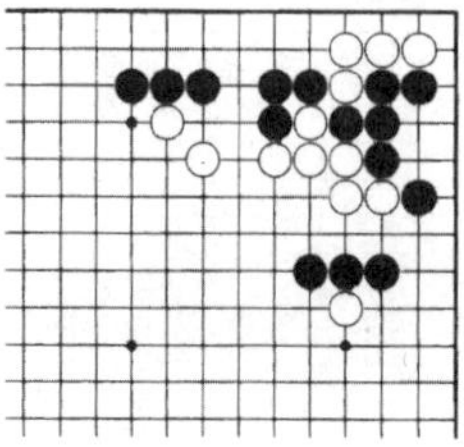

(647) 백번

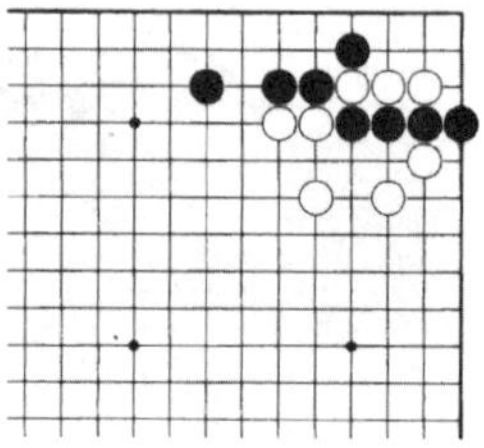

(648) 백번

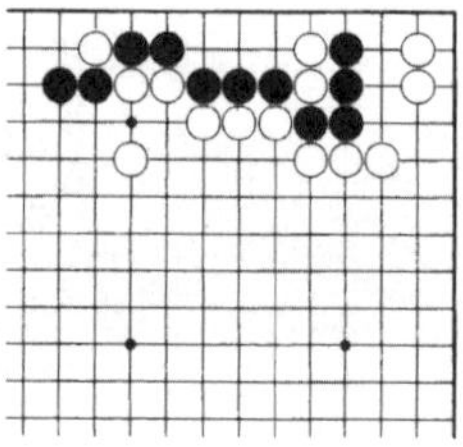

(650) 백번

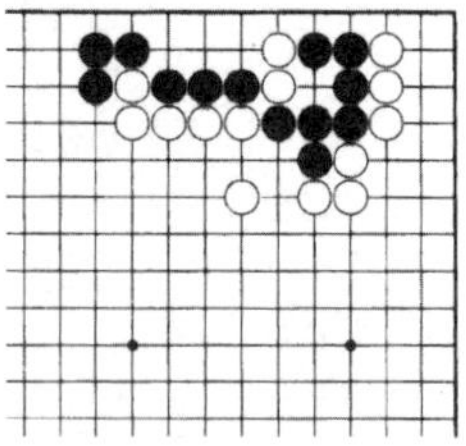

(652) 흑번

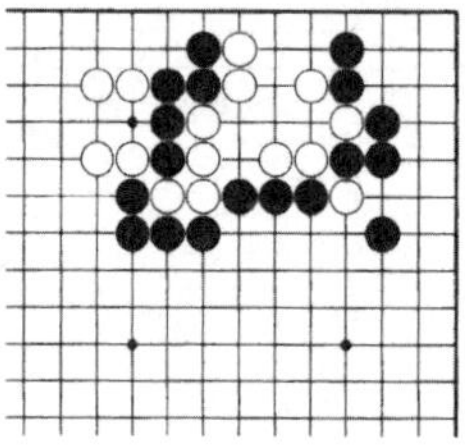

(711) 흑번

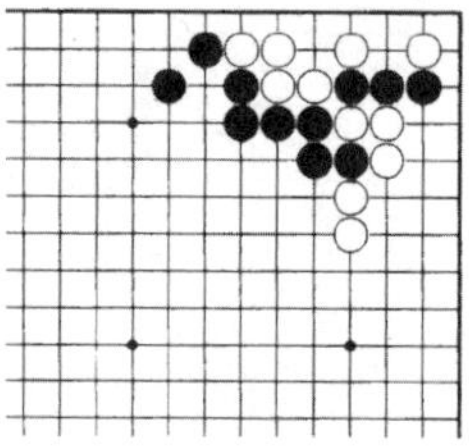

(773) 백번

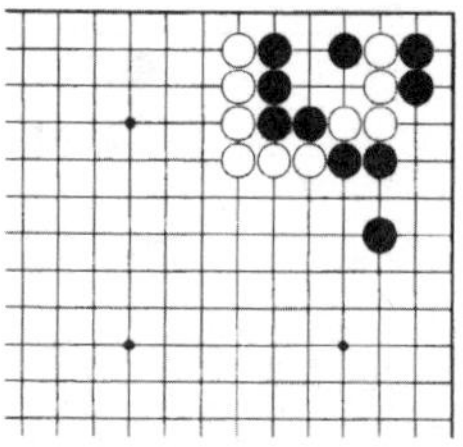

(809) 백번

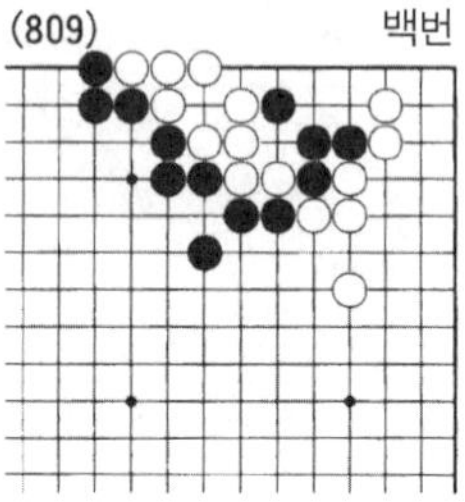

(812) 백번

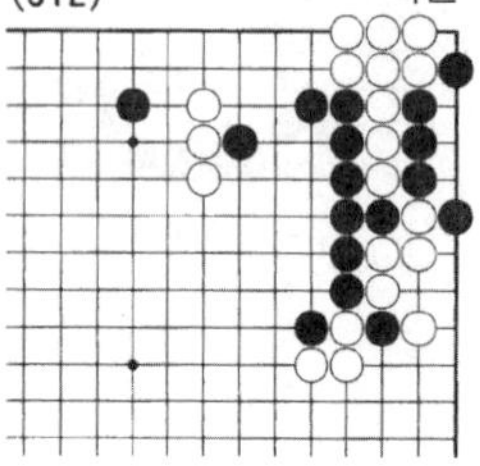

(884) 백번

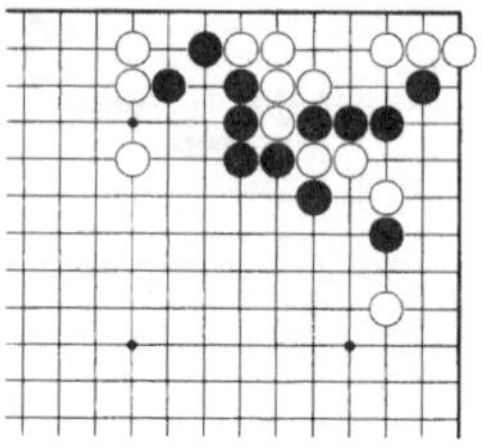

(888) 백번

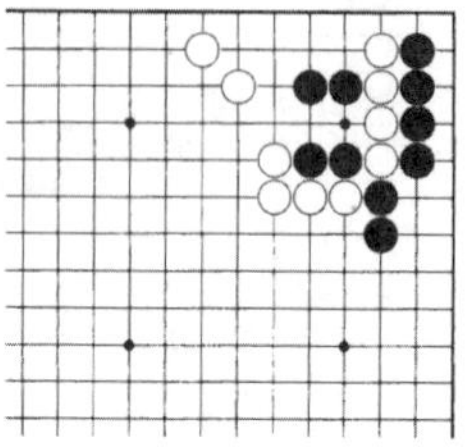

(892) 흑번

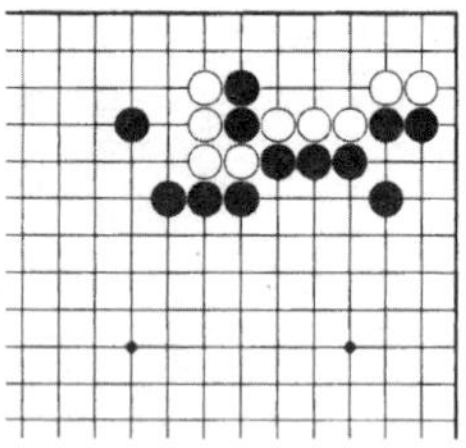

(897) 흑번

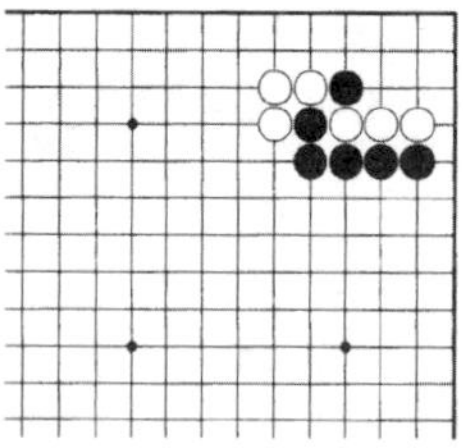

(898) 흑번

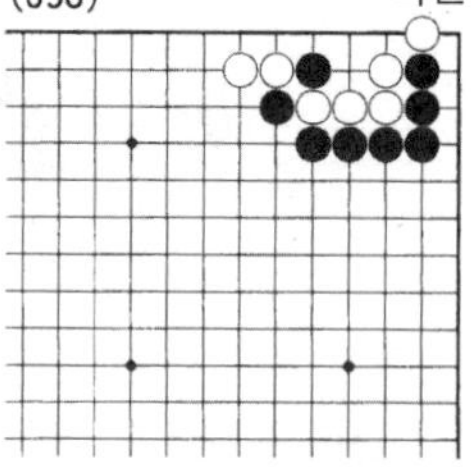

(899) 흑번

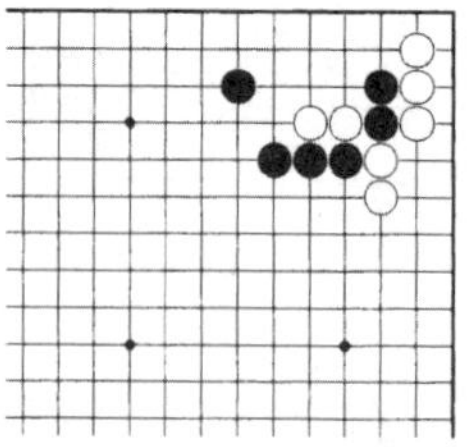

(900) 백번

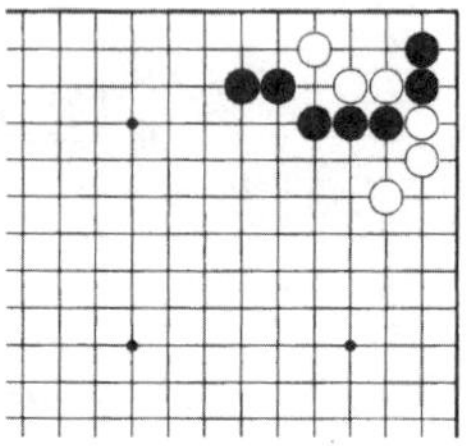

(902) 흑번

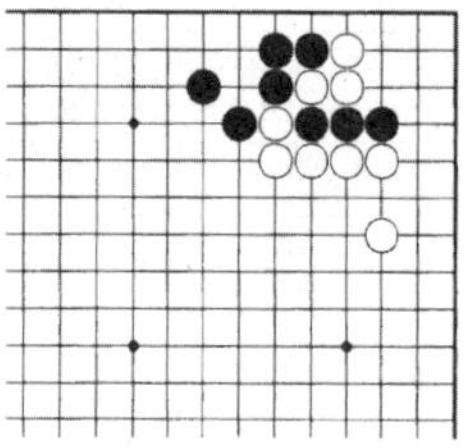

(904) 흑번

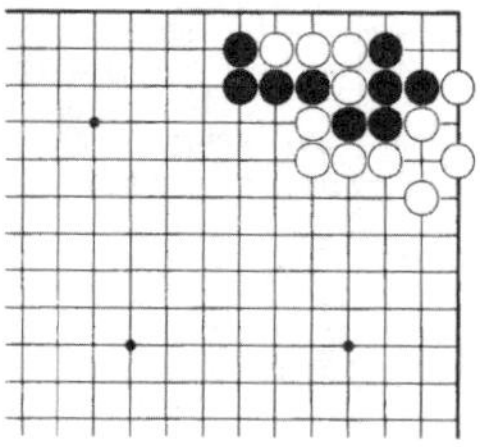

(905) 흑번

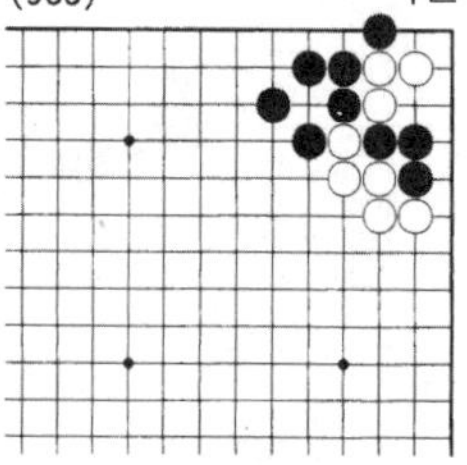

(906) 흑번

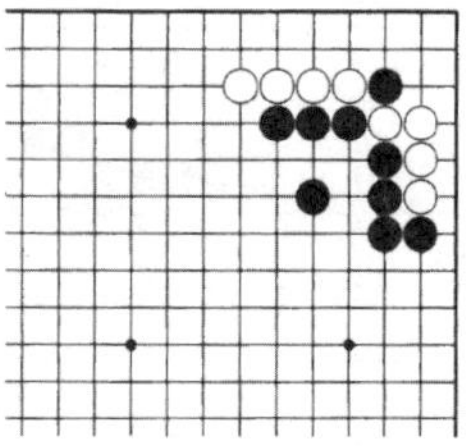

(907) 흑번

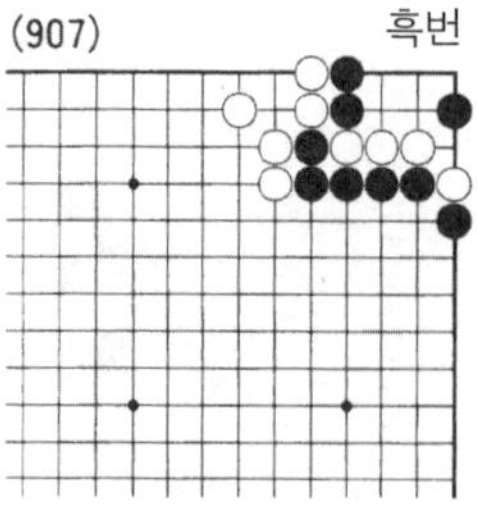

(908) 흑번

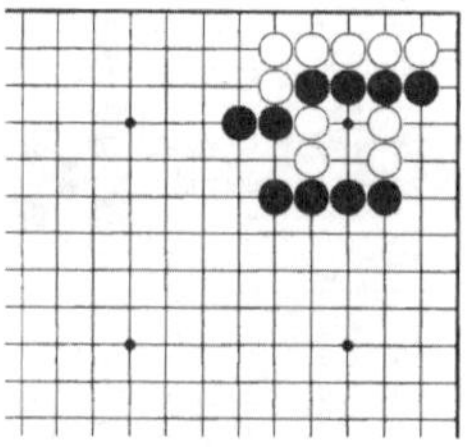

(909) 흑번

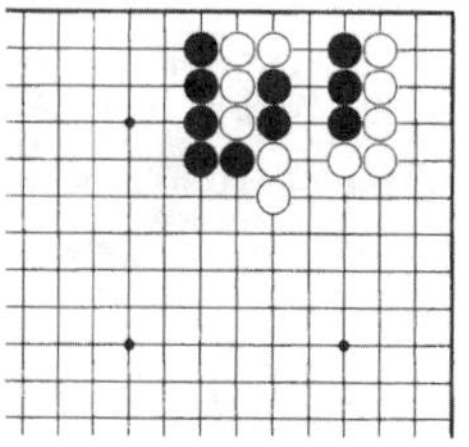

(910) 흑번

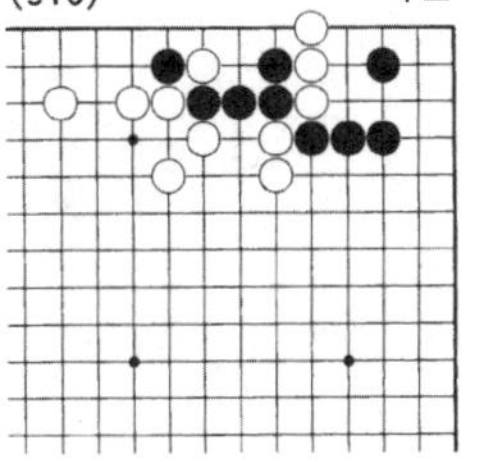

(911) 백번

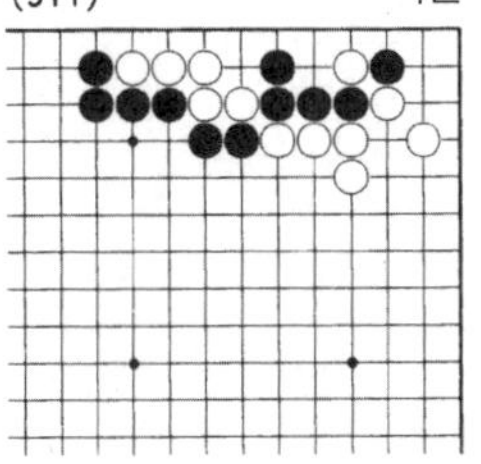

(912) 흑번

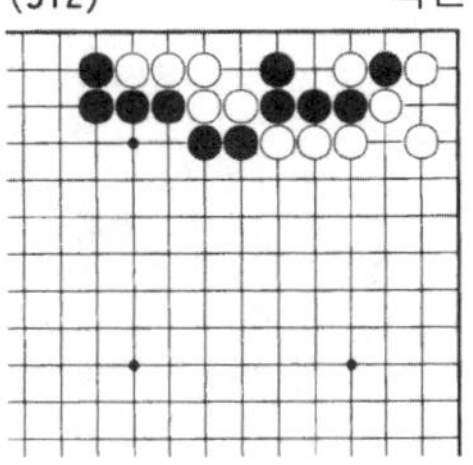

(913) 흑번

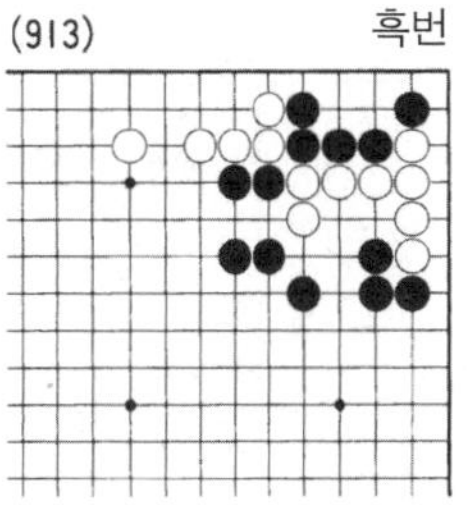

(914) 흑번

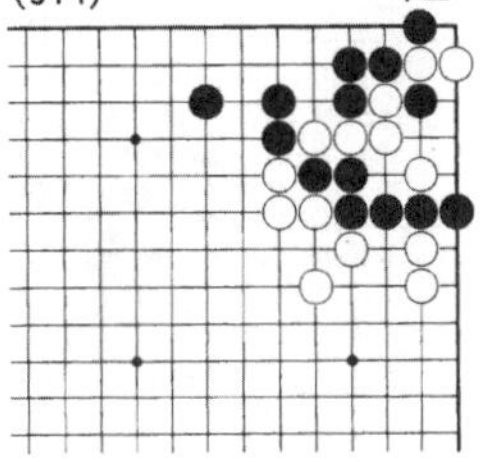

(915) 흑번

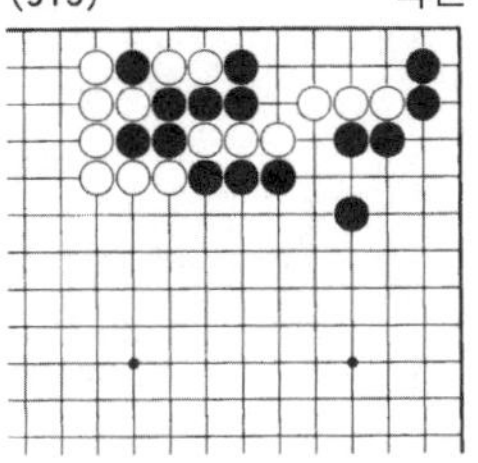

(916) 백번

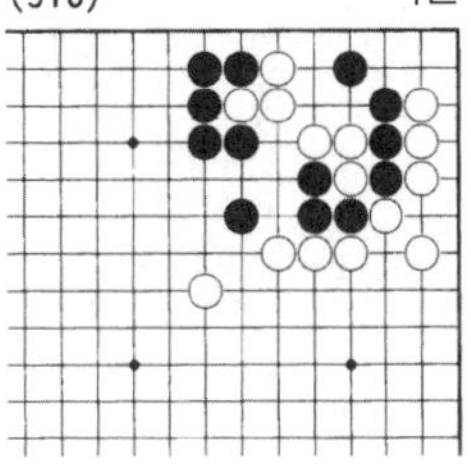

(917) 흑번

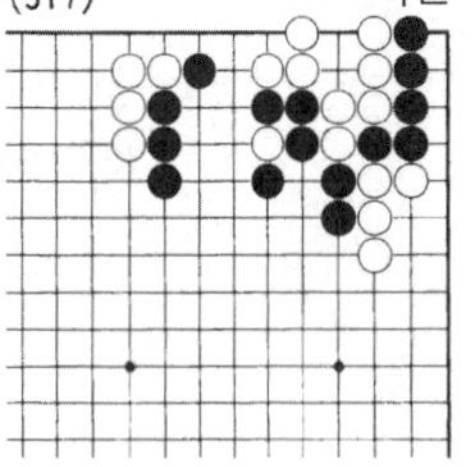

(918) 흑번

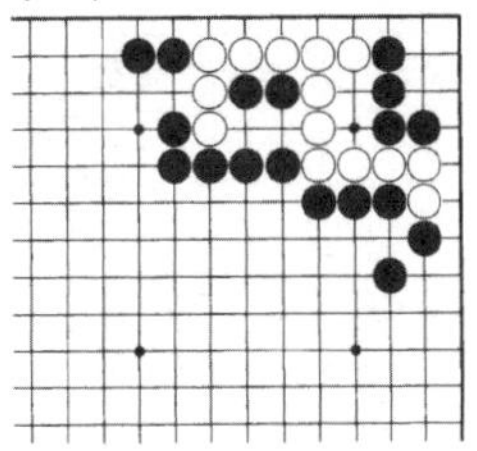

(1084) 흑번

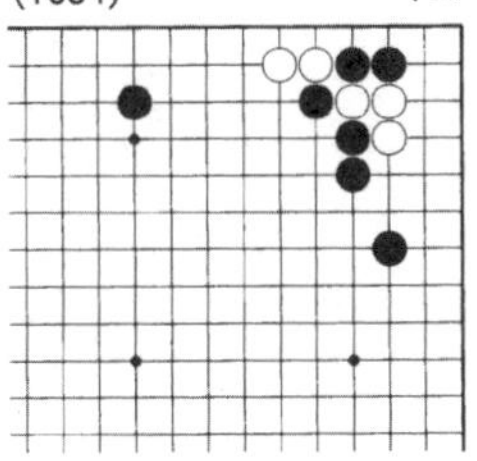

(1087) 백번

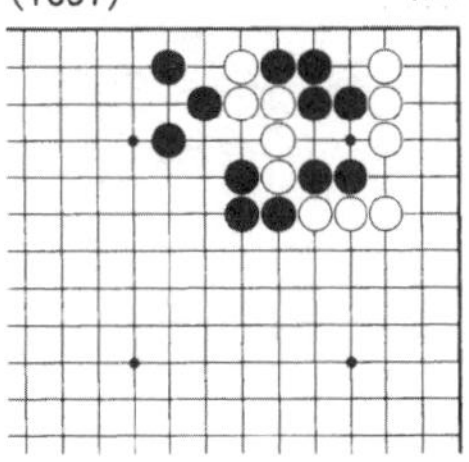

(1089) 백번

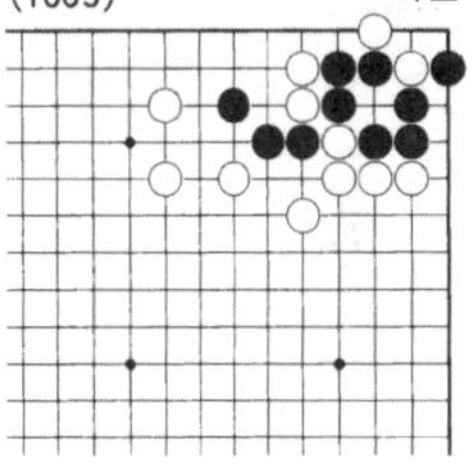

(1090) 흑번

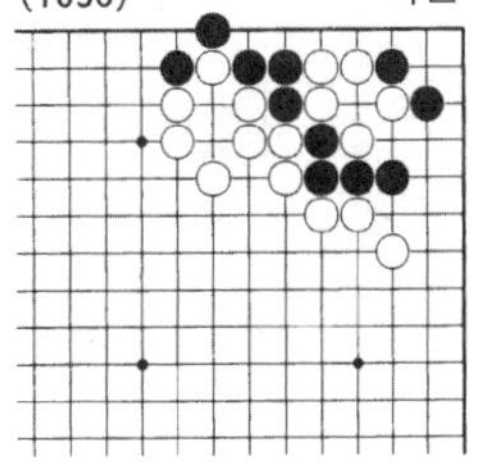

(1099) 흑번

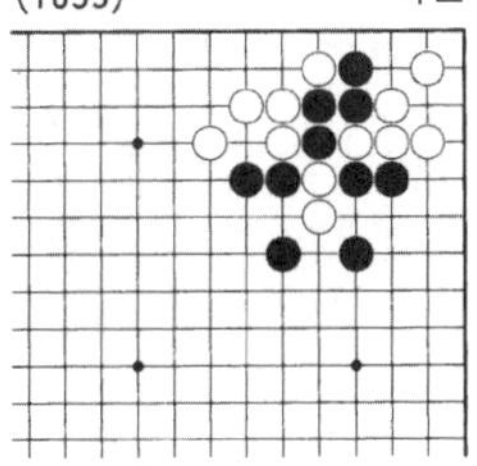

(1100) 흑번

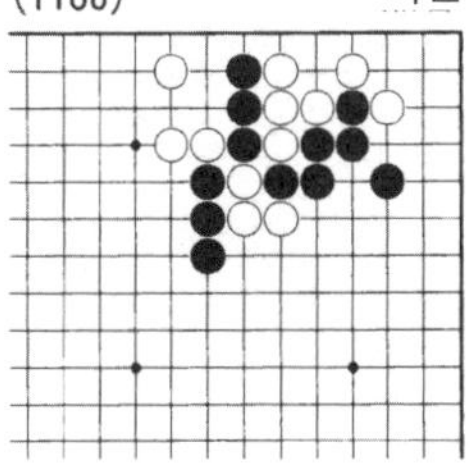

(1101) 흑번

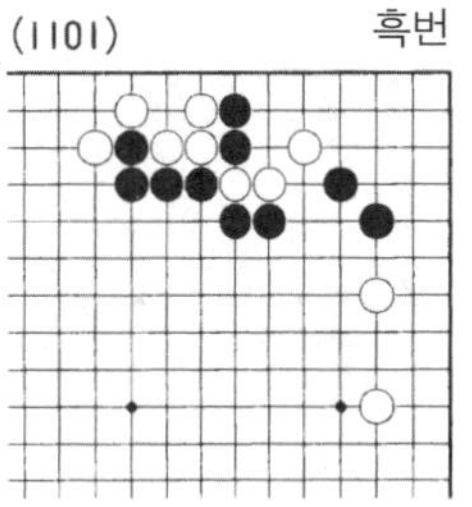

(1106) 흑번

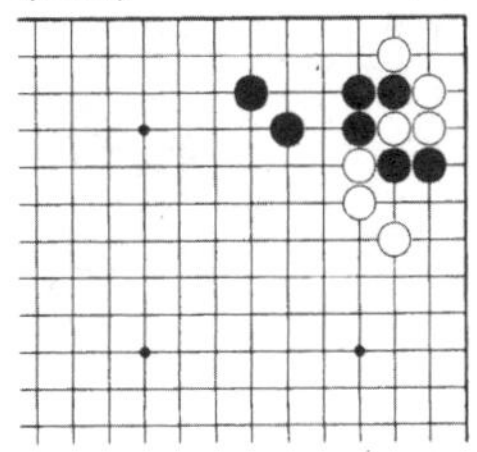

(1109) 흑번

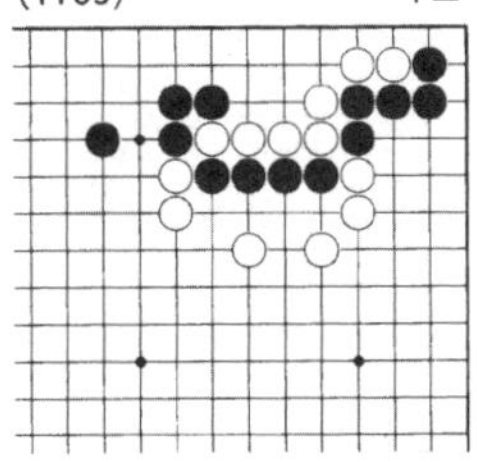

(1118) 흑번

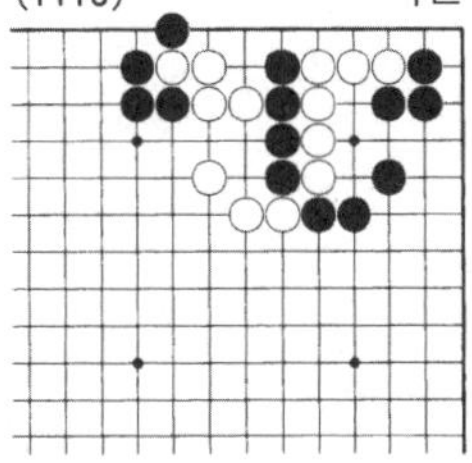

(1120) 백번

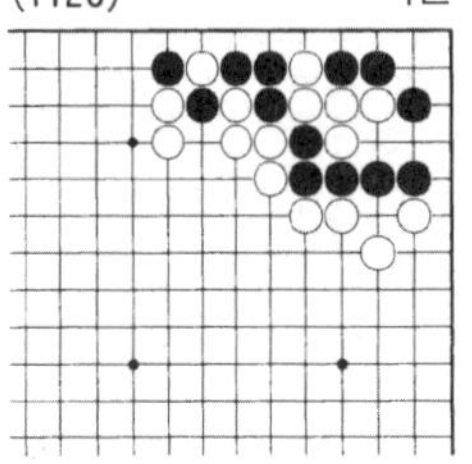

(1131) 백번

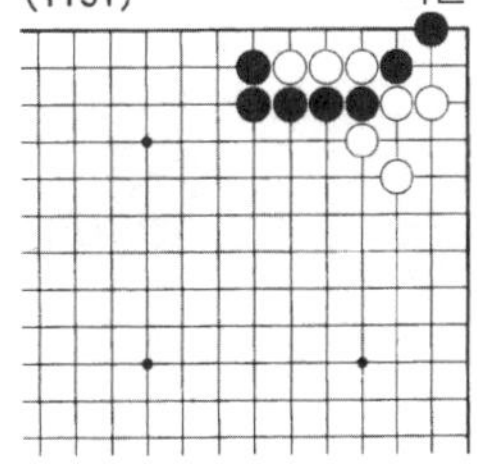

(1132) 백번

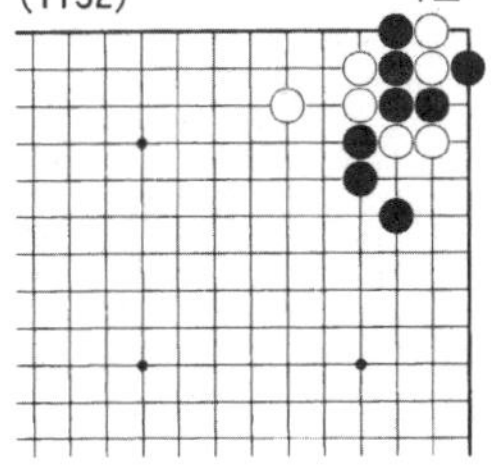

(1133) 흑번

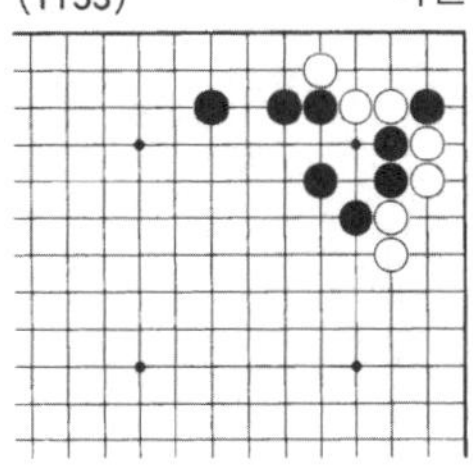

(1134) 백번

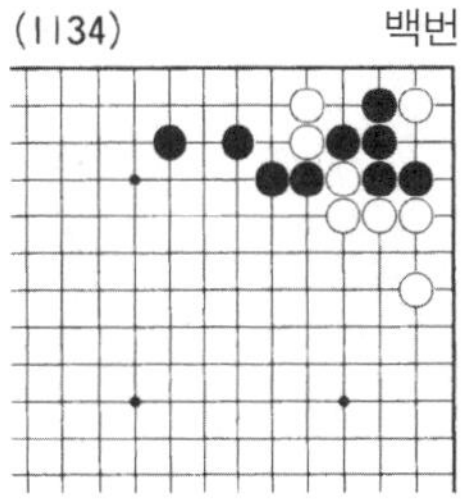

(1135) 흑번
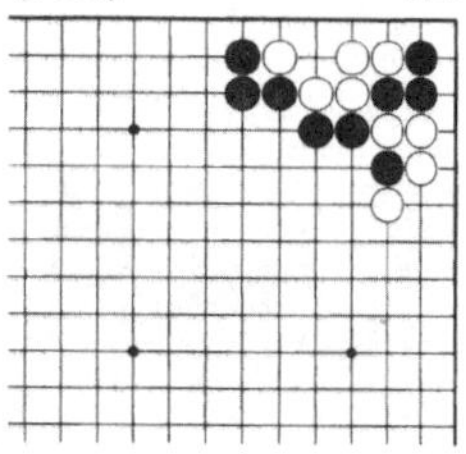

(1136) 흑번
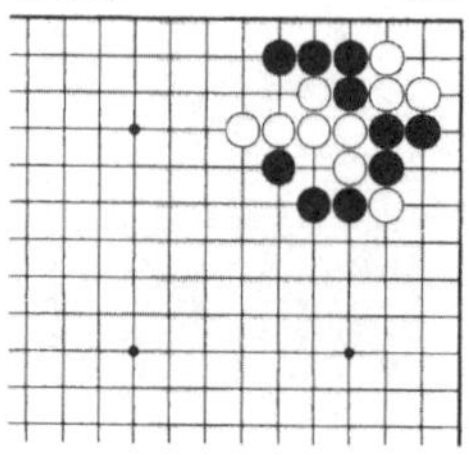

(1137) 백번
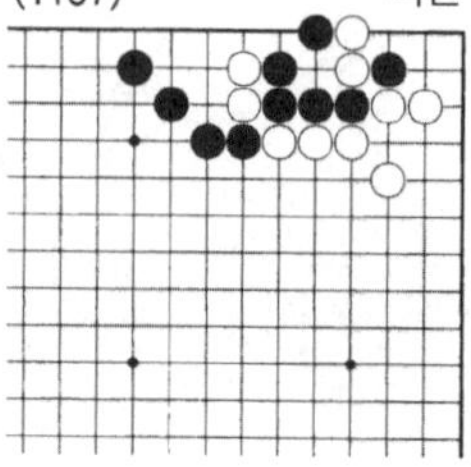

(1138) 백번
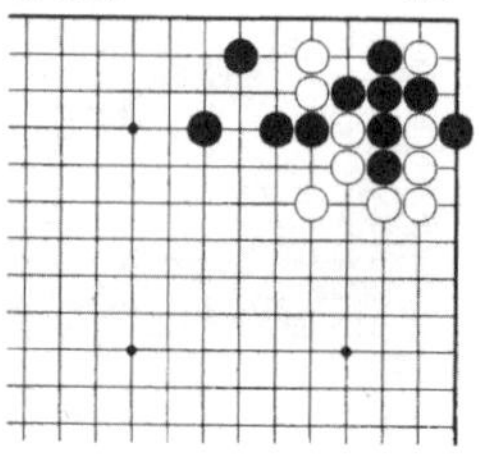

(1139) 흑번
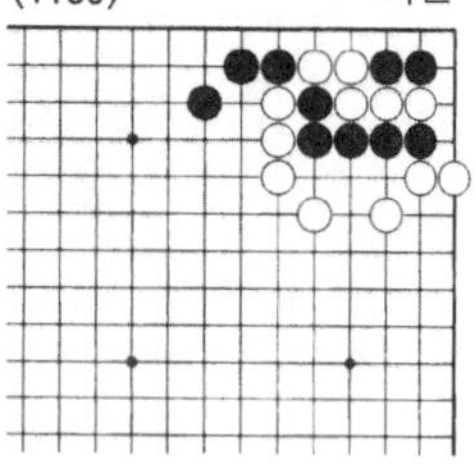

(1140) 백번
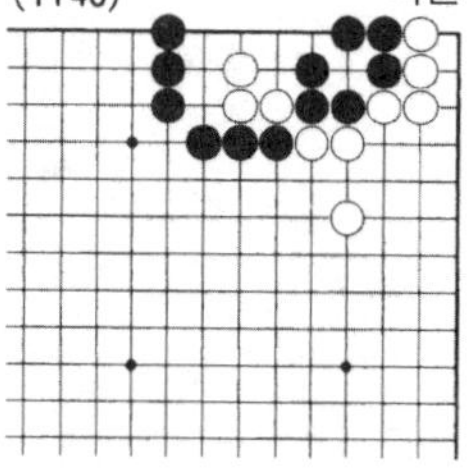

(1141) 흑번
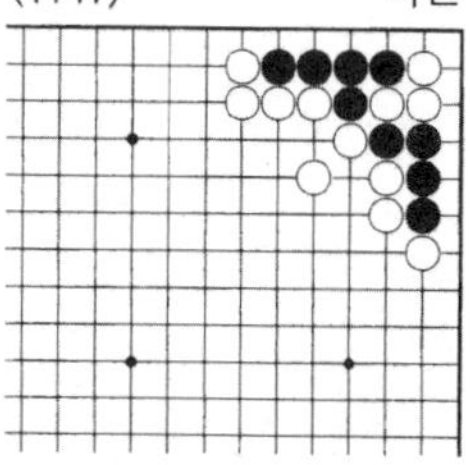

(1142) 흑번
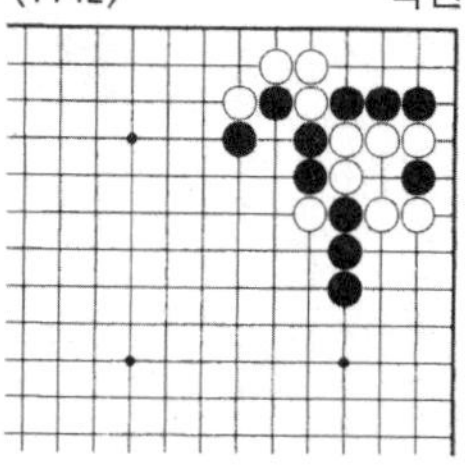

(1147) 백번
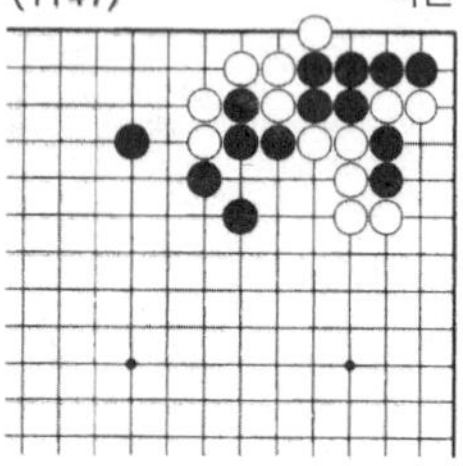

(1150) 흑번
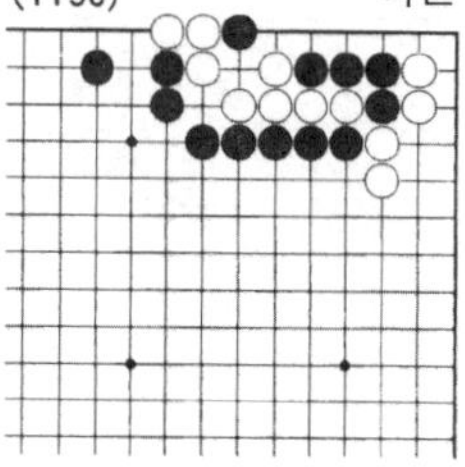

(1153) 흑번
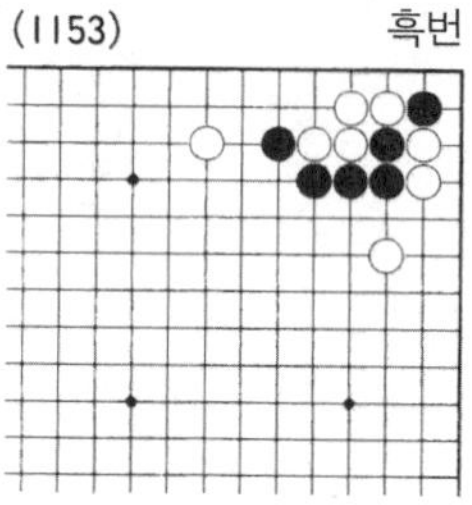

(1154) 백번
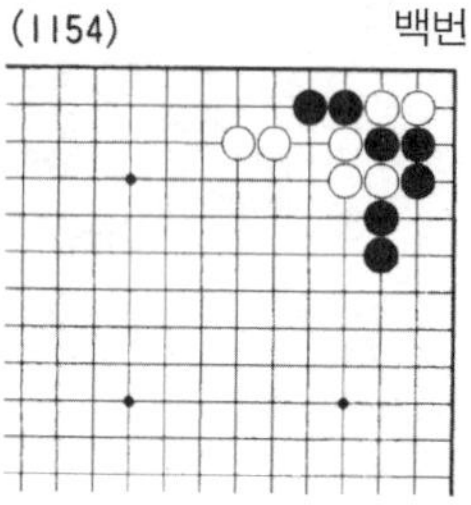

(1155) 흑번
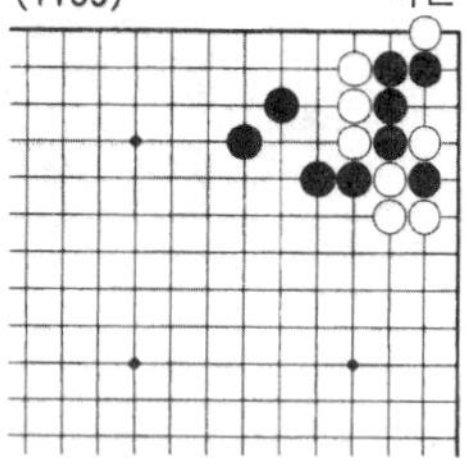

(1156) 흑번
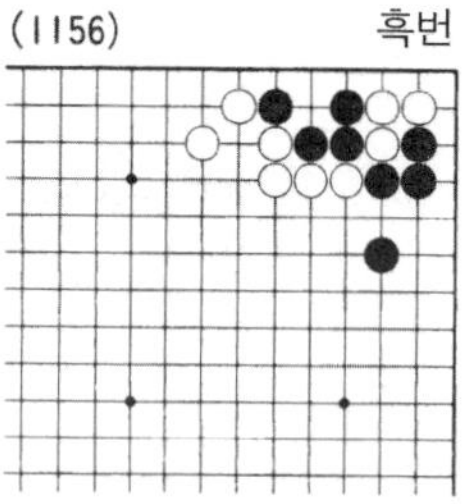

(1157) 흑번
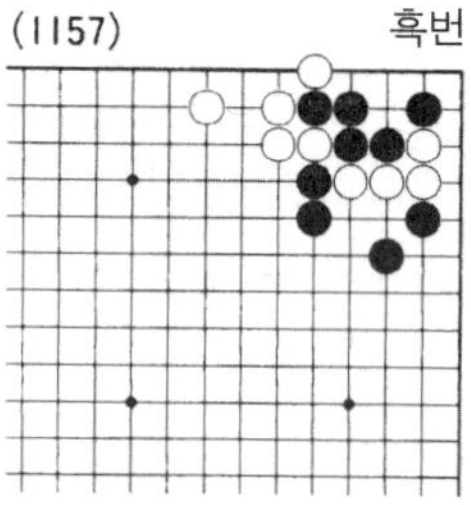

(1158) 백번
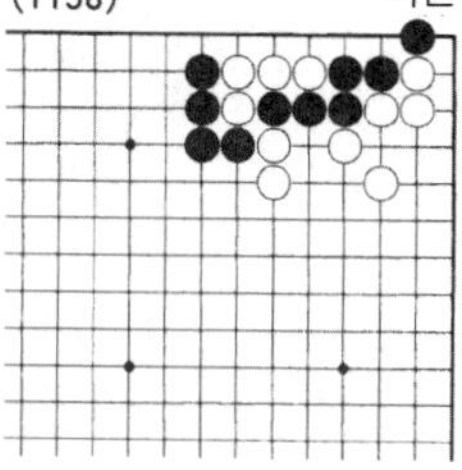

(1159) 흑번
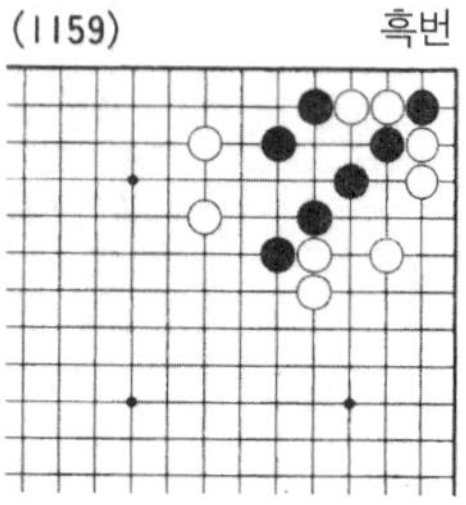

(1160) 흑번
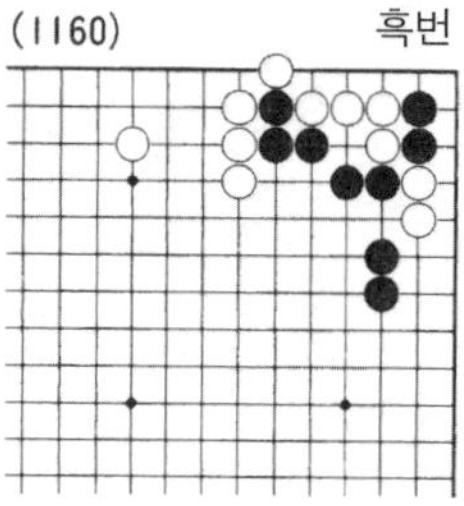

(1161) 백번
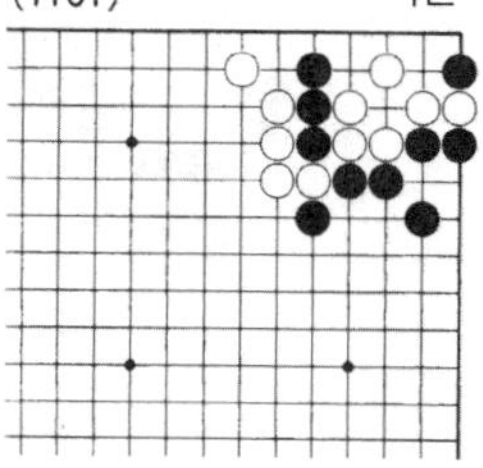

(1162) 흑번
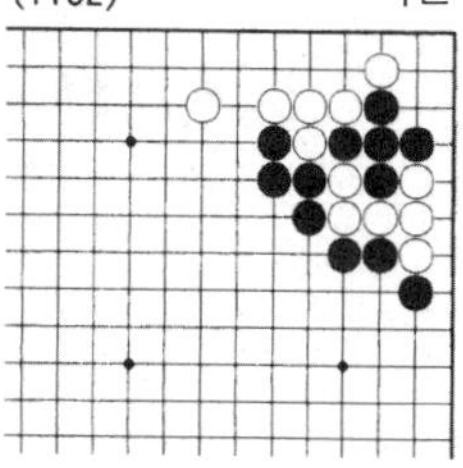

(1163) 흑번
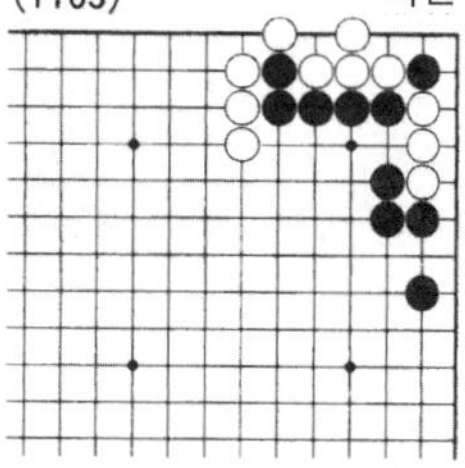

(1164) 백번
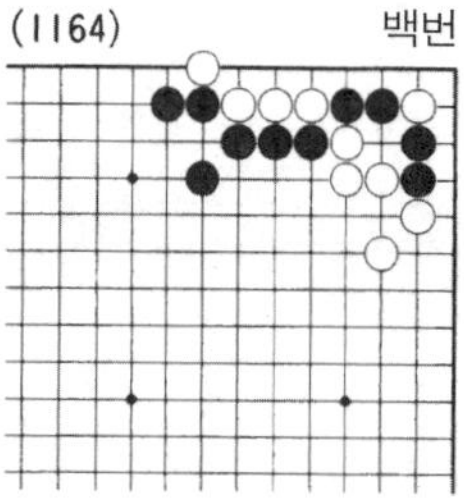

(1166) 백번
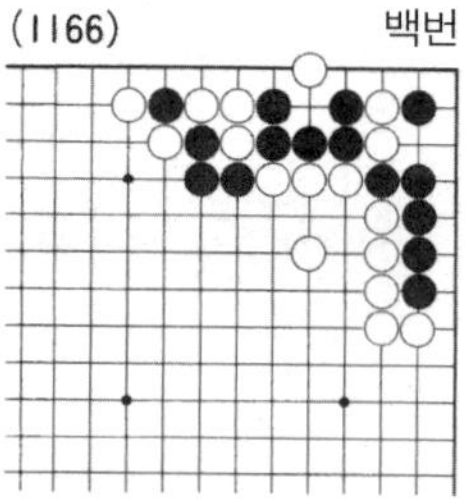

(1176) 흑번
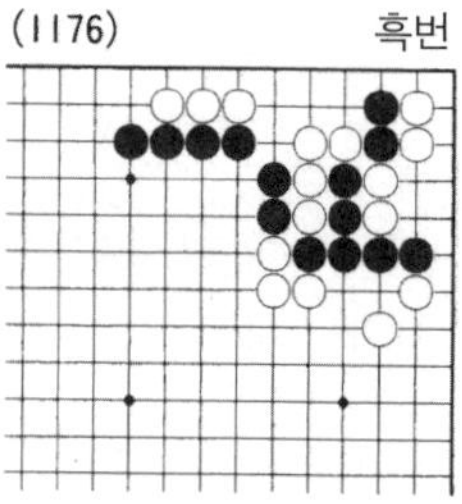

(1198) 백번

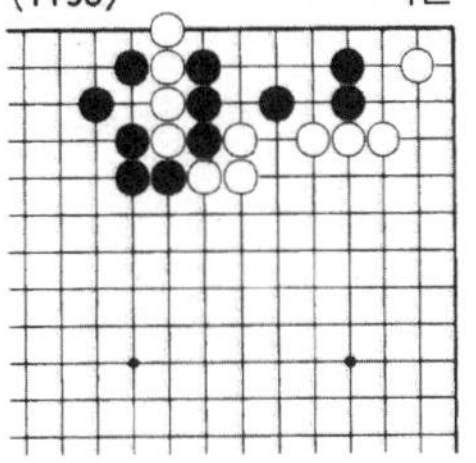

(1239) 흑번

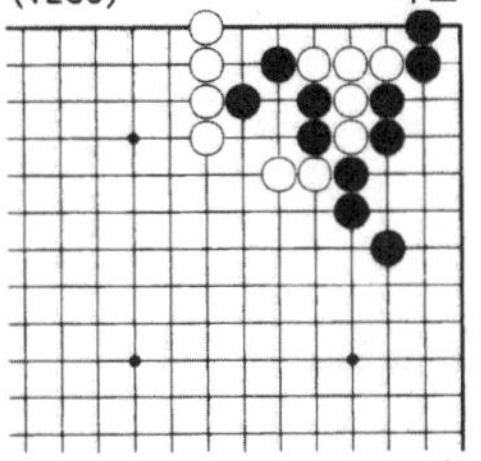

(1241) 흑번

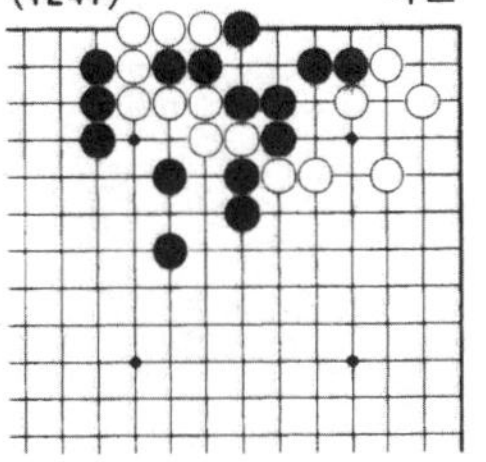

(1263) 흑번

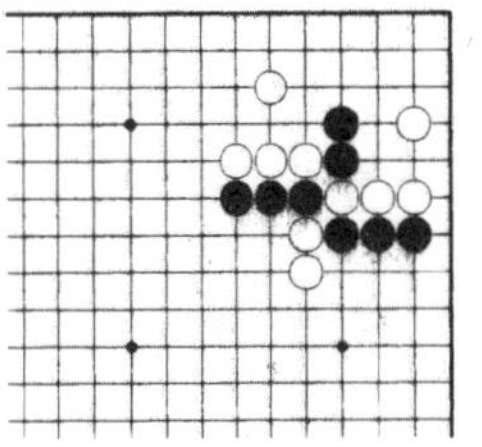

(1264) 흑번

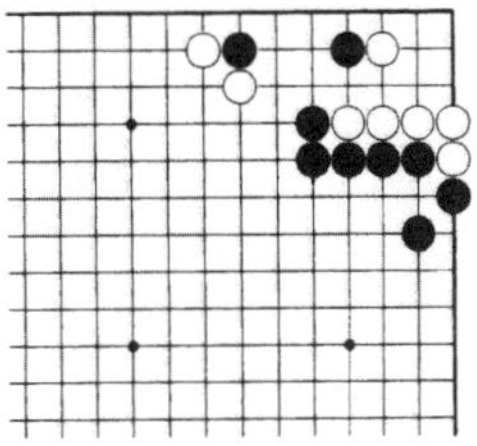

(1347) 흑번

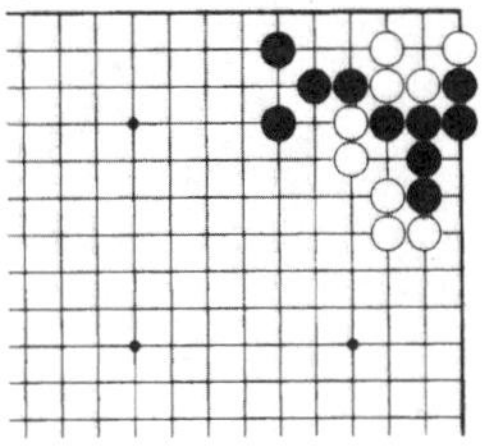

(1348) 흑번

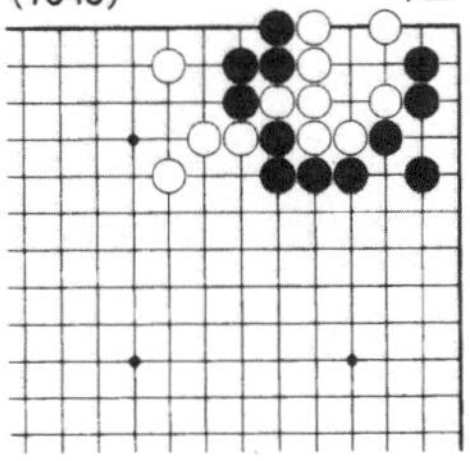

(1350) 흑번

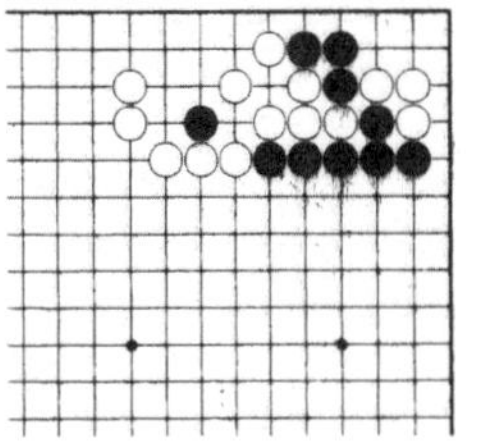

(1355) 백번

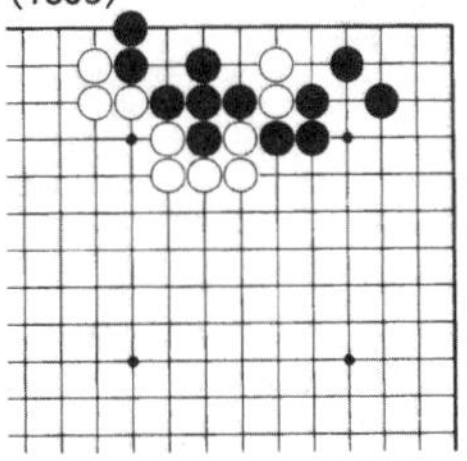

(1359) 흑번

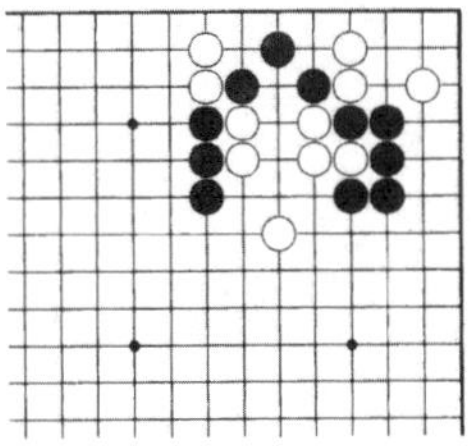

(1360) 백번

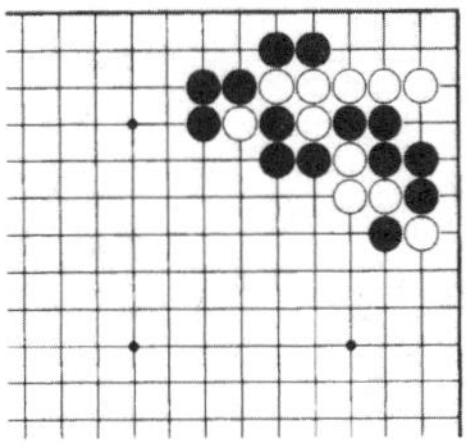

(1373) 흑번

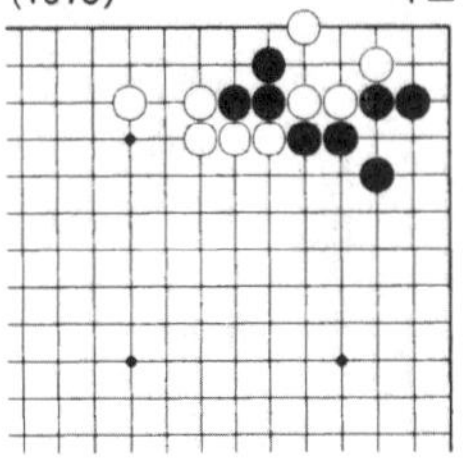

(1377) 흑번

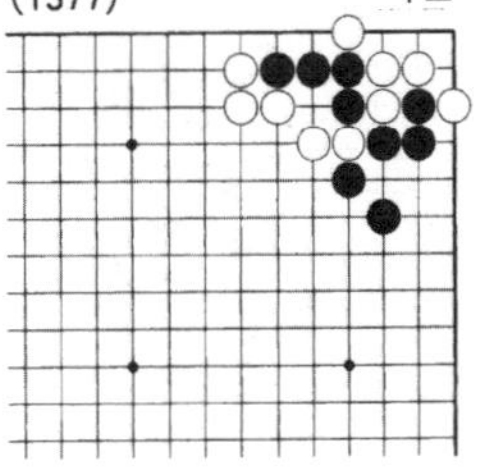

(1378) 흑번

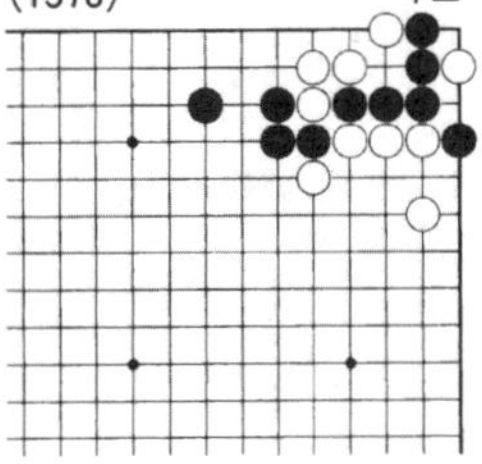

(1379) 흑번

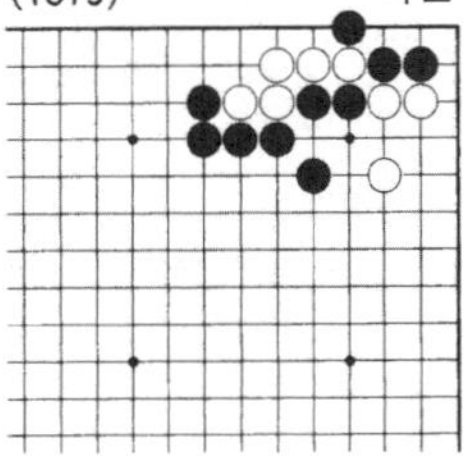

(1380) 백번

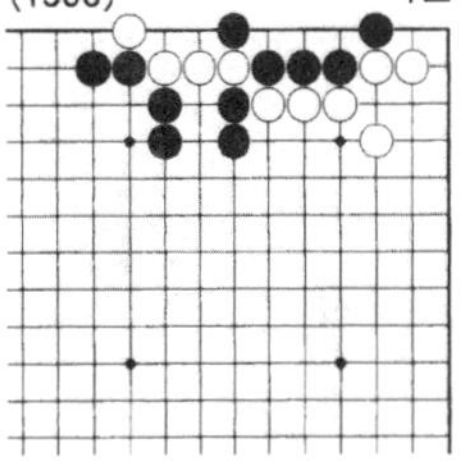

(1381) 흑번

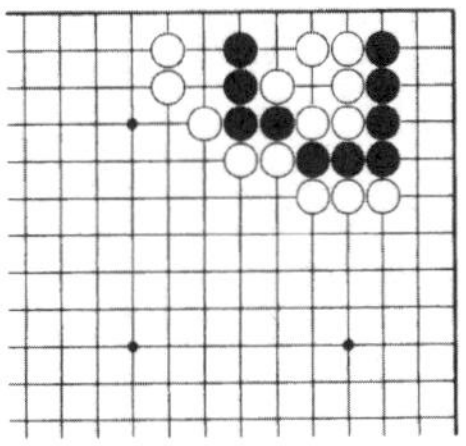

(1383) 백번

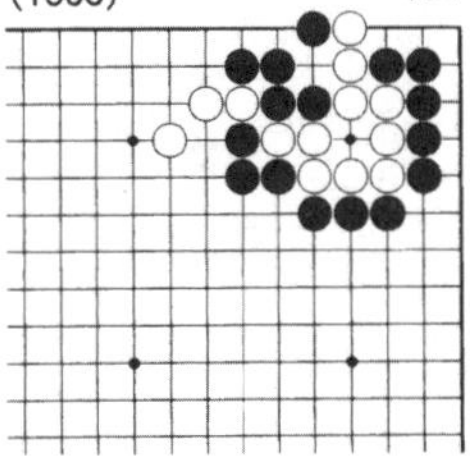

(1494) 흑번

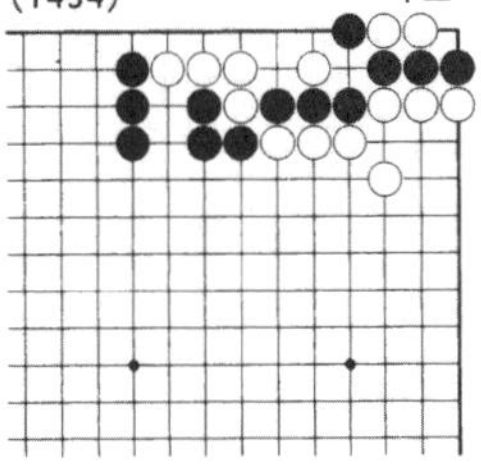

(1502) 흑번

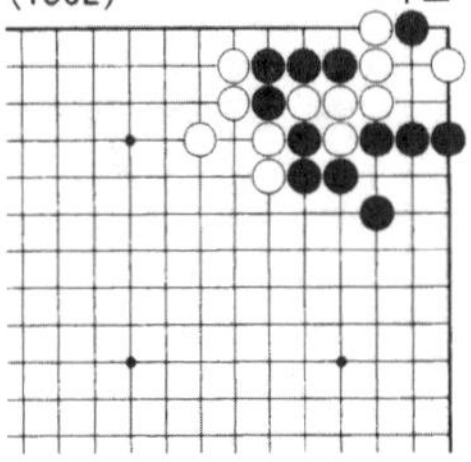

(1503) 흑번

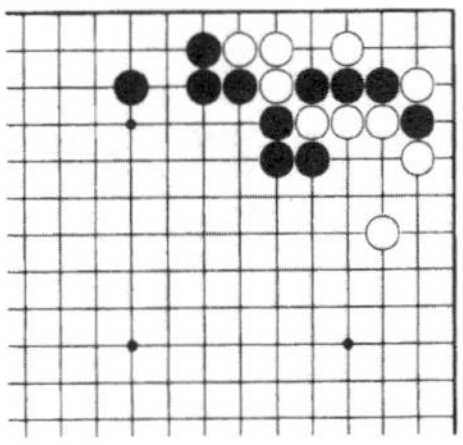

(1504) 흑번

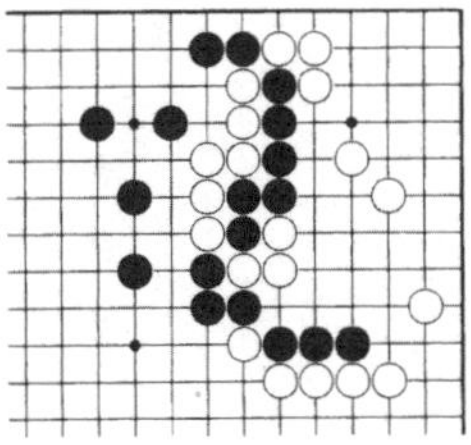

(1582) 백번

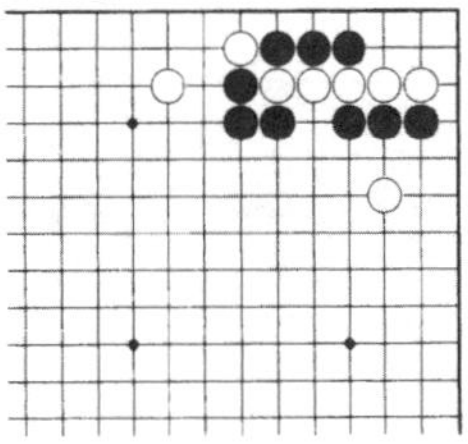

(1612) 흑번

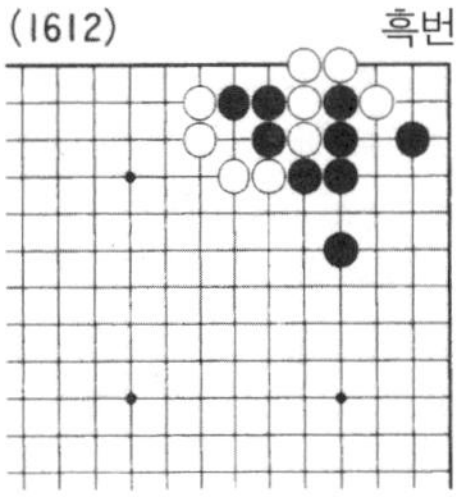

(1613) 흑번

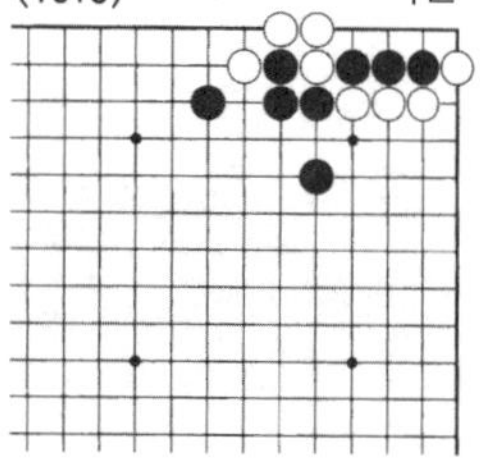

(1614) 백번

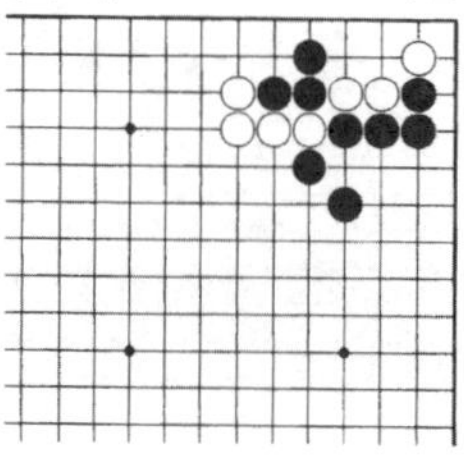

(1615) 백번

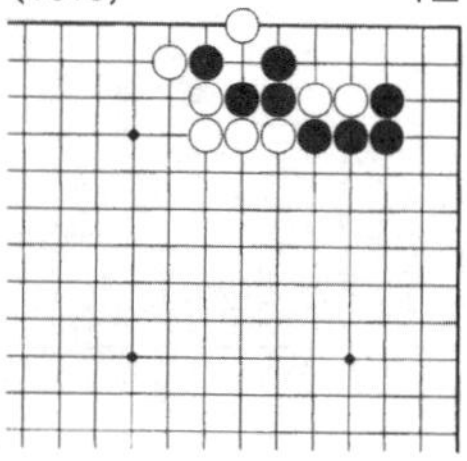

(1616) 흑번

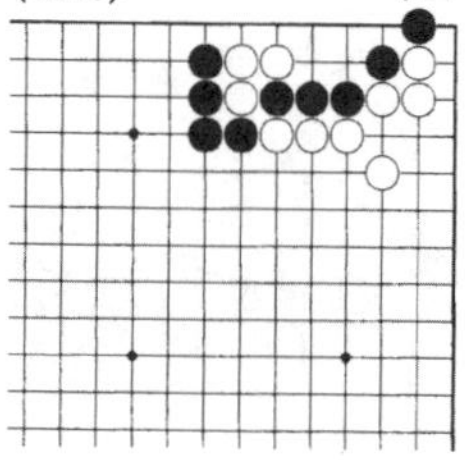

(1617) 백번

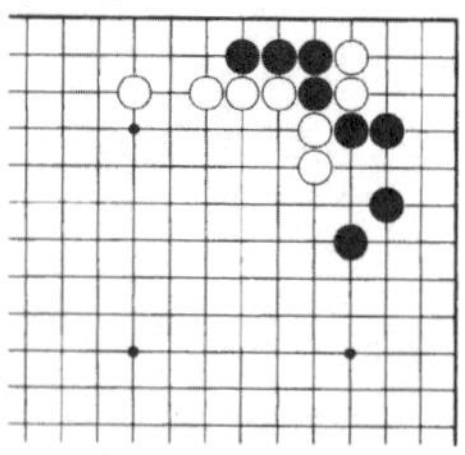

(1618) 흑번

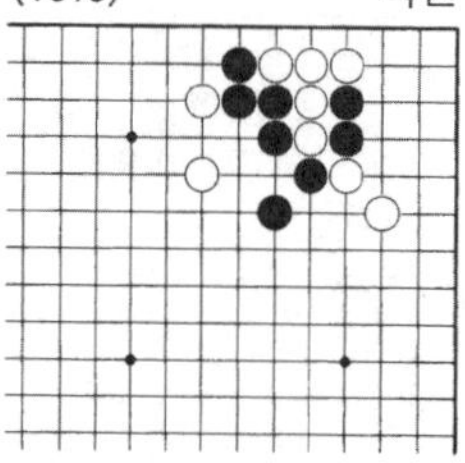

(1620) 백번

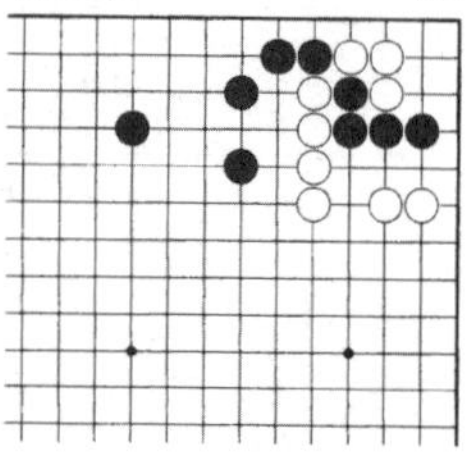

(1621) 백번

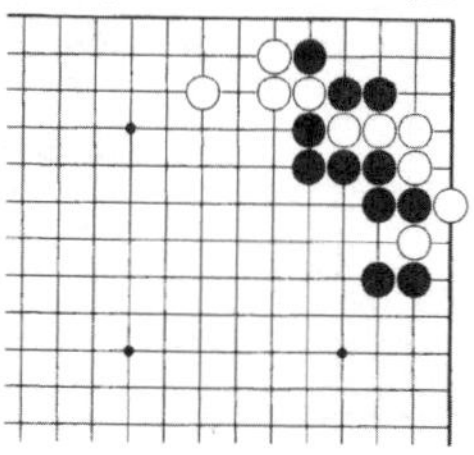

(1623) 백번

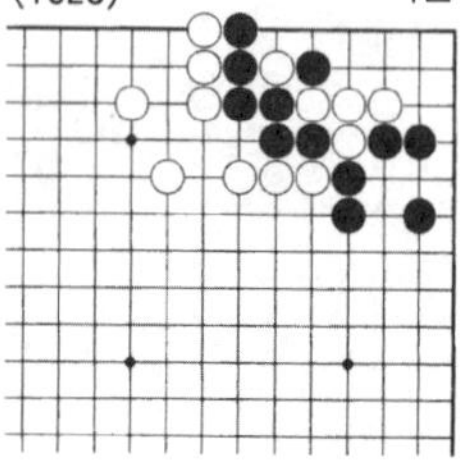

(1625) 흑번

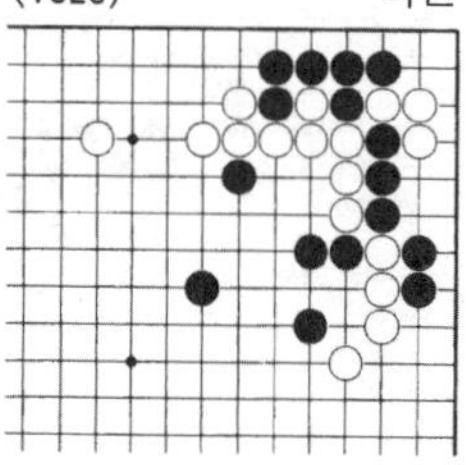

(1752) 흑번

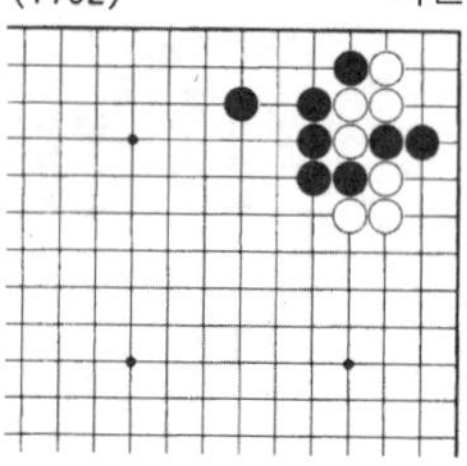

(1753) 흑번

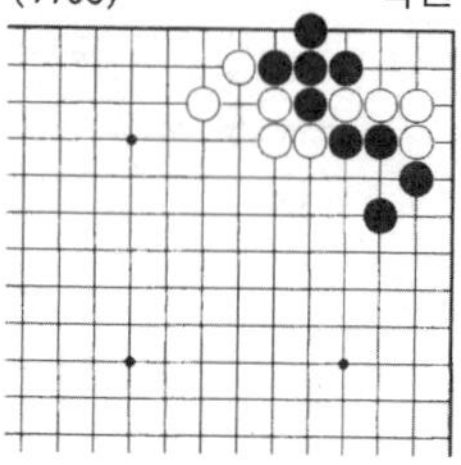

(1754) 흑번

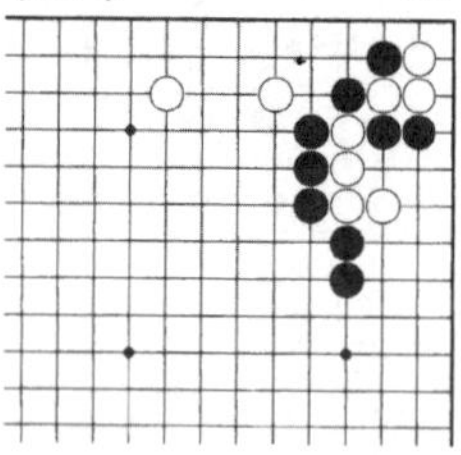

(1755) 흑번

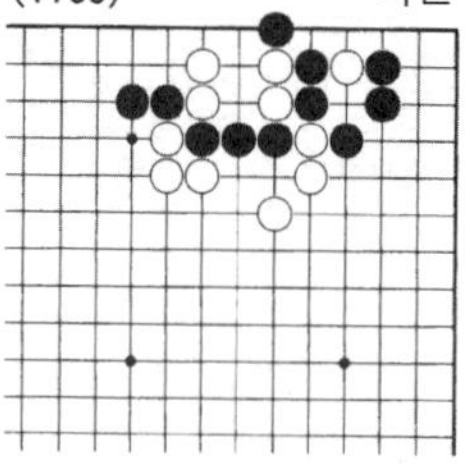

(1756) 흑번

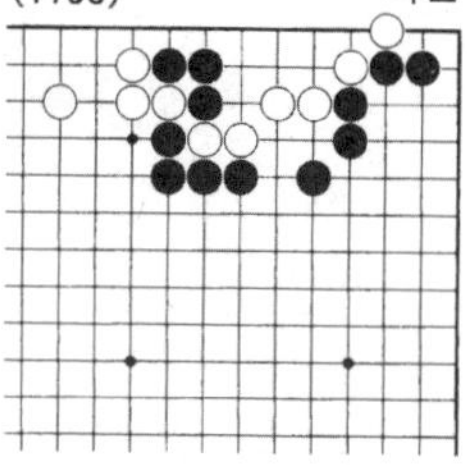

(1758) 백번

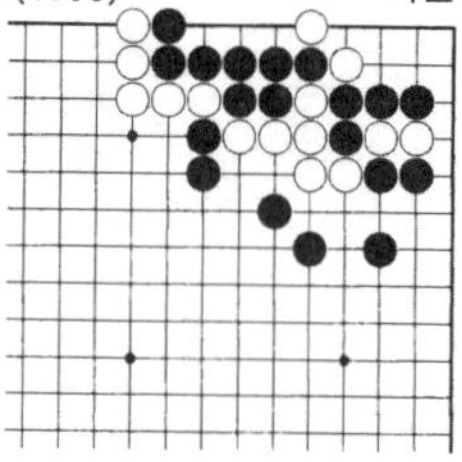

(1759) 백번

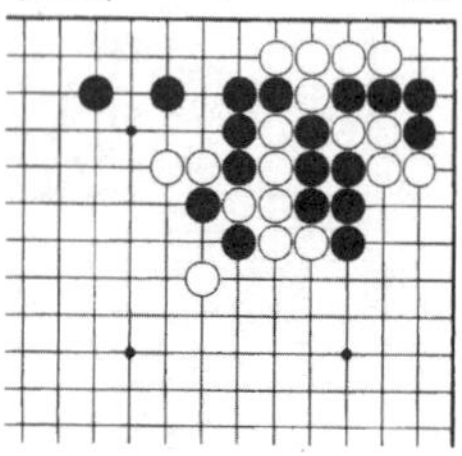

(1779) 백번

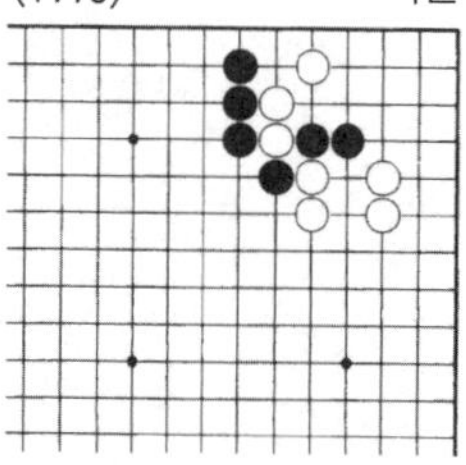

(1780) 백번

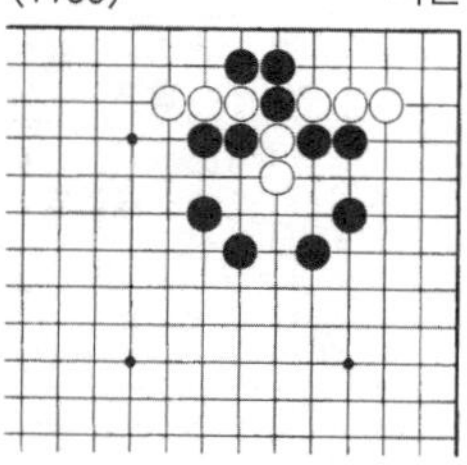

(1806) 흑번

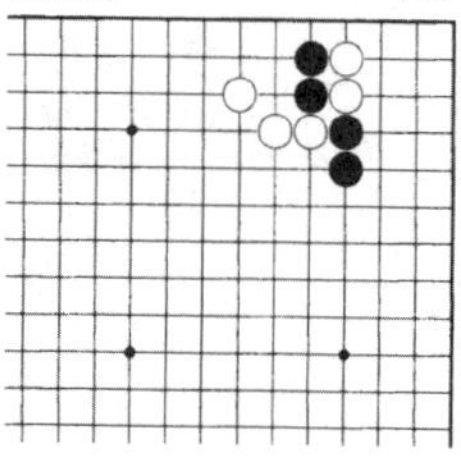

(1808) 흑번

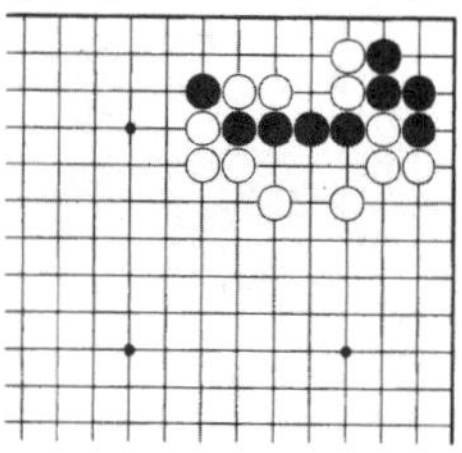

(1809) 흑번

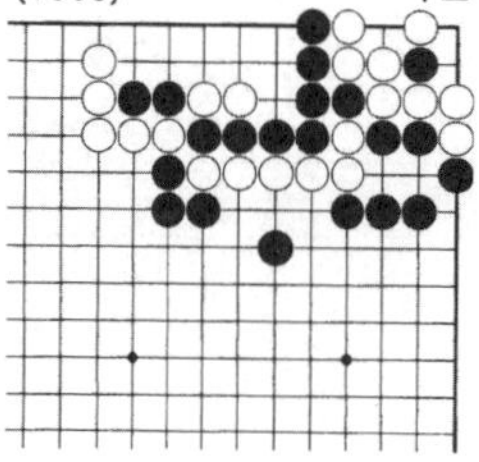

(1880) 흑번

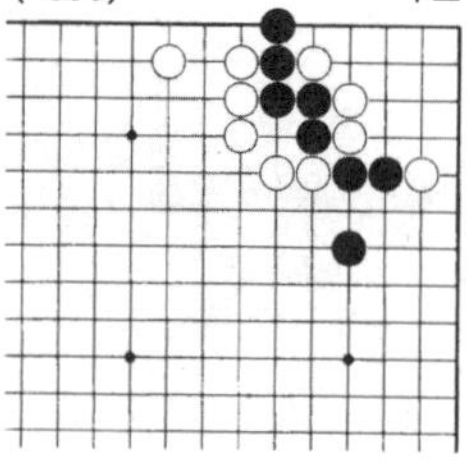

(1881) 흑번

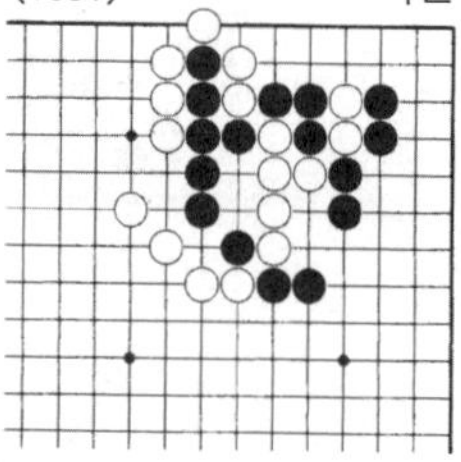

(1902) 백번

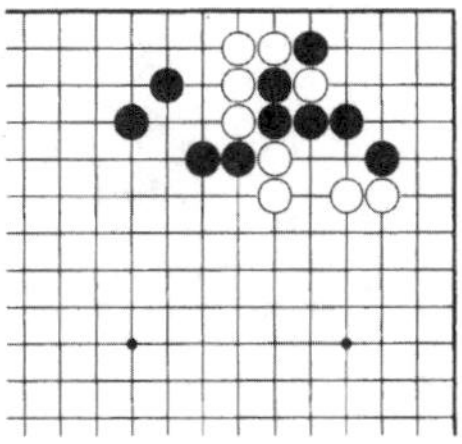

(1908) 흑번

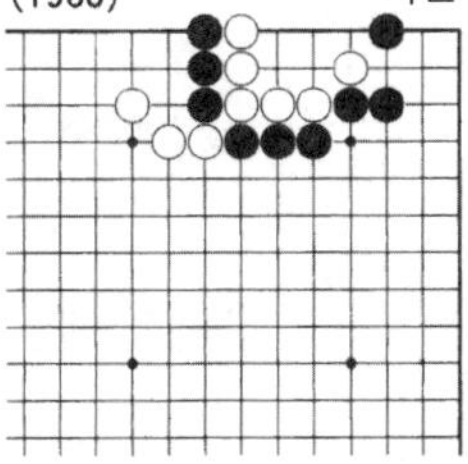

(1909) 백번

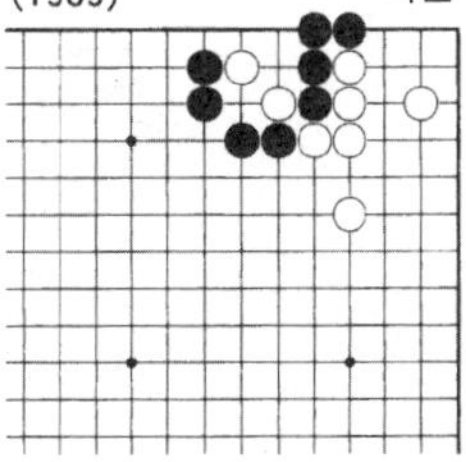

(1910) 흑번

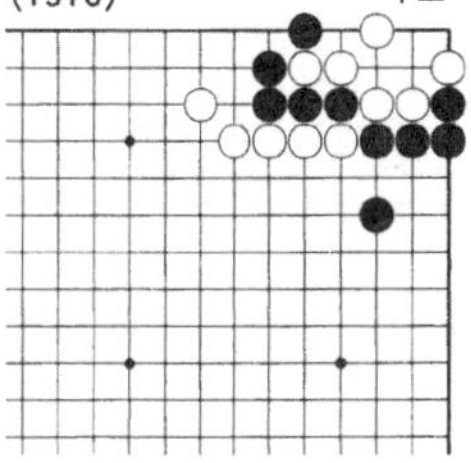

(1911) 흑번

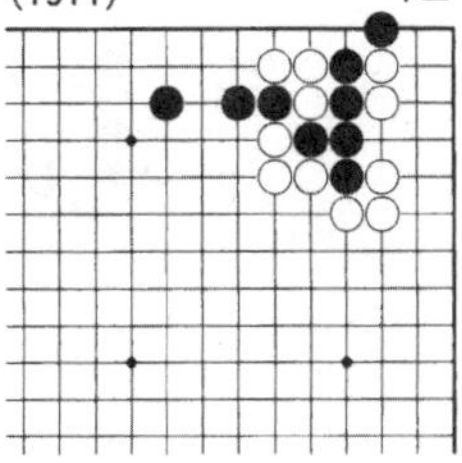

(1915) 흑번

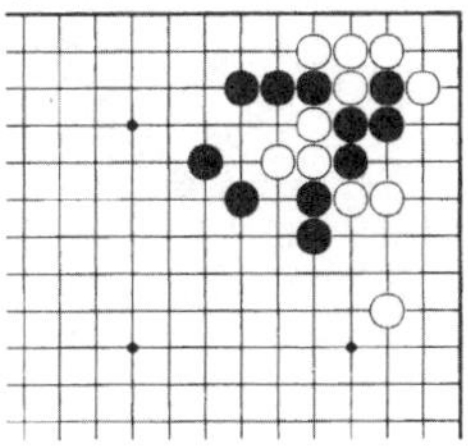

(1921) 흑번

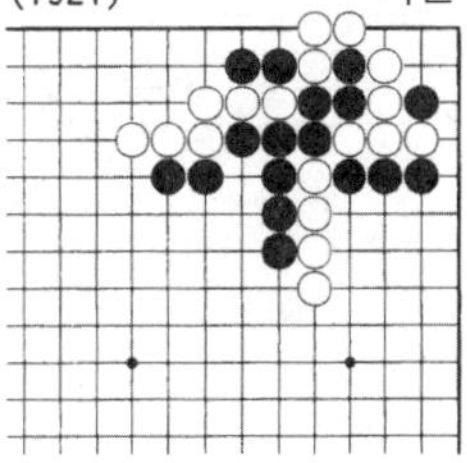

(1929) 흑번

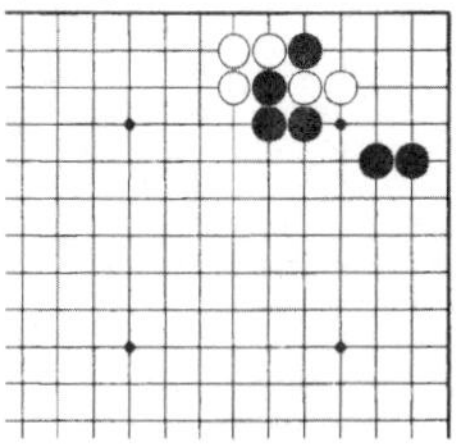

(1930) 흑번

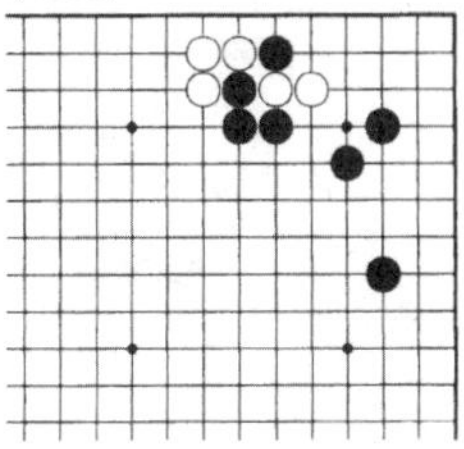

(1936) 백번

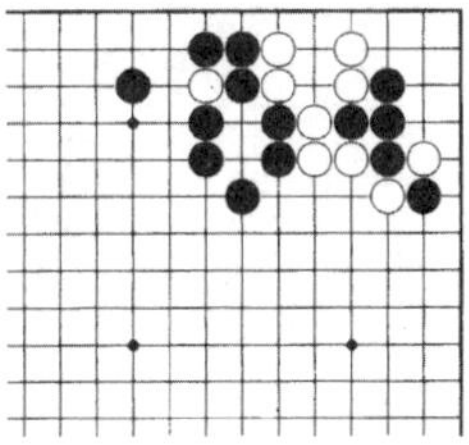

(1937) 백번

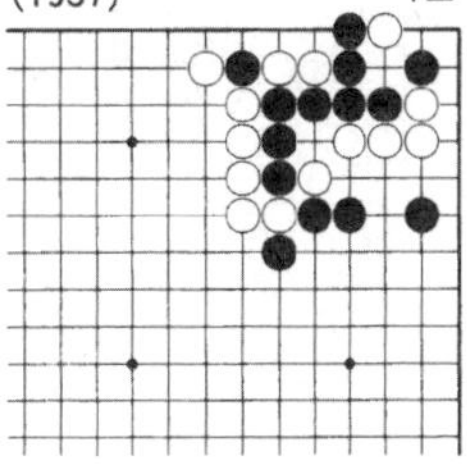

(1938) 흑번

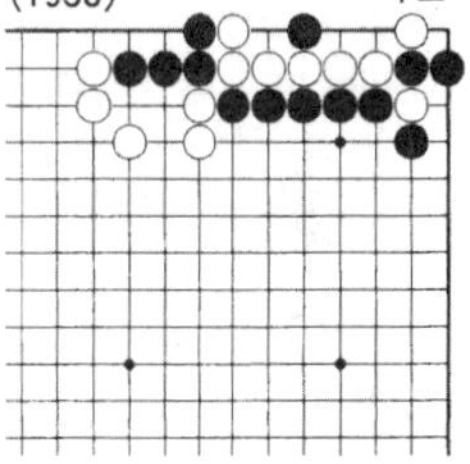

(1943) 백번

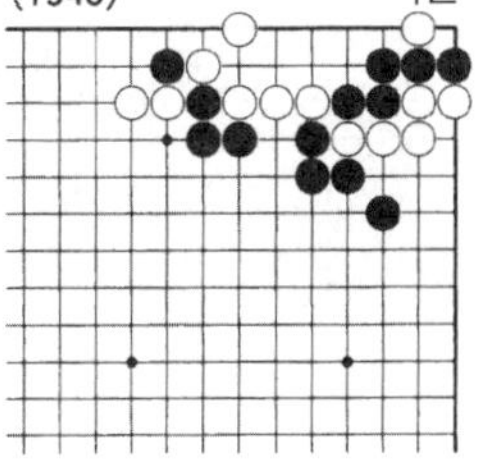

(1981) 흑번

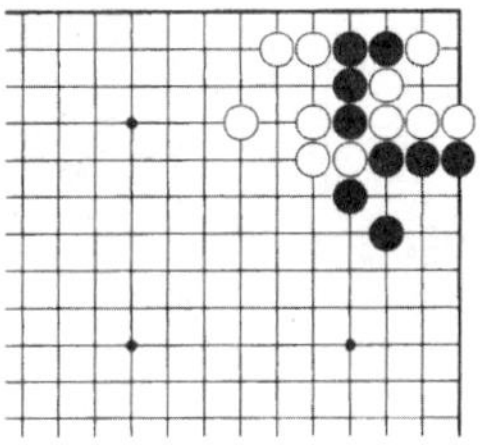

(1988) 백번

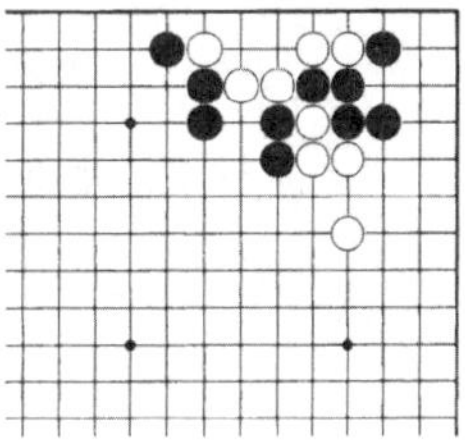

(1989) 흑번

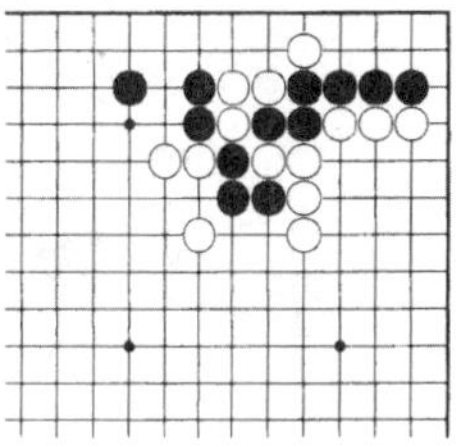

(1999) 흑번

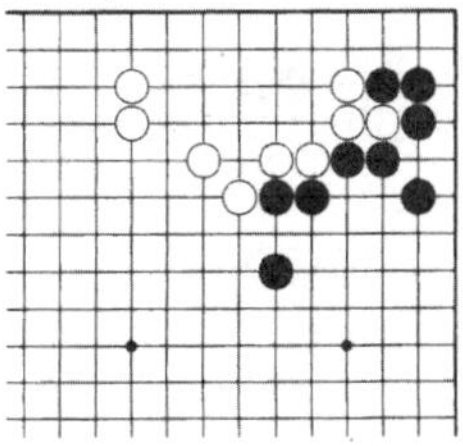

(2064) 흑번

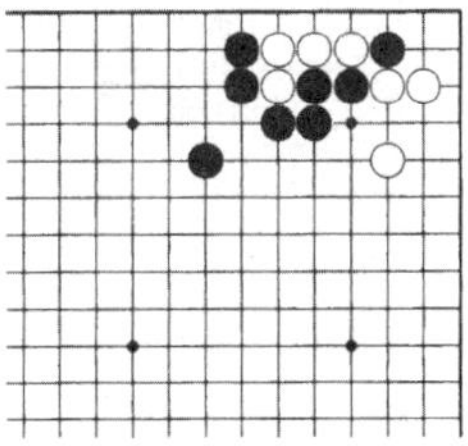

(2065) 흑번

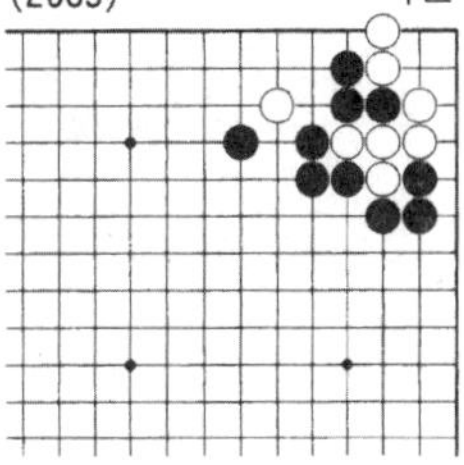

(2069) 흑번

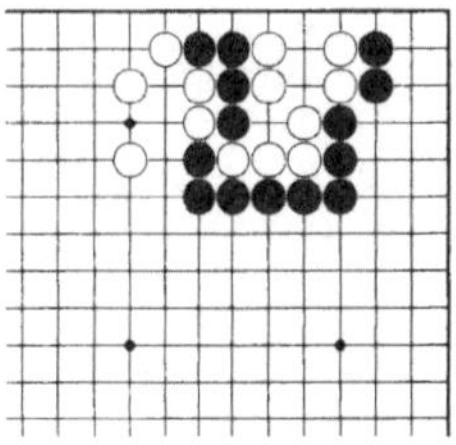

(2082) 흑번

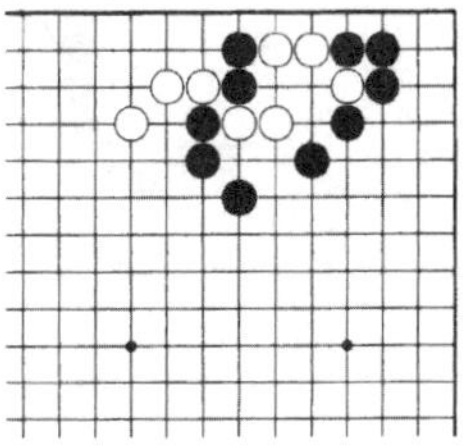

(2083) 흑번

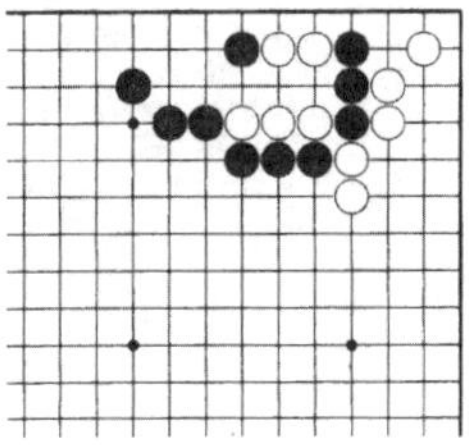

(2090) 흑번

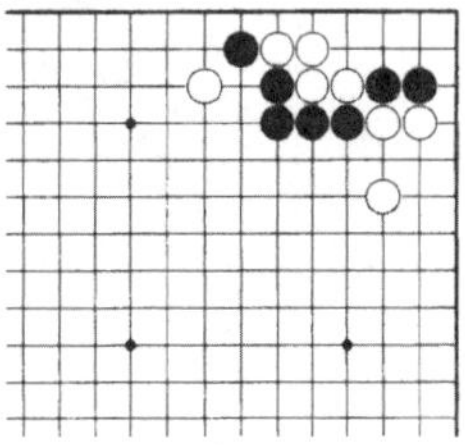

(2092) 흑번

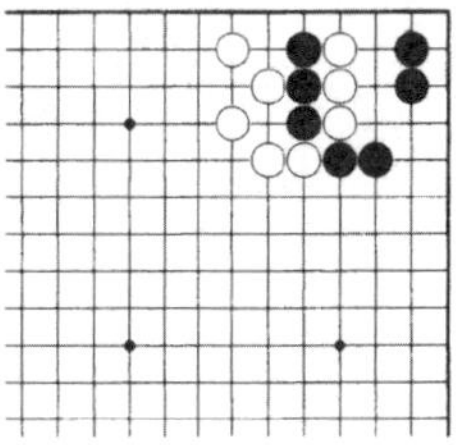

(2093) 흑번

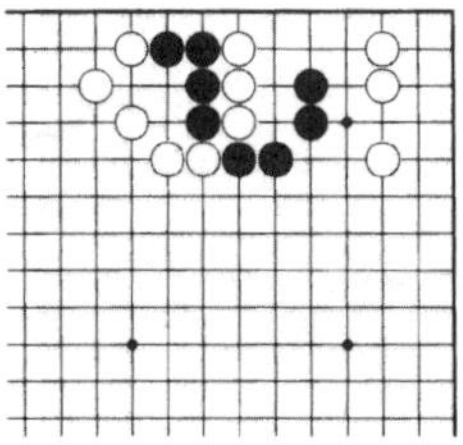

(2094) 흑번

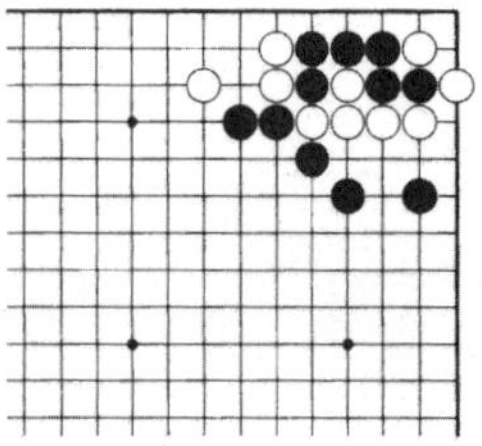

(2095) 흑번

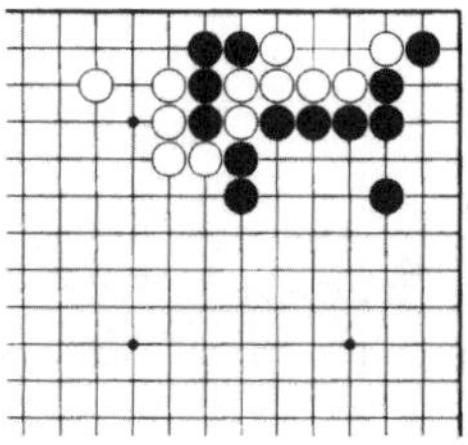

(2096) 흑번

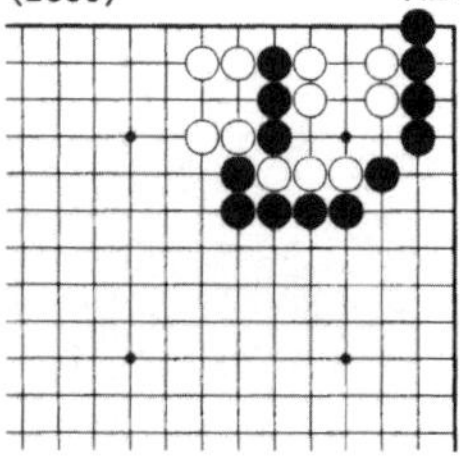

(2097) 흑번

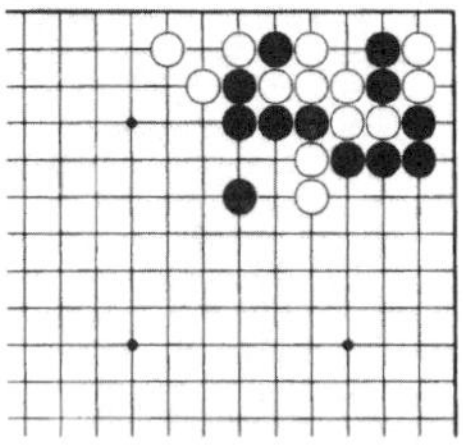

(2098) 흑번

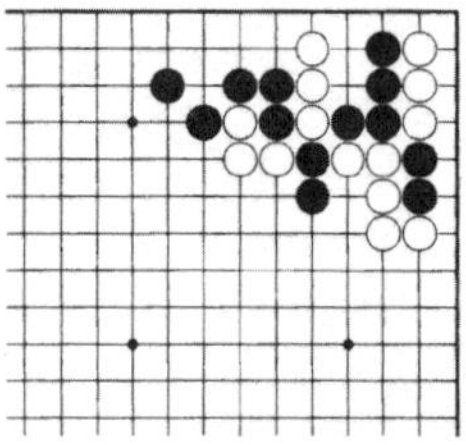

(2099) 흑번

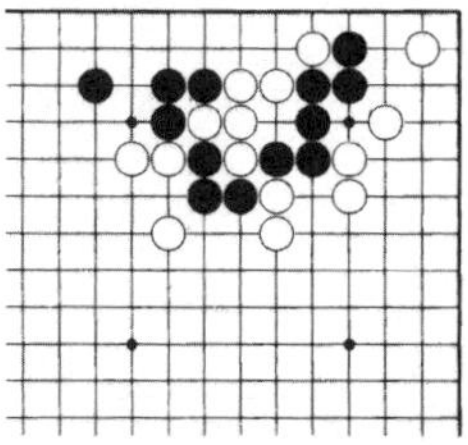

(2100) 흑번

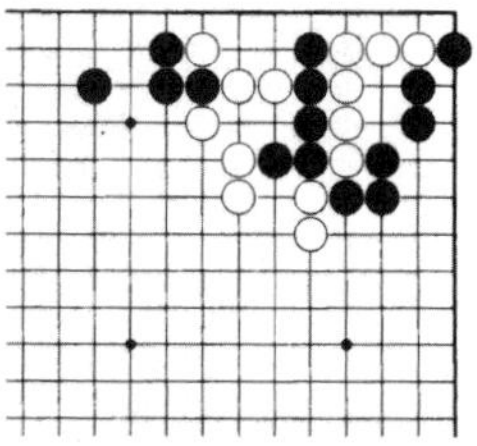

(2101) 흑번

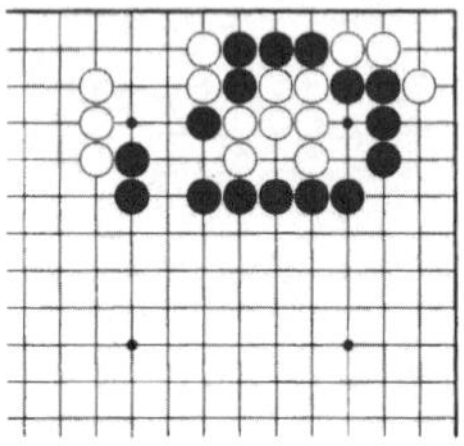

(2102) 흑번

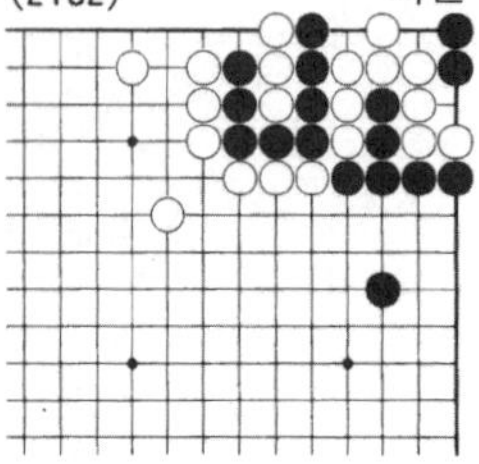

(2103) 흑번

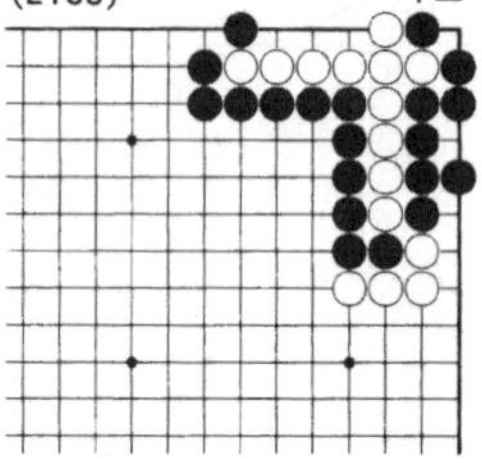

(2104) 흑번

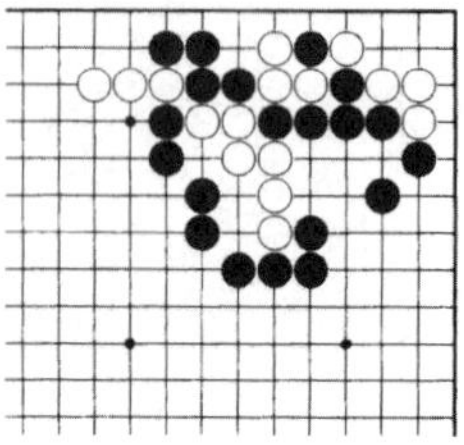

(2180) 흑번

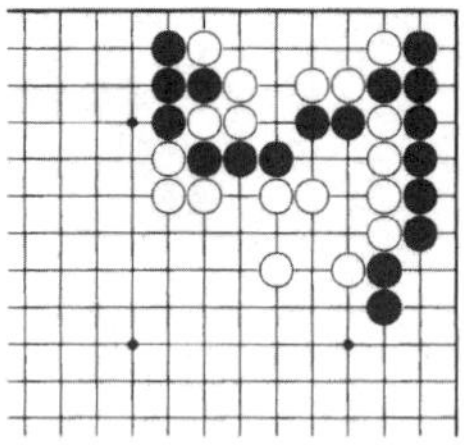

(2185) 흑번

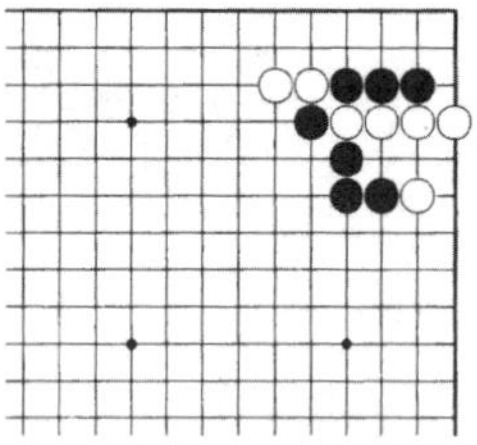

(2222) 흑번

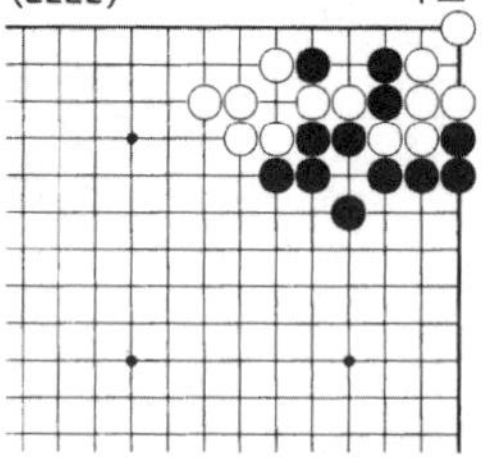

(2224) 흑번

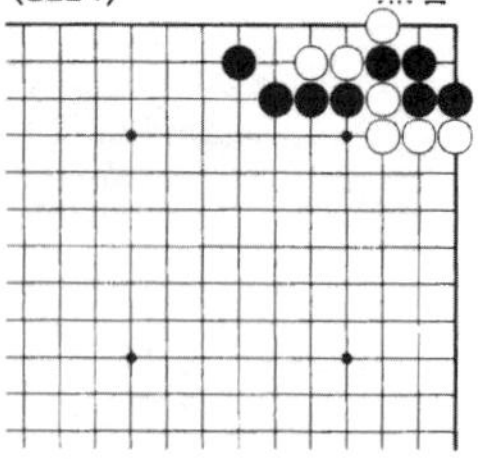

(2225) 흑번

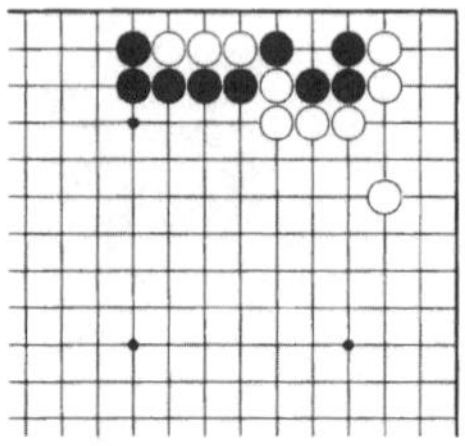

(2226) 흑번

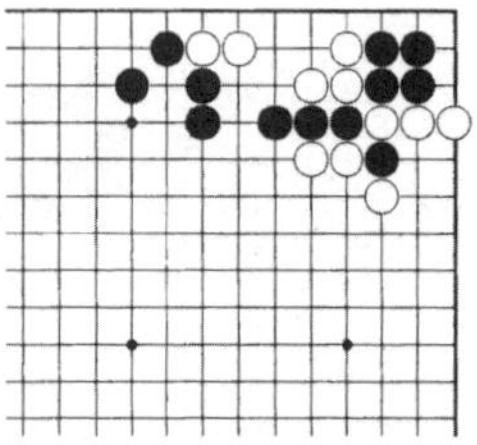

(2227) 흑번

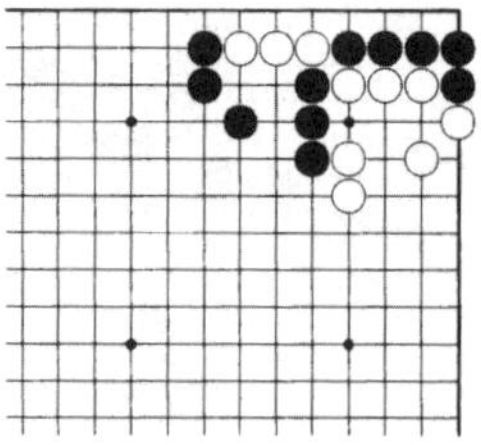

(2228) 흑번

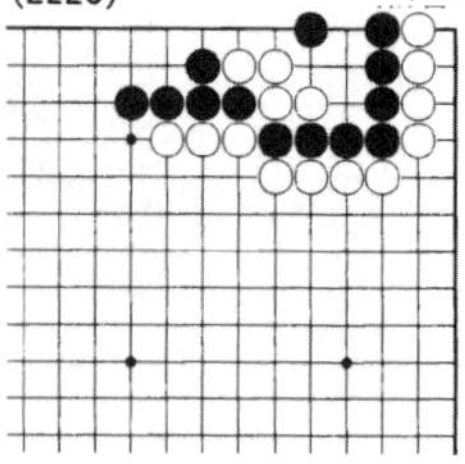

(2251) 흑번

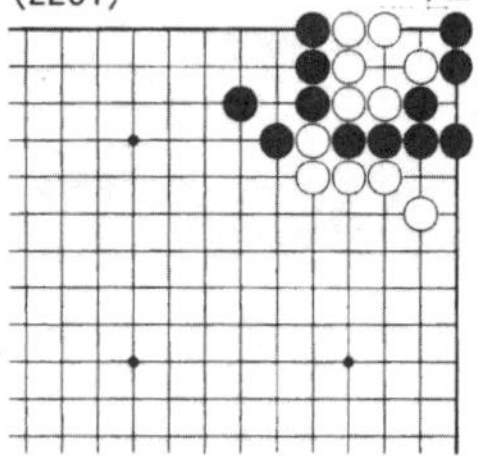

(2253) 흑번

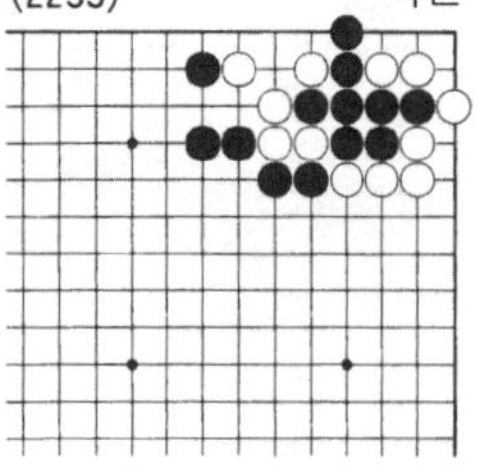

(2259) 백번

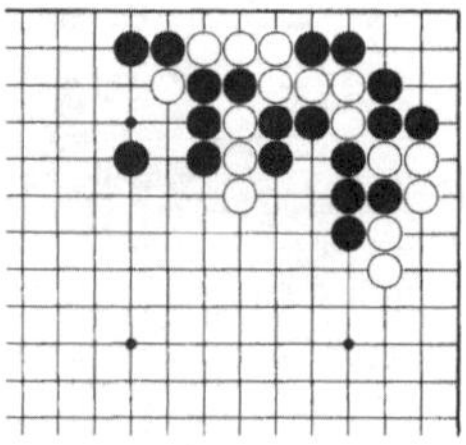

(2294) 흑번

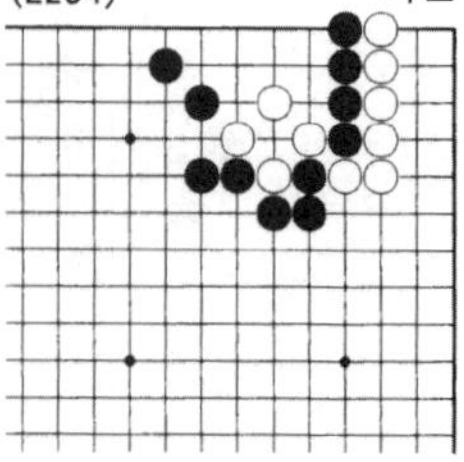

(2302) 흑번

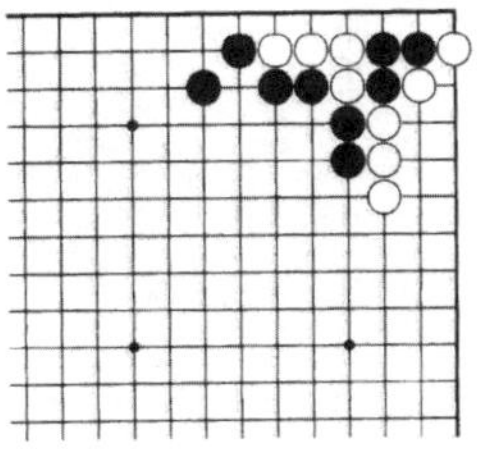

(2303) 백번

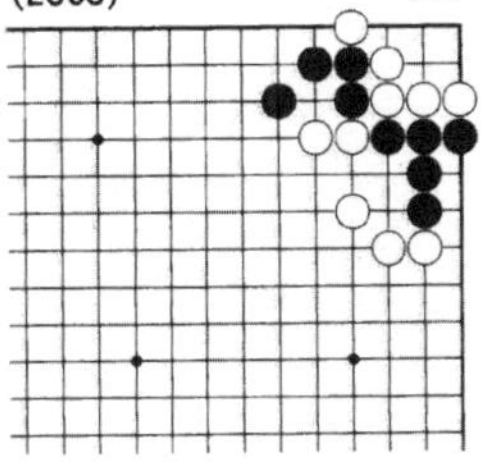

(2304) 흑번

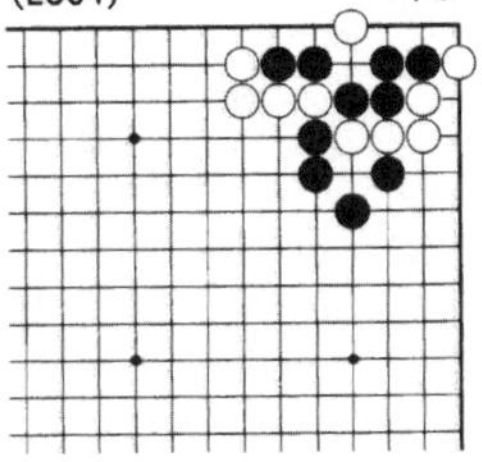

(2306) 흑번

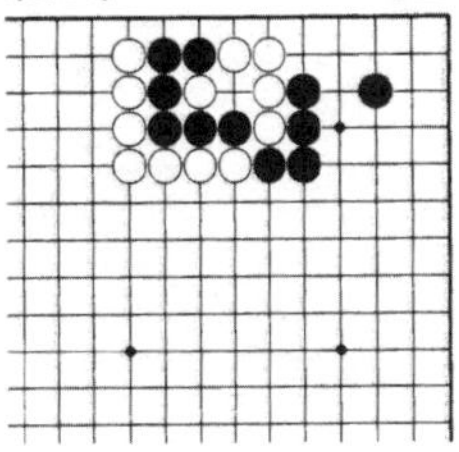

(2307) 흑번

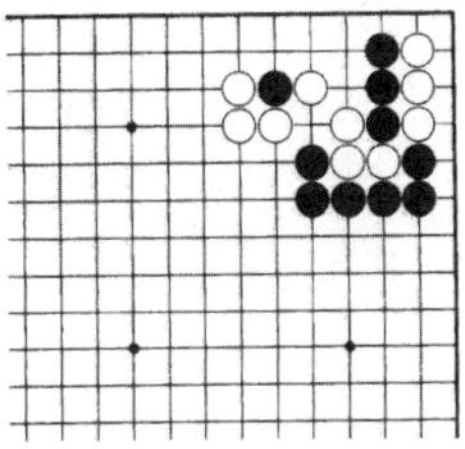

(2308) 백번

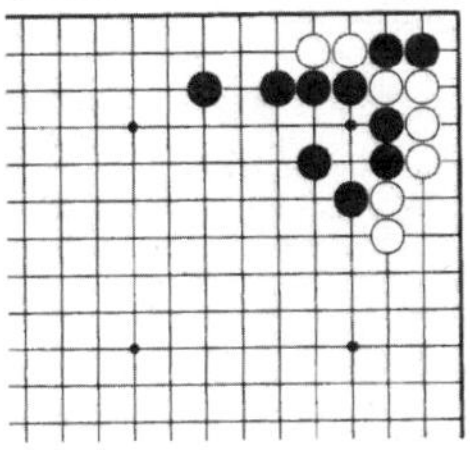

(2309) 백번

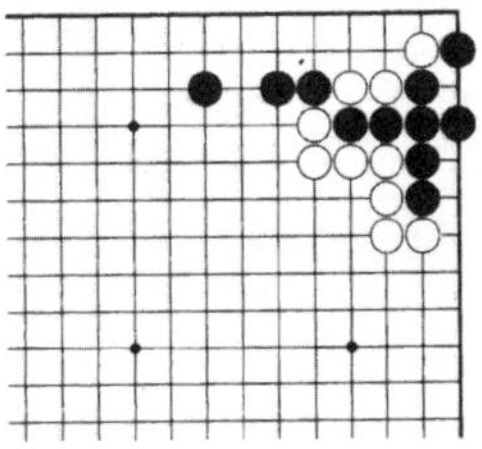

(2310) 백번

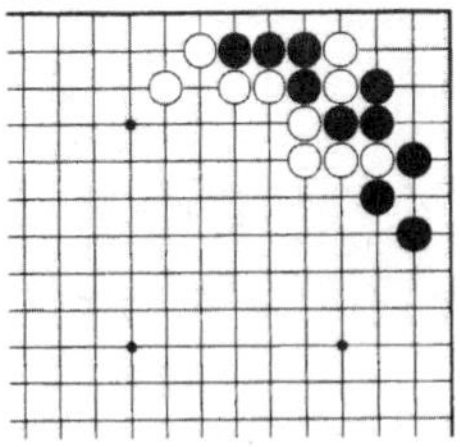

(2311) 흑번

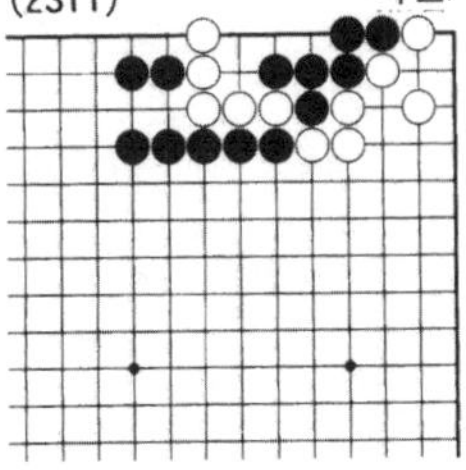

(2312) 흑번

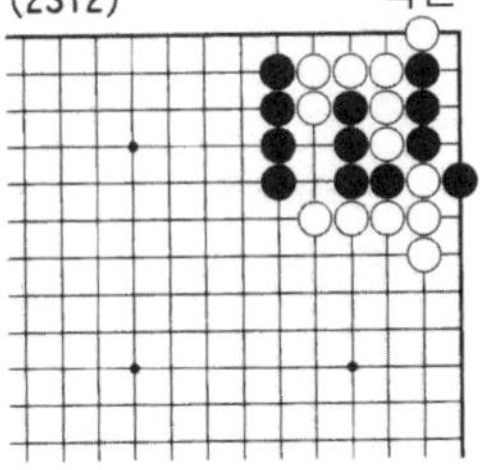

(2313) 흑번

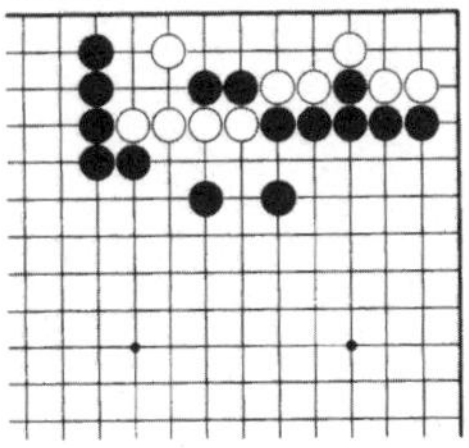

(2316) 흑번

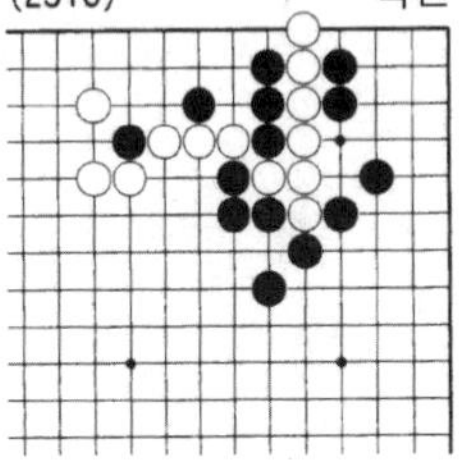

(2317) 흑번

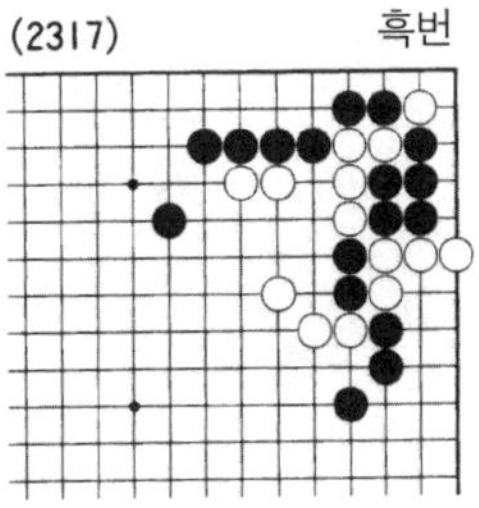

(2318) 흑번

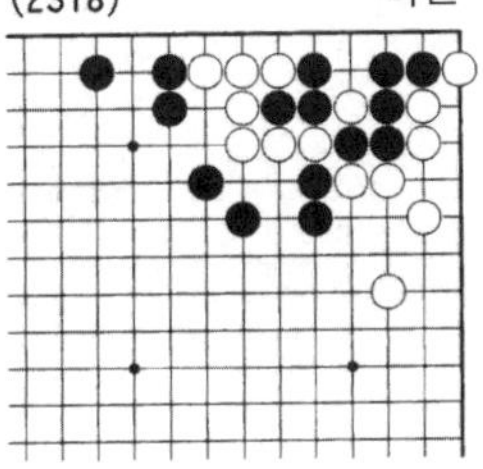

(2319) 흑번

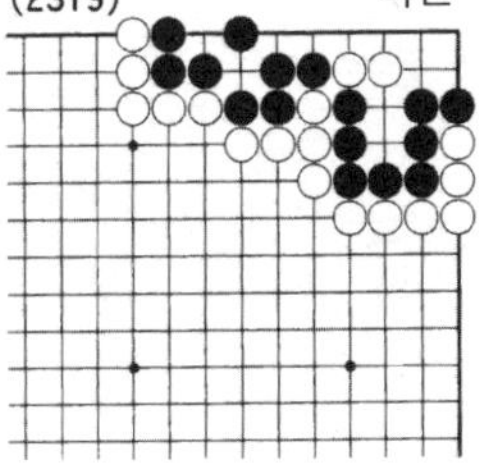

(2321) 흑번

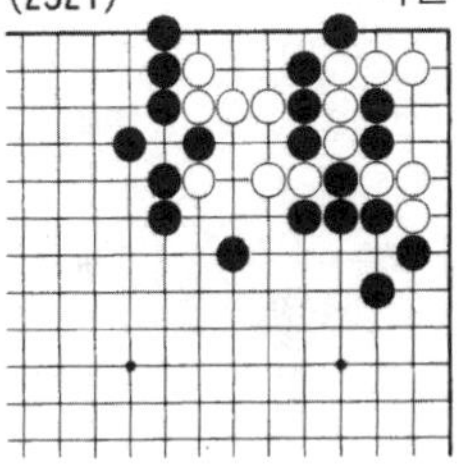

(2380) 백번

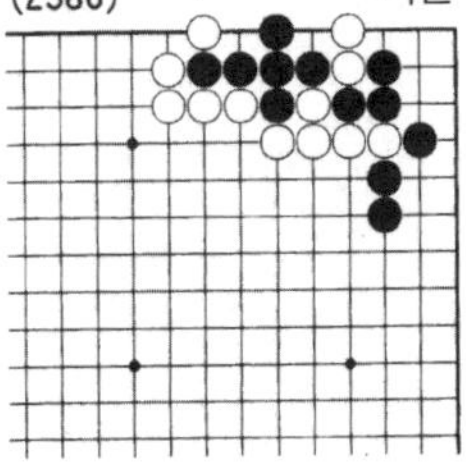

(2392) 흑번

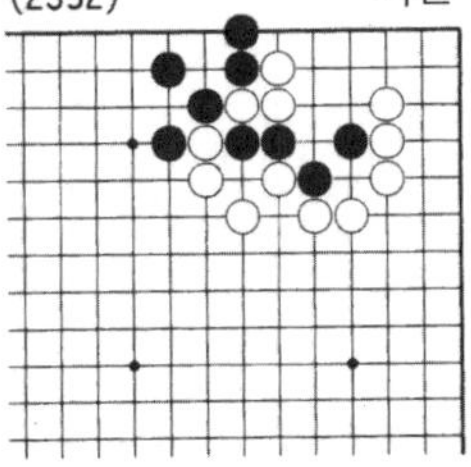

(2404) 흑번

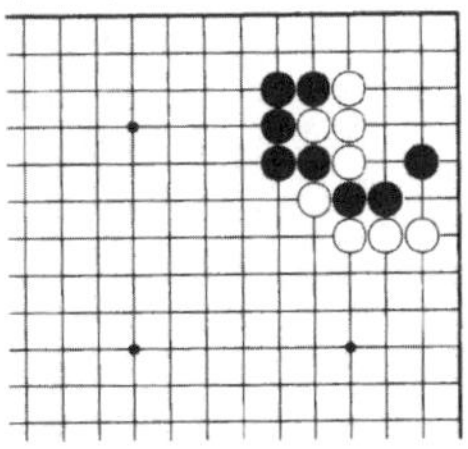

(2405) 백번

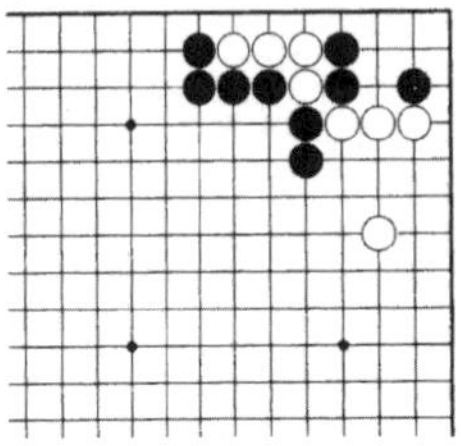

(2406) 백번

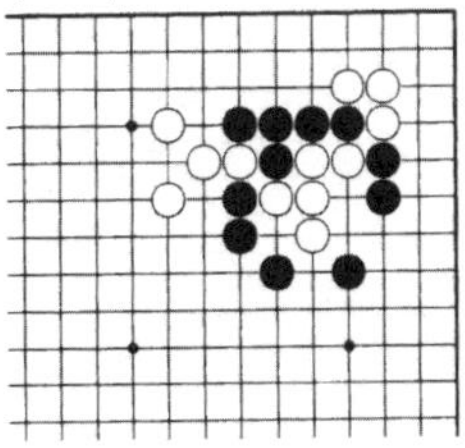

(2407) 흑번

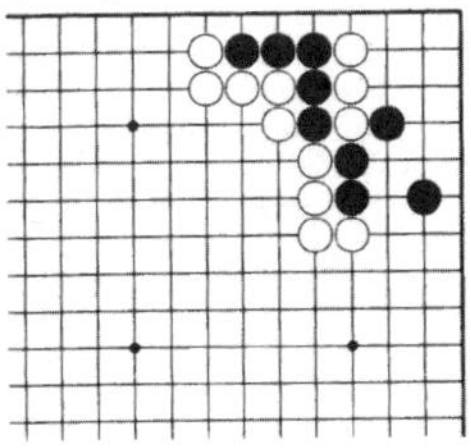

(2408) 흑번

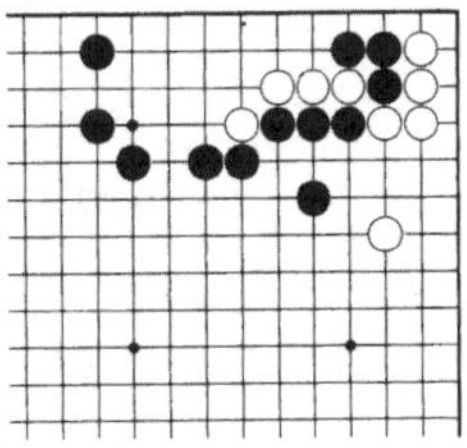

(2409) 흑번

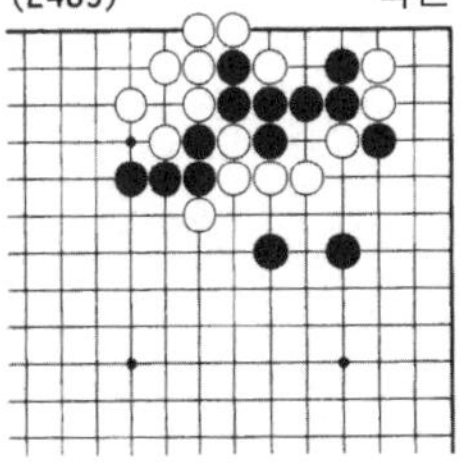

(2424) 흑번

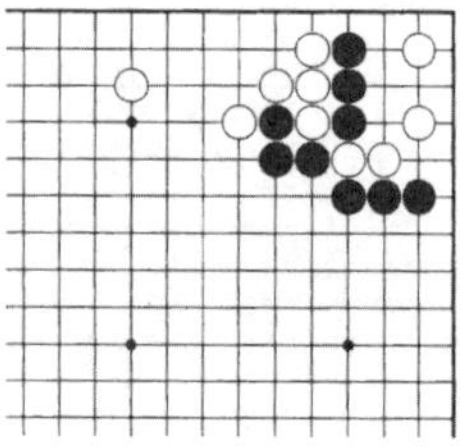

(2450) 흑번

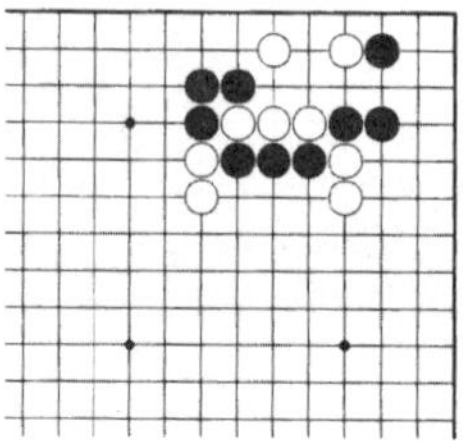

(2452) 흑번

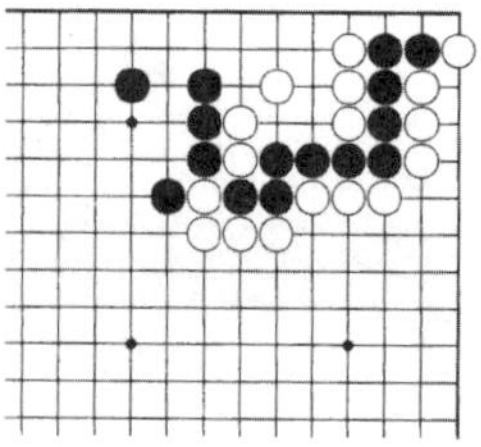

(2455) 흑번

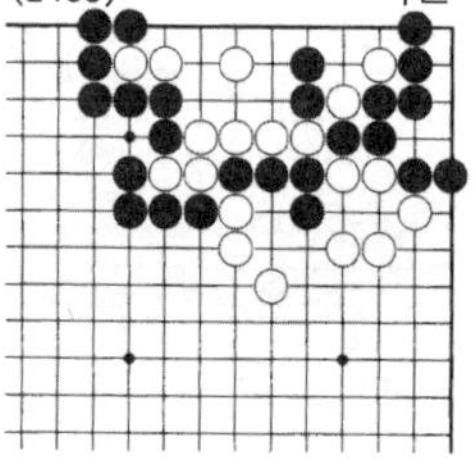

(2460) 흑번

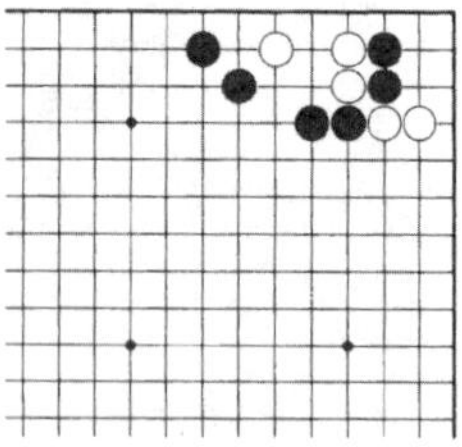

(2461) 흑번

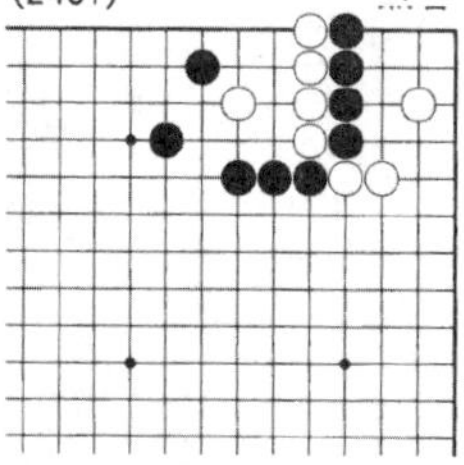

(2462) 흑번

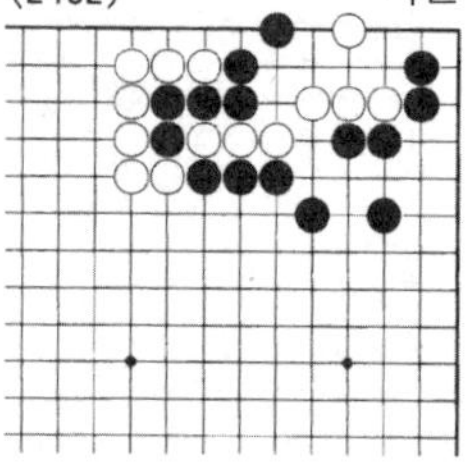

(2463) 흑번

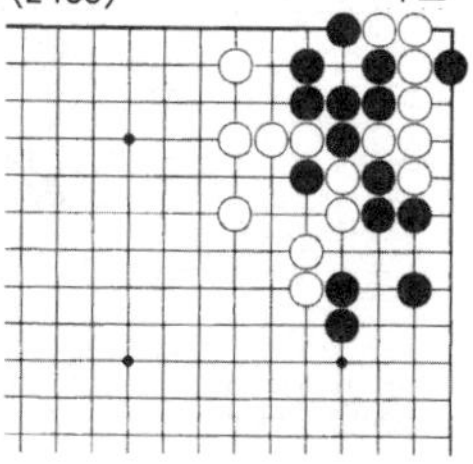

## 공격하다

(42) 흑번

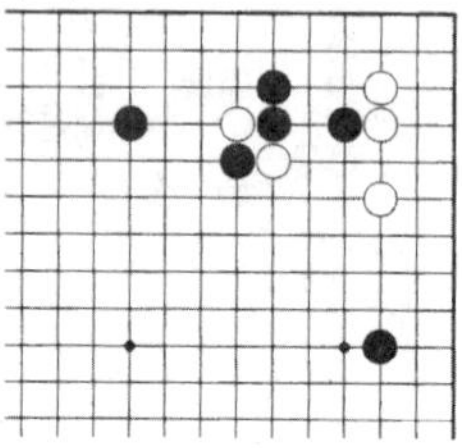

(49) 흑번

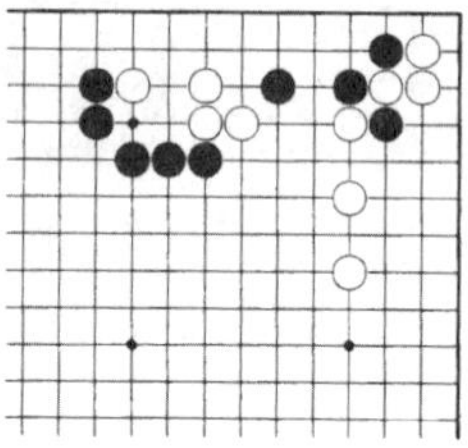

(69) 흑번

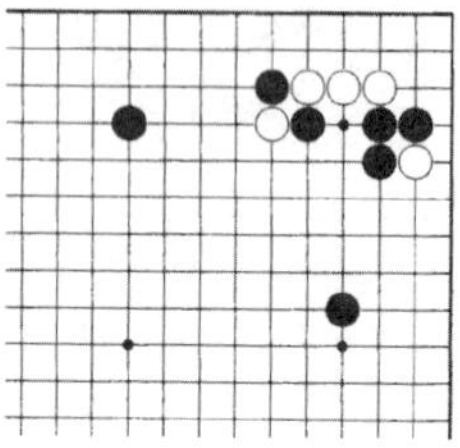

(215) 백번

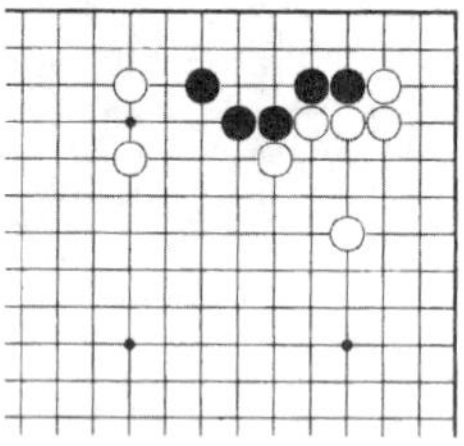

(240) 흑번

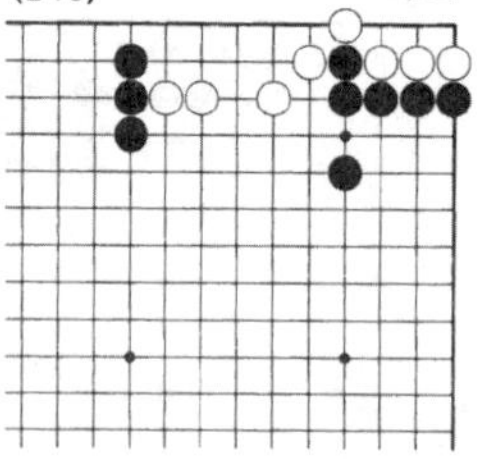

(494) 흑번

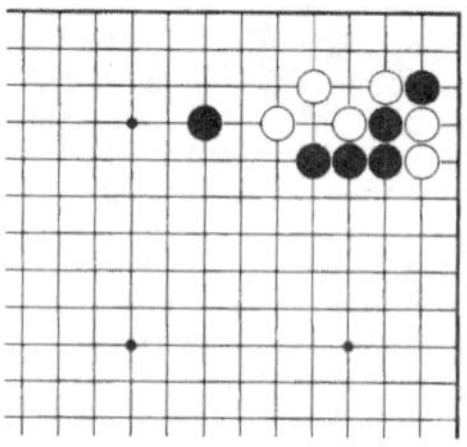

(584) 흑번

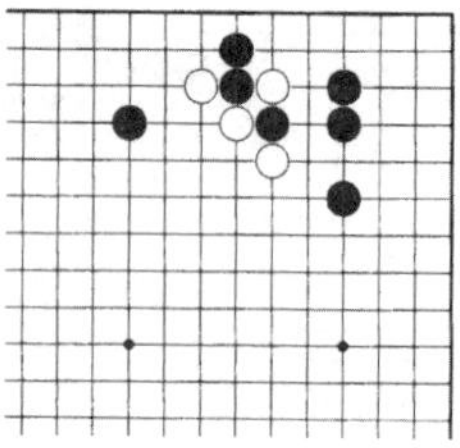

(830) 흑번

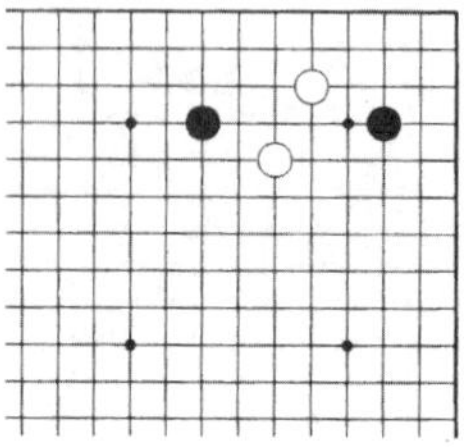

(874) 흑번

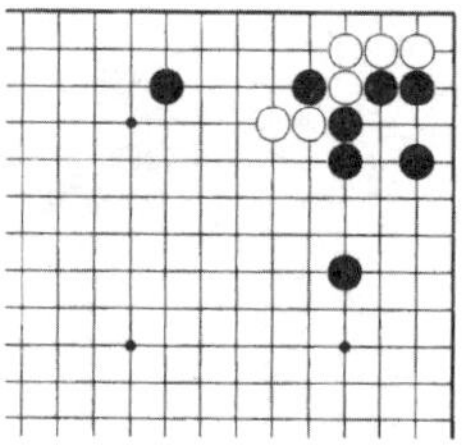

(876) 흑번

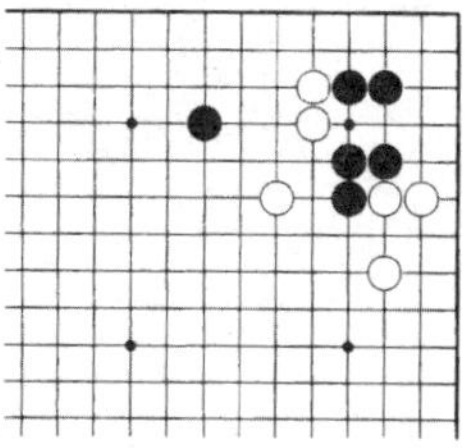

(881) 흑번

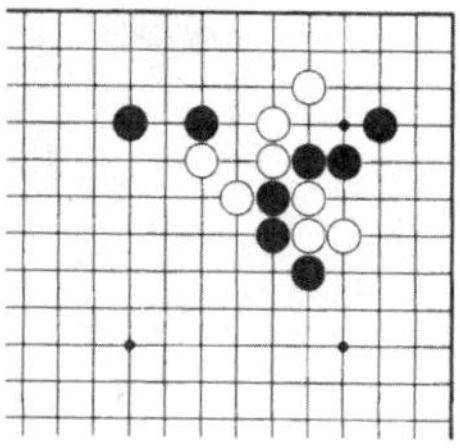

(1024) 백번

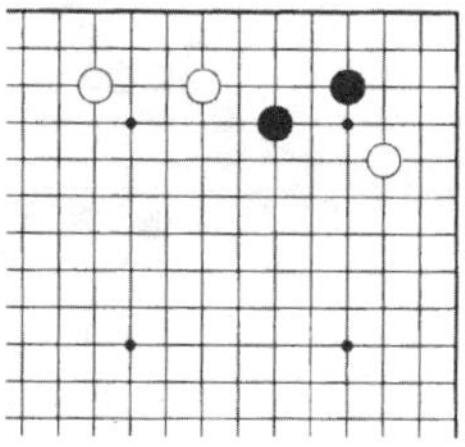

(1079) 흑번

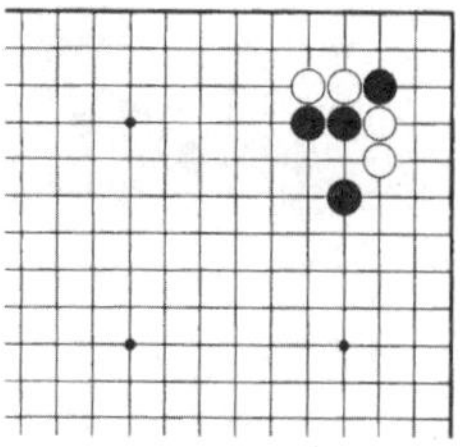

(1103) 흑번

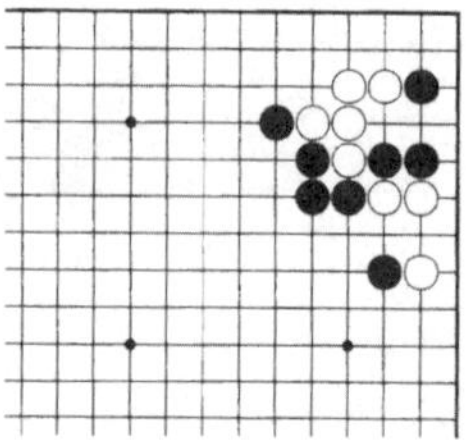

(1117) 흑번

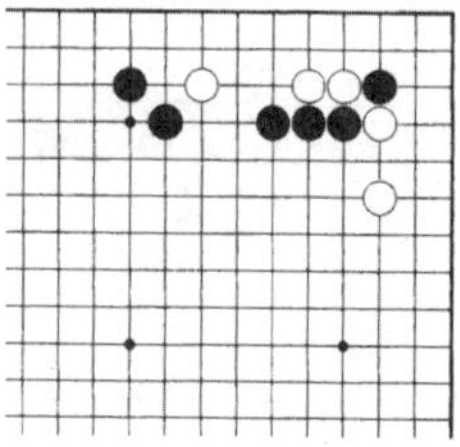

(1232) 흑번

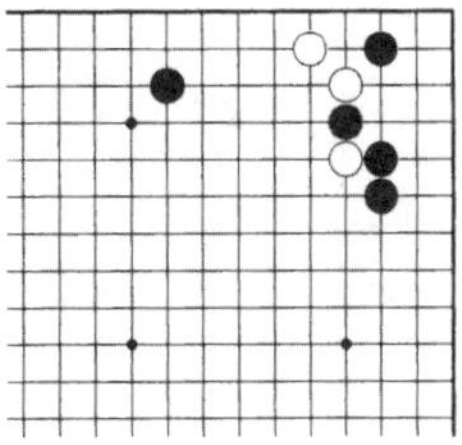

(1370) 흑번

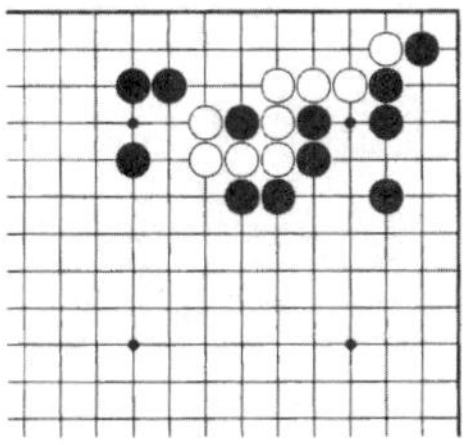

(1602) 흑번

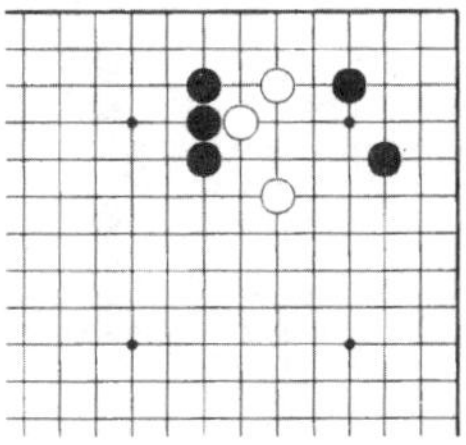

(1605) 흑번

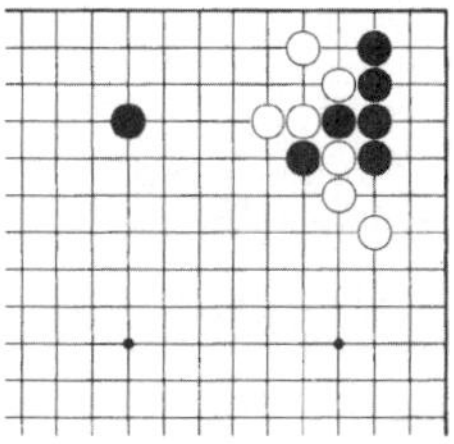

(1767) 흑번

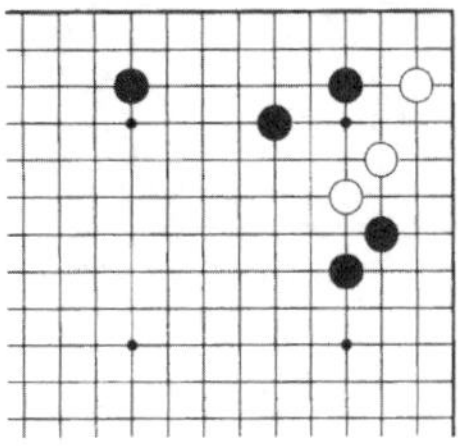

(1772) 흑번

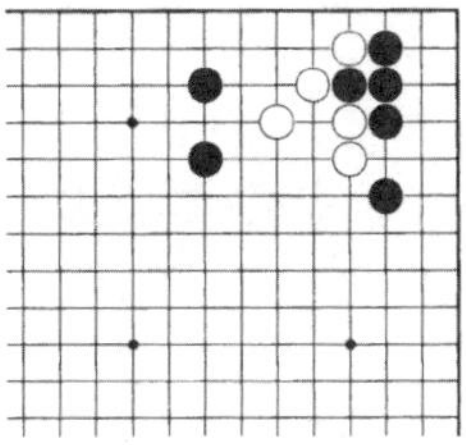

(1774) 흑번

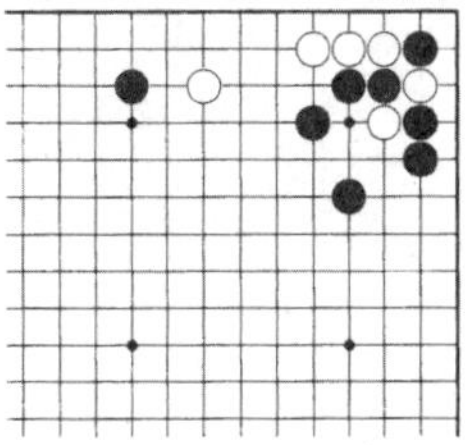

(1791) 흑번

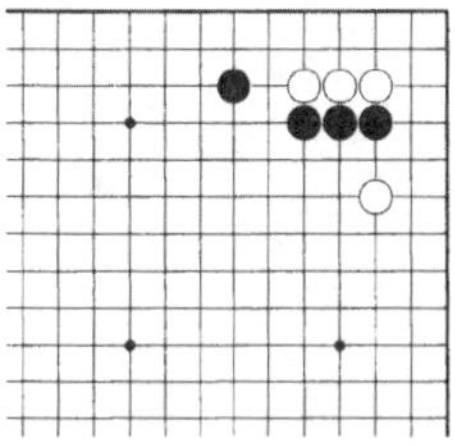

(1834) 흑번

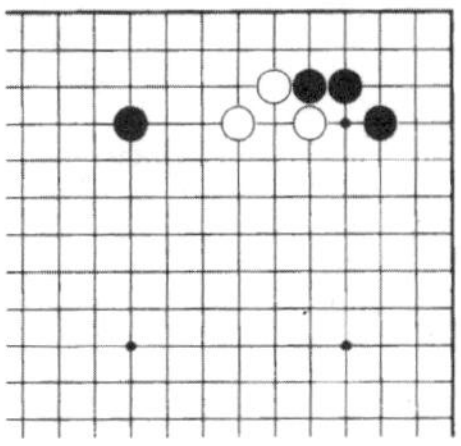

(1837) 흑번

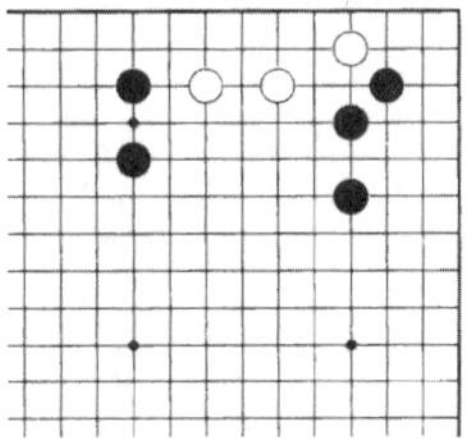

(1838) 흑번

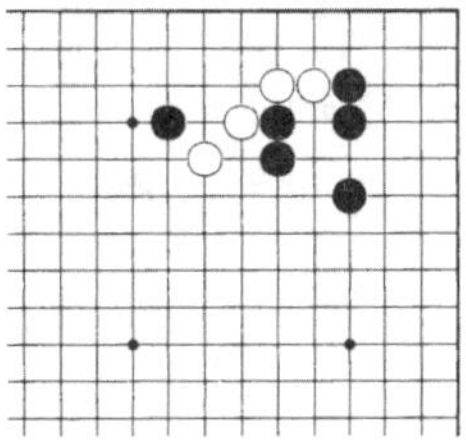

(1850) 흑번

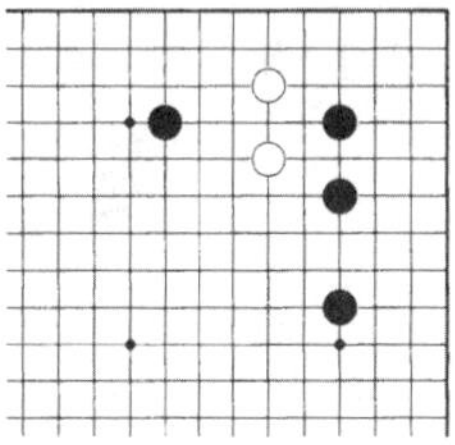

(1855) 흑번

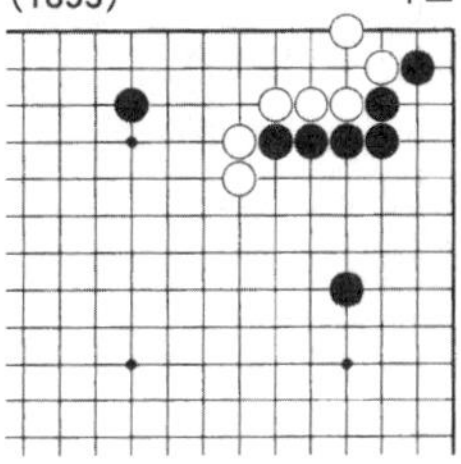

(1868) 백번

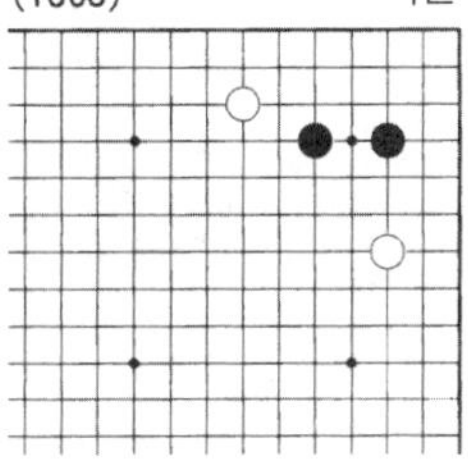

(1950) 흑번

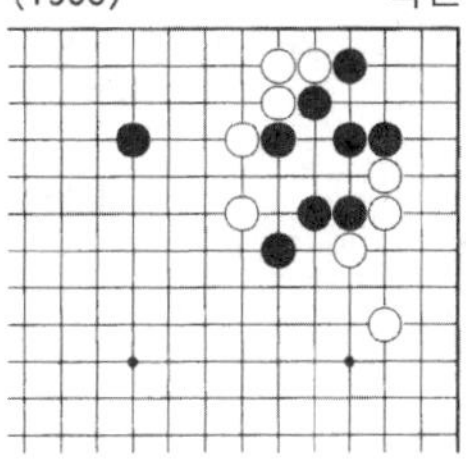

(1963) 흑번

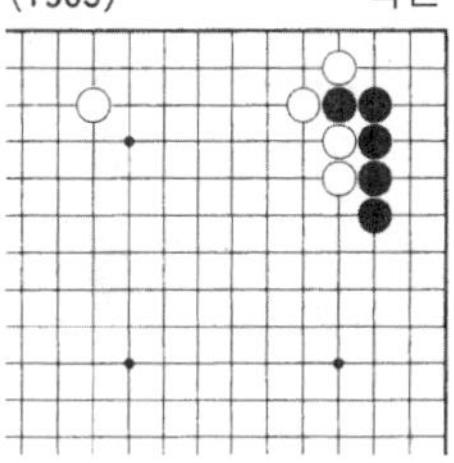

(1964) 흑번

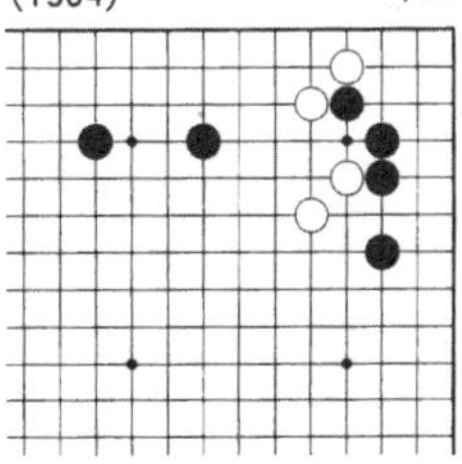

(1977) 흑번

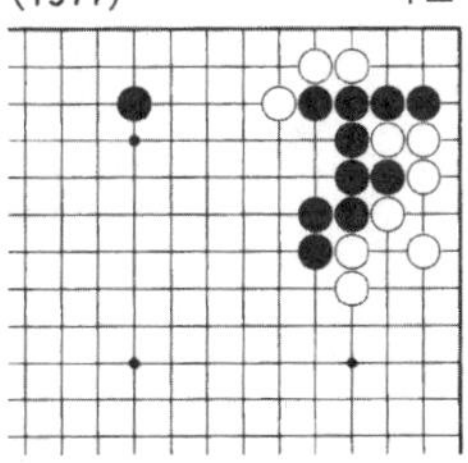

(2063) 흑번

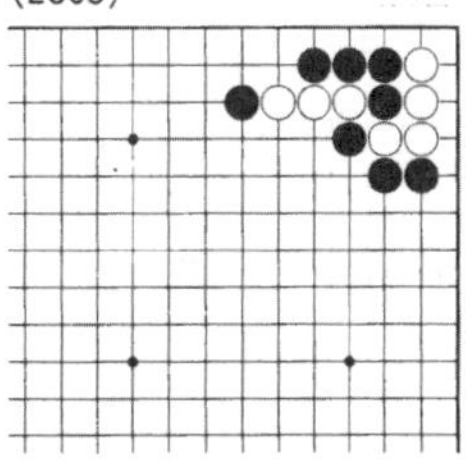

(2127) 흑번

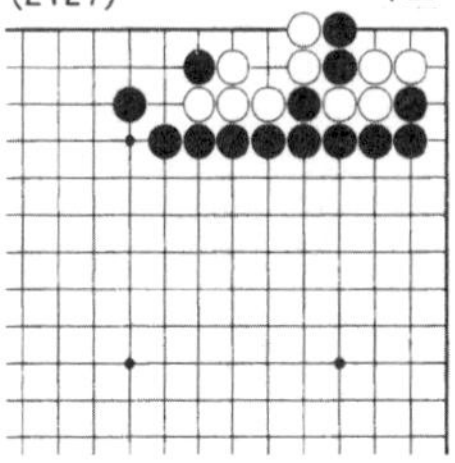

(2209) 흑번

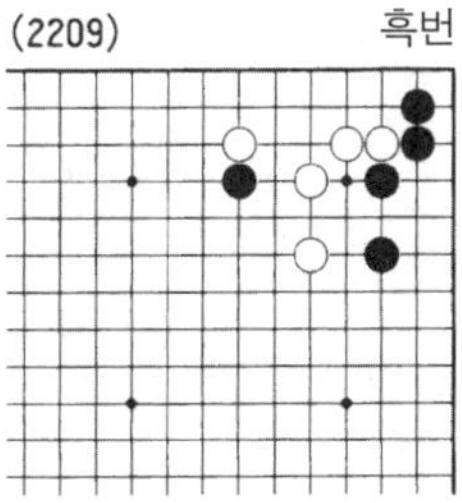

(2293) 흑번

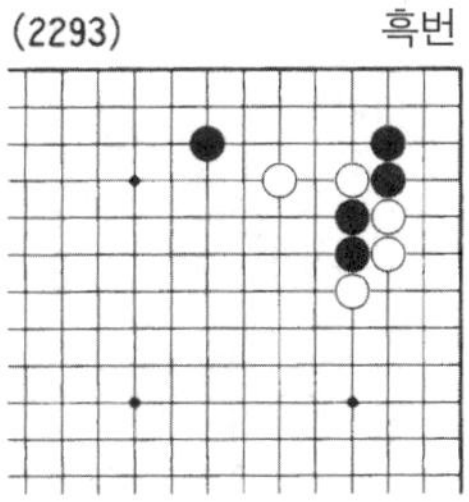

(2299) 흑번

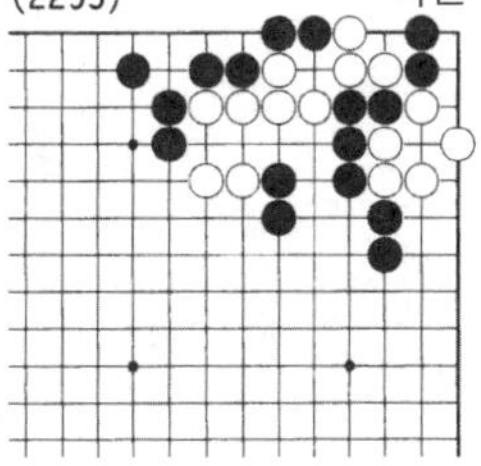

(2413) 흑번

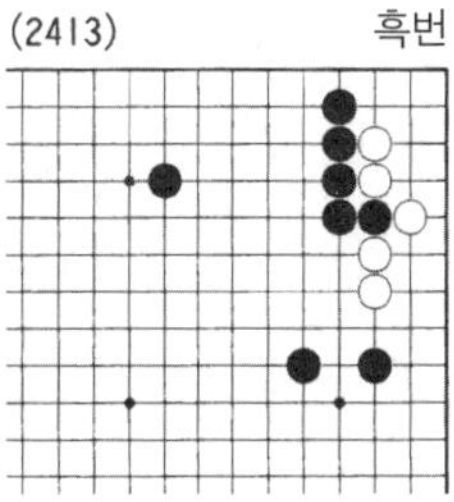

## 접근전

(1545) 흑번

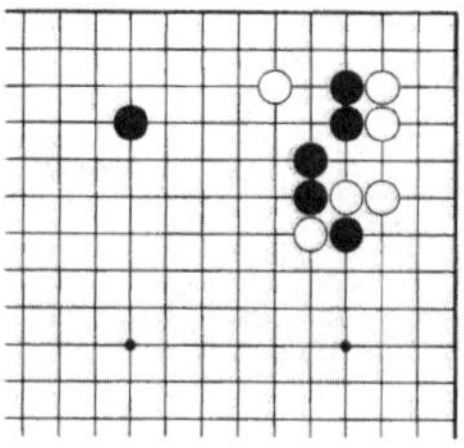

(1551) 백번

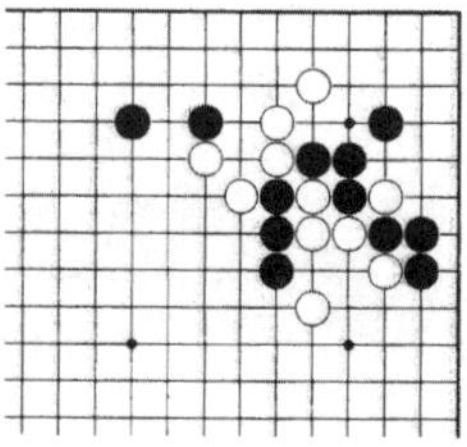

(1606) 흑번

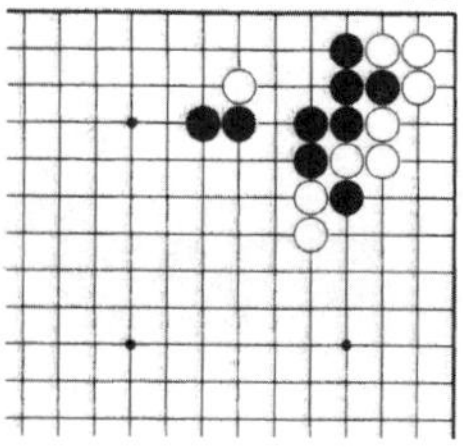

(1732) 백번

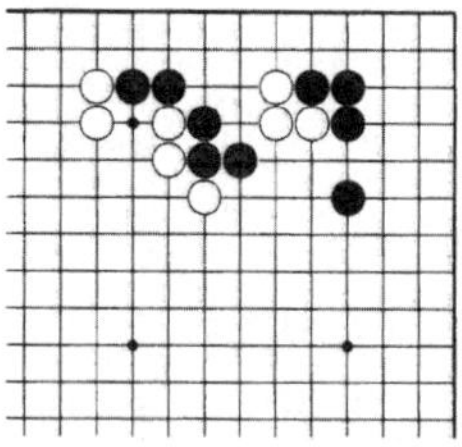

(2161) 흑번

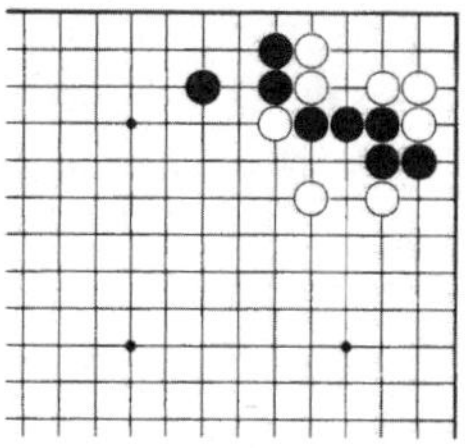

## 선수를 잡다

(196) 흑번

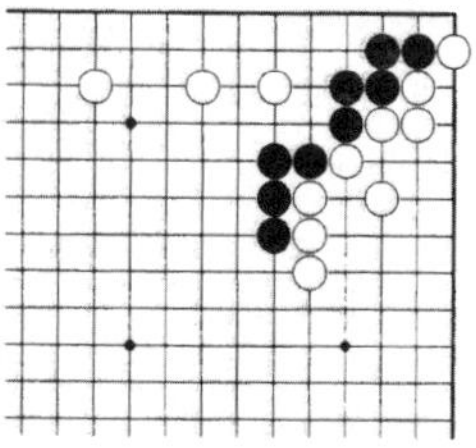

(197) 흑번

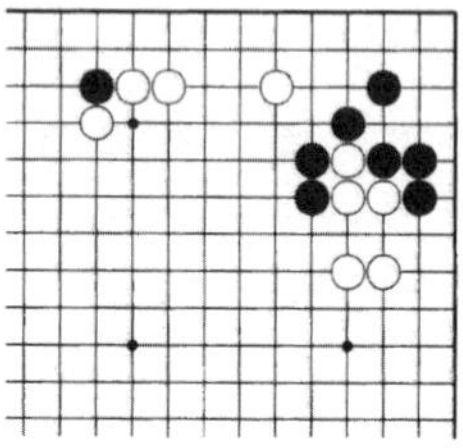

(551) 흑번

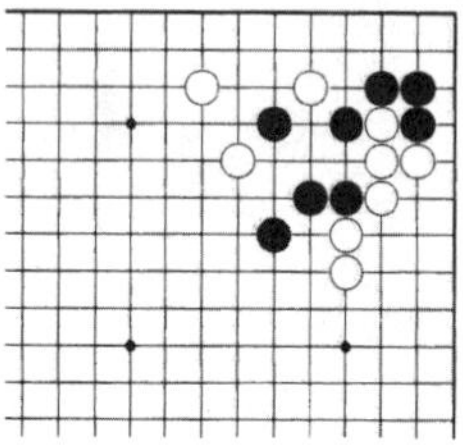

(670) 흑번

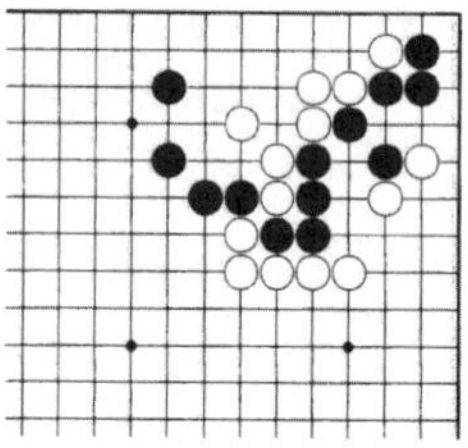

(1436) 흑번

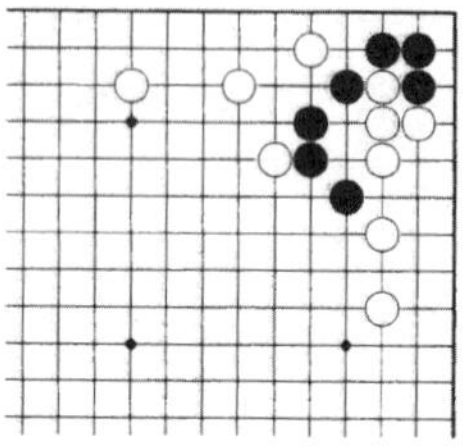

(1438) 흑번

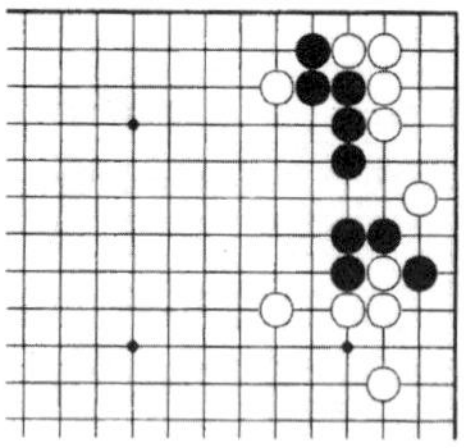

(2017) 흑번

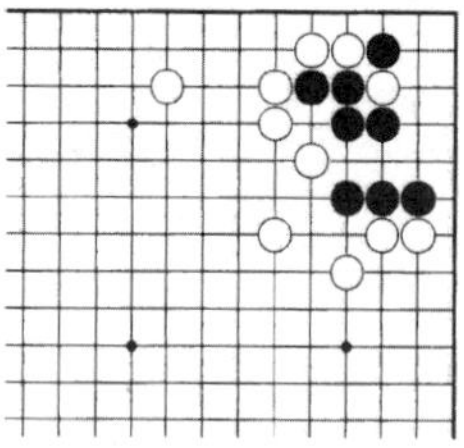

(2210) 흑번

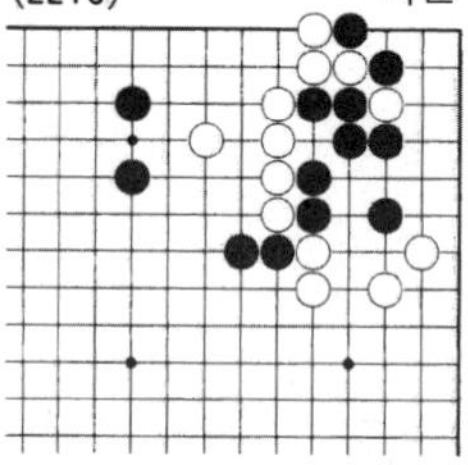

(2276) 흑번

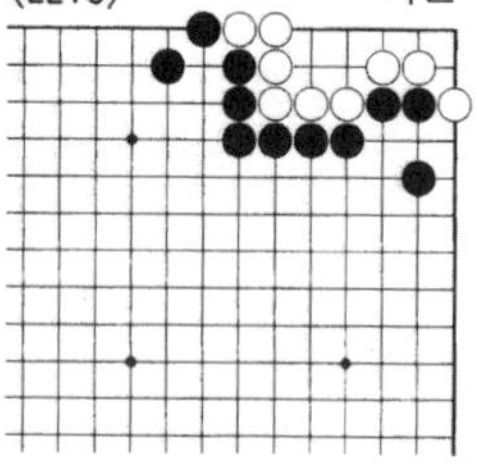

## 탈출

(105) 흑번

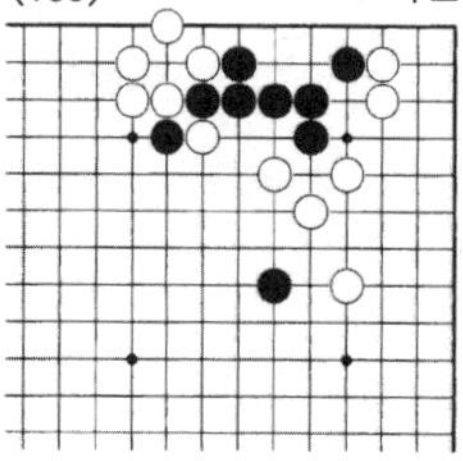

(121) 흑번

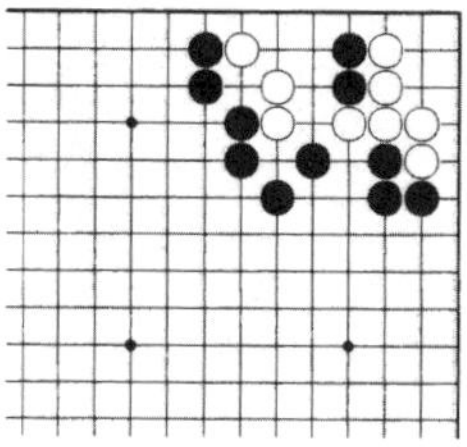

(246) 흑번

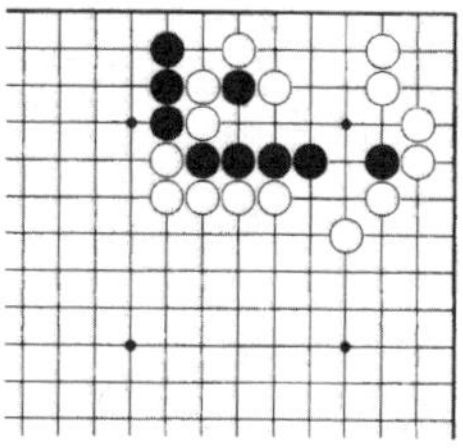

(426) 백번

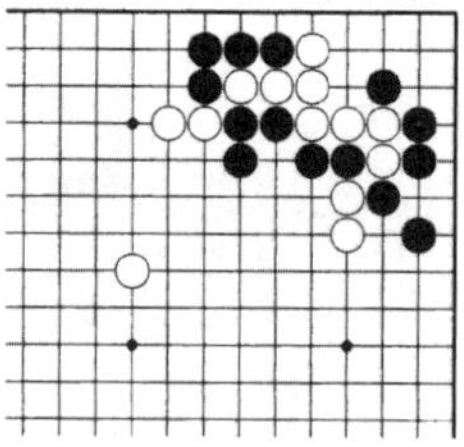

(468) 흑번

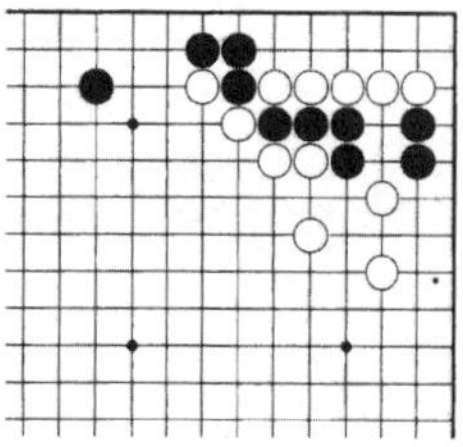

(479) 흑번

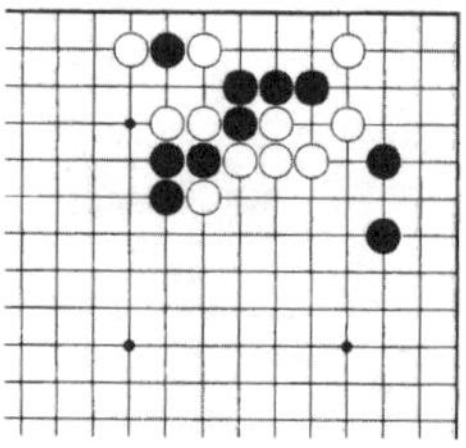

(497) 흑번

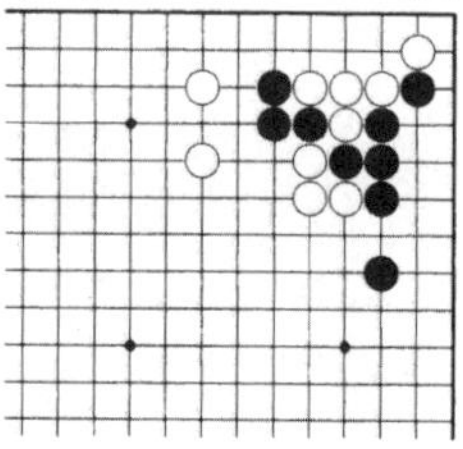

(543) 흑번

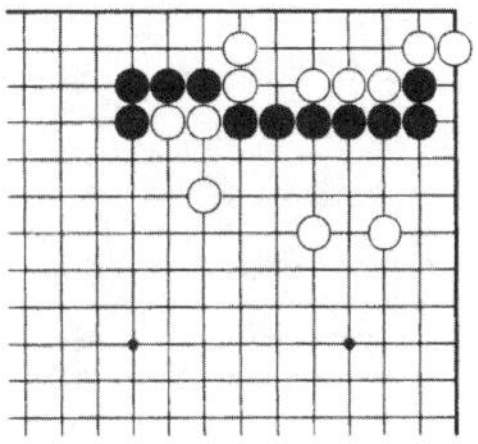

(616) 흑번

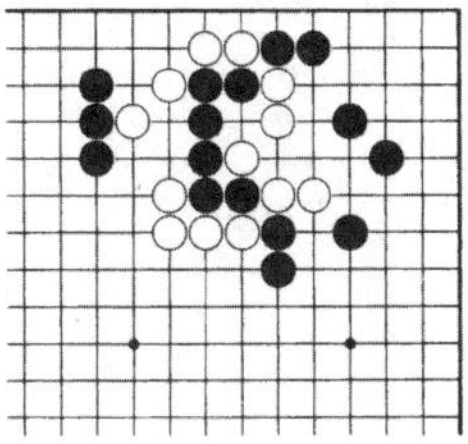

(617) 흑번

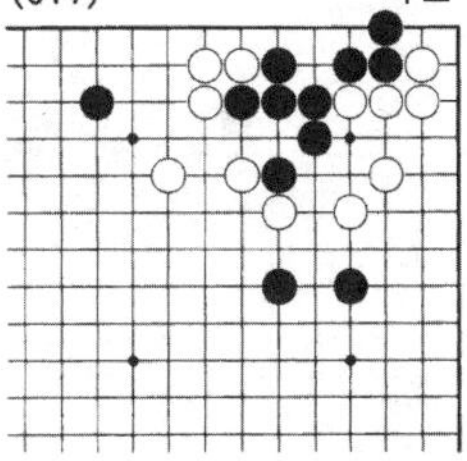

(620) 백번

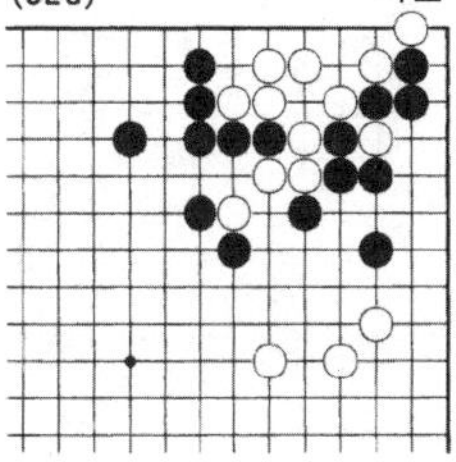

(621) 흑번

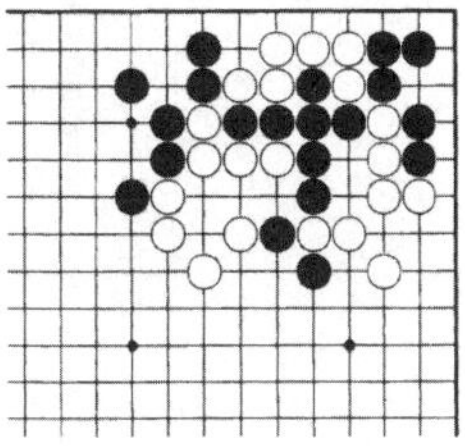

(628) 백번

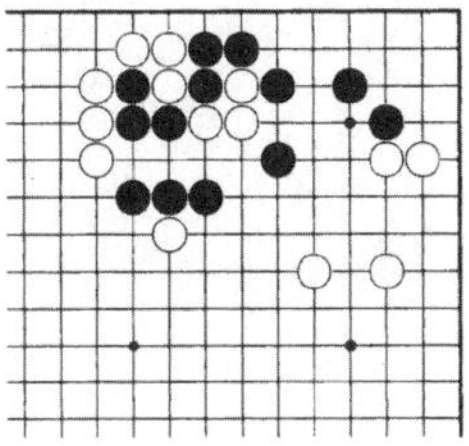

(766) 백번

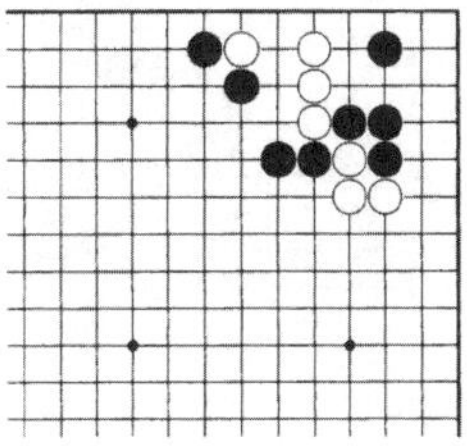

(807) 흑번

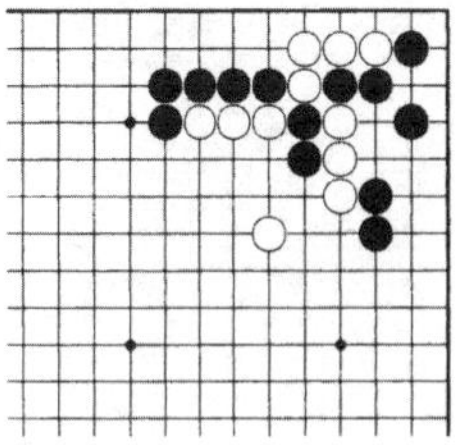

(822) 백번

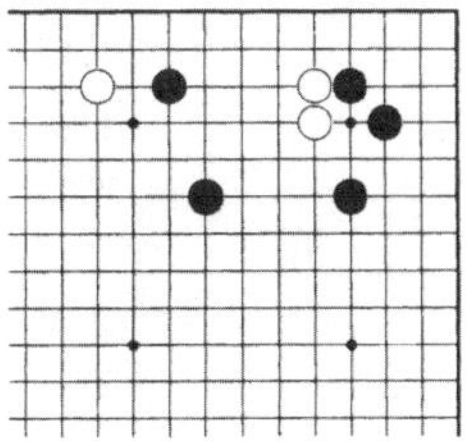

(843) 흑번

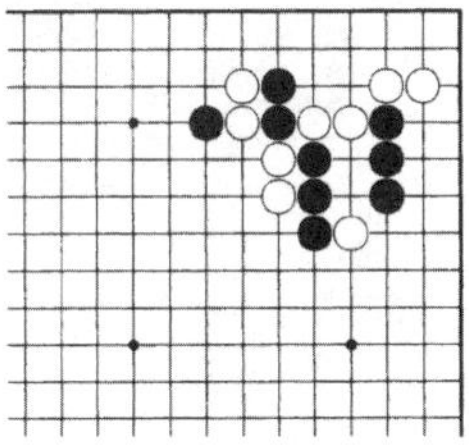

(857) 백번

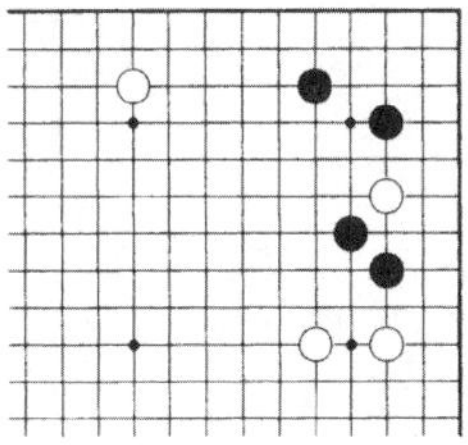

(866) 흑번

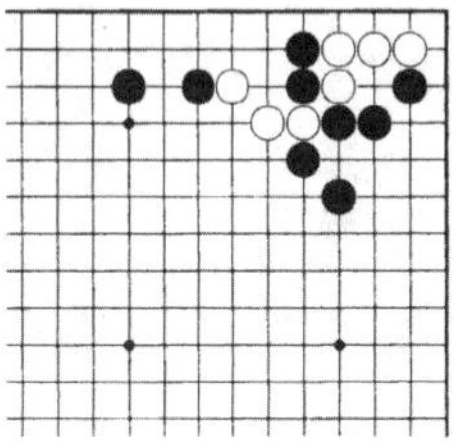

(1027) 흑번

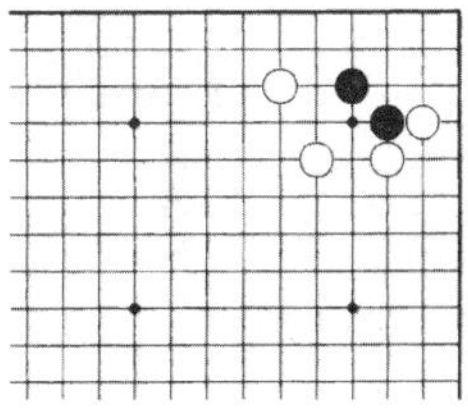

(1043) 백번

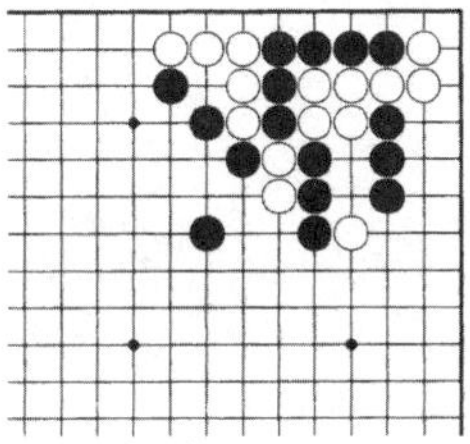

(1056) 흑번

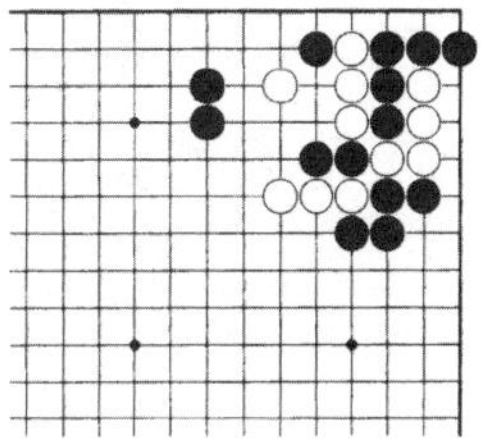

(1272) 흑번

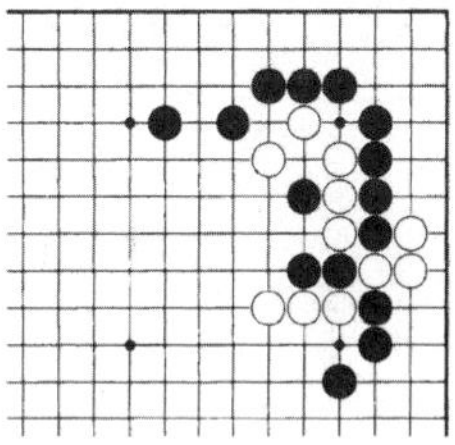

(1314) 백번

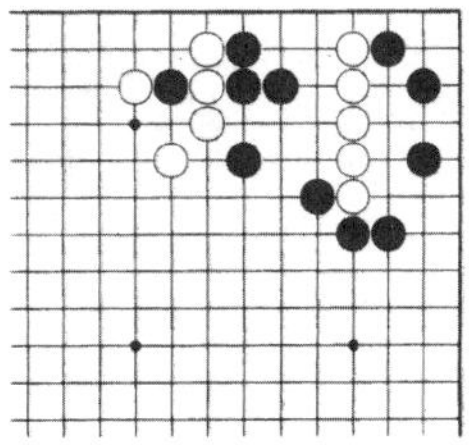

(1358) 흑번

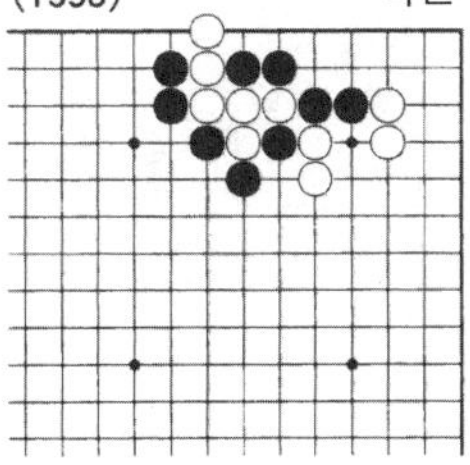

(1435) 흑번

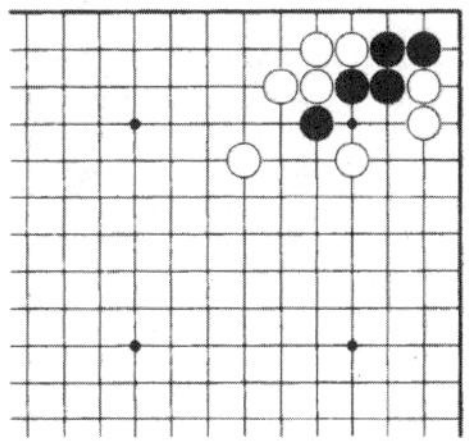

(1439) 백번

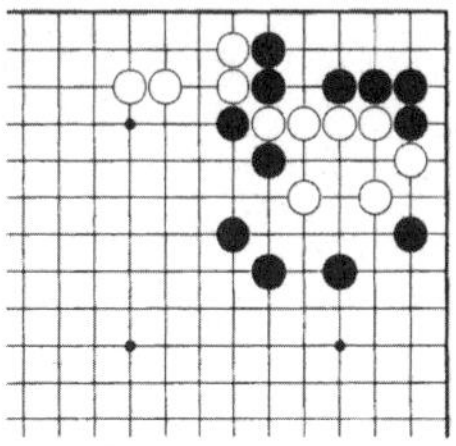

(1476) 흑번

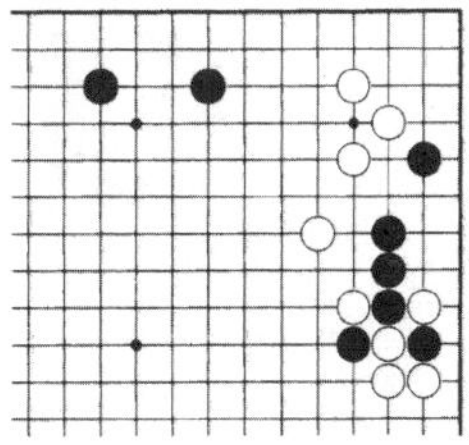

(1522) 흑번

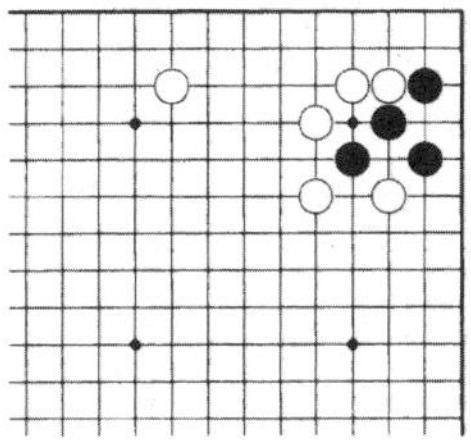

(1570) 흑번

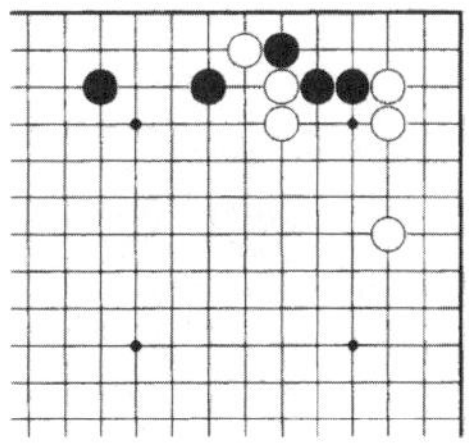

(1574) 백번

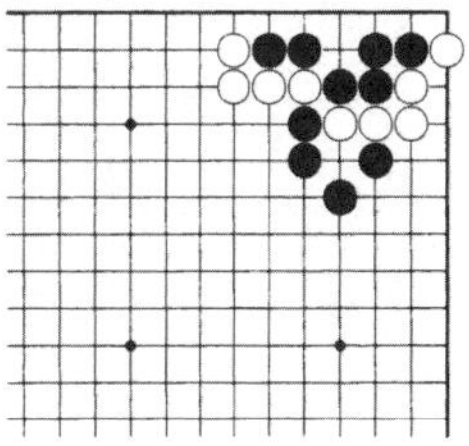

(1733) 흑번

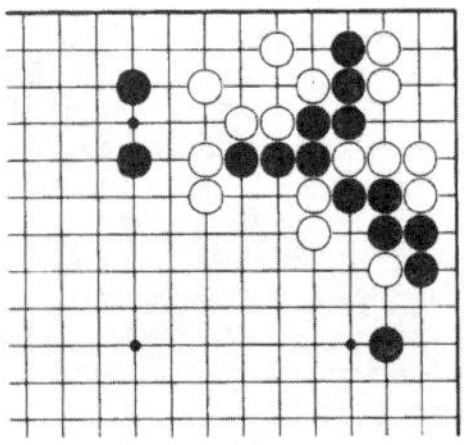

(1844) 백번

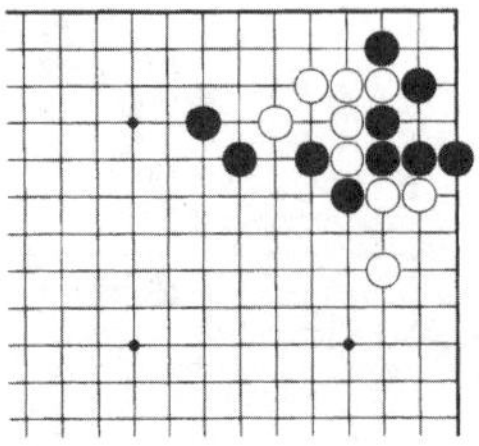

(1878) 흑번

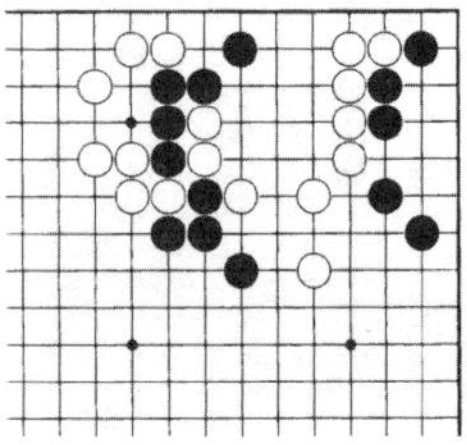

(1925) 흑번

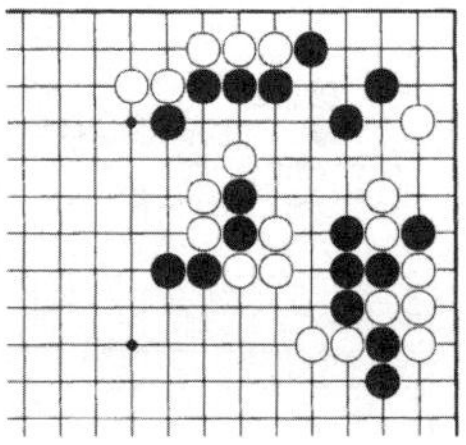

(1972) 흑번

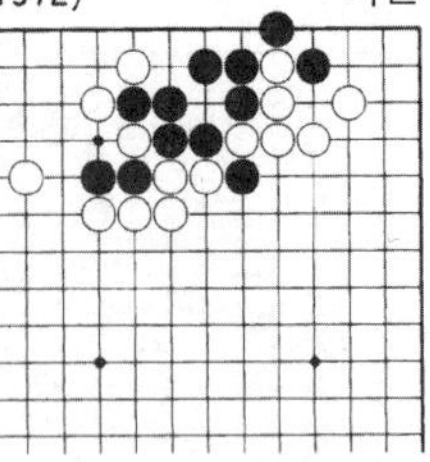

(1987) 흑번

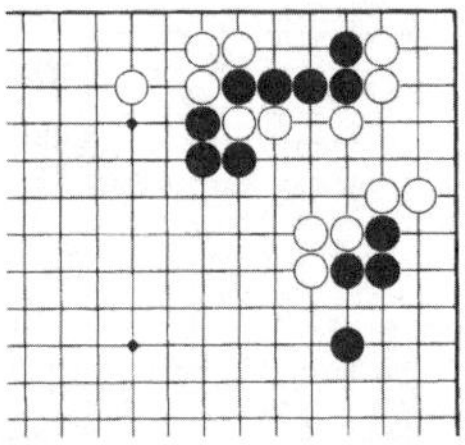

(2067) 흑번

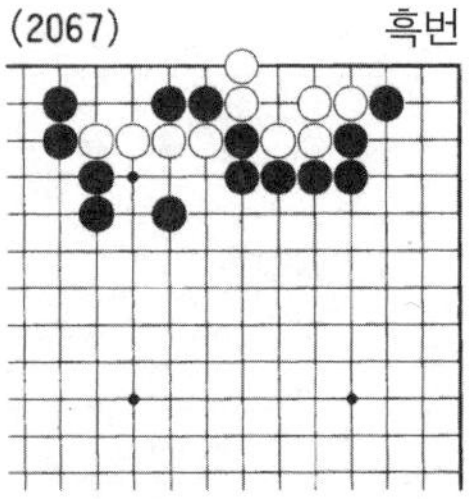

(2086) 흑번

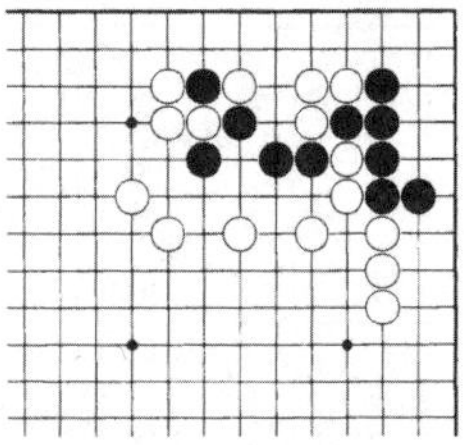

(2160) 흑번

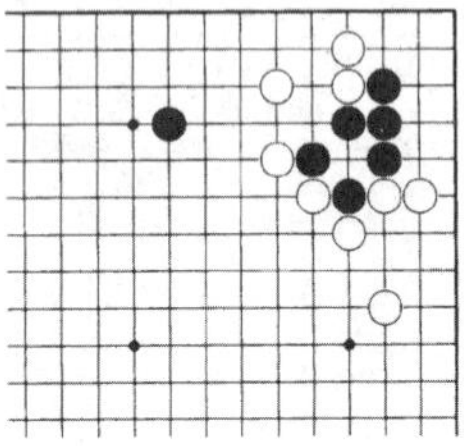

(2177) 백번

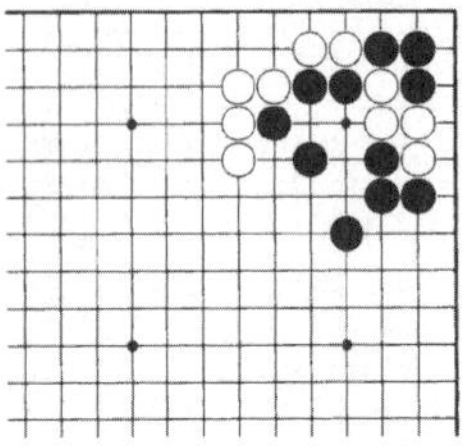

(2179) 흑번

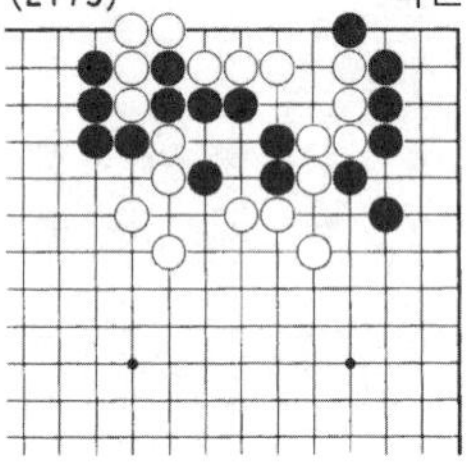

(2181) 흑번

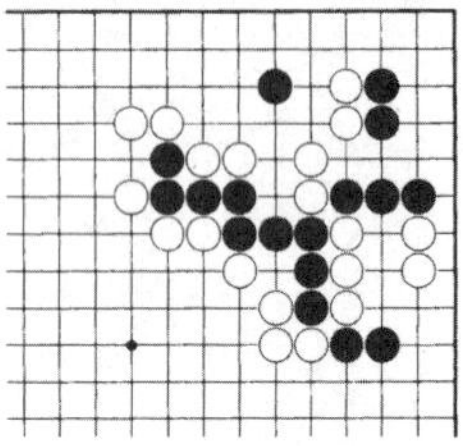

(2195) 백번

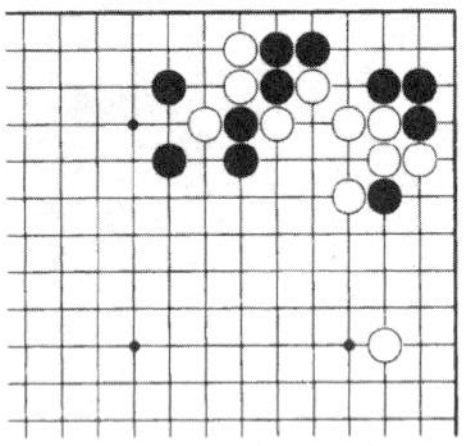

(2204) 흑번

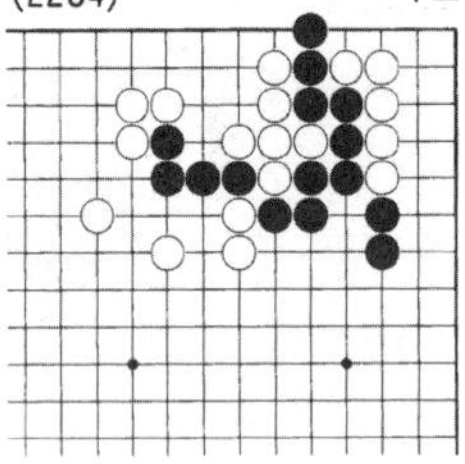

(2291) 백번

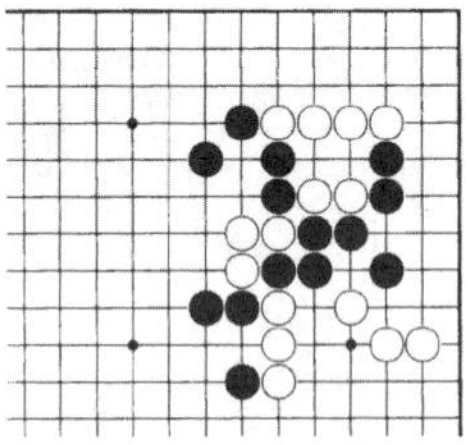

(2305) 백번

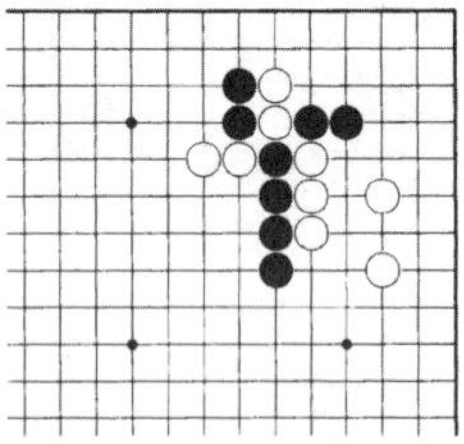

(2331) 흑번

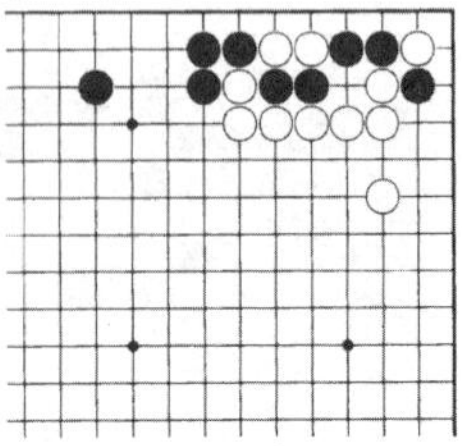

(2375) 흑번

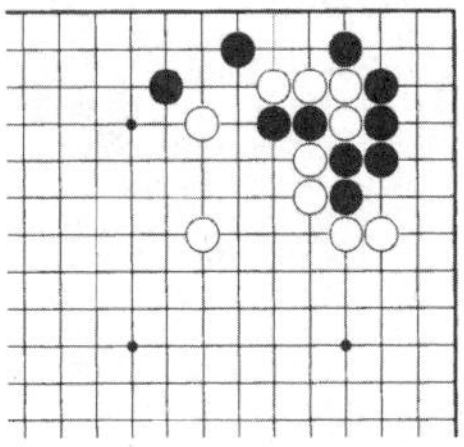

(2400) 흑번

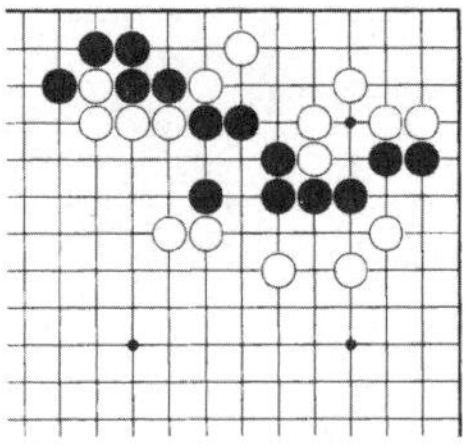

(2448) 흑번

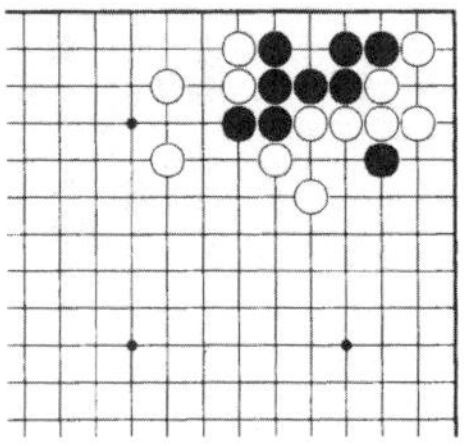

(2465) 백번

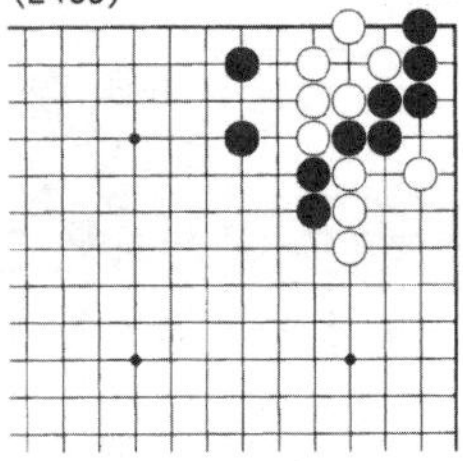

**수부족으로 만들다**

(130) 백번

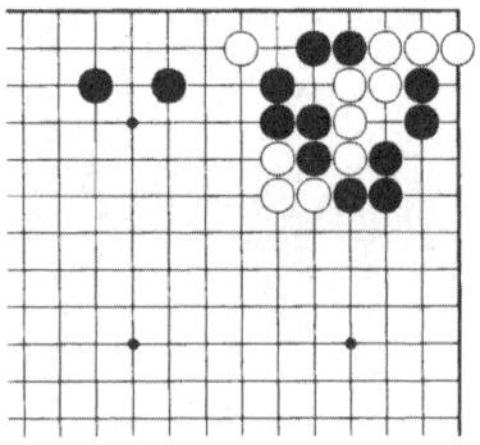

(462) 흑번

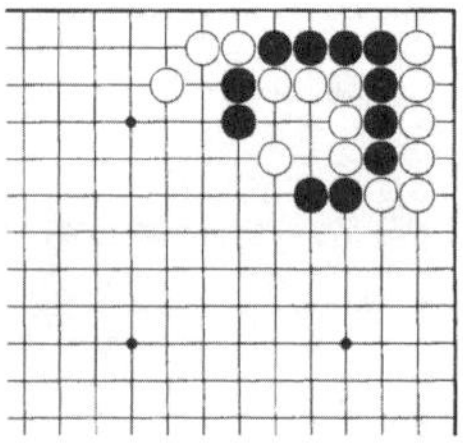

(636) 백번

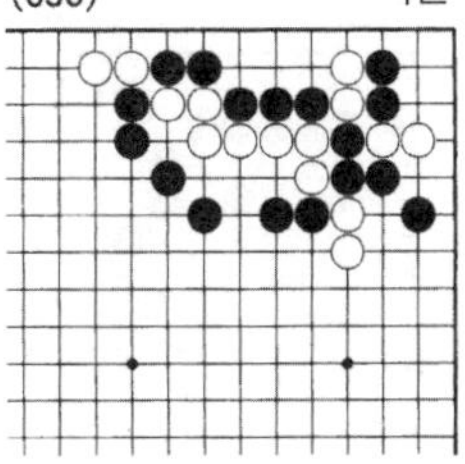

(1408) 흑번

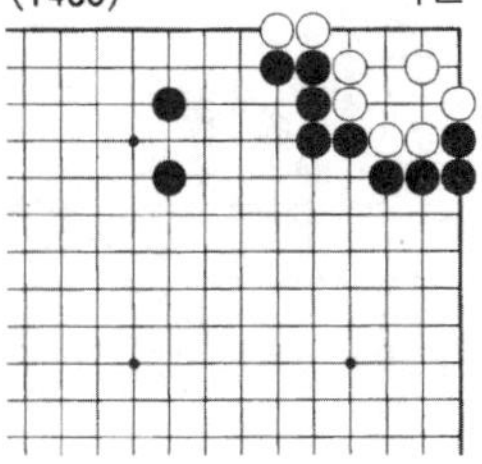

(2033) 흑번

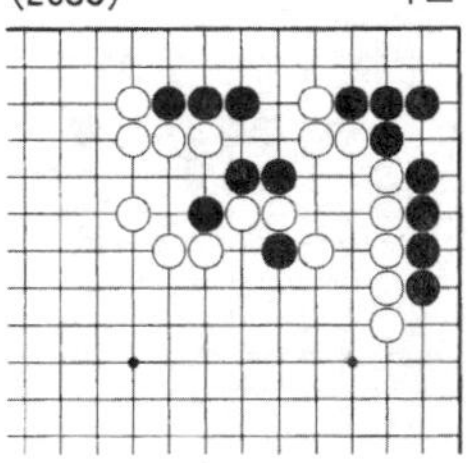

## 궁지로 몰아넣다

(127) 흑번

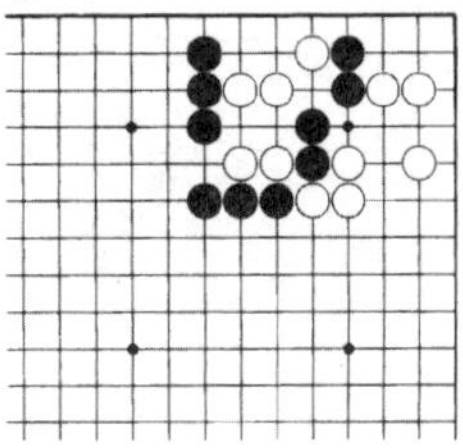

(174) 백번

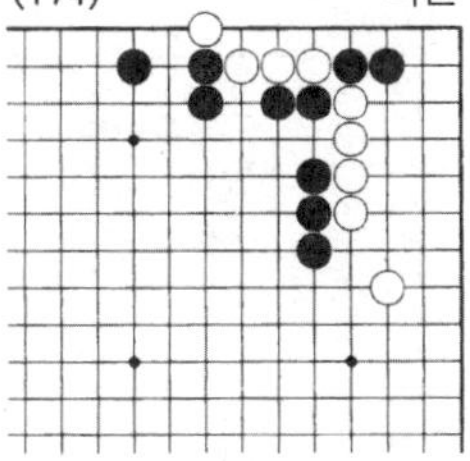

(175) 흑번

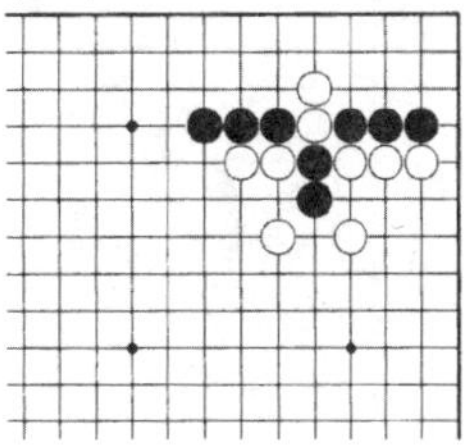

(645) 흑번

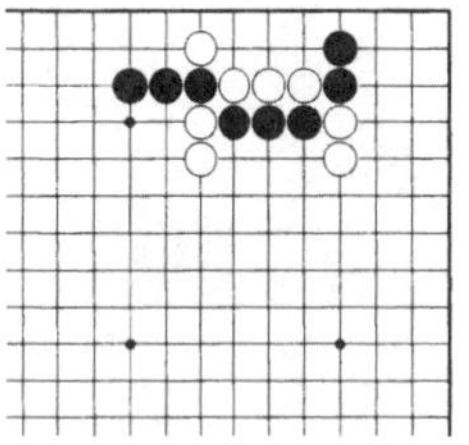

(646) 백번

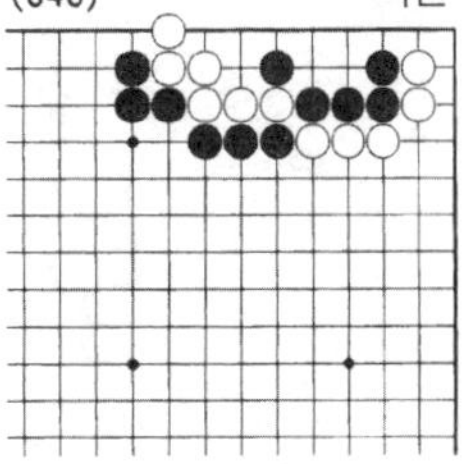

(1070) 흑번

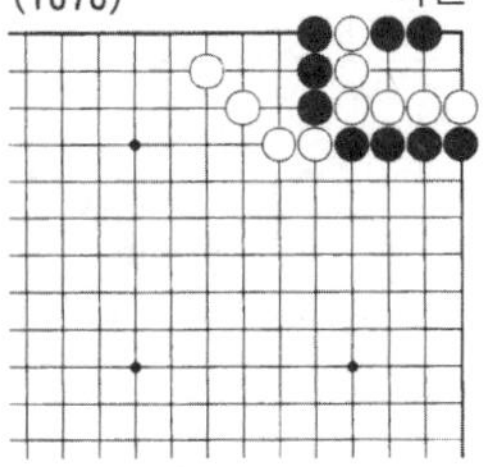

(1349) 흑번

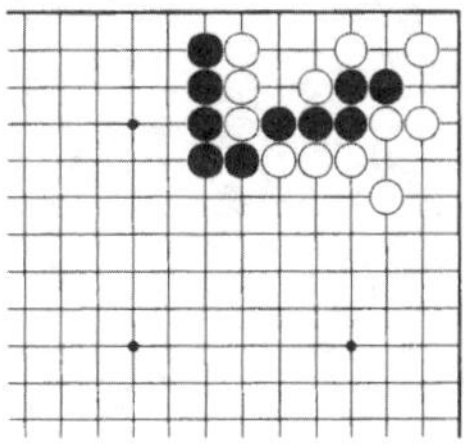

(1351) 흑번

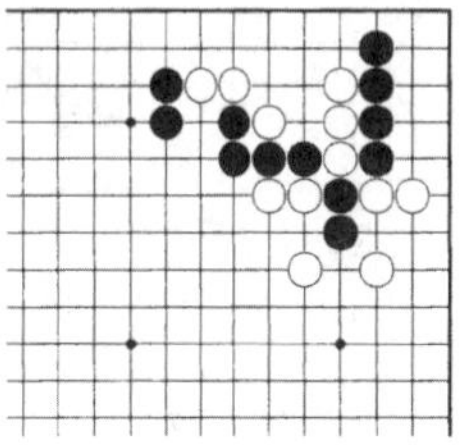

(1372) 흑번

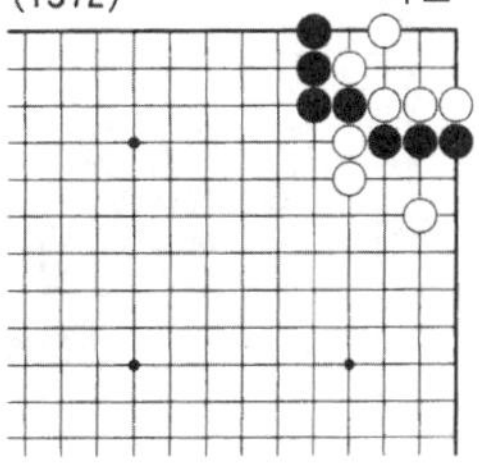

(1374) 흑번

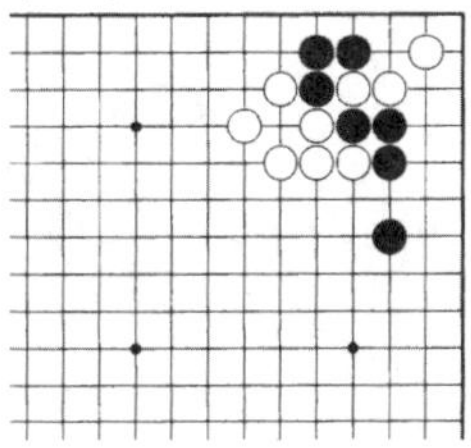

(1375) 백번

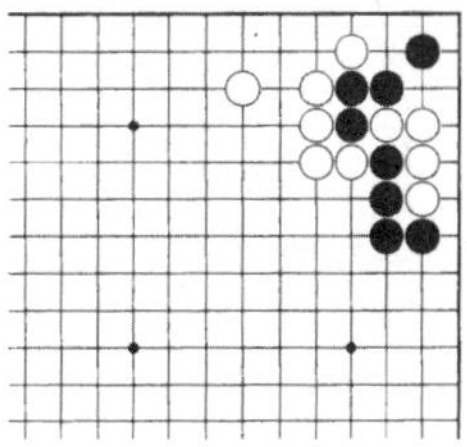

(1376) 백번

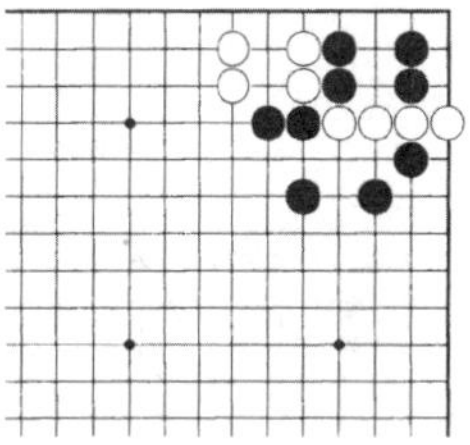

(1382) 흑번

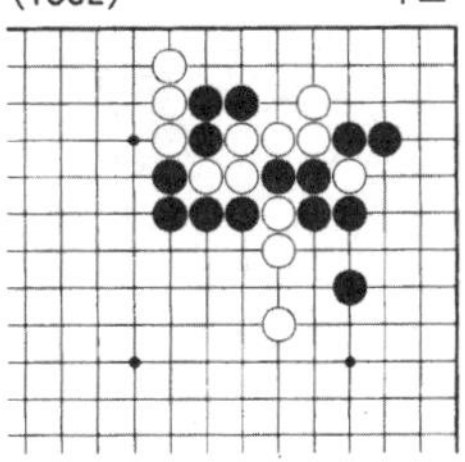

(2401) 흑번

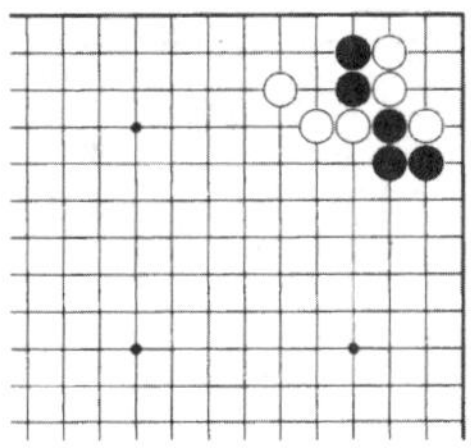

## 완착을 응징하다

(1218) 흑번

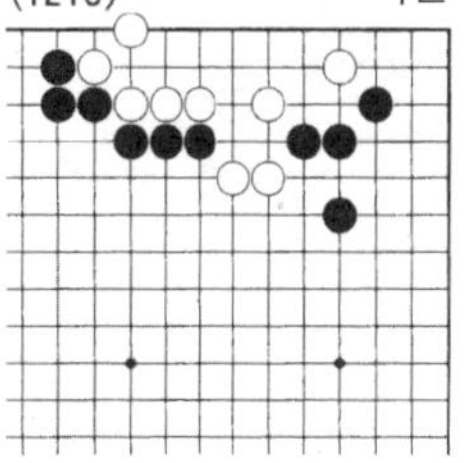

(1480) 흑번

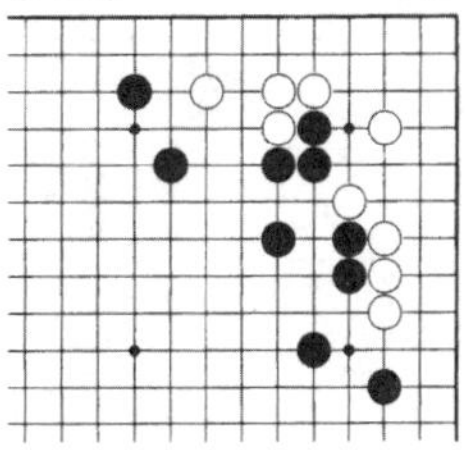

(1870) 백번

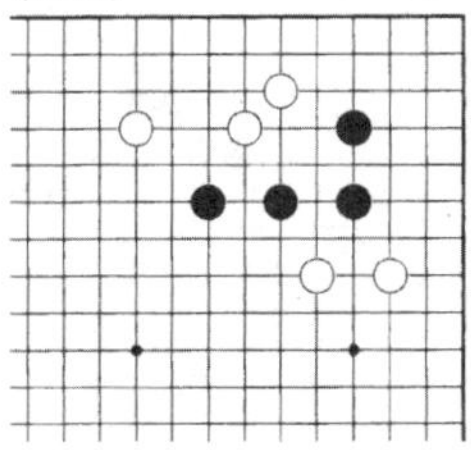

(1969) 흑번

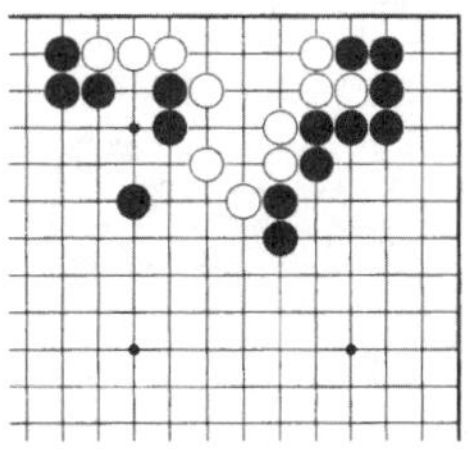

(2080) 흑번

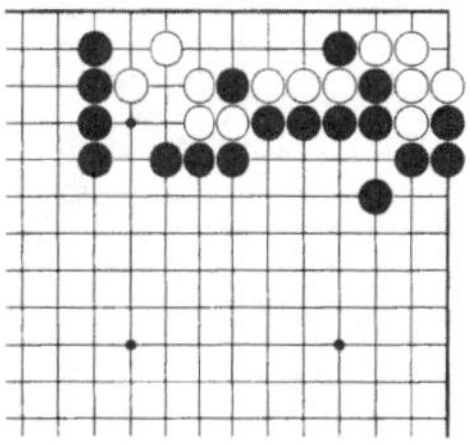

(2146) 흑번

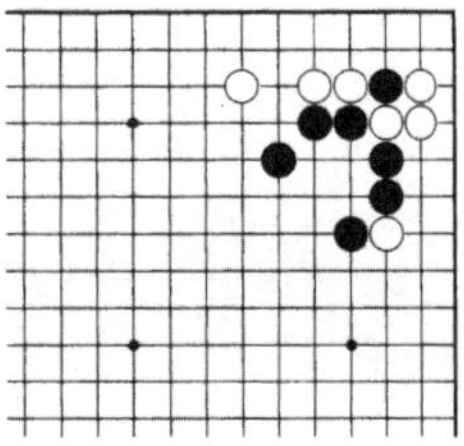

(2149) 흑번

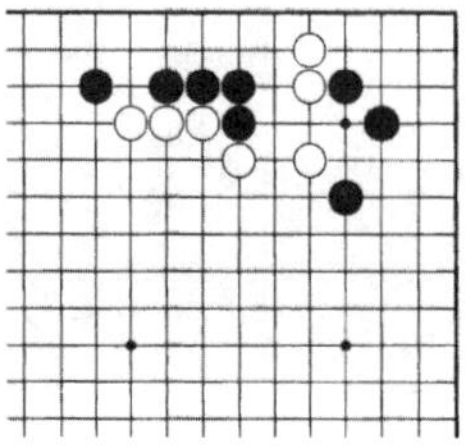

(2172) 흑번

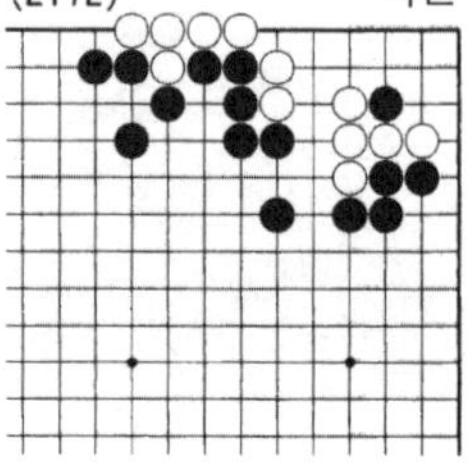

(2178) 흑번

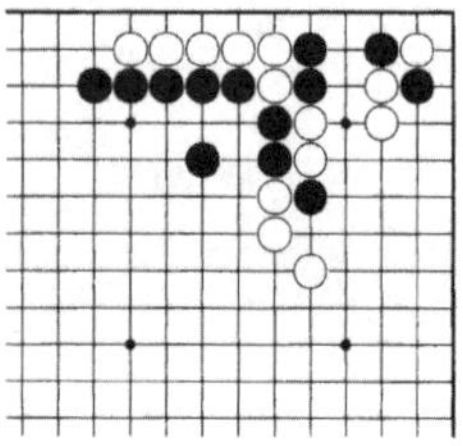

## 잡다

(50) 흑번

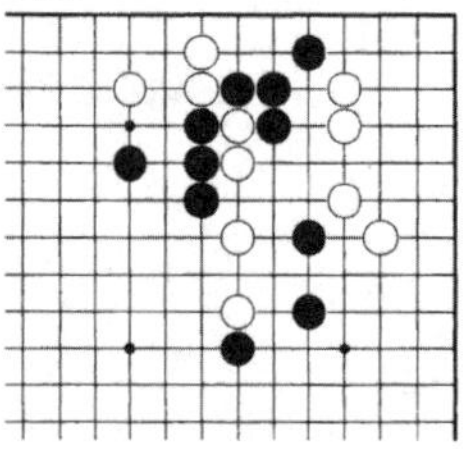

(138) 흑번

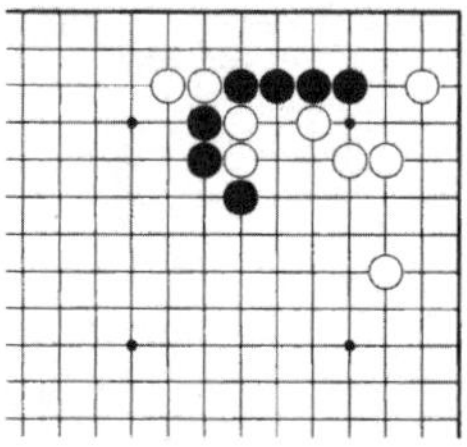

(177) 백번

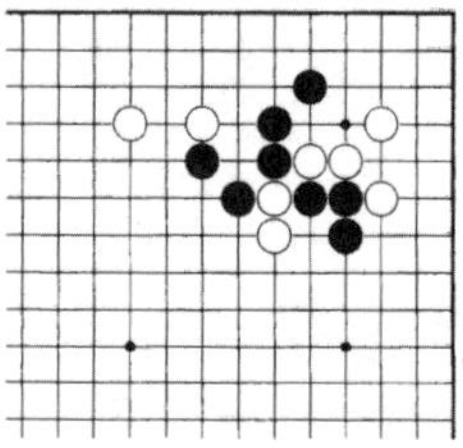

(242) 흑번

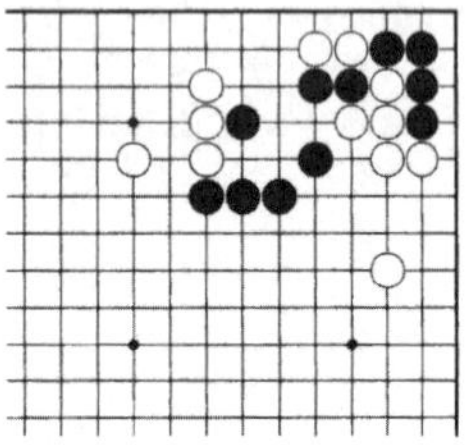

(253) 흑번

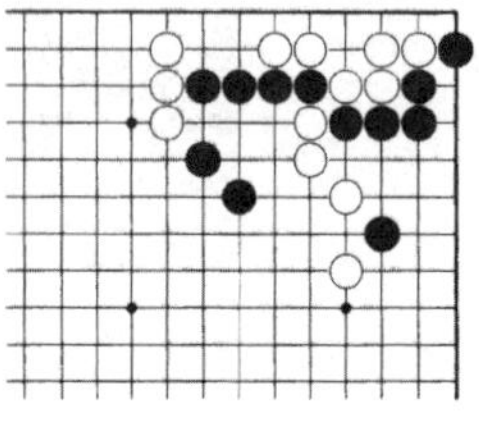

(264) 흑번

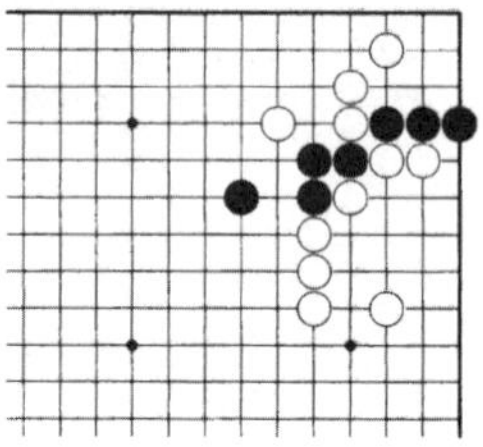

(428) 흑번

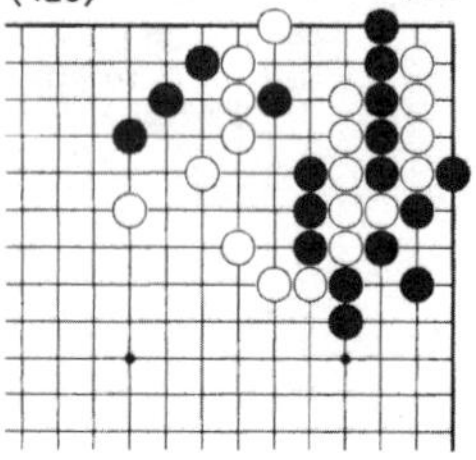

(453) 흑번

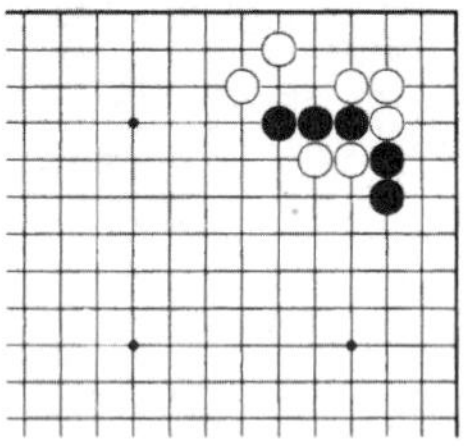

(454) 흑번

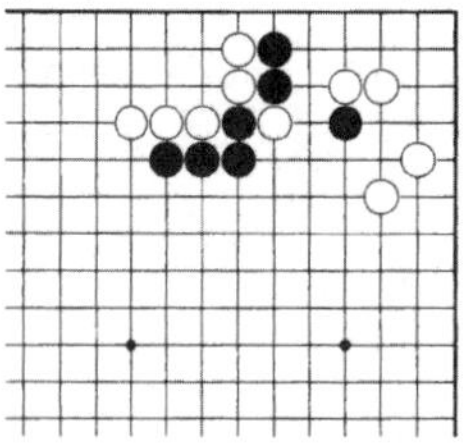

(456) 흑번

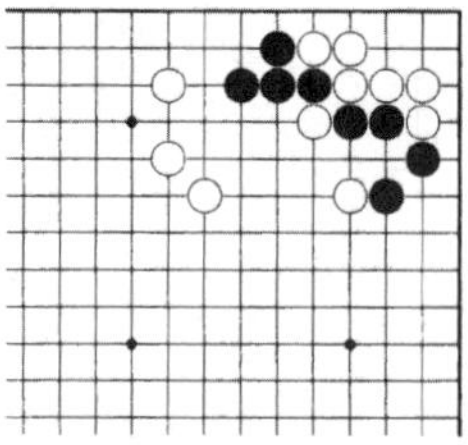

(458) 흑번

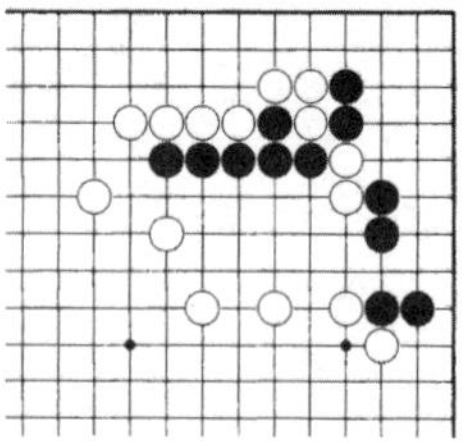

(459) 흑번

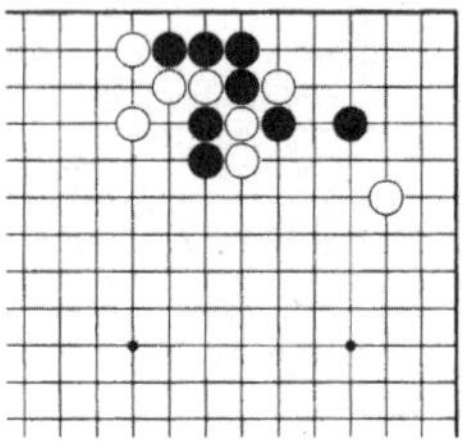

(461) 흑번

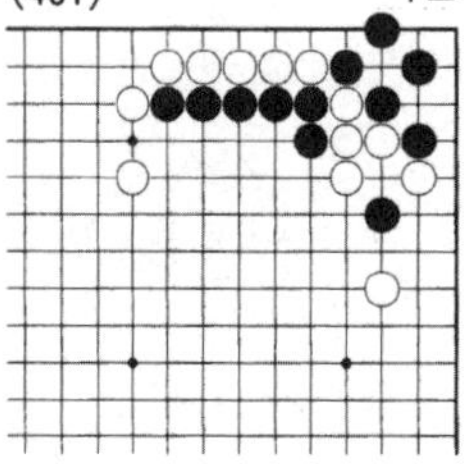

(464) 흑번

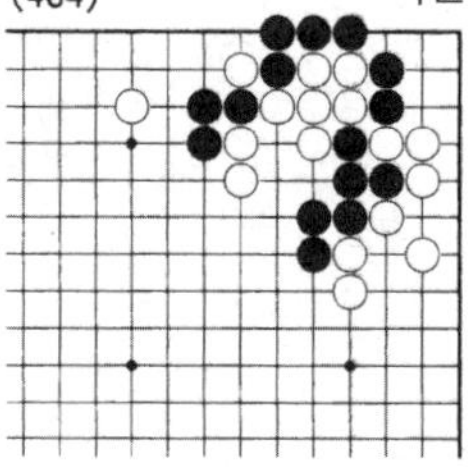

(465) 흑번

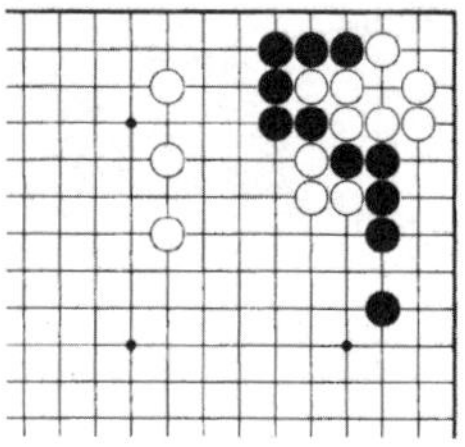

(467) 흑번

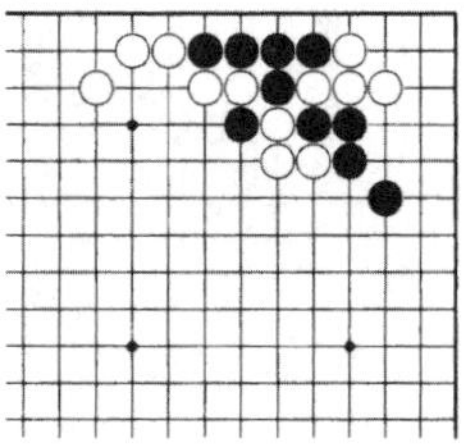

(469) 흑번

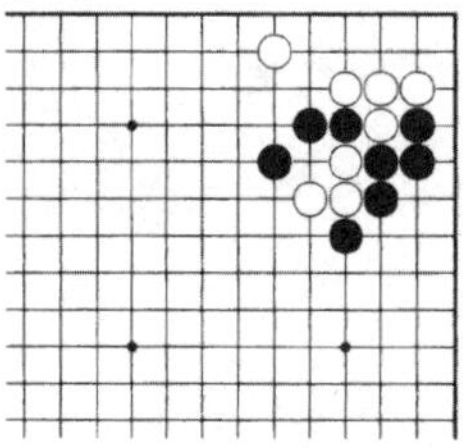

(473) 흑번

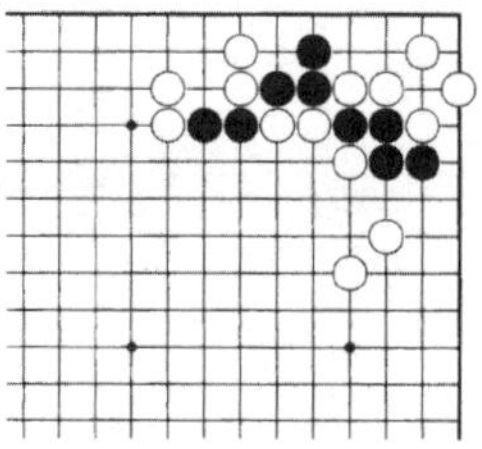

(474) 흑번

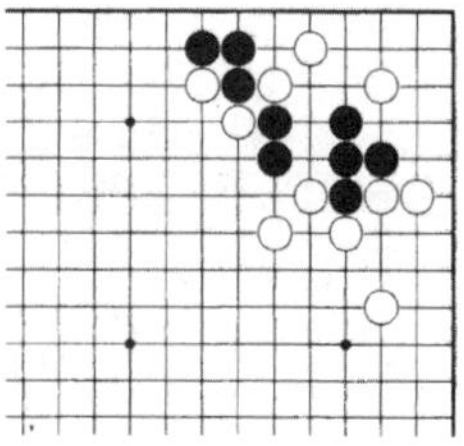

(475) 흑번

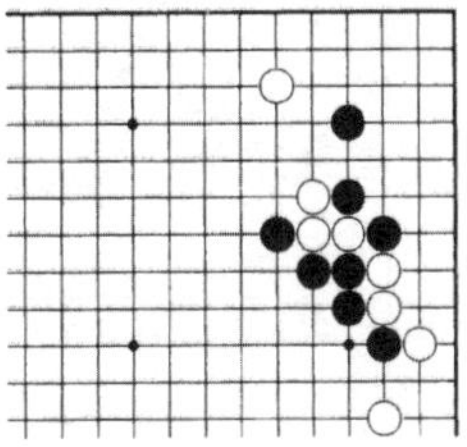

(476) 흑번

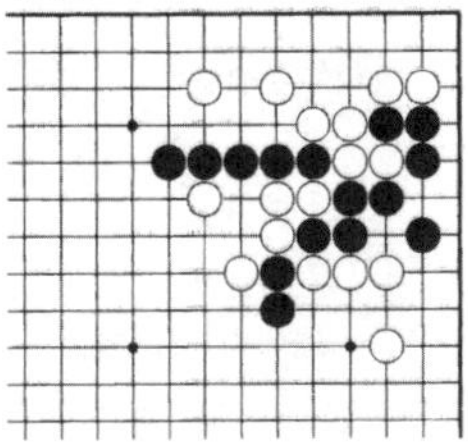

(477) 흑번

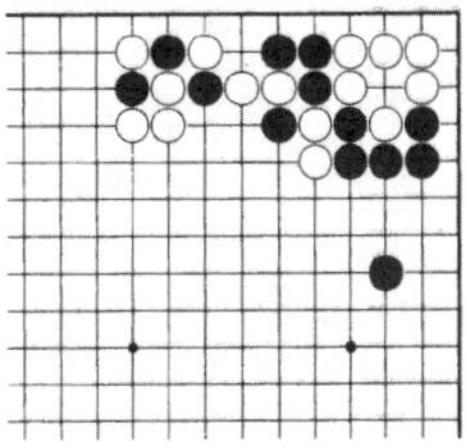

(480) 백번

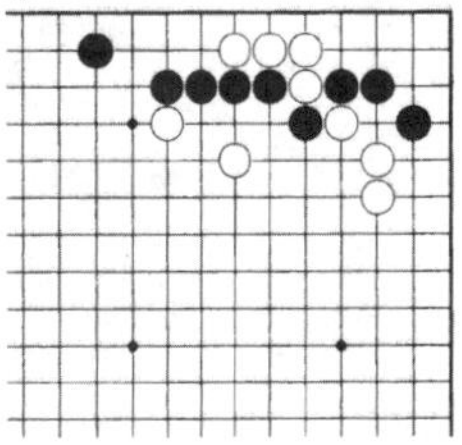

(625) 흑번

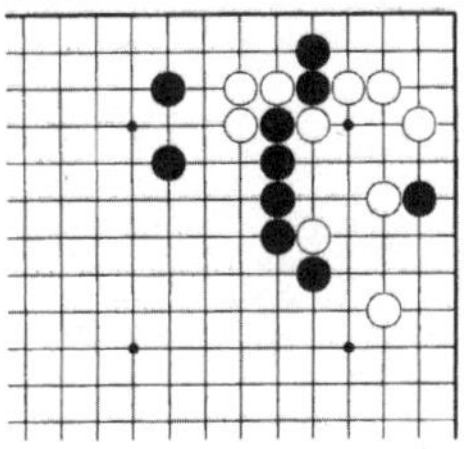

(880) 흑번

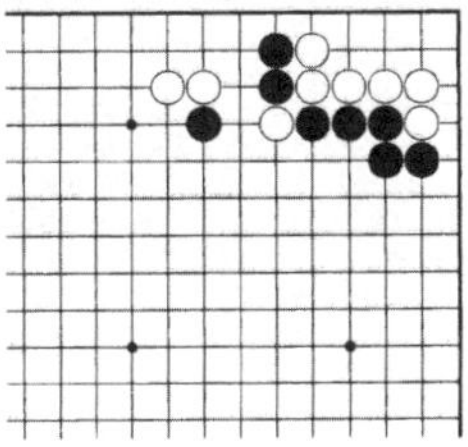

(1059) 백번

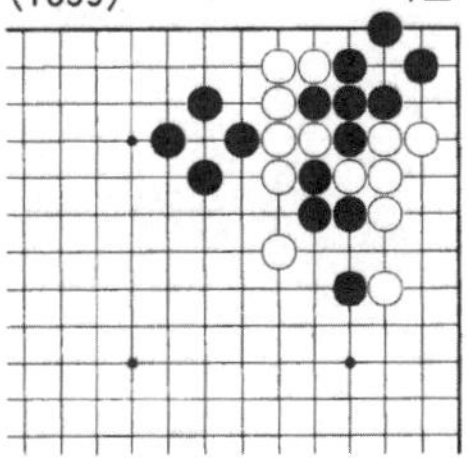

(1063) 흑번

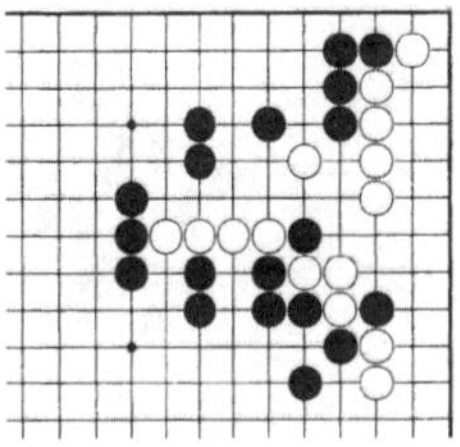

(1073) 흑번

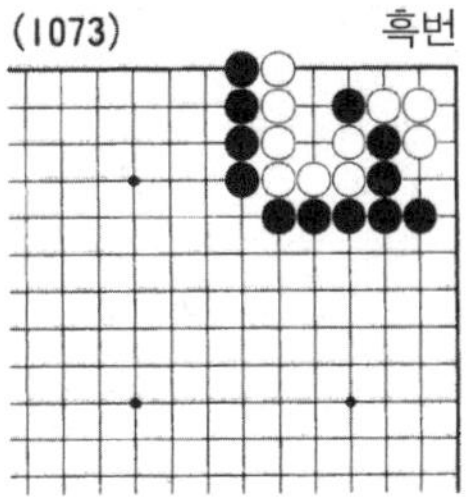

(1102) 흑번

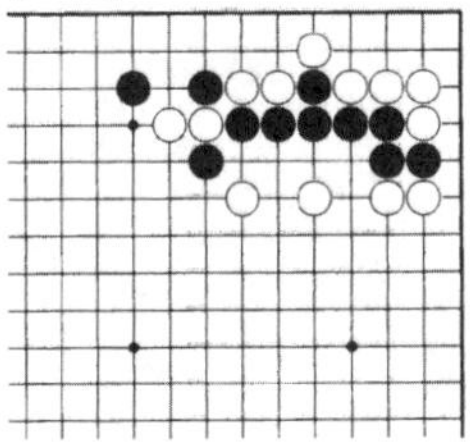

(1165) 흑번

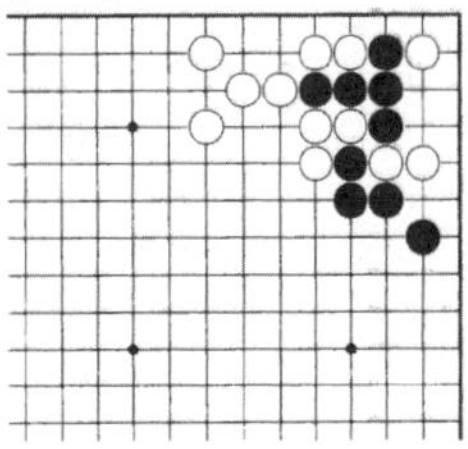

(1330) 흑번

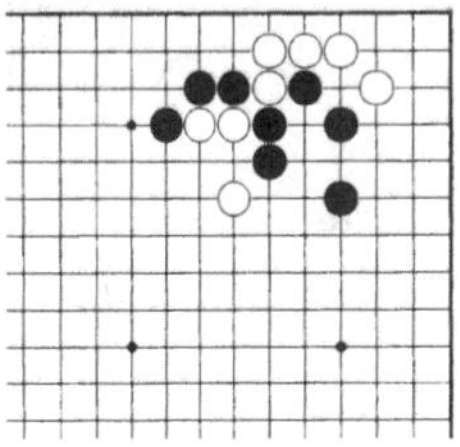

(1331) 백번

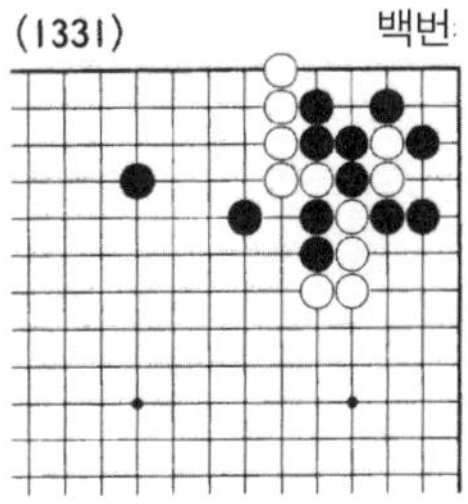

(1334) 흑번

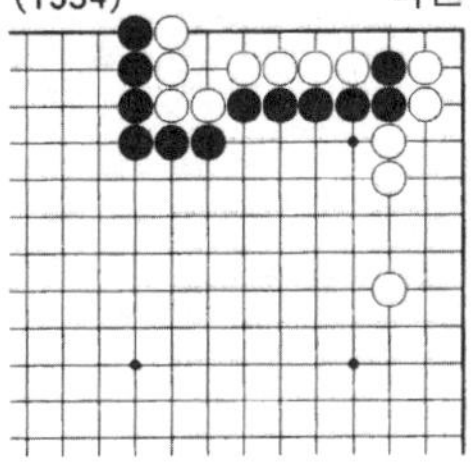

(1619) 흑번

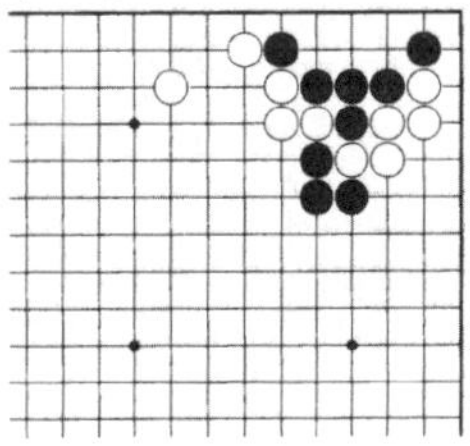

(1638) 흑번

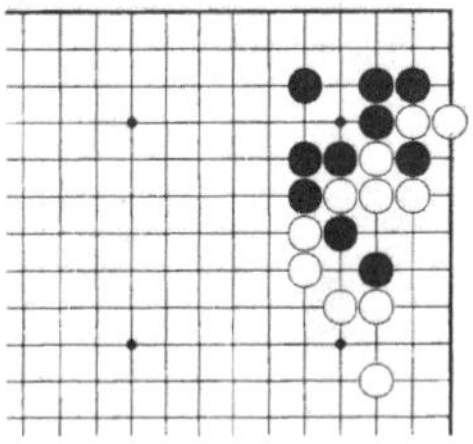

(1741) 백번

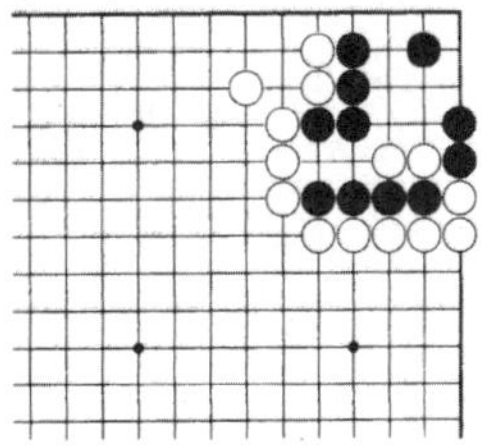

(1742) 흑번

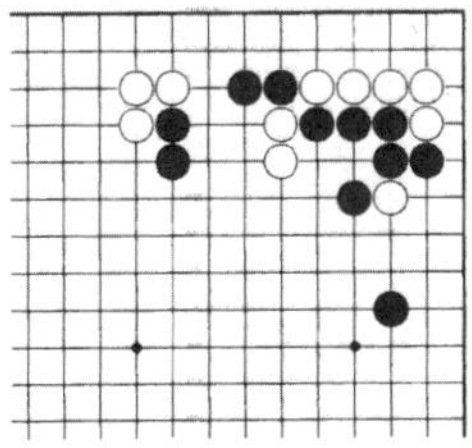

(1897) 백번

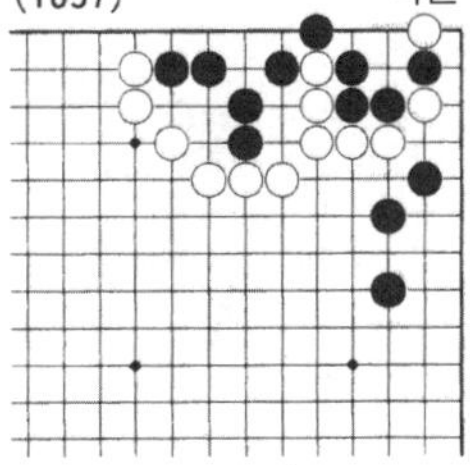

(1907) 백번

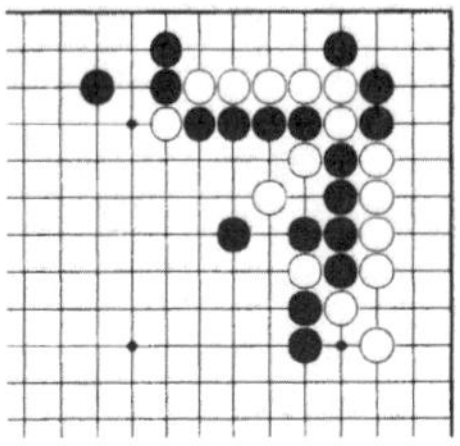

(1932) 흑번

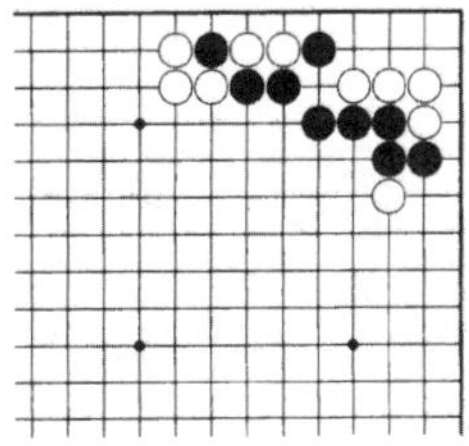

(1934) 백번

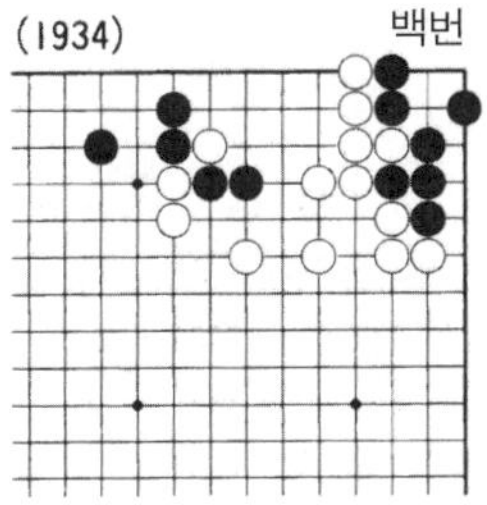

(1974) 흑번

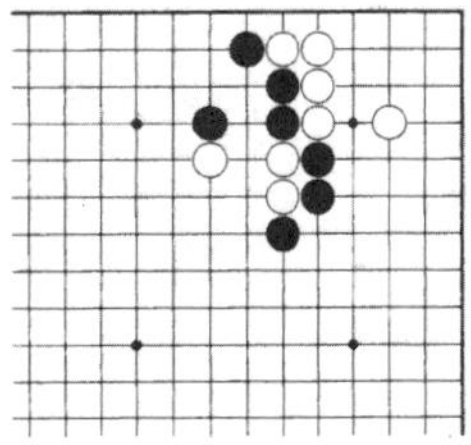

(1984) 흑번

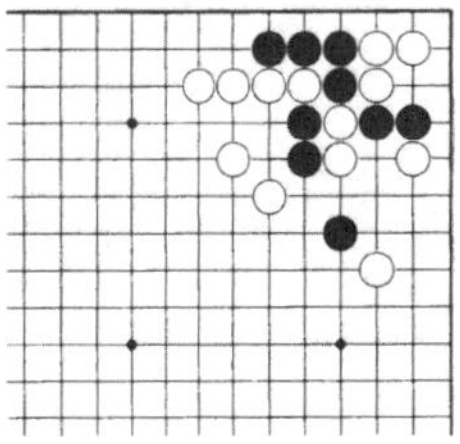

(1976) 흑번

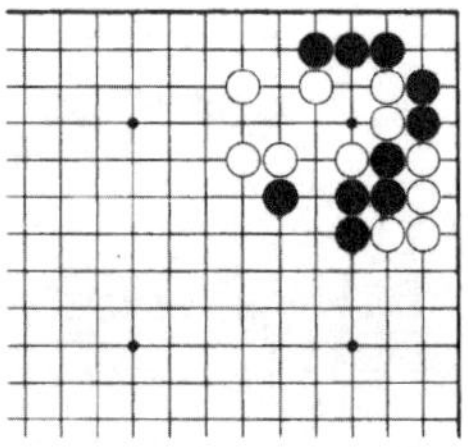

(1985) 백번

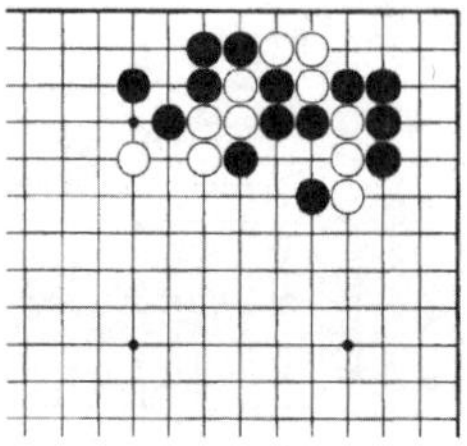

(1986) 백번

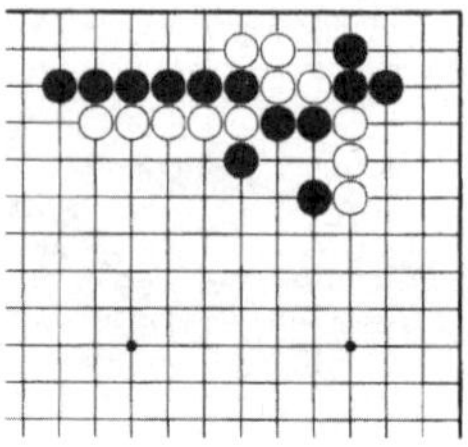

(2085) 흑번

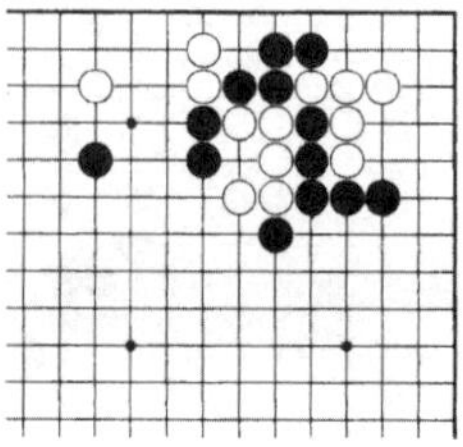

(2258) 흑번

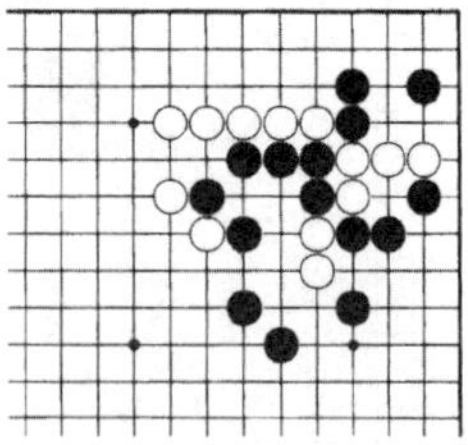

**반격**

(96) 흑번

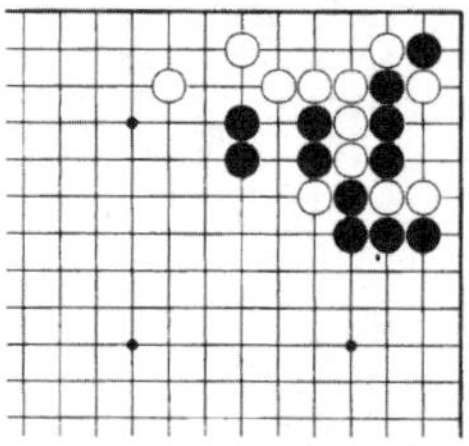

(103) 흑번

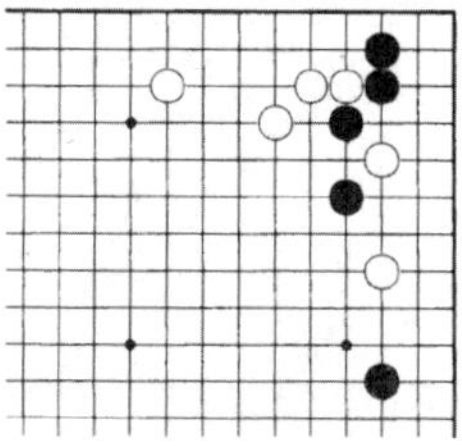

(155) 백번

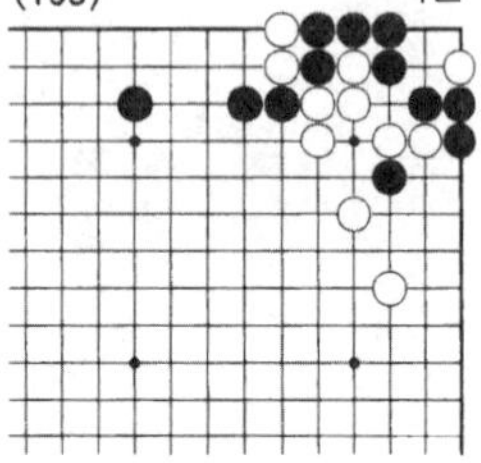

(202) 흑번

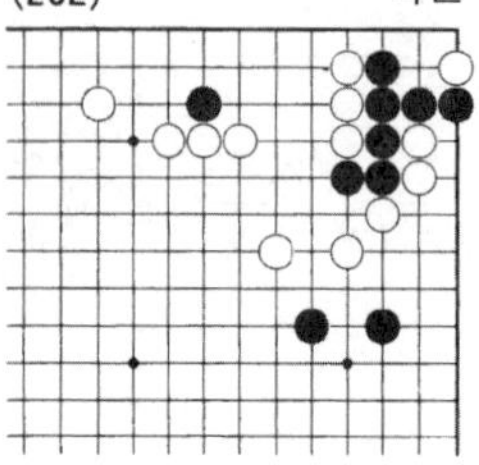

(247) 백번

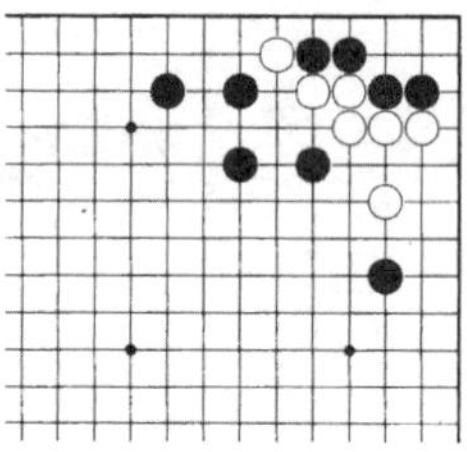

(248) 흑번

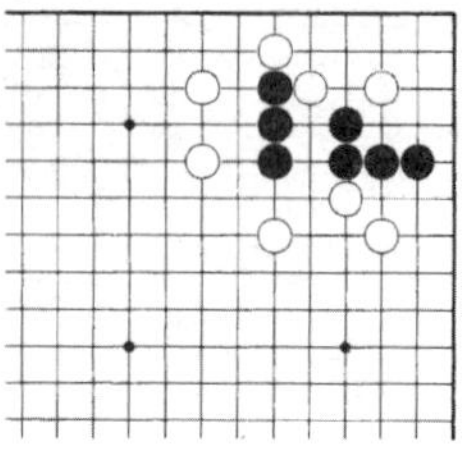

(412) 흑번

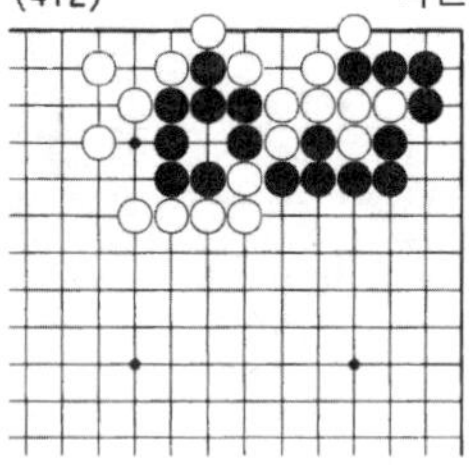

(623) 흑번

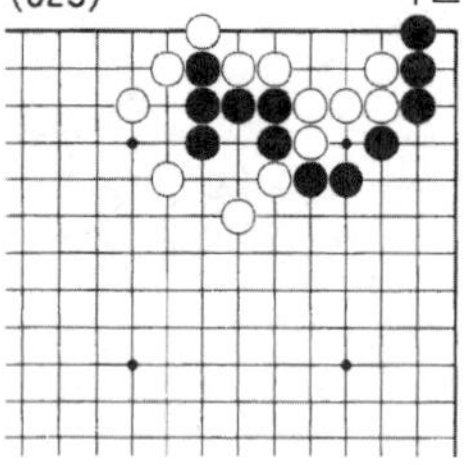

(683) 흑번

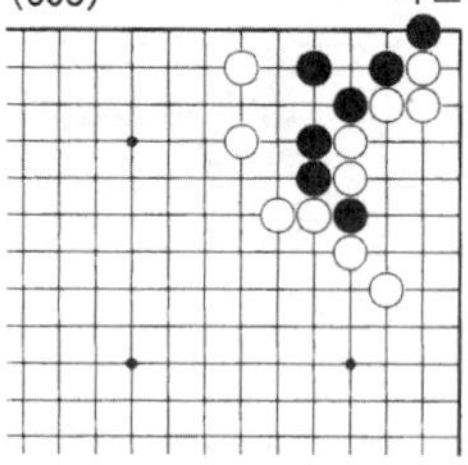

(804) 흑번

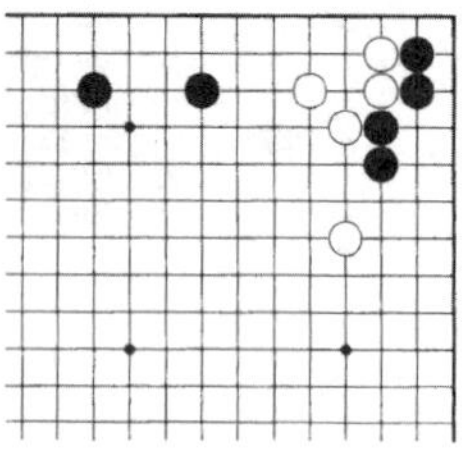

(875) 백번

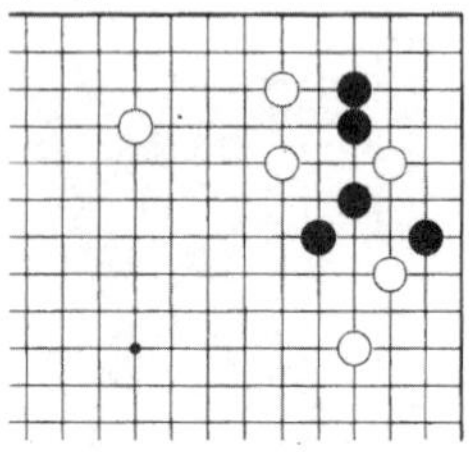

(1441) 흑번

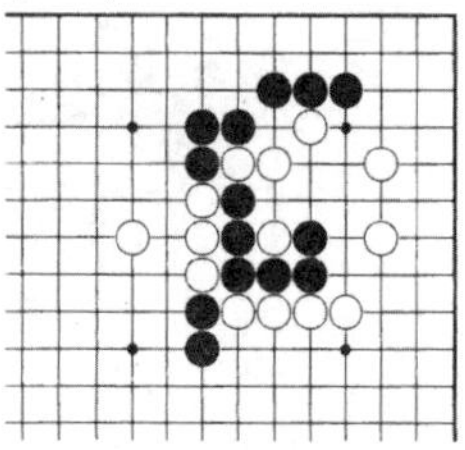

(1486) 흑번

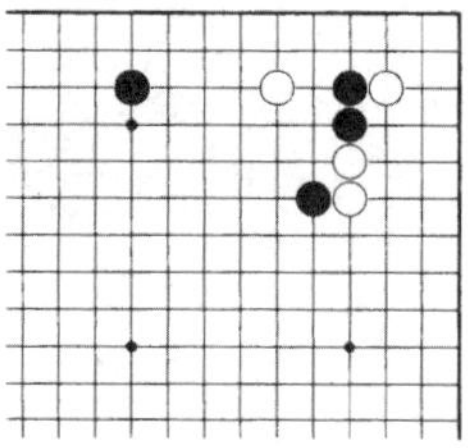

(1521) 백번

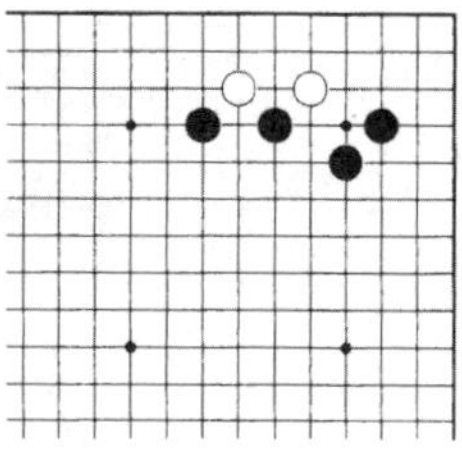

(1524) 백번

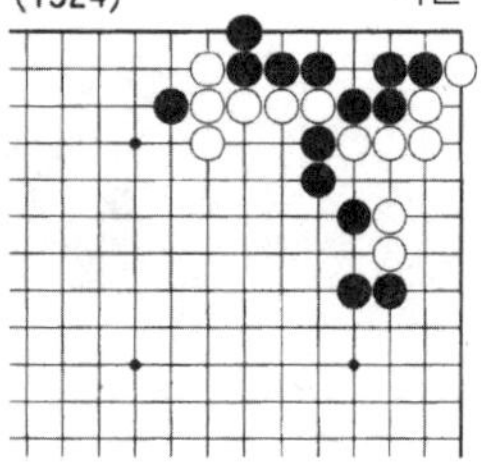

(1892) 흑번

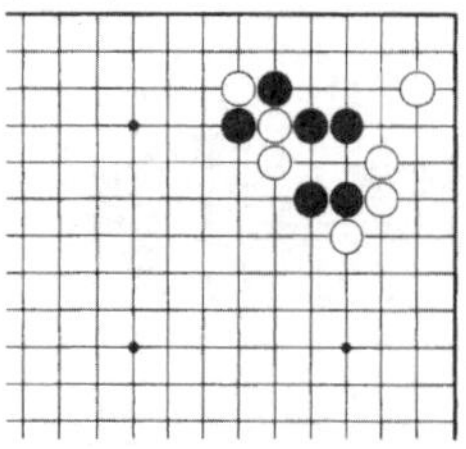

(1966) 흑번

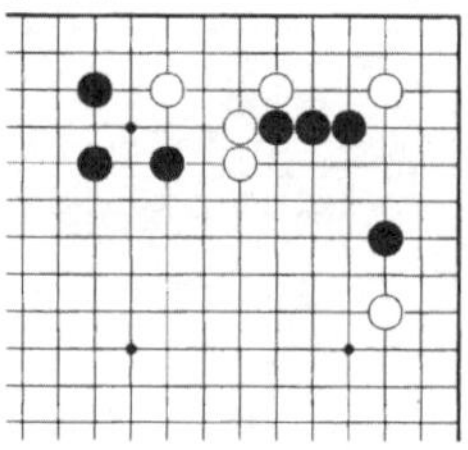

(2148) 흑번

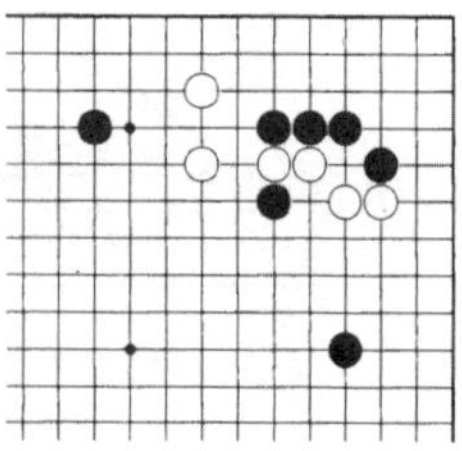

(2168) 흑번

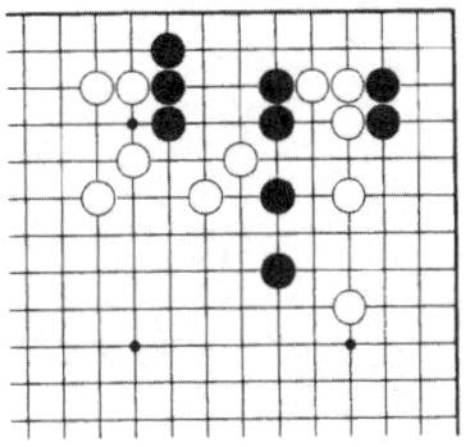

(2215) 흑번

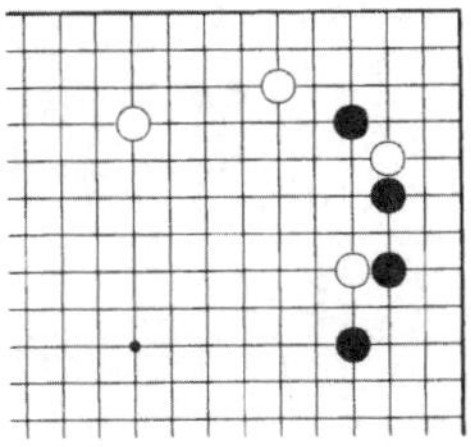

(2429) 흑번

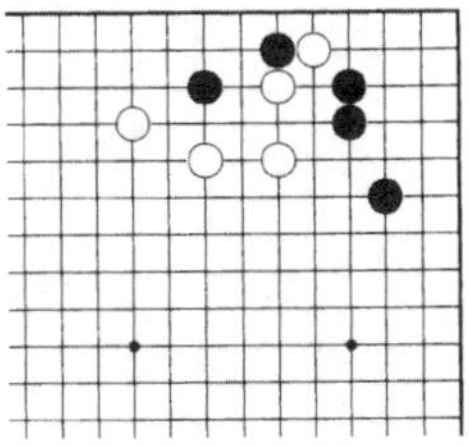

(2435) 흑번

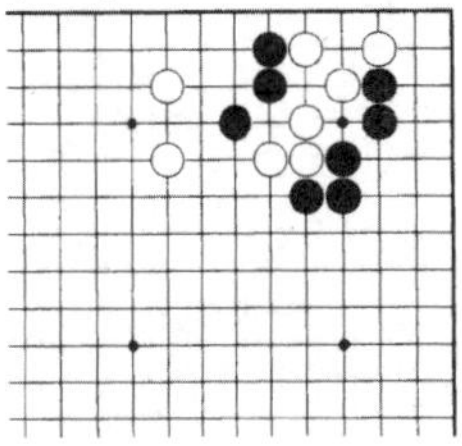

## 봉쇄

(35) 흑번

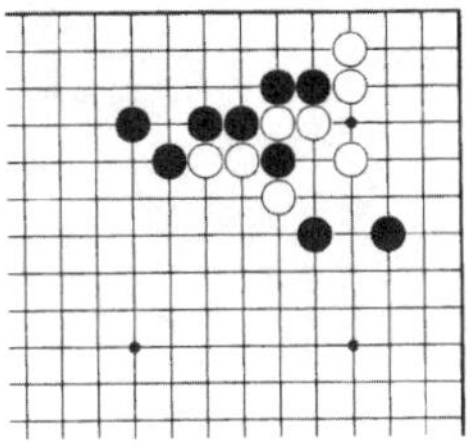

(164) 백번

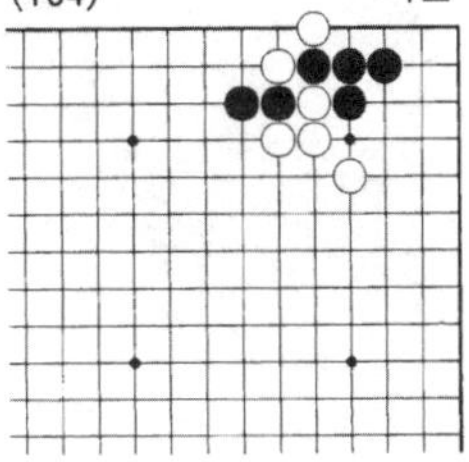

(165) 흑번

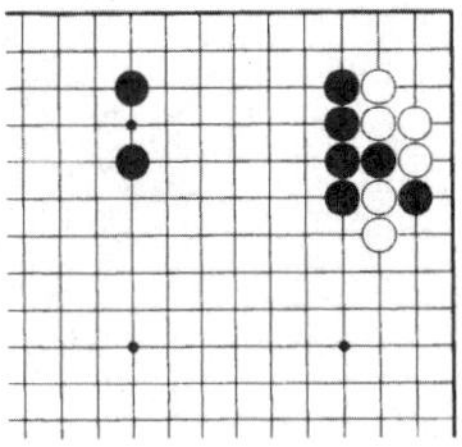

(396) 흑번

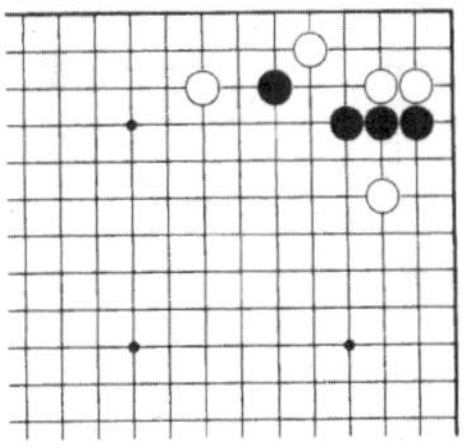

(441) 흑번

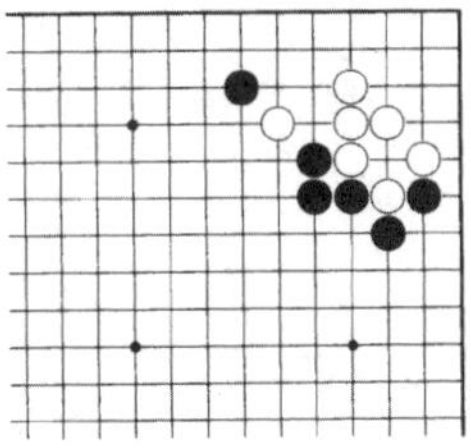

(491) 흑번

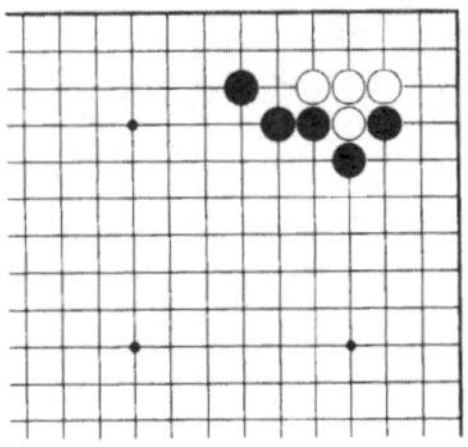

(552) 흑번

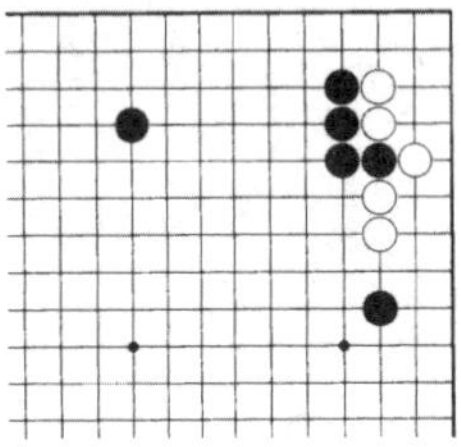

(1025) 흑번

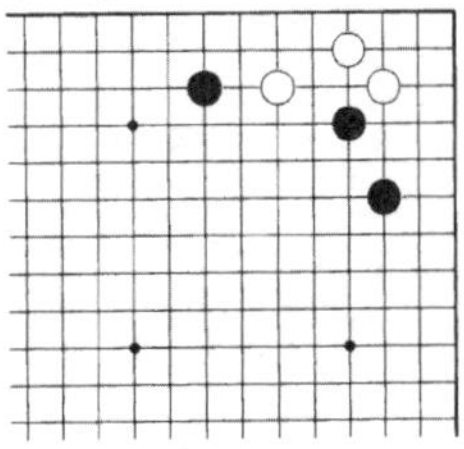

(1229) 흑번

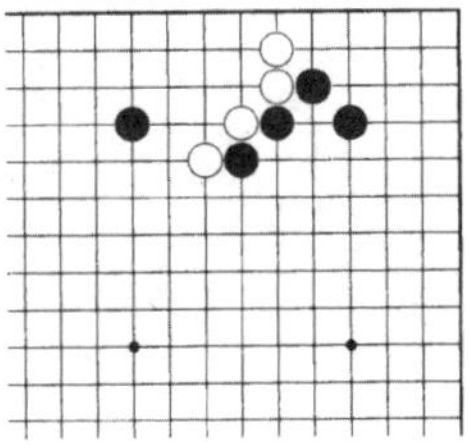

(1423) 흑번

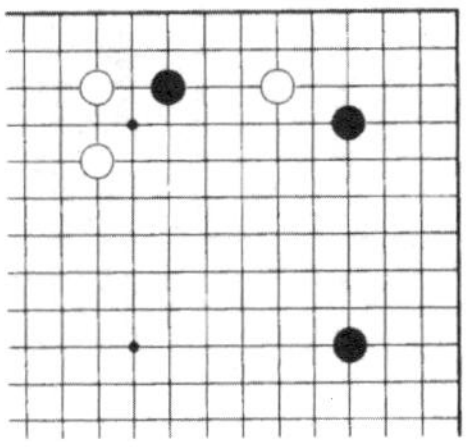

(1471) 흑번

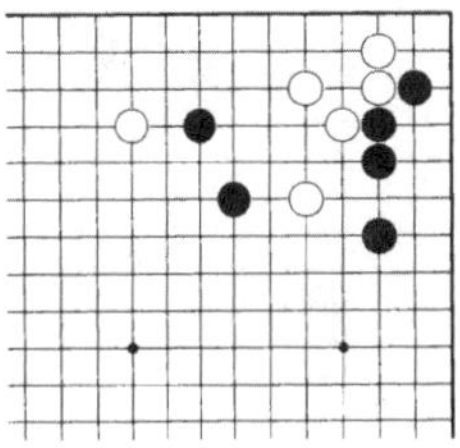

(1473) 흑번

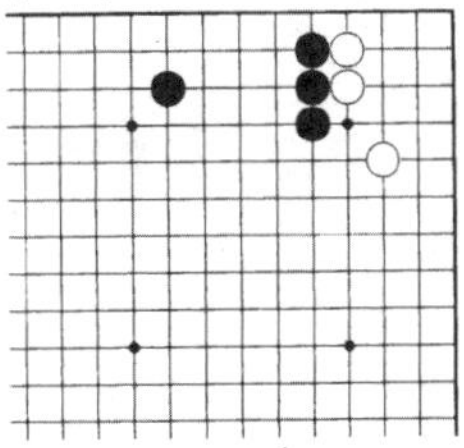

(1523) 흑번

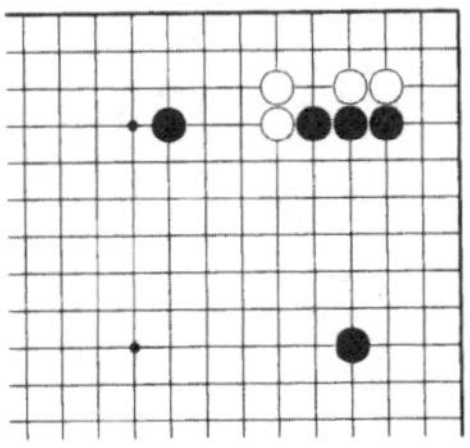

(1777) 흑번

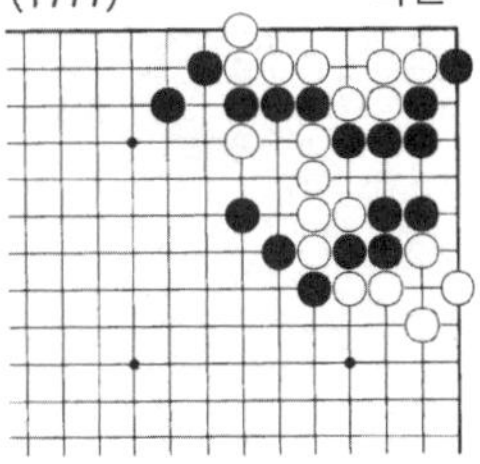

(2016) 흑번

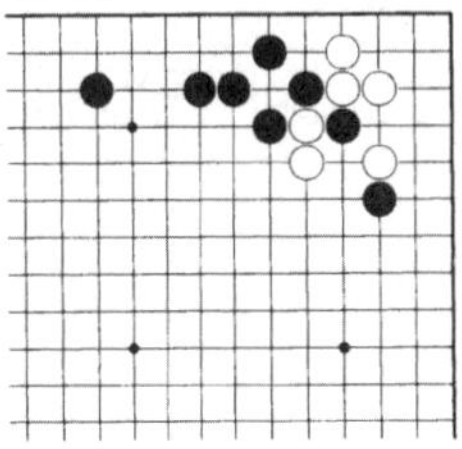

(2054) 흑번

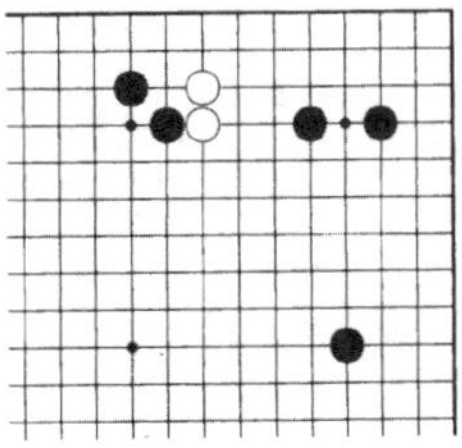

(2153) 흑번

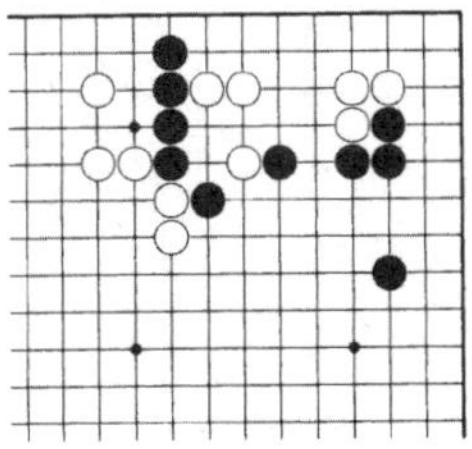

(2163) 흑번

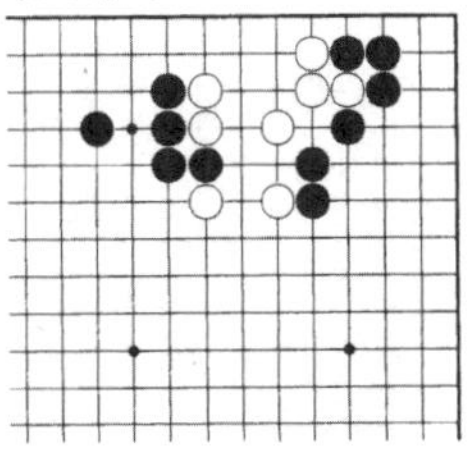

(2190) 흑번

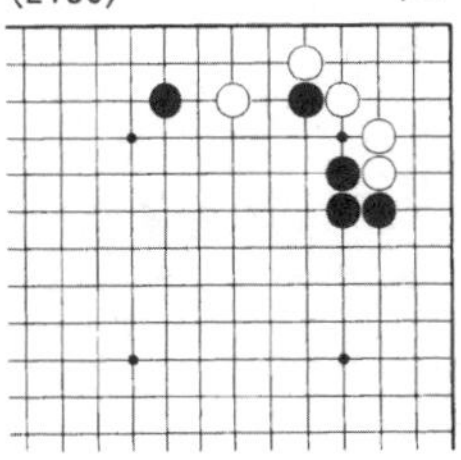

(2219) 백번

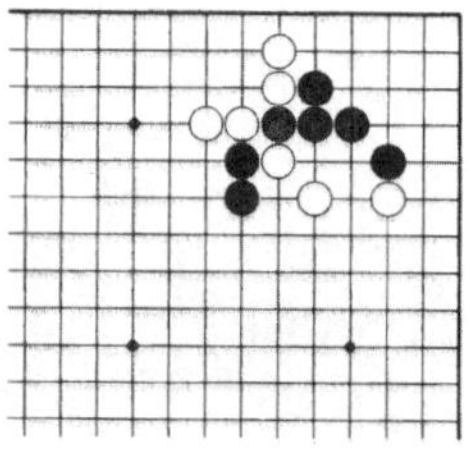

(2338) 흑번

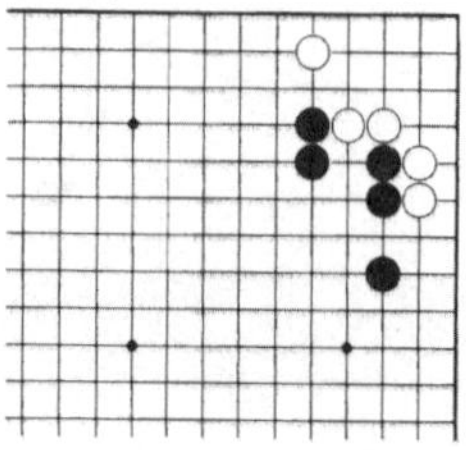

(2447) 흑번

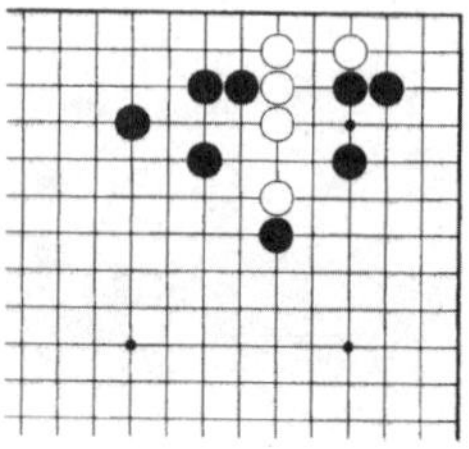

## 수비하다

(534) 흑번

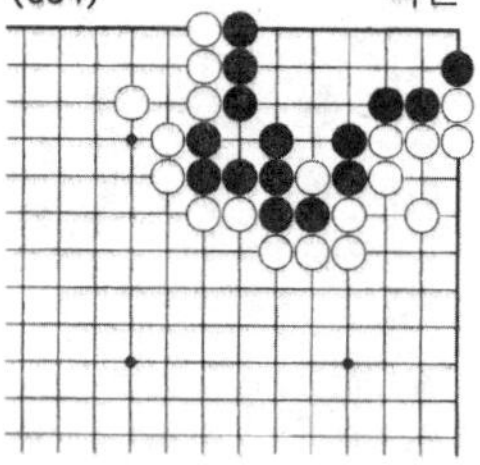

(536) 흑번

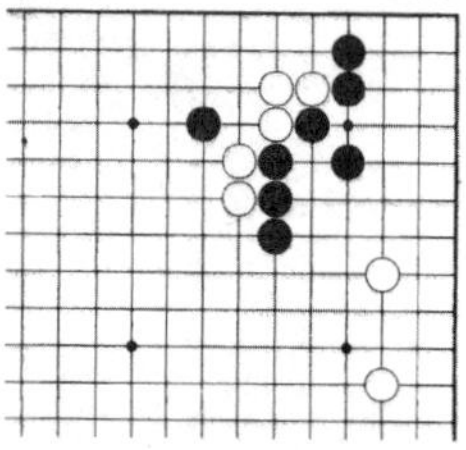

(1096) 흑번

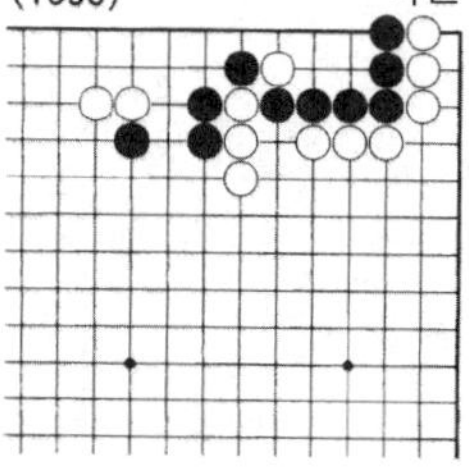

(1181) 백번

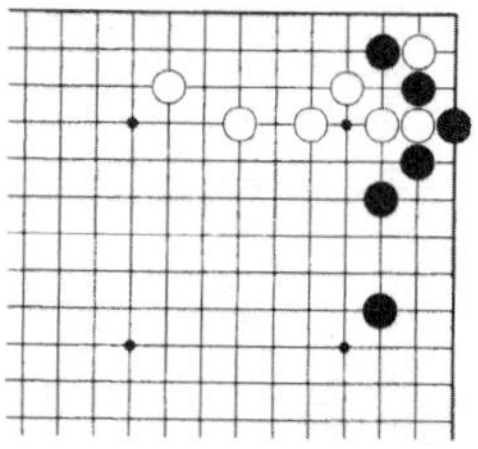

(1194) 백번

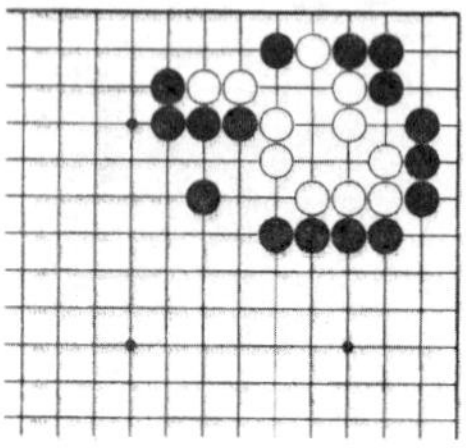

(1213) 흑번

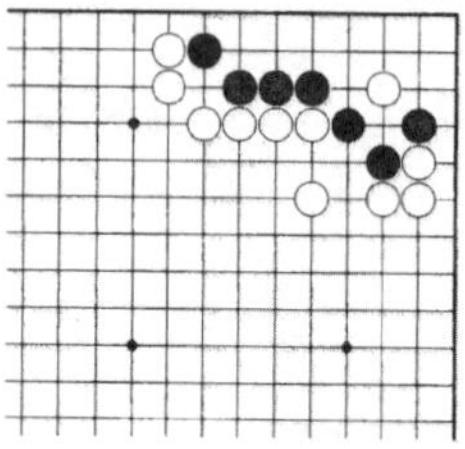

(1253) 백번

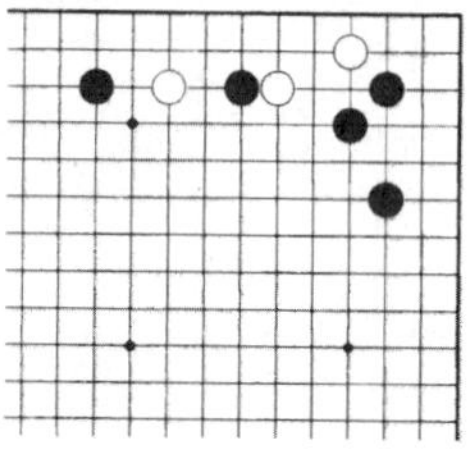

(1333) 흑번

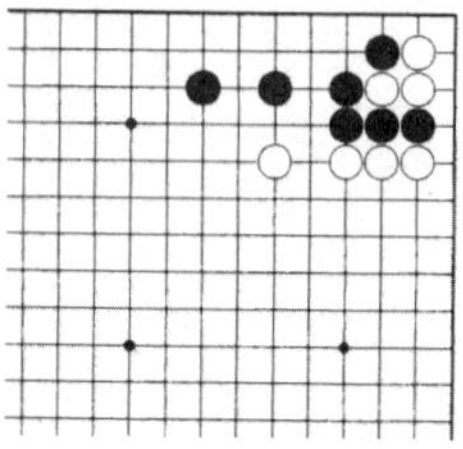

(1703) 흑번

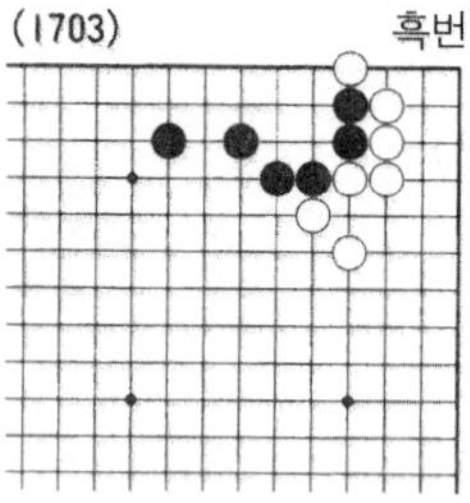

(1705) 흑번

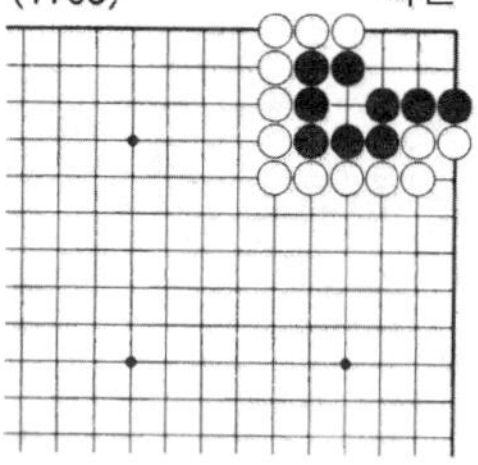

(1708) 흑번

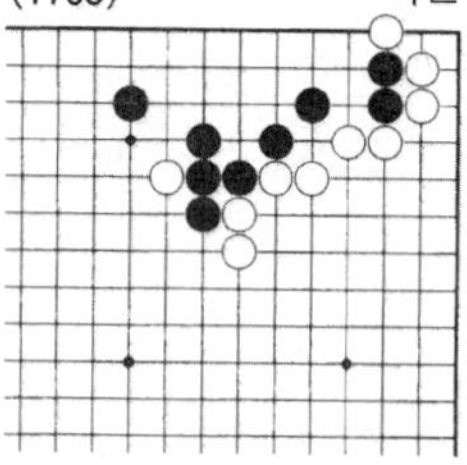

(1920) 백번

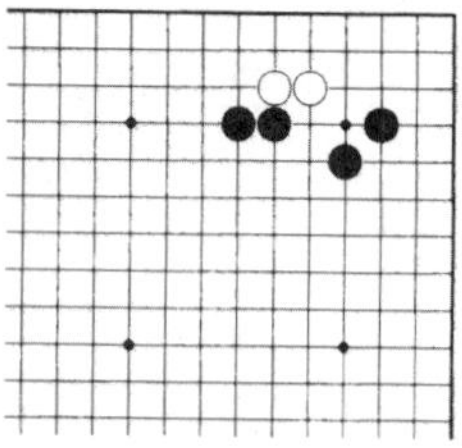

(1926) 흑번

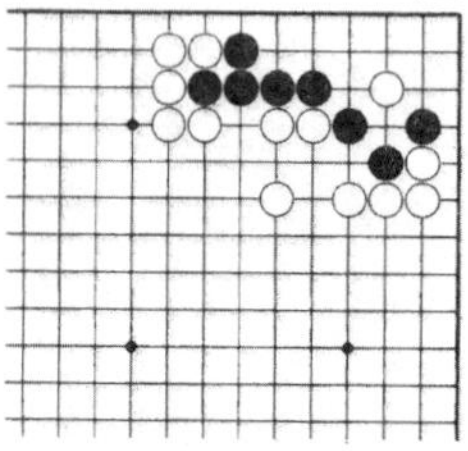

(1967) 백번

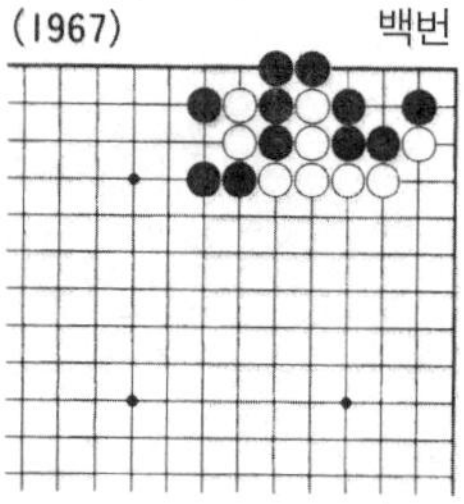

(2036) 흑번

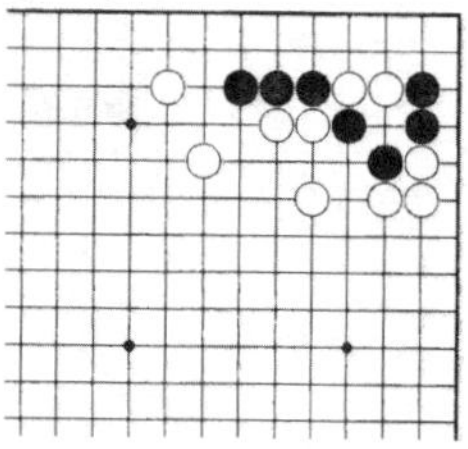

(2330) 흑번

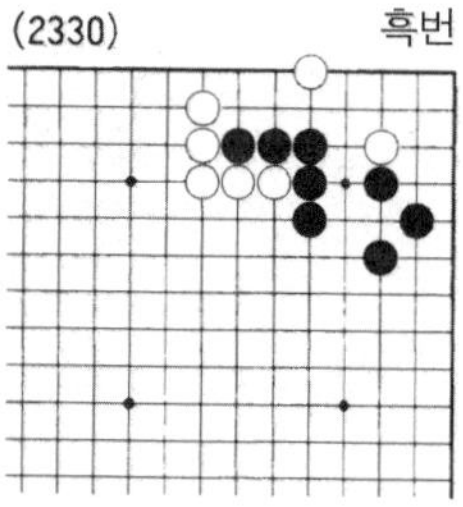

## 늘리다

(360) 흑번

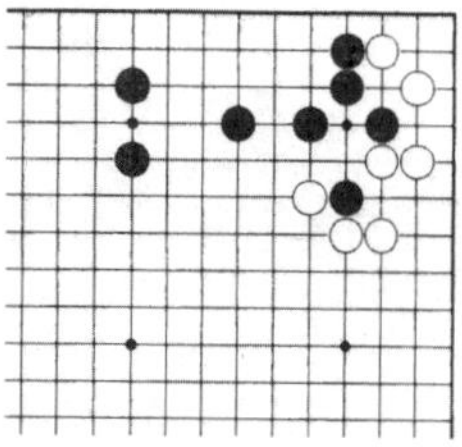

(361) 흑번

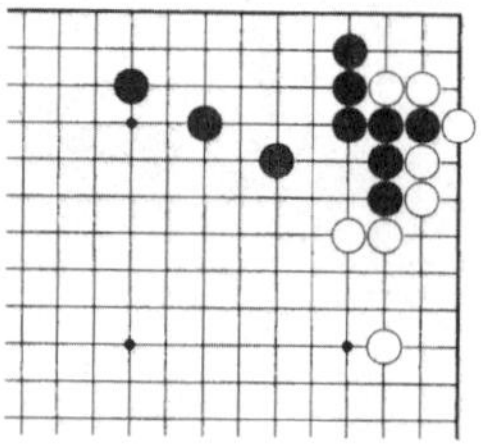

(531) 흑번

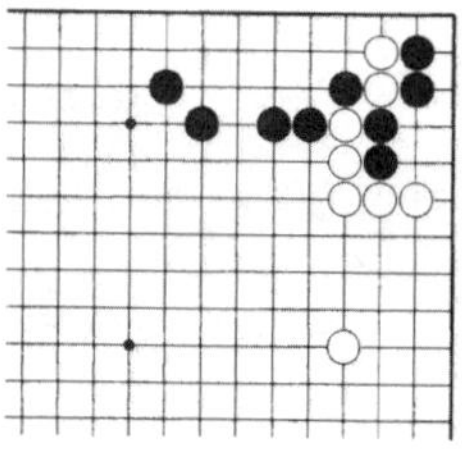

(532) 백번

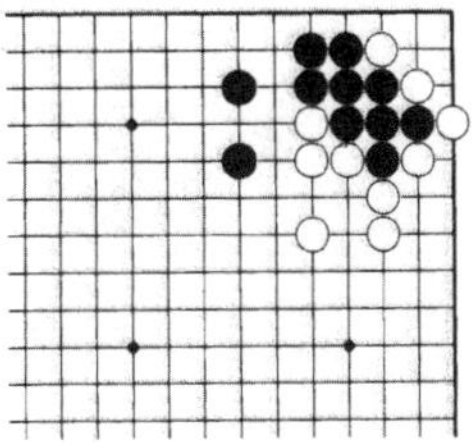

(533) 백번

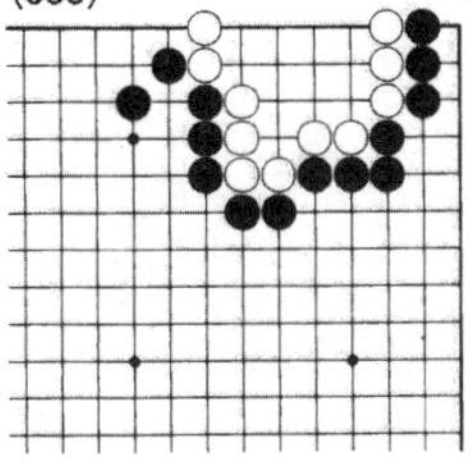

(891) 흑번

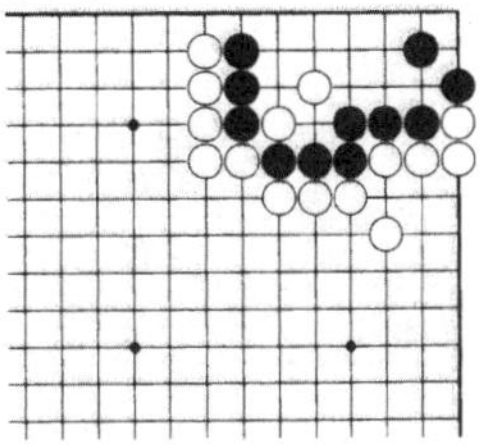

(893) 흑번

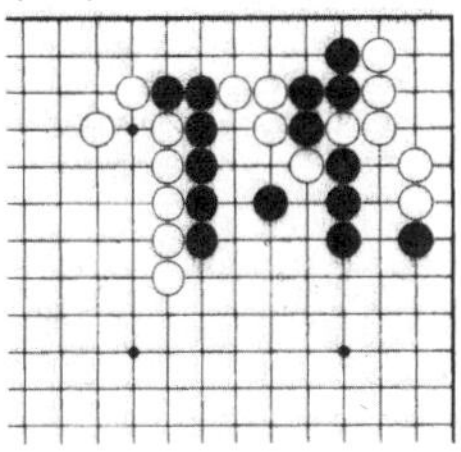

(1001) 흑번

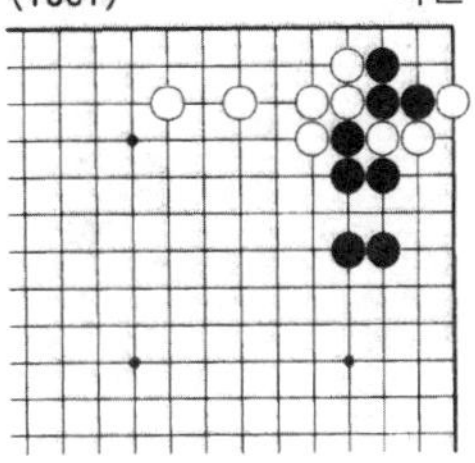

(1002) 백번

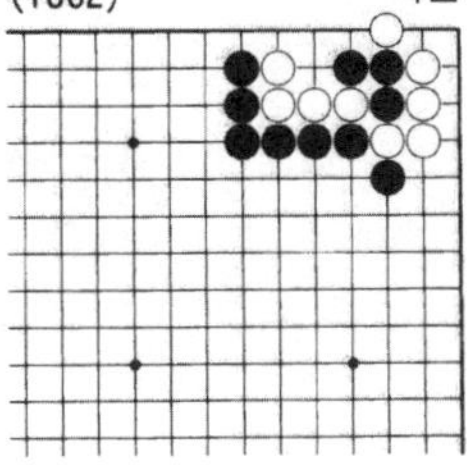

(1003) 백번

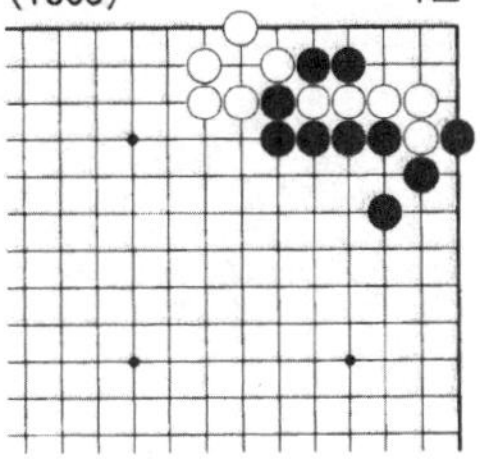

(1005) 흑번

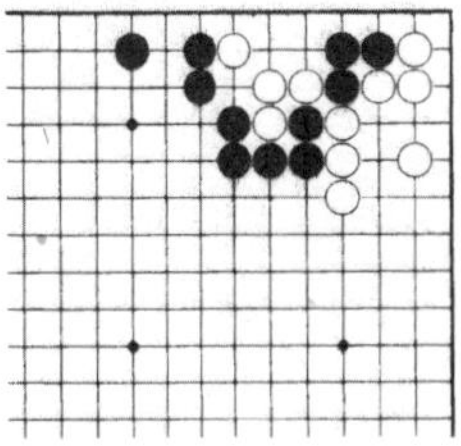

(1006) 흑번

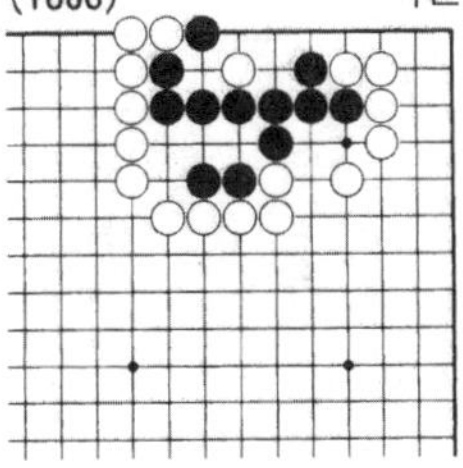

(1417) 흑번

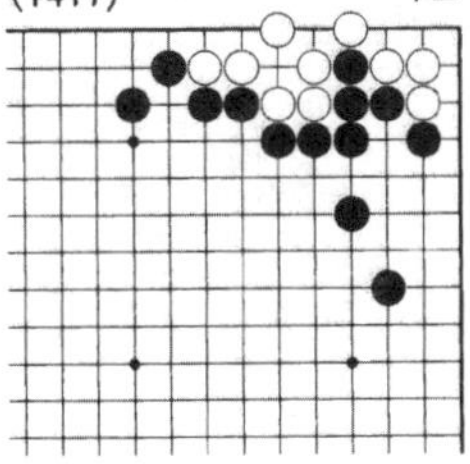

(1694) 백번

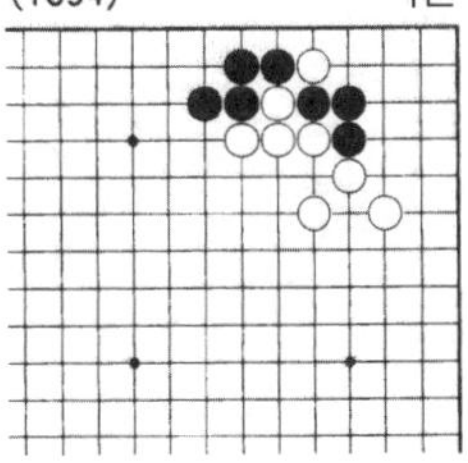

(1701) 흑번

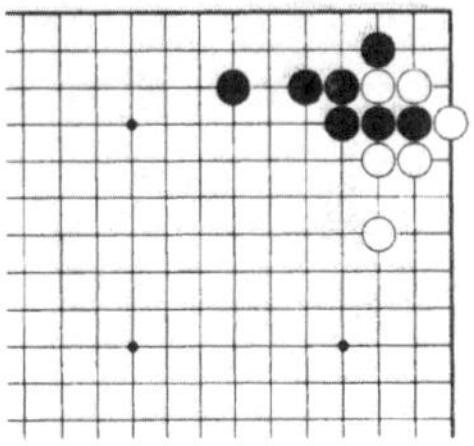

(1702) 흑번

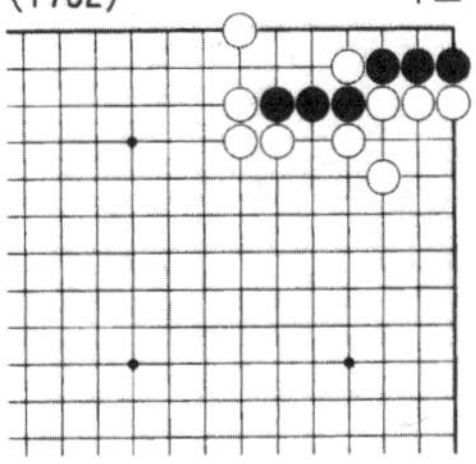

(1704) 흑번

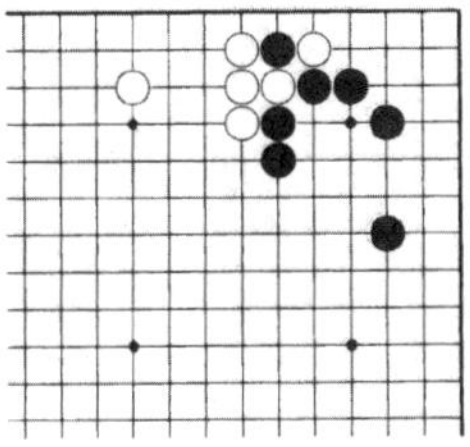

(1707) 흑번

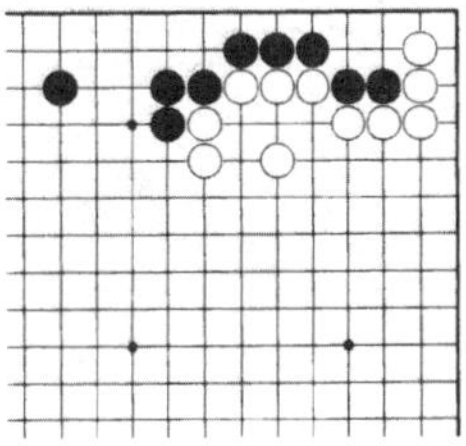

(1792) 흑번

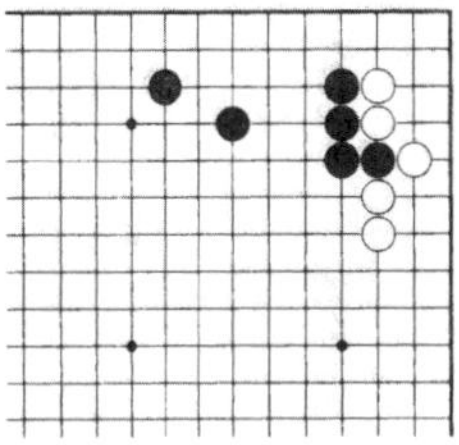

(1888) 흑번

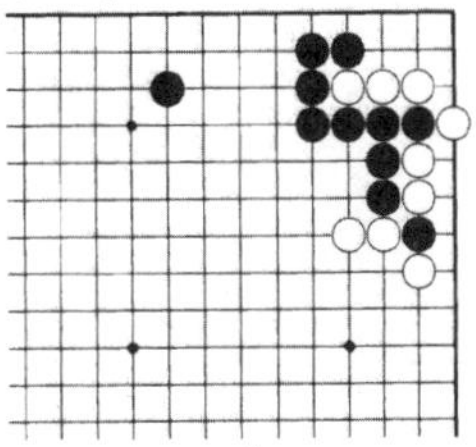

(2107) 흑번

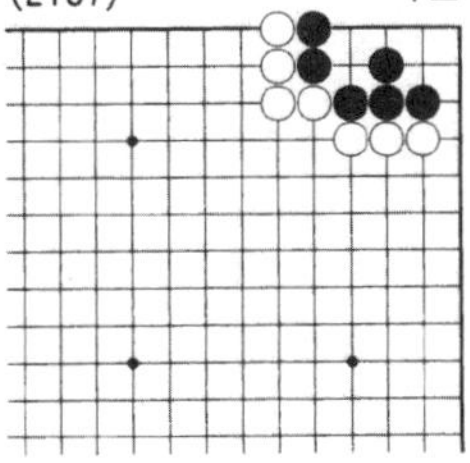

(2128) 흑번

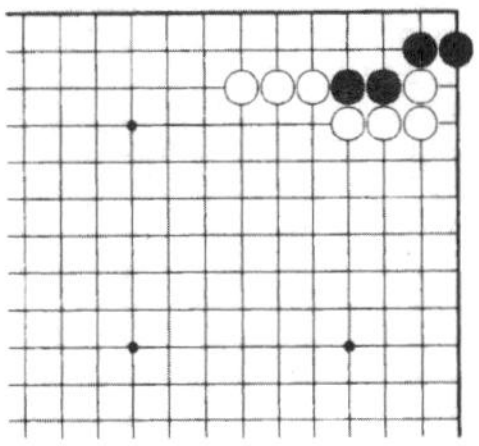

(2277) 흑번

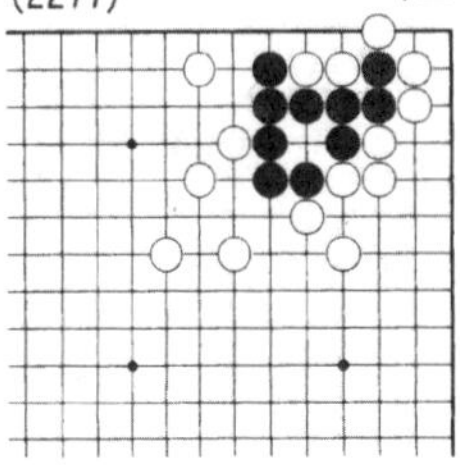

(2278) 흑번

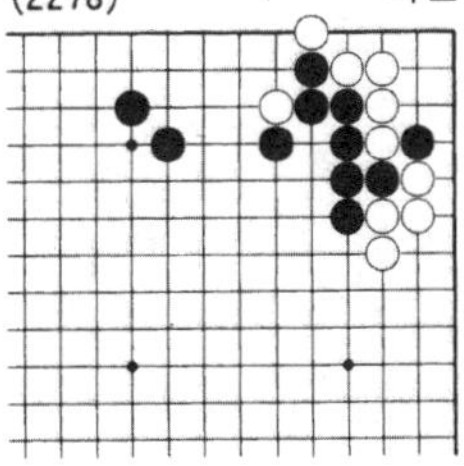

(2414) 흑번

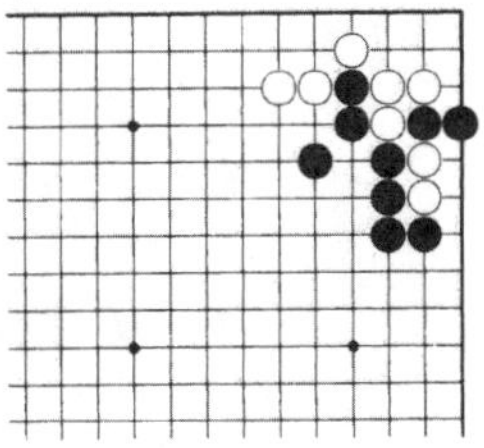

**분단**

(36) 흑번

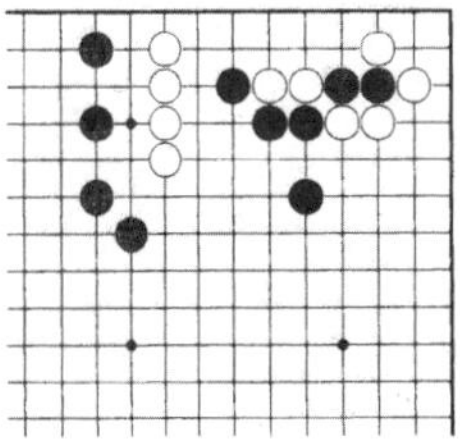

(151) 흑번

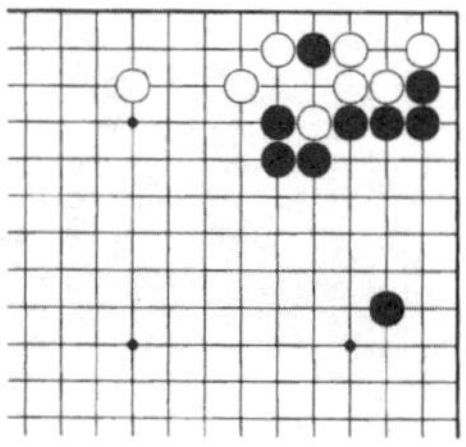

(250) 흑번

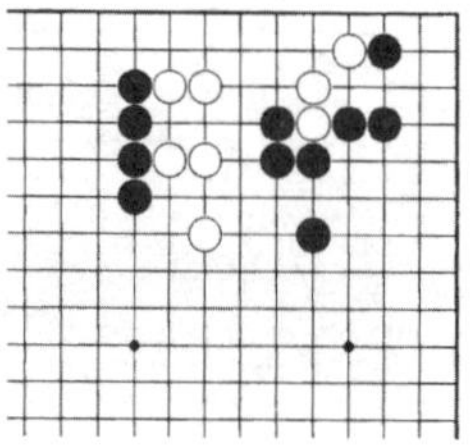

(256) 흑번

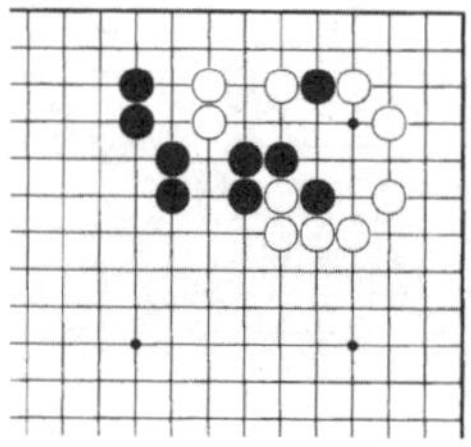

(284) 흑번

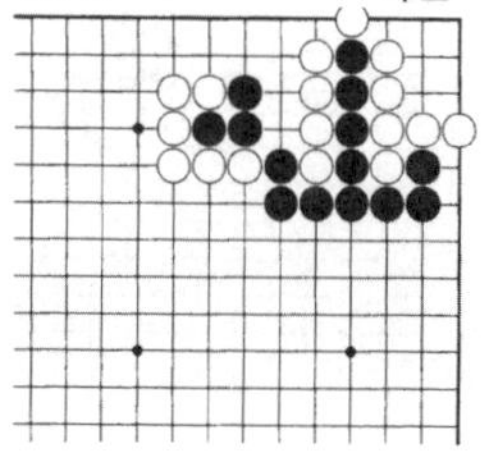

(395) 백번

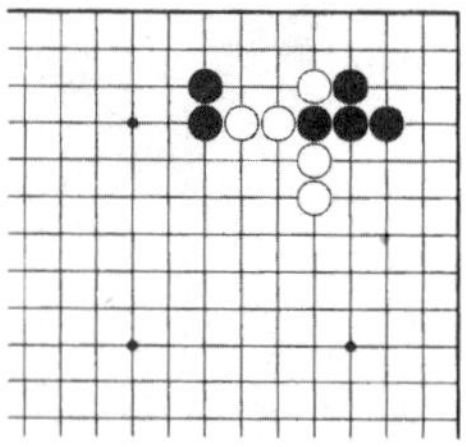

(566) 흑번

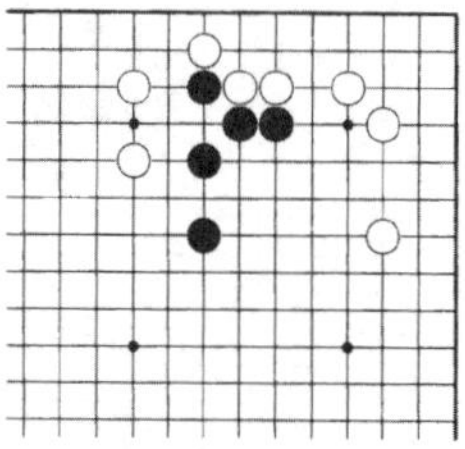

(567) 흑번

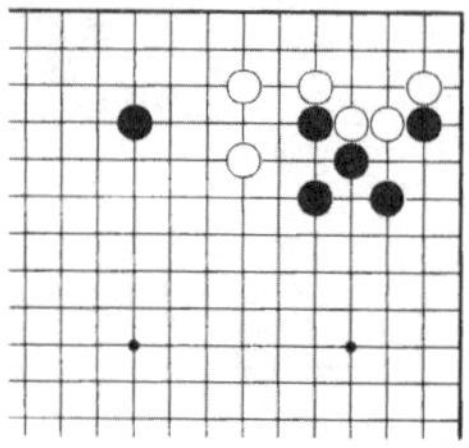

(597) 흑번

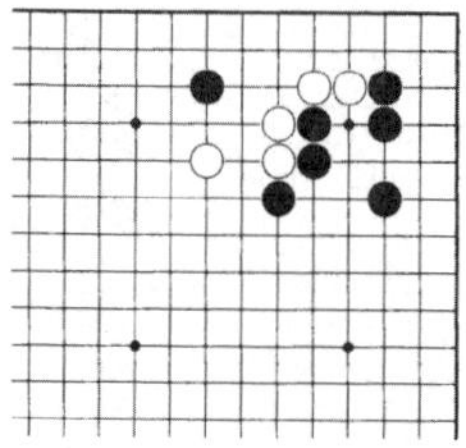

(635) 흑번

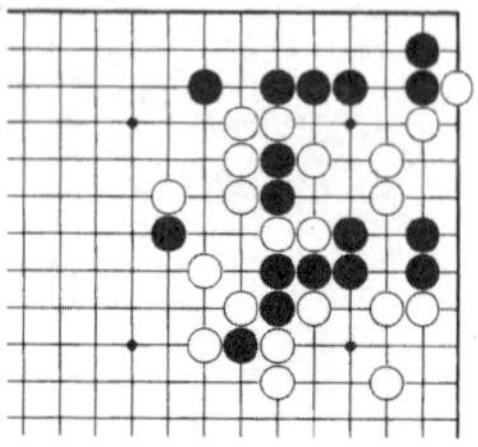

(669) 흑번

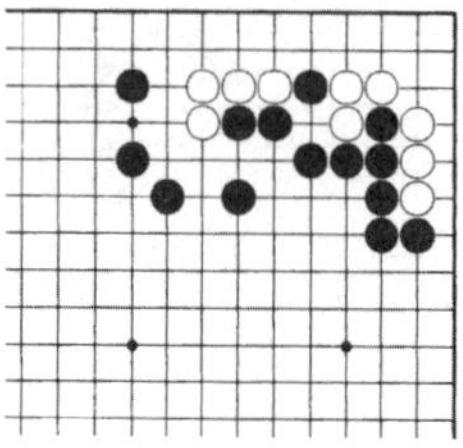

(686) 흑번

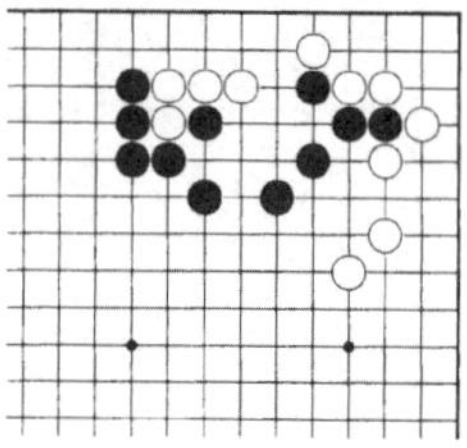

(690) 흑번

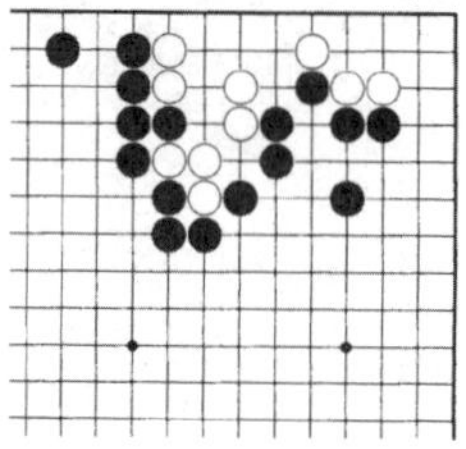

(1036) 흑번

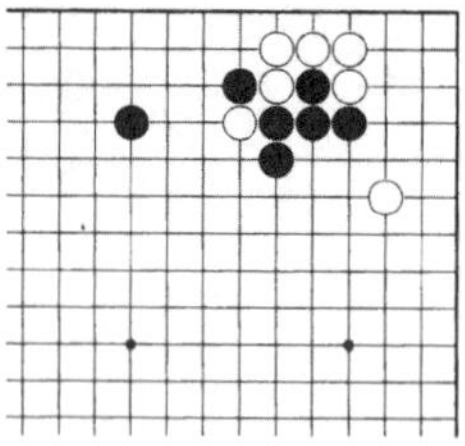

(1047) 흑번

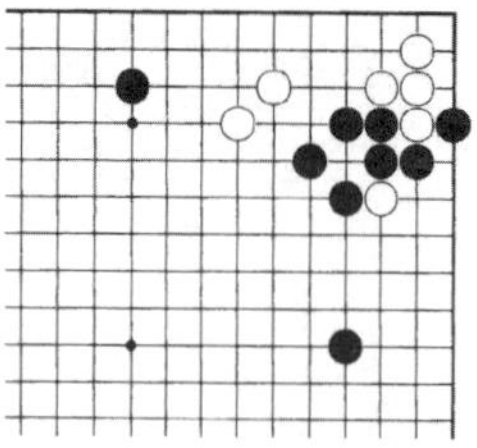

(1429) 흑번

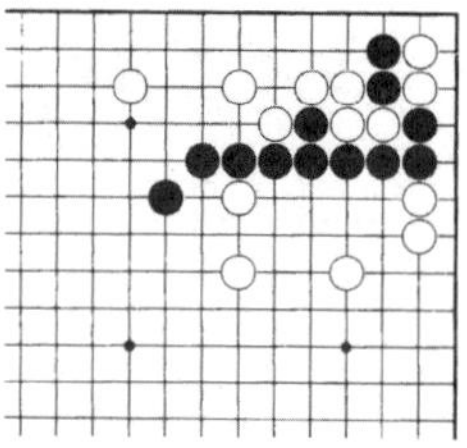

(1432) 흑번

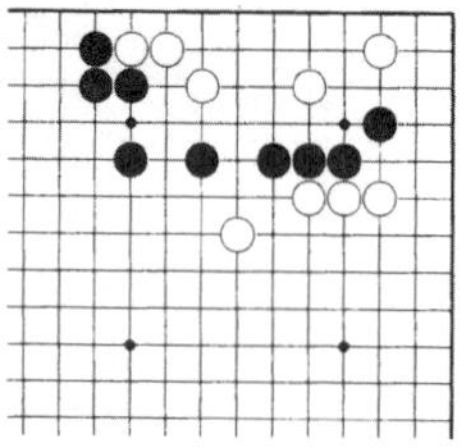

(1445) 흑번

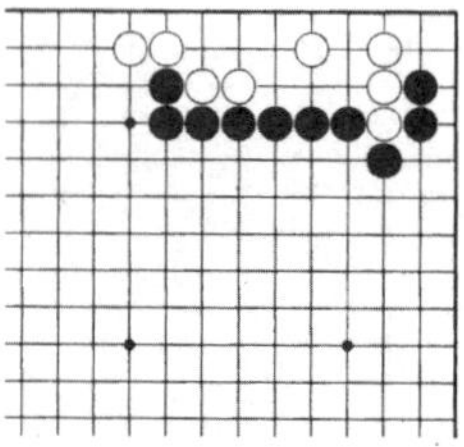

(1454) 흑번

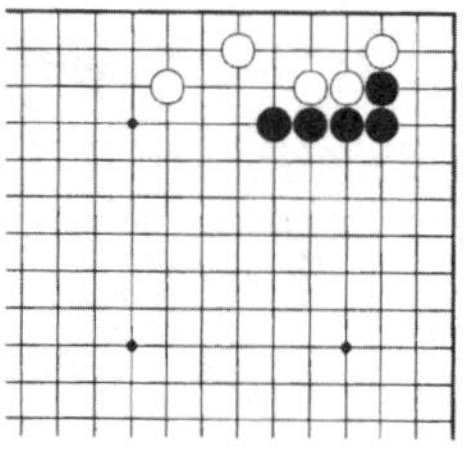

(1455) 흑번

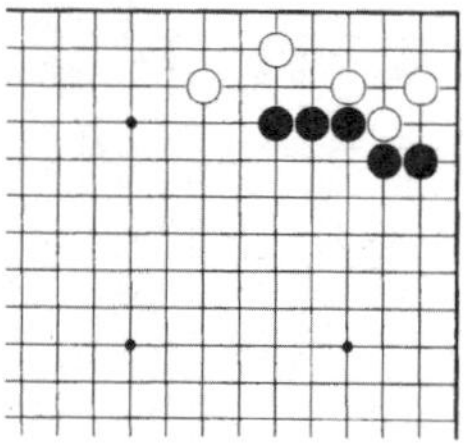

(1459) 흑번

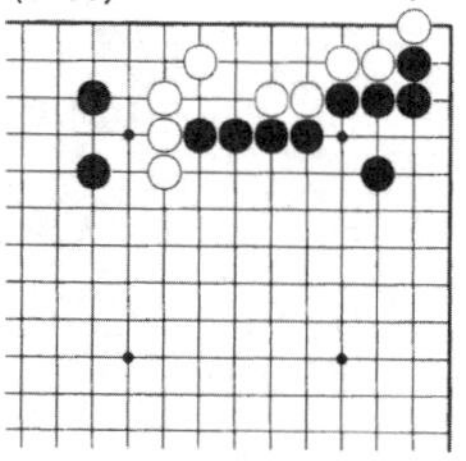

(1469) 흑번

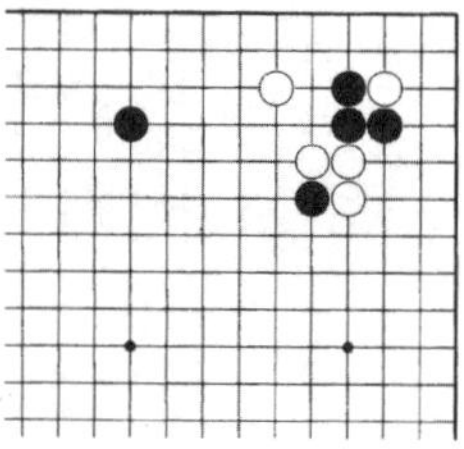

(1470) 흑번

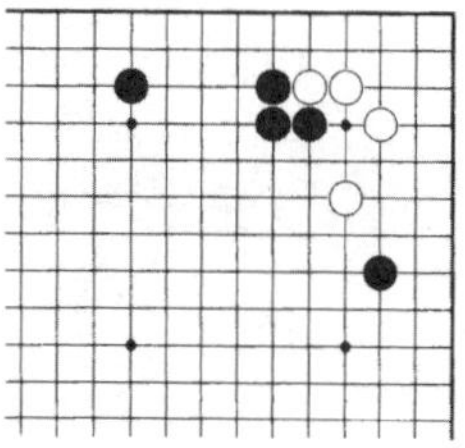

(1530) 흑번

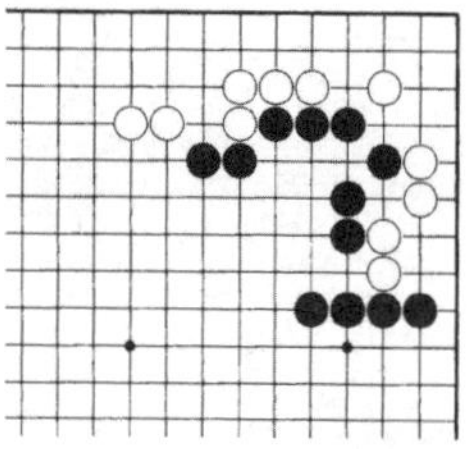

(1720) 백번

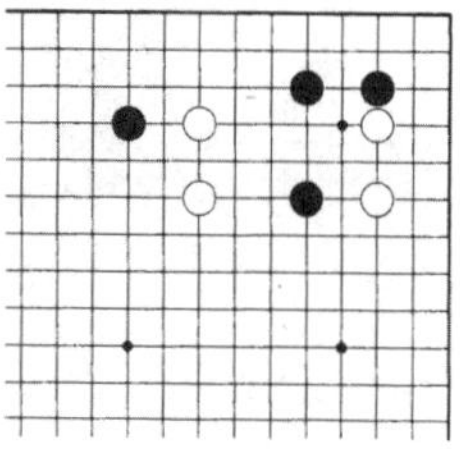

(1857) 흑번

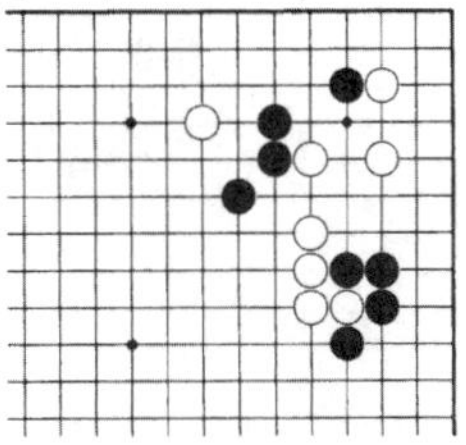

(1859) 흑번

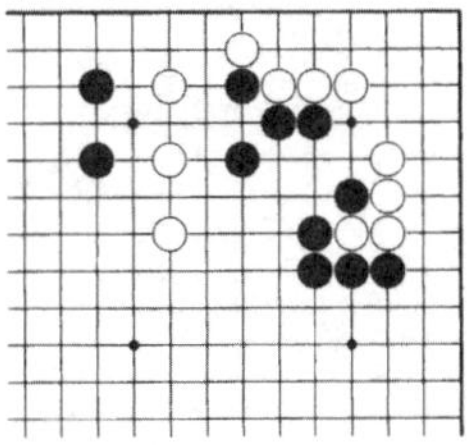

(1893) 흑번

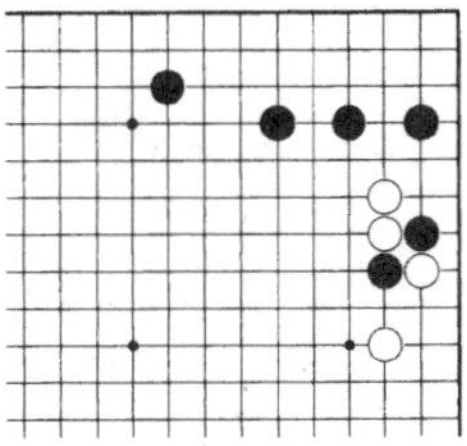

(2106) 흑번

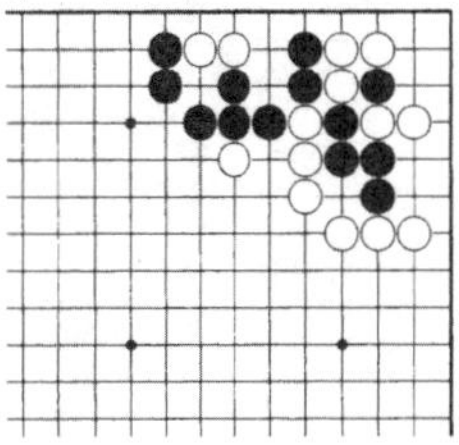

(2164) 흑번

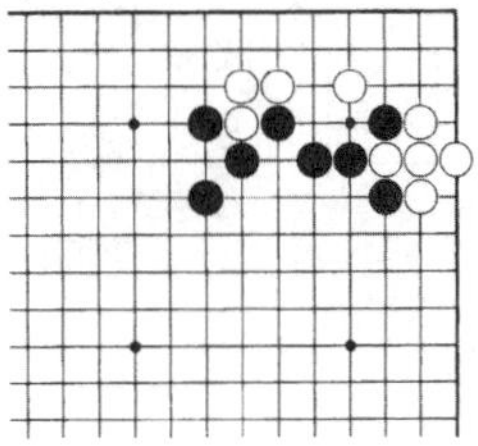

(2200) 흑번

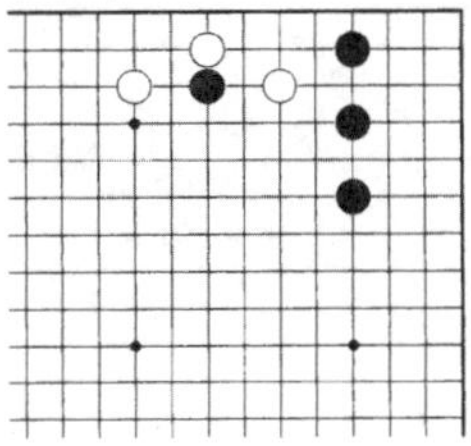

(2383) 흑번

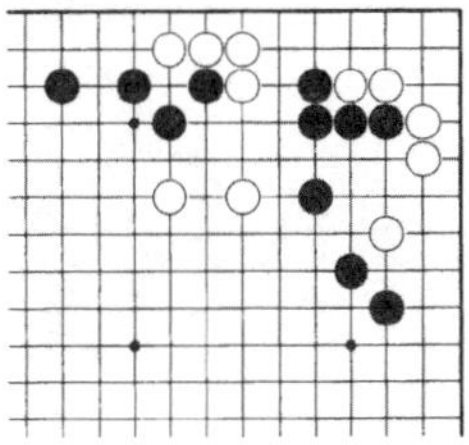

(2428) 흑번

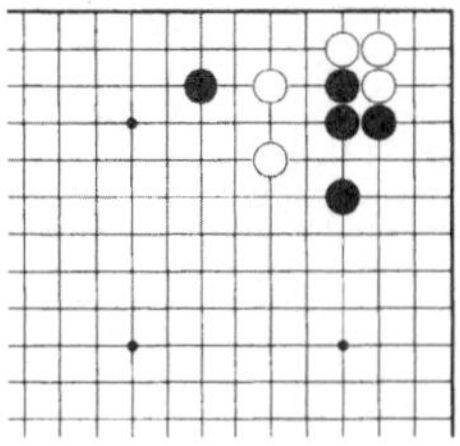

(2430) 흑번

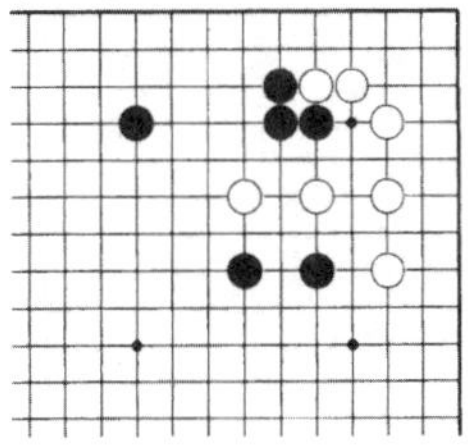

## 줄이다

(13) 흑번

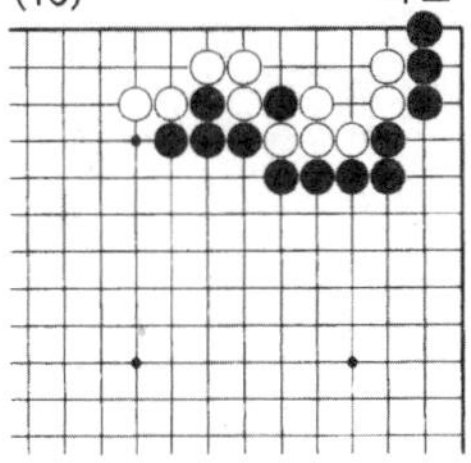

(97) 흑번

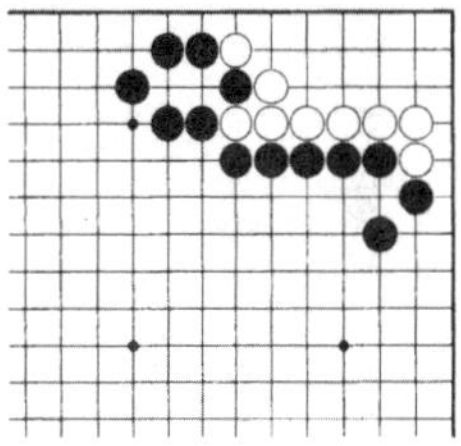

(153) 흑번

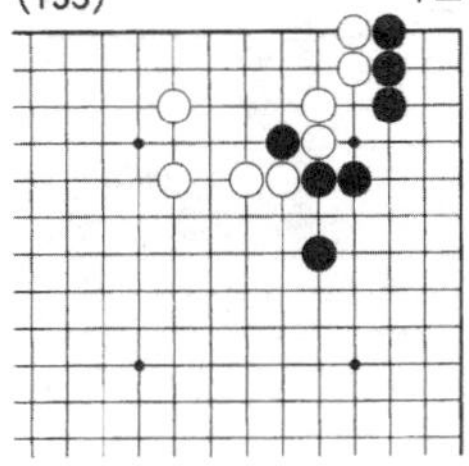

(185) 백번

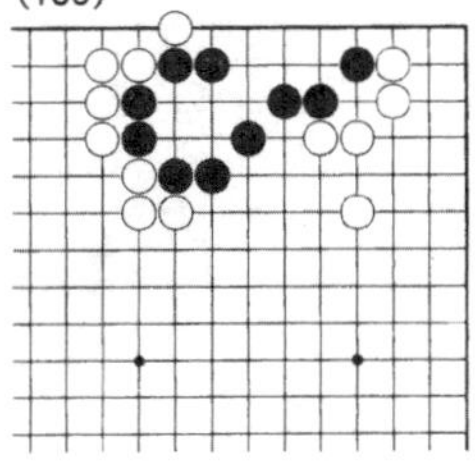

(223) 흑번

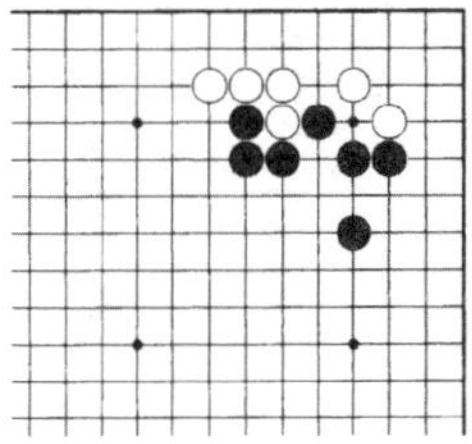

(230) 흑번

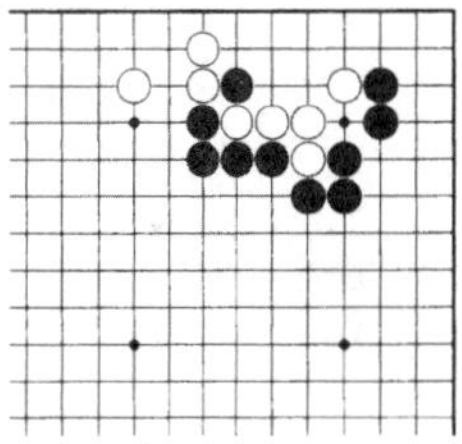

(362) 백번

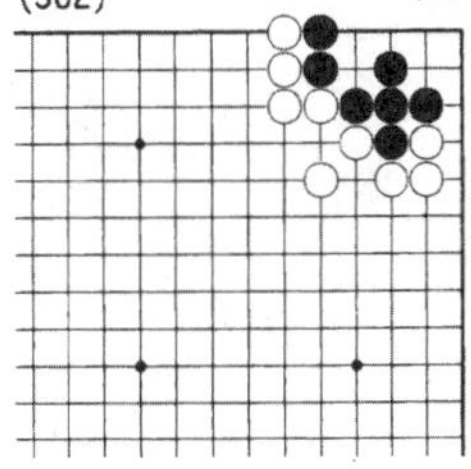

(363) 흑번

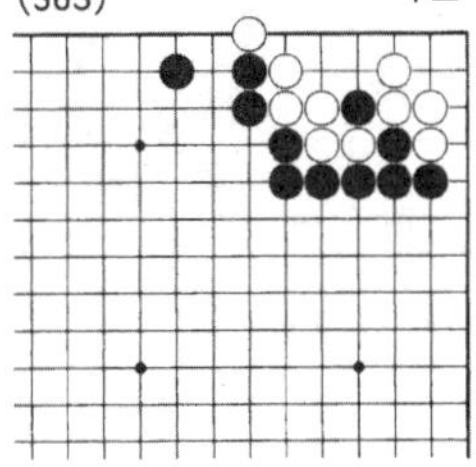

(364) 흑번

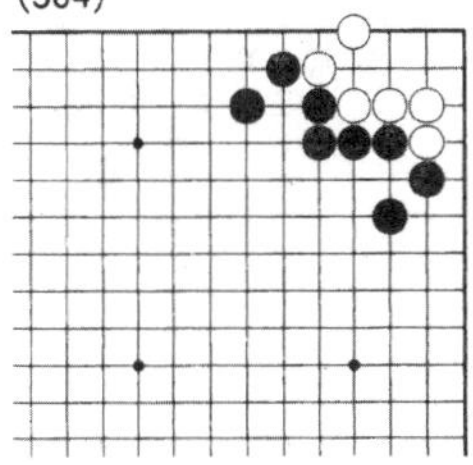

(365) 흑번

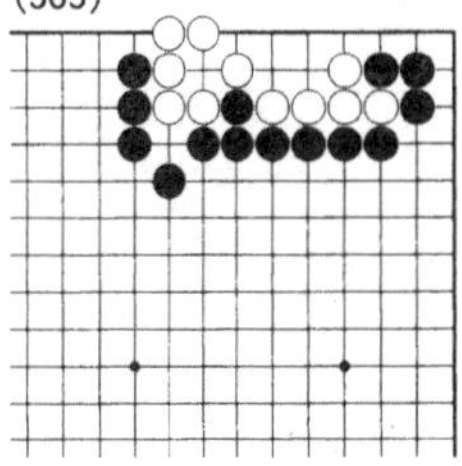

(366) 흑번

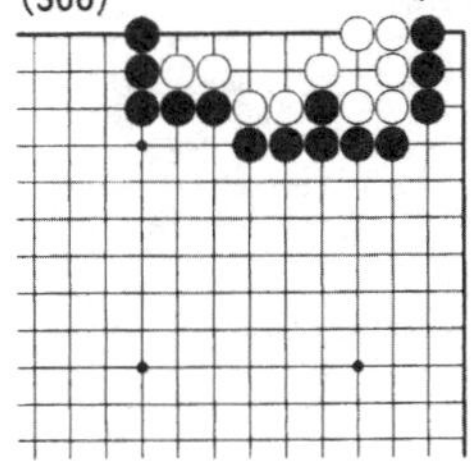

(367) 흑번

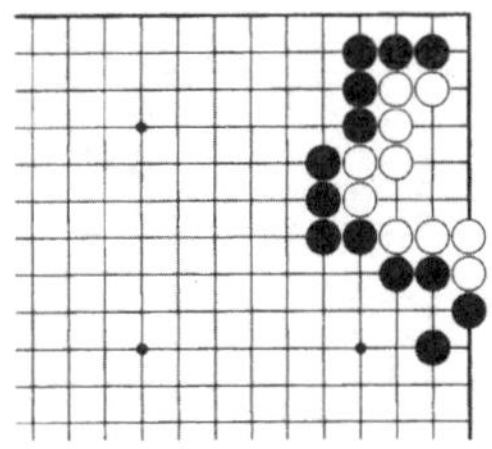

(368) 흑번

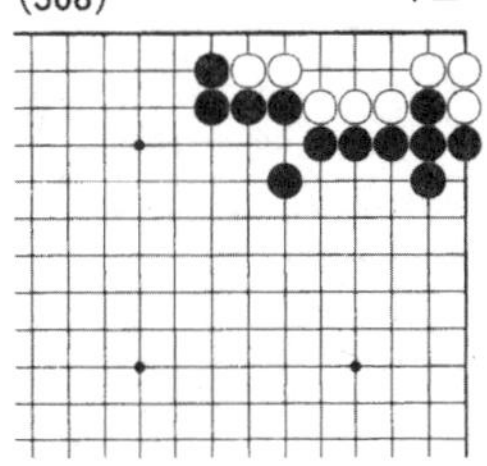

(369) 흑번

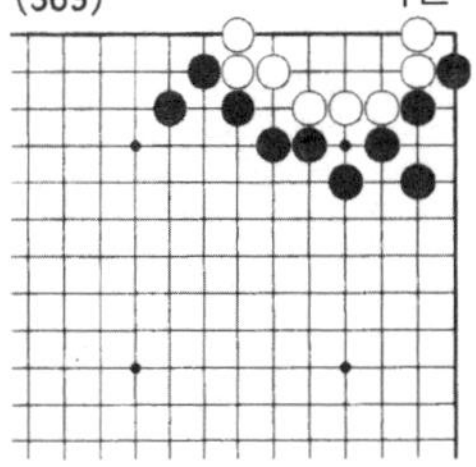

(370) 흑번

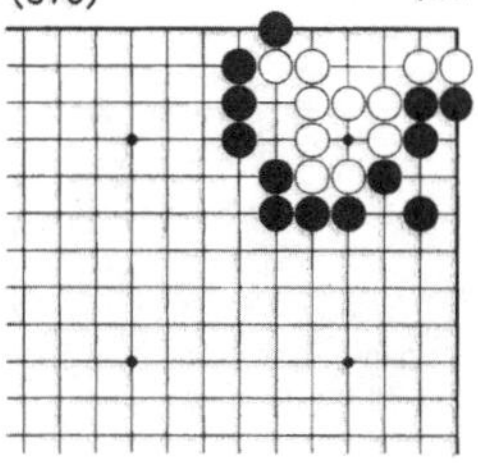

(371) 흑번

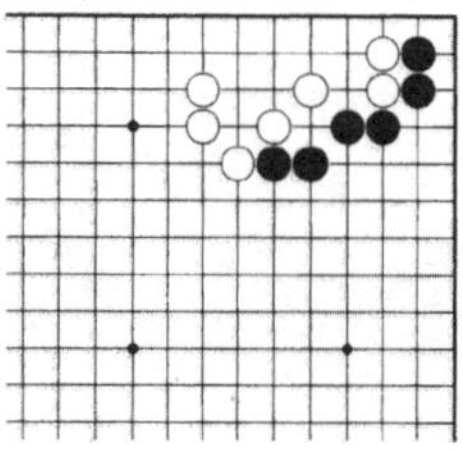

(372) 흑번

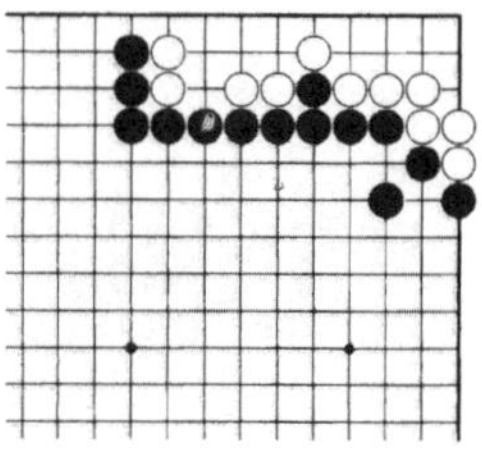

(373) 흑번

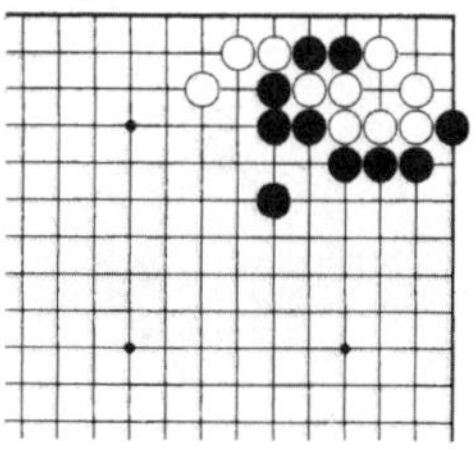

(374) 백번

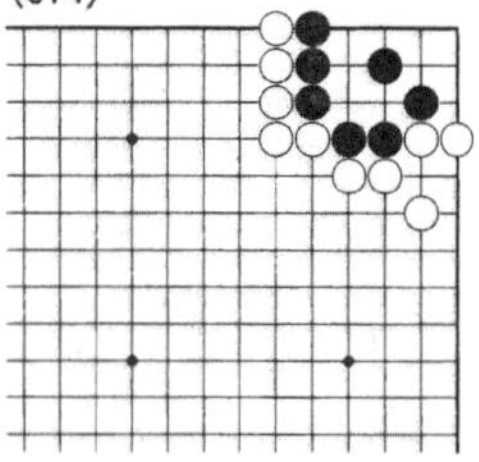

(375) 흑번

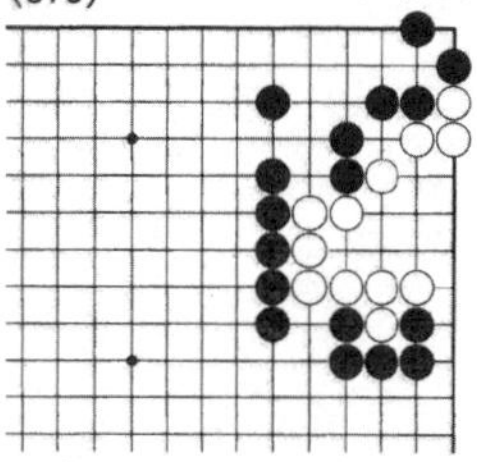

(376) 흑번

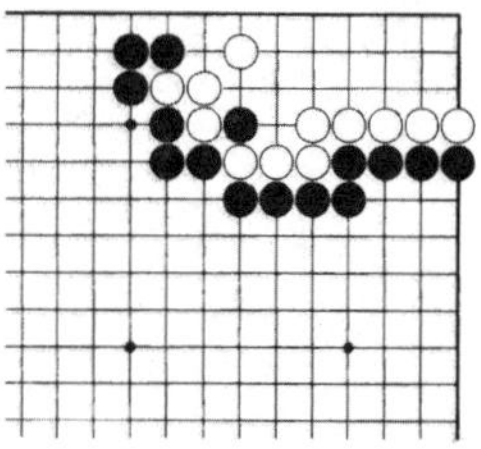

(379) 흑번

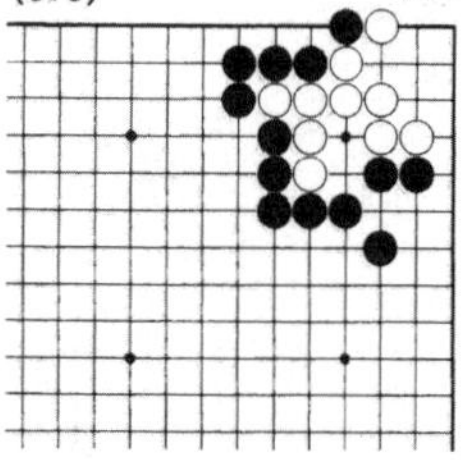

(380) 흑번

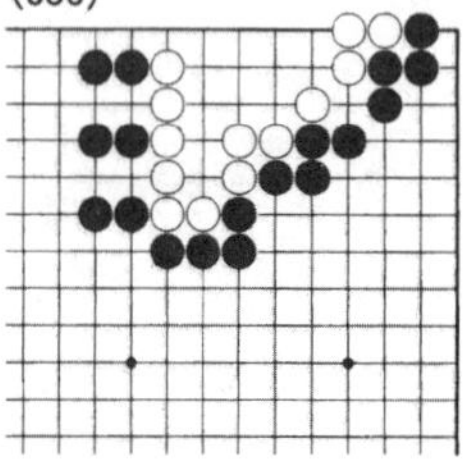

(381) 흑번

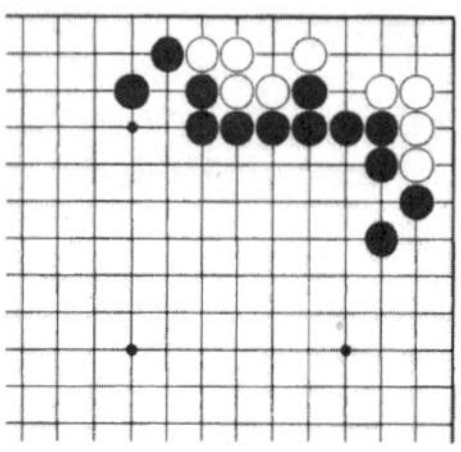

(382) 흑번

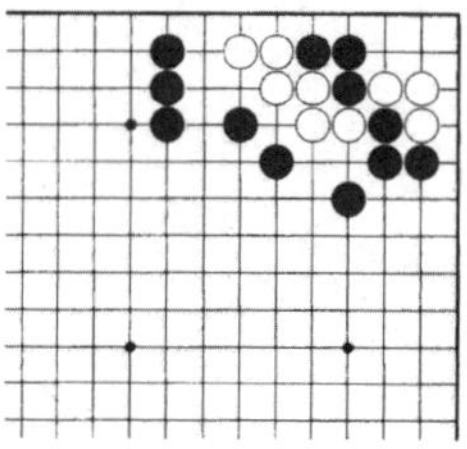

(384) 흑번

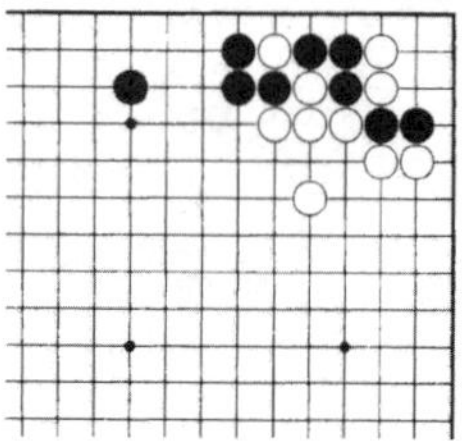

(385) 흑번

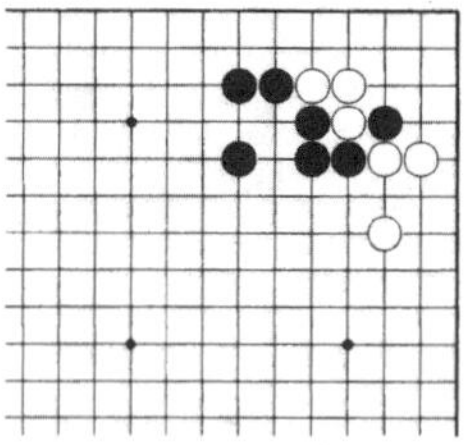

(387) 흑번

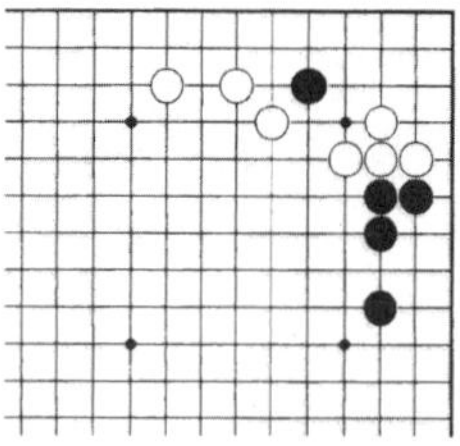

(390) 흑번

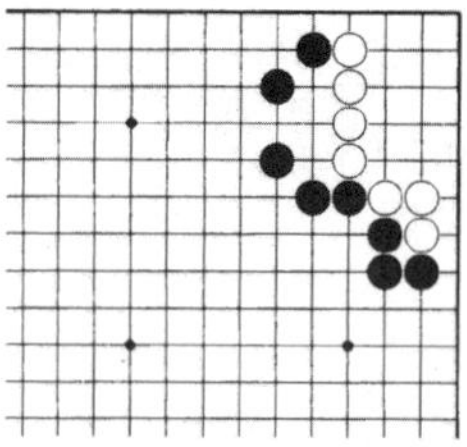

(391) 흑번

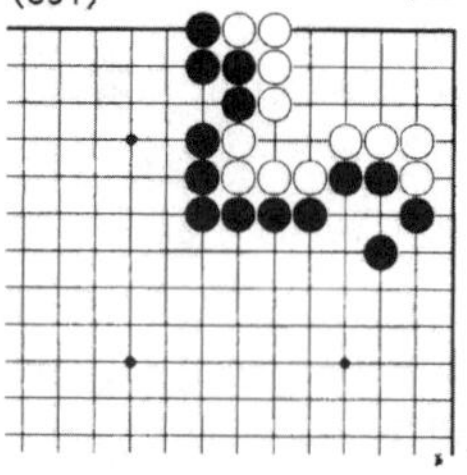

(528) 흑번

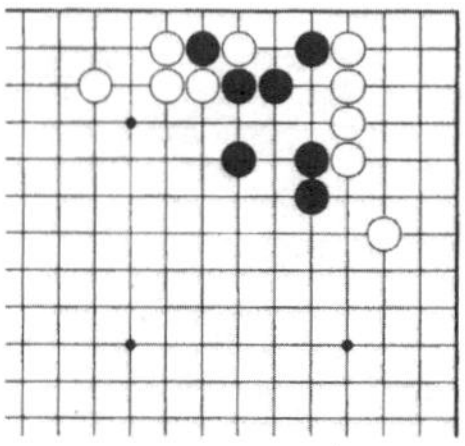

(705) 백번

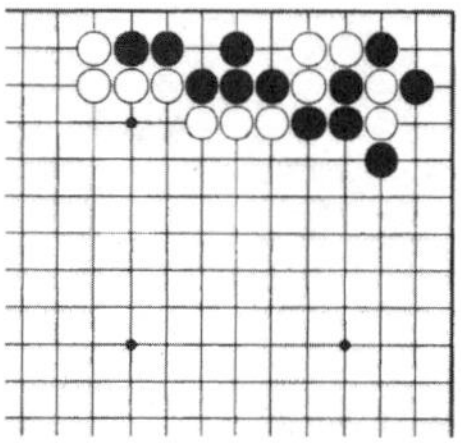

(754) 흑번

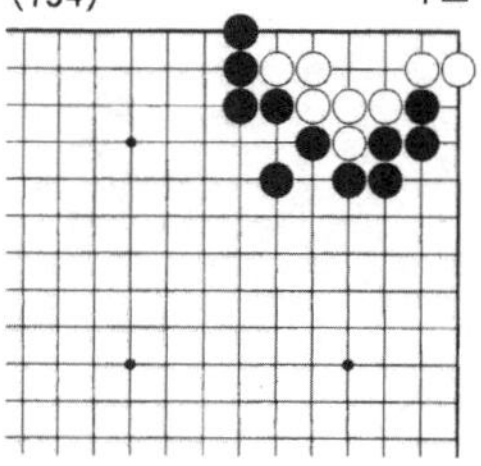

(755) 흑번

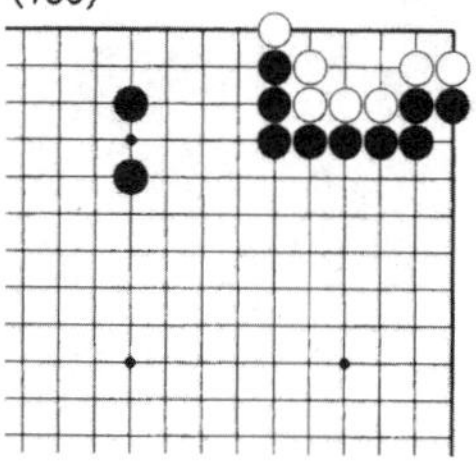

(761) 흑번

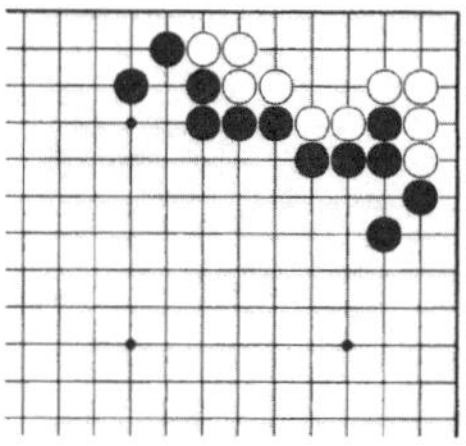

(1004) 백번

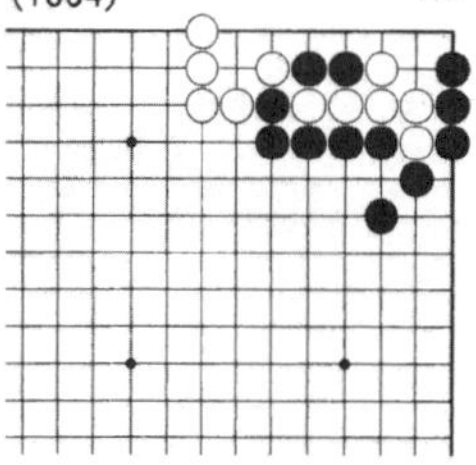

(1013) 백번

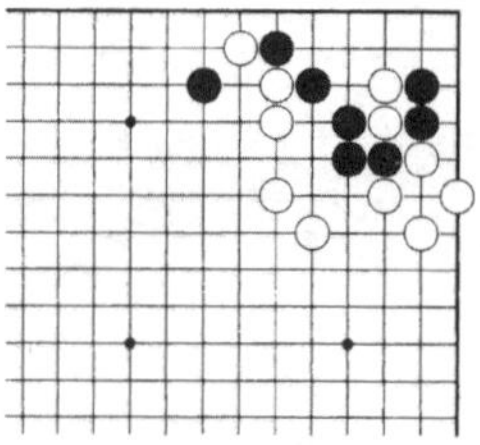

(1014) 흑번

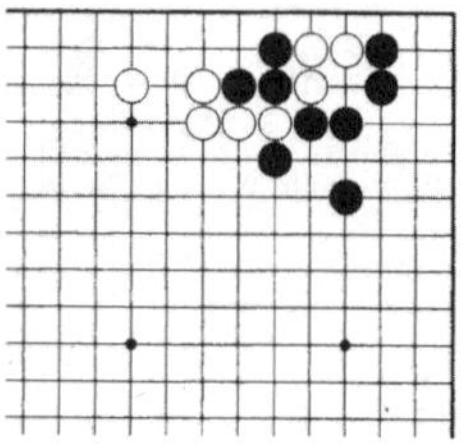

(1016) 흑번

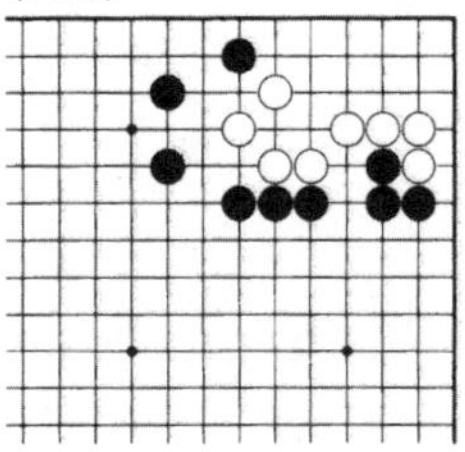

(1017) 백번

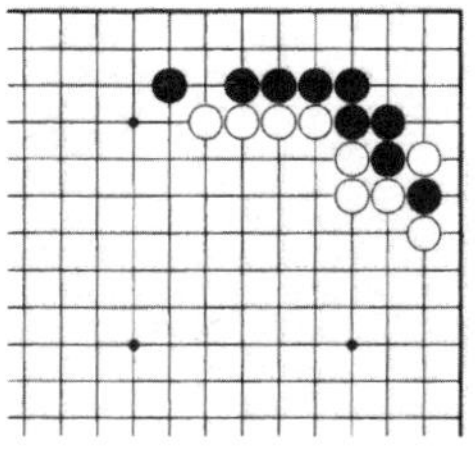

(1018) 흑번

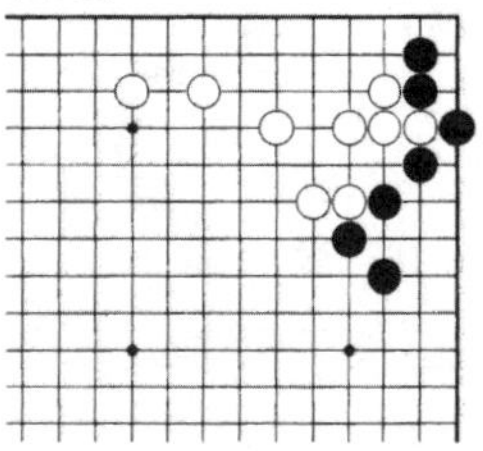

(1019) 흑번

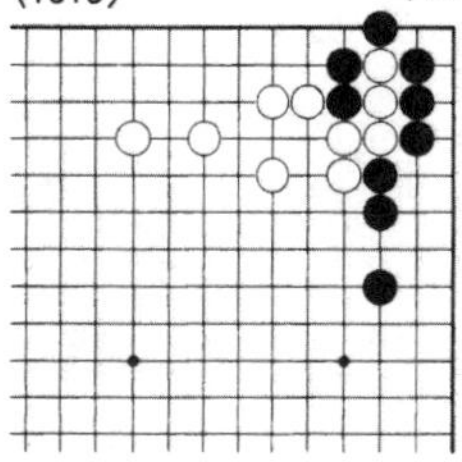

(1021) 흑번

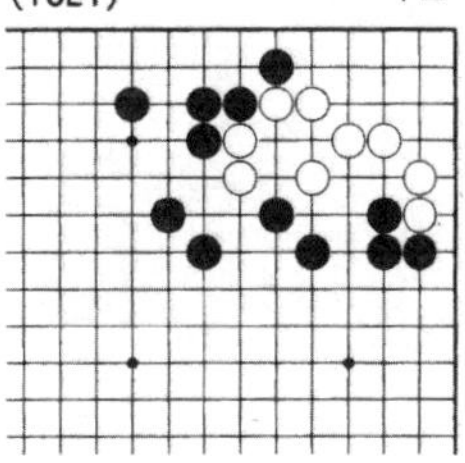

(1184) 흑번

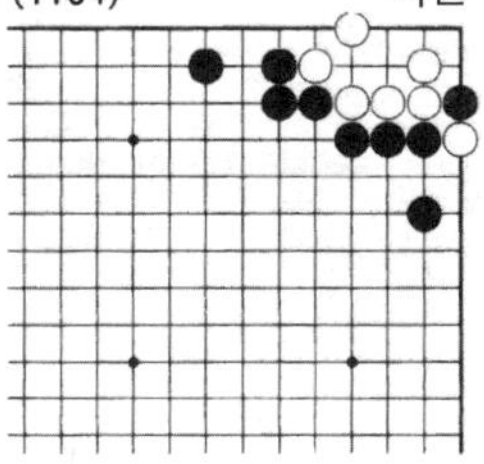

(1189) 백번

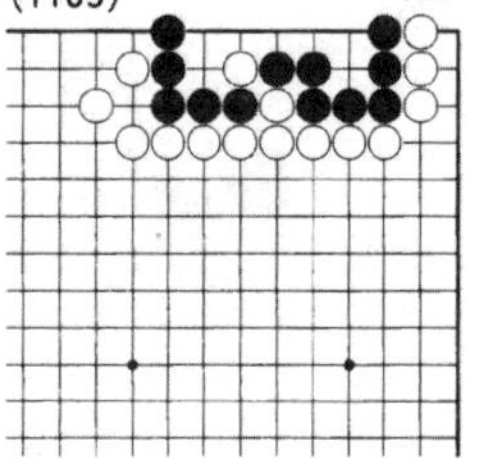

(1407) 백번

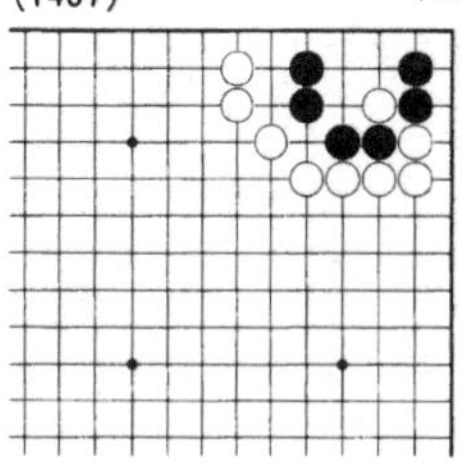

(1411) 흑번

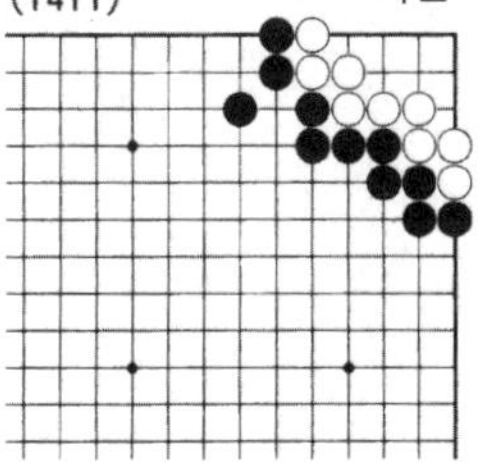

(1415) 백번

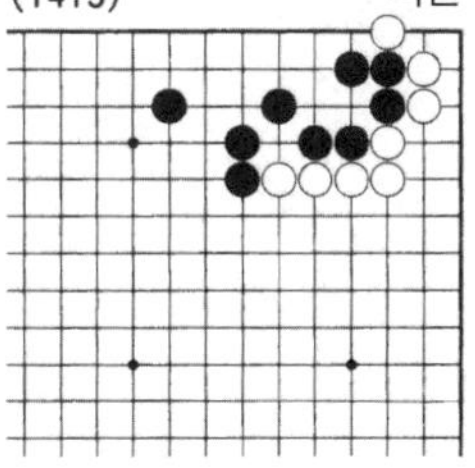

(1416) 백번

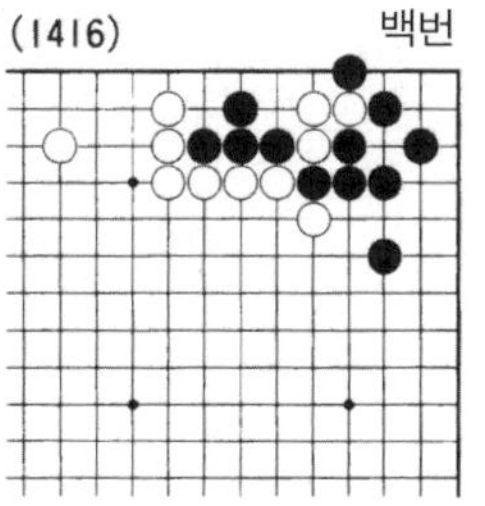

(1418) 백번

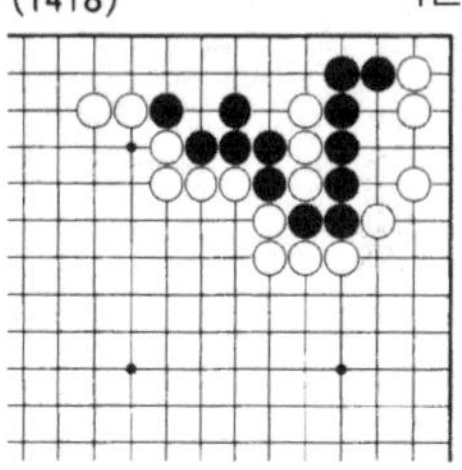

(1419) 백번

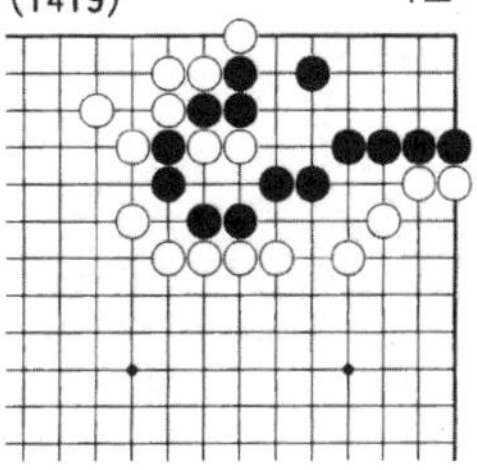

(1517) 흑번

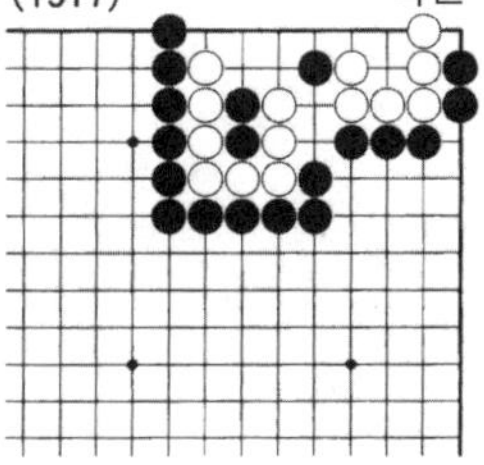

(1519) 흑번

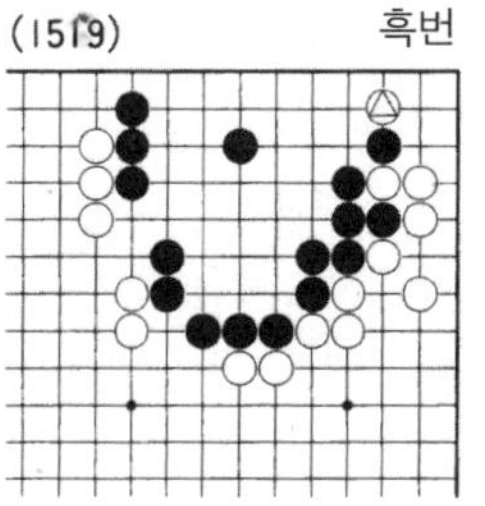

(1695) 백번

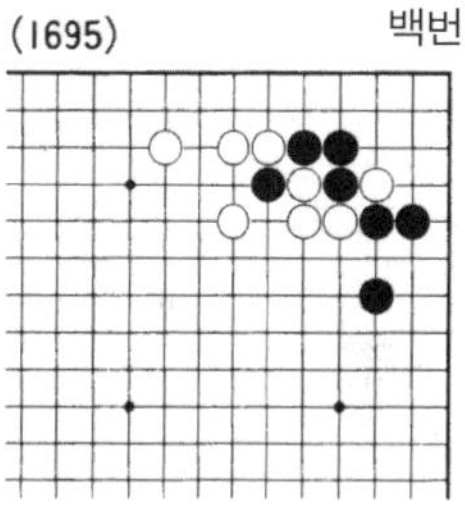

(1696) 백번

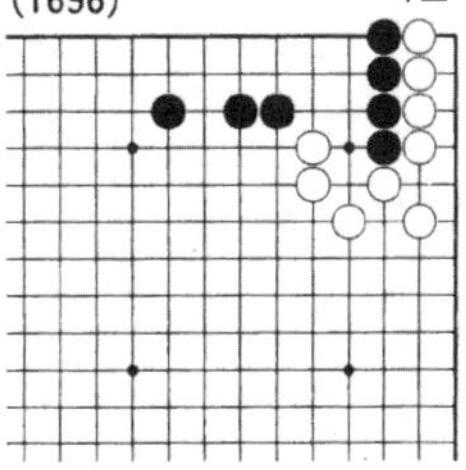

(1711) 백번

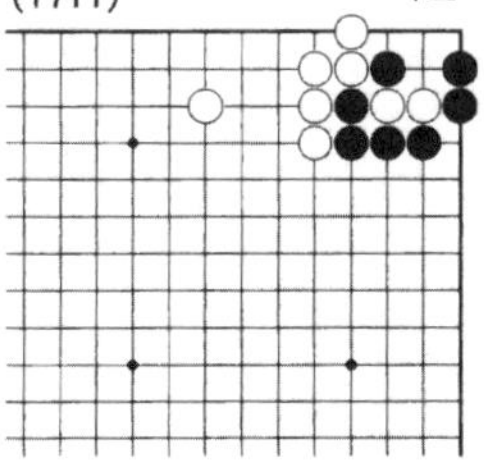

(1712) 흑번

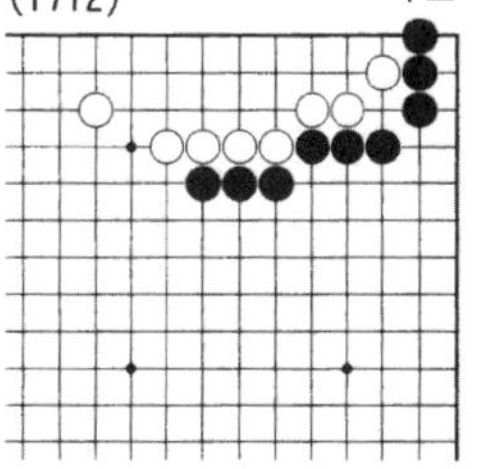

(1763) 흑번

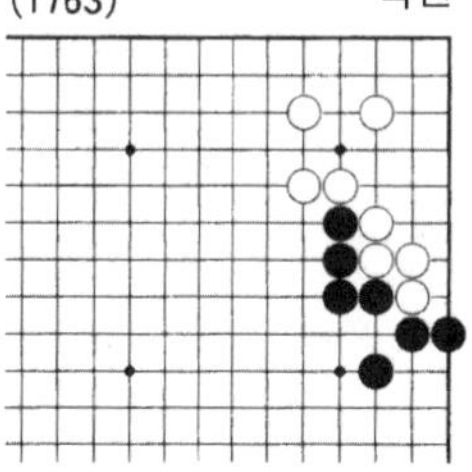

(1812) 흑번

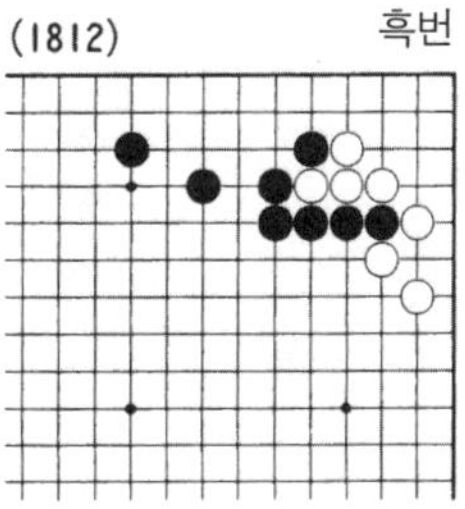

(1887) 백번

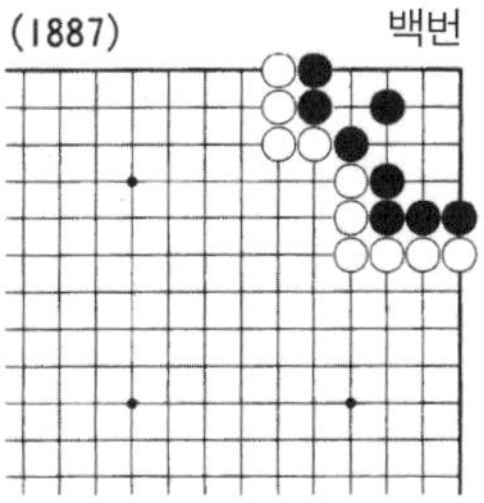

(1889) 흑번

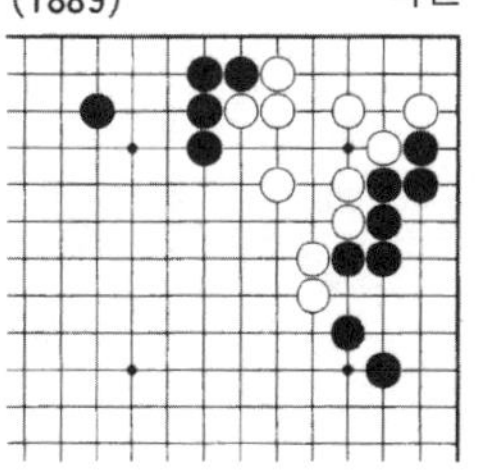

(1955) 흑번

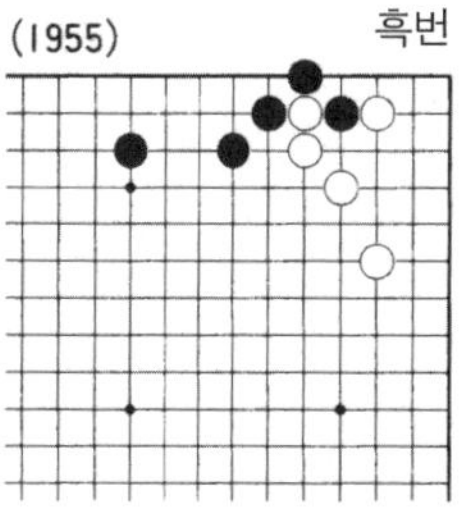

(1996) 흑번

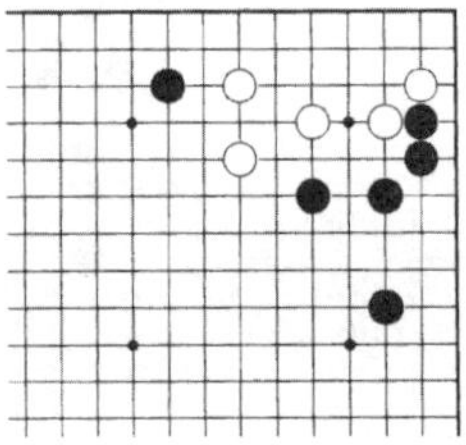

(2000) 백번

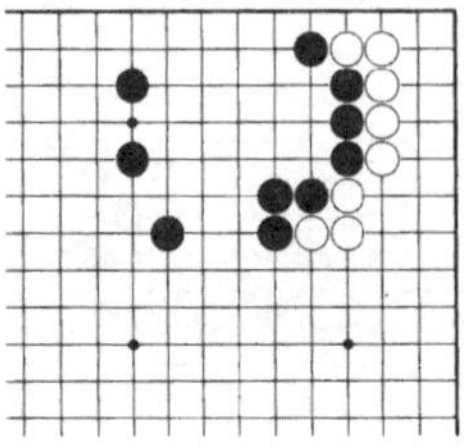

(2108) 흑번

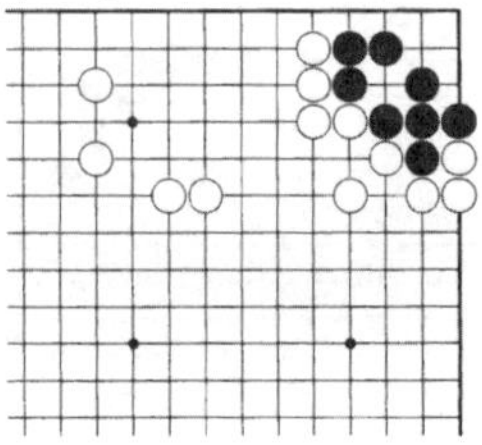

(2109) 흑번

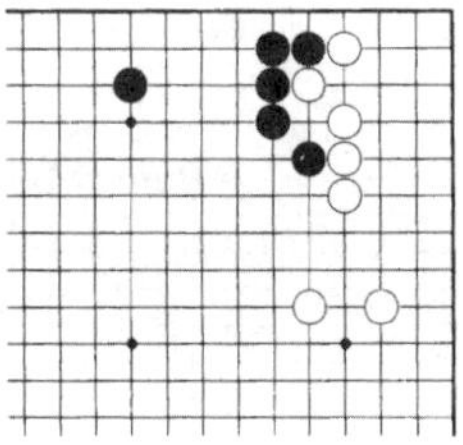

(2111) 흑번

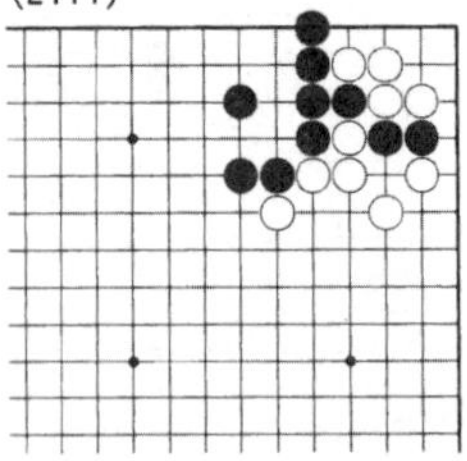

(2113) 흑번

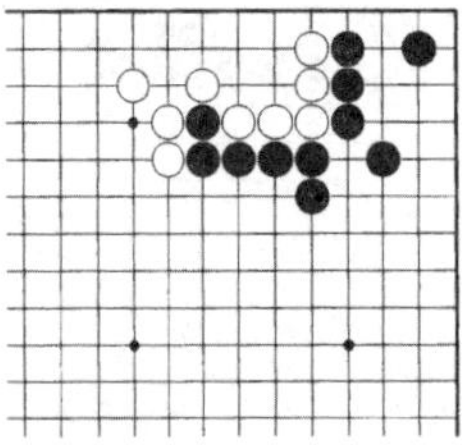

(2115) 흑번

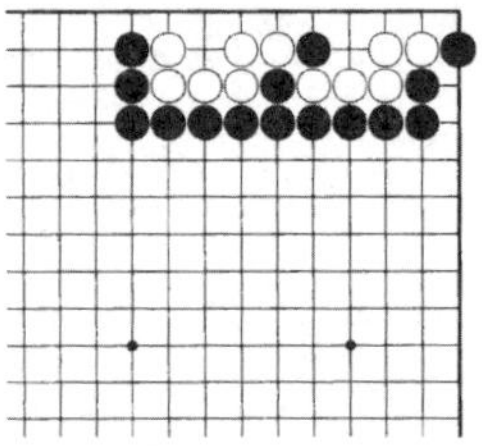

(2116) 흑번

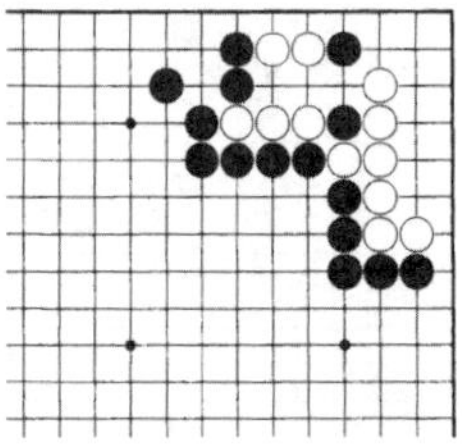

(2207) 흑번

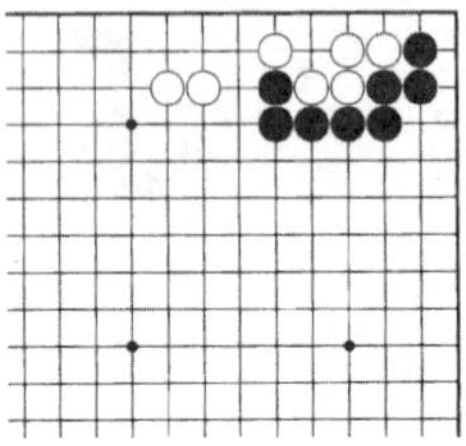

(2279) 흑번

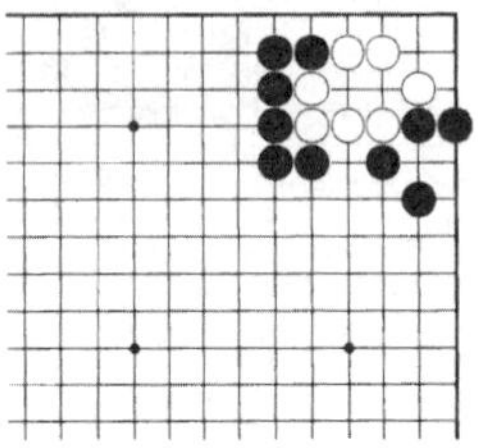

(2280) 흑번

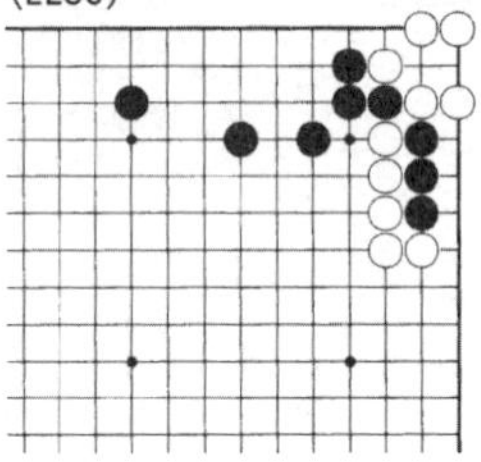

(2476) 백번

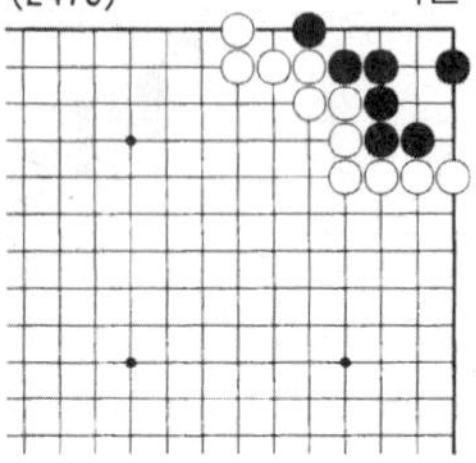

(2477) 흑번

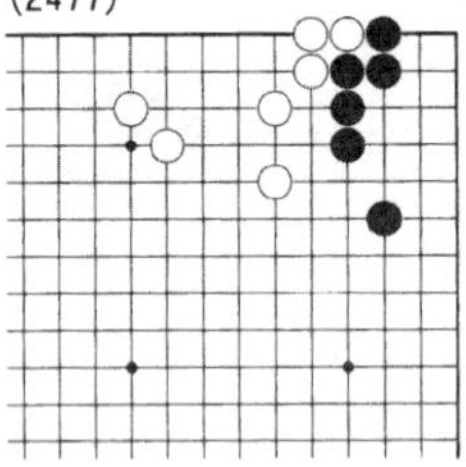

## 지키다

(32) 흑번

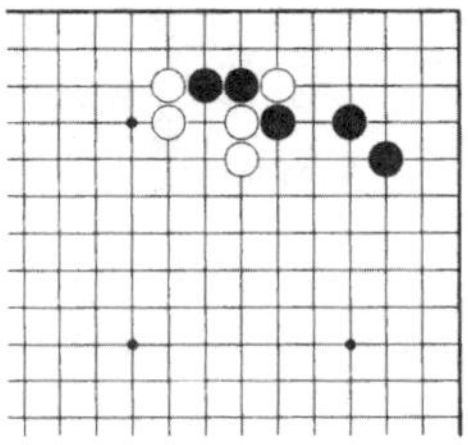

(397) 흑번

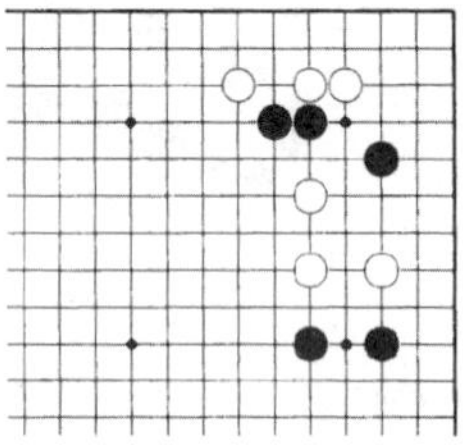

(424) 백번

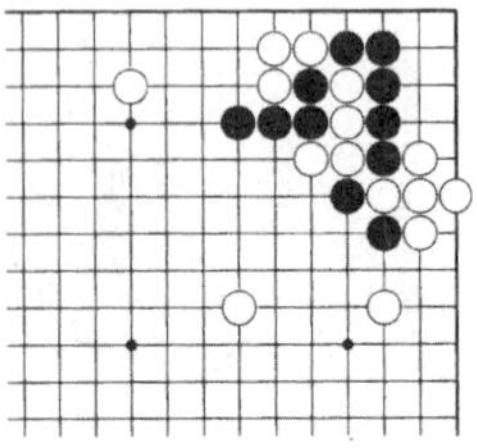

(490) 흑번

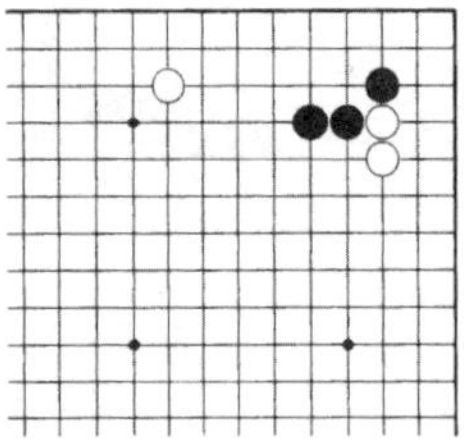

(492) 백번

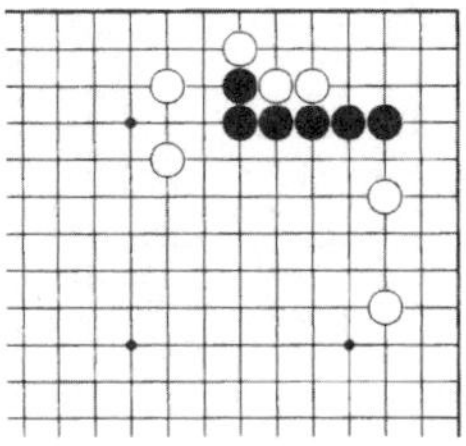

(496) 흑번

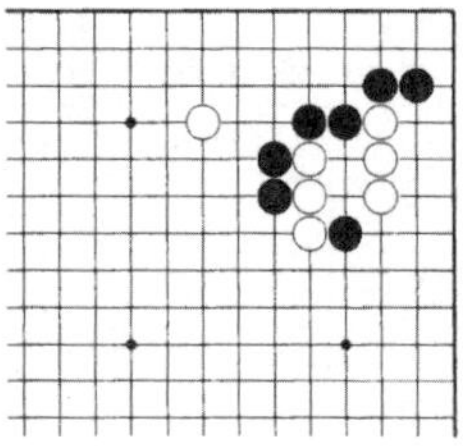

(502) 흑번

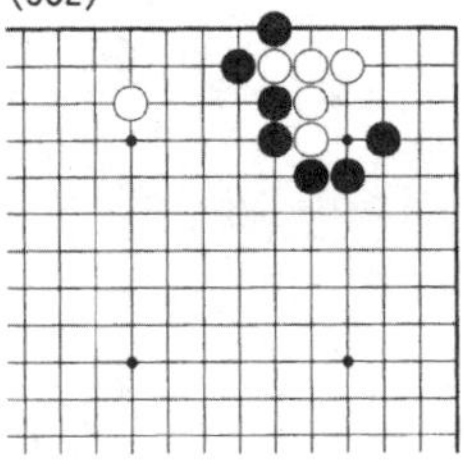

(503) 백번

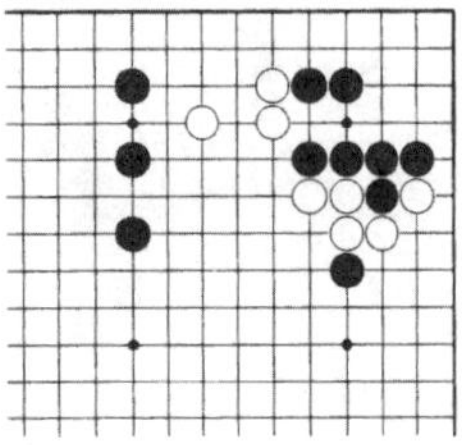

(508) 흑번

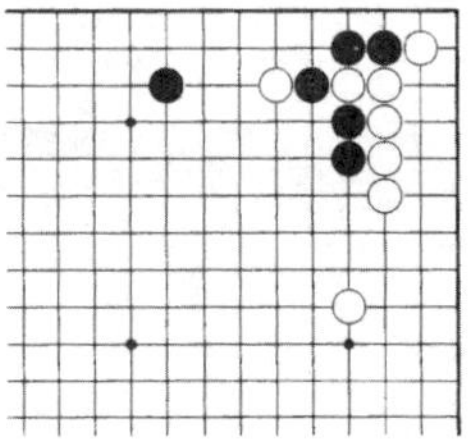

(527) 흑번

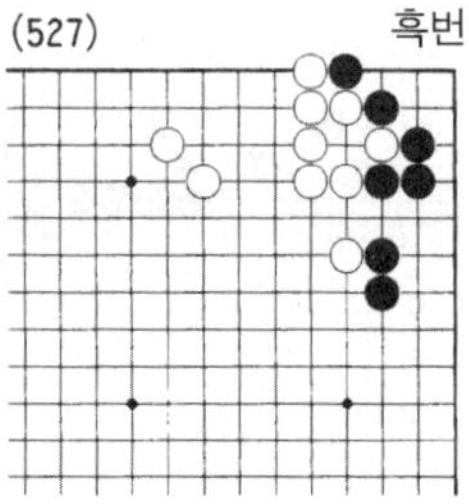

(530) 흑번

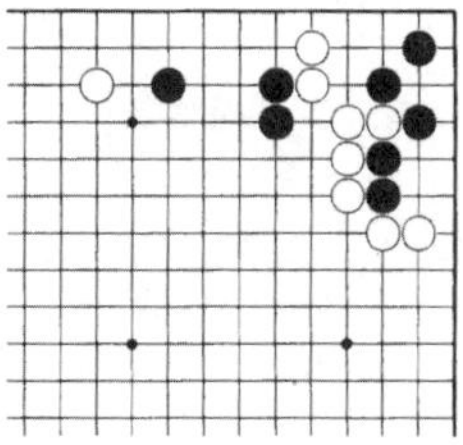

(791) 흑번

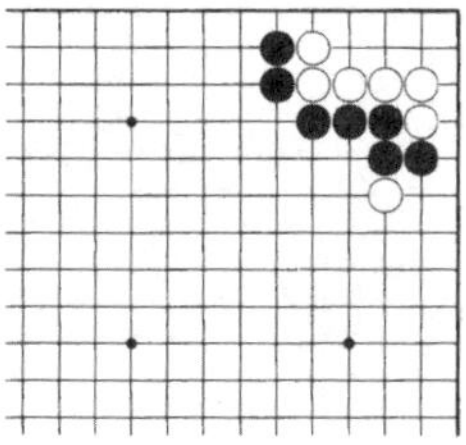

(792) 흑번

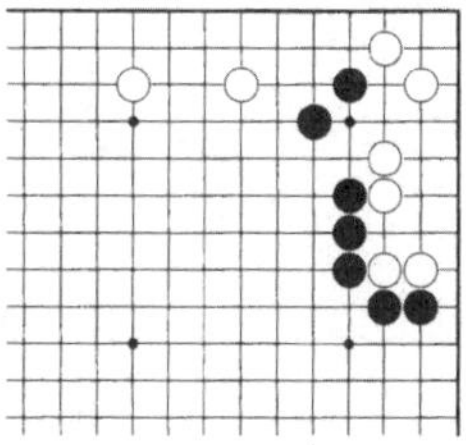

(832) 흑번

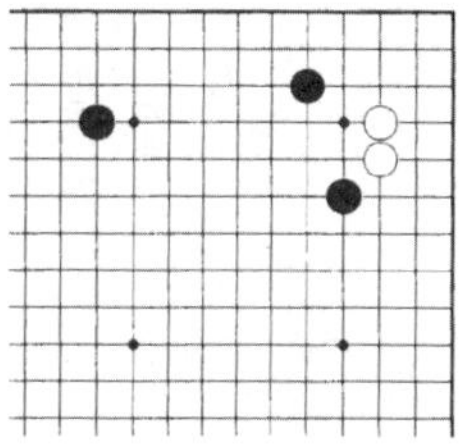

(837) 백번

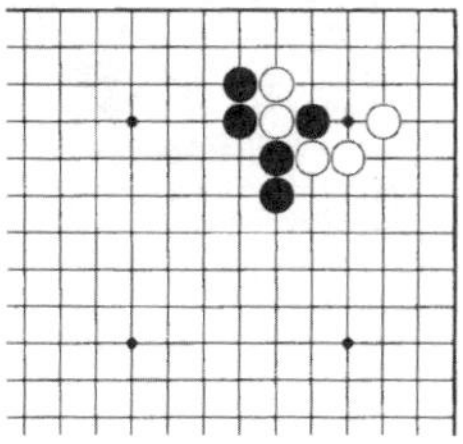

(846) 흑번

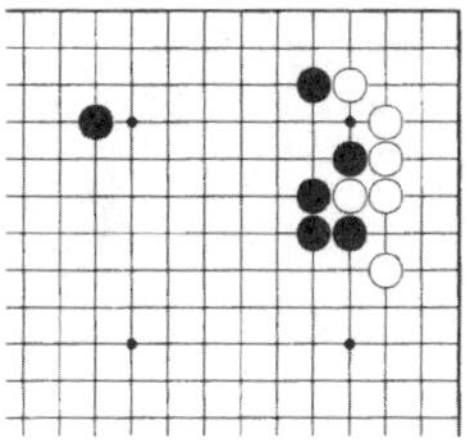

(848) 흑번

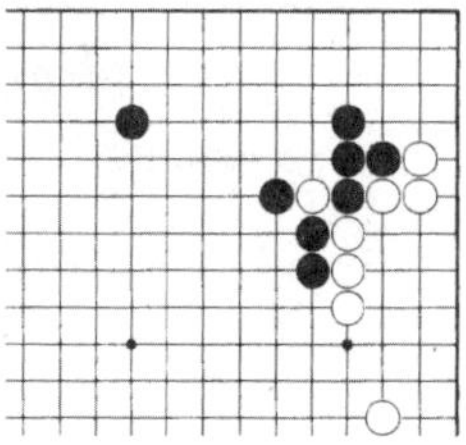

(851) 흑번

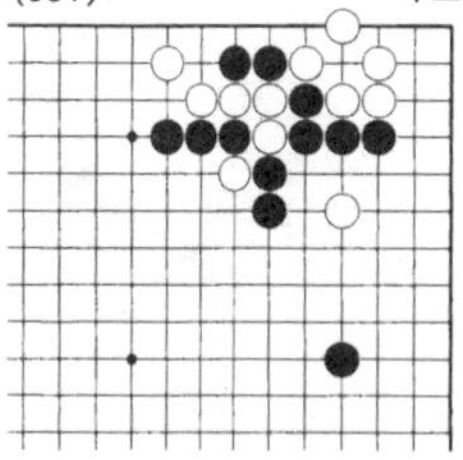

(1007) 흑번

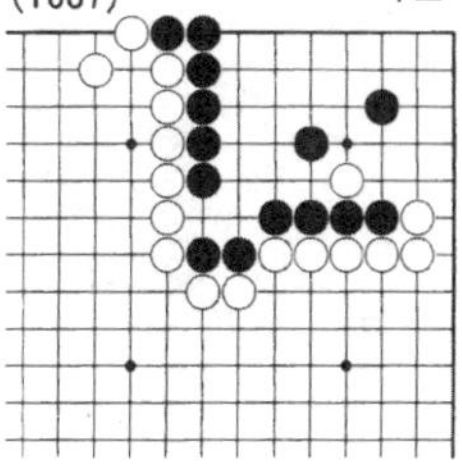

(1227) 흑번

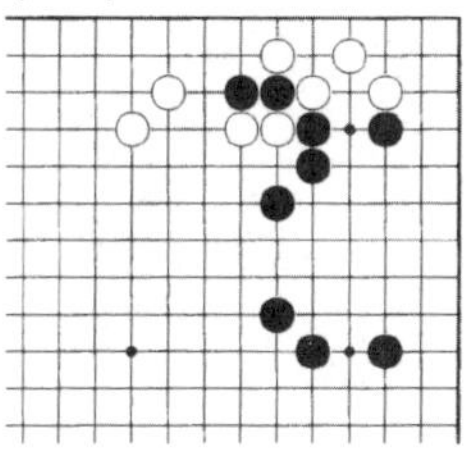

(1228) 흑번

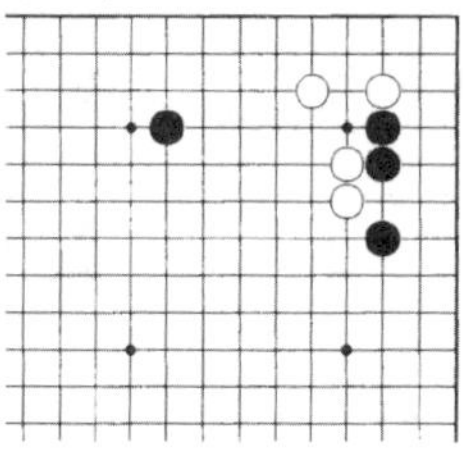

(1553) 백번

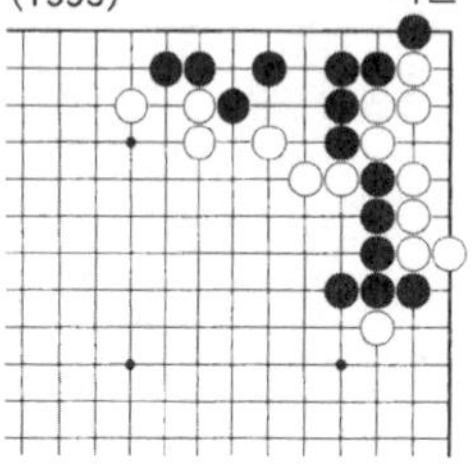

(1561) 흑번

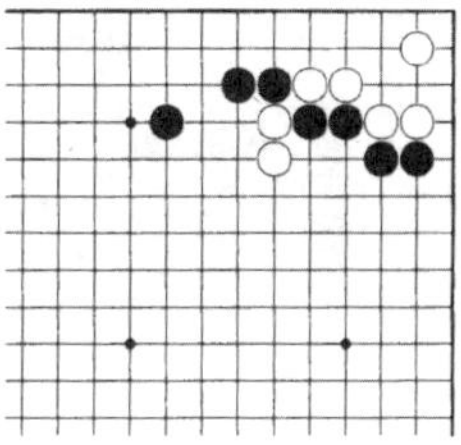

(1564) 백번

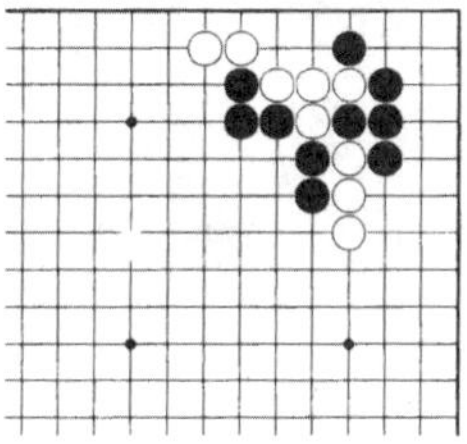

(1569) 백번

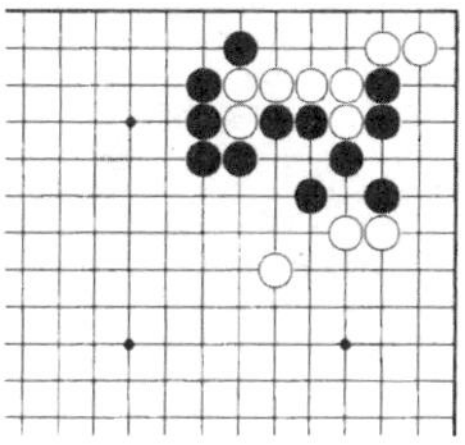

(1766) 흑번

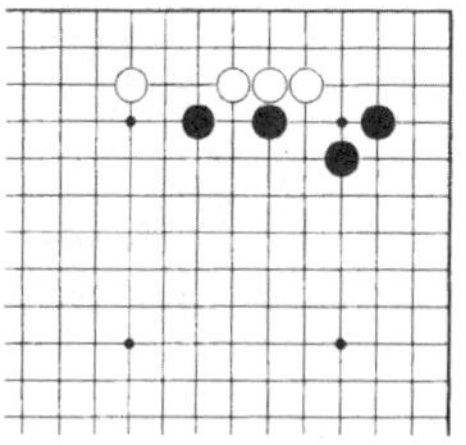

(1768) 흑번

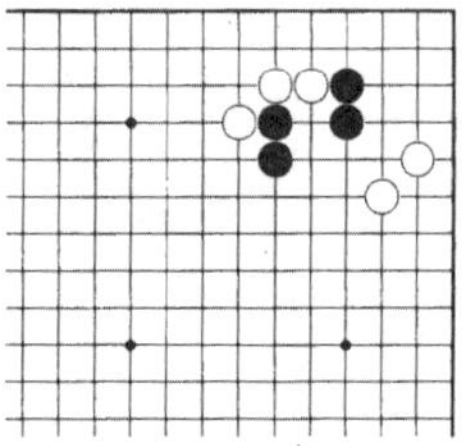

(1769) 흑번

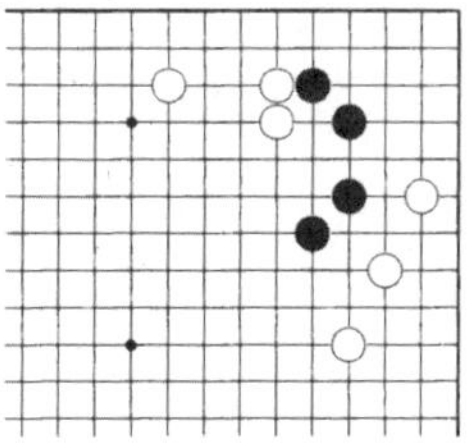

(1771) 흑번

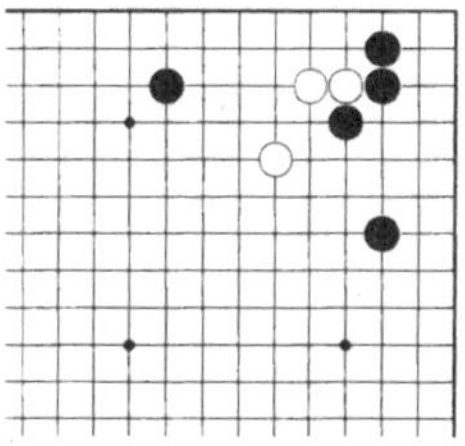

(1773) 흑번

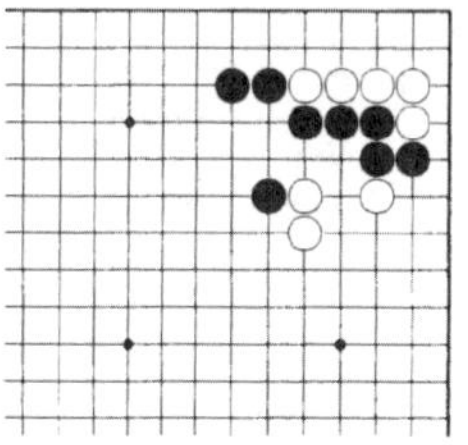

(2192) 흑번

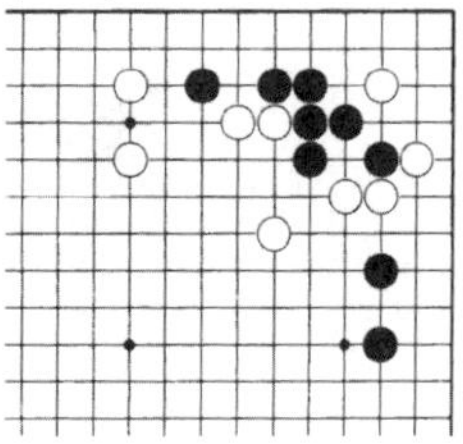

**부수다**

(20) 흑번

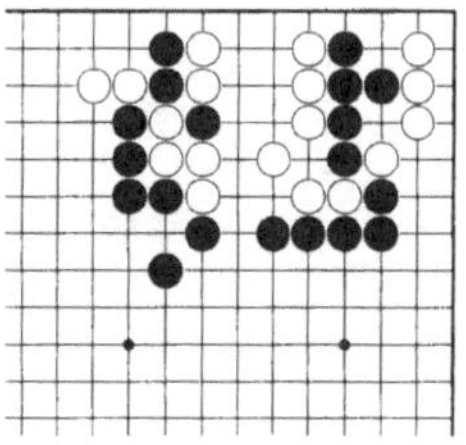

(80) 흑번

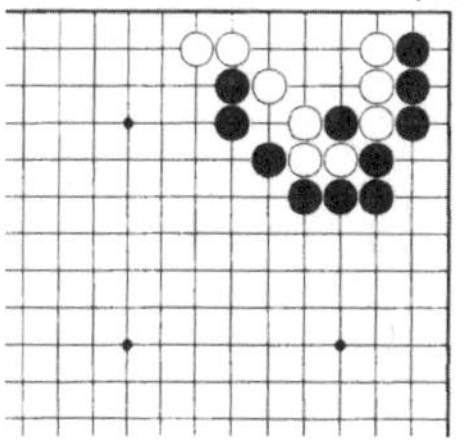

(81) 흑번

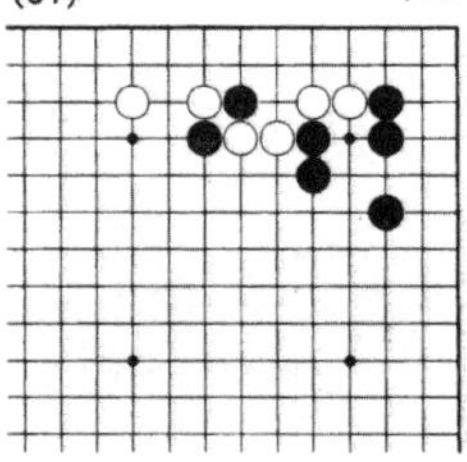

(109) 흑번

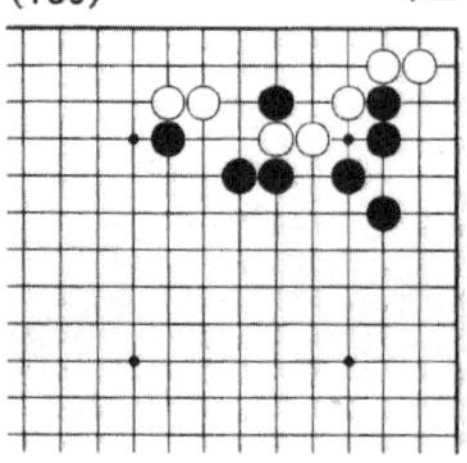

(110) 흑번

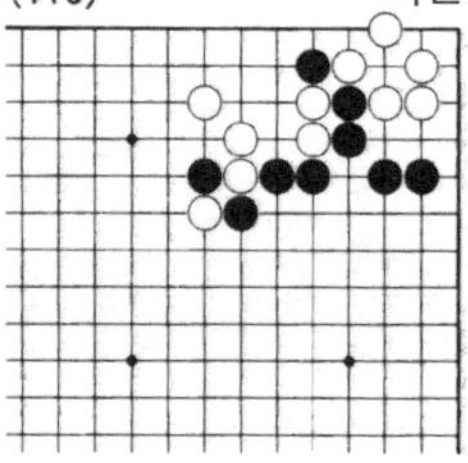

(154) 흑번

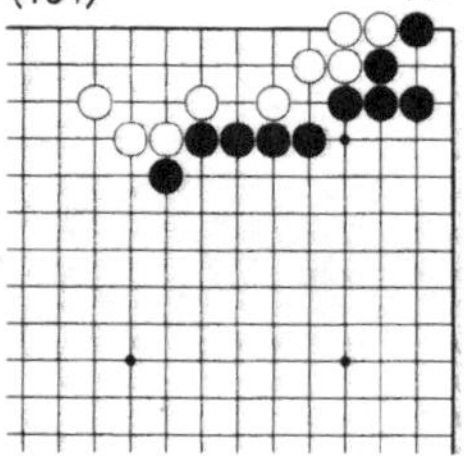

(182) 흑번

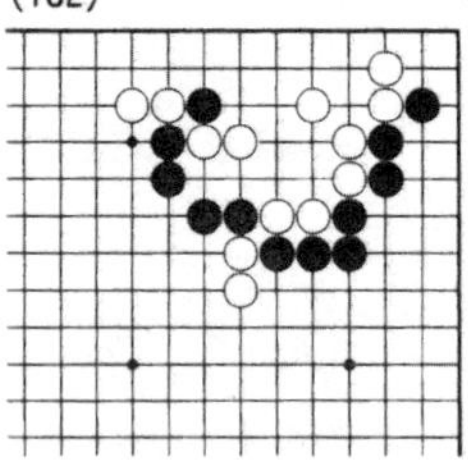

(241) 흑번

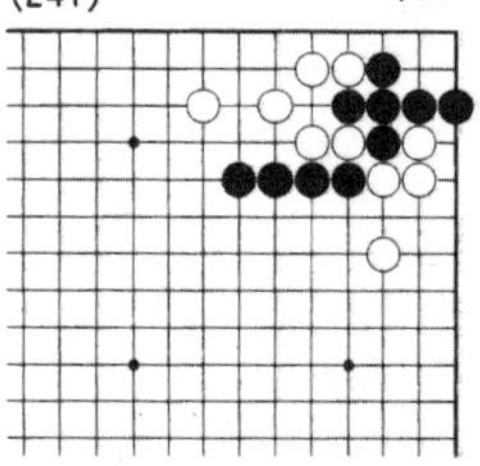

(251) 흑번

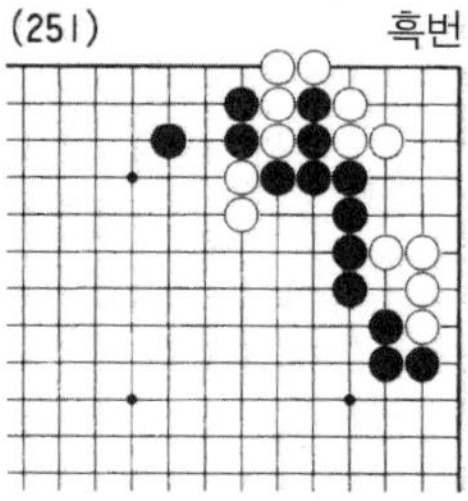

(257) 흑번

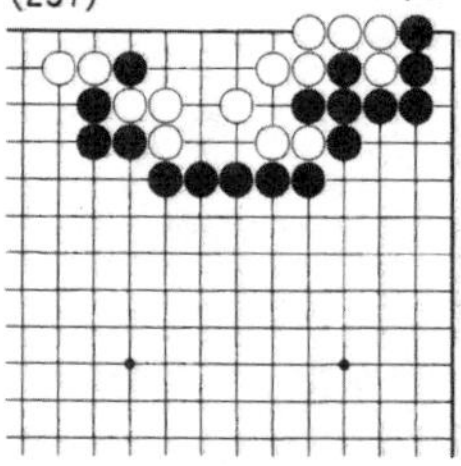

(289) 흑번

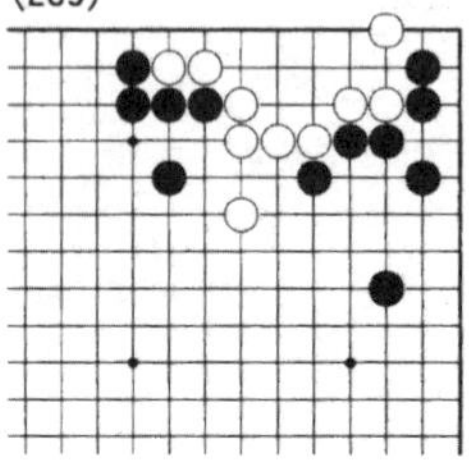

(352) 흑번

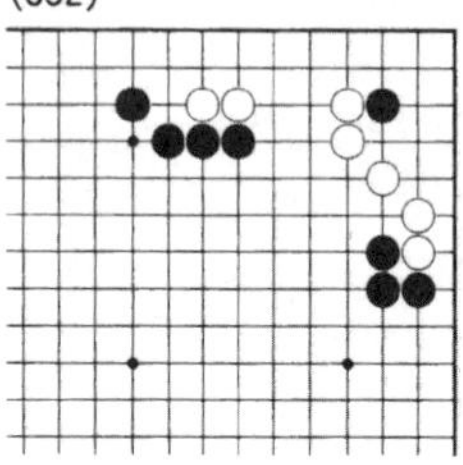

(418) 흑번

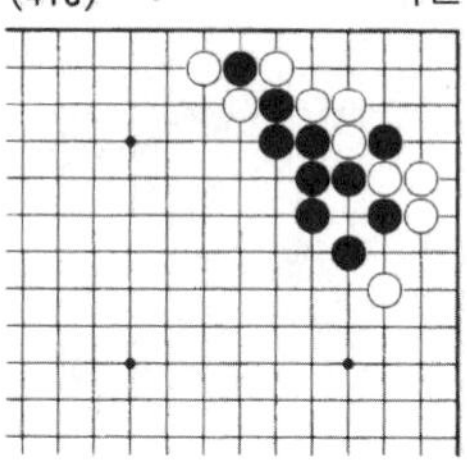

(624) 흑번

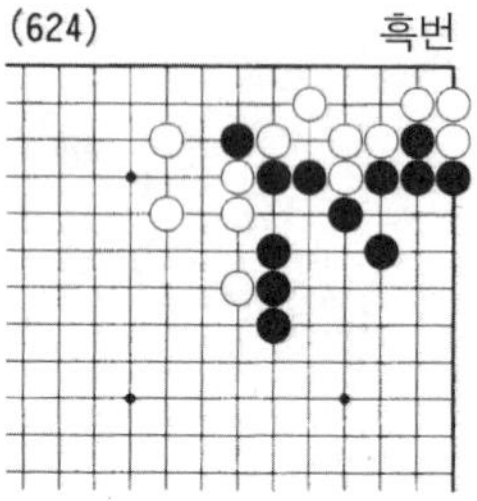

(627) 흑번

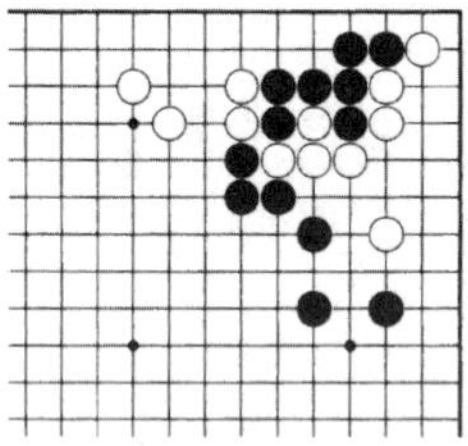

(649) 흑번

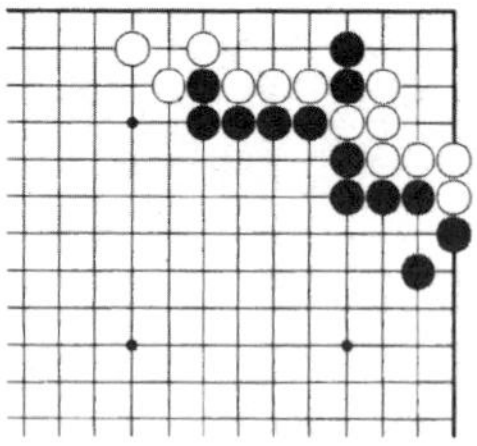

(668) 흑번

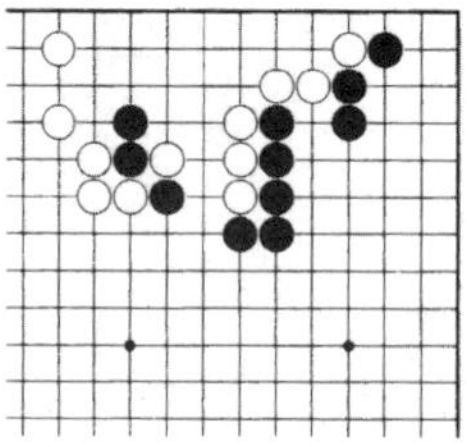

(675) 흑번

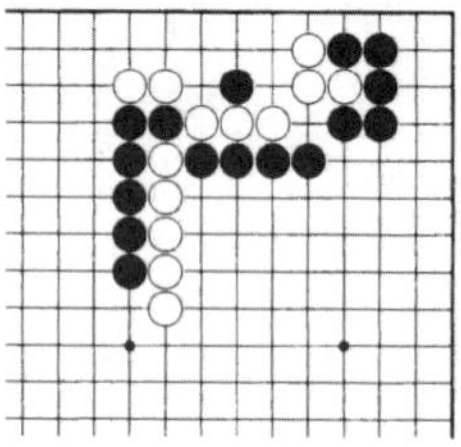

(684) 흑번

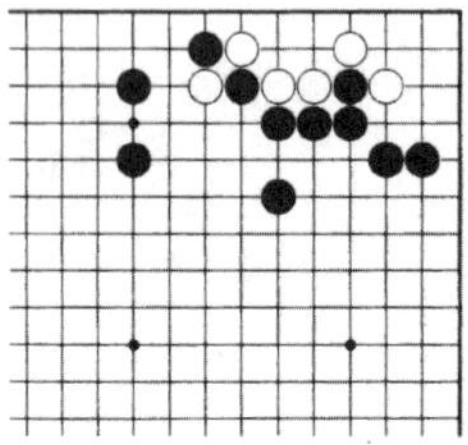

(685) 흑번

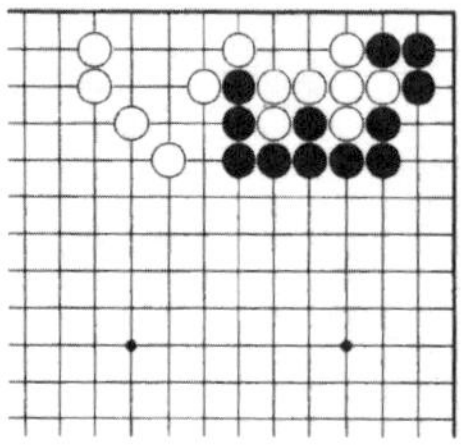

(687) 백번

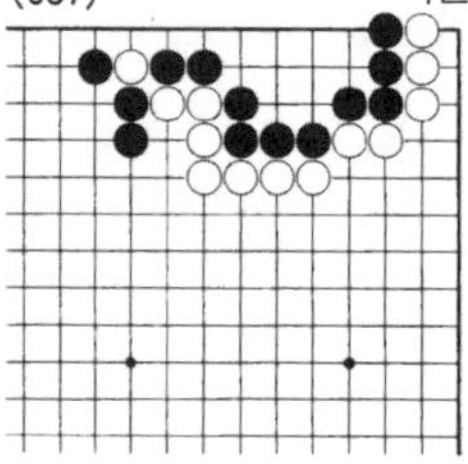

(703) 흑번

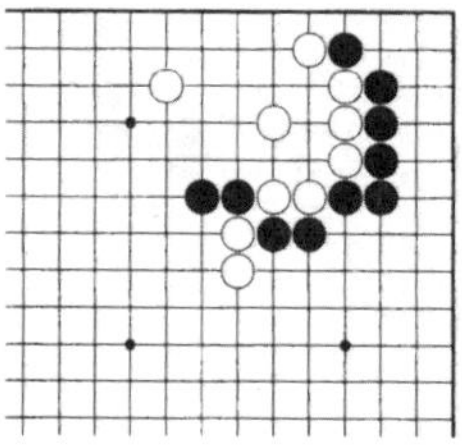

(704) 백번

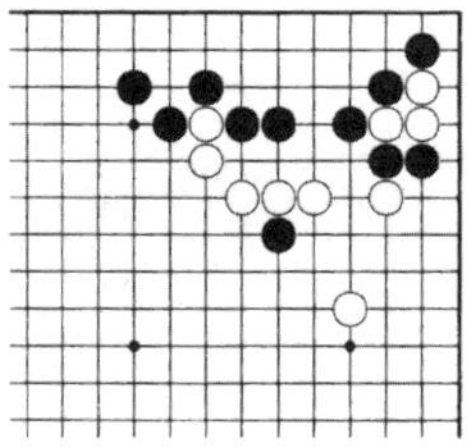

(707) 백번

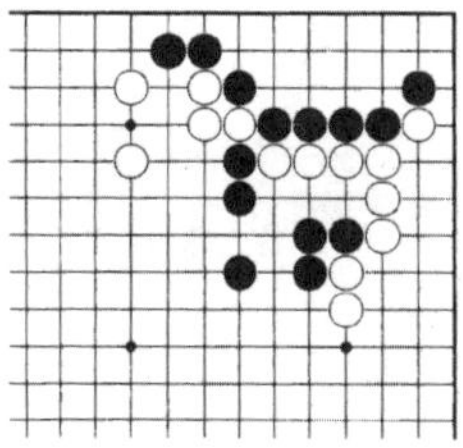

(767) 흑번

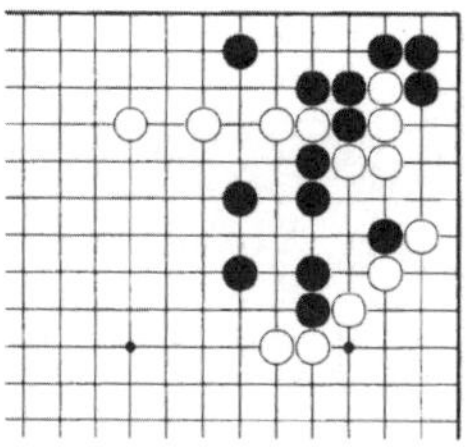

(806) 흑번

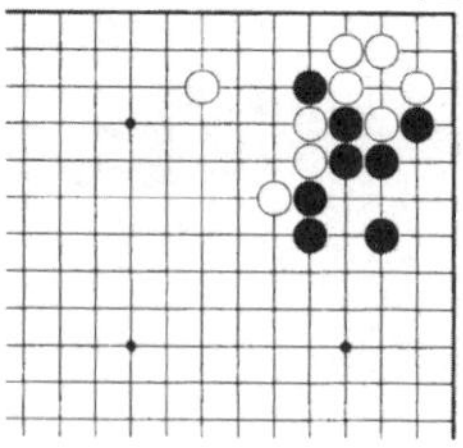

(889) 흑번

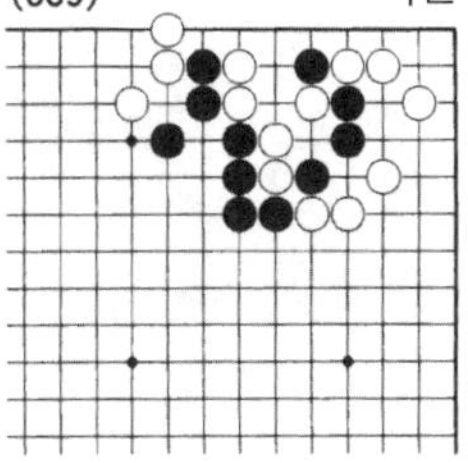

(894) 흑번

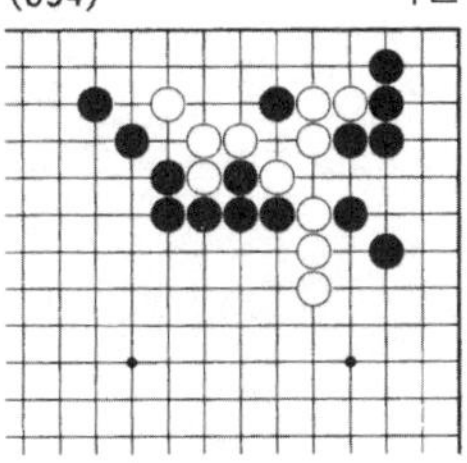

(896) 백번

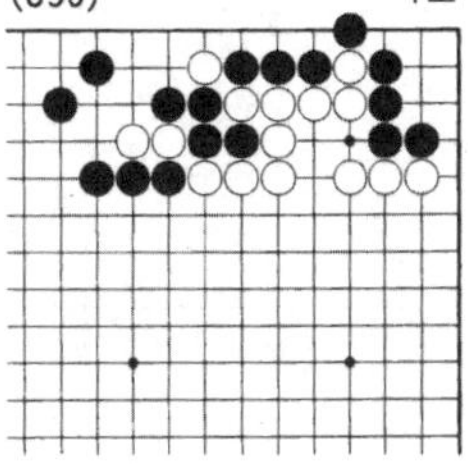

(903) 흑번

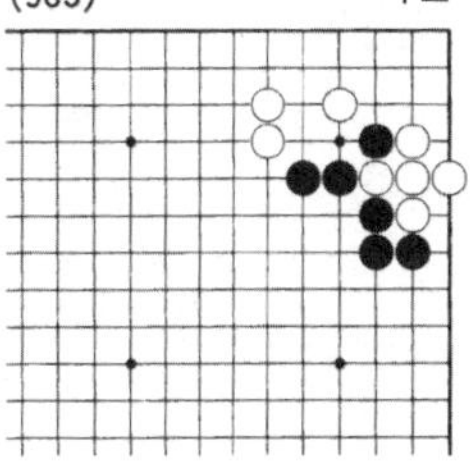

(1048) 백번

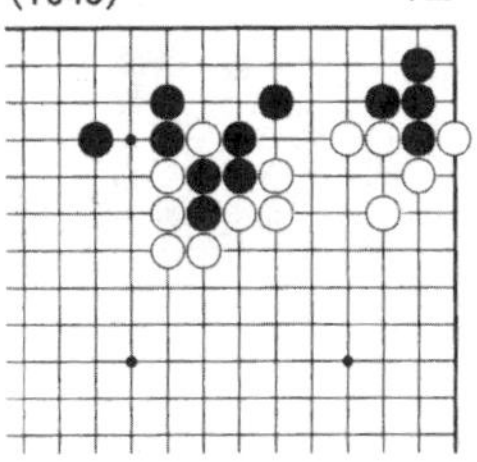

(1058) 흑번

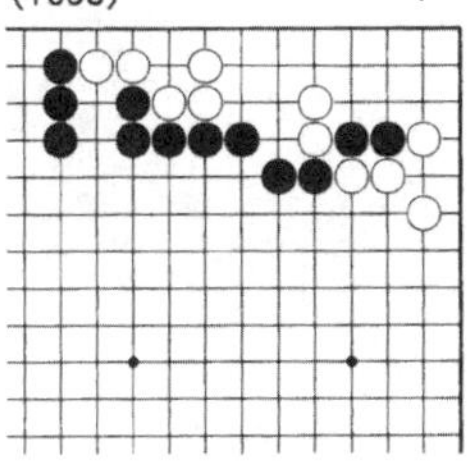

(1060) 흑번

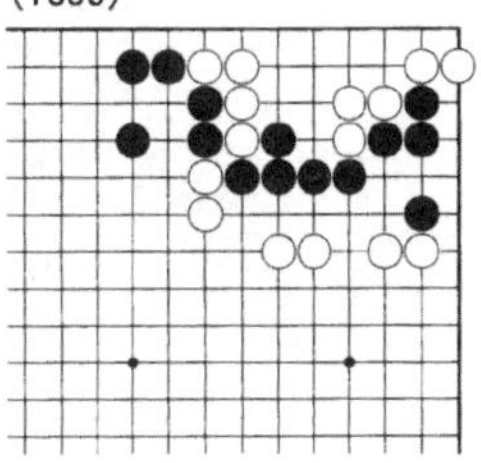

(1061) 흑번

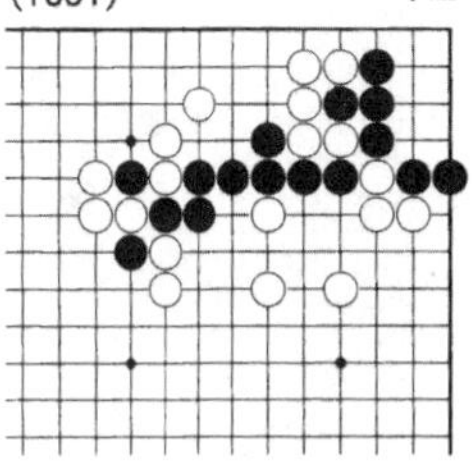

(1116) 백번

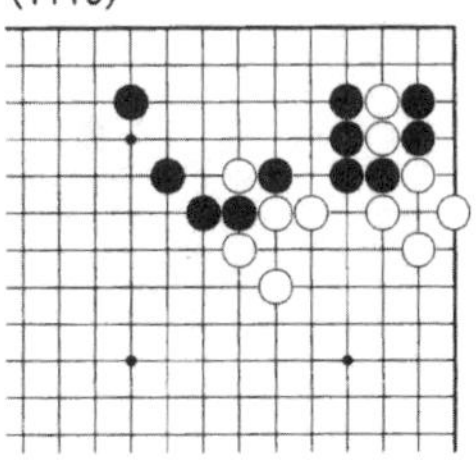

(1267) 흑번

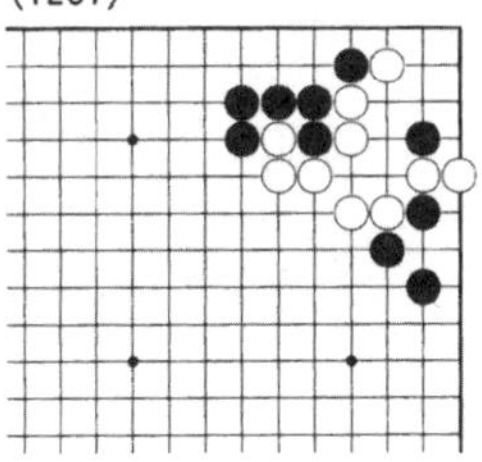

(1317) 흑번

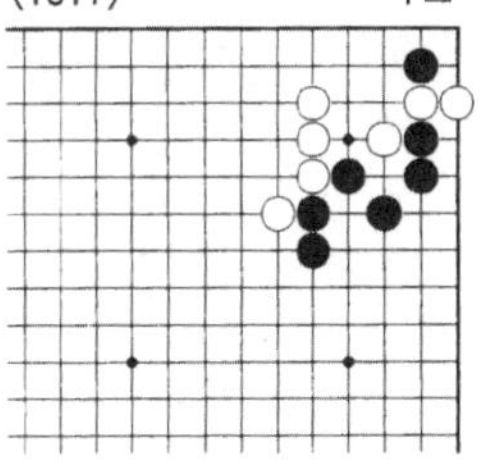

(1320) 백번

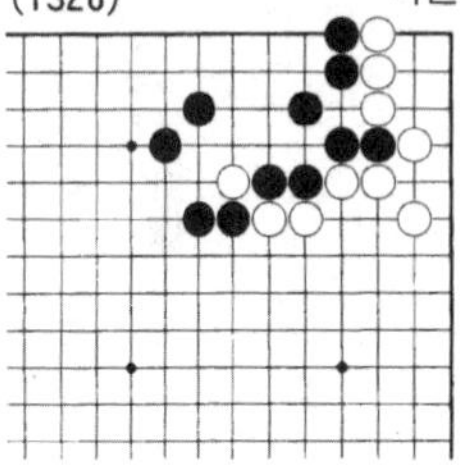

(1322) 백번

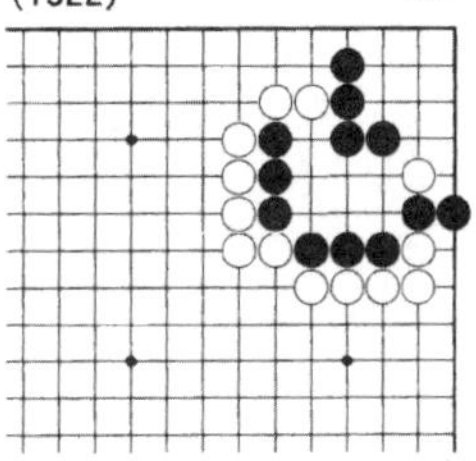

(1336) 백번

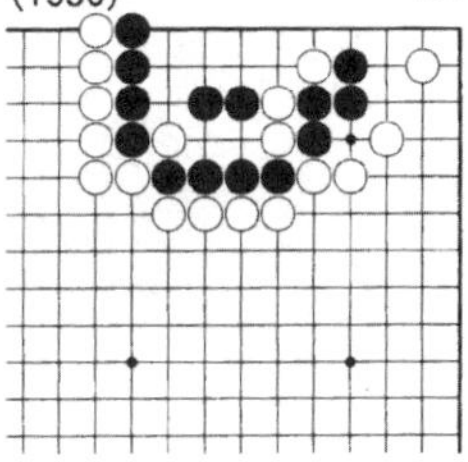

(1430) 흑번

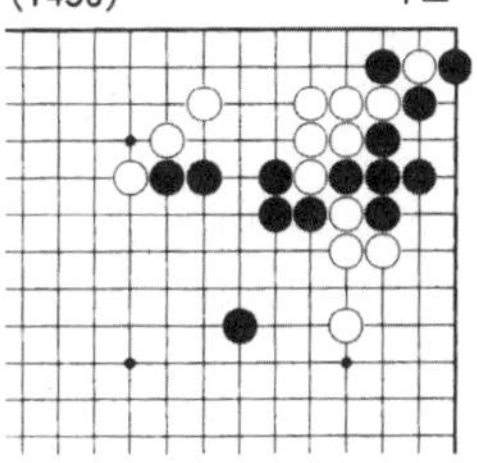

(1446) 흑번

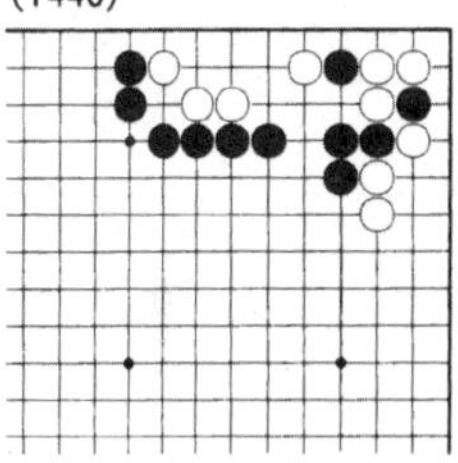

(1448) 흑번

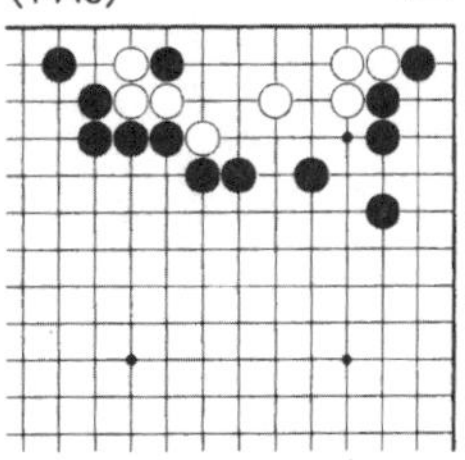

(1457) 흑번

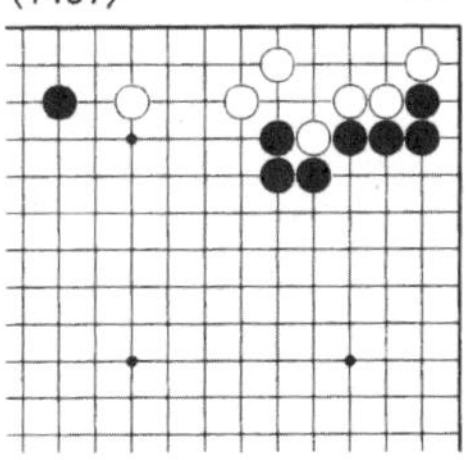

(1458) 흑번

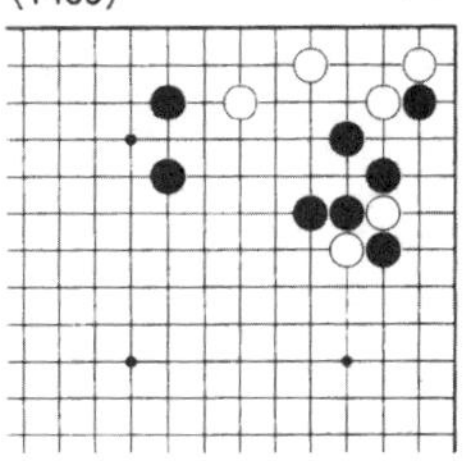

(1468) 흑번

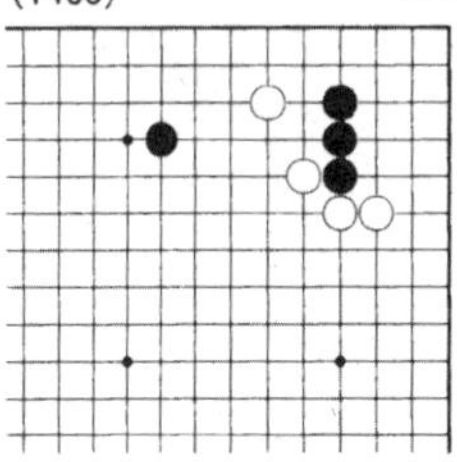

(1472) 흑번

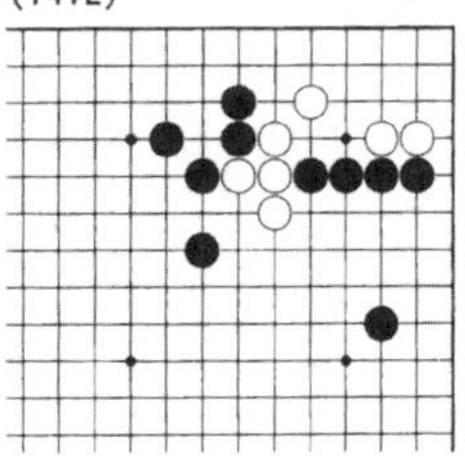

(1474) 백번

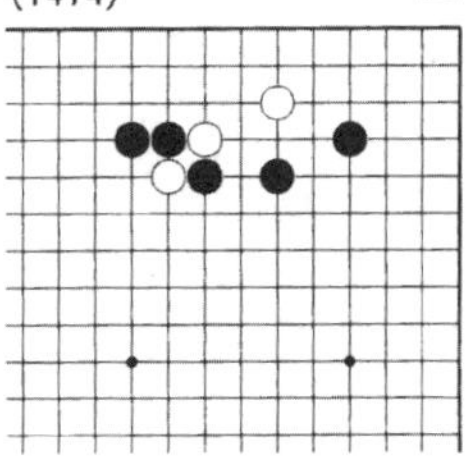

(1475) 백번

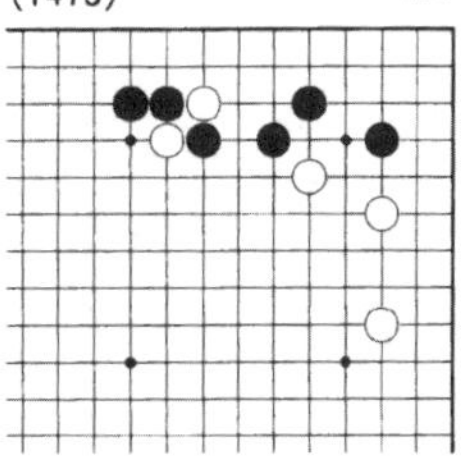

(1478) 백번

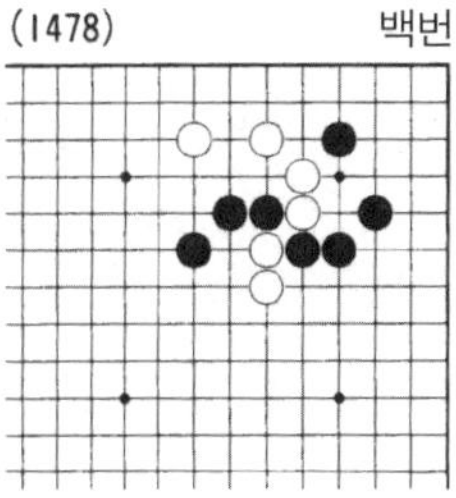

(1479) 백번

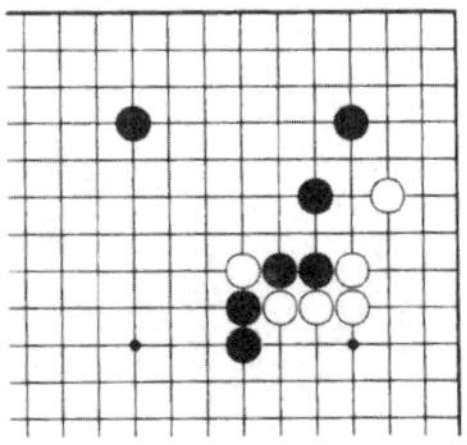

(1481) 백번

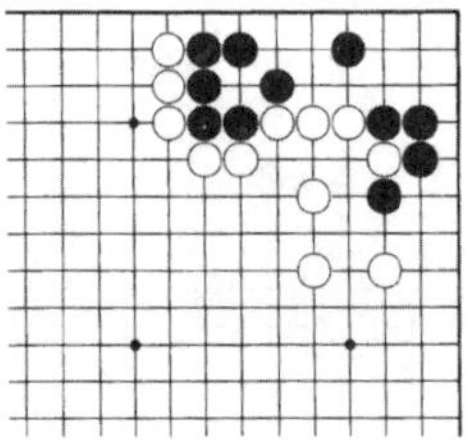

(1610) 흑번

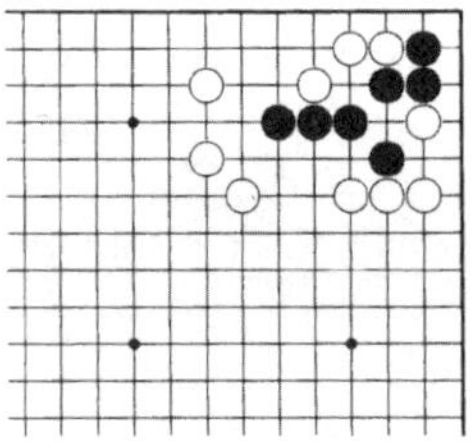

(1611) 흑번

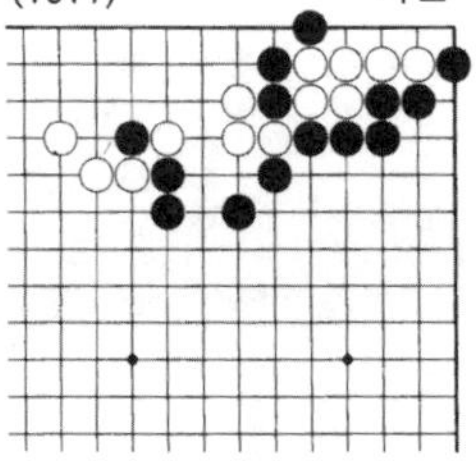

(1630) 흑번

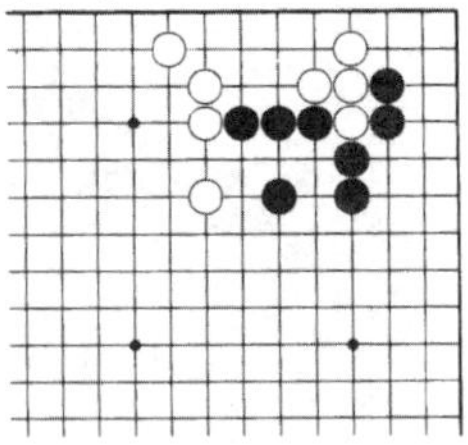

(1697) 백번

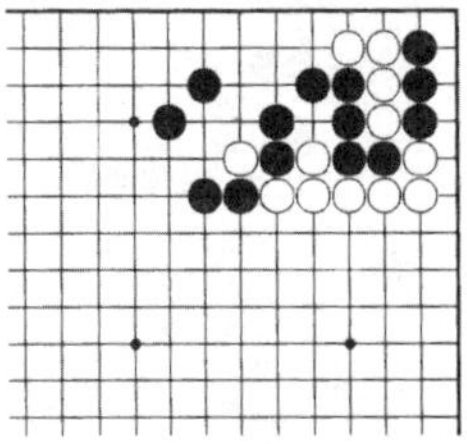

(1736) 흑번

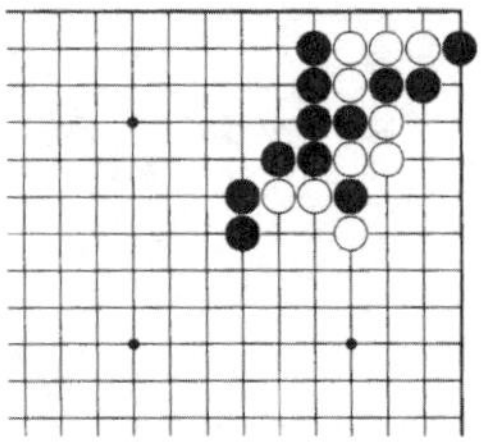

(1740) 흑번

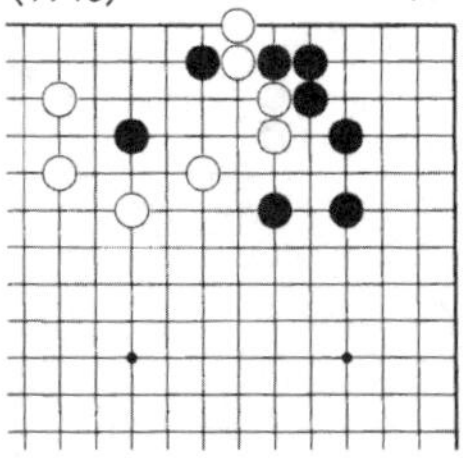

(1746) 흑번

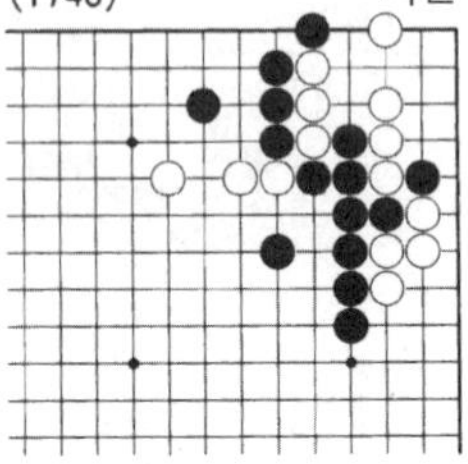

(1751) 흑번

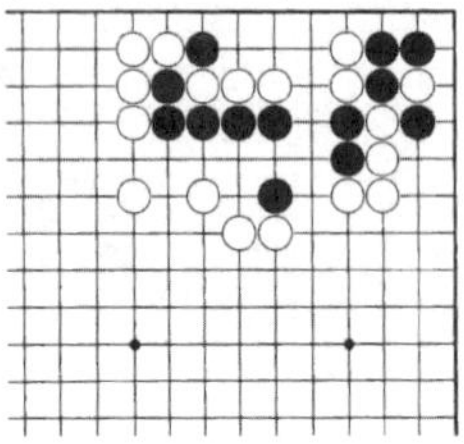

(1794) 흑번

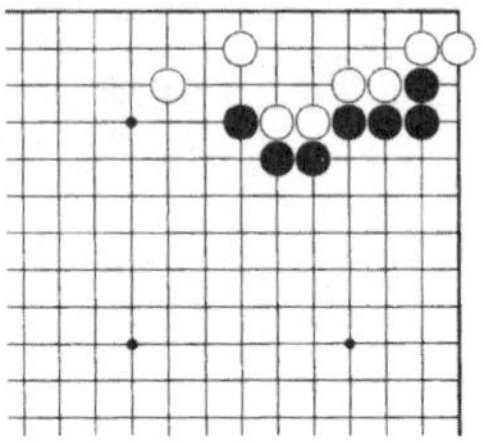

(1795) 흑번

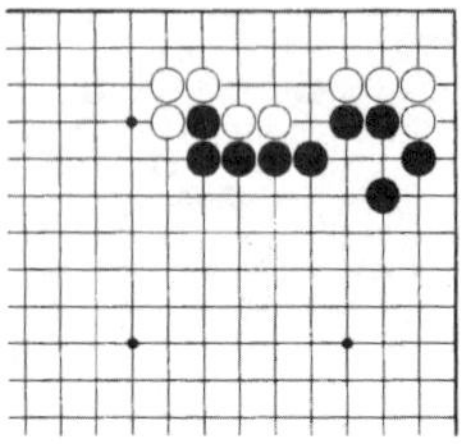

(1805) 흑번

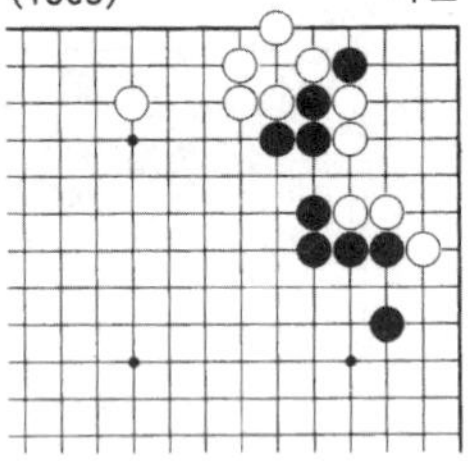

(1894) 백번

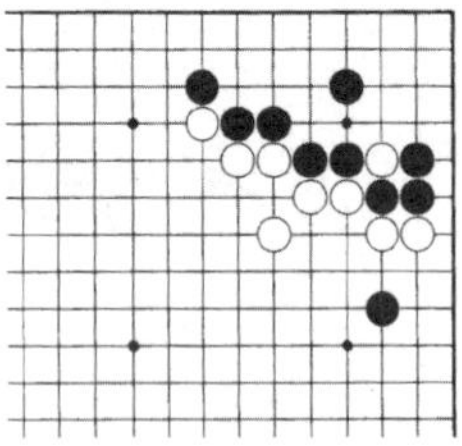

(1898) 백번

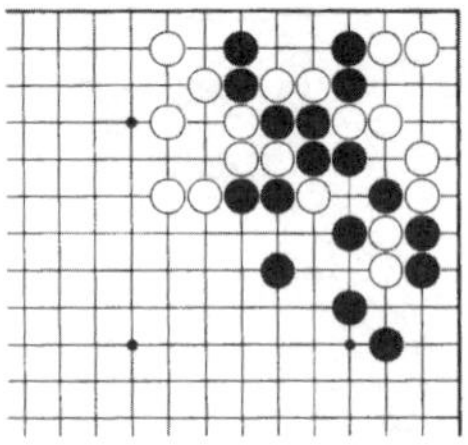

(2010) 백번

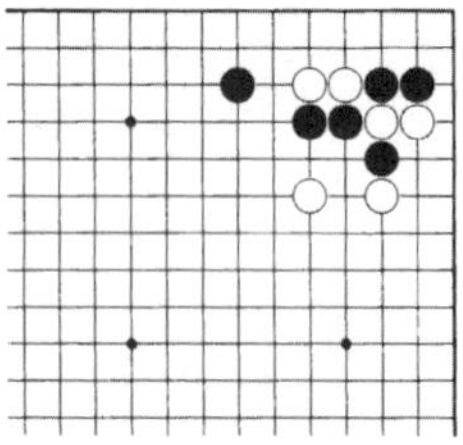

(2052) 백번

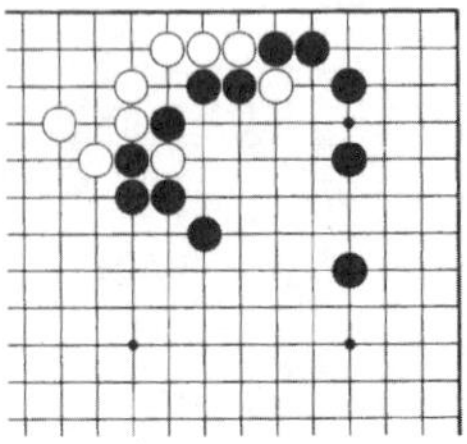

(2055) 흑번

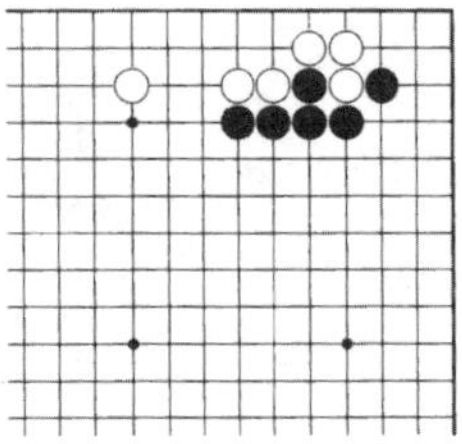

(2057) 흑번

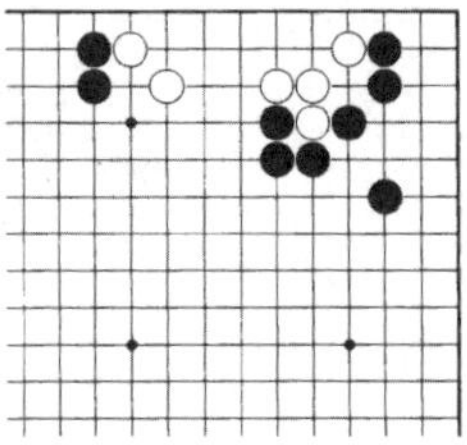

(2170) 흑번

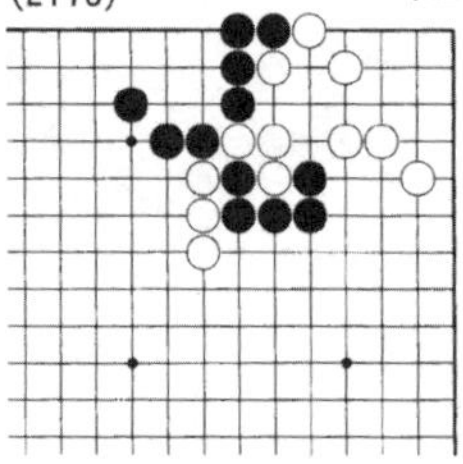

(2174) 흑번

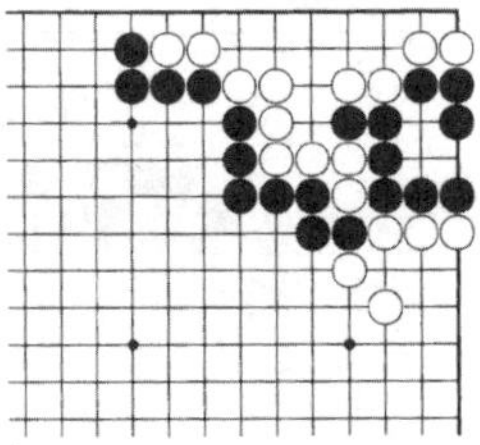

(2201) 흑번

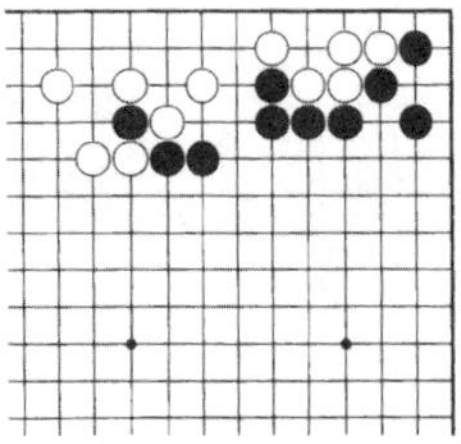

(2202) 흑번

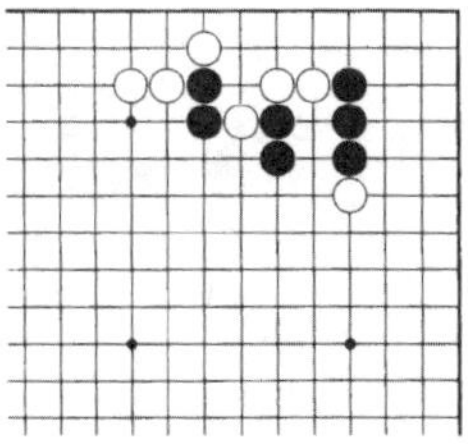

(2203) 흑번

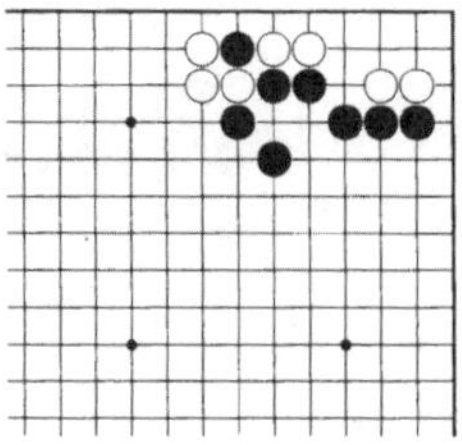

(2301) 흑번

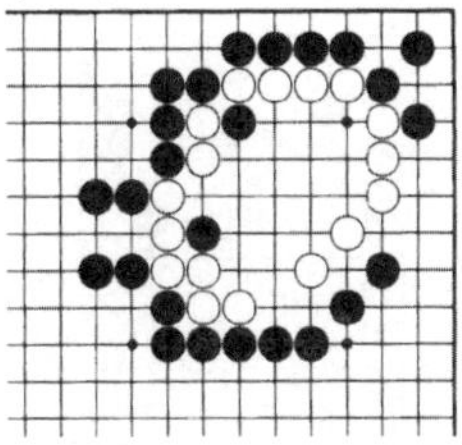

(2376) 흑번

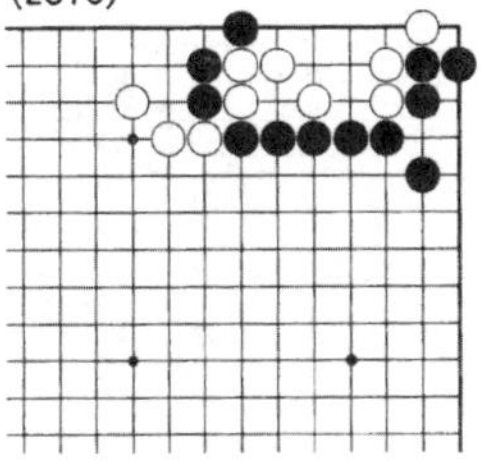

(2418) 백번

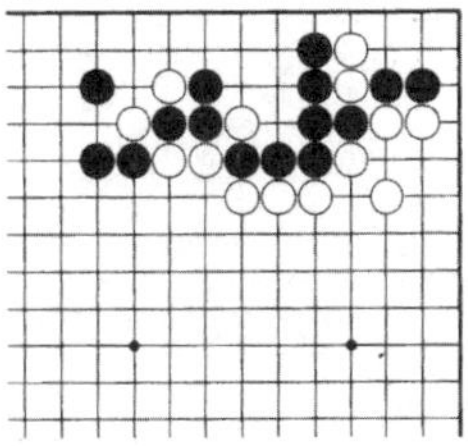

(2433) 흑번

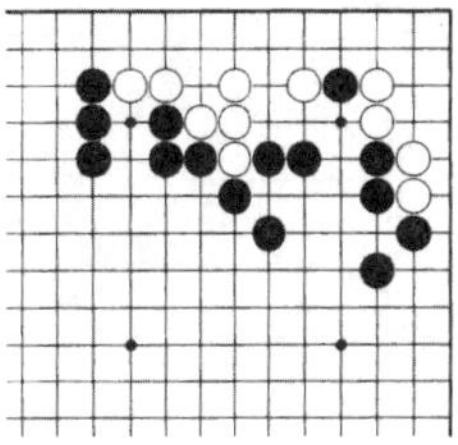

(2449) 흑번

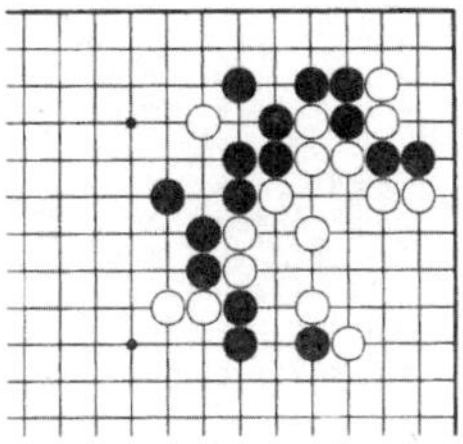

## 응수타진

(74) 흑번

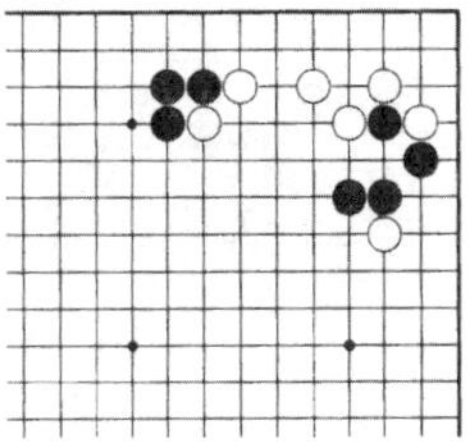

(200) 흑번

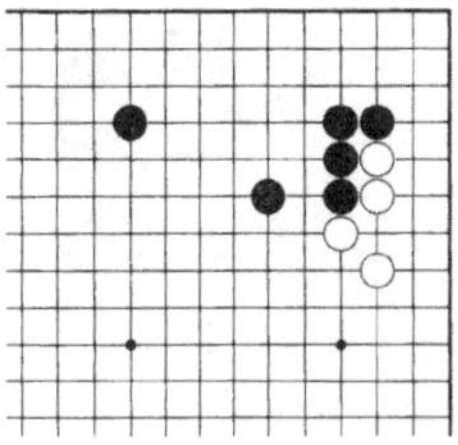

(555) 흑번

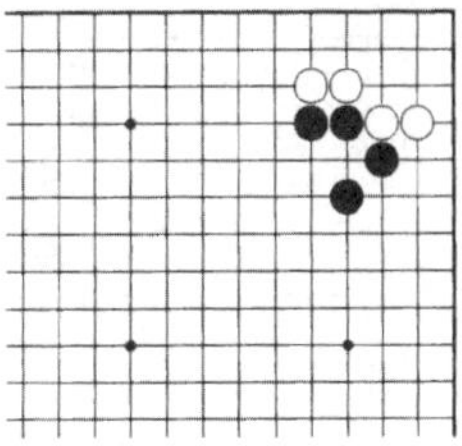

(572) 흑번

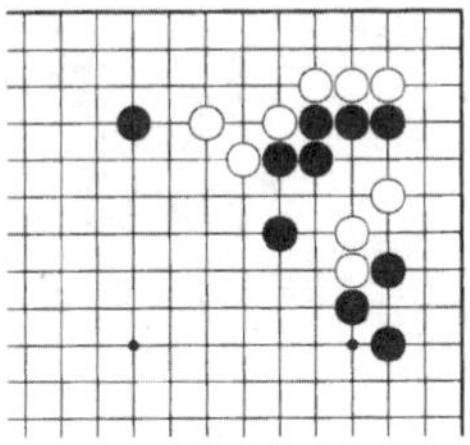

(753) 흑번

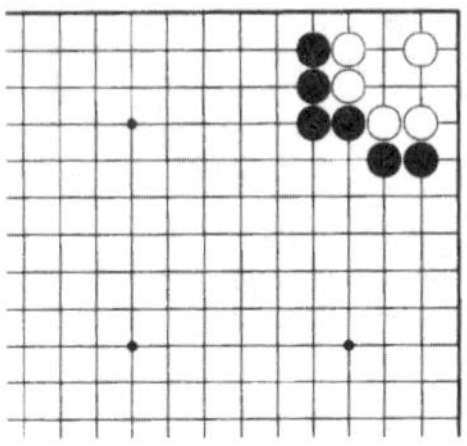

(1270) 흑번

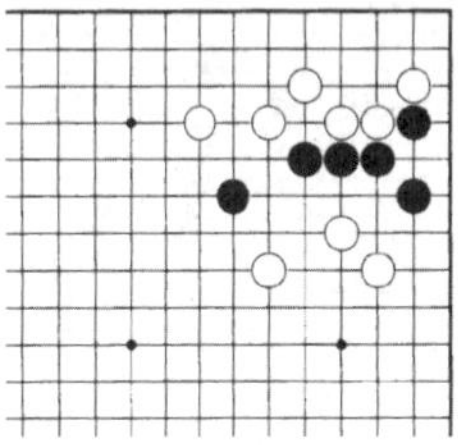

(1271) 흑번

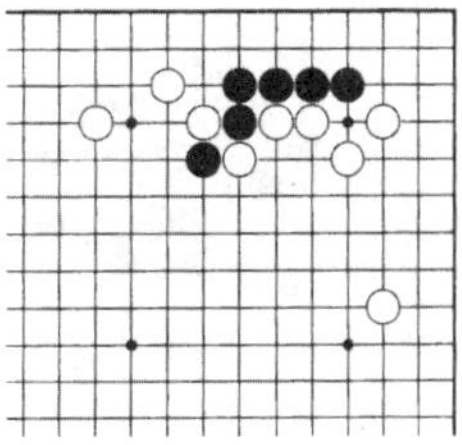

(1828) 흑번

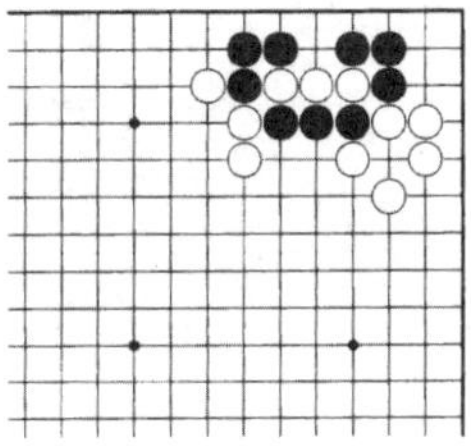

(1835) 흑번

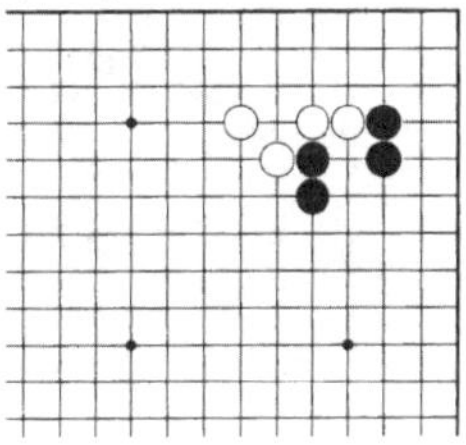

(1842) 흑번

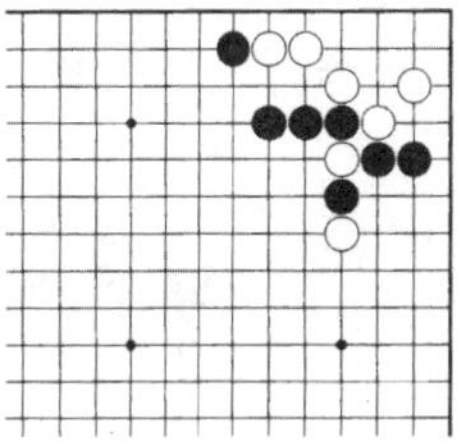

(2007) 흑번

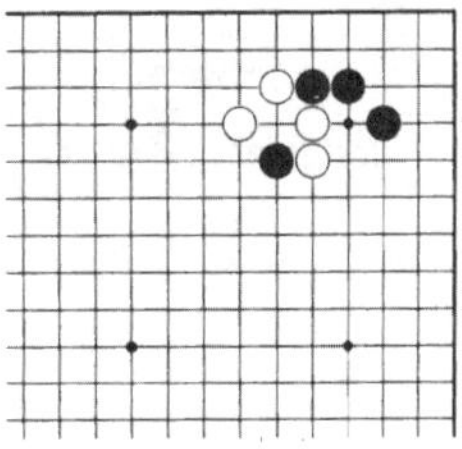

(2152) 흑번

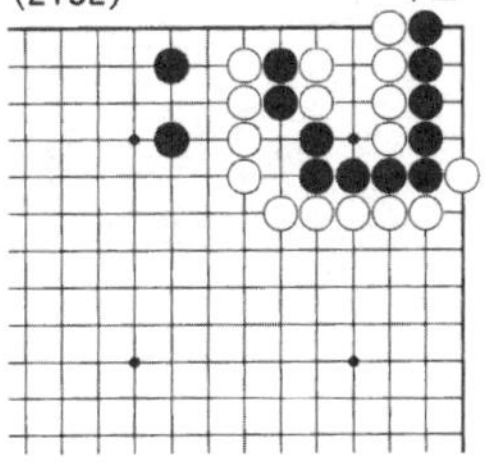

## 양쪽을 노리다

(53) 흑번

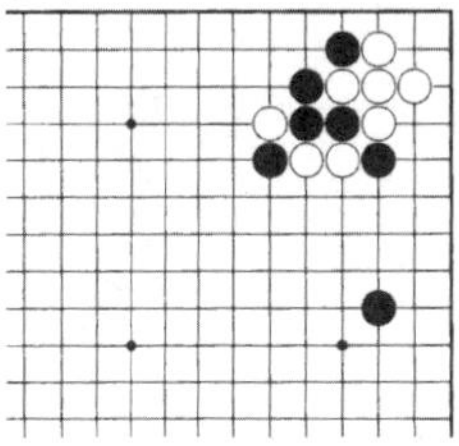

(180) 백번

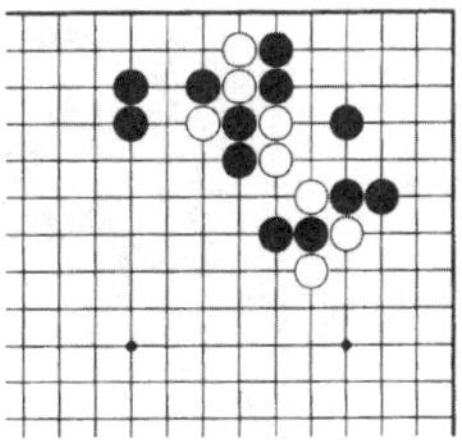

(183) 백번

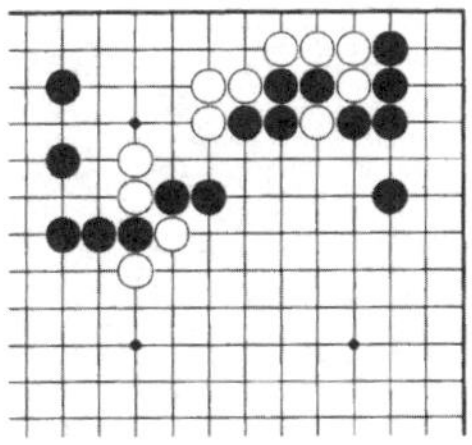

(234) 흑번

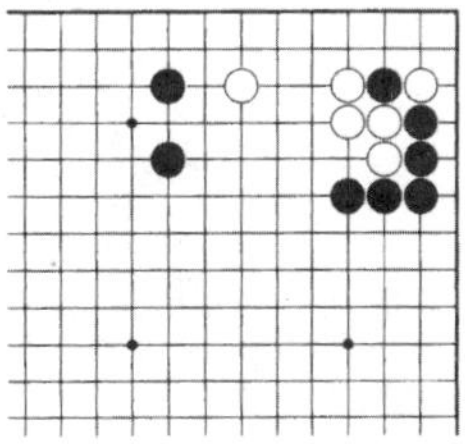

(258) 흑번

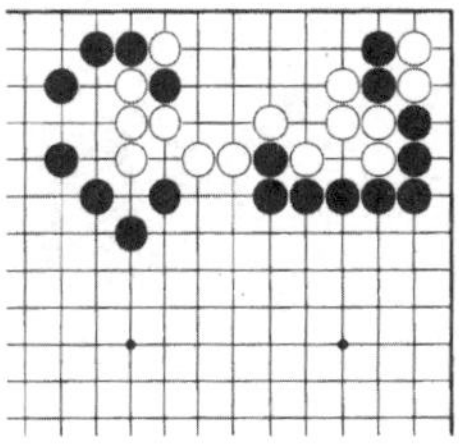

(336) 흑번

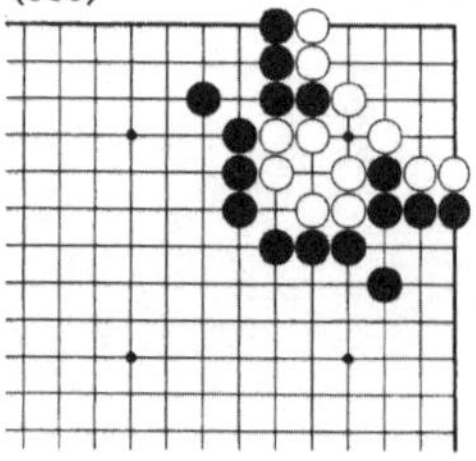

(423) 흑번

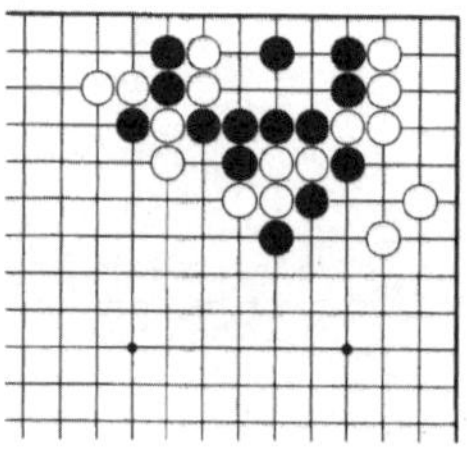

(510) 흑번

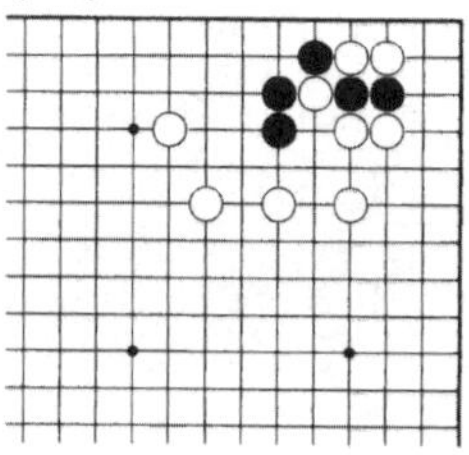

(511) 흑번

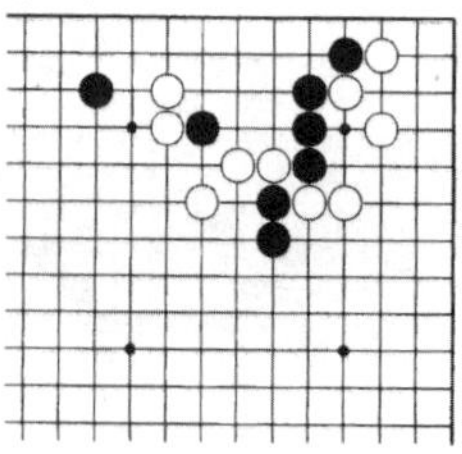

(658) 백번

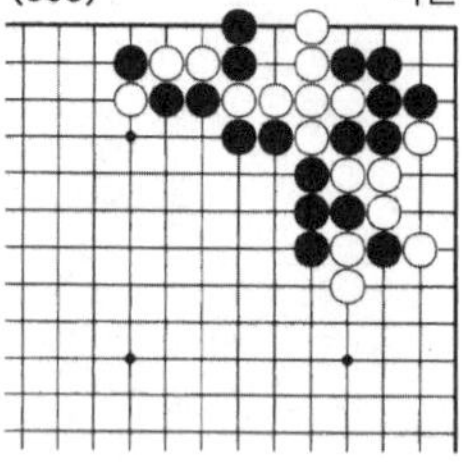

(672) 백번

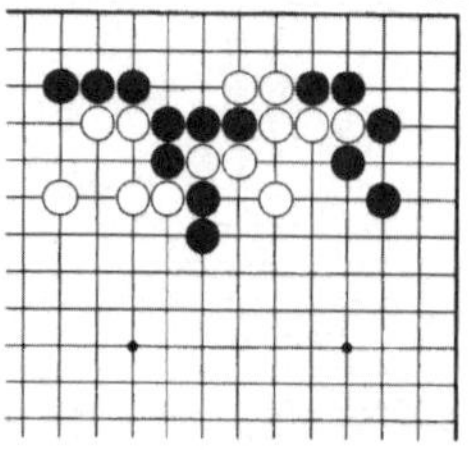

(835) 흑번

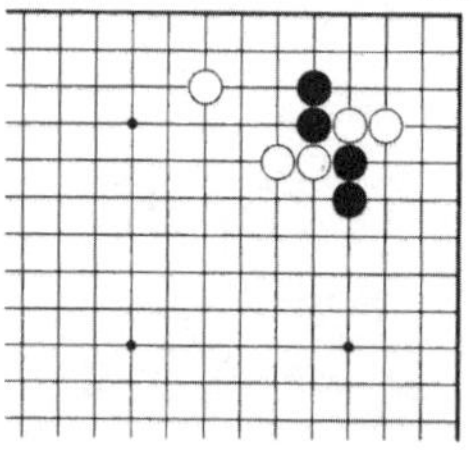

(862) 흑번

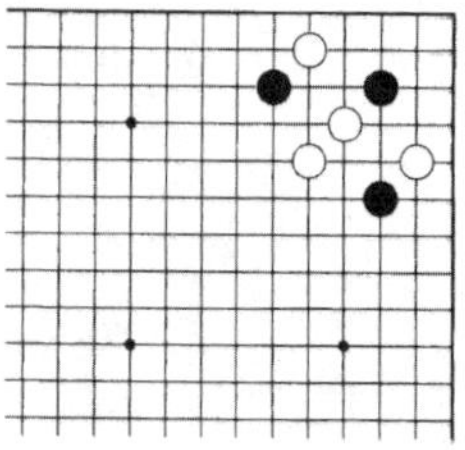

(879) 백번

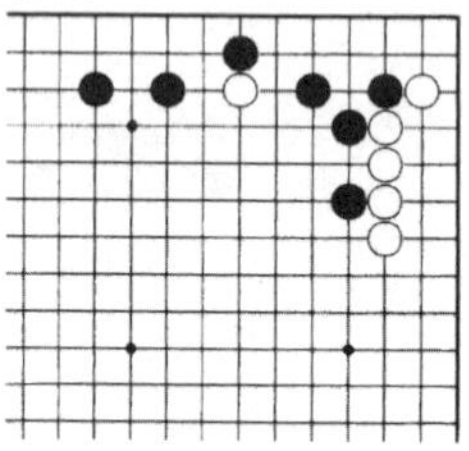

(895) 백번

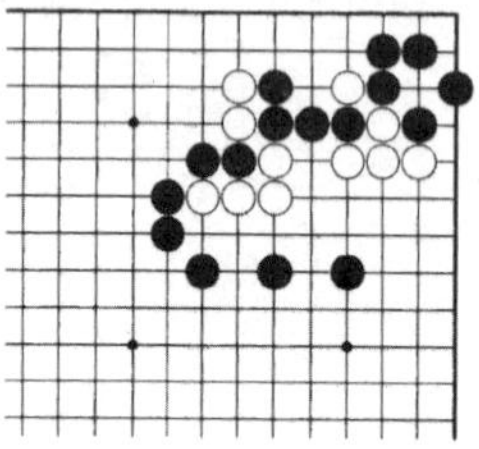

(1119) 흑번

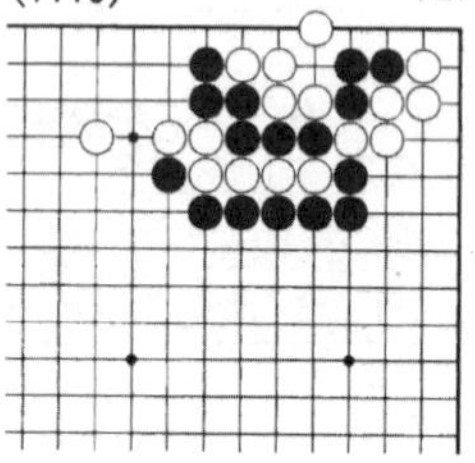

(1255) 백번

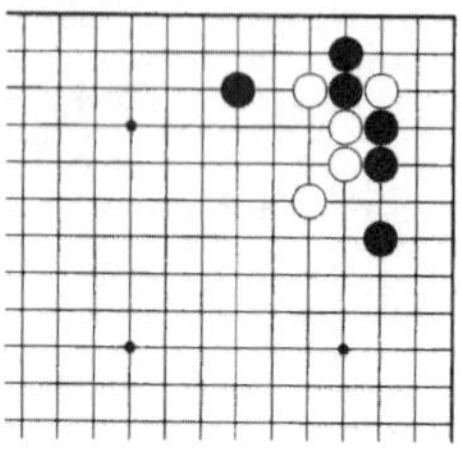

(1357) 백번

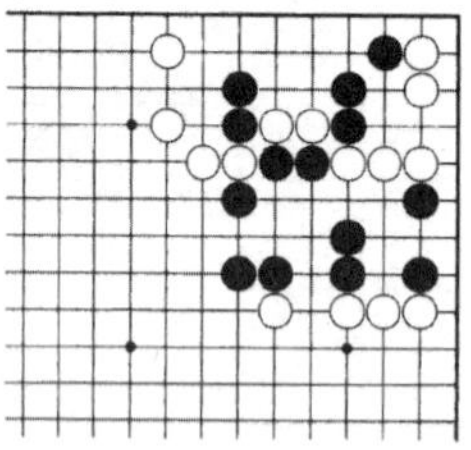

(1750) 흑번

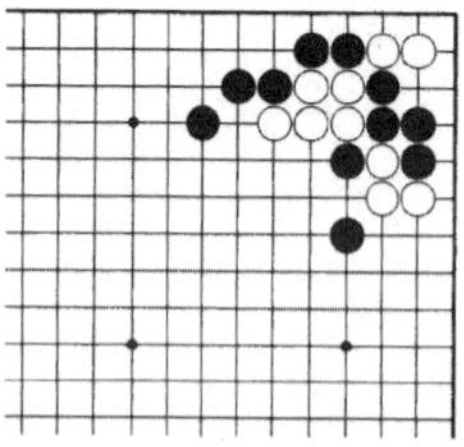

(1781) 흑번

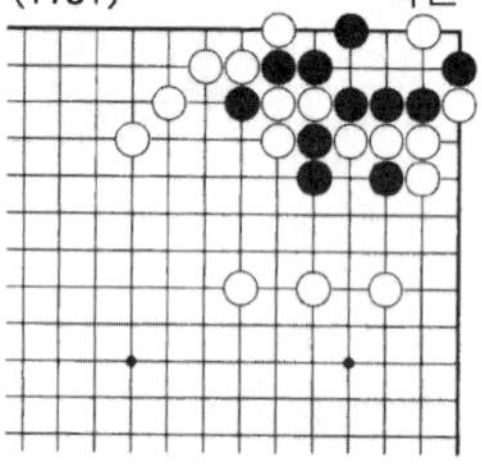

(1783) 백번

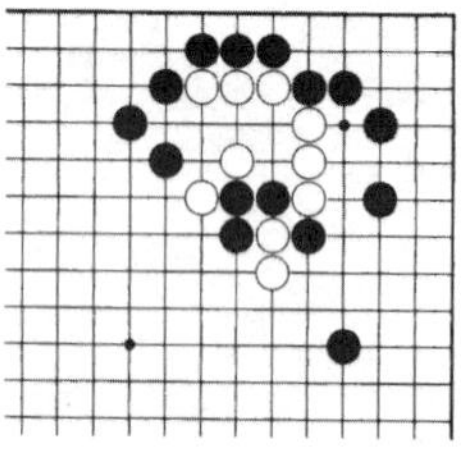

(1901) 흑번

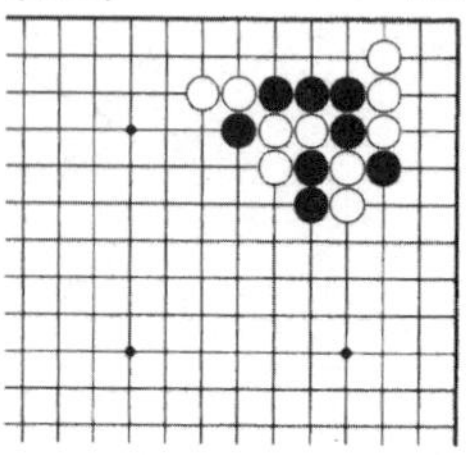

(1931) 백번

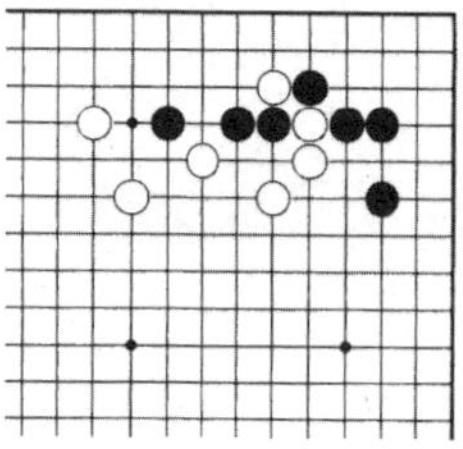

(2205) 백번

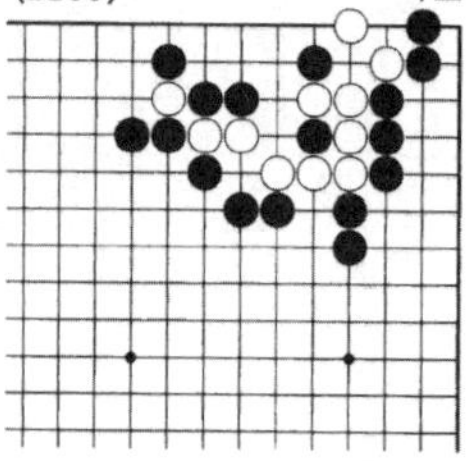

(2255) 흑번

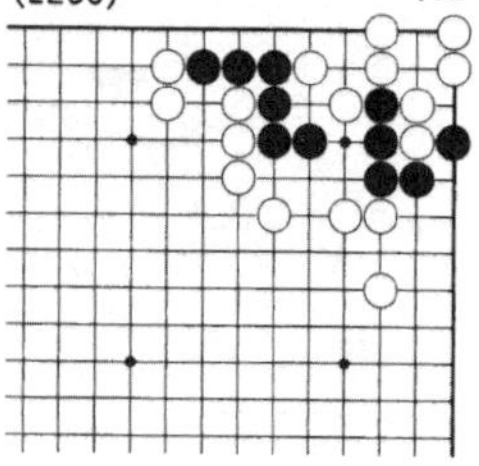

(2320) 흑번

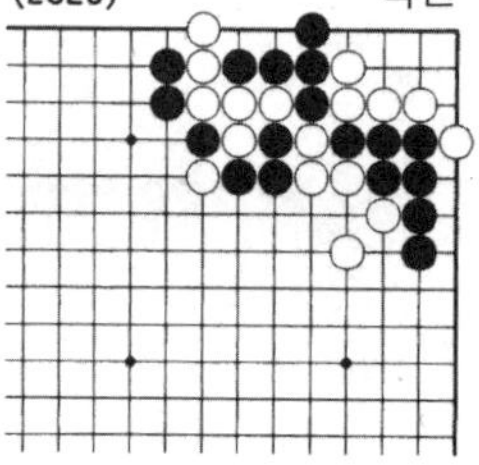

(2374) 흑번

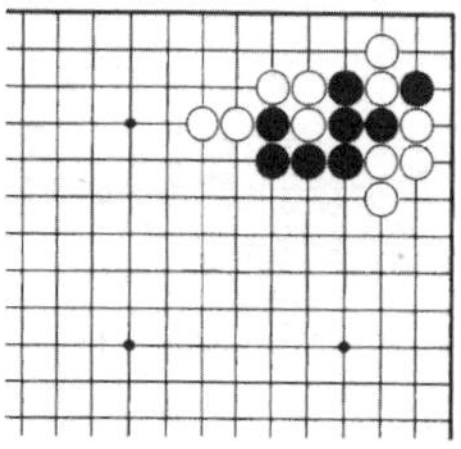

(2377) 흑번

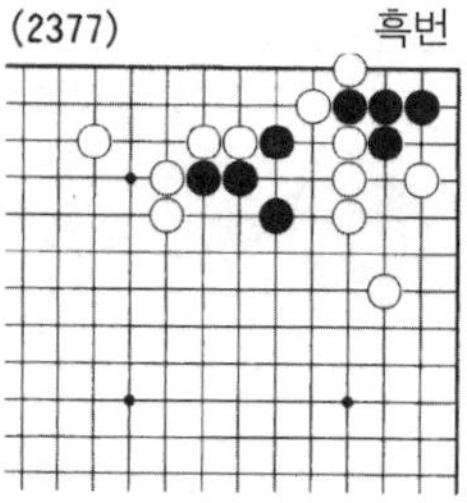

(2472) 백번

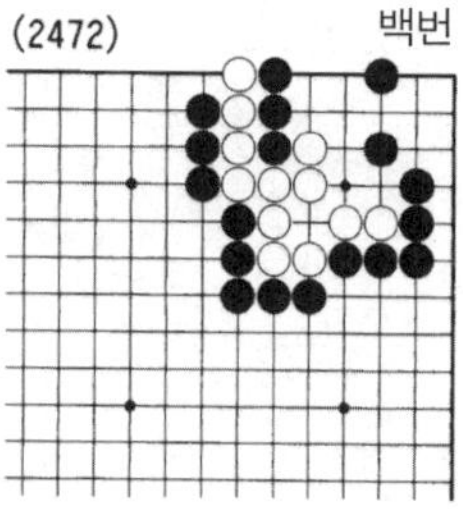

# 이음

(82) 흑번

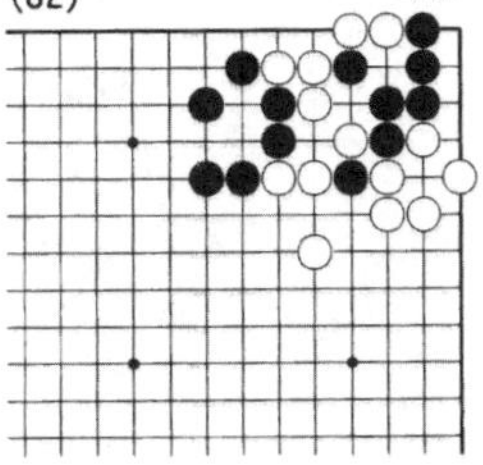

(631) 흑번

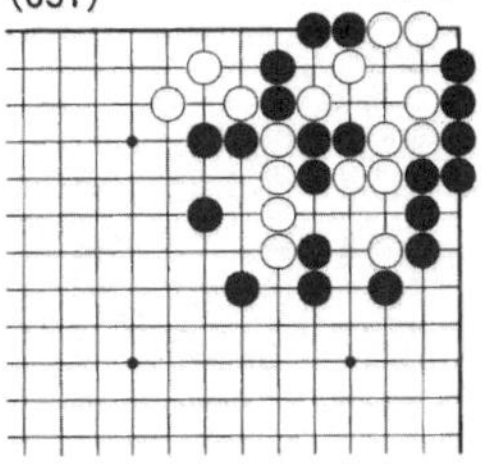

(651) 흑번

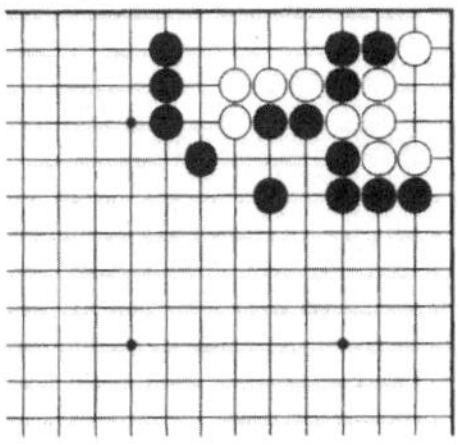

(793) 흑번

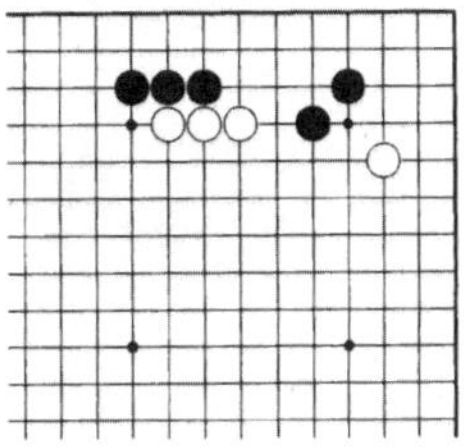

(797) 흑번

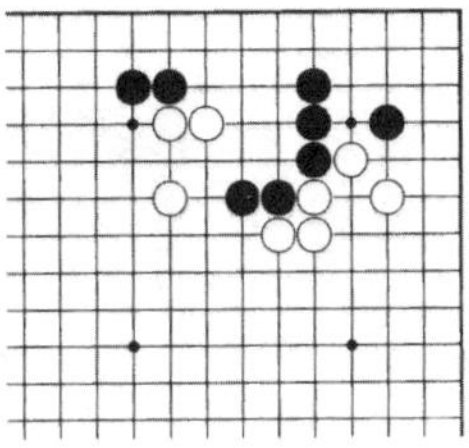

(833) 흑번

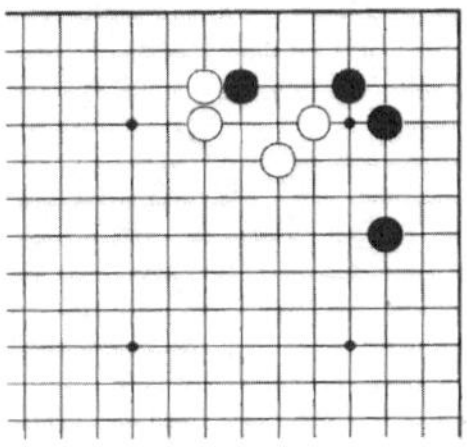

(859) 흑번

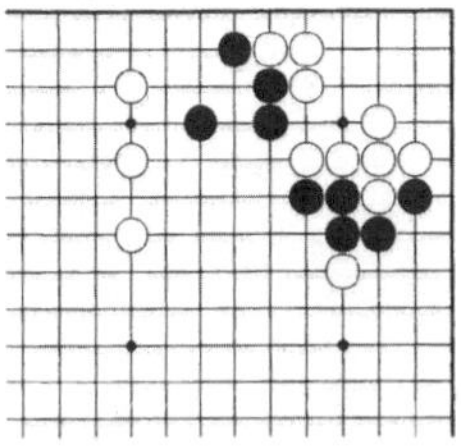

(1041) 흑번

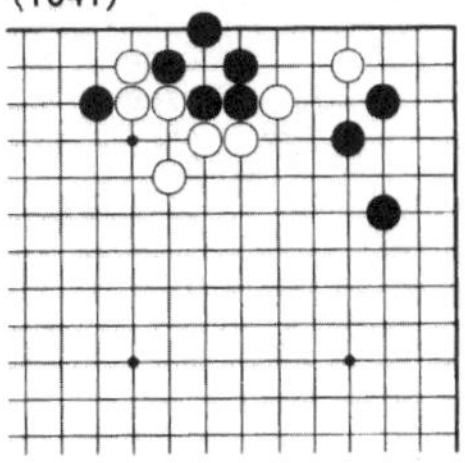

(1044) 백번

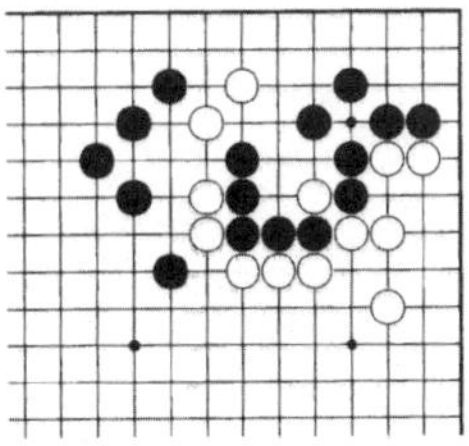

(1046) 흑번

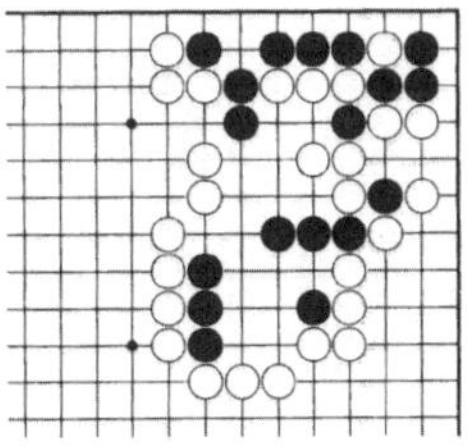

(1257) 백번

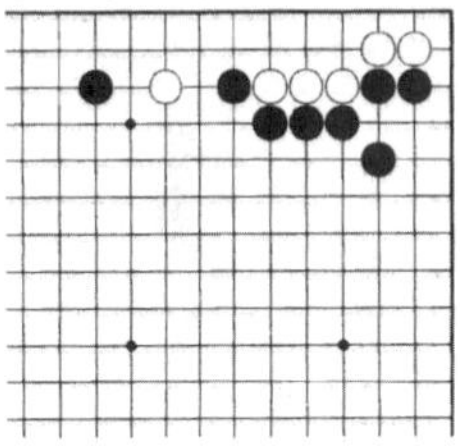

(1262) 흑번

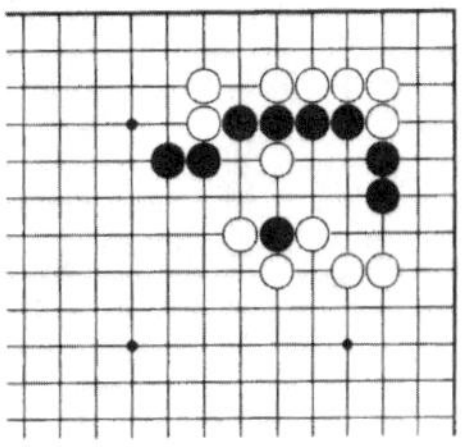

(1291) 흑번

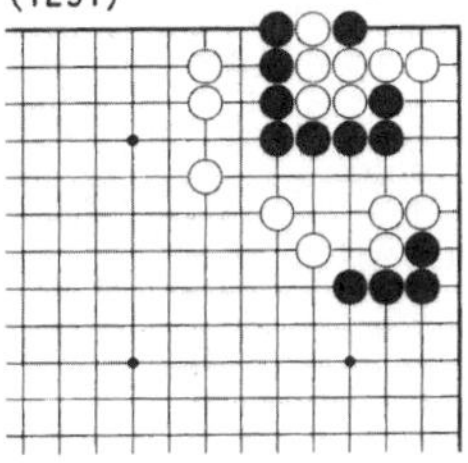

(1307) 흑번

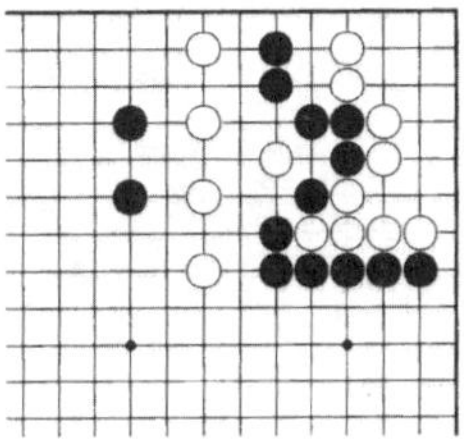

(1309) 흑번

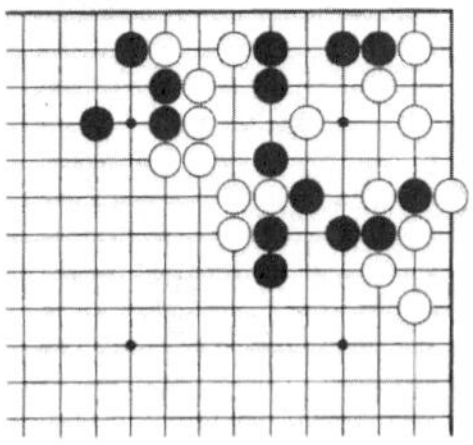

(1342) 백번

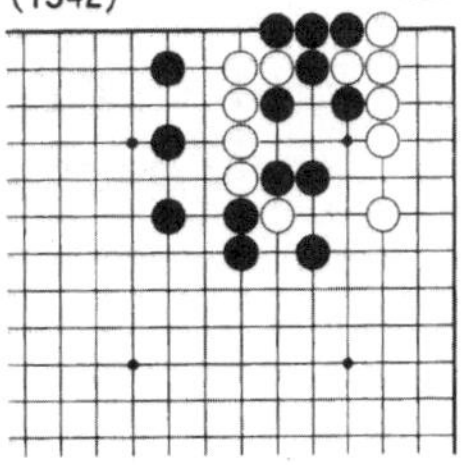

(1353) 흑번

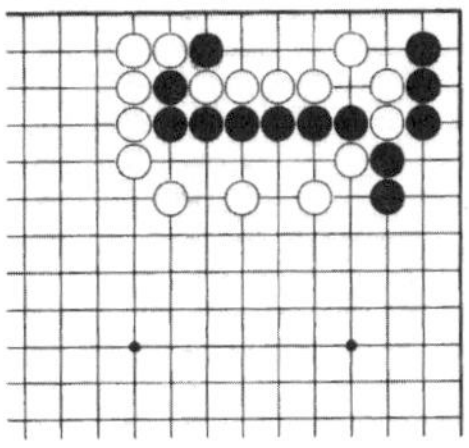

(1443) 흑번

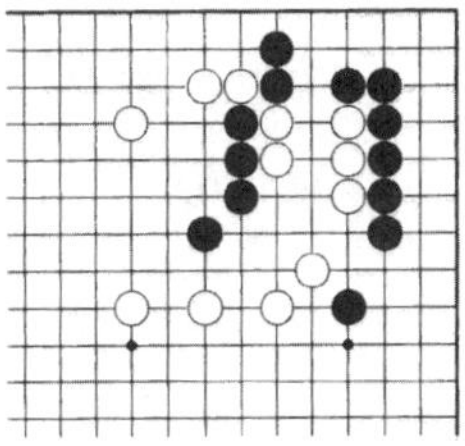

(1595) 백번

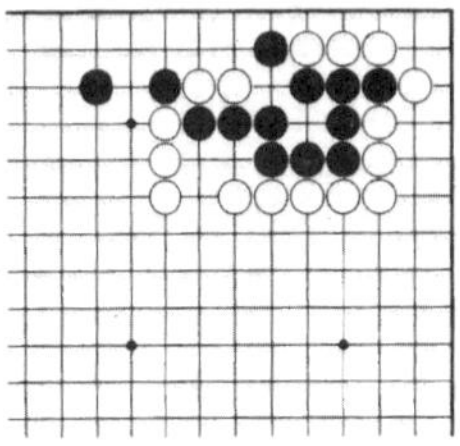

(1629) 백번

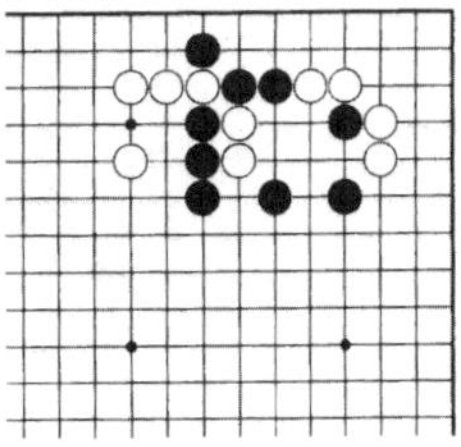

(1840) 흑번

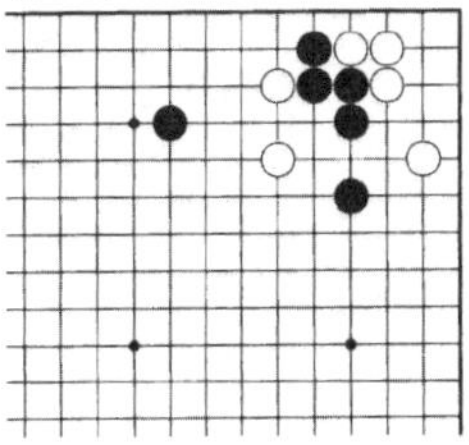

(1979) 백번

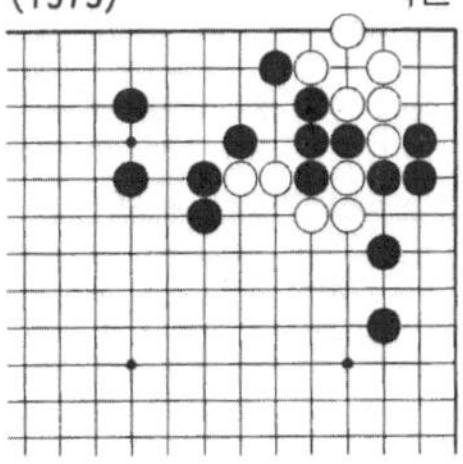

(1983) 흑번

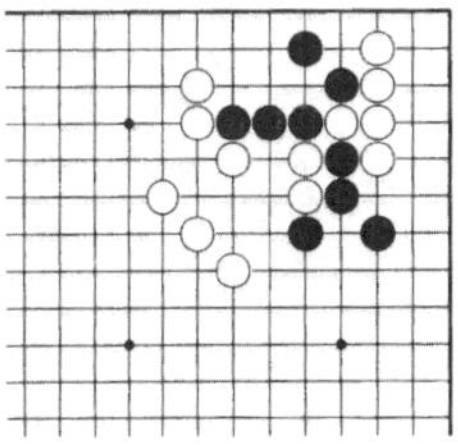

(2040) 백번

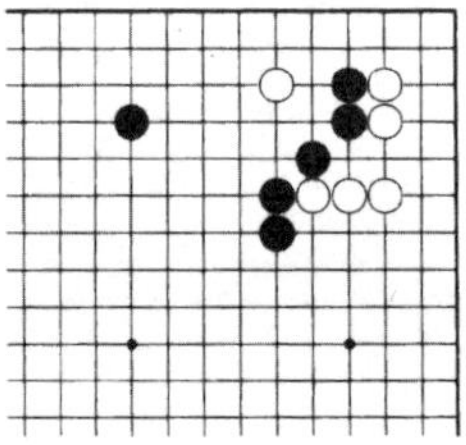

(2041) 흑번

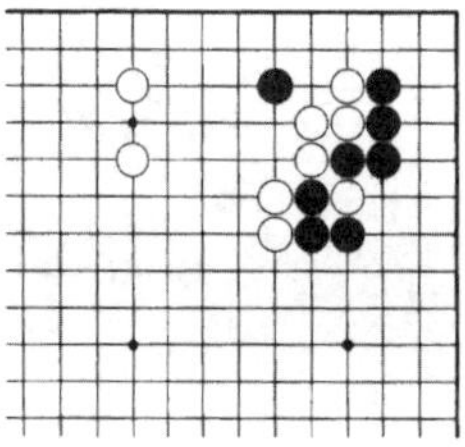

(2155) 백번

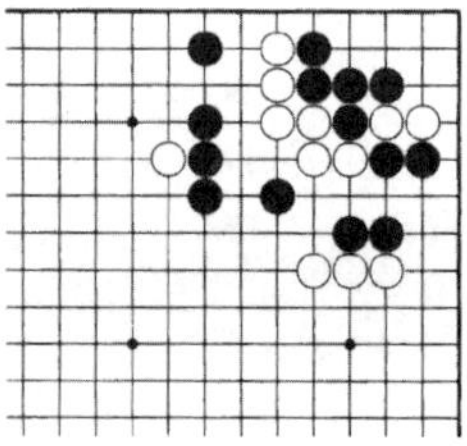

(2292) 백번

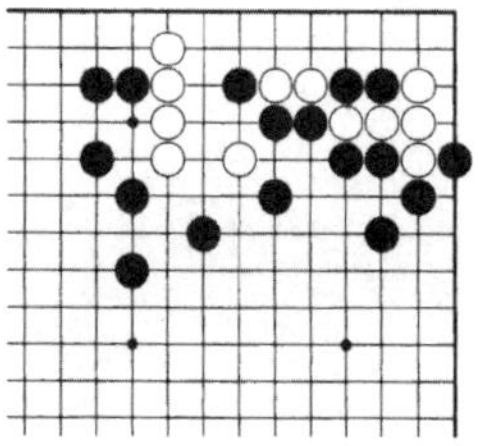

(2356) 백번

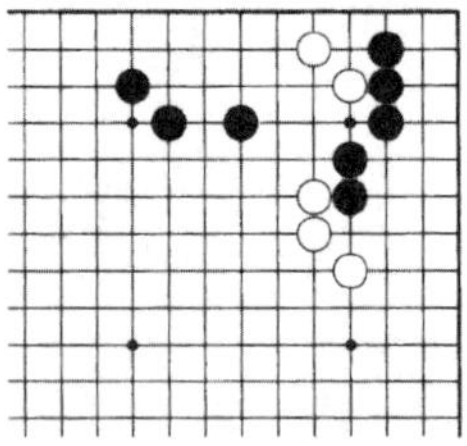

(2381) 백번

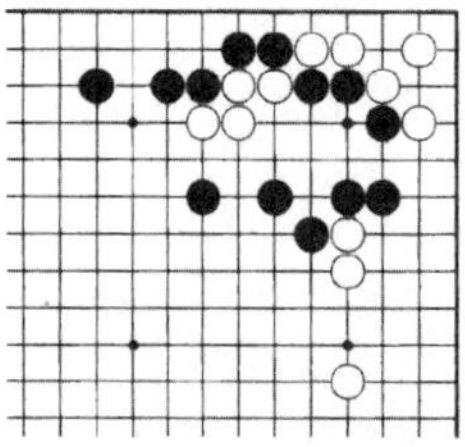

(2394) 흑번

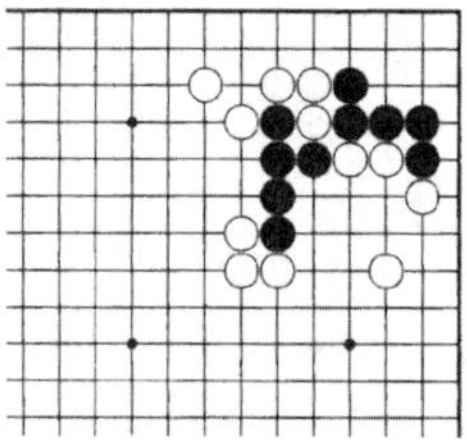

(2436) 흑번

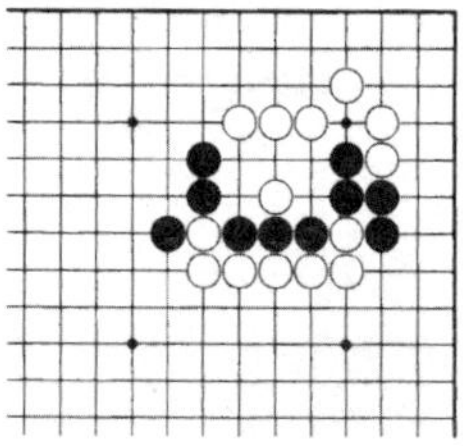

(2437) 흑번

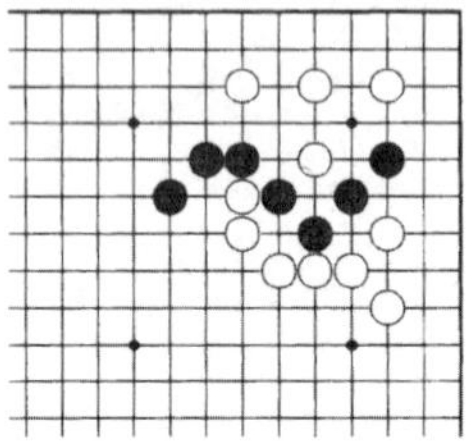

(2443) 흑번

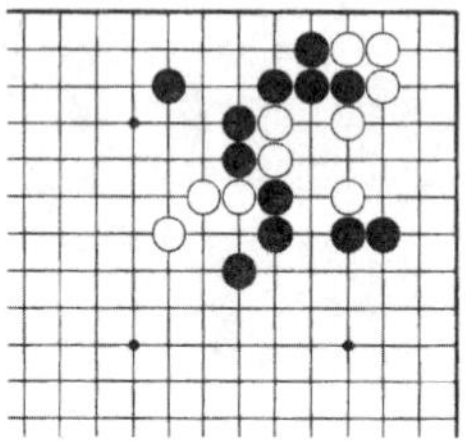

건너다

(70) 흑번

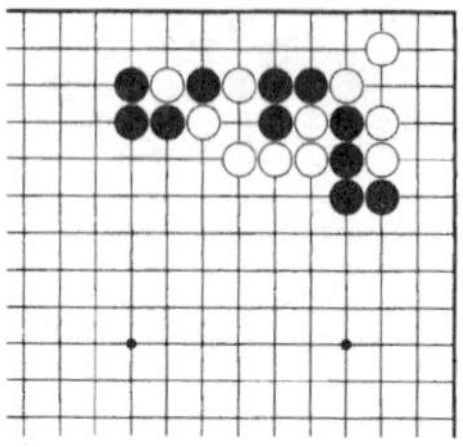

(89) 흑번

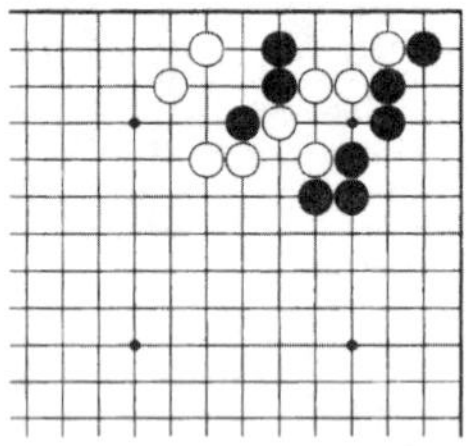

(111) 흑번

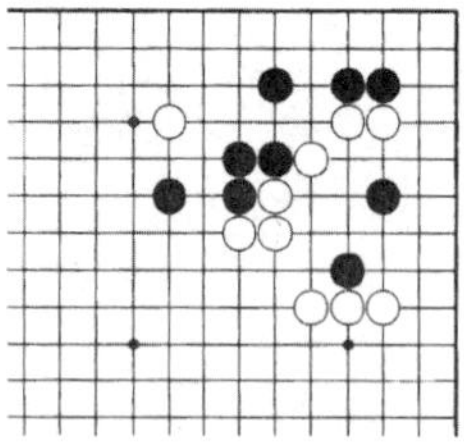

(120) 흑번

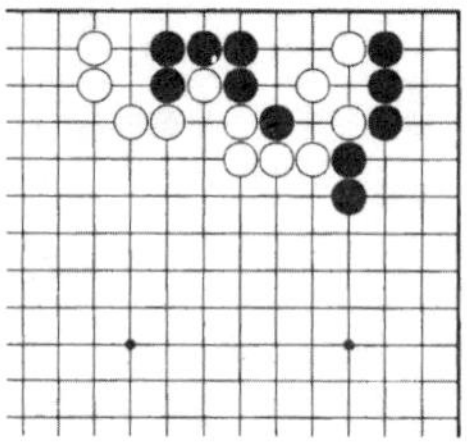

(122) 흑번

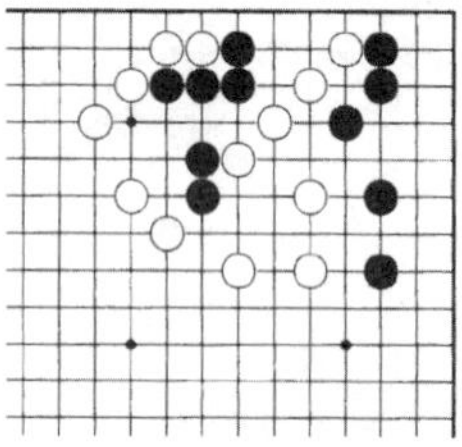

(123) 흑번

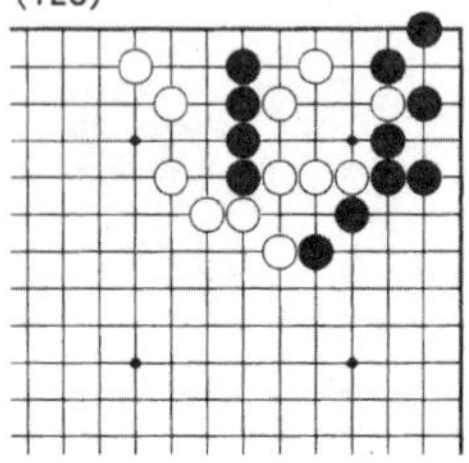

(124) 백번

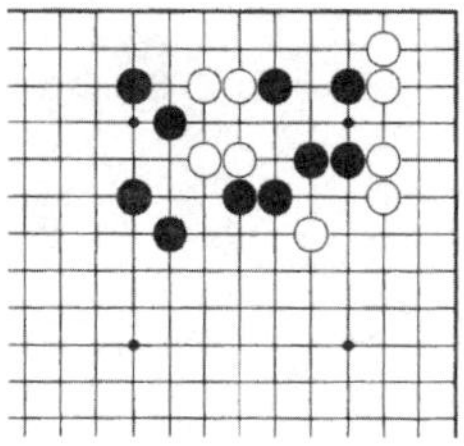

(125) 흑번

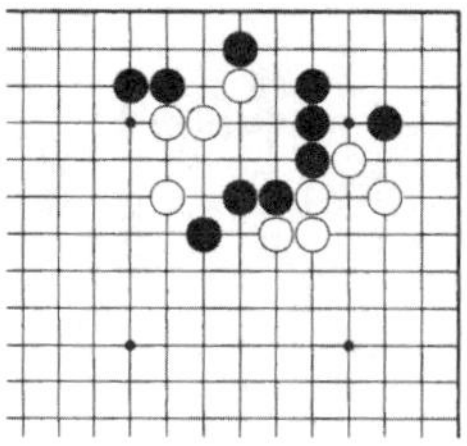

(148) 흑번

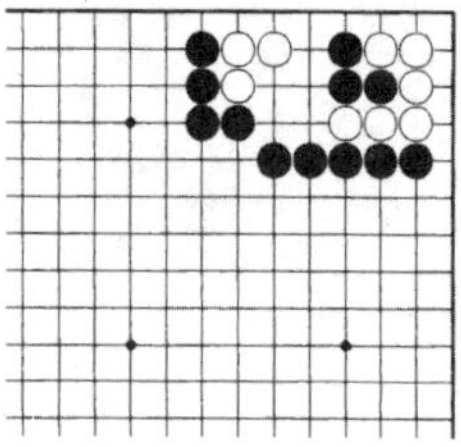

(209) 흑번

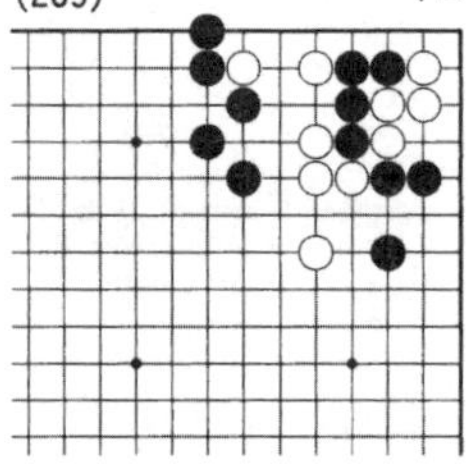

(210) 흑번

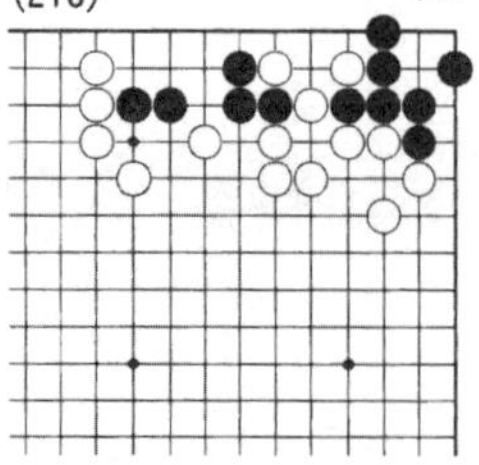

(211) 흑번

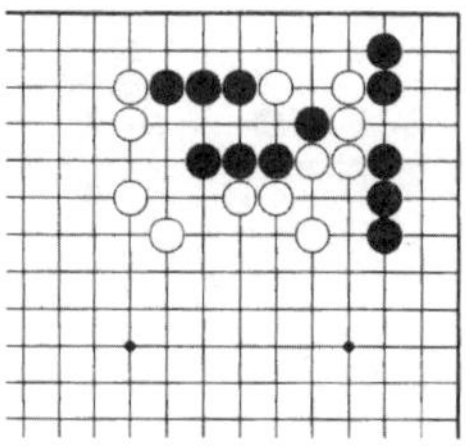

(212) 백번

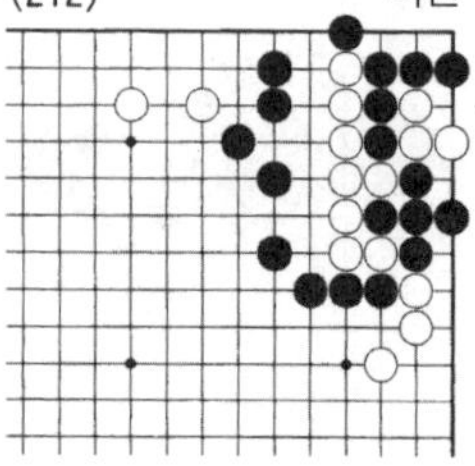

(404) 흑번

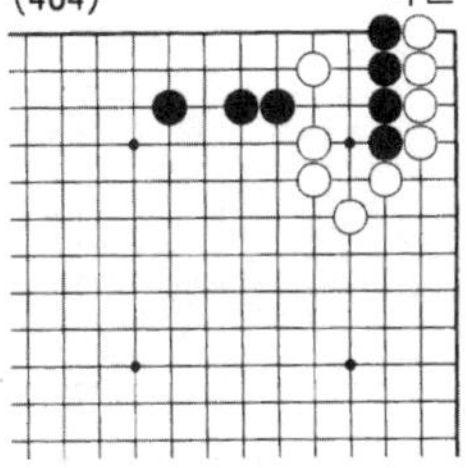

(608) 흑번

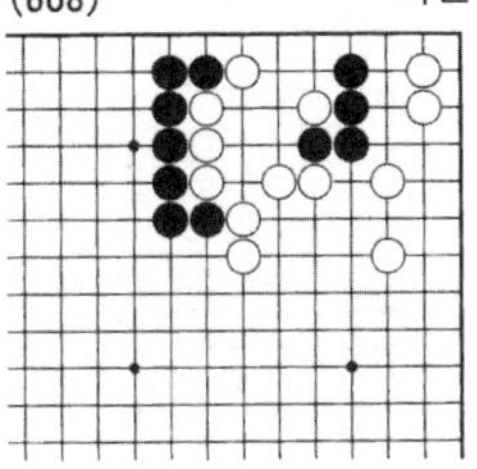

(609) 백번

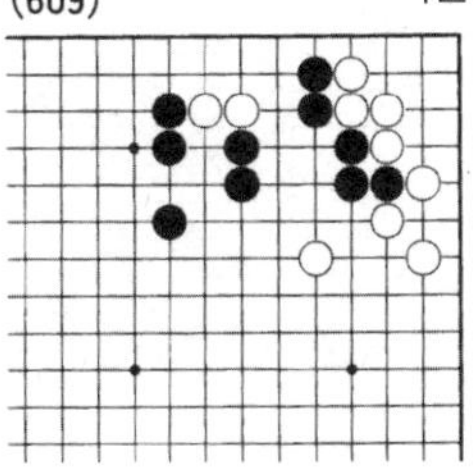

(610) 흑번

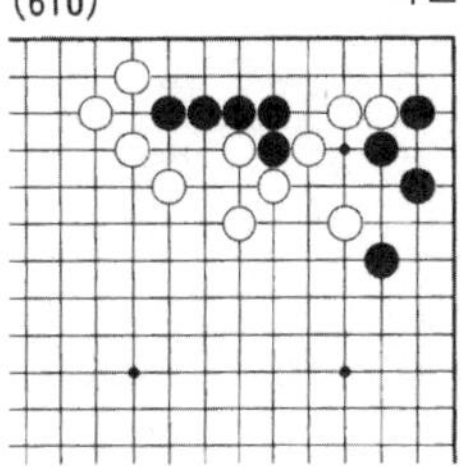

(611) 흑번

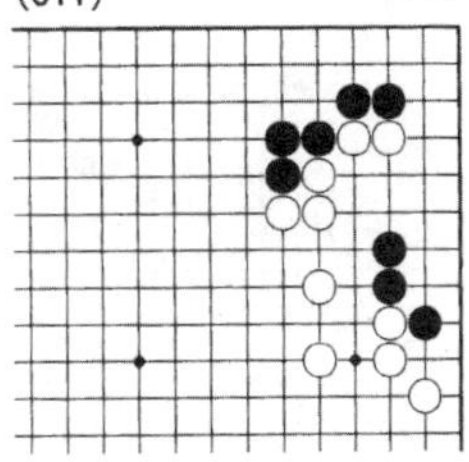

(612) 흑번

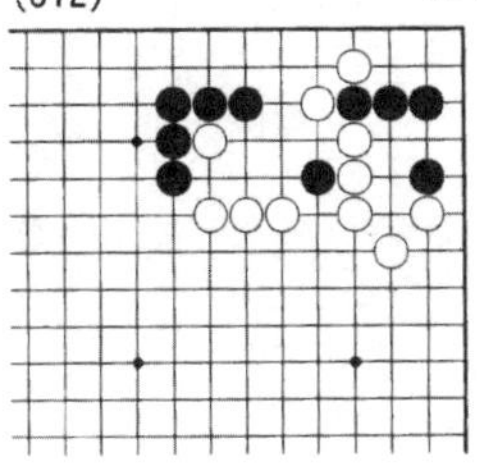

(613) 흑번

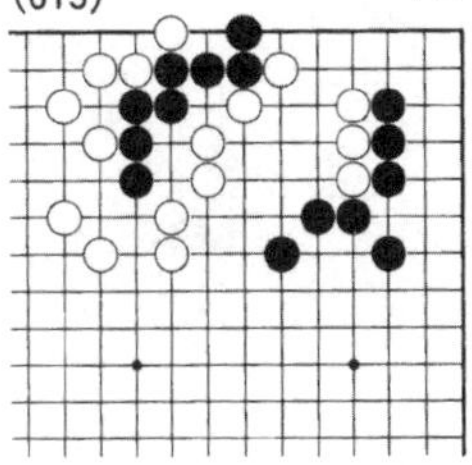

(794) 흑번

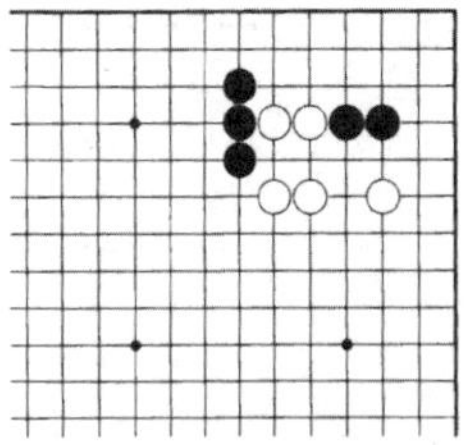

(795) 백번

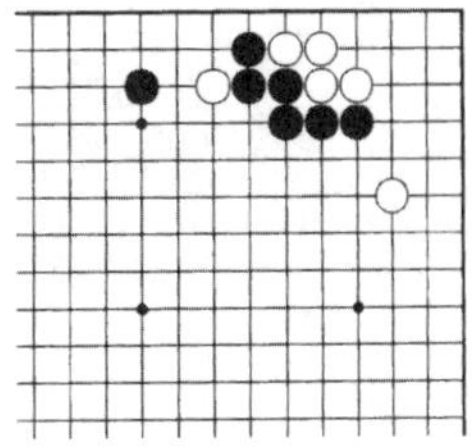

(796) 흑번

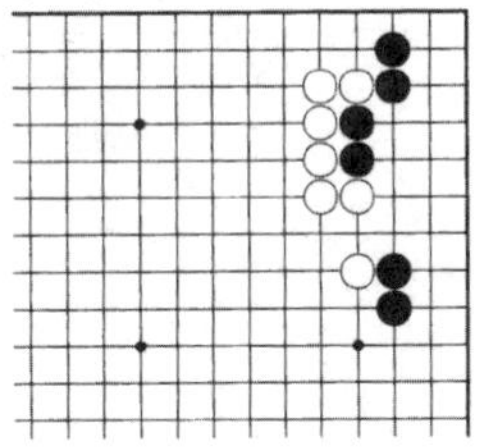

(798) 흑번

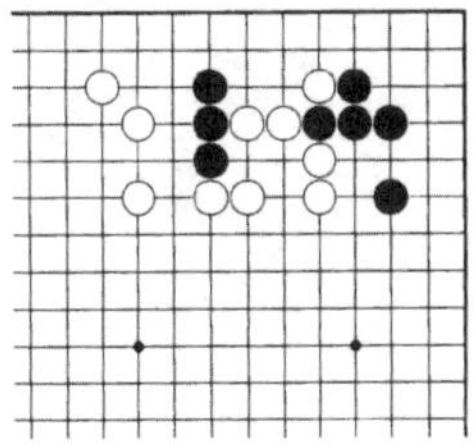

(799) 백번

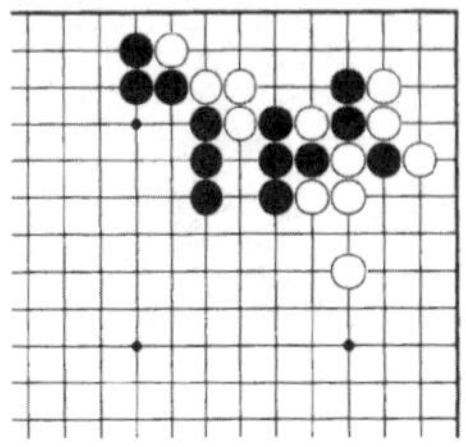

(800) 흑번

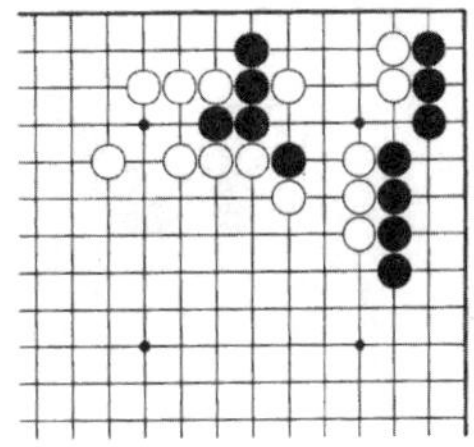

(824) 흑번

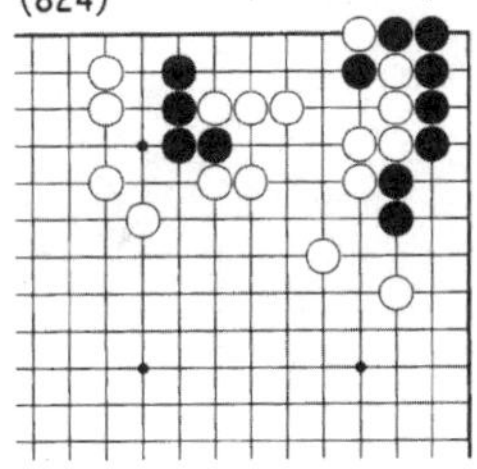

(825) 백번

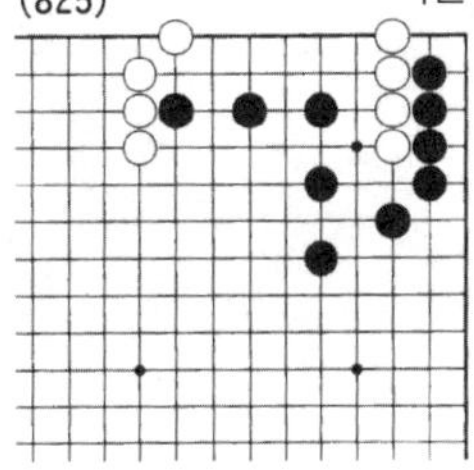

(849) 흑번

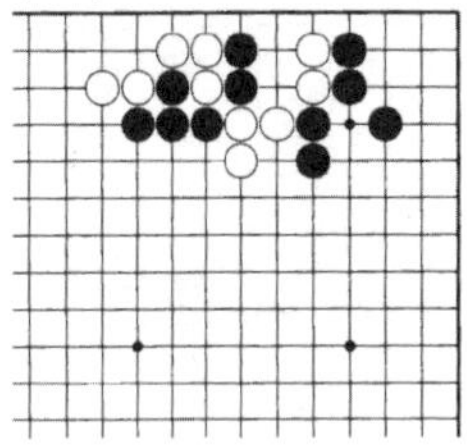

(863) 흑번

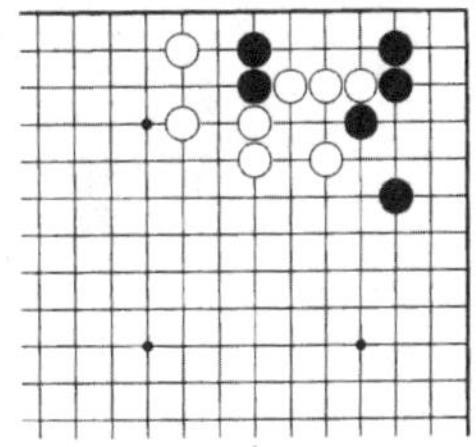

(864) 흑번

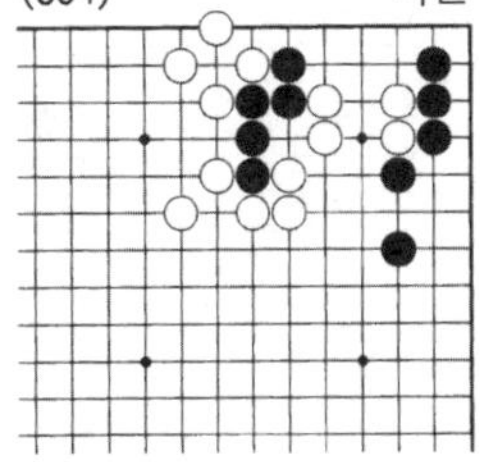

(865) 흑번

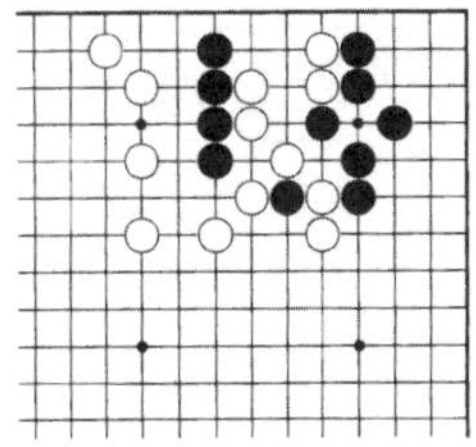

(867) 흑번

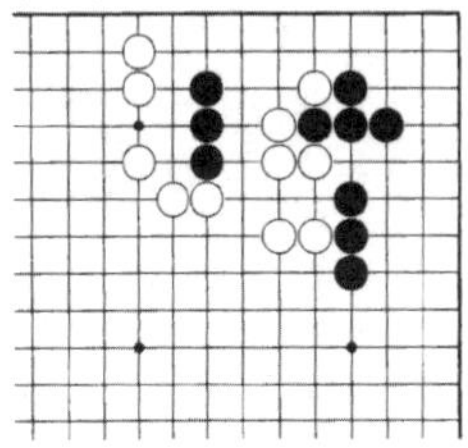

(868) 흑번

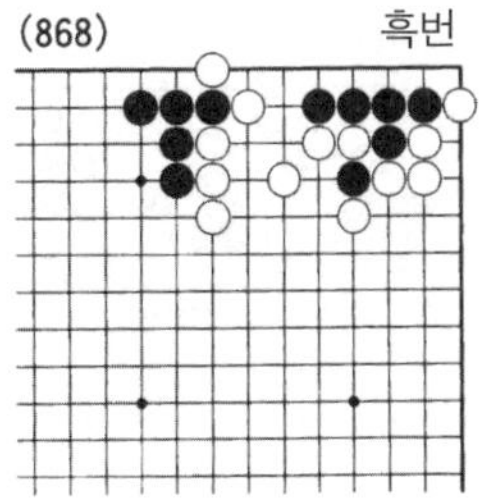

(869) 흑번

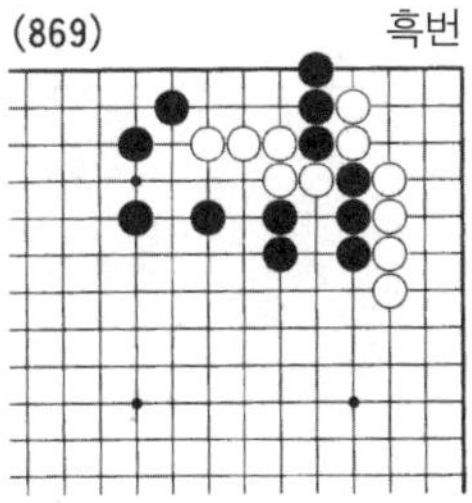

(870) 흑번

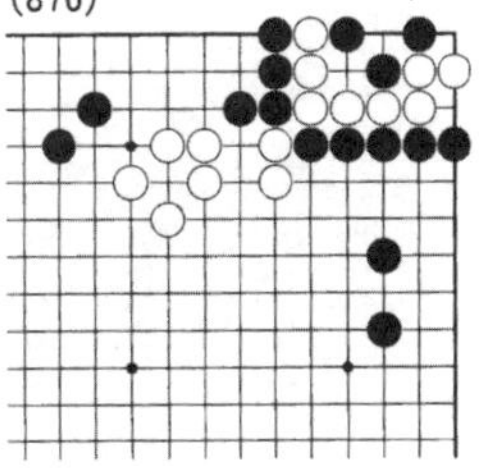

(871) 흑번

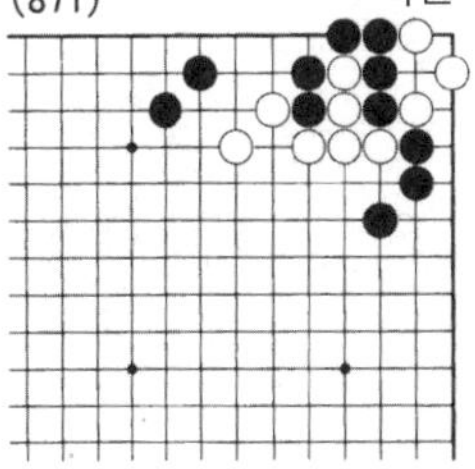

(872) 백번

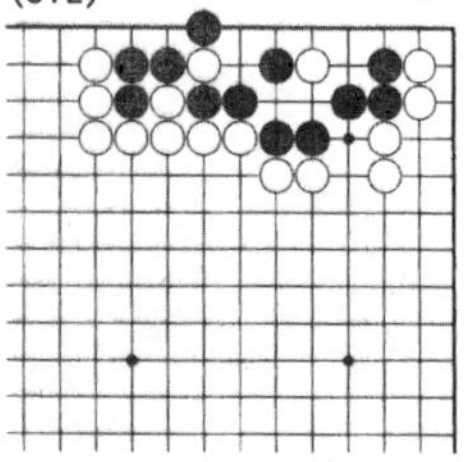

(890) 흑번

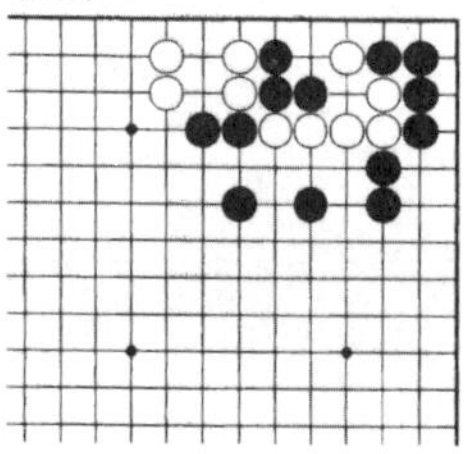

(1032) 흑번

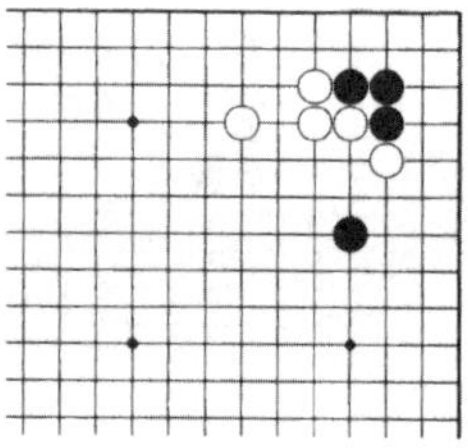

(1033) 흑번

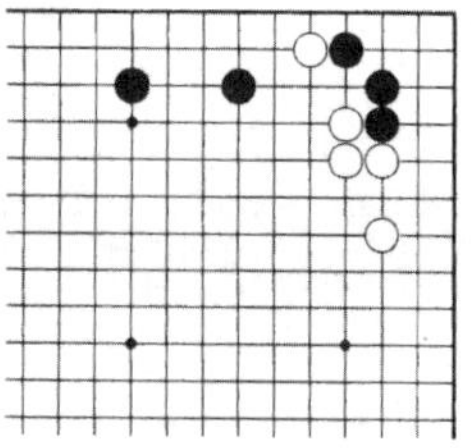

(1040) 흑번

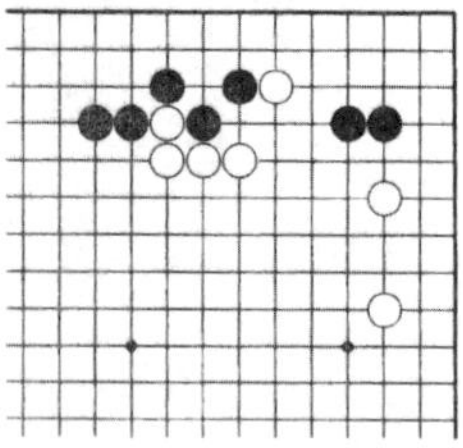

(1042) 흑번

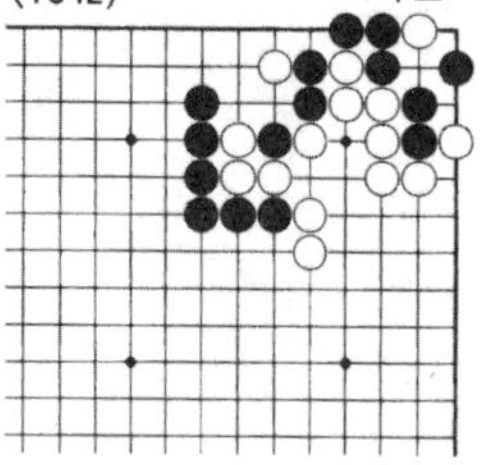

(1085) 흑번

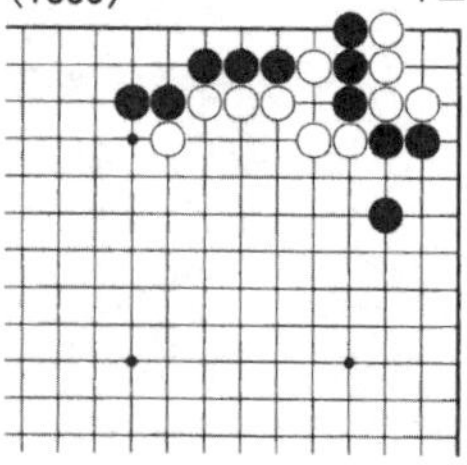

(1086) 흑번

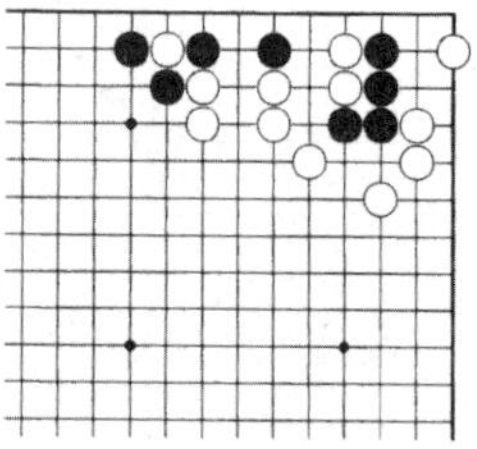

(1088) 흑번

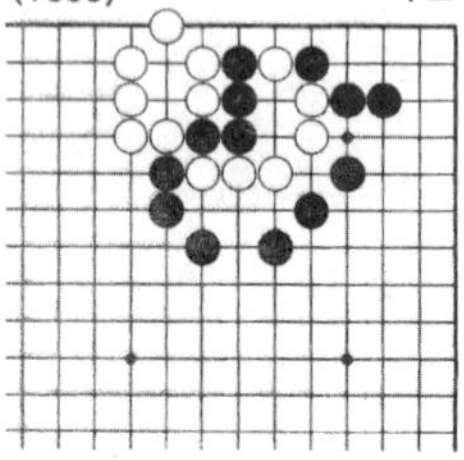

(1091) 흑번

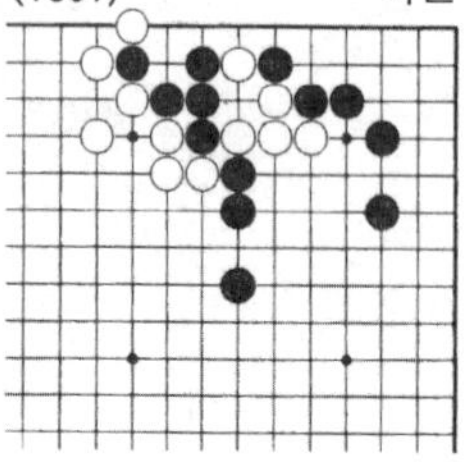

(1092) 백번

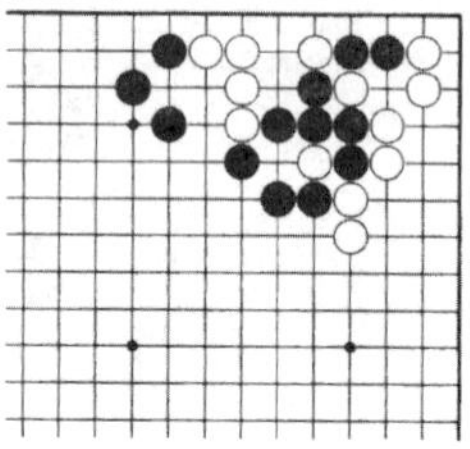

(1095) 백번

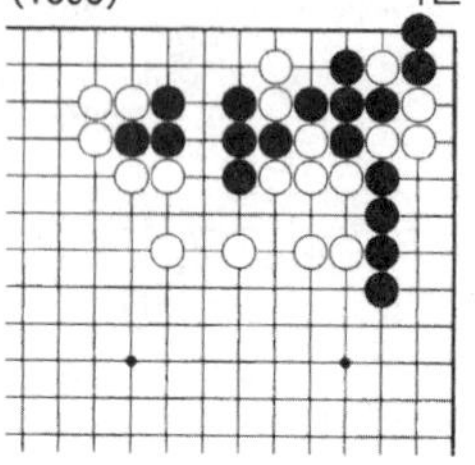

(1107) 흑번

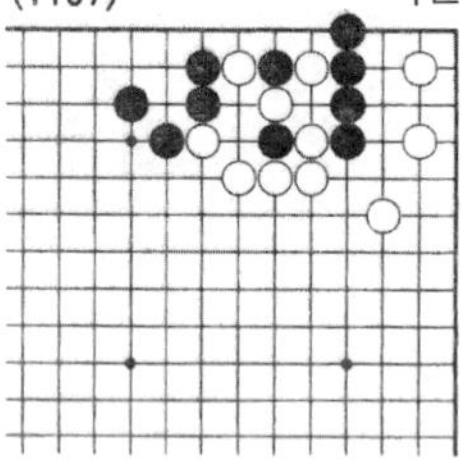

(1203) 흑번

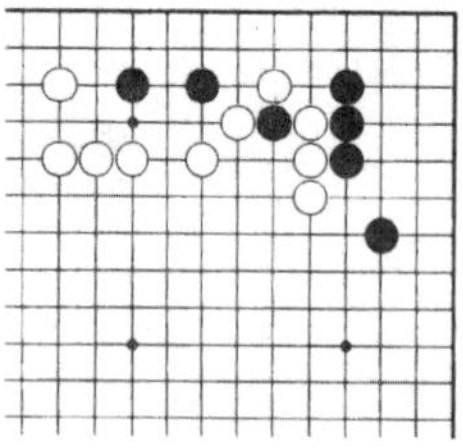

(1204) 백번

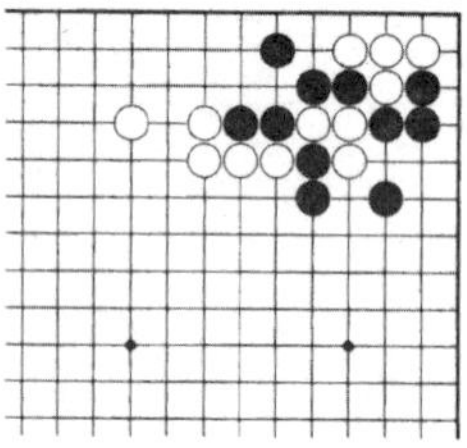

(1205) 흑번

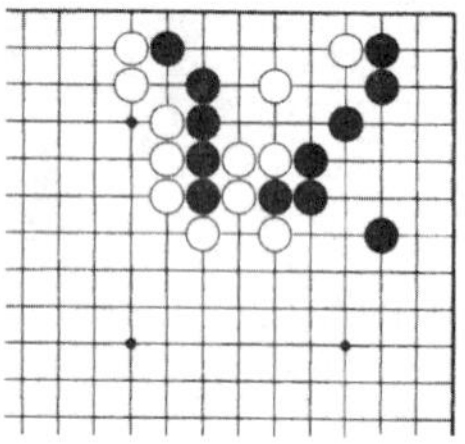

(1206) 흑번

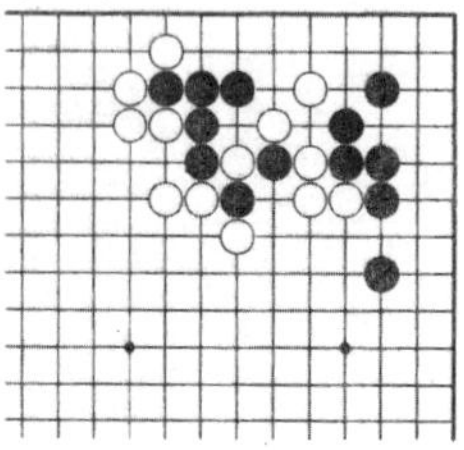

(1238) 흑번

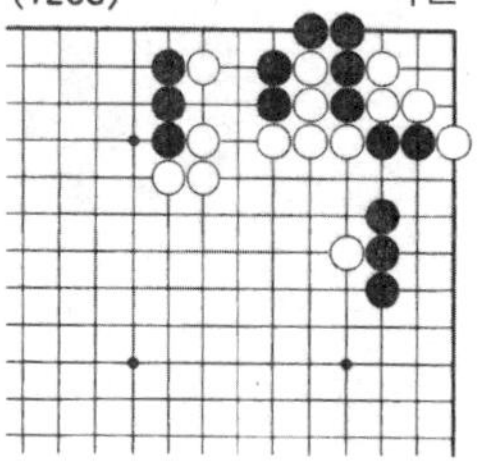

(1286) 흑번

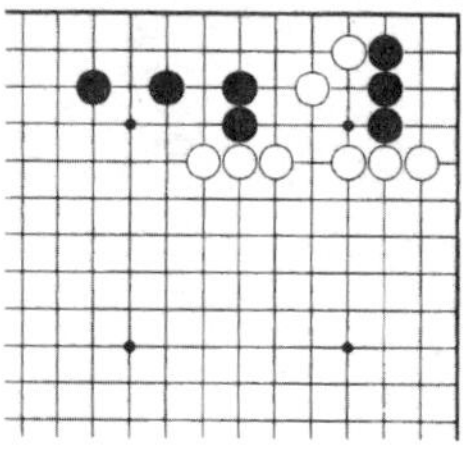

(1287) 흑번

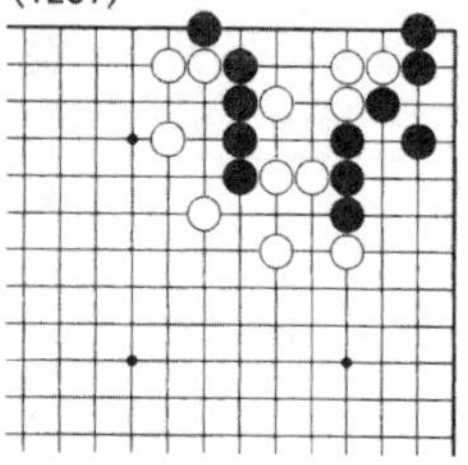

(1288) 백번

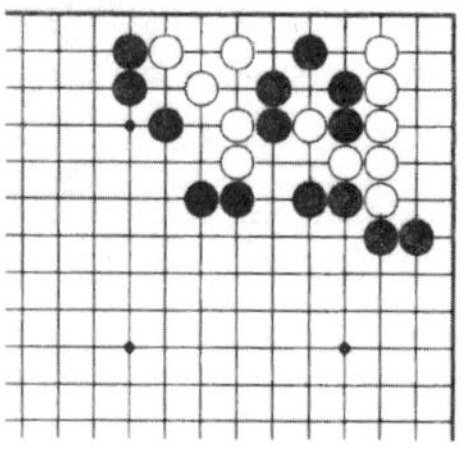

(1289) 백번

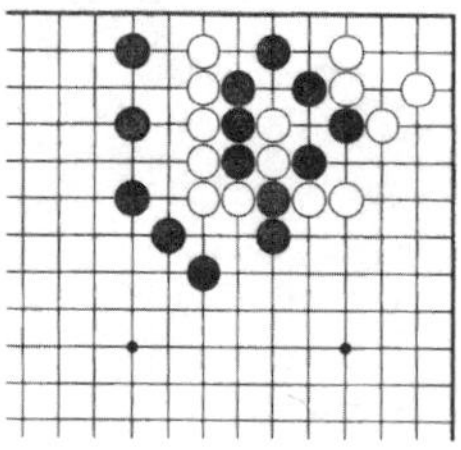

(1290) 백번

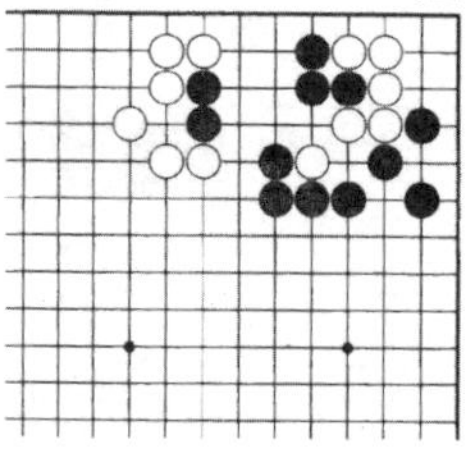

(1294) 흑번

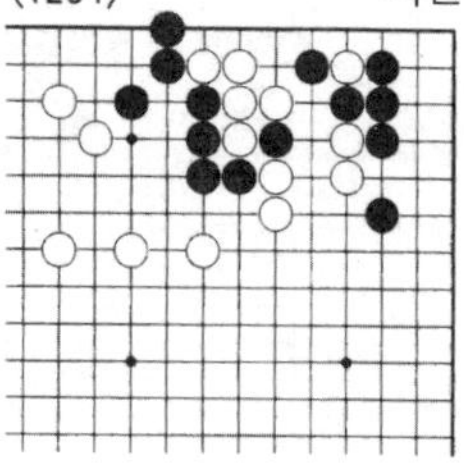

(1295) 백번

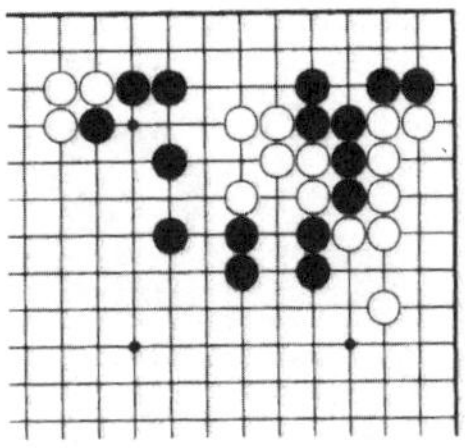

(1296) 흑번

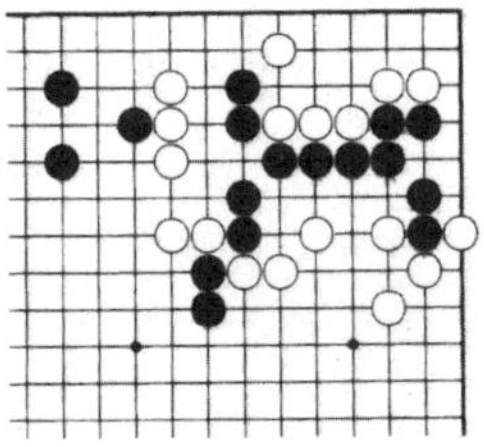

(1585) 흑번

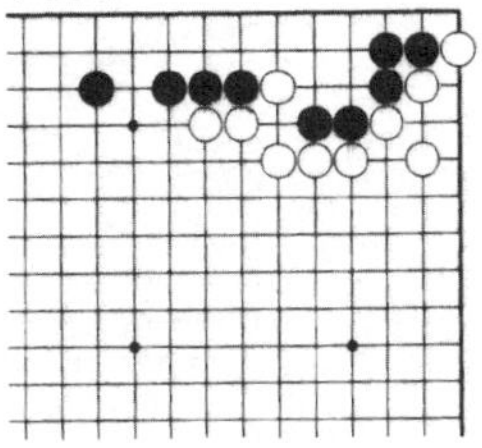

(1586) 흑번

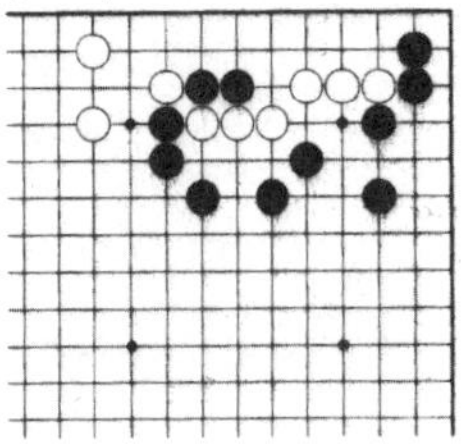

(1592) 흑번

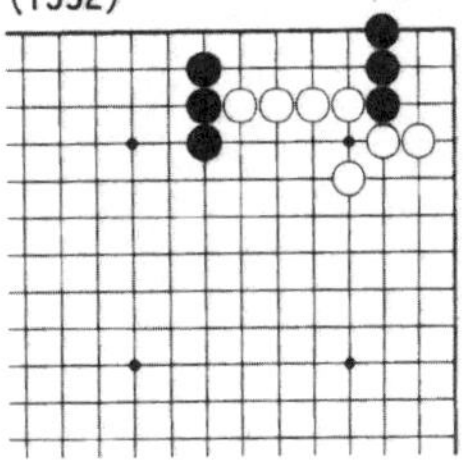

(1593) 백번

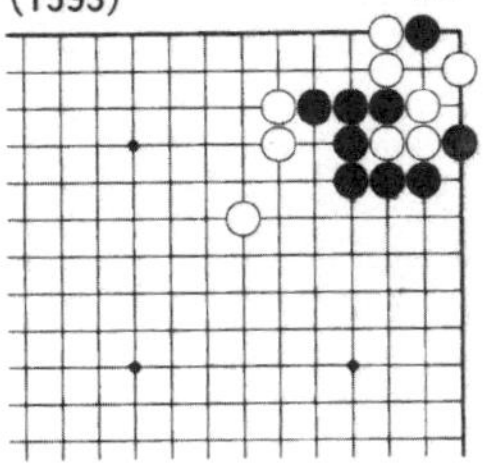

(1594) 흑번

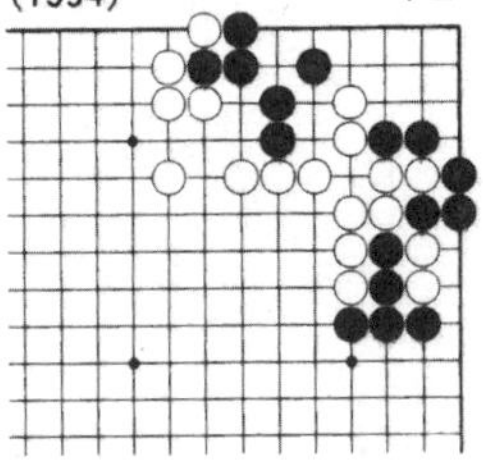

(1778) 흑번

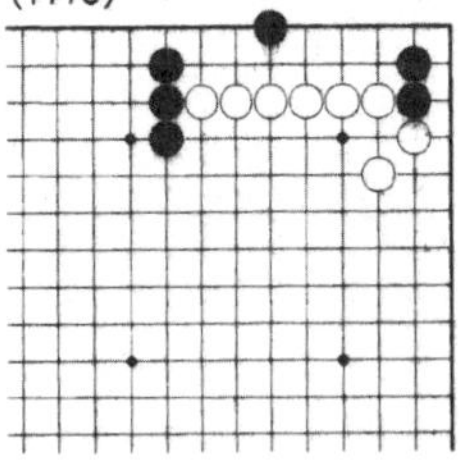

(1796) 흑번

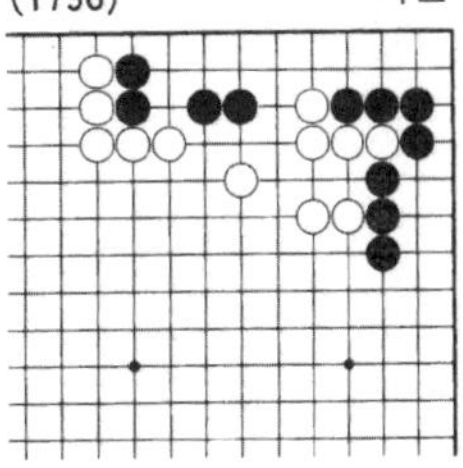

(1847) 흑번

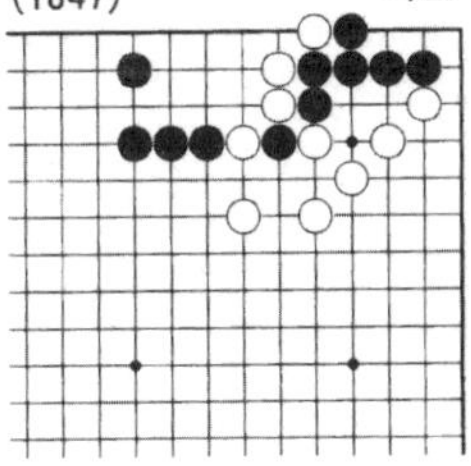

(1848) 흑번

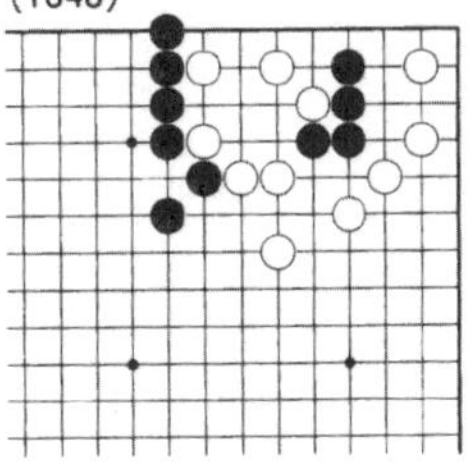

(1849) 흑번

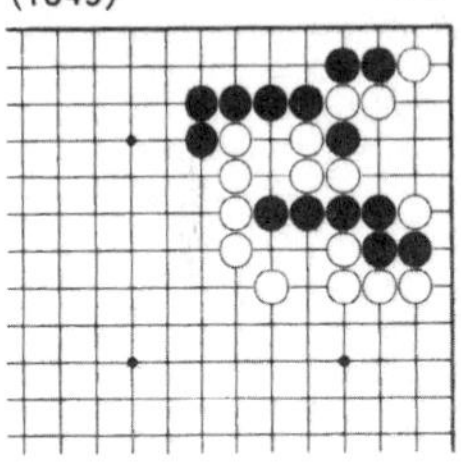

(1905) 흑번

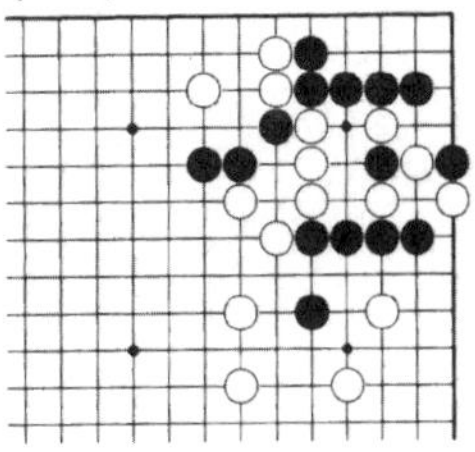

(1927) 흑번

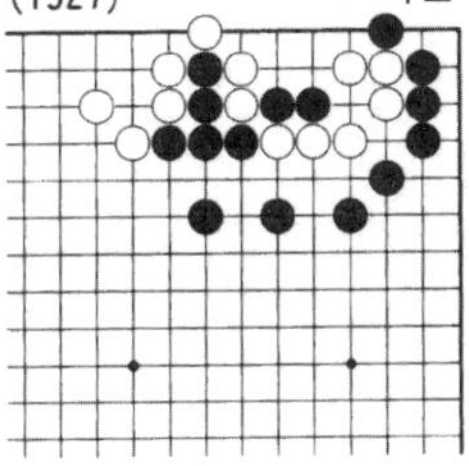

(1928) 흑번

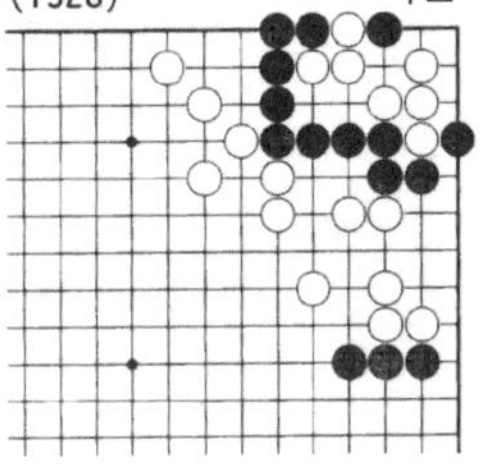

(1935) 백번

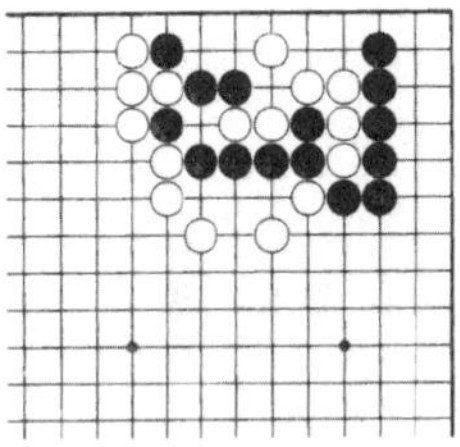

(1973) 흑번

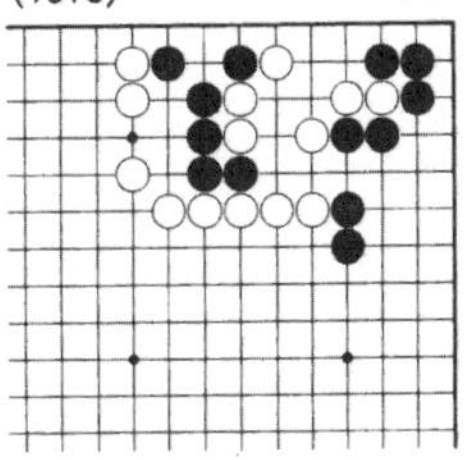

(2030) 흑번

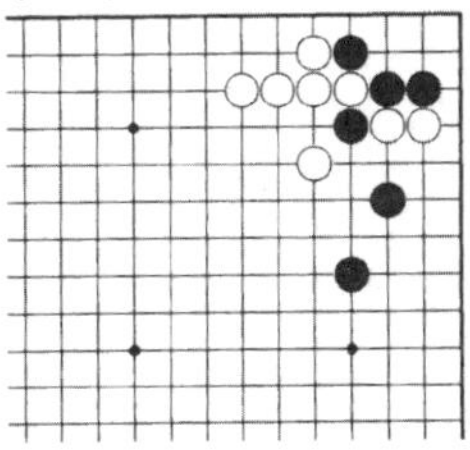

(2031) 흑번

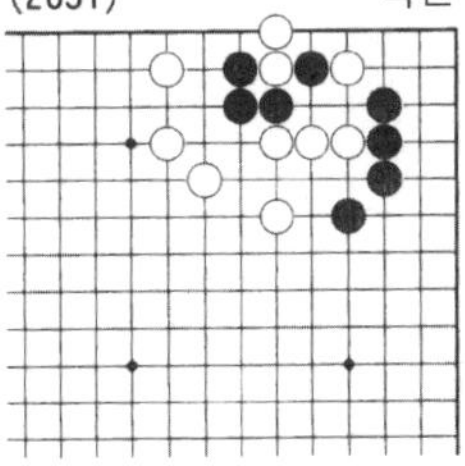

(2032) 흑번

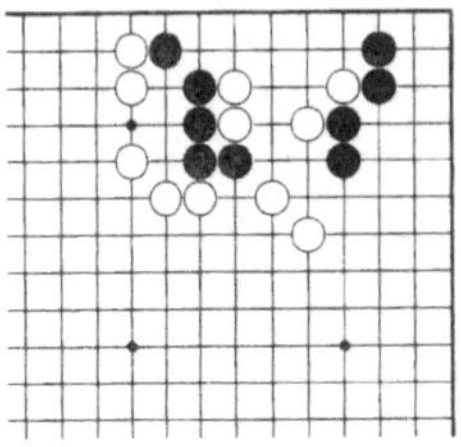

(2084) 흑번

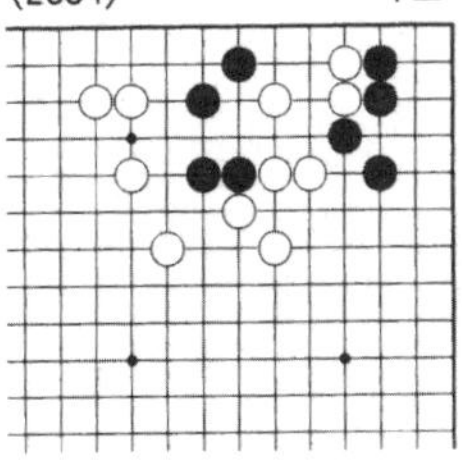

(2147) 흑번

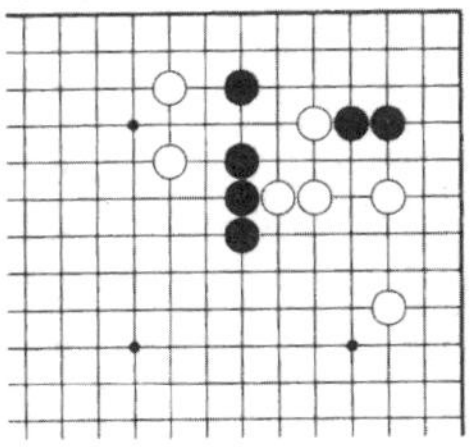

(2150) 백번

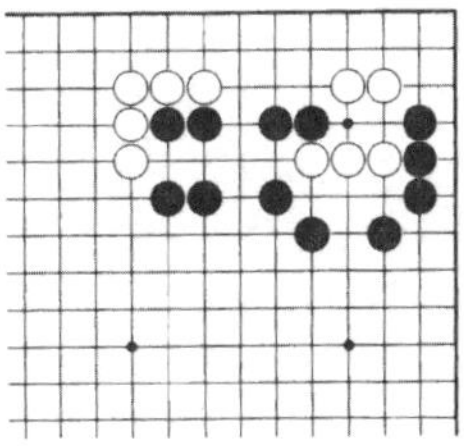

(2151) 백번

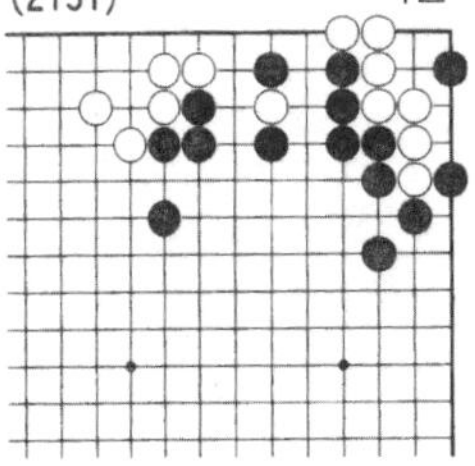

(2194) 흑번

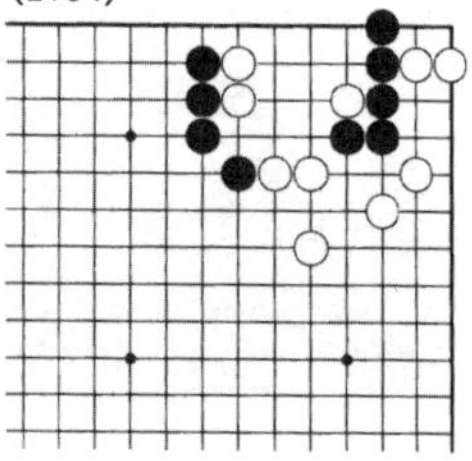

(2246) 흑번

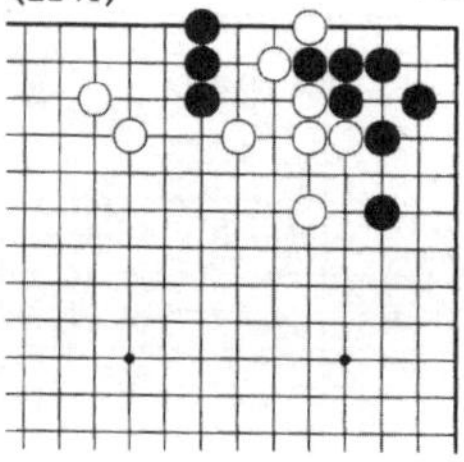

(2289) 흑번

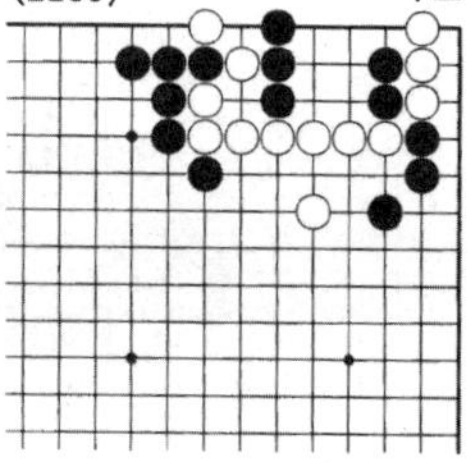

(2451) 백번

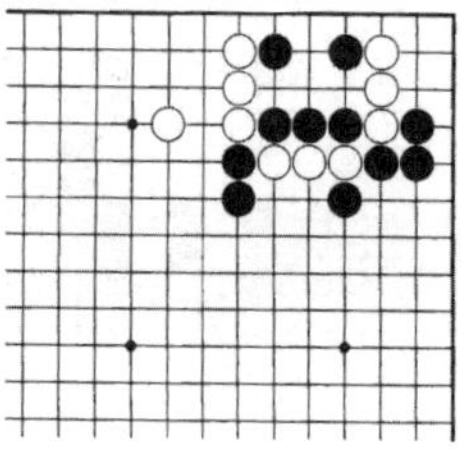

## 침입하다

(86) 흑번

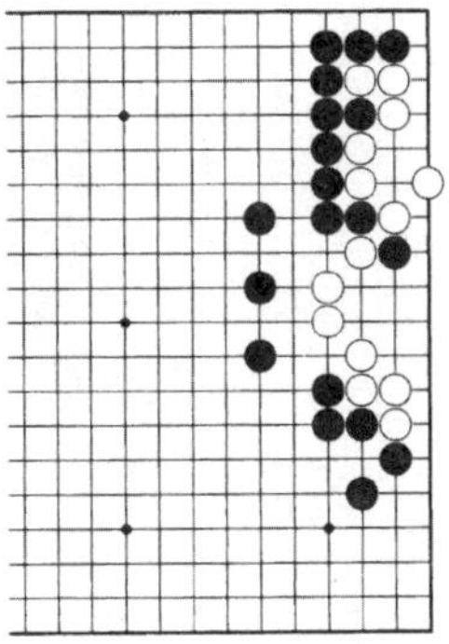

(188) 백번

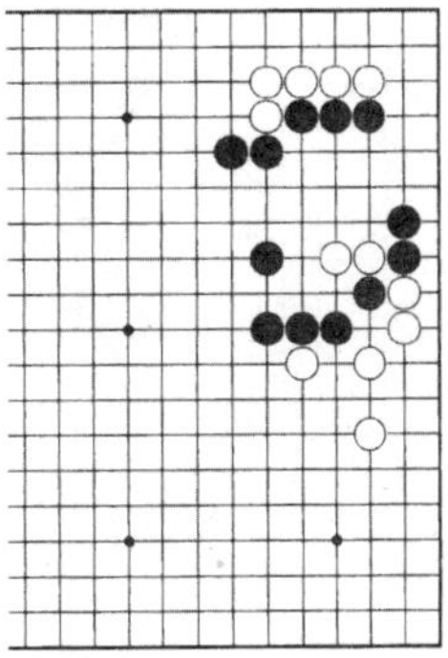

(227) 흑번

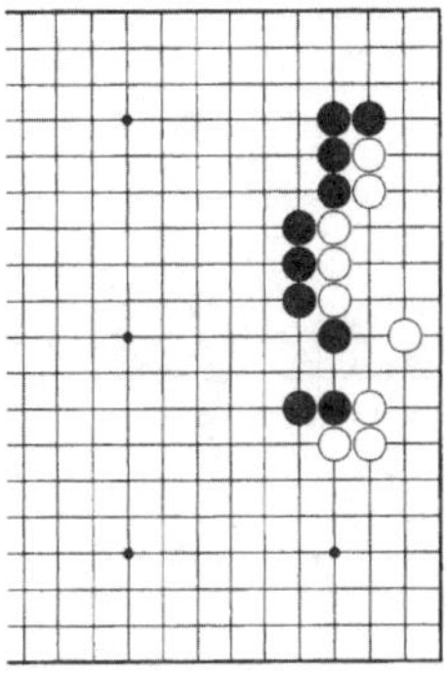

(298) 흑번

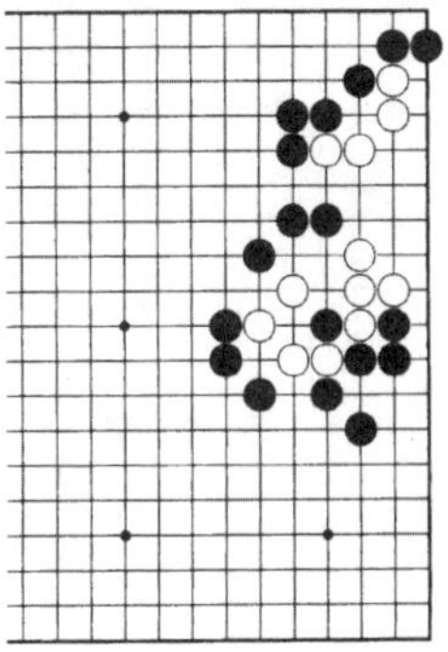

(299) 흑번

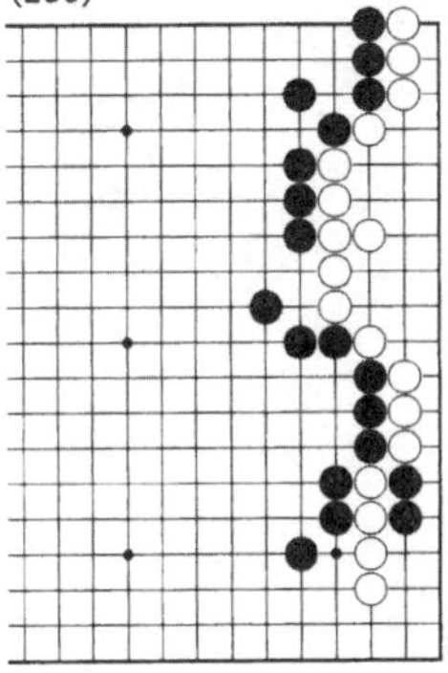

(344) 백번

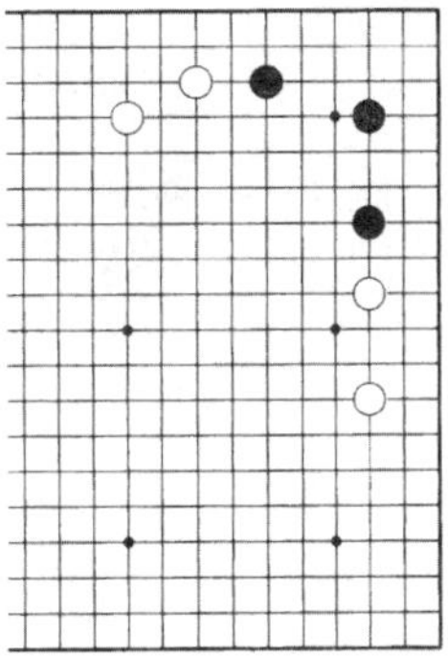

(345) 흑번

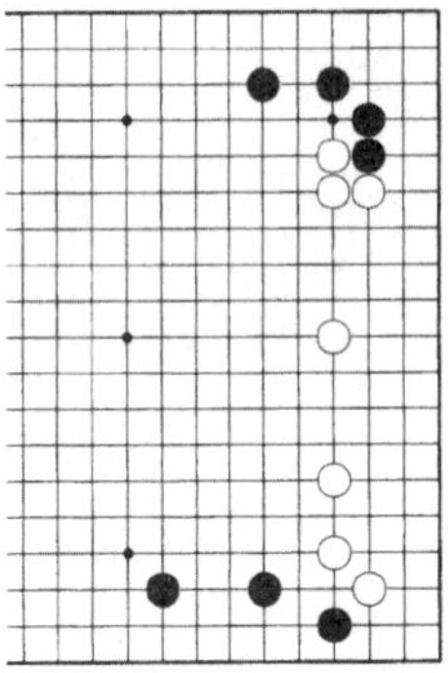

(347) 흑번

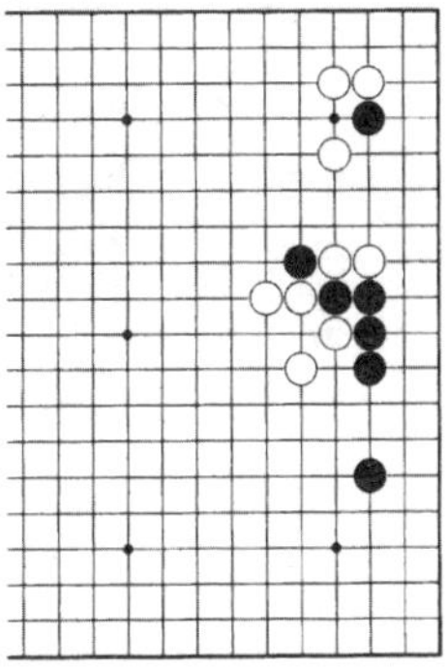

(348) 흑번

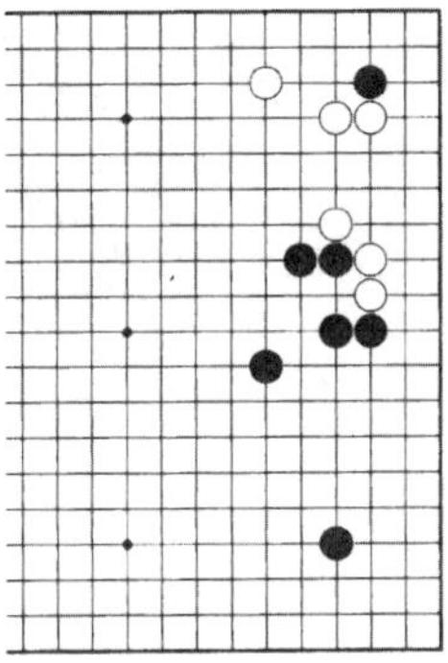

(349) 흑번

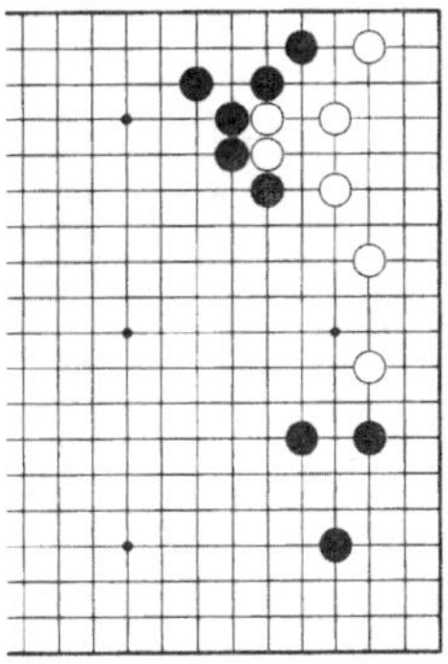

(354) 흑번

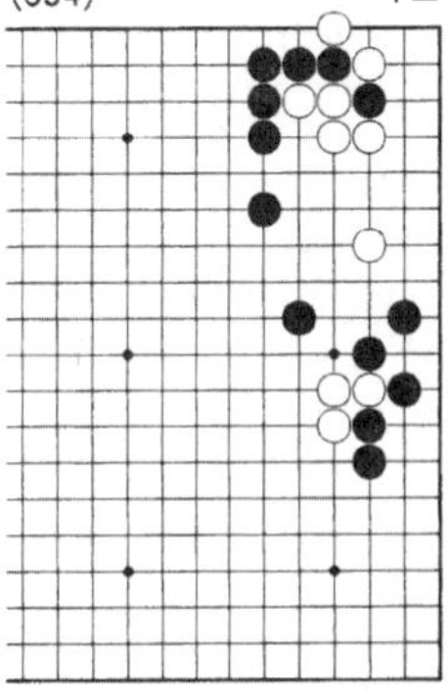

(357) 흑번

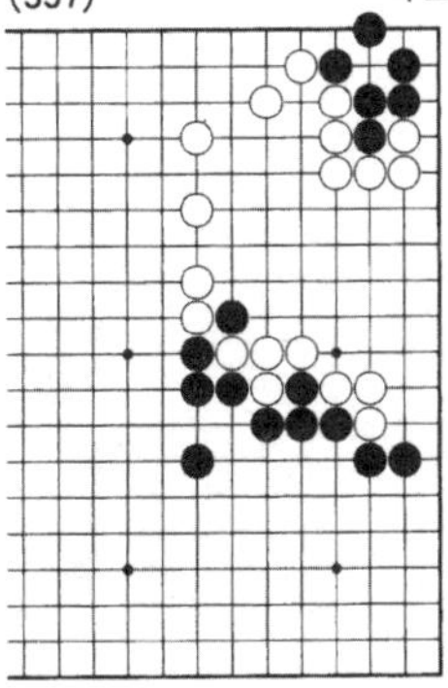

(449) 흑번

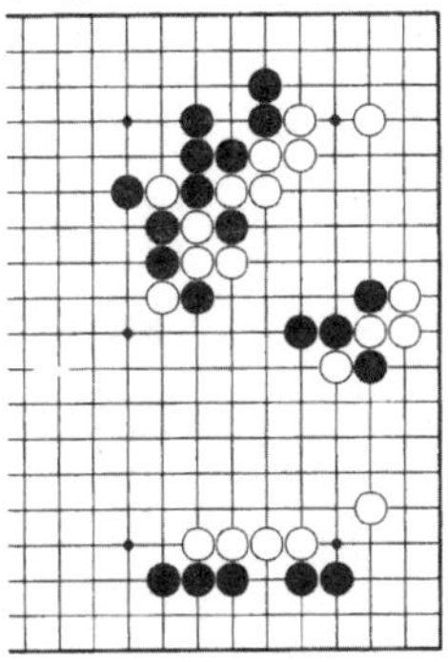

(596) 백번

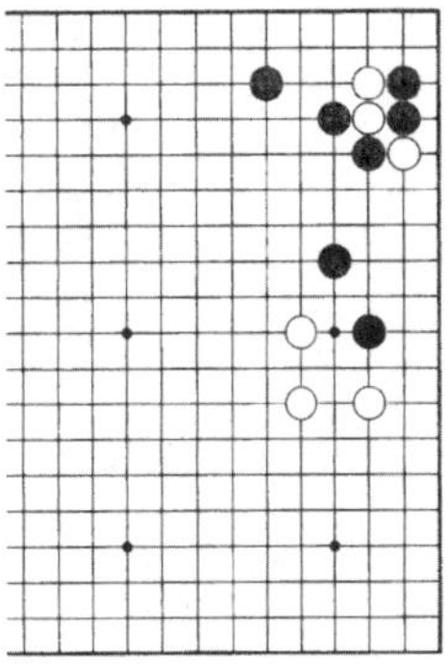

(708) 흑번

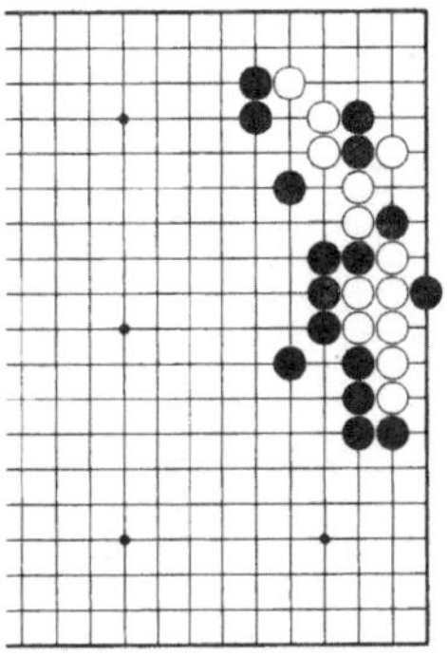

(709) 흑번

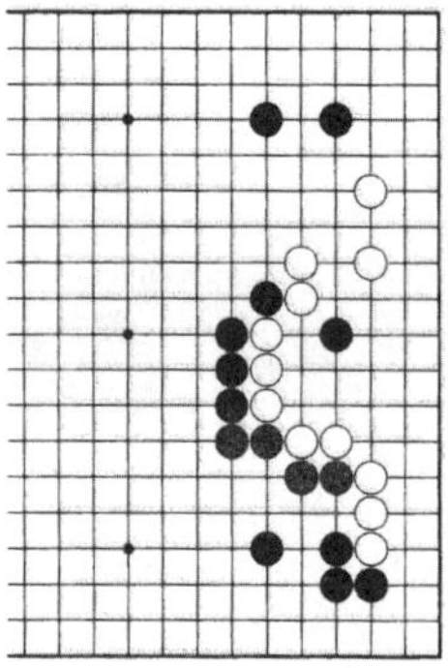

(1023) 흑번

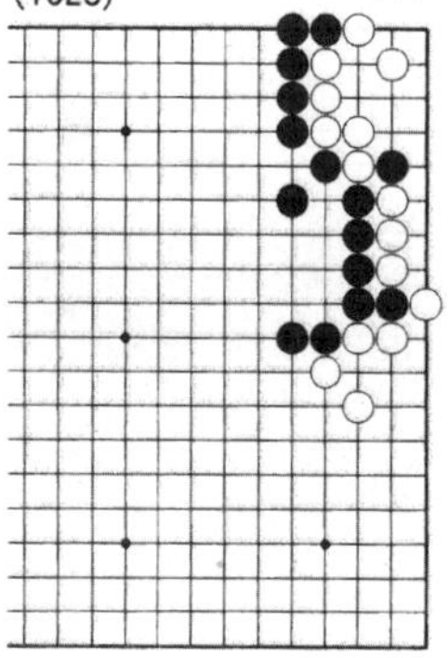

(1129) 백번

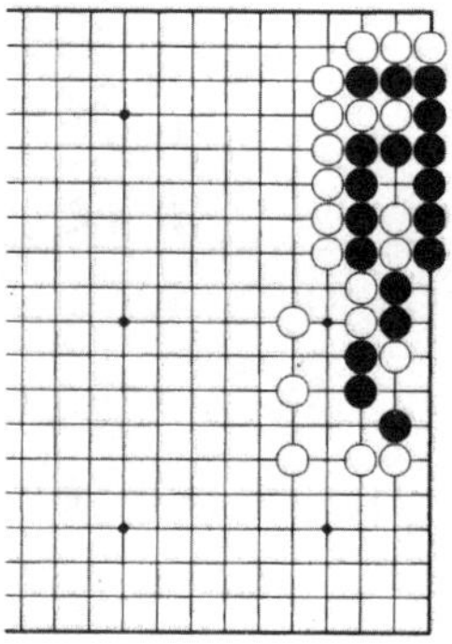

(1195) 백번

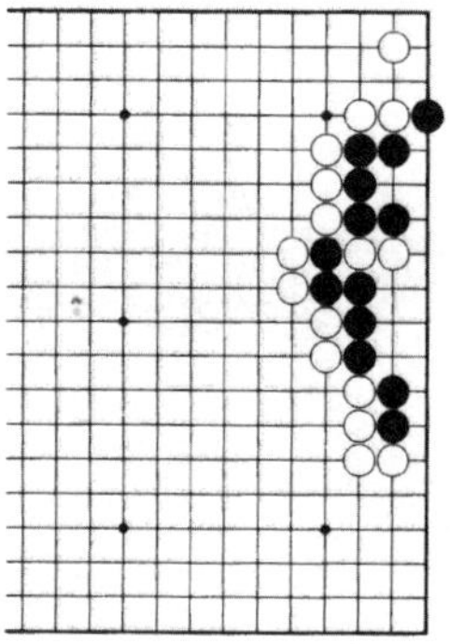

(1403) 백번

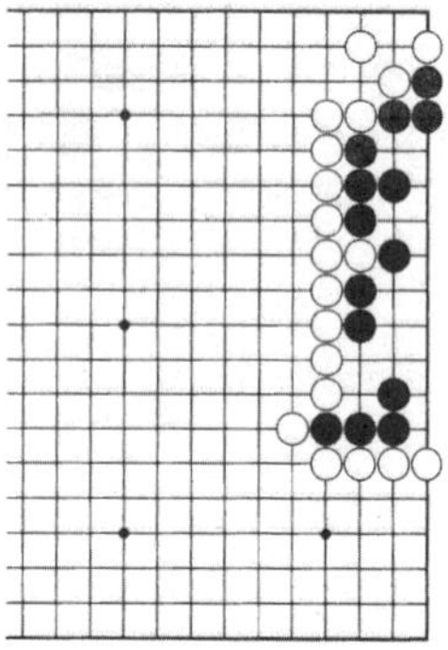

(1404) 흑번

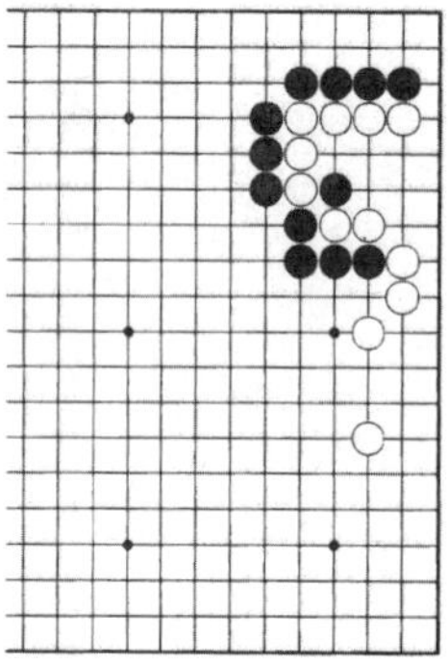

(1714) 백번

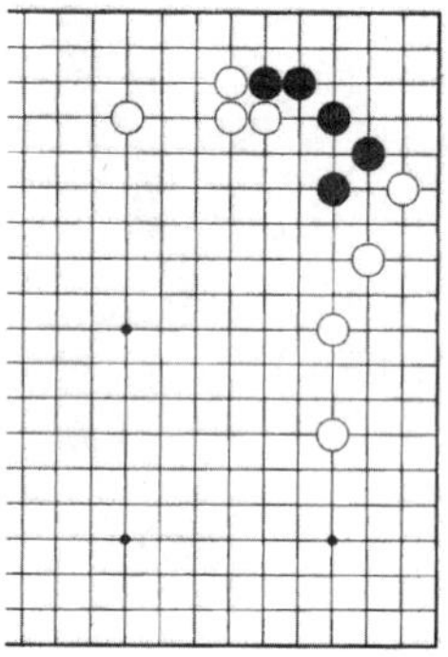

(1715) 흑번

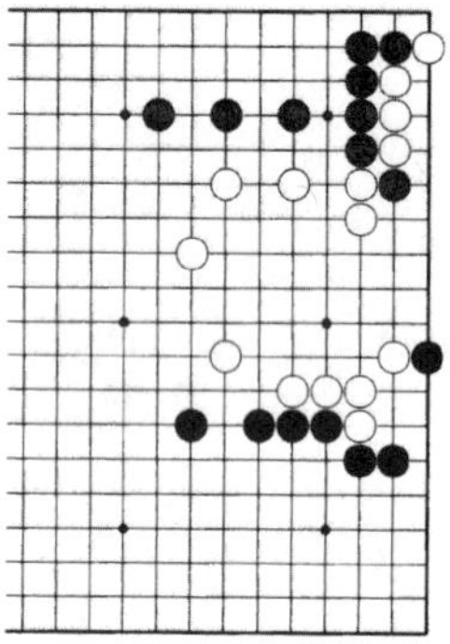

(2001) 흑번

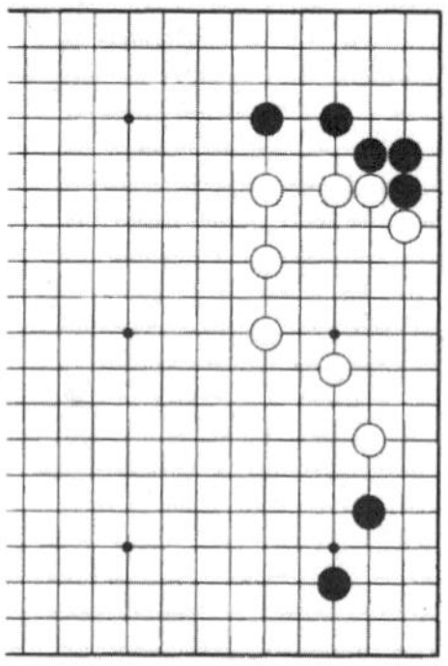

(2044) 흑번

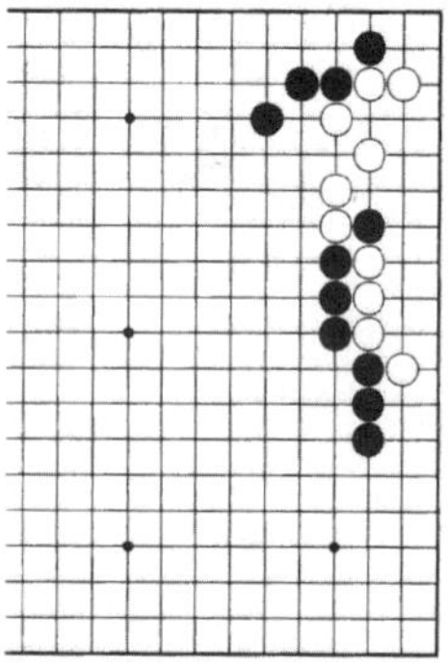

(2045) 흑번

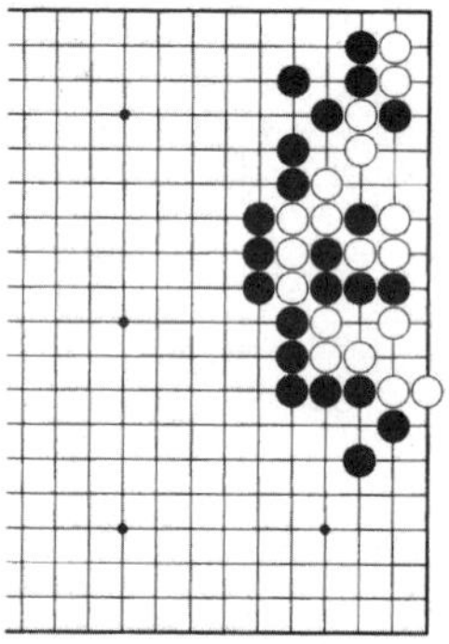

(2076) 백번

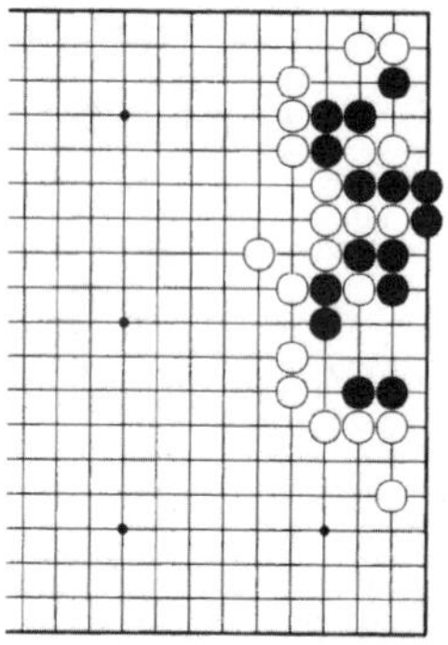

(2158) 흑번

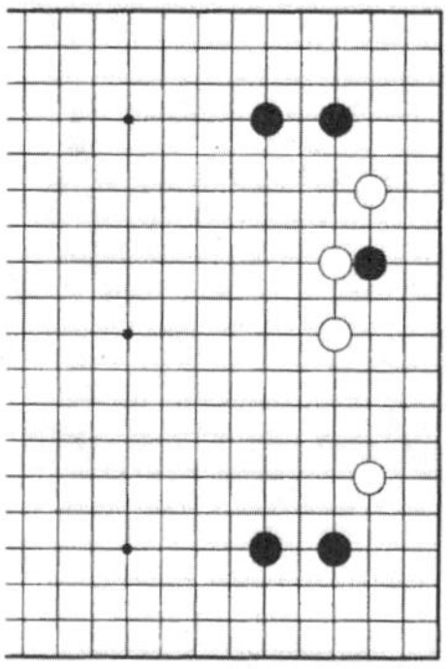

(2362) 백번

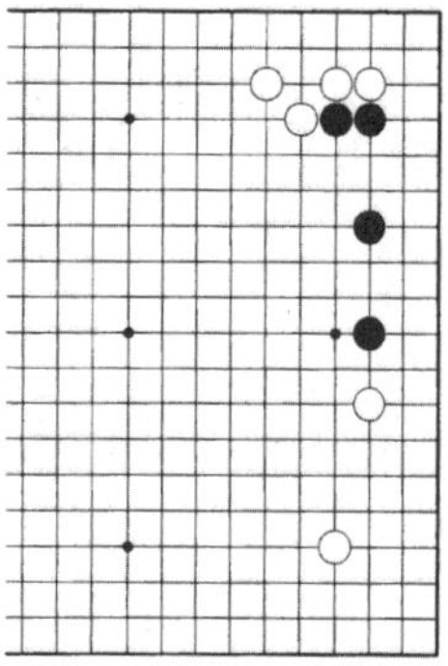

(2365) 흑번

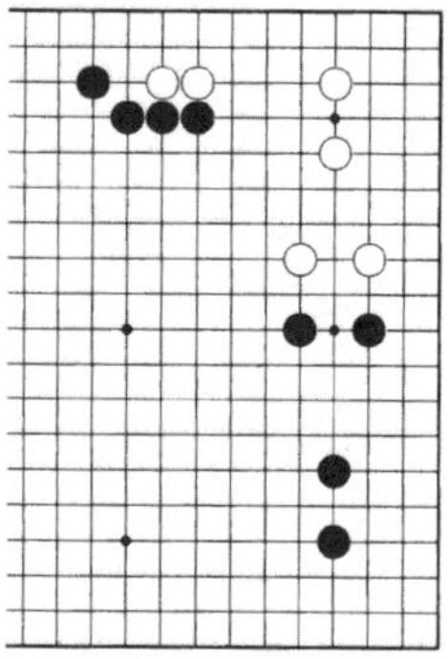

(2368) 백번

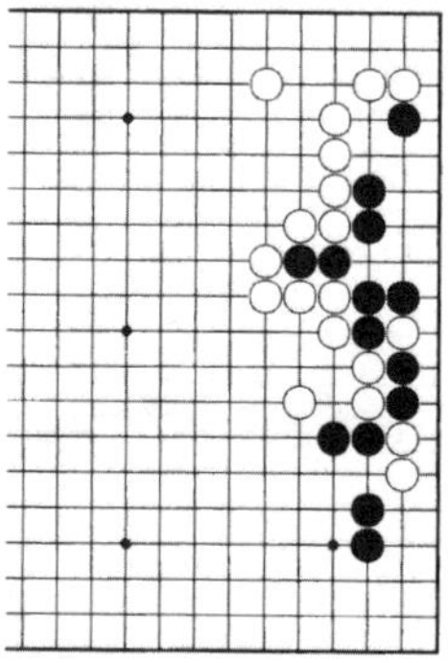

(2440) 흑번

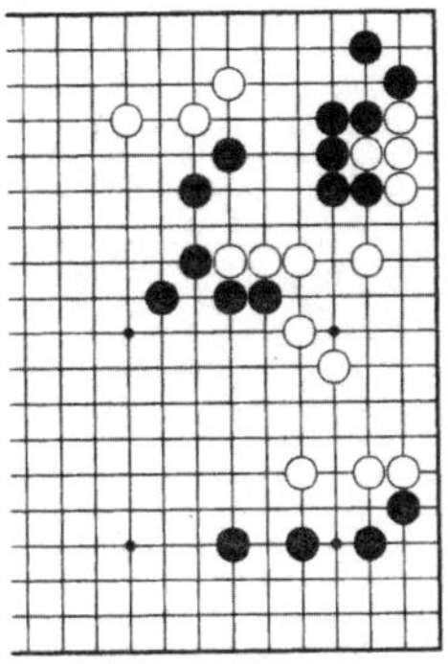

## 살다

(860) 백번

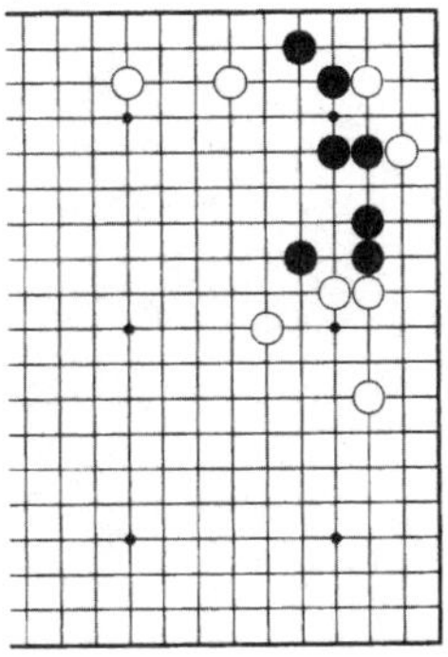

(957) 백번

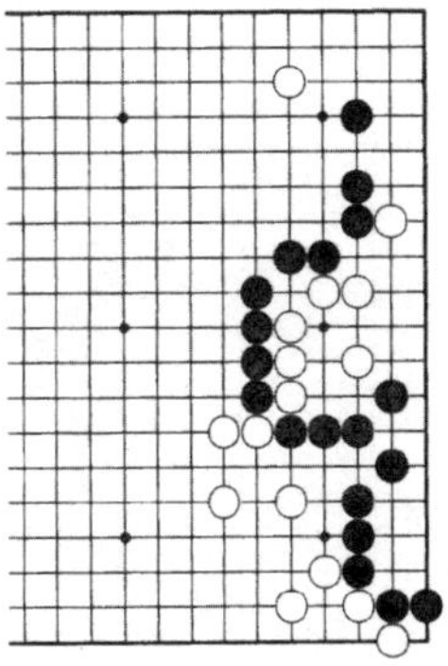

(1511) 백번

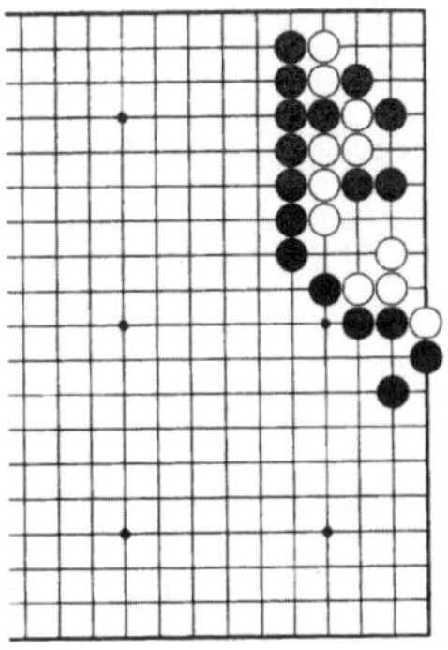

(1679) 흑번

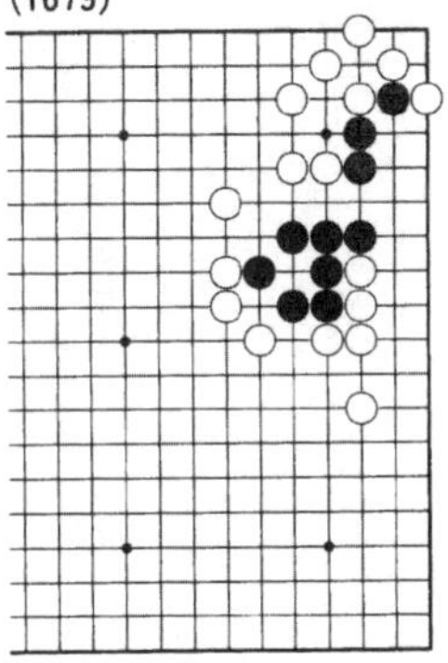

(1680) 백번

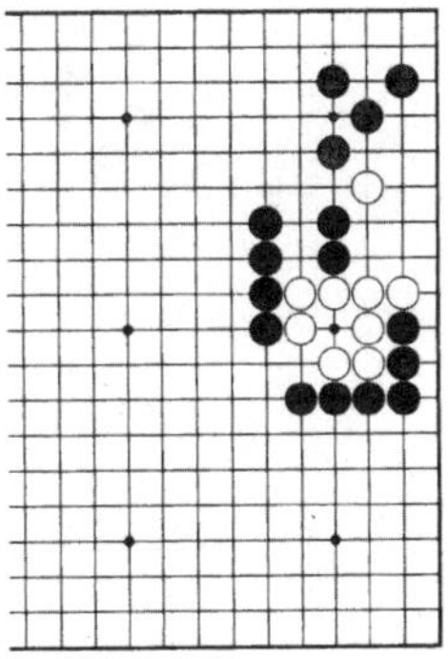

(2025) 흑번

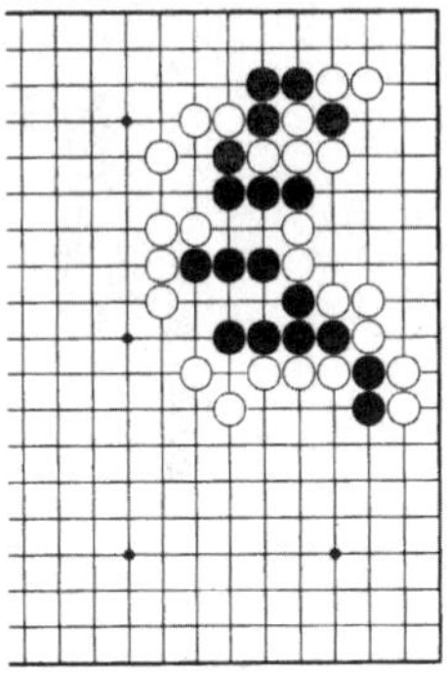

(2398) 백번

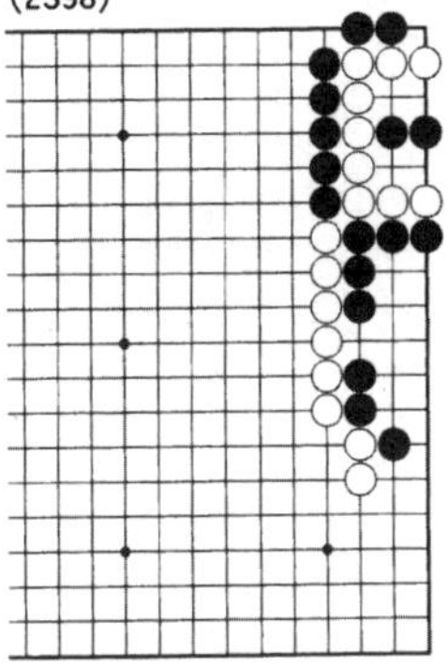

## 괴롭히다

(342) 흑번

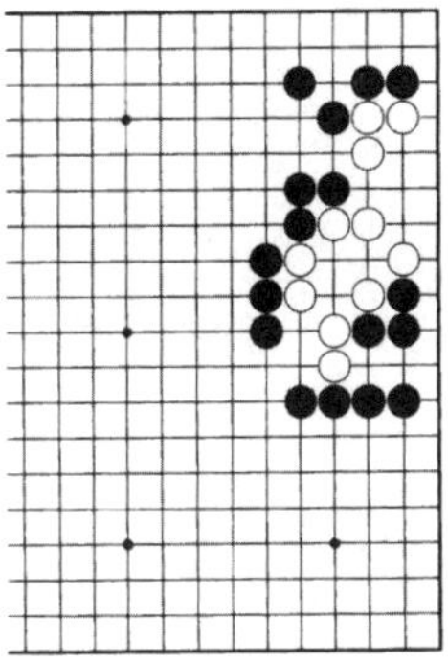

(923) 흑번

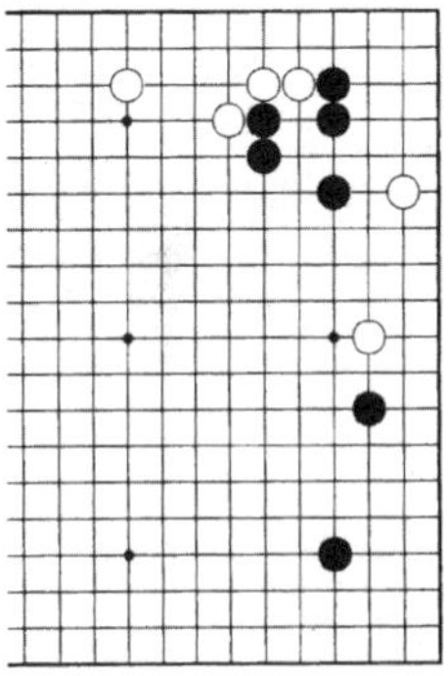

(1022) 백번

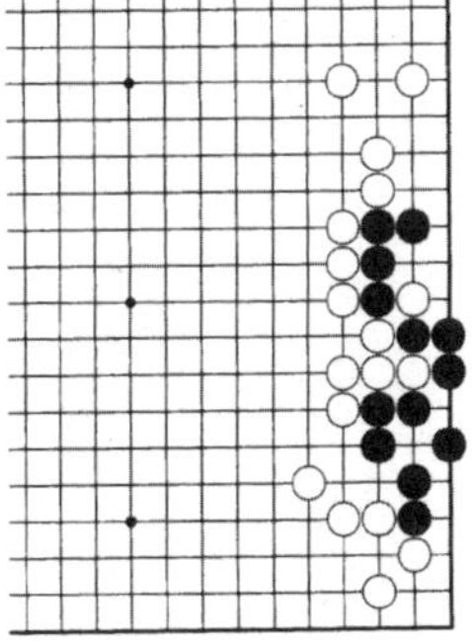

(1196) 흑번

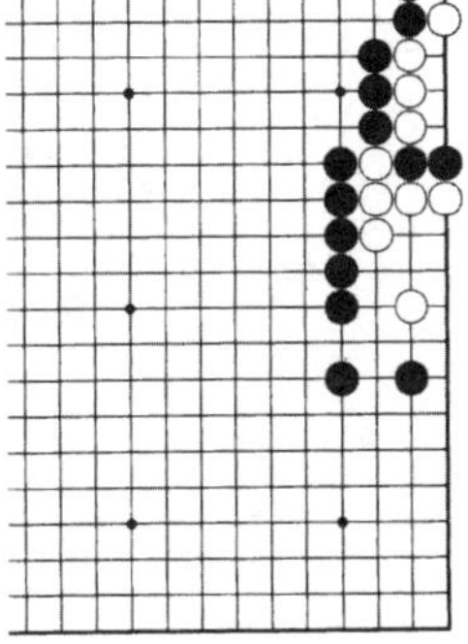

(1293) 백번

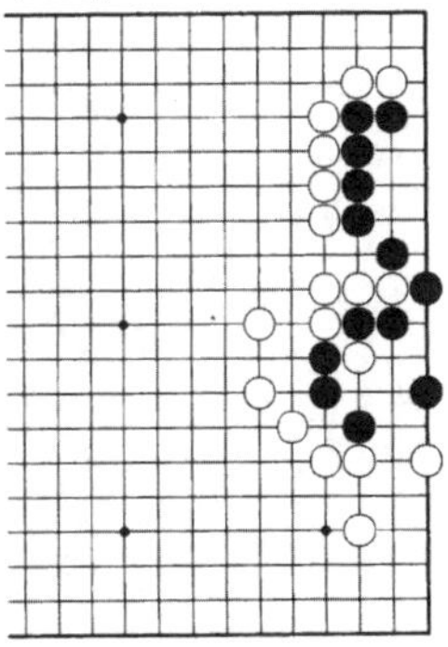

(1297) 흑번

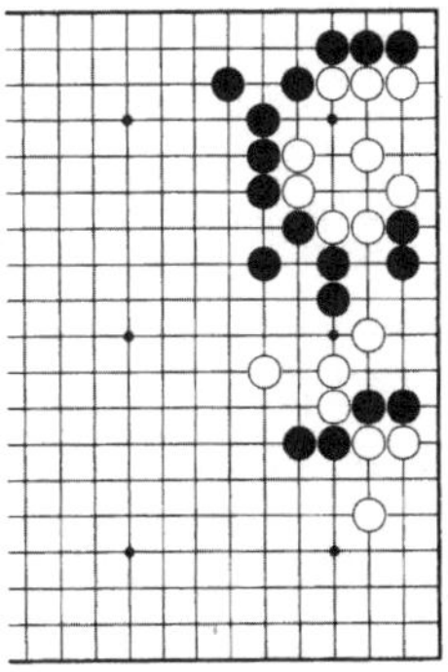

(1461) 흑번

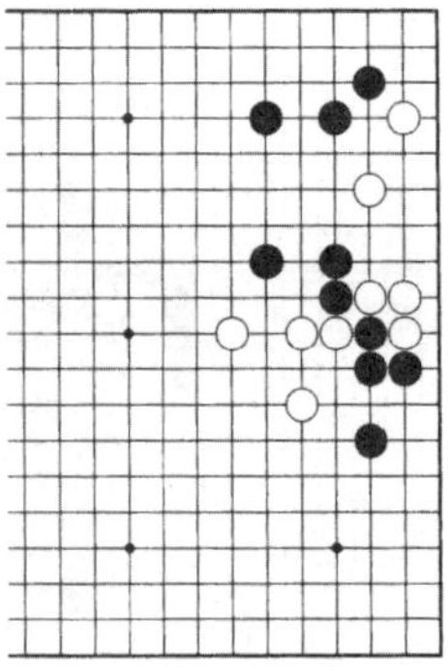

(1500) 흑번

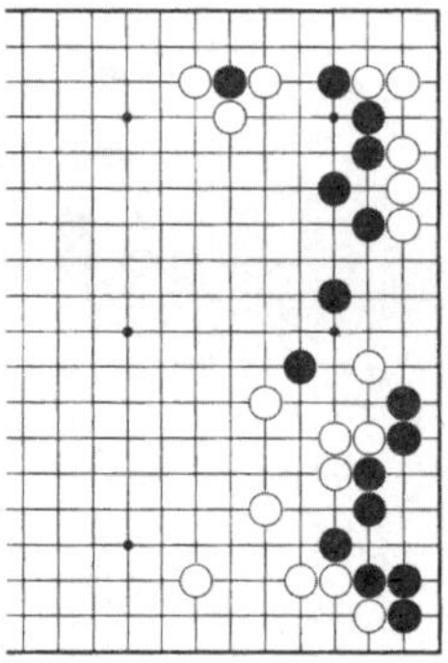

(1599) 백번

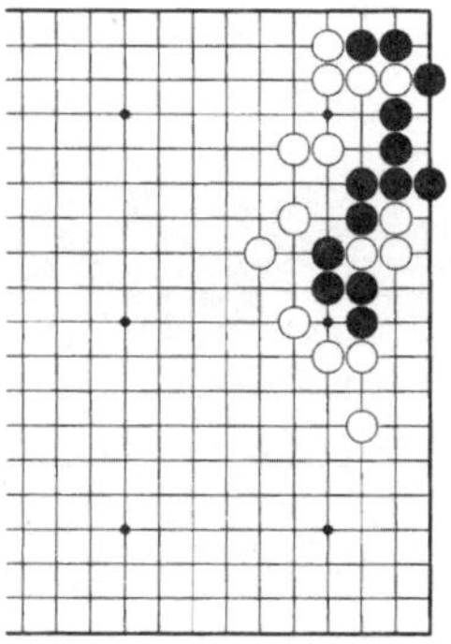

(1923) 백번

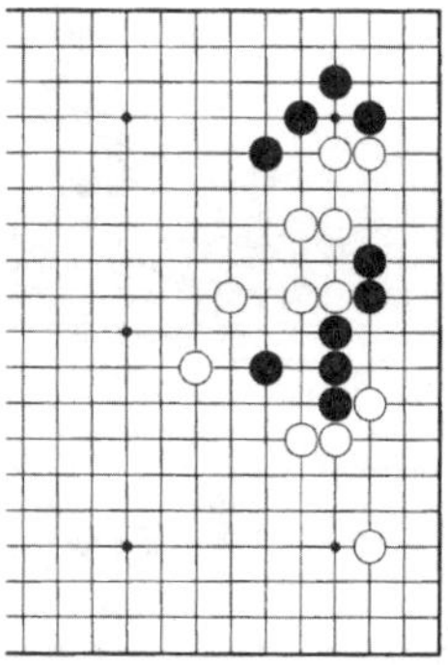

(2072) 흑번

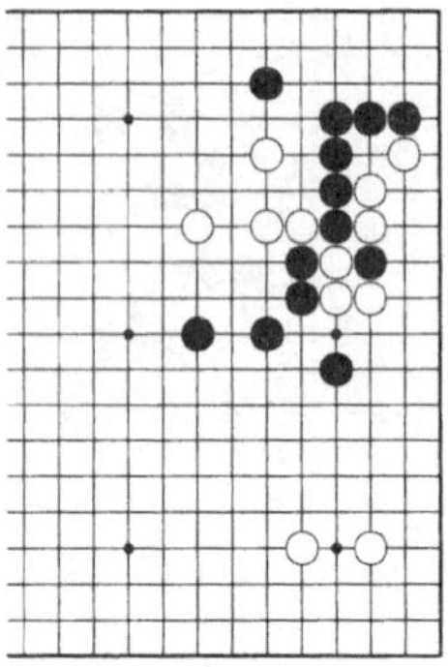

(2347) 흑번

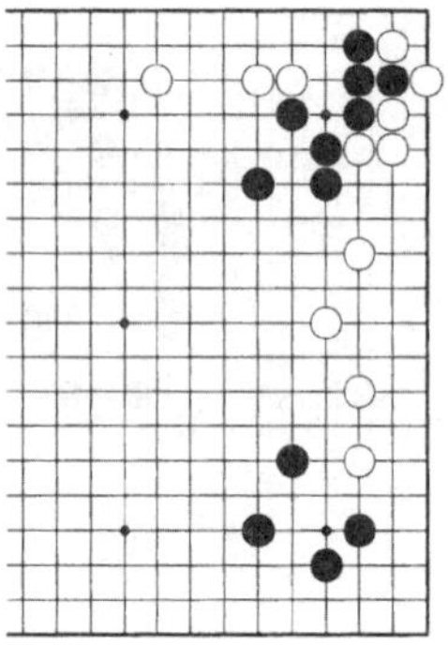

(2386) 흑번

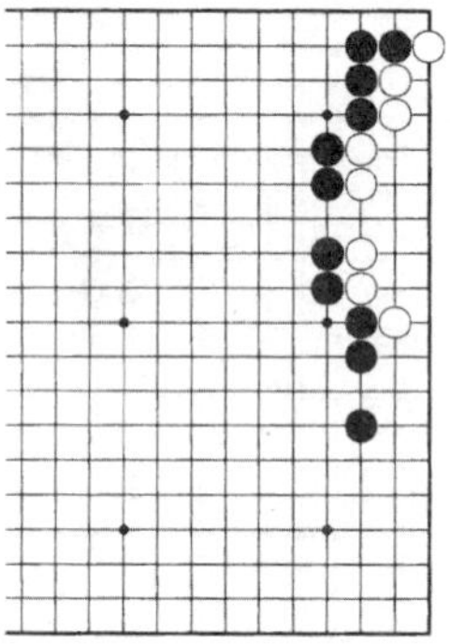

(2387) 백번

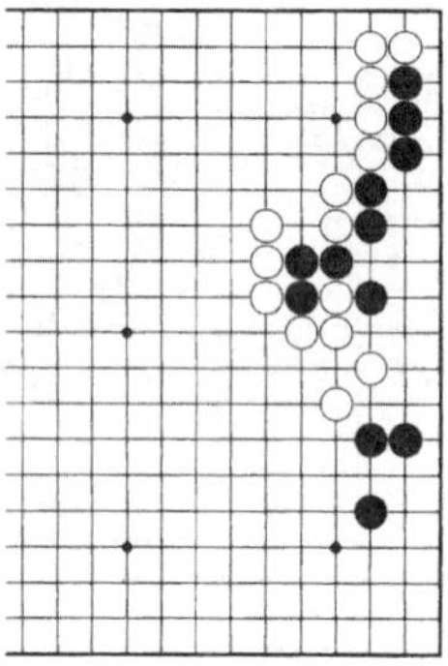

(2388) 흑번

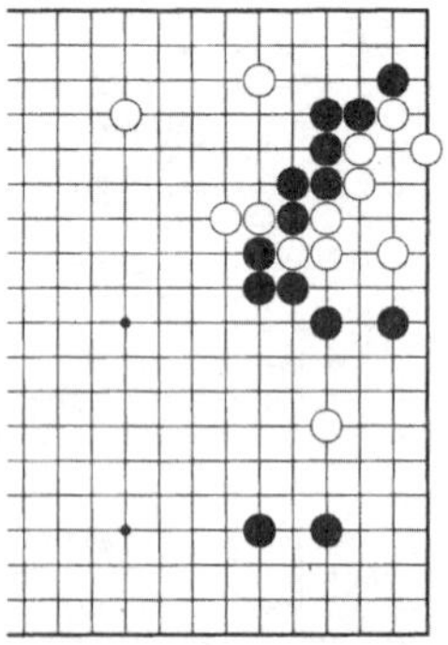

**받다**

(507) 흑번

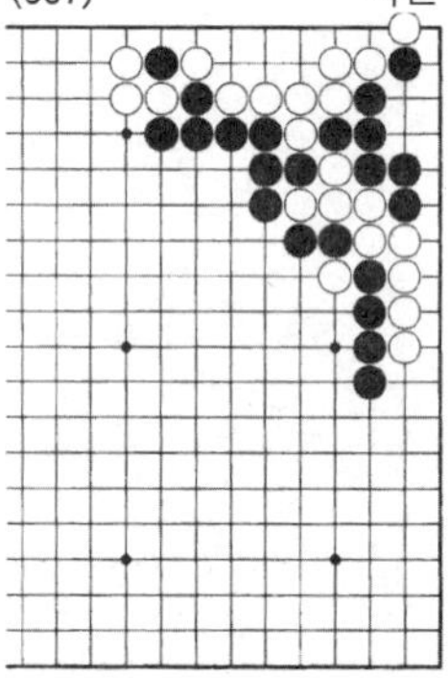

(854) 백번

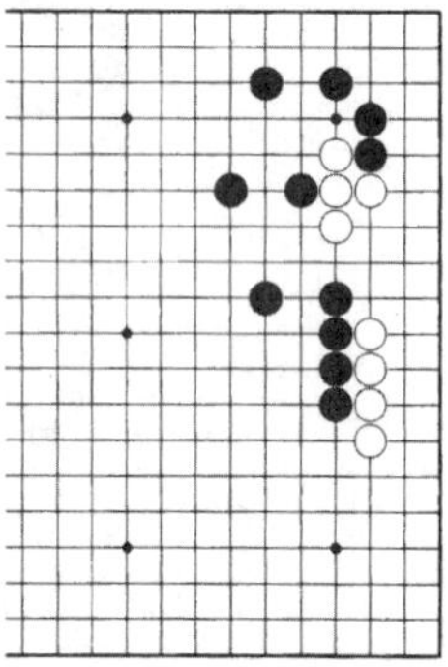

(1008) 백번

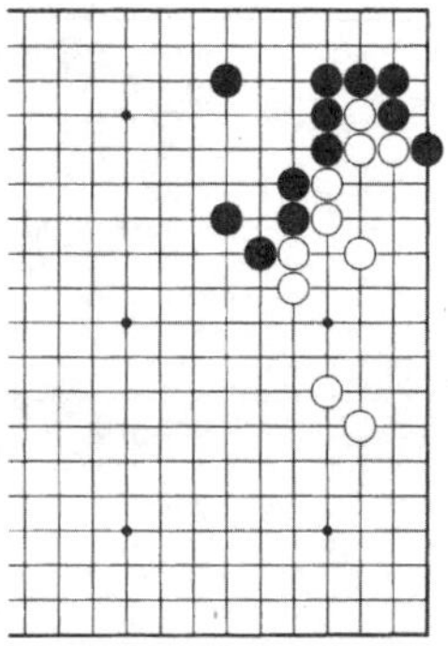

(1009) 흑번

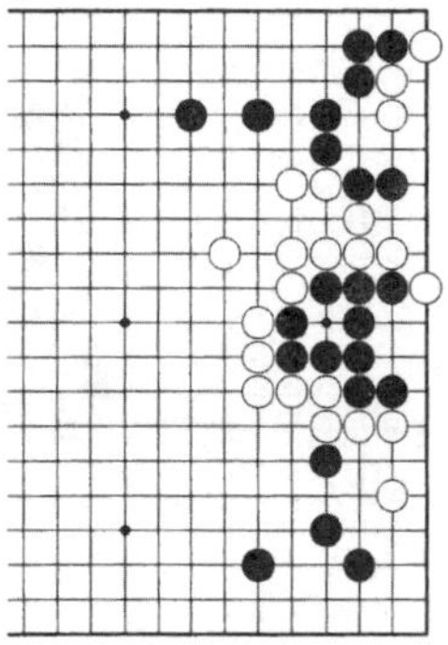

(1580) 흑번

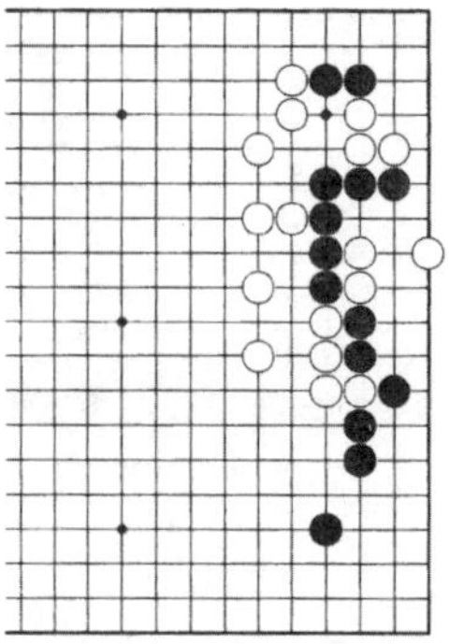

(1709) 백번

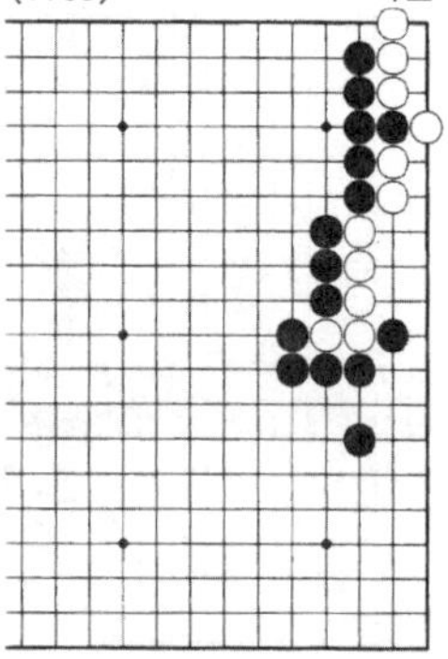

(2329) 백번

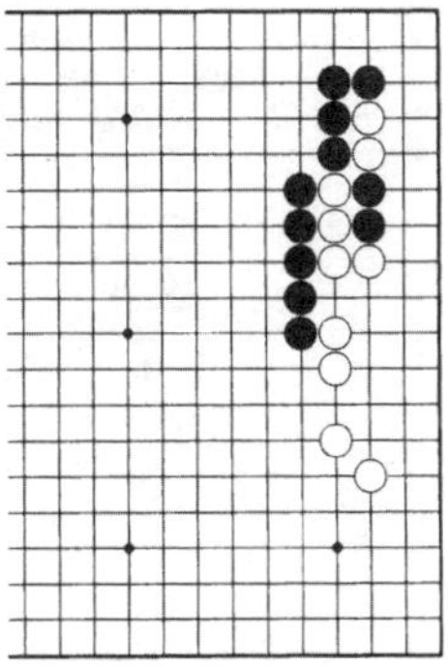

## 환격

(723) 백번

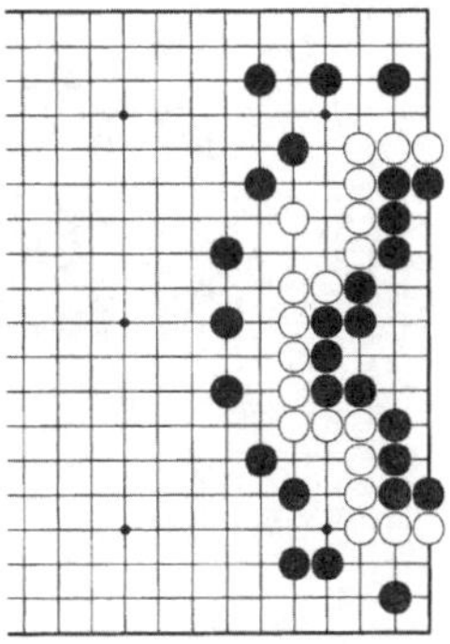

(1067) 백번

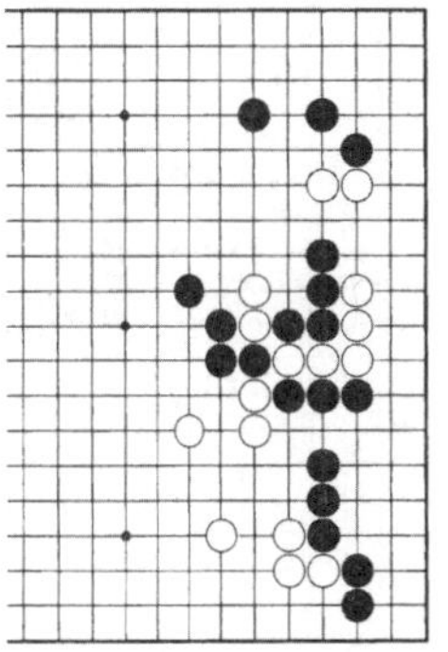

## 찌르다

(220) 흑번

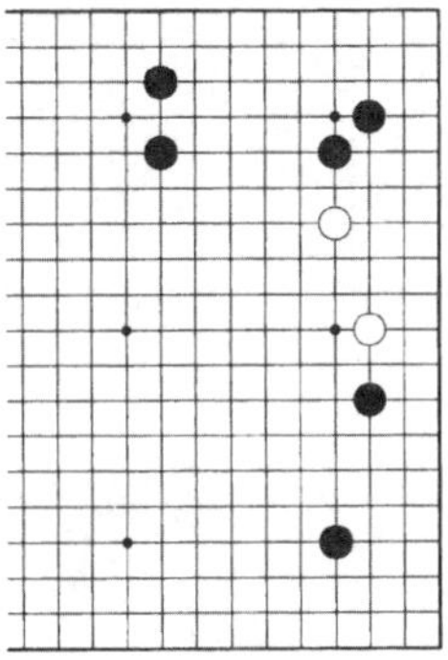

(225) 흑번

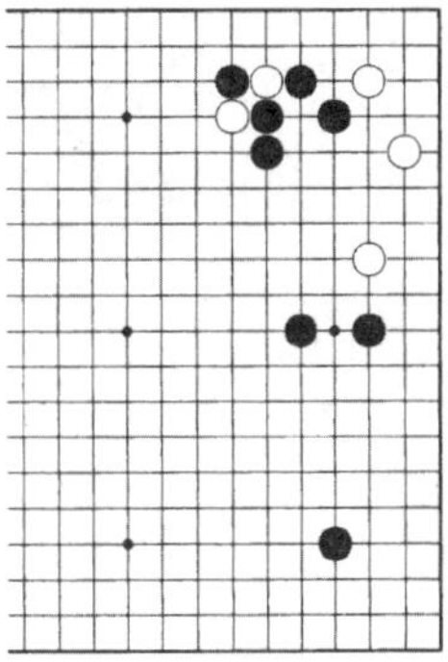

(228) 흑번

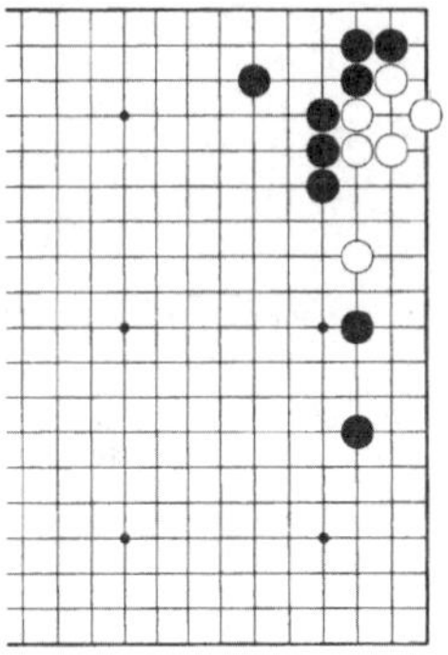

(232) 흑번

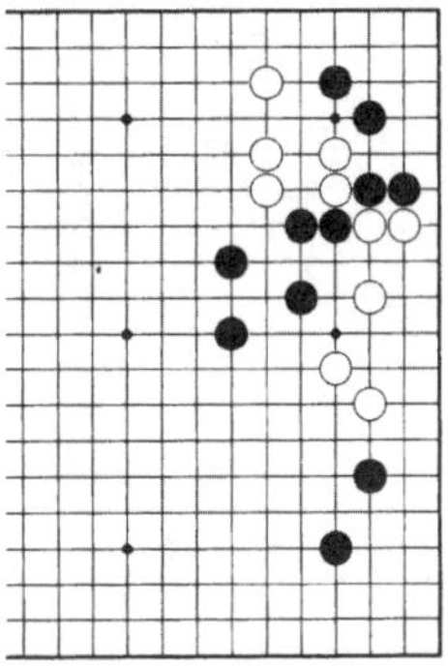

(1922) 흑번

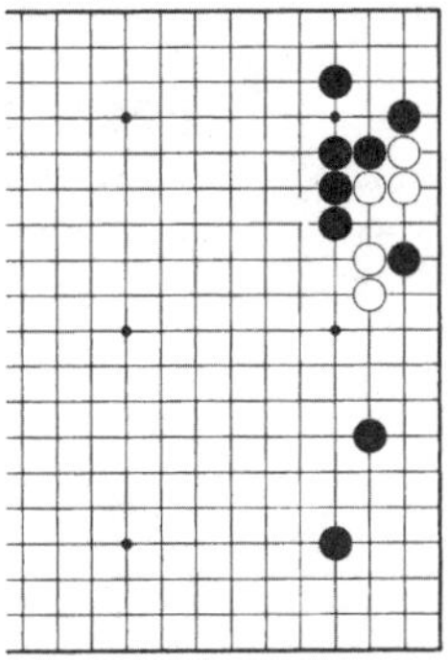

## 촉촉수/연단수

( 6 ) 백번

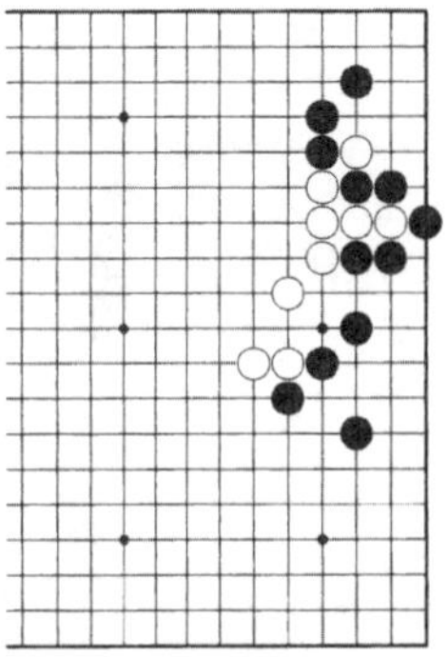

( 7 ) 흑번

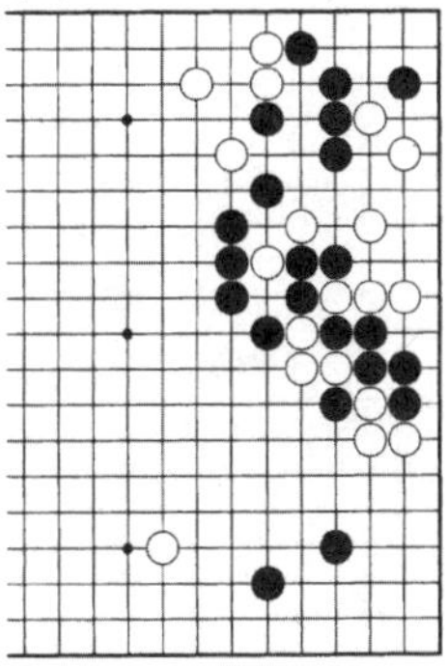

(695) 흑번

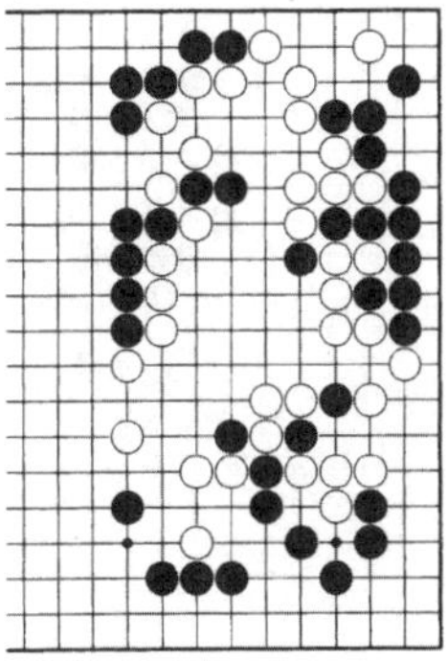

(1243) 흑번

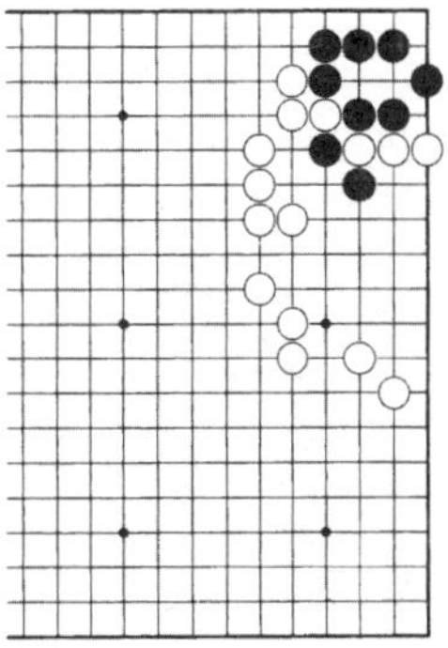

(1514) 흑번

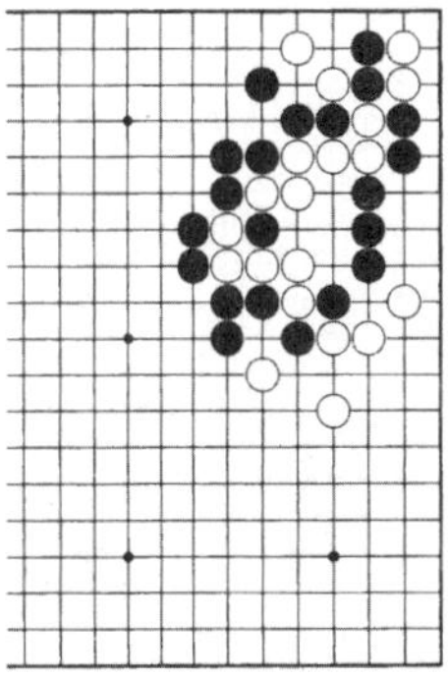

(1626) 흑번

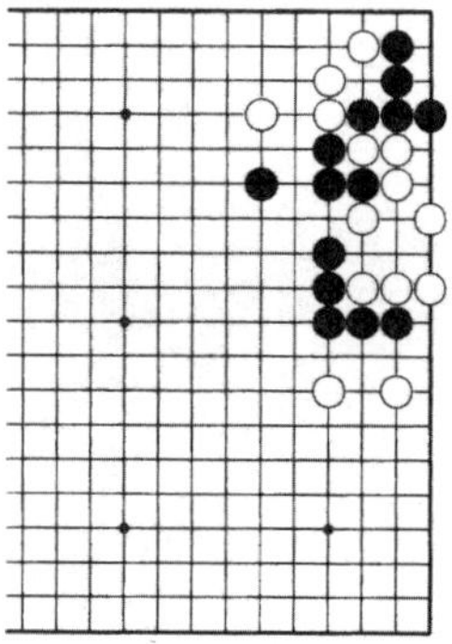

(2073) 흑번

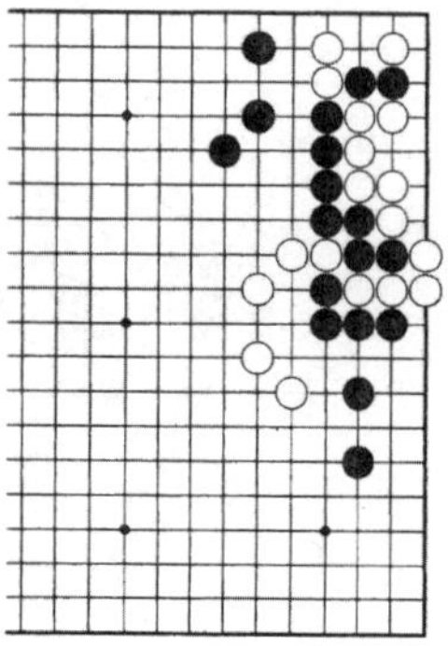

(2261) 흑번

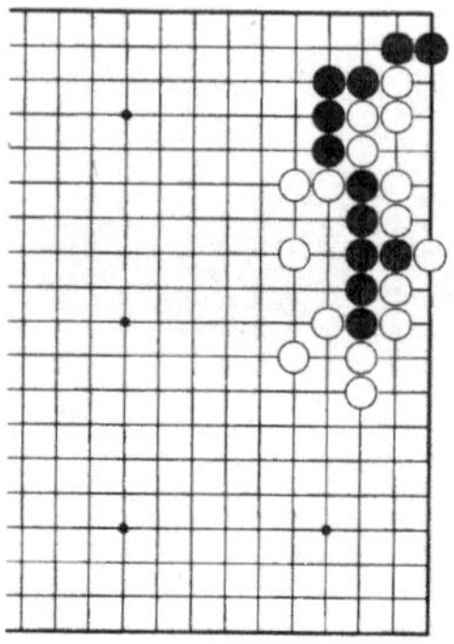

(2459) 백번

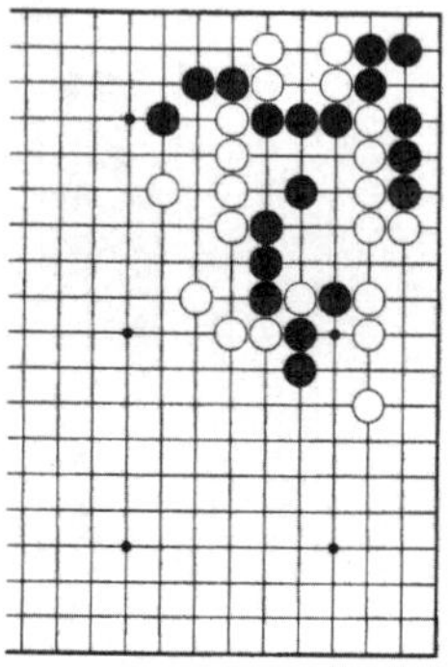

## 안정되다

(205) 흑번

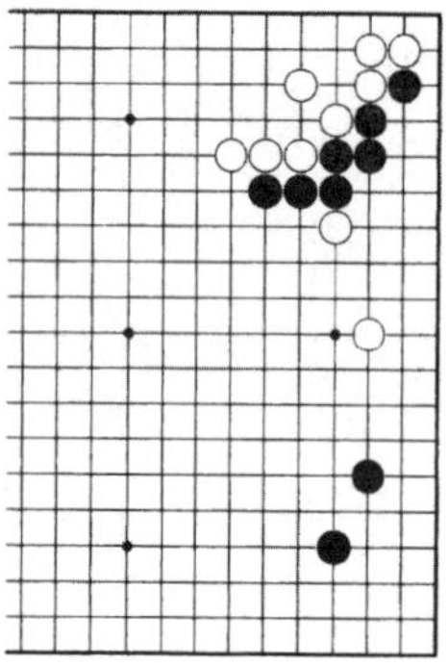

(1209) 흑번

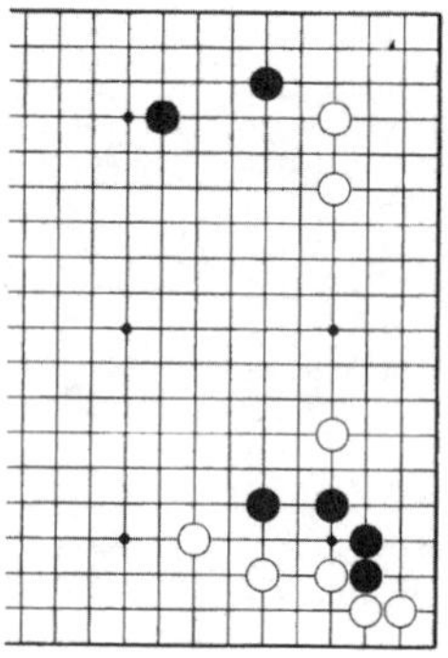

(1210) 흑번

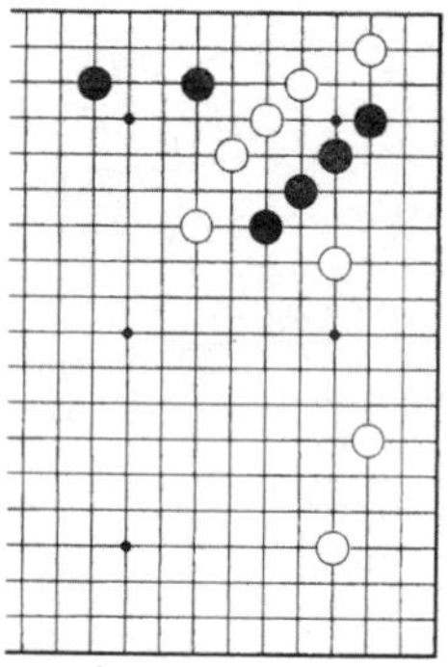

(1581) 백번

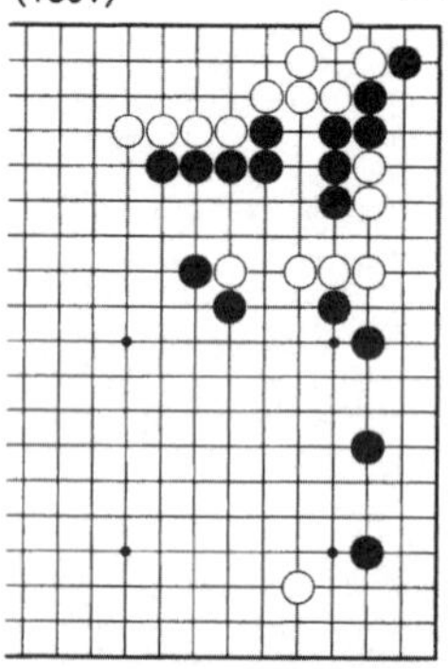

(1951) 백번

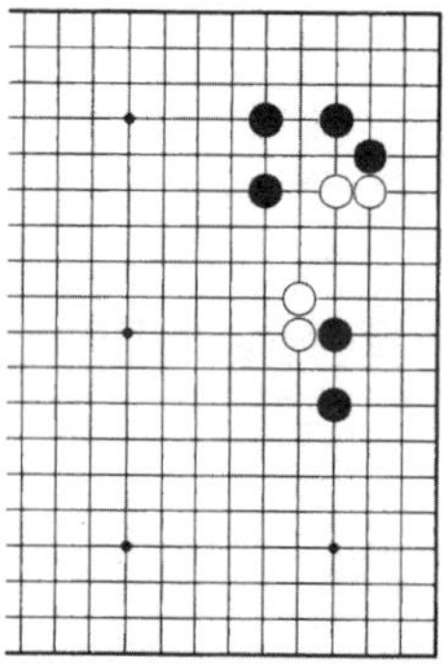

(2019) 백번

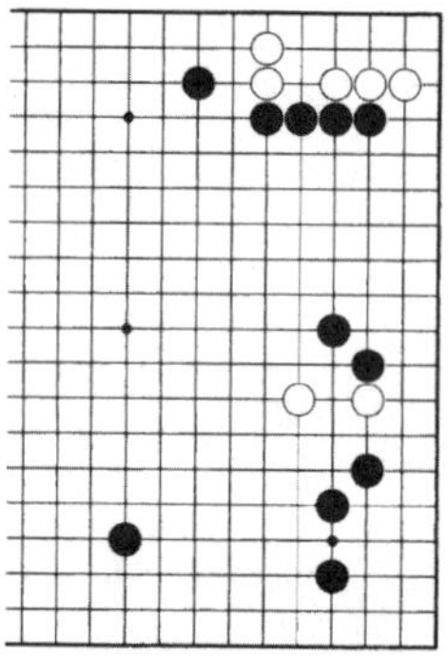

(2061) 백번

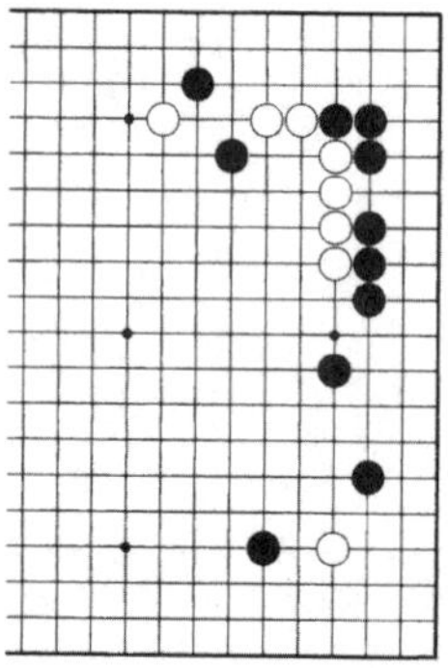

(2363) 백번

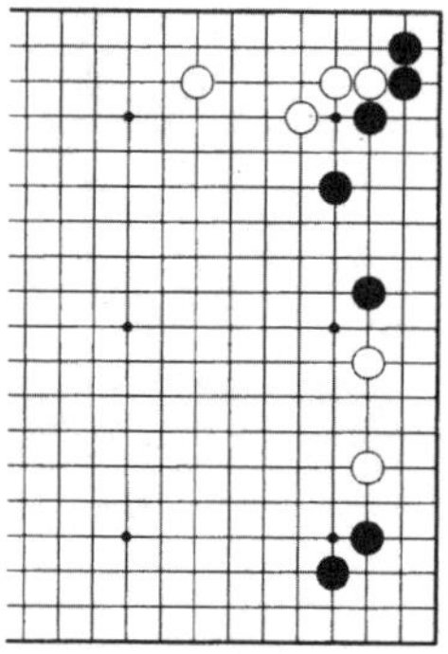

## 모양을 정리하다

(87) 흑번

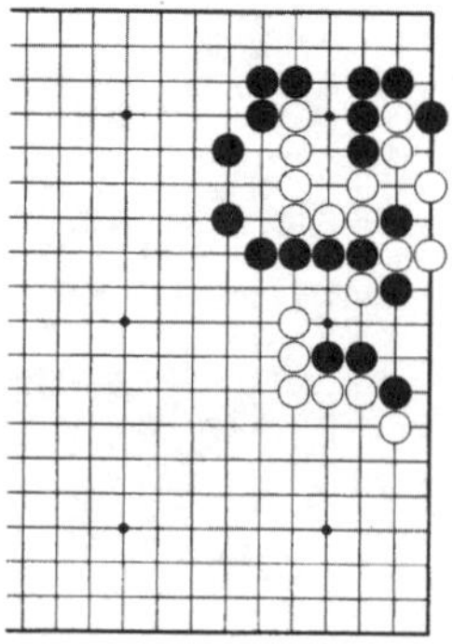

(447) 백번

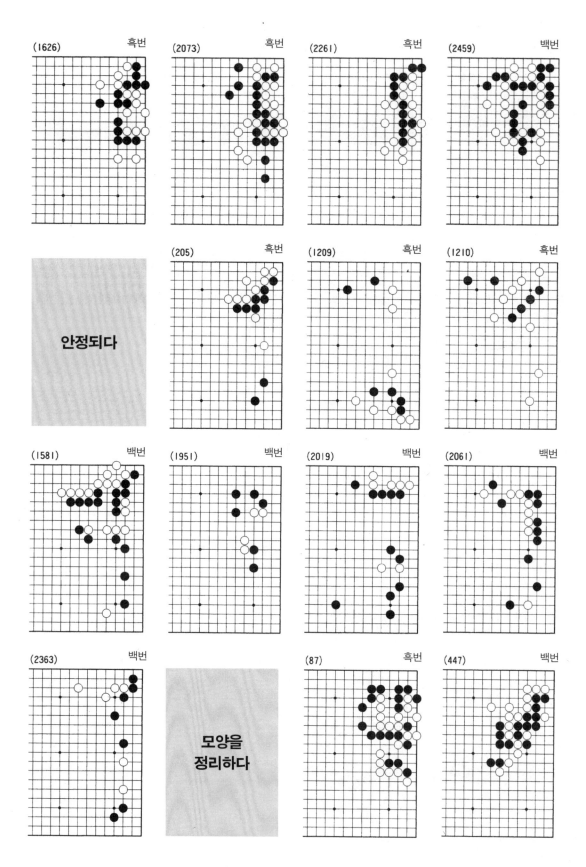

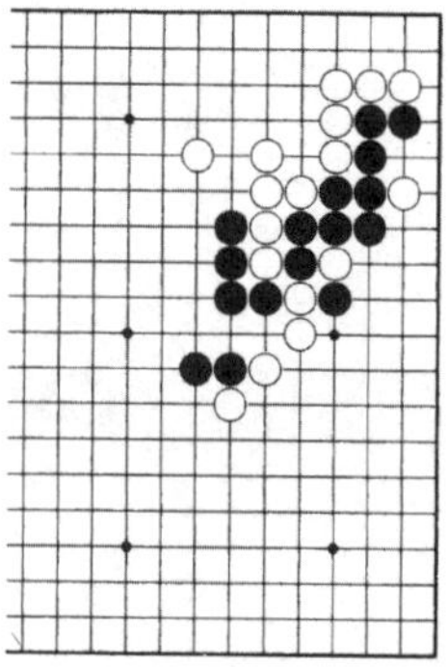

(583) 흑번

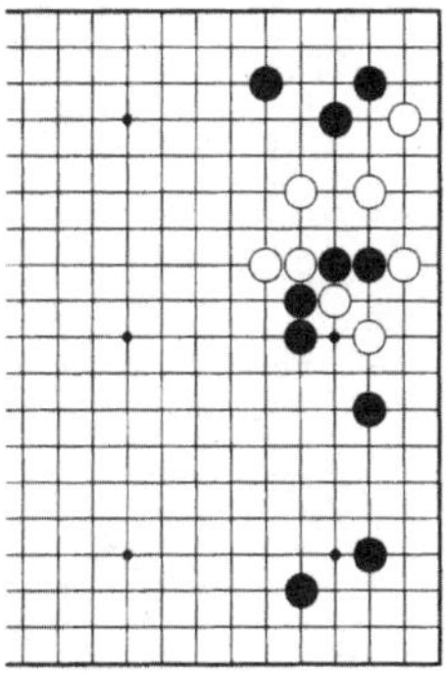

(776) 흑번

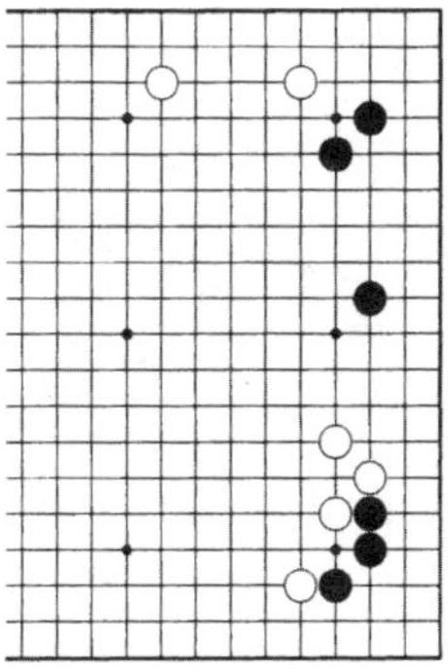

(922) 흑번

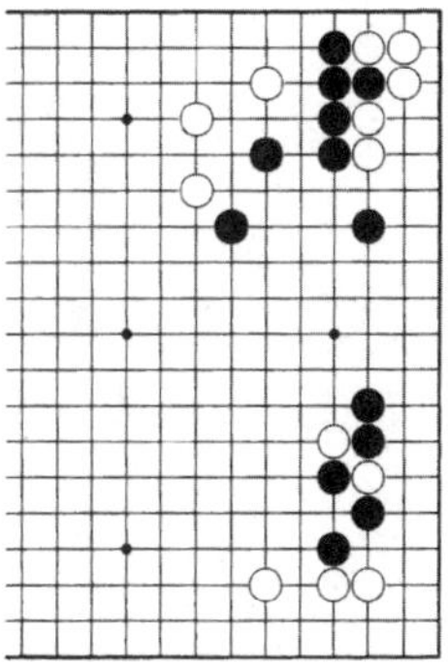

(1038) 흑번

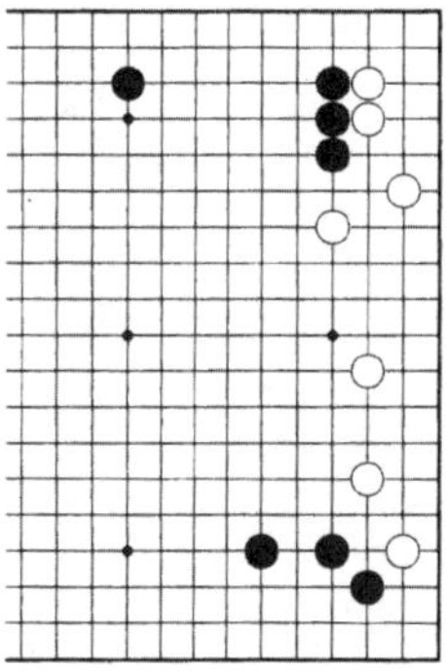

(2275) 흑번

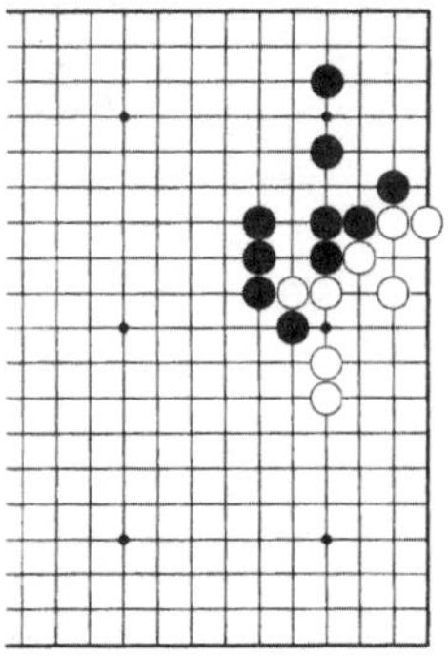

## 모양을 무너뜨리다

(118) 흑번

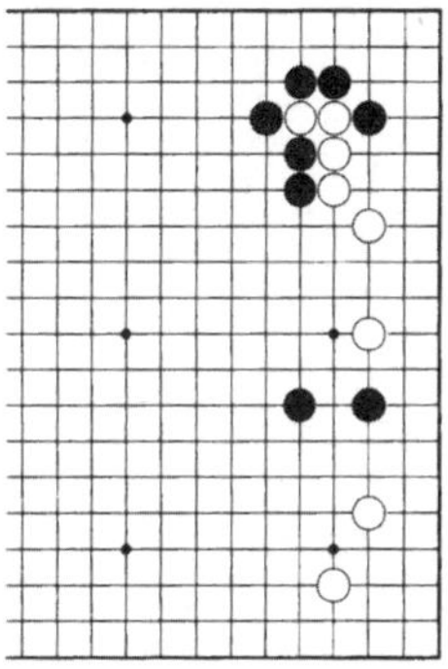

(1053) 흑번

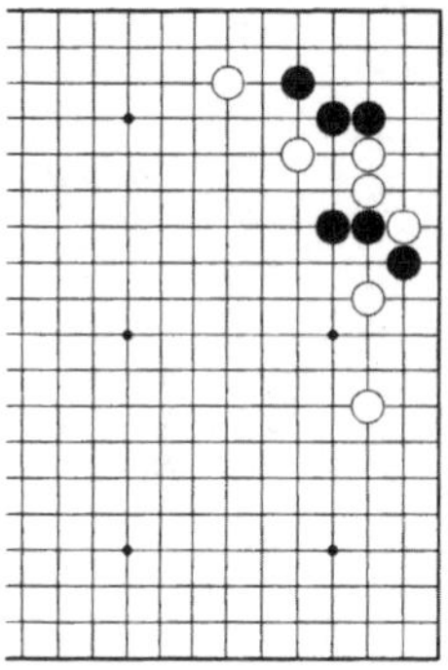

(1284) 흑번

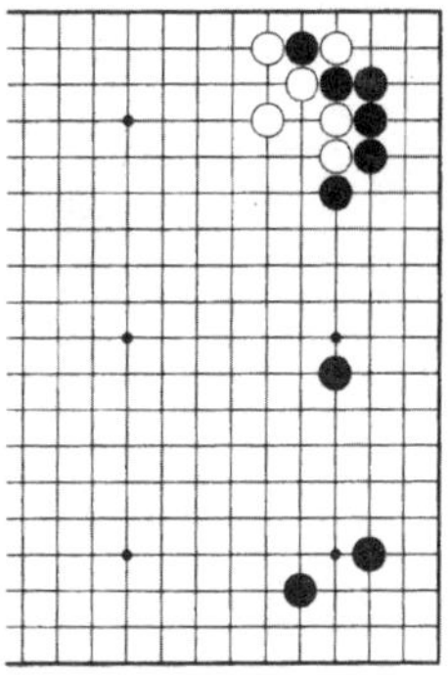

(1362) 흑번

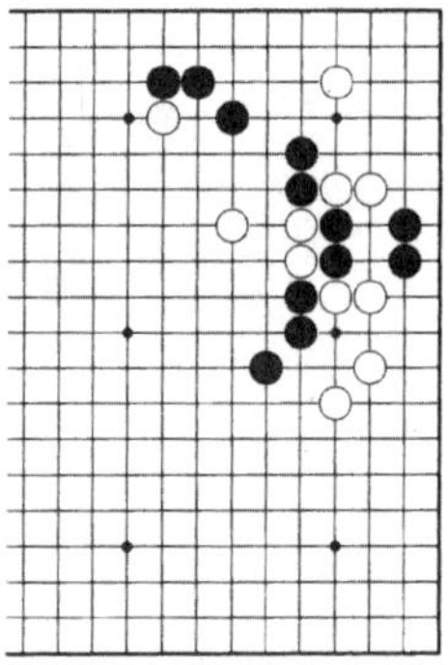

(1917) 흑번

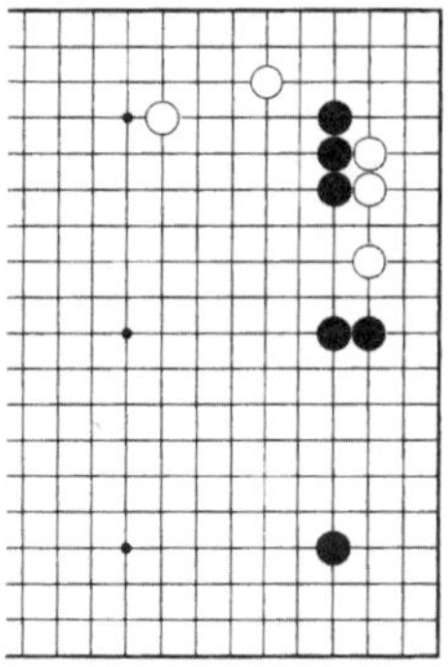

(2284) 흑번

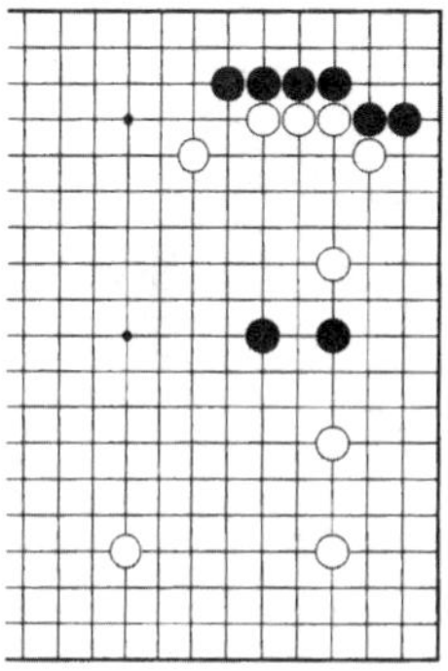

(2285) 흑번

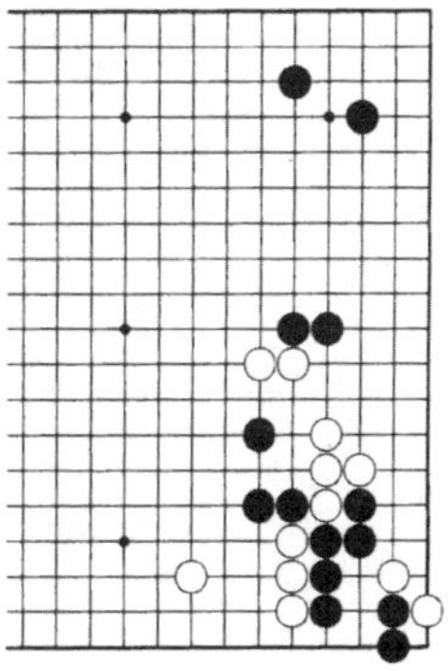

## 굳히다

(186) 백번

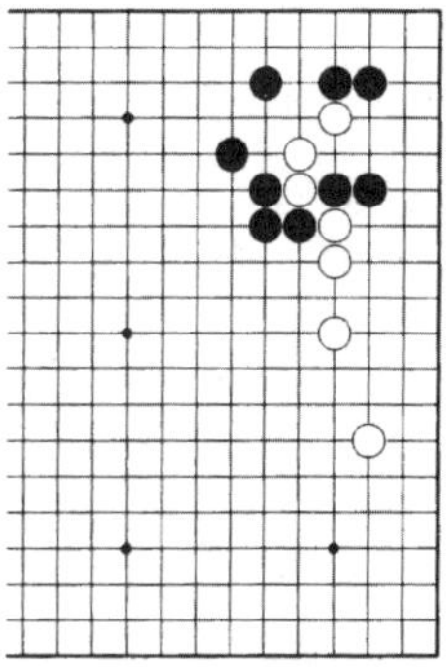

(187) 흑번

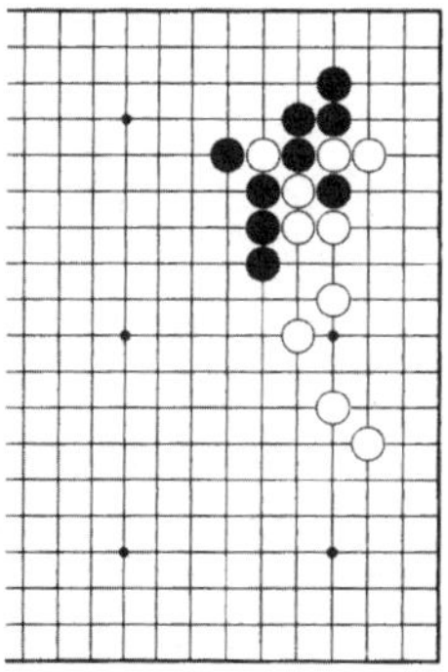

(343) 흑번

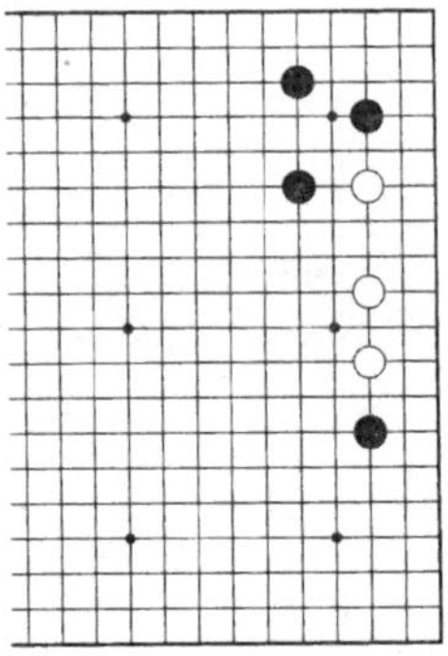

(436) 흑번

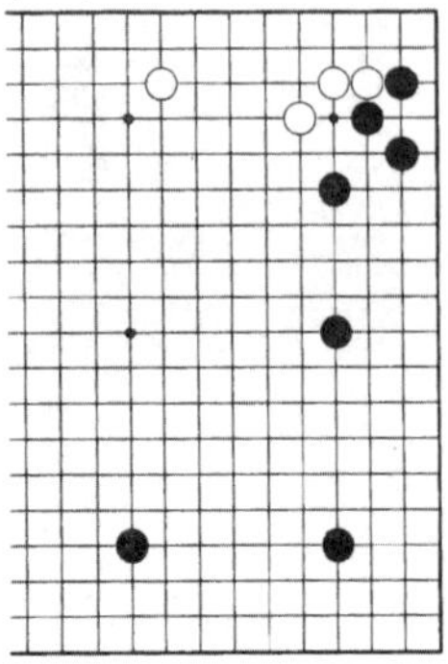

(594) 흑번

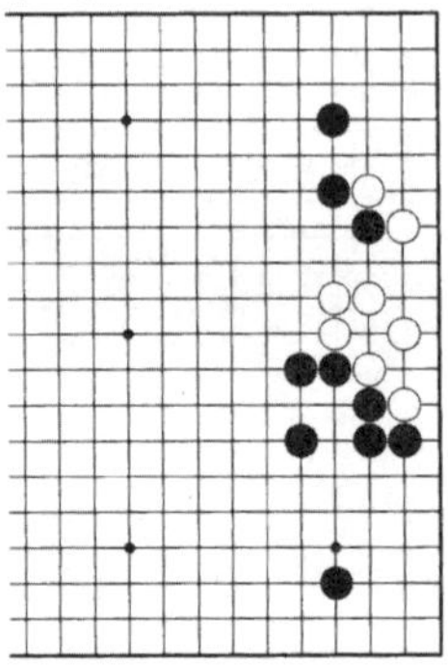

(780) 흑번

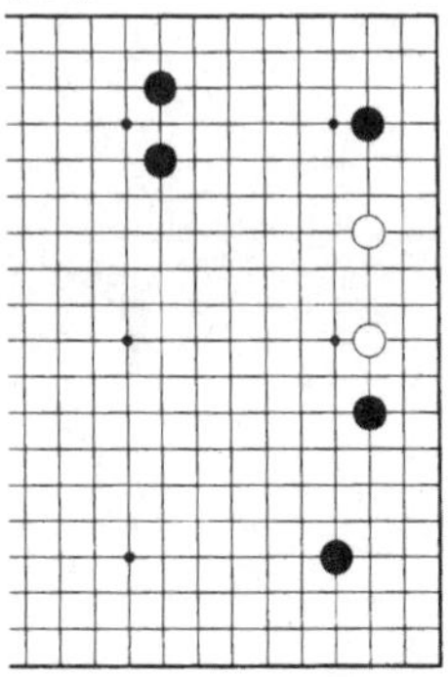

(782) 백번

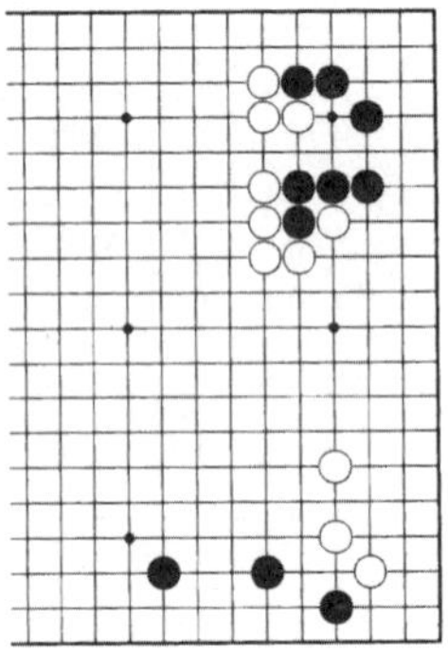

(855) 흑번

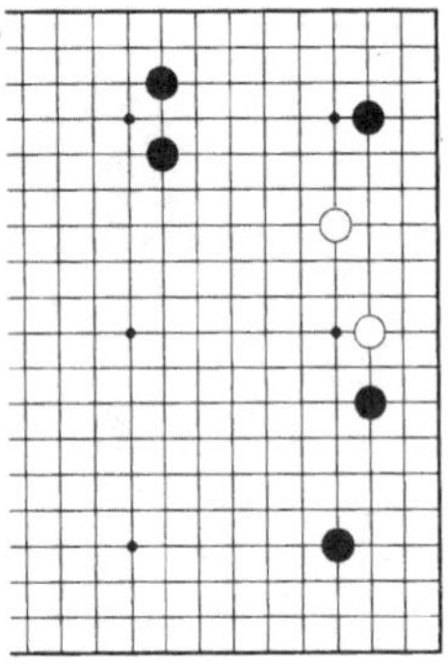

(1305) 흑번

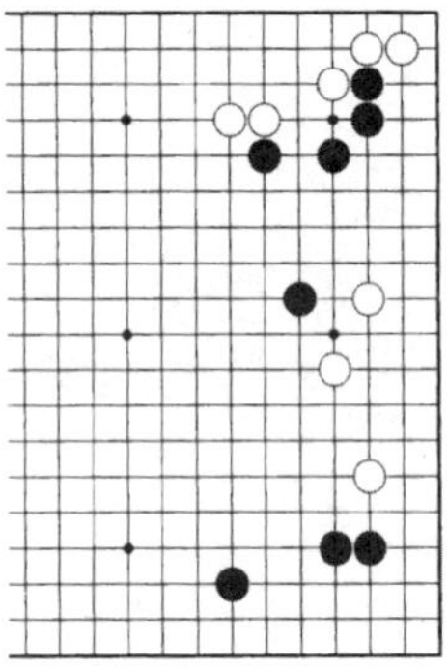

(1579) 흑번

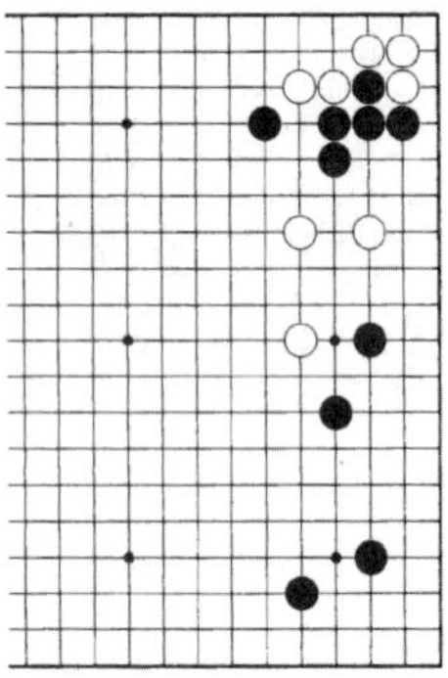

(1866) 흑번

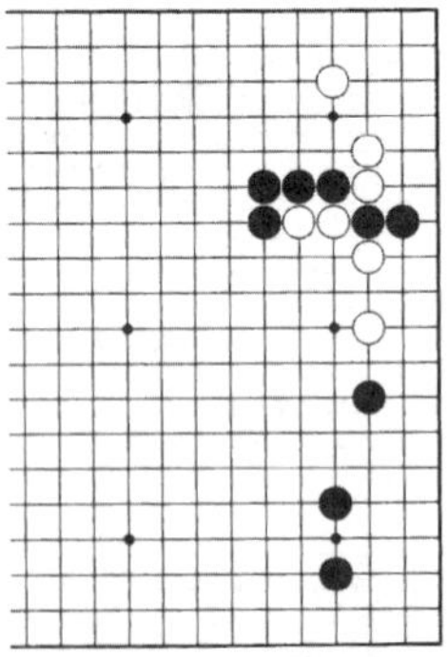

## 활용하다

(106) 백번

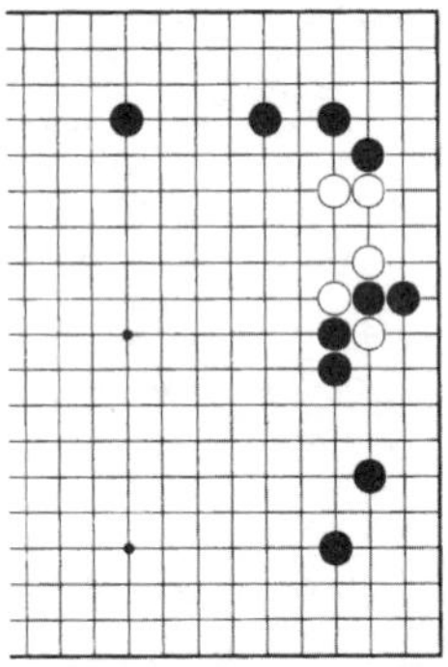

(198) 흑번

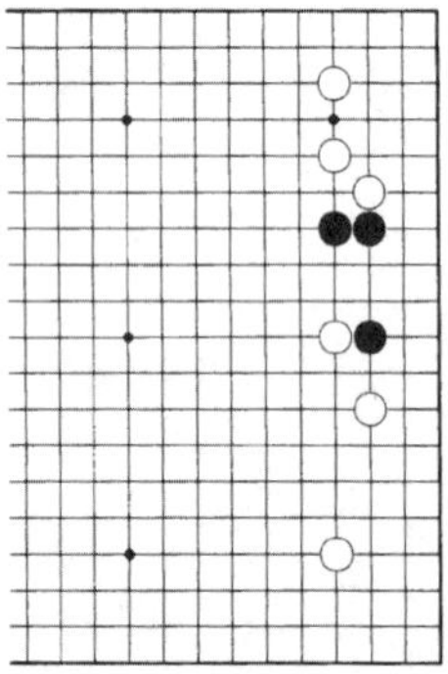

(355) 흑번

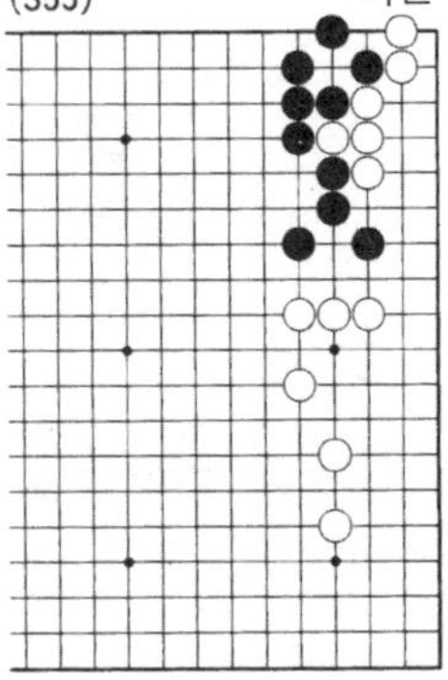

(537) 백번

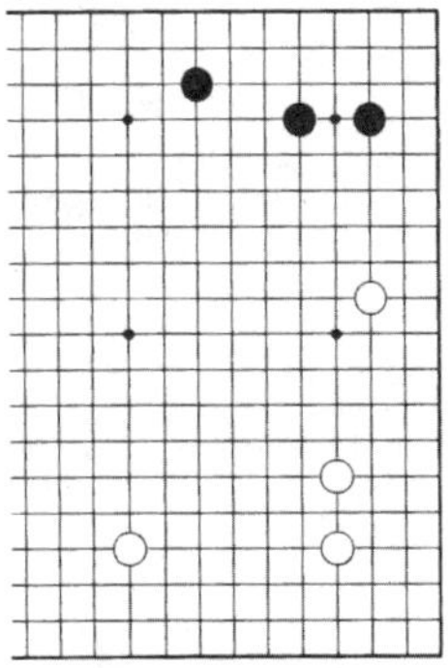

(582) 흑번

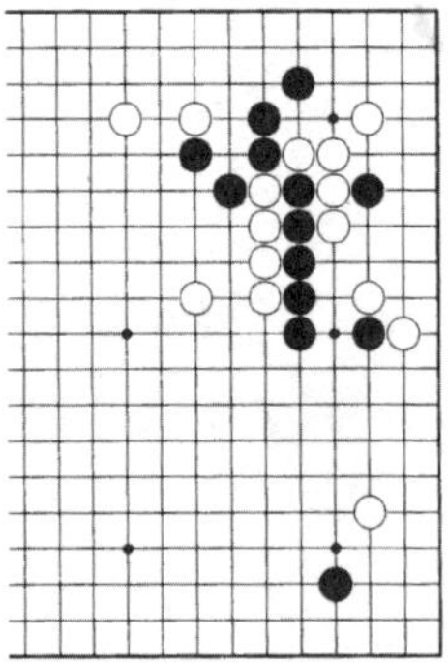

(752) 흑번

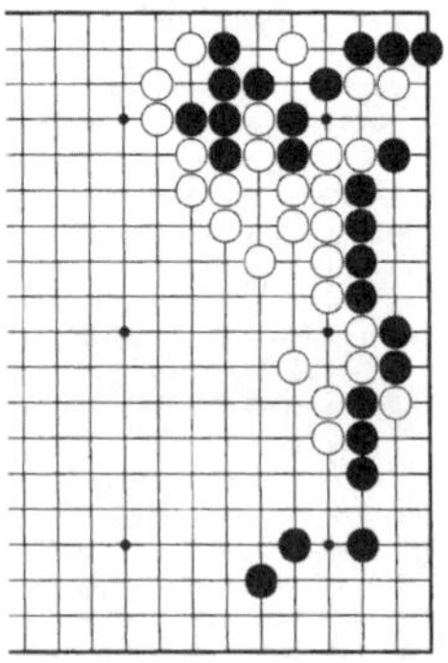

(1050) 흑번

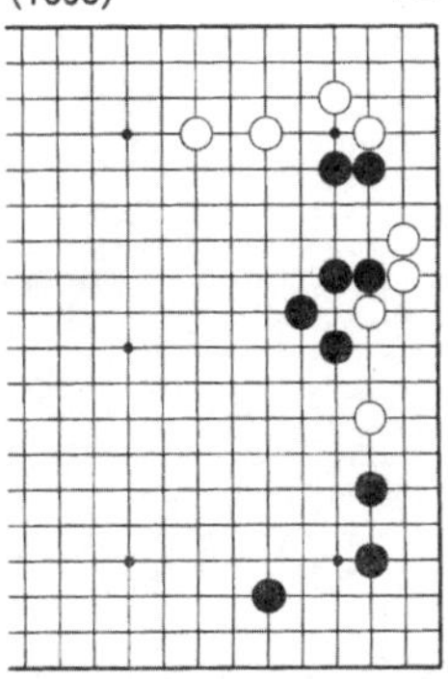

(1125) 백번

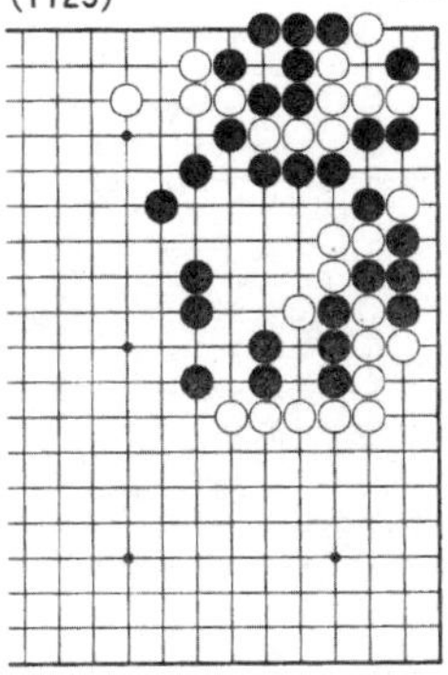

(1488) 흑번

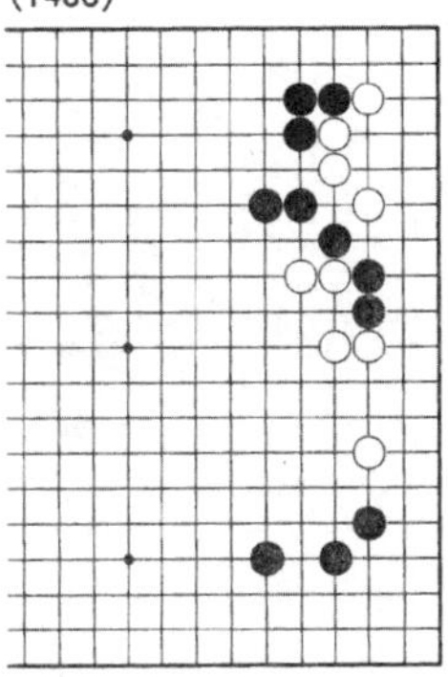

(1632) 백번

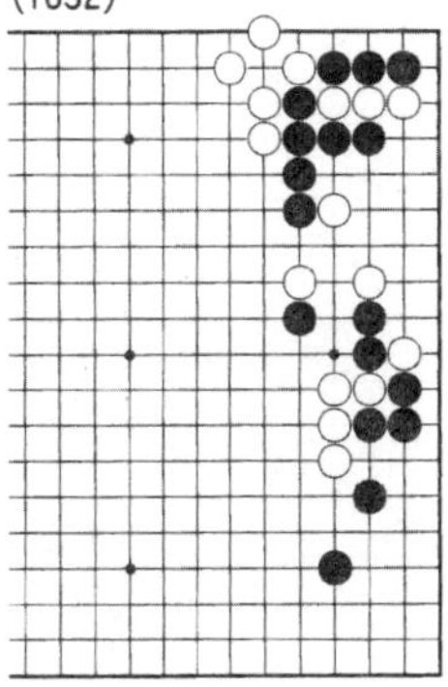

(1698) 흑번

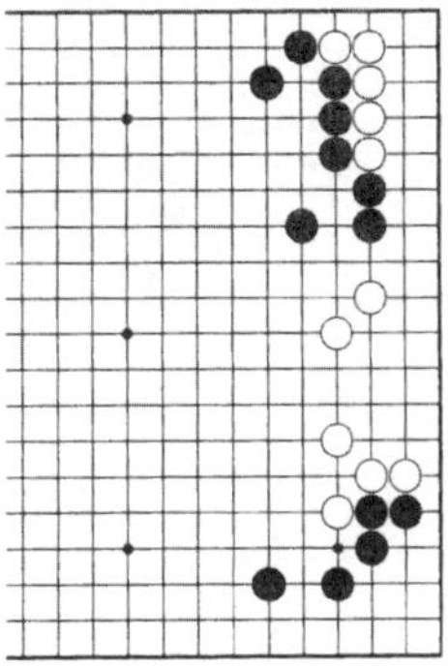

(1710) 흑번

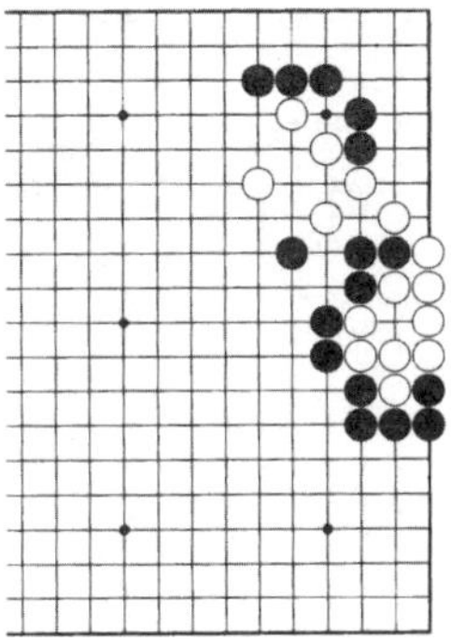

(1864) 흑번

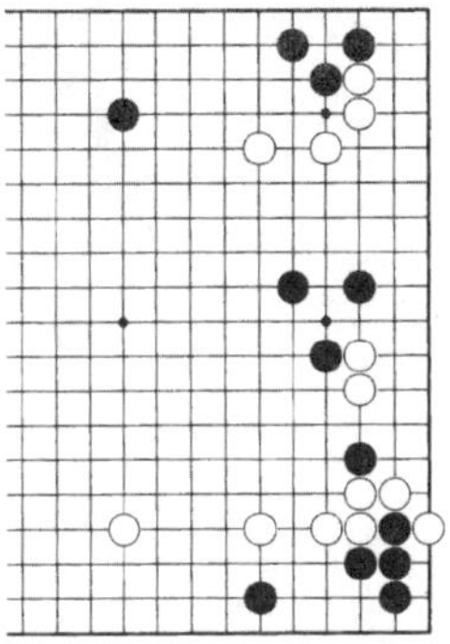

(1865) 흑번

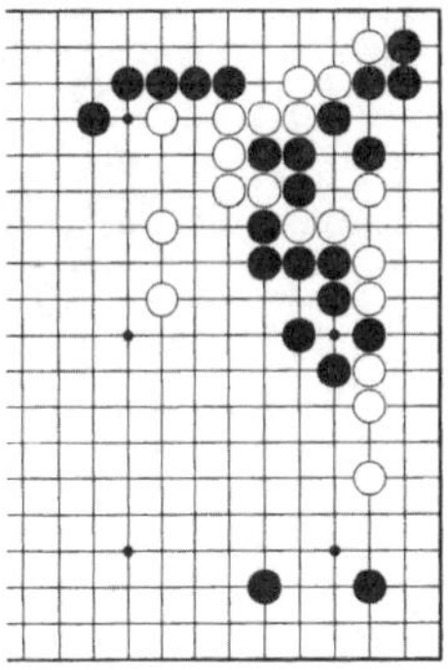

(1875) 백번

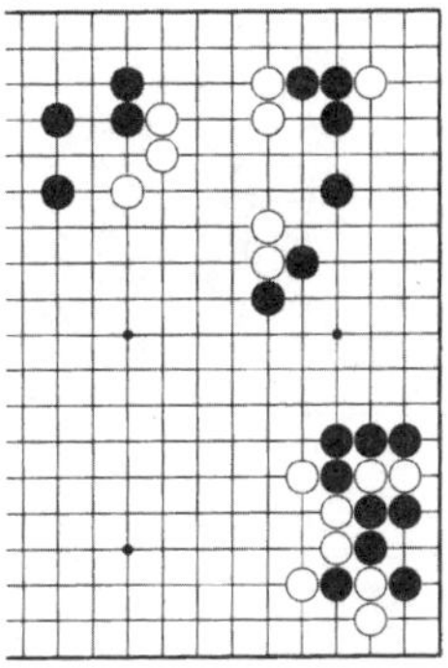

(1939) 흑번

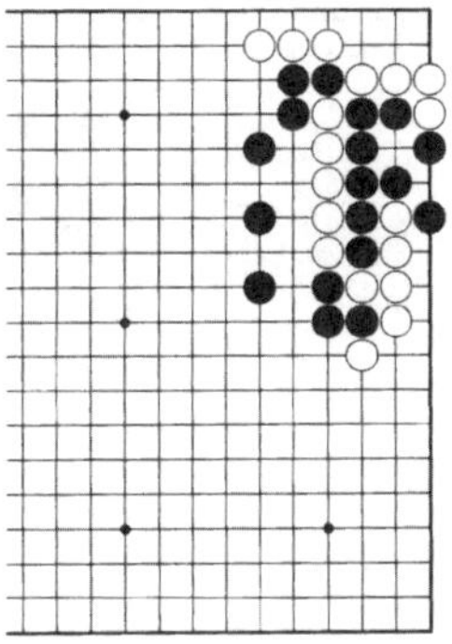

(1940) 백번

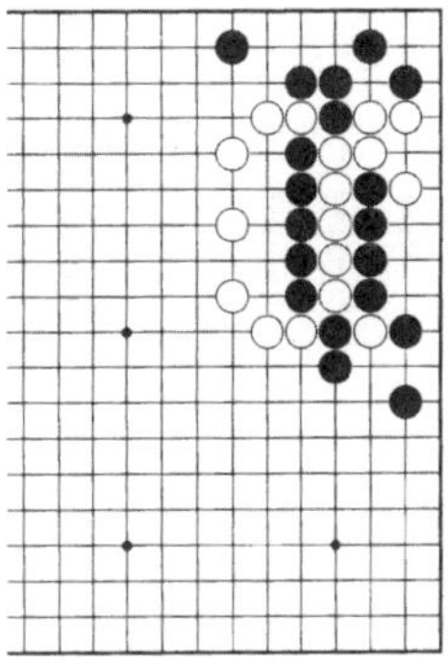

(1971) 흑번

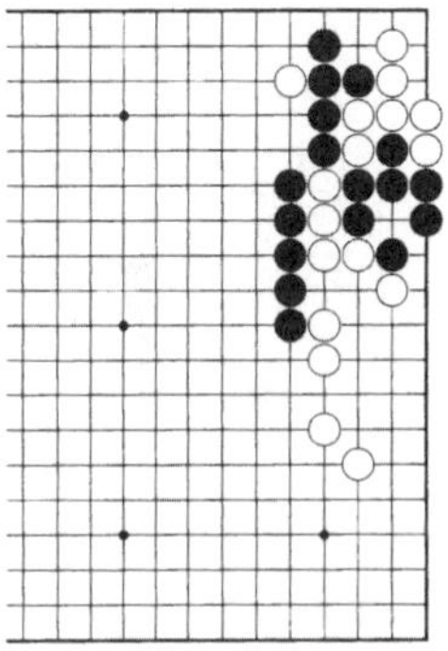

(2140) 흑번

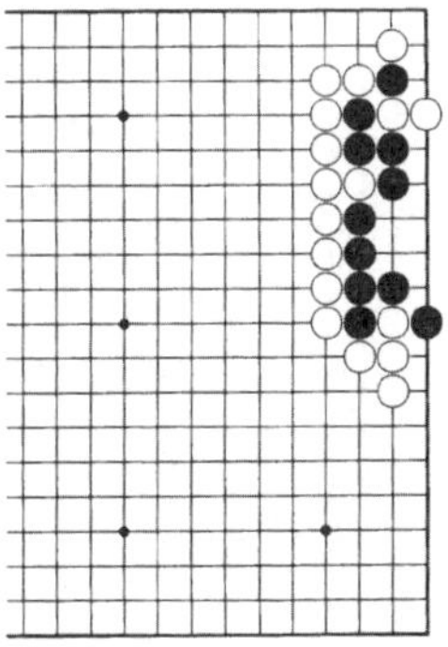

(2370) 백번

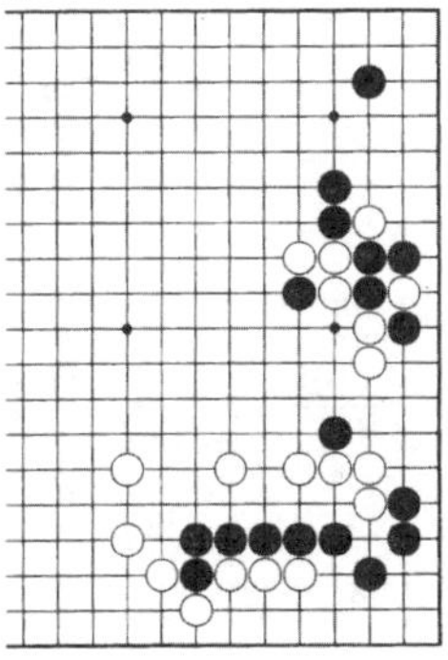

(2426) 흑번

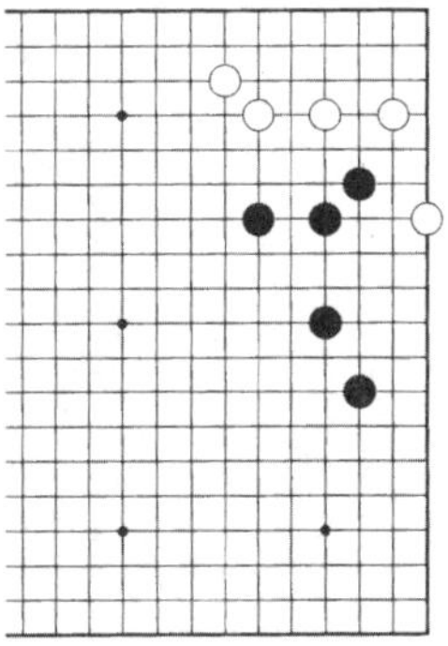

(2427) 백번

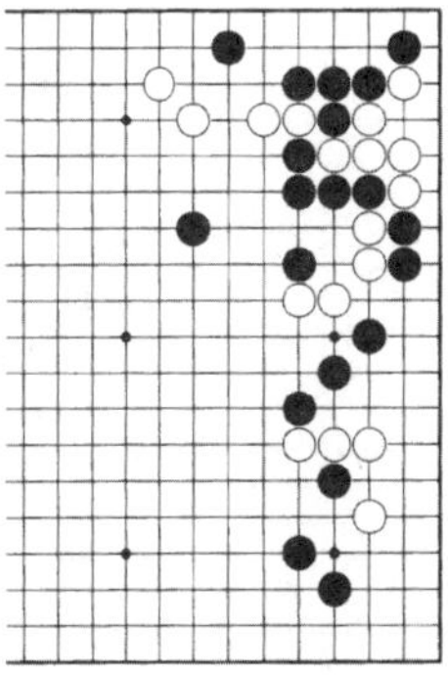

## 패

(817) 백번

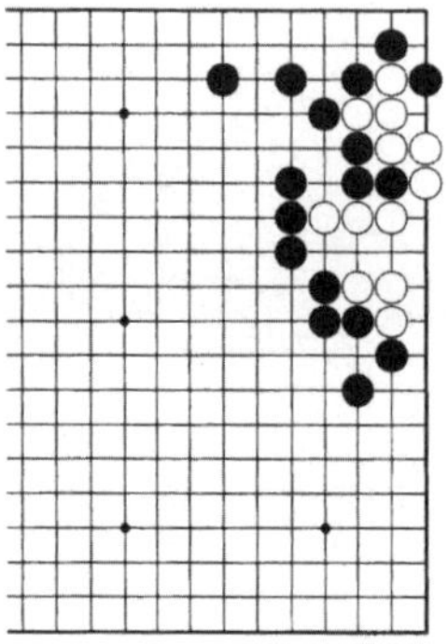

(921) 흑번

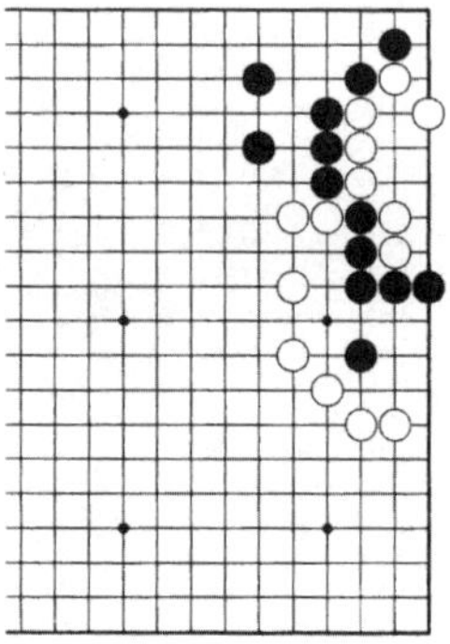

(956) 흑번

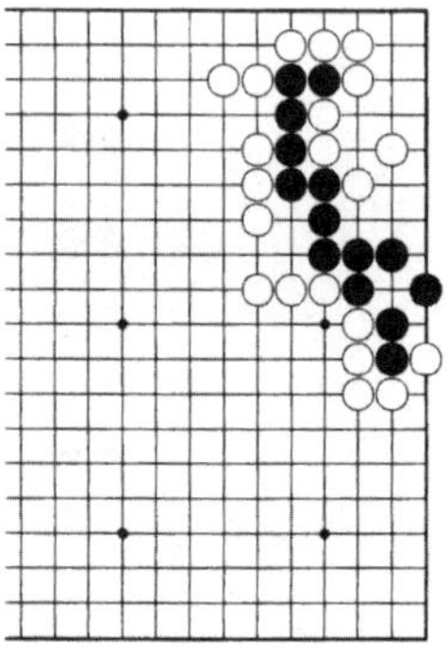

(1246) 백번

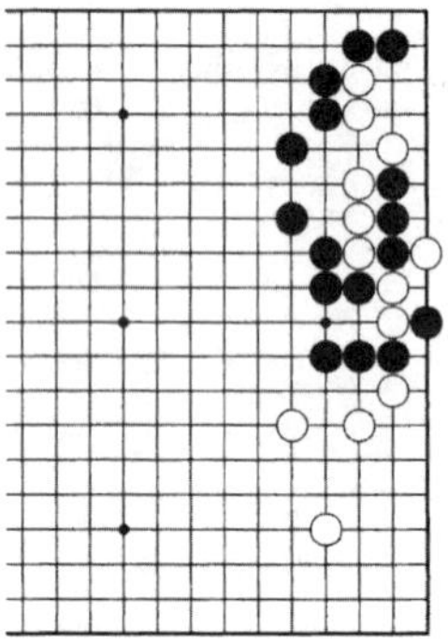

(1266) 흑번

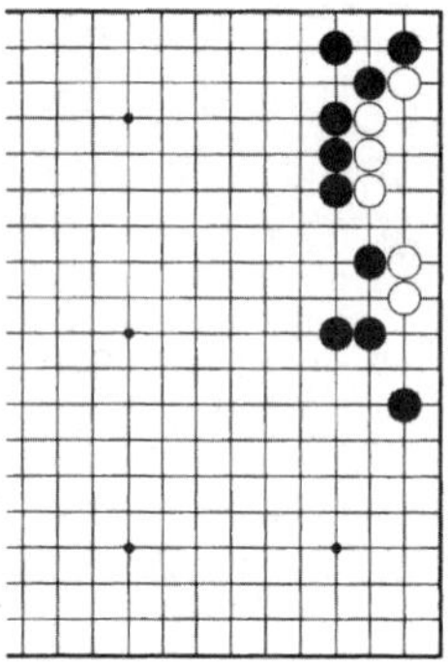

(1877) 흑번

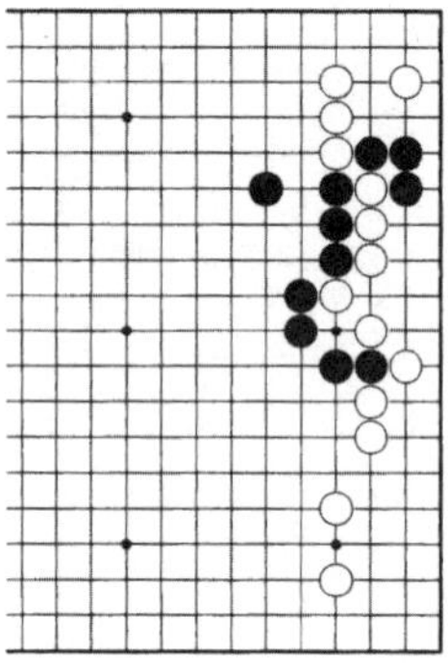

(2274) 백번

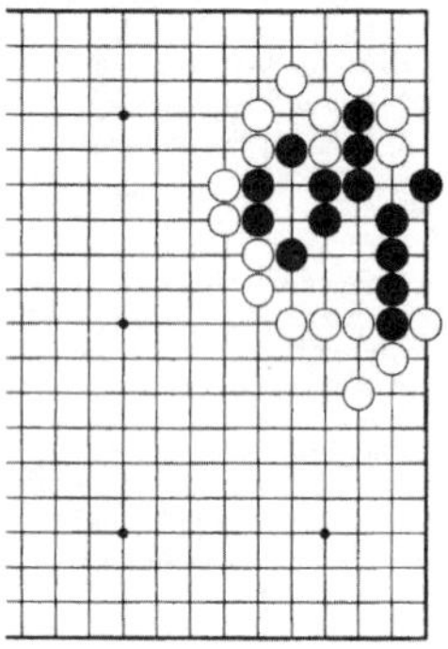

## 잡다

(751) 백번

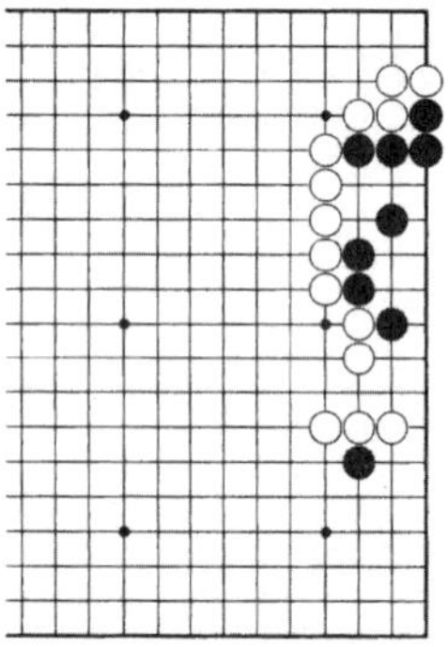

(777) 흑번

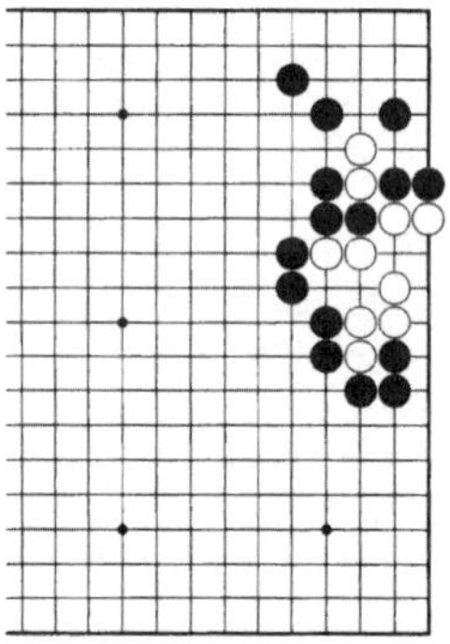

(818) 흑번

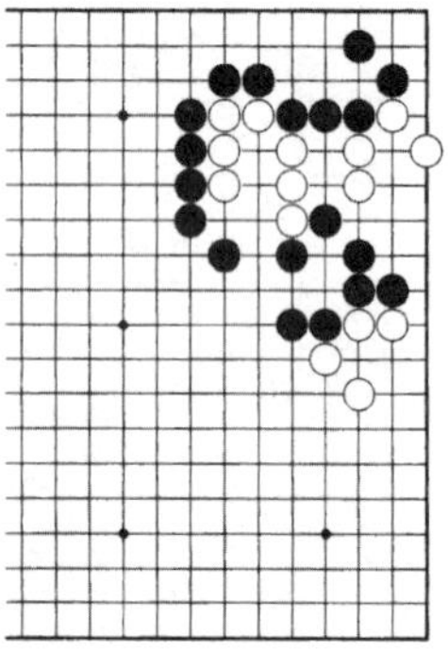

(979) 흑번

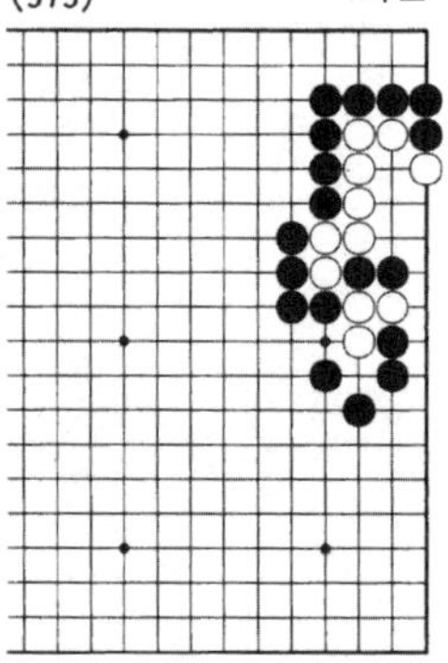

(980) 흑번

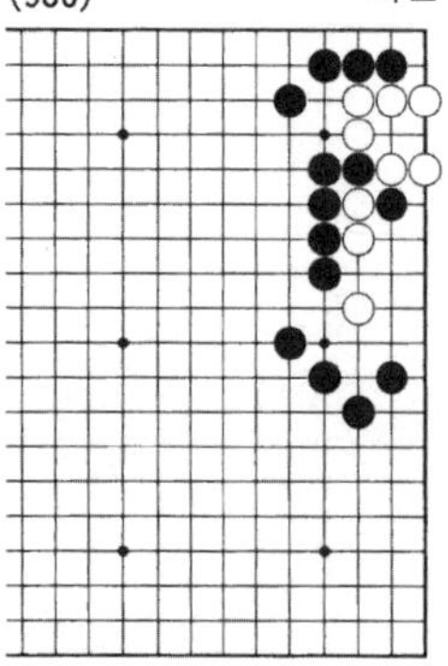

(1094) 흑번

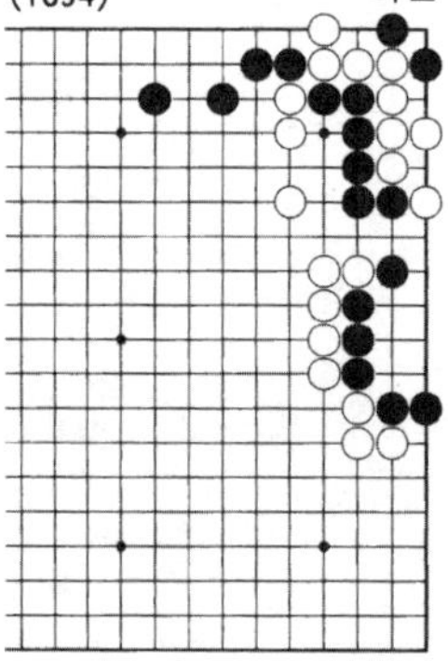

(1512) 백번

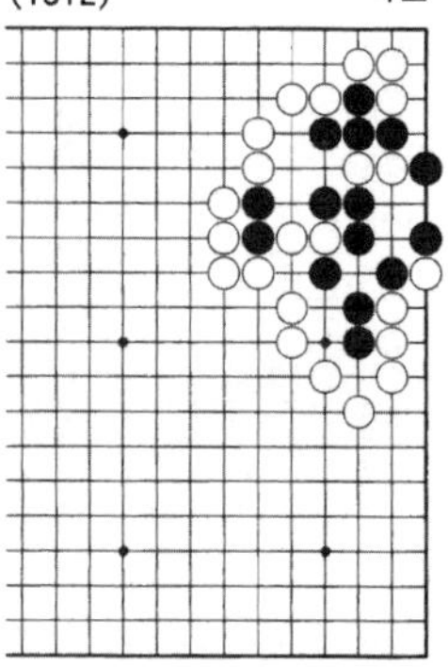

(1690) 흑번

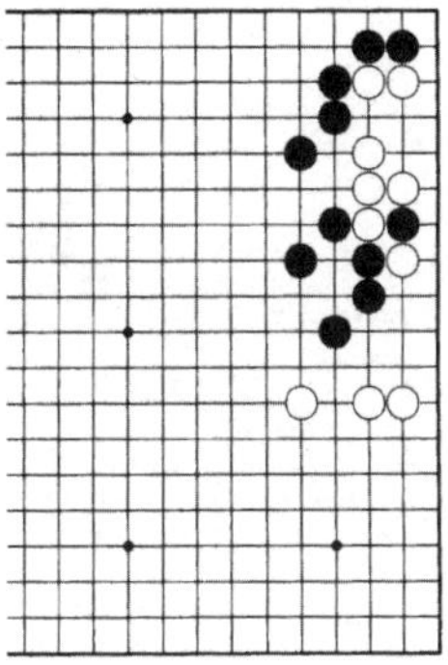

(1691) 흑번

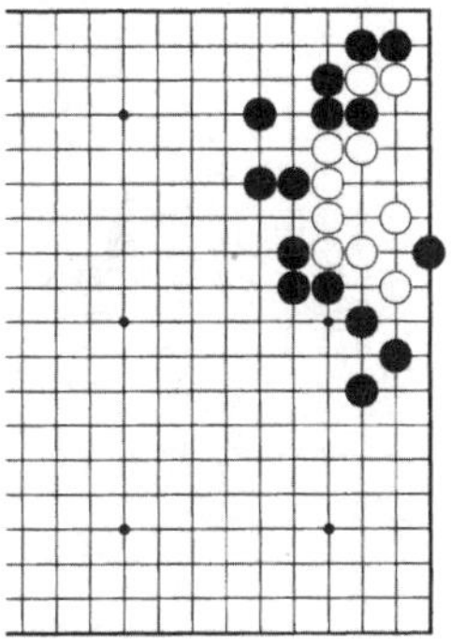

(1942) 백번

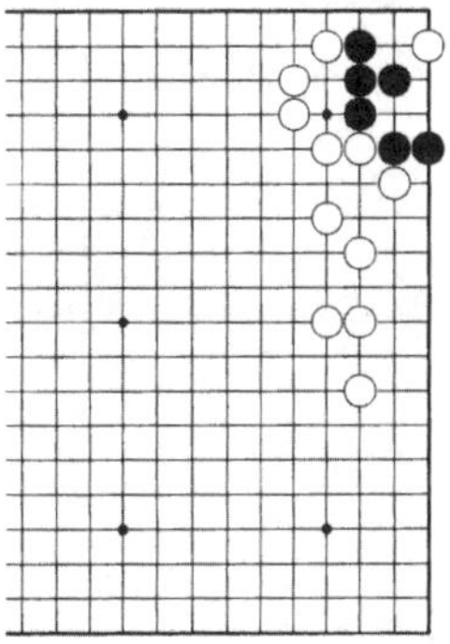

## 수습하다

(44) 흑번

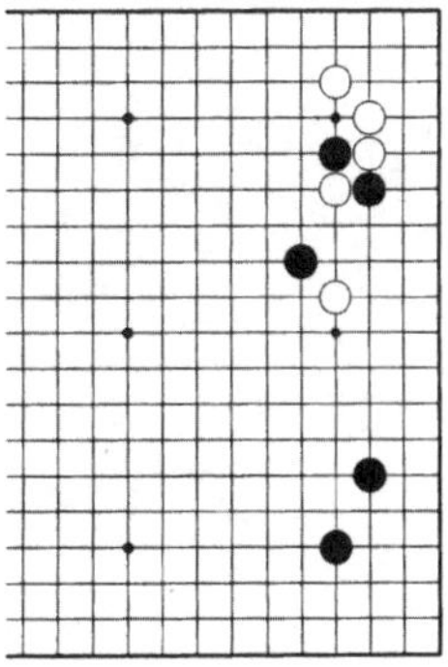

(72) 백번

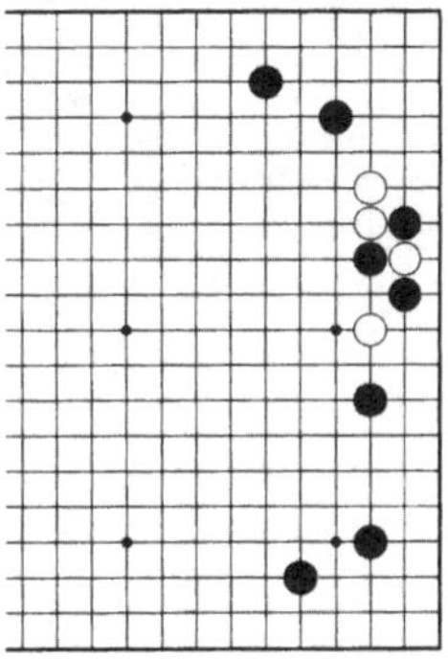

(160) 흑번

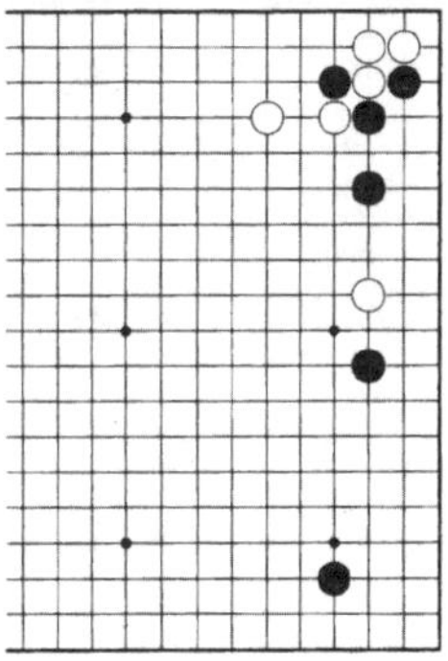

(204) 흑번

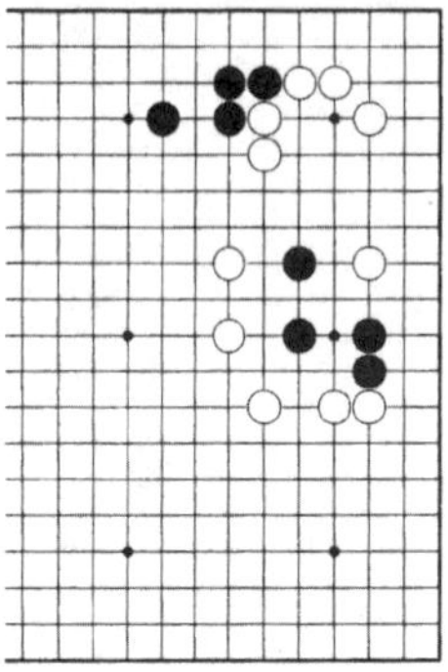

(437) 흑번

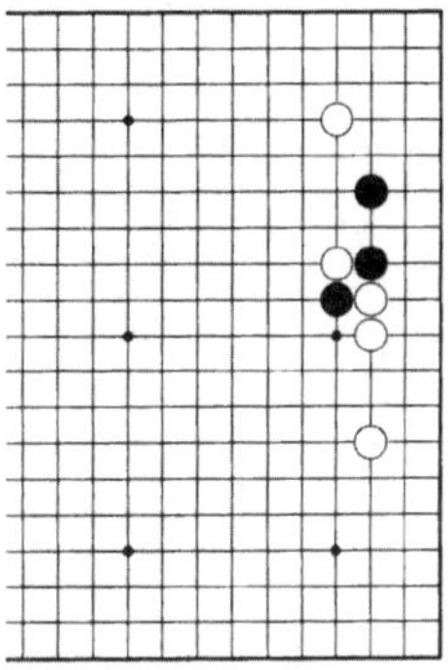

(540) 흑번

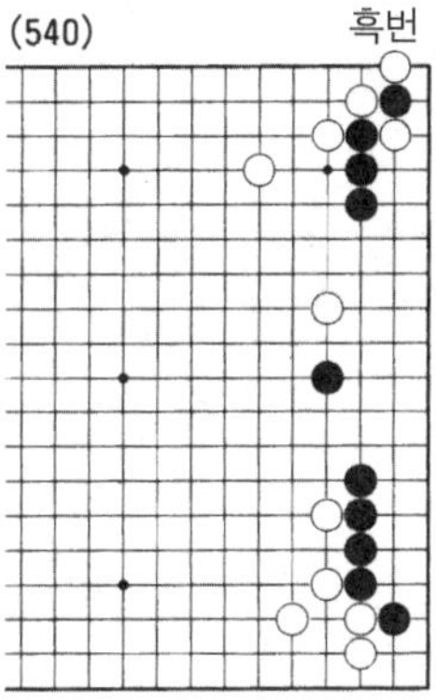

(781) 백번

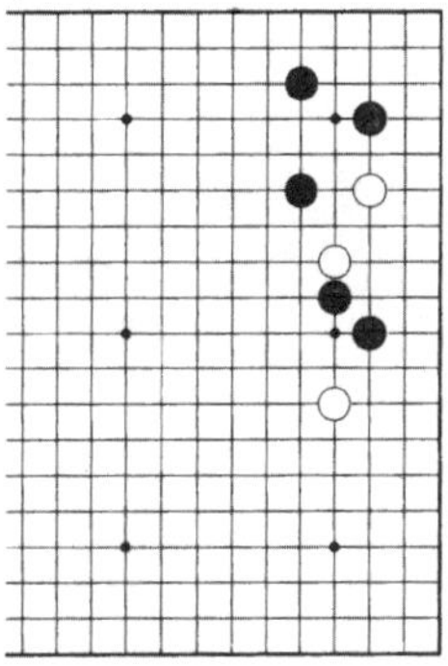

(856) 백번

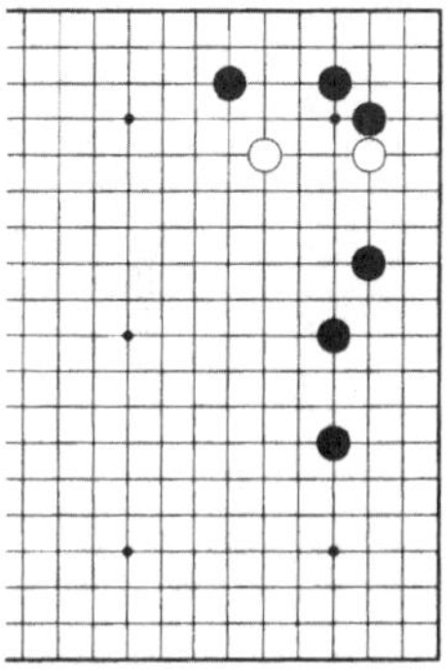

(1069) 흑번

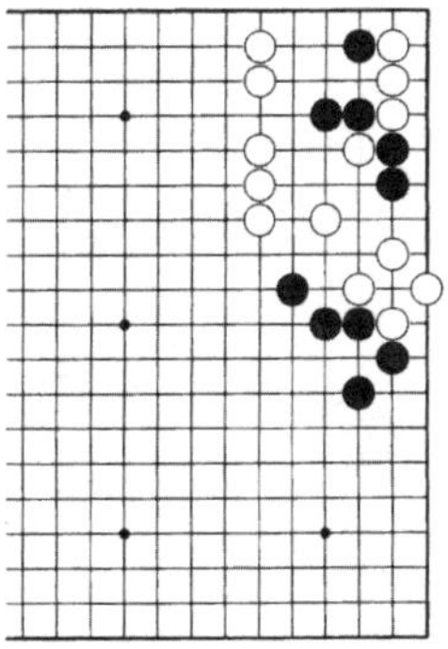

(1208) 백번

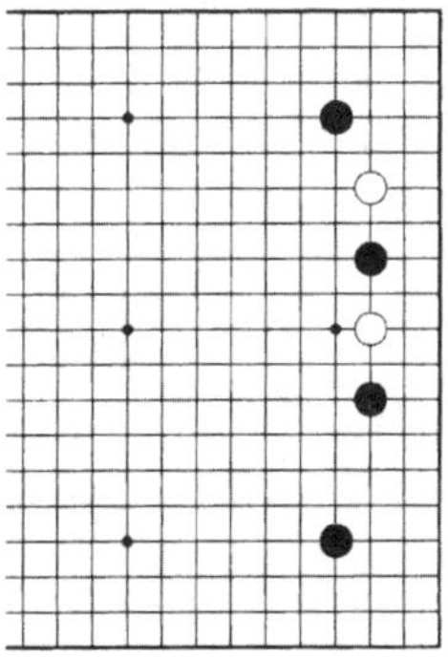

(1244) 백번

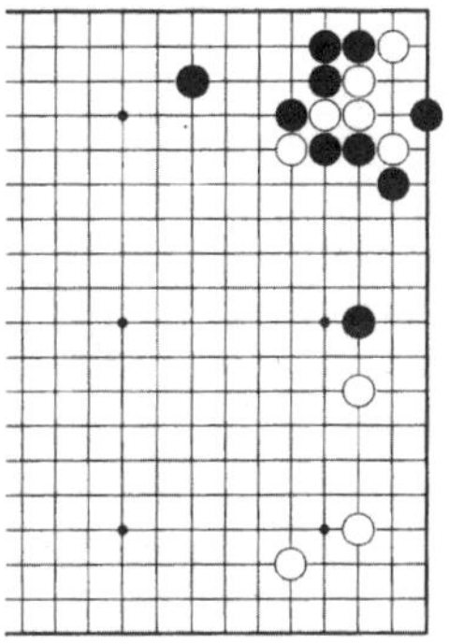

(1428) 백번

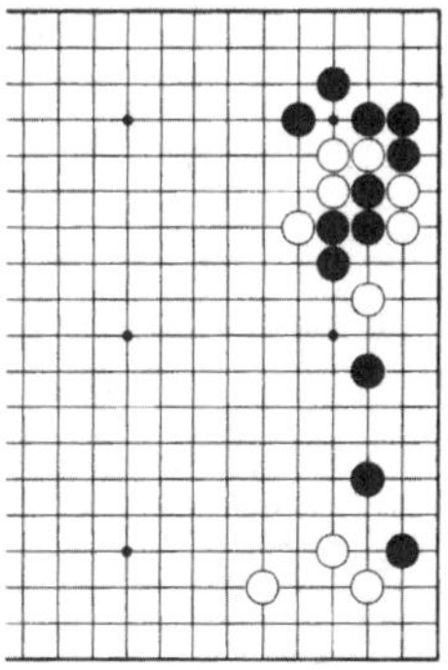

(1567) 흑번

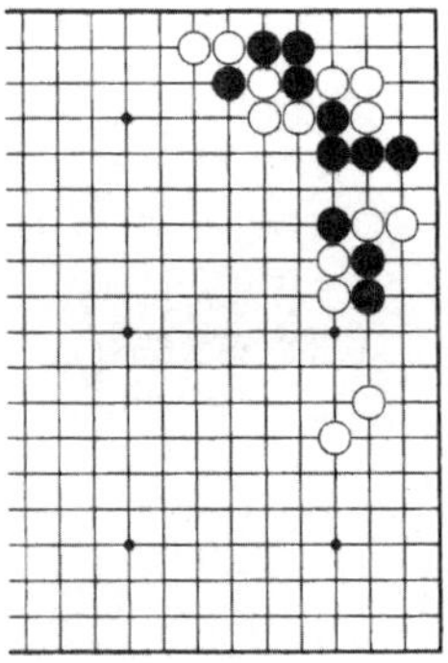

(1568) 흑번

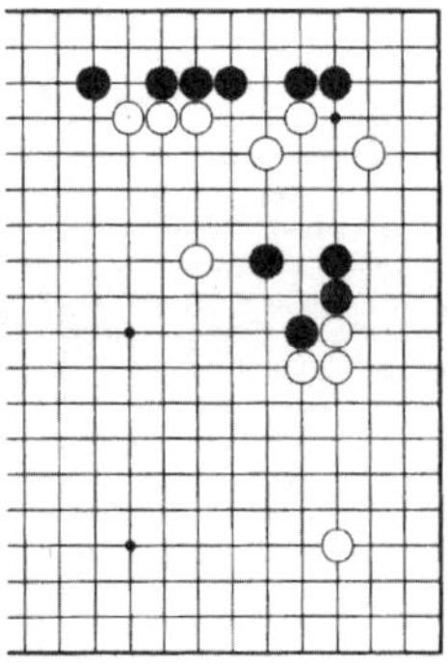

(1578) 백번

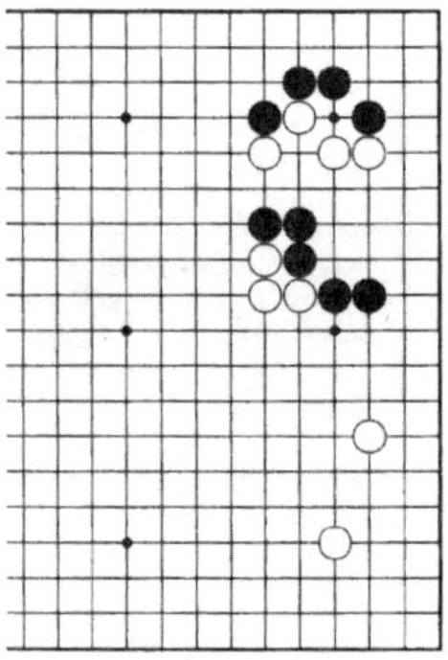

(1727) 백번

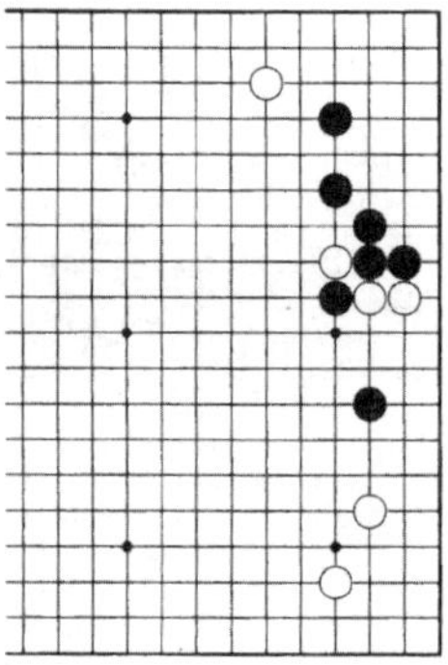

(1799) 흑번

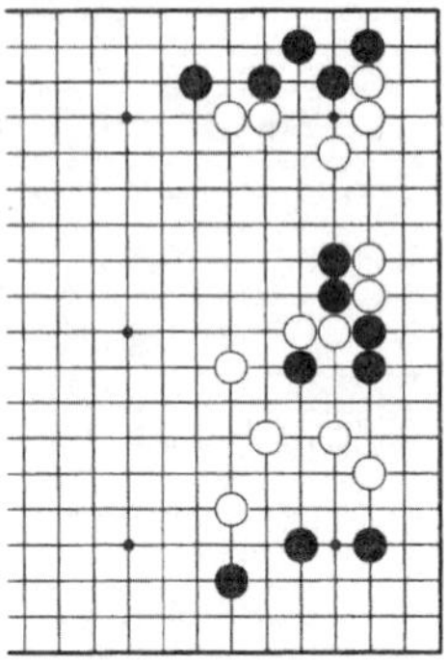

(1815) 흑번

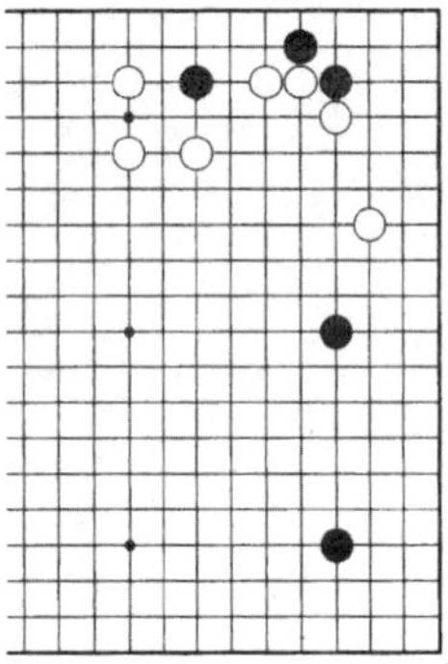

(1816) 흑번

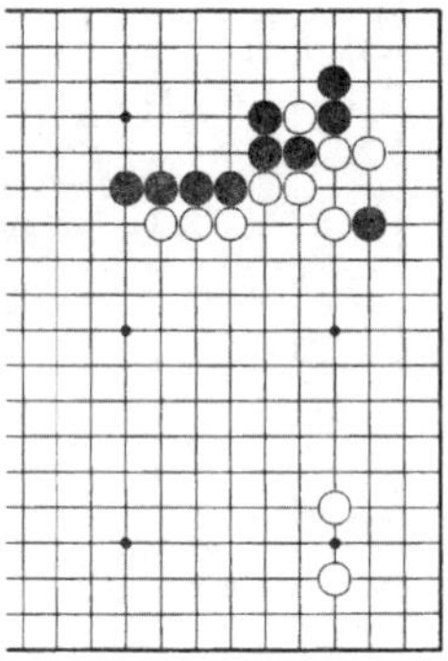

(1952) 흑번

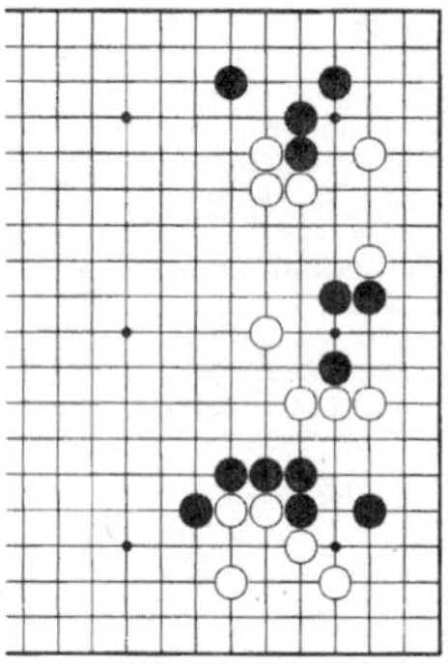

(1960) 백번

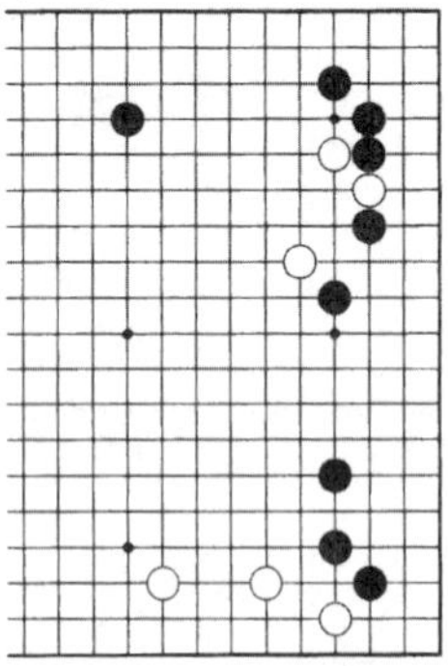

(2062) 흑번

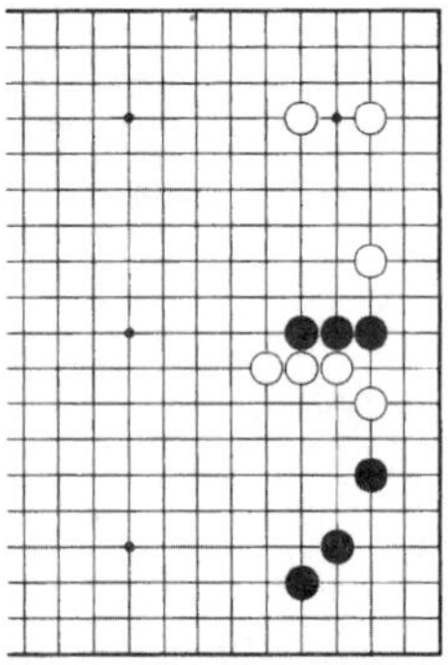

(2198) 백번

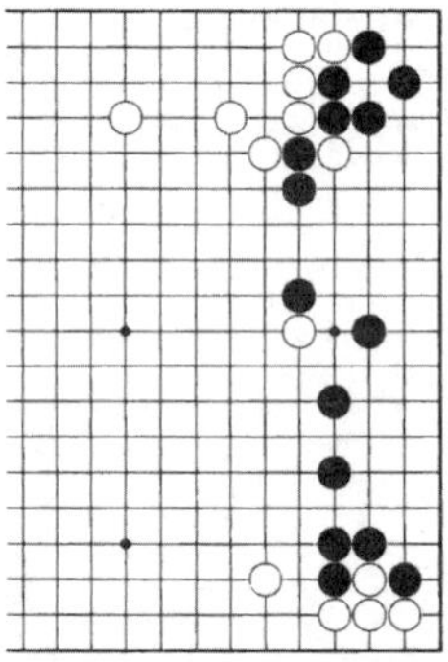

(2244) 백번

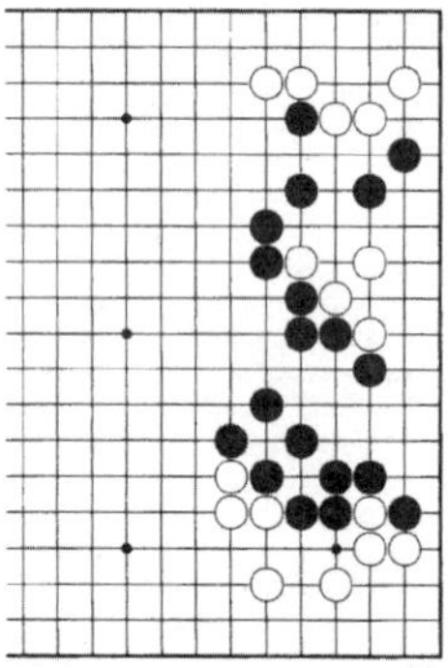

(2350) 백번

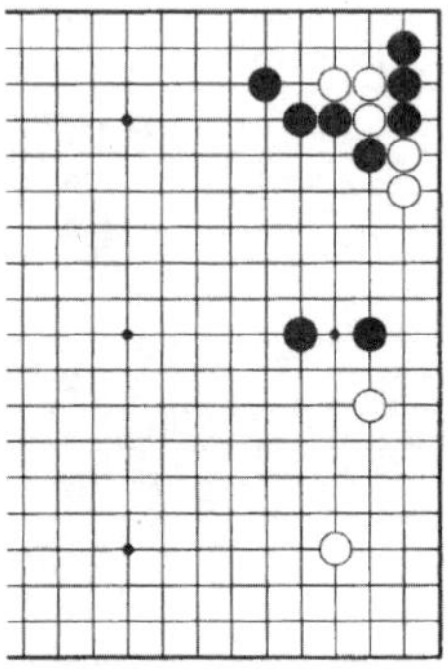

(2351) 흑번

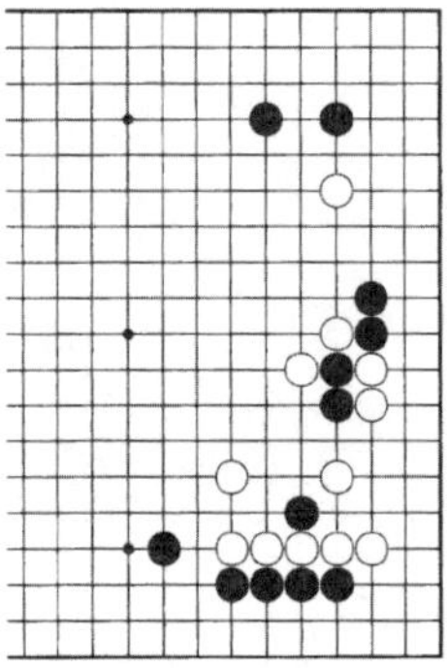

(2359) 백번

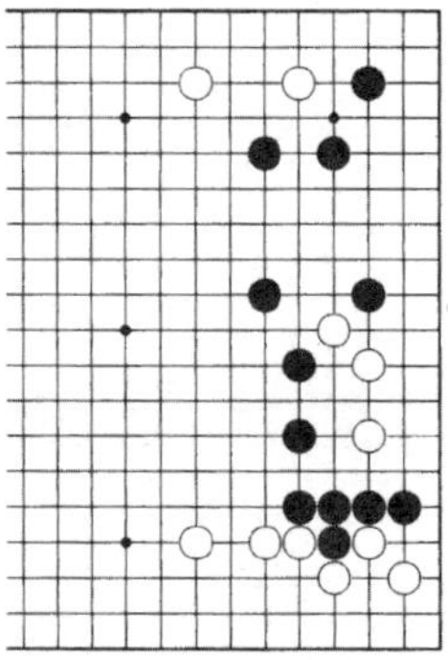

(2364) 흑번

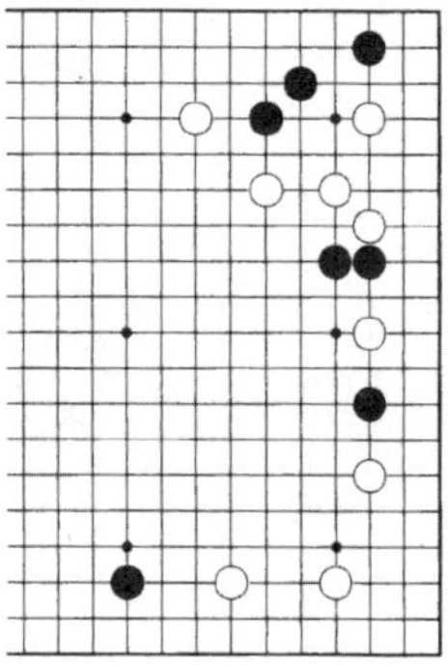

## 축·빈축

(54) 백번

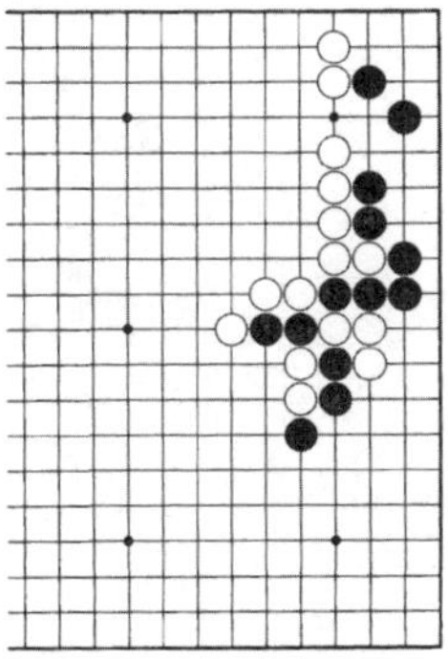

(133) 백번

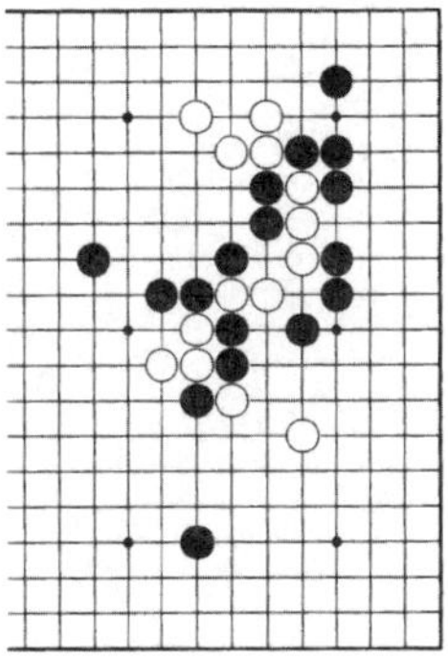

(481) 흑번

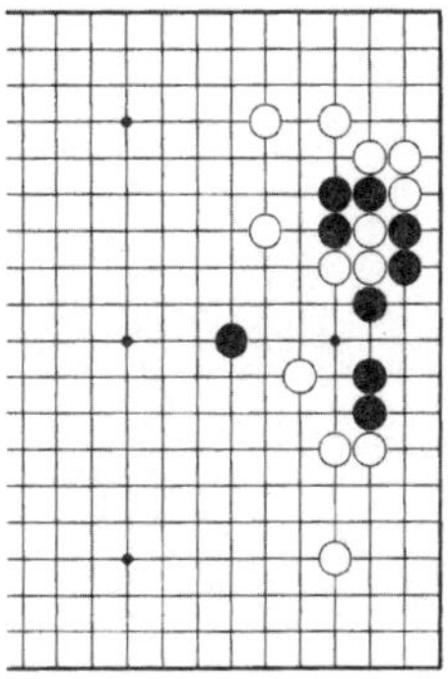

(483) 백번

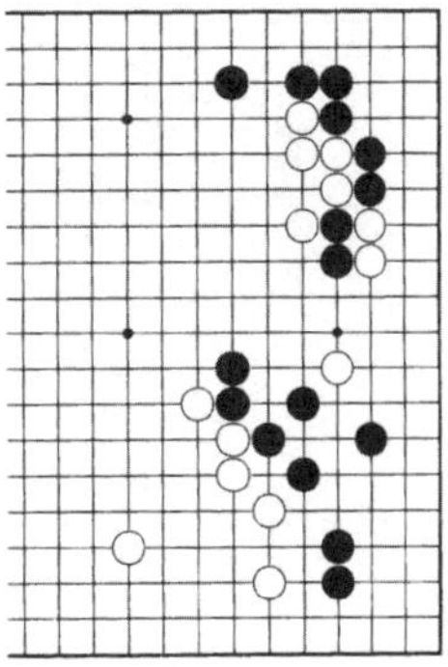

(484) 흑번

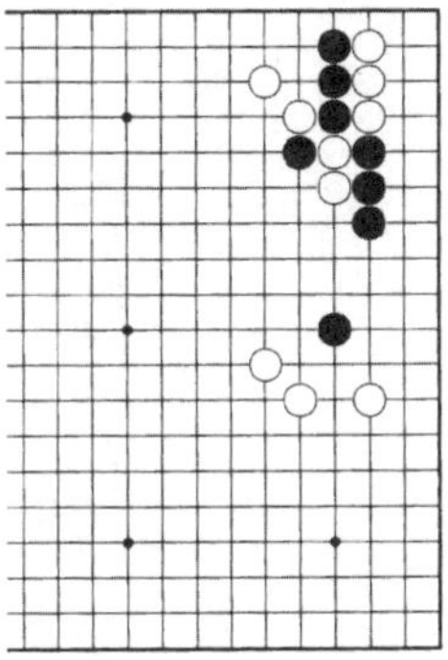

(485) 백번

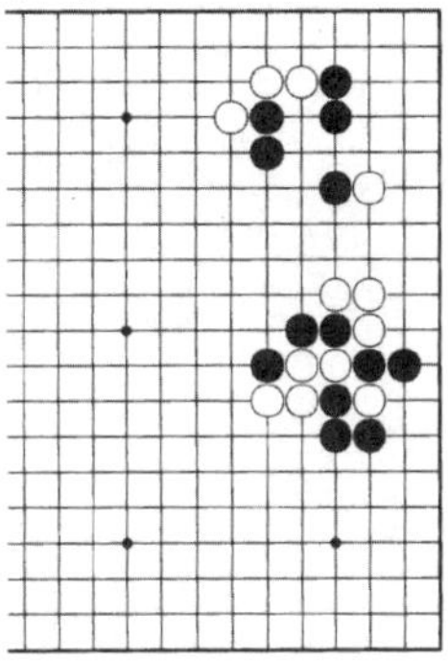

(660) 흑번

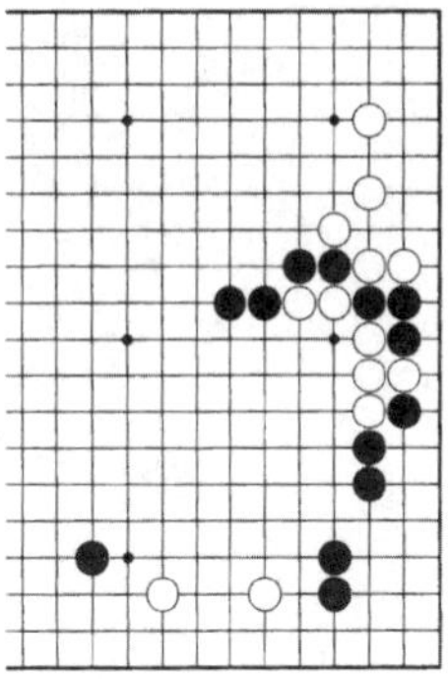

(662) 흑번

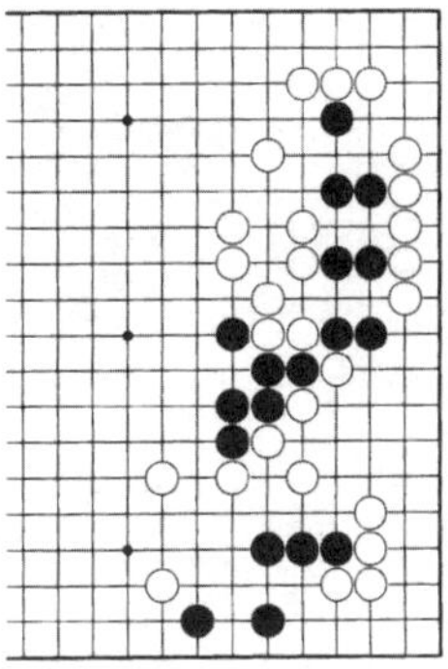

(1361) 흑번

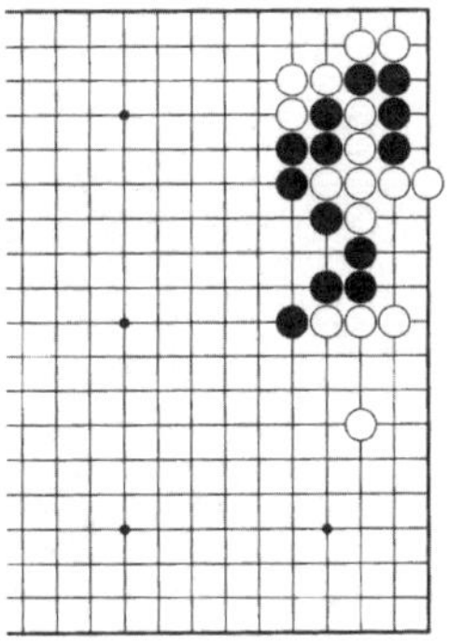

(1490) 흑번

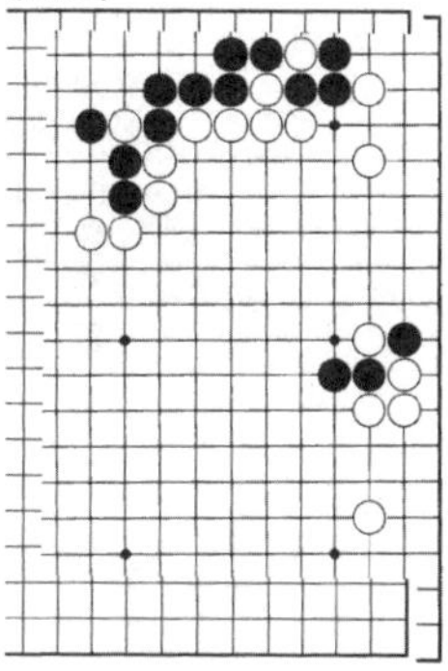

(1492) 흑번

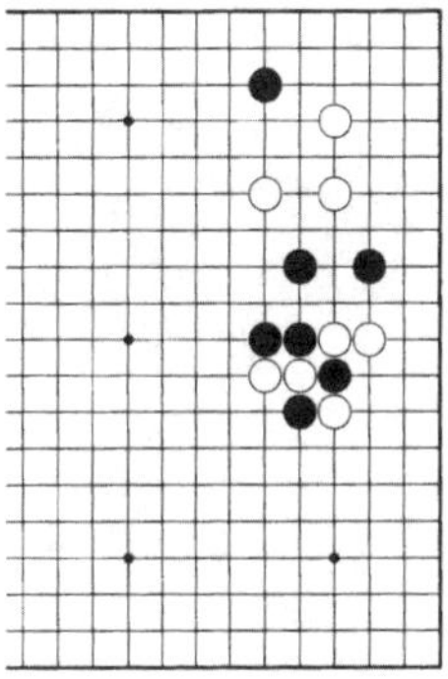

(1990) 흑번

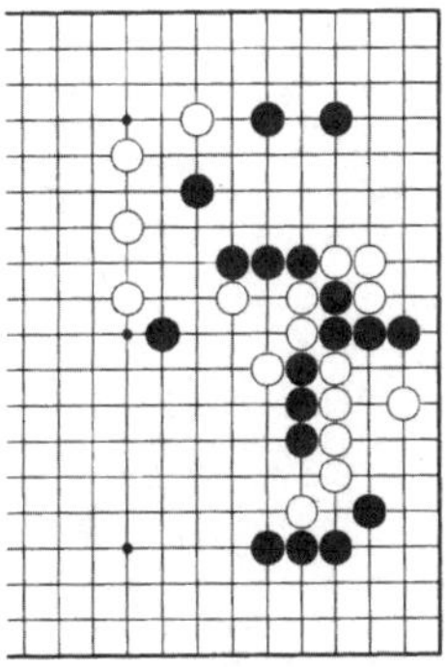

(2175) 흑번

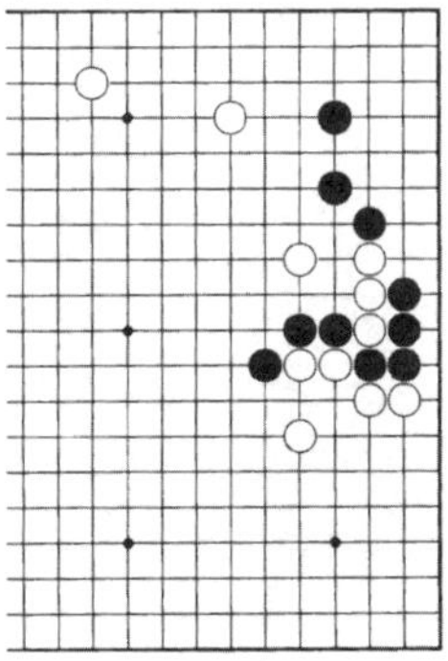

(2295) 흑번

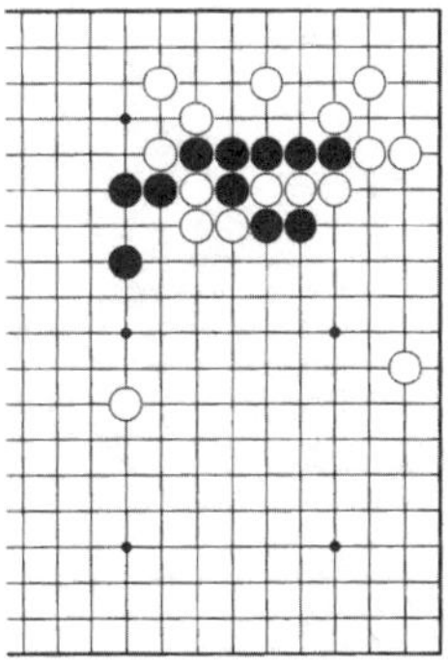

(2432) 백번

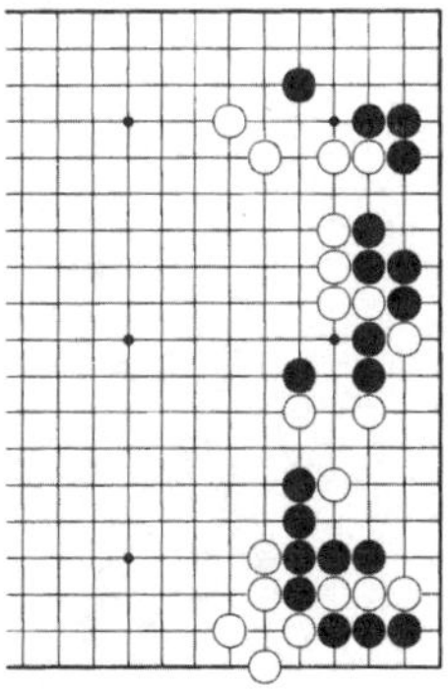

## 타개하다

(506) 백번

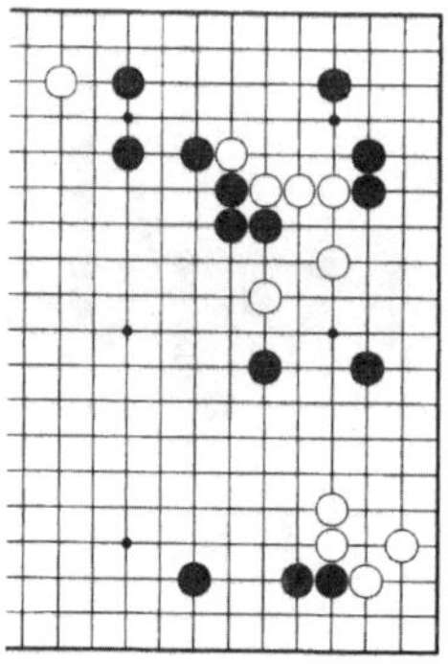

(639) 흑번

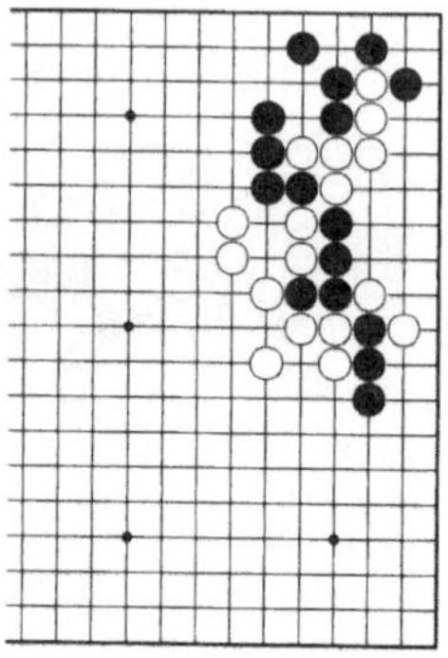

(641) 백번

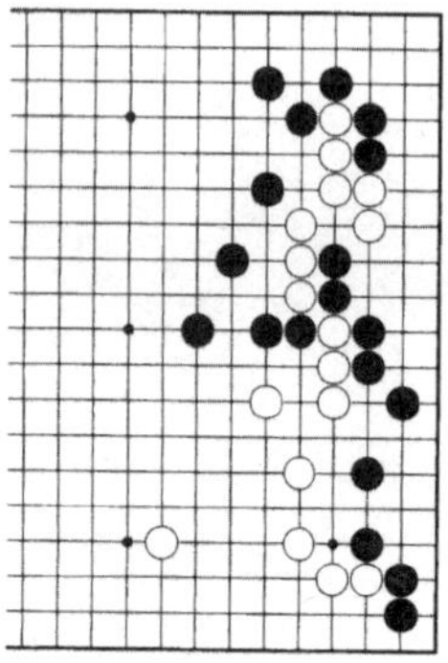

(1144) 백번

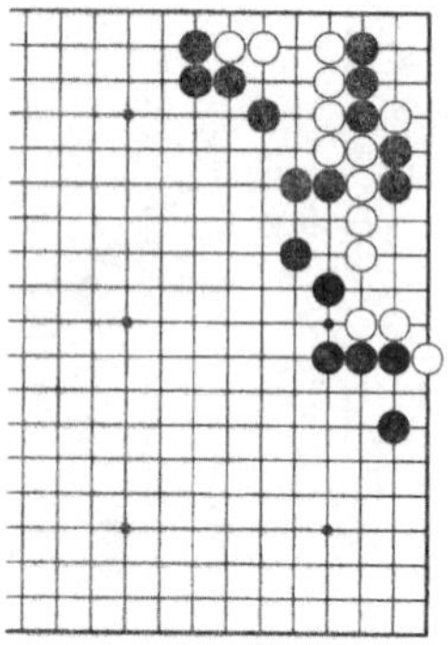

(1145) 백번

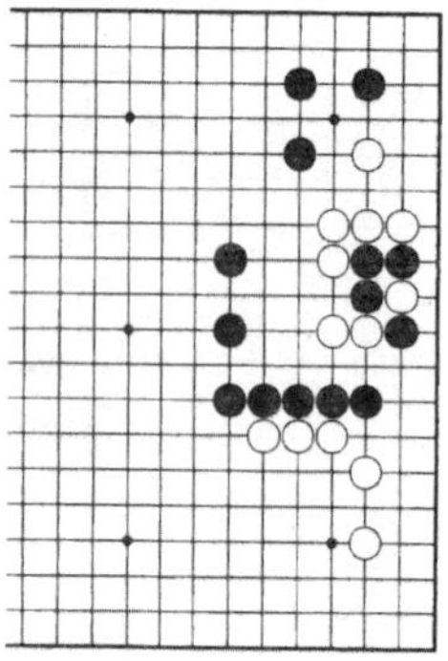

(1285) 흑번

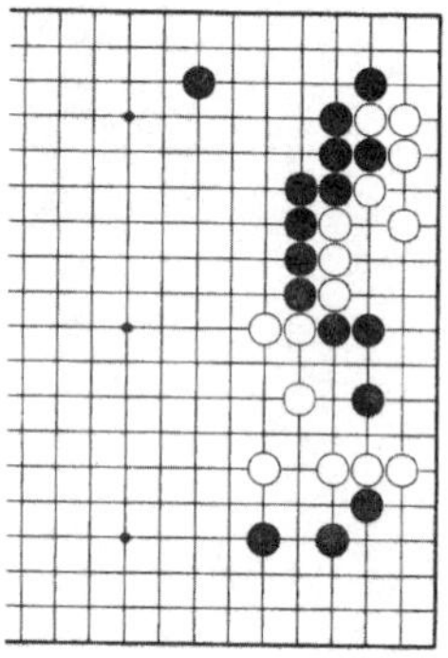

(1364) 백번

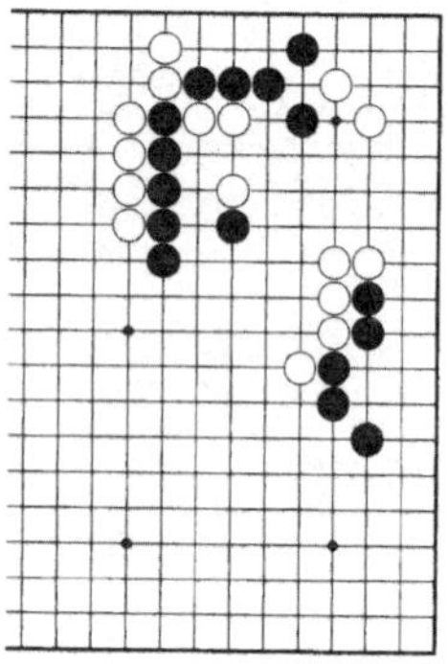

(1466) 흑번

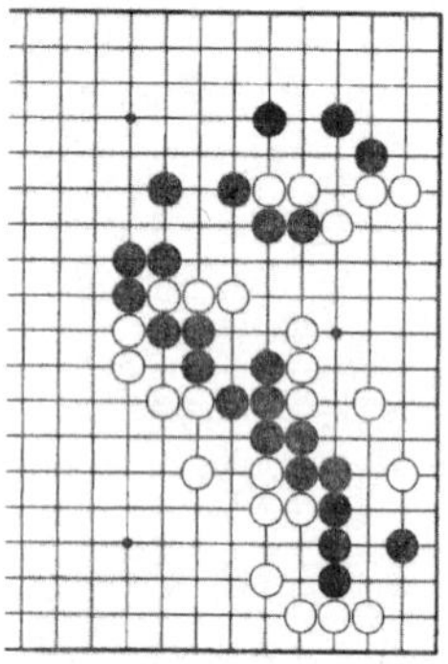

(1729) 흑번

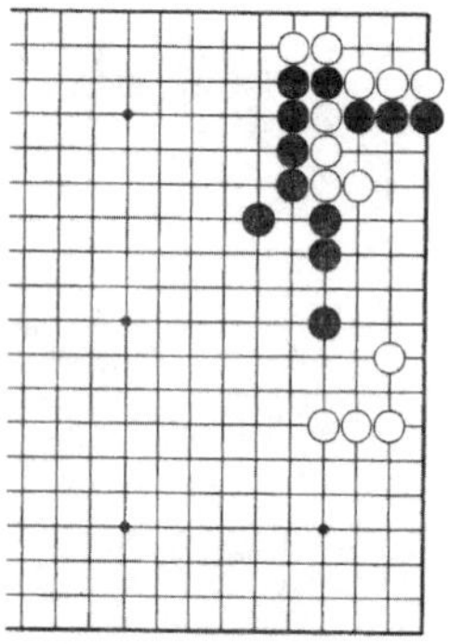

(1730) 백번

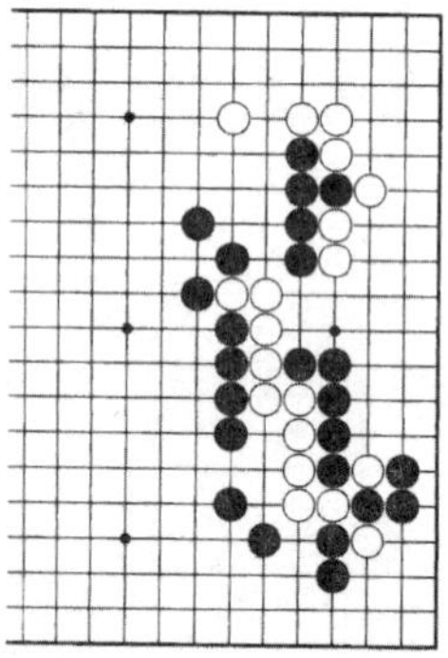

(1801) 백번

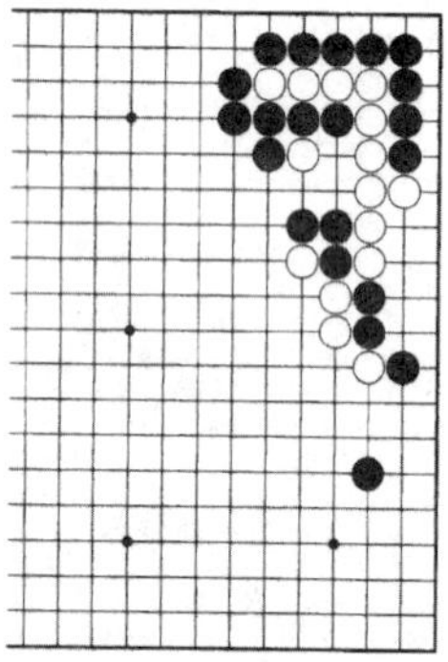

(2027) 흑번

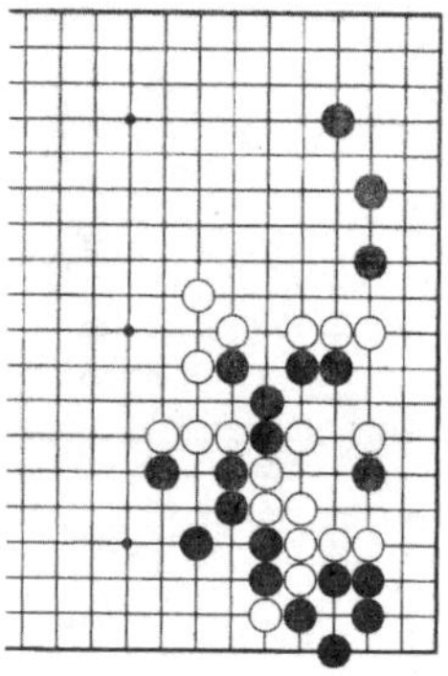

(2028) 백번

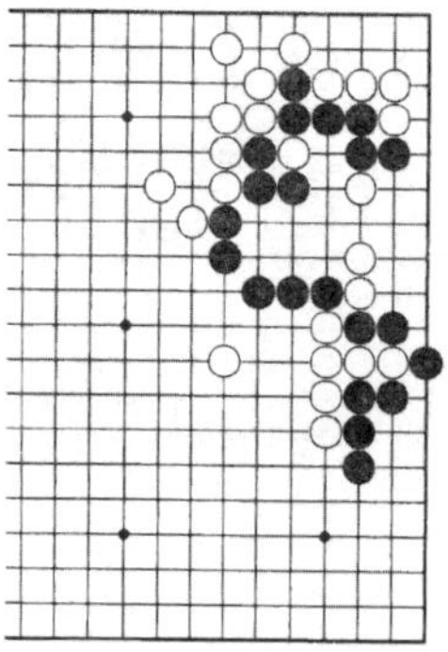

(2260) 흑번

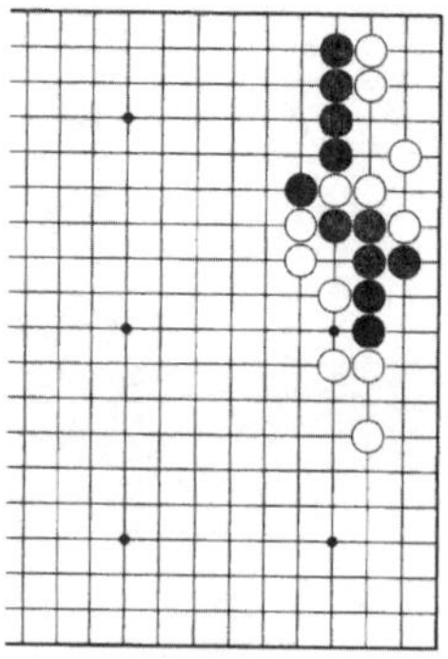

(2360) 흑번

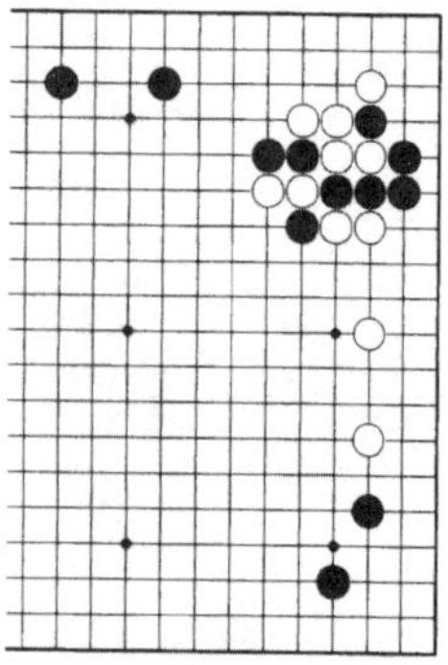

## 조이다

(2361) 흑번

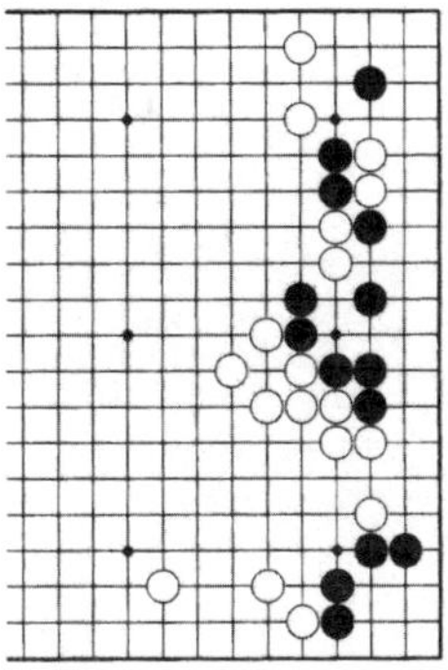

(2458) 흑번

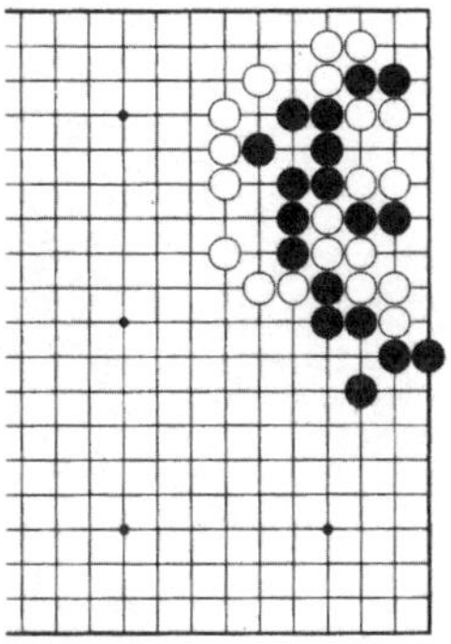

(26) 흑번

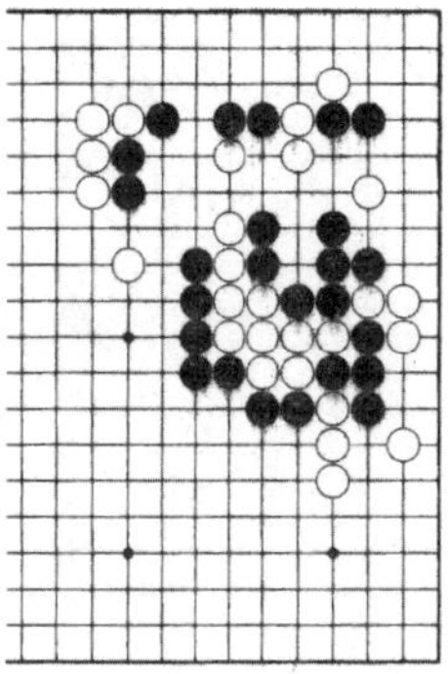

(40) 백번

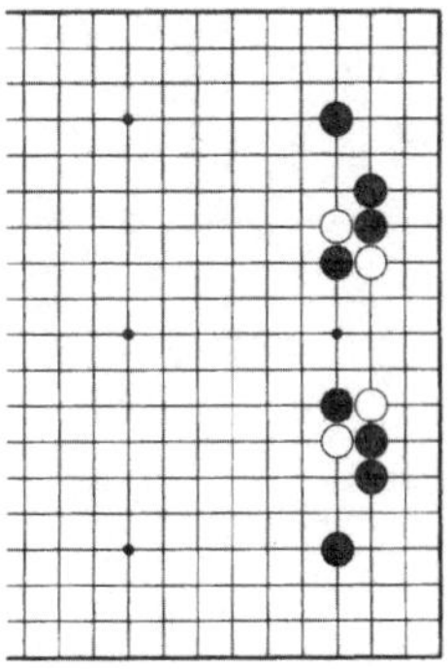

(170) 흑번

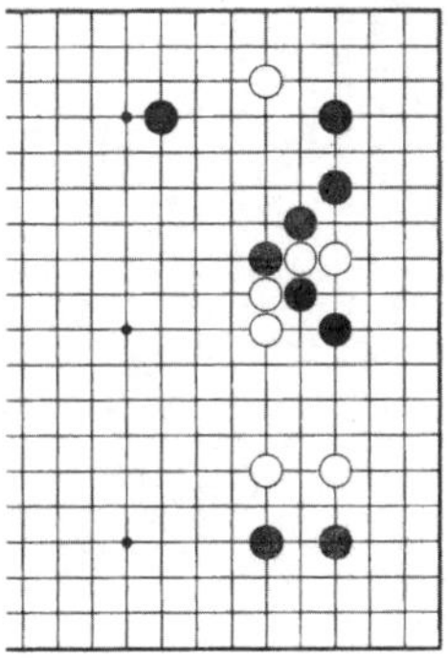

(408) 흑번

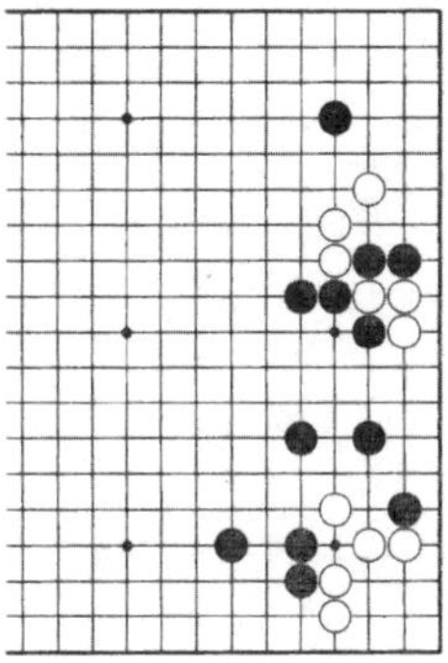

(409) 흑번

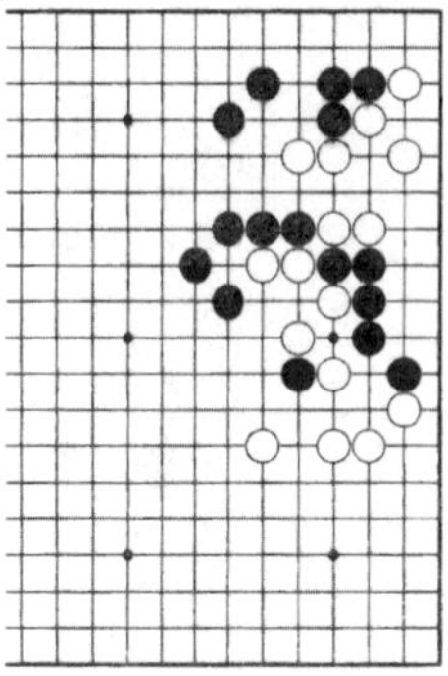

(448) 흑번

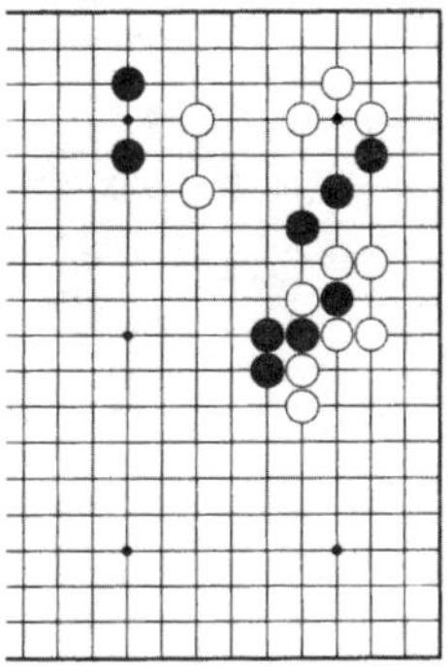

(640) 흑번

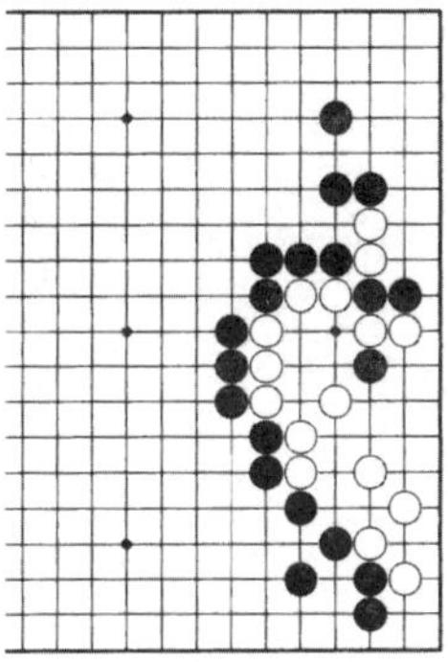

(682) 흑번

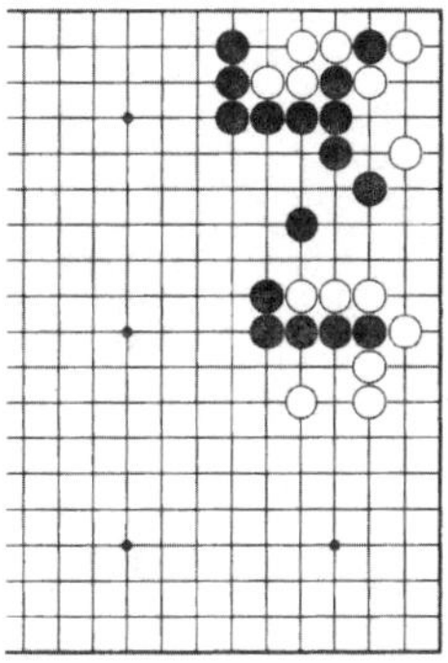

(861) 백번

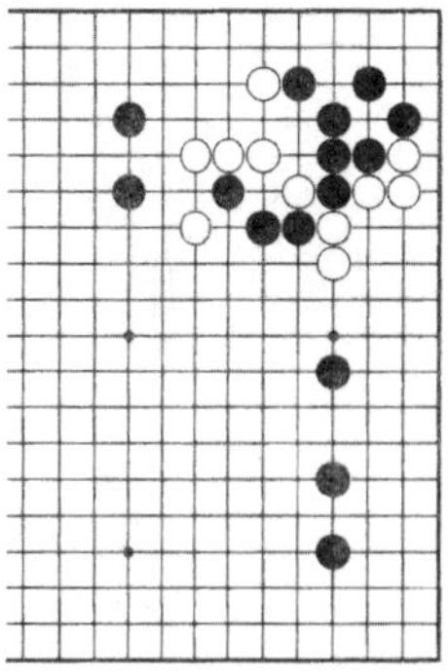

(1427) 흑번

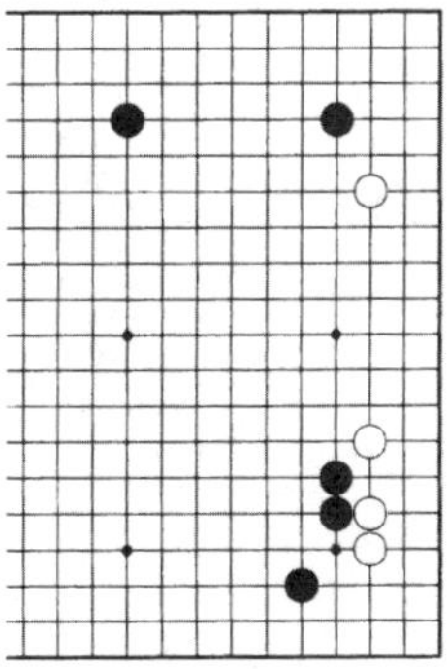

(1536) 흑번

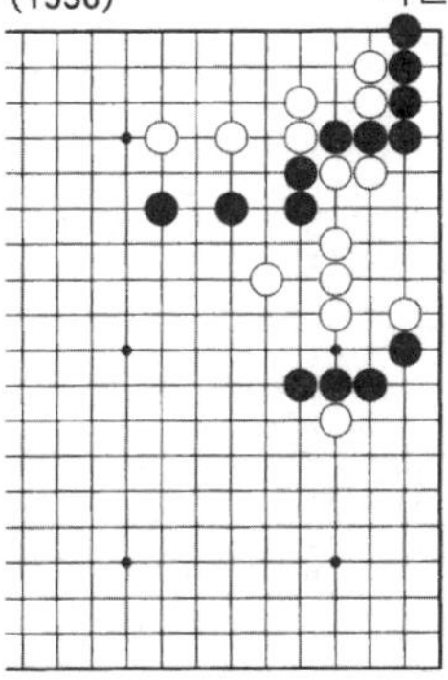

(1798) 흑번

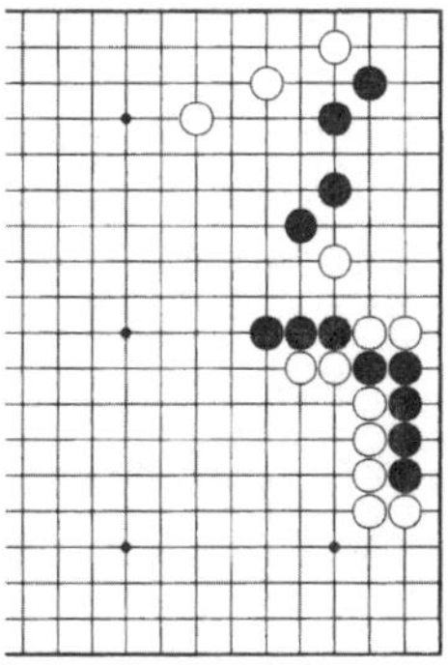

(1814) 흑번

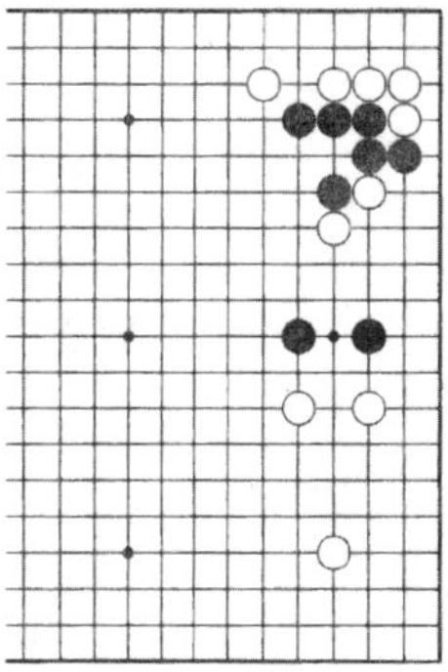

(2051) 흑번

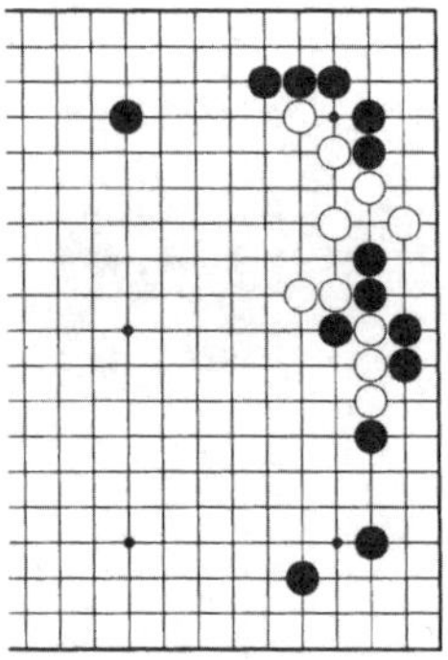

(2079) 흑번

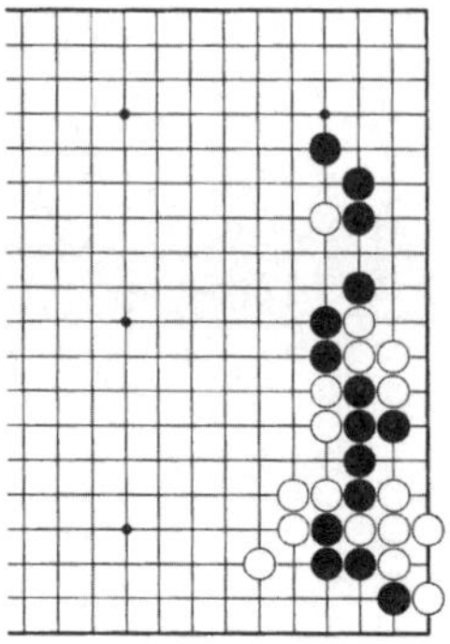

(2184) 흑번

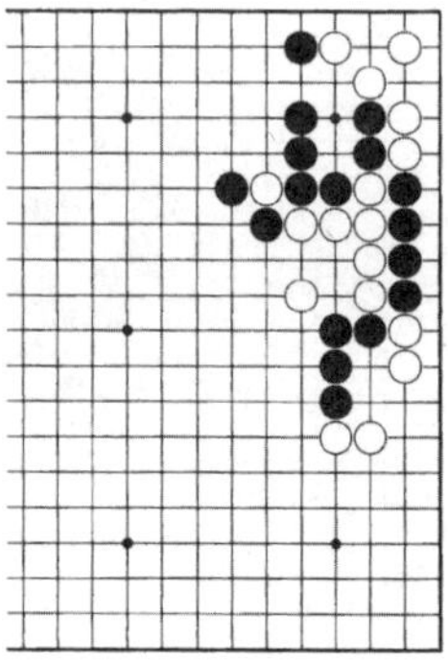

## 진출하다

(356) 백번

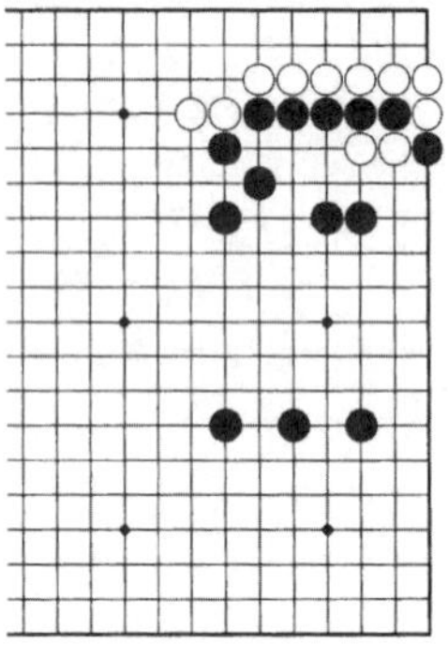

(1554) 흑번

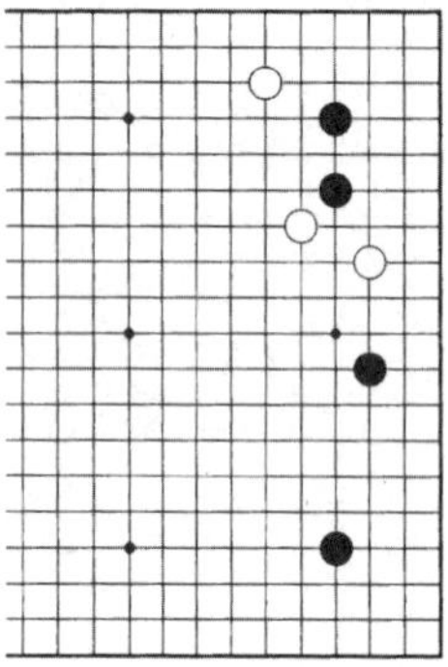

(2002) 백번

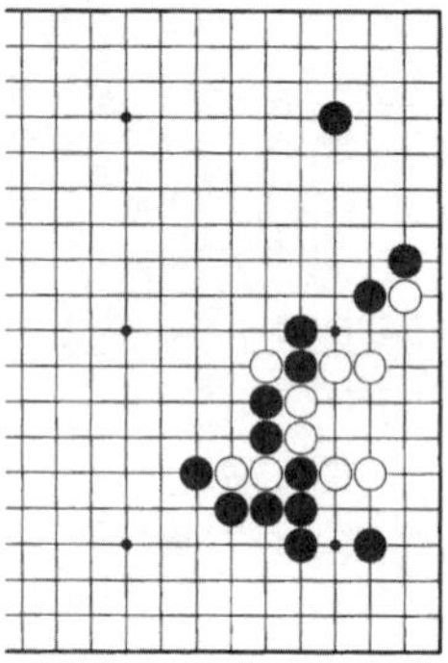

## 사석

(45) 흑번

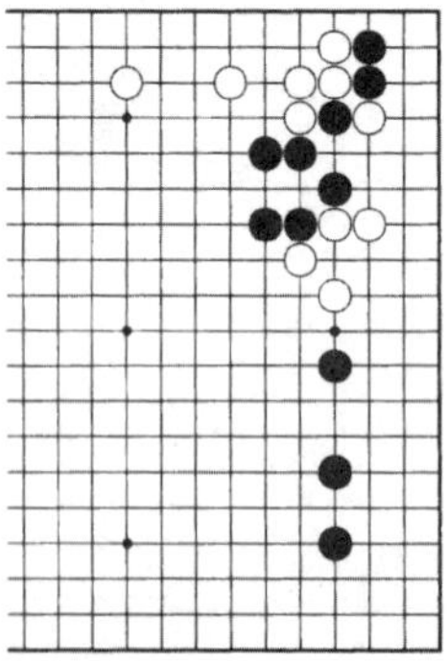

(55) 흑번

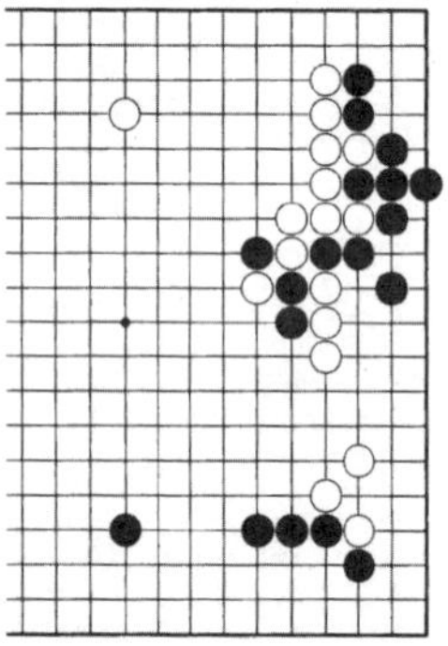

(353) 백번

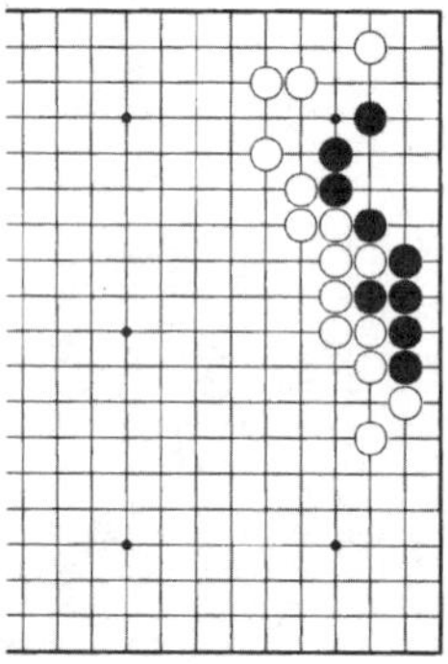

(450) 흑번

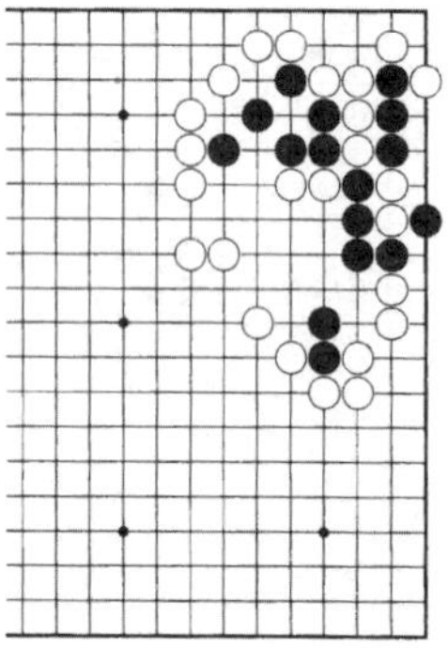

(548) 흑번

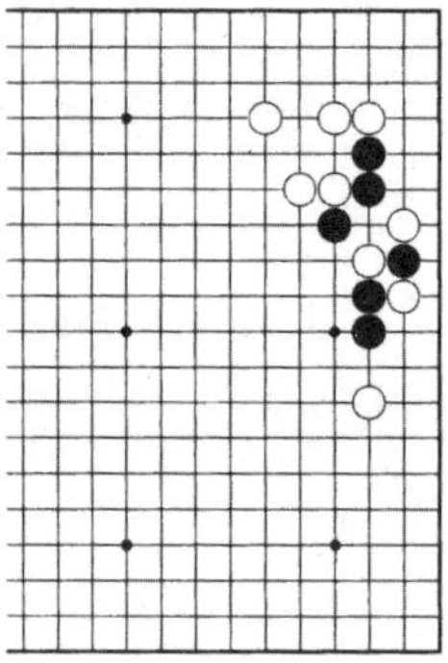

(563) 흑번

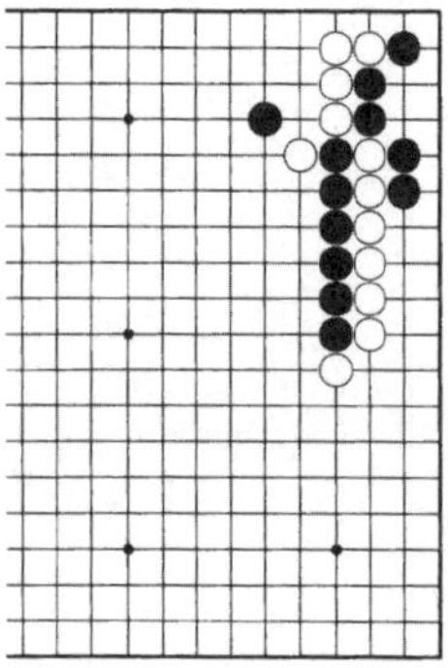

(593) 흑번

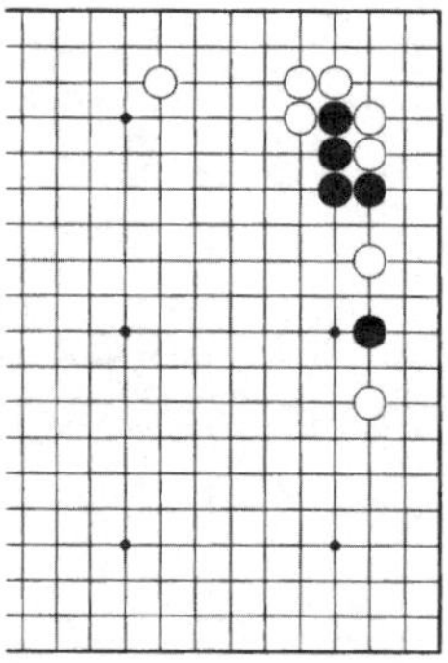

(722) 흑번

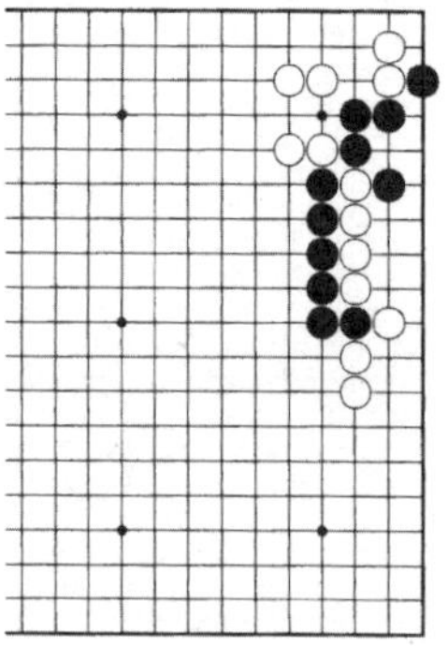

(1110) 백번

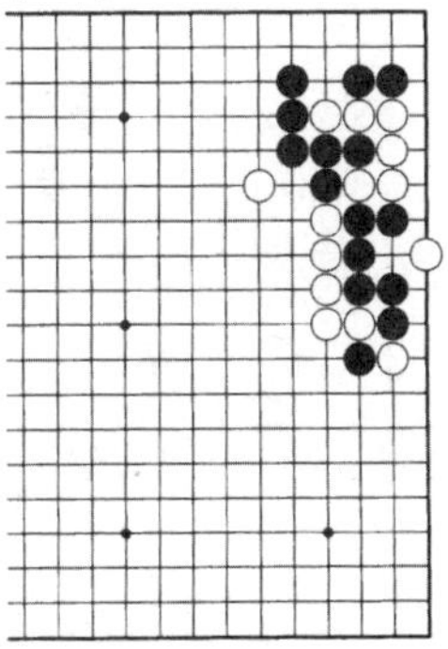

(1111) 백번

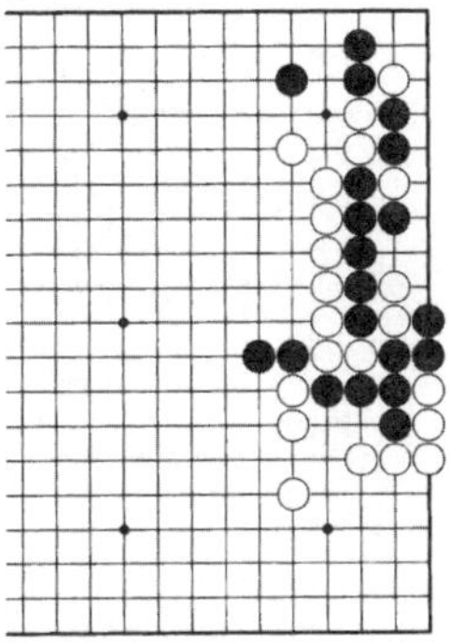

(1245) 흑번

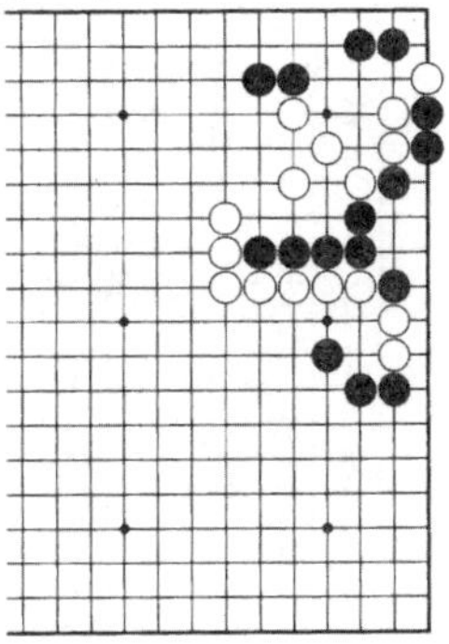

(1515) 백번

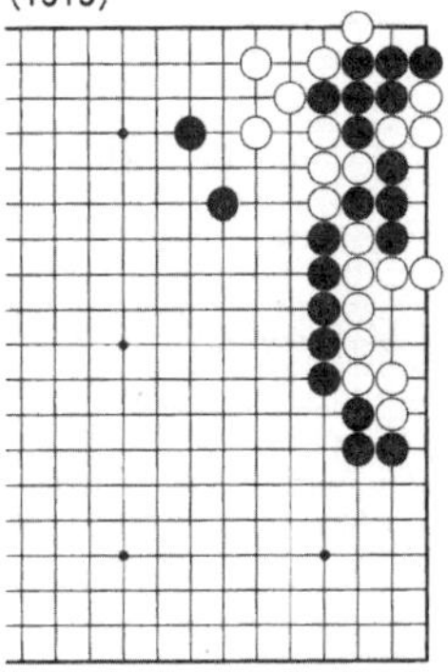

(1534) 흑번

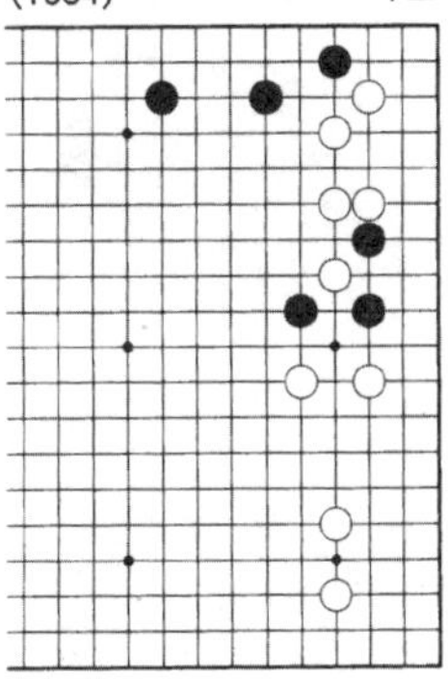

(1555) 흑번

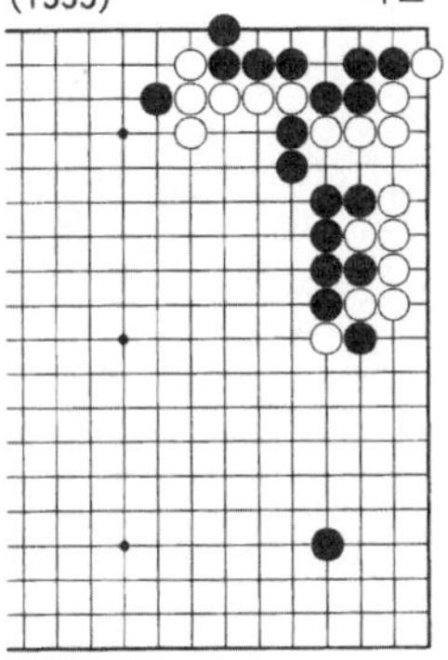

(1556) 흑번

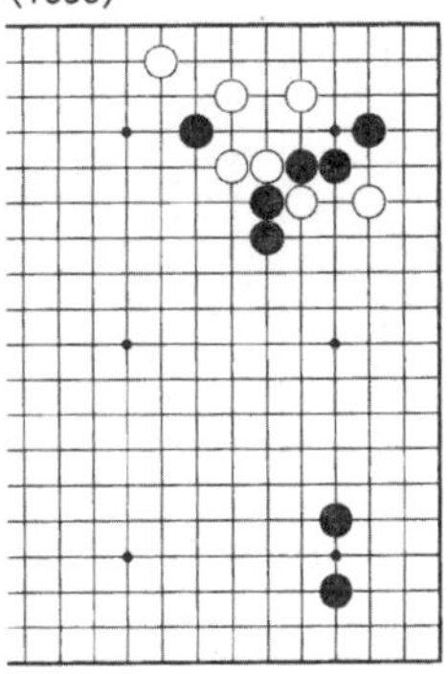

(1728) 백번

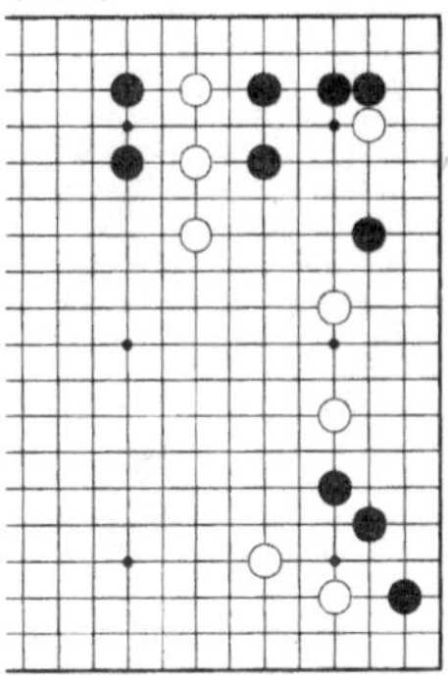

(1941) 흑번

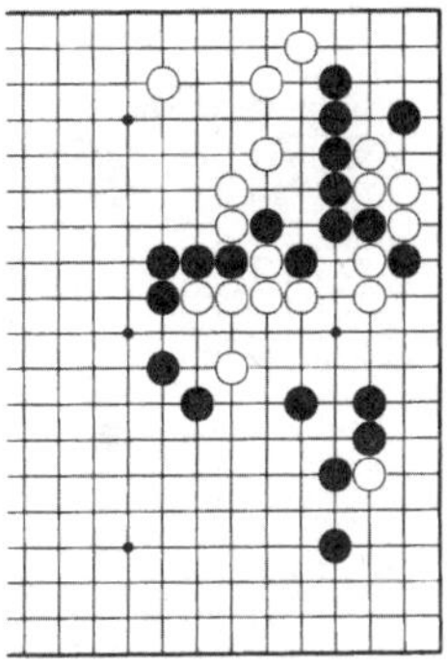

(2046) 흑번

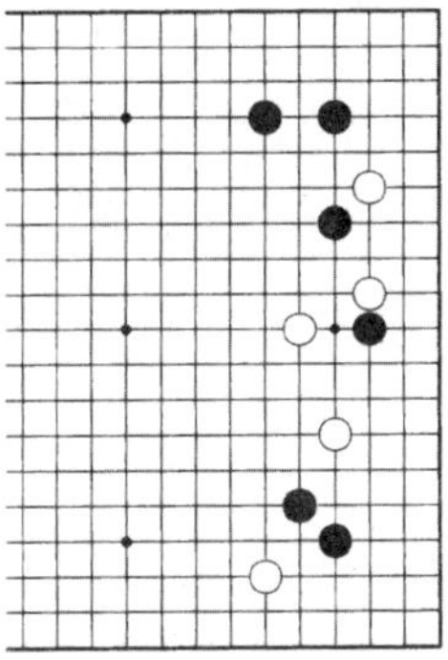

(2328) 백번

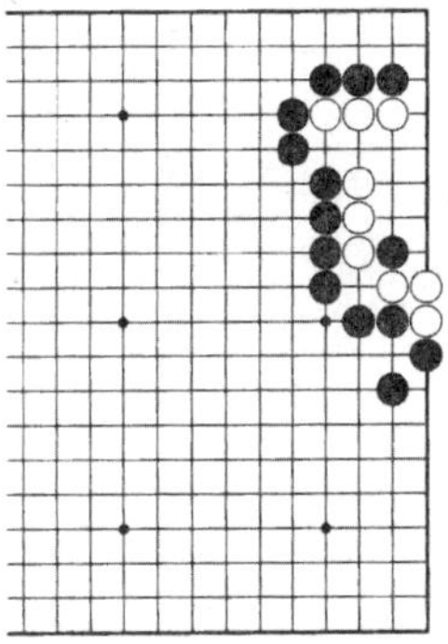

## 정형 (모양을 잡다)

(39) 흑번

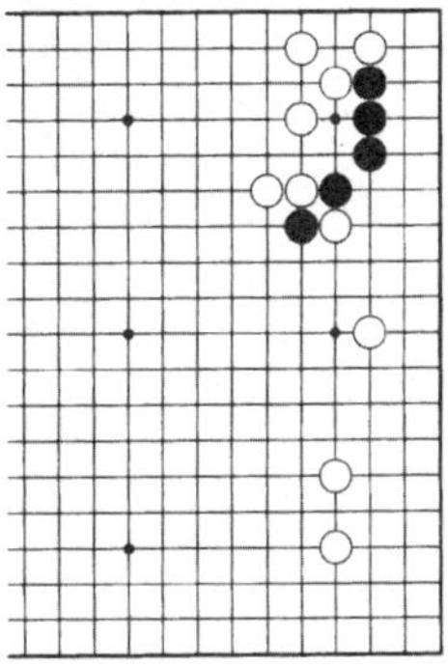

(60) 흑번

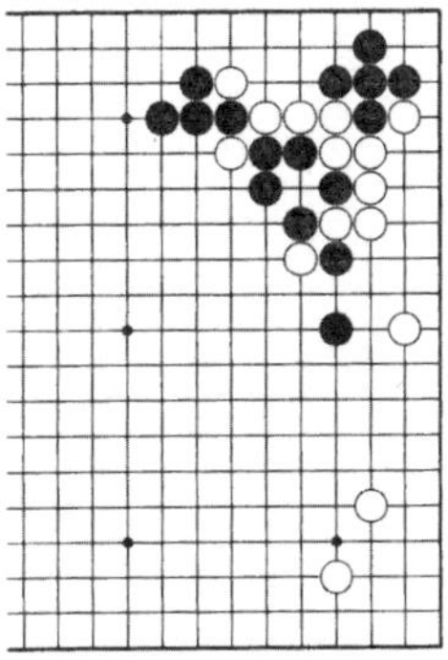

(73) 흑번

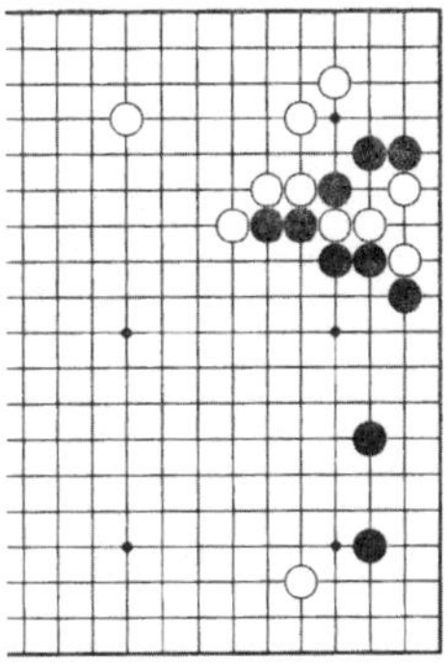

(78) 흑번

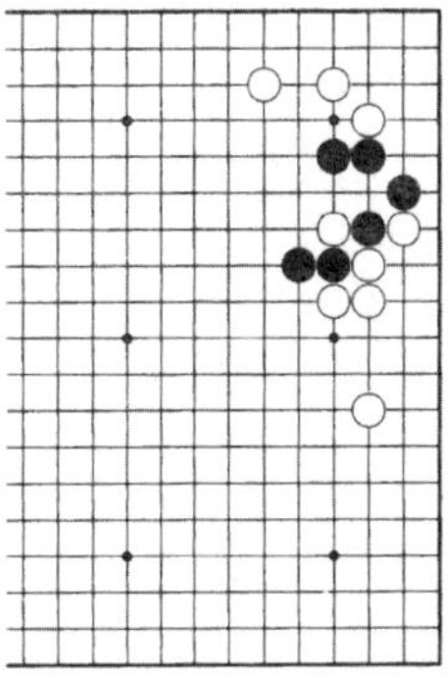

(77) 흑번

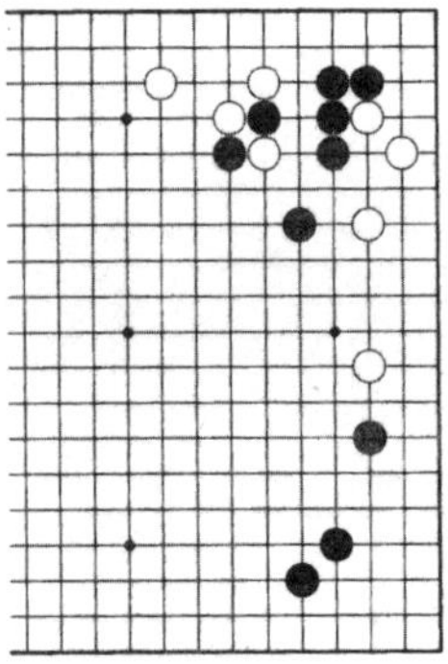

(206) 백번

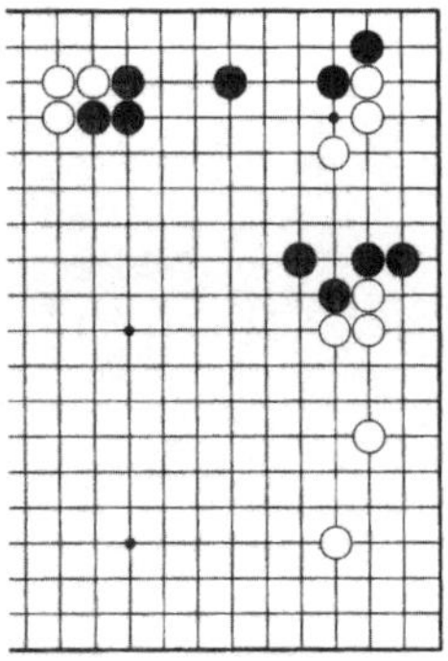

(538) 백번

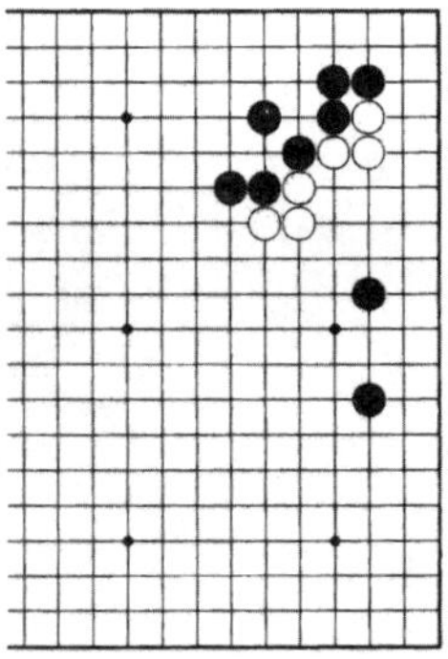

(595) 흑번

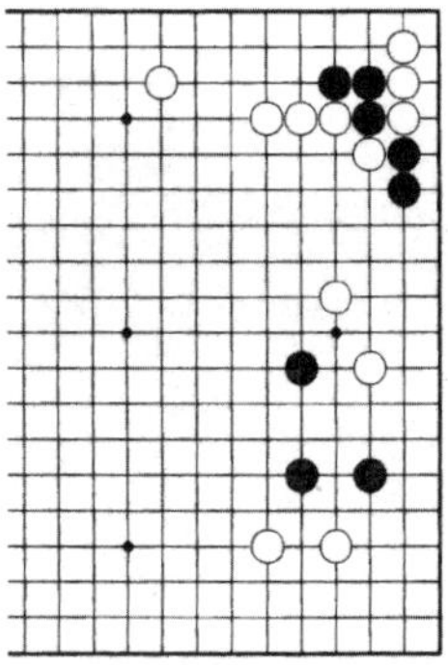

(783) 백번

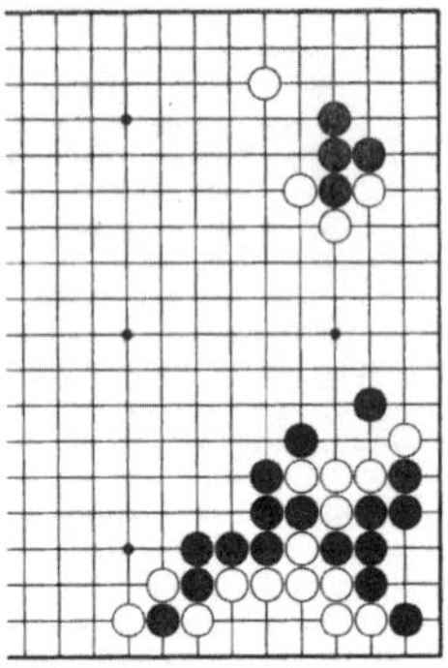

(1051) 흑번

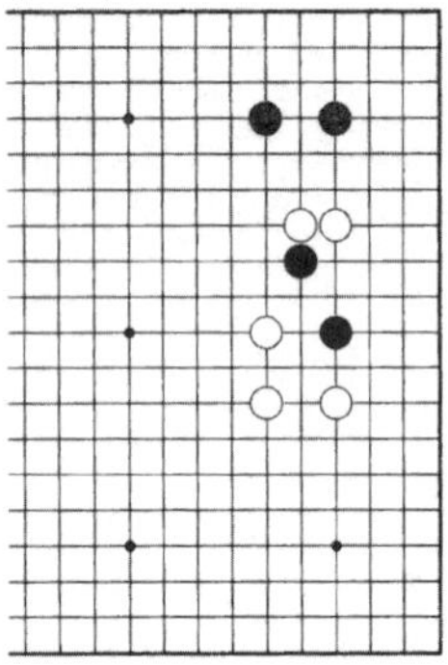

(1487) 백번

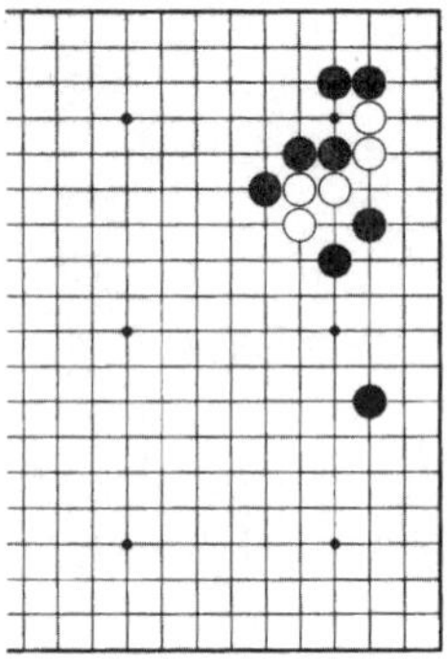

(1786) 흑번

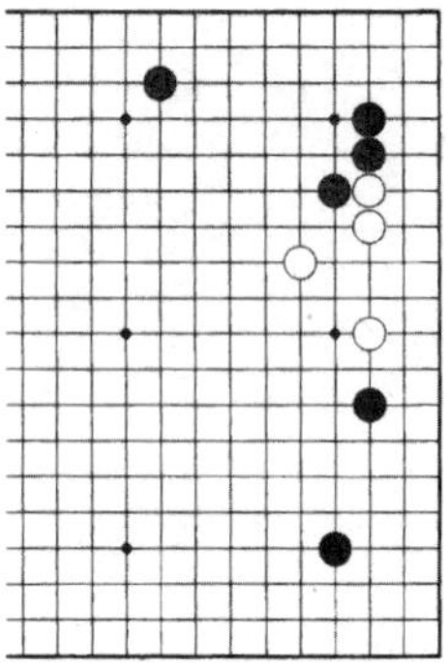

(1787) 흑번

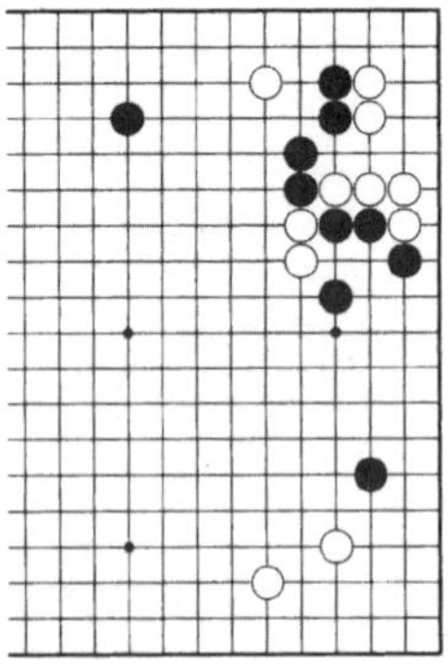

(1788) 흑번

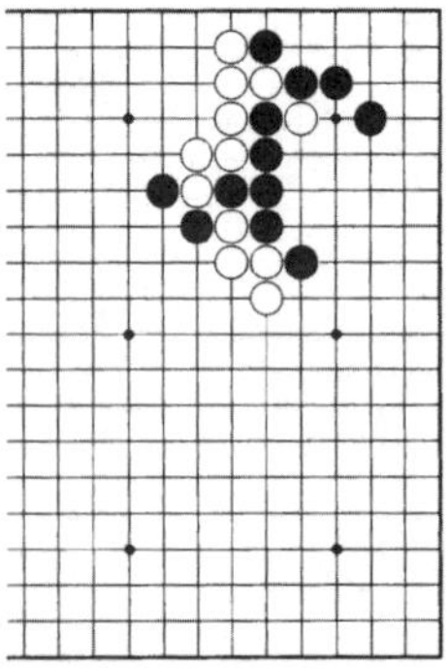

(1876) 백번

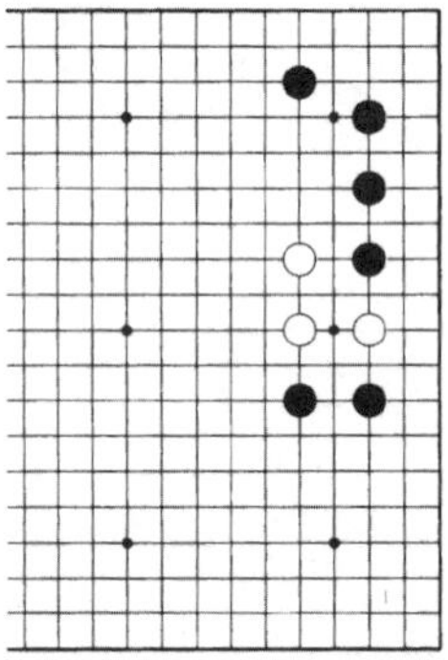

(2352) 백번

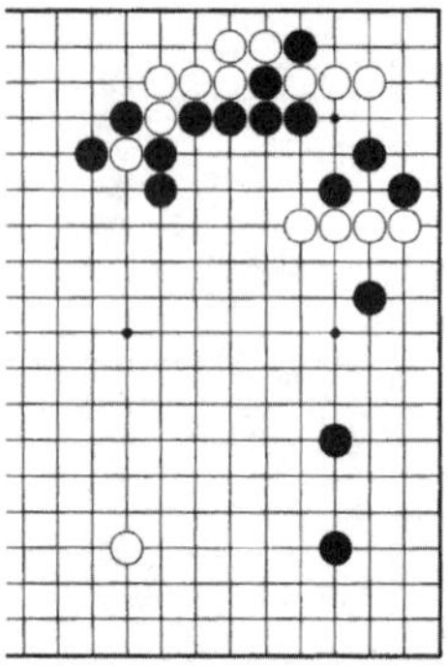

## 끊다

(243) 백번

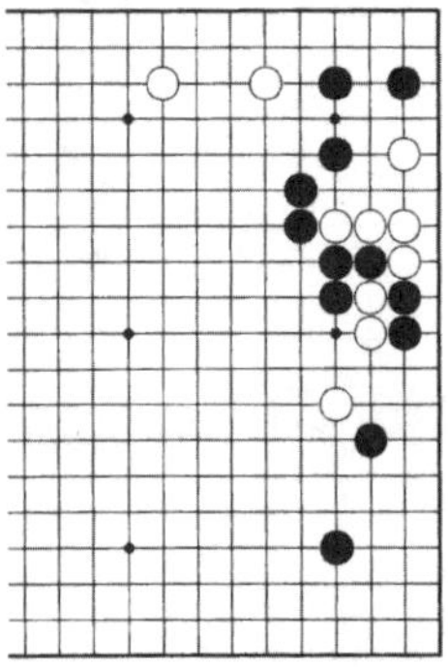

(562) 흑번

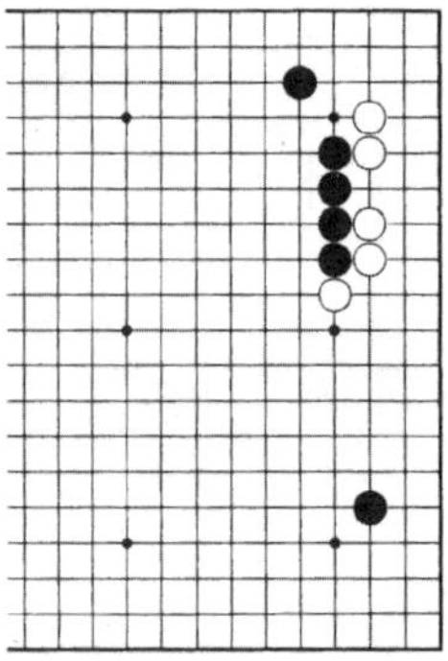

(638) 흑번

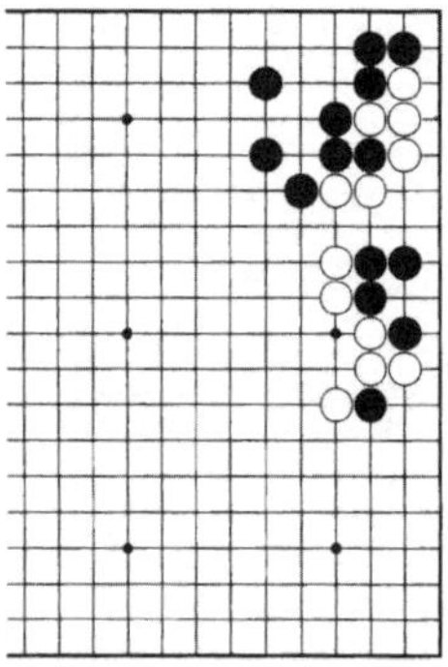

(1068) 흑번

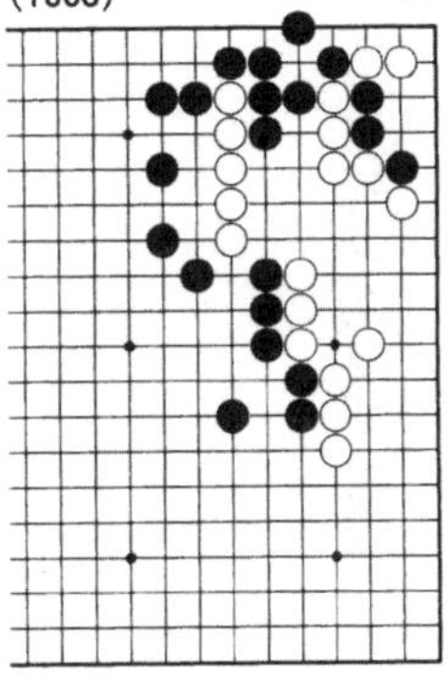

(1463) 흑번

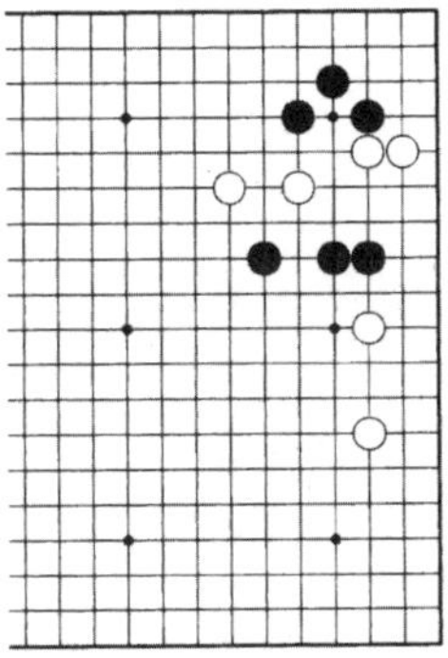

(1465) 흑번

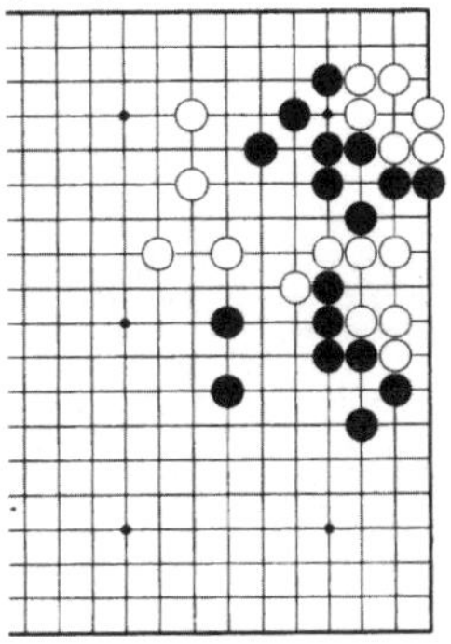

(1467) 흑번

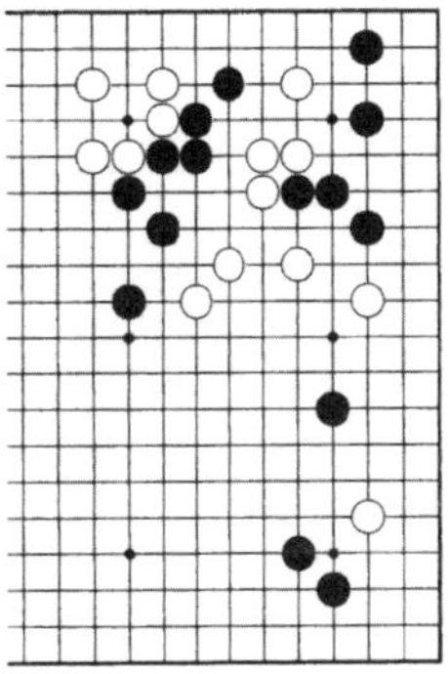

(1532) 백번

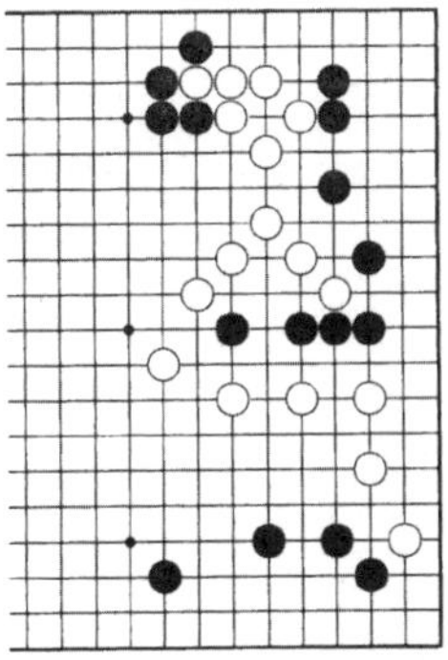

(2456) 흑번

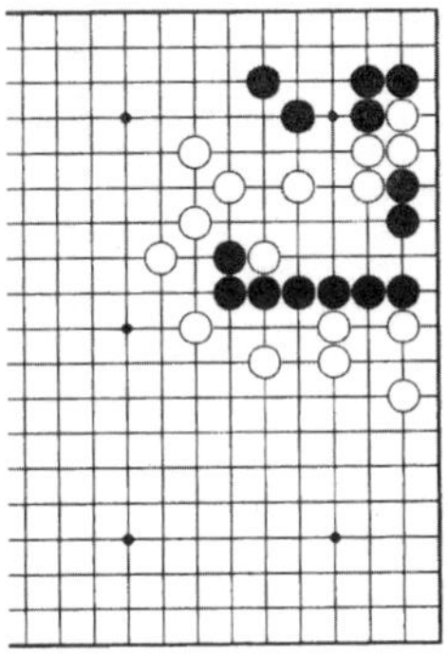

## 수싸움

(64) 흑번

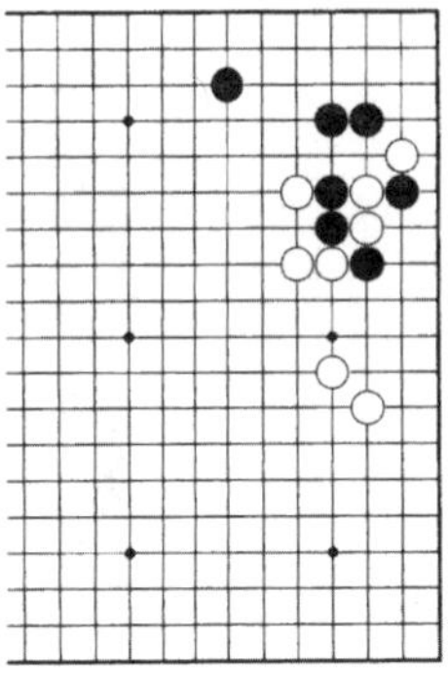

(115) 흑번

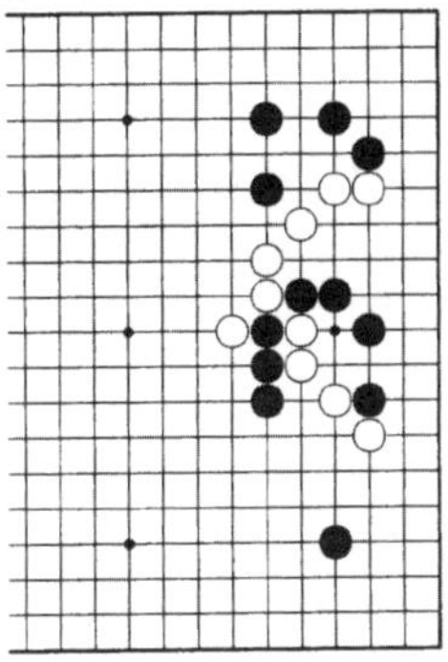

(135) 흑번

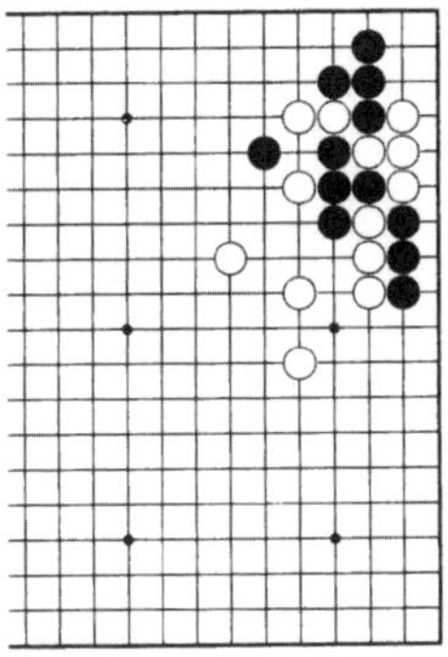

(244) 흑번

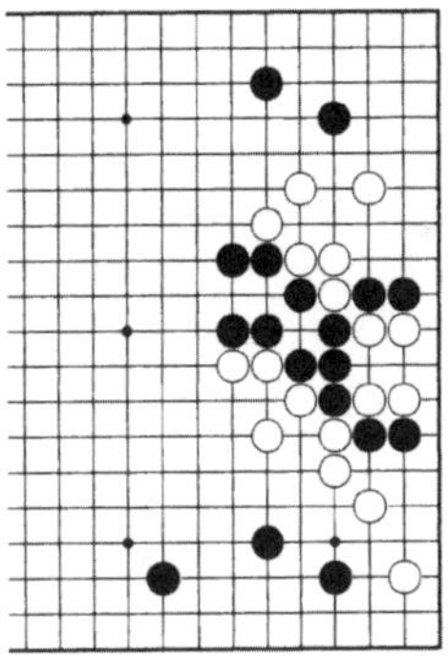

(281) 흑번

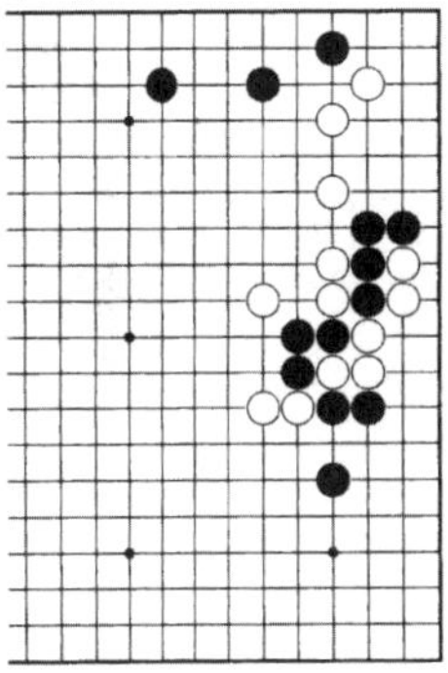

(410) 흑번

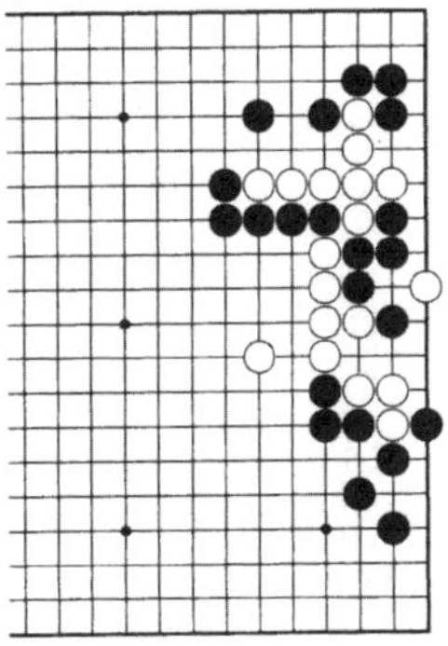

(920) 백번

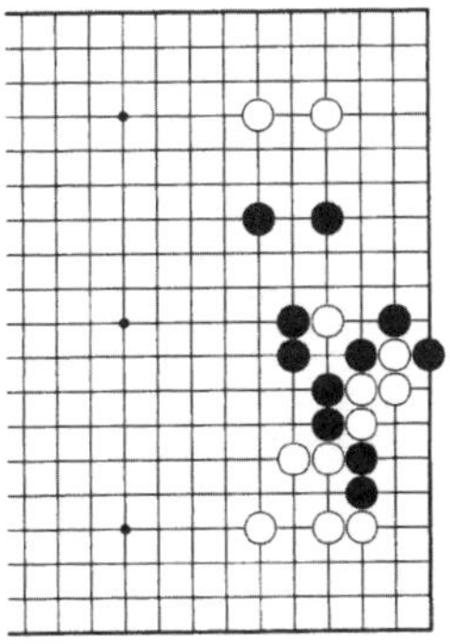

(1112) 흑번

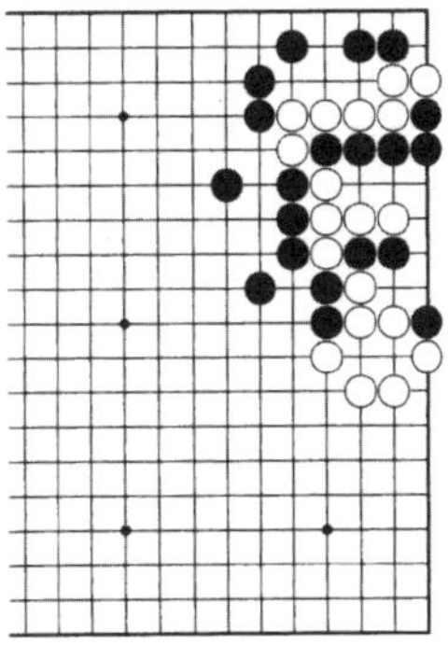

(1113) 흑번

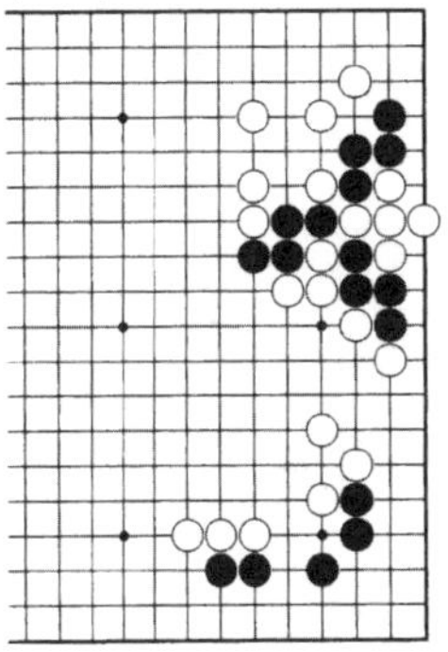

(1124) 백번

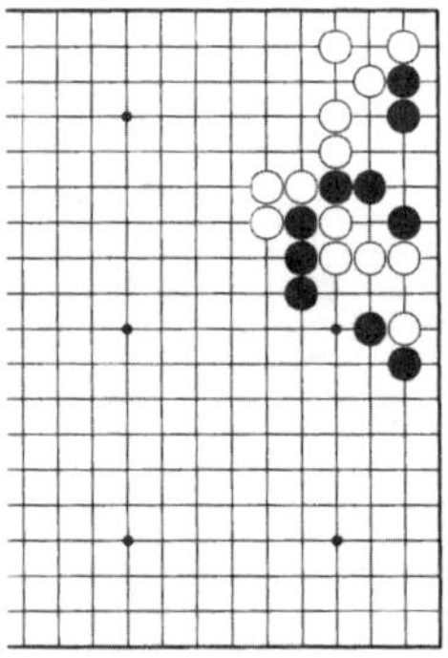

(1126) 흑번

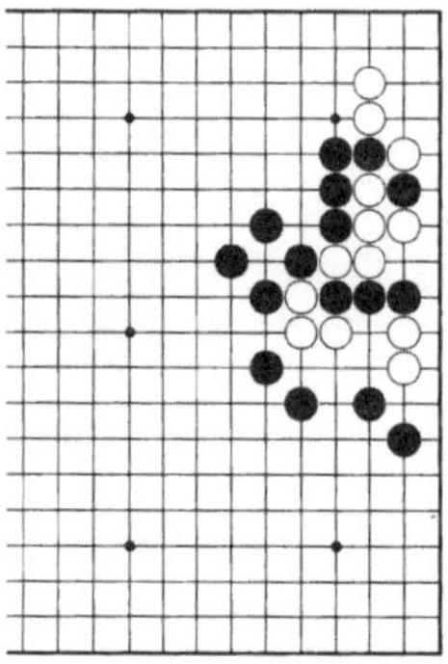

(1127) 흑번

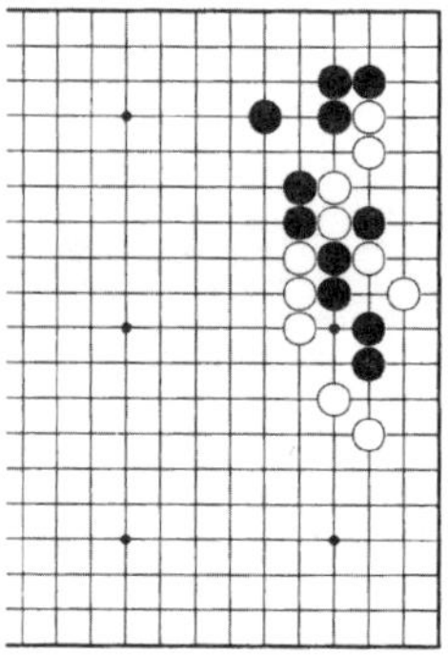

(1143) 백번

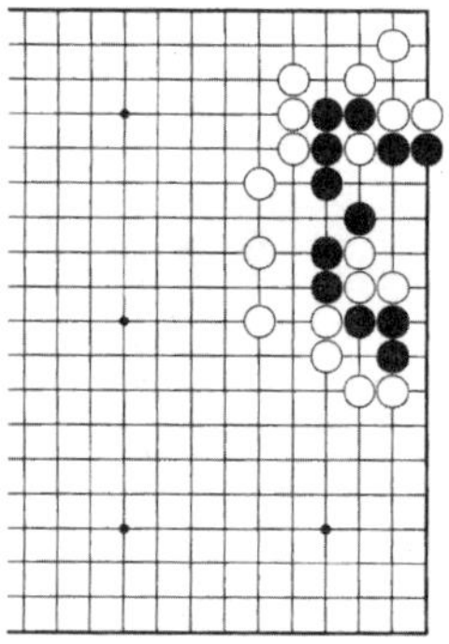

(1146) 흑번

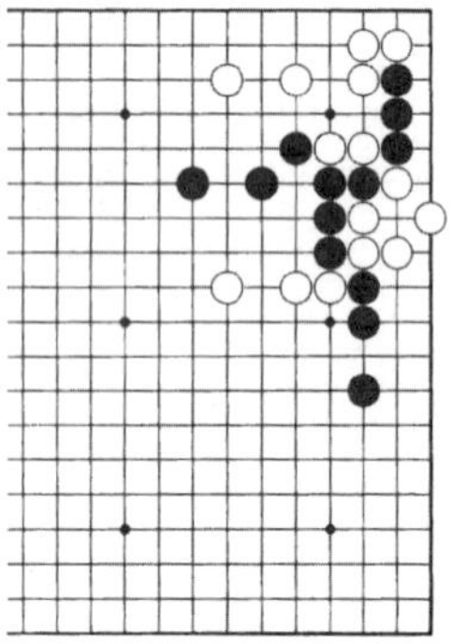

(1169) 백번

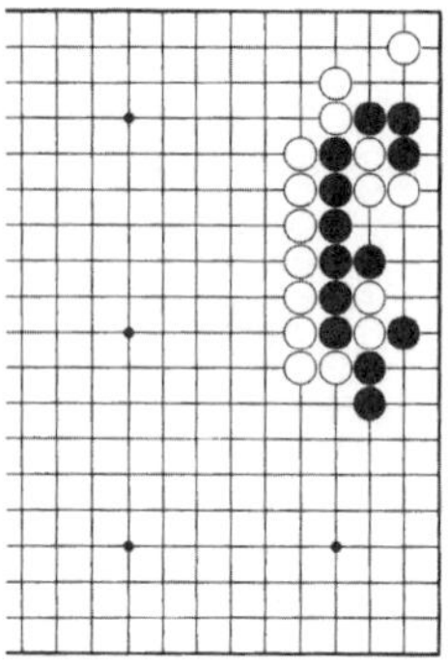

(1265) 흑번

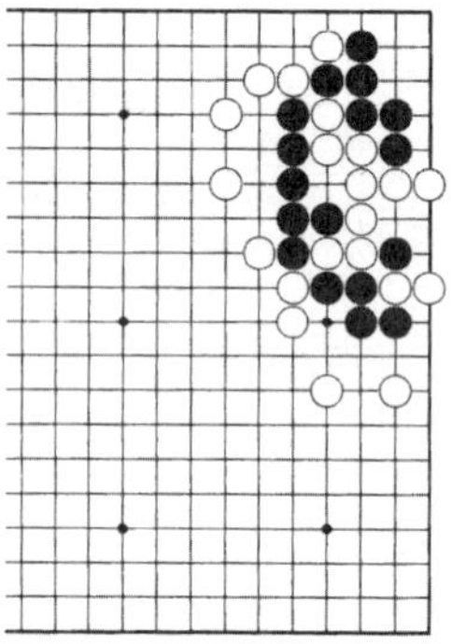

(1499) 흑번

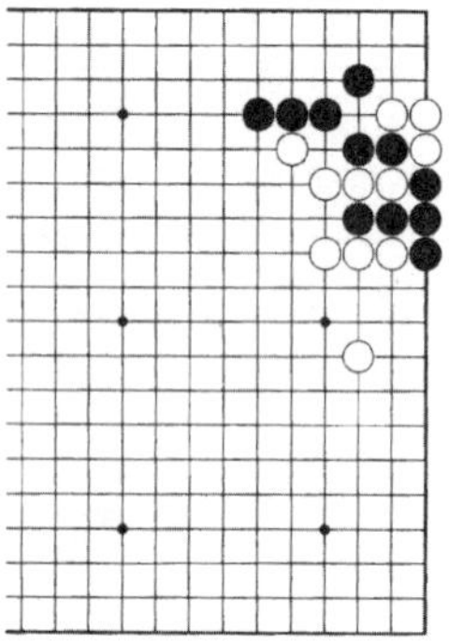

(1744) 백번

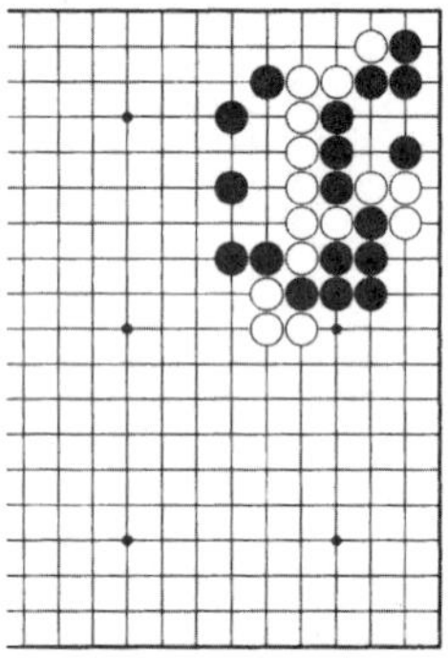

(1916) 백번

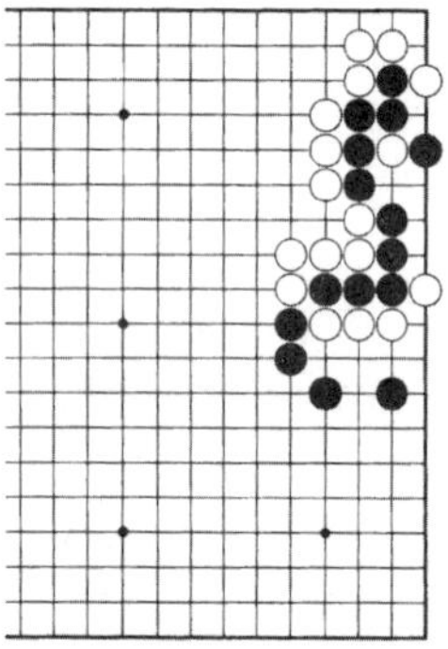

(2183) 흑번

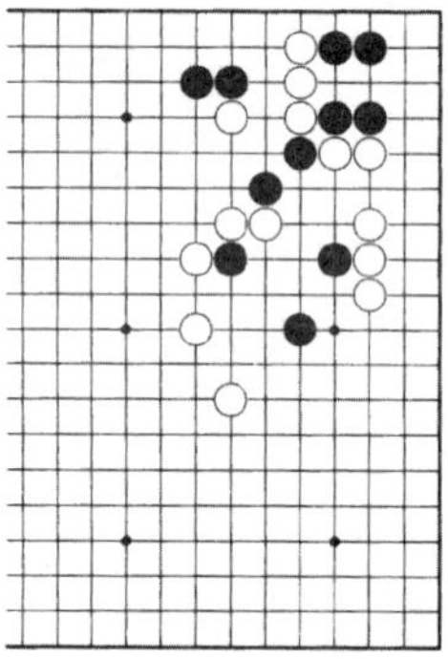

(2212) 백번

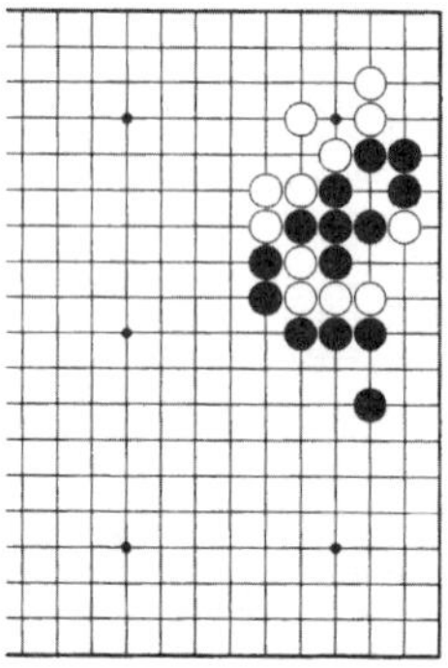

(2298) 흑번

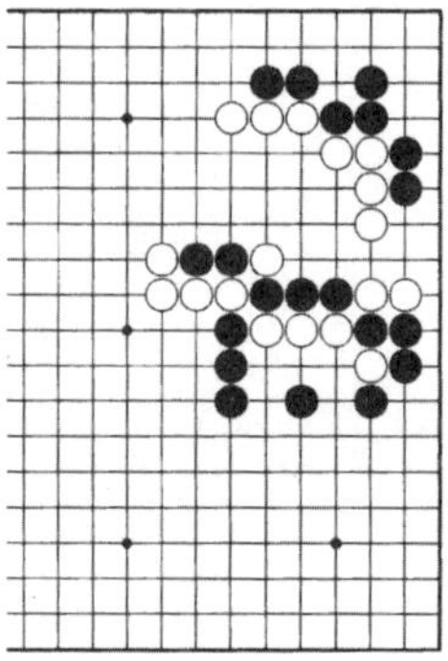

(2314) 흑번

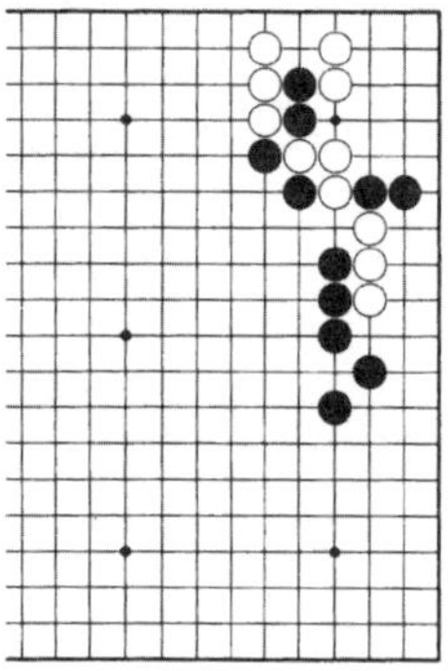

(2315) 흑번

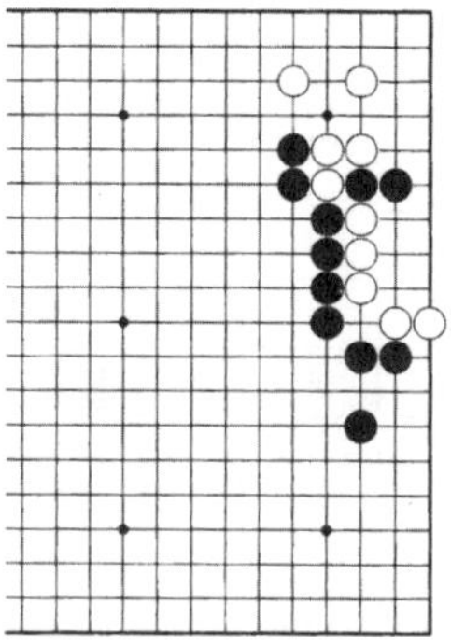

(2457) 흑번

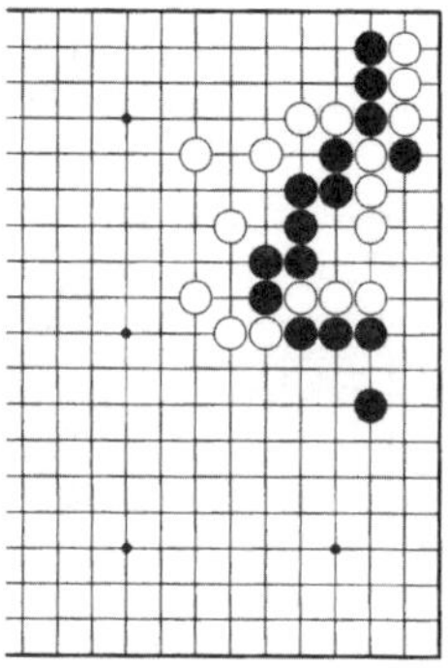

## 공격하다

(59) 흑번

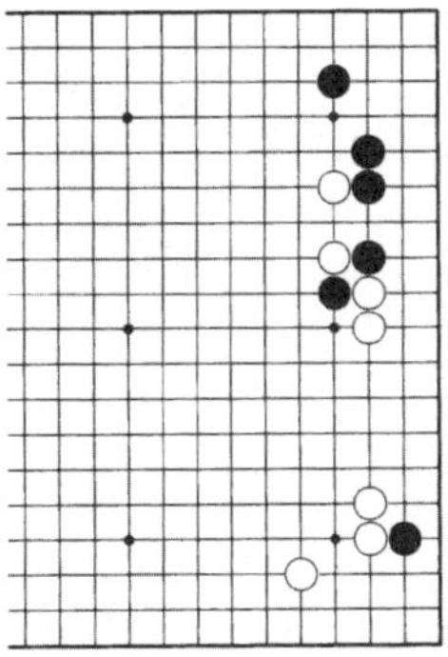

(159) 흑번

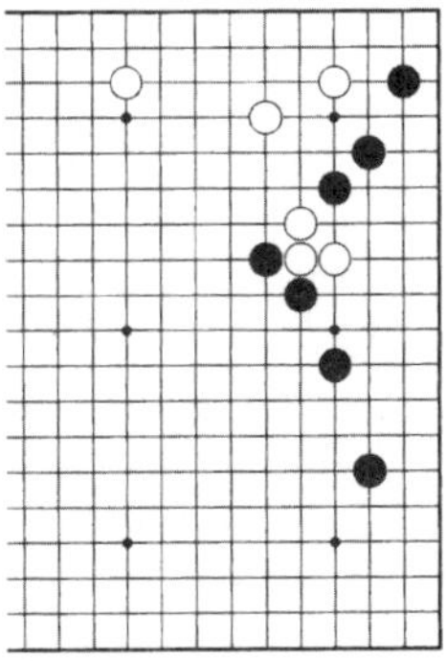

(218) 흑번

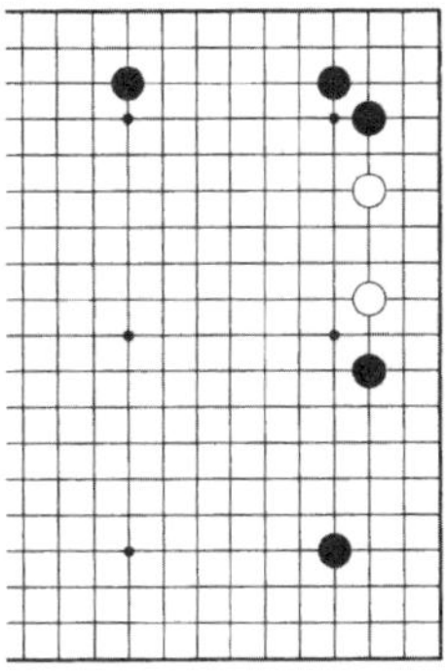

(219) 흑번

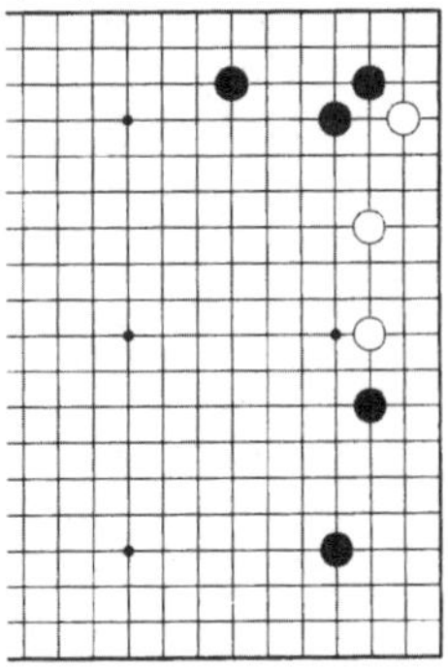

(221) 흑번

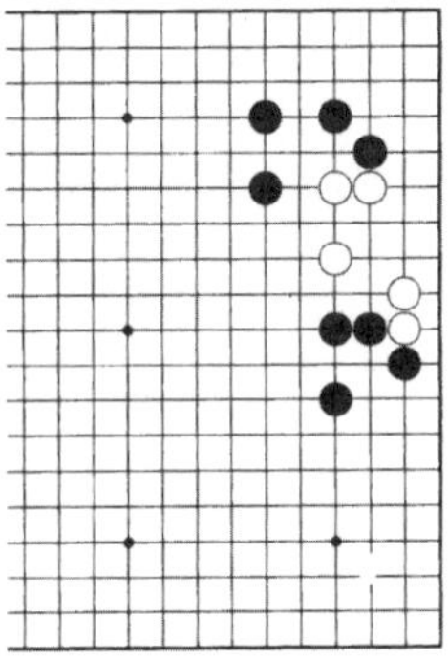

(233) 흑번

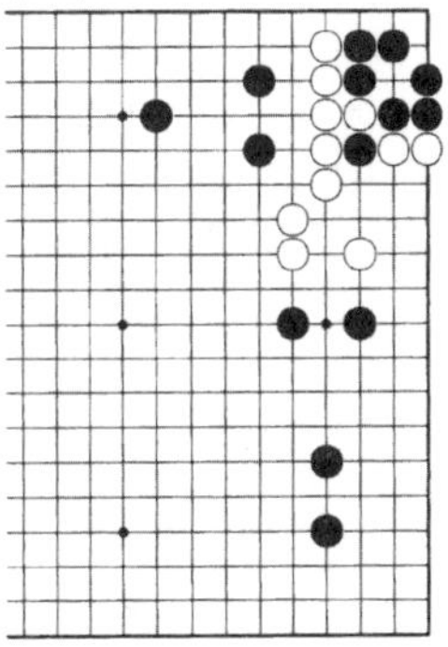

(549) 흑번

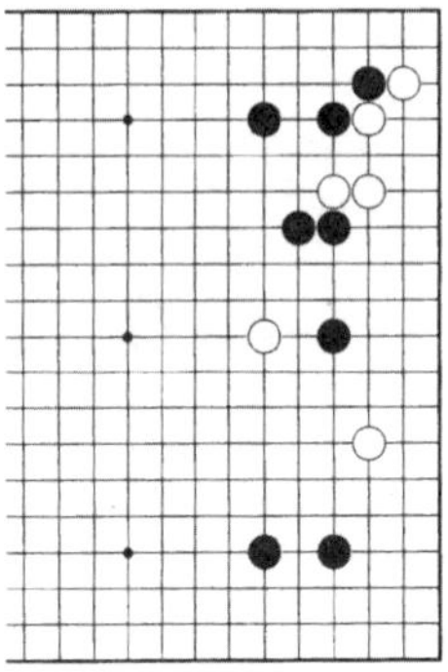

(1860) 흑번

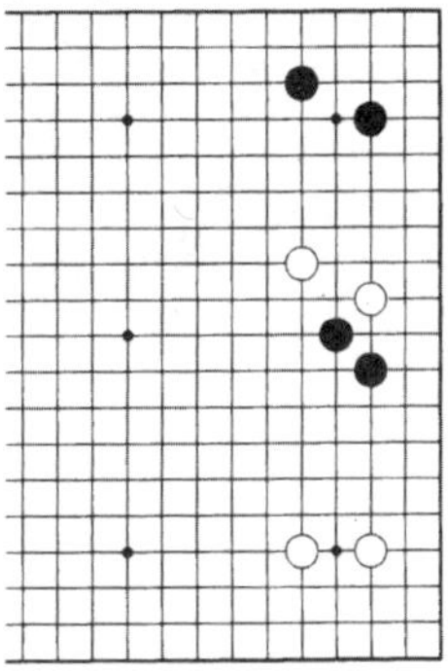

(1862) 흑번

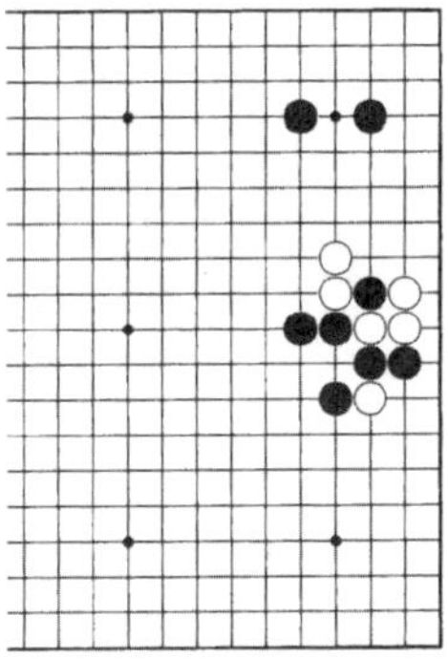

(1863) 흑번

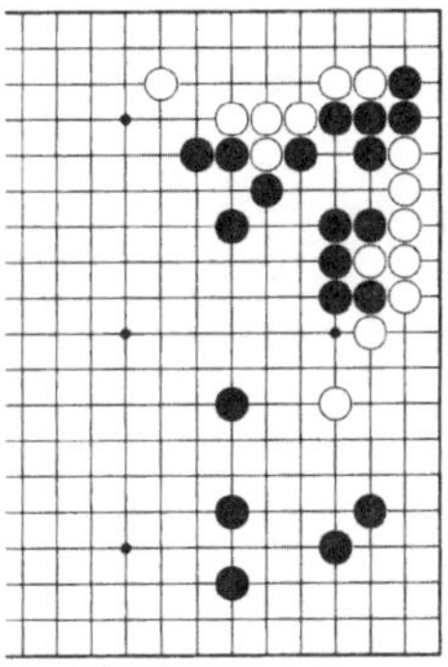

(1970) 흑번

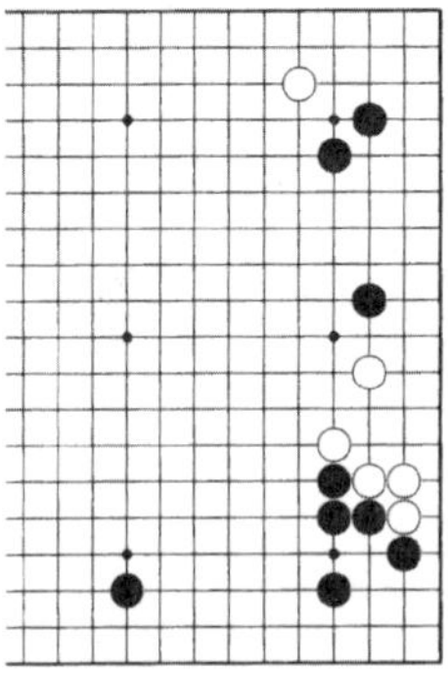

(2004) 흑번

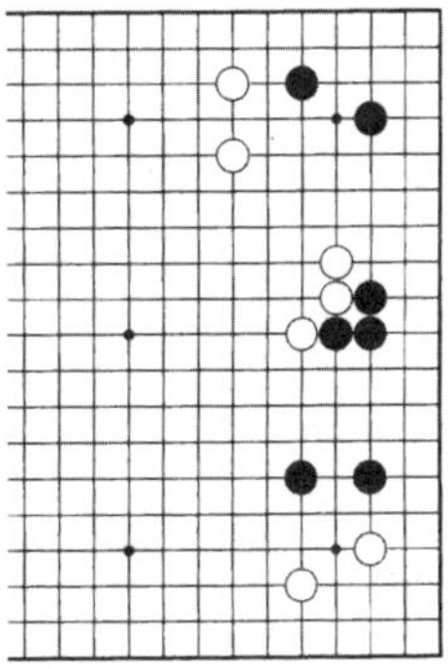

## 접근전

(544) 백번

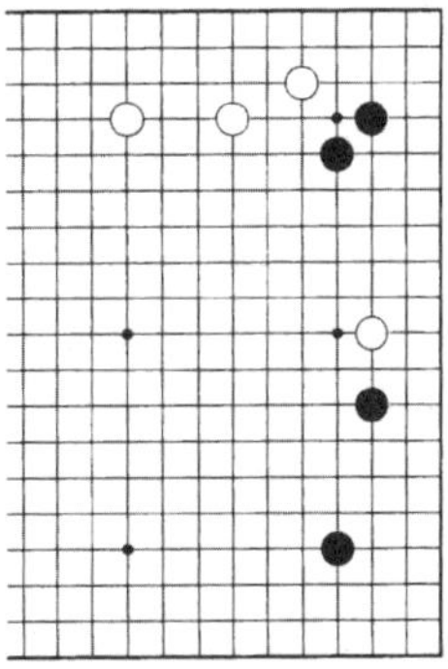

(878) 흑번

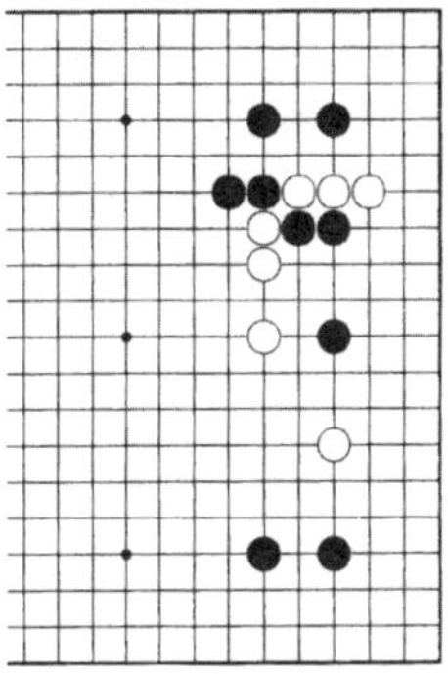

(1260) 흑번

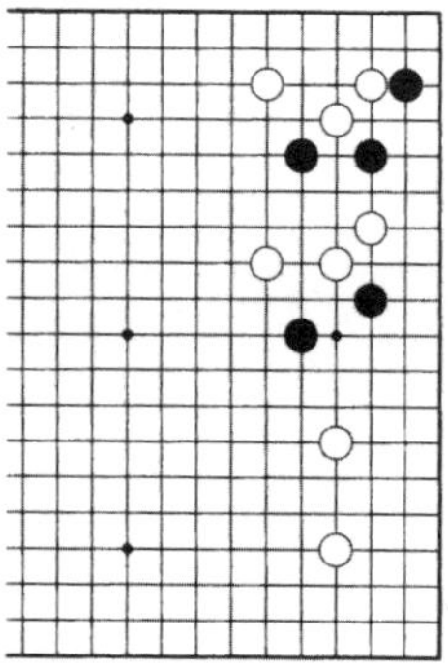

(1557) 백번

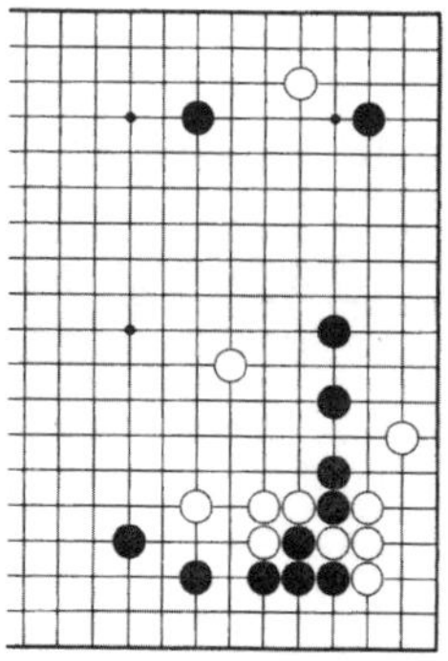

(1601) 흑번

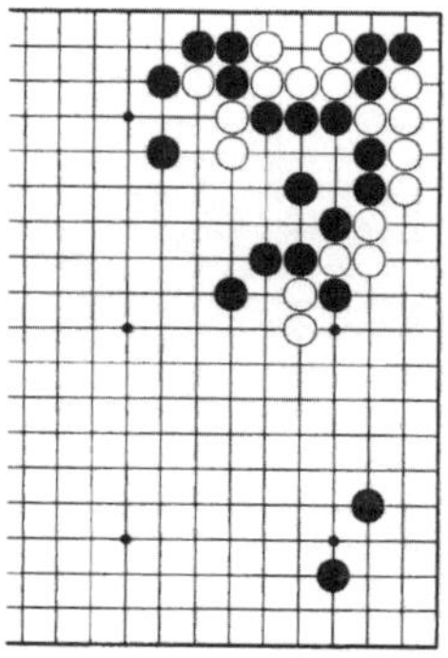

(2074) 흑번

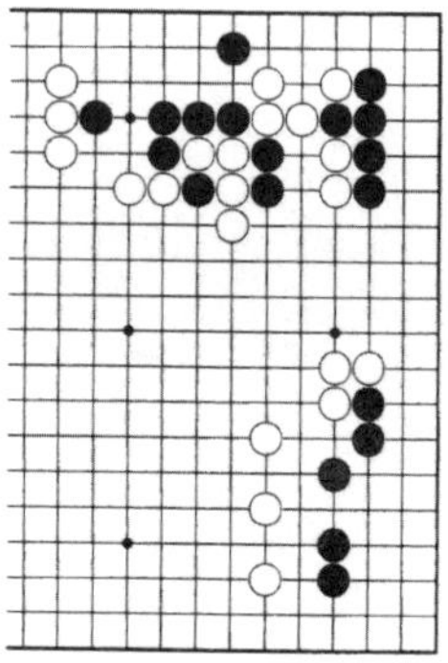

## 선수를 잡다

(119) 흑번

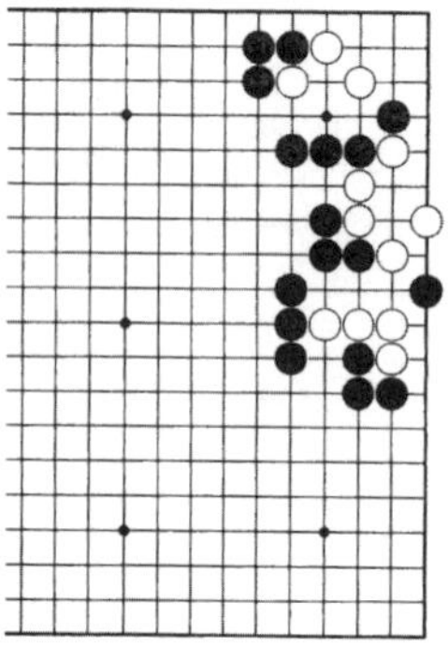

(681) 흑번

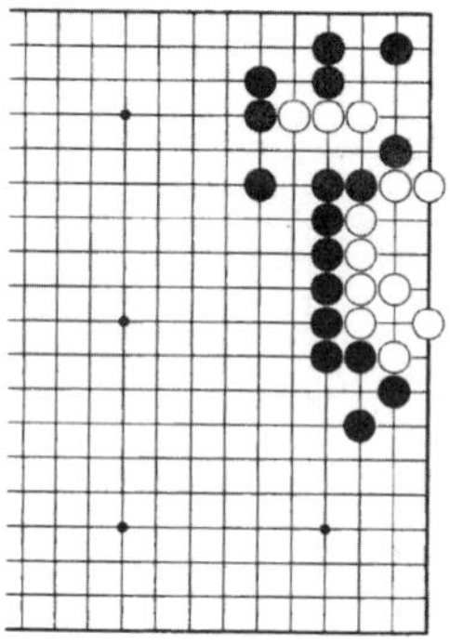

(1533) 흑번

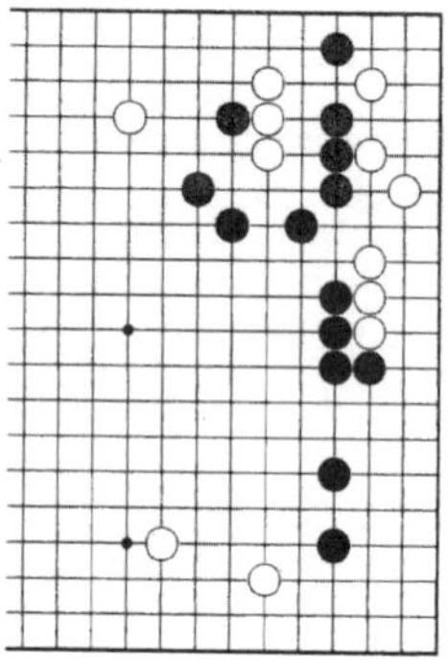

(1861) 흑번

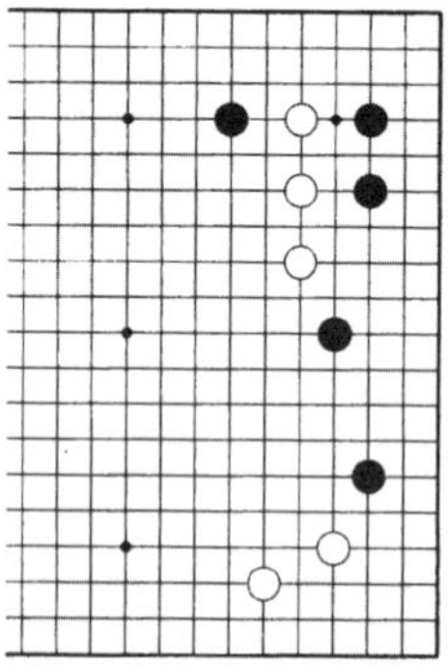

## 탈출

(107) 흑번

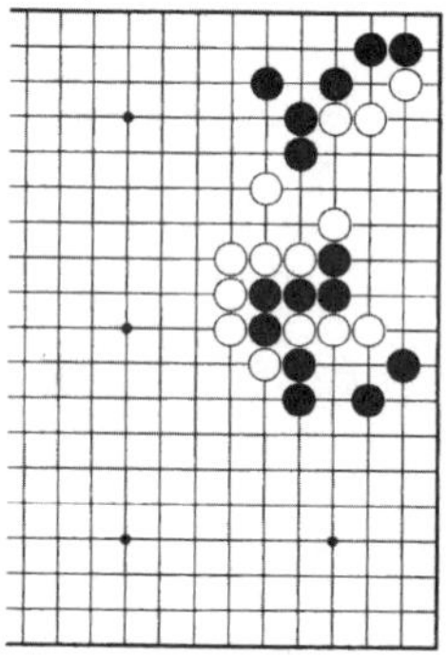

(132) 흑번

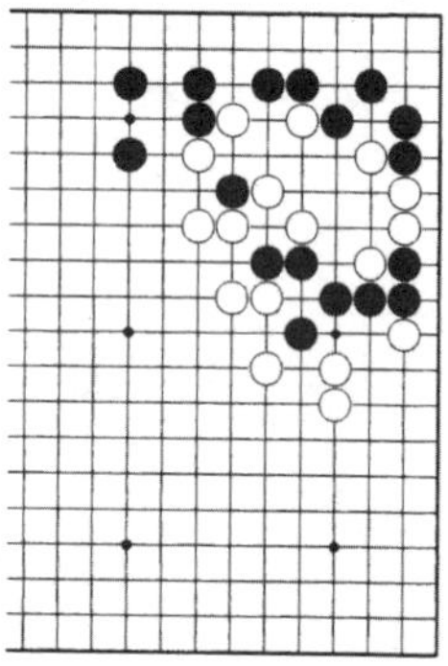

(179) 흑번

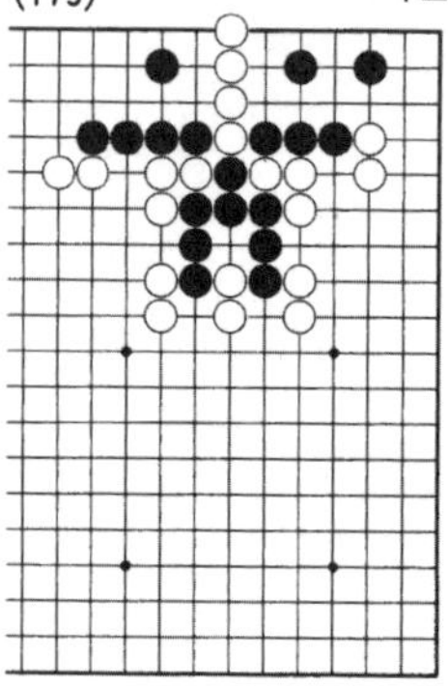

(203) 백번

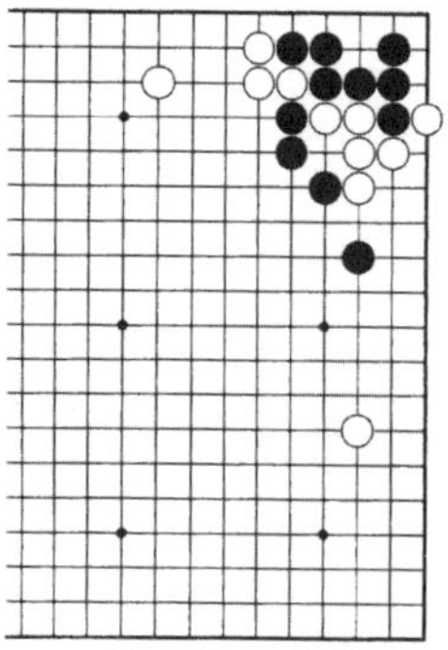

(619) 흑번

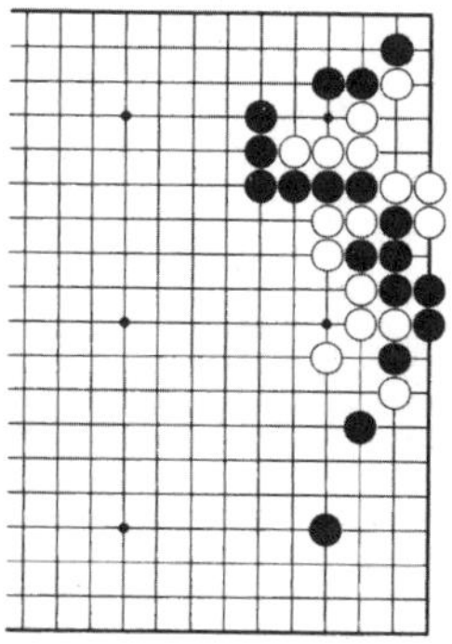

(680) 흑번

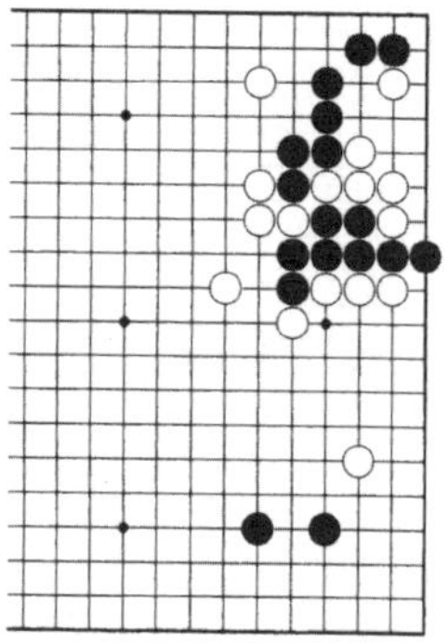

(1052) 흑번

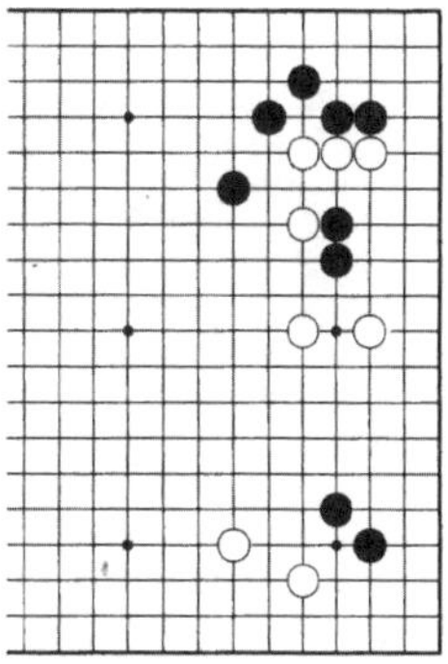

(1054) 흑번

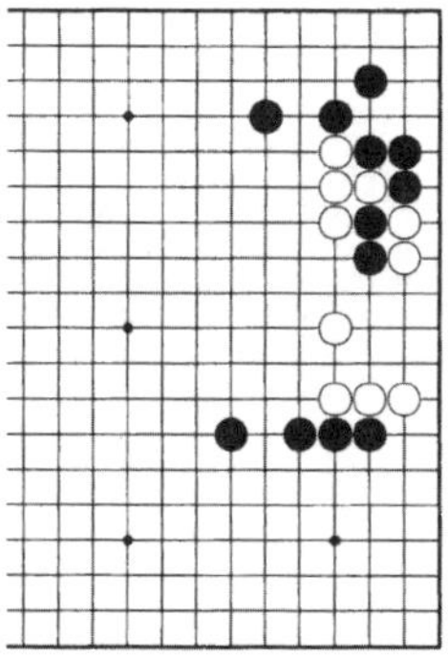

(1064) 백번

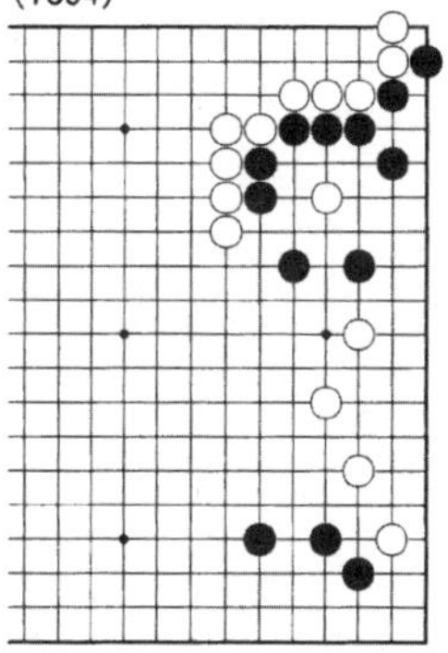

(1065) 흑번

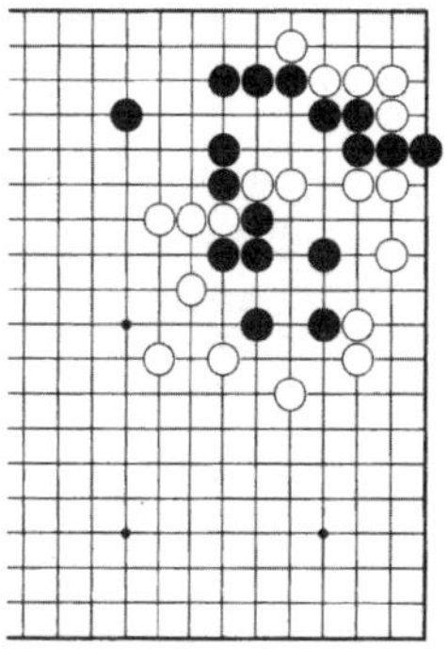

(1066) 흑번

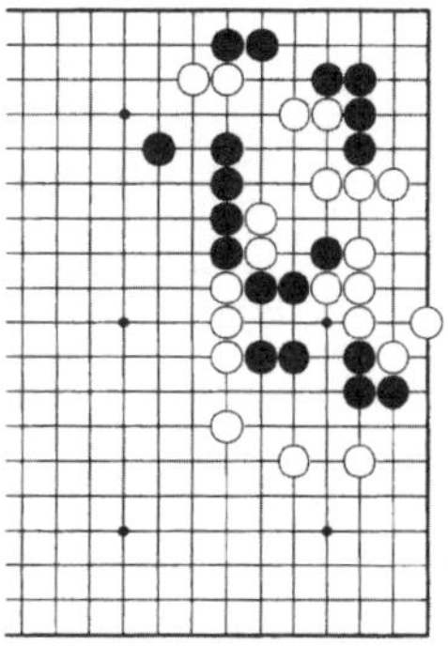

(1130) 흑번

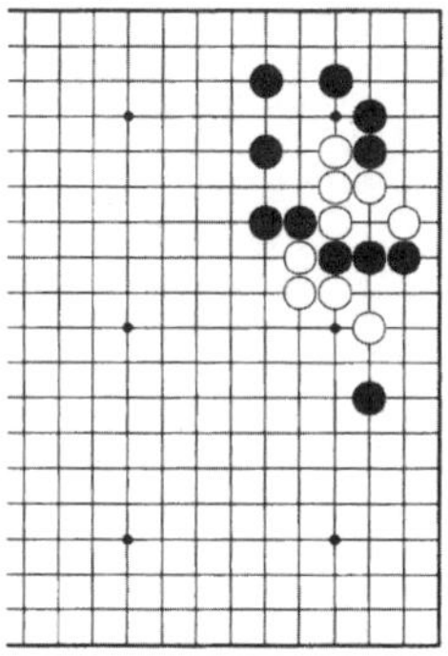

(1513) 흑번

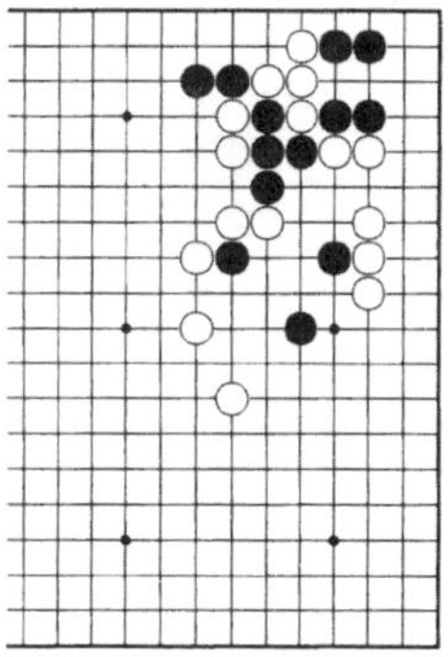

(1919) 흑번

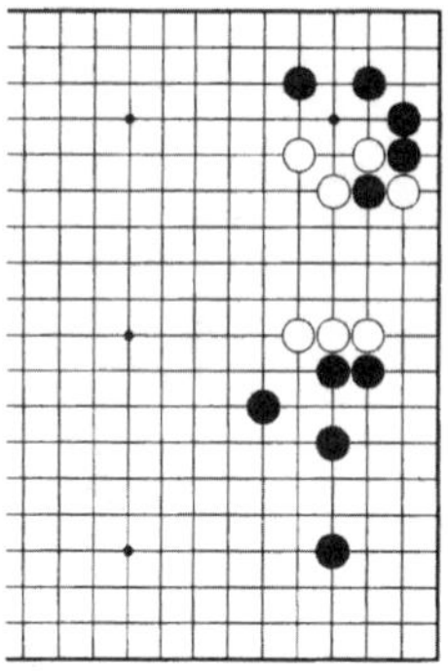

(2023) 흑번

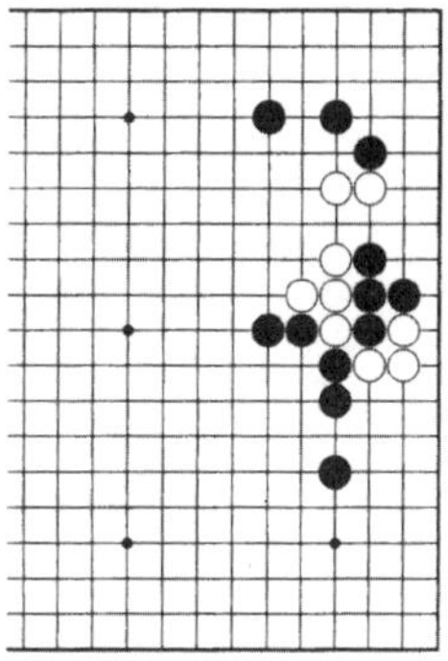

(2047) 흑번

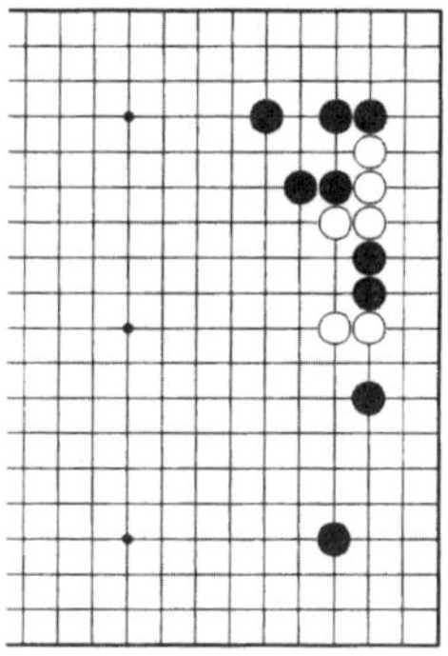

(2077) 흑번

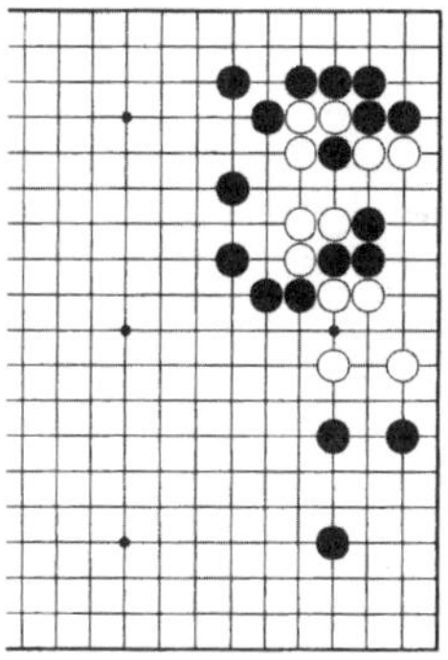

(2196) 흑번

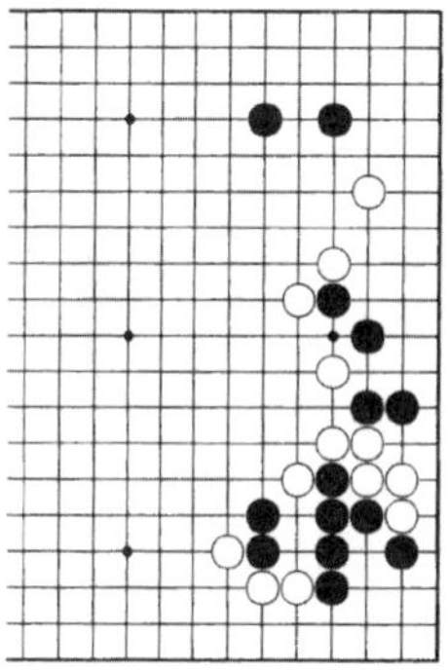

(2391) 흑번

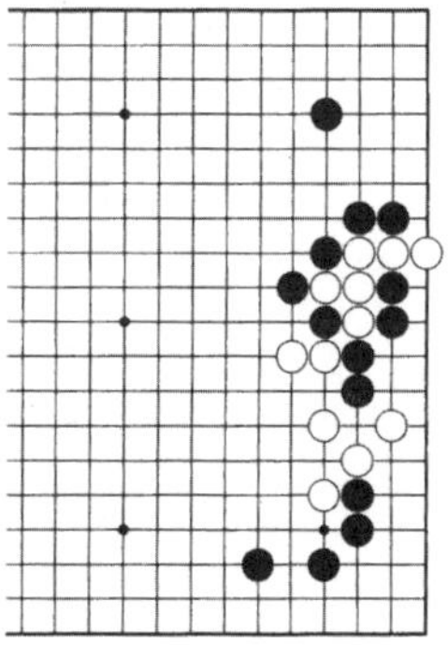

**궁지로 몰아넣다**

(178) 백번

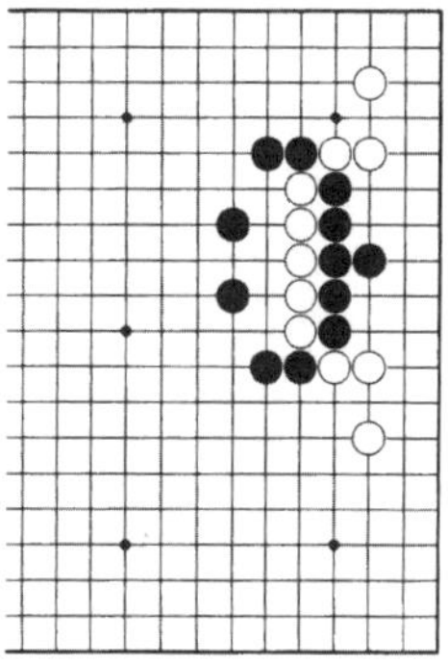

(663) 흑번

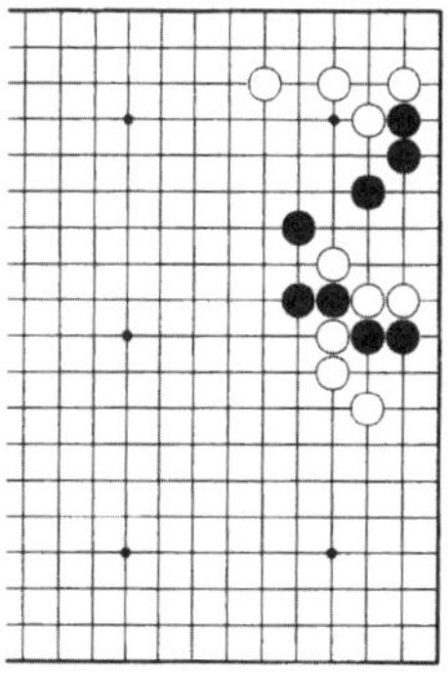

## 집다

(411) 백번

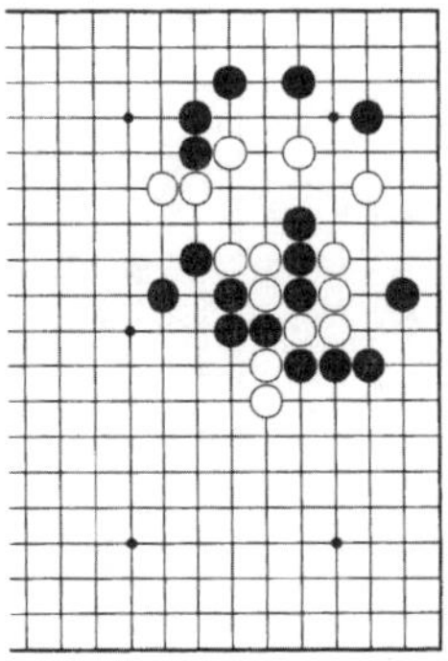

(482) 흑번

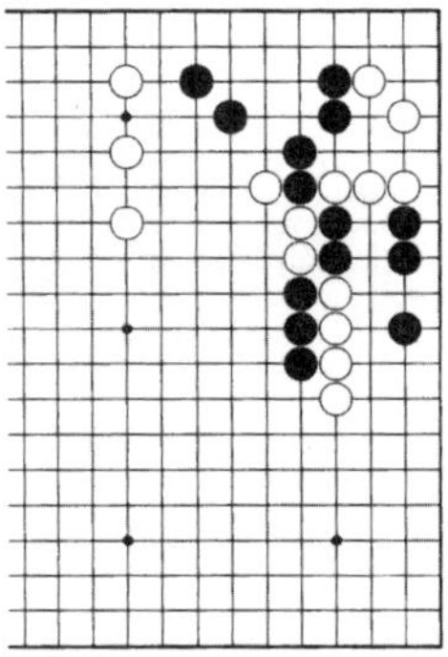

(486) 흑번

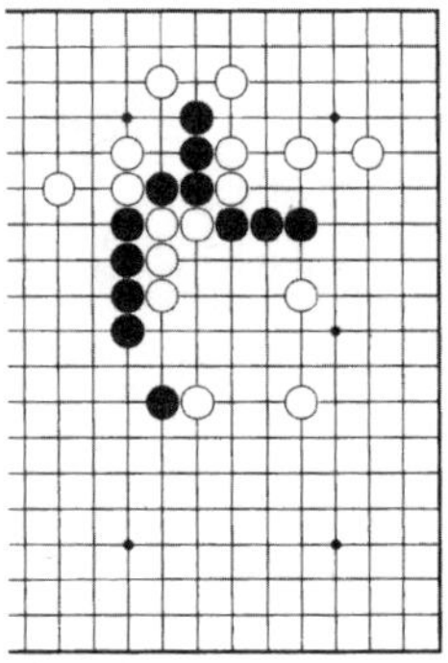

(487) 흑번

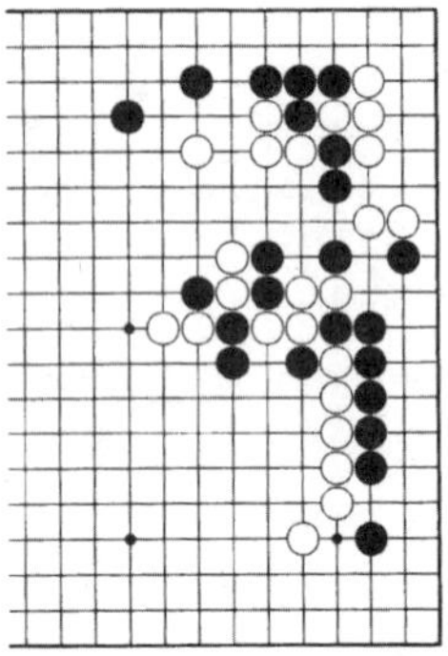

(661) 흑번

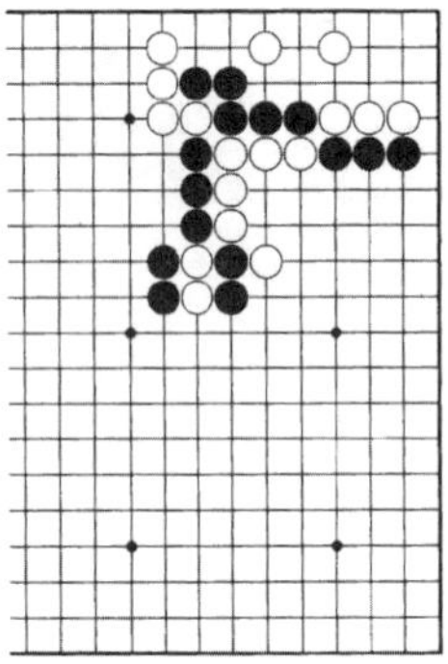

(883) 흑번

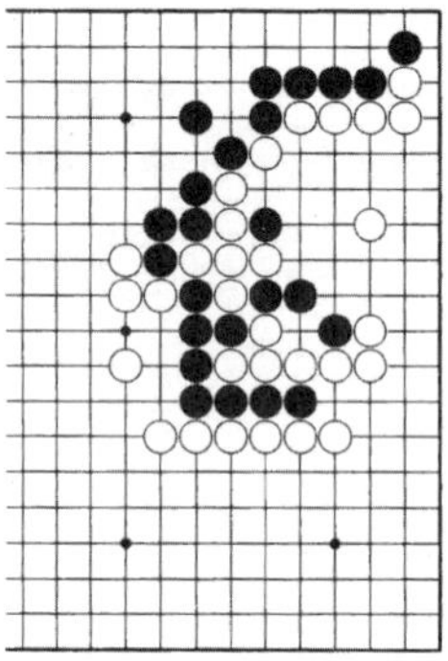

(1800) 흑번

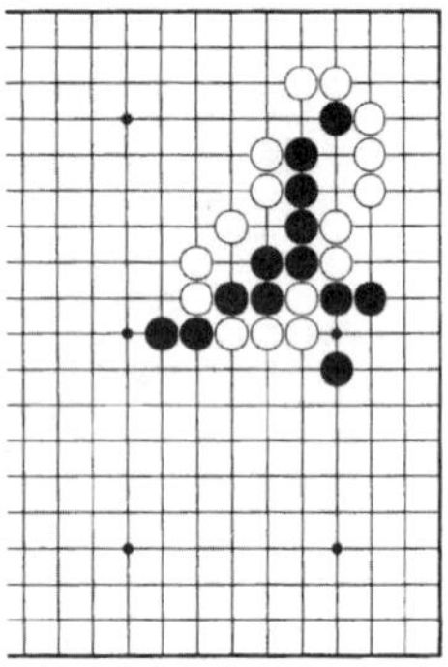

(2075) 흑번

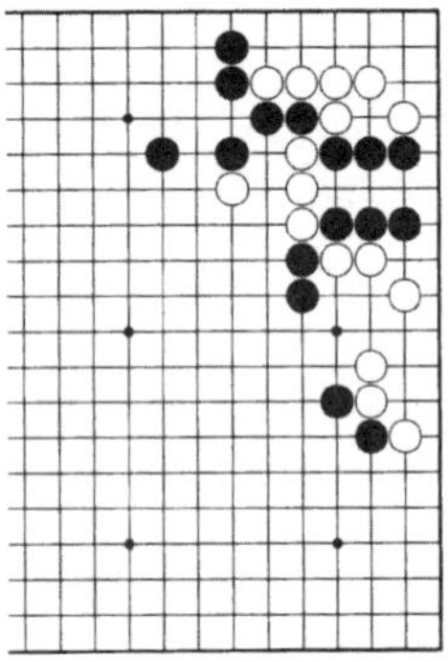

(2389) 백번

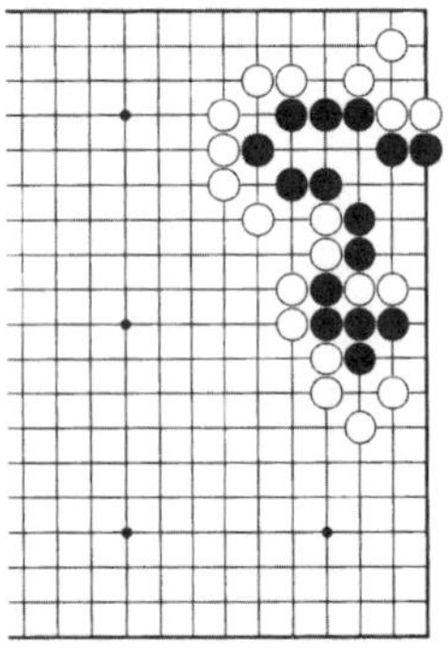

## 반격

(207) 흑번

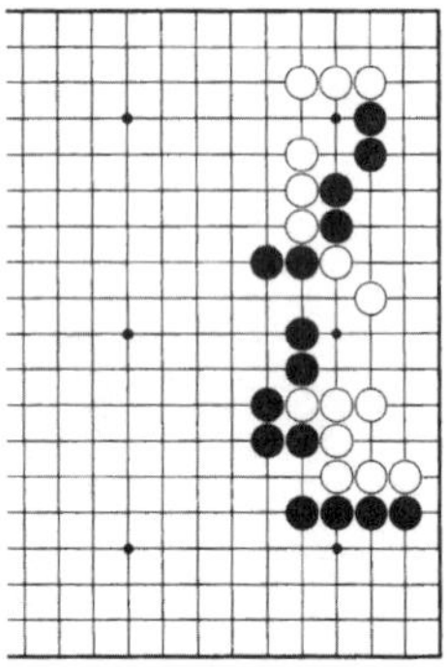

(346) 흑번

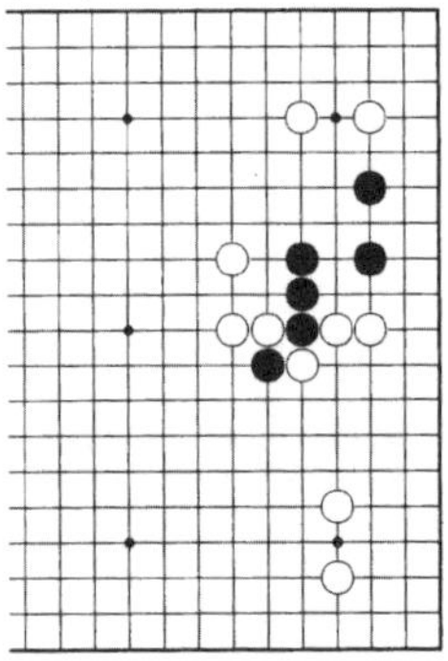

(539) 흑번

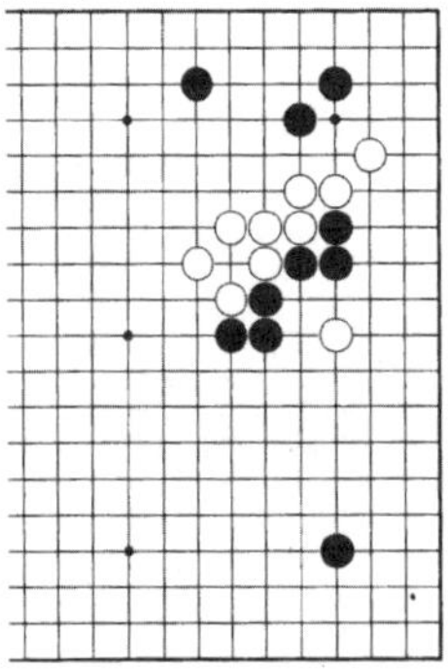

(1258) 흑번

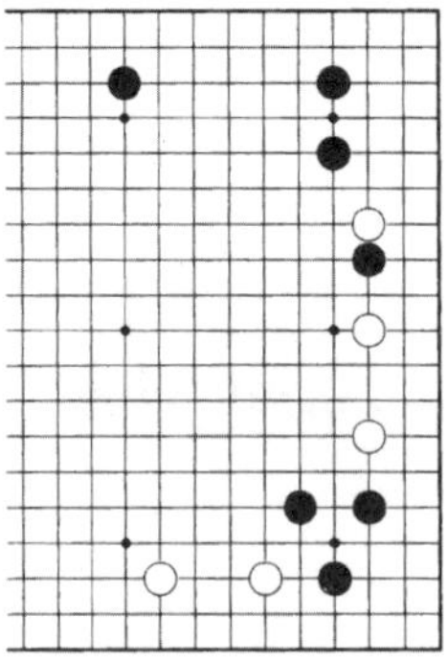

(1491) 흑번

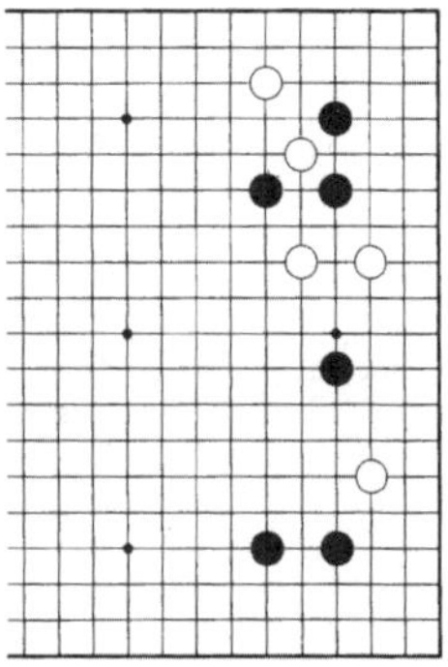

(1531) 흑번

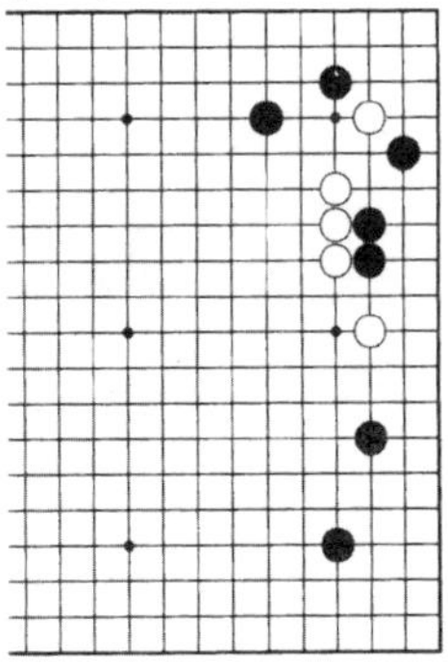

(1867) 백번

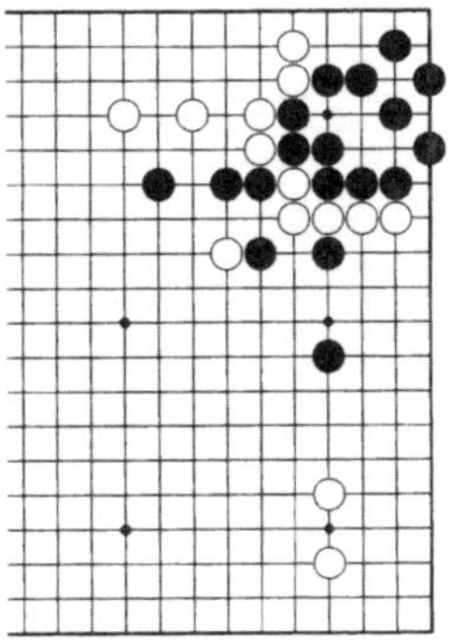

(2003) 흑번

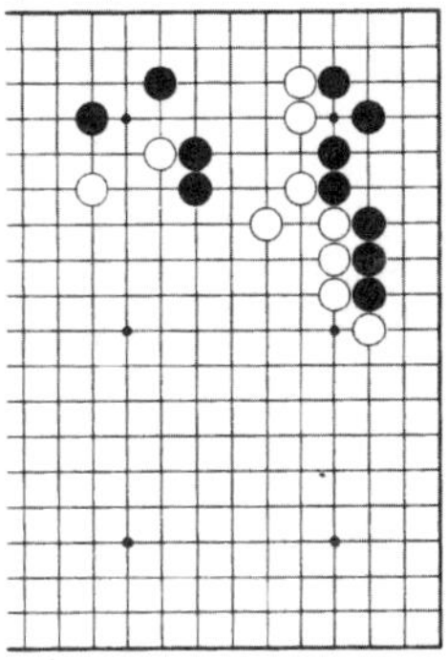

(2026) 흑번

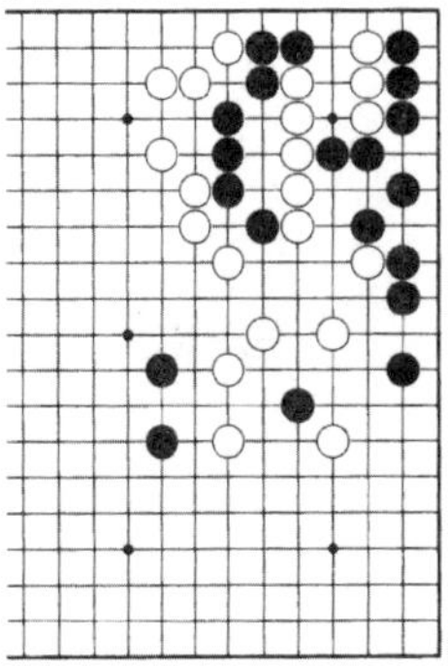

(2159) 흑번

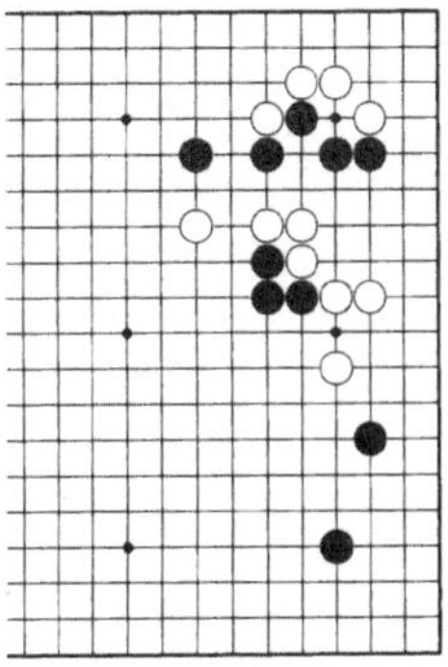

(2245) 백번

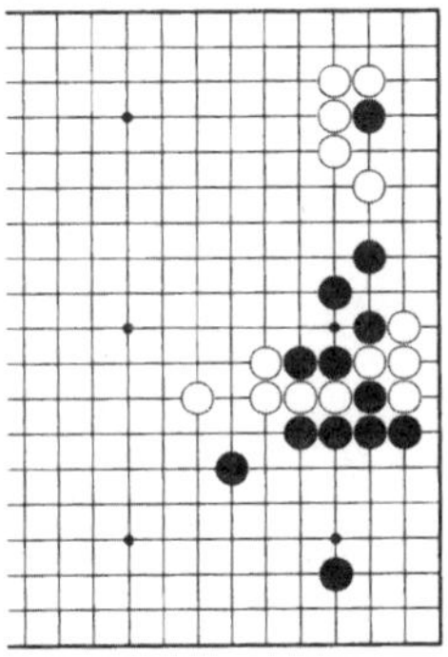

(2348) 흑번

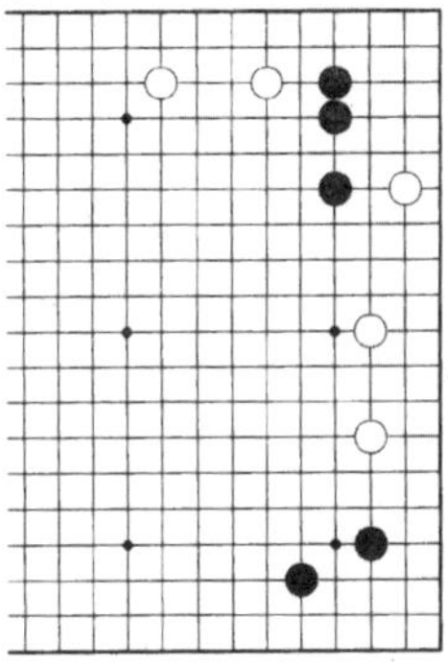

(2367) 백번

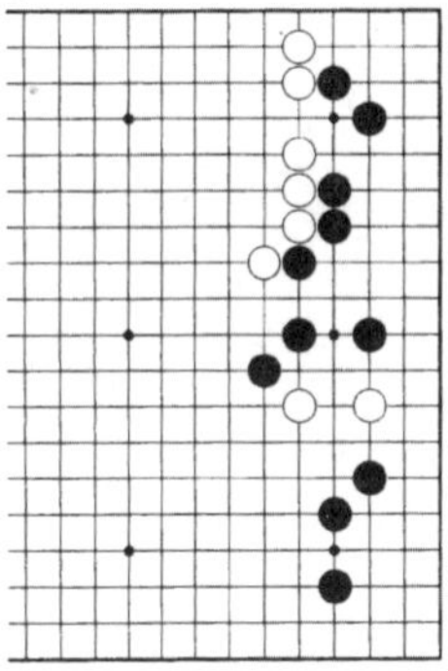

**봉쇄**

(925) 흑번

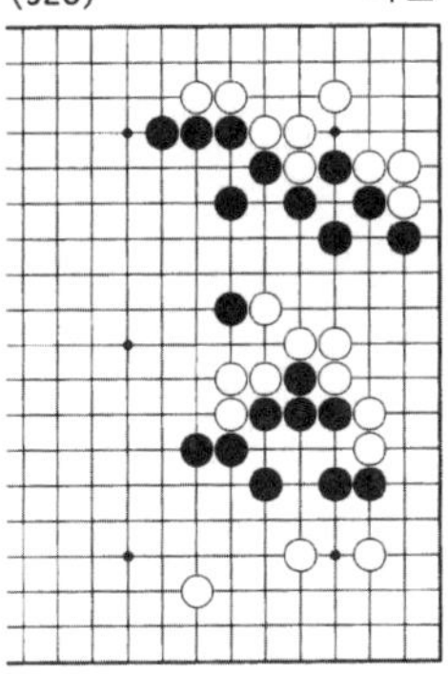

(1789) 흑번

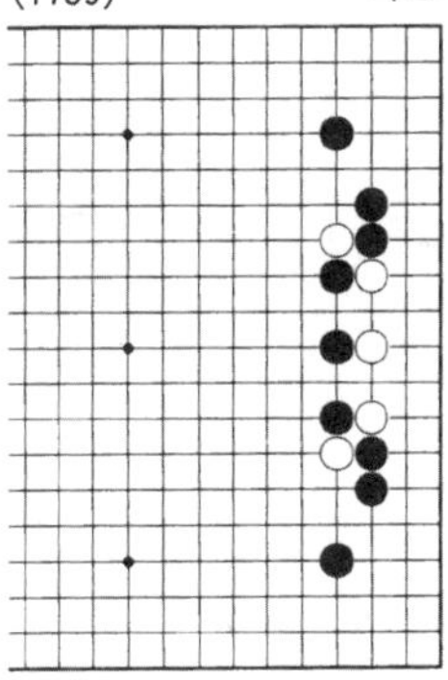

(1991) 흑번

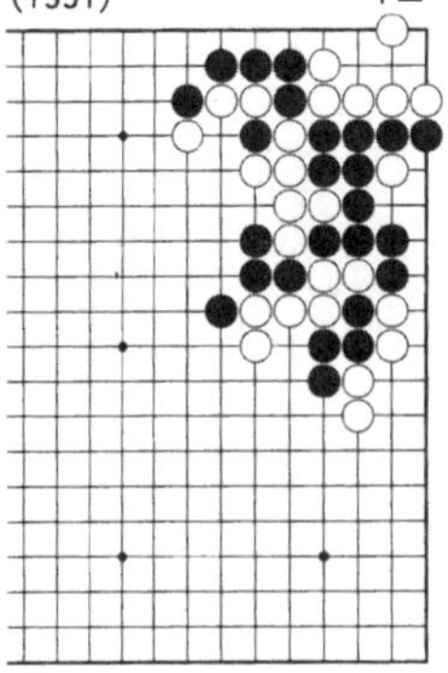

**수비하다 (지키다)**

(924) 흑번

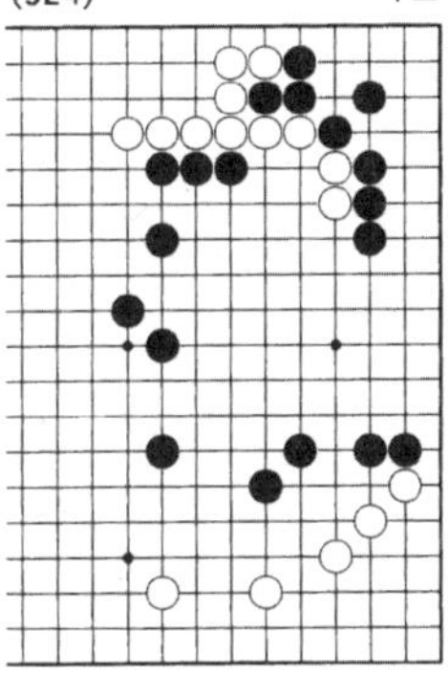

(1259) 흑번

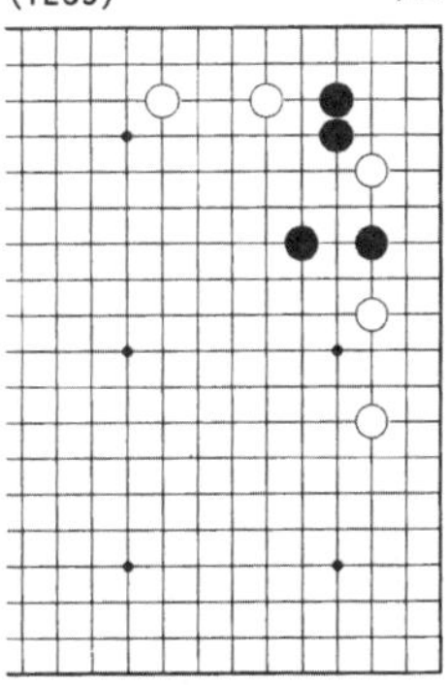

(1420) 백번

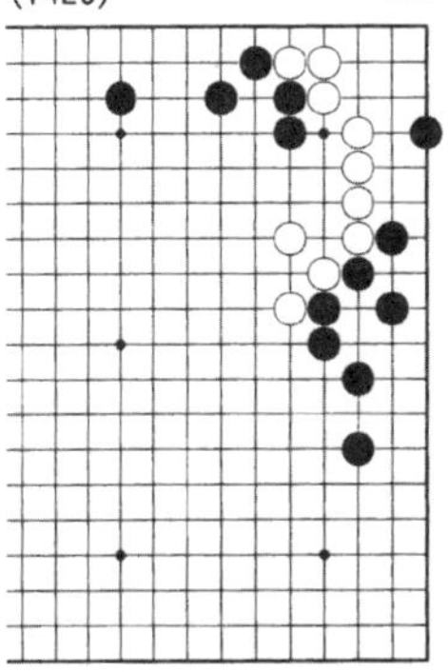

## 늘리다

(392) 흑번

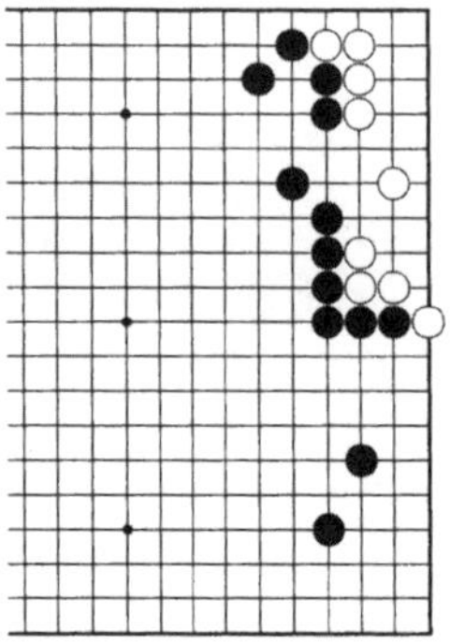

(1182) 백번

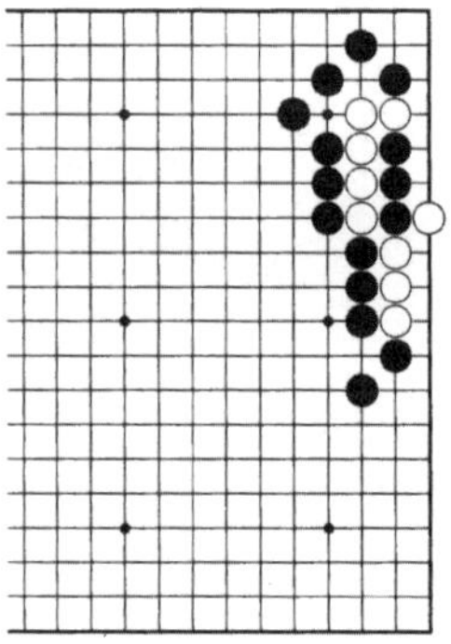

(1183) 흑번

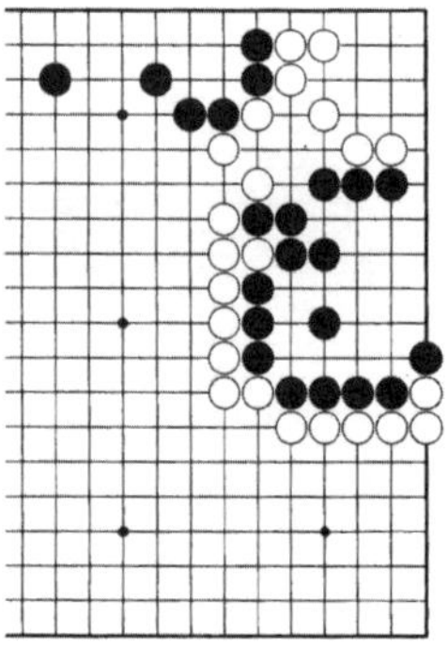

(1187) 흑번

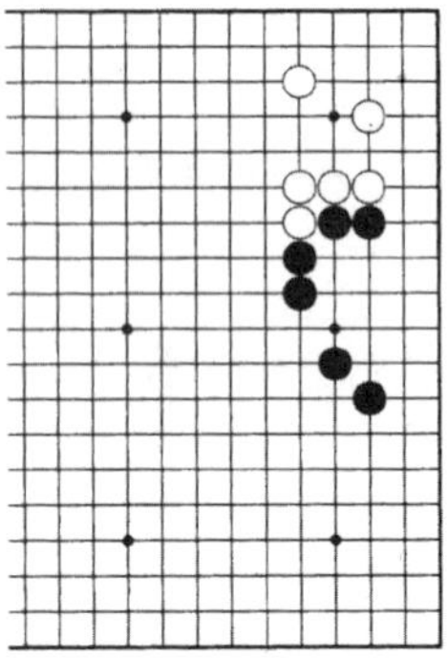

(1188) 백번

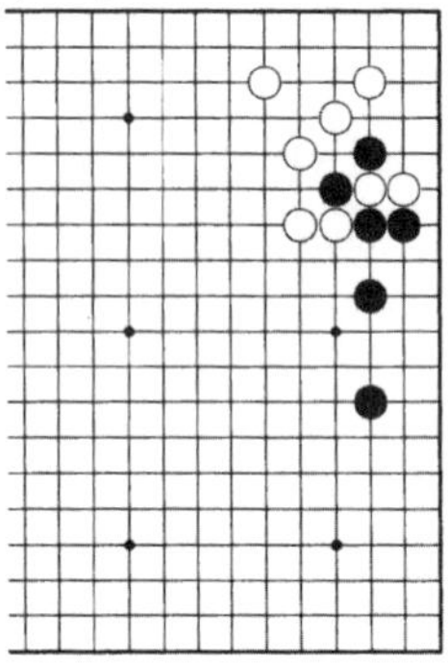

## 분단

(47) 흑번

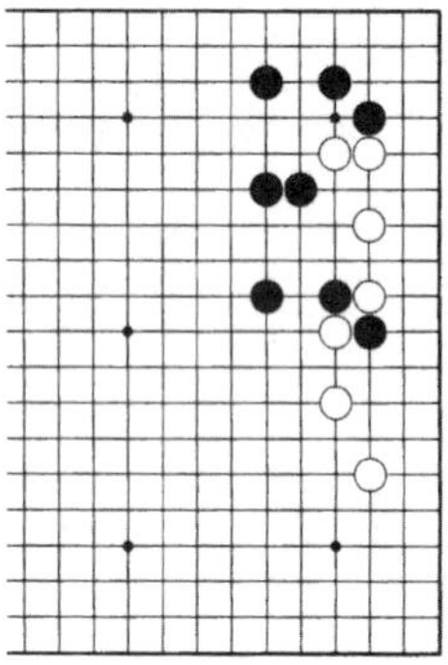

(226) 흑번

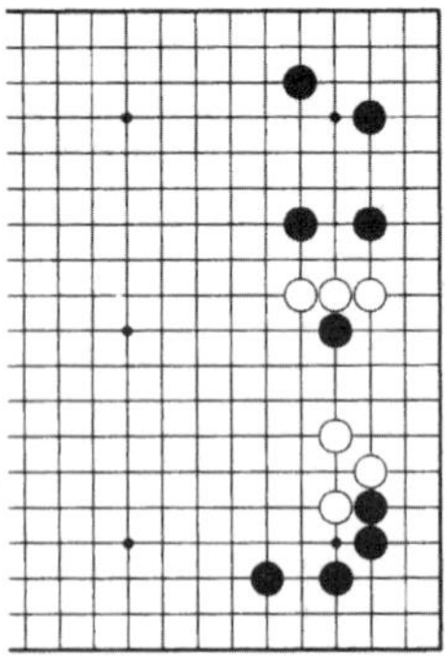

(282) 흑번

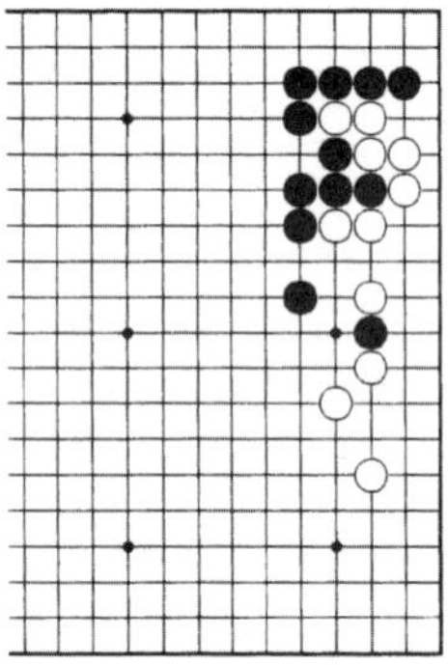

(679) 백번

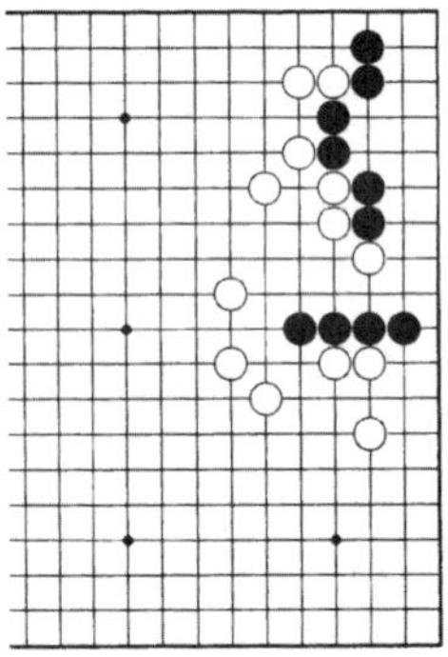

(877) 흑번

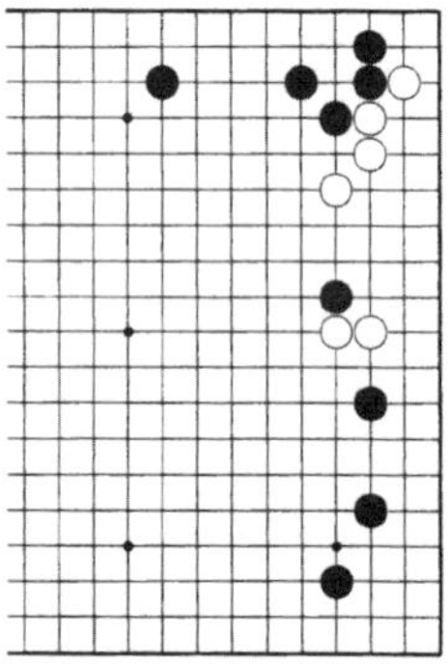

(1200) 백번

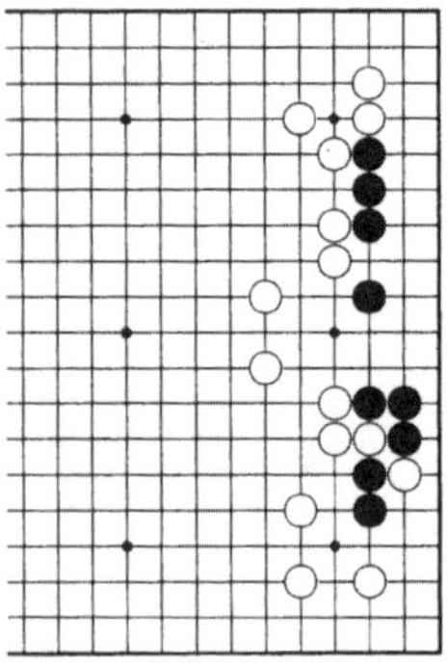

(1460) 흑번

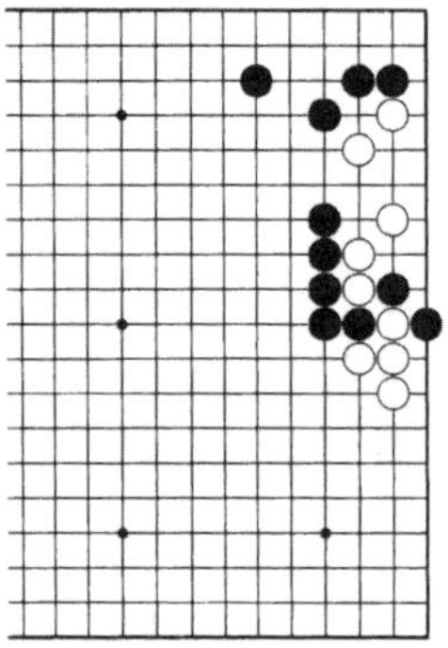

(1462) 흑번

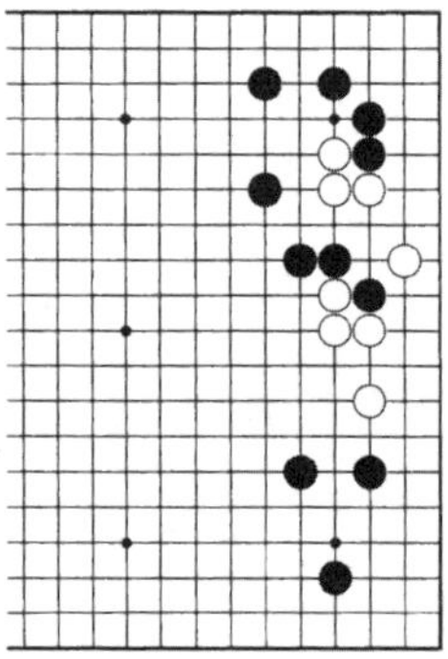

(1464) 백번

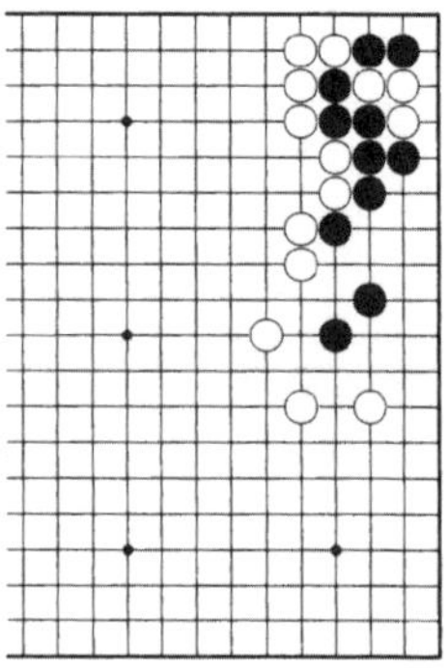

(1484) 흑번

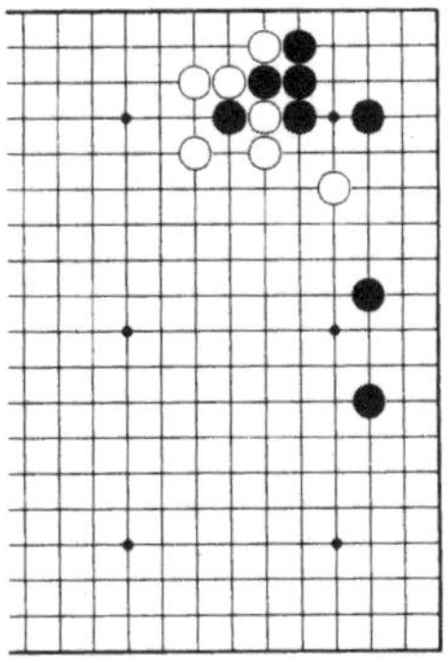

(1498) 흑번

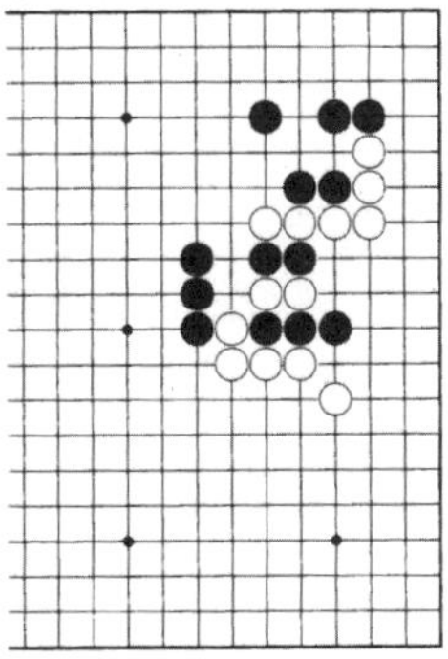

(2048) 흑번

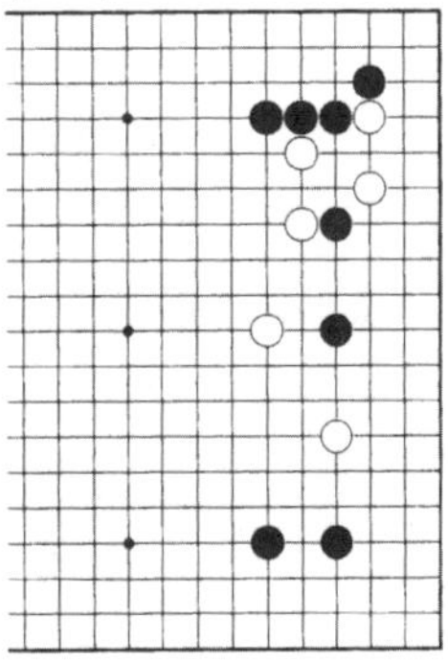

(2176) 흑번

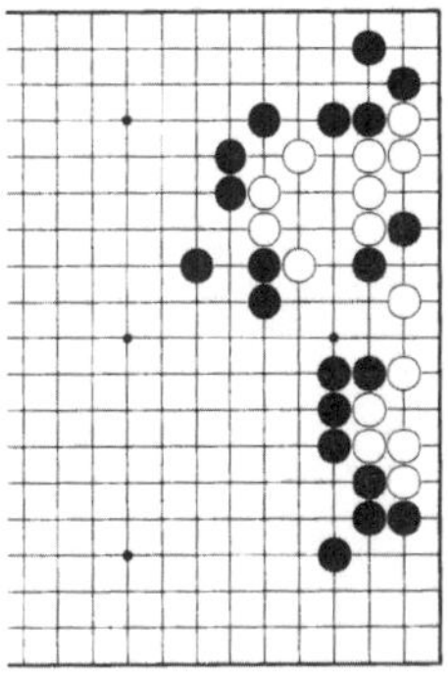

(2431) 백번

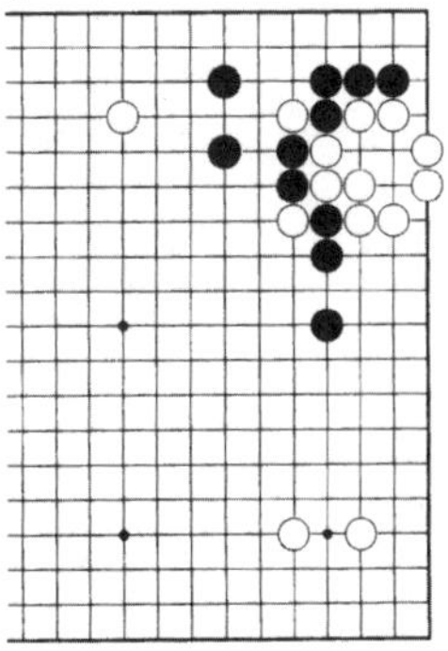

**줄이다**

(358) 흑번

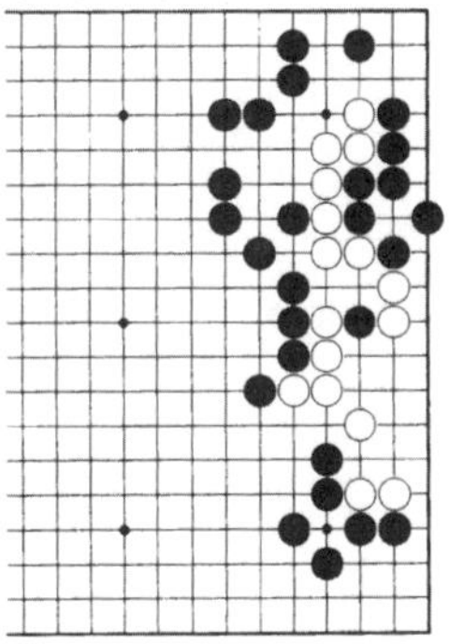

(393) 흑번

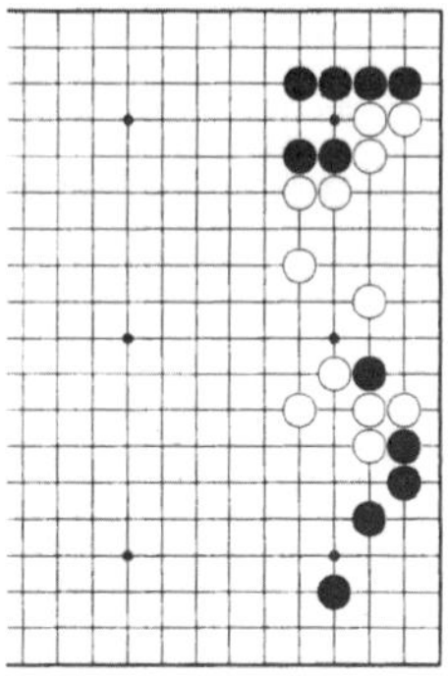

(819) 흑번

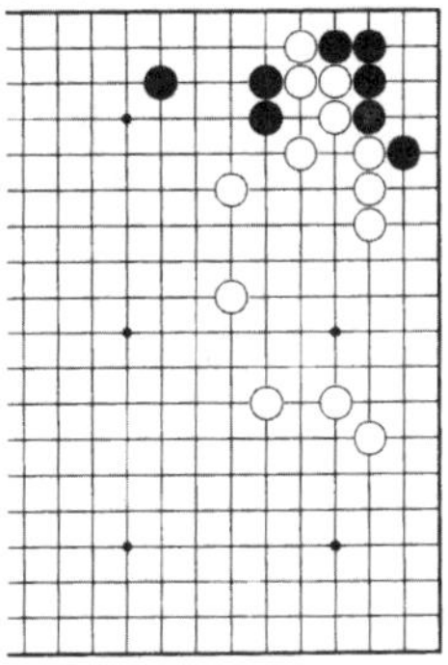

(1421) 백번

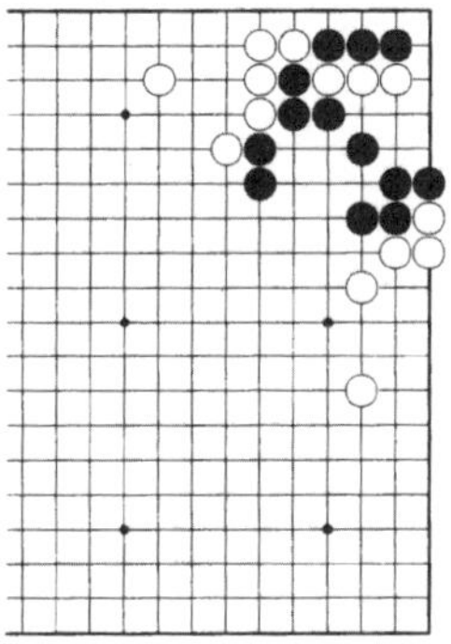

(1516) 흑번

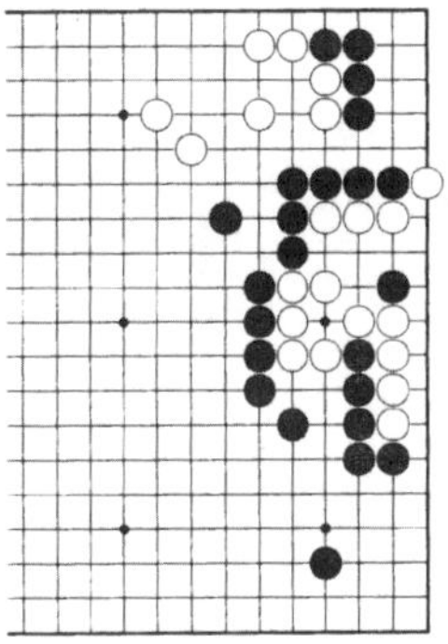

**부수다**

(24) 흑번

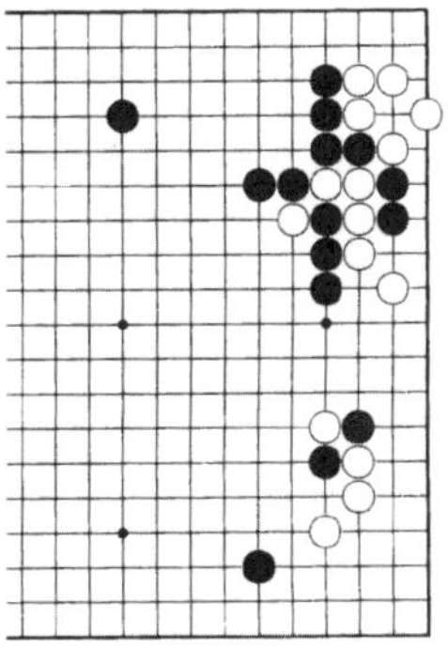

(46) 흑번

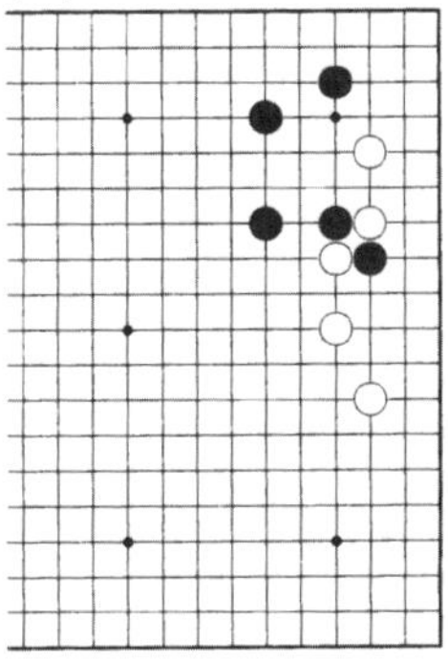

(65) 흑번

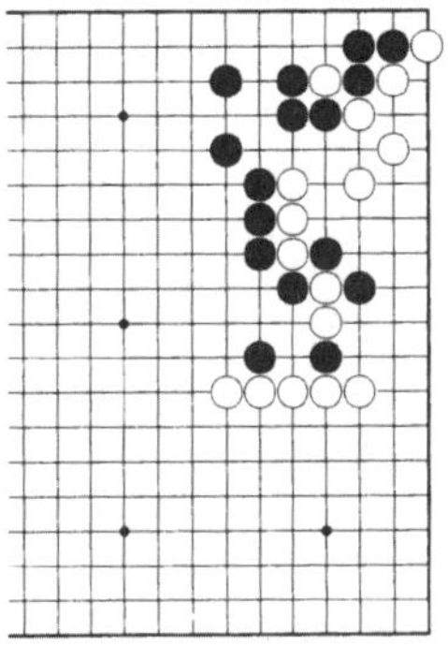

(114) 흑번

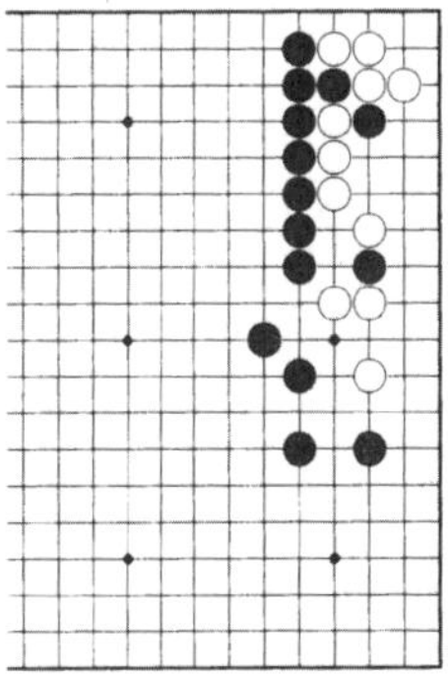

(116) 흑번

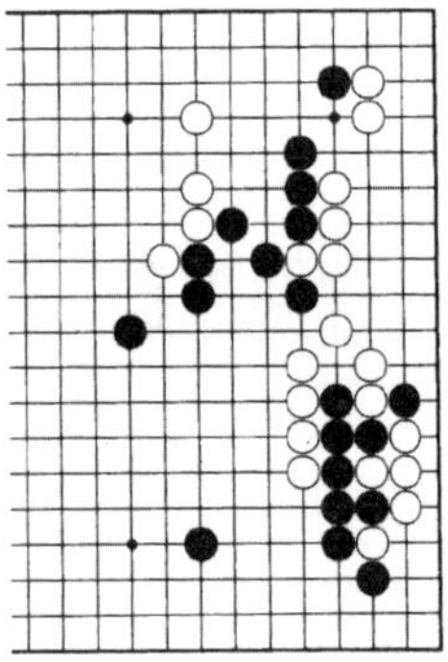

(117) 흑번

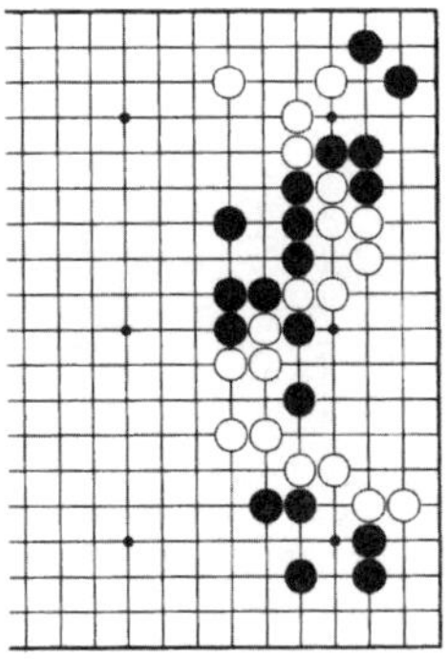

(189) 백번

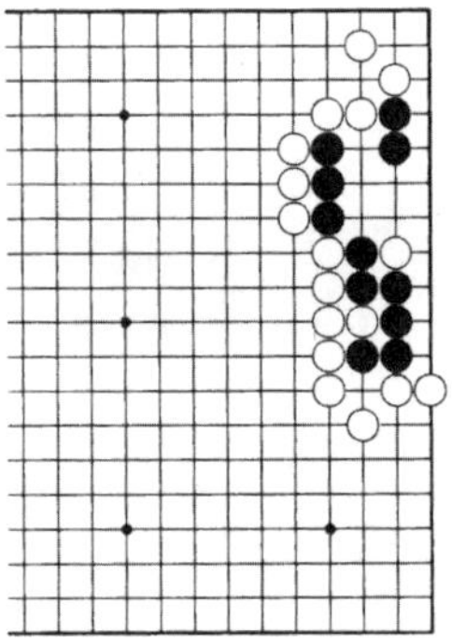

(430) 백번

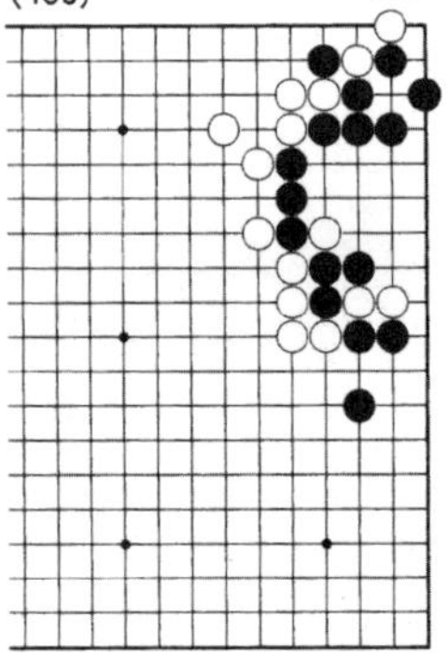

(488) 흑번

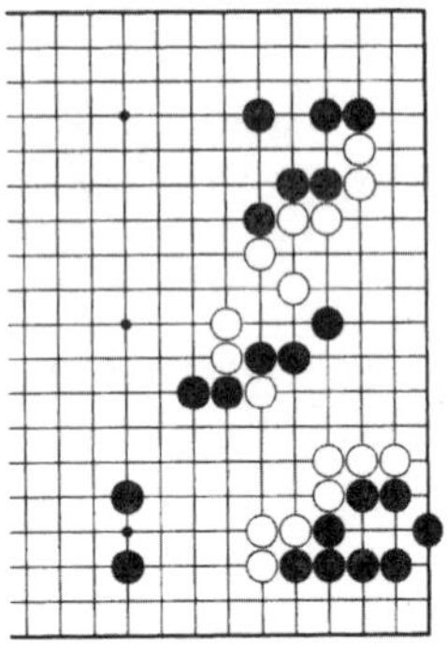

(545) 흑번

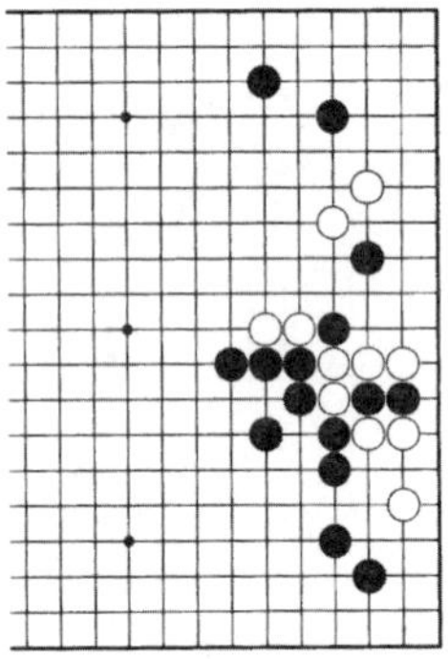

(692) 흑번

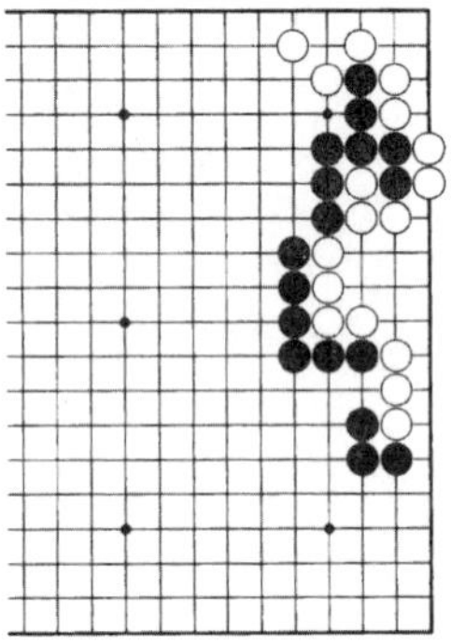

(694) 흑번

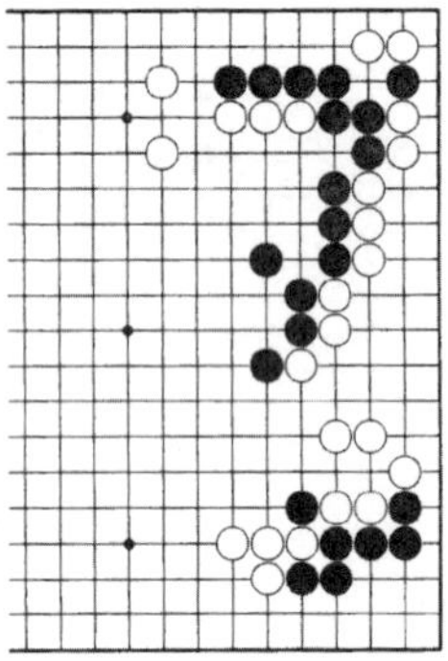

(820) 백번

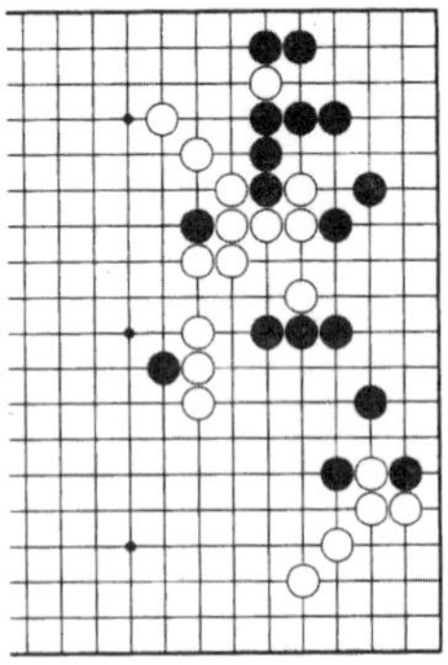

(882) 흑번

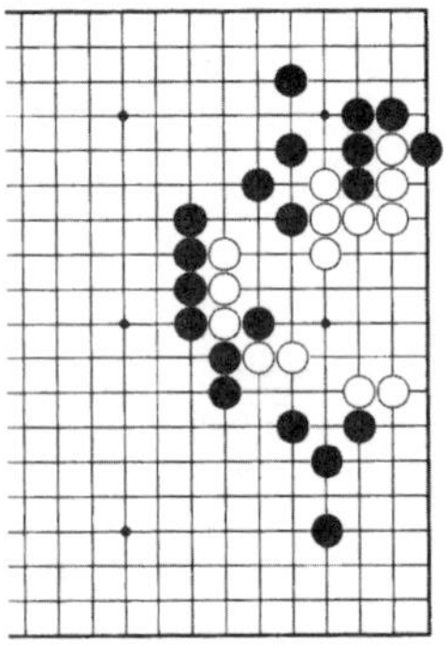

(1049) 흑번

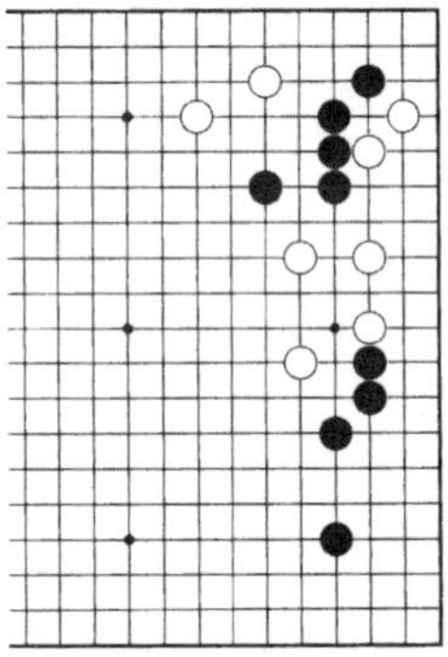

(1199) 흑번

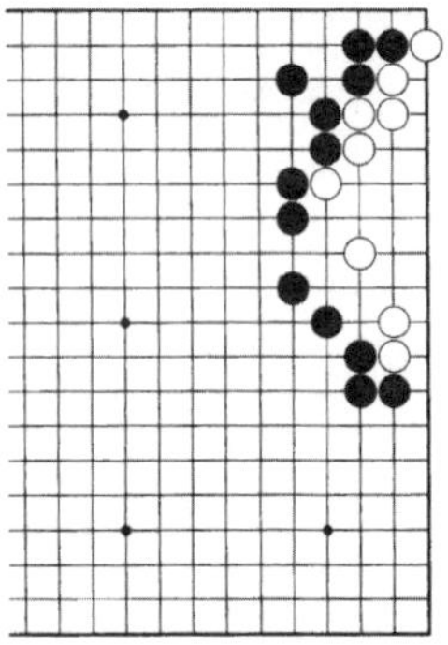

(1261) 흑번

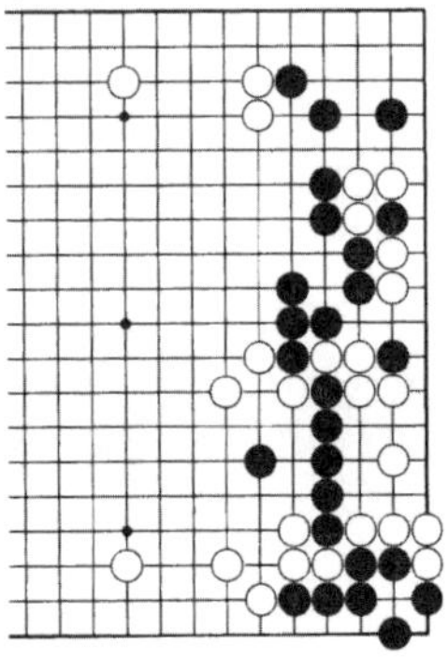

(1363) 흑번

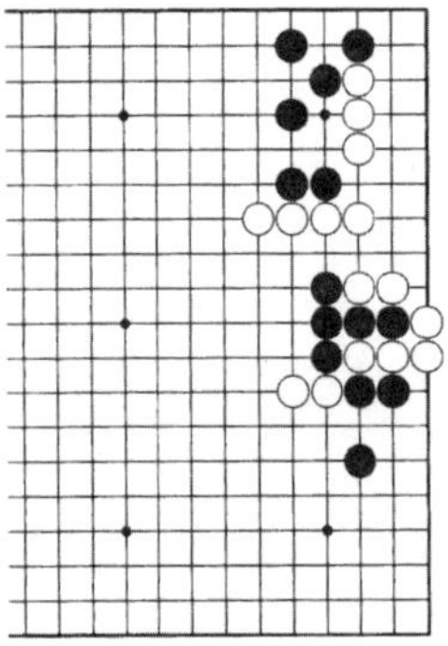

(1365) 흑번

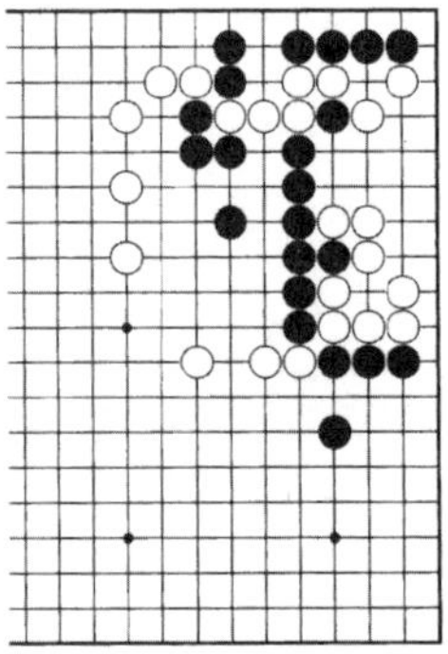

(1366) 흑번

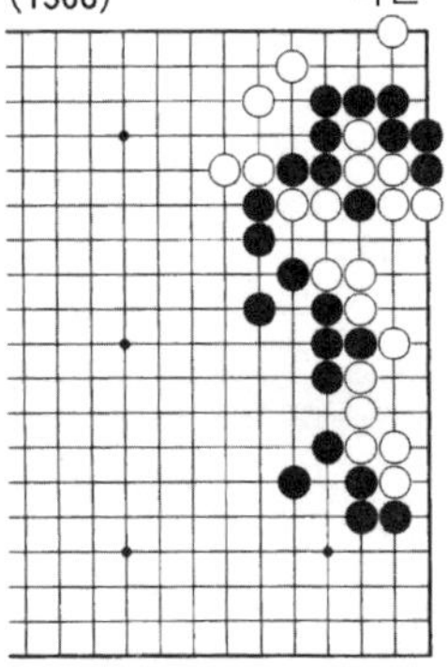

(1452) 백번

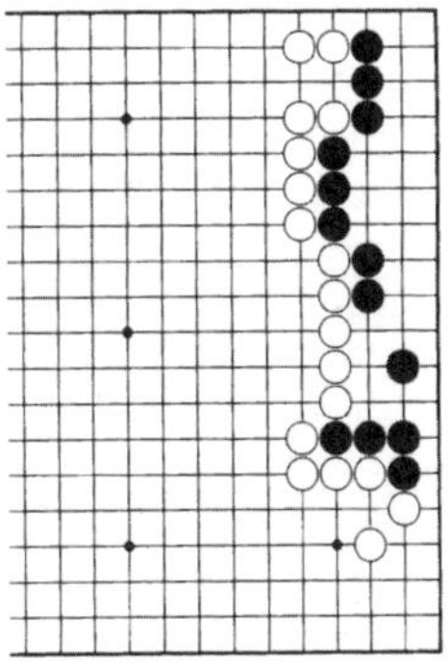

(1483) 백번

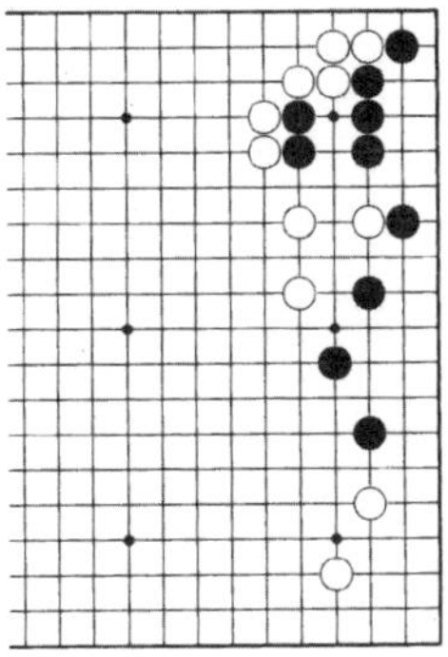

(1496) 흑번

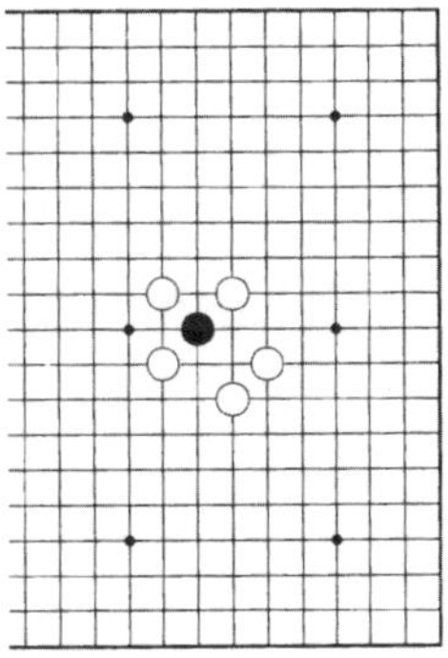

(1497) 흑번

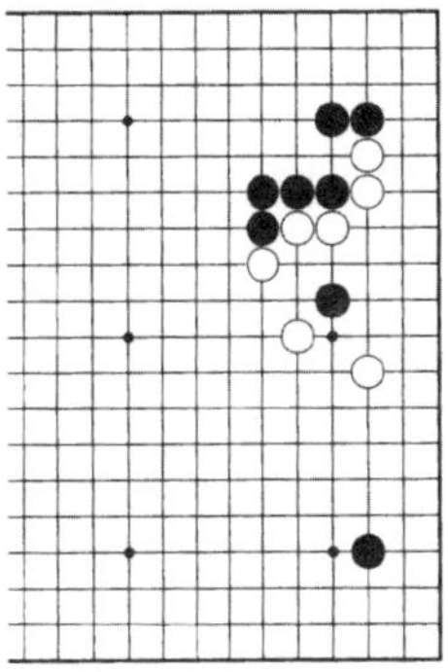

(1501) 흑번

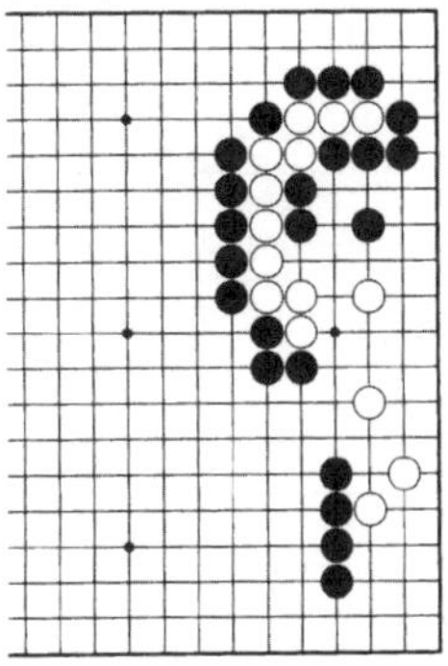

(1535) 흑번

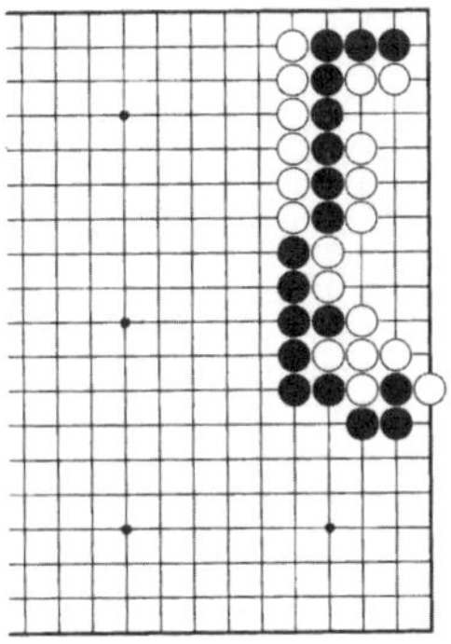

(1699) 흑번

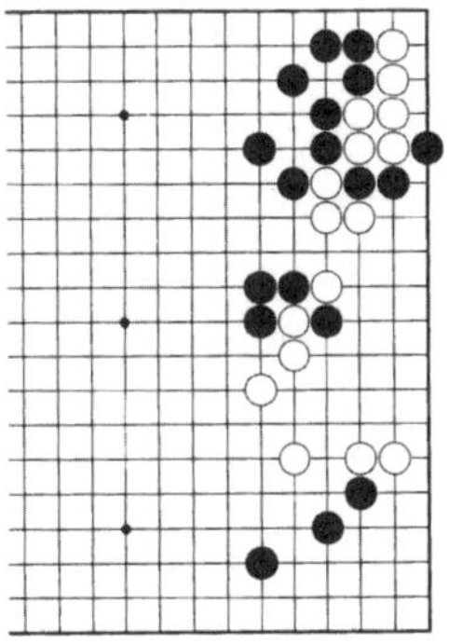

(1817) 백번

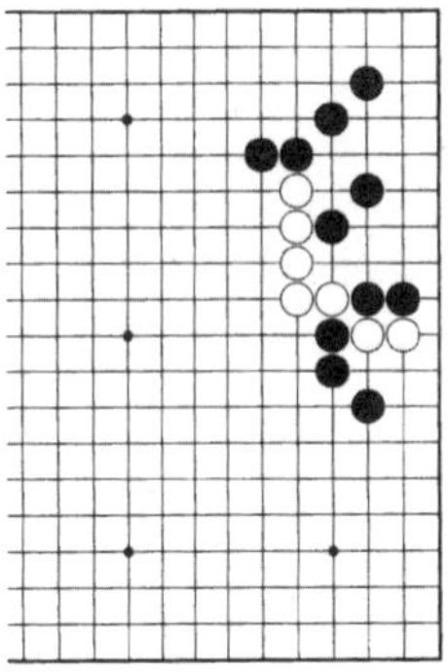

(1918) 흑번

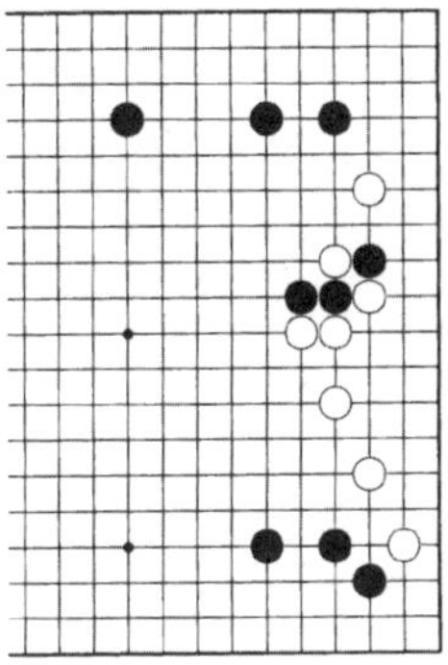

(1959) 흑번

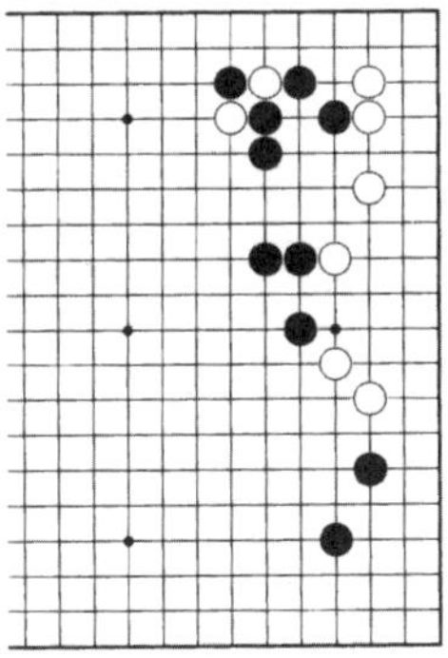

(2049) 흑번

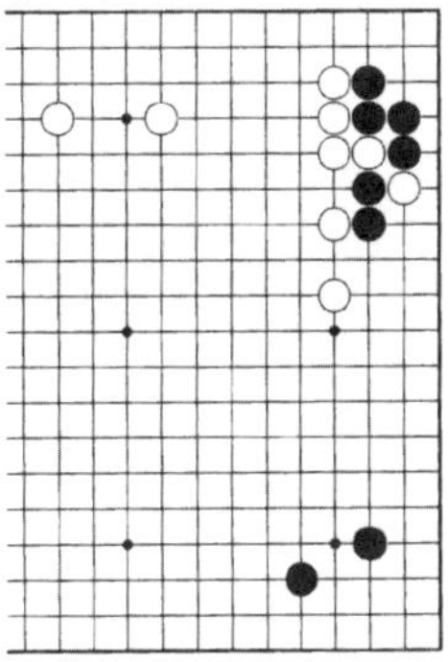

(2078) 흑번

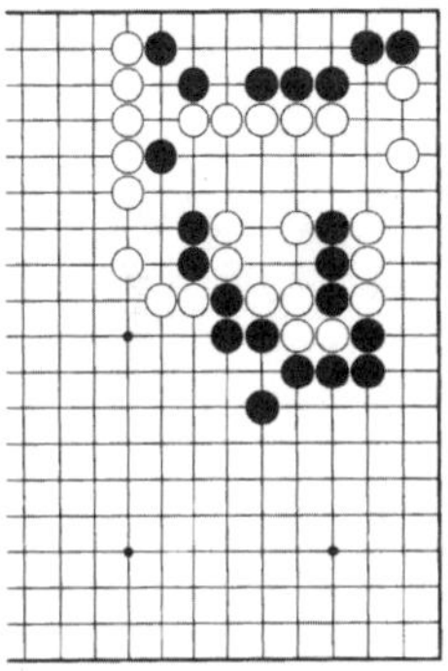

(2197) 흑번

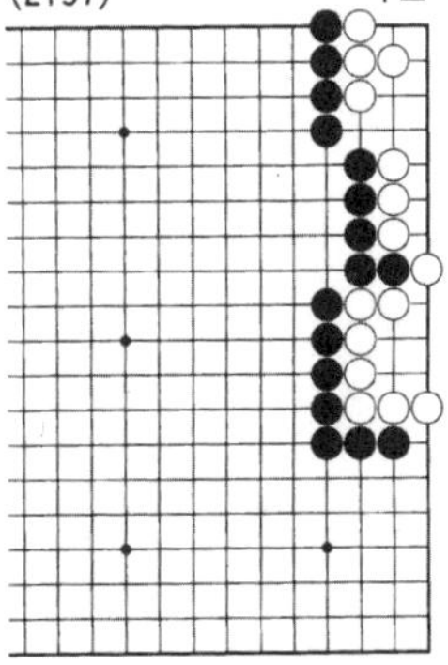

(2199) 흑번

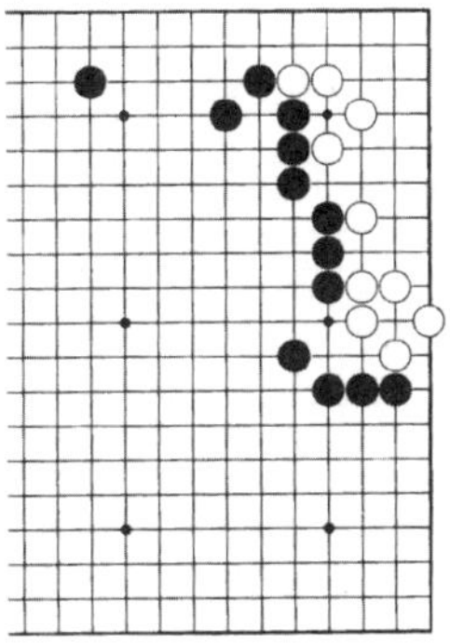

(2349) 백번

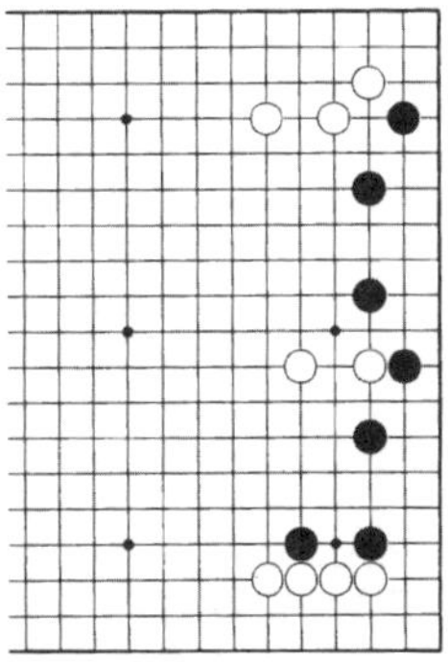

(2390) 백번

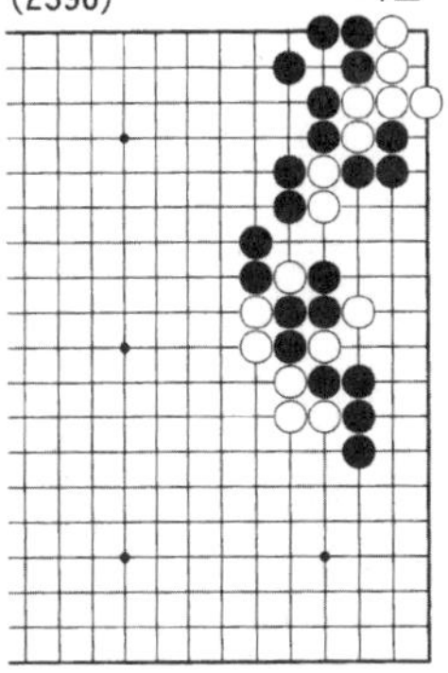

(2399) 백번

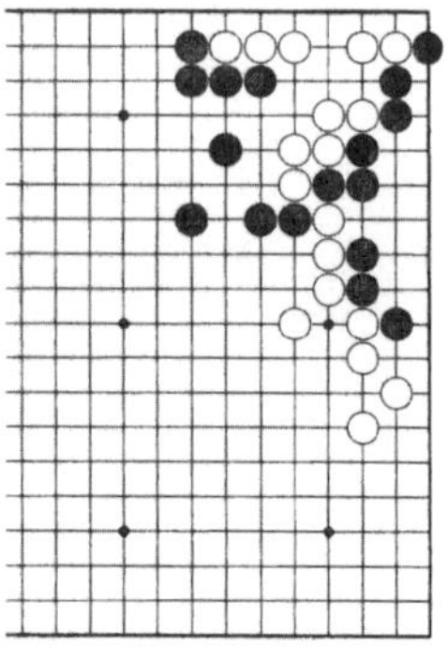

상황을 지켜봄
(응수타진)

(199) 흑번

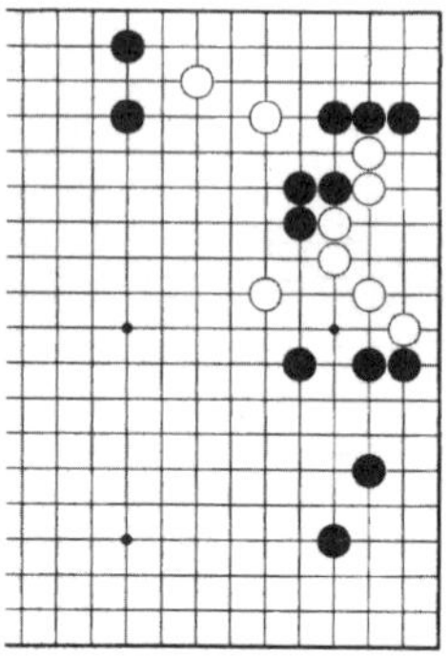

(1489) 흑번

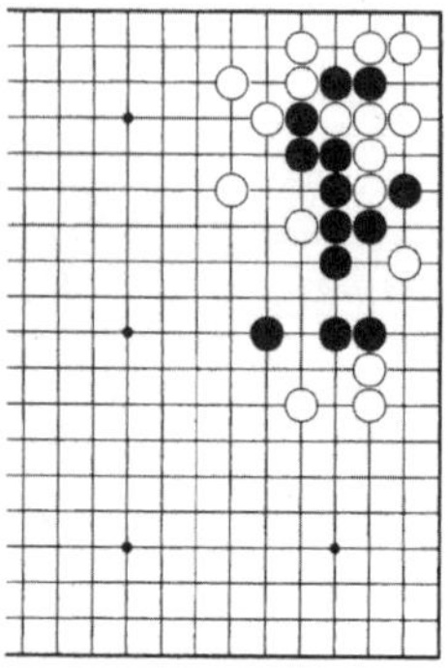

(1874) 백번

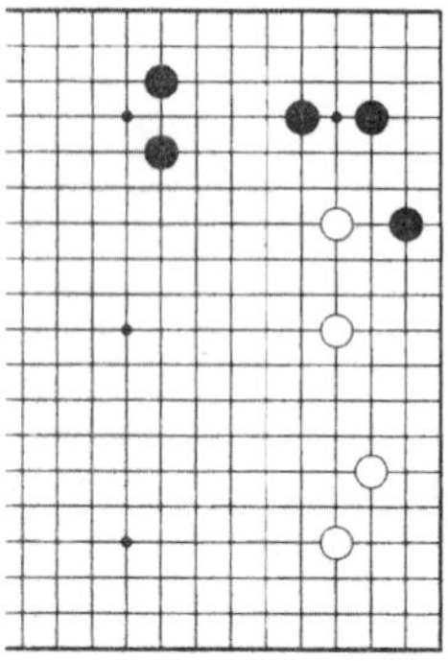

양쪽을 노리다

(23) 흑번

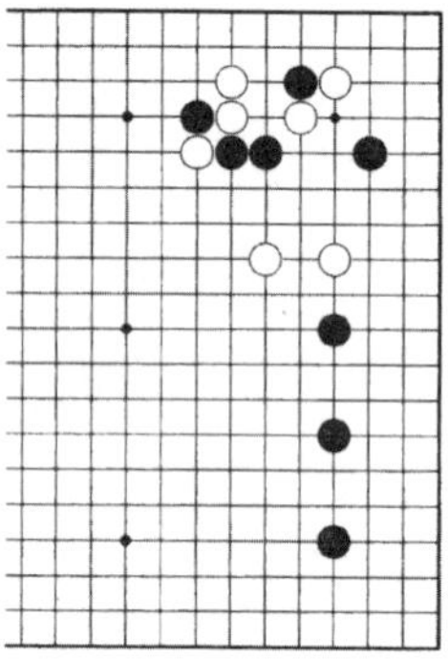

(25) 흑번

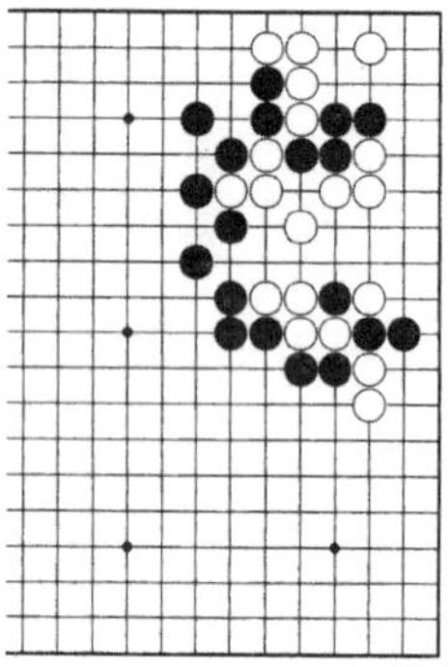

(134) 흑번

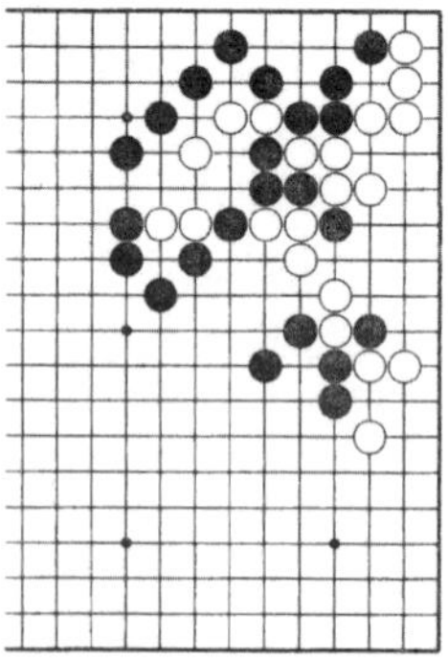

(171) 흑번

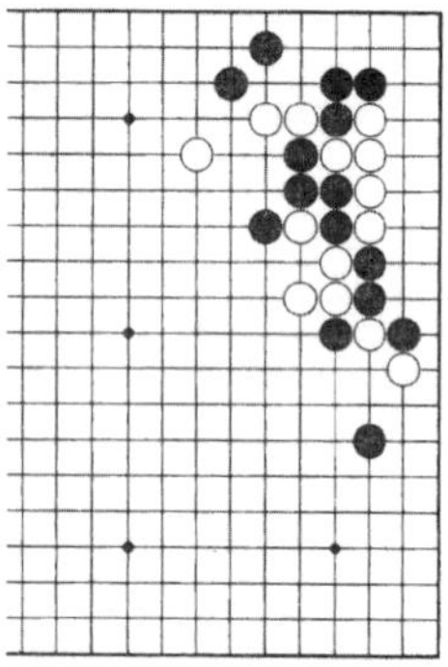

(1123) 백번

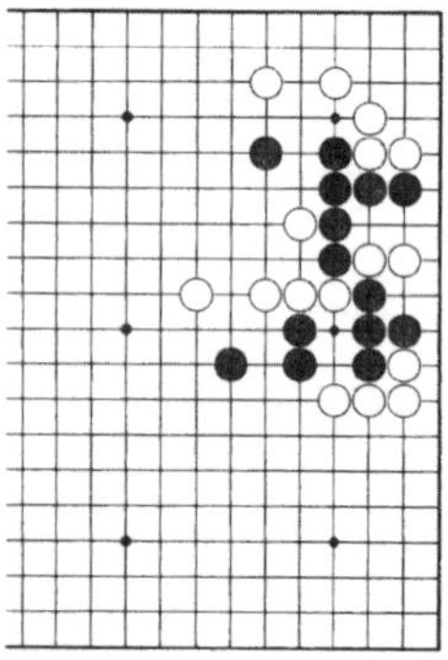

(1128) 흑번

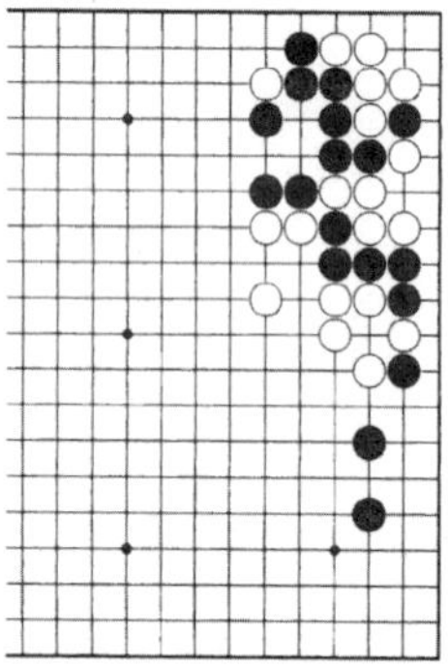

(1168) 백번

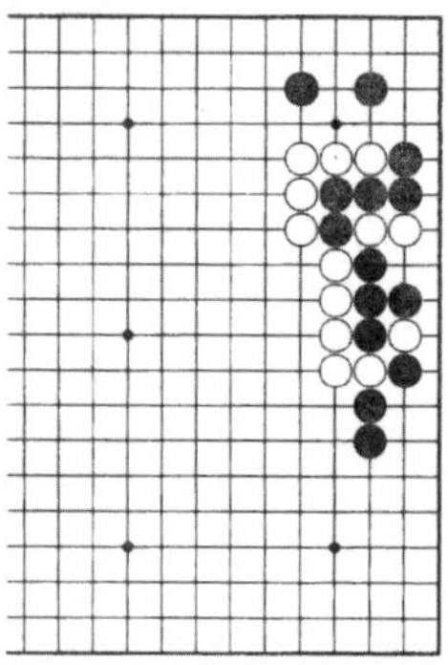

(1306) 흑번

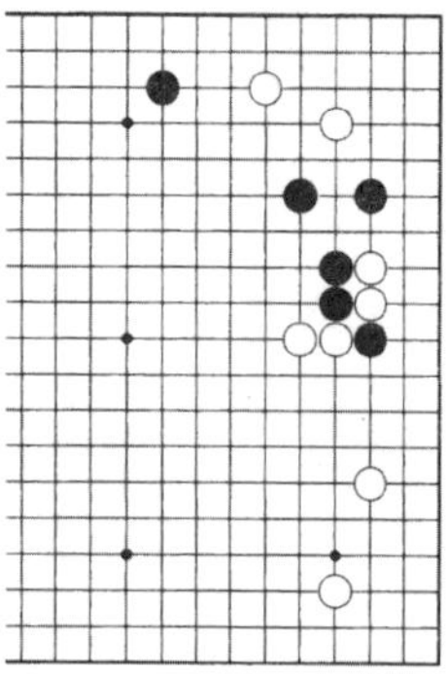

(1588) 흑번

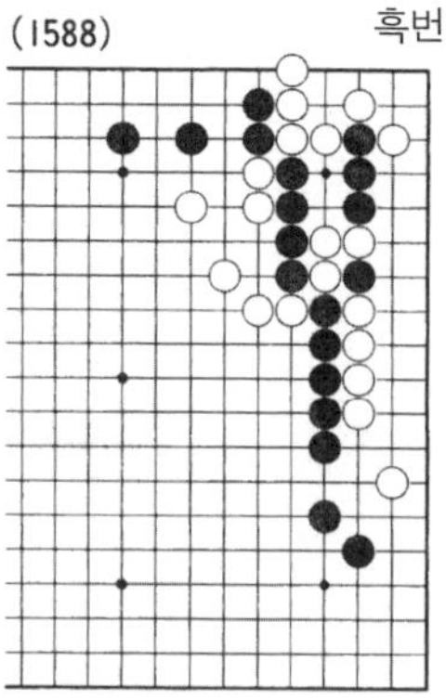

(1589) 흑번

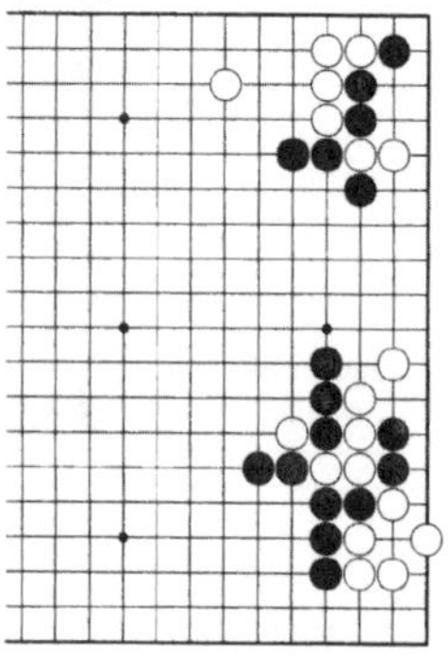

(1597) 흑번

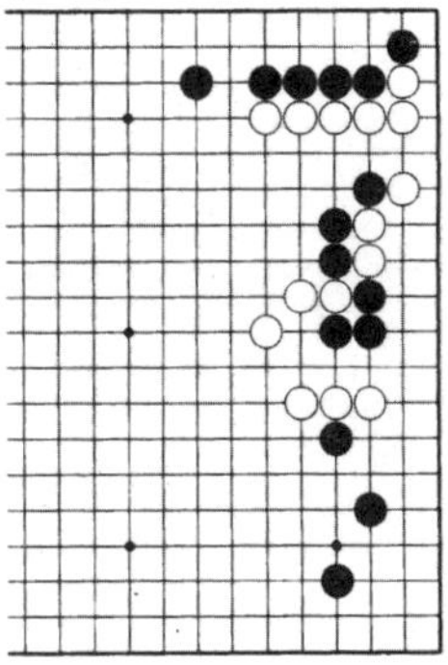

(1600) 흑번

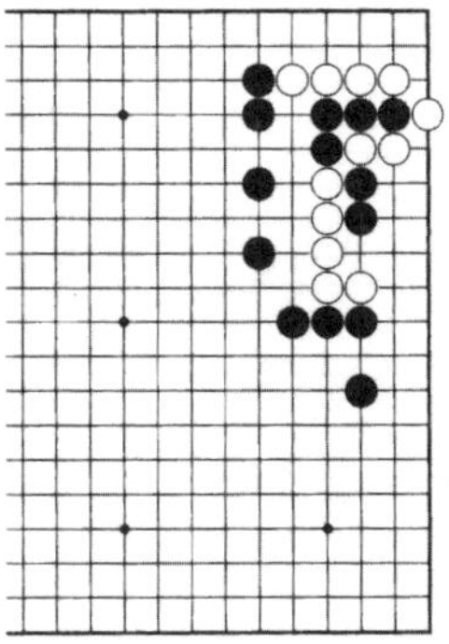

(1627) 백번

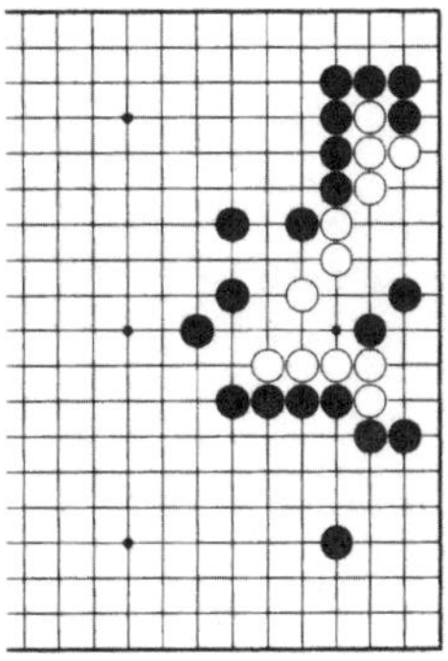

(1631) 흑번

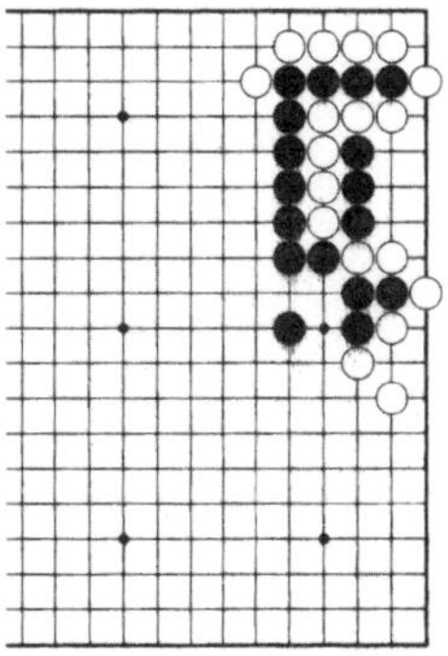

(1633) 백번

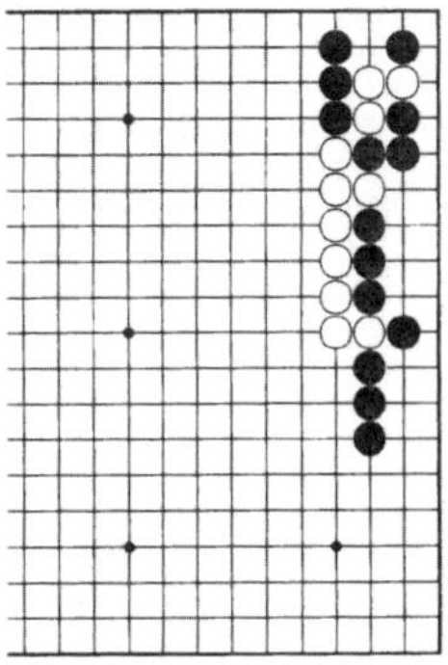

(1634) 백번

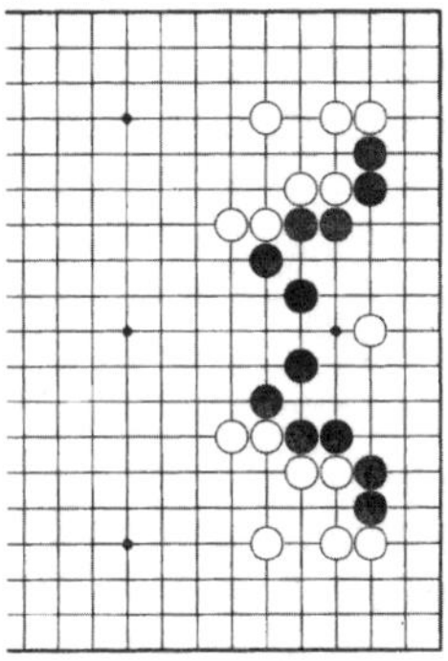

(1635) 흑번

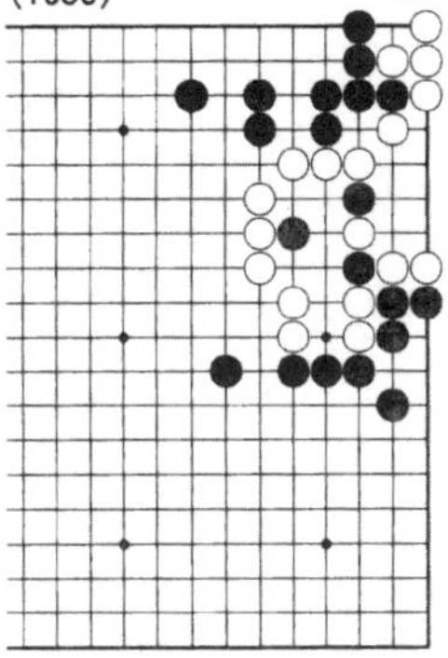

(1636) 흑번

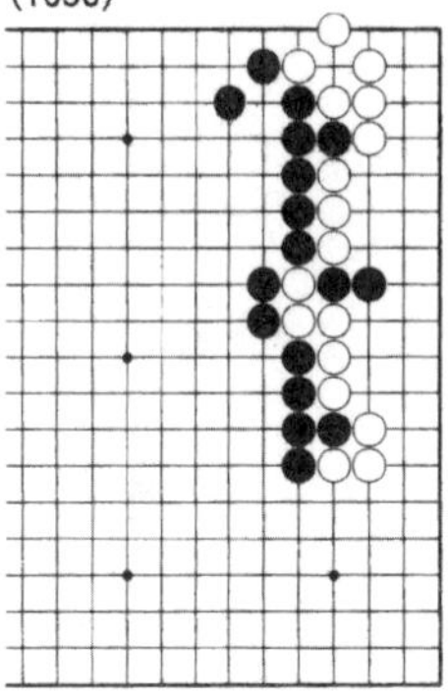

(1743) 백번

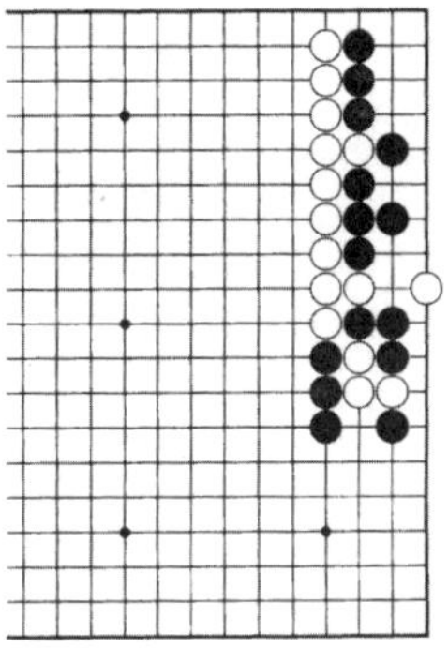

(2211) 백번

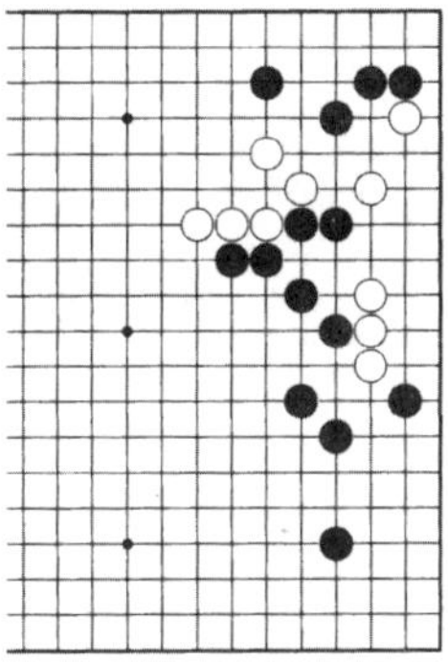

(2297) 백번

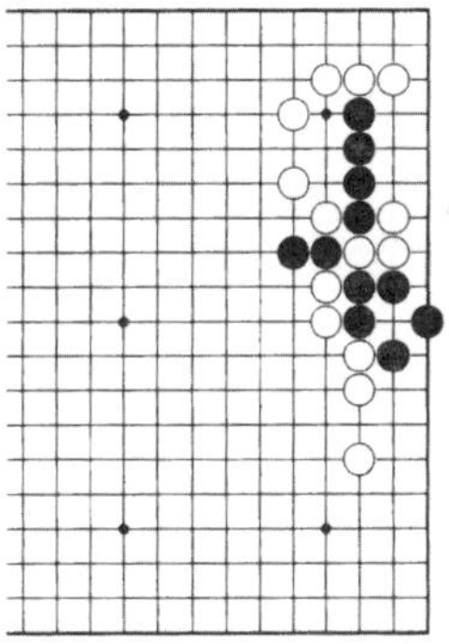

(2369) 백번

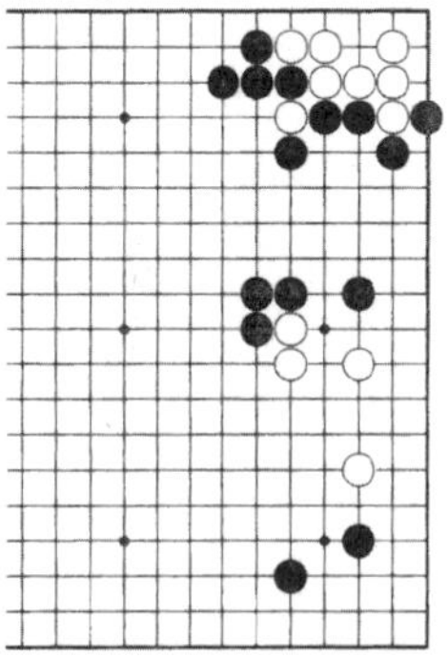

(2439) 흑번

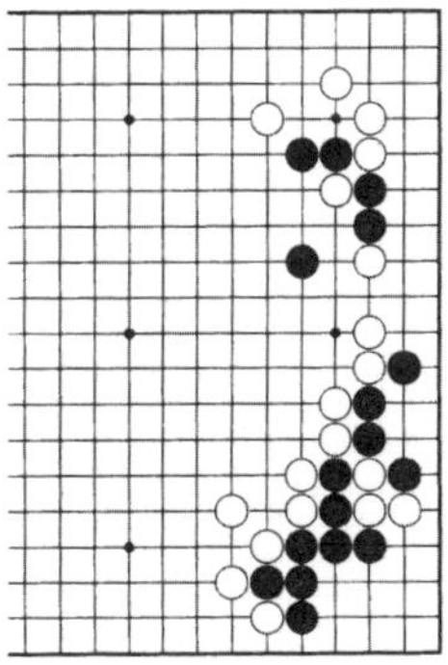

**연결**

(85) 백번

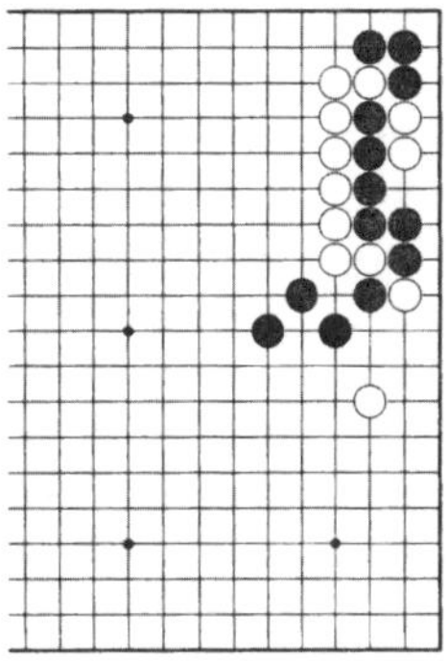

(208) 흑번

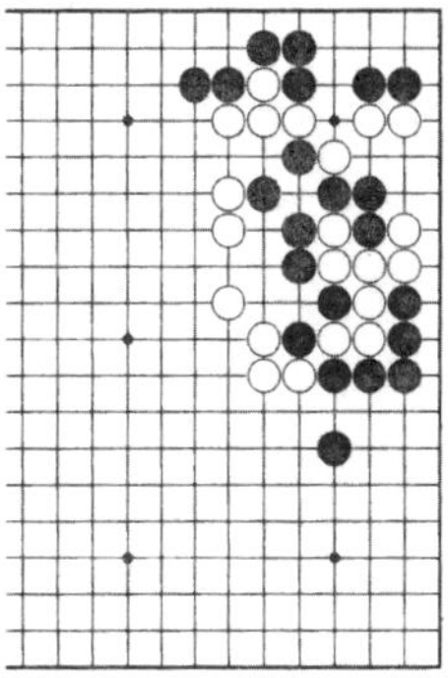

(429) 흑번

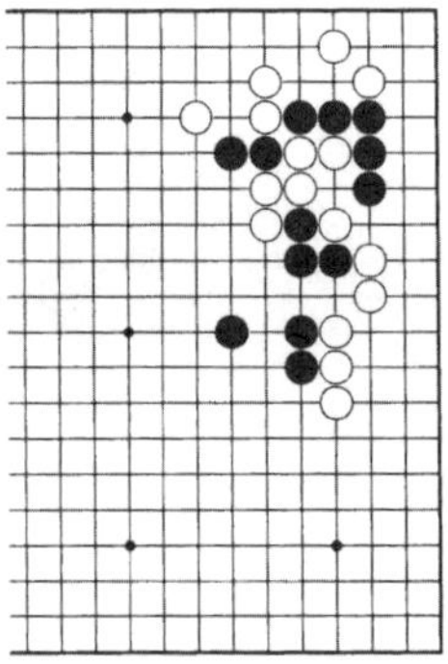

(2050) 흑번

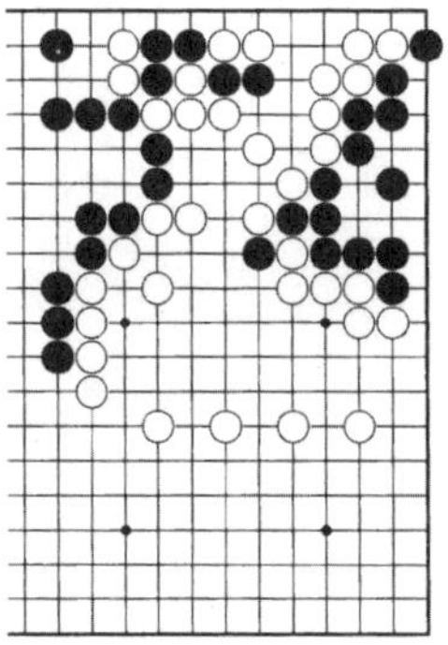

(2141) 흑번

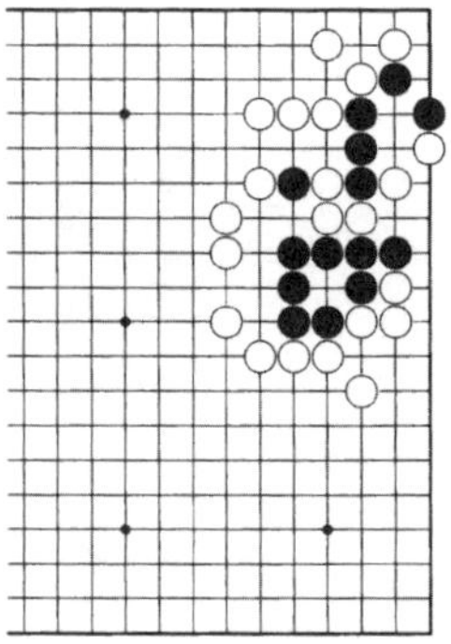

(2156) 백번

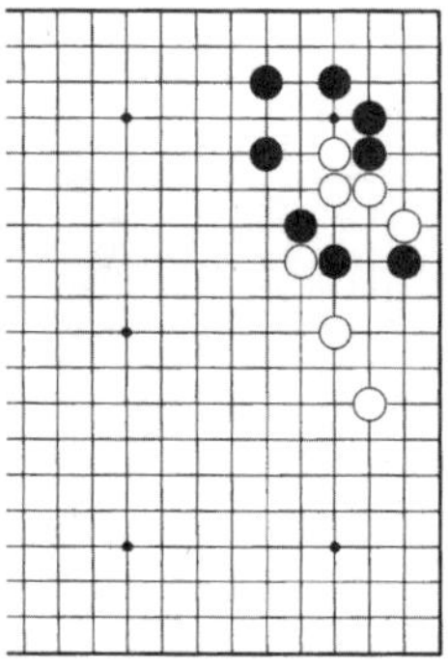

## 건너다

(88) 흑번

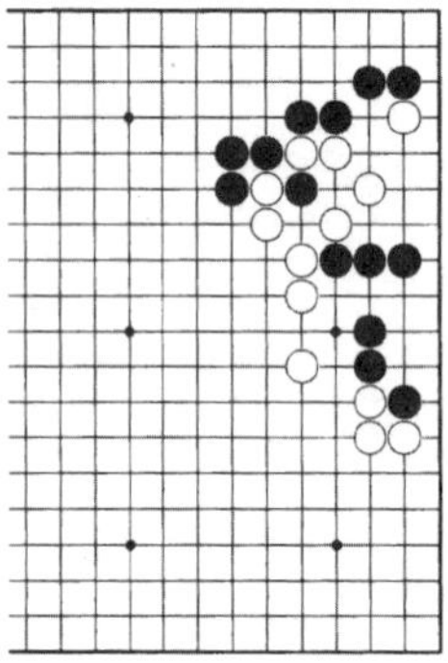

(618) 백번

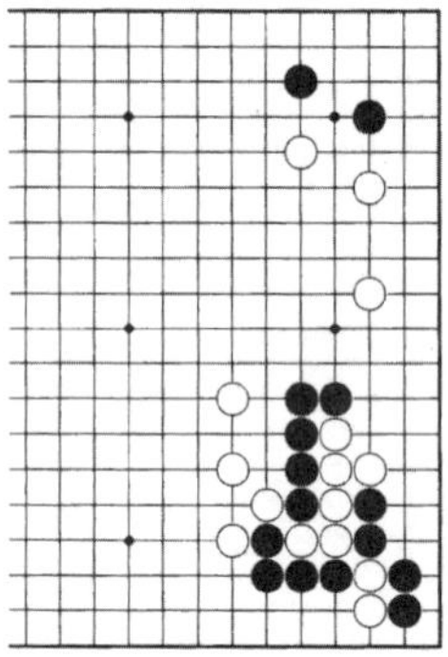

(693) 흑번

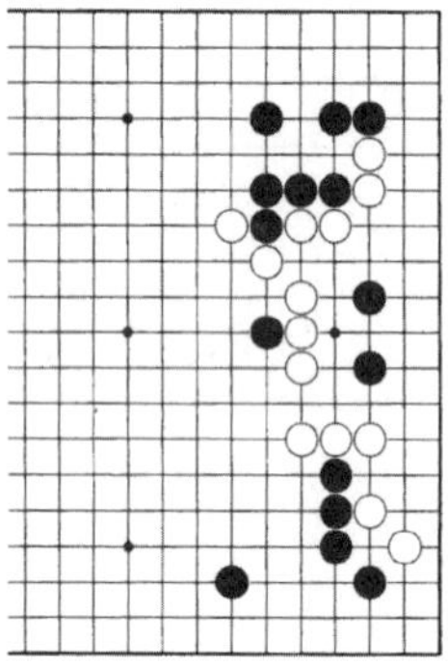

(853) 백번

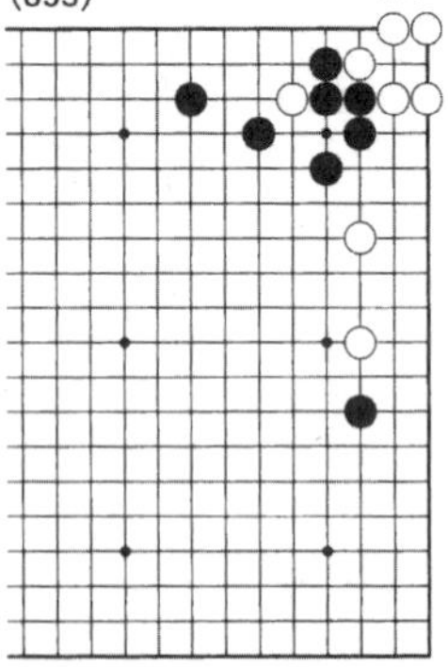

(1039) 흑번

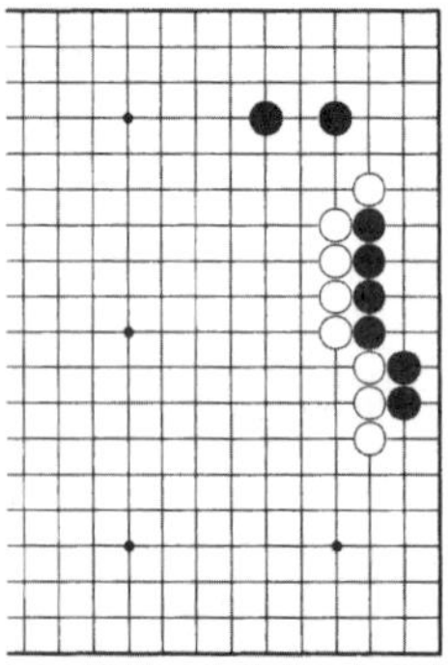

(1093) 흑번

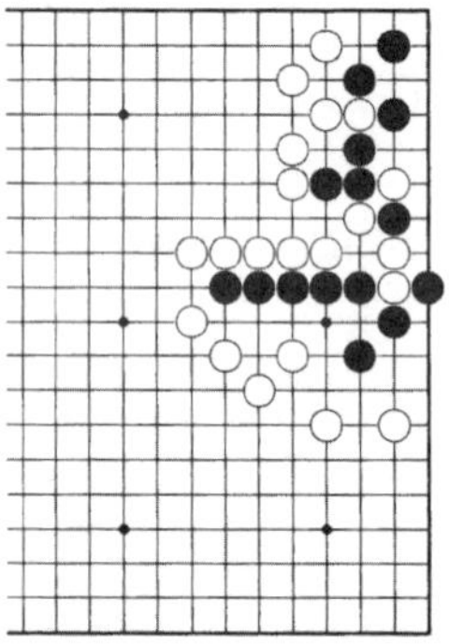

(1207) 흑번

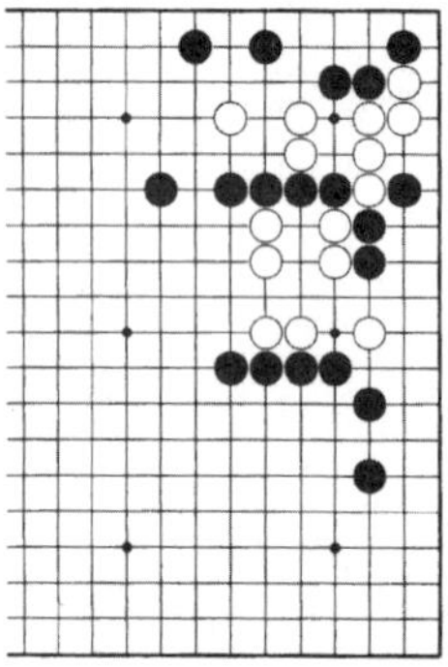

(1292) 흑번

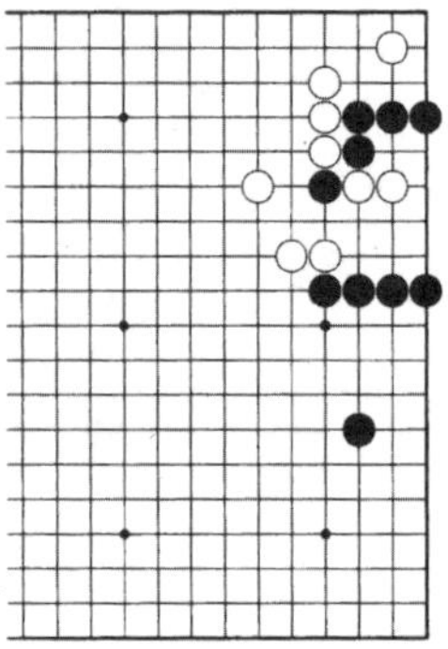

(1298) 백번

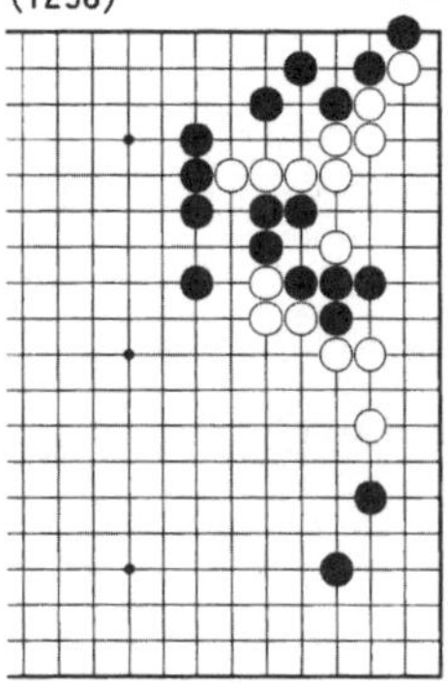

(1453) 백번

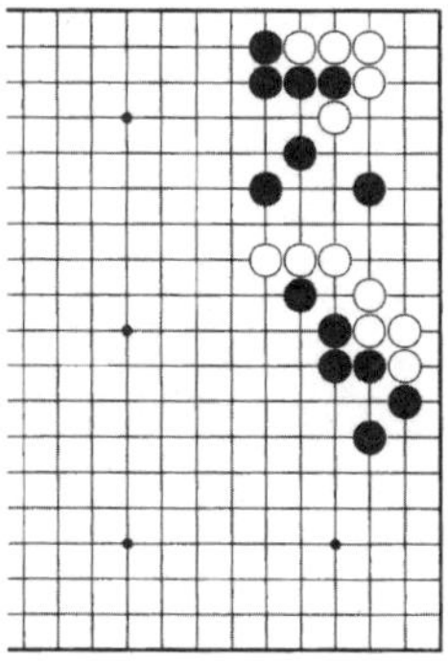

(1596) 흑번

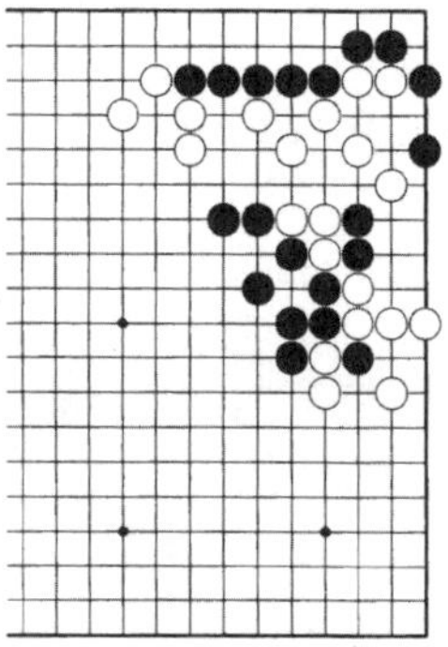

(1598) 백번

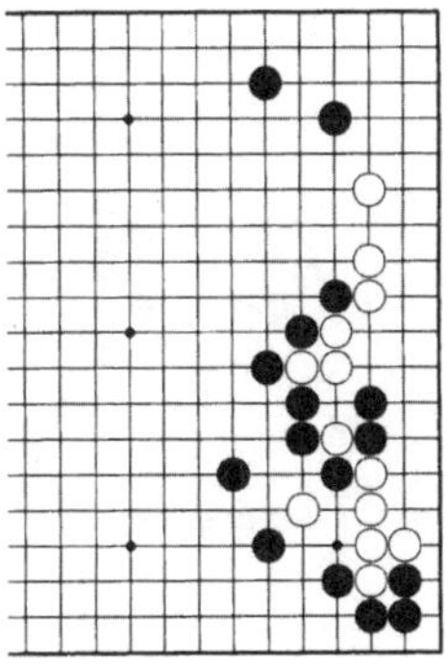

(2020) 흑번

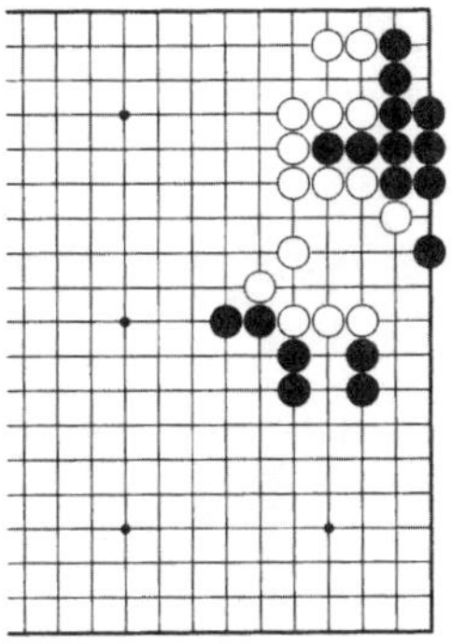

(2021) 흑번

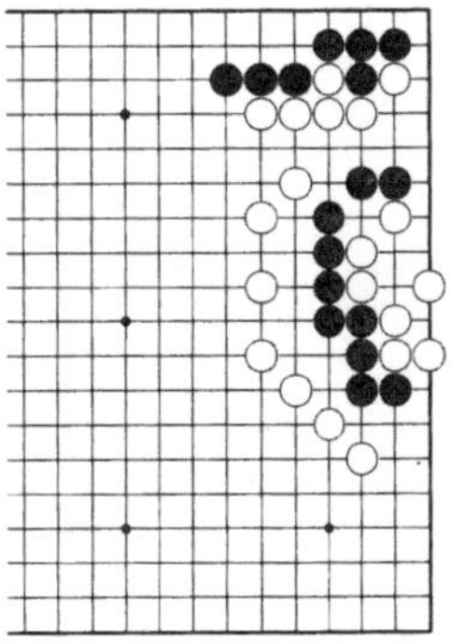

(2022) 흑번

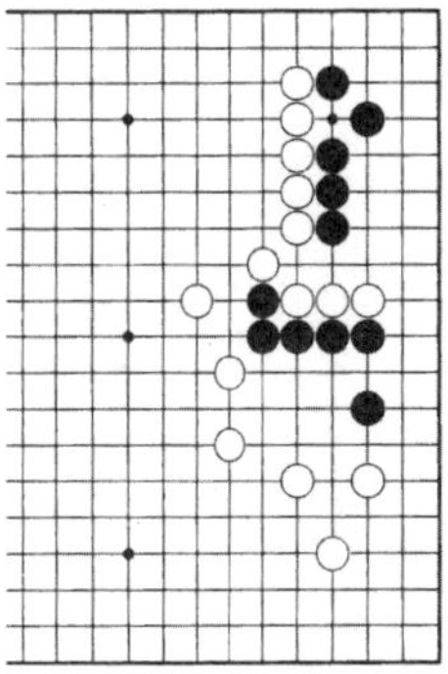

(2024) 흑번

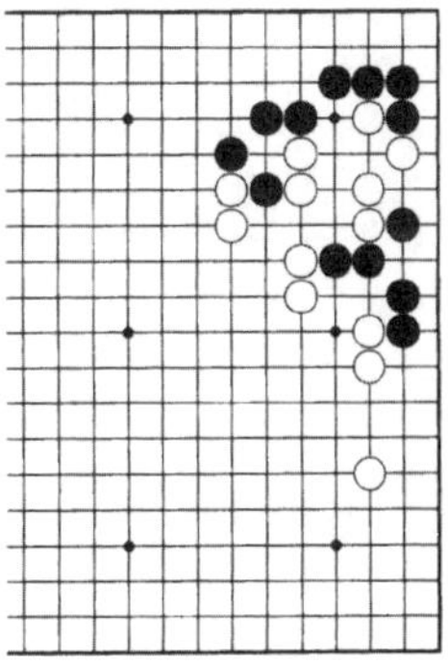

(2157) 흑번

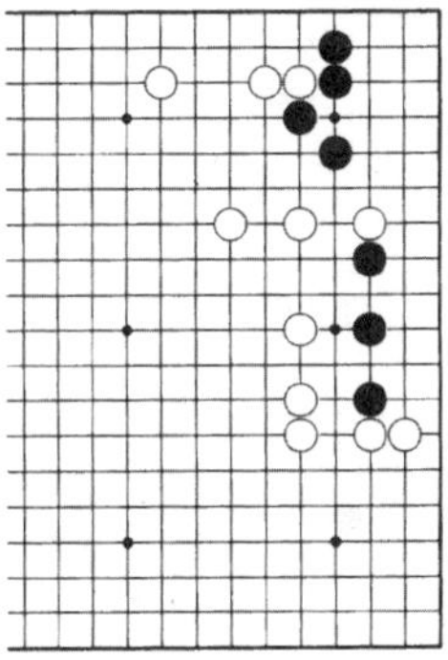

(2296) 흑번

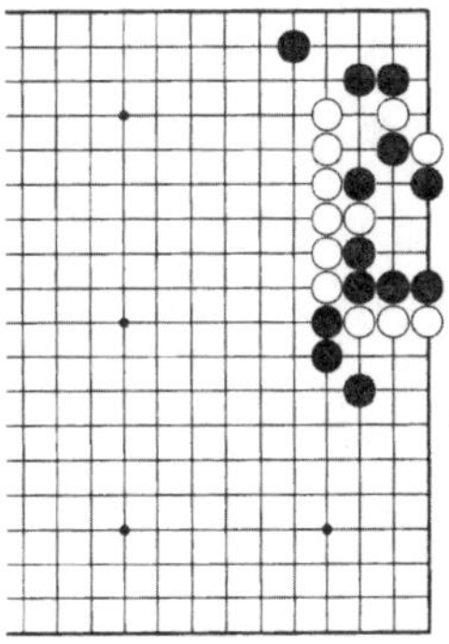

(2366) 흑번

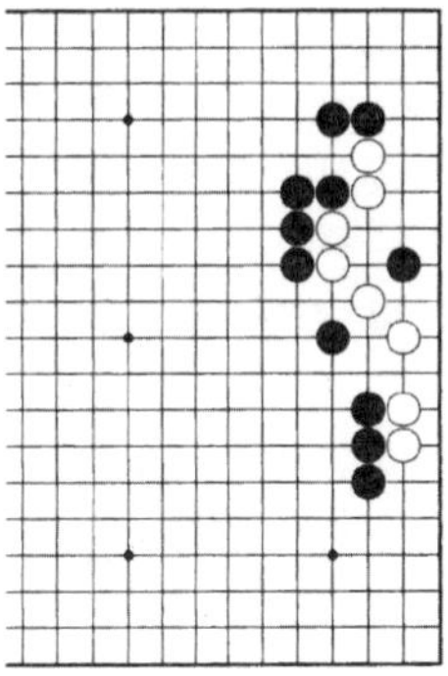

## 침입하다~ 모양을 무너뜨리다

(2523) 침입하다/흑번

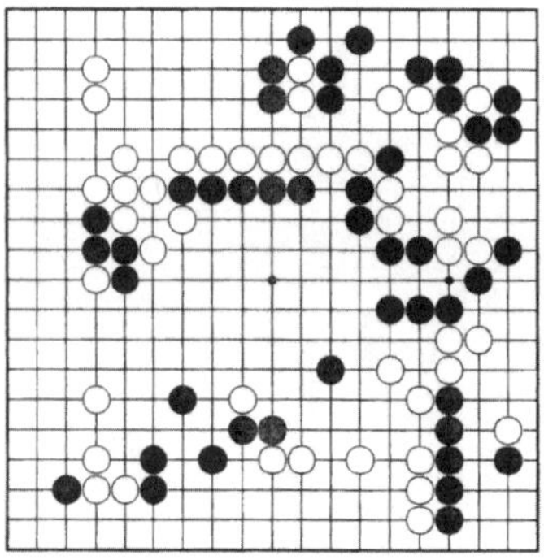

(2559) 백번

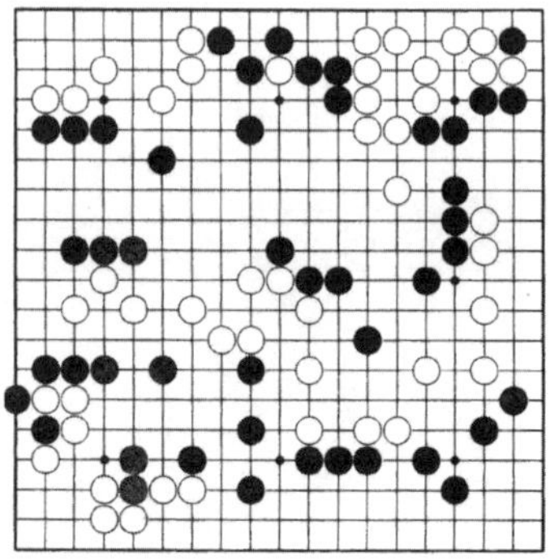

(2582) 흑번

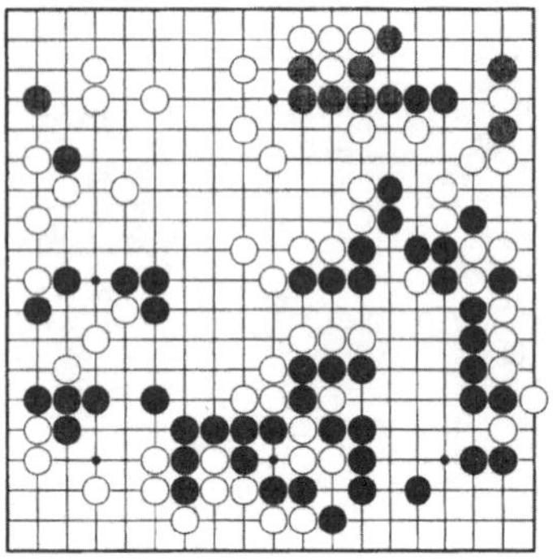

(2597) 흑번

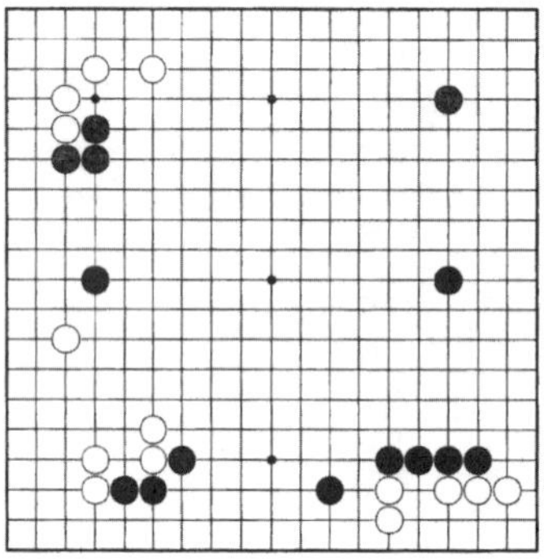

(2603) 흑번

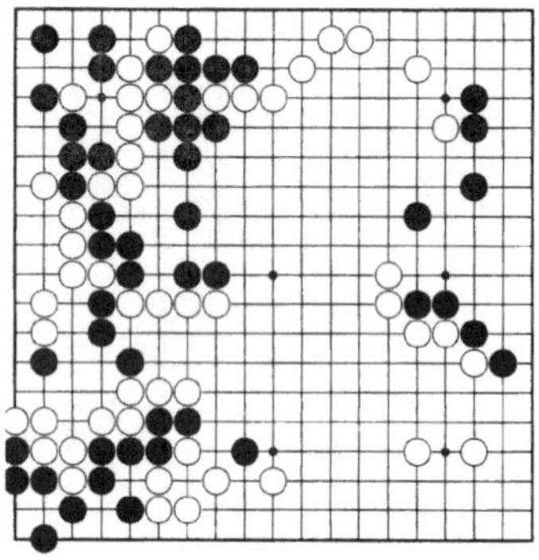

(2625) 백번

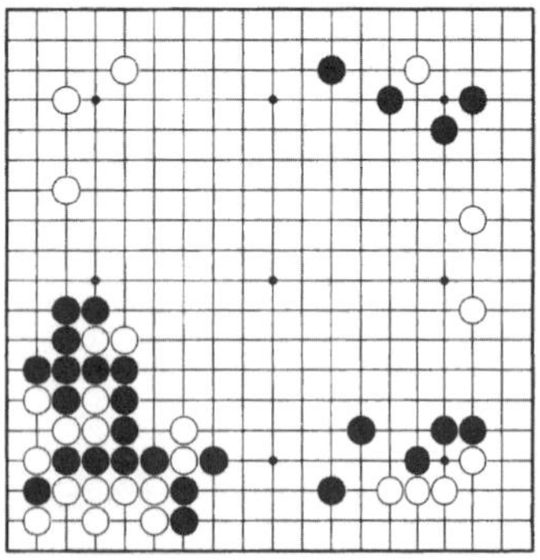

(2543) 살다/백번

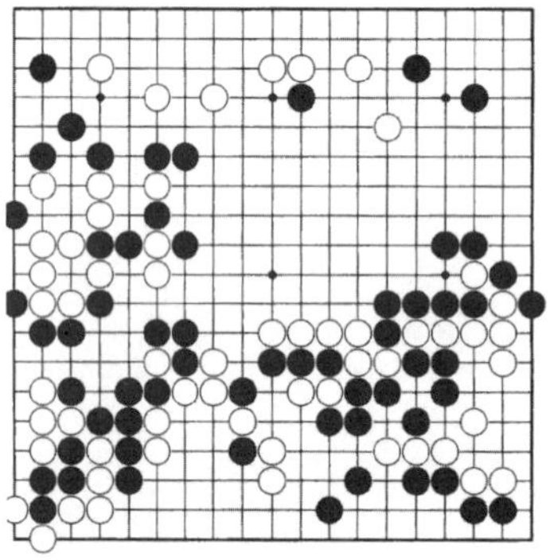

(2489) 찌르다/흑번

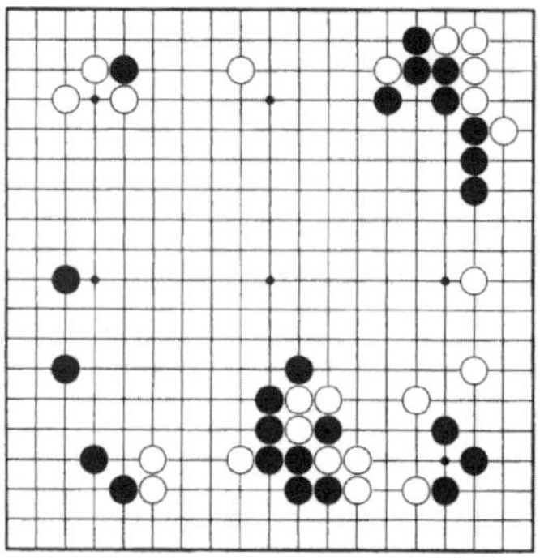

(2505) 흑번

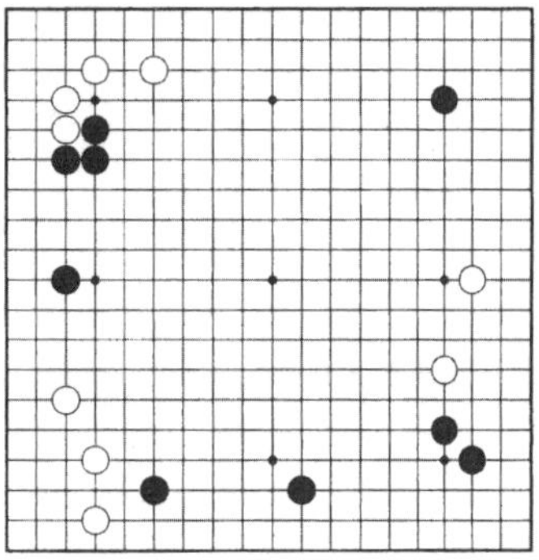

(2534) 백번

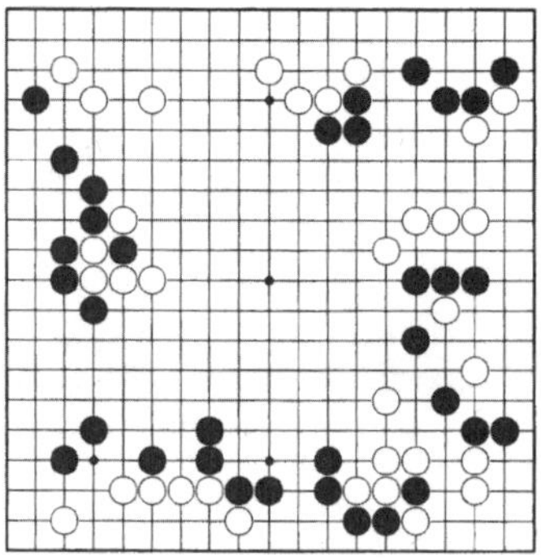

(2479) 안정되다/흑번

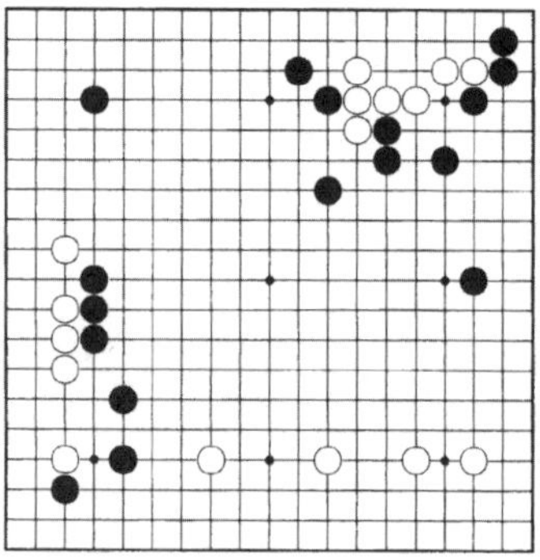

(2504) 백번

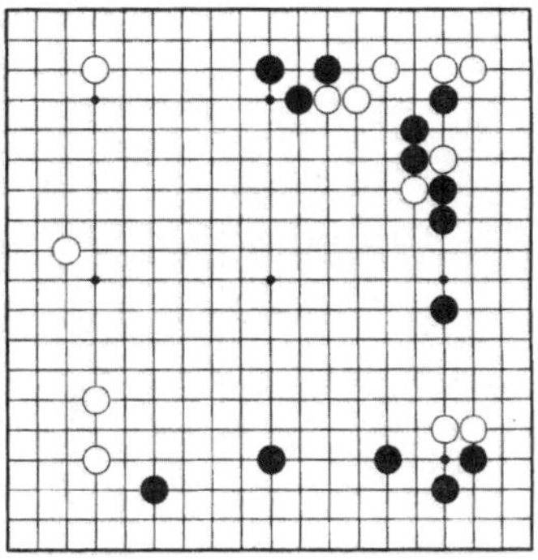

(2531) 흑번

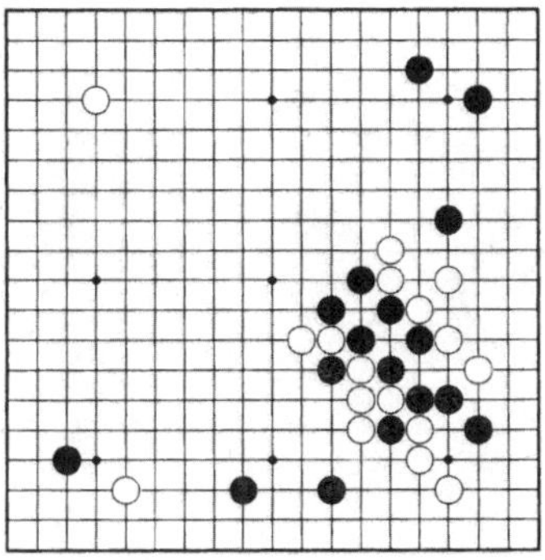

(2547) 백번

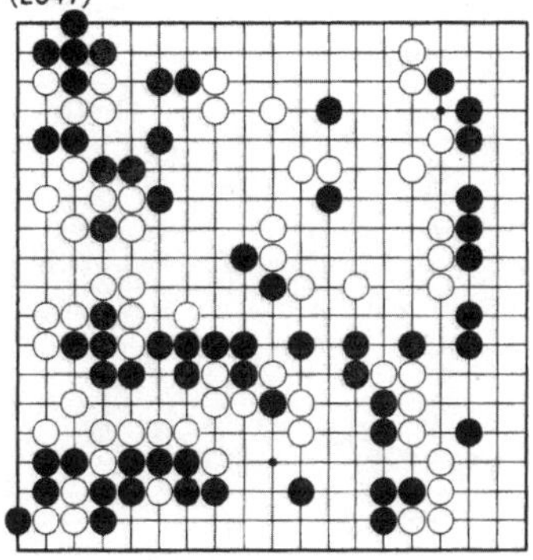

(2551) 백번

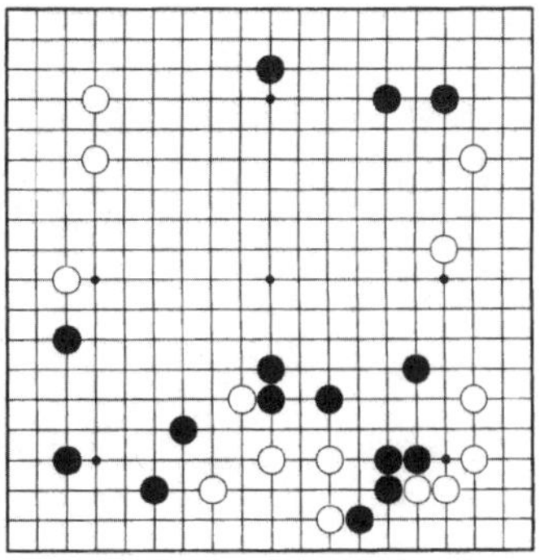

(2555) 백번

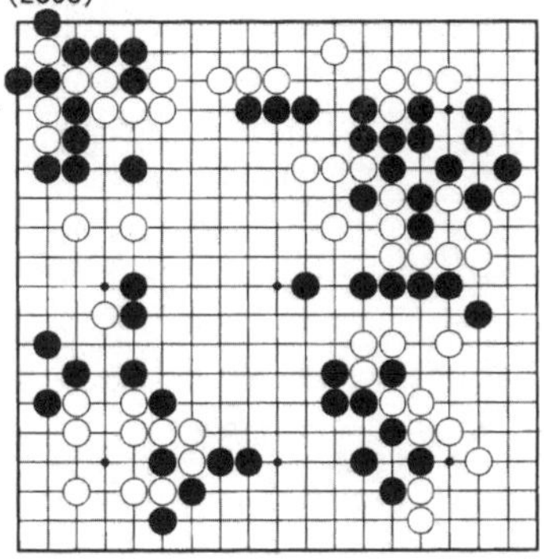

(2616) 백번

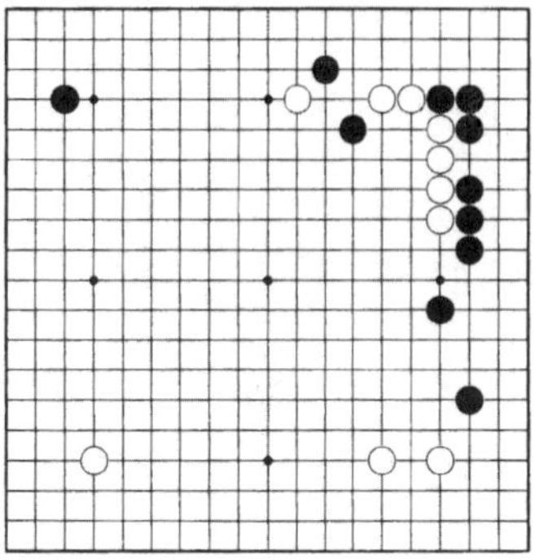

(2627) 백번

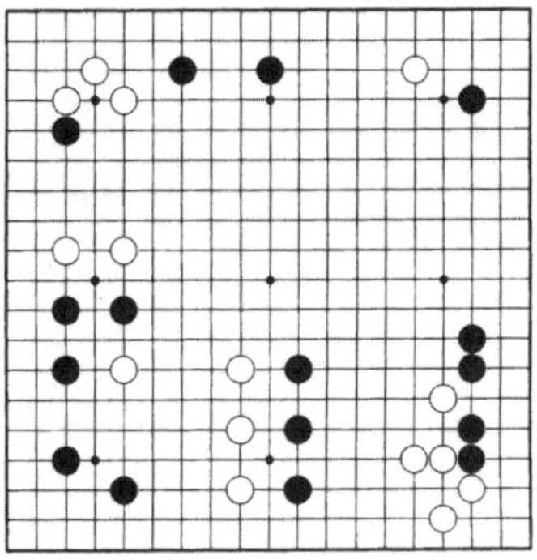

(2634) 백번

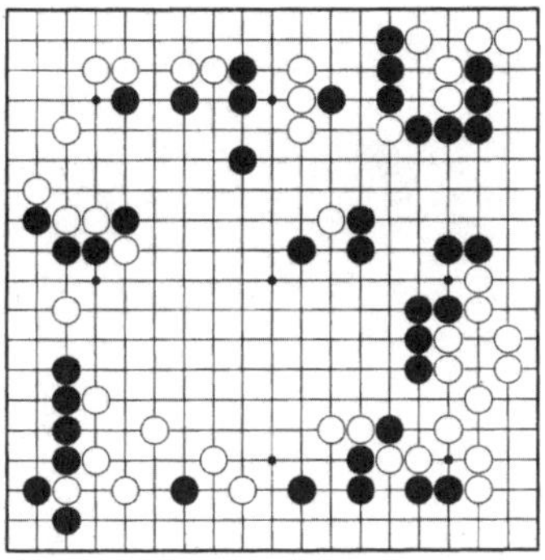

(2638) 흑번

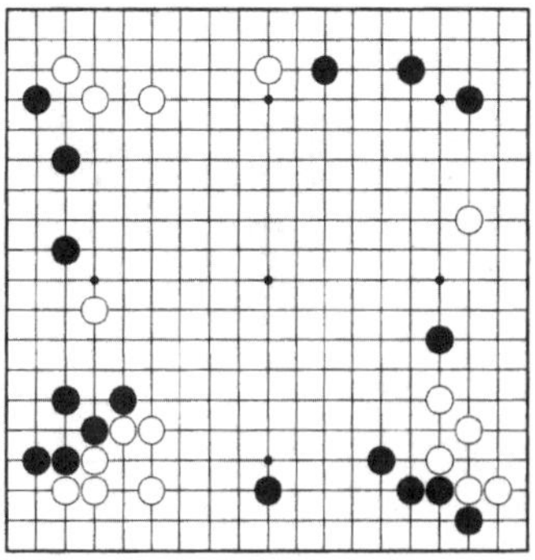

(2513) 모양을 정하다/백번

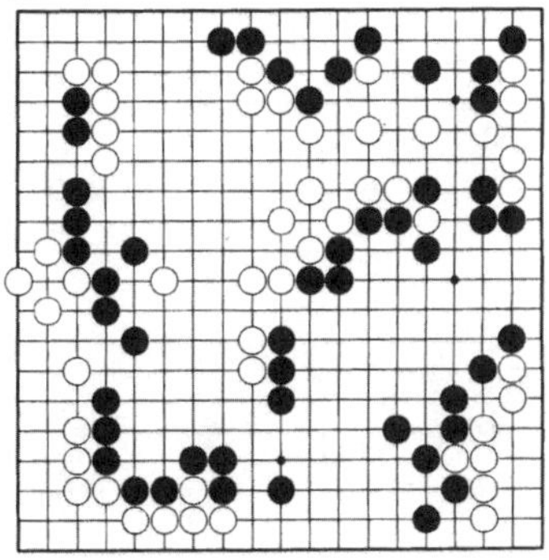

(2542) 흑번

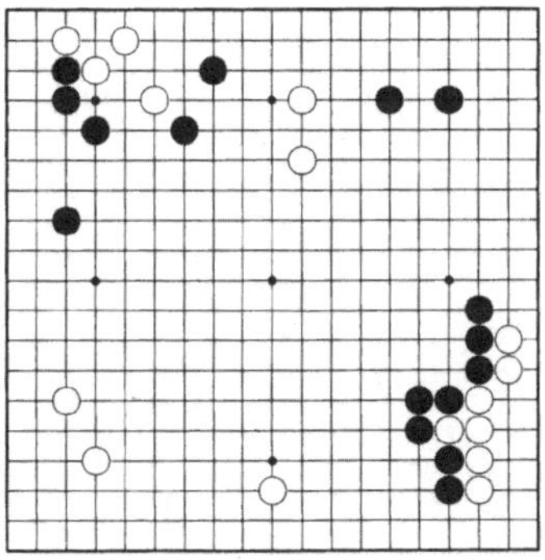

(2556) 백번

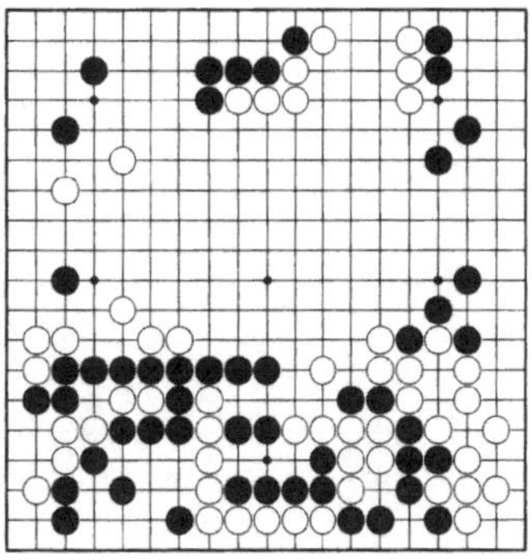

(2586) 흑번

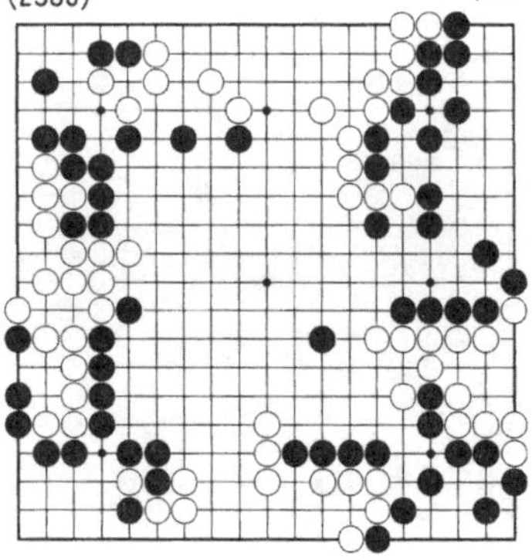

(2626) 백번

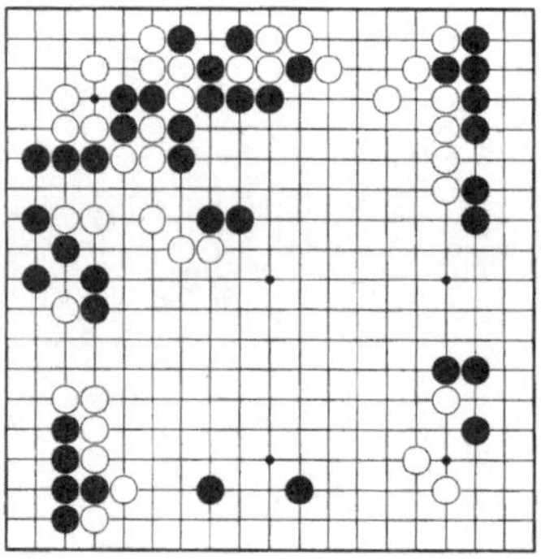

(2607. 모양을 무너뜨리다/백번

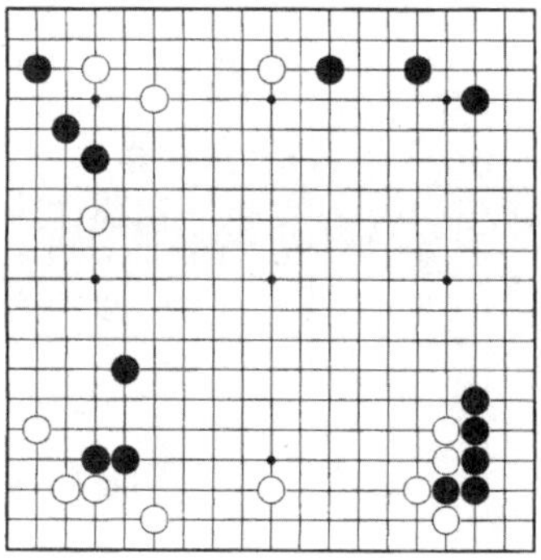

## 굳히다~ 수습하다

(2496) 굳히다/백번

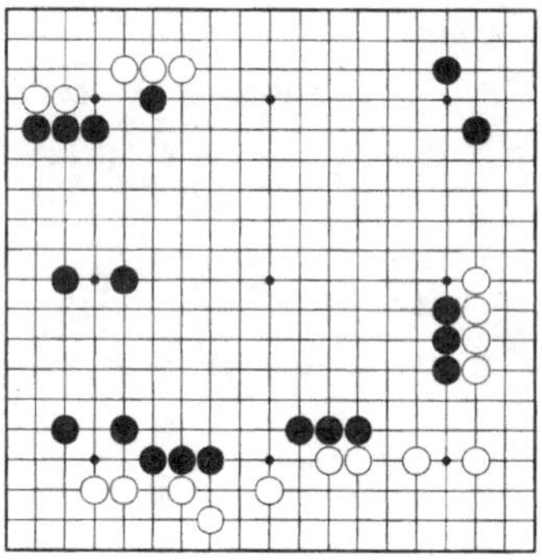

(2506) 흑번

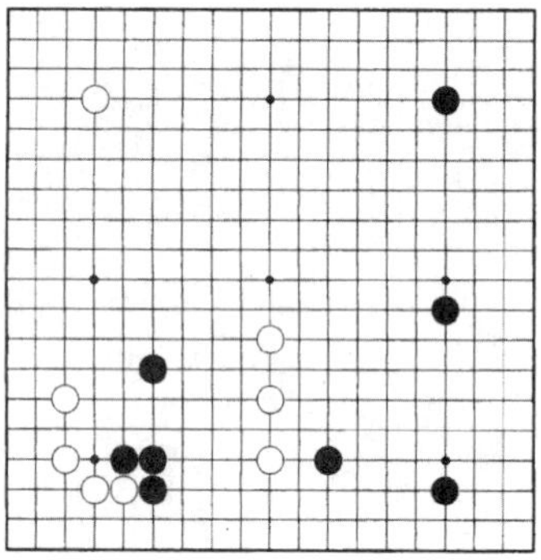

(2529) 백번

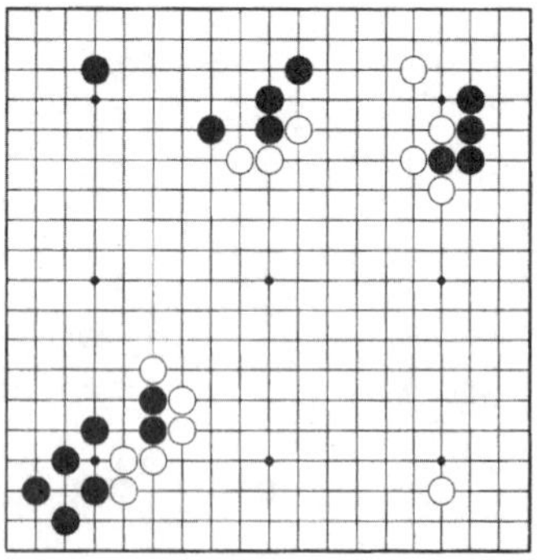

(2552) 흑번

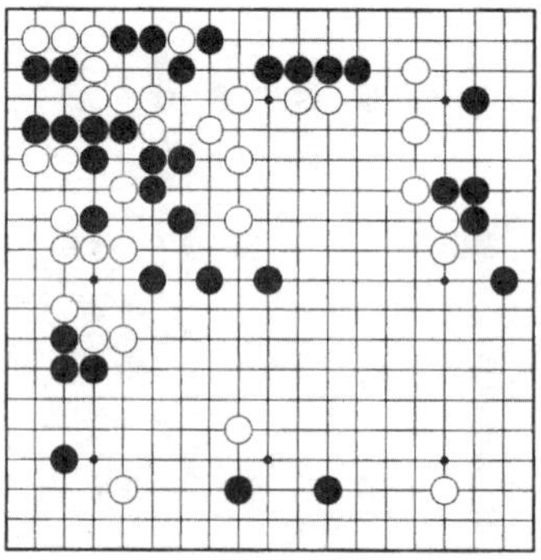

(2554) 백번

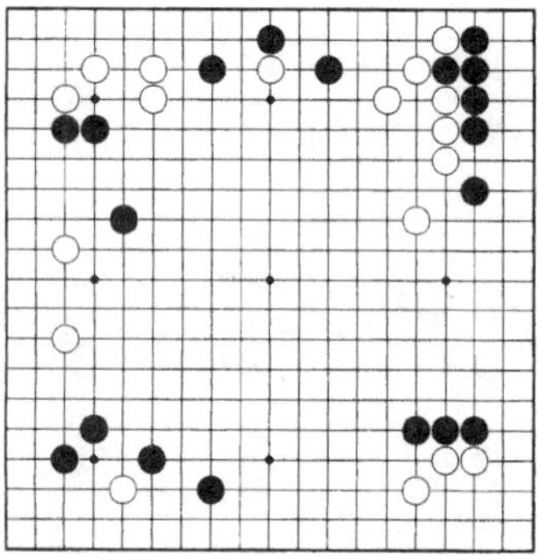

(2578) 흑번

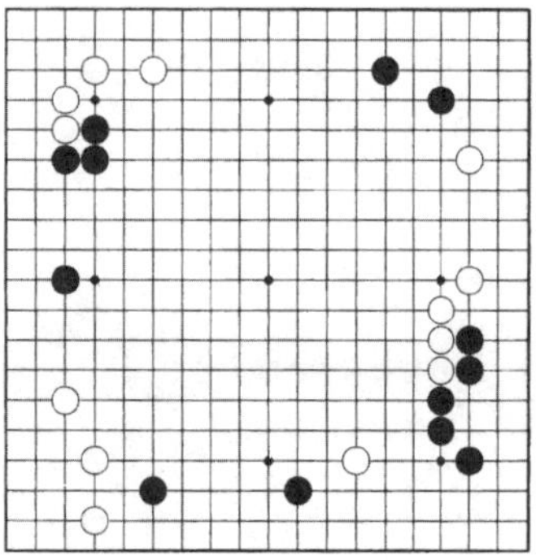

(2609) 흑번

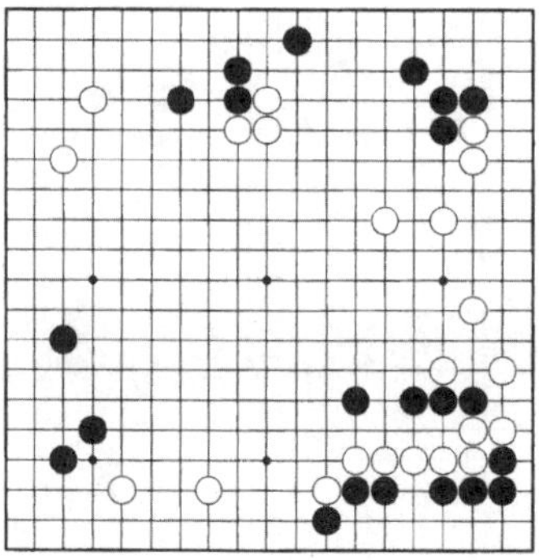

(2486) 활용하다/흑번

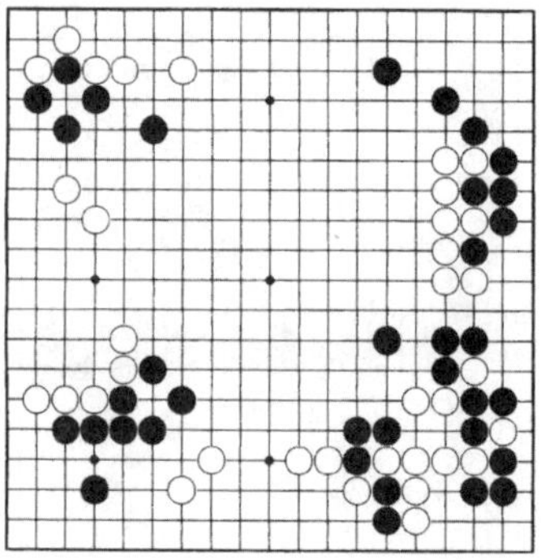

(2507) 흑번

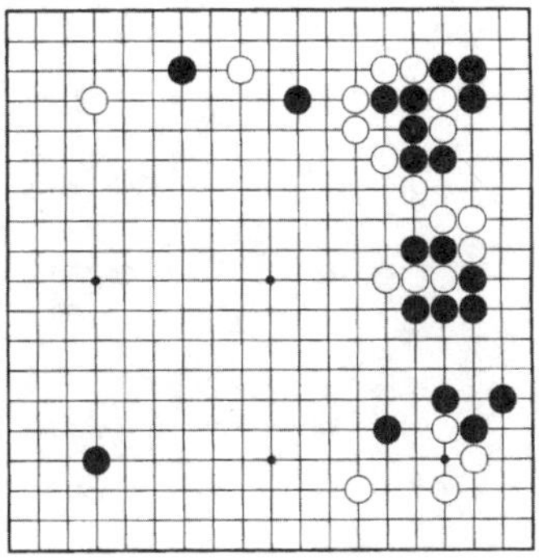

(2510) 흑번

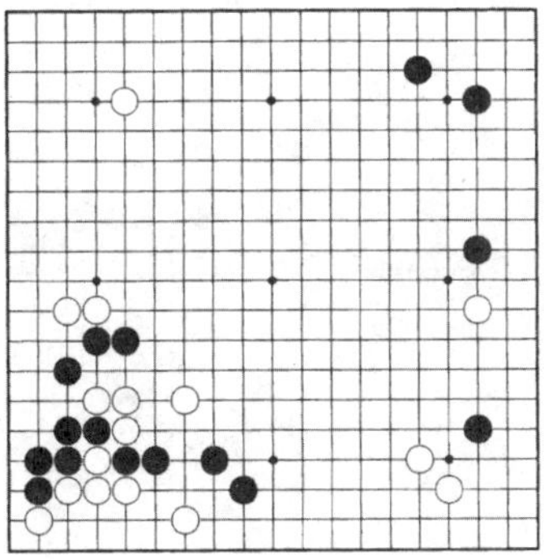

(2511) 백번

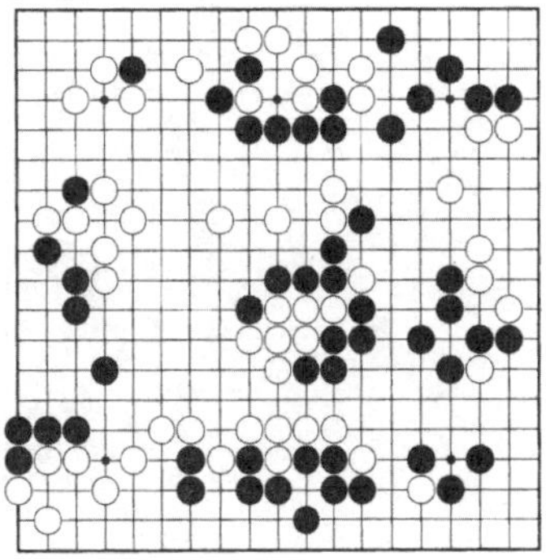

(2512) 백번

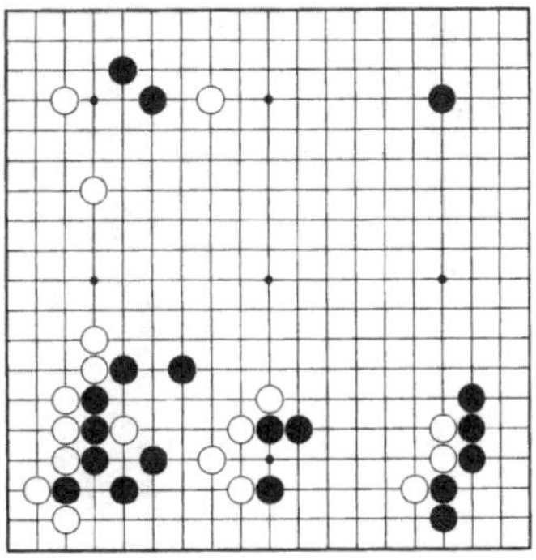

(2521) 흑번

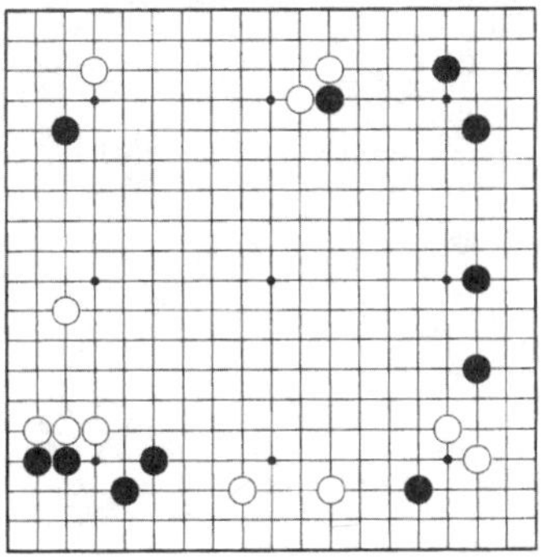

(2632) 백번

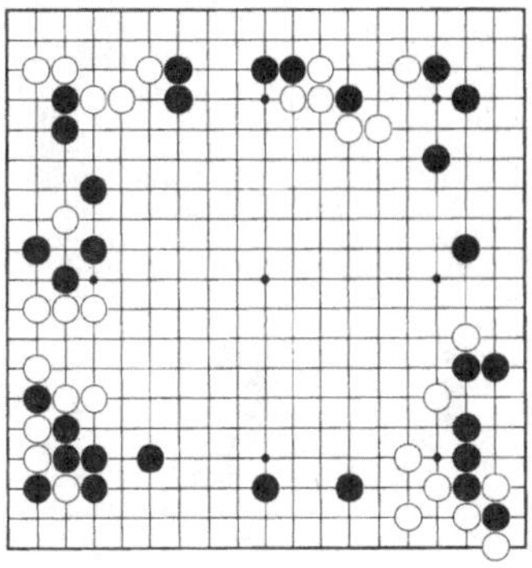

(2536) 백번

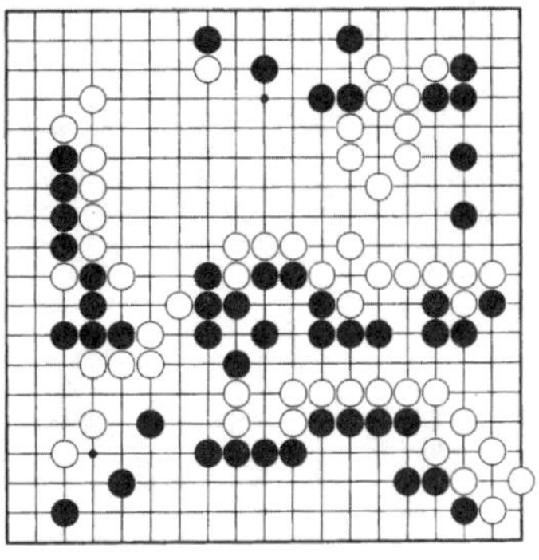

(2537) 흑번

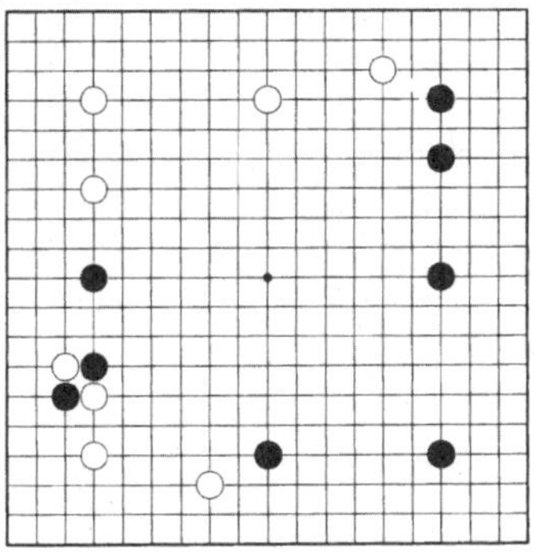

(2538) 백번

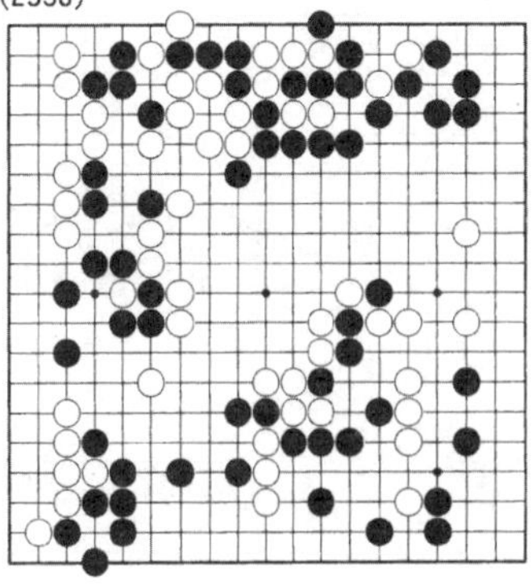

(2563) 백번

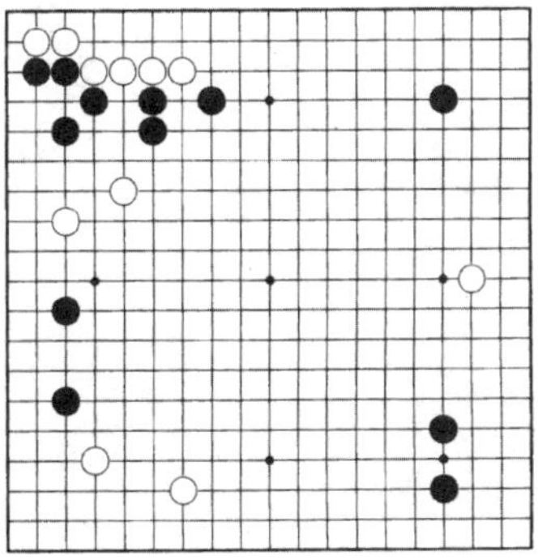

(2583) 백번

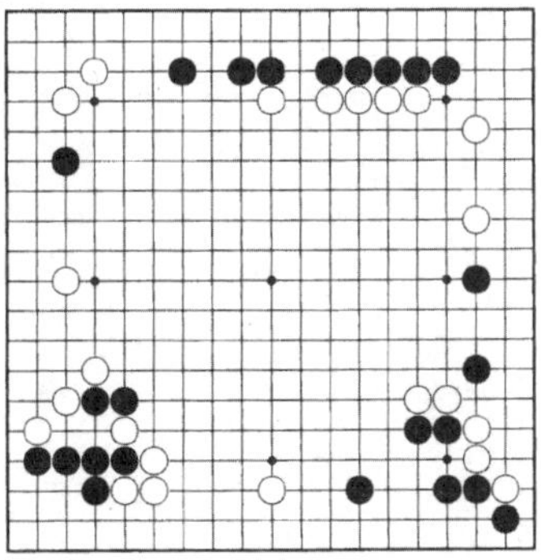

(2590) 흑번

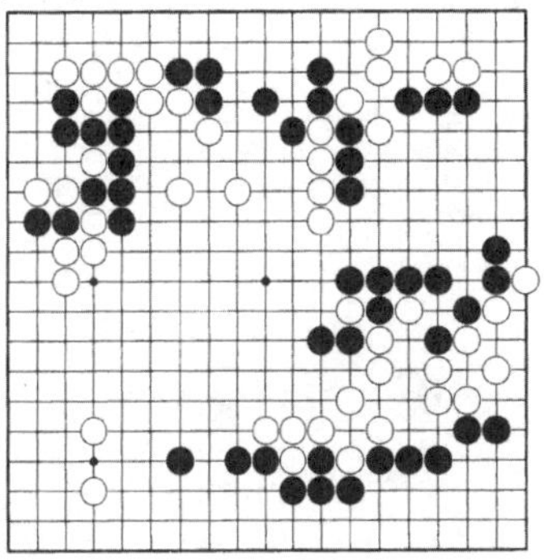

(2629) 백번

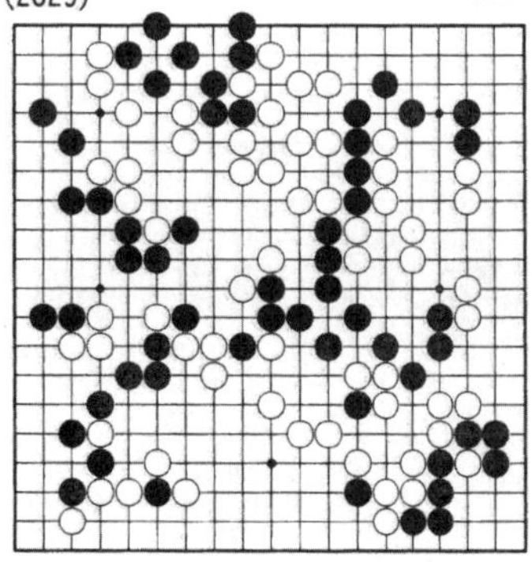

(2533) 패/백번

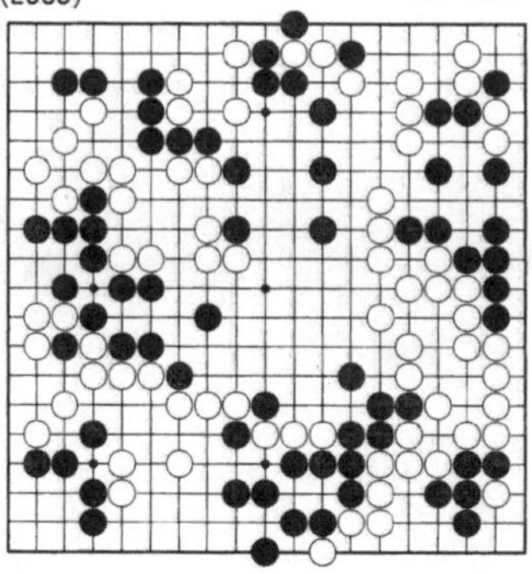

(2617) 잡다/백번

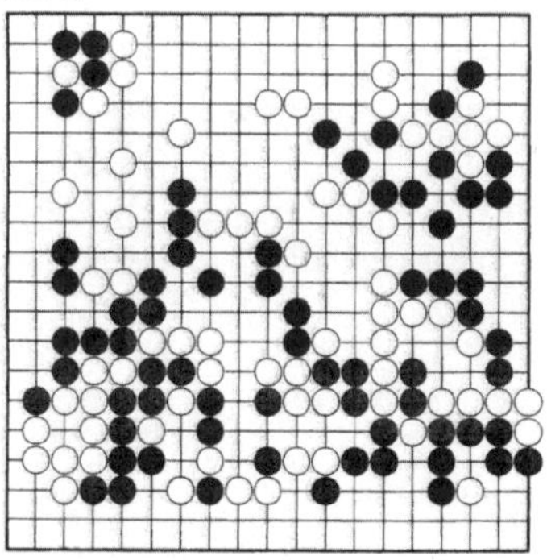

(2502) 수습하다/백번

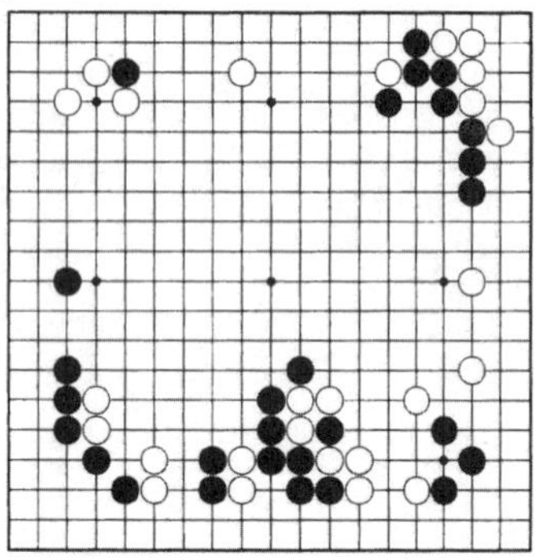

(2546) 백번

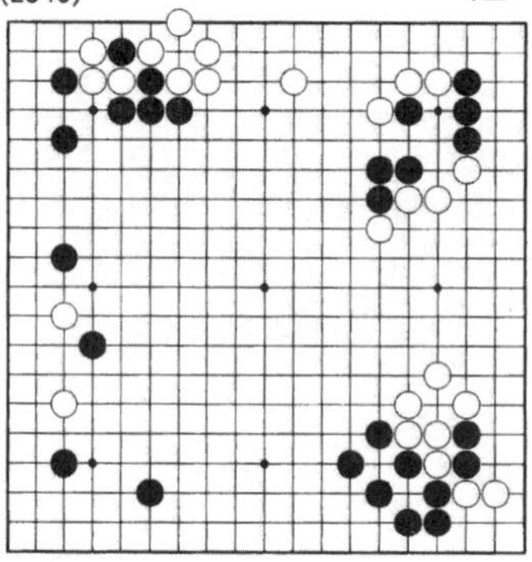

(2557) 흑번

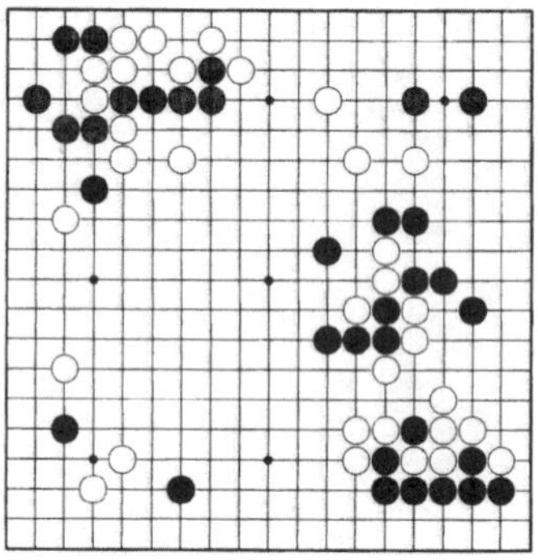

(2561) 흑번

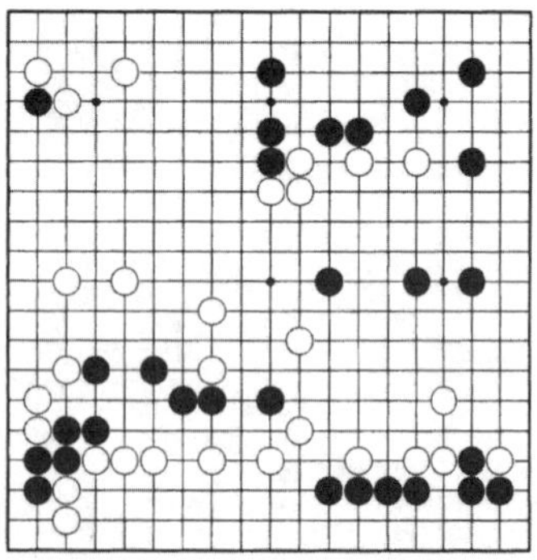

(2571) 흑번

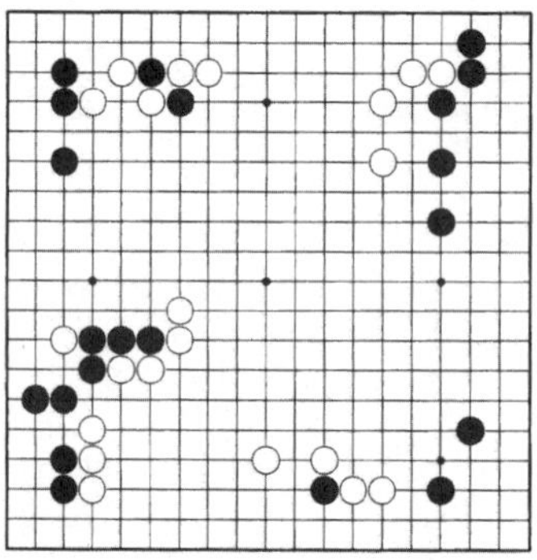

(2576) 흑번

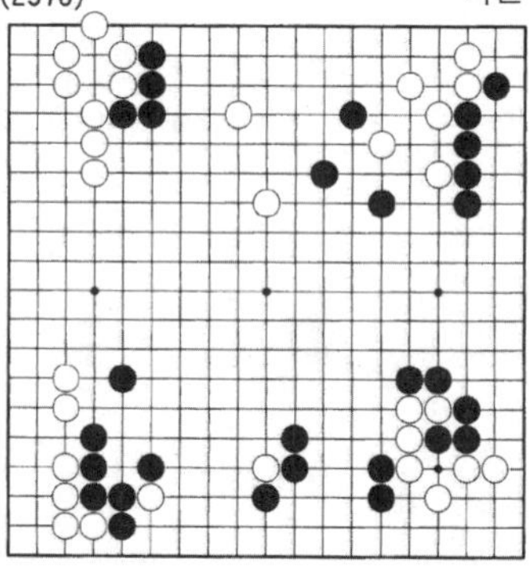

(2577) 백번

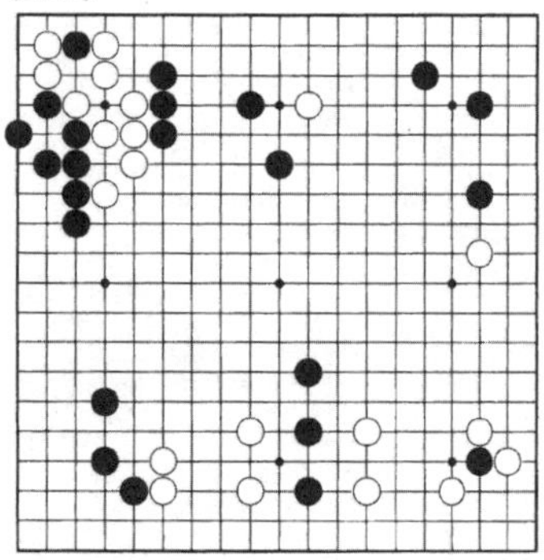

(2580) 흑번

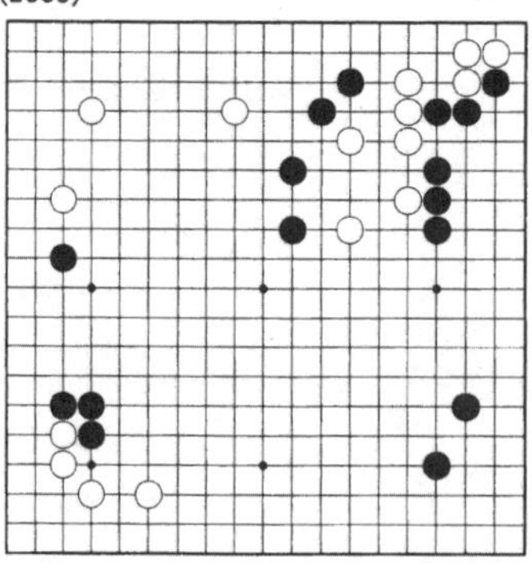

(2600) 흑번

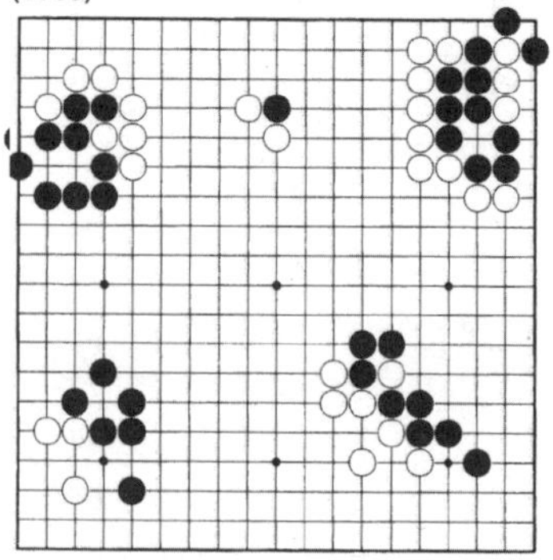

(2610) 흑번

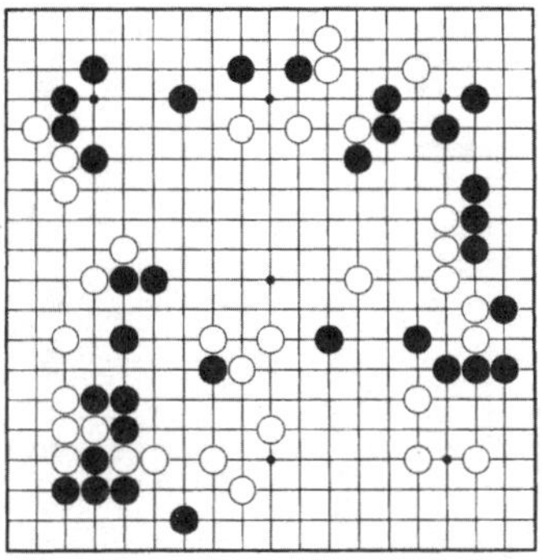

(2611) 흑번

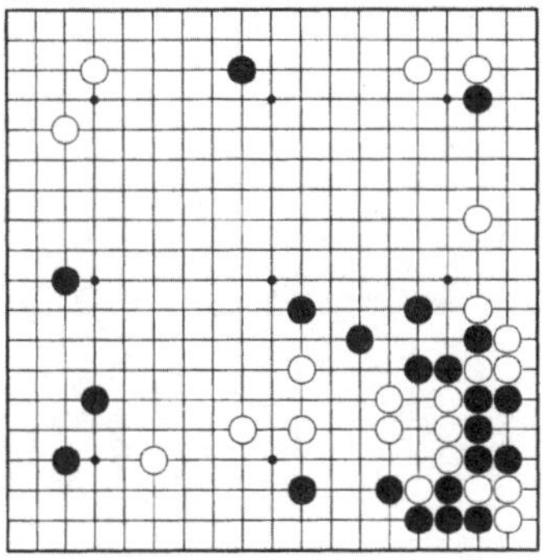

(2633) 백번

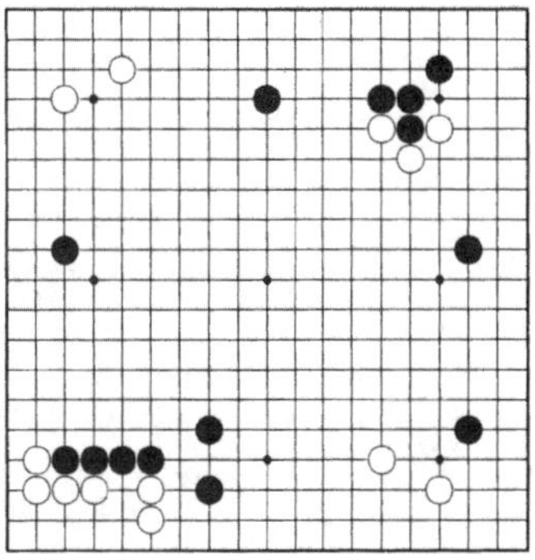

(2636) 백번

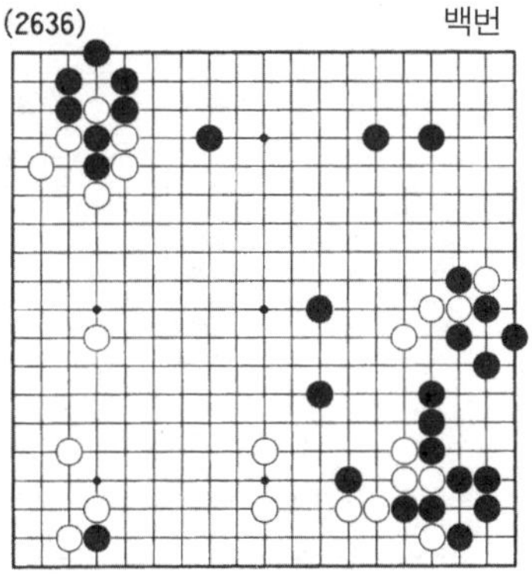

**타개하다~**
**끊다**

(2564) 타개하다/백번

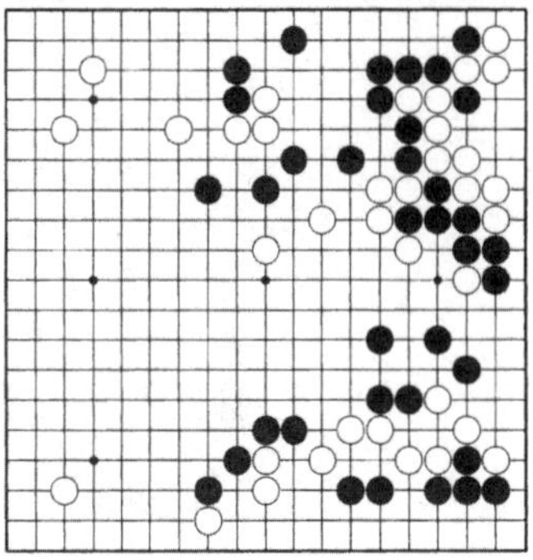

(2575) 백번

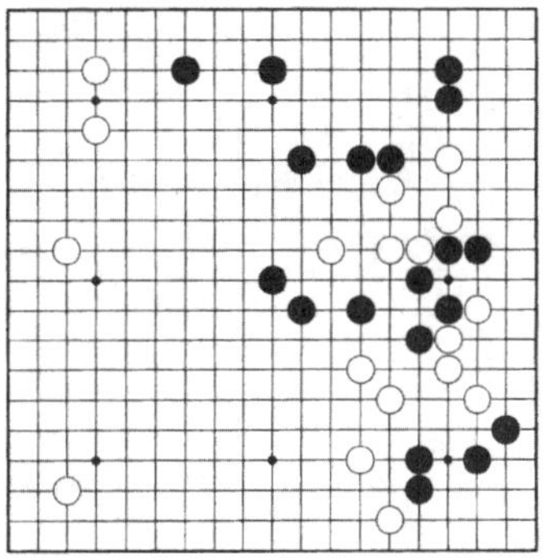

(2593) 백번

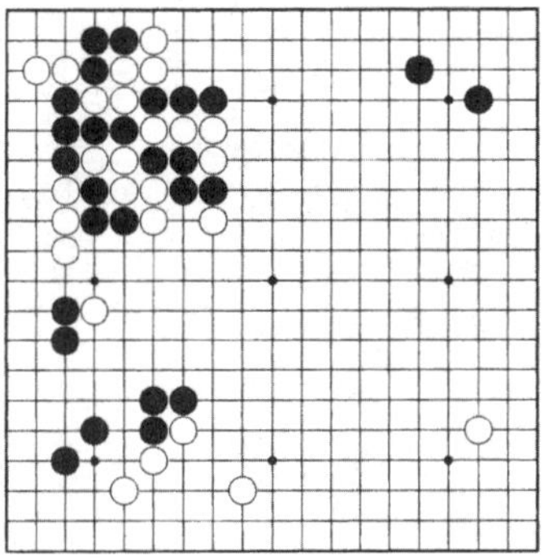

(2635) 백번

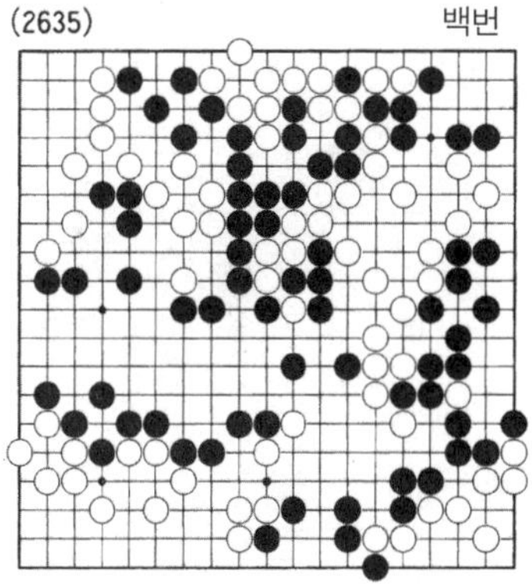

(2497) 조이다/흑번

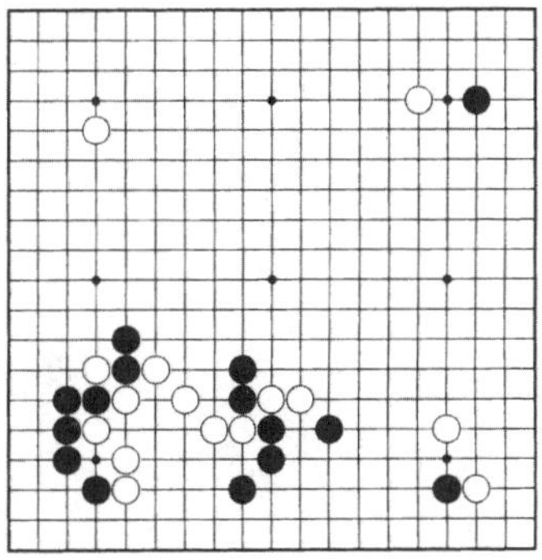

(2501) 백번

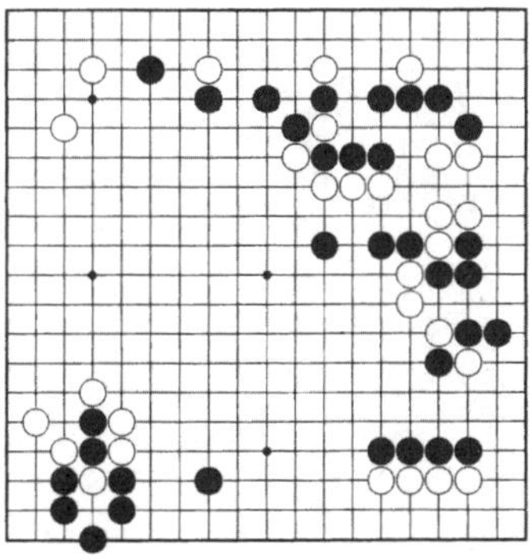

(2518) 흑번

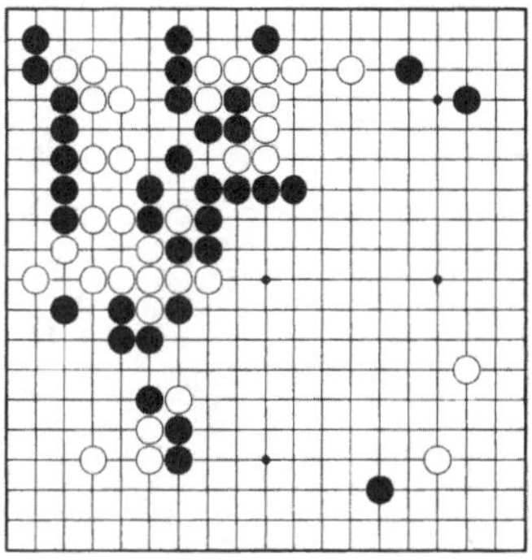

(2535) 흑번

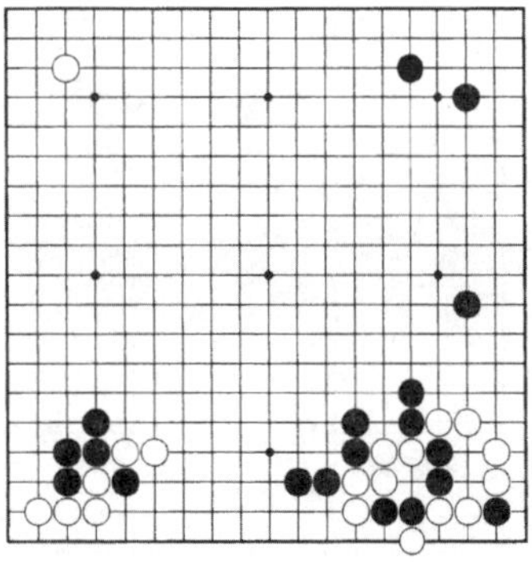

(2614) 흑번

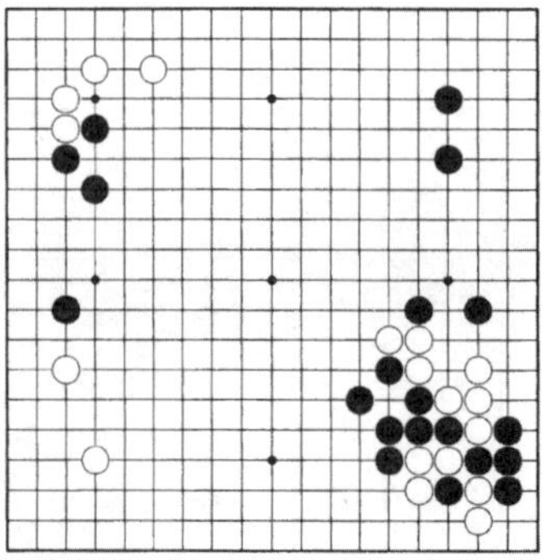

(2615) 백번

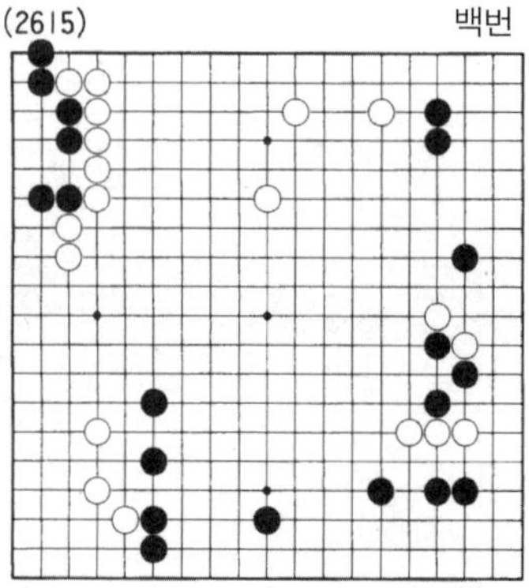

(2495) 조여붙이다/흑번

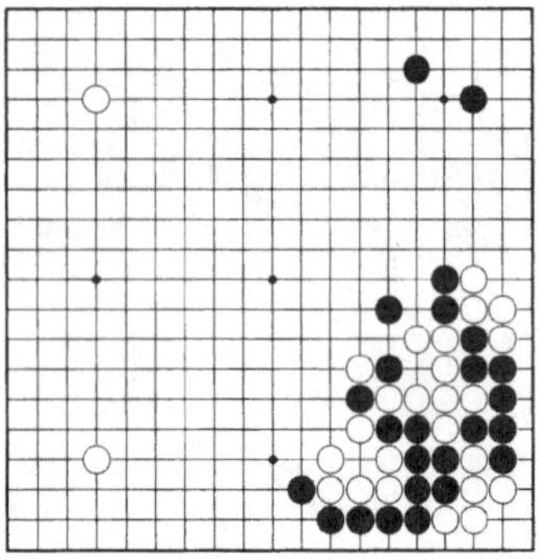

(2490) 사석/백번

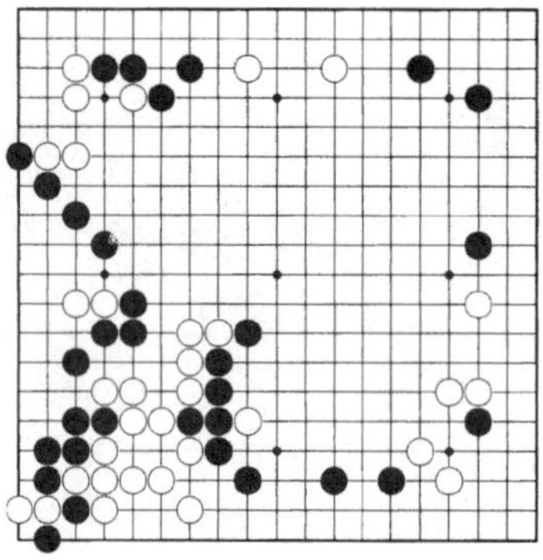

(2492) 백번

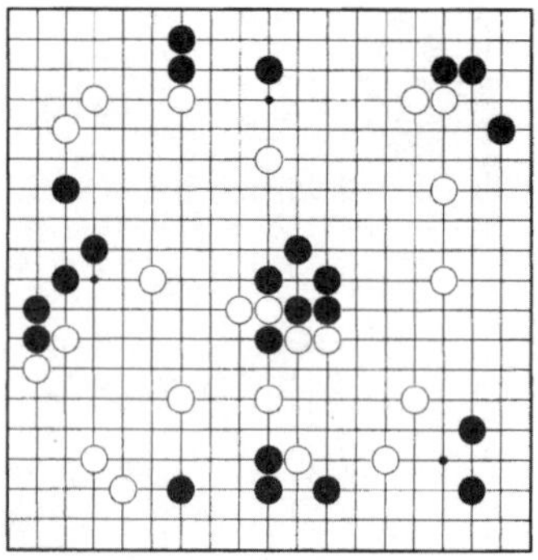

(2499) 흑번

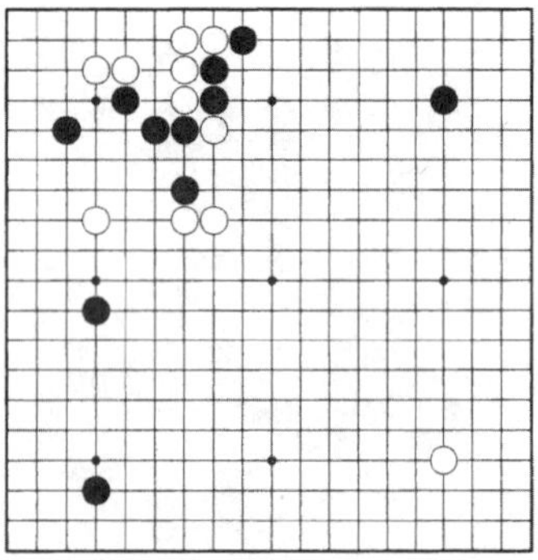

(2500) 흑번

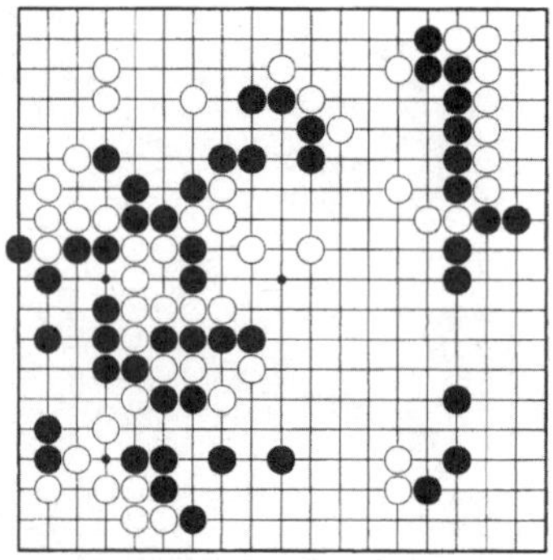

(2515) 흑번

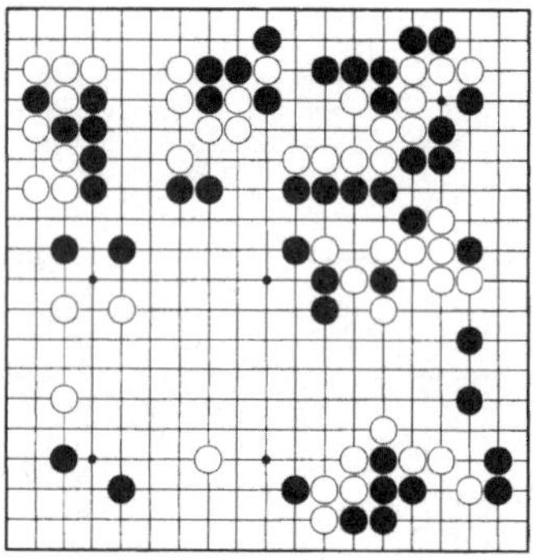

(2520) 백번

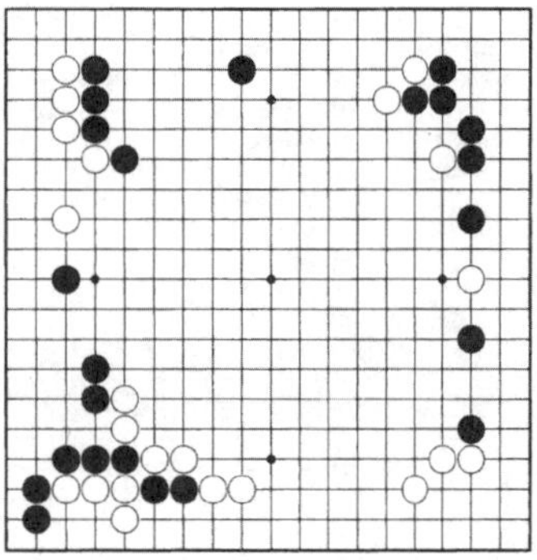

(2528) 흑번

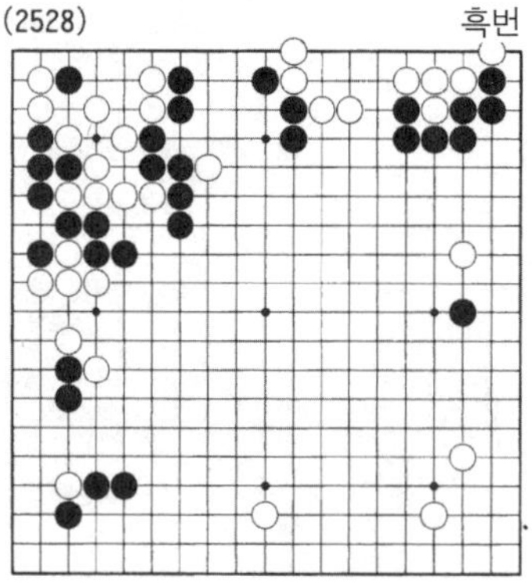

(2550) 백번

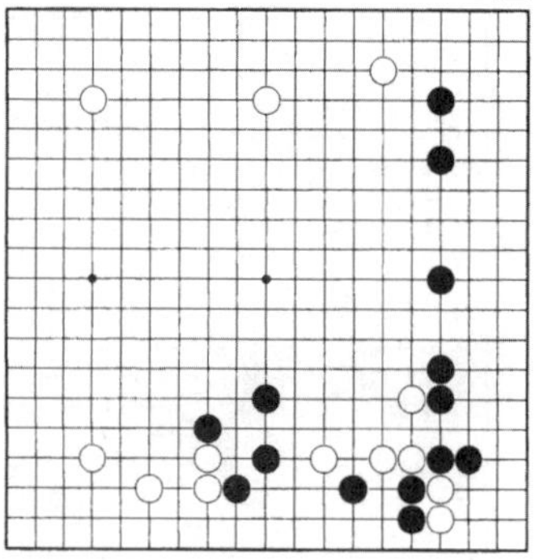

(2566) 흑번

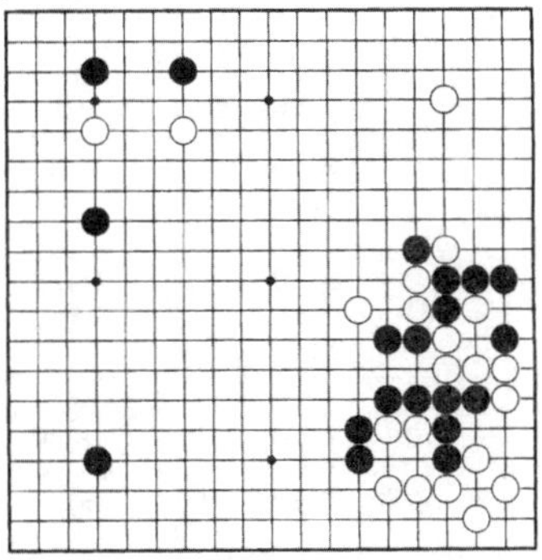

(2584) 백번

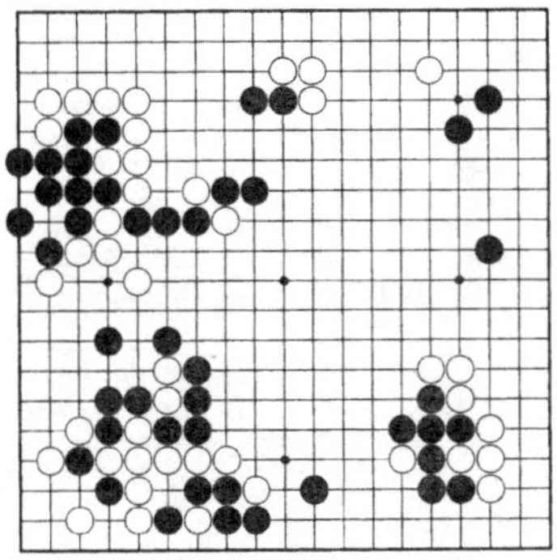

(2585) 백번

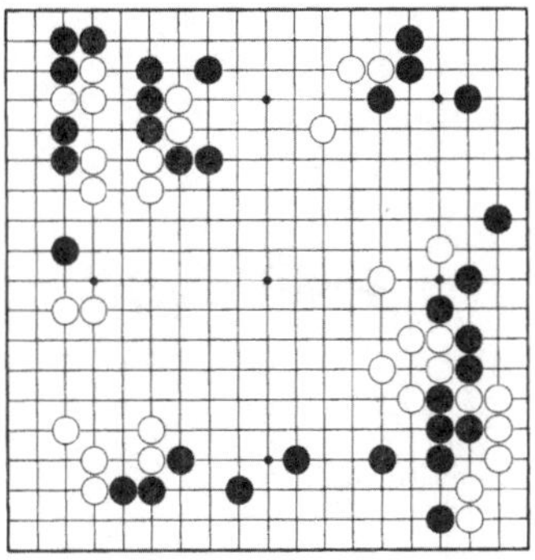

(2602) 흑번

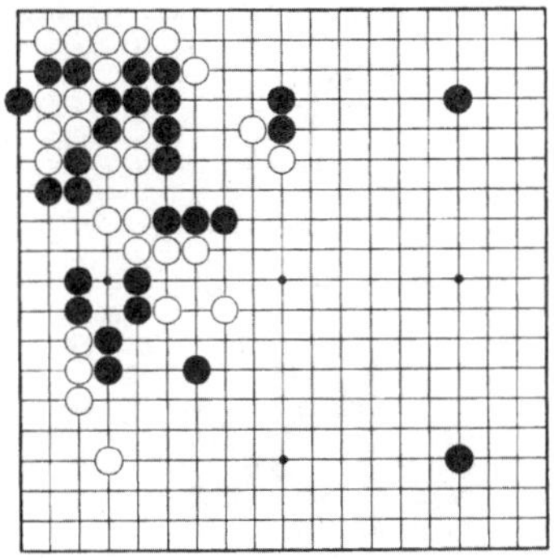

(2613) 백번

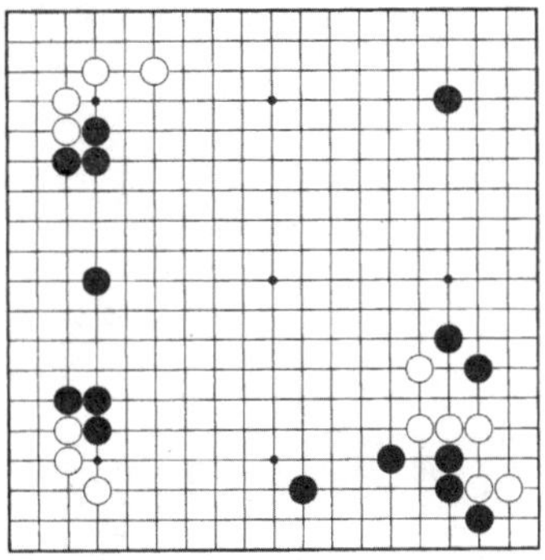

(2619) 흑번

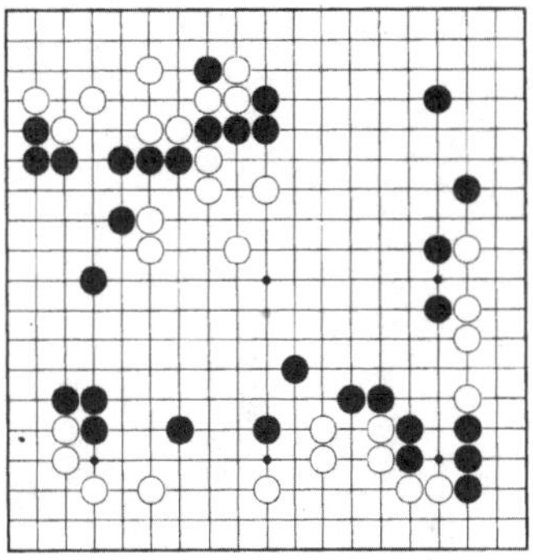

(2587) 정형(모양을 잡다)/백번

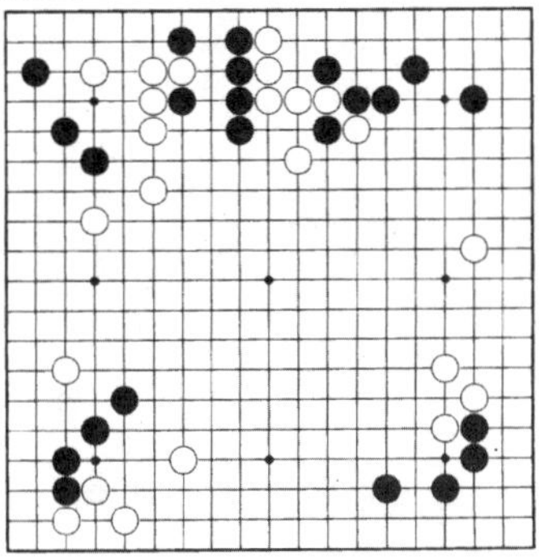

(2589) 백번

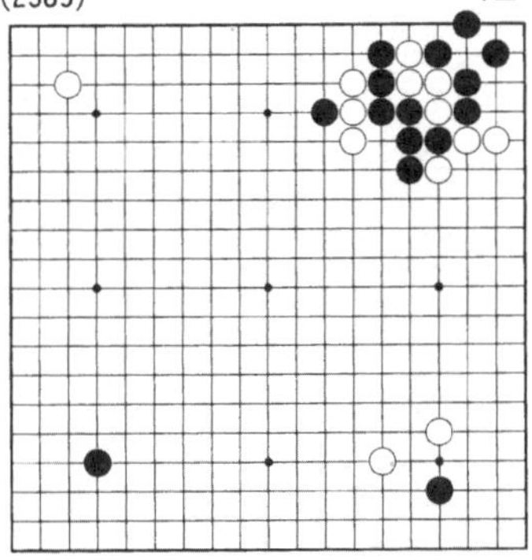

(2637) 흑번

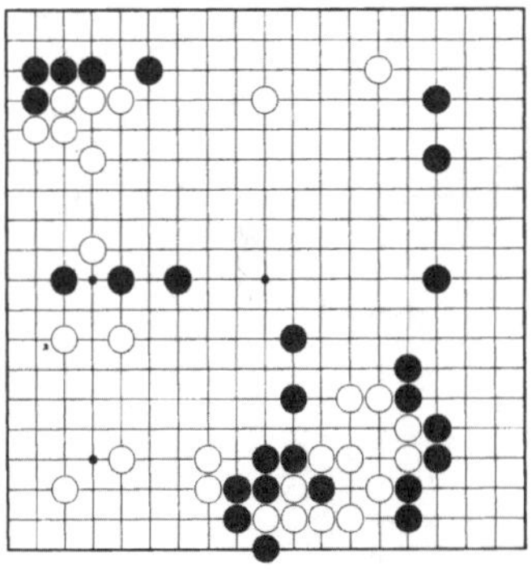

(2541) 끊다/흑번

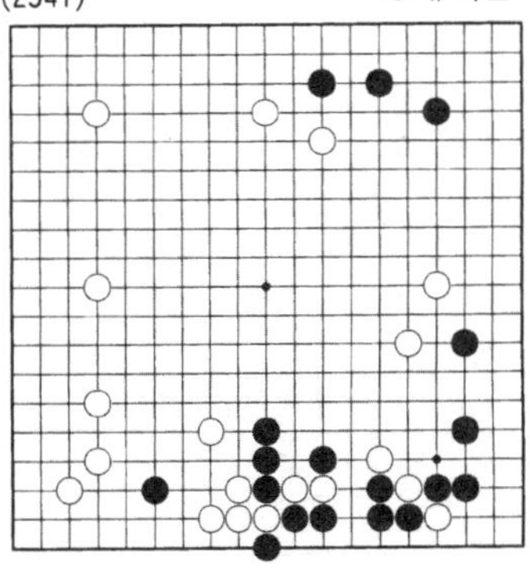

(2599) 백번

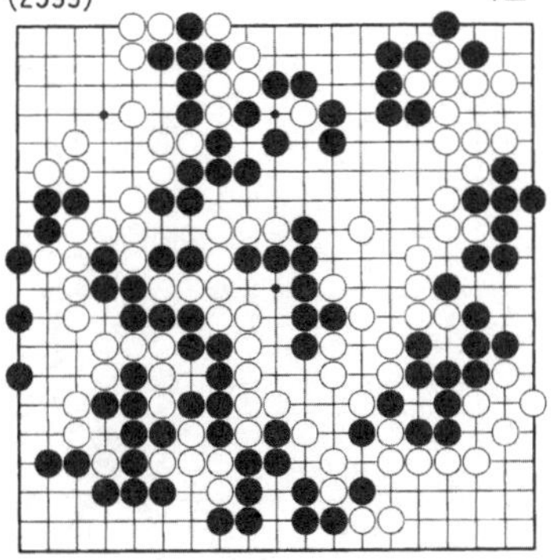

(2601) 백번

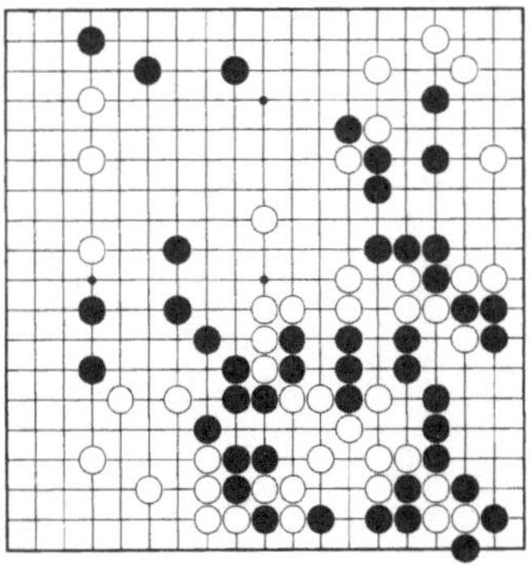

## 수싸움~접근전

(2545) 수싸움/백번

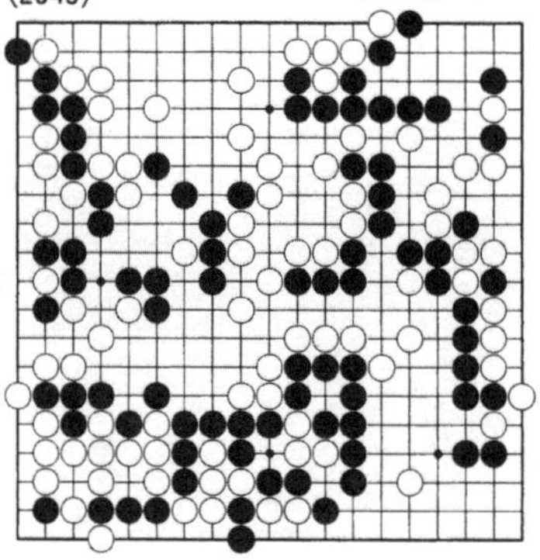

(2612) 백번

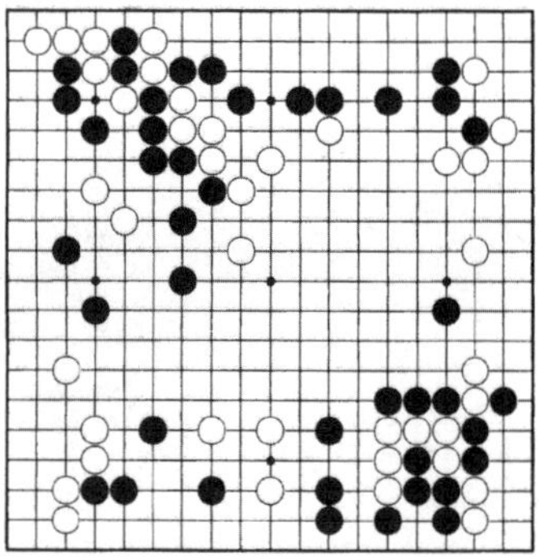

(2620) 흑번

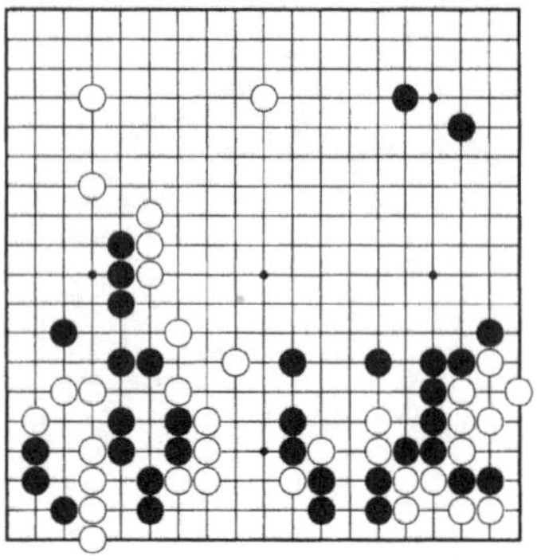

(2621) 흑번

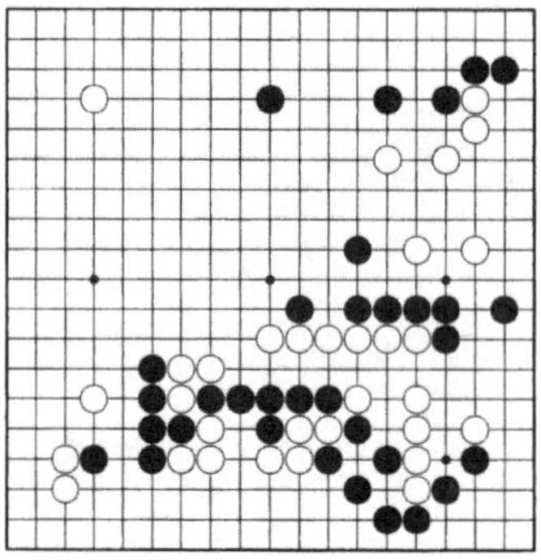

(2481) 공격하다/백번

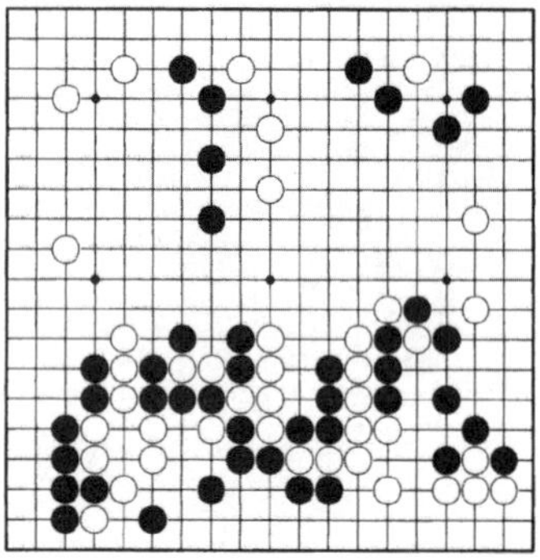

(2484) 백번

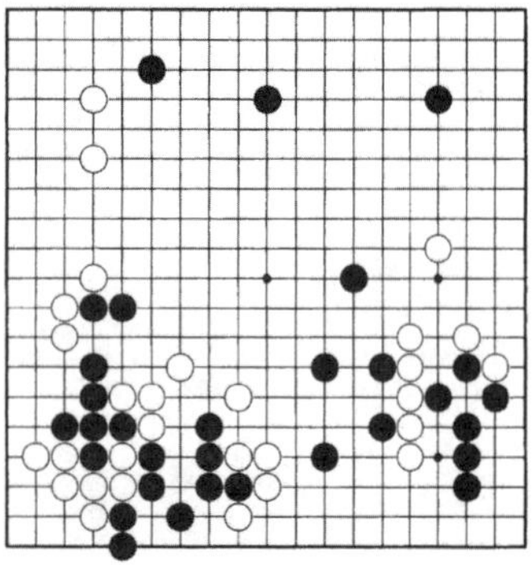

(2498) 흑번

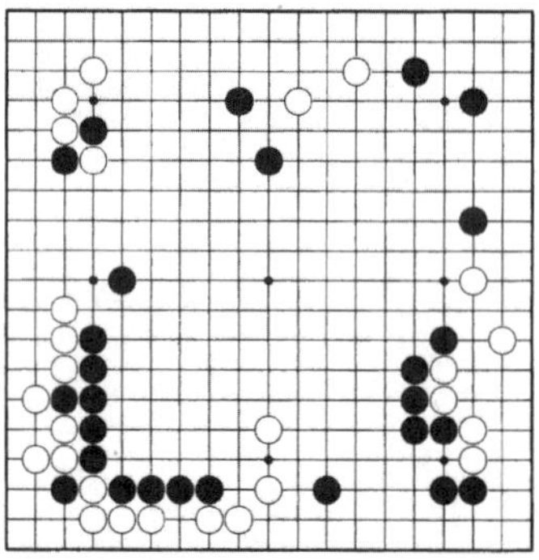

(2503) 흑번

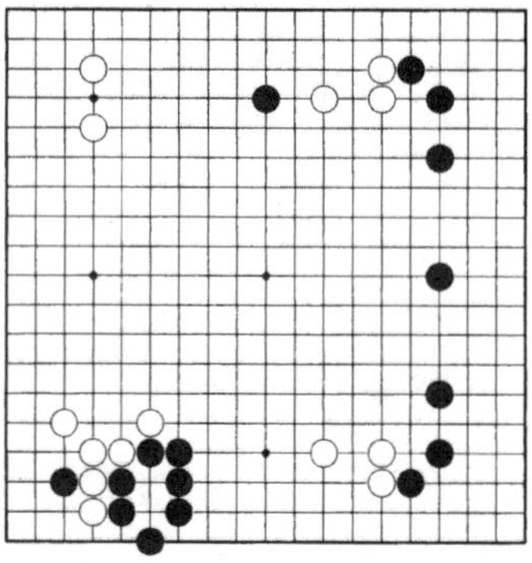

(2524) 흑번

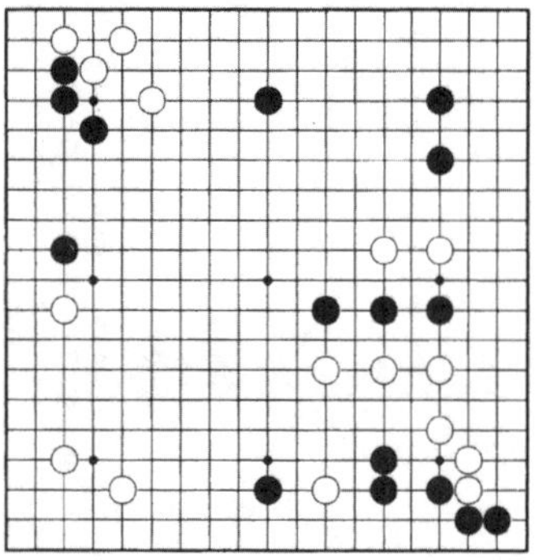

(2526) 흑번

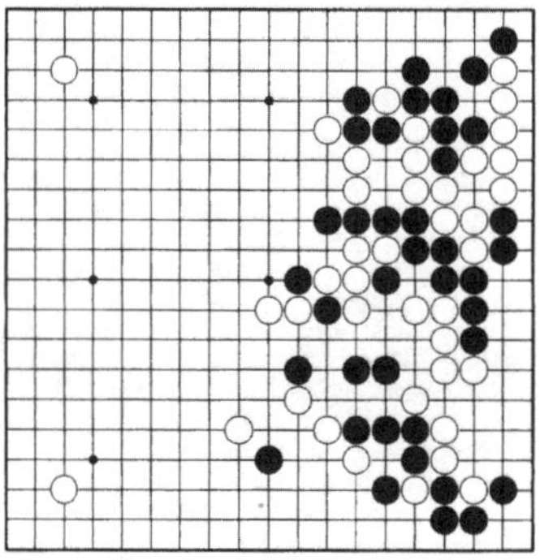

(2539) 흑번

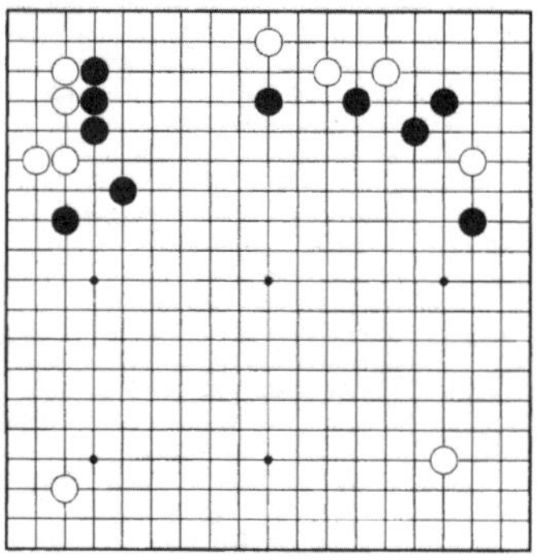

(2570) 흑번

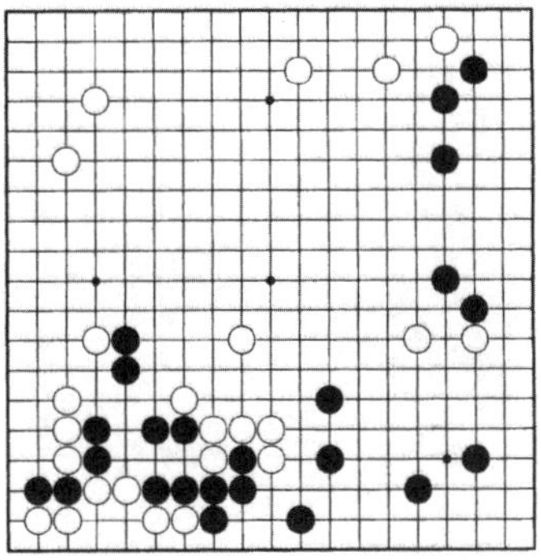

(2598) 백번

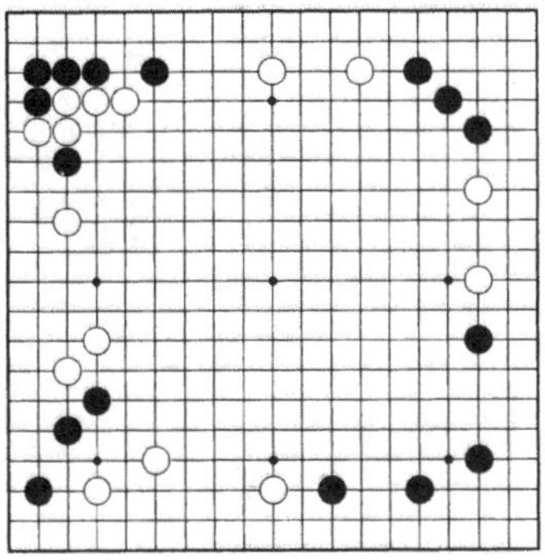

(2608) 백번

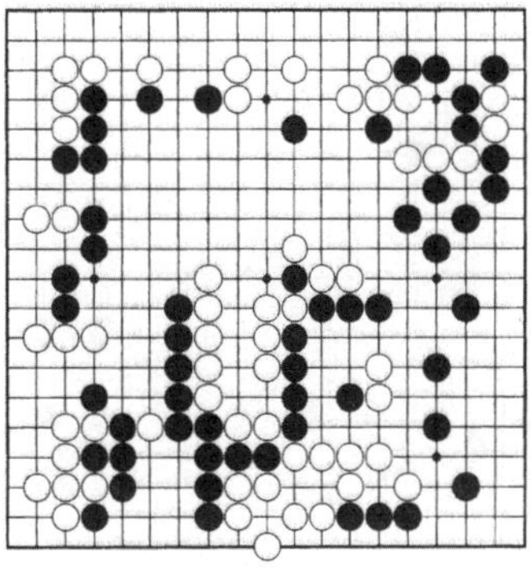

(2624) 백번

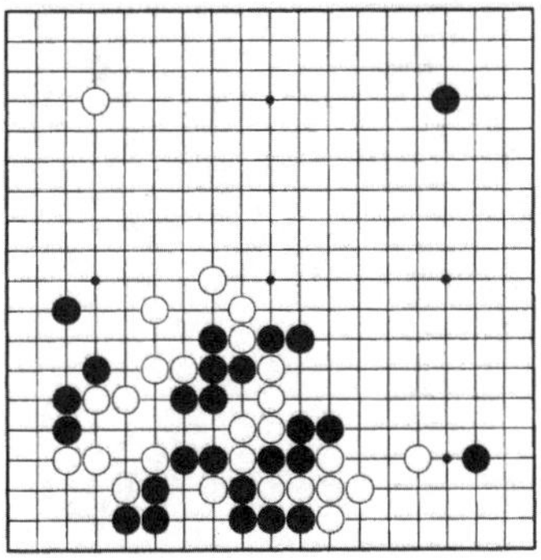

(2478) 접근전/백번

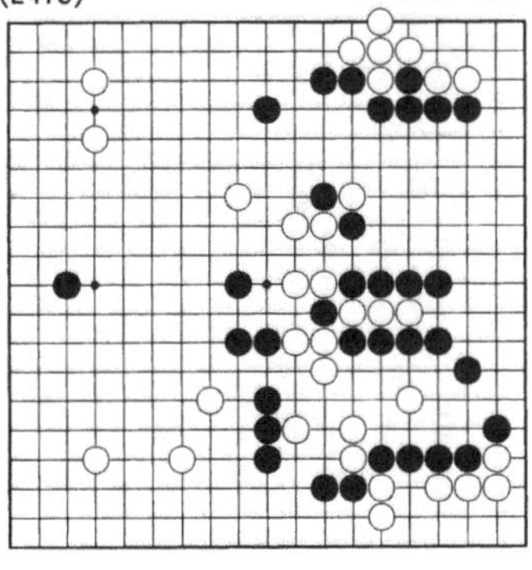

(2480) 백번

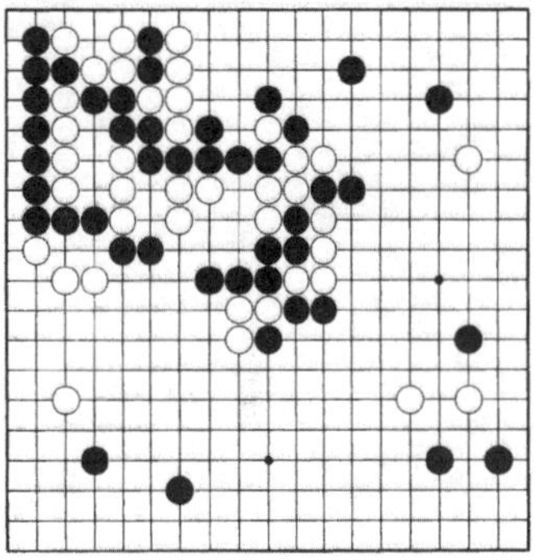

(2487) 흑번

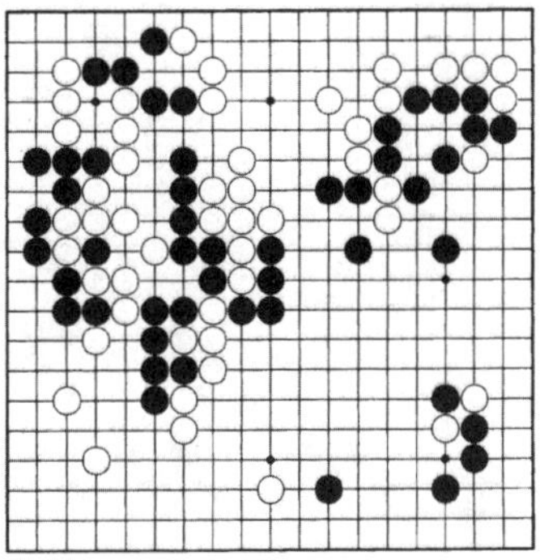

(2488) 흑번

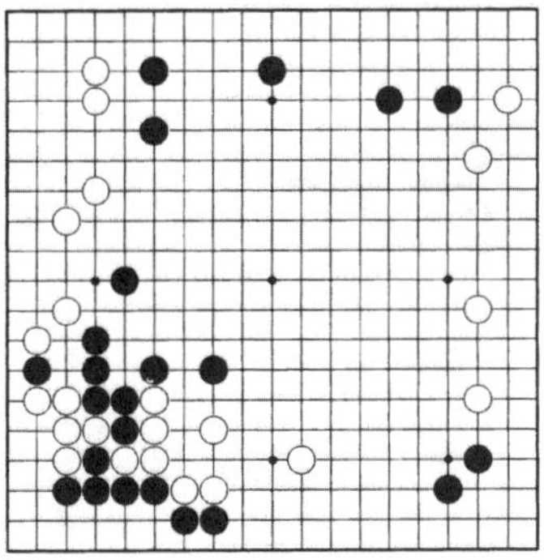

(2519) 백번

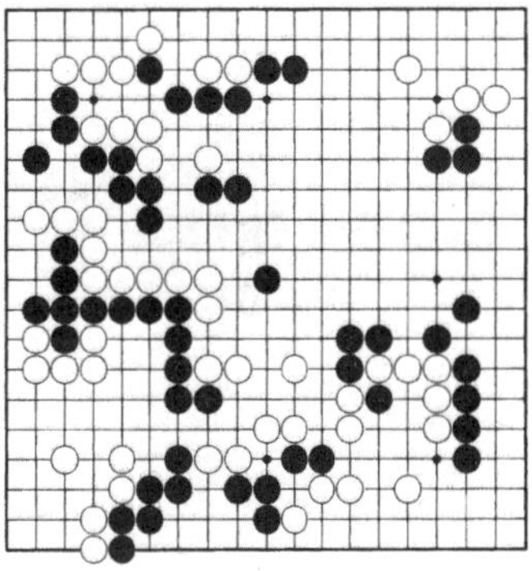

(2525) 백번

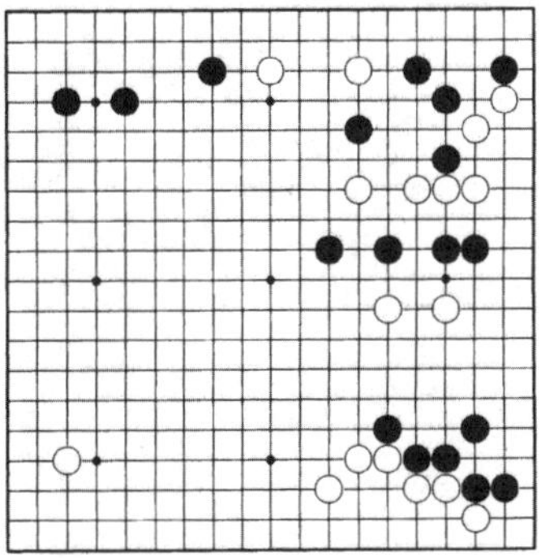

(2562) 백번

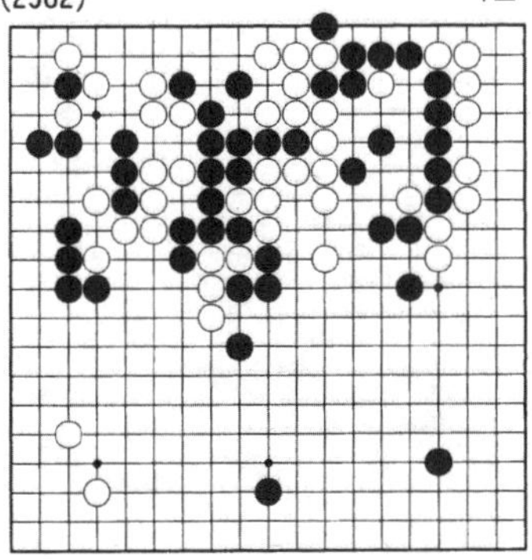

(2567) 흑번

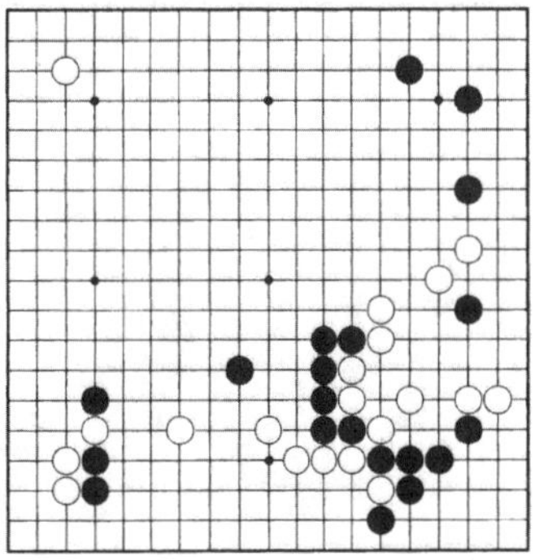

(2572) 백번

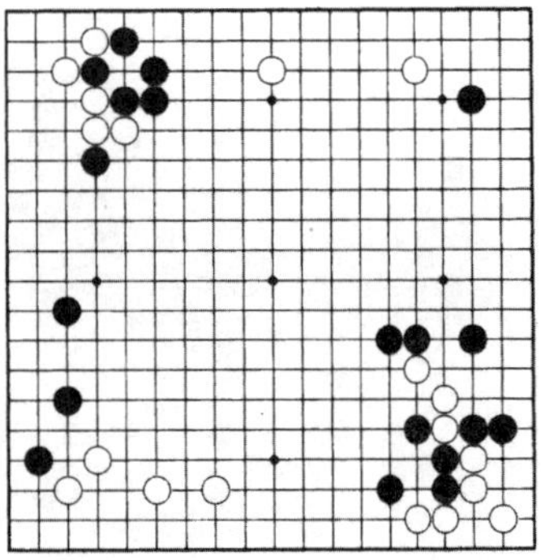

(2592) 흑번

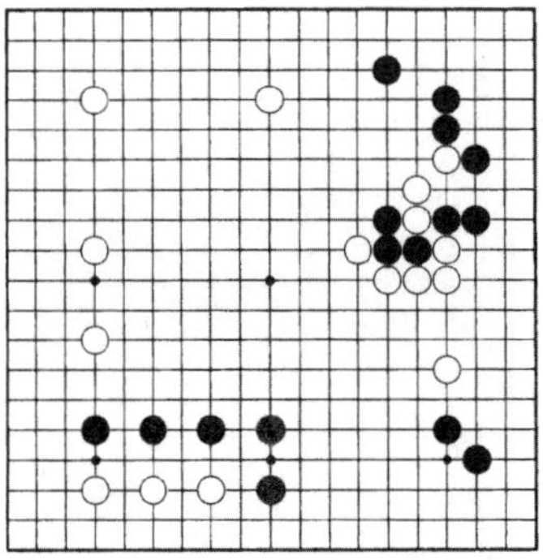

(2594) 흑번

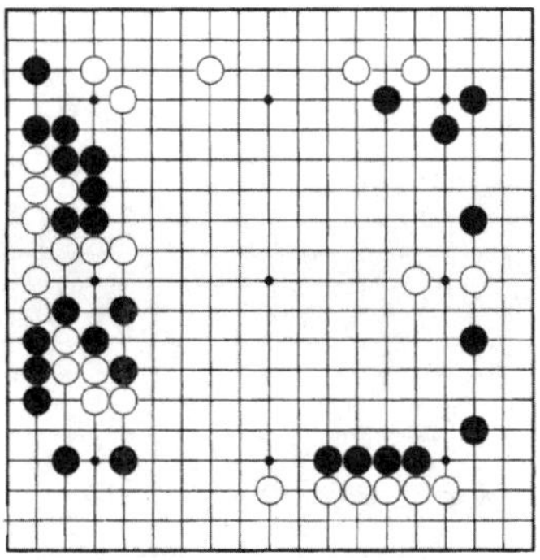

(2605) 흑번

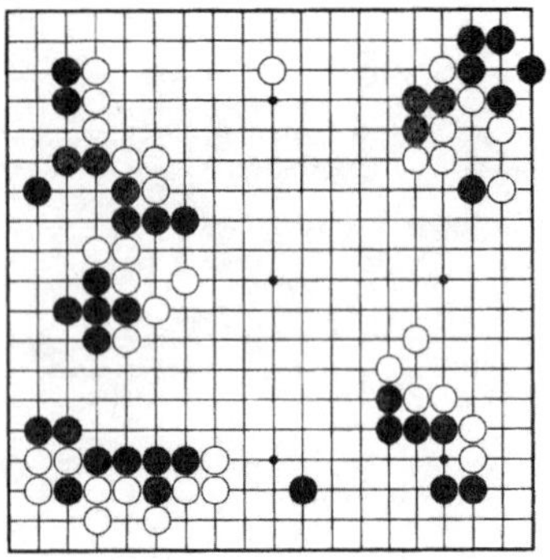

(2604) 백번

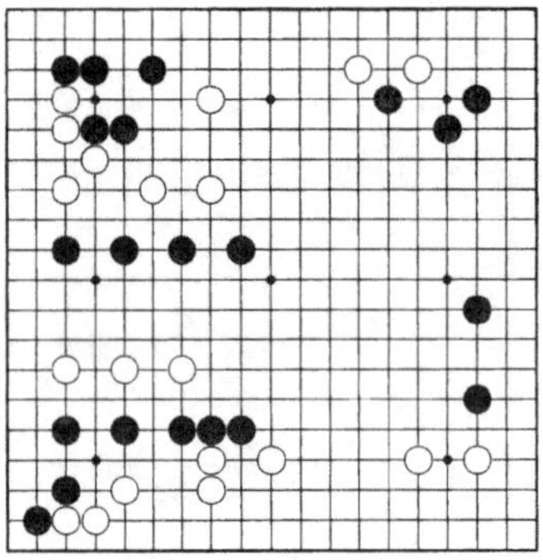

(2622) 백번

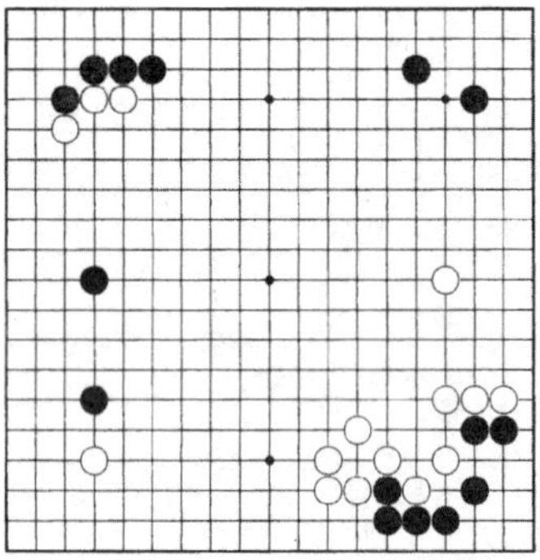

## 선수를 잡다~ 줄이다

(2509) 선수를 잡다/백번

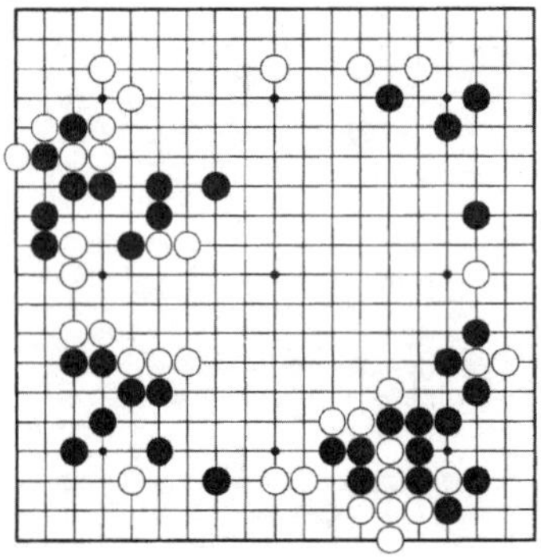

(2540) 백번

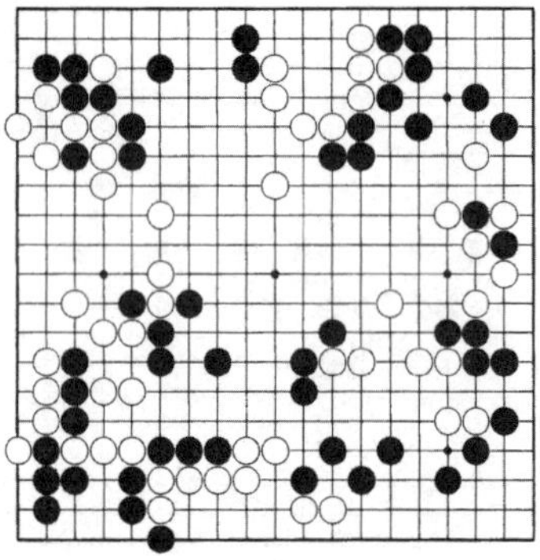

(2485) 탈출/백번

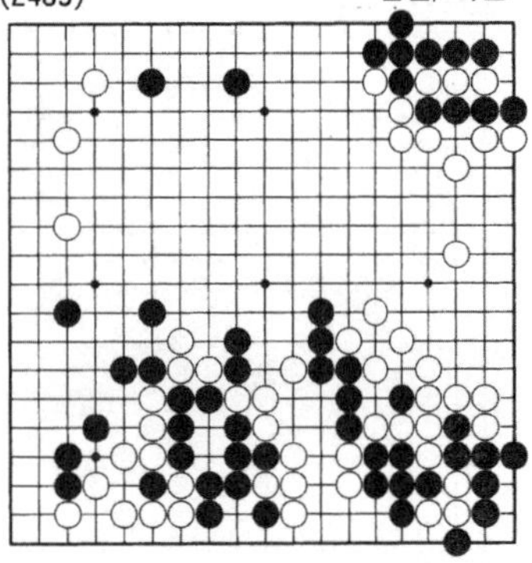

(2517) 흑번

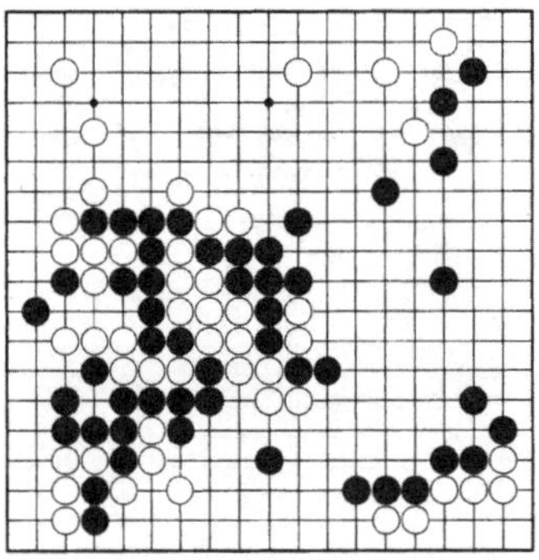

(2623) 흑번

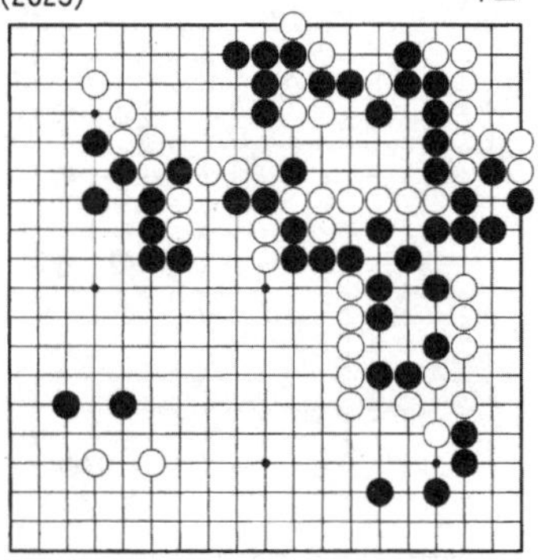

(2516) 완착을 응징하다/흑번

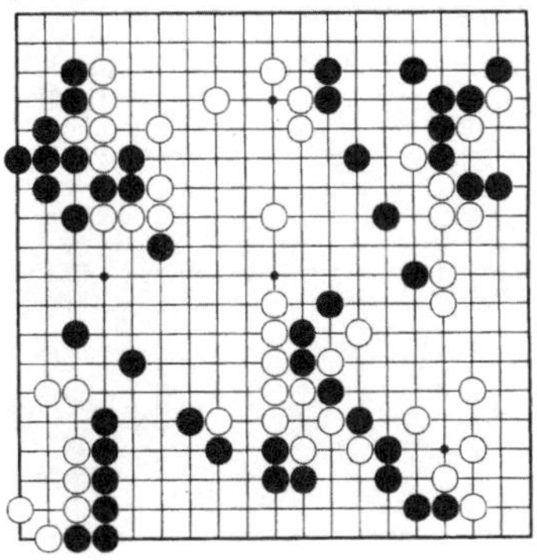

(2544) 잡다/흑번

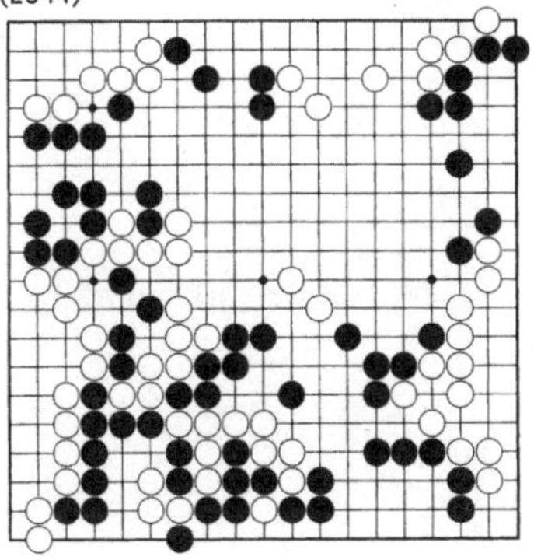

(2569) 반격/흑번

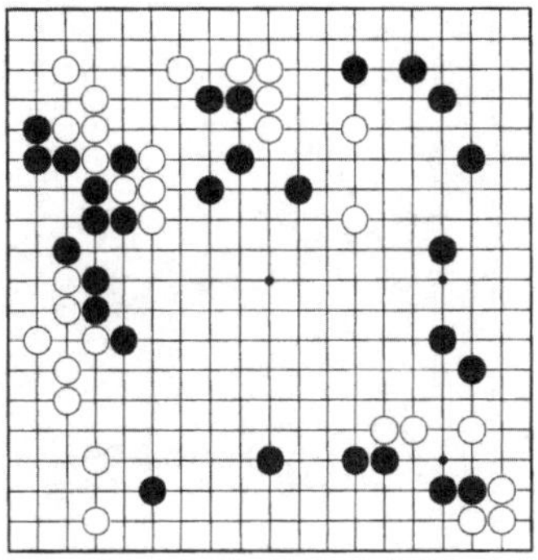

(2482) 봉쇄/흑번

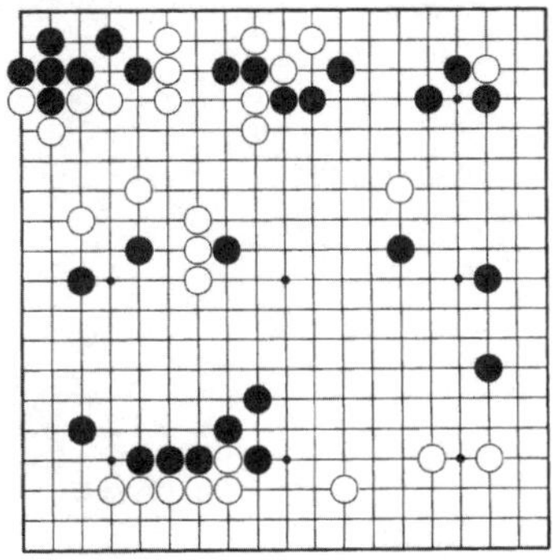

(2508) 흑번

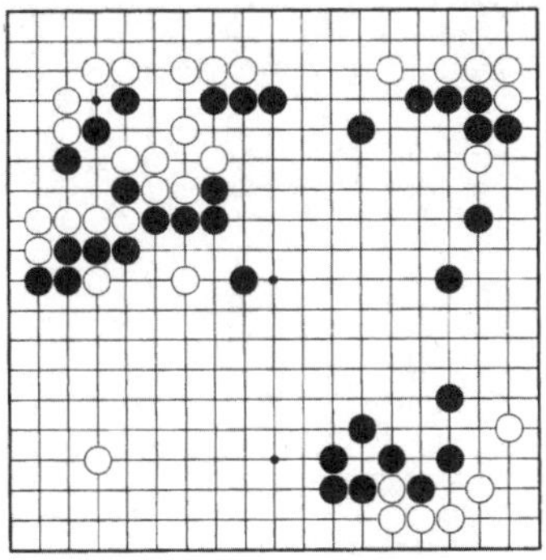

(2530) 흑번

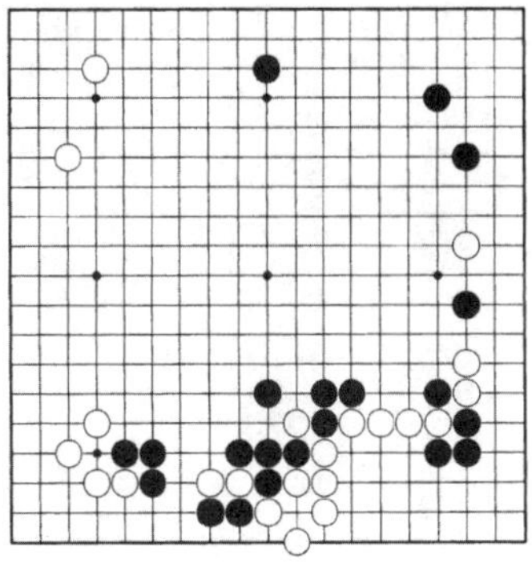

(2553) 늘리다/백번

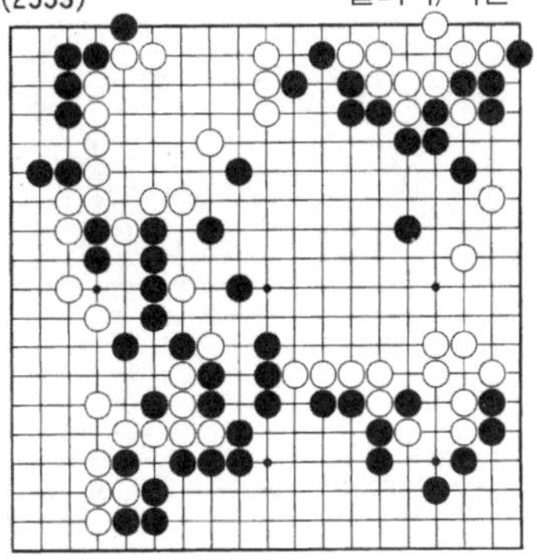

(2491) 분단/흑번

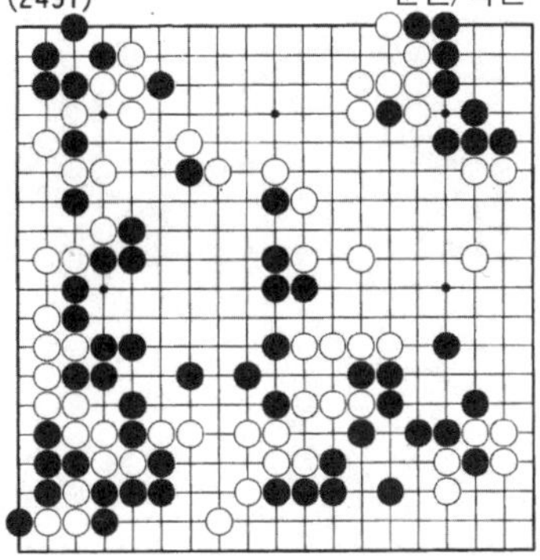

(2558) 흑번

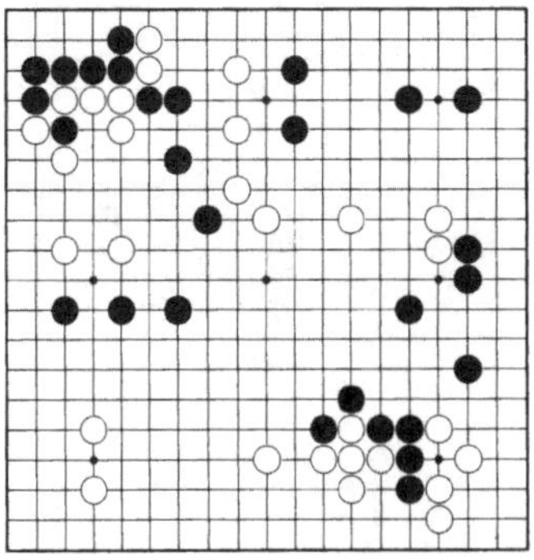

(2581) 흑번

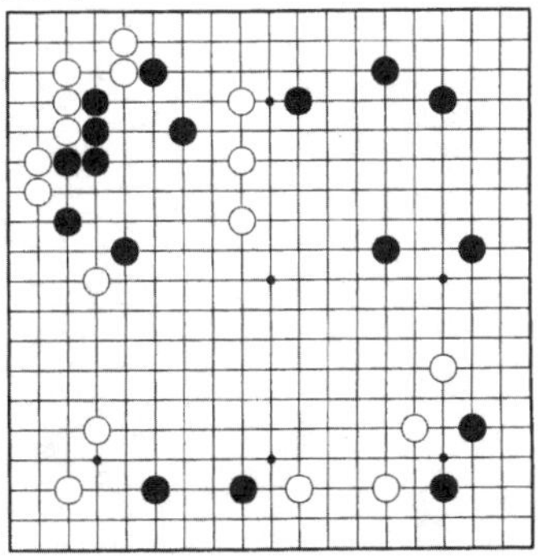

(2630) 백번

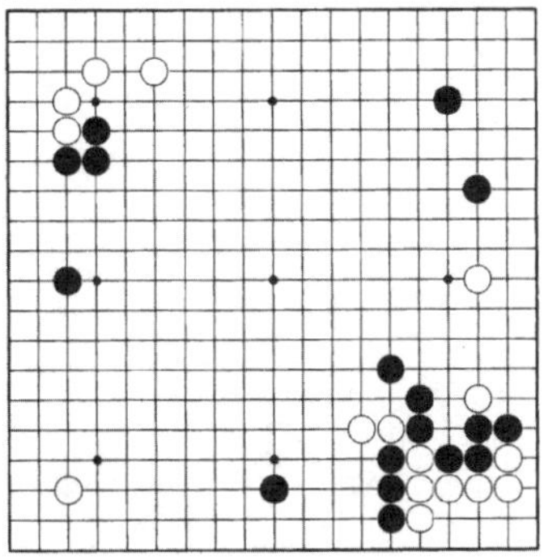

(2493) 줄이다/백번

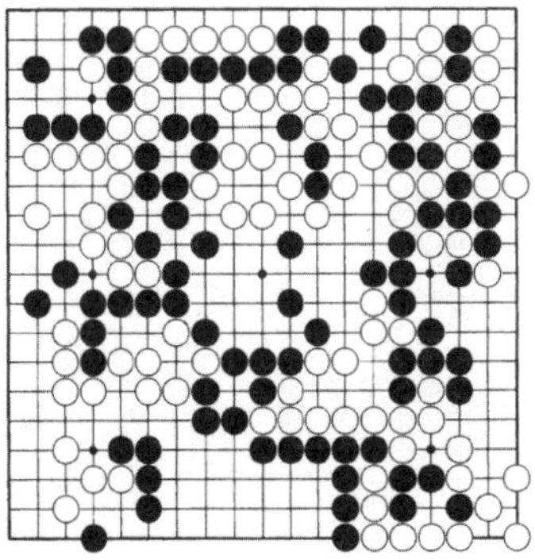

(2522) 흑번

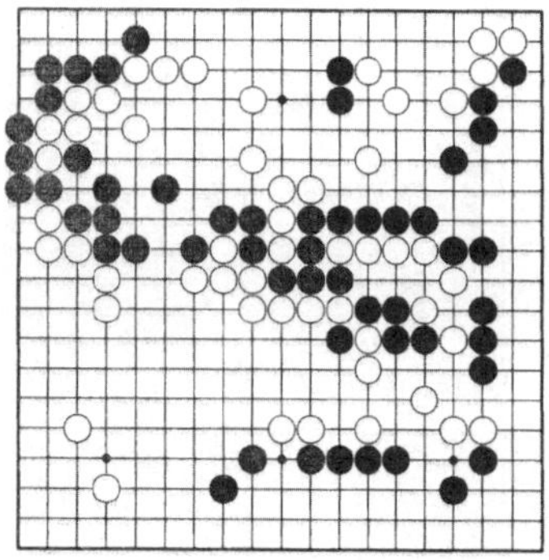

## 지키다~건너다

(2596) 지키다/백번

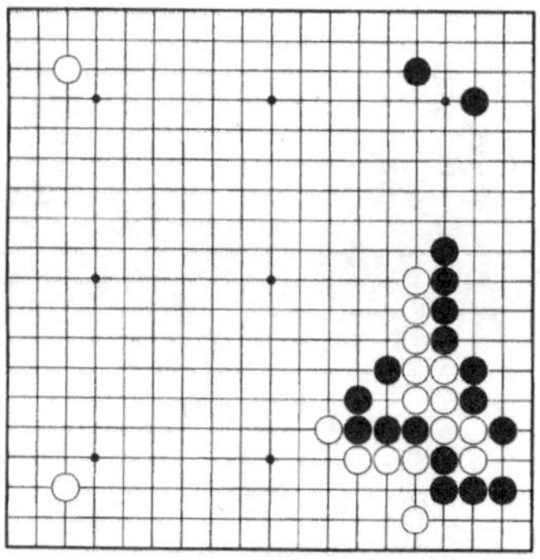

(2483) 깨뜨리다/백번

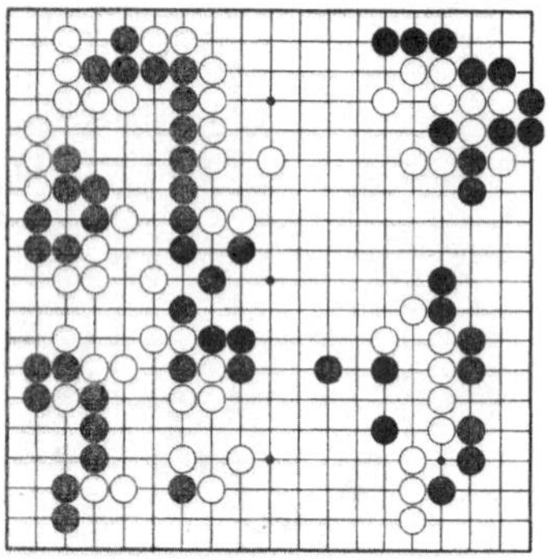

(2494) 흑번

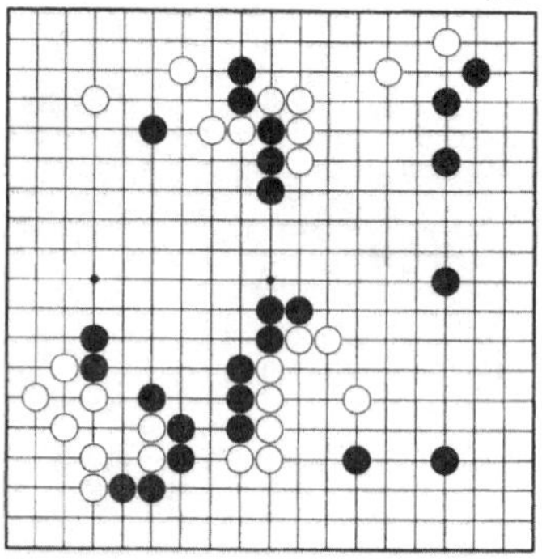

(2565) 흑번

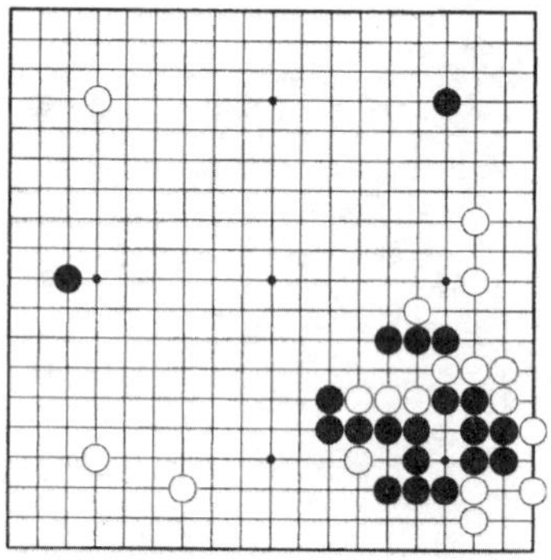

(2574) 흑번

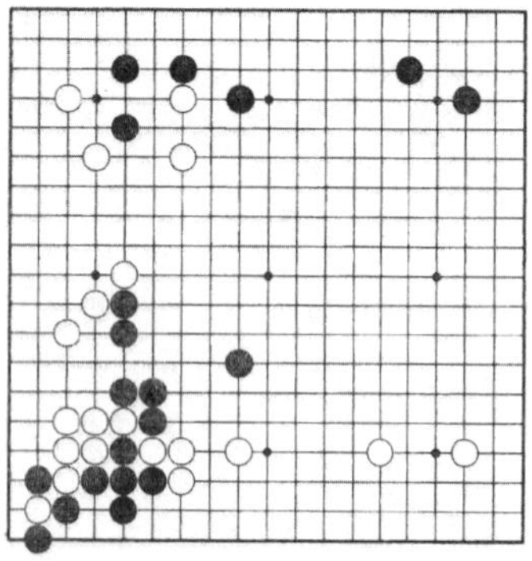

(2591) 백번

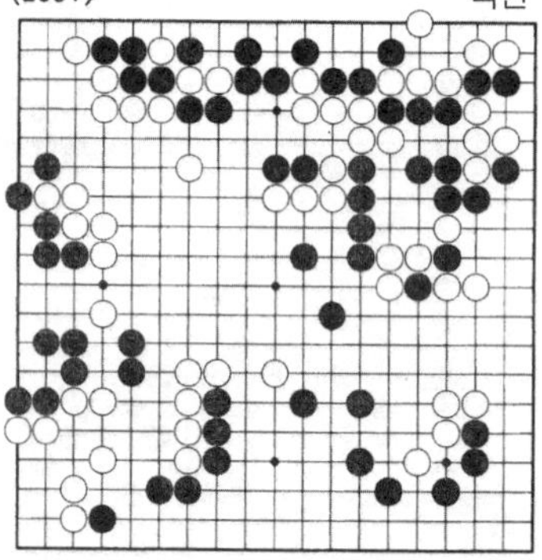

(2514) 상황을 지켜봄(응수타진)/백번

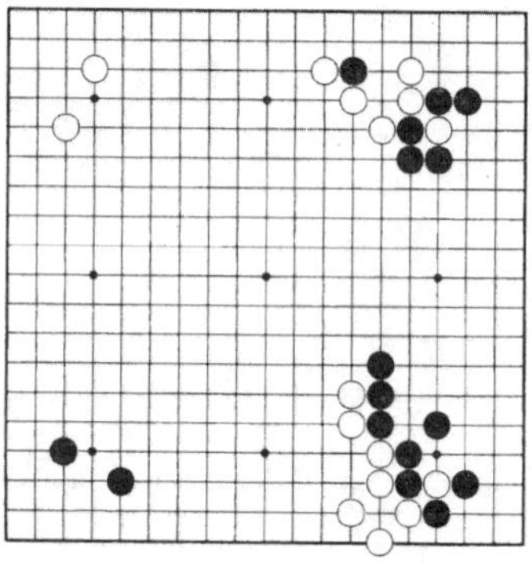

(2527) 흑번

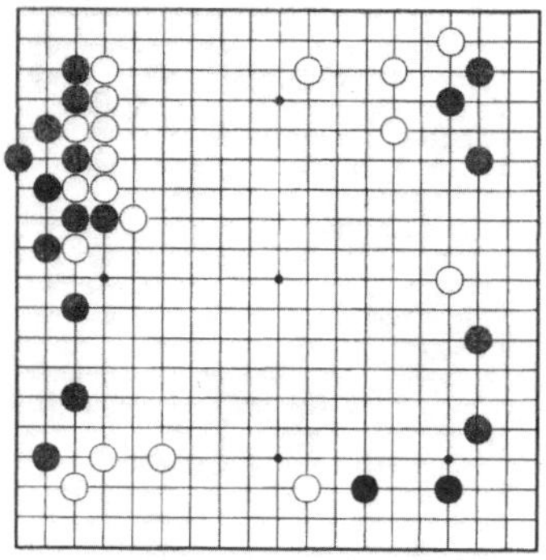

(2532) 백번

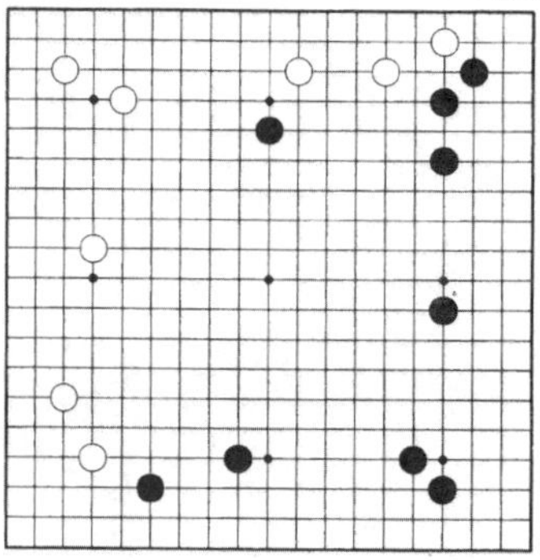

(2548) 백번

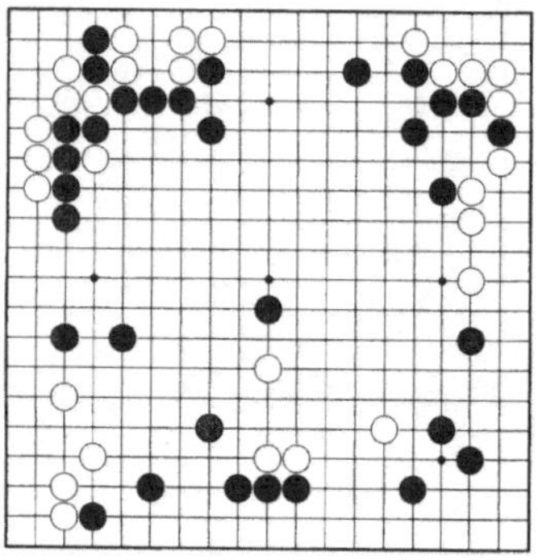

(2549) 흑번

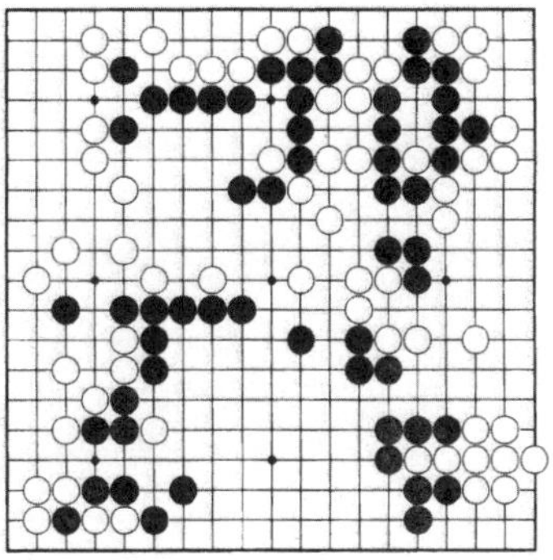

(2560) 백번

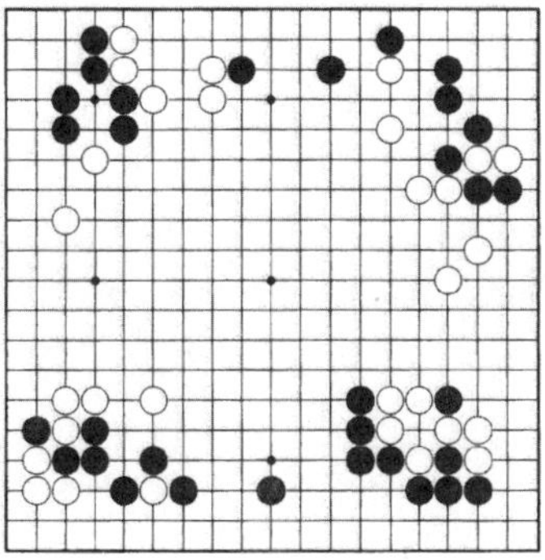

(2579) 백번

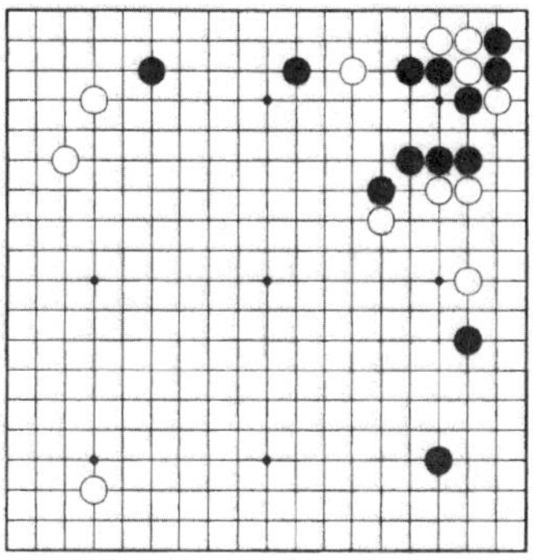

(2606) 백번

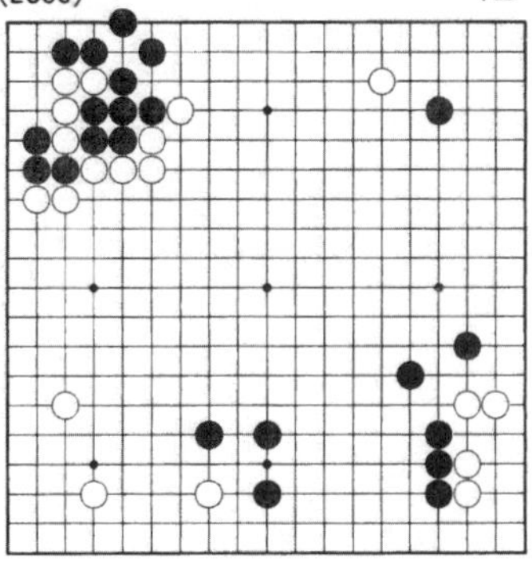

(2631) 흑번

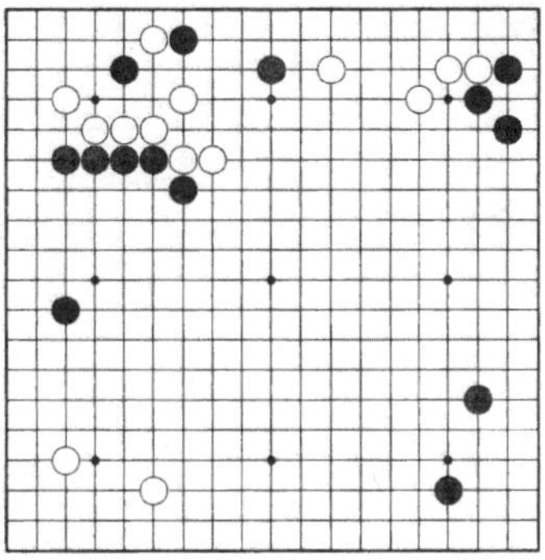

(2568) 양쪽을 노리다/백번

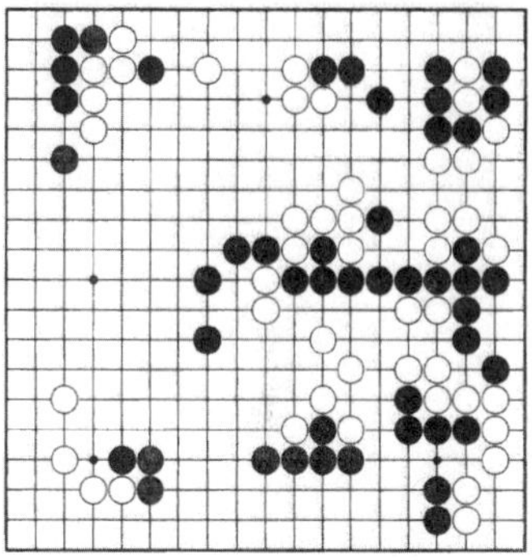

(2573) 흑번

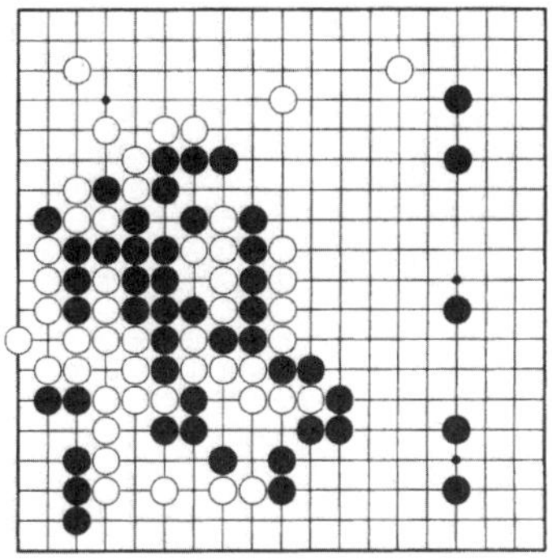

(2595) 흑번

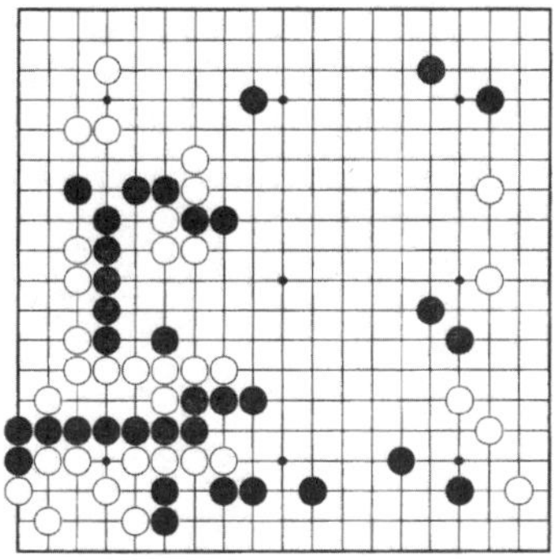

(2628) 흑번

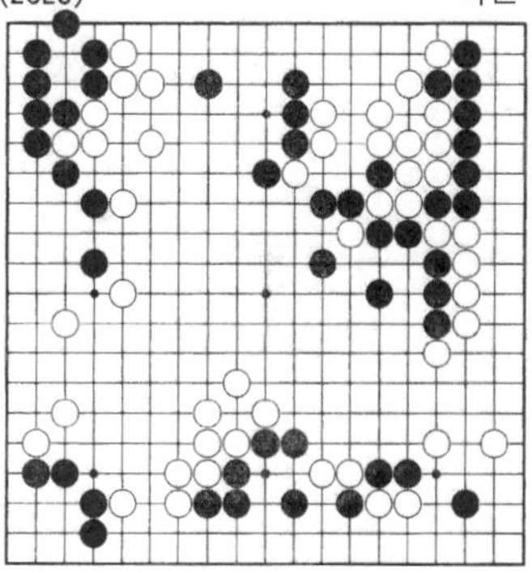

(2588) 건너다/백번

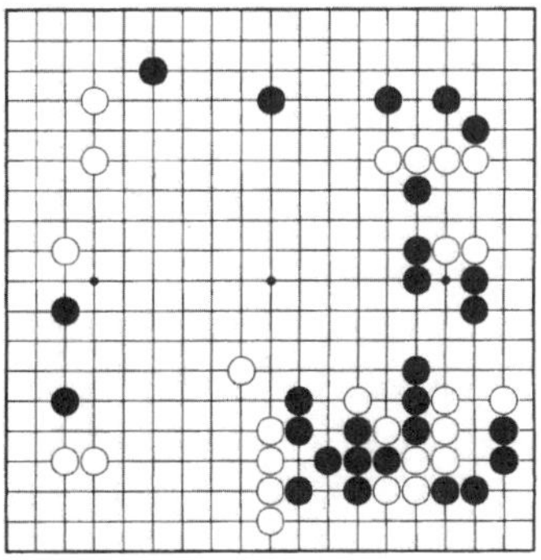

(2618) 백번

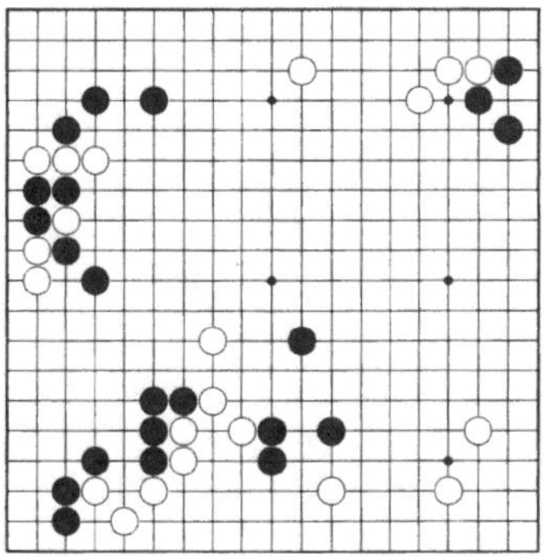

# 후기

바둑을 아껴주시는 많은 분들의 성원에 힘입어《수근대사전》을 완성하였습니다. 관계자 모두 크나큰 기쁨과 안도감을 조용히 맛보고 있습니다.

2,638개의 원도를 수읽기 전술별로 분류한 색인은 전에 없던 시도이기도 합니다. 많은 시간을 들인 만큼 이 부분으로《수근대사전》은 격조 있는 문제집 한 권이 되었습니다. 이미 출간되어 좋은 평가를 받고 있는 전작들과 함께 이 3부작 대사전 시리즈를 애용해 주신다면 바둑문화 발전은 무궁할 것입니다.

재단법인 일본기원 편집부

# 수근대사전

초판 1쇄 인쇄 / 2021년 11월 05일
초판 1쇄 발행 / 2021년 11월 15일

지은이 / 일본기원
감 수 / 정연우·박성현
옮긴이 / 유재수
기 획 / 이승민
펴낸이 / 최화숙
편집인 / 유창언
펴낸곳 / 집사재

등록번호 / 제1994-000059호
출판등록 / 1994. 06. 09

주소 / 서울시 마포구 성미산로2길 33(서교동) 202호
전화 / 02)335-7353~4
팩스 / 02)325-4305
이메일 / pub95@hanmail.net/pub95@naver.com

ISBN 979-89-5775-275-3 93690

값 220,000원